Calliess/Ruffert (Hrsg.)   Kommentar zu EU-Vertrag und EG-Vertrag

Kommentar
des Vertrages über die Europäische Union und
des Vertrages zur Gründung der Europäischen Gemeinschaft
– EUV/EGV –

2., vollständig überarbeitete und aktualisierte Auflage

Herausgegeben von:

Priv.-Doz. Dr. Christian Calliess, M.A.E.S. (Brügge), LL.M.Eur.
Europa-Institut der Universität des Saarlandes, Saarbrücken;
Gastprofessor an der Karl-Franzens-Universität Graz

Priv.-Doz. Dr. Matthias Ruffert
Fachbereich Rechtswissenschaft, Universität Trier

Bearbeitet von:

Prof. Dr. Hermann-Josef Blanke; Dr. Winfried Brechmann; Dr. Jürgen Bröhmer; Priv.-Doz. Dr. Christian Calliess, M.A.E.S. (Brügge), LL.M.Eur.; Prof. Dr. Hans-Joachim Cremer; Dr. Wolfram Cremer; Prof. Dr. Astrid Epiney, LL.M.; Prof. Dr. Ulrich Häde; Dr. Michael J. Hahn, LL.M. (Michigan); Dr. Christian Jung, LL.M. (S.M.U./Dallas); Prof. Dr. Wolfgang Kahl, M.A.; Axel Kallmayer; Priv.-Doz. Dr. Thorsten Kingreen; Prof. Dr. Winfried Kluth; Dr. Sebastian Krebber, LL.M. (Georgetown); Prof. Dr. Adelheid Puttler, LL.M. (Chicago), diplômée de l'E.N.A.; Dr. Matthias Rossi; Priv.-Doz. Dr. Matthias Ruffert; Dr. Kirsten Schmalenbach; Oliver Suhr, LL.M.Eur.; Dr. Gereon Thiele; Dr. Jörg Ukrow, LL.M.Eur.; Dr. Christian Waldhoff; Dr. Bernhard W. Wegener, M.A.E.S. (Brügge); Priv.-Doz. Dr. Wolfgang Weiß; Dr. Johannes Christian Wichard, LL.M. (Harvard)

Luchterhand

Die Deutsche Bibliothek – CIP-Einheitsaufnahme

Kommentar des Vertrages über die Europäische Union und des Vertrages zur Gründung der Europäischen Gemeinschaft: EUV/EGV / hrsg. von Christian Calliess; Matthias Ruffert. - 2., neubearb. und erw. Aufl. - Neuwied; Kriftel: Luchterhand 2002
ISBN 3-472-04810-7

Zitiervorschlag:
Bearbeiter, in: Calliess/Ruffert (Hrsg.), EUV/EGV, 2. Aufl. 2002, Art. ..., Rn. ...

Alle Rechte vorbehalten
© 2002 by Hermann Luchterhand Verlag GmbH, Neuwied und Kriftel.
Das Werk einschließlich aller seiner Teile ist urheberrechtlich geschützt. Jede Verwertung außerhalb der engen Grenzen des Urheberrechtsgesetzes ist ohne Zustimmung des Verlages unzulässig und strafbar. Das gilt insbesondere für Vervielfältigungen, Übersetzungen, Mikroverfilmungen und die Einspeicherung und Verarbeitung in elektronischen Systemen.
Umschlaggestaltung: arttec grafik simon & wagner, St. Goar
Satz: Satz- und Verlags-Gesellschaft mbH, Darmstadt
Druck: betz-druck, Darmstadt
Binden: Verlagsbuchbinderei Keller GmbH, Kleinlüder
Printed in Germany, Juni 2002

∞ Gedruckt auf säurefreiem, alterungsbeständigem und chlorfreiem Papier

Vorwort der Herausgeber

Wenige Monate nach ihrem Erscheinen war die erste Auflage des Kommentars vergriffen, so daß durch den Verlag ein Nachdruck veranlaßt wurde. Nunmehr liegt die vollständig überarbeitete und aktualisierte zweite Auflage vor, die den Vertrag über die Europäische Union und den Vertrag zur Gründung der Europäischen Gemeinschaft in ihrer aktuellen Fassung nach dem am 26. Februar 2001 unterzeichneten Vertrag von Nizza kommentiert. Der Ratifikationsprozeß ist noch nicht abgeschlossen. Um den Gebrauch des Kommentars unabhängig vom Inkrafttreten dieser Vertragsrevision zu ermöglichen, ist bei den einschlägigen Vorschriften die jeweils noch gültige Amsterdamer Fassung mit abgedruckt und in der Kommentierung berücksichtigt. Als bewährtes Hilfsmittel liegt erneut eine Synopse der Numerierungen in Gestalt eines Lesezeichens bei. Die bis zum Sommer 2001 erstellten Manuskripte konnten im Januar 2002 auf den neuesten Stand gebracht werden.

Die wesentlichen Merkmale der Konzeption des Kommentars, insbesondere der dreigliedrige Aufbau der einzelnen Kommentierungen, sind beibehalten worden. Mit der Neuauflage soll wiederum eine aktuelle, wissenschaftlich fundierte und praxisbezogene Erläuterung der Verträge zur Verfügung stehen.

Erneut schulden wir vor allem den Autorinnen und Autoren, unseren 24 Kolleginnen und Kollegen, Dank für ihre engagierte Mitarbeit am gemeinsamen Projekt, dies um so mehr, als viele in noch höherem Maße als bei der ersten Auflage durch die Habilitation, durch Bewerbungsverfahren, Lehrstuhlvertretungen, durch den Aufbau eines Lehrstuhls oder durch die Tätigkeit in der Praxis gefordert sind. Ebenso danken wir den Leserinnen und Lesern für ihre zahlreichen Anregungen, auf die wir uns auch zur zweiten Auflage freuen.

Saarbrücken und Trier, im Januar 2002

Christian Calliess   Matthias Ruffert

Priv.-Doz. Dr. Christian Calliess   Priv.-Doz. Dr. Matthias Ruffert
Europa-Institut der Universität des Saarlandes   Universität Trier
Postfach 151150   Fachbereich Rechtswissenschaft
66041 Saarbrücken   54286 Trier

Vorwort der Herausgeber zur 1. Auflage

Das vorliegende Werk kommentiert sowohl den Vertrag über die Europäische Union als auch den Vertrag zur Gründung der Europäischen Gemeinschaft in ihrer jeweils aktuellen Fassung nach dem am 2. Oktober 1997 unterzeichneten Vertrag von Amsterdam. Durchgehend wird die neue Numerierung verwendet; als Hilfsmittel liegt eine Synopse der Numerierungen in Gestalt eines Lesezeichens bei. Die Protokolle zu den

Vorwort

Verträgen sind im Anhang abgedruckt. Auf Erklärungen aus der Schlußakte wird in den Kommentierungen dort Bezug genommen, wo sie relevant werden. Die im wesentlichen bis zum Sommer 1998 erstellten Manuskripte konnten bis zum Februar 1999 auf den neuesten Stand gebracht werden.

Ziel des Kommentars ist es, in einem kompakten, handlichen Band sowohl wissenschaftlichen Ansprüchen zu genügen, als auch dem Rechtsanwender in der täglichen Praxis ein hilfreiches Instrument an die Hand zu geben. Vor diesem Hintergrund sind die Kommentierungen insbesondere dort, wo komplexe und umstrittene Rechtsfragen zu beantworten waren, in folgender Weise konzipiert: Der präzisen Wiedergabe der Rechtsprechung von EuGH und EuG bzw. der Praxis der übrigen Gemeinschaftsorgane folgt die Darstellung der einschlägigen Schrifttumsansichten, an die sich wiederum die Stellungnahme der Kommentatorin oder des Kommentators anschließt. Auf diese Dreigliedrigkeit wurde besonderer Wert gelegt. Sie ermöglicht im Interesse der Benutzer eine exakte Erfassung des Meinungsstandes von Praxis und wissenschaftlicher Diskussion und läßt gleichzeitig klar erkennen, an welcher Stelle die verschiedenen Ansichten divergieren bzw. in der Auffassung des Autors weiterentwickelt werden.

Um die Neukommentierung des gesamten Vertragswerks in seiner aktuellen Fassung möglichst schnell zu verwirklichen, haben sich einschließlich der Herausgeber 26 Autorinnen und Autoren zusammengefunden. Sie alle gehören zum Kreis der jüngeren Europarechtler in Universität, Verwaltung und Justiz und verfügen über Arbeitserfahrung in dem von ihnen kommentierten Bereich. Um Überschneidungen und Divergenzen zu vermeiden, wurden die Kommentierungen aufeinander abgestimmt und mit Querverweisen versehen.

Der Dank der Herausgeber gebührt vor allem den Autorinnen und Autoren des Kommentars für ihre Beiträge. Besonderen Dank schulden wir dabei jenen von ihnen, die erst später zum Kommentar gestoßen sind oder nachträglich die Bearbeitung zusätzlicher Artikel übernommen haben: *Dr. Michael J. Hahn, Dr. Thorsten Kingreen, Dr. Matthias Rossi, Dr. Kirsten Schmalenbach, Oliver Suhr, Dr. Jörg Ukrow* sowie *Dr. Christian Jung* (Art. 70–80 EGV) und *Dr. Bernhard W. Wegener* (Art. 255, 284 und 287 EGV) haben sich hierzu kurzfristig bereiterklärt und unter großem Zeitdruck das pünktliche Erscheinen des Kommentars sichergestellt. Ebenso danken wir unseren verehrten akademischen Lehrern, Herrn *Prof. Dr. Torsten Stein* und Herrn *Prof. Dr. Meinhard Schröder* für ihre Unterstützung. Des weiteren schulden wir Frau *Elke Richter-Weiland* und Frau *Bärbel Hanke* vom Hermann Luchterhand-Verlag (Neuwied) Dank für die gute verlegerische Betreuung des Werkes. Ein Wort des Dankes gilt auch den Herren Ministerialräten *Prof. Reimer von Borries* und *Dr. Ernst Röder* sowie Herrn Vortragenden Legationsrat Erster Klasse *Dr. Wolfgang Dix* für ihre Vorträge im Rahmen der Autorentagung zum Amsterdamer Vertrag am 26. Juli 1997 in Bonn.

Herausgeber und Autoren hoffen, mit dem Kommentar einen Beitrag zur Diskussion über Bestand und Fortentwicklung des Europarechts geleistet zu haben, der bei aller gebotenen kritischen Distanz dem Geist der europäischen Integration verpflichtet ist. Anregungen und Kritik aus der Leserschaft an eine der unten abgedruckten Anschriften der Herausgeber oder an den Verlag sind stets willkommen.

Inhaltsübersicht

EUV-Übersicht	IX
EGV-Übersicht	X
Bearbeiterverzeichnis	XIII
Abkürzungsverzeichnis	XV
Verzeichnis abgekürzt zitierter Literatur	XXV
Vergleichstabelle der bisherigen und neuen Numerierung von EUV und EGV	XXVII
Vertrag über die Europäische Union – Kommentierung	1
Vertrag zur Gründung der Europäischen Gemeinschaft – Kommentierung	331
Anhang I: Liste zu Artikel 32 dieses Vertrages	2583
Anhang II: Überseeische Länder und Hoheitsgebiete, auf welche der Vierte Teil des Vertrages Anwendung findet	2585
Anhang: Charta der Grundrechte der Europäischen Union sowie Protokolle zu EUV und EGV (Auswahl)	
Charta der Grundrechte der Europäischen Union	2587
Protokoll (Nr. 1) zum Vertrag über die Europäische Union	2599
Protokolle (Nr. 2–5) zum Vertrag über die Europäische Union und zum Vertrag zur Gründung der Europäischen Gemeinschaft	2599
Protokolle (Nr. 6–9) zum Vertrag über die Europäische Union und zu den Verträgen zur Gründung der Europäischen Gemeinschaft, der Europäischen Gemeinschaft für Kohle und Stahl und der Europäischen Atomgemeinschaft	2608
Protokolle (Nr. 16–33) zum Vertrag zur Gründung der Europäischen Gemeinschaften	2610
Protokoll über die Erweiterung der Europäischen Union	2641
Protokoll über die Satzung des Gerichtshofs	2644
Protokoll zu Artikel 67 des Vertrags zur Gründung der Europäischen Gemeinschaft	2658
Sachregister	2659

Vertrag über die Europäische Union (EUV)

Präambel		1
Titel I:	Gemeinsame Bestimmungen (Art. 1–7)	3
Titel II:	Bestimmungen zur Änderung des Vertrags zur Gründung der Europäischen Wirtschaftsgemeinschaft im Hinblick auf die Gründung der Europäischen Gemeinschaft (Art. 8)	155
Titel III:	Bestimmungen zur Änderung des Vertrags über die Gründung der Europäischen Gemeinschaft für Kohle und Stahl (Art. 9)	155
Titel IV:	Bestimmungen zur Änderung des Vertrags zur Gründung der Europäischen Atomgemeinschaft (Art. 10)	156
Titel V:	Bestimmungen über die Gemeinsame Außen- und Sicherheitspolitik (Art. 11–28)	157
Titel VI:	Bestimmungen über die polizeiliche und justitielle Zusammenarbeit in Strafsachen (Art. 29–42)	237
Titel VII:	Bestimmungen über eine verstärkte Zusammenarbeit (Art. 43–45)	286
Titel VIII:	Schlußbestimmungen (Art. 46–53)	300

EGV – Übersicht

Vertrag zur Gründung der Europäischen Gemeinschaft (EGV)

Präambel		331
Erster Teil:	Grundsätze (Art. 1–16)	333
Zweiter Teil:	Die Unionsbürgerschaft (Art. 17–22)	532
Dritter Teil:	Die Politiken der Gemeinschaft (Art. 23–181)	564
Titel I:	Der freie Warenverkehr (Art. 23–31)	564
Kapitel 1:	Die Zollunion (Art. 25–27)	578
Kapitel 2:	Verbot von mengenmäßigen Beschränkungen zwischen den Mitgliedstaaten (Art. 28–31)	589
Titel II:	Die Landwirtschaft (Art. 32–38)	647
Titel III:	Die Freizügigkeit, der freie Dienstleistungs- und Kapitalverkehr (Art. 39–60)	704
Kapitel 1:	Die Arbeitskräfte (Art. 39–42)	704
Kapitel 2:	Das Niederlassungsrecht (Art. 43–48)	771
Kapitel 3:	Dienstleistungen (Art. 49–55)	814
Kapitel 4:	Der Kapital- und Zahlungsverkehr (Art. 56–60)	861
Titel IV:	Visa, Asyl, Einwanderung und andere Politiken betreffend den freien Personenverkehr (Art. 61–69)	896
Titel V:	Der Verkehr (Art. 70–80)	950
Titel VI:	Gemeinsame Regeln betreffend Wettbewerb, Steuerfragen und Angleichung der Rechtsvorschriften (Art. 81–97)	1002
Kapitel 1:	Wettbewerbsregeln (Art. 81–93)	1002
Abschnitt 1:	Vorschriften für Unternehmen (Art. 81–86)	1002
Abschnitt 2:	Staatliche Beihilfen (Art. 87–89)	1165
Kapitel 2:	Steuerliche Vorschriften (Art. 90–93)	1226
Kapitel 3:	Angleichung der Rechtsvorschriften (Art. 94–97)	1252
Titel VII:	Die Wirtschafts- und Währungspolitik (Art. 98–124)	1295
Kapitel 1:	Die Wirtschaftspolitik (Art. 98–104)	1295
Kapitel 2:	Die Währungspolitik (Art. 105–111)	1346
Kapitel 3:	Institutionelle Bestimmungen (Art. 112–115)	1384
Kapitel 4:	Übergangsbestimmungen (Art. 116–124)	1397
Titel VIII:	Beschäftigung (Art. 125–130)	1453
Titel IX:	Gemeinsame Handelspolitik (Art. 131–134)	1469
Titel X:	Zusammenarbeit im Zollwesen (Art. 135)	1579
Titel XI:	Sozialpolitik, allgemeine und berufliche Bildung und Jugend (Art. 136–150)	1583

EGV – Übersicht

Kapitel 1:	Sozialvorschriften (Art. 136–145)	1583
Kapitel 2:	Der Europäische Sozialfonds (Art. 146–148)	1690
Kapitel 3:	Allgemeine und berufliche Bildung und Jugend (Art. 149–150)	1696
Titel XII:	Kultur (Art. 151)	1707
Titel XIII:	Gesundheitswesen (Art. 152)	1720
Titel XIV:	Verbraucherschutz (Art. 153)	1730
Titel XV:	Transeuropäische Netze (Art. 154–156)	1738
Titel XVI:	Industrie (Art. 157)	1755
Titel XVII:	Wirtschaftlicher und sozialer Zusammenhalt (Art. 158–162)	1766
Titel XVIII:	Forschung und technologische Entwicklung (Art. 163–173)	1786
Titel XIX:	Umwelt (Art. 174–176)	1808
Titel XX:	Entwicklungszusammenarbeit (Art. 177–181)	1857
Titel XXI:	Wirtschaftliche, finanzielle und technische Zusammenarbeit mit Drittländern (Art. 181a)	1875
Vierter Teil:	Die Assoziierung der überseeischen Länder und Hoheitsgebiete (Art. 182–188)	1879
Fünfter Teil:	Die Organe der Gemeinschaft (Art. 189–280)	1890
Titel I:	Vorschriften über die Organe (Art. 189–267)	1890
Kapitel 1:	Die Organe (Art. 189–248)	1890
Abschnitt 1:	Das Europäische Parlament (Art. 189–201)	1890
Abschnitt 2:	Der Rat (Art. 202–210)	1937
Abschnitt 3:	Die Kommission (Art. 211–219)	1962
Abschnitt 4:	Der Gerichtshof (Art. 220–245)	1984
Abschnitt 5:	Der Rechnungshof (Art. 246–248)	2164
Kapitel 2:	Gemeinsame Vorschriften für mehrere Organe (Art. 249–256)	2171
Kapitel 3:	Der Wirtschafts- und Sozialausschuß (Art. 257–262)	2264
Kapitel 4:	Der Ausschuß der Regionen (Art. 263–265)	2284
Kapitel 5:	Die Europäische Investitionsbank (Art. 266–267)	2309
Titel II:	Finanzvorschriften (Art. 268–280)	2321
Sechster Teil:	Allgemeine und Schlußbestimmungen (Art. 281–312)	2382
Schlußbestimmungen (Art. 313–314)		2580
Anhänge		
Anhang I:	Liste zu Artikel 32 dieses Vertrages	2583
Anhang II:	Überseeische Länder und Hoheitsgebiete, auf welche der Vierte Teil des Vertrages Anwendung findet	2585

Bearbeiterverzeichnis

Prof. Dr. Hermann-Josef Blanke　　　Art. 2, 3 EUV, Art. 151 EGV
Universität Erfurt

Dr. Winfried Brechmann　　　Art. 29-42 EUV, Art. 39-42, 61-69 EGV
Landratsamt München

Dr. Jürgen Bröhmer　　　Art. 43-48, 56-60, 293, 294 EGV
Wissenschaftlicher Assistent
Universität des Saarlandes, Saarbrücken

Priv.-Doz. Dr. Christian Calliess,　　　Art. 1 EUV, Art. 5-7, 174-176, 253, 297,
M.A.E.S. (Brügge), LL.M.Eur.　　　298 EGV
Europa-Institut der Universität des Saarlandes, Saarbrücken
Gastprofessor am Institut für Europarecht der Karl-Franzens-Universität Graz

Prof. Dr. Hans-Joachim Cremer　　　Art. 11-28, 46-53 EUV, Art. 301 EGV
Universität Mannheim

Dr. Wolfram Cremer　　　Art. 87-89, 226-229, 230-233, 235, 238,
Wissenschaftlicher Assistent　　　239, 241 EGV
Universität Rostock

Prof. Dr. Astrid Epiney, LL.M.　　　Art. 12, 13, 28-31 EGV
Université de Fribourg

Prof. Dr. Ulrich Häde　　　Art. 4, 8, 98-124 EGV
Europa-Universität Viadrina
Frankfurt (Oder)

Dr. Michael J. Hahn, LL.M. (Michigan)　　　Art. 131-134 EGV
Wissenschaftlicher Assistent
Universität des Saarlandes, Saarbrücken

Dr. Christian H.A. Jung, LL.M. (S.M.U./　　　Art. 16, 70-80, 83-86 EGV
Dallas)
Rechtsanwalt
Becker Büttner Held, Berlin

Prof. Dr. Wolfgang Kahl, M.A.　　　Art. 10, 14, 15, 94-97 EGV
Justus-Liebig-Universität Gießen

Axel Kallmayer　　　Art. 157, 163-173, 246-248, 282, 283,
Rechtsanwalt　　　291 EGV
Freshfields Bruckhaus Deringer,
Düsseldorf

Priv.-Doz. Dr. Thorsten Kingreen　　　Art. 6 Abs. 1 und 2 EUV, Art. 285, 286,
Wissenschaftlicher Assistent　　　295 EGV
Westfälische Wilhelms-Universität,
Münster

Prof. Dr. Winfried Kluth　　　Art. 7 EUV, Art. 17-22, 49-55, 189-201,
Martin-Luther-Universität　　　250-252, 309 EGV
Halle-Wittenberg

Bearbeiterverzeichnis

Dr. Sebastian Krebber, LL.M. (Georgetown) Wissenschaftlicher Assistent, Universität Trier	Art. 125-130, 136-150 EGV
Prof. Dr. Adelheid Puttler, LL.M. (Chicago), diplômée de l'E.N.A. Ruhr-Universität Bochum	Art. 6 Abs. 3 und 4 EUV, Art. 158-162 EGV
Dr. Matthias Rossi Wissenschaftlicher Assistent, Humboldt-Universität zu Berlin	Art. 9, 266, 267, 308 EGV
Priv.-Doz. Dr. Matthias Ruffert Universität Trier	Art. 43-45 EUV, Art. 11, 11a, 211-219, 249, 254, 256, 288, 313, 314 EGV
Dr. Kirsten Schmalenbach Wissenschaftliche Assistentin, Universität zu Köln	Art. 177-188, 299, 300, 302-307, 310–312 EGV
Oliver Suhr, LL.M.Eur. Staatskanzlei des Saarlandes, Saarbrücken	Art. 257-265 EGV
Dr. Gereon Thiele Verwaltungsrat, Generaldirektion Landwirtschaft der Europäischen Kommission, Brüssel	Art. 32-38 EGV
Dr. Jörg Ukrow, LL.M.Eur. Regierungsdirektor Staatskanzlei des Saarlandes, Saarbrücken	Art. 2, 3, 154-156, 281 EGV
Dr. Christian Waldhoff Ludwig-Maximilians-Universität München	Art. 23-27, 90-93, 135, 268-280 EGV
Dr. Bernhard W. Wegener, M.A.E.S. (Brügge) Wissenschaftlicher Assistent Universität Bielefeld	Art. 220-225a, 229a, 234, 236, 237, 240, 242-245, 255, 284, 287, 292, 296 EGV
Priv.-Doz. Dr. Wolfgang Weiß Universität Bayreuth	Art. 81, 82 EGV
Dr. Johannes Christian Wichard, LL.M. (Harvard) World Intellectual Property Organization, Genf	Art. 4, 5 EUV, Art. 1, 152, 153, 202-210, 289, 290 EGV

Abkürzungsverzeichnis

a.A.	anderer Ansicht
a.a.O.	am angegebenen Orte
Abk.	Abkommen
abl.	ablehnend
ABl.EG L/C	Amtsblatt der Europäischen Gemeinschaften, Teil L/Teil C
abw.	abweichend
AcP	Archiv für die civilistische Praxis
AdR	Ausschuß der Regionen
a.E.	am Ende
a.F.	alte(r) Fassung
AFDI	Annuaire français de droit international
AfP	Zeitschrift für Medien- und Kommunikationsrecht (vormals: Archiv für Presserecht)
AJIL	American Journal of International Law
AKP-Staaten	afrikanische, karibische und pazifische Staaten
Anh.	Anhang
Anm.	Anmerkung
AnwBl.	Anwaltsblatt
AöR	Archiv des öffentlichen Rechts
APuZ	Aus Politik und Zeitgeschichte
ARB	Assoziationsratsbeschluß
AR-Blattei	Arbeitsrecht-Blattei
ArbuR	Arbeit und Recht
ArchVR	Archiv des Völkerrechts
ARGE	Arbeitsgemeinschaft
Art.	Artikel
Aufl.	Auflage
ausf.	ausführlich
BAnz.	Bundesanzeiger
BAT	Bundes Angestelltentarifvertrag
BayVBl.	Bayerische Verwaltungsblätter
B	Koordinierte Verfassung Belgiens vom 17. Februar 1994
BB	Der Betriebs-Berater
BBankG	Gesetz über die Deutsche Bundesbank
Bd.	Band
Bearb.	Bearbeiter(in)
bearb.	bearbeitet
Bek.	Bekanntmachung
BetrAVG	Betriebliche Altersversorgung
BFH	Bundesfinanzhof
BGBl.	Bundesgesetzblatt
BGH	Bundesgerichtshof
BIP	Bruttoinlandsprodukt
BKA	Bundeskriminalamt
BRAK-Mitt.	Mitteilungen der Bundesrechtsanwaltskammer
BR-Drs.	Bundesratsdrucksache
BSB	Beschäftigungsbedingungen für die sonstigen Bediensteten der Gemeinschaften
BSP	Bruttosozialprodukt

Abkürzungsverzeichnis

BStatG	Gesetz über die Statistik für Bundeszwecke vom 22. Januar 1987
BTag	Bundestag
BT-Drs.	Bundestagsdrucksache
Bull. BReg	Bulletin des Presse- und Informationsdienstes der Bundesregierung
Bull.EG	Bulletin der Europäischen Gemeinschaft
BVerfG	Bundesverfassungsgericht
C.D.E.	Cahiers de droit européen
C.M.L.R.	Common Market Law Reports
CMLRev.	Common Market Law Review
COREU	Vereinfachtes schriftliches Verfahren im Rahmen der GASP (Art. 8 Abs. 4 GO Rat
Crim.L.R.	Criminal Law Review
DB	Der Betrieb
ders.	derselbe
d.h.	das heißt
dies.	dieselbe(n)
DIW	Deutsches Institut für Wirtschaftsforschung
DK	Verfassung des Königreiches Dänemark vom 5. Juni 1953
Dok.	Dokument
Dok. KOM	Dokument der Europäischen Kommission (zumeist als Microfiche erhältlich)
Dok. SEK	Dokument der Europäischen Kommission (Kabinettsvorlage; zumeist als Microfiche erhältlich)
DÖD	Der öffentliche Dienst
DÖV	Die öffentliche Verwaltung
DR	Décisions et rapports/Decisions and Reports (Spruchpraxis der Europäischen Kommission für Menschenrechte)
DRdA	Das Recht der Arbeit
DRV	Deutsche Rentenversicherung
DStR	Deutsches Steuerrecht
DStZ	Deutsche Steuer-Zeitung
DuD	Datenschutz und Datensicherung
DÜ	Dubliner Übereinkommen
DVBl.	Deutsches Verwaltungsblatt
DVO-ZK	Durchführungsverordnung zum Zollkodex
DVZ	Deutsche Verkehrszeitung
DZWir	Deutsche Zeitschrift für Wirtschaftsrecht
EA	Europa Archiv
EAGFL	Europäischer Ausrichtungs- und Garantiefonds für die Landwirtschaft
EAGV	Vertrag zur Gründung der Europäischen Atomgemeinschaft
E.C.L.R	European Competition Law Review
ECU	European Currency Unit
EEA	Einheitliche Europäische Akte
EEF	Europäischer Entwicklungsfonds
E.E.L.R.	European Environmental Law Review
EFG	Entscheidungen der Finanzgerichte
EFRE	Europäischer Fonds für Regionale Entwicklung
EFTA	European Free Trade Association
EFWZ	Europäischer Fonds für währungspolitische Zusammenarbeit
EFZG	Entgeltfortzahlungsgesetz
EGen	Europäische Gemeinschaften

Abkürzungsverzeichnis

EGKSV	Vertrag über die Gründung der Europäischen Gemeinschaft für Kohle und Stahl
EGV	Vertrag zur Gründung der Europäischen Gemeinschaft
EJIL	European Journal of International Law
EJML	European Journal of Migration and Law
EIB	Europäische Investitionsbank
ELRev.	European Law Review
EMRK	Europäische Konvention für Menschenrechte
EMS	European Monetary System
EMU	European Monetary Union
endg.	endgültig (Zusatz zu Dok. KOM und Dok. SEK)
engl.	englisch
EP	Europäisches Parlament
EPA	Europäische Polizeiakademie
E.P.I.L.	Encyclopedia of Public International Law
ER	Europäischer Rat
ESF	Europäischer Sozialfonds
ESVG	Europäisches System Volkswirtschaftlicher Gesamtrechnungen
ESZB	Europäisches System der Zentralbanken
ET	European Taxation
et	Energiewirtschaftliche Tagesfragen
EU	Europäische Union
EuArch	Europa-Archiv
EUDUR	Handbuch zum europäischen und deutschen Umweltrecht
EuG	Gericht erster Instanz der Europäischen Gemeinschaften
EuGH	Gerichtshof der Europäischen Gemeinschaften
EuGMR	Europäischer Gerichtshof für Menschenrechte
EuGRZ	Europäische Grundrechtezeitschrift
EuKommMR	Europäische Kommission für Menschenrechte
EuR	Europarecht
EuRH	Europäischer Rechnungshof
EuropolÜ	Europol-Übereinkommen
EUV	Vertrag über die Europäische Union
EuZW	Europäische Zeitschrift für Wirtschaftsrecht
EVertr.	Einigungsvertrag
EVStL	Evangelisches Staatslexikon
EWF	Europäischer Währungsfonds
EWG	Europäische Wirtschaftsgemeinschaft
EWGV	Vertrag zur Gründung der Europäischen Wirtschaftsgemeinschaft
EWI	Europäisches Währungsinstitut
EWS	Europäisches Währungssystem/Europäisches Wirtschafts- und Steuerrecht
EWWU	Europäische Wirtschafts- und Währungsunion
EZB	Europäische Zentralbank
F	Verfassung der Republik Frankreich vom 4. Oktober 1958
f./ff.	folgende Seite(n)
FAO	Ernährungs- und Landwirtschaftsorganisation der VN
F.A.Z.	Frankfurter Allgemeine Zeitung
FG	Festgabe
FIAF	Finanzinstrument für die Ausrichtung der Fischerei
FIDE	Fédération Internationale pour le Droit Européen
FILJ	Fordham International Law Journal

Abkürzungsverzeichnis

Fn.	Fußnote
FR	Finanz-Rundschau
frz.	französisch
FS	Festschrift
G.	Gutachten
GA	Generalanwalt
GAP	Gemeinsame Agrarpolitik
GASP	Gemeinsame Außen- und Sicherheitspolitik
GATS	General Agreement on Trade and Services
GATT	General Agreement on Tariffs and Trade, Allgemeines Zoll- und Handelsabkommen vom 30. 10. 1947
GewArch	Gewerbearchiv
GFK	Genfer Flüchtlingskonvention
GFP	Gemeinsame Fischereipolitik
GMO	Gemeinsame Marktorganisation(en)
GO AdR	Geschäftsordnung des Ausschusses der Regionen
GO EP	Geschäftsordnung des Europäischen Parlaments
GO Kom	Geschäftsordnung der Kommission
GO Rat	Geschäftsordnung des Rates
GO WSA	Geschäftsordnung des Wirtschafts- und Sozialausschusses
GG	Grundgesetz
ggf.	gegebenenfalls
GR	Verfassung der Republik Griechenland vom 11. Juni 1975
GRCh	Charta der Grundrechte der Europäischen Union
GRUR Int.	Gewerblicher Rechtsschutz und Urheberrecht, Internationaler Teil
GS	Gedächtnisschrift
GU	Gemeinschaftsunternehmen
GVO	Gruppenfreistellungsverordnung
G.Y.I.L.	German Yearbook of International Law
GZT	Gemeinsamer Zolltarif
Hb. UmwR	Handbuch des Umweltrechts, hrsg. v. Steffen Himmelmann u. a., München, Loseblatt, Stand: Jan. 1998
HER	Handbuch des Europäischen Rechts
HFR	Höchstrichterliche Finanzrechtsprechung
HILJ	Harvard International Law Journal
HO	Haushaltsordnung
h.M.	herrschende Meinung
H.R.L.J.	Human Rights Law Journal
Hrsg.	Herausgeber
Hs.	Halbsatz
HStR	Isensee/Kirchhof (Hrsg.), Handbuch des Staatsrechts, 1987 ff.
HZA	Hauptzollamt
I	Verfassung der Republik Italien vom 27. Dezember 1947
I.C.L.Q.	International and Comparative Law Quarterly
i.d.F.	in der Fassung
i.d.R.	in der Regel
i. Erg.	im Ergebnis
i.e.S.	im engeren Sinne
IGH	Internationaler Gerichtshof
I.L.M.	International Legal Materials
ILO	International Labour Organisation
Industrial L.J.	Industrial Law Journal

Abkürzungsverzeichnis

InfAuslR	Informationsbrief Ausländerrecht
Int.	Integration, Vierteljahreszeitschrift des Instituts für Europäische Politik
intertax	International Tax Review
IPRax	Praxis des internationalen Privat- und Verfahrensrechts
IR	Verfassung der Republik Irland vom 1. Juli 1937
i.S.d.	im Sinne des/der
IStR	Internationales Steuerrecht
i.S.v.	im Sinne von
IUR	Informationsdienst Umweltrecht
i.V.m.	in Verbindung mit
IWF	Internationaler Währungsfonds
i.w.S.	im weiteren Sinne
JA	Juristische Arbeitsblätter
Jb.	Jahrbuch
JBl.	Juristische Blätter
Jb.UTR	Jahrbuch des Umwelt- und Technikrechts
JCMS	Journal of Common Market Studies
JCP éd. E	Juris Classeur Périodique (la semaine juridique), édition Entreprise
J.E.L.	Journal of Enviromental Law
JIR	Jahrbuch für Internationales Recht
JöR nF	Jahrbuch des öffentlichen Rechts (neue Folge)
JR	Juristische Rundschau
Jura	Juristische Ausbildung
JuS	Juristische Schulung
JWT	Journal of World Trade
JZ	Juristenzeitung
KJ	Kritische Justiz
KMU	Kleine und mittlere Unternehmen
KOM	s. Dok. KOM
Kreditwesen	Zeitschrift für das gesamte Kreditwesen
KritV	Kritische Vierteljahresschrift für Gesetzgebung und Rechtswissenschaft
KSE	Kölner Schriften zum Europarecht
L	Verfassung des Großherzogtums Luxemburg vom 17. Oktober 1868
LA	Liber Amicorum
LFZG	Lohnfortzahlungsgesetz
li.Sp.	linke Spalte
LIEI	Legal Issues of European Integration
lit.	Buchstabe
Losebl.	Loseblattsammlung
L.Q.R.	Law Quarterly Review
Ls.	Leitsatz
MDR	Monatsschrift für Deutsches Recht
m.E.	meines Erachtens
M.L.R.	Modern Law Review
Mich. JIL	Michigan Journal of International Law
Mio.	Millionen
M.L.Rev.	Michigan Law Review
MOG	Gesetz zur Durchführung der Gemeinsamen Marktorganisationen
Mrd.	Milliarden

Abkürzungsverzeichnis

MünchArbR	Münchener Handbuch zum Arbeitsrecht
MünchKomm	Münchener Kommentar zum Bürgerlichen Gesetzbuch
MR-F	Erklärung der Menschen- und Bürgerrechte vom 26. August 1789
m.w.N.	mit weiteren Nachweisen
Nds VBl.	Niedersächsische Verwaltungsblätter
n.F.	neue Fassung
NGO	Non-governmental Organization
NJ	Neue Justiz
NJW	Neue Juristische Wochenschrift
NKES	Nomos-Kommentar für Sozialrecht
NL	Verfassung des Königreiches der Niederlande vom 17 Februar 1983
N.L.J.	New Law Journal
n.n.i.Slg.	noch nicht in Slg.
NQHR	Netherlands Quaterly of Human Rights
Nr.	Nummer
NuR	Natur und Recht
NVwZ	Neue Zeitschrift für Verwaltungsrecht
NVwZ-RR	Neue Zeitschrift für Verwaltungsrecht – Rechtsprechungsreport
NWVBl.	Nordrhein-Westfälische Verwaltungsblätter
NZA	Neue Zeitschrift für Arbeitsrecht
NZA-RR	Neue Zeitschrift für Arbeitsrecht Rechtsprechungs-Report
NZS	Neue Zeitschrift für Sozialrecht
NZWehrR	Neue Zeitschrift für Wehrrecht
ÖBA	Österreichisches Bank-Archiv
OECD	Organization for Economic Cooperation and Development (Organisation für Wirtschaftliche Zusammenarbeit und Entwicklung; Übereinkommen vom 14.12.1960)
ÖJZ	Österreichische Juristenzeitung
oK	organisierte Kriminalität
ÖstZ	Österreichische Steuerzeitung
OLAF	Office européen de lutte antifraude – Europäisches Amt für Betrugsbekämpfung
ORDO	Jahrbuch für die Ordnung von Wirtschaft und Gesellschaft
OSZE	Organisation für Sicherheit und Zusammenarbeit in Europa
P	Verfassung der Republik Portugal vom 2. April 1976
Para.	Paragraph
PJZS	Polizeiliche und justitielle Zusammenarbeit in Strafsachen
Pr. Nr. 7	Protokoll Nr. 7 zur Konvention zum Schutze der Menschenrechte und Grundfreiheiten vom 22. November 1984
PR IV-F	Präambel der Verfassung der französischen Republik vom 27. Oktober 1946
R	Référé (vorläufiger Rechtsschutz)
RabelsZ	Rabels Zeitschrift für ausländisches und internationales Privatrecht
RdA	Recht der Arbeit
RdC	Recueil des Cours
RDE	Revere de droit des étrangers
R.D.I.	Revue de droit international
RdJB	Recht der Jugend und des Bildungswesens
RDP	Revue du droit public et de la science politique en France et à l'etranger
RDS	Recueil Dalloz Sirey
re.Sp.	rechte Spalte

Abkürzungsverzeichnis

Rec.	Recueil (Lebon) des décisions du Conseil d'État
REDP/ERPL	Revue Européenne de Droit Public/European Review of Public Law
R.F.D.A.	Revue française de droit administratif
RiA	Recht im Amt
RL	Richtlinie
RIDL	Rivista italiana di diritto del lavoro
Riv. dir. eur.	Rivista di diritto europeo
RIW	Recht der Internationalen Wirtschaft
R.M.C.	Revue du Marché commun et de l'Union européenne
Rn.	Randnummer(n)
Rs.	Rechtssache
Rspr.	Rechtsprechung
R.T.D.E.	Revue trimesterielle de droit européen
RuP	Recht und Politik
R.U.D.H.	Revue universelle des droits de l'homme
S	Verfassung des Königreiches Schweden vom 1. Januar 1975
S.	Seite/Satz/siehe
SAE	Sammlung Arbeitsrechtlicher Entscheidungen
SAL	Sonderausschuß Landwirtschaft
Schlußantr.	Schlußanträge
SchProt	Protokoll zum Amsterdamer Vertrag zur Einbeziehung des Schengen-Besitzstandes in den Rahmen der Europäischen Union
SDÜ	Schengener Durchführungsübereinkommen
S.E.W.	Sociaal-economisch wetgeving
SF	Finnische Regierungsform vom 17. Juli 1919
SGb	Die Sozialgerichtsbarkeit
SIS	Schengener Informationssystem
Slg.	Amtliche Sammlung der Entscheidungen des EuGH
sog.	sogenannte
SozAbk	Abkommen zwischen den Mitgliedstaaten der Europäischen Gemeinschaft mit Ausnahme des Vereinigten Königreichs Großbritannien und Nordirland über die Sozialpolitik
SP	Verfassung des Königreiches Spanien vom 29. Dezember 1978
Sp.	Spalte
Spstr.	Spiegelstrich
SpuRt	Zeitschrift für Sport und Recht
st.Rspr.	ständige Rechtsprechung
str.	streitig
StuSt.	Steuer und Studium
StuW	Steuer und Wirtschaft
StWuStP	Staatswissenschaften und Staatspraxis
SWI	Steuer und Wirtschaft International
SZIER	Schweizerische Zeitschrift für Internationales und Europäisches Recht
TA	Technische Anleitung
ThürVBl.	Thüringer Verwaltungsblätter
T.L.R.	The Times Law Reports
TranspR	Transportrecht
TVG	Tarifvertragsgesetz
UAbs.	Unterabsatz
UEF	Union Européenne des Fédéralistes
ÜLG	Überseeische Länder und Gebiete

Abkürzungsverzeichnis

UN	United Nations (Vereinte Nationen)
UPR	Umwelt- und Planungsrecht
UR	Umsatzsteuer-Rundschau
UTR	Umwelt- und Technikrecht
UVP	Umweltverträglichkeitsprüfung
verb.	verbunden
Verb. Rs.	Verbundene Rechtssachen
VerfO	Verfahrensordnung des Gerichtshofes der Europäischen Gemeinschaften
VerwArch	Verwaltungsarchiv
vgl.	vergleiche
VMEU	Verwaltung von Mostar durch die Europäische Union
VO	Verordnung der EG
VR	Verwaltungsrundschau
VSSR	Vierteljahresschrift für Sozialrecht
VU	Versäumnisurteil
VVDStRL	Veröffentlichungen der Vereinigung Deutscher Staatsrechtslehrer
VwGO	Verwaltungsgerichtsordnung
WB	Bericht der EG-Kommission über die Wettbewerbspolitik
WC	World Competition
WEU	Westeuropäische Union
WHG	Wasserhaushaltsgesetz
WissR	Wissenschaftsrecht, Wissenschaftsverwaltung, Wissenschaftsförderung
WiSt.	Wirtschaft und Studium
WiST	Wirtschaftswissenschaftliches Studium
WiVerw	Wirtschaft und Verwaltung
WM	Wertpapiermitteilungen
WRP	Wettbewerb in Recht und Praxis
WSA	Wirtschafts- und Sozialausschuß
WTO	World Trade Organization
WÜV, WVRK	Wiener Vertragsrechtskonvention
WuR	Wirtschaft und Recht
WWU	Wirtschafts- und Währungsunion
Y.E.L.	Yearbook of European Law
ZaöRV	Zeitschrift für ausländisches öffentliches Recht und Völkerrecht
ZAR	Zeitschrift für Ausländerrecht und Ausländerpolitik
ZAS	Zeitschrift für Arbeitsrecht und Sozialrecht
ZAU	Zeitschrift für angewandte Umweltforschung
z.B.	zum Beispiel
ZBB	Zeitschrift für Bankrecht und Bankwirtschaft
ZBIJ	Zusammenarbeit in den Bereichen Inneres und Justiz
ZEuP	Zeitschrift für Europäisches Privatrecht
ZEuS	Zeitschrift für Europarechtliche Studien
ZfA	Zeitschrift für Arbeitsrecht
ZFIS	Zeitschrift für Innere Sicherheit
ZfRV	Zeitschrift für Rechtsvergleichung
ZfS	Zeitschrift für Sozialreform
ZfSH/SGB	Zeitschrift für Sozialhilfe und Sozialgesetzbuch
ZfW	Zeitschrift für Wirtschaftspolitik
ZfZ	Zeitschrift für Zölle und Verbrauchsteuern
ZG	Zeitschrift für Gesetzgebung

Abkürzungsverzeichnis

ZGR	Zeitschrift für Gesellschaftsrecht
ZgStW	Zeitschrift für die gesamten Staatswissenschaften
ZHR	Zeitschrift für das gesamte Handels- und Wirtschaftsrecht
ZIAS	Zeitschrift für ausländisches und internationales Arbeits- und Sozialrecht
ZIP	Zeitschrift für Wirtschaftsrecht und Insolvenzpraxis
Ziff.	Ziffer
ZK	Zollkodex
ZLR	Zeitschrift für Lebensmittelrecht
ZÖR	Zeitschrift für öffentliches Recht
ZP	Zusatzprotokoll zur Konvention zum Schutze der Menschenrechte und Grundfreiheiten vom 20. März 1952
ZParl	Zeitschrift für Parlamentsfragen
ZRP	Zeitschrift für Rechtspolitik
ZSchwR	Zeitschrift für Schweizerisches Recht
ZSR	Zeitschrift für Schweizerisches Recht/Zeitschrift für Sozialrecht
ZStW	Zeitschrift für die gesamten Strafrechtswissenschaften
ZTR	Zeitschrift für Tarifrecht
ZUR	Zeitschrift für Umweltrecht
ZVglRWiss	Zeitschrift für vergleichende Rechtswissenschaft; Archiv für internationales Wirtschaftrecht
ZWS	Zeitschrift für Wirtschafts- und Sozialwissenschaften
z.Zt.	zur Zeit

Verzeichnis abgekürzt zitierter Literatur

A. M. Arnull/A. A. Dashwood/M. G. Ross/D.A. Wyatt, European Union Law, 4. Aufl., London 2000 (zit.: *Wyatt/ Dashwood*, EU-Law)
B. Beutler/R. Bieber/J. Pipkorn/J. Streil, Die Europäische Union – Rechtsordnung und Politik, 5. Aufl., 2001 (zit.: *BBPS*)
A. Bleckmann, Europarecht, 6. Aufl., 1997 (zit.: *Bleckmann*, Europarecht)
K. D. Borchardt, Die rechtlichen Grundlagen der Europäischen Union, Tübingen, 1996 (zit.: *Borchardt*, Grundlagen)
Commentaire J. Mégret, Le Droit de la CE et de l'Union Européenne, Brüssel 1990–2000 (zit.: *Bearbeiter*, in: Commentaire J. Mégret)
L.-J. Constantinesco, Das Recht der Europäischen Gemeinschaften, Band I: Das institutionelle Recht, 1977 (zit.: *L.-J. Constantinesco*, EG I)
V. Constantinesco/J.-P, Jacqué/R. Kovar/D. Simon, Traité instituant la C.E.E. Commentaire article par article, Paris 1992 (zit.: *Constantinesco/Jacqué/Kovar/Simon*, TCE)
V. Constantinesco/R. Kovar/D. Simon, Traité sur l'Union européenne. Commentaire article par article, Paris 1995 (zit.: *Constantinesco/Kovar/Simon*, TUE)
M. Dauses (Hrsg.), Handbuch des EU-Wirtschaftsrechts, Loseblattsammlung, Stand: 05/2001 (zit.: *Bearbeiter*, in: Hb.EUWirtR)
R. Dolzer, (Hrsg.), Kommentar zum Bonner Grundgesetz, Loseblattsammlung, Stand: 05/98, Heidelberg (zit.: *Bearbeiter*, in: Bonner Kommentar)
H. Dreier (Hrsg.), Grundgesetz, Kommentar, Tübingen, Band I 1996, Band II 1998 (zit.: *Bearbeiter*, in: Dreier (Hrsg.), GG)
C.-D. Ehlermann/R. Bieber (Hrsg.), Handbuch des Europäischen Rechts, Loseblattsammlung, Baden-Baden, Stand: 12/01 (zit.: *Bearbeiter*, in: HER)
F. Emmert, Europarecht, München, 1996 (zit.: *Emmert*, Europarecht)
H. G. Fischer, Europarecht, 3. Aufl., München, 2001 (zit.: *Fischer*, Europarecht)
J. A. Frowein/W. Peukert, Europäische Menschenrechtskonvention, Kommentar, Kehl/Straßburg/Arlington, 2. Aufl., 1996 (zit.: *Bearbeiter*, in: Frowein/Peukert, EMRK)
R. Geiger, Kommentar zum EG-Vertrag, 3. Aufl., München 2000 (zit.: *Geiger*, EGV)
E. Grabitz/M. Hilf (Hrsg.), Kommentar zur Europäischen Union, Loseblattsammlung, München, Stand: 05/01 (zit.: *Bearbeiter*, in: Grabitz/Hilf, EU)
H. von der Groeben/J. Thiesing/C.-D. Ehlermann (Hrsg.), Kommentar zum EWG-Vertrag, 4. Aufl., Baden-Baden, 1991 (zit.: *Bearbeiter*, in: GTE, EWGV)
H. von der Groeben/J. Thiesing/C.-D. Ehlermann (Hrsg.), Kommentar zum EU-/EG-Vertrag, 5. Aufl., Baden-Baden, 1997 ff., (zit.: *Bearbeiter*, in: GTE, EU-/EGV)
K. Hailbronner/E. Klein/S. Magiera/P.-C. Müller-Graff (Hrsg.), Handkommentar zum EU-Vertrag, Loseblattsammlung, Köln, Stand: 11/98 (zit.: *Bearbeiter*, in: HK-EUV)
T. C. Hartley, The Foundations of European Community Law, 4. Aufl., Oxford, 1998 (zit.: *Hartley*, EC-Law)
M. Herdegen, Europarecht, 3. Aufl., München, 2001 (zit.: *Herdegen*, Europarecht)
P. M. Huber, Recht der Europäischen Integration, 1996 (zit.: *Huber*, Integration)
H.-P. Ipsen, Europäisches Gemeinschaftsrecht, Tübingen, 1972 (zit.: *Ipsen*, EG-Recht)
G. Isaac, Droit communautaire général, 7. Aufl., Paris u.a., 1999 (zit.: *Isaac*, Droit communautaire)
H. D. Jarass/B. Pieroth, Grundgesetz für die Bundesrepublik Deutschland, 5. Aufl., München, 2000 (zit.: *Bearbeiter*, in: Jarass/Pieroth, GG)
P. J. G. Kapteyn/P. VerLoren van Themaat, Introduction to the Law of the European Communities, 3. Aufl., Deventer, 1998 (zit. *Kapteyn/VerLoren van Themaat*, EC-Law)

Verzeichnis abgekürzt zitierter Literatur

W. *Kilian,* Europäisches Wirtschaftsrecht, München, 1996

C. *Koenig/A. Haratsch,* Einführung in das Europarecht, 3. Aufl., Tübingen, 2000 (zit.: *Koenig/Haratsch,* Einführung)

D. *Lasok/J. W. Bridge,* Law and Institutions of the European Communities, 7. Aufl., London, 2001 (zit. *Lasok/Bridge,* EC-Law)

C.-O. *Lenz* (Hrsg.), Kommentar zu dem Vertrag zur Gründung der Europäischen Gemeinschaften, 2. Aufl., 1999 (zit.: *Bearbeiter,* in: Lenz, EGV)

Th. *Maunz/G. Dürig* (Hrsg.) Grundgesetz, Loseblatt, Stand: 12/01, München (zit.: *Bearbeiter,* in: Maunz/Dürig, GG)

J. *Mégret/M. Waelbroeck/J.-V. Louis/D. Vignes/J.-L. Dewost,* Le droit de la Communauté Économique Européenne, Brüssel 1970–1987. (zit.: *MWLVD,* CEE)

I. *von Münch/P. Kunig* (Hrsg.) Grundgesetz-Kommentar, Band I, 5. Aufl. 2000, Band II, 5. Aufl. 2001, jeweils München (zit.: *Bearbeiter,* in: von Münch/Kunig, GG, Band)

G. *Nicolaysen,* Europarecht, Band 1: Baden-Baden 1991; Band 2: Das Wirtschaftsrecht im Binnenmarkt, Baden-Baden, 1996 (zit.: *Nicolaysen,* Europarecht I/II)

T. *Oppermann,* Europarecht, 2. Aufl., München, 1999 (zit.: *Oppermann,* Europarecht)

M. *Pechstein/C. Koenig,* Die Europäische Union, 3. Aufl., Tübingen, 2000 (zit.: *Pechstein/Koenig,* EU)

H.-W. *Rengeling/A. Middeke/M. Gellermann,* Rechtsschutz in der Europäischen Union. Durchsetzung des Gemeinschaftsrechts vor europäischen und deutschen Gerichten, München 1994 (zit.: *Rengeling/Middeke/Gellermann,* Rechtsschutz in der EU)

M. *Röttinger/C. Weyringer,* Handbuch der europäischen Integration, 2. Aufl., Wien, 1996 (zit.: *Röttinger/Weyringer,* Handbuch)

M. *Sachs* (Hrsg.), Grundgesetz, Kommentar, 2. Aufl., München 1999, (zit.: *Bearbeiter,* in: Sachs (Hrsg.), GG

J. *Schwarze,* Europäisches Verwaltungsrecht, Baden-Baden, 1988 (zit.: *Schwarze,* EuVerwR I/II

ders. (Hrsg.), EU-Kommentar, 2000 (zit.: *Bearbeiter,* in: Schwarze, EU-Kommentar)

H. G. *Schermers,* Judicial Protection in the European Communities, 5. Auflage, 1992 (zit. *Schermers,* Protection)

M. *Schweitzer/W. Hummer,* Europarecht, 5. Aufl. 1996 (zit.: *Schweitzer/Hummer,* Europarecht)

R. *Streinz,* Europarecht, 5. Aufl. 2001 (zit.: *Streinz,* Europarecht)

J. *Verhoeven,* Droit de la Communauté Européenne, 2. Aufl. 2001 (zit.: *Verhoeven,* Droit-CE)

S. *Weatherill/P. Beaumont,* EU Law, 3. Aufl., London 1999 (zit.: *Weatherill/Beaumont,* EU-Law)

E. *Wohlfarth/U. Everling/H.-J. Glaesner/R. Sprung* (Hrsg.), Die Europäische Wirtschaftsgemeinschaft, Kommentar, Berlin u.a., 1960 (zit.: *Bearbeiter,* in: W/E/G/S, EWG)

Vergleichstabelle: Maastricht – Amsterdam – Nizza

Vergleichstabelle zum Vertragstext EUV

Durch den Vertrag von Nizza geänderte bzw. eingefügte Artikel sind kursiv gedruckt

Alte Numerierung (Maastricht)	Neue Numerierung (Amsterdam und Nizza)	Alte Numerierung (Maastricht)	Neue Numerierung (Amsterdam und Nizza)
Titel I	Titel I		*Artikel 27e****
Artikel A	Artikel 1	Artikel J.18	Artikel 28
Artikel B	Artikel 2	Titel VI**	Titel VI
Artikel C	Artikel 3	Artikel K.1	*Artikel 29*
Artikel D	Artikel 4	Artikel K.2	Artikel 30
Artikel E	Artikel 5	Artikel K.3	*Artikel 31*
Artikel F	Artikel 6	Artikel K.4	Artikel 32
Artikel F.1*	*Artikel 7*	Artikel K.5	Artikel 33
Titel II	Titel II	Artikel K.6	Artikel 34
Artikel G	Artikel 8	Artikel K.7	Artikel 35
Titel III	Titel III	Artikel K.8	Artikel 36
Artikel H	Artikel 9	Artikel K.9	Artikel 37
Titel IV	Titel IV	Artikel K.10	Artikel 38
Artikel I	Artikel 10	Artikel K.11	Artikel 39
Titel V**	Titel V	Artikel K.12	*Artikel 40*
Artikel J.1	Artikel 11		*Artikel 40a****
Artikel J.2	Artikel 12		*Artikel 40b****
Artikel J.3	Artikel 13	Artikel K.13	Artikel 41
Artikel J.4	Artikel 14	Artikel K.14	Artikel 42
Artikel J.5	Artikel 15	Titel VIa**	Titel VII
Artikel J.6	Artikel 16	Artikel K.15*	*Artikel 43*
Artikel J.7	*Artikel 17*		*Artikel 43a****
Artikel J.8	Artikel 18		*Artikel 43b****
Artikel J.9	Artikel 19	Artikel K.16*	*Artikel 44*
Artikel J.10	Artikel 20		*Artikel 44a****
Artikel J.11	Artikel 21	Artikel K.17*	*Artikel 45*
Artikel J.12	Artikel 22	Titel VII	Titel VIII
Artikel J.13	*Artikel 23*	Artikel L	*Artikel 46*
Artikel J.14	*Artikel 24*	Artikel M	Artikel 47
Artikel J.15	*Artikel 25*	Artikel N	Artikel 48
Artikel J.16	Artikel 26	Artikel O	Artikel 49
Artikel J.17	Artikel 27	Artikel P	Artikel 50
	Artikel 27a***	Artikel Q	Artikel 51
	Artikel 27b***	Artikel R	Artikel 52
	Artikel 27c***	Artikel S	Artikel 53
	Artikel 27d***		

* Neuer Artikel, eingefügt durch den Vertrag von Amsterdam (1997).
** Neuer Titel, eingefügt durch den Vertrag von Amsterdam.
*** Neuer Artikel, eingefügt durch den Vertrag von Nizza.

Vergleichstabelle: Maastricht – Amsterdam – Nizza

Vergleichstabelle zum Vertragstext EGV

Durch den Vertrag von Nizza geänderte bzw. eingefügte Artikel sind kursiv gedruckt

Alte Numerierung (Maastricht)	Neue Numerierung (Amsterdam und Nizza)	Alte Numerierung (Maastricht)	Neue Numerierung (Amsterdam und Nizza)
Erster Teil	Erster Teil	Artikel 18 (aufgehoben)	–
Artikel 1	Artikel 1	Artikel 19 (aufgehoben)	–
Artikel 2	Artikel 2	Artikel 20 (aufgehoben)	–
Artikel 3	Artikel 3	Artikel 21 (aufgehoben)	–
Artikel 3a	Artikel 4	Artikel 22 (aufgehoben)	–
Artikel 3b	Artikel 5	Artikel 23 (aufgehoben)	–
Artikel 3c*	Artikel 6	Artikel 24 (aufgehoben)	–
Artikel 4	Artikel 7	Artikel 25 (aufgehoben)	–
Artikel 4a	Artikel 8	Artikel 26 (aufgehoben)	–
Artikel 4b	Artikel 9	Artikel 27 (aufgehoben)	–
Artikel 5	Artikel 10	Artikel 28	Artikel 26
Artikel 5a*	Artikel 11	Artikel 29	Artikel 27
	Artikel 11a***	Kapitel 2	Kapitel 2
Artikel 6	Artikel 12	Artikel 30	Artikel 28
Artikel 6a*	*Artikel 13*	Artikel 31 (aufgehoben)	–
Artikel 7 (aufgehoben)	–	Artikel 32 (aufgehoben)	–
Artikel 7a	Artikel 14	Artikel 33 (aufgehoben)	–
Artikel 7b (aufgehoben)	–	Artikel 34	Artikel 29
Artikel 7c	Artikel 15	Artikel 35 (aufgehoben)	–
Artikel 7d*	Artikel 16	Artikel 36	Artikel 30
Zweiter Teil	Zweiter Teil	Artikel 37	Artikel 31
Artikel 8	Artikel 17	Titel II	Titel II
Artikel 8a	*Artikel 18*	Artikel 38	Artikel 32
Artikel 8b	Artikel 19	Artikel 39	Artikel 33
Artikel 8c	Artikel 20	Artikel 40	Artikel 34
Artikel 8d	Artikel 21	Artikel 41	Artikel 35
Artikel 8e	Artikel 22	Artikel 42	Artikel 36
Dritter Teil	Dritter Teil	Artikel 43	Artikel 37
Titel I	Titel I	Artikel 44 (aufgehoben)	–
Artikel 9	Artikel 23	Artikel 45 (aufgehoben)	–
Artikel 10	Artikel 24	Artikel 46	Artikel 38
Artikel 11 (aufgehoben)	–	Artikel 47 (aufgehoben)	–
Kapitel 1	Kapitel 1	Titel III	Titel III
Abschnitt 1 (gestrichen)	–	Kapitel 1	Kapitel 1
Artikel 12	Artikel 25	Artikel 48	Artikel 39
Artikel 13 (aufgehoben)	–	Artikel 49	Artikel 40
Artikel 14 (aufgehoben)	–	Artikel 50	Artikel 41
Artikel 15 (aufgehoben)	–	Artikel 51	Artikel 42
Artikel 16 (aufgehoben)	–	Kapitel 2	Kapitel 2
Artikel 17 (aufgehoben)	–	Artikel 52	Artikel 43
Abschnitt 2 (gestrichen)	–	Artikel 53 (aufgehoben)	–

* Neuer Artikel, eingefügt durch den Vertrag von Amsterdam (1997).
*** Neuer Artikel, eingefügt durch den Vertrag von Nizza.

Vergleichstabelle: Maastricht – Amsterdam – Nizza

Alte Numerierung (Maastricht)	Neue Numerierung (Amsterdam und Nizza)	Alte Numerierung (Maastricht)	Neue Numerierung (Amsterdam und Nizza)
Artikel 54	Artikel 44	Artikel 77	Artikel 73
Artikel 55	Artikel 45	Artikel 78	Artikel 74
Artikel 56	Artikel 46	Artikel 79	Artikel 75
Artikel 57	Artikel 47	Artikel 80	Artikel 76
Artikel 58	Artikel 48	Artikel 81	Artikel 77
Kapitel 3	Kapitel 3	Artikel 82	Artikel 78
Artikel 59	Artikel 49	Artikel 83	Artikel 79
Artikel 60	Artikel 50	Artikel 84	Artikel 80
Artikel 61	Artikel 51	Titel V	Titel VI
Artikel 62 (aufgehoben)	–	Kapitel 1	Kapitel 1
Artikel 63	Artikel 52	Abschnitt 1	Abschnitt 1
Artikel 64	Artikel 53	Artikel 85	Artikel 81
Artikel 65	Artikel 54	Artikel 86	Artikel 82
Artikel 66	Artikel 55	Artikel 87	Artikel 83
Kapitel 4	Kapitel 4	Artikel 88	Artikel 84
Artikel 67 (aufgehoben)	–	Artikel 89	Artikel 85
Artikel 68 (aufgehoben)	–	Artikel 90	Artikel 86
Artikel 69 (aufgehoben)	–	Abschnitt 2 (gestrichen)	–
Artikel 70 (aufgehoben)	–	Artikel 91 (aufgehoben)	–
Artikel 71 (aufgehoben)	–	Abschnitt 3	Abschnitt 2
Artikel 72 (aufgehoben)	–	Artikel 92	Artikel 87
Artikel 73 (aufgehoben)	–	Artikel 93	Artikel 88
Artikel 73a (aufgehoben)	–	Artikel 94	Artikel 89
Artikel 73b	Artikel 56	Kapitel 2	Kapitel 2
Artikel 73c	Artikel 57	Artikel 95	Artikel 90
Artikel 73d	Artikel 58	Artikel 96	Artikel 91
Artikel 73e (aufgehoben)	–	Artikel 97 (aufgehoben)	–
Artikel 73f	Artikel 59	Artikel 98	Artikel 92
Artikel 73g	Artikel 60	Artikel 99	Artikel 93
Artikel 73h (aufgehoben)	–	Kapitel 3	Kapitel 3
Titel IIIa**	Titel IV	Artikel 100	Artikel 94
Artikel 73i*	Artikel 61	Artikel 100a	Artikel 95
Artikel 73j*	Artikel 62	Artikel 100b (aufgehoben)	–
Artikel 73k*	Artikel 63	Artikel 100c (aufgehoben)	–
Artikel 73l*	Artikel 64	Artikel 100d (aufgehoben)	–
Artikel 73m*	Artikel 65	Artikel 101	Artikel 96
Artikel 73n*	Artikel 66	Artikel 102	Artikel 97
Artikel 73o*	Artikel 67	Teil VI	Teil VII
Artikel 73p*	Artikel 68	Kapitel 1	Kapitel 1
Artikel 73q*	Artikel 69	Artikel 102a	Artikel 98
Titel IV	Titel V	Artikel 103	Artikel 99
Artikel 74	Artikel 70	Artikel 103a	*Artikel 100*
Artikel 75	Artikel 71	Artikel 104	Artikel 101
Artikel 76	Artikel 72	Artikel 104a	Artikel 102

* Neuer Artikel, eingefügt durch den Vertrag von Amsterdam (1997).
** Neuer Titel, eingefügt durch den Vertrag von Amsterdam.

Vergleichstabelle: Maastricht – Amsterdam – Nizza

Alte Numerierung (Maastricht)	Neue Numerierung (Amsterdam und Nizza)	Alte Numerierung (Maastricht)	Neue Numerierung (Amsterdam und Nizza)
Artikel 104b	Artikel 103	Artikel 118	*Artikel 137*
Artikel 104c	Artikel 104	Artikel 118a	Artikel 138
Kapitel 2	Kapitel 2	Artikel 118b	*Artikel 139*
Artikel 105	Artikel 105	Artikel 118c	Artikel 140
Artikel 105a	Artikel 106	Artikel 119	Artikel 141
Artikel 106	Artikel 107	Artikel 119a	Artikel 142
Artikel 107	Artikel 108	Artikel 120	Artikel 143
Artikel 108	Artikel 109	Artikel 121	*Artikel 144*
Artikel 108a	Artikel 110	Artikel 122	Artikel 145
Artikel 109	*Artikel 111*	Kapitel 2	Kapitel 2
Kapitel 3	Kapitel 3	Artikel 123	Artikel 146
Artikel 109a	Artikel 112	Artikel 124	Artikel 147
Artikel 109b	Artikel 113	Artikel 125	Artikel 148
Artikel 109c	Artikel 114	Kapitel 3	Kapitel 3
Artikel 109d	Artikel 115	Artikel 126	Artikel 149
Kapitel 4	Kapitel 4	Artikel 127	Artikel 150
Artikel 109e	Artikel 116	Titel IX	Titel XII
Artikel 109f	Artikel 117	Artikel 128	Artikel 151
Artikel 109g	Artikel 118	Titel X	Titel XIII
Artikel 109h	Artikel 119	Artikel 129	Artikel 152
Artikel 109i	Artikel 120	Titel XI	Titel XIV
Artikel 109j	Artikel 121	Artikel 129a	Artikel 153
Artikel 109k	Artikel 122	Titel XII	Titel XV
Artikel 109l	*Artikel 123*	Artikel 129b	Artikel 154
Artikel 109m	Artikel 124	Artikel 129c	Artikel 155
Titel VIa**	Titel VIII	Artikel 129d	Artikel 156
Artikel 109n*	Artikel 125	Titel XIII	Titel XVI
Artikel 109o*	Artikel 126	Artikel 130	*Artikel 157*
Artikel 109p*	Artikel 127	Titel XIV	Titel XVII
Artikel 109q*	Artikel 128	Artikel 130a	Artikel 158
Artikel 109r*	Artikel 129	Artikel 130b	*Artikel 159*
Artikel 109s*	Artikel 130	Artikel 130c	Artikel 160
Titel VII	Titel IX	Artikel 130d	*Artikel 161*
Artikel 110	Artikel 131	Artikel 130e	Artikel 162
Artikel 111 (aufgehoben)	–	Titel XV	Titel XVIII
Artikel 112	Artikel 132	Artikel 130f	Artikel 163
Artikel 113	*Artikel 133*	Artikel 130g	Artikel 164
Artikel 114 (aufgehoben)	–	Artikel 130h	Artikel 165
Artikel 115	Artikel 134	Artikel 130i	Artikel 166
Titel VIIa**	Titel X	Artikel 130j	Artikel 167
Artikel 116*	Artikel 135	Artikel 130k	Artikel 168
Titel VIII	Titel XI	Artikel 130l	Artikel 169
Kapitel 1****	Kapitel 1	Artikel 130m	Artikel 170
Artikel 117	Artikel 136	Artikel 130n	Artikel 171

* Neuer Artikel, eingefügt durch den Vertrag von Amsterdam (1997).
** Neuer Titel, eingefügt durch den Vertrag von Amsterdam.
*** Neuer Artikel, eingefügt durch den Vertrag von Nizza.
**** Kapitel 1, umstrukturiert durch den Vertrag von Amsterdam.

Vergleichstabelle: Maastricht – Amsterdam – Nizza

Alte Numerierung (Maastricht)	Neue Numerierung (Amsterdam und Nizza)	Alte Numerierung (Maastricht)	Neue Numerierung (Amsterdam und Nizza)
Artikel 130o	Artikel 172	Artikel 149 (aufgehoben)	–
Artikel 130p	Artikel 173	Artikel 150	Artikel 206
Artikel 130q (aufgehoben)	–	Artikel 151	*Artikel 207*
Titel XVI	Titel XIX	Artikel 152	Artikel 208
Artikel 130r	Artikel 174	Artikel 153	Artikel 209
Artikel 130s	*Artikel 175*	Artikel 154	*Artikel 210*
Artikel 130t	Artikel 176	Abschnitt 3	Abschnitt 3
Titel XVII	Titel XX	Artikel 155	Artikel 211
Artikel 130u	Artikel 177	Artikel 156	Artikel 212
Artikel 130v	Artikel 178	Artikel 157	Artikel 213
Artikel 130w	Artikel 179	Artikel 158	*Artikel 214*
Artikel 130x	Artikel 180	Artikel 159	*Artikel 215*
Artikel 130y	Artikel 181	Artikel 160	Artikel 216
	Titel XXI	Artikel 161	*Artikel 217*
	Artikel 181a***	Artikel 162	Artikel 218
Vierter Teil	Vierter Teil	Artikel 163	*Artikel 219*
Artikel 131	Artikel 182	Abschnitt 4	Abschnitt 4
Artikel 132	Artikel 183	Artikel 164	*Artikel 220*
Artikel 133	Artikel 184	Artikel 165	*Artikel 221*
Artikel 134	Artikel 185	Artikel 166	*Artikel 222*
Artikel 135	Artikel 186	Artikel 167	*Artikel 223*
Artikel 136	Artikel 187	Artikel 168	*Artikel 224*
Artikel 136a	Artikel 188	Artikel 168a	*Artikel 225*
Fünfter Teil	Fünfter Teil		*Artikel 225a****
Titel I	Titel I	Artikel 169	Artikel 226
Kapitel 1	Kapitel 1	Artikel 170	Artikel 227
Abschnitt 1	Abschnitt 1	Artikel 171	Artikel 228
Artikel 137	*Artikel 189*	Artikel 172	Artikel 229
Artikel 138	*Artikel 190*		*Artikel 229a****
Artikel 138a	*Artikel 191*	Artikel 173	Artikel 230
Artikel 138b	Artikel 192	Artikel 174	Artikel 231
Artikel 138c	Artikel 193	Artikel 175	Artikel 232
Artikel 138d	Artikel 194	Artikel 176	Artikel 233
Artikel 138e	Artikel 195	Artikel 177	Artikel 234
Artikel 139	Artikel 196	Artikel 178	Artikel 235
Artikel 140	Artikel 197	Artikel 179	Artikel 236
Artikel 141	Artikel 198	Artikel 180	Artikel 237
Artikel 142	Artikel 199	Artikel 181	Artikel 238
Artikel 143	Artikel 200	Artikel 182	Artikel 239
Artikel 144	Artikel 201	Artikel 183	Artikel 240
Abschnitt 2	Abschnitt 2	Artikel 184	Artikel 241
Artikel 145	Artikel 202	Artikel 185	Artikel 242
Artikel 146	Artikel 203	Artikel 186	Artikel 243
Artikel 147	Artikel 204	Artikel 187	Artikel 244
Artikel 148	Artikel 205	Artikel 188	*Artikel 245*

* Neuer Artikel, eingefügt durch den Vertrag von Nizza.

Vergleichstabelle: Maastricht – Amsterdam – Nizza

Alte Numerierung (Maastricht)	Neue Numerierung (Amsterdam und Nizza)	Alte Numerierung (Maastricht)	Neue Numerierung (Amsterdam und Nizza)
Abschnitt 5	Abschnitt 5	Artikel 212*	Artikel 283
Artikel 188a	Artikel 246	Artikel 213	Artikel 284
Artikel 188b	*Artikel 247*	Artikel 213a*	Artikel 285
Artikel 188c	*Artikel 248*	Artikel 213b*	Artikel 286
Kapitel 2	Kapitel 2	Artikel 214	Artikel 287
Artikel 189	Artikel 249	Artikel 215	Artikel 288
Artikel 189a	Artikel 250	Artikel 216	Artikel 289
Artikel 189b	Artikel 251	Artikel 217	*Artikel 290*
Artikel 189c	Artikel 252	Artikel 218*	Artikel 291
Artikel 190	Artikel 253	Artikel 219	Artikel 292
Artikel 191	*Artikel 254*	Artikel 220	Artikel 293
Artikel 191a*	Artikel 255	Artikel 221	Artikel 294
Artikel 192	Artikel 256	Artikel 222	Artikel 295
Kapitel 3	Kapitel 3	Artikel 223	Artikel 296
Artikel 193	*Artikel 257*	Artikel 224	Artikel 297
Artikel 194	*Artikel 258*	Artikel 225	Artikel 298
Artikel 195	*Artikel 259*	Artikel 226 (aufgehoben)	–
Artikel 196	Artikel 260	Artikel 227	Artikel 299
Artikel 197	Artikel 261	Artikel 228	*Artikel 300*
Artikel 198	Artikel 262	Artikel 228a	Artikel 301
Kapitel 4	Kapitel 4	Artikel 229	Artikel 302
Artikel 198a	*Artikel 263*	Artikel 230	Artikel 303
Artikel 198b	Artikel 264	Artikel 231	Artikel 304
Artikel 198c	Artikel 265	Artikel 232	Artikel 305
Kapitel 5	Kapitel 5	Artikel 233	Artikel 306
Artikel 198d	*Artikel 266*	Artikel 234	Artikel 307
Artikel 198e	Artikel 267	Artikel 235	Artikel 308
Titel II	Titel II	Artikel 236*	*Artikel 309*
Artikel 199	Artikel 268	Artikel 237 (aufgehoben)	–
Artikel 200 (aufgehoben)	–	Artikel 238	Artikel 310
Artikel 201	Artikel 269	Artikel 239	Artikel 311
Artikel 201a	Artikel 270	Artikel 240	Artikel 312
Artikel 202	Artikel 271	Artikel 241 (aufgehoben)	–
Artikel 203	Artikel 272	Artikel 242 (aufgehoben)	–
Artikel 204	Artikel 273	Artikel 243 (aufgehoben)	–
Artikel 205	Artikel 274	Artikel 244 (aufgehoben)	–
Artikel 205a	Artikel 275	Artikel 245 (aufgehoben)	–
Artikel 206	Artikel 276	Artikel 246 (aufgehoben)	–
Artikel 206a (aufgehoben)	–	Schlußbestimmungen	Schlußbestimmungen
Artikel 207	Artikel 277	Artikel 247	Artikel 313
Artikel 208	Artikel 278	Artikel 248	Artikel 314
Artikel 209	*Artikel 279*		
Artikel 209a	Artikel 280		
Sechster Teil	Sechster Teil		
Artikel 210	Artikel 281		
Artikel 211	Artikel 282		

* Neuer Artikel, eingefügt durch den Vertrag von Amsterdam (1997).

Kommentar

Vertrag über die Europäische Union

Präambel

SEINE MAJESTÄT DER KÖNIG DER BELGIER,
IHRE MAJESTÄT DIE KÖNIGIN VON DÄNEMARK,
DER PRÄSIDENT DER BUNDESREPUBLIK DEUTSCHLAND,
DER PRÄSIDENT DER GRIECHISCHEN REPUBLIK,
SEINE MAJESTÄT DER KÖNIG VON SPANIEN,
DER PRÄSIDENT DER FRANZÖSISCHEN REPUBLIK,
DER PRÄSIDENT IRLANDS,
DER PRÄSIDENT DER ITALIENISCHEN REPUBLIK,
SEINE KÖNIGLICHE HOHEIT DER GROSSHERZOG VON LUXEMBURG,
IHRE MAJESTÄT DIE KÖNIGIN DER NIEDERLANDE,
DER PRÄSIDENT DER PORTUGIESISCHEN REPUBLIK,
IHRE MAJESTÄT DIE KÖNIGIN DES VEREINIGTEN KÖNIGREICHS GROSSBRITANNIEN UND NORDIRLAND,
ENTSCHLOSSEN, den mit der Gründung der Europäischen Gemeinschaften eingeleiteten Prozeß der europäischen Integration auf eine neue Stufe zu heben,
EINGEDENK der historischen Bedeutung der Überwindung der Teilung des europäischen Kontinents und der Notwendigkeit, feste Grundlagen für die Gestalt des zukünftigen Europas zu schaffen,
IN BESTÄTIGUNG ihres Bekenntnisses zu den Grundsätzen der Freiheit, der Demokratie und der Achtung der Menschenrechte und Grundfreiheiten und der Rechtsstaatlichkeit,
IN BESTÄTIGUNG der Bedeutung, die sie den sozialen Grundrechten beimessen, wie sie in der 18. Oktober 1961 in Turin unterzeichneten Europäischen Sozialcharta und in der Gemeinschaftscharta der sozialen Grundrechte der Arbeitnehmer von 1989 festgelegt sind,
IN DEM WUNSCH, die Solidarität zwischen ihren Völkern unter Achtung ihrer Geschichte, ihrer Kultur und ihrer Traditionen zu stärken,
IN DEM WUNSCH, Demokratie und Effizienz in der Arbeit der Organe weiter zu stärken, damit diese in die Lage versetzt werden, die ihnen übertragenen Aufgaben in einem einheitlichen institutionellen Rahmen besser wahrzunehmen,
ENTSCHLOSSEN, die Stärkung und die Konvergenz ihrer Volkswirtschaften herbeizuführen und eine Wirtschafts- und Währungsunion zu errichten, die im Einklang mit diesem Vertrag eine einheitliche, stabile Währung einschließt,
IN DEM FESTEN WILLEN, im Rahmen der Verwirklichung des Binnenmarkts sowie der Stärkung des Zusammenhalts und des Umweltschutzes den wirtschaftlichen und sozialen Fortschritt ihrer Völker unter Berücksichtigung des Grundsatzes der nachhaltigen Entwicklung zu fördern und Politiken zu verfolgen, die gewährleisten, daß Fortschritte bei der wirtschaftlichen Integration mit parallelen Fortschritten auf anderen Gebieten einhergehen,
ENTSCHLOSSEN, eine gemeinsame Unionsbürgerschaft für die Staatsangehörigen ihrer Länder einzuführen,
ENTSCHLOSSEN, eine Gemeinsame Außen- und Sicherheitspolitik zu verfolgen, wozu nach Maßgabe des Artikels 17 auch die schrittweise Festlegung einer gemeinsamen Verteidigungspolitik gehört, die zu einer gemeinsamen Verteidigung führen könnte, und so

die Identität und Unabhängigkeit Europas zu stärken, um Frieden, Sicherheit und Fortschritt in Europa und in der Welt zu fördern,
ENTSCHLOSSEN, die Freizügigkeit unter gleichzeitiger Gewährleistung der Sicherheit ihrer Bürger durch den Aufbau eines Raums der Freiheit, der Sicherheit und des Rechts nach Maßgabe der Bestimmungen dieses Vertrags zu fördern,
ENTSCHLOSSEN, den Prozeß der Schaffung einer immer engeren Union der Völker Europas, in der die Entscheidungen entsprechend dem Subsidiaritätsprinzip möglichst bürgernah getroffen werden, weiterzuführen,
IM HINBLICK auf weitere Schritte, die getan werden müssen, um die europäische Integration voranzutreiben,
HABEN BESCHLOSSEN, eine Europäische Union zu gründen; sie haben zu diesem Zweck zu ihren Bevollmächtigten ernannt:
(es folgen die Namen)
DIESE SIND nach Austausch ihrer als gut und gehörig befundenen Vollmachten wie folgt ÜBEREINGEKOMMEN:

Titel I
Gemeinsame Bestimmungen

Art. 1 (ex-Art. A)

Durch diesen Vertrag gründen die hohen Vertragsparteien untereinander eine Europäische Union, im folgenden als »Union« bezeichnet.[2 ff.]

Dieser Vertrag stellt eine neue Stufe[17 ff.] bei der Verwirklichung einer immer engeren Union[6 ff.] der Völker Europas[14 ff.] dar, in der die Entscheidungen möglichst offen[34 ff.] und bürgernah[27 ff.] getroffen werden.

Grundlage der Union sind die Europäischen Gemeinschaften, ergänzt durch die mit diesem Vertrag eingeführten Politiken und Formen der Zusammenarbeit.[3 f.] Aufgabe der Union ist es, die Beziehungen zwischen den Mitgliedstaaten sowie zwischen ihren Völkern kohärent[41 ff.] und solidarisch[44 ff.] zu gestalten.

Inhaltsübersicht:

A. Allgemeines	1
B. Abs. 1: Gründung einer EU	2
I. Begriff der EU und ihr Verhältnis zur EG	3
II. Abs. 2, 1. Halbsatz: Die EU als neue Stufe einer immer engeren Union der Völker Europas	6
1. Dynamik der Integration	6
2. Integrationstheorien	9
3. Die Völker Europas	14
III. EU, Staat und Verfassung	17
1. Rechtsprechung	21
2. Literatur	23
3. Stellungnahme	24
C. Abs. 2: Bürgernähe und Subsidiaritätsprinzip	27
D. Transparenzprinzip	34
E. Abs. 3 S. 2: Kohärenzprinzip	41
F. Abs. 3 S. 2: Solidaritätsprinzip	44

A. Allgemeines

Art. 1 ist – zusammen mit Art. 6 Abs. 1, 2 und 3 – die prägende Verfassungsnorm für EU und EG[1]. Denn in beiden Normen kommen verschiedene konstituierende Verfassungsprinzipien zum Ausdruck: Es sind dies in Art. 1 die Prinzipien der Integration, der Bürgernähe und Subsidiarität, der Solidarität und der Kohärenz. Diese werden durch Art. 6 Abs. 1 um das Demokratie- und Rechtsstaatsprinzip sowie – mit letzterem zentral verbunden – durch den Grundsatz der Achtung der Menschenrechte und Grundfreiheiten ergänzt (s. dort Rn. 4 ff.). Durch Art. 6 Abs. 3, das (Schutz-) Prinzip der mitgliedstaatlichen Identität (s. dort Rn. 211 ff.), wird das Prinzip der Bürgernähe im Sinne des Subsidiaritätsprinzips konkretisiert.

1

---

1 Ähnlich mit Blick auf Art. 6 EUV W. *Hummer*/W. *Obwexer*, Die Wahrung der »Verfassungsgrundsätze« der EU, EuZW 2000, S. 485 (486 f.); M. *Hilf*, in: Grabitz/ders., EU, Art. A, Rn. 1 spricht (nur) von einer allgemeinen Grundlagenbestimmung.

B. Abs. 1: Gründung einer EU

2 Mit dem Rekurs auf die Hohen Vertragsparteien wird der **völkerrechtliche Ursprung** des EUV und damit zugleich die fortbestehende Souveränität der Mitgliedstaaten betont. Neben den in Abs. 2 genannten Völkern Europas stellen die Mitgliedstaaten danach eine Legitimationsbasis der EU dar.[2]

I. Begriff der EU und ihr Verhältnis zur EG

3 Durch den Vertrag von Maastricht, explizit dessen Art. A Abs. 1, ist die EU vom programmatischen Ziel, das – bereits in der Präambel zum EWGV (»an ever closer union«) angelegt – auf dem Pariser Gipfel der Staats- und Regierungschefs im Oktober 1972 formuliert wurde[3], zur Wirklichkeit geworden.[4] Nach dem Wortlaut wird allerdings nicht »die« sondern »eine« EU gegründet. Hieraus läßt sich entnehmen, daß der Begriff der EU inhaltlich **nicht festgelegt** und daher **bewußt zukunftsoffen** gehalten worden ist.[5]

4 Art. 1 enthält nur zwei konkretisierende Anhaltspunkte: Aus Abs. 3 S. 1 wird deutlich, daß die EU im wesentlichen **auf der EG** beruht (»Grundlage«) und durch die GASP hinsichtlich ihrer äußeren Identität und Sicherheit sowie durch die Zusammenarbeit im Bereich Justiz und Inneres mit Blick auf die innere Sicherheit »ergänzt« wird. Auf dieser Grundlage wird die EU nach ganz überwiegender Auffassung als **Dach, das auf den drei Säulen** der EG – aufgrund ihrer gemeinsamen Organstruktur sind EG, EAG und EGKS in einer Säule gemeinsam erfaßt[6] –, der GASP und der Zusammenarbeit im Bereich Justiz und Inneres ruht (sog. Tempelkonstruktion), beschrieben (s. Art. 1 EGV, Rn. 15 ff.). Dabei ist **umstritten**, ob die EU eine **neue internationale Organisation mit eigener Rechtspersönlichkeit** ist (s. Art. 1 EGV, Rn. 5 ff.). Ähnlich umstritten ist die daran anknüpfende Frage nach dem Verhältnis zwischen EU und EG, insbesondere nach den **Beziehungen der Organe** und ihrer korrekten **Bezeichnung**, sowie die Bezeichnung der von ihnen erlassenen Rechtsakte (s. Art. 1 EGV, Rn. 26 ff. und Art. 5, Rn. 4 ff.).

5 Konkretisiert wird der Begriff der EU des weiteren durch Abs. 2, 1. Halbsatz, der dessen Zukunftsoffenheit nochmals unterstreicht. Dem korrespondiert Art. 23 Abs. 1 GG, indem er in Form eines Staatsziels der europäischen Integration eine **Mitwirkungspflicht der Bundesrepublik** »zur Verwirklichung eines vereinten Europa«, allerdings auch deren Grenzen, festschreibt.[7]

---

2 M. *Hilf*, in: Grabitz/ders., EU, Art. A, Rn. 1 und 4.
3 Erklärung der Konferenz der Staats- und Regierungschefs der Mitgliedstaaten in Paris am 19. und 20.10.1972, abgedruckt in: EA 1972, D 502, Nr. 16.
4 G. *Ress*, Die EU und die neue juristische Qualität der Beziehungen zu den EG, JuS 1992, S. 985 (986); J.-P. *Jacqué*, in: GTE, EU-/EGV, Art. A, Rn. 1 f.
5 M. *Hilf*, in: Grabitz/ders., EU, Art. A, Rn. 6; J.-P. *Jacqué*, in: GTE, EU-/EGV, Art. A, Rn. 4; C. *Tomuschat*, Das Endziel der europäischen Integration, Maastricht ad infinitum?, DVBl. 1996, S. 1073 f.; C. *Stumpf*, in: Schwarze, EU-Kommentar, Art. 1, Rn. 5.
6 Insofern a.A. P.-C. *Müller-Graff*, Hb.EGWirtR, A. Abs. 1., Rn. 3 und 6; E. *Klein*, in: HK-EUV, Art. A, Rn. 36 und 41.
7 R. *Streinz*, in: Sachs, GG Kommentar, 1996, Art. 23, Rn. 8 ff.; R. *Scholz*, in: Maunz-Dürig, GG Kommentar, 1996, Art. 23, Rn. 36 ff.; I. *Pernice*, in: Isensee/Kirchhof, HdbStR, Bd. VIII, 1995, § 191, Rn. 62 f. jeweils m. w. N. *Ders.*, in: Dreier, GG-Kommentar, Bd. II, 1998, Art. 23, Rn. 16 ff.

II. Abs. 2, 1. Halbsatz: Die EU als neue Stufe einer immer engeren Union der Völker Europas

1. Dynamik der Integration

Insbesondere durch die Formulierung »neue Stufe« wird in Abs. 2, 1. Halbsatz hervorgehoben, daß mit dem Vertrag von Maastricht und der damit erfolgten **Gründung der EU noch nicht das Ziel der europäischen Integration** erreicht werden sollte. Vielmehr wird hierdurch gerade jener der Gemeinschaft eigene **dynamische Entwicklungsprozeß** betont, der ihr in den vertraglichen Präambeln zum Ausdruck kommendes, der Intention der Gründer entsprechendes Selbstverständnis als Zweckverband funktioneller Integration[8] von Anfang an prägte. Typisch war für die Gemeinschaft seit jeher der **prozeßhaft fortschreitende Ausbau** der politischen und rechtlichen Verflechtung der Mitgliedstaaten, der sich, im Gegensatz zu den »großen Würfen«, in der Praxis immer wieder als erfolgreich erwies[9] und der EG die treffende Bezeichnung Integrationsverband eintrug.[10]

6

Der Begriff einer »immer engeren Union« gibt das Ziel einer dynamisch fortschreitenden **Verdichtung und Vertiefung** der Integration vor. Die damit angesprochene »immer engere Union« ist insofern ein Mehr als die mit den Verträgen von Maastricht und Amsterdam erreichte EU. Auf diese Weise behält der Begriff der EU seine Qualität als **politisch abstrakter Zielbegriff**, dessen Inhalt der zukünftigen Entwicklung offensteht.[11] Nach wie vor bewegt sich die EU zwischen dem Ufer der Internationalen Organisation, das sie längst verlassen hat, und dem Ufer der Staatlichkeit, das sie noch nicht erreicht hat[12] (s. Rn. 19 ff.).

7

Die Formulierung »immer enger« zieht der offenen Entwicklung allerdings eine entscheidende **Grenze**: Die Entwicklung darf **nicht rückwärtsgewandt** erfolgen.[13] Insbesondere darf die EU auf lange Sicht nicht zu einem Instrument der rein intergouvernementalen Zusammenarbeit werden, das den mit der EG erreichten gemeinschaftlichen Besitzstand (s. Art. 2, Rn. 14 f.) aushöhlt. Im Gegenteil muß sich die EU im Rahmen ihrer künftigen Entwicklung an diesem gemeinschaftlichen Besitzstand orientieren, so daß **langfristig alle Arten intergouvernementaler Zusammenarbeit** – wie im Vertrag von Amsterdam mit Teilbereichen der Politik im Bereich Justiz und Inneres geschehen – vergemeinschaftet werden müssen, also in das **supranationale System** der ersten Säule, das insbesondere durch unabhängige Gemeinschaftsinstitutionen (s. Art. 7 EGV, Rn. 1 f.), das Mehrheitsprinzip sowie den Vorrang und die unmittelbare Anwendbarkeit des Gemeinschaftsrechts (s. Art. 220 EGV, Rn. 18 ff.) gekennzeichnet ist, zu integrieren sind. Diese Sichtweise wird nicht nur durch den Begriff der europäischen Integration

8

---

8 *Ipsen*, EG-Recht, S. 196 ff.
9 Dazu die Beiträge in *R. Pryce* (Hrsg.), The Dynamics of European Union, London 1990; insbesondere von *R. Pryce/W. Wessels*, The Search for an Ever Closer Union: A Framework for Analysis, S. 1 ff. und *R. Pryce*, Past Experience and Lessons for the Future, S. 273 ff.
10 *M. Zuleeg*, in: GTE, EU-/EGV, Art. 1, R. 6 f.; *P.-C. Müller-Graff*, Hb.EGWirtR, A.I., Rn. 72.
11 *M. Hilf*, in: Grabitz/ders., EU, Art. A, Rn. 10 f.; *U. Everling*, Überlegungen zur Struktur der EU und zum neuen Europa-Artikel des GG, DVBl. 1993, S. 936 (938, 940); kritisch zu dieser Offenheit
12 *Tomuschat* (Fn. 5), S. 1073; ähnlich *J. Isensee*, Integrationsziel Europastaat?, FS-Everling Bd. I, 1995, S. 567 ff
13 Ebenso *M. Hilf*, in: Grabitz/ders., EU, Art. A, Rn. 11; wohl auch *C. Stumpf*, in: Schwarze, EU-Kommentar, Art. 1, Rn. 20.

(s. Rn. 9 ff.), der ja gerade auf eine zunehmende Verflechtung hin angelegt ist, sondern systematisch auch durch Art. 2 Abs. 1, 5. Spstr., der die EU auf die Wahrung des gemeinschaftlichen Besitzstandes verpflichtet, unterstrichen.

2. Integrationstheorien

9   Der an sich recht abstrakte **Begriff der Integration** läßt sich mit Hilfe verschiedener, in den Sozialwissenschaften – zum Teil mit Blick auf die EG – entwickelter Integrationstheorien verständlich machen; freilich ohne das aus den Theorien selbst rechtlich-verbindliche Schlußfolgerungen zu ziehen wären.[14]

10 Im Zusammenhang mit Integrationsprozessen lassen sich zunächst **drei Dimensionen** unterscheiden[15], die gleichzeitig als Meßeinheiten von Integration fungieren. Auf Grundlage der **klassisch-staatswissenschaftlichen Sicht** bedeutet Integration Vergemeinschaftung der politischen Entscheidungsfindung und deren **Institutionalisierung**. In das Zentrum der Betrachtung rücken dabei zum einen die Anzahl und die Wichtigkeit der in die gemeinsame Entscheidungsfindung einbezogenen Politikbereiche und der dabei jeweils angewandte **Entscheidungsmodus**.[16] Besonders weit fortgeschritten ist der Integrationsprozeß danach, wenn verbindliche Entscheidungen mit Mehrheit getroffen werden können. Des weiteren läßt sich Integration als gemeinsames Bewußtsein, mithin aus einer empirisch zu ermittelnden **sozialpsychologischen Perspektive**, die stark auf Meinungsumfragen rekurriert, verstehen.[17] Schließlich kann man den Begriff der Integration über den **Grad der gesellschaftlichen Verflechtung**, mithin am Kontakt zwischen den in diesen Prozeß einbezogenen Menschen, anknüpfend an grenzüberschreitende Wirtschaftsbeziehungen, Personenbewegungen und Informationsströme, definieren: Je größer der Umfang solcher Transaktionen ist, desto weiter ist die Integration – im Sinne von **Verflechtung und Interdependenz** – fortgeschritten.[18]

11 Diese reinen Beschreibungen von Integration werden in der Sozialwissenschaft durch **Integrationstheorien ergänzt, die über fördernde und hemmende Einflußgrößen** im Integrationsprozeß Auskunft geben sollen. Nach der **föderalistischen Theorie** schreitet die Integration in dem Maß voran, in dem einzelne Staaten bestimmte Aufgaben nicht mehr allein bewältigen können und sie daher auf die nächsthöhere Gemeinschaft übertragen. Im Zentrum steht hier die institutionelle Dimension der Integration: Bestehenden oder zu schaffenden supranationalen Institutionen werden – entsprechend dem Grundgedanken des Subsidiaritätsprinzips (s. Art. 5 EGV, Rn. 1 ff.) – Aufgaben und Zuständigkeiten übertragen.[19]

12 Die Theorie des **klassischen Funktionalismus** basiert auf der Hypothese des »Spillover-Effekts«: Jener »Überlauf-Effekt« bezeichnet einen Prozeß, im Zuge dessen die Mitglie-

---

14 Zustimmend C. *Stumpf*, in: Schwarze, EU-Kommentar, Art. 1, Rn. 21 f. Laut Duden bedeutet Integration »Vervollständigung, Zusammenschluß, Vereinigung, Summierung«.
15 D. *Frei*, Integrationsprozesse, in: Weidenfeld (Hrsg.), Die Identität Europas, 1985, S. 113 (114).
16 L. N. *Lindberg/S. A. Scheingold*, Europe's Would-Be Polity, Englewood Cliffs 1970, S. 69 ff.; E.B. *Haas*, The study of regional integration, in: Lindberg/Scheingold (Hrsg.), Regional Integration: Theory and Research, Cambridge 1971, S. 3 (29 ff.).
17 Dazu Frei (Fn. 15), S. 116 f.
18 K. W. *Deutsch*, Nationenbildung – Nationalstaat – Integration, 1972, S. 133 ff.; D.J. *Puchala*, International transactions and regional integration, in: Lindberg/Scheingold (Hrsg.), Regional Integration: Theory and Research, Cambridge 1971, S. 128 ff.
19 L. *Levi*, Recent Developments in Federalist Theory, The Federalist 1987, S. 97; J. *Pinder*, European Community and nation-state: a case for a neo-federalism, International Affairs 1986, S. 41 ff.

der eines Integrationsvorhabens einsehen, daß die Zusammenarbeit auf einem speziellen Sachgebiet **zwangsläufig** nach der Zusammenarbeit auf anderen Gebieten ruft.[20] Fallen die Zollschranken, entsteht ein Binnenmarkt, dann müssen die Herstellungs- und Qualitätsnormen sowie die wettbewerbsverzerrenden flankierenden Politiken harmonisiert werden. Die **neofunktionalistische Theorie** entwickelt diesen Ansatz weiter, indem sie über die funktionale Zusammenarbeit hinaus weitere Einflußgrößen einbezieht. Die Wichtigsten sind insofern die **nationalen Interessengruppen**, die sich zur Förderung ihrer auf den gemeinsamen Markt bezogenen Interessen zu europäischen Interessenverbänden zusammenschlössen und auf nationaler wie europäischer Ebene Druck in Richtung auf mehr Integration ausübten.[21] Das **soziokausale Integrationsmodell** schließlich setzt die beschriebenen Integrationsdimensionen in eine Beziehung zueinander: Das Netz immer dichter werdender Transaktionen mit seinen Vorteilen löse in den nationalen Gesellschaften einen sozialpsychologischen Lernprozeß hin zu einem europäischen Bewußtsein aus, in dessen Folge ein Bedürfnis nach Institutionalisierung der Gemeinschaft entstehe.[22]

Im Ergebnis vermögen die vorstehenden Theorien den Begriff der Integration faßbarer zu machen. Darüber hinaus bieten sie jedoch nur ansatzweise **Erklärungen für die Bedingungen von Integration**. Manch angesprochener Aspekt, insbesondere der Gedanke der »Spillovers«, deckt sich mit der europäischen Praxis, ausgehend von einem konsensfähigen Kern schrittweise der inneren Dynamik der Sachlogik (in Verbindung mit festgesetzten Fristen) zu folgen und so – wie es die Präambel des EWGV von 1957 formulierte – »einen immer engeren Zusammenschluß der europäischen Völker ... durch gemeinsames Handeln« zu erreichen.[23]

3. Die Völker Europas

Die Formulierung »Völker Europas« weist auf eine – neben den Staaten – weitere und mit Blick auf die zukünftige Entwicklung zu einer »immer engeren Union« immer wichtiger werdende **Legitimationsgrundlage** der EU hin: Die Unionsbürger. Sie muß der Integrationsprozeß mit einbeziehen.[24] Dieser Aspekt korrespondiert insbesondere mit dem in Art. 6 Abs. 1 (s. dort Rn. 4) für die Union verankerten **Demokratieprinzip**, aber auch mit den Grundsätzen der **Transparenz** (s. Rn. 34 ff.) und **Bürgernähe** (s. Rn. 27 ff.). Indem der Plural »Völker Europas« verwandt wurde, wird die Tatsache berücksichtigt, daß es – zumindest nach den herkömmlichen Anforderungen an die geistige, soziale und politische Homogenität eines Staatsvolks – **kein europäisches Volk** gibt.[25] Gleichwohl ist nicht zu verkennen, daß die in Art. 17 EGV begründete Unions-

---

20 D. *Mitrany*, A Working Peace System, London 1966, S. 62 ff.; *ders.*, The Functional Theory of Politics, 1975.
21 *Haas* (Fn.), S. 3 ff.
22 K.W. *Deutsch*, The Analysis of International Relations, Englewood Cliffs 1968, S. 194; *ders./S.A. Burrell*, Political Community and the North Atlantic area, New York 1957.
23 Siehe dazu nur W. *Hallstein*, Der unvollendete Bundesstaat, 1969, S. 19 f.; grundlegend S. *Hobe*, Der offene Verfassungsstaat zwischen Souveränität und Interdependenz, 1998, S. 132 ff., 330 ff. und 380 ff.
24 M. *Hilf*, in: Grabitz/Hilf, EU, Art. A, Rn. 12; ausführlich hierzu M. *Heintzen*, Die Legitimation des europäischen Parlaments, ZEuS 2000, S. 377 (382 ff.).
25 BVerfGE 89, 155 (185 f.), unter Berufung auf H. *Heller*, Politische Demokratie und soziale Homogenität, Gesammelte Schriften, Bd. 2, 1971, S. 421 (427 ff.); ebenso die h.M. im Schrifttum, vgl. nur *Ress* (Fn. 4), S. 987; D. *Grimm*, Braucht Europa eine Verfassung?, JZ 1995, S. 581 (589); M. *Hilf*, in: Grabitz/ders., EU, Art. A, Rn. 12; a.A. A. *Bleckmann*, Der Vertrag über die EU, DVBl. 1992, S. 335 (336), der in der Unionsbürgerschaft eine echte Staatsbürgerschaft sieht.

Art. 1 EU-Vertrag

bürgerschaft trotz ihres mageren juristischen Gehalts gem. Art. 22 EGV auf Fortentwicklung angelegt ist (s. dort Rn. 1 ff.). Im Unterschied zum Staatsvolk ist die Gemeinschaft der Unionsbürger, die Gesamtheit der zwölf Staatsbürger, ein lockerer Verband, der über keine eigene Tradition verfügen muß.[26]

15 Der daraus allerdings vom **BVerfG** und Teilen der deutschen Literatur[27] gezogene Schluß »Vermitteln die Staatsvölker – wie gegenwärtig – über die nationalen Parlamente demokratische Legitimation, sind ... der Ausdehnung der Aufgaben und Befugnisse der EG vom demokratischen Prinzip her Grenzen gesetzt« kann insbesondere deshalb nicht überzeugen, weil in ihm ein **Widerspruch** liegt, der die EU in eine ausweglose Lage bringt. Auf der einen Seite wird das bestehende Demokratiedefizit beklagt, auf der anderen Seite der Weg zu dessen Abbau durch weitere Kompetenzübertragungen auf die Organe der EU, insbesondere das EP, verbaut.[28]

16 Indem der Wortlaut nicht auf die »Völker der Mitgliedstaaten« sondern die »Europas« Bezug nimmt, deutet er auch den Aspekt einer **Erweiterung** der EU an, indem er deutlich macht, daß die Integration nicht auf die derzeitigen Mitglieder, gleichwohl aber auf Mitglieder »Europas« beschränkt bleiben soll.[29] Ein solches Verständnis würde Art. 49 korrespondieren (s. dort Rn. 2 ff.). Freilich können **rein praktisch nur die Völker der Mitgliedstaaten** eine immer engere Union bilden.

III. EU, Staat und Verfassung

17 Im Umfeld der Maastricht-Entscheidung des BVerfG[30] wurde die Frage, ob mit der Gründung der EU durch den Vertrag von Maastricht der **Übergang zu einer Art europäischem Bundesstaat** erreicht sei, mit Vehemenz diskutiert.[31] Damit verbunden ist die Frage, ob man die **Gemeinschaftsverträge als Verfassung** bezeichnen kann, bzw. – weitergehend – inwiefern das Gemeinschaftsrecht als Recht einer internationalen Organi-

---

26 *Heintzen* (Fn. 24), S. 384 f.; vgl. dazu auch *H.-J. Cremer*, Das Demokratieprinzip auf nationaler und europäischer Ebene im Lichte des Masstrichts-Urteils des BVerfG, EuR 1995, S. 21 (42).
27 BVerfGE 89, 155 (186); ebenso *Grimm* (Fn. 26), S. 587 ff.; *R. Lamprecht*, Untertan in Europa – Über den Mangel an Demokratie und Transparenz, NJW 1997, S. 505; *M. Schröder*, Das Bundesverfassungsgericht als Hüter des Staates im Prozeß der europäischen Integration – Bemerkungen zum Maastricht-Urteil, DVBl. 1994, S. 316; grundlegend zu dieser Sichtweise *M. Kaufmann*, Europäische Demokratie und Demokratieprinzip, 1997.
28 So zutreffend *C. Tomuschat*, Die EU unter der Aufsicht des BVerfG, EuGRZ 1993, S. 489 (494); *Heintzen* (Fn. 24), S. 379 f., 382 ff.; vgl. dazu auch *Cremer* (Fn. 26), S. 23 m.w.N.; vgl. auch *R. Bandilla/J.-P. Hix*, Demokratie, Transparenz und Bürgerrechte in der EG, NJW 1997, S. 1217.
29 *M. Hilf*, in: Grabitz/ders., EU, Art. A, Rn. 12; *E. Klein*, in: HK-EUV, Art. A, Rn. 66. Zum Begriff »Europa« *C. Dorau*, Die Verfassungsfrage der EU, 2001, S. 144 ff.
30 BVerfGE 89, 155 (182 ff.).
31 Hierzu *Ress* (Fn. 4), S. 985; *I. Pernice*, Maastricht, Staat und Demokratie, Die Verwaltung 26 (1993), S. 449 ff.; *Tomuschat* (Fn. 5), S. 1073 und 1075 f.; *Isensee* (Fn. 12), S. 567 ff.; *H.-J. Blanke*, Der Unionsvertrag von Maastricht – Ein Schritt auf dem Weg zu einem europäischen Bundesstaat, DÖV 1993, S. 412 ff.; *R. Scholz*, in: Maunz-Dürig, GG-Kommentar, 1996, Art. 23, Rn. 26 ff. (33 f.); *P.M. Huber*, Maastricht – Ein Staatsstreich?, 1993, S. 49 f.; *F. Ossenbühl*, Maastricht und das GG – eine verfassungsrechtliche Wende?, DVBl. 1993, S. 629 (631 f.); *D. Murswiek*, Maastricht und der pouvoir constituant, Der Staat 32 (1993), S. 161 ff.; *K.A. Schachtschneider*, Die existentielle Staatlichkeit der Völker Europas und die staatliche Integration der EU, in: Blomeyer/ders., Die EU als Rechtsgemeinschaft, 1995, S. 75 ff.; vgl. dazu jetzt auch den Überblick über Diskussionsstand bei *T. Schmitz*, Integration in der Supranationalen Union, 2001, S. 169 ff. und 361 ff.

sation noch Völkerrecht ist oder schon, zumindest partiell, bundesstaatsrechtlichen Charakter hat.³²

Nach dem überkommenen staatsrechtlichen Verständnis ist der Begriff der Verfassung   18
mit demjenigen des Staates und des Volkes auf das Engste verbunden. Gleich ob man von der Verfassung im formellen Sinne, dem feierlichen Gründungsakt, oder im materiellen Sinne, der Gesamtheit der Normen verfassungsrechtlicher Natur spricht, der traditionelle Begriff der Verfassung nimmt jeweils auf die Idee des Staates Bezug.³³

Freilich ist die EU – ebenso wie die unter ihrem Dach befindliche EG – gerade **kein**   19
(Bundes-) Staat im herkömmlichen, völkerrechtlichen Sinne.³⁴ Ihr fehlt insbesondere ein eigenes Staatsvolk, sowie – aufgrund des Prinzips der begrenzten Einzelermächtigung (s. Art. 5 EGV, Rn. 8 ff.) – die dem Staat eigene Kompetenz-Kompetenz in Form einer Allgemeinzuständigkeit in den staatlichen Politikbereichen. Aufgrund der ihr begrenzt übertragenen originären öffentlichen Gemeinschaftsgewalt ist die EG aber auch **mehr als eine klassische internationale Organisation**; sie wurde daher bereits früh als **supranationale Organisation** bezeichnet³⁵. Mit der in den Gründungsverträgen angelegten Dynamik zur Erreichung der Vertragsziele hat die EG die **Integration zu ihrem Verfassungsprinzip** erhoben (s. oben Rn. 6 ff.). In diesem Sinne ist die EG in einem ständigen Entwicklungsprozeß der Vergemeinschaftung begriffen, der in **Qualitätsveränderungen** in Richtung auf eine neue, bisher unbekannte Organisationsform, angelehnt an das Modell eines Europäischen Bundesstaates, zum Ausdruck kommt, deren Konsequenz man durchaus als »supranationalen Föderalismus« beschreiben kann³⁶:

---

32 Vgl. dazu auch *I. Pernice*, Die Dritte Gewalt im europäischen Verfassungsverbund, EuR 1996, S. 27 (29 ff.)
33 *J.-D. Mouton/T. Stein*, Einleitung, in: dies. (Hrsg.), Eine neue Verfassung für die EU?, 1997, S. 23 (25); *Grimm*, (Fn. 26) S. 584 f.; *J. Isensee*, Staat und Verfassung, in: ders./Kirchhof (Hrsg.), HStR Bd. I, 1997, § 13, Rn. 1; *M. Hilf*, Eine Verfassung für die EU: Zum Entwurf des Institutionellen Ausschusses des EP, integration 1994, S. 68 (70); *M. Heintzen*, Gemeineuropäisches Verfassungsrecht in der EU, EuR 1997, S. 1 f.; ausführlich – und im Ergebnis kritisch – hierzu *Dorau* (Fn. 29), S. 45 ff., 60 ff.; kritisch ferner *J. Schwarze*, Auf dem Wege zu einer europäischen Verfassung, EuR Beiheft 1 2000, S. 7 (16 ff.); *R. Steinberg*, Grundgesetz und Europäische Verfassung, ZRP 1999, S. 365 f.; *C. Walter*, Die Folgen der Globalisierung für die Europäische Verfassungsdiskussion, DVBl. 2000, S. 1 (5 ff.); sehr kritisch zur traditionellen Anknüpfung an den Staat *P. Zumbansen*, Die vergangene Zukunft des Völkerrechts, KJ 2001, S. 46 (61 ff.); differenzierend, den Begriff der Verfassung für die »Supranationale Union« öffnend *T. Schmitz* (Fn. 31), S. 393 ff.
34 Ganz h.M., vgl. dazu das Meinungsbild der in Fn. 31 genannten Autoren. Vgl. dazu auch die Prüfung der völkerrechtlichen Staatsmerkmale bei *Blanke* (Fn. 31), S. 414 ff.; *P.-C. Müller-Graff*, Hb.EGWirtR, A.I., Rn. 60 ff.; *Dorau* (Fn. 29), S. 29 ff.; *Schmitz* (Fn. 31), S. 198 ff.; sowie zur Abgrenzung *E. Klein*, in: HK-EUV, Art. A, Rn. 9 ff.; *M. Pechstein/C. Koenig*, Die EU, S. 28 ff.; a.A. explizit *Ossenbühl, Schachtschneider* (Fn. 31).
35 Hierzu *Ipsen*, EG-Recht, S. 67 ff.; *I. Pernice*, in: Isensee/Kirchhof, HdbStR, Bd. VIII, 1995, § 191, Rn. 65; *P.-C. Müller-Graff*, Hb.EGWirtR, A.I., Rn. 54 ff.; *Schmitz* (Fn. 31), S. 113 ff. spricht von eine Supranationalen Union; *A. v. Bogdandy*, Supranationaler Föderalismus als Wirklichkeit und Idee einer neuen Herrschaftsform, 1999, S. 61 ff. skizziert das Konzept eines supranationalen Föderalismus; zustimmend insoweit *J.M. Pérez de Nanclares*, The Federal Elements of the EU, ZEuS 2001, S. 595 (623 ff.).
36 So *v. Bogdandy* (Fn. 35), S. 9 ff., insbesondere 61 ff.; zustimmend insoweit *Pérez de Nanclares* (Fn. 35), S. 595 (623 ff.); *Ress* (Fn. 4), S. 991; *Schmitz* (Fn. 31), S. 169 ff., insbesondere 215 ff. spricht von einer »staatsähnlichen Organisationsform«, die zwischen der supranationalen Organisation, dem Staatenbund und dem Bundesstaat angesiedelt sei; differenzierend *Tomuschat* (Fn. 5), S. 1073 und 1075 f.; *M. Zuleeg*, Die föderativen Grundsätze der EU, NJW 2000, S. 2846 ff.; zurückhaltend *Isensee* (Fn. 12), S. 567 ff.: »keine Prognose, sondern nur eine Hypothese«.

Art. 1 EU-Vertrag

Durch den Vertrag von Maastricht wurde in Art. 17 Abs. 1 EGV eine Unionsbürgerschaft eingeführt, die trotz aller Defizite einen nicht unbedeutenden Schritt zur Verdichtung des Integrationsprozesses bedeutet, gerade wenn man die Bedeutung, die dem Staatsvolk für die Konstituierung eines Staates im Völkerrecht zukommt, bedenkt. Die Bestimmungen über die Wirtschafts- und Währungsunion, die zunehmende (wenngleich auch zögerliche) Vergemeinschaftung der äußeren und inneren Sicherheit im Wege der Gemeinsamen Außen- und Sicherheitspolitik bzw. der polizeilichen und justitiellen Zusammenarbeit in Straf- und Zivilsachen sowie die Regelungen über Visa, Asyl und Einwanderung (Art. 61 spricht explizit vom Aufbau eines Raums der Freiheit, der Sicherheit und des Rechts) unterstreichen diese Entwicklung ebenso wie die den Binnenmarkt flankierenden und regulierenden Vorschriften der Umwelt- und Sozialpolitik, des Gesundheits- und Verbraucherschutzes.[37]

20   Vor dem Hintergrund der Tatsache, daß EU und EG sich mit der ihnen immanenten Integrationsdynamik nur unvollkommen in die klassischen staats- und völkerrechtlichen Kategorien einordnen lassen[38], ist auch umstritten, ob man die Gemeinschaftsverträge als Verfassung und damit das in ihnen enthaltene sog. Primärrecht als Verfassungsrecht bezeichnen kann.

1. Rechtsprechung

21   Der **EuGH** hat bereits in seinem Urteil »Les Verts« hervorgehoben, daß der EWGV, obwohl in der Form einer völkerrechtlichen Übereinkunft geschlossen, die »**Verfassungsurkunde einer Rechtsgemeinschaft**« darstellt.[39] Bestätigt hat der Gerichtshof diese Formulierung später noch einmal in seinem ersten EWR-Gutachten 1/91.[40] Die im EWR-Abkommen vorgesehene Einführung eines »gemischten« EWR-Gerichtshofs – mehrheitlich jeweils mit Richtern des EuGH und im übrigen mit von den EFTA-Staaten benannten Mitgliedern besetzt – beeinträchtige die Homogenität der Gemeinschaftsrechtsordnung und ihre Autonomie, verstoße gegen Art. 220 EGV (letztlich also gegen das Rechtsprechungsmonopol des EuGH) und damit gegen die »Grundlagen der Gemeinschaft selbst«.[41] Im Zusammenhang mit diesen Ausführungen wird deutlich, daß der EuGH **von Zulässigkeitsschranken einer Vertragsänderung dort ausgeht, wo diese auf eine Vertragsdurchbrechung** abzielen. So gesehen fragt sich, ob die vertraglichen Grundlagen der Rechtsstellung des EuGH in ihrem Kern als unantastbar zu gelten haben, mithin den Mitgliedstaaten der Zugriff auf die Substanz der Gründungsverträge als eigenständige Gemeinschaftsverfassung inzwischen verwehrt ist.[42]

22   Der Standpunkt des **BVerfG** ist nicht eindeutig. Zunächst hatte es im Jahre 1967 ausgeführt, daß der EWGV »gewissermaßen die Verfassung dieser Gemeinschaft« ist.[43]

---

37   In diesem Sinne auch *v. Bogdandy* (Fn. 35), S. 22 ff; *Schmitz* (Fn. 31), S. 313 ff. unter dem Stichwort »Homogenität«; *Ress* (Fn. 4), S. 987, 991; *Blanke* (Fn. 31), S. 414 ff.
38   Dazu *T. Stein*, EU: Gefahr oder Chance für den Föderalismus in Deutschland, Österreich und der Schweiz?, VVDStRL 53 (1994), S. 26 (29 ff.); *Tomuschat* (Fn. 5), S. 1073 und 1075 f.; *Isensee* (Fn. 12), S. 567 ff. (insbesondere 572 ff.); ausführlich *Schmitz* (Fn. 31), S. 65 ff. und 113 ff.; *Dorau* (Fn. 29), S. 20 ff. jeweils m. w. N.
39   EuGH, RS. 294/83, 23.4.1986, Slg. 1986, 1339, Rn. 23 (Les Verts).
40   EuGH, Gutachten 1/91, 14.12.1991, Slg. 1991, I-6079, Rn. 21.
41   EuGH, Gutachten 1/91 (Fn. 40), Rn. 71.
42   Hierzu *M. Herdegen*, Vertragliche Eingriffe in das »Verfassungssystem« der EU, FS-Everling Bd.I, 1995, S. 447 (448 f.); ausführlich *R. Bieber*, Les limites matérielles et formelles à la révision des traités établissant la communauté européenne, RMC 1993, S. 343 ff.
43   BVerfGE 22, 293 (296).

Allerdings wird das Maastricht-Urteil des BVerfG mit seiner Absage an ein quasi-staatliches Verständnis der EU und deren Bezeichnung als »Staatenverbund«[44] in der Literatur – nicht zu Unrecht – als **Distanzierung gegenüber einem konstitutionellen Denkansatz** im Gemeinschaftsrecht gedeutet[45]. In der Tat betont das BVerfG in seinem Urteil nicht nur das Fehlen eines europäischen Staatsvolkes, indem es die demokratische Legitimation der europäischen Institutionen als noch von den Staatsvölkern der Mitgliedstaaten vermittelt ansieht. Darüber hinaus unterstreicht es auch die Verfügungsbefugnis der Mitgliedstaaten über die Verträge sowie den beschränkten Charakter der Kompetenzübertragung auf die Gemeinschaft.

In jüngster Zeit hat das Thema einer Verfassung für die EU durch die Reden verschiedener Politiker, aber auch durch die Erarbeitung einer Charta der Grundrechte der EU (s. Art. 6 EUV, Rn. 26 a ff.) sowie die dem Vertrag von Nizza beigefügte Erklärung Nr. 23 zur Zukunft der Union (s. Art. 5 EGV, Rn. 72 f.) neue Aktualität gewonnen. Mit der Rede des deutschen Außenministers Fischer, in der eine durch Verfassungsvertrag zu gründende Europäische Föderation skizziert wird, wurde die rechtlich bewußt offen gehaltene Frage der Finalität der europäischen Einigung zunächst in die europapolitische Arena getragen. Im Zuge dessen äußerten sich u.a. die Staatspräsidenten Frankreichs und Italiens, Chirac und Ciampi, der französische Außenminister Védrine, der britische Premierminister Blair sowie Bundespräsident Rau und Bundeskanzler Schröder. Ihren Gedanken gemeinsam ist, daß sie alle (wenn auch in unterschiedlichem Umfang) institutionelle Reformen, eine klare, dem Subsidiaritätsprinzip entsprechende Kompetenzordnung sowie (mit Ausnahme von Blair, der insoweit unentschieden ist) eine Verfassung, die – ergänzt um eine rechtsverbindliche Grundrechtecharta und Regelungen zur verstärkten bzw. engeren Zusammenarbeit – alle diese Aspekte unter ihrem Dach vereinen soll, fordern.[46] 22a

2. Literatur

Insbesondere in der deutschen Wissenschaft findet diese Verfassungsdebatte (seit jeher) große Resonanz. Von einem **Teil der Literatur** wird die Verwendung des Begriffs »Verfassung« für die Gemeinschaftsverträge freilich mehr oder weniger entschieden **abgelehnt**, da er gerade an den souveränen Staat anknüpfe. Zu einer Verfassung im vollen Sinn des Begriffs gehöre es, daß sie auf einen Akt zurückgehe, den das Staatsvolk selbst setze oder der ihm zumindest zugerechnet werden könne[47]. Eine solche Quelle aber fehle dem primären Gemeinschaftsrecht, das nicht auf ein europäisches Volk, sondern auf die einzelnen Mitgliedstaaten zurückgehe und von diesen abhängig bleibe. Im Gegensatz zu souveränen Staaten, die sich ihre Verfassung selbst gäben, werde der EU 23

---

44 BVerfGE 89, 155 (181, 184 ff., 190, 194 ff.); kritisch *Pernice* (Fn. 7), Rn. 64 f.; *Tomuschat* (Fn. 5), S. 1075 f.
45 So etwa *Herdegen* (Fn. 42), S. 450 f.
46 Die Rede von Außenminister *J. Fischer* ist unter dem Titel »Vom Staatenbund zur Föderation – Gedanken über die Finalität der europäischen Integration« abgedruckt in: integration Heft 3/ 2000, S. 149 ff.; dazu der Beitrag von *P.-C. Müller-Graff*, Europäische Föderation als Revolutionskonzept im europäischen Verfassungsraum?, ebenda, S. 157 ff.; *H. Schneider*, Alternativen zur Verfassungsfinalität: Föderation, Konföderation- oder was sonst?, ebenda, S. 171 ff.; *B. Kohler-Koch*, Ziele und Zukunft der EU: Eine Frage der Perspektive, ebenda, S. 185 ff.; einen Überblick über die genannten Reden findet sich in: FAZ v. 16.5.2001 sowie bei *Dorau* (Fn. 29), S. 200 ff. m.w.N.
47 *Grimm*, (Fn. 26), S. 586 unter Bezugnahme auf u. a. *E.-W. Böckenförde*, in: Isensee/Kirchhof, HdbStR, Bd. I, 1987, § 22, Rn. 5 ff.; *C. Koenig*, Anmerkungen zur Grundordnung der EU und ihrem fehlenden »Verfassungsbedarf«, NVwZ 1996, S. 549 (551); grundlegend *ders.*, Ist die EU verfassungsfähig?, DÖV 1998, S. 268 ff.

eine Verfassung von Dritten, den Mitgliedstaaten, gegeben. Folglich könne die EU auch nicht über ihre eigene Grundordnung verfügen. Zwar übernähmen die Verträge gegenüber der öffentlichen Gewalt der EU wesentliche Funktionen, die staatlich einer Verfassung zukommen, insbesondere was die Verrechtlichung von politischer Herrschaft angehe. Aufgrund ihrer **Rückführung auf den Willen der Mitgliedstaaten statt auf den eines Unionsvolkes** seien sie jedoch keine Verfassung im Vollsinn des Wortes.[48] Die Verwendung des Begriffs Verfassung für die Verträge sei eine **falsa demonstratio**, die Mißverständnisse und Enttäuschungen über die Leistungsfähigkeit der EU auslösen könne, so die soziale Geltungskraft der gemeinschaftlichen Rechtordnung in Frage stelle und daher der europäischen Einigungsidee im Ergebnis schade.[49] Diese verfassungskritischen Stimmen gerieten jedoch im Zuge der aktuellen Entwicklung und der sie vorbereitenden und begleitenden wissenschaftlichen Diskussion zunehmend in die Defensive.

3. Stellungnahme

24 Bereits die Ausführungen des EuGH weisen auf einen Aspekt hin, der in der Diskussion um die Gemeinschaftsverträge als Verfassung der EU nicht übersehen werden darf: Die **verfestigte Autonomie der Gemeinschaftsrechtsordnung**, der gemeinschaftliche Besitzstand im Sinne des Art. 2 Abs. 1, 5. Spstr. Insofern sind zum einen der Umfang der von den Mitgliedstaaten auf die Gemeinschaft übertragenen Hoheitsbefugnisse, die Dichte und Intensität der Regelungen zu den Gemeinschaftskompetenzen, ihre Justitiabilität und Durchsetzung zu nennen. Des weiteren ist auf die unmittelbare Anwendbarkeit von Bestimmungen des Primärrechts zugunsten von Bürgern sowie den gemeinschaftlichen Grundrechtsschutz (sogar mit Bindungswirkungen für die Mitgliedstaaten[50]), beide durch eine umfassende gerichtliche Kontrolle des EuGH garantiert, hinzuweisen. Gerade die unter anderem hierin zum Ausdruck kommende Ausgestaltung der EU als Rechtsgemeinschaft, der hohe Grad an »Normativität«, der ihr – von den Mitgliedstaaten autonomes – Rechtssystem kennzeichnet, sprechen dafür, Bedenken gegenüber einer Verwendung des Begriffs der Verfassung aus dem nicht-nicht-staatlichen Entwicklungsstand der Gemeinschaft zurücktreten zu lassen. Betrachtet man des weiteren die **höchste Stellung der Verträge in der Normenhierarchie** der Gemeinschaftsrechtsordnung, so wird überdies deutlich, daß die Verträge, gleich einer Verfassung, prägender Maßstab für das nachfolgende Recht sind. Die Verträge mögen zwar angesichts der Tatsache, daß die europäische öffentliche Gewalt nicht auf den Willen eines Unionsvolkes, sondern nur auf den der Mitgliedstaaten und damit den der »Völker Europas« (Abs. 2) rückführbar ist, keine traditionelle Verfassung darstellen. Von entscheidender Bedeutung ist jedoch, daß die Verträge bereits heute ganz wesentliche **Funktionen und Inhalte einer Verfassung,** deren unmittelbares Subjekt nicht nur der jeweilige Mitgliedstaat, sondern gerade auch der einzelne Bürger ist, aufweisen. Zutreffend wird insoweit die Ordnungsfunktion, die Bestandsicherungsfunktion, die Schutzfunktion, die programmatische Funktion, die Legitimationsfunktion sowie die Integrationsfunktion der Verträge hervorgehoben; hinsichtlich der Inhalte wird an die Stichwörter (innere und äußere) Sicherheit, Rechtsstaat, Demokratie, Sozialstaat und Umweltstaat angeknüpft.[51]

---

48 *Grimm*, (Fn. 26), m. w. N.; noch deutlicher dagegen *Koenig*, (Fn. 47), S. 551.
49 *Koenig*, (Fn. 47), S. 275.
50 M. *Ruffert*, Die Mitgliedstaaten der EG als Verpflichtete der Gemeinschaftsgrundrechte, EuGRZ 1995, S. 518 ff.
51 Zum ganzen ausführlich der *P.M. Huber*, Europäisches und nationales Verfassungsrecht, VVDStRL 60 (2001), S. 194 (199 ff.); *Steinberg* (Fn. 33), S. 366 ff.; *Dorau* (Fn. 29), S. 69 ff.; *G.C.R. Iglesias*, Zur »Verfassung« der EG, EuGRZ 1996, S. 125 ff.; skeptisch aufgrund dieser Kriterien

Auch wenn der Gemeinschaft nach Art. 5 Abs. 1 und 7 Abs. 1 EGV nicht die für Staaten kennzeichnende »Kompetenz-Kompetenz« zusteht, so darf doch nicht verkannt werden, daß aufgrund ihres fortschreitenden und letztlich **unwiderruflichen Kompetenzzuwachses die Letztverantwortung für eine Reihe existentieller Belange** im Verhältnis von Gemeinschaft und Mitgliedstaaten in der »Schwebe« liegt, indem die Souveränität der Mitgliedstaaten in wesentlichen Bereichen des politischen, wirtschaftlichen und sozialen Lebens längst zugunsten der Gemeinschaft reduziert ist.[52] Letztlich kommt es hierauf aber auch gar nicht an: Die EU muß kein (souveräner) Staat sein, um eine Verfassung zu haben. Vielmehr ist die Frage ihrer Staatswerdung von derjenigen ihrer Verfassungsfähigkeit zu trennen. Weder historisch, noch im Rechtsvergleich ist die Verfassungfrage eine Idee der souveränen Staatlichkeit. Sie ist vielmehr die Idee der normativen Bindung und Legitimation staatlicher Herrschaft. Das Bezugsproblem der Verfassung ist also weniger die Existenz des überkommenen (National-) Staates, es ist letztlich die institutionalisierte politische Herrschaft, die traditionell eben im Staat monopolisiert war. Im Zuge der sog. Globalisierung[53] kann aber jener, der staatlichen Verfassung zugeschriebene Anspruch, Hoheitsgewalt territorial begrenzt, aber sachlich umfassend zu verfassen, nicht mehr erfüllt werden. Im Zusammenhang mit der infolge der Globalisierung notwendig gewordenen Reorganisation des Staates auf der internationalen Ebene durch Übertragung von Hoheitsgewalt ist die Entwicklung von Verfassungselementen auf unterschiedlichen Ebenen zwingend verbunden. Auf diese Weise entsteht ein Netz aus faktischen Zwängen und völkerrechtlichen Bindungen, in dem die Grenzen zwischen Verfassungsrecht und internationalem Recht – zumindest für bestimmte Sachbereiche – zunehmend verschwimmen. Wenn aber bei einer funktionalen Betrachtungsweise Aufgaben der Verfassung zumindest teilweise auch in nicht-staatlichen Organisationsformen wie der EU erfüllt werden, dann bedarf die damit verbundene Ausübung von Hoheitsgewalt der rechtlichen Bindung, Begrenzungs- und Legitimationsfunktion der Verfassung müssen sichergestellt werden. Insoweit kann die Verfassung vom Staat gelöst werden, ein weiter gefaßter, von Stereotypen und definitorischem Schubladendenken (Staat = Verfassung; Staaten-(ver-)bund = Vertrag) befreiter, »postnationaler« Verfassungsbegriff ist zu etablieren, im Zuge dessen die Verträge – zumindest bei einer materiellen Betrachtung – als »**Verfassung**« bezeichnet werden können.[54]

25

Fortsetzung von Fußnote 51

T. *Stein*, Europas Verfassung, in: Timmermann/Metz, Europa-Ziel und Aufgabe, FS für Arno Krause, 2000, S. 233 (239 ff.): Die Verträge genügten in Schlüsselbereichen nicht Verfassungsanforderungen und könnten daher auch keine »Verfassung« darstellen; differenzierend *Schmitz* (Fn. 31), S. 398 ff., insbesondere S. 415 ff., der einzig das (formelle) Merkmal der »Selbstkennzeichnung als Verfassung« vermißt (S. 466 ff.), die materiellen Voraussetzungen aber für erfüllt hält.

52 U. *Everling*, Sind die Mitgliedstaaten der EG noch Herren der Verträge?, FS-Mosler, 1983, S. 173 (189); K. *Doehring*, Staat und Verfassung in einem zusammenwachsenden Europa, ZRP 1993, S. 98 ff.; G. *Ress*, Menschenrechte, europäisches Gemeinschaftsrecht und nationales Verfassungsrecht, FS-Winkler, 1997, S. 897 (901).

53 Zur sog. Globalisierung und der Rolle des Staates aus unterschiedlichen Blickwinkeln die Beiträge in U. *Beck* (Hrsg.), Politik der Globalisierung, 1998; ferner der Überblick bei *Hoffmann*, Aus Politik und Zeitgeschichte B 23/29, S. 3 ff.; *Zumbansen* (Fn. 33); G. *Calliess*, Globale Kommunikation – staatenloses Recht, ARSP Beiheft, Nr. 79, 2001, S. 61 ff.; C. *Calliess*, Subsidiaritätsprinzip und Solidaritätsprinzip als rechtliches Regulativ der Globalisierung von Staat und Gesellschaft – Dargestellt am Beispiel von EU und WTO, Rechtstheorie Beiheft 20, 2001, S. 371 ff.

54 *Huber* (Fn. 51), S. 198 f.; I. *Pernice*, Europäisches und nationales Verfassungsrecht, VVDStRL 60 (2001), S. 148 (155 ff.); *Dorau* (Fn. 29), S. 45 ff.; G. *Hirsch*, EG: Kein Staat, aber eine Verfassung, NJW 2000, S. 46 f.; *Steinberg* (Fn. 33), S. 371 f.; *Walter* (Fn. 33), S. 5 f.; ebenso bzw. ähnlich R. *Bieber*, Verfassungsentwicklung der EU: Autonomie oder Konsequenz staatlicher Verfassungsentwicklung, in: Müller-Graff/Riedel (Hrsg.), Gemeinsames Verfassungsrecht in der EU, 1998, S. 209 ff.; *Iglesias* (Fn. 51), S. 125 ff.; *Everling* (Fn. 52), S. 180; R. *Bernhardt*, Quellen

Art. 1 EU-Vertrag

26 Im Zuge der Integration ist so gesehen also ein Verfassungsrecht der EU entstanden, das in einem **inhaltlichen Verbund mit den Verfassungsordnungen der Mitgliedstaaten** steht. Dementsprechend geht die Entwicklung zu einer **offenen Verfassungsstaatlichkeit** in Europa, die die wechselseitige Durchdringung und Verflechtung staatlicher und zwischenstaatlicher Ordnungen ermöglicht und damit zur Etablierung eines **gemeineuropäischen Verfassungsrechts** führt. In einem solchen **Verfassungsverbund** empfängt die europäische Ebene nicht nur Impulse aus dem mitgliedstaatlichen Verfassungsrecht (vgl. Art. 6 Abs. 2 EUV; Art. 23 Abs. 1 S. 1 GG), sondern sendet ebensolche auch dorthin zurück (vgl. Art. 6 Abs. 1 und 7 EUV). Es entsteht ein System wechselseitiger Verfassungsbefruchtung und -stabilisierung. Dieses System wird durch die in allen geschriebenen Verfassungen der Mitgliedstaaten zugunsten der (europäischen) Integration enthaltenen Öffnungsklauseln (vgl. z.B. Art. 23 Abs. 1 GG; Art. 9 Abs. B-VG Österreich), die als eine Art »Schleuse« zwischen den nationalen Verfassungen und der gemeinsamen europäischen Verfassung wirken, ermöglicht. Über diese Schleuse können sich europäisches und nationales Verfassungsrecht gegenseitig beeinflussen und ergänzen sowie eine wechselseitige komplementäre Maßstäblichkeit entfalten: Aufgrund des Anwendungsvorrangs (s. Art. 220, Rn. 18 ff.) hat sich das nationale Verfassungsrecht den europäischen Homogenitätsanforderungen anzupassen und unter Umständen – auch weitreichende – Relativierungen hinzunehmen. Gleichzeitig ist es – vermittelt über die allgemeinen Rechtsgrundsätze – wichtigstes Rezeptionsreservoir für das europäische Verfassungsrecht (vgl. Art. 6 Abs. 2; Art. 288 Abs. 2). Im Kontext der so skizzierten, im Ergebnis untrennbaren Verflechtung nationalen und europäischen Verfassungsrechts kommt Art. 10 EGV, verstanden als Pflicht zu gegenseitiger Solidarität im Sinne von loyaler Zusammenarbeit und als Gebot der Rücksichtnahme – gerade mit Blick auf nationales Verfassungsrecht – besondere Bedeutung zu. Art. 10 EGV fordert insoweit eine wechselseitige prozedurale Solidarität, die ein latentes Kooperationsverhältnis zwischen nationalen und europäischen Verfassungsorganen (insbesondere zwischen nationalen Verfassungsgerichten und EuGH) begründet. In Verbindung mit Art. 6 Abs. 3 (s. Art. 6 EUV, Rn. 211 ff.) kann das Gebot der Rücksichtnahme als ultima-ratio sogar vom Anwendungsvorrang europäischen Verfassungsrechts suspendieren. Voraussetzung ist, daß der Kerngehalt gemeineuropäischen Verfassungsrechts (vgl. Art. 6 Abs. 1) verletzt ist und alle Versuche, den Verfassungskonflikt im Wege der Kooperation beizulegen, gescheitert sind. Dies wäre dann als Ausdruck des Systems wechselseitiger (vgl. auch Art. 6 Abs. 1 und 7 EUV) Verfassungsstabilisierung im Europäischen Verfassungsverbund hinzunehmen.[55]

Fortsetzung von Fußnote 54
des Gemeinschaftsrechts: Die »Verfassung« der Gemeinschaft, in: Kommission (Hrsg.), Dreißig Jahre Gemeinschaftsrecht, Brüssel/Luxemburg 1981, S. 77 ff.; *Tomuschat* (Fn. 5), S. 1074, der die Diskussion – mit Blick auf die rechtlichen Konsequenzen nicht zu Unrecht – als einen »Streit um Worte« bezeichnet; *Hilf* (Fn. 33), S. 70 schlägt die Bezeichnung »Verfassungsvertrag« vor.

55 Vgl. zu den hier angestellten Überlegungen *Pernice* (Fn. 54), S. 163 ff., insbesondere S. 172 ff.; *ders.* (Fn. 32), S. 29 ff.; *Huber* (Fn. 51), S. 208 ff., insbesondere S. 222 ff.; *Bieber* (F. 54), S. 215; *Dorau* (Fn. 29), S. 189 ff.; *Steinberg* (Fn. 33), S. 371 ff.; *Walter* (Fn. 33), S. 7 f.; *P. Häberle*, Verfassungsrechtliche Fragen im Prozeß der europäischen Einigung, EuGRZ 1992, S. 429 ff.; *Ress* (Fn. 12), S. 901; *Heintzen* (Fn. 33), S. 5 ff.; grundlegend zur offenen Staatlichkeit *Hobe* (Fn. 23), S. 380 ff.; eher skeptisch mit Blick auf die neuen Begriffsbildungen (u.a. Verfassungsverbund) *Stein* (Fn. 51), S. 236, 244 f., der das Ergebnis freilich für richtig hält; kritisch auch M. *Kaufmann*, Permanente Verfassungsgebung und verfassungsrechtliche Selbsbindung im europäischen Staatenverbund, Der Staat 36 (1997), S. 521 (528), der im skizzierten Verfassungsverbund einen Verstoß gegen Art. 79 Abs. 3 GG sieht.

C. Abs. 2: Bürgernähe und Subsidiaritätsprinzip

Nach Abs. 2 stellt der Unionsvertrag eine neue Stufe bei der Verwirklichung einer immer engeren Union der Völker Europas dar, in der die Entscheidungen möglichst bürgernah getroffen werden. Der Begriff »bürgernah« ist der Ersatz für den auf britischen Wunsch letztlich gestrichenen Hinweis auf die föderale Struktur der Union.[56] Durch den vorletzten Absatz der **Präambel des EUV** wird der Regelungszusammenhang zwischen **Bürgernähe und Subsidiaritätsprinzip** hergestellt. In Anknüpfung an die Präambel des EWGV wird die Entschlossenheit betont, »den Prozeß der Schaffung einer immer engeren Union der Völker Europas ...weiterzuführen«, wobei in der Union »die Entscheidungen entsprechend dem Subsidiaritätsprinzip möglichst bürgernah getroffen werden«.[57]

27

Fraglich ist allerdings, welche Rolle der Aspekt möglichst bürgernaher Entscheidungen im **Verhältnis zu Art. 5 EGV** spielt. Zum Teil wird in Art. 5 Abs. 2 EGV eine Präzisierung bzw. Spezialisierung dieses in Abs. 2 für den gesamten Bereich der EU eingeführten Grundsatzes gesehen.[58] Nach anderer Ansicht stehen beide Normen zwar in »engem Zusammenhang«, jedoch wird Abs. 2 i. V. m. der Präambel insofern eine eigenständige Bedeutung beigemessen, als »bürgernah« auch Entscheidungen auf einer dezentralen unteren Verwaltungsebene meine. Zutreffend wird insofern darauf hingewiesen, daß der Begriff eine **Hierarchie von Entscheidungsebenen** impliziere, die von »Bürgernähe« zu »Bürgerferne« verlaufe: Die Gemeinschaftsebene sei in diesem Sinne als »bürgerfern« zu erachten. »Bürgernah« meine daher nicht nur eine Verwaltung im Sinne der Bürger, sondern – in Zusammenschau mit der entsprechenden Formulierung in der Präambel – gerade auch Entscheidungsebenen in Bürgernähe, deren konkrete Ausgestaltung der EUV aber subsidiaritätsgerecht den Mitgliedstaaten überlasse.[59]

28

Art. 5 Abs. 2 EGV stellt **keine Präzisierung** des Abs. 2 dar. Hiergegen spricht insbesondere der **Wortlaut der Präambel**, »die Entscheidungen entsprechend dem Subsidiaritätsprinzip möglichst bürgernah« zu treffen. Das Wort »entsprechend« macht gerade deutlich, daß dem **Subsidiaritätsprinzip** bürgernahe Entscheidungen entsprechen. Der Präambel zufolge ist Abs. 2 also als **Konkretisierung** des Art. 5 Abs. 2 EGV zu verstehen.[60] Um Spezialität (im Sinne von Konkurrenzen) geht es hierbei freilich nicht. Vielmehr geht es allein um die inhaltliche Zuordnung des Begriffs der Bürgernähe zum Subsidiaritätsprinzip in dem Sinne, daß Regelungen soweit wie möglich auf der jeweils unteren und damit »dem Bürger näheren« Ebene getroffen werden, einer Ebene, die er kennt und in ihrer Zusammensetzung, Wirkungsweise und Aufgabenstellung versteht.[61]

29

---

56 *J. Pipkorn*, Das Subsidiaritätsprinzip im Vertrag über die EU – rechtliche Bedeutung und gerichtliche Überprüfbarkeit, EuZW 1992, S. 697 (698); *M. Hilf*, in: Grabitz/ders., EU, Art. A, Rn. 14 m. w. N.
57 Vgl. auch *Pipkorn* (Fn. 56).
58 So *P.M. Schmidhuber/G. Hitzler*, Die Verankerung des Subsidiaritätsprinzips im EWG-Vertrag – ein wichtiger Schritt auf dem Weg zu einer föderalen Verfassung, NVwZ 1992, S. 720 (722); *C. Stumpf*, in: Schwarze, EU-Kommentar, Art. 1 EUV, Rn. 49, die unter dem Stichwort »Konkurrenzen« Spezialität annimmt.
59 So *S. U. Pieper*, Subsidiarität: Ein Beitrag zur Begrenzung der Gemeinschaftskompetenzen, 1994, S. 259 f.
60 So wohl auch der Europäische Rat von Birmingham in seiner »Erklärung von Birmingham«, Schlußfolgerungen des Vorsitzes vom 16. 10. 1992, Dok. SN/343/1/92, Anlage I. 5., S. 5.
61 *T. Stein*, Subsidiarität, Transparenz und Bürgernähe, in: W. Hummer, Die EU nach dem Vertrag von Amsterdam, 1998, S. 141 ff.

30 Der Begriff »bürgernah« muß aber darüber hinaus auch eine **eigenständige Bedeutung** haben, da er sonst überflüssig wäre. Historisch argumentierend könnte man »bürgernah« einfach als Ersatz für »föderal« verstehen. Historische Aspekte spielen aber angesichts des funktional-dynamischen Charakters bei der Auslegung des Gemeinschaftsrechts eine untergeordnete Rolle. Überdies ist »Bürgernähe« schon vom Wortlaut, aber auch unter teleologischen Gesichtspunkten vom Begriff des »Föderalismus« inhaltlich streng zu unterscheiden[62], wenn auch beide Begriffe entfernt durch ihr gemeinsames Ziel, Zentralismus nach Möglichkeit zu vermeiden, miteinander verbunden sind.

31 In Anlehnung an *Bleckmann* ist Abs. 2 daher zunächst als Grundsatz zu interpretieren, nach dem die **Entscheidungen vorrangig auf der Ebene der Gemeinden oder der Länder und Regionen** getroffen werden müssen.[63] Im Rahmen einer vom Begriff der Bürgernähe implizierten Hierarchie von Handlungsebenen begründet Abs. 2 daher eine widerlegbare (»möglichst«) Vermutung[64] für den Vorrang der dezentralsten Entscheidungsebene.[65] Hieraus läßt sich schließen, daß der Unionsvertrag letztlich davon ausgeht, daß die Entscheidungen grundsätzlich schon auf der Ebene der Länder respektive Regionen oder gar der Gemeinden getroffen werden müssen.[66]

32 Dieses Ergebnis wird durch eine **teleologische Auslegung** von Abs. 2 untermauert. Der Trend zu »Bürgernähe« und Regionalisierung[67] entspringt zum Teil der Suche nach einer **Kompensation** für den kulturellen Identitätsverlust, der in der Konsequenz einer interdependenten Kommunikationsgesellschaft und der damit einhergehenden **Internationalisierung** und Bildung supranationaler Strukturen liegt.[68] Daneben steht jedoch die wachsende Einsicht, daß eine »**verbesserte Gouvernanz**« in der komplexen, von qualitativ hochwertigen Informationen abhängigen modernen Industriegesellschaft dezentraler politischer Handlungsebenen bedarf, um diese problemlösungsfähig zu erhalten.[69] So wird zutreffend betont, daß dezentrale Lösungen die **Komplexität des Entscheidungsprozesses** verringern und so zu einer erhöhten Transparenz beitragen. Die betroffenen Menschen könnten sich besser mit den politischen Entscheidungen identifizieren, wenn diese »bürgernah« getroffen werden. Dies nicht zuletzt deshalb, weil dezentrale Entscheidungen eine stärkere **Partizipation** und damit ein Mehr an **Demokratie**[70] ermöglichen könnten. Indem politische Lösungen auf dezentralen Ebenen sich

---

62 Ebenso *E. Klein*, in: HK-EUV, Art. A, Rn. 70.
63 A. *Bleckmann*, Der Vertrag über die EU, DVBl. 1992, S. 335 (336); kritisch *P. Badura*, Der Bundesstaat Deutschland im Prozeß der europäischen Integration, Vorträge aus Europa-Institut der Universität des Saarlandes, Nr. 298, 1993, S. 25; dagegen *M. Hilf*, in: Grabitz/ders., EU, Art. A, Rn. 14 unter Hinweis auf Art. F Abs. 1 EUV.
64 Ähnlich *E. Klein*, in: HK-EUV, Art. A, Rn. 71: »relative Optimierung«.
65 Ausführlich dazu *C. Calliess*, Das gemeinschaftsrechtliche Subsidiaritätsprinzip (Art. 3b EGV) als Grundsatz der größtmöglichen Berücksichtigung der Regionen, AöR 121 (1996), S. 509 ff.
66 *Bleckmann, Badura, Hilf* (Fn. 63).
67 *T. Stammen*, Das Phänomen des europäischen Regionalismus, in: Kremer (Hrsg.), Die Landesparlamente im Spannungsfeld zwischen europäischer Integration und europäischem Regionalismus, 1988, S. 163 ff.; *C. Engel*, Regionen in der EG: Eine integrationspolitische Rollensuche, integration 1991, S. 9; *F.-L. Knemeyer*, Subsidiarität – Föderalismus, Dezentralisation, DVBl. 1990, S. 449 ff.; *Häberle* (Fn. 55), S. 434; *Calliess* (Fn. 65), S. 509 ff.; vgl. auch *U. Beck*, Risikogesellschaft, Auf dem Weg in eine andere Moderne, 1986, S. 314.
68 Vgl. *H. Lübbe*, Die große und die kleine Welt, Regionalismus als europäische Bewegung, in: Weidenfeld (Hrsg.), Die Identität Europas, 1985, S. 191 (196 ff.); *Stammen* (Fn. 67), S. 166 ff.; *C. Stumpf*, in: Schwarze, EU-Kommentar, Art. 1 EUV, Rn. 30.
69 Vgl. Bericht des *Club of Rome*, Die globale Revolution, Spiegel Spezial 2/1991, S. 103 ff.; *Beck* (Fn. 67), S. 311 ff.; *W. Weidenfeld*, Europäische Defizite, europäische Perspektiven, 1988, S. 121 f.
70 *A. Adonis/S. Jones*, Subsidiarity and the European Community's Constitutional Future, StWuStP 1991, S. 179 (188); ebenso *E. Klein*, in: HK-EUV, Art. A, Rn. 70.

dem konkreten Problem vor Ort besser anpassen könnten, werde die **Effizienz** des gesamten Entscheidungsprozesses verbessert.[71] Die Mehrstufigkeit eines politischen Systems mit dezentralen Handlungsebenen, vom Subsidiaritätsprinzip immanent vorausgesetzt (s. Art. 5 EGV, Rn. 4), bewahre soziale, kulturelle, wirtschaftliche und politische **Vielfalt** und könne auf diese Weise die verschiedenen Wünsche, Einstellungen und Bedürfnisse der Bürger besser reflektieren. Diese Vielfalt erlaube überdies **Spielraum für »Experimente« bei der Lösung von Problemen**, deren Erfahrungen dann dem Gesamtsystem zugute kommen könnten.[72] Auf diese Weise werden **Vorteile des Wettbewerbs** für das politische System genutzt, wenn Handlungs- und Entscheidungsspielräume für dezentrale Ebenen geschaffen und garantiert werden.[73] Die so gesicherten Spielräume tragen auf diese Weise zu einer Verbesserung der Effizienz sowie einer stärkeren Demokratisierung des Gesamtsystems bei.[74]

Bürgernähe hat überdies auch mit **Transparenz** (s. Rn. 34 ff. und Art. 255 EGV, Rn. 1 ff.) zu tun. So offen ein Entscheidungsprozeß sein mag, bürgernah ist eine Entscheidung letztlich auch durch ihren Inhalt, mithin dadurch, daß sie in ihren Festsetzungen auch ohne Rechtsbeistand verständlich ist, übermäßige Regulierung vermeidet und dem Bürger möglichst große Freiheit beläßt.[75]   33

D. Transparenzprinzip

Im Rahmen ihrer Tätigkeit sind die Gemeinschaftsorgane aus Abs. 2 ferner verpflichtet, möglichst offen zu entscheiden. Mit dem **Wort »offen«** wird auf das Stichwort der Transparenz hingewiesen, das sich Schritt für Schritt zu einem gemeinschaftlichen Verfassungsprinzip entwickelt hat.   34

Zutreffend wird die Bedeutung der Transparenz als **demokratisches Element** gerade im Prozeß der europäischen Integration hervorgehoben[76]. Denn dieser Prozeß, dessen demokratische **Kontrollierbarkeit und Legitimation** immer wieder kontrovers diskutiert wird, ist auf jedes demokratische Element angewiesen, wenn seine Akzeptanz seitens der Bürger erhalten werden soll. Die Transparenz staatlichen Handelns – insbesondere des Gesetzgebungsprozesses – wird unbestritten als Teil des Demokratieprinzips angesehen[77]. Daß dies nicht nur in der Bundesrepublik Deutschland der Fall ist[78], sondern auch in den meisten übrigen EU-Mitgliedstaaten sowie in Drittländern, zeigt die von der Kommission angestellte vergleichende Untersuchung über den Zugang der Öffentlichkeit zu den Informationen[79]. Die Publizität staatlichen Handelns setzt sich aus zwei   35

---

71 Vgl. *R. Mayntz*, Föderalismus und die Gesellschaft, AÖR 115 (1990), S. 232 (235, 239); C. *Stumpf*, in: Schwarze, EU-Kommentar, Art. 1 EUV, Rn. 30.
72 *K. Gretschmann*, The Subsidiarity Principle: Who is to Do What in an integrated Europe, in: Institut Européen d'Administration Publique (Hrsg.), Subsidiarité: défi du changement, Maastricht 1991, S. 45; *J. Trittin*, Die Umweltpolitik der EG aus der Sicht eines Bundeslandes, in: Calliess/Wegener (Hrsg.), Europäisches Umweltrecht als Chance, 1992, S. 51 (55).
73 *Gretschmann, Trittin* (Fn. 72).
74 Vgl. *Mayntz* (Fn. 71), S. 235, 239; *Adonis/Jones* (Fn. 70), S. 188.
75 *Stein* (Fn. 61), S. 142.
76 *Schweitzer/Hummer*, Europarecht, Rn. 942 ff.; *G. Lübbe-Wolff*, Europäisches und nationales Verfassungsrecht, VVDStRL 60 (2001), S. 247 (276 ff.); *W. Kahl*, Das Transparenzdefizit im Rechtsetzungsprozeß der EU, ZG 1996, S. 224 (226).
77 BVerfGE 40, 296 (327); *Lübbe-Wolff* (Fn. 76), S. 276 ff.; *M. Jestaedt*, Das Geheimnis im Staat der Öffentlichkeit, AöR 126 (2001), S. 204 (215 ff.); *Kahl* (Fn. 76), S. 226, der auf S. 233 freilich (nur) von einer Ergänzung der repräsentativen Demokratie spricht.
78 Vgl. z. B. BVerfGE 70, 324, 355, 84, S. 304, 329.
79 Abgedruckt in ABl. 1993 Nr. C 156, S. 6 ff.

Art. 1 EU-Vertrag

Elementen zusammen: Einerseits aus der Öffentlichkeitsarbeit des Staates und andererseits aus dem Zugang der Öffentlichkeit zu staatlichen Dokumenten[80]. Auf EG-rechtlicher Ebene müssen sämtliche Rechtsakte im Amtsblatt der Gemeinschaften gemäß **Art. 254 EGV veröffentlicht** und gemäß **Art. 253 EGV** mit einer **Begründung** versehen werden. Öffentliche Verhandlungen im Rahmen des Gesetzgebungsprozesses der Gemeinschaft existieren jedoch kaum. Hier machte allein das Europäische Parlament mit seinen öffentlichen Sitzungen (Art. 104 Geschäftsordnung-EP) eine Ausnahme. Das für die EG-Rechtsetzung entscheidende Organ jedoch, der Rat und seine nachgeordneten Instanzen, tagen grundsätzlich nicht öffentlich (Art. 4 Abs. 1 Geschäftsordnung-Rat). Daß ein derartiger Rechtsetzungsprozeß das Verständnis der EG-Bürger für die aus Brüssel stammenden Rechtsakte nicht gerade fördert, liegt auf der Hand.[81]

36 Bereits in der »Erklärung von Birmingham« vom Oktober 1992 hat der Europäische Rat daher unter dem Aspekt größerer Bürgernähe die Notwendigkeit betont, die Arbeit der Gemeinschaftsorgane nach dem Grundsatz der Transparenz zu gestalten. Bei seiner Zusammenkunft in Edinburgh im Dezember 1992 ersuchte der Europäische Rat die Kommission nochmals, »Anfang nächsten Jahres ihre Arbeiten aufgrund der im Maastrichter Vertrag enthaltenen Erklärung über einen verbesserten Zugang zu den ihr und den anderen Gemeinschaftsorganen vorliegenden Informationen abzuschließen.«[82]

37 Die **Kommission**[83] hat diese Anregungen zusammen mit dem **Rat** in einem **Verhaltenskodex** vom 6. Dezember 1993 für den Zugang der Öffentlichkeit zu Kommissions- und Ratsdokumenten[84] aufgenommen. **Konkret umgesetzt** wurde der Verhaltenskodex von der Kommission in einem am 8. Februar 1994 verabschiedeten **Beschluß (94/90/EGKS, EG, Euratom)** über den Zugang der Öffentlichkeit zu den der Kommission vorliegenden Dokumenten.[85] Einen entsprechenden **Beschluß (93/731/EG)** über den Zugang der Öffentlichkeit zu Ratsdokumenten hatte der Rat schon zuvor am 20. Dezember 1993 gefaßt.[86] Der Rat hat darüber hinaus der Forderung nach Transparenz seiner Entscheidungsfindung[87] dadurch Rechnung getragen, daß er in Art. 6 Abs. 2 seiner **Geschäftsordnung** die Möglichkeit öffentlicher Aussprachen und in Art. 7 Abs. 5 der Geschäftsordnung, ergänzt um einen **Verhaltenskodex** vom 2. 10. 1995, die grundsätzliche Veröffentlichung der Abstimmungsprotokolle bei gesetzgeberischen Entscheidungen vorgesehen hat.[88] Auch das EP hat entsprechende Transparenzregeln erlassen.[89]

---

80 *Kahl* (Fn. 77), S. 224; vgl. auch Mitteilung der Kommission an den Rat, das Parlament und den Wirtschafts- und Sozialausschuß, ABl. 1993 Nr. C 156, S. 5.
81 So zutreffend *Stein*, (Fn. 61), S. 149 f.
82 Schlußfolgerungen des Vorsitzes-Birmingham, den 16.10. 1992, S. 4, Anlage I, Nr. 3; Schlußfolgerungen des Vorsitzes-Edinburgh, 12. Dezember 1992, S. 4a, Einleitung Nr. 7.
83 Vgl. das Dokument der Kommission »Transparenz in der Gemeinschaft«, Dok. KOM (93) 258 endg. vom 2.6.1993.
84 ABl.EG 1993 Nr. L 340/41 f. Dazu ausführlich *R. Röger*, Ein neuer Informationsanspruch auf europäischer Ebene: Der Verhaltenskodex vom 6. Dezember 1993 für den Zugang der Öffentlichkeit zu Kommissions- und Ratsdokumenten, DVBl. 1994, S. 1182.
85 ABl.EG 1994 Nr. L 46/58 f.
86 ABl.EG 1993 Nr. L 340/43 f.
87 Vgl. z. B. Erklärung des EP zur Transparenz der Gesetzgebung der EU v. 18.9.1995, ABl.EG 1995 Nr. C 269/1 f.; Entschließung des EP v. 12.10.1995, ABl.EG 1995 Nr. C 287/149, 179; vgl. auch *Kahl* (Fn. 77), S. 232 ff.
88 ABl.EG 1993 Nr. L 304/1; zum Ganzen *Kahl* (Fn. 77), S. 230 ff.; *M. Dreher*, Transparenz und Publizität bei Ratsentscheidungen, EuZW 1996, S. 487 ff.; *Bandilla/Hix* (Fn. 28), S. 1218.
89 Vgl. Beschluß 97/632/EGKS, EG, Euratom vom 10. 7. 1997, ABl. EG 1997 Nr. L 263/1.

Beginnend mit der Rs. Carvel und Guardian[90] liegen bezüglich der Transparenz auch 38
erste **gerichtliche Entscheidungen** vor. In ihr wird dem Beschluß 93/731 **Normcharakter** zugesprochen, so daß dem interessierten Bürger ein gerichtlich durchsetzbarer individueller **Anspruch – wenn auch beschränkt durch verschiedene gegenläufige Belange – auf Zugang** zu Ratsdokumenten gewährt wird. Einen entsprechenden Anspruch hat das EuG in seinem Urteil in der Rs. WWF gegenüber der Kommission angenommen[91]. Vor diesem Hintergrund kann konstatiert werden, daß Transparenz als gemeinschaftliches Verfassungsprinzip – trotz mancher Defizite – ernstgenommen wird.[92] Diese Entwicklung unterstreicht der mit dem Vertrag von Amsterdam neu eingefügte Art. 255 EGV, der – aufbauend auf den vorstehenden Regelungen – inzwischen sekundärrechtlich konkretisiert wurde (s. dort Rn. 1 ff.).

Bei alledem darf jedoch nicht übersehen werden, daß das Transparenzprinzip keinen 39
absoluten Wert darstellt, sondern immer auch mit der **Effizienz der Entscheidungsmechanismen** (s. Art. 7 EGV, Rn. 19 ff.) in **Ausgleich** gebracht werden muß.[93]

Transparenz der Dokumente und Abstimmungen allein ist überdies nicht ausreichend: 40
Solange etwa das Zusammenspiel der Institutionen und der Verträge so kompliziert bleibt wie bisher (z.B. versteht kein Bürger die »Säulen« des Unionsvertrages; gleiches gilt für die Aufgaben- und Kompetenzverteilung und den Grundrechtsschutz- letzteres zumindest solange bis die Charta der Grundrechte verbindlich geworden ist), fehlt ein Stück akzeptanzschaffende Transparenz: Nach wie vor ist es möglich, die **Verantwortung für nationales Politikversagen** der Union anzulasten oder eine Politik, die national auf Bürgerwiderstand stößt, auf der Ebene der Union zu verwirklichen und dann die Hände in Unschuld zu waschen[94]. Wie schon bei der Grundrechtecharta könnte auch hier die durch den Post-Nizza-Prozeß angestoßene (vgl. die dem Vertrag von Nizza angehängte Erklärung Nr. 23 zur Zukunft der Union, siehe Art. 5 EGV, Rn. 72 f.) Reform der Verträge, ihre explizite Umgestaltung zu einer Verfassung oder einem Verfassungsvertrag (s. Rn. 17 ff.), Abhilfe schaffen[95].

E. Abs. 3 S. 2: Kohärenzprinzip

Abs. 3 S. 2 enthält das **allgemeine** Kohärenzprinzip.[96] Es erfährt in Art. 3 und 11 41

---

90 EuG, RS. T-194/94, 19.10.1995, Slg. 1995, II-2765 ff. (Carvel u. Guardian Newspapers/Rat) = ZUR 1996, S. 140 mit Anmerkung von C. *Calliess* = EuZW 1996, S. 152 mit Anmerkung von C. *Sobotta*.
91 EuG, RS. T-105/95, 5.3.1997, Slg. 1997, II-313 (WWF UK/Kommission) = ZUR 1997, S. 148 ff. mit Anmerkung von A. *Furrer*.
92 Ähnlich *Kahl* (Fn. 77), S. 228 ff.; eher kritisch *Stein* (Fn. 61), S. 154 ff.
93 *Kahl* (Fn. 77), S. 234 ff.; *Bandilla/Hix* (Fn.28), S. 1217, siehe auch Art. 255 EGV.
94 *Stein* (Fn. 61), S. 142; M. *Piepenschneider*, Der Vertrag von Amsterdam, Analyse und Bewertung, Konrad-Adenauer-Stiftung, 3. Auflage, St. Augustin, Januar 1998, S. 15 f. Nach Auffassung der deutschen Bundesländer gehört zur Bürgernähe auch ein besserer Grundrechtsschutz sowie die stärkere Verankerung von Bürgeranliegen im EG-Vertrag (vgl. Entschließung des Bundesrates vom 15.12.1995, Drucksache 667/95).
95 Zum Motiv »Transparenz« im Rahmen der Grundrechtecharta C. *Calliess*, Die Charta der Grundrechte der EU – Fragen der Konzeption, Kompetenz und Verbindlichkeit, EuZW 2001, S. 261 (262); P.-C. *Müller-Graff*, Der Post-Nizza-Prozess, Auf dem Weg zu einer neuen europäischen Verfassung, integration Heft 2/2001, S. 208 ff. (213 ff.); zur fehlenden Transparenz auch Mitteilung der Kommission, DN:IP/00/786, vom 14.7.2000.
96 A.A. die h.M. s. Art. 3, Rn. 5 f.; ferner E. *Klein*, in: HK-EUV, Art. A, Rn. 59; M. *Hilf*, in: Grabitz/ders., EU, Art. A, Rn. 22 und Art. C Rn. 10; P.-C. *Müller-Graff*, Europäische Politische Zusammenarbeit und Gemeinsame Außen- und Sicherheitspolitik: Kohärenzgebot aus rechtlicher Sicht, integration 1993, S. 147 (150): »Kohärenz nach innen«.

Abs. 2 eine weitere Ausprägung, die seinem Inhalt eine spezifische Bedeutung zuweisen. Seinem lateinischen Ursprung nach bedeutet Kohärenz »Zusammenhang«.[97] Vor diesem Hintergrund soll das Kohärenzprinzip in der hochkomplexen, dynamischen Integrationsstruktur der EU (Stichwort: Säulenstruktur, s. Art. 1 EGV, Rn. 15 ff.) eine Vielfalt von Beziehungen in einen geordneten Zusammenhang bringen. Insofern enthält es ein **Gebot zur Herstellung von Stimmigkeit und Wahrung des Zusammenhangs** zwischen den verschiedenen betroffenen Politikbereichen. Entscheidende Stichwörter sind insofern **Abstimmung und Widerspruchsfreiheit**.[98]

42 In der **Literatur** werden drei verschiedene Bedeutungen des Kohärenzprinzips unterschieden: **Innere Kohärenz** als Wahrung des Zusammenhalts der Union im Inneren (Art. 1 Abs. 3 S. 2), insbesondere in Form des wirtschaftlichen und sozialen Zusammenhalts, **äußere Kohärenz** (Art. 3, s. dort Rn. 14 ff.) im Sinne des gemeinsamen Auftretens gegenüber Drittstaaten und **inhaltliche Kohärenz** (Art. 3, s. dort Rn. 6) im Sinne stimmiger, widerspruchsfreier Maßnahmen (daher auch sog. Maßnahmenkohärenz).[99]

43 Diese Unterscheidung kann jedoch nur teilweise überzeugen. Der Inhalt der sog. inneren Kohärenz, die Kohäsion nach Art. 158 ff. EGV, stellt sich bei genauer Betrachtung als eine Ausprägung des **Solidaritätsprinzips** dar. Auch wird der Konkretisierung des Kohärenzprinzips in Art. 3 nicht hinreichend Rechnung getragen. Vor diesem Hintergrund sollte man gem. Art. 3 Abs. 1 (s. dort Rn. 5 f.) eine **institutionelle Kohärenz** im Sinne eines Gebots zur interinstitutionellen Abstimmung (s. auch Art. 7 EGV, Rn. 19 ff.) und – in Anlehnung an Art. 3 Abs. 2 (s. dort Rn. 14 ff.) – eine **allgemeine Maßnahmenkohärenz** im Sinne eines Gebots zu inhaltlich widerspruchsfreien Handlungen unterscheiden.

F. Abs. 3 S. 2: Solidaritätsprinzip

44 Der EuGH hat bereits in seinem »Schlachtprämien-Urteil« aus dem Jahre 1973[100] eine Pflicht der Mitgliedstaaten zur Solidarität mit folgenden Worten umschrieben: »Der Vertrag erlaubt es den Mitgliedstaaten, die Vorteile der Gemeinschaft für sich zu nutzen, er erlegt ihnen aber die Verpflichtung auf, deren Rechtsvorschriften zu beachten. Stört ein Staat aufgrund der Vorstellung, die er sich von seinen nationalen Interessen macht, einseitig das mit der Zugehörigkeit zur Gemeinschaft verbundene **Gleichgewicht zwischen Vorteilen und Lasten**, so stellt dies die Gleichheit der Mitgliedstaaten vor dem Gemeinschaftsrecht in Frage...Ein solcher Verstoß gegen die **Pflicht der Solidarität**, welche die Mitgliedstaaten durch ihren Beitritt zur Gemeinschaft übernommen haben, beeinträchtigt die Rechtsordnung der Gemeinschaft bis in ihre Grundfesten.«

---

97 Zur Wortbedeutung auch H. *Krenzler/H.C. Schneider*, Die Gemeinsame Außen- und Sicherheitspolitik der EU – Zur Frage der Kohärenz, EuR 1994, S. 144 (145); *E. Klein*, in: HK-EUV, Art. AA, Rn 59; *C. Tietje*, The Concept of Coherence in the Treaty on EU and the Common Foreign and Security Policy, EFAR 1997, S. 211 (213).
98 In diesem Sinne auch *Ress* (Fn. 4), S. 987; *M. Pechstein*, Das Kohärenzgebot als entscheidende Integrationsdimension der EU, EuR 1995, S. 247 (253); *M. Hilf*, in: Grabitz/ders., EU, Art. A, Rn. 22 und Art. C, Rn. 9; *A. Bunk*, Die Verpflichtung zur kohärenten Politikgestaltung im Vertrag über die EU, 1999, S. 156.
99 Vgl. Art. 3, Rn. 5 f., 14 ff.; *Müller-Graff* (Fn. 98), S. 147 ff.; *Pechstein* (Fn. 98), S. 253 f.; *E. Klein*, in: HK-EUV, Art. A, Rn. 59; *S. Sick*, Das Kohärenzgebot bei Wirtschaftssaktionen der EU, 2001, S. 17 ff., dessen Arbeit gleichzeitig ein schönes Beispiel für die Notwendigkeit des Kohärenzprinzips darstellt.
100 EuGH, RS. 39/72, 7.2.1973, Slg. 1973, 101, Rn. 24 f. (Kommission/Italien).

Abs. 3 S. 2 unterstreicht – zusammen mit dem **vierten Erwägungsgrund der Präambel** – nunmehr ausdrücklich die grundsätzliche Bedeutung des Solidaritätsprinzips für die EU.[101] Die entscheidende Frage ist nun aber, im Hinblick auf was solidarisches Verhalten gefordert ist. Bezugspunkt von Solidarität ist der Oberbegriff des Gemeinwohls. Das »**europäische Gemeinwohl**« hat sich vom jeweiligen nationalen Gemeinwohl im Laufe der europäischen Integration emanzipiert, wiewohl es mit diesem – wie könnte es im Verfassungsverbund (s. Rn. 17 ff.) anders sein - verflochten ist.[102] Mit der auf freiem Wettbewerb basierenden Industriegesellschaft entwickelte sich der moderne Staat mit seiner Fähigkeit, den im Markt konkurrierenden Unternehmen im Interesse des Gemeinwohls Mindestbedingungen der sozial- und umweltverträglichen Produktion vorzuschreiben. Infolge der wirtschaftlichen Integration zum europäischen Binnenmarkt wächst diese Aufgabe der Gemeinschaft zu, die den Markt flankierende Regelungen im Interesse des so verstandenen Gemeinwohls erlassen muß.[103] Aus dem Solidaritätsprinzip folgt daher, daß **bestimmte Aufgaben zur Sicherung des Gemeinwohls durch die EG geregelt werden müssen und dieser daher eine entsprechende Kompetenz** zustehen muß.

45

Diesem Aspekt haben die Praxis der EG und die neueren Vertragsänderungen jeweils Rechnung getragen. Selbst dort, wo in den Verträgen nicht ausdrücklich von Solidarität die Rede ist, liegt ihnen diese doch als Leitprinzip in einer Vielzahl von Regeln und Mechanismen zugrunde.[104] So wurden durch die Einheitliche Europäische Akte (EEA) von 1986[105] die Umweltpolitik (s. Art. 174 ff. EGV) ausdrücklich im Vertrag verankert, die Sozialpolitik ausgebaut, sowie durch den Vertrag von Maastricht[106] der Verbraucherschutz (s. Art. 153 EGV), die Gesundheitspolitik (s. Art. 152 EGV) und die Sozialpolitik (s. Art. 136 ff. EGV) eingeführt bzw. weiter verstärkt[107].

46

Eine spezielle Ausprägung des Solidaritätsprinzips hat die EEA mit den heutigen Art. 158–162 EGV (s. dort Rn. 1 ff.) über den wirtschaftlichen und sozialen Zusammenhalt, die sog. »**Kohäsion**«, in den EWGV eingefügt.[108] Diese Vorschriften wurden mit dem EUV nochmals konkretisiert, ausgebaut und verstärkt.[109] Entsprechend wurde auch der neue Art. 2 EGV um die Aufgabe der EG, »den wirtschaftlichen und sozialen Zusammenhalt und die Solidarität zwischen den Mitgliedstaaten zu fördern«, erweitert. Unterstrichen wird die Bedeutung des Solidaritätsprinzips dann nochmals in Art. 2

47

---

101 Hierzu findet sich allerdings bislang noch immer relativ wenig Literatur: Siehe jedoch *C. Tomuschat*, Solidarität in Europa, LA-Pescatore, 1987, S. 729; *E.A. Marias*, Solidarity as an objective of the European Union and the European Community, Legal issues of European integration 1994/2, S. 85 ff.; *M. Blanquet*, L'article 5 du Traité C.E.E., 1994, S. 223 ff.; *U. Volkmann*, Solidarität in einem vereinten Europa, StWuStP 1998, S. 17 ff.; *C. Calliess*, Subsidiaritäts- und Solidaritätsprinzip in der EU, 2. Aufl. 1999, S. 187 ff.
102 *Tomuschat* (Fn. 101), S. 734; *W. Brugger*, Gemeinwohl als Ziel von Staat und Recht an der Jahrtausendwende, Das Beispiel EG, in: P.-C. Müller-Graff/H. Roth, Recht und Rechtswissenschaft, 2000, S. 15 ff.; *Heintzen* (Fn. 24), S. 381 f.; vgl. auch Hobe (Fn. 23), S. 416.
103 So auch *C. Joerges*, Markt ohne Staat? – Die Wirtschaftsverfassung der Gemeinschaft und die regulative Politik, in: Wildenmann (Hrsg.), Staatswerdung Europas?, 1991, S. 225 (228, 251 ff.); *F. W. Scharpf*, Regionalisierung des europischen Raums, 1989, S. 7 ff.
104 *Tomuschat* (Fn. 101), S. 733 ff.
105 Bulletin der EG 2/86, Beilage, dazu *R. Hrbek/T. Läufer*, Die Einheitliche Europäische Akte, Das Luxemburger Reformpaket: Eine neue Etappe im Integrationsprozeß, EA 1986, S. 173 ff.; *H .J. Glaesner*, Die Einheitliche Europäische Akte, EuR 1986, S. 119 ff.
106 Dazu *Bleckmann* (Fn. 63), S. 335.
107 *Tomuschat* (Fn. 101), S. 736; *Volkmann* (Fn. 101), S. 17 ff.; *Brugger* (Fn. 102), S. 26 f.
108 So auch *Tomuschat* (Fn. 101), S. 741 ff.
109 Dazu ausführlich auch *Marias* (Fn. 101), S. 103 ff.

Abs. 1, 1. Spstr., wonach zu den Zielen der Union auch die »Stärkung des wirtschaftlichen und sozialen Zusammenhalts« zählt. Konkretisiert werden diese Vorgaben schließlich durch das »Protokoll über den wirtschaftlichen und sozialen Zusammenhalt«, das gem. Art. 311 EGV einen Bestandteil des Vertrags bildet.[110] Dort wird unter anderem bekräftigt, daß die »Förderung des sozialen und wirtschaftlichen Zusammenhalts für die umfassende Entwicklung und den dauerhaften Erfolg der Gemeinschaft wesentlich ist«. Wesentliches Mittel zur Verwirklichung des Solidaritätsprinzips sind schließlich die drei auf der Grundlage der heutigen Art. 34 Abs. 4, 146 und 160 EGV eingerichteten **Strukturfonds** sowie der **Kohäsionsfonds** gem. Art. 161 Abs. 2 EGV. Insofern besteht auf europäischer Ebene eine Art Finanzausgleich, mit dem sich »die ärmeren Länder einen deutlichen Beitrag für ihre Integrationsbereitschaft« erkaufen.[111]

48 Eine **prozedurale Ausprägung** des Solidaritätsprinzips ist in Art. 10 EGV angelegt.[112] So hat der EuGH beispielsweise Pflichten der Mitgliedstaaten und der Gemeinschaftsorgane zur Solidarität[113], gegenseitigen loyalen Zusammenarbeit[114] und Rücksichtnahme auf die Interessen der anderen Mitgliedstaaten[115] auf dieser Grundlage konkretisiert. Der hier zum Ausdruck kommende Aspekt des Solidaritätsprinzips knüpft speziell an das Verhalten der Mitgliedstaaten als Glieder der Union, die das gemeinsame Ganze verkörpert, an. Im Interesse des Ganzen, das sich freilich aus den Gliedern insgesamt zusammensetzt, wird dem einzelnen Mitgliedstaat auferlegt, seine eigenen Interessen nicht ohne Rücksicht auf die gemeinsamen Interessen durchzusetzen. Mithin wird hier eine Pflicht zu solidarischem Verhalten, aus der verschiedene konkrete Einzelpflichten resultieren (s. Art. 10 EGV, Rn. 1 und 19 ff.), formuliert.

49 Setzt man das zentralisierend wirkende Solidaritätsprinzip **zum Subsidiaritätsprinzip** in Bezug, so entsteht ein Spannungsverhältnis von erheblicher Tragweite.[116] In ihm entfaltet sich das europäische Gemeinwohl, wie es sich in den Zielen der Verträge bzw. in den Zielen der jeweils in Frage stehenden Gemeinschaftspolitik konkretisiert. Subsidiaritäts- und Solidaritätsprinzip werden einander im Rahmen der Auslegung (s. Art. 5 EGV, Rn. 54 ff.) zum gegenseitigen Korrektiv.[117]

---

110 Vgl. dazu M. *Coen*, Abgestufte soziale Integration nach Maastricht, EuZW 1995, S. 50 (51).
111 Ausführlich hierzu F. *Franzmeyer/B. Seidel*, Die Regionalausgleichswirkung des EG-Haushalts, in: Biehl/Pfennig (Hrsg.), Zur Reform der EG-Finanzverfassung, 1990, S. 189 (191); *Tomuschat* (Fn. 101), S. 741 ff.; *U. Häde,* Finanzausgleich, 1996, S. 481 ff.
112 Ebenso *Marias* (Fn. 101), S. 94 ff.; *Blanquet* (Fn. 101), S. 227 ff.; sowie schon *D. Lasok*, Subsidiarity and the occupied field, N.L.J. 1992, S. 1228 (1229): »principle of solidarity«.
113 EuGH, RS. 39/72, (Fn. 100), Rn. 25.
114 EuGH, RS. 230/81, 10.2.1983, Slg. 1983, 255, Rn. 38 (Luxemburg/ Parlament).
115 EuGH, RS. 54/81, 6.5.1982, Slg. 1982, 1449, Rn. 5 (Fromme/BALM).
116 Ausführlich *C. Calliess*, Subsidiaritäts- und Solidaritätsprinzip in der EU, 2. Auflage 1999, S. 185 ff.; angedeutet auch bei *M. Hilf*, in: Grabitz/ders., EU, Art. A, Rn. 23; *Brugger* (Fn. 102), S. 27 ff.; dies meint wohl – mit Blick auf Art. 5 EGV (ohne vom Solidaritätsprinzip zu sprechen) – auch *P. Pescatore*, Mit der Subsidiarität leben, FS-Everling Bd. II, 1995, S. 1071 (1087 f.). Unzutreffend ist aber seine Schlußfolgerung, daß im Kollisionsfalle »Art. 3b unweigerlich am Grundsatz des Art. 5 zerschellen« müsse.
117 Ausführlich *Calliess* (Fn. 116), S. 34, 185 ff. mit den Beispielsfällen Wettbewerbs- und Umweltpolitik (S. 221 ff.); hierauf weist auch *Lasok* (Fn. 112), S. 1229 hin, wenn er schreibt: »If subsidiarity joins solidarity..., the Community legislator will have to measure his power against it and the Court of Justice will acquire another ground for the control of legality in the Community«; vgl. auch *H. Hablitzel*, Das Verhältnis von Tarif- und Betriebsautonomie im Lichte des Subsidiaritätsprinzips, NZA 2001, S. 467 (471) jeweils m.w.N.

Art. 2 (ex-Art. B)

Die Union setzt sich folgende Ziele:

- die Förderung des wirtschaftlichen und sozialen Fortschritts und eines hohen Beschäftigungsniveaus sowie die Herbeiführung einer ausgewogenen und nachhaltigen Entwicklung, insbesondere durch Schaffung eines Raumes ohne Binnengrenzen, durch Stärkung des wirtschaftlichen und sozialen Zusammenhalts und durch Errichtung einer Wirtschafts- und Währungsunion, die auf längere Sicht auch eine einheitliche Währung nach Maßgabe dieses Vertrags umfaßt;[4f.]

- die Behauptung ihrer Identität auf internationaler Ebene, insbesondere durch eine Gemeinsame Außen- und Sicherheitspolitik, wozu nach Maßgabe des Artikel 17 auch die schrittweise Festlegung einer gemeinsamen Verteidigungspolitik gehört, die zu einer gemeinsamen Verteidigung führen könnte;[6ff.]

- die Stärkung des Schutzes der Rechte und Interessen der Angehörigen ihrer Mitgliedstaaten durch Einführung einer Unionsbürgerschaft;[9f.]

- die Erhaltung und Weiterentwicklung der Union als Raum der Freiheit, der Sicherheit und des Rechts, in dem in Verbindung mit geeigneten Maßnahmen in bezug auf die Kontrollen an den Außengrenzen, das Asyl, die Einwanderung sowie die Verhütung und Bekämpfung der Kriminalität der freie Personenverkehr gewährleistet ist;[11ff.]

- die volle Wahrung des gemeinschaftlichen Besitzstandes und seine Weiterentwicklung, wobei geprüft wird, inwieweit die durch diesen Vertrag eingeführten Politiken und Formen der Zusammenarbeit mit dem Ziel zu revidieren sind, die Wirksamkeit der Mechanismen und Organe der Gemeinschaft sicherzustellen.[14f.]

Die Ziele der Union werden nach Maßgabe dieses Vertrags entsprechend den darin enthaltenen Bedingungen und der darin vorgesehenen Zeitfolge[16] unter Beachtung des Subsidiaritätsprinzips, wie es in Artikel 5 des Vertrags zur Gründung der Europäischen Gemeinschaft bestimmt ist[17f.], verwirklicht.

Inhaltsübersicht:
I. Bedeutung der Zielbestimmungen	1
II. Die einzelnen Ziele der Europäischen Union	4
1. Wirtschaftlicher und sozialer Fortschritt, hohes Beschäftigungsniveau und nachhaltige Entwicklung	4
2. Identität auf internationaler Ebene	6
3. Unionsbürgerschaft	9
4. Raum der Freiheit, der Sicherheit und des Rechts	11
5. Wahrung und Weiterentwicklung des gemeinschaftlichen Besitzstands	14
III. Art und Weise der Zielverwirklichung	17

I. Bedeutung der Zielbestimmungen

Art. 2 enthält in den fünf Spiegelstrichen des Abs. 1 die allgemeinen Zielbestimmungen der Union; sie konkretisieren die in Art. 1 Abs. 3 Satz 2 formulierte Leitidee, wonach die Beziehungen zwischen den Mitgliedstaaten sowie ihren Völkern kohärent und soli-

Art. 2 EU-Vertrag

darisch zu gestalten sind. Kohärenz verpflichtet zu einem in sich stimmigen, widerspruchsfreien Konzept der Zielsetzungen, Solidarität zu einem Gleichgewicht zwischen Vorteilen und Lasten unter den Mitgliedstaaten.[1] Die Art und Weise sowie der zeitliche Rahmen dieser Zielverwirklichung sind in Abs. 2 normiert, der durch das Bekenntnis zum Grundsatz der Subsidiarität den Aktionsradius der Europäischen Union zugleich begrenzt. Einzelne Bestimmungen des EUV und EGV werden zu offen und plakativ formulierten übergeordneten Zielen zusammengefaßt. Damit erfüllen sie die Funktion eines die drei Säulen der EU übergreifenden **Leitmotivs**. Da die EU keine Rechtseinheit darstellt,[2] sondern einen materiell-rechtlichen Verbund dreier vor dem Unionsvertrag bestehenden Vertragsschöpfungen (EGV; EGKSV; EAGV) nebst der durch diesen neu geschaffenen operativen Felder (GASP; PJZS) bildet, ist der konzeptionelle Zusammenhang zwischen der Zieltrias des Art. 2 EGV und ihrem Pendant in Art. 2 gleichsam vorgezeichnet: Hier wie dort geht es um die **dauerhafte, friedensstiftende Erreichung wirtschaftlicher und sozialer Prosperität eines wertorientierten Gemeinwesens eigener Art.** Damit sind die Zielbestimmungen zugleich aber auch Beleg für die zunehmende »Entgrenzung« des Verfassungsstaates in Europa.[3]

2 Obwohl keine ausdrückliche Zuweisung der Ziele zu den jeweiligen Säulen der Gemeinschaft erfolgt, läßt der Vertrag keinen Zweifel daran, daß sie überwiegend nicht von der »Union« als solcher, sondern von einer oder mehreren der drei Gemeinschaften bzw. intergouvernemental umgesetzt werden müssen. Die Addition der für alle supranationalen Politikbereiche bestimmenden Ziele und ihre Zusammenfassung unter dem Dach der EU vermitteln dabei jedoch nicht nur einen redaktionellen Überblick über die Essentialia der einzelnen Verträge. Vielmehr manifestiert sich darin die **gegenseitige Abhängigkeit der einzelnen Tätigkeitsfelder**, deren unterschiedliche Ansätze in den Gemeinschaftsverträgen einerseits und in der zweiten und dritten Säule andererseits gemäß der Abstimmungsverpflichtung des Art. 3 Abs. 2 zielorientiert zu bündeln sind.[4] Diese **Verbundhaftigkeit** unterschiedlich integrierter Bereiche stellt ein entscheidendes Novum in der Geschichte der europäischen Integration dar. In einem fortwährenden Prozeß der Kooperation zwischen den verschiedenen Handlungsebenen wird sich so die dauerhafte Gestalt der EU allmählich herausbilden.

3 Die Unionsziele sind wie alle Bestimmungen des EUV für die EU selbst und ihre Mitgliedstaaten **rechtsverbindlich**. Da Art. 2 jedoch weitreichende integrationspolitische Leitideen beinhaltet, die eine Ausprägung erst in anderen Teilen der Verträge finden, kommt ihm eine unmittelbare rechtliche Bedeutung nur in begrenztem Maße zu. Konkrete Handlungspflichten für die Organe der EU oder die Mitgliedstaaten können ihm aber auch wegen der den zuständigen Organen eröffneten Ermessensspielräume nicht entnommen werden.[5] Zudem gehört Art. 2 nicht zu den Bestimmungen des EUV, die

---

1 S. Art. 1 Rn. 44.
2 Vgl. Art. 3 Rn. 3, sowie: *Chr. Koenig*, Die Europäische Union als bloßer Verbundrahmen, EuR 1998 (Beiheft 2), S. 139 ff.; *M. Pechstein/Chr. Koenig*, Die Europäische Union, 3. Aufl., 2000, S. 28 ff.; *M. Pechstein*, Rechtssubjektivität für die Europäische Union?, EuR 1996, S. 137 (149 f.), *R. Streinz*, Der Vertrag von Amsterdam, Jura 1998, S. 57 (60); a.A. *A. v. Bogdandy/ M. Nettesheim*, Die Europäische Union: Ein einheitlicher Verbund mit eigener Rechtsordnung, EuR 1996, S. 3 ff.; *A. v. Bogdandy*, Die Europäische Union als einheitlicher Verband, EuR 1998 (Beiheft 2), S. 165 ff.
3 Vgl. zum einen *P.-Chr. Müller-Graff*, Einheit und Kohärenz der Vertragsziele von EG und EU, EuR 1998 (Beiheft 2), S. 67 (69 ff.) und zum anderen *K.-P. Sommermann*, Der entgrenzte Verfassungsstaat, in: D. Merten (Hrsg.), Der Staat am Ende des 20. Jahrhunderts, 1998, S. 19 ff.
4 Vgl. Art. 3 Rn. 14 f., sowie: *M. Pechstein*, Das Kohärenzgebot als entscheidende Integrationsdimension der Europäischen Union, EuR 1995, S. 247 (251); *D. Simon*, in: Constantinesco/Kovar/ Simon, TUE, Art. B, S. 62.
5 *H. Smit/P. E. Herzog*, The Law of the European Community, Vol. 1, Stand: 1997, § B 02 (g).

Art. 46 der Jurisdiktionszuständigkeit des EuGH unterstellt, was indessen seine materiell-rechtliche Bindungswirkung für die Gemeinschaft nicht beeinträchtigt. Die wesentliche normative Bedeutung des Art. 2 ist darin zu sehen, daß er – ähnlich wie die Präambel, jedoch anders als diese mit unmittelbarer rechtlicher Verbindlichkeit ausgestattet – **Auslegungsdirektiven** für die speziellen, auf Zielverwirklichung gerichteten Vertragsbestimmungen und Durchführungsmaßnahmen enthält.[6] Im Zweifel besitzen sie gegenüber anderen in den Verträgen niedergelegten Zielen Priorität.

II. Die einzelnen Ziele der Europäischen Union

1. Wirtschaftlicher und sozialer Fortschritt, hohes Beschäftigungsniveau und nachhaltige Entwicklung

Angeleitet vom siebten und achten Erwägungsgrund der Präambel stehen die **Direktiven für eine Wirtschafts-, Währungs- und Sozialunion** am Beginn des Katalogs der Zielbestimmungen. Im Zeichen dieser Trias werden die Förderung eines hohen Beschäftigungsniveaus, die Schaffung eines Raums ohne Binnengrenzen sowie die Stärkung des wirtschaftlichen und sozialen Zusammenhalts ausdrücklich hervorgehoben. Die Instrumente hierfür werden in erster Linie in Art. 98 ff. EGV (Wirtschafts- und Währungspolitik), Art. 125 ff. EGV (Beschäftigung) sowie in Art. 136 ff. EGV (Sozialpolitik) bereitgestellt. In Art. 137 EGV wird zur Verfolgung verschiedener Sozialziele des Art. 136 EGV im Sinne der Unterstützung und Ergänzung der Tätigkeit der Mitgliedstaaten eine Gemeinschaftszuständigkeit, namentlich für die Eingliederung aus dem Arbeitsmarkt ausgegrenzter Personen, begründet.[7] Das Ziel der – zunächst nur im Kontext des EG-Vertrages[8] aufgegebenen – Verbesserung der Beschäftigungslage in den Mitgliedstaaten führt indessen auch nach seiner Einbeziehung in den Zielkatalog des Unionsvertrages nicht zu einer **gemeinsamen Beschäftigungspolitik**.[9] Da die rechtliche Zuständigkeit (Art. 127 Abs. 1 Satz 2 EGV) sowie die politische Verantwortung der Mitgliedstaaten gewahrt bleiben, obliegt der EU auf diesem Sektor lediglich eine Koordinierungsfunktion (Art. 125).[10] Diese »koordinierende Beschäftigungsstrategie« bleibt mithin – ungeachtet der Querschnittsklausel des Art. 127 Abs. 2 EGV – in ihrer Verbindlichkeit insgesamt hinter den ungleich zwingenderen, auf »eine dauerhafte Konvergenz der Wirtschaftsleistungen der Mitgliedstaaten« gerichteten Abstimmungserfordernisse nach Art. 99 EGV erheblich zurück.[11] Die in Art. 2 anklingende Gleichrangigkeit der Förderung des wirtschaftlichen und sozialen Fortschritts einerseits und eines hohen

---

6 *M. Hilf/E. Pache*, in: Grabitz/Hilf, EU, Art. B, Rn. 3; *Müller-Graff*, (Fn. 3), S. 68; *Smit/Herzog*, a.a.O. (Fn. 5); *C. Stumpf*, in: Schwarze, EU, Art. 2 Rn. 26.
7 Zum nahezu identischen – nunmehr aufgehobenen – Sozialprotokoll des Maastrichter Unionsvertrages vgl. *G. Schuster*, Rechtsfragen der Maastrichter Vereinbarungen zur Sozialpolitik, EuZW 1992, 178; zu den zentralen Sozialnormen des Amsterdamer Vertrages *Oppermann*, Europarecht, 2. Aufl., 1999, Rn. 1636 ff.
8 Vgl. Art. 2, 118, 127 EGV a.F. und Art. 2 Abs. 3 des Protokolls über die Sozialpolitik.
9 Vgl. im einzelnen *H. Feldmann*, Die neue gemeinschaftliche Beschäftigungspolitik, integration 1998, S. 43 ff.; *H.-P. Platzer*, Beschäftigungspolitik als Herausforderung und Aufgabe der EU, in: R. Hrbek (Hrsg.), Die Reform der Europäischen Union – Positionen und Perspektiven anläßlich der Regierungskonferenz, 1997, S. 233 (238); *Chr. Thun-Hohenstein*, Der Vertrag von Amsterdam, Wien 1997, S. 81 ff.
10 *G. Müller-Brandeck-Bocquet*, Der Amsterdamer Vertrag zur Reform der Europäischen Union, Aus Politik und Zeitgeschichte, Heft 47/1997, S. 21 (23); *Oppermann* (Fn. 7), Rn. 1647; *W. Wessels*, Der Amsterdamer Vertrag – Durch Stückwerksreformen zu einer effizienteren, erweiterten und föderalen Union?, integration 1997, S. 117 (123).
11 *S. Griller/D. P. Droutsas/G. Falkner/K. Forgó/M. Nentwich*, Regierungskonferenz ´1996 – Der Vertrag von Amsterdam in der Fassung des Gipfels vom Juni 1997 (IEF Working Paper Nr. 27), S. 124–127.

Art. 2 EU-Vertrag

Beschäftigungsniveaus andererseits wird von der vertraglichen Ausgestaltung mithin nicht bestätigt. Die zugleich apostrophierte »Herbeiführung einer ausgewogenen ... Entwicklung« findet ihren normativen Ausdruck im Konzept des wirtschaftlichen und sozialen Zusammenhalts nach Art. 158 ff. EGV,[12] das auf eine Beseitigung der Unterschiede im Entwicklungsstand verschiedener Regionen, insbesondere durch Maßnahmen der Strukturförderung auf der Grundlage des Europäischen Sozialfonds (Art. 146 ff. EGV), gerichtet ist.

5 In augenfälliger Weise spart Spstr. 1 – anders als der achte Erwägungsgrund der Präambel des Unionsvertrages und Art. 2 EGV – den **Umweltschutz** bei der namentlichen Auflistung der Unionsziele aus. Der unauflösbaren Einheit von Wirtschafts-, Sozial- und Umweltpolitik wird nach den Ergänzungen des Amsterdamer Vertrages jedoch durch den in die Zielbestimmung integrierten Grundsatz der »**nachhaltigen**« **Entwicklung** entsprochen. Er verankert in der Unionsverfassung gemäß der internationalen Terminologie nunmehr den Gedanken der »sustainability«, der allerdings auch schon bisher im Terminus »dauerhaft« angelegt war.[13] Das Konzept der »nachhaltigen Entwicklung«, das sich seit seiner Erwähnung im Brundtland-Bericht (1987)[14] im internationalen Umweltrecht und im Recht der Entwicklungszusammenarbeit unter dem Begriff des »sustainable development« etabliert hat[15], wird damit zumindest implizit auch für den Bereich der europäischen Umweltpolitik zu einem Leitgedanken der Union erklärt. Im Zeichen dieser Vertragsvorgabe soll die Verbesserung der ökonomischen und sozialen Lebensbedingungen mit der langfristigen Sicherung der natürlichen Lebensbedingungen für zukünftige Generationen in Einklang gebracht werden.[16]

2. Identität auf internationaler Ebene

6 Abs. 1 Spstr. 2 zielt auf die Stärkung der »**äußeren**« **Identität der Union**[17] durch eine gemeinsame Außen- und Sicherheitspolitik (GASP) der Mitgliedstaaten, wozu nach Art. 17 auch die schrittweise Festlegung einer gemeinsamen Verteidigungspolitik samt einer gemeinsamen Verteidigungsstrategie gehört. Zugleich erklärt Art. 11 Abs. 1 Spstr. 1 die »Wahrung ... der Unversehrtheit der Union« zu einem Ziel dieser Politik. Bereits im 10. Erwägungsgrund der Präambel wird die GASP in den Dienst der Stärkung der Identität und Unabhängigkeit Europas gestellt, »um Frieden, Sicherheit und Fortschritt in Europa und in der Welt zu fördern«. Das bisher auf diesem Sektor äußerst begrenzte Steuerungs- und Handlungsinstrumentarium der Union[18] wurde im Amsterdamer Vertrag und nun-

---

12 *D. Simon*, in: Constantinesco/Kovar/Simon, TUE, Art. B, S. 63.
13 *W. Frenz*, Europäisches Umweltrecht, 1997, S. 2; *N. Haigh/R. A. Kraemer*, »Sustainable Development« in den Verträgen der Europäischen Union, ZUR 1996, S. 239 (240).
14 Report of the World Commission on Environment and Development (Brundtland Report), Our Common Future, 1987, abgedr. bei V. Hauff (Hrsg.), Unsere gemeinsame Zukunft, 1987.
15 Vgl. *P. Sands*, Principles of international environmental law, Vol. I, Manchester und New York 1994, S. 198 f.; *E. U. v. Weizsäcker*, »Sustainability: A Task for the North«, Journal of International Affairs 44 (1991), S. 422.
16 Europäische Kommission, Für eine dauerhafte und umweltgerechte Entwicklung (Fünftes Umwelt-Aktionsprogramm), Luxemburg 1993, S. 48; *Chr. Calliess*, Die neue Querschnittsklausel des Art. 6 ex 3c EGV als Instrument zur Umsetzung des Grundsatzes der nachhaltigen Entwicklung, DVBl. 1998, S. 559 (562).
17 So auch *K. M. Meessen*, Politische Identität in Europa, EuR 1999, S. 701 (703 f.); *C. Stumpf*, in: Schwarze, EU, Art. 2 Rn. 14; zur Genese des Begriffs der außen- und sicherheitspolitischen Identität vgl. *M. Jopp*, Die außen- und sicherheitspolitische Identität Europas mit der Perspektive einer gemeinsamen Verteidigungspolitik, in: Hrbek (Fn. 9), S. 331 (332 ff.).
18 *G. Burghardt/G. Tebbe*, Die Gemeinsame Außen- und Sicherheitspolitik der Europäischen Union – Rechtliche Struktur und politischer Prozeß, EuR 30 (1995), S. 1 ff.; *H. J. Hahn*, Der Vertrag von Amsterdam als völkerrechtliche Übereinkunft und Verfassung, 1992, S. 51; *M. Herdegen*, Europarecht, 3. Aufl., 2001 Rn. 460 ff.

mehr im Vertrag von Nizza ergänzt, um so zumindest konzeptionell ihrer Außen-, Sicherheits- und Verteidigungspolitik ein stärkeres Profil zu geben.[19] Bezeichnend ist insoweit jedoch die »**Blockadeoption**« des Art. 23 Abs. 2 UAbs. 2, der das Mehrheitsprinzip systemwidrig aussetzt, sofern ein Mitgliedstaat einen »wichtigen (Grund) der nationalen Politik« geltend macht. Über Erfolg oder Mißerfolg der GASP entscheidet somit auch nach Nizza die Kongruenz oder Divergenz der nationalen Interessen, die oftmals nur kompromißhaft zusammengeführt werden können.[20]

Damit einher geht der Versuch, ein höheres Maß an Kontinuität in der Außenrepräsentanz herzustellen. Litt diese bisher darunter, daß mit jeder neuen Präsidentschaft auch der Ratsvorsitz als Vertretungsorgan der GASP wechselte,[21] so führte der Amsterdamer Vertrag die Funktion eines »**Hohen Vertreters für die Gemeinsame Außen- und Sicherheitspolitik**« ein (Art. 18 Abs. 3), die vom Generalsekretär des Rates wahrgenommen wird. Als zentrale Schaltstelle der GASP soll er dem außenpolitischen Auftreten der Union »Gesicht« und »Stimme« geben.[22] Die politische »Aufwertung« des Generalsekretariats des Rates begründet wegen seiner eng umrissenen, rein unterstützenden Zuständigkeiten auf dem Gebiet der GASP jedoch nicht annähernd die Position eines »EU-Außenministers«[23] und gewährleistet daher auch künftig keine einheitliche Prägung einer europäischen Außen- und Sicherheitspolitik. Ursächlich hierfür ist auch der Umstand, daß die Zahl derjenigen, die für die GASP verantwortlich zeichnen, durch den Amsterdamer Vertrag noch erhöht wurde. Es sind dies neben dem Generalsekretär des Rates der Ratsvorsitz, der Kommissionspräsident und gegebenenfalls ein Kommissar, dem als Vizepräsidenten die Zuständigkeit für die Außenbeziehungen zugewiesen werden soll.[24]

7

Eine bedeutende Erweiterung erfährt die GASP durch die **Einbeziehung der verteidigungspolitischen Komponente**, die zum klassischen Kernbereich nationaler Souveränität gehört. Die jetzige Formulierung der Zielbestimmung bindet nun deutlicher als bisher[25] die »schrittweise Festlegung einer gemeinsamen Verteidigungspolitik« in die GASP ein[26] und macht so aus der bisherigen bloßen politischen Option einen vertraglichen Orientierungspunkt für die künftige Außen- und Sicherheitspolitik. Als grundle-

8

---

19 Vgl. hierzu eingehend *H.-J. Axt*, Die EU nach Amsterdam: Kompetenzzuwachs für Außen- und Sicherheitspolitik?, Europäische Rundschau 25 (1997), Heft 4, S. 3 ff.; *D. Kugelmann*, Die Gemeinsame Außen- und Sicherheitspolitik, EuR 1998 (Beiheft 2), S. 99 ff.; *E. Regelsberger/M. Jopp*, Und sie bewegt sich doch! Die Gemeinsame Außen- und Sicherheitspolitik nach den Bestimmungen des Amsterdamer Vertrages, integration 1997, S. 255 ff.; *dies.*, Die Stärkung der Handlungsfähigkeit in der Gemeinsamen Außen- und Sicherheitspolitik, in: Jopp/Maurer/Schmuck (Hrsg.), Die Europäische Union nach Amsterdam, 1998, S. 155 ff.; *S. Semrau*, Die Gemeinsame Außen- und Sicherheitspolitik der Europäischen Union, 1998, S. 172 f.; *J. Solana*, Die Gemeinsame Europäische Sicherheits- und Verteidigungspolitik, integration 2000, S. 7 ff.; *Thun-Hohenstein* (Fn. 9), S. 162 ff.
20 *Axt* (Fn. 19), S. 11; *E. Regelsberger*, Die Gemeinsame Außen- und Sicherheitspolitik nach Nizza – begrenzter Reformbedarf und außervertragliche Dynamik, integration 2001, S. 156 ff.
21 *M. Jopp*, Reformziel Stärkung der außen- und sicherheitspolitischen Handlungsfähigkeit der EU, in: M. Jopp/O. Schmuck, Die Reform der Europäischen Union, 1996, S. 41 (48).
22 Vgl. hierzu: Rat der Europäischen Union, Regierungskonferenz 1996 (Bericht der Reflexionsgruppe), S. 84 f.; *Kugelmann*, a.a.O. (Fn. 19); *M. Piepenschneider*, Der Vertrag von Amsterdam, 1997, S. 26 mit Fn. 74; *Chr. Pippan*, Die Europäische Union nach Amsterdam: Stärkung ihrer Identität auf internationaler Ebene?, Aus Politik und Zeitgeschichte, Heft 47/1997, S. 30 (33); *Regelsberger/Jopp* (Fn. 19), S. 257.
23 *Pippan* (Fn. 22), a.a.O.; *Griller/Droutsas/Falkner/Forgó/Nentwich* (Fn. 11), S. 102.
24 Vgl. Erklärung Nr. 32 zu Organisation und Arbeitsweise der Kommission, in: Schelter/Hoyer (Hrsg.), Der Vertrag von Amsterdam, Schriften zur Europäischen Integration Band 4, 1997, S. 195 f.
25 Vgl. dazu *Smit/Herzog* (Fn. 5), § B.02 (b); *D. Simon*, in: Constantinesco/Kovar/Simon, TUE, Art. B, Anm. 8.
26 Ebenso Art. 17 Abs. 1.

gende Voraussetzung für eine verbesserte Handlungsfähigkeit der Union im Bereich des Krisenmanagements integrierte der Amsterdamer Vertrag die Petersberger Aufgaben der WEU (humanitäre, friedenserhaltende sowie friedensschaffende Operationen) in die GASP (Art. 17 Abs. 2) und verstärkte die institutionelle Verknüpfung zwischen der WEU und der Union. Mit dem Vertrag von Nizza sind – aufbauend auf den Vorarbeiten des Rates in den Sitzungen von Köln[27], Helsinki[28] und Feira[29] zur Verwirklichung einer »Gemeinsamen Europäischen Sicherheits- und Verteidigungspolitik« (GSVP) – die operativen Strukturen der WEU auf die EU übergegangen, so daß die Bezugnahme auf die WEU in Art. 17 Abs. 1 und 3 entfallen konnte. Damit hat die Schaffung eigener militärischer Strukturen der EU begonnen[30], während die WEU nur noch als eine »Vertragshülle«[31] fortbesteht. Bis 2003 soll die EU in die Lage versetzt werden, das gesamte Spektrum der in Art. 17 festgelegten Aufgaben wahrzunehmen[32].

3. Unionsbürgerschaft

9 In Abs. 1 Spstr. 3 wird die EU auf einen verstärkten Schutz der Rechte und Interessen der Angehörigen der Mitgliedstaaten durch Einführung einer Unionsbürgerschaft verpflichtet. Ausgestaltet wird dieses Ziel, das den neunten Erwägungsgrund der Präambel konkretisiert, im Zweiten Teil des EGV (Art. 17–22). Nach gegenwärtiger Vertragslage verfügt der Unionsbürger über fünf ausdrückliche Rechte: (1) das Recht, sich – vorbehaltlich vertraglich vorgesehener Beschränkungen – im Hoheitsbereich der Mitgliedstaaten frei zu bewegen und aufzuhalten (Art. 18 Abs. 1 EGV), (2) das Recht, aktiv und passiv an den Kommunalwahlen und den Wahlen zum Europäischen Parlament auch in einem anderen Mitgliedstaat teilzunehmen, wenn er dort seinen Wohnsitz hat (Art. 19 Abs. 1 EGV), (3) das Recht auf diplomatischen und konsularischen Schutz durch jeden anderen Mitgliedstaat in Drittländern, in denen das eigene Land nicht vertreten ist (Art. 20 EGV), (4) das Petitionsrecht zum Europäischen Parlament (Art. 21 Abs. 1 EGV) und (5) das Recht zur Anrufung des Bürgerbeauftragten (Art. 21 Abs. 2 EGV). Hierbei handelt es sich um spezifische Berechtigungen, die den Unionsbürgern über die ihnen im nationalen Raum gewährten staatsbürgerlichen Rechte hinaus eingeräumt werden. Hiervon unterscheiden sie sich dadurch, daß der Bürger in ihren Genuß auf dem Hoheitsgebiet anderer EU-Staaten gelangt und er sich gegenüber den Behörden des betreffenden Mitgliedstaates sowie den Unionsorganen auf diese Rechte berufen kann.[33] Sie begründen jedoch unstreitig **keine europäische Staatsbürgerschaft,** sondern knüpfen an die Staatsangehörigkeit in einem der Mitgliedstaaten an.[34] Diesen akzesso-

---

27 S. Europäischer Rat von Köln, Anhang III der Schlußfolgerungen des Rates, 3. und 4.6.1999, unter: ue.eu.int/pesc/military/de/DECologne.htm.
28 S. Europäischer Rat von Helsinki, Anlage IV der Schlußfolgerungen des Vorsitzes, 10. und 11.12.1999, unter: ue.eu.int/pesc/military/de/DEHelsinki.htm.
29 S. Bericht des Vorsitzes über die Stärkung der Gemeinsamen Europäischen Sicherheits- und Verteidigungspolitik zum Europäischen Rat von Feira, SN 200/00 ADD 1, Anlage 1, S. 3 ff.
30 Vgl. die Beschlüsse des Rates vom 22.01.2001 zur Einsetzung des Militärausschusses der Europäischen Union (ABl.EG 2001 Nr. L 27/4), zur Einsetzung des Militärstabes der Europäischen Union (ABl.EG 2001 Nr. L 27/7) und zur Einsetzung des Politischen und Sicherheitspolitischen Komitees (ABl.EG 2001 Nr. L 27/1).
31 *E. Pache/ F. Schorkopf,* Der Vertrag von Nizza, NJW 2001, S. 1377 (1385).
32 Vgl. die der Schlußakte zum Vertrag von Nizza beigefügte Erklärung (Nr. 1) zur Europäischen Sicherheits- und Verteidigungspolitik, ABl.EG 2001 Nr. C 80/77.
33 *J. Monar,* Die Unionsbürgerschaft als konstitutives Element des Unionssystems, in: Hrbek (Fn. 9), S. 203 (212).
34 *St. Hobe,* Die Unionsbürgerschaft nach dem Vertag von Maastricht, Der Staat 32 (1993), S. 245 (250 ff.); *A. Randelzhofer,* Marktbürgerschaft – Unionsbürgerschaft – Staatsbürgerschaft, in: GS Grabitz, 1995, S. 582 (591).

rischen Charakter bringt die mit dem Amsterdamer Vertrag eingeführte Ergänzung in Art. 17 Abs. 1 Satz 3 EGV nun noch deutlicher als bisher zum Ausdruck.[35]

Die Zielbestimmung steht insgesamt in engem Zusammenhang mit dem in Art.1 Abs. 2 beschriebenen Leitbild einer »immer engeren Union der Völker Europas«. Erkennbar ist der Wille der Vertragsparteien, die Hürde ethnischer Differenzen und Nationalismen durch die Betonung der Unionsbürgerschaft als ein alle drei Säulen umfassendes Institut zu überwinden.[36] So, wie die GASP die »äußere« Identität der EU stärken soll, stiftet die Unionsbürgerschaft eine »**innere**« **Identität** der Union im Verhältnis zu ihren Bürgern[37]; auf längere Sicht kann sie als Ferment für die Begründung einer eigenen Rechtspersönlichkeit der Union wirken. 10

4. Raum der Freiheit, der Sicherheit und des Rechts

Mit dem Amsterdamer Vertrag wird in die Unionsverfassung erstmals das Ziel eingeführt, einen »Raum der Freiheit, der Sicherheit und des Rechts« zu erhalten und weiterzuentwickeln. Ähnlich wie der Begriff des »Binnenmarktes« umfaßt diese programmatische Formel eine **Vielzahl unterschiedlicher rechtlicher Konzeptionen**, die insbesondere auf die Gewährleistung umfassender **Freiheit des Personenverkehrs** gerichtet ist. Zu diesem Zweck werden der Union, also den zuständigen Organen der EG und den Mitgliedstaaten, in Abs. 1 Spstr. 4 »geeignete Maßnahmen in bezug auf die Kontrollen an den Außengrenzen, das Asyl, die Einwanderung sowie die Verhütung und Bekämpfung der Kriminalität« aufgegeben. Rat und Kommission haben diesbezüglich in einem Aktionsplan Konzepte vorgelegt und Prioritäten sowie einen Zeitplan festgelegt.[38] 11

Die Einführung dieses neuen Integrationstopos, der auch Eingang in den 11. Erwägungsgrund der Präambel und in den Titel VI des EUV[39] sowie in die Präambel der Europäischen Grundrechtecharta[40] gefunden hat, trägt den Novellierungen im Bereich der Justiz- und Innenpolitik Rechnung. Wesentliche Teile der bisher in Art. K. 1 a. F. geregelten Materien der Justiz- und Innenpolitik sind in den EGV überführt und dort stufenweise »vergemeinschaftet« worden.[41] So wurden die Regelungen über die Außengren- 12

---

35 Bericht der Reflexionsgruppe (Fn. 22), Rn. 41.
36 *F. J. Jouhet*, The Maastricht Treaty on European Union – Is Western Europe truly getting closer to Unity?, Columbia Journal of European Law, 1995, S. 285 (288).
37 Vgl. *C. Closa*, The concept of citizenship in the Treaty on European Union, CMLRev. 29 (1992), S. 1137 (1158).
38 Vgl. den Aktionsplan des Rates und der Kommission vom 3. Dezember 1998 zur bestmöglichen Umsetzung der Bestimmungen des Amsterdamer Vertrags über den Aufbau eines Raums der Freiheit, der Sicherheit und des Rechts, ABl.EG 1999 Nr. C 19/1.
39 Vgl. Art. 40 Abs. 1 lit. b) und Art. 40 Abs. 1, wonach die verstärkte Zusammenarbeit eine raschere Entwicklung der Union zu einem Raum der Freiheit, der Sicherheit und des Rechts zum Ziel hat.
40 Vgl. die am 7. Dezember 2000 in Nizza von Rat, Parlament und Kommission proklamierte Charta der Grundrechte der Europäischen Union, ABl.EG 2000 Nr. C 364/01.
41 Vgl. hierzu *L. Harings*, Grenzüberschreitende Zusammenarbeit der Polizei- und Zollverwaltungen und Rechtsschutz in Deutschland, 1998, S. 46 ff.; *ders.*; Die Zusammenarbeit in den Bereichen Justiz und Inneres, EuR 1998 (Beiheft 2), S. 81 ff.; *K. Hailbronner/C. Thiery*, Amsterdam – Vergemeinschaftung der Sachbereiche Freier Personenverkehr, Asylrecht und Einwanderung sowie Überführung des Schengen-Besitzstands auf EU-Ebene, EuR 1998, S. 583 ff.; *H. Labayle*, Un espace de liberté, de sécurité et de justice, RTDE 33 (1997), S. 813 (863 ff.); *B. Meyring*, Die Reform der Bereiche Justiz und Inneres durch den Amsterdamer Vertrag, EuR 1999, S. 309 ff.; *J. Monar*, Die Entwicklung des »Raumes der Freiheit, der Sicherheit und des Rechts«, integration 2000, S. 18 ff.; *ders.*, Ein Raum der Freiheit, der Sicherheit und des Rechts: Die Innen- und Justizpolitik nach Amsterdam, in: Jopp/Maurer/Schmuck (Fn. 19), S. 127 ff.; *R. Rupprecht*, Justiz und Inneres nach dem Amsterdamer Vertrag, integration 1997, S. 264 (265 ff.); *M. Schieffer*, Die Zusammenarbeit der EU-Mitgliedstaaten in den Bereichen Asyl und Einwanderung, 1998; *Thun-Hohenstein* (Fn. 9), S. 28 ff.

zen, die Visapolitik, die Asylpolitik, die Einwanderungspolitik,[42] die justitielle Zusammenarbeit in Zivilsachen sowie die Zusammenarbeit der für diese Bereiche zuständigen Behörden der Mitgliedstaaten in einem neuen Titel IV des EGV zusammengefaßt. Auch wurde das Schengen-Protokoll in den institutionellen Rahmen der EU eingefügt.[43] Die in der Zielbestimmung aufgetragene »**Weiterentwicklung**« **hin zu einer vollständigen Vergemeinschaftung** dieser Materien ist in verschiedenen Vertragsbestimmungen somit bereits angelegt. Indes enthalten sie keine unmittelbar wirksamen Maßnahmen, sondern eine Art »Pactum de contrahendo«.[44] Die Verwirklichung dieser Politiken ist indessen einem zeitlich gestuften Verfahren vorbehalten, das zu einer sukzessiven Einbindung bisher intergouvernemental organisierter Entscheidungsverfahren in die erste Säule führt. Durch Sonderregelungen für einzelne Länder werden dabei – insbesondere im Rahmen des Schengener Sicherheitssystems – unterschiedliche Besitzstände geschaffen. Dies macht eine Koordinierung der betroffenen Politikbereiche unter Achtung des in Art. 3 Abs. 2 verankerten Kohärenzgebotes erforderlich.

13 Damit verbleiben im Bereich der intergouvernementalen Zusammenarbeit der »dritten Säule« nur noch die **polizeiliche und justitielle Zusammenarbeit in Strafsachen** (Titel VI). Auch hier sind die Modalitäten der intergouvernementalen Kooperation durch den Amsterdamer Vertrag den Gemeinschaftsverfahren angenähert worden, indem **gemeinschaftsrechtliche Elemente** in diese Säule integriert wurden[45]. Zudem ermöglicht die Evolutivklausel nach Art. 42, weitere Maßnahmen aus dem Bereich der »dritten« Säule durch einstimmigen Ratsbeschluß und nach Anhörung des Parlaments dem Titel IV EGV zu unterstellen, ohne daß hierüber eine künftige Regierungskonferenz erneut entscheiden muß.

5. Wahrung und Weiterentwicklung des gemeinschaftlichen Besitzstands

14 In der fünften Zielbestimmung bekräftigen die Mitgliedstaaten ihren Willen, den gemeinschaftlichen Besitzstand zu wahren und weiterzuentwickeln. Damit fixieren sie in Abs. 1 Spstr. 5 zum einen den **status quo der erreichten Integration** als eine qualitative Grenze, die nicht mehr unterschritten werden darf; zum anderen weisen sie der Union den **Weg kontinuierlicher Vergemeinschaftung**. Denn die im fünften Spiegelstrich zugleich formulierte Absicht, den gemeinschaftlichen Besitzstand fortzuschreiben, impliziert ein Verständnis, das die unterschiedlich integrierten Politikbereiche der Unionsverfassung nur als ein Zwischenstadium auf dem Weg zu einer weiteren Supranationalisierung betrachtet.[46] Der zu wahrende **gemeinschaftsrechtliche Besitzstand** umfaßt nicht nur die wesentlichen Grundzüge der Gemeinschaftsverfassung[47], sondern den gesamten bisher erreichten Integrationsstand. Hierzu gehören die Bestimmungen des Primärrechts und ihre sekundärrechtliche Umsetzung ebenso wie die vom EuGH entwickelten Rechtsgrundsätze, die Erklärungen und Entschließungen der Union sowie die internationalen Abkommen und die Abkommen zwischen den Mitgliedstaaten, die die Tätigkeit der

---

42 Vgl. hierzu *Schieffer*, (Fn. 41).
43 Protokoll zur Einbeziehung des Schengen-Besitzstands in den Rahmen der Europäischen Union (Protokoll Nr. 2 zum Amsterdamer Vertrag).
44 *Oppermann* (Fn. 7), Rn. 1570.
45 Z. B. Art. 34 Abs. 2, 35 Abs. 2, 39 Abs. 2.
46 V. *Constantinesco*, La structure du traité instituant l'union européenne, CDE 1993, S. 251 (266); D. *Simon*, in: Constantinesco/Kovar/Simon, TUE, S. 66.
47 So aber *M. Heintzen*, Hierarchisierungsprozesse innerhalb des Primärrechts der europäischen Gemeinschaft, EuR 1994, S. 35 (47).

Union betreffen.[48] Der Besitzstand ist also eine Gemengelage von Recht, Erklärungen und Prinzipien sowie wesentlichen Grundsätzen, die der EuGH im Wege der Auslegung entwickelt hat.[49]

Der Zielbestimmung des fünften Spiegelstrichs wird innerhalb des Katalogs des Art. 2 die weitestgehende rechtliche und politische Bedeutung zugemessen.[50] Mit der Beschwörung des »acquis communautaire« soll den Befürchtungen einiger Mitgliedstaaten entsprochen werden, die das Gefüge der EG durch die neuen Formen der zwischenstaatlichen Zusammenarbeit im Rahmen der zweiten und dritten Säule beeinträchtigt sahen.[51] Die Bestimmung steht in engem Zusammenhang mit Art. 47, wonach vorbehaltlich der ausdrücklich vorgesehenen Änderungen das bisherige Gemeinschaftsrecht durch die Regelungen des Unionsvertrages nicht berührt wird. Die im Sinne einer »**vocation communautaire**« explizit benannte Aufgabe, die im EU-Vertrag »eingeführten Politiken und Formen der Zusammenarbeit« mit dem Ziel einer Sicherung der Effizienz der Mechanismen und Organe der Gemeinschaft zu »prüfen«, ist dynamisch auf eine Überführung der intergouvernementalen Politikbereiche in das Gemeinschaftsrecht angelegt. Sie führt jedoch gleichfalls nicht zu einer Beschränkung der verfassunggebenden Befugnisse der Mitgliedstaaten.[52] 15

Auch im Rahmen einer verstärkten Zusammenarbeit (Art. 43–45) ist der Besitzstand der Gemeinschaft zu beachten (Art. 43 lit. c). Hierzu gehören aber – wie Art. 44 Abs. 1 UAbs. 2 nunmehr ausdrücklich klarstellt – solche Rechtsakte und Beschlüsse nicht, die erst im Rahmen der »**verstärkten Zusammenarbeit**« nach Art. 43 ff. zustandekommen. Sie sind zwar gemeinschaftsrechtlicher Natur, aber solange sie nicht von allen Mitgliedstaaten angenommen werden, ist ein Integrationsrückschritt insoweit vertraglich nicht ausgeschlossen.[53] Vertragsänderungen, die den gemeinschaftlichen Besitzstand berühren, sind grundsätzlich möglich, da die Mitgliedstaaten als Herren der Verträge zur Änderung des primären Gemeinschaftsrechts außerhalb des Kernbereichs befugt sind.[54] Zu diesem unantastbaren Verfassungskern des Gemeinschaftsrechts gehört jedenfalls nicht die Gesamtheit des »acquis communautaire«.[55] 16

III. Art und Weise der Zielverwirklichung

Abs. 2 regelt die Art und Weise der Verwirklichung der Integrationsziele. Diese sind **nach Maßgabe des EUV und entsprechend dem hier vorgesehenen Zeitplan** zu verwirk- 17

---

48 *W. Meng,* in: GTE, EU-/EGV, Art. 2, Rn. 74 f.; EG-Kommission, Die Erweiterung Europas: eine Herausforderung, BullEG, Beilage 3-92, S. 12; im Ergebnis ebenso: *Herdegen* (Fn. 18), Rn. 160; *M. Hilf/E. Pache,* in: Grabitz/Hilf, EU, Art. B, Rn. 20; *Smit/Herzog* (Fn. 5), § B.02 (e); *R. Streinz,* Europarecht, 4. Aufl., 1999, Rn. 80.
49 *W. Meng,* in: GTE, EU-/EGV, Art. 2, Rn. 75.
50 *Constantinesco* a.a.O. (Fn. 46); *M. Hilf/E. Pache,* in: Grabitz/Hilf, EU, Art. B, Rn. 17.
51 *Y. Doutriaux,* Le traité sur l'Union européenne, Paris 1992, S. 72 f.; *C. C. Gialdino,* Some reflections on the acquis communautaire, CMLRev. 32 (1995), S. 1089 (1105); *H.-J. Schütz,* Einige Fragen zu Gestalt und Rechtscharakter des acquis communautaire«, in: Erbguth/Müller/Neumann (Hrsg.), Rechtstheorie und Rechtsdogmatik im Austausch, 1999, S. 191 (212).
52 *M. Hilf/E. Pache,* in: Grabitz/Hilf, EU, Art. B, Rn. 19 f.; *C. Stumpf,* in: Schwarze, EU, Art. 2 Rn. 21.
53 *Thun-Hohenstein* (Fn. 9), S. 122.
54 Vgl. *M. Hilf/E. Pache,* in: Grabitz/Hilf, EU, Art. B, Rn. 18; *C. Stumpf,* in: Schwarze, EU, Art. 2 Rn. 20, jew. m.w.N.
55 Vgl. hierzu *P. Pescatore,* Aspects judiciaires de l'acquis communautaire, RTDE 1981, S. 617 (618); *Gialdino* (Fn. 51), S. 1108 ff.

Art. 2 EU-Vertrag

lichen. Die Kompetenzgrundlagen der Union sind daher in den detaillierten Vertragsregelungen, nicht aber in den weit gefaßten Zielbeschreibungen zu suchen. Damit ist klargestellt, daß das Prinzip der begrenzten Einzelermächtigung auch für den Unionsvertrag gilt und auch die Union keine Kompetenz-Kompetenz besitzt.[56]

18 Gemäß Abs. 2 muß die Union das **Subsidiaritätsprinzip** bei der Verwirklichung ihrer Ziele beachten. Als »principium pacti« gilt es daher auch für den EGKS-V und den EAG-V. Die Bestimmung ist angeleitet vom zwölften Erwägungsgrund der Präambel sowie Art. 1 Abs. 2, wonach »die Entscheidungen entsprechend dem Subsidiaritätsprinzip möglichst bürgernah getroffen werden«. Im Lichte der hier apostrophierten »**Bürgernähe**« ist Art. 5 Abs. 2 im Sinne eines Tätigwerdens zu interpretieren, das möglichst auf einer unteren Entscheidungsebene angesiedelt sein soll. Damit werden neben den Mitgliedstaaten zumindest implizit auch die regionalen und lokalen Einheiten in den Aufbau der Union einbezogen.[57] Das Subsidiaritätsprinzip klingt weiterhin in Art. 6 Abs. 3 an, der die **Achtung der Union vor der nationalen Identität ihrer Mitgliedstaaten** statuiert. Der Anwendungsbereich dieser Vorschrift ist im Vergleich zu Abs. 2 jedoch ungleich enger, da nur ein identitätswahrender Kernbereich mitgliedstaatlicher Kompetenzen vor der Inanspruchnahme durch die EU geschützt wird.[58]

19 Bei der Verfolgung der Unionsziele sind nach Abs. 2 i.V.m. Art. 5 Abs. 2 EGV Maßnahmen auf Gemeinschaftsebene nur dann erlaubt, sofern und soweit diese Ziele auf der Ebene der Mitgliedstaaten nicht ausreichend erreicht und daher wegen ihres Umfangs oder ihrer Wirkungen besser auf Gemeinschaftsebene verwirklicht werden können. Durch den pauschalen Verweis auf Art. 5 Abs. 2 entfaltet das »**Protokoll über die Anwendung der Grundsätze der Subsidiarität und der Verhältnismäßigkeit**« (Protokoll Nr. 7 zum Amsterdamer Vertrag)[59] für den Unionsvertrag unmittelbare Geltungskraft.

20 Ungeachtet der umfassenden Bedeutung des Subsidiaritätsprinzips für alle Bereiche der EU ist seine **Wirkkraft im Bereich der GASP und der PJZS schwächer,** weil es hier angesichts des intergouvernementalen Charakters der Entscheidungsfindung an der hierarchischen Über- und Unterordnung zweier abgrenzbarer Kompetenzebenen fehlt.[60] Die Mitgliedstaaten haben der Union insoweit noch keine echten Zuständigkeiten übertragen, so daß es einer Kompetenzausübungsschranke nicht bedarf. Folglich ist hier allenfalls eine »analoge«[61] Anwendung des Subsidiaritätsprinzips geboten, die Art und Ausmaß einer zulässigen gemeinschaftlichen Koordinierungsfunktion gegenüber isoliertem mitgliedstaatlichen Handeln regelt.[62] Da Art. 46 die Zuständigkeit des EuGH nicht auf Art. 2 erstreckt und für die Zusammenarbeit innerhalb der zweiten und dritten Säule der Union die gerichtliche Kontrolle ohnehin derzeit weitgehend ausgeschlossen ist, erweist sich die **Durchsetzbarkeit des Subsidiaritätsprinzips außerhalb des EGV** bereits unabhängig von der grundsätzlichen Frage seiner Justitiabilität[63] als **erheblich eingeschränkt.** Bedeutung wird es vorrangig bei der Konkretisierung und Weiterentwicklung der Uni-

---

56 *St. P. Pieper*, Subsidiarität, 1994, S. 258.
57 *Ch. Calliess*, Subsidiaritäts- und Solidaritätsprinzip in der Europäischen Union, 1996, S. 133; *Smit/Herzog* (Fn. 5), § B.02 (f); *Pieper* (Fn. 56), S. 259.
58 *Calliess* (Fn. 57), S. 135; *Pieper* (Fn. 56), S. 260.
59 Zusammenfassend dargestellt bei *Thun-Hohenstein* (Fn. 9), S. 96 ff.
60 *Calliess* (Fn. 57), S. 126, 137; *Pechstein/Koenig* (Fn. 2), S. 89.
61 *Pechstein/Koenig* (Fn. 2), a.a.O.
62 *R. v. Borries*, Das Subsidiaritätsprinzip im Recht der Europäischen Union, EuR 1994, S. 263 (286); *Pechstein/Koenig* (Fn. 2), S. 89; *M. Hilf/E. Pache*, in: Grabitz/Hilf, EU, Art. B, Rn. 25.
63 Hierzu: *J. Pipkorn*, Das Subsidiaritätsprinzip im Vertrag über die Europäische Union – rechtliche Bedeutung und gerichtliche Überprüfbarkeit, EuZW 1992, S. 697 (700); *H.-J. Blanke*, Normativität und Justitiabilität des gemeinschaftsrechtlichen Subsidiaritätsprinzips, ZG 1995, S. 193 ff.

onszuständigkeiten erlangen und eine politische Orientierungshilfe bei der Wahrung einzelstaatlicher Aktionsräume im Zuge der fortschreitenden Vergemeinschaftung der zweiten und dritten Säule geben.[64]

---

[64] *Calliess* (Fn. 57), S. 134; *Constantinesco* (Fn. 46), S. 267; *D. Simon*, in: Constantinesco/Kovar/Simon, TUE, Art. B, S. 67; *G. Konow*, Zum Subsidiaritätsprinzip des Vertrags von Maastricht, DÖV 1993, S. 405 (407).

Art. 3 (ex-Art. C)

Die Union verfügt über einen einheitlichen institutionellen Rahmen,[1ff.] der die Kohärenz[5f.] und Kontinuität[7ff.] der Maßnahmen zur Erreichung ihrer Ziele unter gleichzeitiger Wahrung und Weiterentwicklung des gemeinschaftlichen Besitzstands[4] sicherstellt.

Die Union[10ff.] achtet insbesondere auf die Kohärenz aller von ihr ergriffenen außenpolitischen Maßnahmen[14f.] im Rahmen ihrer Außen-, Sicherheits-, Wirtschafts- und Entwicklungspolitik. Der Rat und die Kommission sind für diese Kohärenz verantwortlich und arbeiten zu diesem Zweck zusammen. Sie stellen jeweils in ihrem Zuständigkeitsbereich die Durchführung der betreffenden Politiken sicher[16f.].

Inhaltsübersicht:

I. Einheitlicher institutioneller Rahmen	1
II. Funktion der Einheitlichkeit	4
1. Kohärenz	5
2. Kontinuität	7
3. Abstimmungserfordernisse	8
III. Organschaftliche Konsequenzen	10
IV. Außenpolitisches Kohärenzgebot des Art. 3 Abs. 2	14
1. Materieller Gehalt	15
2. Adressaten	16
V. »Flexibilität« versus Bewahrung der Einheitlichkeit der Union	17

I. Einheitlicher institutioneller Rahmen

1 Mit den Maßgaben der Einheitlichkeit des institutionellen Rahmens sowie der Kohärenz und Kontinuität des gemeinschaftlichen Handelns trägt Art. 3 dem Umstand Rechnung, daß unter dem Dach der EU Materien von unterschiedlicher Integrationsdichte zusammengeführt werden. Er zielt vor diesem Hintergrund auf eine **Verzahnung supranational und völkerrechtlich strukturierter Politikbereiche**.

2 Im Maastrichter Vertrag traten neben die vergemeinschafteten Bereiche der EG, EGKS und EAG die intergouvernementale Zusammenarbeit auf dem Gebiet der Gemeinsamen Außen- und Sicherheitspolitik (GASP) – bis dahin im Rahmen der Europäischen Politischen Zusammenarbeit (EPZ) ansatzweise koordiniert – sowie die Zusammenarbeit in den Bereichen Justiz und Inneres (ZBJI). In ihrer Gesamtheit formen sie nach einem häufig verwendeten Bild die **Drei-Säulen-Architektur des Unionsvertrages**.[1] Trotz der im Amsterdamer Vertrag erfolgten Anreicherung der intergouvernementalen Zusammenarbeit mit Elementen der Gemeinschaftsverfassung bleibt sie im Kern völkerrechtlich verfaßt. Wegen der Vergemeinschaftung der Asyl-, Visa- und Einwanderungspolitik sowie der justitiellen Zusammenarbeit in Zivilsachen ist die dritte Säule nunmehr allerdings auf die polizeiliche und justitielle Zusammenarbeit in Strafsachen begrenzt (PJZS).

3 Art. 3 verlangt die gegenseitige Abstimmung der innerhalb der verschiedenen Säulen durchgeführten Aktionen und schafft hierfür die institutionellen Voraussetzungen. Durch die Abstimmungsverpflichtung wird eine **zielorientierte Verklammerung** der Maßnahmen auf den verschiedenen Ebenen angestrebt, die zu einem kohärenten Vorge-

---

[1] Vgl. *M. Pechstein/Chr. Koenig*, Die Europäische Union, 3. Aufl., 2000, S. 54 f.; *Chr. Thun-Hohenstein*, Der Vertrag von Amsterdam, Wien 1997, S. 15.

hen der Mitgliedstaaten und der drei Gemeinschaften führen soll.² Ob diese **Verbundhaftigkeit** derzeit bereits eine Rechtspersönlichkeit der Union zu begründen vermag, bleibt indessen weiterhin umstritten.³ Legitimation und rechtliche Gestalt gewinnt die Union als politisches Gebilde, indem sie die einzelnen, nach wie vor organisatorisch verselbständigten Handlungseinheiten in einen institutionellen Rahmen einbettet und sie zur gegenseitigen Abstimmung mit dem Ziel verpflichtet, ein einheitliches Auftreten der Gemeinschaften und der Mitgliedstaaten sicherzustellen. Die Bestimmung erfüllt so angesichts der polymeren Struktur der Union eine **Ankerfunktion** und zeugt von dem **Streben nach materieller Einheit** der unvollendeten europäischen Verfassung.⁴

II. Funktion der Einheitlichkeit

Der einheitliche institutionelle Rahmen – bereits im sechsten Erwägungsgrund der Präambel apostrophiert – soll **Kohärenz und Kontinuität** der zur Verfolgung der Ziele der Union ergriffenen Maßnahmen unter gleichzeitiger **Wahrung und Weiterentwicklung des gemeinschaftlichen Besitzstandes** sicherstellen. Da der »acquis communautaire« schon nach Art. 2 Spstr. 5 der Fortschreibung des supranationalen Rechts eine Grenze zieht,⁵ besitzt im Rahmen des Art. 3 nur das Kohärenz- und Kontinuitätsgebot eine eigenständige funktionelle Bedeutung.

4

1. Kohärenz

Das Kohärenzgebot verpflichtet zur gegenseitigen **konzeptionellen Abstimmung politischer Maßnahmen** sowie zur **Vermeidung** widersprüchlichen **Handelns**.⁶ Der Begriff weist in den Vertragstexten mindestens drei verschiedene Bedeutungen auf.⁷ So ist es nach Art. 1 Abs. 3 Aufgabe der Union, »die Beziehungen zwischen den Mitgliedstaaten

5

---

2 *Pechstein/Koenig* (Fn.1), S. 51, 72 f.
3 Ablehnend: *M. Herdegen*, Europarecht, 3. Aufl., 2001, S. 49 ff.; *S. Langrish*, The Treaty of Amsterdam: Selected Highlights, ELRev. 23 (1998), S. 3 (13); *M. Pechstein*, Das Kohärenzgebot als entscheidende Integrationsdimension, EuR 1995, S. 247 (259); *Pechstein/Koenig* (Fn. 1), S. 2732 ff.; *M. Schweitzer/W. Hummer*, Europarecht, 1996, S. 23; *R. Streinz*, Der Vertrag von Amsterdam, EuZW 1998, S. 137 (140); *Thun-Hohenstein* (Fn. 1), S. 14; die Rechtssubjektivität bejahen dagegen: *A. v. Bogdandy/M. Nettesheim*, Die Europäische Union: Ein einheitlicher Verbund mit eigener Rechtsordnung, EuR 1996, S. 3 ff.; *A. v. Bogdandy*, Die Europäische Union als einheitlicher Verband, EuR 1998 (Beiheft 2), S. 165 ff.; *G. Ress*, Die Europäische Union und die neue juristische Qualität der Beziehungen zu den Europäischen Gemeinschaften, JuS 1992, S. 985 (986); *S. Semrau*, Die gemeinsame Außen- und Sicherheitspolitik der Europäischen Union, 1998, S. 25 ff.; s. auch Art. 1 EGV, Rn. 5 ff. sowie Art. 2 Rn. 1 mit Anm. 1; beide Positionen werden für vertretbar gehalten von *S. Griller/D. P. Droutsas/G. Falkner/ K. Forgó/M. Nentwich*, Regierungskonferenz 1996 – Der Vertrag von Amsterdam in der Fassung des Gipfels vom Juni 1997 (IEF Working Paper Nr. 27), Wien 1997, S. 25.
4 Vgl. auch *B. Martenczuk*, Die differenzierte Integration und die föderale Struktur der Europäischen Union, EuR 2000, 351 (360) sowie *P. E. Herzog*, in: Smit/Herzog, The Law of the European Community, Vol. 1, Stand: 1997, § C.01, der von einem »Herzstück des Vertrages« spricht.
5 S. Art. 2, Rn. 14 f.
6 *M. Hilf/E. Pache*, in: Grabitz/Hilf, EU, Art. C, Rn. 10; *P.-Chr. Müller-Graff*, Europäische Politische Zusammenarbeit und Gemeinsame Außen- und Sicherheitspolitik: Kohärenzgebot aus rechtlicher Sicht, integration 1993, S. 147; *Schweitzer/Hummer* (Fn. 3), S. 299.
7 *Müller-Graff* (Fn. 6), S. 147 ff.; *ders.*, EPZ/ GASP im System der Europäischen Union – Kohärenzgebot aus rechtlicher Sicht, in: Regelsberger (Hrsg.), Die Gemeinsame Außen- und Sicherheitspolitik der Europäischen Union, 1993, S. 53 (54); *Pechstein/Koenig* (Fn. 1), S. 73 f.; *Semrau* (Fn. 3), S. 48; *K. Siems*, Das Kohärenzgebot in der Europäischen Union und seine Justitiabilität; 1999, S. 24; *M. Zuleeg*, Die Organisationsstruktur der Europäischen Union – Eine Analyse der Klammerbestimmungen des Vertrages von Amsterdam, EuR 1998 (Beiheft 2), S. 151 (154).

sowie zwischen ihren Völkern kohärent ... zu gestalten«. Damit ist sie auf »innere« Kohärenz im Sinne einer Förderung des wirtschaftlichen und sozialen Zusammenhalts verpflichtet.[8] Ausgestaltet wird diese bereits in der EEA statuierte Verpflichtung[9] in Titel XVII EGV (Wirtschaftlicher und sozialer Zusammenhalt) durch eine die Unterschiede im Entwicklungsstand der verschiedenen Regionen ausgleichende regionale Struktur- bzw. Kohäsionspolitik[10]. Die innere Kohärenz weist nur eine innergemeinschaftliche soziale Dimension auf, verpflichtet aber nicht zu einer Zusammenarbeit zwischen den Säulen der Union.[11]

6   Ein solches säulenverschränkendes Gebot beinhaltet hingegen Art. 3, der nicht die innere, sondern die »**inhaltliche**« Kohärenz betrifft, d.h. die Verpflichtung der Handlungsträger, die einzelnen **Maßnahmen** zielorientiert aufeinander abzustimmen.[12] Dies macht eine konzeptionsgeleitete und stimmige, zumindest widerspruchsfreie Gestaltung der Einzelakte erforderlich.[13] Da die Maßnahmekohärenz für sämtliche Ziele des Art. 2 gilt, stellt sie ein den Unionsvertrag insgesamt erfassendes **Rechtsgestaltungsprinzip** dar[14], dessen Rechtsverbindlichkeit jedoch mangels einer insoweit »rechtswahrenden« Zuständigkeit des EuGH (Art. 46) erheblich relativiert wird.[15] Es handelt sich im Ergebnis um ein Gebot gegenseitiger Abstimmung zwischen den Europäischen Gemeinschaften einerseits und den Aktionen der EU im intergouvernementalen Bereich andererseits. Bei der Festlegung der notwendigen gemeinschaftlichen oder intergouvernementalen Maßnahmen sind bereits im Planungsstadium ihre Folgewirkungen für die anderen Politiken der EU als Abwägungskriterium zu berücksichtigen.[16]

2. Kontinuität

7   Das Kontinuitätsgebot soll in Ergänzung des Kohärenzgebotes sicherstellen, daß die einzelnen Maßnahmen der Union unabhängig von politischen oder personellen Veränderungen in den Mitgliedstaaten oder den Institutionen der EU eine gewisse Dauerhaftigkeit besitzen.[17] Damit wird das Gebot inhaltlicher Kohärenz durch eine **zeitliche Komponente** gestützt, die allerdings aufgrund ihrer Unbestimmtheit eher appellativen als rechtsverbindlichen Charakter besitzt.[18]

---

8   *M. Hilf/E. Pache*, in: Grabitz/Hilf, EU, Art. C, Rn. 10; *H.-G. Krenzler/H. C. Schneider*, Die Gemeinsame Außen- und Sicherheitspolitik der Europäischen Union – Zur Frage der Kohärenz, S. 144 (146); *Müller-Graff* (Fn. 7), S. 54; *Pechstein/Koenig* (Fn. 1), S. 73; *Semrau* (Fn. 3), S. 48.
9   Hierzu eingehend: *A. Glaesner*, Der Grundsatz des wirtschaftlichen und sozialen Zusammenhalts im Rechte der Europäischen Wirtschaftsgemeinschaft, 1990, S. 24 ff.; *M. Schäfers*, Die Kohäsionspolitik der Europäischen Gemeinschaft, 1993, S. 40 ff.
10 Im Dezember 1991 wurde ein »Kohäsionsfond« für die Bereiche Umwelt und Verkehrsinfrastruktur eingerichtet (Art. 161 Abs. 2 EGV), womit die Kohäsionspolitik gleichsam offiziell ihren Namen erhielt.
11 *Pechstein/Koenig* (Fn. 1), S. 73; *Semrau* (Fn. 3), S. 48.
12 *M. Hilf/E. Pache*, in: Grabitz/Hilf, EU, Art. C, Rn. 9; *Müller-Graff* (Fn. 6), S. 147; *Pechstein* (Fn. 3), S. 254; *Semrau* (Fn. 3), S.48; *C. Stumpf*, in: Schwarze, EU, Art. 3 Rn. 8.
13 *Müller-Graff* (Fn. 6), S. 147; *Semrau* (Fn. 3), S.48; *Siems* (Fn. 7), S. 24.
14 *M. Hilf/E. Pache*, in: Grabitz/Hilf, EU, Art. C, Rn. 10; *Ress* (Fn. 3), S. 987; *C. Stumpf*, in: Schwarze, EU, Art. 3 Rn. 14.
15 Mangels Justitiabilität des Art. 3 sprechen *Schweitzer/Hummer* (Fn. 3), S. 299, von einer »politischen Bindungswirkung«; vgl. auch für den Bereich der GASP: *Siems* (Fn. 7), S. 175.
16 *Pechstein/Koenig* (Fn. 1), S. 77.
17 *M. Hilf/E. Pache*, in: Grabitz/Hilf, EU, Art. C, Rn. 11; *Schweitzer/Hummer* (Fn. 3), S. 299; *Zuleeg* (Fn. 7), S. 154 f.
18 Vgl. *Pechstein/Koenig* (Fn. 1), S. 72; a.A. *C. Stumpf*, in: Schwarze, EU, Art. 3 Rn. 9, die dem Kontinuitätsgebot einen weitergehenden rechtlichen Gehalt entnimmt.

3. Abstimmungserfordernisse

Das Kohärenzgebot ist namentlich an den **Schnittstellen** von vergemeinschafteten und intergouvernementalen Politiken zu beachten. Es gebietet daher eine umfassende Analyse, ob und welche Auswirkungen die im Rahmen einer Säule getroffenen Maßnahmen auf die Entscheidungen in einer anderen Säule haben.[19] Als Abstimmungsverpflichtung schließt das Kohärenzgebot indessen – schon um der Wahrung des gemeinschaftlichen Besitzstandes willen – eine Vorrangigkeit der Interessen eines der Verpflichteten und damit ein hierarchisches Verhältnis zwischen den Europäischen Gemeinschaften und der Europäischen Union aus.[20]

8

Ausdrückliche Abstimmungserfordernisse finden sich im EG-Vertrag mit Blick auf die zweite Säule bei intergouvernemental vereinbarten **Wirtschaftssanktionen gegenüber Drittstaaten** (Art. 301, 60 EGV) sowie hinsichtlich der zweiten und dritten Säule bei der **Belastung des EG-Haushalts durch Ausgaben aufgrund operativer Aktionen oder einer Zusammenarbeit in Strafsachen** (Art. 268 UAbs. 1, Satz 2 EGV, Art. 28 Abs. 3, Art. 41 Abs. 3). Neben diesen expliziten Regelungen, die das allgemeine Kohärenzgebot konkretisieren, bestehen Abstimmungserfordernisse zwischen den Maßnahmen nach EGV und EUV potentiell auch bei den auswärtigen Beziehungen der EG, insbesondere bei der Gemeinsamen Handels- (Art. 131 ff. EGV) und Entwicklungspolitik (Art. 177 ff. EGV). So wird die Verknüpfung von Maßnahmen der GASP mit Rechtsakten der EG bei der Exportkontrolle von zivil und militärisch verwendbaren Gütern offensichtlich.[21] Überschneidungen zwischen dem EAGV und der GASP können sich im Hinblick auf die Produktion oder Anschaffung von Nuklearwaffen ergeben. Aufgrund der AETR-Rechtsprechung des EuGH[22], die den Grundsatz der Parallelität der Innen- und Außenkompetenzen der Gemeinschaft entwickelt hat, sind ferner in all jenen Bereichen des Gemeinschaftsrechts Berührungspunkte zwischen der ersten und zweiten Säule festzustellen, in denen die Gemeinschaft aufgrund ihrer allgemeinen Zuständigkeit auch auf völkerrechtlicher Ebene verantwortlich zeichnet.[23] Berührungspunkte zwischen der dritten Säule und dem Gemeinschaftsrecht sind angesichts der Verlagerung der Regelungen über den freien Personenverkehr in den EGV weitgehend ausgeräumt worden. Denkbare Kollisionsbereiche bilden die Freizügigkeitsbeschränkungen zur Erleichterung der operativen Zusammenarbeit der Polizeibehörden sowie – wegen der gemeinschaftlichen Zollkompetenzen nach Art. 25 ff. EGV – die Zusammenarbeit im Zollwesen (Art. 29 Abs. 2 Spstr. 1). Normative Kohärenz kennzeichnet hingegen die Regelung über die **Aussetzung von Stimmrechten** im Rahmen des Unionsvertrages bei schwerwiegenden und anhaltenden Verstößen eines Mitgliedsstaates gegen die Grundsätze der Freiheit, Demokratie, des Menschenrechtsschutzes oder der Rechtsstaatlichkeit (Art. 7 Abs. 3); sie führen gemäß Art. 309 Abs. 1 EGV, Art. 204 EAGV und Art. 96 EGKSV zwingend zu einer Aussetzung dieser Stimmrechte in bezug auf die Gemeinschaftsverträge.

9

---

19 Vgl. *Pechstein/Koenig* (Fn. 1), S. 72 ff.
20 *Pechstein/Koenig* (Fn. 1), S. 76 f.; *Semrau* (Fn. 3), S. 50 f.
21 Vgl. hierzu *Herdegen* (Fn. 3), S. 53.
22 EuGH, Rs. 22/70, Slg. 1971, 263, Rn. 12 ff. (Kommission der Europäischen Gemeinschaften/ Rat der Europäischen Gemeinschaften).
23 *Pechstein/Koenig* (Fn. 1), S. 70.

III. Organschaftliche Konsequenzen

10 Das Gebot der institutionellen Einheitlichkeit erfährt eine Ausprägung in Art. 5, wonach das EP, der Rat die Kommission, der Gerichtshof und der Rechnungshof ihre Befugnisse auch »nach Maßgabe ... des vorliegenden Vertrages«, also des Unionsvertrages, ausüben. Förmlich manifestiert sich die Einheitlichkeit der Institutionen in einem Beschluß des Rates vom 8.11.1993, mit dem er sich in »Rat der Europäischen Union« umbenannt hat, sowie in einem entsprechenden Beschluß der Kommission vom 17.11.1993, sich fortan als »Europäische Kommission« zu bezeichnen.[24] Diese **nominelle Identität** läßt aber nicht darüber hinwegsehen, daß die Organe im Rahmen der zweiten und dritten Säule als rechtlich eigenständige Handlungsträger auftreten.[25]

11 Der **Europäische Rat**, der als politisches Leitungsgremium der EU die für ihre Entwicklung erforderlichen Impulse gibt und die politischen Zielvorstellungen der Union festlegt, ist hingegen kein Gemeinschaftsorgan und wird folgerichtig auch nicht in Art. 5 genannt. Trotz ihrer Sonderstellung außerhalb des EG-Vertrages wirkt diese Versammlung der höchsten politischen Autoritäten der Mitgliedstaaten durch die Einbeziehung des Präsidenten und eines weiteren Mitglieds der Kommission oberhalb der Europäischen Gemeinschaften als **Bindeglied** zwischen der Kommissionsspitze und den Mitgliedstaaten.[26] Zudem weisen die Verträge dem Europäischen Rat vereinzelt Aufgaben zu und binden ihn in bestimmte Verfahren der Zusammenarbeit und Koordinierung von EU oder EG und Mitgliedstaaten ein.[27] Bei Aktionen im Bereich der **GASP und PJZS** wird der einheitliche institutionelle Rahmen der EU durch eine **Indienstnahme der Gemeinschaftsorgane** gewährleistet. Dies stellt mit Blick auf die GASP einen entscheidenden Fortschritt gegenüber der EEA dar, die in Art. 3 noch scharf zwischen den Organen der Gemeinschaften einerseits und den für die EPZ zuständigen Institutionen und Organen unterschied. Auch der **EuGH** erfüllt eine **bedeutende Klammerfunktion**, indem er seine Jurisdiktionsgewalt nicht nur für die Gemeinschaft, sondern in den Grenzen des Art. 46 ansatzweise auch für die Union ausübt. Für die GASP ist sie zwar hiernach weiterhin ausgeschlossen, im Bereich der PJZS nach Art. 46 lit. b) i.V.m. Art. 35 jedoch für Vorabentscheidungsverfahren in den Grenzen des Abs. 1 und 5 eröffnet, sofern sich ein Mitgliedstaat dieser Jurisdiktion des EuGH unterwirft (Abs. 2). Zudem macht Art. 46 lit. c) auf dem Sektor der verstärkten Zusammenarbeit eine Anrufung des EuGH nach Maßgabe der Art. 11, 11 a EGV und 40 möglich. Mit der Ergänzung des Sanktionsmechanismus des Art. 7 durch den Vertrag von Nizza unterliegen nunmehr auch die Verfahrensbestimmungen des Art. 7 gemäß Art. 46 lit. e) der Jurisdiktion des EuGH.

12 Umstritten ist, wie die Tätigkeit der EG-Organe im Rahmen des EUV zu qualifizieren ist. Auch wenn diese in Art. 5 nicht ausdrücklich als Unionsorgane bezeichnet werden, ist eine solche Konsequenz im Schrifttum dennoch teilweise gezogen worden.[28] Ohne die EU als Völkerrechtssubjekt zu qualifizieren, kann man sie indessen auch nicht als Trägerin von Organen ansehen. Daher wird von manchen Stimmen im Schrifttum die »**Theorie**

---

24 S. Art. 5 EUV, Rn. 9.
25 *Pechstein/Koenig* (Fn. 1), S. 99 ff.; *Thun-Hohenstein* (Fn. 1), S. 16.
26 S. Art. 4 EUV, Rn. 11 ff.; *Thun-Hohenstein* (Fn. 1), S. 3.
27 S. Art. 4 EUV, Rn. 4.
28 *Ress* (Fn. 3), S. 986; *Semrau* (Fn. 3), S. 35; *Schweitzer/Hummer* (Fn. 3), S. 302, bejahen hingegen nur die Organqualität des Europäischen Rates.

der Organleihe«[29] vertreten, nach der die EU für ihr Handeln auf Organe der EG zurückgreift. Da aber auch die Organleihe auf beiden Seiten eine zumindest begrenzte Völkerrechtssubjektivität voraussetzt, erscheint auch diese Konstruktion wenig schlüssig.[30] Überzeugender ist deshalb die sog. »**Theorie der Vertragsorgane**«.[31] Sie geht davon aus, daß die Organe der EG, insbesondere der Rat, im Rahmen der zweiten und dritten Säule nicht im Sinne von Institutionen handeln, die bei der Willensbildung einer selbständigen Einheit mitwirken, sondern lediglich als Repräsentanten der in einer Regierungskonferenz zusammenkommenden Staaten und als Vertragsorgane[32], d.h. als völkerrechtliche Vertreter mit Vertretungs- und Entscheidungsbefugnissen gegenüber den Mitgliedstaaten. Auch diese rechtliche Konstruktion ist allerdings nicht unangefochten, da trotz der personellen Identität der Organe von einem einheitlichen institutionellen Rahmen dann im Grunde nicht die Rede sein kann.[33]

Für die Organe der EG gilt nach Art. 5 auch bei ihrem Handeln innerhalb des EUV das **Prinzip der begrenzten Einzelermächtigung**, so daß sich trotz des Verweises in Art. 41 Abs. 1 auf Vorschriften des EGV ihre Befugnisse überwiegend nach den speziellen Regelungen des EUV richten. Daraus folgt für das interne Gefüge der Union eine Vielfalt an Entscheidungsstrukturen, wobei insbesondere die Rechte von Parlament und Kommission dem intergouvernementalen Charakter von GASP und PJZS entsprechend eingeschränkt sind. Diese Organe werden zwar in den Meinungsbildungsprozeß einbezogen, verfügen aber über keine dem EGV vergleichbaren Entscheidungskompetenzen.[34] Über diese institutionelle Verklammerung hinaus gewährleistet auch Art. 3 Abs. 1 keine weitergehende Uniformität der Entscheidungsverfahren, weil dies dem intergouvernementalen Charakter der EU-Maßnahmen nach Titel V und VI des Vertrages widersprechen würde.

IV. Außenpolitisches Kohärenzgebot des Art. 3 Abs. 2

Art. 3 Abs. 2 verpflichtet die Union auf dem Feld der außenpolitischen Maßnahmen zu »**äußerer**« **Kohärenz**, um so ein gemeinsames Auftreten der Mitgliedstaaten gegenüber Drittstaaten zu gewährleisten. Sie steht in engem Zusammenhang mit dem Ziel der Union, die »Behauptung ihrer Identität auf internationaler Ebene« zu erreichen (Art. 2 Spstr. 2) und wird auch in den neu eingeführten Bestimmungen über eine verstärkte Zusammenarbeit im Bereich der GASP bekräftigt.[35] Das Kohärenzgebot wirkt aber nicht nur in **vertikaler**, sondern auch in **horizontaler Richtung**, indem es eine Abstimmungsverpflichtung für die Wahrnehmung der Außenkompetenzen der EG einerseits und der GASP andererseits statuiert (Rn. 9). Bereits Art. 30 Abs. 5 Satz 1 der EEA von 1986

---

29 H. J. *Glaesner*, Der einheitliche institutionelle Rahmen – Eine neue Rolle für die EG-Organe?, in: Regelsberger (Fn. 7), S. 69 (70); M. *Hilf*, in: Grabitz/ Hilf, EU, Art. A, Rn. 30; *Chr. Pippan*, Die Europäische Union nach Maastricht: Stärkung ihrer Identität auf internationaler Ebene?, Aus Politik und Zeitgeschichte B 47/1997, S. 30 (32); *Schweitzer/Hummer* (Fn. 3), S. 302; *Pechstein/ Koenig* (Fn. 1), S. 101 f., gehen nur bei Kommission, Parlament und Rat von einer Organleihe, allerdings nicht zugunsten der Union, sondern zugunsten der Unionsstaaten aus.
30 *Pechstein/Koenig* (Fn. 1), S. 101; *Semrau* (Fn. 3), S. 32.
31 Hierzu eingehend *Semrau* (Fn. 3), S. 32 f.
32 So *Pechstein/Koenig* (Fn. 1), S. 103, bezüglich des Europäischen Rates.
33 *Semrau* (Fn. 3), S. 33; *Pechstein/Koenig* (Fn. 1), S. 102 f., die insoweit die Einheitlichkeit des institutionellen Rahmens anzweifeln.
34 Eingehend hierzu *Glaesner* (Fn. 29), S. 70 f.; *Semrau*, (Fn. 3), S. 134 ff.
35 Vgl. Art. 27 a Abs. 1 insbesondere Spstr. 1 und 3.

enthielt ein solches Kohärenzgebot[36], das die Koordinierung der oftmals inkonsistenten außenpolitischen Aktivitäten der Mitgliedstaaten im Rahmen der EG und der EPZ beabsichtigte und insofern als Wegbereiter für die jetzige vertragliche Regelung anzusehen ist.[37] Die Deutlichkeit, mit der die Vertragsschöpfer die Union auf diesem Feld zu einem kohärenten Vorgehen verpflichten, zeugt davon, wie sehr sie sich der Gefahr bewußt sind, daß gerade in diesem traditionellen Kernbereich nationaler Souveränität unterschiedliche außenpolitische Konzeptionen und Präferenzen nachhaltig fortwirken und mitgliedstaatliche Alleingänge daher hier besonders häufig drohen.[38] Effizienz und Glaubwürdigkeit der außenpolitischen Maßnahmen der Union hängen aber entscheidend von einer kohärenten Verzahnung der einzelnen Politikfelder ab.[39]

1. Materieller Gehalt

15 Das Kohärenzgebot des Art. 3 Abs. 2 stellt einen speziellen Anwendungsfall der umfassenden Verpflichtung aus Art. 3 Abs. 1 dar. Steht eine geplante außenpolitische Aktion in Widerspruch zu (vorangegangenen) Entscheidungen oder Planungen auf anderen Ebenen der Union, kann es im Einzelfall einen Verzicht auf bestimmte Handlungsoptionen[40] fordern. Die Verpflichtung zur äußeren Kohärenz bezieht sich auf alle außenpolitischen Maßnahmen der Union. Abs. 2 hebt insofern die besonders wichtigen Bereiche der **Außen-, Sicherheits-, Wirtschafts- und Entwicklungspolitik** hervor. Eine genauere Ausformung erfährt das Gebot außenpolitischer Kohärenz für den Bereich der **GASP** in Art. 11 Abs. 2 UAbs. 1, der eine **Unterlassungspflicht**[41] der Mitgliedstaaten begründet. Danach enthalten sich die Mitgliedstaaten jeder Handlung, die der »Wirksamkeit (der Union) als kohärente Kraft in den internationalen Beziehungen schaden könnte«. Als Instrumente zur Schaffung der Kohärenz stehen insbesondere die Leitlinien des Europäischen Rates sowie gemeinsame Aktionen, Strategien und Standpunkte zur Verfügung (Art. 13–15). Zudem sind die Mitgliedstaaten im Rat bei jeder außen- und sicherheitspolitischen Frage von allgemeiner Bedeutung zu einer **gegenseitigen Unterrichtung und Abstimmung** verpflichtet, damit »der Einfluß der Union durch konzertiertes und konvergierendes Handeln möglichst wirksam zum Tragen kommt« (Art. 16). Die äußere Kohärenz im Sinne eines gemeinschaftlichen Auftretens gegenüber Drittstaaten soll durch eine Koordinierung des mitgliedstaatlichen Handelns in internationalen Organisationen sowie auf internationalen Konferenzen und das dortige Eintreten für die gemeinsamen Standpunkte gestärkt werden (Art. 19 Abs. 1). Eine Abstimmung ist zu-

---

36 Der inzwischen aufgehobene Art. 30 Abs. 5 Satz 1 EEA lautete: »Die auswärtigen Politiken der Europäischen Gemeinschaft und die im Rahmen der Europäischen Politischen Zusammenarbeit vereinbarten Politiken müssen kohärent sein.«
37 *Krenzler/Schneider* (Fn. 8), S. 147.
38 Vgl. hierzu *H.-J. Axt*, Die EU nach Amsterdam: Kompetenzzuwachs für Außen- und Sicherheitspolitik, Europäische Rundschau 25 (1997), S. 3 ff.; *A.-M. Le Gloannec*, Europa als internationaler Akteur, Internationale Politik 2001, S. 23; *M. Kremer/U. Schmalz*, Nach Nizza – Perspektiven der Gemeinsamen Europäischen Sicherheits- und Verteidigungspolitik, integration 2001, 167 (174); vgl. auch den Bericht der Reflexionsgruppe, in: Rat der Europäischen Union, Regierungskonferenz 1996, S. 40 f.
39 Vgl. für den Bereich der GASP: *E. Regelsberger*, Die Gemeinsame Außen- und Sicherheitspolitik nach Nizza – begrenzter Reformeifer und außervertragliche Dynamik, integration 2001, S. 156 (162); sowie den Bericht des Generalsekretärs/Hohen Vertreters und der Kommission zur Verbesserung der Kohärenz und der Effizienz der Maßnahmen der Europäischen Union im Bereich der Konfliktverhütung für den Europäischen Rat von Nizza, unter: http://ue.eu.int/de/Info/eurocouncil/index.htm.
40 *Pechstein* (Fn. 3), S. 255.
41 *Krenzler/Schneider* (Fn. 8), S. 146.

gleich auf diplomatischer Ebene vorgesehen (Art. 20 Satz 1). Insbesondere sollen die Mitgliedstaaten, die ständige Mitglieder im UN-Sicherheitsrat sind, noch enger zusammenarbeiten und für die Positionen und Interessen der EU eintreten (Art. 19 Abs. 2 Satz 2, 3). Die **Außenwirtschaftspolitik** der Union betrifft namentlich den Agraraußenhandel, die Verkehrspolitik sowie – als bedeutendsten Bereich – die Gemeinsame Handelspolitik (Art. 3 Abs. 1 lit. b, 131–134 EGV). Im Hinblick auf die Kohärenz außenpolitischer Maßnahmen sind hier vor allem die Fälle problematisch, in denen aufgrund geteilter Zuständigkeiten nur der Abschluß sog. gemischter Abkommen in Betracht kommt. Insoweit ergibt sich eine Verpflichtung zu gegenseitiger Zusammenarbeit zwischen Mitgliedstaaten und Union aus Art. 3 Abs. 2 und Art. 10 EGV.[42] Das Gebot äußerer Kohärenz ist ferner in Titel XX des EGV hinsichtlich der **Entwicklungszusammenarbeit** angesprochen. Gemäß Art. 180 Abs. 1 S. 1 EGV koordinieren die Gemeinschaft und die Mitgliedstaaten ihre Politik auf diesem Gebiet und stimmen ihre Hilfsprogramme, auch in internationalen Organisationen und auf internationalen Konferenzen, ab.[43]

2. Adressaten

Verantwortlich für die Einhaltung des außenpolitischen Kohärenzgebotes sind nach Art. 3 Abs. 2 Satz 2 und 3 der **Rat** sowie die **Kommission**. Sie haben die inhaltliche und äußere Kohärenz bei der Durchführung der betreffenden Politiken jeweils in ihrem Zuständigkeitsbereich sicherzustellen. Da die Kohärenz im Rahmen der außenpolitischen Maßnahmen zu verwirklichen ist und damit sowohl die intergouvernemental strukturierte GASP als auch verschiedene Zuständigkeitsbereiche der EG berührt sind, treffen Rat und Kommission entsprechende Vorkehrungspflichten bei ihrem Handeln, sei es daß sich dieses auf den Unionsvertrag oder die Gemeinschaftsverträge stützt.[44] Über die Verantwortlichkeit von Rat und Kommission hinaus normierte der Amsterdamer Vertrag erstmals, daß beide Organe zu diesem Zweck »zusammenarbeiten« (Art. 3 Abs. 2 Satz 2).[45] Mit dem Vertrag von Nizza wurde in Art. 45 ein spezifisches Kohärenzgebot für den Bereich der verstärkten Zusammenarbeit eingeführt (Rn. 17), welches gleichfalls eine Verpflichtung zur Zusammenarbeit für Rat und Kommission statuiert. Sie gilt sowohl für eine verstärkte Zusammenarbeit nach dem EG-Vertrag (Art. 11 Abs. 3 EGV) als auch im Bereich der zweiten (Art. 27 a Abs. 2) und dritten Säule (Art. 40 Abs. 2). Werden Rat und Kommission auf der Grundlage der Gemeinschaftsverträge tätig, so sind **Zuordnungsobjekte des Organhandelns** und damit Adressaten des Kohärenzgebots die drei Gemeinschaften als eigenständige Rechtssubjekte.[46]

16

---

42 Vgl. hierzu EuGHE 1994, I-5267-Gutachten 1/94 »WTO«; *P. Gilsdorf*, Die Außenkompetenz der EG im Wandel – Eine kritische Auseinandersetzung mit Praxis und Rechtsprechung, EuR 1996, 145 (158 ff.); *H. G. Krenzler/H. da Fonseca-Wollheim*, Die Reichweite der gemeinsamen Handelspolitik nach dem Vertrag von Amsterdam – eine Debatte ohne Ende?, EuR 1998, S. 223 (230); *T. Oppermann*, Europarecht, 2. Aufl., 1999, Rn. 1741 ff.
43 Vgl. hierzu *J. A. McMahon*, The development co-operation policy of the EC, 1998, S. 218 ff.; *Oppermann* (Fn. 42), Rn. 1812 ff.
44 *Pechstein* (Fn. 3), S. 254; *Pechstein/Koenig* (Fn. 1), S. 74 f.
45 Zu den verschiedenen Beteiligungsformen der Kommission vgl. Art. 22 Abs. 1; Art. 18 Abs. 4 Satz 1; Art. 14 Abs. 4; ferner Art. 2 und 3 der Erklärung zur Strategieplanungs- und Frühwarneinheit, Erklärung Nr. 6 der Schlußakte, in: K. Schelter/W. Hoyer (Hrsg.), Der Vertrag von Amsterdam, Schriften zur Europäischen Integration, Bd. 4 , 1997, S. 188 f.
46 Vgl. zur Bindung der Gemeinschaften an die Art. 1–7 (Gemeinsame Bestimmungen) eingehend: *Semrau* (Fn. 3), S. 40 ff.; *Pechstein/Koenig* (Fn. 1), S. 74 ff.

V. »Flexibilität« versus Bewahrung der Einheitlichkeit der Union

17 Beeinträchtigungen können der Einheitlichkeit des institutionellen Rahmens durch eine vermehrte Implementation von Formen differenzierter Integration drohen.[47] Als konsistenzmindernde Wirkungen wären der Verfall des materiellen Besitzstandes der Gemeinschaft sowie eine Relativierung des bisherigen institutionellen Gefüges anzusehen. Nachdem eine differenzierte Integration zunächst nur durch Sondervereinbarungen[48] oder durch Sonderregelungen für einzelne Mitgliedstaaten[49] möglich war, wurden mit dem Vertrag von Amsterdam **generelle Flexibilisierungsinstrumente** in das Vertragswerk eingeführt und im Vertrag von Nizza weiterentwickelt.[50] Die Generalklausel der Art. 43–45 sowie Spezialklauseln in Art. 11, 11 a EGV und Art. 40–40 b erlauben eine differenzierte Integration in der ersten und dritten Säule. Mit dem Vertrag von Nizza wird die verstärkte Zusammenarbeit nunmehr – unter Einräumung einer Vetorechtes – auch innerhalb der zweiten Säule des Unionsvertrages verankert (Art. 27 a–27 e). Sie betrifft gemäß Art. 27 b nur die Durchführung gemeinsamer Aktionen und die Umsetzung gemeinsamer Standpunkte, erstreckt sich aber nicht auf militärische oder verteidigungspolitische Aspekte.[51] Um die mit dem Ziel einer Differenzierung der Rechtseinheit getroffenen Maßnahmen als **Faktor der Integration** zu profilieren, ordnet Art. 45 ihre **Abstimmung** mit den Politiken der Union und der Gemeinschaft an (Rn. 16). Die Achtung des einheitlichen institutionellen Rahmens (Art. 43 lit. b) sowie das Gebot der Rücksichtnahme auf die nicht beteiligten Mitgliedstaaten (Art. 43 lit. h) ziehen der Flexibilisierung im Sinne der angestrebten Kohärenz zusätzliche Grenzen. Im Bereich der GASP verpflichten Art. 27 a Abs. 1 Spstr. 1 und 3 sowie Art. 27 c Abs. 2 Satz 2 besonders prononciert zur Beachtung des Kohärenzgebotes. Darüber hinaus darf die engere Zusammenarbeit gemäß Art. 43 Abs. 1 lit. c) den Besitzstand der Gemeinschaft und die nach Maßgabe der sonstigen Bestimmungen der Verträge getroffenen Maßnahmen nicht beeinträchtigen.[52] Stets gelten bei der Durchführung gem. Art. 44 Abs. 1 UAbs. 1 die einschlägigen institutionellen Bestimmungen des EUV und EGV. Die **Festlegung abweichender institutioneller Modalitäten** für die verstärkte Zusammenarbeit ist daher **unzulässig** und die Einhaltung dieser Regel vom EuGH gem. Art. 46 überprüfbar.

18 Dennoch liegen gewisse Devianzen in der Natur der Flexibilität begründet, die sich institutionell bei der Beschlußfassung im Rat auswirken. Zwar können alle Mitgliedstaaten an den Beratungen im Rat teilnehmen, jedoch sind allein die an der verstärkten Zusammenarbeit beteiligten – mindestens acht – Mitgliedstaaten abstimmungsberechtigt. Bei der Mitwirkung der anderen Organe ist hingegen keine Modifikation vorgesehen.[53] Ob sich flexible Integrationsformen effektiv und dauerhaft in das institutionelle

---

47 *M. Hilf/E. Pache*, in: Grabitz/ Hilf, EU, Art. C, Rn. 12; *P. M. Huber*, Differenzierte Integration und Flexibilität als neues Ordnungsmuster der Europäischen Union, EuR 1996, S. 347 (351); *W. Wessels*, Verstärkte Zusammenarbeit: Eine neue Variante flexibler Integration, in: Jopp/Maurer/Schmuck (Hrsg.), Die Europäische Union nach Amsterdam, 1998, S. 187 (193 ff.).
48 Vgl. bspw. das Protokoll über die Sozialpolitik, Protokoll 14 zum Vertrag von Maastricht; hierzu *M. Coen*, Abgestufte soziale Integration nach Maastricht, EuZW 1995, S. 50 ff.
49 Vgl. bspw. die Optionsklauseln für Großbritannien und Dänemark hinsichtlich der Währungsunion gem. den Protokollen 8, 10 und 12 zum Vertrag von Maastricht.
50 Vgl. *M. Schauer*, Schengen – Maastricht – Amsterdam. Auf dem Weg zu einer flexiblen Union, 2000, S. 143 ff.; *C. Giering/J. Janning*, Flexibilität als Katalysator der Finalität? Die Gestaltungskraft der »Verstärkten Zusammenarbeit« nach Nizza, integration 2001, S. 146 ff.
51 Vgl. *Giering/Janning* (Fn. 50), S. 151.
52 Vgl. *C. D. Ehlermann*, Engere Zusammenarbeit nach dem Amsterdamer Vertrag: Ein neues Verfassungsprinzip, EuR 1997, S. 362 (376); *Schauer* (Fn. 50), S. 251 ff.
53 Vgl. *Griller/Droutsas/Falkner/Forgó/Nentwich* (Fn. 3), S. 50 f.; *Thun-Hohenstein* (Fn. 1), S. 117 f.

Gefüge der Union einbetten lassen, bleibt angesichts der komplexen Verfahrensausgestaltung und ihrer auch nach dem Vertrag von Nizza fortbestehenden erheblichen Restriktionen durch die nunmehr zehn Zulässigkeitsvoraussetzungen nach Art. 43 abzuwarten.[54] Häufig wird das Konzept der Flexibilität denn auch eher als »Strukturprinzip der Zukunft« oder gar als bloße theoretische Option angesehen.[55]

---

54 Skeptisch: *Giering/Janning* (Fn. 50), S. 153 f.
55 *Janning*, Dynamik in der Zwangsjacke – Flexibilität in der Europäischen Union nach Amsterdam, integration 1997, 285 (290); *Streinz* (Fn. 3), S. 146.

Art. 4 (ex-Art. D)

Der Europäische Rat[9-10] gibt der Union die für ihre Entwicklung erforderlichen Impulse und legt die allgemeinen politischen Zielvorstellungen für diese Entwicklung fest[2-3].

Im Europäischen Rat kommen die Staats- und Regierungschefs der Mitgliedstaaten sowie der Präsident der Kommission zusammen[7]. Sie werden von den Ministern für auswärtige Angelegenheiten der Mitgliedstaaten und einem Mitglied der Kommission unterstützt[7]. Der Europäische Rat tritt mindestens zweimal jährlich unter dem Vorsitz des Staats- oder Regierungschefs des Mitgliedstaats zusammen, der im Rat den Vorsitz innehat[8].

Der Europäische Rat erstattet dem Europäischen Parlament nach jeder Tagung Bericht und legt ihm alljährlich einen schriftlichen Bericht über die Fortschritte der Union vor[16].

Inhaltsübersicht:

I. Einleitung	1
II. Aufgaben	2
1. Allgemein	2
2. Spezialzuweisungen	4
III. Zusammensetzung und Sitzungsablauf	7
IV. Rechtsnatur	9
V. Institutionelle Stellung und Verhältnis zu den Organen	11

I. Einleitung

1 Art. 4 konkretisiert zusammen mit Art. 5 den »einheitlichen institutionellen Rahmen« der EU (Art. 3 Abs. 1). Der ER[1] wird durch einen eigenen Artikel gegenüber den in Art. 5 EUV genannten übrigen Unionsorganen herausgehoben. In den Aufzählungen der Gemeinschaftsorgane wird er nicht erwähnt (Art. 7 EGV, Art. 7 Abs. 1 EGKSV und Art. 3 Abs. 1 EAGV). Vom Rat in der Zusammensetzung der Staats- und Regierungschefs (Art. 121 Abs. 2–4, 122 Abs. 2, 214 EGV) und vom Handeln der Regierungen der Mitgliedstaaten (Art. 112 Abs. 2 lit. b), Art. 117 Abs. 1, Art. 289 EGV) unterscheidet er sich durch die Mitwirkung des Kommissionspräsidenten.

II. Aufgaben

1. Allgemein

2 Art. 4 weist dem ER **keine Kompetenzen** zum Erlaß von Rechtsakten **sondern** eine **Rolle bei der Fortentwicklung der EU**[2] zu. Der ER ist als Motor dieses Prozesses konzipiert. In ihm wird die höchste politische Autorität der Mitgliedstaaten gebündelt und in den Dienst der europäischen Einigung gestellt. Seine Autorität bezieht der ER

---

1 Zur Geschichte des ER vgl. S. *Bulmer/W. Wessels*, The European Council 1987, S. 16 ff.; *H.-J. Glaesner*, Der Europäische Rat, EuR 1994, S. 22 ff.; Vgl. *U. Everling*, Die Rolle des Europäischen Rates gegenüber den Gemeinschaften, in: G. Ress/J. Schwarze/T. Stein, Die Organe der Europäischen Union im Spannungsfeld zwischen Gemeinschaft und Zusammenarbeit, EuR-Beiheft 2, 1995, S. 41; *J. Werts*, The European Council, 1992, S. 1–75.
2 Vgl. zur Dynamik der Integration Art. 1, Rn. 6 f.

weniger aus rechtlich definierten Kompetenzen, als aus dem politischen Gewicht seiner Mitglieder. Der ER kann auf der Basis von Art. 4 **weder den Mitgliedstaaten noch den Organen der EG verbindliche Weisungen** erteilen, er kann aber politisch in alle Bereiche der EU hineinwirken und dient so als Bindeglied zwischen ihren verschiedenen Elementen.

Die Beschreibung seiner Aufgaben ist bewußt offen. Sie ist nicht als rechtlich bindende Beschränkung zu verstehen, sondern als Recht des ER, **selbst zu bestimmen**, was er für bedeutsam erachtet.[3] Das können neben den großen Linien der Politik auch Einzelfragen sein, die in den Entscheidungsprozessen der EG nicht lösbar sind. Dabei ist der ER der Wahrung des gemeinschaftlichen Besitzstandes verpflichtet (Art. 2 Abs. 1, 5. Spstr., Art. 47). 3

2. Spezialzuweisungen

Über die Funktionsbeschreibung in Art. 4 hinaus weisen die Verträge dem ER auch bestimmte **Koordinierungsaufgaben** zu: in der GASP (Art. 13 Abs. 1 und 2), der Wirtschaftspolitik (Art. 99 Abs. 2 EGV)[4] und der Beschäftigungspolitik (Art. 128 Abs. 1 EGV). Daß der ER dabei auch in den EGV hineinwirkt, zeigt, daß er als übergreifende Institution im Rahmen der EU konzipiert ist. Rolle des ER ist es dabei jeweils, **Grundsätze, Leitlinien oder Schlußfolgerungen** zu formulieren, die dann vom Rat ausgefüllt werden. Die allgemeinen Zielvorgaben des ER muß der Rat bei seiner Entscheidung berücksichtigen. Die jeweiligen Formulierungen (»auf der Grundlage«, »anhand«) lassen ihm jedoch Spielraum. Die Grundsätze, Leitlinien oder Schlußfolgerungen sind selbst **nicht justiziabel** (Art. 46; Art. 230 Abs. 1 EGV), doch kann der EuGH möglicherweise ihre Reichweite beurteilen.[5] Für die auf dieser Grundlage vom Rat erlassenen Rechtsakte gelten die allgemeinen Regeln. 4

Darüber hinaus weisen die Verträge dem ER die Rolle eines **Schlichters** oder **Blockadebrechers** zu (Art. 23 Abs. 2 UAbs. 2, Art. 40a Abs. 2 UAbs. 2; Art. 11 Abs. 2 EGV). 5

Dem ER obliegt es auch, die **Schlüsselentscheidungen** für einen Einstieg in eine verteidigungspolitische Zusammenarbeit zu fassen (Art. 17 Abs. 1). 6

III. Zusammensetzung und Sitzungsablauf

Der ER versammelt die politischen Zentren der Mitgliedstaaten auf der Basis der **Gleichheit** und bindet die Regierungen über die jeweiligen staatsrechtlichen Strukturen[6] in den Entscheidungsprozeß ein. Für jeden Mitgliedstaat kann nur entweder der Staats- oder der Regierungschef teilnehmen.[7] Hinzu kommt als gleichberechtigtes Mitglied der **Präsident der Kommission**. Der EUV enthält keinerlei Anhaltspunkte für eine 7

---

3 Vgl. *F. Capotorti*, Le statut juridique du Conseil européen à la lumière de l'acte unique, FS-Pescatore, 1987, S. 79 (87); *E. Klein*, in: HK-EUV, Art. D, Rn. 7; *M. Hilf/E. Pache*, in: Grabitz/Hilf, EU, Art. D, Rn. 14.
4 Dazu *B. Martenczuk*, Der Europäische Rat und die Wirtschafts- und Währungsunion, EuR 1998, S. 151.
5 So *Pechstein/Koenig*, EU, S. 260, Rn. 517.
6 In Deutschland die Richtlinienkompetenz des Bundeskanzlers nach Art. 65 GG.
7 *Glaesner* (Fn. 1), S. 25; *M. Hilf/E./Pache*, in: Grabitz/Hilf, EU, Art. D EUV, Rn. 17.

Art. 4 EU-Vertrag

Beschränkung seiner Mitwirkungsrechte.[8] Anderenfalls wäre der ER letztlich nichts anderes als der Rat in der Zusammensetzung der Staats- und Regierungschefs, von dem er jedoch in terminologischer Hinsicht klar unterschieden wird (Art. 7 Abs. 2; Art. 121 Abs. 2 bis 4, Art. 122 Abs. 2 EGV). Die Außenminister und das weitere Kommissionsmitglied sind keine Mitglieder des ER, sondern haben nur unterstützende Funktion.

8   Der ER soll mindestens zweimal jährlich tagen, unter jedem Vorsitz einmal. Ab 2002 findet unter jedem Vorsitz mindestens eine Tagung in Brüssel statt; sobald die EU 18 Mitglieder zählt, tagt der ER nur noch in Brüssel.[9] Der Sitzungsablauf ist nicht geregelt.[10] Die vom Vorsitz am Ende der Tagung veröffentlichten **Schlußfolgerungen** geben die aus Sicht aller Mitglieder für die Öffentlichkeit wichtigsten Ergebnisse wieder und enthalten im Anhang weitere vom ER angenommene Texte. Ein **Beschlußverfahren** ist **nicht vorgegeben**; an die GO Rat ist er nicht gebunden. Da alle Mitglieder gleiches Gewicht haben, können Beschlüsse **nur im Konsens** gefaßt werden.

IV. Rechtsnatur

9   Wie die EU ist auch der ER in institutioneller Hinsicht nur schwer faßbar. Wer eine **eigene Rechtspersönlichkeit der EU ablehnt** kann ihr keine eigenen Organe zuerkennen.[11] »Leitungsorgan der EU«[12] wäre der ER dann allenfalls in **politischer** Hinsicht. Die Charakterisierung als »Vertragsorgan der Mitgliedstaaten«[13] kann die gleichberechtigte Teilnahme des Kommissionspräsidenten nicht erklären. Der Qualifizierung als besonders ausgestaltete Form einer Regierungskonferenz[14] widerspricht darüber hinaus noch die punktuelle Einbindung des ER in die Entscheidungsprozesse der Verträge.

10 Erkennt man jedoch – richtigerweise – eine Rechtspersönlichkeit der EU an[15], so kann diese auch eigene Organe haben. Der ER hebt sich allerdings von den in Art. 5 EUV aufgeführten Organen ab: Ein Beschlußfassungsmechanismus ist nicht vorgesehen und die ihm übertragenen Aufgaben sind vor allem politischer oder grundsätzlicher Natur. Insofern ist er seinen Wurzeln als Regierungskonferenz noch nahe. Die gleichberechtigte Teilnahme des Kommissionspräsidenten zeigt aber, daß der im ER gebildete Wille nicht

---

8   Ebenso *Rat der EU*, Der Europäische Rat, unter I.C., III.B. (im Internet unter http://ue.eu.int/de/Info/eurocouncil/sommet.htm); *C. Stumpf*, in: Schwarze, EU-Kommentar, Art. 4 EUV, Rn. 12; *C. Trüe*, Rechtspersönlichkeit der Europäischen Union nach den Vertragsänderungen von Amsterdam: Wer handelt in GASP und PJZ?, ZEuS 2000, S. 127 (142); a.A. *E. Klein*, in: HK-EUV, Art. D, Rn. 15: keine volle Mitwirkung im Bereich der GASP; *Pechstein/Koenig*, EU, S. 91 ff., Rn. 167 ff.: Kommissionspräsident hat nur ein primärrechtlich garantiertes Anwesenheitsrecht, jedoch kein Stimmrecht.
9   Erklärung Nr. 22 zum Tagungsort des Europäischen Rates in der Schlußakte des Vertrags von Nizza.
10 Vgl. zur Praxis *Bulmer/Wessels* (Fn. 1), S. 48 ff.; *J.P. Jacqué*, in: GTE, EU-/EGV, Art. D, Rn. 13 ff.; *Rat der EU* (Fn. 8), unter II.; *Werts* (Fn. 1), S. 77 ff.; *M. Westlake*, The Council of the European Union, 1995, S. 26 f.
11 So aber *O. Dörr*, Zur Rechtsnatur der Europäischen Union, EuR 1995, S. 334 (337); *E. Klein*, in: HK-EUV, Art. D, Rn. 3; *Streinz*, Europarecht, Rn. 279; *C. Stumpf*, in: Schwarze, EU, Art. 4 EUV, Rn. 1; dagegen *Pechstein/Koenig*, EU, S. 94, Rn. 171.
12 So *Streinz*, Europarecht, Rn. 121a, Rn. 279; *BBPS*, S. 57.
13 So *M. Hilf*, Die Europäische Union und die Eigenstaatlichkeit ihrer Mitgliedstaaten, in: Hommelhoff/Kirchhof (Hrsg.), Der Staatenverbund der Europäischen Union, 1994, S. 75 (77); *M. Hilf/E. Pache*, in: Grabitz/Hilf, EU, Art. D, Rn. 9.
14 So *Capotorti* (Fn. 3), S. 86; *Pechstein/Koenig*, EU, S. 96, Rn. 174.
15 Vgl. dazu Art. 1 EGV, Rn. 9 ff.

mit dem der Gesamtheit der Mitgliedstaaten in eins fällt. Der ER ist also ein **Unionsorgan**[16], und zwar in einem auch die drei Gemeinschaften umfassenden Sinne.

V. Institutionelle Stellung und Verhältnis zu den Organen

Der ER ist klar von den übrigen Organen getrennt. Diese sind **unabhängig** und außerhalb der Spezialzuweisungen (Art. 13, 17 Abs. 1, 23 Abs. 2, 40a Abs. 2; Art. 11 Abs. 2, Art. 99 Abs. 2, Art. 128 EGV) an die Vorgaben des ER nicht gebunden. Sonst würden die der Gewährleistung des institutionellen Gleichgewichts dienenden Beschlußverfahren der Verträge ausgehebelt. 11

Gerade wegen der fehlenden rechtlichen Bindungswirkung seiner Beschlüsse ist der ER auf **Kohärenz mit den Gemeinschaftsinstitutionen** angewiesen, die seine politischen Vorgaben umsetzen müssen. Diese Kohärenz ist vor allem in organisatorischer und personeller Hinsicht gewährleistet: 12

Dem **Rat** steht der ER von allen Gemeinschaftsorganen am nächsten: in personeller Hinsicht ist er mit ihm teilidentisch, je nach der verfassungsrechtlichen Struktur der einzelnen Mitgliedstaaten sind die im Rat vertretenen Regierungsmitglieder an die politischen Vorgaben der Staats- oder Regierungschefs gebunden, der Vorsitz im ER stimmt mit dem im Rat überein, und das Generalsekretariat des Rates arbeitet auch dem ER zu. 13

Der ER ist jedoch **keine besondere Erscheinungsform des Rates**.[17] Das zeigt sich schon daran, daß der Kommissionspräsident gleichberechtigtes Mitglied des ER, nicht jedoch des Rates ist. Auch in terminologischer Hinsicht ist der ER klar vom Rat getrennt, selbst wenn dieser als **Rat in der Zusammensetzung der Staats und Regierungschefs** in Art. 121 Abs. 2 bis 4 EGV (Koordinierung), Art. 122 Abs. 2, Art. 214 Abs. 2 EGV (Schlüsselentscheidung) dem ER vergleichbare Funktionen einnimmt. 14

Durch die Teilnahme von **Kommissions**mitgliedern wird das dort verkörperte Gemeinschaftsinteresse in die Beratungen eingebunden und eine effektive Umsetzung der vom ER getroffenen Grundsatzentscheidungen gewährleistet. Das durch die Gemeinschaftsverträge bei der Kommission konzentrierte Initiativrecht gilt für den ER nicht, der ER kann selbst initiativ werden. 15

Das **EP** hat keine Möglichkeit, auf die Beratungen des ER Einfluß zu nehmen. Abs. 3 verpflichtet den Vorsitz, dem EP nach jeder Tagung zu berichten, schreibt damit allerdings nur den status quo fest. Üblicherweise erhält der Präsident des EP auch vor den eigentlichen Beratungen des ER Gelegenheit, sich zu den einzelnen Tagesordnungspunkten zu äußern. 16

---

16 So auch *C. Busse*, Die völkerrechtliche Einordnung der Europäischen Union, 1999, S. 279; *D.M. Curtin/I.F. Dekker*, The EU as a »Layered« International Organization: Institutional Unity in Disguise, in: P. Craig/G. de Burca (Hg.), The Evolution of EU Law, 1999, S. 83 (98); *Trüe* (Fn. 8), S. 140 ff.
17 So aber wegen der damals noch nicht vorgesehenen Teilnahme des Kommissionspräsidenten die Stuttgarter Erklärung, EA 1983 D 420 (422) Ziff. 2.1.3; so auch *Glaesner* (Fn. 1), S. 22 (25 f., 31); *T. Oppermann* Europäischer Rat und Europäische Politische Zusammenarbeit nach der Einheitlichen Europäischen Akte, FS-Pescatore, 1991, S. 536 (539); *ders.*, Europarecht, Rn. 266; dagegen: *Pechstein/Koenig*, EU, S. 90 Rn. 165; *E. Klein*, in: HK-EUV, Art. D, Rn. 10; *M. Hilf/ E. Pache*, in: Grabitz/Hilf, Art. D, Rn. 31.

Art. 4 EU-Vertrag

17 Maßnahmen des ER unterstehen nicht der Kontrolle des **EuGH** (vgl. Art. 46; Art. 230 Abs. 1 EGV).[18] Die im Hinblick auf Beschlüsse des ER ergangenen Rechtsakte der übrigen Organe sind jedoch im Rahmen des EGV voll der Kontrolle des EuGH unterworfen. Die Schlußfolgerungen des ER können im Rahmen der teleologischen Auslegung solcher Rechtsakte von Bedeutung sein[19]; wo Vorgaben des ER für die übrigen Organe verbindlich sind, kann der EuGH deren Reichweite überprüfen.[20]

---

18 EuGH, Rs. C-253/94 P, 13.1.1995, Slg. 1995 I-7, Rn. 11 (Roujansky/Rat); Rs. C-264/94 P, 13.1.1995, Rn. 11 (Bonnamy/Rat).
19 *Martenczuk* (Fn. 4), S. 175; so z.B. EuGH, Rs. C-58/94, 30.4.1996, Slg. 1996, I-2169, Rn. 3; EuG, Rs. T-194/94, 19.10.1995, Slg. 1995, II-2767, Rn. 2 (Carvel).
20 So *Pechstein/Koenig*, EU, S. 260, Rn. 517.

Art. 5 (ex-Art. E)

Das Europäische Parlament, der Rat, die Kommission, der Gerichtshof und der Rechnungshof[6–10] üben ihre Befugnisse nach Maßgabe und im Sinne[3] der Verträge zur Gründung der Europäischen Gemeinschaften sowie der nachfolgenden Verträge und Akte zu deren Änderung oder Ergänzung einerseits und der übrigen Bestimmungen des vorliegenden Vertrags andererseits aus[2].

Inhaltsübersicht:

I. Systematische Stellung	1
II. Ausübung der Befugnisse nach Maßgabe und im Sinne der Verträge	2
1. Befugnisbegründende Verträge	2
2. Prinzip der begrenzten Einzelermächtigung	3
III. Konkretisierung des einheitlichen institutionellen Rahmens	4
IV. Qualifikation: Organe der EU oder Organleihe?	7
V. Terminologie	9

I. Systematische Stellung

Art. 5 EUV gehört zu den Gemeinsamen Bestimmungen des EUV, **die Geltung** nicht nur **für den EUV** sondern **auch für die drei Gemeinschaftsverträge**[1] beanspruchen. Er enthält neben Art. 4 eine weitere Konkretisierung des »einheitlichen institutionellen Rahmens« (Art. 3 Abs. 1), indem er alle im Rahmen der EU (einschließlich der drei Gemeinschaften) handelnden Organe mit Ausnahme des in Art. 4 gesondert behandelten ER aufführt. Parallelvorschriften für die einzelnen Gemeinschaften finden sich in Art. 7 EGV, Art. 7 Abs. 1 EGKSV und Art. 3 Abs. 1 EAGV. Der Vertrag von Amsterdam hat die Liste der Organe um den Rechnungshof ergänzt.

II. Ausübung der Befugnisse nach Maßgabe und im Sinne der Verträge

1. Befugnisbegründende Verträge

Als befugnisbegründende Verträge werden die **Gemeinschaftsverträge und der EUV gleichrangig** nebeneinander genannt. Das weist einerseits auf die fortbestehende Bedeutung der Gemeinschaften hin und spricht gegen eine völlige Verschmelzung zu einer einheitlichen Union.[2] Andererseits zeigt es, daß die EU nicht auf eine intergouvernementale Zusammenarbeit reduziert werden kann.[3]

---

1 Also der EGKSV, der E(W)GV und der EAGV; s. Art. 1 EGV, Rn. 15, 23.
2 So jedoch *A. v. Bogdandy/M. Nettesheim*, Die Verschmelzung der Europäischen Gemeinschaften in der Europäischen Union, NJW 1995, 2324; *dies.*, Die Europäische Union: Ein einheitlicher Verband mit eigener Rechtsordnung, EuR 1996, S. 3; *A. v. Bogdandy*, The Legal Case for Unity: the European Union as a Single Organization with a Single Legal System, CMLRev. 1999, 887; s. Art. 1 EGV Rn. 21.
3 So jedoch z.B. *Pechstein/Koenig*, EU, S. 50 f., Rn. 92 ff.; vgl. auch BVerfGE 89, 155 (190); s. Art. 1 EGV, Rn. 20.

2. Prinzip der begrenzten Einzelermächtigung

3 Die Organe üben ihre Befugnisse nach Maßgabe der Ermächtigungsnormen in den Verträgen aus. Damit wird die Geltung des (auch in Art. 3 Abs. 1, Art. 4 Abs. 1, Art. 5 Abs. 1, Art. 7 Abs. 1, Art. 202, Art. 249 Abs. 1 EGV angelegten) **Prinzips der begrenzten Einzelermächtigung**[4] für die gesamte EU bekräftigt. Die Organe dürfen nur in den Bereichen und nur in den Formen regelnd tätig werden, die ihnen die Verträge im einzelnen zuweisen. Indem Art. 5 EUV (anders als Art. 7 EGV) ausdrücklich auch den Sinn der Verträge als befugnisbegründend nennt, betont er die Berechtigung der **teleologischen Auslegung** von Ermächtigungsnormen, den effet utile.[5]

III. Konkretisierung des einheitlichen institutionellen Rahmens

4 Auf der Grundlage dieser Verträge handeln dieselben in Art. 4 und 5 abschließend aufgezählten Organe. Neben dem in Art. 4 behandelten ER bilden sie das **institutionelle Bindeglied** zwischen dem EUV und den Gemeinschaftsverträgen.

5 Daß in allen Bereichen der EU dieselben Organe handeln, bedeutet **nicht**, daß die drei **Gemeinschaften in der EU verschmolzen** sind (s. Art. 1 EGV Rn. 21). Schon vor Gründung der EU teilten sich die drei rechtlich selbständigen. Gemeinschaften dieselben Organe[6], ohne dadurch zu einer einheitlichen Gemeinschaft verschmolzen zu sein.[7]

6 Das Verhältnis der Organe, das institutionelle Gleichgewicht, ist in den einzelnen Verträgen unterschiedlich austariert. In den durch den **EUV** ergänzten Bereichen ist es **zugunsten des Rates und des Ratsvorsitzes** verschoben. Die Stellung der **Kommission** ist wesentlich schwächer als in den Gemeinschaftsverträgen. Sie ist zwar zusammen mit dem Rat für die Kohärenz im Sinne von Art. 3 Abs. 2 verantwortlich (vgl. Art. 45) und wird sowohl in der GASP als auch der PJZS »in vollem Umfang ... beteiligt« (Art. 27, Art. 36 Abs. 2). Dabei nimmt sie aber eher unterstützende Aufgaben wahr (z.B. Art. 14 Abs. 4, Art. 24 Abs. 1, Art. 40). Anders als im EGV hat die Kommission kein Initiativmonopol, sondern nur in einigen Bereichen ein gleichrangig neben dem der Mitgliedstaaten stehendes Initiativrecht (Art. 7 Abs. 1 und 2, Art. 22, Art. 34 Abs. 2, Art. 42). Stärker involviert ist die Kommission nach Art. 27c UAbs. 2, Art. 27e, Art. 40a Abs.1, Art. 40b bei der Ermächtigung zur verstärkten Zusammenarbeit. Das

---

4 BVerfGE 89, 155 (188, 191 ff., 194 ff., 209 f.); *Ipsen*, EG-Recht S. 425 ff.; *H. D. Jarass*, Die Kompetenzverteilung zwischen der Europäischen Gemeinschaft und den Mitgliedstaaten, AöR 121 (1996), S. 173 ff.; *E. Klein*, in: HK-EUV, Art. 4 EGV, Rn. 51; *H.-P. Kraußer*, Das Prinzip der begrenzten Ermächtigung im Gemeinschaftsrecht als Strukturprinzip des EWG-Vertrages, 1991; s. Art. 5 EGV, Rn. 8 ff.
5 Kritisch BVerfGE 89,155 (210); vgl. zum »effet utile« *M. Nettesheim*, in: Grabitz/Hilf, EU, Art. 4 EGV, Rn. 55 ff.; *R. Streinz*, Der »effet utile« in der Rechtsprechung des Gerichtshofs der Europäischen Gemeinschaften, in: Due/Lutter/Schwarze (Hrsg.), FS-Everling, Bd. II, S. 1491; s. Art. 220 EGV, Rn. 10.
6 Abkommen über gemeinsame Organe für die Europäischen Gemeinschaften, vom 25.3.1957 (FusAbk) und das Abkommen zur Einsetzung eines gemeinsamen Rates und einer gemeinsamen Kommission der Europäischen Gemeinschaften vom 8.4.1965 (FusV); beide wurden teilweise aufgehoben durch Art. 9 des Amsterdamer Vertrages, vgl. Art. 50 Abs. 1.
7 Die Gründung »einer einzigen Europäischen Gemeinschaft« wurde in dem durch Art. 9 des Amsterdamer Vertrags aufgehobenen Art. 32 FusV nur als Fernziel genannt; vgl. auch *O. Dörr*, Noch einmal: Die Europäische Union und die Europäischen Gemeinschaften, NJW 1995, S. 3162 (3163).

EP wird lediglich unterrichtet und hat ein Fragerecht (Art. 21, Art. 27c UAbs. 2, Art. 27d, Art. 39). Vor der Ermächtigung zur verstärkten Zusammenarbeit nach Art. 40 ist es anzuhören (Art. 40a Abs. 2, Art. 44a). Bei der Verhängung von Sanktionsmaßnahmen hat es ein Initiativrecht (Art. 7 Abs. 1); ein Mitentscheidungsrecht hat es nach Art. 7 Abs. 2 und bei der Entscheidung über die Aufnahme neuer Mitglieder (Art. 49). Die Prüfungskompetenz des **EuGH** bleibt weiterhin beschränkt (Art. 46). Art. 35 ermöglicht aber zumindest im Bereich der PJZS eine Fortentwicklung. Der **Rechnungshof** wird zwar im EUV selbst nicht genannt. Seine Prüfungskompetenz nach Art. 248 EGV hat jedoch Rückwirkungen auch für die Tätigkeiten der EU nach Titel V und VI EUV, weil deren Kosten zumindest teilweise zulasten des Gemeinschaftshaushalts gehen (Art. 28 Abs. 2 bis 4 und Art. 41 Abs. 2 bis 4).

IV. Qualifikation: Organe der EU oder Organleihe?

Umstritten ist, ob die in Art. 5 EUV aufgeführten Organe zugleich **Organe der EU** sind 7 (»Doppelorganschaft«, »Organidentität« oder »Organunion«)[8], oder ob sie der EU nur im Wege der **Organleihe**[9] von den Gemeinschaften zur Verfügung gestellt werden. Dieser Streit hängt mit dem **Streit über die Rechtspersönlichkeit der EU** zusammen[10]: Eigene Organe kann die EU nur haben, wenn sie Rechtspersönlichkeit hat. In diesem Fall würde ihr jedoch auch das Handeln geliehener Organe zugerechnet und die mit Art. 3 nur schwer zu vereinbarende Figur der Organleihe wäre unnötig. Hätte die EU keinerlei Rechtspersönlichkeit, so könnte sie keine eigenen Organe haben, das Organhandeln würde den Unionsstaaten zugerechnet. Die Rolle der Organe im EUV könnte dann auch mit der Figur der Organleihe nicht erfaßt werden. Eher wären sie dann als **Vertragsor-**

---

8 So z.B. *v. Bogdandy*, (Fn. 2), S. 903; *ders./Nettesheim* (Fn. 2), NJW 1995, S. 2326; *dies.* (Fn. 2), EuR 1996, S. 13; *C. Busse*, Die völkerrechtliche Einordnung der Europäischen Union, 1999, 164 ff.; *D.M. Curtin/I.F. Dekker*, The EU as a »Layered« International Organization: Institutional Unity in Disguise, in: P. Craig/G. de Burca (Hg.), The Evolution of EU Law, 1999, S. 83 (98); *G. Ress*, Die Europäische Union und die neue juristische Qualität der Beziehungen zu den Europäischen Gemeinschaften, JuS 1992, S. 985 (986); *ders.*, Ist die Europäische Union eine juristische Person?, in: G. Ress/J. Schwarze/T. Stein (Hrsg.), Die Organe der Europäischen Union im Spannungsfeld zwischen Gemeinschaft und Zusammenarbeit, EuR Beiheft 2/1995, S. 27 (36, 38 f.); *E. Klein/A. Haratsch*, Neuere Entwicklungen des Rechts der Europäischen Gemeinschaften, DÖV 1993, S. 785 (788); *J.-C. Piris*, Après Maastricht, les institutions communautaires sont-elles plus efficaces, plus démocratiques et plus transparentes?, RTDE 1994, S. 1 (5); ausführlich *C. Trüe*, Verleihung von Rechtspersönlichkeit an die Europäische Union und Verschmelzung zu einer einzigen Organisation – deklaratorisch oder konstitutiv?, Universität des Saarlandes, Vorträge Reden und Berichte aus dem Europa-Institut Nr. 357, S. 16 ff.; *dies.*, Rechtspersönlichkeit der Europäischen Union nach den Vertragsänderungen von Amsterdam: Wer handelt in GASP und PJZ?, in: ZEuS 2000, 127 (144 ff.); *J.C. Wichard*, Wer ist Herr im europäischen Haus? Zu Struktur und Rechtsnatur der Europäischen Union nach Amsterdam, EuR 1999, 170 (179 f.)
9 Dafür *D. Curtin*, The Constitutional Structure of the Union: A Europe of Bits and Pieces, CML-Rev. 30 (1993), S. 17 (26); *Dörr* (Fn. 7), S. 3164; *ders.*, Zur Rechtspersönlichkeit der Europäischen Union, EuR 1995, S. 334 (337); *M. Hilf*, in: Grabitz/Hilf, EU, Art. E EUV, Rn. 7; *E. Klein*, in: HK-EUV, Art. 4 EGV, Rn. 5; *C. Stumpf*, in: Schwarze, EU, Art. 4 EUV, Rn. 9; differenzierend *Pechstein/Koenig*, EU, S. 99 ff., Rn. 181 ff., S. 103 ff., Rn. 188 ff.: der im EUV erwähnte Rat ist Vertragsorgan der Unionsstaaten und »institutionelles aliud« zum EG-Ministerrat, Organleihe hinsichtlich der übrigen Organe; dann bestünde allerdings, entgegen der primärrechtlichen Verpflichtung in Art. 3, 43 lit. b), gerade kein »einheitlicher institutioneller Rahmen«, so ausdrücklich *dies.*, EU, S. 103, Rn. 186, 105, Rn. 192; vgl. auch Art. 3 EUV, Rn. 12.
10 S. Art. 1 EGV, Rn. 5 ff.

Art. 5 EU-Vertrag

gane der Mitgliedstaaten[11] zu qualifizieren: die Unionsstaaten hätten sich danach die Organe für ihr intergouvernementales Handeln von den Gemeinschaften entliehen. Ist jedoch die Frage der Rechtsnatur der EU entschieden, so ist der Streit über die Qualifizierung ihrer Organe rechtlich irrelevant.

8 Spätestens seit dem Vertrag von Amsterdam verfügt die EU über eine eigene **Rechtspersönlichkeit**[12] und damit auch über eigene Organe. Die Organe sind mehr als nur Vertreter der Mitgliedstaaten. Sie bilden den »einheitlichen institutionellen Rahmen« der EU und können, auch in Titel V und VI EUV, einen eigenständigen Unionswillen bilden, der nicht notwendigerweise mit dem der Gesamtheit der Mitgliedstaaten zusammenfallen muß.[13] Die Union hat daher Organe, die zugleich Organe der drei Gemeinschaften sind. Die zuvor unter den drei Gemeinschaften bestehende, durch das FusAbk und den FusV hergestellte **Organunion** ist auf die EU ausgedehnt worden.

V. Terminologie

9 Die Terminologie der Verträge und der ihnen beigefügten Protokolle und Erklärungen ist weder einheitlich noch transparent. Teilweise ist auch im EUV von Organen der »Gemeinschaft« die Rede[14], teilweise von Organen oder Gremien der EU[15]. Eindeutig ist nur die Bezeichnung des EP, das durchgängig »**Europäisches Parlament**« genannt wird (Art. 5 EUV, Art. 7, 189 ff. EGV). Die Bezeichnungen »Rat« und »Kommission« werden in EUV und EGV durchgängig ohne nähere Qualifizierung verwendet. Art. 1 und 9 FusV, die vom »Rat der Europäischen Gemeinschaften« und der »Kommission der Europäischen Gemeinschaften« sprechen, wurden durch Art. 9 des Amsterdamer Vertrags nicht aufgehoben (Art. 50 Abs. 1). Dennoch nennt sich der Rat durchgängig »**Rat der Europäischen Union**«.[16] Die Kommission führt grundsätzlich die Bezeichnung »**Europäische Kommission**«, bei rechtserheblichen Texten nennt sie sich nach wie vor »**Kommission der Europäischen Gemeinschaften**«.[17] Auch der EuGH wird in den Verträgen meist lediglich »Gerichtshof« genannt (Art. 5 EUV, Art. 7, 220 ff. EGV), nur Art. 46 verwendet die Bezeichnung »**Gerichtshof der Europäischen Gemeinschaften**«. Diese Bezeichnung führt der EuGH selbst. Der Rechnungshof wird in den Verträgen nicht näher qualifiziert.

---

11 S. *Semrau*, Die gemeinsame Außen- und Sicherheitspolitik der Europäischen Union, 1998, S. 32 f; Art. 3 EUV, Rn. 12.
12 S. Art. 1 EGV, Rn. 13 f.
13 S. Art. 1 EGV, Rn. 10.
14 So etwa Art. 35 und 46 für den EuGH; Art. 2, 5. Spstr. im Zusammenhang mit der Wahrung des gemeinschaftlichen Besitzstandes oder das Protokoll zum Amsterdamer Vertrag über die Festlegung der Sitze der Organe und bestimmter Einrichtungen und Dienststellen der Europäischen Gemeinschaften sowie des Sitzes von Europol.
15 So etwa Präambel EUV, Art. 24 Abs. 6, Protokoll über die Rolle der einzelstaatlichen Parlamente in der Europäischen Union, Erklärung Nr. 29 über den Sport in der Schlußakte zum Amsterdamer Vertrag, Erklärung Nr. 23 zur Zukunft der Union in der Schlußakte des Vertrags von Nizza.
16 Beschluß des Rates vom 8.11.1993 über seine Bezeichnung im Anschluß an das Inkrafttreten des Vertrags über die Europäische Union (93/591), ABl.EG 1993 Nr. L 281/18, berichtigt ABl.EG 1993, Nr. L 285/41. M. *Hilf*/E. *Pache*, in: Grabitz/Hilf, EU, Art. E EUV, Rn. 11 halten das für rechtswidrig; zweifelnd auch M. *Nettesheim*, in: Grabitz/Hilf, Art. 4 EGV, Rn. 16; differenzierend *Pechstein/Koenig*, EU, S. 100 f., Rn. 182 f.: unzulässig hinsichtlich des Handelns auf der Grundlage des EGV, zulässig für den auf der Basis des EUV handelnden Rat.
17 Entschließung der Kommission vom 17.11.1993, nicht im ABl.EG veröffentlicht, vgl. EG-Nachrichten Nr. 46 v. 29.11.1993, S. 2; Bull.EG Nr. 11/1993; EuZW 1994, S. 34.

Im Hinblick auf die Einheitlichkeit des institutionellen Rahmens der EU, ihren die Ge- 10
meinschaften umfassenden Charakter und ihre Rechtspersönlichkeit wäre es konsequent, einheitlich von »**Unionsorganen**« zu sprechen und die Organe auch jeweils in diesem Sinne zu bezeichnen. Die derzeitige Praxis ist unbefriedigend.

Art. 6 (ex-Art. F)*

(1) Die Union beruht auf den Grundsätzen der Freiheit[4], der Demokratie[4], der Achtung der Menschenrechte und Grundfreiheiten[5] sowie der Rechtsstaatlichkeit[6 ff.]; diese Grundsätze sind allen Mitgliedstaaten gemeinsam[2 f.].

(2) Die Union achtet die Grundrechte, wie sie in der am 4. November 1950 in Rom unterzeichneten Europäischen Konvention zum Schutze der Menschenrechte und Grundfreiheiten gewährleistet sind und wie sie sich aus den gemeinsamen Verfassungsüberlieferungen der Mitgliedstaaten als allgemeine Grundsätze des Gemeinschaftsrechts ergeben[16 ff.].

(3) Die Union achtet die nationale Identität ihrer Mitgliedstaaten[211 ff.].

(4) Die Union stattet sich mit den Mitteln aus, die zum Erreichen ihrer Ziele und zur Durchführung ihrer Politiken erforderlich sind[219 ff.].

Inhaltsübersicht:

A. Verfassungsprinzipien, Art. 6 Abs. 1 *(Thorsten Kingreen)*	1
I. Bedeutung	1
II. Die einzelnen Verfassungsprinzipien	4
1. Freiheit und Demokratie	4
2. Menschenrechte und Grundfreiheiten	5
3. Rechtsstaatlichkeit	6
a) Grundrechte	7
b) Grundsatz der Verhältnismäßigkeit, Vorbehalt des Gesetzes	8
c) Vertrauensschutz und Rechtssicherheit	9
B. Grundrechte, Art. 6 Abs. 2 *(Thorsten Kingreen)*	16
I. Bedeutung	16
II. Allgemeine Lehren der Grundrechte	19
1. Grundlagen und Grundfragen	20
a) Begründung und Entwicklung der Grundrechte	20
aa) Leitentscheidungen des EuGH	20
bb) Erklärungen der politischen Organe	24
cc) Die Charta der Grundrechte der Europäischen Union	26a
b) Dogmatische Rahmenbedingungen	27
aa) Die unmittelbare Geltung des Gemeinschaftsrechts	28
bb) Der Vorrang des Gemeinschaftsrechts	29
c) Kompetenz des EuGH	32
d) Rechts(erkenntnis-)quellen	33
aa) Rechtsprechung des EuGH und des EuG	34
bb) Schrifttum	37
cc) Stellungnahme	40
(1) Zwei Rechtserkenntnisquellen	40
(2) Art und Umfang der materiellen Rezeption der Rechtserkenntnisquellen	41
2. Grundrechtsfunktionen	44
a) Abwehrrechte	45
b) Weitere Grundrechtsfunktionen	46
aa) Schutzgewährrechte	47
bb) Teilhaberechte	49
cc) Leistungsrechte (im engeren Sinne)	50

---

* Die Absätze 1 und 2 werden bearbeitet von *Thorsten Kingreen*, die Absätze 3 und 4 von *Adelheid Puttler*.

EU-Vertrag Art. 6

3. Grundrechtsberechtigung ... 51
   a) Natürliche Personen ... 51
   b) Juristische Personen ... 53
4. Grundrechtsverpflichtung ... 55
   a) Gemeinschaft und Union ... 55
   b) Mitgliedstaaten ... 56
      aa) Durchführung von Gemeinschaftsrecht ... 57
      bb) Schranken-Schranken der Grundfreiheiten ... 60
         (1) Rechtsprechung und Schrifttum ... 60
         (2) Stellungnahme ... 61
   c) Privatpersonen ... 63
5. Die Struktur der Grundrechte ... 64
   a) Schutzbereich ... 65
   b) Eingriff ... 67
   c) Rechtfertigung ... 69
      aa) Schranken ... 71
         (1) Materielle Vorgaben ... 71
         (2) Gesetzesvorbehalt ... 72
      bb) Schranken-Schranken ... 73
         (1) Grundsatz der Verhältnismäßigkeit ... 73
         (2) Wesensgehalt ... 76
   d) Rechtsfolgen eines Verstoßes ... 77
6. Verhältnis zu anderen subjektiv-öffentlichen Rechten ... 78
   a) Subjektiv-öffentliche Rechte des primären Gemeinschaftsrechts ... 78
      aa) Grundfreiheiten ... 78
      bb) Art. 34 Abs. 2 UAbs. 3 EGV ... 82
      cc) Verhältnis zwischen den Gemeinschaftsgrundrechten ... 83
   b) Grundrechte des GG ... 84
      aa) Rechtsprechung des EuGH ... 86
      bb) Rechtsprechung des BVerfG und Reaktionen des deutschen Schrifttums ... 87
      cc) Stellungnahme ... 90
   c) Grundrechte der EMRK ... 91
      aa) Rechtsprechung des EuGMR ... 91
      bb) Schrifttum ... 92
      cc) Stellungnahme ... 92a
III. Die einzelnen Grundrechte ... 93
   1. Würde des Menschen ... 93
   2. Freiheiten ... 96
      a) Freiheit und Sicherheit der Person ... 96
      b) Privatleben ... 97
         aa) Schutzbereich ... 98
         bb) Eingriff ... 104
         cc) Rechtfertigung ... 105
      c) Ehe und Familie ... 107
      d) Kommunikationsfreiheiten ... 112
         aa) Gedanken-, Religions- und Gewissensfreiheit ... 113
         bb) Meinungs- und Informationsfreiheit ... 115
            (1) Schutzbereich ... 116
            (2) Eingriff ... 119
            (3) Rechtfertigung ... 122
         cc) Versammlungs- und Vereinigungsfreiheit ... 125
      e) Kunst, Wissenschaft, Forschung und Lehre ... 127
      f) Berufliche Bildung und Bildungswesen ... 128
      g) Berufsfreiheit ... 129
         aa) Schutzbereich ... 131
         bb) Eingriff ... 135
         cc) Rechtfertigung ... 137
      h) Eigentum ... 140
         aa) Schutzbereich ... 142

			(1)	Eigentumsfähige Positionen	143
				(a) Privatrechtliche Eigentumspositionen	143
				(b) Öffentlich-rechtliche Eigentumspositionen	147
			(2)	Umfang des Eigentumsschutzes	148
		bb)	Eingriff		151
		cc)	Rechtfertigung		154
			(1)	Nutzungsbeschränkungen	155
			(2)	Entziehung des Eigentums	158
				(a) Kompetenz der Gemeinschaft	158
				(b) Materielle Voraussetzungen	159
			(3)	Entschädigung	161
				(a) Rechtsprechung des EuGH und des EuG	162
				(b) Rechtsprechung des EuGMR	164
				(c) Schrifttum	165
				(d) Stellungnahme	166
	i)	Asylrecht, Schutz bei Abschiebung, Ausweisung und Auslieferung			167
	j)	Allgemeine Handlungsfreiheit			169
3.	Gleichheit				170
	a)	Überblick und Systematik			170
	b)	Allgemeiner Gleichheitssatz			174
		aa)	Ungleichbehandlung		175
		bb)	Rechtfertigung		180
4.	Solidarität				183
	a)	Soziale Grundrechte in Rechtsetzung und Rechtsprechung			183
	b)	Schrifttum			186
	c)	Stellungnahme			187
5.	Bürgerrechte				189
	a)	Überblick und Systematik			189
	b)	Administrative Grundrechte			191
		aa)	Anspruch auf ein faires Verwaltungsverfahren		192
		bb)	Rechtliches Gehör		194
6.	Justizielle Rechte				197
	a)	Überblick			197
	b)	Effektiver Rechtsschutz			198
	c)	Ne bis in idem			202
IV.	Ausblick				205
C. Achtung der nationalen Identität der Mitgliedstaaten, Art. 6 Abs. 3 *(Adelheid Puttler)*					211
I.	Entstehungsgeschichte der Norm und ihre systematische Einordnung				211
II.	Begriff der nationalen Identität				213
III.	Inhalt des Achtungsgebots				217
IV.	Adressat des Achtungsgebots				218
D. Ausstattung mit den erforderlichen Mitteln, Art. 6 Abs. 4 *(Adelheid Puttler)*					219
I.	Entstehungsgeschichte und erste Auslegungsprobleme				219
II.	Keine Kompetenz-Kompetenz				221
III.	Keine Kompetenz zur Erschließung neuer Einnahmen				226
IV.	Art. 6 Abs. 4 als lediglich politisch-programmatische Absichtserklärung				227

A. Verfassungsprinzipien, Art. 6 Abs. 1

I. Bedeutung

1 Zur Verwirklichung von Homogenität zwischen der europäischen und den mitgliedstaatlichen Verfassungen bedarf es – neben **verfahrensrechtlichen Kooperationsregeln** (Prinzip der loyalen Zusammenarbeit, Art. 10 EGV, Rn. 1, 19 ff.) – **materiell-rechtlicher Struktursicherungsnormen**. Weil die europäische und die mitgliedstaatlichen Verfassungen beanspruchen, in ihrem Entstehungsgrund voneinander unabhängig zu sein, legen sie auch jeweils selbst die materiellen Anforderungen **für die Ausübung von Hoheitsge-**

walt im europäischen Verfassungsverbund (Art. 1 Rn. 26) fest[1]. Während im Grundgesetz Art. 23 Abs. 1 GG »von unten« die materiellen Mindestanforderungen an die Mitwirkung der Bundesrepublik Deutschland im europäischen Integrationsprozeß normiert, enthält Art. 6 Abs. 1 »von oben« wirkende Verfassungsstruktur- und Homogenitätsanforderungen an die Mitgliedstaaten[2]. Die Achtung der in Abs. 1 genannten Grundwerte ist außerdem Voraussetzung für den Beitritt neuer Mitglieder zur Union (Art. 49 Abs. 1 S. 1) und eine der Maximen im Rahmen der GASP (Art. 11 Abs. 1, 5. Spstr.) und auf dem Gebiet der Entwicklungszusammenarbeit (Art. 177 Abs. 2 EGV).

Die etwas gewundene und auch hier präambelhafte Formulierung ist Ausdruck eines verfassungspolitischen Spagats; sie verschleiert wohl nicht ohne Grund den Normadressaten: Einerseits sollte im Gegensatz zu Art. F Abs. 1 a.F. nicht mehr nur die Verpflichtung der Mitgliedstaaten auf die Prinzipien von Rechtsstaatlichkeit und Demokratie im Vertragstext ausgesprochen werden; die **Union selbst** als Trägerin hoheitlicher Gewalt »beruht« auf den Prinzipien von Freiheit, Demokratie, Menschenrechten und Rechtsstaatlichkeit. Andererseits werden aber im 2. Hs. die **Mitgliedstaaten** mit »diesen Grundsätzen« in Verbindung gebracht. Angesichts dessen läßt sich nicht mit Gewißheit ausmachen, ob die Verpflichtung der Gemeinschaft, diese Prinzipien zu achten, nunmehr unmittelbar aus Abs. 1 oder aus den ungeschriebenen allgemeinen Rechtsgrundsätzen folgt. 2

Die Erwähnung der Mitgliedstaaten im 2. Hs. von Abs. 1 dürfte sich weniger mit der Sorge erklären lassen, daß einer der Mitgliedstaaten die gemeinsame Legitimationsgrundlage der rechtsstaatlichen Demokratie verläßt, sondern mit der Unsicherheit, ob die Übertragung staatsbezogener und staatsrechtlicher Begriffe eine nicht vorhandene Staatlichkeit der Union implizieren würde.[3] So transportiert Abs. 1 zwar zentrale Elemente moderner nationaler Verfassungsstaatlichkeit auf eine supranationale Ebene, trifft aber keine Entscheidung für einen europäischen Verfassungsstaat[4]. 3

II. Die einzelnen Verfassungsprinzipien

1. Freiheit und Demokratie

Der Begriff der **Freiheit** könnte als Bekenntnis zu einem der gemeineuropäischen Grundwerte der Französischen Revolution verstanden werden[5]. Allerdings fehlt eine Bezugnahme auf die nicht minder wichtigen Prinzipien der »Gleichheit« und »Brüderlichkeit«. Eher wird man Freiheit im Sinne einer politischen Leitlinie für die Einigung Europas im allgemeinen und die Wirtschaftsverfassung der Gemeinschaft im besonderen ansehen können. Normative Bedeutung erlangt sie erst durch die vielfältigen Konkretisierungen im EGV und EUV, insbesondere durch das Bekenntnis der Union zu den Grundrechten in Abs. 2. Zum Begriff der **Demokratie** vgl. Art. 189 EGV, Rn. 6 f. 4

---

1   A. von Bogdandy, Supranationaler Föderalismus als Wirklichkeit und Idee einer neuen Herrschaftsform, 1999, S. 14 f.
2   Vgl. F. Schorkopf, Homogenität in der Europäischen Union – Ausgestaltung und Gewährleistung durch Art. 6 Abs. 1 und Art. 7 EUV, 2000, S. 100 ff.
3   Vgl. B. Beutler, in: GTE, EU-/EGV, Art. F, Rn. 3; C. Stumpf, in: Schwarze, EU, Art. 6, Rn. 5.
4   Zur europäischen Verfassungsdiskussion vgl. EuGH, Gutachten 1/91, Slg. 1991, I-6079, Rn. 21 (vgl. Art. 310 EGV, Rn. 23), wo der EG-Vertrag als »Verfassungsurkunde einer Rechtsgemeinschaft« bezeichnet wird; vgl. auch bereits BVerfGE 22, 293 (296): »Der EWG-Vertrag stellt gewissermaßen die Verfassung dieser Gemeinschaft dar.«; s. auch Art. 1, Rn. 17 ff.
5   Vgl. M. Hilf/E. Pache, in: Grabitz/Hilf, EU, Präambel zum EUV, Rn. 18.

2. Menschenrechte und Grundfreiheiten

5 Der Hinweis auf die **Menschenrechte** und **Grundfreiheiten** bezieht sich auf die EMRK, die gemäß Abs. 2 eine der beiden Rechtserkenntnisquellen für die Grundrechte ist (unten Rn. 33 ff.).

3. Rechtsstaatlichkeit

6 Der EuGH bezeichnet die Gemeinschaft als **Rechtsgemeinschaft**, verwendet den Begriff **Rechtsstaat(lichkeit)** aber kaum[6]. Ohne ausdrückliche Ableitung aus dem Rechtsstaatsprinzip hat er diverse allgemeine Rechtsgrundsätze entwickelt, die dem Rechtsstaatsgedanken entstammen:

a) Grundrechte

7 Die wichtigsten Einzelausprägungen des Rechtsstaatsprinzips sind die **Grundrechte** (unten Rn. 16 ff.), die die Ausübung von Hoheitsgewalt mäßigen, begrenzen und binden. Sie verschaffen dem Einzelnen einen grundsätzlich unbegrenzten Freiheitsraum, dem die prinzipiell begrenzte hoheitliche Befugnis zu Eingriffen in diese Sphäre gegenübersteht.

b) Grundsatz der Verhältnismäßigkeit, Vorbehalt des Gesetzes

8 Auch der **Grundsatz der Verhältnismäßigkeit** (unten Rn. 73 ff. sowie Art. 5 EGV, Rn. 45 ff.) ist eine Ausprägung des Rechtsstaatsprinzips, ergibt sich aber »bereits aus dem Wesen der Grundrechte selbst, die als Ausdruck des allgemeinen Freiheitsanspruchs des Bürgers […] von der öffentlichen Gewalt jeweils nur soweit beschränkt werden dürfen, als es zum Schutze öffentlicher Interessen unerläßlich ist«[7]. Er spielt auch bei den sonstigen subjektiv-öffentlichen Rechten des primären Gemeinschaftsrechts[8], insbesondere bei den Grundfreiheiten, als Schranken-Schranke eine große Rolle. Zum Vorbehalt des Gesetzes unten Rn. 72.

c) Vertrauensschutz und Rechtssicherheit

9 Große Bedeutung hat in der Rechtsprechungspraxis der **Grundsatz des Vertrauensschutzes**[9]. Dies hängt mit der in Teilbereichen ausgesprochen intensiven »Dispositionslenkung und -beeinflussung«[10] der Gemeinschaft und dem damit einhergehenden Einfluß auf die Erlangung und Erhaltung individueller Rechtspositionen zusammen. Der Grundsatz des Vertrauensschutzes befindet sich im Spannungsfeld zwischen »dem Individualinteresse des Einzelnen auf Fortbestand des rechtlichen Bezugsrahmens, auf den er vertraut und auf den er sich eingerichtet hat, einerseits und der Notwendigkeit der Erhaltung politischer Flexibilität und Mobilität der handelnden Organe andererseits«[11]. Große Bedeutung hat er bei der **Rücknahme** bzw. dem **Widerruf von begünstigenden Verwaltungsakten**[12].

---

6 Erwähnung des Grundsatzes der Rechtsstaatlichkeit in EuGH, Rs. 101/78, Slg. 1979, 623, Rn. 5 (Granaria/Hoofdproduktschap voor Akkerbouwprodukten); zur Rechtsgemeinschaft vgl. EuGH, Rs. 294/83, Slg. 1986, 1339, Rn. 23 (Les Verts/Parlament); Gutachten 1/91, Slg. 1991, I-6079, Rn. 21.
7 BVerfGE 19, 342 (348 f.) Zum Grundsatz der Verhältnismäßigkeit im Gemeinschaftsrecht etwa EuGH, Rs. 265/87, Slg. 1989, 2237, Rn. 21 (Schräder/Hauptzollamt Gronau).
8 Vgl. T. *Kingreen*/R. *Störmer*, Die subjektiv-öffentlichen Rechte des primären Gemeinschaftsrechts, EuR 1998, S. 263 ff.
9 Entscheidungsregister für die Zeit bis April 1988 bei K. D. *Borchardt*, Der Grundsatz des Vertrauensschutzes im europäischen Gemeinschaftsrecht, 1988, S. 142 ff.; die folgende Darstellung beschränkt sich daher im wesentlichen auf neuere Judikatur.
10 *Borchardt* (Fn. 9), S. 2.
11 *Borchardt* (Fn. 9), S. 3.
12 Vgl. dazu etwa EuGH, Rs. C-90/95 P, Slg. 1997, I-1999, Rn. 35 ff. (De Compte/Parlament) m.w.N.

EU-Vertrag Art. 6

Der EuGH betrachtet den Grundsatz des Vertrauensschutzes als eigenständigen Grundsatz auch gegenüber den Grundrechten der Berufsfreiheit und des Eigentums[13]. Dies ist zweifelhaft, da Vertrauensschutzgesichtspunkte jedenfalls im Bereich der wirtschaftlichen Dispositionen i.d.R. auch im Rahmen der Grundrechte Berücksichtigung finden können, die für eine Konturierung des individuellen Schutzgutes in der Interessenabwägung (Rn. 13) besser geeignet erscheinen[14]. Innerhalb des grundrechtlichen Rahmens könnte der Grundsatz des Vertrauensschutzes dann in die Verhältnismäßigkeitsprüfung einfließen[15]. Die Gewährung des Vertrauensschutzes ist an drei Voraussetzungen gebunden[16]: 10

(1) das **Bestehen einer Vertrauenslage:** Die Gemeinschaft muß eine Situation geschaffen haben, die ein berechtigtes Vertrauen wecken kann (objektiver Vertrauenstatbestand)[17], etwa, indem Rechtspositionen gewährt oder Erwartungen geweckt werden, die zu Dispositionen Anlaß gegeben haben. Zum Vertrauensschutz bei mitgliedstaatlichen Maßnahmen im Beihilferecht vgl. Art. 88 EGV, Rn. 21 ff. 11

(2) die **Schutzwürdigkeit des Vertrauens:** Das Vertrauen ist schutzwürdig, wenn der Betroffene auf den Fortbestand der rechtlichen Rahmenbedingungen vertrauen darf (subjektiver Vertrauenstatbestand). Hierfür kommt es auf den Grad der Verfestigung der jeweiligen Rechtsposition an[18]: Während das Vertrauen in gesicherte Rechtspositionen i.d.R. schutzwürdig ist, ist der EuGH bei bloßen Erwartungen in den Fortbestand einer Rechtslage sehr streng. So vertritt er in st. Rspr. die Ansicht, daß Marktbürger »nicht auf die Beibehaltung einer bestehenden Situation vertrauen dürfen, die die Gemeinschaftsorgane im Rahmen ihres Ermessens ändern können«[19]. Dies gilt insbesondere im Bereich der gemeinsamen Marktordnungen, »deren Zweck eine ständige Anpassung an die Veränderungen der wirtschaftlichen Lage erfordert«[20]. In der Sache entspricht dies der – nicht unproblematischen – Rechtsprechung zum Schutz wohlerworbener Rechte im Rahmen des Eigentumsgrundrechts (unten Rn. 150)[21]. Immerhin erkennt der EuGH ein schutzwürdiges Vertrauen des Einzelnen an, keine Beeinträchtigungen hinnehmen zu müssen, die 12

---

13 Vgl. etwa EuGH, Rs. C-177/90, Slg. 1992, I-35, Rn. 13, 16 (Kühn).
14 Ebenso: M. *Cardwell*, General principles of Community law and milk quotas, CMLRev. 29 (1992), S. 723 (739); C. *von Milczewski*, Der grundrechtliche Schutz des Eigentums im Europäischen Gemeinschaftsrecht, 1994, S. 107 f., 280 ff.; vgl. ausführlich zum Konzept der dem Rekurs auf allgemeine Grundsätze vorzuziehenden Verfassungsnormorientierung B. *Pieroth*, Rückwirkung und Übergangsrecht, 1981, S. 79 ff., 230 ff., 279 ff.; eingehend und differenzierend jetzt auch H.-J. *Blanke*, Vertrauensschutz im deutschen und europäischen Verwaltungsrecht, 2000, S. 51 ff., 124 ff.
15 *Pieroth/Schlink*, Grundrechte. Staatsrecht II. 17. Aufl. 2001, Rn. 295a.
16 Vgl. insbesondere *Borchardt* (Fn. 9), S. 76 ff.
17 EuGH, Rs. C-177/90, Slg. 1992, I-35, Rn. 14 (Kühn); Rs. C-22/94, Slg. 1997, I-1809, Rn. 25 (Irish Farmers Association u. a.).
18 Näher *Borchardt* (Fn. 9), S. 99 ff.
19 EuGH, Verb. Rs. C-258/90 und C-259/90, Slg. 1992, I-2901, Rn. 34 (Pesquerias De Bermeo und Naviera Laida/Kommission); Rs. C-64/95, Slg. 1996, I-5105, Rn. 31 (Lubella); vgl. ferner EuGH, Rs. C-177/90, Slg. 1992, I-35, Rn. 13 (Kühn); Rs. C-280/93, Slg. 1994, I-4973, Rn. 79 (Deutschland/Rat); Verb. Rs. C-296/93 und C-307/93, Slg. 1996, I-795, Rn. 58 (Frankreich und Irland/Kommission).
20 EuGH, Verb. Rs.C-296/93 und C-307/93, Slg. 1996, I-795, Rn. 58 (Frankreich und Irland/Kommission); Rs. C-241/95, Slg. 1996, I-6699, Rn. 33 (Accrington Beef u. a.); Rs. C-17/98, Slg. 2000, I-675, Rn. 34 (Emesa Sugar).
21 Ausdrückliche Gleichsetzung vom »Schutz wohlerworbener Rechte« und »Vertrauensschutz« in EuGH, Rs. C-280/93, Slg. 1994, I-4973, Rn. 80 (Deutschland/Rat); anders aber EuGH, Rs. 59/83, Slg. 1984, 4057, Rn. 23 f. (Biovilac/EWG).

Art. 6 EU-Vertrag

gerade aus einer freiwilligen Inanspruchnahme eines Angebots in einer Gemeinschaftsregelung (hier: vorübergehende Einstellung der Milcherzeugung) resultieren[22].

13 (3) **Überwiegen des Individualinteresses gegenüber den Gemeinschaftsinteressen:** Besteht ein schutzwürdiges Vertrauen, ist es in Abwägung mit ggf. entgegenstehenden Gemeinschaftsinteressen[23] zu bringen; dabei spielt der Grundsatz der Verhältnismäßigkeit eine wichtige Rolle. Überwiegt danach das Individualinteresse, kommt je nach Konstellation die Gewährung von Bestandsschutz, der Erlaß von Übergangsregelungen oder die Einräumung von Schadensersatzansprüchen in Betracht[24].

14 Ebenso wie der Grundsatz des Vertrauensschutzes fordert auch der **Grundsatz der Rechtssicherheit** die Beständigkeit und Unverbrüchlichkeit des Rechts[25]. Das Verhältnis zwischen den verwandten Grundsätzen der Rechtssicherheit und des Vertrauensschutzes ist im Gemeinschaftsrecht noch nicht geklärt[26]. Der EuGH verwendet den Grundsatz der Rechtssicherheit insbesondere als Ausgangspunkt für die Prüfung des **allgemeinen Rückwirkungsverbots**. Danach ist es grundsätzlich verboten, »den Beginn der Geltungsdauer eines Rechtsakts der Gemeinschaft auf einen Zeitpunkt vor dessen Veröffentlichung zu legen; dies kann aber ausnahmsweise dann anders sein, wenn das angestrebte Ziel es verlangt und das berechtigte Vertrauen des Betroffenen gebührend beachtet wird«[27]. Das Verbot der **Rückwirkung von Strafvorschriften** leitet der EuGH hingegen aus Art. 7 EMRK ab; eine Rückwirkung ist in diesem Bereich ausnahmslos verboten[28].

15 Der Grundsatz der Rechtssicherheit ist schließlich auch Anknüpfungspunkt für den **Bestimmtheitsgrundsatz**[29].

---

22 EuGH, Rs. 120/86, Slg. 1988, 2321, Rn. 24 (Mulder/Minister van Landbouw en Visserij); ebenso: EuGH, Rs. C-189/89, Slg. 1990, I-4539, Rn. 9 (Spagl); Rs. C-44/89, Slg. 1991, I-5119, Rn. 20 (von Deetzen); Rs. C-177/90, Slg. 1992, I-35, Rn. 14 (Kühn).
23 Übersicht über die vom EuGH bislang anerkannten Gemeinschaftsinteressen bei *K.-D. Borchardt*, Vertrauensschutz im Europäischen Gemeinschaftsrecht, EuGRZ 1988, S. 309 (314).
24 Näher *Borchardt* (Fn. 9), S. 128 ff.
25 Ausführliche Rechtsprechungsnachweise bei *I. Pernice*, in: Grabitz/Hilf, EU, Art. 164, Rn. 89 ff.
26 Die überwiegende Meinung in Deutschland sieht den Grundsatz der Rechtssicherheit als objektiven Grundsatz an, der aus der subjektiven Sicht des Bürgers Vertrauensschutz bedeutet; vgl. etwa *H. Maurer*, Kontinuitätsgewähr und Vertrauensschutz, in: Isensee/Kirchhof (Hrsg.), Handbuch des Staatsrechts Bd. III, 1988, § 60, Rn. 19 ff.; in diesem Sinne möglicherweise auch EuGH, Verb. Rs. 212 bis 217/80, Slg. 1981, 2735, Rn. 10 (Amministrazione delle finanze dello Stato/Salumi) und Verb. Rs. C-143/88 u. C-92/89, Slg. 1991, I-415, Rn. 49 ff. (Zuckerfabrik Süderdithmarschen und Zuckerfabrik Soest).
27 EuGH, Rs. 98/78, Slg. 1979, 69, Rn. 20 (Racke/Hauptzollamt Mainz); Rs. 99/78, Slg. 1979, 101, Rn. 8 (Decker/Hauptzollamt Landau); Rs. C-337/88, Slg. 1990, I-1, Rn. 13 (SAFA); Verb. Rs. C-143/88 u. C-92/89, Slg. 1991, I-415, Rn. 49 (Zuckerfabrik Süderdithmarschen und Zuckerfabrik Soest); Rs. C-368/89, Slg. 1991, I-3695, Rn. 17 (Crispoltini). In anderen Entscheidungen leitet der EuGH das Rückwirkungsverbot nicht nur aus dem Gebot der Rechtssicherheit, sondern auch aus dem Grundsatz des Vertrauensschutzes ab; vgl. etwa EuGH, Verb. Rs. 212 bis 217/80, Slg. 1981, 2735, Rn. 10 (Amministrazione delle finanze dello Stato/Salumi).
28 EuGH, Rs. 63/83, Slg. 1984, 2689, Rn. 22 (Regina/Kirk); Rs. C-331/88, Slg. 1990, I-4023, Rn. 42 (Fedesa u. a.).
29 EuGH, Rs. 169/80, Slg. 1981, 1931, Rn. 17 (Zollverwaltung/Gondrand Frères).

B. Grundrechte, Art. 6 Abs. 2

I. Bedeutung

Die Gründungsverträge enthalten zwar einige, vor allem mit der Errichtung eines Gemeinsamen Marktes zusammenhängende, subjektiv-öffentliche Rechte[30], verfügen aber bislang über **keinen geschriebenen Grundrechtskatalog**. Die auf der Regierungskonferenz in Nizza proklamierte **Charta der Grundrechte der Europäischen Union**[31] (unten Rn. 26a ff.) hat zwar, als komprimierter und aktualisierter Ausdruck der Verfassungsüberlieferungen der Mitgliedstaaten, das Potential, die Rechtsprechung des EuGH in Zukunft nachhaltig zu beeinflussen (unten Rn. 26b, 40a f.), ist aber nicht in die Verträge aufgenommen worden und daher derzeit noch nicht rechtsverbindlich. Grundrechtschutz im Gemeinschaftsrecht bleibt daher – als Paradigma für die ungewisse verfassungsrechtliche Finalität der Europäischen Union (unten Rn. 209 f.) – auch trotz der Grundrechtecharta einstweilen im wesentlichen Richterrecht. 16

Abs. 2 konkretisiert die in Abs. 1 niedergelegten Verfassungsgrundsätze für den Bereich der Grundrechte durch normative Verankerung ihrer Erkenntnisquellen. Die Union »beruht« danach nicht nur auf den Grundrechten, sondern sie **achtet** sie. Diese von Abs. 1 abweichende Terminologie läßt den Schluß zu, daß Abs. 2 selbst die Grundrechtsverpflichtung der Gemeinschaft positiviert. Abs. 2 ist also **Rechtsquelle für die Grundrechte**, deren Auslegung durch die dort genannten Rechtserkenntnisquellen normativ gesteuert wird (unten Rn. 33 ff.). Er übernimmt fast wortgleich die Rechtsprechung des EuGH, der die Grundrechte als allgemeine Grundsätze des Gemeinschaftsrechts ansieht und sich dabei vor allem auf die Verfassungsüberlieferungen der Mitgliedstaaten[32] und die internationalen Verträge über den Schutz der Menschenrechte[33] stützt. Die **normative Bedeutung** von Abs. 2 beschränkt sich damit auf die Festschreibung der für die Konturierung der Grundrechte allein heranzuziehenden Rechtserkenntnisquellen (unten Rn. 33 ff.); im übrigen beschreibt er allein den **status quo des gemeinschaftsrechtlichen Grundrechtsschutzes**, ist also nicht mehr als »legislatorischer Vollzug« der zuvor auf der Grundlage von Art. 220 EGV erfolgten prätorischen Konkretisierung[34]. 17

Die allenfalls begrenzte normative Bedeutung von Abs. 2 wird dadurch aufgewogen, daß er die **Konstitutionalisierungs-, Integrations- und Legitimationsfunktion** eines geschriebenen Grundrechtskatalogs betont[35]: 18

---

30 Übersicht bei *Kingreen/Störmer* (Fn. 8), S. 263 ff. und *T. Schilling*, Bestand und allgemeine Lehren der bürgerschützenden allgemeinen Rechtsgrundsätze des Gemeinschaftsrechts, EuGRZ 2000, S. 3 ff.
31 ABl.EG 2000 Nr. C 364/1.
32 EuGH, Rs. 11/70, Slg. 1970, 1125, Rn. 4 (Internationale Handelsgesellschaft/Einfuhr- und Vorratsstelle Getreide).
33 EuGH, Rs. 4/73, Slg. 1974, 491, Rn. 13 (Nold/Kommission).
34 *L. B. Krogsgaard*, Fundamental rights in the European Community after Maastricht, LIEI 1993, S. 99 (106 f.); vgl. auch EuGH, Rs. 415/93, Slg. 1995, 4921, Rn. 79 (Bosman).
35 Zur Bedeutung von Grundrechten im allgemeinen und der Grundrechtecharta im besonderen für den europäischen Verfassungsprozess vgl. etwa *M. Albers*, Die Kodifikation von Grundrechtsnormen im Recht der Europäischen Union, in: Albers, Marion/Heine, Manfred/Seyfarth, Georg (Hrsg.), Beobachten – Entscheiden – Gestalten. Symposium zum Ausscheiden von Dieter Grimm aus dem Bundesverfassungsgericht, 2000, S. 129 (148 ff.); *R. Arnold*, Begriff und Entwicklung der Europäischen Verfassungsrechte, in: FS-Maurer, 2001, S. 855 (862 ff.); *S. van Bijsterveld*, Grundrechte in der EU: Über Ideale und Wertvorstellungen, in: Kästner, Karl-Hermann/Nörr,

– Grundrechte sind seit 1789 ein zentrales Element europäischer Verfaßtheit, das über die Gewährung von Schutzansprüchen gegen hoheitliche Eingriffe hinaus umfassend den Prozeß der Rechtserzeugung prägt (**Konstitutionalisierungsfunktion**)[36]. Sie sind heute in allen Mitgliedstaaten ein »Stück nationaler Identifikation«[37] und zudem vielfach Abbild der Erfahrungen bei der Überwindung autoritärer Herrschaftssysteme, die in manchen Mitgliedstaaten weniger als eine Generation zurückliegen. Nachdem die französische Revolution, insbesondere die Ideen von Volksherrschaft und Menschenrechten, in Europa Ausgangspunkt für die auf den Nationalstaat fokussierte kontinentaleuropäische Verfassungsentwicklung im 19. Jahrhundert waren[38], bilden nunmehr die europäischen Grundrechte eine wesentliche und notwendige Begleiterscheinung der Relativierung des Nationalstaates und der verfassungsrechtlichen Supranationalisierung (unten Rn. 27 ff.). Sie weisen die Union als rechtlich verfaßtes Gemeinwesen aus und bilden mit den in den Verfassungen der Mitgliedstaaten enthaltenen Grundrechten einen europäischen **Grundrechtsverbund**, der »die eigentliche Substanz des gemeinsamen europäischen Acquis auf dem Gebiet der Grundrechte« festschreibt[39].

– Angesichts der Zentrifugalwirkung einer fehlenden Grundrechtskodifikation auf der Gemeinschaftsebene hat Abs. 2 zudem **Integrationsfunktion**. Der Verweis auf den gemeineuropäischen Grundrechtsstandard in den Verfassungen der Mitgliedstaaten und der EMRK erleichtert die Durchsetzung des Vorrangs und der einheitlichen Anwendung des Gemeinschaftsrechts (unten Rn. 29 ff.), die gerade aus Sorge um den effektiven Grundrechtsschutz auf europäischer Ebene mitgliedstaatlichen Vorbehalten unterliegen (unten Rn. 87 ff.). Kehrseite der Integrationsfunktion sind die mitunter problematischen unitarisierenden Wirkungen der Grundrechte: Soweit sie nämlich Maßstab auch für mitgliedstaatliches Handeln sind, enthalten sie quasi ebenenübergreifende Vorgaben in Bereichen, die an sich den Mitgliedstaaten im Verhältnis zur Gemeinschaft kompetentiell zugeordnet sind. Sie treten damit zugleich in ein kompliziertes Konkurrenzverhältnis zu den nationalen Grundrechten (unten Rn. 56 ff., 84 ff.).

– In engem Kontext mit der Integrationsfunktion steht die rechtsstaatlich-demokratische **Legitimationsfunktion** von Abs. 2: Es ist ein »geradezu axiomatisches Postulat der Rechtsstaatlichkeit«[40], daß nur grundrechtlich gebundene Hoheitsgewalt auf die Gemeinschaft übertragen werden kann. Nachdem die Gemeinschaft in Teilbereichen in die Rolle der Nationalstaaten hineingewachsen ist, bedarf daher auch die Ausübung von supranationaler Hoheitsgewalt der Mäßigung durch individualschützende Grundrechte. Aus der Perspektive der Bürger sind die Grundrechte die wichtigste vertrauensbildende Maßnahme im Prozeß der Supranationalisierung. Die

---

Fortsetzung von Fußnote 35
Knut-Wolfgang/Schlaich, Klaus (Hrsg.): Festschrift für Martin Heckel zum siebzigsten Geburtstag, 2000, S. 707 (712 ff.); A. *von Bogdandy*, Grundrechtsgemeinschaft als Integrationsziel?, JZ 2001, S. 157 ff.; U. *Di Fabio*, Eine europäische Charta, JZ 2000, S. 737 ff.; I. *Pernice*, Eine Grundrechte-Charta für die Europäische Union, DVBl 2000, 847 (848 ff.); A. *Weber*, Die Europäische Grundrechtscharta – auf dem Weg zu einer europäischen Verfassung, NJW 2000, 537 (538).

36 *von Bogdandy* (Fn. 35), S. 169.
37 K. *Stern*, Idee der Menschenrechte und Positivität der Grundrechte, in: Isensee/Kirchhof, Handbuch des Staatsrechts Bd. V, 1992, § 108, Rn. 2.
38 Dazu W. *Frotscher*/B. *Pieroth*, Verfassungsgeschichte, 3. Aufl., 2002, Rn. 152 ff.
39 So, im Hinblick auf die Grundrechtscharta, die Mitteilung der Kommission. Zum Status der Grundrechtscharta der Europäischen Union, v. 11.10.2000, KOM (2000), 644 endg., S. 2.
40 M. A. *Dauses*, Der Schutz der Grundrechte in der Europäischen Gemeinschaft, JöR NF 1982, S. 1 (3); vgl. ferner C. *Starck*, Ein Grundrechtskatalog für die Europäischen Gemeinschaften, EuGRZ 1981, S. 545 (548).

Europäische Charta der Grundrechte verwirklicht dementsprechend zwei wesentliche Ziele: die »Sichtbarkeit für den Bürger und Rechtssicherheit in den Anwendungsbereichen des Unionsrechts«[41].

II. Allgemeine Lehren der Grundrechte

Eine systematische Darstellung der Grundrechte muß sich aufgrund fehlender, unmittelbar anwendbarer Grundrechtstexte vor allem an der Rechtsprechung des EuGH orientieren. Rechtsprechung ist allerdings einzelfallbezogen und kann sich übergreifender Leitlinien enthalten. Als weiteres Problem einer systematischen Erfassung der Gemeinschaftsgrundrechte kommt der auch im Grundrechtsbereich meist »lakonisch-apodiktische Entscheidungsstil[42]« des EuGH hinzu. Für die Vorhersehbarkeit zukünftiger Entscheidungen ist indes die Ausarbeitung übergreifender, vom Einzelfall gelöster Leitlinien von elementarer Bedeutung. Hier setzen die »allgemeinen Lehren« an: Sie enthalten die vor die Klammer gezogenen, nicht auf das einzelne Grundrecht und seine spezifischen Fragen beschränkte Beschreibung der gemeinsamen Grundlagen der Grundrechte. Allgemeine Lehren dienen dem Verständnis der einzelnen Grundrechte, sind eine Bestandsaufnahme ihrer dogmatischen Gemeinsamkeiten und damit eine wesentliche Voraussetzung für die Fortentwicklung einer Grundrechtsordnung.

19

1. Grundlagen und Grundfragen

a) Begründung und Entwicklung der Grundrechte

aa) Leitentscheidungen des EuGH
Obwohl sich bereits frühzeitig »Berührungsflächen der Gemeinschaftsgewalt mit elementaren Individualrechtspositionen«[43] zeigten, hat der EuGH gegenüber Akten der Gemeinschaft zunächst keinen Grundrechtsschutz gewährt[44]. Immerhin hat er aber bereits zu Beginn seiner Rechtsprechung in mehreren Fällen rechtsstaatliche Prinzipien als dem Gemeinschaftsrecht inhärente allgemeine Rechtsgrundsätze anerkannt (Rn. 6 ff.) und daraus auch grundrechtliche Verfahrensgarantien (unten Rn. 190 ff., 198 ff.) abgeleitet[45].

20

Erst das Bekenntnis in der Entscheidung Stauder aus dem Jahre 1969, daß die Grundrechte der Person zu den **allgemeinen Rechtsgrundsätzen der Gemeinschaftsrechtsordnung** gehören[46], wird freilich meist als Geburtsstunde der Grundrechtsjudikatur des EuGH angesehen. Bemerkenswert ist, daß der EuGH eine solchermaßen grundlegende, die gesamte nachfolgende Rechtsprechung prägende Aussage am Ende der Entscheidung als obiter dictum versteckt und ihre normative Ableitung auch nicht weiter belegt.

21

---

41 Mitteilung der Kommission. Zum Status der Grundrechtscharta der Europäischen Union, v. 11.10.2000, KOM (2000), 644 endg., S. 2.
42 *H. P. Ipsen*, Die Bundesrepublik Deutschland in den Europäischen Gemeinschaften, in: Isensee/Kirchhof, Handbuch des Staatsrechts Bd. VII, 1992, § 181, Rn. 69; vgl. näher *O. Due*, Pourquoi cette solution?, FS-Everling, 1995, S. 237 ff.
43 *Dauses* (Fn. 40), S. 3.
44 Vgl. EuGH, Rs. 1/58, Slg. 1958/59, 43, 63 f. (Stork/Hohe Behörde der Europäischen Gemeinschaft für Kohle und Stahl); Verb. Rs. 36/59, 37/58, 38/59 u. 40/59, Slg. 1960, 885, 920 f. (Ruhrkohlen-Verkaufsgesellschaft u. a./Hohe Behörde der Europäischen Gemeinschaft für Kohle und Stahl).
45 Überblick über die frühe Rechtsprechung bei *R. Streinz*, Bundesverfassungsgerichtlicher Grundrechtsschutz und Europäisches Gemeinschaftsrecht, 1989, S. 47 ff.
46 EuGH, Rs. 29/69, Slg. 1969, 419, Rn. 7 (Stauder/Ulm).

Art. 6 EU-Vertrag

22 Im Jahre 1970 begründete der EuGH die Geltung der Grundrechte in der Entscheidung Internationale Handelsgesellschaft etwas ausführlicher mit dem Bedürfnis nach einheitlicher Anwendung des Gemeinschaftsrechts und bezog sich dabei erstmals auf die **gemeinsamen Verfassungsüberlieferungen der Mitgliedstaaten**[47]. In der Entscheidung Nold aus dem Jahre 1974 bezog er darüber hinaus auch die **internationalen Verträge über den Schutz der Menschenrechte** in die grundrechtliche Substanz des Gemeinschaftsrechts ein[48].

23 Nicht zuletzt beeinflußt durch die von der italienische Corte Costituzionale und dem BVerfG geäußerten Kritik am unzureichenden gemeinschaftsrechtlichen Grundrechtsstandard[49] (dazu unten Rn. 87 f.) hat der EuGH diese Rechtsprechung mittlerweile präzisiert und einen **beachtlichen Grundrechtskatalog** entwickelt (unten Rn. 93 ff.), der auch die Ausarbeitung der Grundrechtecharta (Rn. 26a ff.) maßgeblich geprägt hat.

bb) Erklärungen der politischen Organe

24 Die Grundrechtsjudikatur des EuGH wurde von Anfang an auch von den anderen Gemeinschaftsorganen durch Deklarationen zu den Grundrechten (sog. **soft law**) unterstützt[50]. Es ist ein gemeinsames Anliegen dieser Erklärungen, den Grundrechtsschutz in der Gemeinschaft zu fördern und die Grundrechtsjudikatur des EuGH zu legitimieren.

25 So knüpft die **Gemeinsame Erklärung von Parlament, Rat und Kommission** vom 5.4.1977 an die Rechtsprechung des EuGH an und bestätigt auch für die anderen Organe »die vorrangige Bedeutung, die sie der Achtung der Grundrechte beimessen, wie sie insbesondere aus den Verfassungen der Mitgliedstaaten sowie aus der Europäischen Konvention zum Schutz der Menschenrechte hervorgehen«[51].

26 Neben dem Rat[52] hat in der Folgezeit insbesondere das Parlament des öfteren Erklärungen zu den Grundrechten abgegeben. Die **Erklärung über Grundrechte und Grundfreiheiten** vom 12.4.1989 enthält einen Grundrechtskatalog, in dem sich neben den klassischen Freiheitsrechten auch soziale Grundrechte befinden[53]. Auch der vom Institutionellen Ausschuß des Parlaments erarbeitete, vom Parlament selbst aber nicht verabschiedete **Entwurf einer Verfassung der Europäischen Union** vom 14.2.1994 enthält in Titel VIII einen Grundrechtskatalog, der im Vergleich zu früheren Erklärungen durch sein Kürze und Prägnanz positiv hervorsticht[54].

---

47 EuGH, Rs. 11/70, Slg. 1970, 1125, Rn. 4 (Internationale Handelsgesellschaft/Einfuhr- und Vorratsstelle Getreide).
48 EuGH, Rs. 4/73, Slg. 1974, 491, Rn. 13 (Nold/Kommission).
49 Corte Costituzionale, wiedergegeben in EuR 1974, S. 255 ff. sowie BVerfGE 37, 271 ff.
50 Übersicht über die verschiedenen Organerklärungen bei E. *Chwolik-Lanfermann*, Grundrechtsschutz in der Europäischen Union, 1994, S. 84 ff.
51 ABl.EG 1977 Nr. C 103, S. 1; auch wiedergegeben in EuGRZ 1977, S. 157. Zu ihrer Bedeutung vgl. auch P. *Pescatore*, Bestand und Bedeutung der Grundrechte im Recht der Europäischen Gemeinschaften, EuR 1979, S. 1 (8); *H.-W. Rengeling*, Grundrechtsschutz in der Europäischen Gemeinschaft, 1993, S. 183. Auch BVerfGE 73, 339 (378) nimmt auf diese Erklärung Bezug.
52 Übersicht über die Erklärungen des Rates bei B. *Beutler*, in: GTE, EU-/EGV, Art. F, Rn. 37; *Chwolik-Lanfermann* (Fn. 50), S. 86 f.
53 Abl. 1989 Nr. C 120, S. 51 ff.; wiedergegeben in EuGRZ 1989, S. 205 ff.; vgl. dazu etwa B. *Beutler*, Die Erklärung des Europäischen Parlaments über Grundrechte und Grundfreiheiten vom 12. April 1989, EuGRZ 1989, S. 185 ff.
54 Dok. EP 203.601/endg.2/Anl., S. 17 ff.; Wiedergabe etwa in BR-Drs. 182/94 v. 3.3.1994.

cc) Die Charta der Grundrechte der Europäischen Union

Die auf dem Gipfel von Nizza feierlich proklamierte Charta der Grundrechte der Europäischen Union (Anhang, S. 2587) bedeutet einen qualitativen Sprung in der Geschichte der europäische Grundrechte; dies noch nicht einmal so sehr wegen ihrer – im Detail durchaus kritikwürdigen – Inhalte als vielmehr aufgrund der Art und Weise ihres Zustandekommens.

26 a

Auf seiner Tagung am 3. und 4. Juni 1999 in Köln beschloß der Europäische Rat, ein Gremium mit dem Auftrag einzusetzen, einen Entwurf für eine Charta der Grundrechte der Europäischen Union zu erarbeiten, »um die überragende Bedeutung der Grundrechte und ihre Tragweite für die Unionsbürger sichtbar zu machen«[55]. Die inhaltlichen Vorgaben wurden in verfahrensrechtlicher Hinsicht ergänzt auf der Tagung des Europäischen Rates in Tampere vom 16. 10. 1999[56], in dem die Einsetzung eines als **Konvent** bezeichneten Gremiums beschlossen wurde, dessen Zusammensetzung und Arbeitsweise sich in mehrfacher Hinsicht positiv von den überkommenen Regierungskonferenzen abhebt. Zwei Aspekte sind besonders hervorzuheben: die 2/3-Majorität von Parlamentariern und das gemeinsame Zusammenwirken mitgliedstaatlicher und europäischer Stellen in einem Gremium. Durch die Zusammensetzung des Konventes – 46 von 62 Mitgliedern des unter dem Vorsitz von Roman Herzog tagenden Konventes waren Parlamentarier (16 Mitglieder des Europäischen Parlaments und 30 aus den nationalen Parlamenten, hinzu kamen 15 Beauftragte der nationalen Regierungen und ein Vertreter der Kommission) – ist es gelungen, **die europäische Verfassungsdebatte von der Regierungsebene in die primär zuständigen Parlamente zu verlagern**. In die Arbeit des Konventes wurden neben dem Bürgerbeauftragten, Vertretern des Wirtschafts- und Sozialausschusses, des Ausschusses der Regionen sowie der Beitrittskandidaten auch maßgebliche Akteure der Bürgergesellschaft einbezogen[57]. Öffentlichkeit und Transparenz des Entscheidungsprozesses wurden dadurch gestärkt, daß die Beratungen des Konventes öffentlich stattfanden und alle vorbereitenden Arbeiten über das Internet einer prinzipiell unbegrenzten Öffentlichkeit zugänglich gemacht wurden, die zudem zu einer aktiven Mitarbeit aufgefordert wurde. Hinzu kommt, als Novum gegenüber den bisherigen Grundrechtserklärungen, daß die Grundrechtecharta das gemeinsame Produkt europäischer und mitgliedstaatlicher Organe und Institutionen ist. Die Zusammensetzung des Konventes spiegelt die zunehmende Verzahnung von europäischem und mitgliedstaatlichem Verfassungsrecht im europäischen Verfassungsverbund (Art. 1, Rn. 25) wider. Sie war wesentliche Voraussetzung für das ehrgeizige Ziel, den Entwurf so auszuarbeiten, **als ob er in die Verträge eingefügt werden müsse**[58]. In nur 9 Monaten zwischen Dezember 1999 und September 2000 gelang es, einen von allen Beteiligten gebilligten Entwurf zur Welt zu bringen, der auf der Tagung des Europäischen Rates am 7. Dezember 2000 in Nizza als Charta der Grundrechte der Europäischen Union[59] feierlich proklamiert wurde.

26 b

---

55 Beschluß des Europäischen Rates vom 4. Juni 1999, wiedergegeben etwa in EuGRZ 1999, S. 364 f.
56 Wiedergabe in EuGRZ 1999, S. 615.
57 S. *Baer*, Grundrechtecharta ante portas, ZRP 2000, S. 361 (363); kritisch zu den tatsächlichen Einflußmöglichkeiten der Akteure der Zivilgesellschaft *G. Häfner/C. Strawe/R. Zuegg*, In der Auseinandersetzung um eine Charta der Grundrechte der Europäischen Union, ZRP 2000, S. 365 (365): »mehr eine Pflichtübung als der Einstieg in die notwendige breite öffentliche Debatte«.
58 Mitteilung der Kommission. Zum Status der Grundrechtscharta der Europäischen Union, v. 11.10.2000, KOM (2000), 644 endg., S. 4.
59 ABl.EG 2000 Nr. C 364/1. Ein symbolisches »Sahnehäubchen« wäre die Verabschiedung der Charta am 10.12.2000, dem internationalen Tag der Menschenrechte, gewesen, zumal die Staats- und Regierungschefs an diesem Tage in Nizza noch getagt haben.

Art. 6 EU-Vertrag

26 c Die 54 Artikel umfassende Charta der Grundrechte der Europäischen Union gliedert sich in sieben Kapitel (unten Rn. 93 ff.). Eine einleitende Präambel benennt die »unteilbaren und universellen Grundsätze«, auf denen die Union gründet: Menschenwürde, Freiheit, Gleichheit, Solidarität, Demokratie und Rechtsstaatlichkeit. Das erste Kapitel (»Würde des Menschen«) enthält in den Art. 1–5 GRCh neben dem Menschenwürdegrundsatz Rechte auf Leben und körperliche Unversehrtheit sowie, in den Art. 3 Abs. 2 und Art. 4, 5 GRCh einzelne Ausprägungen dieser Rechte. Die Kapitel 2–4 sind eng angelehnt an die Losungsworte der Französischen Revolution: Das mit »Freiheiten« überschriebene zweite Kapitel (Art 6–19 GRCh) enthält zahlreiche klassische Freiheitsrechte; das dritte Kapitel (Art. 20–26 GRCh) handelt von der »Gleichheit« und das – besonders umstrittene – vierte Kapitel (Art. 27–38 GRCh) von der »Solidarität«, hinter der sich eine illustre Schar nicht nur sozialer Rechte verbirgt. Das fünfte Kapitel (Art. 39–46 GRCh) enthält »Bürgerrechte«, die insbesondere an die Art. 17–21 EGV anknüpfen, und im sechsten Kapitel (Art. 47–50 GRCh) finden sich »justizielle Rechte«. Abgerundet wird die Charta im siebten Kapitel (Art. 51-54 GRCh) durch »Allgemeine Bestimmungen«, die wesentliche Aussagen zu den allgemeinen Lehren der Grundrechte (oben Rn. 19) treffen. Das Präsidium des Konventes hat zu dem endgültigen Text-Entwurf »in eigener Verantwortung« **Erläuterungen** formuliert, die keine Rechtsverbindlichkeit haben, aber Hinweise zum Verständnis der Bestimmungen geben sollen[60]. Sie können im Rahmen der genetischen Auslegung der Grundrechte der Charta herangezogen werden.

b) Dogmatische Rahmenbedingungen

27 Die prätorische Entwicklung der Grundrechte ist die Konsequenz aus zwei grundlegenden Strukturentscheidungen, die ebenso wie die Grundrechte selbst auf den EuGH zurückgehen: die unmittelbare Geltung des Gemeinschaftsrechts und sein Vorrang gegenüber dem nationalen Recht.

aa) Die unmittelbare Geltung des Gemeinschaftsrechts

28 Unmittelbare Geltung des Gemeinschaftsrechts bedeutet, daß dieses ohne weiteren Vollzugsakt durch die Mitgliedstaaten in die nationale Rechtssphäre hineinwirkt und unmittelbar Rechte und Pflichten für die Bürger der Mitgliedstaaten begründet (Einzelheiten Art. 249 EGV Rn. 73 ff.). Die **unmittelbare Betroffenheit des Einzelnen von einer zwischenstaatlichen Vereinbarung** bedeutet einen erheblichen qualitativen Sprung gegenüber sonstigen völkerrechtlichen Verträgen, die ohne ausdrückliche gegenteilige Anerkennung des Signatarstaates allein die Vertragsstaaten als Berechtigte und Verpflichtete kennen[61]. Die ursprüngliche Einstufung der Gründungsverträge als herkömmliche zwischenstaatliche Verträge war auch ein entscheidender Grund für den Verzicht auf einen Grundrechtskatalog. Nachdem aber der EuGH das Gemeinschaftsrecht mit der neuen Dimension der unmittelbaren Geltung versehen hatte, die europäische Rechtsetzung und der gemeinschaftseigene Vollzug daher unmittelbar Rechtspositionen des Einzelnen betrafen, entstand ein Bedürfnis nach grundrechtlicher Legitimation dieser supranationalen Hoheitsgewalt[62].

---

[60] Erläuterungen zum Entwurf einer Charta der Grundrechte der Europäischen Union v. 11.10.2000, Charte 4473/00, Convent 49, wiedergegeben und im folgenden zitiert nach EuGRZ 2000, S. 559 ff.
[61] Vgl. *I. Seidl-Hohenveldern/T. Stein*, Völkerrecht, 10. Aufl. 2000, Rn. 927 ff.
[62] Vgl. auch *A. Bleckmann/S. U. Pieper*, in: Hb.EGWirtR, B. I., Rn. 74; *F. Emmert*, Europarecht, 1996, S. 293 ff.

bb) Der Vorrang des Gemeinschaftsrechts

Die unmittelbaren Auswirkungen des Gemeinschaftsrechts auf die Rechtsstellung des 29
Einzelnen sind zwar Anlaß, ihm Grundrechtsschutz gegenüber solchen Maßnahmen zu gewähren. Damit ist aber noch nicht gesagt, auf welcher Ebene dieser anzusiedeln ist. In den Anfangsjahren der Gemeinschaft wurde etwa oft vertreten, daß nationale Grundrechte Maßstab für Maßnahmen der Gemeinschaft seien[63].

Dem ist der EuGH schon frühzeitig entgegengetreten: »Die einheitliche Geltung des Ge- 30
meinschaftsrechts würde beeinträchtigt, wenn bei der Entscheidung über die Gültigkeit von Handlungen der Gemeinschaftsorgane Normen oder Grundsätze des nationalen Rechts herangezogen würden. Die Gültigkeit solcher Handlungen kann nur nach dem Gemeinschaftsrecht beurteilt werden, denn dem vom Vertrag geschaffenen, somit aus einer autonomen Rechtsquelle fließenden Recht können wegen seiner Eigenständigkeit keine wie immer gearteten innerstaatlichen Rechtsvorschriften vorgehen, wenn ihm nicht sein Charakter als Gemeinschaftsrecht aberkannt oder wenn nicht die Rechtsgrundlage der Gemeinschaft selbst in Frage gestellt werden soll. Daher kann es die Gültigkeit einer Gemeinschaftshandlung oder deren Geltung in einem Mitgliedstaat nicht berühren, wenn geltend gemacht wird, die Grundrechte in der ihnen von der Verfassung dieses Staates gegebenen Gestalt oder die Strukturprinzipien der nationalen Verfassung seien verletzt«[64].

Der damit auch für den Bereich der Grundrechte postulierte und jedenfalls im Grund- 31
satz auch allgemein anerkannte Vorrang des Gemeinschaftsrechts (dazu Art. 220 EGV, Rn. 22) sichert die einheitliche Anwendung des Gemeinschaftsrechts in allen Mitgliedstaaten[65], machte aber einen eigenständigen Grundrechtsschutz auf der Gemeinschaftsebene unausweichlich. Auf diese Weise sind die Grundrechte zum **integralen Bestandteil des primären Gemeinschaftsrechts**[66] geworden, das im Rang über sekundärem Gemeinschaftsrecht und grundsätzlich auch über nationalem Recht steht. Trotz der Eigenständigkeit des gemeinschaftsrechtlichen Grundrechtskatalogs stehen nationaler und kommunitärer Grundrechtsschutz allerdings nicht isoliert nebeneinander[67], sondern sind sowohl bei Maßnahmen der Gemeinschaft (unten Rn. 84 ff.) als auch der Mitgliedstaaten (unten Rn. 56 ff.) in zum Teil komplizierter Weise miteinander verschränkt.

c) Kompetenz des EuGH

Der EuGH hat seine Zuständigkeit zur Entwicklung und Wahrung der Grundrechte bis- 32
lang nicht normativ begründet. Art. 46 lit. d) enthält zwar eine ausdrückliche Verpflichtung des EuGH zur Wahrung des Grundrechtsschutzes, deren Umsetzung aber eine ihm andernorts im EGV oder EUV (»sofern«) zugewiesene Kompetenz voraussetzt[68]. Daher

---

63 BVerfGE 37, 271 (279 ff.). Übersicht über diese auch in der älteren Literatur oft vertretene Ansicht bei *I. Pernice*, Grundrechtsgehalte im Europäischen Gemeinschaftsrecht, 1979, S. 212 ff.
64 EuGH, Rs. 11/70, Slg. 1970, 1125, Rn. 3 (Internationale Handelsgesellschaft/Einfuhr- und Vorratsstelle Getreide); vgl. bereits EuGH, Rs. 1/58, Slg. 1958/59, 43, 63 f. (Stork/Hohe Behörde der Europäischen Gemeinschaft für Kohle und Stahl); EuGH, Verb. Rs. 36/59, 37/58, 38/59 u. 40/59, Slg. 1960, 885, 920 f. (Ruhrkohlen-Verkaufsgesellschaft u. a./Hohe Behörde der Europäischen Gemeinschaft für Kohle und Stahl), ohne daraus allerdings die Konsequenz zu ziehen, einen gemeinschaftsrechtlichen Grundrechtsschutz anzuerkennen.
65 Deutlich: EuGH, Rs. 44/79, Slg. 1979, 3727, Rn. 14 (Liselotte Hauer/Land Rheinland-Pfalz).
66 *B. Beutler*, in: GTE, EU-/EGV, Art. F, Rn. 73; *S. Gerstner/S. Goebel*, Grundrechtsschutz in Europa, Jura 1993, S. 626 (628); *R. Streinz*, Europarecht, Rn. 354.
67 *I. Pernice*, Gemeinschaftsverfassung und Grundrechtsschutz – Grundlagen, Bestand und Perspektiven, NJW 1990, S. 2409 (2412).
68 *O. Dörr/U. Mager*, Rechtswahrung und Rechtsschutz nach Amsterdam, AöR 125 (2000), S. 387 (423); *H. H. Herrnfeld*, in: Schwarze, EU, Art. 46, Rn. 15.

ist wie folgt zu differenzieren: Im Anwendungsbereich des **Gemeinschaftsrechts** folgt die Kompetenz des EuGH weiterhin aus der ihm in Art. 220 EGV eingeräumten Zuständigkeit zur »Wahrung des Rechts bei der Anwendung dieser Verträge«[69]. Gleiches gilt für Maßnahmen der Mitgliedstaaten, die Gemeinschaftsrecht umsetzen oder vollziehen, denn die materielle Bindung folgt insoweit allein aus der Notwendigkeit der Wahrung der ebenfalls auf Art. 220 EGV basierenden Grundsätze vom Vorrang und der einheitlichen Anwendung des Gemeinschaftsrechts (Rn. 29 ff., 56 ff.). Im Anwendungsbereich des **Unionsrechts** ergeben sich die Kompetenzen des EuGH allein aus Art. 46 lit. a)–c); für die dort nicht genannten Materien, insbesondere den Bereich der GASP, besteht daher weder für die nach dem EUV handelnden Organe noch für die Mitgliedstaaten eine Zuständigkeit des EuGH (Einzelheiten: Art. 46, Rn. 7 ff.). Ungeachtet der auch insoweit bestehenden materiellen Grundrechtsbindung (unten Rn. 33, 55) ist dieser daher nicht befugt, Maßnahmen in den nicht Art. 46 unterfallenden Bereichen auf ihre Vereinbarkeit mit den Grundrechten hin zu überprüfen.

d) Rechts(erkenntnis-)quellen

33 Von der formellen Kompetenzzuweisung zu unterscheiden sind die materiellen Maßstäbe bei der Entwicklung, Konkretisierung und Präzisierung der Grundrechte[70]: Insoweit schreibt Abs. 2 die Bindung der Gemeinschafts- und der Unionsorgane umfassend, d. h. über die formelle Kompetenzzuweisung an den EuGH hinausgehend (oben Rn. 32), fest. Methodisch ist dabei zwischen Rechtsquellen und Rechtserkenntnisquellen zu differenzieren[71]: **Rechtsquelle**[72] für die Grundrechte ist nunmehr allein Abs. 2. Insoweit erübrigt sich der Rückgriff auf die ungeschriebenen »allgemeinen Rechtsgrundsätze«, die der EuGH bislang auch materiell zur Begründung der Bindung der Gemeinschaft an die Grundrechte heranzieht[73]. Der außerhalb des Gemeinschaftsrechts bislang kaum verwendete Begriff der **Rechtserkenntnisquelle**[74] meint hingegen die für die Hermeneutik maßgebenden normativen Vorgaben, die allerdings möglicherweise in den Kanon der klassischen Auslegungsmethoden integriert werden können, die aber jedenfalls nicht abschließend wirken in dem Sinne, daß die Auslegung anhand der klassischen Methoden ausgeschlossen wäre. Die Auslegung des Begriffes der Grundrechte in Abs. 2 wird also durch die dort genannten Rechtserkenntnisquellen normativ und autoritativ, aber nicht exklusiv gesteuert. Art und Umfang des Einflusses der Rechtserkenntnisquellen auf die Auslegung von Art. 6 Abs. 2 sind umstritten und methodisch noch nicht aufgearbeitet:

---

69 *H. H. Herrnfeld*, in: Schwarze, EU, Art. 46, Rn. 15; *M. Hilf*, in: Grabitz/Hilf, Art. F, Rn. 43; *U. Wölker*, Grundrechtsschutz durch den Gerichtshof der Europäischen Gemeinschaften und nationale Gerichte nach Amsterdam, EuR Beih. 1/99, S. 97 (109).
70 *K. M. Meessen*, Zur Theorie allgemeiner Rechtsgrundsätze des internationalen Rechts: Der Nachweis allgemeiner Rechtsgrundsätze des Europäischen Gemeinschaftsrechts, JIR 1975, S. 283 (287 ff.).
71 So im Grundsatz auch *Rengeling* (Fn. 51), S. 182, 184; *R. Streinz*, Europarecht, Rn. 361; *W. Weiß*, Die Verteidigungsrechte im EG-Kartellverfahren, 1996, S. 27.
72 Zum Begriff der Rechtsquelle vgl. *K.-F. Röhl*, Allgemeine Rechtslehre, 1994, S. 537 ff.; vgl. ferner *R. Stadler*, Die Berufsfreiheit in der Europäischen Gemeinschaft, 1980, S. 143 ff.
73 In jüngerer Zeit erwähnen EuGH und EuG Art. 6 Abs. 2 immerhin zunehmend neben den klassischen Rechtserkenntnisquellen, vgl. EuGH, Rs. 415/93, Slg. 1995, 4921, Rn. 79 (Bosman); Rs. C-7/98, Slg. 2000, I-1935, Rn. 27 (Krombach); Rs. C-274/99 P, 6. 3. 2001, n.n.i.Slg., Rn. 38 (Connolly/Kommission), insoweit nicht wiedergegeben in DVBl. 2001, S. 716 ff. sowie EuG, Rs. T-83/96, Slg. 1998, II-545, Rn. 46 (Van der Wal/Kommission).
74 Sachlich abweichende Verwendung des Begriffs bei *F. Müller*, Juristische Methodik, 6. Aufl. 1995, S. 228 und *F. Ossenbühl*, Gesetz und Recht, in: Isensee/Kirchhof, Handbuch des Staatsrechts Bd. III, 1988, § 61, Rn. 3.

aa) Rechtsprechung des EuGH und des EuG

Nachdem der EuGH in seiner ersten Grundrechtsentscheidung zunächst überhaupt keine Rechtserkenntnisquelle erwähnt hatte, zog er in der Entscheidung Internationale Handelsgesellschaft die **gemeinsamen Verfassungsüberlieferungen der Mitgliedstaaten** zur materiellen Stützung der Grundrechtsprüfung heran[75]. Diese erste Wurzel der Grundrechte, die in besonderer Weise die gegenseitige Verschränkung von nationalem und kommunitären Grundrechtsschutz betont, ist bis heute fester Bestandteil der Rechtsprechung[76] und spielt vor allem dann eine Rolle, wenn die EMRK ein bestimmtes Grundrecht – etwa die Berufsfreiheit (unten Rn. 129 f.) – nicht enthält[77]. Der EuGH vermeidet es freilich strikt, einzelne nationale Grundrechte als Maßstab[78] zu zitieren. Auch finden sich in den Urteilen praktisch keine rechtsvergleichenden Hinweise; der EuGH begnügt sich meist damit, festzustellen, daß ein Grundrecht fester Bestandteil der gemeinsamen Verfassungsüberlieferungen der Mitgliedstaaten ist[79].

34

In der Rechtssache Nold etablierte der EuGH dann eine zweite Erkenntnisquelle: die von den Mitgliedstaaten abgeschlossenen internationalen Verträge über den Schutz der Menschenrechte[80]. Zentrale Bedeutung hat insoweit **die Europäische Konvention zum Schutze der Menschenrechte und Grundfreiheiten (EMRK)**[81], während andere internationale Verträge, etwa der Internationale Pakt über wirtschaftliche, soziale und kulturelle Rechte vom 19.12.1966, in der Rechtsprechung nur ganz vereinzelt und als pauschaler Verweis auftauchen[82]. Mit Blick auf die EMRK betont der EuGH, daß »die leitenden Grundsätze« dieser Konvention im Rahmen des Gemeinschaftsrechts zu berücksichtigen« sind[83] und »in der Gemeinschaft keine Maßnahmen als Rechtens anerkannt werden können, die mit der Bedeutung der so anerkannten und gewährleisteten Menschenrechte unvereinbar sind«[84]. Anders als bei den nationalen Grundrechten integriert er mitunter einzelne Normen der EMRK in den Grundrechtsaufbau, etwa als Aufhänger bei der Rechtfertigungsprüfung[85] und stützt seine Ergebnisse auch auf Entscheidungen

35

---

75 EuGH, Rs. 11/70, Slg. 1970, 1125, Rn. 4 (Internationale Handelsgesellschaft/Einfuhr- und Vorratsstelle Getreide).
76 Vgl. etwa EuGH, Gutachten 2/94, Slg. 1996, I-1759, Rn. 33.
77 Z. B. EuGH, Rs. 44/79, Slg. 1979, 3727, Rn. 17 (Liselotte Hauer/Land Rheinland-Pfalz).
78 Nationale Grundrechte werden allein bisweilen im Rahmen der Darstellung des Vorbringens der Verfahrensbeteiligten erwähnt; vgl. etwa EuGH, Rs. 44/79, Slg. 1979, 3727, Rn. 4 (Liselotte Hauer/Land Rheinland-Pfalz).
79 Ansätze immerhin in einigen Schlußanträgen der Generalanwälte (vorbildlich etwa GA *J. Mischo*, Schlußantrag zu EuGH, Verb. Rs. 46/87 u. 227/88, Slg. 1989, 2859 (2884 ff.) [Hoechst/Kommission]) sowie in EuGH, Rs. 44/79, Slg. 1979, 3727, Rn. 20 (Liselotte Hauer/Land Rheinland-Pfalz).
80 EuGH, Rs. 4/73, Slg. 1974, 491, Rn. 13 (Nold/Kommission).
81 Betonung der besonderen Bedeutung etwa in EuGH, Verb. Rs. 97–99/87, Slg. 1989, 3165, Rn. 14 ff. (Dow Chemical Ibérica u. a./Kommission); Rs. C-260/89, Slg. 1991, I-2925, Rn. 41 (ERT); Gutachten 2/94, Slg. 1996, I-1759, Rn. 33; Rs. C-299/95, Slg. 1997, I-2629, Rn. 14 (Kremzow); Rs. C-309/96, Slg. 1997, I-7493, Rn. 12 (Annibaldi).
82 EuGH, Rs. 374/87, Slg. 1989, 3283, Rn. 31 (Orkem/Kommission); vgl. auch *J. Günter*, Berufsfreiheit und Eigentum in der Europäischen Union, 1998, S. 11 f.
83 EuGH, Rs. 222/84, Slg. 1986, 1651, Rn. 18 (Johnston/Chief Constable of the Royal Ulster Constabulary).
84 EuGH, Rs. 5/88, Slg. 1989, 2609, Rn. 17 (Wachauf/Bundesanstalt für Ernährung und Forstwirtschaft); Rs. C-260/89, Slg. 1991, I-2925, Rn. 41 (ERT); Rs. C-299/95, Slg. 1997, 2629, Rn. 15 (Kremzow); Rs. C-309/96, Slg. 1997, I-7493, Rn. 12 (Annibaldi).
85 EuGH, Rs. 44/79, Slg. 1979, 3727, Rn. 19 (Liselotte Hauer/Land Rheinland-Pfalz); Rs. C-219/91, Slg. 1992, I-5485, Rn. 38 (Ter Voort); Verb. Rs. C-74/95 u. C-129/95, Slg. 1996, I-6609, Rn. 25 (X); Rs. C-368/95, Slg. 1997, I-3689, Rn. 26 (Familiapress); vgl. auch *M. Hilf*, Europäische Union und Europäische Menschenrechtskonvention, in: FS-Bernhardt, 1995, S. 1193 (1199).

Art. 6 EU-Vertrag

des EuGMR[86]. In seinem ablehnenden **Gutachten zum Beitritt der Gemeinschaft zur EMRK** hat der EuGH allerdings klargestellt, daß diese enge Anlehnung an die EMRK nicht im Sinne einer unmittelbaren Bindung an die EMRK verstanden werden darf: Die Übernahme sämtlicher Bestimmungen der Konvention in die Gemeinschaftsrechtsordnung würde eine Änderung des »Systems des Schutzes der Menschenrechte in der Gemeinschaft« mit sich bringen, die »grundlegende institutionelle Auswirkungen sowohl auf die Gemeinschaft als auch auf die Mitgliedstaaten hätte« und daher einer Vertragsänderung bedürfe[87]. Der EuGH betrachtet die EMRK also weiterhin allein als Rechtserkenntnisquelle, nicht als Rechtsquelle.

35 a Zum Status der **Charta der Grundrechte der Europäischen Union** im Kanon der Rechtserkenntnisquellen der Grundrechte liegt bislang noch keine Judikatur vor. In einer ersten, kurz nach der Proklamation der Charta ergangenen Entscheidung wandte das EuG diese ratione temporis nicht an[88]. Ungeachtet der Frage ihres zeitlichen Geltungsbereichs wird die Charta allerdings von den Generalanwälten bereits regelmäßig in grundrechtlichen Zusammenhängen erwähnt. In einem Schlußantrag betont etwa GA *Tizzano*, daß die Charta zwar nicht rechtsverbindlich sei, aber eine Reihe von bedeutenden Rechten enthalte, die zur europäischen Verfassungstradition gehören, und daher nicht »ignoriert« werden dürfe[89]. Auch andere Generalanwälte ziehen die Charta jeweils ergänzend zur Begründung ihres Standpunktes heran[90]. Da Abs. 2 keinen Verweis auf die Charta enthält, ist allerdings nicht zu erwarten, daß der EuGH die Charta als selbständige Rechtserkenntnisquelle behandeln wird[91], sondern sie als Ausdruck der in Abs. 2 genannten gemeinsamen Verfassungsüberlieferungen der Mitgliedstaaten in seine Rechtsprechung einfließen lassen wird (vgl. noch unten Rn. 40 b). Die Kommission geht sogar davon aus, daß der EuGH die Charta als Teil der allgemeinen Grundsätze des Gemein-

---

86 EuGH, Verb. Rs. C-74/95 u. C-129/95, Slg. 1996, I-6609, Rn. 25 (X); Rs. C-368/95, Slg. 1997, I-3689, Rn. 26 (Familiapress); vgl. auch die Bezugnahme in EuGH, Rs. C-13/94, Slg. 1996, I-2143, Rn. 16 (P./S.).
87 EuGH, Gutachten 2/94, Slg. 1996, I-1759, Rn. 35; vgl. auch EuGH, Rs. C-249/96, Slg. 1998, I-621, Rn. 45 (Grant).
88 EuG, Rs. T-112/98, 20.2.2001, n.n.i.Slg., Rn. 76 (Mannesmannröhren-Werke AG/Kommission).
89 GA A. *Tizzano*, Schlußantr., Rs. C.173/99, 8.2.2001, n.n.i.Slg. Rn. 26 ff. (BECTU/Secretary of State for Trade and Industry): »a substantive point of reference for all those involved – Member States, institutions, natural and legal persons – in the Community context« (a.a.O. Rn. 28). Auch GA *Léger* wendet sich dagegen, die Charta als eine »folgenlose Aufzählung von moralischen Prinzipien« zu begreifen, Schlußantr., Rs. C-353/99, 10.7.2001, n.n.i.Slg. sub IV. (Rat/Hautala).
90 GA S. *Alber*, Schlußantr., Rs. C-340/99, 1.2.2001, n.n.i.Slg. Rn. 94 (TNT Traco SpA/Poste Italiane SpA); GA *J. Mischo*, Schlußantr., Verb. Rs. C-122/99 P und C-125/99 P, 22.2.2001, n.n.i.Slg. Rn. 97 (Schweden/Rat); GA *H. Jacobs*, Schlußantr., Rs. C-270/99, 22.3.2001, n.n.i.Slg. Rn. 41 (Z/Parlament); GA *C. Stix-Hackl*, Schlußantr., Rs. C-49/00, 31.5.2001, n.n.i.Slg. Rn. 57 mit Fn. 11 (Kommission/Italien) sowie im Schlußantr. Rs. C-131/00, 12.7.2001, n.n.i.Slg., Rn. 18 mit Fn. 9 (Nilsson Länsstyrelsen i Norbottens län); GA *M. F. G. Jacobs*, Schlußantr., Rs. C-377/98, 14.6.2001, n.n.i.Slg. Rn. 197, 210 (Niederlande/Parlament u. Rat);GA *M. L. A. Geelhoed*, Schlußantr., Rs. C-413/99, 5.7.2001, n.n.i.Slg. Rn. 59, 110 (Baumbast u. R/Secretary for the Home Department) sowie im Schlußantr. Rs. C-313/99, 12.7.2001, n.n.i.Slg., Rn. 28 (Mulligan u. a./Minister of agriculture and food Ireland).
91 C. *Calliess*, Die Charta der Grundrechte der Europäischen Union – Fragen der Konzeption, Kompetenz und Verbindlichkeit, EuZW 2001, 261 (267); C. *Grabenwarter*, Die Charta der Grundrechte für die Europäische Union, DVBl 2001, 1 (11); J. *Schwarze*, Der Grundrechtsschutz für Unternehmen in der Europäischen Grundrechtecharta, EuZW 2001, 517 (517 f.).

schaftsrechts (Art. 220 EGV Rn. 32 ff.) auslegen wird und diese dadurch rechtsverbindlich werde[92] (zur Kritik unten Rn. 40 a).

Abs. 2 benennt somit die beiden Rechtserkenntnisquellen, die die Rechtsprechung des 36 EuGH schon immer maßgeblich geprägt haben und auch nach der Proklamation der Grundrechtecharta weiterhin prägen werden. Eine gewisse Ausnahmestellung nimmt allein der allgemeine Gleichheitssatz ein, dessen Geltung im Gemeinschaftsrecht der EuGH nicht über die EMRK und die gemeinsamen Verfassungsüberlieferungen begründet. Vielmehr taucht er meist im Zusammenhang mit den **besonderen Diskriminierungsverboten des Primärrechts** auf[93], wobei methodisch unklar ist, ob die primärrechtlichen Vorschriften im Wege der Analogie oder aber als Rechtserkenntnisquellen herangezogen werden.

bb) Schrifttum
Im Schrifttum wurde, mitunter allerdings vor der Einfügung von Art. F Abs. 2 a.F. durch 37 den Vertrag von Maastricht, vielfach die Ansicht vertreten, daß über die vom EuGH verwendeten Rechtserkenntnisquellen hinaus auch die Grundsätze des geschriebenen Gemeinschaftsrechts und/oder des »soft law« (oben Rn. 24) als Rechtserkenntnisquellen anzusehen seien[94]. Insbesondere in neueren Veröffentlichungen wird allerdings für eine Beschränkung auf die in Abs. 2 genannten Rechtserkenntnisquellen plädiert[95]. Daher hat nach allgemeiner Meinung auch die in Abs. 2 nicht erwähnte Charta der Grundrechte der Europäischen Union zwar nicht den Status einer Rechtserkenntnisquelle; es wird aber davon ausgegangen, dass der EuGH sie in Zukunft gleichwohl zur Stützung und Verfeinerung seiner Rechtsprechung heranziehen wird[96].

Über die **Bedeutung der beiden in Abs. 2 genannten Rechtserkenntnisquellen und ihr** 38 **Verhältnis untereinander** herrscht keine Einigkeit. So gibt es Stimmen, die die EMRK in den Vordergrund rücken[97] und, nunmehr auch vor dem Hintergrund der neuen Recht-

---

92 Mitteilung der Kommission. Zum Status der Grundrechtscharta der Europäischen Union, v. 11.10.2000, KOM (2000), 644 endg., S. 6.
93 Vgl. etwa EuGH, Verb. Rs. 117/76 u. 16/77, Slg. 1977, 1753, Rn. 7 (Ruckdeschel/ Hauptzollamt Hamburg-St. Annen); Verb. Rs. C-267-285/88, Slg. 1990, 435, Rn. 13 (Wuidart u. a.); Rs. C-280/93, Slg. 1994, I-4973, Rn. 89 (Deutschland/Rat).
94 Von drei Erkenntnisquellen (einschließlich des »soft law«, wozu man nunmehr konsequenterweise auch die Grundrechtecharta rechnen müßte) gehen aus: *Chwolik-Lanfermann* (Fn. 50), S. 54; *H. Gersdorf*, Funktionen der Gemeinschaftsgrundrechte im Lichte des Solange II-Beschlusses des Bundesverfassungsgerichts, AöR 119 (1994), S. 400 (401); *P. M. Huber*, Recht der Europäischen Integration, 1996, § 6, Rn. 26 f.; *I. Wetter*, Die Grundrechtscharta des Europäischen Gerichtshofes, 1998, S. 56 ff.; für drei Rechtserkenntnisquellen einschließlich des Primärrechts: *A. Bleckmann/S. U. Pieper*, in: Hb.EGWirtR, B. I., Rn. 82. Vier Erkenntnisquellen nennen *M. Ahlt*, Europarecht, 2. Aufl. 1996, S. 33; *Pernice* (Fn. 67), S. 2413 ff. und wohl auch *D. Feger*, Die Normsetzung auf dem Gebiet der Grundrechte in den Europäischen Gemeinschaften – Der EuGH als Rechtsetzungsorgan, DöV 1987, S. 322 (326 ff.); wiederum anders *Weiß* (Fn. 71), S. 23 ff., der neben dem geschriebenen Gemeinschaftsrecht noch die »allgemeinen Grundsätze der Gerechtigkeit, der Rechtslogik und den Begriff der Rechtsordnung« nennt.
95 *B. Beutler*, in: GTE, EU-/EGV, Art. F, Rn. 65 ff.; *Günter* (Fn. 82), S. 6 ff.; *J. Hengstschläger*, Grundrechtsschutz kraft EU-Rechts, JBl. 2000, 409 (415 ff.); *Kingreen/Störmer* (Fn. 8), S. 273; *O. Müller-Michaels*, Grundrechtlicher Eigentumsschutz in der Europäischen Union, 1997, S. 25 ff.; a. A. *C. Grabenwarter*, Europäisches und nationales Verfassungsrecht, VVDStRL 60 (2001), S. 303 (327 f.).
96 *Calliess* (Fn. 91), S. 267; *Grabenwarter* (Fn. 91), S. 11; *P. J. Tettinger*, Die Charta der Grundrechte der Europäischen Union, NJW 2001, 1010 (1015): »argumentativer Steinbruch für die Weiterentwicklung einer stärker grundrechtlich imprägnierten Rechtsprechung«.
97 *Grabenwarter* (Fn. 95), S. 326 ff.; *Hengstschläger* (Fn. 95), S. 415 ff.

sprechung des EuGMR (unten Rn. 91), sogar eine unmittelbare[98] oder zumindest eine faktische[99] Bindung der Gemeinschaft an die EMRK postulieren. Es wird allerdings vereinzelt auch die Auffassung vertreten, daß die nationalen Verfassungsüberlieferungen von größerer Bedeutung seien, »da hier die Mitgliedstaaten über die innerstaatlichen Grundrechtsverbürgungen Einfluß auf die Fortentwicklung der Grundrechte nehmen«[100]. Andere gehen schließlich von einer Gleichrangigkeit beider Quellen aus[101].

39 Die überwiegende Meinung qualifiziert die Vorgehensweise des EuGH als **wertende Rechtsvergleichung**[102]. Allgemeiner Rechtsgrundsatz ist danach »nicht, was die Mehrheit der Rechtsordnungen übereinstimmend anordnet«, sondern vielmehr, »was sich bei einer kritischen Analyse der Lösungen, die sich nach einer rechtsvergleichenden Umschau ergeben, als die beste Lösung darstellt«[103]. Es wird allerdings oft die fehlende Methodentransparenz des EuGH kritisiert[104] und auch darauf hingewiesen, daß wertende Rechtsvergleichung eine erhebliche richterliche Gestaltungsfreiheit beinhalte, weil es bei der Suche nach der »besten« Lösung keine festen Maßstäbe gebe[105].

cc) **Stellungnahme**

(1) **Zwei Rechtserkenntnisquellen**

40 Aus der eindeutigen und abschließenden Normierung in Abs. 2 folgt, daß die Auslegung der Grundrechte durch **zwei Rechtserkenntnisquellen** gesteuert wird: die **EMRK** und die **gemeinsamen Verfassungsüberlieferungen der Mitgliedstaaten**. Zwar erweckt der EuGH gerade in seiner Rechtsprechung zum allgemeinen Gleichheitssatz den Eindruck, daß dessen Grundrechtsqualität unmittelbar aus den besonderen Gleichheitssätzen des Primärrechts ableitbar ist (oben Rn. 36). Dagegen und gegen diesen Ansatz überhaupt spricht aber, daß die Grundrechte gerade die Lücke schließen sollen, die durch das kodifizierte Gemeinschaftsrecht nicht ausgefüllt werden kann. Enthält dieses selbst den Maßstab, erübrigt sich die Rechtfortbildung durch Entwicklung allgemeiner Rechtsgrundsätze. Auch besteht die Gefahr, daß der begrenzte Anwendungsbereich primär-

---

98 A. *Bleckmann*, Die Bindung der Europäischen Gemeinschaft an die EMRK, 1986, passim; D. *Kugelmann*, Grundrechte in Europa, 1997, S. 51; P. *Pescatore*, La Cour de Justice des Comunautés européennes et la Convention européenne des droits del'homme, in: FS-Wiarda, 1988, S. 441 (442 f.); H. *Schermers*, The European Communities bound by fundamental human rights, CMLRev. 27 (1990), S. 249 (251); zur Diskussion über den Beitritt der Gemeinschaft zur EMRK unten Rn. 206 ff.
99 J. *Kühling*, Grundrechtskontrolle durch den EuGH: Kommunikationsfreiheit und Pluralismussicherung im Gemeinschaftsrecht, EuGRZ 1997, S. 296 (297); S. *Winkler*, Der Europäische Gerichtshof für Menschenrechte, das Europäische Parlament und der Schutz der Konventionsgrundrechte im Europäischen Gemeinschaftsrecht, EuGRZ 2001, S. 18 (23 ff., 27)
100 *Gerstner/Goebel* (Fn. 66), S. 629.
101 C. *Calliess*, Rechtsstaat und Umweltstaat, 2001, S. 288; G. *Ress/J. Ukrow*, Neue Aspekte des Grundrechtsschutzes in der Europäischen Gemeinschaft, EuZW 1990, S. 499 (501); H.-W. *Rengeling*, Eine Europäische Charta der Grundrechte, FS-Rauschning, 2001, S. 225 (232); *Weiß* (Fn. 71), S. 40.
102 B. *Beutler*, in: GTE, EU-/EGV, Art. F, Rn. 66; A. *Bleckmann*, Die wertende Rechtsvergleichung bei der Entwicklung europäischer Grundrechte, in: FS-Börner, 1992, S. 29 ff.; M. *Heintzen*, Gemeineuropäisches Verfassungsrecht in der Europäischen Union, EuR 1997, S. 1 (9); E. *Klein*, in: HK-EUV, Art. F, Rn. 8; *Meessen* (Fn. 70), S. 301 ff.; *Schilling* (Fn. 30), S. 7 f.; grundlegend bereits K. *Zweigert*, Der Einfluß des Europäischen Gemeinschaftsrechts auf die Rechtsordnungen der Mitgliedstaaten, RabelsZ 28 (1964), S. 601 (610 f.). Kritisch aber H. *Lecheler*, Der Europäische Gerichtshof und die allgemeinen Rechtsgrundsätze, 1971, S. 189 ff.; *Weiß* (Fn. 71), S. 62.
103 *Zweigert* (Fn. 102), S. 611.
104 Vgl. insbes. *Streinz* (Fn. 45), S. 384 ff. m.w.N.
105 *Meessen* (Fn. 70), S. 302; I. *Pernice*, in: Grabitz/Hilf, EU, Art. 164, Rn. 58.

rechtlicher Vorschriften, insbesondere der Grundfreiheiten, dadurch umgangen wird, daß aus ihnen weiterreichende, alles mitgliedstaatliche und kommunitäre Handeln bindende Vorgaben abgeleitet werden[106]. Darüber hinaus begegnet auch die Berufung auf das »soft law« Bedenken, da die Organerklärungen nur die Rechtsfortbildung des EuGH im nachhinein legitimieren, nicht aber konstitutiv neue Grundlagen für die Rechtserkenntnis erschließen wollen.

Auch die – nicht in Abs. 2 aufgenommene – **Charta der Grundrechte der Europäischen Union** ist demnach **keine neue, selbständige Rechtserkenntnisquelle** für die Grundrechte. Abzulehnen ist insbesondere der Standpunkt der Kommission, die Charta als Teil der vom EuGH anzuerkennenden allgemeinen Grundsätze des Gemeinschaftsrechts rechtsverbindlich zu machen (oben Rn. 35 a). Das würde nicht nur dem erklärten politischen Willen des Konventes und des Europäischen Rates von Nizza widersprechen, sondern wäre auch methodisch problematisch. Denn der Rekurs auf die allgemeinen Grundsätze kann zwar Lücken im geschriebenen Gemeinschaftsrecht füllen, aber nicht an dessen Stelle treten, kann also auch nicht den in Abs. 2 abschließend festgeschriebenen Kanon der Rechtserkenntnisquellen beliebig erweitern. 40 a

Auch wenn sie nicht Rechtserkenntnisquelle im Sinne von Abs. 2 ist, besteht nicht die Gefahr, daß die Charta »als feierliche Erklärung verwelk[t]«[107] und ohne Einfluß auf die Weiterentwicklung des europäischen Grundrechtsschutzes bleibt. Sie ist nicht eine von vielen europäischen Grundrechtserklärungen, sondern insbesondere dank des die Konventsberatungen prägenden »Als-ob«-Ansatzes (oben Rn. 26 b) der erste wirklich erfolgsversprechende Schritt zu einer Kodifizierung von Grundrechten in einer europäischen Verfassung. Schon dank der Zusammensetzung des Konventes – etwa 2/3 der Mitglieder waren von Organen der Mitgliedstaaten (Parlamente, Regierungen) entsandt – ist die Grundrechtecharta vor allem ein Werk der Mitgliedstaaten. Sie faßt den in den letzten 200 Jahren in den Mitgliedstaaten gewachsenen grundrechtlichen Acquis zusammen und formuliert vor dem Hintergrund veränderter sozialer und technologischer Bedingungen zudem neue, moderne Grundrechte (etwa in Art. 3 Abs. 2 GRCh). Gegenüber den in Abs. 2 genannten Rechtserkenntnisquellen zeichnet sie sich dadurch aus, daß sie auf die Struktur der Gemeinschaft, insbesondere auf die schwierige Frage des Wirkens von Grundrechten in einem Mehrebenensystem, zugeschnitten ist. So konnten insbesondere in die Allgemeinen Bestimmungen die Spezifika des Gemeinschaftsrechts (unten Rn. 43) einfließen. Die Charta hat somit qualitativ das Potential, sich zu einem verbindlichen europäischen Grundrechtskatalog fortzuentwickeln: Sie lehnt sich vielfach eng an die EMRK an, führt aber zugleich die Verfassungstraditionen der Mitgliedstaaten unter Berücksichtigung der Besonderheiten des Gemeinschaftsrechts zusammen und wertet damit zugleich die zweite Rechtserkenntnisquelle der Grundrechte, die bislang im Schatten der EMRK stand, deutlich auf. Sie kann daher schon jetzt als das auf die **Strukturen des Gemeinschaftsrechts zugeschnittene Konzentrat der Verfassungsüberlieferungen der Mitgliedstaaten** (Abs. 2) begriffen werden, das – wenn auch behutsam und in differenzierter Form (unten Rn. 42 f.) – in die Rechtsprechung des EuGH einfließen kann. 40 b

---

106 Es ist daher konsequent, daß EuGH, Rs. 44/79, Slg. 1979, 3727, Rn. 32 (Liselotte Hauer/Land Rheinland-Pfalz) das Grundrecht der Berufsfreiheit nicht aus der in Art. 39 EGV gewährleisteten Arbeitnehmerfreizügigkeit, sondern aus den Verfassungsordnungen der Mitgliedstaaten ableitet.
107 Das befürchtet *Pernice* (Fn. 35), S. 858.

Art. 6 EU-Vertrag

(2) Art und Umfang der materiellen Rezeption der Rechtserkenntnisquellen

41 Entscheidend ist, ob und inwieweit man die **Rechtserkenntnisquellen** bei der Entwicklung allgemeiner Lehren, aber auch bei der Erschließung der Einzelgrundrechte **materiell rezipiert**. Leider bleibt dem externen Betrachter der Weg des EuGH zwischen der Rechterkenntnisquelle und der Rechtsquelle meist verborgen[108]. Der Rechtsprechungsinterpret bekommt das fertige Produkt vorgesetzt, erfährt aber fast nichts über dessen Entstehungsprozeß. Der EuGH nennt nämlich zwar durchweg eine oder beide Rechtserkenntnisquellen, widmet sich aber nach der Feststellung, daß diese ein relevantes Grundrecht kennen, unmittelbar dem konkreten Sachverhalt[109].

42 Trotz der über die Verfassungsüberlieferungen der Mitgliedstaaten in die Rechtsprechung einfließenden Grundrechtecharta sollte die **EMRK** ihre **prägende Rolle bei der Konturierung der Grundrechte** behalten, solange die Grundrechtecharta nicht rechtsverbindlicher Bestandteil der Verträge wird. Die EMRK ist der einzige, nach Abs. 2 für die Hermeneutik maßgebliche Grundrechtstext, in dem alle Mitgliedstaaten »verbindlich erklärt haben, was für sie gemeinsam als Grundrecht gilt«[110] und der die Mitgliedstaaten einer für alle zuständigen Gerichtsbarkeit, dem EuGMR, unterwirft. Die durch die EMRK gesetzten Standards bleiben auch ausweislich der Grundrechtecharta (Art. 52 Abs. 3, 53 GRCh) zentraler Maßstab für den gemeinschaftsrechtlichen Grundrechtsschutz. Viele Grundrechtsgewährleistungen der Charta lehnen sich eng an die Konventionsgrundrechte an[111]. Diese herausgehobene Herausstellung erlaubt es, in freilich differenzierter Form, in die **Ausarbeitung der allgemeinen Grundrechtslehren und der Einzelgrundrechte auch Erkenntnisse aus der Literatur und Rechtsprechung zur EMRK einzubeziehen**[112]. Die Grundrechtecharta kann in diesem Rahmen **ergänzend als Ausdruck der Verfassungsüberlieferungen der Mitgliedstaaten** herangezogen werden und dort, wo es auf die Besonderheiten des – von der EMRK nicht berücksichtigten – Gemeinschaftsrechts ankommt, auch eine entscheidungserhebliche Rolle spielen.

43 Im einzelnen prägt die EMRK insbesondere die **Konturierung der sachlichen Schutzbereiche der Grundrechte** (Rn. 65 f.); auch darüber hinaus sollte der EuGH – schon zur Vermeidung von Konflikten (unten Rn. 91 f.) – seinen Entscheidungen weiterhin die etablierte und ausdifferenzierte Rechtsprechung des EuGMR zugrunde legen. Die Grundrechtecharta stellt dies nicht in Frage, sondern postuliert im Gegenteil eine Orientierung an dem in der EMRK enthaltenen Mindeststandard (Art. 52 Abs. 3, 53 GRCh). Soweit die **EMRK** allerdings ein **Grundrecht nicht enthält** (wie etwa die Berufsfreiheit)[113] oder

---

108 Die möglicherweise erheblichen internen Vorarbeiten des Gerichtshofs, auf die bereits *H. Kutscher*, Diskussionsbeitrag, in: Mosler/Bernhardt/Hilf (Hrsg.), Grundrechtsschutz in Europa, 1977, S. 89, verweist, nützen insoweit wenig; treffend: *Pernice* (Fn. 50), S. 32 mit Anm. 55: »Arkanjurisprudenz«, bei der Transparenz, Rationalität der Entscheidung und damit Rechtssicherheit nicht gewährleistet sei; krit. etwa auch *Streinz* (Fn. 45), S. 425 ff.; *C. Tomuschat*, Aller guten Dinge sind III?, EuR 1990, S. 340 (356 f.).
109 EuGH, Rs. 44/79, Slg. 1979, 3727, Rn. 20 (Liselotte Hauer/Land Rheinland-Pfalz) bezieht sich bei der Ableitung des Eigentumsgrundrechts aus den Verfassungsüberlieferungen der Mitgliedstaaten zwar ausnahmsweise auf die Grundrechte dreier nationaler Verfassungen, hatte allerdings im vorhergehenden Satz noch gefordert, daß die Verfassungsnormen und die Verfassungspraxis *aller* damals neun Mitgliedstaaten zu berücksichtigen seien.
110 *Pernice* (Fn. 67), S. 2414. Bereits EuGH, Rs. 36/75, Slg. 1975, 1219, Rn. 32 (Rutili/Minister des Innern) konnte unmittelbar nach der Ratifizierung der Konvention durch Frankreich auf die Bedeutung der nunmehr von allen Mitgliedstaaten ratifizierten Konvention hinweisen, vgl. *Pescatore* (Fn. 98), S. 442 f.
111 *Grabenwarter* (Fn. 95), S. 338 ff.
112 *G. C. Rodríguez Iglesias*, Zur Stellung der Europäischen Menschenrechtskonvention im Europäischen Gemeinschaftsrecht, FS-Bernhardt, 1995, S. 1269 ff.
113 Oder Rechte nur in Zusatzprotokollen enthält, die von einem Teil der Mitgliedstaaten nicht ratifiziert wurden, wie das Recht ne bis in idem; vgl. zum Problem *Grabenwarter* (Fn. 95), S. 328 f.

keine spezifisch auf das Wirken der Grundrechte im Mehrebenensystem zugeschnittenen Vorgaben macht, müssen die **Verfassungsüberlieferungen der Mitgliedstaaten** und als deren Ausprägung auch die Grundrechtecharta aktiviert werden. Wichtige, vielfach die bisherige Dogmatik des EuGH kodifizierende Aussagen enthält die Charta vor allem im Bereich der **allgemeinen Lehren**, etwa die der EMRK weitgehend fremde, der Sache nach aber auch in den meisten mitgliedstaatlichen Verfassungen angelegte Differenzierung zwischen Menschen- und (Unions-)Bürgerrechten bei der Grundrechtsberechtigung (unten Rn. 52) oder die auf Umsetzungs- und Vollzugsakte beschränkte Adressatenstellung der Mitgliedstaaten nach Art. 51 Abs. 1 GRCh (unten Rn. 56 ff.), die sich so in der EMRK natürlich nicht findet. Ferner enthält Art. 51 Abs. 2 GRCh eine besondere Regelung zu den Grenzen der Zuständigkeit der Gemeinschaft, die sich etwa auf die dogmatische Funktion der Grundrechte als Schutzgewährrechte (unten Rn. 46 ff.) auswirken kann. Schließlich ist auch die Schrankenbestimmung des Art. 52 Abs. 1 GRCh aufgrund des Verweises auf die »von der Union anerkannten dem Gemeinwohl dienenden Zielsetzungen« (die etwa durch die gemeinsamen Marktordnungen verwirklicht werden[114]) spezifisch auf die Prüfung von Gemeinschaftsrecht zugeschnitten. Der besondere gemeinschaftsrechtliche Kontext kann daher in Einzelfällen durchaus auch zu abweichenden Einzelergebnissen bei der Auslegung der Konventionsgrundrechte einerseits und der Gemeinschaftsgrundrechte andererseits führen[115]. Zu beachten ist allerdings, daß die **Grundrechtecharta**, weil selbst keine Rechtserkenntnisquelle, der **steten Rückkoppelung an die Verfassungsüberlieferungen der Mitgliedstaaten** bedarf. Besondere Behutsamkeit ist also geboten, wenn und soweit die Charta Traditionen aufnimmt, die sich nur in manchen Mitgliedstaaten nachweisen lassen, insbesondere bei der Frage der sozialen Grundrechte (unten Rn. 183 ff.).

2. Grundrechtsfunktionen

Der Begriff »Funktionen« beschreibt die rechtlichen Wirkungen der Grundrechte im 44
Verhältnis des Einzelnen zur öffentlichen Gewalt[116]:

a) Abwehrrechte
Grundrechte, zumal die Freiheitsrechte[117], sind in erster Linie auf Unterlassung gerich- 45
tete »Abwehrrechte des Bürgers gegen den Staat«[118]. Eine dieser grundsätzlichen Aussage des BVerfG entsprechende Passage findet sich zwar in der Rechtsprechung des

---

114 Vgl. nur beispielhaft EuGH, Rs. 113/88, Slg. 1989, 1991, Rn. 82 (Leukhardt/Hauptzollamt Reutlingen); Rs. C-280/93, Slg. 1994, I-4973, Rn. 82 (Deutschland/Rat); Rs. C-306/93, Slg. 1994, I-5555, Rn. 82 (SMW Winzersekt).
115 Vgl. etwa EuGH, Rs. C-17/98, Slg. 2000, I-665, Rn. 8 ff. für die Frage des rechtlichen Gehörs nach dem Schlußantrag des Generalanwaltes (unten Rn. 200).
116 Grundlegend ist insoweit die Status-Lehre von *G. Jellinek*, System der subjektiven öffentlichen Rechte, 2. Aufl. 1905, S. 83 ff., 158 ff. Die dort entwickelte Unterscheidung zwischen dem status negativus und dem status positivus als zweier verschiedener Beziehungen des Individuums zum Staat berücksichtigt, daß Freiheitsgefährdungen nicht nur durch staatliche Ingerenzen, sondern auch durch das Vorenthalten von Leistungen entstehen können. – Zur Kategorie der »Funktion« in der Grundrechtsdogmatik vgl. etwa *K. Stern*, Idee und Elemente eines Systems der Grundrechte, in: Isensee/Kirchhof, Handbuch des Staatsrechts Bd. V, 1992, § 109, Rn. 22 ff.
117 Beim allgemeinen Gleichheitssatz paßt der Begriff Abwehrfunktion nur dann, wenn man ihn im Sinne einer Abwehr von Ungleichbehandlungen verwendet (so etwa *M. Sachs*, Zur dogmatischen Struktur der Gleichheitsrechte als Abwehrrechte, DöV 1984, S. 411 [412 f.]). Insbesondere wegen der von den Freiheitsrechten abweichenden Struktur der Gleichheitsrechte (unten Rn. 64 mit Fn. 175) wird aber auch von der »Nichtdiskriminierungsfunktion« gesprochen (*H. D. Jarass*, Bausteine einer umfassenden Grundrechtsdogmatik, AöR 120 [1995], S. 346 [348 f.])
118 BVerfGE 7, 198 (204).

EuGH nicht. Fast alle Judikate des EuGH betreffen aber Eingriffe der Gemeinschaftsorgane in die individuelle Freiheitssphäre, und so ist auch im Schrifttum die Abwehrfunktion der Grundrechte durchweg anerkannt[119]. In der abwehrrechtlichen Dimension sind sie Widerpart gegenüber der eingreifenden Hoheitsgewalt. Sie bilden einen Schutzraum um das Individuum, in dem die prinzipiell unbegrenzte Freiheitsgewährleistung einer grundsätzlich begrenzten, rechtfertigungsbedürftigen hoheitlichen Befugnis zu Eingriffen gegenübersteht[120].

b) Weitere Grundrechtsfunktionen

46 Außer als negatorische Abwehrrechte wirken die (Freiheits-)Grundrechte auch – zunächst in einem weiteren Sinne – als **Leistungsrechte**[121]. Diese unterteilen sich in Schutzgewährrechte (Rn. 47 ff.), Teilhaberechte (Rn. 49) und – als die eigentlichen Leistungsrechte im engeren Sinne[122] – originäre, soziale Leistungsrechte (Rn. 50, 183 ff.). Ungeachtet bedeutender dogmatischer Unterschiede (Rn. 185, 187) ist ihnen zunächst gemein, daß der verpflichtete Hoheitsträger anders als bei der Abwehrfunktion nicht als Widersacher, sondern als Garant der Grundrechte fungiert, also nicht zum Unterlassen von Eingriffen, sondern zu **positivem Handeln** verpflichtet wird. Die Existenz einer Handlungspflicht stellt die Leistungsrechte in einen **engen Zusammenhang mit der Kompetenzverteilung**: Während die Gemeinschaftsgrundrechte als Abwehrrechte lediglich die Folge der zunehmenden Kompetenzübertragung von den Mitgliedstaaten auf die Gemeinschaft sind[123], sind sie als Leistungsrechte auf die Zuständigkeit des Grundrechtsadressaten zur Erfüllung der Handlungspflicht verwiesen. In der Literatur wird daher die Befürchtung geäußert, die Grundrechte könnten bei einem nicht nur abwehrrechtlichen Verständnis neue Kompetenzen gleichsam »ansaugen«[124]. Doch wird damit der Unterschied zwischen Bindung und Kompetenz verwischt[125]: Grundrechte können zwar, als Abwehrrechte, die Ausübung von Kompetenzen begrenzen, diese aber nicht, wie auch Art. 51 Abs. 2 GRCh klarstellt, begründen; sie setzen sie vielmehr voraus (**Grundsatz der Parallelität von Kompetenzen und Grundrechtsschutz**[126]). Als Leistungsrechte laufen die Grundrechte daher leer, wenn sie – was insbesondere bei den sozialen Rechten problematisch ist – an Stellen adressiert sind, denen die Zuständigkeit fehlt, die grundrechtlich geforderte Leistung auch tatsächlich zu erbringen. Und soweit sie Handlungspflichten der Mitgliedstaaten auslösen, stellen die Gemeinschaftsgrundrechte nicht die Kompetenz selbst in Frage, sondern beeinflussen lediglich deren Ausübung. Das Problem, daß dabei durch engmaschige Vorgaben des EuGH die Zuständigkeit der Mitgliedstaaten faktisch in Frage gestellt werden könnte, läßt sich durch eine

---

119 B. *Beutler*, in: GTE, EU-/EGV, Art. F, Rn. 88; *J. Cirkel*, Die Bindungen der Mitgliedstaaten an die Gemeinschaftsgrundrechte, 1999, S. 40 ff.; *Gersdorf* (Fn. 94), S. 402; *G. Hirsch*, Gemeinschaftsgrundrechte als Gestaltungsaufgabe, in: Kreuzer/ Scheuing/Sieber (Hrsg.), Europäischer Grundrechtsschutz, 1998, S. 9 (14); *Rengeling* (Fn. 51), S. 203; *M. Ruffert*, Subjektive Rechte im Umweltrecht der Europäischen Gemeinschaft, 1996, S. 51 ff.; *S. Storr*, Zur Bonität des Grundrechtsschutzes in der Europäischen Union, Der Staat 36 (1997), S. 547 (558).
120 Sog. Verteilungsprinzip: vgl. *E.-W. Böckenförde*, Grundrechtstheorie und Grundrechtsinterpretation, NJW 1974, S. 1529 (1537); *B. Schlink*, Freiheit durch Eingriffsabwehr – Rekonstruktion der klassischen Grundrechtsfunktion, EuGRZ 1984, S. 457 (467); *R. Wahl/ J. Masing*, Schutz durch Eingriff, JZ 1990, S. 553 (563).
121 Grundlegend: *R. Alexy*, Theorie der Grundrechte, 2. Aufl. 1994, S. 395 ff.
122 Zur Unterscheidung und Kategorisierung *Alexy* (Fn. 121), S. 454 ff.
123 Vgl. *T. Kingreen*, Die Gemeinschaftsgrundrechte, JuS 2000, S. 857 (857 f.).
124 Vgl. *G. Hirsch*, Kein Staat, aber eine Verfassung, NJW 2000, S. 46 (47); *C. Koenig*, EU-Grundrechtscharta – ein neuer supranationaler Kompetenztitel?, EuZW 2000, S. 417; *J. F. Lindner*, EG-Grundrechtscharta und gemeinschaftsrechtlicher Kompetenzvorbehalt, DÖV 2000, S. 543 (547 ff.); *R. Scholz*, Zur Europäischen Grundrechtscharta, in FS-Maurer, 2001, S. 993 (998 ff.).
125 *Rengeling* (Fn. 101), S. 245 f.
126 *Pernice* (Fn. 35), S. 852.

sachgerechte Begrenzung der Grundrechtsverpflichtung der Mitgliedstaaten lösen (unten Rn. 56 ff., insbes. Rn. 62).

aa) Schutzgewährrechte
Für die Freiheitsrechte gelten die **Schutzpflichten** als wichtigste Ausprägung der leistungsrechtlichen Dimension der Grundrechte[127]. Als solche verpflichten die Grundrechte den Staat, aktiv für den Bestand des geschützten Gutes einzutreten. Aufgrund der Einschätzungsprärogative der zuständigen Staatsorgane bewirken sie, anders als in der abwehrrechtlichen Dimension, allerdings nur eine Art »Wesentlichkeitsschutz«[128], weisen also eine geringere Aktualisierungsdichte als das Abwehrrecht auf. Läßt sich aber ausnahmsweise aus einem Grundrecht eine konkrete Schutzpflicht ableiten, so hat der Einzelne auch einen Anspruch auf Schutz. Man sollte daher von **Schutzgewährrechten** sprechen[129].

47

In der Judikatur des EuGH finden sich einige Entscheidungen, die von der Literatur der Kategorie der Schutzpflicht zugeordnet werden. Sie beziehen sich allerdings durchweg auf **mitgliedstaatliche Maßnahmen**. Der EuGH erkennt etwa an, daß die »Aufrechterhaltung eines pluralen Rundfunkwesens« und der »Medienvielfalt« »in einem Zusammenhang mit der durch Art. 10 der Konvention zum Schutze der Menschenrechte und Grundfreiheiten garantierten Meinungsfreiheit« stehe und daher ein entgegenstehendes Allgemeininteresse (unten Rn. 123, ferner Art. 28 EGV, Rn. 20) darstelle, das Beeinträchtigungen der Grundfreiheiten rechtfertigen könne[130]. Dies wird in der Literatur dahingehend interpretiert, daß die Maßnahmen zur Realisierung von Vielfalt im Medienbereich Folge und Ausdruck einer grundrechtlichen Schutzpflicht seien[131]. Diese Ansicht kann sich auch auf eine gefestigte Rechtsprechung des EuGMR berufen, der in mehreren Entscheidungen die Existenz grundrechtlicher Schutzpflichten anerkannt hat[132]. Gleichwohl ist fraglich, ob die einschlägigen Entscheidungen des EuGH zu Art. 10 EMRK tatsächlich in die Kategorie der grundrechtlichen Schutzpflicht eingeordnet werden können. Der EuGH prüft nämlich jeweils nicht, ob eine Schutzpflicht bestand, sondern nur, ob der Mitgliedstaat **schützend tätig geworden ist**. Er hat Art. 10 EMRK mithin nur zur Konkretisierung der – ungeschriebenen – Allgemeininteressen, die eine Beeinträchtigung der Grundfreiheiten rechtfertigen, herangezogen (Grundrechte als Anknüpfungspunkt für vertragslegitime Zwecke[133]), nicht aber im Sinne einer grundrechtlichen Schutz-

47 a

---

127 Vgl. beispielsweise *J. Hager*, Grundrechte im Privatrecht, JZ 1994, S. 373 (378 ff.); *G. Hermes*, Grundrechtsschutz durch Privatrecht auf neuer Grundlage?, NJW 1990, S. 1764 ff.; *Jarass* (Fn. 117), S. 352 f.; *G. Lübbe-Wolff*, Die Grundrechte als Eingriffsabwehrrechte, 1988, S. 159 ff.; *Pieroth/Schlink* (Fn. 15), Rn. 90; ausführlich und die gemeinschaftsrechtliche Dimension einbeziehend *Calliess* (Fn. 101), S. 262 ff., 437 ff.
128 *H. D. Jarass*, Grundrechte als Wertentscheidungen bzw. objektiv-rechtliche Prinzipien in der Rechtsprechung des Bundesverfassungsgerichts, AöR 110 (1985), S. 363 (395).
129 *Pieroth/Schlink* (Fn. 15), Rn. 88 ff.
130 EuGH, Rs. C-288/89, Slg. 1991, I-4007, Rn. 23 (Collectieve Antennevoorziening Gouda); Rs. C-368/95, Slg. 1997, 3689, Rn. 25 f. (Familiapress); vgl. ferner EuGH, Rs. C-2/92, Slg. 1994, I-955, Rn. 20 (Bostock). Im Bereich der Grundfreiheiten hat der EuGH mittlerweile aus Art. 28 i.V.m. Art. 10 EGV eine mitgliedstaatliche Schutzpflicht abgeleitet (näher: Art. 28 EGV, Rn. 47 ff.).
131 *H. Gersdorf* (Fn. 94), S. 411 ff.; *J. Kokott*, Der Grundrechtsschutz im europäischen Gemeinschaftsrecht, AöR 121 (1996), S. 598 (611); *D. Schindler*, Die Kollision von Grundfreiheiten und Gemeinschaftsgrundrechten, 2001, S. 152 ff.; *H. Schulze-Fielitz*, in: Dreier, GG, Bd. I, Art. 5 I, II, Rn. 12.
132 Dazu *L. Jaeckel*, Schutzpflichten im deutschen und europäischen Recht, 2001, S. 124 ff.; vgl. auch unten Rn. 63.
133 Dazu näher *T. Kingreen*, Die Struktur der Grundfreiheiten des Europäischen Gemeinschaftsrechts, 1999, S. 159 ff.

pflicht, die als solche allein ohnehin nicht als Eingriffstitel taugen dürfte[134]. Selbst wenn aber die die Grundfreiheiten einschränkenden Maßnahmen jeweils grundrechtlich gefordert gewesen sein sollten, könnte die zugrundeliegende Schutzpflicht nicht aus dem Gemeinschaftsrecht, sondern allenfalls aus der mitgliedstaatlichen Grundrechtsordnung abgeleitet werden, weil im Bereich der Schranken-Schranken der Grundfreiheiten nach hier vertretener Ansicht schon keine Bindung der Mitgliedstaaten an die Gemeinschaftsgrundrechte besteht (näher unten Rn. 61 ff.).

48 **Schutzpflichten der Gemeinschaft** hat der EuGH aus den Gemeinschaftsgrundrechten bislang noch nicht abgeleitet. Das hängt vor allem damit zusammen, daß die »klassischen« Gegenstände einer Schutzpflicht (z. B. Leben, körperliche Unversehrtheit) meist in die Kompetenz der Mitgliedstaaten fallen[135] und daher auch die Feststellung einer Verletzung durch die Gemeinschaft nicht möglich ist.

bb) Teilhaberechte

49 Wie das Schutzgewährrecht ist auch das (**derivative**) **Teilhaberecht** auf positives staatliches Handeln gerichtet, und zwar auf gleichberechtigte Beteiligung an bestehenden hoheitlichen Leistungssystemen. Teilhabe setzt das Vorhandensein eines sozialen Substrats voraus, ist auf »Integration in einen sozialen Zusammenhang«[136] gerichtet. **Teilhaberechte sind Gleichheitsrechte**[137], sie folgen aus dem Vergleich eines in ein soziales System einbezogenen Sachverhalts mit einem außerhalb des Systems stehenden. Dementsprechend hat der EuGH in einigen Fällen, in denen es um eine ungleiche Vorenthaltung einer Begünstigung ging, den allgemeinen Gleichheitssatz der Sache nach als Teilhaberecht angewendet. So wurde es etwa als Verstoß gegen den Gleichheitssatz angesehen, daß im Rahmen einer gemeinsamen Marktordnung für Getreide Produktionserstattungen zwar für Maisstärke, nicht aber für Maisgritz vorgesehen waren[138]. Wollte der Rat also in diesem Bereich am System der Produktionserstattung festhalten, so mußte er auch die Produzenten von Maisgritz in dieses System integrieren.

cc) Leistungsrechte (im engeren Sinne)

50 Teilhaberechte sind zu unterschieden von (**originären**) **Leistungsrechten**, die Ansprüche auf Schaffung bestimmter, noch nicht existierender Vorkehrungen enthalten[139]. Der EuGH hat solche, unmittelbar aus den Grundrechten folgende, Ansprüche bislang nicht anerkannt; auch in der deutschen Grundrechtslehre überwiegt, jenseits von Extremfällen und den vom Grundgesetz ausdrücklich anerkannten Leistungsrechten (etwa Art. 7 Abs. 4 GG), die Zahl skeptischer bzw. ablehnender Stimmen[140]. Nunmehr finden sich

---

134 Vgl. *H. Bethge*, Der Grundrechtseingriff, VVDStRL 57 (1998), S. 7 (50 f.).
135 *Calliess* (Fn. 101), S. 332; *M. Nettesheim*, Grundrechtliche Prüfdichte durch den EuGH, EuZW 1995, S. 106 (108).
136 *D. Murswiek*, Grundrechte als Teilhaberechte, soziale Grundrechte, in: Isensee/Kirchhof, Handbuch des Staatsrechts Bd. V, 1992, § 112, Rn. 2.
137 *Pieroth/Schlink* (Fn. 15), Rn. 862. Ob man hingegen (allein) aus Freiheitsrechten Teilhabeansprüche ableiten kann, ist fraglich; vgl. zur Problematik in Deutschland *T. Kingreen*, Die verfassungsrechtliche Stellung der nichtehelichen Lebensgemeinschaft im Spannungsfeld zwischen Freiheits- und Gleichheitsrechten, 1995, S. 108 ff.
138 EuGH, Verb. Rs.124/76 u. 20/77, Slg. 1977, 1795, Rn. 24 ff. (Moulins Pont-à-Mousson/Office Interprofessionel des Céréales); vgl. ferner EuGH, Verb. Rs. 117/76 u. 16/77, Slg. 1977, 1753, Rn. 11 ff. (Ruckdeschel/Hauptzollamt Hamburg-St. Annen).
139 Grundlegend für die deutsche Grundrechtsdogmatik: *P. Häberle*, Grundrechte im Leistungsstaat, VVDStRL 30 (1972), S. 43 (90 ff.); *W. Martens*, Grundrechte im Leistungsstaat, VVDStRL 30 (1972), S. 7 (21 ff.); vgl. außerdem *H. D. Jarass*, in: Jarass/Pieroth, GG, Vorb. vor Art. 1, Rn. 9; *Pieroth/Schlink* (Fn. 15), Rn. 60.
140 Vgl. etwa *H. Dreier*, in: Dreier, GG Bd. I, Vorb. Rn. 42, 50 ff.; *C. Enders*, in: Friauf/Höfling, GG, vor Art. 1 Rn. 72 f.; *H. D. Jarass*, in: Jarass/Pieroth, GG, Vorb. vor Art. 1, Rn. 9; *Murswiek* (Fn. 136), Rn. 68 ff.

aber, insbesondere in der Form sozialer Rechte, in der Charta der Grundrechte der Europäischen Union einige Grundrechte, die als originäre Leistungsrechte verstanden werden könnten (unten Rn. 183 ff.).

3. Grundrechtsberechtigung

a) **Natürliche Personen**
Berechtigte der Grundrechte sind zunächst alle natürlichen Personen, die Träger der **Unionsbürgerschaft** (Art. 17 EGV) sind. Noch nicht geklärt ist die Grundrechtsberechtigung von **Drittstaatsangehörigen**. Der EuGH hat sich bislang explizit nicht geäußert[141]; soweit das Schrifttum das Problem aufgreift, geht es ganz überwiegend davon aus, daß Drittstaatlern Grundrechtsschutz zu gewährleisten ist, wenn sie in gleicher Weise durch das Gemeinschaftsrecht betroffen werden wie Unionsbürger[142]. Der Sache nach soll dies wohl bedeuten, daß Drittstaatsangehörige Träger sämtlicher Grundrechte sind[143]. 51

Dem ist mit der Einschränkung zuzustimmen daß die Grundrechte auch im Hinblick auf die Grundrechtsberechtigung **der Rückkopplung an beide Rechtserkenntnisquellen**, also nicht nur die EMRK, bedürfen[144]. Die Etablierung einer neuen, zwischenstaatlichen Hoheitsgewalt darf auch Drittstaatler nicht in einem grundrechtsfreien Raum zurücklassen. Die Entwicklung der Grundrechte beruht auf der Entstehung der Gemeinschaft als eines Hoheitsträgers, auf den in zunehmendem Maße die Möglichkeit zur Ausübung grundrechtseinschränkender Hoheitsgewalt mit Wirkung auch gegenüber Drittstaatlern übertragen wird. Der überwiegende Teil der Grundrechte, insbesondere die klassischen Menschenrechte (wie etwa das Recht auf Leben und körperliche Unversehrtheit, die Religions- und Gewissensfreiheit, die Meinungsfreiheit oder das allgemeine Gleichheitsrecht), muß daher auch Angehörigen von Drittstaaten zustehen. Grundrechte, die in der überwiegenden Zahl der Mitgliedstaaten den eigenen Bürgern vorbehalten sind, können hingegen auch auf Gemeinschaftsebene jedenfalls dann nicht jedermann berechtigen, wenn die EMRK keinen oder nur eingeschränkten grundrechtlichen Schutz gewährt (etwa bei den klassischen Staatsbürgerrechten wie dem Wahlrecht und der Freizügigkeit, aber auch beim Grundrecht der Berufsfreiheit[145]) und als Rechtserkenntnisquelle daher allein die Verfassungsüberlieferungen der Mitgliedstaaten zur Verfügung stehen[146]. An diese Tradition knüpft die Europäische Charta der Grundrechte an, wenn sie jedenfalls Teilaspekte der Berufsfreiheit (Art. 15 Abs. 2 GRCh) und – mit Ausnahme von Art. 41, 45 Abs. 2 GRCh – alle Bürgerrechte auf Unionsbürger beschränkt[147]. 52

---

141 Für den Anspruch auf rechtliches Gehör vgl. aber – freilich ohne weitere Problematisierung – EuGH, Rs. C-49/88, Slg. 1991, I-3187, Rn. 15 ff. (Al-Jubail Fertilizer/Rat).
142 *B. Beutler*, in: GTE, EU-/EGV, Art. F Rn. 79; *H. D. Borchardt*, Die rechtlichen Grundlagen der Europäischen Union, 1996, S. 70; *Kugelmann* (Fn. 98), S. 22.
143 *A. Bleckmann/S. U. Pieper*, in: Hb.EGWirtR, B. I., Rn. 139; *Kugelmann* (Fn. 98), S. 22 f.; *J. H. H. Weiler*, Thou shalt not oppress a Stranger: On the Judicial Protection of the Human Rights of Non-EC-Nationals – A Critique, EJIL 3 (1992), S. 65 ff.
144 Vgl. zum folgenden *Kingreen/Störmer* (Fn. 8), S. 276 f.
145 *A. A. N. Wunderlich*, Das Grundrecht der Berufsfreiheit im Europäischen Gemeinschaftsrecht, 2000, S. 123 ff., wonach aus dem Fehlen einer Garantie der Berufsfreiheit in der EMRK keine Rückschlüsse auf die Grundrechtsberechtigung Drittstaatsangehöriger gezogen werden dürfen. Das ist in der Tat zutreffend und gerade der Grund dafür, daß hier nicht auf die EMRK, sondern auf die zweite Rechtserkenntnisquelle, die Verfassungsüberlieferungen der Mitgliedstaaten, abgestellt wird.
146 *U. K. Preuß*, Grundrechte in der Europäischen Union, KJ 1998, S. 1 (7).
147 *S. Magiera*, Die Grundrechtecharta der Europäischen Union, DÖV 2000, S. 1017 (1021).

b) Juristische Personen

53 Der EuGH hat sich bislang nur punktuell zur Grundrechtsberechtigung von **juristischen Personen des Privatrechts** geäußert. So hat er zum Grundrecht der Unverletzlichkeit der Wohnung festgestellt, dieses gelte nur »für die Privatwohnung natürlicher Personen«, nicht aber für Unternehmen[148]. Auch das Aussageverweigerungsrecht bei Gefahr der Strafverfolgung soll für juristische Personen nicht gelten[149]. Dies ist aber keine grundsätzliche Entscheidung gegen die Grundrechtsberechtigung juristischer Personen, zumal der EuGH hier jeweils Fragen des persönlichen und des sachlichen Schutzbereiches miteinander vermengt. Vielmehr geht der EuGH in vielen Entscheidungen, die juristische Personen betreffen, ohne weitere Begründung von einer grundsätzlichen Grundrechtsberechtigung aus[150]. Allerdings dürfte dies ähnlich wie im deutschen Recht (Art. 19 Abs. 3 GG) nur insoweit gelten, als die Grundrechte wesensmäßig anwendbar sind; daran fehlt es, wenn sie höchstpersönliche Verbürgungen (wie etwa die körperliche Unversehrtheit und das Leben) enthalten[151].

54 Ob auch **juristische Personen des öffentlichen Rechts** grundrechtsberechtigt sind, ist noch ungeklärt, wird aber jedenfalls für die Verfahrensgrundrechte (unten Rn. 191 ff., 197 ff.) zu bejahen sein[152].

4. Grundrechtsverpflichtung

a) Gemeinschaft und Union

55 Gemäß Abs. 2 achtet die **Union** die Grundrechte. Die Grundrechtsbindung beschränkt sich daher nicht auf Maßnahmen nach dem EG-Vertrag[153], sondern erstreckt sich auch auf Handlungen nach dem EU-Vertrag (GASP, ZBIJ)[154]. Allerdings ist insoweit die begrenzte Kompetenz des EuGH zu beachten (oben Rn. 32).

b) Mitgliedstaaten

56 Die Frage der Bindung der Mitgliedstaaten an die Gemeinschaftsgrundrechte berührt den sensiblen Bereich des Verhältnisses zwischen nationalem und europäischen Grundrechtsschutz (vgl. ferner unten Rn. 84 ff.). Mitgliedstaatliche Maßnahmen sind grundsätzlich allein an den nationalen Grundrechten zu messen. Dies folgt aus der Kompetenzvermutung zugunsten der Mitgliedstaaten, die nicht durch einen richterrechtlich-unitarisierenden Grundrechtsschutz auf der Gemeinschaftsebene überspielt werden darf. Die Gemeinschaftsgrundrechte binden die Mitgliedstaaten daher nur in dem Maße, in dem dies zur Sicherstellung des Vorrangs und der einheitlichen Anwendung des Gemeinschaftsrechts (oben Rn. 28 ff.) erforderlich ist. Im Ausgangspunkt zutreffend

---

148 EuGH, Verb. Rs. 46/87 u. 227/88, Slg. 1989, 2859, Rn. 17 (Hoechst/Kommission); Verb. Rs. 97–99/87, Slg. 1989, 3165, Rn. 14 (Dow Chemical Ibérica u. a./Kommission).
149 EuGH, Rs. 60/92, Slg. 1993, I-5683, Rn. 11 (Otto BV); kritisch W. *Weiß*, Der Schutz des Rechts auf Aussageverweigerung durch die EMRK, NJW 1999, S. 2236 f.
150 Nur beispielhaft: EuGH Rs. 11/70, Slg. 1970, 1125, Rn. 4 ff. (Internationale Handelsgesellschaft/Einfuhr- und Vorratsstelle Getreide); Verb. Rs. 154/78, 205/78, 206/78, 226/ 78, 227/ 78, 228/78, 263/78, 264/78, 31/79, 39/79, 83/79, 85/79, Slg. 1980, 907, Rn. 90 (Valsabbia/ Kommission); Rs. 265/87, Slg. 1989, 2237, Rn. 15 (Schräder/Hauptzollamt Gronau).
151 A. *Bleckmann*/S. U. *Pieper*, in: Hb.EGWirtR, B. I., Rn. 136.
152 Vgl. auch EuGH, Verb. Rs. C-48/90 und C-66/90, Slg. 1992, I-565, Rn. 40 ff. (Niederlande u. a./Kommission) in bezug auf einen Mitgliedstaat; weiter gehend P. J. *Tettinger*, Zur Grundrechtsberechtigung von Energieversorgungsunternehmen im Europäischen Gemeinschaftsrecht, in: FS-Börner, 1992, S. 625 (638 f.); *Wunderlich* (Fn. 145), S. 121 ff.
153 Zur insoweit bestehenden Grundrechtsbindung etwa *Hengstschläger* (Fn. 95), S. 412.
154 *Hilf*, in: Grabitz/Hilf, EU, Art. F, Rn. 40; *Klein*, in: HK-EUV, Art. F, Rn. 10.

weist der EuGH daher darauf hin, daß er eine nationale Regelung nur an den Grundrechten messen kann, wenn sie in den **Anwendungsbereich des Gemeinschaftsrechts** **fällt**[155]. Zwei Fallgruppen werden diskutiert:

aa) Durchführung von Gemeinschaftsrecht
Weitgehend anerkannt ist die Bindung der Mitgliedstaaten für die sog. »agency situation«, d. h. für den Fall, daß ihre Organe Gemeinschaftsrecht auf nationaler Ebene durchführen (Art. 51 Abs. 1 S. 1 GRCh), d. h. umsetzen oder vollziehen[156]. So sind nach gefestigter Rechtsprechung des EuGH die Behörden eines Mitgliedstaates dazu verpflichtet, ihr Ermessen bei der Durchführung einer EG-Verordnung unter Berücksichtigung der Erfordernisse des gemeinschaftsrechtlichen Grundrechtsschutzes auszuüben[157]. Gleiches gilt nach überwiegender Ansicht für den nationalen Verwaltungsvollzug, wenn EG-Richtlinien ausnahmsweise unmittelbar anwendbar sind[158]. Schließlich soll der nationale Gesetz- bzw. Verordnungsgeber bei der Umsetzung von Richtlinien insoweit an die Grundrechte gebunden sein, als der nationale Umsetzungsakt durch Vorgaben der Richtlinie determiniert ist[159]. 57

Für die Bindung der Mitgliedstaaten beim **Vollzug von Verordnungen** oder **unmittelbar anwendbarer Richtlinien** sprechen gewichtige Gründe. Rechtsnormen des Sekundärrechts sind nach Auffassung des EuGH gänzlich und nach Ansicht des Bundesverfassungsgerichts zumindest grundsätzlich der Prüfung am Maßstab nationaler Grundrechte entzogen (unten Rn. 84 ff.). Wenn aber das aus einer autonomen Rechtsquelle fließende Gemeinschaftsrecht selbst nicht an nationalen Grundrechten gemessen werden darf, dann muß dies auch für Maßnahmen der Mitgliedstaaten gelten, die nur gemeinschaftsrechtliche Vorgaben vollziehen, also gewissermaßen nur ein verlängerter Arm des Gemeinschaftsrechts sind[160]. Das Gemeinschaftsrecht entfaltet dann grundsätzlich eine Sperrwirkung für die nationalen Grundrechte, um nicht den Vorrang der Verordnung bzw. der unmittelbar anwendbaren Richtlinie vor nationalem Recht über die nationalen Grundrechte auszuhebeln. 58

Anders liegt es jedoch bei der **Umsetzung von Richtlinien**. Soweit die Richtlinie dem nationalen Gesetzgeber Spielräume beläßt und den Umsetzungsakt nicht determiniert, ist dieser ohnehin allein und uneingeschränkt an die nationalen Grundrechte gebunden[161]. 59

---

155 EuGH, Verb. Rs. 60 und 61/84, Slg. 1985, 2605, Rn. 26 (Cinéthèque/Fédération des cinémas français); Rs. 12/86, Slg. 1987, 3719, Rn. 28 (Demirel/Stadt Schwäbisch Gmünd); Rs. 260/89, Slg. 1991, I-2925, Rn. 42 (ERT); Rs. C-144/95, Slg. 1996, I-2909, Rn. 12 (Maurin); Rs. C-299/95, Slg. 1997, I-2629, Rn. 15 (Kremzow); Rs. C-309/96, Slg. 1997, I-7493, Rn. 13 (Annibaldi).
156 *A. Bleckmann/S. U. Pieper*, in: Hb.EGWirtR, B. I., Rn. 149; *Hengstschläger* (Fn. 95), S. 496 ff.
157 EuGH, Rs. 5/88, Slg. 1989, 2609, Rn. 19 (Wachauf/Bundesanstalt für Ernährung und Forstwirtschaft); Rs. C-2/92, Slg. 1994, I-955, Rn. 16 (Bostock); Rs. C-63/93, Slg. 1996, I-569, Rn. 29 (Duff u. a.); Rs. C-15/95, Slg. 1997, I-1961, Rn. 36 (Earl de Kerlast).
158 *T. Jürgensen/I. Schlünder*, EG-Grundrechtsschutz gegenüber Maßnahmen der Mitgliedstaaten, AöR 121 (1996), S. 200 (208 ff.); *Kingreen/Störmer* (Fn. 8), S. 280 f.; *Rengeling* (Fn. 101), S. 190; *M. Ruffert*, Die Mitgliedstaaten der Europäischen Gemeinschaft als Verpflichtete der Gemeinschaftsgrundrechte, EuGRZ 1995, S. 518 (528) m. w. N.
159 *Gerstner/Goebel* (Fn. 66), S. 632; *Rengeling* (Fn. 101), S. 239
160 Vgl. *Chwolik-Lanfermann* (Fn. 50), S. 187 ff.; *U. Everling*, Brauchen wir »Solange III«?, EuR 1990, S. 195 (212 f.); *Rengeling* (Fn. 51), S. 4, 190; *Ruffert* (Fn. 158), S. 527; *Tomuschat* (Fn. 108), S. 344 f.; grundsätzlich gegen diesen Ansatz *J. Coppel/A. O'Neill*, The European Court of Justice: Taking rights seriously?, CMLRev. 29 (1992), S. 669 ff. mit dem Vorwurf, daß der EuGH die Grundrechte zum Zwecke der Kompetenzerweiterung der Gemeinschaft instrumentalisiere (»offensive use of human rights«).
161 *H. Dreier*, in: Dreier, GG, Bd. I, Art. 1 III, Rn. 12; *E. Klein*, Der Verfassungsstaat als Glied einer Europäischen Gemeinschaft, VVDStRL 50 (1991), S. 56 (83 f.); *Pieroth/Schlink* (Fn. 15), Rn. 191.

Für den übrigen Teil des (Umsetzungs-)Gesetzes dürfte sich die Frage einer Bindung des nationalen Gesetzgebers an die Gemeinschaftsgrundrechte ohnehin nicht stellen. Zwar darf auch hier das von der Richtlinie verbindlich (als Mindestgehalt) Geforderte nicht dadurch umgangen werden, daß der nationale Umsetzungsakt durch die Anwendung innerstaatlicher Grundrechte zu Fall gebracht wird. Allerdings genügt es, daß die die Richtlinie erlassenden Gemeinschaftsorgane an die Gemeinschaftsgrundrechte gebunden sind und die Einhaltung ihrer Bindung einer Kontrolle unterzogen werden kann. Bestehen Zweifel an der Grundrechtskonformität des umgesetzten Gesetzes, muß die Richtlinie, nicht aber das Gesetz an den Gemeinschaftsgrundrechten gemessen werden. Ist sie danach gültig, so ist es auch der determinierte Teil des nationalen Umsetzungsaktes (zu den Grenzen unten Rn. 87 ff.). Ist sie nichtig, ist sie für die nationale Rechtsanwendung gegenstandslos. Ihre Fehlerhaftigkeit schlägt dann auch nicht auf den innerstaatlichen Umsetzungsakt durch. Vielmehr ist dieser bei Unwirksamkeit der Richtlinie allein an nationalen Grundrechten zu messen.

bb) Schranken-Schranken der Grundfreiheiten

(1) Rechtsprechung und Schrifttum

60 Die Bindung der Mitgliedstaaten an die Gemeinschaftsgrundrechte wird ferner diskutiert für Vorschriften, die in Ausfüllung der Rechtfertigungsgründe in Art. 30, 39 Abs. 3, 46 Abs. 1, 55, 58 Abs. 1 EGV die Grundfreiheiten beschränken. Nach nunmehr gefestigter Rechtsprechung des EuGH ist in diesen Fällen die »im Gemeinschaftsrecht vorgesehene Rechtfertigung im Lichte der allgemeinen Rechtsgrundsätze und insbesondere der Grundrechte auszulegen«[162]. Auch nach der herrschenden Meinung im Schrifttum sollen die Mitgliedstaaten an die **Gemeinschaftsgrundrechte als Schranken-Schranken** gebunden sein, wenn sie sich auf die im EG-Vertrag vorgesehenen Vorbehalte berufen, um damit Einschränkungen der Grundfreiheiten zu rechtfertigen[163]. Die Grundfreiheiten sollen hier also der »Transmissionsriemen« für das Hineinwirken der Gemeinschaftsgrundrechte in die nationale Sphäre sein und das Tor für den Anwendungsbereich des Gemeinschaftsrechts öffnen.

(2) Stellungnahme

61 Leider fehlt jegliche Begründung dafür, warum allein die Einschlägigkeit einer Grundfreiheit die zusätzliche Bindung an die Gemeinschaftsgrundrechte quasi als Anhängsel nach sich ziehen soll. Abgesehen von der methodischen Unzulänglichkeit der Formel, wonach die Ausnahmeklauseln der Grundfreiheiten »im Lichte der allgemeinen Rechtsgrundsätze und insbesondere der Grundrechte auszulegen« sein sollen[164], enthalten die beiden nach Abs. 2 für die Auslegung entscheidenden Rechtserkenntnisquellen auch keinen Anhaltspunkt für diese Ausweitung der Grundrechtsverpflichtung der Mitgliedstaaten. Art. 51 Abs. 1 S. 1 GRCh beschränkt ihre Bindung sogar explizit auf die »Durch-

---

162 EuGH, Rs. C-260/89, Slg. 1991, I-2925, Rn. 43 (ERT); vgl. ferner EuGH, Rs. C-159/90, Slg. 1991, I-4685, Rn. 30 (Society for the protection of unborn children Ireland). Der EuGH hat diese Rechtsprechung mittlerweile über die kodifizierten Rechtfertigungsgründe hinaus auf die sog. immanenten Schranken der Grundfreiheiten ausgedehnt: EuGH, Rs. C-368/95, Slg. 1997, 3689, Rn. 24 ff. (Familiapress)
163 *Cirkel* (Fn. 119), S. 141 ff.; *Jürgensen/Schlünder* (Fn. 158), S. 213 ff.; *Kühling* (Fn. 99), S. 299 f.; *Rengeling* (Fn. 101), S. 240; für eine uneingeschränkte Bindung der Mitgliedstaaten an die Gemeinschaftsgrundrechte *P. Szczekalla*, Grundrechte, in: Rengeling (Hrsg.), Handbuch zum europäischen und deutschen Umweltrecht Bd. I, 1998, § 12 Rn. 31; sehr weit gehend auch *S. Jones*, Die Bindung der Mitgliedstaaten an die Grundrechte der Europäischen Gemeinschaft,1999, S. 60 ff.
164 Zur Kritik insoweit näher *Kingreen/Störmer* (Fn. 8), S. 283.

führung des Rechts der Union«[165]. Wenn ein Mitgliedstaat aber berechtigterweise von den Ausnahmeklauseln der Grundfreiheiten Gebrauch macht, führt er nicht mehr Unionsrecht durch, sondern wird im Gegenteil gewissermaßen aus dem Anwendungsbereich desselben entlassen.

Auch das oft zur Begründung herangezogene Bedürfnis nach effektivem Rechtsschutz, der Vorrang des Gemeinschaftsrechts und der Grundsatz der einheitlichen Anwendung des Gemeinschaftsrechts[166] tragen die Ausdehnung der Grundrechtsverpflichtung der Mitgliedstaaten nicht. Tatsächlich fällt der nationale Grundrechtsschutz je nach Mitgliedstaat nach Art, Umfang und Berechtigung verschieden aus; dies ist allerdings als Ausdruck der **fortbestehenden mitgliedstaatlichen Autonomie bei der Gewährung von Grundrechten** eine Selbstverständlichkeit. Die Gemeinschaftsgrundrechte enthalten keine Kollisionsnormen wie sie aus dem nationalen Verfassungsrecht bekannt sind (vgl. Art. 142 GG) und beanspruchen daher nicht ohne weiteres Vorrang vor den nationalen Grundrechten. Sie reichen nur so weit in die nationale Sphäre hinein, wie Maßnahmen der **Gemeinschaft** einheitlicher Auslegung bedürfen. Wo aber der Vertrag gerade die Kompetenz und Eigenständigkeit der Mitgliedstaaten anerkennt, verbietet sich eine Vereinheitlichung über die Anwendung der Gemeinschaftsgrundrechte, und so liegt es bei den Ausnahmeklauseln der Grundfreiheiten, deren Vorbehalte gerade zugunsten der Mitgliedstaaten den weit gezogenen Anwendungsbereich der Grundfreiheiten durch die Anerkennung berechtigter (nationaler) Interessen kompensieren sollen[167]. Vergleichbar mit der Situation bei Richtlinien, die den Mitgliedstaaten Gestaltungsspielräume belassen, handelt es sich um den **nicht mehr von der Gemeinschaft determinierten Bereich**. Eine Bindung der Mitgliedstaaten an die Gemeinschaftsgrundrechte in diesem Bereich ist daher abzulehnen[168]. Mit der Beschränkung der Bindung der Mitgliedstaaten auf die Durchführung von Gemeinschaftsrecht wird zugleich der Befürchtung entgegengewirkt, daß die Gemeinschaftsgrundrechte neue Zuständigkeiten der Gemeinschaft zu Lasten der Mitgliedstaaten begründen (oben Rn. 46): Denn die Bindung der Mitgliedstaaten besteht ja nur dort, wo die Gemeinschaft ohnehin eine – wenn auch ggfs. konkurrierende – Rechtsetzungszuständigkeit besitzt.

62

c) **Privatpersonen**

Der EuGH hat noch nicht zu der Frage Stellung genommen, ob die Grundrechte unmittelbar oder mittelbar zwischen Privaten gelten (**Drittwirkung**). Die EMRK als wichtigste Erkenntnisquelle entfaltet keine unmittelbaren Wirkungen zwischen Privaten[169]. Viel-

63

---

165 Die Erläuterungen (oben Fn. 60) zu Art. 51 GRCh verweisen zwar auch auf Rechtsprechung, die die Grundrechte als Schranken-Schranken der Grundfreiheiten interpretiert. Doch können die Erläuterungen zwar bei der genetischen Auslegung herangezogen werden (oben Rn. 26c), aber nicht den eindeutigen Wortlaut des Art. 51 GRCh überspielen.
166 Vgl. die Nachweise bei *Ruffert* (Fn. 158), S. 523.
167 Soweit die Mitgliedstaaten die grundfreiheitlichen Ausnahmetatbestände in Anspruch nehmen, sind ihre Rechtsakte allein von ihnen zu verantworten. Vgl. *Coppel/O'Neill* (Fn. 160), S. 691 f.; *Ruffert* (Fn. 158), S. 528; R. *Störmer*, Gemeinschaftsrechtliche Diskriminierungsverbote versus nationale Grundrechte?, AöR 123 (1998), 541 (567).
168 Ebenso: *Coppel/O'Neill* (Fn. 160), S. 672; M. *Gellermann*, Das Stromeinspeisungsgesetz auf dem Prüfstand des Europäischen Gemeinschaftsrechts, DVBl. 2000, S. 509 (516 f.); *Kingreen/Störmer* (Fn. 8), S. 281 ff.; K. *Ritgen*, Grundrechtsschutz in der Europäischen Union, ZRP 2000, S. 371 (373); R. *Störmer*, Gemeinschaftsrechtliche Diskriminierungsverbote versus nationale Grundrechte?, AöR 123 (1998), S. 541 (567). Auch *Ruffert* (Fn. 158), S. 528 f., mahnt in diesem Bereich »große Vorsicht und Behutsamkeit« an; vgl. ferner D. *Kugelmann*, Der Rundfunk und die Dienstleistungsfreiheit des EWG-Vertrages, 1991, S. 222 f.
169 D. *Ehlers*, Die Europäische Menschenrechtskonvention, Jura 2000, S. 372 (377 f.); ausführlich *Jaeckel* (Fn. 132), S. 117 ff.

Art. 6 EU-Vertrag

mehr knüpft der EuGMR bei privatrechtlichen Relationen an staatliches Verhalten an[170] oder rechnet privates Verhalten dem Staat zu[171]. Obwohl einige ihrer Grundrechte bei unbefangener Lektüre als drittwirkend verstanden werden können (etwa Art. 24 Abs. 3 GRCh), dürfte auch die Grundrechtecharta jedenfalls keine grundlegende Aussage zugunsten einer Drittwirkung enthalten, weil diese nach Art. 51 Abs. 1 S. 1 GRCh nur die Union und die Mitgliedstaaten bindet[172]. Nach allgemeinen Konkurrenzregeln wäre es allerdings denkbar, Art. 51 Abs. 1 S. 1 GRCh als lex generalis im Verhältnis zu den speziellen Einzelgrundrechten anzusehen. Er würde dann – vergleichbar mit Art. 1 Abs. 3 GG – einer Drittwirkung nicht grundsätzlich entgegenstehen, soweit diese in einem Einzelgrundrecht ausdrücklich normiert ist. Im Schrifttum wird eine Drittwirkung zum Teil für den Fall bejaht, daß sich das einschlägige private Rechtsverhältnis nach Gemeinschaftsrecht richtet[173]. Doch ist die komplizierte Drittwirkungskonstruktion regelmäßig verzichtbar, wenn man private Beeinträchtigungen der Grundrechte über die hoheitliche Schutzpflicht gegenüber Übergriffen nichtstaatlicher Dritter verarbeitet (oben Rn. 47 ff.)[174].

5. Die Struktur der Grundrechte

64 Die Prüfung der (Freiheits-)Grundrechte[175] vollzieht sich idealtypisch in drei Schritten: Zunächst wird im **Schutzbereich** das durch das Grundrecht zu schützende Individualrechtsgut, also der prima facie jedem staatlichen Zugriff vorausliegende Schutzraum des Individuums, bestimmt. Auf der **Eingriffs**ebene taucht als Widerpart die Maßnahme auf, die dieses Recht möglicherweise verkürzt. Im Rahmen der Prüfung der **Rechtfertigung** des Eingriffs werden sodann Grundrecht und entgegenstehendes Rechtsgut (das die Beeinträchtigung motiviert hat) einander gegenübergestellt und abgewogen. Trotz der insgesamt rudimentären inhaltlichen Aussagen zu den Einzelgrundrechten läßt auch die Rechtsprechung des EuGH eine solche Abstufung durchaus erkennen[176]. Auch das von der deutschen Grundrechtsdogmatik beeinflußte deutsche Schrifttum[177] befürwortet in jüngster Zeit zunehmend eine solche Dreiteilung der Grundrechtsprüfung. Sie ermöglicht die autonome Herausarbeitung der divergierenden Interessen und damit die »Disziplinierung und Vervollständigung des verfassungsrechtlichen Argumentierens«[178].

---

170 EuGMR, Série A, Vol. 44, Rn. 49, auch in EuGRZ 1981, 559 (Young, James und Webster).
171 EuGMR, Série A, Vol. 247-C, Rn. 27 f. (Costello-Roberts/Vereinigtes Königreich).
172 *Magiera* (Fn. 147), S. 1025.
173 *K.-D. Borchardt*, in Lenz, EGV, Art. 220, Rn. 35.
174 So auch *Gersdorf* (Fn. 94), S. 420 f.; vgl. ebenso für die parallele Problematik im Bereich der Grundfreiheiten *Kingreen* (Fn. 133), S. 192 ff.; a. A. *Wetter* (Fn. 94), S. 102.
175 Zur Struktur des allgemeinen Gleichheitssatzes hat sich hingegen auch in Deutschland noch keine einheitliche Linie herauskristallisiert. Herkömmlich wird zweistufig zwischen der Ungleichbehandlung und ihrer Rechtfertigung unterschieden (*B.-O. Bryde/R. Kleindiek*, Der allgemeine Gleichheitssatz, Jura 1999, S. 36 ff.; *Pieroth/Schlink* [Fn. 15], Rn. 501 sowie unten Rn. 174 ff.); vgl. aber auch S. *Huster*, Rechte und Ziele, 1993, S. 225 ff.
176 Nur beispielhaft: EuGH, Rs. C-368/95, Slg. 1997, I-3689, Rn. 25 f. (Familiapress). Ebenso die Bewertung von *I. Pernice*, in: Grabitz/Hilf, EU, Art. 164, Rn. 62a-e; vgl. im übrigen die Darstellung der Einzelgrundrechte unten Rn. 93 ff.
177 *W. Pauly*, Strukturfragen des unionsrechtlichen Grundrechtsschutzes, EuR 1998, S. 242 (253 ff.); *I. Pernice*, in: Grabitz/Hilf, EU, Art. 164, Rn. 62 a–e; *Rengeling* (Fn. 51), S. 209 ff.; *Storr* (Fn. 119), S. 558 ff.; *Streinz* (Fn. 45), S. 399 ff.
178 *M. Kloepfer*, Grundrechtstatbestand und Grundrechtsschranken in der Rechtsprechung des Bundesverfassungsgerichts – dargestellt am Beispiel der Menschenwürde, in: Bundesverfassungsgericht und Grundgesetz Bd. II, 1976, S. 407, für die Grundrechte im Grundgesetz.

Werden hingegen – wie in einigen Urteilen des EuGH[179] – bereits Rechtfertigungserwägungen in die Konturierung des Schutzbereiches miteinbezogen, bleibt die Frage offen, ob die konkrete Verhaltensweise überhaupt nicht geschützt ist oder nur im konkreten Fall wegen eines entgegenstehenden überwiegenden Interesses zurücktreten muß.

a) Schutzbereich

Der Begriff »Schutzbereich« meint den grundrechtlich geschützten Lebensbereich, in dem der Einzelne gegen staatliche Eingriffe geschützt ist[180]. Die Aussagen des EuGH sind hier meist dürftig: In einzelnen Fällen erfolgt gar eine Grundrechtsprüfung ohne Hinweis auf das einschlägige Grundrecht[181], und auch im übrigen beschränkt sich der EuGH durchweg darauf, festzustellen, daß das Gemeinschaftsrecht ein Grundrecht als allgemeinen Rechtsgrundsatz schützt und wendet sich dann unmittelbar der Rechtfertigungsprüfung zu, auf der regelmäßig der Schwerpunkt liegt[182]. Diese Wortkargheit stößt im Schrifttum auf berechtigte Kritik, weil ohne eine genaue Bestimmung des Schutzbereiches und des betroffenen Schutzgutes die nachfolgenden Fragen der Intensität und Verhältnismäßigkeit eines Grundrechtseingriffs nicht beantwortet werden können[183]. 65

In neueren Entscheidungen knüpft der EuGH immerhin bereits auf der Schutzbereichsebene unmittelbar an die entsprechende Norm der **EMRK** und die diesbezügliche Rechtsprechung des **EuGMR** an[184]. Die Ausrichtung an der etablierten und differenzierten Rechtsprechung des EuGMR ist sinnvoll, weil sie zur stärkerer Konturierung der Schutzbereiche der Gemeinschaftsgrundrechte beitragen kann und gemeinschaftsspezifische Besonderheiten, die gegen die Orientierung an der EMRK sprechen könnten (vgl. oben Rn. 43), in diesem Stadium der Grundrechtsprüfung noch nicht ersichtlich sind[185]. 66

Unsicher ist, ob und wie sich das in Art. 17 EMRK und Art. 54 GRCh enthaltene Mißbrauchsverbot bereits auf den Schutzbereich auswirkt. Die Mißbrauchsklausel richtet sich nämlich an Grundrechtsverpflichtete und -berechtigte gleichermaßen: Für die verpflichteten Hoheitsträger ist sie eine wohl der Rechtfertigungsebene zuzuordnende, Art. 18 EMRK verstärkende Schrankenklausel, die bei Einschränkungen der Grundrechte zu beachten ist; für den Grundrechtsträger bedeutet sie Einschränkung insoweit, als – vom Grundgedanken vergleichbar mit Art. 18 GG – eine Berufung auf Grundrechte zur Zerstörung von Freiheit ausgeschlossen werden soll[186]. Weil die Mißbrauchsklausel zu einer heiklen Relativierung grundrechtlicher Schutzbereiche führen kann und es, anders als etwa bei Art. 18 GG, an einem förmlichen, einen vorschnellen Einsatz verhin- 66 a

---

179 EuGH, Rs. 230/78, Slg. 1979, 2749, Rn. 22 (Eridiana/Minister für Landwirtschaft und Forsten); Verb. Rs. 133–136/85, Slg. 1987, 2289, Rn. 18 (Rau/Balm); vgl. unten Rn. 127.
180 *Pieroth/Schlink* (Fn. 15), Rn. 195 ff.
181 EuGH, Rs. 5/88, Slg. 1989, 2609, Rn. 17, 19 (Wachauf/Bundesanstalt für Ernährung und Forstwirtschaft).
182 Vgl. bereits EuGH, Rs. 4/73, Slg. 1974, 491, Rn. 14 (Nold/Kommission).
183 *A. Bleckmann*, Die Rechtsquellen des Europäischen Gemeinschaftsrechts, NVwZ 1993, S. 824 (827); *Huber* (Fn. 94), S. 103; *W. Leisner*, Der europäische Eigentumsbegriff, in: Ipsen/Rengeling/Mössner/Weber (Hrsg.), Verfassungsrecht im Wandel, 1995, S. 395 (402 f.); *Nettesheim* (Fn. 135), S. 106; *Rengeling* (Fn. 51), S. 209 f.; *P. Selmer*, Die Gewährleistung der unabdingbaren Grundrechtsstandards durch den EuGH, 1998, S. 124 ff.; *Storr* (Fn. 119), S. 559; *Streinz* (Fn. 45), S. 399; vgl. auch *Pauly* (Fn. 177), S. 253 ff.
184 EuGH, Verb. Rs. 46/87 u. 227/88, Slg. 1989, 2859, Rn. 18 (Hoechst/Kommission); Verb. Rs. 97-99/87, Slg. 1989, 3165, Rn. 15 (Dow Chemical Ibérica u. a./Kommission); Rs. C-368/95, Slg. 1997, I-3689, Rn. 25 (Familiapress).
185 Vgl. *Pauly* (Fn. 177), S. 253, geht dementsprechend davon aus, daß »jeder durch die EMRK eröffnete Schutzbereich auch im Unionsrecht eröffnet ist.«
186 *J. A. Frowein*, in: Frowein/Peukert, EMRK, Art. 17, Rn. 1, 5.

Art. 6 EU-Vertrag

dernden Verfahren fehlt, sollte ihre Anwendung außerhalb von Extremfällen allerdings ausscheiden.

b) Eingriff

67 Der Grundrechtseingriff beschreibt die Verkürzung des Schutzbereiches und löst den hoheitlichen[187] Rechtfertigungszwang aus[188]. Er hat in der Rechtsprechung und Literatur zu den Gemeinschaftsgrundrechten bei weitem noch nicht die Beachtung erfahren wie in der deutschen Grundrechtsdogmatik, die den klassischen, durch die Merkmale der Rechtsförmigkeit, Unmittelbarkeit, Finalität und Imperativität geprägten Eingriffsbegriff mittlerweile dergestalt ausgeweitet hat, daß nunmehr jedes hoheitliche Handeln als Eingriff zu werten ist, das dem Einzelnen ein Verhalten, das in den Schutzbereich eines Grundrechts fällt, erschwert[189].

68 Im Schrifttum werden einige Entscheidungen des EuGH in dem Sinne interpretiert, daß er mittelbaren Eingriffen reserviert gegenüberstehe[190]. Dabei wird insbesondere auf die Entscheidung Kommission/Deutschland Bezug genommen, in der der EuGH im Verarbeitungsverbot von bestimmten Weinen keine unmittelbare Beeinträchtigung der freien Berufswahl sah. Diese Maßnahme berührt nach Ansicht des EuGH »nur mittelbar ein damit zusammenhängendes Recht«, nämlich die Ausübung des Berufes[191]. Das bedeutet aber nicht, daß mittelbare Eingriffe nicht grundrechtsrelevant sind, weil der EuGH das Begriffspaar »unmittelbar-mittelbar« nicht im Hinblick auf den Eingriffsbegriff, sondern zur Unterscheidung zwischen Berufswahl und Berufsausübung verwendet und letztere dann auch einer Rechtfertigungsprüfung unterwirft[192]. In neueren Entscheidungen zeigen sich im übrigen durchaus Ansätze dafür, daß auch mittelbare Auswirkungen eines Gemeinschaftsaktes auf die wirtschaftliche Betätigung grundrechtsrelevant sein können[193].

c) Rechtfertigung

69 Bei der Rechtfertigungsprüfung geht der EuGH im Ansatz unterschiedliche Wege. Oft betont er ohne normativen Aufhänger, die Grundrechte beanspruchten »keine uneingeschränkte Geltung, sondern können Beschränkungen unterworfen werden, sofern diese Beschränkungen tatsächlich **dem Gemeinwohl dienenden Zwecken der Gemeinschaft** entsprechen und **nicht einen im Hinblick auf den verfolgten Zweck unverhältnismäßigen Eingriff** darstellen, der die so gewährleisteten Rechte in ihrem **Wesensgehalt** antastet«[194]. In anderen Entscheidungen ist hingegen die Schranke der entsprechenden Grundrechtsnorm der EMRK Ausgangspunkt für die Prüfung[195].

---

187 Eine Behinderung grundrechtlicher Aktivitäten durch Privatpersonen stellt nur dann einen Eingriff dar, wenn man entgegen der hier vertretenen Ansicht (oben Rn. 63) eine Drittwirkung bejaht.
188 Näher zur Funktion des Eingriffs etwa *Bethge* (Fn. 134), insbes. S. 10 ff., 36 ff.; *R. Eckhoff*, Der Grundrechtseingriff, 1992, S. 3 ff. und passim.
189 Näher etwa *Bethge* (Fn. 134), S. 38 ff.; *Pieroth/Schlink* (Fn. 15), Rn. 238 ff.
190 *I. Pernice*, in: Grabitz/Hilf, EU, Art. 164, Rn. 62b; *Rengeling* (Fn. 51), S. 27.
191 EuGH, Rs. 116/82, Slg. 1989, 2519, Rn. 27 (Kommission/Deutschland); vgl. ferner EuG, Rs. T-113/96, Slg. 1998, II-125, Rn. 75 (Dubois et fils/Rat und Kommission).
192 *I. Pernice*, in: Grabitz/Hilf, EU, Art. 164, Rn. 62b bezieht sich zudem noch auf EuGH, Rs. 59/83, Slg. 1984, 4057, Rn. 21 ff. (Biovilac/EWG) und Rs. 281/84, Slg. 1987, 49, Rn. 25 ff. (Zuckerfabrik Bedburg/Rat und Kommission), denen aber letztlich auch keine eindeutige Aussage entnommen werden kann; vgl. vielmehr EuGH, Rs. C-280/93, Slg. 1994, I-4973, Rn. 81 (Deutschland/Rat) wo bereits die Verschlechterung der Wettbewerbsstellung durch die Bananenmarktordnung als Eingriff qualifiziert wurde.
193 Vgl. etwa EuGH, Rs. C-84/95, Slg. 1996, I-3953, Rn. 22 f. (Bosphorus).
194 EuGH, Rs. 5/88, Slg. 1989, 2609, Rn. 18 (Wachauf/Bundesanstalt für Ernährung und Forstwirtschaft); Rs. C-280/93, Slg. 1994, I-4973, Rn. 78 (Deutschland/Rat); Rs. C-306/93, Slg. 1994, I-5555, Rn. 22 (SMW Winzersekt) – Hervorhebungen nur hier.
195 EuGH, Rs. C-219/91, Slg. 1992, I-5485, Rn. 38 (Ter Voort).

Abweichend von der Schrankensystematik der EMRK und etwa auch des Grundgesetzes 70
enthalten die Grundrechte der Charta der Grundrechte für die Europäische Union **keine
auf das jeweilige Grundrecht zugeschnittenen Schranken**, sondern in Art. 52 Abs. 1
GRCh eine allgemeine Schrankenbestimmung, die sich an der oben (Rn. 69) erwähnten
Formel des EuGH orientiert. Die notwendige Kohärenz zu den Konventionsrechten
wird durch Art. 52 Abs. 3 GRCh hergestellt: Danach haben die in der Charta garantierten Rechte samt ihrer Einschränkungen[196] die gleiche Bedeutung und Tragweite wie die
Grundrechte der EMRK. Angesichts dessen ist die in der Literatur geäußerte Kritik an
der Generalschranke des Art. 52 Abs. 1 GRCh unbegründet[197]; diese setzt sich im Gegenteil in ihrer Schlichtheit und Klarheit wohltuend vom »Schrankenwirrwarr« (Bettermann) des Grundgesetzes ab. Weil Art. 52 Abs. 1 GRCh mit den »von der Union anerkannten dem Gemeinwohl dienenden Zielsetzungen« bereits einen gemeinschaftsrechtsspezifischen Aufhänger enthält, sollte er in der Rechtsprechung in Zukunft jedenfalls ergänzend herangezogen werden können.

aa) Schranken

(1) **Materielle Vorgaben**
Die unterschiedlichen normativen Ausgangspunkte bei der Rechtfertigungsprüfung werden im Bereich der Schranken wieder zusammengeführt, wo der EuGH zunächst die 71
schutzwürdigen Gemeinwohlziele herausarbeitet, die einen Eingriff in die Grundrechte
rechtfertigen können. Der EuGH hat sich zu den Schranken der Grundrechte überwiegend im Zusammenhang mit den Grundrechten der wirtschaftlichen Betätigung geäußert; die diesbezüglichen Aussagen dürften aber auch für die übrigen Grundrechte gelten. Danach müssen die Grundrechte **im Hinblick auf die »gesellschaftliche Funktion«
der geschützten Rechtsgüter und Tätigkeiten**[198] gesehen werden und können daher aus
Gemeinwohlgründen beschränkt werden. Dazu zählen neben dem Verbraucherschutz[199]
und der Durchsetzung des Wettbewerbsrechts[200] insbesondere die agrarmarktpolitischen Zielsetzungen der Gemeinschaft in Art. 33 EGV[201]. In der Literatur wird zum Teil
bemängelt, daß es dem EuGH bislang nicht gelungen sei, die Gemeinwohlziele normativ
zu legitimieren und inhaltlich zu präzisieren[202].

---

196 So ausdrücklich die Erläuterungen (Fn. 60) zu Art. 52. Daher wird in den Erläuterungen vieler
Einzelgrundrechte auch ausdrücklich auf die Schranken der korrespondierenden EMRK-Bestimmung verwiesen (vgl. etwa Erläuterungen zu Art. 6, 7, 11, 12 der Charta).
197 *Kenntner*, Die Schrankenbestimmungen der EU-Grundrechtecharta – Grundrechte ohne
Schutzwirkung?, ZRP 2000, S. 423 ff., der – ausgerechnet in Anlehnung an die wenig geglückte
Rechtsprechung des EuGH im Bereich der Grundfreiheiten (vgl. *Kingreen* [Fn. 133], S. 52 f.,
114 f.) – differenziertere Schrankenregelungen fordert; kritisch auch E. *Pache*, Die Europäische
Grundrechtscharta – ein Rückschritt für den Grundrechtsschutz in Europa?, EuR 2001, S. 475
(488 ff.) und T. *Schmitz*, Die EU-Grundrechtecharta aus grundrechtsdogmatischer und grundrechtstheoretischer Sicht, JZ 2001, 833 (838 ff.).
198 EuGH, Rs. 5/88, Slg. 1989, 2609, Rn. 18 (Wachauf/Bundesanstalt für Ernährung und Forstwirtschaft); Rs. C-280/93, Slg. 1994, I-4973, Rn. 78 (Deutschland/Rat); Rs. C-306/93, Slg.
1994, I-5555, Rn. 22 (SMW Winzersekt) – Hervorhebungen nur hier.
199 EuGH, Rs. 234/85, Slg. 1986, 2897, Rn. 14 (Keller).
200 EuGH, Verb. Rs. 46/87 u. 227/88, Slg. 1989, 2859, Rn. 25 f. (Hoechst/Kommission);
201 EuGH, Rs. 113/88, Slg. 1989, 1991, Rn. 20 (Leukhardt/Hauptzollamt Reutlingen); Rs. C-280/
93, Slg. 1994, I-4973, Rn. 82 (Deutschland/Rat); Rs. C-306/93, Slg. 1994, I-5555, Rn. 21
(SMW Winzersekt); zu weiteren Gemeinwohlzielen vgl. die Aufstellung bei I. *Pernice*, in: Grabitz/Hilf, EU, Art. 164, Rn. 62c.
202 *Pauly* (Fn. 177), S. 258; *Rengeling* (Fn. 51), S. 216 f.; *Storr* (Fn. 119), S. 562.

(2) Gesetzesvorbehalt

72 Nach der Rechtsprechung des EuGH »bedürfen in allen Mitgliedstaaten Eingriffe der öffentlichen Gewalt in die Sphäre der privaten Betätigung jeder – natürlichen oder juristischen – Person einer Rechtsgrundlage«[203]. Unklar ist allerdings, wie diese Rechtsgrundlage beschaffen sein muß, insbesondere, ob der Gesetzesvorbehalt im Sinne eines Parlamentsvorbehaltes zu verstehen ist[204]. Der EuGMR geht mit Rücksicht auf den Rechtskreis des common law von einem materiellen Gesetzesbegriff aus und läßt auch das ungeschriebene case law als Rechtsgrundlage ausreichen[205]. Soweit ausnahmsweise mitgliedstaatliche Maßnahmen an den Gemeinschaftsgrundrechten zu messen sind, erscheint eine Anlehnung an die – strukturell unterschiedlichen – rechtlichen Grundlagen im nationalen Recht zutreffend. Für Gemeinschaftsakte ist hingegen eine originär gemeinschaftsrechtliche Lösung zu suchen, die sich an der spezifischen Form der Gesetzgebung im Gemeinschaftsrecht, insbesondere an der unterschiedlich intensiven Beteiligung des Parlaments, zu orientieren hat (Art. 249 ff. EGV)[206].

bb) Schranken-Schranken
(1) Grundsatz der Verhältnismäßigkeit

73 Der Grundsatz der Verhältnismäßigkeit (vgl. auch Art. 5 EGV, Rn. 45 ff.) erfüllt die Funktion einer Abwägungsrichtlinie, die Vorgaben für den Ausgleich der kollidierenden Rechtsgüter enthält. Er besteht aus den drei Teilgeboten der **Geeignetheit**, der **Erforderlichkeit** und der **Angemessenheit**: Hoheitliche Maßnahmen sind danach nur grundrechtskonform, »wenn sie zur Erreichung der zulässigerweise mit der fraglichen Regelung verfolgten Ziele geeignet und erforderlich sind. Dabei ist, wenn mehrere geeignete Maßnahmen zur Verfügung stehen, die am wenigsten belastende zu wählen; ferner müssen die auferlegten Belastungen in angemessenem Verhältnis zu den angestrebten Zielen stehen«[207]. Der EuGH integriert den Grundsatz der Verhältnismäßigkeit i.d.R. in den Grundrechtstatbestand[208]; seltener ist eine separate Prüfung ohne grundrechtlichen Aufhänger[209], was schon angesichts der Tatsache, daß auch der EuGH ein Grundrecht der allgemeinen Handlungsfreiheit anerkennt (unten Rn. 169), nicht überzeugend ist. Den **Grundsatz der Vertrauensschutzes**, der gerade bei den wirtschaftsbezogenen Grundrechten in die Verhältnismäßigkeitsprüfung integriert werden könnte, um die Abwägung zu rationalisieren und individuelle Härten aufzuspüren, prüft der EuGH hingegen durchweg außerhalb der Einzelgrundrechte (oben Rn. 10).

74 Im Rahmen der Verhältnismäßigkeitsprüfung betont der EuGH die **funktionell-rechtlichen Grenzen der Rechtsprechung im Verhältnis zum Gemeinschaftsgesetzgeber**. Dies führt insbesondere bei der Prüfung der mit der wirtschaftlichen Betätigung zusammenhängenden Grundrechte zu einer ungewöhnlichen **Zurücknahme der grundrechtlichen Kontrolldichte**. Die Rechtfertigungsprüfung endet oft bei der Bestimmung des den Ein-

---

203 EuGH, Verb. Rs. 46/87 u. 227/88, Slg. 1989, 2859, Rn. 19 (Hoechst/Kommission); Verb. Rs. 97–99/87, Slg. 1989, 3165, Rn. 16 (Dow Chemical Ibérica u. a./Kommission).
204 Allgemein zum Gesetzesvorbehalt, der vom BVerfG »in grundlegenden normativen Bereichen, zumal im Bereich der Grundrechtsausübung« (BVerfGE 88, 103 [106]) zum Parlamentsvorbehalt fortentwickelt wurde: *Pieroth/Schlink* (Fn. 15), Rn. 261 ff.
205 EuGMR, EuGRZ 1979, 386, Rn. 47 (Newspapers Ltd. u. a./Vereinigtes Königreich).
206 Wie hier: *Wunderlich* (Fn. 145), S. 187; tendenziell zurückhaltender *Weber* (Fn. 35), S. 543; A. A. *Müller-Michaels* (Fn. 95), S. 48, der auch eine ungeschriebene Rechtsgrundlage für ausreichend hält.
207 EuGH, Rs. 265/87, Slg. 1989, 2237, Rn. 21 (Schräder/ Hauptzollamt Gronau).
208 Nur beispielhaft: EuGH, Rs. C-280/93, Slg. 1994, I-4973, Rn. 78 (Deutschland/Rat); Rs. C-306/93, Slg. 1994, I-5555, Rn. 22 (SMW Winzersekt).
209 Z. B. EuGH, Rs. 265/87, Slg. 1989, 2237, Rn. 15 (Schräder/ Hauptzollamt Gronau); Verb. Rs. C-248/95 und C-249/95, Slg. 1997, I-4475, Rn. 66 (SAM Schiffahrt und Stapf).

griff legitimierenden Ziels und der Feststellung, daß die dazu ergriffenen Maßnahmen nicht offensichtlich ungeeignet waren[210]. Eine Erforderlichkeits- und eine Angemessenheitsprüfung fehlt fast durchweg, weil – so der EuGH – er »nicht die Beurteilung des Rates in der Frage, ob die vom Gemeinschaftsgesetzgeber gewählten Maßnahmen mehr oder weniger angemessen sind, durch seine eigene Beurteilung ersetzen«[211] könne. Dies hat zur Folge, daß die Berufung auf die Berufsfreiheit und das Eigentum gegenüber Maßnahmen der Gemeinschaft überhaupt noch nicht ein einziges Mal erfolgreich war. Im Schrifttum wird diese Rechtsprechung überwiegend kritisiert und mitunter sogar die Gewährleistung des unabdingbaren Grundrechtsstandards durch den EuGH in Frage gestellt[212]. Das BVerfG sieht gleichwohl keinen Anlaß, seine – theoretisch fortbestehende – Verwerfungsbefugnis zu reaktivieren (unten Rn. 88 ff.).

Grundsätzlich ist die Zurückhaltung des EuGH sicherlich sinnvoll. Sie wahrt die Einschätzungsprärogative des Gesetzgebers und betont den Rahmencharakter der Verfassung, insbesondere der Grundrechte, denn letztlich ist das einfache Recht das Medium, »in dem die für die Rechtsordnung entscheidende Ausformulierung und Konturierung der grundrechtlichen Verbürgungen in konkrete, abgegrenzte Rechte und Pflichten geschieht«[213]. Allerdings darf diese Zurückhaltung nicht in einen Verzicht auf ganze Teilelemente der Verhältnismäßigkeitsprüfung umschlagen. Das Verhältnismäßigkeitsprinzip muß immer in Bezug zu den konkret betroffenen Rechtspositionen gesetzt werden, darf sich nicht in abstrakten Wertungen verlieren, sondern ist gerade auf der zweiten und dritten Stufe auf Differenzierung im Einzelfall angelegt. Dieses Manko ist aus partizipatorischer Sicht besonders schwerwiegend, weil es ausgerechnet diejenigen hoheitlichen Maßnahmen ergreift, auf die der Einzelne ohnehin den geringsten demokratischen Einfluß hat. Entscheidungen außerhalb der wirtschaftsbezogenen Grundrechte

75

---

210 EuGH, Rs. C-280/93, Slg. 1994, I-4973, Rn. 94 ff. (Deutschland/Rat)
211 EuGH, Rs. C-280/93, Slg. 1994, I-4973, Rn. 94 (Deutschland/Rat). Die anschließende Entscheidung EuGH, Rs. C-68/95, Slg. 1996, I-6065, Rn. 37 ff. (T. Port) erkennt immerhin die Notwendigkeit von Härte- und Übergangsklauseln an, um »gemeinschaftsrechtlich geschützte Grundrechte bestimmter Marktbeteiligter« zu schützen; i. E. ebenso: EuG, Rs. T-612/97, Slg. 1999, II-2771, Rn. 32 ff. (Cordis/Kommission) für die besonderen mit der Wiedervereinigung Deutschlands zusammenhängenden Probleme sowie EuG, Verb. Rs. T-79/96, T-260/97, T-117/98, Slg. 2000, II-2193, Rn. 149 ff. (Camar und Tico/Kommission und Rat).
212 Vgl. *G. M. Berrisch*, Zum »Bananen«-Urteil des EuGH vom 5.10.1994 – Rs. C-280/93, Deutschland/Rat der Europäischen Union, EuR 1994, S. 461 (465 ff.); *J. Caspar*, Nationale Grundrechtsgarantien und sekundäres Gemeinschaftsrecht, DÖV 2000, S. 349 (359); *A. Clapham*, Human Rights and the European Community, 1991, S. 50; *Coppel/O'Neill* (Fn. 160), S. 682 f.; *U. Everling*, Will Europe slip on bananas? The Bananas judgement of the Court of Justice and national courts, CMLRev. 33 (1996), S. 401 (419); *P. M. Huber*, Das Kooperationsverhältnis zwischen BVerfG und EuGH in Grundrechtsfragen, EuZW 1997, S. 517 (521); *Nettesheim* (Fn. 135), S. 106 f.; *Pauly* (Fn. 177), S. 256 ff.; *Selmer* (Fn. 183), S. 96 ff., 118 ff.; *T. Stein*, »Bananen-Split«, EuZW 1998, S. 261 (262); *Storr* (Fn. 119), S. 552 f.; unentschieden: *E. Pache*, Der Grundsatz der Verhältnismäßigkeit in der Rechtsprechung der Gerichte der Europäischen Gemeinschaften, NVwZ 1999, S. 1033 (1039 f.); positiver etwa *U. Kischel*, Die Kontrolle der Verhältnismäßigkeit durch den Europäischen Gerichtshof, EuR 2000, S. 380 (398 ff.); *I. Pernice*, in: Dreier, GG, Bd. II, Art. 23, Rn. 79; *J. H. H. Weiler/N. J. S. Lockhart*, »Taking rights seriously« seriously: The European Court and its fundamental rights jurisprudence, CMLRev. 32 (1995), S. 51 ff., 579 ff.; *M. Zuleeg*, Zum Verhältnis nationaler und europäischer Grundrechte, EuGRZ 2000, S. 511 (512 f.).
213 *R. Wahl*, Die doppelte Abhängigkeit des subjektiven öffentlichen Rechts, DVBl 1996, S. 641 (644); vgl. zu diesem Verfassungsverständnis ferner *E.-W. Böckenförde*, Die Methoden der Verfassungsinterpretation, NJW 1976, S. 2089 (2098 f.); *K. Hesse*, Grundzüge des Verfassungsrechts der Bundesrepublik Deutschland, 20. Aufl. 1995, Rn. 16 ff.; *G.-F. Schuppert*, Rigidität und Flexibilität im Verfassungsrecht. Überlegungen zur Steuerungsfunktion von Verfassungsrecht in normalen wie in »schwierigen« Zeiten, AöR 120 (1995), 32 ff.

weisen aber immerhin eine höhere Kontrolldichte auf (unten Rn. 106), und auch bei der Prüfung des allgemeinen Gleichheitssatzes werden an die Legitimation von Ungleichbehandlungen mitunter höhere Anforderungen gestellt (unten Rn. 181). Dies offenbart, daß der EuGH-Judikatur zu den Wirtschaftsgrundrechten keine verallgemeinerbaren verfassungstheoretischen Überlegungen zum Verhältnis zwischen Gesetzgeber und Rechtsprechung zugrunde liegen.

(2) Wesensgehalt
76 Als weitere Schranken-Schranke neben dem Grundsatz der Verhältnismäßigkeit betont der EuGH regelmäßig, daß die Grundrechte nicht in ihrem Wesensgehalt angetastet werden dürfen[214]; daran knüpft auch Art. 52 Abs. 1 GRCh an. Was darunter zu verstehen ist, ist unklar; in der Literatur wird überwiegend die Ansicht vertreten, daß der EuGH einem relativen Verständnis zuneige, wonach nur unverhältnismäßige Eingriffe den Wesensgehalt eines Grundrechts verletzten[215]. Damit verliert die Wesensgehaltsgarantie allerdings gegenüber dem Grundsatz der Verhältnismäßigkeit ihre eigenständige Funktion.

d) Rechtsfolgen eines Verstoßes
77 Da der EuGH bislang nur selten Verstöße gegen die Grundrechte festgestellt hat, gibt es kaum ertragreiche Judikatur zu den Rechtsfolgen eines Verstoßes. Bei Verletzungen der **Freiheitsrechte** dürfte die Ungültigkeit der Maßnahme die Regel sein[216]. Bei Verstößen gegen den **allgemeinen Gleichheitssatz** kann folgendermaßen differenziert werden: Besteht die Ungleichbehandlung in der Auferlegung einer Belastung, so ist die Maßnahme gleichfalls ungültig. Bei einer ungleichen Vorenthaltung einer Begünstigung hingegen läßt der EuGH die Wirkung der Maßnahme fortbestehen, bis der Gemeinschaftsgesetzgeber sie durch eine diskriminierungsfreie Maßnahme ersetzt[217]. Damit wird der Einschätzungsprärogative des Gesetzgebers Rechnung getragen, weil in diesen Fällen meist mehrere Möglichkeiten zur Behebung der Diskriminierung bestehen[218].

6. Verhältnis zu anderen subjektiv-öffentlichen Rechten

a) Subjektiv-öffentliche Rechte des primären Gemeinschaftsrechts

aa) Grundfreiheiten
78 Das Verhältnis der Gemeinschaftsgrundrechte zu den Grundfreiheiten ist vielschichtig. Folgende Konstellationen sind zu unterscheiden:

79 Der EuGH aktiviert die Gemeinschaftsgrundrechte zunächst **innerhalb des Tatbestandes der Grundfreiheiten**, und zwar zunächst im Schrankenbereich zur Bestimmung der vertragslegitimen Ziele, die eine Beeinträchtigung rechtfertigen und sodann als Schranken-Schranken (Rn. 60 ff.)[219].

---

214 EuGH, Rs. 5/88, Slg. 1989, 2609, Rn. 17 (Wachauf/Bundesanstalt für Ernährung und Forstwirtschaft); Rs. 265/87, Slg. 1989, 2237, Rn. 15 (Schräder/Hauptzollamt Gronau); Rs. C-280/93, Slg. 1994, I-4973, Rn. 78 (Deutschland/Rat); Verb. Rs. C-248/95 und C-249/95, Slg. 1997, I-4475, Rn. 72 (SAM Schiffahrt und Stapf).
215 *I. Pernice*, in: Grabitz/Hilf, EU, Art. 164, Rn. 62d; *Rengeling* (Fn. 51), S. 26; a.A. *Günter* (Fn. 82), S. 30 ff.
216 Vgl. EuGH, Rs. C-404/92 P, Slg. 1994, I-4737, Rn. 24 f. (X/Kommission).
217 EuGH, Verb. Rs. 117/76 u. 16/77, Slg. 1977, 1753, Rn. 11 ff. (Ruckdeschel/Hauptzollamt Hamburg-St. Annen); Verb. Rs. 124/76 u. 20/77, Slg. 1977, 1795, Rn. 24 ff. (Moulins Pont-à-Mousson/Office Interprofessionel des Céréales).
218 Vgl. näher *Pieroth/Schlink* (Fn. 15), Rn. 479 ff.
219 EuGH, Rs. C-368/95, Slg. 1997, 3689, Rn. 18, 24 f. (Familiapress)

Zu **Kollisionen** zwischen den Grundfreiheiten und den Gemeinschaftsgrundrechten 80
kann es kommen, weil der EuGH die Grundfreiheiten unter bestimmten Voraussetzungen auch auf privates Handeln, insbesondere auf privatautonome Rechtsetzung anwendet und damit Eingriffe in Grundrechte rechtfertigt[220].

Schließlich ist insbesondere bei Maßnahmen der Gemeinschaft auch eine **Konkurrenz** 81
zwischen Grundfreiheiten und Gemeinschaftsgrundrechten denkbar. Soweit der EuGH Gemeinschaftshandeln an den Grundfreiheiten mißt (Art. 28 EGV, Rn. 44 ff.), erwähnt er die Grundrechte allerdings nur im Rahmen der Rechtfertigung mitgliedstaatlicher Eingriffe, prüft sie aber nicht als selbständigen Tatbestand[221]. Das kann damit zusammenhängen, daß er die Grundfreiheiten als Freiheitsrechte ansieht, die als geschriebenes Recht den ungeschriebenen Grundrechten vorgehen. Vorzugswürdig erscheint demgegenüber die Annahme von Idealkonkurrenz, um die unterschiedlichen Schutzrichtungen und Schutzwirkungen von Grundrechten und Grundfreiheiten zur Geltung zu bringen[222].

bb) Art. 34 Abs. 2 UAbs. 3 EGV
Die Freiheitsgrundrechte und das Diskriminierungsverbot nach Art. 34 Abs. 2 UAbs. 3 82
EGV sind nebeneinander anwendbar (**Idealkonkurrenz**)[223].

cc) Verhältnis zwischen den Gemeinschaftsgrundrechten
Die Schutzbereiche der Gemeinschaftsgrundrechte haben bislang keine scharfen Kontu- 83
ren und stehen unter einem einheitlichen Schrankenvorbehalt. Aus diesem Grund hat der EuGH bislang noch keinerlei Abgrenzungsversuche zwischen den Grundrechten unternommen, sondern geht durchweg von **Idealkonkurrenz** aus[224]. Immerhin erkennt er aber ein Grundrecht der allgemeinen Handlungsfreiheit an, das gegenüber den anderen Grundrechten subsidiär ist (unten Rn. 169). Auch zu **Grundrechtskollisionen** hat der EuGH bislang noch nicht Stellung bezogen.

b) Grundrechte des GG
Das Verhältnis zwischen Gemeinschaftsgrundrechten und den nationalen Grundrech- 84
ten[225] ist vielschichtig. Ein Teilaspekt betrifft die Frage, ob und bejahendenfalls in welchen Fällen Gemeinschaftsgrundrechte und nationale Grundrechte dergestalt zusammentreffen, daß man von einem Konkurrenzverhältnis sprechen kann[226]. Da grundsätzlich mitgliedstaatliche Akte nur an den nationalen Grundrechten und Gemeinschaftsak-

---

220 Vgl. EuGH, Rs. C-415/93, Slg. 1995, I-4921, Rn. 79 (Bosman); näher dazu: *L. Gramlich*, Grundfreiheiten contra Grundrechte im Gemeinschaftsrecht, DöV 1996, S. 801 (805 ff.).
221 *Kingreen/Störmer* (Fn. 8), S. 286.
222 Für Idealkonkurrenz wohl auch *T. Stein*, Werbeverbote und Europäisches Gemeinschaftsrecht, GS-Grabitz, 1995, S. 777 (791). Idealkonkurrenz ist erst recht anzunehmen, wenn man die Grundfreiheiten allein als Gleichheitsrechte ansieht (vgl. *Kingreen* [Fn. 133], S. 85 ff.). Dann decken allein die Grundrechte den Freiheitsbereich ab.
223 Vgl. z.B. EuGH, Rs. 265/87, Slg. 1989, 2237, Rn. 13 ff. (Schräder/ Hauptzollamt Gronau); Rs. C-280/93, Slg. 1994, I-4973, Rn. 64 ff. (Deutschland/Rat).
224 Vgl. nur EuGH, Rs. C-280/93, Slg. 1994, I-4973, Rn. 67, 77, 81 (Deutschland/Rat) zum allgemeinen Gleichheitssatz, zum Eigentum und zur Berufsfreiheit. Vgl. im übrigen zu den Konkurrenzen die Darstellung bei den Einzelgrundrechten unten Rn. 93 ff.
225 Die folgende Darstellung muß sich auf das Verhältnis zu den deutschen Grundrechten beschränken.
226 *Störmer* (Fn. 168), S. 569; *Rengeling* (Fn. 51), S. 231, spricht die Problematik hingegen unter dem Aspekt der Grundrechtskollision an. Beim Verhältnis zwischen Gemeinschaftsgrundrechten und nationalen Grundrechten geht es aber nicht um ein Gegeneinander zwischen Grundrechten verschiedener Grundrechtsträger, sondern um die Frage, ob auf eine konkrete Verhaltensweise mehrere Grundrechte nebeneinander Anwendung finden; vgl. *I. von Münch*, in: von Münch/Kunig, GG, Bd. I, Vorb. Art. 1–19 Rn. 42, 44.

te nur an den Gemeinschaftsgrundrechten gemessen werden, kommt eine Konkurrenz nur in Betracht, wenn sich die beiden Ebenen überschneiden. Diese Konkurrenz wird zum Problem, wenn die konkurrierenden Grundrechte unterschiedliche Rechtsfolgen anordnen[227]. Zwei Konstellationen sind hier denkbar:

85 Fraglich ist zum einen, ob die in bestimmten Fällen zur Sicherstellung des Vorrangs des Gemeinschaftsrechts und seiner einheitlichen Anwendung erfolgte Prüfung mitgliedstaatlicher Maßnahmen am Maßstab der Gemeinschaftsgrundrechte (oben Rn. 56 ff.) durchweg und zwingend den Verzicht auf eine parallele Kontrolle dieser zwar gemeinschaftsrechtlich veranlaßten, aber in Ausübung deutscher Hoheitsgewalt (Art. 1 Abs. 3 GG) durchgeführten Maßnahmen durch nationale Grundrechte zur Folge hat. Umgekehrt kann sich zum anderen die Frage stellen, ob und ggfs. unter welchen Voraussetzungen sekundäres Gemeinschaftsrecht selbst (also nicht erst über den nationalen Umsetzungs- bzw. Vollzugsakt) außer an den Gemeinschaftsgrundrechten auch an den nationalen Grundrechten zu messen ist. Die Beantwortung beider Fragen berührt die Problematik der Begründung und der Grenzen des Vorrangs des Gemeinschaftsrechts (Art. 220 EGV, Rn. 22 ff.):

aa) Rechtsprechung des EuGH

86 Das Gemeinschaftsrecht erhebt nach der Rechtsprechung des EuGH den Anspruch, eine autonome Rechtsordnung zu sein, die ihre Reichweite und Begrenzungen selbst festlegt. In seinem Anwendungsbereich, und dieser reicht in bestimmten Fällen auch in die Sphäre des von den Mitgliedstaaten gesetzten Rechts (oben Rn. 56 ff.), genießt sie uneingeschränkten Vorrang vor nationalem Recht (Art. 220 EGV, Rn. 22). Ein Gemeinschaftsakt, der mit den Gemeinschaftsgrundrechten in Einklang steht, beansprucht daher uneingeschränkten Vorrang auch vor den deutschen Grundrechten. Diese ausnahmslose Deutung des Gemeinschaftsrechts als lex superior läßt also Grundrechtskonkurrenzen gar nicht erst entstehen[228].

bb) Rechtsprechung des BVerfG und Reaktionen des deutschen Schrifttums

87 Das BVerfG betont zwar in Übereinstimmung mit dem EuGH den **grundsätzlichen Vorrang des sekundären Gemeinschaftsrechts vor nationalem Recht einschließlich der Grundrechte**. Während der EuGH diesen Vorrang aber autonom gemeinschaftsrechtlich begründet, betrachtet das BVerfG Art. 23 Abs. 1 GG (vormals Art. 24 Abs. 1 GG) als sedes materiae der Vorrangregel (Art. 220 EGV, Rn. 20). Aus diesem Grunde erkennt es – insoweit in Übereinstimmung mit obersten Gerichten anderer Mitgliedstaaten[229] – den Anwendungsvorrang des Gemeinschaftsrechts anders als der EuGH nicht uneingeschränkt an, sondern knüpft ihn im Bereich der Grundrechte an die Bedingung, daß das Gemeinschaftsrecht die **unabdingbaren Grundrechtsstandards des Grundgesetzes** wahrt[230].

---

227 K. *Larenz*, Methodenlehre der Rechtswissenschaft, 6. Aufl. 1991, S. 266.
228 Dies entspricht dem Grundsatz vom Vorrang der Zentralverfassung in den föderal gegliederten Mitgliedstaaten; vgl. T. *Schilling*, Rang und Geltung von Normen in gestuften Rechtsordnungen, 1994, S. 424 ff. sowie Art. 142 GG.
229 Dazu die Nachw. bei F. C. *Mayer*, Kompetenzüberschreitung und Letztentscheidung, 2000, S. 140 ff.
230 Die Möglichkeit, seine grundrechtliche Prüfungskompetenz im Einzelfall aktivieren zu können, ist die durchgehende Gemeinsamkeit aller einschlägigen Entscheidungen des BVerfG: vgl. etwa BVerfGE 37, 271 (279 f.); 73, 339 (375 f.); 89, 155 (174 f.); 102, 147 (164); dazu B. *Rickert*, Grundrechtsgeltung bei der Umsetzung europäischer Richtlinien in innerstaatliches Recht, 1997, S. 116 ff.; im Ergebnis ebenso: D. *Grimm*, Europäischer Gerichtshof und nationale Arbeitsgerichte, RdA 1996, S. 66 (67); V. *Götz*, Das Maastricht-Urteil des Bundesverfassungsgerichts, JZ 1993, S. 1081 (1083); M. *Schröder*, Das Bundesverfassungsgericht als Hüter des Staates im Prozeß der Europäischen Integration, DVBl. 1994, S. 316 (322).

88 Das BVerfG geht zwar mittlerweile – nach anfänglicher Kritik an der Qualität des Grundrechtsschutzes auf Gemeinschaftsebene in der Entscheidung »Solange I«[231] – davon aus, daß der Grundrechtsschutz im Hoheitsbereich der EG »nach Konzeption, Inhalt und Wirkungsweise dem Grundrechtsstandard des Grundgesetzes im wesentlichen gleich«[232] zu achten ist (»Solange II«). Es beschränkt sich daher auf die Rolle eines Reservisten, der nur für den Fall zum Einsatz kommt, daß der EuGH die »geltend gemachten Grundrechte schlechthin nicht anzuerkennen oder zu schützen bereit und in der Lage ist« und »das vom Grundgesetz geforderte Ausmaß an Grundrechtsschutz auf der Ebene des Grundrechtsschutzes generell und offenkundig unterschritten« ist[233]. Dies erfordert – so das BVerfG im Bananenmarkt-Beschluß – eine vom vorlegenden nationalen Gericht oder einem Verfassungsbeschwerdeführer zu leistende Gegenüberstellung des Grundrechtsschutzes auf nationaler und auf Gemeinschaftsebene. Allerdings sei ein »deckungsgleicher Schutz in den einzelnen Grundrechtsbereichen des Grundgesetzes durch das europäische Gemeinschaftsrecht und die darauf fußende Rechtsprechung des Europäischen Gerichtshofs« nicht gefordert[234]. Zugleich hat das BVerfG im Bananenmarkt-Beschluß aber seine im Maastricht-Urteil geäußerte Entschlossenheit bestätigt, daß es für diesen Fall einer grundsätzlichen Abkehr des EuGH von dem von Art. 23 Abs. 1 S. 1 GG geforderten grundrechtlichen Mindeststandard den Wesensgehalt der Grundrechte auch gegenüber der Gemeinschaftsgewalt sichere[235]. Prüfungsgegenstand sind dann nicht mehr nur die deutschen Umsetzungs- und Vollzugsakte, sondern auch das sekundäre Gemeinschaftsrecht selbst[236]. Das BVerfG sieht sich insoweit in einem »Kooperationsverhältnis« zum EuGH mit dem Inhalt, daß dieser »den Grundrechtsschutz in jedem Einzelfall für das gesamte Gebiet der Europäischen Gemeinschaften garantiert« und es selbst sich »auf eine generelle Gewährleistung der unabdingbaren Grundrechtsstandards beschränken kann«[237]. Diese inhaltliche Zurückhaltung wird allerdings in gewissem Maße dadurch kompensiert, daß das Bundesverfassungsgericht die letztinstanzlichen Fachgerichte (Art. 234 Abs. 3) zu einer sorgfältigen Prüfung ihrer Vorlagepflichten an den EuGH als gesetzlichen Richter (Art. 101 Abs. 1 S. 2 GG) anhält.[238]

---

231 BVerfGE 37, 271 (280 ff.).
232 BVerfGE 73, 339 (378); 102, 147 (163 f.); vgl. bereits BVerfGE 58, 1 (26 ff.); 59, 63 (68 ff.).
233 BVerfGE 73, 339 (387); vgl. auch BVerfG, NJW 2001, 1267 (1267 f.).
234 BVerfGE 102, 147 (164).
235 BVerfGE 102, 147 (163) unter Hinweis auf BVerfGE 89, 155 (174 f.).
236 Vgl. für dieses herrschende Verständnis der Maastricht-Entscheidung etwa *Grimm* (Fn. 230), S. 68; *H. H. Rupp*, Ausschaltung des Bundesverfassungsgerichts durch den Amsterdamer Vertrag, JZ 1998, S. 213 (215); *K. Schmalenbach*, Der neue Europaartikel 23 des Grundgesetzes im Lichte der Arbeit der Gemeinsamen Verfassungskommission, 1996, S. 185; *Schröder* (Fn. 230), S. 322; *R. Streinz*, in: Sachs, GG, Art. 23, Rn. 50; *C. Tietje*, Europäischer Grundrechtsschutz nach dem Maastricht-Urteil, »Solange III«, JuS 1994, S. 197 (198 f.), *R. Wittkowski*, Das Maastricht-Urteil des Bundesverfassungsgerichts vom 12.10.1993 als »Solange III«-Entscheidung?, BayVBl. 1994, S. 359 (362) jeweils unter Berufung auf BVerfGE 89, 155 (175) und die darin enthaltene explizite Abweichung von BVerfGE 58, 1 (27); a. A. etwa *H.-J. Cremer*, Europäische Hoheitsgewalt und deutsche Grundrechte, Der Staat 34 (1995), S. 268 (282).
237 BVerfGE 89, 155 (175); vgl. zuvor bereits BVerfG, EuGRZ 1989, 339 (340). Im Schrifttum wird allerdings oft auch die Auffassung vertreten, daß das GG auch in Grundrechtsfragen die Übertragung der Letztentscheidungsbefugnis auf den EuGH gestatte; vgl. etwa *G. Hirsch*, Europäischer Gerichtshof und Bundesverfassungsgericht – Kooperation oder Konfrontation, NJW 1996, S. 2457 (2463 f.) m. w. N. Dies wird aber an die Voraussetzung geknüpft, daß der EuGH auch tatsächlich effektiven Grundrechtsschutz gewährleistet. Was aber geschehen soll, wenn der EuGH dies nicht tut, bleibt letztlich offen. Erst dieser Verzicht auf einen effektiven Grundrechtsschutz ist aber auch nach Ansicht des BVerfG auslösendes Moment seiner Verwerfungsbefugnis.
238 BVerfG, NJW 2001, 1267 (1267 f.); dazu *H. Kube*, Verfassungsbeschwerde gegen Gemeinschaftsrecht und Vorlagepflicht des BVerwG nach Art. 234 III EGV – BVerfG, NJW 2001, 1267, Jus 2001, S. 858 ff. und *P. E. Sensburg*, Die Vorlagepflicht an den EuGH. Eine einheitliche Rechtsprechung des BVerfG, NJW 2001, S. 1259 f.

89 Nach dem Bananenmarkt-Beschluß des BVerfG sind Konflikte zwischen deutschem und gemeinschaftsrechtlichem Grundrechtsschutz weniger denn je wahrscheinlich. Das BVerfG hat die Primärverantwortung des EuGH für die Einhaltung eines angemessenen Grundrechtsschutzes ohnehin niemals, auch nicht im Maastricht-Urteil, in Frage gestellt. Es reklamiert im Grundrechtsbereich zwar weiterhin eine **Prüfungskompetenz, beschränkt seine Verwerfungskompetenz** aber auf den derzeit nur theoretischen Fall, daß der **unabdingbare Grundrechtsstandard vom EuGH nicht gewahrt wird**[239]. Unsicher bleibt allerdings, unter welchen Voraussetzungen die Grundrechtskontrolle durch das BVerfG ausgelöst werden könnte. Normativer Anknüpfungspunkt ist Art. 23 Abs. 1 S. 1 GG, der mit dem Postulat eines »im wesentlichen vergleichbaren Grundrechtsschutzes« an die Formel des BVerfG vom »unabdingbarer Grundrechtsstandard« anschließt[240]. Das meint eine über das einzelne Grundrecht und den Einzelfall hinausgehende Gesamtbetrachtung des deutschen und des gemeinschaftsrechtlichen Grundrechtsschutzes[241]. In der Literatur wird daher meist zwischen der Einzelfallprüfung durch den EuGH einerseits und der Überprüfung struktureller Defizite im Grundrechtsschutz durch das BVerfG andererseits differenziert: Die Verkennung des Schutzgehaltes eines Grundrechtes durch den EuGH ist danach im Einzelfall unerheblich, wenn sie sich nicht zu einem strukturellen Grundrechtsdefizit »addiert«[242]. Doch kann durchaus bereits ein einzelner Fall ein über diesen hinausgehendes strukturelles Defizit aufdecken[243]. Denn »Grundrechtsschutz« i.S.v. Art. 23 Abs. 1 S. 1 GG ist kein quantitativer, sondern ein qualitativer Maßstab, der bereits durch einen Einzelfall aktualisiert werden kann. Um daher einerseits der individualrechtsschützenden Funktion der Grundrechte Rechnung zu tragen, andererseits aber nicht ohne Not den gleichmäßigen Geltungsanspruch des Gemeinschaftsrechts in Frage zu stellen, wird man das BVerfG dahingehend interpretieren dürfen, daß es seine Prüfungskompetenz zwar für jeden Einzelfall reklamiert, die Zulässigkeit einer Klage/Vorlage aber davon abhängig macht, daß in diesem Einzelfall eine darüber hinausgehende

---

239 Zur Unterscheidung zwischen Kontroll- und Verwerfungskompetenz *H. Gersdorf*, Das Kooperationsverhältnis zwischen deutscher Gerichtsbarkeit und EuGH, DVBl. 1994, S. 674 (680 ff.).
240 Vgl. Abschlußbericht der Gemeinsamen Verfassungskommission, BT-Drucks. 12/6000, S. 21; ferner etwa *U. Kischel*, Der unabdingbare grundrechtliche Mindeststandard in der Europäischen Union, Der Staat 39 (2000), S. 523 (526); *I. Pernice*, in: Dreier; GG, Bd. II, Art. 23 Rn. 75.
241 *C.-D. Classen*, in: von Mangoldt/Klein/Starck Bd. II, Art. 23 Abs. 1 Rn. 53; *H. Lecheler*, Zum Bananenmarkt-Beschluss des BVerfG, JuS 2001, S. 120 (123); ausführliche Nachw. zur Diskussion um die Grenzen der Übertragung von Hoheitsbefugnissen im Grundrechtsbereich *P. Funk-Rüffert*, Kooperation von Europäischem Gerichtshof und Bundesverfassungsgericht im Bereich des Grundrechtsschutzes, 1999, S. 81 ff.; *D. König*, Die Übertragung von Hoheitsrechten im Rahmen des europäischen Integrationsprozesses – Anwendungsbereich und Schranken des Art. 23 des Grundgesetzes, S. 439 ff.; *S. Uhrig*, Die Schranken des Grundgesetzes für die europäische Integration, 2000, S. 73 ff.; 121 f.; kritisch: *M. Nettesheim*, Die Bananenmarktentscheidung des BVerfG: Europarecht und nationaler Mindeststandard, Jura 2001, S. 686 (690 ff.), der an der Durchführbarkeit eines qualitativen Vergleiches der beiden Grundrechtsordnungen zweifelt.
242 *S. Kadelbach*, Allgemeines Verwaltungsrecht unter europäischem Einfluß, 1999, S. 254 f.; *Kischel* (Fn. 240); S. 538 ff.; *Lecheler* (Fn. 241) S. 123; *C. Tomuschat*, Die Europäische Union unter der Aufsicht des Bundesverfassungsgerichts, EuGRZ 1993, S. 489 (490); *M. Zuleeg*, Bananen und Grundrechte – Anlaß zum Konflikt zwischen europäischer und deutscher Gerichtsbarkeit, NJW 1997, S. 1201 (1201).
243 Vgl. auch *C. Enders*, Offene Staatlichkeit unter Souveränitätsvorbehalt – oder: Vom Kampf der Rechtsordnungen nach Maastricht, FS- Böckenförde, 1995, S. 29 (44); *Huber* (Fn. 212), S. 519; *Nettesheim* (Fn. 241), S. 692; a. A. etwa *J. Limbach*, Das Bundesverfassungsgericht und der Grundrechtsschutz in Europa, NJW 2001, S. 2913 (2917).

prinzipielle Abkehr von den »essentials« des Grundrechtsschutzes, wie etwa der Verhältnismäßigkeitsprüfung, zu erkennen ist[244].

cc) **Stellungnahme**
Im europäischen Verfassungsverbund (Art. 1 Rn. 26) können Union und Mitgliedstaaten nicht mehr als separate politische Systeme gedacht werden, sondern als aufeinander bezogene Teile eines Ganzen. Mit den überkommenen staats- und völkerrechtlichen Kategorien von Bundesstaat und Staatenbund läßt sich die Verzahnung von europäischer und mitgliedstaatlichen Rechtsordnungen nicht angemessen erfassen[245]. Auch das Verhältnis von mitgliedstaatlichen und kommunitären Grundrechten kann daher nicht in »den eingefahrenen Geleisen des nationalen Rechts mit seiner Stufenfolge von Rechtssätzen und dem Dualismus von nationalem und Völkerrecht«[246] erklärt werden. Aus diesem Grunde ist das vielgescholtene Kooperationsverhältnis zwischen BVerfG und EuGH nicht Ausdruck von Konfrontation und Mißtrauen[247], sondern ein dem verfassungsrechtlichen status quo angemessenes »Koexistenzverhältnis«[248], das auch in Zukunft dazu beitragen kann, daß der äußerste Fall einer Mißachtung des unabdingbaren Grundrechtsstandards durch die Gemeinschaft gar nicht erst eintritt. Dabei wird das Hauptaugenmerk dank des beeindruckenden, mittlerweile fast lückenlosen Grundrechtskataloges nicht auf die Ebene des grundrechtlichen Schutzbereiches zu richten sein. Auch folgt bereits aus der Eigenart der Rechtserkenntnisquellen der Gemeinschaftsgrundrechte (oben Rn. 41 ff.), daß ein mit den deutschen Grundrechten deckungsgleicher Grundrechtsschutz nicht verlangt werden kann[249]; Art. 23 Abs. 1 S. 1 fordert dementsprechend auch »nur« einen »vergleichbaren Grundrechtsschutz«. Konfliktpotential birgt aber nach wie vor aber die unzureichende Verhältnismäßigkeitsprüfung des EuGH gerade im Bereich der wirtschaftlichen Grundrechte (Rn. 74, 139, 157). Es ist bedauerlich, daß das BVerfG im Bananenmarkt-Beschluß die Gelegenheit nicht genutzt hat, auf dieses offensichtliche Defizit in der Grundrechtsjudikatur des EuGH hinzuweisen[250].

90

---

244 *Caspar* (Fn. 212), S. 356; *Kugelmann* (Fn. 98), S. 49 f.; *Schmalenbach* (Fn. 236), S. 186; *Selmer* (Fn. 183), S. 29 ff. Unklar hingegen BVerfG, NJW 1995, 950 f., wo der nationale Grundrechtsschutz gegen eine gemeinschaftsrechtlich determinierte Maßnahme aktiviert wird, ohne daß das Problem einer Unterschreitung des unabdingbaren Grundrechtsstandards überhaupt thematisiert würde; krit. dazu *M. Nettesheim*, Art. 23 GG, nationale Grundrechte und EU-Recht, NJW 1995, S. 2083 (2084 f.).
245 Vgl. *von Bogdandy* (Fn. 1), S. 12 f.
246 *K. Stern*, Das Staatsrecht der Bundesrepublik Deutschland Bd. I, 2. Aufl. 1984, S. 540; vgl. ferner *U. di Fabio*, Das Recht offener Staaten, 1998, S. 139 ff.; *J. Isensee*, Vorrang des Europarechts und deutsche Verfassungsvorbehalte – offener Dissens, in: FS-Stern, 1997, S. 1239 (1261 ff.) und *T. Schilling* (Fn. 228), S. 401 ff.
247 So aber *G. Nicolaysen/C. Nowak*, Teilrückzug des BVerfG aus der Kontrolle der Rechtmäßigkeit gemeinschaftlicher Rechtsakte: Neuere Entwicklungen und Perspektiven, NJW 2001, S. 1233 (1236).
248 *M. Heintzen*, Die »Herrschaft« über die Europäischen Gemeinschaftsverträge – Bundesverfassungsgericht und Europäischer Gerichtshof auf Konfliktkurs?, AöR 119 (1994), S. 564 (588); vgl. auch *J. Limbach*, Die Kooperation der Gerichte in der zukünftigen europäischen Grundrechtsjudikatur, EuGRZ 2000, S. 417 (419), die in diesem Zusammenhang von einem durch das BVerfG in Gang gesetzten »gemeinsamen Lernprozeß« spricht.
249 *Kischel* (Fn. 240), S. 527 ff.; *U. Steiner*, Richterliche Grundrechtsverantwortung in Europa, in: FS-Maurer, 2001, S. 1005 (1011).
250 *F. C. Mayer*, Grundrechtsschutz gegen europäische Rechtsakte durch das BVerfG: Zur Verfassungsmäßigkeit der Bananenmarktordnung, EuZW 2000, 685 (686); *C. Schmid*, Ein enttäuschender Rückzug, NVwZ 2001, S. 249 (252 ff.); vgl. auch *C.-D. Classen*, JZ 2000, Anmerkung, S. 1157 (1158).

c) Grundrechte der EMRK

aa) Rechtsprechung des EuGMR

91 Das Verhältnis zwischen Gemeinschaftsgrundrechten und den Grundrechten der EMRK und zwischen EuGH und EuGMR wird im Gefolge neuerer Judikatur des EuGMR (wieder) vermehrt diskutiert. Zwar ist die Gemeinschaft selbst nicht unmittelbar an die EMRK gebunden und können daher Rechtsakte der Gemeinschaft auch nicht vom EuGMR überprüft werden, weil die Gemeinschaft nicht Vertragspartei der EMRK ist und dies auch nur durch Änderung der Gründungsverträge (oben Rn. 35) und der EMRK selbst (die derzeit nur den Beitritt von Staaten vorsieht) möglich wäre. Doch ändert die Mitgliedschaft in der Gemeinschaft und die mit ihr verbundene Übertragung von Hoheitsrechten nichts an der fortbestehenden völkervertragsrechtlichen Bindung der Mitgliedstaaten: Daher ist eine **nationale Bestimmung** nicht deshalb dem Anwendungsbereich der EMRK entzogen, weil sie das Resultat aus der – nahezu wortgleichen – Umsetzung einer Richtlinie ist[251]. Eine entsprechende konventionsrechtliche Verantwortung der Mitgliedstaaten besteht beim Vollzug von Gemeinschaftsrecht. Und selbst für das **Gemeinschaftsrecht selbst** dürfte die Verantwortlichkeit eines jeden Mitgliedstaates fortbestehen: Im Fall Matthews hat der EuGMR entgegen der bisherigen Praxis der EuKommMR[252] sogar die Verantwortlichkeit eines einzelnen Mitgliedstaates für die Einhaltung der EMRK durch einen von allen Mitgliedstaaten gemeinsam verantworteten Rechtsakt bejaht[253]. Damit bleibt zwar verfahrensrechtlich nur der einzelne Mitgliedstaat Beteiligter i.S.d. EMRK. Materiell-rechtlich läßt sich aber aus diesem Urteil der Anspruch des EuGMR ableiten, vermittelt durch die an die EMRK gebundenen Mitgliedstaaten auch im Anwendungsbereich des Gemeinschaftsrechts umfassend Grundrechtsschutz zu gewährleisten[254].

bb) Schrifttum

92 Im Schrifttum wird die Auffassung vertreten, daß aus der Einwirkung der EMRK auf das Gemeinschaftsrecht **Pflichtenkollisionen** erwachsen können, etwa dergestalt, daß ein Mitgliedstaat europarechtlich zur Vollziehung verpflichtet ist, diese Vollziehung aber gegen die EMRK verstößt und der betroffene Mitgliedstaat damit seine völkerrechtlichen Verpflichtungen aus der EMRK verletzt[255]. In diesem Zusammenhang wird auch auf die Unterschiede zwischen der Rechtsprechung des EuGMR und des EuGH hingewiesen[256] und daraus meist die rechtspolitische Forderung eines durch Vertragsänderung zu realisierenden Beitritts der Gemeinschaft zur EMRK abgeleitet (dazu unten Rn. 206 ff.)[257].

---

251 EuGMR, Nr. 24833/94 – 126, EuGRZ 1999, 193, Rn. 30 (Cantoni/Frankreich); in der Entscheidung kann man auch eine Reaktion des EuGMR auf den wenige Monate zuvor vom EuGH abgelehnten Beitritt der Gemeinschaft zur EMRK (oben Rn. 35) sehen.
252 Vgl. dazu etwa *C. Busse*, Das Projekt der Europäischen Grundrechtscharta vor dem Hintergrund der EMRK, ThürVBl. 2001, S. 73 (76 f.).
253 EuGMR, Nr. 24833/94 – 126, EuGRZ 1999, 200, Rn. 32 (Matthews/Vereinigtes Königreich).
254 *J. Bröhmer*, Das Europäische Parlament: Echtes Legislativorgan oder bloßes Hilfsorgan im legislativen Prozeß?, ZEuS 1999, S. 197 (214 ff.); *Grabenwarter* (Fn. 95), S. 330; *Rengeling* (Fn. 101), S. 236; *G. Ress*, Das Europäische Parlament als Gesetzgeber. Der Blickpunkt der Europäischen Menschenrechtskonvention, ZEuS 1999, S. 219 (229).
255 *C. Busse*, Die Geltung der EMRK für Rechtsakte der EU, NJW 2000, S. 1074 (1079); *Ehlers* (Fn. 169), S. 377; *Rengeling* (Fn. 101), S. 236 f.
256 *N. Philippi*, Divergenzen im Grundrechtsschutz zwischen EuGH und EGMR, ZEuS 2000, S. 97 (121).
257 *Busse* (Fn. 255), S. 1079; *I. Canor*, Primus inter pares. Who is the ultimate guardian of fundamental rights in Europe?, ELRev. 25 (2000), S. 3 (20 f.); *H. C. Krüger/J. Polakiewicz*, Vorschläge für ein kohärentes System des Menschenrechtsschutzes in Europa, EuGRZ 2001, S. 92 (94 ff., 98 ff.); *Winkler* (Fn. 99), S. 26 f.

cc) Stellungnahme

Ob aus der Parallelzuständigkeit von EuGH und EuGMR für den Grundrechtsschutz tatsächlich in relevantem Ausmaß Konflikte entstehen, die Veranlassung für den Beitritt zur EMRK geben, ist zweifelhaft. Zunächst sind Abweichungen in Einzelfragen unschädlich, wenn sie sich auf den spezifischen gemeinschaftsrechtlichen Kontext gründen, der eine Abweichung vom EuGMR sachlich rechtfertigen kann (oben Rn. 43)[258]. Im übrigen ist die EMRK für den EuGH schon bisher die wichtigste Rechtserkenntnisquelle (oben Rn. 35, 40 ff.); der EuGH bemüht sich schon deshalb um eine enge Anlehnung an die Rechtsprechung des EuGMR[259]. Hinzu kommt, daß die Grundrechtecharta als Ausprägung der Verfassungsüberlieferungen der Mitgliedstaaten (oben Rn. 40a) das Schutzniveau der EMRK als grundrechtlichen Minimalstandard festschreibt (Art. 52 Abs. 3, 53 GRCh). Divergenzen sind damit zwar nicht gänzlich ausgeschlossen (unten Rn. 99 f., 193), aber selten. Um Abweichungen gegenüber zukünftigen Entscheidungen des EuGMR vorzubeugen, sind zudem vielfältige Möglichkeiten der Zusammenarbeit zwischen den beiden Gerichtshöfen denkbar[260]. Ein **Kooperationsverhältnis zwischen EuGH und EuGMR** kann, verstanden als **Koexistenzverhältnis**[261] und insoweit vergleichbar mit dem Verhältnis zwischen EuGH und nationalen Verfassungsgerichten, nicht nur mögliche Konflikte bereits im Vorfeld entschärfen; es vermag auch positive Impulse für die an einigen Punkten durchaus verbesserungsbedürftige Rechtsprechung des EuGH (vgl. etwa Rn. 65, 73 ff.) zu geben.

92 a

III. Die einzelnen Grundrechte[262]

1. Würde des Menschen

»Die **Würde des Menschen** ist nicht nur ein Grundrecht an sich, sondern bildet das

93

---

258 Vgl. EuGH, Rs. 17/98, Slg. 2000, I-665, Rn. 8 ff. (Emesa Sugar) in bezug auf den Generalanwalt, dazu auch S. *Winkler*, Der Beitritt der Europäischen Gemeinschaften zur Europäischen Menschenrechtskonvention, 2000, S. 35 f., der auf die Sonderstellung des Generalanwaltes verweist.
259 *Rodríguez Iglesias* (Fn. 112), S. 1280; ferner *S.-R. Eiffler*, Der Grundrechtsschutz durch BVerfG, EGMR und EuGH, JuS 1999, S. 1068 (1071 f.).
260 Dazu *S. Alber/U. Widmaier*, Die EU-Charta der Grundrechte und ihre Auswirkungen auf die Rechtsprechung, in: EUGRZ 2000, S. 497 (507 ff.), *Pache* (Fn. 197), S. 493; skeptischer *G. Ress*, Menschenrechte, europäisches Gemeinschaftsrecht und nationales Verfassungsrecht, FS-Winkler, 1997, S. 897 (917 ff.).
261 *Canor* (Fn. 257), S. 5.
262 Die folgende, an der Gliederung der Grundrechtecharta orientierte Darstellung der Einzelgrundrechte enthält jeweils Nachweise zu den Rechtserkenntnisquellen i.S.v. Abs. 2, also der EMRK und, mit zwei Ausnahmen, den Verfassungen der Mitgliedstaaten: Im **Vereinigten Königreich** gibt es keinen geschriebenen Grundrechtskatalog im kontinentaleuropäischen Sinne (dazu *N. Johnson*, Zur Frage der Aufnahme von Grundrechten in die britische Verfassung, in: FS-Arndt, 1987, S. 83 [86 ff.]; *M. H. W. Koch*, Zur Einführung eines Grundrechtskataloges im Vereinigten Königreich von Großbritannien und Nordirland, 1991, insbes. S. 25 ff.). In der gerichtlichen Praxis im Vereinigten Königreich hat allerdings die – nunmehr durch den Human Rights Act 1998 in das nationale Recht inkorporierte (dazu *R. Grote*, Die Inkorporierung der Europäischen Menschenrechtskonvention in das britische Recht durch den Human Rights Act 1998, ZaöRV 58 [1998], S. 309 ff.) – EMRK eine Bedeutung erlangt, die sie jedenfalls in die Nähe eines kodifizierten Grundrechtskataloges rückt (*Grabenwarter* [Fn. 95], S. 305). – Verzichtet wird zudem auf Nachweise aus **Österreich**, wo die EMRK Verfassungsrang besitzt, das aber im übrigen keinen einheitlichen Grundrechtskatalog kennt, sondern eine Fülle von Bundesverfassungsgesetzen, die jeweils einzelne Grundrechte enthalten (vgl. dazu die Beiträge in: Machacek/Pahr/Stadler, Grund- und Menschenrechte in Österreich, 1991).

eigentliche Fundament der Grundrechte«[263]. Mit ihr ist der **soziale Wert- und Achtungsanspruch** verbunden, der dem Menschen allein wegen seines Menschseins zu kommt. Als »tragendes Konstitutionsprinzip im System der Grundrechte«[264] steht sie daher auch an der Spitze der Grundrechtsgewährleistungen der Charta der Grundrechte der Europäischen Union: Vom spezifisch staatlichen Kontext gelöst, enthält Art. 1 GRCh eine im übrigen Art. 1 Abs. 1 GG wortgleiche Achtungs- und Schutzverpflichtung der Menschenwürde[265]. Weil sie zum Wesensgehalt der Grundrechte gehört und weder die EMRK noch die einschlägigen Verfassungen der Mitgliedstaaten Schranken vorsehen, sind Einschränkungen der Menschenwürde unzulässig[266].

94 In Art. 2–5 GRCh finden sich fundamentale Garantien, die in einem engen Zusammenhang mit dem Grundsatz der Menschenwürde stehen. Art. 2 GRCh statuiert ein an Art. 2 Abs. 1 S. 1 EMRK angelehntes **Recht auf Leben,** das sich so oder in ähnlicher Form, zum Teil ergänzt durch das Verbot der Todesstrafe, auch in einigen Verfassungen der Mitgliedstaaten findet[267]. Zum Schutz des ungeborenen Lebens, insbesondere zu der Frage, wann menschliches Leben beginnt, finden sich in der Charta und den Erläuterungen keine Hinweise; die – sehr unterschiedlichen – Schutzkonzepte der Mitgliedstaaten werden nicht angetastet[268]. Art. 3 Abs. 1 GRCh enthält eine **Garantie der körperlichen und geistigen Unversehrtheit**[269], die Art. 3 Abs. 2 GRCh durch Erwähnung einiger aktueller Konflikt- und Gefährdungslagen aus dem medizinisch-biologischen Bereich konkretisiert. Das Verbot eugenischer Praktiken bezieht sich insbesondere auf diejenigen Handlungen, die nach Art. 7 Abs. 1 lit. g) des Status des Internationalen Strafgerichtshofs[270] als internationale Verbrechen angesehen werden[271]. Hervorhebung verdienen ferner die Verbote, den menschlichen Körper und Teile davon als solche zur Erzielung von Gewinnen zu nutzen und des reproduktiven Klonens von Menschen[272]. Andere Formen des Klonens, insbesondere das therapeutische Klonen, werden damit weder gestattet noch verboten.[273] Art. 4 und 5 GRCh schließlich enthalten an Art. 3 und 4 EMRK angelehnte Verbote.

95 Der EuGH hat bislang nur vereinzelt zu den genannten Rechten Stellung bezogen. Die Achtung der Menschenwürde gebietet es, daß der menschliche Körper in den einzelnen

---

263 Erläuterungen (Fn. 60) zu Art. 1 GRCh.
264 BVerfGE 87, 209 (228).
265 Die EMRK enthält in Art. 3 eine wichtige Ausprägung der Menschenwürdegarantie. Neben Art. 1 Abs. 1 GG findet sich eine gegenüber den Einzelgrundrechten explizit herausgehobene Menschenwürdegarantie in den Verfassungen von Belgien (Art. 23 Abs. 1), Griechenland (Art. 2 Abs. 1), Schweden (Kap. 1 § 2 Abs. 1) und Spanien (Art. 10 Abs. 1), der Sache nach aber natürlich in allen mitgliedstaatlichen Verfassungen.
266 Vgl. Erläuterungen (Fn. 60) zu Art. 1 GRCh; ferner *Grabenwarter* (Fn. 91), S. 3.
267 Art. 2 Abs. 2 S. 1 GG; § 6 Abs. 1, 2 SF; Art. 7 Abs. 2 GR; Art. 40 Abs. 3 Ziff. 2 u. 3 IR; Art. 24 Abs. 1 P; Art. 15 SP.
268 Allerdings müssen die Mitgliedstaaten beim Schutz des ungeborenen Lebens selbstverständlich die Grundfreiheiten achten, dazu EuGH, Rs. C-159/90, Slg. 1991, I-4685, Rn. 16 ff. (Society for the protection of unborn children Ireland).
269 Kein Befund in der EMRK. In den Mitgliedstaaten wird jedenfalls die körperliche Unversehrtheit als Schutzgut angesprochen in den Verfassungen von Deutschland, Finnland, Griechenland, Portugal, Schweden und Spanien (Art. 2 Abs. 2 S. 1; § 6 Abs. 1 SF; Art. 7 Abs. 2 GR; Art. 25 Abs. 1 P [»körperliche und geistige Unversehrtheit«]; Kap. 2 § 5 S; Art. 15 SP [»körperliche und moralische Unversehrtheit«]).
270 International Legal Materials 37 (1998), S. 999 ff.
271 Erläuterungen (Fn. 60) zu Art. 3 GRCh.
272 Ausweislich der Erläuterungen (Fn. 60) zu Art. 3 GRCh hat insoweit das Übereinkommen des Europarates über Menschenrechte und Biomedizin (International Legal Materials 36 [1997], S. 817 ff.) Pate gestanden.
273 Erläuterungen (Fn. 60) zu Art. 3 GRCh; ferner *Calliess* (Fn. 91), S. 263.

Phasen seiner Entstehung und Entwicklung keine patentierbare Erfindung darstellen kann. Allerdings soll es keinen Verstoß gegen die Menschenwürde darstellen, daß Bestandteile des menschlichen Körpers als Teile einer wissenschaftlichen oder technischen Erfindung zum Gegenstand einer Patentanmeldung werden können.[274] Ferner weist das auch vom EuGH anerkannte Grundrecht auf Achtung des Privatlebens (unten Rn. 97) enge Bezüge zum Schutz der Menschenwürde auf. Denn es schützt den Einzelnen »weniger mit seinem Verhalten als mit seiner Qualität als Subjekt«[275]. Mit den Schutzgütern von Leben und Gesundheit war der EuGH zudem im Bereich der Grundfreiheiten befaßt, da deren Schutz insbesondere Beeinträchtigungen des freien Warenverkehrs rechtfertigt (Art. 30 EGV, Rn. 36).

2. Freiheiten

a) Freiheit und Sicherheit der Person

Das in Art. 6 GRCh enthaltene Grundrecht auf Freiheit und Sicherheit der Person lehnt sich eng an Art. 5 EMRK an. Auch die meisten Verfassungen der Mitgliedstaaten enthalten entsprechende Gewährleistungen, mitunter ergänzt durch besondere Garantien der Freizügigkeit[276]. Erhebliche Bedeutung hat das Grundrecht als Verfahrensgrundrecht bei Freiheitsbeschränkungen und -entziehungen (**habeas corpus-Garantie**); insoweit hätte allerdings eine Zuordnung zu den justitiellen Rechten in Kapitel VI der Charta systematisch näher gelegen. Art. 6 GRCh verzichtet zwar auf die insoweit einschlägige, ausdifferenzierte Schrankenregelung des Art. 5 Abs. 2–5 EMRK, doch findet sich immerhin in den im Rahmen der genetischen Auslegung heranzuziehenden Erläuterungen (oben Rn. 26 c) eine entsprechende Bezugnahme. Auch aus Art. 52 Abs. 3 GRCh ergibt sich, daß Art. 6 GRCh den Mindeststandard des Art. 5 EMRK wahrt (oben Rn. 70)[277]. Rechtsprechung des EuGH aus diesem Bereich existiert bislang noch nicht. Allerdings kann das Grundrecht in Zukunft etwa für Maßnahmen im Bereich der polizeilichen und justitiellen Zusammenarbeit (Art. 29 ff.) bedeutsam werden.

96

b) Privatleben

Das in Art. 7 GRCh enthaltene Recht auf Achtung des Privat- und Familienlebens, der Wohnung und der Kommunikation entspricht im wesentlichen Art. 8 EMRK[278]; es weist einen engen Bezug zur Garantie der Menschenwürde auf (oben Rn. 95). Schon seit jeher erkennt auch der EuGH unter Berufung auf Art. 8 EMRK ein von der Gemeinschaftsrechtsordnung geschütztes Grundrecht auf Schutz des Privatlebens an[279]. Art. 7 GRCh

97

---

274 EuGH, Rs. C-377/98, n.n.i. Slg., Rn. 69 ff. (Niederlande/Parlament u. Rat).
275 *Pieroth/Schlink* (Fn. 15), Rn. 373; vgl. aus der Rechtsprechung BVerfGE 27, 1 (6).
276 Art. 12 B; § 71 DK; Art. 2 Abs. 2 S. 2, 11, 104 GG; § 6 SF; Art. 66 F; Art. 5 Abs. 3, 6 GR; Art. 40 Abs. 4 IR; Art. 13, 16 I; Art. 12 L; Art. 2 Abs. 4, 15 NL; Art. 27, 28, 30, 44 P; Kap. 2 §§ 8, 9 S; Art. 17, 19 SP.
277 *Grabenwarter* (Fn. 91), S. 4.
278 Das Grundrecht existiert zudem in allen Mitgliedstaaten, wird aber – Art. 8 EMRK entsprechend – meist nur im Zusammenhang mit den Grundrechten der Unverletzlichkeit der Wohnung, dem Schutz der Familie und/oder des freien Post- und Fernmeldeverkehrs gewährleistet: Art. 15, 22, 29 B; § 72 DK; Art. 2 Abs. 1 i.V.m. Art. 1 Abs. 1, 6 Abs. 1, 10, 13 GG; § 8 SF; Grunds. 9 PR IV-F; Art. 9, 19, 21 GR; Art. 40 Abs. 5, 41 IR; Art. 14, 15, 29 – 31 I; Art. 11 Abs. 3, 15, 28 L; Art. 10, 12, 13 NL; Art. 26, 32 Abs. 6; 34, 35, 67 – 70 P; Kap. 2, § 6, S. 2 S; Art. 18, 39 SP.
279 EuGH, Rs. 29/69, Slg. 1969, 419, Rn. 7 (Stauder/Ulm); Rs. 155/79, Slg. 1982, 1575, Rn. 18 ff. (AM & S/Kommission); Verb. Rs. 97–99/87, Slg. 1989, 3165, Rn. 14 ff. (Dow Chemical Ibérica u. a./Kommission); Rs. C-62/90, Slg. 1992, I-2575, Rn. 23 (Kommission/Deutschland); EuG, Rs. T-10/93, Slg. 1994, II-179, Rn. 47 f. (A/Kommission); EuGH, Rs. C-404/92, Slg. 1994, I-4737, Rn. 17 (X/Kommission); vgl. zur Rechtsprechung etwa *J. Schwarze*, Grundrechte der Person im Europäischen Gemeinschaftsrecht, NJ 1994, S. 53 (54 f.).

Art. 6 EU-Vertrag

und Art. 8 EMRK heben aus der allgemeinen Gewährleistung des Privatlebens bestimmte **Teilbereiche der persönlichen Lebenssphäre** gesondert hervor: die Unverletzlichkeit der Wohnung (unten Rn. 99 f.), den Schutz des Familienlebens (Rn. 101) und das Brief-, Post- und Fernmeldegeheimnis (unten Rn. 102). In Anlehnung an Art. 8 EMRK und damit im Gegensatz etwa zum Grundgesetz unterscheidet auch der EuGH nicht zwischen den einzelnen Grundrechten[280]. Eine gesonderte Erwähnung findet in Art. 8 GRCh allerdings das im Zusammenhang mit Art. 286 EGV stehende Grundrecht auf informationelle Selbstbestimmung (Rn. 103). Schließlich enthält Art. 287 EGV einen besonderen Anspruch auf Geheimhaltung gegenüber den Organen der Gemeinschaft[281].

aa) Schutzbereich

98 Das Grundrecht schützt die freie Entscheidung des Einzelnen darüber, ob und inwieweit er seine persönliche Lebenssphäre zum Gegenstand öffentlicher Erörterung macht. Der EuGH hat den Schutzbereich des Grundrechts auf Achtung des Privatlebens bislang erst punktuell konkretisiert, dabei aber einige Aspekte der engeren persönlichen Lebenssphäre aufgegriffen, die in Deutschland unter dem Gesichtspunkt des **allgemeinen Persönlichkeitsrechts** diskutiert werden. Geschützt sind danach etwa das Arztgeheimnis[282] und »das Recht einer Person, ihren Gesundheitszustand geheimzuhalten«[283]. In einer frühen Entscheidung hat der EuGH außerdem das Recht auf Anonymität in einen Zusammenhang mit dem »Grundrecht der Person« gebracht[284]. Allgemeinere Umschreibungen zum grundrechtlichen Schutzbereich finden sich darüber hinaus in der Rechtsprechung des **EuGMR**: Der Begriff »Privatleben« umfasse nicht nur einen inneren Kreis, »in dem der Einzelne seine persönliche Lebensführung nach Belieben gestalten kann«. Die Achtung des Privatlebens müsse vielmehr auch das Recht beinhalten, Beziehungen zu anderen Menschen herzustellen und zu entfalten[285].

99 Auch das **Grundrecht der Unverletzlichkeit der Wohnung** ist eine Ausprägung des Grundrechts auf Achtung des Privatlebens[286]. Der EuGH war aus Anlaß von Durchsuchungen von Geschäftsräumen auf der Grundlage der sog. Kartellverordnung[287] befaßt. Unter Hinweis auf den engen Bezug des Grundrechts der Unverletzlichkeit der Wohnung zur freien Entfaltung der Persönlichkeit begrenzt er den Schutzbereich des Grundrechts auf Privatwohnungen. **Geschäftsräume** seien hingegen **nicht geschützt**, da die Rechtsordnungen der Mitgliedstaaten insoweit erhebliche Unterschiede aufwiesen und auch Rechtsprechung des EuGMR nicht vorliege[288]. Schutz gewährt insoweit aber die allgemeine Handlungsfreiheit (dazu unten Rn. 169)[289]. Der EuGMR hat nach den Urteilen

---

280 EuGH, Verb. Rs. 97-99/87, Slg. 1989, 3165, Rn. 7 ff. (Dow Chemical Ibérica u. a./Kommission) für das Verhältnis der Grundrechte auf Achtung des Privatlebens und der Unverletzlichkeit der Wohnung.
281 Vgl. EuGH, Rs. 145/83, Slg. 1985, 3539, Rn. 34 (Adams/Kommission).
282 EuGH, Rs. C-62/90, Slg. 1992, I-2575, Rn. 23 (Kommission/Deutschland).
283 EuGH, Rs. C-404/92 P, Slg. 1994, I-4737, Rn. 17 (X/Kommission); vgl. auch EuG, Rs. T-10/93, Slg. 1994, II-179, Rn. 47 (A/Kommission).
284 EuGH, Rs. 29/69, Slg. 1969, 419, Rn. 7 (Stauder/Ulm).
285 EuGMR, Nr. 72/1991/324/396, EuGRZ 1993, 65, Rn. 29 (Niemitz/Bundesrepublik Deutschland).
286 EuGH, Rs. 136/79, Slg. 1980, 2033, Rn. 17 (National Panasonic/Kommission); Verb. Rs. 46/87 u. 227/88, Slg. 1989, 2859, Rn. 17 f. (Hoechst/Kommission); Verb. Rs. 97-99/87, Slg. 1989, 3165, Rn. 14 ff. (Dow Chemical Ibérica u. a./Kommission).
287 Art. 14 VO (EWG) Nr. 17 v. 6.2.1962 (ABl.EG 1962, Nr. 13, S. 204).
288 EuGH, Verb. Rs. 46/87 u. 227/88, Slg. 1989, 2859, Rn. 17 f. (Hoechst/Kommission); Verb. Rs. 97–99/87, Slg. 1989, 3165, Rn. 14 ff. (Dow Chemical Ibérica u. a./Kommission).
289 EuGH, Verb. Rs. 46/87 u. 227/88, Slg. 1989, 2859, Rn. 19 (Hoechst/Kommission); Verb. Rs. 97–99/87, Slg. 1989, 3165, Rn. 16 (Dow Chemical Ibérica u. a./Kommission).

des EuGH den Schutz des Grundrechts der Unverletzlichkeit der Wohnung allerdings ausdrücklich auch auf Geschäftsräume erstreckt[290].

In der **Literatur** ist die Rechtsprechung des EuGH zur Unverletzlichkeit der Wohnung vielfach **kritisiert** worden[291] und mitunter sogar zum Anlaß genommen worden, Grundsatzdiskussionen über die Bonität des Grundrechtsschutzes auf Gemeinschaftsebene zu entfachen[292]. Dabei wird insbesondere kritisiert, daß der EuGH sich beim Schutz der Geschäftsräume auf das den nationalen Verfassungen gemeinsame Minimum zurückgezogen habe. Daran ist richtig, daß die Unterschiede zwischen den nationalen Rechtsordnungen beim Schutz der Geschäfträume nicht automatisch und ohne weitere Begründung eine Reduzierung auf einen gemeinsamen Minimalstandard rechtfertigen und auch die behauptete Irrelevanz von Geschäftsräumen für die Privatsphäre zumindest zweifelhaft ist. Allerdings ist zu beachten, daß auch in Deutschland die Geltung des Grundrechts der Unverletzlichkeit der Wohnung (Art. 13 GG) für Geschäftsräume umstritten ist[293] und das BVerfG zwar für eine Einbeziehung in Art. 13 GG eintritt, aber auf der Schrankenebene zwar nicht bei Durchsuchungen (Art. 13 Abs. 2 GG), aber immerhin bei Eingriffen i.S.v. Art. 13 Abs. 3 GG Modifikationen unter Hinweis auf die verminderte Schutzbedürftigkeit vornimmt[294]. Da im übrigen der EuGH auch die Geschäftsräume nicht schutzlos stellt, sondern über die allgemeine Handlungsfreiheit schützt, kann nicht behauptet werden, es fehle an einem »im wesentlichen vergleichbaren Grundrechtsschutz« (Art. 23 Abs. 1 S. 1 GG)[295]. 100

Das Grundrecht auf Achtung des Privatlebens schützt ferner die **Familie** unter dem besonderen Aspekt des Schutzes privater Lebensräume[296] (zum Ehe- und Familienschutz im übrigen unten Rn. 107 ff.). In der Rechtsprechung des EuGH findet der Anspruch auf Achtung des Familienlebens i.S.v. Art. 8 EMRK eher beiläufig Erwähnung[297]. 101

Ferner ist – unter dem in Art. 7 GRCh enthaltenen Aspekt der Kommunikation – das **Brief-, Post- und Fernmeldegeheimnis** geschützt. Insoweit gibt es noch keine EuGH-Rechtsprechung. 102

Gewährleistet ist schließlich gemäß Art. 8 GRCh auch der Schutz vor der **unbefugten Weitergabe von Informationen an Dritte oder die Öffentlichkeit** durch Organe der Gemeinschaft[298]. Diese Garantie dürfte in Zukunft insbesondere im Datenschutzrecht von 103

---

290 EuGMR, Rs. 72/1991/324/396, 16.12.1992, EuGRZ 1993, 65, Rn. 29 ff. (Niemitz/Bundesrepublik Deutschland) m. w. N.; vgl. bereits S. *Breitenmoser*, Der Schutz der Privatsphäre nach Art. 8 EMRK, 1986, S. 258 ff.
291 M. *Kulka*, Urteilsanmerkung, DB 1989, S. 2115 (2116); *Ress/Ukrow* (Fn. 101), S. 502 ff.; positiver hingegen *Everling* (Fn. 160), S. 208 f. und P. *Kamburoglu/B. Pirrwitz*, Reichweite und Vollstreckung von Nachprüfungsentscheidungen der EG-Kommission, RIW 1990, S. 263 (269 f.).
292 So etwa R. *Scholz*, Grundrechtsprobleme im europäischen Kartellrecht – Zur Hoechst-Entscheidung des EuGH, WUW 1990, S. 99 (107 f.).
293 Vgl. G. *Hermes*, in: Dreier, GG, Bd. I, Art. 13, Rn. 22 ff.; H. D. *Jarass*, in: Jarass/Pieroth, GG, Art. 13, Rn. 2.
294 BVerfGE 32, 54 (75 ff.).
295 So aber *Scholz* (Fn. 292), S. 108 zu Art. 24 Abs. 1 GG a. F.
296 Zu diesem Zusammenhang vgl. T. *Kingreen*, Das Grundrecht von Ehe und Familie (Art. 6 I GG), Jura 1997, S. 401 (401).
297 EuGH, Rs. 249/86, Slg. 1989, 1263, Rn. 10 (Kommission/Deutschland); Verb. Rs. C-122/99 P u. C-125/99 P, 31.5.2001, n.n.i.Slg., Rn. 34 ff., insoweit auch wiedergegeben in DVBl. 2001, S. 1199 ff. (D u. Schweden/Rat). Zur Rechtsprechung des EuGMR A. *Brötel*, Schutz des Familienlebens, RabelsZ 63 (1999), S. 580 (584 ff.).
298 Vgl. auch I. *Pernice*, in: Grabitz/Hilf, EU, Art. 164, Rn. 79a unter Hinweis auf EuGH, Rs. 145/83, Slg. 1985, 3539, Rn. 34 (Adams/Kommission).

Art. 6 EU-Vertrag

zunehmender Bedeutung sein (vgl. auch Art. 286 EGV, Rn. 2 ff.). Im Schrifttum wurde schon bislang davon ausgegangen, daß auch das Gemeinschaftsrecht ein **Recht auf informationelle Selbstbestimmung** kennt[299], das sich zwar explizit nur in der spanischen Verfassung findet[300], aber – der Rechtsprechung von EuGMR[301] und BVerfG[302] folgend – bereits aus dem allgemeinen Persönlichkeitsrecht abgeleitet werden kann.

bb) Eingriff

104 Eingriffe können zunächst von Gemeinschaftsorganen ausgehen: Allerdings ist die Weigerung der Gemeinschaftsverwaltung, einem in homosexueller Lebenspartnerschaft lebenden Beamten eine auf Eheleute beschränkte Haushaltszulage zu gewähren, kein Eingriff in das Grundrecht auf Achtung des Privatlebens[303] (unten Rn. 108). Im Zusammenhang mit einer mitgliedstaatlichen Maßnahme hat der EuGH die Garantie darüber hinaus auch bei der Auslegung eines Ausnahmetatbestandes der Grundfreiheiten herangezogen[304] (allgemein dazu oben Rn. 63 ff.).

cc) Rechtfertigung

105 Nach Art. 8 Abs. 2 EMRK sind Eingriffe zu rechtfertigen, wenn sie auf einem Gesetz beruhen (oben Rn. 72) und eine Maßnahme darstellen, »die in einer demokratischen Gesellschaft für die nationale Sicherheit, die öffentliche Ruhe und Ordnung, das wirtschaftliche Wohl des Landes, die Verteidigung der Ordnung und zur Verhinderung von strafbaren Handlungen, zum Schutz der Gesundheit und der Moral oder zum Schutz der Rechte und Freiheiten anderer notwendig ist«. Art. 7 GRCh enthält – trotz der von der EMRK abweichenden Schrankensystematik – eine Art. 8 Abs. 2 EMRK entsprechende Schranke (oben Rn. 70).

106 Obwohl der EuGH das Grundrecht auf Achtung des Privatlebens zwar vor allem aus Art. 8 EMRK ableitet, vermeidet er meist eine ausdrückliche Bezugnahme auf die Schranken der Norm[305]. Vielmehr verwendet er die allgemeine Rechtfertigungsformel für Eingriffe in Gemeinschaftsgrundrechte[306] (vgl. oben Rn. 69). Im Unterschied zu den wirtschaftlichen Freiheiten fällt allerdings eine **verstärkte Prüfdichte auf**: Der EuGH nimmt eine **vollständige Verhältnismäßigkeitsprüfung** vor, bricht die Prüfung also nicht nach der Bestimmung eines legitimen Gemeinschaftsziels ab. So hat er zwar ein legitimes Interesse der Gemeinschaft anerkannt, bei einer Einstellungsuntersuchung einen HIV-Test durchzuführen und für den Fall der Weigerung eines Bewerbers diesen nicht einzustellen. Jedoch rechtfertige dieses Interesse nicht, daß eine Untersuchung gegen den Willen des Betroffenen durchgeführt werde. Die gleichwohl vorgenommene Untersuchung sei ein nicht zu rechtfertigender Eingriff in das Grundrecht auf Achtung des Privatlebens[307]. Ob diese intensivere Überprüfung gemeinschaftlichen Handelns auch gilt, wenn Aspekte des Privatlebens in einen Zusammenhang mit wirtschaftlichen Sachverhalten stehen, bleibt abzuwarten. In einer allerdings sehr frühen Entscheidung wurde die Verpflichtung, bei der Abgabe verbilligter Butter an Empfänger bestimmter sozialer Hilfen

---

299 M. *Mähring*, Das Recht auf informationelle Selbstbestimmung im europäischen Gemeinschaftsrecht, EuR 1991, S. 369 ff.
300 Vgl. Art. 10 Abs. 3 und Art. 18 Abs. 4 SP.
301 Vgl. die Nachw. bei *Grabenwarter* (Fn. 91), S. 4.
302 BVerfGE 65, 1 (43).
303 EuGH, Verb. Rs. C-122/99 P u. C-125/99 P, 31.5.2001, n.n.i.Slg., Rn. 58 ff., insoweit auch wiedergegeben in DVBl. 2001, S. 1199 ff. (D u. Schweden/Rat).
304 EuGH, Rs. C-62/90, Slg. 1992, I-2575, Rn. 23 ff. (Kommission/Deutschland).
305 Ausnahme: EuGH, Rs. 136/79, Slg. 1980, 2033, Rn. 17 (National Panasonic/Kommission).
306 EuGH, Rs. C-404/92 P, Slg. 1994, I-4737, Rn. 18 (X/Kommission).
307 EuGH, Rs. C-404/92 P, Slg. 1994, I-4737, Rn. 20 ff. (X/Kommission), teilweise anders noch EuG, Rs. T-10/93, Slg. 1994, II-179, Rn. 50 f., 59 ff. (A/Kommission).

diese Abgabe an eine Offenbarung des Namens des Empfängers gegenüber dem Verkäufer zu knüpfen, nicht als Verstoß gegen das »Grundrecht der Person« angesehen[308].

c) Ehe und Familie

Ehe und Familie werden nicht nur unter dem spezifischen Aspekt der Privatsphäre geschützt. Art. 9 GRCh enthält eine an Art. 12 EMRK angelehnte, allerdings etwas zeitgemäßer formulierte Garantie, eine Ehe einzugehen und eine Familie zu gründen. Während für die Ehe keine darüber hinausgehenden Gewährleistungen existieren, erfährt die Familie noch in Art. 33 GRCh einen besonderen Schutz, der indes systematisch besser im Bereich der Freiheitsrechte aufgehoben wäre. Gleiches gilt für Art. 24 GRCh, der mit der Garantie von Rechten der Kinder ebenfalls in engem sachlichen Zusammenhang mit dem Schutz der Familie steht. 107

Die **Ehe** setzt eine Verbindung zwischen zwei Personen verschiedenen Geschlechts voraus[309]. Ob »feste nichteheliche Beziehungen« jedenfalls partiell wie Ehen zu behandeln sind bzw. behandelt werden können, hat der EuGH bislang offengelassen[310]. Gleichgeschlechtliche Lebenspartnerschaften, wie sie bereits in vielen Mitgliedstaaten[311] und nunmehr auch in Deutschland durch das Lebenspartnerschaftsgesetz[312] geschützt werden, sind zwar keine Ehen im Sinne dieses Grundrechts[313]. Allerdings wird, wie der Verweis auf das nationale Recht und der Verzicht auf die in Art. 12 EMRK noch enthaltene Wendung »Männer und Frauen« zeigen, auch durch Art. 9 GRCh weder vorgeschrieben noch untersagt, Personen gleichen Geschlechts einen der Ehe entsprechenden Status zu verleihen[314]. 108

Das von Art. 12 EMRK und Art. 9 GRCh **geschützte Verhalten** erfaßt zwar ausdrücklich nur die Eheschließung. Das schließt es aber nicht aus, daß auch das nachfolgende eheliche Zusammenleben unter dem Schutz der Vorschrift steht und an die Ehe anknüpfende hoheitliche Belastungen als Eingriff in die Eheschließungsfreiheit angesehen werden: Denn ungerechtfertigte Belastungen der Ehe können den Entschluß, eine Ehe einzugehen, negativ beeinflussen. Schon deshalb ist die in der Literatur geäußerte Kritik an der »blassen Formel« des Art. 9 GRCh, die den objektiven Wertgehalt des klassischen Rechtsinstituts »Ehe« negiere[315], nicht berechtigt. Auch wird nicht recht klar, warum in der Vorschrift eine »zeitgeistorientierte Geringschätzung« eines »klassischen europäi- 109

---

308 EuGH, Rs. 29/69, Slg. 1969, 419, Rn. 7 (Stauder/Ulm).
309 EuGH, Rs. C-249/96, Slg. 1998, I-621, Rn. 32 ff. (Grant); Verb. Rs. C-122/99 P u. C-125/99 P, 31.5.2001, n.n.i.Slg., Rn. 34, insoweit auch wiedergegeben in DVBl. 2001, S. 1199 ff. (D u. Schweden/Rat); krit. jew. *P. Szczekalla*, Urteilsanmerkungen, EuZW 1998, S. 216 f. sowie in DVBl. 2001, S. 1201 ff.
310 EuGH, Rs. C-249/96, Slg. 1998, I-621, Rn. 35 (Grant); vgl. allerdings auch EuGH, Rs. 59/85, Slg. 1986, 1283, Rn. 15 (Niederlande/Reed); zur Diskussion in Deutschland vgl. *T. Kingreen* (Fn. 137), S. 52 ff., 244 ff., 250 f., 300 f.
311 Dazu rechtsvergleichend *J. Basedow/K. J. Hopt/H. Kötz/P. Dopffel* (Hrsg.), Die Rechtsstellung gleichgeschlechtlicher Lebensgemeinschaften, 2000, S. 5 ff.
312 Gesetz zur Beendigung der Diskriminierung gleichgeschlechtlicher Lebensgemeinschaften: Lebenspartnerschaften v. 16. 2. 2001, BGBl. I, S. 266.
313 EuGH, Verb. Rs. C-122/99 P u. C-125/99 P, 31.5.2001, n.n.i.Slg., Rn. 34 ff., insoweit auch wiedergegeben in DVBl. 2001, S. 1199 ff. (D u. Schweden/Rat). Das ist auch für Art. 6 GG weitgehend unstreitig, vgl. BVerfG, NJW 1993, 3058 (3058 f.); *Kingreen* (Fn. 137), S. 50; *B. Pieroth*, in: Jarass/Pieroth, GG, Art. 6, Rn. 2; *G. Robbers*, in: von Mangoldt/Klein/Starck, GG, Art. 6, Rn. 45; *A. Schmitt-Kammler*, in: Sachs, GG, Art. 6, Rn. 6.
314 Vgl. Erläuterungen (Fn. 60) zu Art. 9 GRCh, ferner *Calliess* (Fn. 91), S. 263; *Grabenwarter* (Fn. 91), S. 4.
315 *Tettinger* (Fn. 96), S. 1012 f.

Art. 6 EU-Vertrag

schen Verfassungswertes«[316] liegen soll, wo doch die Mehrheit der Mitgliedstaaten die Ehe gar nicht explizit verfassungsrechtlich schützt[317].

110 Auch die **Familie** wird zwar gemeinschaftsgrundrechtlich geschützt[318]; es gibt aber bislang kaum Judikatur: Der EuGH hat aus Art. 8 EMRK einen Anspruch auf Achtung des Familienlebens abgeleitet (oben Rn. 101). Zur Freiheit der Familiengründung i.S.v. Art. 12 EMRK gibt es noch keine Rechtsprechung, und auch im übrigen hat der Begriff »Familie« bislang keine schärferen Konturen gewonnen. Das koordinierende Sozialrecht (vgl. etwa Art. 1 lit. f) i) VO [EWG] Nr. 1408/71[319]) knüpft für die Bestimmung des Begriffes »Familienangehöriger« vor allem an das Bestehen einer Unterhaltspflicht an, so daß auch nichteheliche Familien[320] und Halbfamilien (ein Elternteil mit Kind) erfaßt werden[321]. Für das die Familie schützende Gemeinschaftsgrundrecht kann nichts anderes gelten: Familie ist, wo Kinder sind.

111 Materiell wird die **Familie weitaus umfassender geschützt als die Ehe.** Art. 33 Abs. 1 GRCh ergänzt die in Art. 9 GRCh enthaltene Garantie der Familiengründung durch eine Gewährleistung des rechtlichen, wirtschaftlichen und sozialen Schutzes der Familie. Hinzu treten, um Familien- und Berufsleben miteinander in Einklang zu bringen, als originäre Leistungsrechte (oben Rn. 50) ausgestaltete Ansprüche auf Schutz vor Entlassung aus einem mit der Mutterschaft zusammenhängenden Grund, auf einen bezahlten Mutterschaftsurlaub und auf einen Elternurlaub nach der Geburt oder Adoption eines Kindes (Art. 33 Abs. 2 GRCh). Weil Familienschutz auch und vor allem Kinderschutz ist, enthält Art. 24 GRCh zudem Kinderrechte, deren Justiziabilität indes eher zweifelhaft ist. Insgesamt ist aber die verfassungsrechtliche Hervorhebung der Familie gegenüber der Ehe positiv zu bewerten. Nicht nur wird die überkommene Vorstellung überwunden, daß Familie die Ehe voraussetzt, sondern werden auch Gestaltungsspielräume eröffnet, die eine verstärkte Verlagerung der staatlichen Förderung von der Ehe hin zur Familie ermöglichen[322]. Aufgrund des Zusammenhanges von Leistungsrecht und Kompetenz (oben Rn. 46) werden die genannten Vorschriften in der Praxis allerdings wenig Auswirkungen haben, weil hier in die Zuständigkeit der Mitgliedstaaten fallende Materien angesprochen sind.

---

316 So *Tettinger* (Fn. 96), S. 1012 f.
317 Die Ehe gehörte nicht zu den klassischen liberalen Freiheitsrechten in den bürgerlichen Verfassungen des 18. und 19. Jahrhunderts (*D. Schwab*, Zur Geschichte des verfassungsrechtlichen Schutzes von Ehe und Familie, FS-Bosch, 1976, S. 893 ff.). Außer in Deutschland (Art. 6 Abs. 1 GG) ist der Schutz der Ehe heute lediglich in Griechenland (Art. 21), Irland (Art. 41), Italien (Art. 29), in Spanien (Art. 39) und in Portugal (Art. 36) Verfassungsgut. Belgien (Art. 21 Abs. 2) und Luxemburg (Art. 21) enthalten lediglich Garantien der obligatorischen Zivilehe.
318 Außer in Art. 12 EMRK wird die Familie geschützt in den Verfassungen von Deutschland (Art. 6 Abs. 1 GG); Frankreich (Grunds. 9 PR IV F); Griechenland (Art. 21 Abs. 1, 2); Irland (Art. 41 Abs. 1); Italien (Art. 29–31); Luxemburg (Art. 11 Abs. 3); Portugal (Art. 67–70) und Spanien (Art. 39).
319 ABl.EG 1971, Nr. L 149/2.
320 Dazu *T. Kingreen*, Die verfassungsrechtliche Stellung der nichtehelichen Familie am Beispiel des Sonderurlaubs für Beamte, NVwZ 1999, S. 852 (852).
321 Vgl. *E. Eichenhofer*, in: M. Fuchs (Hrsg.), Kommentar zum Europäischen Sozialrecht, 2. Aufl. 2000, Art. 1, Rn. 25 ff.
322 So auch die Begründung für den hervorgehobenen Familienschutz durch den Vorsitzenden des Konventes *R. Herzog*, in: 38. Bitburger Gespräche, 2001, i. E., Typoskript, S. 4: »Wenn Ehe und Familie gegeneinander stehen, und das ist häufig bei finanziellen Fragen der Fall, dann geht für mich die Familie vor, nicht die Ehe«; prägnant auch W. *Zeidler*, Ehe und Familie, in: E. Benda/W. Maihofer/H.-J. Vogel (Hrsg.), Handbuch des Verfassungsrechts, 1. Aufl., 1983, S. 555 (607): »Der Kommentar der Historiker des Sozialrechts ist vorzusehen: Weil die Ehe gefördert wurde, ging die Familie zugrunde.«

d) Kommunikationsfreiheiten

112 Die Charta der Grundrechte für die Europäische Union enthält in den Art. 10–12 Kommunikationsgrundrechte, die sich jeweils eng an die Gewährleistungen der Art. 9–11 EMRK anlehnen: Es handelt sich um die Gedanken-, Gewissens- und Religionsfreiheit (Rn. 113 f.), die Meinungsfreiheit (unten Rn. 115 ff.) sowie die Versammmlungs- und Vereinigungsfreiheit (Rn. 125 f.).

aa) Gedanken-, Religions- und Gewissensfreiheit

113 Die Gedanken-, Religions- und Gewissensfreiheit ist in Art. 9 EMRK, allen Verfassungen der Mitgliedstaaten[323] und in Art. 10 Abs. 1 GRCh gewährleistet. Die grundlegenden Divergenzen im Konvent zu der Frage, ob die Präambel einen Hinweis auf Gott erhalten sollte, wurden mit einigen linguistischen Kniffen notdürftig übertüncht[324]. Für das Recht auf Wehrdienstverweigerung nach Art. 10 Abs. 2 GRCh wird auf die einzelstaatlichen Gesetze verwiesen[325].

114 In der Rechtsprechungspraxis spielen die Grundrechte bislang kaum eine Rolle: Eine Entscheidung des EuGH streift die Religionsfreiheit zumindest[326], ohne sie allerdings als allgemeinen Grundsatz des Gemeinschaftsrechts zu bezeichnen. Dies läßt sich mit der gleichheitsrechtlichen Ausrichtung der Prüfung erklären: Nach Auffassung des EuGH kann zwar eine Diskriminierung wegen des Glaubens vorliegen, wenn ein Auswahlverfahren für eine Beamtenstelle an einem religiösen Feiertag stattfindet, an dem ein Bewerber wegen seiner religiösen Überzeugung weder reisen noch schreiben darf. Allerdings ist diese Ungleichbehandlung zu rechtfertigen, wenn alle Bewerber unter dem Gesichtspunkt der Chancengleichheit an einem Tag geprüft werden müssen und der betroffene Bewerber die Anstellungsbehörde vor der Ladung von dem Problem nicht rechtzeitig in Kenntnis gesetzt hat[327].

bb) Meinungs- und Informationsfreiheit

115 Art. 11 GRCh schützt im Anschluß an Art. 10 EMRK die Meinungs- und Informationsfreiheit, die zugleich in allen Verfassungen der Mitgliedstaaten garantiert ist[328]. Hinzu tritt eine – eher objektiv formulierte und wirkende – Garantie der Freiheit der Medien und ihrer Pluralität (Art. 11 Abs. 2 GRCh). Einen Sonderfall der Informationsfreiheit regelt Art. 255 EGV, der ein eigenständiges Zugangsrecht zu Dokumenten des Parlaments, des Rates und der Kommission vorsieht (dort Rn. 1 f.).

---

323 Art. 19-21 B; §§ 66–70, 71 Abs. 1 S. 2 DK; Art. 3 Abs. 3 S. 1, 4 Abs. 1 u. 2 GG; §§ 5 Abs. 1, 9 EV; Art. 10 MR-F; Art. 13 GR; Art. 44 IR; Art. 3, 8, 19, 20 I; Art. 19, 20, 22 L; Art. 1, S. 2, 6 Abs. 1 NL; 41, 59 Abs. 1 P; Kap. 2 § 1 Ziff. 6, § 2 S; Art. 14, 16 SP.

324 Vgl. *Tettinger* (Fn. 96), S. 1011. Zum Schutz der Religionsfreiheit in der Grundrechtecharta G. *Robbers,* Religionsrechtliche Gehalte der Europäischen Grundrechtecharta in: FS-Maurer, 2001, S. 425 ff.

325 Ein Grundrecht der Wehrdienstverweigerung kennen allerdings nur die Verfassungen von Deutschland (Art. 4 Abs. 3 GG), den Niederlanden (Art. 99), Portugal (Art. 41 Abs. 6, 276) und Spanien (Art. 30 Abs. 2).

326 EuGH, Rs. 130/75, Slg. 1976, 1589 ff. (Prais/Rat); dazu W. *Bausback,* Religions- und Weltanschauungsfreiheit als Gemeinschaftsgrundrecht, EuR 2000, S. 261 (269 ff.); I. *Pernice,* Religionsrechtliche Aspekte im Europäischen Gemeinschaftsrecht, JZ 1977, S. 777 ff.; H.-W. *Rengeling,* Urteilsanmerkung, DöV 1977, S. 409 f.

327 EuGH, Rs. 130/75, Slg. 1976, 1589, Rn. 12/19 (Prais/Rat).

328 Vgl. Art. 10 EMRK. Die Meinungsfreiheit ist in allen Mitgliedstaaten samt ihrer besonderen Erscheinungsformen, wie Presse, Rundfunk-, Film- und Informationsfreiheit, geschützt (Art. 25 B; § 77 DK, Art. 3 Abs. 3 S. 1, 5 Abs. 1 u. 2 GG; § 10 SF; Art. 10, 11 MR-F; Art. 14 GR [allerdings mit einer Einschränkung für die Film- und Rundfunkfreiheit in Art. 15]; Art. 40 Abs. 6 lit. a) IR; Art. 3, 21 Abs. 1 I; Art. 24 L; Art. 7 NL; Art. 37–39 P; Kap. 2 § 1 Ziff. 1 u. 2; Art. 20 SP); umfassende rechtsvergleichende Analyse bei *J. Kühling,* Die Kommunikationsfreiheit als europäisches Gemeinschaftsgrundrecht, 1999, S. 207 ff.

Art. 6 EU-Vertrag

(1) Schutzbereich

116 In der Rechtsprechung des EuGH hat der Schutzbereich der Meinungs- und Informationsfreiheit bislang noch keine schärferen Konturen erhalten. Der Schutz der individuellen Meinungsfreiheit gegen Maßnahmen der **Mitgliedstaaten** erfolgt bislang meist über die Grundfreiheiten, vor allem die Dienstleistungsfreiheit (Art. 52 EGV, Rn. 30 ff.). Im Verhältnis zu den **Organen der Gemeinschaft** gibt es bisher nur wenige Anwendungsfälle. Der EuGH beschränkt sich darauf, festzustellen, daß die Meinungsfreiheit ein allgemeiner Rechtsgrundsatz sei, deren Wahrung er zu sichern habe[329]. Die Meinungsfreiheit wird i. S. e. allgemeinen Kommunikationsgrundrechts verstanden, umfaßt also – anders als etwa die Meinungsfreiheit i. S. d. Art. 5 Abs. 1 S. 1 GG[330], aber ebenso wie Art. 10 EMRK[331] – auch die Presse-, Rundfunk-, Film- und die (auch in Art. 11 Abs. 1 GRCh als Teil der Meinungsfreiheit geschützte) Informationsfreiheit. Dementsprechend fallen auch journalistische Tätigkeiten[332] und die Veranstaltung von Rundfunksendungen[333] in den Schutzbereich. Für Beteiligte im verwaltungsverfahrens- und prozeßrechtlichen Sinne folgen Informationsrechte aus dem Recht auf rechtliches Gehör (unten Rn. 194 ff., 200).

117 Die Meinungsfreiheit gilt umfassend, d. h. grundsätzlich **auch innerhalb besonderer Statusverhältnisse**, etwa für Gemeinschaftsbedienstete (dazu unten Rn. 120). Hier schließt die Meinungsfreiheit auch das Recht ein, Meinungen zu äußern, die sich von denjenigen unterscheiden, die das Gemeinschaftsorgan, bei dem der Betreffende beschäftigt ist, vertritt, oder die diesen gegenüber Mindermeinungen darstellen[334].

118 Für die Bestimmung des sachlichen Schutzbereiches ergiebiger ist die Rechtsprechung des EuGMR (vgl. auch oben Rn. 43), an der sich auch der EuGH orientiert[335]. Danach umfaßt der Schutz der Meinungsfreiheit neben Werturteilen grundsätzlich auch Tatsachenbehauptungen[336]. Geschützt ist die Kommunikation in allen Bereichen unabhängig von ihrem Inhalt und ihrer Qualität. Dementsprechend hat der EuGMR nicht nur Meinungsäußerungen politischer Art[337], sondern neben leichter Musik[338] insbesondere

---

329 EuGH, Verb. Rs. 43 und 63/82, Slg. 1984, 19, Rn. 34 (VBVB und VBBB/Kommission); Verb. Rs. 60 und 61/84, Slg. 1985, 2605, Rn. 26 (Cinéthèque/Fédération des cinémas français); Rs. 352/85, Slg. 1988, 2085, Rn. 40 (Bond van Adverteerders/Niederländischer Staat); Rs. C-100/88, Slg. 1989, 4285, Rn. 16 (Oyowe und Traore/Kommission); Rs. C-260/89, Slg. 1991, I-2925, Rn. 44 (ERT); Rs. C-288/89, Slg. 1991, I-4007, Rn. 23 (Collectieve Antennevoorziening Gouda); Rs. C-353/89, Slg. 1991, I-4069, Rn. 30 (Kommission/Niederlande); Rs. C-159/90, Slg. 1991, I-4685, Rn. 30 (Society for the protection of unborn children Ireland); Rs. C-23/93, Slg. 1994, 4795, Rn. 23 f. (TV 10); Rs. C-368/95, Slg. 1997, I-3689, Rn. 25 (Familiapress).
330 Vgl. etwa zum Verhältnis von Meinungs- und Pressefreiheit BVerfGE 85, 1 (11 f.); 86, 122 (128).
331 Vgl. EuGMR, 26.4.1979, EuGRZ 1979, 386, Rn. 45 (Times Newspapers Ltd. u. a./Vereinigtes Königreich); Nr. 14/1988/158/214, 28.3.1990, EuGRZ 1990, 255, Rn. 55 (Groppera/Schweiz).
332 EuGH, Rs. 100/88, Slg. 1989, 4285, Rn. 16 (Oyowe und Traore/Kommission); Rs. C-368/95, Slg. 1997, I-3689, Rn. 26 (Familiapress).
333 EuGH, Rs. 260/89, Slg. 1991, I-2925, Rn. 44 (ERT); Rs. C-288/89, Slg. 1991, I-4007, Rn. 23 (Collectieve Antennevoorziening Gouda); Rs. C-353/89, Slg. 1991, I-4069, Rn. 30 (Kommission/Niederlande); Rs. C-23/93, Slg. 1994, 4795, Rn. 25 (TV 10).
334 EuGH, Rs. C-274-99, 6.3.2001, n.n.i.Slg., Rn. 43 (Connolly/Kommission), teilweise auch wiedergegeben in DVBl. 2001, S. 716 ff.
335 Vgl. EuGH, Rs. C-368/95, Slg. 1997, 3689, Rn. 26 (Familiapress); ausführlich *Kühling* (Fn. 328), S. 129 ff.
336 Näher *J. A. Frowein*, in: Frowein/Peukert, EMRK, Art. 10 Rn. 5.
337 EuGMR, Nr. 12/1984/84/131, EuGRZ 1986, 424, Rn. 35 (Lingens/Österreich).
338 EuGMR, Nr. 14/1988/158/214, EuGRZ 1990, 255, Rn. 55 (Groppera/Schweiz).

auch Wirtschaftswerbung[339] als von Art. 10 EMRK geschützt angesehen. Allerdings kann der für die Bestimmung des Schutzbereiches irrelevante Inhalt der Meinungsäußerung bei der Beschränkung des Grundrechts bedeutsam werden (unten Rn. 124).

(2) Eingriff
Jede Behinderung der geschützten Kommunikation durch Organe der Gemeinschaft stellt einen Eingriff dar. Behinderungen der Mitgliedstaaten sind hingegen nur in dem durch das Gemeinschaftsrecht vermittelten Rahmen (oben Rn. 56 ff.) als Eingriff in das Gemeinschaftsgrundrecht Meinungsfreiheit anzusehen: 119

Konflikte zwischen der Meinungsfreiheit und **Gemeinschaftsrechtsakten** gibt es vor allem im Personalrecht der Gemeinschaftsbediensteten (Art. 283 EGV, Rn. 4 f.). Allerdings wurde die Meinungsfreiheit bislang erst in zwei Fällen explizit aktiviert[340]: Dabei wurde es als Eingriff angesehen, die Ernennung zum Gemeinschaftsbeamten mit der Begründung zu verweigern, der zu Ernennende sei Journalist[341]. Einen Eingriff stellte es auch dar, daß ein Kommissionsbeamter wegen der ohne Zustimmung erfolgten Veröffentlichung eines nicht mit der Politik der Kommission übereinstimmenden Buches aus dem Dienst entfernt wurde[342]. Außerhalb des öffentliches Dienstes gibt es einen weiteren Fall: In einem die vertikale Buchpreisbindung betreffenden Kartellverfahren soll es an einem Eingriff fehlen, wenn eine Maßnahme der Kommission allein den Zweck verfolgt, den freien Handel zwischen den Mitgliedstaaten unter normalen Wettbewerbsbedingungen sicherzustellen[343]. Doch ist dies eine Frage der Rechtfertigung des Eingriffs: Zwar mag Konkurrenz objektiv dem Schutz der Meinungsfreiheit dienen, doch ändert dies nichts daran, daß die an die vertikale Buchpreisbindung anknüpfende Sanktion den Schutzbereich zu Lasten der konkret betroffenen Verleger zunächst einmal verkürzt. 120

Gegenüber **mitgliedstaatlichem Handeln** wird die Meinungsfreiheit vor allem bei der Auslegung der Schranken der Grundfreiheiten aktiviert, allerdings **nicht als Eingriffsabwehrrecht**: Weil eine Grundrechtsbindung der Mitgliedstaaten insoweit i.d.R. nicht besteht (vgl. oben Rn. 60 ff.), werden Beschränkungen der Kommunikationsfreiheiten durch die Mitgliedstaaten bislang durchweg über die Grundfreiheiten verarbeitet. Innerhalb dieses Rahmens sind **zwei Dimensionen** zu unterscheiden: Zum einen wirkt die Meinungsfreiheit auf der Ebene der Schranken der Grundfreiheiten, wo sie **mitgliedstaatliche Beschränkungen der Grundfreiheiten** legitimiert: So räumt der EuGH ein, daß das auch in Art. 11 Abs. 2 GRCh normierte Ziel der Pluralismussicherung (unten Rn. 123) ein im Rahmen der Rechtfertigungsprüfung der Grundfreiheiten zu berücksichtigender »zwingender Grund des Allgemeininteresses« sein kann. Zum anderen kann nach Ansicht des EuGH **die Meinungsfreiheit die Wirkungen der einschlägigen Grundfreiheit auch verstärken**, und zwar als Schranken-Schranke. So wird das mit der Pluralismussicherung begründete mitgliedstaatliche Verbot, Zeitschriften zu verkaufen, die die Teilnahme an Preisausschreiben ermöglichen, als Eingriff in den Schutzbereich sowohl der Warenverkehrsfreiheit als auch der Meinungsfreiheit angesehen[344]. Vermittelt über die Warenverkehrsfreiheit geraten hier die jeweils von der Kommunikations- 121

---

339 EuGMR, Nr. 3/1988/147/201, EuGRZ 1996, 302, Rn. 26 (markt intern GmbH und Beermann/Bundesrepublik Deutschland); dazu und zur sog. »Schockwerbung« auch *C. Calliess*, Werbung, Moral und Europäische Menschenrechtskonvention, AfP 2000, S. 248 ff.; ferner bereits *A. Hatje*, Wirtschaftswerbung und Meinungsfreiheit, 1993, S. 80 ff.
340 Zu weiteren Fällen, in denen das Grundrecht nicht ausdrücklich herangezogen wurde, *Kühling* (Fn. 328), S. 110 ff.
341 EuGH, Rs. C-100/88, Slg. 1989, 4285, Rn. 16 (Oyowe und Traore/Kommission).
342 So, wenn auch nicht explizit, EuGH, Rs. C-274-99, 6.3.2001, n.n.i.Slg., Rn. 43 ff. (Connolly/Kommission), teilweise auch wiedergegeben in DVBl. 2001, S. 716 ff.
343 EuGH, Verb. Rs. 43 und 63/82, Slg. 1984, 19, Rn. 33 f. (VBVB und VBBB/Kommission).
344 EuGH, Rs. C-368/95, Slg. 1997, I-3689, Rn. 26 (Familiapress).

Art. 6 EU-Vertrag

freiheit umfaßte Pluralismussicherung einerseits und die Emittentenfreiheit des Verlegers andererseits in Konflikt[345]. Zugunsten des Verlegers kann die Meinungsfreiheit aber nur über die Warenverkehrsfreiheit aktiviert werden, also **nicht als ein in Idealkonkurrenz stehendes Eingriffsabwehrrecht**, sondern unterstützend als Schranken-Schranke innerhalb des Grundfreiheitstatbestandes[346]. Wegen der insoweit fehlenden Grundrechtsbindung der Mitgliedstaaten ist diese auch von der herrschenden Meinung mitgetragene Rechtsprechung allerdings abzulehnen (oben Rn. 61 f.).

(3) Rechtfertigung

122 Normativer Anknüpfungspunkt für die Rechtfertigungsprüfung ist der qualifizierte Gesetzesvorbehalt in Art. 10 Abs. 2 EMRK[347]. Hoheitliche Beschränkungen sind danach zulässig, sofern sie (1) vom Gesetz vorgesehen sind (dazu oben Rn. 72), (2) einen gemäß Art. 10 Abs. 2 EMRK zulässigen Zweck verfolgen und (3) zur Erreichung des Zwecks in einer demokratischen Gesellschaft unentbehrlich[348] sind[349]. Dieser Standard wird auf dem üblichen Wege (oben Rn. 70) auch von der Grundrechtecharta inkorporiert.

123 Als auch **gemeinschaftsrechtlich legitimer Zweck** ist bisher neben der beamtenrechtlichen Treuepflicht[350] und der in Art. 10 Abs. 2 EMRK genannten Gesundheit[351] vor allem das aus Art. 10 Abs. 1 EMRK abgeleitete und nunmehr auch in Art. 11 Abs. 2 GRCh normierte Ziel der Aufrechterhaltung der Medienvielfalt[352] anerkannt worden. Allerdings wurde die von einem Mitgliedstaat betriebene Pluralismussicherung bislang meist als Rechtfertigungsgrund im Rahmen der Grundfreiheiten geprüft; erst in einem Fall wurde sie auch als legitimer Zweck gegenüber der Meinungsfreiheit aktiviert, und auch hier nur im Rahmen der Prüfung einer Grundfreiheit (oben Rn. 121). Denkbar ist schließlich auch, die in Art. 287 EGV enthaltene Verschwiegenheitspflicht als Schranke der Meinungsfreiheit eines Bediensteten der Gemeinschaft oder der Informationsfreiheit (Art. 255 EGV) heranzuziehen.

124 Die Beschränkung muß **zur Erreichung des Zwecks in einer demokratischen Gesellschaft notwendig** sein. Der – auch vom EuGH mitvollzogene[353] – Bezug auf das Demokratieprinzip zeigt, daß der Stellenwert der Meinungsäußerung für die öffentliche Auseinandersetzung bei der Rechtsgüterabwägung von Bedeutung ist. Die Güterabwägung hängt daher insbesondere vom Gewicht der Meinungsfreiheit im konkreten Fall ab. Deshalb kann etwa wirtschaftliche Werbung schärferen Einschränkungen unterworfen werden

---

345 *Kühling* (Fn. 328), S. 123.
346 *Kingreen/Störmer* (Fn. 8), S. 282.
347 EuGH, Rs. C-219/91, Slg. 1992, I-5485, Rn. 38 (Ter Voort), Rn. 38; Rs. C-368/95, Slg. 1997, I-3689, Rn. 26 (Familiapress).
348 Die Übersetzung »unentbehrlich« entspricht nicht dem englischen und französischen Text (necessary/nécessaire); vgl. EuGMR, Urteil Nr. 10/1983/66/101, EuGRZ 1985, 170, Rn. 55 (Barthold/Bundesrepublik Deutschland); *J. A. Frowein*, in: Frowein/Peukert, EMRK, Art. 10, Rn. 26 mit Fn. 87.
349 Ausdrückliche Bezugnahme auf den Text von Art. 10 Abs. 2 EMRK in EuGH, Rs. C-219/91, Slg. 1992, I-5485, Rn. 38 (Ter Voort).
350 EuGH, Rs. 100/88, Slg. 1989, 4285, Rn. 16 (Oyowe und Traore/Kommission); Rs. C-274-99, 6.3.2001, n.n.i.Slg., Rn. 44 ff. (Connolly/Kommission), teilweise auch wiedergegeben in DVBl. 2001, S. 716 ff.; vgl. auch EuG, Rs. T-146/89, Slg. 1991, II-1293, Rn. 72 (Williams/Rechnungshof).
351 EuGH, Rs. C-219/91, Slg. 1992, I-5485, Rn. 38 (Ter Voort).
352 EuGH, Rs. C-288/89, Slg. 1991, I-4007, Rn. 23 (Collectieve Antennevoorziening Gouda); Rs. C-148/91, Slg. 1993, I-487, Rn. 9 ff. (Veronica Omroep Organisatie); Rs. C-353/89, Slg. 1991, I-4069, Rn. 30 (Kommission/Niederlande); Rs. C-368/95, Slg. 1997, I-3689, Rn. 26 (Familiapress).
353 EuGH, Rs. C-219/91, Slg. 1992, I-5485, Rn. 38 (Ter Voort).

als politische Meinungsäußerungen zu einer die Öffentlichkeit wesentlich berührenden Frage[354].

cc) Versammlungs- und Vereinigungsfreiheit

Art. 11 EMRK und Art. 12 Abs. 1 GRCh gewährleisten die Versammlungsfreiheit[355] und die Vereinigungsfreiheit[356] in einem Grundrecht. Art. 12 Abs. 2 GRCh betont zudem, an Art. 191 EGV anschließend[357], die Bedeutung der Parteien für die demokratische Willensbildung und -vermittlung. Ein subjektives Recht dürfte daraus allerdings nicht folgen.   125

Während es zur Versammlungsfreiheit bislang keine EuGH-Rechtsprechung gibt, waren zur Vereinigungsfreiheit zunächst zwei Judikate zu verzeichnen, die nicht auf die üblichen Rechtserkenntnisquellen, sondern auf Art. 24 a des Beamtenstatuts zurückgriffen. Aus dieser Norm folgt nicht nur, »daß die Beamten und Bediensteten das Recht haben, frei Vereinigungen ihrer Wahl zu gründen, sondern auch, daß diese Vereinigungen sich zur Verteidigung der beruflichen Interessen ihrer Mitglieder jeder erlaubten Tätigkeit widmen können«[358]. Der EuGH spricht in diesem Zusammenhang auch von einem »allgemeinen Grundsatz des Arbeitsrechts«[359], behandelt die Vereinigungsfreiheit aber nicht als Grundrecht. Erst in der Entscheidung Bosman betont der EuGH, wenn auch ohne nähere Konkretisierung, daß auch die in Art. 11 EMRK gewährleistete Vereinigungsfreiheit zu den Gemeinschaftsgrundrechten gehört[360].   126

e) Kunst, Wissenschaft, Forschung und Lehre

Art. 13 GRCh schützt die Freiheit von Kunst und Wissenschaft. Bislang existiert keine Judikatur zu diesen Grundrechten, die nicht in der EMRK und auch nur in wenigen Verfassungen der Mitgliedstaaten[361] ausdrücklich garantiert sind.   127

---

354 In diese Richtung EuGMR, Nr. 10/1983/66/101, EuGRZ 1985, 170, Rn. 42, 58 (Barthold/ Bundesrepublik Deutschland). Dies entspricht auch der Linie der deutschen Rechtsprechung: vgl. etwa zum reduzierten Schutz für die Werbung BVerfGE 64, 108 (118 f.); BGHZ 130, 5 (11); ablehnend: *Kühling* (Fn. 328), S. 500 ff.
355 Positiver Befund auch in den Mitgliedstaaten in Belgien, Dänemark, Deutschland, Finnland; Griechenland, Irland, Italien, Luxemburg, Niederlande, Portugal, Schweden und Spanien (Art. 26 B; §§ 79, 80 DK; Art. 8 GG; § 10a SF; Art. 11 GR; Art. 40 Abs. 6 Ziff. 1 lit. b) IR; Art. 17 I; Art. 25 L; Art. 9 NL; Art. 45 P; Kap. 2 § 1 Ziff. 4 S; Art. 21 SP).
356 Auch alle Mitgliedstaaten kennen das Grundrecht der Vereinigungsfreiheit (Art. 27 B; § 78 DK; Art. 9 GG; § 10a Abs. 2 u. 3 SF; Grunds. 4 u. 5 PR IV-F; Art. 12, 22 Abs. 2, 23 GR; Art. 40 Abs. 6 Ziff. 1.c) IR; Art. 18, 39, 40 I; Art. 11 Abs. 5, 26 L; Art. 8 NL; Art. 46, 55–57, 61 Abs. 2–4 P; Kap. 2 § 1 Ziff. 5 S; Art. 7, 22, 28, 37, 52 SP).
357 Vgl. Erläuterungen (Fn. 60) zu Art. 12 GRCh sub 2.
358 EuGH, Rs. 175/73, Slg. 1974, 917, Rn. 14/16 (Gewerkschaftsbund, Massa und Kortner/Rat) und Rs. 18/74, Slg. 1974, 933, Rn. 10/12 (Allgemeine Gewerkschaft/ Kommission).
359 EuGH, Verb.-Rs. C-193/87 u. C-194/87, Slg. 1990, I-95, Rn. 13, 21 (Maurissen und Gewerkschaftsbund/Rechungshof); vgl. zur Rechtsprechung auch *T. Maraubn*, Die wirtschaftliche Vereinigungsfreiheit zwischen menschenrechtlicher Gewährleistung und privatrechtlicher Ausgestaltung, RabelsZ 63 (1999), S. 537 (557 ff.).
360 EuGH, Rs. C-415/93, Slg. 1995, I-4921, Rn. 79 (Bosman); Konkretisierung des Grundrechts bei *Gramlich* (Fn. 220), S. 807 ff.
361 Ein Grundrecht der Kunstfreiheit findet sich in den Verfassungen von Deutschland, Finnland, Griechenland, Italien, Portugal, Schweden und Spanien (Art. 5 Abs. 3 S. 1 GG; § 13 Abs. 3 SF; Art. 16 Abs. 1 GR; Art. 33 Abs. 1 I; Art. 42, 43 P; Kap. 2 § 19 S; Art. 20 Abs. 1 lit. b) SP). Wissenschaft, Forschung und Lehre genießen in Deutschland, Finnland, Griechenland, Italien, Portugal und Spanien (Art. 5 Abs. 3 GG; § 13 Abs. 3 SF; Art. 16 Abs. 1 GR; Art. 33 Abs. 1 I; Art. 20 Abs. 1 lit. b) und c), 42, 43 P) expliziten verfassungsrechtlichen Schutz, vgl. *U. Fink*, Gewährt das Recht der Europäischen Gemeinschaften den wissenschaftlichen Hochschulen grundrechtliche Freiheit?, EuGRZ 2001, S. 193 (197 ff.).

Art. 6 EU-Vertrag

f) Berufliche Bildung und Bildungswesen

128 Art. 14 GRCh enthält mehrere subjektive Rechte, die die schulische Bildung und – insoweit über Art. 2 des 1. ZP zur EMRK hinausgehend – die berufliche Aus- und Weiterbildung betreffen[362]. Insbesondere muß die Union im Rahmen ihrer Kompetenzen (Art. 149 EGV, Rn. 13 ff.) die Unentgeltlichkeit des Pflichtschulunterrichts achten (Art. 14 Abs. 2 GRCh). Das bedeutet allerdings nicht, daß alle schulischen Einrichtungen, die den betreffenden Unterricht erteilen, dies auch unentgeltlich tun müssen[363]. Gewährleistet ist auch die Privatschulfreiheit (Art. 14 Abs. 3 GRCh). In der Rechtsprechung des EuGH spielen berufliche Bildung und Bildungswesen insbesondere im Zusammenhang mit der Arbeitnehmerfreizügigkeit (Art. 39 EGV, Rn. 15 f.) eine bedeutende Rolle. Grundrechtliche Fragen haben den EuGH bislang noch nicht beschäftigt.

g) Berufsfreiheit

129 Die unmittelbar auf die wirtschaftliche Betätigung des Einzelnen bezogenen Grundrechte nehmen in der Judikatur des EuGH wegen der auch weiterhin primär wirtschaftspolitischen und -rechtlichen Ausrichtung der Gemeinschaft den mit Abstand breitesten Raum ein. Die grenzüberschreitende Ausübung von Privatautonomie und wirtschaftlicher Betätigung und ihr Schutz auch gegenüber der Gemeinschaftsgewalt sind zentrale Grundlagen für die Herstellung eines gemeinsamen Wirtschaftsraumes und notwendige Voraussetzung für die effektive Inanspruchnahme anderer subjektiv-öffentlicher Rechte des primären Gemeinschaftsrechts, etwa der Grundfreiheiten. Neben der Eigentumsfreiheit (unten Rn. 140 ff.) gehört daher insbesondere die Berufsfreiheit zum festen Bestandteil der Gemeinschaftsgrundrechte.

130 Anders als die EMRK, die kein Grundrecht der Berufsfreiheit kennt und damit als Rechtserkenntnisquelle ausscheidet, wird die Berufsfreiheit samt ihrer besonderen Ausprägungen (Handelsfreiheit, Freiheit der wirtschaftlichen Betätigung, Freiheit der Arbeit) in fast allen Verfassungen der Mitgliedstaaten ausdrücklich geschützt[364]. Auch die Grundrechtecharta gewährleistet die Berufsfreiheit in Art. 15, 16 GRCh unter mehreren Aspekten: Art. 15 Abs. 1 GRCh enthält das klassische Recht der **Berufswahl- und -ausübungsfreiheit**, ferner ein »Recht, zu arbeiten«, das aber schon wegen seiner systematischen Stellung nicht als ein soziales Leistungsrecht »auf Arbeit« gedeutet werden darf (unten Rn. 188). Art. 15 Abs. 2 GRCh wiederholt die – wegen der ohnehin bestehenden Bindung auch der Gemeinschaft an sich überflüssige[365] und angesichts der zweifelhaften freiheitsrechtlichen Gehalte[366] auch systematisch problematische – Garantie der bereits in den Art. 39, 43, 49 ff. EGV gewährleisteten Personenverkehrsfreiheiten, und Art. 15 Abs. 3 GRCh schreibt einen Gleichbehandlungsanspruch für arbeitsberechtigte Drittstaatsangehörige fest. Ferner schützt Art. 16 GRCh mit der **unternehmerischen Freiheit** einen besonders wichtigen Aspekt der Berufsfreiheit. Schließlich wird die Berufsfreiheit im primären Gemeinschaftsrecht auch noch unter dem Aspekt der **Wettbewerbsfreiheit** geschützt, und zwar nicht nur durch die Grundfreiheiten, die nach der

---

362 Ausführlich dazu *J. Caspar*, Die EU-Charta der Grundrechte und das Bildungsrecht, RdJB 2001, 165 (166 ff.). Mit Ausnahme von Schweden ergibt sich auch in allen Mitgliedstaaten ein positiver, wenn auch sehr heterogener Befund: Art. 24 B; § 76 DK; Art. 7, 12 Abs. 1 GG; §§ 13, 15 Abs. 2 S. 2 SF; Grunds. 11 PR IV-F; Art. 16 Abs. 2–8 GR; Art. 42 IR; Art. 32 Abs. 2–5, 34 I; Art. 23 L; Art. 23 NL; Art. 43, 73–77 P; Art. 27 SP.
363 Erläuterungen (Fn. 60) zu Art. 14 GRCh sub 1.
364 Art. 23 Abs. 3 Nr. 1 B; § 74 DK; Art. 2 Abs. 1, 12 GG; § 15 SF; Grunds. 4 PR IV F; Art. 5 Abs. 1, 22 GR; Art. 4, 41 I; Art. 11 Abs. 4 u. 6 L; Art. 19 NL; Art. 47 Abs. 1, 53, 58 Abs. 1, 61 Abs. 1, 74 Abs. 4 P; Art. 35 Abs. 1, 38 SP.
365 Vgl. dazu die Nachw. bei *Kingreen/Störmer* (Fn. 8), S. 277.
366 Vgl. *Kingreen* (Fn. 137), S. 85 ff., 118 ff.

EU-Vertrag Art. 6

Rechtsprechung leges speciales zur Berufsfreiheit sind (oben Rn. 89), sondern auch durch die Wettbewerbsregeln der Art. 81 ff., 87 ff. EGV[367].

aa) Schutzbereich
Der EuGH zählt die Berufsfreiheit seit langem zum Katalog der Gemeinschaftsgrundrechte[368]; meist bezeichnet er sie als Recht auf freie Berufsausübung. In **Abgrenzung zur Eigentumsgarantie** gewährleistet sie Erwerbsschutz und nicht Bestandschutz[369]. Der EuGH verzichtet freilich – jedenfalls explizit – durchweg auf eine Abgrenzung zwischen beiden Grundrechten, zumal er beide den gleichen Rechtfertigungsanforderungen unterwirft. Methodisch ist dies angesichts der unterschiedlichen Rechtserkenntnisquellen (die EMRK enthält zwar ein Eigentumsgrundrecht, aber kein Grundrecht der Berufsfreiheit) und auch der Notwendigkeit, den gemeinschaftsrechtlichen Eigentumsbegriff wegen Art. 295 EGV genauer zu bestimmen, unbefriedigend. 131

Den Begriff des **Beruf**es hat der EuGH bislang nicht näher umschrieben. In Anlehnung an die ständige Rechtsprechung des BVerfG ist Beruf aber allgemein jede auf Dauer angelegte Tätigkeit, die der Schaffung und Erhaltung einer Lebensgrundlage dient[370] und – dies ist allerdings umstritten – nicht verboten ist[371]. Die Judikatur des EuGH betrifft bislang allein die selbständige berufliche Betätigung; geschützt sind aber auch unselbständige Tätigkeiten[372]. Gewisse Anhaltspunkte können insoweit dem Begriff »Arbeitnehmer« in Art. 39 EGV entnommen werden (Art. 39 EGV, Rn. 9 ff.). 132

Das Grundrecht schützt mit der **Berufswahl** und der **Berufsausübung**[373] umfassend die Teilnahme am Wirtschaftsleben[374]. Besondere Ausprägungen der Berufsfreiheit sind die 133

---

367 Umfassend zum Schutz der Wettbewerbsfreiheit im Gemeinschaftsrecht *U. Schliesky*, Öffentliches Wirtschaftsrecht, 2000, S. 23 ff.; zur unternehmerischen Freiheit *Schwarze* (Fn. 91), S. 518 ff.
368 EuGH, Rs. 4/73, Slg. 1974, 491, Rn. 14 (Nold/Kommission); Rs. 230/78, Slg. 1979, 2749, Rn. 22 (Eridiana/Minister für Landwirtschaft und Forsten); Rs. 44/79, Slg. 1979, 3727, Rn. 32 (Liselotte Hauer/Land Rheinland-Pfalz); Verb. Rs. 63/84 u. 147/84, Slg. 1985, 2857, Rn. 13 f. (Finsider/Kommission); Rs. 116/82, Slg. 1986, 2519, Rn. 27 (Kommission/Deutschland); Rs. 234/85, Slg. 1986, 2897, Rn. 8 (Keller); Verb. Rs. 133–136/85, Slg. 1987, 2289, Rn. 15 ff. (Rau/Balm); Rs. 265/87, Slg. 1989, 2237, Rn. 15 (Schräder/Hauptzollamt Gronau); Rs. C-370/88, Slg. 1990, I-4071, Rn. 27 f. (Marshall); Verb. Rs. C-143/88 u. C-92/89, Slg. 1991, I-415, Rn. 72 ff. (Zuckerfabrik Süderdithmarschen und Zuckerfabrik Soest); Verb. Rs. C-90/90 u. C-91/90, Slg. 1991, I-3617, Rn. 13 (Neu u. a.); Rs. C-177/90, Slg. 1992, I-35, Rn. 17 (Kühn); Rs. C-280/93, Slg. 1994, I-4973, Rn. 78 (Deutschland/Rat); Rs. C-306/93, Slg. 1994, I-5555, Rn. 20 (SMW Winzersekt); Rs. C-44/94, Slg. 1995, I-3115, Rn. 55 (Fishermen's Organisations u. a.); Rs. C-63/93, Slg. 1996, I-569, Rn. 28 (Duff u. a.); Rs. C-84/95, Slg. 1996, I-3953, Rn. 21 (Bosphorus); Rs. C-183/95, Slg. 1997, I-4315, Rn. 42 (Affish); Verb. Rs. C-248/95 und C-249/95, Slg. 1997, I-4475, Rn. 72 (SAM Schiffahrt und Stapf).; Rs. C-200/96, Slg. 1998, I-1953, Rn. 27 (Metronome Musik/Music Point); EuG, Rs. T-113/96, Slg. 1998, II-125, Rn. 74 (Dubois et fils/Rat und Kommission); vgl. auch bereits EuGH, Rs. 11/70, Slg. 1970, 1125, Rn. 4 ff. (Internationale Handelsgesellschaft/Einfuhr- und Vorratsstelle Getreide); Rs. 25/70, Slg. 1970, 1161, Rn. 20 ff. (Einfuhr- und Vorratsstelle Getreide/Köster).
369 BGHZ 98, 341 (351).
370 Vgl. BVerfGE 7, 377 (397); 54, 301 (313).
371 Überblick über den Meinungsstand etwa bei *H. D. Jarass*, in: Jarass/Pieroth, GG, Art. 12, Rn. 7.
372 *Günter* (Fn. 82), S. 18; *Stadler* (Fn. 72), S. 344 f.
373 Zu diesem umfassenden Schutz auch EuGH, Rs. 44/79, Slg. 1979, 3727, Rn. 32 (Liselotte Hauer/Land Rheinland-Pfalz); Rs. C-306/93, Slg. 1994, I-5555, Rn. 25 (SMW Winzersekt); ebenso: *D. Feger*, Grundrechtliche Aspekte des Rechts der Europäischen Gemeinschaften auf dem Gebiet der abhängigen Arbeit, RdA 1987, S. 13 (16); *M. Notthoff*, Grundrechte in der Europäischen Gemeinschaft, RIW 1995, S. 541 (543); *I. Pernice*, in: Grabitz/Hilf, EU, Art. 164, Rn. 69, *Stadler* (Fn. 72), S. 345 ff.
374 *U. Penski/B. R. Elsner*, Eigentumsgewährleistung und Berufsfreiheit als Gemeinschaftsgrundrechte in der Rechtsprechung des Europäischen Gerichtshofs, DöV 2001, S. 265 (270 f.); *Wunderlich* (Fn. 145), S. 105 f.

Art. 6 EU-Vertrag

Handelsfreiheit[375], die **wirtschaftliche Betätigungsfreiheit**[376] und die **Freiheit der Arbeit**[377]. Ein wichtiges, wenn auch nicht auf die Berufsfreiheit beschränktes Recht[378], ist die **Vertragsfreiheit**, die der EuGH bislang allerdings nicht als eigenständiges Gemeinschaftsgrundrecht ansieht[379]. Ausdrücklich hat er allerdings »die freie Wahl des Geschäftspartners«[380] als geschützt angesehen, die Teil der berufsbezogenen Vertragsfreiheit ist.

134 Unklar ist der **Einfluß einer Gemeinsamen Marktorganisation** (Art. 34 EGV, Rn. 8 ff.) auf den Schutzbereich der Berufsfreiheit. Zunächst hat der EuGH die Ansicht vertreten, daß aus der Berufsfreiheit »kein wohlerworbenes Recht auf Beibehaltung eines Vorteils [...], der ihm aus einer Marktorganisation in ihrer zu einem bestimmten Zeitpunkt bestehenden Form erwächst«[381]. Hintergrund dieser Rechtsprechung ist offenbar die Überlegung, daß eine Marktorganisation den betroffenen Unternehmern erst Vorteile verschafft, die sie ohne die damit einhergehende Regulierung nicht hätten[382], die Beschneidung solcher Vorteile daher grundrechtsirrelevant ist. Allerdings hat der EuGH später in der Bananenmarkt-Entscheidung anerkannt, »daß die Einführung eines Zollkontingents und des Mechanismus seiner Aufteilung tatsächlich die Wettbewerbsstellung insbesondere der Wirtschaftsteilnehmer auf dem deutschen Markt ändert«[383]. Im Schrifttum wird die Einschlägigkeit der Berufsfreiheit befürwortet: Die Änderungen der kalkulatorischen und wirtschaftlichen Eckdaten im Rahmen einer Marktorganisation hätten unmittelbare Auswirkungen auf unternehmerische Entscheidungen und berührten daher auch die Berufsausübung[384]. Dies müsse zumal für Unternehmen gelten, die gar nicht unter die gemeinsame Marktorganisation fielen[385]. Dem ist zuzustimmen: Der Gerichtshof verwendet in seinen frühen Entscheidungen offensichtlich Argumentationsfiguren aus der auf Bestandschutz ausgerichteten Eigentumsgarantie, die aber für die auf Erwerbsschutz ausgerichtete Berufsfreiheit nicht passen.

bb) Eingriff

135 Eingriffe in das Grundrecht der Berufsfreiheit können sowohl die Berufsausübung als auch die Berufswahl betreffen.

136 Eingriffe sind zunächst alle Maßnahmen, die sich **unmittelbar** auf die berufliche Betätigung beziehen, etwa ein Quotensystem bei der Milchproduktion[386], ein Verbot der Ver-

---

375 EuGH, Rs. 4/73, Slg. 1974, 491, Rn. 14 (Nold/Kommission); Rs. 240/83, Slg. 1985, 531, Rn. 12 (Procureur de la République/ADBHU).
376 EuGH, Verb. Rs. 63/84 u. 147/84, Slg. 1985, 2857, Rn. 13 f. (Finsider/Kommission); Verb. Rs. C-143/88 u. C-92/89, Slg. 1991, I-415, Rn. 72 ff. (Zuckerfabrik Süderdithmarschen und Zuckerfabrik Soest).
377 EuGH, Rs. 4/73, Slg. 1974, 491, Rn. 13 (Nold/Kommission).
378 Dazu W. *Höfling*, Vertragsfreiheit, 1991, S. 14 ff.
379 Vgl. EuGH, C-Rs.-151/78, Slg. 1979, 1, Rn. 20 (Sukkerfabriken Nykøbing/Landwirtschaftsministerium; Rs. C-240/97, Slg. 1999, I-6571, Rn. 99 (Spanien/Kommission).
380 EuGH, Verb. Rs. C-90/90 u. C-91/90, Slg. 1991, I-3617, Rn. 13 (Neu u. a.).
381 EuGH, Rs. 230/78, Slg. 1979, 2749, Rn. 22 (Eridiana/Minister für Landwirtschaft und Forsten); Verb. Rs. 133–136/85, Slg. 1987, 2289, Rn. 18 (Rau/Balm).
382 In diesem Sinne offensichtlich EuGH, Rs. 230/78, Slg. 1979, 2749, Rn. 21 (Eridiana/Minister für Landwirtschaft und Forsten).
383 EuGH, Rs. C-280/93, Slg. 1994, I-4973, Rn. 81 (Deutschland/Rat); vgl. auch EuGH, Rs. C-306/93, Slg. 1994, I-5555, Rn. 24 (SMW Winzersekt).
384 *Günter* (Fn. 82), S. 19, 21 f.
385 M. *Hilf/B. Willms*, Rechtsprechungsbericht, 2. Quartal 1987 (Nr. 67–136), EuGRZ 1989, S. 189 (194); dazu jetzt auch *Wunderlich* (Fn. 145), S. 115 ff.
386 EuGH, Rs. C-177/90, Slg. 1992, I-35, Rn. 16 (Kühn).

wendung bestimmter geographischer Angaben bei Schaumwein[387], die Einführung eines Zollkontingents für den Import von Bananen[388] und bestimmte, auf die Ausübung der Fischerei bezogene Vorschriften[389]. Zu **mittelbar** belastenden Maßnahmen liegt noch keine Rechtsprechung vor; grundsätzlich können aber auch diese Eingriffe in die Berufsfreiheit darstellen (dazu allgemein oben Rn. 68).

cc) Rechtfertigung

Da der EuGH Berufsfreiheit und Eigentumsrecht i.d.R nicht voneinander trennt, unterwirft er beide Grundrechte einer einheitlichen Rechtfertigungsprüfung. Die Berufsfreiheit beeinträchtigende Maßnahmen sind danach gerechtfertigt, »sofern diese Beschränkungen tatsächlich dem Gemeinwohl dienenden Zielen der Gemeinschaft entsprechen und nicht einen im Hinblick auf den verfolgten Zweck unverhältnismäßigen, nicht tragbaren Eingriff darstellen, der die so gewährleisteten Rechte in ihrem Wesensgehalt antastet«[390]. 137

Die Prüfung der **Schranken** der Berufsfreiheit durch den EuGH folgt dem üblichen Muster: »Ebenso wie die Ausübung dieses Rechts von den Mitgliedstaaten im öffentlichen Interesse Einschränkungen unterworfen ist, wird sie auch in der Gemeinschaftsrechtsordnung nur in den Grenzen gewährleistet, die durch die dem Gemeinwohl dienenden Ziele der Gemeinschaft gesetzt werden«[391]. Als ein »offensichtlich dem Gemeinwohl« dienendes Ziel bezeichnet das EuG die Verwirklichung des Binnenmarktes[392]. Ferner hat der EuGH als wichtige Gemeininteressen insbesondere die agrarmarktpolitischen Zielsetzungen der Gemeinschaft (Art. 33 EGV)[393], völkerrechtliche Verpflichtungen von Gemeinschaft und Mitgliedstaaten[394] und den Schutz von Urheberrechten an Werken der Literatur und Kunst[395] angesehen. Ferner sind mit dem Gesundheits-, Umwelt- und Verbraucherschutz[396] kollidierende Gemeinwohlziele anerkannt, die nunmehr auch in Art. 35, 37, 38 GRCh enthalten sind. 138

Im Rahmen der Prüfung des Grundsatzes der **Verhältnismäßigkeit** sind Ansätze einer Differenzierung zwischen **Berufsausübungs- und Berufswahlregeln** erkennbar, die der Unterscheidung zwischen Nutzungsbeschränkungen und Entziehungen beim Eigentumsgrundrecht (unten Rn. 154 ff.) entspricht. So heißt es zu einem Bezeichnungsverbot für Schaumwein, dieses betreffe »nur die Modalitäten der Ausübung« des Berufes, »ohne dessen Bestand selbst zu gefährden«[397]. Dies läßt sich so deuten, daß – analog zu der zu Art. 12 Abs. 1 GG entwickelten 3-Stufen-Theorie[398] – Eingriffe in die Freiheit der 139

---

387 EuGH, Rs. C-306/93, Slg. 1994, I-5555, Rn. 24 (SMW Winzersekt).
388 EuGH, Rs. C-280/93, Slg. 1994, I-4973, Rn. 81 (Deutschland/Rat).
389 EuGH, Rs. C-370/88, Slg. 1990, I-4071, Rn. 27 f. (Marshall); Rs. 44/94, Slg. 1995, I-3115, Rn. 55 f. (Fishermen's Organisations u. a.).
390 EuGH, Rs. C-280/93, Slg. 1994, I-4973, Rn. 78 (Deutschland/Rat).
391 EuGH, Rs. 234/85, Slg. 1986, 2897, Rn. 14 (Keller) unter Verweis auf EuGH, Rs. 4/73, Slg. 1974, 491, Rn. 14 (Nold/Kommission); vgl. ferner etwa Rs. 44/79, Slg. 1979, 3727, Rn. 32 (Liselotte Hauer/Land Rheinland-Pfalz).
392 EuG, Rs. T-113/96, Slg. 1998, II-125, Rn. 75 (Dubois et fils/Rat und Kommission).
393 EuGH, Rs. 44/79, Slg. 1979, 3727, Rn. 25 (Liselotte Hauer/Land Rheinland-Pfalz).
394 EuGH, Rs. C-200/96, Slg. 1998, I-1953, Rn. 25 (Metronome Musik/Music Point).
395 EuGH, Rs. C-200/96, Slg. 1998, I-1953, Rn. 21 ff. (Metronome Musik/Music Point).
396 EuGH, Rs. C-183/95, Slg. 1997, I-4315, Rn. 43 (Affish): Gesundheitsschutz; Rs. 240/83, Slg. 1985, 531, Rn. 13 (Procureur de la République/ADBHU): Umweltschutz; Rs. C-306/93, Slg. 1994, I-5555, Rn. 25 (SMW Winzersekt): Verbraucherschutz.
397 EuGH, Rs. C-306/93, Slg. 1994, I-5555, Rn. 24 (SMW Winzersekt); vgl. bereits EuGH, Rs. 234/85, Slg. 1986, 2897, Rn. 9 (Keller).
398 Grundlegend: BVerfGE 7, 377 (405 ff.).

Berufswahl leichter zu rechtfertigen sind als solche, die sich lediglich auf die Berufsausübung beziehen[399]. Andere Urteile zeigen freilich, daß der Übergang zwischen Berufsausübung und -wahl fließend ist. So meint der EuGH zu einer Milchquotenregelung, diese taste »das Eigentumsrecht und das Recht auf freie Berufsausübung nicht in ihrem Wesensgehalt an, da es den betreffenden Wirtschaftsteilnehmern unbenommen bleibt, in dem fraglichen Betrieb etwas anderes als Milch zu erzeugen«[400]. Ob hier Berufswahl oder Berufsausübung betroffen sind, hängt vom zugrundeliegenden **Berufsbild** ab[401]: Sieht man den Milcherzeuger als eigenständigen Beruf an und ist dieser aufgrund der Quote zur Einstellung seiner Produktion gezwungen, so ist die Berufswahl betroffen; stellt man hingegen – wie offenbar der EuGH – darauf ab, daß die Milcherzeugung nur eine Komponente der landwirtschaftlichen Tätigkeit ist, so ist allein die Berufsausübung beeinträchtigt, da der Betroffene weiterhin landwirtschaftlich tätig sein kann. Die Unterscheidung zwischen Berufsausübung und Berufswahl mag daher ein wichtiger Anhaltspunkt sein; sie ersetzt aber eine auf den Einzelfall bezogene Verhältnismäßigkeitsprüfung nicht. Diese fehlt bei der Berufsfreiheit fast durchweg (Rn. 74); auch deshalb war die Berufung auf die Berufsfreiheit vor dem EuGH noch nie erfolgreich.

h) Eigentum

140 Das Eigentumsgrundrecht ist nach anfänglicher Ablehnung durch den EuGH[402] seit langem Bestandteil des Katalogs der Gemeinschaftsgrundrechte[403]. Der EuGH bezieht sich dabei auf die klassischen Rechtserkenntnisquellen: Das Grundrecht werde »in der Ge-

---

399 In diesem Sinne auch *Stadler* (Fn. 72), S. 345 ff.
400 EuGH, Rs. C-177/90, Slg. 1992, I-35, Rn. 17 (Kühn).
401 Zum Problem vgl. etwa *R. Breuer*, Freiheit des Berufs, in: Isensee/Kirchhof, Handbuch des Staatsrechts Bd. VI, 1989, § 147, Rn. 35 ff.; *Pieroth/Schlink* (Fn. 15), Rn. 836 ff.
402 EuGH, Rs. 18/57, Slg. 1959, 89 (107 f.) (Nold/Hohe Behörde der Europäischen Gemeinschaft für Kohle und Stahl); EuGH, Verb. Rs. 36/59, 37/58, 38/59 u. 40/59, Slg. 1960, 885, 920 f. (Ruhrkohlen-Verkaufsgesellschaft u. a./Hohe Behörde der Europäischen Gemeinschaft für Kohle und Stahl).
403 EuGH, Rs. 4/73, Slg. 1974, 491, Rn. 14 (Nold/Kommission); Rs. 44/79, Slg. 1979, 3727, Rn. 17 (Liselotte Hauer/Land Rheinland-Pfalz); Verb. Rs 41/79, 121/79, 793/79, Slg. 1980, 1979, Rn. 22 (Testa/Bundesanstalt für Arbeit); Verb. Rs. 154/78, 205/78, 206/78, 226/78, 227/78, 228/78, 263/78, 264/78, 31/79, 39/79, 83/79, 85/79, Slg. 1980, 907, Rn. 90 (Valsabbia/Kommission); Rs. 59/83, Slg. 1984, 4057, Rn. 21 ff. (Biovilac/EWG); Verb. Rs. 172 u. 226/83, Slg. 1985, 2831, Rn. 29 (Hoogovens Groep/Kommission); Rs. 116/82, Slg. 1986, 2519, Rn. 27 (Kommission/Deutschland); Rs. 281/84, Slg. 1987, 49, Rn. 25 ff. (Zuckerfabrik Bedburg/Rat und Kommission); Rs. 113/88, Slg. 1989, 1991, Rn. 20 (Leukhardt/Hauptzollamt Reutlingen); Rs. 5/88, Slg. 1989, 2609, Rn. 17 (Wachauf/Bundesanstalt für Ernährung und Forstwirtschaft); Rs. 265/87, Slg. 1989, 2237, Rn. 15 (Schräder/ Hauptzollamt Gronau); Verb. Rs. C-143/88 u. C-92/89, Slg. 1991, I-415, Rn. 74 (Zuckerfabrik Süderdithmarschen und Zuckerfabrik Soest); Rs. C-44/89, Slg. 1991, I-5119, Rn. 27 (von Deetzen); Rs. C-177/90, Slg. 1992, I-35, Rn. 17 (Kühn); Rs. C-2/92, Slg. 1994, I-955, Rn. 19 (Bostock); Rs. C-280/93, Slg. 1994, I-4973, Rn. 78 (Deutschland/Rat); Rs. C-306/93, Slg. 1994, I-5555, Rn. 20 (SMW Winzersekt); Rs. C-44/94, Slg. 1995, I-3115, Rn. 55 (Fishermen's Organisations u. a.); Rs. C-38/94, Slg. 1995, I-3875, Rn. 14 (Country Landowners Association); Rs. C-63/93, Slg. 1996, I-569, Rn. 28 (Duff u. a.); Verb. Rs. C-296/93 und C-307/93, Slg. 1996, I-795, Rn. 49 (Frankreich und Irland/Kommission); Rs. C-84/95, Slg. 1996, I-3953, Rn. 21 (Bosphorus); Rs. C-22/94, Slg. 1997, I-1809, Rn. 27 (Irish Farmers Association u. a.); Verb. Rs. C-248/95 und C-249/95, Slg. 1997, I-4475, Rn. 72 (SAM Schiffahrt und Stapf); Rs. C-200/96, Slg. 1998, I-1953, Rn. 21 (Metronome Musik/Music Point); ferner EuG, Verb. Rs. T-466/93, T-469/93, T-473/93; T-474/93, T-477/93, Slg. 1995, II-2071, Rn. 99 (O'Dwyer u. a./Rat); andeutungsweise bereits in EuGH, Rs. 11/70, Slg. 1970, 1125, Rn. 4 ff. (Internationale Handelsgesellschaft/Einfuhr- und Vorratsstelle Getreide); Rs. 25/70, Slg. 1970, 1161, Rn. 20 ff. (Einfuhr- und Vorratsstelle Getreide/Köster); eingehende Rechtsprechungsanalyse bei *T. Schilling*, Eigentum und Marktordnung nach Gemeinschafts- und nach deutschem Recht, EuGRZ 1998, S. 177 ff.

EU-Vertrag Art. 6

meinschaftsrechtsordnung gemäß den gemeinsamen Verfassungskonzeptionen der Mitgliedstaaten gewährleistet, die sich auch im Zusatzprotokoll zur Europäischen Menschenrechtskonvention widerspiegeln«[404]. Ebenso wie alle Verfassungen der Mitgliedstaaten[405] und die EMRK (Art. 1 des 1. ZP) enthält auch die Grundrechtecharta ein Eigentumsgrundrecht (Art. 17 GRCh). Im Gegensatz zu Art. 1 des 1. ZP zur EMRK ist sogar eine ausdrückliche Entschädigungsverpflichtung für den Fall vorgesehen, daß Eigentum im öffentlichen Interesse entzogen wird (unten Rn. 158 ff.).

Zu unterscheiden sind **Eigentumsrecht** und **Eigentumsordnung**. Während die Bestimmung der Eigentumsordnung gemäß Art. 295 EGV Sache der Mitgliedstaaten ist, ist das Eigentumsrecht als Gemeinschaftsgrundrecht gemeinschaftsrechtlich zu konkretisieren. Art. 295 EGV beeinflußt daher die Kompetenz des EuGH, Inhalt und Grenzen des gemeinschaftsrechtlichen Eigentumsrechts zu bestimmen, nicht (Art. 295 EGV, Rn. 4). 141

aa) Schutzbereich
Eigentum setzt eine konkrete schutzfähige Position voraus. Dies sind alle von der Rechtsordnung einem bestimmten Inhaber zugeordneten vermögenswerten Rechte. Das Eigentum ist also ein Produkt der Rechtsordnung: Seine Begriffsbestimmung knüpft an das einfache, insbesondere das bürgerliche Recht, an[406]. Der Schutzbereich ist betroffen, wenn (1) eine eigentumsfähige Position (2) in ihrem Bestand betroffen ist: 142

(1) Eigentumsfähige Positionen
(a) Privatrechtliche Eigentumspositionen
Geschützt sind zunächst alle vermögenswerten Rechte und Güter, die das bürgerliche Recht einem privaten Rechtsträger als Eigentum zuordnet. 143

Die Rechtsprechung des EuGH bezieht sich bislang überwiegend auf das **Sacheigentum**[407]. Gegenstände des Eigentumsrechts können aber auch nichtkörperliche Gegenstände, wie private Forderungsrechte[408] und – wie sich aus Art. 295 EGV (Art. 295 EGV, Rn. 6 ff.), dem Art. 30 EGV (Art. 30 EGV, Rn. 38 ff.) zugrundeliegenden Eigentumsbegriff und Art. 17 Abs. 2 GRCh ergibt[409] – geistige Eigentumsrechte (Urheber-, Patent-, Verlags-, Marken- und sonstige Schutzrechte) sein[410]. 144

Ob der **eingerichtete und ausgeübte Gewerbebetrieb** in seiner Gesamtheit (also über den Schutz der in ihm enthaltenen Produktionsmittel hinaus) am Schutz der Eigentumsgarantie teilnimmt[411], ist bislang nicht geklärt[412]. Der EuGMR bejaht dies[413], was allerdings auch damit zusammenhängen kann, daß die EMRK kein Grundrecht der Berufsfreiheit enthält und Art. 1 des 1. ZP daher einziger, weit ausgelegter Maßstab für Beschränkungen der wirtschaftlichen Betätigung ist. Jedenfalls kann der Schutz des Gewer- 145

---

404 EuGH, Rs. 44/79, Slg. 1979, 3727, Rn. 17 (Liselotte Hauer/Land Rheinland-Pfalz).
405 Das Eigentum ist in allen Mitgliedstaaten der Gemeinschaft geschützt (Art. 16, 17 B; § 73 DK; Art. 14 GG; § 12 SF; Art. 2, 17 MR-F; Art. 17, 18 GR; Art. 43 IR; Art. 42–44 I; Art. 16, 17 L; Art. 14 NL; Art. 62 P; Kap. 2 § 18 S; Art. 33 SP); vgl. die eingehende Darstellung zum Eigentumsschutz in den Mitgliedstaaten bei *Günter* (Fn. 82), S. 50 ff.
406 Vgl. *Pieroth/Schlink* (Fn. 15), Rn. 209 ff., 899 f.
407 Vgl. etwa EuGH, Rs. 44/79, Slg. 1979, 3727, Rn. 17 ff. (Liselotte Hauer/Land Rheinland-Pfalz), dazu auch *Günther* (Fn. 82), S. 33 f.
408 Vgl. *Müller-Michaels* (Fn. 95), S. 66 zu Art. 1 des 1. ZP.
409 Näher *Günter* (Fn. 82), S. 34 ff.; *Müller-Michaels* (Fn. 95), S. 37; *Streinz* (Fn. 45), S. 405 f.
410 EuGH, Rs. 200/96, Slg. 1998, I-1953, Rn. 21 ff. (Metronome Musik/Music Point); *Günter* (Fn. 82), S. 34 ff.; dazu auch zu Art. 1 1. ZP: M. *Hartwig*, Der Eigentumsschutz nach Art. 1 des 1. Zusatzprotokolls zur EMRK, RabelsZ 63 (1999), S. 561 (564 ff.); E. *Riedel*, Entschädigung für Eigentumsentzug nach Artikel 1 des ersten Zusatzprotokolls zur Europäischen Menschenrechtskonvention, EuGRZ 1988, S. 333 (334).

Fußnoten 411 bis 413 siehe nächste Seite.

bebetriebes nicht weiter reichen als der seiner Grundlagen[414]; daher muß zumindest der **Bestand** (unten Rn. 148) des Unternehmens betroffen sein[415]. Im übrigen wird das Unternehmen als wirtschaftliche Einheit allein über die Berufsfreiheit geschützt[416].

146 Geschützt sind nur die durch die Rechtsordnung anerkannten einzelnen Vermögenswerte. Das **Vermögen** als solches fällt hingegen nicht unter den Begriff des Eigentums. Der EuGH hat es daher – im Gegensatz zum EuGMR[417] und zur allerdings noch wenig gefestigten Rechtsprechung des BVerfG[418] – mit Recht abgelehnt, hoheitlich auferlegte Geldleistungspflichten an der Eigentumsgarantie zu messen[419]. Anders dürfte es nur liegen, wenn die Geldleistungspflichten eine erdrosselnde, konfiskatorische Wirkung entfalten[420], da diese die Nutzung des Eigentums selbst in Frage stellen.

(b) Öffentlich-rechtliche Eigentumspositionen

147 Rechtspositionen öffentlich-rechtlicher Natur werden nur geschützt, wenn sie jedenfalls zum Teil auch auf Eigenleistungen des Berechtigten beruhen. Daran fehlt es bei kommerziellen Vorteilen als Folge von marktsteuernden Maßnahmen, wie der Zuteilung von Referenzmengen im Rahmen einer gemeinsamen Marktorganisation[421]. Bei Leistungen der sozialen Sicherheit tendiert der EuGH offenbar zu einer Einbeziehung in den Eigentumsschutz, hat die Frage aber noch offengelassen[422].

---

411 Dafür: *Rengeling* (Fn. 51), S. 36 f., 46; *Storr* (Fn. 119), S. 557; *Wetter* (Fn. 94), S. 145 ff. unter Hinweis auf EuGH, Rs. 59/83, Slg. 1984, 4057, Rn. 21 ff. (Biovilac/EWG) sowie *J. M. Thiel*, Europa 1992: Grundrechtlicher Eigentumsschutz im EG-Recht, JuS 1991, S. 274 (279) unter Hinweis auf die ältere Rechtsprechung des EuGH (dort Fn. 83). Bei näherer Betrachtung läßt sich aber keine dieser Entscheidungen für diese Ansicht in Anspruch nehmen; vgl. auch *Leisner* (Fn. 183), S. 402.
412 *Günther* (Fn. 82), S. 37 f.; *von Milczewski* (Fn. 14), S. 68.
413 EuGMR, Nr. 7/1984/79/123 – 126, 26.6.1986, EuGRZ 1988, 35, Rn. 41 (van Marle u. a./Niederlande).
414 BVerfGE 58, 300 (353).
415 *Müller-Michaels* (Fn. 95), S. 39 f.; *Penski/Elsner* (Fn. 374), S. 269; *Storr* (Fn. 119), S. 552 f.; in diesem Sinne läßt sich zumindest auch EuGH, Verb. Rs. 154/78, 205/78, 206/78, 226/78, 227/78, 228/78, 263/78, 264/78, 31/79, 39/79, 83/79, 85/79, Slg. 1980, 907, Rn. 90 (Valsabbia/Kommission) interpretieren.
416 Vgl. auch *von Milczewski* (Fn. 14), S. 71.
417 EuGMR, Nr. 17/1989/177/233, EuGRZ 1990, 504, Rn. 30 (Darby/Schweden). Zur uneinheitlichen Rechtsprechung in Deutschland vgl. *H. D. Jarass*, in: Jarass/Pieroth, GG, Art. 14, Rn. 15.
418 BVerfGE 93, 121 (136 ff.); anders BVerfG abwM 93, 121 (152 ff.); BVerfGE 95, 267 (300); 96, 375 (397).
419 EuGH, Verb. Rs. C-143/88 u. C-92/89, Slg. 1991, I-415, Rn. 74 (Zuckerfabrik Süderdithmarschen und Zuckerfabrik Soest). Zumindest unklar hingegen EuGH, Rs. 265/87, Slg. 1989, 2237, Rn. 15 ff. (Schräder/Hauptzollamt Gronau); vgl. auch – kritisch – *Günther* (Fn. 82), S. 40 ff. sowie *T. Schilling*, Der EuGH, das Eigentum und das deutsche Recht, EuZW 1991, S. 310 (310 f.).
420 Vgl. etwa auch BVerfGE 63, 343 (368); 82, 159 (190).
421 EuGH, Rs. C-44/89, Slg. 1991, I-5119, Rn. 27 (von Deetzen); Rs. C-2/92, Slg. 1994, I-955, Rn. 19 (Bostock); Rs. C-38/94, Slg. 1995, I-3875, Rn. 14 (Country Landowners Association); EuG, Verb. Rs. T-466/93, T-469/93, T-473/93; T-474/93, T-477/93, Slg. 1995, II-2071, Rn. 99 (O'Dwyer u. a./Rat).
422 EuGH, Verb. Rs 41/79, 121/79, 793/79, Slg. 1980, 1979, Rn. 22 (Testa/Bundesanstalt für Arbeit); vgl. auch EuGH, Rs. C-227/89, Slg. 1991, I-323 ff. (Rönfeldt). Gegen eine Einbeziehung offenbar GA *M. Darmon* im Schlußantrag zu dieser Entscheidung (Ziff. 16); dafür: *I. Pernice*, in: Grabitz/Hilf, EU, Art. 164, Rn. 176. Vgl. zum Eigentumsschutz sozialrechtlicher Positionen in Deutschland etwa *J. Wieland*, in: Dreier, GG, Bd. I, Art. 14, Rn. 54.

(2) Umfang des Eigentumsschutzes

Das Eigentumsgrundrecht gewährleistet in Abgrenzung zur Berufsfreiheit den **Be-** 148
stand des Eigentums, nicht aber bloße kaufmännische Interessen oder Aussichten, deren Ungewißheit zum Wesen wirtschaftlicher Tätigkeit gehört[423], wie etwa ein bestimmter Marktanteil[424]. Geschützt ist also allein das Ergebnis der Betätigung, während die Berufsfreiheit die Betätigung selbst, also auch den Erwerb des Eigentums, schützt[425].

Diese Abgrenzung bereitet insbesondere bei wettbewerbssteuernden Maßnahmen der 149
Gemeinschaft (z. B. Festlegung von Erzeugerquoten und Vermarktungsregeln) Schwierigkeiten. In der EuGH-Rechtsprechung finden sich immerhin Ansätze für eine Differenzierung[426]: Soweit die Nutzung der Produktionsstätten und -anlagen des Gewerbebetriebes unmittelbar betroffen ist, ist das Eigentumsgrundrecht einschlägiger Maßstab, etwa bei Quoten über die Erzeugung von Stahl[427] oder die Anpflanzung von Weinreben[428]. Anders liegt es hingegen bei Maßnahmen, die – wie Mindestpreisregelungen[429] – nur die Vermarktung des Produktes, nicht aber die Nutzung des Eigentums an den Produktionsstätten und -mitteln selbst betreffen. Die Grenzen sind allerdings fließend, weil auch Vermarktungsbedingungen unmittelbare Auswirkungen auf die Nutzung des Eigentums haben können[430].

Die Eigentumsgarantie beinhaltet als normgeprägtes Grundrecht auch das Vertrauen des 150
Eigentümers auf den Fortbestand der Rechtslage, die ihm die Nutzung des Eigentums ermöglicht (**Dispositionsschutz**)[431]. Von den bloßen Erwartungen und Gewinnchancen abzugrenzen sind daher Rechtspositionen, die der EuGH mit dem Begriff »wohlerworbene Rechte[432]« umschreibt und die in engem Zusammenhang mit dem rechtsstaatlichen **Grundsatz des Vertrauensschutzes** stehen[433], den der EuGH allerdings i.d.R. separat, also nicht im Rahmen der Eigentumsgarantie, prüft (oben Rn. 10)[434]. Voraussetzung ist ein

---

423 EuGH, Rs. 4/73, Slg. 1974, 491, Rn. 14 (Nold/Kommission); Verb. Rs. 154/78, 205/78, 206/78, 226/78, 227/78, 228/78, 263/78, 264/78, 31/79, 39/79, 83/79, 85/79, Slg. 1980, 907, Rn. 89 (Valsabbia/Kommission).
424 EuGH, Rs. C-280/93, Slg. 1994, I-4973, Rn. 79 (Deutschland/Rat).
425 Vgl. zu dieser Faustformel etwa BVerfGE 88, 366 (377).
426 Vgl. auch *von Milczwewski* (Fn. 14), S. 64 ff.
427 So wohl EuGH, Rs. 258/81, Slg. 1982, 4261, Rn. 13 (Metallurgiki Halyps/Kommission); vgl. auch EuGH, Verb. Rs. 172 u. 226/83, Slg. 1985, 2831, Rn. 29 (Hoogovens Groep/Kommission). Die Interpretation beider Entscheidungen ist freilich wegen der pauschalen Behauptung eines fehlenden »Verstoßes« gegen das Eigentumsgrundrecht durch den EuGH umstritten: Teilweise wird dies in dem Sinne verstanden, daß bereits der Schutzbereich nicht berührt sei (vgl. etwa *J. Wieland*, in: Dreier, GG, Bd. I, Art. 14, Rn. 17); wie hier aber *von Milczewski* (Fn. 14), S. 66 f.
428 EuGH, Rs. 44/79, Slg. 1979, 3727, Rn. 19 (Liselotte Hauer/Land Rheinland-Pfalz).
429 EuGH, Verb. Rs. 154/78, 205/78, 206/78, 226/78, 227/78, 228/78, 263/78, 264/78, 31/79, 39/79, 83/79, 85/79, Slg. 1980, 907, Rn. 90 (Valsabbia/Kommission).
430 *Günther* (Fn. 82), S. 39.
431 *von Milczewski* (Fn. 14), S. 280 f.; *Rengeling* (Fn. 51), S. 46.
432 EuGH, Rs. 56/75, Slg. 1976, 1097, Rn. 18/20 (Elz/Kommission); Rs. 230/78, Slg. 1979, 2749, Rn. 22 (Eridiania/Minister für Landwirtschaft und Forsten).
433 *Günter* (Fn. 82), S. 43; *Pernice* (Fn. 63), S. 187 ff.; *ders.*, in: Grabitz/Hilf, EU, Art. 164, Rn. 73; *Rengeling* (Fn. 51), S. 50 ff.; *Thiel* (Fn. 411), S. 279. Vgl. zu dem Zusammenhang zwischen Eigentums- und Vertrauensschutz in der EMRK *W. Peukert*, Zur Notwendigkeit der Beachtung des Grundsatzes des Vertrauensschutzes in der Rechtsprechung des EGMR zu Eigentumsfragen, EuGRZ 1992, S. 1 ff. und im GG BVerfGE 31, 275 (293); 45, 142 (168); 75, 78 (105); *Pieroth* (Fn. 14), S. 281 ff.
434 EuGH, Rs. 258/81, Slg. 1982, 4261, Rn. 12 f. (Metallurgiki Halyps/Kommission); vgl. aber EuGH, Rs. C-280/93, Slg. 1994, I-4973, Rn. 80 (Deutschland/Rat).

Art. 6 EU-Vertrag

Vertrauenstatbestand[435], der sich sowohl auf Akte der Gemeinschaft als auch auf solche der Mitgliedstaaten gründen kann. Bei Gemeinschaftsakten soll aber kein wohlerworbenes Recht oder auch nur ein berechtigtes Vertrauen auf die Beibehaltung einer bestehenden Situation, die durch Entscheidungen der Gemeinschaftsorgane im Rahmen ihres Ermessens (insbesondere im Anwendungsbereich der Marktordnungen) verändert werden können, geschützt sein[436]. Dies ist eine problematische Relativierung des Eigentumsschutzes: Der Umfang des Schutzes darf nicht davon abhängen, ob das Vertrauen auf die zukünftige Nutzung durch das Handeln der Gemeinschaft oder der Mitgliedstaaten durchbrochen wird. Entscheidend ist vielmehr das Gewicht des dem Eigentum entgegenstehenden Interesses, das freilich nicht innerhalb des Schutzbereiches, sondern auf der Ebene der Eingriffsrechtfertigung zu lokalisieren ist[437]. Hier könnte der dogmatisch ausgereiftere Grundsatz des Vertrauensschutzes einen Beitrag zur Rationalisierung der Verhältnismäßigkeitsprüfung leisten (vgl. auch oben Rn. 10 ff., 73).

bb) Eingriff

151 Ein Eingriff liegt vor, wenn eine eigentumsfähige Position **entzogen** oder ihre Nutzung, Verfügung oder Verwertung **Beschränkungen** unterworfen wird (vgl. Art. 1 1. ZP zur EMRK, Art. 17 Abs. 1 S. 2, 3 GRCh)[438]. Die Rechtsprechung bezieht sich bislang ausschließlich auf Akte der Gemeinschaftsorgane.

152 Der Eigentumseingriff kann zunächst **unmittelbar** durch eine Norm oder eine Einzelfallregelung erfolgen[439]. Schwieriger ist die Beurteilung bei **mittelbar belastenden Maßnahmen**: Der EuGH hat bislang Veränderungen der äußeren Wettbewerbsbedingungen durch Maßnahmen der Gemeinschaft, z.B. Interventionsverkäufe von Magermilchpulver zu Billigpreisen zum Nachteil anderer Marktteilnehmer[440] und die Abschaffung bisher bereitgehaltener Vermarktungsmöglichkeiten[441], i.d.R. nicht als Eingriff angesehen. Dies muß aber keine grundsätzliche Ablehnung der Erweiterung des klassischen Eingriffsbegriffs (allgemein oben Rn. 67 f.) im Bereich des Eigentumsschutzes bedeuten. Immerhin hat der EuGH nämlich in den negativen Auswirkungen von Sanktionsmaßnahmen auf die betroffenen Wirtschaftsteilnehmer einen Eingriff gesehen[442]. Sofern die Zwangswirkungen dieser influenzierenden Einwirkungen daher einer unmittelbaren Nutzungs-, Verfügungs- oder Verwertungsbeschränkung entsprechen, wird man von einem Eingriff ausgehen müssen[443].

153 Bei Maßnahmen der Legislative ist zu beachten, daß angesichts der Normprägung des Eigentumsgrundrechts (oben Rn. 142) nicht jede rechtliche Regelung, die das Eigentum betrifft, einen Eingriff darstellt. Trotz des Vorbehalts in Art. 295 EGV kann nämlich das

---

435 EuGH, Rs. C-177/90, Slg. 1992, I-35, Rn. 14 f. (Kühn)
436 EuGH, Rs. 230/78, Slg. 1979, 2749, Rn. 22 (Eridiana/Minister für Landwirtschaft und Forsten); Rs. 52/81, Slg. 1982, 3745, Rn. 27 (Faust/Kommission); Rs. C-177/90, Slg. 1992, I-35, Rn. 13 (Kühn); Rs. C-280/93, Slg. 1994, I-4973, Rn. 79 (Deutschland/Rat).
437 Vgl. dazu auch *D. Besse*, Die Bananenmarktordnung im Lichte deutscher Grundrechte und das Kooperationsverhältnis zwischen BVerfG und EuGH, JuS 1996, S. 396 (400 f.); *Huber* (Fn. 212), S. 521; *Kokott* (Fn. 131), S. 608; *Nettesheim* (Fn. 135), S. 106 f.; *Storr* (Fn. 119), S. 552 f.
438 Vgl. *H. D. Jarass*, in: Jarass/Pieroth, GG, Art. 14, Rn. 26 ff. und *R. Wendt*, in: Sachs, GG, Art. 14, Rn. 52.
439 Vgl. *H. D. Jarass*, in: Jarass/Pieroth, GG, Art. 14, Rn. 26.
440 EuGH, Rs. 59/83, Slg. 1984, 4057, Rn. 22 (Biovilac/EWG); vgl. ferner EuGH, Rs. 281/84, Slg. 1987, 49, Rn. 25 ff. (Zuckerfabrik Bedburg/Rat und Kommission).
441 EuGH, Verb. Rs. C-296/93 u. C. 307/93, Slg. 1996, I-795, Rn. 64 (Frankreich und Irland/Kommission).
442 EuGH, Rs. C-84/95, Slg. 1996, I-3953, Rn. 22 f. (Bosphorus).
443 *von Milczewski* (Fn. 14), S. 78; vgl. auch BVerwGE 32, 173 (178 f.); 50, 282 (286 f.).

nationale Eigentum auch durch Gemeinschaftsregeln mitgestaltet, -begrenzt und -erweitert werden[444] (Art. 295 EGV, Rn. 6 ff.). Dabei ist zwischen **eigentumskonstituierenden** und **eigentumsbeeinträchtigenden** Normen zu unterscheiden[445]: Die generelle und pflichtneutrale Befugnis zur Nutzung des Eigentums stellt keinen Eingriff dar; sie wird aber zum Eingriff, wenn sie sich auf durch frühere eigentumskonstituierende Vorschriften entstandene Rechtspositionen erstreckt und die darin enthaltene Befugnis verkürzt[446].

cc) Rechtfertigung

Bei der Prüfung der Rechtfertigung ist gemäß Art. 17 Abs. 1 S. 2, 3 GRCh zu unterscheiden zwischen der **Entziehung** des Eigentums und **Beschränkungen** seiner Nutzung (Art. 1 des 1. ZP EMRK)[447]. Der Begriff der Eigentumsentziehung umfaßt sowohl die formelle Enteignung durch Gesetz (Legislativenteignung) oder aufgrund Gesetzes (Administrativenteignung) als auch sonstige Eigentumsbeschränkungen, die den Eigentümer faktisch ebenso wie eine formelle Enteignung treffen (de facto-Enteignungen)[448]. Davon zu unterschieden sind Beschränkungen, die das Eigentum nicht (auch nicht nur teilweise) entziehen, sondern nur seine Nutzung zeitlich, räumlich oder sachlich beschränken[449].

154

(1) Nutzungsbeschränkungen

Gem. Art. 1 Abs. 2 des 1. ZP und Art. 17 Abs. 1 S. 3 GRCh müssen Nutzungsbeschränkungen zur Wahrung des Allgemeininteresses erforderlich sein. Das Eigentumsrecht muß im Hinblick auf seine soziale Funktion gesehen werden[450]: Das Eigentum genießt besonders ausgeprägten Schutz, soweit es der Sicherung der persönlichen Freiheit des Einzelnen dient; die Gestaltungsfreiheit des Gesetzgebers steigt hingegen in dem Maße, in dem das Eigentum einen sozialen Bezug aufweist[451]. Namentlich im Rahmen einer gemeinsamen Marktorganisation kann das Eigentum Beschränkungen unterworfen werden, wenn diese dem **Gemeinwohl** dienenden Zwecken entsprechen und im Hinblick auf den verfolgten Zweck einen **verhältnismäßigen** Eingriff darstellen, der die gewährleisteten Rechte nicht in ihrem Wesensgehalt antastet[452].

155

Als relevante **Allgemeininteressen** hat der EuGH bislang neben dem Verbraucherschutz[453] insbesondere die agrarmarktpolitischen Zielsetzungen der Gemeinschaft ge-

156

---

444 Vgl. bereits *Pernice* (Fn. 63), S. 185.
445 Näher dazu etwa R. *Wendt*, in: Sachs, GG, Art. 14, Rn. 55.
446 Vgl. für Art. 14 Abs. 1 GG W. *Leisner*, Eigentum, in: Isensee/Kirchhof, Handbuch des Staatsrechts Bd. VI, 1989, § 149, Rn. 134 ff.; *Pieroth/Schlink* (Fn. 15), Rn. 920; R. *Wendt*, in: Sachs, GG, Art. 14, Rn. 55; krit. *J. Wieland*, in: Dreier, GG, Bd. I, Art. 14, Rn. 68.
447 Grundlegend: EuGH, Rs. 44/79, Slg. 1979, 3727, Rn. 19 (Liselotte Hauer/Land Rheinland-Pfalz).
448 EuGMR, EuGRZ 1983, 523, Rn. 63 (Sporrong u. Lönnroth/Königreich Schweden); näher zum Ganzen K. *Gelinsky*, Der Schutz des Eigentums gemäß Art. 1 des Ersten Zusatzprotokolls zur Europäischen Menschenrechtskonvention, 1996, S. 56 ff.
449 Zum Abgrenzungsproblem vgl. etwa *Müller-Michaels* (Fn. 95), S. 74 f.
450 EuGH, Rs. 44/79, Slg. 1979, 3727, Rn. 20 (Liselotte Hauer/Land Rheinland-Pfalz).
451 So BVerfGE 101, 54 (75 f.).
452 EuGH, Rs. 44/79, Slg. 1979, 3727, Rn. 23 (Liselotte Hauer/Land Rheinland-Pfalz); Rs. 265/87, Slg. 1989, 2237, Rn. 15 (Schräder/Hauptzollamt Gronau); Rs. C-44/89, Slg. 1991, I-5119, Rn. 28 (von Deetzen); Rs. C-280/93, Slg. 1994, I-4973, Rn. 78 (Deutschland/Rat); Rs. C-306/93, Slg. 1994, I-5555, Rn. 20 (SMW Winzersekt); Rs. C-22/94, Slg. 1997, I-1809, Rn. 27 (Irish Farmers Association u. a.).
453 EuGH, Rs. C-306/93, Slg. 1994, I-5555, Rn. 20 (SMW Winzersekt); vgl. auch EuGH, Rs. 44/79, Slg. 1979, 3727, Rn. 19 (Liselotte Hauer/Land Rheinland-Pfalz).

mäß Art. 33 EGV[454] anerkannt. Nach der Rechtsprechung des EuGMR dienen alle Maßnahmen dem Allgemeininteresse, die legitime politische Ziele verfolgen, sei es auf wirtschaftlichem, sozialem oder sonstige öffentliche Belange betreffendem Gebiet[455]. Die Gemeinwohlziele, die der EuGH im Bereich der Berufsfreiheit anerkennt (oben Rn. 138), dürften daher auch im Rahmen der Rechtfertigung von Eigentumseingriffen heranzuziehen sein.

157 Im Rahmen der **Verhältnismäßigkeitsprüfung** haben die Ziele der Gemeinschaft ein bemerkenswert starkes Gewicht (vgl. bereits Rn. 74): Unter Hinweis auf die gerade im Agrarbereich zu regelnden komplexen wirtschaftspolitischen Sachverhalte wird dem Gemeinschaftsgesetzgeber ein weites Ermessen eingeräumt: Die Maßnahme darf nur **nicht offensichtlich ungeeignet** sein[456]. Das weite Ermessen des Gemeinschaftsgesetzgebers bei der Gestaltung der Gemeinsamen Marktordnungen (Art. 34 EGV, Rn. 8 ff.) beeinflußt aber auch den Fortgang der Verhältnismäßigkeitsprüfung: Eine Erforderlichkeits- und Angemessenheitsprüfung ist nur in einigen Entscheidungen und auch dort höchstens in Ansätzen zu erkennen, meist endet die Verhältnismäßigkeitsprüfung nach der Prüfung der Geeignetheit schlicht »im Nichts«. Soweit der EuGH ausnahmsweise unter dem Stichwort »angemessenes Verhältnis« eine Güterabwägung einleitet, beschränkt sie sich auf die Prüfung der Berechtigung des verfolgten Eingriffsziels und läßt eine Auseinandersetzung mit dem Grad und der Intensität der individuellen Betroffenheit vermissen[457] mit der Folge, daß auch eine Berufung auf das Eigentumsgrundrecht noch nicht in einem einzigen Fall erfolgreich war.

(2) Entziehung des Eigentums

(a) Kompetenz der Gemeinschaft

158 Es gibt bislang keine Rechtsprechung des EuGH zu Eigentumsentziehungen. Im Schrifttum wird vermutet, daß dies auch damit zusammenhängen könnte, daß es grundsätzlich an einer entsprechenden Gemeinschaftskompetenz fehlt[458]. Dies ist jedoch in dieser Allgemeinheit fraglich: Immerhin hat die Gemeinschaft in manchen Bereichen, insbesondere in der Landwirtschaft, weitreichende Kompetenzen erhalten, die sich auf individuelle Eigentumspositionen auswirken und im Einzelfall auch den Grad eines – jedenfalls faktischen (Rn. 154) – Eigentumsentzuges erreichen können[459]. Kompetenzgrenzen ergeben sich lediglich aus Art. 295 EGV (vgl. dort, Rn. 6 ff.).

(b) Materielle Voraussetzungen

159 Der vollständige Entzug des Eigentums ist gemäß Art. 1 Abs. 2 des 1. ZP nur zulässig, wenn er gesetzlich normiert ist (zum Gesetzesvorbehalt oben Rn. 72), im öffentlichen Interesse liegt und den allgemeinen Grundsätzen des Völkerrechts entspricht. Ob es auch einer gesetzlichen Entschädigungsregelung bedarf, ist noch nicht abschließend geklärt, aber zu bejahen (unten Rn. 161 ff.).

---

454 EuGH, Rs. 113/88, Slg. 1989, 1991, Rn. 20 (Leukhardt/Hauptzollamt Reutlingen); Rs. C-280/93, Slg. 1994, I-4973, Rn. 82 (Deutschland/Rat); Rs. C-306/93, Slg. 1994, I-5555, Rn. 21 (SMW Winzersekt).
455 EuGMR, Nr. 3/1984/75/119, EuGRZ 1988, 341, Rn. 45 (James u.a/Vereinigtes Königreich) zum insoweit übereinstimmenden Begriff »öffentlichen Interesse« in Art. 1 Abs. 1 S. 2 1. ZP.
456 EuGH, Rs. C-280/93, Slg. 1994, I-4973, Rn. 89 f. (Deutschland/Rat); Rs. C-306/93, Slg. 1994, I-5555, Rn. 21 (SMW Winzersekt).
457 Vgl. nur exemplarisch EuGH, Rs. 44/79, Slg. 1979, 3727, Rn. 23 ff. (Liselotte Hauer/Land Rheinland-Pfalz); Rs. C-280/93, Slg. 1994, I-4973, Rn. 64 ff. (Deutschland/Rat); Rs. C-306/93, Slg. 1994, I-5555, Rn. 20 ff. (SMW Winzersekt).
458 *Müller-Michaels* (Fn. 95), S. 46 f.
459 Vgl. auch *von Milczewski* (Fn. 14), S. 30; *Penski/Elsner* (Fn. 374), S. 269.

EU-Vertrag Art. 6

Der Begriff »öffentliches Interesse« entspricht im wesentlichen dem Begriff »Allgemeininteresse« in Art. 1 Abs. 1 S. 2 des 1. ZP[460] (oben Rn. 156). Der EuGMR läßt unter Hinweis auf die Judikatur der Mitgliedstaaten auch den Entzug des Eigentums zugunsten Privater zu[461], soweit damit zugleich öffentliche Interessen verwirklicht werden[462]. Keine eigenständige Bedeutung für das gemeinschaftsgrundrechtliche Eigentum dürfte der Verweis auf die allgemeinen Grundsätze des Völkerrechts haben, weil dieser sich auf die fremdenrechtliche Stellung von Ausländern bei eigentumsentziehenden Maßnahmen bezieht[463] und daher jedenfalls für das Verhältnis der Union zu den Unionsbürgern nicht paßt. 160

(3) Entschädigung
Nach Art. 17 Abs. 1 S. 2 GRCh ist, insoweit abweichend von Art. 1 des 1. ZP zur EMRK, für den Fall einer **Entziehung des Eigentums** eine **Entschädigung** vorzusehen. Danach wäre – was bislang noch ungeklärt war – **eine gesetzlich vorgesehene Entschädigung also materielle Rechtmäßigkeitsvoraussetzung** (Rn. 159 f.) **für die Rechtfertigung einer Eigentumsentziehung**. 161

(a) Rechtsprechung des EuGH und des EuG
Eine eindeutige Stellungnahme des EuGH gibt es zu dieser Frage bislang nicht. In der Entscheidung Metallurgiki Halyps wird selbst in der entschädigungslosen Beeinträchtigung der Substanz (!) eines Unternehmens kein Verstoß gegen das Eigentumsgrundrecht gesehen[464]. Im nachfolgenden Urteil Wachauf findet sich aber die Erkenntnis, daß es mit den Erfordernissen des Grundrechtsschutzes unvereinbar sei, wenn eine Maßnahme der Gemeinschaft den Betroffenen »entschädigungslos um die Früchte seiner Arbeit und der von ihm [...] vorgenommenen Investitionen«[465] bringt. In den Urteilen Biovilac und Zuckerfabrik Bedburg prüft der EuGH die Haftung der Gemeinschaft für eine mögliche Eigentumsverletzung unter dem Gesichtspunkt der außervertraglichen Haftung nach Art. 288 Abs. 2 EGV[466]. Im übrigen bejaht er einen Schadensersatzanspruch auch dann, wenn Vermögens- bzw. Eigentumsinteressen unter Verletzung des Grundsatzes des Vertrauensschutzes beeinträchtigt werden[467]. Es ist daher kaum anzunehmen, daß man die eher beiläufige Äußerung im Urteil Metallurgiki Halyps in dem Sinne zu verstehen hat, daß grundsätzlich auch der (faktische) Totalentzug des Eigentums entschädigungslos hinzunehmen ist[468]. 162

Das EuG hat bislang offen gelassen, »ob es einen allgemeinen [...] Rechtsgrundsatz gibt, 163

---

460 W. *Peukert*, in: Frowein/Peukert, EMRK, Art. 1 des 1. ZP, Rn. 51 f.
461 Vgl. auch BVerfGE 66, 248 (258); 74, 264 (287 ff.)
462 EuGMR, Nr. 3/1984/75/119, EuGRZ 1988, 341, Rn. 40 ff. (James u.a/Vereinigtes Königreich).
463 EuGMR, Nr. 3/1984/75/119, EuGRZ 1988, 341, n. 60 ff. (James u.a/Vereinigtes Königreich); zur Problematik eingehend *Riedel* (Fn. 410), S. 336 f.
464 EuGH, Rs. 258/81, Slg. 1982, 4261, Rn. 13 (Metallurgiki Halyps/Kommission); Verb. Rs. 172 u. 226/83, Slg. 1985, 2831, Rn. 29 (Hoogovens Groep/Kommision).
465 EuGH, Rs. 5/88, Slg. 1989, 2609, Rn. 19 (Wachauf/Bundesanstalt für Ernährungund Forstwirtschaft).
466 EuGH, Rs. 59/83, Slg. 1984, 4057, Rn. 11, 21 (Biovilac/EWG); Rs. 281/84, Slg. 1987, 49, Rn. 25 ff. (Zuckerfabrik Bedburg/Rat und Kommission); vgl. auch bereits EuGH, Verb. Rs. 6369/72, Slg. 1973, 1199, Rn. 29 f. (Werhahn/Rat).
467 EuGH, Rs. 74/74, Slg. 1975, 533, Rn. 44 (CNTA/Kommission); Verb. Rs. C-104/ 89 u. C-37/ 90, Slg. 1992, I-3061, Rn. 12 ff. (Mulder u. a./Rat und Kommission).
468 Vgl. auch *Streinz* (Fn. 45), S. 408 unter Hinweis auf EuGH, Verb. Rs. 154/78, 205/78, 206/78, 226/78, 227/78, 228/78, 263/78, 264/78, 31/79, 39/79, 83/79, 85/79, Slg. 1980, 907 Rn. 143 (Valsabbia/Kommission).

Art. 6 EU-Vertrag

daß die Gemeinschaft denjenigen zu entschädigen hat, gegen den eine enteignende Maßnahme oder eine Maßnahme ergangen ist, durch die seine Freiheit, von seinem Eigentum Gebrauch zu machen, eingeschränkt wird«. Jedenfalls sei eine Entschädigungspflicht nur im Hinblick auf enteignende Maßnahmen der Gemeinschaftsorgane selbst vorstellbar, nicht hingegen für Handlungen, die der Gemeinschaft nicht zurechenbar sind[469].

(b) Rechtsprechung des EuGMR

164 Der EuGMR hält eine Eigentumsentziehung ohne Entschädigung unter Hinweis auf die Rechtsordnungen der Mitgliedstaaten – von Ausnahmen abgesehen[470] – für unzulässig[471]. Dogmatisch leitet er die Entschädigungspflicht zumindest für Inländer aber nicht aus den allgemeinen Grundsätzen des Völkerrechts i. S. d. Art. 1 Abs. 1 S. 2 des 1. ZP, sondern aus dem Erfordernis eines gerechten Ausgleichs zwischen den betroffenen Individual- und Allgemeininteressen ab[472], integriert also die Entschädigungsproblematik in die Verhältnismäßigkeitsprüfung[473].

(c) Schrifttum

165 Im gemeinschaftsrechtlichen Schrifttum wird eine entsprechende Anwendung der Rechtsprechung des EuGMR auf das Gemeinschaftsgrundrecht Eigentum befürwortet[474]. Entscheidend für die Gewährung einer Entschädigung sei dabei nicht nur die Schwere der Beeinträchtigung, sondern auch der Gesichtspunkt der Lastengleichheit[475].

(d) Stellungnahme

166 Die dogmatische Struktur des Entschädigungsrechts bei Eigentumsverletzungen ist insgesamt noch wenig ausgeleuchtet. Immerhin dürfte Übereinstimmung zwischen Rechtsprechung und Literatur herrschen, daß die Entschädigungspflicht unmittelbar aus der Eigentumsgarantie und dem dabei anzuwendenden Grundsatz der Verhältnismäßigkeit folgt. Dies wird nunmehr durch Art. 17 Abs. 1 S. 2 GRCh bestätigt. Eigentumsentziehungen in Form von formellen Enteignungen (Rn. 154) sind daher schon beim Fehlen einer Entschädigungsregelung unverhältnismäßig und damit rechtswidrig. Entschädigung kann, mangels einer gesetzlichen Entschädigungsregelung[476], in diesem Fall allerdings nur über Art. 288 Abs. 2 EGV erlangt werden. Bei anderen Eigentumsbeeinträchtigungen ist eine gesetzlich vorgesehene Entschädigung zwar nicht Rechtfertigungsvoraussetzung (vgl. auch Art. 17 Abs. 1 S. 2 GRCh); gleichwohl kann aus der Rechtsprechung des EuGH zum Grundsatz des Vertrauensschutzes und dem allgemeinen Aufopferungsgedanken geschlossen werden, daß insoweit ein Entschädi-

---

469 EuG, Rs. T-113/96, Slg. 1998, II-125, Rn. 57 (Dubois et fils/Rat und Kommission); vgl. auch EuG, Rs. T-184/95, Slg. 1998, II-667, Rn. 59 (Dorsch Consult/Rat und Kommission).
470 Zu diesen W. *Peukert*, in: Frowein/Peukert, EMRK, Art. 1 des 1. ZP, Rn. 85.
471 EuGMR, Nr. 3/1984/75/119, EuGRZ 1988, 341, Rn. 54 (James u.a/Vereinigtes Königreich); Nr. 2/1984/74/112–118, EuGRZ 1988, 350, Rn. 120 (Lithgow u. a./Vereinigtes Königreich).
472 EuGMR, Nr. 2/1984/74/112–118, EuGRZ 1988, 350, Rn. 120 (Lithgow u. a./Vereinigtes Königreich); vgl. bereits EuGMR, EuGRZ 1983, 523, Rn. 69 (Sporrong u. Lönnroth/Königreich Schweden); ausführliche Analyse bei *M. Ruffert*, The Protection of Foreign Direct Investment by the European Convention on Human Rights, GYIL 43 (2000), S. 116 (128 ff., 132 ff.).
473 *J. Velu/R. Ergec*, La Convention Européenne des Droits de l'Homme, Bruxelles 1990, S. 121 f.; vgl. auch W. *Fiedler*, Die Europäische Menschenrechtskonvention und der Schutz des Eigentums, EuGRZ 1996, S. 354 (355 f.).
474 *von Milczewski* (Fn. 14), S. 283 ff.; *Penski/Elsner* (Fn. 374), S. 269 f.; vgl. auch C. *Stumpf*, in: Schwarze, EU, Art. 6 EUV, Rn. 28.
475 *von Milczewski* (Fn. 14), S. 285.
476 Vgl. auch BVerfGE 58, 300 (323 f.).

gungsanspruch aus Art. 288 Abs. 2 EGV in Betracht kommen kann (vgl. Art. 288 EGV, Rn. 12 ff.)[477].

i) Asylrecht, Schutz bei Abschiebung, Ausweisung und Auslieferung
Das Asylrecht ist bislang nicht als Gemeinschaftsgrundrecht hervorgetreten. Die EMRK enthält kein Asylrecht. Zwar gewähren alle Mitgliedstaaten, mitunter allerdings nicht verfassungsrechtlich verbürgte[478], **Rechte im Asyl** nach Maßgabe der Genfer Flüchtlingskonvention (Art. 63 EGV Rn. 4), aber i.d.R. **kein subjektives Verfassungsrecht auf Asyl.** Auch Art. 18 GRCh dürfte angesichts dieser zurückhaltenden Regelungen in den Rechtserkenntnisquellen kein subjektives Recht auf Asyl enthalten, ist aber immerhin ein erster wichtiger und angesichts der zunehmenden Kompetenzverlagerung auf die Union (Art. 61 ff. EGV) auch dringlicher Schritt zur Konturierung des Asylrechts als Gemeinschaftsgrundrecht. 167

Der Schutz vor **Kollektivausweisungen** in Art. 19 Abs. 1 GRCh entspricht Art. 4 des – allerdings nicht von allen Mitgliedstaaten ratifizierten – 4. Zusatzprotokolls zur EMRK. Art. 19 Abs. 2 GRCh knüpft an die Rechtsprechung des EuGMR zur **Abschiebung, Ausweisung** und **Auslieferung** an[479]. 168

j) Allgemeine Handlungsfreiheit
Ein allgemeines Auffanggrundrecht der allgemeinen Handlungsfreiheit enthalten weder die EMRK noch die Grundrechtecharta: Art. 6 GRCh könnte zwar nach seinem Wortlaut als Garantie der allgemeinen Handlungsfreiheit verstanden werden. Doch zeigen die Erläuterungen (Rn. 26 c), daß hier allein die körperliche Freiheit der Person gemeint ist[480]. Der EuGH hat die allgemeine Handlungsfreiheit bislang erst in einem Urteil ausdrücklich erwähnt, ohne allerdings auf ihre Inhalte näher einzugehen[481]. Allerdings hat er in zwei weiteren Fällen betont, daß »in allen Rechtsordnungen der Mitgliedstaaten Eingriffe der öffentlichen Gewalt in die Sphäre der privaten Betätigung jeder natürlichen oder juristischen Person einer Rechtsgrundlage [bedürfen] und [..] aus den gesetzlich vorgesehenen Gründen gerechtfertigt sein [müssen]; diese Rechtsordnungen sehen daher, wenn auch in unterschiedlicher Ausgestaltung, einen Schutz gegen willkürliche oder unverhältnismäßige Eingriffe vor«[482]. Im deutschen Schrifttum wird mit Recht auf die Parallele zu der in Art. 2 Abs. 1 GG gewährleisteten allgemeinen Handlungsfreiheit hingewiesen[483], die als subsidiäres Auffanggrundrecht für alle Verhaltensweisen fungiert, die nicht von einem benannten Freiheitsrecht geschützt werden[484]. 169

---

477 So wohl auch EuGH, Rs. 74/74, Slg. 1975, 533, Rn. 44 (CNTA/Kommission); Verb. Rs. C-104/89 u. C-37/90, Slg. 1992, I-3061, Rn. 12 ff. (Mulder u.a./Rat und Kommission); ausdrücklich offenlassend EuG, Rs. T-113/96, Slg. 1998, II-125, Rn. 57 (Dubois et fils/Rat und Kommission); vgl. auch *Müller-Michaels* (Fn. 95); S. 59; *F. Ossenbühl*, Staatshaftungsrecht, 5. Aufl. 1998, S. 592.
478 Das Asylrecht findet sich, wenn auch nicht immer als subjektives Recht und durchweg unter Ausgestaltungs- oder Gesetzesvorbehalt, in den Verfassungen von Deutschland (Art. 16 a GG), Frankreich (Art. 53-1); Italien (Art. 10 Abs. 3); Portugal (Art. 33 Abs. 6) und Spanien (Art. 13 Abs. 4).
479 Vgl. EuGMR, Nr. 1/1989/161/217, EuGRZ 1989, 314 ff. (Soering/Vereinigtes Königreich).
480 Vgl. auch *Schmitz* (Fn. 197), S. 837 f. In den Mitgliedstaaten weist zumindest der Textbefund ein solches Grundrecht nur in Deutschland, Frankreich und Griechenland aus (vgl. Art. 2 Abs. 1 GG; Art. 5 MR-F; Art. 5 Abs. 1 GR). Das schließt aber nicht aus, daß die allgemeine Handlungsfreiheit in anderen Mitgliedstaaten über andere Grundrechte geschützt wird.
481 EuGH, Verb. Rs. 133–136/85, Slg. 1987, 2289, Rn. 15 (Rau/Balm).
482 EuGH, Verb. Rs. 46/87 u. 227/88, Slg. 1989, 2859, Rn. 19 (Hoechst/Kommission); Verb. Rs. 97–99/87, Slg. 1989, 3165, Rn. 16 (Dow Chemical Ibérica u.a./Kommission).
483 *P. Kirchhof*, Deutsches Verfassungsrecht und Europäisches Gemeinschaftsrecht, EuR Beiheft 1/1991, S. 11 (24); *I. Pernice*, in: Grabitz/Hilf, EU, Art. 164, Rn. 65; *Schilling* (Fn. 30), S. 14.
484 Vgl. grundlegend BVerfGE 6, 32 (36 ff.).

3. Gleichheit

a) Überblick und Systematik

170 Der an der Spitze der Gleichheitsgrundrechte der Grundrechtecharta stehende **allgemeine Gleichheitssatz** (Art. 20 GRCh) entspricht Art. 14 EMRK und den Gewährleistungen in allen Mitgliedstaaten[485]. Auch der EuGH bezeichnet den allgemeinen Gleichheitssatz als Grundprinzip des Gemeinschaftsrechts[486].

171 Kapitel III der **Charta der Grundrechte für die Europäische Union** enthält außer dem allgemeinen Gleichheitssatz in den Art. 21 und 23 GRCh auch **besondere Gleichheitssätze**, die sich zum Teil auch in Art. 14 EMRK finden: Während Art. 21 Abs. 2 GRCh lediglich das allgemeine Diskriminierungsverbot des Art. 12 EGV wiederholt, enthält Art. 21 Abs. 1 GRCh gegenüber Art. 13 Abs. 1 EGV eine wichtige Weiterung: Während Art. 13 Abs. 1 EGV nach überwiegender Meinung lediglich Ermächtigungsnorm für den Rat ist[487], enthält Art. 21 Abs. 1 GRCh ein subjektiv-rechtlich formuliertes Verbot von Diskriminierungen wegen des Geschlechts, der Rasse, der Hautfarbe, der ethnischen oder sozialen Herkunft, der genetischen Merkmale, der Sprache, der Religion oder der Weltanschauung, der politischen oder sonstigen Anschauung, der Zugehörigkeit zu einer nationalen Minderheit, des Vermögens, der Geburt, einer Behinderung, des Alters oder der

---

485 Vgl. Art. 10 B; Art. 3 Abs. 1 GG; Art. 1 F u. 1, 6 MR-F; Art. 5 SF; Art. 4 Abs. 1 GR; Art. 40 Abs. 1 Ziff. 1 IR; Art. 3 I; Art. 6 Abs. 2 L; Art. 1 S. 1 NL; Art. 13 Abs. 1 P; Kap. 1, §§ 2, 9 S; Art. 14 SP.

486 Viele der im folgenden genannten Entscheidungen stellen den allgemeinen Gleichheitssatz allerdings in unmittelbare Verbindung mit Art. 40 Abs. 2 UAbs. 3 EGV a.F. (Art. 34 Abs. 2 UAbs. 3 EGV n.F.), ohne daß erkennbar ist, welches der beiden subjektiv-öffentlichen Rechte den Prüfungsmaßstab abgibt (vgl. *U. Kischel*, Zur Dogmatik des Gleichheitssatzes in der Europäischen Union, EuGRZ 1997, S. 1 [3]). Wenn man diese nur schwer zuzuordnenden Entscheidungen auch als Anwendungsfälle des allgemeinen Gleichheitssatzes begreift, gehören folgende Entscheidungen in diese Reihe: EuGH, Verb. Rs. 117/76 u. 16/77, Slg. 1977, 1753, Rn. 7 (Ruckdeschel/ Hauptzollamt Hamburg-St. Annen); Rs. 124/76 u. 20/77, Slg. 1977, 1795, Rn. 14/17 (Moulins Pont-à-Mousson/Office Interprofessionel des Céréales); Rs. 125/77, Slg. 1978, 1991, Rn. 25/27 (Koninklijke Scholten-Honig/Hoofdproduktschap voor Akkerbouwprodukten); Verb. Rs. 103/77 u. 145/77, Slg. 1978, 2037, Rn. 25/27 (Royal Scholten-Honig/Intervention Board for Agricultural Produce); Rs 147/79, Slg. 1980, 3005, Rn. 7 (Hochstrass/ Gerichtshof); Rs. 245/81, Slg. 1982, 2745, Rn. 11 ff. (Edeka/Deutschland); Rs. 59/83, Slg. 1984, 4057, Rn. 19 (Biovilac/EWG); Verb. Rs. 201 u 202/85, Slg. 1986, 3477, Rn. 9 (Klensch/Staatssekretär); Verb. Rs. 424/85 u. 425/85, Slg. 1987, 2755, Rn. 11 (Frico/Voedselvoorzienings Inen Verkoopbureau); Rs. 84/87, Slg. 1988, 2647, Rn. 29 (Erpelding/Secrétaire D'Etat à l'agriculture et à la viticulture); Rs. 203/86, Slg. 1988, 4563, Rn. 25 (Spanien/Rat); Verb. Rs. C-267-285/ 88, Slg. 1990, 435, Rn. 13 (Wuidart u. a.); Rs. C-177/90, Slg. 1992, I-35, Rn. 18 (Kühn); Rs. C-217/91, Slg. 1993, I-3923, Rn. 37 (Kommission/Spanien); Rs. C-98/91, Slg. 1994, I-223, Rn. 27 (Herbrink); Rs. C-2/92, Slg. 1994, I-955, Rn. 20 (Bostock); Rs. C-280/93, Slg. 1994, I-4973, Rn. 67 (Deutschland/Rat); Rs. C-306/93, Slg. 1994, I-5555, Rn. 30 (SMW Winzersekt); Rs. C-56/94, Slg. 1995, I-1769, Rn. 27 (SCAC); Verb. Rs.C-296/93 und C-307/93, Slg. 1996, I-795, Rn. 49 (Frankreich und Irland/Kommission); Rs. C-15/95, Slg. 1997, I-1961, Rn. 35 (Earl de Kerlast); Verb. Rs. C-248/95 und C-249/95, Slg. 1997, I-4475, Rn. 50 (SAM Schifffahrt und Stapf); Rs. C-309/96, Slg. 1997, I-7493, Rn. 18 (Annibaldi); Verb. Rs. C-364/95 u. C-365/95, Slg. 1998, I-1023, Rn. 81 (T. Port); Rs. C-292/97, Slg. 2000, I-2737, Rn. 39 (Karlsson u.a.); vgl. ferner EuGH, Verb. Rs. 17 und 20/61, Slg. 1962, 653, 692 f. (Klöckner-Werke AG u. Hoesch AG/Hohe Behörde der Europäischen Gemeinschaft für Kohle und Stahl); Rs. 21/74, Slg. 1975, 221, Rn. 9/12 (Airola/Kommission); Rs. 1322/79, Slg. 1981, 127, Rn. 5 ff. (Vutera/ Kommission); Rs. 250/83, Slg. 1985, 131, Rn. 8 (Finsider/Kommission).

487 Vgl. Kommentierung Art. 13 EGV, Rn. 1; ferner *G. Jochum*, Der neue Art. 13 EGV oder »political correctness« auf europäisch?, ZRP 1999, S. 279 (280); a. A. *M. Holoubek*, in: Schwarze, EU, Art. 13, Rn. 9.

sexuellen Ausrichtung. Art. 23 Abs. 1 GRCh ergänzt dieses schon umfassende Verbot durch das – in Art. 141 EGV auf den Grundsatz des gleichen Entgeltes beschränkte – Gebot der Gleichbehandlung von Männern und Frauen. Art. 23 Abs. 2 GRCh macht gar die wenig geglückte Erfindung eines »Gruppengrundrechts«[488] hoffähig: Danach sollen, zur Herstellung von Gruppenparität, Fördermaßnahmen zugunsten des benachteiligten Geschlechts zulässig sein. Das schließt an die bisherige, bereits sehr weit gehende Rechtsprechung des EuGH zu Art. 2 Abs. 4 RL 76/207/EWG an[489] (Art. 141 EGV, Rn. 25).

Auch im **geschriebenen Primärrecht** gibt es eine Fülle von **besonderen Gleichheitssätzen**[490], die der EuGH allerdings in ein nicht immer ganz klares Verhältnis zum allgemeinen Gleichheitssatz stellt[491]. Diese Schwierigkeiten hängen damit zusammen, daß der EuGH den allgemeinen Gleichheitssatz nicht aus den üblichen Rechtserkenntnisquellen ableitet, sondern meist in einen unmittelbaren Zusammenhang mit diesen besonderen Gleichheitssätzen stellt mit der für das Konkurrenzverhältnis problematischen Folge, daß oft unklar bleibt, ob er seine Aussage aus dem allgemeinen Gleichheitssatz oder der primärrechtlichen Norm ableitet. Die besonderen Gleichheitssätze zeichnen sich aber gerade dadurch aus, daß sie jeweils nur einen kleinen Ausschnitt aus dem Komplex der Gleichheit betreffen und i.d.R. eine »Anhebung des durch den allgemeinen Gleichheitssatz allein begründeten minimalen Gleichheitsstandards«[492] bewirken. Sie enthalten für bestimmte Lebensbereiche (etwa Art. Art. 34 Abs. 2 UAbs. 3 EGV für die Nennung der Vergleichsgruppen der Erzeuger und Verbraucher im Bereich der Landwirtschaft, dazu Art. 34 EGV, Rn. 41 f.) und/oder im Hinblick auf bestimmte verbotene Differenzierungskriterien (z. B. das Kriterium der Staatsangehörigkeit in Art. 12 EGV) **Spezialbestimmungen im Verhältnis zum allgemeinen Gleichheitssatz und gehen diesem im Umfang ihrer Reichweite vor.** 172

Art. 22, 25, 26 GRCh enthalten demgegenüber **keine Gleichheitssätze**, sondern **Aufgaben- und Zielbestimmungen**. Ihre systematische Stellung in Kapitel III läßt sich wohl nur aus dem Umstand erklären, daß sie bestimmte Schutzaufträge formulieren, die in engem Zusammenhang mit den in Art. 21, 23 GRCh enthaltenen besonderen Gleichheitssätzen stehen. Die in Art. 24 GRCh formulierten Rechte des Kindes schließlich sind zwar eine positive verfassungsrechtliche Neuerung; sie wären aber im Kapitel »Solidarität« hinter Art. 33 GRCh systematisch besser verortet. Auch besteht ein enger sachlicher Zusammenhang zum freiheitsrechtlich ausgerichteten Art. 9 GRCh. 173

b) **Allgemeiner Gleichheitssatz**
Als Gemeinschaftsgrundrecht spielt, sieht man von Art. 141 EGV ab, in der Rechtsprechung des EuGH bislang nur der allgemeine Gleichheitssatz eine wesentliche Rolle. Er verbietet es, daß »vergleichbare Sachverhalte in unterschiedlicher Weise behandelt und dadurch bestimmte Betroffene gegenüber anderen benachteiligt werden, ohne daß dieser Unterschied in der Behandlung durch das Vorliegen objektiver Unterschiede von einigem Gewicht gerechtfertigt wäre«[493]. In dieser Formel kommen die beiden, **von den Freiheitsrechten abweichenden Prüfungsschritte zum Ausdruck** (oben Rn. 64): Es muß 174

---
488 Dazu treffend *Huster* (Fn. 175), S. 340 ff.
489 Vgl. Erläuterungen (Fn. 60) zu Art. 23 GRCh.
490 Vgl. die Übersicht bei *Kingreen/Störmer* (Fn. 8), S. 265 ff.
491 Vgl. zum folgenden *Kingreen/Störmer* (Fn. 8), S. 284 f.
492 So für das Verhältnis der Gleichheitsrechte im Grundgesetz *M. Sachs*, Besondere Gleichheitsgarantien, in: Isensee/Kirchhof, Handbuch des Staatsrechts Bd. V, 1992, § 126, Rn. 16.
493 So bereits EuGH, Verb. Rs. 17 und 20/61, Slg. 1962, 653, 692 f. (Klöckner-Werke AG u. Hoesch AG/Hohe Behörde der Europäischen Gemeinschaft für Kohle und Stahl), wenn auch ohne Ableitung aus dem Grundrecht allgemeiner Gleichheitssatz.

eine Ungleichbehandlung vorliegen, die nicht durch das Vorliegen relevanter Unterschiede gerechtfertigt werden kann. Zu beachten sind auch die von den Freiheitsrechten zum Teil abweichenden Rechtsfolgen eines Verstoßes gegen den allgemeinen Gleichheitssatz (oben Rn. 77).

aa) Ungleichbehandlung

175 Eine Ungleichbehandlung liegt vor, wenn vergleichbare Sachverhalte ungleich behandelt werden[494]. Mitunter ergänzt dies der EuGH durch die Aussage, daß umgekehrt unterschiedliche Sachverhalte nicht gleich behandelt werden dürfen.

176 Im Schrifttum wird zu Recht die Bedeutung der **Bildung von Vergleichsgruppen** betont[495]. Erst durch den Vergleichsmaßstab erhält ein Gleichheitssatz seinen konkreten Inhalt. Er entscheidet, was gleich und was ungleich ist. Der Vergleich setzt zumindest zwei Sachverhalte voraus, die im Hinblick auf bestimmte Gegebenheiten und Eigenschaften gleich sind, bei denen aber Ungleichheiten verbleiben[496]. Um die Merkmale, bezüglich derer Gleichheit besteht, von denjenigen zu trennen, bei denen sich Unterschiede zeigen, bedarf es eines gemeinsamen Bezugspunktes (tertium comparationis), der wiederum den gemeinsamen Oberbegriff darstellt, unter dem die zu vergleichenden Personen und Personengruppen abschließend und vollständig sichtbar werden[497].

177 Auch in der EuGH-Rechtsprechung findet sich bisweilen eine differenzierte Vergleichsgruppenprüfung[498]. In mehreren Entscheidungen hat der EuGH die Vergleichbarkeit zweier Produkte mit der Begründung bejaht, daß beide Produkte untereinander austauschbar sind[499]. Das Bestehen einer Austauschmöglichkeit hängt vor allem vom Verhalten der Abnehmer des Produkts ab. Eng damit zusammenhängen dürfte der ebenfalls gelegentlich herangezogene Aspekt des Wettbewerbs zwischen den beiden Produkten[500].

178 Während der EuGH in den zuletzt genannten Fällen meist zwischen der Ungleichbehandlung und der möglichen Rechtfertigung differenziert, integriert er in anderen Urteilen Rechtfertigungserwägungen in die Vergleichsgruppenprüfung, wenn er formuliert, daß zu prüfen sei, ob die Maßnahme »auf dem Vorliegen objektiver Umstände beruht,

---

494 EuGH, Rs. C-217/91, Slg. 1993, I-3923, Rn. 37 (Kommission/Spanien); Rs. C-306/93, Slg. 1994, I-5555, Rn. 30 (SMW Winzersekt); Rs. C-354/95, Slg. 1997, 4559, Rn. 61 (National Farmers' Union u. a.). Ebenso BVerfGE 86, 81 (87); kritisch zu dieser Variante, die durch die Wahl der richtigen Bezugsgruppe auch in eine Ungleichbehandlung von wesentlich Gleichem umformuliert werden könne, *Pieroth/Schlink* (Fn. 15), Rn. 436 und W. *Rüfner*, in: Bonner Kommentar, Art. 3 Abs. 1, Rn. 10.
495 *Borchardt* (Fn. 142), S. 72; A. S. *Mohn*, Der Gleichheitssatz im Gemeinschaftsrecht, 1990, S. 52 ff.; *I. Pernice*, in: Grabitz/Hilf, EU, Art. 164, Rn. 63; M. *Zuleeg*, Betrachtungen zum Gleichheitssatz im Europäischen Gemeinschaftsrecht, in: FS-Börner, 1992, S. 473 (477 ff.).
496 Vgl. P. *Kirchhof*, Der allgemeine Gleichheitssatz, in: Isensee/Kirchhof, Handbuch des Staatsrechts Bd. V, 1992, § 124 Rn. 6 ff.
497 W. *Heun*, in: Dreier, GG, Bd. I, Art. 3, Rn. 16; *Pieroth/Schlink* (Fn. 15), Rn. 431 ff.; W. *Rüfner*, in: Bonner Kommentar, Art. 3 Abs. 1, Rn. 14.
498 EuGH, Rs. C-292/97, Slg. 2000, I-2737, Rn. 39 ff. (Karlsson u. a.).
499 EuGH, Verb. Rs. 117/76 u. 16/77, Slg. 1977, 1753, Rn. 7 (Ruckdeschel/ Hauptzollamt Hamburg-St. Annen); Verb. Rs.124/76 u. 20/77, Slg. 1977, 1795, Rn. 14/17 (Moulins Pont-à-Mousson/Office Interprofessionel des Céréales); Verb. Rs. 103/77 u. 145/77, Slg. 1978, 2037, Rn. 28/32 (Royal Scholten-Honig/Intervention Board for Agricultural Produce).
500 Etwa verneint in EuGH, Rs. 125/77, Slg. 1978, 1991, Rn. 28/32 (Koninklijke Scholten-Honig/ Hoofdproduktschap voor Akkerbouwprodukten); Verb. Rs. 103/77 u. 145/77, Slg. 1978, 2037, Rn. 28/32 (Royal Scholten-Honig/Intervention Board for Agricultural Produce); kritisch zu diesem Aspekt *Mohn* (Fn. 495), S. 54.

die im Hinblick auf die Ziele, die die Kommission im Rahmen ihrer Industriepolitik für die europäische Eisen- und Stahlpolitik verfolgen darf, von Interesse sind«[501].

Liegen vergleichbare Sachverhalte vor, ist zu prüfen, ob eine **benachteiligende** Ungleich- 179 behandlung vorliegt[502]. Keine Ungleichbehandlung liegt im Verhältnis zu einem anderen Sachverhalt vor, der rechtsfehlerhaft behandelt wurde (**keine Gleichheit im Unrecht**)[503].

bb) Rechtfertigung
Der EuGH stellt an die objektiven Umstände, die eine Differenzierung rechtfertigen kön- 180 nen, unterschiedliche Anforderungen:

Insbesondere im Bereich der Agrarpolitik betont der EuGH zwar mitunter den **weiten** 181 **Beurteilungsspielraum der Gemeinschaftsorgane**[504], nimmt aber in anderen Entscheidungen selbst in diesem Bereich oft eine im Vergleich zu den Freiheitsrechten **intensive Überprüfung der angegriffenen Maßnahme** vor und fordert die Gemeinschaftsorgane bisweilen zu einem detaillierten Nachweis der Differenzierungsgründe auf[505]. Als wichtiger Grund für eine Ungleichbehandlung wird etwa die Wiederherstellung der Wettbewerbsgleichheit zwischen Gruppen von Wirtschaftsteilnehmern anerkannt[506].

Unklar ist – vergleichbar mit der Diskussion in Deutschland[507] – die Bedeutung des 182 **Grundsatzes der Verhältnismäßigkeit** im Rahmen der Gleichheitsprüfung. In einigen Urteilen des EuGH finden sich durchaus Ansätze für eine Verhältnismäßigkeitsprüfung[508]. Im Schrifttum wird aber darüber hinaus mitunter der Eindruck erweckt, daß der EuGH regelmäßig die Verhältnismäßigkeit der Differenzierung prüfe[509]. Soweit sich dafür Nachweise finden, beziehen sich sich aber durchweg auf Entscheidungen zu Art. 34 Abs. 2 UAbs. 3. Zum allgemeinen Gleichheitssatz finden sich in der Rechtsprechung hingegen i.d.R keine Erwägungen allgemeiner Art[510], die Rückschlüsse darauf zuließen, ob und ggfs. in welchen Fällen der EuGH einen Einbau des Verhältnismäßigkeitsgrundsatzes auch in die Gleichheitsprüfung befürwortet.

---

501 EuGH, Rs. 250/83, Slg. 1985, 131, Rn. 8 (Finsider/Kommission); ebenso bereits EuGH, Rs. 6/71, Slg. 1971, 823, Rn. 14 (Rheinmühlen/Einfuhr- und Vorratsstelle Getreide). – Zu dem Phänomen, daß Rechtfertigungserwägungen die Vergleichsgruppenbildung beeinflussen, weil diese die Kriterien für den Vergleich enthalten, etwa *Lübbe-Wolff* (Fn. 127), S. 258; vgl. aber auch *Huster* (Fn. 175), S. 225 ff.
502 *Mohn* (Fn. 495), S. 103 ff.
503 EuGH, Rs. 188/83, Slg. 1984, 3465, Rn. 15 (Witte/Parlament); Verb. Rs. C-89/85, C-104/85, C-114/85, C-116/85, C-117/85, Slg. 1993, I-1307, Rn. 197 (Ahlström Osakeyhtiö u.a./Kommission).
504 EuGH, Verb. Rs. C-267-285/88, Slg. 1990, I-435, Rn. 13 (Wuidart u. a.).
505 Vgl. etwa EuGH, Verb. Rs. 117/76 u. 16/77, Slg. 1977, 1753, Rn. 7 (Ruckdeschel/Hauptzollamt Hamburg-St. Annen); Verb. Rs.124/76 u. 20/77, Slg. 1977, 1795, Rn. 14/17 (Moulins Pont-à-Mousson/Office Interprofessionel des Céréales); vgl. auch *Huber* (Fn. 212), S. 520.
506 EuGH, Verb. Rs. C-364/95 u. C-365/95, Slg. 1998, I-1023, Rn. 81 (T. Port).
507 Zur Diskussion um die sog. »neue Formel«des BVerfG vgl. *C. Brüning*, Gleichheitsrechtliche Verhältnismäßigkeit, JZ 2001, S. 669 ff.; eine Anlehnung an diese Rechtsprechung befürwortet *Kischel* (Fn. 486), S. 5 f.
508 EuGH, Rs. 245/81, Slg. 1982, 2745, Rn. 13 (Edeka/Deutschland).
509 Vgl. etwa *K.-D. Borchardt*, in: Lenz, EGV, Art. 220, Rn. 39; *Huber* (Fn. 212), S. 520; *I. Pernice*, in: Grabitz/Hilf, EU, Art. 164, Rn. 63.
510 Vgl. aber wiederum EuGH, Rs. 245/81, Slg. 1982, 2745, Rn. 13 (Edeka/Deutschland), wo allerdings der Eindruck erweckt wird, als sei die Verhältnismäßigkeitsprüfung Bestandteil der Willkürkontrolle.

4. Solidarität

a) Soziale Grundrechte in Rechtsetzung und Rechtsprechung

183 Mit Kapitel IV der Charta der Grundrechte für die Europäische Union wird für viele Mitgliedstaaten verfassungsrechtliches Neuland betreten. Wie kaum in einem anderen Bereich treten hier die unterschiedlichen Verfassungstraditionen der Mitgliedstaaten zutage: hier insbesondere Großbritannien, die skandinavischen Länder und Deutschland, die allen über die klassischen bürgerlichen und politischen Rechte hinausgehenden Gewährleistungen reserviert gegenüberstehen, dort vor allem Frankreich und die südeuropäischen Mitgliedstaaten, die bereits auf eine längere Tradition »sozialer Verfassungsrechte« zurückblicken[511]. Eingedenk dieser Unterschiede enthielt der Auftrag des Europäischen Rates von Köln (oben Rn. 26b) eine subtile Differenzierung: Während die Charta der Grundrechte Freiheits- und Gleichheitsrechte »umfassen« und Unionsbürgerrechte »enthalten« sollte, sollten wirtschaftliche und soziale Rechte nur »berücksichtigt« werden[512].

184 Zwar haben »soziale Grundrechte« durchaus eine europäische Tradition: Die Präambel zum EUV und Art. 136 EGV verweisen insoweit auf die Europäische Sozialcharta aus dem Jahre 1961[513] und die Gemeinschaftscharta der sozialen Grundrechte der Arbeitnehmer von 1989[514], die der EuGH vereinzelt, allerdings außerhalb der Gemeinschaftsgrundrechte, auch in seiner Rechtsprechung erwähnt[515]. Sie enthalten aber keine unmittelbar anwendbaren subjektiven Rechte (Art. 136 EGV Rn. 33 ff.) und konnten daher guten Gewissens – und selbst hier nur unter Vorbehalten oder nach Hinterlegung von Erklärungen – auch von denjenigen Staaten akzeptiert werden, die soziale Rechte als verfassungsrechtlichen und -dogmatischen Fremdkörper ansehen. Zwar ist auch die Grundrechtecharta noch nicht unmittelbar rechtsverbindlich, doch hat gerade hier der die Konventsberatungen prägende »Als ob-Ansatz« (oben Rn. 26 b) eine Überfrachtung mit wohlklingenden, aber wirkungslosen Formeln verhindern können (unten Rn. 188)[516].

185 Kapitel IV der Charta trägt den Titel »**Solidarität**«, nicht »soziale Rechte«. Das knüpft, nach der Gewährleistung von Freiheit und Gleichheit in Kapitel II und III, an das dritte Losungswort der Französischen Revolution, die Brüderlichkeit, an, zu der ein enger ideengeschichtlicher Zusammenhang besteht[517]. Der Titel scheint auch deshalb klug gewählt, weil nicht alle Normen in Kapitel IV in das ohnehin unscharfe Raster der »sozialen Rechte« passen[518]. So enthält Art. 28 GRCh mit der auch in Art. 11 EMRK und vie-

---

511 Prägnante Übersicht und Kategorisierung bei *C. Grewe*, Les droits sociaux constituionels: propos comparatifs à l'aube de la Charte des droits fondamentaux de l'Union européenne, R.U.D.H. 2000, S. 85 (86 ff.).
512 Beschluß des Europäischen Rates vom 4. Juni 1999, EuGRZ 1999, S. 364.
513 Wiedergabe in Sartorius II Nr. 115, dort, Anm. 1, auch Nachw. auf die Vorbehalte der Bundesrepublik Deutschland.
514 KOM (89), 248 endg., Wiedergabe etwa im Sartorius II Nr. 190.
515 Vgl. dazu *B. Beutler*, in: GTE, Art. F, Rn. 104 f.; *M. Zuleeg*, Der Schutz sozialer Rechte in der Rechtsordnung der Europäischen Gemeinschaft, EuGRZ 1992, S. 329 (333 f.).
516 Zur Entstehungsgeschichte unter besonderer Berücksichtigung der sozialen Grundrechte etwa *N. Bernsdorff*, Soziale Grundrechte in der Charta der Grundrechte der Europäischen Union, VSSR 2001, S. 1 (8 ff.).
517 Dazu *A. Wildt*, Solidarität – Begriffsgeschichte und Definition heute, in: K. Bayertz (Hrsg.), Solidarität, 1998, S. 202 ff.; vgl. ferner Art. 1 AEMR.
518 Vgl. dazu und zur folgenden Kategorisierung auch *Grabenwarter* (Fn. 91), S. 9 f.

len Verfassungen der Mitgliedstaaten[519] enthaltenen Koalitionsfreiheit ein klassisches, eine abwehrrechtliche Dimension aufweisendes **Freiheitsrecht** (oben Rn. 45). Hinzu treten einige als **derivative Teilhaberechte** (oben Rn. 49) ausgestaltete Normen, etwa der Zugang zu einem unentgeltlichen Arbeitsvermittlungsmonopol (Art. 29 GRCh), zu den sozialen Sicherungssystemen (Art. 34 GRCh) und – als subjektiv-rechtliches Pendant zu Art. 16 EGV – zu Dienstleistungen von allgemeinem wirtschaftlichem Interesse (service public). Jeweils steht eher das Recht auf gleichen Zugang als ein konkreter originärer Leistungsanspruch im Vordergrund. Andere Normen wiederum sind nicht als subjektive Rechte, sondern als **(Staats-)Aufgaben- und Zielbestimmungen** ausgestaltet (Art. 35, 37, 38 GRCh). Art. 33 Abs. 1 GRCh ergänzt den Schutz der Familie (oben Rn. 101, 110 f.), vermittelt aber keine Leistungsansprüche. Konkret formulierte **soziale Schutzansprüche** enthalten lediglich die Art. 30–32, 33 Abs. 2 GRCh, wobei auch insoweit unsicher ist, ob es sich um subjektive (und auch dann noch konkretisierungsbedürftige) Rechte handeln soll oder vielmehr nur um Emanationen eines sich möglicherweise konstituierenden europäischen Sozialstaatsprinzips (unten Rn. 210).

b) Schrifttum
Soziale Grundrechte sind seit langem Gegenstand einer europaweiten Debatte[520]. In Deutschland war die Diskussion nach einem Höhepunkt in den 70er und zu Beginn der 80er Jahre des 20. Jahrhunderts zunächst abgeebbt: Es wurde weitgehende Einigkeit darüber erzielt, daß als originäre Leistungsrechte (oben Rn. 50) verstandene soziale Rechte die normative Kraft der Grundrechte gefährden, weil sie nur »unter dem Vorbehalt des Möglichen« gewährleistet sein können, den notwendigen Diskurs über das »Mögliche« und den sozialen Ausgleich in der Gesellschaft vom Parlament in die Gerichte verlagern und damit insgesamt zu einer Juridifizierung des politischen Prozesses führen würden[521]. Die Grundrechtecharta hat nunmehr die Debatte wiederbelebt: Ausgehend von dem grundsätzlichen Konsens über die Unterschiede zwischen bürgerlichen und politischen Freiheitsrechten auf der einen und sozialen Grundrechten auf der anderen Seite wird die Aufnahme von sozialen Grundrechten in die Grundrechtecharta als Festschreibung der Unteilbarkeit von freiheitlichen und sozialen Rechten überwiegend begrüßt[522]. Kritisiert wird allerdings die Einfügung einzelner »im Gewande von Grundrechten daherkommende[r] ›Staats- bzw. Unionszielbestimmungen‹«[523]. Auch wird darauf hingewiesen, daß solche Rechte nur Sinn machen, wenn ihr Adressat auch die Kompetenz zur Erfüllung der aus den sozialen Rechten folgenden Verpflichtungen hat; daran fehle es der Gemeinschaft allerdings in der Regel[524] (dazu Rn. 46). Mitunter wird die Festschreibung sozialer Grundrechte auch in einen größeren Zusammenhang gestellt

186

---

519 Vgl. die Nachweise zur Vereinigungsfreiheit (Fn. 355); ein besonderes Recht der Koalitionsfreiheit kennen daneben Deutschland (Art. 9 Abs. 3 GG), Finnland (§ 10a Abs. 2 S. 3), Frankreich (Grunds. 4 u. 5 PR IV), Griechenland (Art. 23), Italien (Art. 39, 40), Portugal (Art. 55–57) und Spanien (Art. 7, 28, 37).
520 Vgl. als rechtsvergleichende Studien neueren Datums etwa R. *Hofmann*/P. *Holländer*/F. *Merli*/ E. *Wiederin* (Hrsg.), Armut und Verfassung. Sozialstaatlichkeit im europäischen Vergleich, 1998; J. *Iliopoulos-Strangas*, La protection des droits sociaux fondamentaux dans les Etats membres de l'Union européenne, 2000; Bundesministerium für Arbeit und Sozialordnung/ Max-Planck-Institut für ausländisches und internationales Sozialrecht/Akademie der Diözese Rottenburg Stuttgart (Hrsg.), Soziale Grundrechte in der Europäischen Union, 2001.
521 Vgl. nur J. *Isensee*, Verfassung ohne soziale Grundrechte, Der Staat 19 (1980), S. 367 ff.; J. *Lücke*, Soziale Grundrechte als Staatszielbestimmungen und Gesetzgebungsaufträge, AöR 107 (1982), S. 16 ff.; *Murswiek* (Fn. 136), § 112, Rn. 49 ff.
522 *Pernice* (Fn. 35), S. 853; *Tettinger* (Fn. 96), S. 1014; *Weber* (Fn. 35), S. 540 f.; zurückhaltender *Magiera* (Fn. 147), S. 1022 f.
523 *Calliess* (Fn. 91), S. 265.
524 R. *Knöll*, Die Charta der Grundrechte der Europäischen Union, NVwZ 2001, S. 392 (395).

und, mit kritischem Unterton, gefragt, ob sie als Auftakt zu einer aktiveren Grundrechtspolitik der Gemeinschaft gelten soll[525].

c) Stellungnahme

187 Die, nunmehr europäische, Diskussion über »soziale (Grund-)Rechte« setzt, soll sie mehr als den Austausch politischer Glaubensbekenntnisse enthalten, vor allem begriffliche Klarheit voraus[526]. Daran fehlt es, offenbar selbst bei einzelnen Konventsmitgliedern[527]: Weil das Assoziationsfeld des »Sozialen« unbegrenzt ist[528], wird der Begriff in sehr unterschiedlichen Zusammenhängen verwendet, werden die unterschiedlichsten Normen zu sozialen Rechten befördert, die nicht mehr gemein haben als eben den Umstand einer – wie auch immer gearteten – sozial-(politisch-)en Implikation. Daraus erwächst eine beträchtliche **Unschärfe, die die Wahrnehmung der spezifischen Problematik sozialer Rechte und eine übergreifende grundrechtsdogmatische Problemverarbeitung verhindert**. So unterstreicht die Diskussion um »soziale Rechte« einmal mehr die **Notwendigkeit einer europäischen Grundrechtsdogmatik**, in diesem Fall eine saubere Abschichtung der **Grundrechtsfunktionen**: Ausgehend von der Annahme, daß Grundrechte keine leeren Versprechen, sondern subjektive und vollziehbare Rechte hervorbringen müssen, um als solche anerkannt zu werden, muß die Vielzahl der als »sozial« bezeichneten Rechte durch einen nach Grundrechtsfunktionen (oben Rn. 44 ff.) differenzierenden Filter laufen[529]. So können die klassischen, als Abwehrrechte wirkenden Freiheitsrechte ebenso als unproblematisch ausgesondert werden wie die derivativen Teilhaberechte, aus denen kein Anspruch auf Schaffung neuer sozialer Leistungssysteme, sondern nur ein gleichberechtigter Zugang zu den bestehenden erwächst. Gleiches gilt schließlich für die Aufgaben- und Zielbestimmungen, die erklärtermaßen gar keine subjektiven Rechte hervorbringen. Deshalb kann die Kritik an sozialen Rechten nicht das gesamte mit »Solidarität« überschriebene Kapitel der Charta, sondern könnte allenfalls **soziale Leistungsrechte im engeren Sinne** (Rn. 46, 50) treffen: Das sind diejenigen, die **ausdrücklich ein unmittelbar geltendes, einklagbares Recht auf ein bestimmtes Lebensgut garantieren**[530], etwa ein Recht auf Arbeit, eine Wohnung etc.[531] Solche Rechte setzen sich zwar den referierten Bedenken (oben Rn. 186) in der Literatur aus, existieren in dieser Form aber ohnehin in keinem Mitgliedstaat[532].

188 Auch die Grundrechte der Charta enthalten, jedenfalls bei einer reinen Textanalyse, **kaum soziale Rechte im engeren Sinne**: Art. 15, 29, 30 GRCh gewähren kein Recht **auf** Arbeit, sondern nur ein Recht **zu** arbeiten, ein Recht auf **Zugang** zu einem Arbeitsver-

---

525 *von Bogdandy* (Fn. 35), S. 160 f.
526 Vgl. *G. Haverkate/S. Huster*, Europäisches Sozialrecht, 1999, Rn. 645 ff.; *B. von Maydell*, Soziale Grundrechte in der Europäischen Union, in: Bundesministerium für Arbeit (Fn. 520), S. 269 (269 f.). Daß die Differenzen um »soziale Rechte« vielfach eher terminologischer, denn sachlich-inhaltlicher Natur sind, zeigt *Grewe* (Fn. 511), S. 89 ff., auf.
527 Vgl. *J. Meyer/M. Engels*, Aufnahme von sozialen Grundrechten in die Europäische Grundrechtecharta?, ZRP 2000, S. 368 (369) sehen auch die Eigentums-, Berufs- und Koalitionsfreiheit als soziale Rechte an.
528 *Isensee* (Fn. 521), S. 373.
529 Vgl. auch die Unterscheidung nach Wirkschichten sozialer Grundrechte bei *R. Pitschas*, Europäische Grundrechte-Charta und soziale Grundrechte, VSSR 1999, S. 207 (218 ff.).
530 *Murswiek* (Fn. 136), § 112, Rn. 13.
531 *Alexy* (Fn. 121), S. 454 ff.
532 Vgl. etwa zur Bedeutung der nicht unmittelbar wirkenden, sondern auf einfach-gesetzliche Konkretisierung angelegten sozialen Grundrechte in Frankreich *O. Jouanjan*, Armut und Verfassung. Die Rechtslage in Frankreich, in: *R. Hofmann/P. Holländer/F. Merli/ E. Wiederin* (Hrsg.), Armut und Verfassung. Sozialstaatlichkeit im europäischen Vergleich, 1998, S. 141 (143 ff.); zum nur teilhaberechtlich verstandenen »Recht auf Arbeit« in Spanien *K.-P. Sommermann*, Staatsziele und Staatszielbestimmungen, 1997, S. 226 m.w.N. auf die Verfassungen anderer Mitgliedstaaten.

mittlungsmonopol und **Schutz** vor ungerechtfertigter Entlassung. Statt eines Rechtes **auf** eine Wohnung garantiert Art. 34 Abs. 3 GRCh nur »eine Unterstützung **für** die Wohnung«, und das auch nur nach Maßgabe der nationalen Vorschriften. Als soziales Recht kann man hingegen etwa den Anspruch auf Prozeßkostenhilfe nach Art. 47 Abs. 3 GRCh ansehen. Doch wird damit ein Recht gewährt, das zur Wahrnehmung eines klassischen Grundrechts (effektiver Rechtsschutz, unten Rn. 199) unabdingbar ist und im übrigen in der Rechtsprechung des EuGMR seit langem anerkannt ist[533]. Problematisch mag sein, daß etwa die Art. 35–38 GRCh keine subjektiven Rechte enthalten, sondern lediglich Aufgaben- und Zielbestimmungen, die zwar auf die Interpretation der Grundrechte einwirken, aber nach traditionellem deutschem Verfassungsverständnis (das zwischen Grundrechten und Staatszielbestimmungen unterscheidet)[534] nicht in einen Grundrechtskatalog gehören. Hier wird es in der Tat noch dogmatischer Feinarbeit bedürfen, um die Spreu (Rechtsprinzipien) vom Weizen (subjektive Rechte) zu trennen[535]. Wenn man aber die Grundrechtecharta bereits als einen wesentlichen Schritt im europäischen Verfassungsprozeß und als Bestandteil einer zukünftigen europäischen Verfassung begreift (unten Rn. 209 f.), so können die insbesondere in den Art. 27–38 GRCh enthaltenen Bestimmungen als bedeutende Ausprägungen eines europäischen Sozialstaatsprinzips gedeutet werden, die wesentliche Impulse für die Interpretation der Grundrechte geben können, in einer Verfassung aber möglichst außerhalb des Grundrechtskapitels angesiedelt werden sollten. Mit dieser Perspektive sind die Art. 27–38 GRCh ein durchaus beachtlicher Versuch, die Bedeutung der sozialen Dimension des Integrationsprozesses festzuschreiben, ohne ein verfassungsrechtliches Schlaraffenland zu versprechen. Sie betonen die Unteilbarkeit der bürgerlichen, politischen und sozialen Rechte und ergänzen den Status des europäischen Bürgers um eine soziale Komponente[536].

5. Bürgerrechte

a) Überblick und Systematik

Kapitel V der Charta der Grundrechte für die Europäische Union enthält – mit Ausnahme der Art. 41, 45 Abs. 2 GRCh – auf Unionsbürger beschränkte Rechte (oben Rn. 52). Überwiegend sind sie bereits im EG-Vertrag enthalten: Art, 39, 40 GRCh (aktives und passives Wahlrecht bei Wahlen zum Europäischen Parlament und Kommunalwahlen) entsprechen Art. 19, 190 Abs. 1 EGV. Das Zugangsrecht zu Dokumenten (Art. 42 GRCh) findet sich bereits in Art. 255 EGV, das Recht zur Befassung des Bürgerbeauftragten (Art. 43 GRCh) in Art. 21, 195 EGV, das Petitionsrecht (Art. 44 GRCh) in Art. 21, 194 EGV, die Freizügigkeit (Art. 45 Abs. 1 GRCh) in Art. 18 EGV[537] und schließlich der diplomatische und konsularische Schutz (Art. 46 GRCh) in Art. 20 EGV.

189

---

[533] EuGMR, EuGRZ 1979, 626, 628 (Airey/Irland) mit dem treffenden Hinweis, daß es »keine wasserdichte Trennwand« zwischen bürgerlichen und sozialen Rechten gebe; zur Rechtsprechung des EuGMR ausführlich C. *Dröge/T. Marauhn*, Soziale Grundrechte in der Europäischen Grundrechtscharta – aus der Perspektive der EMRK, in: Bundesministerium für Arbeit (Fn. 520), S. 77 (80 ff.).

[534] *Sommermann* (Fn. 532), S. 415 ff. mit dem Hinweis, daß auch in Verfassungen ohne systematische Unterteilung zwischen Staatszielbestimmungen und Grundrechten (etwa in Spanien) interpretatorische Differenzierungen erforderlich sind.

[535] *Tettinger* (Fn. 96), S. 1014.

[536] Zur sozialen Dimension des Bürgerstatus T. H. *Marshall*, Citizenship and social class, 1981, dt. Ausg.: Bürgerrechte und soziale Klassen, 1992, S. 40 ff.

[537] Das Grundrecht der Freizügigkeit vermittelt auch dann keinen Anspruch darauf, strafrechtliche Verurteilungen in den Mitgliedstaaten durch den EuGH überprüfen zu lassen, wenn die Verurteilung vom EuGMR als Verstoß gegen Art. 6 EMRK angesehen wurde, vgl. EuGH, Rs. C-299/95, Slg. 1997, I-2629, Rn. 16 (Kremzow).

Art. 6 EU-Vertrag

Für das Recht auf Freizügigkeit und die Aufenthaltsfreiheit von Drittstaatsangehörigen (Art. 45 Abs. 2 GRCh) ist die Gemeinschaft nach Maßgabe der Art. 62 Abs. 1, 3 und 63 Abs. 4 EGV zuständig.

190 Der als Menschenrecht ausgestaltete Art. 41 GRCh faßt – unter dem etwas altbacken klingenden, aber an die Rechtsprechung des EuGH anknüpfenden[538], Titel »**Recht auf eine gute Verwaltung**« – elementare Verfahrensgrundrechte im Verwaltungsverfahren (**administrative Grundrechte**) zusammen. Gemäß der Systematik der Grundrechtecharta sind davon Verfahrensgrundrechte im gerichtlichen Verfahren (**justizielle Grundrechte**) zu unterscheiden: Art. 41 GRCh enthält nur administrative Grundrechte; die justiziellen Grundrechte finden sich in den Art. 47 ff. GRCh (unten Rn. 197 ff.). Einige der administrativen Rechte, so die Haftung der Gemeinschaft nach Art. 41 Abs. 3 GRCh (Art. 288 EGV) und das in Art. 41 Abs. 4 GRCh enthaltene Recht auf Verwendung der eigenen Sprache (Art. 21 Abs. 3 EGV), finden sich bereits im EG-Vertrag, andere, wie der Anspruch auf ein faires Verwaltungsverfahren (Rn. 192 f.) und das Recht auf rechtliches Gehör (Rn. 194 ff.), sind bislang nur richterrechtlich anerkannt.

b) Administrative Grundrechte

191 Der EuGH hat die **administrativen Grundrechte** als allgemeine rechtsstaatliche Grundsätze bereits zu einer Zeit anerkannt, als er die Existenz von Gemeinschaftsgrundrechten noch ausdrücklich ablehnte. Mittlerweile stellt er sie aber in einen grundrechtlichen Zusammenhang, indem er etwa auf eine entsprechende Garantie der EMRK verweist. Der EuGH sieht in der Beachtung der Verfahrensrechte einen elementaren Grundsatz des Gemeinschaftsrechts, der in **allen Verfahren gilt, die zu einer den Betroffenen beschwerenden Maßnahme führen können** und auch dann beachtet werden muß, wenn es keine ausdrücklichen Regelungen für das betreffende Verfahren gibt[539]. Auch im Schrifttum werden sie meist als eigenständige Grundrechte angesehen[540].

aa) Anspruch auf ein faires Verwaltungsverfahren

192 Eine wichtige Ausprägung des Rechts auf eine gute Verwaltung ist der Anspruch auf ein faires Verfahren (Art. 41 Abs. 1 GRCh)[541]. Der auch als justizielles Grundrecht wirkende Grundsatz (unten Rn. 200) beinhaltet etwa das Recht der **Vertraulichkeit des Schriftverkehrs zwischen Anwalt und Mandant**[542]. In kartellrechtlichen Verfahren dürfen Unternehmen daher die Einsicht in mit Anwälten geführte Korrespondenz

---

538 EuGH, Rs. C-255/90, Slg. 1992, I-2253, Rn. 4 ff. (Burban/Kommission); EuG Rs. T-167/94, Slg. 1995, II-2589, Rn. 59 ff. (Nölle/Rat und Kommission). Den Begriff verwendet etwa auch die finnische Verfassung (§ 16 Abs. 2); vgl. ferner *G. Haibach*, Die Rechtsprechung des EuGH zu den Grundsätzen des Verwaltungsverfahrens, NVwZ 1998, S. 456 (462) und *J. M. Soria*, Die Kodizes für gute Verwaltungspraxis, EuR 2001, 682 (684 ff.).
539 EuGH, Verb. Rs. C-48/90 u. C-66/90, Slg. 1992, I-565, Rn. 44 (Niederlande u.a./Kommission); ebenso: EuG, Rs. T-450/93, Slg. 1994, II-1177, Rn. 42 (Lisretal u.a./Kommission); Rs. T-613/97, Slg. 2000, II-4055, Rn. 85 (Ufex u. a./Kommission).
540 Vgl. etwa *A. Bleckmann/S. U. Pieper*, in: Hb.EGWirtR, B. I., Rn. 99; *K.-D. Borchardt*, in: Lenz, EGV, Art. 220, Rn. 55 ff.; *C. Stumpf*, in: Schwarze, EU, Art. 6, Rn. 36 ff.
541 Ausführlich: *C. Grabenwarter*, Verfahrengarantien in der Verwaltungsgerichtsbarkeit, 1997, S. 595 ff.
542 EuGH, Rs. 155/79, Slg. 1982, 1575, Rn.18 ff. (AM & S/Kommission); näher dazu etwa *B. Beutler*, Der Schutz der Vertraulichkeit zwischen Anwalt und Mandanten im europäischen Recht, RIW 1982, S. 820 ff.; *M. Fischer/K. Iliopoulos*, Die Sicherung der Vertraulichkeit der Anwaltskorrespondenz im kartellrechtlichen Nachprüfungsverfahren, NJW 1983, S. 1031 ff.; *I. S. Forrester*, Legal Professional privilege: Limitations on the Commission's Powers of Inspection following the AM & S Judgement, CMLRev. 20 (1983), S. 75 ff.; *Weiß* (Fn. 71), S. 401 ff.

verweigern, wenn sie glaubhaft darlegen, daß die fraglichen Unterlagen vertraulich sind[543].

Der Anspruch auf ein faires Verwaltungsverfahren kann ferner ein Recht zur **Aussage-** 193 **verweigerung** beinhalten. Der EuGH stützt sich insoweit allerdings nicht auf Art. 6 EMRK, der nach seiner Ansicht keinen Schutz vor dem Zwang zur Selbstbezichtigung gewährt. Allerdings sei die Wahrung der Rechte der Verteidigung ein »fundamentaler Grundsatz der Gemeinschaftsrechtsordnung«, der es der Kommission verbiete, einem Unternehmen durch ein Auskunftsverlangen die Verpflichtung aufzuerlegen, Antworten zu erteilen, durch die es das Vorliegen einer kartellrechtlichen Zuwiderhandlung eingestehen müßte, für die die Kommission den Beweis zu erbringen hat. Verboten ist aber nur die Verpflichtung zur direkten Selbstbelastung; die indirekte Selbstbelastung durch die Übermittlung von belastendem Beweismaterial soll hingegen nicht gegen diesen Grundsatz verstoßen[544]. Demgegenüber leitet der EuGMR aus Art. 6 EMRK bereits für das einem Strafverfahren vorausgehende Verwaltungsverfahren einen umfassenden Anspruch des Betroffenen darauf ab, in keiner Form zur Beschaffung von selbstbelastendem Beweismaterial beizutragen zu müssen[545]. Ob der EuGH zur Vermeidung von Divergenzen mit dem EuGMR (Rn. 91 ff.) langfristig auf diese Linie einschwenken wird, ist noch nicht geklärt; das EuG bestätigt allerdings noch in einem Urteil jüngeren Datums die bisherige Rechtsprechung[546].

bb) Rechtliches Gehör
In der Praxis besonderes bedeutsam ist das Grundrecht auf rechtliches Gehör im Ver- 194 waltungsverfahren (vor allem im Antidumping- und Beihilferecht). Die Grundrechtecharta schützt das Recht auf rechtliches Gehör in Art. 41 Abs. 2 GRCh als Komponente des Rechts auf gute Verwaltung[547]. Hingegen finden sich in den Rechtserkenntnisquellen nur spärliche Hinweise: Art. 6 Abs. 1, 3 EMRK gilt lediglich für das gerichtliche Verfahren. In den Verfassungen der Mitgliedstaaten ist der Anspruch sogar zum Teil auf das strafgerichtliche Verfahren beschränkt; nur vereinzelt gilt er auch für das Verwaltungsverfahren[548]. Soweit ausdrückliche Regelungen fehlen, handelt es sich aber um einen allgemeinen rechtsstaatlichen Grundsatz[549]. Dementsprechend bezeichnet der EuGH die Gewährung rechtlichen Gehörs im Verwaltungsverfahren bislang meist ohne normativen Aufhänger als »fundamentalen Grundsatz des Gemeinschaftsrechts«[550].

---

543 K.-D. *Borchardt*, in: Lenz, EGV, Art. 220, Rn. 60.
544 EuGH, Rs. 374/87, Slg. 1989, 3283, Rn. 333 ff. (Orkem/Kommission); Rs. C-60/92, Slg. 1993, I-5683, Rn. 12 (Otto BV); vgl. auch *Philippi* (Fn. 256), S. 112 f.
545 EuGMR, Nr. 82/19991/334/407, ÖJZ 1993, S. 532 (Funke/Frankreich).
546 EuG, Rs. T-112/98 (Mannesmannröhrenwerke AG/Kommission), EuZW 2001, S. 345, Rn. 66.; Rechtsmittel anhängig beim EuGH als Rs. C-190/01.
547 Das ergibt sich auch aus dem Verweis in den Erläuterungen (oben Fn. 60) zu Art. 41 GRCh auf die Entscheidung EuGH, Rs. 269/90, Slg. 1991, I-5469 (Technische Universität München).
548 Die Verfassungen von Schweden (Kap. 2 § 9) und Portugal (Art. 32 Abs. 8) enthalten eine ausdrückliche Regelung nur für das Strafverfahren. In Deutschland (Art. 103 Abs. 1 GG), Italien (Art. 24) und Spanien (Art. 24 Abs. 2) gilt der Grundsatz des rechtlichen Gehörs vor allen Gerichten. In Finnland (§ 16 Abs. 1) und Griechenland (Art. 20 Abs. 2) ist das Recht explizit auch im Verwaltungsverfahren gewährleistet.
549 Vgl. für Deutschland etwa E. *Schmidt-Aßmann*, in: Maunz/Dürig, GG, Art. 103 Abs. 1, Rn. 62 ff.
550 EuGH, Rs. 17/74, Slg. 1974, 1063, Rn. 15 (Transocean Marine Paint/Kommission); Rs. 85/76, Slg. 1979, 461, Rn. 9 (Hoffmann-La Roche/Kommission); Verb. Rs. 100 bis 103/80, Slg. 1983, 1825, Rn. 10 (Musique Diffusion Française); Rs. 322/81, Slg. 1983, 3461, Rn. 7 (Michelin/Kommission); Rs. C-234/84, Slg. 1986, 2263, Rn. 27 (Belgien/Kommission); Rs. C-40/85, Slg. 1986, 2321, Rn. 28 (Belgien/Kommission); Verb. Rs. 46/87 u. 227/88, Slg. 1989, 2859, Rn. 14 (Hoechst/Kommission); Verb. Rs. 97-99/87, Slg. 1989, 3165, Rn. 11 (Dow Chemical Ibérica

Art. 6 EU-Vertrag

195 Der Anspruch auf rechtliches Gehör umfaßt **drei Verwirklichungsstufen**[551]: Als nunmehr auch in Art. 42 Abs. 2 GRCh enthaltenes **Recht auf Information** verpflichtet es Behörden und Gerichte, den Einzelnen über den Inhalt und den Stand des Verfahrens zu unterrichten[552]. In Beihilfeverfahren soll sich der Anspruch auf angemessene Unterrichtung durch die Kommission auf diejenigen Personen beschränken, gegen die ein Verfahren eingeleitet wurde; die übrigen Beteiligten i.S.v. Art. 88 Abs. 2 EGV sollen lediglich ein Recht auf angemessene Beteiligung haben[553] (Art. 88 EGV, Rn. 15). Eine wichtige Ausprägung des Informationsanspruches ist das Recht auf Akteneinsicht (Art. 42 Abs. 2 GRCh)[554]. Allerdings muß im Einzelfall das Bedürfnis nach vertraulicher Behandlung von Auskünften Rechnung getragen und daher ein Ausgleich zwischen Geheimhaltungsinteresse und Informationsanspruch des Betroffenen herbeigeführt werden[555]. Geschützt ist ferner das **Recht auf Äußerung**: Die Betroffenen müssen im Laufe des Verwaltungsverfahrens in die Lage versetzt werden, sich zu den aufgeworfenen Tatsachen- und Rechtsfragen zu äußern[556]. Einer mündlichen Anhörung bedarf es, mit Ausnahme von Zeugenvernehmungen im kontradiktorischen Verfahren, allerdings nicht[557]. Das **Recht auf Berücksichtigung** verpflichtet die Behörden schließlich dazu, den Vortrag der Betroffenen zur Kenntnis zu nehmen und in die Entscheidungsfindung einzubeziehen[558]. Daraus folgt auch ein Anspruch auf ordnungsgemäße Begründung aller Gemeinschaftsakte (vgl. Art. 253 EGV, Art. 41 Abs. 2 GRCh).

196 Eine Besonderheit besteht auf der Rechtsfolgenseite: Die Verletzung des Anspruchs auf

---

Fortsetzung von Fußnote 550

u. a./Kommission); Rs. 374/87, Slg. 1989, 3283, Rn. 32 (Orkem/Kommission); Rs. C-301/87, Slg. 1990, I-307, Rn. 29 (Frankreich/Kommission); Rs. C-49/88, Slg. 1991, I-3187, Rn. 15 ff. (Al-Jubail Fertilizer/Rat); Rs. C-269/90, Slg. 1991, I-5469, Rn. 13 ff. (Technische Universität München); Verb. Rs. C-48/90 und C-66/90, Slg. 1992, I-565, Rn. 44 (Niederlande u. a./Kommission); Rs. C-135/92, Slg. 1994, I-2885, Rn. 39 (Fiskano/Kommission); Rs. C-288/96, Slg. 2000, I-8237, Rn. 99 (Deutschland/Kommission); vgl. bereits EuGH, Verb. Rs. 42 und 49/59, Slg. 1961, 109/169 (SNUPAT/Hohe Behörde); Rs. 32/62, Slg. 1963, 107/123 (Alvis/Rat); Rs. 121/76, Slg. 1977, 1971, Rn. 19/21 (Moli/Kommission); aus der Rechtsprechung des Gerichts 1. Instanz EuG, Rs. T-450/93, Slg. 1994, II-1177, Rn. 42 (Lisretal u.a./Kommission); Rs. T-42/96, Slg. II-1998, 401, Rn. 76 ff. (Eyckeler & Malt/Kommission); Rs. T-50/96, Slg. 1998, II-3773, Rn. 59 ff. (Primex Produkte Import-Export u.a./Kommission).

551 Vgl. zu dieser Einteilung insbes. B. *Pieroth*, in: Jarass/Pieroth, GG, Art. 103, Rn. 11 ff.; E. *Schmidt-Assmann*, in: Maunz/Dürig, GG, Art. 103, Rn. 66 ff.; H. *Schulze-Fielitz*, in: Dreier, GG, Bd. III, Art. 103 Abs. 1, Rn. 32 ff., jew. für das gerichtliche Verfahren.

552 EuGH, Rs. C-49/88, Slg. 1991, I-3187, Rn. 17 (Al-Jubail Fertilizer/Rat); Verb. Rs. C-48/90 und C-66/90, Slg. 1992, I-565, Rn. 45 (Niederlande u. a./Kommission); Rs. C-458/98 P, Slg. 2000, I-8147, Rn. 99 (Industrie des Pondres Sphériques/Rat).

553 EuG, Verb. Rs. T-371 u. 394/94, Slg. 1998, II- 2405, Rn. 59 f. (British Airways/Kommission); Rs. T-613/97, Slg. 2000, II-4055, Rn. 98 f. (Ufex u. a./Kommission).

554 EuG, Rs. T-50/96, Slg. 1998, II-3773, Rn. 59 ff. (Primex Produkte Import-Export u.a./Kommission); vgl. bereits EuGH, Rs. C-269/90, Slg. 1991, I-5469, Rn. 25 (Technische Universität München).

555 Vgl. EuGH, Rs. 264/82, Slg. 1985, 849, Rn. 24 ff. (Timex/Rat und Kommission); zum Ganzen auch *J. Bast*, Der Grundsatz des rechtlichen Gehörs im Gemeinschaftsrecht, RIW 1992, S. 742 (745 ff.); *Weiß* (Fn. 71), S. 192 ff.

556 Vgl. etwa EuGH, Rs. 17/74, Slg. 1974, 1063, Rn. 15 (Transocean Marine Paint/Kommission); Rs. C-49/88, Slg. 1991, I-3187, Rn. 17 (Al-Jubail Fertilizer/Rat); Rs. C-288/96, Slg. 2000, I-8237, Rn. 100 (Deutschland/Kommission).

557 Vgl. EuGH, Verb. Rs. 209 bis 215 und 218/78, Slg. 1980, 3125, Rn. 18 (van Landewyck/Kommission).

558 EuGH, Verb. Rs. 209 bis 215 und 218/78, Slg. 1980, 3125, Rn. 66 (van Landewyck/Kommission).

rechtliches Gehör »führt nur dann zu einer Nichtigerklärung, wenn das Verfahren ohne diese Verletzung zu einem anderen Ergebnis hätte führen können«[559].

6. Justizielle Rechte

a) Überblick
Kapitel VI der Charta der Grundrechte für die Europäische Union enthält vor allem auf Art. 6 und 13 EMRK gestützte justizielle Rechte. Der in Art. 47 GRCh enthaltenen Garantie effektiven Rechtsschutzes (Rn. 198 ff.) folgen in Art. 48–50 GRCh klassische Garantien für das Strafrecht und den Strafprozeß, von denen bislang allein der Grundsatz ne bis in idem (Art. 50 GRCh), wenn auch außerhalb des Strafrechts, in der Rechtsprechung des EuGH eine Rolle spielt (Rn. 202 ff.). 197

b) Effektiver Rechtsschutz
Das in Art. 47 GRCh enthaltene Gebot effektiven Rechtsschutzes gewährleistet zum einen den **Zugang zum Gericht** (Rn. 199) wie er in Art. 13 EMRK festgeschrieben und von Art. 47 Abs. 1, 3 GRCh übernommen wurde. Es gilt zum anderen **im gerichtlichen Verfahren** (Rn. 199) und ist insoweit insbesondere Grundlage für das Gebot des fairen Verfahrens (Art. 6 EMRK, Art. 47 Abs. 2 GRCh). Garantien effektiven Rechtsschutzes finden sich explizit auch in den meisten mitgliedstaatlichen Verfassungen[560]. Auch der EuGH bezeichnet den Justizgewähranspruch als allgemeinen Rechtsgrundsatz. Er stützt sich dabei zwar zum Teil auf sekundärrechtliche Ausprägungen, sieht in diesen aber einen allgemeinen Rechtsgedanken verwirklicht, den er in Art. 6, 13 EMRK verortet[561]. In Entscheidungen jüngeren Datums prägen zunehmend die EMRK-Grundrechte die grundrechtliche Ableitung; dabei bezieht der EuGH auch die Judikatur des EuGMR mit ein[562]. 198

Der Justizgewähranspruch garantiert zunächst den **Zugang zu den Gerichten**. Aufgrund der großen Bedeutung der nationalen Gerichte bei der Durchsetzung des Gemeinschaftsrechts (Art. 234 EGV) beziehen sich die meisten Entscheidungen des EuGH auf die Frage des effektiven Rechtsschutzes durch nationale Gerichte[563]; nur vereinzelt wurde der Anspruch auf effektiven Rechtsschutz bislang auch gegenüber Gemeinschaftsorganen in Ansatz gebracht[564]. Die Mitgliedstaaten sind verpflichtet, eine effektive gerichtliche Kontrolle der einschlägigen Bestimmungen des Gemeinschaftsrechts und des innerstaat- 199

---

559 EuGH, Rs. C-301/87, Slg. 1990, I-307, Rn. 31 (Frankreich/Kommission); Rs. C-288/96, Slg. 2000, I-8237, Rn. 101 (Deutschland/Kommission).
560 Positiver, wenn auch sehr heterogener, Befund in Dänemark (§ 63 Abs. 1), Deutschland (Art. 19 Abs. 4 GG); Finnland (§ 17 Abs. 2), Griechenland (Art. 20 Abs. 1), Italien (Art. 24 Abs. 1), Schweden (Kap. 2 § 9), Spanien (Art. 24 Abs. 1) und Portugal (Art. 20 Abs. 2); ausführlich: M. *Tonne*, Effektiver Rechtsschutz durch staatliche Gerichte als Forderung des Europäischen Gemeinschaftsrechts, 1997, S. 47 ff.
561 Grundlegend: EuGH, Rs. 222/84, Slg. 1986, 1651, Rn. 18 f. (Johnston/Chief Constable of the Royal Ulster Constabulary).
562 Vgl. etwa EuGH, Rs. C-185/95 P, Slg. 1998, I-8417, Rn. 21, 29 (Baustahlgewebe/Kommission).
563 EuGH, Rs. 222/84, Slg. 1986, 1651, Rn. 18 f. (Johnston/Chief Constable of the Royal Ulster Constabulary); Rs. 222/86, Slg. 1987, 4097, Rn. 14 f. (UNECTEF/Heylens); Rs. C-340/89, Slg. 1991, I-2357, Rn. 22 (Vlassopoulou); Rs. C-104/91, Slg. 1992, I-3003, Rn. 15 (Aguirre Borrell u. a.); Rs. C-19/92, Slg. 1993, I-1663, Rn. 40 (Kraus); Rs. C-228/92, Slg. 1994, I-1445, Rn. 27 (Roquette Frères); Rs. C-185/97, Slg. 1998, I-5199, Rn. 22 (Coote); vgl. auch bereits EuGH, Rs. 36/75, Slg. 1975 1219, Rn. 37/39 (Rutili/Minister des Innern); Rs. 98/79, Slg. 1980, 691, Rn. 3 (Pecastaing/Belgien).
564 EuGH, Rs. 257/85, Slg. 1987, 1561, Rn. 10 (Dufay/Parlament); Rs. C-185/95 P, Slg. 1998, I-8417, Rn. 21 ff. (Baustahlgewebe/Kommission).

lichen Rechts sicherzustellen[565]. Das Gebot effektiven Rechtsschutzes kann, wie bereits der EuGMR anerkannt hat[566], im Einzelfall auch **leistungsrechtliche Wirkungen** entfalten, etwa in Form einer Verpflichtung zur Gewährung von Prozeßkostenhilfe (Art. 47 Abs. 3 GRCh)[567].

200 Das Gebot effektiven Rechtsschutzes verwirklicht sich auch **im gerichtlichen Verfahren**. Als wichtige Ausprägung des Justizgewährungsanspruches gilt hier der Grundsatz des **fairen gerichtlichen Verfahrens**, der insbesondere in Art. 6 Abs. 1 EMRK zum Ausdruck kommt, von Art. 47 Abs. 2 GRCh übernommen und auf alle gerichtlichen Verfahren erweitert wird. Gestützt auf Art. 6 EMRK und die hierzu ergangene Rechtsprechung des EuGMR hat der EuGH insbesondere den nunmehr in Art. 47 Abs. 2 S. 1 GRCh positivierten Anspruch auf **Rechtsschutz innerhalb angemessener Frist** anerkannt[568]. Die Angemessenheit einer Verfahrensdauer ist »insbesondere nach den Interessen, die in dem Rechtsstreit für den Betroffenen auf dem Spiel stehen, nach der Komplexität der Rechtssache sowie nach dem Verhalten des Klägers und dem der zuständigen Behörden zu beurteilen«[569]. Ferner ist auch der Anspruch auf **rechtliches Gehör** als justizielles Grundrecht (zum Gehörsanspruch als administratives Grundrecht oben Rn. 194 ff.) eine Ausprägung des in Art. 47 Abs. 2 GRCh, Art. 6 EMRK zum Ausdruck kommenden Grundsatzes des »fair trial«[570]. Es soll allerdings keinen Anspruch darauf enthalten, zu einem Schlußantrag eines Generalanwaltes Stellung zu nehmen[571]. Auch der Ausbau der **Haftung der Mitgliedstaaten für die Verletzung von Gemeinschaftsrecht** ist Ausdruck des Bemühens des EuGH um eine Effektivierung des Rechtsschutzes gerade gegenüber den Mitgliedstaaten (dazu Art. 249 EGV, Rn. 28 ff.).

201 Besonderheiten gelten bei den Rechtsfolgen: Wie bei Fehlern im Verwaltungsverfahren kann die angefochtene Maßnahme nur aufgehoben werden, wenn der Fehler Auswirkungen auf den Ausgang des Rechtsstreits gehabt hat; aus Gründen der Effektivität des Rechtsbehelfs erkennt der EuGH aber im Einzelfall einen Anspruch auf finanziellen Ausgleich an[572].

c) Ne bis in idem

202 Art. 50 GRCh enthält das Verbot der Doppelbestrafung, das sich auch in Art. 4 des – von Deutschland nicht ratifizierten – Pr. Nr. 7 zur EMRK findet. Mitgliedstaatliche Verfassungen enthalten den Grundsatz nur ganz vereinzelt[573], so daß noch unsicher ist, ob

---

565 EuGH, Rs. 222/86, Slg. 1987, 4097, Rn. 14 f. (UNECTEF/Heylens); Rs. C-340/89, Slg. 1991, I-2357, Rn. 22 (Vlassopoulou); Rs. C-104/91, Slg. 1992, I-3003, Rn. 15 (Aguirre Borrell u. a.).
566 EuGMR, EuGRZ 1979, 626, 628 (Airey/Irland).
567 Vgl. auch E. Pache, Der Grundsatz des fairen gerichtlichen Verfahrens auf europäischer Ebene, EuGRZ 2001, S. 601 (604).
568 EuGH, Rs. C-185/95 P, Slg. 1998, I-8417, Rn. 21, 29 (Baustahlgewerbe/Kommission); vgl. bereits EuG, Verb. Rs. T-213/95 u T-18/96, Slg. 1997, II-1739, Rn. 53 ff. (SCK und FNK/Kommission); dazu auch V. Schlette, Der Anspruch auf Rechtsschutz innerhalb angemessener Frist – Ein neues Prozeßgrundrecht auf EG-Ebene, EuGRZ 1999, S. 369 (370 ff.).
569 EuGH, Rs. C-185/95 P, Slg. I-1998, 8417, Rn. 29 (Baustahlgewerbe/Kommission).
570 EuG, Rs. T-83/96, Slg. 1998, II-545, Rn. 45 ff. (van der Wal/Kommission).
571 EuGH, Rs. 17/98, Slg. 2000, I-665, Rn. 8 ff. (Emesa Sugar); kritisch *Grabenwarter* (Fn. 95), S. 327 Anm. 140 und *T. Schilling*, Zum Recht der Parteien, zu den Schlußanträgen der Generalanwälte beim EuGH Stellung zu nehmen, ZaöRV 60 (2000), S 395 (400 ff.), die hier Konfliktpotential für Rechtsprechung des EuGMR sehen; demgegenüber verweist *Winkler* (Fn. 258), S. 36 ff. auf Unterschiede zu den vom EuGMR untersuchten Verfahrensordnungen.
572 EuGH, Rs. C-185/95 P, Slg. 1998, I-8417, Rn. 49, 141 ff. (Baustahlgewerbe/Kommission).
573 Ausdrücklichen Garantien finden sich nur in den Verfassungen von Deutschland und Portugal (Art. 103 Abs. 3 GG, Art. 29 Abs. 5 P).

von einem Gemeinschaftsgrundrecht gesprochen werden kann. Die Rechtsprechung des EuGH betrifft bislang allein das Disziplinarrecht.

Der Grundsatz ne bis in idem schützt vor Doppelbestrafungen für **ein und dieselbe Tat**[574]. Den Begriff der **Tat** hat der EuGH bislang nur punktuell konkretisiert. Das Verbot der Doppelbestrafung verbietet nicht nur die Verhängung mehrerer Strafen[575] für ein- und dieselbe Verfehlung, sondern auch die Einleitung mehrerer Verfahren aufgrund »desselben Tatsachenkomplexes«[576]. Keine einheitliche Tat liegt vor bei der Überschreitung der Erzeugungsquoten und der nachfolgenden Überschreitung der Lieferquoten für dasselbe Produkt[577]. Identität hat der EuGH der Sache nach grundsätzlich bejaht, wenn für die Sanktionierung ein und desselben Sachverhaltes sowohl die Mitgliedstaaten als auch die Gemeinschaft zuständig sind[578]. Keine Identität soll hingegen im Verhältnis zu einer von einem Drittstaat verhängten Sanktion vorliegen[579]. Dies ist zweifelhaft; der EuGH läßt sich in dieser frühen Entscheidung offensichtlich mehr von dem Bedürfnis nach Wahrung der gemeinschaftlichen Entscheidungsfreiheit im Verhältnis zu Organen in Drittstaaten leiten als von dem Ziel der Gewährleistung effektiven, individuellen Grundrechtsschutzes[580]. 203

Der Grundsatz ne bis in idem wird nur bei einer **Doppelbestrafung** für ein und dieselbe Tat beeinträchtigt. Daran soll es fehlen, wenn für eine Verfehlung in unterschiedlichen Zielen dienenden Verfahren mehrere Sanktionen verhängt werden. Das Verbot der Doppelbestrafung soll daher auch parallelen Verfahren auf der Ebene der Gemeinschaft und eines Mitgliedstaates grundsätzlich nicht entgegenstehen[581], um nicht die Zuständigkeitsverteilung zwischen Mitgliedstaaten und der Gemeinschaft zu überspielen. Allerdings ist die frühere Sanktionsentscheidung bei der später zu bemessenden Sanktion zu berücksichtigen[582]. Damit geht der EuGH immerhin über den Standard der EMRK hinaus, die in Art. 4 Abs. 1 des Pr. Nr. 7 zur EMRK nur eine Doppelbestrafung durch ein- und denselben Staat verbietet. 204

IV. Ausblick

Die Gemeinschaftsgrundrechte haben in den drei Jahren seit 1999 **drei wichtige Stationen** durchlaufen: 205
- den **Bananenmarktbeschluß des BVerfG**, der dem Kooperationsverhältnis zum EuGH schärfere Konturen gibt und die Grundrechtsjudikatur des EuGH mit einem in dieser Deutlichkeit bislang nicht vergebenen Gütesiegel versieht,
- die **Entscheidung des EuGMR im Fall Matthews**, in der der EuGMR bekräftigt, daß die Mitgliedstaaten der Gemeinschaft als Konventionsstaaten Verpflichtete der

---

574 EuGH, Rs. 7/72, Slg. 1972, 1281, Rn. 2 f. (Boehringer/Kommission).
575 Dazu gehören auch disziplinarrechtliche Sanktionen: EuGH, Verb. Rs. 18 und 35/66, Slg. 1966, 153, 178 (Gutmann).
576 EuGH, Verb. Rs. 18 und 35/66, Slg. 1966, 153, 178 (Gutmann).
577 EuGH, Rs. 270/82, Slg. 1984, 1195, Rn. 28 (Estel/Kommission); Rs. 78/83, Slg. 1984, 4177, Rn. 12 (Usinor/Kommission).
578 EuGH, Rs. 14/68, Slg. 1969, 1, Rn. 11 (Wilhelm/Bundeskartellamt).
579 EuGH, Rs. 7/72, Slg. 1972, 1281, Rn. 3 ff. (Boehringer/Kommission).
580 Kritisch auch *B. Specht*, Die zwischenstaatliche Geltung des Grundsatzes ne bis in idem, 1999, S. 80 f.
581 EuGH, Rs. 14/68, Slg. 1969, 1, Rn. 11 (Wilhelm/Bundeskartellamt). A. A. wohl *K.-D. Borchardt*, in: Lenz, EGV, Art. 220, Rn. 61 sowie die ganz überwiegende Ansicht in Deutschland zu Art. 103 Abs. 3 GG; vgl. die Nachweise bei *B. Pieroth*, in: Jarass/Pieroth, GG, Art. 103, Rn. 63.
582 EuGH, Rs. 14/68, Slg. 1969, 1, Rn. 11 (Wilhelm/Bundeskartellamt); vgl. auch GA *P. VerLoren van Themaat*, Schlußantr. zu EuGH, Rs. 117/83, Slg. 1984, 3291, Ziff. 4.4. (Könecke/Balm).

EMRK bleiben und materiell-rechtlich für konventionswidrige Akte auch der Gemeinschaft einzustehen haben,

– und schließlich die Proklamation der **Charta der Grundrechte für die Europäische Union** auf dem Gipfel von Nizza am 7.12.2000, mit der ein neues Kapitel in der europäischen Grundrechtsgeschichte aufgeschlagen worden ist.

206 Die Entscheidungen des BVerfG und des EuGMR führen allmählich zu einer Verlagerung des wissenschaftlichen Diskurses über den europäischen Grundrechtsschutz. Waren insbesondere die 90er Jahre des 20. Jahrhunderts geprägt durch die Kritik an der teilweise unzureichenden Rechtsprechung des EuGH im Bereich der Grundrechte und die Frage der Aktivierung der Verwerfungskompetenz des BVerfG für grundrechtswidrige Rechtsakte der Gemeinschaft, so konzentriert sich die Diskussion nunmehr zunehmend auf das Verhältnis zwischen Gemeinschaftsgrundrechten und EMRK, zwischen EuGH und EuGMR. Die seit langem geführte Debatte über den Beitritt zur EMRK, die durch das die Kompetenz der Gemeinschaft verneinende Gutachten des EuGH (oben Rn. 35) nur kurzzeitig abgeebbt war, ist nach der EuGMR-Entscheidung Matthews wieder aufgelebt[583]. Nachdem der EuGMR klargestellt hat, daß die Konventionsstaaten auch als Mitgliedstaaten der EMRK grundrechtsgebunden bleiben und sogar für Akte der Gemeinschaft zur Verantwortung gezogen werden können (oben Rn. 91), häufen sich, auch vor dem Hintergrund konkreter Fallbeispiele (etwa Rn. 99 f., 193), die Befürchtungen, daß es zu Divergenzen zwischen EuGMR und EuGH im Bereich der Grundrechte kommen kann. In der Literatur wird daher als Königsweg aus diesem Dilemma auch nach der Proklamation der Grundrechtecharta weiterhin der Beitritt der Gemeinschaft zur EMRK und – wenn auch mit Unterschieden im einzelnen – eine spezielle, den EuGH verdrängende grundrechtliche Zuständigkeit des EuGMR oder eine Vorlagepflicht des EuGH an den EuGMR in Grundrechtsfragen favorisiert[584].

207 Der Konvent hatte nicht das Mandat über die Frage des Beitritts zur EMRK zu befinden, und auch auf der Regierungskonferenz in Nizza ist dieser Weg nicht beschritten worden. Insbesondere ist der Vorschlag Finnlands, in einen neu zu schaffenden Art. 303 Abs. 2 EGV eine Kompetenz der Gemeinschaft zum Beitritt zur EMRK aufzunehmen[585], nicht weiterverfolgt worden. Dies zu Recht, hatte die Regierungskonferenz in Nizza doch gleich zu Beginn ihres Zusammentreffens mit der Charta der Grundrechte für die Europäische Union feierlich einen **eigenen Grundrechtskatalog mit verfassungsrechtlichen Ambitionen** proklamiert, der durch eine Kompetenz zum Beitritt in seiner Bedeutung nicht ergänzt[586], sondern letztlich wieder relativiert worden wäre. Warum sollte eine konzeptionell auf die Inkorporation in die Verträge ausgerichtete Grundrechtecharta proklamiert werden, wenn zugleich der Beitritt zu einer bereits bestehenden völkerrechtlichen Grundrechtsordnung vorangetrieben wird? Warum sollte, da gerade eine verfassungsrechtliche Debatte über die engere Verzahnung zwischen europäischen und nationalen Organen beginnt, eine Subordination unter ein Organ des Europarates erfol-

---

583 Zu Entwicklung und Diskussionsstand vgl. etwa *Krüger/Polakiewicz* (Fn. 257), S. 94 ff.; zu den rechtspolitischen Chancen und Risiken eines Beitrittes ausführlich *Winkler* (Fn. 258), S. 39 ff., 115 ff.
584 *Alber/Widmaier* (Fn. 260), S. 505 ff.; *Busse* (Fn. 252), S. 78; *Canor* (Fn. 257), S. 27; *Krüger/Polakiewicz* (Fn. 257), S. 94, 98 ff.; *Winkler* (Fn. 99), S. 27; früher bereits A. G. *Toth*, The European Union and human rights: the way forward, CMLRev. 34 (1997), S. 491 (512 ff.). *Ress* (Fn. 260), S. 919, 924, befürwortet zwar die Einfügung einer Kompetenzbestimmung für den Beitritt zur EMRK, äußert aber Skepsis gegenüber einem Beitritt.
585 EuGRZ 2000, S. 268.
586 So aber *Krüger/Polakiewicz* (Fn. 257), S. 95 und K. Lenaerts/E. E. de Smijter, A »Bill of rights« for the European Union, CMLR 38 (2001), 273 (292).

gen?[587] Die Gemeinschaft würde sich ausgerechnet in einer Phase, da sie beginnt, ein politisches Gemeinwesen zu werden, der Möglichkeit der Gestaltung und Fortentwicklung des Identifikationsfaktors Grundrechte (dazu oben Rn. 18 ff.) begeben; abgesehen davon, daß ein Beitritt der Gemeinschaft auch zu einer bedenklichen politischen Gewichtsverlagerung zu Lasten der Konventionsstaaten führen könnte, die nicht Mitgliedstaaten der Gemeinschaft sind.

Die Übernahme von Bestehendem mag daher – die Geschichte der Weimarer staatskirchenrechtlichen Normen zeigt es – erforderlich sein, wenn die politische Kraft fehlt, Neues zustande zu bringen, und das Bestehende immer noch besser ist als gar nichts. Doch die Grundrechtecharta schafft wirklich Neues. Sie stellt eine **bedeutende verfassungsrechtliche Eigenleistung der Gemeinschaft und ihrer Mitgliedstaaten** dar. Ein solcher, aus eigener Kraft geschaffener Grundrechtskatalog hat eine **weitaus sinnfälligere Integrations- und Legitimationswirkung als der Beitritt zu einer bestehenden Grundrechtsordnung**[588], welche im übrigen in einer anderen historischen Konstellation und unter anderen verfassungsrechtlichen Bedingungen zustande gekommen ist. Die Grundrechtecharta unterstreicht den Anspruch der Gemeinschaft, eine Rechtsgemeinschaft[589] zu sein, als ein Gemeinwesen der Bürger wahrgenommen zu werden, dem diese nicht nur unterworfen sind, sondern als Grundrechtsträger und politische und soziale Teilhaber auch angehören. Der Konvent hatte daher zwar guten Grund, die EMRK als bislang bedeutendste gemeineuropäische Grundrechtskodifikation zur Grundlage und Richtschnur der neuen Grundrechtsordnung zu machen (Art. 52 Abs. 1, 53 GRCh). Doch der Anspruch eines Grundrechtskataloges der Gemeinschaft, der gemäß dem selbst gesetzten Ziel Bestandteil der Gemeinschaftsrechtsordnung werden soll (oben Rn. 26 b), mußte weiter reichen: Er soll nicht nur auf der Höhe der Zeit sein, insbesondere dem rasanten technischen und gesellschaftlichen Wandel Rechung tragen (vgl. etwa Art. 3 Abs. 2 und Art. 8 GRCh), sondern vor allem eine **an die besonderen verfassungsrechtlichen Strukturen der Gemeinschaft angepaßte Grundrechtsordnung** enthalten.

208

Nachdem eine europäische Verfassungsdiskussion nunmehr endlich in Gang gekommen ist[590], sollte die Klärung des Status und der Inhalte der Charta daher als Chance und Bestandteil dieser Debatte gesehen werden. Zu Recht steht sie daher auf dem Fahrplan des »Post-Nizza-Prozesses«[591]. Gerade in politischen Mehrebenensystemen, die wie die Gemeinschaft das Werk von Einzelstaaten sind, sind Grundrechtsfragen schon immer und oft heikle Verfassungsfragen gewesen[592]. So kam in dem ursprünglichen Verzicht auf Bundesgrundrechte in den Vereinigten Staaten auch ein erhebliches Mißtrauen gegenüber der neugegründeten Zentralgewalt zum Ausdruck, und auch die spätere Inkorpo-

209

---

587 Dazu bereits *E. Klein*, Das Verhältnis zwischen dem Grundrechtsschutz durch die Organe der Europäischen Menschenrechtskonvention und der Europäischen Gemeinschaften, in: Mosler, Hermann/Bernhardt, Rudolf/Hilf, Meinhard (Hrsg.), Grundrechtsschutz in Europa, 1976, S. 160 (166 f.).
588 Vgl. bereits *B. Beutler*, in: GTE, EU-/EGV, Art. F, Rn. 120; zur Legitimationswirkung der Charta weiter etwa *H. Hohmann*, Die Charta der Grundrechte der Europäischen Union, APuZ 52–53/2000; *B. Losch/W. C. Radau*, Europäische Grundrechte als Integrationsfaktor, NJ 1999, S. 632 (633 f.); sehr kritisch demgegenüber *K.-A. Schachtschneider*, Eine Charta der Grundrechte für die Europäische Union, S. 16 ff. (»undemokratischer Oktroi«), ferner die Nachw. oben Rn. 18 mit Anm. 35.
589 Dazu bereits *W. Hallstein*, Die Europäische Gemeinschaft. 2. Aufl. 1974, S. 49.
590 Ausführliche und aktuelle Nachweise auf die Diskussion insbesondere in der Politik auf der website des Walter Hallstein-Instituts für europäisches Verfassungsrecht an der Humboldt-Universität zu Berlin (www.whi-berlin.de).
591 Erklärung Nr. 23 zum Vertrag von Nizza, ABl.EG 2001, C 80/85 f.
592 Zum Zusammenhang von Grundrechts- und Verfassungsidee auch *Stern* (Fn. 37), Rn. 30 ff.

Art. 6 EU-Vertrag

rationsdebatte im Supreme Court war von dem Versuch geprägt, die unitarisierenden Wirkungen der due process-clause des 14. amendment mit der Eigenständigkeit der Einzelstaaten in Einklang zu bringen[593]. In Deutschland war das Grundrechtsthema im 19. Jahrhundert nach dem Scheitern der Paulskirchenverfassung »traumatisiert«[594] und als eine der Ursachen des Scheiterns der deutschen Einigung ausgemacht. Die Reichsverfassung von 1871, die – so die damals gängige Vorstellung[595] – auf der Einigung der Landesfürsten beruhte, verzichtete mit Rücksicht auf die föderative Struktur des Reiches gar auf einen eigenen Grundrechtskatalog, in dem Bismarck nach den Erfahrungen von 1848/49 u.a. auch eine Gefahr für die Herstellung der staatlichen Einheit sah[596].

210 Bei aller gebotenen Vorsicht bei der Übertragung dieser durchaus unterschiedlichen historischen Sachverhalte auf den europäischen Konstitutionalisierungsprozeß zeigt sich jedenfalls, daß Grundrechte in den rechtsstaatlichen Demokratien eingefügt sind in ein bestimmtes verfassungsrechtliches Umfeld; anderenfalls wären sie wirkungs- und beziehungslose Programmsätze. So hängt auch die Reichweite der Bindung der Mitgliedstaaten an die Gemeinschaftsgrundrechte und überhaupt das Verhältnis zwischen mitgliedstaatlichem und kommunitärem Grundrechtsschutz entscheidend von der zukünftigen verfassungsrechtlichen Rollenverteilung zwischen Gemeinschaft und Mitgliedstaaten ab. Auch ist etwa die Bestimmung der Kompetenzen einer europäischen Verfassungsgerichtsbarkeit im Verhältnis zu nationalen Gerichten von wesentlicher Bedeutung für die prozessuale Durchsetzung der Grundrechte[597]. In diesem Sinne gehören gerade die allgemeinen, auf das verfassungsrechtliche Verhältnis zwischen Gemeinschaft und Mitgliedstaaten ausstrahlenden Bestimmungen am Ende der Charta (Art. 51 ff. GRCh) zu den wesentlichen Leistungen des Konventes. Sie heben die Grundrechtecharta von allen »unspezifischen«, letztlich nicht auf die Besonderheiten des europäischen Verfassungsverbundes zugeschnittenen Grundrechtsordnungen, auch der EMRK, ab (oben Rn. 43). Die Grundrechtecharta kommt nicht von der Stange, sondern ist eine Maßanfertigung. Das schließt Kritik in Einzelfragen gewiß nicht aus. Wenn aber die Grundrechtecharta nicht nur den Auftakt für einen vertieften europäischen Verfassungsdiskurs markiert sondern, sobald sie rechtsverbindlich wird, Teil des (weiteren) Konstitutionalisierungsprozesses wird, dann ist die Bilanz des Konventsvorsitzenden *Roman Herzog* möglicherweise sogar noch zu bescheiden: »Wenn wir auch vielleicht nichts Segensreiches geschaffen haben, so haben wir wenigstens auch nichts Schädliches geschaffen. Und das ist ja schon viel in der Politik«[598].

---

593 Vgl. etwa W. *Brugger*, Grundrechte und Verfassungsgerichtsbarkeit in den Vereinigten Staaten von Amerika, 1987, S. 45 ff.
594 M. *Stolleis*, Geschichte des öffentlichen Rechts in Deutschland Bd. II, 1992, S. 371.
595 Vgl. zur rechtlichen Einordnung des Reiches *Frotscher/Pieroth* (Fn. 38), Rn. 411 ff.
596 Vgl. etwa E. R. *Huber*, Grundrechte im Bismarckschen Reichssystem, in: FS-Scheuner, 1973, S. 163 ff.; K. *Kröger*, Grundrechtsentwicklung in Deutschland – von ihren Anfängen bis zur Gegenwart, 1998, S. 38; D. *Willoweit*, Deutsche Verfassungsgeschichte, 3. Aufl. 1997, S. 265 f.
597 Zur Diskussion um die Einführung einer Verfassungsbeschwerde im Gemeinschaftsrecht vgl. etwa M. A. *Dauses*, Empfiehlt es sich, das System des Rechtsschutzes und der Gerichtsbarkeit in der Europäischen Gemeinschaft, insbesondere die Aufgaben der Gemeinschaftsgerichte und der nationalen Gerichte, weiterzuentwickeln?, in: Verhandlungen für den 60. Deutschen Juristentag, Bd. I, 1994, D 138 ff. einerseits und N. *Reich*, Zur Notwendigkeit einer Europäischen Grundrechtsbeschwerde, ZRP 2000, S. 375 ff.; H.-W. *Rengeling*, Brauchen wir die Verfassungsbeschwerde auf Gemeinschaftsebene?, in: Due/Lutter/Schwarze (Hrsg.), FS-Everling, 1995, S. 1187 (1192 ff.) andererseits.
598 *Herzog* (Fn. 322), S. 6.

C. Achtung der nationalen Identität der Mitgliedstaaten, Art. 6 Abs. 3

I. Entstehungsgeschichte der Norm und ihre systematische Einordnung

Der Grundsatz der Achtung der nationalen Identität der Mitgliedstaaten wurde erstmals 211
ausdrücklich in Art. F des EUV von 1992 verankert. Art. 6 Abs. 3 ist wortgleich mit
dem alten Art. F Abs. 1 Hs. 1. Das in Hs. 2 des vormaligen Art. F Abs. 1 angesprochene
Demokratieprinzip (»deren Regierungssysteme auf demokratischen Grundsätzen beruhen«) greift nunmehr Art. 6 Abs. 1 auf (s.o., Rn. 4).

Die Aufnahme eines Gebots zur Achtung der nationalen Identität der Mitgliedstaaten im 212
Vertragstext entsprang der **Sorge vor einer möglichen Entstaatlichung und schrittweisen
Auflösung der Nationalstaaten** im Rahmen der Europäischen Union. Mit Art. 6 Abs. 3
bekräftigen die Mitgliedstaaten ihre Bedeutung zum einen gegenüber der Gemeinschaft,
zum anderen aber auch gegenüber den Regionen. Eigentlich gehört die Achtung der mitgliedstaatlichen Identität seit jeher zum unausgesprochenen Selbstverständnis der Gemeinschaft[1]. Die Norm ist insoweit Ausprägung des bereits in Art. 5 EWGV (nunmehr
Art. 10 EGV) enthaltenen **Grundsatzes der wechselseitigen Gemeinschaftstreue**, wonach
auch die Gemeinschaft gegenüber den Mitgliedstaaten zur Rücksichtnahme verpflichtet
ist[2]. Zwar haben sich die Mitgliedstaaten seit Gründung der Gemeinschaften vor allem
über das Prinzip der begrenzten Einzelermächtigung[3] und das Vertragsänderungsverfahren[4] die Herrschaft über die Verträge erhalten[5]. Mit dem Maastrichter Vertrag wurde allerdings der Integration durch eine abermalige Ausweitung der Gemeinschaftskompetenzen und insbesondere durch die Schaffung einer Wirtschafts- und Währungsunion
ein bedeutender Schub verliehen. Die sich ausprägende europäische Identität[6] einerseits
und die Aufwertung der Regionen insbesondere durch die Schaffung des AdR (Art.
263 ff.) andererseits[7] schien die Identität der Mitgliedstaaten dabei in den Hintergrund
zu rücken. Die ausdrückliche Verankerung des Gebots zur Achtung der mitgliedstaatlichen Identität im EUV soll hier ein Gegengewicht schaffen[8] und steht im Zusammenhang mit der gleichzeitigen Aufnahme weiterer Bestimmungen im EGV, die ebenfalls die
Bedeutung der Mitgliedstaaten herausheben und stärken sollen. Dazu zählt vor allem
das Subsidiaritätsprinzip des Art. 5 Abs. 2 EGV, das die Ausübung von Gemeinschaftskompetenzen zugunsten der Mitgliedstaaten begrenzt. Weiter ist Art. 151 Abs. 1 EGV
zu nennen, der die Gemeinschaft bei ihren kulturpolitischen Aktivitäten neben der

---

1 P. *Pescatore*, Die »neue europäische Architektur« – Maastricht und danach?, in: Freiburghaus/Zbinden (Hrsg.), Die Weiterentwicklung der EG nach Maastricht, Cahiers de l'IDHEAP (Institut de Hautes Etudes en Administration Publique, Lausanne) No. 90, 1992, S. 19 (24).
2 M. *Hilf*, Europäische Union und nationale Identität der Mitgliedstaaten, in: Randelzhofer u.a. (Hrsg.), GS Grabitz, 1995, S. 157 (167 f.).
3 Mittlerweile ausdrücklich in Art. 5 Abs. 1 EGV erwähnt.
4 In Art. 48 EUV geregelt.
5 Zu den Mitgliedstaaten als »Herren der Verträge« vgl. etwa BVerfGE 89, 155 (189 f.).
6 Ausdrücklich erwähnt in der Präambel zum EUV, 10. Erwägungsgrund, sowie in Art. 2 Abs. 1, 2. Spstr. EUV; kritisch K. M. *Meessen*, In Search of the European Identity, in: Benedek u.a. (Hrsg.), Development and Developing International and European Law, Essays in Honour of Konrad Ginther, 1999, S. 441 ff.
7 A. *Bleckmann*, Die Wahrung der »nationalen Identität« im Unions-Vertrag, JZ 1997, S. 265; *Hilf* (Fn. 2), S. 162.
8 M. *Hilf*, in: Grabitz/Hilf, EU, Art. F EUV, Rn. 3; s. auch U. *Everling*, Überlegungen zur Struktur der Europäischen Union und zum neuen Europa-Artikel des Grundgesetzes, DVBl. 1993, S. 936 (940).

Wahrung der regionalen auch zur Wahrung der nationalen Vielfalt verpflichtet. In Art. 6 Abs. 3 kommt zudem die föderale Ausrichtung der Gemeinschaft zum Ausdruck[9], die wegen der unterschiedlichen Interpretation des Föderalismusbegriffs im Verfassungsrechtsdenken der Mitgliedstaaten nicht ausdrücklich im Vertrag Aufnahme finden konnte[10].

II. Begriff der nationalen Identität

213 Was genau unter nationaler Identität zu verstehen ist, wird vom Vertrag nicht definiert. Nach der psychologischen Bedeutung des Begriffs »**Identität**« handelt es sich dabei um die Ideengehalte, mit denen sich eine Person oder – hier – eine Nation zur Findung ihrer Selbstbestimmung und ihres Selbstverständnisses identifiziert[11]. Umfaßt werden von der Achtungsverpflichtung jedenfalls die **Staatlichkeit und die Souveränität der Mitgliedstaaten**[12]. Darüber hinaus gehört zur Identität aber auch ein **Mindestbestand an Werten aus verschiedenen Bereichen menschlichen Zusammenlebens**, die das Wesen und Selbstverständnis des jeweiligen Staates prägen und die etwa historischer, wirtschaftlicher, rechtlicher oder kultureller Art sein können. Nationale Identität geht daher über die Verfassungsidentität[13] hinaus[14]. Die nationale Identität ist Ausdruck des Zusammengehörigkeitsgefühls der Angehörigen eines Mitgliedstaats, besitzt gleichzeitig aber auch abgrenzende Wirkung zu anderen Nationen[15]. Letztlich kann **nur der jeweilige Mitgliedstaat selbst bestimmen**, welche Werte sein nationales Selbstverständnis und damit seine Identität ausmachen[16].

214 Allerdings **enthält der EUV einige Vorgaben** für eine solche mitgliedstaatliche Definition nationaler Identität. Art. 6 Abs. 1 benennt ausdrücklich Grundwerte, die in jedem Mitgliedstaat verwirklicht sein müssen und somit auch zur nationalen Identität eines jeden Mitgliedstaats zählen. Zum Selbstverständnis jedes Mitgliedstaats gehört daher jedenfalls das Bekenntnis zu Freiheit, Demokratie, Achtung von Menschenrechten und Grundfreiheiten sowie zur Rechtsstaatlichkeit (s.o., Rn. 4 ff.; sowie zur Bewehrung durch Sanktionen Art. 7, Rn. 19 ff.). Umgekehrt kann ein Mitgliedstaat nur die Achtung seiner nationalen Identität i.S.v. Art. 6 Abs. 3 verlangen, wenn diese auf den in Abs. 1 genannten Grundwerten aufbaut[17]. Art. 6 Abs. 1 setzt weiter die Mitgliedschaft der Staaten in der Europäischen Union voraus und geht somit davon aus, daß die Mitgliedstaaten ihre Souveränitätsrechte im Rahmen ihrer vertraglichen Einbindung wahrnehmen. Zur nationalen Identität eines Mitgliedstaats der EU gehört daher auch die

---

9 Denkschrift der Bundesregierung zum Vertrag vom 7.2.1992 über die Europäische Union, BT-Drs. 12/3334, S. 81 (85); s. ferner *Hilf* (Fn. 2), S. 160 f.
10 Für eine Gegenüberstellung der britischen und der deutschen Auffassungen zum Föderalismusbegriff vgl. etwa *M. Jachtenfuchs*, Die EG nach Maastricht, EA 1992, S. 279 f.
11 *Bleckmann* (Fn. 7), S. 265.
12 Vgl. BVerfGE 89, 155 (189; Unabhängigkeit und Souveränität der Mitgliedstaaten); *K. Doehring*, Die nationale »Identität« der Mitgliedstaaten, in: Due u.a. (Hrsg.), FS Everling, 1995, S. 263 (264).
13 Dazu eingehend *P. Kirchhof*, Die Identität der Verfassung in ihren unabänderlichen Inhalten, in: Isensee/Kirchhof (Hrsg.), Handbuch des Staatsrechts, Bd. I, 1987, § 19, Rn. 47 ff.
14 In diesem Sinne wohl auch *A. Epiney*, Gemeinschaftsrecht und Föderalismus: »Landes Blindheit« und Pflicht zur Berücksichtigung innerstaatlicher Verfassungsstrukturen, EuR 1994, S. 301 (307).
15 *Hilf* (Fn. 2), S. 163.
16 *M. Hilf*, in: Grabitz/Hilf, EU, Art. F EUV, Rn. 8.
17 *F. Schorkopf*, Verletzt Österreich die Homogenität in der Europäischen Union?, DVBl 2000, S. 1036 (1044).

Öffnung seines Souveränitätspanzers gegenüber Union und Gemeinschaften sowie seine Bereitschaft zur Mitwirkung an der Integration.

Art. 6 Abs. 3 blockiert nicht die Weiterentwicklung des Integrationsprozesses. Er sichert 215 nicht den status quo ante, indem er gebietet, die mitgliedstaatlichen Souveränitätsrechte jedenfalls auf dem Stand vor Beginn der Integration zu halten[18]. Auch Werte, die die Mitgliedstaaten zu den Grundlagen ihrer nationalen Identität zählen, sind grundsätzlich einem Wandel zugänglich. Eine andere Frage ist hingegen, wie weit innerstaatliche Verfassungsbestimmungen, in Deutschland etwa Art. 79 Abs. 3 GG, einen solchen Wandel zulassen. Sie kann nur von der Verfassungsordnung des jeweiligen Mitgliedstaats beantwortet werden. Das Achtungsgebot des Art. 6 Abs. 3 stellt jedenfalls klar, daß ein Fortgang der Integration nur mit den Mitgliedstaaten, jedoch nicht gegen die Mitgliedstaaten möglich ist. Einwirkungen auf Staatlichkeit, Souveränität und identitätsbildende Grundwerte der Mitgliedstaaten durch die Union, die zu einem Abbau dieser Qualitäten führen, wären daher nur insoweit zulässig, als sie einer in den Mitgliedstaaten gewandelten Auffassung von nationaler Identität entsprächen.

Das Achtungsgebot des Art. 6 Abs. 3 sichert ausdrücklich **nur die nationale Identität,** 216 d.h. die Identität des jeweiligen Mitgliedstaats als Gesamtstaat. Nicht erfaßt wird die Identität von Regionen, Kommunen und anderen territorialen Untergliederungen. Zur nationalen Identität eines Bundesstaates wie der Bundesrepublik Deutschland gehört wegen Art. 79 Abs. 3 GG die Gliederung des Bundes in Länder. Die Garantie der kommunalen Selbstverwaltung in Art. 28 Abs. 2 GG dürfte hingegen nicht zu den identitätsbestimmenden Strukturprinzipien des Grundgesetzes gehören[19]. Deutsche Länder oder Kommunen selbst haben jedenfalls nicht an der Achtungsverpflichtung des Art. 6 Abs. 3 teil.

III. Inhalt des Achtungsgebots

Art. 6 Abs. 3 enthält seinem Wortlaut nach eine rechtliche Verpflichtung. Die Norm for- 217 dert allerdings lediglich zur Achtung mitgliedstaatlicher Identität auf, verlangt aber nicht ihre Sicherung oder Bewahrung. Sie **räumt den nationalen Werten damit keinen Vorrang ein.** Bei einem Konflikt zwischen identitätsbildenden Grundwerten der Union und solchen der Mitgliedstaaten hat sich die EU daher **lediglich** um einen **Ausgleich** zu bemühen[20].

---

18 So aber wohl *Bleckmann* (Fn. 7), S. 266.
19 Dazu näher *H. Heberlein*, Maastricht – ein Erfolg für die kommunale Selbstverwaltung?, DVBl. 1994, S. 1213 (1220 f. m.w.N.), der eine über Art. 6 Abs. 3 zu achtende verfassungsrechtliche Pflicht von Bund und Ländern zum Schutz von Bestand und Kernbereich der kommunalen Selbstverwaltung annimmt.
20 *Hilf* (Fn. 2), S. 165; a.A. *A. Schmitt Glaeser*, Grundgesetz und Europarecht als Elemente Europäischen Verfassungsrechts, 1996, S. 178 ff., 238 f., der europäisches Recht und nationale Verfassungsordnungen in einer europäischen Kooperationsverfassung vereinigt sieht, in der die nationalen Rechtsordnungen als grundsätzlich verbindliche Vorgabe betrachtet werden müssen; für einen Vorrang der nationalen Identität wohl auch *H. H. Rupp*, Bemerkungen zum europarechtlichen Schutz der »nationalen Identität« der EU-Mitgliedstaaten, in Arndt u.a. (Hrsg.), Völkerrecht und deutsches Recht, FS Rudolf, 2001, S. 173 ff.

IV. Adressat des Achtungsgebots

218 Seinem Wortlaut nach wendet sich Art. 6 Abs. 3 nur an die **Europäische Union**. Allerdings bilden die Gemeinschaften die Grundlage der Union (Art. 1 Abs. 3 EUV) und sind auf diesem Weg auch in die Achtungsverpflichtung eingebunden. Art. 47 EUV läßt aber die Gemeinschaftsverträge grundsätzlich unberührt. Aus Art. 6 Abs. 3 können daher nicht, wie etwa aus dem Subsidiaritätsprinzip, unmittelbar Schranken für die Ausübung von Kompetenzen der EG abgeleitet werden. Außerdem nimmt Art. 46 EUV die Bestimmung des Art. 6 Abs. 3 aus der Zuständigkeit des Gerichtshofs für Auslegung und Anwendung des Gemeinschaftsrechts heraus. Kompetenzbegrenzende Gemeinschaftsprinzipien wie das **Subsidiaritätsprinzip** (Art. 5 Abs. 2 EGV) und der **Verhältnismäßigkeitsgrundsatz** (Art. 5 Abs. 3 EGV) stehen allerdings **im Dienst der nationalen Identität**. Durch ihre Beachtung wird zugleich die nationale Identität der Mitgliedstaaten gewahrt[21]. Der Rechtsgedanke des Art. 6 Abs. 3 kann im EGV zudem über eine **entsprechende Auslegung des Art. 10 EGV** Berücksichtigung finden, nachdem die Achtungsverpflichtung zugleich eine Ausprägung des Grundsatzes der wechselseitigen Gemeinschaftstreue i.S.v. Art. 10 EGV darstellt[22].

D. Ausstattung mit den erforderlichen Mitteln, Art. 6 Abs. 4

I. Entstehungsgeschichte und erste Auslegungsprobleme

219 Die Bestimmung des Art. 6 Abs. 4 war unter der alten Bezeichnung Art. F Abs. 3 ebenso wie der vorangehende Absatz 3 des Art. 6 bereits in der Fassung des EUV von 1992 enthalten. Art. F Abs. 3 gelangte damals als Ergebnis eines Kompromisses im Streit um die Mittelausstattung der ebenfalls im Rahmen der Vertragsänderungen durch den EUV in Art. 130d Abs. 2 EGV (nunmehr Art. 161 Abs. 2) neu vorgesehenen Kohäsionsfonds in den EUV. Während südliche Mitgliedstaaten, vor allem Spanien, bereits zum Zeitpunkt des Vertrages von Maastricht eine konkrete Mittelausstattung des Kohäsionsfonds forderten, verwiesen andere Mitgliedstaaten, darunter die Bundesrepublik Deutschland, für eine erforderliche Aufstockung der Eigenmittel auf das Verfahren nach Art. 201 EWGV. Die Mitgliedstaaten konnten sich schließlich nur auf die Formulierung einigen, daß die Union sich mit den erforderlichen Mitteln ausstatten werde[23].

220 Der außerordentlich vage Wortlaut der Norm gab vor allem im »Maastricht«-Verfahren vor dem BVerfG Anlaß zu Diskussionen. Der nebulöse Begriff der »Mittel« warf die Frage auf, ob damit lediglich Finanzmittel gemeint sind, oder ob dazu auch Handlungsmittel zählen. Weiterhin ist unklar, ob aus der Formulierung »Die Union stattet sich ... aus« geschlossen werden kann, daß die Union damit befugt sein soll, sich diese Mittel ohne weitere Beteiligung der Mitgliedstaaten zu beschaffen[24]. Obwohl die Bestimmung also bereits vor ihrem Inkrafttreten Auslegungsprobleme aufgeworfen hatte, wurde sie auch im Zuge des Amsterdamer Vertragsänderungsverfahrens nicht präzisiert[25].

---

21 BVerfGE 89, 155 (211 f.).
22 S. oben Rn. 212.
23 M. *Hilf*, in: Grabitz/Hilf, EU, Art. F EUV, Rn. 51.
24 Vgl. dazu auch den Fragenkatalog des Berichterstatters zur Vorbereitung der mündlichen Verhandlung im Maastricht-Verfahren des BVerfG, abgedruckt bei *I. Winkelmann*, Das Maastricht-Urteil des Bundesverfassungsgerichts vom 12. Oktober 1993, 1994, S. 517 (519).
25 Zur Forderung nach Ergänzung der Vorschrift etwa M. *Hilf*, in: Grabitz/Hilf, EU, Art. F EUV, Rn. 58.

II. Keine Kompetenz-Kompetenz

Im Vorfeld der »Maastricht«-Entscheidung des BVerfG[26] wurde die Meinung vertreten, 221
daß Art. 6 Abs. 4 Teil der Einführung eines Prinzips offener Ermächtigungen im Gemeinschaftsrecht darstelle, der Union eine Kompetenz-Kompetenz einräume und auch das Prinzip der begrenzten Einzelermächtigung im EGV zur Inhaltsleere relativiere[27]. Nach anderer Auffassung bleibe es zwar für die EG beim Prinzip der begrenzten Einzelermächtigung, die EU erhalte allerdings mit Art. 6 Abs. 4 eine dem Art. 235 EWGV (nunmehr Art. 308 EGV) strukturell vergleichbare Generalermächtigung[28].

Für die EU, an die sich die Bestimmung ihrem Wortlaut nach richtet, kann Art. 6 Abs. 222
4 keine Kompetenz-Kompetenz oder Generalermächtigung liefern. Dies ergibt sich vor allem aus der **Systematik der Kompetenzzuweisungen** im EUV. Art. 5 EUV betont die Gebundenheit der Gemeinschaftsorgane an die Verträge. Art. 2 Abs. 2 erklärt das Subsidiaritätsprinzip auch auf die Verwirklichung der Ziele der EU für anwendbar. Art. 5 EUV (und Art. 5 Abs. 1 EGV) verankern zudem den Grundsatz der begrenzten Einzelermächtigung in den Verträgen. Hinweise auf diese kompetenzbegrenzenden Prinzipien im EUV würden keinen Sinn ergeben, wenn Art. 6 Abs. 4 der EU gleichzeitig eine unbeschränkte Zuständigkeit einräumte. Außerdem haben die Mitgliedstaaten GASP und ZBIJ mit Bedacht nicht von Anfang an einfach in die Entscheidungsstruktur der Gemeinschaften eingegliedert, sondern im EUV gesondert geregelt, dabei diese Politiken zunächst weitgehend auf der Ebene intergouvernementaler Zusammenarbeit belassen und erst später im Zuge des Amsterdamer Vertrages lediglich zum Teil vergemeinschaftet. Diese vertraglich vereinbarten Abstufungen würden ebenfalls ihren Sinn verlieren, wenn die EU im Rahmen einer Kompetenz-Kompetenz sich jederzeit in diesen Bereichen ohne weitere Mitwirkung der Mitgliedstaaten Entscheidungszuständigkeiten schaffen könnte.

Außerdem würde eine **Kompetenz-Kompetenz im Widerspruch zu den Vertragsbestim-** 223
mungen stehen, die bestimmte Entscheidungen im Rahmen der Verträge von einer vorherigen **Ratifikation in den Mitgliedstaaten**, also insbesondere von einer Beteiligung der nationalen Parlamente abhängig machen (etwa Art. 42, 48 Abs. 3 EUV, Art. 22 Abs. 2, 269 Abs. 2 EGV). Dazu käme, daß die Inanspruchnahme einer Kompetenz nach Art. 6 Abs. 4 wegen Art. 46 EUV nicht der gerichtlichen Überprüfung durch den EuGH unterläge. Es erschiene systemwidrig, wenn die Ausübung der weitreichendsten Kompetenz der Verträge gerichtsfrei sein soll, während die Inanspruchnahme einer eng begrenzten Zuständigkeit etwa aus dem EGV einer gerichtlichen Kontrolle unterworfen ist.

Ein weiterer Hinweis darauf, daß Art. 6 Abs. 4 keine Ermächtigungsnorm zum Inhalt 224
hat, ergibt sich daraus, daß die **Norm weder ein zuständiges Organ noch ein anzuwendendes Verfahren benennt.** In einem solchen Fall eine Zuständigkeitsübertragung anzunehmen, widerspräche der Systematik der Kompetenzzuweisungen in den Verträgen. In jeder anderen Zuständigkeitsnorm wird das Recht zur Entscheidung auf ein bestimmtes Organ übertragen und das Verfahren einschließlich der Beteiligungsrechte anderer Organe geregelt[29].

---

26 BVerfGE 89, 155. Die Ausführungen des BVerfG zu Art. F Abs. 3 finden sich auf S. 194 ff.
27 *K. A. Schachtschneider*, Die Europäische Union und die Verfassung der Deutschen, Aus Politik und Zeitgeschichte, B 28/93, S. 3 (10); *ders./A. Emmerich-Fritsche/Th. Beyer*, Der Vertrag über die Europäische Union und das Grundgesetz, JZ 1993, S. 751 (753 f.).
28 *G. Ress*, Die Europäische Union und die neue juristische Qualität der Beziehungen zu den Europäischen Gemeinschaften, JuS 1992, S. 985 (987).
29 BVerfGE 89, 155 (196 f.); *M. Hilf*, in: Grabitz/Hilf, EU, Art. F EUV, Rn. 52; a.A. *B. Beutler*, in: GTE, EU-/EGV, Art. F, Rn. 127; *Schachtschneider/Emmerich-Fritsche/Beyer* (Fn. 27), S. 754.

225 Auf die **Kompetenzen der Gemeinschaften**, also von EG, EGKS und EAG, hat Art. 6 Abs. 4 **in keinem Fall Wirkungen**. Denn die Regelungen des EUV lassen gemäß Art. 47 die Gemeinschaftsverträge, abgesehen von den ausdrücklichen Änderungsvorschriften der Art. 8–10 EUV, unberührt. Dieses systematische Argument wird vom EuGH in seinem Gutachten 2/94 im übrigen indirekt bestätigt. Bei seiner Untersuchung der Frage, ob die EG eine Kompetenz für einen Beitritt zur Europäischen Menschenrechtskonvention besitzt, bekräftigte der Gerichtshof den Grundsatz der begrenzten Einzelermächtigung, von dem lediglich Art. 235 EGV (nunmehr Art. 308) eine Abweichung erlaube[30]. Der Gerichtshof spricht in diesem Zusammenhang die Bestimmung des Art. 6 Abs. 4, der als Art. F Abs. 3 zum Zeitpunkt der EuGH-Entscheidung seit über zwei Jahren in Kraft war, zu Recht nicht einmal an.

III. Keine Kompetenz zur Erschließung neuer Einnahmen

226 Art. 6 Abs. 4 begründet für die Union auch keine Zuständigkeit, sich neue Finanzeinnahmen zu beschaffen. Die **Europäische Union verfügt über keinen gesonderten Haushalt.** Der EUV hält für alle Ausgaben, die aufgrund seiner Anwendung entstehen können, besondere Regeln über die Lastentragung bereit und bestimmt, daß Verwaltungsausgaben und operative Ausgaben entweder aus dem Haushalt der Europäischen Gemeinschaften oder aus den Haushalten der Mitgliedstaaten zu finanzieren sind[31]. Für die vom Gemeinschaftshaushalt zu tragenden Lasten wird ausdrücklich auf das Haushaltsverfahren nach dem EGV verwiesen[32]. Nachdem gemäß Art. 47 der EUV die Gemeinschaftsverträge unberührt läßt, kann sich auch **aus Art. 6 Abs. 4 keine Modifikation für Art. 269 Abs. 2 EGV** ergeben, der für eine Aufstockung der Eigenmittel ein vereinfachtes Vertragsänderungsverfahren, also eine Beteiligung der nationalen Parlamente, erfordert.

IV. Art. 6 Abs. 4 als lediglich politisch-programmatische Absichtserklärung

227 Somit bleibt für Art. 6 Abs. 4 nur die Funktion einer politisch-programmatischen Absichtserklärung[33]. Diese Auslegung entspricht auch den im Maastricht-Verfahren vor dem BVerfG geäußerten Auffassungen von Bundestag und Bundesregierung[34]. Auch die Außenministerien der Mitgliedstaaten äußerten sich im August/September 1993 in diesem Sinne auf eine Anfrage der Bundesregierung hin, die diese auf dem Weg des sogenannten Coreu-Fernschreibverfahrens an die Mitgliedstaaten im Zusammenhang mit dem Maastricht-Verfahren gerichtet hatte. Völkerrechtliche Verbindlichkeit i.S.v.

---

30 EuGH, Gutachten 2/94, Slg. 1996, I-1759, Rn. 23 ff.; dazu *U. Häde/A. Puttler*, Zur Abgrenzung des Art. 235 EGV von der Vertragsänderung, EuZW 1997, S. 13.
31 Gemeinsame Außen- und Sicherheitspolitik: Art. 28 Abs. 2 und 3. Polizeiliche und justitielle Zusammenarbeit in Strafsachen: Art. 41 Abs. 2 und 3. Verstärkte Zusammenarbeit: Art. 44 Abs. 2 (nach dem Vertrag von Nizza nunmehr Art. 44a).
32 Art. 28 Abs. 4; Art. 41 Abs. 4.
33 So beispielsweise BVerfGE 89, 155 (194 f.); *Everling* (Fn. 8), S. 941; *M. Hilf,* in: Grabitz/Hilf, EU, Art. F EUV, Rn. 57; *Chr. Tomuschat,* Die Europäische Union unter der Aufsicht des Bundesverfassungsgerichts, EuGRZ 1993, S. 489 (492); vgl. auch *E. Klein,* Grundrechtsdogmatische und verfassungsprozessuale Überlegungen zur Maastricht-Entscheidung des Bundesverfassungsgerichts, in: GS Grabitz, 1995, S. 271 (280); *M. Schröder,* Das Bundesverfassungsgericht als Hüter des Staates im Prozeß der europäischen Integration, DVBl. 1994, S. 316 (322).
34 BVerfGE 89, 155 (197 f.).

Art. 31 Abs. 3 lit. b der Wiener Vertragsrechtskonvention kommt diesen Regierungsstellungnahmen allerdings nicht zu[35].

In Art. 6 Abs. 4 bekräftigen die Mitgliedstaaten ihre **politische Absicht**, die Erreichung der Ziele der EU (Art. 2 EUV) und die Durchführung ihrer Politiken (Art. 11 ff., Art. 29 ff. EUV) nicht wegen fehlender Mittel zu gefährden. Obgleich es bei der Entstehung der Bestimmung (s. dazu oben, Rn. 219) in erster Linie um **Finanzmittel**, nämlich die Finanzausstattung des Kohäsionsfonds ging, dürfte die Absichtserklärung in Art. 6 Abs. 4 weiter zu verstehen sein und **auch Handlungsmittel** umfassen. Denn es entspricht der Verpflichtung der Mitgliedstaaten zu Loyalität und Solidarität, die Union in der Verwirklichung ihrer Ziele und Politiken zu unterstützen[36], und sich daher für den Einsatz aller Mittel, nicht nur solcher finanzieller Art, auszusprechen, die für die Umsetzung des EUV erforderlich sein können. Nachdem Art. 6 Abs. 4 allerdings keine Kompetenz enthält, **muß die Ausstattung der Union** mit diesen Finanz- oder sonstigen Mitteln **im Rahmen der vorhandenen Kompetenzen** erfolgen. Erscheinen diese den Mitgliedstaaten nicht ausreichend, können sie nur durch Vertragsänderung nach Art. 48 EUV neue Kompetenzen schaffen. 228

---

35 S. dazu die Coreu-Anfrage der Bundesregierung vom 25.8.1993 und das erläuternde Schreiben des Auswärtigen Amtes an das BVerfG vom 7.9.1993, abgedruckt bei *I. Winkelmann* (Fn. 24), S. 555 ff.
36 *Tomuschat* (Fn. 33), S. 492.

Art. 7 EU-Vertrag

Art. 7 (ex-Art. F.1)

(1) Auf begründeten Vorschlag eines Drittels der Mitgliedstaaten, des Europäischen Parlaments oder der Kommission kann der Rat mit der Mehrheit von vier Fünfteln seiner Mitglieder nach Zustimmung des Europäischen Parlaments feststellen[7], dass die eindeutige Gefahr[6] einer schwerwiegenden Verletzung[16] von in Artikel 6 Absatz 1 genannten Grundsätzen durch einen Mitgliedstaat besteht[12], und an diesen Mitgliedstaat geeignete Empfehlungen[10] richten. Der Rat hört, bevor er eine solche Feststellung[9] trifft, den betroffenen Mitgliedstaat[7] und kann nach demselben Verfahren unabhängige Persönlichkeiten ersuchen, innerhalb einer angemessenen Frist einen Bericht[8] über die Lage in dem betreffenden Mitgliedstaat vorzulegen.

Der Rat überprüft regelmäßig, ob die Gründe, die zu dieser Feststellung geführt haben, noch zutreffen.[11]

(2) Auf Vorschlag eines Drittels der Mitgliedstaaten oder der Kommission und nach Zustimmung des Europäischen Parlaments kann der Rat, der in der Zusammensetzung der Staats- und Regierungschefs tagt[23], einstimmig feststellen[17 f.], daß eine schwerwiegende und anhaltende Verletzung von in Artikel 6 Absatz 1 genannten Grundsätzen[13 ff.] durch einen Mitgliedstaat vorliegt, nachdem er die Regierung des betroffenen Mitgliedstaats zu einer Stellungnahme[23] aufgefordert hat.

(3) Wurde die Feststellung nach Absatz 2 getroffen, so kann der Rat mit qualifizierter Mehrheit beschließen[22 f.], bestimmte Rechte auszusetzen, die sich aus der Anwendung dieses Vertrages auf den betroffenen Mitgliedstaat herleiten, einschließlich der Stimmrechte des Vertreters der Regierung dieses Mitgliedstaates im Rat[19]. Dabei berücksichtigt er die möglichen Auswirkungen einer solchen Aussetzung auf die Rechte und Pflichten natürlicher und juristischer Personen.[20]

Die sich aus diesem Vertrag ergebenden Verpflichtungen des betroffenen Mitgliedstaats sind für diesen auf jeden Fall weiterhin verbindlich.[21]

(4) Der Rat kann zu einem späteren Zeitpunkt mit qualifizierter Mehrheit beschließen, nach Absatz 3 getroffene Maßnahmen abzuändern oder aufzuheben, wenn in der Lage, die zur Verhängung dieser Maßnahmen geführt hat, Änderungen eingetreten sind.[26]

(5) Für die Zwecke dieses Artikels handelt der Rat ohne Berücksichtigung der Stimme des Vertreters der Regierung des betroffenen Mitgliedstaats. Die Stimmenthaltung von anwesenden oder vertretenen Mitgliedern steht dem Zustandekommen von Beschlüssen nach Absatz 2 nicht entgegen. Als qualifizierte Mehrheit gilt derselbe Anteil der gewogenen Stimmen der betreffenden Mitglieder des Rates, wie er in Artikel 205 Absatz 2 des Vertrages zur Gründung der Europäischen Gemeinschaft festgelegt ist.

Dieser Absatz gilt auch, wenn Stimmrechte nach Absatz 3 ausgesetzt werden.

(6) Für die Zwecke der Absätze 1 und 2 beschließt das Europäische Parlament mit der Mehrheit von zwei Dritteln der abgegebenen Stimmen und mit der Mehrheit seiner Mitglieder.

Amsterdamer Fassung:

(1) Auf Vorschlag eines Drittels der Mitgliedstaaten oder der Kommission und nach Zustimmung des Europäischen Parlaments kann der Rat, der in der Zusammensetzung der Staats- und Regierungschefs tagt, einstimmig feststellen, daß eine schwerwiegende und anhaltende Verletzung von in Artikel 6 Absatz 1 genannten Grundsätzen durch einen Mitgliedstaat vorliegt, nachdem er die Regierung des betroffenen Mitgliedstaats zu einer Stellungnahme aufgefordert hat.

(2) Wurde eine solche Feststellung getroffen, so kann der Rat mit qualifizierter Mehrheit beschließen, bestimmte Rechte auszusetzen, die sich aus der Anwendung dieses Vertrags auf den betroffenen Mitgliedstaat herleiten, einschließlich der Stimmrechte des Vertreters der Regierung dieses Mitgliedstaats im Rat. Dabei berücksichtigt er die möglichen Auswirkungen einer solchen Aussetzung auf die Rechte und Pflichten natürlicher und juristischer Personen.

Die sich aus diesem Vertrag ergebenden Verpflichtungen des betroffenen Mitgliedstaats sind für diesen auf jeden Fall weiterhin verbindlich.

(3) Der Rat kann zu einem späteren Zeitpunkt mit qualifizierter Mehrheit beschließen, nach Absatz 2 getroffene Maßnahmen abzuändern oder aufzuheben, wenn in der Lage, die zur Verhängung dieser Maßnahmen geführt hat, Änderungen eingetreten sind.

(4) Für die Zwecke dieses Artikels handelt der Rat ohne Berücksichtigung der Stimme des Vertreters der Regierung des betroffenen Mitgliedstaats. Die Stimmenthaltung von anwesenden oder vertretenen Mitgliedern steht dem Zustandekommen von Beschlüssen nach Absatz 1 nicht entgegen. Als qualifizierte Mehrheit gilt derselbe Anteil der gewogenen Stimmen der betreffenden Mitglieder des Rates, der in Artikel 205 Absatz 2 des Vertrags zur Gründung der Europäischen Gemeinschaft festgelegt ist.

Dieser Absatz gilt auch, wenn Stimmrechte nach Absatz 2 ausgesetzt werden.

(5) Für die Zwecke dieses Artikels beschließt das Europäische Parlament mit der Mehrheit von zwei Dritteln der abgegebenen Stimmen und mit der Mehrheit seiner Mitglieder.

Inhaltsübersicht:

I. Entstehung und Bedeutung der Vorschrift	1
II. Feststellungsbeschlüsse, Empfehlungen und Sanktionsbeschluß	4
1. Struktur der Vorschrift	4
2. Feststellung einer eindeutigen Gefahr einer schwerwiegenden Grundsätzverletzung – Absatz 1	6
a) Eindeutige Gefahrenlage	6
b) Verfahrensbeginn und Anhörung des betroffenen Mitgliedstaats	7
c) Weisenbericht	8
d) Feststellungsbeschluß und Empfehlungen an den Mitgliedstaat	9
e) Beobachtungs- und Prüfungspflicht	11
3. Feststellung einer Grundsätzverletzung – Absatz 2	12
a) Grundsätze des Art. 6 Abs. 1 EUV	12
b) Schwerwiegende und anhaltende Verletzung	13
c) Feststellung	17
4. Möglicher Inhalt von Sanktionen	19
III. Beschluß- und Abänderungsverfahren	22
1. Feststellungsbeschluß nach Absatz 2	22
2. Sanktionsbeschluß	24
3. Abänderungsbeschluß	26
4. Rechtsschutzmöglichkeiten	27
IV. Rechtspolitische Perspektiven	28

I. Entstehung und Bedeutung der Vorschrift

Die durch den Amsterdamer Vertrag neu eingefügte[1] und durch den Vertrag von Nizza geänderte Vorschrift[2] dient der Stärkung der Bindungswirkung der in Art. 6 Abs. 1 EUV verankerten Grundsätze, die ihrerseits die verfassungsrechtlichen Grundlagen der Union sowie die Homogenitätsanforderungen an die Mitgliedstaaten zum Ausdruck bringen.

---

1 Ausführlich zur Entstehungsgeschichte F. *Schorkopf*, Homogenität in der Europäischen Union, 2000, S. 135 ff.
2 Zur Entstehungsgeschichte W. *Hummer*/W. *Obwexer*, Die Wahrung der Verfassungsgrundsätze der EU, EuZW 2000, S. 485 (493 f.).

Art. 7 EU-Vertrag

Durch die Bezugnahme auf Art. 6 Abs. 1 in Art. 49 Abs. 1 EUV wird dies verdeutlicht, indem die Grundsätze als Beitrittsvoraussetzung ausgestaltet werden.[3] Die ausdrückliche Regelung erfolgte vor allem im Hinblick auf die geplante Ost-Erweiterung der EU und die damit verbundene Aufnahme »junger« Demokratien, deren verfassungsrechtliche Stabilität noch nicht dauerhaft gesichert ist.[4] Die Änderung und Ergänzung der Vorschrift durch den Vertrag von Nizza war eine Reaktion auf Erfahrungen im Zusammenhang mit den nicht der EU selbst zuzurechnenden[5] Sanktionen der EU-14 gegen Österreich nach der Regierungsbeteiligung der FPÖ.[6] Durch Neufassung des Absatzes 1 wurde der Anwendungsbereich der Vorschrift auf eindeutige Gefahrenlagen ausgedehnt und zudem das im Fall Österreich praktizierte Verfahren des »Weisenberichts«[7] normativ verankert.

2 Nach der **bisherigen Rechtslage** waren neben dem Vertragsverletzungsverfahren vor dem EuGH Sanktionen im Falle der Verletzung von Grundsätzen, die zu den verfassungsrechtlichen Homogenitätsanforderungen zu rechnen waren, unter Rückgriff auf Art. 60 Abs. 2 i. V. m. Abs. 3 lit. b) WVK möglich, der die Beendigung oder Suspendierung von multilateralen Verträgen im Falle einer erheblichen Vertragsverletzung vorsieht.[8]

3 Art. 7 EUV wird für den Bereich der drei Gemeinschaften durch die speziellen Sanktionsvorschriften des Art. 309 EGV, 204 EAGV und 96 EGKSV ergänzt. Diese setzen einen Feststellungsbeschluß nach Art. 7 Abs. 2 EUV voraus. Im Falle der Aussetzung des Stimmrechts wird diese automatisch auf den Bereich der Gemeinschaften übertragen. Zudem enthalten diese Regelungen Ermächtigungen zum Erlaß weiterer Sanktionen für den Bereich der jeweiligen Gemeinschaft, vor allem die Nichtgewährung von Finanzmitteln.

II. Feststellungsbeschlüsse, Empfehlungen und Sanktionsbeschluß

1. Struktur der Vorschrift

4 Die Vorschrift sieht für den Fall der drohenden oder bereits erfolgten Verletzung einer der in Art. 6 Abs. 1 EUV genannten Grundsätze einen **dreistufigen Mechanismus** vor.

---

3 Siehe näher *Oppermann*, Europarecht, Rn. 1841 ff.
4 *Thun-Hohenstein*, Der Vertrag von Amsterdam, 1997, S. 25. S. auch *T. Stein*, Die rechtlichen Reaktionsmöglichkeiten der Europäischen Union bei schwerwiegender und anhaltender Verletzung der demokratischen und rechtsstaatlichen Grundsätze in einem Mitgliedstaat, in: Götz/Selmer/Wolfrum (Hrsg.), Liber amicorum Günther Jaenicke, 1998, S. 871 ff.
5 *W. Hummer/W. Obwexer* (Fn. 2), S. 490.
6 *L. Adamovich*, Juristische Aspekte der »Sanktionen« der EU-14 und des »Weisenberichts«, EuGRZ 2001, S. 89; *R. Burchill*, The promotion and protection of Democracy by Regional Organisations in Europe: The Case of Austria, European Public Law 7/2001, S. 79; *W. Hummer/W. Obwexer* (Fn. 2); *F. Leidenmühler*, Zur Legalität der Maßnahmen gegen die österreichische Bundesregierung, ZÖR 2000, S. 298; *P. Pernthaler/P. Hilpold*, Sanktionen als Instrumente der Politikkontrolle – der Fall Österreich, integration 2000, S. 105; *H. Schneider*, Österreich in Acht und Bann – ein Schritt zur politisch integrierten »Wertegemeinschaft«?, integration 2000, S. 120; *F. Schorkopf*, Verletzt Österreich die Homogenität in der Europäischen Union?, DVBl. 2000, S. 1036; *G. Toggenburg*, La crisi austriaca: delicati equilibrismi sospesi tra molte dimensioni, Diritto publico comparato ed europeo, II/2001.
7 Der im Fall Österreich vorgelegte Weisenbericht ist zusammen mit anderen zugehörigen Dokumenten abgedruckt in EuGRZ 2000, S. 404.
8 Dazu näher *W. Vitzthum*, in: ders. (Hrsg.), Völkerrecht, 2001, 1. Abschnitt, Rn. 129 f. Siehe zu weiteren diskutierten Sanktionsmöglichkeiten *Schorkopf* (Fn. 1), S. 106 ff. m.w.N.

Die erste Stufe setzt ein, wenn nach dem in Absatz 1 geregelten Verfahren festgestellt wurde, dass die eindeutige Gefahr einer schwerwiegenden Verletzung von in Art. 6 Abs. 1 genannten Grundsätzen besteht und berechtigt zur Verabschiedung von Empfehlungen an den Mitgliedstaat sowie der Einholung eines »Weisenberichts«. Auf der zweiten Stufe kann die Verletzung eines Grundsatzes durch einen Mitgliedstaat nach Maßgabe des Absatz 2 **festgestellt** werden. Ist das erfolgt, so eröffnet Absatz 3 ein **Entschließungsermessen**, gegenüber dem Mitgliedstaat eine Sanktion zu erlassen. Dabei besteht ein **Auswahl-** oder **Gestaltungsermessen** hinsichtlich Art und Reichweite der Sanktion. Die Ermessensausübung wird insoweit durch besondere Maßgaben (Auswirkungen auf Rechte und Pflichten natürlicher und juristischer Personen) gebunden. Bereits die Feststellung einer Grundsätzeverletzung i. S. d. Absatz 2 ist aufgrund des darin zum Ausdruck kommenden mißbilligenden Urteils als Sanktion im weiteren Sinne zu verstehen.

Klärungsbedürftig ist die im weiteren Sinne strukturelle Frage, ob die Mitgliedstaaten, wie im Fall Österreich geschehen, neben oder an Stelle der EU Maßnahmen der in Art. 7 geregelten Art treffen dürfen, oder ob Art. 7 dem als **abschließende Regelung** entgegensteht. Konnte man im Fall Österreich das Vorgehen der EU-14 noch damit rechtfertigen, daß Art. 7 keine Vorfeldmaßnahmen vorsah[9], so ist mit der Einführung des neuen Absatzes 1 dieses Argument obsolet geworden. Die Regelung ist materiell und verfahrensrechtlich abschließend und läßt keinen Raum für auf das Gemeinschaftsrecht gestützte Maßnahmen der Mitgliedstaaten.[10]

2. Feststellung einer eindeutigen Gefahr einer schwerwiegenden Grundsätzeverletzung – Absatz 1

a) Eindeutige Gefahrenlage

Der neu aufgenommene Absatz 1 eröffnet den Mitgliedstaaten und den Organen der EU die Möglichkeit, bereits im **Vorfeld von Grundsätzeverletzungen** Maßnahmen unterhalb der Sanktionsschwelle zu ihrer Verhinderung zu treffen.[11] Voraussetzung ist, daß die eindeutige Gefahr einer schwerwiegenden Verletzung von in Art. 6 Abs. 1 genannten Grundsätzen durch einen Mitgliedstaat besteht. Unter Gefahr ist dabei eine Lage zu verstehen, bei der im Falle eines ungehinderten Fortgangs der Ereignisse mit an Sicherheit grenzender Wahrscheinlichkeit eine schwerwiegende Grundsätzeverletzung eintreten wird. Durch das Attribut **eindeutig** werden an die Feststellung der Gefahrenlage hohe Anforderungen gestellt. Diese beziehen sich sowohl auf die Würdigung der vorliegenden Erkenntnisse als auch die Prognose über den weiteren Geschehensablauf. Wie der Fall Österreich gezeigt hat, sind dabei die Zurechnung von Äußerungen von Politikern vor Übernahme eines Regierungsamtes, vor allem im Wahlkampf, als Verhalten des Mitgliedstaats sowie die unterschiedliche Gewichtung von Worten und Taten besonders schwierig.[12]

b) Verfahrensbeginn und Anhörung des betroffenen Mitgliedstaats

Das Verfahren nach Absatz 1 kann nur durch einen begründeten Vorschlag eines Drittels der Mitgliedstaaten, des Europäischen Parlaments oder der Kommission in Gang gesetzt werden. Ist dies erfolgt, so ist der Rat verpflichtet, den betroffenen Mitgliedstaat vor der

---

9 Trotz dieses Aspekts für Rechtswidrigkeit der EU-14 Sanktionen: *Schorkopf* (Fn. 6), S. 1042 ff.
10 Siehe auch W. *Hummer*/W. *Obwexer* (Fn. 2), S. 491.
11 Zur Zulässigkeit von Vorfeldmaßnahmen vor der Änderung unter Hinweis auf den »effet utile« und der analoger Anwendung des Verfahrens des Art. 7 EUV siehe W. *Hummer*/W. *Obwexer* (Fn. 5), S. 489.
12 Siehe dazu auch den Weisenbericht im Fall Österreich hinsichtlich der Beurteilung der FPÖ, EuZGR 2000, S. 404 (411 ff.).

Feststellung einer eindeutigen Gefahrenlage anzuhören. Dabei handelt es sich um ein rechtsstaatliches Erfordernis, das im Fall der EU-14-Sanktionen gegen Österreich nicht beachtet wurde. Eine Anhörung verlangt verfahrensmäßig, daß dem betroffenen Mitgliedstaat die Tatsachen, auf die sich die Einschätzung der eindeutigen Gefahrenlage durch die EU-Organe stützt, sowie die darauf basierende Prognose jedenfalls in ihren wesentlichen Elementen mitgeteilt wird. Nur so ist es dem Mitgliedstaat möglich, darauf angemessen zu reagieren und sie ggf. zu entkräften.

c) Weisenbericht

8 Der Rat kann zusätzlich unabhängige Persönlichkeiten ersuchen, innerhalb einer angemessenen Frist einen Bericht über die Lage in dem betreffenden Mitgliedstaat vorzulegen (sog. Weisenbericht). Dies hat – soweit von dieser Möglichkeit Gebrauch gemacht werden soll – **vor dem Feststellungsbeschluß** zu geschehen. **Unabhängig** sind Persönlichkeiten, die weder mit dem betroffenen Mitgliedstaat noch mit den Organen der EU oder eines anderen Mitgliedstaats in aktueller beruflicher oder politischer enger Verbundenheit in Form einer Amtsinhaberschaft stehen. Sie dürfen auch nicht durch vorherige Äußerungen befangen sein bzw. den Eindruck der Befangenheit erweckt haben. Der Rat muß einen möglichst konkreten **Arbeitsauftrag** erteilen, der insbesondere den Untersuchungsgegenstand und -umfang bestimmt. Vor allem muß daraus hervorgehen, die Verletzung welcher Grundsätze geprüft werden soll. Ob der Rat, wie im Fall Österreich geschehen, einen **Weisenbericht auch zur Überprüfung der Lage** nach dem Beschluß einer Feststellung oder einer Maßnahme nach Absatz 2 oder 3 anfertigen lassen kann, geht aus dem Wortlaut der Vorschrift nicht hervor. Die Regelung steht einer derartigen Vorgehensweise aber nicht im Wege.

d) Feststellungsbeschluß und Empfehlungen an den Mitgliedstaat

9 Nach Anhörung des betroffenen Mitgliedstaats und ggf. Vorlage eines Weisenberichts kann der Rat mit der Mehrheit von vier Fünfteln seiner Mitglieder und nach Zustimmung des Europäischen Parlaments das Bestehen einer eindeutigen Gefahrenlage feststellen. Für das Abstimmungsverfahren gelten die Absätze 5 und 6. Eine **Begründung** wird nicht ausdrücklich verlangt. Sie sollte jedoch aus rechtsstaatlichen Gründen beigefügt werden. Kommt der Rat zu dem Ergebnis, daß die Voraussetzungen für eine Feststellung nicht vorliegen, so kann er **untätig bleiben** oder einen **negativen Feststellungsbeschluß** fassen und das Verfahren dadurch abschließen.

10 Der Rat kann nach und in dem gleichen Verfahren auch **geeignete Empfehlungen** an den betroffenen Mitgliedstaat richten, wie die Gefahrenlage zu beseitigen ist. Derartige Empfehlungen entfalten zwar **keine strikte rechtliche Bindungswirkung** für den Adressaten, doch ist davon auszugehen, daß sie als **Beurteilungsmaßstab** bei der zukünftigen Würdigung der Lage sowie der Entscheidung über die Aufhebung der Feststellung einerseits oder den Erlaß einer Feststellung nach Absatz 2 andererseits zugrunde gelegt werden.

e) Beobachtungs- und Prüfungspflicht

11 Der Rat ist verpflichtet, regelmäßig zu prüfen, ob die eindeutige Gefahrenlage fortbesteht. Dazu muß er die Entwicklung im Mitgliedstaat beobachten und bewerten. Stellt er Veränderungen fest, so ist ein gefaßter Feststellungsbeschluß entweder aufzuheben oder über eine Feststellung nach Absatz 2 nachzudenken. Der Rat kann zu diesem Zweck auch einen weiteren Weisenbericht in Auftrag geben wenn dies als sachdienlich erscheint.

3. Feststellung einer Grundsätzeverletzung – Absatz 2

a) Grundsätze des Art. 6 Abs. 1 EUV
Es muß einer der in Art. 6 Abs. 1 EUV angeführten »Grundsätze« Freiheit, Demokratie, 12
Achtung der Menschenrechte und Grundfreiheiten sowie der Rechtsstaatlichkeit verletzt sein. Für die Bestimmung des Inhalts der Grundsätze ist auf Art. 6 Abs. 1 abzustellen.[13] Es reicht aus, wenn **einer der angeführten Grundsätze** verletzt ist.[14] In der Praxis dürfte jedoch die gleichzeitige Verletzung mehrerer Grundsätze die Regel sein, da sie in enger Beziehung zueinander stehen.

b) Schwerwiegende und anhaltende Verletzung
Eine **Verletzung** der Grundsätze liegt zum einen vor, wenn die rechtliche Gewährleistung 13
einer der Grundsätze **rechtsförmlich aufgehoben oder suspendiert** wird. Zum anderen kann eine Verletzung der Grundsätze in Form ihrer **faktischen Einschränkung** durch die Staatsorgane erfolgen. So wird z. B. der Demokratiegrundsatz verletzt, wenn die Durchführung von Wahlen unterbleibt oder die Freiheit der Wahl behindert wird. Eine **Rechtfertigung** der Verletzung der Grundsätze des Art. 6 Abs. 1 ist nicht möglich.[15]

Die Verletzung muß schwerwiegend und anhaltend sein, unterliegt also qualitativen und 14
quantitativ-zeitlichen Anforderungen. Beide Bedingungen müssen kumulativ vorliegen.

Das Merkmal **anhaltend** kann zunächst negativ eingegrenzt werden. Es besagt dann, 15
daß eine einmalige oder nur kurzfristige Verletzung nicht ausreicht, um die Rechtsfolgen des Art. 7 EUV auszulösen. Wie lange eine Verletzung andauern muß, um anhaltend zu sein, ist für jeden Grundsatz gesondert zu bestimmen.

Schwerwiegend ist eine Verletzung dann, wenn durch sie die Verwirklichung des jeweili- 16
gen Grundsatzes in Frage gestellt wird. Auch dieses Erfordernis ist für jeden Grundsatz gesondert zu konkretisieren. Dabei ist auch die Bedeutung der konkret verletzten Bestimmungen zu berücksichtigen.[16]

c) Feststellung
Das Vorliegen einer schwerwiegenden und andauernden Verletzung eines Grundsatzes 17
kann festgestellt werden. Es besteht insoweit ein **Entschließungsermessen**.[17] Die Feststellung ist ihrerseits Voraussetzung für den Erlaß einer Sanktion nach Absatz 3.

Der Feststellungsbeschluß hat **Bindungswirkung** für alle Organe der Europäischen Uni- 18
on und die Mitgliedstaaten. Dies gilt insbesondere für die speziellen Sanktionsvorschriften der Art. 309 EGV, 204 EAGV und 96 EGKSV. Darüber hinaus wirkt sich der Beschluß im **Bereich des Asylrechts** aus, da der betroffene Mitgliedstaat von den Asylbehörden der anderen Mitgliedstaaten nicht mehr als sicheres Herkunftsland eingestuft werden darf.[18] Schließlich wird ein in seiner Bedeutung nicht zu unterschätzender politischer Druck ausgelöst.[19]

---

13 S. im einzelnen Art. 6, Rn. 4 ff.
14 *Thun-Hohenstein* (Fn. 2), S. 23, Fn. 9.
15 *Schorkopf* (Fn. 1), S. 147 f.
16 Siehe zu weiteren Aspekten *Schorkopf* (Fn. 1), S. 149 f.
17 *Schorkopf* (Fn. 1), S. 158 f.
18 Siehe dazu das Protokoll zum EG-Vertrag über die Gewährung von Asyl für Staatsangehörige von Mitgliedstaaten, ABl. EG 1997, Nr. C 340/103 f.
19 Dazu *Schorkopf* (Fn. 1), S. 160 f.

4. Möglicher Inhalt von Sanktionen

19 Im Falle der Feststellung einer schwerwiegenden und anhaltenden Grundsatzverletzung können als Sanktion nach Absatz 2 bestimmte Rechte aus der Anwendung des EU-Vertrages auf den betreffenden Mitgliedstaat einschließlich des Stimmrechts ausgesetzt werden. In Frage kommt vor allem die Suspendierung von Rechten aus den Bereichen GASP und ZBIJ.[20] Dies hat zur Folge, daß die übrigen Mitgliedstaaten Entscheidungen mit Wirkung für den suspendierten Mitgliedstaat ohne dessen Zustimmung treffen können.

20 Die Auswahl der Rechte, die ausgesetzt werden, steht grundsätzlich im **Ermessen des Rates**. Die Ermessensausübung wird aber durch Absatz 2 Satz 2 insoweit besonders gebunden, als dabei die möglichen Auswirkungen auf die Rechte und Pflichten natürlicher und juristischer Personen berücksichtigt werden müssen. Diese Regelung entspricht im Ansatz dem Gedanken des Art. 60 Abs. 5 WVK, geht aber über ihn hinaus.

21 Satz 3 stellt klar, daß die **vertraglichen Pflichten** des betroffenen Mitgliedstaats durch den Erlaß einer Sanktion **unberührt** bleiben.

III. Beschluß- und Abänderungsverfahren

1. Feststellungsbeschluß nach Absatz 2

22 Das Verfahren zur Feststellung einer schwerwiegenden und anhaltenden Grundsatzverletzung nach Absatz 1 sieht ein **Initiativrecht** eines Drittels der Mitgliedstaaten oder der Kommission vor. In einem zweiten Schritt ist die **Zustimmung des EP** erforderlich. Die für diese Zustimmung erforderliche Mehrheit wird in Absatz 6 dahingehend bestimmt, daß das EP mit einer Zweidrittelmehrheit der abgegebenen Stimmen entscheidet, die die Mehrheit seiner Mitglieder repräsentieren.

23 Nach der Zustimmung des EP fordert der Rat die Regierung des betreffenden Mitgliedstaates zur **Abgabe einer Stellungnahme** auf. Nach deren Eingang kann er **einstimmig** einen **Feststellungsbeschluß** erlassen. Dabei tagt der Rat in der Zusammensetzung der Staats- und Regierungschefs. Ob diese Zusammensetzung auch für die Aufforderung zur Stellungnahme erforderlich ist, geht aus dem Wortlaut nicht eindeutig hervor. Es ist aber wegen der Schwere der Maßnahme davon auszugehen, daß auch die Aufforderung zur Abgabe einer Stellungnahme in dieser Zusammensetzung zu erfolgen hat. Absatz 5 stellt klar, daß der Rat über den Feststellungsbeschluß ohne die Stimme des betroffenen Mitgliedstaates entscheidet. Es wird dort weiter klargestellt, daß die Stimmenthaltung durch einzelne Mitgliedstaaten der Beschlußfassung nicht entgegensteht.

2. Sanktionsbeschluß

24 Für den Sanktionsbeschluß nach Absatz 3 ist der Rat alleine zuständig. Er entscheidet dabei mit qualifizierter Mehrheit. Diese wird in Absatz 5 Satz 3 für diesen Fall besonders bestimmt. Der Rat trifft diese Entscheidung in seiner üblichen Zusammensetzung.

25 Beschließt der Rat die Aussetzung des Stimmrechts, so wirkt sich dies gem. Art. 309 EGV, Art. 96 EGKSV und Art. 204 EAGV automatisch auf die anderen Verträge aus.

---

20 *Pechstein/Koenig*, EU, Rn. 466.

3. Abänderungsbeschluß

Tritt eine Änderung der Lage ein, aufgrund derer es zu einer Grundsatzverletzung gekommen ist, so kann der Rat nach Absatz 4 mit qualifizierter Mehrheit die nach Absatz 3 beschlossenen Sanktionen abändern oder aufheben, wobei die gleichen Entscheidungsmodalitäten gelten. 26

4. Rechtsschutzmöglichkeiten

Hält der betroffene Mitgliedstaat den Feststellungsbeschluß oder die Verhängung von Sanktionen für nicht gerechtfertigt, so eröffnet Art. 46 lit. e) EUV Rechtsschutz vor dem EuGH nur hinsichtlich der »reinen Verfahrensbestimmungen«. Soweit die Feststellung nach Art. 7 Abs. 2 EUV zugleich im Bereich der einzelnen Verträge Wirksamkeit entfaltet, kann eine inhaltliche gerichtliche Überprüfung der Beschlüsse durch den EuGH indirekt im Verfahren nach Art. 230 EGV erfolgen.[21] Art. 46 lit. e) EUV entfaltet insoweit keine Sperrwirkung. 27

IV. Rechtspolitische Perspektiven

Die Sanktionsregelung hat durch den Konflikt zwischen den EU-14 und Österreich schneller als erwartet praktische Bedeutung erlangt und dabei zugleich ihre Schwächen offenbart. Die größte Schwäche bestand darin, daß eine zu hohe Eingangsschwelle normiert wurde und damit zusammenhängend präventive Maßnahmen nicht vorgesehen waren. Durch die Einfügung des neuen Absatzes 1 und die damit verbundene Ermöglichung von Vorfeldmaßnahmen wurde dieser Mangel behoben. Es ist absehbar, daß der gesamte Mechanismus aufgrund des zunehmenden Einflusses von »Flügelparteien« in den Mitgliedstaaten nicht nur, wie ursprünglich gedacht, im Zuge der Osterweiterung bedeutsam sein wird. Allerdings zeigte die Diskussion nach dem Regierungswechsel in Italien auch, daß bei der Anwendung des Mechanismus politische Erwägungen eine große Rolle spielen, so daß »große« Mitgliedstaaten wohl kaum als Adressaten von Maßnahmen nach Art. 7 EUV in Betracht kommen. 28

Titel II
Bestimmungen zur Änderung des Vertrags zur Gründung der Europäischen Wirtschaftsgemeinschaft im Hinblick auf die Gründung der Europäischen Gemeinschaft
Art. 8 (ex-Art. G)
(nicht wiedergegeben)

Titel III
Bestimmungen zur Änderung des Vertrags über die Gründung der Europäischen Gemeinschaft für Kohle und Stahl
Art. 9 (ex-Art. H)
(nicht wiedergegeben)

---

21 Ebenso W. *Hummer*/W. *Obwexer* (Fn. 2), S. 488. A.A. *Schorkopf* (Fn. 1), S. 190 ff.

Titel IV
Bestimmungen zur Änderung des Vertrags zur Gründung der Europäischen Atomgemeinschaft
Art. 10 (ex-Art. I)
(nicht wiedergegeben)

Titel V
Bestimmungen über die Gemeinsame Außen- und Sicherheitspolitik

Art. 11 (ex-Art. J.1)

(1) Die Union[1] erarbeitet und verwirklicht eine Gemeinsame Außen- und Sicherheitspolitik, die sich auf alle[1] Bereiche der Außen- und Sicherheitspolitik[1] erstreckt und folgendes zum Ziel[2 f.] hat:
- die Wahrung der gemeinsamen Werte, der grundlegenden Interessen, der Unabhängigkeit und der Unversehrtheit der Union[2] im Einklang mit den Grundsätzen der Charta der Vereinten Nationen;
- die Stärkung der Sicherheit[3] der Union in allen ihren Formen;
- die Wahrung des Friedens und die Stärkung der internationalen Sicherheit[3] entsprechend den Grundsätzen der Charta der Vereinten Nationen sowie den Prinzipien der Schlußakte von Helsinki und den Zielen der Charta von Paris, einschließlich derjenigen, welche die Außengrenzen betreffen;
- die Förderung der internationalen Zusammenarbeit;
- die Entwicklung und Stärkung von Demokratie und Rechtsstaatlichkeit sowie die Achtung der Menschenrechte und Grundfreiheiten[3].

(2) Die Mitgliedstaaten unterstützen die Außen- und Sicherheitspolitik der Union aktiv und vorbehaltlos im Geiste der Loyalität und der gegenseitigen Solidarität[4].

Die Mitgliedstaaten arbeiten zusammen, um ihre gegenseitige politische Solidarität zu stärken und weiterzuentwickeln. Sie enthalten sich jeder Handlung, die den Interessen der Union zuwiderläuft oder ihrer Wirksamkeit als kohärente Kraft in den internationalen Beziehungen schaden könnte[4].

Der Rat trägt für die Einhaltung dieser Grundsätze Sorge[5].

Inhaltsübersicht:
I.	Die GASP als völkerrechtlich geordnetes Feld zwischenstaatlicher Zusammenarbeit	1
II.	Die Ziele der GASP	2
III.	Die Pflicht zu Treue und aktiver Förderung	4

I. Die GASP als völkerrechtlich geordnetes Feld zwischenstaatlicher Zusammenarbeit

Titel V des EUV ist aus der EPZ, wie sie erstmals in Art. 1 Abs. 1 und 3, Art. 3 Abs. 2, Art. 30 EEA vertraglich festgelegt war,[1] hervorgegangen. Die Bestimmungen, die der EUV in der Maastrichter Fassung vom 7.2.1992 über die Gemeinsame Außen- und Sicherheitspolitik (GASP) traf, sind durch den Vertrag von Amsterdam vom 2.10.1997 überarbeitet und durch den Vertrag von Nizza vom 26.2.2001 punktuell verändert und ergänzt (s. Art. 17, 23 bis 25, 27a ff.) worden. Titel V bildet den verbindlichen völkerrechtlichen Rahmen für die GASP (vgl. auch die »vor die Klammer gezogenen« Art. 2

1

---

1   Zur Entwicklung statt vieler: *G. Burghardt/G. Tebbe*, in: GTE, EU-/EGV, Vorbemerkung zu den Art. J bis J.11, Rn. 4 ff.; *H.-J. Glaesner*, Der Weg nach Maastricht, EuR-Beiheft 2/1995, S. 15; *W. Kaufmann-Bühler*, in: Grabitz/Hilf, Vor Art. J EUV, Rn. 4 ff.; *Pechstein/Koenig*, EU, Rn. 256 ff.; *T. Jürgens*, Die gemeinsame Europäische Außen- und Sicherheitspolitik, 1994, S. 30 ff., 41 ff.; *S. J. Nuttall*, European Political Co-operation, 1992 (faszinierend).

Art. 11 EU-Vertrag

Abs. 2 und 5)[2]. Seit Amsterdam faßt Art. 11 Abs. 1 als Eingangsvorschrift zum GASP-Titel die Absätze 1 und 2 von Art. J.1 a. F. zusammen und modifiziert sie leicht. Zwar erstreckt sich die GASP weiterhin auf sämtliche Bereiche der Außen- und Sicherheitspolitik[3]. Doch wird ihre Erarbeitung und Verwirklichung nur noch »der Union« zugeschrieben. Anders als zuvor handeln dem Text zufolge also nicht mehr »die Union und ihre Mitgliedstaaten«[4]. Weggefallen ist auch die ausdrückliche Verknüpfung der Verwirklichung der GASP »nach Maßgabe dieses Titels«[5]. Daraus wird z. T. geschlossen, »die Union« als solche besitze (Völker-) Rechtsfähigkeit (s. Art. 1, Rn. 13 f., Art. 5 Rn. 7 f. m. Nachw. zum Streitstand). Überwiegen dürfte zur Zeit aber noch die Gegenansicht. Jedoch haben sich die Anzeichen dafür, daß der EUV konkludent der EU Völkerrechtssubjektivität verleihen könnte, durch den Vertrag von Nizza vermehrt (s. aber zur Ambivalenz der n. F. des Art. 24 dort Rn. 7 ff.). Die Auffassung der Mitgliedstaaten erscheint unklar, ihr Vorgehen im Rahmen der GASP eher pragmatisch. Gegen den Willen auch nur eines Mitgliedstaates läßt sich der Vertrag aber nicht ohne weiteres so deuten, als verleihe er der EU Rechtspersönlichkeit. Dies könnte sich freilich ändern, sobald und soweit »die EU« auf Grund »ihres« Auftretens im Völkerrechtsverkehr von außerhalb der EU stehenden Dritten als einheitliches Gebilde wahrgenommen wird und – bei hinreichender Konstanz und Konsistenz des Handelns – nach Treu und Glauben so wahrgenommen werden darf. Gegenwärtig besteht ein Schwebezustand, dessen labiles Gleichgewicht in Richtung Rechtsfähigkeit der EU kippen könnte. – An jede Auffassung knüpft sich je ein anderes Rechtsverständnis der Gemeinsamen Außen- und Sicherheitspolitik: Wer die EU nicht für rechtsfähig hält, sieht die Mitgliedstaaten intergouvernemental zusammenarbeiten (s. auch Art. 1 Abs. 3); die Beschlüsse des Europäischen Rates und des Rates sind schlicht die Form gemeinsamen Handelns (an dem Kommission und Parlament bloß beteiligt sind). **Rechtlich zuzuordnen** sind Akte im Rahmen der GASP dann allein den Mitgliedstaaten[6]. Wer dagegen die EU als Rechtsperson ansieht, muß das »gemeinsame« Handeln ihr selbst zurechnen. (S. auch Art. 12, Rn. 3.)

---

2   Da GASP-Akte keine Durchgriffswirkung auf die Rechtsstellung einzelner haben (nicht ausschließen will dies aber *L. Schmahl*, Die Rechtsquellen der Europäischen Union und der Bundesrepublik Deutschland, VR 1995, S. 193 [198]), kann insoweit kaum sinnvoll von einem »Prinzip der begrenzten Einzelermächtigung« wie im Bereich des Gemeinschaftsrechts gesprochen werden. Vielmehr bestärkt die Formel »nach Maßgabe dieses Vertrags« in Art. 2 Abs. 2 und 5 lediglich den Willen der Vertragsstaaten, die in Titel V festgelegten Verfahren einzuhalten (vgl. aber auch *Pechstein/Koenig*, EU, Rn. 150 ff.). Erschwert, wenn nicht sogar ausgeschlossen ist damit die Anwendung der *implied powers*-Lehre bei der Vertragsauslegung. Zugleich dürfte sich, selbst wenn die Mitgliedstaaten einen vertragswidrigen GASP-Akt einstimmig beschließen sollten, die Annahme einer konkludenten Vertragsänderung verbieten. S. aber auch Art. 48, Rn. 5.
3   Art. 30 Abs. 6 lit. a EEA bezog die EPZ nur auf die »politischen und wirtschaftlichen Aspekte der Sicherheit«. Vgl. *Burghardt/Tebbe* (Fn. 1), Vorbemerkung zu den Art. J bis J.11, Rn. 2, 8, 17, sowie Art. J.4, Rn. 1, 5, Art. J.1 Rn. 7; *Jürgens* (Fn. 1), S. 339 (s. auch S. 224 ff.); *H. G. Krenzler/H. C. Schneider*, Die Gemeinsame Außen- und Sicherheitspolitik der Europäischen Union, EuR 1994, S. 144 (148); *P.-C. Müller-Graff*, Europäische Politische Zusammenarbeit und Gemeinsame Außen- und Sicherheitspolitik: Kohärenzgebot aus rechtlicher Sicht, integration 3 (1993), S. 147 (153).
4   Diese Formulierung sollte das Fehlen der Rechtspersönlichkeit klarstellen (*F. Fink-Hooijer*, The Common Foreign and Security Policy of the European Union, EJIL 5 (1994), S. 173 (177)).
5   Vgl. auch den gänzlich gestrichenen Art. J a. F. Dieser lautete: »Hiermit wird eine gemeinsame Außen- und Sicherheitspolitik eingeführt, die durch die nachstehenden Bestimmungen geregelt wird.«
6   *Pechstein/Koenig*, EU, Rn. 92 ff. (zur Union als »rein materiell-rechtlichem Verbund«) 118 f.; *R. Streinz*, Die Europäische Union nach dem Vertrag von Maastricht, ZfRV 1995, S. 1 (6).

II. Die Ziele der GASP

Die Ziele der GASP[7], die »hinter der Klammer« des allgemeineren Art. 2 stehen, hat der Vertrag von Amsterdam punktuell modifiziert. So ist nach Art. 11 Abs. 1 Spiegelstr. 1 nicht nur die Unabhängigkeit, sondern auch die »Unversehrtheit« der Union zu wahren. Daß sie im Sinne territorialer Integrität zu verstehen ist, legt die Ergänzung von Spiegelstr. 3 um die Wahrung derjenigen Grundsätze, »welche die Außengrenzen betreffen«, nahe. Obwohl auch der dazwischen stehende Art. 11 Abs. 1 Spiegelstr. 2 nur noch von der Stärkung der Sicherheit »der Union« spricht, bezieht sich die Unversehrtheit gleichwohl auf die Staatsgebiete der Mitgliedstaaten der Union. Denn diese bilden den territorialen Entfaltungsraum grundsätzlich sowohl für die EU als auch für die drei Gemeinschaften. Der räumliche Geltungsbereich des EGV ist aufgrund von Art. 299 EGV aber kleiner als die Summe der Territorien der EU-Staaten. Ob Art. 299 EGV auf die GASP entsprechend anzuwenden ist, erscheint allerdings zweifelhaft.

Im übrigen sind die Formulierungen der Ziele – die sich in primär »egoistische« (Art. 11 Abs. 1 Spiegelstr. 1 und 2) und primär »altruistische« Ziele (Spiegelstr. 3 bis 4) auffächern lassen – erhalten geblieben. Art. 11 Abs. 1 Spiegelstr. 1 läßt die Union als eine die Erhaltung ihrer Unabhängigkeit erstrebende Werte- und Interessengemeinschaft erscheinen, die sich den (die Mitgliedstaaten unmittelbar treffenden) Rechtsbindungen aus der UN-Charta verpflichtet weiß. Spiegelstr. 2 setzt der GASP die »Sicherheit der Union« zum Ziel. Diese erfaßt, obgleich »in allen ihren Formen« scheinbar schrankenlos, doch nur die Außensicherheit der Union. Dies legt schon die begriffliche Verkoppelung von »Außen- und Sicherheitspolitik« in der Überschrift von Titel V nahe. Ferner wird an das Ziel der Stärkung der Sicherheit der Union im nachfolgenden Spiegelstr. das der Friedenswahrung und Stärkung der internationalen Sicherheit[8] angeschlossen. Schließlich folgt im (systematischen) Gegenschluß aus Art. 6 und 7 sowie Titel VI, daß Fragen der innerstaatlichen Ordnung und insbesondere der inneren Sicherheit der Mitgliedstaaten dem Titel V nicht unterfallen. Daher ist auch das Ziel der Entwicklung und Stärkung von Demokratie und Rechtsstaatlichkeit und der Achtung der Menschen- und Grundrechte – das, obgleich vermittels des Völkerrechts, letztlich auf die Änderung innerstaatlicher Rechtsordnungen gerichtet ist[9] – auf Drittstaaten einbeziehende und insofern unionsexterne Kontexte zugeschnitten. Gleiches gilt für die Förderung der internationalen Zusammenarbeit[10]. Insgesamt zeigt die Zielsetzung der Außen- und Sicherheitspolitik auch, daß Titel V kein Instrumentarium zur Beilegung von Konflikten innerhalb der Union bereitstellt, ließe sich doch schwerlich von »gemeinsamer« Politik sprechen, wo sie sich gegen einzelne der Mitglieder richtete.

---

7 Vgl. insgesamt *Burghardt/Tebbe* (Fn. 1), Art. J.1, Rn. 9 f.
8 Vgl. hierzu *T. Stein*, Die Gemeinsame Außen- und Sicherheitspolitik der Union unter besonderer Berücksichtigung der Sanktionspolitik, 1993, S. 14 (der darauf hinweist, daß die Friedens*schaffung* ausgeklammert ist; s. nunmehr aber Art. 17 Abs. 2). – *KSZE-Schlußakte von Helsinki* 1975, abgedruckt in Bull.BReg. Nr. 102 vom 5.8.1975, S. 965; *Charta von Paris für ein neues Europa* vom 21.11.1990, abgedruckt in EuGRZ 1990, S. 517.
9 Vgl. z.B. den Änderungsvorbehalt bei mangelndem Engagement für die Demokratisierung in Art. 2 der Gemeinsamen Aktion 97/875 vom 19.12.1997, ABl.EG Nr. L 357/1, betreffend die Unterstützung des Demokratisierungsprozesses in der Demokratischen Republik Kongo. Sowie den Gemeinsamen Standpunkt 98/350/GASP vom 25.5.1998, ABl.EG Nr. L 158/1, betreffend Menschenrechte, Demokratie und Rechtsstaatlichkeit in Afrika.
10 Dazu zählt insbes. die Entwicklungspolitik sowie die Unterstützung regionaler Kooperation oder regionaler Zusammenschlüsse von Drittstaaten (*Burghardt/Tebbe* [Fn. 1], Art. J.1, Rn. 10).

III. Die Pflicht zu Treue und aktiver Förderung

4 Art. 11 Abs. 2 entspricht wörtlich Art. J.1 Abs. 4 a. F. Neu ist nur, daß dessen erstem und letztem Satz je ein eigener UAbs. zugestanden wurde und sich die neue Klausel der Zusammenarbeit zur Stärkung und Weiterentwicklung der politischen Solidarität[11] zwischen beide geschoben hat. – Der Absatz insgesamt erlegt den Mitgliedstaaten eine gesteigerte Pflicht zur Förderung der GASP auf[12]. Denn zu einer aktiven und vorbehaltlosen Unterstützung genügt die bloß buchstabengetreue Einhaltung der in Titel V enthaltenen Regeln nicht. Angemahnt werden vielmehr »Loyalität« und (leicht tautologisch) »gegenseitige Solidarität«: Die Mitgliedstaaten sollen sich mit der Gemeinsamen Außen- und Sicherheitspolitik der Union identifizieren. Während UAbs. 2 Satz 1 die Mitgliedstaaten dazu aufruft zusammenzuarbeiten, um ihre gegenseitige politische Solidarität zu stärken und weiterzuentwickeln, bewirkt UAbs. 2 Satz 2 mehr als einen solchen politischen Appell. Denn danach enthalten sich die Mitgliedstaaten jeder Handlung, die den Interessen der Union zuwiderläuft oder ihrer Wirksamkeit als kohärente Kraft in den internationalen Beziehungen schaden könnte. Damit ist die Grenze zu rechtlicher Verpflichtung überschritten. Als »Interesse der Union« läßt sich nämlich auch die Erfüllung der vertraglichen Rechtspflichten, insbesondere des im Wortlaut angedeuteten Kohärenzgebots (Art. 1 Abs. 3 Satz 2, Art. 3 Abs. 2), verstehen. Insoweit formt Art. 11 Abs. 2 UAbs. 1 und 2 den (völkerrechtlichen) Grundsatz der Vertragstreue in spezieller Weise aus[13], hat also einen rechtlichen Kern. Sofern man im Rahmen der GASP schlicht die Mitgliedstaaten zusammenwirken (s. o. Rn. 1) und die GASP – in behutsamer Anlehnung an zivilrechtliche Vorbilder – »zur gesamten Hand« wahrnehmen sieht, so erscheint eine Pflicht zu Treue und aktiver Förderung sowie ein Obstruktionsverbot geradezu als Selbstverständlichkeit.

5 Wenn nach Art. 11 Abs. 2 UAbs. 3 der Rat für die Einhaltung dieser Grundsätze Sorge trägt, so wird ihm damit nur die Kompetenz verliehen, sich mit Fragen der Erfüllung der Unterstützungs- und Loyalitätspflichten zu befassen und ggf. als politisches Gremium Probleme zu lösen. Zu rechtsverbindlichen Entscheidungen ist der Rat aufgrund dieser Vorschrift aber *nicht* befugt (vgl. Art. 2 Abs. 2 und Art. 5)[14].

---

11 E. *Regelsberger*, Gemeinsame Außen- und Sicherheitspolitik, Jahrbuch der Europäischen Integration 1996/97, S. 215 (219) (zur Funktion dieses Appells, Blockbildungen und Frontstellungen zwischen großen und kleinen Mitgliedstaaten vorzubeugen). – Vgl. demgegenüber Art. 30 Abs. 2 lit. d EEA.
12 *Burghardt/Tebbe* (Fn. 1), Art. J.1, Rn. 12 ff., sprechen vom Gebot der »Unionstreue«.
13 Weitere spezielle Ausprägungen der Treuepflicht der Mitgliedstaaten finden sich in Art. 14 Abs. 2 und 5 bis 7, Art. 16, Art. 17 Abs. 1 UAbs. 3, Abs. 3 u. 4, Art. 19, Art. 20, Art. 23 Abs. 1 UAbs. 2, Abs. 2 UAbs. 2. – Daß Vertragstreue *wechselseitig* geschuldet wird, belegen z. B. Art. 14 Abs. 6 und 7; Art. 24 Abs. 5.
14 Vgl. E. *Regelsberger*, Gemeinsame Außen- und Sicherheitspolitik nach Maastricht, integration 2 (1992), S. 83 (86) (der Rat sei nur eine »politisch-moralische Kontrollinstanz«); *Burghardt/Tebbe* (Fn. 1), Art. J.1, Rn. 15 (die in Rn. 16 Fälle von Alleingängen im Widerspruch zur Unionstreue schildern).

Art. 12 (ex-Art. J.2)

Die Union verfolgt die in Artikel 11 aufgeführten Ziele durch
- Bestimmung der Grundsätze und der allgemeinen Leitlinien für die Gemeinsame Außen- und Sicherheitspolitik,
- Beschlüsse über gemeinsame Strategien,
- Annahme gemeinsamer Aktionen,
- Annahme gemeinsamer Standpunkte,
- Ausbau der regelmäßigen Zusammenarbeit der Mitgliedstaaten bei der Führung ihrer Politik.

Art. 12 zählt die speziellen **Handlungsinstrumente** im Bereich der GASP auf. Die Vorgängernorm, Art. J.1 Abs. 3 a. F., kannte noch keine Beschlüsse über gemeinsame Strategien (dazu Art. 13). Statt von der *Einrichtung* einer regelmäßigen Zusammenarbeit der Mitgliedstaaten bei der Führung ihrer Politik spricht Art. 12 von deren *Ausbau* und führt gesondert auch die Annahme gemeinsamer Standpunkte (dazu Art. 15) an. Ferner ist nunmehr die Bestimmung der Grundsätze und allgemeinen Leitlinien für die GASP ausdrücklich aufgenommen worden, die freilich schon nach Art. J.8 Abs. 1 a. F. unter Titel V fiel. 1

Neben diesen speziellen Instrumenten bedient sich »die Union« aber auch anderer nicht benannter diplomatischer Handlungsformen wie z.B. Erklärungen[1], Demarchen, Konsultationen, Kontaktmissionen, Konferenzen oder Verhandlungen. 2

Will man die **Rechtsnatur** der GASP-Akte beschreiben, so überzeugt es wenig, jeden einzelnen Beschluß über die Annahme einer gemeinsamen Strategie, einer gemeinsamen Aktion oder eines gemeinsamen Standpunkts so zu deuten, als würden die Mitgliedstaaten jeweils einen völkerrechtlichen Vertrag schließen[2]. Ebensowenig trifft es den rechtlichen Kern, stets nur die Abgabe paralleler, einseitig verpflichtender Willenserklärungen anzunehmen[3]. Vielmehr haben die EU-Staaten im EUV auf Grund ihrer Vertragsfreiheit eine besondere rechtliche Form gemeinsamen Handelns vereinbart. Ein Zusammenwirken, das den abstrakten Anforderungen des EUV genügt, wie z.B. ein Ratsbeschluß nach Art. 15 i.V.m. Art. 23, entfaltet (mit den je ad hoc und ggf. mit qualifizierter Mehrheit spezifisch festgelegten Inhalten) diejenigen Rechtswirkungen, die ihm der EUV zugedacht hat. Denn ein solches Zusammenwirken erfüllt die völkervertraglich fixierten Bedingungen für den Eintritt bestimmter »vertypter« Rechtsfolgen (z. B. die Pflicht, seine Außenpolitik an einem gemeinsamen Standpunkt auszurichten, Art. 15)[4]. 3

---

1 Angesichts der rechtlichen Wirkungen auch von gemeinsamen Standpunkten (s. Art. 15, Rn. 1) und der Formalisierung ihrer Fassung (s. die Geschäftsordnung des Rates vom 31. 5. 1999, ABl.EG Nr. L 147/13, insbes. Art. 24 i.V. mit Anhang II C c, aber auch Art. 15 Abs. 3 u. Abs. 4 lit. b; Art. 16 Abs. 2 lit. b u. d) erscheint es nicht unproblematisch, in den von der Union abgegebenen Erklärungen ohne weiteres einen gemeinsamen Standpunkt zu sehen (vgl. aber G. *Burghardt/G. Tebbe*, in: GTE, EU-/EGV, Art. J.2, Rn. 5 f.; F. *Fink-Hooijer*, The Common Foreign and Security Policy of the European Union, EJIL 5 (1994), S. 173 [179 f.]).
2 So aber M. *Pechstein*, Beschlüsse im Rahmen der GASP und deutsches Verfassungsrecht, in: R. Geiger, Völkerrechtlicher Vertrag und staatliches Recht vor dem Hintergrund zunehmender Verdichtung der internationalen Beziehungen, 2000, S. 31 ff.; *Pechstein/Koenig*, EU, Rn. 216 ff.
3 Vgl. die Überlegungen bei: M. *Pechstein/C. Koenig*, Die Europäische Union, 2. Aufl. 1998, Rn. 219 ff.; erwähnt in *Pechstein/Koenig*, EU, Rn. 217.
4 Vgl. B. *Simma*, Diskussionsbeiträge, in: Geiger (Fn. 2), S. 45 ff. – Vgl. demgegenüber aber: *Pechstein* (Fn. 2), S. 34; *Pechstein/Koenig*, EU, Rn. 221 f.; R. *Wolfrum*, Kontrolle der auswärtigen Gewalt, VVDStRL 56 (1997), S. 38 (58).

Art. 13 EU-Vertrag

Art. 13 (ex-Art. J.3)

(1) Der Europäische Rat bestimmt[1] die Grundsätze und die allgemeinen Leitlinien[2 f.] der Gemeinsamen Außen- und Sicherheitspolitik, und zwar auch bei Fragen mit verteidigungspolitischen Bezügen[3].

(2) Der Europäische Rat beschließt[1] gemeinsame Strategien[4 f.], die in Bereichen, in denen wichtige gemeinsame Interessen der Mitgliedstaaten bestehen[4], von der Union durchzuführen sind[6].

In den gemeinsamen Strategien sind jeweils Zielsetzung, Dauer und die von der Union und den Mitgliedstaaten bereitzustellenden Mittel anzugeben[5].

(3) Der Rat trifft die für die Festlegung und Durchführung der Gemeinsamen Außen- und Sicherheitspolitik erforderlichen Entscheidungen[2] auf der Grundlage[1, 3] der vom Europäischen Rat festgelegten allgemeinen Leitlinien[2 f.].

Der Rat empfiehlt dem Europäischen Rat gemeinsame Strategien[4] und führt diese durch, indem er insbesondere gemeinsame Aktionen und gemeinsame Standpunkte annimmt[5 f.].

Der Rat trägt für ein einheitliches, kohärentes und wirksames Vorgehen der Union Sorge[7].

1 Art. 13 regelt das grundsätzliche Verhältnis zwischen dem Europäischen Rat (Art. 4) und dem – mit ihm nicht identischen[1] – Rat[2], indem er eine **gestufte Willensbildung**[3] vorsieht. Bei dieser kommt dem Europäischen Rat prinzipiell die Rolle zu, unter Beachtung der Ziele der Art. 11 und 2[4] Vorgaben abstrakterer und allgemeinerer Natur zu machen. Diese sind sodann vom Rat umzusetzen und zu konkretisieren, um dadurch letztlich auch das Handeln der Mitgliedstaaten zu koordinieren[5]. Dem Europäischen Rat stehen dabei zwei Handlungsformen zu Gebote, einerseits die Bestimmung der Grundsätze und der allgemeinen Leitlinien der GASP, andererseits der Beschluß gemeinsamer Strategien. Er beschließt dabei einstimmig[6].

1 S. Art. 4 Abs. 2 Satz 1 und Art. 28 Abs. 1 i.V.m. Art. 203 EGV. *Pechstein/Koenig*, EU, Rn. 165 ff.; *T. Jürgens*, Die gemeinsame Europäische Außen- und Sicherheitspolitik, 1994, S. 65 f. Vgl. demgegenüber aber Ziff. 2.1.3 der Feierlichen Deklaration zur Europäischen Union vom 19.6.1983 in Stuttgart, Auszüge in: Auswärtiges Amt (Hrsg.), Gemeinsame Außen- und Sicherheitspolitik, Dokumentation, 1994, S. 67 (71).
2 Vgl. zu der gegenüber der EPZ neuartigen doppelfunktionalen Stellung des Rates: *P.-C. Müller-Graff*, Europäische Politische Zusammenarbeit und Gemeinsame Außen- und Sicherheitspolitik: Kohärenzgebot aus rechtlicher Sicht, integration 3 (1993), S. 147 (150 f., 155).
3 Vgl. zum folgenden: *G. Burghardt/G. Tebbe*, in: GTE, EU-/EGV, Art. J.3, Rn. 7 ff. (auch mit Beispielen). Vgl. insbes. auch *W. Kaufmann-Bühler*, in: Grabitz/Hilf, EU, Art. J.3 EUV, Rn. 3, dazu, daß nunmehr GASP-Akte nur inhaltlich den allgemeinen Leitlinien folgen müssen, ohne prozedural auf einen Impuls angewiesen zu sein, sowie zum Rat als eigentlichem Beschlußorgan ebd., Rn. 7.
4 *Burghardt/Tebbe* (Fn. 3), Art. J.1, Rn. 9 f.
5 Vgl. Art. 14, 15, 19 und 20. S. auch *Pechstein/Koenig*, EU, Rn. 223 f.
6 *A. Mechtersheimer*, Zur Gemeinsamen Außen- und Sicherheitspolitik in der Europäischen Union, Aus Politik und Zeitgeschichte, B 1-2/1996, S. 27. Nach *U. Everling*, Die Rolle des Europäischen Rates gegenüber den Gemeinschaften, EuR-Beiheft 2/1995, S. 41 (46), kann der Kommissionspräsident, obwohl Mitglied des Europäischen Rates, Beschlüsse nicht verhindern (*Pechstein/Koenig*, EU, Rn. 167 ff.; *Jürgens* [Fn. 1], S. 65 f.). – Zum Europäischen Rat als »Impulsgeber«: *N. Meyer-Landrut*, in: Grabitz/Hilf, EU, Art. J.8 EUV, Rn. 2 ff.

Die **Grundsätze und allgemeinen Leitlinien der GASP** sieht der EUV (theoretisch) als 2
Ausgangspunkte außen- und sicherheitspolitischen Handelns der Union – ohne es in
strengem Sinne von ihnen abhängig zu machen.[7] Die Grundsätze lassen sich von den
Leitlinien kaum scharf abgrenzen[8]. Streng nach dem Wortlaut des Abs. 3 UAbs. 1 aber
geben nur die *allgemeinen Leitlinien* dem Rat die Grundlage und Voraussetzung dafür
vor, die Gemeinsame Außen- und Sicherheitspolitik festzulegen und durchzuführen
(Art. 13 Abs. 3 UAbs. 1, der mit Art. J.8 Abs. 2 Satz 1 a. F. übereinstimmt)[9]. Der Rat
kann sich dabei, soweit erforderlich[10], sämtlicher ihm nach Titel V zugewiesener Instrumente bedienen (insbesondere gemeinsamer Aktionen oder gemeinsamer Standpunkte[11]); daneben kennt die GASP noch (im EUV nicht erwähnte) gemeinsame Erklärungen[12]. In einer Grauzone liegen die unbenannten, vertraglich nicht ausgeformten Mittel
einer Zusammenarbeit »der im Rat vereinigten Vertreter der Regierungen der Mitgliedstaaten«[13].

Indem der Europäische Rat die Grundsätze und allgemeinen Leitlinien der GASP bestimmt, stößt er also GASP-Aktivitäten des Rates an. Dies ist Ausfluß seiner generellen 3
Aufgabe, für die Entwicklung der Union die erforderlichen **Impulse** zu geben und die allgemeinen politischen Zielvorstellungen festzulegen (Art. 4 Abs. 1). Zugleich wirken die
Grundsätze und allgemeinen Leitlinien des Europäischen Rates auch als **Begrenzung** der
Befugnisse des Rates. Denn dieser darf sich zu ihnen nicht in Widerspruch setzen, sondern muß sich innerhalb der durch sie bestimmten Bandbreite bewegen. Art. 13 Abs. 1
entspricht bei alledem wörtlich dem Art. J.8 Abs. 1 a. F., abgesehen davon, daß die politische Leitungsfunktion des Europäischen Rates nunmehr ausdrücklich auch auf Fragen mit verteidigungspolitischem Bezug ausgedehnt wird (dazu Art. 17 Abs. 3 UAbs. 2).

Durch den Amsterdamer Vertrag eingeführt worden ist die Befugnis des Europäischen 4
Rates, »**gemeinsame Strategien**« zu beschließen, von der für Rußland, die Ukraine und
den Mittelmeerraum Gebrauch gemacht worden ist[14]. Diese heben sich – als Instrumente längerfristiger Koordination der GASP – von den Grundsätzen und Leitlinien dadurch
ab, daß sie Bereichen vorbehalten sind, in denen »wichtige gemeinsame Interessen der

---

7 H. *Krück*, in: *Schwarze*, EU-Kommentar, Art. 11–28 EUV, Rn. 10 f.
8 Dies gilt schon deshalb, weil mangels einer Formvorschrift allgemeine Leitlinien nicht ausdrücklich als solche bezeichnet werden müssen. Vielmehr können sie auch in den nach jeder Tagung des Europäischen Rates veröffentlichten »*Schlußfolgerungen des Vorsitzes*« enthalten sein. S. *Burghardt/Tebbe* (Fn. 3), Art. J.3, Rn. 8, Art. J.8, Rn. 2.
9 Dazu, daß diese Beschlüsse des Europäischen Rates über eine bloß politische Verbindlichkeit hinausgehen: R. *Streinz*, Die Europäische Union nach dem Vertrag von Maastricht, ZfRV 1995, S. 1 (7).
10 Die »Erforderlichkeit« kann hier ebenso wie im Bereich der GASP auch das allgemeine Subsidiaritätsprinzip (Art. 2 Abs. 2) m.E. nur in einem politischen Sinn verstanden werden (ähnlich: *Burghardt/Tebbe* (Fn. 3), Vorbemerkung zu den Art. J bis J.11, Rn. 23: »politischer Filter«, »Konzentration auf das Wesentliche«). Vgl. aber zur Problematik der Erstreckung des Subsidiaritätsprinzips auf die GASP auch: F. *Fink-Hooijer*, The Common Foreign and Security Policy of the European Union, EJIL 5 (1994), S. 173 (178 f.); *Pechstein/Koenig*, EU, Rn. 162 ff.; *Jürgens* (Fn. 1), S. 62 f.; L. *Münch*, Die Gemeinsame Außen- und Sicherheitspolitik (GASP): ein Schaf im Wolfspelz?, ZöR 52 (1997), S. 389 (396 f.).
11 Aspekte der dem Rat obliegenden »Durchführung« sind z.B. in Art. 14 Abs. 2, 4 und 7 angesprochen.
12 *Münch* (Fn. 10), S. 390 f. (dieses Vorgehen sei »gewohnheitsrechtlich verfestigt«). S. aber auch Art. 12, Rn. 2, Fn. 1.
13 Vgl. als »GASP-Akt *sui generis*« den Beschluß der im Rat vereinigten Vertreter der Regierungen der Mitgliedstaaten 96/409/GASP vom 25. 6. 1996 zur Ausarbeitung eines Rückkehrausweises.
14 Gemeinsame Strategie 1999/414/GASP vom 4. 6. 1999 für Rußland, ABl.EG Nr. L 157/1; Gemeinsame Strategie 1999/877/GASP für die Ukraine, ABl.EG Nr. L 331/1; Gemeinsame Strategie 2000/458/GASP für den Mittelmeerraum, ABl.EG Nr. L 183/5.

Art. 13 EU-Vertrag

Mitgliedstaaten bestehen« (Art. 13 Abs. 2). Festzustellen, ob es Interessen dieser Art gibt und welche sie sind, ist eine dem Europäischen Rat vorbehaltene politische Leitungsaufgabe. Freilich kann die Anregung, ein wichtiges gemeinsames Interesse zu bejahen, vom Rat ausgehen, wenn dieser, obgleich unverbindlich, dem Europäischen Rat empfiehlt, eine gemeinsame Strategie zu ergreifen (Art. 13 Abs. 3 UAbs. 2).

5 Nach Art. 13 Abs. 2 UAbs. 2 sind in den Beschlüssen zu einer gemeinsamen Strategie jeweils Zielsetzung, Dauer und die von der Union und den Mitgliedstaaten bereitzustellenden Mittel anzugeben. Bislang wurden gemeinsame Strategien auf eine **Dauer** von vier Jahren ab dem Zeitpunkt ihrer Veröffentlichung angelegt mit der Option, sie zu verlängern, zu überprüfen und an Veränderungen anzupassen. Ihr **Inhalt** gliedert sich in eine Einleitung über »Visionen« oder »Vorstellungen«, gefolgt von Abschnitten über »(Haupt-)Ziele«, »Instrumente und Mittel«, »Aktionsbereiche« und »Spezifische Initiativen«. Dabei fällt auf, daß sich gemeinsame Strategien nicht auf die allgemeine Außen- und Sicherheitspolitik beschränken, sondern auch Wirtschafts- und Finanzfragen, Umweltpolitik sowie soziale und kulturelle Fragen aufgreifen und sogar die Bereiche Justiz und Inneres ansprechen[15]. Dies greift über den Bereich der Art. 11 bis 28 hinaus und stößt sogar in Gebiete vor, die gemeinschaftsrechtlich geregelt sind. Spätestens dort, wo gemeinsame Strategien in konkrete GASP-Akte umgesetzt werden sollen, muß die **Grenze** sowohl zum Bereich der PJZS als auch zu EG-Rechtsmaterien klar gezogen werden. Denn dort haben GASP-Akte zu unterbleiben. Dies hat auch der Europäische Rat bedacht. Jeder gemeinsamen Strategie hat er eine Erklärung beigefügt, wonach Rechtsakte, die nicht in den Geltungsbereich des Titels V EUV fallen, weiterhin nach den entsprechenden Beschlußfassungsverfahren angenommen werden, die in den einschlägigen Bestimmungen der Verträge, einschließlich des EGV und des Titels VI EUV, vorgesehen sind[16]. Während die mitgliedstaatlichen Mittel alle denkbaren Ressourcen erfassen, werden die »**Mittel der Union**« zuvörderst finanzieller Art sein – vgl. Art. 28 Abs. 3 UAbs. 1 –, ggf. aber auch im Einsatz von Personen bestehen[17]. Daraus folgt, daß Strategien auf ein Ziel ausgerichtet sein müssen, das innerhalb einer bestimmbaren Zeit mit bestimmten Mitteln erreicht werden kann. Gemeinsame Strategien müssen daher grundsätzlich zeitlich und inhaltlich konkreter definiert sein als Grundsätze und allgemeine Leitlinien. Sie sind also mehr als bloße politische Richtungsvorgaben. Gleichwohl bleiben gemeinsame Strategien aber insofern abstrakt, als sie einer **konkretisierenden Durchführung durch den Rat** bedürfen. Allerdings ist es nicht unvorstellbar, daß die Lösung eines Detailproblems in nuce ein wichtiges gemeinsames Interesse darstellt und somit zum Gegenstand einer gemeinsamen Strategie werden kann. – Als enttäuschend **kritisiert** worden ist die Praxis gemeinsamer Strategien jüngst vom Hohen Vertreter für die GASP,

---

15 S. nur Teil III der Gemeinsamen Strategie 2000/458/GASP für den Mittelmeerraum, ABl.EG Nr. L 183/5.
16 So inhaltsgleich der zweite Absatz der Erklärungen des Europäischen Rates, die den Gemeinsamen Strategien 1999/414/GASP vom 4.6.1999 für Rußland (ABl.EG Nr. L 157/1 [10]), 1999/877/GASP für die Ukraine (ABl.EG Nr. L 331/1 [10]), 2000/458/GASP für den Mittelmeerraum (ABl.EG Nr. L 183/5 [11]) beigefügt wurden.
17 Vgl. z.B. den von der EU ernannten Administrator der Stadt Mostar (dazu Art. 6 f., 10 Abs. 3 des *Memorandum of Understanding on the European Union Administration of Mostar* vom 5.7.1994, Tractatenblad van het Koninkrijk der Nederlanden, 1994, Nr. 183, S. 12) sowie den diesen ersetzenden EU-Sonderbeauftragten (gemeinsame Aktion 96/442/GASP vom 15.7.1996, ABl.EG Nr. L 185/2) und den Abwicklungsstab (Beschluß des Rates 96/744/GASP vom 20.12.1996, ABl.EG Nr. L 340/1); den für das Hilfsprogramm zur Unterstützung der Palästinensischen Autonomiebehörde bei der Terrorismusbekämpfung eingesetzten EU-Berater und dessen Personal (vgl. Art. 2 und Art. 3 Abs. 3 und 4 der Gemeinsamen Aktion 97/289/GASP vom 29. April 1997, ABl.EG Nr. L 120/2); den Europäischen Wahldienst und die von den EU-Staaten entsandten Wahlbeobachter (dazu Art. 14 Rn. 4). – S. auch Art. 18 Abs. 5 (dort Rn. 5).

Javier Solana: Die gemeinsamen Strategien gingen nicht über das hinaus, was etwa im Falle Rußlands und der Ukraine mit Partnerschafts- und Kooperationsabkommen, im Falle der Mittelmeer-Anrainerstaaten mit dem Barcelona-Prozeß und im Falle der Balkanstaaten mit den Stabilisierungs- und Assoziationsverträgen ohnehin schon erreicht worden sei. Wohl aber weckten sie weitergehende, letztlich unerfüllbare Erwartungen und litten zugleich an dem »Christbaum-Syndrom«, so viele schöne Kugeln an die Zweige hängen, bis man den Baum nicht mehr sehe. Demgegenüber müßten Prioritäten gesetzt werden. Solana plädierte dafür, gemeinsame Strategien *als interne, selektive, fokussierte* Arbeitsdokumente zu sehen, die ein überprüfbares Ziel verfolgen sollten und inhaltlich aufeinander abzustimmen seien. Er empfiehlt, sie auf einen – mit dem Vorsitz und der Kommission abgestimmten – Vorschlag des Generalsekretärs zu erlassen und hält es offenbar für sinnvoll, gemeinsame Strategien grundsätzlich nicht zu veröffentlichen (Art. 17 Abs. 3 Geschäftsordnung des Rates). Würden Strategiepapiere für die Öffentlichkeit entworfen, so gingen sie nicht über geschliffen formulierte diplomatische Texte hinaus, fehle ihnen die Flexibilität und versagten sie als »Schönwetter-Instrumente« in Krisensituation wie dem Tschetschenien-Konflikt.[18]

Durchgeführt wird die gemeinsame Strategie nach Art. 13 Abs. 3 UAbs. 2 »insbesondere« (also ohne andere Mittel auszuschließen) durch gemeinsame Aktionen und gemeinsame Standpunkte. – Handelt der Rat auf der Grundlage einer gemeinsamen Strategie, so beschließt er nach Art. 23 Abs. 2 UAbs. 1, 1. Spiegelstrich mit qualifizierter Mehrheit (s. aber Art. 23 Abs. 2 UAbs. 4), selbst wenn er dabei eine gemeinsame Aktion oder einen gemeinsamen Standpunkt annimmt. 6

Art. 13 Abs. 3 UAbs. 3 verpflichtet (wie zuvor schon Art. J.8 Abs. 2 UAbs. 1 Satz 2 a. F.) den **Rat** dazu, für ein einheitliches, kohärentes und wirksames Vorgehen der Union Sorge zu tragen, ohne ihm jedoch die Kompetenz zu einseitigen rechtsverbindlichen Entscheidungen gegenüber einem Mitgliedstaat (geschweige denn gegenüber Einzelpersonen) zu verleihen[19]. Vielmehr kann er sich außerhalb spezieller Ermächtigungen (s. insbesondere Art. 14) nur politischer Mittel wie Konsultationen, Gesprächen und Verhandlungen bedienen. Dabei folgt aus Art. 13 Abs. 3 UAbs. 3, daß kein Mitgliedstaat berechtigt ist, sich der Befassung des Rates mit Fragen der Einheitlichkeit, Kohärenz oder Wirksamkeit der GASP-Aktivitäten der Union zu widersetzen. Ferner dürfte der Rat einen (sachlich auf GASP-Materien begrenzten) Anspruch auf Information gegenüber dem Vorsitz (vgl. Art. 18 Abs. 2) und gegenüber jedem Mitgliedstaat haben[20]. 7

---

18 *J. Solana*, Common Strategies Report, Europe Documents, 31.1.2001, Bulletin Quotidiens Europe 2228, 31.1.2001; *R. Lautenschütz*, Solana kritisiert EU-Stragien zur Außenpolitik, NZZ, 23.1.2001, S. 2. – S. zum Stand des Tschetschenien-Konflikts: *A. Missong*, Tschetschenien – Krieg ohne Ende?, NZZ, 12./13.5.2001, S. 7.
19 Dies folgt aus dem Prinzip der begrenzten Einzelermächtigungen (s. Art. 2 Abs. 2 und Art. 5; vgl. auch Art. 11, Rn. 5).
20 Vgl. hierzu etwa: Nr. 5 des Gemeinsamen Standpunkts 95/515/GASP vom 20.11.1995, ABl.EG Nr. L 298/1 (zu Nigeria): »Die Umsetzung dieses gemeinsamen Standpunkts wird vom Rat überwacht, dem der Vorsitz und die Kommission regelmäßig Bericht erstatten; ... .« S. auch: Nr. 5 des gemeinsamen Standpunkts 96/697/GASP vom 2.12.1996, ABl.EG Nr. L 322/1 (zu Kuba).

Art. 14 (ex-Art. J.4)

(1) Der Rat[6] nimmt gemeinsame Aktionen[1, 2 ff.] an. Gemeinsame Aktionen betreffen spezifische Situationen, in denen eine operative Aktion[1, 7] der Union für notwendig erachtet wird. In den gemeinsamen Aktionen sind ihre Ziele, ihr Umfang, die der Union zur Verfügung zu stellenden Mittel sowie die Bedingungen und erforderlichenfalls der Zeitraum für ihre Durchführung festgelegt[1].

(2) Tritt eine Änderung der Umstände mit erheblichen Auswirkungen auf eine Angelegenheit ein, die Gegenstand einer gemeinsamen Aktion ist, so überprüft der Rat die Grundsätze und Ziele dieser Aktion und trifft die erforderlichen Entscheidungen. Solange der Rat keinen Beschluß gefaßt hat, bleibt die gemeinsame Aktion bestehen.[10]

(3) Die gemeinsamen Aktionen sind für die Mitgliedstaaten[8] bei ihren Stellungnahmen und ihrem Vorgehen[7] bindend[8 ff.].

(4) Der Rat kann die Kommission ersuchen, ihm geeignete Vorschläge betreffend die Gemeinsame Außen- und Sicherheitspolitik zur Gewährleistung der Durchführung einer gemeinsamen Aktion zu unterbreiten.[6]

(5) Jede einzelstaatliche Stellungnahme oder Maßnahme, die im Rahmen einer gemeinsamen Aktion geplant ist, wird so rechtzeitig mitgeteilt, daß erforderlichenfalls eine vorherige Abstimmung im Rat stattfinden kann. Die Pflicht zur vorherigen Unterrichtung gilt nicht für Maßnahmen, die eine bloße praktische Umsetzung der Entscheidungen des Rates auf einzelstaatlicher Ebene darstellen.[9]

(6) Bei zwingender Notwendigkeit aufgrund der Entwicklung der Lage und mangels einer Entscheidung des Rates können die Mitgliedstaaten unter Berücksichtigung der allgemeinen Ziele der gemeinsamen Aktion die erforderlichen Sofortmaßnahmen ergreifen. Der betreffende Mitgliedstaat unterrichtet den Rat sofort über derartige Maßnahmen.[11]

(7) Ein Mitgliedstaat befaßt den Rat, wenn sich bei der Durchführung einer gemeinsamen Aktion größere Schwierigkeiten ergeben; der Rat berät darüber und sucht nach angemessenen Lösungen. Diese dürfen nicht im Widerspruch zu den Zielen der gemeinsamen Aktion stehen oder ihrer Wirksamkeit schaden.[12]

Inhaltsübersicht:

I.	Das Wesen der gemeinsamen Aktion	1
II.	Die Praxis gemeinsamer Aktionen	2
III.	Zuständigkeit des Rates und Beteiligung der Kommission	6
IV.	Zum möglichen Inhalt gemeinsamer Aktionen	7
V.	Die rechtliche Bindung der Mitgliedstaaten durch eine gemeinsame Aktion	8
VI.	Die Justitiabilität der Rechtspflichten aus einer gemeinsamen Aktion	13

I. Das Wesen der gemeinsamen Aktion

1 Formal hat die Handlungsform der gemeinsamen Aktion dadurch eine Aufwertung erfahren, daß sie nunmehr vor die Bestimmungen über gemeinsame Standpunkte (Art. 15 und Art. 19 Abs. 1) gerückt ist. Im Vergleich zu Art. J.3 a. F. ist der Text von Art. 14

Abs. 1 ferner gestrafft. Dadurch wird gegenüber der früheren Fassung deutlicher, daß der Rat in ein und demselben Beschluß eine gemeinsame Aktion annimmt (Art. 13 Abs. 1 Satz 1) und zugleich über Ziele, Umfang, Mittel, Bedingungen und den Zeitrahmen (Art. 13 Abs. 1 Satz 3) beschließt. In diesem Beschlußinhalt spiegelt sich das Wesensmerkmal gemeinsamer Aktionen wider: Sie betreffen spezifische Situationen, in denen eine operative Aktion[1] der Union für notwendig erachtet wird[2], sollen also eine **Außen- und Sicherheitspolitik** nicht nur des Wortes, sondern **der Tat** ermöglichen. Der (leicht tautologische) Begriff »*operative Aktion*« beschreibt den Gegenstand der rechtlichen Handlungsform »gemeinsame Aktion«. Dieser kann in den Stellungnahmen, dem Vorgehen und den Maßnahmen *der Mitgliedstaaten* (arg. ex Abs. 3 und 5), aber auch in finanziellen Leistungen aus dem Gemeinschaftshaushalt[3] oder den mitgliedstaatlichen Budgets bestehen (arg. ex Art. 28 Abs. 3).

II. Die Praxis gemeinsamer Aktionen

Zwar legt schon der Wortlaut nahe, daß Art. 14 »die Union« zu einem über Akte der Diplomatie hinausgehenden Handeln befähigen soll. Dennoch ist, wie die **Praxis** erwiesen hat[4], eine Koordinierung diplomatischen Vorgehens keineswegs ausgeschlossen. So zielte eine der ersten gemeinsamen Aktionen darauf, das internationale System für die Nichtverbreitung von Kernwaffen durch Bemühungen zu stärken, daß der *Treaty on the Non-Proliferation of Nuclear Weapons*[5] ausgeweitet und verlängert werde[6]. Zu diesem Zweck sollte sich nach dem Beschluß des Rates 94/509/GASP vom 25.7.1994[7] die EU um den Beitritt neuer Staaten zu dem Abkommen bemühen und die Teilnahme an den letzten beiden Sitzungen des Vorbereitungsausschusses der für 1995 geplanten Konferenz der Vertragsparteien fördern. Als Handlungen im Rahmen dieser gemeinsamen Aktion waren aber lediglich Demarchen des Vorsitzes bei Drittstaaten vorgesehen; daneben wurde schlicht die »Möglichkeit der Unterstützung« von Drittstaaten genannt. Das klassische diplomatische Parkett hatte auch zuvor der Beschluß nicht verlassen, eine Konferenz vorzubereiten und einzuberufen, auf der ein Pakt für Stabilität in Europa ab-

2

---

1 Engl. »operational action«, frz. »action opérationnelle«.
2 Vgl. aber auch *R. Streinz*, Die Europäische Union nach dem Vertrag von Maastricht, ZfRV 1995, S. 1 (10), und *dens.*, Europarecht, Rn. 422c, der zur Charakterisierung gemeinsamer Aktionen auf die Bestimmtheit der Mittel abhebt.
3 S. z.B. Art. 2 der Gemeinsamen Aktion 1999/189/GASP vom 9.3.1999, ABl.EG Nr. L 63/1, ergänzt durch die Gemeinsamen Aktionen 2000/388/GASP vom 16.6.2000, ABl.EG Nr. L 145/1, und 2000/798/GASP vom 14.12.2000, ABl.EG Nr. L 324/1 (Beitrag zum Wiederaufbau funktionierender Polizeikräfte in Albanien).
4 Nach *G. Burghardt/G. Tebbe*, Die Gemeinsame Außen- und Sicherheitspolitik der Europäischen Union, Europarecht 1995, S. 1 (18), besticht die Praxis durch das Fehlen wichtiger Themen. – S. aus jüngster Zeit die Gemeinsame Aktion 2000/717/GASP vom 16.11.2000, ABl.EG Nr. L 290/54 (zur Durchführung einer Tagung der Staats- und Regierungschefs der EU-Mitgliedstaaten und der Länder des Stabilisierungs- und Assoziierungsprozesses, Sloweniens, Albaniens, Mazedoniens, Bosnien-Herzegowinas, Kroatiens und der Bundesrepublik Jugoslawien – Gipfel von Zagreb).
5 Vom 28.11.1969 (BGBl. II, S. 785), in Kraft getreten für die Bundesrepublik Deutschland am 2.5.1975 (Bekanntmachung vom 22.3.1976, BGBl. II, S. 552). S. auch das Verifikationsabkommen vom 5.4.1973 (BGBl. 1974 II, S. 1794).
6 Den Erfolg dieser Aktion mag man daran ablesen, daß aufgrund der Entscheidung vom 11.5.1995 gem. Art. X Abs. 2 des Nicht-Verbreitungs-Vertrages dieser auf unbegrenzte Zeit in Kraft bleibt (Bekanntmachung vom 13.10.1995, BGBl. II, S. 984).
7 ABl.EG Nr. L 205/1.

Art. 14 EU-Vertrag

geschlossen werden sollte[8]. Die Initiative dazu hatte Frankreich anläßlich der Jugoslawienkrise ergriffen[9].

3 Gerade die Situation im ehemaligen Jugoslawien bot Anlaß zu einem intensiveren und eigenständigen Gebrauch des Instruments der gemeinsamen Aktion. Zunächst beschloß der Rat[10], die humanitäre Hilfe für Bosnien-Herzegowina zu verstärken. Dazu beauftragte er den Vorsitz (vgl. Art. 18 Abs. 1 und 2), mit dem UNHCR und UNPROFOR Kontakt aufzunehmen, um Lieferwege zu erkunden, legte ein Verfahren zur Entscheidung über die Mittelausstattung zur Finanzierung fest, setzte Lord Owen und T. Stoltenberg ein, um mit den Konfliktparteien zu verhandeln, verpflichtete die Mitgliedstaaten,»im Rahmen ihrer Möglichkeiten« ihre Beteiligung an UNPROFOR zu verstärken, und faßte die Darlegung des EU-Standpunkts im Sicherheitsrat ins Auge. Während man auch dies als bloße Bündelung und Intensivierung diplomatischer Aktivität der Mitgliedstaaten (einschließlich sogenannter »Scheckbuchdiplomatie«) bewerten kann, geht spätestens die **Verwaltung der Stadt Mostar** durch die EU ab dem 23.7. 1994[11] klar darüber hinaus (sie erwies sich als höchst komplexes Unterfangen, das trotz

---

8 Beschluß des Rates 93/728/GASP vom 20.12.1993, ABl.EG 1993 Nr. L 339/1. S. zur Fortsetzung und Durchführung dieser gemeinsamen Aktion auch den Beschluß des Rates 94/367/GASP vom 14.6.1994, ABl.EG Nr. L 165/2 (insbes. Art. 3, in dem die Kommission ersucht wird, die Ziele der Aktion durch wirtschaftliche Maßnahmen zu unterstützen, und die im Anhang [ABl.EG Nr. L 165/3 ff.] abgedruckten Schlußdokumente der Eröffnungskonferenz). Zur Bewertung des am 10.6.1999 geschlossenen Stabilitätspakts für Südosteuropa (http://www.auswaertiges-amt.de/www/de/infoservice/download/pdf/stabpact.pdf): *H. Brahm*, Zwiespältige Bilanz des Stabilitätspakts, NZZ, 26.7.2001, S. 5. S. auch Art. 15, Rn. 5, Fn. 15 (»zu Südosteuropa«).
9 Europäischer Rat in Kopenhagen, Schlußfolgerungen des Vorsitzes, Bull.BReg. Nr. 60 vom 8.7. 1993, S. 629 (633).
10 Beschluß des Rates 93/603/GASP vom 8.11.1993, ABl.EG Nr. L 286/1, verlängert durch Beschlüsse des Rates 94/158/GASP vom 7.3.1994, ABl.EG Nr. L 70/1 und 94/789/GASP vom 12.12.1994, ABl.EG Nr. L 326/1. S. auch die *Ergänzungs- und Anpassungsbeschlüsse* des Rates: 93/729/GASP vom 20.12.1993, ABl.EG Nr. L 339/3 (Feststellung der erforderlichen Mittelausstattung und Verteilung der Lasten); 94/308/GASP vom 16. 5. 1994, ABl.EG Nr. L 134/1; 94/ 510/GASP vom 27.7.1994, ABl.EG Nr. L 205/3 (Verwendung und Aufbringung der nicht für Mostar bestimmten Mittel – verlängert durch Beschluß des Rates 95/516/GASP vom 4.12.1995, ABl.EG Nr. L 298/3).
11 Grundlage war das *Memorandum of Understanding on the European Union Administration of Mostar* (vom 5.7.1994, Tractatenblad van het Koninkrijk der Nederlanden, 1994, Nr. 183, S. 12). S. zur Vereinbarung über die Verwaltung der Stadt Mostars: Bull.EU 6-1994, Ziff. 1.3.6 (Annahme durch den Rat am 13.6.1994) und Ziff. 1.3.9 (Erklärung der Präsidentschaft); Bull.EU 7/8-1994, Ziff. 1.3.2 (Unterzeichnung am 5.7.1994). Zur Finanzierung der Verwaltung Mostars und zur Mittelbewirtschaftung erging zunächst gestützt auf die Ratsbeschlüsse 93/603/ GASP, 93/ 729/GASP und 94/158/GASP (oben Fn. 10) der Beschluß des Rates 94/308/GASP (Fn. 10) (»zur Unterstützung der Verwaltung der Stadt Mostar« [Nr. 1]) und sodann (zum Aufbau einer neuen Verwaltung) die Ratsbeschlüsse: 94/790/GASP vom 12.12.1994, ABl.EG Nr. L 326/2; 95/23/GASP vom 6. 2. 1995, ABl.EG Nr. L 33/1; 95/517/GASP vom 4.12.1995, ABl.EG Nr. L 298/4 (ergänzt durch Beschluß des Rates 95/552/GASP vom 19.12.1995, ABl.EG Nr. L 313/1). Beachte insbes. das jeweils formulierte *Ersuchen an den Rechnungshof*, die Buchführung des Administrators zu prüfen! – *Zum schrittweisen Abbau der EU-Verwaltung von Mostar*: Gemeinsame Aktion 96/442/GASP vom 15.7.1996, ABl.EG Nr. L 185/2 (Ernennung von *Martin Garrod* zum – in den Funktionen und Stellung des Administrators einrückenden – Sonderbeauftragten der EU in der Stadt Mostar, um die von EU-Vertretern wahrgenommenen Zuständigkeiten auf die neugewählte einheitliche Kommunalverwaltung zu übertragen und die EU-Verwaltung abzuwickeln; Finanzierung eines WEU-Kontingents); Gemeinsame Aktion 96/476/ GASP vom 26.7.1996, ABl.EG Nr. L 195/1 (Feststellung, daß die EU-Verwaltung am 22.7.1996 endet, daß aber die Bestimmungen der Vereinbarung in Kraft bleiben und sinngemäß Anwendung finden, daß die gemeinsame Aktion 96/442/GASP noch nicht wirksam geworden ist; Ver-

beachtlicher Erfolge unter organisatorischen Schwerfälligkeiten litt, die nicht zuletzt in dem intergouvernementalen Charakter des Handelns wurzeln[12]). Durch gemeinsame Aktionen unterstützte die EU ferner die Umsetzung der Friedensregelungen für Bosnien-Herzegowina, nicht nur diplomatisch und durch finanzielle Beiträge[13], sondern auch durch die Entsendung von Wahlbeobachtern[14].

Die **Wahlbeobachtung,** die eng mit dem letzten Teilziel der GASP (Art. 11 Abs. 1, 5. Spiegelstrich) zusammenhängt, erscheint ganz allgemein zu einem Schwerpunkt gemeinsamer Aktionen geworden zu sein, ob im Nahen Osten[15], in Südafrika[16], Rußland[17]

4

Fortsetzung von Fußnote 11
   bleib des EU-Personals vor Ort und in Funktion; Schritte zur Aufrechterhaltung der Garantien für die EU-Verwaltung einschließlich der polizeilichen Unterstützung durch die WEU); Beschluß des Rates 96/508/GASP vom 9.8.1996, ABl.EG Nr. L 212/1 (als »Durchführungsbeschluß« bezeichnet; Festsetzung des Zeitpunkts, zu dem die gemeinsame Aktion 96/442/GASP wirksam wird); Beschluß des Rates 96/744/GASP vom 20.12.1996, ABl.EG Nr. L 340/1 (Einstellung der EU-Maßnahmen in Mostar; Einsetzung eines Abwicklungsstabs).
12 S. auch den Sonderbericht des Rechnungshofs Nr. 2/96 vom 11.7.1996 über die Buchführung des Administrators und die Verwaltung von Mostar durch die Europäische Union (VMEU) zusammen mit den Antworten der Kommission und des Administrators von Mostar (96/C287/01), ABl.EG Nr. C 287/1. Dort werden nicht nur die schwierigen Bedingungen, die Ziele, die Auftragsumsetzung und die Organisation der VMEU erörtert (Rn. 7 ff., 13 ff., 40 ff.), sondern u.a. auch die unzureichend koordinierte und mangelhafte mitgliedstaatliche Ernennungs- und Postenbeschaffungs- und -besetzungspolitik und die daraus folgende komplizierte Organisationsstruktur (Rn. 46 f., 50 und 54; s. auch Ziff. 87 und 93), das Fehlen einer Mittelverwendungs-Berichtspflicht des Administrators gegenüber der Kommission (Rn. 56 a. E.), Hemmnisse und Verzögerungsanfälligkeit der intergouvernementalen Zusammenarbeit (Rn. 57), Schwachstellen in den Beschlußfassungsstrukturen und -verfahren für die gemeinsame Aktionen im Rahmen der GASP und speziell bei der VMEU (Rn. 61 ff.) kritisiert. – Der Rechnungshof weist auf die Beteiligung Schwedens, Finnlands, Österreichs noch vor deren EU-Mitgliedschaft und die Beobachterrolle der Schweiz und Norwegens hin (Rn. 53).
13 Gemeinsame Aktion 95/545/GASP vom 11.12.1995, ABl.EG Nr. L 309/2 (insbes. Nr. 2 bis 5), zuletzt verlängert durch Gemeinsame Aktion 1999/844/GASP vom 17.12.1999, ABl.EG Nr. L 326/72, ergänzt bzw. abgeändert durch Ratsbeschlüsse: 97/476/GASP vom 22.7.1997, ABl.EG Nr. L 205/2; 98/607/GASP vom 26.10.1998, ABl.EG Nr. L 290/3; 98/737 vom 22.12. 1998, ABl.EG Nr. L 354/4; 1999/191/GASP vom 9.3.1999, ABl.EG Nr. L 63/5. Die Unterstützung bezieht sich insoweit auf den durch das sog. Daytoner Abkommen (*General Framework Agreement for Peace in Bosnia and Herzegovina* vom 14.12.1995, 35 I.L.M. 75 [1996]) geschaffenen Hohen Repräsentanten (Art. I Abs. 2 von Anhang 10 des Abkommens).
14 Gemeinsame Aktion 96/406/GASP vom 10.6.1996, ABl.EG Nr. L 168/1, geändert durch Beschluß des Rates 97/153/GASP vom 24.2.1997, ABl.EG Nr. L 63/1, abgeändert durch Ratsbeschlüsse 97/224/GASP vom 24.3.1997, ABl.EG Nr. L 90/1 (zur Unterstützung und in Zusammenarbeit mit der OSZE); 97/689/GASP vom 20.10.1997, ABl.EG Nr. L 293/2 (Entsendung von Wahlbeobachtern in die Teilrepublik Srpska). – S. jüngst auch zur Kosovo-Krise die Gemeinsame Aktion 98/736/GASP vom 22.12.1998, ABl.EG Nr. L 354/3 betreffend die Entsendung kriminaltechnischer Sachverständiger in die Bundesrepublik Jugoslawien.
15 Beschluß des Rates 95/403/GASP vom 25.9.1995, ABl.EG Nr. L 238/4. S. auch Art. 5 des Beschlusses des Rates 94/276/GASP vom 19.4.1994, ABl.EG Nr. L 119/1 (ergänzt durch Beschluß des Rates 95/205/GASP vom 1.6.1995, ABl.EG Nr. L 130/1). Dazu auch der Sonderbericht des Rechnungshofs Nr. 4/96 vom 5.12.1996 über den Rechnungsabschluß des im Rahmen der gemeinsamen Aktion der Gemeinsamen Außen- und Sicherheitspolitik zur Beobachtung der Palästinensischen Wahlen eingesetzten Europäischen Wahldienstes, zusammen mit den Antworten der Kommission (97/C57/01), ABl.EG Nr. L 57/1.
16 Beschluß des Rates 93/678/GASP vom 6.12.1993, ABl.EG Nr. L 316/45.
17 Beschluß des Rates 93/604/GASP vom 9.11.1993, ABl.EG Nr. L 286/3.

oder Kongo/Zaire[18]. Dabei werden i.d.R. Beobachtermissionen entsandt und technische Hilfen geleistet. Um solche Missionen zu koordinieren, aber auch um mit den Behörden des Landes und Vertretern internationaler Organisationen Verbindung aufzunehmen und zu halten sowie die mit der Wahl befaßten Stellen zu beraten, wurde z.T. ergänzend ein »Europäischer Wahldienst« geschaffen[19].

5 Im übrigen sind gemeinsame Aktionen inhaltlich vielfältig und geographisch weit gestreut: So wurde der Friedensprozeß im **Nahen Osten** durch diplomatische Aktivitäten, aber auch durch Hilfe beim Aufbau der palästinensischen Polizei[20] und durch die Entsendung eines EU-Sonderbeauftragten[21] unterstützt. Zusätzlich wurde ein Hilfsprogramm aufgelegt, um – unter der Überwachung durch einen EU-Berater – die organisatorischen und operativen Fähigkeiten der Palästinensischen Autonomiebehörde bei der Terrorismusbekämpfung zu verbessern[22]. – Durch Bereitstellung finanzieller Mittel hat sich die EU an der **Organisation für die Entwicklung der Energie auf der Koreanischen Halbinsel** (KEDO) beteiligt, um zu einer Gesamtlösung für die Frage der Verbreitung von Kernwaffen in dieser Region beizutragen[23]. Thematisch verwandt ist die diplomatische und finanzielle Unterstützung von Bemühungen um stärkere Transparenz bei Ausfuhrkontrollen im Zusammenhang mit **Kernmaterial**[24]. – Im Kampf gegen »den wahllosen Einsatz und die weltweite Verbreitung von **Antipersonenminen**« dienten gemeinsame Aktionen als flexibles Instrument u. a. dazu, die Mitgliedstaaten zu verpflichten, Exportmoratorien für Antipersonenminen einzuhalten. Ferner sollten sie, sofern noch nicht geschehen, dem UN-Waffenübereinkommen[25] beitreten sowie die weltweite Geltung des Übereinkommens fördern und stärken und auf der Konferenz zur Revision des Abkommens bestimmte Positionen vertreten. Die EU stellte ferner für die Internationale Minenräumkonferenz der UN Mittel bereit und leistete Finanzbeiträge zum freiwilligen Treuhandfonds der Vereinten Nationen für die Unterstützung bei der Minenräumung. Schließlich beschloß der Rat, auf Ersuchen regionaler Organisationen oder auf Ersuchen

---

18 Gemeinsame Aktion 96/656/GASP vom 11.11.1996, ABl.EG Nr. L 300/1 (mit Anhang); Gemeinsame Aktion 97/875/GASP vom 19.12.1997, ABl.EG Nr. L 357/1, verlängert durch Ratsbeschluß 98/ 410/GASP vom 29.6.1998, ABl.EG Nr. L 187/3. – S. auch Gemeinsame Aktion 98/735/GASP vom 22.12.1998, ABl.EG Nr. L 354/1 zur Unterstützung des Demokratisierungsprozesses in *Nigeria.*
19 S. den Beschluß des Rates 93/678/GASP (Fn. 16), Anhang, Nr. 2, 10; Beschluß des Rates 95/403/GASP (Fn. 15), Anhang I, Nr. 2 und 3. Vgl. auch die Sondereinheit für Koordinierung und Betreuung (Nr. 3 f. des Ratsbeschlusses 93/604/GASP [Fn. 17]).
20 Beschluß des Rates 94/276/GASP (Fn. 15) (insbes. Art. 3).
21 Herrn *M.A. Moratinos.* Gemeinsame Aktion 96/676/GASP vom 25.11.1996, ABl.EG Nr. L 315/1, Mandatsverlängerung zuletzt durch Gemeinsame Aktion 2001/800/GASP vom 19.11.2001, ABl.EG Nr. L 303/5.
22 Gemeinsame Aktion 97/289/GASP vom 29. April 1997, ABl.EG Nr. L 120/2 (hervorzuheben ist die Aussetzungsklausel für Fall mangelnder Kooperation in Art. 1 Abs. 5), verlängert durch Ratsbeschluß 1999/440/GASP vom 6.6.1999, ABl.EG Nr. L 171/1, ersetzt durch die Gemeinsame Aktion 2000/298/GASP vom 13.4.2000, ABl.EG Nr. L 97/4.
23 Gemeinsame Aktion 96/195/GASP vom 5.3.1996, ABl.EG Nr. L 63/1, ersetzt durch Gemeinsamen Standpunkt (!) 2001/869/GASP vom 6.12.2001, ABl.EG Nr. L 325/1. Vgl. auch den Gemeinsamen Standpunkt 97/484/GASP vom 24.7.1997, ABl.EG Nr. L 213/1.
24 Gemeinsame Aktion 97/288/GASP vom 29.4.1997, ABl.EG Nr. L 120/1. S. dazu den Durchführungsbeschluß des Rates 1999/74/GASP vom 25.1.1999, ABl.EG Nr. L 23/4 (zur Finanzierung eines sicheren Kommunikationssystems für alle Mitglieder der Gruppe der Kernmaterial-Lieferländer, die nicht EU-Mitglieder sind).
25 *Convention on prohibitions or restrictions on the use of certain conventional weapons which may be deemed to be excessively injurious or to have indiscriminate effects* (mit Protokollen I bis III) vom 10.4.1981 (deutsches Zustimmungsgesetz vom 17.9.1992, BGBl. II, S. 958, Berichtigung vom 3.6.1993, BGBl. II, S. 935; Bekanntgabe über das Inkrafttreten für die Bundesrepublik Deutschland vom 27.7.1993, BGBl. II, S. 1813).

eines Drittlandes oder im UN-Rahmen einen **Beitrag zu Minenräumaktionen** in bestimmten Drittländern zu leisten, und legte dafür ein zweistufiges Verfahren fest (dieses sieht zunächst einen einstimmigen Grundsatzbeschluß über Rahmenbedingung und Hauptausrichtung der Aktion vor, an die sich mit qualifizierter Mehrheit zu fassende Durchführungsbeschlüsse gemäß Art. J.3 Abs. 2 a. F. anschließen)[26]. – Um die betroffenen Staaten und die UN und OAU bei der Lösung der Krise in der **afrikanischen Region der Großen Seen** zu unterstützen, hat die EU einen Sonderbeauftragten entsandt[27] und Vorkehrungen getroffen, um Maßnahmen der Mitgliedstaaten und der Gemeinschaft zur Umsetzung der UN-Sicherheitsratsresolutionen aufeinander abzustimmen[28]. Zugleich hat sie die WEU ersucht, »mit großer Dringlichkeit zu prüfen, wie die WEU zur optimalen Nutzung der zur Verfügung stehenden operativen Mittel beitragen kann.«[29] – Zur **Abwehr** der als völkerrechtswidrig bewerteten, **extraterritorial ausgreifenden Wirtschaftssanktionen** der USA gegen Kuba, Libyen und Iran wurde die gemeinsame Aktion 96/668/GASP[30] angenommen. Diese ergänzt die VO (EG) Nr. 2271/96[31] und verpflichtet jeden Mitgliedstaat, die »seines Erachtens erforderlichen Maßnahmen« zum Schutz der Interessen praktisch aller in der EU Ansässigen vor der extraterritorialen Wirkung der US-Sanktionen zu ergreifen. – Die Gemeinsame Aktion 1999/34/

---

26 Beschluß des Rates 95/170/GASP vom 12.5.1995, ABl.EG Nr. L 115/1, aktualisiert und ausgebaut durch die gemeinsame Aktion 96/588/GASP vom 1.10.1996, ABl.EG Nr. L 260/1. S. auch den Beschluß 95/170/GASP ergänzenden Ratsbeschluß 96/251/GASP vom 25.3.1996 über eine Gemeinsame Aktion zur finanziellen Unterstützung einer spezifischen Minenräumaktion in Bosnien-Herzegowina (ABl.EG Nr. L 87/3) und den Gemeinsamen Standpunkt 95/379/GASP vom 18.9.1995 (ABl.EG Nr. L 227/3); die Ratsbeschlüsse 97/818/GASP und 97/819/GASP vom 28.11.1997 zur Durchführung der Gemeinsamen Aktion 96/588/GASP über Antipersonenminen, ABl.EG Nr. L 338/5 f. – Die Beschlüsse 96/251/GASP und 96/588/GASP sind ersetzt worden durch die Gemeinsame Aktion 97/817/GASP vom 28.11.1997, ABl.EG Nr. L 338/1 (Art. 9) (Art. 3 verpflichtet u.a. zum Bemühen um Ratifikation des Protokolls II zum UN-Waffenübereinkommen [Fn. 25]; Art. 4 enthält ein Exportmoratorium). Dazu auch der Ratsbeschluß 98/627/GASP vom 9.11.1998 über eine spezifische Aktion zur Unterstützung der Minenräumung in Kroatien, ABl.EG Nr. L 300/1, ergänzt durch Ratsbeschlüsse 2000/231/GASP vom 20.3.2000, ABl.EG Nr. L 73/2 und 2001/328/GASP vom 24. April 2001, ABl.EG Nr. L 116/1.
27 Gemeinsame Aktion 96/250/GASP vom 25.3.1996, ABl.EG Nr. L 87/1, verlängert durch Beschluß des Rates 96/441/GASP vom 15.7.1996, ABl.EG Nr. L 185/1, ergänzt durch Beschluß des Rates 96/589/GASP vom 1.10.1996, ABl.EG Nr. L 260/5, verlängert durch Ratsbeschlüsse 97/448/GASP vom 16.7.1997, ABl.EG Nr. L 197/1, und 98/452/GASP vom 13.7.1998, ABl.EG Nr. L 198/1, ersetzt durch Gemeinsame Aktion 2000/792/GASP vom 14.12.2000, ABl.EG Nr. L 318/1; Mandatsverlängerung durch Gemeinsame Aktion vom 10.12.2001, ABl.EG Nr. L 326/3. – Vgl. damit die durch den Gemeinsamen Standpunkt 98/633/GASP vom 9.11.1998, ABl.EG Nr. L 302/1 (betreffend den Royaumont-Prozeß für Stabilität und gute Nachbarschaft im Südosten Europas [Bosnien und Herzegowina]) eingesetzten »Koordinator« und den nach Art. 1 Abs. 2 der Gemeinsamen Aktion 98/735/GASP (Fn. 18) vom Vorsitz zu ernennenden »EU-Sprecher«.
28 Gemeinsame Aktion 96/669/GASP vom 22.11.1996, ABl.EG Nr. L 312/1 (zu UN-Sicherheitsratsbeschluß Nr. 1078 und 1080 vom 9. bzw. 15.11.1996) – S. auch Gemeinsame Aktion 2001/801/GASP vom 19.11.2001, ABl.EG Nr. L 303/7 (zu UN-Sicherheitsbeschluß 1375 [2001]; betreffend die Unterstützung der Schaffung einer vorübergehenden multinationalen Sicherheitspräsenz in Burundi).
29 Art. 1 des Beschlusses des Rates 96/670/GASP vom 22.11.1996, ABl.EG Nr. L 312/3 (gestützt auf Art. J.4 Abs. 2 EUV a. F.). Beachte auch die Erklärung Dänemarks (ABl.EG Nr. L 312/4).
30 Vom 22.11.1996, ABl.EG Nr. L 309/7.
31 Vom 22.11.1996, ABl.EG Nr. L 309/1. Die VO richtet sich (gestützt auf ex-Art. 73c, 113 und 235 EGV) ebenso wie die gemeinsame Aktion im wesentlichen gegen Bestimmungen des *National Defense Authorization Act for Fiscal Year 1993*, des *Cuban Democracy Act 1992*, des *Cuban Liberty and Democratic Solidarity Act of 1996* und des *Iran and Libya Sanctions Act of 1996*. Dazu und zur WTO-Beschwerde der EG: W. *Meng*, Wirtschaftssanktionen und staatliche Jurisdiktion – Grauzonen im Völkerrecht, ZaöRV 57 (1997), S. 269 (279 ff.); *ders.*, Extraterritoriale Jurisdiktion in der US-amerikanischen Sanktionsgesetzgebung, EuZW 1997, S. 423 (424 ff.).

Art. 14 EU-Vertrag

GASP[32] bezweckt, die destabilisierende Anhäufung und **Verbreitung von Kleinwaffen und leichten Waffen** zu bekämpfen. – Durch Ausbildungs- und Beratungsmaßnahmen, aber auch finanziell wurde der Wiederaufbau funktionierender **Polizeikräfte in Albanien** unterstützt[33]. – Der am 10.6.1999 in Köln geschlossene Stabilitätspakt für Südosteuropa wurde gefördert[34]. – Die EU beteiligte sich am Aufbau der zivilen Verwaltung im Kosovo im Rahmen der UN-Mission im Kosovo (**UNMIK**)[35]. – Sie unterstützt mit einem Kooperationsprogramm die **Russische Föderation** in ihren Bemühungen um Rüstungskontrolle und um Abrüstung von Massenvernichtungswaffen[36]. – Um die Fähigkeit der georgischen Behörden zu verbessern, mit ihren Grenzschutztruppen die OSZE-Beobachtermission an der georgisch-tschetschenischen Grenze zu unterstützen und zu schützen, sah die Gemeinsame Aktion 2000/456/GASP[37] die Lieferung von Ausrüstung an **Georgien** vor. – Die 1991 durch die EG und ihre Mitgliedstaaten eingerichtete **Überwachungsmission für Jugoslawien** wurde neu strukturiert und förmlich zur »Überwachungsmission der Europäischen Union (EUMM)« umgewandelt[38].

---

32 Vom 17.12.1998, ABl.EG Nr. L 9/1 (vom 15.1.1999). S. dazu auch die auf diese Gemeinsame Aktion gestützte – gescheiterte – Unterstützung des DDA/UNDP-Pilotprojekts »Weapons in exchange for development in the Gramsh district of Albania« (Ratsbeschluß 1999/320/GASP vom 10.5.1999 betreffend einen Beitrag der EU zur Einsammlung und Vernichtung von Waffen in Albanien, ABl.EG Nr. L 123/12, geändert durch Ratsbeschluß 1999/846/GASP vom 17.12.1999, ABl.EG Nr. L 326/74, und aufgehoben durch Ratsbeschluß 2000/723/GASP vom 20.11.2000, ABl.EG Nr. L 292/2). S. ferner Ratsbeschluß 1999/730/GASP vom 15.11.1999, ABl.EG Nr. L 294/5 (zu Kambodscha), verlängert und geändert durch Ratsbeschluß 2000/724/GASP vom 20.11.2000, ABl.EG Nr. L 292/3; Ratsbeschluß 1999/845/GASP vom 17.12.1999, ABl.EG Nr. L 326/73 (zu Mosambik); Ratsbeschluß 2000/803/GASP vom 14.12.2000, ABl.EG Nr. L 326/1 (zu Südossetien); Ratsbeschluß 2001/200/GASP vom 12.3.2001 (zu Lateinamerika und der Karibik), ABl.EG Nr. L 72/1; Ratsbeschluß 2001/850/GASP vom 29.11.2001, ABl.EG Nr. L 318/1 (zu Albanien).
33 Gemeinsame Aktion 1999/189/GASP vom 9.3.1999, ABl.EG Nr. L 63/1, ergänzt durch die Gemeinsamen Aktionen 2000/338/GASP vom 16.6.2000, ABl.EG Nr. L 145/1, und 2000/798/GASP vom 14.12.2000, ABl.EG Nr. L 324/1. S. auch den Beschluß des Rates 1999/190/GASP vom 9.3.1999, ABl.EG Nr. L 63/3.
34 Gemeinsame Aktion 1999/480/GASP vom 19.7.1999, ABl.EG Nr. L188/2 (Unterstützung einer Tagung der Staats- und Regierungschefs); Gemeinsame Aktion 1999/523/GASP vom 29.7.1999, ABl.EG Nr. L 201/2 (EU-Sonderbeauftragter für die Funktion des Koordinators für den Stabilitätspakt für Südosteuropa, Ratsbeschluß 1999/434/GASP vom 2.7.1999, ABl.EG Nr. L 168/34, bestätigend); diese aufgehoben und ersetzt durch Gemeinsame Aktion 2000/793/GASP vom 14.12.2000, ABl.EG Nr. L 318/3; Ernennung von *Erhard Busek* zum EU-Sonderbeauftragten Mandat durch Gemeinsame Aktion 2001/915/GASP vom 19.12.2001, ABl.EG Nr. L 337/62.
35 Gemeinsame Aktion 1999/522/GASP vom 29.7.1999, ABl.EG Nr. L 201/1, verlängert durch die Gemeinsamen Aktionen 1999/864/GASP vom 21.12.1999, ABl.EG Nr. L 328/67, und 2000/175/GASP vom 28.2.2000, ABl.EG Nr. L 55/78.
36 Gemeinsame Aktion 1999/878/GASP vom 17.12.1999, ABl.EG Nr. L 331/11.
37 Vom 20.7.2000, ABl.EG Nr. L 183/3 – S. jüngst auch die Gemeinsame Aktion 2001/568/GASP betreffend einen Beitrag der Europäischen Union zur Stärkung der Fähigkeit der georgischen Behörden, die OSZE-Beobachtermission an der Grenze der Republik Georgien mit der Tschetschenischen Republik der Russischen Föderation zu unterstützen und zu schützen vom 26.7.2001, ABl.EG Nr. L 202/2; Gemeinsame Aktion 2001/759/GASP betreffend einen Beitrag der Europäischen Union zum Konfliktbeilegungsprozeß in Südossetien vom 29.10.2001, ABl.EG Nr. L 286/4.
38 Gemeinsame Aktion 2000/811/GASP vom 22.12.2000, ABl.EG Nr. L 328/53, verlängert durch die Gemeinsame Aktion 2001/845/GASP vom 29.11.2001, ABl.EG Nr. L 315/1; Mandatsverlängerung durch Gemeinsame Aktion 2001/845/GASP vom 29.11.2001, ABl.EG Nr. L 315/1. S. dazu auch den Ratsbeschluß 2001/285/GASP vom 9.4.2001, ABl.EG Nr. L 99/2 (Ernennung eines EUMM-Missionsleiters, verlängert durch Ratsbeschluß 2001/845/GASP vom 29.11.2001, ABl.EG Nr. L 315/3) sowie das Abkommen zwischen der EU und der Bundesrepublik Jugoslawien über die Tätigkeit der EUMM in der Bundesrepublik Jugoslawien vom 25.4.2001, ABl.EG Nr. L 125/2 (dazu Art. 24, Rn. 12).

III. Zuständigkeit des Rates und Beteiligung der Kommission

Zuständig, die Annahme gemeinsamer Aktionen zu beschließen,[39] ist nach Art. 14 6 Abs. 1 der Rat, dem grundsätzlich auch alle Folgeentscheidungen obliegen. Im Hinblick auf Fragen der Durchführung einer gemeinsamen Aktion kann er die Kommission unverbindlich darum ersuchen, ihm geeignete Vorschläge betreffend die GASP zu unter breiten (Art. 14 Abs. 4). Dies kann insbesondere die Verwaltung finanzieller Mittel betreffen, die der Haushalt der Europäischen Gemeinschaften bereitstellt (vgl. Art. 28 Abs. 3 und 4), ist aber darauf nicht beschränkt. Im Lichte von Art. 27, der vorsieht, daß die Kommission in vollem Umfang an den Arbeiten im Bereich der GASP zu beteiligen ist, wird man Art. 14 Abs. 4 als Soll-Vorschrift zu lesen haben. Dies gilt, zumal Vorschläge der Kommission es im Sinne der »Kohärenz« erleichtern, Synergieeffekte von Durchführungsmaßnahmen im Rahmen gemeinsamer Aktionen einerseits und Handlungen der EG (z. B. im Bereich der Entwicklungspolitik) andererseits zu nutzen. Jedenfalls aber können wechselseitige Behinderungen vermieden werden. – S. zur Inanspruchnahme der Kommission zur Durchführung von GASP-Beschlüssen Art. 18, Rn. 4.

IV. Zum möglichen Inhalt gemeinsamer Aktionen

Durch eine gemeinsame Aktion kann das Verhalten der Mitgliedstaaten hinsichtlich ih- 7 rer »Stellungnahmen« oder ihres praktischen »Vorgehens« festgelegt werden (oben Rn. 1)[40]. Denkbar weit ist also das Spektrum möglicher Inhalte (s. aber Art. 19, Rn. 1 a.E.)[41]. Dies erweist die gemeinsame Aktion als flexibles Gestaltungsinstrument[42] der Außen- und Sicherheitspolitik. Wegen der rechtlichen Verbindlichkeit gemeinsamer Aktionen fordert Abs. 1 Satz 2, Einzelheiten der Durchführung hinreichend genau zu bestimmen (freilich besteht eine Wechselwirkung zwischen der Bestimmtheit und dem Grad der Verbindlichkeit – s. Rn. 8). Einen (bislang nicht praktisch gewordenen) Typus von Inhalten spiegelt Art. 301 EGV wider: In einer gemeinsamen Aktion kann »ein Tätigwerden der Gemeinschaft vorgesehen [sein], um die Wirtschaftsbeziehungen zu einem oder mehreren dritten Ländern auszusetzen, einzuschränken oder vollständig einzustellen« – mit der Folge, daß der Rat die »erforderlichen Sofortmaßnahmen« trifft. – Inhaltliche Schranken werden gemeinsamen Aktionen durch das Völkerrecht gesetzt: Stets zu beachten ist das Gewohnheits- und Vertragsrecht, das alle Mitgliedstaaten Dritten gegenüber bindet. Doch darf durch Handeln in Gemeinschaft mit den anderen auch der einzelne Mitgliedstaat sich nicht in Widerspruch zu seinen (nur ihn treffenden) drittbezogenen völkerrechtlichen, insbesondere völkervertraglichen Pflichten setzen. Vor diesem Hintergrund gewinnen der Einstimmigkeitsgrundsatz und die Möglichkeit der konstruktiven Stimmenthaltung (Art. 23, Rn. 2) – gerade auch im Hinblick auf die neutra-

---

39 S. zur Beschlußfassung und dem anschließenden Verfahren: Art. 23 EUV; Art. 11 ff. Geschäftsordnung des Rates vom 5.6.2000 (ABl.EG Nr. L 149/21), die aufgrund von Art. 28 Abs. 1 EUV i.V.m. Art. 207 Abs. 3 EGV auch im Bereich der GASP anzuwenden ist. S. auch die Kommentierung zu Art. 25 sowie *G. Burghardt/G. Tebbe*, in: GTE, EU-/EGV, Art. J.3, Rn. 10.
40 Einen unmittelbaren Durchgriff auf Einzelpersonen vermögen gemeinsame Aktionen jedoch nicht zu bewirken. Vielmehr bedürfte es dafür gesonderter Umsetzungsakte der einzelnen EU-Staaten. Dazu: *Burghardt/Tebbe* (Fn. 39), Vorbemerkung zu den Art. J bis J.11, Rn. 25.
41 S. auch *F. Fink-Hooijer*, The Common Foreign and Security Policy of the European Union, EJIL 5 (1994), S. 173 (181); *L. Münch*, Die gemeinsame Aktion im Rahmen der GASP: Inhalt, Rechtsnatur und Reformbedürftigkeit, EuR 1996, S. 415 (417 f.); *T. Stein*, Das Zusammenspiel von Mitgliedstaaten, Rat und Kommission bei der gemeinsamen Außen- und Sicherheitspolitik der Europäischen Union, EuR-Beiheft 2/1995, S. 69 (76).
42 Zum Verständnis des Begriffs »Instrument«: *Münch* (Fn. 41), S. 416.

len EU-Mitglieder – besonderes Gewicht, da sie dem betroffenen Staat durch Veto oder Enthaltung einen Ausweg aus der drohenden Pflichtenkollision bieten. Aber auch unabhängig davon schulden die EU-Staaten einander Rücksicht. – Gemeinsame Aktionen dürfen ferner grundsätzlich – spätestens als Ausfluß der Bindung durch Art. 10 EGV (s. auch Art. 47 EUV, Rn. 1) – dem primären und sekundären EG-Recht nicht zuwiderlaufen[43].

V. Die rechtliche Bindung der Mitgliedstaaten durch eine gemeinsame Aktion

8 Nach dem (mit Art. J.3 Abs. 4 a. F. wortgleichen) Art. 14 Abs. 3 sind die gemeinsamen Aktionen *für die Mitgliedstaate*n bei ihren Stellungnahmen und ihrem Vorgehen bindend[44]. Die *Organe der Gemeinschaften* werden dagegen durch Beschlüsse nach Art. 14 nicht unmittelbar gebunden[45]. Vielmehr trifft sie aufgrund des Kohärenzgebots aus Art. 3 Abs. 2 bei der Ausübung ihrer Kompetenzen innerhalb der Ersten Säule grundsätzlich (s. aber Art. 301, Rn. 10) lediglich eine Pflicht zu Rücksichtnahme und Nichtbehinderung[46]. Gemeinsame Aktionen können jedoch u.U. *die Mitgliedstaaten* zu einem bestimmten Stimmverhalten im Rat verpflichten, wenn dieser über EG-Materien beschließt (s. Art. 301, Rn. 9). Die Mitgliedstaaten sind dabei *völkerrechtlich*[47], *nicht aber gemeinschaftsrechtlich* gebunden. Die Reichweite ihrer rechtlichen Verpflichtung richtet sich danach, was in dem Beschluß über eine gemeinsame Aktion festgelegt worden ist[48] – sei dies die Vertretung einer bestimmten politischen Position (wie z.B., daß der Nichtverbreitungsvertrag verlängert werden solle, oben Rn. 2) oder einer Rechtsansicht, sei dies eine Handlung (z.B. die Bereitstellung von Geldern oder die Beteiligung an UN-»Blauhelm«-Einsätzen durch die Entsendung von Soldaten, oben Rn. 3; oder das Mittragen eines Beschlusses nach Art. 301 EGV). Folglich hängt es vom Inhalt dieser Festlegung ab, welche Bindung besteht und insbesondere ob sie streng oder (wie etwa eine Verpflichtung der Mitgliedstaaten »im Rahmen ihrer Möglichkeiten« – vgl. oben Rn. 3) weich gefaßt ist[49].

9 Zwingend ist in jedem Fall aber die aus Art. 14 Abs. 5 folgende Verpflichtung jedes Mitgliedstaates, jede von ihm selbst im Rahmen einer gemeinsamen Aktion geplante Stellungnahme oder Maßnahme so rechtzeitig dem Rat mitzuteilen, daß in diesem Organ, falls erforderlich, eine vorherige Abstimmung stattfinden kann; dies dient der Kohärenz des außen- und sicherheitspolitischen Handelns (vgl. dazu Art. 1 Abs. 3 Satz 2, Art. 3

---

43 Art. 2 Abs. 1, 2. Spiegelstrich (vgl. *Fink-Hooijer* [Fn. 41], S. 179). S. auch EuGH, Rs. C-124/95, 14.1.1997, Slg. 1997, I-81, Rn. 24 ff. m.w.N. (Centro-Com) (sowie GA *F. G. Jacobs*, ebd., Ziff. 40 f.). – Vgl. aber zur Möglichkeit nichtförmlicher Vertragsänderungen: Art. 48, Rn. 5.
44 Dies spiegelt sich auch in ihrer Veröffentlichung im Abl. L wider (vgl. *H. G. Krenzler/ H. C. Schneider*, Die Gemeinsame Außen- und Sicherheitspolitik der Europäischen Union, EuR 1994, S. 144 [153]).
45 *Burghardt/Tebbe* (Fn. 39), Art. J.3, Rn. 5, die zu Recht auf Art. 47 (ex-Art. M) verweisen. – Als gebunden anzusehen ist aber der Vorsitz (vgl. Art. 18 Abs. 2).
46 *Burghardt/Tebbe* (Fn. 39), Art. J.3, Rn. 16; *C. A. W. Timmermans*, The Uneasy Relationship Between the Communities and the Second Union Pillar: Back to the ›Plan Fouchet‹?, Legal Issues of European Integration 1996, S. 61 (66 ff.). – S. auch Art. 47, Rn. 1, 3. – S. auch *Münch* (Fn. 41), S. 419. Vgl. auch *Krenzler/Schneider* (Fn. 44), S. 152 (kein Subordinationsverhältnis GASP-EG).
47 *Münch* (Fn. 41), S. 420 f.
48 Vgl. *Timmermans* (Fn. 46), S. 66 f.
49 Vgl. aber auch *Streinz* (Fn. 2), ZfRV 1995, S. 1 (10), der in Art. J.3 a. F. ein – im Bereich intergouvernementalen Handelns freilich nicht unproblematisches – »Bestimmtheitsgebot« erkennt.

Abs. 2 und Art. 11, Rn. 5). Diese – im Kontext mit Art. 11 Abs. 2 stehende – »Pflicht zur vorherigen Unterrichtung« gilt allerdings nicht für Maßnahmen, die eine bloße praktische Umsetzung der Entscheidungen des Rates auf einzelstaatlicher Ebene darstellen, sich also unter den operativen, handlungsleitenden Teil eines Beschlusses nach Art. 14 Abs. 1 subsumieren lassen und erkennbar keiner Koordinierung bedürfen[50].

Aus Art. 14 Abs. 2 folgt, daß auch eine wesentliche Änderung der zugrunde liegenden Sachlage einer gemeinsamen Aktion die Bindungskraft nicht automatisch nimmt. Auch wenn sich die Umstände wandeln und sich dies erheblich auf eine Angelegenheit auswirkt, die den Gegenstand einer gemeinsamen Aktion bildet, ist es vielmehr Aufgabe des Rates, die Grundsätze und Ziele dieser Aktion zu überprüfen und die erforderlichen Entscheidungen zu treffen. Indem Art. 14 Abs. 2 sogar ausdrücklich regelt, daß, solange der Rat keinen Beschluß gefaßt hat, die gemeinsame Aktion bestehen bleibt, schließt er eindeutig die Berufung auf die *clausula rebus sic stantibus* gegenüber Beschlüssen nach Art. 14 Abs. 1 aus. Damit ist es nicht nur jedem einzelnen Mitgliedstaat verwehrt, sich mit der Behauptung, eine wesentliche Grundlage sei entfallen, der Befolgung einer gemeinsamen Aktion zu entziehen. Vielmehr muß die Entscheidung zur Anpassung an die veränderte Lage, da sie in das Mark der gemeinsamen Aktion trifft und daher keinen bloßen Durchführungsbeschluß i.S.d. Art. 23 Abs. 2 UAbs. 1, 2. Spiegelstrich darstellt[51], vom Rat sogar *einstimmig* getroffen werden (Art. 23 Abs. 1 Satz 1). 10

Um eine Anpassung an geänderte Verhältnisse nicht an der Schwerfälligkeit eines solchen Verfahrens scheitern zu lassen, erlaubt Art. 14 Abs. 6 den Mitgliedstaaten, Sofortmaßnahmen zu ergreifen, soweit die Lageentwicklung dies zwingend erfordert. Vorausgesetzt ist aber, daß der Rat in Reaktion auf die Lageänderung noch keine Entscheidung nach Art. 14 Abs. 2 getroffen hat. Inhaltlich begrenzt ist die Zulässigkeit solchen einzelstaatlichen Vorgehens dadurch, daß die allgemeinen Ziele der gemeinsamen Aktion zu *berücksichtigen* sind. Dies eröffnet einen Abwägungs- und Gestaltungsspielraum, allerdings nur innerhalb der durch die Befolgungs- (Art. 14 Abs. 3) und allgemeinen Förderungspflicht (vgl. Art. 11, Rn. 4) abgesteckten Grenzen und *ausschließlich* bei akutem, dringlichem Handlungsbedarf, also bei Unaufschiebbarkeit oder Unzumutbarkeit des Zuwartens[52]. Weil mit den Sofortmaßnahmen der Rahmen einer gemeinsamen Aktion verlassen sein kann und dann die Unterrichtungspflicht nach Abs. 5 nicht mehr unmittelbar eingreift, gebietet Abs. 6 Satz 2 dem handelnden Mitgliedstaat, den Rat über derartige Maßnahmen sofort, also unverzüglich, zu unterrichten. 11

Art. 14 Abs. 7 stimmt mit Art. J.3. Abs. 7 a. F. wörtlich überein. Er regelt den Fall, daß ein Mitgliedstaat bei der Durchführung einer gemeinsamen Aktion auf größere Schwierigkeiten stößt. Mangels weiterer Spezifizierung ist damit jede Situation gemeint, in der ein Mitgliedstaat aus welchen Gründen auch immer die aus einer gemeinsamen Aktion folgenden Pflichten nicht vollständig erfüllen zu können meint. Art. 14 Abs. 7 Satz 1 schneidet ihm die einseitige Berufung auf subjektive oder objektive Unmöglichkeit ab. Der betroffene Staat darf aus der gemeinsamen Aktion nicht einfach ausscheren. Vielmehr ist er verpflichtet, den Rat zu befassen und abzuwarten, bis dieser eine angemessene Lösung gefunden hat. Diese darf nach Art. 14 Abs. 7 Satz 2 aber nicht den Zielen der gemeinsamen Aktion widersprechen oder ihrer Wirksamkeit schaden. Damit wird 12

---

50 Vgl. auch Burghardt/Tebbe (Fn. 39), Art. J.3, Rn. 17 (die auf die Einräumung eines Ermessensspielraums abstellen).
51 A.A. wohl *T. Jürgens*, Die gemeinsame Europäische Außen- und Sicherheitspolitik, 1994, S. 347.
52 Großzügiger offenbar: *C. W. Stoller*, Europa nach Maastricht: Die Gemeinsame Außen- und Sicherheitspolitik, NZWehrR 1992, S. 221 (225).

dem Rat keineswegs die ihm durch Art. 14 Abs. 1 und 2 verliehene Befugnis zur Disposition über die gemeinsame Aktion (einschließlich ihrer Beendigung) abgesprochen. Vielmehr wird ein Kriterium zur Beurteilung der *Angemessenheit* der Lösung aufgestellt. Angemessen ist danach nicht jede Entscheidung, die den Schwierigkeiten des Mitgliedstaates Rechnung trägt, sondern nur eine solche, die weder die Ziele der gemeinsamen Aktion konterkariert noch ihre Effektivität beeinträchtigt. Folglich drückt Angemessenheit das Ergebnis einer *spezifischen wechselseitigen Rücksichtnahme* aus. Der Mitgliedstaat kann zwar verlangen, daß ihm (insbesondere durch Modifikationen von Durchführungsbestimmungen) geholfen wird, darf aber die gemeinsame Aktion als solche nicht in Frage stellen. Er hat also *keinen Anspruch* darauf, daß die gemeinsame Aktion zu seinen Gunsten *aufgegeben* wird.

VI. Die Justitiabilität der Rechtspflichten aus einer gemeinsamen Aktion

13   Die Erfüllung der Rechtspflichten, die aus der Annahme einer gemeinsamen Aktion folgen, sind einer gerichtlichen Kontrolle nicht unterworfen.[53] – Das heißt aber nicht, daß gemeinsame Aktionen niemals Anlaß für ein Verfahren vor dem EuGH geben könnten. Denn auch in der Form der Annahme gemeinsamer Aktionen dürfen die Mitgliedstaaten nicht gegen Gemeinschaftsrecht verstoßen (Rn. 7 a. E.). Insbesondere rechtfertigen gemeinsame Aktionen Verletzungen des EG-Rechts nicht (Art. 47, s. auch Art. 2 Abs. 1, 5. Spiegelstrich). Daher ist mitgliedstaatliches Verhalten, auch wenn es sich in gemeinsamen Aktionen niederschlägt oder deren Durchführung dient, unter diesem Gesichtspunkt durch den EuGH überprüfbar (vgl. Art. 46, Rn. 8).

---

53   Art. 46. Rechtlich nicht auszuschließen (obgleich politisch unwahrscheinlich) ist freilich, daß wie jedes andere internationale Gericht auch der EuGH von den Mitgliedstaaten als Schiedsgericht eingesetzt werden könnte (vgl. Art. 46, Rn. 7).

Art. 15 (ex-Art. J.5)

Der Rat[1] nimmt gemeinsame Standpunkte[5 f.] an. In den gemeinsamen Standpunkten wird das Konzept der Union für eine bestimmte Frage geographischer oder thematischer Art bestimmt.[4] Die Mitgliedstaaten[2 f.] tragen dafür Sorge[2], daß ihre einzelstaatliche Politik mit den gemeinsamen Standpunkten in Einklang steht[2, 4].

Inhaltsübersicht:

I. Der gemeinsame Standpunkt als Instrument des Rates	1
II. Die Bindungswirkung gemeinsamer Standpunkte	2
III. Funktion und Inhalt gemeinsamer Standpunkte	4
IV. Die Praxis gemeinsamer Standpunkte unter der GASP	5

I. Der gemeinsame Standpunkt als Instrument des Rates

Art. 15, den der Vertrag von Nizza unberührt gelassen hat, regelt Inhalt und Wirkung von Ratsbeschlüssen, mit denen gemeinsame Standpunkte angenommen werden. Er ist aus Art. J.2 Abs. 2 a.F. entwickelt worden. Sachlich stimmt Art. 15 Satz 1 mit Art. J.2 Abs. 2 UAbs. 1 a.f. überein; allein die sprachliche Fassung ist gestrafft worden. Danach ist der gemeinsame Standpunkt ein Instrument des Rates. Dieser beschließt gemäß Art. 23. 1

II. Die Bindungswirkung gemeinsamer Standpunkte

Satz 3 entspricht wörtlich Art. J.2 Abs. 2 UAbs. 2 a.f. und begründet *für die Mitgliedstaaten* die **Rechtspflicht**[1], ihre nationale Außen- und Sicherheitspolitik an dem gemeinsamen Standpunkt auszurichten. Daß sie nämlich für den Einklang ihrer Politik mit den gemeinsamen Standpunkten »Sorge tragen«, bedeutet zwar, daß gemeinsame Standpunkte (anders als gemeinsame Aktionen) ein *konkretes* Verhalten nicht vorschreiben können[2]. Doch geben sie rechtsverbindlich einen politischen Orientierungspunkt vor und dienen damit als »Leitstrahlen«, um zu gewährleisten, daß sich die mitgliedstaatlichen Politiken in ein Ganzes eingliedern und zu Kohärenz bündeln. Ziel ist der »Einklang«. Die einzelstaatlichen Politiken *dürfen* also dem gemeinsamen Standpunkt nicht widersprechen. Doch genügt dies nicht. Art. 15 *fordert* von den Mitgliedstaaten, »an 2

---

1 Vgl. W. *Kaufmann-Bühler*, in: Grabitz/Hilf, EU, Art. J.2 EUV, Rn 7 (»Rechtsüberzeugung der Partner in der Union«); H. G. *Krenzler/H. C. Schneider*, Die Gemeinsame Außen- und Sicherheitspolitik der Europäischen Union, EuR 1994, S. 144 (151) (»eine gewisse Anhebung des Verpflichtungsgrades« im Vergleich zu Art. 30 Abs. 1 lit. c EEA); L. *Schmahl*, Die Rechtsquellen der Europäischen Union und der Bundesrepublik Deutschland, VR 1995, S. 193 (198). Vgl. auch G. *Burghardt/G. Tebbe*, in: GTE, EU-/EGV, Art. J.2, Rn. 7 (im Einzelfall könne leichter von einem gemeinsamen Standpunkt als von einer gemeinsamen Aktion abgewichen werden), die aber (ebd., Vorbemerkung zu den Art. J bis J.11, Rn. 25) auch auf Gründe, an der Rechtsverbindlichkeit zu zweifeln, hinweisen.
2 Vgl. aber demgegenüber Art. 1 Abs. 2 von Ratsbeschluß 94/315/GASP vom 30.5.1994, ABl.EG Nr. L 139/10 (zu UN-Sicherheitsratsbeschluß Nr. 917 [1994] vom 6.5.1994 betreffend Haiti): »Die Mitgliedstaaten erlassen unverzüglich die erforderlichen Rechts- und Verwaltungsvorschriften, um die unter Nummer 4 der genannten Resolution aufgeführten Gelder und Finanzmittel einzufrieren.« Vgl. auch die auf Art. 73g EGV gestützte Empfehlung (!) des Rates 94/313/ EG vom 30.5.1994, ABl.EG Nr. L 139/7 über die Einstellung bestimmter Handels- und Finanzbeziehungen zu Haiti. – Einen anderen Differenzierungsversuch unternimmt L. *Münch*, Die gemeinsame Aktion im Rahmen der GASP: Inhalt, Rechtsnatur und Reformbedürftigkeit, EuR 1996, S. 415 (418).

einem Strang zu ziehen«.³ So kann z. B. (ohne festzulegen, wie dies zu geschehen habe) vorgegeben werden, für eine bestimmte Rechtsauffassung einzutreten⁴.

3 An einen gemeinsamen Standpunkt gebunden – und zwar grundsätzlich bereits ab dem Zeitpunkt seiner Annahme, nicht erst seiner Veröffentlichung im Amtsblatt der EU⁵ – sind zunächst nur *die einzelnen Mitgliedstaaten*. Dagegen können gemeinsame Standpunkte nach dem klaren Wortlaut weder die Kommission noch erst recht die Gemeinschaften *unmittelbar* verpflichten.⁶ Während der Rat als Ganzer über Beschlüsse nach Art. 15 verfügen kann und Gründe für seine Selbstbindung nicht ersichtlich sind, ist der *Vorsitz* bei seinen Handlungen an das »Konzept der Union« gebunden (vgl. Art. 18 Abs. 2).

III. Funktion und Inhalt gemeinsamer Standpunkte

4 Satz 2 definiert den möglichen Inhalt gemeinsamer Standpunkte und verdeutlicht damit deren **Leit- und Bündelungsfunktion**. Ein gemeinsamer Standpunkt legt nämlich »das Konzept der Union für eine bestimmte Frage« fest. Konzept ist hier im Sinne sowohl eines *Zusammenfassens* der nationalen Politiken als auch eines *Plans* zur Lösung eines Problems zu verstehen.⁷ Bestätigt wird dies durch Art. 19 Abs. 1 (wortgleich mit Art. J.2 Abs. 3 a. F.). Nach dessen UAbs. 1 Satz 2 treten die Mitgliedstaaten in internationalen Organisationen und auf internationalen Konferenzen für die gemeinsamen Standpunkte ein, was ein gleichsinniges, »koordiniertes« (vgl. Art. 19 Abs. 1 UAbs. 1 Satz 1), also *gebündeltes* Auftreten sicherstellt. Ergänzend stellt Art. 19 Abs. 1 UAbs. 1 sicher, daß in internationalen Organisationen oder auf internationalen Konferenzen ein gemeinsamer Standpunkt auch dann zur Geltung kommt, wenn nicht alle Mitgliedstaaten dort vertreten sind. Denn die übrigen Mitgliedstaaten haben dort dann für den gemeinsamen Standpunkt einzutreten. D. h., sie müssen den aufgrund von Art. 15 festgelegten *Plan* zur Lösung einer »bestimmten Frage geographischer oder thematischer Art« vortragen, jedenfalls aber in dessen Sinn handeln. Nach Art. 19 Abs. 2 UAbs. 2 Satz 2 sind die Mitgliedstaaten, die Ständige Mitglieder des UN-Sicherheitsrats sind, gehalten, sich auch in dieser Funktion für »die Standpunkte« der Union einzusetzen. Wenn dies »unbeschadet ihrer Verantwortlichkeiten aufgrund der Charta der Vereinten Nationen« gilt, so kommt darin zumindest ein genereller Wesenszug gemeinsamer Standpunkte zum Ausdruck: Die Verfolgung des vorgegebenen »Konzepts« verlangt von den Mitgliedstaaten niemals einen Bruch des Völkerrechts. Ebenso müssen gemeinsame Standpunkte das Gemeinschaftsrecht respektieren (arg. ex Art. 10 EGV; s. auch Art. 47 EUV, Rn. 1).

---

3 Vgl. zum Ganzen: *Europäische Kommission*, Regierungskonferenz 1996, Bericht der Kommission an die Reflexionsgruppe, 1995 (= SEK (95) 731 endg.), S. 65 (Rn. 156); *F. Fink-Hooijer*, The Common Foreign and Security Policy of the European Union, EJIL 5 (1994), S. 173 (180); *Pechstein/Koenig*, EU, Rn. 231 ff.; *T. Stein*, Das Zusammenspiel von Mitgliedstaaten, Rat und Kommission bei der Gemeinsamen Außen- und Sicherheitspolitik der Europäischen Union, EuR, Beiheft 2/1995, S. 69 (73 mit Fn. 25); *Streinz*, Europarecht, Rn. 422 b. – Gegen die Verbindlichkeit: *R. Streinz*, Die Europäische Union nach dem Vertrag von Maastricht, ZfRV 1995, S. 1 (10).
4 Entsprechend: *Pechstein/Koenig*, EU, Rn. 234. Vgl. auch den drittletzten Abs. des Ratsbeschlusses 94/697/GASP vom 24.10.1994, ABl.EG Nr. L 283/1.
5 Vgl. Art. 9 des Gemeinsamen Standpunkts 1999/452/GASP vom 12.7.1999, ABl.EG Nr. L 178/1 (zu Ruanda).
6 Dazu und zur Vereinbarung eines *mode d'emploi* zu gemeinsamen Standpunkten zwischen Rat und Kommission: *Burghardt/Tebbe* (Fn. 1), Rn. 9; *C. A. W. Timmermans*, The Uneasy Relationship Between the Communities and the Second Union Pillar: Back to the ›Plan Fouchet‹?, Legal Issues of European Integration 1996, S. 61 (62 ff.).
7 Nicht übersehen werden sollte, daß der Begriff »Konzept« der deutschen Fassung eigentümlich ist. Im Englischen heißt es »*approach*«, im Französischen »*position*«.

IV. Die Praxis gemeinsamer Standpunkte unter der GASP

Praktisch genutzt worden ist das Instrument des gemeinsamen Standpunkts im Zu- 5
sammenhang mit dem Erlaß von **Wirtschaftssanktionen der EG** und dabei insbesondere zur Umsetzung von UN-Sicherheitsratsbeschlüssen. Im Vorfeld und als Vorbedingung für den Gebrauch von Art. 301 (ex-Art. 228a; dazu Art. 301, Rn. 2, 7) und Art. 60 (ex-Art. 73g) EG-Vertrag sahen gemeinsame Standpunkte vor, daß Kapital-, Zahlungsverkehrs- und Wirtschaftsembargomaßnahmen getroffen[8] oder im Gegenzug (ganz oder teilweise) ausgesetzt[9], abgeändert[10] oder wieder aufgehoben werden[11]. – Gestützt auf Art. J.2 a. F., der nunmehr in Art. 15, 16 und 19 aufgegangen

---

8 Beschlüsse des Rates 93/614/GASP vom 22.11.1993, ABl.EG Nr. L 295/7 (zu UN-Sicherheitsratsbeschluß 883[93] vom 11.11.1993 betreffend Libyen); 94/315/GASP (Fn. 2); 94/672/GASP vom 10.10.1994, ABl.EG Nr. L 266/10 (zu UN-Sicherheitsratsbeschluß Nr. 942 [1994] betreffend die von bosnisch-serbischen Streitkräften kontrollierten Gebiete der *Republik Bosnien-Herzegowina*); Art. 3 des Gemeinsamen Standpunkts 97/826/GASP vom 8.12.1997, ABl.EG Nr. L 344/6 (zu UN-Sicherheitsratsbeschluß Nr. 1132 [1997] betreffend *Sierra Leone*); Gemeinsamer Standpunkt 97/759/GASP vom 30.10.1997, ABl.EG Nr. L 309/8 (zu UN-Sicherheitsratsbeschlüssen 864 [1993], 1127 [1997] und 1130 [1997] betreffend *Angola*) sowie Gemeinsamer Standpunkt 98/425/GASP vom 3.7.1998, ABl.EG Nr. L 190/1 (zu UN-Sicherheitsratsbeschluß 1173 [1998] betreffend *Angola*); Art. 2 und 3 des Gemeinsamen Standpunkts 98/240/GASP vom 19.3.1998, ABl.EG Nr. L 95/1 sowie die Gemeinsamen Standpunkte 98/326/GASP vom 7.5.1998, ABl.EG Nr. L 143/1, 98/374/GASP vom 8. 6. 1998, ABl.EG Nr. L 165/1, und 98/426/GASP vom 29.6.1998, ABl.EG Nr. L 190/3 (betreffend die *Bundesrepublik Jugoslawien und Serbien* [Kosovo] – aufgehoben durch Art. 2 des Gemeinsamen Standpunkts 2000/176/GASP vom 28.2.2000, ABl.EG Nr. L 56/1); Gemeinsamer Standpunkt 1999/273/GASP vom 23. 4. 1999, ABl.EG Nr. L 108/1 (betreffend die *Bundesrepublik Jugoslawien*), geändert durch Art. 1 des Gemeinsamen Standpunkts 1999/604/GASP vom 3.9.1999, ABl.EG Nr. L 236/1; Gemeinsamer Standpunkt 1999/318 vom 10. 5. 1999, ABl.EG Nr. L 123/1 (betreffend die *Bundesrepublik Jugoslawien*), geändert durch Art. 2 des Gemeinsamen Standpunkts 1999/604/GASP vom 3.9.1999, ABl.EG Nr. L 236/1; Gemeinsamer Standpunkt 1999/727/GASP vom 15. 11. 1999, ABl.EG Nr. L 294/1 (zu UN-Sicherheitsratsbeschluß 1267 [1999] betreffend *Afghanistan*), Gemeinsamer Standpunkt 2001/154/GASP vom 26. 2. 2001, ABl.EG Nr. L 57/1 (zu UN-Sicherheitsratsbeschluß 1333 [2000] betreffend *Afghanistan*), geändert durch Gemeinsamen Standpunkt 2001/771/GASP vom 5.11.2001, ABl.EG Nr. L 289/36; Gemeinsame Standpunkte 2001/930/GASP vom 27.12.2001, ABl.EG Nr. L 344/90 und 2001/931/GASP vom 27.12.2001, ABl.EG Nr. L 344/93 (zur Terrorismusbekämpfung); Gemeinsamer Standpunkt 2000/455/GASP vom 20.7.2000, ABl.EG Nr. L 183/2 (Einfuhrverbot für Rohdiamanten aus *Sierra Leone*), erneuert durch Gemeinsamen Standpunkt 2002/22/GASP vom 11.1.2002, ABl.EG Nr. L 10/81; Gemeinsamer Standpunkt 2001/357/GASP vom 7.5.2001, ABl.EG Nr. L 126/1 (zu UN-Sicherheitsratsbeschluß 1343 [2001] betreffend *Liberia*). – Vgl. auch Beschluß des Rates 94/366/GASP vom 13.6.1994, ABl.EG Nr. L 165/1 (zu UN-Sicherheitsratsbeschluß Nr. 757 [1992] betreffend Bundesrepublik Jugoslawien [Serbien/Montenegro]).

9 So im Hinblick auf die *Bundesrepublik Jugoslawien (Serbien/Montenegro)*: Beschluß des Rates 94/673/GASP vom 10.10.1994, ABl.EG Nr. L 266/11 (zu UN-Sicherheitsratsbeschluß Nr. 943 [1994]). Die Aussetzung wurde verlängert durch: Beschluß des Rates 95/11/GASP vom 23.1.1995 (zu UN-Sicherheitsratsbeschlüssen Nr. 943 [1994] und 970 [1995]); Gemeinsamen Standpunkt 95/150/GASP vom 28.4.1995, ABl.EG Nr. L 99/2 (zu UN-Sicherheitsratsbeschlüssen Nr. 943 [1994], 970 [1995] und 988 [1995]); Gemeinsamen Standpunkt 95/254/GASP vom 7.7.1995, ABl.EG Nr. L 160/2 (zu UN-Sicherheitsratsbeschlüssen Nr. 943 [1994], 970 [1995], 988 [1995] und 1003 [1995]); Gemeinsamen Standpunkt 95/378/GASP vom 19.9.1995, ABl.EG Nr. L 227/2 (zu UN-Sicherheitsratsbeschlüssen Nr. 943 [1994], 970 [1995], 988 [1995], 1003 [1995] und 1015 [1995]). Weitere Aussetzungen von Wirtschaftssanktionen durch: Gemeinsamen Standpunkt 95/213/GASP vom 12.6.1995, ABl.EG Nr. L 138/2 (zu UN-Sicherheitsratsbeschluß 992 [1995]); Gemeinsamen Standpunkt 95/511/GASP vom 4.12.1995, ABl.EG Nr. L 297/4 (zu UN-Sicherheitsratsbeschluß 1022 [1995] vom 22.11.1995 betreffend die Bundesrepublik Jugoslawien [Serbien/Montenegro]); Art. 1 des Gemeinsamen Standpunkts 2000/176/GASP vom 28.2.2000, ABl.EG Nr. L 56/1; Art. 1 des Gemeinsamen Standpunkts 2000/454/GASP vom 27.7.2000, ABl.EG Nr. L 183/1. – *Zu Libyen*: Gemeinsamer Standpunkt 1999/261/GASP vom 16.4.1999, ABl.EG Nr. L 103/1, geändert durch Gemeinsamen Standpunkt 1999/611/GASP vom 13.9.1999, ABl.EG Nr. L 232/31.

Fußnoten 10 und 11 siehe nächste Seite.

Art. 15 EU-Vertrag

ist, wurden ferner **Waffenembargos** gegen Sudan, Nigeria, Afghanistan, Sierra Leone, Indonesien, Äthiopien und Eritrea sowie gegen Liberia verhängt[12] und zuvor schon bestehende Waffenembargos für Ex-Jugoslawien und Birma/Myanmar beibehalten[13]

---

10 Darauf lief die durch den Gemeinsamen Standpunkt 95/213/GASP (Fn. 9) beschlossene Aussetzung hinaus (vgl. VO (EG) Nr. 1380/95 vom 12.6.1995, ABl.EG Nr. L 138/1). S. auch den Gemeinsamen Standpunkt 96/741/GASP vom 17.12.1996, ABl.EG Nr. L 337/5 betreffend Ausnahmen von dem Embargo gegenüber Irak, aufgrund dessen die VO (EG) Nr. 2465/96 (vom 17.12.1996, ABl.EG Nr. L 337/1) – unter Aufhebung der EWG-Embargoverordnungen Nr. 2340/90 und Nr. 3155/90 aus dem Jahre 1990 – die Wirtschaftssanktionen auf eine neue Grundlage stellte.
11 Beschluß des Rates 94/681/GASP vom 14.10.1994, ABl.EG Nr. L 271/3 (zu UN-Sicherheitsratsbeschluß 944 [1994] vom 28.9.1994 betreffend Haiti); Gemeinsamer Standpunkt 96/708/GASP vom 9.12.1996, ABl.EG Nr. L 328/5 (zu UN-Sicherheitsratsbeschluß Nr. 1022 [1995] und Nr. 1074 [1996] betreffend die Bundesrepublik Jugoslawien [Serbien/Montenegro] und die Schutzzonen der UN in der Republik Kroatien und den von den bosnisch-serbischen Einheiten kontrollierten Gebieten der Republik Bosnien-Herzegowina); Gemeinsamer Standpunkt 98/300/GASP vom 27.4.1998, ABl.EG Nr. L 136/2 (zu UN-Sicherheitsratsbeschluß 1156 [1998] betreffend Sierra Leone); Gemeinsamer Standpunkt 2000/599/GASP vom 9.10.2000 (Art. 3), ABl.EG Nr. L 261/1, und 2000/696/GASP vom 10.11.2000 (Art. 2, ABl.EG Nr. L 287/1 (jeweils Teilaufhebung und Beschränkung auf Maßnahmen gegen Milosevic und Personen seines Umfelds). – Kritisch zur Schwerfälligkeit der Sanktionspraxis: *Europäische Kommission* (Fn. 3), S. 57 (Rn. 132).
12 *Zu Sudan*: Beschluß des Rates 94/165/GASP vom 15. 3. 1994, ABl.EG Nr. L 75/1. *Zu Nigeria*: Nr. 3 b ii des Gemeinsamen Standpunkts 95/515/GASP vom 20.11.1995, ABl.EG Nr. L 298/1 (s. Art. 2 lit. c des Gemeinsamen Standpunkts 98/614/GASP vom 30.10.1998, ABl.EG Nr. L 293/77, dieser aufgehoben durch Ratsbeschluß 1999/347 vom 17.5.1999, ABl.EG Nr. L 133/5). *Zu Afghanistan*: Gemeinsamer Standpunkt 96/746/GASP vom 17.12.1996, ABl.EG Nr. L 342/1, ergänzt durch Art. 2 und 8 des Gemeinsamen Standpunkts 2001/154/GASP (Fn. 8), geändert durch Gemeinsamen Standpunkt 2001/771/GASP (Fn. 8) (s. auch Gemeinsamen Standpunkt 1999/73/GASP vom 25.1.1999, ABl.EG Nr. L 23/1, ersetzt durch Gemeinsamen Standpunkt 2000/55/GASP vom 24.1.2000, ABl.EG Nr. L 21/1; dieser ersetzt durch Gemeinsamen Standpunkt 2001/56/GASP vom 22.1.2001, ABl.EG Nr. L 21/1, geändert durch Gemeinsamen Standpunkt 2001/771/GASP [Fn. 8]). *Zu Sierra Leone*: Art. 2 des Gemeinsamen Standpunkts 97/826/GASP (Fn. 8); Gemeinsamer Standpunkt 98/409/GASP vom 29. 6. 1998, ABl.EG Nr. L 187/1. zu UN-Sicherheitsratsbeschluß 1171 [1998]; den Gemeinsamen Standpunkt 97/826/GASP [Fn. 8] aufhebend). *Zu Äthiopien und Eritrea*: Gemeinsamer Standpunkt 1999/206/GASP vom 15.3.1999, ABl.EG Nr. L 72/1; verlängert durch Gemeinsame Standpunkte1999/650/GASP vom 30.9.1999, ABl.EG Nr. L 257/1, und 2000/230/GASP vom 20.3.2000, ABl.EG Nr. L 73/1; verlängert und geändert durch Gemeinsamen Standpunkt 2000/584/GASP vom 29.9.2000, ABl.EG Nr. L 246/69. *Zu Indonesien*: Gemeinsamer Standpunkt 1999/624/GASP vom 16.9.1999, ABl.EG Nr. L 245/53 (ausgesetzt wurde auch die bilaterale militärische Zusammenarbeit). *Zu Liberia*: Art. 1 Abs. 1 des Gemeinsamen Standpunkts 2001/357/GASP vom 7.5.2001, ABl.EG Nr. L 126/1.
13 *Zu Ex-Jugoslawien*: Nr. 2 lit. i des Gemeinsamen Standpunkts 96/184/GASP vom 26.2.1996, ABl.EG Nr. L 58/1 (gestützt auf gemäß UN-Sicherheitsratsbeschluß Nr. 1021 [1995] vom 22.11.1995). S. dort Nr. 2 lit. ii zur Koordinierung der Waffenexportpolitik der Mitgliedstaaten. Hier wurde ähnlich wie bei Afghanistan (Fn. 12) beschlossen, die EU (dort: »die Mitgliedstaaten«) werde sich bemühen, andere Länder zu einer ähnlichen Embargopolitik zu veranlassen (Nr. 2 lit. iii). Bestätigt durch Art. 1 des Gemeinsamen Standpunkts 98/240/GASP (Fn. 8). Aufgehoben in bezug auf Serbien durch Ratsbeschluß 98/498/GASP vom 10.8.1998, ABl.EG Nr. L 225/1. Geändert durch Ratsbeschluß 1999/481/GASP vom 19.7.1999, ABl.EG Nr. L 188/3. – *Zu Birma/Myanmar*: Nr. 5 a ii des Gemeinsamen Standpunkts 96/635/GASP vom 28. 10. 1996, ABl.EG Nr. L 287/1, berichtigt in ABl.EG Nr. L 315/4 vom 4.12.1996; geändert durch Ratsbeschlüsse 98/107/GASP vom 26.1.1998, ABl.EG Nr. L 32/13, 98/612/GASP vom 26. 10. 1998, ABl.EG Nr. L 291/1, und 2000/346/GASP vom 26.4.2000, ABl.EG Nr. L 122/1; zuletzt verlängert durch Ratsbeschluß 2000/601vom 9.10.2000, ABl.EG Nr. L 257/1.

EU-Vertrag Art. 15

oder modifiziert[14]. – Der **Koordinierung der mitgliedstaatlichen Außenpolitiken** dienten gemeinsame Standpunkte zu Zielen und Prioritäten der EU in bezug auf Afghanistan, Albanien, Angola, Äthiopien und Eritrea, Birma/Myanmar, Burundi, Jugoslawien, Kongo, Kuba, Nigeria, Ost-Timor, Ruanda, Südosteuropa und die Ukraine[15] sowie in bezug auf die Konfliktverhütung und Konfliktlösung sowie die Förderung von Menschenrechten, Demokratie und Rechtsstaatlichkeit in Afrika[16].

---

14 Gemeinsamer Standpunkt 2000/722/GASP vom 20.11.2000, ABl.EG Nr. L 292/1 (zu Waffenexporten nach Ex-Jugoslawien, Gemeinsamer Standpunkt 96/184/GASP [Fn. 13]). Vgl. zum Ganzen: *P. Gilsdorf/P. J. Kuijper*, in: GTE, EU-/EGV, Art. 228 a, Rn. 9.

15 In alphabetischer Reihenfolge: *Zu Afghanistan*: Gemeinsamer Standpunkt 98/108/GASP vom 26.1.1998, ABl.EG Nr. L 32/14, ersetzt durch Gemeinsamen Standpunkt 1999/73/GASP und die ihn ersetzende Folgeakte (Fn. 12); sowie Gemeinsamer Standpunkt 2001/154/GASP vom 26.2.2001, ABl.EG Nr. L 57/1. *Zu Albanien*: Gemeinsamer Standpunkt 97/357/GASP vom 2.6.1997, ABl.EG Nr. L 153/4. *Zu Angola*: Gemeinsamer Standpunkt 95/413/GASP vom 2.10.1995, ABl.EG Nr. L 245/1, Gemeinsame Standpunkte 97/759/GASP vom 30. 10. 1997, ABl.EG Nr. L 309/8, und 98/425/GASP vom 3.7.1998, ABl.EG Nr. L 190/1 (UN-Sicherheitsratsbeschlüssen 864 [1993], 1127 [1997], 1130 [1997], 1173 [1998] und 1176 [1998]); Gemeinsamer Standpunkt 2000/391/GASP vom 19.6.2000, ABl.EG Nr. L 146/1 (zu UN-Sicherheitsratsbeschluß 1295 [2000]; Gemeinsamen Standpunkt 95/413/GASP aufhebend). *Zu Äthiopien und Eritrea*: Gemeinsamer Standpunkt 2000/420/GASP vom 29.6.2000, ABl.EG Nr. L 161/1. *Zu Birma/Myanmar*: Gemeinsamer Standpunkt 96/635/GASP (Fn. 13). *Zu Burundi*: Gemeinsamer Standpunkt 95/91/GASP vom 24.3.1995, ABl.EG Nr. L 72/1; s. auch den Beschluß des Rates 95/206/GASP vom 6.6.1995, ABl.EG Nr. L 130/2: »*über die Durchführung*« dieses Gemeinsamen Standpunktes (Finanzbeiträge an die OAU). *Zu Jugoslawien*: z.B. Gemeinsamer Standpunkt 1999/691 vom 22.10.1999, ABl.EG Nr. L 273/1 – s.a. die (Erdöllieferungen betreffenden) Durchführungsbeschlüsse des Rates 2000/82/GASP vom 1.2.2000, ABl.EG Nr. L 26/1, und 2000/457/GASP vom 20.7.2000, ABl.EG Nr. L 183/4, sowie u. Fn. 22 (zu Einreiseverweigerungen). *Zum Kongo*: Gemeinsame Standpunkte 1999/722/GASP vom 8.11.1999, ABl.EG Nr. L 286/1, und 1999/728/GASP vom 15.11.1999, ABl.EG Nr. L 294/2 (zur Unterstützung des Umsetzung des Waffenstillstandsabkommens von Lusaka und des Friedensprozesses in der Demokratischen Republik Kongo), letzterer ersetzt durch Gemeinsamen Standpunkt 2001/83/GASP vom 29. Januar 2001. *Zu Kuba*: Gemeinsamer Standpunkt 96/697/GASP vom 2.12.1996, ABl.EG Nr. L 322/1 ergänzt durch Art. 2 des Ratsbeschlusses 98/612/GASP (Fn. 13). *Zu Nigeria*: s. Fn. 17. *Zu Ost-Timor*: Gemeinsame Standpunkte 96/407/GASP vom 25.6.1996, ABl.EG Nr. L 168/2; 1999/479/GASP vom 19.7.1999, ABl.EG Nr. L 188/1. *Zu Ruanda*: Beschluß des Rates 94/697/GASP (Fn. 4) (mit Anhang); Gemeinsamer Standpunkt 98/252/GASP vom 30.3.1998, ABl.EG Nr. L 108/1, ersetzt durch Gemeinsamen Standpunkt 1999/452/GASP vom 12.7.1999, ABl.EG Nr. L 178/1, dieser wiederum ersetzt durch Gemeinsamen Standpunkt 2000/558/GASP vom 18.9.2000, ABl.EG Nr. L 236/1; dieser ersetzt durch Gemeinsamen Standpunkt 2001/799/GASP vom 19.11.2001, ABl.EG Nr. L 303/1. *Zu Südosteuropa*: Gemeinsamer Standpunkt 98/633/GASP vom 9.11.1998, ABl.EG Nr. L 302/1 (betreffend den Royaumont-Prozeß für Stabilität und gute Nachbarschaft im Südosten Europas [Bosnien und Herzegowina]), s. dazu die Durchführungsbeschlüsse des Rates 1999/361/GASP vom 31.5.1999, ABl.EG Nr. L 141/1 (Sonderbeauftragter für den Royaumont-Prozeß) und 1999/694/GASP vom 22.10.1999, ABl.EG Nr. L 275/1 (Projektunterstützung); den Gemeinsamen Standpunkt 98/633/GASP hob auf der Gemeinsame Standpunkt 2000/387/GASP vom 16.6.2000, ABl.EG Nr. L 144/35. Weiterhin unterstützt wird der Stabilitätspakt für Südosteuropa (s. Art. 14, Rn. 2), Gemeinsamer Standpunkt 1999/345/GASP vom 17.5.1999, ABl.EG Nr. L 133/1. *Zur Ukraine*: Gemeinsamer Standpunkt 94/779/GASP vom 28.11.1994, ABl.EG Nr. L 313/1; lit. B entspricht Art. J.2 Abs. 2 UAbs. 2 a.F. (nunmehr Art. 15 Satz 3).

16 Gemeinsamer Standpunkt 97/356/GASP vom 2.6.1997, ABl.EG Nr. L 153/1 (Art. 1 Abs. 4 formuliert das ehrgeizig klingende, letztlich aber vage bleibende Ziel, »einen proaktiven, umfassenden und integrierten Ansatz, der auch als gemeinsamer Rahmen für Maßnahmen einzelner Mitgliedstaaten dient«, zu entwickeln). – S. aber auch den Durchführungsbeschluß des Rates 97/690/GASP vom 20.10.1997 (Unterstützung der OAU durch Stärkung ihrer Kommunikationskapazitäten). – Gemeinsamer Standpunkt 98/350/GASP vom 25.5.1998, ABl.EG Nr. L 158/1 – S. auch den Gemeinsamen Standpunkt 2001/758/GASP zur Bekämpfung des unerlaubten Handels

Greift man als Beispiel die gemeinsamen Standpunkte zu **Nigeria**[17] heraus, so sehen diese u. a. folgende Maßnahmen vor: Visabeschränkungen und Einreiseverweigerungen gegenüber Regierungsangehörigen und deren Familien, die Aussetzung der Entwicklungszusammenarbeit, die Ausweisung des gesamten militärischen Personals bei den diplomatischen Vertretungen Nigerias in den EU-Mitgliedstaaten, den Rückruf des gesamten militärischen Personals bei den diplomatischen Vertretungen der EU-Mitgliedstaaten in Nigeria und die Unterbrechung aller Kontakte im Bereich des Sports. Ferner wird festgestellt, daß die EU aktiv die Annahme einer Resolution zu Nigeria durch die UN-Generalversammlung und die Aufnahme der Lage in Nigeria als Tagesordnungspunkt der Kommission für Menschenrechte anstrebe. – Der Form gemeinsamer Standpunkte hat sich der Rat auch im Bereich der Rüstungskontrollpolitik bedient. So legte er fest, daß die Mitgliedstaaten sich aktiv für die Annahme eines Zusatzprotokolls zum UN-Waffenübereinkommen (s. Art. 14, Rn. 5, Fn. 24) betreffend **Blendlaser** einsetzen[18] und daß sie sich um eine Stärkung des **B-Waffen-Übereinkommens**[19] (insbesondere im Hinblick auf ein Verifikationsprotokoll) bemühen[20]. – Beschlüsse, mit denen bestimmte **Personen »zur Verweigerung der Einreise** in die Hoheitsgebiete der Mitgliedstaaten **ausgeschrieben«** werden, scheinen in den Schnittbereich zwischen GASP und PJZS zu fallen. Betroffen waren z. B. Beteiligte an Gewalt-

---

Fortsetzung von Fußnote 16
    mit Diamanten als Beitrag zur Verhütung und Beilegung von Konflikten vom 29.10.2001, ABl.EG Nr. L 286/2.
17 Gemeinsamer Standpunkt 95/515/GASP (Fn. 12) und 95/544/GASP vom 4.12.1995, ABl.EG Nr. L 309/1 (dieser wurde verlängert durch die Gemeinsamen Standpunkte 96/361/GASP vom 3.6.1996, ABl.EG Nr. L 143/1; 96/677/GASP vom 25.11.1996, ABl.EG Nr. L 315/3; 97/358/GASP vom 2. 6. 1997, ABl.EG Nr. L 153/6, sowie durch Ratsbeschluß 97/821/GASP vom 28.11.1997, ABl.EG Nr. L 338/8; teilweise Aufhebung durch Gemeinsamen Standpunkt 98/614/GASP vom 30.10.1998, ABl.EG Nr. L 293/77). S. dazu auch den Durchführungsbeschluß des Rates 97/820/GASP vom 28.11.1997, ABl.EG Nr. L 338/7. – Ähnlich: Nr. 5 b des Gemeinsamen Standpunkts 96/635/GASP (Fn. 13) zu Birma/Myanmar. – S. nunmehr Gemeinsamen Standpunkt 2001/373/GASP vom 14.5.2001, ABl.EG Nr. L 132/1.
18 Gemeinsamer Standpunkt 95/379/GASP vom 18.9.1995, ABl.EG Nr. L 227/3. – Nunmehr verpflichtet Art. 3 der *Gemeinsamen Aktion* 97/817/GASP vom 28.11.1997, ABl.EG Nr. L 338/1 zum Bemühen um Ratifikation des neuen Protokolls IV über Blendlaser.
19 *Convention on the Prohibition of the Development, Production and Stockpiling of Bacteriological (Biological) and Toxin Weapons and on their Destruction* vom 10.4.1972 (deutsches Zustimmungsgesetz vom 21.2.1983, BGBl. II, S. 132; Bekanntmachung vom 19.5.1983 über das Inkrafttreten für die Bundesrepublik Deutschland am 7.4.1983, BGBl. II, S. 436).
20 Gemeinsamer Standpunkt 96/408/GASP vom 25.6.1996, ABl.EG Nr. L 168/3; Gemeinsamer Standpunkt 1998/197/GASP vom 4.3.1998, ABl.EG Nr. L 75/2, ersetzt durch Gemeinsamen Standpunkt 1999/346/GASP vom 17.5.1999, ABl.EG Nr. L 133/3. – Gemeinsame Standpunkte dienten ferner dazu, 1) die Vorbereitung für die Konferenz zur Überprüfung des Vertrags über die *Nichtverbreitung von Kernwaffen* (s. Art. 14 Rn. 2, Fn. 5 f.) im April/Mai 2000 zu koordinieren (s. Gemeinsamen Standpunkt 98/289/GASP vom 23. 4. 1998, ABl.EG Nr. L 129/1, aufgehoben durch Gemeinsamen Standpunkt 2000/297/GASP vom 13.4.2000, ABl.EG Nr. L 97/1, und zu dieser Konferenz: *Neue Zürcher Zeitung* vom 16. 5. 2000, S. 9, und vom 22.5.2000, S. 1); 2) nach den Atomwaffenversuchen Indiens und Pakistans die Nichtverbreitung und Vertrauensbildung in der Region Südasiens zu fördern (Gemeinsamer Standpunkt 98/606/ GASP vom 26.10.1998, ABl.EG Nr. L 290/1); 3) auf die Ratifikation des Vertrags über das umfassende Verbot von Nuklearversuchen (*Comprehensive Nuclear Test-Ban-Treaty*, CTBT, BGBl. 1998 II, 1211) hinzuwirken und die Einrichtung eines Systems zur Verifikation der Vertragseinhaltung zu fördern (Gemeinsamer Standpunkt 1999/533/GASP vom 29.7.1999, ABl.EG Nr. L 204/1 mit Durchführungsbeschluß 2001/286/GASP vom 9.4.2001, ABl.EG Nr. L 99/3); 4) neue Impulse zu Schaffung und Stärkung nuklearer Sicherheit zu geben (s. den soeben genannten Gemeinsamen Standpunkt 2000/297/GASP). – S. auch den Gemeinsamen Standpunkt 2001/567/GASP betreffend die Bekämpfung der Verbreitung ballistischer Raketen vom 23.7.2001, ABl.EG Nr. L 202/1.

taten in Mostar am 10.2.1997[21] und Personen in Bosnien-Herzegowina, die den Friedensabkommen zuwiderhandeln[22]. – Inhaltlich sehr speziell ist der gemeinsame Standpunkt, der in bezug auf den Beitritt der EAG zur Organisation für die Entwicklung der Energiewirtschaft auf der **Koreanischen Halbinsel** (KEDO), insonderheit auf deren Exekutivausschuß[23], angenommen wurde. Denn er bestimmt, daß in Angelegenheiten, die nicht in die Zuständigkeit der EAG fallen, die Stellungnahme im KEDO-Exekutivausschuß vom Rat festgelegt und vom Vorsitz vorgetragen wird. – Unterstützt wird die Errichtung eines Internationalen Strafgerichtshofs.[24] Maßnahmen zur Bekämpfung des Terrorismus wurden getroffen.[25]

In technisch-formaler Hinsicht fallen einige Elemente gemeinsamer Standpunkte besonders ins Auge. So gibt der Rat seit Ende 1994 zunehmend seinen Beschlüssen (statt »Beschluß des Rates«) die Überschrift »Gemeinsamer Standpunkt«, auf Grund von Anhang II C. c) der Geschäftsordnung des Rates[26] nunmehr »Gemeinsamer Standpunkt *des Rates*«, und leitet sie mit dem Satz ein: »Der Rat der Europäischen Union ... legt folgenden gemeinsamen Standpunkt fest: ... .«[27] oder: »... hat folgenden Gemeinsamen Standpunkt angenommen: ... .«[28] – Mit Blick auf die Kommission ist bedeutsam, daß z.T. aus-

6

---

21 Gemeinsamer Standpunkt 97/193/GASP vom 17.3.1997, ABl.EG Nr. L 81/1. – S. auch: Gemeinsamen Standpunkt 2001/542/GASP vom 16.7.2001, ABl.EG Nr. L 194/55 (Verbot einer Visaerteilung für Extremisten in Mazedonien).
22 Gemeinsamer Standpunkt 97/625/GASP vom 15.9.1997, ABl.EG Nr. L 259/1 – S. ferner Art. 4 des Gemeinsamen Standpunkts 98/240/GASP (Fn. 8) (betreffend hochrangige Vertreter der Bundesrepublik Jugoslawien und Serbiens, die man für repressive Sicherheitsmaßnahmen in Kosovo verantwortlich machte), aufgehoben durch Art. 3 des Gemeinsamen Standpunkts 2000/696/GASP vom 10.11.2000, ABl.EG Nr. L 287/1 (dessen Art. 1 das Einreiseverbot aufrechterhält für Milosevic und Personen seines Umfelds – dazu Ratsbeschluß 2000/697/GASP vom 10.11.2000, ABl.EG Nr. L 287/2); Art. 1 des Gemeinsamen Standpunkts 98/448/GASP) vom 9.7.1998, ABl.EG Nr. L 195/1 (betreffend Mitglieder von Regierung und Verwaltung Weißrußlands nach Maßnahmen gegen die Residenzen der Botschafter mehrerer EU-Staaten, aufgehoben durch Ratsbeschluß 1999/156/GASP vom 22.2.1999, ABl.EG Nr. L 52/1); Art. 1 des Gemeinsamen Standpunkts 98/725/GASP vom 14.12.1998, ABl.EG Nr. L 345/1 (betreffend Personen in der Bundesrepublik Jugoslawien, die gegen die unabhängigen Medien vorgehen), bestätigt und erweitert durch Art. 1 des Gemeinsamen Standpunkts 1999/318/GASP vom 10.5.1999, ABl.EG Nr. L 123/1 (betreffend die Bundesrepublik Jugoslawien) i.V. mit dem Ratsbeschluß 1999/319/GASP vom 10.5.1999, ABl.EG Nr. L 123/3 (zuletzt geändert durch Ratsbeschluß 2000/495/GASP vom 3.8.2000, ABl.EG Nr. L 200/1); Gemeinsamer Standpunkt 1999/318/GASP geändert durch Gemeinsamen Standpunkt 2000/56/GASP vom 24.1.2000, ABl.EG Nr. L 21/4, aufgehoben durch Art. 3 des Gemeinsamen Standpunkts 2000/696/GASP vom 10.11.2000, ABl.EG Nr. L 287/1 (dessen Art. 1 das Einreiseverbot aufrechterhält für Milosevic und Personen seines Umfelds – dazu Ratsbeschluß 2000/697/GASP vom 10.11.2000, ABl.EG Nr. L 287/2).
23 Gemeinsamen Standpunkt 97/484/GASP vom 24.7.1997, ABl.EG Nr. L 213/1; aufgehoben durch Gemeinsamen Standpunkt (!) 2001/869/GASP vom 6.12.2001, ABl.EG Nr. L 325/1.
24 Gemeinsamer Standpunkt 2001/443/GASP zum Internationalen Strafgerichtshof vom 11.6.2001, ABl.EG Nr. L 155/19.
25 Gemeinsame Standpunkte 2001/930/GASP vom 27.12.2001, ABl.EG Nr. L 344/90; 2001/931/GASP vom 27.12.2001, ABl.EG Nr. L 344/93.
26 Vom 5.6.2000, ABl.EG Nr. L 149/21.
27 Gemeinsamer Standpunkt 94/779/GASP (Fn. 15) zur Ukraine; Gemeinsamer Standpunkt 95/150/GASP (Fn. 9); Gemeinsamer Standpunkt 95/213/GASP (Fn. 9); Gemeinsamer Standpunkt 95/254/GASP (Fn. 9); Gemeinsamer Standpunkt 95/379/GASP (Fn. 18). – Noch im Beschluß des Rates 95/11/GASP (Fn. 9) hatte es geheißen: »Der Rat der Europäischen Union ... beschließt...«. – Vgl. demgegenüber aber: Art. 17 Abs. 1 der Geschäftsordnung des Rates vom 7.12.1993 (ABl.EG Nr. L 304/1). – Mit »Beschluß des Rates« überschrieben werden z. T. Verlängerungs- und Durchführungsbeschlüsse (s. z. B. Ratsbeschlüsse 97/821/GASP und 97/820/GASP [Fn. 17]).
28 Z.B. Gemeinsamer Standpunkt 1999/691/GASP vom 22.10.1999, ABl.EG Nr. L 273/1 (betreffend die Bundesrepublik Jugoslawien).

Art. 15 EU-Vertrag

drücklich festgestellt wird, welche Maßnahmen in bezug auf ein Krisengebiet die Kommission im Namen der EG bereits getroffen hat, in Erwägung zieht oder zu treffen bereit ist[29]. Ferner sehen gemeinsame Standpunkte vor, daß die Kommission und der Vorsitz dem Rat Bericht erstatten[30] oder daß der Vorsitz und die Kommission »im Rahmen ihrer jeweiligen Zuständigkeiten« die erforderlichen Durchführungsmaßnahmen treffen[31] oder auch die (nach dem Amsterdamer Vertrag nicht mehr vorgesehene, s. Art. 18, Rn. 4) »Ministertroika« (Art. J.5 Abs. 3 a. F.) tätig wird[32]. Teils wird auch die Notwendigkeit einer engen Abstimmung zwischen der Kommission und den Mitgliedstaaten betont.[33] Soweit die Kommission betroffen ist, enthalten diese Beschlußelemente keine unmittelbar verbindlichen Festsetzungen (s. oben Rn. 3), sondern treffen lediglich konkretisierende Festestellungen zur Koordination von Aktivitäten; an diese knüpfen freilich Pflichten aus dem Kohärenzgebot (Art. 3 Abs. 2) an. Soweit es um den Vorsitz geht, lassen sich die Regelungen als Ausformung seiner »Verantwortlichkeit« (Art. 18 Abs. 2) und am ehesten wohl als *ad hoc*-Geschäftsordnungsnormen des Rates (Art. 28 EUV i.V.m. Art. 207 Abs. 3 EGV) begreifen. – Schließlich sehen einige Beschlüsse ausdrücklich vor, daß sie nach Ablauf einer bestimmten Frist überprüft werden sollen.[34]

---

29 So etwa der Gemeinsame Standpunkt 97/357/GASP (Fn. 15) zu Albanien. S. auch Nr. 4.1, 2. Spiegelstrich des Gemeinsamen Standpunkts 95/91/GASP (Fn. 15) zu Burundi; Nr. 3 e und f des Gemeinsamen Standpunkts 96/697/GASP (Fn. 15) zu Kuba; Art. 7 Abs. 3 des Gemeinsamen Standpunkts 97/356/GASP (Fn. 16) zur Konfliktlösung und Konfliktverhütung in Afrika; Art. 5 der beiden Gemeinsamen Standpunkte 1999/722/GASP vom 8.11.1999, ABl.EG Nr. L 286/1, und 1999/728/GASP vom 15.11.1999, ABl.EG Nr. L 294/2, zum Kongo.
30 Z.B. Nr. 5 des Gemeinsamen Standpunkts 95/515/GASP (Fn. 12) und Nr. 3 des Gemeinsamen Standpunkts 95/544/GASP (Fn. 17) zu Nigeria; Nr. 6 des Gemeinsamen Standpunkts 96/635/GASP (Fn. 13) zu Birma/Myanmar. S. auch die Unterrichtungspflicht der Kommission nach Nr. 2 des Gemeinsamen Standpunkts 97/484/GASP (Fn. 23) zur KEDO.
31 Lit. C des Gemeinsamen Standpunkts 95/413/GASP (Fn. 15) zu Angola. Ähnlich: Nr. 4 des Gemeinsamen Standpunkts 95/91/GASP (Fn. 15) zu Burundi. Demarchen des Vorsitzes sieht vor: Art. 3 des Gemeinsamen Standpunkts 96/408/GASP (Fn. 20) zum Protokoll zum B-Waffen-Übereinkommen.
32 Z.B. Nr. 2 des Gemeinsamen Standpunkts 95/91/GASP (Fn. 15) zu Burundi.
33 Beschluß des Rates 94/697/GASP (Fn. 4) (3. Abs. des Anhangs).
34 Z.B. Art. 6 des Gemeinsamen Standpunkts 97/356/GASP (Fn. 16) zur Konfliktlösung und Konfliktverhütung in Afrika. Vgl. auch Nr. 1 Satz 2 des Gemeinsamen Standpunkts 97/625/GASP (Fn. 22) zu Beteiligten an Gewalttaten in Mostar.

Art. 16 (ex-Art. J.6)

Zu jeder außen- und sicherheitspolitischen Frage von allgemeiner Bedeutung findet im Rat eine gegenseitige Unterrichtung und Abstimmung zwischen den Mitgliedstaaten statt, damit gewährleistet ist, daß der Einfluß der Union durch konzertiertes und konvergierendes Handeln möglichst wirksam zum Tragen kommt.

Art. 16 ist selbstverständlicher Ausfluß der Förderungspflicht der Mitgliedstaaten aus Art. 11 Abs. 2. Die Pflicht, einander zu jeder nicht nur partikulär bedeutsamen, außen- und sicherheitspolitischen Frage zu unterrichten[1], ist unabdingbar dafür, daß wechselseitiges Vertrauen wachsen und bestehen bleiben kann. Damit bildet Art. 16 – auch wenn ihm mangels Justitiabilität kaum rechtliche Bedeutung[2] zukommt – gleichwohl den wichtigsten politischen Baustein im Fundament der GASP. Dies gilt auch für die Pflicht, sich rechtzeitig, bevor gehandelt wird, miteinander abzustimmen, ist sie doch der Idee einer *gemeinsamen* Außen- und Sicherheitspolitik immanent.[3] Die Unterrichtung und Abstimmung hat im Rat stattzufinden. Dabei können grundsätzlich alle Arbeitsebenen genutzt werden.[4]

---

1 Nach *F. Fink-Hooijer*, The Common Foreign and Security Policy of the European Union, EJIL 5 (1994), S. 173 (179), »a mechanism of classical diplomacy«.
2 Vgl. zur Rechtsqualität der Pflichten aus Art. 16: *T. Jürgens*, Die gemeinsame Europäische Außen- und Sicherheitspolitik, 1994, S. 209 ff., 227 f.
3 Vgl. auch *G. Burghardt/G. Tebbe*, in: GTE, EU-/EGV, Art. J.1, Rn. 6 (»einzige generelle Verpflichtung der Mitgliedstaaten im Rahmen der GASP«), Art. J.2, Rn. 2. ff.
4 Vgl. *Burghardt/Tebbe* (Fn. 3), Art. J.2, Rn. 4.

Art. 17 (ex-Art. J.7)

(1) Die Gemeinsame Außen- und Sicherheitspolitik umfaßt sämtliche Fragen, welche die Sicherheit der Union betreffen, wozu auch die schrittweise Festlegung einer gemeinsamen Verteidigungspolitik gehört[1, 2 ff.], die zu einer gemeinsamen Verteidigung führen könnte, falls der Europäische Rat dies beschließt. Er empfiehlt in diesem Fall den Mitgliedstaaten, einen solchen Beschluß gemäß ihren verfassungsrechtlichen Vorschriften anzunehmen.[1]

Die Politik der Union nach diesem Artikel berührt nicht den besonderen Charakter der Sicherheits- und Verteidigungspolitik bestimmter Mitgliedstaaten; sie achtet die Verpflichtungen einiger Mitgliedstaaten, die ihre gemeinsame Verteidigung in der Nordatlantikvertrags-Organisation (NATO) verwirklicht sehen, aus dem Nordatlantikvertrag und ist vereinbar mit der in jenem Rahmen festgelegten gemeinsamen Sicherheits- und Verteidigungspolitik.[5]

Die schrittweise Festlegung einer gemeinsamen Verteidigungspolitik wird in einer von den Mitgliedstaaten als angemessen erachteten Weise durch eine rüstungspolitische Zusammenarbeit zwischen ihnen unterstützt.[6]

(2) Die Fragen, auf die in diesem Artikel Bezug genommen wird, schließen humanitäre Aufgaben und Rettungseinsätze, friedenserhaltende Aufgaben sowie Kampfeinsätze bei der Krisenbewältigung einschließlich friedensschaffender Maßnahmen ein.[7]

(3) Beschlüsse mit verteidigungspolitischen Bezügen nach diesem Artikel werden unbeschadet der Politiken und Verpflichtungen im Sinne des Absatzes 1 Unterabsatz 2 gefaßt.[8]

(4) Dieser Artikel steht der Entwicklung einer engeren Zusammenarbeit zwischen zwei oder mehr Mitgliedstaaten auf zweiseitiger Ebene sowie im Rahmen der Westeuropäischen Union (WEU) und der NATO nicht entgegen, soweit sie der nach diesem Titel vorgesehenen Zusammenarbeit nicht zuwiderläuft und diese nicht behindert.[9]

(5) Zur Förderung der Ziele dieses Artikels werden dessen Bestimmungen nach Artikel 48 überprüft.[10]

Amsterdamer Fassung der Absätze 1, 3 und 4 des Art. 17:

(1) Die Gemeinsame Außen- und Sicherheitspolitik umfaßt sämtliche Fragen, welche die Sicherheit der Union betreffen, wozu auch die schrittweise Festlegung einer gemeinsamen Verteidigungspolitik im Sinne des Unterabsatzes 2 gehört, die zu einer gemeinsamen Verteidigung führen könnte, falls der Europäische Rat dies beschließt. Er empfiehlt in diesem Fall den Mitgliedstaaten, einen solchen Beschluß gemäß ihren verfassungsrechtlichen Vorschriften anzunehmen.

Die Westeuropäische Union (WEU) ist integraler Bestandteil der Entwicklung der Union; sie eröffnet der Union den Zugang zu einer operativen Kapazität insbesondere im Zusammenhang mit Absatz 2. Sie unterstützt die Union bei der Festlegung der verteidigungspolitischen Aspekte der Gemeinsamen Außen- und Sicherheitspolitik gemäß diesem Artikel. Die Union fördert daher engere institutionelle Beziehungen zur WEU im Hinblick auf die Möglichkeit einer Integration der WEU in die Union, falls der Europäische Rat dies beschließt. Er empfiehlt in diesem Fall den Mitgliedstaaten, einen solchen Beschluß gemäß ihren verfassungsrechtlichen Vorschriften anzunehmen.

Die Politik der Union nach diesem Artikel berührt nicht den besonderen Charakter der Sicherheits- und Verteidigungspolitik bestimmter Mitgliedstaaten; sie achtet die Verpflichtungen einiger Mit-

gliedstaaten, die ihre gemeinsame Verteidigung in der Nordatlantikvertragsorganisation (NATO) verwirklicht sehen, aus dem Nordatlantikvertrag und ist vereinbar mit der in jenem Rahmen festgelegten gemeinsamen Sicherheits- und Verteidigungspolitik.

Die schrittweise Festlegung einer gemeinsamen Verteidigungspolitik wird in einer von den Mitgliedstaaten als angemessen erachteten Weise durch eine rüstungspolitische Zusammenarbeit zwischen ihnen unterstützt.

(3) Die Union wird die WEU in Anspruch nehmen, um die Entscheidungen und Aktionen der Union, die verteidigungspolitische Bezüge haben, auszuarbeiten und durchzuführen..

Die Befugnis des Europäischen Rates zur Festlegung von Leitlinien nach Artikel 13 gilt auch in bezug auf die WEU bei denjenigen Angelegenheiten, für welche die Union die WEU in Anspruch nimmt.

Nimmt die Union die WEU in Anspruch, um Entscheidungen der Union über die in Absatz 2 genannten Aufgaben auszuarbeiten und durchzuführen, so können sich alle Mitgliedstaaten der Union in vollem Umfang an den betreffenden Aufgaben beteiligen. Der Rat trifft im Einvernehmen mit den Organen der WEU die erforderlichen praktischen Regelungen, damit alle Mitgliedstaaten, die sich an den betreffenden Aufgaben beteiligen, in vollem Umfang und gleichberechtigt an der Planung und Beschlußfassung in der WEU teilnehmen können.

Beschlüsse mit verteidigungspolitischen Bezügen nach diesem Absatz werden unbeschadet der Politiken und Verpflichtungen im Sinne des Absatzes 1 Unterabsatz 3 gefaßt.

(4) Dieser Artikel steht der Entwicklung einer engeren Zusammenarbeit zwischen zwei oder mehr Mitgliedstaaten auf zweiseitiger Ebene sowie im Rahmen der WEU und der Atlantischen Allianz nicht entgegen, soweit sie der nach diesem Titel vorgesehenen Zusammenarbeit nicht zuwiderläuft und diese nicht behindert.

Inhaltsübersicht:

I.	Sicherheit der Union, gemeinsame Verteidigungspolitik, gemeinsame Verteidigung	1
II.	Die Stärkung der unionseigenen Handlungsfähigkeit durch Abstreifen der Angewiesenheit auf die WEU, selektive Übernahme von WEU-Funktionen in die EU und Aufbau einer Schnellen Eingreiftruppe	2
III.	Respekt vor nationaler Ausrichtung der Sicherheits- und Verteidigungspolitik	5
IV.	Rüstungspolitische Zusammenarbeit	6
V.	Die »Petersberg-Aufgaben«	7
VI.	Beschlüsse mit verteidigungspolitischen Bezügen	8
VII.	Engere Zusammenarbeit zwischen einzelnen EU-Staaten	9
VIII.	Revisionsklausel	10

I. Sicherheit der Union, gemeinsame Verteidigungspolitik, gemeinsame Verteidigung

Art. 17 spricht Fragen der Sicherheit und Verteidigung an. In Nizza wurde der Text gekürzt: Die Regelungen über das Verhältnis zur WEU sind entfallen (dazu Rn. 2 f.). Unverändert geblieben ist Art. 17 Abs. 1 UAbs. 1, der aus Art. J.4 Abs. 1 a.F. des Maastrichter Vertrags hervorgegangen ist. Mit diesem stimmt er insoweit überein, als er die GASP auf »sämtliche Fragen, welche die Sicherheit der Union betreffen,« erstreckt.[1] 1

---

[1] Darin sind anders als in der EPZ unter Art. 30 Abs. 6 lit. a EEA auch militärische Sicherheitsaspekte eingeschlossen. – Da Art. J.4 Abs. 3, wonach gemeinsame Aktionen bei Fragen mit verteidigungspolitischen Bezügen ausgeschlossen waren, ersatzlos gestrichen ist, greifen Bedenken gegen die Zulässigkeit entsprechender Beschlüsse nach Art. 14 (vgl. *G. Burghardt/G. Tebbe*, in: GTE, EU-/EGV, Art. J.4, Rn. 15) nicht mehr durch.

Art. 17 EU-Vertrag

Damit gemeint sind Fragen der Sicherheit der Gesamtheit der Mitgliedstaaten im Verhältnis zu Dritten, die auch die territoriale Unversehrtheit mitumfaßt (s. dazu Art. 11, Rn. 2 f.). Daß »Sicherheit« als Oberbegriff auch Verteidigungsfragen umfaßt, zeigt der zweite Teil von Abs. 1 UAbs. 1 Satz 1. Denn dieser zählt zu den Fragen der Sicherheit der Union auch die schrittweise Festlegung einer gemeinsamen Verteidigungspolitik.[2] Eine gemeinsame Verteidigung, also eine in den Unionsrahmen eingebaute defensive militärische Bündnisstruktur[3], wird jedoch – auch nach dem Vertrag von Nizza – nur in Aussicht genommen. Freilich stellt Art. 17 Abs. 1 UAbs. 1 (insofern geht er über Art. J.4 Abs. 1 a.F. hinaus) ein **erleichtertes Verfahren zur Änderung des EUV** bereit. Zur Einfügung einer defensiv-militärischen Komponente in die Unionsstrukturen bedarf es nämlich »lediglich« eines entsprechenden Beschlusses des Europäischen Rates, den dieser den Mitgliedstaaten gemäß ihren verfassungsrechtlichen Vorschriften anzunehmen empfiehlt. Verklausuliert ist damit ein – von Art. 48 abweichendes – Verfahren zum Abschluß eines den EUV abändernden völkerrechtlichen Vertrages umschrieben[4], dessen Text der Europäische Rat festlegt und der Verbindlichkeit erlangt, sobald sämtliche Mitgliedstaaten ihn ratifiziert haben.

II. Die Stärkung der unionseigenen Handlungsfähigkeit durch Abstreifen der Angewiesenheit auf die WEU, selektive Übernahme von WEU-Funktionen in die EU und Aufbau einer Schnellen Eingreiftruppe

2 Der Vertrag von Nizza hat aus Art. 17 im wesentlichen die Regelungen über die WEU[5] gestrichen. Diese sollte bis dahin als »integraler Bestandteil der Entwicklung der Union« (Abs. 1 UAbs. 2 Satz 1 a.F.) der EU insbesondere im Zusammenhang mit den sog. Petersberg-Aufgaben des Abs. 2 (u. Rn. 5) den Zugang zu militärischen operativen Kapazitäten eröffnen. Ohne ihre selbständige Völkerrechtspersönlichkeit zu verlieren, sollte die WEU unter dem Amsterdamer Vertrag die Union bei der Festlegung der verteidigungspolitischen Aspekte der GASP unterstützen. Zu diesem Zweck gab Abs. 1 UAbs. 2 Satz 3 a. F. der EU auf, engere institutionelle Beziehungen zur WEU zu fördern. Das in Amsterdam angenommene Protokoll zu Art. 17 (ex-Art. J.7) EUV[6] bestimmte, daß die

---

2 Vgl. auch *J. A. Frowein*, Auf dem Weg zu einer gemeinsamen Sicherheits- und Verteidigungspolitik, in: Berichte der Deutschen Gesellschaft für Völkerrecht 36 (1997), S. 11 (12). – Art. J.4 Abs. 1 a.F. hatte zu den Fragen der GASP nur »auf längere Sicht« auch »die Festlegung einer gemeinsamen Verteidigungspolitik« gezählt.
3 In der die Verteidigung der Unionsstaaten gegen einen externen Angriff zur Zuständigkeit der Union gehören würde (vgl. *Frowein* [Fn. 2], S. 12).
4 A.A. *D. Thym*, Die Begründung einer europäischen Verteidigungspolitik, DVBl. 2000, S. 676 (679), der Art. 17 Abs. 1 Satz 2 als Evolutivklausel versteht und die verfassungsrechtlichen Folgen daraus untersucht.
5 Vertrag vom 17.3.1948 über wirtschaftliche, soziale und kulturelle Zusammenarbeit und über kollektive Selbstverteidigung in der Fassung der Protokolle vom 23.10.1954 (Zustimmungsgesetz der Bundesrepublik Deutschland vom 24.3.1955, BGBl. II S. 256 – sog. »Brüsseler Vertrag«); Protokoll vom 14.11.1988 (über den Beitritt Portugals und Spaniens; Zustimmungsgesetz der Bundesrepublik Deutschland vom 1.8.1989, BGBl. II S. 676); Protokoll vom 20.11.1992 (über den Beitritt Griechenlands; Zustimmungsgesetz vom 27.6.1994, BGBl. II S. 782); Dokument vom 20.11.1992 zur assoziierten Mitgliedschaft Islands, Norwegens und der Türkei (BGBl. 1994 II S. 786); Beschluß vom 23.3.1999 über die assoziierte Mitgliedschaft Polens, der Tschechischen Republik und Ungarns (BT-Drs. 14/3076).
6 Bull.BReg. Nr. 94 vom 27.11.1997, S. 1089 (1127). Dazu auch: Punkt II.13 ff. der *Erklärung von Erfurt*, Bull.BReg. Nr. 96 vom 3.12.1997, S. 1229 ff.

EU binnen eines Jahres nach Inkrafttreten des Vertrags von Amsterdam zusammen mit der WEU Regelungen für eine verstärkte Zusammenarbeit zwischen der EU und der WEU erarbeite.⁷ Abs. 3 a.F. sah – wie schon Art. J.4 Abs. 2 des Maastrichter Vertrags – vor, daß die Union die WEU in Anspruch nehmen würde, um die Entscheidungen und Aktionen der Union, die verteidigungspolitische Bezüge haben, auszuarbeiten und durchzuführen (s. zu daraus folgenden Einzelproblemen Voraufl., Rn. 2, 7).⁸ In Erfüllung der Forderung von Abs. 3 UAbs. 3 Satz 2 a. F. hat der Rat mit den Organen der WEU praktische Regelungen vereinbart, um alle EU-Mitgliedstaaten – also auch Dänemark⁹, Finnland, Irland, Österreich und Schweden, die lediglich den Status von WEU-

---

7 S. den Beschluß des Rates 1999/404/GASP vom 10.5.1999, ABl.EG Nr. L 153/1.
8 Als erster Fall einer Inanspruchnahme der WEU (nach Art. J.4 Abs. 2 a.f.) wird z.t. der Einsatz von Polizeikräften aus WEU-Mitgliedstaaten genannt (so *Burghardt/Tebbe* [Fn. 1], Art. J.4, Rn. 12; *J. A. Frowein*, Die Europäische Union mit WEU als Sicherheitssystem, in: FS-Everling, Band I, 1995, S. 315 [325]). S. dazu Teil I, Ziff. 4 der *Kirchberg-Erklärung* der WEU (Bull.BReg. vom 20.5.1994, Nr. 46, S. 405 [406]). Allerdings beruhte dieser auf einer Vereinbarung, an der die WEU-Mitgliedstaaten unmittelbar als Parteien beteiligt waren (*Memorandum of Understanding on the European Union Administration of Mostar* vom 5.7.1994, Tractatenblad van het Koninkrijk der Nederlanden, 1994, Nr. 183, S. 12). – Vgl. als weitere Beispiele: Beschluß des Rates 96/670/GASP vom 22.11.1996, ABl.EG Nr. L 312/3 zur afrikanischen Region der Großen Seen (vgl. auch den 3. Erwägungsgrund der gemeinsamen Aktion 96/669/GASP vom 22.11.1996, ABl.EG Nr. L 312/1). Ratsbeschluß 98/547/GASP vom 22.9.1998 betreffend die Studie über die Durchführbarkeit internationaler Polizeieinsätze zur Unterstützung der albanischen Behörden, ABl.EG Nr. L 263/1 mit Erklärung Dänemarks, ABl.EG Nr. L 263/2; Ratsbeschluß 98/628/GASP vom 9.11.1998 über die Durchführung eines Beschlusses des Rates für eine spezifische Aktion der Union im Bereich der Unterstützung bei der Minenräumung (s. zur WEU Demining Assistance Mission to Croatia (WEUDAM): http://www.weu.int/eng/info/weudam.htm), ABl.EG Nr. L 300/2 f.; 98/646/GASP vom 13.11.1998 betreffend die Beobachtung der Lage in Kosovo, ABl.EG Nr. L 308/1 mit Erklärung Dänemarks, ABl.EG Nr. L 308/2 (s. dazu von Seiten der WEU: http://www.weu.int/eng/info/kosovo.htm); Ratsbeschluß 1999/190/GASP vom 9.3.1999, ABl.EG Nr. L 63/3 (über die Durchführung der Gemeinsamen Aktion betreffend einen Beitrag der EU zum Wiederaufbau funktionierender Polizeikräfte in Albanien – s. zu diesem Multinational Advisory Police Element (MAPE) der WEU: http://www.weu.int/eng/mape/info.htm). – S. auch die gemeinsame Aktion 96/588/GASP vom 1.10.1996, ABl.EG Nr. L 260/1 (über Antipersonenminen), wo Art. 8 Abs. 4 der EU die Möglichkeit vorbehält, die WEU »zu ersuchen, die spezifischen Aktionen der Europäischen Union zur Unterstützung bei der Minenräumung auszuarbeiten und durchzuführen« (s. dazu auch Art. 14, Rn. 5). Ähnlich: Art. 5 des Gemeinsamen Standpunkts 97/356/GASP vom 2.6.1997, ABl.EG Nr. L 153/1 zur Konfliktverhütung und Konfliktlösung in Afrika; Art. 6 Abs. 5 der Gemeinsamen Aktion 97/817/GASP vom 28.11.1997, ABl.EG Nr. L 338/1.
9 Dänemark beteiligt sich nicht an der Ausarbeitung und Durchführung von Beschlüssen und Maßnahmen der Union, die verteidigungspolitische Bezüge haben, wird allerdings die Mitgliedstaaten auch nicht an der Entwicklung einer engeren Zusammenarbeit auf diesem Gebiet hindern (Teil II, Art. 6 des Protokolls über die Position Dänemarks, Schlußakte des Amsterdamer Vertrags II. B. 5., das noch gilt, vgl. Bericht des Vorsitzes an den Europäischen Rat (Göteborg) über die ESVP, Press Release Nr. 9526/2/01 [11.6.2001], Ziff. 5). – Ferner verzichtet Dänemark in jedem Fall, in dem es um die Ausarbeitung und Durchführung von Beschlüssen und Maßnahmen der Union mit verteidigungspolitischen Bezügen geht, auf sein Recht auf Ausübung des Vorsitzes der Union. S. Europäischer Rat in Edinburgh am 11. und 12.12.1992, Schlußfolgerungen des Vorsitzes, Teil B, Anlage 1, Abschnitt C, Bull.BReg. vom 28.12.1992, Nr. 140, S. 1277 (1290), sowie Teil B, Anlage 2, ebd., S. 1291 (»Erklärung betreffend die Verteidigung«). – Diese Regelung dürfte trotz Art. 23 Abs. 1 UAbs. 2, Abs. 2 UAbs. 2 noch immer Geltung haben. – Vgl. zu Dänemark: *L. Münch*, Die Gemeinsame Außen- und Sicherheitspolitik (GASP): ein Schaf im Wolfspelz?, ZöR 52 (1997), S. 389 (404 ff.). S. auch Fn. 8, 10, 37.

Art. 17 EU-Vertrag

Beobachtern haben[10] – in vollem Umfang und gleichberechtigt an der Planung und Beschlußfassung in der WEU zu beteiligen.[11]

3 Dieses Konzept, wonach die EU keine eigene militärisch-operative Handlungsfähigkeit besaß, sondern auf die Inanspruchnahme der WEU angewiesen war, ist ersetzt worden; die entsprechenden Regelungen in Art. 17 EUV konnten daher entfallen. Denn im Bemühen um eine (Gemeinsame) Europäische Sicherheits- und Verteidigungspolitik ([G]ESVP)[12] hat der Europäische Rat in Köln beschlossen, die operativen Fähigkeiten der *Union*, Petersberg-Aufgaben (s. Rn. 7) ggf. auch mit militärischen Mitteln durchzuführen, zu stärken und zu diesem Zweck bis Ende 2000 die notwendigen Beschlüsse zu fassen, um die Aufgaben der WEU in die Unionsarchitektur einzubeziehen. Dadurch »würde die WEU als Organisation ihren Zweck erfüllt haben«.[13] In Helsinki beschloß der Europäische Rat im Dezember 1999 nicht nur, das (teils schon erprobte) **Instrumentarium zur nichtmilitärischen Krisenbewältigung** auszubauen.[14] Er hat sich zum Planziel

---

10 *S. Breitenmoser*, Praxis des Europarechts, 1996, S. 676; *W. Heintschel v. Heinegg*, Rechtliche Aspekte der Neufassung der GASP durch den Vertrag von Amsterdam, Die Friedens-Warte 73 (1998), S. 157 (165 f.). Zum Beobachterstatus: Punkt III. B. der *Petersberg-Erklärung* der Außen- und Verteidigungsminister der WEU, Bull.BReg. vom 23.6.1992, Nr. 68, S. 649 (653). – Der Grund für Dänemarks Abstandnahme von einer Beteiligung an der Ausarbeitung und Durchführung von Beschlüssen und Maßnahmen mit verteidigungspolitischen Bezügen (Fn. 9) wird in der Beibehaltung des Status als bloßen WEU-Beobachters gesehen (*F. Fink-Hooijer*, The Common Foreign and Security Policy of the European Union, EJIL 5 [1994], S. 173 [196]). S. aber Art. 17 Abs. 3 UAbs. 3 a.F. (und dazu Rn. 2).
11 Beschluß des Rates 1999/321/GASP vom 10.5.1999, ABl.EG Nr. L 123/14. – S. auch die Schritte auf dem Weg zu größerer Handlungsfähigkeit zunächst noch unter Nutzung der WEU: WEU Ministerial Council, Bremen Declaration, 11 May 1999, http://www.weu.int/eng/comm/00-bremen.htm; Luxemburg Declaration, 23 November 1999, http://www.weu.int/eng/comm/00-luxembourg.htm; Porto Declaration, 16 May 2000, http://www.weu.int/eng/comm/00-oporto.htm (insbes. Punkte 3–5).
12 Politischer Zündfunke für die GESVP war der französisch-britische Gipfel vom 4.12.1998 in Saint-Malo (s. *H. Bremer*, Für eine eigenständige Sicherheitspolitik der EU, NZZ, 5.12.1998, S. 1). – Die GESVP schließt auch autonome europäische Entscheidungsstrukturen und Mittel *außerhalb* der NATO ein. Sie darf nicht mit der Europäischen Sicherheits- und Verteidigungsidentität (ESVI) verwechselt werden, um deren Ausprägung sich die (mit den EU-Mitgliedern nicht deckungsgleichen, s. Rn. 4 f.) europäischen NATO-Staaten innerhalb des Nordatlantikbündnisses bemühen. – S. zur NATO-internen ESVI: Ministerial Meeting of the North Atlantic Council, Declaration of the Heads of State and Governments (»Brussels Declaration«), NATO Press Communiqué M-1(94)3 (11.1.1994), http://www.nato.int/docu/comm/49-95/c940111a.htm (insbes. Ziff. 1-11); Ministerial Meeting of the North Atlantic Council Berlin, Final Communiqué, NATO Press Communiqué M-NAC-1(96)63 (3.6.1996), http://www.nato.int/docu/pr/1996/p96-063e.htm (insbes. Ziff. 5 u. 7); Washington Summit Communiqué, NATO Press Release NAC-S(99)64 (24.4.1999), http://www.nato.int/docu/pr/1999/p99-064e.htm (insbes. Ziff. 8-10, 41); The Alliance's Strategic Concept, NATO Press Release NAC-S(99)65 (24.4.1999), http://www.nato.int/docu/pr/1999/p99-065e.htm (insbes. Ziff. 18, 30, 45, 53 c, 61); Final Communiqué: Ministerial Meeting of the North Atlantic Council Held in Budapest, NATO Press Release M-NAC-1(2001)77 (29.5.2001), http://www.nato.int/docu/pr/2001/p01-077e.htm (insbes. Ziff. 39–47). – S. zu Perspektiven der Entwicklung: *M. Kremer/U. Schmalz*, Nach Nizza – Perspektiven der Gemeinsamen Europäischen Sicherheits- und Verteidigungspolitik, integration 2001, S. 167 ff.
13 Europäischer Rat in Köln (3./4.6.1999), Schlußfolgerungen des Vorsitzes, Ziff. 55, Bull.EU 6-1999, I.22, i.V. mit Anhang 3, Erklärung des Europäischen Rates zur Stärkung der GESVP, Ziff. 5, ebd., I.58.
14 S. Europäischer Rat in Köln (Fn. 13), Ziff. 56, Bull.EU 6-1999, I.22; Europäischer Rat in Helsinki am 10./11.12.1999, Schlußfolgerungen des Vorsitzes, Ziff. 25, 28 f. i.V. mit Anlage IV und der Anlage 2 zu Anlage IV, Bull.EU 12-1999, I.9, S. 26 ff., S. 30 ff. – Beispiele für *Mittel der nichtmilitärischen Krisenbewältigung* sind der Einsatz nichtmilitärischer Polizeikräfte, humani-

(»Headline Goal«) gesetzt, die EU solle bis zum Jahr 2003 in der Lage sein, innerhalb von 60 Tagen Truppen in einer Stärke von 50 000 bis 60 000 Mann zu dislozieren und ein Jahr lang im Einsatz zu halten.[15] Diese **Schnelle Eingreiftruppe** soll aus einem »Pool« von 100 000 Heeressoldaten (dessen Kern das Eurokorps bildet), 100 Schiffen und 400 Kampfflugzeugen aufwachsen und in einem Umkreis von 4 000 km einsetzbar sein.[16] – Dies gab dem WEU-Ministerrat den Anstoß, am 13. November 2000 zu beschließen, die operationellen Funktionen der WEU an die EU zu übergeben.[17] Entschieden wurde, einerseits bestimmte WEU-Aktivitäten auslaufen zu lassen[18], andererseits das (insbes. mit der Auswertung »eingekauften« photographischen Materials befaßte) Satellitenzentrum im spanischen Torrejón und das seit 1990 bestehende Institut für Sicherheitsstudien in Paris in entsprechende EU-Einrichtungen zu inkorporieren.[19] Während Art. 17 a.F. die Möglichkeit einer »Integration« der WEU in die EU vorsah (Abs. 1 UAbs. 2 Satz 3 a.F.) und dafür im EU-Kontext ein vereinfachtes Vertragsschlußverfahren zur Verfügung stellte (Abs. 1 UAbs. 2 Satz 4 a. F.), wird die EU nunmehr lediglich *selektiv* einzelne **WEU-Funktionen übernehmen**.[20] – Um die EU in die Lage zu versetzen, Petersberg-Operationen politisch und strategisch zu leiten und dabei den einheitlichen institutionellen

---

Fortsetzung von Fußnote 14

täre Hilfe, Rehabilitation im administrativen und rechtlichen Bereich, Suche und Rettung, Wahl- und Menschenrechtsbeobachtung. – Die Betonung der nichtmilitärischen Krisenbewältigung geht auf das Drängen der neutralen EU-Mitglieder zurück; s. *R. Lautenschütz*, Nato und USA in den Verteidigungsplänen der EU, NZZ vom 7.12.1999, S. 1. – S. auch den Ratsbeschluß 2000/354/GASP vom 22.5.2000 zur Einsetzung eines Ausschusses für die nichtmilitärischen Aspekte der Krisenbewältigung, ABl.EG Nr. L 127/1. – S. zur *gemeinschaftsrechtlichen* Komponente VO (EG) Nr. 381/2000 vom 26.2.2001 zur Schaffung eines Krisenreaktionsmechanismus, ABl.EG Nr. L 57/5. – »Headline Goals« der nichtmilitärischen Krisenbewältigung definierte der Europäische Rat in Göteborg am 15./16.6.2001, Schlußfolgerungen des Vorsitzes, Press Release Nr. 200/01, Ziff. 47 f.; Bericht des Vorsitzes an den Europäischen Rat (Göteborg) über die ESVP, Press Release Nr. 9526/2/01 (11.6.2001), Ziff. 13 ff. und insbes. Anlage III.

15 S. Europäischer Rat in Helsinki (Fn. 14), Ziff. 27 f. i.V. mit Anlage IV und der Anlage 1 zu Anlage IV, Bull.EU 12-1999, I.9, S. 26 ff.

16 S. *R. Lautenschütz*, Interimstrukturen für die Sicherheitspolitik der Europäischen Union, NZZ vom 15.2.2000, S. 1 f.; *ders.*, Nationale Puzzlesteine der EU-Eingreiftruppe, NZZ vom 21.11.2000, S. 2; *B. Lezzi*, Kern einer europäischen Eingreiftruppe – Eurokorps-Befehlshaber führt Kfor-Operation in Kosovo, NZZ vom 20.7.2000, S. 5 (auch zur Einsatzformel »5 + x« = 5 Eurokorps-Komponenten + Streitkräfte weiterer Staaten); *R. Stamm*, Reserven Bushs gegenüber den Plänen einer EU-Truppe, NZZ vom 26.2.2001, S. 3.

17 WEU Ministerial Council, Marseille Declaration, 13. November 2000, http://www.weu.int/eng/comm/00-marseille.htm.

18 S. Punkte 2–5, 7 der Marseille Declaration (Fn. 17). Die MAPE-Mission einer polizeilichen Zusammenarbeit mit Albanien und die WEUDAM-Mission zur Unterstützung Kroatiens bei der Minenräumung (s.o. Fn. 8) wurden einstweilen von der WEU fortgeführt (Punkte 8 und 9 der Marseille Declaration (Fn. 17).

19 S. Punkt 6 der Marseille Declaration (Fn. 17). – Satellitenzentrum und Institut für Sicherheitsstudien sollen als EU-Einrichtungen geschaffen werden (s. Anlagen zu den Schlußfolgerungen des Vorsitzes, Tagung des Europäischen Rates von Nizza am 7., 8. und 9.12.2000, Anlage VI: Bericht des Vorsitzes über die ESVP, Punkt V, SN 400/00 ADD 1 REV 1, S. 37 ff. [45]; Bericht des Vorsitzes an den Europäischen Rat (Göteborg) über die ESVP, Press Release Nr. 9526/2/01 [11.6.2001], Ziff. 25). – Gemeinsame Aktion betreffend die Einrichtung eines Instituts der EU für Sicherheitsstudien vom 20.7.2001, ABl.EG Nr. L 200/1; Gemeinsame Aktion des Rates betreffend die Einrichtung eines Satellitenzentrums der Europäischen Union vom 20.7.2001, ABl.EG Nr. L 200/5. Beide Einrichtungen sollen ihren Betrieb am 1.1.2002 aufnehmen.

20 *R. Lautenschütz*, Die Westeuropäische Union am Ende, NZZ vom 14.11.2000, S. 4; *C. Müller*, Bekenntnis Jospins zur EU-Verteidigung – Welche Rolle für die WEU?, NZZ vom 7.12.2000, S. 4.

Rahmen zu wahren, wurden – zunächst interimistisch[21], nunmehr auf der Grundlage von Art. 25 n.F. – innerhalb des Rates neue politische und militärische Gremien und Strukturen geschaffen: ein **Politisches und Sicherheitspolitisches Komitee**, ein **Militärausschuß** und ein **Militärstab** (s. Art. 25, Rn. 1 ff.).

4   Der EUV verpflichtet die Mitgliedstaaten allerdings noch immer nicht, einander im Falle eines bewaffneten Angriffs Verteidigungshilfe zu leisten. Die **Beistandsverpflichtungen aus NATO- und WEU-Vertrag** bleiben unverändert bestehen. Und die EU-Mitgliedstaaten behalten sich in allen Fällen das Recht vor zu entscheiden, ob und wann ihre nationalen Streitkräfte eingesetzt werden. Eigene Militäroperationen der EU werden aber kaum denkbar sein ohne **Rückgriff auf** Führungs- und Aufklärungsmittel sowie auf die Logistik der **NATO**.[22] Dies wirft Probleme auf im Verhältnis zu Staaten, die zwar der NATO, aber nicht der EU angehören (Island, Norwegen, Polen, Tschechische Republik, Ungarn, Türkei); so befürchtet die Türkei, von der sicherheits- und verteidigungspolitischen Entwicklung in Europa abgekoppelt zu werden.[23] Gleich, ob militärische Szenarien mit oder ohne Nutzung von NATO-Ressourcen erwogen werden, müssen die Mitgliedstaaten ihre Streitkräfte nicht nur ständig einsatzbereit halten, sondern sie auch weiterentwickeln. Es gilt, innerhalb der europäischen Militärstrukturen unnötige Verdoppelungen zu vermeiden und die Truppen so auszurüsten und auszubilden, daß ihr Einsatz zur Krisenbewältigung Erfolg verspricht. Gestärkt werden müssen Dislozierungsfähigkeit, Durchhaltevermögen, Interoperabilität, Flexibilität und Mobilität.[24] Dies wird erhebliche Kosten verursachen.

III. Respekt vor nationaler Ausrichtung der Sicherheits- und Verteidigungspolitik

5   Je festere Konturen eine (Gemeinsame) Europäische Sicherheits- und Verteidigungspolitik ([G]ESVP) gewinnt, um so wichtiger wird Art. 17 Abs. 1 UAbs. 2 (früher UAbs. 3; wortgleich mit Art. J.4 Abs. 4 a.F.). Denn nach dessen HS 1 stellt die GASP im Feld von Sicherheit und Verteidigung[25] die besondere Ausrichtung der nationalen Politik einzelner Mitgliedstaaten nicht in Frage, sondern nimmt sie im Gegenteil ausdrücklich als vertragskonform hin. Damit muß insbesondere[26] auf die **Neutralität** Irlands, Finnlands,

---

21 S. die Beschlüsse des Europäischen Rates auf dem Gipfel in Helsinki am 10./11.12.1999, Anlage 1 zu Anlage IV.
22 S.o. in Fn. 12 die entsprechenden Stellen in den Nachweisen zur ESVI.
23 S. zu Widerständen der Türkei gegen die Nutzung von NATO-Ressourcen: *M. Spillmann*, Schwächt Europas Sicherheit die Nato?, NZZ vom 20.12.2000, S. 5; *A. van Gent*, Sicherheitspolitik der EU im Visier Ankaras, NZZ vom 15.2.2001, S. 6. – Zu Perspektiven der Entwicklung des Verhältnisses EU-WEU-NATO: *S. Croft/J. Howorth/T. Terriff/M. Webber*, NATO's triple challenge, International Affairs 76 (2000), S. 495 ff.; Bericht des Vorsitzes an den Europäischen Rat (Göteborg) über die ESVP, Press Release Nr. 9526/2/01 (11.6.2001), Ziff. 31 ff., 41 ff.
24 Europäischer Rat in Helsinki (Fn. 14), Ziff. 27 f. i.V. mit Anlage IV und der Anlage 1 zu Anlage IV, Bull.EU 12-1999, I.9, S. 26 (27). – S. auch WEU Ministerial Council, Bremen Declaration (Fn. 11); Luxemburg Declaration (Fn. 11), insbes. Punkte 3 u. 4; Porto Declaration (Fn. 11), insbes. Punkt 2. – Kritisch zu den militärischen Fähigkeiten der EU-Mitgliedstaaten: International Institute for Strategic Studies, Strategic Survey 1999/2000, S. 16 ff., 100 ff.
25 Nicht aber darüber hinaus (vgl. *Münch* [Fn. 9], S. 403).
26 Ein anderes Beispiel ist die atomare Rüstung Frankreichs und Großbritanniens. S. dazu *A. Mechtersheimer*, Zur Gemeinsamen Außen- und Sicherheitspolitik in der Europäischen Union, Aus Politik und Zeitgeschichte, B 1–2/1996, S. 27 (29, 32) (auch zur Problematik der französischen Atomtests des Jahres 1995); *Münch* (Fn. 9), S. 403 f. S. auch *Burghardt/Tebbe* (Fn. 1), Art. J.4, Rn. 17.

Österreichs und Schwedens Rücksicht genommen werden[27], können doch insbesondere durch die Beteiligung an Kampfeinsätzen, zumal bei friedens*schaffenden* Maßnahmen, neutralitätsrechtliche Probleme aufgeworfen werden[28]. Freilich haben sich die vier neutralen EU-Staaten verpflichtet, die GASP auch insoweit mitzutragen, als nach HS 2 »die Politik der Union« die rechtlichen Pflichten und politischen Bindungen respektiert, die den übrigen elf aus ihrer Mitgliedschaft in der **NATO** als einer Sicherheits- und Verteidigungsgemeinschaft erwachsen (s. auch unten Rn. 6, 9). Die »**Geschäftsgrundlage**« der GASP soll also durch die Bündnispflichten der einen und die Neutralität der anderen Mitglieder nicht in Frage gestellt werden. Art. 17 Abs. 1 UAbs. 3 kann dabei kaum die Kernschwierigkeit der GASP verdecken, im multipolaren politischen Kräftefeld der gemeinsamen Sicherheits- und Verteidigungspolitik eine eigene Zugrichtung zu geben.[29]

IV. Rüstungspolitische Zusammenarbeit

Wenn Art. 17 Abs. 1 UAbs. 4 vorsieht, daß die allmähliche Entwicklung einer gemeinsamen Verteidigungspolitik durch eine rüstungspolitische Zusammenarbeit zwischen den Mitgliedstaaten unterstützt wird, so mag dies einerseits ein zaghafter Versuch sein, die über Art. 296 Abs. 1 Nr. 1 lit. b[30] und Abs. 2 EGV gewährte Freiheit von gemein- 6

---

27 A.A. *Burghardt/Tebbe* (Fn. 1), Art. J.4, Rn. 16. – Zur *Neutralitätsproblematik*: F. Cede, Österreichs Neutralität und Sicherheitspolitik nach dem Beitritt zur Europäischen Union, ZfRV 1995, S. 142; *C. Grabenwarter*, Änderungen der österreichischen Bundesverfassung aus Anlaß des Beitritts zur Europäischen Union, ZaöRV 55 (1995), S. 166 (181 ff.); *S. Griller*, Verfassungsfragen der österreichischen EU-Mitgliedschaft, ZfRV 1995, S. 89 (107 ff.); *G. Hafner*, Die Europäische Union und ihr Einfluß auf Österreichs völkerrechtliche Stellung, in: H.-J. Glaesner/P. Gilsdorf/ D. Thürer/ders., Außen- und sicherheitspolitische Aspekte des Vertrages von Maastricht und seine Konsequenzen für neutrale Beitrittswerber, 1993, S. 89 (insbes. 107 ff.); *D. Thürer*, Schweizerische Neutralität vor aktuellen Herausforderungen, ebd., S. 69 (79 ff.); *L. Hannikainen*, The Continued Validity of the Demilitarised and Neutralised Status of the Åland Islands, ZaöRV 54 (1994), S. 614 (643 ff.); *T. Jürgens*, Die gemeinsame Europäische Außen- und Sicherheitspolitik, 1994, S. 241 ff., 379 ff. je m. w. N.; *G. Lysén*, Some Views on Neutrality and Membership of the European Communites: The Case of Sweden, CMLRev. 1992, S. 229; *M. Pechstein*, Austria ante portas: Österreichs Neutralität als Hindernis für einen EG-Beitritt, EuR 1989, S. 54; *D. Schindler*, Vereinbarkeit von EG-Mitgliedschaft und Neutralität, ÖZW 1991, S. 139; *M. Schweitzer*, GASP und dauernde Neutralität, FS-Everling, Band II, 1995, S. 1379; *S. P. Subedi*, the Common Foreign and Security Policy of the European Union and Neutrality, Netherlands International Law Review XLII (1995), S. 399; *J. Temple Lang*, The Irish Court Case Which Delayed the Single European Act: Crotty v. An Taoiseach and Others, CMLRev. 1987, S. 709 (718) m. w. N.; *J. Ukrow*, Sicherheitspolitik, Europäische Integration und Neutralität, 1990, S. 93 ff., 136 ff. – S. aus jüngerer Zeit: *S. Aiolfi*, Wie neutral ist Schweden?, NZZ vom 28.1.1999, S. 5; *M. Alioth*, Teil-Abkehr Irlands von der Neutralität, NZZ, 1.2.1999, S. 2; *B. Ammann*, Zwist um die Neutralität Österreichs, NZZ vom 28.5.1999, S. 5; *ders.*, Sicherheitspolitisches Umdenken in Wien – Von der Neutralität zur Solidarität – und zur Nato?, NZZ vom 24.1.2001, S. 1 f.; *P. Luif*, Zehn Thesen zur österreichischen Neutralität – Gravierende Fehldeutungen der EU-Entwicklung, NZZ vom 28.8.2000, S. 5; *W. Plasche*, Unterschiedliche Konzepte der neutralen Staaten, NZZ vom 30.3.1999, S. B 13; *E. Reiter*, Österreichs europäische Sicherheitspolitik – Befürworter und Verhinderer, NZZ vom 21.9.2000, S. 9.
28 Vgl. *Breitenmoser* (Fn. 10), S. 679. S. auch oben Fn. 9 zu Dänemark.
29 Vgl. hierzu: *Frowein* (Fn. 2), S. 15 f.; *H. Kammler*, Die Gemeinsame Außen- und Sicherheitspolitik: Ein Bau ohne Fundament?, in: R. Caesar/R. Ohr (Hrsg.), Maastricht und Maastricht II, 1996, S. 189 (insbes. 195 ff.); *Mechtersheimer* (Fn. 26), S. 29 ff.
30 Vgl. zu Art. 296 Abs. 1 lit. b EuGH, 16.9.1999, Rs. C-414/97, Slg. 1999, I-5585 (Kommission/ Spanien); *M. Trybus*, On the application of the E.C. Treaty to armaments, E.L.Rev. 25 (2000), S. 663 ff.

schaftsrechtlicher Bindung über politische Kooperation einzuengen. Andererseits und wohl stärker dürfte dahinter die Überzeugung stehen, daß die dauerhafte Verteidigungsfähigkeit auch davon abhängt, daß die EU-Staaten selbst Rüstungsgüter produzieren und daß eine Kooperation auf diesem Gebiet Vorteile verspricht.[31] In Gang gekommen ist insbesondere ein informeller Informationsaustausch zwischen der EU und der Westeuropäischen Rüstungsgruppe (Western European Armaments Group, WEAG).[32]

V. Die »Petersberg-Aufgaben«

7   Abs. 2 nennt ausdrücklich die sog. **Petersberg-Aufgaben**[33] als Fragen, auf die sich Art. 17 insgesamt erstreckt. Ohne zivile Aktionen auszuklammern, schließt Abs. 2 damit die Möglichkeit ein, daß Militärkräfte der Mitgliedstaaten eingesetzt werden, um humanitäre Rettungseinsätze, friedenserhaltende Operationen und sogar Kampfeinsätze durchzuführen. Das Handlungsspektrum reicht dabei über *peace-keeping* hinaus und bezieht *peace enforcement* mit ein.[34] Wenn Abs. 1 UAbs. 1 eine »gemeinsame Verteidigung« als etwas anspricht, das *erst in Zukunft* realisiert werden könnte, wird klar, daß die militärische Erfüllung von Petersberg-Aufgaben etwas anderes als »Verteidigung« ist, jedenfalls eine Verteidigungslage nicht voraussetzt.[35] Außerhalb von Fällen des Art. 51 UN-Charta erfordert der Einsatz von Streitkräften im internationalen Kontext angesichts des Gewaltverbots (Art. 2 Nr. 4 UN-Charta) völkerrechtlich entweder eine entsprechende Vereinbarung mit den betroffenen Staaten, oder er muß durch eine Resolution des UN-Sicherheitsrates gerechtfertigt sein.[36]

VI. Beschlüsse mit verteidigungspolitischen Bezügen

8   Beschlüsse mit **verteidigungspolitischen Bezügen** nach Art. 17 werden nach dessen Abs. 3 unbeschadet der Politiken und Verpflichtungen im Sinne des Abs. 1 UAbs. 2 gefaßt. Damit wird die Rücksichtnahmeklausel des Abs. 1 UAbs. 2 bestärkt (s. o. Rn. 5). Zugleich belegt Abs. 3, daß der GASP verteidigungspolitische Dimensionen des Handelns nicht verschlossen sind. »Verteidigungspolitische Bezüge« haben alle Aktivitäten, an denen militärisches Personal beteiligt ist[37]. Denn wollte man den Begriff enger fassen,

---

31   Vgl. M. *Trybus*, European Defence Procurement: Towards a Comprehensive Approach, European Public Law 4 (1998), S. 111 ff. S. auch: *International Institute for Strategic Studies,* Military Balance 1998/99.
32   S. Punkt F. 3 des Beschlusses des Rates 1999/404/GASP vom 10.5.1999 über die Regelungen für eine verstärkte Zusammenarbeit zwischen der Europäischen Union und der Westeuropäischen Union, ABl.EG Nr. L 153/1 (4).
33   Aufgeführt in Punkt II. 4. der *Petersberg-Erklärung* (Fn. 10), S. 652.
34   Vgl. zum (auch robusten) UN-*peace-keeping* und *peace-building*: B. *Lezzi*, Neue Impulse für Uno-Friedensoperationen – Weitgespannte Empfehlungen einer Expertengruppe, NZZ vom 23.10. 2000, S. 5; Report of the Panel on United Nations Peace Operations (»Brahimi Report«), UN-Doc. A/55/305-S/2000/809 (21.8.2000); Report of the Secretary-General on the implementation of the report of the Panel on United Nations peace operations, UN-Doc. A/55/502 (20.10. 2000).
35   Schon aus Art. J.4 Abs. 2 a. F. folgte, daß nicht alle militärischen Aktionen als zur Verteidigungspolitik und zur gemeinsamen Verteidigung i. S. d. Art. J.4 Abs. 1 a. F. zu zählen waren (*Frowein,* [Fn. 8], S. 317).
36   *Frowein* (Fn. 8), S. 325.
37   So aufgrund seiner Nichtbeteiligung an Maßnahmen mit verteidigungspolitischen Bezügen (oben Fn. 9) offenbar die Position Dänemarks (vgl. die Erklärungen: zur Gemeinsamen Aktion 96/588/ GASP [Fn. 8], ABl.EG Nr. L 260/4; zum Beschluß des Rates 96/670/GASP [Fn. 8], ABl.EG Nr. L 312/4; zum Gemeinsamen Standpunkt 97/356/GASP [Fn. 8] ABl.EG Nr. L 153/3 und zur Ge-

drohte die Rücksichtnahmeklausel des Abs. 1 UAbs. 2 leerzulaufen, gilt sie doch gerade auch für praktische Umsetzungsakte unter Art. 17; diese Umsetzungsakte aber können vor der Einführung einer gemeinsamen Verteidigung (vgl. Abs. 1 UAbs. 1 und dazu o. Rn. 1) Maßnahmen einer gemeinsamen Verteidigung i.e.S. nicht einschließen.

VII. Engere Zusammenarbeit zwischen einzelnen EU-Staaten

Abs. 4 erlaubt eine engere sicherheits- und verteidigungspolitische Zusammenarbeit innerhalb des Kreises der EU-Mitgliedstaaten, aber außerhalb des Forums der GASP. Damit hält er die Möglichkeit offen, daß einzelne Mitgliedstaaten untereinander, losgelöst vom organisatorischen Kontext der GASP, intensiver kooperieren.[38] Dies kann auf bi- oder multilateraler Ebene, aber auch im Rahmen von WEU oder NATO[39] geschehen. Selbst dort aber geht es nur um eine engere Zusammenarbeit zwischen zwei oder mehreren EU-Staaten[40], nicht aber um Rechte und Pflichten der EU-Staaten als WEU- oder NATO-Mitglieder (dafür gilt Abs. 1 UAbs. 2). Vermieden werden soll nämlich, daß die besondere Nähe einzelner Mitgliedstaaten GASP-interne Spannungen auslöst. Daher stellt Abs. 4 die Intensivierung der Beziehungen unter die Bedingung, daß durch sie die Zusammenarbeit innerhalb des Gesamtrahmens der GASP weder vereitelt noch auch nur gestört werden darf. Sobald es zu negativen Interferenzen kommt, verpflichtet Abs. 4 die betroffenen Mitgliedstaaten, ihre GASP-externen Aktivitäten einzustellen oder zumindest so weit abzuändern, wie dies nötig ist, um die Beeinträchtigung des Funktionierens von Titel V zu beenden.

9

VIII. Revisionsklausel

Abs. 5 unterstreicht den Willen der EU-Staaten, die sicherheits- und verteidigungspolitische Komponente der GASP auch durch Änderungen des EUV fortzuentwickeln. Allerdings verweist er dazu lediglich auf die allgemeine Regel des Art. 48. Damit ist er kaum mehr als eine politische Absichtserklärung.[41]

10

Fortsetzung von Fußnote 37
meinsamen Aktion 97/817/GASP [Fn. 8], ABl.EG Nr. L 338/4). Vgl. insbes. auch *Frowein* (Fn. 2), S. 12. – Es besteht zumindest eine Tendenz, darüber hinaus auch den Einsatz nicht-militärischer, lediglich hoheitlich handelnder Beamter (wie beim Einsatz von Polizeikräften in Mostar – s. Fn. 8) als eine Aktion verteidigungspolitischen Charakters anzusehen. So: Anlage IV, Ziff. 1 der Schlußfolgerungen des Allgemeinen Rats vom 26.10.1993 in Brüssel, in: Auswärtiges Amt (Hrsg.), Gemeinsame Außen- und Sicherheitspolitik, Dokumentation, 1994, S. 133 (146) (»...in der Regel zwar den Einsatz von Militär, doch ... können auch andere Mittel eingesetzt werden.«); *Noordwijk-Erklärung* der WEU vom 14.11.1994, Bull.BReg. Nr. 112 vom 1.12.1994, S. 1021 (1022, Ziff. 17); *Münch* (Fn. 9), S. 398; zu Recht kritisch dagegen: *Frowein* (Fn. 2), S. 15.

38 Beispiele bilden das Eurokorps und das Deutsch-Niederländische Korps. Vgl. *A. Pijpers*, National Adaptation and the CFSP: The Case of the Netherlands, Legal Issues of European Integration 1996, S. 79 (87).
39 S. auch *Jürgens* (Fn. 27), S. 231.
40 Nicht geregelt ist die Zusammenarbeit mit Drittstaaten (*Burghardt/Tebbe* [Fn. 1], Art. J.4, Rn. 20). A.A. wohl *Jürgens* (Fn. 27), S. 231 i.V.m. S. 376 (der insoweit einen eigenen Bedeutungsgehalt in Art. 17 Abs. 4 a.F. verwendeten Begriffs »Atlantische Allianz« im Vergleich zum Begriff »NATO« annimmt). Nunmehr spricht Art. 17 Abs. 4 selbst von der »NATO«.
41 *E. Regelsberger*, Gemeinsame Außen- und Sicherheitspolitik, Jahrbuch der Europäischen Integration 1996/97, S. 215 (219) (zu britischen Widerständen gegen die Fixierung eines Termins zur Überprüfung des Art. 17).

Art. 18 EU-Vertrag

Art. 18 (ex-Art. J.8)

(1) Der Vorsitz vertritt die Union in Angelegenheiten der Gemeinsamen Außen- und Sicherheitspolitik.[1]

(2) Der Vorsitz ist für die Durchführung der nach diesem Titel gefaßten Beschlüsse verantwortlich; im Rahmen dieser Aufgabe legt er grundsätzlich den Standpunkt der Union in internationalen Organisationen und auf internationalen Konferenzen dar.[2]

(3) Der Vorsitz wird vom Generalsekretär des Rates unterstützt, der die Aufgabe eines Hohen Vertreters für die Gemeinsame Außen- und Sicherheitspolitik wahrnimmt.[3]

(4) Die Kommission wird an den Aufgaben nach den Absätzen 1 und 2 in vollen Umfang beteiligt. Der Vorsitz wird gegebenenfalls von dem Mitgliedstaat, der den nachfolgenden Vorsitz wahrnimmt, bei diesen Aufgaben unterstützt.[4]

(5) Der Rat kann einen Sonderbeauftragten für besondere politische Fragen ernennen, wenn er dies für notwendig hält.[5]

1   Abs. 1 stimmt wörtlich mit Art. J.5 Abs. 1 a. F. überein. Wenn danach der Vorsitz[1] (des Rates – Art. 28 Abs. 1 i. V. m. Art. 203 Abs. 2 EGV) in Angelegenheiten der GASP »die Union« vertritt, so ist dies auf jeden Fall in einem politischen Sinn korrekt. Spricht man der EU als solcher eine eigene Rechtspersönlichkeit ab, so lassen sich Erklärungen jedoch nicht ihr selbst zurechnen. Vertreten werden durch den Vorsitz dann vielmehr die Mitgliedstaaten, deren Erklärungen so zu einer Außen- und Sicherheitspolitik »zur gesamten Hand« (vgl. Art. 11, Rn. 4 a. E.) gebündelt werden. Nur wer die EU als Völkerrechtssubjekt begreift, kann in der Vertretung durch den Vorsitz im Rechtssinn ein Handeln »der Union« sehen. – Teils wird die Vertretungsbefugnis des Vorsitzes als von »rein politischer, nicht aber rechtlicher Natur« bezeichnet.[2] Doch während die politische Repräsentation gewiß ein Kernstück der GASP bildet, sind Erklärungen »im Namen der Union« jedenfalls dann rechtserheblich, wenn sie im Zusammenhang mit Vertragsschlüssen nach Art. 24 stehen oder wenn mit ihnen Rechtsüberzeugungen bekundet werden, die für die Bildung von Völkergewohnheitsrecht erheblich sein können.

2   Den – insofern möglicherweise rechtserheblichen – gemeinsamen Willen der Mitgliedstaaten oder, soweit man die EU als Völkerrechtssubjekt versteht, »den Willen der Union« wird der Vorsitz regelmäßig auch vertreten, wenn er, wie dies Abs. 2 HS 2 grundsätzlich erfordert, in internationalen Organisationen und auf internationalen Konferenzen den »Standpunkt der Union« darlegt. Dies tut er allerdings nur im Rahmen seiner Aufgabe, die nach Titel V gefaßten Beschlüsse durchzuführen. An diese Beschlüsse ist der Vorsitz gebunden, gleich, ob sie gemeinsame Aktionen oder Standpunkte betreffen. – Hatte Art. J.5 Abs. 2 HS 1 a. F. dem Vorsitz lediglich die **Verantwortung für die Durchführung** *gemeinsamer Aktionen* zugesprochen, so erweitert Art. 18 Abs. 2 HS 1 diese deswegen auf *alle* Beschlüsse, weil auch die (in Amsterdam neu eingeführten) *gemeinsamen Strategien* einer Umsetzung bedürfen können, die nicht darin besteht, daß der Rat gemeinsame Aktionen oder Standpunkte beschließt (Art. 13 Abs. 2 und 3, s. dort

---

1   Zur Möglichkeit, andere Mitgliedstaaten mit Vertretungsaufgaben zu betrauen: *G. Burghardt/ G. Tebbe*, in: GTE, EU-/EGV, Art. J.5, Rn. 8.
2   *Burghardt/Tebbe* (Fn. 1), Art. J.5, Rn. 3.

Rn. 2). Ferner erweist die Praxis, daß selbst nach der Festlegung *gemeinsamer Standpunkte* »Durchführungsakte« des Vorsitzes z. B. in Form von Demarchen und Erklärungen in Frage kommen (vgl. Art. 15, Rn. 6, Fn. 28). – Obwohl sich in Titel V hierfür keine ausdrückliche Regel findet, ist anzunehmen, daß der Rat den Vorsitz auch durch »einfache« Beschlüsse binden kann, die sich nicht notwendig in die Kategorien der Art. 14 und 15 einpassen lassen. Denn die Willensbildung ist grundsätzlich eine Angelegenheit des »Kollegiums«. Der Vorsitz darf sich nur im Rahmen der Ratsbeschlüsse eigenständig entfalten.

Art. 18 Abs. 3 umschreibt die **Aufgabe des Generalsekretärs des Rates** in bezug auf den Vorsitz. Diesen hat er als Hoher Vertreter für die GASP (vgl. auch Art. 207 Abs. 2 EGV [ex-Art. 151 Abs. 2] i. V. m. Art. 28 Abs. 1) zu unterstützen, d. h. ihn nicht nur zu beraten und ihm das wachsende Erfahrungswissen im Bereich der GASP zu erschließen, sondern im Einzelfall »auf Ersuchen des Vorsitzes den politischen Dialog mit Dritten« zu führen (s. Art. 26, Rn. 4). 3

Die **Kommission** nach Art. 18 Abs. 4 an den Aufgaben nach Abs. 1 und 2 in vollem Umfang zu beteiligen[3] bedeutet prinzipiell zunächst das gleiche, was Art. 27 allgemein fordert (s. dort), nämlich sie umfassend zu informieren und anzuhören, in die Arbeiten zur Durchführung der Beschlüsse einzubeziehen und ihr Gelegenheit zu Anregungen und Impulsen zu geben. Gegen die Möglichkeit, die Kommission unmittelbar zu administrativer Dienstleistung heranzuziehen, wird eingewandt, dies führe zu einer versteckten Inanspruchnahme von Haushaltsmitteln der Gemeinschaft.[4] Ferner spricht auch die Auslassung des Art. 202 (3. Spiegelstrich) EGV aus der Verweisung des Art. 28 Abs. 1 gegen eine Übertragung von Durchführungsaufgaben. Die Praxis setzt sich aber – gestützt auf Art. 18 Abs. 4 i.V. mit Abs. 2 und Art. 14 Abs. 4 und um der Effektivität der GASP willen zu Recht – über solche Bedenken hinweg. So hat der Rat in der Gemeinsamen Aktion 2000/456/GASP[5] die Kommission mit der Durchführung der Lieferung von Ausrüstung an Georgien sowie der Überwachung und Evaluation dieser Maßnahme beauftragt und ihr aufgegeben, dem Rat Bericht zu erstatten. Dies geschah jedoch nicht einseitig. Vielmehr hatte sich die Kommission – wie man dies gerade wegen der fehlenden Verweisung in Art. 28 Abs. 1 auf Art. 202 EGV wird fordern müssen – damit einverstanden erklärt, daß ihr bestimmte Aufgaben übertragen werden. – Indem Art. 18 Abs. 4 auch Abs. 1 einbezieht, stellt er klar, daß es der Kommission zusteht, bei der Wahrnehmung von Außenkontakten präsent zu sein.[6] – Art. 18 Abs. 4 Satz 2 reduziert die in Art. J.5 Abs. 3 Satz 1 a. F. vorgesehene »Troika« (»Vorsitz + Vorgänger + Nachfolger«) zu einem »Doppelgespann« bestehend aus dem gegenwärtigen Vorsitz und dessen Nachfolger. Damit hat der später in die Stellung des Vorsitzes einrückende Mitgliedstaat noch immer eine Einarbeitungsphase. Dies trägt zur Kontinuität der GASP bei. Rechnet man den nur »gegebenen- 4

---

3 *J. Monar*, Die Kommission nach dem Vertrag von Nizza: ein gestärkter Präsident und ein geschwächtes Organ?, integration 24 (2001), S. 114 (121), beklagt, daß der Vertrag von Nizza die Kommission im Kontext der GASP weitgehend marginalisiert gelassen hat.
4 *J. Monar*, The Finances of the Union's Intergovernmental Pillars: Tortuous Experiments with the Community Budget, Journal of Common Market Studies 35 (1997), S. 57 [71 f.].
5 Vom 20.7.2000, ABl.EG Nr. L 183/3 (s. zum Inhalt dieser Aktion Art. 14, Rn. 5). Ähnlich Ratsbeschluß 2000/803/GASP vom 14.12.2000, ABl.EG Nr. L 326/1 (zur Durchführung der Gemeinsamen Aktion 1999/34/GASP vom 17.12.1998, ABl.EG Nr. L 9/1 [vom 15.1.1999], in Südossetien).
6 *Burghardt/Tebbe* (Fn. 1), Art. J.5, Rn. 11; *E. Regelsberger*, Gemeinsame Außen- und Sicherheitspolitik nach Maastricht, integration 2 (1992), S. 83 (91).

falls« Unterstützung leistenden Nachfolger nicht hinzu, so entsteht erst durch das Hinzutreten des Generalsekretärs und eines Mitglieds der Kommission wieder eine »Troika«.[7]

5   Abs. 5 eröffnet dem Rat die Möglichkeit, einen **Sonderbeauftragten** für besondere politische Fragen zu ernennen.[8] Damit stellt er eine Vorgehensweise, die zuvor schon praktiziert wurde[9], auf eine ausdrückliche vertragliche Grundlage. Impliziert wird zugleich, daß der Sonderbeauftragte grundsätzlich dem Rat untersteht.[10] Dies schließt freilich nicht aus, der beauftragten Person sachliche Unabhängigkeit zu verleihen, damit sie vermitteln kann oder – etwa als Wahlbeobachter oder -prüfer – als unparteilich anerkannt

---

7   *H. Neuhold,* The Provisions of the Amsterdam Treaty on the CFSP: Cosmetic Operation or Genuine Progress?, in FS Seidl-Hohenveldern [1998], S. 495 (504); *W. Heintschel v. Heinegg,* Rechtliche Aspekte der Neufassung der GASP durch den Vertrag von Amsterdam, Die Friedens-Warte 73 (1998), S. 157 (163). Unter Art. J.5 a.F. ergänzte die Kommission die sog. Ministertroika (Art. J.5 Abs. 3 Satz 1) an sich zur Quadriga (Art. J.5 Abs. 3 Satz 2; *F. Fink-Hooijer,* The Common Foreign and Security Policy of the European Union, EJIL 5 (1994), S. 173 [186]). – Vgl. auch *E. Regelsberger,* Gemeinsame Außen- und Sicherheitspolitik, Jahrbuch der Europäischen Integration 1996/97, S. 215 (220 f.).
8   Gebrauch gemacht wurde von Art. 18 Abs. 5 etwa durch den Ratsbeschluß 1999/434/GASP vom 2.7.1999, ABl.EG Nr. L 168/34 (EU-Sonderbeauftragter für die Funktion des Koordinators für den Stabilitätspakt für Südosteuropa), sowie durch Gemeinsame Aktion 1999/523/GASP vom 29.7.1999, ABl.EG Nr. L 201/2 (Bestätigung des soeben genannten Beschlusses 1999/434/GASP); Gemeinsame Aktion 2000/793/GASP vom 14.12.2000, ABl.EG Nr. L 318/3 (die eben genannte Gemeinsame Aktion 1999/523/GASP aufhebend und ersetzend); Gemeinsame Aktion 2000/792/GASP vom 14.12.2000, ABl.EG Nr. L 318/1 (EU-Sonderbeauftragter für die afrikanische Region der Großen Seen – Mandatsverlängerung durch Gemeinsame Aktion vom 10.12.2001, ABl.EG Nr. L 326/3); Gemeinsame Aktion 2000/794/GASP vom 14.12.2000, ABl.EG Nr. L 318/5 (EU-Sonderbeauftragter für den Nahost-Friedensprozeß); Gemeinsame Aktion 2001/760/GASP vom 29.10.2001, ABl.EG Nr. L 287/1 (EU-Sonderbeauftragter in Mazedonien); Gemeinsame Aktion 2001/875 vom 10.12.2001, L 326/1 (EU-Sonderbeauftragter in Afghanistan). – Der Sonderbeauftragte schließt mit dem Rat einen »Vertrag als ›Sonderberater‹« (so ausdrücklich etwa Art. 3 Abs. 1 der Gemeinsamen Aktion 2000/792/GASP; Art. 6 der Gemeinsamen Aktion 2000/793/GASP).
9   *Sonderbeauftragter in der Stadt Mostar:* Gemeinsame Aktion 96/442/GASP vom 15.7.1996, ABl.EG Nr. L 185/2. *Sonderbeauftragter für den Nahost-Friedensprozeß:* Gemeinsame Aktion 96/676/GASP vom 25.11.1996, ABl.EG Nr. L 315/1, verlängert durch Ratsbeschlüsse 97/475/GASP vom 22.7.1997, ABl.EG Nr. L 205/1, 98/608/GASP vom 26.10.1998, ABl.EG Nr. L 290/4, 1999/664/GASP vom 11.10.1999, ABl.EG Nr. L 264/1, verlängert und geändert durch Gemeinsame Aktion 1999/843/GASP vom 17.12.1999, ABl.EG Nr. L 326/71, ersetzt durch Gemeinsame Aktion 2000/794/GASP vom 14.2.2000, ABl.EG Nr. L 318/5 (s.o. Fn. 8). *Sonderbeauftragter für die Afrikanische Region der Großen Seen:* Gemeinsame Aktion 96/250/GASP vom 25.3.1996, ABl.EG Nr. L 87/1, zuletzt verlängert durch Ratsbeschluß 2000/347/GASP vom 22.5.2000, ABl.EG Nr. L 122/6; aufgehoben und ersetzt durch Art. 6 der Gemeinsamen Aktion 2000/792/GASP vom 14.12.2000, ABl.EG Nr. L 318/1 (s. auch: Beschluß des Rates 96/589/GASP vom 1.10.1996, ABl.EG Nr. L 260/5). *Sonderbeauftragter für die Bundesrepublik Jugoslawien:* Gemeinsame Aktion 98/375/GASP vom 8.6.1998, ABl.EG Nr. L 165/2, zuletzt verlängert durch Ratsbeschluß 1999/75/GASP vom 25.1.1999, ABl.EG Nr. L 23/5, aufgehoben durch Gemeinsame Aktion 1999/665/GASP vom 11.10.1999, ABl.EG Nr. L 264/2. *Sonderbeauftragter für das Kosovo:* Gemeinsamen Aktion 1999/239/GASP vom 30.3.1999, ABl.EG Nr. L 89/1, aufgehoben durch Ratsbeschluß 1999/524/GASP vom 29.7.1999, ABl.EG Nr. L 201/4 (gestützt auf Art. 14 EUV). *Sonderbeauftragter für den Royaumont-Prozeß:* Ratsbeschluß 1999/361/GASP vom 31.5.1999, ABl.EG Nr. L 141/1.
10 Vgl. etwa Art. 1 Abs. 1 der Gemeinsamen Aktion 1999/239/GASP vom 30.3.1999, ABl.EG Nr. L 89/1: »Der EU-Sonderbeauftragte arbeitet unter Leitung des Vorsitzes des Rates und erstattet diesem regelmäßig und bei Bedarf Bericht.« S. auch Art. 5 und Art. 6 der Gemeinsamen

wird. Eingesetzt werden können Sonderbeauftragte, um Krisenherde zu beobachten, Kontakte zu Konfliktparteien aufzunehmen und sie zu beraten, gute Dienste anzubieten, GASP-Aktivitäten mit dem Handeln internationaler Organisationen wie der UN, der OSZE oder der OAU abzustimmen und Informationen auszutauschen. Ihnen kann ein Mitarbeiterstab zur Seite gestellt werden.

Fortsetzung von Fußnote 10
    Aktion 2000/794/GASP vom 14.12.2000, ABl.EG Nr. L 318/5 (nach Art. 5 Abs. 1 untersteht der Sonderbeauftragte »unmittelbar dem Generalsekretär/Hohen Vertreter« und ist diesem für seine Verwaltungsausgaben »verantwortlich«) – entsprechend Art. 4 der Gemeinsamen Aktion 2000/792/GASP vom 14.12.2000, ABl.EG Nr. L 318/1; Art. 7 der Gemeinsamen Aktion 2000/793/GASP vom 14.12.2000, ABl.EG Nr. L318/3.

Art. 19 (ex-Art. J.9)

(1) Die Mitgliedstaaten koordinieren ihr Handeln in internationalen Organisationen und auf internationalen Konferenzen. Sie treten dort für die gemeinsamen Standpunkte ein.[1]

In den internationalen Organisationen und auf internationalen Konferenzen, bei denen nicht alle Mitgliedstaaten vertreten sind, setzen sich die dort vertretenen Mitgliedstaaten für die gemeinsamen Standpunkte ein.[1]

(2) Unbeschadet des Absatzes 1 und des Artikels 14 Absatz 3 unterrichten die Mitgliedstaaten, die in internationalen Organisationen oder auf internationalen Konferenzen vertreten sind, die dort nicht vertretenen Mitgliedstaaten laufend über alle Fragen von gemeinsamem Interesse.[2]

Die Mitgliedstaaten, die auch Mitglieder des Sicherheitsrats der Vereinten Nationen sind, werden sich abstimmen und die übrigen Mitgliedstaaten in vollem Umfang unterrichten. Die Mitgliedstaaten, die ständige Mitglieder des Sicherheitsrats sind, werden sich bei der Wahrnehmung ihrer Aufgaben unbeschadet ihrer Verantwortlichkeiten aufgrund der Charta der Vereinten Nationen für die Standpunkte und Interessen der Union einsetzen.[3]

1 Art. 19 Abs. 1, den der Vertrag von Nizza unverändert gelassen hat, ist inhaltlich ein Kompositum aus Art. J.2 Abs. 3 und Art. J.5 Abs. 4 a.F. Er stellt klar, daß die Treue- und Förderungspflicht auch das Verhalten der Mitgliedstaaten im Rahmen internationaler Organisationen[1] oder Konferenzen erfaßt und daß dies insbesondere dann gilt, wenn in einem gemeinsamen Standpunkt ein politisches Leitkonzept vorgegeben ist (s. Art. 15, Rn. 1 f.).[2] Von der Pflicht, das eigene Verhalten an der *gemeinsamen* Außen- und Sicherheitspolitik auszurichten und mit dem der anderen Mitgliedstaaten abzustimmen[3] (s. zur Abstimmungspflicht auch Art. 27a, Rn. 2), ist ein Mitgliedstaat also nicht dadurch entbunden, daß er sich in einem anderen organisatorischen Rahmen als der GASP bewegt. Von den Bindungen ist er nicht einmal befreit, wenn dort nicht zugleich alle anderen Mitgliedstaaten vertreten sind. Vielmehr hat er sich auch dann als »**Sprachrohr**« und »**Agent**« **der Union** und damit aller EU-Staaten für einschlägige gemeinsame Standpunkte einzusetzen (Abs. 1 UAbs. 2; s. auch Art. 15, Rn. 2). – Dem Sinn und Zweck der Regelung entspräche es anzunehmen, daß die Mitgliedstaaten auch an gemeinsame Aktionen gebunden seien. Doch spricht Art. 19 Abs. 1 UAbs. 2 eher dafür, daß die Koordination des Handelns der Mitgliedstaaten in internationalen

---

1 Zum – durch den EUV aufgehobenen – Art. 116 EWGV: *G. Burghardt/G. Tebbe*, in: GTE, EU-/EGV, Art. J.2, Rn. 12; *Europäische Kommission*, Regierungskonferenz 1996, Bericht der Kommission an die Refexionsgruppe 1995 (= SEK (95) 731 endg.), S. 57 ff. (Rn. 133, 136).
2 S. zum Funktionieren der GASP-Instrumente im Rahmen internationaler Organisationen: *F. Cameron*, Das Krisenmanagement in der KSZE und den Vereinten Nationen, in: E. Regelsberger (Hrsg.), Die Gemeinsame Außen- und Sicherheitspolitik der Europäischen Union, 1993, S. 95; *M. Fouwels*, The European Union's Common Foreign and Security Policy and Human Rights, NQHR 15 (1997), S. 291 (302 ff.); *T. Jürgens*, Die gemeinsame Europäische Außen- und Sicherheitspolitik, 1994, S. 125 mit Fn. 563; *K.-D. Stadler*, Die EG/EPZ in der UN-Generalversammlung, in: E. Regelsberger (Hrsg.), Die Gemeinsame Außen- und Sicherheitspolitik der Europäischen Union, 1993, S. 107.
3 Die Koordinierung findet im Rat und seinen Untergliederungen statt und wird durch eine Abstimmung »vor Ort« ergänzt (*Burghardt/Tebbe* [Fn. 1], Art. J.2, Rn. 10).

Organisationen gar keine (zulässige) operative Aktion der Union i.S. des Art. 14 Abs. 1 darstellt.[4]

Darüber hinaus muß er ohne Anstoß von außen die nicht vertretenen Mitgliedstaaten 2 über *alle Fragen von gemeinsamem Interesse* (also über alles, was im Lichte der Ziele [Art. 11] und der Grundsätze und allgemeinen Leitlinien für die GASP [Art. 13 Abs. 1] bedeutsam ist oder Bezug hat zu gemeinsamen Strategien [Art. 13 Abs. 2], Aktionen [Art. 14] oder Standpunkten [Art. 15]) *laufend*, also kontinuierlich und nicht nur sporadisch, unterrichten (Abs. 2 UAbs. 1). Daß dies unbeschadet (1) von Abs. 1 und (2) von Art. 14 Abs. 3 gilt, bedeutet, (1) daß die Erfüllung der **Unterrichtungspflicht** allein nicht hinreicht, um Abs. 1 zu genügen, und (2) daß die Annahme gemeinsamer Aktionen weitergehende Bindungen bewirken kann.

Abs. 2 UAbs. 2 Satz 1 gebietet den Mitgliedstaaten, wenn sie **Mitglieder des UN-Sicherheitsrates** sind,[5] sich *untereinander abzustimmen*. Die übrigen Mitgliedstaaten sind hier offenbar nicht mit einbezogen.[6] Aber selbst die Ständigen Mitglieder des Sicherheitsrates Großbritannien und Frankreich sind gehalten, sich bei Beratung und Beschlußfassung für die »Standpunkte und Interessen der Union« einzusetzen.[7] Daß dies »unbeschadet ihrer Verantwortlichkeiten aufgrund der Charta der Vereinten Nationen« gilt, ist zunächst Ausdruck des allgemeinen Prinzips, daß GASP-Bindungen niemals völkerrechtswidriges Handeln verlangen (Art. 15, Rn. 4 a. E., s. auch Art. 14 Rn. 7). Doch wird dieser Vorbehalt auch so zu lesen sein, daß die EU-Staaten mit ständigem Sicherheitsratssitz nicht dazu verpflichtet sind, gegen jedweden Sicherheitsratsbeschluß, der nicht in jeder Hinsicht mit der Ausrichtung der GASP übereinstimmt, ein Veto einzulegen. Vielmehr beläßt ihnen der EUV insoweit politischen Handlungsspielraum.[8]

---

4 Vgl. auch *H. Krück*, in: Schwarze, EU-Kommentar, Art. 11–28 EUV, Rn. 24 (s. auch Rn. 16), der die Mitgliedstaaten – zu Recht – wohl *lediglich* verpflichtet sieht, gemeinsame Aktionen »zu respektieren«.
5 Zu Mängeln in der EPZ-Praxis in bezug auf das Verhalten der Mitgliedstaaten im Sicherheitsrat: *Burghardt/Tebbe* (Fn. 1), Art. J.5, Rn. 14; *Jürgens* (Fn. 2), S. 125, 342 f.; *E. Regelsberger*, Gemeinsame Außen- und Sicherheitspolitik nach Maastricht, integration 2 (1992), 83 (86 f.); *Stadler* (Fn. 2), S. 121.
6 *J. A. Frowein*, Auf dem Weg zu einer gemeinsamen Sicherheits- und Verteidigungspolitik, in: Berichte der Deutschen Gesellschaft für Völkerrecht 36 (1997), S. 11 (17).
7 *Burghardt/Tebbe* (Fn. 1), Art. J.2, Rn. 11. S. auch *W. Kaufmann-Bühler*, in: Grabitz/Hilf, EU, Art. J.2 EUV, Rn. 12.
8 *H. Lenaerts/E. De Smijter*, The European Union as an Actor under International Law, Yearbook of European Law 19, 1999–2000, S. 95 (132: »safeguarding French and British sovereignty with regard to the use of their right of veto«). Vgl. *W. Kaufmann-Bühler/N. Meyer-Landrut*, in: Grabitz/Hilf, EU, Art. J.5 EUV, Rn. 8; *F. Fink-Hooijer*, The Common Foreign and Security Policy of the European Union, EJIL 5 (1994), S. 173 (188) (die Vagheit der Klausel beklagend); *Frowein* (Fn. 5) (mit zurückhaltender Beurteilung von Art. J.5 Abs. 4 a.F.).

Art. 20 EU-Vertrag

Art. 20 (ex-Art. J.10)

Die diplomatischen und konsularischen Vertretungen der Mitgliedstaaten und die Delegationen der Kommission in dritten Ländern und auf internationalen Konferenzen sowie ihre Vertretungen bei internationalen Organisationen stimmen sich ab, um die Einhaltung und Umsetzung der vom Rat angenommenen gemeinsamen Standpunkte und gemeinsamen Aktionen zu gewährleisten.

Sie intensivieren ihre Zusammenarbeit durch Informationsaustausch, gemeinsame Bewertungen und Beteiligung an der Durchführung des Artikels 20 des Vertrags zur Gründung der Europäischen Gemeinschaft.

Art. 20 entspricht inhaltlich vollständig dem Art. J.6 a.F.[1] Der Vertrag von Nizza hat ihn unverändert gelassen. Sein Ziel ist es, die **Vernetzung der GASP** bis in die Peripherie der diplomatischen und konsularischen Vertretungen der Mitgliedstaaten und der Delegationen der Kommission ausgreifen zu lassen.[2] Auf allen Ebenen außenpolitischen Handelns und insbesondere »vor Ort« soll eine Koordination auf möglichst kurzem Informations- und Konsultationsweg erfolgen. Der Ausbau der Zusammenarbeit (s. auch Art. 27a, Rn. 2) soll dabei insbesondere dem diplomatischen und konsularischen Schutz von Unionsbürgern gelten, die sich in Staaten aufhalten, in denen ihr Heimatstaat keine Vertretung unterhält (Art. 20 EGV).[3] Zu Recht wird aber betont, daß der diplomatische und konsularische Schutz der Unionsbürger als solcher Gegenstand des Gemeinschaftsrechts ist.[4]

---

1 Vgl. auch Art. 30 Abs. 9 EEA; Teil II, Ziff. 7 und Anhang, Ziff. 5 des *Kopenhagener Berichts* der Außenminister an die Staats- und Regierungschefs der EG-Mitgliedstaaten vom 23.7.1973, in: Auswärtiges Amt (Hrsg.), Gemeinsame Außen- und Sicherheitspolitik, Dokumentation, 1994, S. 37 (42, 48); Teil II, 7. des Londoner Berichts vom 13.10.1981, ebd., S. 59 (63 f.); Abschnitt II. des Beschlusses der im Rahmen der EPZ versammelten Außenminister anläßlich der Unterzeichnung der EEA vom 28.2.1986, ebd., S. 82 (84 f.).
2 Nach *Europäische Kommission*, Regierungskonferenz 1996, Bericht der Kommission an die Reflexionsgruppe 1995 (= SEK (95) 731 endg.), S. 20 (Rn. 14) sind nur in China, Japan, Rußland und den USA alle Mitgliedstaaten vertreten, in 17 Staaten nur jeweils zwei Mitgliedstaaten.
3 Vgl. auch Abschnitt II., Ziff. 4 des Beschlusses der im Rahmen der EPZ versammelten Außenminister anläßlich der Unterzeichnung der EEA vom 28.2.1986 (Fn. 1), S. 82 (85). – Zu (auch weiteren) Funktionen der Delegationen der Kommission: *F. Fink-Hooijer*, The Common Foreign and Security Policy of the European Union, EJIL 5 (1994), S. 173 (191 f.). – Vgl. die ausführliche Darstellung zu Art. J.6 a.F. bei: *G. Burghardt/G. Tebbe*, in: GTE, EU-/EGV, Art. J.6, Rn. 1 ff. S. auch *W. Kaufmann-Bühler*, in: Grabitz/Hilf, EU, Art. J.6 EUV, Rn. 1 ff.; *T. Jürgens*, Die gemeinsame Europäische Außen- und Sicherheitspolitik, 1994, S. 97 f., 219.
4 *H. Krück*, in: Schwarze, EU-Kommentar, Art. 11–28 EUV, Rn. 27.

Art. 21 (ex-Art. J.11)

Der Vorsitz hört das Europäische Parlament zu den wichtigsten Aspekten und den grundlegenden Weichenstellungen der Gemeinsamen Außen- und Sicherheitspolitik und achtet darauf, daß die Auffassungen des Europäischen Parlaments gebührend berücksichtigt werden. Das Europäische Parlament wird vom Vorsitz und von der Kommission regelmäßig über die Entwicklung der Außen- und Sicherheitspolitik der Union unterrichtet.[1]

Das Europäische Parlament kann Anfragen oder Empfehlungen an den Rat richten. Einmal jährlich führt es eine Aussprache über die Fortschritte bei der Durchführung der Gemeinsamen Außen- und Sicherheitspolitik.[2]

Art. 21 stimmt wörtlich mit Art. J.7 a.F. überein. Er trifft Regelungen über die Beteiligung des Europäischen Parlaments an der GASP.[1] Das Parlament muß nach Abs. 1 Satz 1 vom Vorsitz zu Kernfragen und Grundausrichtungen der GASP gehört werden (Abs. 1 Satz 1, 1. Teil).[2] Dies betrifft (neben Ratsbeschlüssen über gemeinsame Aktionen oder gemeinsame Standpunkte von *herausragender* Bedeutung[3]) *prima facie* die Erst- oder Neuformulierung von Grundsätzen und allgemeinen Leitlinien für die GASP (Art. 13 Abs. 1) sowie i. d. R. auch von gemeinsamen Strategien (Art. 13 Abs. 2). Zu beachten ist aber, daß insoweit der *Europäische Rat* zur Entscheidung befugt ist. Dessen Vorsitz (nach Art. 4 Abs. 2 Satz 3 ist dies der Staats- oder Regierungschef des Mitgliedstaats, der im Rat den Vorsitz innehat) ist jedoch mit dem in Art. 21 allein angesprochenen Vorsitz *des Rates* (Art. 203 Abs. 2) streng formal betrachtet nicht identisch. Betrifft die Anhörung des Parlaments aber auch die Kompetenzfelder des Europäischen Rates, so sind, um zu gewährleisten, daß die Auffassungen des Europäischen Parlaments »gebührend berücksichtigt werden« (Abs. 1 Satz 1, 2. Teil), dessen Stellungnahmen selbstverständlich dem Europäischen Rat zuzuleiten. Ebenso fraglos scheint aus Abs. 1 zu folgen, daß das Parlament – da nur so eine substantiierte Stellungnahme des Parlaments und deren »Berücksichtigung« möglich ist – zuvor nicht nur über die vergangene Entwicklung der GASP unterrichtet wird (dazu verpflichtet Abs. 1 Satz 2 Vorsitz und Kommission eindeutig[4]), sondern auch über *Pläne und Zukunftskonzepte*. Allgemein sieht man in Abs. 1 allerdings nur die Fortschreibung der bisherigen Praxis einer ex post-Anhörung[5], obwohl dies die Pflicht des Vorsitzes, darauf zu achten, daß die Auffassung des

1

---

1 S. aber auch Art. 28, Rn. 9 f. und sogleich in Rn. 1 und 2.
2 S. dazu auch Art. 103 der Geschäftsordnung des Europäischen Parlaments vom 2.8.1999, ABl.EG Nr. L 202/1.
3 A.A. *G. Burghardt/G. Tebbe*, in: GTE, EU-/EGV, Art. J.7, Rn. 2.
4 S. *T. Jürgens*, Die gemeinsame Europäische Außen- und Sicherheitspolitik, 1994, S. 356 f.
5 *Jürgens* (Fn. 4), S. 111, 357; *C. W. Stoller*, Europa nach Maastricht: Die Gemeinsame Außen- und Sicherheitspolitik, NZWehrR 1992, S. 221 (226); *E. Regelsberger*, Gemeinsame Außen- und Sicherheitspolitik nach Maastricht, integration 2 (1992), S. 83 (91). S. auch *Burghardt/Tebbe* (Fn. 3), Art. J.7, Rn. 2 (trotz der Erkenntnis, daß eine nachträgliche Anhörung das Gebot, die Auffassungen des Parlaments gebührend zu berücksichtigen, ad absurdum führt). – Vgl. demgegenüber: *F. Fink-Hooijer*, The Common Foreign and Security Policy of the European Union, EJIL 5 (1994), S. 173 (192) (die freilich auch auf Probleme aus der Vertraulichkeit der Information im Bereich der GASP hinweist). Sowie die Forderung nach Anhörung durch den Rat vor Fassung eines GASP-Beschlusses: *Europäisches Parlament*, Entschließung zur Funktionsweise des Vertrags über die Europäische Union im Hinblick auf die Regierungskonferenz 1996 – Verwirklichung und Entwicklung der Union, Sitzung vom 17.5.1995, ABl.EG Nr. C 151/56 (58, Punkt 3 iii). – S. zum Widerstand der Parlamentarischen Versammlung der WEU gegen den Verlust parlamentarischer Kontrollrechte durch die »Kannibalisierung« der WEU und selektive Übernahme von

Art. 21 EU-Vertrag

Parlaments gebührend berücksichtigt werden, *ad absurdum* führt[6]. Bei alldem darf die *zukunftsgestaltende* Rolle des Parlaments bei den *Haushaltsberatungen* nicht übersehen werden (s. auch Art. 28, Rn. 9 ff.). Hier spannt sich ein Bogen von Art. 28 zu Art. 21. Deutlich wird dies an Ziff. 40 der »Interinstitutionellen Vereinbarung vom 6. Mai 1999 zwischen dem Europäischen Parlament, dem Rat und der Kommission über die Haushaltsdisziplin und die Verbesserung des Haushaltsverfahrens (1999/C 172/01)«.[7] Dort ist vorgesehen, daß der Vorsitz des Rates das Parlament jährlich zu einem vom Rat erstellten Dokument über die Hauptaspekte und die grundlegenden Optionen der GASP anhört, es in regelmäßigen Abständen über die Entwicklung und Durchführung der GASP-Aktionen unterrichtet und ihm bei jedem kostenwirksamen GASP-Beschluß die Höhe der geplanten Kosten mitteilt. Ergänzend informiert die Kommission vierteljährlich die Haushaltsbehörde, also Rat und Parlament, über die Durchführung der GASP-Aktionen und die Finanzplanung für die verbleibende Zeit des Haushaltsjahres.[8]

2 Das Recht des Europäischen Parlaments auf Unterrichtung und zur Stellungnahme wird ergänzt durch seine Befugnis, Anfragen und Empfehlungen an den Rat zu richten.[9] Die Statuierung des Fragerechts impliziert eine Antwortpflicht des Rates. Die Empfehlungen freilich sind unverbindlich. Daß das Parlament gehalten ist, jährlich mindestens eine »Aussprache über die Fortschritte bei der Durchführung« der GASP zu halten[10], hindert es nicht, sich auch darüber hinaus mit außen- und sicherheitspolitischen Themen zu befassen.[11] Insgesamt verleiht Art. 21 dem Parlament nur ein Mitspracherecht, nicht auch die Befugnis mitzuentscheiden[12] (s. auch Art. 28, Rn. 1); seine Möglichkeiten zu parlamentarischer Kontrolle und Mitgestaltung der GASP könnten aber über das Haushaltsrecht erstarken (vgl. soeben Rn. 1 a.E.; s. Art. 28, Rn. 10, Fn. 17).

Fortsetzung von Fußnote 5

WEU-Funktionen durch die EU: *R. Lautenschütz*, Die Westeuropäische Union am Ende – Selektive Übernahme von Funktionen durch die EU, NZZ, 14.11.2000, S. 4; *C. Müller*, Bekenntnis Jospins zur EU-Verteidigung – Welche Rolle für die WEU?, NZZ vom 7.12.2000, S. 4. – S. zur WEU: Art. 17, Rn. 2 ff.; *dens.*, Schattendasein der WEU-Versammlung, NZZ, 21.6.2001, S. 5.

6 So zutreffend: *H. Krück*, in: Schwarze, EU-Kommentar, Art. 11–28 EUV, Rn. 63.
7 ABl.EG Nr. C 172/1. – S. Art. 28, Rn. 10. Vgl. in diesem Zusammenhang auch *M. Hilf/ F. Schorkopf*, Das Europäische Parlament in den Außenbeziehungen der Europäischen Union, EuR 1999, S. 185 (194 ff.).
8 Vgl. auch zur Zusammenarbeit der EP-Fachausschüsse mit Kommission und Rat: *Hilf/Schorkopf* (Fn. 7), S. 199 f.
9 S. Art. 48, 49, 104 der Geschäftsordnung des EP (Fn. 3).
10 Die Pflichten des Rates zur Vorlage eines Dokuments nach Ziff. 40 der Interinstitutionellen Vereinbarung 1999/C 172/01 (Fn. 7) ist im Zusammenhang mit Art. 21 Abs. 2 Satz 2 zu sehen. – S. auch Art. 103 Abs. 3 i.V. mit Art. 37 der Geschäftsordnung des EP (Fn. 2).
11 S. zum Selbstbefassungsrecht auch: *Hilf/Schorkopf* (Fn. 7), S. 197 f.
12 *Fink-Hooijer* (Fn. 5), S. 192.

Art. 22 (ex-Art. J.12)

(1) Jeder Mitgliedstaat oder die Kommission kann den Rat mit einer Frage der Gemeinsamen Außen- und Sicherheitspolitik befassen und ihm Vorschläge unterbreiten.

(2) In den Fällen, in denen eine rasche Entscheidung notwendig ist, beruft der Vorsitz von sich aus oder auf Antrag der Kommission oder eines Mitgliedstaats innerhalb von 48 Stunden, bei absoluter Notwendigkeit in kürzerer Zeit, eine außerordentliche Tagung des Rates ein.

Art. 22 Abs. 1 verleiht (wortgleich mit Art. J.8 Abs. 3 a.F.) jedem Mitgliedstaat und der Kommission das Recht, den Rat mit Themen der GASP zu befassen und Vorschläge insbesondere zur Fassung von Beschlüssen zu unterbreiten. Der Rat muß solche Fragen auf die Tagesordnung setzen und behandeln, d. h. bei Beschlußvorlagen eine Abstimmung durchführen.[1] – Art. 22 Abs. 2 entspricht Art. J.8 Abs. 4 a.F.[2] und regelt die Einberufung außerordentlicher GASP-Tagungen des Rates. Der Vorsitz ist nicht nur dann verpflichtet, den Rat einzuberufen, wenn er selbst eine rasche Entscheidung für geboten hält, sondern auch wenn ein Mitgliedstaat (vgl. hierzu insbesondere Art. 14 Abs. 6 und 7) oder die Kommission das Bestehen einer solchen Dringlichkeit (nachvollziehbar) darlegen und einen entsprechenden Antrag stellen.

---

1 A.A. zu Art. J.8 Abs. 3 a.F.: *R. Streinz*, Die Europäische Union nach dem Vertrag von Maastricht, ZfRV 1995, S. 1 (8). – Auf Vorschläge der Kommission findet Art. 250 EGV keine Anwendung. Weder ist er in Art. 28 Abs. 1 EUV erwähnt, noch kommt eine Analogie in Frage. – Vgl. *T. Stein*, Das Zusammenspiel von Mitgliedstaaten, Rat und Kommission bei der Gemeinsamen Außen- und Sicherheitspolitik der Europäischen Union, EuR-Beiheft 2/1995, S. 69 (78). S. auch *G. Burghardt/G. Tebbe*, in: GTE, EU-/EGV, Art. J.8, Rn. 11.
2 Vgl. auch Art. 30 Abs. 10 lit. d EEA. S. *Burghardt/Tebbe* (Fn. 1), Art. J.8, Rn. 12.

Art. 23 (ex-Art. J.13)

(1) Beschlüsse nach diesem Titel werden vom Rat einstimmig gefaßt. Die Stimmenthaltung von anwesenden oder vertretenen Mitgliedern steht dem Zustandekommen dieser Beschlüsse nicht entgegen.[1]
Bei einer Stimmenthaltung kann jedes Ratsmitglied zu seiner Enthaltung eine förmliche Erklärung im Sinne dieses Unterabsatzes abgeben. In diesem Fall ist es nicht verpflichtet, den Beschluß durchzuführen, akzeptiert jedoch, daß der Beschluß für die Union bindend ist.[2] Im Geiste gegenseitiger Solidarität unterläßt der betreffende Mitgliedstaat alles, was dem auf diesem Beschluß beruhenden Vorgehen der Union zuwiderlaufen oder es behindern könnte, und die anderen Mitgliedstaaten respektieren seinen Standpunkt.[3 f.] Verfügen die Mitglieder des Rates, die sich auf diese Weise enthalten, über mehr als ein Drittel der nach Artikel 205 Absatz 2 des Vertrages zur Gründung der Europäischen Gemeinschaft gewogenen Stimmen, so wird der Beschluß nicht angenommen.[5]

(2) Abweichend von Absatz 1 beschließt der Rat mit qualifizierter Mehrheit, wenn er
– auf der Grundlage einer gemeinsamen Strategie gemeinsame Aktionen oder gemeinsame Standpunkte annimmt oder andere Beschlüsse faßt,
– einen Beschluß zur Durchführung einer gemeinsamen Aktion oder eines gemeinsamen Standpunkts faßt.[6]
– nach Artikel 18 Absatz 5 einen Sonderbeauftragten ernennt.
Erklärt ein Mitglied des Rates, daß es aus wichtigen Gründen der nationalen Politik, die es auch nennen muß, die Absicht hat, einen mit qualifizierter Mehrheit zu fassenden Beschluß abzulehnen, so erfolgt keine Abstimmung. Der Rat kann mit qualifizierter Mehrheit verlangen, daß die Frage zur einstimmigen Beschlußfassung an den Europäischen Rat verwiesen wird.[7]
Die Stimmen der Mitglieder des Rates werden nach Artikel 205 Absatz 2 des Vertrags zur Gründung der Europäischen Gemeinschaft gewogen. Beschlüsse kommen mit einer Mindeststimmenzahl von 62 Stimmen zustande, welche die Zustimmung von mindestens zehn Mitgliedern umfassen.[5, 8]
Dieser Absatz gilt nicht für Beschlüsse mit militärischen oder verteidigungspolitischen Bezügen.[6]

(3) In Verfahrensfragen beschließt der Rat mit der Mehrheit seiner Mitglieder.[9]

1 Art. 23 regelt die Willensbildung des Rates im Bereich von Titel V zentral und einheitlich[1]. Art. 23 Abs. 1 UAbs. 1 legt für die Beschlußfassung[2] den (souveränitäts- und neutralitätsfreundlichen) **Grundsatz der Einstimmigkeit fest**. Dieser ist insofern »weich« ausgestaltet, als es das Zustandekommen eines Beschlusses nicht hindert, wenn Ratsmitglieder, seien sie anwesend oder vertreten, sich der Stimme enthalten; die Abwesenheit eines nicht vertretenen Mitglieds steht jedoch der Einstimmigkeit entgegen.

2 Mit der sog. »**konstruktiven Stimmenthaltung**« gibt Art. 23 Abs. 1 UAbs. 2 Ratsmitgliedern, die meinen, einen Beschluß nicht als für sie bindend mittragen zu können, eine

---

1 Vgl. demgegenüber Art. J.8 Abs. 2 UAbs. 2, Art. J.3 Nr. 2 a.F. Dazu: *K. W. Lange*, Die Gemeinsame Außen- und Sicherheitspolitik der Europäischen Union, JZ 1996, S. 442 (444 f.).
2 S. zum Verfahren: Art. 11 ff. der Geschäftsordnung des Rates vom 5.6.2000 (ABl.EG Nr. L 149/21), die aufgrund von Art. 28 Abs. 1 EUV i.V.m. Art. 207 Abs. 3 EGV auch im Bereich der GASP anzuwenden ist. S. auch: *G. Burghardt/G. Tebbe*, in: GTE, EU-/EGV, Art. J.8, Rn. 10.

Alternative zu einem beschlußhindernden Nein.³ Unter ausdrücklicher, förmlich erklärter Berufung auf UAbs. 2 kann nämlich ein Mitgliedstaat durch Stimmenthaltung davon absehen, eine einstimmige Beschlußfassung zu blockieren, zugleich aber bewirken, daß ihn keine Pflicht zur Durchführung des Beschlusses trifft.⁴ Freilich nimmt er hin, daß der Beschluß »für die Union bindend« ist.

Das heißt aber nicht nur, daß die zustimmenden Mitgliedstaaten verpflichtet werden. 3 Vielmehr muß das sich der Stimme enthaltende Mitglied aufgrund der in UAbs. 2 Satz 3 ausgeprägten »Unionstreue« alles unterlassen, was der Umsetzung des Beschlusses zuwiderlaufen oder hinderlich sein könnte; im Gegenzug kann es verlangen, daß die übrigen Mitgliedstaaten seine Haltung respektieren und Rücksicht auf sie nehmen.

Ferner klingt in der »Bindung der Union« an, daß eine Stimmenthaltung die Beitragspflicht des Mitglieds zu den *Gemeinschafts*mitteln nicht mindert, wenn operative Ausgaben zur Durchführung eines Beschlusses aus dem Haushalt der Europäischen Gemeinschaften aufgebracht werden. Ebensowenig wird das Mitglied davon befreit, einen Anteil an den finanziellen Lasten zu tragen, wenn nach Art. 28 Abs. 3 UAbs. 1 »einstimmig« (s. Rn. 1) eine Umlagefinanzierung beschlossen wird. Allerdings gilt dies vorbehaltlich des Art. 28 Abs. 3 UAbs. 2 Satz 2 (s. Art. 28, Rn. 8).

Die Möglichkeit zum *opting out* nach Art. 23 Abs. 1 UAbs. 2 findet ihre Grenze in 5 Satz 4. Summieren sich nämlich bei einer Stimmwägung nach Art. 205 Abs. 2 EGV die Stimmen der sich »konstruktiv enthaltenden« Mitgliedstaaten zu mehr als einem Drittel, so wird der Beschluß nicht angenommen, d. h. er kommt *ipso iure* nicht zustande.

Art. 23 Abs. 2 sieht als Ausnahme von Abs. 1 in drei Fällen Ratsentscheidungen mit 6 **qualifizierter Mehrheit** vor⁵: (1) wenn gemeinsame Aktionen oder gemeinsame Standpunkte angenommen oder andere Beschlüsse gefaßt werden, um eine gemeinsame Strategie umzusetzen;⁶ (2) wenn ein Beschluß zur Durchführung einer gemeinsamen Aktion oder eines gemeinsamen Standpunkts gefaßt wird, und (3) nach Art. 18 Abs. 5 ein Sonderbeauftragter ernannt wird. In den Fällen (1) und (2) bauen die Ratsentscheidungen auf einstimmigen Beschlüssen auf, in Fall (1) bei einer Entscheidung des Europäischen Rats (Art. 13 Abs. 2), in Fall (2) auf Annahmebeschlüssen des Rates nach Art. 23 Abs. 1 i.V.m. Art. 14 Abs. 1 bzw. Art. 15. Die Beschlüsse dürfen weder militärische noch verteidigungspolitische Bezüge haben (Art. 23 Abs. 2 UAbs. 4).⁷

---

3 S. auch die (an Art. 30 Abs. 3 lit. c EEA erinnernde) 27. Erklärung zur Schlußakte des Vertrags von Maastricht (bei Einstimmigkeit erfordernden Entscheidungen soweit wie möglich davon abzusehen, die Einstimmigkeit zu verhindern, sofern eine qualifizierte Mehrheit für die betreffende Entscheidung besteht). Dazu: *E. Regelsberger*, Gemeinsame Außen- und Sicherheitspolitik nach Maastricht, integration 2 (1992), S. 83 (90); *T. Stein*, Die Gemeinsame Außen- und Sicherheitspolitik der Union unter besonderer Berücksichtigung der Sanktionspolitik, 1993, S. 12 f.
4 Sieht ein GASP-Beschluß ein Vorgehen nach Art. 301 EGV vor, so ist es denkbar, daß aus der konstruktiven Enthaltung i.V.m. der Unionstreue folgt, daß eine Embargoverordnung Ausnahmen zugunsten des sich enthaltenden Staat vorsehen muß.
5 Nach *E. Regelsberger*, Gemeinsame Außen- und Sicherheitspolitik, in: Jahrbuch der Europäischen Integration 1996/97, S. 215 (222 f.), eine »leicht modifizierte Version des Luxemburger Kompromisses«.
6 Vgl. hierzu den ersten Absatz der Erklärungen des Europäischen Rates, die den Gemeinsamen Strategien 1999/414/GASP vom 4.6.1999 für Rußland (ABl.EG Nr. L 157/1 [10]), 1999/877/GASP für die Ukraine (ABl.EG Nr. L 331/1 [10]), 2000/458/GASP für den Mittelmeerraum (ABl.EG Nr. L 183/5 [11]) beigefügt wurden.
7 Zu britischem und französischem Widerstand dagegen, die GASP-Entscheidungsfindung zu flexibilisieren und gleichzeitig die Verteidigungspolitik in die GASP einzubeziehen: *M. Jopp*, Die Reform der Gemeinsamen Außen- und Sicherheitspolitik – institutionelle Vorschläge und ihre Realisierungschancen, integration 18 (1995), S. 133 (138).

Art. 23 EU-Vertrag

7 Daß die Mitgliedstaaten gerade im Bereich der GASP Vorbehalte gegenüber Willensbildungsverfahren haben, in denen sie überstimmt werden können, zeigt sich an der Installation einer »**Notbremse**« in Art. 23 Abs. 2 UAbs. 2. Dieser gibt jedem Ratsmitglied die Möglichkeit zu erklären, daß es »aus wichtigen Gründen der nationalen Politik« die Absicht hat, einen mit qualifizierter Mehrheit zu fassenden Beschluß abzulehnen, und damit eine Abstimmung im Rat zu verhindern. Was ein wichtiger Grund in diesem Sinn ist, läßt sich schwer definieren, zumal er der *einzelstaatlichen Sphäre* entspringt. Allein verfahrenstechnisch ist die Hürde eingebaut, daß der »notbremsende« Mitgliedstaat den Grund benennen muß. Folglich wird darüber, ob die übrigen Mitglieder den Grund akzeptieren, zwar nicht abgestimmt. Doch müssen die Gründe *faktisch* so gewichtig sein, daß der Mitgliedstaat die übrigen überzeugen kann. Auch wenn im Falle des Art. 23 Abs. 2 UAbs. 2 keine Abstimmung zur Sache erfolgt, kann der Rat mit qualifizierter Mehrheit verlangen, daß die Frage zur einstimmigen Beschlußfassung an den Europäischen Rat verwiesen wird, der sich auch insoweit als übergeordnetes politisches Leitungsorgan der GASP erweist.

8 Die **qualifizierte Mehrheit** für einen Beschluß ist nach Abs. 2 UAbs. 3 (der für alle Mehrheitsbeschlüsse des Abs. 2 gilt) erreicht, wenn aufgrund einer Stimmenwägung nach Art. 205 Abs. 2 (UAbs. 1) EGV die Ja-Stimmen eine Mindestzahl von 62 erreichen, wobei mindestens zehn Mitgliedstaaten zugestimmt haben müssen. – Auf Grund von Art. 3 des dem Vertrag von Nizza beigefügten Protokolls über die Erweiterung der EU erhält **ab dem 1. Januar 2005** Artikel 23 Abs. 2 UAbs. 3 folgende Fassung: »Die Stimmen der Mitglieder des Rates werden nach [dem ab dem 1. Januar 2005 ebenfalls neu gefaßten, d. Verf.] Artikel 205 Absatz 2 des Vertrags zur Gründung der Europäischen Gemeinschaft gewogen. Beschlüsse kommen mit einer Mindestzahl von 169 Stimmen zustande, welche die Zustimmung von mindestens zwei Dritteln der Mitglieder umfassen. Ein Mitglied des Rates kann beantragen, dass bei einer Beschlußfassung des Rates mit qualifizierter Mehrheit überprüft wird, ob die Mitgliedstaaten, die diese qualifizierte Mehrheit bilden, mindestens 62 % der Gesamtbevölkerung der Union repräsentieren. Falls sich erweist, dass diese Bedingung nicht erfüllt ist, kommt der betreffende Beschluss nicht zustande.«

9 Nach Abs. 3 kommen Beschlüsse über Verfahrensfragen schon bei schlichter Mehrheit für ihre Annahme zustande. Verfahrensfragen sind alle Fragen, die den ratsinternen Geschäftsgang betreffen.[8] Beschlüsse über die Durchführung von GASP-Beschlüssen fallen dagegen nicht unter Abs. 3 (arg. ex Abs. 2 UAbs. 1, 2. Spiegelstrich).

---

8 Entsprechend der Rechtslage im UN-Sicherheitsrat (Art. 27 UN-Charta; dazu: *T. Bruha*, in: R. Wolfrum, Handbuch Vereinte Nationen, 2. Aufl. (1991), S. 763 [767]) wird ein Streit darüber, *ob* eine Verfahrensfrage vorliegt, wohl einstimmig zu entscheiden sein. Insoweit findet allerdings Art. 23 Abs. 1 EUV Anwendung.

Art. 24 (ex-Art. J.14)

(1) Ist zur Durchführung dieses Titels der Abschluss einer Übereinkunft[1, 7 ff., 12] mit einem oder mehreren Staaten oder mit internationalen Organisationen[1] erforderlich, so kann der Rat[2] den Vorsitz, der gegebenenfalls von der Kommission unterstützt wird, ermächtigen, zu diesem Zweck Verhandlungen aufzunehmen.[2] Solche Übereinkünfte werden vom Rat auf Empfehlung des Vorsitzes geschlossen.[6, 7 ff.]

(2) Betrifft die Übereinkunft eine Frage, bei der zur Annahme interner Beschlüsse Einstimmigkeit erforderlich ist, so beschließt der Rat einstimmig.[3]

(3) Wird die Übereinkunft zur Durchführung einer gemeinsamen Aktion oder eines gemeinsamen Standpunkts ins Auge gefaßt, so beschließt der Rat mit qualifizierter Mehrheit nach Artikel 23 Absatz 2.[3 ff.]

(4) Dieser Artikel gilt auch für Angelegenheiten des Titels VI.[1, 3, 8, 11] Betrifft die Übereinkunft eine Frage, bei der zur Annahme interner Beschlüsse oder Maßnahmen die qualifizierte Mehrheit erforderlich ist, so beschließt der Rat mit qualifizierter Mehrheit nach Artikel 34 Absatz 3.[3]

(5) Ein Mitgliedstaat, dessen Vertreter im Rat erklärt, daß in seinem Land bestimmte verfassungsrechtliche Vorschriften eingehalten werden müssen, ist durch eine solche Übereinkunft nicht gebunden[8]; die anderen Mitglieder des Rates können übereinkommen, daß die Übereinkunft dennoch vorläufig gilt.[9]

(6) Die nach Maßgabe dieses Artikels geschlossenen Übereinkünfte binden die Organe der Union.[11]

Amsterdamer Fassung:

Ist zur Durchführung dieses Titels der Abschluß einer Übereinkunft mit einem oder mehreren Staaten oder mit internationalen Organisationen erforderlich, so kann der Rat den Vorsitz, der gegebenenfalls von der Kommission unterstützt wird, durch einstimmigen Beschluß ermächtigen, zu diesem Zweck Verhandlungen aufzunehmen. Solche Übereinkünfte werden vom Rat auf der Grundlage eines einstimmigen Beschlusses auf Empfehlung des Vorsitzes geschlossen. Ein Mitgliedstaat, dessen Vertreter im Rat erklärt, daß in seinem Land bestimmte verfassungsrechtliche Vorschriften eingehalten werden müssen, ist durch eine solche Übereinkunft nicht gebunden; die anderen Mitglieder des Rates können übereinkommen, daß die Übereinkunft für sie vorläufig gilt..

Dieser Artikel gilt auch für Angelegenheiten des Titels VI.

Der durch den Amsterdamer Vertrag eingefügte Art. 24 ist in Nizza in mehreren Punkten geändert worden und gliedert sich seither in sechs Absätze. Durch diese Änderungen (s. zu deren Einzelheiten sogleich) spitzt sich die Frage zu, wie die **Funktion** des Art. 24 genau zu beschreiben ist: Stellt er ein Instrument zu einem gebündelten Vertragsschluß der Mitgliedstaaten dar (so die Voraufl., Rn. 4)? Oder erschließt er der Union als solcher die Handlungsform des Vertragsschlusses? Verknüpft ist damit das Problem der Völkerrechtssubjektivität der EU (s. dazu Art. 1, Rn. 13 f., Art. 5 Rn. 7 f.; s. aber auch u. Rn. 7 ff., 12). Klar erscheint jedenfalls, daß Art. 24 einen Verfahrensrahmen zum **Abschluß völkerrechtlicher Verträge** mit dritten Staaten und internationalen Organisationen schafft, die sich thematisch auf die GASP (oder auf Grund von Art. 38 und der Rezeptionsklausel von Art. 24 Abs. 4 [vormals Abs. 2] auch auf PJZS-Materien) beziehen. Nicht verliehen ist durch Art. 24 eine Befugnis, Verträge mit *privaten Einzelnen* abzuschließen (wodurch sich auch erklärt, daß Abs. 3, obwohl er auf Art. 23 Abs. 2

1

verweist, den Fall der Ernennung eines EU-Sonderbeauftragten nicht nennt – s. Art. 18 Rn. 5 Fn. 7 a. E.). Zweifel könnten bestehen, ob das Kontrahieren mit *Nichtregierungsorganisationen* (NRO) erfaßt ist. Der Wortlaut ist nicht eindeutig. Daß »internationale Organisationen« aber in einem Zug mit »einem oder mehreren Staaten« genannt werden, spricht gegen die Einbeziehung von NROs. Schon um der Effektivität der GASP willen wird man jedoch auch solche Vertragsschlüsse ungeachtet des Art. 24 für zulässig halten müssen. Eine entsprechende Anwendung des Art. 24 auf diese Fälle erscheint erwägenswert; sinnvoll wäre es insbesondere, auch bei der Entscheidung über einen Vertrag mit einer NRO Abs. 2 und 3 anzuwenden und so das Beschlußverfahren der jeweiligen internen Handlungsweise anzupassen.

2 Die **Einleitung des Verfahrens** liegt *in Händen des Rates*: Hält dieser eine Übereinkunft (engl.: »*an agreement*«, frz.: »*un accord*«) mit einem oder mehreren Staaten oder mit internationalen Organisationen für erforderlich, so »kann« er nach Abs. 1 Satz 1 den Vorsitz ermächtigen, entsprechende **Verhandlungen** aufzunehmen. Der Rat – nicht auch der Europäische Rat – besitzt dazu die Kompetenz, ohne von ihr Gebrauch machen zu müssen. Art. 24 verdrängt insbesondere die Vertragsschlußkompetenz der Mitgliedstaaten nicht, sondern eröffnet nur eine mögliche Form »gemeinsamen« Handelns (dazu insbesondere Rn. 7 ff.). Wird der Vorsitz »ermächtigt«, Vertragsverhandlungen einzuleiten und zu führen, so ist er dazu jedenfalls auf Grund von Abs. 1 Satz 1 doch nicht »verpflichtet«. Durch *den Beschluß nach Art. 24 Abs. 1 Satz 1* erschließt sich dem Vorsitz ein – ihm bei der Wahrnehmung seiner Vertretungsfunktion (Art. 18 Abs. 1) ansonsten verschlossener – politischer Handlungsspielraum, den freilich *weitere* Beschlüsse des Rates einengen können (s. Art. 18, Rn. 3 a. E.).

3 Art. 24 Abs. 1 Satz 1 a.F. verlangte zur *Aufnahme von Vertragsverhandlungen*, Satz 2 a.F. *zum Abschluß* des Vertrags ausdrücklich einen einstimmigen Beschluß. Der neue Abs. 1 enthält dagegen keine Anforderung an bestimmte Mehrheiten (nur insofern sind seine beiden Sätze gegenüber Abs. 1 Satz 1 und 2 a. F. geändert). Damit scheint er im Grundsatz auf die Regeln des Art. 23 zu verweisen – dies jedoch stillschweigend: Denn Art. 24 Abs. 1 n. F. nimmt nicht ausdrücklich auf Art. 23 Bezug, sondern trifft in seinen (neu eingefügten) Absätzen 2 und 3 **spezielle Regelungen für die Beschlußfassung**. Art. 24 Abs. 2 verlangt *Einstimmigkeit* im Rat jetzt nicht mehr allgemein, sondern nur noch, wenn die Übereinkunft eine Frage betrifft, bei der zur Annahme *interner* Beschlüsse Einstimmigkeit erforderlich ist. Einer *qualifizierten Mehrheit* bedarf ein Ratsbeschluß, wenn eine Übereinkunft zur *Durchführung einer gemeinsamen Aktion* oder *eines gemeinsamen Standpunkts* – d. h. zur Förderung einer »operativen Aktion der Union« i. S. des Art. 14 Abs. 1 oder in Verfolgung und Umsetzung des »Konzepts der Union« i. S. des Art. 15 – »ins Auge gefaßt« wird (engl.: »*is envisaged*«, frz.: »*est envisagé*«). Entsprechendes gilt nach Art. 24 Abs. 4 Satz 2, wo für den Bereich der PJZS das Erfordernis einer qualifizierten Mehrheit für die *interne* Beschlußfassung – hier allerdings generell – auf die Entscheidungen nach Art. 38 i. V. mit Art. 24 Abs. 4 Satz 1 sowie Abs. 1 und 2 erstreckt wird. *Insofern* wird ein Einklang mit den Abstimmungsregeln für Beschlüsse *im Innenverhältnis* der EU hergestellt.

4 Unklar ist, ob zwischen den Fällen der Absätze 2 und 3 (oder 4) des Art. 24 noch Raum für Situationen bleibt, in denen zur Beschlußfassung die **einfache Mehrheit** genügt. Gegenwärtig lassen sich solche Konstellationen schwerlich vorstellen, da Übereinkünfte nach Art. 24 kaum »Verfahrensfragen« i. S. des Art. 23 Abs. 3 (oder Art. 34 Abs. 4) betreffen können. Sollten künftig für *interne* Beschlüsse auf bestimmten Gebieten einfache Mehrheitsbeschlüsse eingeführt werden, so entspräche es dem Duktus der in Art. 24 Abs. 2 und 3 getroffenen Regeln, auch für völkerrechtliche Vertragsschlüsse über diese Materien insoweit auf die dann getroffenen Spezialregelungen abzustellen.

Auch schon gegenwärtig stellt sich die Frage, ob Art. 24 Abs. 1 tatsächlich so zu lesen   5
ist, daß »grundsätzlich« die **Abstimmungsregeln des Art. 23** gelten – genauer, ob auch in
den Fällen des Art. 24 Abs. 2 die Stimmenthaltung anwesender oder vertretener Mitglieder dem Zustandekommen eines Beschlusses nicht entgegenstehen (Art. 23 Abs. 1
Satz 2) und nur bei einer förmlichen Erklärung nach Art. 23 Abs. 2 ein abstinentes Mitglied ausnahmsweise anstelle der Pflicht, den Beschluß durchzuführen, eine bloße Stillhaltepflicht trifft. Für die Geltung von Art. 23 Abs. 1 Satz 2 und Abs. 2 spricht die
Stärkung der Handlungsfähigkeit der EU. Dagegen könnte ein *argumentum e contrario*
angeführt werden: Indem Art. 24 Abs. 3 *ausdrücklich* auf Art. 23 verweist, schließe er
einen *generellen* Rückgriff auf Art. 23 gerade aus. Doch übersähe dies, daß Art. 23 eine
Generalnorm ist, die »vor der Klammer« des Art. 24 steht und grundsätzlich für *sämtliche* Beschlüsse nach Titel V gilt (arg. ex Art. 23 Abs. 1 Satz 1).[1]

Hat der Vorsitz auf der Grundlage eines Beschlusses nach Abs. 1 Satz 1 erfolgreich Ver-   6
tragsverhandlungen geführt, so legt er das Verhandlungsergebnis dem Rat vor und
empfiehlt ggf., den Vertrag abzuschließen (vgl. Abs. 1 Satz 2). Die *dem Rat vorbehaltene*
Entscheidung, ob der Vertrag geschlossen werden soll, ist ein rein *EU-interner* Vorgang.
Wird die Übereinkunft mit der erforderlichen Mehrheit befürwortet, so erfolgt im
Außenverhältnis der **Vertragsschluß**, indem gegenüber dem oder den Dritten die Annahme des Abkommens erklärt wird. Dabei dürfte – letztlich unabhängig davon, ob
man die EU selbst oder die Mitgliedstaaten als Vertragsparteien ansieht – die Regel des
Art. 18 Abs. 1 eingreifen (die im Bereich der PJZS auf Grund von Art. 37 Abs. 2 sinngemäß gilt), so daß gegenüber dem Dritten der Vorsitz die Union vertritt. Der erste praktische Fall des Art. 24 weist aber eine Besonderheit auf: In Art. 2 des Ratsbeschlusses
über den Abschluß des Abkommens zwischen der EU und der Bundesrepublik Jugoslawien über die Tätigkeit der Überwachungsmission der EU (EUMM)[2] wird der Präsident
des Rates ausdrücklich »ermächtigt, die Person zu bestellen, die befugt ist, das Abkommen rechtsverbindlich für die Europäische Union zu unterzeichnen«. Folglich muß der
EU-Vorsitz nicht selbst auftreten. Nach Art. 24 Abs. 1 Satz 2 werden die Abkommen
»vom« Rat »geschlossen«. Die Delegation der Unterzeichnungsbefugnis ist nicht erwähnt. Beim EUMM-Abkommen haben die Mitgliedstaaten den EUV folglich pragmatisch ergänzt.

Ein **Vertragsschluß durch den Rat** läßt, da sich der Rat im Außenverhältnis der EU *als*   7
Organ nicht selbst vertraglich binden kann, zwei rechtliche Deutungen zu: *Entweder*
gibt der Rat nach außen in Stellvertretung der Mitgliedstaaten ein »Bündel« von einzelstaatlichen Annahmeerklärungen ab, wozu ihn die Mitgliedstaaten durch den vorhergehenden Beschluß ermächtigt haben. *Oder* durch den Rat handelnd schließt die Union als
solche die Übereinkunft: Partei des Vertrages wäre dann die EU als Völkerrechtssubjekt;
spätestens auf Grund von Art. 24 stünde damit fest, daß der EUV der Union konkludent
Völkerrechtspersönlichkeit verleiht.[3] – Für diese zweite Sichtweise haben sich innerhalb

---

1 S. aber *G. Hafner,* The Amsterdam Treaty and the Treaty-Making Power of the European
   Union, in: FS Seidl-Hohenveldern (1998), S. 257 (279 f.).
2 2001/352/GASP vom 9.4.2001, ABl.EG Nr. L 125/1. Ebenso: Ratsbeschluß zum Abschluß dieses Abkommens vom 30.8.2001 das Abkommen zwischen der EU und der ehemaligen jugoslawischen Republik Mazedonien über die Tätigkeit der Überwachungsmission der EU (EUMM) in
   der ehemaligen jugoslawischen Republik Mazedonien, ABl.EG Nr. L 241/1. – S. auch u. Rn. 12.
3 S. Conference of the Representatives of the Governments of the Member States, The Legal Adviser, Comments on the draft amendments to Article 24 TEU, SN 5332/1/00 REV 1; Council of
   the European Union, The Legal Adviser, Preliminary Draft Speaking Note for Mr. Piris for CO-
   REPER on 23 Feb. 2000, SN 5332/1/00 REV 1 ANNEX (= SN 1628/00); *Hafner* (Fn. 1),
   S. 267 ff.; *J. Ukrow,* Die Fortentwicklung des Rechts der Europäischen Union durch den Vertrag
   von Amsterdam, ZEuS 1998, S. 141 (172 f.); *C. Wichard,* Wer ist Herr im europäischen Haus?,
   EuR 1999, S. 170 (173 f.).

des Art. 24 die Hinweise verdichtet. So ist Abs. 6 neu eingefügt worden, der bestimmt, daß die nach Maßgabe des Art. 24 geschlossenen Übereinkünfte »die Organe der Union« – ein Begriff, der im Vertragstext hier zum ersten Mal überhaupt auftaucht! – »binden«. Dies erinnert an Art. 300 Abs. 7 EGV. Art. 24 Abs. 6 EUV läßt sich so lesen, als unterstreiche er die völkervertragsrechtliche Bindung *der EU* als solcher (sofern bereits aus außerhalb des Art. 24 liegenden Gründen angenommen wird, die EU sei ohnehin Völkerrechtssubjekt, geschähe dies deklaratorisch – s. auch u. Rn. 11). – Ferner spricht gegen einen »gebündelten Vertragsschluß« der Mitgliedstaaten, daß nunmehr auch beim Abschluß von Abkommen qualifizierte Mehrheitsentscheidungen möglich sind. Da diese auch die überstimmten Mitgliedstaaten binden, scheint es dem Verbot des Vertrags zu Lasten Dritter zu widersprechen, sie als echte Vertragsparteien zu sehen (allerdings ist es rechtskonstruktiv nicht ausgeschlossen, Mitglieder eines nichtrechtsfähigen Gebildes durch Mehrheitsbeschlüsse auch im Außenverhältnis zu binden). – Schließlich aber hat der Vertrag von Nizza den Abs. 1 Satz 3 des Art. 24 a. F. nicht nur in den (neuen) Abs. 5 eingestellt, sondern ihn auch leicht verändert: Nach Abs. 5 HS 1, der wortgleich Abs. 1 Satz 3 HS 1 entspricht, ist ein Mitgliedstaat, dessen Vertreter im Rat erklärt, daß in seinem Land bestimmte verfassungsrechtliche Vorschriften eingehalten werden müssen, durch eine Übereinkunft nach Art. 24 nicht gebunden. Doch sind aus Abs. 1 Satz 3 HS 2 a. F. zwei Wörter gestrichen und ist ihm eines neu hinzugefügt worden. Nunmehr heißt es: Die anderen Mitglieder des Rates können übereinkommen, »daß die Übereinkunft *dennoch* vorläufig gilt«. Unter der a. F. konnten sie übereinkommen, »daß die Übereinkunft *für sie* vorläufig gilt«. Der Wegfall der Worte »für sie« könnte darauf hindeuten, daß die »Geltung« des Vertrages nicht (unmittelbar) die Mitgliedstaaten erfaßt, sondern nur die Union als solche.

8 Indes vermag eine solche Auffassung Abs. 5 HS 1 kaum zu erklären. Indem dieser den Fall regelt, daß ein Mitgliedstaat auf Grund einer besonderen Erklärung erreichen kann, »durch eine solche Übereinkunft nicht gebunden« zu sein, impliziert er nämlich den **Grundsatz der Bindung der Mitgliedstaaten** an die vom Rat geschlossenen »Übereinkünfte« (nicht etwa an die im Vorfeld dazu gefaßten Beschlüsse). Dagegen läßt sich zwar einwenden, diese Bindung sei mit einer eigenen völkervertraglichen Gebundenheit der Mitgliedstaaten nicht gleichzusetzen, sondern entfalte sich ausschließlich im Innern der EU.[4] Auch eine solche Deutung des Abs. 5 fügt sich jedoch nicht spannungsfrei in das Bild eines Vertragsschlusses »der« Union ein. Zwar entfiele dann für einen Mitgliedstaat die unionsinterne Pflicht, an der Vertragserfüllung mitzuwirken, wenn er erklärte, daß »in seinem Land bestimmte verfassungsrechtliche Vorschriften eingehalten werden müssen«. Aber um welche Art von Verfassungsvorschriften soll es sich dabei handeln? Da der Mitgliedstaat nicht als Vertragspartei einbezogen wäre, könnte es nicht um innerstaatliche Regeln für das Vertragsschlußverfahren (wie z. B. Art. 59 Abs. 2 GG) gehen – dies, obwohl etwa die englische Fassung insoweit klar von »*requirements of its own constitutional procedure*« eines »*Member State*« spricht. Zu denken wäre allenfalls[5] an verfassungsrechtliche Vorkehrungen für europarechtliche »Evolutivklauseln« (wie sie als einer Änderung der vertraglichen Grundlagen der EU »vergleichbare Regelungen« in Art. 23 Abs. 1 Satz 3 GG angesprochen sind). Doch kommt spätestens hier[6]

---

4 So *Hafner* (Fn. 1), S. 273.
5 S. aber zu den Möglichkeiten und Schwierigkeiten einer Deutung des Begriffs »verfassungsrechtliche Vorschriften« bei Annahme eines Vertragsschlusses »durch die EU«: *Hafner* (Fn. 1), S. 273 ff.
6 Wenn man nicht in der Erklärung selbst schon ein Argument gegen den Vertragsschluß »der Union« sieht (s. Voraufl., Rn. 4; *Streinz*, Europarecht, Rn. 121a; *H. Lenaerts/E. De Smijter*, The European Union as an Actor under International Law, Yearbook of European Law 19, 1999–2000, S. 95 (129)). – A.A. etwa: *Wichard* (Fn. 3), S. 174; Council of the European Union, The Legal Advisor (Fn. 3), SN 5332/1/00 REV 1 ANNEX, Ziff. 8.

der – der Schlußakte zum Amsterdamer Vertrag beigefügten – »*Erklärung zu den Artikeln J.14 und K.10 des Vertrags über die Europäische Union*« Gewicht zu. Denn danach gilt nicht nur für die Bestimmungen der genannten Artikel (nunmehr Art. 24 und 38), sondern auch für »Übereinkünfte auf deren Grundlage«, daß sie »keine Übertragung von Zuständigkeiten von den Mitgliedstaaten auf die Europäische Union«. Folglich ist es ausgeschlossen, Art. 24 als »Evolutivinstrument« zur Veränderung der kompetentiellen Binnenstruktur der Union zu begreifen oder ihn auch nur so zu nutzen. Mithin spricht viel dafür, daß die »verfassungsrechtlichen Vorschriften« i. S. des Abs. 5 HS 1 gerade die innerstaatlichen Regeln über das Vertragsschlußverfahren meinen. Damit aber implizieren sie zugleich, daß die *Mitgliedstaaten als Vertragsparteien* in Übereinkünfte nach Art. 24 eingebunden sind.

Wären sie dies nicht, wäre der ohnehin dunkle Sinn von Abs. 5 HS 2 um so unerfindlicher.[7] Danach können im Falle des Ausscherens eines einzelnen Mitgliedstaates nach Abs. 5 HS 1 die übrigen Ratsmitglieder übereinkommen, daß die Übereinkunft »dennoch vorläufig gilt«. Das neu eingefügte Wort »dennoch« zeigt an, daß für die »Geltung« des Abkommens an und für sich die Beteiligung des »sich ausklinkenden« Mitgliedstaates erforderlich wäre (obwohl Entsprechendes für Beschlüsse der EU wegen Art. 23 Abs. 1 Satz 2 oder Abs. 2 nicht einmal bei einem Einstimmigkeitserfordernis stets zwingend ist). Die »**vorläufige**« Geltung des Übereinkommens unter den übrigen Mitgliedstaaten läßt sich aber nur *im Vorfeld der völkerrechtlichen Verbindlichkeit, jedenfalls aber des Inkrafttretens der Übereinkunft* sinnvoll denken, i. d. R. also (wenn kein verzögertes Inkrafttreten vereinbart ist) vor dem Abschluß durch den Rat nach Abs. 1 Satz 2. Denn wäre der Vertrag nach außen bereits völkerrechtlich verbindlich und in Kraft, so bestünde die Pflicht, ihn zu erfüllen. Selbst wenn man annähme, die Union als solche sei gebunden, verlangte das Völkerrecht die Erfüllung und vermöchte sich die EU als Vertragspartei nicht mit dem Hinweis auf ihr internes Recht einseitig davon zu lösen (vgl. Art. 27, 46 WÜV). Die Mitgliedstaaten müßten also, selbst wenn man lediglich ihre unionsinterne Bindung an die Übereinkunft annähme[8], dann eben kraft Unionsrechts das Nötige zur Erfüllung beitragen. Erlaubt dieses Unionsrecht aber einem *einzelnen* Mitglied unter den Voraussetzungen des Abs. 5 HS 1 abseits zu stehen, so muß die Umsetzungsverpflichtung *die übrigen*, die diese Möglichkeit nicht nutzen, nicht nur »vorläufig«, sondern endgültig, unbedingt und unbefristet treffen, soll ein Völkerrechtsbruch vermieden werden.

Sind dagegen die Mitgliedstaaten als Parteien des Vertragsschlusses anzusehen, so kann die »vorläufige« Geltung einer Übereinkunft einen Sinn gerade dann haben, wenn ein Mitgliedstaat nach seinem Verfassungsrecht ein besonderes innerstaatliches Zustimmungsverfahren einhalten muß, die übrigen aber nicht. Der eine Staat kann dann »zurückbleiben« und die übrigen »vorauseilen« lassen. Diese vereinbaren dazu die »*vorläufige*« Geltung der (insoweit als »schriftlich fixierter Vertragstext« zu verstehenden) Übereinkunft. Der Dritte als externer Vertragspartner ist freilich nicht verpflichtet, sich auf eine vorläufige Geltung einzulassen (vgl. Art. 25 Abs. 1 WÜV), und muß einem vorgezogenen vorläufigen Ins-Werk-Setzen des Vertrags zustimmen, jedenfalls soweit dies für ihn nicht nur rechtlich vorteilhaft ist. Die »*vorläufige*« Geltung erzeugt einen Schwebezustand, der so lange dauert, bis das innerstaatliche Zustimmungsverfahren des »zurückgebliebenen« Mitgliedstaates abgeschlossen ist. Hat er die notwendige Zustimmung erhalten und »stößt« er zu den anderen »hinzu«, so kann die »endgültige«

---

7 Vgl. auch *H. Krück*, in: Schwarze, EU-Kommentar, Art. 11–28 EUV, Rn. 21.
8 S. zu den Schwierigkeiten, eine solche Bindung zu konstruieren: *Hafner* (Fn. 1), S. 281 f. mit Fn. 85.

Art. 24 EU-Vertrag

Geltung der Übereinkunft herbeigeführt werden, indem dem Dritten gegenüber die Annahme erklärt wird (was zuvor nicht geschehen darf).[9] Andernfalls unterbleibt der Vertragsschluß. – So verstanden bedeutet Abs. 5 HS 2 *einen echten Gewinn an Handlungsfähigkeit*. Zugleich läßt sich erklären, warum man es nicht bei den allgemeinen Regeln der Art. 23 Abs. 1 UAbs. 2 und Abs. 2 belassen hat – reichen diese Vorschriften (s. zu ihrer Anwendbarkeit im Rahmen des Art. 24 o. Rn. 5) doch für sich schon aus, um einem Mitgliedstaat zu erlauben, seine verfassungsrechtlichen Probleme bei der endgültigen Entscheidung über den Vertragsschluß (Art. 24 Abs. 1 Satz 2) zu lösen.[10]

11 Nimmt man folglich an, daß die EU selbst (jedenfalls im völkerrechtlichen Sinn) *nicht* Partei der nach Art. 24 (und 38) geschlossenen Abkommen ist[11], daß vielmehr das Verfahren des Art. 24 zu einem gebündelten Vertragsschluß der Mitgliedstaaten führt, so bewirkt Abs. 6 *konstitutiv* die **Bindung der Organe der Union** an den Vertragsinhalt. Faßt man unter die Organe der Union sämtliche Organe unabhängig davon, innerhalb welcher Säule sie tätig werden, so läßt sich nicht ausschließen, daß Übereinkünfte nach Art. 24 stärker auf das supranationale Recht ausstrahlen, als dies allein über das Kohärenzgebot des Art. 3 der Fall wäre. Sieht man die Mitgliedstaaten als die eigentlichen Parteien der Abkommen, läßt sich auch erklären, weshalb Art. 24, obwohl offenbar an Art. 300 Abs. 7 EGV angelehnt, anders als dieser eine Bindung der Mitgliedstaaten nicht ausdrücklich statuiert[12] und sich darauf beschränken kann, den Fall des Nicht-Gebunden-Seins zu regeln (Abs. 5): Die mitgliedstaatliche Bindung ist eine Selbstverständlichkeit.

12 Obwohl mithin die innere Systematik des Art. 24 gegen die Annahme spricht, die Union selbst schließe Übereinkünfte mit dritten Staaten oder internationalen Organisationen, muß sorgsam beobachtet werden, wie in der **Praxis** verfahren wird. Kürzlich ist erstmals im Bereich der GASP ein Vertrag geschlossen worden, das »Abkommen zwischen der Europäischen Union und der Bundesrepublik Jugoslawien über die Tätigkeit der Überwachungsmission der Europäischen Union (EUMM) in der Bundesrepublik Jugoslawi-

---

9 Scheitert der endgültige Abschluß der Vereinbarung, so könnte der Rat in Anlehnung an Art. 23 Abs. 1 UAbs. 2 nach außen ein neues Angebot abgeben, daß alle Mitgliedstaaten bis auf einen (oder einzelne) die Übereinkunft schließen (dies geschähe, da in Art. 24 eine solche Regel fehlt, in Fortentwicklung des EUV). Der Dritte könnte dies annehmen und so den Vertragsschluß mit den »Fünfzehn minus X« zustande bringen. Diesen Fall regelt Art. 24 streng genommen aber nicht.

10 Ein zeitliches Stufenverhältnis zwischen Art. 25 Abs. 5 Satz 2 und Art. 23 wird dagegen angenommen von Council of the European Union, The Legal Advisor (Fn. 3), SN 5332/1/00 REV 1 ANNEX, Ziff. 6 f. – Allein für den Fall qualifizierter Mehrheitsentscheidungen würde diese Konstruktion einen echten Vorteil bieten. Da es jedoch die Regel des Abs. 5 schon unter Art. 24 a.F. gab, der strikt Einstimmigkeit erforderte und damit stets eine Stimmenthaltung mit Stillhalten nach Art. 23 Abs. 1 UAbs. 2 eröffnete, läßt sich aus ihr nicht zwingend ableiten, die EU als solche sei Vertragspartei.

11 S. auch Art. 11, Rn. 1. Vgl. auch *H.-J. Glaesner*, Der Vertrag von Maastricht, in: ders./P. Gilsdorf/D. Thürer/G. Hafner, Außen- und sicherheitspolitische Aspekte des Vertrages von Maastricht und seine Konsequenzen für neutrale Beitrittswerber, 1993, S. 9 (21). – Art. 24 wird wie hier gedeutet von *W. Heintschel v. Heinegg*, Rechtliche Aspekte der Neufassung der GASP durch den Vertrag von Amsterdam, Die Friedens-Warte 73 (1998), S. 157 (160 f.); *Lenaerts/De Smijter* (Fn. 6) S. 130 (sie sprechen von »pooling of national sovereignty«); *Pechstein/Koenig*, EU, Rn. 86 f.; *D. Kugelmann*, Die Gemeinsame Außen- und Sicherheitspolitik, EuR-Beiheft 2/1998, S. 112 f.; *Streinz*, Europarecht, Rn. 422f i.V. mit Rn. 121a.

12 Was sonst, bei Annahme einer vertraglichen Bindung allein der EU, eine ernste Lücke klaffen ließe. S. o. Fn. 8.

en«[13]. Darin tritt »die EU« als eine von zwei Vertragsparteien auf. Die Bundesrepublik Jugoslawien hat sich darauf eingelassen und, wie es scheint, die EU damit konkludent als Völkerrechtssubjekt anerkannt. Dies ist auch bedeutsam dafür, wie auf der Ebene des Völkerrechts andere Dritte, zumal Staaten außerhalb der EU, die Union rechtlich wahrnehmen. Konsolidiert sich das Verhalten der EU, nach außen als Vertragspartei aufzutreten, so wird man ihr die Völkerrechtssubjektivität kaum absprechen können. Zugleich muß dies – trotz der Inkonsistenzen, zu denen es führt (s. o. Rn. 8 ff.) – bei der Auslegung des Art. 24 berücksichtigt werden.[14]

---

13 Vom 25.4.2001, ABl.EG Nr. L 125/2. – S. nunmehr auch das Abkommen zwischen der EU und der ehemaligen jugoslawischen Republik Mazedonien über die Tätigkeit der Überwachungsmission der EU (EUMM) in der ehemaligen jugoslawischen Republik Mazedonien vom 31.8.2001, ABl.EG Nr. L 241/2. – S. auch Fn. 2.
14 S. hierzu R. *Bernhardt*, Diskussionsbeitrag, in: R. Geiger, Völkerrechtlicher Vertrag und staatliches Recht vor dem Hintergrund zunehmender Verdichtung der internationalen Beziehungen, 2000, S. 47; H. *Krück*, in: Schwarze, EU-Kommentar, Art. 11–28 EUV, Rn. 20. Vgl. auch *Pechstein/Koenig*, EU, Rn. 86 i.V. mit Rn. 73 ff.

Art. 25 (ex-Art. J.15)

Unbeschadet des Artikels 207 des Vertrags zur Gründung der Europäischen Gemeinschaft[3] verfolgt ein Politisches und Sicherheitspolitisches Komitee[1] die internationale Lage in den Bereichen der Gemeinsamen Außen- und Sicherheitspolitik und trägt auf Ersuchen des Rates oder von sich aus durch an den Rat gerichtete Stellungnahmen zur Festlegung der Politiken bei[3]. Ferner überwacht es die Durchführung vereinbarter Politiken; dies gilt unbeschadet der Zuständigkeiten des Vorsitzes und der Kommission[3].

Im Rahmen dieses Titels nimmt das Komitee unter der Verantwortung des Rates die politische Kontrolle und strategische Leitung von Operationen zur Krisenbewältigung wahr[5].

Der Rat kann das Komitee für den Zweck und die Dauer einer Operation zur Krisenbewältigung, die vom Rat festgelegt werden, ermächtigen, unbeschadet des Artikels 47 geeignete Beschlüsse hinsichtlich der politischen Kontrolle und strategischen Leitung der Operation zu fassen[6].

Amsterdamer Fassung:

Unbeschadet des Artikels 207 des Vertrags zur Gründung der Europäischen Gemeinschaft verfolgt ein Politisches Komitee die internationale Lage in den Bereichen der Gemeinsamen Außen- und Sicherheitspolitik und trägt auf Ersuchen des Rates oder von sich aus durch an den Rat gerichtete Stellungnahmen zur Festlegung der Politiken bei. Ferner überwacht es die Durchführung vereinbarter Politiken; dies gilt unbeschadet der Zuständigkeiten des Vorsitzes und der Kommission.

1 Art. 25 ist durch den Vertrag von Nizza geändert worden: An die Stelle des Politischen Komitees (s. zu dessen Funktion Voraufl., Rn. 2 ff.) tritt das **Politische und Sicherheitspolitische Komitee (PSK)**. Dessen Aufgaben bei der Krisenbewältigung werden in zwei neuen Absätzen beschrieben. Zusammen mit einem **Militärausschuß (EUMC)** und einem **Militärstab (EUMS)** ist das PSK – zunächst interimistisch[1], sodann im Vorgriff auf das Inkrafttreten des Vertrags von Nizza[2] und nunmehr auf der Grundlage von Art. 25

---

1 Ratsbeschlüsse 2000/143/GASP vom 14.2.2000 zur Schaffung des Politischen und Sicherheitspolitischen Interimskomitees, ABl.EG Nr. L 49/1; 2000/144/GASP vom 14.2.2000 zur Schaffung des Militärischen Interimsgremiums, ABl.EG Nr. L 49/2; s. dazu auch die Ratsbeschlüsse 2000/145/GASP vom 14.2.2000 über die Abordnung nationaler Sachverständiger im Militärbereich zum Generalsekretariat des Rates während der Übergangszeit, ABl.EG Nr. L 49/3; 2000/178/GASP vom 28.2.2000 über die Regelung für zum Generalsekretariat des Rates abgeordnete nationale Sachverständige im Militärbereich während der Übergangszeit, ABl.EG Nr. L 57/1.

2 S. die von der Konferenz angenommene Erklärung zur Europäischen Sicherheits- und Verteidigungspolitik (Erklärung Nr. 1 zum Vertrag von Nizza), wonach es für die Beschlußfassung zur Herstellung der Einsatzbereitschaft im Bereich der ESVP nicht des Inkrafttretens des Vertrags von Nizza bedarf. – S. sodann die Ratsbeschlüsse 2001/78/GASP vom 22.1.2001 zur Einsetzung des Politischen und Sicherheitspolitischen Komitees, ABl.EG Nr. L 27/1 (das PSK wird darin »als ständige Konfiguration des Komitees nach Artikel 25 [EUV]« eingesetzt); 2001/79/GASP vom 22.1.2001 zur Einsetzung des Militärausschusses der EU, ABl.EG Nr. L 27/4; 2001/80/GASP vom 22.1.2001 zur Einsetzung des Militärstabs der EU, ABl.EG Nr. L 27/7; Beschluß des Generalsekretärs des Rates/Hohen Vertreters für die GASP 2001/442/GASP vom 8.6.2001 zur Anwendung des Ratsbeschlusses zur Einsetzung des Militärstabs der EU, ABl. L 155/18; Ratsbeschluß 2001/496/GASP vom 25.6.2001 über die Regelung für die Angehörigen der Streitkräfte der Mitgliedstaaten, die zum Generalsekretariat des Rates abgestellt werden, um den Militärstab der Europäischen Union zu bilden.

n.F. – geschaffen worden, um die EU in die Lage zu versetzen, unter Wahrung des einheitlichen institutionellen Rahmens und der säulenübergreifenden Kohärenz (Art. 3) Petersberg-Operationen (s. Art. 17, Rn. 7) politisch und strategisch zu leiten[3]. Der wesentliche Anstoß dazu kam vom Europäischen Rat auf den Gipfeln von Köln und Helsinki im Jahre 1999[4]. Den Hintergrund bildet die Inkorporation von WEU-Funktionen in die EU und das Streben nach einem Auf- und Ausbau unionseigener militärischer Fähigkeiten (dazu Art. 17, Rn. 2 ff.). – Nicht übersehen werden sollte, daß innerhalb des Rates auch ein aus Vertretern der Mitgliedstaaten gebildeter **Ausschuß für die nichtmilitärischen Aspekte der Krisenbewältigung** eingesetzt wurde (vgl. Art. 17, Rn. 3)[5].

Das PSK soll »**Motor**« der (Gemeinsamen) Europäischen Sicherheits- und Verteidigungspolitik sein. Es kann – muß aber nicht – in der Zusammensetzung der sog. Politischen Direktoren der Außenministerien[6] der EU-Staaten und der Kommission[7] zusammentreten. Der Generalsekretär/Hohe Vertreter für die GASP kann vor allem im Krisenfall nach Konsultation des Vorsitzes den PSK-Vorsitz übernehmen; dies gilt unbeschadet des Art. 18, also ohne in Frage zu stellen, daß der Generalsekretär den Ratsvorsitz »unterstützt« (Art. 18 Abs. 3), ihm mithin untergeordnet ist[8]. 2

Nach Art. 25 Abs. 1 obliegt dem PSK einerseits die Aufgabe, die **internationale Lage** in den Bereichen der GASP zu verfolgen, d.h. zu **beobachten** und zu beurteilen, sowie auf Ersuchen des Rates oder von sich aus zur Festlegung der Politiken beizutragen, indem es Stellungnahmen an den Rat richtet[9]. Die Sitzungen des Rates bereitet freilich nach 3

---

3 Europäischer Rat von Helsinki (10./11.12.1999), Schlußfolgerungen des Vorsitzes, Ziff. 25 ff., Bull.EU 12-1999, I.9, S. 10 f., i.V. mit Anlage 1 zu Anlage IV, ebd., S. 27 ff.
4 Europäischer Rat in Köln (3./4.6.1999), Schlußfolgerungen des Vorsitzes, Ziff. 55, Bull.EU 6-1999, I.22, i.V. mit Anhang 3, Bericht des Vorsitzes über die Stärkung der GESVP, Bull.EU 6-1999, I.59 ff. (I.61); Europäischer Rat von Helsinki (Fn. 3). S. auch Anlagen zu den Schlußfolgerungen des Vorsitzes, Tagung des Europäischen Rates von Nizza am 7., 8. und 9.12.2000, Anlage VI: Bericht des Vorsitzes über die ESVP, Punkt II, SN 400/00 ADD 1 REV 1, S. 37 ff. (41 f.).
5 Ratsbeschluß 2000/354/GASP vom 22.5.2000, ABl.EG Nr. L 127/1.
6 Staaten, deren Außenministerium keinen solchen Posten kennt, werden durch einen hohen Beamten des Außenministeriums mit entsprechendem Aufgabenbereich vertreten. In Deutschland ist dies der Leiter der für die Europapolitik zuständigen Politischen Abteilung (*G. Burghardt/ G. Tebbe*, in: GTE, EU-/EGV, Art. J.8, Rn. 13).
7 Als Politischer Direktor vertritt der Generaldirektor der Generaldirektion I.A., der die GASP als besonderer Zuständigkeitsbereich zugewiesen ist, die Kommission im Politischen Komitee (*Burghardt/Tebbe* [Fn. 6], Art. J.9, Rn. 6). – Vgl. auch: Art. 30 Abs. 10 lit. c und d EEA; 2. Teil, III., Ziff. 1 des *Luxemburger Berichts* der Außenminister an die Staats- und Regierungschefs der EG-Mitgliedstaaten vom 27.10.1970, in: Auswärtiges Amt (Hrsg.), Gemeinsame Außen- und Sicherheitspolitik, Dokumentation, 1994, S. 31 (34); Teil II, Ziff. 2. und Anhang, Ziff. 2 des *Kopenhagener Berichts* vom 23.7.1973, ebd., S. 37 (40); Teil II, Ziff. 2. des *Londoner Berichts* vom 13.10.1981, ebd., S. 59 (62). – Zur Bedeutung der Politischen Direktoren: *G. Burghardt/G. Tebbe*, Die Gemeinsame Außen- und Sicherheitspolitik der Europäischen Union, Europarecht 1995, S. 1 (9); *A. Mechtersheimer*, Zur Gemeinsamen Außen- und Sicherheitspolitik in der Europäischen Union, Aus Politik und Zeitgeschichte, B 1–2/1996, S. 27; *N. Meyer-Landrut*, in: Grabitz/Hilf, EU, Art. J.8 EUV, Rn. 13; *E. Regelsberger*, Gemeinsame Außen- und Sicherheitspolitik (GASP), in: R. Hrbek (Hrsg.), Die Reform der Europäischen Union, 1997, S. 253 (255) (die das Politische Komitee als Herzstück der politischen Zusammenarbeit bezeichnet).
8 Ratsbeschluß 2001/78/GASP (Fn. 2), Anhang, Abs. 3.
9 Nach Ratsbeschluß 2001/78/GASP (Fn. 2), Anhang, Ziff. 1 b), prüft das PSK insbes. die Entwürfe für Schlußfolgerungen des Rates (Allgemeine Angelegenheiten), soweit sie Fragen betreffen, die in seinen Zuständigkeitsbereich fallen.

Art. 25 EU-Vertrag

Art. 207 EGV (der aufgrund von Art. 28 Abs. 1 EUV anzuwenden ist und durch § 19 der Rats-Geschäftsordnung[10] konkretisiert wird) der **Ausschuß der Ständigen Vertreter** vor[11]. Indem Art. 25 Abs. 1 EUV den Art. 207 EGV ausdrücklich unberührt läßt, wird klar, daß der AStV auch vom PSK nicht umgangen werden darf[12] (s. auch u. Rn. 5 a.F.). – Die Überwachung der Durchführung vereinbarter Politiken verleiht dem PSK die Funktion *beobachtender* Kontrolle (s. aber auch u. Rn. 4). Dabei hat es die Zuständigkeiten des Vorsitzes (Art. 18 Abs. 2) und der Kommission (s. Art. 3 Abs. 2 Satz 3) zu achten[13].

4 Bei der Erfüllung seiner Aufgaben nach Abs. 1 greift das PSK selbst wiederum auf den Ausschuß für die nichtmilitärischen Aspekte der Krisenbewältigung (s.o. Rn. 1) und auf den **EUMC** zurück[14]. Dieser ist das höchste militärische Gremium im Rahmen des Rates und setzt sich aus den Generalstabschefs (CHOD) der Mitgliedstaaten zusammen, die durch ihre militärischen Delegierten (MILREP) vertreten werden[15]. Der EUMC berät das PSK und unterbreitet ihm Empfehlungen[16]. Das **PSK** gibt den Ausschüssen des Rates (insbes. auch dem EUMC und dem Ausschuß für die nichtmilitärischen Aspekte der Krisenbewältigung) für GASP-Fragen **Leitlinien** vor[17]. Der Vorsitzende des EUMC (CEUMC)[18], der das Bindeglied zum **EMS**[19] darstellt, nimmt soweit erforderlich – zumal wenn Beschlüsse mit verteidigungspolitischen Bezügen zu fassen sind[20] – an den Sitzungen des PSK teil.

---

10 Geschäftsordnung des Rates vom 5.6.2000, ABl.EG Nr. L 149/21.
11 *H.-J. Glaesner*, Der Weg nach Maastricht, EuR-Beiheft 2/1995, S. 15 (20).
12 S. auch Ratsbeschluß 2001/78/GASP (Fn. 2), Anhang, Ziff. 2, UAbs. 1 Sätze 2, 4 u. 5; s. auch ebd., UAbs. 7 lit. a, wonach (im Vorfeld eines Vorgehens nach Art. 25 Abs. 3 EUV) das PSK »nach den üblichen Verfahren zur Vorbereitung der Arbeiten des Rates« Empfehlungen an diesen richtet. – Der Funktion und dem Gewicht des Politischen Komitees wird dadurch Rechnung getragen, daß die für den Rat bestimmten Stellungnahmen des Politischen Komitees auf der Tagesordnung des Ausschusses der Ständigen Vertreter erscheinen und möglichst schnell weitergeleitet werden sollen (*H. G. Krenzler/H. C. Schneider*, Die Gemeinsame Außen- und Sicherheitspolitik der Europäischen Union, EuR 1994, S. 144 (149); s. auch *Burghardt/Tebbe* (Fn. 6), Art. J.8, Rn. 1 f.; vgl. auch *F. Fink-Hooijer*, The Common Foreign and Security Policy of the European Union, EJIL 5 (1994), S. 173 (189)). Der verstärkten Kohärenz beider Gremien, deren Verhältnis nicht als spannungsfrei beschrieben wird (*E. Regelsberger*, Gemeinsame Außen- und Sicherheitspolitik, Jahrbuch der Europäischen Integration 1996/97, S. 215 f. m.w.N.; zur inzwischen eingespielten praktischen Arbeitsaufteilung aber: *Meyer-Landrut*, [Fn. 7], Rn. 14), dient die Fusionierung einer Reihe ihrer Arbeitsgruppen; s. *Burghardt/Tebbe* (Fn. 6), Art. J.8, Rn. 1, 7; *Krenzler/Schneider* (soeben zitiert), S. 149 f.; *Meyer-Landrut*, (Fn. 7), Rn. 14; vgl. auch *Fink-Hooijer* (Fn. 8), S. 189.
13 Vgl. *Burghardt/Tebbe* (Fn. 6), Art. J.8, Rn. 14.
14 Ratsbeschluß 2001/78/GASP (Fn. 2), Anhang, Ziff. 1 e) und f).
15 Ratsbeschluß 2001/79/GASP (Fn. 2), Anhang, Ziff. 1, UAbs. 3.
16 Ratsbeschluß 2001/78/GASP (Fn. 2), Anhang, Ziff. 1 e); Ratsbeschluß 2001/79/GASP (Fn. 2), Anhang, Ziff. 1, Ziff. 2, UAbs. 3.
17 Ratsbeschluß 2001/78/GASP (Fn. 2), Anhang, Ziff. 1 c), e), f), g); Ratsbeschluß 2001/79/GASP (Fn. 2), Anhang, Ziff. 1, Ziff. 2, UAbs. 3.
18 Zur Stellung des CEUMC: Ratsbeschluß 2001/79/GASP (Fn. 2), Anhang, Ziff. 4.
19 Der EMS ist eine unmittelbar dem Generalsekretär/Hohen Vertreter unterstellte Abteilung des Ratssekretariats (Ratsbeschluß 2001/80/GASP (Fn. 2), Anhang, Ziff. 5, Spiegelstr. 2). Er hat den Auftrag, sich mit der Frühwarnung, der Lagebeurteilung und der strategischen Planung im Hinblick auf die Ausführung der Petersberg-Aufgaben, einschließlich der Bestimmung der jeweiligen europäischen nationalen und multinationalen Streitkräfte zu befassen und Politiken und Beschlüsse gemäß den Vorgaben des EUMC durchzuführen (ebd., Ziff. 2, s. auch Ziff. 4). Der EMS erschließt der EU *militärisches Fachwissen*, bildet *die Spange zwischen EUMC und den der EU zur Verfügung stehenden militärischen Kräften* und ist den *Weisungen des EUMC* unterworfen (ebd., Ziff. 3–5).
20 Ratsbeschluß 2001/79/GASP (Fn. 2), Anhang, Ziff. 1, UAbs. 2 S. 4.

Dies wird bedeutsam im Falle einer **Operation zur Krisenbewältigung**. Diese politisch zu 5
kontrollieren und strategisch zu leiten ist »im Rahmen dieses Titels« (also soweit Fragen
der GASP betroffen sind und außerhalb von EG-Zuständigkeiten[21]) Aufgabe des PSK.
Zur Vorbereitung einer Krisenreaktion der EU hat das PSK insoweit dem Rat politische
Ziele vorzuschlagen und einen »kohärenten Katalog von Optionen« (zu denen auch eine
Gemeinsame Aktion gehören kann – s. Art. 14) zur Beilegung der Krise zu empfehlen.
Werden Maßnahmen beschlossen, so überwacht und beurteilt das PSK deren Umsetzung. Kommission und Mitgliedstaaten haben das PSK von den Aktivitäten, die sie jeweils planen oder entfalten, zu unterrichten[22]. Die politische Kontrolle und strategische
Leitung militärischer Krisenreaktion bedeutet, daß das PSK auf der Grundlage der Stellungnahmen und Empfehlungen des EUMC insbes. militärstrategische Optionen (Befehlskette, Operationskonzept, Operationsplan) beurteilt und dem Rat unterbreitet[23]. –
Unter der Verantwortung des Rates zu agieren heißt für das PSK, daß es dem Rat – vermittels des AStV (s. Rn. 3) – primär nur zuarbeitet. Grundsätzlich sind allein der Rat und
die Kommission im Rahmen ihrer jeweiligen Zuständigkeiten nach den im EUV, EGV,
EAGV und EGKSV festgelegten Verfahren befugt, bindende Beschlüsse zu fassen[24].

Doch erlaubt Abs. 3 dem Rat, **Entscheidungskompetenz auf das PSK zu delegieren**. Vor- 6
aussetzung ist, daß eine Operation zur Krisenbewältigung durchzuführen ist. Deren
Zweck und Dauer muß der Rat eindeutig festlegen und damit Rahmen und Grenzen der
Delegation fixieren. Übertragen werden kann dem PSK nur die Befugnis, über die politische Kontrolle und strategische Leitung der Operation zu beschließen. Im Sinne des
Abs. 3 »geeignet« sind dabei solche Beschlüsse, die die Durchführung der Maßnahme
unmittelbar steuern und koordinieren oder mittels derer die für die Operationsplanung
und -leitung benötigte Information gesammelt wird. Wenn dem PSK Beschlußfassungskompetenz nur »unbeschadet des Art. 47« eingeräumt werden kann, so bedeutet dies,
daß eine Ermächtigung, soweit sie sich auf Art. 25 Abs. 3 stützt, gemeinschaftsrechtliche Befugnisse nicht berühren darf. – Als praktisches Verfahren ist vorgesehen, daß das
PSK, gestützt auf die Stellungnahmen des EUMC, zunächst eine Empfehlung an den Rat
richtet. Auf deren Grundlage entscheidet der Rat über die Einleitung der Operation im
Rahmen einer Gemeinsamen Aktion, wobei er »die Rolle des Generalsekretärs/Hohen
Vertreters bei der Ausführung der Maßnahmen im Rahmen der vom PSK wahrgenommenen ›politischen Kontrolle und strategischen Leitung‹ bestimmt«; der Generalsekretär/Hohe Vertreter handelt dabei – offenbar als Vorsitzender des PSK (s.o. Rn. 2) – »mit
Zustimmung des PSK«[25].

---

21 Ratsbeschluß 2001/78/GASP (Fn. 2), Anhang, Ziff. 1 c), e), f), g); Ratsbeschluß 2001/79/GASP
   (Fn. 2), Anhang, Ziff. 1, Ziff. 2, UAbs. 3.
22 Nach Ratsbeschluß 2001/78/GASP (Fn. 2), Anhang, Ziff. 2, UAbs. 1 S. 1, kommt dem PSK im
   Krisenfall allerdings auch die Aufgabe zu, »alle denkbaren Optionen für die Reaktion der Union
   im einheitlichen institutionellen Rahmen und unbeschadet der jeweiligen Beschlussfassungs- und
   Durchführungsverfahren der einzelnen Säulen« zu prüfen. Danach steht ihm eine *säulenübergreifende Befassungskompetenz* zu; ein Übergriff in Entscheidungen anderer Säulen ist ihm aber
   versagt.
23 Ratsbeschluß 2001/78/GASP (Fn. 2), Anhang, Ziff. 2, UAbs. 4. – Zur Stellung und Funktion von
   EUMC und EUMS im Krisenfall und im Verlauf einer Operation: Ratsbeschlüsse 2001/79/GASP
   (Fn. 2), Anhang, Ziff. 3 und 4; 2001/80/GASP (Fn. 2), Anhang, Ziff. 4, insbes. lit. a und b.
24 S. Ratsbeschluß 2001/78/GASP (Fn. 2), Anhang, Ziff. 2, UAbs. 1 S. 2; s. zum AStV auch ebd.,
   S. 4.
25 S. Ratsbeschluß 2001/78/GASP (Fn. 2), Anhang, Ziff. 2, UAbs. 7 lit. a u. b; nach lit. c ist der Rat
   zu informieren, indem ihm der Generalsekretär/Hohe Vertreter als Vorsitzender des PSK dessen
   Berichte unterbreitet.

Art. 26 (ex-Art. J.16)

Der Generalsekretär des Rates[1] und Hohe Vertreter für die Gemeinsame Außen- und Sicherheitspolitik[1, 4] unterstützt den Rat in Angelegenheiten der Gemeinsamen Außen- und Sicherheitspolitik, indem er insbesondere zur Formulierung, Vorbereitung und Durchführung politischer Entscheidungen beiträgt[2] und gegebenenfalls auf Ersuchen des Vorsitzes im Namen des Rates den politischen Dialog mit Dritten führt[4].

1 Der Generalsekretär des Rates wird schon in Art. 207 Abs. 2 EGV (s. auch Art. 28 Abs. 1) zugleich als **Hoher Vertreter für die GASP** bezeichnet[1]. Diese durch den Amsterdamer Vertrag herbeigeführte Neuerung soll die Arbeit des Rates auf das Fundament einer dauerhaften, außenpolitisch fachkundigen Organisation stellen. Davon erhofft man sich einen Ausgleich für die Nachteile, die der ständige Wechsel des Vorsitzes (Art. 203 Abs. 2 EGV) mit sich bringt.

2 Der Generalsekretär – der durch einstimmigen Beschluß des Rates ernannt wird und dem ein Stellvertretender Generalsekretär zur Seite steht (Art. 207 Abs. 2 UAbs. 1 EGV) – leistet dem Rat zunächst dadurch **Unterstützung**, daß er, sei es durch Entwürfe oder Formulierungsvorschläge, sei es durch Informationssammlung oder in sonstiger Weise, zur politischen Entscheidungsfindung oder durch organisatorische Leistungen zur Durchführung von Beschlüssen beiträgt[2]. Wie weit der Generalsekretär einen Freiraum genießt, um eigene politische Akzente zu setzen, hängt vom Rat (s. Art. 18, Rn. 2 a. E.) und insbesondere vom Vorsitz ab.

3 Gestärkt werden die Fähigkeiten des Generalsekretärs durch eine in das Ratssekretariat eingegliederte, aus dem Generalsekretariat, den Mitgliedstaaten, der Kommission und der WEU rekrutierte, z. Z. zwanzigköpfige **Strategieplanungs- und Frühwarneinheit**. Deren – für die praktische Arbeit des Generalsekretärs höchst wichtige – Aufgabe ist es nicht nur, die außen- und sicherheitspolitische Lage zu überwachen und zu analysieren sowie die GASP-bezogenen Interessen der Union zu beurteilen. Sie soll auch mögliche künftige Schwerpunkte ermitteln sowie Ereignisse und Situationen bewerten, um vor etwa drohenden Krisen zu warnen. Schließlich ist sie insofern eine *operative* Arbeitseinheit, als sie – aus eigener Initiative oder auf Anforderung des Rates oder des Vorsitzes – »ausführlich begründete« (d. h. insbesondere Analysen, Empfehlungen und Entwürfe für GASP-Strategien enthaltende) »Dokumente über politische Optionen« ausarbeitet, die über den Vorsitz eingebracht dem Rat Impulse zur Formulierung und damit zur Gestaltung der GASP geben können. Durch eine Zusammenarbeit mit der Kommission soll

---

1 Zur Fusion des EPZ-Sekretariats (vgl. Art. 30 Abs. 10 lit. g EEA) mit dem Generalsekretariat des Rates: *G. Burghardt/G. Tebbe*, in: GTE, EU-/EGV, Art. J.8, Rn. 1, 8; *H.G. Krenzler/H.C. Schneider*, Die Gemeinsame Außen- und Sicherheitspolitik der Europäischen Union, EuR 1994, S. 144 (150).
2 Damit hat sich in Amsterdam der französische Vorschlag zur Schaffung eines »Monsieur ou Madame PESC« allenfalls ansatzweise durchgesetzt. Vgl. *K. Hasselbach*, Maastricht II: Ergebnisse der Regierungskonferenz zur Reform der EU, BayVBl. 1997, S. 454 (459); *E. Regelsberger*, Gemeinsame Außen- und Sicherheitspolitik (GASP), in: R. Hrbek (Hrsg.), Die Reform der Europäischen Union, 1997, S. 253 (259 f.); *dies.*, Gemeinsame Außen- und Sicherheitspolitik, Jahrbuch der Europäischen Integration 1996/97, S. 215 (220) (»graue Eminenz«; »Zuarbeiter für die Präsidentschaft und den Rat«). Als »gesichtslos« sieht die GASP: *A. Mechtersheimer*, Zur Gemeinsamen Außen- und Sicherheitspolitik in der Europäischen Union, Aus Politik und Zeitgeschichte, B 1–2/1996, S. 27 (28). – Zur politischen Problematik des Amtes eines nach außen auftretenden GASP-Repräsentanten: *M. Jopp*, Reformziel Stärkung der Außen- und sicherheitspolitischen Handlungsfähigkeit der EU, in: ders., Die Reform der Europäischen Union, 1996, S. 41 (52).

»die vollständige Kohärenz mit der Außenwirtschafts- und Entwicklungspolitik der Union« gewährleistet werden. Die Mitgliedstaaten und die Kommission unterstützen den Strategieplanungsprozeß »soweit irgend möglich« durch Bereitstellung einschlägiger, auch vertraulicher, Informationen.³

Art. 26 sieht ferner vor, daß der Generalsekretär »gegebenenfalls auf Ersuchen des Vorsitzes im Namen des Rates den **politischen Dialog mit Dritten** führt«. Er kann also, wenn auch nicht aus eigener Initiative, »für den Rat handelnd« (s. aber Art. 11, Rn. 1) im Verhältnis zu dritten Staaten oder internationalen Organisationen, aber auch zu nicht-staatlichen Organisationen oder Personen auftreten, um ähnliche Aufgaben zu erfüllen, wie sie bisher insbesondere auch von Sonderbeauftragten wahrgenommen wurden (s. Art. 18, Rn. 5). Erst diese diplomatisch-politische Funktion erfüllt die Bezeichnung des Generalsekretärs als des »Hohen Vertreters für die GASP« mit Sinn (s. auch Art. 18, Rn. 3). 4

---

3 Erklärung (Nr. 6) zur Schaffung einer Strategieplanungs- und Frühwarneinheit zum Amsterdamer Vertrag (Bull.BReg. Nr. 94 vom 27.11.1997, S. 1089 [1142]). Vgl. auch *E. Regelsberger* (Fn. 2), in: R. Hrbek (Hrsg.), Die Reform der Europäischen Union, 1997, S. 257 f.; *dies.* (Fn. 2), Jahrbuch der Europäischen Integration 1996/97, S. 220 (die Einheit sei »Zuarbeiter für den Rat oder die Präsidentschaft«; ihre Wirksamkeit hänge von ihrer Information ab – vgl. Punkt 5 der Erklärung). Zur Notwendigkeit einer Planungs- und Analyseeinheit: *Jopp* (Fn. 2), S. 47, 49. Zur Tendenz, dem Generalsekretariat neben organisatorisch-administrativen zunehmend politisch-inhaltliche Aufgaben zu übertragen: *Burghardt/Tebbe* (Fn. 1), Art. J.8, Rn. 8. – Zur Stärkung des Ratssekretariats insbes. durch eine Polizeieinheit: Bericht des Vorsitzes an den Europäischen Rat (Göteborg) über die ESVP, Press Release Nr. 9526/2/01 (11.6.2001), Ziff. 22.

Art. 27 (ex-Art. J.17)

Die Kommission wird in vollem Umfang an den Arbeiten im Bereich der Gemeinsamen Außen- und Sicherheitspolitik beteiligt.

Die Beteiligung der Kommission nach Art. 27 (früher Art. J.9) erfordert vom Rat zum einen, sie umfassend zu informieren, ist ihr doch dadurch erst möglich, ihr Handeln *als EG-Organ* auf die GASP abzustimmen[1] und somit dem Art. 3 Abs. 2 zu genügen. Zum anderen aber muß der Kommission die Möglichkeit offenstehen, zu allen Fragen Stellung zu nehmen und dem Rat Vorschläge und Empfehlungen, sei es zur Beschlußfassung, sei es zu Maßnahmen der Durchführung von GASP-Beschlüssen, zu unterbreiten[2] – und damit den Standpunkt der Gemeinschaften darzulegen[3]. Dadurch soll insbesondere der *acquis communautaire* gewahrt werden.[4] Doch muß die Beteiligung der Kommission auch im Zusammenhang damit gesehen werden, daß es ihrer Mitwirkung bedarf, soweit im Rahmen der Durchführung von GASP-Beschlüssen EG-Haushaltsmittel für *operative* Ausgaben zu bewirtschaften sind (Art. 28 Abs. 3 und 4, s. dort Rn. 11). – Spezialregelungen über die Beteiligung der Kommission enthalten Art. 14 Abs. 4, 18 Abs. 4, 22, 27c Abs. 2, 27e Abs. 1 (s. auch Art. 20 und 28). – Hervorzuheben ist auch, daß die Kommission der Strategieplanungs- und Frühwarneinheit (s. Art. 26, Rn. 3) Vorschläge für Arbeiten unterbreiten kann.[5]

---

1 Vgl. etwa lit. C des Gemeinsamen Standpunkts 95/413/GASP vom 2.10.1995, ABl.EG Nr. L 245/1 zu Angola; Art. 1 Satz 2, Art. 2 der Gemeinsamen Aktion 96/669/GASP vom 22.11.1996, ABl.EG Nr. L 312/1 (zu UN-Sicherheitsratsbeschluß Nr. 1078 und 1080 [1996]) zur afrikanischen Region der Großen Seen.
2 Vgl. z.B. Art. 4 der Gemeinsamen Aktion 96/669/GASP (Fn. 1). – Zur internen Organisation der Kommission im Hinblick auf die GASP: G. *Burghardt/G. Tebbe*, in: GTE, EU-/EGV, Art. J.9, Rn. 6; *Europäische Kommission*, Regierungskonferenz 1996, Bericht der Kommission an die Reflexionsgruppe, 1995, S. 62 (Rn. 145); F. *Fink-Hooijer*, The Common Foreign and Security Policy of the European Union, EJIL 5 (1994), S. 173 (191). S. auch Art. 25, Fn. 2; N. *Meyer-Landrut*, in: Grabitz/Hilf, EU, Art. J.9 EUV, Rn. 3 ff. S. auch die Erklärung zum Amsterdamer Vertrag zur Organisation und Arbeitsweise der Kommission.
3 Art. 28 Abs. 1 EUV i.V.m. Art. 213 Abs. 2 UAbs. 1. S. *Burghardt/Tebbe* (Fn. 2), Art. J.9, Rn. 3.
4 H. *Krück*, in: Schwarze, EU-Kommentar, Art. 11–28 EUV, Rn. 61.
5 Ziff. 4 der Erklärung (Nr. 6) zur Schaffung einer Strategieplanungs- und Frühwarneinheit zum Amsterdamer Vertrag (Bull.BReg. Nr. 94 vom 27.11.1997, S. 1089 [1142]).

Art. 27a

(1) Eine verstärkte Zusammenarbeit in einem unter diesen Titel fallenden Bereich hat zum Ziel, die Werte der gesamten Union zu wahren und ihren Interessen zu dienen, unter Behauptung der Identität der Union als kohärenter Kraft auf internationaler Ebene.[1] Bei einer solchen Zusammenarbeit werden beachtet
- die Grundsätze, die Ziele, die allgemeinen Leitlinien und die Kohärenz der Gemeinsamen Außen- und Sicherheitspolitik sowie die im Rahmen dieser Politik gefassten Beschlüsse,[3]
- die Zuständigkeiten der Europäischen Gemeinschaft[3] und
- die Kohärenz zwischen der Unionspolitik insgesamt und dem außenpolitischen Handeln der Union.[3]

(2) Für eine verstärkte Zusammenarbeit nach diesem Artikel gelten die Artikel 11 bis 27 und die Artikel 27b bis 28, soweit nicht in Artikel 27c und in den Artikeln 43 bis 45 etwas anderes bestimmt ist.[1, 4]

Durch den Vertrag von Nizza eingefügte Bestimmung.

Art. 27a ff. dehnen die Möglichkeit einer **verstärkten Zusammenarbeit** auf den Bereich 1
des Titels V EUV aus (Art. 43, Rn. 8). Abs. 1 Satz 1 gibt ihr das Ziel der Unionsförderlichkeit vor. Partikularinteressen oder eine Sonderpolitik dürfen nicht verfolgt werden. Vielmehr muß die verstärkte Zusammenarbeit auf die Wahrung der **Werte** der Union (s. insbes. Art. 6) und die Verfolgung der – durch die Ziele, Grundsätze, allgemeinen Leitlinien und GASP-Beschlüsse (s. u. Rn. 3) geprägten – **Interessen** der Union gerichtet sein. Es darf nicht zu einer Zersplitterung der Union kommen, soll doch ihre **Identität** als kohärente Kraft auf internationaler Ebene (vgl. Art. 2 Abs. 1 Spiegelstr. 2) behauptet werden. *Thematisch* (s. aber Art. 27b) öffnet Art. 27a Abs. 1 Satz 1 alle Felder der GASP für eine Kooperation zwischen *mindestens acht* Mitgliedstaaten (Art. 27a Abs. 2 i.V. mit Art. 43 lit. g)[1], die in einem kleineren Kreis – vermittels Art. 27a Abs. 2 und nach näherer Maßgabe der Art. 27c und 43 bis 45 – vom unionsrechtlichen *Instrumentarium der Art. 11 bis 27 und 27b bis 28* Gebrauch machen möchten (s. auch u. Rn. 4).

Gerade in der Nutzung der unionsrechtlichen Willensbildungs-, Entscheidungs- und 2
Handlungsstrukturen für die GASP (s. Art. 44, Rn. 2) **unterscheidet sich** die verstärkte Zusammenarbeit **von anderen Formen** der Kooperation zwischen einzelnen Mitgliedstaaten. Zumindest einen Fall solchen – nicht unter Art. 27a ff. fallenden – Zusammenwirkens spricht Titel V EUV ausdrücklich an: Art. 17 Abs. 4 gestattet eine engere sicherheits- und verteidigungspolitische Zusammenarbeit innerhalb des Kreises der EU-Mitgliedstaaten, aber außerhalb des Forums der GASP (s. Art. 17, Rn. 9). Damit greift diese Vorschrift nur einen speziellen Bereich mitgliedstaatlicher Kooperation heraus (nicht zuletzt, um deren Schranken hervorzuheben). Art. 27a ff. schließen es aber auch ebensowenig wie die Rahmenvorschriften der Art. 43 bis 45 (s. Art. 43, Rn. 22) sonst aus, daß Mitgliedstaaten außerhalb der drei Säulen des EUV zusammenarbeiten.[2] Zum Teil *fordert der EUV* sogar gerade im Bereich der GASP, daß ein EU-Mitglied sein Handeln mit dem *einzelner* anderer EU-Mitglieder vernetze. So folgt aus Art. 19 Abs. 1 und 2, daß in

---
1 A. *Epiney/M. Freiermuth Abt/R. Mosters*, Der Vertrag von Nizza, DVBl. 2001, S. 941 (946, Fn. 46) weisen darauf hin, daß damit zumindest vorläufig noch mindestens die Hälfte der Mitgliedstaaten sich beteiligen müssen.
2 Vgl. aber auch *Epiney/Freiermuth Abt/Mosters* (Fn. 1), S. 945, Fn. 40: Außervertragliche Zusammenarbeit solle wegen der Intransparenz und der fehlenden Kontrolle durch gemeinsame Organe in Zukunft vermieden werden.

Hans-Joachim Cremer

Art. 27a EU-Vertrag

internationalen Organisationen oder auf internationalen Konferenzen, wenn nicht alle Mitgliedstaaten vertreten sind, die partizipierenden Mitgliedstaaten schon von Unionsrechts wegen verpflichtet sind, ihr Handeln ggf. auch außerhalb der durch den EUV vorgegebenen Verfahren zu koordinieren (besonders wichtig ist dies für EU-Mitgliedstaaten mit Sitz im UN-Sicherheitsrat – s. Art. 19 Abs. 2 UAbs. 2, s. Art. 19 Rn. 1, Fn. 8). Ähnlich kann die Pflicht der Mitgliedstaaten (und der Kommission) nach Art. 20 wirken, ihr Verhalten auf diplomatischer Ebene unionsförderlich aufeinander abzustimmen.

3   Art. 27a Abs. 1 Satz 2 verlangt, daß sich die verstärkte Zusammenarbeit in jeder Hinsicht harmonisch in die GASP einfügt. Obwohl die Reihenfolge der Aufzählung in Spiegelstr. 1 die gestufte Willensbildung im Rahmen der GASP (s. Art. 13, Rn. 1) nicht richtig abbildet, stellt dies nicht in Frage, daß die zusammenarbeitenden Mitgliedstaaten ihre Kooperation in Einklang halten müssen mit den **Zielen** des Art. 11 Abs. 1, den vom Europäischen Rat festgelegten **Grundsätzen und allgemeinen Leitlinien** (Art. 13 Abs. 1) und mit den im Rahmen der GASP gefaßten **Beschlüssen**, also den vom Europäischen Rat angenommenen gemeinsamen Strategien (Art. 13 Abs. 2), den vom Rat festgelegten Gemeinsamen Aktionen (Art. 14) und Gemeinsamen Standpunkten (Art. 15) und den von ihm angenommenen Übereinkünften (Art. 24). Nicht gestört werden darf auch die **Kohärenz der GASP**; es dürfen keine Spannungen entstehen. Über den engeren GASP-Kontext hinaus geht das Gebot von Spiegelstr. 3, den **übergreifenden Zusammenhalt und Zusammenklang der Unionspolitik** zu beachten (s. auch Art. 27 Abs. 2 i.V. mit Art. 45). Die **Zuständigkeiten der EG** zu beachten (Spiegelstr. 3) verlangt von den zusammenarbeitenden EU-Mitgliedern, sich keine Befugnis zu Regelungen in Feldern ausschließlicher Gemeinschaftszuständigkeit anzumaßen, und – eher implizit –, sich zu EG-Rechtsakten nicht in Widerspruch zu setzen (vgl. auch Art. 43 lit. d, dazu Art. 43, Rn. 8, 15). Ohnehin vermögen es die Staaten nicht, einseitig ihre Bindung an das Gemeinschaftsrecht abzustreifen. – Im übrigen gelten für die verstärkte Zusammenarbeit auch die Bestimmungen der Titel I und VIII.

4   Die verstärkte Zusammenarbeit richtet sich gem. Abs. 2 nach den **Art. 11 bis 27 und 27b bis 28**, soweit nicht in **Art. 27c** und in den **Art. 43 bis 45** etwas anderes bestimmt ist (s. die Kommentierung dieser Artikel). Man könnte meinen, die beteiligten Mitgliedstaaten verführen dabei wie eine »Mini-Union«. Doch ein solches Bild trügt. Denn an den *Ratssitzungen* können, obgleich im Rat nur die an der verstärkten Zusammenarbeit beteiligten Ratsmitglieder stimmberechtigt sind, sämtliche Mitglieder teilnehmen (Art. 27 Abs. 2 i.V. mit Art. 44 Abs. 1 UAbs. 1 Satz 2; s. Art. 44, Rn. 2). Auch handeln die übrigen EU-Organe, soweit sie unter den Regeln des Titels V und VII in eine verstärkte Zusammenarbeit einbezogen sind, in ihrer regulären Zusammensetzung (s. Art. 44, Rn. 3). Ratsbeschlüsse binden aber nur die zusammenarbeitenden Staaten (Art. 27 Abs. 2 i.V. mit Art. 44 Abs. 2; s. Art. 44, Rn. 5). Art. 27a Abs. 2 bewirkt, daß eine verstärkte Zusammenarbeit auch im Bereich der GASP nur *ultima ratio* (Art. 43a) sein kann, für eine anfängliche oder spätere Beteiligung *allen Mitgliedstaaten offensteht* (Art. 43b i.V. mit Art. 27e) und grundsätzlich *von den beteiligten Mitgliedstaaten zu finanzieren* ist (Art. 44a).

5   Um die Möglichkeit der verstärkten Zusammenarbeit im Rahmen der GASP[3] zu **bewerten** ist es zu früh. Man muß praktische Erfahrungen abwarten. Erhofft ist ein »Lokomo-

---

[3] Gerade die GASP wurde oft als idealer Anwendungsbereich für die verstärkte Zusammenarbeit genannt (*Epiney/Freiermuth Abt/Mosters* [Fn. 1], S. 945/946, Fn. 44 mit Verweis auf E. *Philippart/G. Edwards*, The Provisions on Closer Cooperation in the Amsterdam Treaty, Journal of Common Market Studies, März 1999, S. 87 [99]; *H. Kortenberg*, Closer cooperation, CMLRev. 1998, S. 833 [853]).

tiv-Effekt«: Das raschere Voranschreiten eines engeren Kreis von Mitgliedstaaten soll den trägeren Rest auf lange Sicht nachziehen (vgl. Art. 27e).[4] Daß zunächst nur ein theoretisches Konstrukt geschaffen worden ist, mag man daran erkennen, daß es trotz des *ultima ratio*-Charakters der verstärkten Zusammenarbeit (Art. 43a) keine ausdrückliche Bestimmung gibt, kraft derer der Rat den beteiligten Staaten aufgeben könnte, ihre Kooperation zu *beenden*. Diese Kompetenz wird man als stillschweigend mitgeschrieben ansehen müssen.

---

4 Vgl. auch die etwas ambivalente Bewertung der verstärkten Zusammenarbeit durch T. *Wiedmann*, Der Vertrag von Nizza – Genesis einer Reform, EuR 2001, S. 186, der in den Neuerungen von Nizza zwar einen geringen Gewinn sieht (ebd., 209 f.: es fehle die »treibende Kraft«), das »Avantgardekonzept« als solches aber für zukunftsweisend hält (ebd., S. 215).

Art. 27b

Die verstärkte Zusammenarbeit nach diesem Titel betrifft die Durchführung einer gemeinsamen Aktion oder die Umsetzung eines gemeinsamen Standpunkts. Sie kann nicht Fragen mit militärischen oder verteidigungspolitischen Bezügen betreffen.[4]

Durch den Vertrag von Nizza eingefügte Bestimmung.

1 Die Möglichkeit einer verstärkten Zusammenarbeit i.S. des Art. 27a und der Art. 43 ff. ist durch Art. 27b enggeführt. Obwohl thematisch alle Felder der GASP offenstehen (Art. 27a, Rn. 1), ist eine verstärkte Zusammenarbeit nur zulässig zur »Durchführung einer gemeinsamen Aktion« oder zur »Umsetzung eines gemeinsamen Standpunkts«[1]; *nicht ausreichend* ist eine gemeinsame Strategie, die vom Europäischen Rat festgelegt wird (Art. 13 Abs. 2). Schon der Wortlaut des Art. 27b impliziert, daß ein GASP-Akt nach Art. 14 oder Art. 15 bereits beschlossen sein muß, damit eine verstärkte Zusammenarbeit begründet werden kann. Dafür spricht auch, daß über einen Antrag nach Art. 27c weder sinnvoll beraten noch abgestimmt werden könnte, wenn die gemeinsame Aktion oder der gemeinsame Standpunkt noch nicht feststünde und sich darum Inhalt und Ziel der verstärkten Zusammenarbeit noch nicht konkretisieren ließen. Daß die Absicht zu verstärkter Zusammenarbeit das *prozedurale Nadelöhr* eines vorherigen GASP-Aktes passieren muß, zeigt, daß der EUV im Bereich des Titels V gesteigerten Wert darauf legt, das mitgliedstaatliche Handeln zu bündeln. Dieses muß, um für eine verstärkte Zusammenarbeit zu taugen, nicht nur unionsdienlich sein, es muß konkret darauf gerichtet sein, eine operative Aktion (Art. 14) oder ein außen- oder sicherheitspolitisches Konzept der Union (Art. 15) zu fördern. Dies folgt im Lichte der in Art. 27a Abs. 1 betonten Kohärenz daraus, daß die verstärkte Zusammenarbeit nicht schlicht »eine« gemeinsame Aktion oder »einen« gemeinsamen Standpunkt betreffen muß, sondern – konkreter – die »Durchführung« oder die »Umsetzung« **eines solchen GASP-Akts.**

2 Satz 2 nimmt von verstärkter Zusammenarbeit Fragen mit militärischen und verteidigungspolitischen Bezügen aus. Diese Beschränkung ist ein politisches Zugeständnis an Großbritannien.[2] Sinn dürfte es sein zu verhindern, daß das nicht unproblematische Verhältnis einer Europäischen Sicherheits- und Verteidigungspolitik (ESVP) zur NATO dadurch belastet wird, daß eine verstärkte Zusammenarbeit das militärische und verteidigungspolitische Handeln innerhalb der Union zersplittert und schwerer durchschaubar macht.

---

1 Treffend spricht A. *Hatje*, Die institutionelle Reform der Europäischen Union – der Vertrag von Nizza auf dem Prüfstand –, EuR 2001, S. 143 (174) von »verstärkter Vollzugszusammenarbeit«.
2 S. *Rodrigues*, Le Traité de Nice et les coopérations renforcées au sein de l'Union Europeenne, R.M.C. 2001, S. 11 (16).

Art. 27c

Die Mitgliedstaaten, die beabsichtigen, untereinander eine verstärkte Zusammenarbeit nach Artikel 27b zu begründen, richten einen entsprechenden Antrag an den Rat.

Der Antrag wird der Kommission und zur Unterrichtung dem Europäischen Parlament übermittelt. Die Kommission nimmt insbesondere zur Kohärenz der beabsichtigten verstärkten Zusammenarbeit mit der Unionspolitik Stellung. Die Ermächtigung wird vom Rat gemäß Artikel 23 Absatz 2 Unterabsätze 2 und 3 unter Einhaltung der Artikel 43 bis 45 erteilt.[4]

Durch den Vertrag von Nizza eingefügte Bestimmung.

Um untereinander eine verstärkte Zusammenarbeit zu begründen, müssen die Mitgliedstaaten einen **Antrag an den Rat** richten. In dieser Verfahrensgestaltung liegt ein – nicht unerheblicher – *Unterschied zu Art. 40a Abs. 1* im Bereich des Titels VI. Dort ist der Antrag zu einer verstärkten Zusammenarbeit zunächst an die Kommission zu richten, die ihn dem Rat vorlegen kann; erst wenn die Kommission dies gegenüber den antragstellenden Mitgliedstaaten mit einer Begründung abgelehnt hat, können sich die kooperationswilligen Mitgliedstaaten unmittelbar an den Rat wenden. Im Bereich der GASP ist davon abgesehen worden, die Kommission in ähnlicher Weise Anträge nach Art. 27c »vorfiltern« zu lassen. Damit hat man darauf verzichtet, ihre Rolle zu stärken.[1] Knotenpunkt der Entscheidungsstränge innerhalb der GASP bleibt der Rat. Er leitet den Antrag nach Art. 27c der Kommission zu und übermittelt ihn auch dem Europäischen Parlament (Abs. 1 Satz 1). Das **Parlament** soll dadurch lediglich »unterrichtet«, der Antrag ihm also zur Kenntnis unterbreitet werden. Die **Kommission** dagegen hat die Aufgabe, Stellung zu nehmen und dabei ein besonderes Augenmerk auf die Kohärenz der beabsichtigten verstärkten Zusammenarbeit »mit der Unionspolitik« zu legen. Im Lichte des Art. 27a Abs. 1 Satz 2 Spiegelstr. 3 bedeutet dies, daß die Kommission die Auswirkungen auf die »Unionspolitik insgesamt«, mithin *auf alle drei Säulen* zu beurteilen hat. Auf die Bewertung der Kohärenz ist die Kommission dabei nicht beschränkt (vgl. den Wortlaut »insbesondere«), sondern sie kann alle rechtlichen und politischen Fragen zur Sprache bringen. Daß das Verfahren zur Begründung einer verstärkten Zusammenarbeit die Kommission aktiv einbezieht, dem Europäischen Parlament aber eher die Rolle eines passiven Informationsempfängers zuweist, spiegelt die bereits in Art. 18 Abs. 4 Satz 1 und Art. 27 einerseits und Art. 21 andererseits getroffenen Wertungen wider.

Die Entscheidung über die Begründung der verstärkten Zusammenarbeit liegt beim Rat. Dieser beschließt gemäß Art. 23 Abs. 2 UAbs. 2 und 3. D.h. zum einen, daß ein Beschluß der **qualifizierten Mehrheit** der nach Art. 205 Abs. 2 EGV gewichteten Stimmen und einer Mindeststimmenzahl von 62, die wenigstens zehn Mitglieder umfaßt, bedarf (Art. 23 Abs. 2 UAbs. 3 – s. aber auch Art. 23 Rn. 8). Ferner kann jedes Ratsmitglied erklären, daß es aus wichtigen – von ihm darzulegenden – Gründen der nationalen Politik beabsichtigt, einen Beschluß abzulehnen, und damit bewirken, daß die Frage zur einstimmigen Beschlußfassung an den Europäischen Rat verwiesen wird (Art. 23 Abs. 2 UAbs. 2). Auf diese Weise kann die Entscheidung nach Art. 27c nicht nur politisch »hochgezont«, sondern – anders als bei der verstärkten Zusammenarbeit in den anderen

---

1 Vgl. *S. Rodrigues*, Le Traité de Nice et les coopérations renforcées au sein de l'Union Europeenne, R.M.C. 2001, S. 11 (16).

Art. 27c EU-Vertrag

beiden Säulen des EUV – durch das Erfordernis einstimmiger Beschlußfassung eine **Vetomöglichkeit** eröffnet werden.[2]

3 Inhaltlich ist der Rat bei der Zulassung einer verstärkten Zusammenarbeit nicht frei, sondern zur **Einhaltung der Art. 43 bis 45** verpflichtet.

---

2 Denkschrift der Bundesregierung zum Vertrag von Nizza, BR-Drs. 200/01, S. 42 (46, zu Nr. 6). Vgl. auch *Rodrigues* (Fn. 1).

Art. 27d

Unbeschadet der Befugnisse des Vorsitzes und der Kommission[3] trägt der Generalsekretär des Rates und Hohe Vertreter für die Gemeinsame Außen- und Sicherheitspolitik insbesondere dafür Sorge[2], daß das Europäische Parlament und alle Mitglieder des Rates in vollem Umfang über die Durchführung jeder verstärkten Zusammenarbeit im Bereich der Gemeinsamen Außen- und Sicherheitspolitik unterrichtet werden.[1]

Durch den Vertrag von Nizza eingefügte Bestimmung.

Dem Generalsekretär des Rates und Hohen Vertreter für die GASP weist Art. 27d die Aufgabe einer Verteilerstelle für Information über die Durchführung verstärkter Zusammenarbeit im Bereich der GASP zu. Dies wirkt schlüssig, zumal im Rat die Fäden zusammenlaufen. Eine **informationelle Vernetzung**, in die das Europäische Parlament und die Ratsmitglieder eingewoben werden, ist auch erforderlich. Denn dem Parlament ist ohnehin nur die passive Rolle eines Beobachters der verstärkten Zusammenarbeit zugewiesen (vgl. Art. 27c Abs. 2 Satz 1; Art. 21); und die Ratsmitglieder sind zwar, auch wenn sie nicht selbst an der verstärkten Zusammenarbeit beteiligt sind und ihnen darum insoweit ein Stimmrecht fehlt (Art. 27 Abs. 2 i.V. mit Art. 44 Abs. 1 UAbs. 1 Satz 2; s. Art. 44, Rn. 2), berechtigt, an den Ratssitzungen mitberatend teilzunehmen, jedoch nicht dazu verpflichtet. Ohne Art. 27d liefen folglich das EP und die nicht beteiligten Mitgliedstaaten Gefahr, von Entwicklungen im Rahmen von Projekten verstärkter Zusammenarbeit politisch abgekoppelt zu werden. Sie zu informieren ist darum eine Voraussetzung dafür, daß eine verstärkte Zusammenarbeit keine Gräben quer durch die Union reißt, sondern im Gegenteil – mit den Worten des Art. 27a Abs. 1 Satz 1 – sich die Identität der Union als *kohärenter Kraft* auf internationaler Ebene behauptet. Die Ratsmitglieder auf dem laufenden zu halten hat noch den besonderen Sinn, ihnen den nachträglichen Anschluß an eine verstärkte Zusammenarbeit (Art. 27e) zu erleichtern. 1

Sorge tragen (und insofern nicht mehr als das *Ergebnis* des Informiertseins sicherstellen) muß der Generalsekretär/Hohe Vertreter für die Unterrichtung über die *Durchführung* jeder verstärkten Zusammenarbeit im Bereich der GASP und damit über deren jeweils *zweite Phase*. Denn in die erste Phase, die Begründung der Zusammenarbeit, sind über die Beschlußfassung nach Art. 27c alle Ratsmitglieder und über die Unterrichtung nach Art. 27c Abs. 2 Satz 1 auch das Europäische Parlament einbezogen. 2

»Unbeschadet der Befugnisse des Vorsitzes und der Kommission« wird die Informationspflicht des Generalsekretärs/Hohen Vertreters statuiert. Ihm wachsen folglich (obgleich aus der Pflicht auch die Befugnis zur Weitergabe von Information folgt) durch Art. 27c **keine zusätzlichen Kompetenzen** zu. Auf jeden Fall hat der Rat bei Entscheidungen über die verstärkte Zusammenarbeit das letzte Wort.[1] 3

---

1 Vgl. S. *Rodrigues*, Le Traité de Nice et les coopérations renforcées au sein de l'Union Europeenne, R.M.C. 2001, S. 11 (16).

Art. 27e

Jeder Mitgliedstaat, der sich einer nach Artikel 27c begründeten verstärkten Zusammenarbeit anschließen will, teilt dem Rat seine Absicht mit und unterrichtet die Kommission.[1] Die Kommission legt dem Rat binnen drei Monaten nach Eingang der Mitteilung[2] eine Stellungnahme dazu vor.[1] Binnen vier Monaten nach Eingang der Mitteilung entscheidet der Rat über den Antrag und über eventuelle spezifische Regelungen, die er für notwendig hält.[2] Die Entscheidung gilt als angenommen, es sei denn, der Rat beschließt innerhalb dieser Frist mit qualifizierter Mehrheit, sie zurückzustellen; in diesem Fall gibt der Rat die Gründe für seinen Beschluß an und setzt eine Frist für dessen Überprüfung.[2]

Für die Zwecke dieses Artikels beschließt der Rat mit qualifizierter Mehrheit. Als qualifizierte Mehrheit gelten derselbe Anteil der gewogenen Stimmen und derselbe Anteil der Anzahl der betroffenen Mitglieder des Rates, wie sie in Artikel 23 Absatz 2 Unterabsatz 3 festgelegt sind.[2]

Durch den Vertrag von Nizza eingefügte Bestimmung.

1 Durch Art. 27c wird der Grundsatz verwirklicht, daß eine verstärkte Zusammenarbeit nach ihrer Begründung für die Beteiligung aller anderen Mitgliedstaaten offensteht (s. Art. 43b Satz 2). Wie bei der Begründung einer verstärkten Zusammenarbeit (s. Art. 27c) laufen die Stränge des Verfahrens, mittels dessen sich ein Mitgliedstaat nachträglich anschließt, beim Rat zusammen. Allerdings stößt der anschlußwillige Mitgliedstaat das Verfahren »mit zwei Händen« an: Dem Rat teilt er seine Absicht mit (wodurch er einen »**Antrag**« auf Zulassung zur verstärkten Zusammenarbeit stellt, arg. e Satz 3) und unterrichtet zugleich die Kommission. Dieser obliegt es, dem Rat eine **Stellungnahme** »vorzulegen«, also schriftlich zu unterbreiten. Art. 27e umschreibt deren Inhalt nicht näher. Doch dürfte sie zum einen ein Urteil darüber verlangen, ob die hinzustoßenden Mitgliedstaaten »dem Grundbeschluß und den in jenem Rahmen gefaßten Beschlüssen nachkommen« (Art. 43b Satz 3). Relevant sein können auch Fragen der Kohärenz (vgl. Art. 27a Abs. 1 Satz 2 Spiegelstr. 3; Art. 27c Abs. 2 Satz 2; Art. 27a Abs. 2 i.V. mit Art. 45), nunmehr freilich nicht mehr auf die grundsätzliche Zulässigkeit der verstärkten Zusammenarbeit als solcher bezogen, sondern auf Veränderungen der Bewertung infolge des Anschlusses eines oder mehrerer weiterer Mitgliedstaaten. Freilich ist die Kommission dabei (ebenso wie die bereits beteiligten Mitgliedstaaten) durch Art. 43b Satz 3 darauf verpflichtet, dafür zu sorgen, daß eine »möglichst große Zahl von Mitgliedstaaten zur Beteiligung angeregt wird«. Ihr Interesse muß es daher sein, das beteiligte »Team« von Mitgliedstaaten möglichst zur »vollen Mannschaftsstärke der EU« aufwachsen zu lassen.

2 Nach Einleitung des Verfahrens durch den Mitgliedstaat laufen **zwei Fristen**. Innerhalb von drei Monaten muß die Kommission dem Rat ihre Stellungnahme vorlegen. Innerhalb von vier Monaten entscheidet der Rat, ob und u. U. unter welchen besonderen zusätzlichen Bedingungen der Mitgliedstaat sich der verstärkten Zusammenarbeit anschließen darf (Abs. 1 Satz 3). Beide Fristen dürften zum selben Zeitpunkt zu laufen beginnen, da Sätze 2 und 3 des Abs. 1 wortgleich vom »Eingang der Mitteilung« (sc. beim Rat) sprechen (Abs. 1 Satz 1 muß so gelesen werden, daß der Mitgliedstaat die Kommission *unverzüglich* davon unterrichtet, daß er den Antrag beim Rat *gestellt hat*). Spätestens vier Monate nach Eingang der Mitteilung *beim Rat* gilt die »Entscheidung als angenommen« (bis dahin muß also auch die Stellungnahme der Kommission spätestens vorliegen). Diese **Fiktion** der Zulassung zur verstärkten Zusammenarbeit gilt freilich nicht, wenn der Rat vor Fristablauf mit qualifizierter Mehrheit beschließt, die Entschei-

dung zurückzustellen (Satz 3 HS 1). Satz 3 HS 2 verlangt in diesem Fall jedoch, daß der Rat »die Gründe« für seinen Beschluß angibt, ihn also *vollständig* begründet, und eine – angemessene – Frist setzt, nach deren Ablauf dieser Beschluß – freilich ohne Vorwegnahme des Ergebnisses – überdacht werden muß. Der Rat beschließt im Rahmen des Art. 27e mit **qualifizierter Mehrheit** nach Maßgabe des Art. 23 Abs. 2 UAbs. 3. Die »**Notbremse**« des Art. 23 Abs. 2 UAbs. 2 steht den Mitgliedstaaten jedoch **nicht zur Verfügung**.

Art. 28 (ex-Art. J.18)

(1) Die Artikel 189, 190, 196 bis 199[1], 203, 204, 206 bis 209[2], 213 bis 219[3], 255 und 290[4] des Vertrags zur Gründung der Europäischen Gemeinschaft finden auf die Bestimmungen über die in diesem Titel genannten Bereiche Anwendung.

(2) Die Verwaltungsausgaben, die den Organen aus den Bestimmungen über die in diesem Titel genannten Bereiche entstehen, gehen zu Lasten des Haushalts der Europäischen Gemeinschaften[5].

(3) Die operativen Ausgaben im Zusammenhang mit der Durchführung dieser Bestimmungen gehen ebenfalls zu Lasten des Haushalts der Europäischen Gemeinschaften[6], mit Ausnahme der Ausgaben aufgrund von Maßnahmen mit militärischen oder verteidigungspolitischen Bezügen und von Fällen, in denen der Rat einstimmig etwas anderes beschließt[7].

In Fällen, in denen die Ausgaben nicht zu Lasten des Haushalts der Europäischen Gemeinschaften gehen, gehen sie nach dem Bruttosozialprodukt-Schlüssel zu Lasten der Mitgliedstaaten, sofern der Rat nicht einstimmig etwas anderes beschließt[7]. Die Mitgliedstaaten, deren Vertreter im Rat eine förmliche Erklärung nach Artikel 23 Absatz 1 Unterabsatz 2 abgegeben haben, sind nicht verpflichtet, zur Finanzierung von Ausgaben für Maßnahmen mit militärischen oder verteidigungspolitischen Bezügen beizutragen[8].

(4) Das im Vertrag zur Gründung der Europäischen Gemeinschaft vorgesehene Haushaltsverfahren findet auf die Ausgaben Anwendung, die zu Lasten des Haushalts der Europäischen Gemeinschaften gehen[9] ff..

Inhaltsübersicht:

I.	Die Anwendbarkeit von Bestimmungen des EGV im Rahmen der GASP	1
II.	Die Finanzierung der GASP	5
III.	Anwendung des EG-Haushaltsverfahrens	9

I. Die Anwendbarkeit von Bestimmungen des EGV im Rahmen der GASP

1 Art. 28 Abs. 1 erklärt eine Reihe wesentlicher Vorschriften des 5. Teils, Titel I (»Vorschriften über die Organe«) des EGV für anwendbar im Bereich des Titels V EUV. In Bezug auf das **Europäische Parlament** finden die Art. 189, 190 und 196 bis 199 EGV Anwendung. *Nicht* einschlägig sind damit die EGV-Bestimmungen über: politische Parteien auf europäischer Ebene (Art. 191), die Beteiligung des Parlaments im Rahmen der (ohnehin nicht eingreifenden) Verfahren nach Art. 251 und 252 EGV (Art. 192), parlamentarische Untersuchungsausschüsse (Art. 193), Petitionen (Art. 194), den Bürgerbeauftragten (Art. 195), die Erörterung des Gesamtberichts der Kommission (Art. 200) und Mißtrauensanträge gegen die Kommission (Art. 201). Dadurch wird die in Art. 21 zum Ausdruck gebrachte lediglich beratende und politisch begleitende Funktion des Parlaments im Rahmen der GASP unterstrichen.

2 Für den **Rat** werden fast alle Vorschriften aus dem 5. Teil, Titel I, Kapitel 1, Abschnitt 2 EGV allgemein rezipiert außer der »Einstiegsnorm« Art. 202, der Regelung über Abstimmungen Art. 205 (dessen Abs. 2 allerdings in Art. 23 Abs. 2 UAbs. 3 speziell für an-

wendbar erklärt wird, s. hierzu auch Art. 23, Rn. 8) und Art. 210. Der Ausschluß des Art. 202 ist insbesondere im Hinblick auf dessen 3. Spiegelstrich bedeutsam. Denn daraus ist zu folgern, daß der Rat die Durchführung von GASP-Beschlüssen grundsätzlich nicht der Kommission übertragen darf[1]. In der Praxis werden darum Ausschüsse des Rates – die aufgrund der Geschäftsordnungskompetenz auch *ad hoc* gebildet werden können[2] – mit Durchführungsaufgaben betraut[3].

Speziell für die **Kommission** gelten im Rahmen der GASP Art. 213 bis 219 EGV. Von den allgemeinen Organvorschriften über die Kommission sind damit nur Art. 211 EGV, der ihre Aufgaben umschreibt, und Art. 212 über die Pflicht zur Veröffentlichung eines Gesamtberichts ausgenommen. Hervorzuheben ist, daß Art. 213 Abs. 2 UAbs. 1 gilt, der den Kommissionsmitgliedern Unabhängigkeit verleiht und sie auf das *Gemeinschafts*wohl verpflichtet. 3

Auf alle Organe findet die neu in den EGV eingefügte Vorschrift des Art. 255 über den Zugang zu Dokumenten des Europäischen Parlaments, des Rates und der Kommission[4] sowie Art. 290 über die Sprachenregelung für die Organe[5] Anwendung. 4

II. Die Finanzierung der GASP

Abs. 2 bis 4 des Art. 28 betreffen die Finanzierung der GASP. Abs. 2 entspricht Art. J.11 Abs. 2 UAbs. 1 a.F. und bestimmt, daß die **Verwaltungsausgaben**, die den Organen aus den Bestimmungen der GASP erwachsen, zu Lasten des Haushalts der Europäischen Gemeinschaften gehen (s. auch Art. 268 Abs. 2 Satz 1 EGV). Problematisch bleibt aber deren Aufteilung zwischen Rat und Kommission[6]. Das Europäische Parlament hat zu Recht vorgeschlagen, aus Einzelplan II (Rat) nur »Verwaltungsausgaben für die politische Beschlußfassung im Rat« zu finanzieren; darunter werden die Ausgaben verstanden, die getätigt werden müssen, bevor der Rat einen Beschluß über die Finanzierung faßt (z.B. Informationsreisen). Alle Verwaltungsausgaben, die nach der Annahme eines (finanzwirksamen) Beschlusses des Rats anfallen, sollten dagegen den Verwaltungsmitteln der Kommission (Einzelplan III Teil A des Gesamthaushaltsplans der Europäischen 5

---

1 Soweit deren Zuständigkeit zu handeln schon kraft Gemeinschaftsrechts besteht, darf ein (bindender) GASP-Beschluß ohnehin nicht ergehen (insofern kann freilich schon nicht von Durchführungsakten der Kommission gesprochen werden); s. aber auch zur Haushaltsausführung unten Rn. 8.
2 Art. 28 Abs. 1 EUV i.V.m. Art. 207 Abs. 3 EGV. Beachte aber auch Art. 19 Abs. 3 der Geschäftsordnung des Rates vom 5.6.2000 (ABl.EG Nr. L 149/21). – Zur Organisation des Rates: *G. Burghardt/G. Tebbe*, in: GTE, EU-/EGV, Art. J.8, Rn. 4 ff.
3 S. insbes. Art. 28 Abs. 1 EUV i.V.m. Art. 207 Abs. 1 EGV. – Vgl. lit. C des Gemeinsamen Standpunkts 95/413/GASP vom 2.10.1995, ABl.EG Nr. L 245/1 zu Angola; *Rechnungshof*, Sonderbericht Nr. 2/96 vom 11.7.1996 über die Buchführung des Administrators und die Verwaltung von Mostar durch die Europäische Union (VMEU) zusammen mit den Antworten der Kommission und des Administrators von Mostar (96/C 287/01), ABl.EG Nr. C 287/1, Ziff. 57.
4 Vgl. in diesem Zusammenhang auch EuGH, Rs. 58/94, Slg. 1996, I-2169, Rn. 37 (Niederlande/ Rat); EuG, Rs. T-194/94, Slg. 1995, II-2765, Rn. 73, 78 (Carvel u.a.); Rs. T-14/98, Slg. 1999, II-2489 und EuGH, Rs. C-353/99 P, Urt. v. 6.12.2001 (Hautala).
5 Zu dieser Neuerung im Vergleich mit der EPZ: *Burghardt/Tebbe* (Fn. 2), Art. J.11, Rn. 3.
6 Nach *Rechnungshof*, Sonderbericht Nr. 2/96 (Fn. 3), Ziff. 43, Fn. 17 gibt es zwischen Rat und Europäischem Parlament ein »Gentlemen's Agreement«, wonach sich nicht in den Haushalt des jeweils anderen Organs einzumischen. Infolgedessen übt das Parlament seine normalen Kontrollbefugnisse über den Verwaltungshaushalt des Rates nicht aus (*J. Monar*, The Finances of the Union's Intergovernmental Pillars: Tortuous Experiments with the Community Budget, Journal of Common Market Studies 35 [1997], S. 57 [60]).

Art. 28 EU-Vertrag

Gemeinschaften) entnommen werden[7]. – Aus dem Verwaltungshaushalt des Rates dürfen operative Ausgaben nicht bestritten werden[8].

6 Die Aufbringung der Mittel für **operative Ausgaben** hat Art. 28 Abs. 3 neu geregelt[9]. Anders als nach Art. J.11 Abs. 2 UAbs. 2 a.F. gehen die operativen, also die bei der Durchführung einer nach Titel V beschlossenen Maßnahme anfallenden[10] Ausgaben im Zusammenhang mit der GASP grundsätzlich ebenfalls zu Lasten des Haushalts der Europäischen Gemeinschaften (vgl. auch Art. 268 Abs. 2 Satz 2 EGV); d.h. sie werden aus den operationellen Mitteln der Kommission (Teil B von Einzelplan III) finanziert.

7 Ausgenommen sind lediglich die Ausgaben aufgrund von Maßnahmen mit militärischen oder verteidigungspolitischen Bezügen sowie Ausgaben in Fällen, in denen der Rat *einstimmig* etwas anderes beschließt. Unter diesen Ausnahmen werden die Mittel von den Mitgliedstaaten grundsätzlich (wie dies schon bisher der Praxis entsprach) mittels einer Umlagefinanzierung im Verhältnis ihrer Bruttosozialprodukte aufgebracht[11]; der Rat kann freilich einstimmig anderes beschließen.

8 Hat ein Mitgliedstaat von der Möglichkeit der konstruktiven Stimmenthaltung nach Art. 23 Abs. 1 UAbs. 2 Gebrauch gemacht, so entbindet ihn Art. 28 Abs. 3 UAbs. 2 Satz 2 von der Pflicht, zur Finanzierung von Ausgaben für Maßnahmen mit *militärischen* oder *verteidigungspolitischen* Bezügen beizutragen[12]. Im Gegenschluß ergibt sich, daß die Stimmenthaltung nicht davon befreit, *sonstige* Finanzlasten mitzutragen; der Staat muß dann also »zahlen«, obwohl er nicht mitentscheidet.

---

7 Entschließung zur Finanzierung der GASP, Sitzung vom 26.10.1994, ABl.EG Nr. C 323/72, Ziff. 8.
8 So aber geschehen durch die Fiktion, daß die Ausgaben für die zum Zweck der Beobachtung der russischen Parlamentswahlen im Jahr 1993 nach Moskau entsandte Sondereinheit für Koordinierung und Betreuung als Verwaltungsausgaben des Rates gelten sollten (Beschluß des Rates 93/604/GASP vom 9.11.1993, ABl.EG Nr. L 286/3, Ziff. 5).
9 Zur Mittelaufbringung (1/4 von den Mitgliedstaaten, 3/4 durch den Gemeinschaftshaushalt): *Europäische Kommission*, Regierungskonferenz 1996, Bericht der Kommission an die Reflexionsgruppe, 1995 (= SEK (95) 731 endg.), S. 65 (Rn. 157). – *H. Krück*, in: Schwarze, EU-Kommentar, Art. 11–28 EUV, Rn. 31 (m. Nachw.) weist darauf hin, daß Art. 28 allein oder i.V. mit anderen Bestimmungen als Rechtsgrundlage einiger GASP-Akte gedient hat.
10 Vgl. hierzu: *Rechnungshof*, Sonderbericht Nr. 2/96 (Fn. 3), Ziff. 45, sowie die Antwort der Kommission, ABl.EG Nr. C 287/19 Ziff. 3 Abs. 2 (zur Einordnung der Ausgaben im Vorfeld einer gemeinsamen Aktion als operationelle Ausgaben); *ders.*, Sonderbericht Nr. 4/96 vom 5.12.1996 über den Rechnungsabschluß des im Rahmen der gemeinsamen Aktion der gemeinsamen Außen- und Sicherheitspolitik zur Beobachtung der Palästinensischen Wahlen eingesetzen Europäischen Wahldienstes, zusammen mit den Antworten der Kommission (97/C57/01), ABl.EG Nr. L 57/1, Ziff. 12, 26 f.
11 Zum Fehlen eines Mitspracherechts des Europäischen Parlaments im Falle der Umlagefinanzierung: *J. Schwarze*, Möglichkeiten und Grenzen interinstitutioneller Vereinbarungen nach Maastricht, EuR-Beiheft 2/1995, S. 49 (63); EuGH, Rs. C-316/91, Slg. 1994, I-625, Rn. 34 ff. (Parlament/Rat) (keine Einstellung in den EG-Haushaltsplan, keine Anwendung des Art. 209 EWGV). – Zur zurückhaltenden Zahlungsmoral der Mitgliedstaaten: *Monar* (Fn. 6), S. 67, 76 f. Zur Neigung der Mitgliedstaaten, die EG-Mittel für die GASP zu »instrumentalisieren«: *G. Burghardt/G. Tebbe*, Die Gemeinsame Außen- und Sicherheitspolitik der Europäischen Union, Europarecht 1995, S. 1 (15 f.).
12 S. aber speziell zu Dänemark Teil II, Art. 6, Satz 3 des Protokolls über die Position Dänemarks, Schlußakte des Amsterdamer Vertrags II. B. 5.

III. Anwendung des EG-Haushaltsverfahrens

Nach Art. 28 Abs. 4 findet auf die Ausgaben zu Lasten des Haushalts der Europäischen 9
Gemeinschaften das im Vertrag zur Gründung der Europäischen Gemeinschaft vorgesehene Haushaltsverfahren Anwendung. Verwiesen ist damit auf Titel II des 5. Teils des EGV. Dies betrifft zunächst die Vorschriften über die Aufstellung und Feststellung des Haushaltsplans. Insbesondere im Hinblick auf die letztverbindliche Abänderbarkeit von Haushaltsansätzen und Schranken der Ausgabenerhöhung ist entscheidend, ob die GASP-Ausgaben als »zwingende« Ausgaben gelten oder nicht[13].

Gemäß der »Interinstitutionellen Vereinbarung[14] vom 6. Mai 1999 zwischen dem Euro- 10
päischen Parlament, dem Rat und der Kommission über die Haushaltsdisziplin und die Verbesserung des Haushaltsverfahrens (1999/C 172/01)«[15] gelten GASP-Ausgaben als Ausgaben, die sich *nicht zwingend* aus dem Vertrag ergeben[16]. Nach Ziff. 39 der Vereinbarung bemühen sich Rat, Kommission und Parlament mittels eines Konzertierungs-

---

13 Die Befugnis zur Letztentscheidung über nicht-zwingende Ausgaben liegt beim Parlament (s. Art. 272 Abs. 4 UAbs. 2 und 4, Abs. 5 UAbs. 1 lit. a, Abs. 6). Ein System von Höchstsätzen, durch das die Erhöhung nicht-zwingender Ausgaben begrenzt wird, das aber dem Parlament Entscheidungsbefugnisse verleiht, wird in Art. 272 Abs. 9 UAbs. 1 und 4 EGV festgelegt. S. zum Haushaltsvorgriff auch Art. 273 Abs. 3 EGV. – S. auch *A. Griese*, Die Finanzierung der Europäischen Union, EuR 1998, S. 462 ff.; *Pechstein/Koenig*, EU, Rn. 383 ff. – S. zum Streit um die Finanzierung der GASP: *Monar* (Fn. 6), S. 57 (s. auch S. 72 zur mißlichen Lage der Kommission, einerseits dem Parlament für die Haushaltsführung verantwortlich, andererseits aber dem politischen Druck des Rates ausgesetzt zu sein, schnell und unkompliziert Mittel für die GASP bereitzustellen).
14 S. zu interinstitutionellen Vereinbarungen Art. 7 EGV, Rn. 20 f., sowie die dem Vertrag von Nizza (als Nr. 3) angefügte *Erklärung zu Artikel 10 EGV* (BRats-Drs. 200/01, S. 35; darin wird betont, Art. 10 EGV gelte »auch für die Beziehungen zwischen den Gemeinschaftsorganen selbst«. Im Hinblick auf diese Beziehungen könnten »das Europäische Parlament, der Rat und die Kommission interinstitutionelle Vereinbarungen schließen, wenn es sich im Rahmen dieser Verpflichtung zur loyalen Zusammenarbeit als notwendig erweist, die Anwendung der Bestimmungen des Vertrags zur Gründung der Europäischen Gemeinschaft zu erleichtern. Diese Vereinbarungen dürfen die Vertragsbestimmungen weder ändern noch ergänzen und dürfen nur mit Zustimmung dieser drei Organe geschlossen werden.«). – S. auch: *J. Monar*, Interinstitutional Agreements: The Phenomenon and its New Dynamics after Maastricht, CMLRev. 1994, S. 693. Speziell zur GASP: *Pechstein/Koenig*, EU, Rn. 390 ff.; *Schwarze* (Fn. 11), S. 49. Dazu, daß es zulässig ist, die Abgrenzung von zwingenden und nicht-zwingenden Ausgaben durch interinstitutionelle Vereinbarung zum Gegenstand eines Schiedsverfahrens zu machen: EuGH, Rs. 34/86, Slg. 1986, 2155, Rn. 50 (Rat/Parlament); Rs. 204/86, Slg. 1988, 5323, Rn. 16 (Griechenland/Rat).
15 ABl.EG Nr. C 172/1. – Die Vereinbarung zielt zum einen auf die Einhaltung von durch die Finanzielle Vorausschau 2000–2006 festgelegten Höchstgrenzen (Teil I) und die Verbesserung der interinstitutionellen Zusammenarbeit während des Haushaltsverfahrens (Teil II). Sie ersetzt u.a. die »Interinstitutionelle Vereinbarung zwischen dem Europäischen Parlament, dem Rat und der Europäischen Kommission über Vorschriften zur Finanzierung der Gemeinsamen Außen- und Sicherheitspolitik«, ABl.EG Nr. C 286/80 vom 22.9.1997. – S. auch *E. Regelsberger*, Gemeinsame Außen- und Sicherheitspolitik, Jahrbuch der Europäischen Integration 1996/97, S. 215 (221 f.).
16 Ziff. 31 i.V. mit Anhang IV der Interinstitutionellen Vereinbarung (1999/C 172/01), ABl.EG Nr. C 172/1 (6, 18). Als »obligatorische Ausgaben« definiert die Vereinbarung in Ziff. 30 »diejenigen Ausgaben, die die Haushaltsbehörde aufgrund der rechtlichen Verpflichtungen in den Haushaltsplan einsetzen muß, die sich aus den Verträgen oder den aufgrund der Verträge erlassenen Rechtsakten ergeben.« – Die Mittel für die GASP wurden offenbar stets als nicht-obligatorische Ausgaben angesehen. Vgl. *Monar* (Fn. 6), S. 60, 69, 71. S. auch *Burghardt/Tebbe* (Fn. 2), Art. J.11, Rn. 7; *Europäische Kommission* (Fn. 9), S. 65 (Rn. 157); *H.-J. Glaeser*, Willensbildung und Beschlußverfahren in der Europäischen Union, EuR, Beiheft 1/1994, S. 25 (39).

verfahrens in Form eines »Trilogs« (Anhang III der Vereinbarung) um eine Einigung über den Betrag der operativen Ausgaben zu Lasten des Gemeinschaftshaushalts, dessen »GASP-Kapitel« sich in sechs Artikel aufteilen soll (Beobachtung und Organisation von Wahlen/Beteiligung an Maßnahmen für den Übergang zur Demokratie; Sonderbeauftragte der Union; Konfliktverhütung/Maßnahmen zur Schaffung von Frieden und Sicherheit; finanzielle Unterstützung für Abrüstungsmaßnahmen; Beiträge zu internationalen Konferenzen; Sofortmaßnahmen). Der Gesamtbetrag der operativen GASP-Ausgaben wird in vollem Umfang in das GASP-Kapitel eingestellt; es werden keine Mittel in eine Reserve eingesetzt[17]. Jeder Artikel umfaßt bereits angenommene gemeinsame Strategien oder gemeinsame Aktionen, vorgesehene, aber noch nicht angenommene Maßnahmen und alle künftigen, unvorhergesehenen Aktionen, die der Rat während des Haushaltsjahres annehmen wird. Die Kommission ist auf Grund der Haushaltsordnung[18] befugt, innerhalb des GASP-Kapitels »autonom« Mittel von Artikel zu Artikel zu übertragen. Dies soll die Flexibilität für eine rasche Durchführung von GASP-Aktionen gewährleisten. Für den Fall, daß die GASP-Mittel nicht ausreichen, sind Parlament und Rat übereingekommen, auf Vorschlag der Kommission mit Dringlichkeit eine Lösung zu suchen.

11 Das gemeinschaftsrechtliche Haushaltsverfahren gilt auch für die Ausführung des Haushaltsplans, die damit grundsätzlich der Kommission obliegt (Art. 274 EGV)[19]. Zugleich gelten[20] insbesondere die aufgrund von Art. 279 lit. a EGV erlassene Haushaltsordnung[21] und die dazugehörigen Durchführungsbestimmungen[22].

---

17 Vgl. demgegenüber die Erläuterungen im Haushaltsplan für 1997 zu Artikel B8–0 1 3, ABl.EG Nr. L 44/1217 vom 14.2.1997, die ausdrücklich vorsahen, daß GASP-Mittel für noch nicht beschlossene oder unvorhergesehene Aktionen in der Reserve bleiben, »bis das Parlament die Gewähr hat, daß es ordnungsgemäß zur GASP konsultiert wird.«. Dieser geradezu klassische Versuch, parlamentarische Rechte durchzusetzen, ist freilich schon seit der Vereinbarung von 1997 (s. Fn. 15) ausgeschlossen. S. aber auch die Regelung der Anhörung und Unterrichtung des Europäischen Parlaments in Ziff. 40 der Vereinbarung vom 1999 (Fn. 15). Zur möglichen Erstarkung parlamentarischer Kontrollkompetenzen auf dem Weg über das Haushaltsrecht: M. Hilf/ F. Schorkopf, Das Europäische Parlament in den Außenbeziehungen der Europäischen Union, EuR 1999, S. 185 (196 f.; zu weiteren Perspektiven: 200 ff.).
18 S. Art. 26 Abs. 3 lit. a der Haushaltsordnung vom 21.12.1977, ABl.EG Nr. L 356/1, zuletzt geändert durch VO (EG, EGKS, Euratom) vom 13.12.1999, ABl.EG Nr. L 326/1. Mittelübertragungen aus der Reserve wären wohl nur nach Art. 26 Abs. 5 lit. b der Haushaltsordnung möglich (vgl. Rechnungshof, Sonderbericht Nr. 4/96 [Fn. 10] Ziff. 18 lit. b). S. auch Art. 274 Abs. 3 EGV.
19 Nicht unproblematisch erschien daher, daß der EU-Administrator von Mostar zwar dem Vorsitz, nicht aber (unmittelbar) der Kommission gegenüber berichtspflichtig war (Rechnungshof, Sonderbericht Nr. 2/96 [Fn. 3], Ziff. 56). Kritisiert wurde auch die Art der Verwaltung von Mostar festgelegte Finanzverfahren ferner, weil der Rat und nicht die Kommission über die Mittelfreigabe entschied. Vgl. die Ratsbeschlüsse 94/308/GASP vom 16.5.1994, ABl.EG Nr. L 134/1 (Ziff. 2); 94/790/GASP vom 12.12.1994, ABl.EG Nr. L 326/2 (Ziff. 4); 95/23/GASP vom 6.2.1995, ABl.EG Nr. L 33/1 (Ziff. 3 f.); 95/517/GASP vom 4.12.1995, ABl.EG Nr. L 298/4 (Ziff. 4) (ergänzt durch Beschluß des Rates 95/552/GASP vom 19.12.1995, ABl.EG Nr. L 313/ 1 [Ziff. 3 f.]). Vgl. auch gemeinsame Aktion 96/442/GASP vom 15.7.1996, ABl.EG Nr. L 185/2 (Art. 5 Abs. 3). – Zur Kritik: Monar (Fn. 6), S. 66.
20 Vgl. Rechnungshof, Sonderbericht Nr. 4/96 (Fn. 10), Ziff. 24, 30, 43.
21 S. Fn. 18.
22 VO (Euratom, EGKS, EG) Nr. 3418/93 der Kommission vom 9.12.1993, ABl.EG Nr. L 315/1. – Durch die Verweisung des Art. 28 Abs. 4 wird auch der Rechnungshof einbezogen (vgl. R. Streinz, Die Europäische Union nach dem Vertrag von Maastricht, ZfRV 1995, S. 1 [6]; Glaesner (Fn. 16), S. 38; vorsichtig: Burghardt/Tebbe (Fn. 2), Vorbemerkung zu den Art. J bis J.11, Rn. 20 a. E.).

Titel VI
Bestimmungen über die polizeiliche und justitielle Zusammenarbeit in Strafsachen

Art. 29 (ex-Art. K.1)

Unbeschadet der Befugnisse der Europäischen Gemeinschaft[3] verfolgt die Union das Ziel, den Bürgern in einem Raum der Freiheit, der Sicherheit und des Rechts ein hohes Maß an Sicherheit zu bieten[2], indem sie ein gemeinsames Vorgehen der Mitgliedstaaten im Bereich der polizeilichen und justitiellen Zusammenarbeit in Strafsachen entwickelt[1] sowie Rassismus und Fremdenfeindlichkeit verhütet und bekämpft[4].

Dieses Ziel wird erreicht durch die Verhütung und Bekämpfung der – organisierten oder nichtorganisierten – Kriminalität[5f.], insbesondere des Terrorismus[7], des Menschenhandels und der Straftaten gegenüber Kindern[4], des illegalen Drogen- und Waffenhandels, der Bestechung und Bestechlichkeit sowie des Betrugs[7] im Wege einer
- engeren Zusammenarbeit der Polizei-, Zoll- und anderer zuständiger Behörden in den Mitgliedstaaten, sowohl unmittelbar als auch unter Einschaltung des Europäischen Polizeiamts (Europol), nach den Artikeln 30 und 32[8];
- engeren Zusammenarbeit der Justizbehörden sowie der anderen zuständigen Behörden der Mitgliedstaaten, auch unter Einschaltung der Europäischen Stelle für justitielle Zusammenarbeit (Eurojust), nach den Artikeln 31 und 32[9];
- Annäherung der Strafvorschriften der Mitgliedstaaten nach Artikel 31 Buchstabe e, soweit dies erforderlich ist[10].

Seit dem Inkrafttreten des **Vertrags von Amsterdam** beschränkt sich die Justiz- und Innenpolitik der Europäischen Union auf die **polizeiliche und justitielle Zusammenarbeit der Mitgliedstaaten in Strafsachen (PJZS)**[1]. Sie wird in den Art. 29 bis 42 näher geregelt. Im Unterschied zum Vertrag von Maastricht handelt es sich bei der PJZS nicht mehr um eine »**Angelegenheit von gemeinsamen Interesse**« (s. Art. K. 1), sondern die Mitgliedstaaten verpflichten sich durch Art. 29 zu einem »**gemeinsamen Vorgehen**« im Wege der zwischenstaatlichen Zusammenarbeit. Die übrigen, früher in Art. K. 1 Nr. 1 bis 9 geregelten Politikbereiche der **dritten Säule** der Union, darunter vor allem die Asyl- und Einwanderungspolitik, sind in die Kompetenz der Gemeinschaft übergegangen (vgl. Art. 61 bis 69 EGV)[2]. 1

Art. 29 beschreibt die **Aufgaben** der Union im Rahmen der PJZS[3]. Das Ziel der Zusammenarbeit lautet, einen gemeinsamen **Raum der Freiheit, der Sicherheit und des Rechts**[4] zu schaffen, in dem die Unionsbürger ein hohes Maß an Sicherheit genießen. Mit dem Ziel der Stärkung der Inneren Sicherheit soll zugleich die Freizügigkeit des Personenverkehrs in einem Raum ohne Binnengrenzen verbürgt werden (s. auch Art. 2 Satz 1 3. Spstr.). Das ehrgeizige Ziel, in polizei- und strafrechtlicher Hinsicht einen »Raum der Freiheit, der Sicherheit und des Rechts« zu verwirklichen, gab Anlaß für 2

---

1 S. den Überblick bei *M. Degen*, in: GTE, EU-/EGV, Vorbem. zu den Art. K bis K. 9, Rn. 32 ff.; *R. Rupprecht*, Justiz und Inneres nach dem Vertrag von Amsterdam, Integration 1997, S. 266 f.; *K.-D. Schnapauff*, Der Amsterdamer Vertrag, ZFIS 1998, S. 16 ff.
2 Zur geschichtlichen Entwicklung der Justiz- und Innenpolitik der Europäischen Union s. näher Art. 61 EGV, Rn. 5 ff. m. w. N.
3 *M. Degen*, in: GTE, EU-/EGV, Vorbem. zu den Art. K bis K. 9, Rn. 32.
4 S. näher zu diesem Begriff Art. 61 EGV, Rn. 4, Art. 2, Rn. 11 ff. m.w.N.

die Sondertagung des **Europäischen Rates zur Justiz- und Innenpolitik in Tampere** am 15./16.10.1999. Der Europäische Rat hat zur Umsetzung der Ziele in der Justiz- und Innenpolitik der Union über 50 konkrete Aufträge an den Rat, die Kommission und die Mitgliedstaaten erteilt. Wichtige Projekte im Bereich der Art. 29 ff. sind dabei die **Stärkung von Europol** (s. Art. 30) und die Einrichtung von **Eurojust** (s. Art. 31 Abs. 2) als Stelle zur Koordinierung der Ermittlungen der nationalen Strafverfolgungsbehörden insbesondere im Bereich der organisierten Kriminalität. In Umsetzung der Beschlüsse von Tampere veröffentlicht die Kommission im halbjährlichen Abstand einen **Anzeiger** der Fortschritte bei der Schaffung eines »Raumes der Freiheit, der Sicherheit und des Rechts« in der EU[5].

3 Die Union nimmt ihre Aufgaben in der Justiz- und Innenpolitik »**unbeschadet der Befugnisse der Europäischen Gemeinschaften**« wahr. Damit wird die Unterschiedlichkeit beider Vertragssysteme und **der zwischenstaatliche Charakter der Union** betont. In der Sache müssen alle Entscheidungen des Rates im Rahmen der PJZS mit dem primären und sekundären Gemeinschaftsrecht vereinbar sein (s. auch Art. 47). Kompetenzen der Gemeinschaft, die mit der PJZS konkurrieren, betreffen vor allem die **Bekämpfung des Betrugs** und sonstiger gegen die **finanziellen Interessen der Gemeinschaft** gerichteter rechtswidriger Handlungen gemäß Art. 280 EGV[6], den Schutz des Euro vor Fälschungen gemäß Art. 123 Abs. 4 Satz 3 EGV[7] und die **Zusammenarbeit im Zollwesen** gemäß Art. 135 EGV, letzteres aber nur, wenn die Zusammenarbeit unmittelbar oder mittelbar (i.S.v. innerstaatlichen Umsetzungsakten) auf Vorschriften des Gemeinschaftsrechts beruht.

4 Nach Art. 29 Abs. 1 gehört auch die »**Verhütung und Bekämpfung von Rassismus und Fremdenfeindlichkeit**« zu den Aufgaben der Union im Rahmen der PJZS. Die Verortung in Art. 29 ist nicht unproblematisch, da sich diese Aufgaben wohl nur in Teilbereichen mit der PJZS überschneidet. Die umfangreiche Tätigkeit der Union auf diesem Gebiet gebot es jedoch, die Verhütung und Bekämpfung von Rassismus und Fremdenfeindlichkeit ausdrücklich in den Unionsvertrag aufzunehmen[8]. An einer näheren Konkretisierung dieser Aufgabe in den Art. 30 ff. fehlt es indes.

5 Die konkreten Ziele zur Schaffung eines **Raums der Freiheit, der Sicherheit und des Rechts** benennt Abs. 2[9]. Danach ist es Aufgabe der Union, alle Formen der Kriminalität zu verhüten und zu bekämpfen. Die in Paranthese gesetzten Worte »**organisierten oder nichtorganisierten**« Kriminalität zeigen, daß die PJZS auf eine umfassende zwischenstaatliche Zusammenarbeit in Angelegenheiten der Polizei und der Strafjustiz angelegt ist (anders noch Art. K. 1 Nr. 9)[10]. Der Unionsvertrag unterscheidet insbesondere nicht zwischen Maßnahmen zur Gefahrenabwehr und Maßnahmen zur Strafverfolgung, wie die Worte »**Verhütung und Bekämpfung**« belegen. Eine Schranke findet die PJZS allein im **Subsidiaritätsprinzip**, das gemäß Art. 2 UAbs. 2 auch für die Union Anwendung fin-

---

5 S. etwa den Bericht der Kommission zum 2. Halbjahr 2001; KOM (2001) 628.
6 S. näher Art. 280 EGV, Rn. 1 ff.; zur Rechtslage nach Art. 209a EGV a. F. s. näher *A. Dittrich*, Der Schutz der Unionsbürger durch die justitielle Zusammenarbeit, in: Müller-Graff (Hrsg.), Europäische Zusammenarbeit in den Bereichen Justiz und Inneres, 1996, S. 101; s. auch das Übereinkommen gemäß Art. K. 3 über den Schutz der finanziellen Interessen der Europäischen Gemeinschaft vom 27.11.1995, ABl.EG Nr. C 316/49.
7 S. näher Art. 123, Rn. 24 ff.
8 S. etwa die gemeinsame Maßnahme betreffend Rassismus und Fremdenfeindlichkeit vom 15.7.1996, ABl.EG 1996 Nr. L 185/5 und die VO (EG) Nr. 1035/97 des Rates vom 2.6.1997 über die Einrichtung einer Europäischen Stelle zur Beobachtung von Rassismus und Fremdenfeindlichkeit, ABl.EG 1997 Nr. L 151/1.
9 *P.-C. Müller-Graff*, Justiz und Inneres nach Amsterdam, Integration 1997, S. 275
10 *M. Degen*, in: GTE, EU-/EGV, Art. K, Rn. 13; *K. Hailbronner*, in: HK-EUV, Art. K, Rn. 64.

det[11]. Nicht erfaßt werden hingegen Fragen der Gerichtsorganisation oder des Richter- und Beamtenrechts[12].

Die Aufzählung einzelner Formen der Kriminalität in Art. 29 hat keine eingrenzende Funktion, sondern steuert die **Schwerpunkte der Tätigkeit der Union**. Im Mittelpunkt steht dabei die **Verhütung und Bekämpfung der grenzüberschreitenden organisierten Kriminalität (oK)**. Bei der oK handelt es sich mindestens um den Zusammenschluß von mehr als zwei Personen, die unter dem Verdacht der auf längere oder unbegrenzte Dauer begangenen schweren Straftaten stehen, wobei das Handeln durch das Streben nach Gewinn und/oder Macht motiviert ist und zumeist internationale Bezüge aufweist[13]. So hat der Europäische Rat in Amsterdam am 16./17.6.1997 einen **Aktionsplan zur Bekämpfung der organisierten Kriminalität** angenommen und darin einen Zeitplan sowie die Modalitäten für einzelne Maßnahmen festgelegt[14]. Hierauf aufbauend hat der Rat am 27.3.2000 eine Strategie der Europäischen Union für den Beginn des neuen Jahrtausends angenommen, welche sich mit der Prävention und der Bekämpfung der oK beschäftigt[15]. 6

Der Kampf gegen den **Terrorismus** zählte bereits in der Vergangenheit zu den zentralen Inhalten der PJZS.[16] Nach den Terroranschlägen vom 11.9.2001 hat die EU ihre Maßnahmen auf diesem Gebiet erheblich ausgeweitet[17]. Zu den Schwerpunkten gehören weiterhin die Bekämpfung des **Menschenhandels** und der **sexuellen Ausbeutung von Kindern**, des **illegalen Drogenhandels**[18], der Deliktsbereich der **Bestechung und Bestechlichkeit** sowie des **Betrugs** zum Schaden der Union oder Gemeinschaft[19] und der Schutz vor Fälschungen der Euro-Banknoten. 7

---

11 S. näher Art. 2, Rn. 18 ff.; Art. 5 EGV, Rn. 8 ff.
12 A.A. V. *Röben*, in: Grabitz/Hilf, EU, Art. 29, Rn. 17.
13 S. den Beschluß des Rates vom 27.3.2000 über »Prävention und Bekämpfung der organisierten Kriminalität – Eine Strategie der EU für den Beginn des neuen Jahrtausends«, ABl.EG Nr. C 124/1; s. auch den Bericht der Kommissionsdienststellen und Europol über Ansätze für eine europäische Strategie zur Prävention organisierter Kriminalität, SEK (2001) 433, S. 49.
14 ABl.EG 1997 Nr. C 251/1; s. auch die Entschließung des Rates vom 21.12.1998 zur Prävention organisierter Kriminalität im Hinblick auf die Ausarbeitung einer umfassenden Strategie zu deren Bekämpfung, ABl.EG 1998 Nr. C 408/1; im Schrifttum s. näher V. *Röben*, in: Grabitz/Hilf, EU, Art. 29, Rn. 11.
15 S. Rn. 13; siehe auch die Mitteilung der Kommission an den Rat und das Europäische Parlament zur Kriminalprävention in der EU vom 29.11.2000, KOM (2000) 786.
16 S. etwa die gemeinsame Maßnahme vom 15.10.1996 betreffend die Erstellung und Führung eines Verzeichnisses der besonderen Fähigkeiten und Fachkenntnisse auf dem Gebiet der Terrorismusbekämpfung; ABl.EG Nr. L 273/1; s. auch die Empfehlung des Rates vom 9.12.1999 betreffend die Zusammenarbeit bei der Bekämpfung der Finanzierung von terroristischen Gruppen, ABl.EG 1999 C 373/1.
17 S. die Schlußfolgerungen des Rates »Justiz, Inneres und Katastrophenschutz« vom 20.9.2001 zur Bekämpfung des Terrorismus (Bulletin EU 9-2001); Vorschlag der Kommission für einen Rahmenbeschluß zur Terrorismusbekämpfung (KOM [2001] 521).
18 S. hierzu näher den Aktionsplan der EU zur Drogenbekämpfung 2000–2004 (KOM [1999] 239); ferner etwa die gemeinsame Maßnahme vom 17.12.1996 zur Angleichung der Rechtsvorschriften und Arbeitsmethoden der Mitgliedstaaten im Hinblick auf die Bekämpfung der Drogensucht und die Prävention und Bekämpfung des illegalen Drogenhandels, ABl.EG 1996 Nr. L 342/6; die Entschließung des Rates vom 11.1.1997 über die Ahndung schwerer Straftaten im Bereich des Drogenhandels, ABl.EG 1997 Nr. C 10/3; gemeinsame Maßnahme vom 29.11.1996 betreffend die Zusammenarbeit zwischen Zoll und Wirtschaft bei der Bekämpfung des illegalen Drogenhandels, ABl.EG 1996 Nr. L 322/3.
19 S. etwa das Protokoll vom 27.9.1995 zum Übereinkommen vom 26.7.1995 über den Schutz der finanziellen Interessen der EG, ABl.EG 1996 Nr. C 313/1; Übereinkommen vom 26.5.1997 über die Bekämpfung der Bestechung, an der Beamte der EG oder der Mitgliedstaaten der EU beteiligt sind, ABl.EG 1997 Nr. C 195/2; Gemeinsame Maßnahme vom 22.12.1998 betreffend die Bestechung im privaten Sektor, ABl.EG Nr. L 358/2.

Art. 29 EU-Vertrag

8 Das Ziel der Schaffung eines Raums der Freiheit, der Sicherheit und des Rechts soll gemäß Absatz 2 1. Spstr. erreicht werden durch eine **engere Zusammenarbeit der Polizei, Zoll- und anderer zuständiger Behörden** in den Mitgliedstaaten, sowohl unmittelbar als auch unter Einschaltung des **Europäischen Polizeiamts (Europol)**. Diese Regelungen verfolgen vor allem das Ziel, den **internationalen polizeilichen Rechtshilfeverkehr**[20] zwischen den Mitgliedstaaten zu erleichtern. Gestärkt werden sollen darüber hinaus aber auch alle Formen der **operativen Zusammenarbeit** bis hin zur **Einrichtung gemeinsamer Ermittlungsteams** mit Bediensteten aus mehreren Mitgliedstaaten. Näheres bestimmen die Art. 30 und 32 (1. Spstr.).

9 Die Zusammenarbeit der **Justizbehörden** betont Absatz 2 2. Spstr., der seinerseits auf die Regelungen in Art. 31 lit. a) bis d) und Art. 32 verweist. Diese Bestimmung wurde durch den **Vertrag von Nizza** auf Initiative Frankreichs um den Verweis auf die Möglichkeit der Einschaltung von **Eurojust**[21] ergänzt. Ähnlich wie Europol für die polizeiliche Zusammenarbeit soll Eurojust für die justitielle Zusammenarbeit die Aufgabe einer wirksamen Koordinierung übernehmen und die Arbeit der nationalen Behörden unterstützen. Eurojust soll eng mit Europol, dem Europäischen Justitiellen Netz und der Betrugsbekämpfungseinheit OLAF zusammenarbeiten.

10 Mit dem Vertrag von Amsterdam erstreckt sich die Tätigkeit der Union gemäß Artikel 31 lit. e) auch auf die **Harmonisierung des materiellen Strafrechts** in den Mitgliedstaaten im Sinne der schrittweisen Festlegung auf Mindestvorschriften. Diese bahnbrechende Kompetenzzuweisung für das materielle Strafrecht steht allerdings unter der Schranke der **Erforderlichkeit** einer solchen Harmonisierung, insbesondere im Hinblick auf die Anforderungen des **Subsidiaritätsprinzips** (vgl. Art. 2 UAbs. 2).

---

20 Zu dem Begriff s. näher R. *Mokros*, in: Lisken/Denninger, HdPR, 3. Auflage 2001 Teil N, Rn. 1 ff.
21 S. hierzu näher Art. 31, Rn. 12 ff.

Art. 30 (ex-Art. K.2)

(1) Das gemeinsame Vorgehen im Bereich der polizeilichen Zusammenarbeit[1 f.] schließt ein:
a) die operative Zusammenarbeit[3] der zuständigen Behörden einschließlich der Polizei, des Zolls und anderer spezialisierter Strafverfolgungsbehörden der Mitgliedstaaten[4] bei der Verhütung von Straftaten sowie ihrer Aufdeckung und Ermittlung[3, 5 ff.];
b) das Einholen, Speichern, Verarbeiten, Analysieren und Austauschen sachdienlicher Informationen, einschließlich Informationen der Strafverfolgungsbehörden zu Meldungen über verdächtige finanzielle Transaktionen[8 ff.], insbesondere unter Einschaltung von Europol[11 ff.], wobei die entsprechenden Vorschriften über den Schutz personenbezogener Daten zu beachten sind[17 ff.];
c) die Zusammenarbeit sowie gemeinsame Initiativen in den Bereichen Aus- und Weiterbildung, Austausch von Verbindungsbeamten, Abordnungen, Einsatz von Ausrüstungsgegenständen und kriminaltechnische Forschung[22 ff.];
d) die gemeinsame Bewertung einzelner Ermittlungstechniken in bezug auf die Aufdeckung schwerwiegender Formen der organisierten Kriminalität[25].

(2) Der Rat fördert die Zusammenarbeit durch Europol und geht innerhalb von fünf Jahren nach Inkrafttreten des Vertrags von Amsterdam insbesondere wie folgt vor:
a) Er ermöglicht es Europol, die Vorbereitung spezifischer Ermittlungsmaßnahmen der zuständigen Behörden der Mitgliedstaaten, einschließlich operativer Aktionen gemeinsamer Teams mit Vertretern von Europol in unterstützender Funktion, zu erleichtern und zu unterstützen und die Koordinierung und Durchführung solcher Ermittlungsmaßnahmen zu fördern[26 ff.];
b) er legt Maßnahmen fest, die es zum einen Europol ermöglichen, sich an die zuständigen Behörden der Mitgliedstaaten mit dem Ersuchen zu wenden, Ermittlungen in speziellen Fällen vorzunehmen und zu koordinieren, und die es zum anderen gestatten, spezifisches Fachwissen zu entwickeln, das den Mitgliedstaaten zu deren Unterstützung bei Ermittlungen in Fällen organisierter Kriminalität zur Verfügung gestellt werden kann[30 f.];
c) er fördert Mechanismen für die Zusammenarbeit zwischen Beamten der Strafverfolgungs-/Ermittlungsbehörden, deren Spezialgebiet die Bekämpfung der organisierten Kriminalität ist und die eng mit Europol zusammenarbeiten[32];
d) er richtet ein Netz für Forschung, Dokumentation und Statistik über die grenzüberschreitende Kriminalität ein[32].

Inhaltsübersicht:

I. Überblick	1
II. Die polizeiliche Zusammenarbeit zwischen den Mitgliedstaaten	3
1. Operative Zusammenarbeit	3
2. Praxis der Zusammenarbeit unter den Mitgliedstaaten	6
3. Datensammlung und Datenaustausch	8
a) Zusammenarbeit der Mitgliedstaaten	8
aa) Anwendungsbereich	8
bb) Praxis	9
b) Europol	11
aa) Entstehung von Europol	11
bb) Aufgaben von Europol nach dem Europol-Übereinkommen	14
c) Vorschriften über den Datenschutz	17
d) Kritik im Schrifttum und Stellungnahme	21
4. Aus- und Weiterbildung und Austausch von Beamten	22
a) Anwendungsbereich	22
b) Praxis	23

5. Bewertung von Ermittlungstechniken	25
III. Erweiterung der Aufgaben von Europol	26
1. Überblick	26
2. Vorbereitung und Durchführung spezifischer Ermittlungsmaßnahmen	28
3. Ersuchen an die Mitgliedstaaten	30
4. Sonstige Maßnahmen	32

I. Überblick

1 **Die polizeiliche Zusammenarbeit** sowohl der **Mitgliedstaaten** untereinander als auch mit Europol regelt Art. 30. Dessen Abs. 1 beschreibt das Spektrum der Möglichkeiten einer Verbesserung und Intensivierung der zwischenstaatlichen Zusammenarbeit zwischen den zuständigen Polizei-, Zoll- und Strafverfolgungsbehörden. Die Aufzählung ist nur beispielhaft formuliert (»schließt ein«).[1] Abs. 2 widmet sich näher den Aufgaben und Befugnissen von Europol, die dieser Behörde zukünftig obliegen sollen.

2 In einer **Erklärung für die Schlußakte zum Vertrag von Amsterdam** haben die Mitgliedstaaten bekräftigt, daß Maßnahmen im Bereich der polizeilichen Zusammenarbeit nach Art. 30, einschließlich der Tätigkeiten von Europol, im Einklang mit den in jedem Mitgliedstaat geltenden Rechtsvorschriften einer gerichtlichen Überprüfung durch die zuständigen einzelstaatlichen Behörden zugänglich sind. Die Erklärung dient vor allem der Klarstellung, daß die in Art. 30 neu aufgenommene **operative Zusammenarbeit der Polizeibehörden**, an der Europol nach Maßgabe von Art. 30 unterstützend und koordinierend mitwirken soll, der Kontrolle durch die jeweilige **nationale Gerichtsbarkeit** unterliegt[2].

II. Die polizeiliche Zusammenarbeit zwischen den Mitgliedstaaten

1. Operative Zusammenarbeit

3 Nach Abs. 1 lit. a) verfolgen die zuständigen Behörden einschließlich der Polizei, des Zolls und anderer Strafverfolgungsbehörden eine **operative Zusammenarbeit** bei der **Verhütung, Aufdeckung und Ermittlung von Straftaten**. Der Begriff der **operativen Zusammenarbeit** geht über die bisher praktizierte **internationale Rechtshilfe in Strafsachen** hinaus und erfaßt jede gemeinsame Abstimmung oder Koordination in bezug auf polizeiliche oder justitielle Maßnahmen auf dem Gebiet der **polizeilichen Gefahrenabwehr und der polizeilichen Strafverfolgung**. Eingeschlossen ist auch die Bildung **gemeinsamer Teams** bzw. **von Ermittlungsgruppen** aus Bediensteten verschiedener Mitgliedstaaten zur Verhütung und Verfolgung von Straftaten. Deren Aufgabe besteht vor allem in der Leitung und Koordinierung schwieriger und aufwendiger Ermittlungen, welche eine gleichzeitige und abgestimmte Vorgehensweise in den beteiligten Mitgliedstaaten erfordern.

4 Die operative Zusammenarbeit beschränkt sich dabei nicht nur auf die jeweils für die polizeiliche Gefahrenabwehr bzw. die Strafverfolgung zuständigen Zentralbehörden in den Mitgliedstaaten, sondern bezieht sich auf alle **zuständigen Behörden**[3]. Hierunter

---

[1] K.-D. *Schnapauff*, Der Amsterdamer Vertrag, ZFIS 1998, S. 18.
[2] Ch. *Thun-Hohenstein*, Der Vertrag von Amsterdam, Wien 1997, S. 42; einen Überblick über die Rechtsschutzproblematik gibt L. *Harings*, Grenzüberschreitende Zusammenarbeit der Polizei- und Zollverwaltungen und Rechtsschutz in Deutschland, 1998, S. 250 ff.
[3] Anders noch Dubliner Entwurf, abgedruckt in BR-Drs. 126/97, S. 31.

sind alle diejenigen nationalen Behörden zu verstehen, die nach nationalem Recht für die Verhütung, Unterbindung und Verfolgung von Straftaten zuständig sind, vor allem die Dienststellen der Polizei und der **Staatsanwaltschaft**[4]. Die Wortwahl »einschließlich der Polizei« ist daher mißglückt.

Treten Polizei- oder Justizbedienstete im Hoheitsgebiet eines anderen Mitgliedstaates 5 auf, sind sie an das **Recht desjenigen Mitgliedstaates gebunden**, in dem der Einsatz erfolgt. Umfang und Grenzen der Eingriffsrechte im fremden Hoheitsgebiet hat der Rat gemäß Art. 32 festzulegen. Hinsichtlich der **Bildung gemeinsamer Teams** gilt, daß sie nur für einen bestimmten Zweck und für einen begrenzten Zeitraum erfolgen können, da eine Institutionalisierung vom Sinn und Zweck des Art. 30 nicht mehr gedeckt ist.

2. Praxis der Zusammenarbeit unter den Mitgliedstaaten

In der **Praxis** ist die polizeiliche Zusammenarbeit zwischen den Mitgliedstaaten durch 6 eine Vielzahl multilateraler und bilateraler Abkommen geregelt[5]. Das **Europäische Übereinkommen über die Rechtshilfe in Strafsachen** (EuRHÜk) vom 20.4.1959 bildete lange Jahre die Grundlage für die Abwicklung der Rechtshilfe in Strafsachen in Europa; es ist durch zahlreiche Zusatzabkommen und bilaterale Verträge ergänzt worden[6]. Hervorzuheben sind hierbei die Regelungen in den Art. 39 bis 46 SDÜ[7], die eine enge polizeiliche Zusammenarbeit der Schengen-Vertragsparteien vorsehen[8] und die nach dem Übernahme des »Schengen-Besitzstandes« als Unionsrecht fortgelten (s. Art. 61, Rn. 11 EGV). Für das Ersuchen nach polizeilicher Rechtshilfe zwischen den Schengen-Staaten ist in Deutschland als Zentralstelle das BKA zuständig (§ 3 Abs. 3 BKAG), in Eilfällen kann das Ersuchen aber auch unmittelbar den zuständigen Behörden des ersuchten Vertragsstaates übermittelt und von diesen unmittelbar beantwortet werden (Art. 39 Abs. 3 SDÜ). Darüber hinaus bestehen in Grenzgebieten zahlreiche bilaterale Abkommen, die den »kleinen polizeilichen Grenzverkehr« betreffen (vgl. auch Art. 39 Abs. 5 SDÜ)[9].

Der Rat hat am 29.5.2000 ein **Übereinkommen der Europäischen Union über die** 6 a **Rechtshilfe in Strafsachen**[10] beschlossen und den Mitgliedstaat zur Ratifikation empfohlen, das die Ergänzung und Ersetzung des EuRHÜk und der Bestimmungen des SDÜ zum Gegenstand hat. Das Übereinkommen enthält umfassende Regeln darüber, in welchen Verfahren Rechtshilfe geleistet wird, Regeln über Formvorschriften und Verfahren sowie Bestimmungen über einige spezifische Formen der Rechtshilfe wie z. B. die Überwachung des Telekommunikationsverkehrs. In Art. 13 des Übereinkommens werden auch die Voraussetzungen des Einsatzes gemeinsamer Ermittlungsteams aus mehre-

---

4 S. Art. 2 Abs. 4 EuropolÜ, ABl.EG 1995 Nr. C 316/2; s. näher zum Europol-Übereinkommen, Rn. 13.
5 S. hierzu im Überblick W. *Schomburg*, Strafsachen in der Europäischen Union, NJW 1999, S. 540; M. den Boer, police co-operation from Schengen to the TEU, Maastricht Journal of European and Comparative law, 2001, S. 336 ff.
6 BGBl. II 1964, S. 1386; R. *Mokros*, in: Lisken/Denninger, HdPR, 3. Auflage, Teil N, Rn. 6 ff.
7 S. Art. 61 EGV, Rn. 7 f.
8 S. K. G. *Grütjen*, Innere Sicherheit in der Europäischen Union, Kriminalpolizei 1997, S. 50; R. *Mokros*, in: Lisken/Denninger, HdPR, 3. Auflage, Teil N, Rn. 60 ff.; J. *Wolters*, »Ausgleichsmaßnahmen« nach dem SDÜ, Kriminalistik 1995, S. 172 f.; *ders*., Verbrechensbekämpfung – Eine europäische Sache?, Kriminalistik 1997, S. 88 ff. mit kritischer Würdigung hinsichtlich der Effizienz der Zusammenarbeit.
9 S. R. *Mokros*, in: Lisken/Denninger, HdPR, 3. Auflage, Teil N, Rn. 19 ff.
10 ABl.EG Nr. C 197/1 mit dem erläuternden Bericht vom 29.12.2000 (ABl.EG Nr. C 379/7).

Art. 30 EU-Vertrag

ren Mitgliedstaaten für die Bekämpfung des Drogen- und Menschenhandels sowie des Terrorismus in Fällen grenzüberschreitender Kriminalität geregelt. Das Rechtshilfeübereinkommen wird ergänzt durch ein am 16.10.2001 vom Rat beschlossenes Protokoll, das die Rechtshilfe betreffend Auskunftsersuchen und Überwachung von Bankkonten und Bankgeschäften regelt[11].

6 b   Bis zum In-Kraft-Treten des Amsterdamer Vertrages hatte die Union in dem Bereich der polizeilichen Zusammenarbeit vor allem punktuelle Entschließungen und Empfehlungen gefaßt sowie für bestimmte Materien **nationale Kontaktstellen** eingerichtet[12]. Mit der Übernahme des »Schengen-Besitzstandes«[13] wurde das gesamte Instrumentarium des SDÜ hinsichtlich der polizeilichen Zusammenarbeit der Schengen-Staaten vergemeinschaftet. Hinsichtlich der Terrorismusbekämpfung ist die Empfehlung des Rates vom 6.12.2001 hervorzuheben über die Festlegung einer gemeinsamen Bewertungsskala für die Gefährdung von Persönlichkeiten, die die Europäische Union besuchen[14]. Eine Empfehlung hat der Rat am 9.12.1999 betreffend die Zusammenarbeit bei der Bekämpfung der Finanzierung von terroristischen Gruppierungen getroffen[15]. Ansätze für eine europäische Strategie zur Prävention organisierter Kriminalität werden in einem Bericht der Kommissionsdienststellen und Europol aufgezeigt[16]. Der Schutz der finanziellen Interessen der Gemeinschaften und die Bekämpfung von Betrug sowie allen anderen rechtswidrigen Tätigkeiten zum Nachteil der Gemeinschaft, welche sich auf Art. 280 EGV stützt, liegt seit dem 1.6.1999 bei dem **Europäischen Amt für Betrugsbekämpfung (OLAF)**[17].

7   Die Zusammenarbeit der **Zollverwaltungen** im Rahmen der dritten Säule regelt das sog. »**Neapel-II-Übereinkommen**«, das der Rat am 18.12.1997 beschlossen und zur Ratifizierung an die Mitgliedstaaten übermittelt hat[18]. Des weiteren haben die Mitgliedstaaten am 26.7.1995 ein **Übereinkommen über den Einsatz der Informationstechnologie im Zollbereich** unterzeichnet. Es regelt die Einrichtung eines **Zollinformationssystems (ZIS)**, das den Austausch von Informationen zwischen den Zollverwaltungen verbessern soll[19]. Die Vorschrift des Art. 135 EGV bleibt unberührt. Hinzuweisen ist auch auf die gemeinsame Maßnahme vom 29.11.1996 betreffend die Zusammenarbeit zwischen Zoll und Wirtschaft bei der Bekämpfung des illegalen Drogenhandels[20].

---

11 ABl.EG 2001 Nr. C 326/1.
12 S. näher *V. Röben*, in: Grabitz/Hilf, EU, Art. 30, Rn. 2; s. jüngst die Empfehlung des Rates vom 25.6.2001 über Kontaktstellen mit einem rund um die Uhr erreichbaren Dauerdienst zur Bekämpfung der Hightech-Kriminalität (ABl.EG Nr. C 187/5).
13 S. Beschluß des Rates vom 20.5.1999 zur Bestimmung des Schengen-Besitzstands; ABl.EG Nr. L 176/1 ff. und Nr. L 239/1 ff.
14 ABl.EG 2001 Nr. C 356/1.
15 ABl.EG Nr. C 373/1.
16 Arbeitsdokument der Kommissionsdienststellen vom 13.3.2001; SEK (2001), 433.
17 Beschluß 1999/352/EG vom 28.4.1999; ABl.EG Nr. L 136/20 und VO (EG) Nr. 1073/99 vom 25.5.1999 über die Untersuchungen des Europäischen Amtes für Betrugsbekämpfung.
18 ABl.EG 1998 Nr. C 24/1; s. zur Zusammenarbeit der Zollverwaltungen *Harings* (Fn. 2), S. 96 ff.; *K. Wewel*, Schutz der Union durch Zusammenarbeit im Zollwesen, in: Müller-Graff (Hrsg.), Europäische Zusammenarbeit in den Bereichen Justiz und Inneres, 1996, S. 122 ff.
19 ABl.EG 1995 Nr. C 316/33; in einem Protokoll wurde das vorläufige Inkrafttreten von DK, EL, D, F, E, S, FIN und UK vereinbart, die das Übereinkommen und das Protolkoll ratifiziert haben. Auch das ergänzte Protokoll zum Übereinkommen betreffend den Anwendungsbereich des Waschens von Erträgen in dem Übereinkommen sowie die Aufnahme des amtlichen Kennzeichens des Transportmittels in das Übereinkommen vom 12.3.1999, ABl.EG Nr. C 91/3; *K. Hailbronner*, in: HK-EUV, Art. K, Rn. 62; S. 100 ff.; *Wewel* (Fn. 18), S. 118 ff.
20 ABl.EG Nr. L 322/3.

3. Datensammlung und Datenaustausch

a) Zusammenarbeit der Mitgliedstaaten
aa) Anwendungsbereich
Die Zusammenarbeit im Bereich der **Datensammlung und des Datenaustauschs** regelt 8
Abs. 1 lit. b). Danach gehört zum gemeinsamen polizeilichen Vorgehen der Mitgliedstaaten das **Einholen, Speichern, Verarbeiten, Analysieren und Austauschen** sachdienlicher Informationen zur Verhütung und Aufklärung von Straftaten. Der Datenaustausch mittels automatisierter Informationssammlungen ist ebenfalls auf eine umfassende Zusammenarbeit angelegt. Besondere Hervorhebung erfährt in Art. 30 Abs. 1 lit. b) die »**Meldungen über verdächtige finanzielle Transaktionen**«. Damit wird der Deliktsbereich der **Geldwäsche** angesprochen, der im Regelfall von grenzüberschreitender Bedeutung ist und dessen Bekämpfung einen engen Informationsaustausch zwischen den Mitgliedstaaten erfordert[21]. Zur Bekämpfung der Geldwäsche hat der Rat eine verstärkte Zusammenarbeit zwischen den zentralen Meldestellen der Mitgliedstaaten (**FIU**) beim Austausch von Informationen beschlossen[22].

bb) Praxis
Nach In-Kraft-Treten des Amsterdamer Vertrages haben die Mitgliedstaaten **Rechtsakte** 9
bezüglich der Sammlung und des Austausches von polizeilich relevanten Daten und Objekten gefaßt: den Beschluß des Rates vom 17.10.2000 über Vereinbarungen zwischen den **zentralen Meldestellen** der Mitgliedstaaten beim Austausch von Informationen[23] und den Beschluß des Rates vom 28.5.2001 über die Übermittlung von Proben kontrollierter Stoffe, der die Übermittlung derartiger Proben zwischen den Mitgliedstaaten zur Bekämpfung des illegalen Drogenhandels regelt[24]. Daneben sind mehrere frühere Rechtsakte hervorzuheben: die Entschließung des Rates vom 9.6.1997 über den **Aufbau von DNS- Datenbanken** und den gegenseitigen Austausch solcher Informationen[25], die gemeinsame Maßnahme vom 29.11.1996 betreffend den Austausch von Informationen über **die Erstellung chemischer Profile von Drogen**[26] und die gemeinsame Maßnahme vom 26.5.1997 über die Zusammenarbeit im Bereich der öffentlichen Ordnung und Sicherheit, wonach Informationen über **größere gewaltbereite Personengruppen** ausgetauscht werden sollen, die in einen anderen Mitgliedstaat reisen[27].

Mit der Einbeziehung des »**Schengen-Besitzstandes**« in das Unionsrecht[28] kann das 10
Fahndungssystem des Schengener Informationssystems – SIS (Art. 92 ff. SDÜ) für den Austausch von personenbezogenen Daten sowie über gesuchte Gegenstände durch die Mitgliedstaaten genutzt werden[29]. Das SIS gliedert sich in einen Zentralrechner in

---

21 In diesem Bereich ist auch die EG durch die Richtlinie des Rates 91/308/EWG zur Verhinderung der Nutzung des Finanzsystems zum Zwecke der Geldwäsche vom 10.6.1991 tätig geworden, ABl.EG Nr. L 166/77; s. hierzu den zweiten Bericht der Kommission an das Parlament und den Rat über die Umsetzung der Geldwäscherichtlinie, KOM (1998) 401 endg.
22 Beschluß 2000/642/JAI; ABl.EG Nr. L 271/1.
23 ABl.EG Nr. L 271/4.
24 ABl.EG Nr. L 150/1.
25 ABl.EG 1997 Nr. C 193/2.
26 ABl.EG 1996 Nr. L 322/5.
27 ABl.EG 1997 Nr. L 147/1.
28 ABl.EG 1999 Nr. 176/1 und Nr. 239/1 ff.; s. näher Art. 61 EGV, Rn. 10 ff.
29 S. näher zum SIS M. *Tuffner*, Das Schengener Informationssystem, Kriminalistik 2000, S. 39 ff.; S. *Scheller*, Das Schengener Informationssystem – Rechtshilfeersuchen »per Computer«, JZ 1992, S. 904 f.; W. *Schreckenberger*, Von den Schengener Abkommen zu einer gemeinsamen Innen- und Justizpolitik, VerwArch (1997), S. 404; *José Martinez Soria*, Die polizeiliche Zusammenarbeit in Europa und der Rechtsschutz des Bürgers, VerwArch 89 (1998), S. 411 f.; H. C.

Straßburg (C.SIS = Central Schengen Information System) und in nationale Datenbanken (N.SIS = National Schengen Information System) Die Daten werden von den Polizeidienststellen vor Ort nach Maßgabe der nationalen Polizeigesetze in das SIS eingegeben und über den Zentralrechner an alle anderen N.SIS weitervermittelt[30] (Art. 94 Abs. 2 SDÜ). Die einzelnen Kategorien für **Fahndungsausschreibungen** legen die Art. 95 ff. SDÜ abschließend fest. Art. 111 Abs. 1 SDÜ gewährleistet jedem Bürger das Recht, **Klage** vor den nationalen Gerichten wegen fehlerhafter Fahndungsausschreibungen zu erheben, insbesondere auf Berichtigung, Löschung, Auskunftserteilung oder Schadensersatz[31]. Jeder am SIS teilnehmende Staat hat eine Stelle zu bestimmen, die für den nationalen Teil des SIS zuständig ist. Dieses ursprünglich als »**SIRENE**« (Supplementary Information Request at the National Entry) bezeichnete Netzwerk ist inzwischen durch ein neues Kommunikationssystem mit dem Namen »**SISNET**« abgelöst worden. [32] Auch das SIS wird durch ein **Schengener Informationssystem der zweiten Generation (SIS II)** ersetzt, das die Kapazität des Systems erheblich ausweitet[33].

b) Europol
aa) Entstehung von Europol

11 Die polizeiliche Zusammenarbeit der Mitgliedstaaten im Bereich der Informationssammlung und des Datenaustauschs soll »**insbesondere unter Einschaltung von Europol**« erfolgen. Die **Errichtung** von Europol geht zurück auf eine Initiative des früheren Bundeskanzlers Kohl auf dem Gipfel in Luxemburg im Jahre 1991[34]. Der Europäische Rat in Maastricht im Dezember 1991 beschloß daraufhin, Europol auf der Grundlage einer zwischenstaatlichen Zusammenarbeit im Rahmen der Dritten Säule der Union als **Zentralstelle zur Bekämpfung des internationalen Drogenhandels und der internationalen Kriminalität** einzurichten. Der Vertrag von Maastricht setzte in Art. K 1 Nr. 9 Europol als Institution bereits voraus, beschränkte seine Aufgaben aber auf »**den Aufbau eines unionsweiten Systems zum Austausch von Informationen**«. Exekutivbefugnisse sollte Europol nicht erhalten.

12 Als Vorläufer von Europol richteten die Mitgliedstaaten zunächst die **Europol-Drogenstelle (EDS)** ein, die mit dem Austausch und der Analyse von Informationen und Erkenntnissen über den **illegalen Drogenhandel** befaßt war[35]. Aufgrund der gemeinsamen Maßnahme vom 10.3.1995 wurde deren Aufgabenbereich auf den illegalen Handel mit **radioaktiven und nuklearen Materialien**, die **Schleuserkriminalität** und die **Verschiebung von Kraftfahrzeugen**, die zwei oder mehr Mitgliedstaaten betreffen, sowie die daran beteiligten kriminellen Vereinigungen und die damit verbundene **Geldwäsche** er-

---

Fortsetzung von Fußnote 29
   Taschner, in: GTE, EU-/EGV, Das Schengener Übereinkommen, Rn. 62 ff.; *R. Wehner*, Die polizeiliche Zusammenarbeit zwischen den Schengen-Staaten unter besonderer Berücksichtigung des SIS, in: Achermann/Bieber/Epiney/dies., Schengen und die Folgen, Bern 1995, S. 124 ff.; *K. Würz*, Das Schengener Durchführungsübereinkommen, 1997, S. 94 ff.
30 S. etwa Art. 39 Abs. 3 BayPAG; § 44 Abs. 3 ASOG Berlin; § 43 Abs. 3 PolG BW.
31 S. näher *Schreckenberger* (Fn. 29), S. 407 f.
32 Beschluß des Rates vom 17.12.1999, ABl.EG Nr. L 337/41.
33 Beschluß des Rates vom 6.12.2001, ABl.EG Nr. L 328/1; s. näher *M. Manske*, Das »Europol-Informations-System«, Kriminalistik 2001, S. 105 ff.
34 Zur Entwicklung von Europol s. näher *M. Degen*, in: GTE, EU-/EGV, Art. K. 1, Rn. 15; *O. Tolmein*, Europol, StV 1999, S. 108 ff.; *M. Schreiber*, Europäische Einigung und Innere Sicherheit, in: FS Lerche, S. 529 (535 ff.); *J. Storbeck*, Europol – Probleme und Lösungen, Kriminalistik 1996, S. 17 ff.
35 Ministerielle Vereinbarung vom 2.6.1995, BGBl II 1995, S. 154; s. näher *W. Bruggemann*, Innere Sicherheit durch polizeiliche Zusammenarbeit in Europa, in: Müller-Graff (Fn. 18), S. 135 ff.

weitert[36]. Mit einer weiteren gemeinsamen Maßnahme vom 16.12.1996 wurde auch die Bekämpfung des **Menschenhandels**, insbesondere der **Mißbrauch von Kindern**, in das Mandat der EDS übernommen[37]. Seit dem 1.1.2002 ist Europol beauftragt, die im Anhang zum Europol-Übereinkommen aufgeführten schwerwiegenden Formen internationaler Kriminalität zu bekämpfen einschließlich terroristischer Handlungen, des illegalen KFZ-Handels, der Fälschung des Euro und der Geldwäsche[38].

Europol selber wurde schließlich als eine internationale Organisation mit eigener Rechtspersönlichkeit durch das **Europol-Übereinkommen** vom 26. Juli 1995[39] (**EuropolÜ**) errichtet; es trat am 1.10.1998 in Kraft. Das Übereinkommen wird durch mehrere Protokolle ergänzt, darunter das Protokoll über die **Zuständigkeit des EuGH für Vorabentscheidungsverfahren**[40] und das **Protokoll über die Vorrechte und Immunitäten für Europol-Bedienstete**[41]. Europol nahm am 1.7.1999 seine Tätigkeit auf[42]. 13

bb) Aufgaben von Europol nach dem Europol-Übereinkommen
Europol hat – beschränkt auf die ihm zugewiesenen Deliktsbereiche – die Aufgabe, den **Informationsaustausch zwischen den Mitgliedstaaten** zu erleichtern und die **Ermittlungsarbeiten** zu unterstützen (Art. 3 Abs. 1 EuropolÜ)[43]. Zu diesem Zweck sammelt Europol Informationen und Erkenntnisse und stellt diese Daten zusammen. Im »Informationssystem« werden bei Straftätern oder bei dem Verdacht einer Straftat, die in den Aufgabenbereich von Europol fällt, Daten von Personen und Sachen gespeichert (Art. 8 EuropolÜ)[44]. Auf der Grundlage der gesammelten Daten führt Europol **zentrale Analyseprojekte** durch, wofür eigene **Analysedateien** mit einem Indexsystem eingerichtet werden[45]. In dieser analytischen Tätigkeit dürfte die besondere Bedeutung von Europol gegenüber dem Fahndungssystem des SIS (s. Rn. 10) und der Tätigkeit von INTERPOL[46] zu sehen sein. 14

Die zuständigen Behörden der Mitgliedstaaten werden von Europol über die sie betreffenden Informationen und die in Erfahrung gebrachten Zusammenhänge von Straftaten 15

---

36 ABl.EG 1995 Nr. L 62/1.
37 ABl.EG 1996 Nr. L 342/4.
38 Beschluß des Rates vom 6.12.2001; ABl.EG Nr. C 362/1; vgl. auch den Beschluß des Rates vom 3.12.1998 mit dem Auftrag an Europol, sich mit Straftaten zu befassen, die im Rahmen von terroristischen Handlungen gegen Leben, körperliche Unversehrtheit und persönliche Freiheit sowie gegen Sachen begangen wurden oder begangen werden können (ABl.EG 1999 Nr. C 26/22) sowie den Beschluß des Rates vom 28.5.1999 betreffend die Zuständigkeit von Europol im Bereich der Geldwäsche im Zusammenhang mit der international organisierten Kriminalität (ABl.EG Nr. 149/16 und ABl.EG 2000 Nr. 358/1).
39 ABl.EG 1995 Nr. C 316/2; BGBl. II 1997, S. 2154.
40 ABl.EG 1996 Nr. C 299/2; BGBl. II 1997, S. 2170, 2172.
41 ABl.EG 1997 Nr. C 221/2; BGBl. I 1998, S. 974; mit Rechtsakt vom 3.12.1998 hat der Rat das Statut der Bediensteten von Europol festgelegt, ABl.EG 1999 Nr. C 26/23. Ab dem Zeitpunkt der Tätigkeitsaufnahme ist Europol ermächtigt, sich mit Straftaten zu befassen, die im Rahmen von terroristischen Handlungen gegen Leben, körperliche Unversehrtheit und persönliche Freiheit sowie gegen Sachen begangen wurden oder begangen werden können; Beschluß des Rates vom 3.12.1998, ABl.EG 1999 Nr. C 26/22.
42 S. Mitteilung der Kommission betreffend die Tätigkeitsaufnahme von Europol, ABl.EG 1999 Nr. L 185/1
43 S. näher *J. Storbeck*, Die Zusammenarbeit der Strafverfolgungsbehörden in Europa, DRiZ 2000, S. 481 ff.; *J. Lindner*, Europol: Baustein europäischen Polizeirechts, BayVBl. 2001, 193 ff.
44 S. näher *Storbeck (Fn. 42)*; *Soria* (Fn. 29), S. 422 ff.
45 S. näher Rechtsakt des Rates vom 3.11.1998 über die Durchführungsbestimmungen für die von Europol geführten Arbeitsdateien zu Analysezwecken, ABl.EG 1999 Nr. C 26/1.
46 S. näher zu INTERPOL R. *Mokros*, in: Lisken/Denninger, HdPR, Teil N, Rn. 27 ff.

unverzüglich unterrichtet (s. Art. 13 Abs. 1 EuropolÜ). Europol unterhält zu diesem Zweck **automatisierte Informationssammlungen und -systeme,** in die sowohl die Mitgliedstaaten – unter Beachtung ihrer innerstaatlichen Vorschriften – als auch Europol selber Daten eingeben können (s. Art. 6 und Art. 7 EuropolÜ). Zugleich haben die Mitgliedstaaten eine **nationale Stelle** zu benennen (in Deutschland das **BKA**; s. § 3 Abs. 1 BKAG), die Informationen, Anfragen oder Erkenntnisse entweder an Europol oder von Europol kommend an die zuständigen Behörden weiterleitet oder selber bearbeitet (s. Art. 4 Abs. 4 EuropolÜ). Die Landeskriminalämter sind indes gemäß Art. 3 Abs. 1 Satz 1 des Europol-Zustimmungsgesetzes befugt, über das BKA Daten unmittelbar in das Informationssystem einzugeben und abzurufen.

16 Die Arbeit von Europol unterstützen **Verbindungsbeamte** der Mitgliedstaaten (s. Art. 5 EuropolÜ), die ebenfalls das Recht zur Dateneingabe und Datennutzung besitzen (s. Art. 7 Abs. 1 und 9 Abs. 1 EuropolÜ). Diese Beamten können auch unmittelbar durch die Landeskriminalämter mit Anfragen beauftragt werden. Ein **Zugriffsrecht** auf das Informationssystem, auf die aus Analysen gewonnenen **Arbeitsspeicher** und auf das **Indexsystem** (s. Art. 11 EuropolÜ) kommt nur den zuständigen nationalen Stellen, den Verbindungsbeamten und besonders autorisierten Europolbeamten zu (Art. 9 Abs. 1 EuropolÜ).

c) Vorschriften über den Datenschutz

17 Art. 30 Abs. 1 lit. b) bestimmt ferner, daß die Vorschriften über den **Schutz personenbezogener Daten** zu beachten sind[47]. Hierzu zählen in erster Linie die **nationalen Regelungen** über den Datenschutz, die ihrerseits wiederum den Vorgaben der Richtlinie 95/46/EG des Europäischen Parlamentes und des Rates vom 24.10.1995 zum Schutz natürlicher Personen bei der Verarbeitung personenbezogener Daten und zum freien Datenverkehr[48] und der Richtlinie 97/66/EG des Europäischen Parlaments und des Rates vom 15.12.1997 über die Verarbeitung personenbezogener Daten und den Schutz der Privatsphäre im Bereich der Telekommunikation[49] entsprechen müssen. Für die Tätigkeit von Europol selber gilt darüber hinaus gemäß Art. 14 Abs. 3 EuropolÜ das **Übereinkommen des Europarates über den Schutz des Menschen bei der automatischen Verarbeitung personenbezogener Daten** vom 28.1.1981[50]. Weitergehende nationale Regelungen bleiben unberührt[51].

18 Das EuropolÜ sieht darüber hinaus eigene **datenschutzrechtliche Regelungen** vor. So dürfen in das Informationssystem aus Gründen des Datenschutzes nur bestimmte personenbezogene Daten eingegeben werden (s. Art. 8 Abs. 2 und 3 und Art. 10 EuropolÜ); sie sind von Amts wegen zu **löschen,** wenn ein Verfahren gegen den Betroffenen eingestellt oder dieser rechtskräftig freigesprochen wird (s. Art. 8 Abs. 5 EuropolÜ). Unrich-

---

47 S. hierzu näher M. *Bergmann,* Grenzüberschreitender Datenschutz, 1985; U. *Dammann/S. Spiritis,* EG-Datenschutzrichtlinie: Kommentar, 1997; G. *Duttge,* Recht auf Datenschutz, Der Staat 1997, S. 281 ff.; R. *Ellger,* Der Datenschutz im grenzüberschreitenden Datenverkehr, 1990; U. *Hahn,* Datenschutzrecht und grenzüberschreitender Datenverkehr, 1994; N. *Lavranos,* Datenschutz in Europa, DuD 1996, S. 400 ff.; Th. *Weichert,* Europol-Konvention und Datenschutz, DuD 1995, S. 450 ff.
48 ABl.EG 1995 Nr. L 281/31.
49 ABl.EG 1998 Nr. L 24/1.
50 BGBl. II 1985, S. 538 ff., in Kraft getreten für die Bundesrepublik Deutschland am 1.10.1985, BGBl. II 1985, S. 1134; s. näher U. *Hahn* (Fn. 47), S. 47 ff.
51 S. etwa Art. 5 Abs. 1 des deutschen Zustimmungsgesetzes zum SDÜ, BGBl. II 1993, S. 1010. Danach muß das BKA über die Regelung des § 33 Abs. 1 BDSG hinaus den Betroffenen im Einvernehmen mit der fahndungstechnischen Stelle über die Ausschreibung nach deren Beendigung benachrichtigen.

tige Daten oder Daten, die mit dem genannten Europarat-Übereinkommen im Widerspruch stehen, sind ebenfalls zu berichtigen oder zu löschen (s. Art. 20 EuropolÜ). Die an Europol übermittelten personenbezogenen Daten dürfen nur unter Berücksichtigung von **Verwendungsbeschränkungen** an die zuständigen Behörden in anderen Mitgliedstaaten weitergegeben werden (s. Art. 17 EuropolÜ); die Weitergabe an Drittstaaten oder Drittstellen muß der eingebende Mitgliedstaat genehmigen. Europol muß zudem den Abruf personenbezogener Daten zumindest **stichprobenartig kontrollieren** (s. Art. 16 EuropolÜ). Das Nähere regelt der Rechtsakt des Rates vom 12.3.1999 zur Festlegung der Bestimmungen über die Übermittlung von personenbezogenen Daten durch Europol an Drittstaaten und Drittstellen[52].

Den **Auskunftsanspruch** der Betroffenen sowie die Ansprüche auf Löschung oder Berichtigung der bei Europol gespeicherten Daten regeln Art. 19 und Art. 20 EuropolÜ. Gegen eine ablehnende Entscheidung kann **Beschwerde** bei einer **gemeinsamen Kontrollinstanz** eingelegt werden (s. näher Art. 19 Abs. 6 und Abs. 7, Art. 20 Abs. 4 und Art. 24 Abs. 4 EuropolÜ); diese Kontrollinstanz hat zugleich die Aufgabe, die Tätigkeit von Europol zu überwachen, aber auch beratend tätig zu werden (s. Art. 24 EuropolÜ)[53]. Für einen **Schaden**, der durch in rechtlicher oder sachlicher Hinsicht fehlerhafte Daten hervorgerufen wurde, die von Europol gespeichert oder bearbeitet wurden, **haftet** derjenige Mitgliedstaat verschuldensunabhängig, in dem der Schadensfall eingetreten ist[54].

Der **Rechtsschutz** gegen die Tätigkeit nationaler Behörden richtet sich weiterhin nach dem nationalen Recht[55]. Darüber hinaus errichtet jeder Mitgliedstaat eine **nationale Kontrollinstanz**, welche die Übermittlung der Daten an Europol sowie den Abruf der Daten durch die Mitgliedstaaten zu überwachen hat (s. Art. 23 Abs. 1 EuropolÜ). **Jede Person** kann die nationale Kontrollinstanz zum Zwecke der Prüfung der Zulässigkeit der Datenweitergabe oder Datennutzung anrufen (s. Art. 23 Abs. 2 EuropolÜ).

d) Kritik im Schrifttum und Stellungnahme

Die **Kritik im Schrifttum** an Europol entzündet sich vor allem an der mangelnden demokratischen Kontrolle der Europol-Beamten[56], der fehlenden staatsanwaltschaftlichen Leitungsgewalt[57], eines angeblich unzureichenden Datenschutzstandards[58], der Immunität der Europolbeamten in den Mitgliedstaaten[59] und an einem mangelnden Rechtsschutz gegen Maßnahmen von Europol, der den Vorgaben des Art. 19 Abs. 4 GG nicht

---

52 S. ABl.EG Nr. C 88/1.
53 Kritisch hierzu insbesondere *J. Frowein/N. Krisch*, Der Rechtsschutz gegen Europol, JZ 1998, S. 589; Gebildet wurde zudem mit Beschluß des Rates vom 17.10.2000 eine gemeinsame Geschäftsstelle für die Gemeinsamen Kontrollinstanzen für den Datenschutz, die die Datensicherheit bei Europol, der Zollverwaltung und im Rahmen des Schengen-Tätigkeiten zu überwachen haben; ABl.EG Nr. L 271/1.
54 *Soria* (Fn. 29), S. 429.
55 *Soria* (Fn. 29), S. 424.
56 *M. Baldus*, Europol und Demokratieprinzip, ZRP 1997, S. 286 ff.; *H. P. Bull*, Das Europäische Polizeiamt – undemokratisch und rechtsstaatswidrig?, DRiZ 1998, S. 32 (35 ff.); *M. Pechstein*, Amsterdamer Vertrag und Grundgesetz, DÖV 1998, S. 575 f.; *K. Waechter*, Demokratische Steuerung und Kontrolle einer europäischen Polizei, ZRP 1996, S. 167 ff.
57 *Bull* (Fn. 56), S. 38 f.; *H. Ostendorf*, Europol – ohne Rechtskontrolle?, NJW 1997, S. 3418 ff.; *H. Prantl*, DRiZ 1997, S. 234 (235).
58 *Lavranos* (Fn. 47), S. 400 ff.; *Weichert* (Fn. 47), S. 450 ff.
59 *Bull* (Fn. 56), S. 32 f.; *M. Hilf/H. Pache*, Der Vertrag von Amsterdam, NJW 1997, S. 707; *Ostendorf* (Fn. 57), S. 3418; *F. Zieschang*, Der Austausch personenbezogener Daten mittels Europol, ZRP 1996, S. 427.

gerecht werde[60]. Die Einwände sind aber (derzeit) unbegründet. Die **Immunität** der Europolbediensteten beschränkt sich auf die in amtlicher Eigenschaft vorgenommene Amtstätigkeit bezüglich der Sammlung, Analyse und Weitergabe von Daten und entspricht einer für Gemeinschaftsbedienstete und andere Beamte internationaler Organisationen üblichen Praxis[61]. Zudem bleiben bestimmte Straftaten auch weiterhin für Europolbedienstete strafbar (Verletzung von Privatgeheimnissen, Verletzung von Dienstgeheimnissen und Verwertung fremder Geheimnisse). Eine Rechtsschutzlücke ist auch deshalb nicht zu erkennen, weil das Grundgesetz nur einem mit dem Grundgesetz »im wesentlichen« gleichgelagerten Grundrechtsstandard verlangt[62]. Gravierender ist der Einwand fehlender demokratischer Kontrolle durch die Parlamente, insbesondere vor dem Hintergrund, daß es an einem staatsanwaltschaftlichen Leitungsorgan für Europol fehlt. Diese Defizite schlagen ernsthaft erst ins Gewicht, wenn Europol exekutive Befugnisse übertragen erhält; derzeit ist Europol nur eine Datensammel- und -austauschstelle, dessen Tätigkeit zudem durch ein besonderes Kontrollorgan überwacht wird[63].

4. Aus- und Weiterbildung und Austausch von Beamten

a) Anwendungsbereich

22 Das gemeinsame Vorgehen der Mitgliedstaaten hinsichtlich der **Aus- und Weiterbildung** und des **Austauschs von Verbindungsbeamten** sowie der Abordnung von Einsatzkräften normiert Art. 30 Abs. 1 lit. c). Der Bereich der Aus- und Weiterbildung betrifft vor allem eine Intensivierung der Zusammenarbeit der verschiedenen **Polizeischulen**[64]. Die Aufgabe der **Verbindungsbeamten** besteht darin, den Informationsaustausch zwischen den Mitgliedstaaten zu fördern, Ermittlungen mit Bezügen zum Heimatland und grenzüberschreitende Operationen zu unterstützen sowie sich an der Erledigung von Amtshilfeersuchen zu beteiligen (s. näher Art. 5 Abs. 3 EuropolÜ)[65]. Die polizeiliche Zusammenarbeit gemäß der lit. c) erstreckt sich weiterhin auf den gemeinsamen **Einsatz von Ausrüstungsgegenständen** und auf das Gebiet der **kriminaltechnischen Forschung**[66]. Dies schließt eine enge technische Zusammenarbeit zur Überwachung des Telekommunikationsverkehrs und zur Vereinheitlichung der Normen für den Funkverkehr, ferner die Zusammenarbeit der kriminalwissenschaftlichen Institute und der nationalen kriminalpolizeilichen Informationsstellen mit ein.

b) Praxis

23 In der **Praxis** hat der Rat auf der Grundlage des Art. K. 3 Abs. 2 und Art. K. 8 Abs. 2 ein

---

60 *Frowein/Krisch* (Fn. 53), S. 589 ff.; s. hierzu auch S. *Gleß/M. Lüke*, »... dass überall dem Gesetz ein Genüge geschehe...«, DRiZ 2000, S. 365 ff.; *dies.*, Rechtsschutz gegen grenzüberschreitende Strafverfolgung in Europa, Jura 2000, S. 400 ff.
61 S. näher hierzu die Sachverständigenanhörung in der 75. Sitzung des BT-Innenausschusses vom 20.1.1998, Protokoll Nr. 75 zu BTDrucks. 13/9084 (Europol-Immunitätenprotokollgesetz); ferner *K. Hailbronner*, Die Immunität von Europol-Bediensteten, JZ 1998, S. 283 ff.
62 BVerfGE 89, 155 (171), s. näher *Harings* (Fn. 2), S. 317 ff.
63 So auch *Schnapauff* (Fn. 1), S. 18; *Soria* (Fn. 29), S. 437; *J. Storbeck*, Aufgaben und Perspektiven von Europol – vom Informationsaustausch zur Ermittlungskompetenz, in: Volkmar (Hrsg.), Von der Europäischen Union zur Europäischen Sicherheitsunion, 1997, S. 107 ff.
64 S. Entschließung des Rates vom 14.10.1996 zur Festlegung der Prioritäten für die Zusammenarbeit im Bereich Justiz und Inneres (1.7.1996 – 30.6.1998), ABl.EG 1996 Nr. C 319/1.
65 S. auch die gemeinsame Maßnahme des Rates vom 14.10.1996 gemäß Art. K. 3 Abs. 2 lit. b) betreffend einen Organisationsrahmen für die Initiative der Mitgliedstaaten in bezug auf Verbindungsbeamte, ABl.EG 1996 Nr. L 268/2.
66 *E. Kube/D. Rasch*, Wissenschaftliche Zusammenarbeit auf dem Gebiet der Kriminaltechnik in Europa, Archiv für Kriminologie 206 (2000), S. 129 ff.

Austausch-, Ausbildungs- und Kooperationsprogramm für Polizeibeamte beschlossen, die für die Bekämpfung der organisierten Kriminalität zuständig sind (**FALCONE**)[67]. Gefördert werden Maßnahmen der Aus- und Fortbildung, der praktischen Zusammenarbeit, Praktika, die Veranstaltung von Begegnungen und Seminaren, der Austausch von Informationen sowie sonstige Maßnahmen, die zur Bekämpfung der organisierten Kriminalität beitragen können. Weitere derartige Programme sind **OISIN** (für Angehörige von Strafverfolgungsbehörden)[68], **STOP** (für Beamte, die zur Bekämpfung des Menschenhandels und der sexuellen Ausbeutung von Kindern eingesetzt werden)[69], **GROTIUS** (für Rechtsberufe)[70] und **SHERLOCK** (betreffend Ausweisdokumente)[71]. Der Austausch von **Verbindungsstaatsanwälten/-richtern** ist Gegenstand der gemeinsamen Maßnahme vom 22.4.1996[72]. Ein Förder- und Austauschprogramm für Personen, die für Maßnahmen gegen den Menschenhandel und die sexuelle Ausbeutung von Kindern zuständig sind, sieht das **Daphne-Programm** vor[73] Im Bereich der Kriminalprävention wurde ein Programm für die Förderung, den Austausch, die Aus- und Fortbildung sowie die Zusammenarbeit der Polizei- und Strafverfolgungsbehörden aufgelegt (**HIPPOKRATES**)[74].

Darüber hinaus berät und unterstützt auch **Europol** die Mitgliedstaaten bei der Fortbildung ihrer Polizeibediensteten, der materiellen Ausstattung der Behörden und in bezug auf die kriminaltechnischen und kriminalwissenschaftlichen Methoden (s. Art. 3 Abs. 3 EuropolÜ). Für den Bereich der **Zollverwaltungen** regelt das **Neapel-II-Übereinkommen** vom 18.12.1997 die näheren Einzelheiten der personellen und fachlichen Zusammenarbeit zwischen den Mitgliedstaaten[75]. 24

Zur Verbesserung der polizeilichen Zusammenarbeit wurde die Einrichtung einer **Europäischen Polizeiakademie (EPA)** beschlossen, deren Ziel die Vertiefung der Kenntnisse über die nationalen Polizeisysteme und -strukturen sowie die gemeinschaftsrechtlichen Rechtsgrundlagen ist[76]. Die gemeinsame Maßnahme des Rates vom 29.6.1998 sieht ferner die Einrichtung eines »**Europäischen Justitiellen Netzes**« vor, das die Einrichtung und Zusammenarbeit von Kontaktbehörden in den Mitgliedstaaten regelt, die allgemein oder für bestimmte Formen der organisierten Kriminalität innerstaatlich zuständig sind[77]. Darüber hinaus wurde ein »**Europäisches Netz für Kriminalprävention**« eingerichtet, das sich aus von jedem Mitgliedstaaten zu benennenden Kontaktstellen zusammensetzt; es hat die Aufgabe Informationen über Kriminalprävention zu sammeln und auszutauschen sowie spezifische Maßnahmen zu unterstützen[78]. Weiterhin liegt dem 24 a

---

67 Gemeinsame Maßnahme vom 19.3.1998, ABl.EG 1998 Nr. L 99/8.
68 Gemeinsame Maßnahme vom 20.12.1996, ABl.EG 1997 Nr. L 7/5, verlängert durch Beschluß des Rates vom 28.6.2001 für eine zweite Phase von 2001-2002; ABl.EG Nr. L 186/4.
69 Gemeinsame Maßnahme vom 12.12.1996, ABl.EG 1996 Nr. L 322/7 und ABl.EG 1997 Nr. 63/2, verlängert durch Beschluß des Rates vom 28.6.2001 für eine zweite Phase von 2001–2002; ABl.EG Nr. L 186/7.
70 Gemeinsame Maßnahme vom 28.10.1996, ABl.EG 1996 Nr. L 287/3; verlängert durch Beschluß des Rates vom 28.6.2001 für eine zweite Phase von 2001–2002; ABl.EG Nr. L 186/1; s. auch Art. 66 EGV, Rn. 3.
71 ABl.EG 1996 Nr. L 287/7.
72 ABl.EG 1996 Nr. L 105/1.
73 Gemeinsame Maßnahme vom 29.11.1996; ABl.EG Nr. L 322/7.
74 Beschluß des Rates vom 28.6.2001; ABl.EG Nr. L 186/11.
75 ABl.EG 1998 Nr. C 24/1.
76 Beschluß des Rates 2000/820/JI vom 30.11./1.12.2000; ABl.EG Nr. L 336/1; seit 1.1.2001 funktioniert die EPA in Form eines Netzwerks einzelstaatlicher Polizeischulen.
77 ABl.EG 1998 Nr. L 191/4.
78 Beschluß des Rates vom 28.5.2001 (2001/427/JI); ABl.EG Nr. L 153/1.

Rat ein Vorschlag zur Einrichtung eines »Europäischen Netzes für justizielle Ausbildung« vor[79].

5. Bewertung von Ermittlungstechniken

25 Das gemeinsame Vorgehen der Mitgliedstaaten im Bereich der **Ermittlungstechniken** gemäß Art. 30 Abs. 1 lit. d) zielt darauf, Spezialkenntnisse zu bewerten und auszutauschen, die im Rahmen von Ermittlungstätigkeiten gewonnnen werden. Hierzu kann auch **Europol** als Zentralbehörde eingeschaltet werden (s. Art. 3 Abs. 2 EuropolÜ). In dem Dubliner Entwurf für den Vertrag von Amsterdam erstreckte sich die gemeinsame Bewertung noch auf alle Ermittlungstechniken[80], nach der Endfassung des Vertrags beschränkt sich die Zusammenarbeit dagegen auf die Aufdeckung **schwerwiegender Formen der organisierten Kriminalität**. Darin kommt der nationalstaatliche Vorbehalt zum Ausdruck, nicht alle Ermittlungstechniken und Maßnahmen auf ihre Gemeinschaftskonformität hin überprüfen lassen zu wollen. In der Praxis wurde im Rahmen des STOP-Programms ein Europäisches Netz der kriminaltechnischen Institute eingerichtet. Eine Entschließung des Rates vom 25.6.2001 widmet sich dem Austausch von **DNS-Analyseergebnissen** mit dem Ziel einer unionsweit einheitlichen Ermittlungstechnik[81].

III. Erweiterung der Aufgaben von Europol

1. Überblick

26 Art. 30 Abs. 2 enthält einen **Förderplan** zur Stärkung und Ausweitung **der Aufgaben und Befugnisse von Europol**. Die Aufzählung in den lit. a) bis d) ist nicht abschließend formuliert (»insbesondere«). Gegenüber dem Maastrichter Vertrag, der lediglich den Aufbau eines unionsweiten Systems zum Austausch von Informationen im Rahmen von Europol vorsah (Art. K. 1 Nr. 9), und dem Europol-Übereinkommen soll Europol eine aktive Rolle im Ermittlungsverfahren spielen. Die Zuständigkeit für die Verfolgung und Verhütung der grenzüberschreitenden Kriminalität bleibt indes unverändert bei den Behörden der Mitgliedstaaten. Gedacht ist daran, daß Bedienstete von Europol zwar operative Aufgaben wahrnehmen dürfen, ihnen aber keine vollziehenden Befugnisse in den Mitgliedstaaten zustehen[82].

27 Der Rat wird durch Art. 30 Abs. 2 verpflichtet, den Förderplan durch geeignete Maßnahmen zu verwirklichen. Diese Maßnahmen hat der Rat innerhalb eines Zeitraums **von fünf Jahren** nach Inkrafttreten des Vertrags von Amsterdam zu treffen. Die enge Zeitvorgabe dient der Beschleunigung und schließt ein weiteres Tätigwerden der Gemeinschaft nach Ablauf der fünf Jahre nicht aus.

---

79 ABl.EG 2001 Nr. C 18/4.
80 Abgedruckt in BR-Drs. 126/97, S. 31.
81 ABl.EG Nr. C 187/1.
82 M. *Degen,* in: GTE, EU-/EGV, Vorbem. zu den Art. K bis K. 9, Rn. 33; für einen Ausbau von Europol zu einer polizeilichen Elitepolizei hingegen G. *Erbel,* Öffentliche Sicherheit und Ordnung, DVBl. 2001, S. 1714 ff.

2. Vorbereitung und Durchführung spezifischer Ermittlungsmaßnahmen

Abs. 2 lit. a) betrifft die **Mitwirkung von Europol an spezifischen polizeilichen Ermittlungsmaßnahmen** der zuständigen nationalen Behörden. Der Rat hat Maßnahmen zu beschließen, die dafür Sorge tragen, daß Europol die Ermittlungsmaßnahmen der Mitgliedstaaten mit **grenzüberschreitenden Bezügen erleichtern** und **unterstützen** kann. Ferner soll Europol bei der Koordinierung und Durchführung dieser Maßnahmen verstärkt mitwirken[83]. Die Kooperationsmaßnahmen umfassen auch die Mitwirkung und Beteiligung von Vertretern von Europol an **gemeinsamen Teams** aus Einsatzkräften mehrerer Mitgliedstaaten[84], um deren »**operative Aktionen**« zu **unterstützen**. Hierzu hat der Rat am 30.11.2000 eine Empfehlung an die Mitgliedstaaten gerichtet betreffend die Unterstützung der von den Mitgliedstaaten gebildeten gemeinsamen Ermittlungsteams durch Europol[85]. 28

Auch wenn Abs. 2 lit. a) keine unmittelbare Wirkung zukommt und erst der Umsetzung durch Maßnahmen des Rates bedarf[86], ist die Regelung nicht unproblematisch. Die Annahme liegt nahe, daß Europol-Beamte über kurz oder lang auf Grund ihrer Teilnahme an solchen Operationen mit polizeilichen Befugnisses ausgestattet werden. Eine solche Entwicklung sollte aber von einer Stärkung der demokratischen Kontrolle von Europol und der Unterstellung einer europäischen Staatsanwaltschaft abhängig gemacht werden (s. Rn. 21). 29

3. Ersuchen an die Mitgliedstaaten

Art. 30 Abs. 2 lit. b) ermächtigt den Rat zu Maßnahmen, die es Europol ermöglichen sollen, sich mit einem **Ermittlungsersuchen** in speziellen Fällen an die zuständigen Behörden zu wenden und die Ermittlungen zu **koordinieren**. Da es sich nur um ein Ersuchen handelt, liegt es im **Ermessen** der Mitgliedstaaten, ob sie dem Ersuchen folgen wollen. Eine Bindung an das Ersuchen ließe sich auch nicht mit der Verfahrensherrschaft der Staatsanwaltschaft im Rahmen eines Ermittlungsverfahrens vereinbaren und würde zunächst die Schaffung einer **Europäischen Staatsanwaltschaft** voraussetzen. Der Rat hat allerdings die am 28.9.2000 angenommene Empfehlung an die Mitgliedstaaten gerichtet, etwaige Ersuchen seitens Europol um die Einleitung, Durchführung oder Koordinierung von Ermittlungen in spezifischen Fällen unverzüglich zu bearbeiten und diese Ersuchen in angemessener Weise zu prüfen. Ferner wird empfohlen, dass Europol grundsätzlich darüber informiert wird, ob die Ermittlungen, die Gegenstand des Ersuchens sind, eingeleitet werden und welches die Ergebnisse einer solchen etwaigen Ermittlung sind[87]. Weiterhin beabsichtigt die Kommission, einen Vorschlag für einen Beschluß des Rates zur Änderung des Europol-Übereinkommens in Bezug auf die demokratische gerichtliche Kontrolle von Europol zur Erleichterung der Vorbereitung spezifischer Ermittlungsmaßnahmen der Mitgliedstaaten vorzulegen. 30

Zugleich soll Europol die Aufgabe erhalten, **spezifisches Fachwissen** zu entwickeln und 31

---

83 *J. Storbeck*, Operation E-Day im kriminalistischen Visier, Kriminalistik 2001, S. 557 f.
84 S. oben Rn. 3 ff.
85 ABl.EG Nr. C 357/7.
86 *Pechstein* (Fn. 56) S. 576.
87 ABl.EG Nr. 289/8.

dieses den Mitgliedstaaten bei Ermittlungen in Fällen **organisierter Kriminalität** zur Verfügung zu stellen. Hierbei dürfte in erster Linie an die **Analysetätigkeit** von Europol in bezug auf die Auswertung der eingegebenen Daten und das frühzeitige Erkennen von Tatzusammenhängen sowie internationalen Verflechtungen im Bereich der organisierten Kriminalität gedacht sein. Weiterhin soll Europol ggf. besondere **technische Einrichtungen** bereitstellen, die insbesondere im Falle der Bekämpfung der grenzüberschreitenden Kriminalität zum Einsatz kommen sollen. Beide Aufgaben sind wohl bereits mit der Aufnahme der Tätigkeit von Europol nach dem EuropolÜ, spätestens mit dem Beschluß des Rates vom 6.12.2001, wonach sich Europol mit allen im Anhang zum Übereinkommen aufgelisteten schwerwiegenden Straftaten der organisierten Kriminalität befassen darf (vgl. Rn. 12), in wesentlichen Gesichtspunkten in die Wege geleitet worden.

4. Sonstige Maßnahmen

32 Art. 30 Abs. 2 lit. c) sieht Fördermaßnahmen für eine bessere **Kooperation** zwischen den für die **Bekämpfung der organisierten Kriminalität** zuständigen **Ermittlungsbeamten** vor, die eng mit Europol zusammenarbeiten. Insoweit handelt es sich um Spezialregelung gegenüber Art. 30 Abs. 1 lit. c). Schließlich wird der Rat in Art. 30 Abs. 2 lit. d) ermächtigt, ein **Netz für Forschung, Dokumentation und Statistik** über die grenzüberschreitende Kriminalität einzurichten.[88]

---

88 S. E. *Kube/R. Dahlenburg*, Europol und Kriminaltechnik, Kriminalistik 1999, S. 778, S. 780 ff.

Art. 31 (ex-Art. K.3)

(1) Das gemeinsame Vorgehen bei der justitiellen Zusammenarbeit in Strafsachen[1] schließt ein:
a) die Erleichterung und Beschleunigung der Zusammenarbeit zwischen den zuständigen Ministerien und den Justizbehörden oder entsprechenden Behörden der Mitgliedstaaten, auch unter Einschaltung von Eurojust, wenn sich dies als zweckmäßig erweist, bei Gerichtsverfahren und der Vollstreckung von Entscheidungen[2];
b) die Erleichterung der Auslieferung zwischen den Mitgliedstaaten[3];
c) die Gewährleistung der Vereinbarkeit der jeweils geltenden Vorschriften der Mitgliedstaaten untereinander, soweit dies zur Verbesserung dieser Zusammenarbeit erforderlich ist[4];
d) die Vermeidung von Kompetenzkonflikten zwischen Mitgliedstaaten[5];
e) die schrittweise Annahme von Maßnahmen zur Festlegung von Mindestvorschriften über die Tatbestandsmerkmale strafbarer Handlungen und die Strafen in den Bereichen organisierte Kriminalität, Terrorismus und illegaler Drogenhandel[6].

(2) Der Rat fördert die Zusammenarbeit durch Eurojust[9 f.] auf folgende Weise:
a) Er ermöglicht Eurojust, zu einer sachgerechten Koordinierung der nationalen Staatsanwaltschaften der Mitgliedstaaten beizutragen[11];
b) er fördert die Unterstützung durch Eurojust bei den strafrechtlichen Ermittlungen in Fällen, die mit schwerer grenzübergreifender, insbesondere organisierter Kriminalität zusammenhängen, insbesondere unter Berücksichtigung von Europol-Analysen[12];
c) er erleichtert die enge Zusammenarbeit von Eurojust mit dem Europäischen Justitiellen Netz, insbesondere mit dem Ziel, die Erledigung von Rechtshilfe- und Auslieferungsersuchen zu erleichtern[13].

Amsterdamer Fassung:

Das gemeinsame Vorgehen im Bereich der justitiellen Zusammenarbeit in Strafsachen schließt ein:

a) die Erleichterung und Beschleunigung der Zusammenarbeit zwischen den zuständigen Ministerien und den Justizbehörden oder entsprechenden Behörden der Mitgliedstaaten bei Gerichtsverfahren und bei der Vollstreckung von Entscheidungen;

b) die Erleichterung der Auslieferung zwischen den Mitgliedstaaten;

c) die Gewährleistung der Vereinbarkeit der jeweils geltenden Vorschriften der Mitgliedstaaten untereinander, soweit dies zur Verbesserung dieser Zusammenarbeit erforderlich ist;

d) die Vermeidung von Kompetenzkonflikten zwischen Mitgliedstaaten;

e) die schrittweise Annahme von Maßnahmen zur Festlegung von Mindestvorschriften über die Tatbestandsmerkmale strafbarer Handlungen und die Strafen in den Bereichen organisierte Kriminalität, Terrorismus und illegaler Drogenhandel.

Art. 31 regelt die **justitielle Zusammenarbeit in Strafsachen** der **Justiz- und Strafbehörden**[1] mit Ausnahme der Polizeibehörden, auf die Art. 30 Anwendung findet. Art und Umfang des gemeinsamen Vorgehens werden in Abs. 1 lit. a) bis lit. e) schwerpunktartig aufgelistet (»schließt ein«). Spezialgesetzlich geregelt ist die Kompetenz der EG gemäß **Art. 280 EGV** zur Bekämpfung von Betrügereien und sonstigen gegen die finanziellen

---

1 S. hierzu umfassend *W. Schomburg/O. Lagodny*, Internationale Rechtshilfe in Strafsachen, 3. Auflage 1998, Vorb. Hauptteil III; *K. Nehm*, Zusammenarbeit der Strafverfolgungsbehörden in Europa, DRiZ 2000, S. 355 ff.

Art. 31 EU-Vertrag

Interessen der Gemeinschaft gerichteten rechtswidrigen Handlungen[2] und gemäß Art. 123 Abs. 4 Satz 3 EGV hinsichtlich des Schutzes des **Euro** vor Geldfälschungen. Zur Abwehr und Verfolgung solcher Delikte wurde das seit dem 1.6.1999 tätige **Europäische Amt für Betrugsbekämpfung (OLAF)** errichtet. Der durch den Vertrag von Nizza eingefügte Absatz 2 widmet sich den Aufgaben von **Eurojust** und gibt dem Rat Handlungsdirektiven zur weiteren Ausgestaltung von Eurojust vor.

2 Abs. 1 lit. a) spricht den Bereich der **Rechtshilfe in Strafsachen bei Gerichtsverfahren** und bei der **Vollstreckung von Entscheidungen** an. Die Zusammenarbeit auf diesem Gebiet soll erleichtert und beschleunigt werden. Die Vorschrift enthält die Ermächtigung, die Rechtshilfe nicht nur zwischen den zuständigen Ministerien, sondern auch **unmittelbar zwischen den Justizbehörden** oder anderen **zuständigen Behörden** zu eröffnen. In der Praxis wird das **Übereinkommen der Europäischen Union über die Rechtshilfe in Strafsachen**[3] vom 29.5.2000 eine umfassende Regelung des Rechtshilfsverkehrs zwischen den Mitgliedstaaten bedingen. Es sieht die Fälle vor, in denen Rechtshilfe gewährt wird, und regelt Form und Verfahren des Rechtshilfeverkehrs. Die Rechtshilfeersuchen werden grundsätzlich von den **örtlich zuständigen Justizbehörden** zugestellt und erledigt; in Ausnahmefällen kann bzw. muß sogar eine Zentralbehörde eingeschaltet werden. Neben dem Verfahren werden auch bestimmte Formen der Rechtshilfe näher geregelt. Hierzu gehören u. a. die kurzzeitige Überstellung Inhaftierter Personen für Untersuchungszwecke, die Durchführung von Videokonferenzen von Zeugen und Sachverständigen sowie die Überwachung des Telekommunikationsverkehrs in anderen Mitgliedstaaten.

3 Von besonderer Bedeutung ist die in Art. 13 des Übereinkommens vorgesehene Möglichkeit der Bildung **gemeinsamer Ermittlungsgruppen**. Die gemeinsame Ermittlungsgruppe wird für einen bestimmten Zweck und für einen begrenzten Zeitraum eingesetzt. Sie wird von einem Beamten des Mitgliedstaats, in dem der Einsatz der Gruppe erfolgt, geleitet. Derselbe Beamte leitet auch die Tätigkeiten der Gruppe im Hoheitsgebiet dieses Mitgliedstaats. Außerdem können verdeckt oder unter falscher Identität handelnde Beamte verdeckte Ermittlungen vornehmen, sofern die innerstaatlichen Rechtsvorschriften und Verfahren des Mitgliedstaates, in dessen Hoheitsgebiet sie stattfinden, beachtet werden. Das Rechtshilfeübereinkommen wird ergänzt durch ein am 16.10.2001 vom Rat beschlossenes Protokoll, das die Rechtshilfe betreffend Auskunftsersuchen und Überwachung von Bankkonten und Bankgeschäften regelt[4].

4 Das Übereinkommen vom 29.5.2000 ergänzt bzw. ersetzt das **Europäische Übereinkommen über die Rechtshilfe in Strafsachen** vom 20.4.1959[5]. Für die **Schengen-Vertragsstaaten** gelten zusätzlich die Vorschriften der Art. 48–53 SDÜ, die als Unionsrecht fortgelten[6]. Mit der gemeinsamen Maßnahme vom 29.6.1998 über die Anwendung be-

---

2 S. näher Art. 280, Rn. 2 ff.; s. auch Mitteilung der Kommission über den Schutz der finanziellen Interessen der Gemeinschaften, Betrugsbekämpfung, Aktionsplan 2001–2003; KOM (2001) 254 vom 15.5.2001.
3 ABl.EG Nr. C 197/3 mit dem erläuternden Bericht vom 29.12.2000 (ABl.EG Nr. C 379/7); s. W. *Schomburg*, Ein neuer Start! Internationale vertragliche Rechtshilfe in Strafsachen, NJW 2001, S. 801 ff.
4 ABl.EG Nr. C 326/1.
5 BGBl. II 1964, S. 1386; für die Beneluxstaaten gilt das Übereinkommen über Auslieferung und Rechtshilfe in Strafsachen vom 27.6.1962 in der Fassung des Protokolls vom 11.5.1974. Ein neues Übereinkommen über die Rechtshilfe in Strafsachen zwischen den Mitgliedstaaten der EU ist in Vorbereitung; vgl. W. *Schomburg*, Strafsachen in der Europäischen Union, NJW 1999, S. 541.
6 K. G. *Grütjen*, Innere Sicherheit in der Europäischen Union, Kriminalpolizei 1997, S. 54; W. *Schomburg*, Strafrecht und Rechtshilfe im Geltungsbereich von Schengen II, NJW 1995, S. 1931 ff.; J. *Wolters*, »Ausgleichsmaßnahmen« nach dem SDÜ, Kriminalistik 1995, S. 177.

währter Methoden bei der **Rechtshilfe in Strafsachen** hatte sich der Rat erstmals auf gewisse Grundregeln bei der Abwicklung der Rechtshilfeersuchen geeinigt[7]. Den Bereich der **Vollstreckungshilfe** regelt das Übereinkommen vom 13.11.1991 zwischen den Mitgliedstaaten der Europäischen Gemeinschaften über die Vollstreckung ausländischer strafrechtlicher Verurteilungen, das zwar noch nicht in Kraft getreten ist, jedoch für einige Mitgliedstaaten vorzeitig Anwendung findet.[8] Die Kommission hat zu dem Themenkomplex der gegenseitigen **Anerkennung von Endentscheidungen** in Strafsachen eine Mitteilung verfaßt, auf dessen Grundlage weitere Rechtsakte der Union vorgeschlagen werden sollen[9].

Gemäß der durch den **Vertrag von Nizza** aufgenommenen Ergänzung in Abs. 1 lit. a) soll die Zusammenarbeit der Mitgliedstaat ausdrücklich unter der Einschaltung von »**Eurojust**« erfolgen (s. Rn. 9 f.). Die in der Systematik und Diktion mit Art. 30 Abs. 1 lit. a) vergleichbare Ergänzung – dort gilt sie der Zusammenarbeit der Mitgliedstaaten mit **Europol** – hebt die koordinierende und unterstützende Bedeutung von Eurojust hervor, die dieser Einrichtung in Zukunft für das **repressive Strafverfahren** zuteil werden soll. Als weiteres Mittel der gegenseitigen Zusammenarbeit wurde durch die gemeinsame Maßnahme vom 29.6.1998 das **Europäische Justitizielle Netz** eingerichtet, das über Kontaktstellen und Informationsaustausch zwischen Richtern und Staatsanwälten in den jeweiligen Mitgliedstaaten die mitgliedstaatliche Rechtshilfe in Strafsachen fördern soll[10]. 5

Die justitielle Zusammenarbeit verfolgt gemäß Abs. 1 lit. b) ferner das Ziel, **die Auslieferung von Straftätern** zwischen den Mitgliedstaaten zu erleichtern. In der **Praxis** richtet sich die Auslieferung von Straftätern in der Regel nach dem **Europäischem Auslieferungsübereinkommen** vom 13.12.1957, das für die **Schengen-Vertragsstaaten** durch die Art. 59–66 SDÜ ergänzt und modifiziert wurde. Es soll ersetzt werden durch das auf der Grundlage von Art. K. 3 Abs. 2 Maastrichter Fassung geschlossene **Übereinkommen** vom 27.9.1996 über die **Auslieferung zwischen den Mitgliedstaaten der Europäischen Union**[11], das nach dem Abschluß des Ratifikationsverfahrens ebenso wie das Übereinkommen über die vereinfachte Auslieferung zwischen den Mitgliedstaaten vom 10.3.1995[12] eine Reihe von Auslieferungshindernissen zwischen den Mitgliedstaaten beseitigen und das Verfahren der Auslieferung vereinfachen wird. Auf dem Europäischen Rat von Laeken am 14./15.12.2001 wurde die politische Einigung erzielt über einen Rahmenbeschluß des Rates über den **Europäischen Haftbefehl,** der eine beschleunigte Auslieferung gewährleisten soll[13]. 6

Unter dem Begriff der »**Vereinbarkeit der jeweils geltenden Vorschriften**« in Abs. 1 lit. c) ist in erster Linie eine **Harmonisierung** der Vorschriften über das formelle **Strafverfah**- 7

---

7 ABl.EG 1998 Nr. L 191/1.
8 BGBl. II 1997 S. 1351; BGBl. II 1998, S. 896; Schomburg (Fn. 2), S. 541 f.
9 Mitteilung der Kommission vom 26.7.2000, KOM (2000) 495; s. auch U. *Sieber*, Bekämpfung des EG-Betrugs und Perspektiven der europäischen Amts- und Rechtshilfe, ZRP 2000, S. 186 (190 ff.).
10 ABl.EG Nr. L 191/4; s. auch V. *Röben*, in: Grabitz/Hilf, EU, Art. 31, Rn. 3; s. auch die Empfehlung des Rates vom 25.1.2001 über Kontaktstellen mit einem rund um die Uhr erreichbaren Dauerdienst zur Bekämpfung der Hightech-Kriminalität, ABl.EG Nr. C 187/5.
11 ABl.EG 1996 Nr. C 313/11; BGBl. I S. 2253; s. auch den erläuternden Bericht vom 26.5.1997, ABl.EG Nr. C 191/13; s. *M. Grotz*, Übereinkommen über die Auslieferung von Straftätern innerhalb der Europäischen Union, in: Hailbronner (Fn. 1), S. 53 ff.; *H. Baier*, Die Auslieferung von Bürgern der EU an Staaten innerhalb und außerhalb der EU.
12 ABl.EG 1995 Nr. C 78/1.
13 S. den Kommissionsentwurf KOM (2001) 522.

rensrecht ohne das Vollstreckungsrecht zu verstehen[14]; die Angleichung der materiellen Straftatbestände einschließlich der Strafsanktionen wird von lit. e) erfaßt. Darüber hinaus werden aber auch Randbereiche des Strafrechts und Strafverfahrensrechts ergriffen, die mit der justitiellen Zusammenarbeit in Strafsachen im Zusammenhang stehen. Diese Ermächtigungsgrundlage erlaubt mithin eine Harmonisierung der Vorschriften über die **Überwachung des Fernmeldeverkehrs**[15], über die Herstellung, den Handel, den Erwerb und das Führen von **Feuerwaffen und Munition** (s. Art. 77–91 SDÜ)[16], über den **Entzug der Fahrerlaubnis**[17] und über den **Schutz von Zeugen** im Rahmen der Bekämpfung der organisierten Kriminalität[18]. Auf Abs. 1 lit. c) gründet sich auch der Rahmenbeschluß des Rates vom 15.3.2001 über die **Stellung des Opfers im Strafverfahren**[19].

8 Das gemeinsame Vorgehen der Mitgliedstaaten dient gemäß Abs. 1 lit. d) der Vermeidung von **Kompetenzkonflikten**, insbesondere im Hinblick auf eine **Doppelbestrafung** (»ne bis in idem«) in zwei Mitgliedstaaten wegen derselben Tat (s. Art. 103 Abs. 3 GG). In der Praxis enthält bereits Art. 54 SDÜ ein Verbot der Doppelbestrafung[20]. Mit der Übernahme des »**Schengen-Besitzstandes**« gilt diese Regelung als Unionsrecht fort.

9 Abs. 1 lit. e) räumt der Union die Kompetenz ein, **Mindestvorschriften im materiellen Strafrecht**[21] festzulegen. Ziel der Harmonisierung ist dabei eine verbesserte Bekämpfung der organisierten internationalen Kriminalität. Sowohl **die Tatbestandsmerkmale** strafbarer Handlungen als auch **Art und Höhe der Strafen** sind einer unionsrechtlichen Regelung zugänglich. Die Mindestvorschriften dürfen aber nach dem eindeutigen Wortlaut der Vorschrift nur in den Bereichen der **organisierten Kriminalität, des Terrorismus und des Drogenhandels** getroffen werden. Sie sollen gemäß Art. 61 lit. a) EGV »schrittweise« **innerhalb eines Zeitraums von fünf Jahren** nach Inkrafttreten des Vertrags von Amsterdam erlassen werden. In einer Erklärung für die Schlußakte zu diesem Vertrag sind die Mitgliedstaaten zudem übereingekommen, daß ein Mitgliedstaat, dessen Rechtssystem keine Mindeststrafen vorsieht, durch die Regelung in lit. e) nicht verpflichtet ist, Mindeststrafen einzuführen. Mit dem Wortlaut des lit. e) ist diese Auslegungserklärung indes nicht mehr zu vereinbaren.

10 In der **Praxis** erfolgte eine erste Harmonisierung von Strafvorschriften durch die gemeinsame Maßnahme vom 17.12.1996 zur **Angleichung der Rechtsvorschriften** und der Ver-

---

14 S. *U. Nelles*, Europäisierung des Strafverfahrens – Strafprozeßordnung für Europa, ZfSV 109 (1997), S. 20 ff.
15 S. die Entschließung des Rates vom 17.1.1995, ABl.EG 1996 Nr. C 329/1.
16 *R. Bieber*, Die Abkommen von Schengen über den Abbau der Grenzkontrollen, NJW 1994, S. 294 (296); *Grütjen* (Fn. 3), S. 55; *K.-P. Nanz*, Das Schengener Übereinkommen, Integration 1994, S. 103;
17 ABl.EG 1998 Nr. C 216/1.
18 S. die Entschließung des Rates vom 23.11.1995, ABl.EG 1995 Nr. C 327/5.
19 ABl.EG Nr. L 82/1, s. auch das Grünbuch der Kommission für die Entschädigung für Opfer von Straftaten, KOM (2001) 536.
20 *H. Radtke/D. Busch*, Transnationaler Strafklageverbrauch in den sog. Schengen-Staaten?, EuGRZ 2000, S. 421; *W. Schomburg*, Die Europäisierung des Verbots doppelter Strafverfolgung, NJW 2000, S. 1833; *B. Hecker*, Das Prinzip Ne bis in idem im Schengener Rechtsraum, StV 2001, S. 306 ff.; *O. Lagodny*, Teileuropäisches »ne bis in idem« durch Art. 54 SDÜ, NStZ 1997, S. 265.
21 Zum Stand der strafrechtlichen Harmonisierung: s. *H. Jung*, Konturen und Perspektiven des europäischen Strafrechts, JuS 2000, S. 417 ff.; *Eisele*, Einführung in das Europäische Strafrecht, JA 2000, S. 896; *W. Hetzer*, Europäische Strafrechtspflege, Kirminalistik 2000, S. 782 ff.; *G. Dannecker*, Strafrecht in der Europäischen Gemeinschaft, in: Eser/Huber (Hrsg.), Strafrechtsentwicklung in Europa, 1995, S. 2018 (2110 ff.); *ders.*, Die Entwicklung des Strafrechts unter dem Einfluß des Gemeinschaftsrechts, Jura 1998, S. 79 ff.

fahren der Mitgliedstaaten der EU, die der Bekämpfung der **Drogenabhängigkeit** und der Verhütung und Bekämpfung **des illegalen Drogenhandels** dienen[22]. Des weiteren erging die gemeinsame Maßnahme vom 21.12.1998 betreffend die Strafbarkeit der Beteiligung an einer **kriminellen Vereinigung** in den Mitgliedstaaten der EU, in welcher der Begriff einer kriminellen Vereinigung und das diesbezügliche strafbare Verhalten von Personen näher bezeichnet wird.[23] Vorschläge der Kommission liegen vor für einen **Rahmenbeschluß** zur Bekämpfung des **Menschenhandels** und der **sexuellen Ausbeutung von Kindern**[24], welche die gemeinsame Maßnahme vom 4.3.1997[25] betreffend die Bekämpfung des Menschenhandels und der sexuellen Ausbeutung von Kindern ergänzt und erweitert, für einen Rahmenbeschluß zur Festlegung von Mindestvorschriften über die Tatbestandsmerkmale strafbarer Handlungen und die Strafen im Bereich des **illegalen Drogenhandels**[26] und für einen Rahmenbeschluß zur Bekämpfung des Terrorismus[27]. Geplant ist schließlich die Festlegung von **gemeinsamen Definitionen, Tatbestandsmerkmalen und Sanktionen** im Zusammenhang mit dem Terrorismus, mit der Korruption, mit Rassismus und Ausländerfeindlichkeit, mit Hooliganismus, mit Schleuserkriminalität[28], mit wettbewerbswidrigen Verhalten im Zusammenhang mit der Vergabe öffentlicher Aufträge[29] und mit Steuerbetrug sowie der Erlaß von Vorschriften über gemeinsame Definitionen im Hinblick auf die Bekämpfung und Verhütung von Cyber-Kriminalität einschließlich gemeinsamer Tatbestandsmerkmale und Sanktionen für High-Tech-Kriminalität[30]. Der von der Kommission vorgelegte Richtlinien-Entwurf über den **strafrechtlichen Schutz der Umwelt** kann sich entgegen der Auffassung der Kommission nicht auf Art. 175 EGV stützen, da diese Vorschriften nicht zum Erlaß von strafrechtsrelevanten Normen ermächtigt[31]. Art. 31 lit. e) käme nur in Betracht, wenn ein Bezug der Umweltstraftaten zur oK bestünde.

Besonderes Augenmerk widmet die Union ferner der Verfolgung der **Geldwäsche** und 11 der wirtschaftsrelevanten **Betrugsdelikte**. So bezieht sich etwa die gemeinsame Maßnahme vom 3.12.1998 auf die **Geldwäsche**, die Ermittlung, das Einfrieren und die Beschlagnahme und die Einziehung von Tatwerkzeugen und Erträgen aus Straftaten[32]. Hinsichtlich der **Bekämpfung der Geldwäsche** hat der Rat weiterhin am 26.6.2001 einen **Rahmenbeschluß** zur Festlegung gemeinsamer Tatbestandsmerkmale angenommen[33]. Der Rahmenbeschluß des Rates vom 28.5.2001 betrifft die **Bekämpfung von Betrug und Fälschung** im Zusammenhang mit bargeldlosen Zahlungsmitteln[34]. Zu erwähnen ist ferner der Rahmenbeschluß des Rates vom 29.5.2000 über die Verstärkung des mit straf-

---

22 ABl.EG 1996 Nr. L 342/6.
23 ABl.EG 1998 Nr. L 351/1.
24 KOM (2000) 854; s. auch den Beschluß 2000/375/JI des Rates vom 29.5.2000 zur Bekämpfung der Kinderpornographie im Internet, ABl. EG Nr. L 138/1.
25 ABl.EG Nr. L 63/2.
26 KOM (2001) 259.
27 KOM (2001) 521.
28 S. die Initiative Frankreichs; ABl.EG 2000 Nr. C 253/6.
29 S. die Initiative Deutschlands; ABl.EG 2000 Nr. C 253/3.
30 S. Anzeiger der Fortschritte bei der Schaffung eines »Raums der Freiheit, der Sicherheit und des Rechts« in der Europäischen Union, 2. Halbjahr 2001, KOM (2001), 628, S. 28 f.; s. hierzu auch die Mitteilung der Kommission über die »Schaffung einer sicheren Informationsgesellschaft durch Verbesserung der Sicherheit der Informationsstrukturen und Bekämpfung der Cyberkriminalität; KOM (2001) 298.
31 KOM (2001) 139.
32 ABl.EG 1998 Nr. L 331/1.
33 ABl.EG 2001 Nr. L 182/1.
34 ABl.EG Nr. L 149/1.

Art. 31 EU-Vertrag

rechtlichen und anderen Sanktionen bewehrten Schutzes gegen **Geldfälschung** im Hinblick auf die Einführung des Euro[35].

12 Der durch den Vertrag von Nizza eingefügte Abs. 2 widmet sich der Tätigkeit und der zukünftigen Aufgabenstellung von **Eurojust (Europäische Stelle für justitielle Zusammenarbeit)**[36]. Die geplante Einrichtung von **Eurojust** geht auf eine Entscheidung des **Europäischen Rats von Tampere** vom 15./16.10.1999 zurück; der **Europäische Rat von Nizza** hat den Rat aufgefordert, bis Ende des Jahres 2001 das erforderliche Rechtsinstrumentarium zu verabschieden. Inzwischen liegen zwei Initiativen von Deutschland und von Portugal, Frankreich, Schweden und Belgien vor. Die Kommission hat bislang nur eine Mitteilung zur Einrichtung von Eurojust herausgeben, die sich auch mit den beiden Initiativen auseinandersetzt[37]. Bei aller Verschiedenheit der Ansätze handelt sich bei Eurojust um eine **Koordinierungsstelle**, die sich aus nationalen Beamten aus jedem Mitgliedstaat (Richter, Staatsanwalt oder Polizeibeamter) zusammensetzt. Die hohe Bedeutung, die die Mitgliedstaaten Eurojust – ähnlich wie im polizeilichen Bereich **Europol**[38] – beimessen, kommt durch den Handlungsauftrag an den Rat gemäß Absatz 2 zur weiteren Entwicklung von Eurojust zum Ausdruck. In einer Erklärung für die Schlußakte des Vertrags von Nizza zu Artikel 31 Absatz 2 erinnern die Mitgliedstaaten daran, daß der Beschluß über die Einrichtung einer Stelle (Eurojust), in der von den einzelnen Mitgliedstaaten entsandte Staatsanwälte, Richter (oder Polizeibeamte mit gleichwertigen Befugnissen) mit der Aufgabe der Kriminalitätsbekämpfung zusammengeschlossen sind, dazu dient, eine sachgerechte Koordinierung der nationalen Staatsanwaltschaften zu erleichtern und die strafrechtlichen Ermittlungen in Fällen, die mit organisierter Kriminalität zusammenhängen, zu unterstützen.

13 Vorläufig bis zur Arbeitsaufnahme von Eurojust hat der Rat mit Beschluß vom 14.12.2000 eine **Stelle zur justitiellen Zusammenarbeit (Pro-Eurojust)** errichtet, deren Ziel die Verbesserung der Zusammenarbeit zwischen den einzelstaatlichen Behörden hinsichtlich Ermittlungs- und Strafverfolgungsmaßnahmen im Bereich der schweren Kriminalität sowie die Förderung und Verbesserung der Koordinierung der Ermittlungs- und Strafverfolgungsmaßnahmen unter den Mitgliedstaaten ist[39]. Jeder Mitgliedstaat hat einen Staatsanwalt, Richter oder Polizeibeamten an diese Stelle zu entsenden, der die Tätigkeit der Mitgliedstaaten in diesem Bereich zu unterstützen hat.

14 Nach Abs. 2 lit. a) dient Eurojust vorrangig der **Koordinierung der Ermittlung von Staatsanwaltschaften** in verschiedenen Mitgliedstaaten. Dies erfolgt durch die schlichte Weitergabe von Informationen über das jeweilige Strafrecht, die Information über den Stand von Ermittlungen und Gerichtsverfahren, die Unterstützung der Koordinierung und Durchführung von Ermittlungen in zwei oder mehreren Mitgliedstaaten, Europol zu beraten und schließlich Ermittlungserfahrungen u. a. im Kampf gegen die oK anläßlich von Treffen auszutauschen. Die nationalen Mitglieder von Eurojust sollen insofern befugt sein, das Strafregister des Heimatlandes zu konsultieren sowie auf das SIS zurückzugreifen.

---

35 ABl.EG Nr. L 140/1; s. *J. Vogel*, Strafrechtlicher Schutz des Euro vor Geldfälschung, ZRP 2002, S. 7.
36 S. hierzu *W. Schomburg*, Auf dem Wege zu einem einheitlichen Rechtsraum, DRiZ 2000, S. 341 f.; ders., Ein neuer Start! (Fn. 4), S. 801 ff.; S. *Schulte-Nover/E. Mahnken*, Eurojust, StV 2001, S. 541.
37 KOM (2000) 746; Mitteilung vom 22.11.2000
38 *W. Schomburg*, Eurojust neben Europol, Kriminalistik 2000, S. 13 ff.
39 Beschluß 200/799/JI vom 14.12.2000, ABl.EG Nr. L 324/2.

Eine zentrale Aufgabe von Eurojust besteht darüber hinaus in der **Unterstützung von** 15
den strafrechtlichen Ermittlungen in Fällen, die mit schwerer grenzübergreifender, insbesondere oK zusammenhängen, insbesondere unter Berücksichtigung von Europol-Analysen. Eurojust soll im Ergebnis einen anderen Mitgliedstaat von sich aus ersuchen dürfen, **Ermittlungen vorzunehmen**. Eine etwaige Weigerung muß grundsätzlich schriftlich begründet werden. Soweit die Tätigkeit von Eurojust den Charakter einer Informationseinheit überschreitet, bindet sie der Vertrag von Nizza an die Verfolgung einer »**schweren grenzüberschreitenden Kriminalität**«. Diese Begrifflichkeit verzichtet auf einen enumerativen Straftatenkatalog, wie er etwa für Europol gilt, verliert aber dabei ein erhebliches Maß an rechtsstaatlicher und kompetentieller Klarheit. Eine Auflistung der konkreten Straftaten wäre im Ergebnis wünschenswert gewesen.

Schließlich soll der Rat Maßnahmen beschließen gemäß Abs. 2 lit. c) zur Erleichterung 16
der Zusammenarbeit von Eurojust mit dem **Europäischen Justitiellen Netz**, insbesondere mit dem Ziel, die Erledigung von Rechtshilfe- und Auslieferungsersuchen zu erleichtern. Das Europäische Justitielle Netz ist mit der vom Rat am 29. Juni 1998 angenommenen gemeinsamen Maßnahme[40] eingerichtet wurde. Im Unterschied zu Eurojust arbeitet das Europäische Justitielle Netz allein über Kontaktstellen in den Mitgliedstaaten, während Eurojust als zwischenstaatliche Behörde ähnlich wie Europol einen festen Sitz einnehmen wird. Ziel des Netzes ist es, die Herstellung sachdienlicher Kontakte zwischen den Justizbehörden, die im Rahmen der internationalen justitiellen Zusammenarbeit Zuständigkeiten besitzen, zu erleichtern. Die Vertreter der Kontaktstellen haben vor allem die Aufgabe, auf Anfrage über die rechtlichen und praktischen Hintergründe zu Rechtshilfeersuchen zu informieren.

---

40 ABl.EG 1998 Nr. L 191/4 vom 7. Juli 1998.

Art. 32 (ex-Art. K.4)

Der Rat legt fest, unter welchen Bedingungen und innerhalb welcher Grenzen die in den Artikeln 30 und 31 genannten zuständigen Behörden im Hoheitsgebiet eines anderen Mitgliedstaats in Verbindung und in Absprache mit dessen Behörden tätig werden dürfen.

1 Die Öffnung der **Binnengrenzen** zwischen den Mitgliedstaaten verlangt eine verstärkte polizeiliche und justitielle Zusammenarbeit in der Union. Der **Rat** wird daher durch Art. 32 ermächtigt, Regelungen über Art und Umfang der Tätigkeit von **Polizei-, Justiz- und Zollbehörden** in **anderen Mitgliedstaaten** und deren Zusammenarbeit mit den inländischen Behörden zu treffen. Eingrenzend verlangt Art. 32 nur, daß die grenzüberschreitende Tätigkeit »**in Verbindung und in Absprache**« mit den jeweils zuständigen Behörden des anderen Mitgliedstaates zu erfolgen hat. Diese Regelungen betreffen insbesondere die **Nacheile** und die **grenzüberschreitende Observation**[1] von verdächtigen oder flüchtigen Personen. Observation meint **die verdeckte Verfolgung** von verdächtigen oder flüchtigen Personen zum Zwecke ihrer **Beobachtung,** Nacheile hingegen die **unmittelbare Verfolgung** von verdächtigen oder flüchtigen Personen zum Zwecke ihrer **Kontrolle oder Festnahme.**

1a Darüber hinaus erfaßt Art. 32 aber auch die Einrichtung gemeinsamer Teams aus Angehörigen mehrerer Mitgliedstaaten zur Verhütung und Verfolgung von Straftaten mit grenzüberschreitenden Bezügen. In Art. 13 des **Europäischen Übereinkommens über die Rechtshilfe in Strafsachen** vom 29.5.2000[2] werden insofern die Voraussetzungen des Einsatzes gemeinsamer Ermittlungsteams aus mehreren Mitgliedstaaten für die Bekämpfung des Drogen- und Menschenhandels sowie des Terrorismus in Fällen grenzüberschreitender Kriminalität geregelt. Das Rechtshilfeübereinkommen regelt auch den Einsatz verdeckter Ermittler auf dem Gebiet eines anderen Mitgliedstaates; die verdeckten Ermittlungen werden nach den innerstaatlichen Rechtsvorschriften und Verfahren des Mitgliedstaates durchgeführt, in dessen Hoheitsgebiet sie stattfinden (Art. 14).

2 Für die Schengen-Vertragsstaaten regeln Art. 40 und 41 SDÜ das Recht der **grenzüberschreitenden Observation und der Nacheile**[3]. Diese Vorschriften sind als Teil des »Schengen-Besitzstandes« der Rechtsgrundlage des Art. 32 zuzuordnen[4]. Zur **grenzüberschreitenden Observation** sind nur bestimmte, in Art. 40 Abs. 4 SDÜ genannte Polizeibeamte befugt. Die Observation setzt voraus, daß der betroffene Mitgliedstaat auf ein **Rechtshilfeersuchen** hin der Maßnahme zustimmt[5]. Nur bei **Gefahr im Verzug** und

---

1 K. D. *Schnapauff,* Der Amsterdamer Vertrag, ZFIS 1998, S. 18.
2 ABl.EG Nr. C 197/1 mit dem erläuternden Bericht vom 29.12.2000 (ABl.EG Nr. C 379/7).
3 S. näher zu den Einzelheiten W. *Schomburg/O. Lagodny,* Internationale Rechtshilfe, 3. Auflage 1998, Art. 40 und Art. 41 SDÜ; *S. Gleß/M. Lüke,* Rechtsschutz gegen grenzüberschreitende Strafverfolgung in Europa, Jura 2000, S. 400 ff; *H.-J. Cremer,* Der grenzüberschreitende Einsatz von Polizeibeamten nach dem deutsch-schweizerischen Polizeivertrag, ZaöRV 60 (2000), S. 103 ff.; B. *Heinrich,* Die Nacheile im Rahmen von Strafverfolgungsbehörden, NStZ 1996, S. 361 ff.; *J. Wolters,* Ausgleichsmaßnahmen nach dem SDÜ, Kriminalistik 1995, S. 172 ff.; K. G. *Grütjen,* Innere Sicherheit in der Europäischen Union, Kriminalpolizei 1997, S. 50 ff. m.w.N.; *J. M. Soarez,* Die polizeiliche Zusammenarbeit in Europa und der Rechtsschutz des Bürgers, VerwArch 89 (1998), S. 410 ff.; K. *Würz,* Das Schengener Durchführungsübereinkommen, 1997, S. 68 ff. (grenzüberschreitende Observation) und S. 84 ff. (grenzüberschreitende Nacheile).
4 S. zur rechtlichen Einordnung des »Schengen-Besitzstandes« s. Art. 61 EGV, Rn. 10 ff.
5 S. R. *Mokros,* in: Lisken/Denninger, HdPR, 3. Auflage 2001, Teil N, Rn. 78 f.; *Würz* (Fn. 3), S. 71 ff.

im Zusammenhang mit dem Verdacht einer bevorstehenden oder begangenen Straftat im Sinne Art. 40 Abs. 7 SDÜ bedarf es keiner vorherigen Information. Die Genehmigung des betroffenen Mitgliedstaates ist aber im nachhinein einzuholen. Die Beamten dürfen im fremden Hoheitsgebiet keine Waffen – außer zur Selbstverteidigung – einsetzen (Art. 40 Abs. 3 lit. d) SDÜ); sie dürfen ebensowenig Wohnungen oder öffentlich nicht zugängliche Grundstücke betreten (Art. 40 Abs. 3 lit. e) SDÜ) oder gar Personen festnehmen (Art. 40 Abs. 3 lit. f) SDÜ).

Hinsichtlich der **Nacheile** konnten sich die Schengen-Vertragsstaaten auf eine konkrete Regelung im SDÜ nicht verständigen. Man einigte sich darauf, daß jeder Vertragsstaat eine Erklärung abzugeben habe, ob und unter welchen Voraussetzungen eine Nacheile in seinem Hoheitsgebiet zulässig sei. Die Bundesrepublik Deutschland hat ihr Hoheitsgebiet sehr weitgehend für Befugnisse ausländischer Polizeibeamter aus EU-Staaten geöffnet. Die Nacheile ist weder räumlich noch zeitlich beschränkt, und sie ist möglich bei der Verfolgung sämtlicher auslieferungsfähiger Straftaten unter Einräumung des Festhalterechts[6]. Sie setzt tatbestandlich nur voraus, daß mit dem Verdächtigen bei der Grenzüberschreitung zumindest ein Sichtkontakt bestand.

3

Von **Praktikern** werden die derzeit geltenden Vorschriften über die grenzüberschreitende Observation und über die Nacheile als zu kompliziert und praxisfern kritisiert[7]. Sie ermöglichen ein Tätigwerden im Hoheitsgebiet eines anderen Mitgliedstaats ohne Information und Genehmigung der zuständigen Behörden der anderen Mitgliedstaates nur bei **Gefahr im Verzug** und nur für **kurze Zeit**. Außerdem läßt sich das hoheitliche Handeln anderer Staaten nach den Grundsätzen der Staatenimmunität nicht durch nationale Gerichte überprüfen.

4

---

6 S. die Erklärung der Bundesrepublik Deutschland, BGBl. II 1993, S. 1093.
7 S. *E. v. Bubnoff*, Die Funktionsfähigkeit der vertraglichen Nacheileregelungen über die Grenzen und Ansätze für deren Verbesserung; ZRP 2000, S. 60 ff.; *Brammertz*, Rechtsprobleme der grenzüberschreitenden polizeilichen Zusammenarbeit zwischen den Schengener Staaten, in: Polizeiakademie Münster, Europa der durchlässigen Grenzen, 1997, S. 114 ff.; *G. Hertweck*, Hindernisse auf dem Weg nach Europa, Kriminalistik 1995, S. 721; *K.-P. Nanz*, Das Schengener Übereinkommen, Integration 1994, S. 102; *R. Krüger*, Innere Sicherheit für Europa, Kriminalistik 1994, S. 775; *P. Schultz*, Aktuelle Probleme des Schengener Durchführungsübereinkommens aus der Sicht Frankreichs, in: Polizeiakademie Münster, Europa der durchlässigen Grenzen, 1997, S. 89 ff.; *Wolters* (Fn. 3), S. 173 f.

Art. 33 (ex-Art. K.5)

Dieser Titel berührt nicht die Wahrnehmung der Zuständigkeiten der Mitgliedstaaten für die Aufrechterhaltung der öffentlichen Ordnung und den Schutz der inneren Sicherheit.

Die Vorschrift des Art. 33 entspricht im Wortlaut Art. 64 Abs. 1 EGV und geht zurück auf Art. K. 2 Abs. 2 aus der Fassung des Maastrichter Vertrages. Nachdem die PJZS mit Inkrafttreten des Vertrags von Amsterdam der (fakultativen) Kompetenz des EuGH unterliegt (s. Art. 35) und mit dem Rahmenbeschluß ein dem Gemeinschaftsrecht angenähertes Handlungsinstrument geschaffen worden ist (s. Art. 34 Abs. 2 lit. b)), dürfte die Auffassung nicht mehr zu halten sein, daß die Mitgliedstaaten **autonom** über Inhalt und Reichweite des **ordre-public-Vorbehalts** bestimmen[1]. Die Begriffe der **Aufrechterhaltung der öffentlichen Ordnung** und des **Schutzes der inneren Sicherheit** sind vielmehr **unionsrechtlich** auszulegen und anzuwenden, wobei den Mitgliedstaaten ein **weiter Einschätzungs- und Beurteilungsspielraum** zusteht[2]. Insofern gelten die zu Art. 64 Abs. 1 EGV dargelegten Überlegungen entsprechend[3].

---

1 S. etwa M. *Pechstein/Ch. Koenig*, EU, Rn. 351.
2 A. A. K. *Hailbronner*, in: HK-EUV, Art. K, Rn. 74.
3 S. Art. 64 EGV, Rn. 2 ff.

Art. 34 (ex-Art. K.6)

(1) In den Bereichen dieses Titels unterrichten und konsultieren die Mitgliedstaaten einander im Rat, um ihr Vorgehen zu koordinieren. Sie begründen hierfür eine Zusammenarbeit zwischen ihren zuständigen Verwaltungsstellen[1 f.].

(2) Der Rat ergreift Maßnahmen und fördert in der geeigneten Form und nach den geeigneten Verfahren, die in diesem Titel festgelegt sind, eine Zusammenarbeit, die den Zielen der Union dient[3]. Hierzu kann er auf Initiative eines Mitgliedstaats oder der Kommission einstimmig[4 f.]
a) gemeinsame Standpunkte annehmen, durch die das Vorgehen der Union in einer gegebenen Frage bestimmt wird[6];
b) Rahmenbeschlüsse zur Angleichung der Rechts- und Verwaltungsvorschriften der Mitgliedstaaten annehmen. Rahmenbeschlüsse sind für die Mitgliedstaaten hinsichtlich des zu erreichenden Ziels verbindlich, überlassen jedoch den innerstaatlichen Stellen die Wahl der Form und der Mittel. Sie sind nicht unmittelbar wirksam[7ff.];
c) Beschlüsse für jeden anderen Zweck annehmen, der mit den Zielen dieses Titels in Einklang steht, mit Ausnahme von Maßnahmen zur Angleichung der Rechts- und Verwaltungsvorschriften der Mitgliedstaaten. Diese Beschlüsse sind verbindlich und nicht unmittelbar wirksam; der Rat nimmt mit qualifizierter Mehrheit Maßnahmen an, die zur Durchführung dieser Beschlüsse auf Unionsebene erforderlich sind[10];
d) Übereinkommen erstellen, die er den Mitgliedstaaten zur Annahme gemäß ihren jeweiligen verfassungsrechtlichen Vorschriften empfiehlt. Die Mitgliedstaaten leiten die entsprechenden Verfahren innerhalb einer vom Rat gesetzten Frist ein[11].
Sofern in den Übereinkommen nichts anderes vorgesehen ist, treten sie, sobald sie von mindestens der Hälfte der Mitgliedstaaten angenommen wurden, für diese Mitgliedstaaten in Kraft. Maßnahmen zur Durchführung der Übereinkommen werden im Rat mit der Mehrheit von zwei Dritteln der Vertragsparteien angenommen[12].

(3) Ist für einen Beschluß des Rates die qualifizierte Mehrheit erforderlich, so werden die Stimmen der Mitglieder nach Artikel 205 Absatz 2 des Vertrags zur Gründung der Europäischen Gemeinschaft gewogen; Beschlüsse kommen mit einer Mindeststimmenzahl von 62 Stimmen zustande, welche die Zustimmung von mindestens zehn Mitgliedern umfassen[5].

(4) In Verfahrensfragen beschließt der Rat mit der Mehrheit seiner Mitglieder[5].

Inhaltsübersicht:

I. Allgemeines	1
II. Unterrichtung und Konsultation der Mitgliedstaaten	2
III. Handlungsformen der Union im Rahmen der PJZS	3
1. Überblick	3
2. Gemeinsame Standpunkte	6
3. Rahmenbeschluß	7
4. Beschlüsse	10
5. Völkerrechtliche Übereinkommen	11

Winfried Brechmann

Art. 34 EU-Vertrag

I. Allgemeines

1 Die **Handlungsformen** und das **Verfahren** der zwischenstaatlichen Zusammenarbeit im Rahmen der PJZS bezeichnet Art. 34. Die Vorschrift faßt die Art. K. 3 und K. 4 Abs. 3 Maastrichter Fassung zusammen, enthält darüber hinaus aber auch neue Rechtsformen wie etwa den **Rahmenbeschluß**. Hinsichtlich des Verfahrens sind im Vergleich zum Vertrag von Maastricht vor allem die **Rechte der Kommission** und des **Parlaments** (s. hierzu Art. 39) gestärkt worden.

II. Unterrichtung und Konsultation der Mitgliedstaaten

2 In wörtlicher Übereinstimmung mit Art. K. 3 Abs. 1 Maastrichter Fassung begründet Art. 34 Abs. 1 eine **Pflicht der Mitgliedstaaten** zur **gegenseitigen Unterrichtung** und **Konsultation**, um die Maßnahmen im Bereich der PJZS zu **koordinieren**[1]. Die Zusammenarbeit erfolgt nicht unmittelbar zwischen den Mitgliedstaaten, sondern - aufgrund des vom Gemeinschaftsrecht vorgegebenen institutionellen Rahmens (s. näher Art. 3 Abs. 1) - **im Rat**[2]; sie wird durch eine enge Zusammenarbeit der jeweils zuständigen **Verwaltungsstellen** einschließlich der Justizbehörden in den Mitgliedstaaten flankiert und dadurch gesichert.

III. Handlungsformen der Union im Rahmen der PJZS

1. Überblick

3 Die im Rahmen des Titels VI des Unionsvertrags möglichen **Handlungsformen** der Union benennt Art. 34 Abs. 2. Sie werden vom Rat als dem bestimmenden Entscheidungs- und Rechtsetzungsorgan beschlossen. Namentlich aufgeführt werden gemeinsame Standpunkte, Rahmenbeschlüsse, Beschlüsse und Übereinkommen. Neben den vier benannten Handlungsformen kann der Rat auch weitere geeignete Formen ergreifen, um die Zusammenarbeit zu fördern[3]. Zu denken ist dabei vor allem an die **Empfehlung** oder die **Entschließung**. In einer Erklärung zur Schlußakte zum Amsterdamer Vertrag haben die Mitgliedstaaten bekräftigt, die Initiativen und Rechtsakte im Bereich dieses Titels im Amtsblatt der EG zu **veröffentlichen**.

4 Das **Verfahren** für das Zustandekommen der Rechtsakte und Initiativen regelt Abs. 2 Satz 2. Danach wird der Rat grundsätzlich **einstimmig** auf **Initiative eines Mitgliedstaates** oder **der Kommission** tätig. Durch den Verweis auf die entsprechende Anwendung des Art. 205 Abs. 3 EGV in Art. 41 Abs. 1 wird klargestellt, daß die Stimmenthaltung dem Zustandekommen von einstimmigen Beschlüssen nicht im Wege steht. Mehrere Initiativen müssen grundsätzlich nebeneinander behandelt werden[4].

5 Die **Kommission** besitzt - im Gegensatz zur früheren Regelung des Art. K. 3 Abs. 2 i. V. m. Art. K. 1 Nr. 7–9 Maastrichter Fassung[5] - ein umfassendes **Initiativrecht**. Für die Zusammensetzung und das Verfahren der Beschlußfassung der Kommission gelten

---

1 Zu Art. K. 3 Abs. 1 s. *M. Degen*, in: GTE, EU-/EGV, Art. K. 3, Rn. 1 f.
2 *K. Hailbronner*, in: HK-EUV, Art. K, Rn. 75.
3 *M. Degen*, in: GTE, EU-/EGV, Art. K, Rn. 3.
4 *A.A. V. Röben*, in: Grabitz/Hilf, EU, Art. 34, Rn. 5.
5 *M. Degen*, in: GTE, EU-/EGV, Art. K. 3, Rn. 16 ff.; *K. Hailbronner*, in: HK-EUV, Art. K, Rn. 126.

gemäß Art. 41 Abs. 1 die gemeinschaftsrechtlichen Vorschriften der Art. 213 bis 219 EGV entsprechend. Dem **Parlament** steht ein **Anhörungsrecht** nach Maßgabe des Art. 39 Abs. 1 zu. Abweichend vom Einstimmigkeitsprinzip kommen Entscheidungen über die **Durchführung von Beschlüssen** (lit. c) Satz 2) oder von **Übereinkommen** (lit. d) Satz 4) im Rat mit **qualifizierter Mehrheit** oder mit der Mehrheit von zwei Dritteln der Mitgliedstaaten zustande. In **Verfahrensfragen**, etwa über die Geschäftsordnung, beschließt der Rat sogar nur mit **einfacher Mehrheit**.

2. Gemeinsame Standpunkte

Gemäß Art. 34 Abs. 2 lit. a) kann der Rat – wie bereits nach Art. K. 3 Abs. 2 lit. a) Maastrichter Fassung – **gemeinsame Standpunkte** festlegen. Die systematische Auslegung dieser Bestimmung im Lichte des Art. 37 und des Art. 39 unterstreicht, daß gemeinsame Standpunkte vor allem für die **Außenbeziehungen der Union und ihrer Mitgliedstaaten** von Bedeutung sind. Sie dienen zum einen als **Zielsetzung**, zum anderen als **rechtlicher Rahmen** für den jeweiligen Vorsitz, der die Union in Angelegenheiten der dritten Säule nach außen hin vertritt[6]. Maßnahmen, die einen innerstaatlichen Umsetzungsbedarf hervorrufen, sind im Wege der anderen Handlungsinstrumente der Union zu beschließen. Im Unterschied zu der Regelung in Art. K. 3 Abs. 2 lit. a) sieht Art. 34 Abs. 2 lit. a) vor, daß durch die Annahme eines gemeinsamen Standpunkts **das Vorgehen der Union** in einer gegebenen Frage **bestimmt** wird. Die frühere Rechtsunsicherheit über die **rechtliche Bindungswirkung** eines gemeinsamen Standpunkts[7] und die negativen Erfahrungen mit der Befolgung der nach Art. J. 2 und Art. K. 3 Abs. 2 lit. a) gefaßten gemeinsamen Standpunkte haben die Mitgliedstaaten dazu bewogen, die **bindende Wirkung** der gemeinsamen Standpunkte zu verdeutlichen. Die Bindungswirkung beschränkt sich allerdings auf die **völkerrechtliche Verpflichtung** der Mitgliedstaaten, alle erforderlichen Maßnahmen zu treffen, um den Vorgaben des gemeinsamen Standpunkts zu entsprechen[8].

6

3. Rahmenbeschluß

Der in Abs. 2 lit. b) neu in den Unionsvertrag als Handlungsinstrument aufgenommene **Rahmenbeschluß** lehnt sich eng an die **EG-Richtlinie** i. S. d. Art. 249 Abs. 3 EGV an. Der Rahmenbeschluß ersetzt die bisherige, hinter den Erwartungen zurückgebliebene **gemeinsame Maßnahme** i. S. d. Art. K. 3 Abs. 2 lit. b) Maastrichter Fassung[9]. Ebenso wie die EG-Richtlinie[10] verlangt der Rahmenbeschluß gemäß Art. 34 Abs. 2 lit. b) eine **Angleichung der nationalen Rechts- und Verwaltungsvorschriften** und ist für die Organe und Behörden in den Mitgliedstaaten einschließlich der Legislative **unmittelbar verbindlich**[11]; sie haben die innerstaatliche Rechtsordnung an das in dem Rahmenbeschluß vor-

7

---

6 *K. D. Schnapauff*, Der Amsterdamer Vertrag, ZFIS 1998, S. 19.
7 S. näher *K. Hailbronner*, in: HK-EUV, Art. K., Rn. 76 bis 87; *P.-C. Müller-Graff*, CLMRev. 31 (1994), S. 509; *Pechstein/Koenig*, EU, Rn. 231 ff.
8 *K. Hailbronner*, in: HK-EUV, Art. K, Rn. 88; *Pechstein/Koenig*, EU, Rn. 236; *Ch. Thun-Hohenstein*, Der Vertrag von Amsterdam, Wien 1997, S. 43 f.
9 S. näher zur gemeinsamen Maßnahme *M. Degen*, in: GTE, EU-/EGV, Art. K. 3, Rn. 5 ff.; *K. Hailbronner*, in: HK-EUV, Art. K, Rn. 92–99.
10 S. W. *Brechmann*, Die richtlinienkonforme Auslegung, 1994, S. 10 m. w. N.
11 *S. V. Röben*, in: Grabitz/Hilf, EU, Rn. 15 ff.; *Schnapauff* (Fn. 5), S. 18 f.; *R. Scholz/H. Hofmann*, Der Vertrag von Amsterdam im Lichte des Art. 23 GG, Europablätter 1998, S. 7 ff.; a. A. *Pechstein/Koenig*, EU, Rn. 249 f.

gegebene **Ergebnis**[12] anzupassen. Dieses Handlungsinstrument weist über die bisherige, allein zwischenstaatliche Zusammenarbeit der Mitgliedstaaten hinaus, weil es eine **Transformation** zur innerstaatlichen Anwendung des völkerrechtlichen Rechtsaktes nicht mehr bedarf. Der Rahmenbeschluß unterstreicht damit den besonderen, vom klassischen Völkerrecht unterschiedlichen Charakter der Union[13].

8 Den für die Umsetzung zuständigen innerstaatlichen Stellen bleibt bei der **Wahl der Form und Mittel**, wie das Ziel erreicht werden soll, ein Entscheidungsspielraum. Es gelten aber auch insofern die vom **EuGH** zur EG-Richtlinie entwickelten Einschränkungen entsprechend. Danach hat jeder Mitgliedstaat diejenige **Form der Umsetzung** zu wählen, welche die **praktische Wirksamkeit** des Rahmenbeschlusses am besten gewährleistet[14]. Die Regelungsdichte eines Rahmenbeschlusses ist in Abs. 2 lit. b) nicht geregelt; auch **detaillierte Einzelregelungen** sind daher grundsätzlich zulässig (anders Art. 75 Abs. 2 GG)[15].

9 Art. 34 Abs. 2 lit. b) Satz 2 erklärt die Rahmenbeschlüsse für nicht unmittelbar wirksam. Der **Ausschluß der unmittelbaren Wirksamkeit** deutet darauf hin, daß die Mitgliedstaaten einer parallelen Entwicklung der Rechtsprechung des EuGH wie bei der **unmittelbaren Anwendbarkeit von Richtlinien** für den Fall ihrer nicht rechtzeitigen Umsetzung vorbeugen wollten[16]. Der Rahmenbeschluß begründet mithin **keine subjektiven Rechte** für die Bürger, auf die sie sich bei dessen Nichtumsetzung berufen könnten. Dieser Vorbehalt wirft aber mehr Unklarheiten auf als er Lösungen bietet, so etwa hinsichtlich der Frage von etwaigen **Schadensersatzansprüchen** bei nicht fristgerechter Umsetzung eines Rahmenbeschlusses[17]. Zu bemängeln ist weiterhin, daß es an der Möglichkeit eines **Vertragsverletzungsverfahrens** nach Art. 226 EGV fehlt, um die Umsetzungspflicht effektiv durchzusetzen[18].

4. Beschlüsse

10 Auch die in lit. c) genannten **Beschlüsse** sind für die Mitgliedstaaten verbindlich[19]. Sie unterscheiden sich von den Rahmenbeschlüssen durch Zielsetzung und Adressaten. So dienen die Beschlüsse nicht der Angleichung von Verwaltungs- und Rechtsvorschriften, sondern betreffen »jeden anderen Zweck«; sie wenden sich mithin nur an die **rechtsanwendenden (Exekutiv-)Organe** in den Mitgliedstaaten[20]. Wie der Rahmenbeschluß entfaltet auch der einfache Beschluß **keine unmittelbare Wirkung** und begründet mithin **keine subjektiven Rechte** zugunsten des Einzelnen. Maßnahmen, die zur Durchführung der einfachen Beschlüsse auf Unionsebene gefaßt werden, sind gemäß Art. 34 Abs. 2 (anders nach Art. K. 3 Abs. 2 lit. b) – Kann-Regelung) schon vor **Ablauf der Übergangsfrist mit qualifizierter Mehrheit** zu treffen. Den Begriff der »qualifizierten Mehrheit« wird näher in Abs. 4 beschrieben.

---

12 S. näher zu der sprachlich ungenauen Übersetzung mit dem Wort »Ziel« in dem gleichlautenden Art. 249 Abs. 3 EGV: *H. P. Ipsen*, Richtlinien-Ergebnisse, in: FS – Ophüls, 1966, S. 67 ff.
13 A. A. *Pechstein/Koenig*, EU, Rn. 248 ff.
14 S. näher Art. 249 EGV, Rn. 46 m. w. N.
15 *Brechmann* (Fn. 10), S. 11 m. w. N. zur EG-Richtlinie.
16 S. *Thun-Hohenstein* (Fn. 7), S. 44; vor allem *U. Everling*, Zur direkten innerstaatlichen Wirkung von EG-Richtlinien, in: FS Carstens, 1984, S. 95 ff.; s. Art. 249 EGV m. w. N.
17 Ablehnend *L. Harings*, Die Zusammenarbeit in den Bereichen Justiz und Inneres, EuR 1998, S. 88; s. näher Art. 288 EGV, Rn. 46 f. für EG-Richtlinien.
18 S. *P.-C. Müller-Graff*, Justiz und Inneres nach Amsterdam, Integration 1997, S. 279.
19 S. *Pechstein/Koenig*, EU, Rn. 251 f.; *Thun-Hohenstein* (Fn. 7), S. 45.
20 *Schnapauff* (Fn. 6), S. 19.

5. Völkerrechtliche Übereinkommen

Die Ausarbeitung von völkerrechtlichen Übereinkommen und deren Empfehlung zur Annahme gemäß Art. 34 Abs. 2 lit. d) durch den **Rat** entspricht der früheren Regelung in Art. K. 3 Abs. 2 lit. c) Maastrichter Fassung[21]. Es handelt sich ausschließlich um Übereinkommen zwischen den Mitgliedstaaten, nicht auch zwischen Mitgliedstaaten und Drittstaaten. Die offizielle Empfehlung des Rates verpflichtet die Mitgliedstaaten gemäß Art. 34 Abs. 2 lit. d) Satz 2 allein dazu, das **Ratifizierungsverfahren** innerhalb einer vom Rat gesetzten Frist einzuleiten[22]. Eine rechtliche Bindung der Mitgliedstaaten tritt erst nach dem Abschluß des **innerstaatlichen Ratifikationsverfahrens** ein[23]. Speziellere Rechtsgrundlagen für die Ausarbeitung von Übereinkommen finden sich in Art. 190 Abs. 4 (Europawahlrecht) und in Art. 293 EGV (vor allem für das Gesellschaftsrecht und die Anerkennung und Vollstreckung richterlicher Entscheidungen); sie gehen dem Unionsrecht vor[24].

11

Im Unterschied zu Art. K. 3 Abs. 2 lit. c) tritt ein Übereinkommen, sobald es von **mindestens der Hälfte** der Mitgliedstaaten angenommen, d. h. ratifiziert wurde, gemäß Art. 34 Abs. 2 lit. d) Satz 3 für **diese Mitgliedstaaten in Kraft**[25]. Die Mitgliedstaaten können indes eine von diesem Quorum abweichende Regelung treffen. In Zukunft bestimmt mithin nicht mehr der langsamste Mitgliedstaat das Tempo der Umsetzung[26]. Maßnahmen zur Durchführung der Übereinkommen können mit Zwei-Drittel-Mehrheit der Mitgliedstaaten angenommen werden. Sie entfalten **keine unmittelbare Wirkung** in den Mitgliedstaaten[27].

12

---

21 S. hierzu näher, *M. Degen*, in: GTE, EU-/EGV, Art. K. 3, Rn. 1 ff. m. w. N.
22 A. A. *M. Degen*, in: GTE, EU-/EGV, Art. K. 3, Rn. 13.
23 *K. Hailbronner*, in: HK-EUV, Art. K, Rn. 101; *Pechstein/Koenig*, EU, Rn. 253.
24 *M. Degen*, in: GTE, EU-/EGV, Art. K. 3, Rn. 11.
25 Zum Verfahren s. näher *M. Degen*, in: GTE, EU-/EGV, Art. K. 3, Rn. 12; *Pechstein/Koenig*, EU, Rn. 255.
26 *M. Degen*, in: GTE, EU-/EGV, Vorbem. zu den Art. K bis K. 9, Rn. 35; kritisch eher *Harings* (Rn. 16), S. 90.
27 Ebenso *Pechstein/Koenig*, EU, Rn. 257 ff.; a. A. *K. Hailbronner*, in: HK-EUV, Art. K, Rn. 106.

Art. 35 (ex-Art. K.7)

(1) Der Gerichtshof der Europäischen Gemeinschaften entscheidet unter den in diesem Artikel festgelegten Bedingungen im Wege der Vorabentscheidung über die Gültigkeit und die Auslegung der Rahmenbeschlüsse und Beschlüsse, über die Auslegung der Übereinkommen nach diesem Titel und über die Gültigkeit und die Auslegung der dazugehörigen Durchführungsmaßnahmen[1 f.].

(2) Jeder Mitgliedstaat kann durch eine bei der Unterzeichnung des Vertrags von Amsterdam oder zu jedem späteren Zeitpunkt abgegebene Erklärung die Zuständigkeit des Gerichtshofs für Vorabentscheidungen nach Absatz 1 anerkennen[3].

(3) Ein Mitgliedstaat, der eine Erklärung nach Absatz 2 abgibt, bestimmt, daß
a) entweder jedes seiner Gerichte, dessen Entscheidungen selbst nicht mehr mit Rechtsmitteln des innerstaatlichen Rechts angefochten werden können, eine Frage, die sich in einem schwebenden Verfahren stellt und die sich auf die Gültigkeit oder die Auslegung eines Rechtsakts nach Absatz 1 bezieht, dem Gerichtshof zur Vorabentscheidung vorlegen kann, wenn es eine Entscheidung darüber zum Erlaß seines Urteils für erforderlich hält,
b) oder jedes seiner Gerichte eine Frage, die sich in einem schwebenden Verfahren stellt und die sich auf die Gültigkeit oder die Auslegung eines Rechtsakts nach Absatz 1 bezieht, dem Gerichtshof zur Vorabentscheidung vorlegen kann, wenn es eine Entscheidung darüber zum Erlaß seines Urteils für erforderlich hält[4].

(4) Jeder Mitgliedstaat kann unabhängig davon, ob er eine Erklärung nach Absatz 2 abgegeben hat oder nicht, beim Gerichtshof in Verfahren nach Absatz 1 Schriftsätze einreichen oder schriftliche Erklärungen abgeben.

(5) Der Gerichtshof ist nicht zuständig für die Überprüfung der Gültigkeit oder Verhältnismäßigkeit von Maßnahmen der Polizei oder anderer Strafverfolgungsbehörden eines Mitgliedstaats oder der Wahrnehmung der Zuständigkeiten der Mitgliedstaaten für die Aufrechterhaltung der öffentlichen Ordnung und den Schutz der inneren Sicherheit[5].

(6) Der Gerichtshof ist für die Überprüfung der Rechtmäßigkeit der Rahmenbeschlüsse und Beschlüsse bei Klagen zuständig, die ein Mitgliedstaat oder die Kommission wegen Unzuständigkeit, Verletzung wesentlicher Formvorschriften, Verletzung dieses Vertrags oder einer bei seiner Durchführung anzuwendenden Rechtsnorm oder wegen Ermessensmißbrauchs erhebt. Das in diesem Absatz vorgesehene Gerichtsverfahren ist binnen zwei Monaten nach Veröffentlichung der Maßnahme einzuleiten[6].

(7) Der Gerichtshof ist für Entscheidungen über alle Streitigkeiten zwischen Mitgliedstaaten bezüglich der Auslegung oder der Anwendung der nach Artikel 34 Absatz 2 angenommenen Rechtsakte zuständig, die der Rat nicht innerhalb einer Frist von sechs Monaten nach seiner Befassung durch eines seiner Mitglieder beilegen kann. Ferner ist der Gerichtshof für Entscheidungen über alle Streitigkeiten zwischen Mitgliedstaaten und der Kommission bezüglich der Auslegung oder der Anwendung der nach Artikel 34 Absatz 2 Buchstabe d erstellten Übereinkommen zuständig[7].

Inhaltsübersicht:
1. Allgemeines   1
2. Vorabentscheidungsverfahren   2
3. Nichtigkeitsklage   6
4. Zuständigkeit für Organstreitigkeiten   7

1. Allgemeines

Art. 35 regelt die **Zuständigkeit des EuGH** für die Auslegung und Anwendung von Rechtsakten im Bereich der PJZS[1]. Der **Vertrag von Maastricht** sah in Art. L lit. b) i.V.m. Art. K. 3 Abs. 2 a. F. vor, daß die Zuständigkeit des EuGH für die Auslegung und Anwendung von Übereinkommen von einer entsprechenden Regelung in dem jeweiligen Übereinkommen abhängen sollte. Der **Amsterdamer Vertrag** hat dagegen durch die Einfügung des Art. 35 eine erhebliche Verstärkung des Rechtsschutzes sowohl hinsichtlich der überprüfbaren Rechtsakte als auch hinsichtlich der Verfahrensarten bewirkt. **Art. 46 lit. b)** erklärt die Bestimmungen des EGV betreffend die Zuständigkeit des EuGH und die Ausübung dieser Zuständigkeit für die Bestimmungen des Titels VI (Art. 29 ff.) nach Maßgabe des Art. 35 für anwendbar. Das bedeutet, daß **für die in Art. 35 genannten Verfahrensarten** die Vorschriften über das allgemeine Verfahren vor dem EuGH ergänzend Anwendung finden[2]. Demgegenüber gelten gemäß Art. 40 Abs. 1 UAbs. 2 für Maßnahmen im Bereich einer **verstärkten Zusammenarbeit** gemäß Art. 40 Abs. 1 bis 3 auch die übrigen der in den Art. 220 ff. EGV genannten Verfahrensarten. 1

2. Vorabentscheidungsverfahren

Die Absätze 1 bis 5 regeln in Anlehnung an Art. 234 EGV das **Verfahren der Vorabentscheidung**. Danach kann auf die Vorlage eines nationalen Gerichts hin die Gültigkeit und die Auslegung von **Rahmenbeschlüssen, Beschlüssen** und anderen jeweils hierzu ergangenen **Durchführungsmaßnahmen** vom EuGH überprüft werden. Übereinkommen können hingegen nur hinsichtlich einer streitigen Auslegung oder Anwendung, nicht aber hinsichtlich ihrer Gültigkeit vorgelegt werden (s. Abs. 5). In diesen Verfahren hat der EuGH die Möglichkeit und Notwendigkeit, das Primärrecht auszulegen und anzuwenden.[3] 2

Die Zuständigkeit des Gerichtshofs hängt von einer **Erklärung der Mitgliedstaaten** ab, mit der die Zuständigkeit des EuGH für Vorabentscheidungsverfahren im Bereich der PJZS **generell anerkannt** wird. Diese Regelung ist an die fakultative Erklärung der obligatorischen Gerichtsbarkeit des IGH gemäß Art. 36 Abs. 2 IGH-Statut angelehnt und im näheren dem Auslegungsprotokoll zum Europol-Übereinkommen nachgebildet.[4] Eine Genehmigung im Einzelfall sieht Art. 35 nicht vor. Ein Widerruf der Erklärung ist mit dem besonderen Status des Unionsrechts im Vergleich zum Völkerrecht nicht vereinbar[5]. 3

Die Mitgliedstaaten können die **Vorlagebefugnis** allen Gerichten (lit. a)) oder nur den funktionell letztinstanzlichen Gerichten (lit. b)) einräumen. Für die **letztinstanzlichen Gerichte** kann der Mitgliedstaat nach einer entsprechenden Erklärung zur Schlußakte des Vertrags von Amsterdam auch eine **Verpflichtung zur Vorlage** einführen, muß dies aber nicht[6]. Die **nationalen Gerichte** sind indes nur dann zur Vorlage verpflichtet, wenn 4

---

1 S. hierzu näher *Pechstein/Koenig*, EU, Rn. 390; *Ch. Thun-Hohenstein*, Der Vertrag von Amsterdam, Wien 1997, S. 46 ff.; kritisch für den Bereich der Strafsachen *W. Schomburg*, Strafsachen in der Europäischen Union, NJW 1999, S. 543.
2 O. *Dörr/U. Mager*, Rechtswahrung und Rechtsschutz nach Amsterdam, AöR 2000, S. 386, 407.
3 A. A. *Dörr/Mager* (Fn. 2), S. 412.
4 ABl.EG 1996 Nr. C 299/1.
5 Ebenso *C. D. Classen*, Die Jurisdiktion des Gerichtshofs der EG nach Amsterdam, EuR, Beiheft 1/1999, S. 73, 86 f.; *V. Röben*, in: Grabitz/Hilf, EU, Art. 68, Rn. 10; a. A. *Dörr/Mager* (Fn. 2), S. 410.
6 Erklärung zu Art. K. 7 des Vertrags über die Europäische Union, ABl.EG 1997, Nr. C 340/133; a. A. *P.-C. Müller-Graff*, Justiz und Inneres nach Amsterdam, Integration 1997, S. 281, der hierin ein redaktionelles Versehen vermutet.

sie die Vorlagefrage für **entscheidungserheblich** halten[7]. **Deutschland** hat durch das **EuGH-Gesetz** vom 6.8.1998[8] jedem Gericht die Möglichkeit zu einer Vorlage nach Art. 35 eingeräumt und die letztinstanzlichen Gerichte zu einer Vorlage verpflichtet. Eine unionskonforme Auslegung des EuGH-Gesetzes legt es nahe, daß die Vorlagebefugnis von Instanzgerichten sich zu einer Vorlagepflicht verdichtet, wenn Instanzgerichte sekundäres Unionsrecht für ungültig halten.[9]

5 Die gerichtliche Zuständigkeit des EuGH erstreckt sich gemäß Absatz 5 nicht auf Fragen, die die Wahrnehmung der Zuständigkeit der Mitgliedstaaten **für die Aufrechterhaltung der öffentlichen Ordnung** und den **Schutz der inneren Sicherheit** berühren[10]. Vom Wortlaut her werden nur polizeiliche und Strafverfolgungsmaßnahmen der Mitgliedstaaten erfaßt, so daß der Ausschlußtatbestand nur im Rahmen einer Nichtigkeitsklage Anwendung finden könnte, die aber ihrerseits für den Bereich der PJZS keine Anwendung findet, auch nicht über Art. 46 lit. b). Die Ausnahmeregelung macht nur Sinn, wenn man bedenkt, daß im Wege der Entscheidung über eine Vorlage zugleich auch mittelbar über die Gültigkeit nationalen Rechts mitentschieden wird. Die Ausschlußklausel des Absatzes 2 wird im Schrifttum zu Recht kritisiert, da dadurch eine **einheitliche Rechtssetzung und -anwendung** verhindert wird[11]. Der Gerichtshof darf aber prüfen, ob eine Maßnahme den in Art. 35 Abs. 5 genannten Zielen überhaupt dient[12].

3. Nichtigkeitsklage

6 Art. 35 Abs. 6 gestattet der **Kommission** und den **Mitgliedstaaten** in Anlehnung an die Nichtigkeitsklage nach Art. 230 Abs. 2 EGV die Erhebung einer **Nichtigkeitsklage** gegen **Rahmenbeschlüsse und Beschlüsse** des Rates einschließlich der hierzu ergangenen Durchführungsvorschriften wegen bestimmter Fehler (wesentliche Formfehler, Verletzung des Vertrags oder einer bei seiner Durchführung anzuwendenden Rechtsnorm und Ermessensmißbrauch)[13]. **Übereinkommen** hingegen können nicht zum Gegenstand der Klage gemacht werden. Die Nichtigkeitsklage ist gemäß Abs. 6 Satz 2 innerhalb einer Frist von zwei Monaten nach Veröffentlichung der Maßnahme zu erheben; im übrigen gelten die zu Art. 230 Abs. 2 EGV entwickelten Grundsätze gemäß Art. 46 lit. b) entsprechend für die Auslegung und Anwendung des Art. 35 Abs. 6[14]. Eine **Antragsberechtigung für natürliche oder juristische Personen** entsprechend Art. 230 Abs. 4 EGV sieht Art. 35 Abs. 6 allerdings nicht vor. Eine Rechtsschutzlücke ist hierin nicht zu sehen, da den Rechtsakten nach Art. 34 Abs. 2 **keine unmittelbare Wirkung** gegenüber Einzelnen zukommt[15]. Der EuGH ist mangels einer dem Art. 231 EGV vergleichbaren Regelung auf die Feststellung der Nichtigkeit beschränkt.

---

7 EuGH, Rs. 283/81, 6.10.1982, Slg. 1983, S. 3415, Rn. 10 (C.I.L.F.I.T.); s. näher Art. 234, Rn. 24.
8 BGBl. I 1998, S. 2035.
9 S. zum Gemeinschaftsrecht EuGH, Rs. 314/85, Slg. 1987, 4199, Rn. 15 ff. (Foto Frost); s. zum Streitstand Art. 68 EGV, Rn. 3
10 S. hierzu im einzelnen *Dörr/Mager* (Fn. 2), S. 413 ff.
11 *Müller-Graff* (Fn. 6), S. 281.
12 *Pechstein/Koenig*, EU, Rn. 390.
13 S. *Dörr/Mager* (Fn. 2), S. 416, die Durchführungsmaßnahmen nicht miteinschließen; C. D. Classen (Fn. 5), S. 83 f.
14 S. Art. 230 EGV, Rn. 70 ff.
15 Ebenso *Pechstein/Koenig*, EU, Rn. 390; *Dörr/Mager* (Fn. 2), S. 417; V. *Röben*, in: Grabitz/Hilf, EUV, Art. 35, Rn. 33.

4. Zuständigkeit für Organstreitigkeiten

Ein neue gerichtliche Zuständigkeit begründet Abs. 7. Nach dessen Satz 1 ist der Gerichtshof zuständig für Entscheidungen von **Rechtsstreitigkeiten zwischen den Mitgliedstaaten** bezüglich der Auslegung und Anwendung der nach Art. 34 Abs. 2 angenommenen Rechtsakte, wenn eine Streitbeilegung im Rat **innerhalb von sechs Monaten ergebnislos** bleibt[16]. Die Frist beginnt mit der erstmaligen Befassung des Rates mit der Angelegenheit. Satz 2 begründet ferner eine Zuständigkeit des Europäischen Gerichtshofs **für Streitigkeiten zwischen Mitgliedstaaten und der Kommission**. Dieses Verfahren beschränkt sich allerdings auf die **Überprüfung von Übereinkommen** i. S. d Art. 34 Abs. 2 lit. d) einschließlich der hierzu ergangenen Durchführungsmaßnahmen. Eine vergleichbare Regelung findet sich in Art. 40 des **Europol-Übereinkommens**[17].

7

---

[16] S. hierzu näher *Thun-Hohenstein* (Fn. 1), S. 48.
[17] ABl.EG 1995 Nr. C 316/32; s. zum Europol-Übereinkommen näher Art. 30, Rn. 13 ff.

Art. 36 (ex-Art. K.8)

(1) Es wird ein aus hohen Beamten bestehender Koordinierungsausschuß eingesetzt. Zusätzlich zu seiner Koordinierungstätigkeit hat er die Aufgabe,
- auf Ersuchen des Rates oder von sich aus Stellungnahmen an den Rat zu richten;
- unbeschadet des Artikels 207 des Vertrags zur Gründung der Europäischen Gemeinschaft zur Vorbereitung der Arbeiten des Rates in den in Artikel 29 genannten Bereichen beizutragen.

(2) Die Kommission wird in vollem Umfang an den Arbeiten in den in diesem Titel genannten Bereichen beteiligt.

1   Bereits durch den **Vertrag von Maastricht** wurde gemäß Art. K. 4 ein aus hohen Beamten bestehender **Koordinierungsausschuß** (auch »**K. 4 – Ausschuß**« genannt) eingesetzt, dessen Arbeit durch eine Vielzahl von **Lenkungs- und Arbeitsgruppen** unterstützt wurde[1]. Seine Tätigkeit ist nach Inkrafttreten des Vertrags von Amsterdams gemäß Art. 36 auf die **Bereiche der PJZS** beschränkt. Der »**Art. 36 – Ausschuß**« hat im wesentlichen die Aufgabe, die **politische Zusammenarbeit der Mitgliedstaaten** im Rat zu koordinieren. Arbeitsgruppen im Polizeibereich, im Zollbereich und im strafrechtlichen Bereich arbeiten dem »**Art. 36 – Ausschuß**« zu. Darüber hinaus kann der Ausschuß – unbeschadet der Tätigkeit des **Ausschusses der Ständigen Vertreter** (AStV) gemäß Art. 207 EGV[2] – **Stellungnahmen** an den Rat richten und die Arbeiten des Rates in den in Art. 29 genannten Bereichen vorbereiten.

2   Art. 36 Abs. 2 deckt sich im Wortlaut mit Art. K. 4 Abs. 2 Maastrichter Fassung[3]. Mit dem Begriff »in vollem Umfange« wird sichergestellt, daß keine Maßnahme oder Tätigkeit des Rates oder der Mitgliedstaaten im Rahmen der gemeinsamen PJZS ohne Beteiligung der Kommission erfolgen darf. Die Kommission hat das Recht zu Teilnahme an Sitzungen des Rates, zu seiner Information und zur Stellungnahme. Spezifische Funktionen und Kompetenzen der Kommission regelt Absatz 2 nicht. Eine Rolle als »Hüterin der Verträge« wie gemäß Art. 211 1. Spstr. EGV kommt ihr im Rahmen der PJZS nicht zu[4].

---

1   S. hierzu *V. Röben*, in: Grabitz/Hilf, EU, Art. 36, Rn. 3; *M. Degen*, in: GTE, EU-/EGV, Art. K. 4, Rn. 1 ff.; *K. G. Grütjen*, Innere Sicherheit in der Europäischen Union, Kriminalpolizei 1997, S. 91 f.; *A. Lepoivre*, Le domaine de la justice et des affaires intérieures dans la perspective de la conférence intergouvernementale de 1996, C.D.E. 31 (1995) S. 323 (339 f.).
2   S. näher Art. 207 EGV, Rn. 2 ff.; zu dem Verhältnis beider Gremien s. *V. Röben*, in: Grabitz/Hilf, EU, Art. 36, Rn. 8.
3   *M. Degen*, in: GTE, EU-/EGV, Art. K. 4, Rn. 10; *D. O'Keeffe*, Recasting the Third Pillar, CML-Rev. 32 (1995), S. 893 (902).
4   A.A. *V. Röben*, in: Grabitz/Hilf, EU, Art. 36, Rn. 12.

Art. 37 (ex-Art. K.9)

Die Mitgliedstaaten vertreten in internationalen Organisationen und auf internationalen Konferenzen, bei denen sie vertreten sind, die im Rahmen dieses Titels angenommenen gemeinsamen Standpunkte.

Die Artikel 18 und 19 sind sinngemäß auf die unter diesen Titel fallenden Angelegenheiten anzuwenden.

Art. 37 konkretisiert die rechtliche Bedeutung **gemeinsamer Standpunkte**[1]. Die Mitgliedstaaten haben diese **in internationalen Organisationen** und auf **internationalen Konferenzen** zu vertreten und ihr Verhalten entsprechend zu koordinieren[2]. Wenn die Mitgliedstaaten noch keinen gemeinsamen Standpunkt fixiert haben, sind sie verpflichtet, sich gegenseitig zu informieren und sich über ihr internationales Auftreten untereinander zu konsultieren. Die Vorschrift gilt nicht nur für den Rahmen internationaler Organisationen oder auf internationalen Konferenzen sondern entsprechend auch für Verhandlungen mit einem oder einer Gruppe von Mitgliedstaaten[3]. 1

Durch den in Satz 2 enthaltenen Verweis auf die Art. 18 und Art. 19 werden die Rolle des **Vorsitzes** und die **außenpolitischen Verpflichtungen** der Mitgliedstaaten auch für den Bereich des Titels VI verdeutlicht[4]. Der Vorsitz in der Union entspricht gemäß Art. 28 Abs. 1 i.V. m. Art. 203 Abs. 2 EGV dem Vorsitz im EG-Ministerrat. Hervorzuheben ist, daß dem Vorsitz die Darlegung der gemeinsamen Standpunkte obliegt (Art. 18 Abs. 2). Art. 18 Abs. 3 findet als **besondere Regelung für die Gemeinsame Außen- und Sicherheitspolitik** im Bereich der PJZS keine Anwendung. 2

---

1 S. Art. 34, Rn. 6.
2 *S. M. Degen,* in: GTE, EU-/EGV, Art. K. 5, Rn. 1 ff. zu der Vorgängervorschrift des Art. K. 5.
3 S. *V. Röben,* in: Grabitz/Hilf, EU, Art. 37, Rn. 5.
4 S. Art. 18, Rn. 1 f. und Art. 19, Rn. 1 f.

Art. 38 (ex-Art. K.10)

In Übereinkünften nach Artikel 24 können Angelegenheiten geregelt werden, die unter diesen Titel fallen.

Art. 38 gestattet es der Union, im Rahmen der PJZS **Übereinkommen mit Drittstaaten oder internationalen Organisationen** abzuschließen. Das dabei einzuhaltende Verfahren ergibt sich aus dem Verweis auf Art. 24. Dieser Verweis korrespondiert mit dem Hinweis in Art. 24 letzter Satz. Erforderlich ist danach ein **einstimmiger Beschluß des Rates**, der auf Empfehlung des Vorsitzes ergeht. Der Rat kann den Vorsitz durch einstimmigen Beschluß zur Aufnahme von Verhandlungen zu diesem Zweck ermächtigen. Daß der Union damit aber keine **Rechtspersönlichkeit** zugesprochen werden soll, wird durch eine **Erklärung** der Mitgliedstaaten für die Schlußakte zum Vertrag von Amsterdam belegt. Darin heißt es, daß durch die Artikel J.14 und K.10 sowie durch alle sich aus ihnen ergebenden Übereinkünfte keine Zuständigkeiten von den Mitgliedstaaten auf die Union übertragen werden[1].

---

1 S. näher Art. 11, Rn. 1 und Art. 24, Rn. 4.

Art. 39 (ex-Art. K.11)

(1) Der Rat hört das Europäische Parlament, bevor er eine Maßnahme nach Artikel 34 Absatz 2 Buchstaben b, c und d annimmt. Das Europäische Parlament gibt seine Stellungnahme innerhalb einer Frist ab, die der Rat festsetzen kann und die mindestens drei Monate beträgt. Ergeht innerhalb dieser Frist keine Stellungnahme, so kann der Rat beschließen[1 ff.].

(2) Der Vorsitz und die Kommission unterrichten das Europäische Parlament regelmäßig über die in den Bereichen dieses Titels durchgeführten Arbeiten[4].

(3) Das Europäische Parlament kann Anfragen oder Empfehlungen an den Rat richten. Einmal jährlich führt es eine Aussprache über die Fortschritte in den in diesem Titel genannten Bereichen[5].

Art. 39 regelt die **Beteiligung des Europäischen Parlaments** bei Entscheidungen des Rates in Angelegenheiten der PJZS. Im Unterschied zu Art. K. 6 in der Fassung des Maastrichter Vertrages, der lediglich eine Anhörung zu den wichtigsten Aspekten in den Politikbereichen Justiz und Inneres vorsah, die »gebührend zu berücksichtigen« war[1], muß das Parlament gemäß Abs. 1 Satz 1 obligatorisch **zu allen Rechtsakten** i.S.d. Art. 34 mit Ausnahme der gemeinsamen Standpunkte **angehört** werden. Der Rat hat die Stellungnahme zu berücksichtigen, d. h. allen Ratsmitgliedern zur Kenntnis zu geben und bei der Entscheidungsfindung zu berücksichtigen; eine Übernahmeverpflichtung besteht nicht[2]. Klagerechte des Parlaments bestehen aber nur insoweit, als eine Maßnahme in rechtswidriger Weise auf Kompetenzen nach den Art. 29 ff. gestützt wird[3]. 1

Darüber hinaus werden die Rechte des Parlaments dadurch gestärkt, daß gemäß Art. 41 Abs. 3 nicht nur die **Verwaltungsausgaben** (so noch Art. K. 6), sondern auch die **operativen Ausgaben** zu Lasten des Haushalts der Europäischen Gemeinschaften gehen, sofern nicht der Rat einstimmig etwas anderes beschließt[4]. Die operativen Ausgaben bedürfen mithin der Bewilligung im Rahmen eines Haushaltsverfahrens in entsprechender Anwendung des Art. 272 EGV mit der Folge, das dem EP **umfangreiche Mitwirkungsbefugnisse** zustehen[5]. 2

Das Parlament muß gemäß Abs. 1 Satz 2 seine Stellungnahme **innerhalb einer vom Rat festzusetzenden Frist** (mindestens drei Monate) abgeben, anderenfalls darf der Rat eine Entscheidung treffen. Für das Verfahren über die **Zusammensetzung des Parlaments und die Wahl der Abgeordneten** gelten die Art. 189 und 190 EGV und für das Verfahren der **Beschlußfassung** die Art. 196 bis 199 EGV entsprechend. 3

Abs. 2 verpflichtet den Vorsitz und die Kommission – wie bereits Art. K. 6 Abs. 2 Satz 1[6] – zu einer **regelmäßigen Unterrichtung des EP** über die in den Bereichen des Art. 29 ff. durchgeführten Arbeiten. Hierzu zählen auch die vom Rat beschlossenen Aktionspläne 4

---

1 M. *Degen*, in: GTE, EU-/EGV, Art. K. 6, Rn. 7 f.; D. *O'Keeffe*, Recasting the Third Pillar, CMLRev. 32 (1995), S. 903.
2 V. *Röben*, Grabitz/Hilf, EU, Art. 39, Rn. 4.
3 EuGH, Rs. C-170/96, Slg. 1998, I-2763, Rn. xx ff. (Flughafenvisum); weitergehend dagegen V. *Röben*, in: Grabitz/Hilf, EU, Art. 39, Rn. 6.
4 Kritisch zur bisherigen Rechtslage K. G. *Grütjen*, Innere Sicherheit in der Europäischen Union, Kriminalpolizei 1997, S. 92 m. w. N.
5 M. *Degen*, in: GTE, Art. K. 6, Rn. 12; *Pechstein/Koenig*, EU, Rn. 411 ff.; s. näher Art. 272 EGV, Rn. 3 ff.
6 M. *Degen*, in: GTE, EU-/EGV, Art. K. 6, Rn. 4 ff.

und Arbeitsprogramme. Das EP besitzt jedoch keine Mittel, eine angemessene und rechtzeitige Informationen zu erzwingen[7]. Bei der Information des EP durch den Ratsvorsitz findet gemäß Art. 42 i.V.m. Art. 207 Abs. 3 EGV die **Geschäftsordnung des Rates** Anwendung[8]. Diese verlangt gemäß Art. 19 Abs. 2 GORat vor Übermittlung von schriftlichen Mitteilungen oder Dokumenten einen mit einfacher Mehrheit zu treffenden Ratsbeschluß.

5 Einzelne Mitglieder des EP können gemäß Absatz 3 **Anfragen oder Empfehlungen** an den Rat richten. Der Rat ist zur Beantwortung innerhalb angemessener Frist verpflichtet. Einmal jährlich soll eine **Aussprache** über die Fortschritte in den in diesem Titel genannten Bereichen stattfinden. Das Ergebnis der Aussprache hat keine rechtsverbindliche Wirkung. Das EP kann weiterhin außerhalb des Anhörungsverfahrens jederzeit Entschließungen fassen oder Empfehlungen abgeben.

---

7 K. *Hailbronner*, in: HK-EUV, Art. K, Rn. 130 ff.
8 Geschäftsordnung des Rates vom 6. Dezember 1993, ABl.EG 1993 Nr. L 340/1; kritisch K. *Hailbronner*, in: HK-EUV, Art. K, Rn. 131.

Art. 40 (ex-Art. K.12)

(1) Jede verstärkte Zusammenarbeit in einem der unter diesen Titel fallenden Bereiche hat zum Ziel, daß sich die Union unter Wahrung der Zuständigkeiten der Europäischen Gemeinschaft sowie der in diesem Titel festgelegten Ziele rascher zu einem Raum der Freiheit, der Sicherheit und des Rechts entwickeln kann.

(2) Für eine verstärkte Zusammenarbeit nach diesem Artikel gelten die Artikel 29 bis 39 und die Artikel 40a, 40b und 41, soweit nicht in Art. 40a und in den Artikeln 43 bis 45 etwas anderes bestimmt ist.

(3) Die Bestimmungen des Vertrags zur Gründung der Europäischen Gemeinschaft über die Zuständigkeit des Gerichtshofs der Europäischen Gemeinschaften und die Ausübung dieser Zuständigkeit finden auf die Artikel 40a und 40b Anwendung.

Art. 40a

(1) Die Mitgliedstaaten, die beabsichtigen, untereinander eine verstärkte Zusammenarbeit nach Artikel 40 zu begründen, richten einen Antrag an die Kommission, die dem Rat einen entsprechenden Vorschlag vorlegen kann. Legt die Kommission keinen Vorschlag vor, so teilt sie den betroffenen Mitgliedstaaten ihre Gründe dafür mit. Diese können dann dem Rat eine Initiative unterbreiten, die auf die Erteilung einer Ermächtigung zur Einleitung der entsprechenden Zusammenarbeit abzielt.

(2) Die Ermächtigung nach Absatz 1 wird nach Maßgabe der Artikel 43 bis 45 vom Rat mit qualifizierter Mehrheit auf Vorschlag der Kommission oder auf Initiative von mindestens acht Mitgliedstaaten und nach Anhörung des Europäischen Parlaments erteilt. Die Stimmen der Mitglieder des Rates werden nach dem Verfahren des Artikels 205 Absatz 2 des Vertrags zur Gründung der Europäischen Gemeinschaft gewogen.

Ein Mitglied des Rates kann verlangen, daß der Europäische Rat befaßt wird. Nach dieser Befassung kann der Rat gemäß Unterabsatz 1 beschließen.

Art. 40b

Jeder Mitgliedstaat, der sich einer verstärkten Zusammenarbeit nach Artikel 40a anschließen will, teilt dem Rat und der Kommission seine Absicht mit; die Kommission legt dem Rat binnen drei Monaten nach Eingang der Mitteilung eine Stellungnahme dazu vor, der gegebenenfalls eine Empfehlung für die spezifischen Regelungen beigefügt ist, die sie für notwendig hält, damit sich der Mitgliedstaat der betreffenden Zusammenarbeit anschließen kann. Der Rat entscheidet über den Antrag binnen vier Monaten nach Eingang der Mitteilung. Die Entscheidung gilt als angenommen, es sei denn, der Rat beschließt innerhalb dieser Frist mit qualifizierter Mehrheit, sie zurückzustellen; in diesem Fall gibt der Rat die Gründe für seinen Beschluß an und setzt eine Frist für dessen Überprüfung.

Für die Zwecke dieser Klausel beschließt der Rat nach Maßgabe des Artikel 44 Absatz 1.

Art. 40, 40a, 40b EU-Vertrag

Amsterdamer Fassung:

Artikel 40 (ex-Artikel K.12)

(1) Die Mitgliedstaaten, die beabsichtigen, untereinander eine verstärkte Zusammenarbeit zu begründen, können vorbehaltlich der Artikel 43 und 44 ermächtigt werden, die in den Verträgen vorgesehenen Organe, Verfahren und Mechanismen in Anspruch zu nehmen, sofern die beabsichtigte Zusammenarbeit
a) die Zuständigkeiten der Europäischen Gemeinschaft sowie die in diesem Titel festgelegten Ziele wahrt,
b) zum Ziel hat, daß die Union sich rascher zu einem Raum der Freiheit, der Sicherheit und des Rechts entwickeln kann.

(2) Die Ermächtigung nach Absatz 1 wird vom Rat, der mit qualifizierter Mehrheit beschließt, auf Antrag der betreffenden Mitgliedstaaten erteilt, nachdem die Kommission ersucht wurde, hierzu Stellung zu nehmen; der Antrag wird auch dem Europäischen Parlament zugeleitet.

Erklärt ein Mitglied des Rates, daß es aus wichtigen Gründen der nationalen Politik, die es auch nennen muß, die Absicht hat, eine mit qualifizierter Mehrheit zu erteilende Ermächtigung abzulehnen, so erfolgt keine Abstimmung. Der Rat kann mit qualifizierter Mehrheit verlangen, daß die Frage zur einstimmigen Beschlußfassung an den Europäischen Rat verwiesen wird.

Die Stimmen der Mitglieder des Rates werden nach Artikel 205 Absatz 2 des Vertrags zur Gründung der Europäischen Gemeinschaft gewogen. Beschlüsse kommen mit einer Mindeststimmenzahl von 62 Stimmen zustande, welche die Zustimmung von mindestens zehn Mitgliedern umfassen.

(3) Jeder Mitgliedstaat, der sich der Zusammenarbeit nach diesem Artikel anschließen will, teilt dem Rat und der Kommission seiner Absicht mit; die Kommission legt dem Rat binnen drei Monaten nach Eingang der Mitteilung eine Stellungnahme dazu vor, der gegebenenfalls eine Empfehlung für die spezifischen Regelungen beigefügt ist, die sie für notwendig hält, damit sich der Mitgliedstaat der betreffenden Zusammenarbeit anschließen kann. Innerhalb von vier Monaten vom Zeitpunkt der Mitteilung an gerechnet entscheidet der Rat über den Antrag und über die spezifischen Regelungen, die er für notwendig hält. Die Entscheidung gilt als angenommen, es sei denn, der Rat beschließt mit qualifizierter Mehrheit, sie zurückzustellen; in diesem Fall gibt der Rat die Gründe für seinen Beschluß an und setzt eine Frist für dessen Überprüfung. Für die Zwecke dieses Absatzes beschließt der Rat nach Maßgabe des Artikels 44.

(4) Die Artikel 29 bis 41 gelten für die verstärkte Zusammenarbeit nach diesem Artikel, es sei denn, daß in diesem Artikel und in den Artikeln 43 und 44 etwas anderes bestimmt ist.
Die Bestimmungen des Vertrags zur Gründung er Europäischen Gemeinschaft über die Zuständigkeit des Gerichtshofs der Europäischen Gemeinschaften und die Ausübung dieser Zuständigkeit finden auf die Absätze 1, 2 und 3 Anwendung.

(5) Dieser Artikel läßt die Bestimmungen des Protokolls zur Einbeziehung des Schengen-Besitzstands in den Rahmen der Europäischen Union unberührt.

Art. 40a und 40b sind durch den Vertrag von Nizza eingefügte Bestimmungen.

1 Die Art. 40, 40a und 40b begründen die Möglichkeit einer **verstärkten Zusammenarbeit einzelner Mitgliedstaaten** im Rahmen der **PJZS** (s. Art. 40 Abs. 2). Der durch den **Vertrag von Amsterdam** eingefügte Art. 40 EUV[1] wurde durch den **Vertrag von Nizza** überarbeitet und durch die Art. 40a und 40b erweitert[2]. Die Vertragsänderung dient dem Ziel, das Verfahren und die Möglichkeiten der verstärkten Zusammenarbeit neu zu gestalten

---

1 S. näher C. D. Ehlermann, Engere Zusammenarbeit nach dem Amsterdamer Vertrag – Ein neues Verfassungsprinzip?, EuR 1997, S. 362 ff.; P. M. Huber, Differenzierte Integration und Flexibilität als neues Ordnungsmuster der Europäischen Union, EuR 1996, S. 347 ff.; J. Janning, Dynamik in der Zwangsjacke – Flexibilität in der Europäischen Union nach Amsterdam, Integration 1997, S. 285 ff. B. Martenczuk, Die differenzierte Integration nach dem Vertrag von Amsterdam, ZEuS 1998, S. 447 ff.
2 C. Giering/J. Janning, Flexibilität als Katalysator der Finalität? Die Gestaltungskraft der »verstärkten Zusammenarbeit« nach Nizza, integration 2001, S. 146; T. Wiedmann, Der Vertrag von Nizza – Genesis einer Reform, EuR 2001, S. 185 (214 f.).

und auszuweiten. Unter den Mitgliedstaaten setzte sich die Einsicht durch, daß die Idee einer **differenzierten bzw. flexiblen Integration**[3] im Rahmen der dritten Säule an zu enge Voraussetzungen gebunden war. Art. 40 legt nunmehr die Ziele und den materiellen Rahmen der verstärkten Zusammenarbeit im Bereich der PJZS fest, Art. 40a regelt das Verfahren zur Begründung einer verstärkten Zusammenarbeit und Art. 40b bestimmt das Verfahren zur Beteiligung der übrigen Mitgliedstaaten. Der wichtigste Anwendungsfall der verstärkten Zusammenarbeit im Rahmen der PJZS ist die primärrechtlich durch das »Schengen-Protokoll« zum Amsterdamer Vertrag angeordnete Einbeziehung des »Schengen-Besitzstandes« in das Unions- und Gemeinschaftsrechts, an dem sich das Vereinigte Königreich und Irland nur teilweise beteiligen (s. Art. 69 EGV).

Nach Art. 40 Abs. 1 hat die verstärkte Zusammenarbeit im Bereich der PJZS zur Voraussetzung, daß sich die Union **rascher zu einem Raum der Freiheit, der Sicherheit und des Rechts** entwickeln kann und dabei zugleich die Zuständigkeiten der Europäischen Gemeinschaft sowie die anderen in den Art. 29 bis 39 festgelegten Ziele wahrt. Diese Vorschrift entspricht weitgehend dem vor dem Vertrag von Nizza geltenden Art. 40 Abs. 1 a. F. Eine verstärkte Zusammenarbeit darf allerdings gemäß Art. 40 Abs. 2 nur nach dem in Art. 40a skizzierten Verfahren und vorbehaltlich der Regelungen in **Art. 43 bis 45** erfolgen. Hinsichtlich der flexiblen Integration bilden diese letztgenannten Vorschriften die Rahmenregelungen für alle drei Säulen[4] (s. Art. 27a bis 27e und Art. 11 EGV). Insbesondere hat sich jede verstärkte Zusammenarbeit der **Organe, Verfahren und Mechanismen des Unionsrechts** zu bedienen (s. Art. 43)[5]. Die Anwendung des Verfahrens nach Art. 43 bis 45 setzt voraus, daß jede verstärkte Zusammenarbeit den Besitzstand der Gemeinschaft und die nach Maßgabe der sonstigen Bestimmungen der Verträge getroffenen Maßnahmen beachtet (Art. 43 Abs. 1 lit. c)), keine Behinderung oder Diskriminierung des Handels zwischen den Mitgliedstaaten darstellt oder die Wettbewerbsbedingungen zwischen diesen verzerrt (Art. 43 lit. f)), mindestens acht Mitgliedstaaten umfaßt (Art. 43 lit. g)), die Bestimmungen des Protokolls zur Einbeziehung des Schengen-Besitzstands in den Rahmen der Europäischen Union unberührt läßt (Art. 43 lit. i)) und allen Mitgliedstaaten gemäß Art. 45 offen steht (Art. 43 lit. j)). Ferner hat eine solche Zusammenarbeit die **Zuständigkeiten der Gemeinschaft** und der Mitgliedstaaten zu beachten (Art. 43 lit. d) und Art. 43 lit. h)) und muß sich an den im Bereich der PJZS festgelegten Zielen orientieren (Art. 43 lit a)). Eine Beeinträchtigung des Binnenmarktes oder der wirtschaftlichen Integration darf von der verstärkten Zusammenarbeit nicht ausgehen (Art. 43 lit e)). 2

In Abweichung von Art. 35 bestimmt Art. 40 Abs. 3, daß die **Zuständigkeit des EuGH** nach dem Gemeinschaftsrecht auch für die Anwendung und Auslegung der Art. 40, 40a und 40b Anwendung findet. Damit kann die Begründung einer engeren Zusammenarbeit von Mitgliedstaaten im Rahmen der PJZS durch den EuGH in den Verfahren gemäß **Art. 226 ff.** EGV überprüft werden, ohne daß es einer Zustimmung zur Jurisdiktionsgewalt des EuGH durch die Mitgliedstaaten bedarf (s. hierzu Art. 35 Abs. 2). Hingegen gilt für die Überprüfung einzelner Maßnahmen uneingeschränkt die Regelung des Art. 35. 3

Eine Zusammenarbeit zwischen einzelnen Mitgliedstaaten ist nur zulässig, wenn alle Voraussetzungen des Art. 43 vorliegen. Im Gegensatz zum Vertrag von Amsterdam setzt die verstärkte Zusammenarbeit aber nach dem Vertrag von Nizza nicht mehr voraus, daß ein unionsweites Vorgehen nicht in Betracht kommen darf (vgl. noch Art. 40 Abs. 1 lit. c) a.F.) und daß mindestens die Mehrheit der Mitgliedstaaten an der flexiblen Inte- 4

---

3 Zur Genese des Prinzips der differenzierten Integration und zur Terminologie s. Art. 43, Rn. 1 ff.
4 S. Art. 43, Rn. 8 m.w.N.
5 S. Art. 43, Rn. 22.

gration teilnehmen (vgl. noch Art. 40 Abs. 1 lit. d) a.F.). Von den vormals spezifischen Anforderungen an eine verstärkte Zusammenarbeit im Bereich der PJZS (vgl. Art. 40 Abs. 1 lit. a) und lit. b)) ist nur die Zielorientierung in Art. 40 Abs. 1 geblieben, daß sich die Mitgliedstaaten durch den Zusammenschluß rascher zu einem Raum der Freiheit, der Sicherheit und des Rechts entwickeln. Sind alle materiellen und verfahrensrechtlichen Voraussetzungen erfüllt, gelten gemäß Art. 40 Abs. 2 die Art. 29 bis 39 entsprechend für eine verstärkte Zusammenarbeit.

5   Eine engere Zusammenarbeit einzelner Mitgliedstaaten bedarf gemäß Art. 40a Abs. 2 der **Ermächtigung durch den Rat**. Der Entscheidung des Rats geht gemäß Art. 40a Abs. 1 ein **Antrag** der betreffenden Mitgliedstaaten voraus, der an die **Kommission** zu richten ist. Die Kommission kann dann entweder dem Rat einen positiven Entscheidungsvorschlag vorlegen oder den Mitgliedstaaten eine begründete Ablehnung erteilen. Erst nach der Ablehnung können sich die betroffenen Mitgliedstaaten mit einer **Initiative** unmittelbar an den Rat wenden. Die Initiative muß von mindestens **acht Mitgliedstaaten** getragen sein, was eine Erleichterung bedeutet, weil zuvor mindestens zehn Mitgliedstaaten die Initiative unterstützen mussten. Der Rat selber entscheidet gemäß Art. 40a Abs. 2 nach Anhörung des **Parlaments** mit qualifizierter Mehrheit. Für die Frage der Stimmengewichtung und des Zustimmungsquorums verweist Art. 40a Abs. 2 auf Art. 205 Abs. 2 EGV. Die Regelung in Art. 40 Abs. 2 UAbs. 2 EUV a. F., in der erschwerend bestimmt war, daß für eine qualifizierte Mehrheit aber mindestens 62 Stimmen und die Zustimmung von mindestens zehn Mitgliedstaaten erforderlich war, wurde aus Vereinfachungsgründen durch den Vertrag von Nizza aufgehoben.

6   Ebenso entfallen ist die dem **Luxemburger Kompromiß** (s. Art. 205, Rn. 8 f.) nachempfundene **Vetovorkehrung in Art. 40 Abs. 2 EUV a. F.**, die bestimmte, daß jeder Mitgliedstaat aus **wichtigen Gründen der nationalen Politik**, die von ihm offenzulegen waren, eine Abstimmung im Rat verhindern konnte. Auch diese durch den Vertrag von Nizza aufgenommene Änderung dient dazu, das Verfahren der flexiblen Integration möglichst zu stärken und nicht an einseitigen nationalen Interessen gegebenenfalls scheitern zu lassen.

7   Die Mitgliedstaaten sind befugt, sich auch im nachhinein einer flexiblen Zusammenarbeit anderer Mitgliedstaaten anzuschließen. Das hierbei einzuhaltende Verfahren und die Beteiligung des Rates legt **Art. 40b** fest. Die durch den Vertrag von Nizza eingefügte Vorschrift entspricht wortgleich dem früheren Art. 40 Abs. 3 EUV a. F. Kritisch anzumerken bleibt, daß ein Anhörungsrecht des EP in diesem Verfahren nicht vorgesehen ist.

Art. 41 (ex-Art. K.13)

(1) Die Artikel 189, 190, 195, 196 bis 199, 203, 204, Artikel 205 Absatz 3 sowie die Artikel 206 bis 209, 213 bis 219, 255 und 290 des Vertrags zur Gründung der Europäischen Gemeinschaft finden auf die Bestimmungen über die in diesem Titel genannten Bereiche Anwendung[1].

(2) Die Verwaltungsausgaben, die den Organen aus den Bestimmungen über die in diesem Titel genannten Bereiche entstehen, gehen zu Lasten des Haushalts der Europäischen Gemeinschaften[2].

(3) Die operativen Ausgaben im Zusammenhang mit der Durchführung dieser Bestimmungen gehen ebenfalls zu Lasten des Haushalts der Europäischen Gemeinschaften, mit Ausnahme von Fällen, in denen der Rat einstimmig etwas anderes beschließt. In Fällen, in denen die Ausgaben nicht zu Lasten des Haushalts der Europäischen Gemeinschaften gehen, gehen sie nach dem Bruttosozialprodukt-Schlüssel zu Lasten der Mitgliedstaaten, sofern der Rat nicht einstimmig etwas anderes beschließt[3].

(4) Das im Vertrag zur Gründung der Europäischen Gemeinschaft vorgesehene Haushaltsverfahren findet auf die Ausgaben Anwendung, die zu Lasten des Haushalts der Europäischen Gemeinschaften gehen[4].

Art. 41 Abs. 1 erklärte bestimmte Vorschriften des EG-Vertrags auf die PJZS nach den Art. 29 ff. für entsprechend anwendbar (so bereits Art. K. 8 Nr. 1). Hierzu zählen **verfahrensrechtliche Vorschriften** über das **Parlament** (Art. 189, 190, 195, 196 bis 199), den Rat (Art. 203, 204 und 205 Abs. 3, 206–209) und die **Kommission** (Art. 213–219) sowie die **Sprachenfrage** (Art. 290)[1]. Neu durch den **Amsterdamer Vertrag** sind die Verweisungen auf Art. 195 (**Bürgerbeauftragter**), Art. 205 Abs. 3 (**Stimmenthaltung** steht Einstimmigkeit nicht entgegen) und Art. 255 EGV (**Zugang zu Dokumenten**). 1

Die Vorschriften der Art. 41 Abs. 2 bis Abs. 4 regeln Fragen der **Finanzierung**. Sie gehen auf die gleichlautenden Regelungen in Art. K. 8 Abs. 2 Satz 1 zurück. Art. 41 Abs. 2 sieht vor, daß die **Verwaltungskosten**, die den Organen der Union im Rahmen der PJZS entstehen, zu **Lasten des Haushalts der Europäischen Gemeinschaften** gehen (so auch Art. 28 Abs. 2 für die GASP)[2]. Unter dem Begriff der Verwaltungskosten sind alle **Personal- und Sachkosten** zu verstehen, die unmittelbar aus der vertraglich festgelegten Tätigkeit der Organe resultieren. Sie werden in einem eigenem Haushaltstitel der Gemeinschaft geführt. Zu den Organen zählen der Rat, die Kommission, das EP und der EuGH[3]. Eine mit Abs. 2 gleichlautende Regelung trifft Art. 268 Abs. 2 Satz 1 EGV[4]. 2

Nach Abs. 3 Satz 1 gehen auch die **operativen Ausgaben**, die im Bereich der PJZS anfallen, grundsätzlich **zu Lasten des Haushalts der** Europäischen Gemeinschaften. Unter den operativen Ausgaben sind alle **finanzierungsbedürftigen Kosten** zu verstehen, die nicht zu den Verwaltungsausgaben rechnen[5]. Durch einstimmigen Ratsbeschluß kann im Ausnahmefall bestimmt werden, daß die operativen Ausgaben jeweils auf die Mit- 3

---

1 S. V. *Röben*, in: Grabitz/Hilf, EU, Art. 41, Rn. 4 ff.; M. *Degen*, in: GTE, EU-/EGV, Art. K. 8, Rn. 2 ff.
2 M. *Degen*, in: GTE, EU-/EGV, Art. K. 8, Rn. 6 f.; *Pechstein/Koenig*, EU, Rn. 400 ff.
3 G. *Hendry*, The Third Pillar of Maastricht, GYIL 1993, S. 295 (320).
4 S. näher Art. 268 EGV, Rn. 13.
5 S. mit Beispielen V. *Röben*, in: Grabitz/Hilf, EU, Art. 41, Rn. 22; M. *Degen*, in: GTE, EU-/EGV, Art. K. 8, Rn. 8 ff.; *Pechstein/König*, EU, Rn. 397 und 403.

Art. 41 EU-Vertrag

gliedstaaten nach dem **Bruttosozialprodukt-Schlüssel** aufgeteilt werden, sofern nicht der Rat durch einstimmigen Beschluß einen anderen Schlüssel festsetzt. Dies bedeutet eine **Umkehrung des Regel-Ausnahme-Verhältnisses**, wie es noch gemäß Art. K. 8 Abs. 2 Satz 2 Maastrichter Fassung vorgesehen war, wonach die Mitgliedstaaten grundsätzlich die operativen Kosten zu tragen hatten vorbehaltlich eines abweichenden einstimmigen Ratsbeschlusses[6].

4 Abs. 4 stellt klar, daß das im EG-Vertrag vorgesehene **Haushaltsverfahren** auch auf die Ausgaben Anwendung findet, die dem Haushalt der Europäischen Gemeinschaften im Rahmen von Titel VI auferlegt werden. Dies gewährt dem **Parlament** besondere Mitwirkungsrechte bei der Festsetzung der operativen Ausgaben im Rahmen des Haushaltsbewilligungsverfahrens nach Art. 272 EGV[7].

---

6 S. hierzu V. *Röben*, in: Grabitz/Hilf, EU, Art. 41, Rn. 17 ff.; *Pechstein/Koenig* (Fn. 2), Rn. 404 ff.; W. *de Lobkowicz*, Der »dritte Pfeiler« des Unionsvertrages in der Perspektive der Regierungskonferenz 1996, in: Müller-Graff, Europäische Zusammenarbeit in den Bereichen Justiz und Inneres, 1996, S. 56; K. D. *Schnapauff*, Der Vertrag von Amsterdam, ZFIS 1998, S. 19.
7 S. hierzu V. *Röben*, in: Grabitz/Hilf, EU, Art. 41, Rn. 24; *Pechstein/Koenig*, EU, Rn. 413 f.

Art. 42 (ex-Art. K.14)

Der Rat kann auf Initiative der Kommission oder eines Mitgliedstaats und nach Anhörung des Europäischen Parlaments einstimmig beschließen, daß Maßnahmen in den in Artikel 29 genannten Bereichen unter Titel IV des Vertrags zur Gründung der Europäischen Gemeinschaft fallen, und gleichzeitig das entsprechende Abstimmungsverfahren festlegen. Er empfiehlt den Mitgliedstaaten, diesen Beschluß gemäß ihren verfassungsrechtlichen Vorschriften anzunehmen.

Art. 42 ermöglicht es, die Aufgaben der Union im Bereich der PJZS in Abweichung von Art. 48 **im Wege eines vereinfachten Verfahrens** der Vertragsänderung auf die Gemeinschaft zu übertragen. Die Vorschrift trat an die Stelle des bisherigen K. 9 Maastrichter Fassung, der allerdings die in K. 1 Nr. 7, 8 und 9 genannten Bereiche der PJZS sowie den Bereich der Zollkontrollen gerade ausgenommen hatte[1]. 1

Eine mit Art. 42 vergleichbare Regelung für ein vereinfachtes Verfahren der Vertragsänderung findet sich in Art. 190 Abs. 4 Satz 2 EGV hinsichtlich der Regelung eines **einheitlichen Wahlverfahrens** für die Wahl des Parlaments und in Art. 269 Abs. 2 EGV hinsichtlich des **Systems der Eigenmittel der Gemeinschaft**. Art. 42 erschöpft sich jedoch nicht in der Bedeutung einer vereinfachten Vergemeinschaftung. Die Vorschrift unterstreicht, daß die Mitgliedstaaten langfristig die Überführung der PJZS in das Gemeinschaftsrecht anstreben. Die Anwendung von Art. 308 EGV neben Art. 42 für Materien aus dem Bereich der PJZS scheidet aus[2]. 2

Das **Verfahren** nach Art. 42 ist zweistufig. Zunächst setzt es einen **Beschluß des Rates** auf **Initiative der Kommission oder eines Mitgliedstaates** voraus, der festlegt, daß der gesamte Bereich oder einzelne Teile der PJZS fortan dem **Rechtsregime der Art. 61 ff. EGV** unterfallen sollen. Der Rat legt bei seinem Beschluß zugleich das hierbei zu beachtende Abstimmungsverfahren fest. Dadurch kann der Rat eine von Art. 67 EGV abweichende **Sonderregelung** treffen, die den gesamten Prozeß der Entscheidungsfindung einschließlich der Art der Beteiligung von Kommission und Parlament umfaßt[3]. Das Verfahren muß sich jedoch in das System des Gemeinschaftsrechts einfügen, namentlich das **Initiativmonopol der Kommission** und die **Beteiligungsrechte des Parlaments** waren. Dem Beschluß des Rates gemäß Art. 42 geht nunmehr – im Unterschied zum bisherigen Art. K. 9 – eine Anhörung des Parlaments voraus. 3

Der Beschluß des Rates wird jedoch erst mit Ratifizierung aller Mitgliedstaaten **rechtsverbindlich**. Wird der Beschluß nicht von allen Mitgliedstaaten **ratifiziert**, bleibt ein **gemeinsames Vorgehen einzelner Mitgliedstaaten** gemäß Art. 40, Art. 40a möglich. Art. 42 sieht nur die **erleichterte Vergemeinschaftung** bestimmter Bereiche, nicht aber die Rückführung bereits übertragener Bereiche vor[4]. 4

---

1 R. *Bieber*, Links between the »Third Pillar« (Titel VI) and the European Community (Title II) of the Treaty on European Union, in: Monar/Morgan, The Third Pillar of the European Union, Brüssel 1994, S. 42 ff. ; M. *Degen*, in: GTE, EU-/EGV, Art. K. 9, Rn. 1 ff.; *Pechstein/König*, EU, Rn. 370 und 393.
2 V. *Röben*, in: Grabitz/Hilf, EU, Art. 42, Rn. 5.
3 K. *Hailbronner*, in: HK-EUV, Art. K, Rn. 174.
4 *Bieber* (Fn. 1), S. 45.

Titel VII
(ex-Titel VIa)
Bestimmungen über eine verstärkte Zusammenarbeit

Art. 43 (ex-Art. K.15)

(1) Die Mitgliedstaaten, die beabsichtigen, untereinander eine verstärkte Zusammenarbeit[8] zu begründen, können die in diesem Vertrag und im Vertrag zur Gründung der Europäischen Gemeinschaft vorgesehenen Organe, Verfahren und Mechanismen in Anspruch nehmen[22], sofern die Zusammenarbeit
a) darauf ausgerichtet ist, die Ziele der Union zu fördern und ihre Interessen zu schützen und ihnen zu dienen und ihren Integrationsprozeß zu stärken;[12]
b) die genannten Verträge und den einheitlichen institutionellen Rahmen der Union beachtet;[13]
c) den Besitzstand der Gemeinschaft und die nach Maßgabe der sonstigen Bestimmungen der genannten Verträge getroffenen Maßnahmen beachtet;[14]
d) im Rahmen der Zuständigkeiten der Union oder der Gemeinschaft bleibt und sich nicht auf die Bereiche erstreckt, die unter die ausschließliche Zuständigkeit der Gemeinschaft fallen[15];
e) den Binnenmarkt im Sinne des Artikels 14 Absatz 2 des Vertrags zur Gründung der Europäischen Gemeinschaft und den wirtschaftlichen und sozialen Zusammenhalt nach Titel XVII des genannten Vertrags nicht beeinträchtigt[16];
f) keine Behinderung oder Diskriminierung des Handels zwischen den Mitgliedstaaten darstellt und die Wettbewerbsbedingungen zwischen diesen nicht verzerrt[17];
g) mindestens acht Mitgliedstaaten umfaßt[18];
h) die Zuständigkeiten, Rechte und Pflichten der nicht an der Zusammenarbeit beteiligten Mitgliedstaaten beachtet[19];
i) Die Bestimmungen des Protokolls zur Einbeziehung des Schengen-Besitzstands in den Rahmen der Europäischen Union unberührt läßt[20];
j) allen Mitgliedstaaten gemäß Artikel 43 b offen steht[21].

Amsterdamer Fassung:

(1) Die Mitgliedstaaten, die beabsichtigen, untereinander eine verstärkte Zusammenarbeit zu begründen, können die in diesem Vertrag und im Vertrag zur Gründung der Europäischen Gemeinschaft vorgesehenen Organe, Verfahren und Mechanismen in Anspruch nehmen, sofern die Zusammenarbeit
a) darauf ausgerichtet ist, die Ziele der Union zu fördern und ihre Interessen zu schützen und ihnen zu dienen;
b) die Grundsätze der genannten Verträge und den einheitlichen institutionellen Rahmen der Union beachtet;
c) nur als letztes Mittel herangezogen wird, wenn die Ziele der genannten Verträge mit den darin festgelegten einschlägigen Verfahren nicht erreicht werden konnten;
d) mindestens die Mehrheit der Mitgliedstaaten betrifft
e) den Besitzstand der Gemeinschaft und die nach Maßgabe der sonstigen Bestimmungen der genannten Verträge getroffenen Maßnahmen nicht beeinträchtigt;
f) die Zuständigkeiten, Rechte, Pflichten und Interessen der nicht an der Zusammenarbeit beteiligten Mitgliedstaaten nicht beeinträchtigt;
g) allen Mitgliedstaaten offensteht und es ihnen gestattet, sich der Zusammenarbeit jederzeit anzuschließen, sofern sie dem Grundbeschluß und den in jenem Rahmen bereits gefaßten Beschlüssen nachkommen;
h) je nach Bereich den spezifischen zusätzlichen Kriterien nach Artikel 11 des Vertrags zur Gründung der Europäischen Gemeinschaft und Artikel 40 dieses Vertrags genügt und vom Rat nach den darin festgelegten Verfahren genehmigt wird.

(2) *Die Mitgliedstaaten wenden, soweit sie betroffen sind, die Rechtsakte und Beschlüsse an, die für die Durchführung der Zusammenarbeit, an der sie sich beteiligen, angenommen wurden. Die Mitgliedstaaten, die sich an dieser Zusammenarbeit nicht beteiligen, stehen deren Durchführung durch die daran beteiligten Mitgliedstaaten nicht im Wege.*

Inhaltsübersicht:

I. Differenzierte Integration im Unions- und Gemeinschaftsrecht	1
1. Politische Bedeutung und Terminologie	1
2. Vorläufer zu den Regelungen von Amsterdam und Nizza	7
3. Differenzierte Integration in den Verträgen von Amsterdam und Nizza	8
II. Gegenläufige Prinzipien	9
III. Voraussetzungen und Folgen differenzierter Integration im Unionsrecht	11
1. Voraussetzungen	11
2. Folgen	22

I. Differenzierte Integration im Unions- und Gemeinschaftsrecht

1. Politische Bedeutung und Terminologie

Obwohl es Vorläufer in einigen Bereichen des Vertragswerkes gibt (s. u. Rn. 7), hat erst die politische Diskussion im Vorfeld des Amsterdamer Vertrages zu einer umfassenden Regelung der differenzierten Integration geführt. Auch die Debatte um Formen differenzierter Integration ist nicht neu. Ihr Beginn wird für gewöhnlich mit der Pariser Rede W. *Brandts* vom 19. November 1974 angesetzt, in der dieser die nach den wirtschaftlichen Möglichkeiten der Mitgliedstaaten abgestufte Integration forderte[1]. Der Gedanke einer abgestuften Integration wurde zunächst im *Tindemanns-Bericht*[2], später in verschiedenen anderen Dokumenten vertieft[3]. Die politische Diskussion im unmittelbaren Vorfeld des Amsterdamer Vertrages ging von Deutschland und Frankreich aus[4]. Politisches Aufsehen erregte das sog. »Schäuble-Lamers-Papier« der CDU-CSU-Fraktion im BTag mit seiner Vorstellung vom »Kerneuropa«[5]. Die Forderung nach Möglichkeiten zur Flexibilisierung und Differenzierung gehörte jedoch zu den zentralen Forderungen im Rahmen der Regierungskonferenz vor dem Vertrag von Amsterdam[6]. Sie wurde

---

1 Text in EA 1975, S. D 33 ff.
2 Text in Bull. EG, Beilage 1/1976.
3 Zur frühen historischen Entwicklung *B. Langeheine*, Europäisches Gemeinschaftsrecht und abgestufte Integration, Diss. Berlin 1988, S. 2 ff.; *H.-E. Scharrer*, Abgestufte Integration, in: Grabitz (Hrsg.), Abgestufte Integration, 1984, S. 1 (6 ff.). Umfassend zur Entwicklungsgeschichte jetzt *W. E. Castro*, Flexibilität im europäischen Integrationsprozeß, 2001, S. 4 ff.
4 Vgl. *J. Janning*, Dynamik in der Zwangsjacke – Flexibilität in der EU nach Amsterdam, integration 1997, S. 285 (286); *G. Müller-Brandeck-Bocquet*, Flexible Integration – eine Chance für die europäische Umweltpolitik?, integration 1997, S. 292 (292). *P.Manin/J.-V. Louis*, Vers une Europe differenciée, Paris 1996; *P. Maillet/D. Vel*, L'Europe à géométrie variable, Paris 1994.
5 CDU-Dokumentation 1/1995, Überlegungen zur Europäischen Politik, S. 8 ff., unter der Überschrift: »Den festen Kern weiter festigen«. S. dazu die »erläuternde« Rede W. *Schäubles* vor dem Schweizerischen Institut für Auslandsforschung, in: Internationale Politik 9/1995, S. 126, sowie EP (Hrsg.), Weißbuch über die Regierungskonferenz 1996, Band II, S. 46 ff.
6 Vgl. den Bericht der Reflexionsgruppe vom 5.12.1995, in: EP (Hrsg.), Weißbuch zur Regierungskonferenz 1996, Band I, S. 153 (173); Entschließung des EP vom 17.5.1996 zur Funktionsweise des EUV im Hinblick auf die Regierungskonferenz 1996, ebda., S. 219 (227); Bericht des Ratsvorsitzes vom 17.6.1996, ebda., Anlage, S. 25 (62 f., 94); Stellungnahme der Kommission vom 28.2.1996 (Dok. KOM (96) 90 endg.), ebda., S. 147 (176 f.), sowie die Stellungnahmen der Mitgliedstaaten (wiedergegeben im Band II des Weißbuches): Belgien (S. 22), Dänemark (S. 33), Deutschland (S. 40, 44, 47), Griechenland (S. 63), Frankreich (S. 92), Italien (S. 107), Niederlande (S. 122), Portugal (S. 149), Schweden (S. 170). S. auch *J. Lipsius (Pseudonym)*, The 1996 Intergovernmental Conference, ELRev. 20 (1995), S. 235 (243 ff.).

Art. 43 EU-Vertrag

besonders deutlich im Kohl-Chirac-Brief vom 6. Dezember 1995 artikuliert[7]. Im Vorfeld von Nizza kommt der Berliner Rede des Bundesaußenministers *J. Fischer* eine gewisse Bedeutung zu, der in diesem Zusammenhang von einem »Gravitationszentrum« der Integration spricht[8].

2 Regelungen über Formen differenzierter Integration müssen die Spannungslage zwischen Integrationsfortschritt durch integrationswillige Staaten um den Preis einheitlicher Integration einerseits, Rechtseinheit in Gemeinschaft und Union mit der Gefahr integrationspolitischer Stagnation andererseits aufarbeiten. Gerade die zu erwartende (Ost-)**Erweiterung** von Union und Gemeinschaft läßt Differenzierungen unausweichlich erscheinen[9]. Um so enttäuschender ist es, daß der Vertrag von Nizza nur wenig Fortschritte in der Sache bringt – dies entgegen mancher politischer Schönfärberei[10].

3 Die **Terminologie** ist nicht einheitlich[11]. Bei den verwendeten Begriffen handelt es sich zumeist um politische, nicht um Rechtsbegriffe. Als **Oberbegriffe** der Diskussion fungieren **Differenzierung**[12] und **Flexibilität**[13], die beide den Gedanken unterschiedlicher Rechtsgeltung und -anwendung in Union und Gemeinschaft ebenso zum Ausdruck bringen wie eine sachliche Rechtfertigung für die Unterschiede. Eine Kategorisierung der Unterformen läßt sich anhand der Faktoren Raum, Zeit und Inhalt vornehmen[14]:

4 Eine Konzeption räumlich differenzierter Integration stellt der Entwurf eines **Kerneuropa** (ähnlich: **Europa der konzentrischen Kreise**) dar, der die beschleunigte und vertiefte Integration auf eine Minderheit der geographisch zentral gelegenen wie im historischen Integrationsprozeß zeitlich an erster Stelle stehenden Mitgliedstaaten beschränkt.

5 Zeitliche Differenzierungen sieht das vor allem in den achtziger Jahren diskutierte Modell der **abgestuften Integration** vor[15]. Dieses Konzept, für das auch der Begriff **Europa der mehreren Geschwindigkeiten** (Europe à plusieurs vitesses) gebräuchlich ist, strebt

---

7 Abgedruckt in: Internationale Politik 8/1996, S. 80. Vgl. dazu EP (Hrsg.), Weißbuch für die Regierungskonferenz, Band II, S. 95 f.
8 Ziff. 50 ff. der Rede; abrufbar unter: http://www.rewi.hu-berlin.de/WHI/deutsch/fce/fcespez2/fischer.htm
9 Vgl. *J. Janning*, Europa braucht verschiedene Geschwindigkeiten, EA 49 (1994), S. 527 ff. Zu Flexibilität und Erweiterungsperspektive *C. Giering/J. Janning*, Flexibilität als Katalysator der Finalität? Die Gestaltungskraft der »Verstärkten Zusammenarbeit« nach Nizza, integration 2001, S. 146; *J. A. Usher*, Variable Geometry or Concentric Circles: Patterns for the EU, I.C.L.Q. 46 (1997), S. 243 (262 ff.); *T. Wiedmann*, Der Vertrag von Nizza – Genesis einer Reform, EuR 2001, S. 185 (214 f.).
10 S. *S. Rodrigues*, Le Traité de Nice et les coopérations renforcées au sein de l'Union européenne, RMCUE 2001, S. 11 (11 Fn. 1 m.w.N.).
11 S. bereits *Langeheine* (Fn. 3), S. 12 ff., sowie die Aufstellung der verwendeten Begriffe in mehreren Sprachen bei *A. Stubb*, A Categorization of Differentiated Integration, JCMS 34 (1996), S. 283 (285 f.) und die graphische Darstellung bei *U. Weinstock*, Nur *eine* europäische Umwelt?, in: Grabitz (Fn. 3), S. 301 (349). Des weiteren *R. Hofmann*, Wieviel Flexibilität für welches Europa?, EuR 1999, S. 713 (716 ff.); *B. Martenczuk*, Die differenzierte Integration nach dem Vertrag von Amsterdam, ZEuS 1 (1998), S. 447 (449 ff.); *U. Becker*, Differenzierungen der Rechtseinheit durch »abgestufte Integration«, EuR Beih. 1/1998, S. 29 (36 ff.).
12 S. vor allem *C. D. Ehlermann*, Engere Zusammenarbeit nach dem Amsterdamer Vertrag: Ein neues Verfassungsprinzip?, EuR 1997, S. 362 (363); *Martenczuk* (Fn. 11) S. 450.
13 Vgl. *N. Ost*, Flexibilität des Gemeinschaftsrechts – Vom Notantrieb zum Vertragsprinzip?, DÖV 1997, S. 495.
14 In Anlehnung an *Ehlermann* (Fn. 12), S. 364.
15 Grundlegend *Langeheine* (Fn. 3), S. 38 ff.; *ders.*, Rechtliche und institutionelle Probleme einer abgestuften Integration in der EG, in: Grabitz (Fn. 3), S. 47. Kritisch *Scharrer* (Fn. 3), S. 22 ff.

die zeitlich gestaffelte Erreichung gemeinsamer Integrationsziele an[16]. Es ist mithin vorübergehenden Charakters. Das Konzept eines »Gravitationszentrums« (s.o. Rn. 1 a.E.) gehört in diesen Kontext.

Sachlich bedingt sind schließlich die Unterschiede zwischen einzelnen »Integrationssphären« in der Konzeption des **Europas der variablen Geometrie** (géométrie variable)[17]. Es sieht dauerhafte Differenzierungen aufgrund unterschiedlicher sachlicher Präferenzen in den einzelnen Mitgliedstaaten vor[18]. Soll eine Regelung in einem bestimmten Mitgliedstaat nicht gelten, wird von **opting out** gesprochen. Negativ belegt ist die planlose, äußerste Variante der géométrie variable: Europa **à la carte**.

6

2. Vorläufer zu den Regelungen von Amsterdam und Nizza

Die Formen differenzierter Integration sind schon vor Amsterdam in verschiedenen **Vorläuferregelungen** verwirklicht[19]. So gibt es seit der EEA die Möglichkeit zusätzlicher Forschungsprogramme mehrerer bestimmter Mitgliedstaaten (Art. 168 und 172 Abs. 2 S. 2 EGV) als Beispiel für Differenzierung nach dem Muster der géométrie variable. (Zeitlich) Abgestufte Integration wird durch Art. 15 verwirklicht, der Ausnahmeregelungen bei der Errichtung des Binnenmarktes aufgrund der unterschiedlich entwickelten Volkswirtschaften vorsieht (s. Art. 15 EGV, Rn. 1). Abstufungen waren auch in allen Beitrittsabkommen sowie in den Vorschriften über die Eingliederung der DDR in die EG vorgesehen[20]. Art. 95 Abs. 4–7, 137 Abs. 5, 153 Abs. 5 und Art. 176 EGV enthalten Möglichkeiten für ein opting out einzelner Mitgliedstaaten im Sinne eines schutzverstärkenden opting up (»nationaler Alleingang«). Sonderregelungen für Großbritannien und Dänemark zu Sozialpolitik (bis 1997, nur GB) und Währungsunion verwirklichen ebenfalls die sachliche Differenzierung im Sinne der géométrie variable. Die Ausnahmeregelungen für die Mitgliedstaaten, die an der Währungsunion nicht sofort teilnehmen können (s. Art. 121, Rn. 4 ff. und Art. 122), sind wiederum im Prinzip vorübergehender Natur und deshalb dem Typus der abgestuften Integration zuzuordnen[21]. Schließlich sind auch bei der Assoziierung von Drittstaaten Abstufungen zu beobachten[22].

7

3. Differenzierte Integration in den Verträgen von Amsterdam und Nizza

Die Regelungen des Titels VII sowie die damit zusammenhängenden Vorschriften an anderer Stelle wurden durch den Vertrag von Amsterdam eingefügt und durch den Vertrag von Nizza in der Sache geringfügig, redaktionell durchgreifend modifiziert. Seit dem Vertrag von Amsterdam wird der vorher ungebräuchliche, integrationsfreundliche

8

---

16 Vgl. *Ehlermann* (Fn. 12), S. 363 f.; *Ost* (Fn. 13), S. 496; *H. R. Krämer*, Abgestufte Integration und differenzierte Assoziation, GS-Grabitz, 1995, S. 307 (312).
17 Vgl. *Krämer* (Fn. 16), S. 320.
18 *Ost* (Fn. 13), S. 496.
19 Zum folgenden *P. M. Huber*, Differenzierte Integration und Flexibilität als neues Ordnungsmuster der Europäischen Union?, EuR 1996, S. 347 (349 f.); *Krämer* (Fn. 16), S. 310 ff.; *Ost* (Fn. 13), S. 497 ff. Beispiele für Differenzierung außerhalb der EU/EG bei *Ehlermann* (Fn. 12), S. 364.
20 Vgl. *M. Schröder*, in: GTE, EU-/EGV, Art. 227, Rn. 55–58.
21 Ausführlich *A. Weber*, Die Währungsunion – Modell für ein Europa der mehreren Geschwindigkeiten?, FS-Hahn, 1997, S. 273.
22 Dazu *Krämer* (Fn. 16), S. 315 ff.

Begriff der **verstärkten Zusammenarbeit** verwendet[23]. Diese bezieht sich auf Differenzierungen im abgeleiteten Unionsrecht bzw. sekundären Gemeinschaftsrecht; primärrechtliche Differenzierungen sind jenseits der verstärkten Zusammenarbeit vor allem in Protokollen geregelt. Daraus folgt außerdem, daß sich die verstärkte Zusammenarbeit innerhalb bestehender Kompetenzen vollzieht (ausdrücklich lit. d))[24]. Art. 43 bis 45 EUV enthalten die Rahmenregelung für alle drei Säulen[25]. Art. 11 und 11a EGV enthalten Sonderregelungen für die erste Säule, ergänzt um besondere Vorschriften für Großbritannien, Irland und Dänemark in der nunmehr vergemeinschafteten Visa-, Asyl- und Einwanderungspolitik (s. Art. 69 EGV, Rn. 2 ff., sowie das »Protokoll über die Position des Vereinigten Königreichs und Irlands« und das »Protokoll über die Position Dänemarks«). In der diesen Sonderregelungen nahestehenden dritten Säule wird Flexibilität durch Art. 40 bis 40b EUV ermöglicht. Die **zweite Säule** wurde erst durch den **Vertrag von Nizza** in den Art. 27a bis e »flexibilisiert«, wodurch bereits seit Amsterdam vorhandene Differenzierungsmöglichkeiten (positive Stimmenthaltung – s. Art. 23 Abs. 1, dort Rn. 2 ff. –, erleichtertes Inkrafttreten internationaler Abkommen nach Art. 24 EUV und Option engerer sicherheitspolitischer Zusammenarbeit – Art. 17, Rn. 9) in den Hintergrund treten.

II. Gegenläufige Prinzipien

9   Mit diesen Änderungen des Primärrechts steht die grundsätzliche Zulässigkeit differenzierter Integration nicht mehr in Frage. Eine rechtliche Grenze markiert ungeachtet der von den Vertragsparteien positivrechtlich normierten Voraussetzungen allein der insoweit innerhalb der Verträge vorrangige *acquis communautaire* (vgl. Art. 2, Rn. 14 f.), der durch die Flexibilisierung nicht beseitigt werden darf (vgl. auch Art. 43 Abs. 1 lit. e)). Beeinträchtigungen der souveränen Gleichheit der Mitgliedstaaten werden durch entsprechende verfahrensrechtliche Kautelen kompensiert (vgl. Art. 11 Abs. 2 EGV). Integrationspolitisch steht der Differenzierung die Einheit des Gemeinschaftsrechts entgegen[26], die nicht nur durch Rechtsunterschiede sondern auch durch eine Verkomplizierung durch Differenzierung und Differenzierungsmechanismen gefährdet wird[27]. Hinzu treten praktische Probleme auf der institutionellen und der haushaltsrechtlichen Ebene. Im bestehenden Vertragswerk ist eine Grundtendenz gegen institutionelle Sonderungen aufgrund engerer Zusammenarbeit erkannt worden[28]. Art. 23 Abs. 1 GG steht hingegen Vereinbarungen der zuständigen Verfassungsorgane zur Differenzierung nicht entgegen[29]. Maßstab für ihre Zulässigkeit ist allein das Unions- bzw. Gemeinschaftsrecht. Zudem besteht kein Anlaß zur Befürchtung, daß die gegenwärtigen Vorschriften über die verstärkte Zusammenarbeit (s. u. Rn. 11 ff.) die in Art. 23 Abs. 1 S. 1 GG genannten Prinzipien verletzen könnten. Diese Prinzipien fordern keine Einheitlichkeit von Union und Gemeinschaft in jeder Hinsicht[30].

---

23   Zur Herkunft *F. Anton,* in: Léger (Hrsg.), Copmmentaire article par article des traités UE et CE, 2000, Art. 43-45 EUV, Rn. 3 f.
24   Entgegen der Befürchtung von *Huber* (Fn. 19), S. 348.
25   V. *Constantinesco,* Les clauses de »coopération renforcée« – Le protocole sur l'application des principes de subsidiarité et de proportionnalité, R.T.D.E. 33 (1997), S. 751 (754): »structure à deux étages«.
26   Vgl. *Huber* (Fn. 19), S. 351, sowie ausführlich *B. Martenczuk,* Die differenzierte Integration und die föderale Struktur der EU, EuR 2000, S. 351 (358 ff.).
27   Vgl. *Huber* (Fn. 19), S. 358.
28   *Huber* (Fn. 19), S. 360; *Janning* (Fn. 4), S. 288. Zurückhaltender *Becker* (Fn. 11), S. 41 ff.
29   So aber *Huber* (Fn. 19), S. 352 f.
30   So aber wohl *Huber* (Fn. 19), S. 352 f.

Andererseits kann auch die Notwendigkeit der Differenzierung nicht bestritten werden. 10
Zu massiv ist die Gefahr einer Stagnation in der erweiterten Gemeinschaft und Union,
zu gefährlich auch die Verlagerung von Integrationsprozessen außerhalb des bestehenden institutionellen Rahmens. Wenn allerdings die europapolitischen Zielvorstellungen
unklar und umstritten sind, können auch von der verstärkten Zusammenarbeit keine
Impulse erwartet werden. Dies zeigt der Vertrag von Nizza mit besonderer Deutlichkeit.

III. Voraussetzungen und Folgen differenzierter Integration im Unionsrecht

1. Voraussetzungen

Diesen rechtspolitischen Spannungen sucht das neue Primärrecht zunächst durch ver- 11
schiedene ausdrückliche Voraussetzungen für die flexible Integration Rechnung zu tragen[31]. Art. 43, der für alle Säulen gilt, nennt seit der Vertragsrevision von Nizza zehn
(vorher sieben) Voraussetzungen:

Nach lit. a) muß die verstärkte Zusammenarbeit auf die Ziele und Interessen der Union 12
ausgerichtet sein und – wiederholend – den Integrationsprozeß stärken. Dieses finale Erfordernis enthält zugleich ein Rückschrittsverbot[32].

Lit. b) der Vorschrift bindet die verstärkte Zusammenarbeit in das Vertragswerk und 13
den einheitlichen institutionellen Rahmen ein und stellt damit klar, daß sie auf dem Boden des bestehenden Unions- und Gemeinschaftsrechts verbleibt.

Lediglich deklaratorisch ist lit. c), soweit die Vorschrift den *acquis communautaire* be- 14
trifft (s.o. Rn. 9). Im zweiten Teil (»die nach Maßgabe der sonstigen Bestimmungen der
genannten Verträge getroffenen Maßnahmen«) stellt er den Vorrang sämtlichen Unions-
und Gemeinschaftsrechts vor den in verstärkter Zusammenarbeit getroffenen Maßnahmen klar.

Lit. d) war bislang erste Voraussetzung nach Art. 11 Abs. 1 lit. a EGV. Weil ein Eingriff 15
in ausschließliche Zuständigkeiten der EG durch Unionsrecht auch bislang unzulässig
war, handelt es sich lediglich um eine redaktionelle Änderung. Die ausschließliche Zuständigkeit wird nach den gleichen Kriterien ermittelt wie bei Art. 5 Abs. 2 EGV (s.
Art. 5, Rn. 18 ff.)[33].

Auch lit. e) enthält eine Selbstverständlichkeit, denn der Binnenmarkt bildet den Kern 16
des *acquis communautaire* (s.o. Rn. 9 und 14). Die Vorschrift wird daher zu Recht für
überflüssig gehalten[34]. Die Erwähnung des Titels XVII EGV ist ein politisches Zugeständnis an die Mitgliedstaaten, die von den dort geregelten Fonds profitieren (und deren Zahl sich bei der Osterweiterung spürbar vermehren wird). Die verstärkte Zusammenarbeit soll nicht zu einem »Vorpreschen« zu Lasten der wirtschaftlich weniger entwickelten Staaten führen.

Lit. f) enthält Art. 11 Abs. 1 lit. e a.F. Die Vorschrift verbietet im Anschluß an Art. 28 17

---
31 Zu den Anforderungen im Vorfeld des Amsterdamer Vertrages *Weber* (Fn. 21), S. 282 f.
32 *Constantinesco* (Fn. 25), S. 758; *Ehlermann* (Fn. 12), S. 372.
33 Ausdrücklich A. *Hatje*, in: Schwarze, EU-Kommentar, Art. 11 EGV, Rn. 6.
34 *Rodrigues* (Fn. 10), S. 14.

Handelshemmnisse sowie die Verzerrung der Wettbewerbsbedingungen. Die mit letzterem erstrebte Rechtseinheit übersteigt sogar das bisherige Leitbild des (unvollkommenen) Binnenmarktes[35]. Zum Sinn der redaktionellen Änderung s.o. Rn. 15.

18 In lit. g) ist eine der wenigen positiv zu bewertenden Neuerungen enthalten. Bislang war die Beteiligung der (numerischen) Mehrheit der Mitgliedstaaten an der verstärkten Zusammenarbeit vorgeschrieben. Die Reduzierung auf acht kann die verstärkte Zusammenarbeit in einer erweiterten Union erheblich erleichtern. Geographische Kriterien gibt es nach wie vor nicht; auch das geographische »Randeuropa« mag sich zur verstärkten Zusammenarbeit formieren. Hier sind gerade nach der Osterweiterung interessante Konstellationen denkbar[36]. Durch die Abschaffung des Mehrheitserfordernisses werden Kooperationen in kleinerem Rahmen (z. B. skandinavische Mitglieder, Mittelmeerraum, Alpenländer, Ostseeanrainer) nicht mehr aus dem institutionellen Gefüge der EU/EG verdrängt.

19 Die Regelung in lit. h) steht im Zusammenhang mit Art. 44 Abs. 2 S. 3. Beide Vorschriften normieren eine gegenseitige Rücksichtnahmepflicht im Verhältnis der an der verstärkten Zusammenarbeit teilnehmenden Staaten zu den Nichtteilnehmern.

20 Der vormals in Art. 11 Abs. 5 EGV geregelte lit. i) enthält einen Vorbehalt zugunsten des Protokolls über die Einbeziehung des Schengen-Besitzstands in den Rahmen der Europäischen Union (s. Art. 61, Rn. 10).

21 Lit. j) verweist schließlich auf das Prinzip der Offenheit in Art. 43b, so daß eine unnötige Wiederholung entsteht.

2. Folgen

22 Sind die Voraussetzungen in der Aufzählung des Abs. 1 erfüllt, so sind die Mitgliedstaaten, die verstärkt zusammenzuarbeiten beabsichtigen, **ermächtigt** (»können«), dies innerhalb der Organe von EU und EG und nach den in EUV und EGV vorgesehenen Verfahren (der Begriff »Mechanismen« fügt dem Verweis auf die Verfahren nichts hinzu) zu tun. Die Ermächtigung durch den Gebrauch des Begriffes »können« steht einer Deutung des Art. 43 entgegen, die engere Kooperation *außerhalb* des institutionellen Rahmens von EU und EG ausschließt. Sofern den Mitgliedstaaten Befugnisse verblieben sind, ist eine Verletzung von Gemeinschaftskompetenzen nicht zu besorgen, wenn diese im Zusammenwirken ausgeübt werden[37]. Wird von Art. 43 Gebrauch gemacht, sind die Organe diejenigen von EU und EG (vgl. auch Art. 44, Rn. 2 f.). Die gefaßten Beschlüsse sind abgeleitetes Unionsrecht bzw. sekundäres Gemeinschaftsrecht mit eingeschränktem räumlichen Geltungsumfang (s. Rn. 8). Zur Finanzierung s. Art. 44a.

Zur **Bewertung** der Regelung in der Fassung des Vertrages von Nizza s. Art. 45, Rn. 2.

---

35 *Ehlermann* (Fn. 12), S. 376.
36 Zu den Gefahren *P. Hall*, in: Bergmann/Lenz (Hrsg.), Der Amsterdamer Vertrag, 1998, Kap. 20, Rn. 18.
37 So aber *Constantinesco* (Fn. 25), S. 755; *Martenczuk* (Fn. 11), S. 464. Wie hier *G. Gaja*, How Flexible is Flexibility Under the Amsterdam Treaty, CMLRev. 35 (1998), S. 855 (869); *A. Hatje*, in: Schwarze, EU-Kommentar, Art. 43, Rn. 28; *Hofmann* (Fn. 11), S. 727 f.; *C. v. Buttlar*, Rechtsprobleme der »verstärkten Zusammenarbeit« nach dem Vertrag von Nizza, ZEuS 4 (2001), S. 649 (659 ff.).

Art. 43a

Eine verstärkte Zusammenarbeit kann nur als letztes Mittel aufgenommen werden, wenn der Rat zu dem Schluß gelangt ist, daß die mit dieser Zusammenarbeit angestrebten Ziele unter Anwendung der einschlägigen Bestimmungen der Verträge nicht in einem vertretbaren Zeitraum verwirklicht werden können.

Amsterdamer Fassung:
Entspricht Art. 43 Abs. 1 lit c der Amsterdamer Fassung.

Art. 43a (vormals Art. 43 Abs. 1 lit. c)) enthält die problematische Voraussetzung, daß die verstärkte Zusammenarbeit als **ultima ratio** zu gelten hat. Bei der Beurteilung der Frage, ob die Vertragsziele mit den im Vertrag vorgesehenen Verfahren erreichbar sind, muß den Gemeinschaftsorganen und den betroffenen Mitgliedstaaten ein weiter Spielraum konzediert werden. Die Fragen nach den Kriterien im einzelnen, nach dem Zeitraum, in dem eine unions-/gemeinschaftsweite Lösung im Rat zu finden ist, nach den Möglichkeiten des multilateralen »opting up« und der Finanzierung verstärkter Integration im engeren Kreis[1] sind nur in engen Grenzen justitiabel. Immerhin hat der Vertrag von Nizza, was den **Zeitraum** betrifft, eine Begrenzung eingeführt.

---

1 Zu diesen C. D. *Ehlermann*, Engere Zusammenarbeit nach dem Amsterdamer Vertrag: Ein neues Verfassungsprinzip?, EuR 1997, S. 362 (373).

Art. 43b

Eine verstärkte Zusammenarbeit steht bei ihrer Begründung allen Mitgliedstaaten offen. Sie steht ihnen ferner jederzeit nach Maßgabe der Artikel 27e und 40b dieses Vertrags und des Artikels 11a des Vertrags zur Gründung der Europäischen Gemeinschaft offen, sofern sie dem Grundbeschluß und den in jenem Rahmen gefassten Beschlüssen nachkommen. Die Kommission und die an einer verstärkten Zusammenarbeit beteiligten Mitgliedstaaten tragen dafür Sorge, daß eine möglichst große Zahl von Mitgliedstaaten zur Beteiligung angeregt wird.

Amsterdamer Fassung:
Entspricht Art. 43 Abs. 1 lit. g der Amsterdamer Fassung.

Art. 43b enthält schließlich das Prinzip der Offenheit. Der grundsätzlich vorübergehende Charakter der verstärkten Zusammenarbeit im Sinne des Konzepts der abgestuften Integration soll dadurch zum Ausdruck kommen. Art. 27e präzisiert diese Offenheit für den Bereich der GASP, Art. 40b für die PJZS und Art. 11a EGV für die EG.

Art. 44 (ex-Art. K.16)

(1) Für die Annahme der Rechtsakte und Beschlüsse, die für die Durchführung der Zusammenarbeit nach Artikel 43 erforderlich sind, gelten die einschlägigen institutionellen Bestimmungen dieses Vertrags und des Vertrags zur Gründung der Europäischen Gemeinschaft. Alle Mitglieder des Rates können an den Beratungen teilnehmen, jedoch nehmen nur die Vertreter der an der Zusammenarbeit beteiligten Mitgliedstaaten an der Beschlußfassung teil. Als qualifizierte Mehrheit gilt derselbe Anteil der gewogenen Stimmen und derselbe Anteil der Anzahl der betreffenden Mitglieder des Rates, wie sie in Artikel 205 Abs. 2 des Vertrags zur Gründung der Europäischen Gemeinschaft und hinsichtlich einer verstärkten Zusammenarbeit aufgrund des Artikels 27c in Artikel 23 Absatz 2 Unterabsätze 2 und 3 dieses Vertrags festgelegt sind. Die Einstimmigkeit bezieht sich allein auf die betroffenen Mitglieder des Rates.

Solche Rechtsakte und Beschlüsse sind nicht Bestandteile des Besitzstands der Union.

(2) Die Mitgliedstaaten wenden, soweit sie betroffen sind, die Rechtsakte und Beschlüsse an, die für die Durchführung der verstärkten Zusammenarbeit, an der sie sich beteiligen, angenommen wurden. Solche Rechtsakte und Beschlüsse binden nur die Mitgliedstaaten, die sich daran beteiligen, und haben gegebenenfalls nur in diesen Staaten unmittelbare Geltung. Die Mitgliedstaaten, die sich an der verstärkten Zusammenarbeit nicht beteiligen, stehen deren Durchführung durch die daran beteiligten Mitgliedstaaten nicht im Wege.

Amsterdamer Fassung:

(1) Für die Annahme der Rechtsakte und Beschlüsse, die für die Durchführung der Zusammenarbeit nach Artikel 43 erforderlich sind, gelten die einschlägigen institutionellen Bestimmungen dieses Vertrags und des Vertrags zur Gründung der Europäischen Gemeinschaft. Alle Mitglieder des Rates können an den Beratungen teilnehmen, jedoch nehmen nur die Vertreter der an der Zusammenarbeit beteiligten Mitgliedstaaten an der Beschlußfassung teil. Als qualifizierte Mehrheit gilt derselbe Anteil der gewogenen Stimmen der betreffenden Mitglieder des Rates, der in Artikel 205 Abs. 2 des Vertrags zur Gründung der Europäischen Gemeinschaft festgelegt ist. Die Einstimmigkeit bezieht sich allein auf die betroffenen Mitglieder des Rates.

(2) Die sich aus der Durchführung der Zusammenarbeit ergebenden Ausgaben, mit Ausnahme der Verwaltungskosten der Organe, werden von den beteiligten Mitgliedstaaten finanziert, sofern der Rat nicht einstimmig etwas anderes beschließt.

Art. 44 betrifft die institutionelle Verwirklichung verstärkter Zusammenarbeit, regelt also eher die Bewältigung praktischer Probleme differenzierter Integration als Grundsatzfragen, die in Art. 43 thematisiert sind. Art. 44 Abs. 1 bezieht sich nicht auf das Auslösen, sondern auf die **Durchführung** verstärkter Zusammenarbeit. Außerdem enthält die Vorschrift in Abs. 2 seit dem Vertrag von Nizza die Regelung der **Folgen** der verstärkten Zusammenarbeit. 1

Entsprechend der Grundkonzeption verstärkter Zusammenarbeit gemäß dem Amsterdamer Vertrag, wonach die verstärkt zusammenarbeitenden Mitgliedstaaten den **institutionellen Rahmen** von Union und Gemeinschaft in Anspruch nehmen, gelten für die erforderlichen Rechtsakte und Beschlüsse die einschlägigen institutionellen Normen von EUV und EGV, also die Regeln über Organisation und Verfahren (Art. 44 Abs. 1 S. 1). Die Vorschriften über den Rat sind der Währungsunion nachempfunden (vgl. Art. 122 Abs. 5 EGV). Alle Mitgliedstaaten nehmen an den Ratssitzungen teil, doch stimmen nur die konkret Beteiligten ab (Art. 44 Abs. 1 S. 2). Qualifizierte Mehrheiten werden im gleichen Verhältnis wie bei Art. 205 Abs. 2 EGV (einschließlich der in Nizza erfolgten 2

Matthias Ruffert

Ergänzung) umgerechnet, Einstimmigkeit muß nur unter den betroffenen Staaten hergestellt werden (Art. 44 Abs. 1 S. 3 und 4). Besondere Mehrheitsregelungen gelten für GASP und PJZS.

3 Sondervorschriften für die übrigen Organe fehlen. Das ist nicht nur für Kommission und EuGH, sondern auch für das EP zu begrüßen[1]. Das EP ist als eigenständiges, supranationales Repräsentativorgan der Völker der Mitgliedstaaten (Art. 189 EGV) zu beteiligen. Die Repräsentation der Mitgliedstaaten selbst und ihrer Regierungen realisiert sich im Rat, so daß nur dort eine differenzierte Beteiligung gerechtfertigt erscheint.

4 Davon abgesehen, daß Abs. 1 UAbs. 2 ungenau den *acquis communautaire* als »**Besitzstand der Union**« bezeichnet (auch im frz. Text heißt es »acquis de l'Union«), enthält er die Regelung, daß Maßnahmen der verstärkten Zusammenarbeit jenen Besitzstand nicht verändern dürfen[2]. Hierdurch soll verhindert werden, daß der Kern des Europarechts durch die Aktivität einiger Staaten verändert wird. Politisch stehen die großen Schwierigkeiten der Beitrittskandidaten, ihre Rechtsordnungen dem *acquis* anzupassen, hinter dieser Regelung, die einer Ausdehnung des Besitzstandes entgegenwirkt.

5 Die Maßnahmen differenzierter Integration binden nur die daran beteiligten Mitgliedstaaten, die sie aber auch kraft Unionsrechts durchzuführen verpflichtet sind, Abs. 2 S. 1 und 2. Die anderen Mitgliedstaaten trifft ein Behinderungsverbot, Abs. 2 S. 3. Zur Kontrolle durch den EuGH s. Art. 46, Rn. 4.

---

1 Anders C. D. *Ehlermann*, Engere Zusammenarbeit nach dem Amsterdamer Vertrag: Ein neues Verfassungsprinzip?, EuR 1997, S. 362 (374 f); wie hier B. *Martenczuk*, Die differenzierte Integration nach dem Vertrag von Amsterdam, ZEuS 1 (1998), S. 447 (463), sowie – zurückhaltender – auch A. *Hatje*, in: Schwarze, EU-Kommentar, Art. 44, Rn. 4.
2 Anders noch M. *Schauer*, Schengen – Maastricht – Amsterdam – Auf dem Weg zu einer flexiblen Union, 2000, S. 251 ff.

Art. 44a

Die sich aus der Durchführung der Zusammenarbeit ergebenden Ausgaben, mit Ausnahme der Verwaltungskosten der Organe, werden von den beteiligten Mitgliedstaaten finanziert, sofern der Rat nicht nach Anhörung des Europäischen Parlaments durch einstimmigen Beschluß sämtlicher Ratsmitglieder etwas anderes beschließt.

Amsterdamer Fassung:
Entspricht Art. 44 Abs. 2 der Amsterdamer Fassung.

Art. 44a löst die Problematik der **Finanzierung** dahin auf, daß – vorbehaltlich einer Übertragung auf den Gemeinschaftshaushalt durch einstimmigen Ratsbeschluß – nur die beteiligten Mitgliedstaaten die Projekte verstärkter Zusammenarbeit finanzieren. Diese Lösung kann zu einer erheblichen Verkomplizierung des gemeinschaftlichen Haushaltsrechts führen, ist aber politisch gegenwärtig ohne Alternative. Zu begrüßen ist die in Nizza durchgesetzte Parlamentsbeteiligung. Für die Verteilung unter den Mitgliedstaaten kommt bei unionsrechtlicher Kooperation der BSP-Schlüssel des Art. 41 Abs. 3 zur Anwendung.

Art. 45 (ex-Art. K.17)

Der Rat und die Kommission stellen sicher, daß die auf der Grundlage dieses Titels durchgeführten Maßnahmen untereinander sowie mit den Politiken der Union und der Gemeinschaft im Einklang stehen, und arbeiten entsprechend zusammen.

Amsterdamer Fassung:

Der Rat und die Kommission unterrichten das Europäische Parlament regelmäßig über die Entwicklung der durch diesen Titel begründeten verstärkten Zusammenarbeit.

1 Art. 45 formuliert das Ziel, eine **Kohärenz** der Maßnahmen verstärkter Zusammenarbeit untereinander sowie mit dem Unions- und Gemeinschaftsrecht insgesamt herzustellen. Dies soll durch Zusammenarbeit von Rat und Kommission angestrebt werden. Die geringe Bedeutung des – hier nicht erwähnten – Parlaments ist unbefriedigend:

2 Die in der vorherigen Fassung enthaltene generelle Regelung der **Unterrichtung des EP** vermochte die unbefriedigend ausgestattete Stellung des EP bei den Mechanismen zur Auslösung verstärkter Zusammenarbeit nur unzureichend zu kompensieren[1]. Allein Art. 27c Abs. 2 beläßt es für die GASP bei der Unterrichtungspflicht. Im Bereich der PJZS wird das EP nunmehr angehört, Art. 40a Abs. 2 UAbs. 1 S. 1 EUV, was der bisher geltenden Regelung für den EGV entspricht. Geringfügig gesteigert wird die Parlamentsbeteiligung überdies durch die Finanzierungsregelung in Art. 44a sowie – für den seltenen Fall der Anwendbarkeit des Art. 251 – durch das Zustimmungserfordernis in Art. 11 Abs. 2 UAbs. 2 S. 2 (s. dort Rn. 3).

3 Insgesamt fällt die **Bewertung** der neuen Flexibilitätsvorschriften nicht nur deswegen in der Tendenz negativ aus. Die Flexibilität ist kein Verfassungsprinzip, auch kein allgemeines »Strukturprinzip der Zukunft«[2] der Gemeinschaft, und sie stellt sicher keine »kopernikanische Wende«[3] im Integrationsprozeß dar. Ihr instrumentaler Charakter muß andererseits nicht dazu führen, sie negativ als »Notantrieb«[4] oder »Rettungskonzept«[5] zu bezeichnen. Vielmehr sind die Regelungen über die verstärkte Zusammenarbeit ein Mittel zur Integrationsförderung, wenn andere Mittel unzureichend sind oder versagen, und sie können insofern über eine bloß theoretische Option hinausgehen[6]. Bedenken weckt der Umstand, daß die Vorschriften des Amsterdamer Vertrages seit dessen Inkrafttreten im Mai 1999 nicht zur Anwendung gekommen sind – nach Gelegenheiten

---

1 In diesem Sinne *C. D. Ehlermann*, Engere Zusammenarbeit nach dem Amsterdamer Vertrag: Ein neues Verfassungsprinzip?, EuR 1997, S. 362 (375). Vgl. auch *J. M. Gil-Robles*, Die Flexibilität, ein Mechanismus für eine verstärkte Integration, EuZW 1997, S. 353.
2 So *G. Müller-Brandeck-Bocquet*, Flexible Integration – eine Chance für die europäische Umweltpolitik?, integration 1997, S. 292 (295), im Anschluß an *N. Riedel* (s. Fn. 6 bei *Müller-Brandeck-Bocquet*).
3 So aber *V. Constantinesco*, Les clauses de »coopération renforcée« – Le protocole sur l'application des principes de subsidiarité et de proportionnalité, R.T.D.E. 33 (1997), S. 751 (752).
4 So *N. Ost*, Flexibilität des Gemeinschaftsrechts – Vom Notantrieb zum Vertragsprinzip?, DÖV 1997, S. 495 (503).
5 So *J. Janning*, Dynamik in der Zwangsjacke – Flexibilität in der EU nach Amsterdam, integration 1997, S. 285 (287).
6 Kritisch *Janning* (Fn.5), S. 290, sowie *W. Berg/R. Karpenstein*, Änderungen der rechtlichen Grundlagen der EU durch den Vertrag von Amsterdam, EWS 1998, S. 77 (82); *U. Becker*, Differenzierungen der Rechtseinheit durch »abgestufte Integration«, EuR Beih. 1/1998, S. 29 (56); *F. Chaltiel*, Le traité d'Amsterdam et la coopération renforceé, R.M.C. 1998, S. 289 (293); *C. Thun-Hohenstein*, in: Hummer (Hrsg.), Die EU nach dem Vertrag von Amsterdam, 1998, S. 124 (139).

hierfür ist offensichtlich nicht gesucht worden[7]. Daß die Neuregelung sich auf redaktionelle Umstellungen beschränkt (einzige Ausnahmen: Art. 43, Rn. 18; Art. 11, Rn. 4), ist ein deutliches Zeichen für den gegenwärtigen Mangel an europapolitischer Perspektive[8]. Ob in einer erweiterten EU/EG die verstärkte Integration überhaupt erstrebt werden wird, bleibt auf diesem Hintergrund abzuwarten. Es besteht die Gefahr, daß die schwere Handhabbarkeit der Flexibilitätsvorschriften als Vorwand für mangelnde Integrationsbereitschaft wird herhalten müssen. Insgesamt vermittelt die Regelung den Eindruck eines »Weder-Fleisch-noch-Fisch«[9].

Engere Zusammenarbeit wird daher – wenn überhaupt erforderlich – auch in Zukunft außerhalb von EU und EG stattfinden, sofern die jeweilige Sachkompetenz bei den Mitgliedstaaten liegt und die Verpflichtungen aus Art. 10 EGV eingehalten werden. Hinzu werden – wie das Beispiel von Währungsunion, GASP und PJZS zeigt – immer kompliziertere Regelungen in Einzelbereichen treten.

4

---

7 Zurückhaltender *J. Cloos*, Les coopérations renforcées, RMCUE 2000, S. 512 (514).
8 S. die interessante Perspektive einer EU-Rahmenordnung bei *M. Schauer*, Schengen – Maastricht – Amsterdam – Auf dem Weg zu einer flexiblen Union, 2000, S. 264 ff. In der Berliner Rede des Bundesaußenministers *J. Fischer* stellt sich die verstärkte Zusammenarbeit als Etappe zur Integration dar; dazu *J. V. Louis*, De la différenciation à l'avant-garde?, CDE 2000, S. 301.
9 Ausdrücklich *H. Bribosia*, Différenciation et avant-gares au sein de l'Union européenne, CDE 2000, S. 57 (105). – Skeptisch auch *A. Hatje*, Die institutionelle Reform der EG – der Vertrag von Nizza auf dem Prüfstand, EuR 2001, S. 143 (160); *W. Wessels*, Die Vertragsreform von Nizza – Zur institutionellen Erweiterungsreife, integration 2001, S. 8 (15).

Titel VIII
(ex-Titel VII)
Schlußbestimmungen

Art. 46 (ex-Art. L)

Die Bestimmungen des Vertrags zur Gründung der Europäischen Gemeinschaft, des Vertrags über die Gründung der Europäischen Gemeinschaft für Kohle und Stahl und des Vertrags zur Gründung der Europäischen Atomgemeinschaft betreffend die Zuständigkeit[15 ff.] des Gerichtshofs der Europäischen Gemeinschaften und die Ausübung[15 ff.] dieser Zuständigkeit gelten[6, 8] nur[18 ff.] für folgende Bestimmungen dieses Vertrags:
a) die Bestimmungen zur Änderung des Vertrags zur Gründung der Europäischen Wirtschaftsgemeinschaft im Hinblick auf die Gründung der Europäischen Gemeinschaft, des Vertrags über die Gründung der Europäischen Gemeinschaft für Kohle und Stahl und des Vertrags zur Gründung der Europäischen Atomgemeinschaft;[2]
b) die Bestimmungen des Titels VI nach Maßgabe des Artikels 35;[6, 8, 16]
c) die Bestimmungen des Titels VII nach Maßgabe der Artikel 11 und 11a des Vertrags zur Gründung der Europäischen Gemeinschaft[3] und des Artikels 40 dieses Vertrags;[4]
d) Artikel 6 Absatz 2 in bezug auf Handlungen der Organe, soweit der Gerichtshof im Rahmen der Verträge zur Gründung der Europäischen Gemeinschaften und im Rahmen dieses Vertrags zuständig ist;[7 f., 11]
e) die reinen Verfahrensbestimmungen des Artikels 7, wobei der Gerichtshof auf Antrag des betroffenen Mitgliedstaats binnen eines Monats nach der Feststellung des Rates gemäß dem genannten Artikel entscheidet;[9 ff.]
f) die Artikel 46 bis 53.[14]

Amsterdamer Fassung von lit. c), d) und e) des Art. 46:

c) die Bestimmungen des Titels VII nach Maßgabe des Artikels 11 des Vertrags zur Gründung der Europäischen Gemeinschaft und des Artikels 40 dieses Vertrags;
d) Artikel 6 Absatz 2 in bezug auf Handlungen der Organe, sofern der Gerichtshof im Rahmen der Verträge zur Gründung der Europäischen Gemeinschaften und im Rahmen dieses Vertrags zuständig ist;
e) die Artikel 46 bis 53.

Inhaltsübersicht:

I. Stellung und Funktion	1
II. Die Geltung der Bestimmungen der Gemeinschaftsverträge über die Zuständigkeit des EuGH und über deren Ausübung	15
III. Folgerungen für die von Art. 46 nicht erfaßten Materien	18
IV. Die Reichweite des Verbots der Inzidentprüfung am Maßstab nichtjustitiablen Rechts dargestellt am Beispiel außenpolitischer Embargomaßnahmen (Art. 301 EGV)	22

I. Stellung und Funktion

1 Art. 46 betrifft die **Reichweite der Kompetenzen des EuGH** (engl.: »*the powers ... and the exercise of those powers*«; frz.: »*à la competence ... et à l'exercise de cette compétence*«) und ist im Lichte des Art. 6 Abs. 1 zu lesen, der die Rechtsstaatlichkeit (engl.: »*the rule of law*«; frz.: *l'État de droit*«) zu den Grundsätzen der Union zählt.[1] Der EUV

---

1 O. *Dörr*/U. *Mager*, Rechtswahrung und Rechtsschutz nach Amsterdam, AöR 125 (2000), S. 386 (387).

hat die drei supranationalen Gemeinschaften um die GASP und PJZS (früher unter dem Maastrichter Vertrag: ZBJI), ergänzt, so daß (wie schon bei Schaffung der EEA[2]) zu entscheiden war, inwieweit dem EuGH neue Tätigkeitsfelder eröffnet werden sollten[3]. (Die Befugnisse nationaler Gerichte werden durch diese Entscheidung nicht unmittelbar berührt[4].) Zur (Neu-)Begründung von Rechtsprechungsbefugnissen im Bereich des Unionsrechts bedurfte es jeweils einer eigenständigen Grundlage – sei es unmittelbar durch den EUV, sei es durch dessen konstitutive Anweisung, die Regeln des EGV auf Materien des EUV anzuwenden.[5] Art. 46 selbst hat die Kompetenzen des EuGH insoweit nur marginal erweitert (s. Rn. 6, 8, 9)[6], wobei auf die im EGV eingerichteten Verfahrensarten zurückgegriffen wird, ohne völlig neuartige Verfahren zu schaffen.[7] Zu einem nicht unerheblichen Teil hat er **deklaratorischen Charakter** (s. aber u. Rn. 9).

Dies gilt zunächst für **lit. a**, wonach die Bestimmungen des EUV zur Änderung der drei 2 **Gemeinschaftsverträge** (Titel III bis IV, Art. 8 bis 10 EUV) der Gerichtsbarkeit des EuGH unterworfen sind. Denn diese Änderungen sind materieller Bestandteil des Gemeinschaftsrechts geworden. Damit unterliegen sie aber schon allein auf Grund der *gemeinschaftsvertraglichen* Zuständigkeitsregelungen der Auslegung und Anwendung durch den EuGH[8]. Folglich dient lit. a dazu, dem Entstehen auch nur des Anscheins nichtjustitiabler »blinder Flecke« im Korpus des Gemeinschaftsrechts vorzubeugen.

Entsprechendes gilt für **lit. c**, soweit die Gerichtsbarkeit des EuGH auf die Bestimmun- 3 gen des Titels VII (also der Art. 43 ff.) nach Maßgabe der **Art. 11 und 11a EGV** über eine verstärkte Zusammenarbeit erstreckt wird. Denn in Art. 11 Abs. 2 UAbs. 1 EGV nimmt das Gemeinschaftsrecht für die *Begründung* einer verstärkten Zusammenarbeit, in Art. 11 Abs. 3 EGV (in seinem Soweit-Satz) für Akte der *Durchführung* auf die Art. 43 bis 45 EUV ausdrücklich Bezug. *Im Umfang dieser Verweisung* wird die Einhaltung der EUV-Vorschriften materiell zu einem Gebot des EGV, wodurch sich ohne weiteres auch die Prüfungszuständigkeit des EuGH auf die Art. 43 bis 45 EUV erstreckt.[9] Dies wäre folglich schon der Fall, wenn es Art. 46 lit. c nicht gäbe. Dessen *insoweit*

---

2 Zu Art. 31 EEA im Vergleich mit ex-Art. L EUV: *E. Pache*, in: Grabitz/Hilf, EU, Art. L EUV, Rn. 2 f.
3 Vgl. *H. Krück*, GTE, EU-/EGV, Art. L, Rn. 23 a.E. (zur Funktion des ex-Art. L); *Pache* (Fn. 2), Rn. 15. – Die spezifische Ausgestaltung von Vorabentscheidungsverfahren können freilich Folgewirkungen für nationale Gerichte haben – s. etwa zur Frage der Bindung unterinstanzlicher Gerichte der Mitgliedstaaten an ungültiges EG-Recht im Kontext des Art. 68 Abs. 1 EGV: *Dörr/Mager* (Fn. 1), S. 391, einerseits, *M. Pechstein*, Amsterdamer Vertrag und Grundgesetz, DÖV 1998, 569 (576), andererseits.
4 *E. Klein*, in: HK-EUV, Art. L, Rn. 7 (auch zur Funktion des BVerfG); *Krück* (Fn. 3), Rn. 13. – Mittelbar betroffen sind nationale Gerichte aber z. B. durch Vorlagepflichten nach Art. 177 Abs. 3 EGV, soweit Art. 46 den EuGH für zuständig erklärt. Vgl. auch Art. 53, Rn. 5.
5 *Dörr/Mager* (Fn. 1), S. 404, s. auch S. 402.
6 Im Grundsatz gilt, daß der EuGH und mit ihm das EuG und die gerichtlichen Kammern nach Art. 225a EGV nicht zuständig sind für »Handlungen der Europäischen Union« (s. EuG, 12.12.2000, Rs. T-201/99, Rn. 24 [Royal Olympic Cruises Ltd/ Rat u. Kommission]).
7 *Dörr/Mager* (Fn. 1), S. 404 f.
8 *Dörr/Mager* (Fn. 1), S. 402. Vgl. *Krück* (Fn. 3), Rn. 3; *Pache* (Fn. 2), Rn. 5, 13, 16. – Daß es nicht immer leicht ist, EG-Recht von EU-Recht zu scheiden, zeigen die Entscheidungen zum (als gemeinschaftsrechtlich bewerteten) Recht auf Zugang zu Ratsdokumenten über Vorgänge der 2. und 3. Säule des EUV unter dem Beschluß 93/731/EG (ABl.EG 1993 Nr. L 340/43): EuG, Rs. T-174/95, Slg. 1998, II-2289, Rn. 81 ff. (Svenska Journalistförbundet/Rat); Rs. T-14/98, Slg. 1999, II-2489, Rn. 41 f. und EuGH, Rs. C-353/99 P, Urt. v. 6.12.2001 (Hautala/Rat).
9 Vgl. *A. Albors-Llorens*, Changes in the jurisdiction of the European Court of Justice under the Treaty of Amsterdam, CMLRev 35 (1998), S. 1273 (1285); *Dörr/Mager* (Fn. 1), S. 420 f.; *M. Pechstein*, Die Justitiabilität des Unionsrechts, EuR 1999, S. 1 (12 f.).

deklaratorische Natur wird durch Art. 11 Abs. 3 EGV unterstrichen, der die für die Durchführung der Tätigkeiten im Rahmen einer verstärkten Zusammenarbeit erforderlichen Rechtsakte und Beschlüsse ausdrücklich »allen einschlägigen Bestimmungen« des EGV, also auch den Art. 220 ff. EGV unterwirft. Art. 11 Abs. 3 schränkt dies lediglich in einer Hinsicht ein: Die Regeln der Gemeinschaftsrechtsordnung greifen auf die verstärkte Zusammenarbeit – selbstverständlich – nur so weit aus, wie in Art. 11 EGV und den Artikeln 43 bis 45 EUV nichts anderes bestimmt ist. Über die Kompetenzen des EuGH als solche ist dort aber nichts gesagt. Für die gerichtliche Kontrolle erheblich sind vielmehr nur die Abweichungen gegenüber dem sonst geltenden Gemeinschaftsrecht (s. z. B. Art. 44 Abs. 1 Satz 2 n. F. über Beratung und Beschlußfassung) und damit die Modifikationen des *Prüfungsmaßstabs*.

4   Lit. c setzt den EuGH ferner zur Überwachung der Bestimmungen des Titels VII (also der Art. 43 ff.) »**nach Maßgabe ... des Art. 40**« ein. Soweit Art. 40 Abs. 3 die Bestimmungen des EGV über die Zuständigkeit des EuGH und die Ausübung dieser Zuständigkeiten für anwendbar erklärt, steht er aber bereits auf eigenen Füßen, ohne eine Abstützung durch Art. 46 lit. c zu benötigen. Denn schon selbst begründet er in vollem Umfang die Gerichtsbarkeit des EuGH. Auch in dieser Hinsicht erweist sich damit Art. 46 lit. c als *rein deklaratorisch*. Freilich mag lit. c sonst mögliche Zweifel daran zerstreuen, daß der EuGH auf Grund von Art. 40 Abs. 3 auch über die Einhaltung der (in Art. 40 Abs. 3 selbst nicht ausdrücklich genannten) Vorschriften der Art. 43 bis 45 (als der einschlägigen »Bestimmungen des Titels VII«) wacht.

5   Es fällt auf, daß **Art. 42** in Art. 46 nicht erwähnt wird. Dies läßt sich jedoch leicht erklären. Denn durch einen Beschluß nach Art. 42 (früher unter dem Maastrichter Vertrag: Art. K.9) werden lediglich bestimmte Maßnahmen in den von Art. 29 genannten Bereichen in den EGV überführt. Dadurch aber erstreckt sich schon unabhängig von Art. 46 die Jurisdiktion des EuGH ohne weiteres auch auf diese Materien (vgl. o. Rn. 2 ff.).

6   Zur Begründung der Gerichtsbarkeit des EuGH nach **Art. 35** und nach **Art. 40 Abs. 2 i. V. mit Art. 35**, die insoweit selbstgenügsam sind, hätte es des Art. 46 lit. b und c ebenfalls nicht bedurft. Doch werden durch Art. 46 die primär- und sekundärrechtlichen Vorschriften des Gemeinschaftsrechts aktiviert, welche die vorgesehenen Verfahren erst operabel machen (s. u. Rn. 9).[10] Damit entfaltet Art. 46 insoweit *konstitutive Wirkung*.

7   Soweit Gemeinschaftsrecht betroffen ist, hat auch Art. 46 lit. d klarstellende Funktion (s. aber auch Rn. 4).[11] Zwar wird nunmehr **Art. 6 Abs. 2** ausdrücklich der Jurisdiktion des EuGH unterstellt, soweit er sich auf Handlungen der Organe bezieht, zu deren rechtlicher Überprüfung der EuGH im Rahmen seiner **Zuständigkeit nach den Gemeinschaftsverträgen** oder dem EUV zuständig ist. Doch wird damit lediglich dem Entwicklungsstand der Rechtsprechung zur Grundrechtsbindung der Gemeinschaftsgewalten[12]

---

10 *Dörr/Mager* (Fn. 1), S. 406 f., 417, vgl. auch S. 413 zur Auslegung von Art. 35 Abs. 5.
11 Zustimmend: *Dörr/Mager* (Fn. 1), S. 424 f. A. A.: *Pechstein* (Fn. 9), S. 4, 13.
12 S. etwa: EuGH, Gutachten 2/94, Slg. 1996, I-1759, Rn. 33 (Gutachten nach Art. 228 EGV – Beitritt zur EMRK) (Rn. 34: die Wahrung der Menschenrechte als »eine Voraussetzung für die Rechtmäßigkeit der Handlungen der Gemeinschaft«) mit Anm. *M. Ruffert*, JZ 1996, S. 624. Vgl. auch EuGH, Rs. C-280/93, Slg. 1994, I-4973, Rn. 67, 78 (Deutschland/Rat); Rs. 84/95, 30.7.1996, Slg. 1996, I-3953, Rn. 21–26 (Bosphorus) i. V. m. GA *F.G. Jacobs*, Schlußantr., ebd., Rn. 52 ff. Ausführlich: *J. Kokott*, Der Grundrechtsschutz im europäischen Gemeinschaftsrecht, AÖR 121 (1996), S. 599. Überblick bei: *M. Hilf*, in: Grabitz/Hilf, EU, Art. F, Rn. 29 ff.; *Schweitzer/Hummer*, Europarecht, 5. Aufl. (1996), Rn. 790 ff.; *Streinz*, Europarecht, Rn. 355 ff. S. auch BVerfGE 73, 339 (378 ff.).

Rechnung getragen. Diese wurde aber auch durch die redaktionelle Flüchtigkeit des Art. L a. F. schon nicht in Frage gestellt.[13] – Obwohl Art. 46 lit. d einen Bezug zu »Handlungen der Organe« voraussetzt, steht er – gerade weil er geltendes Recht lediglich bestätigt – auch der Rechtsprechung nicht entgegen, wonach Gemeinschaftsgrundrechte unter bestimmten Voraussetzungen *den Mitgliedstaaten* Schranken setzen.[14]

Soweit der EuGH jedoch außerhalb des Gemeinschaftsrechts (s. o. Rn. 2 f.) zur Überprüfung »der Handlungen der Organe« befugt ist, entfaltet Art. 46 lit. d konstitutive Wirkung: Er aktiviert Art. 6 Abs. 2 als richterlichen Prüfungsmaßstab und macht Verstöße gegen die dort definierten Grundrechte gerichtlich überprüfbar. Dies betrifft vermittels der lit. b und c insbesondere Art. 35 und Art. 40. Der Begriff »Organe« meint dabei nicht die Staatsorgane der Mitgliedstaaten, wohl aber die (vom neu eingefügten Art. 24 Abs. 6 ausdrücklich angesprochenen) »Organe der Union«. Dieses sind in ihrer Doppelfunktionalität die Organe i. S. des Art. 7 EGV. Handlungen des Vorsitzes ebenso wie des Generalsekretärs des Rates (s. Art. 18 EUV) sind dem Rat als Organ zuzurechnen. 8

Durch **Art. 46 lit. e** dem Zugriff der Jurisdiktionsgewalt überhaupt erst ausgesetzt werden dagegen »Verfahrensbestimmungen des Artikels 7«. Die Prüfungskompetenz wird jedoch auf die Kontrolle der »rein« prozeduralen Anforderungen beschränkt (engl.: »the *purely procedural stipulations*«; frz.: »*les seules proscriptions de procédure*«). Vorenthalten wird dem EuGH damit die Kontrolle der materiellen Voraussetzungen des Art. 7. Zu diesen gehört gewiß die Frage, ob in einem konkreten Fall tatsächlich die »Gefahr einer schwerwiegenden Verletzung von in Art. 6 Abs. 1 genannten Grundsätzen durch einen Mitgliedstaat« besteht (Art. 7 Abs. 1 UAbs. 1 Satz 1) oder ob eine solche Verletzung als eine »anhaltende« sogar schon »vorliegt« (Art. 7 Abs. 2). Als Ansatzpunkte für eine begrenzte materielle Rechtskontrolle wird die Pflicht zur Begründung des Vorschlags nach Art. 7 Abs. 1 gesehen.[15] Dies zu beurteilen überläßt Art. 46 lit. e der politischen Einschätzung von Mitgliedstaaten, Europäischem Parlament, Kommission und Rat – und kodifiziert damit eine **unionsrechtliche** »*political question doctrine*«. Soll die Entscheidung, die materiellen Voraussetzungen des Art. 7 der Kontrolle durch den EuGH vorzuenthalten, nicht unterlaufen werden, so muß die Beschränkung des Art. 46 lit. e auch wirksam sein, soweit an die Aussetzung der Stimmrechte (Art. 7 Abs. 3) und die 9

---

13 Anders aber die problematische Auslegung von *K.A. Schachtschneider/A. Emmerich/C.W. Beyer*, Der Vertrag über die Europäische Union und das Grundgesetz, JZ 1993, S. 751 (758). – Vgl. dagegen zur Bedeutung des Art. F Abs. 2 für das Gemeinschaftsrecht vor Einfügung von lit. d in ex-Art. L: GA *F.G. Jacobs*, (Fn. 13), Ziff. 52 (Bosphurus); *U. Everling*, Reflections on the Structure of the European Union, CMLRev. 1992, S. 1053 (1072); *Hilf* (Fn. 13), Art. F, Rn. 27, 29–33, 43; anders: *U. Kischel*, Zur Dogmatik des Gleichheitssatzes in der Europäischen Union, EuGRZ 1997, S. 1 (10); zurückhaltend: *Krück* (Fn. 3), Rn. 21; offengelassen in: EuGH, Gutachten 2/94, Slg. 1996, I-1759, Rn. 32 f.
14 *J. Kühling*, Grundrechtskontrolle durch den EuGH: Kommunikationsfreiheit und Pluralismussicherung im Gemeinschaftsrecht, EuGRZ 1997, S. 296 (299). S. zur Grundrechtsbindung der Mitgliedstaaten z. B.: EuGH, Rs. C-290/89, Slg. 1991, I-2925, Rn. 41-44 m. w. N. (ERT); Rs. C-299/95, Slg. 1997, I-2629, Rn. 14 f. (Kremzow); Rs. C-368/95, Slg. 1997, I-3689, Rn. 24 (Familiapress) (s. auch GA G. Tesauro, ebd., Ziff. 26); s. auch: EuGH, Rs. 5/85, Slg. 1989, 2609, Rn. 17 f., 19 (Wachauf/Bundesamt für Ernährung und Forstwirtschaft). Sowie: *T. Jürgensen/ I. Schlünder*, EG-Grundrechtsschutz gegenüber Maßnahmen der Mitgliedstaaten, AÖR 121 (1996), S. 200; *Kokott* (Fn. 12), S. 604; *M. Ruffert*, Die Mitgliedstaaten der Europäischen Gemeinschaft als Verpflichtete der Gemeinschaftsgrundrechte, EuGRZ 1995, S. 518; *Streinz*, Europarecht, Rn. 368; je m. w. N. Zurückhaltend: *B. Beutler*, in GTE, EWG, Anh. C, Grundrechte, Rn. 63 ff.
15 *A. Hatje*, Die institutionelle Reform der Europäischen Union – der Vertrag von Nizza auf dem Prüfstand –, EuR 2001, S. 143 (175): Der EuGH könne seine Prüfung darauf erstrecken, ob die Gründe vollständig oder lückenhaft und substanzarm ist.

Art. 46 EU-Vertrag

Feststellung einer schwerwiegenden und anhaltenden Verletzung von in Art. 6 Abs. 1 genannten Grundsätzen im EGV angeknüpft wird (Art. 309 Abs. 1 und 2 EGV) und der EuGH im Rahmen des Gemeinschaftsrechts angerufen wird.[16]

10 Auf jeden Fall *gerichtlich überprüfbar* ist die Einhaltung der Vorschriften darüber, wer die Initiative zu bestimmten Verfahrensschritten ergreifen darf, in welcher Form dies zu geschehen hat, wann der Mitgliedstaat angehört werden muß, welche Mehrheiten Art. 7 jeweils erfordert, in welcher Besetzung der Rat beschließt und unter welchen Voraussetzungen ein Beschluß zustande kommt.[17] – Eine Reihe von Anforderungen des Art. 7 scheinen allerdings in einer Grauzone zu liegen. So ist auf den ersten Blick nicht klar, ob die Jurisdiktion des EuGH sich z. B. darauf erstreckt, welchen Inhalt die Empfehlungen des Rates nach Art. 7 Abs. 1 UAbs. 1 Satz 1 haben dürfen, welche Anforderungen an eine »Persönlichkeit« zu stellen ist, damit sie als »unabhängig« i. S. des Art. 7 Abs. 1 UAbs. 1 Satz 2 erachtet werden kann, was die regelmäßige Überprüfung nach Art. 7 Abs. 1 UAbs. 2 erfordert, wann eine Veränderung der Lage eingetreten ist, die zur Aussetzung bestimmter Rechte des Verletzerstaates geführt haben, oder ob das Ermessen des Rates, eine solche Maßnahme abzuändern oder aufzuheben, auf Null schrumpfen kann. Daraus, daß Art. 46 lit. e der Überprüfung durch den EuGH betont allein die »reinen« Verfahrensbestimmungen des Art. 7 erschließt, daß aber alle diese Probleme inhaltlicher, materieller Natur sind, dürfte folgen, daß der EuGH darauf beschränkt ist, die **Formalia des äußeren Verfahrensablaufs** zu überwachen, und die aufgezählten Fragen zu beantworten nicht berufen ist.

11 Folgt man diesem Befund, so dürfte dem EuGH auch die Befugnis **verschlossen** sein, das Vorgehen des Rates inhaltlich auf seine **Vereinbarkeit mit den Grundrechten** zu überprüfen. Zwar verlangt Art. 7 Abs. 3 für den Fall, daß der Rat, wenn er beschließt, Mitgliedschaftsrechte eines Mitgliedstaates auszusetzen, dabei auch die Auswirkungen einer solchen Maßnahme auf die Rechte und Pflichten natürlicher und juristischer Personen zu berücksichtigen. Doch dürfte die scharfe Restriktion der Kompetenz des Gerichtshofs auf die Prüfung reiner Verfahrensfehler – trotz lit. d (!) – ihm auch den Kontrollmaßstab des Art. 6 Abs. 2 aus der Hand schlagen. Zum Schutz der Menschenrechte und Grundfreiheiten steht dann noch das Rechtsschutzsystem der EMRK bereit.

12 Wollte man es als Sinn von lit. e begreifen, den EuGH als den Garanten des Verfahrens nach Art. 7 einzusetzen, so stellte sich – mit Blick auf die Sanktionen gegen Österreich nach der Nationalratswahl vom 3.10.1999[18] – folgende Frage: Könnte sich ein Mitgliedstaat (im Wege des Art. 227 EGV i.V. mit Art. 46 lit. e) gerichtlich dagegen wehren, daß alle oder eine Mehrzahl der anderen Mitgliedstaaten durch abgestimmtes Verhalten seine Mitwirkungsrechte nach dem EUV faktisch beeinträchtigen, ohne ein Verfahren nach Art. 7 einzuleiten? Aus Art. 7 läßt sich e contrario schließen, daß es den Mitgliedstaaten verboten ist, auf die Gefahr oder den Eintritt einer schwerwiegenden Verletzung der in Art. 6 Abs. 1 genannten Grundsätze in anderer Weise als durch Art. 7 selbst vorgesehen zu reagieren (Art. 7, Rn. 5).[19] Ein »mitgliedstaatliches Mobbing« aber würde

---

16 F. *Schorkopf*, Homogenität in der Europäischen Union – Ausgestaltung und Gewährleistung durch Art. 6 I und Art. 7 EUV, 2000, S. 190 ff. Anders: W. *Hummer*/W. *Obwexer*, Die Wahrung der »Verfassungsgrundsätze« der EU, EuZW 2000, 485 (488) und Art. 7 Rn. 28.

17 S. auch *Hatje* (Fn. 15), S. 175.

18 S. dazu: *Schorkopf* (Fn. 16); *dens.*, Verletzt Österreich die Homogenität in der Europäischen Union?, DVBl. 2000, S. 1036 ff. – Anders: W. *Hummer*/W. *Obwexer*, Die Wahrung der »Verfassungsgrundsätze« der EU, EuZW 2000, 485 (488). – S. auch M. *Ahtisaari*/J. Abr. *Frowein*/M. *Oreja*, Österreich-Bericht für 14 Mitgliedstaaten der EU, EuGRZ 2000, S. 404 ff.

19 Vgl. W. *Hummer*/W. *Obwexer*, Die Wahrung der »Verfassungsgrundsätze« der EU, EuZW 2000, 485 (489, 491, 495).

gegen dieses Verbot verstoßen, indem es die Folge einer Aussetzung von Mitgliedschaftsrechten unter Auslassung der erforderlichen prozeduralen Schritte faktisch herbeiführte und das in Art. 7 vorgesehene Verfahren unterliefe. Ob darin ein justitiabler Verstoß gegen »die reinen Verfahrensbestimmungen des Artikels 7« läge, erscheint zweifelhaft. Denn angesichts der grundsätzlichen Zurückhaltung der Mitgliedstaaten gegenüber jeder Erweiterung der Gerichtsbarkeit des EuGH[20] wird lit. e so zu deuten sein, daß sich seine Jurisdiktionsgewalt auf die **faktische Suspendierung von Mitgliedschaftsrechten** aus dem EUV *nicht* erstreckt. Daraus folgt: Nur falls das Verfahren nach Art. 7 wirklich einmal – und sei es noch so fehlerhaft – in Gang gesetzt wird, leben die durch lit. e eröffneten Kompetenzen aktivierbar auf. Falls sodann der Gerichtshofs tatsächlich angerufen wird, beschränkt sich dessen Funktion auf die dürre Kontrolle der Äußerlichkeiten des Verfahrensablaufs.

Welche Verfahrensart vor dem EuGH in Fällen der lit. e in Betracht kommt, hängt davon ab, wem die Ratsbeschlüsse nach Art. 7 zugerechnet werden. Wer in ihnen nicht mehr als ein gebündeltes gemeinsames Handeln der Mitgliedstaaten erblickt, kann streng genommen nur ein **Vertragsverletzungsverfahren** nach Art. 227 EGV für möglich halten. Werden Ratsbeschlüsse dagegen als Organakte »der EU« qualifiziert, so ist die **Nichtigkeitsklage** statthaft[21] (s. auch u. Rn. 16, 19 f.). – Zu beachten ist, daß Art. 46 lit. e einen **Antrag** des betroffenen Mitgliedstaates verlangt und der EuGH **binnen eines Monats** nach der Feststellung des Rates gemäß Art. 7 entscheidet. 13

Mit Art. 46 bis 53 werden die »**Sockelbestimmungen**« der »dreisäuligen« Konstruktion des EUV der Gerichtsbarkeit des EuGH konstitutiv[22] unterstellt (s. speziell zu Art. 47: u. Rn. 20). Soweit sich die Schlußbestimmungen (wie Art. 47 und 50 Abs. 1 in ausschließlicher Weise) auf das supranationale Gemeinschaftsrecht beziehen, stellt Art. 46 lit. f eine konsequente Ergänzung zu lit. a dar[23]. Der Wortlaut von lit. f weist dem EuGH die Kompetenz zur Auslegung und Anwendung der Art. 46 ff. allerdings umfassend zu. Gleichwohl ist, um Art. 46 als Ganzes konsistent auszulegen, lit. f restriktiv zu lesen: Die Schlußbestimmungen sind danach nur insoweit der EuGH-Zuständigkeit unterstellt, als sie sich auf das nach Art. 46 lit. a bis e justitiable Recht erstrecken.[24] Ansonsten nämlich droht die in Art. 46 zum Ausdruck kommende Beschränkung der Kompetenzen des EuGH ausgehebelt zu werden – etwa dadurch, daß jede (einstimmig beschlossene) Vertragswidrigkeit z. B. im Bereich der GASP als unzulässige und, weil gegen Art. 48 verstoßende, auch justitiable Vertragsverletzung gewertet würde.[25] – Daß schließlich Art. 46 selbst der Gerichtsbarkeit des EuGH unterfällt, ist schlicht die Folge 14

---

20 *Pechstein* (Fn. 9), S. 7.
21 Vgl. EuGH, Rs. C-170/96, Slg. 1998, I-2763, Rn. 12 ff., 15–17 (Kommission/Rat). – Vgl. dazu *Dörr/Mager* (Fn. 1), S. 418 f.; sowie speziell zu Art. 46 lit. e: *Hatje* (Fn. 15), S. 174 (gegen Maßnahmen, die auf Rechtserzeugung zielen, sei die Nichtigkeitsklage statthaft). *Hatje* hält beg. wegen Art. 46 lit. e jeden Akt für »justiziabel«, dem ein geregeltes Verfahren vorausgeht. Ein Verstoß gegen Art. 7 Abs. 1 UAbs. 2 kann (wenn er »der EU« zugerechnet wird) mit der Untätigkeitsklage gerügt werden.
22 *Pache* (Fn. 2), Rn. 16.
23 Vgl. *Pache* (Fn. 2), Rn. 7.
24 Vgl. *Pache* (Fn. 2), Rn. 7, 24. Anders: *H.-H. Herrnfeld*, in: *Schwarze*, EU-Kommentar, Art. 46 EUV, Rn. 18 f. Anders wohl auch: *J. Wolf*, Die Revision des Grundgesetzes durch Maastricht, JZ 1993, S. 594 (597).
25 Zustimmend jetzt *Pechstein/Koenig*, EU, Rn. 544. – Vgl. auch *Wolf*, (Fn. 24), S. 597 (durch die Jurisdiktion des EuGH über ex-Art. N entstehe »auch im Rahmen der ›Europäischen Union‹ ein von den Mitgliedstaaten unabhängiges Rechtsveränderungsverfahren«; der EuGH wird als das »maßgebliche Verfassungsänderungsorgan« der EU angesehen).

davon, daß der EuGH an diese Norm selbst gebunden ist, dann aber auch zu ihrer Auslegung und Anwendung befugt sein muß.[26]

II. Die Geltung der Bestimmungen der Gemeinschaftsverträge über die Zuständigkeit des EuGH und über deren Ausübung

15 Daß die **Zuständigkeit** des EuGH und die **Ausübung** dieser Zuständigkeit *»für«* bestimmte Rechtsmaterien gelten, heißt folgendes: Dieses Recht wird vom EuGH verbindlich ausgelegt und angewandt (vgl. Art. 220, 228, 231, 233 EGV[27]); es ist **Prüfungsmaßstab**.[28] Ihm kann in den Verfahren, in denen der EuGH zu entscheiden berufen ist, die Norm zu entnehmen sein, auf der die End- oder eine Inzidentenscheidung beruht; dieser Rechtsmaterie kann die streitentscheidende Regel entstammen. Impliziert wird, daß das primäre Unionsrecht dem sekundären übergeordnet ist.[29] Auf Grund dieser Hierarchie erst können EU-Rechtsakte unionsrechtswidrig sein. Ob damit die Mitgliedstaaten auf die ihnen kraft Völkerrechts zukommende Befugnis verzichtet haben, in beliebiger Form – also auch im Gewand eines EU-Sekundärrechtsakts – den EUV abzuändern[30], erscheint zweifelhaft (s. Art. 48, Rn. 5). Klar ist jedoch, daß innerhalb des geschlossenen Systems von Unionsrecht oder Gemeinschaftsrecht der EuGH *»blind«* dafür ist, daß ein unionsrechtswidriger Sekundärrechtsakt nach allgemeinem Völkerrecht als konkludente Änderung des EUV gültig sein könnte (s. Art. 48, Rn. 4 f.).

16 Dabei können denkbar vor dem EuGH Vertragsverletzungsverfahren eingeleitet (Art. 226 f., 298 Abs. 2 EGV), Sekundärrechtsakte mit der Nichtigkeitsklage angefochten (Art. 230 EGV) oder Untätigkeitsklagen erhoben (Art. 232 EGV) werden mit der Behauptung, dieses Recht sei verletzt.[31] Schließlich können diese Vorschriften und die auf ihrer Grundlage erlassenen Akte Gegenstand von Vorabentscheidungsverfahren (Art. 234 EGV) sein. Bedeutsam in Verfahren vor dem EuGH können auch dessen Kompetenzen sein, die Durchführung einer angefochtenen Handlung auszusetzen (Art. 242 Satz 2 EGV) und in anhängigen Sachen einstweilige Anordnungen zu treffen (Art. 243 EGV). Inwieweit ein Verfahren statthaft ist, bedarf der Prüfung im Einzelfall. Im Grundansatz aber ist das ganze Spektrum der **Verfahrensarten** vor dem EuGH eröffnet. Dies gilt jedoch nicht, soweit der EuGH – wie nach lit. b – seine Kompetenzen nur *»nach«* (der einschränkenden!) *»Maßgabe«* (engl.: *»under the conditions provided for by«*; frz.: *»dans les conditions prévues à«*) besonderer Vorschriften des Gemeinschafts- oder Unionsrechts (s. o. Rn. 3 f.) ausübt. Ob dem EuGH eine Verwerfungsbefugnis zusteht oder ob er auf einen Feststellungsausspruch beschränkt ist, richtet sich nach der einschlägigen Verfahrensart. Erweist sich die Nichtigkeitsklage als statthaft, so ist dem EuGH die Kompetenz verliehen, den angegriffenen Akt, soweit er ihn für rechtswidrig

---

26 *Dörr/Mager* (Fn. 1), S. 405, 412, vgl. auch S. 400. Vgl. auch *Klein* (Fn. 4), Rn. 4. S. auch *D.A.O. Edward*, Is Art. L of the Maastricht Treaty workable?, EuR-Beiheft 2/1995, S. 23 (25) (»The Court of Justice is therefore the ultimate arbiter of where the line of demarcation lies.«).
27 Im folgenden wird zur Vereinfachung nur auf den EGV, nicht aber auf parallele Regelungen in den Art. 136 ff. EAGV, Art. 31 ff. EGKSV verwiesen – zumal i. d. R. auf die Regeln des EGV als *leges generales* zurückgegriffen werden muß, während die z. T. abweichenden Normen von EAGV und EGKSV *leges speciales* sind. Dazu: *Klein* (Fn. 4), Rn. 5.
28 *Dörr/Mager* (Fn. 1), S. 405.
29 Vgl. zum Verhältnis von primärem und sekundärem Unionsrecht: *Pechstein/Koenig*, EU, Rn. 200 ff.
30 *Pechstein* (Fn. 9), S. 23 f.; *C. Koenig/M. Pechstein*, Die EU-Vertragsänderung, EuR 1998, S. 130 (136 ff., 142); *Pechstein/Koenig*, EU, Rn. 203. S. auch *Dörr/Mager* (Fn. 1), S. 418 f.
31 *Dörr/Mager* (Fn. 1), S. 405.

hält, für nichtig zu erklären.³² Gerade dies ist nämlich Kern der kompetenzbegründenden Wirkung des Art. 46, wenn er die Geltung der Bestimmungen von EGV, EAGV und EGKSV über die Zuständigkeit des EuGH und die Ausübung dieser Zuständigkeit anordnet.

Darüber hinaus wirkt Art. 46 – soweit nicht ohnehin die Regeln des Gemeinschaftsrechts in vollem Umfang oder zumindest aber die Vorschriften über die Gerichtsbarkeit des EuGH aktiviert werden (s. o. Rn. 2) – in dem Maße konstitutiv, wie er die »zuständigkeitsbegleitenden Normen des Gemeinschaftsrechts« »betreffend die Ausübung der Zuständigkeit« des Gerichtshofs in den Unionsvertrag importiert.³³ Dies betrifft neben den Vorschriften des EGV über die Urteilswirkungen auch das einschlägige Sekundärrecht der EG wie die Satzung³⁴ des EuGH und die Verfahrensordnung des EuGH, des EuG und möglicherweise auch einmal der gerichtlichen Kammern (Art. 225a EGV) sowie die – unter dem Fünften Teil, Kapitel 1, Abschnitt 4 EGV vorgenommene – Aufteilung der sachlichen Zuständigkeit zwischen EuGH, EuG und den gerichtlichen Kammern (s. Art. 225, 225a EGV – s. hierzu auch Art. 220, Rn. 4 ff.), schließlich aber etwa auch die richterrechtlich entwickelten Verfahrensregeln.³⁵

17

III. Folgerungen für die von Art. 46 nicht erfaßten Materien

Das soeben Gesagte gilt **nur für** die in Art. 46 **aufgelisteten Bestimmungen des EUV**[36], also vorbehaltlich lit. b bis e (Rn. 3 f.) nicht für Titel I, V und VI EUV[37]. Im übrigen aber haben die Mitgliedstaaten weder sich noch die nach dem EUV handelnden Organe der Gerichtsbarkeit des EuGH unterworfen. Art. 46 wirkt insofern kompetenzaus-

18

---

32 Vgl. *Dörr/Mager* (Fn. 1), S. 417. A.A. *Pechstein* (Fn. 9), S. 9, 22 f.
33 So überzeugend: *Dörr/Mager* (Fn. 1), S. 407, s. auch S. 405.
34 Nach Art. 7 des Vertrags von Nizza (BR-Drs. 200/01) werden die dem Vertrag zur Gründung der Europäischen Gemeinschaften und dem Vertrag zur Gründung der Europäischen Atomgemeinschaft beigefügten Protokolle über die Satzung des Gerichtshofs aufgehoben und durch das mit diesem Vertrag dem Vertrag über die Europäische Union, dem Vertrag zur Gründung der Europäischen Gemeinschaft und dem Vertrag zur Gründung der Europäischen Atomgemeinschaft beigefügte Protokoll über die Satzung des Gerichtshofs ersetzt. – S. auch Art. 245 EGV.
35 Vgl. *Dörr/Mager* (Fn. 1), S. 406, 407.
36 *Krück* (Fn. 3), Rn. 1; *Pache* (Fn. 3), Rn. 1, 8 ff., 15. S. auch: *H.-J. Glaesner*, Der Weg nach Maastricht, EuR-Beiheft 2/1995, S. 15 (20 f.); *Pechstein/Koenig*, EU, Rn. 503 ff.; *G.C. Rodriguez Iglesias*, Der Gerichtshof der Europäischen Gemeinschaften als Verfassungsgericht, EuR 1992, S. 225 (243 f.). Zum Ausschluß der GASP von der Kontrolle durch den EuGH: *K. Doehring*, Staat und Verfassung in einem zusammenwachsenden Europa, ZRP 1993, S. 98 (102). – Zur Kritik wegen des Entstehens von Lücken im Individualrechtsschutz: *A. Middeke/P. Szczekalla*, Änderungen im europäischen Rechtsschutzsystem, JZ 1993, S. 284 (291) (auch schon zur Problematik des Schengener Informationssystems); *Pache* (Fn. 2), Rn. 33 ff., 41 m. w. N. (auch zu Europol); s. auch: Report of the Court of Justice on Certain Aspects of the Application of the Treaty on European Union, http://www.cc.cec.8080/en/agenda/igc-home/eu-doc/justice/cj_rep.html (last update 1.12.1995), Ziff. 5. Dagegen etwa: BVerfGE 89, 155 (175 ff.) (zur fehlenden Durchgriffswirkung von Maßnahmen aufgrund von EUV-Vorschriften, die der Jurisdiktion des EuGH nicht unterfallen); *Klein* (Fn. 4), Rn. 7. S. auch *Pechstein/Koenig*, EU, Rn. 209 f. sowie zur Umsetzungsbedürftigkeit auch *R. Streinz*, Die Europäische Union nach dem Vertrag von Maastricht, ZfRV 1995, S. 1 (11). Vgl. aber auch: *Europäische Kommission*, Regierungskonferenz 1996, Bericht der Kommission an die Reflexionsgruppe 1995 (= SEK (95) 731 endg.), S. 34 (Rn. 61)
37 Aus einer extensiven Auslegung des Art. 47 (ex-Art. M) schließen *Pechstein/Koenig*, EU, Rn. 513 ff., offenbar gegen den Willen der EU-Vertragsstaaten auf Erweiterungen der Kontrollbefugnisse des EuGH.

schließend.[38] Die nicht eingeschlossenen Normen haben also ihre Qualität als Völkervertragsrecht nicht verloren. Sie sind – trotz ihrer durchaus rechtserheblichen Verwebung mit dem Gemeinschaftsrecht (vgl. etwa Art. 301 EGV, Rn. 9 f., s. dort aber auch Rn. 10, Fn. 47) – nicht Teil der supranationalen Rechtsordnung *sui generis* und sollen weder den vom EuGH entwickelten spezifischen Auslegungsgrundsätzen des Gemeinschaftsrechts unterliegen noch vom EuGH (verbindlich) konkretisiert oder fortgebildet[39] werden.[40] Dennoch sind die Mitgliedstaaten, obwohl man dies u. U. aus Art. 46 etwa i. V. m. Art. 239 EGV schließen könnte, nicht gehindert, für Streitigkeiten untereinander kraft besonderer (völkervertraglicher) Vereinbarung den EuGH (wie jedes andere internationale Gericht) als Schiedsgericht zu bestimmen[41] (vgl. auch Art. 35 Abs. 7).

19 Um vor dem EuGH eine zulässige Vertragsverletzungs-, Nichtigkeits- oder Untätigkeitsklage zu erheben, reicht es zwar nicht aus zu behaupten, eine EUV-Vorschrift sei verletzt, wenn Art. 46 sie *nicht* nennt. Doch schließt dies nicht aus, daß etwa EG-Recht dadurch verletzt und eine Klage z. B. nach Art. 226 EGV begründet ist, daß das Handeln der Mitgliedstaaten[42] im Rahmen von GASP oder PJZS eine ausschließliche oder bereits ausgeübte konkurrierende EG-Zuständigkeit verletzt[43], Art. 10 EGV widerspricht[44] oder (was insbesondere im Bereich der PJZS denkbar ist) gegen spezielles primäres oder sekundäres Gemeinschaftsrecht verstößt.[45]

---

38 *Dörr/Mager* (Fn. 1), S. 405.
39 Zur Rechtsfortbildungskompetenz des EuGH: BVerfGE 75, 235 (241 ff.). S. auch BVerfGE 85, 191 (204); M. *Heintzen*, Gemeineuropäisches Verfassungsrecht in der Europäischen Union, EuR 1997, S. 1 (9 f.); *I. Pernice*, Die Dritte Gewalt im europäischen Verfassungsverbund, EuR 1996, S. 27 (29, 33 ff.); *Streinz*, Europarecht, Rn. 495 ff. Kritisch: *C. Hillgruber*, Grenzen der Rechtsfortbildung durch den EuGH – Hat Europarecht Methode?, in: T. v. Danwitz u.a. (Hrsg.), Auf dem Wege zu einer Europäischen Staatlichkeit, 1993, S. 31.
40 EuGH, Rs. C-167/94, Slg. 1995, I-1023, Rn. 6 (Grau Gomis u.a.); GA *N. Fennelly*, Schlußantr. zu EuGH, Rs. C-170/96, Slg. 1998, I-2763, Ziff. 10. – Abzulehnen ist daher der Gedanke von *C. Thun-Hohenstein*, Handelsbeschränkungen durch UN-Beschlüsse und Ratsbeschlüsse im Rahmen der Gemeinsamen Außen- und Sicherheitspolitik, ihre Wirkungen für die EG und Österreich, ZfRV 37 (1996), S. 238 (245), »gemeinschaftsnahe« GASP-Pflichten vermittels ex-Art. 5 EGV »in den Gemeinschaftsbereich« hinüberzuziehen und dadurch justitiabel zu machen. – S. auch Art. 47, Rn. 3.
41 Vgl. aber auch *G. Burghardt/G. Tebbe*, in: GTE, EU-/EGV, Vorbemerkung zu den Art. J bis J.11, Rn. 26. Zur theoretisch daneben bestehenden Möglichkeit eines Schiedsverfahrens vor dem IGH: *T. Stein*, Das Zusammenspiel von Mitgliedstaaten, Rat und Kommission bei der Gemeinsamen Außen- und Sicherheitspolitik der Europäischen Union, EuR-Beiheft 2/1995, S. 69 (75).
42 Gegenstand einer Kontrolle durch den EuGH wäre insoweit das Handeln der Mitgliedstaaten, insbes. bei der Durchführung von Beschlüssen (zu prozessualen Konstellation: *Krück* [Fn. 3], Rn. 15 ff.), aber auch bei der Beschlußfassung oder einer vertraglichen Vereinbarung selbst (*Edward* [Fn. 28], S. 25). S. auch *Streinz* (Fn. 36), S. 12 f.
43 *Pechstein* (Fn. 9), S. 7 f. S. auch *Burghardt/Tebbe* (Fn. 18), Vorbemerkung zu den Art. J bis J.11, Rn. 22, 26 (dort allgemein zur Justitiabilität); *F. Fink-Hooijer*, The Common Foreign and Security Policy of the European Union, EJIL 5 (1994), S. 173 (177); *Streinz* (Fn. 36), S. 12 f.
44 *H.-J. Glaesner*, Willensbildung und Beschlußverfahren in der Europäischen Union, EuR, Beiheft 1/1994, S. 25 (39); *ders.* (Fn. 36), S. 21; *Krück* (Fn. 3), Rn. 10 f. (unter Hinweis auf ex-Art. M); *Pache* (Fn. 2), Rn. 21; *H.G. Krenzler/H.C. Schneider*, Die Gemeinsame Außen- und Sicherheitspolitik der Europäischen Union, EuR 1994, S. 144 (158 f.). S. auch *C.A.W. Timmermans*, The Uneasy Relationship Between the Communities and the Second Union Pillar: Back to the ›Plan Fouchet‹?, Legal Issues of European Integration 1996, S. 61 (68) (zu unzulässigen Versuchen, die Gemeinschaftsorgane durch GASP-Akte zu binden). – Aufgrund einer übermäßig weiten Auslegung des Art. 47 sehen *Pechstein/Koenig*, EU, Rn. 513 ff., und *M. Pechstein*, Das Kohärenzgebot als entscheidende Integrationsdimension der Europäischen Union, EuR 1995, S. 247 (257 f.), auch das Kohärenzgebot als justitiabel an.
45 *Edward*, (Fn. 26), S. 25. S. auch *H. Krück*, in: Schwarze, EU-Kommentar, Art. 11–28 EUV, Rn. 79, 93, 96.

Der EuGH erachtet die Nichtigkeitsklage gegen einen einzelnen Unionsrechtsakt für 20 statthaft und hält sich für befugt, einen solchen Akt inhaltlich daraufhin zu überprüfen, ob er durch einen Übergriff in Gemeinschaftszuständigkeiten Art. 47 verletzt.[46] Für diese Auffassung spricht, daß auf diese Weise die praktische Wirksamkeit des Art. 47 gesichert wird[47] und daß ein prozessuales Mittel zur Verfügung steht, die Mitgliedstaaten daran zu hindern, dort, wo die Regelung einer Materie dem Gemeinschaftsrecht vorbehalten ist, rechtsmißbräuchlich auf die Form eines GASP- oder PJZS- (früher: ZBJI-) Akts zurückzugreifen (so die Vorauflage, Rn. 8). Schwerer wiegt jedoch, daß der EuGH mit der Zulassung der Nichtigkeitsklage gegen EU-Akte das Prinzip der begrenzten Einzelermächtigungen, welches auch den EuGH bindet und beschränkt, und die dadurch gebotene Formenstrenge des Prozeßrechts[48] durchbricht.[49]

Die von Art. 46 nicht erfaßten Bestimmungen und das auf ihrer Grundlage erlassene 21 Sekundärrecht können im übrigen weder Gegenstand eines Vorabentscheidungsverfahrens sein noch den Entscheidungsmaßstab in einem sonstigen Verfahren vor dem EuGH bilden. Dies schließt zwar nicht aus, daß z. B. Art. 11 ff. EUV herangezogen werden, wo der EuGH damit befaßt ist, die Reichweite *von Gemeinschaftskompetenzen* z. B. nach Art. 133 EGV zu bestimmen[50]. Doch verwehrt es Art. 46 dem EuGH, die Gültigkeit sekundärer Akte am Maßstab des nichtjustitiablen Unionsprimärrechts zu prüfen, auf dessen Grundlage sie erlassen worden sind.[51] Dies gilt selbst bei **Inzidentfragen**[52], soll die in Art. 46 zum Ausdruck kommende Beschränkung der Gerichtsbarkeit des EuGH nicht unterlaufen werden (vgl. Rn. 5 und 7).

---

46 EuGH, Rs. C-170/96, Slg. 1998, I-2763, Rn. 14 ff. (Kommission/Rat) sowie GA N. *Fennelly*, ebd., Rn. 8 ff., insbes. Rn. 10 (zu ex-Art. M als Maßstab) und Rn. 15. – A. A. *Pechstein/Koenig*, EU, Rn. 518 ff., 524 ff.; *Pechstein* (Fn. 9), S. 9 ff. – Vgl. zur nicht ganz unähnlichen, letztlich aber anders gelagerten Frage, ob eine Einigung der im Rat vereinigten Vertreter der Mitgliedstaaten als ein Ratsbeschluß gewertet und unter dem EWGV (!) mit der Nichtigkeitsklage angefochten werden kann: EuGH, Rs. C-181/91 u. C-248/91, Slg. 1993, I-3685, Rn. 11 ff. (Parlament/Rat u. Kommission), sowie GA F. G. *Jakobs*, Schlußantr. ebd., Ziff. 16 ff. Nach *Pechstein* (Fn. 9), S. 8 f., legt der EuGH dieser Entscheidung einen dinglichen Kompetenzverlust der Mitgliedstaaten in Bereichen ausschließlicher Gemeinschaftskompetenzen zugrunde, was für die EU jedoch nicht angenommen werden kann.
47 So deutlich GA N. *Fennelly*, Schlußantr. zu EuGH, Rs. C-170/96, 12.5.1998, Slg. 1998, I-2763, Ziff. 15 (Kommission/Rat). Vgl. auch EuGH, Rs. C-170/96, 12.5.1998, Slg. 1998, I-2763, Rn. 15-17 (Kommission/Rat).
48 Vgl. dazu auch das Sondervotum *Steinberger* in BVerfGE 70, 35, 59 ff. (62 ff., 68) mit Verweis auf BVerfGE 54, 277 (292 f.).
49 A.A. H.-H. *Herrnfeld*, in: *Schwarze*, EU-Kommentar, Art. 46 EUV, Rn. 18 f., der eine gegen den Unionsrechtsakt gerichtete Nichtigkeitsklage für statthaft hält, *soweit* damit eine Verletzung des Art. 47 geltend gemacht wird.
50 *Edward*, (Fn. 26), S. 24 (der insofern von »constitutional issues« spricht); *Streinz* (Fn. 36), S. 9.
51 *Pechstein/Koenig*, EU, Rn. 518 ff.
52 Vgl. *Krück* (Fn. 3), Rn. 18. A.A. *Everling* (Fn. 13), S. 1063 (bzgl. Leitlinien des Europäischen Rats); *Geiger*, EUV/EGV, Art. 46, Rn. 7; *Pache* (Fn. 2), Rn. 18 ff., 24; L. *Weitzel*, in: Ph. Léger, Commentaire article par article des traités UE et CE, 1999, Art. 301 Rn. 11. Anders wohl auch W. *Hummer/W. Obwexer*, Die Wahrung der »Verfassungsgrundsätze« der EU, EuZW 2000, 485 (488) (der EuGH könne über die Rechtmäßigkeit einer Feststellung nach Art. 7 [jetzt Abs. 2] EUV als Vorfrage zur Beurteilung von Maßnahmen nach Art. 309 Abs. 2 EGV zumindest dann entscheiden, wenn der Beschluß offenkundig mit einem so schweren Fehler behaftet sei, daß rechtlich inexistent sei).

IV. Die Reichweite des Verbots der Inzidentprüfung am Maßstab nichtjustitiablen Rechts dargestellt am Beispiel außenpolitischer Embargomaßnahmen (Art. 301 EGV)

22 Der Grundsatz, daß der EuGH sich sogar der *Inzident*prüfung von Sekundärakten zu enthalten hat, die auf in Art. 46 nicht aufgeführtem Unionsrecht beruhen (Rn. 9), wird bedeutsam an allen Schnittstellen zwischen justitiablem und nichtjustitiablem Recht.[53] Daß sich hier eine scharfe Grenzlinie für die Kompetenz des EuGH ziehen läßt, erweist sich am Beispiel des Art. 301 EGV. Diese Bestimmung verleiht dem Rat die Kompetenz zu »Sofortmaßnahmen«, sofern in einem GASP-Beschluß ein Tätigwerden der EG vorgesehen ist, um die Wirtschaftsbeziehungen zu einem oder mehreren Drittstaaten zu unterbrechen oder zu beschränken (s. Art. 301 EGV, Rn. 2, 7). Art. 301 EGV selbst unterfällt zwar der Rechtsprechung des EuGH.[54] Doch der GASP-Beschluß beruht auf nichtjustitiablem, weil aus Art. 46 ausgeklammertem Unionsrecht. Da die Fassung des GASP-Beschlusses aber eine *Tatbestandsvoraussetzung* des Art. 301 EGV ist, muß der EuGH befugt sein zu prüfen, ob (!) ein solcher Beschluß gefaßt worden ist und sein Inhalt ausreicht, um von Art. 301 EGV Gebrauch zu machen. Die *Rechtsgültigkeit* des GASP-Aktes zu kontrollieren fällt dagegen *nicht* in die Kompetenz des EuGH. Denn erheblich ist nur, ob ein »Nicht-Beschluß« (z. B. ein nicht vom förmlich einberufenen Rat, sondern außerhalb des GASP-Rahmens von allen oder einzelnen Mitgliedstaaten gefaßter Beschluß) vorliegt, nicht aber, ob ein existenter GASP-Akt – sei es inhaltlich, sei es aufgrund von Verfahrensfehlern – rechtswidrig oder nichtig ist.[55] Es ist schwierig, aber nicht unmöglich, die Trennlinie zu definieren. Letztlich werden die konkreten Umstände entscheiden. Die zwangsläufig entstehende Unsicherheit mag dem EuGH Gelegenheit bieten, in den Bereich der GASP einzudringen. Art. 46 verpflichtet ihn aber zu äußerster Zurückhaltung.

---

53 Vgl. Art. 41 Abs. 2, Abs. 3 Satz 1, Abs. 4 und Art. 28 Abs. 2, Abs. 3 UAbs. 1, Abs. 4 EUV je i. V. m. Art. 268 ff. EGV. Sowie: Art. 301 EGV. Dazu: *Edward*, (Fn. 26), S. 24 f.; *Glaesner* (Fn. 26), S. 21.
54 Art. 46 lit. a; *Krück* (Fn. 3), Rn. 12 (die Akte seien nicht »gerichtsimmun«).
55 A. A. G. *Garçon*, Handelsembargen der Europäischen Union auf dem Gebiet des Warenverkehrs gegenüber Drittstaaten, 1997, S. 126; *Geiger*, EUV/EGV, Art. 46, Rn. 7; *H.C. Schneider*, Wirtschaftssanktionen, 1999, S. 147 f.; *ders.*, in: Grabitz/Hilf, EU, Art. 228a EGV, Rn. 16; *Stein* (Fn. 41), S. 78, Rn. 47.

Art. 47 (ex-Art. M)

Vorbehaltlich der Bestimmungen zur Änderung des Vertrags zur Gründung der Europäischen Wirtschaftsgemeinschaft im Hinblick auf die Gründung der Europäischen Gemeinschaft, des Vertrags über die Gründung der Europäischen Gemeinschaft für Kohle und Stahl und des Vertrags zur Gründung der Europäischen Atomgemeinschaft sowie dieser Schlußbestimmungen läßt der vorliegende Vertrag die Verträge zur Gründung der Europäischen Gemeinschaften sowie die nachfolgenden Verträge und Akte zur Änderung oder Ergänzung der genannten Verträge unberührt.

Art. 47 stellt klar, daß der **Bestand** der drei supranationalen Gemeinschaften und ihres 1
Primärrechts **gewahrt** bleibt, soweit EWGV, EGKSV und EAGV nicht durch den EUV modifiziert worden sind (erhalten wird zugleich – wenn auch nur als rechtliche Folge aus Art. 47 – die Gesamtheit des Sekundärrechts, soweit es den neu eingeführten Bestimmungen nicht widerspricht[1] – vgl. auch Art. 3 Abs. 1). Eine Änderung des Gemeinschaftsrechts ist *allein* durch die Titel II bis IV (Art. 8 bis 10) und VII (Art. 46 bis 53) EUV bewirkt worden[2]. Im übrigen wird es weder durch primäres noch durch sekundäres[3] Unionsrecht berührt (vgl. aber auch Art. 1, Rn. 15, 23). Übergriffe von Unionsrechtsakten auf Gemeinschaftsrecht und -zuständigkeiten sind unzulässig[4] (s. auch unten Rn. 3). Art. 47 steht insbesondere jedem Versuch entgegen, Gemeinschaftsrecht dort, wo es sich nicht selbst dafür öffnet, durch Handlungen im Rahmen der zweiten und dritten Säule zu steuern (s. auch Art. 14, Rn. 14). – Die Annahme, die Gründungsverträge seien durch das Unionsrecht implizit abgeändert worden,[5] widerspricht dem Willen der Vertragsstaaten[6]. Daher darf auf Vorschriften des EUV außerhalb des Vorbehalts des Art. 47 auch nicht zurückgegriffen werden, um Gemeinschaftsrecht erweiternd oder einschränkend auszulegen[7] – freilich vorbehaltlich der Notwendigkeit, Kompetenzabgrenzungen vorzunehmen (s. Art. 46, Rn. 9). – Etwas anderes gilt allein für **Art. 6 Abs. 2**. Sofern man ihn insoweit nicht ohnehin als rein deklaratorisch ansieht[8], wird er für das Gemeinschaftsrecht kraft Art. 46 lit. d »aktiviert« (s. Art. 46, Rn. 3).

Unberührt geblieben ist aufgrund von Art. 47 auch die **Rechtspersönlichkeit jeder der** 2
drei Gemeinschaften, die nicht (etwa zugunsten eines Rechtssubjekts EU) aufgehoben worden ist[9] (s. Art. 1, Rn. 21 und Rn. 15 ff. zum Meinungsstand). Der EUV hat die

---

1 Dazu *E. Klein*, in: HK-EUV, Art. M, Rn. 7; s. auch: *E. Klein*/*A. Haratsch*, Das Aufenthaltsrecht der Studenten, die Unionsbürgerschaft und intertemporales Gemeinschaftsrechts, JuS 1995, S. 7. S. auch 32 EEA.
2 *E. Pache*, in: Grabitz/Hilf, EU, Art. M EUV, Rn. 5–19, 20 f.; BVerfGE 89, 155 (196). Siehe auch: *U. Everling*, Reflections on the Structure of the European Union, CMLRev. 1992, S. 1053 (1062); *dens.*, Die Rolle des Europäischen Rates gegenüber den Gemeinschaften, EuR-Beiheft 2/1995, S. 41 (45).
3 Vgl. *Pechstein/Koenig*, EU, Rn. 207 ff.
4 S. EuGH, Rs. C-170/96, Slg. 1998, I-2763, Rn. 14, 16 (Kommission/Rat) sowie GA Fennelly, ebd., Rn. 8 f.
5 So aber *Pechstein/Koenig*, EU, Rn. S. 103 ff., 107 ff. (insbesondere im Hinblick auf Art. 1 Abs. 3 i.V.m. Art. 3, Art. 2 und Art. 6 Abs. 2 und 3); *M. Pechstein*, Die Justitiabilität des Unionsrechts, EuR 1999, S. 1 (5 f.) (auch zu Folgerungen hieraus für Art. 46 lit. a).
6 *Pache* (Fn. 2), Rn. 13 m. w. N. (s. auch Rn. 12, 14 ff.). Gegen implizite Änderungen auch BVerfGE 89, 155 (196).
7 *E. Klein*, in: HK-EUV, Art. M, Rn. 5.
8 *E. Klein*, in: HK-EUV, Art. L, Rn. 6, Art. M, Rn. 5.
9 *O. Dörr*, Zur Rechtsnatur der Europäischen Union, EuR 1995, S. 334 (344 ff.); *ders.*, Noch einmal: Die Europäische Union und die Europäischen Gemeinschaften, NJW 1995, S. 3162; *U. Everling*, Folgerungen aus dem Amsterdamer Vertrag für die Einheit der EuropäischenUnion und Gemeinschaften, in: EuR-Beiheft 2/1998, S. 185 ff. (193 f.); *J. A. Frowein*, Die Europäische

Art. 47 EU-Vertrag

Gemeinschaften lediglich in einen neuen rechtlichen Kontext gestellt, der *völkerrechtlicher Natur* ist[10]. Die Vertragsparteien wollten dabei erkennbar das (modifizierte) Gemeinschaftsrecht von dem Unionsrecht strikt scheiden (vgl. insbesondere Art. 5). Dies gilt trotz zahlreicher Berührungspunkte beider Bereiche bis hin zu organisatorischen Verwebungen. Sie werden am augenfälligsten dort, wo der EUV den Gemeinschaftsorganen eine Doppelfunktionalität verleiht: Sie werden im Bereich von GASP und ZBJI mit Aufgaben betraut, die sie außerhalb ihrer Funktionen nach den Gemeinschaftsverträgen und ohne unmittelbare (vgl. aber Art. 28, 41) materielle Bindung an das Gemeinschaftsrecht wahrnehmen (s. Art. 5, 12, 29). Dabei haben sie das Unionsrecht selbstverständlich zu beachten. Ein gleichzeitiges Handeln als EU-Organ und als Gemeinschaftsorgan ist jedoch ausgeschlossen.

3 Gleichwohl droht gerade die Doppelfunktionalität der Organe tendenziell den Grundsatz zu unterlaufen, daß außerhalb des von Art. 47 gemachten Vorbehalts die Gemeinschaftsverträge durch den EUV nicht berührt werden (Rn. 1). Unabhängig davon wird bisweilen die rigide rechtliche Trennung der ersten von der zweiten und dritten Säule als dem Kohärenzgebot widerstreitend angesehen[11]. Doch sind zum einen Wechselbeziehungen zwischen EG- und EU-Recht bereits im Gemeinschaftsrecht selbst angelegt (s. z.B. Art. 268 Abs. 2, 301 EGV; s. auch Rn. 1)[12]. Zum anderen folgt aus Art. 47 eine Präzisierung des Kohärenzgebots: Die Gemeinschaftsorgane müssen dieser unionsrechtlichen Verpflichtung einzig nachkommen, *wenn und soweit* sie beim Gebrauch ihrer gemeinschaftsrechtlichen Kompetenzen einen Entscheidungsspielraum haben. Das Kohärenzgebot modifiziert dadurch das Gemeinschaftsrecht nicht, sondern steuert dort, wo die Vorgaben durch das Gemeinschaftsrecht enden, die Ausnutzung des sich öffnenden »politischen« Freiraums – mit der Folge, daß ein Verstoß gegen das Kohärenzgebot lediglich Art. 3 EUV verletzt und keinen Verstoß gegen Gemeinschaftsrecht darstellt. Insofern greift das Unionsrecht dort, wo die determinierende Wirkung des Gemeinschaftsrechts endet. Art. 47 verbietet dabei, den Gehalt des Kohärenzgebots in die Treueklausel des Art. 10 EGV schlicht hineinzulesen und Art. 3 Abs. 2 EUV damit in einen Bestandteil des justiziablen Gemeinschaftsrechts umzuwandeln[13].

Fortsetzung von Fußnote 9
Union mit WEU als Sicherheitssystem, in: FS-Everling, Bd. I, 1995, S. 315 (319 f.); *Pechstein/ Koenig*, EU, Rn. 56 ff., 101; *M. Pechstein*, Das Kohärenzgebot als entscheidende Integrationsdimension der Europäischen Union, EuR 1995, S. 247; *ders.*, Rechtssubjektivität für die Europäische Union?, EuR 1996, S. 137; *G. Ress*, Die Europäische Union und die neue juristische Qualität der Beziehungen zu den Europäischen Gemeinschaften, JuS 1992, S. 985 (987). A. A. *A. v. Bogdandy/M. Nettesheim*, Die Verschmelzung der Europäischen Gemeinschaften in der Europäischen Union, NJW 1995, S. 2324; *dies.*, Die Europäische Union: Ein einheitlicher Verband mit eigener Rechtsordnung, EuR 1996, S. 3; *A. v. Bogdandy*, Die Europäische Union als einheitlicher Verband, EuR-Beiheft 2/1998, S. 165 ff. S. auch *C. Wichard*, Wer ist Herr im europäischen Haus?, EuR 1999, S. 170 (175 ff.).

10 Eine internationale Organisation kann durch Normen eines von allen Mitgliedstaaten abgeschlossenen völkerrechtlichen Vertrags gebunden werden (*Pechstein/Koenig*, EU, Rn. 108).
11 Vgl. *Pechstein/Koenig*, EU, Rn. 112 ff.; *Pechstein* (Fn. 9), S. 252.
12 *Pache* (Fn. 2), Rn. 14.
13 Ansätze dazu finden sich jedoch bei: *S. Bermbach*, Die gemeinschaftliche Ausfuhrkontrolle für Dual-use-Güter, 1997, S. 62 ff.; *C. Thun-Hohenstein*, Handelsbeschränkungen durch UN-Beschlüsse und Ratsbeschlüsse im Rahmen der Gemeinsamen Außen- und Sicherheitspolitik, ihre Wirkungen für die EG und Österreich, ZfRV 37 (1996), S. 238 (245). Behutsam dagegen: *H. G. Krenzler/H. C. Schneider*, Die Gemeinsame Außen- und Sicherheitspolitik der Europäischen Union, EuR 1994, S. 144 (158). – S. auch Art. 46, Rn. 7, Fn. 17.

Art. 48 (ex-Art. N)

Die Regierung jedes Mitgliedstaats oder die Kommission kann dem Rat Entwürfe zur Änderung der Verträge[1], auf denen die Union beruht, vorlegen[2].

Gibt der Rat nach Anhörung des Europäischen Parlaments[2] und gegebenenfalls der Kommission[2] eine Stellungnahme zugunsten des Zusammentritts einer Konferenz von Vertretern der Regierungen der Mitgliedstaaten ab[2 f.], so wird diese vom Präsidenten des Rates einberufen, um die an den genannten Verträgen vorzunehmenden Änderungen zu vereinbaren[3 ff.]. Bei institutionellen Änderungen im Währungsbereich wird auch die Europäische Zentralbank gehört[2].

Die Änderungen treten in Kraft, nachdem sie von allen Mitgliedstaaten gemäß ihren verfassungsrechtlichen Vorschriften ratifiziert worden sind[3].

Inhaltsübersicht:
I. Anwendungsbereich 1
II. Verfahren der Vertragsänderung 2
III. Die Mitgliedstaaten als »Herren der Verträge« 4

I. Anwendungsbereich

Art. 48 gilt für die Änderung der Verträge, auf denen die Union beruht, d.h. sowohl für 1 den EUV als auch für die drei Gemeinschaftsverträge (s. Art. 47), tritt aber als die allgemeinere Vorschrift gegenüber speziellen Vertragsänderungsmöglichkeiten zurück[1]. Von seinem Vorgänger Art. N a. F. ist erstmals beim Abschluß des Vertrags von Amsterdam Gebrauch gemacht worden[2].

II. Verfahren der Vertragsänderung

Art. 48 regelt das Verfahren der Vertragsänderung, das sich durch das **Zusammen-** 2 **wirken von Gemeinschaftsorganen und Mitgliedstaaten** auszeichnet. So steht das Initiativrecht zu Vertragsänderungen der Regierung jedes Mitgliedstaats, aber auch der Kommission zu. Entwürfe sind dem Rat vorzulegen, der zunächst zwingend den Europäischen Parlament den Entwurf zur Kenntnis zu bringen und seine Stellungnahme einzuholen hat.[3] Trotz des Wortlauts (»gegebenenfalls«) steht die Anhörung der Kommission nicht im Ermessen des Rates, sondern ist nur entbehrlich, wenn der Entwurf von ihr stammt[4]. Denn die frühzeitige Einbeziehung der EG-Organe hat den Sinn, deren Sachverstand und praktischen Erfahrungsschatz zu nutzen. Die EZB dagegen muß nur aus-

---

1 *E. Klein*, in: HK-EUV, Art. N, Rn. 7. S. z.B. Art. 17 Abs. 1 UAbs. 1 und 2, Art. 42 EUV; Art. 221 Abs. 4, 222 Abs. 3, 190 Abs. 4 , 269 Abs. 2 EGV. – S. auch: *C. Vedder/H.-P. Folz*, in: Grabitz/Hilf, EU, Art. 48 EUV, Rn. 3; *U. Hädel A. Puttler*, Zur Abgrenzung des Art. 235 EGV von der Vertragsänderung, EuZW 1997, S. 13.
2 S. auch Art. N Abs. 2 a. F. und dazu *K. Hasselbach*, Maastricht II: Ergebnisse der Regierungskonferenz zur Reform der EU, BayVBl. 1997, S. 454.
3 In Nizza ging man über die Erfordernisse des Art. 48 hinaus, indem man die Schlußverhandlungen im Rahmen des Europäischen Rates führte, so daß auch der Kommissionspräsident und der zuständige Kommissar daran teilnahmen (*T. Wiedmann*, Der Vertrag von Nizza – Genesis einer Reform, EuR 2001, S. 186 [194]).
4 *Klein* (Fn. 1), Rn. 10 m. w. N.; *C. Vedder/H.-P. Folz*, in: Grabitz/Hilf, EU, Art. 48 EUV, Rn. 26.

nahmsweise angehört werden,[5] nämlich wenn der Entwurf nicht bloß materiellrechtliche, sondern institutionelle Änderungen im Währungsbereich vorsieht. Nach den Anhörungen gibt der Rat eine »Stellungnahme« darüber ab, ob eine Konferenz von Vertretern der Regierungen der Mitgliedstaaten zusammentreten soll. Ob er dabei mit einfacher Mehrheit beschließen kann[6], erscheint fraglich, da Art. 205 Abs. 1 EGV nicht für anwendbar erklärt ist.

3 Fällt die Stellungnahme positiv aus, so *hat* (vgl. die indikativische, konsekutive Konstruktion von Art. 48 Abs. 2 Satz 2) der Ratspräsident die **intergouvernementale Konferenz** einzuberufen. Ihr kommt die Aufgabe zu, die Vertragsänderungen zu vereinbaren[7]. Dies geschieht, indem die Mitgliedstaaten einen *völkerrechtlichen Vertrag* abschließen[8]. Daß ihnen gemeinschaftlich – und nicht »der« Union oder den Gemeinschaften – die Entscheidung über Vertragsänderungen vorbehalten ist, kommt darin zum Ausdruck, daß das Inkrafttreten von der Ratifikation durch alle Mitgliedstaaten abhängt. Verweigert auch nur ein einziger Staat die Ratifikation, sei es aus politischen, sei es aus verfassungsrechtlichen Gründen, so tritt der Änderungsvertrag nicht in Kraft (Abs. 3).[9]

III. Die Mitgliedstaaten als »Herren der Verträge«

4 »Herren der Verträge« sind die Mitgliedstaaten – abgesehen davon, daß Art. 48 ihnen grundsätzlich keine inhaltlichen Schranken auferlegt[10] – folglich insoweit, als gegen den Willen auch nur eines einzigen von ihnen die Verträge (Rn. 1) nicht geändert werden können[11]. Dies schließt die Rechtsfortbildung durch den EuGH und das EuG, soweit deren Zuständigkeit reicht (Art. 46), und im übrigen durch die Mitgliedstaaten und die Organe

---

5 Nach M. *Röttinger*, in: Lenz, EGV, Art. 236, Rn. 5, erfolgt dies erst während der Regierungskonferenz.
6 So *Klein* (Fn. 1), Rn. 11; *Pechstein/Koenig*, EU, Rn. 494.
7 Zur Erforderlichkeit erneuter Beteiligung der Organe bei erheblicher Abweichung von der Stellungnahme des Rates: *Klein* (Fn. 1), Rn. 12 m. w. N. (dort auch zur Praxis des Verfahrens).
8 W. *Meng*, in: GTE, EU-/EGV, Art. N EUV, Rn. 7.
9 Abs. 3 wird z.T. als Ausdruck der Regelungsabsicht verstanden, die Beachtung der verfassungsrechtlichen Vorschriften jedes einzelnen Mitgliedstaates über den »innerstaatlichen Zustimmungsprozeß« zu einer – vom EuGH im Rahmen des seiner Befugnisse (s. Art. 46, Rn. 14) zu überprüfenden – Wirksamkeitsvoraussetzung für das Inkrafttreten der Änderungen zu machen (*Pechstein/Koenig*, EU, Rn. 497 ff., 550). Ob eine solche Auffassung angesichts der entstehenden Folgeprobleme (wie dem Erfordernis, daß der EuGH die Einhaltung mitgliedstaatlichen Verfassungsrechts überprüfe – dazu *Pechstein/Koenig*, EU, Rn. 551, s. auch insgesamt Rn. 546 ff.) überzeugt, erscheint fraglich. Auf keinen Fall aber sollte man darüber noch hinausgehend annehmen, daß nach der Ratifikation erkennbar werdende *materielle* Verfassungshindernisse auf die Gültigkeit des Änderungsvertrags durchschlagen (vgl. Art. 27, 46 WVÜ).
10 H.-J. *Blanke*, Der Unionsvertrag von Maastricht – ein Schritt auf dem Weg zu einem europäischen Bundesstaat?, DÖV 1993, S. 412 (419); P.M. *Huber*, Der Staatenverbund der Europäischen Union, in: J. Ipsen u.a. (Hrsg.), Verfassungsrecht im Wandel, 1995, S. 349 (353 f.); *Klein* (Fn. 1), Rn. 14 m. w. N. (der in Rn. 15 aber auf das *obiter dictum* in EuGH, Gutachten 1/91, Slg. 1991, 6079, Rn. 72 [EWR-Vertrag], verweist). Vgl. dagegen auch: R. *Bieber*, Wandel und Unveränderlichkeit als Strukturmerkmale des Europarechts, ZSchwR 112 I (1993), S. 327 (329, 332, 335); H.-H. *Herrnfeld*, in: Schwarze, EU-Kommentar, Art. 48, Rn. 8; C. *Vedder/ H.-P. Folz*, in: Grabitz/Hilf, EU, Art. 48 EUV, Rn. 47; H.-H. *Herrnfeld*, in: Schwarze, EU-Kommentar, Art. 48, Rn. 14 ff.; W. *Meng*, in: GTE, EU-/EGV, Art. N EUV, Rn. 48 ff. – S. dagegen aber insbes. M. *Heintzen*, Hierarchisierungsprozesse innerhalb des Primärrechts der Europäischen Gemeinschaft, EuR 1994, S. 35 (36, 40, 42, 46).
11 Vgl. L.-J. *Constantinesco*, Das Recht der Europäischen Gemeinschaften, 1977, S. 192, 291, 326. Vgl. auch BVerfGE 75, 223 (242) (»im Rahmen des allgemeinen Völkervertragsrechts die Herren der Gemeinschaftsverträge«); 89, 155 (190); T. *Oppermann*, Europarecht, Rn. 501.

nicht aus. Jenseits davon aber fragt sich, ob eine Vertragsänderung in Abweichung vom Verfahren des Art. 48 oder speziellerer Vorschriften – etwa durch konkludenten, gleichzeitig mit einem Organakt von den Mitgliedstaaten abgeschlossenen Änderungsvertrag[12] oder durch Erzeugung von Gewohnheitsrecht[13] – möglich ist, wenn nur alle Mitgliedstaaten einverstanden sind. Dies hält der **EuGH** in ständiger Rechtsprechung für ausgeschlossen. Änderungen der Gemeinschaftsverträge seien grundsätzlich nur im Wege der vertraglich vorgesehenen Änderungsverfahren möglich[14]. Insbesondere eine schlichte Praxis des Rates (also ein *Organ*handeln) könne Vertragsvorschriften nicht abändern[15]. Betrachtet man mit dem EuGH das *Gemeinschaftsrecht als geschlossenes System,*[16] so erscheint dies folgerichtig, zumal die Verträge Einzelnen subjektive, einklagbare Rechte verleihen[17] und jedes einverständliche Handeln der Mitgliedstaaten, das sich über den Vertrag hinwegsetzt, potentiell *das gesamte System zu sprengen droht*[18].

Selbst wenn die Mitgliedstaaten einvernehmlich vom Gemeinschaftsrecht abweichen 5 sollten, dürfte man ihnen den Willen zu solch einem revolutionären »Akt der Desintegration« aber nicht ohne besondere Anhaltspunkte unterstellen[19]. Konkludentes Handeln ist damit so gut wie ausgeschlossen.[20] Denn *jeder* solche Akt würde die rechtsstaatlichen Strukturen des gesamten europäischen Rechtssystems zum Wanken bringen. Dies zeigt sich daran, daß es nicht mehr als eine Zuspitzung der Idee stillschweigender Vertragsänderungen wäre, wenn man in jeder nichtförmlichen Vertragsänderung auch eine nichtförmliche Außerkraftsetzung des Art. 46 sähe und damit der gerichtli-

---

12 Für prinzipiell möglich hält dies BVerfGE 68, 1 (82) (s. auch BVerfGE 90, 286 [359]). Ebenso: *I. Seidl-Hohenveldern,* Völkerrecht, 8. Aufl., 1994, Rn. 411 ff. (insbesondere Rn. 414).
13 *Seidl-Hohenveldern* (Fn. 12), Rn. 529 (s. auch Rn. 419). Zur Problematik in bezug auf Art. 59 Abs. 2 GG: BVerfGE 90, 286 (357 ff., 359 ff., 372 ff.).
14 EuGH, Rs. 43/75, Slg. 1976, 455, Rn. 56/58 (Defrenne/Sabena). S. hierzu auch *C. Vedder/ H.-P. Folz,* in: Grabitz/Hilf, EU, Art. 48 EUV, Rn. 47; *H.-H. Herrnfeld,* in: Schwarze, EU-Kommentar, Art. 48, Rn. 16.
15 EuGH, Rs. 68/86, Slg. 1988, 855, Rn. 24 (Vereinigtes Königreich/Rat) (s. auch Rn. 38: keine Befugnis von Rat oder Mitgliedstaaten, über Willensbildungsregeln des EWGV zu verfügen); Gutachten 1/94, Slg. 1994, I-5267, Rn. 52 (Gutachten gem. Art. 228 EGV – GATS, TRIPS). Vgl. auch: EuGH, Rs. C-327/91, Slg. 1994, I-3641, Rn. 36 (Frankreich/Kommission) (Parallelwertung bzgl. einer Praxis der Kommission – dazu auch GA *G. Tesauro,* Schlußantr., ebd., Rn. 29, vgl. auch Rn. 23 und 24, 2. Abs.). S. auch: *R. Bernhardt,* Zur Auslegung des europäischen Gemeinschaftsrechts, FS-Kutscher (1981), S. 17 (21). – Dies gilt schon nach allgemeinen Grundsätzen (*Seidl-Hohenveldern* (Fn. 12), Rn. 414; vgl. auch BVerfGE 68, 1 (82): Organakt »zugleich« als Vertrag zwischen den Mitgliedstaaten).
16 EuGH, Rs. 26/62, Slg. 1963, 1, Rn. 10 (van Gend & Loos) (»eine neue Rechtsordnung des Völkerrechts«); Rs. 6/64, Slg. 1964, 1251 (Costa/E.N.E.L.), Rn. 8 (»eine eigene Rechtsordnung«; ein »Rechtskörper«, der für die Mitgliedstaaten und ihre Staatsangehörigen verbindlich sei), Rn. 12 (»aus einer autonomen Rechtsquelle fließende[s] Recht«). Vgl. auch die Analyse der Literaturmeinungen durch *C. Vedder/H.-P. Folz,* in: Grabitz/Hilf, EU, Art. 48 EUV, Rn. 47, sowie BVerfGE 22, 293 (296). – Zu beachten ist, daß dies nichts mit der Rechtsfigur des »*self-contained regime*« zu tun hat, bei der es um die Frage zulässiger Reaktionen auf Völkerrechtsverletzungen geht (s. nur *H. Fischer,* in: K. Ipsen, Völkerrecht, 4. Aufl., 1999, § 35, Rn. 39 f.).
17 So insbesondere schon: EuGH, Rs. 26/62, Slg. 1963, 1, Rn. 9 f., 14 f. (van Gend & Loos); Rs. 59/75, Slg. 1976, 91, Rn. 21 i. V. m. Rn. 14, 15/16 (Staatsanwaltschaft/Manghera).
18 Vgl. insbesondere: EuGH, Rs. 6/64, Slg. 1964, 1251, Rn. 12 (Costa/E.N.E.L.).
19 Vgl. BVerfGE 68, 1 (82).
20 Vgl. *W. Meng,* in: GTE, EU-/EGV, Art. N EUV, Rn. 24. – Konkludente Vertragsänderungen erscheinen angesichts des Art. 5 EUV auch im Bereich von GASP und ZBJI als ausgeschlossen. – S. auch EuGH, Rs. 38/69, Slg. 1970, 47, Rn. 10/11 (Kommission/Italien) (gegen die Deutung eines Ratsbeschlusses nach Art. 235 EWGV als internationales Abkommen). – Nach *R. Bernhardt,* Europäisches Gemeinschaftsrecht und das Recht internationaler Organisationen: Gemeinsamkeiten und Unterschiede, in: FS-Seidl-Hohenveldern (1998), S. 25 (32 f.), können die Mitgliedstaaten wegen Art. 46 die Vertragsauslegung nicht festlegen (s. auch Fn. 23); dies kann aber nur gelten, solange und soweit über Art. 46 nicht verfügt wird.

chen Kontrolle durch den EuGH den Boden entzöge[21]. Dennoch fragt sich, ob die Mitgliedstaaten nicht noch immer die Rechtsmacht haben, sich kraft eines gemeinschaftlichen Entschlusses über Art. 48 hinwegzusetzen[22]. Dabei würden sie sich gerade außerhalb des EU/EG-Rechtssystems stellen, um darüber zu verfügen[23]. Dafür spricht folgendes: Das supranationale Gemeinschaftsrecht ruht noch immer auf den zwischen den Mitgliedstaaten geschlossenen völkerrechtlichen Verträgen, so daß die prinzipielle Gleichrangigkeit aller Akte des Völkervertragsrechts und der *lex posterior-Grundsatz* einen (zunächst konkludent die Formvorschriften beseitigenden, sodann substantiellen) *contractus contrarius* oder *modificiens* denkbar machen[24]. Auch ist bislang weder in Form »der« EU noch einer der drei Gemeinschaften ein *souveränes*, in seiner Existenz vom Willen der Mitgliedstaaten *unabhängiges* Völkerrechtssubjekt[25] entstanden, das selbst Vertragspartei geworden wäre oder zu dessen Gunsten die Mitgliedstaaten ihre völkerrechtliche Souveränität und unabgeleitete Rechtspersönlichkeit eingebüßt hätten[26]. Daher haben sie – wohl unbestreitbar[27] – die Rechtsmacht nicht verloren, die EU

---

21 Vgl. *M. Pechstein*, Die Justitiabilität des Unionsrechts, EuR 1999, S. 1 (23 f.).
22 Auch wenn es politisch weder wahrscheinlich ist noch wünschenswert wäre, wenn sie diese Rechtsmacht auch gebrauchten.
23 Hierin mag der Grund für die Unvereinbarkeit der Positionen von EuGH und BVerfG liegen, die *M. Heintzen*, Die »Herrschaft« über die Europäischen Gemeinschaftsverträge – Bundesverfassungsgericht und Europäischer Gerichtshof auf Konfliktkurs?, AÖR 119 (1994), S. 564, sieht. – Gerade *innerhalb eines fortbestehenden juristischen Systems* sieht *Bieber* (Fn. 10), S. 332 f., die Selbstzerstörung einer Organisation im Wege der Verfassungsänderung als unzulässig an.
24 Vgl. BVerfGE 89, 155 (190); *A. Bleckmann*, Europarecht, 6. Aufl., 1997, Rn. 159; *Bernhardt* (Fn. 20), S. 34 (nur zum Beendigungsvertrag; kritisch daggen gegenüber modifizierenden Vereinbarungen ebd., S. 32 f.); *P. M. Huber*, Recht der Europäischen Integration, 1996, § 5, Rn. 19; *Oppermann*, Europarecht, Rn. 218 (s. aber auch Rn. 220, 503 f.); *R. Scholz*, Europäische Union und deutscher Bundesstaat, NVwZ 1993, S. 817 (818); *H. Steinberger*, Der Verfassungsstaat als Glied einer europäischen Gemeinschaft, VVDStRL 50 (1991), S. 9 (16 f., Fn. 21 m. w. N.); *C. Vedder/H.-P. Folz*, in: Grabitz/Hilf, EU, Art. 48 EUV, Rn. 23, 25 (zur Unerheblichkeit der Form des Änderungsvertrags: Rn. 26); *M. Zuleeg*, Der Bestand der Europäischen Gemeinschaft, in: GS-Sasse, 1981, S. 55 (59). – A.A. z.B. *BBPS*, S. 78 f.; s. auch unten bei Fn. 28. – Auch wenn der EUV ein völkerrechtlicher Vertrag sein sollte, der die besonderen Rechte des Völkerrechts aufhebt (vgl. *K. Doehring*, Staat und Verfassung in einem zusammenwachsenden Europa, ZRP 1993, S. 98 [99]), schlösse dies einen *contractus contrarius* mit dem skizzierten Inhalt nicht aus.
25 Vgl. aber *C. F. Ophüls*, Staatshoheit und Gemeinschaftshoheit, in: FS 150 Jahre Carl-Heymanns-Verlag, 1965, S. 519 (547 ff., 556 ff., 567 f., 570 f., 573 f., 583 [Fn. 184], 584); *H. P. Ipsen*, Über Supranationalität, in: ders., Europäisches Gemeinschaftsrecht in Einzelstudien, 1984, S. 97 (107 ff.); *ders.*, EG-Recht, § 9/63, S. 233.
26 *Oppermann*, Europarecht, Rn. 218; *Steinberger* (Fn. 24), S. 17. S. auch *P. M. Huber*, (Fn. 24), § 5, Rn. 19 (problematisch aber Rn. 4, die Existenz der EU sei »von der fortdauernden Vertragstreue der Mitgliedstaaten« abhängig). Zur Frage der Souveränität auch: *S. Breitenmoser*, Die Europäische Union zwischen Völkerrecht und Staatsrecht, ZaÖRV 55 (1995), S. 951 (979 ff.) (der allerdings wohl für Vertragsänderungen die Einhaltung des im EUV geregelten Verfahrens für erforderlich hält, ebd., S. 990 f.); *S. Oeter*, Souveränität und Demokratie als Probleme in der »Verfassungsentwicklung« der Europäischen Union, ZaÖRV 55 (1995), S. 659 (nach dem freilich ebd., S. 687, die Übertragung der Hoheitsgewalt im System der supranationalen Vergemeinschaftung »unwiderruflich« ist).
27 *J. A. Frowein*, Das Maastricht-Urteil und die Grenzen der Verfassungsgerichtsbarkeit, ZaÖRV 54 (1994), S. 1 (10); *C. Tomuschat*, Die Europäische Union unter der Aufsicht des Bundesverfassungsgerichts, EuGRZ 1993, S. 489 (494 f.). S. insbes. auch *U. Everling*, Reflections on the Structure of the European Union, CMLRev. 1992, S. 1053 (1076); *dens.*, Das Maastricht-Urteil des Bundesverfassungsgerichts und seine Bedeutung für die Entwicklung der Europäischen Union, integration, 17 (1994), S. 165 (166) – wenngleich mit der Einschränkung, das Vertragsänderungsverfahren müsse eingehalten werden (ihm zustimmend: *Heintzen* [Fn. 10], S. 42 f., Fn. 45). Zurückhaltend: *Oppermann*, Europarecht, Rn. 219. Anders wohl *Ipsen*, EG-Recht, § 9/7, S. 211 (vgl. aber § 9/60, S. 232). Zweifelnd: *M. Hilf*, in: GTE, EWGV, Art. 240, Rn. 7 m. w. N. (s. demgegenüber aber *ders.*, Die Europäische Union und die Eigenstaatlichkeit ihrer Mitgliedstaaten, in: P. Hommelhoff/P. Kirchhof, Der Staatenverbund der Europäischen Union, 1994, S. 75 [79]).

und jede der drei Gemeinschaften einvernehmlich *aufzuheben*[28]. Soll dann aber die Behauptung, außerhalb ausdrücklich normierter Änderungsverfahren sei es den Mitgliedstaaten unmöglich, EU- oder Gemeinschaftsrecht zu *modifizieren*, keine *petitio principii* bleiben, bedarf es dafür *eines besonderen Rechtsgrundes*. Ob als solche die Gesichtspunkte z.b. des Verfassungscharakters der Gründungsverträge, des Vertragszwecks der Integration, der unbegrenzten Dauer, der Unwiderruflichkeit, der Dichte, der Funktions- und Steuerungsfähigkeit des Gemeinschaftsrechts, der (endgültigen) Beschränkung der mitgliedstaatlichen Souveränitätsrechte oder der Hoheitsrechtsübertragung taugen,[29] erscheint zweifelhaft[30]. Wenig hilft auch die Annahme, der EUV habe den Gemeinschaften, obwohl nicht Vertragsparteien, durch Art. 46 lit. e einen Anspruch auf Einhaltung der Bestimmungen des Art. 48 zugestanden[31], müßte doch begründet werden, wieso ein solches Recht nicht wieder sollte beseitigt werden können[32]. Entsprechendes gilt für die Unterwerfung unter die Gerichtsbarkeit des EuGH[33]. Auch der Vorrang des Gemeinschaftsrechts vor dem innerstaatlichen Recht reicht nicht hin[34], da er nur gemeinschaftsrechtsimmanent und daher unter der Bedingung gilt, daß die Gründungsverträge nicht modifiziert werden. Entsprechend wäre ein völkervertraglicher Verzicht auf die formfreie Abänderung des EUV, wie sie aus der Erstreckung der Gerichtsbarkeit des EuGH auf die Prüfung der Vereinbarkeit von sekundärem mit primärem Unionsrecht gefolgert wird[35], nur *unionsrechtsimmanent* wirksam und stünde seinerseits unter dem Vorbehalt der Abänderung. Was aber könnte die Mitglieder der EU, solange sie souveräne Staaten sind, daran hindern, einvernehmlich – in einem weit ausholenden Regreß –

---

28 *Bernhardt* (Fn. 20), S. 33 f.; *Blanke* (Fn. 10), S. 420 f.; *E. Klein*, Der Verfassungsstaat als Glied einer europäischen Gemeinschaft (2. Bericht), VVDStRL 50 (1991), S. 56 (58 f., 70); *Schweitzer/Hummer*, Europarecht, 5. Aufl. (1996), Rn. 1023; *Zuleeg* (Fn. 24), S. 59. Vgl. Art. 54 lit. b WÜV. S. auch BVerfGE 89, 155 [190].
29 Vgl. EuGH, Rs. 26/62, Slg. 1963, 1, Rn. 10 (van Gend & Loos) und Rs. 6/64, Slg. 1964, 1251, Rn. 8 ff. (Costa/E.N.E.L.); Rs. 7/71, Slg. 1971, 1003, Rn. 18/20 (Kommission/Frankreich); Beschluß 1/78, Slg. 1978, 2151 Rn. 32 f. (Beschluß nach Art. 103 EAGV). Sowie: *Bieber* (Fn. 10), S. 329, 332 ff.; *Constantinesco* (Fn. 11), S. 190, 346 f., 544; *U. Everling*, Sind die Mitgliedstaaten der Europäischen Gemeinschaft noch Herren der Verträge?, in: FS-Mosler (1983), S. 173 (180 f., 186 ff.); *Hasselbach* (Fn. 2), S. 455 f.; *Ipsen*, EG-Recht, § 4/25 f., S. 100 f., § 4/28, S. 102, § 9/6 f., S. 210 f., § 9/60, S. 232; dens., Über Supranationalität (Fn. 25), S. 101 f.; *P. Pescatore*, Die Gemeinschaftsverträge als Verfassungsrecht, in: FS-Kutscher, 1981, S. 319 (322, 336 ff.); dens., La constitution, son contenu, son utilité, ZSchwR 111 I (1992), S. 41; *J. Schwarze*, Das allgemeine Völkerrecht in den innergemeinschaftlichen Rechtsbeziehungen, EuR 1983, S. 1 (14 ff., 35 f., 36 f.); *M. Sørensen*, »Eigene Rechtsordnungen«, in: FS-Kutscher, 1981, S. 415 (432). Vermittelnd: *R. Bernhardt*, Quellen des Gemeinschaftsrechts: Die »Verfassung« der Gemeinschaft, in: Kommission der Europäischen Gemeinschaften (Hrsg.), Dreißig Jahre Gemeinschaftsrecht, 1983, S. 77, 84 f.; *Pechstein/Koenig*, EU, Rn. 478, 488 ff. (mit der problematischen Ansicht, Art. 48 sei zwar kein *ius cogens*, gelte aber zwingend, soweit er selbst abgeändert werden solle).
30 Vgl. auch *Heintzen* (Fn. 10), S. 40 ff. – Dies hervorzuheben hat den (durchaus nicht europafeindlich zu verstehenden) Sinn klarzustellen, daß der Bestand der EU politisch und rechtlich zerbrechlich ist (vgl. *Zuleeg* [Fn. 24], S. 71). Die europäische Einigung ist kein »Selbstläufer«, sondern benötigt den kontinuierlichen Anschub durch den politischen Willen der Mitgliedstaaten. Das Recht schützt nur begrenzt vor dessen Erlahmung. – Zur politischen Bindung der EUV-Revision an den »acquis culturel européen«: *D. T. Tsatsos*, Die Europäische Unionsgrundordnung, EuGRZ 1995, S. 287 (295 f.).
31 Vgl. den Gedanken bei *Constantinesco* (Fn. 11), S. 193 f., 544.
32 Vgl. *Bleckmann* (Fn. 24), Rn. 161.
33 Vgl. demgegenüber aber *Bieber* (Fn. 10), S. 334; *Pechstein/Koenig*, EU, Rn. 200 ff.
34 So aber *Klein* (Fn. 1), Rn. 5.
35 *M. Pechstein*, Die Justitiabilität des Unionsrechts, EuR 1999, S. 1 (23 f.).

Art. 48 EU-Vertrag

sich über einen solchen Verzicht hinwegzusetzen und auf ihre Vertragsfreiheit zurückzugreifen? Einzig vorstellbar ist, daß formlosen oder *ad hoc*-Vertragsänderungen der **Grundsatz der Rechtsstaatlichkeit** entgegenstünde (s. o.)[36]. Allerdings müßte dieser die Qualität von – speziellem, partikulärem, völkerrechtlichem – *ius cogens* haben[37]. Doch fehlt für zwingendes Völkerrecht dieses Inhalts bislang der Nachweis[38]. Insbesondere besteht keine Notwendigkeit, Art. 48 als Hort der Rechtsstaatlichkeit zu überhöhen. Denn der Schutz individueller Rechte vor beliebiger Abänderung oder Aufhebung ist bereits dadurch gewährleistet, daß entsprechende Verträge nach *nationalem Verfassungsrecht* der gesetzlichen Zustimmung bedürfen[39]. Freilich sperrt sich das Gemeinschaftsrecht, soweit es sich selbst als geschlossenes System wahrnimmt (Rn. 4), gegen jede von Art. 48 abweichende Vertragsänderung. Das gleiche gilt für das Unionsrecht, soweit der EuGH nach Art. 46 über seine Einhaltung wacht. Denn insoweit haben die Mitgliedstaaten als Konstrukteure selbst dem europäischen Rechtssystem und insbesondere dem EuGH einen »blinden Fleck« eingebaut[40].

---

36 Vgl. insbesondere W. *Meng*, in: GTE, EU-/EGV, Art. N EUV, Rn. 23 ff. (der die Rechte Dritter als Hinderungsgrund für beliebige Vertragsänderungen durch die Mitgliedstaaten betont) sowie *Bieber* (Fn. 10), S. 333, 335. In diese Richtung läßt sich auch der Ansatz von *Everling* ([Fn. 27], integration, 17 (1994), S. 165 [167, 172]; *ders.* [Fn. 29], S. 182, 189 f.) weiterdenken, obwohl er legitimatorisch ausgerichtet ist (vgl. auch *Bleckmann* [Fn. 24], S. 163). – Vgl. zum verwandten Aspekt der Gemeinschaften als *Rechts*gemeinschaften: EuGH, Rs. 294/83, Slg. 1986, 1339, Rn. 23 (Les Verts/ Parlament); W. *Hallstein*, Die EWG – Eine Rechtsgemeinschaft, in: ders., Europäische Reden, 1979, S. 341; T. *Oppermann*, Die Dritte Gewalt in der Europäischen Union, DVBl. 1994, S. 901 (902, 908); M. *Zuleeg*, Die Europäische Gemeinschaft als Rechtsgemeinschaft, NJW 1994, S. 545.
37 Vgl. *Steinberger* (Fn. 24), S. 17, Fn. 21 (s. aber auch S. 18). Den zwingenden Charakter der Vertragsänderungsklauseln nimmt an: G. *Nicolaysen*, Europarecht I, Baden-Baden 1991, S. 72 f.
38 Vgl. W. *Meng*, in: GTE, EU-/EGV, Art. N EUV, Rn. 31; M. *Pechstein*, Die Justitiabilität des Unionsrechts, EuR 1999, S. 1 (18 f.); C. *Vedder/H.-P. Folz*, in: Grabitz/Hilf, EU, Art. 48 EUV, Rn. 47.
39 Vgl. Art. 59 Abs. 2 GG i. V. m. dem Grundsatz des Gesetzesvorbehalts. Wegen Art. 23 Abs. 1 Satz 3 ist für die Vertragsaufhebung ein *verfassungsänderndes* Gesetz zu fordern (s. *Frowein* [Fn. 10], S. 1 [11 f., Fn. 42]). Vgl. auch *Bieber* (Fn. 27), S. 335.
40 Vgl. C. *Vedder/H.-P. Folz*, in: Grabitz/Hilf, EU, Art. 48 EUV, Rn. 46 ff.; *Pechstein/Koenig*, EU, Rn. 471 ff., insbes. 481 ff. Sowie – auch zur Möglichkeit eines Vertragsverletzungsverfahrens wegen Verstoßes gegen Art. 48 (s. aber Art. 46, Rn. 13) – M. *Pechstein*, Die Justitiabilität des Unionsrechts, EuR 1999, S. 1 (19 f.).

Art. 49 (ex-Art. O)

Jeder europäische Staat[5], der die in Artikel 6 Absatz 1 genannten Grundsätze achtet[5], kann beantragen[2], Mitglied der Union zu werden[5]. Er richtet seinen Antrag an den Rat[2]; dieser beschließt einstimmig nach Anhörung der Kommission und nach Zustimmung des Europäischen Parlaments, das mit der absoluten Mehrheit seiner Mitglieder beschließt[3].

Die Aufnahmebedingungen[4] und die durch eine Aufnahme erforderlich werdenden Anpassungen der Verträge[4], auf denen die Union beruht, werden durch ein Abkommen zwischen den Mitgliedstaaten und dem antragstellenden Staat geregelt[3 f.]. Das Abkommen bedarf der Ratifikation durch alle Vertragsstaaten gemäß ihren verfassungsrechtlichen Vorschriften[4].

Inhaltsübersicht:
I. Das zweiphasige Verfahren zur Aufnahme eines neuen Mitgliedstaates   2
II. Der Inhalt des Beitrittsabkommens   4
III. Die materiellen Voraussetzungen für einen Beitritt   5
IV. Die Möglichkeit zur Abweichung von den Bestimmungen des Art. 49   6

Art. 49 regelt den **Beitritt zur Union**. Er ersetzt Art. 237 EWGV, Art. 205 EAGV und Art. 98 EGKSV a. F. Von Art. O a. F. ist erstmals durch den Beitritt Finnlands, Schwedens und Österreichs[1] Gebrauch gemacht worden.   1

I. Das zweiphasige Verfahren zur Aufnahme eines neuen Mitgliedstaates

Das Verfahren ist zweiphasig. Die **erste Phase** beginnt mit dem – auf den Abschluß eines Beitrittsabkommens gerichteten – Antrag des beitrittswilligen Staates, der an den Rat gerichtet wird[2]. Nach einer (durch Art. 49 nicht vorgeschriebenen) vorläufigen Stellungnahme der Kommission[3] faßt der Rat den Beschluß, in Beitrittsverhandlungen einzutreten[4]. Die Verhandlungen selbst werden auf »Ministerkonferenzen« unter Leitung des amtierenden Ratspräsidenten geführt. Mitglieder der Kommission nehmen daran teil[5].   2

---

1 Beitrittsakte (94/C 241/08, ABl.EG Nr. C 241/21) zum Beitrittsvertrag (94/C 241/07) vom 24.6. 1994 (ABl.EG Nr. C 241/9), gem. Art. 2 Abs. 2 Satz 2 des Beitrittsvertrags angepaßt durch Beschluß des Rates 95/1/EG, Euratom, EGKS vom 1.1.1995. Auf den Tagungen der Ministerkonferenzen am 9.11.1994 wurden die Verhandlungen auf einen Beitritt nach Art. O EUV ausgerichtet (Bull.EG 11-1993, Ziff. 1.3.1).
2 Vgl. zu Österreich, Schweden und Finnland: Bull.EG 7/8-1989, Ziff. 2.2.14; 78-1991, Ziff. 1.3.3; 3-1992, Ziff. 1.3.1. Norwegen (Beitrittsantrag: Bull.EG 11-1992, Ziff. 1.4.3) hat den Beitrittsvertrag nicht ratifiziert.
3 Vgl. zu Österreich, Schweden und Finnland: Bull.EG 7/8-1991, Ziff. 1.3.2. und Beilage 4/92; Bull.EG 7/8-1992, Ziff. 1.4.1 und Beilage 5/92; Bull.EG 11.1992, Ziff. 1.4.1 und Beilage 6/92.
4 Vgl. *BBPS*, S. 571 f.
5 Einzelheiten bisheriger Beitrittsverhandlungen bei: *BBPS*, S. 571 f.; *C. Vedder*, in: Grabitz/Hilf, EU, Art. 49 EUV, Rn. 49. Zur »Prädhäsions- oder Heranführungsstrategie« der EU im Vorfeld der Osterweiterung insbes.: *C. Vedder*, ebd., Rn. 20 ff. – Zum gegenwärtigen Stand der Verhandlungen mit Bulgarien, Estland, Lettland, Litauen, Malta, Polen, Rumänien, der Slowakei, Slowenien, Tschechien, Ungarn und Zypern: *J. Bergmann*, Die Osterweiterung der Europäischen Union, ZRP 2001, S. 18 ff. S. auch *D. Schübel*, Die EU-Erweiterung, EuZW 2000, S. 641; Europäischer Rat in Göteborg am 15./16.6.2001, Schlußfolgerungen des Vorsitzes, Press Release Nr. 200/01, Ziff. 5 ff.

Hans-Joachim Cremer

3 Nach ihrem Abschluß beginnt die **zweite**, in sich zweigleisige **Phase** der rechtsverbindlichen Entscheidung. Der Rat hat vor einem Aufnahmebeschluß – »auf dem ersten Gleis« – die Kommission anzuhören und die Zustimmung des Europäischen Parlaments einzuholen[6]. Stimmt das Parlament nicht mit der vorgeschriebenen absoluten Mehrheit der Stimmen seiner Mitglieder zu, so kann der Rat die Aufnahme nicht beschließen[7]. Kommt der parlamentarische Zustimmungsbeschluß jedoch zustande, so hat jeder Mitgliedstaat im Rat ein Vetorecht. Denn der Beschluß, »dem Aufnahmeantrag stattzugeben«, erfordert Einstimmigkeit. Er ist notwendige, aber nicht hinreichende Bedingung für die Aufnahme des Beitrittsbewerbers[8]. Vielmehr hängt die Wirksamkeit davon ab, daß – »auf dem zweiten Gleis«[9] – zwischen den Mitgliedstaaten und dem antragstellenden Staat ein völkerrechtliches Beitrittsabkommen geschlossen wird[10] (an dem die Gemeinschaften nicht beteiligt sind und der ihnen oder »der Union« nicht zugerechnet werden kann[11]).

II. Der Inhalt des Beitrittsabkommens

4 Zu den im Beitrittsabkommen festzulegenden »Aufnahmebedingungen« gehören u.a. der Zeitpunkt des Beitritts und – unter dem Vorbehalt von Übergangsregelungen[12] – die mit dem Beitritt wirksam werdende Übernahme des »acquis communautaire«, d.h. des gesamten bisherigen geschriebenen und ungeschriebenen Gemeinschaftsrechts (einschließlich des Sekundärrechts) in seiner Auslegung und Fortbildung durch den EuGH und sonstiger unionsbezogener rechtlicher und nichtrechtlicher Bindungen[13]. Eine – davon nicht immer scharf zu trennende – Anpassung »der Verträge« (EUV, EGV, EAGV, EGKSV) ist stets in institutioneller Hinsicht erforderlich[14]; insoweit sind die Bestimmun-

---

6 Vgl. zum Beitrittsantrag Österreichs, Schwedens, Finnlands und Norwegens die Stellungnahme der Kommission 94/C 241/01 vom 19.4.1994 (ABl.EG Nr. C 241/3) und die legislativen Entschließungen 94/C 241/02-06 vom 4.5.1994 (ABl.EG Nr. C 241/4 ff.).
7 *E. Klein*, in: HK-EUV, Art. O, Rn. 17.
8 Wegen der Evidenz (vgl. Art. 27, 46 WÜV) der doppelten Anforderung »Ratsbeschluß *plus* Beitrittsabkommen« ist die Gültigkeit des Beitritts auch völkerrechtlich von der Erfüllung *beider Bedingungen* abhängig (*Vedder* [Fn. 5], Rn. 35 f.; *W. Meng*, in: GTE, EU-/EGV, Art. O EUV, Rn. 87, 95).
9 Dieses darf – wie dies durchaus der Praxis entspricht – zeitgleich »parallel« befahren werden (*Vedder* [Fn. 5], Rn. 35 f.).
10 *H.-H. Herrnfeld*, in: Schwarze, EU-Kommentar, Art. 49, Rn. 8; *Klein* (Fn. 7), Rn. 18; *Meng* (Fn. 8), Rn. 95. Deutlich ist dies an der Formulierung im Ratsbeschluß 94/C 241/06 vom 16. 5. 1994 (ABl.EG Nr. C 241/8) ablesbar: »... beschließt, den Aufnahmeanträgen stattzugeben, wobei die Aufnahmebedingungen sowie die ... notwendigen Anpassungen der Verträge, ..., Gegenstand eines Abkommens zwischen den Mitgliedstaaten und ... [den Beitrittsbewerberstaaten] sind.« – Anders: *Vedder* (Fn. 5), Rn. 35 (*der Rat* entscheide über den Beitritt definitiv).
11 *M. Pechstein*, Die Justitiabilität des Unionsrechts, EuR 1999, S. 1 (20 f.) (der darum eine Nichtigkeitsklage gegen den Beitrittsvertrag nach Art. 46 EUV i. V. mit Art. 226 ff. EGV ausschließt).
12 Vgl. hierzu: EuGH, Rs. 258/81, Slg. 1982, 4261, Rn. 8 (Metallurgiki/Kommission); verb. Rs. C-267/95 u. C-268/95, Slg. 1996, I-6285, Rn. 17 ff., 38 (Merck und Beecham).
13 *H.-H. Herrnfeld*, in: Schwarze, EU-Kommentar, Art. 49, Rn. 11; *Meng* (Fn. 8), Rn. 74 ff.; *Vedder* (Fn. 5), Rn. 43; *Klein* (Fn. 7), Rn. 20. Vgl. dazu auch *BBPS*, S. 48. Definiert wird der »acquis« in der Stellungnahme der Kommission 94/C 241/01 (oben Fn. 6), S. 6. und 7. Erwägungsgrund. S. in der oben (Fn. 1) genannten Beitrittsakte: Art. 2, 6 und 10 (zu Primär- und Sekundärrecht), Art. 3, 1. Spiegelstrich, Art. 4 Abs. 1 und 2, Art. 5 Abs. 1 bis 3 (Beitritt zu Beschlüssen, Vereinbarungen und Abkommen bzw. Beitrittspflicht), Art. 3, 2. Spiegelstrich, Art. 4 Abs. 3, Art. 5 Abs. 4 (sonstige Bindungen und Verpflichtungen).
14 Der *Vertrag von Nizza* hat freilich schon im Vorfeld der Osterweiterung Vorkehrungen für die absehbaren Beitritte getroffen. S. die Denkschrift der Bundesregierung zum Vertrag von Nizza vom 26. Februar 2001, BRats-Drs. 200/01, S. 42 ff. Sowie: *M. Borchmann*, Der Vertrag von Nizza, EuZW 2001, S. 170 ff.; *A. Epiney/M. Freiermuth Abt/R. Mosters*, Der Vertrag von Nizza, DVBl. 2001, S. 941; *E. Pache/F. Schorkopf*, Der Vertrag von Nizza, NJW 2001, S. 1377 ff.

gen dem Primärrecht zuzuordnen und, einmal in Kraft, nur nach Art. 48 abzuändern[15]. Unter die *beitrittsbedingte* Vertragsanpassung, hinsichtlich derer Art. 49 gegenüber Art. 48 *lex specialis* ist[16], fallen auch Modifikationen des sekundären Gemeinschaftsrechts[17]. Dieses behält aber – samt der Modifikationen – seinen Rechtscharakter, kann also nach den für Sekundärrecht vorgesehenen Verfahren abgeändert werden[18]. Die Ratifikationsbedürftigkeit des Beitrittsabkommens erfüllt entsprechende Funktionen wie bei Art. 48 (vgl. Art. 48, Rn. 3, s. dort auch Fn. 8). Aus dem einstimmigen Aufnahmebeschluß des Rates folgt keine Ratifikationspflicht der Mitgliedstaaten.

III. Die materiellen Voraussetzungen für einen Beitritt

Art. 49 stellt auch materielle Bedingungen für einen Beitritt auf. So erlaubt er nur die 5 Aufnahme eines Staates als »Mitglied *der Union*«; die Begründung einer Teilmitgliedschaft (etwa nur in der EG oder nur im System der GASP) ist damit ausgeschlossen[19]. Ferner können nur *europäische* Staaten beitreten. Dies allein in geographischem Sinne zu verstehen[20] erlaubt keine scharfe Grenzziehung, so daß historisch-kulturelle Aspekte bedeutsam sind.[21] Im übrigen erweist sich ein Staat als »europäisch«, indem er die in Artikel 6 Absatz 1 genannten Grundsätze achtet[22]. Damit sind zunächst – nunmehr ausdrücklich, obgleich ohne sachliche Änderung[23] – Anforderungen an die innerstaatliche Ordnung gestellt. Doch dürfte auch ein Verhalten in internationalen Zusammenhängen, z. B. Menschenrechtsverletzungen[24] bei einem Militäreinsatz im Ausland, einen Beitritt

---

15 Vgl. Art. 7 der oben (Fn. 1) genannten Beitrittsakte.
16 *Klein* (Fn. 7), Rn. 21; *Meng* (Fn. 8), Rn. 128; *Vedder* (Fn. 5), Rn. 41. Zur Frage, ob Änderungen, die nicht mehr beitrittsbedingt sind, Art. 48 unterfallen, einerseits: *Vedder* (Fn. 5), Rn. 2, 41 – andererseits: *H.-H. Herrnfeld*, in: Schwarze, EU-Kommentar, Art. 49, Rn. 12; *Meng* (Fn. 8), Rn. 128.
17 Vgl. in der oben (Fn. 1) genannten Beitrittsakte den Zweiten Teil »Anpassungen der Verträge«, den Dritten Teil »Anpassungen der Rechtsakte der Organe« und den Vierten Teil »Übergangsmaßnahmen«.
18 *BBPS*, S. 187. Vgl. z.B. Art. 7 bis 9 der oben (Fn. 1) genannten Beitrittsakte. S. auch *Meng* (Fn. 8), Rn. 111 ff. (der sich mit Recht dagegen wendet, den im Beitrittsvertrag vereinbarten Änderungen des Sekundärrechts Primärrechtscharakter zuzusprechen und die Nichtigkeitsklage gegen sie auszuschließen (so aber: EuGH, verb. Rs. 31 u. 35/86, Slg. 1988, 2285, Rn. 11 ff. [LAISA/Rat]).
19 *U. Everling*, Reflections on the Structure of the European Union, CMLRev. 29 (1992), S. 1053 (1063); *Geiger*, EUV/EGV, Art. 49, Rn. 6; *H.-J. Glaesner*, Der Vertrag von Maastricht, in: ders./ P. Gilsdorf/D. Thürer/G. Hafner, Außen- und sicherheitspolitische Aspekte des Vertrages von Maastricht und seine Konsequenzen für neutrale Beitrittswerber, 1993, S. 9 (24); *Klein* (Fn. 7), Rn. 19, Art. Q, Rn. 2; *T. Jürgens*, Die gemeinsame Europäische Außen- und Sicherheitspolitik, 1994, S. 330 m. w. N., 359. – Vgl. aber auch Art. 51, Rn. 2, Fn. 2.
20 *Klein* (Fn. 7), Rn. 8.
21 Vgl. *T. Bruha/O. Vogt*, Rechtliche Grundfragen der EU-Erweiterung, VRÜ 1997, S. 477 (480); *C. Dorau*, Die Öffnung der Europäischen Union für europäische Staaten, EuR 1999, S. 736 ff.; *Meng* (Fn. 8), Rn. 48 f.; *Vedder* (Fn. 5), Rn. 10 (ausgeschlossen seien Staaten, die weder geographisch noch historisch-kulturell zu Europa gerechnet werden könnten). – Auf die politische Dimension eines historisch-kulturellen Europabegriffs weist W. *Wallace*, From the Atlantic to the Bug, from the Arctic to the Tigris? The transformation of the EU and NATO, International Affairs Vol. 76 (2000), S. 475 (484), hin. – Vgl. zur Türkei: *Klein*, ebd.; *C.-D. Ehlermann*, Mitgliedschaft in der Europäischen Gemeinschaft, EuR 1984, S. 113 (114); *E. Örücü*, Turkey Facing the European Union, E.L.Rev. 25 (2000), S. 523 ff.; *Vedder* (Fn. 5), Rn. 11 m. w. N.
22 Vgl. auch *T. Jürgens* (Fn. 19), S. 359 (zur Notwendigkeit, Europaratsmitglied zu sein).
23 Vgl. *Klein* (Fn. 7), Rn. 9; *Vedder* (Fn. 5), Rn. 13 f.
24 Zu den Anforderungen an die Gewähr für die Einhaltung der Menschenrechte und der Gefahr eines doppelten Maßstabs: *A. Williams*, Enlargement of the Union and human rights conditionality: a policy of distinction?, E.L.Rev. 25 (2000), S. 601 (insbes. 608 ff.). Vgl. auch *Wallace* (Fn. 21), S. 486.

zumindest erschweren. Die Frage, ob sich ein Bewerberstaat im übrigen »qualifiziert«, ist Gegenstand der Beitrittsverhandlungen[25]. Freilich muß er von seinem Rechts- und Wirtschaftssystem her in der Lage sein, den »acquis communautaire« zu übernehmen[26] (Rn. 4).

IV. Die Möglichkeit zur Abweichung von den Bestimmungen des Art. 49

6 Die Frage, ob alle Mitgliedstaaten von den Vorgaben und dem Verfahren des Art. 49 einverständlich abweichen könnten, beantwortet sich in gleicher Weise wie die Frage nach einem Abweichen von Art. 48 (s. Art. 48 Rn. 4 f.). – S. zur Beendigung der Mitgliedschaft, die Art. 49 nicht regelt,[27] Art. 51, Rn. 2 f.

---

25 Zur Unmöglichkeit, den Inhalt der Beitrittsbedingungen im vorhinein gerichtlich festzulegen: EuGH, Rs. 93/78, Slg. 1978, 2203, Rn. 8 (Mattheus/Doego). – S. aber auch die sog. Kopenhagen-Kriterien, Schlußfolgerungen des Rates auf dem Europäischen Rat in Kopenhagen, Bull.EG 6-1993, 1.13 = EA 1993, S. 264, sowie die Empfehlungen der Kommission in der Agenda 2000, Bull.EG Beilage 5/1997.
26 *Klein* (Fn. 7), Rn. 10. S. auch: *M. Heintzen*, Gemeineuropäisches Verfassungsrecht in der Europäischen Union, EuR 1997, S. 1 (7). – Vgl. auch VO (EG) Nr. 622/98 vom 16.3.1998, ABl.EG Nr. L 85/1, über die Hilfe für die beitrittswilligen Staaten im Rahmen der Heranführungsstrategie, insbes. über die Gründung von Beitrittspartnerschaften sowie Bull.EG 3-1998, Ziff. 1.3.65 ff.; 5-1998, Ziff. 1.3.56 ff., 63 ff. S. auch *D. Schübel*, Twinning – ein probates Mittel zum Aufbau der Verwaltungsstrukturen in den Beitrittsländern, EuZW 2000, S. 226.
27 Eine analoge Anwendung erwägen: *BBPS*, S. 80.

Art. 50 (ex-Art. P)

(1) Die Artikel 2 bis 7 und 10 bis 19 des am 8. April 1965 in Brüssel unterzeichneten Vertrags zur Einsetzung eines gemeinsamen Rates und einer gemeinsamen Kommission der Europäischen Gemeinschaften werden aufgehoben.[1]

(2) Artikel 2, Artikel 3 Absatz 2 und Titel III der am 17. Februar 1986 in Luxemburg und am 28. Februar 1986 in Den Haag unterzeichneten Einheitlichen Europäischen Akte werden aufgehoben.[2]

Art. 50 Abs. 1 hebt Vorschriften des sog. **Fusionsvertrages**[1] auf. Dessen Art. 2 bis 7 sind durch die Art. 146, 147, 151, 154 EGV, Art. 116, 117, 121, 123 EAGV, Art. 27, 27a, 29, 30 EGKSV ersetzt und dabei teils inhaltlich ergänzt, teils abgeändert worden. Art. 10 bis 19 des Fusionsvertrages sind den Art. 156 bis 162 EGV, Art. 125 bis 132 EAGV, Art. 9 bis 15, Art. 16 Abs. 3 und 4 und Art. 17 EGKSV gewichen. Erhalten geblieben sind insbesondere Art. 1 und 9 des Fusionsvertrags, mit denen ein gemeinsamer Rat und eine gemeinsame Kommission der drei Gemeinschaften eingesetzt worden sind. 1

Durch Art. 50 Abs. 2 sind die Bestimmungen der EEA über den Europäischen Rat und die **Europäische Politische Zusammenarbeit** (EPZ) zugunsten der Art. 4 und 11 ff. EUV aufgehoben worden. Titel III EEA hatte die Verfahren und Praktiken, die sich bis 1986 zwischen den Mitgliedstaaten allmählich herausgebildet hatten, bestätigt und ergänzt (Art. 1 Abs. 3 EEA) und dadurch eine klare Rechtsgrundlage geschaffen. Der Inhalt dieser EPZ-Bestimmungen liegt nunmehr der Konstruktion der GASP zugrunde. 2

---

1 Vertrag zur Einsetzung eines gemeinsamen Rates und einer gemeinsamen Kommission der Europäischen Gemeinschaften vom 8.4.1965 (BGBl. II S. 1454), vor dem EUV zuletzt geändert durch Vertrag vom 12.6.1985 (BGBl. II S. 1249, ABl.EG Nr. L 302/24), in Kraft seit 1.1.1986 (Bekanntmachung vom 15.1.1986, BGBl. II S. 422).

Art. 51 (ex-Art. Q)

Dieser Vertrag gilt auf unbegrenzte Zeit.

1 Die Geltung des Vertrags auf unbegrenzte Zeit bedeutet zunächst, daß es kein Datum gibt, zu dem der Vertrag automatisch außer Kraft treten würde. Ein Kündigungsrecht der Mitgliedstaaten besteht nicht (vgl. Art. 56 WÜV)[1]. Gleichwohl kann von einer Unauflöslichkeit wegen der fortgeschrittenen integrativen Verflechtung der Rechts- und Wirtschaftsordnungen der Mitgliedstaaten allenfalls in einem faktischen Sinn gesprochen werden. Denn rechtlich besteht, solange die Mitgliedstaaten als souveräne, originäre Völkerrechtssubjekte existieren, die Möglichkeit, daß sie durch »**Aufhebungsvertrag**« die Union einvernehmlich beenden und sogar die drei supranationalen Gemeinschaften auflösen[2] (str., s. Art. 48, Rn. 5).

2 Auch das **Ausscheiden eines einzelnen Mitgliedstaates** ist rechtlich möglich, etwa im Wege einer Vertragsänderung unter Zustimmung aller Mitgliedstaaten. Ferner kommt nach Ansicht einiger Autoren ein Austritt unter Berufung auf die *clausula rebus sic stantibus* in Frage[3]. Doch ist zu beachten, daß die Dichte der Rechtsbeziehungen unter der Geltung des EUV der generellen Verpflichtung besonderen Nachdruck verleiht, vor einer einseitigen Lösung aus der Union zunächst alle Möglichkeiten einer Vertragsanpassung auszuschöpfen (vgl. auch Art. 65 Abs. 3 WÜV). Ferner ist die Union (nicht nur im Bereich der Integration durch EG, EAG, EGKS) auf Fortentwicklung angelegt, so daß sie recht verstanden unter einer – das Ausscheiden erschwerenden – *clausula rebus sic progredientibus* steht[4]. Schließlich scheidet ein Austritt als *ultima ratio* aus, wo es ein milderes Mittel – und sei dies die vorübergehende Suspendierung des Vertrags – gibt[5].

---

1 S. *H.-H. Herrnfeld*, in: Schwarze, EU-Kommentar, Art. 51, Rn. 1; *J. Schwarze*, Das allgemeine Völkerrecht in den innergemeinschaftlichen Rechtsbeziehungen, EuR 1983, S. 1 (16 f.); *M. Schweitzer*, in: Grabitz/Hilf, EU, Art. 312 EGV (Okt. 1999), Rn. 5 m. w. N.; *M. Zuleeg*, Der Bestand der Europäischen Gemeinschaft, in: GS-Sasse, 1981, S. 55 (60 ff.).
2 Nach *M. Schweitzer*, in: *Grabitz/Hilf*, EU, Art. 51, Rn. 4, ist es möglich, daß ein Mitgliedstaat im Einvernehmen mit den anderen aus nur einer der drei supranationalen Gemeinschaften oder der Union ausscheidet, ohne die übrigen Verträge in Frage zu stellen.
3 *R. Bernhardt*, Europäisches Gemeinschaftsrecht und das Recht internationaler Organisationen: Gemeinsamkeiten und Unterschiede, in: FS-Seidl-Hohenveldern (1998), S. 25 (31); *M. Hilf*, Die Europäische Union und die Eigenstaatlichkeit ihrer Mitgliedstaaten, in: P. Hommelhoff/P. Kirchhof, Der Staatenverbund der Europäischen Union, 1994, S. 75 (80 f.); *P.M. Huber*, Der Staatenverbund der Europäischen Union, in: J. Ipsen u.a. (Hrsg.), Verfassungsrecht im Wandel, 1995, S. 349 (356) m. w. N.; *G. C. Rodriguez Iglesias*, Zur »Verfassung« der Europäischen Gemeinschaft, EuGRZ 1996, S. 125 (129) (»denkbar«); *Schweitzer/Hummer*, Europarecht, 5. Aufl. (1996), Rn. 1023. Zum E(W)GV: *G. Meier*, Die Beendigung der Mitgliedschaft in den Europäischen Gemeinschaften, NJW 1974, S. 391; *Schweitzer* (Fn. 1), Rn. 5. A.A. etwa: *BBPS*, S. 79; *U. Everling*, Sind die Mitgliedstaaten der Europäischen Gemeinschaft noch Herren der Verträge?, in: FS-Mosler (1983), S. 173 (183 f.); *Ipsen*, EG-Recht, § 4/21 ff., S. 100 f.; *J. Schwarze*, (Fn. 1), S. 17 f. – Problematisch jedoch BVerfGE 89, 155 (190). Dagegen überzeugend: *J. A. Frowein*, Das Maastricht-Urteil und die Grenzen der Verfassungsgerichtsbarkeit, ZaöRV 54 (1994), S. 1 (11); *C. Tomuschat*, Die Europäische Union unter der Aufsicht des Bundesverfassungsgerichts, EuGRZ 1993, S. 489 (494 f.); *M. Zuleeg*, Die Rolle der rechtsprechenden Gewalt in der europäischen Union, JZ 1994, S. 1 (7). Vgl. aber auch die Deutung der Entscheidung durch *Schweitzer* (Fn. 1), Rn. 5.
4 Vgl. *Zuleeg* (Fn. 1), S. 61.
5 Vgl. *Herrnfeld* (Fn. 1), Rn. 2; *M. Hilf*, in: GTE, EWGV, Art. 240, Rn. 11; *E. Klein*, Neuere Entwicklungen des Rechts der Europäischen Gemeinschaften, DÖV 1985, S. 900 (904); *T. Oppermann*, Europarecht, 2. Aufl. (1999), Rn. 220; *Zuleeg* (Fn. 1), S. 62 ff. S. auch *E. Klein*,

Auch wenn ein einzelner Mitgliedstaat seine Verpflichtungen gröblich und beharrlich 3
verletzte, dürfte sein **Ausschluß** durch die übrigen Mitgliedstaaten so gut wie nicht in
Frage kommen. Denn soweit die Zuständigkeit des EuGH reicht (Art. 46), sind vorrangig die Möglichkeiten gerichtlicher Vertragsverletzungsverfahren auszuschöpfen. Sodann aber dürfte – wie an Art. 7 abzulesen – allenfalls eine einstweilige Suspendierung
von »Mitgliedschaftsrechten« zulässig sein.[6]

Fortsetzung von Fußnote 5
    in: HK-EUV, Art. O, Rn. 28. Sowie den Vorschlag einer Austrittsregelung in: *Europäisches Parlament*, Entschließung zur Funktionsweise des Vertrags über die Europäische Union im Hinblick auf die Regierungskonferenz 1996 – Verwirklichung und Entwicklung der Union, Sitzung vom 17.5.1995, ABl.EG Nr. C 151/56 (S. 60, Punkt 17).
6 Vgl. *Herrnfeld* (Fn. 1), Rn. 2; *Hilf* (Fn. 4), Art. 240, Rn. 11 ff. Weitergehend *Schweitzer/Hummer* (Fn. 2), Rn. 1025 unter Berufung auf Art. 60 WÜV, E. *Klein*, in: HK-EUV, Art. O, Rn. 30, und sogar, rein gemeinschaftsrechtlich argumentierend, *J. Schwarze* (Fn. 1), S. 31.

Art. 52 (ex-Art. R)

(1) Dieser Vertrag bedarf der Ratifikation durch die Hohen Vertragsparteien gemäß ihren verfassungsrechtlichen Vorschriften. Die Ratifikationsurkunden werden bei der Regierung der Italienischen Republik hinterlegt.

(2) Dieser Vertrag tritt am 1. Januar 1993 in Kraft, sofern alle Ratifikationsurkunden hinterlegt worden sind, oder andernfalls am ersten Tag des auf die Hinterlegung der letzten Ratifikationsurkunde folgenden Monats.

Die Vorschrift bezieht sich auf den Vertrag von Maastricht[1], durch den die Europäische Union gegründet wurde. Der Vertrag bedurfte der förmlichen Ratifikation. Sein rechtsverbindlicher Abschluß setzte voraus, daß jeder Mitgliedstaat seinen Willen, an den Vertrag gebunden zu sein, in Form einer Ratifikationsurkunde zum Ausdruck brachte. Die Ratifikationsurkunden wurden nicht ausgetauscht, sondern bei der Regierung der Italienischen Republik als Depositarin hinterlegt. – Nach Hinterlegung aller Ratifikationsurkunden sollte der Vertrag eigentlich am 1. Januar 1993 in Kraft treten. Tatsächlich verschob sich das Inkrafttreten auf den 1. November 1993, da die Bundesrepublik Deutschland den Vertrag von Maastricht erst einen Tag nach dem Urteil des Bundesverfassungsgerichts vom 12. Oktober 1993 (BVerfGE 89, 155) ratifizierte.[2] – Nur angemerkt sei, daß die Änderungen durch den – gemäß Art. N EUV a.F. geschlossenen – Amsterdamer Vertrag[3] dessen Art. 14 zufolge am 1. Mai 1999 in Kraft traten[4] und daß der Vertrag von Nizza vom 26.2.2001[5], ein Änderungsvertrag i. S. des Art. 48 EUV, gemäß seinem Art. 12 am ersten Tag des zweiten auf die Hinterlegung der letzten Ratifikationsurkunde bei der Regierung der Italienischen Republik folgenden Monats in Kraft tritt.

---

1 Vertrag über die Europäische Union vom 7.2.1992, BGBl. II S. 1253.
2 Bekanntmachung vom 19.10.1993, BGBl. II S. 1947.
3 BGBl. 1998 II S. 387.
4 Bekanntmachung vom 6.4.1999, BGBl. II S. 296.
5 S. den Gesetzentwurf der Bundesregierung, BRats-Drs. 200/01 vom 9.3.2001. – S. zu den Folgen des in Irland am 7.6.2001 abgehaltenen Referendums, in dem das Volk seine Zustimmung zur Ratifikation des Vertrags von Nizza verweigert hat: *H.-G. Franzke*, Das weitere Schicksal des Vertrags von Nizza, ZRP 2001, S. 423 ff.

Art. 53 (ex-Art. S)

Dieser Vertrag ist in einer Urschrift[2 f.] in dänischer, deutscher, englischer, französischer, griechischer, irischer, italienischer, niederländischer, portugiesischer und spanischer Sprache abgefaßt, wobei jeder Wortlaut gleichermaßen verbindlich ist;[3 ff., 6] er wird im Archiv der Regierung der Italienischen Republik hinterlegt;[2] diese übermittelt der Regierung jedes anderen Unterzeichnerstaats eine beglaubigte Abschrift[2].

Nach dem Beitrittsvertrag von 1994 ist der Wortlaut dieses Vertrags auch in finnischer und schwedischer Sprache verbindlich.[3]

ZU URKUND DESSEN haben die unterzeichneten Bevollmächtigten ihre Unterschriften unter diesen Vertrag gesetzt.

GESCHEHEN zu Maastricht am 7. Februar 1992.

Inhaltsübersicht:
I.	Urschrift und Abschrift	2
II.	Die Mehrsprachigkeit und die Bewältigung von Auslegungsschwierigkeiten	3
III.	Praktische Bedeutung	6
IV.	Wirkung des Art. 53 in bezug auf Änderungen des EGKSV	7

Art. 53 bezieht sich auf den EUV. Inhaltlich jedoch entspricht er weitgehend den bislang nicht aufgehobenen Artikeln 314 (ex-Art. 248) EGV und 225 EAGV (während aufgrund von Art. 100 EGKSV allein die französische Fassung des Montanunionsvertrags verbindlich ist[1] – s. Rn. 7). **1**

I. Urschrift und Abschrift

Der Vertrag ist in einer einzigen **Urschrift** (engl.: »a single original«, frz.: »un exemplaire unique«) abgefaßt, die durch die Unterschriften der Bevollmächtigten der Mitgliedstaaten urkundlich als authentisch bestätigt wird[2]. Die Regierung der Italienischen Republik, in deren Archiv die Urschrift hinterlegt worden ist, übermittelt jeder am Vertragsschluß beteiligten Regierung eine beglaubigte **Abschrift**. Weicht eine Abschrift von der Urschrift ab, so hat die Urschrift als der authentische Text Vorrang[3]. **2**

II. Die Mehrsprachigkeit und die Bewältigung von Auslegungsschwierigkeiten

Die Urschrift des Vertrages ist in den zehn Sprachen abgefaßt, deren jeden Wortlaut Art. 53 Abs. 1 für gleichermaßen verbindlich erklärt; Abs. 2 verweist auf Art. 176 Abs. 2 der Akte zum Vertrag über den Beitritt Finnlands, Schwedens und Österreichs[4], **3**

---

1 S.A. *Dickschat*, Problèmes d'interprétation des traités européens resultant de leur plurilinguisme, Revue belge de droit international 1968, S. 40 (46); A. *Weber*, in: GTE, EWGV, Art. 248, Rn. 2.
2 Vgl. M. *Röttinger*, in: Lenz, EGV, Art. 248, Rn. 4. S. auch S. *Rosenne*, The Meaning of »Authentic Text« in Modern Treaty Law, FS-Mosler (1983), S. 759 (780 ff.).
3 M. *Schweitzer*, in: Grabitz/Hilf, EU, Art. 248 (Stand Mai 1998), Rn. 3.
4 Beitrittsakte (94/C 241/08, ABl.EG Nr. C 241/21) zum Beitrittsvertrag (94/C 241/07) vom 24. 6. 1994 (ABl.EG Nr. C 241/9), gem. Art. 2 Abs. 2 Satz 2 des Beitrittsvertrags angepaßt durch Beschluß des Rates 95/1/EG, Euratom, EGKS vom 1. 1. 1995 (s. insbesondere Art. 38).

wonach nunmehr auch der finnische und schwedische Wortlaut des EUV verbindlich sind. Aus der Mehrsprachigkeit können sich **Auslegungsschwierigkeiten** ergeben[5].

4 Für das Gemeinschaftsrecht hat der EuGH Grundsätze zur Auslegung mehrsprachiger Normen und Rechtsakte entwickelt. Diese lassen sich wie folgt auf das Unionsrecht übertragen: Bei der Auslegung des Unionsvertrags sind die sprachlichen Fassungen wegen ihrer Gleichwertigkeit notwendig miteinander zu vergleichen,[6] wobei *keiner* von ihnen ein Vorrang zukommt[7]. Divergenzen müssen überwunden werden, indem die verschiedenen Sprachfassungen trotz ihrer Abweichungen einheitlich ausgelegt werden.[8] Zu diesem Zweck sind die Vorschriften in ihrem systematischen Zusammenhang zu sehen[9] und »nach dem allgemeinen Aufbau und dem Zweck der Regelung« zu deuten[10]. Dabei ist schon beim Verständnis der einzelnen Texte zu berücksichtigen, daß das EU-Recht seine eigene besondere Terminologie besitzt, die nicht notwendig mit der des nationalen Rechts übereinstimmt[11]. Die **Einheit** und die **Eigenständigkeit des EU-Rechts** dürften also die Leitmotive sein, derer sich die Rechtsprechung bedienen wird. Dieser quasi-verfassungsrechtliche Interpretationsansatz[12] rechtfertigt sich nicht zuletzt aus der Stellung und Funktion des EuGH (vgl. Art. 220 und Art. 234 EGV).

---

5 *Weber* (Fn. 1), Rn. 5. Aus linguistischer Sicht: *P. Braselmann*, Übernationales Recht und Mehrsprachigkeit, EuR 1992, S. 55. Vgl. auch: *M. Hilf*, Die Auslegung mehrsprachiger Verträge, 1973, S. 20 ff. Beispiele aus dem EG-Recht gibt *K. Armbrüster*, Rechtliche Folgen von Übersetzungsfehlern oder Unrichtigkeiten in EG-Dokumenten, EuZW 1990, S. 46.
6 EuGH, Rs. 283/81, Slg. 1982, 3415, Rn. 18 (CILFIT/Ministero della sanità) (zu Auslegungszweifeln i. S. d. Art. 177 Abs. 3 EWGV); Rs. C-177/95, Slg. 1997, I-1111, Rn. 30 f. (Ebony Maritime und Loten Navigation). Dies gilt insbesondere bei Unklarheiten, s. EuGH, Rs. 300/86, Slg. 1988, 3443, Rn. 18 (Van Landschoot/Mera). S. auch zur Auslegung einer Beitrittsakte: EuGH, verb. Rs. C-267/95 u. C-268/95, Slg. 1996, I-6285, Rn. 21 f. (Merck und Beecham).
7 Vgl. EuGH, Rs. 80/76, Slg. 1977, 425, Rn. 11/12, s. auch Rn. 17 (North Kerry Milk/Minister für Landwirtschaft und Fischereiwesen). Vgl. auch *H. Dölle*, Zur Problematik mehrsprachiger Gesetzes- und Vertragstexte, RabelsZ 26 (1961), S. 4 (27 ff.).
8 Vgl. EuGH, Rs. 19/67, Slg. 1967, 461 (Sociale Verzekeringsbank/Van der Vecht); Rs. 29/69, Slg. 1969, 419, Rn. 3 (Stauder/Ulm); Rs. 30/77, Slg. 1977, 1999 Rn. 13/14 (Bouchereau); Rs. 55/87, Slg. 1988, 3845, Rn. 15, 18 (Moksel/BALM); Rs. C-372/88, Slg. 1990, I-1345, Rn. 18 f. (Cricket St. Thomas); Rs. C-64/95, Slg. 1996, I-5105, Rn. 17 f. (Lubella); Rs. C-177/95, Slg. 1997, I-1111, Rn. 30 ff. (Ebony Maritime und Loten Navigation). S. auch: *Dickschat* (Fn. 1), S. 54, 58; *H. Kutscher*, Über den Gerichtshof der Europäischen Gemeinschaft, EuR 1981, S. 392 (401). Kritisch (auch zum Folgenden): *Braselmann* (Fn. 5), S. 59, 70 ff.
9 Vgl. EuGH, Rs. 283/81, Slg. 1982, 3415, Rn. 20 (CILFIT/Ministero della sanità).
10 EuGH, Rs. 30/77, Slg. 1977, 1999 Rn. 13/14 (Bouchereau); Rs. 55/87, Slg. 1988, 3845, Rn. 15 (Moksel/BALM); Rs. C-372/88, Slg. 1990, I-1345, Rn. 18 f. (Cricket St. Thomas) (dazu auch GA *G. Tesauro*, Schlußantr., ebd. Ziff. 6 ff.); Rs. C-449/93, Slg. 1995, I-4291, Rn. 28 (Rockfon). S. auch EuGH, Rs. 29/69, Slg. 1969, 419, Rn. 3 (Stauder/Ulm) (vgl. aber auch Rn. 4 zur Vorzugswürdigkeit der am wenigsten belastenden Auslegung); Rs. 238/84, Slg. 1986, 795, Rn. 22 (Röser); Rs. C-327/91, Slg. 1994, I-3641, Rn. 33–35 (zu Art. 228 EWGV) (Frankreich/Kommission); GA *C.O. Lenz*, Schlußantr. zu EuGH, Rs. 93/85, Slg. 1986, 4011, Ziff. 2 f. (Kommission/Vereinigtes Königreich). – S. zur Auslegung von EG-Recht i.V.m. Völkerrecht auch *I. Canor*, »Can Two Walk Together, Except They Be Agreed«, CMLRev. 1998, S. 137.
11 Vgl. EuGH, Rs. 283/81, Slg. 1982, 3415, Rn. 18, 19 (CILFIT/Ministero della sanità); Rs. C-449/93, Slg. 1995, I-4291, Rn. 25, 28 (Rockfon). S. auch die Betonung des *Gleichheitsgrundsatzes* in: EuGH, Rs. 327/82, Slg. 1984, 107, Rn. 11 (Ekro/Produktschap voor Vee en Vlees). – S. auch *C. Luttermann*, Juristische Übersetzung als Rechtspolitik im Europa der Sprachen, EuZW 1998, S. 151 (156 f.) zur »paneuropäischen Position des EuGH«.
12 Vgl. *M.A. Dauses*, Die Rolle des Europäischen Gerichtshofes als Verfassungsgericht der Europäischen Union, integration 17 (1994), S. 215 (220 ff.); *U. Everling*, Reflections on the Structure of the European Union, CMLRev. 1992, S. 1053 (1064); *H.P. Ipsen*, Die Verfassungsrolle des Europäischen Gerichtshofs für die Integration, in: ders., Europäisches Gemeinschaftsrecht in

Es darf jedoch nicht übersehen werden, daß Art. 46 die Jurisdiktion des Gerichtshofs be- 5
schränkt. Die nicht erfaßten Teile des EUV regeln die intergouvernementale Zusammenarbeit der Mitgliedstaaten. Solange und soweit sie noch nicht der Zuständigkeit des EuGH unterstellt sind, erscheint es daher richtig, zu ihrer Interpretation die **Grundsätze zur Auslegung völkerrechtlicher Verträge** heranzuziehen, mithin auch des Art. 33 des Wiener Übereinkommens über das Recht der Verträge[13] (WÜV)[14]. Freilich führt eine Anwendung dieser Grundsätze – insbesondere des Leitgedankens, daß es sich trotz mehrsprachiger Fassung um einen einzigen Vertrag und um eine Willens*einigung* von Völkerrechtssubjekten handelt[15] – wohl zu den gleichen Ergebnissen wie die vom EuGH entwickelten Interpretationsprinzipien[16] (vgl. Art. 33 Abs. 3 und 4 WÜV).

III. Praktische Bedeutung

»Adressat« der Verbindlicherklärung der zwölf Sprachfassungen sind nicht nur die ver- 6
tragschließenden Mitgliedstaaten als Völkerrechtssubjekte, sondern alle Rechtsanwender. Auf europäischer Ebene sind dies sämtliche mit dem Vertrag befaßten Organe und Einrichtungen, im Rahmen seiner Zuständigkeit (dazu Art. 46) insbesondere also auch der EuGH. Innerstaatlich dürfen die Behörden und Gerichte, soweit sie – und sei es vorfrageweise – den EUV auszulegen haben, zwar zunächst davon ausgehen, daß eine Vertragsnorm in der Landessprache mit allen übrigen Sprachfassungen übereinstimmt. Denn Art. 53 erklärt sämtliche Fassungen für gleichermaßen verbindlich[17]. Doch sind innerstaatliche Stellen spätestens, wenn sie auf Divergenzen stoßen,[18] aufgrund von Art. 53 an sich dazu verpflichtet, den Text in sämtlichen Sprachfassungen zu berücksichtigen[19]. Soweit eine Rechtsfrage der Zuständigkeit des EuGH unterfällt, bedeutet dies, daß ein nationales Gericht bei Auslegungszweifeln vorlagepflichtig sein kann[20]. Aber auch wo Art. 234 Abs. 3 EGV nicht einschlägig ist, wird sich i. d. R. eine Vorlage empfehlen.

IV. Wirkung des Art. 53 in bezug auf Änderungen des EGKSV

Sachlich gilt Art. 53 für sämtliche Regelungen des EUV. In bezug auf die Vorschriften 7
zur Änderung des **EGKSV** erscheint dabei bedeutsam, daß (wie schon aufgrund von Art. 34 EEA) die Änderungen seiner Bestimmungen in sämtlichen Vertragssprachen ab-

---

Fortsetzung von Fußnote 12
    Einzelstudien, 1984, S. 173 (191 ff.); *Kutscher* (Fn. 8), S. 393, 400 ff.; *J. Schwarze*, Das allgemeine Völkerrecht in den innergemeinschaftlichen Rechtsbeziehungen, EuR 1983, S. 1 (15, 31 ff.); *H. Steinberger*, Der Verfassungsstaat als Glied einer europäischen Gemeinschaft, VVDStRL 50 (1991), S. 9 (19).
13 Vom 23. Mai 1969 (BGBl. 1985 II S. 926).
14 A.A. etwa *Everling* (Fn. 12), S. 1064.
15 *M. Tabory*, Multilingualism in International Law and Institutions, Alphen aan den Rijn (Niederlande), Rockville, Maryland (USA) 1980, S. 197; *M.K. Yasseen*, L'interprétation des traités d'après la Convention de Vienne sur le droit des traités, in: Recueil des Cours 1976 III, S. 1 (104). S. auch *R. Bernhardt*, Die Auslegung völkerrechtlicher Verträge, 1963, S. 37 f.; *Hilf* (Fn. 5), S. 70 ff., 231 f.
16 Vgl. *Schweitzer* (Fn. 3), Rn. 7. S. aber auch *Rosenne* (Fn. 2), S. 769 ff.
17 Vgl. *Bernhardt* (Fn. 15), S. 87 f.
18 Vgl. zum Parallelproblem bei Art. 33 Abs. 3 WÜV: *Hilf* (Fn. 5), S. 72 ff., 232 f.; *W. Rudolf*, Die Sprache in der Diplomatie und internationalen Verträgen, 1972, S. 61. S. auch *Tabory* (Fn. 15), S. 195 ff.
19 Vgl. *Weber* (Fn. 1), Rn. 17.
20 Vgl. hierzu insbesondere: EuGH, (Fn. 6) Slg. 1982, 3415, Rn. 16 ff. S. auch Art. 46, Rn. 2.

gefaßt und durch Art. 53 für verbindlich erklärt werden. Dadurch sind zwei Gruppen von Regeln des EGKSV entstanden: Die ursprünglichen Artikel sind nur in ihrer französischen Fassung verbindlich; soweit der EGKSV aber durch die EEA oder durch den Unionsvertrag abgeändert oder ergänzt worden ist, sind die Wortlaute in sämtlichen Sprachen gültig.

Kommentar

Vertrag zur Gründung der Europäischen Gemeinschaft

Präambel

SEINE MAJESTÄT DER KÖNIG DER BELGIER,
DER PRÄSIDENT DER BUNDESREPUBLIK DEUTSCHLAND,
DER PRÄSIDENT DER FRANZÖSISCHEN REPUBLIK,
DER PRÄSIDENT DER ITALIENISCHEN REPUBLIK,
IHRE KÖNIGLICHE HOHEIT DIE GROSSHERZOGIN VON LUXEMBURG,
IHRE MAJESTÄT DIE KÖNIGIN DER NIEDERLANDE
IN DEM FESTEN WILLEN, die Grundlagen für einen immer engeren Zusammenschluß der europäischen Völker zu schaffen,
ENTSCHLOSSEN, durch gemeinsames Handeln den wirtschaftlichen und sozialen Fortschritt ihrer Länder zu sichern, indem sie die Europa trennenden Schranken beseitigen,
IN DEM VORSATZ, die stetige Besserung der Lebens- und Beschäftigungsbedingungen ihrer Völker als wesentliches Ziel anzustreben,
IN DER ERKENNTNIS, daß zur Beseitigung der bestehenden Hindernisse ein einverständliches Vorgehen erforderlich ist, um eine beständige Wirtschaftsausweitung, einen ausgewogenen Handelsverkehr und einen redlichen Wettbewerb zu gewährleisten,
IN DEM BESTREBEN, ihre Volkswirtschaften zu einigen und deren harmonische Entwicklung zu fördern, indem sie den Abstand zwischen einzelnen Gebieten und den Rückstand weniger begünstigter Gebiete verringern,
IN DEM WUNSCH, durch eine gemeinsame Handelspolitik zur fortschreitenden Beseitigung der Beschränkungen im zwischenstaatlichen Wirtschaftsverkehr beizutragen,
IN DER ABSICHT, die Verbundenheit Europas mit den überseeischen Ländern zu bekräftigen, und in dem Wunsch, entsprechend den Grundsätzen der Satzung der Vereinten Nationen den Wohlstand der überseeischen Länder zu fördern,
ENTSCHLOSSEN, durch diesen Zusammenschluß ihrer Wirtschaftskräfte Frieden und Freiheit zu wahren und zu festigen, und mit der Aufforderung an die anderen Völker Europas, die sich zu dem gleichen hohen Ziel bekennen, sich diesen Bestrebungen anzuschließen,
ENTSCHLOSSEN, durch umfassenden Zugang zur Bildung und durch ständige Weiterbildung auf einen möglichst hohen Wissensstand ihrer Völker hinzuwirken,
HABEN BESCHLOSSEN, eine Europäische Gemeinschaft zu gründen; sie haben zu diesem Zweck zu ihren Bevollmächtigten ernannt:
(es folgen die Namen)
DIESE SIND nach Austausch ihrer als gut und gehörig befundenen Vollmachten wie folgt ÜBEREINGEKOMMEN:

---

1 Seit dem ursprünglichen Vertragsschluß sind Mitgliedstaaten der Europäischen Gemeinschaft geworden: Das Königreich Dänemark, die Griechische Republik, das Königreich Spanien, Irland, die Republik Österreich, die Portugiesische Republik, die Republik Finnland, das Königreich Schweden und das Vereinigte Königreich Großbritannien und Nordirland.

Erster Teil
Grundsätze

Art. 1 (ex-Art. 1)

Durch diesen Vertrag gründen die Hohen Vertragsparteien untereinander eine Europäische Gemeinschaft.

Inhaltsübersicht:

A. Die Europäische Gemeinschaft	1
B. Die Europäischen Gemeinschaften	3
C. Verhältnis des EUV zu den Gemeinschaftsverträgen	4
I. Rechtsnatur der EU	5
1. Voraussetzungen der Rechtspersönlichkeit	5
2. Meinungen im Schrifttum auf der Basis des Maastrichter Vertrages	7
a) Befürworter einer eigenständigen Rechtspersönlichkeit der EU	7
b) Gegner einer eigenständigen Rechtspersönlichkeit der EU	8
3. Stellungnahme: Rechtspersönlichkeit der EU nach Amsterdam	9
a) Fähigkeit zur eigenständigen Willensbildung	10
b) Fähigkeit, die Mitgliedstaaten zu binden	11
c) Fähigkeit zu rechtserheblichem Handeln im Außenverhältnis	12
d) Ergebnis: Rechtspersönlichkeit für die EU	13
II. Verhältnis der EU zu den drei Gemeinschaften	15
1. Das Tempel- oder Säulenmodell und das Konzernmodell	16
2. Die Trennungsthese	17
3. Die Einheitsthese	18
4. Stellungnahme: Die EU als gestufte internationale Organisation	19
III. Terminologie	26

A. Die Europäische Gemeinschaft

Art. 1 kennzeichnet den EGV als völkerrechtlichen Gründungsakt einer internationalen Organisation.[1] Bestandteil des Vertrages sind neben dem eigentlichen Vertragstext auch die diesem beigefügten Protokolle, nicht jedoch die Erklärungen (Art. 311). Gleichgestellt sind die Abänderungs-, Ergänzungs- und Beitrittsverträge.[2] Die Zahl der Vertragsparteien ist von ursprünglich sechs auf mittlerweile fünfzehn angewachsen. Durch den Vertrag von Maastricht ist die »Europäische Wirtschaftsgemeinschaft« in »Europäische Gemeinschaft« umbenannt worden, ohne daß dadurch die Identität dieser Organisation verändert worden wäre. 1

Die EG ist eine internationale Organisation mit eigener Rechtspersönlichkeit (s. Art. 281, 282). Eine Reihe von Besonderheiten hebt sie aus dem Kreis der internationalen Organisationen heraus. Diese Besonderheiten werden mit dem Begriff der »**Supranationalität**«[3] umschrieben und kennzeichnen einen höheren Verdichtungs- 2

---

[1] Zur zeitlichen Geltung vgl. Art. 312, zum räumlichen Geltungsbereich vgl. Art. 299.
[2] S. Art. 249, Rn. 2; eine Übersicht der Parteien und der Änderungen und Ergänzungen des EGV enthält der jährlich aktualisierte Fundstellennachweis B, Völkerrechtliche Vereinbarungen, Verträge zur Vorbereitung und Herstellung der Einheit Deutschlands, Hrsg. vom Bundesministerium der Justiz unter dem 25.3.1957.
[3] Art. 1 EUV, Rn. 8, 19; vgl. weiter *Bleckmann*, Europarecht, Rn. 153; *S. Breitenmoser*, Die Europäische Union zwischen Völkerrecht und Staatsrecht, ZaöRV 1995, S. 951 (971 ff.); *Ipsen*, EG-Recht, S. 193 ff.; *ders.*, Über Supranationalität, in: Europäisches Gemeinschaftsrecht in Einzelstudien, 1984, S. 97; *E. Klein*, in: W. Graf Vitzthum (Hrsg.), Völkerrecht, 1997, S. 386 ff.; *Streinz*, Europarecht, Rn. 115 ff.; *M. Zuleeg*, in GTE, EG-/EUV, Art. 1, Rn. 6 f., 22 ff.

grad der Organisation, der einerseits durch die Weite des in Art. 2 bis 4 umschriebenen Organisationszwecks gekennzeichnet ist, andererseits (und vor allem) durch die Autonomie, die Einheitlichkeit und den Vorrang der Gemeinschaftsrechtsordnung gegenüber den Rechtsordnungen der Mitgliedstaaten. Der EGV hat eine eigenständige Hoheitsgewalt geschaffen, die in ihrem Kompetenzbereich nicht nur gegenüber, sondern auch in den Mitgliedstaaten verbindliches Recht setzen kann. Diese Hoheitsgewalt findet ihre Legitimation nicht nur in dem völkerrechtlichen Gründungsvertrag und den innerstaatlichen Zustimmungsgesetzen, sondern auch in den verfassungsrechtlichen Grundentscheidungen ihrer Mitgliedstaaten.[4]

B. Die Europäischen Gemeinschaften

3   Die EG bildet zusammen mit der EGKS (bis zum Ende ihrer Laufzeit im Jahr 2002) und der EAG die drei Europäischen Gemeinschaften. Sie sind durch die Fusion ihrer Organe[5], einen gemeinsamen Haushalt[6] und eine einheitliche Rechtsordnung trotz ihres Fortbestandes als selbständige Rechtspersönlichkeiten (Art. 281 f. EGV, Art. 6 EGKSV, Art. 184 f. EAGV) eng miteinander verbunden.

C. Verhältnis des EUV zu den Gemeinschaftsverträgen

4   Die Gründung der EU mußte notwendigerweise die Frage aufwerfen, welche Einheit fortan der eigentliche Akteur im europäischen Einigungswerk sein sollte: die EU oder die drei Gemeinschaften. Diese Frage hat zwei Aspekte: Die **Rechtsnatur der EU** und ihr **Verhältnis zu den Gemeinschaften**. Beide Fragen sind seit dem Maastrichter Vertrag umstritten. Der Vertrag von Amsterdam hat sie nicht ausdrücklich beantwortet.

I. Rechtsnatur der EU
1. Voraussetzungen der Rechtspersönlichkeit

5   Eigenständiger Akteur im Rechtssinne kann die EU nur sein, wenn sie **Rechtspersönlichkeit** als internationale Organisation[7] hat. Das setzt Rechtsfähigkeit und Geschäftsfähigkeit sowohl im Verhältnis zu den Mitgliedstaaten (intern), als auch gegenüber Drittstaaten (international) voraus. Im Außenverhältnis muß die Rechtssubjektivität durch andere Völkerrechtssubjekte anerkannt werden. Davon abzugrenzen ist die innerstaatliche Rechts- und Geschäftsfähigkeit, also die Fähigkeit, am internen Rechtsverkehr von Staaten teilnehmen zu können, die im folgenden ausgeklammert wird.[8]

---

4   In Deutschland Art. 23 GG.
5   Vgl. Art. 9 des Amsterdamer Vertrags (Art. 50 EUV), der das Abkommen vom über gemeinsame Organe für die Europäischen Gemeinschaften vom 25. März 1957 (FusAbk.) und den Vertrag zur Einsetzung eines gemeinsamen Rates und einer gemeinsamen Kommission der Europäischen Gemeinschaften vom 8. April 1965 (FusV) aufhebt, »die wesentlichen Elemente ihrer Bestimmungen« jedoch beibehält.
6   Art. 9 Abs. 6 Amsterdamer Vertrag, vgl. Art. 268 Rn. 12 f.; vgl. das Protokoll zum Vertrag von Nizza über die finanziellen Folgen des Ablaufs des EGKS-Vertrags und über den Forschungsfonds für Kohle und Stahl.
7   Staatsqualität kommt der EU unstreitig nicht zu, s. Art. 1 EUV, Rn. 19.
8   Vgl. zur Differenzierung mit etwas abweichender Terminologie *E. Klein*, in: HK-EUV, Art. A EUV, Rn. 13 ff.; *ders.*, Die internationalen Organisationen als Völkerrechtssubjekte, in: Graf Vitzthum (Hrsg.), Völkerrecht, 1997, S. 309 ff.

Eine »**internationale Organisation**« ist ein durch völkerrechtliche Willenseinigung geschaffener, auf Dauer angelegter mitgliedschaftlicher Verband, der zur Wahrnehmung bestimmter Aufgaben mit eigenen Organen ausgestattet ist.[9] Vor allem drei Fähigkeiten, sprechen für die Rechtspersönlichkeit einer internationalen Organisation: die Fähigkeit, in eigenen Organen einen eigenständigen Willen bilden zu können, die Fähigkeit, die Mitgliedstaaten ggf. auch gegen deren Willen binden zu können, und die Fähigkeit, gegenüber außenstehenden Völkerrechtssubjekten rechtswirksam handeln zu können. Rechtspersönlichkeit kann ausdrücklich verliehen werden (so z.B. Art. 281), sie kann sich jedoch auch implizit aus der Zuschreibung von Aufgaben und Kompetenzen ergeben, die Rechtspersönlichkeit zwingend voraussetzen.[10]

6

2. Meinungen im Schrifttum auf der Basis des Maastrichter Vertrages

a) Befürworter einer eigenständigen Rechtspersönlichkeit der EU

Einige sehen schon auf der **Basis des Maastrichter Vertrages** ausreichende Anhaltspunkte für eine implizite Verleihung interner und internationaler **Rechtssubjektivität**[11], die durch den Amsterdamer[12] und den Nizzaer Vertrag bestätigt werden. Dafür spricht die schon von Amsterdam im EUV angelegte **körperschaftliche Struktur**: Die EU wird – wie die Gemeinschaften – »gegründet« (Art. 1 EUV), setzt »sich« Ziele (Art. 2 EUV), ist an bestimmte Grundsätze gebunden (Art. 6 Abs. 1 EUV) und erkennt die in der Charta der Grundrechte aufgeführten Rechte, Freiheiten und Grundsätze an. Dabei ist sie verpflichtet, die nationale Identität der (von ihr verschiedenen) Mitgliedstaaten zu achten (Art. 6 Abs. 3 EUV). Sie verfügt über einen »einheitlichen institutionellen Rahmen« (Art. 3 EUV) aus »Unionsorganen«[13], zu denen neben den bereits aus dem EGV

7

---

9 Vgl. *C. Busse*, Die völkerrechtliche Einordnung der europäischen Union, 1999, S. 141 ff.; O. *Dörr*, Zur Rechtsnatur der Europäischen Union, EuR 1995, S. 334 (335), *Klein* (Fn. 8), S. 278 W. *Meng*, Das Recht der Internationalen Organisationen – eine Entwicklungsstufe des Völkerrechts, 1977, S. 44 ff.

10 Internationaler Gerichtshof, Rechtsgutachten vom 11.4.1949 über Schäden im Dienst der UNO, ICJ Reports 1949, 174 ff. (179).

11 So *A. v. Bogdandy/M. Nettesheim*, Die Verschmelzung der Europäischen Gemeinschaften in der Europäischen Union, NJW 1995, S. 2324 (2327); *dies.*, Die Europäische Union: Ein einheitlicher Verband mit eigener Rechtsordnung, EuR 1996, S. 3 (12 ff.); *S. Magiera*, Die Grundgesetzänderung von 1992 und die Europäische Union, Jura 1994, S. 1 (6); *G. Ress*, Die Europäische Union und die neue juristische Qualität der Beziehungen zu der EG, JuS 1992, S. 27 (30 ff.); *ders.*, Ist die Europäische Union eine juristische Person?, EuR Beih. 2/1995, S. 27 (30 ff.); *C. Trüe*, Verleihung von Rechtspersönlichkeit an die Europäische Union und Verschmelzung zu einer einzigen Organisation – deklaratorisch oder konstitutiv? Universität des Saarlands, Vorträge, Reden und Berichte aus dem Europa-Institut Nr. 357, S. 59; etwas abweichend das Konzernmodell von *Busse*, (Fn. 9), S. 308 f. wonach GASP und PJZS als eigenständige Rechtspersönlichkeiten neben EG, EGKS und EAG von der selbst nicht rechtsfähigen EU überwölbt werden, dazu unten Rn. 16, 19a.

12 Auf der Basis des Amsterdamer Vertrags: *D.M. Curtin/I.F. Dekker*, The EU as a »Layered« International Organization: Institutional Unity in Disguise, in: P. Craig/G. de Burca (Hg.), The Evolution of EU Law, 1999, S. 83 ff.; *S. Kadelbach*, Einheit der Rechtsordnung als Verfassungsprinzip, EuR Beiheft 2/1998, S. 51 (60 ff.); *P. de Nerviens*, Les relations extérieures, R.T.D.E. 33 (1997), S. 801 (806); *C. Thun-Hohenstein*, Der Amsterdamer Vertrag, 1997, S. 14, 74 f.; *C. Trüe*, Rechtspersönlichkeit der Europäischen Union nach den Vertragsänderungen von Amsterdam: Wer handelt in GASP und PJZ?, ZEuS 2000, S. 127; *J.C. Wichard*, Wer ist Herr im europäischen Haus? Zu Struktur und Rechtsnatur der Europäischen Union nach Amsterdam, EuR 1999, S. 170 (172 ff.); *M. Zuleeg*, Die Organisationsstruktur der Europäischen Union, EuR Beiheft 2/1998, S. 151 (152 ff.).

13 So ausdrücklich z.B. die Präambel des Nizzaer Vertrags und Art. 24 Abs. 6 EUV.

bekannten Organen (Art. 5 EUV) auch der ER als Impulsgeber gehört (Art. 4 EUV), der teilweise mit rechtsverbindlicher Wirkung handeln soll (z.B. Art. 13 Abs. 1 und 3, 17 Abs. 1 EUV). Der EUV spricht durchgängig von »Mitgliedstaaten«. Art. 48 EUV regelt den Beitritt zur »Union«; dabei haben die Unionsorgane nach Art. 49 Abs. 1 EUV das entscheidende Wort.[14] Die Union (und nicht etwa die Mitgliedstaaten) wird vom Vorsitz in Angelegenheiten der GASP vertreten (Art. 18 Abs. 1 und 2 EUV). Und schon Art. 14 Abs. 2 EUV sprach zumindest für eine partielle internationale Rechtssubjektivität, weil die EU Kontakt zu einer anderen internationalen Organisation, der WEU, aufnehmen sollte. Auch aus dem Auftreten der EU im völkerrechtlichen Rechtsverkehr lassen sich Anhaltspunkte für eine internationale Rechtssubjektivität der EU ableiten.[15]

b) Gegner einer eigenständigen Rechtspersönlichkeit der EU

8 Die bislang **herrschende Meinung spricht der EU** allerdings sowohl die interne als auch die internationale **Rechtssubjektivität ab.**[16] Anders als den Gemeinschaften (Art. 281 EGV, Art. 6 Abs. 2 EGKSV, Art. 184 EAGV) und den ihnen eingegliederten selbständigen Körperschaften (Art. 107 Abs. 2 für die EZB und Art. 117 Abs. 1 für das EWI) wird der EU die Rechtssubjektivität nicht ausdrücklich zuerkannt. Gegen eine implizite Verleihung wird die unpräzise Formulierung und der intergouvernementale Charakter der in Titel V und VI des EUV eingeführten Politiken und Formen der Zusammenarbeit angeführt, die entweder von den Mitgliedstaaten direkt oder über den einstimmig handelnden Rat dominiert werden. Die Vertretungskompetenz des Vorsitzes in Art. 18 EUV wird als Umschreibung einer partiellen Vertretungsmacht für die der Mitgliedstaaten interpretiert.[17] Zudem vertreten nach Art. 37 EUV die Mitgliedstaaten, nicht die Union, nach außen die in Angelegenheiten von Titel VI festgelegten gemeinsamen Standpunkte. Hinsichtlich Art. 49 EUV wird darauf verwiesen, daß der Beitritt auch weiterhin den Abschluß einzelner Beitrittsverträge mit allen Mitgliedstaaten voraussetzt; der Gehalt von Art. 49 EUV erschöpfe sich darin, die Einzelbeitritte zu den Gemeinschaften und die Beteiligung an GASP und PJZS zu einem Paket zu verschnüren.[18] Eigentlicher Akteur in Titel V und VI sind nach dieser Auffassung allein die Mitgliedstaaten. Die EU selbst wird teilweise als nicht rechtsfähige internationale Organisa-

---

14 *Trüe* (Fn. 12), S. 162.
15 *v. Bogdany/Nettesheim* (Fn. 11), EuR 1996, S. 25; *Busse* (Fn. 9), S. 62 f.; *Curtin/Dekker* (Fn. 12), S. 105 ff; *Dörr* (Fn. 9), S. 343; *Trüe* (Fn. 11), S. 49 ff.; *dies.* (Fn. 12), S. 169 ff.
16 Art. 11, Rn. 1; *Bleckmann*, Europarecht, Rn. 166; *Dörr* (Fn. 9), S. 343 f.; *D. Curtin*, The Constitutional Structure of the Union: A Europe of Bits and Pieces, CMLRev. 30 (1993), S. 17 (27); *U. Everling*, Überlegungen zur Struktur der Europäischen Union und zum neuen Europa-Artikel des Grundgesetzes, DVBl. 1993, S. 936 (941); *Geiger*, EGV, Präambel, Rn. 10; *M. Hilf*, in: Grabitz/Hilf, EU, Art. A EUV, Rn. 8, 25 ff.; *ders.*, Amsterdam – Ein Vertrag für die Bürger?, EuR 1997, S. 347 (359); *ders/E. Pache*, Der Vertrag von Amsterdam, NJW 1998, S. 705 (709); *C. Koenig/M. Pechstein*, Rechtspersönlichkeit für die Europäische Union?, EuZW 1997, S. 225; *E. Klein*, in: HK-EUV, Art. A EUV, Rn. 22, 31; *ders.* (Fn. 9), S. 387 f.; *J. P. Jacqué*, in: GTE, EG-/EUV, Art. A EUV, Rn. 13; *T. Oppermann*, Zur Eigenart der Europäischen Union, in: P. Hommelhoff/P. Kirchhof, Der Staatenverbund der Europäischen Union, 1994, S. 87 (90); *M. Pechstein*, Das Kohärenzgebot als entscheidende Integrationsdimension, EuR 1995, S. 247 (249 f.); *ders.*, Rechtssubjektivität für die Europäische Union?, EuR 1996, S. 137; *ders./Koenig*, EU, S. 30 ff., Rn. 62 ff.; *I. Pernice*, »Europäische Union« – die Sprachverwirrung von Maastricht, ZEuP 1995, S. 177 (179 f.); *J.-C. Piris*, Après Maastricht, les institutions communautaires sont-elles plus efficaces, plus démocratiques et plus transparentes?, R.T.D.E. 1994, S. 1 (5); *Streinz*, Europarecht, Rn. 121b; *ders.*, Die Europäische Union nach dem Vertrag von Maastricht, ZfRV 36 (1995), S. 1 (4 f.); *ders.*, Der Vertrag von Amsterdam, EuZW 1998, S. 137 (140); *M. Zuleeg*, in: GTE, EG-/EUV, Art. 1 Rn. 5; so auch BVerfGE 89, 155, (195).
17 So etwa *Pechstein/Koenig*, EU, S. 41, Rn. 78; dagegen *Trüe* (Fn. 12), S. 165 f.
18 So *Pechstein/Koenig*, EU, S. 41 f., Rn. 79 ff. ; dagegen *Trüe* (Fn. 12), S. 161 ff.

tion[19], teilweise als »Staatenverbund«[20] oder »rein materiellrechtlicher Verbund von Staaten und internationalen Organisationen«[21] qualifiziert.

3. Stellungnahme: Rechtspersönlichkeit der EU nach Amsterdam

Der **Vertrag von Amsterdam** hat diesen Streit nicht durch die ausdrückliche Verleihung von Rechtspersönlichkeit an die EU entschieden. Eine solche Vorschrift war im Vorschlag der irischen Ratspräsidentschaft vorgesehen[22], konnte sich jedoch nicht durchsetzen.[23] Das allein ist jedoch eher Ausdruck mühsamer Formelkompromisse als Beleg für ein einhelliges Votum gegen eine Rechtspersönlichkeit der EU. Entscheidend ist der tatsächliche Befund, einschließlich des letztlich angenommenen Vertragstextes.[24] Die **Indizien für eine interne und internationale Rechtspersönlichkeit der EU** haben sich im Amsterdamer wie im Nizzaer Vertrag verdichtet.   9

a) Fähigkeit zur eigenständigen Willensbildung
Die EU ist mehr als zuvor in der Lage, einen **eigenen, von dem der Mitgliedstaaten verschiedenen Willen bilden** zu können:[25] In der GASP ist der Raum für Mehrheitsbeschlüsse erweitert worden (Art. 23 Abs. 2, Art. 24 Abs. 3 EUV). In Titel V und VI wurde das positive Einstimmigkeitserfordernis aufgegeben, Enthaltungen stehen der einstimmigen Beschlußfassung nicht mehr entgegen (Art. 23 Abs. 1 EUV, Art. 41 Abs. 1 EUV i.V.m. Art. 205 Abs. 3). Auch die Rolle der von den Mitgliedstaaten unabhängigen Organe ist gestärkt worden: Der EuGH hat Zugang zur Kontrolle von Maßnahmen nach Titel VI (Art. 35 EUV) erhalten, und der Kommission ist in Titel VI ein Initiativrecht eingeräumt worden, das dem der Mitgliedstaaten gleichrangig ist (Art. 34 Abs. 2 S. 2 EUV).   10

b) Fähigkeit, die Mitgliedstaaten zu binden
Intern ist die Stellung der EU durch die Einführung der Rahmenbeschlüsse (Art. 34 Abs. 2 lit. b) EUV) und der Beschlüsse nach Art. 34 Abs. 2 lit. c) EUV weiter gestärkt worden. Solche Rechtsakte binden die Mitgliedstaaten unmittelbar, ohne innerstaatlichen Umsetzungsakt.[26] Auch die im Bereich der GASP beschlossenen Gemeinsamen Aktionen sind für die Mitgliedstaaten verbindlich (Art. 14 Abs. 3 EUV)[27]. Die durch Art. 7 EUV eingeführte Möglichkeit, Mitgliedschaftsrechte wegen Verletzung der in Art. 6 EUV verankerten Grundsätze auszusetzen, setzt voraus, daß die EU ein von den Mitgliedstaaten verschiedenes Rechtssubjekt ist, sich also nicht in einer Umschreibung für das einvernehmliche Zusammenwirken aller Mitgliedstaaten erschöpft.   11

---

19 *Dörr* (Fn. 9), S. 343 »partielle Völkerrechtssubjektivität in statu nascendi«; dagegen *Pechstein/Koenig*, EU, S. 31 f., Rn. 63.
20 BVerfGE 89, 155 (181, 188 ff.).
21 *Pechstein/Koenig*, EU, S. 50 ff., Rn. 92 ff.; *Pechstein* (Fn. 16), EuR 1995, S. 251; ders. (Fn. 16), EuR 1996, S. 141.
22 *Konferenz der Vertreter der Regierungen der Mitgliedstaaten*, Die Europäische Union zwischen heute und morgen. Anpassung der Europäischen Union zum Nutzen ihrer Bürger und Vorbereitung der Europäischen Union auf die Zukunft. Allgemeiner Rahmen für einen Entwurf zur Revision der Verträge, CONF/2500/96, S. 90 ff.; s. auch den daran anschließenden Vorschlag der niederländischen Präsidentschaft, CONF/2500/96 ADD. 1, S. 47 ff.
23 Darauf stützen sich maßgeblich *Pechstein/Koenig*, EU, S. 32 f., Rn. 65 ff.
24 So auch *Busse* (Fn. 9), S.155 f., 255, 277; *Trüe* (Fn. 12), S. 131, 133 f.
25 Vgl. zu diesem Kriterium insbesondere *Meng* (Fn. 9), S. 47 ff.; *Ress* (Fn. 11), S. 38 f.; zu den Organen der EU vgl. Art. 4 EUV, Rn. 7 f.; Art. 5 EUV, Rn. 9 f.
26 S. Art. 34 EUV, Rn. 6 f.
27 Zur Rechtsnatur der GASP-Akte vgl. Art. 12 EUV, Rn. 3; dagegen *Trüe* (Fn. 12), S. 173

Art. 1 EG-Vertrag

c) Fähigkeit zu rechtserheblichem Handeln im Außenverhältnis

12 Als Akteur **im Außenverhältnis** (GASP) wird nur noch die Union genannt (Art. 11 Abs. 1, Art. 27a Abs. 1, 3. Spstr. EUV), den Mitgliedstaaten wird in Art. 11 Abs. 2 EUV eine unterstützende Rolle zugewiesen. Art. 24 EUV verleiht dem Rat die **Kompetenz zum Abschluß völkerrechtlicher Verträge** im Bereich der GASP und der PJZS (Art. 24 Abs. 4, 38 EUV)[28], zum Teil sogar aufgrund Mehrheitsbeschlusses (Art. 24 Abs. 1 bis 5 EUV). Wer Vertragspartner wird, ist zwar nicht ausdrücklich bestimmt, so daß die Vorschrift auch als verkürzte Formulierung für den Abschluß eines Bündels von Verträgen der Mitgliedstaaten interpretiert werden könnte.[29] Näher liegt jedoch der Schluß, daß hier der Union selbst die Vertragsschlußkompetenz eingeräumt werden soll, wofür auch der ausdrückliche Hinweis auf die Bindung der Unionsorgane in Art. 24 Abs. 6 EUV spricht. Die »Bündeltheorie« erklärt nicht, warum auch solche Mitgliedstaaten Vertragspartner würden, die sich im Rat enthalten (Art. 23 Abs. 1 EUV und Art. 41 Abs. 1 EUV i.V.m. Art. 205 Abs. 3) und warum die Durchführung innerstaatlicher Ratifizierungsverfahren nur als Ausnahme vorgesehen ist (Art. 24 Abs. 5 EUV).[30] Die Erklärung Nr. 4 in der Schlußakte, wonach mit der Vertragsschlußkompetenz keine Zuständigkeiten von den Mitgliedstaaten auf die Europäische Union übertragen werden sollen[31], stellt klar, daß die EU außenpolitisch nicht an die Stelle der Mitgliedstaaten sondern neben sie getreten ist, und bekräftigt den Grundsatz der begrenzten Einzelermächtigung, wonach die Handlungsfähigkeit allein keine materielle Handlungsbefugnis impliziert.[32] Ob und wie sich die EU vertraglich verpflichten darf, bemißt sich allein nach den ihr eingeräumten Kompetenzen.

d) Ergebnis: Rechtspersönlichkeit für die EU

13 Die EU nimmt in Titel V und VI EUV **eigene Kompetenzen**[33] wahr, die durch den Amsterdamer Vertrag leicht erweitert worden sind. Um diese Kompetenzen nach innen wie nach außen wahrnehmen zu können, benötigt die EU eine eigenständigen Rechtspersönlichkeit, die ihr spätestens der Amsterdamer Vertrag durch die Verdichtung ihrer Struktur eingeräumt hat. Eine ausdrückliche Zuerkennung der Rechtspersönlichkeit wäre im Interesse größerer Klarheit und Transparenz der Unionsarchitektur wünschenswert gewesen. Die offene Anerkennung des Geschaffenen war aber in den Verhandlungen nicht durchsetzbar, weil einige Mitgliedstaaten Weiterungen befürchteten, die ein solcher demonstrativer Akt mit sich bringen könnte. Auch solche Vorbehalte ändern jedoch nichts daran, daß die EU nunmehr alle Voraussetzungen der Rechtspersönlichkeit erfüllt.[34]

---

28 S. Art. 24 EUV, Rn. 1; *de Nerviens* (Fn. 12), S. 98; *Trüe* (Fn. 12), S. 163 ff.
29 So Art. 24 EUV, Rn. 4; *Hilf/Pache* (Fn. 16), NJW 1998, S. 709; *Pechstein/Koenig*, EU, S. 43 f, Rn. 83; *Streinz*, Europarecht, Rn. 121a, 422 f.
30 Vgl. dagegen *Pechstein/Koenig*, EU, S. 43 f.
31 Nach a.A. soll die Erklärung bekräftigen, daß der EU gerade keine Vertragsschlußkompetenz eingeräumt worden sei. So Art. 24 EUV Rn. 4; *Pechstein/Koenig*, EU, S. 43 f., Rn. 83; *Streinz* (Fn. 16), EuZW 1998, S. 141. Dann wäre Art. 24 EUV jedoch überflüssig, vgl. *Trüe* (Fn. 12), S. 164.
32 Ebenso jetzt *Kadelbach* (Fn. 12), S. 60; *Thun-Hohenstein* (Fn. 12), S. 74 f.; *Trüe* (Fn. 12), S. 159 f., 168 f.
33 Solche weder den Gemeinschaften noch den Mitgliedstaaten zugewiesenen »Ankerkompetenzen« als Voraussetzung eigener Rechtspersönlichkeit vermissen allerdings *Koenig/Pechstein* (Fn. 16), EuZW 1997, S. 225 und *Pechstein/Koenig*, EU, S. 34 f., Rn. 66, 69.
34 Vgl. zur Unbeachtlichkeit sogar abweichender Willensäußerungen bei ausreichenden Indizien für eine implizite Verleihung der Rechtspersönlichkeit *Busse* (Fn. 9), S. 155 f., 255, 277, 289.

Auch als eigenständiges Rechtssubjekt tritt die EU nicht gänzlich an die Stelle der Mitgliedstaaten.[35] Solange die EU nicht tätig geworden ist, trifft die Mitgliedstaaten nur eine allgemeine Pflicht zu unionsfreundlichem Verhalten[36]; anderenfalls sind sie nach Maßgabe der Vorschriften des EUV gebunden[37]. Die eigenständigen Kompetenzen der EU sind inhaltlich zwar nicht präzis definiert[38], jedoch auf den in Titel V und VI EUV geregelten Bereich beschränkt. Diesen Bereich kann die EU durch eigenes Handeln nach und nach ausfüllen. Das entspricht ihrer in Art. 1 EUV vorgegebenen Entwicklungsperspektive. Durch ihr Initiativrecht und das noch weitgehend beibehaltene Einstimmigkeitserfordernis haben die Mitgliedstaaten die Ausübung der EU-Kompetenzen allerdings noch weitgehend unter Kontrolle.

14

II. Verhältnis der EU zu den drei Gemeinschaften

Auch nach Amsterdam sind Stellung und Funktion der Union im europäischen Einigungswerk **unklar** geblieben. Ihre in Art. 1 EUV beschriebene **Architektur** ist **unverändert**: EG, EGKS und EAG sind die »Grundlage« der Union (Art. 1 Abs. 3 EUV), die um die GASP und die polizeiliche und justizielle Zusammenarbeit in Strafsachen »ergänzt« wird. Die Gemeinsamen Bestimmungen in den Art. 1 bis 7 EUV und die Schlußbestimmungen in Titel VIII beanspruchen als »Allgemeiner Teil« Geltung auch für die Gemeinschaftsverträge.[39] Es gibt verschiedene **Erklärungsansätze**:

15

1. Das Tempel- oder Säulenmodell und das Konzernmodell

Das Über- und Nebeneinander verschiedener Elemente wird überwiegend mit dem Bild eines **Tempels** beschrieben, bei dem die EU als »Dach« die drei Gemeinschaften, die GASP und die polizeiliche und justizielle Zusammenarbeit in Strafsachen überwölbt, die die »Säulen« des Tempels bilden. Werden die drei Gemeinschaften in einer Säule zusammengefaßt, so hat der Tempel drei Säulen[40], anderenfalls fünf[41]. Der juristische Erklärungswert dieses Bildes ist begrenzt.[42] Daran anknüpfend stellt das **Konzernmodell** die EU als nicht rechtsfähige Dachorganisation dar, die die drei Gemeinschaften sowie die GASP und die PJZS als jeweils selbständig rechtsfähige internationale Organisationen verklammert.[43]

16

---

35 So jedoch die Befürchtung von *Pechstein/Koenig*, EU, S. 36 f., Rn. 71 f.; *Pechstein* (Fn. 16), EuR 1995, S. 249; offenbar auch *Streinz*, Europarecht Rn. 121b; vgl. hingegen allgemein *A. v. Bogdandy/M. Nettesheim*, in: Grabitz/Hilf, EU, Art. 1 EGV, Rn. 9: die Mitgliedstaaten haben ihre Kompetenz und Fähigkeit zum Handeln auch auf denjenigen Gebieten, auf denen der Gemeinschaft Kompetenzen eingeräumt sind, nicht völlig verloren; vgl. auch *Trüe* (Fn. 12), S. 159: »Kompetenzneuschaffung statt Übertragung von Mitgliedstaaten-Kompetenzen«.
36 S. Art. 3 EUV, Rn. 15, Art. 11 EUV, Rn. 4 f.
37 S. Art. 14 EUV, Rn. 8 ff., Art. 15 EUV, Rn. 2 f.
38 Nach Punkt 5 der Erklärung Nr. 23 zur Zukunft der Union in der Schlußakte des Vertrags von Nizza soll in einem weiteren Prozeß eine genauere Abgrenzung »der Zuständigkeiten zwischen der EU (!) und den Mitgliedstaaten« ausgearbeitet werden.
39 Vgl. auch *Trüe* (Fn. 11), S. 28 f.
40 So z.B. BVerfGE 89, 155 (159); *Bleckmann*, Europarecht, Rn. 50; *M. Hilf*, in: Grabitz/Hilf, EU, Art. A Rn. 16; *Magiera* (Fn. 11), S. 6; *Ress* (Fn. 11), JuS 1992, S. 985; s. auch Art. 1 EUV, Rn. 4.
41 So z.B. *E. Klein*, in: HK-EUV, Art. A, Rn. 41; *Streinz*, Europarecht, Rn. 121a.
42 So auch *Pechstein/Koenig*, EU, S. 56, Rn. 102.
43 *Busse* (Fn. 9), S. 308 f.

2. Die Trennungsthese

17 Nach der **Trennungsthese**[44] ist die »Union« nicht als Körperschaft zu verstehen, sondern als Umschreibung für die durch das Kohärenzgebot (Art. 3 EUV) begründete materiell-rechtliche Abstimmungsverpflichtung zwischen intergouvernementalen (Titel V und VI EUV) und supranationalen (EGV, EGKSV, EAGV) Komponenten der Zusammenarbeit. Die Gemeinsamen Bestimmungen des EUV binden sowohl die drei Gemeinschaften als auch die Mitgliedstaaten als Träger der GASP und der PJZS, bündeln sie und richten sie an den gemeinsamen Unionszielen aus.

3. Die Einheitsthese

18 Genau entgegengesetzt versucht die **Einheitsthese**[45] die Union als einheitliche Körperschaft mit Rechtspersönlichkeit zu erfassen, in der die drei Gemeinschaften zusammen mit den neuen Politiken und Formen der Zusammenarbeit aufgegangen sind. So kann die Einheitsthese zwanglos erklären, warum die Verträge nur einheitlich geändert werden den (Art. 48 EUV) und Beitritte nur einheitlich zur Union erfolgen können (Art. 49 EUV). Diese Union hat einen einheitlichen institutionellen Rahmen (Art. 3 EUV), in dem einheitliche Organe (Art. 5 EUV) im Rahmen einer einheitlichen Rechtsordnung ihre Befugnisse aus unterschiedlichen Vertragstexten herleiten.

4. Stellungnahme: Die EU als gestufte internationale Organisation

19 All diese Thesen sind in sich schlüssig, können jedoch die durch den Vertragstext vorgegebene **Struktur nicht vollständig erfassen**.

19 a Das **Konzernmodell** ist unbefriedigend, weil der EUV durchgängig die »Union« selbst als in der GASP und PJZS handelnden Akteur nennt, den ER als übergreifendes Unionsorgan einsetzt und die EU bereits in den Mantelbestimmungen der Titel I, VII und VIII körperschaftlich strukturiert (s.o. Rn. 7, 9 bis 14). Zudem erscheint es widersprüchlich anzunehmen, die Mitgliedstaaten hätten zwar nicht der EU wohl aber, zumindest faktisch, der GASP und der PJZS Rechtspersönlichkeit einräumen wollen.[46]

20 Gegen die **Trennungsthese** spricht die im EUV angelegte körperschaftliche Struktur der EU, die in der GASP und der PJZS als Akteur genannt und mit eigenständigen Handlungsbefugnissen sowie mit Rechtspersönlichkeit ausgestattet wird (s.o. Rn. 7, 9 bis 14).

21 Gegen die **Einheitsthese** spricht vor allem der unveränderte Fortbestand der drei Gemeinschaften als Rechtspersönlichkeiten (Art. 281 f., Art. 6 EGKS, Art. 184 f. EAGV). Diese sind das Fundament des Entwicklungsprozesses hin zu einer immer engeren Uni-

---

44 Grundlegend *Pechstein/Koenig*, EUV, S. 54 ff., Rn. 99 ff.; *Pechstein* (Fn. 16), EuR 1995, S. 247; *ders.* (Fn. 16), EuR 1996, S. 137.
45 Grundlegend *v. Bogdandy/Nettesheim* (Fn. 11), NJW 1995, S. 2324; *dies.* (Fn. 11), EuR 1996, S. 3; *dies.*, »Ex Pluribus Unum – Fusion of the European Communities into the European Union«, ELJ 1996, S. 267; in Ansätzen schon *dies.*, in: Grabitz/Hilf, EU, Art. 1 EGV, Rn. 2; *M. Nettesheim*, in: Grabitz/Hilf, EU, Art. 4 EGV, Rn. 5; nach Amsterdam: *A. v. Bogdandy*, The Legal Case for Unity: the European Union as a Single Organization with a Single Legal System, C.M.L.Rev. 1999, S. 887.
46 Vgl. *Busse* (Fn. 9), S. 255 (GASP), 277 (PJZS), 289, 309, 381 (EU).

on (Art. 1 Abs. 2 EUV), ohne in ihr völlig aufgegangen zu sein. Dieses Fundament soll in materieller Hinsicht als »gemeinschaftlicher Besitzstand« gewahrt und fortentwikkelt werden (Art. 2, 5. Spstr., Art. 3 Abs. 1 EUV). Dabei bleiben die im EGV begründeten Kompetenzen (Art. 29 EUV, vgl. auch Art. 27a Abs. 1, 2. Spstr. EUV) ebenso wie die Gemeinschaften selbst (Art. 8 bis 10, 47 EUV) unberührt.[47] Dementsprechend wird im Vertragstext durchgängig zwischen dem EUV und den Gemeinschaftsverträgen differenziert.[48]

Dieses Konglomerat aus Mitgliedstaaten und den drei Gemeinschaften kann mit dem Modell einer **gestuften internationalen Organisation** erfaßt werden[49], die die drei Gemeinschaften als Glieder einbezieht. Die Mitgliedstaaten gehören sowohl der Union als auch den Gemeinschaften an. Die EU umfaßt die Gemeinschaften und fügt ihnen die GASP und die PJZS als lockeren Saum hinzu, in denen sie selbst als Träger eigener Kompetenzen auftritt.[50] Dort handelt die EU im eigenen Namen, darüber hinaus steht sie für das verbindende Ganze. Die Gemeinschaften üben die ihnen zugewiesenen Kompetenzen im Rahmen der EU weiterhin im eigenen Namen aus. 22

Diese gestufte Organisation bildet eine **einheitliche Rechtsordnung**, in dem Sinne, daß ihre heterogenen Bestandteile miteinander verknüpft und aufeinander bezogen sind.[51] Die Einheitlichkeit der Unionsrechtsordnung wird durch die Gemeinsamen Bestimmungen und die Schlußbestimmungen des EUV vorgegeben, die dem Recht der Gemeinschaften und den in Titel V und VI enthaltenen Bestimmungen übergeordnet sind.[52] Die grundsätzlich gleichrangig nebeneinanderstehenden Bestimmungen der Gemeinschaftsverträge und der Titel V und VI EUV werden durch eine Reihe von »Brük- 23

---

47 *v. Bogdandy/Nettesheim* (Fn. 11), EuR 1996, S. 14 verstehen Art. 49 EUV nur als Garantie des materiellen Besitzstandes der Integration. Dann hätte die Vorschrift jedoch keinen über Art. 2, 5. Spstr. und Art. 3 Abs. 1 EUV hinausgehenden Regelungsgehalt und wäre überflüssig, vgl. O. *Dörr*, Noch einmal: Die Europäische Union und die Europäischen Gemeinschaften, NJW 1995, S. 3162.
48 Vgl. etwa Art. 5, Art. 27a Abs. 1, Art. 43, Art. 48 EUV oder bei der Zuordnung der Protokolle; vgl. weiter *Dörr* (Fn. 47), S. 3163.
49 So schon *Dörr* (Fn. 9), S. 347, der allerdings eine Rechtspersönlichkeit der EU auf der Basis des Maastrichter Vertrags (noch) ablehnt; *Trüe* (Fn. 11), S. 59; *dies.* (Fn. 12), S. 175 f.; ebenso *Curtin/Dekker* (Fn. 12), S. 101 ff., 134 f.; dagegen *Busse* (Fn. 9), S. 309, 329, der allerdings für die Zukunft eine »Bündelung der Völkerrechtssubjektivität« bei der EU ohne grundlegende Veränderung der gegenwärtig bestehenden Strukturen und Kompetenzbereiche wünscht, was im Ergebnis einer gestuften internationalen Organisation entspricht.
50 Wegen dieser Kompetenzen ist entgegen *Pechstein/Koenig*, EU, S. 34, Rn. 66; *Pechstein* (Fn. 16), EuR 1996, S. 142 f. eine Rechtspersönlichkeit der EU auch ohne Verschmelzung mit den drei Gemeinschaften denkbar und sinnvoll. Vgl. auch die damit erfüllte Forderung von *Koenig/Pechstein* (Fn. 16), EuZW 1997, S. 225 nach »Ankerkompetenzen«, die eine eigenständige Rechtspersönlichkeit rechtfertigen.
51 Vgl. *v. Bogdandy/Nettesheim* (Fn. 11), NJW 1995, S. 2326 f.; *dies.* (Fn. 11), EuR 1996, S. 18 ff.; *v. Bogdandy* (Fn. 45), S. 909. In Richtung einer einheitlichen Unionsrechtsordnung geht EuGH, Rs. C-170/96, 12.5.1998, Slg. 1998, I-2763 (Kommission/Rat), in der EuGH die Zuständigkeit beansprucht, eine nach Art. K.3 EUV erlassene Gemeinsame Maßnahme im Verfahren nach Art. 230 für nichtig zu erklären; dazu kritisch *M. Pechstein*, Die Justiziabilität des Unionsrechts, EuR 1999, S. 1 (9 ff.); *ders./Koenig*, EU, S. 263 ff., Rn. 523 ff. Auch die drei rechtlich selbständigen Gemeinschaften bilden nach ganz herrschender Auffassung eine einheitliche Rechtsordnung; vgl. nur EuGH Rs. 221/88, 22.2.1990, Slg. 1990, S. I–495 (Busseni); Gutachten 1/91, 14.12.1991, Slg. 1991, S. I – 6079, Rn. 21 (EWR).
52 So auch *Trüe* (Fn. 11), S. 29, 61; im Ergebnis ähnlich aber mit anderer Begründung (implizite Änderung der Gemeinschaftsverträge) *Pechstein/Koenig*, EU, S. 56 ff., Rn. 103 ff.; *Pechstein* (Fn. 16), EuR 1995, S. 252.

kenklauseln«[53] miteinander verbunden (z.B. Art. 268, 301; Art. 28 Abs. 1, Art. 41 Abs. 1 EUV)[54].

24 Das **Kohärenzgebot** (Art. 1 Abs. 3, Art. 3 Abs. 2 EUV)[55] richtet die EU und die Gemeinschaften einheitlich aus und verpflichtet sie, diese Einheitlichkeit in ihrem Handeln zu konkretisieren. Die Kohärenz wird durch den einheitlichen institutionellen Rahmen (Art. 5 EUV), ein einheitliches Verfahren zur Änderung der Verträge (Art. 48 EUV) und für Beitritte zur Union[56] institutionell und verfahrensmäßig abgesichert.

25 Diese Konstruktion ist das Ergebnis einer Verhandlungssituation, in der zwar eine Verbesserung der Handlungsfähigkeit, nicht jedoch auch eine Vereinheitlichung der Unionsarchitektur vereinbart werden konnte, die im Interesse größerer Transparenz wünschenswert gewesen wäre. Ein gewisser Sinn besteht in der **Trennung qualitativ verschiedener Integrationsstufen**: den weitgehend supranational organisierten Gemeinschaften stehen die Unionsmaterien GASP und PJZS gegenüber, die ihren intergouvernementalen Ursprüngen noch sehr nahe sind. Diese Konstruktion ermöglicht eine evolutive Entwicklung hin zu einer immer engeren Union (Art. 1 Abs. 2 EUV), die zwei Wege nehmen kann: die Vergemeinschaftung, also die Überführung von Tätigkeiten aus dem lockeren Saum der EU in Gemeinschaftskompetenzen, und die Verfestigung der Unionskompetenzen in Titel V und VI.[57] Beides ist in Amsterdam, und zumindest ansatzweise auch in Nizza, geschehen.

III. Terminologie

26 In der Terminologie setzt sich die Komplexität der Unionsarchitektur fort. Der Begriff »Union« steht einerseits für das ganze Gebilde einschließlich der drei Gemeinschaften, andererseits bezeichnet er im engeren Sinne das in Titel V und VI EUV handelnde Rechtssubjekt, die »zweite« und »dritte Säule«. Es sind also zwei Ebenen zu unterscheiden:

27 In einem **umfassenden** Sinne steht »Union« für die die drei Gemeinschaften, die GASP und die PJZS umfassende Organisation. Das die EU konstituierende und das von ihr und ihren selbständigen Bestandteilen gesetzte Recht ist das »**Unionsrecht**«. Dieser Begriff kennzeichnet die einheitliche Rechtsordnung mit ihren qualitativ heterogenen Bestandteilen. Auf dieser Ebene ist es auch korrekt, von »**Unionsorganen**« zu sprechen.[58]

---

53 Begriff von *Trüe* (Fn. 11), S. 32.
54 S. Art. 3 EUV, Rn. 8 f., zu Einschränkungen s. Art. 48 EUV, Rn. 10.
55 S. Art. 1 EUV, Rn. 41 ff., Art. 3 EUV, Rn. 5 f.
56 Verstanden als Paket bei Beitritten zur Union und den jeweils eigenständigen Gemeinschaften, s. Art. 49, Rn. 5; *Dörr* (Fn. 47), S. 3163; *Pechstein/Koenig*, EU, S. 212 ff., Rn. 412 ff.; *Trüe* (Fn. 11), S. 31; *dies.* (Fn. 12), S. 161 ff.
57 Vgl. zu beiden Entwicklungswegen G. *Winter*, institutionelle Strukturen der Europäischen Union, DVBl. 1993, S. 173 (177); s. auch Art. 1 EUV, Rn. 8; vgl. aber *v. Bogdandy* (Fn. 45), S. 896 f., 908 und *I. Pernice*, Multilevel Constitutionalism and the Treaty of Amsterdam: European Constitution-Making Revisited?, C.M.L.Rev. 1999, S. 703 (725 ff., 748) mit dem Hinweis, daß es zwischen EUV und EGV keine klare Trennlinie gibt, da auch der EGV unterschiedliche Verdichtungsformen vorsieht.
58 So etwa die Bezeichnungsempfehlungen des Bundesministeriums der Justiz, RdA 1995, S 363; so zunehmend die Praxis der EU selbst, vgl. z.B. Präambel zum Nizzaer Vertrag, Art. 24 Abs. 6 EUV, Punkt 6 der Erklärung Nr. 23 zur Zukunft der Union in den Schlußakte des Vertrags von Nizza, Art. 41 Abs. 1, 3, Art. 51 Abs. 1 Charta der Grundrechte der EU (»Organe der Union«); Art. 51 Abs. 1, 52 Abs. 3, 53 Charta der Grundrechte der EU (»Recht der Union«); Art. 251, 254 (»Amtsblatt der EU«); kritisch *A.-K. Jeske*, Die falsche Verwendung des Begriffs »Europäische Union«, NJW 2001, 1986 f.

Zur Kennzeichnung der einzelnen Bestandteile dieser Organisation sollte dann allerdings differenziert werden:[59] da **die einzelnen Gemeinschaften** als Rechtssubjekte fortbestehen, sind sie als solche zu bezeichnen (EG, EGKS oder EAG). Der Begriff »**EU**« kennzeichnet auf dieser terminologischen Ebene das nach **Titel V oder VI EUV** handelnde Rechtssubjekt. Die drei supranationalen Gemeinschaften können unter dem Oberbegriff »Europäische Gemeinschaften« zusammengefaßt werden.[60] Auf dieser Ebene wird der qualitative Unterschied zwischen den supranationalen und den stärker intergouvernemental geprägten Rechtsbereichen deutlich: »**Gemeinschaftsrecht**« ist der supranationale Bestandteil der Rechtsordnung, also das die drei Gemeinschaften konstituierende und das von ihnen gesetzte Recht. »**Unionsrecht**« wird im engeren Sinne für das Recht der GASP und der PJZS gebraucht.

28

---

59 So etwa die Bezeichnungsempfehlungen des Bundesministeriums der Justiz, RdA 1995, S. 363; ebenso z.B. Art. 27a Abs. 1 EUV: Gegenüberstellung von »Europäischen Gemeinschaften« und »gesamter Union«, bzw. »Unionspolitik insgesamt«, ähnlich Art. 40, Art. 43 lit. a) und d), Art. 45 EUV. Konsequent anders die Vertreter der Einheitsthese *v. Bogdandy/Nettesheim* (Fn. 11), NJW 1995, S. 2324; *dies.* (Fn. 11), EuR 1996, S. 3; dagegen z.B. *S. Hölscheidt/C. Baldus*, EU und EG als terminologisches Problem, DVBl. 1996, S. 1409 (1411); *Jeske* (Fn. 58), NJW 2001, 1986 f.; *Pechstein* (Fn. 16), EuR 1995, S. 247.

60 So Art. 9 des Amsterdamer Vertrages, der die wesentlichen Elemente des Abkommens über gemeinsame Organe für die Europäischen Gemeinschaften und des Vertrages zur Einsetzung eines gemeinsamen Rates und einer gemeinsamen Kommission der Europäischen Gemeinschaften übernimmt.

Art. 2 (ex-Art. 2)

Aufgabe der Gemeinschaft ist es, durch die Errichtung eines Gemeinsamen Marktes und einer Wirtschafts- und Währungsunion sowie durch die Durchführung der in den Artikeln 3 und 4 genannten gemeinsamen Politiken oder Maßnahmen in der ganzen Gemeinschaft eine harmonische, ausgewogene und nachhaltige Entwicklung des Wirtschaftslebens, ein hohes Beschäftigungsniveau und ein hohes Maß an sozialem Schutz, die Gleichstellung von Männern und Frauen, ein beständiges, nichtinflationäres Wachstum, einen hohen Grad von Wettbewerbsfähigkeit und Konvergenz der Wirtschaftsleistungen, ein hohes Maß an Umweltschutz und Verbesserung der Umweltqualität, die Hebung der Lebenshaltung und der Lebensqualität, den wirtschaftlichen und sozialen Zusammenhalt und die Solidarität zwischen den Mitgliedstaaten zu fördern.

Inhaltsübersicht:

A. Grundsatzfragen	1
I. Die Aufgabenbeschreibung als Katalog von Vertragszielen	1
II. Die Funktionen der Vertragsziele, dargestellt anhand der Rechtsprechung des EuGH	3
B. Die Ziele des Art. 2	11
I. Die historische Entwicklung der Vertragsziele	11
II. Die Vertragsziele im einzelnen	14
1. Die Vertragsziele im engeren Sinne	14
2. Mittel als Vertragsziele	25
III. Aufgabe und Kompetenz	28
IV. Rechtswirkungen der Vertragsziele	29
C. Zielkonflikte	30

A. Grundsatzfragen

I. Die Aufgabenbeschreibung als Katalog von Vertragszielen

1 Art. 2 hat nach seinem Wortlaut die »Aufgabe« der EG zum Gegenstand. Er steht in einem engen räumlichen und systematischen Zusammenhang mit Art. 3, der unter ausdrücklicher Bezugnahme auf Art. 2, allerdings ohne den Begriff der »Aufgabe« aufzugreifen, die einzelnen Tätigkeitsbereiche der EG aufführt. Der Begriff der »Aufgabe« findet im Rahmen der »Grundsätze« des EG-Vertrages in Art. 10 Abs. 1 Satz 2 erneute Erwähnung, ferner – allerdings in Pluralform – in Art. 7 Abs. 1. In Art. 10 Abs. 2 und Art. 308 wird zugleich aber auch von der Verwirklichung der »Ziele« der Gemeinschaften gesprochen. Da keine erkennbaren Rechtsgründe für diese Differenzierung ersichtlich sind, ist es ungeachtet des allgemeinen Auslegungsgrundsatzes des effet utile vertretbar, vor diesem Hintergrund Art. 2 als **Katalog von Vertragszielen der Gemeinschaft** zu interpretieren.[1] Auch der EuGH folgt diesem Ansatz: Nach seiner st. Rspr. »beschreibt (Art. 2) die Aufgabe der Europäischen Wirtschaftsgemeinschaft. Die darin genannten Ziele sind mit dem Bestehen und dem Funktionieren der Gemeinschaft verknüpft«.[2]

2 Vertragsziele der EG finden sich im übrigen auch in den Präambeln zum EG- und EU-

---

[1] Vgl. auch *A. v. Bogdandy*, in: Grabitz/Hilf, EU, Art. 2 Rn. 2; *P.-C. Müller-Graff*, in: Hb.EG-WirtR, Abschnitt A. I Rn. 90 ff.; a.A. offenbar *Huber*, Integration, S. 158 f.
[2] EuGH, Rs. 126/86, 29.9.1987, Slg. 1987, 3697, Rn. 10 (Gímenez Zaera/Instituto Nacional de la Seguridad Social und Tesorería General de la Seguridad Social); vgl. auch EuGH, Rs. C-339/89, 24.1.1991, Slg. 1991, I-107, Rn. 8 (Alsthom Atlantique).

Vertrag sowie verstreut über den gesamten EG- und EU-Vertrag. Dabei gilt, insoweit Ziele im Bereich der zweiten und dritten Säule der Europäischen Union im Rahmen der EG Gestalt annehmen, der Ausschluß der Gerichtsbarkeit des EuGH nach Artikel 46 EUV nicht.[3] Sämtliche dieser Vertragsziele sind eine Grundlage und ein Rückhalt für die Ausbildung einzelner Verfassungsprinzipien der EG.[4]

II. Die Funktionen der Vertragsziele, dargestellt anhand der Rechtsprechung des EuGH

Für den EuGH steht Art. 2 «an der **Spitze der vertragsprägenden allgemeinen Grundsätze**».[5] Dementsprechend hat der EuGH diese Vorschrift in einer Vielzahl von Urteilen (wenn auch i.d.R. nicht isoliert, sondern in Verbindung mit Art. 3) erwähnt. Folgende wesentliche Funktionen der Vertragsziele des Art. 2 lassen sich anhand der Judikatur des EuGH (bzw. des EuG) unterscheiden: 3

(1) Die Gemeinschaft ist als internationale Organisation in ihrer Tätigkeit auf die Ziele beschränkt, die im Gründungsstatut festgelegt worden ist – was durch Art. 5 Abs. 1 bestätigt wird.[6] Daraus gewinnt Art. 2 aus der Sicht des EuGH seine zentrale Bedeutung: Denn die EG-Organe haben von ihrem Entscheidungsspielraum stets »nach Maßgabe der Gemeinschaftsziele Gebrauch zu machen«.[7] Art. 2 ist mithin die **Grundnorm des Integrationsprogramms der EG**. 4

(2) Als solche Grundnorm enthält Art. 2 aus Sicht des EuGH insbesondere ein **standstill-Gebot** hinsichtlich erreichter Fortschritte auf dem Gebiet der Verwirklichung der Vertragsziele. So hat der EuGH z.B. unterstrichen, daß »(j)ede Gefährdung des gemeinschaftlichen Besitzstandes auf dem Gebiet der Einheit des [Agrar-, d.Verf.] Marktes ... unter Verletzung des in Artikel 2 des Vertrages genannten Ziels der schrittweisen Annäherung der Wirtschaftspolitik der Mitgliedstaaten Desintegrationsmechanismen auslösen (könnte)«.[8] Diesem standstill-Gebot parallel läuft aus Sicht des EuGH der aus Art. 2 folgende, im Hinblick auf die Verwirklichung des Binnenmarktes interpretationsrelevante **Auftrag**, **Verfestigungen von Verbrauchergewohnheiten** dadurch **zu beseitigen,** daß im Rahmen des Möglichen allen Verbrauchern gleicher Zugang zu allen Gemeinschaftserzeugnissen gewährt wird.[9] 5

(3) Die Grundsätze des Art. 2 EGV sind in der Rechtsprechung des EuGH aber nicht nur Programmgrundsätze, die die (ausschließlich auf eine Vertiefung, nicht auf eine Absenkung des Integrationsniveaus zielende) Richtung des Integrationsprogramms für die EG-Organe und Mitgliedstaaten markieren; sie stellen auch – wie die Tätigkeitsbereiche der EG nach Art. 3 – **eine Interpretationshilfe** dar, die es ermöglicht, den Sinngehalt anderer Vorschriften des (primären oder sekundären) Gemeinschaftsrechts zu er- 6

---

3 Vgl. *M. Zuleeg*, in: GTE, EWGV, Art. 1, Rn. 4
4 Vgl. hierzu *J. A. Frowein*, Die Herausbildung europäischer Verfassungsprinzipien, in: FS Werner Maihofer, 1988, S. 149 (151 ff.); *P.-C. MülllerGraff*, in: Hb.EGWirtR, Abschnitt A. I Rn. 145
5 EuGH, Rs. 167/73, 4.4.1974, Slg. 1974, 359, Rn. 17/23 (Kommission/Frankreich).
6 Vgl. *M. Zuleeg*, in: GTE, EU-/EGV, Art. 1, Rn. 4.
7 EuGH, Rs. 1/69, 9.7.1969, 277, Rn. 4/5 (Italien/Kommission); vgl. auch *M. Zuleeg*, in: GTE, EU-/EGV, Art. 2 Rn. 2.
8 EuGH, Rs. Verb. Rs. 80 und 81/77, Slg. 1978, 927, Rn. 35/36 (Commissionaires réunis/Receveur des douanes).
9 Vgl. EuGH, Rs. 319/81, Slg. 1981, 601, Rn. 20 (Kommission/Italien).

Art. 2 EG-Vertrag

mitteln, die der Umsetzung dieser Vertragsziele dienen.[10] Die Vertragsziele besitzen also rechtsverbindlich steuernde Wirkung:[11] So müssen die speziellen Bestimmungen des EG-Vertrages im Hinblick auf den »Gesamtzusammenhang des Vertrages« im Lichte der »grundlegenden Bestimmung« des Art. 2 ausgelegt und angewendet werden.[12] Art. 2 ist mithin zentrale Maßstabsnorm bei der für das EG-Recht typischen teleologischen Auslegung.[13] Verfügen die Gemeinschaftsorgane über einen **Entscheidungsspielraum**, haben sie davon nach Maßgabe der Ziele des Art. 2 Gebrauch zu machen.[14]

7 (4) Namentlich sind die Vertragsziele des EuGH geeignet, den **sachlichen Anwendungsbereich von Gemeinschaftsrecht** zu erschließen. Ein erster Bereich, in dem der EuGH insoweit die Grenzen des Gemeinschaftsrechts aufgezeigt hat, betrifft den **Sport**: So betont der EuGH in st. Rspr., daß »(a)ngesichts der Ziele der Gemeinschaft ... sportliche Betätigungen nur insoweit dem Gemeinschaftsrecht (unterfallen), als sie einen Teil des Wirtschaftslebens im Sinne von Artikel 2 des Vertrages ausmachen«.[15] Diesen Ansatz hat der EuGH für den Bereich der **religiösen Betätigung** aufgegriffen und unterstrichen, »daß angesichts der Ziele der Gemeinschaft die Teilnahme an einer auf Religion oder einer anderen Form der Weltanschauung beruhenden Vereinigung nur insoweit in den Anwendungsbereich des Gemeinschaftsrechts fällt, als sie als Teil des Wirtschaftslebens im Sinne von Artikel 2 EWG-Vertrag angesehen werden kann«.[16] Ein dritter Bereich, in dem der EuGH unter Hinweis auf Art. 2 den Umfang des Zugriffs des Gemeinschaftsrechts auf Lebenssachverhalte vorgenommen hat, betrifft **Betäubungsmittel**.[17] Handelt die EG außerhalb des Rahmens der Vertragsziele, so handelt sie **ultra vires**.[18]

8 (5) Die Grundsätze des Art. 2 EGV bilden ferner einen **Rahmen**, den es **bei der Auflösung von Zielkonflikten** bei der Anwendung und Auslegung des Gemeinschaftsrechts zu beachten gilt. Die Bedeutung dieses Rahmens hat der EuGH insbesondere im

---

10 Vgl. Rs. 31/74, 23.1.1975, Slg. 1975, 47, Rn. 14 (Galli); Rs. 85/76, 13.2.1979, 461, Rn. 125 (Hoffmann-La Roche/Kommission); Rs. 53/81, 23.3.1982, Slg. 1982, 1035, Rn. 15 (Levin/Staatssecretaris van Justitie); Rs. 15/81, 5.5.1982, Slg. 1982, 1409, Rn. 33 (Schul/Inspecteur der invoerrechten en accijnzen); Rs. 299/86, 25.2.1988, Slg. 1988, 1213, Rn. 24 (Drexl); EuG, Rs. T-69/89, 10.7.1991, Slg. 1991, II-485, Rn. 68 (RTE/Kommission); EuG, Rs. T-76/89, 10.7.1991, Slg. 1991, II-575, Rn. 53 (ITP/Kommission) sowie *B. Börner*, Die Rechtsprechung des Gerichtshofs der Gemeinschaften zur Bedeutung der allgemeinen Ziele der europäischen Verträge für den Wettbewerb, in: ders., Studien zum deutschen und europäischen Wirtschaftsrecht, Bd. 2, 1977, S. 39 (43 ff.); *Ipsen*, EG-Recht, S. 561.
11 Vgl. *G. Hofmann-Becking*, Normaufbau und Methode, 1973, S. 65; *P.-C. Müller-Graff*, in: Hb.EGWirtR, Abschnitt A. I Rn. 137; *M. Zuleeg*, Die Kompetenzen der Europäischen Gemeinschaften gegenüber den Mitgliedstaaten, JöR 1971, S. 1 (5); *ders.*, in: GTE, EU-/EGV, Art. 2, Rn. 3; in diesem Sinne bereits EuGH, Rs. 24/62, 4.7.1963, Slg. 1963, 140 (154) (Bundesrepublik Deutschland/Kommission).
12 EuGH, Rs. 24/62, 4.7.1963, Slg. 1963, 140, S. 153 f. (Bundesrepublik Deutschland/Kommission); Verb. Rs. 6 und 7/73, 6.3.1974, Slg. 1974, 223, Rn. 32 (Commercial Solvents/Kommission).
13 Vgl. *P. Herzog*, in: Smit/Herzog, The Law of the European Community, § 2.03.
14 EuGH, Rs. 24/62, 4.7.1963, Slg. 1963, 140, S. 153 f. (Bundesrepublik Deutschland/Kommission); Rs. 1/69, 9.7.1969, 277, Rn. 4/5 (Italien/Kommission); *Ipsen*, EG-Recht, S. 558; *P.-C. Müller-Graff*, in: Hb.EGWirtR, Abschnitt A. I Rn. 139.
15 EuGH, Rs. 36/74, 12.12.1974, Slg. 1974, 1405, Rn. 4/10 (Walrave/Union Cycliste Internationale); Rs. 13/76, 14.7.1976, Slg. 1976, 1333, Rn. 12/13 (Donà/Mantero).
16 EuGH, Rs. 196/87, 5.10.1988, Slg. 1988, 6159, Rn. 9 (Steymann/Staatssecretaris van Justitie).
17 EuGH, Rs. 221/81, 26.10.1982, Slg. 1982, 3681, Rn. 13 (Wolf/Hauptzollamt Düsseldorf); Rs. 240/81, 26.10.1982, Slg. 1982, 3699, Rn. 13 (Einberger/Hauptzollamt Freiburg); vgl. hierzu *Herzog* (Fn. 13), § 2.03; *C. O. Lenz*, in: Lenz, EGV, Art. 2, Rn. 5.
18 Vgl. zu dieser Beschränkungswirkung auch *P.-C. Müller-Graff*, in: Hb.EGWirtR, Abschnitt A. I Rn. 139.

Zusammenhang mit Maßnahmen betont, die eine Ausschaltung des innergemeinschaftlichen Wettbewerbs zur Folge haben können: Er hat unterstrichen, daß »die Wettbewerbsbeschränkungen, die der Vertrag unter bestimmten Voraussetzungen deshalb zuläßt, weil,die verschiedenen Vertragsziele miteinander in Einklang gebracht werden müssen, in den Erfordernissen der Artikel 2 und 3 eine Grenze (finden), bei deren Überschreiten die Gefahr besteht, daß eine Abschwächung des Wettbewerbs den Zielsetzungen des Gemeinsamen Markts zuwiderläuft«.[19]

(6) Aus der grundlegenden Bedeutung der Vertragsziele des Art. 2 hat der EuGH ferner gefolgert, daß **Ausnahmen** zu den Bestimmungen, die auf die Konkretisierung und Verwirklichung dieser Vertragsziele gerichtet sind, **eng auszulegen** sind.[20]

(7) Die zentrale Handlungsanweisung des »Förderns« der Vertragsziele verdeutlicht, daß der EG im Hinblick auf die Durchsetzung der Ziele **nicht allein repressive Maßnahmen** zu Gebote stehen. Vielmehr ergibt sich aus dieser Vorschrift, daß die EG und ihre Organe bzw. Behörden sich **auch »positive(r) ... Eingriffe zur Förderung«** der **Ziele** des Artikels 2 bedienen können.[21]

B. Die Ziele des Art. 2

I. Die historische Entwicklung der Vertragsziele

Die Änderung des EG-Vertrages durch die Verträge von Maastricht[22] und Amsterdam hat die **ursprünglich dominierende Orientierung** der Vertragsziele **auf die Wirtschaft** relativiert und – parallel zur Umbenennung der EWG in EG – andere Politikbereiche in diese vertragsprägenden allgemeinen Grundsätze integriert.[23] Art. 2 stellt dabei einen Kompromiß zwischen einzelnen Mitgliedstaaten, jedoch auch zwischen nördlichen und südlichen Staatengruppen dar.[24] Die Ausweitung des Katalogs der Vertragsziele spricht im Zweifel dagegen, Politikbereiche, die nicht in diese vertragsprägenden allgemeinen Grundsätze aufgenommen sind, als von den Vertragszielen des EG-Vertrages umfaßt anzusehen; eine extensive Interpretation des Zielbegriffes im Rahmen der Lückenfüllungsklausel des Art. 308 begegnet daher Bedenken. Das Potential der Vertragsziele, Bausteine der **Rechtsfortbildung** zu sein,[25] bleibt hiervon allerdings unberührt.

Durch den **Vertrag von Amsterdam** wird im Hinblick auf die Charakterisierung der angestrebten Entwicklung des Wirtschaftslebens der Aspekt der »Nachhaltigkeit« neu eingeführt. Die beschäftigungs- und sozialpolitischen Zielsetzungen der EG werden innerhalb des Zielkatalogs durch eine Verlagerung nach vorne, in unmittelbaren An-

---

19 EuGH, Rs. 6/72, 21.2.1973, Slg. 1973, 215, Rn. 24 (Europemballage und Continental Can/Kommission).
20 Vgl. EuGH, Rs. 167/73, 4.4.1974, Slg. 1974, 359, Rn. 17/23 (Kommission/Frankreich) sowie *Herzog* (Fn. 13), § 2.03.
21 EuGH, Rs. 14/68, 13.2.1969, Slg. 1969, 1 Rn. 5 (Wilhelm/Bundeskartellamt); vgl. hierzu auch *M. Zuleeg*, in: GTE, EU-/EGV, Art. 2, Rn. 8.
22 Zu den Änderungen des Zielkatalogs des Art. 2 durch den Vertrag von Maastricht vgl. im einzelnen *C. O. Lenz*, in: *Lenz*, EGV, 1. Aufl., Art. 2, Rn. 1 ff.
23 Vgl. auch *Herzog* (Fn. 13), § 2.01.
24 Vgl. *C. O. Lenz*, in: Lenz, EGV, Art. 2, Rn. 1.
25 Vgl. hierzu *S. U. Pieper*, Mitgliedstaatliche Haftung für die Nichtbeachtung von Gemeinschaftsrecht, NJW 1992, S. 2454 (2457 f.); *P.-C. Müller-Graff*, in: Hb.EGWirtR, Abschnitt A. I Rn. 140; *M. Zuleeg*, in: GTE, EU-/EGV, Art. 2, Rn. 3.

schluß an die auf die Entwicklung des Wirtschaftslebens bezogene Zielsetzung in ihrer integrationspolitischen Bedeutung im Vergleich zur bisherigen Rechtslage hervorgehoben. Zugleich wird das sozialpolitische Ziel einer Gleichstellung von Männern und Frauen zusätzlich in den Zielkatalog des Art. 2 aufgenommen. Das Ziel eines »hohen Grad(es) an Konvergenz der Wirtschaftsleistungen« wird durch das Ziel eines »hohen Grad(es) von Wettbewerbsfähigkeit und Konvergenz der Wirtschaftsleistungen« ersetzt. Die umweltpolitische Zielsetzung der EG wird dadurch unterstrichen, daß sie von einer bloßen Konditionierung des Wachstumsziels (»umweltverträgliches Wachstum«) zu einer eigenständigen Zielkategorie (»ein hohes Maß an Umweltschutz und Verbesserung der Umweltqualität«) hochgezont wird. Im übrigen erfährt das Solidaritätsprinzip als Strukturprinzip des Gemeinschaftsrechts durch die Orientierung der Aufgabe, die Vertragsziele zu fördern, auf die »ganze Gemeinschaft« eine weitere Stärkung.

13 Der **Vertrag von Nizza** hat den Zielkatalog des EG-Vertrages nicht erweitert oder geändert, obwohl mit dem Titel XXI das Politikfeld der »wirtschaftlichen, finanziellen und technischen Zusammenarbeit mit Drittländern« zusätzlich eingeführt wurde. Damit bleibt der Ansatz des Art. 2, die internationale Dimension des Gemeinschaftshandelns nicht ausdrücklich zu erwähnen, gewahrt. Mit Blick auf die bereits bestehende und wachsende internationale Bedeutung der EG sowie den Prozeß der Globalisierung, in den die EG eingebunden ist, erscheint diese »außenpolitische Zielabstinenz« rechtspolitisch fraglich.

II. Die Vertragsziele im einzelnen

1. Die Vertragsziele im engeren Sinne

a) Harmonische, ausgewogene und nachhaltige Entwicklung des Wirtschaftslebens

14 An erster und damit hervorgehobener Stelle ist eine harmonische, ausgewogene und nachhaltige Entwicklung des Wirtschaftslebens in der Gemeinschaft genannt. Der **Begriff des Wirtschaftslebens** ist dabei weit zu verstehen.[26] Er schließt z.B. die entgeltliche sportliche oder religiöse Tätigkeit ein.[27]

15 Eine **harmonische Entwicklung** des Wirtschaftslebens setzt vor dem Hintergrund des fünften Erwägungsgrunds der Präambel zum EG-Vertrag sowie von Art. 158 Abs. 2 voraus, daß der Abstand zwischen einzelnen Gebieten der EG und der Rückstand weniger begünstigter Gebiete, namentlich der am stärksten benachteiligten Gebiete, verringert wird. Neben dieser primär **regionalpolitischen Orientierung** ist dem Ziel einer harmonischen Entwicklung des Wirtschaftslebens auch eine **strukturpolitische Orientierung** eigen.[28] Dies bedeutet allerdings – auch unter Berücksichtigung des Ziels eines hohen Beschäftigungsniveaus – nicht die Pflicht, veraltete Industrien mit sinkender Nachfrage künstlich am Leben zu erhalten. Denn eine solche Pflicht würde mit dem Ziel eines hohen Grades von Wettbewerbsfähigkeit der Wirtschaftsleistungen kollidieren.[29] Eine harmonische Entwicklung i.S.v. Art. 2 umfaßt ferner die Förderung der

---

26 Vgl. *A. v. Bogdandy*, in: Grabitz/Hilf, EU, Art. 2 Rn. 21; *P.-C. Müller-Graff*, in: Hb.EGWirtR, Abschnitt A. I Rn. 95; *M. Zuleeg*, in: GTE, EU-/EGV, Art. 2, Rn. 9.
27 Vgl. EuGH, Rs. 36/74, 12.12.1974, Slg. 1974, 1405, Rn. 4/10 (Walrave/Union Cycliste Internationale); Rs. 13/76, 14.7.1976, Slg. 1976, 1333, Rn. 12/13 (Doná/Mantero); Rs. 196/87, 5.10.1988, Slg. 1988, 6159, Rn. 11 ff. (Steymann/Staatssecretaris van Justitie).
28 Vgl. *A. v. Bogdandy*, in: Grabitz/Hilf, EU, Art. 2, Rn. 23; *P.-C. Müller-Graff*, in: Hb.EGWirtR, Abschnitt A. I Rn. 95.
29 Vgl. *M. Zuleeg*, in: GTE, EU-/EGV, Art. 2, Rn. 9.

Rahmenbedingungen einer offenen Marktwirtschaft mit freiem Wettbewerb[30] und die Ausrichtung der Tätigkeit der Mitgliedstaaten und der EG an dem magischen Viereck des Art. 4 Abs. 3.

Die harmonische und **ausgewogene Entwicklung** des Wirtschaftslebens wird auch durch die **Randbedingungen wirtschaftlicher Tätigkeit** beeinflußt. Die Zielsetzung erfaßt daher insbesondere das Steuersystem, die Mobilität der Produktionsfaktoren und das für die wirtschaftlichen Beziehungen geltende Recht.[31] Eine ausgewogene und nachhaltige Entwicklung des Wirtschaftslebens soll im übrigen – wie der Zielkatalog des Art. 2 EUV unterstreicht – namentlich auch durch die Errichtung einer Wirtschafts- und Währungsunion gefördert werden. Mit dem Gesichtspunkt der **Nachhaltigkeit** der Entwicklung des Wirtschaftslebens erfährt dieses Vertragsziel im übrigen aber auch eine **umwelt- und entwicklungspolitische Ausrichtung**: Denn der Aspekt der Nachhaltigkeit prägt nicht nur die jüngeren völkerrechtlichen Rechtsakte im Bereich der Umwelt- und Entwicklungspolitik, sondern ist auch in Art. 6 für den Bereich des Umweltschutzes und in Art. 177 im Bereich des Titels »Entwicklungszusammenarbeit« an prominenter Stelle verankert. 16

b) Hohes Beschäftigungsniveau
Der EG-Vertrag verzichtet – wie auch Art. 2 Spstr. 1 EUV – darauf, als Vertragsziel **Vollbeschäftigung** zu verankern. Der Begriff des hohen Beschäftigungsniveaus wird nicht näher erläutert. Allerdings wird man davon ausgehen können, daß zumindest die zum Zeitpunkt der Verankerung dieses Vertragsziels existierende Arbeitslosenquote dem Vertragsziel noch nicht genügte. Die Mittel zur Erreichung des beschäftigungspolitischen Generalziels in Art. 2 sind in Art. 125 aufgezeigt. 17

c) Hohes Maß an sozialem Schutz
Art. 2 fordert als Ausdruck der sozialen Dimension des europäischen Integrationsprozesses weiterhin ein hohes Maß an sozialem Schutz. Dies trägt dem Ziel einer **Sicherung des sozialen Fortschritts** der Mitgliedstaaten Rechnung, wie es im fünften Erwägungsgrund der Präambel des EG-Vertrags und in Art. 2 Spstr. 1 EUV verankert ist. Zur Konkretisierung des Vertragsziels ist namentlich der Katalog der sozialen Grundrechte geeignet, wie sie in der Europäischen Sozialcharta und der Gemeinschaftscharta der sozialen Grundrechte der Arbeitnehmer von 1989 festgelegt sind.[32] Ergänzend hierzu sind die in der Charta der Grundrechte der EU verankerten sozialen »Solidaritäts«-Grundrechte des Kapitels IV (Art. 27 ff.) Beachtung. 18

d) Gleichstellung von Männern und Frauen
In der EG soll ferner die **Gleichstellung von Männern und Frauen** gefördert werden. Dieser Förderungsauftrag bezieht sich nicht nur auf das Arbeitsleben, wie ein Vergleich mit Art. 141 Abs. 4 ergibt. Erfaßt werden im übrigen nicht nur Maßnahmen zur Bekämpfung von Diskriminierung, sondern auch positive Fördermaßnahmen. 19

e) Beständiges, nichtinflationäres Wachstum
Die EG ist nach Art. 2 auf das Wachstum der Wirtschaft ausgerichtet. Wirtschaftswachstum ist von jeher ein zentrales Grundprinzip jeder an den Grundsätzen einer of- 20

---

30 Vgl. Art. 4 Abs. 1 EGV; zur Rolle des Wettbewerbs für eine harmonische Entwicklung des Wirtschaftslebens EuGH, 6/72, 21.2.1973, Slg. 1973, 215, Rn. 24 (Europemballage und Continental Can/Kommission).
31 Vgl. M. *Zuleeg*, in: GTE, EU-/EGV, Art. 2, Rn. 9 m.w.N.
32 Vgl. 4. Erwägungsgrund der Präambel des EU-Vertrages und Art. 136 Abs. 1 EGV.

fenen Marktwirtschaft mit freiem Wettbewerb orientierten Wirtschaftspolitik.[33] Die Zusätze »beständig« und »nichtinflationär« unterstreichen, daß das Vertragsziel Wachstum in eine praktische Konkordanz mit den anderen Vertragszielen, namentlich demjenigen der Preisstabilität (Art. 4 Abs. 2) gelangen muß, mithin **nicht Wachstum um jeden** Preis anzustreben ist.[34] Insbesondere muß das Wachstum auch zukünftig umweltverträglich sein: Zwar taucht das entsprechende, durch den Vertrag von Maastricht in Art. 2 eingeführte Adjektiv nicht mehr auf, indessen würde die Förderung eines umweltunverträglichen Wachstums durch die EG deren umweltpolitischen Aufgaben zuwiderlaufen, was im Hinblick auf die Einheit des Vertrages erkennbar nicht gewollt ist.

f) Hoher Grad von Wettbewerbsfähigkeit und Konvergenz der Wirtschaftsleistungen

21 Das Vertragsziel eines hohen Grades von Wettbewerbsfähigkeit und Konvergenz der Wirtschaftsleistungen steht in engem Zusammenhang mit dem Ziel einer harmonischen, ausgewogenen und nachhaltige Entwicklung des Wirtschaftslebens. Während letzteres eher binnenorientiert ist, zielt der Aspekt der Wettbewerbsfähigkeit deutlich auf die **internationale Konkurrenzfähigkeit der EG**. Zugleich wird mit diesem Vertragsziel die Industriepolitik der EG, deren Hauptzweck nach Art. 157 Abs. 1 es ist, die Wettbewerbsfähigkeit der Industrie der Gemeinschaft zu gewährleisten, in den Blick genommen.

g) Hohes Maß an Umweltschutz und Verbesserung der Umweltqualität

22 Das umweltpolitische Generalziel des Art. 2 erfährt durch den Zielkatalog des Art. 174 Abs. 1 und 2 eine Konkretisierung. Die Verankerung des Vertragszieles eines hohen Maßes an Umweltschutz und Verbesserung der Umweltqualität stärkt zugleich die Bedeutung der Umweltpolitik der EG als für alle sonstigen Politikbereiche relevante **Querschnittsaufgabe,** wie sie in Art. 6 zum Ausdruck kommt.

h) Hebung der Lebenshaltung und der Lebensqualität

23 Die Hebung der Lebenshaltung und der Lebensqualität als Vertragsziel steht in engem Zusammenhang mit dem im 2. Erwägungsgrund der Präambel des EG-Vertrages verankerten Ziel einer **stetigen Verbesserung der Lebensbedingungen der Völker** der Gemeinschaft. Ziel der EG ist es nicht nur, das Einkommen des einzelnen Marktbürgers und seine Beschäftigungsbedingungen zu erhöhen, sondern auch alle die Faktoren zu verbessern, die ihn unmittelbar umgeben und sein Lebensniveau ausmachen.[35] Durch die Verankerung von sozial- und umweltpolitisch orientierten Zielen in Art. 2 hat dieses Vertragsziel im Laufe des Integrationsprozesses seine eigenständige Bedeutung nicht verloren. Vielmehr kommt diesem Vertragsziel besondere Auslegungsrelevanz z.B. im Hinblick auf die Bildungs-, Kultur-, Gesundheits- und Verbraucherschutzpolitik der Gemeinschaft zu. Die EG hat namentlich im Blick auf dieses Vertragsziel eine Politik zu gestalten, die das Niveau der Lebenshaltung und -qualität zu verbessern anstrebt. Dabei ist insbesondere auch auf Interessen zu achten, die – wie z.B. die Interessen Behinderter – geringes Durchsetzungsvermögen aufweisen.[36]

---

33 Die EG folgt insbesondere mit dieser Zielsetzung der Theorie, daß durch den Zusammenschluß von mehreren Volkswirtschaften ein größerer Markt und eine höhere Produktion bei geringeren Kosten entsteht, wobei die damit verknüpfte Möglichkeit, die einzelnen Produktionsfaktoren besser zu nutzen, im Ergebnis zu einer erheblichen Förderung des Wirtschaftswachstums führen kann.
34 Vgl. auch *M. Zuleeg*, in: GTE, EU-/EGV, Art. 2, Rn. 10.
35 Vgl. *A. v. Bogdandy*, in: Grabitz/Hilf, EU, Art. 2, Rn. 31.
36 Vgl. *M. Zuleeg*, in: GTE, EU-/EGV, Art. 2, Rn. 11.

i) Wirtschaftlicher und sozialer Zusammenhalt; Solidarität zwischen den Mitgliedstaaten

Auch das Ziel, den wirtschaftlichen und sozialen Zusammenhalt zu fördern, steht in engem Zusammenhang mit dem erstgenannten Ziel einer harmonischen Entwicklung des Wirtschaftslebens. Das der EG durch Titel XVII des EG-Vertrages eröffnete Politikfeld erfährt hierdurch besondere Aufmerksamkeit. Das damit verknüpfte Ziel der Förderung der Solidarität zwischen den Mitgliedstaaten, das auch in Art. 1 Abs. 3 EUV aufleuchtet, greift zum einen das Ziel eines immer engeren Zusammenschlusses der europäischen Völker auf, das im ersten Erwägungsgrund der Präambel des EG-Vertrages festgelegt ist. Es verankert zum zweiten das **Solidaritätsprinzip** als Strukturprinzip des Gemeinschaftsrechts, das zu dem Subsidiaritätsprinzip in einem der Auflösung bedürftigen Spannungsverhältnis steht.[37] Diesem Ziel kommt im Prozeß der Erweiterung um mittel- und osteuropäische Reformstaaten besondere Bedeutung zu.

24

2. Mittel als Vertragsziele

a) Einführung

Als Mittel zur Verwirklichung der Vertragsziele ist an erster Stelle die Errichtung eines Gemeinsamen Marktes genannt. Das schließt nicht aus, im **Mittel selbst wieder ein Ziel** zu erblicken, wie der EuGH im Hinblick auf das Mittel der Errichtung des Gemeinsamen Marktes betont hat.[38] Gleiches gilt für die Mittel der Errichtung einer Wirtschafts- und Währungsunion bzw. der Durchführung der in den Artikeln 3 und 4 genannten gemeinsamen Politiken und Maßnahmen.

25

b) Errichtung des Gemeinsamen Marktes

Der EuGH weist der Errichtung des Gemeinsamen Marktes in seiner Rechtsprechung eine herausragende Bedeutung als Vertragsziel zu, indem er sie als »wesentlichen Gegenstand des Vertrages« kennzeichnet.[39] Dies entspricht dem Umstand, daß eine Wirtschafts- und Währungsunion wie die Verfolgung zumindest der marktbezogenen Gemeinschaftspolitiken ohne die Errichtung eines Gemeinsamen Marktes weitgehend funktionslos wären.[40] Auch nach der Verankerung des Binnenmarktziels (Art. 14 Abs. 1) durch die Einheitliche Europäische Akte hat sich die Bezeichnung dieses Mittels nicht verändert. Dies spricht dafür, daß der **Gemeinsame Markt nicht mit dem Binnenmarkt identisch** ist, sondern vielmehr über den Binnenmarkt hinausreicht.[41] Der Begriff des Gemeinsamen Marktes stellt nach der st.Rspr. des EuGH ab auf »die Beseitigung aller Hemmnisse im innergemeinschaftlichen Handel mit dem Ziele der Verschmelzung der nationalen Märkte zu einem einheitlichen Markt, dessen Bedingungen

26

---

37 Vgl. *C. Calliess*, Subsidiaritätsprinzip und Solidaritätsprinzip in der Europäischen Union, 2. Aufl. 1999, S. 185 ff.; *ders.*, Das Spannungsverhältnis zwischen Subsidiaritäts- und Solidaritätsprinzip im Recht der Europäischen Union, in: Hanns Martin Schleyer-Stiftung (Hrsg.), Europäische Integration – schon eine »Union des Rechts«?, 1996, S. 176 (177 ff.).
38 EuGH, Rs. 126/86, 29.9.1987, Slg. 1987, 3697, Rn. 10 (Gímenez Zaera/Instituto Nacional de la Seguridad Social y Tesorería General de la Seguridad Social); vgl. auch *Ipsen*, EG-Recht, S. 556.
39 EuGH, Rs. 126/86, 29.9.1987, Slg. 1987, 3697, Rn. 10 (Gímenez Zaera/Instituto Nacional de la Seguridad Social y Tesorería General de la Seguridad Social).
40 Vgl. *P.-C. Müller-Graff*, in: Hb.EGWirtR, Abschnitt A. I Rn. 100.
41 Wie hier BBPS, S. 54 f.; *C. O. Lenz*, in: ders., EGV, Art. 14, Rn. 3; *P. Pescatore*, Die »Einheitliche Europäische Akte«, EuR 1986, S. 153 (157) und offenbar *M. Zuleeg*, in: GTE, EU-/EGV, Art. 2, Rn. 13; a.A. *B. Langeheine*, in: Grabitz/Hilf, EU, Art. 100a, Rn. 21, 23.

denjenigen eines wirklichen Binnenmarktes möglichst nahe kommen«.[42] Die Grundfreiheiten des Binnenmarktes sind dabei nicht ohne gewisse Vorbedingungen denkbar; sie setzen Vertrags- und Wettbewerbsfreiheit, Berufsfreiheit und Vereinigungsfreiheit sowie Gleichbehandlung der Marktbürger voraus.[43] Darin sind die eigentlichen Grundfreiheiten des Gemeinsamen Marktes zu erblicken,[44] die durch die Art. 81 ff. einerseits, Art. 6 Abs. 2 EUV i.V.m. der Grundrechte-Rechtsprechung des EuGH andererseits eine vertragliche Konkretisierung erfahren. Denn zwischen der Marktfreiheit, der Marktgleichheit und der Wettbewerbsfreiheit besteht ein unauflöslicher Funktionszusammenhang.[45]

c) Errichtung einer Wirtschafts- und Währungsunion

27 Als weiteres Mittel, die Vertragsziele zu erreichen, ist die Wirtschafts- und Währungsunion aufgeführt. Dieses Vertragsziel i.w.S. erfährt durch Art. 4, 8, 98 ff. seine Konkretisierung. Während das Ziel einer Währungsunion durch den Eintritt in die dritte Stufe am 1.1.1999 rechtlich für die (zunächst elf) Teilnehmer-Mitgliedstaaten unumkehrbar (d.h. ohne Möglichkeit, sich bei einem angenommenen »Scheitern der Stabilitätsgemeinschaft« aus der Währungsunion zu lösen[46]) erreicht ist, bleibt die Errichtung einer Wirtschaftsunion ein fortdauernd aktuelles Vertragsziel der EG in bezug auf alle Mitgliedstaaten. Es bleibt beim derzeitigen Stand der Integration im übrigen auch bei dem Spannungsfeld zwischen einer dezentralen wirtschaftspolitischen Steuerung, die im Hinblick auf Zugriffe des Gemeinschaftsrechts dem Subsidiaritätsprinzip unterliegt, und einer gleichzeitigen zentralen Währungshoheit, wobei die EG insoweit seit dem Eintritt in die dritte Stufe der Währungsunion über eine ausschließliche, die Anwendung des Subsidiaritätsprinzip ausschließende Kompetenz verfügt.[47]

III. Aufgabe und Kompetenz

28 Auch im Gemeinschaftsrecht kann – wie im nationalen Recht – aus einer Aufgabe der EG als Hoheitsträger nicht auf deren Befugnisse geschlossen werden. Dies ergibt sich aus Art. 5 Abs. 1, Art. 7 Abs. 1 Satz 2 und dem Rechtsstaatsprinzip als allgemeinem Rechtsgrundsatz des Gemeinschaftsrechts.[48] Auf Art. 2 – wie auf die anderen Vertragsbestimmungen, die Vertragsziele enthalten – allein darf daher keine Maßnahme gegründet werden, die die Souveränität der Mitgliedstaaten beeinträchtigt. Die EG-Organe bedürfen insoweit vielmehr jeweils einer besonderen Ermächtigungsgrundlage. Vor-

---

42 EuGH, Rs. 15/81, 5.5.1982, Slg. 1982, 1409, Rn. 33 (Schul/Inspecteur der invoerrechten en accijnzen); Rs. 299/86, Slg. 1988, 1213, Rn. 24 (Drexl).
43 Vgl. M. Zuleeg, Die Wirtschaftsverfassung der Europäischen Gemeinschaften, in: E. Dürr u.a., Wirtschafts- und gesellschaftspolitische Ordnungsprobleme der Europäischen Gemeinschaften, 1978, S. 73 (80).
44 Vgl. M. Zuleeg, in: GTE, EU-/EGV, Art. 2, Rn. 13 unter Hinweis auf H. von der Groeben, Über das Problem der Grundrechte in der Europäischen Gemeinschaft, in: FS Walter Hallstein, 1966, S. 226 (235).
45 Vgl. EuGH, Verb. Rs. 15 und 16/76, 7.2.1979, Slg. 1979, 321, Rn. 31 sowie E. Grabitz, Das Recht auf Zugang zum Markt nach dem EWG-Vertrag, in: FS Hans Peter Ipsen, 1977, S. 645 (667); M. Zuleeg, in: GTE, EU-/EGV, Art. 2, Rn. 13.
46 So aber BVerfGE 89, 155 (204); wie hier M. Zuleeg, in: GTE, EU-/EGV, Art. 2, Rn. 14.
47 Vgl. hierzu P.-C. Müller-Graff, in: Hb.EGWirtR, Abschnitt A. I Rn. 118; kritisch M. Seidel, Zur Verfassung der Europäischen Gemeinschaft nach Maastricht, EuR 1992, S. 125 (134 ff.).
48 Vgl. hierzu A. v. Bogdandy, in: Grabitz/Hilf, EU, Art. 2, Rn. 18.

schriften über Vertragsziele sind selbst **keine Kompetenznormen**, können diese aber konkretisierend ergänzen oder beschränken.[49]

IV. Rechtswirkungen der Vertragsziele

Aus dem Sinngehalt des Begriffs der Aufgabe ist abzuleiten, daß die Gemeinschaftsorgane[50] und – wie sich aus Art. 4 Abs. 1 (»die Tätigkeit der Mitgliedstaaten und der Gemeinschaft im Sinne des Artikels 2«) ergibt – die Mitgliedstaaten der Pflicht unterliegen, die Vertragsziele in die Tat umzusetzen und alles zu unterlassen, was die Verwirklichung der Vertragsziele gefährden könnte.[51] Mit dieser Verpflichtung geht eine Justitiabilität der Vertragsziele nicht notwendig einher. Bei Art. 2 handelt es sich um eine Funktionsnorm, nicht um eine Kontrollnorm im Forsthoff'schen Sinne.[52] Der EuGH hat entschieden, daß die der Schaffung der Gemeinschaft zugrunde liegenden Vertragsziele aufgrund ihrer Allgemeinheit weder rechtliche Pflichten der Mitgliedstaaten noch Rechte einzelner begründen können.[53] Daraus ergibt sich, daß die Vertragsziele **nicht unmittelbar anwendbares Gemeinschaftsrecht** darstellen.[54] Die Einschränkung kann im übrigen nur so verstanden werden, daß die Pflichten der Mitgliedstaaten nicht genügend verdichtet sind, um bestimmte Rechtsfolgen daraus abzuleiten; denn eine unverbindliche Aufgabe wäre ein Widerspruch in sich.[55] Eine gerichtliche Feststellung einer Vertragszielverfehlung ist wegen dieser »**Justitiabilitätsschwäche**« nur im Falle eines schweren und evidenten Verstoßes gegen ein Vertragsziel des Art. 2 möglich.[56] Im Ergebnis sind die Vertragsziele daher wie Staatszwecke[57] pflichtenaktivierend, aber deutlicher noch als diese anspruchsresistent. 29

C. Zielkonflikte

In Anbetracht der Vielzahl von Vertragszielen, die Art. 2, aber auch andere Bestimmungen des EG- und des EU-Vertrages aufstellen, können Zielkonflikte nicht ausbleiben. Die Gemeinschaftsorgane sind gehalten, solche Konflikte durch eine **Konkordanz** zu beheben, m.a.W., »sie müssen bei der Verfolgung der Ziele ständig jenen Ausgleich sicherstellen, den etwaige Widersprüche zwischen diesen Zielen, wenn sie isoliert betrachtet werden, erforderlich machen können, und gegebenenfalls dem einen oder anderen unter ihnen zeitweiligen Vorrang einräumen, sofern die ... Gegebenheiten und 30

---

49 Vgl. *GA G. Reischl*, Schlußantr. zu EuGH, Rs. 27/74, Slg. 1974, 1049 (1057) (Demag/Finanzamt Duisburg-Süd) sowie *Ipsen*, EG-Recht, S. 559; *H. D. Jarass*, Die Kompetenzverteilung zwischen der Europäischen Gemeinschaft und den Mitgliedstaaten, AöR 1996, S. 173 (176); *P.-C. Müller-Graff*, in: Hb.EGWirtR, Abschnitt A. I Rn. 141 f; *M. Zuleeg*, in: GTE, EU-/EGV, Art. 2, Rn. 5.
50 Vgl. EuGH, Rs. 13/83, 22.5.1985, Slg. 1985, 1513, Rn. 49 ff. (Parlament/Rat) sowie *M. Zuleeg*, in: GTE, EU-/EGV, Art. 2, Rn. 7.
51 Vgl. hierzu *P.-C. Müller-Graff*, in: Hb.EGWirtR, Abschnitt A. I Rn. 138.
52 Vgl. *E. Forsthoff*, Über Maßnahmegesetze, in: ders., Rechtsstaat im Wandel, 2. Aufl. 1976, S. 1095 (117 f.).
53 EuGH, Rs. 126/86, 29.9.1987, Slg. 1987, 3697, Rn. 11 (Gímenez Zaera/Instituto Nacional de la Seguridad Social und Tesorería General de la Seguridad Social); Rs. C-339/89, 24.1.1991, Slg. 1991, I-107, Rn. 9 (Alsthom Atlantique).
54 Vgl. auch *Herzog* (Fn. 13), § 2.03.
55 Vgl. *A. v. Bogdandy*, in: Grabitz/Hilf, EU, Art. 2, Rn. 52 f.
56 Vgl. *G. Ress*, Staatszwecke im Verfassungsstaat – nach 40 Jahren Grundgesetz, VVDStRL 1990, S. 56 (110); *J. Ukrow*, Richterliche Rechtsfortbildung durch den EuGH, 1995, S. 148.
57 Vgl. *Ress* (Fn. 56), S. 109.

Art. 2 EG-Vertrag

Umstände, die den Gegenstand ihrer Beschlußfassung bilden, dies gebieten«.[58] Ist es offensichtlich unmöglich, alle Ziele gleichzeitig zu verfolgen, muß es in Kauf genommen werden, daß das eine oder andere Ziel zurücktritt. Keines der Vertragsziele darf allerdings für alle Fälle absolut gesetzt werden. Dem Gemeinschaftsorgan, das die Zielkonflikte lösen muß, kommt ein weit gespanntes Ermessen zu.[59] Allerdings lassen sich durchaus Grenzen des Ermessens feststellen.[60] So wird z.b. im Zweifel denjenigen Vertragszielen Vorrang einzuräumen sein, die sowohl im EG- als auch im EU-Vertrag verankert sind, um die Kohärenz zwischen EG und EU zu wahren. Ferner kommt marktintegrativen Zielen im Hinblick auf die überragende Bedeutung, die der EuGH der Errichtung des Gemeinsamen Marktes zumißt, im Zweifel Vorrang vor sonstigen Zielen zu.[61] Auch insoweit gilt allerdings, daß die Marktintegration z.B. nicht auf Kosten eines hinreichenden Gesundheits-, Umwelt- oder Verbraucherschutzes verfolgt werden darf.

31 Sofern Mitgliedstaaten der Auffassung sind, daß ein bestimmtes Ziel des Art. 2 EGV intensiver verfolgt werden sollte, als dies im Verbund sämtlicher Mitgliedstaaten möglich erscheint, eröffnet hierfür Art. 11 seit dem Vertrag von Amsterdam gemeinschaftsrechtlich die Möglichkeit einer engeren Zusammenarbeit. Das damit mögliche »Europa verschiedener Geschwindigkeiten« stellt ein verfahrensrechtliches Instrument der (kurzfristigen) Auflösung von Zielkonflikten dar,[62] birgt allerdings zugleich das Risiko einer zunehmend diffusen Zielkoordinierung im Gesamtverbund der EU.

---

58 EuGH, Rs. 5/73, 24.10.1973, Slg. 1973, 1091, Rn. 24 (Balkan-Import-Export/Hauptzollamt Berlin-Packhof); Rs. 29/77, 20.10.1977, Slg. 1977, 1835, Rn. 29/31 (Roquette); Rs. C-44/94, 17.10.1995, Slg. 1995, I-3115, Rn. 37 (Fishermen's Organisations u.a.); st. Rspr.; vgl. auch *A. v. Bogdandy*, in: Grabitz/Hilf, EU, Art. 2, Rn. 58; *M. Zuleeg*, in: GTE, EU-/EGV, Art. 2, Rn.12.
59 EuGH, Rs. 139/79, 29.10.1980, Slg. 1980, 3393, Rn. 23 (Maizena/Rat); *Ipsen*, EG-Recht, S. 559.
60 Vgl. allgemein *A. Bleckmann*, Zum Ermessensmißbrauch im Europäischen Gemeinschaftsrecht, in: FS Hans Kutscher, 1981, S. 25 (30 ff.)
61 Vgl. EuGH, Rs. 15/81, 5.5.1982, Slg. 1982, 1409, Rn. 33 (Schul/Inspecteur der invoerrechten en accijnzen); *J. Basedow*, Zielkonflikte und Zielhierarchien im Vertrag über die Europäische Gemeinschaft, in: FS Ulrich Everling, 1995, S. 49 (54, 58 f.); *U. Immenga*, Wettbewerbspolitik contra Industriepolitik nach Maastricht, EuZW 1994, S. 14 (15).
62 Vgl. hierzu *A. Hatje*, in: Schwarze (Hg.), EU-Kommentar, Art. 2 EGV Rn. 25.

Art. 3 (ex-Art. 3)

Die Tätigkeit der Gemeinschaft im Sinne des Artikels 2 umfaßt nach Maßgabe dieses Vertrags und der darin vorgesehenen Zeitfolge
a) das Verbot von Zöllen und mengenmäßigen Beschränkungen bei der Ein- und Ausfuhr von Waren sowie aller sonstigen Maßnahmen gleicher Wirkung zwischen den Mitgliedstaaten;
b) eine gemeinsame Handelspolitik;
c) einen Binnenmarkt, der durch die Beseitigung der Hindernisse für den freien Waren-, Personen-, Dienstleistungs- und Kapitalverkehr zwischen den Mitgliedstaaten gekennzeichnet ist;
d) Maßnahmen hinsichtlich der Einreise und des Personenverkehrs nach Titel IV;
e) eine gemeinsame Politik auf dem Gebiet der Landwirtschaft und der Fischerei;
f) eine gemeinsame Politik auf dem Gebiet des Verkehrs;
g) ein System, das den Wettbewerb innerhalb des Binnenmarkts vor Verfälschungen schützt;
h) die Angleichung der innerstaatlichen Rechtsvorschriften, soweit dies für das Funktionieren des Gemeinsamen Marktes erforderlich ist;
i) die Förderung der Koordinierung der Beschäftigungspolitik der Mitgliedstaaten im Hinblick auf die Verstärkung ihrer Wirksamkeit durch die Entwicklung einer koordinierten Beschäftigungspolitik;
j) eine Sozialpolitik mit einem Europäischen Sozialfonds;
k) die Stärkung des wirtschaftlichen und sozialen Zusammenhalts;
l) eine Politik auf dem Gebiet der Umwelt;
m) die Stärkung der Wettbewerbsfähigkeit der Industrie der Gemeinschaft;
n) die Förderung der Forschung und technologischen Entwicklung;
o) die Förderung des Auf- und Ausbaus transeuropäischer Netze;
p) einen Beitrag zur Erreichung eines hohen Gesundheitsschutzniveaus;
q) einen Beitrag zu einer qualitativ hochstehenden allgemeinen und beruflichen Bildung sowie zur Entfaltung des Kulturlebens in den Mitgliedstaaten;
r) eine Politik auf dem Gebiet der Entwicklungszusammenarbeit;
s) die Assoziierung der überseeischen Länder und Hoheitsgebiete, um den Handelsverkehr zu steigern und die wirtschaftliche und soziale Entwicklung durch gemeinsame Bemühungen zu fördern;
t) einen Beitrag zur Verbesserung des Verbraucherschutzes;
u) Maßnahmen in den Bereichen Energie, Katastrophenschutz und Fremdenverkehr.

(2) Bei allen in diesem Artikel genannten Tätigkeiten wirkt die Gemeinschaft darauf hin, Ungleichheiten zu beseitigen und die Gleichstellung von Männern und Frauen zu fördern.

Inhaltsübersicht:

A.	Bedeutung des Art. 3 Abs. 1	1
B.	Die einzelnen Tätigkeitsfelder gemäß Art. 3 Abs. 1	5
	I. Freier Warenverkehr (Buchstabe a)	5
	II. Gemeinsame Handelspolitik (Buchstabe b)	6
	III. Binnenmarkt (Buchstabe c)	7
	IV. Maßnahmen hinsichtlich der Einreise und des Personenverkehrs nach Titel IV (Buchstabe d)	8
	V. Gemeinsame Landwirtschafts- und Fischereipolitik (Buchstabe e)	9
	VI. Gemeinsame Verkehrspolitik (Buchstabe f)	10
	VII. Wettbewerbssystem (Buchstabe g)	11
	VIII. Rechtsangleichung (Buchstabe h)	12
	IX. Beschäftigungspolitik (Buchstabe i)	13

Jörg Ukrow

Art. 3 EG-Vertrag

X.	Sozialpolitik (Buchstabe j)	14
XI.	Stärkung des wirtschaftlichen und sozialen Zusammenhalts (Buchstabe k)	15
XII.	Umweltpolitik (Buchstabe l)	16
XIII.	Stärkung der Wettbewerbsfähigkeit der Industrie der Gemeinschaft (Buchstabe m)	17
XIV.	Förderung der Forschung und technologischen Entwicklung (Buchstabe n)	18
XV.	Förderung des Auf- und Ausbaus transeuropäischer Netze (Buchstabe o)	19
XVI.	Beitrag zur Erreichung eines hohen Gesundheitsschutzniveaus (Buchstabe p)	20
XVII.	Beitrag zu einer qualitativ hochstehenden allgemeinen und beruflichen Bildung sowie zur Entfaltung des Kulturlebens in den Mitgliedstaaten (Buchstabe q)	21
XVIII.	Politik auf dem Gebiet der Entwicklungszusammenarbeit (Buchstabe r)	22
XIX.	Assoziierung (Buchstabe s)	23
XX.	Beitrag zur Verbesserung des Verbraucherschutzes (Buchstabe t)	24
XXI.	Maßnahmen in den Bereichen Energie, Katastrophenschutz und Fremdenverkehr (Buchstabe u)	25
C. Bedeutung des Art. 3 Abs. 2		26

A. Bedeutung des Art. 3 Abs. 1

1 Art. 3 Abs. 1 beschreibt unter ausdrücklicher Bezugnahme auf Art. 2 die Tätigkeitsbereiche der EG. Er stellt damit zum einen eine **Ausführungs- und Erläuterungsvorschrift** zu der Vertragszielebestimmung des Art. 2 dar.[1] Die Vertragsziele sind freilich in Art. 2 nicht abschließend genannt. Ebenso wie die in Art. 2 genannten Mittel können auch die in Art. 3 Abs. 1 genannten Mittel zugleich als Vertragsziele im weiteren Sinne verstanden werden. Art. 3 Abs. 1 ist mithin – wie Art. 2, mit dem er in der Rechtsprechung des EuGH regelmäßig gemeinsam genannt wird – eine **Vertragszielebestimmung**, denn das Verhältnis zwischen Ziel und Mittel ist relativ zu bestimmen.[2] Sofern in anderen Vertragsbestimmungen – wie in Art. 308 – auf Vertragsziele abgestellt wird, kann daher auch Art. 3 Abs. 1 in Bezug genommen werden.[3] Art. 3 Abs. 1 stellt im übrigen eine Garantie der dort aufgeführten Freiheiten dar.[4] In Verbindung mit einer speziellen Bestimmung des EG-Vertrages hat Art. 3 Abs. 1 auch die Funktion einer **Kompetenzvorschrift** für die jeweils umschriebenen Bereiche.[5] Art. 3 Abs. 1, der im Prozeß fortschreitender Integration immer wieder erweitert wurde (allerdings nicht durch den Vertrag von Nizza), umschreibt dabei die Tätigkeitsbereiche der Gemeinschaft nicht abschließend; namentlich ist der Bereich der Wirtschafts- und Währungsunion (Art. 4, 98 ff.) nicht erfaßt. Demgegenüber begründet Art. 3 Abs. 1 keine eigenständigen Kompetenzen der EG, wie sich durch die Einschränkung »nach Maßgabe des Vertrags« ergibt. Der weiteren Einschränkung durch den Hinweis auf die im Vertrag

---

1 Vgl. EuGH, Rs. 32/65, 13.7.1966, Slg. 1966, 457 (483) (Italien/Kommission); Rs. 203/80, 11.11.1981, Slg. 1981, 2595, Rn. 8 (Casati); Rs. 249/81, 24.11.1982, Slg. 1982, 4005, Rn. 28 (Kommission/Irland); Rs. 126/86, 29.9.1987, Slg. 1987, 3697, Rn. 10 (Giménez Zaera); Rs. C-177/94, 1.2.1996, Slg. 1996, I-161, Rn. 10 (Perfili) sowie *M. Zuleeg*, in: GTE, EU-/EGV, Art. 3, Rn. 1.
2 Vgl. EuGH, Rs. 6/72, 21.2.1973, Slg. 1973, 215, Rn. 23 f. (Europemballage und Continental Can/Kommission); Rs. 15/81, 5.5.1982, Slg. 1982, 1409, Rn. 33 (Schul/Inspecteur der invoerrechten en accijnzen); Rs. 299/86, 25.2.1988, Slg. 1988, 1213, Rn. 24 (Drexl) sowie *Ipsen*, EG-Recht, S. 556.
3 Vgl. EuGH, Rs. 8/73, 12.7.1973, Slg. 1973, 897, Rn. 3 (Hauptzollamt Bremerhaven/Massey-Ferguson).
4 Vgl. EuGH, Rs. 246/80, 6.10.1981, Slg. 1981, 2311, Rn. 20 (Broekmeulen/Huisarts Registratie Commissie).
5 Vgl. z.B. EuGH, Rs. 141/78, 4.10.1979, Slg. 1979, 2923, Rn. 6 (Frankreich/Vereinigtes Königreich) sowie *A. v. Bogdandy*, in: Grabitz/Hilf, EU, Art. 3, Rn. 3.

vorgesehene Zeitfolge kommt nach den Verträgen von Amsterdam und Nizza zum einen kompetenzrechtliche Bedeutung, namentlich im Bereich des Titels IV des Vertrages, zum anderen verfahrensrechtliche Bedeutung im Hinblick auf die vertraglich vorgesehenen Änderungen in Entscheidungsverfahren im Rahmen der Politiken der Gemeinschaft zu.

Durch die Aussage, daß die Tätigkeit der Gemeinschaft die aufgeführten Gegenstände umfaßt, gibt die Bestimmung zu erkennen, **daß eine zwingende Verpflichtung der Gemeinschaftsorgane** bezweckt ist, auf den angegebenen Gebieten tätig zu werden: Art. 3 Abs. 1 sieht die Verfolgung der Ziele, die er aufstellt, als unerläßlich für die Erfüllung der Aufgaben der Gemeinschaft an, und damit als zwingend für die EG-Organe.[6] Art. 3 Abs. 1 ist daher – wie Art. 2 – mehr als ein bloßer Programmsatz.[7] 2

Seine **Justititiabilitätsschwäche** überwindet aber auch dieses Gebot an die Organe, die jeweiligen Aufgaben zu erfüllen, nur »durch gewisse präzise Bestimmungen des Vertrages wie diejenigen, in denen bestimmte Fristen festgesetzt sind«.[8] 3

Im übrigen kann im Hinblick auf die Funktionen der Vertragsziele des Art. 3 sowie mögliche Konflikte zwischen diesen Zielen auf die Ausführungen zu Art. 2 verwiesen werden.[9] Namentlich dient auch Art. 3 Abs. 1 als Hilfe bei der Auslegung und Anwendung anderer Vorschriften des Gemeinschaftsrechts,[10] als Prüfungsmaßstab für die Rechtmäßigkeit des Gemeinschaftshandelns sowie als Baustein der Rechtsfortbildung.[11] 4

B. Die einzelnen Tätigkeitsfelder gemäß Art. 3 Abs. 1

I. Freier Warenverkehr (Buchstabe a)

Art. 3 Abs. 1 Buchst. a war ursprünglich die Bestimmung für den freien Warenverkehr, die anderen Grundfreiheiten waren von Buchst. c erfaßt. Der EU-Vertrag hat den freien Warenverkehr in den Buchst. c eingegliedert. Dadurch ist Buchst. a heute lediglich eine ergänzende Bestimmung ohne eigenständige Bedeutung.[12] Indem durch den Vertrag von Amsterdam der Begriff der »Abschaffung« durch denjenigen des »Verbots« ersetzt wurde, wird allerdings unterstrichen, daß der freie innergemeinschaftliche Warenverkehr, der in Art. 23–31 näher konkretisiert ist, im wesentlichen erreicht ist. 5

II. Gemeinsame Handelspolitik (Buchstabe b)

Im Hinblick auf den engen inhaltlichen Konnex, der zwischen einer Zollunion, als die 6

---

6 EuGH, Rs. 6/72, 21.2.1973, Slg. 1973, 215, Rn. 25 (Europemballage und Continental Can/Kommission); Verb. Rs. 41–44/70, 13.5.1971, Slg. 1971, 411, Rn. 68/72 (Fruit Company/Kommission).
7 Vgl. EuGH, Rs. 6/72, 21.2.1973, Slg. 1973, 215, Rn. 23 (Europemballage und Continental Can/Kommission).
8 EuGH, Rs. 13/83, 22.5.1985, Slg. 1985, 1513, Rn. 49 (Parlament/Rat) sowie *A. v. Bogdandy*, in: Grabitz/Hilf, EU, Art. 3, Rn. 4.
9 Vgl. Art. 2, Rn. 3 ff., 28.
10 EuGH, Verb. Rs. 6 und 7/73, 22.1.1974, Slg. 1974, 223, Rn. 32 (Commercial Solvents); Gutachten 1/94, 15.11.1994, Slg. 1994, I-5267, Rn. 46.
11 Vgl. *M. Zuleeg*, in: GTE, EU-/EGV, Art. 3, Rn. 2.
12 Vgl. *M. Zuleeg*, in: GTE, EU-/EGV, Art. 3, Rn. 3.

die EG definiert ist (Kapitel I), und einer gemeinsamen Handelspolitik gegenüber Drittstaaten besteht,[13] erscheint die systematische Stellung dieses Tätigkeitsbereichs, der in Art. 131–134 näher konkretisiert ist, verständlich, auch wenn sie von der Orientierung am Aufbau des EG-Vertrages, wie sie ansonsten vorherrscht, abweicht.[14]

III. Binnenmarkt (Buchstabe c)

7 Art. 3 Abs. 1 Buchst. c erhebt die **Grundfreiheiten des Binnenmarktes** zu **verbindlichen Zielen** für die Gemeinschaft,[15] wobei zum freien Personenverkehr sowohl die Freizügigkeit der Arbeitnehmer als auch die Niederlassungsfreiheit[16] zählt. Diese Grundfreiheiten (Art. 23–31, 39–60) beziehen sich auch nach Amsterdam und Nizza, wie sich aus Art. 14 Abs. 2 ergibt, nur auf die **Binnengrenzen**. Art. 3 Abs. 1 Buchst. c verpflichtet deshalb die Mitgliedstaaten z.B. nicht, das im Inland für ihre Staatsangehörigen geltende Recht der Ausübung des ärztlichen Berufs oder der ärztlichen Ausbildung zu ändern.[17] Auch wenn der freie Zahlungsverkehr gemäß Art. 56 Abs. 2 in Art. 3 Abs. 1 Buchst. c keine Erwähnung findet, gehört er doch zu den unverzichtbaren Bestandteilen des Binnenmarktes.[18]

IV. Maßnahmen hinsichtlich der Einreise und des Personenverkehrs nach Titel IV (Buchstabe d)

8 Vom Ziel des Binnenmarktes erfaßt sind, ungeachtet der inneren Beziehung zum freien Personenverkehr, die in Titel IV (»Politiken betreffend den freien Personenverkehr«) aufleuchtet, auch nach Amsterdam nicht Maßnahmen im Zusammenhang mit dem Überschreiten der Außengrenzen der Gemeinschaft. Allerdings fallen nach Amsterdam einreise- und personenverkehrsbezogene Maßnahmen in den Bereichen Visa, Asyl und Einwanderung gemäß Art. 61–69 in den Tätigkeitsbereich der Gemeinschaft.[19] Auch nach Nizza gelten insoweit für drei Mitgliedstaaten (Vereinigtes Königreich, Irland und Dänemark) Sonderregelungen.

V. Gemeinsame Landwirtschafts- und Fischereipolitik (Buchstabe e)

9 Die gemeinsame Politik auf dem Gebiet der Landwirtschaft und der Fischerei, die Art. 3 Abs. 1 Buchst. e fordert, zählt zu integrationspolitisch bemerkenswertesten, EG-haushaltspolitisch bedeutsamsten, zugleich aber auch in der öffentlichen Diskussion

---

13 Vgl. EuGH, Verb. Rs. 35 und 38/73, 13.12.1973, Slg. 1973, 1609, Rn. 15/21 (Diamantarbeiders/Indiamex).
14 Die ursprünglich vorgesehene Einführung eines Gemeinsamen Zolltarifs ist ein Vertragsziel, das mit dem Vertrag von Amsterdam nach seiner Verwirklichung werden konnte.
15 Vgl. EuGH, Rs. 246/80 (Fn. 4), Rn. 20 (»– im System der Gemeinschaft grundlegende(n) – Freiheiten«); Rs. 203/80 (Fn. 1), Rn. 8 (»Grundfreiheiten«).
16 Zum Verständnis des Niederlassungsrechts als Niederlassungs»freiheit« vgl. *G. Ress/J. Ukrow*, Niederlassungsrecht von Apothekern in Europa, 1991, S. 17 ff.
17 EuGH, Verb. Rs. 98, 162 und 258/85, 12.6.1986, Slg. 1986, 1885, Rn. 11 (Bertini/Regione Lazio); vgl. auch *M. Zuleeg*, in: GTE, EU-/EGV, Art. 3, Rn. 3.
18 Vgl. *G. Ress/J. Ukrow*, in: Grabitz/Hilf, EU, Art. 73b, Rn. 68 ff.
19 Vgl. hierzu *K. Hailbronner/C. Thiery*, Amsterdam – Vergemeinschaftung der Sachbereiche Freier Personenverkehr, Asylrecht und Einwanderung sowie Überführung des Schengen-Besitzstandes auf EU-Ebene, EuR 1998, S. 583 ff.

umstrittensten Tätigkeitsbereichen der EG. Der Umstand, daß für die Landwirtschaft und den Handel mit landwirtschaftlichen Erzeugnissen besondere Regelungen (Art. 32–38) getroffen wurden, verweist auf die Tradition staatlicher Lenkung im Bereich der Agrarpolitik. In dieser Tradition steht es auch, daß den EG-Rechtsetzungsorganen auf dem Gebiet der Landwirtschaft ein weiter Gestaltungsspielraum zusteht.[20] Art. 33 enthält für die gemeinsame Agrarpolitik eine eigenständige Zielbestimmung, was unterstreicht, daß der EG-Vertrag der Verwirklichung des Art. 3 Abs. 1 Buchst. e »ganz besondere Bedeutung« beimißt.[21] Die Agrarpolitik genießt deshalb Vorrang vor der Wettbewerbspolitik.[22] Ein wichtiger Bereich der Landwirtschaft ist die Fischerei. Die gemeinsame Fischereipolitik, zu der auch Maßnahmen zur Erhaltung der biologischen Schätze des Meeres einschließlich der Festsetzung und Zuteilung von Fangquoten an die einzelnen Mitgliedstaaten zählen, beruht wie die sonstige Agrarwirtschaft auf Art. 3 Abs. 1 Buchst. e und Art. 32.[23]

VI. Gemeinsame Verkehrspolitik (Buchstabe f)

Der Vertrag stellt als Grundlage für die Erreichung des Ziels einer gemeinsamen Verkehrspolitik die Art. 70 bis 80 zur Verfügung, insbesondere Artikel 71.[24] Von Relevanz für das Ziel einer gemeinsamen Verkehrspolitik sind allerdings auch die Bestimmungen über die transeuropäischen Netze (Art. 154–156), soweit diese den Bereich der Verkehrsinfrastruktur betreffen. Die Art. 70 ff. dienen dazu, den Grundsatzbestimmungen der Art. 2 und 3 Wirksamkeit zu verleihen und sie durch gemeinsame Aktionen auszufüllen.[25] Nach der einleitenden Vorschrift des Artikels 70 verfolgen die Mitgliedstaaten die Ziele dieses Vertrags im Rahmen einer gemeinsamen Verkehrspolitik. Die Verkehrspolitik ist also ausdrücklich an die Vertragsziele rückgekoppelt,[26] wobei durch den EuGH allerdings neben den Zielen des Art. 2 und 3[27] auch die Ziele der Präambel in die gemeinsame Verkehrspolitik einbezogen werden, namentlich die Aufgabe, einen ausgewogenen Handelsverkehr und einen redlichen Wettbewerb zu gewährleisten.[28]

10

---

20 EuGH, Verb. Rs, C-267/88 bis C-285/88, 21.2.1990, Slg. 1990, I-435, Rn. 14 (Wuidart u.a.); Rs. C-311/90, 19.3.1992, Slg. 1992, I-2061, Rn. 13 (Hierl); Rs. C-280/93, 5.10.1994, Slg. 1994, I-4973, Rn. 47 (Deutschland/Rat).
21 EuGH, Verb. Rs. 41–44/70, Slg. 1971, 411, Rn. 68/72 (Fruit Company/Kommission); vgl. auch M. Zuleeg, in: GTE, EU-/EGV, Art. 3, Rn. 5.
22 EuGH, Rs. 139/79, 29.10.1980, Slg. 1980, 3393, Rn. 23 (Maizena/Rat); Rs. C-280/93, 5.10.1994, Slg. 1994, I-4973, Rn. 61 (Deutschland/Rat).
23 EuGH, Verb. Rs. 3, 4 und 6/76, 14.7.1976, Slg. 1976, 1279, Rn. 21/25 f. (Kramer); Rs. 32/79, 10.6.1980, Slg. 1980, 2403, Rn. 9 (Kommission/Vereinigtes Königreich).
24 EuGH, Gutachten 1/76, 26.4.1977, Slg. 1977, 741/755.
25 EuGH, Rs. 167/73, 4.4.1974, Slg. 1974, 359, Rn. 24/26 (Kommission/Frankreich).
26 EuGH, Rs. 97/78, 28.11.1978, Slg. 1978, 2311, Rn. 4 (Schumalla); vgl. auch A. v. Bogdandy, in: Grabitz/Hilf, EU, Art. 3, Rn. 12.
27 Dies gilt insbesondere für das Wettbewerbsziel in Buchst. g); vgl. EuGH, Verb. Rs. 209–213/84, 30.4.1986, Slg. 1986, 1425, Rn. 36 (Ministère public/Asjes).
28 EuGH, Rs. 12/82, 30.11.1982, Slg. 1982, 4089, Rn. 7 (Trinon). Weil die gemeinsame Verkehrspolitik keine Fortschritte machte, erhob das Europäische Parlament – unter ausdrücklicher Verweisung auf die entsprechende Zielnorm des damaligen EWGV – eine Untätigkeitsklage gegen den Rat, der der EuGH (Rs. 13/83, 22.5.1985, Slg. 1985, 1513, Rn. 38 ff. [Parlament/Rat]) teilweise stattgab. In einem weiteren Urteil gestand der EuGH (Rs. C-17/90, 7.11.1991, Slg. 1991, I-5253, Rn. 10 ff. [Pinaud Wieger]) dem Rat zu, den Schwierigkeiten der Materie Rechung zu tragen und schrittweise vorzugehen; vgl. auch M. Zuleeg, in: GTE, EU-/EGV, Art. 3, Rn. 6.

VII. Wettbewerbssystem (Buchstabe g)

11 Art. 3 Abs. 1 Buchst. g fordert ein System, das den Wettbewerb innerhalb des Binnenmarktes vor Verfälschungen schützt. Das Ziel des **unverfälschten Wettbewerbs** steht in engem Zusammenhang mit dem Gebot des Artikels 2, eine harmonische Entwicklung des Wirtschaftslebens innerhalb der Gemeinschaft zu fördern.[29] Ausgestaltet wird das Wettbewerbsrecht der EG im Titel VI, Kapitel 1, des Vertrages in den Art. 81 ff., für deren Auslegung und Anwendung die Zielsetzung des Art. 3 Abs. 1 Buchst. g (zusammen mit Art. 2) maßgeblich ist. Art. 3 Abs. 1 Buchst. g verlangt zumindest, daß der Wettbewerb nicht ausgeschaltet wird.[30] Der unverfälschte Wettbewerb setzt voraus, daß auf dem Markt ein wirksamer Wettbewerb herrscht; es muß also so viel Wettbewerb vorhanden sein, daß die grundlegenden Forderungen des Vertrags erfüllt und seine Ziele, insbesondere die Bildung eines einziges Marktes mit binnenmarktähnlichen Verhältnissen, erreicht werden.[31] Auch wenn sich einige der dafür geschaffenen Wettbewerbsregeln wie etwa Art. 81 nur an die Unternehmen wenden, sind die Mitgliedstaaten doch über Art. 10 Abs. 2 gehalten, die praktische Wirksamkeit der für die Unternehmen geltenden Wettbewerbsregeln nicht zu beseitigen.[32] Ein System unverfälschten Wettbewerbs ist ferner nur gewährleistet, wenn die Chancengleichheit der einzelnen Wirtschaftsteilnehmer sichergestellt ist.[33] Art. 82 ist ein Ausfluß des allgemeinen, der Tätigkeit der Gemeinschaft in Art. 3 Abs. 1 Buchst. g gesetzten Ziels, ein System zu errichten, das den Wettbewerb innerhalb des Gemeinsamen Marktes vor Verfälschungen schützt.[34] Ein solches System soll Wettbewerbsverfälschungen zum Schaden des öffentlichen Interesses, der einzelnen Unternehmen und der Verbraucher vermeiden helfen.[35] Die Vorschriften über die Gewährung staatlicher Beihilfen nach Art. 87 f., die sich unmittelbar an die Mitgliedstaaten wenden, sind ebenfalls von der Errichtung eines Systems unverfälschten Wettbewerbs innerhalb des Gemeinsamen Marktes nach Art. 3 Abs. 1 Buchst. g umfaßt.[36]

VIII. Rechtsangleichung (Buchstabe h)

12 Gemäß Art. 3 Abs. 1 Buchst. h umfaßt die Tätigkeit der Gemeinschaft die **Angleichung der innerstaatlichen Vorschriften**, soweit dies für das Funktionieren des Gemeinsamen Marktes erforderlich ist. Der Umstand, daß ungeachtet des Binnenmarktziels des Art. 10 Abs. 1 an dem Bezugspunkt des Gemeinsamen Marktes festgehalten wird, ist ein weiterer Beleg für die These, daß der Begriff des Gemeinsamen Marktes weiter reicht als derjenige des Binnenmarktes.[37] Hinsichtlich des Erforderlichkeitskriteriums kommt

---

29 Vgl. auch A. v. Bogdandy, in: Grabitz/Hilf, EU, Art. 3, Rn. 14; M. Zuleeg, in: GTE, EU-/EGV, Art. 3, Rn. 7.
30 EuGH, Rs. 6/72, 21.2.1973, Slg. 1973, 215, Rn. 23 f. (Europemballage und Continental Can/Kommission).
31 EuGH, Rs. 26/76, 25.10.1977, Slg. 1977, 1875, Rn. 20 (Metro/Kommission).
32 EuGH, Rs. 229/83, 10.1.1985, Slg. 1985, 17, Rn. 13 f. (Leclerc/Au blé vert); Rs. 267/86, 21.9.1988, Slg. 1988, 4769, Rn. 16 (Van Eycke/ASPA); Rs. 66/86, 11.4.1989, Slg. 1989, 803, Rn. 48 (Ahmed Saeed Flugreisen u.a./Zentrale zur Bekämpfung unlauteren Wettbewerbs); Rs. C-2/91, 17.11.1993, Slg. 1993, I-5751, Rn. 14 (Meng).
33 EuGH, Rs. C-18/88, 13.12.1991, Slg. 1991, I-5941, Rn. 25 (GB-Inno-BM).
34 EuGH, Rs. 27/76, 14.2.1978, Slg. 1978, 207, Rn. 63/66 (United Brands/Kommission).
35 EuGH, Rs. 136/79, 26.6.1980, Slg. 1980, 2033, Rn. 20 (National Panasonic/Kommission).
36 EuGH, Rs. 171/83 R, 20.9.1983, Slg. 1983, 2621, Rn. 9 (Kommission/Frankreich); vgl. zum Ganzen auch M. Zuleeg, in: GTE, EU-/EGV, Art. 3, Rn. 7.
37 Vgl. hierzu auch Art. 2, Rn. 24.

den EG-Organen ein weiter Beurteilungsspielraum zu.[38] Die Rechtsangleichungskompetenz der EG ist allgemein in Art. 94–97 EGV geregelt.[39] Der Vertrag enthält daneben noch zahlreiche besondere Kompetenzen zur Rechtsangleichung. Dem in Art. 5 Abs. 2 EGV verankerten Subsidiaritätsprinzip kommt namentlich bei Rechtsangleichungsmaßnahmen besondere Bedeutung zu.

IX. Beschäftigungspolitik (Buchstabe i)

Neu einbezogen in den Tätigkeitsbereich der EG und konkretisiert durch Art. 125–130 wurde durch den Vertrag von Amsterdam die Förderung der Koordinierung der Beschäftigungspolitik der Mitgliedstaaten. Sie erfolgt mit dem Ziel, die Wirksamkeit dieser nationalen Beschäftigungspolitiken durch die Entwicklung einer koordinierten Beschäftigungsstrategie zu verstärken. Die Mitgliedstaaten betrachten nach Art. 126 Abs. 2 EGV, der deutlich an der wirtschaftspolitischen Grundnorm des Art. 99 Abs. 1 orientiert ist, die Förderung der Beschäftigung als Angelegenheit von gemeinsamen Interesse und stimmen ihre diesbezüglichen Tätigkeiten aufeinander ab. Die beschäftigungspolitische Initiativkompetenz der Mitgliedstaaten bleibt auch nach dem Vertrag von Nizza bestehen. Der EG kommt bei ihrer Aufgabe, zu einem hohen Beschäftigungsniveau beizutragen, nach Art. 127 Abs. 1 die Kompetenz zu, die Zusammenarbeit zwischen den Mitgliedstaaten zu fördern und deren Maßnahmen in diesem Bereich zu unterstützen und erforderlichenfalls zu ergänzen.[40]

13

X. Sozialpolitik (Buchstabe j)

Durch den Vertrag von Amsterdam wurde es möglich, das bisherige Sonderregime für die Sozialpolitik, das im EU-Vertrag durch das Protokoll und das Abkommen über die Sozialpolitik begründet wurde, zu beseitigen und die bislang nur für 14 der 15 Mitgliedstaaten geltenden Bestimmungen des Abkommens über die Sozialpolitik als Art. 136–143, z.T. modifiziert, in den EG-Vertrag zu überführen.[41] Bestandteil der Sozialpolitik ist auch der in Art. 146–148 geregelte Europäische Sozialfonds, der insbesondere die berufliche Bildung und Umschulung unterstützt.

14

XI. Stärkung des wirtschaftlichen und sozialen Zusammenhalts (Buchstabe k)

Der primärgemeinschaftsrechtliche Rahmen für die diesbezügliche Politik der EG wird durch Art. 158–162 bestimmt.

15

---

38 Vgl. *E.Grabitz*, in: ders./Hilf, EU, Art. 3 a. F., Rn. 16.
39 Vgl. hierzu *U. Everling*, Probleme der Rechtsangleichung zur Verwirklichung des europäischen Binnenmarktes, in: Baur/Hopt/Mailänder (Hrsg.), FS Ernst Steindorff, Berlin/New York 1990, S. 1155 ff.; *B. Langeheine*, Rechtsangleichung unter Art. 100 a EWGV – Harmonisierung vs. nationale Schutzinteressen, EuR 1988, S. 235 ff.; *P.-C. Müller-Graff*, Die Rechtsangleichung zur Verwirklichung des Binnenmarkts, EuR 1989, S. 107 ff., jeweils mit weiteren Nachweisen.
40 Vgl. hierzu *J. Ukrow*, Die Fortentwicklung des Rechts der Europäischen Union durch den Vertrag von Amsterdam, ZEuS 1998, S. 141 (168 f.).
41 Vgl. hierzu *Ukrow* (Fn. 40), 149 ff.

XII. Umweltpolitik (Buchstabe l)

16 Die besondere Bedeutung, die die Gemeinschaft einer Politik auf dem Gebiet der Umwelt als Tätigkeitsfeld beimißt, wie sie in Art. 174–176 inhaltlich und verfahrensrechtlich konkretisiert wird, wird durch die Ausgestaltung der umweltpolitischen Querschnittsklausel des Art. 6 als Bestandteil der »Grundsätze« des Vertrages[42] unterstrichen.[43]

XIII. Stärkung der Wettbewerbsfähigkeit der Industrie der Gemeinschaft (Buchstabe m)

17 Bereits Art. 3 Abs. 1 Buchst. m) unterstreicht, daß die Gemeinschaft keine ausschließliche Zuständigkeit im Bereich der Industriepolitik besitzt. Bei der Ausübung der ihr nach Art. 157 eröffneten Handlungsbefugnisse ist die EG daher namentlich auch an das Subsidiaritäts- und Verhältnismäßigkeitsprinzip gemäß Art. 5 Abs. 2 und 3 gebunden.

XIV. Förderung der Forschung und technologischen Entwicklung (Buchstabe n)

18 Die Orientierung auf den Förderungsaspekt in Art. 3 Abs. 1 Buchst. n) kann nicht dahin verstanden werden, daß die Unterstützungs- und Ergänzungskompetenzen der EG nach Art. 163 f. restriktiv zu interpretieren wären.

XV. Förderung des Auf- und Ausbaus transeuropäischer Netze (Buchstabe o)

19 Der primärgemeinschaftsrechtliche Rahmen für die diesbezügliche Politik der EG wird durch Art. 154–156 bestimmt. Aus Art. 3 Abs. 1 Buchst. o) allein kann keine Kompetenz der EG zum Aufbau solcher Netze in anderen als den in Art. 154 Abs. 1 bezeichneten Bereichen (Verkehrs-, Telekommunikations- und Energieinfrastruktur) abgeleitet werden. Allerdings kann nicht völlig ausgeschlossen werden, daß sich eine entsprechende Ergänzung der Förderungskompetenz der EG als i.S. des Art. 308 erforderlich erweisen könnte.

XVI. Beitrag zur Erreichung eines hohen Gesundheitsschutzniveaus (Buchstabe p)

20 Einzelheiten zu diesem Tätigkeitsbereich der EG sind in Art. 152 geregelt.

---

42 Vgl. Überschrift des Ersten Teils des EG-Vertrages.
43 Vgl. hierzu *Ukrow* (Fn. 40), 170.

XVII. Beitrag zu einer qualitativ hochstehenden allgemeinen und beruflichen Bildung sowie zur Entfaltung des Kulturlebens in den Mitgliedstaaten (Buchstabe q)

Bei einem Vergleich der Beschreibung des Tätigkeitsbereichs der Gemeinschaft nach Art. 3 Abs. 1 Buchst. q mit den einschlägigen Bestimmungen der Art. 149–151 ist namentlich bemerkenswert, daß der Aspekt der Jugend, der in der Überschrift von Kapitel 3 des Titels XI angesprochen wird, in Art. 3 keine Erwähnung findet. Dies spricht für eine Pflicht zur jugendpolitischen Zurückhaltung der EG. Die Referenz auf die Entfaltung des Kulturlebens »in den Mitgliedstaaten«, die sich von derjenigen auf die Entfaltung der »Kulturen der Mitgliedstaaten« in Art. 151 Abs. 1 abhebt, unterstreicht den **Paradigmenwechsel**, der sich mit dem Vertrag von Maastricht vollzogen hat, indem an die Stelle eines a-kulturellen Interpretationsgebots als Flanke für die kultur-neutrale Integrationskonzeption des EWGV ein kulturelles Berücksichtigungsgebot als Ergänzung begrenzter kultureller Handlungsbefugnisse der Gemeinschaft getreten ist.[44]

21

XVIII. Politik auf dem Gebiet der Entwicklungszusammenarbeit (Buchstabe r)

Der primärgemeinschaftsrechtliche Rahmen für die diesbezügliche Politik der EG, die eine bloße Ergänzung der entsprechenden Politik der Mitgliedstaaten darstellt, wird durch Art. 177–181 bestimmt.

22

XIX. Assoziierung (Buchstabe s)

Mit der Zielsetzung, den Handelsverkehr zu steigern und die wirtschaftliche und soziale Entwicklung zu fördern, zählt es nach Art. 3 Abs. 1 Buchst. s zu den Tätigkeiten der EG, überseeische Länder und Hoheitsgebiete zu assoziieren. Dieses Assoziierungsziel, das in den Art. 182–188 konkretisiert ist, erfaßt nicht die namentlich auch unter dem Aspekt der Erweiterung der EU bedeutsamere Assoziierung von Staaten, Staatenverbindungen oder internationalen Organisationen nach Art. 310.[45] Solche Assoziierungen werden allerdings durch eine Vielzahl anderer Aufgaben der EG nach Art. 3 gedeckt.

23

XX. Beitrag zur Verbesserung des Verbraucherschutzes (Buchstabe t)

Der vertragliche Rahmen für den entsprechenden Unterstützungs-, Ergänzungs- und Überwachungsbeitrag der EG, der darauf gerichtet ist, ein hohes Verbraucherschutzniveau zu gewährleisten, wird durch Art. 153 bestimmt.

24

---

44 Vgl. G. Ress/J. Ukrow, in: Grabitz/Hilf, EU, Art. 151, Rn. 11.
45 Vgl. E. Grabitz, in: ders./Hilf, EU, Art. 3 a. F., Rn. 19.

XXI. Maßnahmen in den Bereichen Energie, Katastrophenschutz und Fremdenverkehr (Buchstabe u)

25 Für die Bereiche Energie, Katastrophenschutz und Fremdenverkehr fehlt es – im Unterschied zu den vorbezeichneten politischen Tätigkeitsbereichen der EG – an einer konkretisierenden Regelung in den Bestimmungen des Dritten bzw. Vierten Teils des EG-Vertrages. Allerdings sind die Bestimmungen über transeuropäische Netze (Art. 154 ff.) für die Bereiche der Energie und des (Fremden-)Verkehrs von unmittelbarer Relevanz.

C. Bedeutung des Art. 3 Abs. 2

26 Art. 3 Abs. 2, wonach die EG bei allen in Art. 3 genannten Tätigkeiten darauf hinwirkt, Ungleichheiten zu beseitigen und die Gleichstellung von Männern und Frauen zu fördern, unterstreicht zum einen die sich bereits aus Art. 6 Abs. 2 EUV ergebende Geltung des Gleichheitsatzes im Gemeinschaftsrecht. Die Bestimmung geht dabei allerdings in ihrer Zielrichtung über einen bloßen Abwehranspruch von Unionsbürgern gegen Ungleichbehandlungen hinaus und beschreibt einen Handlungsauftrag an sämtliche EG-Organe im Rahmen ihrer jeweiligen Zuständigkeiten. Hinsichtlich der Frage, ob eine Maßnahme zur Beseitigung von Ungleichheiten bzw. zur Förderung der Gleichstellung von Männern und Frauen führt, steht den politischen Organen der EG allerdings ein breiter, vom EuGH in Fällen der Entscheidungserheblichkeit des Art. 3 Abs. 2 zu beachtender Beurteilungsspielraum zu. Art. 3 Abs. 2 unterstreicht zum anderen das auch in Art. 2 verankerte Ziel der Förderung der Gleichstellung von Männern und Frauen.

27 Die Pflicht für sämtliche EG-Organe, darauf hinzuwirken, die Gleichstellung von Männern und Frauen zu fördern, fügt sich in den gleichstellungspolitischen Gesamtzusammenhang der Art. 13 (Befugnis des Rates, einstimmig geeignete Vorkehrungen zu treffen, »um Diskriminierungen aus Gründen des Geschlechts ... zu bekämpfen«) und 141 Abs. 4 (Freiheit der Mitgliedstaaten, im Hinblick auf die effektive Gewährleistung der vollen Gleichbehandlung von Männern und Frauen im Arbeitsleben zur Erleichterung der Berufstätigkeit des unterrepräsentierten Geschlechts oder zur Verhinderung bzw. zum Ausgleich von Benachteiligungen in der beruflichen Laufbahn spezifische Vergünstigungen beizubehalten oder zu beschließen) ein, der durch den Vertrag von Amsterdam begründet wird.[46] Die in Abs. 2 postulierte Förderung ist als **Querschnittsaufgabe** verbindlich für alle Tätigkeitsbereiche der Gemeinschaft festgelegt.[47] Die Pflicht ist nicht ergebnis-, sondern prozeßorientiert: Ein Anspruch auf Herstellung der Gleichstellung besteht weder gegenüber der EG noch gegenüber den Mitgliedstaaten. Unmittelbare Wirkung in den Mitgliedstaaten entfaltet Art. 3 Abs. 2 nicht. EG-Organe verhalten sich vertragswidrig, wenn sie die auch als Verschlechterungsverbot hinsichtlich der bestehenden EG-Maßnahmen zur Gleichstellung von Männern und Frauen interpretierbare Hinwirkungspflicht verletzen.

---

46 Vgl. hierzu O. *Suhr*, Grenzen der Gleichbehandlung: Zur Vereinbarkeit von Frauenquoten mit dem Gemeinschaftsrecht, EuGRZ 1998, 124.
47 Vgl. Denkschrift zum Vertrag von Amsterdam, BR-Drs. 784/97, S. 150.

Art. 4 (ex-Art. 3a)

(1) Die Tätigkeit[1] der Mitgliedstaaten und der Gemeinschaft im Sinne des Artikels 2 umfaßt nach Maßgabe dieses Vertrags und der darin vorgesehenen Zeitfolge die Einführung einer Wirtschaftspolitik[2 ff.], die auf einer engen Koordinierung[4] der Wirtschaftspolitik der Mitgliedstaaten, dem Binnenmarkt und der Festlegung gemeinsamer Ziele[5 ff.] beruht und dem Grundsatz einer offenen Marktwirtschaft mit freiem Wettbewerb[6 ff.] verpflichtet ist.

(2) Parallel[15] dazu umfaßt diese Tätigkeit nach Maßgabe dieses Vertrags und der darin vorgesehenen Zeitfolge und Verfahren[14] die unwiderrufliche Festlegung der Wechselkurse im Hinblick auf die Einführung einer einheitlichen Währung[11 ff.], der ECU[31], sowie die Festlegung und Durchführung einer einheitlichen Geld- sowie Wechselkurspolitik, die beide vorrangig das Ziel der Preisstabilität[32 ff.] verfolgen und unbeschadet dieses Zieles die allgemeine Wirtschaftspolitik in der Gemeinschaft unter Beachtung des Grundsatzes einer offenen Marktwirtschaft mit freiem Wettbewerb unterstützen[34] sollen.

(3) Diese Tätigkeit der Mitgliedstaaten und der Gemeinschaft setzt die Einhaltung der folgenden richtungweisenden Grundsätze[37 ff.] voraus: stabile Preise, gesunde öffentliche Finanzen und monetäre Rahmenbedingungen sowie eine dauerhaft finanzierbare Zahlungsbilanz.

Inhaltsübersicht:
A. Einführung einer Wirtschaftspolitik 1
   I. Grundlagen der Wirtschaftspolitik 1
      1. Begriff 1
      2. Koordinierung 4
      3. Binnenmarkt und Festlegung gemeinsamer Ziele 5
   II. Verpflichtung auf Marktwirtschaft und Wettbewerb 8
B. Währungspolitik 11
   I. Vergemeinschaftung von Geld- und Währungspolitik 11
      1. Währungsunion 11
      2. Währungsunion und Politische Union 14
      3. Politische Union und Bundesstaat Europa 16
   II. Abriß der Entwicklung der Währungsintegration 20
      1. Die Anfänge 20
      2. EEA bis Maastricht 26
      3. Kritik an der Währungsunion 30
   III. Der Name der Währung 31
   IV. Preisstabilität als vorrangiges Ziel 32
      1. Begriff der Preisstabilität 32
      2. Preisstabilität und allgemeine Wirtschaftspolitik 34
      3. Preisstabilität als Auslegungsmaxime 35
C. Richtungsweisende Grundsätze 37

A. Einführung einer Wirtschaftspolitik

I. Grundlagen der Wirtschaftspolitik

1. Begriff

Art. 2 bezeichnet die Förderung der dort aufgezählten Ziele als Aufgabe der Gemeinschaft. Zugleich nennt er Instrumente – der Vertrag verwendet den Terminus »Tätig- 1 keit« –, mit denen die Gemeinschaft dieser Aufgabe nachkommen soll (s. Art. 2, Rn. 25). Zu diesen Instrumenten, die ihrerseits (Zwischen-) Zielcharakter haben können,[1] gehören die in den Art. 3 und 4 genannten gemeinsamen Politiken und Maßnahmen. Im Zusammenhang mit der **Wirtschafts- und Währungsunion** sieht Abs. 1 insoweit die Einführung einer Wirtschaftspolitik vor. Diese Wirtschaftspolitik beruht auf einer engen Koordinierung der Wirtschaftspolitik der Mitgliedstaaten, dem Binnenmarkt und der Festlegung gemeinsamer Ziele.

2 Abs. 1 scheint hier zwei **verschiedene Begriffe von Wirtschaftspolitik** zu verwenden.[2] Der erste, umfassendere, schließt den Binnenmarkt und damit alle wirtschaftspolitischen Aufgaben der Gemeinschaft mit ein. Ausgenommen ist nur die Währungspolitik, auf die Abs. 2 gesondert eingeht. Daneben erwähnt Abs. 1 die Wirtschaftspolitik der Mitgliedstaaten. Da der EGV der Gemeinschaft in seinem Dritten Teil zahlreiche Kompetenzen auf dem Gebiet der Wirtschaft zuweist, ist nur der noch den Mitgliedstaaten verbleibende Zuständigkeitsbereich gemeint, also vor allem die allgemeine, **bereichsübergreifende Wirtschaftspolitik**.[3]

3 Ein besonders wichtiges Feld dieser allgemeinen Wirtschaftspolitik stellt die **Finanzpolitik** dar.[4] Hier geht es um die öffentlichen Einnahmen und Ausgaben und ihren Einsatz nicht nur für den Haushaltsausgleich, sondern auch z. B. für beschäftigungspolitische, konjunktur- und wachstumspolitische oder strukturpolitische Zwecke. Zur allgemeinen Wirtschaftspolitik wird man darüber hinaus die gerade genannten Bereiche, also etwa Beschäftigungspolitik und Strukturpolitik, zählen können, soweit sie nicht als Erscheinungsform der Finanzpolitik auftreten. Außerdem ist zu denken an die Lohn- und Einkommenspolitik.[5]

2. Koordinierung

4 Die beiden Begriffe der Wirtschaftspolitik nähern sich einander allerdings wieder an. Wenn Abs. 1 von der Einführung einer Wirtschaftspolitik »nach Maßgabe dieses Vertrages und der darin vorgesehenen Zeitfolge« spricht, verweist er auf Titel VII Kapitel 1 im Dritten Teil des Vertrags, der mit den Art. 98 bis 104 die näheren Vorschriften zur Wirtschaftspolitik enthält. Eingeführt wird – jedenfalls zunächst – **keine gemeinsame Wirtschaftspolitik** nach dem Vorbild etwa der gemeinsamen Handelspolitik oder der Agrarpolitik. Im wesentlichen geht es nur um eine Koordinierung und Überwachung der weiterhin grundsätzlich **autonomen Wirtschaftspolitik der Mitgliedstaaten**, insbesondere im Hinblick auf die geplante Währungsunion.[6]

---

1 Vgl. M. *Schulze-Steinen*, Rechtsfragen zur Wirtschaftsunion, 1998, S. 90 f.; M. *Zuleeg*, in: GTE, EGV, Art. 3, Rn. 2.
2 Ausführlicher dazu *Schulze-Steinen* (Fn. 1), S. 47 f.
3 *Schulze-Steinen* (Fn. 1), S. 48. S. aber auch D. *Hattenberger*, in: Schwarze, EU-Kommentar, Art. 98 EGV, Rn. 5.
4 Vgl. G. *Hedtkamp*, Lehrbuch der Finanzwissenschaft, 2. Aufl., 1977, S. 398; G. *Nicolaysen*, Europarecht II, 1996, S. 341.
5 Vgl. F. *von Estorff/B. Molitor*, in: GTE, EGV, Art. 3a, Rn. 8; W.-H. *Roth*, Der rechtliche Rahmen der Wirtschafts- und Währungsunion, EuR, Beiheft 1/1994, S. 45 (73); Empfehlung der Kommission für die Grundzüge der Wirtschaftspolitik der Mitgliedstaaten und der Gemeinschaft, Dok. KOM (94) 217 endg. vom 1.6.1994, S. 12 ff.
6 Vgl. K. *Bünger/B. Molitor*, in: GTE, EGV, Vorbem. zu den Art. 102a bis 109m, Rn. 12 ff.

3. Binnenmarkt und Festlegung gemeinsamer Ziele

Die geplante Wirtschafts- und Währungsunion läßt sich als Konsequenz oder Weiterführung der sonstigen wirtschaftlichen Tätigkeit der Gemeinschaft verstehen.[7] Die Wirtschaftspolitik beruht deshalb auf dem Binnenmarkt, verstanden als Beseitigung der Hindernisse für die Freiheit des Waren-, Personen-, Dienstleistungs- und Kapitalverkehrs (Art. 3 Abs. 1 lit. c).

Die Wirtschaftspolitik soll darüber hinaus auf der Festlegung gemeinsamer Ziele beruhen. Damit könnten die in Art. 2 und 3 aufgeführten allgemeinen Ziele und Aufgaben der Gemeinschaft gemeint sein.[8] Es spricht jedoch einiges dafür, daß sich diese Formulierung auf die »**Grundzüge der Wirtschaftspolitik** der Mitgliedstaaten und der Gemeinschaft« bezieht, deren Festlegung in Art. 99 Abs. 2 geregelt ist.[9]

Der von der Kommission am 10.12.1990 vorgelegte »Entwurf eines Vertrages zur Änderung des Vertrages zur Gründung der Europäischen Wirtschaftsgemeinschaft im Hinblick auf die Errichtung einer Wirtschafts- und Währungsunion«[10] gibt Aufschluß darüber. Im Zusammenhang mit der dort vorgeschlagenen gemeinsamen Wirtschaftspolitik nennt er die Festlegung gemeinsamer Ziele an erster Stelle. In der Begründung dazu heißt es unter Ziff. 4: »... Ganz besonders verstärkt werden muß die wirtschaftspolitische Koordinierung, für die die Gemeinschaft bereits zuständig ist. Die wirtschaftspolitischen Instrumente werden in den Händen der Mitgliedstaaten bleiben. Allerdings werden für die Koordinierungszwecke verschiedene zusätzliche Instrumente und Verfahren geschaffen werden müssen:
– mehrjährige wirtschaftspolitische Leitlinien, in denen die allgemeinen Ziele für die Gemeinschaft festgelegt und die Mittel zur Erreichung dieser Ziele angegeben werden; ...«.[11]
Wenn der Kommissionsvorschlag auch nicht in seiner ursprünglichen Form verwirklicht wurde, läßt die Ähnlichkeit der Formulierungen doch darauf schließen, daß auch Abs. 1 die Festlegung gemeinsamer Ziele durch wirtschaftspolitische Leitlinien, also durch die Grundzüge des Art. 99 Abs. 2 meint.

II. Verpflichtung auf Marktwirtschaft und Wettbewerb

Abs. 1 legt schließlich fest, daß die Wirtschaftspolitik dem Grundsatz der offenen Marktwirtschaft mit freiem Wettbewerb verpflichtet ist. Die Parteien des Vertrags über die Europäische Union haben hier und an mehreren anderen Stellen[12] ein **deutliches Bekenntnis zur vom Wettbewerb geprägten Marktwirtschaft** abgelegt. Der Vertrag wird somit hinsichtlich der Wirtschaftsverfassung weitaus deutlicher als das Grundgesetz,

---

7 Vgl. *J. Pipkorn*, Legal Arrangements in the Treaty of Maastricht for the Effectiveness of the Economic and Monetary Union, CMLRev. 1994, S. 263 (264).
8 *R. Bandilla*, in: Grabitz/Hilf, EU, Art. 3a, Rn. 6.
9 Vgl. *F. von Estorff/B. Molitor*, in: GTE, EGV, Art. 3a, Rn. 16. S. auch *A. Hatje*, in: Schwarze, EU-Kommentar, Art. 4 EGV, Rn. 6.
10 Dok. SEC (90) 2500, abgedruckt bei *H. Krägenau/W. Wetter*, Europäische Wirtschafts- und Währungsunion, 1993, als Dok. 41, S. 194 ff.
11 Ebd., S. 197.
12 Art. 4 Abs. 2, 98, 105 Abs. 1 Satz 3 EGV, Art. 2 Satz 3 ESZB-Satzung, Art. 4.2 Satz 1 EWI-Satzung.

das eine ausdrückliche Festschreibung der marktwirtschaftlichen Ordnung nicht enthält.[13]

9   Die Verpflichtung auf Marktwirtschaft und Wettbewerb mag u.a. als Präventivmaßnahme gegen quantitative Kreditbeschränkungen als Mittel der Geldpolitik gedacht sein.[14] Sie begründet jedoch **kein generelles Verbot nicht marktkonformer Eingriffe**.[15] Das belegen schon die interventionistischen Tendenzen im EGKSV, EAGV und nicht zuletzt im Rahmen der gemeinsamen Agrarpolitik. Der EUV hat diese Tendenzen trotz der ausdrücklichen Verankerung der Marktwirtschaft möglicherweise sogar noch verstärkt.[16] Nimmt man die Festlegung in Abs. 1 jedoch ernst, so bedarf ein Abweichen von diesem gemeinschaftsrechtlichen Grundsatz besonderer Rechtfertigung.[17]

10 Den Begriff »offene Marktwirtschaft« wird man **sowohl nach innen als auch nach außen gerichtet** verstehen können.[18] Im Verlauf der Regierungskonferenz zur Wirtschafts- und Währungsunion gab es insoweit wesentlich deutlichere Formulierungen, die diese beiden Richtungen ausdrücklich ansprachen.[19] Die endgültige Version läßt aber, obwohl knapper, eine »Festung Europa« ebenfalls nicht zu.[20]

B. Währungspolitik

I. Vergemeinschaftung von Geld- und Währungspolitik

1. Währungsunion

11 Parallel zur Einführung der Wirtschaftspolitik nach Abs. 1 umfaßt die Tätigkeit der Mitgliedstaaten und der Gemeinschaft die unwiderrufliche Festlegung der Wechselkurse im Hinblick auf die Einführung einer einheitlichen Währung. Hinzu kommt die Festlegung und Durchführung einer einheitlichen Geld- und Wechselkurspolitik. Diese Maßnahmen lassen sich in einem Begriff zusammenfassen, den der Vertrag an dieser Stelle allerdings nicht erwähnt: Es geht um die Errichtung einer **Währungsunion**, die inzwischen am 1.1.1999 erfolgte.

12 Dieses Ziel formulieren die Vertragsparteien von Maastricht schon in der Präambel des Vertrags über die Europäische Union. Dort zeigen sie sich »Entschlossen, die Stärkung

---

13 Dazu zuletzt *P. Badura*, Staatsziele und Garantien der Wirtschaftsverfassung in Deutschland und Europa, FS-Stern, 1997, S. 409 (414 ff.); *J. Wieland*, Arbeitsmarkt und staatliche Lenkung, VVDStRL 59 (2000), S. 13 (32 ff.).
14 So *J.-V. Louis*, The Project of a European Central Bank, in: Stuyck (Hrsg.), Financial and Monetary Integration in the European Economic Community, 1993, S. 13 (18).
15 Vgl. *A. Bleckmann*, Wirtschaftslenkung und Europäische Wirtschafts- und Währungsunion, Vorträge, Reden und Berichte aus dem Europa-Institut Nr. 258, 1992, S. 6 f.; *Nicolaysen* (Fn. 4), S. 320.
16 Vgl. dazu *R. Jochimsen*, Revisionskonferenz 1996: Wirtschafts- und währungspolitische Anforderungen an ein »Maastricht II«, StWuStP 6 (1995), S. 533 (546 ff.); *Nicolaysen* (Fn. 4), S. 320 f.; *L. Vollmer*, Wirtschaftsverfassung und Wirtschaftspolitik der EG nach »Maastricht«, DB 1993, S. 25.
17 Vgl. *F. von Estorff/B. Molitor*, in: GTE, EGV, Art. 3a, Rn. 19; *Roth* (Fn. 5), S. 49.
18 Vgl. *A. Bleckmann*, Der Vertrag über die Europäische Union, DVBl. 1992, S. 335 (341).
19 Vgl. den Entwurf für Art. 3a im Non-paper of the Conference of the representatives of the governments of the memberstates vom 10.5.1991, abgedruckt bei *Krägenau/Wetter* (Fn. 10), Dok. 44, S. 218: »... open both internally and externally...«.
20 Vgl. *Bleckmann* (Fn. 18), S. 341.

und die Konvergenz ihrer Volkswirtschaften herbeizuführen und eine Wirtschafts- und Währungsunion zu errichten, die im Einklang mit diesem Vertrag eine einheitliche Währung einschließt«. Art. 2, 1. Spstr. EUV erwähnt ebenfalls die »Errichtung einer Wirtschafts- und Währungsunion, die auf längere Sicht auch eine einheitliche Währung nach Maßgabe dieses Vertrags umfaßt« (s. Art. 2 EUV, Rn. 4). Hier wird deutlich, daß die Währungsunion unvollständig ist, solange nicht alle Mitgliedstaaten die gemeinsame Euro-Währung eingeführt haben. Das vom Gemeinschaftsrecht vorgegebene **Ziel** bleibt eine **Währungsunion mit allen Mitgliedstaaten**. Das Zurückbleiben einzelner Mitgliedstaaten, dessen Umstände der Vertrag insbesondere in Art. 122 regelt, soll und darf deshalb kein Dauerzustand sein.

Die Überführung der Geld- und Währungspolitik in die Zuständigkeit der Gemeinschaft zum 1.1.1999 war und ist ein Schritt von außerordentlicher Tragweite. Die **Einführung einer einheitlichen Währung** war in diesem Zusammenhang ökonomisch zwar nicht zwingend erforderlich; die Fixierung der Wechselkurse hätte wohl denselben Effekt gehabt.[21] Es handelt sich jedoch um eine sinnvolle Ergänzung, der ihrerseits eine **besondere integrationspolitische und symbolische Bedeutung zukommt**. 13

2. Währungsunion und Politische Union

Abs. 2 regelt die Einzelheiten der angestrebten Währungsunion nicht selbst, sondern verweist auf die an anderer Stelle (Art. 105 ff.) vorhandenen Bestimmungen. Schon hier wird aber deutlich, daß das Ziel nicht eine bloße Koordinierung der ansonsten autonomen Währungspolitiken der Mitgliedstaaten ist. Es geht vielmehr um eine **vollständige Vergemeinschaftung der Geld- und Wechselkurspolitik**, gekrönt von der Ablösung der nationalen Währungen durch eine neue, einheitliche Währung. Die Geld- und Währungspolitik ist zur **ausschließlichen Zuständigkeit der Gemeinschaft** geworden;[22] die allgemeine Wirtschaftspolitik einschließlich der Finanz- und Haushaltspolitik bleibt demgegenüber nach wie vor in der Zuständigkeit der Mitgliedstaaten.[23] Darin liegt der tiefgreifende Qualitätsunterschied zwischen den Regelungen in den beiden ersten Absätzen. 14

Die in Abs. 2 angesprochene Parallelität ändert daran nichts.[24] Dieser Begriff verweist zwar auf die Zusammengehörigkeit von Wirtschaft und Währung, kann aber nicht inhaltlich auf den nicht erreichten Gleichklang bei der Vergemeinschaftung von Wirtschaftspolitik und Währungspolitik hinwirken. Beide Politiken werden nur nach Maßgabe der Regelungen im Titel VII des Dritten Teils des EGV verwirklicht. 15

3. Politische Union und Bundesstaat Europa

Wenn auch aus der Währungsunion keine rechtliche Verpflichtung zur Herbeiführung einer politischen Union folgt,[25] läßt der enge Zusammenhang zwischen der Währungspolitik und anderen Teilbereichen der Wirtschaftspolitik, speziell der Finanz- und 16

---

21 Vgl. M. *O'Connell*, The Maastricht Treaty and aspects of monetary union, IJEL 1 (1995), S. 5 (8).
22 A. *von Bogdandy/M. Nettesheim*, in: Grabitz/Hilf, EU, Art. 3b, Rn. 30; *Louis* (Fn. 14), S. 18.
23 Vgl. D. *Blumenwitz/B. Schöbener*, Stabilitätspakt für Europa, 1997, S. 69 ff.
24 Vgl. *Bandilla*, in: Grabitz/Hilf, EU, Art. 3a, Rn. 12.
25 BVerfGE 89, 155 (206 f.). Vgl. auch R. *Mittendorfer*, Wirtschafts- und Währungsunion und Föderalismus, Wien/New York 1994, S. 86 ff., 278 ff.

Haushaltspolitik, eine Trennung der Zuständigkeiten doch zumindest problematisch erscheinen. Diese ist daher Ansatzpunkt vielfältiger Kritik.[26] Gerade die Bundesbank hat stets nachdrücklich darauf hingewiesen, daß eine Währungsunion eine **Schicksalsgemeinschaft** darstelle, die der Absicherung durch eine politische Union bedürfe.[27] Daß es dennoch nicht auch zu einer Vergemeinschaftung der Wirtschaftspolitik kam, war zunächst **Folge der mangelnden Bereitschaft** der meisten Mitgliedstaaten zur Aufgabe der diesbezüglichen Kompetenzen.[28]

17 Bei der Geld- und Währungspolitik kam und kommt es anderen Mitgliedstaaten und vor allem **Frankreich** wohl darauf an, die auf Dauer verständlicherweise als unerträglich empfundene »**Hegemonie**« der Deutschen Mark und damit der Deutschen Bundesbank[29] zu beenden und auf diese Weise die eigenen Einflußmöglichkeiten (wieder) zu erweitern.[30] Zuständigkeitsverlagerungen im Bereich der Wirtschaftspolitik würden demgegenüber zu echten Kompetenzeinbußen der Mitgliedstaaten führen und sind deshalb weniger attraktiv. Der Subsidiaritätsgedanke spielte insoweit kaum eine Rolle.[31]

18 Der Verlust der Kompetenzen im Bereich der Wirtschaftspolitik würde außerdem die **Eigenstaatlichkeit der Mitgliedstaaten in Frage stellen**. Bereits der Übergang der Währungshoheit auf die Gemeinschaft führt für die Mitgliedstaaten zum weitgehenden **Verlust einer bedeutenden Staatsfunktion**. Entgegen einigen Stimmen in der Literatur[32] überschreitet die Gemeinschaft aufgrund dieses Kompetenzzuwachses aber noch nicht die Schwelle zur eigenen Staatlichkeit.[33] Die Währungshoheit gehört nämlich nicht zu den unverzichtbaren Elementen der Staatsgewalt. Das belegen die Beispiele zwar klei-

---

26 Vgl. nur *P. J. Tettinger*, Weg frei für die Europäische Währungsunion?, EWS 1992, S. 321 (323 f.). S. auch *B. von Harder*, Die Interdependenzen zwischen Währungsunion und Politischer Union in der Europäischen Union des Maastrichter Vertrages, 1997, S. 15 ff. m. w. N.

27 Deutsche Bundesbank, Die Beschlüsse von Maastricht zur Europäischen Wirtschafts- und Währungsunion, Monatsbericht Februar 1992, S. 45 (53). A.A. z. B. *P. Ver Loren von Themaat*, Einige Bemerkungen zu dem Verhältnis zwischen den Begriffen Gemeinsamer Markt, Wirtschaftsunion, Währungsunion, Politische Union und Souveränität, FS-Börner, 1992, S. 459 (467).

28 Vgl. *Roth* (Fn. 5), S. 70.

29 Vgl. *D. Nietschke*, Die Währungsunion – eine Gefahr für die Stabilität der Währung?, in: Seidl-Hohenveldern/Schrötter (Hrsg.), Vereinte Nationen, Menschenrechte und Sicherheitspolitik – Völkerrechtliche Fragen zu internationalen Konfliktbegrenzungen, 1994, S. 197 (213 ff.).

30 Vgl. nur *F. Bilger*, Der Stand der Vorbereitungen zur Schaffung der Europäischen Währungsunion aus der Sicht Frankreichs, List Forum 23 (1997), S. 215 (218); *M. Hennes*, Europas Zukunft: Währungsunion statt Politischer Union, Außenpolitik 1997, S. 11 (15 f.); *Nicolaysen* (Fn. 4), S. 372; *J. Starbatty*, Es geht um die stabilitätspolitischen Regeln, Wirtschaftsdienst 1997, S. 439 (441 f.).

31 Ebenso *M. Seidel*, Zur Verfassung der Europäischen Gemeinschaft nach Maastricht, EuR 1992, S. 125 (135). Vgl. aber auch *J.-V. Louis*, MWLVD, CEE, Bd. 6, S. 27.

32 Vgl. etwa *H. Beisse*, Verfassungshürden vor der Europäischen Währungsunion, BB 1992, S. 645 (650); *P. Jansen*, Europäische Währungsunion – Gefahren und Risiken, Wirtschaftsdienst 1992, S. 574; *L. Müller*, Verfassungsrechtliche Fußnoten zum Maastrichter Vertrag über eine Wirtschafts- und Währungsunion, DVBl. 1992, 1249 (1255); *M. Seidel*, Verfassungsrechtliche Probleme der Wirtschafts- und Währungsunion, List Forum 18 (1992), S. 219 (229); *H. R. Übelacker*, Zur Problematik der Verträge von Maastricht, Kreditwesen 1993, S. 24 ff.

33 Vgl. nur BVerfGE 89, S. 155 (188 f.); *P. Badura*, Der Bundesstaat Deutschland im Prozeß der europäischen Integration, Vorträge, Reden und Berichte aus dem Europa-Institut Nr. 298, 1993, S. 4; *H. J. Hahn*, Der Vertrag von Maastricht als völkerrechtliche Übereinkunft und Verfassung, 1992, S. 40 f.; *J. Isensee*, Integrationsziel Europastaat?, FS-Everling, 1995, S. 567 (572); *C. O. Lenz*, Vertrag von Maastricht – Ende demokratischer Staatlichkeit, NJW 1993, S. 1962 (1963); *R. Scholz*, Europäische Union und deutscher Bundesstaat, NVwZ 1993, S. 817 (818).

ner, aber dennoch souveräner Staaten wie Liechtenstein[34], San Marino, Monaco, Vatikanstadt[35] oder Luxemburg, denen eine eigene Währung oder zumindest die uneingeschränkte Verfügungsgewalt darüber fehlt.

Die völlige Überführung der allgemeinen Wirtschaftspolitik einschließlich der Finanz- und Haushaltspolitik und zusätzlich zur Währungspolitik hätte den Mitgliedstaaten aber so elementare Staatsfunktionen genommen, daß sie zu Gliedern eines **europäischen (Bundes-) Staates** geworden wären.[36] Einen Staat wollten die Vertragsparteien nicht gründen. Sie durften es auch nicht, lassen doch ihre Verfassungen einen solchen Schritt fast durchweg nicht zu.[37]

19

II. Abriß der Entwicklung der Währungsintegration

1. Die Anfänge

Die Mitgliedstaaten verfolgen das Ziel der Währungsintegration bereits seit längerer Zeit.[38] **Forderungen nach währungspolitischer Integration** in Europa finden sich auch schon in Dokumenten der frühen Nachkriegszeit. So heißt es etwa unter Ziffer 13 im 18-Punkte-Programm der Europa-Union,[39] das eine bundesstaatliche Europäische Union vorsah: »Die ›Europäische Union‹ betreibt eine einheitliche Währungspolitik und führt eine einheitliche Währung ein«. Andere Pläne und Verfassungsentwürfe bezogen die Währungspolitik wie selbstverständlich mit ein.[40]

20

Der **EWG-Vertrag** war dann jedoch deutlich zurückhaltender. Schon von Anfang an enthielt er aber Hinweise auf eine Koordinierung der Währungspolitik.[41] So verlangte Art. 104 EWGV, daß jeder Mitgliedstaat die Wirtschaftspolitik betreibt, »die erforderlich ist, um unter Wahrung eines hohen Beschäftigungsstandes und eines stabilen Preis-

21

---

34 Dazu U. *Häde*, Die rechtlichen Grundlagen der Bargeldausgabe, ZfRV 1994, S. 90 (101 f.).
35 Vgl. dazu die Erklärung zu den Währungsbeziehungen zur Republik San Marino, zum Staat Vatikanstadt und zum Fürstentum Monaco in der Schlußakte zum EUV sowie die Entscheidungen des Rates vom 31.12.1998, ABl.EG 1999 Nr. L 30/31 ff.
36 Ähnlich N. *Horn*, Rechtliche und institutionelle Aspekte der Europäischen Währungsunion im politischen und wirtschaftlichen Kontext, ZBB 1997, S. 314 (319); M. *Kuschnick*, Die Währungsunion und der Stabilitätspakt von Amsterdam, DZWir 1997, S. 315 (322); M. *Seidel*, Die Verfassung der Europäischen Wirtschafts- und Währungsunion als Wirtschaftsunion, Vorträge, Reden und Berichte aus dem Europa-Institut Nr. 348, 1996, S. 6 f.; A. *Weber*, Die Wirtschafts- und Währungsunion nach dem Maastricht-Urteil des BVerfG, JZ 1994, S. 53 (54).
37 Vgl. dazu die Hinweise bei N. *Lorenz*, Die Übertragung von Hoheitsrechten auf die Europäischen Gemeinschaften, 1990, passim, sowie U. *Battis/D. T. Tsatsos/D. Stefanou*, Europäische Integration und nationales Verfassungsrecht: Ein vergleichender Überblick, in: dies. (Hrsg.), Europäische Integration und nationales Verfassungsrecht, 1995, S. 469 (508 ff.).
38 Vgl. H. *Schmidt*, Warum Währungsunion?, in: Randzio-Plath (Hrsg.), Der Euro – mehr als ein Symbol, 1996, S. 31 ff.; L. B. *Weber*, Die Umsetzung der Bestimmungen über die Europäische Währungsunion in das deutsche Verfassungsrecht, 2000, S. 21 ff.; S. *Weinbörner*, Die Stellung der Europäischen Zentralbank (EZB), 1998, S. 15 ff.
39 Abgedruckt bei J. *Schwarze*, Der Aufbau Europas, 1980, S. 53 f.
40 Siehe nur den Art. X des »Interlaken-Plans« der Europäischen Parlamentarier-Union vom September 1948, ebd., S. 67, sowie Art. 18 des Vorentwurfs der Union Européenne des Fédéralistes (UEF) für eine europäische Verfassung vom 11.11.1948, ebd., S. 73 ff.
41 Vgl. H. *Burgard*, Währungsrecht und Währungspolitik in der E.G., in: Hahn (Hrsg.), Integration und Kooperation im Europäischen Währungswesen, 1980, S. 41 (42 ff.); G. *Galahn*, Die Deutsche Bundesbank im Prozeß der europäischen Währungsintegration, 1996, S. 16 ff.; C. *Köster*, Das Recht der europäischen Währungspolitiken, 1990, S. 58 ff.

niveaus das Gleichgewicht seiner Gesamtzahlungsbilanz zu sichern und das Vertrauen in seine Währung aufrechtzuerhalten«.

22 Um die Verwirklichung der Ziele des Art. 104 zu erleichtern, koordinierten die Mitgliedstaaten nach Art. 105 Abs. 1 EWGV ihre Wirtschaftspolitik. Zu diesem Zweck richteten sie eine Zusammenarbeit zwischen ihren zuständigen Verwaltungsstellen ein und schufen auf der Grundlage des Art. 105 Abs. 1 S. 2 EWGV einen **Ausschuß der Zentralbankpräsidenten**.[42] Art. 105 Abs. 2 EWGV schrieb vor, daß die Koordinierung der Währungspolitik in dem für das Funktionieren des Gemeinsamen Marktes erforderlichen Umfang durch Einsetzung eines **Beratenden Währungsausschusses** zu fördern sei. Die Art. 106–109 EWGV enthielten weitere währungsrelevante Vorschriften, die sich mit dem Zahlungsverkehr, der Wechselkurspolitik sowie Zahlungsbilanzproblemen beschäftigten. Insgesamt fanden sich im früheren Gemeinschaftsrecht damit aber **nicht mehr als Ansätze** zu einer Währungsintegration.

23 Diese weitgehende Zurückhaltung des EWG-Vertrags läßt sich mit der Abneigung der Gründerstaaten gegen eine weitergehende Vergemeinschaftung des Währungswesens erklären.[43] Die Mitgliedstaaten gehörten gleichzeitig dem Internationalen Währungsfonds (IWF) an, dessen Errichtung die Teilnehmer der **Konferenz von Bretton Woods** 1944 beschlossen hatten.[44] Nach Art. IV des IWF-Übereinkommens durften sie die Parität ihrer Währung zum US-Dollar oder zum Gold nur mit Genehmigung des IWF um mehr als 10% verändern.[45] Dieses **Fixkurssystem** machte entsprechende gemeinschaftsrechtliche Regelungen weitgehend überflüssig.[46]

24 Allerdings gab es auch schon vor der Abschaffung dieses Systems Anfang der 70er Jahre[47] Bestrebungen, die Währungsintegration in der EWG zu intensivieren.[48] Verschiedene Anläufe führten jedoch nicht zum Erfolg. So kam es auf der Grundlage des »**Werner-Plans**«[49] zwar zu einer »Entschließung des Rates und der Vertreter der Regierungen der Mitgliedstaaten vom 22. März 1971 über die stufenweise Verwirklichung der Wirt-

---

42 Beschluß des Rates (64/300/EWG) vom 8.5.1964 über die Zusammenarbeit zwischen den Zentralbanken der Mitgliedstaaten der Europäischen Wirtschaftsgemeinschaft, ABl.EG 1964/1206.
43 Vgl. H. J. Hahn, Vom europäischen Währungssystem zur europäischen Währungsunion, 1990, S. 7; dens./J. Siebelt, in: Hb.EUWirtR, Abschnitt F.I, Rn. 1.
44 Näher dazu L. Gramlich, Eine neue internationale »Finanzarchitektur« oder: Das IMF in der Krise?, AVR 38 (2000), S. 399 (402 ff.); J. Rettberg, Weltwährungsfonds mit Weltbankgruppe und UNCTAD, 1983, S. 31 ff. S. auch K. Blöcker, Die rechtlichen Aspekte der Zusammenarbeit des Internationalen Währungsfonds (IWF) mit der Russischen Föderation, 2000, S. 8 ff.
45 Vgl. M. Garritsen de Vries, Der IWF nach 50 Jahren, Finanzierung & Entwicklung, Juni 1995, S. 43; H. J. Hahn, Elemente einer neuen Weltwährungsordnung, in: Kewenig (Hrsg.), Völkerrecht und internationale wirtschaftliche Zusammenarbeit, 1978, S. 215 (217); W. Hoffmann, Rechtsfragen der Währungsparität, 1969, S. 99 ff.
46 Vgl. J. Siebelt, Auf dem Wege zur Europäischen Währungsunion, in: Siedentopf (Hrsg.), Europäische Integration und nationalstaatliche Verwaltung, 1991, S. 43 (48 f.).
47 Dazu Rettberg (Fn. 44), S. 163 ff.
48 Zu den verschiedenen Anläufen K. Bünger/B. Molitor, in: GTE, EGV, Vorbem. zu den Art. 102a bis 109, Rn. 2 ff.; H. J. Hahn, Von der Europäischen Zahlungsunion zur Europäischen Währungsunion, in: Böhm/Lindauer (Hrsg.), Europäischer Geist – Europäische Verantwortung, 1993, S. 203 ff.; R. H. Hasse, Europäische Zentralbank, Aus Politik und Zeitgeschichte, B 7–8/92, S. 23 f.; R. W. Strohmeier, Das Europäische Währungssystem, Diss. Würzburg 1980, S. 3 ff.
49 Bericht an den Rat und die Kommission über die stufenweise Verwirklichung der Wirtschafts- und Währungsunion in der Gemeinschaft vom 8.10.1970, ABl.EG 1970 Nr. C 136/1. Vgl. dazu H. Geiger, Das Währungsrecht im Binnenmarkt der Europäischen Union, 1996, S. 20 ff.; D. Studt, Rechtsfragen einer europäischen Zentralbank, 1993, S. 17 ff.

schafts- und Währungsunion in der Gemeinschaft«[50] und in der Folge zur Errichtung des Europäischen Wechselkurssystems.[51] Die vorgesehene Errichtung der Wirtschafts- und Währungsunion bis zum Jahr 1980 schlug jedoch fehl.[52]

Auch das 1978/79 errichtete **Europäische Währungssystem (EWS)**[53] sollte eigentlich 1981 in ein endgültiges System übergehen. Vorgesehen war, den schon 1973 im Rahmen des Europäischen Wechselkursverbundes etablierten **Europäischen Fonds für währungspolitische Zusammenarbeit (EFWZ)**,[54] der im EWS neue Aufgaben erhalten hatte, in einen Europäischen Währungsfonds (EWF) umzuwandeln.[55] Dazu kam es dann jedoch nicht.   25

2. EEA bis Maastricht

Einen deutlichen Integrationsfortschritt stellte die zum 1.7.1987 in Kraft getretene **Einheitliche Europäische Akte (EEA)** dar.[56] Ihre Präambel weist darauf hin, daß die Staats- und Regierungschefs auf der Pariser Konferenz vom 19. bis 20.10.1972 das Ziel einer schrittweisen Verwirklichung der Wirtschafts- und Währungsunion gebilligt haben. Die EEA fügte darüber hinaus ein neues erstes Kapitel in den Titel des EWG-Vertrags ein, der sich mit der Wirtschaftspolitik beschäftigte. Seine Überschrift enthielt nun den Begriff Wirtschafts- und Währungsunion. **Art. 102a EWGV**, die einzige Vorschrift dieses Kapitels, verpflichtete die Mitgliedstaaten in seinem ersten Absatz zur Zusammenarbeit gemäß den Zielen des Art. 104 EWGV, um »die für die Weiterentwicklung der Gemeinschaft erforderliche Konvergenz der Wirtschafts- und Währungspolitiken zu sichern«. Nach Art. 102a Abs. 1 S. 1 EWGV berücksichtigen die Mitgliedstaaten »dabei die Erfahrungen, die bei der Zusammenarbeit im Rahmen des Europäischen Währungssystems (EWS) und bei der Entwicklung der ECU gesammelt worden sind und respektieren die bestehenden Zuständigkeiten«.   26

Diese Formulierung ist nur vor dem Hintergrund des bis 1987 bereits erreichten Integrationsstandes zu verstehen. Das EWS, dem zwar die Vollendung versagt blieb, das sich ansonsten aber zu einem Stabilitätsfaktor entwickelte, beruhte auf verschiedenen Rechtsakten (s. Art. 124, Rn. 4), deren Einordnung Mühe bereitete.[57] Indem Art. 102a EWGV[58] festschrieb, daß die Mitgliedstaaten die bestehenden Zuständigkeiten respektieren, sicherte er mit dieser Wendung das bis dahin Erreichte im   27

---

50 ABl.EG 1971 Nr. C 28/1. Vgl. *R. Smits*, The European Central Bank, 1997, S. 15 ff.
51 *H. J. Hahn/J. Siebelt*, in: Hb.EUWirtR, Abschnitt F.I, Rn. 12.
52 *Krägenau/Wetter* (Fn. 10), S. 13 f.
53 Dazu *H. J. Hahn*, Das Europäische Währungssystem – Systemvergleich und Funktionsweise, EuR 1979, S. 337 ff.; *Strohmeier* (Fn. 48), S. 74 ff. Vgl. auch die Beiträge in *H.-E. Scharrer/ W. Wessels* (Hrsg.), Das Europäische Währungssystem, 1983.
54 Dazu *C.-D. Ehlermann*, Die Errichtung des Europäischen Fonds für währungspolitische Zusammenarbeit, EuR 1973, S. 193.
55 *Oppermann*, Europarecht, Rn. 886; *J. de Ruyt*, L'acte unique européen, 1987, S. 185; *P.-W. Schlüter*, Der Europäische Währungsfonds – Ein Modell für ein stabilitätsorientiertes Organ, in: Scharrer/Wessels (Fn. 53), S. 383 ff. Vgl. auch *O. Issing*, Über das EWS zur Währungsunion?, in: ders. (Hrsg.), Wechselkursstabilisierung, EWS und Weltwährungssystem, 1988, S. 55 (67).
56 EEA vom 28.2.1986, BGBl. II S. 1104.
57 Näher dazu *H. J. Hahn/J. Siebelt*, in: Hb.EUWirtR, Abschnitt F.I, Rn. 13 ff.; *Köster* (Fn. 41), S. 91 ff.
58 Abs. 1 S. 2 dieser Vorschrift findet sich nun als Art. 124 Abs. 1 S. 2 EGV wieder.

Primärrecht der Gemeinschaft ab (s. auch Art. 124, Rn. 5).[59] Gleichzeitig stellte sein Absatz 2 allerdings klar, daß weitere institutionelle Veränderungen im Bereich der Wirtschafts- und Währungspolitik nur im Wege der Vertragsänderung nach Art. 236 EWGV erfolgen durften.[60] Der Weg über die Generalklausel des Art. 235 EWGV wurde damit verschlossen.

28 Entscheidende Impulse bekam die europäische Währungsintegration erst gegen Ende der 80er Jahre, speziell durch den »**Delors-Bericht**«.[61] Seine Erstellung durch eine Arbeitsgruppe, der u.a. die Zentralbankpräsidenten aller Mitgliedstaaten angehörten, ging auf einen Auftrag zurück, den die Staats- und Regierungschefs auf der Tagung des Europäischen Rates in Hannover am 27. und 28.6.1988 erteilt hatten.[62] Er zeichnete die Verwirklichung der Wirtschafts- und Währungsunion in drei Stufen vor und kann damit – trotz mancher Abweichungen in wichtigen Einzelfragen – als **Modell der derzeitigen Regelung** angesehen werden.

29 In der Folge kam es zur **Festlegung des Beginns der ersten Stufe auf den 1.7.1990**[63] und zur Einsetzung einer Regierungskonferenz.[64] Die **Regierungskonferenz** über die Wirtschafts- und Währungsunion[65], die parallel zu einer Regierungskonferenz über die Politische Union[66] tagte, nahm am 15.12.1990 ihre Arbeit auf.[67] Ergebnis war der EUV mit seinen Vorschriften für den Weg zur Europäischen Wirtschafts- und Währungsunion.

3. Kritik an der Währungsunion

30 Gerade die Währungsunion war und ist **Gegenstand eines heftigen Streits**, der mit Manifesten[68] und anderen Stellungnahmen[69], aber auch vor dem Bundesverfassungsge-

---

59 *Siebelt* (Fn. 46), S. 57. Vgl. auch *R. Streinz*, Europarecht, Rn. 878. Anders *Köster* (Fn. 41), S. 147 ff.
60 *Hahn* (Fn. 43), S. 15.
61 Bericht zur Wirtschafts- und Währungsunion in der EG, vorgelegt vom Ausschuß zur Prüfung der Wirtschafts- und Währungsunion am 12.4.1989, abgedruckt bei *Krägenau/Wetter* (Fn. 10), Dok. 28, S. 146 ff., sowie in EA 1989, D 283 ff. Zum Delors-Bericht: *G. D. Baer*, Der Delors-Bericht: Ausgangspunkt für die weitere Diskussion, in: M. Weber (Hrsg.), Europa auf dem Weg zur Währungsunion, 1991, S. 49 ff.; *H. J. Hahn*, Währungsrecht, 1990, § 14, Rn. 1 ff.; *J. Siebelt*, Grundgesetz und Europäische Zentralbank, DÖV 1990, S. 362.
62 Vgl. die Schlußfolgerungen des Vorsitzes, *Krägenau/Wetter* (Fn. 10), Dok. 26, S. 140.
63 Tagung des Europäischen Rates in Madrid am 26./27.6.1989, Schlußfolgerungen des Vorsitzes, unter B. Wirtschafts- und Währungsunion, *Krägenau/Wetter* (Fn. 10), Dok. 29, S. 157.
64 Tagung des Europäischen Rates in Straßburg am 8./9.12.1989, Schlußfolgerungen des Vorsitzes, unter B.III. Wirtschafts- und Währungsunion, *Krägenau/Wetter* (Fn. 10), Dok. 34, S. 168 (169).
65 Zu den Verhandlungen *W. Schönfelder/E. Thiel*, Ein Markt – Eine Währung, 2. Aufl., 1996; *R. Stadler*, Der rechtliche Handlungsspielraum des Europäischen Systems der Zentralbanken, 1996, S. 55 ff.
66 Näher dazu mit ausführlicher Dokumentation *F. Laursen/S. Vanhoonacker*, The Intergovernmental Conference on Political Union, 1992.
67 *H. J. Hahn/J. Siebelt*, in: Hb.EUWirtR, Abschnitt F.I, Rn. 61. Ausführlich zum Verlauf *H. J. Hahn*, The European Central Bank: Key to European Monetary Union or Target?, CML-Rev. 28 (1991), S. 783 (793 ff.).
68 Vgl. dazu nur *R. Hrbek*, Kontroversen und Manifeste zum Vertrag von Maastricht: Zur Einführung, Integration 1992, S. 225.
69 Vgl. z. B. die Beiträge in *R. Hrbek* (Hrsg.), Der Vertrag von Maastricht in der wissenschaftlichen Kontroverse, 1993.

richt[70] ausgetragen wurde. Vor dem am 1.1.1999 erfolgten Eintritt der Gemeinschaft in die dritte Stufe mußte sich das **Bundesverfassungsgericht** erneut mit einschlägigen Verfassungsbeschwerden befassen. Zwei von ihnen hat es mit Urteil vom 31.3.1998 als offensichtlich unbegründet verworfen. Eine weitere hat die 3. Kammer des Zweiten Senats am 22.6.1998 nicht zur Entscheidung angenommen.[71]

III. Der Name der Währung

Abs. 2 bezeichnet die einzuführende einheitliche Währung als **ECU**. Die drei Buchstaben stehen für die englische Abkürzung der Europäischen Währungseinheit, **European Currency Unit**, der Recheneinheit des Europäischen Währungssystems (EWS). Sie sollten wohl bewußt an die mittelalterliche französische Münze »l'Écu« erinnern.[72] Der Europäische Rat von Madrid hat Ende 1995 jedoch entschieden, der einheitlichen Währung den Namen »**Euro**« zu geben.[73] Für den hundertsten Teil eines Euro wurde die Bezeichnung »**Cent**« festgelegt.[74] Die Bezeichnung der einheitlichen Währung als »ECU« ließ sich sowohl als Platzhalter für den Namen der Gemeinschaftswährung verstehen als auch als dieser Name selbst.[75] Wegen dieser Unsicherheit bedurfte die Festlegung eines Namens keiner Vertragsänderung.[76]

31

IV. Preisstabilität als vorrangiges Ziel

1. Begriff der Preisstabilität

Die Einführung der einheitlichen Währung und die Festlegung und Durchführung der einheitlichen Geld- sowie Wechselkurspolitik sollen vorrangig das Ziel der Preisstabilität verfolgen. Schon Art. 2 zählt ein beständiges, nichtinflationäres Wachstum zu den Zielen, die zu fördern die Aufgabe der Gemeinschaft darstellt (s. Art. 2, Rn. 20). Abs. 2 gibt diesem Ziel im Rahmen der Währungsunion eine herausgehobene Stellung.

32

Der Begriff Preisstabilität bezieht sich auf den Binnenwert und damit auf die **Kaufkraft einer Währung**.[77] Insoweit weicht er von der Währungssicherung ab, die § 3 BBankG

33

---

70 BVerfGE 89, 155. Ausführlich dazu die Dokumentation des Verfahrens von *I. Winkelmann*, Das Maastricht-Urteil des Bundesverfassungsgerichts vom 12. Oktober 1993, 1994.
71 BVerfGE 97, 350, und BVerfG, NJW 1998, S. 3187. Dazu *S. Mengelkoch*, Bundesverfassungsgericht läßt Euro rollen, EuR 1998, S. 563.
72 Vgl. *U. Häde/L. Eckert*, Rechtliche Hindernisse für die Verwendung der ECU, EuZW 1993, S. 628 (633). Vgl. zur ECU außerdem *M. Linden*, Die Europäische Währungseinheit (ECU), ZIP 1987, S. 668; *J. Siebelt*, Die ECU, JuS 1996, S. 6; dens./*U. Häde*, Die ECU im deutschen Recht, NJW 1992, S. 10.
73 Schlußfolgerungen des Vorsitzes, abgedruckt in: Presse- und Informationsamt der Bundesregierung, Bulletin Nr. 8 vom 30.1.1996, S. 61 (62); Bull.EG 12/1995, S. 9 (10).
74 Vgl. den zweiten Erwägungsgrund der VO (EG) Nr. 1103/97 des Rates vom 17.6.1997 über bestimmte Vorschriften im Zusammenhang mit der Einführung des Euro, ABl.EG 1997 Nr. L 162/1.
75 Vgl. dazu *U. Häde*, Die Europäische Wirtschafts- und Währungsunion und ihr Bargeld, WM 1993, S. 2031 (2036); *J. Pipkorn*, Der rechtliche Rahmen der Wirtschafts- und Währungsunion, EuR, Beiheft 1/1994, S. 85 (94 Fn. 10).
76 *H. J. Hahn./U. Häde*, in: Dolzer (Hrsg.), Bonner Kommentar zum Grundgesetz, Art. 88 (Dezember 1999), Rn. 368. Ebenso *M. Potacs*, in: Schwarze (Hrsg.), EU-Kommentar, 2000, Art. 123 EGV Rn. 3. Anders *Stadler* (Fn. 65), S. 192 f. Vgl. auch *H. J. Hahn/U. Häde*, Europa im Wartestand: Bemerkungen zur Währungsunion, FS-Everling, 1995, S. 381 (393 f.).
77 Vgl. *M. Potacs*, in: Schwarze, EU-Kommentar, Art. 105 EGV, Rn. 2.

a.F. früher als Aufgabe der Bundesbank bezeichnete und die neben dem Binnen- auch den Außenwert miteinbezog.[78] Preisstabilität herrscht, solange die in Einheiten einer bestimmten Währung festgesetzten Preise für Waren und Dienstleistungen und damit der Geldwert konstant bleiben.[79] Insoweit entspricht dieser gemeinschaftsrechtliche Begriff der in § 1 des deutschen Stabilitätsgesetzes[80] erwähnten **Stabilität des Preisniveaus**, die ein besonders wichtiges Element des in Art. 109 Abs. 2 GG erwähnten gesamtwirtschaftlichen Gleichgewichts darstellt.[81]

2. Preisstabilität und allgemeine Wirtschaftspolitik

34 Die Vergemeinschaftung von Geld- und Wechselkurspolitik sowie die Einführung der einheitlichen Währung sollen die allgemeine Wirtschaftspolitik in der Gemeinschaft unter Beachtung des Grundsatzes einer offenen Marktwirtschaft mit freiem Wettbewerb unterstützen. Dies gilt allerdings nur **unbeschadet des vorrangigen Ziels der Preisstabilität**.[82] Im Zusammenhang mit der in Art. 8 verankerten Errichtung eines Europäischen Systems der Zentralbanken und der in Art. 108 festgeschriebenen **Weisungsfreiheit** seiner Bestandteile Europäische Zentralbank und nationale Zentralbanken (Art. 107 Abs. 1) wird schon hier deutlich, daß weder die Gemeinschaftsorgane noch die Mitgliedstaaten die Geld- und Währungspolitik für eine Wirtschaftspolitik instrumentalisieren dürfen, die der Preisstabilität zuwiderläuft. Solche rechtlichen Regeln können allerdings nicht verdecken, daß die Vorstellungen von Stabilität und über das richtige Verhältnis zwischen Geld- und Währungspolitik einerseits und Wirtschaftspolitik andererseits nicht in allen Mitgliedstaaten die gleichen sind. Das Vorhandensein einer »**Stabilitätskultur**« wird denn auch gerade von deutscher Seite oft bezweifelt.[83]

3. Preisstabilität als Auslegungsmaxime

35 Im Zusammenhang mit der WWU enthält der EGV zahlreiche unbestimmte Rechtsbegriffe sowie Formulierungen, die den Entscheidungsträgern einen beträchtlichen Ermessens- oder Beurteilungsspielraum einzuräumen scheinen. Hier kommt der **Grundentscheidung des Vertrags für den Vorrang der Preisstabilität** auch rechtlich gesehen eine ganz besondere Bedeutung zu. Das Ziel der Preisstabilität dient bei der Auslegung und Anwendung der Vertragsvorschriften über die WWU als wesentlicher

---

78 Vgl. *Hahn/Häde* (Fn. 76), Rn. 133. Auf den Unterschied weist auch hin *Louis* (Rn. 14), S. 17.
79 Vgl. zu Geldwert und Kaufkraft *Hahn* (Fn. 61), § 16, Rn. 4 ff.; *Staudinger-K. Schmidt*, BGB, 13. Bearbeitung, 1997, Vorbem. zu §§ 244 ff., Rn. D 13 ff.; *T. Weikart*, Geldwert und Eigentumsgarantie, 1993, S. 62 ff. Vgl. auch *J. Endler*, Europäische Zentralbank und Preisstabilität, 1998, S. 390 ff.
80 Gesetz zur Förderung der Stabilität und des Wachstums der Wirtschaft vom 8.6.1967, BGBl. I S. 582.
81 Dazu, daß § 1 StabG auch heute noch die gültige einfachgesetzliche Definition des verfassungsrechtlichen Begriffs des gesamtwirtschaftlichen Gleichgewichts enthält, vgl. *U. Häde*, Gesamtwirtschaftliches Gleichgewicht und europäische Haushaltsdisziplin, JZ 1997, S. 269 (273); *Wieland* (Fn. 13), S. 36.
82 Vgl. *Stadler* (Fn. 65), S. 106.
83 Vgl. nur *M. Häder/H. Niebaum*, EWU und Stabilitätskultur aus institutionenökonomischer Sicht, Wirtschaftsdienst 1997, S. 94; *W. Steuer*, Gibt es eine europäische Stabilitätskultur?, Wirtschaftsdienst 1997, S. 86. Anders *P. Bofinger/K. Pfleger/C. Hefeker*, Stabilitätskultur in Europa, in: Francke/Ketzel/Kotz (Hrsg.), Europäische Währungsunion, Beihefte zu Kredit und Kapital 14, 1998, S. 137 ff.

Orientierungspunkt. Im Zweifel verdient deshalb jene Auslegung den Vorrang, die dem Stabilitätsziel am besten dient.[84]

Vorrangig ist das Ziel der Preisstabilität allerdings **nur im Rahmen der Währungspoli-** 36 **tik**. Im Zusammenhang der sonstigen Wirtschaftspolitik spielt es zwar ebenfalls eine wichtige Rolle. Hier gehören stabile Preise zu den richtungsweisenden Grundsätzen, deren Einhaltung nach Abs. 3 bei der gesamten Tätigkeit der Gemeinschaft im Sinne des Art. 2 vorausgesetzt wird. Art. 2 erwähnt die Preisstabilität darüber hinaus in Form des Ziels »nichtinflationäres Wachstum«. Gerade dort wird durch die Aufzählung vieler weiterer Ziele aber deutlich, daß die Preisstabilität kein vorrangiges Ziel der Gemeinschaftspolitik insgesamt ist.[85] Als wesentliches Auslegungskriterium kann das Stabilitätsziel deshalb nur im Bereich der Vorschriften über die Währungsunion dienen. Ansonsten steht es allenfalls gleichrangig neben anderen Zielen.

C. Richtungsweisende Grundsätze

Als Voraussetzungen für »diese Tätigkeit« der Mitgliedstaaten und der Gemeinschaft 37 nennt Abs. 3 stabile Preise, gesunde öffentliche Finanzen und monetäre Rahmenbedingungen sowie eine dauerhaft finanzierbare Zahlungsbilanz. Es wird nicht recht klar, auf welche Tätigkeit sich diese Grundsätze beziehen. Denkbar wäre es, daß hier nur die Tätigkeit in Form der in den beiden vorhergehenden Absätzen erwähnten Wirtschafts- und Währungspolitik gemeint ist.[86]

Ebenso möglich ist es demgegenüber, daß sich die Formulierung auf die **gesamte Tätig-** 38 **keit der Mitgliedstaaten** und der Gemeinschaft bezieht. Schon in Abs. 2 findet sich die Wendung »diese Tätigkeit«. Sie verweist auf Abs. 1. Und dort geht es ausdrücklich um die Tätigkeit »im Sinne des Artikels 2«. Das spricht dafür, der gleichlautenden Formulierung in Abs. 3 keine andere, engere Bedeutung beizumessen.[87] Stabile Preise, gesunde öffentliche Finanzen und monetäre Rahmenbedingungen sowie eine dauerhaft finanzierbare Zahlungsbilanz sind nicht nur im Rahmen der Wirtschafts- und Währungsunion von Bedeutung.

Auch Art. 98 Satz 2 stellt die Grundsätze des Abs. 3 in diesen weiteren Zusammenhang 39 (s. Art. 98, Rn. 5). Allerdings handelt es sich bei diesen Grundsätzen **nicht um verbindliche rechtliche Vorgaben, sondern** um richtungsweisende Grundsätze, **Leitbilder**, die den engen Zusammenhang zwischen der geplanten Wirtschafts- und Währungsunion und der sonstigen Tätigkeit von Mitgliedstaaten und Gemeinschaft hervorheben.

---

84 Ähnlich N. Horn, Währungsunion als Instrument der Integration, FS-Mestmäcker, 1996, S. 381 (389); U. Palm, Preisstabilität in der Europäischen Wirtschafts- und Währungsunion, 2000, S. 32 f.; F.-C. Zeitler, Die Europäische Währungsunion als Stabilitätsgemeinschaft, WM 1995, S. 1609. Vgl. auch H. Kortz, Die Entscheidung über den Übergang in die Endstufe der Wirtschafts- und Währungsunion, 1996, S. 75.
85 Vgl. U. Häde, VVDStRL 59 (2000), S. 169 f.; Hahn/Häde (Fn. 76), Rn. 376. Ebenso Schulze-Steinen (Fn. 1), S. 115 f. Anders M. Herdegen, VVDStRL 59 (2000), S.166; H. Sodan; Die funktionale Unabhängigkeit der Zentralbanken, NJW 1999, S. 1521 (1523).
86 So Bandilla, in: Grabitz/Hilf, EU, Art. 3a, Rn. 20.
87 Im Ergebnis wohl ebenso Roth (Fn. 5), S. 82, Fn. 118.

Art. 5 EG-Vertrag

Art. 5 (ex-Art. 3b)

Die Gemeinschaft wird innerhalb der Grenzen der ihr in diesem Vertrag zugewiesenen Befugnisse und gesetzten Ziele tätig.[8 ff.]

In den Bereichen, die nicht in ihre ausschließliche Zuständigkeit[18 ff.] fallen, wird die Gemeinschaft nach dem Subsidiaritätsprinzip[1 ff.] nur tätig, sofern und soweit die Ziele der in Betracht gezogenen Maßnahmen[34] auf Ebene der Mitgliedstaaten nicht ausreichend[36 ff.] erreicht werden können und daher wegen ihres Umfangs oder ihrer Wirkungen besser[42 ff.] auf Gemeinschaftsebene erreicht werden können.[17 ff.]

Die Maßnahmen der Gemeinschaft gehen nicht über das für die Erreichung der Ziele dieses Vertrags erforderliche Maß hinaus.[45 ff.]

Inhaltsübersicht:

A. Der Grundgedanke des Subsidiaritätsprinzips im Gemeinschaftsrecht	1
B. Die Prüfvorgaben des Art. 5 an eine gemeinschaftliche Kompetenzausübung	8
I. Absatz 1	8
1. Prinzip der begrenzten Einzelermächtigung	8
2. Die Zulässigkeit von »implied powers« und »effet utile«-Auslegung	13
3. Abs. 1 und Art. 308	16
II. Absatz 2	17
1. Begriff der ausschließlichen Zuständigkeit	18
a) Rechtsprechung und Praxis	19
b) Literatur	23
c) Stellungnahme	24
2. Sperrwirkung und ausschließliche Zuständigkeit	28
a) Rechtsprechung	29
b) Literatur	30
c) Stellungnahme	31
3. Geltung des Abs. 2 für konkurrierende und parallele Kompetenzen	32
4. Der Begriff der Maßnahme	34
5. Die materiellen Vorgaben des Abs. 2 für die Kompetenzausübung	35
a) Allgemeines	35
b) Negativkriterium – nicht ausreichend	36
aa) Rechtsprechung und Praxis	36
bb) Literatur	38
cc) Stellungnahme	39
c) Das Positivkriterium – besser	42
aa) Rechtsprechung und Praxis	42
bb) Literatur	43
cc) Stellungnahme	44
III. Die Prüfung der Verhältnismäßigkeit nach Abs. 3	45
1. Allgemeines	45
2. Inhalt und Tragweite	46
3. Vorgaben des Abs. 3	48
a) Rechtsprechung und Praxis	48
b) Literatur	51
c) Stellungnahme	52
C. Spezialisierungen des Subsidiaritätsprinzips	53
D. Konkretisierung des Art. 5 durch das gemeinschaftsrechtliche Solidaritätsprinzip	54
E. Umsetzung und Kontrolle der Vorgaben des Art. 5	58
I. Prozedurale Umsetzung	58
II. Die gerichtliche Kontrolle der Umsetzung der Vorgaben des Art. 5	60
1. Rechtsprechung und Praxis	61
2. Literatur	63

3. Stellungnahme 65
III. Klageberechtigte 69
IV. Ausblick: Post-Nizza-Prozeß 72

A. Der Grundgedanke des Subsidiaritätsprinzips im Gemeinschaftsrecht

Die Aussage des Begriffs der »Subsidiarität« läßt sich dahingehend definieren, **daß der** 1
kleineren Einheit der Vorrang im Handeln (»Zuständigkeitsprärogative«) gegenüber
der größeren Einheit nach Maßgabe ihrer **Leistungsfähigkeit** zukommt.[1] Hierin liegt –
trotz großer Abstraktionshöhe – der materielle Gehalt des (allgemeinen) Subsidiaritätsprinzips.[2] Die ihm innewohnende Offenheit und Flexibilität machen es allerdings zu einem »**Relationsbegriff**«[3], dessen nähere Konturen mit Blick auf das normative Umfeld
systematisch konkretisiert werden müssen.

Das Subsidiaritätsprinzip wird im Hinblick auf die EG ganz überwiegend unter dem 2
Gesichtspunkt der **Begrenzung** gemeinschaftlicher Kompetenzen diskutiert.[4] Insofern
geht es nicht um die Kompetenzverteilung, bei der das Subsidiaritätsprinzip nur eine
politische Leitlinie[5] sein kann, sondern um die Frage der **Kompetenzausübung** im Hinblick auf durch die Gemeinschaftsverträge bereits verteilte und damit vorgegebene
Kompetenzen.

In Art. 5 hat das Subsidiaritätsprinzip seine für den gesamten Vertrag rechtlich – nicht 3
etwa nur politisch – verbindliche, allgemeine Definition erhalten. **Der gesamte Art. 5**
verkörpert in dieser Formulierung das gemeinschaftsrechtliche Subsidiaritätsprinzip.
Sein Abs. 2 enthält jedoch das Subsidiaritätsprinzip im engeren Sinne. Dieses hat in
Abs. 2 eine begrenzendere Formulierung gefunden, als sie noch der für die Maastrichter Konferenz vorbereitete luxemburgisch-niederländische Vertragsentwurf vom 8.11.
1991 und 4.12.1991 vorsah.[6] Das hierin noch allein enthaltene – oftmals als »Effektivitäts- oder Optimierungsprinzip« kritisierte[7] –»Besser-Kriterium« wurde in Abs. 2
um das Kriterium »nicht ausreichend« ergänzt. Hierdurch wird die **begrenzende Funk-**

---

1 Grundlegend *J. Isensee*, Subsidiarität und Verfassungsrecht, Eine Studie über das Regulativ des
 Verhältnisses von Staat und Gesellschaft, 1968, hier S. 71; zusammenfassend *C. Calliess*, Subsidiaritäts- und Solidaritätsprinzip in der EU, 2. Auflage, 1999, S. 25 ff.
2 Vgl. *Isensee* (Fn. 1), S. 73.
3 *M. Jestaedt*, Die Relativität des Subsidiaritätsprinzips, Arbeitgeber 1993, S. 725; ähnlich *W.
 Moersch*, Leistungsfähigkeit und Grenzen des Subsidiaritätsprinzips, 2001, S. 51 ff. m.w.N.
4 Anders aber *A. Faber*, Die Zukunft kommunaler Selbstverwaltung und der Gedanke der
 Subsidiarität in den EG, DVBl. 1991, S. 1126 (1134 f.); *A. Schnabel*, Das Subsidiaritätsprinzip
 im Vertrag über die EU, BayVBl. 1993, S. 393 (394); zweifelnd auch *J. Oechsler*, Stärkung der
 zentralen Instanzen durch das Subsidiaritätsprinzip, in: Scholz (Hrsg.), Deutschland auf dem
 Weg in die EU: Wieviel Eurozentralismus – wieviel Subsidiarität?, 1994, S. 150.
5 *V. Constantinesco*, Subsidiarität: Zentrales Verfassungsprinzip für die politische Union, integration 1990, S. 165 (173); *E. Grabitz*, Subsidiarität im Gemeinschaftsrecht, in: Vogel/Oettinger
 (Hrsg.), Föderalismus in der Bewährung, 1992, S. 149; *M. Wilke/H. Wallace*, Subsidiarity: Approaches to Power-Sharing in the European Community, RIIA Dicussion Papers N°27, 1990,
 S. 5 f.
6 Conf-UP 1845/91 und 1850/91; vgl. die Gegenüberstellung bei *W. Hummer*, Subsidiarität und
 Föderalismus als Strukturprinzipien der EG, ZfRV 1992, S. 81 (88) sowie *D. Merten*, Subsidiarität als Verfassungsprinzip, in: Merten (Hrsg.), Die Subsidiarität Europas, 1993, S. 77 (82).
7 Vgl. nur *Faber* (Fn. 4), S. 1134.

Art. 5 EG-Vertrag

tion des Art. 5, die in dem so geäußerten Willen der Vertragsparteien zum Ausdruck kommt, unterstrichen.[8]

4 Die Diskussion über das gemeinschaftsrechtliche Subsidiaritätsprinzip des Art. 5 leidet zumeist allerdings unter einer **eindimensionalen Betrachtungsweise**, indem sie sich allein auf den Aspekt der Subsidiarität konzentriert. Demgegenüber ist auf zweierlei aufmerksam zu machen: Zum einen ist das Subsidiaritätsprinzip ein **Relationsbegriff**[9], dessen Inhalt angesichts unbestimmter Rechtsbegriffe (Abs. 2: »nicht ausreichend«, »besser«) erst in Bezug zu dem **Kontext**, in den es eingeordnet ist, konkretisiert werden kann. Zum anderen besteht zwischen Subsidiaritätsprinzip und **Solidaritätsprinzip** (s. Art. 1 EUV, Rn. 44 ff.) ein enger Zusammenhang. Dieser wird deutlich, wenn man sich die verschiedenen **formalen Voraussetzungen**, die den potentiellen Anwendungsbereich des Subsidiaritätsprinzips bestimmen, vergegenwärtigt[10]:
   - Verschiedene Einheiten müssen in einem **gestuften** und hierarchischen Über-/Unterordnungsverhältnis zueinander stehen,
   - sie müssen einen gemeinsamen Aufgabenkreis (**konkurrierende Kompetenzen**) haben
   - und sie müssen auf ein gemeinsames Ziel – das **Gemeinwohl** – bezogen sein. Aus jener gemeinsamen Aufgaben- und Zielbezogenheit ergibt sich das **Solidaritätsprinzip**. Diese unterstreicht die innere Verbundenheit der kleineren Einheiten im Hinblick auf das Ganze, die das Subsidiaritätsprinzip voraussetzt.

5 In Anwendung auf die EU folgt hieraus, daß die Mitgliedstaaten im Hinblick auf die Ziele der Gemeinschaft zur **Solidarität verpflichtet** (s. Art. 1 EUV, Rn. 44 ff.) sind. Das Gemeinwohl entfaltet sich auf diese Weise im Solidaritätsprinzip einerseits und im Subsidiaritätsprinzip andererseits. Hierdurch entsteht ein **Spannungsverhältnis**, das dem Subsidiaritätsprinzip immanent ist und bei seiner Auslegung zu berücksichtigen ist. Beide Prinzipien werden in diesem Spannungsverhältnis einander zum **gegenseitigen** Korrektiv (s. Rn. 54 ff.). Demnach bestimmen sich die konkreten Folgerungen aus dem Subsidiaritätsprinzip unter Berücksichtigung der Anforderungen des Solidaritätsprinzips.[11]

6 Aus seiner Stellung vor den »Grundsätzen« der Art. 4 ff. wird deutlich, daß das Subsidiaritätsprinzip, gewissermaßen vor die Klammer gezogen, den Inhalt der anderen »Grundsätze« beeinflußt und mitbestimmt.[12] Mit dem »Gebot der Grenzenbeachtung« in seinem Abs. 1, dem Subsidiaritätsprinzip i. e. S. in Abs. 2 und dem Erforderlichkeitsgebot in Abs. 3 enthält Art. 5 eine »europarechtliche **Schrankentrias**«[13] für die Kompetenzausübung der Gemeinschaft. Bevor die Gemeinschaft handeln kann, müssen demnach **drei Fragen positiv** beantwortet werden können: Nach Abs. 1 die **Kann-Frage**, nach Abs. 2 die **Ob-Frage** und nach Abs. 3 die **Wie-Frage**.

---

8 Ähnlich *Merten* (Fn.6), S. 79 f. und 82; a.A. *G. Lienbacher*, in: Schwarze, EU-Kommentar, Art. 5, Rn. 21
9 Vgl. *Jestaedt; Moersch* (Fn. 3).
10 In Anlehnung an *Isensee* (Fn. 1), S. 71; vgl. dazu auch *Moersch* (Fn. 3), S. 54 ff.
11 Ausführlich dazu *C. Calliess*, Subsidiaritäts- und Solidaritätsprinzip in der EU, 2. Auflage, 1999, S. 185 ff.
12 So auch *P. M. Schmidhuber/G. Hitzler*, Die Verankerung des Subsidiaritätsprinzips im EWG-Vertrag – ein wichtiger Schritt auf dem Weg zu einer föderalen Verfassung der EG, NVwZ 1992, S. 720 (721); *I. E. Schwartz*, Subsidiarität und EG-Kompetenzen, AfP 1993, S. 409; *W. Kahl*, Möglichkeiten und Grenzen des Subsidiaritätsprinzips nach Art. 3b EGV, AöR 118 (1993), S. 414 (424).
13 So die treffende Bezeichnung von *Merten* (Fn. 6), S. 78; ausführlich *Calliess* (Fn. 11), S. 68 f.

Eine – mit Blick auf Praktikabilität und Justitiabilität bedeutsame – Konkretisierung erfährt Art. 5 durch das mit dem **Vertrag von Amsterdam** eingefügte **Protokoll über die Anwendung der Grundsätze der Subsidiarität und der Verhältnismäßigkeit** (s. Anhang Teil III, Protokoll Nr. 30).[14] Dessen Vorgaben decken sich – worauf auch die Erwägungsgründe des Protokolls ausdrücklich hinweisen – inhaltlich weitgehend mit denen des durch den Europäischen Rat von Edinburgh am 11. und 12.12.1992 vereinbarten Gesamtkonzepts für die Anwendung des Subsidiaritätsprinzips[15] sowie denjenigen der Interinstitutionellen Vereinbarung vom 25.10.1993 zwischen dem EP, dem Rat und der Kommission über die Verfahren zur Anwendung des Subsidiaritätsprinzips.[16]

B. Die Prüfvorgaben des Art. 5 an eine gemeinschaftliche Kompetenzausübung

I. Absatz 1

1. Prinzip der begrenzten Einzelermächtigung

Art. 5 Abs. 1 formuliert unbestritten das, was in Auslegung der Art. 3, 7 Abs. 1, 202, 211 UAbs. 2 und 249 Abs. 1 bereits bisher als »Prinzip der begrenzten Einzelermächtigung« definiert wurde.[17] Jenes Prinzip, nach dem die Gemeinschaft nur solche Materien regeln kann, die ihr im Vertrag zugewiesen sind, sie bei einer Regelung auf die vertraglich vorgesehenen Instrumente beschränkt und Anwendung und Vollzug der Norm grundsätzlich den Mitgliedstaaten zuweist[18], ist **nunmehr ausdrücklich** in Abs. 1 festgeschrieben.[19]

Nach Abs. 1 ist die Frage zu stellen, ob die EG überhaupt tätig werden kann (**Kann-Frage**).[20] Danach ist für jeden verbindlichen Rechtsakt der EG nicht nur eine **ausdrückliche**, sondern auch die richtige **Kompetenzgrundlage** zu suchen. Letzteres ist deshalb von so großer Bedeutung, weil die Wahl der Kompetenzgrundlage unter anderem auch über den Abstimmungsmodus im Ministerrat – Einstimmigkeit mit »Vetomöglichkeit« eines jeden Mitgliedstaats oder Mehrheit – oder über Harmonisierungs-

---

14 *T. Stein*, Subsidiarität, Transparenz und Bürgernähe, in: W. Hummer (Hrsg.), Die EU nach dem Vertrag von Amsterdam, 1998, S. 141 (146 f.); *M. Kenntner*, Das Subsidiaritätsprotokoll des Amsterdamer Vertrags, NJW 1998, S. 2871 ff.; *Langguth*, in: Lenz, EGV, Art. 5, Rn. 61 ff., der das Protokoll in seiner Ausgewogenheit sehr positiv beurteilt und in ihm einen Beitrag zur besseren Justitiabilität sieht; skeptisch demgegenüber *G. Lienbacher*, in: Schwarze, EU-Kommentar, Art. 5, Rn. 32 ff.
15 Europäischer Rat von Edinburgh, Schlußfolgerungen des Vorsitzes, COM. SI (92) 1050 vom 13.12.1992, Teil A Anlage 1, III. S. 10 ff. = EA 1993, S. D 2 = *Calliess* (Fn. 11), S. 391 ff.
16 Abgedruckt in EuGRZ 1993, S. 602 (603 f.) = *Calliess* (Fn. 11), S. 397 f.
17 Grundlegend die ausführliche Darstellung von *H.-P. Krußer*, Das Prinzip begrenzter Ermächtigung im Gemeinschaftsrecht des EWG-Vertrages, 1991, S. 16 ff.
18 *BBPS*, S. 82; *Oppermann*, Europarecht, S. 197 ff.; *Ipsen*, EG-Recht, S. 187 ff. (194).
19 Dazu auch *K. Lenaerts/P. van Ypersele*, Le principe de subsidiarité et son contexte: étude de l'article 3b, C.D.E. 1994, S. 3 (Nr. 41 ff.); *T. Stein*, Subsidiarität als Rechtsprinzip, in: Merten (Hrsg.), Die Subsidiarität Europas, 1993, S. 23 (29); *R. v. Borries*, Das Subsidiaritätsprinzip im Recht der EU, EuR 1994, S. 263 (267 f.); *A. v. Bogdandy/M. Nettesheim*, in: Grabitz/Hilf, EU, Art. 3b, Rn. 3 ff.; *G. Langguth*, in: Lenz, EGV, Art. 5, Rn. 4 ff.
20 So zutreffend *W. Möschel*, Zum Subsidiaritätsprinzip im Vertrag von Maastricht, NJW 1993, S. 3025 (3026). Ähnlich der Entwurf für ein »Prüfraster für die Subsidiaritätsprüfung durch die Bundesressorts« vom 10.12.1993, S. 1 = *Calliess* (Fn. 11), S. 403 ff.; erneuert durch Prüfraster vom 7.7.1999.

verbote (z.B. Art. 152 Abs. 4 c); dazu dort Rn. 25 ff.) entscheidet. Insofern können sich Probleme vertikaler Kompetenzkonflikte durchaus mit Fragen horizontaler Kompetenzkonflikte[21] vermischen, was gerade im Urteil zur Tabakwerbeverbot-Richtlinie (s. Rn. 10 mit Fn. 23) deutlich wurde.

10 Der EuGH hatte sich – im Rahmen des Art. 5 – erstmals in der Rs. C - 84/94 betreffend die Arbeitszeitrichtlinie mit den Vorgaben des Abs. 1 zu befassen.[22] Hatte er hier die Kompetenzgrundlage – nach eingehender Prüfung – noch weit ausgelegt, so nahm er in seinem Urteil zur **Tabakwerbeverbot-Richtlinie** eine die mitgliedstaatlichen Kompetenzen schonende Auslegung der traditionell dynamisch wirkenden Binnenmarktkompetenz des Art. 95 (s. dort Rn. 1 ff.) vor, in deren Folge er die Richtlinie wegen Kompetenzverstoßes für nichtig erklärte.[23] Zum einen hat der EuGH entgegen den insoweit nicht überzeugenden Ausführungen des Generalanwalts mit klaren, wenn auch knappen Worten betont, daß andere Artikel des EGV nicht als Rechtsgrundlage herangezogen werden dürfen, um den ausdrücklichen Ausschluß jeglicher Harmonisierung gemäß Art. 152 Abs. 4 lit. c zu umgehen (s. dort Rn. 25 f.). Hier haben Generalanwalt und EuGH in konsequenter Anwendung des Art. 5 Abs. 1 EGV erfreulicherweise Klarheit dahingehend geschaffen, daß der bloße Gebrauch des Wortes »Binnenmarkt« nicht das »Sesam öffne dich« für jeglichen Gemeinschaftsrechtsakt darstellen kann: »Diesen Artikel dahin auszulegen, dass er dem Gemeinschaftsgesetzgeber eine allgemeine Kompetenz zur Regelung des Binnenmarktes gewährte, widerspräche nicht nur dem Wortlaut der genannten Bestimmungen, sondern wäre auch unvereinbar mit dem in Art. 3b EGV (jetzt Art. 5 EG) niedergelegten Grundsatz, dass die Befugnisse der Gemeinschaft auf Einzelermächtigungen beruhen«. Demgemäß konkretisiert der EuGH in systematischer und (wohl auch) teleologischer Auslegung Art. 95 Abs. 1 (s. dort Rn. 10 ff.), indem er unter Rückgriff auf Art. 3 Abs. 1 lit. c und Art. 14 Abs. 2 den Begriff des Binnenmarktes präzisiert und auf diese Weise der insoweit unbestimmten Norm konkrete Tatbestandsvoraussetzungen implantiert. Auf dieser Grundlage prüft der EuGH dann u.a., »ob die Wettbewerbsverzerrungen, auf deren Beseitigung der Rechtsakt zielt, spürbar sind. Bestünde diese Voraussetzung nicht, wären der Zuständigkeit des Gemeinschaftsgesetzgebers praktisch keine Grenzen gezogen«. Eine Heranziehung der Harmonisierungskompetenzen zur Beseitigung »nur geringfügiger Wettbewerbsverzerrungen« wäre mit Art. 5 Abs. 1 EGV unvereinbar. »Es ist deshalb zu prüfen, ob die Richtlinie *tatsächlich* zur Beseitigung *spürbarer* Verzerrungen des Wettbewerbs beiträgt«.

11 Das BVerfG führt in seiner »**Maastricht-Entscheidung**« mit Blick auf die »zukünftige Handhabung der Einzelermächtigung« aus: »Wenn eine dynamische Erweiterung der bestehenden Verträge sich bisher auf eine großzügige Handhabung des Art. 235 EWGV..., auf den Gedanken der inhärenten Zuständigkeiten...(»implied powers«) und auf eine Vertragsauslegung im Sinne einer größtmöglichen Ausschöpfung der Gemeinschaftsbefugnisse (»effet utile«) gestützt hat..., so wird in Zukunft bei der Auslegung von Befugnisnormen durch Organe und Einrichtungen der Gemeinschaften zu beach-

---

21 Hierzu M. *Nettesheim*, Horizontale Kompetenzkonflikte in der EG, EuR 1993, S. 243.
22 EuGH, Rs. C - 84/94, 12.11.1996, Slg. 1996, I-5755 (Vereinigtes Königreich/Rat); dazu *C. Calliess*, Anmerkung, EuZW 1996, S. 757 f.
23 Urt. v. 5.10.2000, Rs. C-376/98, Slg. 2000, I-2247, Rn. 83, 106 ff., abgedruckt (gekürzt) in EuZW 2000, S. 694, JZ 2001, S. 32 und (im Volltext) in EWS 2001, S. 27 ff.; dazu ausführlich *C. Calliess*, Nach dem »Tabakwerbung-Urteil« des EuGH: Binnenmarkt und gemeinschaftsrechtliche Kompetenzverfassung in neuem Licht, Jura 2001, S. 311; *T. Stein*, Keine Europäische »Verbots«-Gemeinschaft – das Urteil des EuGH über die Tabakwerbeverbot-Richtlinie, EWS 2001, S. 12; *V. Götz*, Anmerkung, JZ 2001, S. 32.

ten sein, daß der Unions-Vertrag grundsätzlich zwischen der Wahrnehmung einer begrenzt eingeräumten Hoheitsbefugnis und der Vertragsänderung unterscheidet, seine Auslegung deshalb in ihrem Ergebnis nicht einer Vertragserweiterung gleichkommen darf; eine solche Auslegung von Befugnisnormen würde für Deutschland keine Bindungswirkung entfalten.«[24] In ähnlicher Weise äußert sich auch ein Teil Literatur.[25]

Festgehalten werden kann folgendes: Abs. 1 ändert – wie auch das BVerfG in seiner »Maastricht-Entscheidung« zutreffend betont[26] – nichts an der gemeinschaftsrechtlichen Tatsache, daß die EG/EU für ein Handeln immer einer besonderen Ermächtigung durch eine Kompetenznorm bedarf und somit auch weiterhin **keine Allzuständigkeit**, die für Staaten typische Kompetenz-Kompetenz, hat.[27] Schon bei der Prüfung des Entwurfs der anvisierten Maßnahme muß insofern durch jedes am Gesetzgebungsverfahren beteiligte Gemeinschaftsorgan begutachtet werden, **welches Ziel** mit der Maßnahme erreicht werden soll, ob sich die Maßnahme im Hinblick auf eines der Ziele des Vertrages begründen läßt und ob die für die Annahme erforderliche **Rechtsgrundlage hinreichend ist**.[28] Das Vertragsziel allein kann jedoch nicht genügen, um Befugnisse zu begründen oder zu erweitern.[29] Abs. 1 impliziert darüber hinaus einen Grundsatz, nach dem nationale Kompetenzen die Regel sind, hingegen solche der EG die Ausnahme darstellen.[30] Abs. 1 stellt insofern eine **Vermutung für die Zuständigkeit der Mitgliedstaaten** auf.[31] Insoweit erscheint es von untergeordneter Bedeutung, ob die Kompetenzen der Mitgliedstaaten gegenüber denen der EG ausdrücklich im Vertrag aufgezählt werden oder enumerative Kompetenzkataloge (s. Rn. 72) in den Vertrag Eingang finden.[32] Denn im Umkehrschluß aus Abs. 1 ergeben sich in Verbindung mit den jeweiligen Kompetenznormen der EG die Kompetenzen der Mitgliedstaaten. 12

---

24 Urteil BVerfGE 89, 155, 210 (Maastricht); kritisch zu Recht C. *Tomuschat*, Die Europäische Union unter der Aufsicht des BVerfG, EuGRZ 1993, S. 489 (494).
25 *Merten* (Fn. 6), S. 80; S. U. *Pieper*, Subsidiarität: Ein Beitrag zur Begrenzung der Gemeinschaftskompetenzen, DVBl. 1993, S. 705 (711).
26 Vgl. BVerfG (Fn. 24), 192 ff. und 210 f., insoweit zustimmend auch *Tomuschat* (Fn. 24), S. 492; V. *Götz*, Das Maastricht-Urteil des BVerfG, JZ 1993, S. 1081 (1083).
27 *Schmidhuber*/Hitzler (Fn. 12), S. 721; *Schwartz* (Fn. 12), S. 410; H.-J. *Lambers*, Subsidiarität in Europa – Allheilmittel oder juristische Leerformel, EuR 1993, S. 229 (232); I. *Pernice*, EU: Gefahr oder Chance für den Föderalismus in Deutschland, Österreich und der Schweiz, DVBl. 1993, S. 909 (915); a.A. im Hinblick auf Art. 6 Abs. 4 EUV wohl G. *Ress*, Die EU und die neue juristische Qualität der Beziehungen zu den EG, JuS 1992, S. 985 (987).
28 Vgl. auch Europäischer Rat von Edinburgh, Schlußfolgerungen des Vorsitzes, Teil A Anlage 1, II S. 6a (Fn. 15)
29 Vgl. BVerfG (Fn. 24), 192 f.; *Ipsen*, EG-Recht, S. 559; a.A. – unter Berufung auf EuGH, Rs. 281/85 u.a. Slg. 1987, 3203, Rn. 28 ff. – G. *Lienbacher*, in: Schwarze, EU-Kommentar, Art. 5, Rn. 8 f. und explizit gegen *v. Bogdandy/Nettesheim*, in: Grabitz/Hilf, EU, Art. 3b, Rn. 5.
30 So auch BVerfG (Fn. 24), 193; Europäischer Rat von Edinburgh, I.2., S. 2a, (Fn. 15), S. 140 ff.; N. *Emiliou*, Subsidiarity: An effective barrier against the Enterprises of ambition?, E.L.R. 1992, S. 383 (401); *Schwartz*, (Fn. 12), S. 410.
31 So auch G. *Konow*, Zum Subsidiaritätsprinzip des Vertrags von Maastricht, DÖV 1993, S. 405 (407); *Pieper* (Fn. 25), S. 711; R. v. *Borries*, Gedanken zur Tragweite des Subsidiaritätsprinzips im Europäischen Gemeinschaftsrecht, FS-Deringer, 1993, S. 22 (28); ähnlich P. M. *Schmidhuber*, Das Subsidiaritätsprinzip im Vertrag von Maastricht, DVBl. 1993, S. 417 (419).
32 Dies wird aber von Kritikern des Art. 5 gefordert, vgl. *Konow* (Fn. 31), S. 411 f.; M. *Schweitzer/O. Fixson*, Subsidiarität und Regionalismus in der EG, Jura 1992, S. 579 (582); H.-J. *Blanke*, Das Subsidiaritätsprinzip als Schranke des Europäischen Gemeinschaftsrechts?, ZG 1991, S. 133 (143 ff.); C. *Stewing*, Das Subsidiaritätsprinzip als Kompetenzverteilungsregel im Europäischen Recht, DVBl. 1992, S. 1516 (1518).

2. Die Zulässigkeit von »implied powers« und »effet utile«- Auslegung

13   In seinem »Fédéchar-Urteil« aus dem Jahre 1956[33] erkannte der **EuGH** die Theorie von den »implied powers« an, als er »die Anwendung einer sowohl im Völkerrecht als auch im innerstaatlichen Recht allgemein anerkannten Auslegungsregel..., wonach die Vorschriften eines völkerrechtlichen Vertrages oder eines Gesetzes zugleich diejenigen Vorschriften beinhalten, bei deren Fehlen sie sinnlos wären oder nicht in vernünftiger und zweckmäßiger Weise zur Anwendung gelangen könnten« für zulässig erklärte. Damit hatte die Theorie von den »implied powers«, die der »Zuständigkeit kraft Sachzusammenhangs« ähnelt[34], in die ständige Rechtsprechung des EuGH Eingang gefunden.[35] Auch dem »AETR-Urteil« und dem »Stillegungsfondsgutachten«[36] liegt die Lehre von den »implied powers« zugrunde, wobei der EuGH in diesen Fällen jedoch noch über sie hinausging, indem er für die Befugnis der EG, völkerrechtliche Verträge zu schließen, von der Innenkompetenz auf die Außenkompetenz schloß. Insoweit ist diese Rechtsprechung nur auf die Vertragsschlußkompetenzen der EG anwendbar.[37]

14   In der **Literatur war umstritten**, ob neben Art. 308 überhaupt noch »implied powers« bestehen könnten, ob dieser letztere also beinhaltet bzw. »kanalisiert«.[38] Im Anschluß an Nicolaysen[39] ist heute jedoch allgemein anerkannt, daß »implied powers« und Art. 308 nebeneinander bestehen.[40] Entscheidendes Argument ist, daß »implied powers« nur durch Auslegung ausdrücklicher Kompetenznormen abgeleitet werden können, während Art. 308 in Anknüpfung an die vertraglichen Zielbestimmungen der Gemeinschaft lückenfüllend neue Befugnisse schafft (s. Art. 308, Rn. 45 ff.).

15   Fraglich ist im Hinblick auf das Subsidiaritätsprinzip, ob die »implied powers« noch zu den »in diesem Vertrag zugewiesenen Befugnisse(n)« gem. Abs. 1 gehören. So könnte man – wie es das »**Maastricht-Urteil**« des BVerfG impliziert[41] – die Auffassung vertreten, daß Sinn und Zweck des Abs. 1 gerade darin liegen, die Gemeinschaft allein auf die ihr ausdrücklich zugewiesenen Befugnisse zu beschränken.[42]
Hiergegen sprechen jedoch mehrere Gründe. Seit dem Vertrag von Amsterdam ist durch **Nr. 3 des Subsidiaritätsprotokolls** unmißverständlich klargestellt, daß das Subsidiaritätsprinzip nicht die Befugnisse in Frage stellt, über die die EG aufgrund des Vertrags entsprechend der Auslegung des Gerichtshofs verfügt. Dieses ergab sich bisher bereits aus Art. B (jetzt 2) Abs. 1, 5. Spstr. und Art. C (jetzt 3) Abs. 1 des EUV, wo zu den Zielen der Union ausdrücklich »die volle Wahrung des gemeinschaftlichen Besitzstands

---

33 EuGH, Rs. 8/55, 29.11.1956, Slg. 1956, S. 297 (312) (Fédéchar).
34 G. *Nicolaysen*, Zur Theorie von den implied powers in den EG, EuR 1966, S. 129 (131).
35 Vgl. etwa EuGH, Rs. 20/59, 15.7.1960, Slg. 1960, S. 681 (708) (Italien/Hohe Behörde), so auch Generalanwalt Trabucchi in seinen Schlußanträgen zu EuGH, RS. 8/73, 12.7.1973, Slg. 1973, 897 (913) (Hauptzollamt Bremerhaven/Massey/Ferguson).
36 EuGH, Rs. 22/70, 31.3.1971, Slg. 1971, S. 263 (275) (Kommission/Rat) und Gutachten 1/76, 26.4.1977, Slg. 1977. S. 741, Rn. 4 f.
37 Vgl. A. *Tizzano*, Die Befugnisse der Gemeinschaft, in: Kommission der EG (Hrsg.), Dreißig Jahre Gemeinschaftsrecht, Brüssel/Luxemburg 1981, S. 47 (54).
38 So noch H. J. *Rabe*, Das Verordnungsrecht der Europäischen Wirtschaftsgemeinschaft, 1963, S. 156.
39 *Nicolaysen* (Fn. 34), S. 129 ff.
40 Vgl. nur *BBPS*, S. 83; *Ipsen*, EG-Recht, S. 437; I. E. *Schwartz*, in: GTE, EU-/EGV, Art. 235, Rn. 90 ff.
41 BVerfGE 89, 192 ff., 210.
42 In diesem Sinne *Merten* (Fn. 6), S. 80.

und seine Weiterentwicklung...« gezählt wird.[43] Zum anderen sind die »implied powers« ja **gerade Bestandteil** der »zugewiesenen Befugnisse« und damit von Abs. 1 mitumfaßt.[44] Schließlich läßt sich auch bezweifeln, ob Auslegungsmethoden an sich überhaupt von Abs. 1 erfaßt sein können. Diese Argumente gelten ebenso für das Verhältnis des Abs. 1 zur »effet utile«-Auslegung, die – als im Vergleich zu den »implied powers« weniger weitreichende Auslegungsmethode – daher erst recht zulässig sein muß. Entgegen der Ansicht des BVerfG und eines Teils der Literatur steht Abs. 1 folglich weder der Lehre von den »implied powers« noch der »effet utile«-Auslegung der Vertragsvorschriften entgegen.

3. Abs. 1 und Art. 308

Als Kompetenznorm ist Art. 308 Bestandteil der der EG »in diesem Vertrag zugewiesenen Befugnisse« gem. Abs. 1.[45] Die Anwendung des Art. 308 wird daher nur insofern begrenzt, als Art. 5 die Auslegung der tatbestandlichen Voraussetzung der Erforderlichkeit maßgeblich zu bestimmen hat.[46] Da Art. 6 Abs. 4 EUV keine Kompetenznorm darstellt (s. dort Rn. 197 ff.), können keine Widersprüche zum Prinzip der begrenzten Einzelermächtigung nach Abs. 1 bestehen.[47]

16

II. Absatz 2

Ganz generell betrifft Abs. 2 die **Frage des »Ob« eines Tätigwerdens** der EG, mit anderen Worten die Frage, ob ein Bedarf für ein Gemeinschaftshandeln besteht, ob sie also tätig werden »soll«.[48]

17

1. Begriff der ausschließlichen Zuständigkeit

Abs. 2 findet **keine Anwendung** in Bereichen, die unter die ausschließliche Zuständigkeit der EG fallen. Ist die Formulierung des Abs. 2 insofern noch unmißverständlich klar und besteht diesbezüglich in den Äußerungen zu Art. 5 noch Einigkeit in Praxis

18

---

43 Vgl. hierzu auch *Ress* (Fn. 27), S. 987 f.
44 So auch die h.M.: *v. Borries* (Fn.), S. 268; *A. v. Bogdandy/M. Nettesheim*, in: Grabitz/Hilf, EU, Art. 3b, Rn. 9 ff.; *G. Langguth*, in: Lenz, EGV, Art. 5, Rn. 7; *Geiger*, EGV, Art. 5, Rn. 3; *Emiliou* (Fn. 30), S. 401; *G. Lienbacher*, in: Schwarze, EU-Kommentar, Art. 5, Rn. 10.
45 Ebenso *Konow* (Fn. 31), S. 405; *G. Langguth*, in: Lenz, EGV, Art. 5, Rn. 5 f.; *H.-J. Blanke*, Normativer Gehalt und Justitiabilität des Subsidiaritätsprinzips nach Art. 3b EGV, in: Hrbek (Hrsg.), Das Subsidiaritätsprinzip in der EU – Bedeutung und Wirkung für ausgewählte Politikbereiche, 1995, S. 95 (107); ausführlich *I. E. Schwartz*, in: GTE, EU-/EGV, Art. 235, Rn. 9 ff.
46 *Blanke* (Fn. 45); *Calliess* (Fn. 11), S. 74, 146 f.
47 Ebenso *J. Ukrow*, Richterliche Rechtsfortbildung durch den EuGH, 1995, S. 41.
48 Vgl. auch die Schlußfolgerungen des Vorsitzes des Europäischen Rates von Edinburgh, I, S. 1a (Fn. 15), S. 391; Kommissionsdokument SEC (92) 1990 final vom 27.10.1992 »The principle of subsidiarity, Communication of the Commission to the Council and the European Parliament«, S. 4 = *Merten* (Fn. 6), S. 112 ff.; ebenso *Schmidhuber/Hitzler* (Fn. 12), S. 723; *Schmidhuber* (Fn. 31), S. 418 allerdings ohne konkreten Bezug auf die genannten Absätze; *Möschel* (Fn. 20), S. 3027.

Art. 5 EG-Vertrag

und Literatur[49], so ist jedoch die Frage, wie der Begriff der »ausschließlichen Zuständigkeiten« zu verstehen ist, umstritten.[50]

a) Rechtsprechung und Praxis

19 Eine Bezugnahme auf die bisherige Rechtsprechung des EuGH zur Klärung der Frage, was »ausschließliche Zuständigkeiten« der Gemeinschaft sind, ist nicht ohne weiteres möglich.[51] Denn der Begriff taucht mit Abs. 2 erstmals im Vertragstext auf, so daß es hierzu **konkret noch keine Rechtsprechung** des EuGH gibt.[52]

20 Immerhin wird vom EuGH im Urteil zur Biopatentrichtlinie die bislang kontrovers diskutierte Frage geklärt, ob die Harmonisierungskompetenz des Art. 95 EGV – und damit die Verwirklichung des Binnenmarktes – eine ausschließliche Zuständigkeit der EG darstellt. Ebenso wie zuletzt Generalanwalt Fenelly in seinen Schlußanträgen zum erwähnten Tabakwerbeverbotsurteil, kommt Generalanwalt Jacobs im Urteil zur Biopatentrichtlinie zwar zum Ergebnis, daß die Gemeinschaft für die Harmonisierung nach Art. 95 EGV nur »ausschließlich zuständig« sein könne. Anders als Generalanwalt Fenelly hält er das Subsidiaritätsprinzip entgegen dem Wortlaut des Art. 5 Abs. 2 EGV dann aber dennoch für anwendbar, wenn er (sehr knapp) dessen Voraussetzungen mit positivem Ergebnis prüft: Die Harmonisierung nationaler Bestimmungen zur Verwirklichung des Binnenmarktes könne nur durch die Gemeinschaft bewirkt werden, da die Mitgliedstaaten selbst keine Einheitlichkeit auf dem fraglichen Gebiet herstellen könnten. Im Rahmen seiner Prüfung der Vorgaben des Art. 5 Abs. 2 EGV schließt sich der EuGH den insoweit zutreffenden Ausführungen von Generalanwalt Jacobs an, vermeidet dabei erfreulicherweise aber dessen falsche Rede von der ausschließlichen Zuständigkeit. Denn bei Annahme einer ausschließlichen Zuständigkeit hätten die Vorgaben des Art. 5 Abs. 2 EGV dessen Wortlaut zufolge gar nicht mehr geprüft werden dürfen. Im Ergebnis ist es jedenfalls zu begrüßen, daß der EuGH durch seine Prüfung des Art. 5 Abs. 2 EGV (implizit) numehr endlich klargestellt hat, daß die Harmonisierungskompetenz des Art. 95 EGV keine ausschließliche, sondern eine konkurrierende Zuständigkeit der EG darstellt, mit der Folge, daß das Subsidiaritätsprinzip zur Anwendung kommt.[53]

21 Auch belegen ältere Urteile des EuGH, daß er praktisch zwischen ausschließlichen konkurrierenden und parallelen Kompetenzen der Gemeinschaft unterscheidet.[54] Hier-

---

49 Vgl. Europäischen Rat von Edinburgh (Fn. 15), S. 391; Kommissionsdokument SEC (92) 1990 final, S. 4 (Fn. 48), S. 112; *Schmidhuber* (Fn. 31), S. 418; *C. Stewing*, Subsidiarität und Föderalismus in der EU, 1992, S. 104 ff.; *Schmidhuber/Hitzler* (Fn. 12), S. 722 deuten dies allenfalls an.
50 So etwa auch *J.-I. Cherot*, Marché commun, règles et politiques communes?, in: Ress/Stein (Hrsg.), Vorträge aus dem EI, Nr. 299, 1993, S. 13 :»...pas de frontière clairement...«.
51 So auch *Lenaerts/van Ypersele* (Fn. 19), S. 27; *B. Schima*, Das Subsidiaritätsprinzip im Europäischen Gemeinschaftsrecht, Wien 1994, S. 95; *Blanke* (Fn. 45), S. 100.
52 Das Urteil des Gerichts erster Instanz vom 24.1.1995 in der Rs. T-114/92, Slg. 1995, II-147 (BEMIM) befaßt sich allein mit dem Subsidiaritätsprinzip im gerichtlichen Bereich; im Urteil vom 21.2.1995 in der Rs. T-29/92, Slg. 1995, II-289, Rn. 330 (SPO U. A./Kommission) betont das Gericht »nur«, daß Art. 5 Abs. 2 keinen rückwirkenden Effekt habe; auch die beiden Urteile EuGH, Rs. C-84/94 (Fn. 22) und Rs. C-233/94, 13.5.1997, Slg. 1997, I-2405 (Deutschland/EP u. Rat) nehmen dazu keine Stellung.
53 EuGH, Rs. C-377/98, 9.10.2001, EuZW 2001, 691, Rn. 30 ff. – Biopatentrichtlinie; GA Jacobs, Schlußanträge zu Rs. C-377/98 unter Nr. 77 ff. (81 ff.); zur Problematik am Beispiel des Tabakwerbeverbotsurteils *Calliess* (Fn. 23), S. 316 f.
54 So (schon 1987) *R. Bieber*, Zur Rolle der Mitgliedstaaten bei der Ausfüllung von Lücken im EG-Recht, in: Bieber/Ress (Hrsg.), Die Dynamik des Europäischen Gemeinschaftsrechts, 1987, S. 283 (300 ff.); ebenso *M. Schweitzer*, Rechtsetzung durch die EG und Kompetenzverlust in den Mitgliedstaaten, in: Kremer (Hrsg.), Die Landesparlamente im Spannungsfeld zwischen europäi-

nach lassen sich aus der Rechtsprechung des EuGH – insoweit unstreitig[55] – als **eindeutige, allein aus dem Wortlaut und Wortsinn des Vertrages begründete ausschließliche Zuständigkeiten** der Gemeinschaft die gemeinsame Handelspolitik gem. Art. 133[56], die Erhaltung der Fischbestände gem. Art. 102 Beitrittsakte 1972[57] sowie das interne Organisations- und Verfahrensrecht[58] ableiten. Gleiches gilt für die Festlegung des Zolltarifs und das materielle Zollrecht.[59]

Die übrigen Äußerungen der **Praxis**[60] sind nur teilweise weiterführend: Der **Europäische Rat** begnügt sich mit der Feststellung: »Je genauer eine Aufgabe durch den Vertrag definiert wird, desto weniger Raum bleibt für die Subsidiarität«.[61] Der **Kommission** zufolge ist der Begriff der ausschließlichen Kompetenzen durch zwei Elemente charakterisiert: Ein funktionales Element, nach dem die Gemeinschaft eine Handlungsverpflichtung hat, weil sie die alleinige Verantwortung für die Ausgestaltung einer bestimmten Aufgabe trägt.[62] Ein materielles Element, nach dem die Mitgliedstaaten das Recht, einseitig zu handeln, dann verlieren, wenn die Gemeinschaft aufgrund ihrer Kompetenz beschlossen hat, eine abschließende Regelung zu treffen. Letztlich müsse der Bereich der ausschließlichen Kompetenzen mit Blick auf den Binnenmarkt definiert werden, für den die vier Grundfreiheiten sowie einige gemeinsame Politiken wesentlich seien. Schwierig sei es, die Grenze zwischen Verwirklichung des Binnenmarktes und dem daraus resultierenden Bedarf an flankierenden Politiken (Umweltpolitik, Kohäsion) zu ziehen. Im Gegensatz zur Kommission definiert die **Bundesregierung**[63] den Begriff der ausschließlichen Zuständigkeiten erheblich enger. Nur die vom EuGH als ausschließlich anerkannten Kompetenzen wie die Handelspolitik, das Zollrecht und die Erhaltung der Fischereiressourcen seien dazu zu zählen. Die Gemeinschaft könne insbeson-

22

Fortsetzung von Fußnote 54
  scher Integration und europäischem Regionalismus, 1988, S. 20 (29 ff.); *A. v. Bogdandy/M. Nettesheim*, in: Grabitz/Hilf, EU, Art. 3b, Rn. 11 ff., 28 ff.; *H. Schermers*, The role of the Member States in filling lacunae in EC Law, in: Bieber/Ress (Hrsg.), Die Dynamik des Europäischen Gemeinschaftsrechts, 1987, S. 311; *G. Thiele*, Das Recht der Gemeinsamen Agrarpolitik in der EG, 1997, S. 34 ff., 47, jeweils m. w. N. aus der Rspr.
55 Vgl. nur *Bieber* (Fn. 54), S. 300 ff.; ebenso *Schweitzer* (Fn. 54), S. 29 ff.; *A. v. Bogdandy/M. Nettesheim*, in: Grabitz/Hilf, EU, Art. 3b, Rn. 11 ff., 28 ff.; *v. Borries* (Fn. 19), S. 273 f.; *Schima* (Fn. 51), S. 92 ff.; vgl. dazu auch ausführlich *D. Dittert*, Die ausschließlichen Kompetenzen der EG im System des EG-Vertrags, 2001, S. 160 ff. m.w.N.
56 EuGH, Rs. 41/76, 15.12.1976, Slg. 1976, 1921, Rn. 31, 37 (Donckerwolcke/Procureur de la République); einschränkend allerdings EuGH, Gutachten 1/78, 4.10.1979, Slg. 1979, S. 2871, Ziff. 6, Rn. 59. Zu den diesbezüglichen Wirkungen des WTO-Gutachtens 1/94, 15.11.1994, Slg. 1994, I-5267 ausführlich Art. 133, Rn. 12 ff. u. 71 ff.; *M. Hilf*, EG-Außenkompetenzen in Grenzen, EuZW 1995, S. 7, sowie *N. A. Neuwahl*, Shared Powers or Combined Incompetence? More on Mixity, CMLRev. 1996, S. 667.
57 EuGH, Rs. 804/79, 5.5.1981, Slg. 1981, S. 1045 (Kommission/Vereinigtes Königreich).
58 Vgl. die Nachweise bei *Bieber* (Fn. 53), S. 300 ff.
59 EuGH, Rs. 40/69, 18.2.1970, Slg. 1970, S. 69, Rn. 4 (Hauptzollamt Hamburg/Bollmann); *P. Pescatore*, Mit der Subsidiarität leben – Gedanken zu einer drohenden Balkanisierung der EG, FS-Everling Bd. II, 1995, S. 1071 (1084 f.); *v. Borries* (Fn. 19), S. 273 f.
60 SEC (92) 1990 final, S. 5 ff. (Fn. 48), S. 112 ff.; die Schlußfolgerungen des Vorsitzes des Europäischen Rates von Edinburgh (Fn. 15), wie auch das »Memorandum der Regierung der Bundesrepublik Deutschland zum Subsidiaritätsprinzip« vom September 1992, abgedruckt in: *Merten* (Fn. 6), S. 130 ff. gehen hierauf kaum ein.
61 Europäischer Rat von Edinburgh, Teil A Anlage I.4. S. 4a (Fn. 15), S. 139 f.
62 Gemeint ist offenbar EuGH, Rs. 13/83, Urt. v. 22.5.1985, Slg. 1985, 1513, in dem der Rat im Hinblick auf die Ziele des Art. 75 Abs.1 lit. a.) und b.) EWGV wegen Untätigkeit verurteilt wurde.
63 »Memorandum der Regierung der Bundesrepublik Deutschland zum Subsidiaritätsprinzip« vom September 1992 (Fn. 60), S. 130 ff.

Art. 5 EG-Vertrag

dere für die Rechtsangleichung zur Verwirklichung des Binnenmarktes nur konkurrierend zuständig sein.[64]

b) Literatur

23 Zum Teil wird in der Literatur die Auffassung vertreten, daß der Begriff der ausschließlichen Zuständigkeit dem **Vertrag fremd** sei.[65] Mitunter wird (wohl daher) vorgeschlagen, ihn als Niederschlag des Vorrangs des Gemeinschaftsrechts zu verstehen.[66] Von anderer Seite werden nicht nur die **Grundfreiheiten**, sondern auch die Sicherung eines durch Rechtsunterschiede nicht verfälschten Wettbewerbs im Wege der Harmonisierung zu den ausschließlichen Zuständigkeiten der Gemeinschaft gezählt. Gerade die **binnenmarktfinale, freiheitsfördernde Rechtsetzung** als grenzüberschreitendes Integrationsziel spezifisch europäischen Charakters mache den Kern der gemeinschaftlichen Tätigkeit aus.[67] Noch weitergehend will Toth[68] über die **Querschnittsklauseln** (Art. 176 Abs. 2 S. 3, 151 Abs. 4, 152 Abs. 1 S. 3, 153, 157 Abs. 3, 159, 178)[69] die entsprechenden (konkurrierenden) Zuständigkeiten im Rahmen der Art. 94, 95 als Teil des Binnenmarkts zur ausschließlichen Zuständigkeit zählen. Andere Stimmen zählen demgegenüber »sämtliche Harmonisierungsbereiche« gerade nicht hierzu.[70] Eine nächste Meinung[71] betont – mit gewissen Unterschieden –, daß sich der Begriff »ausschließliche Zuständigkeit« bisher lediglich im Bereich der **EG-Außenkompetenzen** entwickelt ha-

---

64 Vgl. R. *Hach*, Das Subsidiaritätsprinzip in der EU aus der Perspektive der Bundesregierung, in: Hrbek (Hrsg.), Das Subsidiaritätsprinzip in der EU, 1995, S. 17 (28).
65 *Stewing* (Fn. 49), S. 104 ff.; im Ergebnis ebenso A. G. *Toth*, The principle of subsidiarity in the Maastricht Treaty, CMLRev. 1992, S. 1079 (1090 f.), der sogar von einem »mistake which is bound to cause insoluble conflicts and problems« spricht; kritisch auch *Schima* (Fn. 51), S. 91.
66 U. *Everling*, Subsidiaritätsprinzip und ausschließliches Gemeinschaftsrecht – ein faux problème der Verfassungsauslegung, FS-Stern, 1997, S. 1227 (1234 ff.).
67 P.-C. *Müller-Graff*, Binnenmarktauftrag und Subsidiaritätsprinzip?, ZHR 159 (1995), S. 34 ff.; J. *Scherer*, Subsidiaritätsprinzip und Agrarreform, DVBl. 1993, S. 281 (283); N. *Emiliou*, British Report, in: FIDE (Hrsg.), Le principe de subsidiarité, Rom 1994, S.113 (157); G. *Langguth*, in: Lenz, EGV, Art. 5, Rn. 18; H. W. *Micklitz/N. Reich*, Verbraucherschutz im Vertrag über die EU, EuZW 1992, S. 593 (594); P. *Gilsdorf*, Der Grundsatz der Subsidiarität und die gemeinsame Agrarpolitik, GS-Grabitz, 1995, S. 77 (85 f.); wohl auch G. *Lienbacher*, in: Schwarze, EU-Kommentar, Art. 5, Rn. 14; *Schwartz* (Fn. 12), S. 413 ff., 415; er gibt seine hier zunächst vertretene Meinung in: *ders.*, EG-Kompetenzen für den Binnenmarkt: Exklusiv oder konkurrierend/subsidiär, Zentrum für Europäisches Wirtschaftsrecht, Vorträge und Berichte Nr. 53, Bonn 1995, S. 32 ff. mit Fn. 51 explizit auf.
68 *Toth* (Fn. 65), S. 1094 f.; *ders.*, A legal analysis of subsidiarity, in: O'Keeffe/Twomey (Hrsg.), Legal issues of the Maastricht Treaty, London 1994, S. 37 (41 ff.).
69 Dazu *Stein* (Fn. 68), S. 1441 ff.; U. *Everling*, Zu den Querschnittsklauseln im EG-Vertrag, in: G.C.R. Iglesias u.a. (Hrsg.), Mélanges en hommage a Fernand Schockweiler, Baden-Baden 1999, S. 131 ff.
70 G. *Ress*, Die neue Kulturkompetenz der EG, DÖV 1992, S. 944 (948); ebenso u. a. *Cherot* (Fn. 50), S. 14 f.; H. D. *Jarass*, Grundfragen der innerstaatlichen Bedeutung des EG-Rechts, 1994, S. 13 f.; K. *Hailbronner*, Das Subsidiaritätsprinzip als Rechtsprinzip nach dem Maastrichter Vertrag, in: Hailbronner (Hrsg.), Europa der Zukunft – Zentrale und dezentrale Lösungsansätze, 1994, S. 49 (58); *Lenaerts/van Ypersele* (Fn. 19), S. 24 Fn. 55; J. P. *Jacqué*, Rapport communautaire, in: FIDE (Hrsg.), Le principe de subsidiarité, Rom 1994, S. 11 (30 ff.); *Schmidhuber* (Fn. 31), S. 418; so jetzt auch I. *Schwartz*, EG-Kompetenzen für den Binnenmarkt: Exklusiv oder konkurrierend/subsidiär, Zentrum für Europäisches Wirtschaftsrecht, Vorträge und Berichte Nr. 53, Bonn 1995, S. 32 ff. nach ausführlicher Analyse von Rechtsprechung und Schrifttum.
71 *Bleckmann*, Europarecht, Rn. 118; *Stein* (Fn. 19), S. 34; J. *Pipkorn*, Das Subsidiaritätsprinzip im Vertrag über die EU – rechtliche Bedeutung und gerichtliche Überprüfbarkeit, EuZW 1992, S. 697 (699).

be.[72] Dem korrespondierend hält es Stein für sinnvoll, nur diejenigen Gemeinschaftszuständigkeiten als ausschließliche zu definieren, die auf ein **einheitliches Auftreten gegenüber Drittstaaten** gerichtet sind.[73]

c) Stellungnahme
Der Ansatz der Kommission ist insofern problematisch, als er die Frage nach dem Anwendungsbereich des Subsidiaritätsprinzips über eine weite und flexible Definition der ausschließlichen Kompetenzen an die Gemeinschaftsorgane verweist. Es wird sich auf die eine oder andere Weise **letztlich immer ein Binnenmarktbezug** begründen lassen, so daß die Gefahr eines Leerlaufens von Abs. 2 besteht. Insbesondere basiert das »Harmonisierungsargument«, wie gerade Art. 95 EGV deutlich macht, auf einem »gedanklichen Kurzschluß«.[74] Zwar ist es richtig, daß nur die Gemeinschaft harmonisieren kann. Jedoch haben die Mitgliedstaaten nach der Vermutung des Abs. 1 (s.o. Rn. 12) eine Regelungskompetenz für diejenigen Materien, die einer Harmonisierung bedürfen könnten. Wäre dem nicht so, könnte es gar keine von Staat zu Staat unterschiedlichen Regelungen, und damit auch keinen Harmonisierungsbedarf geben. Schon absurd muß es schließlich erscheinen, wenn über die Querschnittsklauseln selbst die Kulturpolitik – entgegen dem Sinn und Zweck ihrer vertraglichen Regelung – in das Feld der ausschließlichen Zuständigkeiten gezerrt wird.[75] 24

Vor diesem Hintergrund gilt für die Bestimmung einer ausschließlichen Zuständigkeit folgendes: Durch Auslegung anhand von **Wortlaut sowie Sinn und Zweck** der jeweiligen Vorschrift muß die Frage der Ausschließlichkeit einer Gemeinschaftskompetenz ermittelt werden.[76] Eine ausschließliche Zuständigkeit liegt nur dort vor, wo die **Mitgliedstaaten unabhängig vom konkreten Tätigwerden** der Gemeinschaft nicht handlungsbefugt sind.[77] Ein Beispiel hierfür stellt bereits nach seinem Wortlaut Art. 106 dar: »Die EZB hat das ausschließliche Recht, die Ausgabe von Banknoten innerhalb der Gemeinschaft zu genehmigen.« Unter Hinzunahme der teleologischen Auslegung stellt Art. 133 Abs. 1 ein weiteres Beispiel dar: »Die gemeinsame Handelspolitik wird nach einheitlichen Grundsätzen gestaltet...«. Diese Formulierung überläßt den Mitgliedstaaten in **klarer und bestimmter Weise** keinerlei Befugnisse mehr.[78] 25

Hiernach stellen sich die Zolltarife gem. Art. 26, die Fischerei-Erhaltungsmaßnahmen (Art. 102 Beitrittsakte 1972), die gemeinsame Handelspolitik gem. Art. 133 Abs. 1, spätestens ab 1. Januar 1999 die Währungspolitik gem. Art. 105 ff., mithin also die Geld-, die Kredit- und die Zinspolitik (Art. 121 und 122)[79], das interne Verfahrens- und Organisationsrecht, der grenzüberschreitende Verkehr, Kabotage und Dienstlei- 26

---

72 *Pipkorn* (Fn. 71), S. 699.
73 *Stein*, (Fn. 19), S. 34.
74 So zu Recht *Stein* (Fn. 23), S. 16; ausführlich *Calliess* (Fn. 23), S. 316 f.
75 Auf die Gefahr der Umgehung – allerdings mit Blick auf die Harmonisierungsverbote etwa in Art. 128 Abs. 5 und 129 Abs. 4 – weist z.B. auch *T. Stein*, Die Querschnittsklausel zwischen Maastricht und Karlsruhe, FS-Everling Bd. II, 1995, S. 1439 (1444 ff.) hin; diese Umgehungsgefahr wird auch vom erwähnten Tabakwerbeverbot-Urteil des EuGH zur Kenntnis genommen, dazu *Calliess* (Fn. 23), S. 314 f.
76 So auch *Schwartz* (Fn. 12), S. 413; *Bieber* (Fn. 53), S. 293; vgl. ferner *Dittert* (Fn. 55), S. 73 ff.; anderer Ansatz bei *Moersch* (Fn. 3), S. 297 ff.
77 Ebenso *v. Borries* (Fn. 31), S. 28; *Schweitzer* (Fn. 53), S. 29; *Jarass* (Fn. 70), S. 14; kritisch *Dittert* (Fn. 55), S. 49 ff., 101 ff.
78 Allgemeine Auffassung, vgl. nur *Schweitzer*, (Fn. 53), S. 29; ausführlich dazu Art. 133, Rn. 12 ff. u. 71 ff.
79 So auch *Schwartz* (Fn. 12), S. 413; *A. v. Bogdandy/M. Nettesheim*, in: Grabitz/Hilf, EU, Art. 3b, Rn. 30; *v. Borries* (Fn. 19), S. 274; *Moersch* (Fn. 3), S. 301 f.; a.A. *Toth*, (Fn. 65), S. 1090.

stungsfreiheit von Verkehrsunternehmen gem. Art. 71 Abs. 1 a) und b)[80] als ausschließliche Kompetenzen dar[81], nicht aber die Agrarpolitik (Art. 32 ff.) oder die Beihilfenkontrolle (Art. 87 f.).[82] Letztere stellt – ebenso wie die Wettbewerbspolitik gem. Art. 81 f. und ähnlich wie die Grundfreiheiten – eine primärrechtliche und damit originäre Kontrollkompetenz der Gemeinschaft dar, auf die der für Legislativkompetenzen gedachte Art. 5 bereits sachlogisch keine Anwendung finden kann.

27 Diese Bereiche ausschließlicher Gemeinschaftskompetenz **definieren** sich dadurch, daß alle Zuständigkeiten auf die Gemeinschaft übergegangen sind, und die Mitgliedstaaten zur Rechtsetzung nicht weiter befugt sind. Insofern ist der **Kompetenzverlust der Mitgliedstaaten vollkommen.**[83] Eine Ausnahme gilt jedoch dann, wenn die Gemeinschaft nicht in abschließender Weise tätig geworden ist. Um insofern die Gefahr eines rechtlichen Vakuums zu vermeiden, können die Mitgliedstaaten nach der Rechtsprechung des EuGH in der Rolle eines »**Sachwalters des gemeinsamen Interesses**« (s. Art. 10, Rn. 38) die einschlägigen Vorschriften erlassen, sofern diese nicht diskriminierend und nicht präjudizierend sind.[84] Zwar unterfallen die so definierten ausschließlichen Kompetenzen nicht dem Anwendungsbereich des Abs. 2, jedoch müssen auf sie gestützte Maßnahmen der EG dennoch den Vorgaben des Abs. 1 sowie denen des Verhältnismäßigkeitsprinzips nach Abs. 3 genügen.[85]

2. Sperrwirkung und ausschließliche Zuständigkeit

28 Umstritten ist, ob eine ausschließliche Zuständigkeit auch durch sekundäres Gemeinschaftsrecht begründet werden kann, indem die EG von einer **konkurrierenden Kompetenz Gebrauch macht** und einen konkreten Rechtsakt erläßt. Fraglich ist damit, **ob und inwieweit Änderungen** bestehenden Gemeinschaftsrechts vom Anwendungsbereich des Subsidiaritätsprinzips im engeren Sinne nach Abs. 2 ausgeschlossen sind.

a) Rechtsprechung
29 Im Anwendungsbereich eines konkreten Rechtsaktes begründet der Vorrang des Gemeinschaftsrechts (s. Art. 220, Rn. 18 ff.) eine sog. Sperrwirkung zu Lasten der mitgliedstaatlichen Normierungskompetenz. Diese beiden Aspekte werden im »Simmenthal II-Urteil« des EuGH[86] besonders deutlich: Nach »dem Grundsatz des Vorrangs des Gemeinschaftsrechts (haben) die Vertragsbestimmungen und die unmittelbar geltenden Rechtsakte der Gemeinschaftsorgane in ihrem Verhältnis zum internen Recht der Mitgliedstaaten nicht nur zur Folge, daß allein durch ihr Inkrafttreten jede entgegenstehen-

---

80 Ebenso *A. Epiney/R. Gruber*, Verkehrspolitik und Umweltschutz in der EU, 1997, S. 46; a.A. insofern explizit *M. Wasmeier*, Umweltabgaben und Europarecht, 1995, S. 58 f. m. w. N.
81 Grds. ebenso u. a. *Schweitzer* (Fn. 53), S. 31; *Streinz*, Europarecht, S. 41; *Schima* (Fn. 51), S. 92 ff.; *v. Borries* (Fn. 19), S. 273 f.; *A. v. Bogdandy/M. Nettesheim*, in: Grabitz/Hilf, EU, Art. 3b, Rn. 30 (ohne Verkehrspolitik).
82 Wie hier zur Agrarpolitik *Thiele* (Fn. 54), S. 34 ff. m. w. N. zum Streitstand; ebenso zur Agrarpolitik, a.A. aber zur Beihilfenkontrolle *Dittert* (Fn. 55), S. 146, 175, 171 ff.
83 *Schweitzer* (Fn. 53), S. 29; kritisch *Dittert* (Fn. 55), S. 49 ff., 101 ff.
84 EuGH, Rs. 804/79 (Fn. 57), Rn. 30; *Streinz*, Europarecht, Rn. 797; grundlegend *M. Pechstein*, Die Mitgliedstaaten als »Sachwalter des gemeinsamen Interesses«, 1987.
85 Allgemeine Meinung, vgl. nur *Schwartz* (Fn. 12), S. 416; *Schmidhuber* (Fn. 31), S. 418.
86 EuGH, Rs. 106/77, 9.3.1978, Slg. 1978, 629, Rn. 17/18 (Simmenthal II); siehe auch EuGH, Rs. 22/70 (Fn. 36), Rn. 17/18 und 30/31 (AETR); vgl. auch Gutachten 2/91, 19.3.1993, Slg. I-1061, Rn. 7; das AETR-Urteil wird – etwa von *J. H. H. Weiler*, The Community System: the dual character of supranationalism, Yearbook of European Law 1981, S. 267 (277 f.); *Schima* (Fn. 51), S. 39 – als Beispiel für die »Pre-emption«-Doktrin zitiert.

de Bestimmung des geltenden staatlichen Rechts ohne weiteres unanwendbar wird, sondern auch – da diese Bestimmung und Rechtsakte vorrangiger Bestandteil der im Gebiet eines Mitgliedstaats stehenden Rechtsordnung sind –, daß ein wirksames Zustandekommen neuer staatlicher Gesetzgebungsakte insoweit verhindert wird, als diese mit Gemeinschaftsnormen unvereinbar wären.« Folge von Vorrang und Sperrwirkung ist, daß die EG im Anwendungsbereich des konkreten Rechtsaktes nunmehr grundsätzlich allein für dessen Veränderung und Anpassung zuständig ist.

b) Literatur
Die Frage nach **Art und Ausmaß der Sperrwirkung** ist umstritten.[87] Zum Teil wird die aus dem amerikanischen Recht stammende »pre-emption«-Lehre für das Gemeinschaftsrecht fruchtbar gemacht: »The problem of pre-emption consists in determining whether there exists a conflict between a national measure and a rule of Community law. The problem of primacy concerns the manner in which such conflict, if it is found to exist, will be resolved«.[88] Im Anschluß an *Waelbroeck* wurde dieser Ansatz aufgegriffen und zuletzt von *Cross*[89] umfassend beleuchtet. Allerdings wird im Schrifttum **nicht immer das gleiche rechtliche Problem** unter dem Stichwort »pre-emption« diskutiert.[90] Einerseits soll der Begriff der »pre-emption« jene Bereiche umschreiben, in denen es zwar keinen ausdrücklichen Gemeinschaftsrechtsakt gibt, einem Mitgliedstaat aber dennoch kein Handlungsspielraum verbleibt, weil das Gemeinschaftsrecht insoweit in seiner Gesamtheit abschließend ist. Insofern wird auf das oben erwähnte AETR-Urteil des EuGH hingewiesen.[91] Andererseits wird ausgeführt, daß der Begriff der »pre-emption« nur diejenigen Bereiche erfasse, in denen die Mitgliedstaaten keinerlei Maßnahmen ergreifen könnten, weil die Gemeinschaft ausschließlich zuständig sei.[92] Nach *Bieber* und *Weatherill* bezeichnet »pre-emption« die Verdrängung entgegenstehenden staatlichen Rechts, wenn die Gemeinschaft eine konkurrierende Zuständigkeit ausgeübt hat. Diese Verdrängung begründe eine exklusive Zuständigkeit: »Ausfüllungsbedürftige Gemeinschaftszuständigkeiten kann man daher nicht von vornherein als exklusiv ansehen. Vielmehr besteht mangels ausdrücklicher gegenteiliger Festlegung eine Vermutung für eine konkurrierende staatliche Zuständigkeit. Diese geht erst in eine exklusive Gemeinschaftszuständigkeit über, wenn und insoweit der EG-Gesetzgeber von seiner Befugnis zur Rechtsetzung Gebrauch gemacht hat«.[93] Im Ergebnis ver-

---

87 Vgl. dazu ausführlich *A. Furrer*, Die Sperrwirkung des sekundären Gemeinschaftsrechts auf die nationalen Rechtsordnungen, 1994, S. 57 ff., insbes. S. 101 ff.
88 *M. Waelbroeck*, The emergent doctrine of Community preemption – consent and re-regulation, in: Sandalow/Stein (Hrsg.), Courts and free markets: Perspectives From the United States and Europe Bd. II, 1982, S. 548 ff. (551).
89 *E.D. Cross*, Pre-emption of Member State law in the European Community: A Framework for analysis, CMLRev. 1992, S. 447; vgl. dazu auch *Furrer* (Fn. 87), S. 20 ff.; *Schima* (Fn. 51), S. 39 ff.
90 *Furrer* (Fn. 87), S. 21.
91 *S. Krislov/C.-D. Ehlermann/J. H. H. Weiler*, Political organs and the decision making progress, in: Cappalletti/Secombre/Weiler (Hrsg.), Integration through Law Bd. I Buch 2, 1986, S. 2 (90).
92 *F. Jacobs/K. Karst*, The Federal Legal Order, The USA and Europe compared, in: Cappalletti/Secombre/Weiler (Hrsg.), Integration through Law Bd. I Buch 1, 1986, S. 169 (237).
93 *Bieber* (Fn. 53), S. 294 ff.; *ders.*, Subsidiarität im Sinne des Vertrages über die EU, in: Nörr/Oppermann (Hrsg.), Subsidiarität: Idee und Wirklichkeit, 1997, S. 165 (173 ff.); *S. Weatherill*, Beyond Preemption? Shared Competence and Constitutional Change in the European Community, in: O'Keeffe/Twomey (Hrsg.), Legal Issues of the Maastricht Treaty, London 1994, S. 13 (14); mit Blick auf Art. 3b *Toth* (Fn. 65), S. 1080 f. und 1096; *ders.* (Fn. 68), S. 39 f.; ähnlich neuerdings *Dittert* (Fn. 55), S. 125 ff.

Art. 5 EG-Vertrag

treten auch andere Autoren diese Auffassung, allerdings mehr feststellend, ohne sich ausführlicher mit dieser Problematik auseinandergesetzt zu haben.[94]

c) Stellungnahme

31 Vorrang und Sperrwirkung betreffen die Frage, ob ein Mitgliedstaat dort noch tätig werden kann, wo bereits eine einschlägige Gemeinschaftsregelung existiert. Dies ist bei der **Aktualisierung einer konkurrierenden Kompetenz** in einem konkreten Rechtsakt aufgrund der **Sperrwirkung**, deren wie auch immer gearteten Folgen von der »pre-emption«-Lehre systematisiert werden, zu verneinen. Unzutreffend ist es aber, wenn jede Aktualisierung einer konkurrierenden Kompetenz in einem konkreten Rechtsakt dazu führen soll, daß die Gemeinschaft eine sog. **nachträgliche exklusive Zuständigkeit** erwirbt, die in ihrer Wirkung der ursprünglichen exklusiven Zuständigkeit entspricht. Diese Auffassung widerspricht nicht nur dem Sinn und Zweck des Art. 5 als kompetenzbegrenzende Norm. Vielmehr beruht sie auch auf einer Annahme, die das Prinzip der begrenzten Einzelermächtigung gem. Abs. 1 – und damit die Kompetenzverteilung in der Gemeinschaft – aus den Angeln hebt. Denn danach sind bestimmte Kompetenzen durch das Primärrecht des Vertrages, mithin die »Verfassung« der Gemeinschaft, als ausschließliche und andere als konkurrierende definiert. Diese primärrechtliche Definition kann aber **nicht einfach durch das Setzen von Sekundärrecht verändert** werden. Wird z.B. die betreffende Regelung aufgehoben, so entfällt die Sperrwirkung. Jede konkurrierende Zuständigkeit ist daher **nur vorübergehend** auf die Gemeinschaft übergegangen. Von einer ausschließlichen Kompetenz läßt sich somit nur sprechen, wenn ein Zuständigkeitsbereich der Gemeinschaft »**vollständig und endgültig**« übertragen worden ist[95]. Auf dieser Grundlage ist dann die konkrete Frage zu beantworten, ob jede Änderung von Gemeinschaftsrecht, das aufgrund einer konkurrierenden Kompetenz zustandegekommen ist, dem Anwendungsbereich des Abs. 2 entzogen ist.[96] Dies hätte zur Folge, daß – **entgegen dem Sinn und Zweck** des Art. 5 – weite Bereiche, die bereits vor dessen Inkrafttreten durch sekundäres Gemeinschaftsrecht geregelt waren, in den Bereich der ausschließlichen Kompetenz der EG fallen, so daß alle Anpassungen, Verschärfungen, Erweiterungen oder Verlängerungen jener bereits bestehenden Rechtsakte nicht anhand der Anforderungen des Abs. 2 zu prüfen wären.[97] Mithin ist eine konkurrierende Kompetenz, auch wenn sie bereits einmal in einem gemeinschaftlichen Rechtsakt aktualisiert wurde, im Falle der Änderung dieses Rechtsaktes nach wie vor gegeben.[98] Die Änderung eines Rechtsaktes ist insofern als **Erlaß eines neuen** Rechtsaktes – was im Hinblick auf seinen veränderten Inhalt auch gerechtfertigt erscheint – zu bewerten. Eine Ausnahme hiervon gilt nur dann, wenn unwesentliche, den materiellen Rechtsgehalt der Norm kaum tangierende Änderungen, vorgenommen werden.

---

94 So *Schwartz* (Fn. 12), S. 413; *Möschel* (Fn. 20), S. 3026; *J. Steiner*, Subsidiarity under the Maastricht Treaty, in: O'Keeffe/Twomey (Hrsg.), Legal issues of the Maastricht Treaty, London 1994, S. 49 (58); *N. Emiliou*, Subsidiarity: Panacea or Fig Leaf?, in: O'Keeffe/Twomey (Hrsg.), Legal issues of the Maastricht Treaty, London 1994, S. 65 (75); *Weatherill* (Fn. 93), S. 14; *S. Magiera*, Föderalismus und Subsidiarität als Rechtsprinzip der EU, in: Schneider/Wessels (Hrsg.), Föderale Union – Europas Zukunft?, 1994, S. 71 (95); *Pescatore* (Fn. 59), S. 1084.
95 *v. Borries* (Fn. 19), S. 274; kritisch *Dittert* (Fn. 55), S. 51 ff., 68 ff., 125 ff.
96 *Toth* (Fn. 68), S. 40. Dies erscheint ihm selbst »surprising and far-fetched«.
97 So auch *Jarass* (Fn. 70), S. 14; differenzierend neuerdings *B. Schima*, Die Beurteilung des Subsidiaritätsprinzips durch den Gerichtshof der EG, ÖJZ 1997, S. 761 (762).
98 Wie hier im Ergebnis auch *Jarass* (Fn. 70), S. 14; ähnlich *Schima* (Fn. 51), S. 37; *R. Dehousse*, Community Competences: Are there Limits to Growth?, in: Dehousse (Hrsg.), Europe after Maastricht: an ever closer union?, 1994, S. 103 (110 Fn. 42); *Furrer* (Fn. 87), S. 236; a.A. *Dittert* (Fn. 55), S. 51 ff., 68 ff., 125 ff. m.w.N., der aber wie die in Fn. 93 genannten Autoren ausschließliche Kompetenz und Sperrwirkung verwechselt; seine diesbezügliche Argumentation auf S. 126 ff. läßt eine »echte« Auseinandersetzung mit der Sperrwirkungsproblematik vermissen.

3. Geltung des Abs. 2 für konkurrierende und parallele Kompetenzen

Steht fest, daß die angestrebte Maßnahme nicht im Bereich der ausschließlichen Kompetenzen angesiedelt ist, gilt im Umkehrschluß, daß Abs. 2 für alle übrigen Maßnahmen Anwendung findet, insbesondere für solche, die auf konkurrierenden oder parallelen Kompetenzen der EG beruhen. **Konkurrierende Gemeinschaftskompetenzen** sind dadurch definiert, daß der EG eine Kompetenz zugewiesen ist, die Mitgliedstaaten zur Rechtsetzung aber weiterhin befugt sind, solange die Gemeinschaft von ihrer Kompetenz keinen oder keinen erschöpfenden Gebrauch gemacht hat.[99] Folglich tritt der mitgliedstaatliche Kompetenzverlust in Form der Sperrwirkung nur dann ein, wenn, soweit und solange die EG regelnd tätig geworden ist. Bei Ausübung ihrer Regelungskompetenz haben die Mitgliedstaaten aber gem. Art. 10 auf die Belange der EG Rücksicht[100] zu nehmen.[101]   32

Im Kompetenzgefüge zwischen der EG und den Mitgliedstaaten betreffen die den konkurriernden Kompetenzen eng verwandten **parallelen Kompetenzen** solche Materien, die Gemeinschaftsrecht und nationales Recht nicht nach den gleichen Gesichtspunkten beurteilen, so daß sie Gegenstand paralleler Verfahren vor den Gemeinschaftsorganen und den nationalen Behörden sein können.[102] Ein Beispiel hierfür ist das Kartellrecht.[103] Die Art. 81, 82, wie auch das gemeinschaftliche Sekundärrecht[104], regeln das Kartellrecht für den innergemeinschaftlichen Handel, während sich die bestehenden nationalen Kartellgesetze vorrangig auf den innerstaatlichen Handel beziehen. Daher können die Gemeinschaft wie auch jeder Mitgliedstaat jeweils parallel ihr Kartellrecht regeln. Vom nationalen Gesetzgeber sind insofern aber die einheitliche Anwendung des Gemeinschaftskartellrechts und die zu seinem Vollzug ergangenen Maßnahmen auf dem gesamten Gemeinschaftsmarkt zu berücksichtigen und zu respektieren.[105]   33

4. Der Begriff der Maßnahme

Über den Begriff der Maßnahme wird bestimmt, welche Tätigkeiten der Gemeinschaft dem Anwendungsbereich des Subsidiaritätsprinzips i. e. S. unterfallen. Dies sind **in aller Regel Legislativtätigkeiten, niemals jedoch Kontrolltätigkeiten.** Der Wortlaut des Abs. 2 setzt zunächst einen gewissen **Konkretisierungsgrad** der gemeinschaftlichen Tätigkeit voraus. Eine ganze Gemeinschaftspolitik ist daher keine Maßnahme mehr. Andererseits ist es nicht ausgeschlossen, für einen gesamten **Politikbereich Grundsätze** für die Anwendung des Subsidiaritätsprinzips aufzustellen, die dann im Hinblick auf eine konkrete Maßnahme zur Anwendung gelangen. Nach Sinn und Zweck des Subsidiaritätsprinzips muß der Begriff der Maßnahme mit Blick auf Art. 249 **weit ausgelegt** werden. So zählen zu den Maßnahmen nicht nur alle Tätigkeiten der Gemeinschaft, die verbindliche Rechtswirkungen, gleich ob für alle Rechtssubjekte oder nur für die Mit-   34

---

99 *A. v. Bogdandy/M. Nettesheim*, in: Grabitz/Hilf, EU, Art. 3b; Rn. 13.
100 Vgl. zu den konkreten Pflichten *v. Bogdandy,* in: Grabitz/Hilf, EU, Art. 5, Rn. 32 ff.
101 Vgl. *Geiger*, EGV, Art. 5, Rn. 28; *Schweitzer* (Fn. 53), S. 32 ff.
102 Dazu auch *A. v. Bogdandy/M. Nettesheim*, in: Grabitz/Hilf, EU, Art. 3b; Rn. 14; ein sehr weitgehendes Verständnis vertritt insoweit *Dittert* (Fn. 55), S. 149 ff.
103 *Schweitzer* (Fn. 53), S. 36; *Geiger*, EGV, Art. 5, Rn. 29.
104 Vgl. hierzu die Kommentierung zu Art. 83, Rn. 30 ff.
105 *Schweitzer* (Fn. 53), S. 36; ausführlich *C. Jung*, Subsidiarität im Recht der Wettbewerbsbeschränkungen, 1995, S. 38 ff.; *N. Koch,* in: Grabitz/Hilf, EU, vor Art. 85, Rn. 36 ff.; *I. Pernice,* in: Grabitz/Hilf, EU, Art. 88, Rn. 5; EuGH, Rs. 14/68, 13.2.1969, Slg. 1969, 1, Rn. 3 (Wilhelm/Bundeskartellamt) und Verb. Rs. 253/78 und 1 bis 3/79, 10.7.1980, Slg. 1980, 2327, Rn. 15 ff. (Procureur de la République/Giry u. Guerlain).

gliedstaaten, entfalten, sondern auch die unverbindlichen Maßnahme in Art. 249 (s. dort Rn. 119 ff.). Dieses Ergebnis wird durch die Praxis zum Teil[106] bestätigt: Selbst nicht in Art. 249 genannte **unverbindliche Akte** wie etwa das Fünfte Umweltaktionsprogramm samt der diesbezüglichen Entschließung des Rates[107] enthalten vielfältige Hinweise auf das Subsidiaritätsprinzip und bemühen sich um seine Umsetzung.[108]

5. Die materiellen Vorgaben des Abs. 2 für die Kompetenzausübung

a) Allgemeines

35 Abs. 2 grenzt die Zuständigkeitsbereiche der EG einerseits und der Mitgliedstaaten andererseits sowohl positiv als auch negativ ab. Aufgrund des **Negativkriteriums** ist ein Tätigwerden der Gemeinschaft nur möglich, »sofern und soweit die Ziele der in Betracht gezogenen Maßnahmen auf Ebene der Mitgliedstaaten nicht ausreichend erreicht werden können«. **Kumulativ und kausal**[109] hierzu – dies folgt aus der Formulierung »und daher« – tritt das in Anlehnung an Art. 130r Abs. 4 EWGV formulierte **Positivkriterium**, wonach die Ziele der in Betracht gezogenen Maßnahmen »wegen ihres Umfangs oder ihrer Wirkungen besser auf Gemeinschaftsebene erreicht werden können« müssen. Es ist also – worauf auch Nr. 5 des Subsidiaritätsprotokolls (s. Anhang Teil III, Protokoll Nr. 30) explizit hinweist – eine **zweistufige Prüfung** vorzunehmen.[110] Der Begriff der »Ziele« verweist dabei auf die Art. 2, 3 und 4.[111] Eine Konkretisierung erhalten die in Art. 2 in recht allgemeiner Form genannten Ziele und Aufgaben in Art. 3 und 4, sowie in den jeweiligen Bestimmungen über die von der EG zu verfolgenden speziellen Politiken.[112] Im Rahmen der Vertragsziele kommt es dann auf das konkrete Einzelziel der angestrebten Maßnahme an.[113] In der aktuellen Diskussion werden Negativ- und Positivkriterium allerdings nicht immer hinreichend klar auseinandergehalten.[114]

b) Negativkriterium – nicht ausreichend
aa) Rechtsprechung und Praxis

36 Nach den Vorgaben unter **Nr. 5 des Subsidiaritätsprotokolls** und des Europäischen Rates von Edinburgh ist zu prüfen, ob die angestrebte Maßnahme **transnationale Aspekte** hat, die durch die Mitgliedstaaten nicht zufriedenstellend geregelt werden können. Es

---

106 Vgl. insofern das Bemühen des Bundesrates, den Subsidiaritätsbericht auch auf Förder- und Aktionsprogramme zu erstrecken, BR-Dr 286/97 = EuZW 1997, S. 486.
107 Vom 1.2.1993, ABl.EG 1993 Nr. C 138/1.
108 So auch *L.S. Brinkhorst*, Subsidiarity and European Community Environment Policy E.E.L.R. 1993, S. 8 (20); *M. Ruffert*, Die Gestaltung und Umsetzung des Fünften Umweltaktionsprogramms der EG als praktisches Beispiel für dezentrale Politikverwirklichung im Sinne des Subsidiaritätsprinzips, in: Scholz (Hrsg.), Deutschland auf dem Weg in die EU: Wieviel Eurozentralismus – wieviel Subsidiarität?, 1994, S. 297 ff.
109 So auch *Schweitzer/Fixson* (Fn. 32), S. 581; *Merten* (Fn. 6), S. 81, 83.
110 So auch die h.M.; vgl. nur *Konow* (Fn. 31), S. 408 f.; *Merten*, ebenda; *Jarass* (Fn. 70), S. 17; *A. Epiney*, Das Subsidiaritätsprinzip – Eine Kompetenzausübungsregel zur Begrenzung gemeinschaftlicher Tätigkeit, AJP/PJA 1993, S. 950 (957); *v. Borries* (Fn. 19), S. 277; kritisch *Schima* (Fn. 51), S. 107.
111 Ähnlich im Ergebnis *Schmidhuber/Hitzler* (Fn. 12), S. 722 f., *Schmidhuber* (Fn. 32), S. 419.
112 *Geiger*, EGV, Art. 2, Rn. 10; BBPS, S. 42; *E. Grabitz,* in: Grabitz/Hilf, EU, Art. 3, Rn. 1 m. w. N. insbesondere aus der Rspr.
113 So auch *Pieper* (Fn. 25), S. 709.
114 Vgl. etwa v.*Borries* (Fn. 31), S. 32 ff.; *Schmidhuber* (Fn. 31), S. 418 f.; *A. v. Bogdandy/M. Nettesheim*, in: Grabitz/Hilf, EU, Art. 3b, Rn. 34; *Schima* (Fn. 51), S. 111, 112 ff.; ebenso in einem Dokument der Kommission: Dok. KOM. (93) 545 endg.vom 24.11.1993, S. 1 f.

soll darauf ankommen, ob Maßnahmen der Mitgliedstaaten allein oder das Fehlen gemeinschaftlicher Maßnahmen im Widerspruch zum Vertrag stehen (Korrektur von Wettbewerbsverzerrungen, Vermeidung verschleierter Handelsbeschränkungen, Stärkung des wirtschaftlichen und sozialen Zusammenhalts) oder die Interessen der Mitgliedstaaten erheblich beeinträchtigen.[115] Nach Ansicht der Kommission soll ein **Test der vergleichenden Effizienz** vorgenommen werden, in dessen Rahmen zu prüfen ist, ob die Mitgliedstaaten die tatsächlichen und finanziellen Mittel zur Erreichung des Ziels zu ihrer Verfügung haben. Zu den Mitteln werden nationale, regionale oder lokale Gesetzgebung, freiwillige Vereinbarungen und Tarifverträge gezählt.[116]

Der **EuGH** konnte in seinen bisher zu Art. 5 ergangenen Urteilen eine »echte« Subsidiaritätsprüfung vermeiden.[117] In der Rs. C-84/94 hatte das Vereinigte Königreich keine »autonome Rüge« des Verstoßes gegen das Subsidiaritätsprinzip vorgebracht; in der Rs. C-233/94 hatte die Bundesregierung einen Verstoß gegen Abs. 2 nur im Rahmen der Begründungspflicht nach Art. 253 geltend gemacht. Allerdings wurden in der Rs. C-84/94 von britischer Seite Argumente vorgebracht, die als Konkretisierungen von Negativ- und Positivkriterium diskutiert werden. So habe der Gemeinschaftsgesetzgeber weder vollständig geprüft noch hinreichend dargetan, daß das von der Arbeitszeitrichtlinie geregelte Gebiet »transnationale Aspekte« aufweise, durch »nationale Maßnahmen nicht angemessen geregelt« werden könne, daß nationale Maßnahmen mit den Anforderungen des Vertrags unvereinbar seien und »Interessen der Mitgliedstaaten fühlbar verletzt hätten« sowie ein »Vorgehen auf Gemeinschaftsebene offenkundige Vorzüge gegenüber einem Vorgehen der Mitgliedstaaten« habe. Im Hinblick hierauf führt der EuGH in einem **obiter dictum** aus: »Sobald der Rat also festgestellt hat, daß...die in diesem Bereich bestehenden Bedingungen...harmonisiert werden müssen, setzt die Erreichung dieses Ziels durch das Setzen von Mindestvorschriften unvermeidlich ein gemeinschaftsweites Vorgehen voraus...«.[118] Wenn diese Aussage so zu verstehen ist, daß sich aus der **einfachen Feststellung des Rates die Unvermeidlichkeit einer Gemeinschaftsmaßnahme** ergibt, die offenbar auch nicht mehr ex post durch den Gerichtshof kontrolliert werden kann, so laufen die Prüfkriterien des Abs. 2, dem Subsidiaritätsprinzip im eigentlichen Sinne, entgegen ihrem Zweck leer. Für ein solches Verständnis sprechen auch die Schlußanträge des Generalanwalts Léger[119], der ausführt: »Da ein **Ziel der Harmonisierung** vorgegeben ist, können die vom Rat ergriffenen Maßnahmen zur Erreichung dieses Zieles schwerlich als eine Verletzung des Subsidiaritätsgrundsatzes kritisiert werden.« Statt auf die inhaltlichen Ziele der konkreten Richtlinie, die Abs. 2 meint, stellt Generalanwalt *Léger* einfach auf das abstrakte Ziel der Harmonisierung ab und kommt so zu dem Ergebnis, daß dieses besser auf Gemeinschaftsebene erreicht werden kann. Wie sollten auch die einzelnen Mitgliedstaaten eine gemeinschaftsweite Harmonisierung erreichen können?[120]

bb) Literatur
Ein Teil der Literatur vertritt die Auffassung, daß dem Negativkriterium aufgrund der Formulierung »und daher« im Verhältnis zum Positivkriterium keine eigenständige,

---

115 Vgl. Schlußfolgerungen des Vorsitzes des Europäischen Rates von Edinburgh, Teil A Anlage 1 S. 7a (Fn. 15), S. 138 ff.
116 Vgl. Kommissionsdokument SEC (92) 1990 final, S. 10 (Fn. 48), S. 112.
117 EuGH, Rs. C-84/94 (Fn. 22), Rn. 46 ff.; Rs. C-233/94 (Fn. 52), Rn. 22 ff.; einen Gesamtüberblick über alle Urteile – auch die, in denen der Begriff des Subsidiaritätsprinzips (ohne jede Prüfung) nur »ins Spiel gebracht« wurde – gibt: *Schima* (Fn. 97), S. 764 ff.; ferner *Calliess* (Fn. 11), S. 351 ff.
118 EuGH, Rs. C-84/94 (Fn. 22), Rn. 46 f.
119 GA *P. Léger*, Schlußantr. zu EuGH, Rs. C-84/94 (Fn. 22), Ziff. 129 f.
120 Ausführlich dazu *C. Calliess*, Urteilsanmerkung zu Rs. C-84/94, EuZW 1996, S. 757.

gleichrangige Bedeutung zukomme. Der Begriff »ausreichend« stelle nur eine **Konkretisierung des Begriffs** »besser« dar, mit der Folge, daß eine Vermutung zugunsten der kleineren Einheit gerade nicht bestehe, sondern vielmehr die EG geradezu ermuntert werde, sich weitere Kompetenzen zu verschaffen.[121] Von anderer Seite wird die Meinung vertreten, daß es sich beim Negativkriterium um ein »Kriterium der **Erforderlichkeit**« handele.[122] Ferner wird diskutiert, ob der Begriff »Ebene der Mitgliedstaaten« im Sinne eines »auf Ebene der gemeinsam handelnden Mitgliedstaaten« oder im Sinne eines »auf Ebene der einzelnen Mitgliedstaaten« zu verstehen ist.[123] So wird vertreten, daß die Auslassung des Wortes »einzelnen« kaum als Zufall gewertet werden könne, so daß künftig die **intergouvernementale Zusammenarbeit** der Mitgliedstaaten ausreichen könne, um die Gemeinschaft an der Ausübung einer eigenen Kompetenz zu hindern.[124]

cc) **Stellungnahme**

39 Ein Verständnis des Negativkriteriums im Sinne von » Erforderlichkeit« ist weder vom **Wortlaut** gedeckt, noch wird es durch die **Vertragsverhandlungen** bestätigt. Denn der von der deutschen Delegation am 7. Januar 1991 eingebrachte Vorschlag lautete in der hier interessierenden Passage »...Sie wird nur insofern tätig, wie die Maßnahmen aufgrund ihrer Tragweite oder ihrer Auswirkungen die Grenzen eines Mitgliedstaates überschreitende Lösungen *erfordern* und wenn und soweit der verfolgte Zweck durch Maßnahmen auf der Ebene der einzelnen Mitgliedstaaten allein nicht ausreichend verwirklicht werden kann«.[125] Der geltende Vertragstext bleibt insofern eindeutig hinter dem deutschen Vorschlag zurück.[126] Wenn dem Negativkriterium eine eigenständige und gleichrangige Bedeutung im Hinblick auf das Positivkriterium abgesprochen wird, so wird die Bedeutung der Formulierung »und daher« verkannt. Insoweit macht der Vergleich mit dem luxemburgisch-niederländischen Vertragsentwurf deutlich, daß es den Vertragsparteien mit dem **Negativkriterium darauf ankam**, die Gemeinschaft durch ein zusätzliches Kriterium in ihrem Handeln zu begrenzen[127], was nunmehr nochmals durch Nr. 5 des Subsidiaritätsprotokolls unterstrichen worden ist.

40 Überzeugend erscheint es demgegenüber, mit dem Negativkriterium die Frage nach einer **Überforderung der Mitgliedstaaten** zu stellen, wobei dann die aktuelle Sach- und

---

121 So etwas umständlich letztlich *Stewing* (Fn. 49), S. 108; *ders.* (Fn. 32), S. 1518; ähnlich *Schnabel* (Fn. 4), S. 394; *Seele* (Fn. 4), S. 366; *A. Schink*, Die europäische Regionalisierung, DÖV 1992, S. 385 (387), meint hier ein Optimierungsgebot feststellen zu können und nennt das Subsidiaritätsprinzip des Art. 5 einen »Etikettenschwindel«.
122 *Kahl* (Fn. 12), S. 426; *Schweitzer/Fixson* (Fn. 32), S. 581; *Stein* (Fn. 19), S. 29 f.; *K. Lenaerts*, The principle of subsidiarity and the environment in the European Union: Keeping the balance of ferderalism, FILJ 1994, S. 846 (849 ff.); *A. v. Bogdandy/M. Nettesheim*, in: Grabitz/Hilf, EU, Art. 3b, Rn. 33; *Schima* (Fn. 51), S. 112; *Hailbronner* (Fn. 70), S. 54 ff.; *v. Borries* (Fn. 19), S. 277: »Notwendigkeitstest«.
123 Vgl. *Schwartz* (Fn. 12), S. 412; *Lambers* (Fn. 27), S. 236.
124 *Lambers* (Fn. 27), S. 236.; ebenso *I. Hochbaum*, Kohäsion und Subsidiarität, DöV 1992, S. 285 (292); vgl. auch *Toth* (Fn. 65), S. 1098 f.; a.A. *J. A. Frowein*, Konkurrierende Zuständigkeit und Subsidiarität, Zur Kompetenzverteilung in bündischen Systemen, FS-Lerche, 1993, S. 401 (408); *R.W. Strohmeier*, Die Auswirkungen des Maastrichter Vertrages auf die Regionen, BayVBl. 1993, S. 417 (419); *Schmidhuber* (Fn. 31), S. 419; *Jarass* (Fn. 70), S. 19; *G. Hirsch*, Die Auswirkungen des Subsidiaritätsprinzips auf die Rechtsetzungsbefugnis der EG, in: Ress/Stein (Hrsg.), Vorträge aus dem E. I., 1995, S. 7
125 Zitiert nach *Konow* (Fn. 31), S. 406.
126 So auch *Konow* (Fn. 31), S. 409; *Merten* (Fn. 6), S. 82.
127 Deutlich wird dies etwa an der Kritik des Bundesrates vom 26.4.1991 am luxemburgischen Vertragsentwurf, gerichtet an die die Verhandlungen führende Bundesregierung; im Ergebnis ebenso *Konow* (Fn. 31), S. 409; *Merten* (Fn. 6) S. 82 f., der *Stewing* diesbezüglich zu Recht »Interpunktions-Stecherei« vorwirft.

Rechtslage in den Mitgliedstaaten neben einer hypothetischen Abschätzung von deren Möglichkeiten und Fähigkeiten zum Erlaß künftiger Maßnahmen zu prüfen ist. Da Abs. 2 von den »Mitgliedstaat*en*« im Plural spricht, muß in **zwei oder mehr Mitgliedstaaten das objektive Leistungspotential** – nicht der subjektive Leistungswille[128] – mit Blick auf das Ziel der in Betracht gezogenen Maßnahme **tatsächlich unzureichend** sein.[129] Insofern ist dann **vergleichend** zu untersuchen, ob etwaige **transnationale Aspekte** zufriedenstellend von den Mitgliedstaaten allein geregelt werden können oder mangels gemeinschaftlicher Regelungen **Kernziele des Vertrages oder Interessen anderer Mitgliedstaaten** durch »spill overs« erheblich bzw. spürbar beeinträchtigt werden. Dabei ist zu berücksichtigen, daß die nationalen Maßnahmen keineswegs einheitlich sein müssen, um als ausreichend angesehen werden zu können.[130] Erforderlich ist ebenfalls nicht, daß die Aufgabe tatsächlich schon von den Mitgliedstaaten wahrgenommen wird. Es genügt bereits, daß sie hierzu imstande sind.[131]

Ein Ausweichen der Mitgliedstaaten auf die völkerrechtliche Ebene in Form der intergouvernementalen Zusammenarbeit ist gemeinschaftsrechtlich nicht zu vertreten.[132] Mag es auch im Interesse bestimmter Mitgliedstaaten liegen, die intergouvernementale Zusammenarbeit auf diese Weise zu verstärken[133], so verstößt der damit verbundene Rückschritt doch gegen Art. 2 Abs. 1, 5. Spstr. EUV i.V.m. Nr. 2 des Subsidiaritätsprotokolls, die beide die volle Wahrung des gemeinschaftlichen Besitzstands verlangen sowie gegen den Zweck des Subsidiaritätsprinzips, möglichst bürgernahe Entscheidungen zu gewährleisten.[134]   41

c) **Positivkriterium – besser**
aa) **Rechtsprechung und Praxis**
Nach Nr. 4 und 5 des Subsidiaritätsprotokolls sowie den Leitlinien des Europäischen Rates von Edinburgh muß der Nachweis erbracht werden, daß Maßnahmen auf Gemeinschaftsebene aufgrund ihrer Größenordnung oder ihrer Auswirkungen im Verhältnis zu einem Tätigwerden auf der Ebene der Mitgliedstaaten **deutliche Vorteile** erbringen würden. Der Begriff »besser« müsse (wie schon der Begriff »nicht ausreichend« des Negativkriteriums) auf qualitativen oder – soweit möglich – auf quantitativen Kriterien beruhen.[135] Die **Kommission** betrachtet das Positivkriterium als **Test des »Mehrwerts« eines Handelns der Gemeinschaft** gegenüber einem Handeln der Mitgliedstaaten. Dabei soll eine Bewertung der Effektivität des jeweiligen Gemeinschaftshandelns mit Blick auf die Größenordnung und den grenzüberschreitenden Charakter eines Problems sowie die Folgen eines Verzichts auf gemeinschaftliche Maßnahmen erfolgen. Jene Bewertung müsse dann positiv ergeben, daß eine Maßnahme auf EG-Ebene wegen ihrer breiteren   42

---

128 So aber zusätzlich *Epiney* (Fn. 110), S. 959.
129 Zum Teil a.A. *Epiney* (Fn. 110), S. 960, nach der schon das »Fehlverhalten« eines Mitgliedstaates die Erreichung des zu verwirklichenden Ziels gefährden können soll.
130 *Lambers* (Fn. 27), S. 236.
131 Vgl. auch C. *Koenig*/M. *Pechstein*, Die EU, Der Vertrag von Maastricht, 1995, S. 61; *Jarass* (Fn. 70), S. 18; *Epiney* (Fn. 110), S. 960.
132 Wie hier *Schwartz* (Fn. 12), S. 412; *Frowein* (Fn. 124), S. 408; *Strohmeier* (Fn. 124), S. 419; *Schmidhuber* (Fn. 31), S. 419; *Epiney* (Fn. 110), S. 958; *Jarass* (Fn. 70), S. 19; *Hirsch* (Fn. 124), S. 7.
133 Etwa Großbritannien, vgl. *Strohmeier*, (Fn. 124), S. 419; zumindest mißverständlich aber auch der Entwurf des Prüfrasters für die Subsidiaritätsprüfung durch die Bundesressorts vom 10.12.1993, wo von der »Zusammenarbeit zwischen einzelnen Mitgliedstaaten« die Rede ist.
134 *Schwartz* (Fn. 12), S. 412; ebenso *Frowein* (Fn. 124), S. 408; *Strohmeier* (Fn. 124), S. 419; *Schmidhuber* (Fn. 31), S. 419; *Jarass* (Fn. 70), S. 19; *Hirsch* (Fn. 124), S. 7.
135 Schlußfolgerungen des Vorsitzes des Europäischen Rates von Edinburgh, Teil A Anlage I S. 7a (Fn. 15), S. 391 ff.

allgemeineren Wirkung dem angestrebten Ziel näher komme als ein individuelles Handeln der Mitgliedstaaten.[136]

bb) Literatur

43 Die überwiegende Meinung im Schrifttum nimmt im Rahmen des Positivkriteriums eine **Abwägung** vor, die sich an folgenden Fragen orientiert[137]: Hat die angestrebte Maßnahme transnationale Aspekte, die anhand von Art, Größe und Schwere des Problems sowie der Betroffenheit mehrerer oder aller Mitgliedstaaten zu prüfen sind? Inwiefern gibt es Handlungsalternativen für die Problemlösung und die Handlungsebene? Anhand eines **Effizienzvergleichs** sind dann Kosten und Nutzen der Problemlösung auf den unterschiedlichen Handlungsebenen und die Nachteile eines Untätigbleibens der EG zu prüfen. Von anderer Seite wird das Positivkriterium so verstanden, daß der fraglichen Maßnahme eine transnationale Komponente anhaften und ein Regelungsbedürfnis gerade aus der Sicht der Zielsetzungen der Gemeinschaft bestehen müsse, wobei pragmatische Erwägungen der Effizienz und ein »europäischer Mehrwert« eine Gemeinschaftszuständigkeit nicht (mehr) begründen könnten.[138] Dem wird wiederum insofern widersprochen, als ein qualitativer Mehrwert eine positive Rechtfertigung des Gemeinschaftshandelns begründen könne, der sich jedoch gerade daraus ergeben müsse, daß die Ziele auf der Ebene der Mitgliedstaaten nicht in genügendem Maße erreicht werden könnten.[139]

cc) Stellungnahme

44 Festgehalten werden kann folgendes: Aufgrund des Wortlauts »Umfang« ist auf die **Art, Größe und Schwere** des jeweils zu lösenden Problems abzustellen sowie auf die Frage, **ob mehrere oder alle Mitgliedstaaten spürbar** von ihm betroffen sind. Insofern enthält der transnationale Aspekt ein quantitatives Element. Auch das Kriterium der »Wirkungen« hat einen **transnationalen** Bezug. Zu betrachten ist dabei aber die **Effizienz** der in Betracht gezogenen Maßnahme im Hinblick auf das angestrebte Ziel. Insoweit bekommt der transnationale Aspekt ein qualitatives Element. Durch das Wort »besser« wird sodann das Erfordernis eines Vergleichs in das Zentrum der Prüfung gerückt. Insofern ist also ein **wertender Vergleich zwischen zusätzlichem Integrationsgewinn und mitgliedstaatlichem Kompetenzverlust** vorzunehmen. Danach sind die Gemeinschaftsbefugnisse dort nicht voll auszuüben, wo der zusätzliche Integrationsgewinn minimal, der Eingriff in die verbliebenen Zuständigkeitsbereiche der Mitgliedstaaten jedoch beträchtlich ist.[140] Insofern sind folgende Aspekte zu berücksichtigen und gegeneinander abzuwägen: Zunächst sind **Kosten und Nutzen** der Problemlösung auf den verschiedenen Handlungsebenen sowie die **negativen Effekte** einer »Nulloption« bei einem Verzicht auf ein Tätigwerden der Gemeinschaft zu prüfen. Des weiteren ist auch der »**europäische Mehrwert**« einer gemeinschaftsweiten Regelung in die Abwägung mit einzubeziehen, da das Positivkriterium die Ziele der in Betracht gezogenen Maßnahme im Blickfeld hat.

---

136 Kommissionsdokument SEC (92) 1990 final, S. 10 (Fn. 48), S. 112.
137 Vgl. *Schmidhuber* (Fn. 31), S. 418 f., bei dem aber überhaupt nicht mehr erkennbar ist, welche Aspekte dem Positiv- und welche dem Negativkriterium zugeordnet werden.
138 *Schmidhuber/Hitzler* (Fn. 12), S. 723.
139 So *Pipkorn* (Fn. 71), S. 699; ähnlich *Lambers* (Fn. 27), S. 237.
140 G. *Ress*, Kultur und europäischer Binnenmarkt, 1991, S. 48 f.; *ders.* (Fn. 70), S. 948 f.; ebenso *Jarass* (Fn. 70), S. 19.

III. Die Prüfung der Verhältnismäßigkeit nach Abs. 3

1. Allgemeines

Überwiegend besteht Einigkeit darüber, daß Abs. 3, der auch auf Maßnahmen im Bereich der ausschließlichen Zuständigkeit der Gemeinschaft (s. dazu Rn. 18 ff.) Anwendung findet, mit der Begrenzung der Maßnahmen der Gemeinschaft auf das »erforderliche Maß« den seit langem im Gemeinschaftsrecht etablierten allgemeinen Rechtsgrundsatz des Verhältnismäßigkeitsprinzips[141] enthält. Abs. 3 bestimmt als ein dritter (eigenständiger) Prüfungsschritt der Schrankentrias (s. Rn. 6) Art, Umfang und Intensität einer Maßnahme, ihrer Reichweite und ihrer materiellen Regelungsdichte. Es geht also um die **Frage nach dem »Wie« eines gemeinschaftlichen Tätigwerdens**.[142]

45

2. Inhalt und Tragweite

Als **allgemeiner Rechtsgrundsatz** – basierend auf den Rechtsordnungen der Mitgliedstaaten[143] – ist das Verhältnismäßigkeitsprinzip in ständiger Rechtsprechung des EuGH auch als **ungeschriebener Bestandteil** des Gemeinschaftsrechts anerkannt[144]. In nahezu allen Bereichen des Gemeinschaftsrechts ist das Verhältnismäßigkeitsprinzip als Prüfungsmaßstab bei der Beurteilung der Rechtmäßigkeit von legislativen wie exekutiven Maßnahmen der Gemeinschaftsinstitutionen und nationaler Behörden zur Anwendung gelangt. Der Grundsatz der Verhältnismäßigkeit wird daher zutreffend als »übergreifendes Prinzip zur Begrenzung der Wirtschaftsgesetzgebung und -verwaltung in der Gemeinschaft« bezeichnet.[145] Die Begriffe »erforderlich«, »geeignet« und »notwendig« sind in der Rechtsprechung des EuGH oftmals nur eine Kennzeichnung des Verhältnismäßigkeitsprinzips unter wechselnder Wortwahl, ohne daß damit eine vollständige Übereinstimmung mit der deutschen Terminologie und Dogmatik verbunden wäre.[146]

46

---

141 Ständige Rspr. des EuGH, vgl. nur EuGH, Verb. Rs. 41, 121 und 796/79, 19.7.1980, Slg. 1980, 1979, Rn. 21 (Testa/Bundesanstalt f. Arbeit) sowie die Nachweise in Fn. 143 und 144.

142 Im wesentlichen wie hier *Schmidhuber/Hitzler* (Fn. 12), S. 722; *Emiliou* (Fn. 30), S. 401 f.; *Stewing* (Fn. 49), S. 109; *Pipkorn* (Fn. 71), S. 699; *Geiger*, EGV, Art. 3b, Rn. 9 f.; *Schmidhuber* (Fn. 31), S. 419; *Pieper* (Fn. 25), S. 709; *Stein* (Fn. 19), S. 29; *Schwartz* (Fn. 12), S. 416; *Jarass* (Fn. 70), S. 29; *H. Lecheler*, Das Subsidiaritätsprinzip, Strukturprinzip einer EU, 1993, S. 15; *v.Borries* (Fn. 19), S. 269 f.; *G. Langguth*, in: Lenz, EGV, Art. 5, Rn. 24; *Lenaerts/vanYpersele* (Fn. 19), Nr. 58 ff.; *Magiera* (Fn. 94), S. 96; *Steiner* (Fn. 94), S. 58 ff.; *A. v.Bogdandy/M. Nettesheim*, in: Grabitz/Hilf, EU, Art. 3b, Rn. 42 ff.; einschränkend *T. Bruha*, Das Subsidiaritätsprinzip im Recht der EG, in: Batliner/Riklin (Hrsg.), Subsidiarität, 1994, S. 373 (398); *G. Lienbacher*, in: Schwarze, EU-Kommentar, Art. 5, Rn. 34 ff.; *Moersch* (Fn. 3), S. 350 ff.; Kommissionsdokument SEC (92) 1990 final, (Fn. 48), S. 112; Europäischer Rat von Edinburgh, (Fn. 15), S. 391 ff.; Entwurf eines Prüfrasters zur Subsidiaritätsprüfung durch die Bundesressorts vom 10. 12. 1993 = *Calliess* (Fn. 11), S. 403 ff.

143 Vgl. den ausführlichen Überblick bei *A. Emmerich-Fritsche*, Der Grundsatz der Verhältnismäßigkeit als Direktive und Schranke der EG-Rechtsetzung, 2000, S. 136 f.; *Schwarze*, EuVerwR II, S. 664 ff.

144 Vgl. nur die Analyse der Rechtsprechung des EuGH von *U. Kischel*, Die Kontrolle der Verhältnismäßigkeit durch den EuGH, EuR 2000, S. 380 ff.; *Emmerich-Fritsche* (Fn. 143), S. 96 ff.; *Schwarze*, EuVerwR II, S. 690 ff. (708 ff.); *G. Ress*, Der Grundsatz der Verhältnismäßigkeit im deutschen Recht, in: Kutscher/Ress (Hrsg.), Der Grundsatz der Verhältnismäßigkeit in europäischen Rechtsordnungen, 1985, S. 39 f.

145 *Schwarze*, EuVerwR II, S. 830 f.; vgl. auch *Emmerich-Fritsche* (Fn. 143), S. 272 ff.; *Kischel* (Fn. 144), S. 382 ff.

146 Dazu *Schwarze*, EuVerwR II, S. 831 ff.; *Kischel* (Fn. 144), S. 383 ff., der auf S. 390 ff. sogar von einer inhaltlichen Vergleichbarkeit ausgeht; a.A. insoweit zu Recht *T. Stein*, »Bananen-

Art. 5 EG-Vertrag

Die **Geeignetheit** einer Maßnahme spielt in der Rechtsprechung des EuGH eine relativ unbedeutende Rolle. Es werden lediglich Extremfälle einer Zweckverfehlung als ungeeignet bezeichnet. Der EuGH beschränkt sich zumeist auf die Prüfung, ob eine Maßnahme »...bei ihrem Erlaß nicht als offensichtlich ungeeignet zur Verwirklichung des angestrebten Zieles« erscheint.[147] Ähnlich wie im deutschen Recht wird vom EuGH hinsichtlich der **Erforderlichkeit** geprüft, ob das Ziel nicht ebenso wirksam durch andere Maßnahmen erreicht werden kann, die das zu schützende Gut weniger beeinträchtigen.[148] **Die Verhältnismäßigkeit im engeren Sinne** wird vom EuGH – insofern ähnlich der deutschen Dogmatik – im Sinne einer Abwägung zwischen dem Nutzen einer Maßnahme für die Allgemeinheit und der Einschränkung geschützter Rechtspositionen der Gemeinschaftsbürger geprüft.[149]

47 Seine Wirkung entfaltet das Verhältnismäßigkeitsprinzip jedoch nicht nur bei Eingriffen der Gemeinschaftsbehörden in **Grundrechte** des einzelnen (s. Art. 6 EUV, Rn. 73 ff.), sondern auch bei **Eingriffen in Interessen der Mitgliedstaaten**.[150] Letzteres war im Gemeinschaftsrecht[151] wie auch im deutschen Recht bisher nicht selbstverständlich. So verneinte das BVerfG für die innerstaatliche Kompetenzverteilung zwischen Bund und Ländern allgemein die Anwendbarkeit des Verhältnismäßigkeitsprinzips mit dem Hinweis, daß ihm nur eine die individuelle Rechts- und Freiheitssphäre verteidigende Funktion zukomme. Ein hiermit verbundenes Denken in den Kategorien von Freiraum und Eingriff könne weder speziell auf die von einem Konkurrenzverhältnis zwischen Bund und Ländern bestimmte Sachkompetenz des Landes noch allgemein auf Kompetenzabgrenzungen übertragen werden.[152] In seinem »**Maastricht-Urteil**« ist das BVerfG von dieser Auffassung – zumindest im Hinblick auf das Gemeinschaftsrecht – abgerückt, wenn es zum Verhältnismäßigkeitsprinzip ausführt: »Dieses Prinzip enthält zunächst ein grundrechtliches Übermaßverbot, kann aber im Rahmen eines Staatenverbundes, der eben nicht eine staatlich organisierte Einheit ist, die Regelungsintensität von Gemeinschaftsmaßnahmen...beschränken und so die nationale Identität der Mitgliedstaaten...gegen ein Übermaß europäischer Regelungen wahren.«[153] Mit diesem Verständnis trägt das BVerfG den Vorgaben des Abs. 3 Rechnung.

Fortsetzung von Fußnote 146
    Split«?, EuZW 1998, S. 261 (262); *M. Nettesheim*, Grundrechtliche Prüfdichte durch den EuGH, EuZW 1995, S. 106 (107); *P. M. Huber*, Das Kooperationsverhältnis zwischen BVerfG und EuGH in Grundrechtsfragen, EuZW 1997, S. 517 (521); und ausführlich *Emmerich-Fritsche* (Fn. 143), S. 195 ff.
147 Vgl. etwa EuGH, Rs. 40/72, 7.2.1973, Slg. 1973, 125, Rn. 14 (Schroeder/Deutschland); GA *G. Reischel*, Schlußantr. zu EuGH, Rs. 276/80, 16.2.1982, Slg. 1982, 517, Ziff. 1 (Padana/Kommission); *Emmerich-Fritsche* (Fn. 143), S. 207 ff.; *Kischel* (Fn. 144), S. 383 f.
148 Vgl. etwa EuGH, Rs. 261/81, 10.11.1982, Slg. 1982, 3961, Rn 17 (Rau/De Smedt) im Hinblick auf das Schutzgut des freien Warenverkehrs; *Emmerich-Fritsche* (Fn. 143), S. 211 ff.; *Kischel* (Fn. 144), S. 383 f.
149 Vgl. etwa EuGH, Rs. 147/81, 29.4.1982, Slg. 1982, 1389, Rn. 12 (Merkur Fleisch-Import/Hauptzollamt Hamburg-Ericus); *Emmerich-Fritsche* (Fn. 143), S. 213 ff.; *Kischel* (Fn. 144), S. 384 ff.
150 *Schwarze*, EuVerwR II, S. 841; ebenso *M. Zuleeg*, Die Stellung der Länder und Regionen im europäischen Integrationsprozeß, DVBl. 1992, S. 1329 (1334).
151 Vgl. noch EuGH, Rs. 265/87, 11.7.1989, Slg. 1989, 2237, Rn. 21 (Schräder/Hauptzollamt Gronau).
152 So etwa BVerfGE 79, 311 (314); 81, 310 (338).
153 BVerfGE 89, 155 (212).

3. Vorgaben des Abs. 3

a) Rechtsprechung und Praxis
Mit Blick auf die vorzunehmende Verhältnismäßigkeitsprüfung führt der EuGH in den ersten Art. 5 betreffenden Urteilen unter Hinweis auf seine gefestigte Rechtsprechung aus, daß die gewählten Mittel zur Erreichung des angestrebten Zwecks geeignet sein müssen und das Maß des hierzu Erforderlichen nicht übersteigen dürfen. Jedoch will der EuGH dem Rat einen **weiten Ermessensspielraum** zuerkennen, wenn es sich »wie im vorliegenden Fall um ein Gebiet handelt, auf dem der Gesetzgeber sozialpolitische Entscheidungen zu treffen und **komplexe Abwägungen** zu tätigen hat. Die Ausübung einer solchen Befugnis kann daher gerichtlich nur daraufhin überprüft werden, ob ein **offensichtlicher Irrtum** oder ein **Ermessensmißbrauch** vorliegt, oder ob das Organ die **Grenzen seines Ermessens offenkundig überschritten** hat«.[154]

48

Den **Nr. 6 und 7 des Subsidiaritätsprotokolls** (s. Anhang Teil III, Protokoll Nr. 30) sowie den Leitlinien des Europäischen Rats zufolge sollen Gemeinschaftsmaßnahmen den Mitgliedstaaten soviel Entscheidungsspielraum einräumen, wie sich mit der Gewährleistung des Ziels der Maßnahme und der Einhaltung der Bestimmungen des Vertrages vereinbaren lasse. Daneben sollten die Maßnahmen den Mitgliedstaaten zur Zielverwirklichung **alternative** Möglichkeiten bieten. Sofern möglich, sollten in allen Bereichen, in denen die EG Normen festlegt, **Mindestnormen** in Erwägung gezogen werden, die es den Mitgliedstaaten freistellen, selbst strengere Normen festzulegen. Bei gleichen Gegebenheiten solle einer Richtlinie gegenüber einer Verordnung und einer Rahmenrichtlinie gegenüber einer detaillierten Maßnahme der Vorzug gegeben werden. Ferner solle jeweils überlegt werden, ob nicht eine unverbindliche Empfehlung oder »fakultative Verhaltenskodizes« zweckmäßig seien.[155]

49

Für die **Kommission**[156] ist zunächst die Wahl zwischen bindenden und unverbindlichen Maßnahmen die zentrale Frage. Wo keine Gesetzgebung nötig sei, müsse unterstützenden und koordinierenden **Programmen**, der Empfehlung und dem Erreichen der Ziele durch internationale Abkommen Vorrang gegeben werden. Sind gesetzgeberische Maßnahmen erforderlich, muß nach Meinung der Kommission im Hinblick auf die Intensität gelten, daß der **Richtlinie** in ihrer ursprünglichen Form als umsetzungsbedürftige generelle Rahmenregelung, die auf Detailregelungen verzichtet, der Vorrang vor der Verordnung, die die Ausnahme bleiben müsse, gebührt. **Bevorzugt** müßten überdies das Verfahren der **gegenseitigen Anerkennung**[157] und die Regelung von **Minimumstandards** zur Anwendung kommen.

50

b) Literatur
Einigkeit besteht im Schrifttum grundsätzlich darüber, daß Abs. 3 die Gemeinschaft verpflichtet, das jeweils **mildeste Mittel**, das für die Erreichung der gesetzten Ziele ausreichend ist, zu wählen.[158] Daraus wird eine Art »**Mittelhierarchie**« abgeleitet, derzufolge ein Vorrang von gegenseitiger Anerkennung vor Harmonisierung, von Unter-

51

---

154 EuGH, Rs. C-84/94 (Fn. 22), Rn. 55 ff.; Rs. C-233/94 (Fn. 52), Rn. 54 ff.
155 Schlußfolgerungen des Vorsitzes – Edinburgh, 12.12.1992, Teil A Anlage I, S. 10a, abgedruckt in *Calliess* (Fn. 11), S. 391 ff.
156 Kommissiondokument SEC (92) 1990 final IV.; S. 13 ff., abgedruckt in D. Merten (Hrsg.), Die Subsidiarität Europas, 1993, S. 112 ff.
157 Hierzu S. *Langer*, Subsidiarität und Anerkennungsprinzip, ZG 1993, S. 193; *Calliess* (Fn. 11), S. 43 ff.
158 Vgl. *Schmidhuber/Hitzler* (Fn. 12), S. 722; *Emiliou* (Fn. 30), S. 401 f.; *Stewing* (Fn. 49), S. 109; *Pipkorn* (Fn. 71), S. 699; *Geiger*, EGV, Art. 3b, Rn. 9 f.; *Schmidhuber* (Fn. 31), S. 419; *Pieper*

stützungsmaßnahmen vor einer Reglementierung, von Rahmenregelungen vor detaillierten Regelungen, Empfehlungen vor Richtlinien und von Richtlinien vor Verordnungen besteht. Geprüft werden soll auch, ob anstatt einer staatlichen Maßnahme eine Regelung durch die Sozialpartner, Berufsorganisationen oder durch ökonomische Instrumente in Betracht kommt. **Gegen eine solche Mittelhierarchie wendet sich** *Pescatore*. Er sieht hierin einen »Zug zur zentrifugalen Desintegration«[159]. Nicht möglich ist nach der überwiegenden Meinung in der Literatur allerdings die Verweisung auf die zwischenstaatliche Zusammenarbeit. Sie sei eine Handlungsform außerhalb der Gemeinschaftszuständigkeiten und liege daher auch außerhalb der »Hierarchie der Mittel«.[160]

c) Stellungnahme

52 In formeller Hinsicht ist gem. Abs. 3 und in Übereinstimmung mit Praxis und Literatur, eine »**Mittelhierarchie**« unter Berücksichtigung des zu erreichenden Zieles zu etablieren: Kann sich die Gemeinschaft nicht schon auf (gleich wirksame) koordinierende und unverbindliche Maßnahmen beschränken, so muß sie sich im Rahmen erforderlich werdender verbindlicher Maßnahmen auf die mitgliedstaatliche Souveränität schonende Maßnahmen beschränken. Insoweit hat z.B. die Richtlinie (s. Art. 249, Rn. XXX) Vorrang vor der Verordnung. Abs. 3 begründet in materieller Hinsicht ein »**Prinzip des schonendsten Ausgleichs**« zwischen den Bedürfnissen der Wirtschafts- und Politikintegration einerseits und den Erfordernissen der Wahrung nationaler Identität gem. Art. 6 Abs. 3 EUV und möglichst bürgernahen Entscheidungen gem. Art. 1 Abs. 2 EUV andererseits.[161] Diese Prinzip muß sich in der inhaltlichen Ausgestaltung des jeweiligen Rechtsakts – etwa in Form von Rahmenregelungen oder »opting-up« respektive Mindeststandardregelungen widerspiegeln. Was die **Harmonisierung** anbelangt, ist z.B. in Form von unterschiedlich dichten »Harmonisierungsstufen« zu prüfen, ob sich eine partielle Harmonisierung – bei der gleichwertige Standards gegenseitig anerkannt werden – oder eine optionale/freiwillige Harmonisierung – bei der Standards auf nationalen Märkten von im Inland hergestellten Produkten nicht erfüllt werden müssen, aber für den Export in andere Mitgliedstaaten bindend sind – als Maßnahmen mit hinreichender Regelungsintensität darstellen. Nur wenn dies nicht der Fall ist, kommt in der Regel eine **Mindestharmonisierung** – bei der die von der EG gesetzten Standards von den Mitgliedstaaten nicht unterlaufen werden dürfen, die aber Spielräume für national strengere Normen beinhaltet – in Betracht. »Ultima ratio« ist schließlich die Totalharmonisierung, bei der die Normsetzungskompetenz voll auf die EG übergeht und nationale Handlungsspielräume entfallen.[162] Die so beschriebene, kompetentielle Verhältnis-

---

Fortsetzung von Fußnote 158
   (Fn. 25), S. 709; *Stein* (Fn. 19), S. 29; *Schwartz* (Fn. 12), S. 416; *Jarass* (Fn. 70), S. 29; *Lecheler*(Fn. 141), S. 15; *v. Borries* (Fn. 19), S. 269 f.; *G. Langguth*, in: Lenz, EGV, Art. 3b, Rn. 24 f.; *Lenaerts/vanYpersele* (Fn. 19), Nr. 58 ff.; *Magiera* (Fn. 94), S. 96; *Steiner* (Fn. 94), S. 58 ff.; *A. v. Bogdandy/M. Nettesheim*, in: Grabitz/Hilf, EU, Art. 3b, Rn. 42 ff.; *Bruha* (Fn. 141), S. 398; *Emmerich-Fritsche* (Fn. 143), S. 300 ff.
   Pescatore (Fn. 59), S. 1079.
160 *Schmidhuber* (Fn. 31), S. 419; *Schmidhuber/Hitzler* (Fn. 12), S. 723; *Konow* (Fn. 31), S. 408; *Schwartz* (Fn. 12), S. 412; *Frowein* (Fn. 124), S. 408; *Strohmeier* (Fn. 124), S. 419; *v. Borries* (Fn. 19), S. 278; a.A. *Hochbaum* (Fn. 19), S. 292; wohl trotz Bedenken letztlich auch *Lambers* (Fn. 27), S. 236; widersprüchlich *Jarass* (Fn. 70), S. 19.
161 *Bruha* (Fn. 141), S. 404; *J. Schwarze*, Das Staatsrecht in Europa, JZ 1993, S. 585 (591); *Pieper* (Fn. 25), S. 709; *Emmerich-Fritsche* (Fn. 143), S. 303 ff.
162 Grundlegend hierzu *M. Wagner*, Das Konzept der Mindestharmonisierung, 2001, insbes. S. 35 ff.; ferner *L. F. Neumann/A. Pastowski*, in: Jarass/Neumann, Umweltschutz und Europäische Gemeinschaften, 1992, S. 72; die diese »Harmonisierungsstufen« für die Umweltpolitik unterscheiden; zur Mindestharmonisierung im Kontext des Art. 5 ausführlich *Calliess*, Fn. 11, S. 213 ff., 240 ff.

mäßigkeitsprüfung ist allerdings strikt von der grundrechtlichen Verhältnismäßigkeitsprüfung zu unterscheiden. Insoweit ist hinsichtlich des erwähnten Tabakwerbeverbots-Urteil kritisch zu bemerken, daß der Generalanwalt in Nr. 145 ff. seiner Schlußanträge insoweit nicht trennt und beide Prüfungen, trotz ihrer unterschiedlichen Stoßrichtung und ihres verschiedenen Ansatzpunktes miteinander vermischt.

C. Spezialisierungen des Subsidiaritätsprinzips

Insoweit als die jeweilige **in Anspruch genommene Kompetenznorm strengere Prüfmaßstäbe** vorgibt, wird der Inhalt des Subsidiaritätsprinzips durch zusätzliche Anforderungen an ein gemeinschaftliches Tätigwerden konkretisiert. Der Gedanke der Subsidiarität hat eine spezielle Ausprägung in mehreren, teilweise neuen Vertragsartikeln – den Art. 44 Abs. 2 lit. g), 94 und 95 i.V.m. 3 Abs. 1 h, 137, 149, 150, 151, 152, 153, 154, 157, 164 und 308 – gefunden. Darüber hinaus findet sich der Subsidiaritätsgedanke in den Art. 1 Abs. 2 und Art. 2 Abs. 2 der gemeinsamen Bestimmungen des EUV. Aus diesen Normen lassen sich **weitere Kriterien** ableiten, die gegebenenfalls jene des Art. 5 als speziellere Anforderungen an eine Kompetenzausübung durch die Gemeinschaft **ergänzen bzw. verdrängen**.[163] Beispielsweise verschärft die Formulierung »erforderlich« die Vorgaben des Subsidiaritätsprinzips, indem das Kriterium der Verhältnismäßigkeit auch für die Frage des »Ob« eines Tätigwerdens der EG zu prüfen ist. 53

D. Konkretisierung des Art. 5 durch das gemeinschaftsrechtliche Solidaritätsprinzip

Aus dem Spannungsverhältnis zwischen Solidaritäts- und Subsidiaritätsprinzip (s. Rn. 4 f.) geht hervor, daß sich das Subsidiaritätsprinzip als Relationsbegriff einer einheitlichen, allgemeingültigen und damit starren Interpretation entzieht. Vor diesem Hintergrund erscheint es gerechtfertigt, eine **differenzierte Interpretation** des Subsidiaritätsprinzips i. e. S. zu entwickeln mit dem Ziel, jenes Spannungsverhältnis zu lösen und so zu einer weiteren Konkretisierung des Art. 5 Abs. 2 beizutragen.[164] Folglich könnte bei dessen Auslegung zwischen einer »Subsidiarität im konservativen Sinne« und einer »Subsidiarität im progressiven Sinne« unterschieden werden. 54

»**Konservativ**« steht für eine Subsidiarität, die sich allein durch ihre begrenzende Wirkung definiert. Man könnte insofern auch von einer Subsidiarität im klassischen Sinne sprechen. Das das Gemeinwohl rezipierende Solidaritätsprinzip erfordert hier für den bestimmten Teil eines Politikbereichs eine zentrale Aufgabenerledigung. Im übrigen erscheint eine dezentrale Aufgabenerledigung möglich oder sogar zwingend. Das Subsidiaritätsprinzip übernimmt hier die »**Scherenfunktion**«, indem es im Sinne eines »Entweder-Oder« darüber entscheidet, auf welcher Ebene eine konkurrierende Kompetenz in welchem Umfang ausgeübt werden soll. Zur Beantwortung dieser Frage ist das Prinzip der **praktischen Konkordanz** anzuwenden. Die Auslegung des Art. 5 im Sinne der konservativen Subsidiarität stellt damit sicher, daß den Mitgliedstaaten entweder 55

---

163 Ausführlich dazu *Calliess* (Fn. 11), S. 113 ff.
164 Eingehend dazu *Calliess* (Fn. 11), S. 189 ff.; in der Tendenz (allgemein) zustimmend *H. Hablitzel*, Das Verhältnis von Tarif- und Betriebsautonomie im Lichte des Subsidiaritätsprinzips, NZA 2001, S. 467 (471); *F. de Quadros*, O Principio Da Subsidiariedade No Tratado Da Uniao Europeia: Contributos Para A Revisao Do Tratado; in: Livraria Almedina Coimbra, Em Torno Da Revisao Do Tratado Da Uniao Europeia, 1997, S. 231 (239 f.).

Art. 5 EG-Vertrag

- durch einen gänzlichen Verzicht auf eine Gemeinschaftsregelung (das »nicht ausreichend«-Kriterium ist bereits nicht erfüllt) oder
- durch eine Begrenzung der Regelungsbreite (praktische Konkordanz im Rahmen des Abs. 2) oder
- durch eine Begrenzung der Regelungstiefe (Mittelhierarchie im Sinne des Abs. 3)

der größtmögliche Handlungsspielraum verbleibt, indem Vorrang und Sperrwirkung des Gemeinschaftsrechts auf ein möglichstes Minimum beschränkt werden.

56 Im Unterschied zur konservativen Subsidiarität mit ihrer »Weichenfunktion« ordnet die **progressive Subsidiarität** die Ausübung einer konkurrierenden Kompetenz gerade nicht abschließend einer Entscheidungsebene zu. Vielmehr handeln alle Entscheidungsebenen, die sich im Hinblick auf ein gemeinsames (Vertrags-) Ziel in ihren Maßnahmen ergänzen und die im Hinblick darauf **kooperieren**. Im Mittelpunkt steht hier somit die effiziente Zielverwirklichung. Das gemeinwohlorientierte **Solidaritätsprinzip** wiegt in dem beschriebenen Spannungsverhältnis so schwer, daß das **Subsidiaritätsprinzip zunächst zurücktritt, um dann aber auf kompensatorischem Wege** seine Wirksamkeit zu entfalten. In diesen Fällen besteht also eine **widerlegbare Vermutung** zugunsten der zentralen Gemeinschaftsebene, eine Maßnahme zur Zielverwirklichung ergreifen zu können. Die Maßnahme stellt jedoch für die Mitgliedstaaten nur eine **Mindestregelung** dar. Die Mitgliedstaaten können letztere zur effizienten Zielverwirklichung »progressiv« durch eigene Regelungen ergänzen und weiterentwickeln. Die Sperrwirkung des Gemeinschaftsrechts weicht insoweit zurück und macht – gewissermaßen kompensatorisch – einer **mitgliedstaatlichen Optimierungskompetenz** Platz: Die Vermutung für eine Kompetenzausübung durch die EG im Rahmen der progressiven Subsidiarität wird durch ein **Recht der Mitgliedstaaten auf Differenzierung** kompensiert.

57 Wie hieraus deutlich wird, kommt die progressive Subsidiarität als Interpretationsansatz nur für bestimmte Politiken in Betracht. Es handelt sich um jene, denen ein **dynamisches Element** innewohnt, die mithin von ihrem Charakter her eine Differenzierung zwischen Mindeststandards und Optimierung zulassen. Dazu zählen etwa die Umweltpolitik, aber auch die Sozial- und Arbeitssicherheitspolitik sowie der Gesundheits- und Verbraucherschutz.

E. Umsetzung und Kontrolle der Vorgaben des Art. 5

I. Prozedurale Umsetzung

58 Die Effektivität des Subsidiaritätsprinzips gem. Art. 5 wird ganz entscheidend davon abhängen, ob und wie sein Inhalt in der alltäglichen Praxis, insbesondere im **Rechtsetzungsverfahren**, durch die Gemeinschaftsorgane umgesetzt wird.[165] Auf die Bedeutung der prozeduralen Umsetzung[166] des Subsidiaritätsprinzips in der Literatur gerade die Autoren hin, die an der Justitiabilität des Art. 5 zweifeln.[167] Die am Gesetzgebungsverfahren beteiligten Gemeinschaftsorgane – Rat, Kommission und EP – waren

---

165 So auch *I. Pernice*, Maastricht, Staat und Demokratie, DV 1993, S. 449 (459); zum Verfahren ausführlich auch *Schima* (Fn. 51), S. 134 ff.; *Moersch* (Fn. 3), S. 371 ff. mit einem eigen Vorschlag auf S. 378 ff.
166 Instruktiv *G. Winter*, Subsidiarität und Deregulierung im Gemeinschaftsrecht, EuR 1996, S. 247 (248 ff.).
167 Vgl. etwa *J. Schwarze*, Le principe de subsidiarité dans la perspective du droit constitutionnel allemand, R.M.C. 1993, S. 615 (618); *Möschel* (Fn. 20), S. 3028; ausführlich *G. A. Bermann*, Taking Subsidiarity seriously: Ferderalism in the European Community and the United States,

schon relativ früh bereit, der Einsicht in die Bedeutung der prozeduralen Umsetzung des Art. 5 Rechnung zu tragen[168], und haben mit dem »Gesamtkonzept für die Anwendung des Subsidiaritätsprinzips« des Europäischen Rates von Edinburgh vom 12. Dezember 1992[169] sowie mit der »Interinstitutionellen Vereinbarung« vom 25. Oktober 1993[170] hierfür den Rahmen gesetzt. Die darin enthaltenen rahmenartigen Vorgaben sind seit dem Vertrag von Amsterdam nunmehr auch unter den **Nr. 9 bis 12 des Subsidiaritätsprotokolls** im Vertrag verankert. Grundsätzlich gilt, daß sich das Subsidiaritätsverfahren am Rechtsetzungsverfahren der EG zu orientieren und sich in dieses zu integrieren hat. Trotz dieser Ansätze gibt es – wie die Praxis zeigt – Defizite, die eine Stärkung der prozeduralen Umsetzung des Subsidiaritätsprinzips, etwa durch einen zu etablierenden »Subsidiaritätsausschuß«, der als eine Art rechtlicher (politisch neutraler) Vermittlungsausschuß beim Rat etabliert werden und aus entsprechenden Experten des Rates, des EP und des Ausschusses der Regionen zusammengesetzt sein könnte, erforderlich machen. Im Falle seiner Anrufung (aufschiebendes Veto) würde das Gesetzgebungsverfahren ruhen, bis der Subsidiaritätsausschuß sein Gutachten zur Kompetenzfrage erstattet hat.[171]

Für die Frage, ob eine konkrete Maßnahme mit den Vorgaben des Art. 5 vereinbar ist, haben die am Rechtsetzungsverfahren beteiligten Gemeinschaftsorgane im Rahmen der von ihnen vorzunehmenden Subsidiaritätsprüfung ein **Prüfraster** zugrundezulegen. Aus Literatur[172] und Praxis[173] liegen bereits verschiedene Prüfraster vor. Dieses Prüfraster könnte gleichzeitig einen **Leitfaden** für die Begründung des Rechtsakts nach Art. 253 darstellen. Insofern ist auf die Bedeutung einer eigenständigen, über die Erwägungsgründe hinausgehenden Darlegung und Begründung der vorgenommenen Subsidiaritätsprüfung hinzuweisen. Diese muß in einem selbständigen Anhang zu dem Kommissionsvorschlag erfolgen, den man als »Subsidiaritätsbogen«[174] bezeichnen kann. Die endgültige Fassung der Maßnahme muß dann in ihren **Erwägungsgründen** eine nachvollziehbare Darstellung der Argumentation auf der Grundlage eines abschließenden »Subsidiaritätsbogens« enthalten. Ihr Umfang sollte sich nach dem Schwierigkeitsgrad der Subsidiaritätsprüfung richten. Indizien für den Schwierigkeitsgrad könnten

59

Fortsetzung von Fußnote 167
  Columbia Law Review 1994, S. 331 (391 ff., insbesondere 395 ff.); *Toth* (Fn. 68), S. 43 ff.; *Dehousse* (Fn. 98), S. 118 ff.; *G. Lienbacher*, in: Schwarze, EU-Kommentar, Art. 5, Rn. 25 ff. und 30 f.
168 Vgl. Kommissionsdokument, SEC (92) 1990 final, S. 20 ff. (Fn. 48), S. 127 ff.
169 Europäischer Rat von Edinburgh, Schlußfolgerungen des Vorsitzes (Fn. 15), S. 391.
170 Abgedruckt in EuGRZ 1993, S. 602 (603 f.) = *Calliess* (Fn. 11), S. 397 f.
171 Ausführlich zum – mit Blick auf die Praxis – notwendigen Ausbau der prozeduralen Umsetzung samt »Subsidiaritätsausschuß« *Calliess* (Fn. 11), S. 278 ff.; so jetzt auch *I. Pernice*, Kompetenzabgrenzung im Europäischen Verfassungsverbund, JZ 2000, S. 866 (876), der ebenfalls einen »Subsidiaritätsausschuß«, allerdings zusammengesetzt aus Vertretern des EP und der nationalen Parlamente befürwortet.
172 Vgl. *Calliess* (Fn. 11), S. 243 ff.; *Schwartz* (Fn. 12), S. 416.
173 Europäischer Rat von Edinburgh, Schlußfolgerungen des Vorsitzes, Teil A Anlage 1 III. S. 6 ff. (Fn. 15), S. 391; *Kommission*, DOK Kom (93) 545 vom 24.11.1993 sowie Vermerk SEK (93) 459 vom 19.3.1993 und Vermerk SEK (95) 1331 vom 15.6.1995 an die Generaldirektoren und Leiter der Dienststellen; *Bundesregierung*, Verfahrensgrundsätze für die Subsidiaritätsprüfung durch die Bundesressorts vom 10.12.1993, Entwurf Prüfraster; Gemeinsames Prüfraster der *Bundesregierung und des Bundesrates* für die Subsidiaritätsprüfung, Anlage 9 zu § 85a GGO II, allesamt abgedruckt bei *Calliess* (Fn. 11), S. 389 ff.; *Bayerische Staatsregierung*, Ministerratsbeschluß vom 9.2.1993, Prüfraster für die Subsidiaritätsprüfung durch die Ressorts, abgedruckt bei *T. Goppel*, Die Bedeutung des Subsidiaritätsprinzips, Der Beitrag Bayerns zur Konkretisierung des Subsidiaritätsprinzips, EuZW 1993, S. 367 (368).
174 Begriff bei *Schmidhuber* (Fn. 31), S. 419.

sich aus dem Entscheidungsprozeß selbst ergeben, je nach dem, wie umstritten die Subsidiaritätsprüfung war. Durch Nr. 9 des Subsidiaritätsprotokolls wird die bereits bestehende Praxis der Kommission festgeschrieben, Europäischem Rat, EP und Rat Jahresberichte über die Anwendung des Art. 5 vorzulegen.[175]

II. Die gerichtliche Kontrolle der Umsetzung der Vorgaben des Art. 5

60 Eine wesentliche Garantie für die effektive Umsetzung der Anforderungen des Subsidiaritätsprinzips gem. Art. 5 liegt in der juristischen Gegenkontrolle durch den EuGH. Gerade diese Gegenkontrolle vermag ein Ansporn für die anderen Gemeinschaftsorgane zu sein, die Vorgaben des Art. 5 jeweils gründlich zu prüfen.[176]

1. Rechtsprechung und Praxis

61 Was die richterliche Kontrolle des Art. 5 durch den EuGH angeht, ergibt sich nach den ersten Urteilen[177] folgendes Bild: Zwar geht der Gerichtshof **grundsätzlich** von einer Justitiabilität des Art. 5 aus; insbesondere prüft er – wie zuletzt das erwähnte Tabakwerbeverbot-Urteil zeigte[178] – die Vorgaben des Abs. 1 voll und detailliert nach. Er will jedoch Rat und EP einen **weiten Ermessensspielraum** zuerkennen, wenn es sich »wie im vorliegenden Fall um ein Gebiet handelt, auf dem der Gesetzgeber sozialpolitische Entscheidungen zu treffen und komplexe Abwägungen zu tätigen hat. Die Ausübung einer solchen Befugnis kann daher gerichtlich nur daraufhin überprüft werden, ob ein offensichtlicher Irrtum oder ein Ermessensmißbrauch vorliegt, oder ob das Organ die Grenzen seines Ermessens offenkundig überschritten hat.« Im übrigen nimmt der Gerichtshof die Kontrolle des dem Rat eingeräumten weiten Ermessensspielraums ernst, indem er eine **konkrete Überprüfung der Richtlinienbestimmungen** auf offensichtliche Irrtümer vornimmt. Damit beschränkt sich der EuGH **nicht auf die rein abstrakte Feststellung**, daß keine Anhaltspunkte für ein offensichtliches Überschreiten der Ermessensgrenzen ersichtlich seien. Gleiches gilt für die Prüfung der Frage, ob die Maßnahme mit Blick auf Art. 253 ungenügend begründet worden ist.[179]

62 Der **Europäische Rat** von Edinburgh geht in seinen Schlußfolgerungen vom 12. Dezember 1992[180] davon aus, daß die Auslegung wie auch die Überprüfung der Einhaltung des Subsidiaritätsprinzips gem. Art. 5 dem Gerichtshof obliegt. In den widersprüchlichen Aussagen des EP spiegelt sich in treffender Weise die Kontroverse um die juristische Kontrolle des Subsidiaritätsprinzips. Die parlamentarische Entschließung vom 20.

---

175 Bericht vom 25.11.1994, Dok. KOM (94) 533; vom 24.11.1995, Dok. KOM SEK (95) 580 und vom 4.12.1996, Dok. KOM SEK (96) 7.
176 So zutreffend auch J. P. Gonzalez, The Principle of Subsidiarity, ELRev. 1995, S. 355 (365).
177 EuGH, Rs. C-84/94 (Fn. 22), Rn. 57 ff.; Rs. C- 233/94 (Fn. 52), Rn. 54 ff. und 65 ff.; EuGH Verb. Rs. C-36/97 und C-37/ 97, die allerdings zwei Verordnungen aus dem Bereich des Agrarrechts betreffen, die vor der Verankerung des Subsidiaritätsprinzips im EGV ergangen sind.; darüber hinaus hatte das EuG, Rs. T-29/92, Urt. v.21.2.1995, Slg. 1995, II-289 (SPO/Kommission) entschieden, das das Subsidiaritätsprinzip vor Inkrafttreten des Vertrages nicht als allgemeiner Rechtsgrundsatz gegolten habe und Art. 3b Abs. 2 nicht auf frühere Rechtsakte anzuwenden sei. Vgl. dazu auch den umfassenden (auch diejenigen Urteile, die das Subsidiaritätsprinzip nur – ohne jede Prüfung – streifen, darstellenden) Überblick von Schima (Fn. 97), S. 764 ff. sowie ferner von Calliess (Fn. 11), S. 351 ff.
178 EuGH, Rs. C-376/98 (Fn. 23), Rn. 78 ff.; dazu Calliess (Fn. 23), S. 314 ff.
179 EuGH, Rs. C-84/94 (Fn. 22), Rn. 74 ff.; Rs. C-233/94 (Fn. 52), Rn. 22 ff. und 35 ff.
180 Teil A Anlage 1 S. 4a (Fn. 15), S. 391 ff.

April 1994[181] stellt fest, daß »...wenngleich es eine Vorschrift politischer Zweckmäßigkeit ist...« der Gerichtshof »...gegebenenfalls im Rahmen seiner Zuständigkeiten in Anwendung von Art. 164 zur Auslegung und Anwendung dieses Grundsatzes auf eine konkrete Situation veranlaßt sein kann«. Das deutsche **BVerfG** betont in seinem »Maastricht-Urteil«, daß der EuGH die Einhaltung des Subsidiaritätsprinzips zu überwachen habe.[182]

2. Literatur

Ein Teil des Schriftums ist der Auffassung, daß das Subsidiaritätsprinzip nach Art. 5 nur eine **abstrakte politische Leitlinie** sei, die allenfalls zur Bewahrung des Konsenses und als Orientierung für künftige Entscheidungen dienen könne.[183] Das Subsidiaritätsprinzip sei nur eine **allgemeine Verfahrensregel**, aus der man kaum präzise, juristisch definierbare Konsequenzen ableiten könne[184]. Folglich würden in die Deutung des Subsidiaritätsprinzips alle jene sehr uneinheitlichen Ordnungsvorstellungen einfließen, die die verschiedenen Mitgliedstaaten aufgrund ihrer jeweiligen Traditionen und Interessen hegten[185]. Gerade sein subjektiver Charakter mache die Anwendung des Subsidiaritätsprinzips zu einer **politischen Entscheidung**, die den demokratisch verantwortlichen Organen, nicht aber dem Gerichtshof zustehe.[186]

63

Der **überwiegende Teil der Literatur** hält die Anwendung des Subsidiaritätsprinzips nach Art. 5 demgegenüber für – zumindest begrenzt – **justitiabel** und insoweit für durch den EuGH überprüfbar. Zum Teil wird eine Parallele zu Art. 72 Abs. 2 GG und der Rechtsprechung des BVerfG gezogen.[187] Daher könne der Gerichtshof nur bei Überschreitung der äußersten Grenzen des Ermessens durch den Gemeinschaftsgesetzgeber eingreifen.[188] Demgegenüber wird von anderer Seite auf die systematische Stel-

64

---

181 Abgedruckt in EuGRZ 1994, S. 468 (469) Nr. 1 und 6 = *Calliess* (Fn. 11), S. 397 f.
182 BVerfGE 89, 155 (211).
183 Vgl. *Constantinesco* (Fn. 5), S. 173; *R. Bieber*, Verbreiterung und Vertiefung? Das Subsidiaritätsprinzip im europäischen Gemeinschaftsrecht, in: Evers (Hrsg.), Chancen des Föderalismus in Deutschland und Europa, 1994, S. 161 (165); *Scherer* (Fn. 67), S. 284; *D. Grimm*, Subsidiarität ist nur ein Wort, FAZ vom 17.9.1992, S. 38; *ders.*, Effektivität und Effektivierung des Subsidiaritätsprinzips, KritV 1994, S. 6 ff.; *L. Mackenzie-Stuart*, Evaluation des vues exprimées et introduction à une discussion-débat, in: Institut Européen d'Administration Publique (Hrsg.), Subsidiarité: défi du changement, Maastricht 1991, S. 41 (44 f.); *N. Wimmer/W. Mederer*, Das Subsidiaritätsprinzip und seine Entdeckung durch die EG, ÖJZ 1991, S. 586 (589); wohl auch *Blanke* (Fn. 32), S. 143, 145; etwas positiver *ders.* (Fn. 45), S. 111 f., sowie *Emiliou* (Fn. 30), S. 404; etwas positiver *ders.* (Fn. 94), S. 77 ff.; *Gonzalez* (Fn. 176), S. 366 f.; differenzierend *A.G. Toth*, Is Subsidiarity Justiciable?, ELRev. 1994, S. 268 (281 f.) und *Dehousse* (Fn. 98), S. 114 ff.; 117; sehr polemisch und ohne größeren Begründungsaufwand, *M. Jachtenfuchs*, Die EG nach Maastricht, Das Subsidiaritätsprinzip und die Zukunft der Integration, EA 1992, S. 279 (282); *G. Lienbacher*, in: Schwarze, EU-Kommentar, Art. 5, Rn. 25 ff.
184 *Constantinesco* (Fn. 5), S. 173; *G. Lienbacher*, in: Schwarze, EU-Kommentar, Art. 5, Rn. 25 ff., 30 f.
185 *Grimm* (Fn. 183), S. 38.
186 *Grimm* (Fn. 183), S. 38; *ders.* (Fn. 183), S. 6 ff.; kritisch ebenfalls *Emiliou* (Fn. 30), S. 402 f.; *Schweitzer/Fixson* (Fn. 32), S. 579 (582); *Dehousse* (Fn. 98), S. 117 ff.; *Blanke* (Fn. 32), S. 143; *W. Renzsch*, Deutsche Länder und europäische Integration, Aus Politik und Zeitgeschichte B 28/90, S. 28 (33 f.); *Scherer* (Fn. 67), S. 284; *Constantinesco* (Fn. 5), S. 173.
187 Ausführlich und kritisch dazu *C. Calliess*, Die Justitiabilität des Art. 72 Abs. 2 GG vor dem Hintergrund von kooperativem und kompetitivem Föderalismus, DÖV 1997, S. 889 ff.
188 *Konow* (Fn. 31), S. 411; *Hochbaum* (Fn. 124), S. 292; *S.U. Pieper*, Subsidiarität: Ein Beitrag zur Begrenzung der Gemeinschaftskompetenzen, 1994, S. 272, 274; *P. J. C. Kapteyn*, Community Law and the Principle of Subsidiarity, R.A.E. N°2 1991, S. 35 (41); *Frowein* (Fn. 124), S. 403 f., 406 ff.; *Pipkorn* (Fn. 71), S. 700; *Schima* (Fn. 51), S. 139 ff.

lung und den inhaltlichen Zusammenhang des Art. 5 hingewiesen, die deutlich machten, daß es sich um eine **zwingende Rechtsnorm** handele, die die konkurrierende Zuständigkeit der EG inhaltlich begrenze. Präzisiere Art. 5 insofern die Bedingungen der Inanspruchnahme einer Gemeinschaftskompetenz, unterfalle seine Einhaltung auch der Rechtskontrolle durch den EuGH.[189] Im formellen Rechtmäßigkeitskriterium der Begründungspflicht nach Art. 253 wird ein Ansatzpunkt für eine Überprüfung durch den Gerichtshof gesehen.[190] Auf diese Weise werde eine **Umkehr der »Beweislast«** mit der Folge eingeführt, daß nicht die Mitgliedstaaten verpflichtet seien, eine Kompetenzüberschreitung der Gemeinschaft zu beweisen, sondern der sich auf eine Kompetenz berufende Gemeinschaftsgesetzgeber deren tatsächliches Vorliegen und die Einhaltung der Anforderungen des Art. 5 darzulegen und nachzuweisen habe.[191] Was allerdings die materielle Reichweite der Überprüfbarkeit durch den EuGH angeht, so wird dem EG-Gesetzgeber allgemein ein **weites gesetzgeberisches Ermessen** (Beurteilungsspielraum) eingeräumt, so daß die Prognose des Gesetzgebers hinsichtlich der Wirksamkeit oder der Qualität einer Maßnahme grundsätzlich zu achten sei.[192] Der Gerichtshof habe zu überprüfen, ob ein krasses Mißverhältnis zwischen zusätzlichem Integrationsgewinn und mitgliedstaatlichem Kompetenzverlust bestehe.[193]

3. Stellungnahme

65 Der Umfang der gerichtlichen Kontrolle mit Blick auf die Einhaltung der Vorgaben des Art. 5 durch den Gemeinschaftsgesetzgeber erstreckt sich auf eine **dreistufige Prüfung**.[194] Auf der **ersten Stufe** kann der EuGH nachprüfen, ob der Gemeinschaftsgesetzgeber die Vorgaben des Abs. 1 eingehalten hat und ob es sich bei der in Anspruch genommenen Kompetenzgrundlage um eine ausschließliche oder konkurrierende Zuständigkeit der Gemeinschaft handelt. Als **reine Rechtsfragen** unterliegen diese Fragen unstreitig der uneingeschränkten Kontrolle durch den Gerichtshof. Auf der **zweiten Stufe** hat der EuGH zu überprüfen, ob die Gemeinschaftsmaßnahme **formell rechtmäßig** ist. Insofern hat der EuGH eine prozedurale Kontrolle dahingehend vorzunehmen, ob die Organe im Rechtsetzungsverfahren eine den oben dargestellten Anforderungen ent-

---

189 *Schmidhuber/Hitzler* (Fn. 12), S. 725; *Schmidhuber* (Fn. 31), S. 420; *M. Hilf*, Europäische Union: Gefahr oder Chance für den Föderalismus in Deutschland, Österreich und der Schweiz?, VVDStRL 53, 1994, S. 8 (14); *Hirsch* (Fn. 124), S. 12 ff.; *v. Borries* (Fn. 19), S. 283; *Stein* (Fn. 19), S. 23 (36 ff.); *ders.* Das Subsidiaritätsprinzip als Strukturmerkmal der EU, in: Hummer (Hrsg.), Die EU und Österreich, Wien 1994, S. 47 (54 f.); *Magiera* (Fn. 94), S. 94; *Lenaerts/Van Ypersele* (Fn. 19), Nr. 90 ff.; *A. Kleffner-Riedel*, Regionalausschuß und Subsidiaritätsprinzip: die Stellung der Länder nach dem Vertrag über die EU, 1993, S. 89; *Languth*, in: Lenz, Art. 5, Rn. 26 ff.; *Steiner* (Fn. 94), S. 62; *Kahl* (Fn. 12), S. 440; *A. v. Bogdandy/M. Nettesheim*, in: Grabitz/Hilf, EU, Art. 3b, Rn. 41; *Ukrow* (Fn. 47), S. 45 f.; *Hailbronner* (Fn. 70), S. 54 ff.; *Jarass* (Fn. 70), S. 22 f.; *Pieper* (Fn. 188), S. 271 ff.; *M. Zuleeg*, in: GTE, EU-/EGV, Art. 3b, Rn. 26 f.; *Moersch* (Fn. 3), S. 305 ff.; letztlich auch *Bermann* (Fn. 167), S. 390 ff., der die Komponente der prozeduralen Kontrolle betont.
190 *Zuleeg* (Fn. 150), S. 1334; *Pieper* (Fn. 188), S. 271 ff.; *Schmidhuber/Hitzler* (Fn. 12), S. 725; *Schmidhuber* (Fn. 31), S. 419; *Pipkorn* (Fn. 71), S. 700; *Lenaerts/Van Ypersele* (Fn. 19), Nr. 90 ff.; *Bermann* (Fn. 167), S. 390 ff.; *Dehousse* (Fn. 98), S. 116 f.
191 *Ress* (Fn. 70), S. 949; *Schmidhuber/Hitzler* (Fn. 12), S. 725; *Pieper* (Fn. 188), S. 271 ff.; *Pipkorn* (Fn. 71), S. 700; *Bermann* (Fn. 167), S. 390 ff.; *Lenaerts/Van Ypersele* (Fn. 19), Nr. 90 ff.
192 *Pipkorn* (Fn. 71), S. 700; *Schmidhuber/Hitzler* (Fn. 12), S. 725; *Schmidhuber* (Fn. 31), S. 420; *Konow* (Fn. 31), S. 411; *Kapteyn* (Fn. 188), S. 41; *Hochbaum* (Fn. 124), S. 292; *Ress* (Fn. 70), S. 948; *Zuleeg* (Fn. 150), S. 1335; *Bermann* (Fn. 167), S. 390 ff.; *Lenaerts/Van Ypersele* (Fn. 19), Nr. 90 ff.
193 *Ress* (Fn. 70), S. 948 f.
194 Ähnlich *v. Borries* (Fn. 19), S. 284; *Hirsch* (Fn. 124), S. 12; *Toth* (Fn. 183), S. 281 ff.

sprechende Subsidiaritätsprüfung vorgenommen haben. Die **Begründung** gem. Art. 253 ist insofern der Anker der gerichtlichen Kontrolle. Da dem Gemeinschaftsgesetzgeber im Rahmen des Abs. 2 und 3 ein nur beschränkt gerichtlich überprüfbarer Ermessensspielraum zusteht, sind – entsprechend der Rechtsprechung des EuGH (s. Art. 253, Rn. 17 ff., 23) – **hohe Anforderungen an die Begründungspflicht** zu stellen, die die oben dargestellten Vorgaben zu berücksichtigen hat. Auf der dritten Stufe hat der EuGH dann zu kontrollieren, ob die Maßnahme materiell rechtmäßig war. Insofern hat der EuGH zu prüfen, ob im Einzelfall nicht der Ermessensrahmen bei der Anwendung der gemeinschaftsrechtlichen Ermessensbegriffe des Art. 5 überschritten worden ist.

Für die Reichweite der Kontrolle gilt dabei folgendes: Zunächst sind die Kriterien des Abs. 2 und 3 schon für sich genommen bestimmbar (s. Rn. 36 ff.). Insofern ist zwar zu berücksichtigen, daß die Kriterien des Abs. 2 und 3 als gemeinschaftsrechtliche Ermessensbegriffe in der Praxis eine zum Teil rechtspolitische Gestaltung auf unsicherer Tatsachenebene notwendig machen. Hieraus rechtfertigt sich ein gewisser **Prognosespielraum des Gemeinschaftsgesetzgebers.** Dieser kann jedoch – entgegen den Ausführungen des EuGH in der Rs. C - 84/94 – seine Grenze nicht erst in einer judikativen Evidenzkontrolle finden. Zu Recht wird in der Literatur[195] darauf hingewiesen, daß Prognosen künftiger Entwicklungen nicht schon kraft Natur der Sache mit einer Einschätzungsprärogative des Gesetzgebers verbunden sind. Vielmehr ist jede **Prognose aufgrund ihrer jeweiligen normativen Bezüge** zu würdigen. Im Hinblick auf die Frage, wie solche differenzierten Maßstäbe konkret gewonnen werden können, ist es hilfreich, die Grenzen gesetzgeberischer Prognoseentscheidungen zu betrachten. 66

Es lassen sich hier **immanente und externe Grenzen** unterscheiden.[196] Im Rahmen der ersteren ist zu prüfen, ob die Entwicklung gerade der fraglichen Tatsachen, die den unbestimmten Rechtsbegriff ausfüllen, wirklich unsicher ist. Sofern eine gesetzgeberische Einschätzungsprärogative besteht, deckt sie die legislative Prognose überdies nur dann, wenn der Gesetzgeber die verfügbaren empirischen Daten und Erfahrungssätze in ernstzunehmender Weise verwertet hat. In Abs. 2 und 3 können die Kriterien der beschriebenen immanenten Grenzen ihre konkrete Wirkung entfalten, wenn der EuGH nachprüfen will, ob die vorgenommene Prognoseentscheidung des Gemeinschaftsgesetzgebers im Rahmen einer konkreten Maßnahme bezüglich der Anforderungen von Negativ- und Positivkriterium sowie Verhältnismäßigkeitsprinzip zutreffend war. Darüber hinaus sind die **externen Grenzen** des legislativen Prognosespielraumes zu prüfen. Insofern sind die normativen Bezüge der Prognose zu würdigen. Sie ergeben sich in Ansehung der jeweiligen Kompetenznorm und ihrer Einbettung in das betreffende Normensystem.[197] Im Hinblick auf Art. 5 und die Frage der Kompetenzausübung sind zunächst die **Grundsatznormen des Art. 6 EUV und des Art. 1 Abs. 2 EUV (Bürgernähe, Transparenz)** zu beachten. Als grundlegende Verfassungsprinzipien der EU vermögen sie Zweifelsfälle im Rahmen der judikativen Kontrolle zu entscheiden. Die zusätzliche Betrachtung der tatbestandlichen Voraussetzungen der jeweiligen Kom- 67

---

195 Vgl. *R. Breuer*, Legislative und administrative Prognoseentscheidungen, Der Staat 1977, S. 21 (35); *P. Tettinger*, Überlegungen zu einem administrativen Prognosespielraum, DVBl. 1982, S. 421 (425), jeweils m. w. N.
196 In Anlehnung an *Breuer* (Fn. 195), S. 39 ff.; ausführlich *Calliess* (Fn. 11), S. 312 ff. jeweils m. w. N.
197 *Breuer* (Fn. 195), S. 41 ff.; *Tettinger* (Fn. 195), S. 427; konkret sieht dies jetzt auch *I. Pernice*, The Framework Revisited: Constitutional, Federal and Subsidiarity Issues, Columbia Journal of European Law 1996, S. 403 (408), der hinsichtlich der Justitiabilität gleichwohl skeptisch bleibt.

petenznorm, auf die eine Maßnahme gestützt ist, sowie die Betrachtung ihres engeren Umfeldes begrenzen den legislativen Prognosespielraum ebenfalls.

68 Gerade angesichts dessen erscheint der Einwand, dem Subsidiaritätsprinzip in Art. 5 fehle zu seiner Konkretisierung – im Gegensatz zu unbestimmten Prinzipien des deutschen GG – jeder **normative Unterbau**, mit der Folge, daß es nicht justitiabel sein könne[198], nicht haltbar.[199] Folglich wird die Evidenzkontrolle, hauptsächlich wegen der externen Grenzen legislativer Prognosen im Gemeinschaftsrecht, die Ausnahme bei der gerichtlichen Überprüfung bleiben. In der Regel wird daher bei der Prüfung, ob eine Maßnahme im Einklang mit Art. 5 steht, eine **inhaltlich intensivierte, mindestens aber eine Vertretbarkeitskontrolle** durch den EuGH vorzunehmen sein.

III. Klageberechtigte

69 Die Klageberechtigung richtet sich grundsätzlich nach den allgemeinen Regeln des Vertrages.[200] So sind im Rahmen des **Art. 230** die Mitgliedstaaten, der Rat, die Kommission und das EP befugt, wegen Unzuständigkeit, Verletzung wesentlicher Formvorschriften, Verletzung des Vertrages oder einer bei seiner Durchführung anzuwendenden Rechtsnorm sowie wegen Ermessensmißbrauchs Nichtigkeitsklage gegen eine Maßnahme, die möglicherweise Art. 5 verletzt, vor dem EuGH zu erheben.

70 Problematisch ist die Frage der Klageberechtigung im Falle eines **einstimmigen Ratsbeschlusses**. In der Regel spricht dann eine Vermutung dafür, daß bei Zustimmung aller Mitgliedstaaten die beschlossene Maßnahme (zumindest) den Anforderungen des Abs. 2 für ein Tätigwerden der EG entspricht.[201] Dies ist für Entscheidungen über das »Ob« einer Maßnahme nach Abs. 2 zutreffend, erscheint aber im Hinblick auf das »Wie« der Maßnahme der Handlungsfähigkeit des Rates hinderlich. Zur Vermeidung eines rein taktisch motivierten Vetos bleibt einem zustimmenden Mitgliedstaat die Klageberechtigung hinsichtlich der Geltendmachung eines Verstoßes der Gemeinschaftsmaßnahme gegen Abs. 3 daher erhalten.[202]

71 Eine Klageberechtigung der **Länder und Regionen** besteht nur in ganz begrenztem Umfang (s. Art. 230, Rn. 25). Weder der Vertrag von Maastricht noch der von Amsterdam haben die Länder und Regionen – wie vielfach gefordert – im Rechtsschutzsystem der Gemeinschaft aufgewertet.[203] Die Befugnis zur Klageerhebung nach Art. 230 steht in der Bundesrepublik Deutschland wegen der »Mediatisierung« der Länder durch den

---

198 So insbesondere *Grimm* (Fn. 183), S. 38.
199 Ebenso M. *Zuleeg*, Justiziabilität des Subsidiaritätsprinzips, in: Nörr/Oppermann (Hrsg.), Subsidiarität: Idee und Wirklichkeit, 1997, S. 185 (188); ausführlich *Calliess* (Fn. 11), S. 312 ff.; skeptisch demgegenüber *Moersch* (Fn. 3), S. 306 ff.
200 Ausführlich *Toth* (Fn. 183), S. 274 ff.; *Schima* (Fn. 51), S. 142 ff., 146; interessant die Fallgruppen bei *Pescatore* (Fn. 59), S. 1091 ff.
201 Vgl. etwa *Schmidhuber/Hitzler* (Fn. 12), S. 725; *Dehousse* (Fn. 98), S. 120 f.; *Ress* (Fn. 70), S. 949.
202 Ausführlich *Calliess* (Fn. 11), S. 343 ff.; kritisch demgegenüber *Moersch* (Fn. 3), S. 312 ff., der mit Blick auf Art. 230 eine in jedem Fall uneingeschränkte Klagebefugnis annimmt.
203 Dazu C. *Calliess*, Das gemeinschaftsrechtliche Subsidiaritätsprinzip (Art. 3b) als Grundsatz der größtmöglichen Berücksichtigung der Regionen, AöR 121 (1996), S. 509 ff.; der dort gewonnene Grundsatz der größtmöglichen Berücksichtigung der Regionen verleiht diesen keine subjektiven Rechte, sondern ist eine Interpretationsregel im Rahmen des Subsidiaritätsprinzips; wie hier *Kleffner-Riedel* (Fn. 189), S. 98 f.; *Schima* (Fn. 51), S. 159; *Pernice* (Fn. 27), S. 916; R. *Geiger* Die Stellung der Bundesländer im europäischen Gemeinschaftsrecht und ihre Rechts-

Bund[204] im Verhältnis zur Gemeinschaft weiterhin nur der für die Vertretung des Bundes prinzipiell zuständigen Bundesregierung zu.[205]

IV. Ausblick: Post-Nizza-Prozeß

Die dem Vertrag von Nizza im Zuge einer deutsch-italienischen Initiative beigefügte »Erklärung zur Zukunft der Union«[206] legt fest, daß es eine unmittelbar an Nizza anschließende Reformrunde geben soll, die wiederum in eine weitere, im Jahr 2004 einzuberufende Regierungskonferenz münden soll. Im Rahmen dieses sog. »Post-Nizza-Prozesses«, der zum Teil mit der Diskussion um eine Verfassung für die EU (s. Art. 1 EUV, Rn. 17 ff.) verbunden wird[207], soll u.a. die Frage behandelt werden, »wie eine genauere, dem Subsidiaritätsprinzip entsprechende Abgrenzung der Zuständigkeiten zwischen der Europäischen Union und den Mitgliedstaaten hergestellt und danach aufrechterhalten werden kann«. Machen schon die unterschiedlichen Sprachfassungen dieser Formulierung Schwierigkeiten, so bietet auch die darauf basierende Auslegung des intendierten Mandats Anlaß zu unterschiedlichen Vorstellungen: Insbesondere ergibt sich hieraus nicht zwingend, daß – wie von Deutschland, insbesondere den Bundesländern, intendiert – ein Kompetenzkatalog zu erarbeiten ist. Auch wenn vieles dafür spricht, daß eine genauere, dem Subsidiaritätsprinzip entsprechende Zuständigkeitsabgrenzung über eine katalogartige Aufteilung der Kompetenzen in ausschließliche und konkurrierende Gesetzgebungskompetenzen der EU, ferner Kontrollkompetenzen (Wettbewerb, Beihilfen, Grundfreiheiten) der EU und Residualkompetenzen der Mitgliedstaaten hergestellt werden kann[208], so dürfte doch eine Einigung hierüber schwer zu erzielen sein.[209] Hinzu kommt, daß den Verträgen schon jetzt – wenn auch in wenig transparenter Weise – über das Prinzip der begrenzten Einzelermächtigung i.V.m. den jeweiligen Kompetenznormen ein Katalog zugrundeliegt, in welchem sich die beschriebenen Kompetenzarten allesamt widerspiegeln. Die derzeitigen Kompetenznormen sind überdies in ihren Voraussetzungen viel differenzierter ausformuliert, als z.B. diejenigen des deutschen Kompetenzkatalogs in Art. 73 ff. GG. Trotzdem empfiehlt es sich, unter dem Aspekt von Transparenz und Bürgernähe (s. Art. 1 EUV, Rn. 27 ff. und 34 ff.) einen Kompetenzkatalog zu schaffen, der die in den Verträgen verstreuten Kompetenznormen im Überblick sichtbar macht.[210] Die eigentliche Kompetenz sollte sich dann aber –

72

Fortsetzung von Fußnote 203
schutzmöglichkeiten gegen Akte der Gemeinschaft, in: Kremer (Hrsg.), Die Landesparlamente im Spannungsfeld zwischen europäischer Integration und europäischem Regionalismus, 1988, S. 51 (68 f.); *Zuleeg* (Fn. 150), S. 1336; ausführlich zum Thema der Klagemöglichkeiten *M. Mulert*, Die deutschen Bundesländer vor dem EuGH, 1996, S. 43 ff.
204 *H. P. Ipsen*, Als Bundesstaat in der Gemeinschaft, FS Hallstein, 1966, S. 248 ff.
205 Vgl. aber § 7 Abs. 1 ZaBL; ausführlich: *Mulert* (Fn. 203), S. 207 ff.
206 ABl.EG 2001 Nr. C 80/85.
207 Vgl. dazu die Beiträge *J. Pinder, H. Schneider* und *P.-C. Müller-Graff*, in: Das Vertragswerk von Nizza und die Verfassungsdiskussion in der EU, integration 2001, Heft 2, S. 77, 198, 208; ferner *Pernice* (Fn. 171), S. 867 ff.
208 Vgl. hierzu die Beiträge von *H. Laufer* und *H. Laufer/T. Fischer*, in: Weidenfeld (Hrsg.), Reform der EU, 1995, S. 201 ff. und 214 ff.; *I. Boeck*, Die Abgrenzung der Rechtsetzungskompetenzen von Gemeinschaft und Mitgliedstaaten in der EU, 2000, S. 135 ff.; *T. Fischer/N. Schley*, Europa föderal organisieren, 1999, S. 145 ff.; teilweise skeptisch *U. Everling*, in: Weidenfeld (Hrsg.), Reform der EU, 1995, S. 166 (172 f.); *Pernice* (Fn. 171), S. 873. *A. v. Bogdandy/ J. Bast*, Die vertikale Kompetenzordnung der EU, EuGRZ 2001, S. 441 ff.
209 So auch schon *J. Schwarze*, Kompetenzverteilung in der Europäischen Union und föderales Gleichgewicht, DVBl. 1995, S. 1265 (1268).
210 *Pernice* (Fn. 171), S. 873, 875 m.w.N.

wie bisher – aus der jeweiligen Kompetenznorm mit ihren ausdifferenzierten Handlungsvoraussetzungen ergeben, auf die der Katalog daher nur verweisen dürfte. In diesem Zusammenhang wäre überdies zu überlegen, ob die dynamisch wirkenden Kompetenznormen der Art. 95, 308 wegfallen sollen. Mit Blick auf die inzwischen zahlreichen, auch binnenmarktbezogenen Spezialkompetenzen mit ihren differenzierten Vorgaben sollte in der Tat die Generalkompetenz zur Schaffung des Binnenmarktes gestrichen werden. Denn nur so läßt sich die – im Tabakwerbeverbot-Urteil mehr als deutlich zu Tage getretene[211] – Umgehungsgefahr der in ihren Voraussetzungen genau definierten Spezialkompetenzen wirksam bannen. Die – damit nicht zum Erliegen kommende – Binnenmarktgesetzgebung wäre in der Folge an detailliertere und damit rechtlich besser bestimmbare Handlungsvoraussetzungen geknüpft. Nicht akzeptable bzw. erwünschte Lücken in den Spezialkompetenzen könnten dann noch immer über Art. 308 –bei Einstimmigkeit im Ministerrat – geschlossen werden. Art. 308 sollte in diesem Kontext daher nicht gestrichen werden.

73 Der erwähnte, in der Erklärung von Nizza enthaltene Begriff der Aufrechterhaltung der Zuständigkeitsabgrenzung verweist auf eine Stärkung des Art. 5, insbesondere von dessen Abs. 2, der über die Ausübung konkurrierender Kompetenzen entscheidet. Hier käme einmal eine Änderung des Wortlauts in Betracht, die das Negativkriterium strenger faßt, etwa in dem Sinne, daß das Handeln der EG im konkreten Falle »erforderlich« oder »notwendig« sein muß. Mit dieser Reform könnte die Justitiabilität des Abs. 2 (s.o. Rn. 60 ff.) erhöht werden. Besondere Bedeutung kommt aber der Stärkung der prozeduralen Umsetzung des Art. 5 (s.o. Rn. 58 ff.) zu.[212] Insoweit bieten sich insbesondere die Etablierung des bereits erwähnten Subsidiaritätsausschusses, eine Stärkung des Ausschusses der Regionen (s. Art. 263, Rn. 1 ff.) – dem geboren »Hüter des Subsidiaritätsprinzips«[213] – im Gesetzgebungsverfahren (durch Ausbau der Beteiligungsrechte, Veto zur Befassung des Subsidiaritätsausschusses) sowie seine Ausstattung mit einem Klagerecht vor dem EuGH, mit dem eine Verletzung des Art. 5 gerügt werden kann, an.

---

211 Vgl. die Nachweise in Fn. 23.
212 Dazu *Calliess* (Fn. 11), S. 279 ff.; *Schwarze* (Fn. 209), S. 1267 ff.; *Pernice* (Fn. 171), S. 874, 876.
213 So die Selbstbezeichnung des Ausschusses, vgl. AdR-Dok. Nr. 50/99 endg. vom 15./16.9.1999.

Art. 6 (ex-Art. 3c)

Die Erfordernisse des Umweltschutzes müssen[19 ff.] bei der Festlegung[8 ff.] und Durchführung[12 ff.] der in Art. 3 genannten Gemeinschaftspolitiken und -maßnahmen[9 ff.] insbesondere zur Förderung einer nachhaltigen Entwicklung[13 f.] einbezogen[4 ff.] werden.

Inhaltsübersicht:

I. Entwicklung der Querschnittsklausel	1
II. Inhalt der Querschnittsklausel	4
1. Materielle Vorgaben	5
a) Einbeziehung der Erfordernisse des Umweltschutzes	5
aa) Festlegung der in Art. 3 genannten Gemeinschaftspolitiken und -maßnahmen	8
bb) Durchführung der in Art. 3 genannten Gemeinschaftspolitiken und -maßnahmen	12
b) Förderung einer nachhaltigen Entwicklung	13
2. Prozedurale Vorgaben	15
III. Auswirkungen der Querschnittsklausel auf die Bestimmung der Rechtsgrundlage	17
IV. Rechtswirkungen der Querschnittsklausel	19
1. Rechtsverbindlichkeit	19
2. Gerichtliche Kontrolle	22

I. Entwicklung der Querschnittsklausel

Die Querschnittsklausel – manchmal auch als Integrationsprinzip bzw. -klausel bezeichnet[1] – ist in ihrem Wortlaut **mehrfach verändert** worden. Die **Urfassung** des Art. 6 mit dem Wortlaut »Die Erfordernisse des Umweltschutzes sind Bestandteil der anderen Politiken der Gemeinschaft« wurde im Jahre 1987 durch die EEA als Art. 130r Abs. 2 Satz 2 EWGV in den EWG-Vertrag eingefügt und unterstrich den hohen Stellenwert, den die Umweltpolitik fortan in der Gemeinschaft einnehmen sollte[2]. Denn ein entsprechendes Integrationsgebot gab es im EWG-Vertrag für keine andere Gemeinschaftspolitik.[3] Seit dem Vertrag von Maastricht gibt es zwar **noch weitere Querschnittsklauseln** (s. Art. 151 Abs. 4; Art. 153 Abs. 2; 157 Abs. 3; Art. 178), jedoch kommt der umweltrechtlichen Querschnittsklausel des EGV nach wie vor ein besonderer Stellenwert zu, da sie in ihrem **Wortlaut und in ihrer systematischen Stellung** gegenüber der Fassung der EEA zweifach verstärkt und aufgewertet wurde und sich insofern von den übrigen Querschnittsklauseln des EG-Vertrages unterscheidet.[4]

1

Die alte Querschnittsklausel des Art. 130r Abs. 2 Satz 2 EWGV war eher feststellender Natur (»sind ... Bestandteil...«), indem sie einen von den Gemeinschaftsinstitutionen erst noch zu verwirklichenden Zustand beschrieb. Insofern wurde den Gemeinschafts-

2

---

1 L. *Krämer*, in: GTE, EWGV, Art. 130r, Rn. 38; J. H. *Jans*, European Environmental Law, The Hague, 1997, S. 25.
2 D. *Scheuing*, Umweltschutz auf der Grundlage der EEA, EuR 1989, S. 152 (176); L. *Krämer*, in: Magiera/Merten (Hrsg.), Bundesländer und Europäische Gemeinschaft, 1988, S. 289 (295).
3 J. *Jahns-Böhm/S. Breier*, Die umweltrechtliche Querschnittsklausel des Art. 130r II 2 EWGV, EuZW 1992, S. 49 (50).
4 M. *Schröder*, in: Rengeling (Hrsg.), Handbuch des europäischen Umweltrechts, 1998, § 9 Umweltschutz als Gemeinschaftsziel und Grundsätze des Umweltschutzes, Rn. 25 und 29; a. A. A. *Bleckmann/T. Koch*, Zu den Funktionen und Wirkungen des Art. 130r Abs. 2 Satz 3 des EGV, in: Jahrbuch des Umwelt- und Technikrechts, UTR 36, 1996, S. 33 (34).

institutionen ein sehr weiter Ermessensspielraum zugestanden[5]. Diese Tatsache führte in der Literatur bisweilen dazu, Art. 130r Abs. 2 Satz 2 EWGV eine überwiegend **politische Bedeutung** beizumessen[6]. Andererseits sah man jedoch auch die klare, präzise und unbedingte Formulierungsweise des Art. 130r Abs. 2 Satz 2 EWGV.[7] Dies deutete wiederum darauf hin, daß der Grundsatz der Integration der Umweltschutzerfordernisse in andere Politiken der Gemeinschaft nicht nur einen politischen Programmsatz darstellt, sondern weitergehend eine **rechtliche Verpflichtung** der Gemeinschaft beinhaltet[8]. Allerdings erwies sich die Querschnittsklausel in der Praxis als wenig handhabbar; erhebliche **Defizite in ihrer Umsetzung** waren zu konstatieren[9]. Nicht zuletzt wegen dieses Vollzugsdefizits kamen Reformbestrebungen auf, die darauf abzielten, die umweltrechtliche Querschnittsklausel mit Blick auf den **Vertrag von Maastricht** aufzuwerten[10].

3 Im Vertrag von Maastricht setzte sich ein an den Vorstellungen der Kommission orientierter Vorschlag der luxemburgischen Präsidentschaft vom 28./29.6.1991 durch, der letztlich als Art. 130r Abs. 2 Satz 3 EGV in den Vertrag Eingang fand: »Die Erfordernisse des Umweltschutzes müssen bei der Festlegung und Durchführung der anderen Gemeinschaftspolitiken einbezogen werden«. Zurückgehend auf die Forderung nach größerer Bürgernähe der EU (s. Art. 1 EUV, Rn. 27 ff.) und unter dem korrespondierende Stärkung des Umweltschutzes[11] reihte der **Vertrag von Amsterdam** die Querschnittsklausel mit dem jetzigen Wortlaut unter die »Grundsätze« der Gemeinschaft ein und zog sie damit, den Umweltschutz aufwertend, vor die Klammer der gesamten Tätigkeit der Gemeinschaft.

II. Inhalt der Querschnittsklausel

4 Mit Blick auf die Konkretisierung des Inhalts der Querschnittsklausel bietet es sich an, zwischen materiellen und prozeduralen Vorgaben zu unterscheiden.

---

5 *Jahns-Böhm/Breier* (Fn. 3), S. 52; *D. Scheuing*, Die EEA als Grundlage umweltrechtlicher Aktivitäten der EG, in: Behrens/Koch (Hrsg.), Umweltschutz in der EG, 1991, S. 46 (57).
6 *W. Haneklaus*, Zur Verankerung umweltpolitischer Ziele im EWGV, DVBl. 1990, S. 1135 (1137).
7 *L. Krämer*, EC Treaty and environmental law, London 1996, S. 58.
8 *C. Stroetmann*, Einführung, in: Rengeling (Hrsg.), Umweltschutz und andere Politiken der EG, 1993, S. 1 (3).
9 Rat der Umweltminister, Informelle Sitzung in Gleneagles im September 1992, Conclusions of the Presidency; *W. Kahl*, Umweltprinzip und Gemeinschaftsrecht, 1993, S. 59; *S. Breier*, Die Bedeutung der umweltrechtlichen Querschnittsklausel des Art. 130r Abs. 2 Satz 2 EWG-Vertrag für die Verwirklichung des Europäischen Binnenmarktes, NuR 1992, S. 174 (181); *Scheuing* (Fn. 5), S. 57 f.; *K. Hailbronner*, Umweltschutz und Verkehrspolitik, in: Rengeling (Hrsg.), Umweltschutz und andere Politiken der EG, 1993, S. 149 ff.; *C. Calliess*, Ansatzpunkte für eine umweltverträgliche Verkehrspolitik im europäischen Binnenmarkt – unter besonderer Berücksichtigung der Querschnittsklausel des Art. 130r Abs. 2 S. 3 EGV, ZAU 1994, S. 322; *A. Epiney/ R. Gruber*, Verkehrspolitik und Umweltschutz in der EU, Freiburg, Schweiz, 1997, S. 11 ff. und 149 ff.
10 Sek (91) 500, vom 15.5.1991, S. 112.
11 Diesen Zusammenhang stellt explizit der Europäische Rat von Florenz auf seiner Tagung am 21./22.6.1996 her, vgl. Schlußfolgerungen des Vorsitzes, Dokument REF: SN 100/96, abgedruckt in: EP (Hrsg.), Weißbuch zur Regierungskonferenz, Band I (Anlage), 1996, S. 19 (21): »... mehr Bürgernähe, und zwar insbesondere ... dadurch, daß der Umweltschutz auf Ebene der Union wirksamer und kohärenter gestaltet wird, um eine nachhaltige Entwicklung zu gewährleisten«; ähnlich auch die Kommission, vgl. Agence Europe vom 8.3.1996.

1. Materielle Vorgaben

a) Einbeziehung der Erfordernisse des Umweltschutzes
Die Erfordernisse des Umweltschutzes ergeben sich aus den in Art. 174 Abs. 1 und 2 5
(s. dort Rn. 7 ff.) genannten **Zielsetzungen und Handlungsgrundsätzen** der gemeinschaftlichen Umweltpolitik. Wenn von Teilen des Schrifttums auch die Berücksichtigungsgebote des Art. 174 Abs. 3 zu den Erfordernissen gezählt werden[12], so wird verkannt, daß es sich bei diesen um immanente Schranken des Art. 174 (s. dort Rn. 38 ff.) und damit gerade nicht um Erfordernisse des **Umweltschutzes** handelt.

Der Begriff der **Einbeziehung** impliziert, daß der komplexen Aufgabe des Umweltschut- 6
zes[13] nur durch deren Verständnis als »problembezogene Querschnittsaufgabe«[14]
Rechnung getragen werden kann. Dies verlangt, daß Entscheidungen in **umweltexternen Bereichen** nicht ausschließlich an deren spezifischen Gegebenheiten ausgerichtet werden, sondern mit **Rücksicht auf die Umweltauswirkungen** anders oder im Extremfall sogar überhaupt nicht getroffen werden[15]. Insofern lassen sich allerdings Art. 6 allein keine Anhaltspunkte für einen absoluten oder relativen Vorrang des Umweltschutzes (s. Art. 174, Rn. 14 ff.) entnehmen.[16] Aus der Aufgabe der Einbeziehung folgt für sich betrachtet nur das Gebot, die **kollidierenden Belange gegeneinander abzuwägen** und im Wege praktischer Konkordanz einem beide Güter möglichst schonenden Ausgleich zuzuführen.[17]

Diese Abwägung ist aber durch **zwei Aspekte vorgeprägt**. Zum einen sind die Vorgaben 7
des Art. 174 Abs. 1 und 2 (s. dort Rn. 7 ff.), wie insbesondere das **Vorsorgeprinzip**
(s. unten Rn. 13 f.; Art. 174, Rn. 25 ff.), in der Abwägung zur Geltung zu bringen.
Zum anderen gibt der Begriff des Einbeziehens vor, daß die Umweltbelange nicht
»weggewogen« werden dürfen. Vielmehr müssen sie **integrativer Bestandteil der
Maßnahme** geworden sein und daher ihren Inhalt erkennbar mitgeprägt[18] haben. Die
insofern bestehende gesetzgeberische Gestaltungsfreiheit ist überschritten, wenn die
Maßnahme einseitig zu Lasten des Umweltschutzes ausgestaltet ist. Eine solche
Maßnahme, die aller Wahrscheinlichkeit nach zu erheblichen, spürbaren Umweltbeeinträchtigungen führen würde, darf nach Art. 6 nicht erlassen werden, eine Politik, die diese Grenze überschreitet, wäre als Verstoß gegen Art. 6 rechtswidrig.

---

12 *Bleckmann/Koch* (Fußn. 4), S. 37; *E. Grabitz/M. Nettesheim*, in: Grabitz/Hilf, EU, Art. 130r, Rn. 59; *H.-P. Zils*, Die Wertigkeit des Umweltschutzes in Beziehung zu anderen Aufgaben der EG, 1994, S. 28 f.; *S. Breier/H. Vygen*, in: Lenz, EGV, Art. 6, Rn. 5; *J. Jahns-Böhm*, in: Schwarze, EU-Kommentar, Art. 6, Rn. 9; wie hier dagegen *W. Frenz*, Europäisches Umweltrecht, 1997, Rn. 189; *Geiger*, EUV/EGV, Art. 6, Rn. 4.
13 *E.-H. Ritter*, Umweltpolitik und Rechtsentwicklung, NVwZ 1987, S. 929; *ders.*, Von den Schwierigkeiten des Rechts mit der Ökologie, DÖV 1992, S. 641.
14 *R. Breuer*, Umweltschutz, in: Schmidt-Aßmann (Hrsg.), Besonderes Verwaltungsrecht, 1999, Rn. 36.
15 So schon zutreffend *H.-J. Glaesner*, Die Einheitliche Europäische Akte, EuR 1986, S. 119 (140) zu Art. 130r Abs. 2 Satz 2 EWGV.
16 *Kahl* (Fn.), S. 178; *A. Epiney*, Umweltrecht in der EU, 1997, S. 107 f.; *K. Hailbronner*, Stand und Perspektiven der EG-Umweltgesetzgebung, in: Calliess/Wegener, Europäisches Umweltrecht als Chance, 1992, S. 15 (20); *Schröder* (Fn. 4), Rn. 27; *E. Grabitz/M. Nettesheim*, in: Grabitz/Hilf, EU, Art. 130r, Rn. 59; *Jahns-Böhm/Breier* (Fn. 1), S. 51 f.; *Bleckmann/Koch* (Fn. 4), S. 37 f.; *Jans* (Fn. 1), S. 26; a. A. wohl *Scheuing* (Fn. 2), S. 176 f.
17 Allgemeine Meinung, vgl. die Nachweise in Fn. 16.
18 *Hailbronner* (Fn. 16), S. 20 ff.; *Epiney* (Fn. 16), S. 108; *Scheuing* (Fn. 2), S. 176 f.

aa) Festlegung der in Art. 3 genannten Gemeinschaftspolitiken und -maßnahmen

8 Durch die Bezugnahme auf Art. 3 wird der – früher nicht unumstrittene[19] – umfassende Anspruch der Querschnittsklausel, **jedes Tätigwerden der Gemeinschaft** zu prägen, nunmehr ausdrücklich dokumentiert. Dieser Anspruch wird durch die systematische Stellung des Art. 6 »vor der Klammer« nochmals bestätigt.

9 Mit Blick auf die Festlegung differenziert der Wortlaut im Interesse größerer Klarheit auf der einen Seite zwischen Gemeinschafts**politiken**, die in ihrer Gesamtheit zum Beispiel durch die Ausarbeitung von sektoriellen Programmen in den einzelnen Politikbereichen (z.B. durch sog. Grün- und Weißbücher), Leitlinien für einen Politikbereich oder die Umweltaktionsprogramme (s. Art. 175, Rn. 22 ff.) umweltverträglich festgelegt, mithin ausgestaltet, werden müssen. Durch die ausdrückliche Erwähnung von Gemeinschafts**maßnahmen** auf der anderen Seite ist nunmehr darüber hinaus aber auch rechtlich eindeutig gewährleistet, daß die gemeinschaftliche **Rechtsetzungstätigkeit im Einzelfall** sowie darüber hinaus jedes (**auch individuell-**) **konkrete Handeln** der Organe umweltverträglich ausgestaltet sein muß. Diese explizite Ausdehnung der Vorgaben des Art. 6 auf Einzelrechtsakte ist neu, so daß nunmehr nicht erst eine ganze Politik (z. B. die Verkehrspolitik) in Widerspruch zu den Vorgaben des Art. 6 geraten muß; vielmehr reicht jetzt auch eine einzelne Maßnahme (z. B. als Teil der Verkehrspolitik), um einen Verstoß gegen Art. 6 zu begründen.[20]

10 Letzteres war bisher nicht so eindeutig geregelt. Zwar verstand der EuGH bereits Art. 130r Abs. 2 Satz 2 EWGV so, »daß **alle** Gemeinschafts**maßnahmen** den Erfordernissen des Umweltschutzes gerecht werden müssen«.[21] In diesem Sinne wurde auch in der Literatur vertreten, daß bei allen Maßnahmen der Gemeinschaft, die umweltrelevant sind, die Zielsetzungen der Umweltpolitik mit in die Entscheidungsfindung einbezogen werden müssen[22]. Der überwiegende Teil des Schrifttums vertrat jedoch vor dem Hintergrund des Wortlauts der Querschnittsklausel a. F. (Gemeinschafts**politiken**) aus Praktikabilitätserwägungen die Auffassung, daß sich »nur« die Gesamtkonzeption bzw. Gesamtausgestaltung der jeweils verfolgten Politik an den Erfordernissen des Umweltschutzes zu orientieren habe.[23] Diese Sichtweise ist mit dem klarstellenden Wortlaut des Art. 6, der über die Umweltverträglichkeit der jeweiligen gesamten Politik hinaus nunmehr auch die Umweltverträglichkeit konkreter Maßnahmen erfaßt, über-

---

19 Dazu *H.-P. Zils*, Die Wertigkeit des Umweltschutzes in Beziehung zu anderen Aufgaben der EG, 1994, S. 27 f.; *Bleckmann/Koch* (Fn. 4), S. 35 f.; *Kahl* (Fn. 9), S. 223 f.; *E. Grabitz/M. Nettesheim*, in: Grabitz/Hilf, EU, Art. 130r, Rn. 61.
20 Dies verkennt *J. Jahns-Böhm*, in: Schwarze, EU-Kommentar, Art. 6, Rn. 11 f., deren Kritik an meiner (auch im Beitrag: Die neue Querschnittsklausel des Art. 6 ex 3c EGV als Instrument zur Umsetzung des Grundsatzes der nachhaltigen Entwicklung, DVBl. 1998, S. 565 f.) geäußerten Auffassung wohl auf einem Mißverständnis beruht, zumindest aber den Gesamtzusammenhang meiner Ausführungen (vgl. hier Rn. 8 und 10) nicht berücksichtigt. Gleiches gilt auch für das Zitat von *S. Breier/H. Vygen*, in: Lenz, EGV, Art. 6, Rn. 6, wonach die Norm von mir angeblich »weitgehend auf den Erlaß von Sekundärrecht beschränkt« wird. In der Praxis verwirklichen sich die Vorgaben des Art. 6 freilich in der Tat primär beim Erlaß von Sekundärrecht.
21 EuGH, Rs. C-62/88, 29.3.1990, Slg. 1990, S. 1527, Rn. 20 (Tschernobyl-VO).
22 *H.-J. Glaesner*, Umwelt als Gegenstand einer Gemeinschaftspolitik, in: Rengeling (Hrsg.), Europäisches Umweltrecht und europäische Umweltpolitik, 1988, S. 1 (8); *Hailbronner* (Fn. 9), S. 159.
23 *Jahns-Böhm/Breier* (Fn. 3), S. 51; *Calliess* (Fn. 9), S. 333; *A. Epiney*, Umweltrechtliche Querschnittsklausel und freier Warenverkehr: die Einbeziehung umweltpolitischer Belange über die Beschränkung der Grundfreiheit, NuR 1995, S. 497 (501); *dies*. (Fn. 16), S. 106 f.; *Breier* (Fn. 9), S. 180; weitergehend schon damals *K. Hailbronner*, in: Rengeling (Hrsg.), Umweltschutz und andere Politiken der EG, S. 156 (159).

holt. Mithin ist eine auch auf alle **Einzelmaßnahmen ausgerichtete »strategische Umweltverträglichkeitsprüfung«** durchzuführen.[24]

Die Querschnittsklausel beeinflußt darüber hinaus auch das »Ob« der gemeinschaftlichen Rechtsetzungstätigkeit. Denn sie will nach Sinn und Zweck sicherstellen, daß umweltpolitische Belange in allen Tätigkeitsbereichen der Gemeinschaft berücksichtigt werden, damit keine schwerwiegenden Umweltbeeinträchtigungen durch die einseitige Ausgestaltung anderer Politikbereiche entstehen können[25]. Um das Ziel größtmöglicher Umweltverträglichkeit zu erreichen[26], muß der Querschnittsklausel also auch eine **Verpflichtung entnommen werden, konkrete umweltschützende Maßnahmen in dem jeweiligen Politikbereich zu ergreifen,** sofern Gründe des Umweltschutzes ein solches Tätigwerden erfordern[27]. Die Entscheidung darüber, ob die Gemeinschaft tätig werden muß, ist daher ebenfalls unter Berücksichtigung der Querschnittsklausel zu treffen[28]. 11

bb) Durchführung der in Art. 3 genannten Gemeinschaftspolitiken und -maßnahmen
Die Formulierung »Durchführung der Gemeinschaftspolitiken« bezieht sich auf den Verwaltungsvollzug des Gemeinschaftsrechts (s. Art. 10, Rn. 23 ff., Art. 175, Rn. 26 ff.)[29]. Die eigenen Vollzugskompetenzen der Gemeinschaft sind (im wesentlichen) bei der **Kommission** konzentriert (s. Art. 211, Rn. 1). Die Kommission hat die Erfordernisse des Umweltschutzes somit auch im Rahmen ihrer verwaltungsmäßigen Tätigkeiten in die Gemeinschaftspolitiken einzubeziehen. Über den Begriff der »Durchführung« könnte überdies auch eine entsprechende Pflicht der Mitgliedstaaten begründet werden. Dafür spricht, daß die Gemeinschaftspolitiken **in der Regel durch die Mitgliedstaaten** vollzogen werden. Würde man also die Querschnittsklausel allein im Bereich des Verwaltungsvollzugs durch die Gemeinschaft anwenden, so würde die Querschnittsklausel weitgehend leerlaufen[30]. Um aber der Querschnittsklausel auch auf ihrer zweiten Zielebene, der Vollzugsebene, zu größtmöglicher Wirksamkeit zu verhelfen, muß sie daher beim gemeinschaftsunmittelbaren Vollzug ebenso wie beim Vollzug der gemeinschaftlichen Normen und Politiken durch die Mitgliedstaaten zur Anwendung gelangen[31]. Infolgedessen **binden die Vorgaben des Art. 6 im Anwendungsbereich des Gemeinschaftsrechts also auch die deutschen Behörden und Gerichte.** 12

b) Förderung einer nachhaltigen Entwicklung
Die Einbeziehung der Erfordernisse des Umweltschutzes soll insbesondere der Förderung einer nachhaltigen Entwicklung dienen. Diese Formulierung nimmt die in der **Präambel, Art. 2 EUV und Art. 2** vorgenommenen Änderungen durch den **Vertrag von** 13

---

24 Wie hier *Scherer/Heselhaus*, in: Dauses, Hb.EGWirtR II, O, Rn. 41 mit Fn. 132, die die von *Jahns-Böhm/Breier* (Fn. 3), S. 51 – damals ja gut vertretbare – Begrenzung auf »definierte« Politikbereiche als überholt bezeichnen. In diesem Sinne bezieht jetzt auch *J. Jahns-Böhm*, in: Schwarze, EU-Kommentar, Art. 6, Rn. 12 Einzelrechtsakte mit ein.
25 Vgl. nur *Jahns-Böhm/Breier* (Fn. 3), S. 51.
26 *C. Calliess*, Die Güterkraftverkehrspolitik der EG unter besonderer Berücksichtigung des Umweltschutzes, IUR 1992, S. 219 (224).
27 *Breier* (Fn. 9), S. 180; *Epiney* (Fn. 22), S. 502; *E. Grabitz/M. Nettesheim*, in: Grabitz/Hilf, EU, Art. 130r, Rn. 62.
28 *Epiney* (Fn. 22), S. 502.
29 *A. Epiney/A. Furrer*, Umweltschutz nach Maastricht – Ein Europa der drei Geschwindigkeiten?, EuR 1992, S. 369 (387).
30 *M. Zuleeg*, Vorbehaltene Kompetenzen der Mitgliedstaaten der Europäischen Gemeinschaft auf dem Gebiet des Umweltschutzes, NVwZ 1987, S. 280 (282); *S. Himmelmann*, in: Himmelmann/Pohl/Tünnessen-Harmes, Handbuch des Umweltrechts, 1996, A.9, Rn. 47.
31 *Epiney/Furrer* (Fn. 29), S. 388; *Scherer/Heselhaus*, in: Dauses, Hb.EGWirtR II, O, Rn. 42; *J. Jahns-Böhm*, in: Schwarze, EU-Kommentar, Art. 6, Rn. 15.

Amsterdam auf, die die seit dem Vertrag von Maastricht bestehende Unklarheit[32] hinsichtlich der Verpflichtung der Gemeinschaft auf den **Grundsatz der nachhaltigen Entwicklung** nunmehr eindeutig beheben.[33] Der Grundsatz bezeichnet ein Leitbild, dessen Zielvorstellungen insbesondere auf die Konferenz der Vereinten Nationen für Umwelt und Entwicklung (UNCED) in Rio de Janeiro im Juni 1992 und die dort beschlossene Rio-Deklaration samt Agenda 21 verweisen. Die mit der Aufgabe der Entwicklung von langfristigen Umweltstrategien für eine nachhaltige Entwicklung betraute World Commission on Environment and Development (WCED) definiert den Begriff des »sustainable development« im Sinne von »development that meets the needs of the present without compromising the ability of future generations to meet their own needs«. Er verbindet die Erkenntnis, daß ökonomische, ökologische und soziale Entwicklungen notwendig als innere Einheit zu sehen sind. Nachhaltige Entwicklung umfaßt daher eine umweltgerechte, an der Tragekapazität der ökologischen Systeme ausgerichtete Koordination der ökonomischen Prozesse sowie soziale Ausgleichsprozesse. Im Zentrum steht dabei die Sicherung der ökologischen Leistungsfähigkeit: Um spätere Generationen bezüglich der Umweltqualität und der Versorgung mit Ressourcen nicht schlechter zu stellen, ist der natürliche Kapitalstock zumindest konstant zu halten.[34]

14 Nach Konzeption und Intention des Art. 6 wird die Querschnittsklausel zu einem maßgeblichen **Instrument der Umsetzung** des **Grundsatzes der nachhaltigen Entwicklung im Gemeinschaftsrecht**.[35] Der Grundsatz ist – trotz möglicher materieller Konkretisierungen insbesondere über das Vorsorgeprinzip (s. Art. 174, Rn. 25 ff.) – ein Relationsbegriff, der einzelfallbezogener, auch prozeduraler Umsetzung bedarf. Den Weg hierfür weist die rechtlich verbindliche Querschnittsklausel des Art. 6, die – den Ansätzen von Rio-Deklaration (Grundsatz 4) und Agenda 21 (Kapitel 8) entsprechend – in geradezu idealer Weise den Vorgaben des Grundsatzes der nachhaltigen Entwicklung Rechnung trägt, indem sie Umweltvorsorge und wirtschaftliche/soziale Entwicklung in rechtlich verbindlicher Weise zu einander in Bezug setzt und einen prozedural abgesicherten Ausgleich auf Grundlage der beschriebenen materiellen Vorgaben verlangt. Art. 6 läßt sich insofern als primärrechtliches Gebot zur Durchführung einer **strategischen, einer nicht nur auf Einzelmaßnahmen, sondern auf Politiken, Programme, Pläne und Gesetze ausgedehnten Umweltverträglichkeitsprüfung** verstehen.[36]

2. Prozedurale Vorgaben

15 Erste Ansätze einer prozeduralen, mithin verfahrensmäßigen Umsetzung der Querschnittsklausel finden sich in im Hinblick darauf verfaßten Anweisungen der Kommission an ihre Dienststellen, bei der Ausarbeitung von Vorschlägen frühzeitig de-

---

32 Dazu *C. Calliess*, Ökologisierung des EWGV, in: Baumeister (Hrsg.), Wege zum ökologischen Rechtsstaat, 1994, S. 71 (77 f.); *N. Haigh/R. A. Kraemer*, Sustainable Development in den Verträgen der EU, ZUR 1996, S. 11.
33 Zur Umsetzung: *Europäische Kommission/Allgemeines Beratendes Forum für Umweltfragen*, Stellungnahmen zum Thema Dauerhafte und Umweltgerechte Entwicklung, Luxemburg 1997, S. 7 ff.; *dies.*, Optionen für eine Dauerhafte Entwicklung, Luxemburg 1997, S. 9 ff.
34 Ausführlich *M. Schröder*, Sustainable Development – Ausgleich zwischen Umwelt und Entwicklung als Gestaltungsaufgabe der Staaten, AVR 34 (1996), S. 251 (260 ff.); *M. Ruffert*, Das Umweltvölkerrecht im Spiegel der Erklärung von Rio und der Agenda 21, ZUR 1993, S. 208 (209); *W. Frenz/H. Unnerstall*, Nachhaltige Entwicklung im Europarecht, 1999, insbes. S. 155 ff., 177; *C. Calliess*, Rechtsstaat und Umweltstaat, 2001, S. 141 ff.
35 Grundlegend dazu *C. Calliess*, Die neue Querschnittsklausel des Art. 6 ex 3c EGV als Instrument zur Umsetzung des Grundsatzes der nachhaltigen Entwicklung, DVBl. 1998, S. 559 ff.; in diesem Sinne wohl auch die Kommission, vgl. Dok. SEC (93) 785, dazu EuZW 1997, S. 642 f.
36 Vgl. Calliess (Fn. 35), S. 564 ff.

ren ökologische Auswirkungen zu berücksichtigen.[37] Im Zusammenhang hiermit hat die **Kommission ihr internes Organigramm** geändert und in verschiedenen Generaldirektionen (u. a. Industrie, Landwirtschaft, Transport und Energie) Verwaltungseinheiten geschaffen, die mit den spezifischen Umweltfragen befaßt sind.[38] Darüber hinaus hat die Kommission ein **Beratendes Forum für Umweltfragen**[39] eingerichtet, das gegenüber der Kommission Stellungnahmen betreffend der Festlegung und Durchführung der gemeinschaftlichen Umweltpolitik abgeben und den Dialog zwischen allen interessierten Kreisen hinsichtlich einer nachhaltigen Entwicklung fördern soll.[40]

Von (zumindest theoretisch) großer Bedeutung ist, daß der Europäische Rat von Luxemburg (Dezember 1997) die Initiative ergriff und die Kommission aufforderte, eine Strategie zur Umsetzung von Art. 6 zu erarbeiten. Dem kam die Kommission mit ihrer Mitteilung vom 27.5.1998 (KOM (1998) 333 final) unter dem Titel »Partnerschaft für Integration« nach. Zwar bleibt diese Mitteilung über weite Strecken vage und allgemein, jedoch enthält sie die Forderung nach einer Umweltfolgenabschätzung für wichtige politische Initiativen. Desweiteren wird die Erarbeitung sektoraler Integrationsstrategien gefordert sowie eine Bestandsaufnahme mit Blick auf bisherige Erfahrungen und beste Praxis in den Mitgliedstaaten gefordert. Der Europäische Rat von Cardiff (Juni 1998) leitete auf dieser Grundlage den sog. »**Cardiff-Prozeß**« ein und ersuchte unter Nr. 32 ff. seiner Schlußfolgerungen alle Fachministerräte »ihre eigenen Strategien für die tatsächliche Berücksichtigung der Belange der Umwelt und der nachhaltigen Entwicklung in ihrem jeweiligen Politikbereich zu entwerfen. Sie sollten die in dieser Hinsicht erzielten Fortschritte beobachten und dabei die von der Kommission vorgeschlagenen Leitlinien berücksichtigen und Indikatoren ermitteln«. Nach den Fachministerräten Verkehr, Energie und Landwirtschaft haben diejenigen für Entwicklungspolitik, Binnenmarkt, Industrie, Fischerei, ECOFIN und Allgemeine Angelegenheiten ihre sektoralen Integrationsberichte und -strategien vorgelegt, die der Europäische Rat von Helsinki (Dezember 1999) evaluierte und deren sofortige Umsetzung er verlangte. Fortgesetzte Evaluation sollen zu einer Anpassung und Vertiefung der Strategien führen; Kommission und Rat sollen hierfür adäquate Mechanismen und Informationen erarbeiten. Die Umsetzung dieser Vorgaben durch die Fachministerräte verlief bislang eher schleppend, die Berichte und Strategien blieben oftmals vage Ankündigungen ohne konkrete Handlungsvorschläge und Zeitvorgaben.[41] Vom Europäischen Rat von Göteborg (Juni 2001) ist daher eine umfassende Integrationsstrategie für alle Politikbereiche, ergänzt um einen Zeitplan für weitere Maßnahmen sowie ein System von Umwelt- und Intergrationsindikatoren zur Evaluierung (vgl. Kommissionsdokument SEC (1999) 1942 final) eingefordert worden (vgl. Schlußfolgerungen des Vorsitzes, Bulletin oder E 6/2001, S. 10 ff.). 15 a

---

37 Erste Ansätze sind insofern einer Anweisung der Kommission an ihre Dienststellen zu entnehmen, vgl. DOK. SEC (93) 785, dazu EuZW 1997, S. 642 f.
38 *L. Krämer/P. Kromarek*, Europäisches Umweltrecht, Chronik vom 1.10.1991 bis zum 31.3.1995, ZUR 1995, Beilage, S. I (III).
39 Vgl. zu dessen Tätigkeit: *Europäische Kommission/Allgemeines Beratendes Forum für Umweltfragen*, Stellungnahmen zum Thema Dauerhafte und Umweltgerechte Entwicklung, Luxemburg 1997, S. 7 ff.; *dies.*, Optionen für eine Dauerhafte Entwicklung, Luxemburg 1997, S. 9 ff.
40 Entscheidung 93/701, ABl.EG 1993 Nr. L 328/53; vgl. ferner die Beschlüsse des Europäischen Rats von Cardiff (15./16. 6. 1998) unter Ziffer 32 ff., abgedruckt in Bulletin EU 6-1998, S. 7 (11) sowie die Mitteilung der Kommission an den Europäischen Rat, DOK. KOM (1998) 333 final vom 27.5.1998, S. 7 ff.
41 Vgl. zum Ganzen *M. Buck/R. A. Kraemer/D. Wilkinson*, Der »Cardiff-Prozeß« zur Integration von Umweltschutzbelangen in andere Sektorpolitiken, Aus Politik und Zeitgeschichte B 48/99, S. 12 ff.; *K. W. Wurzel*, The EU Presidency and the Integration Principle: an Anglo-German Comparison, E.E.L.R. 2001, S. 7 ff.

16 Nimmt man den Ansatz einer prozeduralen Umsetzung der Querschnittsklausel mit Blick auf ihre verbleibende materielle Unbestimmtheit ernst, so müßte **de lege ferenda** die europäische **Umweltagentur** (s. Art. 174, Rn. 39) gestärkt, ein **Umweltombudsman** eingeführt und ein ökologischer Senat bzw., in Umwandlung des Wirtschafts- und Sozialausschusses (s. Art. 257 ff.) ein **Ausschuß für nachhaltige Entwicklung**, etabliert werden (s. Art. 174, Rn. 6).[42]

III. Auswirkungen der Querschnittsklausel auf die Bestimmung der Rechtsgrundlage

17 Neben den umweltpolitischen Maßnahmen auf der Grundlage der Art. 174 ff. wird Umweltpolitik gemäß der Querschnittsklausel in jedem Politiksektor des Gemeinschaftsvertrages betrieben. Die Querschnittsklausel hat damit zwar nicht zur Folge, daß die Umweltpolitik der Gemeinschaft auf ein **zweites Fundament** gestellt würde und insofern eine »unselbständige Umweltpolitik« im Gegensatz zur »selbständigen Umweltpolitik« nach den Art. 174 ff. unterschieden werden könnte[43]. Die Vorgaben der Art. 174 ff. strahlen vielmehr in die anderen Politiken mit integrierender Wirkung aus, so daß Umweltschutz zu einer **sektorübergreifenden Aufgabe** bei der Wahrnehmung umweltexterner Kompetenzen wird. Durch die Querschnittsklausel wird insofern eine **gemeinsame Schnittmenge**, die Umweltverträglichkeit der jeweiligen Politik, erzwungen.

18 In der Konsequenz liegt es, daß, wenn ein umweltrelevanter Rechtsakt erlassen werden soll, die sektoriellen Kompetenzgrundlagen neben die Vorschrift des Art. 175 als mögliche Rechtsgrundlage treten können.[44] So zog der **Gerichtshof** die Querschnittsklausel zur Begründung verschiedener kompetenzabgrenzender Entscheidungen heran.[45] Aus der Bestimmung des Art. 130r Abs. 2 Satz 2 EWGV folge, »daß alle Gemeinschaftsmaßnahmen den Erfordernissen des Umweltschutzes gerecht werden müssen; sie setzt voraus, daß eine Gemeinschaftsmaßnahme nicht allein deshalb zur Umweltpolitik der Gemeinschaft gehört, weil sie deren Anforderungen berücksichtigt«[46]. Zu Recht wird demgegenüber in der **Literatur davor gewarnt**, daß »mittels der Querschnittsklauseln – gleichsam im Bauch eines trojanischen Pferdes – Sachbereiche die Mauern überwinden, die das Prinzip der begrenzten Einzelermächtigung um die jeweilige Gemeinschaftspolitik gezogen hat ..., und daß sich mit den dort vorgefundenen Handlungsmöglichkeiten ein Gestaltungsspielraum eröffnet, der innerhalb der eigenen Mauern nicht bestand bzw. ausdrücklich ausgeschlossen war ...«.[47]

---

42 Zu diesen Vorschlägen ausführlich *Calliess* (Fn. 32), S. 97 ff.
43 So aber *Zils* (Fn. 19), S. 30.
44 Maßnahmen, die den Umweltschutz bezwecken oder bewirken, können also auch auf einer anderen Rechtsgrundlage als Art. 130s EGV erlassen werden; vgl. GA *M. Darmon* in seinen Schlußanträgen in der Rs. C-62/88 (Fn. 20), Ziff. 25.
45 EuGH, Rs. C-62/88 (Fn. 20), Rn. 19 f.; Rs. C-300/89, 11.6.1991, Slg. 1991, S. I-2867, Rn. 22 (Titandioxid-Richtlinie).
46 EuGH, Rs. C-62/88 (Fn. 20), Rn. 20.
47 *T. Stein*, Die Querschnittsklausel zwischen Maastricht und Karlsruhe, FS-Everling Bd. II, 1995 S. 1439 (1440 f.) mit eingehender Analyse.

IV. Rechtswirkungen der Querschnittsklausel

1. Rechtsverbindlichkeit

Umstritten ist, ob die neugefaßte Querschnittsklausel des Art. 6 lediglich einen politisch unverbindlichen Programmsatz darstellt oder eine verbindliche Rechtsregel festschreibt. Der EuGH hat sich zu dieser Frage bisher nicht ausdrücklich geäußert. In der (rechtlich unverbindlichen) **Erklärung Nr. 20 zur Schlußakte des Vertrages von Maastricht** stellt die Regierungskonferenz fest, »daß die Kommission sich **verpflichtet**, bei ihren Vorschlägen voll und ganz den Umweltauswirkungen und dem Grundsatz der nachhaltigen Entwicklung Rechnung zu tragen, und daß die Mitgliedstaaten sich **verpflichtet** haben, dies bei der Durchführung zu tun«.[48] Die Kommission hat ihren Dienststellen entsprechende Anweisungen erteilt.[49]   19

Von einigen Stimmen in der **Literatur** wird die Rechtsqualität der Querschnittsklausel angezweifelt: Ihre Neufassung durch den Vertrag von Maastricht fasse den Ermessensspielraum von Kommission und Rat in keiner Weise enger.[50] Da die Querschnittsklausel, im Gegensatz zu der Fassung von 1987, nicht mehr länger eine Tatsache als vielmehr ein Ziel festschreibe, das durch die Tätigkeiten der Gemeinschaft erst noch erreicht werden müsse, hänge die Durchführbarkeit fast ausschließlich von dem politischen Willen der Gemeinschaftsinstitutionen ab. Die Wortwahl des Art. 6 gebe nur einen **allgemeinen Auftrag** für zukünftige Maßnahmen der Gemeinschaft, ohne daß Zeit und Form der Verwirklichung vorgeschrieben werden. Da auch keine rechtlichen Konsequenzen im Falle der Nichtbeachtung der Vorschrift aufgestellt würden, könne bei der Querschnittsklausel lediglich von einem Prinzip an Stelle von einer rechtlich verbindlichen Regel gesprochen werden[51].   20

Zu Recht wird demgegenüber darauf hingewiesen, daß die **Verwendung des Wortes** »müssen« für eine Verpflichtung zur Einbeziehung von Umwelterfordernissen spricht; bereits die Formulierung konkretisiert ein Rechtsgebot[52]. Dies korrespondiert auch den **Motiven**, die der zweimaligen Überarbeitung der Querschnittsklausel mit dem Ziel, ihr größere Verbindlichkeit und mehr Einfluß in der Praxis zukommen zu lassen, zugrunde lagen (s. oben Rn. 2 f.).[53] Art. 6 enthält einen »**imperativistischen Handlungsauftrag**«[54], der ihm mehr als einen bloß politischen, vom guten Willen der Gemeinschaftsorgane abhängigen Charakter zukommen läßt[55]. Auch wenn die **Art und Weise** der Umsetzung in einem weiten Ermessen der Gemeinschaftsinstitutionen liegt, darf nicht übersehen werden, daß die Querschnittsklausel die Integration des Umweltschutzes in alle Gemeinschaftspolitiken verlangt (vgl. das Wort »müssen«). Die zwingende For-   21

---

48 Vgl. auch *Jans* (Fn. 1), S. 25 f.
49 Dok. SEC (93) 785; vgl. EuZW 1997, S. 642.
50 *J. Jahns-Böhm*, Umweltschutz durch europäisches Gemeinschaftsrecht am Beispiel der Luftreinhaltung. Eine kritische Untersuchung der vertraglichen Grundlagen, ihrer sekundärrechtlichen Ausgestaltung und Umsetzung in der Bundesrepublik Deutschland, 1994, S. 262.
51 *Krämer* (Fn. 7), S. 58 f.
52 *Stroetmann* (Fn. 8), S. 3; *Kahl* (Fn. 9), S. 58.
53 *Calliess* (Fn. 26), S. 224.
54 B. *Wiegand*, Bestmöglicher Umweltschutz als Aufgabe der Europäischen Gemeinschaften – Zur Bedeutung des Gemeinschaftsziels Umweltschutz für die Europäische Integration, DVBl. 1993, S. 533 (536).
55 S. *Schmitz*, Die EU als Umweltunion, 1996, S. 151; kritisch *Epiney/Furrer* (Fn. 29), S. 386 f., die in der neuen Formulierung keine Änderungen der Rechtslage sehen, jedoch wohl bereits nach der EEA von einem Rechtsgebot ausgingen.

mulierung des Art. 6 spricht daher für ein **Rechtsgebot** zur Umorientierung oder Neuausrichtung der gesamten Gemeinschaftspolitik auf die Ziele und Grundsätze des Art. 174.[56] Bestätigt wird dieses Ergebnis durch die **neue Stellung** der Querschnittsklausel unter den Grundsätzen der Gemeinschaft am Anfang des Vertrages, in der systematisch (vor die Klammer gezogen) die grundlegende Bedeutung des Umweltschutzes für alle Tätigkeiten der Gemeinschaft hervorgehoben wird. Dem entspricht eine **Erklärung** der Vertreter der Mitgliedstaaten für die Schlußakte des Vertrages von Amsterdam, nach der »die Konferenz die **Zusage** der Kommission zur Kenntnis nimmt, Umweltverträglichkeitsprüfungen zu erstellen, wenn sie Vorschläge unterbreitet, die erhebliche Auswirkungen für die Umwelt haben können«.

2. Gerichtliche Kontrolle

22   Die gerichtliche Bedeutung des Art. 174 Abs. 2 Satz 3 ist allerdings noch nicht geklärt.[57] Jedoch hat der **EuGH** erstmals in zwei Urteilen zur Verkehrspolitik auf den Grundgedanken der Querschnittsklausel Bezug genommen, indem er ausführte, daß die Liberalisierung des Güterkraftverkehrs »geordnet« nur im Rahmen einer gemeinsamen Verkehrspolitik erfolgen könne, bei der neben wirtschaftlichen und sozialen auch die »ökologischen Probleme...berücksichtigt werden.«[58] In ähnlicher Weise betont der EuGH seit der Entscheidung Wallonische Abfälle in ständiger Rechtsprechung, daß die Abfallpolitik der EG ein »ökologisch orientiertes Bewirtschaftungskonzept« verfolge. Dessen Ziel sei es, eine sachgerechte Bewirtschaftung von Industrie- und Haushaltsabfällen im Einklang mit Erfordernissen des Umweltschutzes sicherzustellen. Diese dringenden Erfordernisse rechtfertigten auch Ausnahmen vom freien Warenverkehr.[59]

23   In der **Literatur** wird die Justitiabilität der Querschnittsklausel zumeist zutreffend bejaht; infolge der gesetzgeberischen Gestaltungsfreiheit sei die Reichweite der richterlichen Kontrolle allerdings begrenzt. Als insofern entscheidender Anknüpfungspunkt wird die **Begründungspflicht** nach Art. 253 bezeichnet.[60] Im Ergebnis erscheint eine ähnlich der Überprüfung der Einhaltung des Subsidiaritätsprinzips nach Art. 5 (s. dort Rn. 65 ff.) ausgestaltete Kontrolle durch den EuGH möglich und erforderlich.
Im übrigen ist der EuGH im Rahmen des Vertragsverletzungsverfahrens (s. Art. 226) mit dafür verantwortlich, daß die Anforderungen der Querschnittsklausel bei der (praktischen) Durchführung der Gemeinschaftspolitiken durch die Mitgliedstaaten beachtet werden.

---

56   Im Ergebnis so auch *Wiegand* (Fn. 53), S. 536; *Jahns-Böhm/Breier* (Fn. 3), S. 52; *Breier* (Fn. 9), S. 181; *Schmitz* (Fn. 54), S. 151; *Epiney* (Fn. 22), S. 502; *C. Calliess*, Perspektiven für die Weiterentwicklung der Europäischen Union zu einer ökologischen Rechtsgemeinschaft, KJ 1994, S. 284 (287); *Scherer/Heselhaus*, in: Hb.EGWirtR, Kap. Umweltrecht, O. Rn. 23; *Stroetmann* (Fn. 8), S. 3; *S. Breier/H. Vygen*, in: Lenz, EGV, Art. 130r, Rn. 14.
57   Dazu *Jahns-Böhm/Breier* (Fn. 3), S. 49 ff.; *Calliess* (Fn. 9), S. 332 ff. m. w. N.
58   EuGH, Rs. C-17/90, 7.11.1991, Slg. 1991, S. I-5253, Rn. 11 (Pinaud Wieger) = EuZW 1992, S. 62; Rs. C-195/90, 19.5.1992, Slg. 1992, I-3141, Rn. 33 (Kommission/Deutschland) = EuZW 1992, S. 390.
59   EuGH, Rs. C-2/90, 9.7.1992, Slg. 1992, I-4431 (Kommission/Belgien); Rs. C-155/91, 17.3.1993, Slg. 1993, I-939, Rn. 10 ff. = NVwZ 1993, S. 872; Rs. C-187/93, 28.6.1994, Slg. 1994, I-2857 (EP/ Rat); zu dieser Rechtsprechung *C. Weidemann*, Umsetzung von Abfall-Richtlinien: Urteil des EuGH zum deutschen Abfallrecht, NVwZ 1995, S. 866 (867).
60   *Jahns-Böhm/Breier* (Fn. 3), S. 53 f.; *E. Grabitz/M. Nettesheim*, in: Grabitz/Hilf, EU, Art. 130r, Rn. 62; *Zils* (Fn. 19), S. 32; *G. Ress*, Umweltrecht und Umweltpolitik nach dem Vertrag über die EU, Vorträge aus dem Europa-Institut der Universität des Saarlandes, 1992, Nr. 291, S. 9; *Schröder* (Fn. 4), Rn. 28; *Calliess* (Fn. 9), S. 332 ff.

Art. 7 (ex-Art. 4)

(1) Die der Gemeinschaft zugewiesenen Aufgaben[7 ff.] werden durch folgende Organe[3 ff.] wahrgenommen[20 ff.]:
- ein Europäisches Parlament
- einen Rat
- eine Kommission
- einen Gerichtshof
- einen Rechnungshof.

Jedes Organ handelt nach Maßgabe der ihm in diesem Vertrag[24 ff.] zugewiesenen Befugnisse[16 ff.].

(2) Der Rat und die Kommission werden von einem Wirtschafts- und Sozialausschuß sowie einem Ausschuß der Regionen mit beratender Aufgabe unterstützt.

Inhaltsübersicht:

A. Grundstrukturen des institutionellen Systems der EG	1
I. Allgemeines	1
II. Die Organisationsstruktur der Gemeinschaft	3
B. Die horizontale Kompetenzverteilung in der EG	7
I. Allgemeines	7
II. Das institutionelle Gleichgewicht	8
1. Rechtsprechung und Praxis	8
2. Literatur	11
3. Stellungnahme	13
III. Handeln nach Maßgabe der in diesem Vertrag zugewiesenen Befugnisse	16
1. Begriff	16
2. Inhalt und Umfang	18
3. Zusammenarbeit der Organe	19
a) Interinstitutionelle Vereinbarungen	20
b) Pflicht zur loyalen Zusammenarbeit	22
C. Die Organisationsgewalt in der EG	23
I. Errichtung von neuen Gemeinschaftsorganen	23
II. Schaffung von vertragsfremden Einrichtungen durch die Gemeinschaftsorgane	25
1. Allgemeines	25
2. Die Zulässigkeit einer Delegation von Entscheidungsbefugnissen	27
a) Die Rechtsprechung des EuGH	27
b) Die Ansichten in der Literatur	32
c) Stellungnahme	37

A. Grundstrukturen des institutionellen Systems der EG

I. Allgemeines

Art. 7 bildet die **Grundnorm des institutionellen Systems** der EG. Sie wird in der Regel durch die spezifischen Bestimmungen zu den jeweiligen Organen und für jeden Sachbereich, in dem die Gemeinschaft handeln will, durch die **jeweilige Kompetenznorm konkretisiert**. Die entsprechende Norm des Art. 5 EUV, die den einheitlichen institutionellen Rahmen gem. Art. 3 EUV (s. Art. 3 EUV, Rn. 1 ff.) konkretisiert, stellt die Verbindung zum Unionsvertrag her (s. Art. 5 EUV, Rn. 4 ff.). Diese Normen spiegeln die Bildung und Zusammensetzung, die Aufgaben und Befugnisse, das Zusammenwirken der Organe, ihre Kompetenzverschränkungen und -kontrollen, die mit der europäischen Integration verfolgten Ziele und die verfaßte Bereitschaft der Mitgliedstaaten wider, 1

Art. 7 EG-Vertrag

eigene Hoheitsbefugnisse und öffentliche Aufgaben zu vergemeinschaften und in besonderer Organisation wahrzunehmen.[1]

2 Dabei dient die in Art. 7 zum Ausdruck kommende **eigenständige institutionelle Grundstruktur** der Gemeinschaft nicht nur der Effizienz des europäischen Entscheidungsprozesses, sondern sie bildet zugleich den **Kristallisationskern des europäischen Gemeinwillens**, einer europäischen Solidarität zwischen den Mitgliedstaaten und einer daran anknüpfenden **Verantwortung** für das europäische Gemeinwohl.[2] Jene Grundstruktur ist allerdings nicht statischer Natur. Vielmehr liegt es so, daß das institutionelle System der EG der Entwicklung, Ergänzung und Änderung zugänglich ist und insofern fortwährender Wandlung – sowohl aufgrund vertraglicher Vorgaben und Prinzipien als auch aufgrund von interinstitutionellen Vereinbarungen – unterworfen ist.[3]

II. Die Organisationsstruktur der Gemeinschaft

3 Mit Blick auf die gemeinschaftliche Organisationsstruktur können – je nach Art der Rechtsgrundlage der Institution – **verschiedene Ebenen** unterschieden werden[4]:
Auf der **primären Ebene** sind diejenigen Organe anzusiedeln, die ausdrücklich im Vertrag erwähnt werden, wobei zwischen Haupt- und Nebenorganen differenziert werden kann. Abs. 1 nennt fünf hierarchisch höchstrangige Hauptorgane[5], die untereinander in gleichem Rang[6] stehen. Sowohl die Zusammensetzung als auch die Aufgaben werden im Fünften Teil des Vertrages näher konkretisiert.

4 **Hauptorgane** sind das Europäische Parlament (s. Art. 189), der Rat (s. Art. 202), der sich seit 1993 selbst – von seiner Organisationsgewalt gedeckt[7] – als Rat der EU bezeichnet[8], die Kommission (s. Art. 211), die sich seit 1993 selbst Europäische Kommission nennt[9], der Gerichtshof (s. Art. 220), der sich seit jeher als Gerichtshof der Europäischen Gemeinschaften bezeichnet, sowie schließlich der 1975 gegründete und erst seit dem EUV von 1992 mit (Haupt-) Organqualität ausgestattete Rechnungshof (s. Art. 246). Die Einheit der ursprünglich nach den drei Gründungsverträgen getrennt errichteten Organe wurde vollständig erst durch den Fusionsvertrag vom 8.4.1965 mit Wirkung zum 1.7.1967[10] erreicht. Seit 1988 ist dem EuGH gem. Art. 225 ein Gericht erster Instanz beigeordnet, daß trotz der Tatsache, daß es über bestimmte Streitigkeiten rechtskräftig entscheiden kann, keine gesonderte Erwähnung in Art. 7 findet.

---

1 *Ipsen*, EG-Recht, S. 316.
2 *R. Bieber*, in: GTE, EU-/EGV, Art. 4, Rn. 3.
3 Dazu *T. Läufer*, Die Organe der EG – Rechtsetzung und Haushaltsverfahren zwischen Kooperation und Konflikt, 1990, insbesondere S. 207 ff. und 261 ff.; *R. Bieber*, Verfassungsentwicklung und Verfassungsgebung in der EG, in: Wildenmann (Hrsg.), Staatswerdung Europas, 1991, S. 393.
4 Zurückgehend auf *M. Hilf*, Die Organisationsstruktur der EG, 1982, S. 13 ff.; ebenso *M. Nettesheim*, in: Grabitz/Hilf, EU, Art. 4, Rn. 4; *R. Bieber*, in: GTE, EU-/EGV, Art. 4, Rn. 24.
5 *Hilf* (Fn. 4), S. 14 ff.
6 *M. Nettesheim*, in: Grabitz/Hilf, EU, Art. 4, Rn. 3; unklar *R. Bieber*, in: GTE, EU-/EGV, Art. 4, Rn. 34.
7 *R. Bieber*, in: GTE, EU-/EGV, Art. 4, Rn. 13; a. A.: *M. Nettesheim*, in: Grabitz/Hilf, EU, Art. 4, Rn. 16.
8 Beschluß vom 8.11.1993, Agence Europe, Nr. 6103, S. 7.
9 Beschluß vom 17.11.1993, Bulletin EG Nr. 11/1993.
10 ABl.EG 1967 Nr. 152/12.

In Abs. 2 sind als sog. **Hilfs- oder Nebenorgane bzw. -institutionen**[11] der Wirtschafts- 5
und Sozialausschuß (s. Art. 257) sowie der – mit dem EUV von 1992 eingeführte –
Ausschuß der Regionen (s. Art. 263) genannt. Eine Sonderstellung kommt den angegliederten juristischen Personen des primären Gemeinschaftsrechts[12] zu, die mit eigener
Rechtspersönlichkeit ausgestattet und unabhängig sind. Dazu zählen etwa die Europäische Investitionsbank (s. Art. 9) sowie die im Zusammenhang mit der Wirtschafts- und
Währungsunion geschaffenen Organe, also das seit 1.1.1994 eingerichtete Europäische
Währungsinstitut (Art. 117 Abs. 1) und die mit der dritten Stufe der WWU einzurichtende Europäische Zentralbank (s. Art. 8). Hinzu kommen weitere aufgrund des Vertrages notwendigerweise zu schaffende Einrichtungen wie der Beratende Ausschuß Verkehr (s. Art. 79), der Beratende Währungsausschuß (s. Art. 114), der Ausschuß Handelspolitik gem. Art. 133 Abs. 3 (s. Art. 133, Rn. 27), der Ausschuß Sozialfonds (s. Art. 147), der **Ausschuß der Ständigen Vertreter** (s. Art. 207) sowie der Bürgerbeauftragte (s. Art. 195).

Die **sekundäre Organisationsstruktur** ist auf ausdrückliche Errichtungsermächtigungen 6
in den Verträgen gegründet.[13] Demgegenüber umfaßt die **tertiäre Organisationsstruktur** solche Einrichtungen, die auf keine ausdrückliche Organisationsermächtigung in
den Verträgen zurückgeführt werden können und daher aufgrund **allgemeiner vertraglicher Kompetenzen** zur Rechtsetzung von den Organen errichtet werden. Entsprechend der primären und der sekundären Ebene gibt es auch hier nicht rechtsfähige Einrichtungen und solche, die eine eigene Rechtspersönlichkeit besitzen.[14] Diesen sog. **vertragsfremden Einrichtungen** auf der tertiären Ebene, die zur Bewältigung spezieller Tätigkeiten errichtet werden, kommt angesichts der zunehmenden Aufgabenfülle der
Gemeinschaftsorgane eine immer größere Bedeutung[15] zu (**s. Rn. 25 ff.**).

B. Die horizontale Kompetenzverteilung in der EG

I. Allgemeines

Der Gemeinschaft liegt ein nicht in der traditionellen, umfassenden Weise ausgebildetes 7
– und insofern hinkendes – System der **checks and balances**[16] zugrunde, das dem
herkömmlichen, staatsbezogenen Gewaltenteilungsprinzip zwar ähnelt, besser aber als
Prinzip der Funktionenteilung oder institutionelles Gleichgewicht bezeichnet werden
kann. Letzteres besagt, daß sich die Funktionen der Gemeinschaft nicht bei einem einzigen Organ konzentrieren, sondern daß sie von verschiedenen Organen ausgeübt werden, die bei der Erfüllung ihrer Aufgaben zusammenwirken.[17] Durch **Teilung der Funktionen** soll in erster Linie ein Ausgleich zwischen den Interessen der Mitgliedstaaten im

---

11 *Hilf* (Fn. 4), S. 17 ff.; hierzu auch Art. 257, Rn. 6 ff.; Art. 263, Rn. 11 ff.
12 *Hilf* (Fn. 4), S. 30 ff.
13 *Hilf* (Fn. 4), S. 65 ff.; *Oppermann*, Europarecht, Rn. 444; ausführlich *J. Hilf*, Dezentralisierungstendenzen in der EU,: Die Delegation von Forschungsverwaltungsaufgaben an außervertragliche Einrichtungen nach Art. 171 EG, 1999, S. 7 ff.; a. A. *R. Bieber*, in: GTE, EU-/EGV, Art. 4, Rn. 24, 47 ff.
14 *Hilf* (Fn. 4), S. 109 ff. mit Beispielen; a. A. *R. Bieber*, in: GTE, EU-/EGV, Art. 4, Rn. 24, 47 ff.
15 Dazu *C. Joerges*, Die Europäisierung des Rechts und die rechtliche Kontrolle von Risiken, KritV 1991, S. 416 (431 ff.).
16 Dazu *H. Kutscher*, Über den Gerichtshof der Europäischen Gemeinschaft, EuR 1981, S. 392 (410).
17 Vgl. zu diesem Begriff, *Läufer* (Fn. 3), S. 215 ff.; *J. Ukrow*, Richterliche Rechtsfortbildung durch den EuGH, 1995, S. 199 ff.

Rat und dem Gemeinschaftsinteresse, das durch die unabhängige Position der Kommission verkörpert wird, erreicht werden: Während die Rechtsetzungs- und Durchführungsbefugnisse grundsätzlich zwischen **Rat und Kommission** aufgeteilt sind, nimmt das **Parlament** Mitentscheidungs-, Beratungs- und Kontrollfunktionen wahr. Dem **Gerichtshof** obliegt in diesem System eine umfassende Rechtskontrolle.[18] Diese Funktionenteilung auf EG-Ebene zeigt nur teilweise staatliche Strukturparallelen. Vor allem die Ausprägung und Gewichtung der einzelnen Funktionen sind anders gelagert, wobei jedoch die Stellung des Gerichtshofs recht deutliche staatstypische Parallelen aufweist.[19]

II. Das institutionelle Gleichgewicht

1. Rechtsprechung und Praxis

8 Beginnend mit den Urteilen des EuGH in der Rs. Meroni aus dem Jahre 1958 hat der EuGH in ständiger Rechtsprechung den Begriff des institutionellen Gleichgewichts aus der Zusammenschau der Organisationsprinzipien und Handlungsermächtigungen der Gemeinschaftsverträge geschaffen und ihm die **Rolle eines normativen, justitiablen Gestaltungsprinzips** zugewiesen.[20]

9 Dabei benutzt der Gerichtshof das institutionelle Gleichgewicht zum einen bei der **Beurteilung von Kompetenzverschiebungen** zwischen den Organen, etwa wenn es um Verfahrensrechte der Organe, insbesondere um Beteiligungsrechte des EP geht. So führte der EuGH beispielsweise aus, daß die in den Vertragsbestimmungen vorgesehene **Anhörung dem Parlament** eine wirksame Beteiligung am Gesetzgebungsverfahren der Gemeinschaft ermögliche. »Diese Befugnis ist für das vom Vertrag gewollte institutionelle Gleichgewicht wesentlich. Sie spiegelt auf Gemeinschaftsebene ... ein grundlegendes demokratisches Prinzip wider ...«[21]. In einem späteren Urteil nahm der EuGH diesen Gedanken konkretisierend auf. Die Befugnisse des Parlaments seien »Bestandteil des von den Verträgen gewollten institutionellen Gleichgewichts. Die Verträge haben nämlich ein System der Zuständigkeiten zwischen den verschiedenen Organen der Gemeinschaft geschaffen, das **jedem Organ seinen eigenen Auftrag innerhalb des institutionellen Gefüges** der Gemeinschaft und bei der Erfüllung der dieser übertragenen Aufgaben zuweist. Die Wahrung des institutionellen Gleichgewichts gebietet es, daß **jedes Organ seine Befugnisse unter Beachtung der Befugnisse der anderen Organe** ausübt. Sie verlangt auch, daß eventuelle Verstöße gegen diesen Grundsatz geahndet werden können«[22]. Und in einem Urteil aus dem Jahre 1995 betonte der Gerichtshof: »Die **wirksame Beteiligung** des Parlaments am Gesetzgebungsverfahren der Gemeinschaft gemäß den im Vertrag vorgesehenen Verfahren stellt ... ein wesentliches Element des vom Vertrag gewollten institutionellen Gleichgewichts dar«[23]. Zum anderen bezieht sich der EuGH auf das institutionelle Gleichgewicht, wenn es um die Überprü-

---

18 Vgl. *Ukrow* (Fn. 17), S. 86 ff.
19 Vgl. *Läufer* (Fn. 3), S. 215 ff.; hierzu ausführlich auch *Ipsen*, EG-Recht, S. 315 ff.
20 EuGH, Rs. 9/56, 13.6.1958, Slg. 1958, 1, (36 ff.) (Meroni I); Rs. 10/56, 13.6.1958, Slg. 1958, 51, (75 ff.) (Meroni II); Rs. 138/79, 29.10.1980, Slg. 1980, 3333, Rn. 33 (Roquette Frères-Isoglucose/Rat); Rs. C-70/88, 22.5.1990, Slg. 1990, I-2041, Rn. 20 ff. (EP/Rat); Rs. C-21/94, 5.7.1995, Slg. 1995, I-1827, Rn. 17 (Parlament/Rat).
21 EuGH, Rs. 138/79 (Fn. 20), Rn. 33.
22 EuGH, Rs. C-70/88 (Fn. 20), Rn. 21 f.
23 EuGH, Rs. C-21/94 (Fn. 20), Rn. 17.

fung der Delegation von Kompetenzen respektive Entscheidungsbefugnissen auf den Organen nachgeordnete oder **vertragsfremde Einrichtungen** geht (s. Rn. 25 ff.).

In der Praxis wird insbesondere von Kommission und EP die Forderung nach institu- 10 tionellen Reformen mit einer »Wiederherstellung des institutionellen Gleichgewichts« begründet.[24]

2. Literatur

Die Rechtsprechung zum institutionellen Gleichgewicht wird in der Literatur unter- 11 schiedlich beurteilt. Sie stößt **zum Teil auf Ablehnung**, wobei insbesondere die praktische Relevanz des Begriffs in Frage gestellt wird. Art. 7 lasse sich weder direkt noch mittelbar ein entsprechender positivrechtlicher Anknüpfungspunkt entnehmen, der der institutionellen Struktur der EG unverrückbar vorgegeben wäre; entsprechend verwende der EuGH den Begriff des institutionellen Gleichgewichts **ohne schlüssige Herleitung**. Mangels eines eigenständigen Inhalts neben den ausdrücklichen Vertragsregelungen eigne sich der Begriff **nicht als Quelle normativer Aussagen** zum Organverhältnis; ihm komme allenfalls eine den jeweils aktuellen Zustand des institutionellen Systems beschreibende Funktion (»Momentaufnahme«) zu. Da die Verträge bereits eine Organstruktur festlegten, handele es sich beim institutionellen Gleichgewicht weder begrifflich noch von der Sache her um eine vorgegebene Modellvorstellung, sondern nur um den »faktischen Reflex der jeweiligen Kompetenzverteilung«.[25]

Beim **anderen Teil der Literatur** stößt die Rechtsprechung demgegenüber auf **Zustim-** 12 **mung** und wird demgemäß als Grenze der internen und externen Organisationskompetenz der Gemeinschaftsorgane sowie als Prüfungsmaßstab für die rechtliche Zulässigkeit funktioneller Veränderungen zwischen ihnen herangezogen.[26]

3. Stellungnahme

Indem das **Protokoll** über die Anwendung der Grundsätze der Subsidiarität und der 13 Verhältnismäßigkeit (s. Anhang Teil III, Protokoll Nr. 30) **unter Nr. 2 explizit** auf die Wahrung des institutionellen Gleichgewichts Bezug nimmt, wird deutlich, daß dieser von der Rechtsprechung geprägte Begriff mittlerweile zu einem »Verfassungsbegriff« (s. Art. 1 EUV, Rn. 17 ff.) der Gemeinschaft geworden ist. Zwar läßt der EuGH die Herleitung des institutionellen Gleichgewichts in seiner Rechtsprechung insofern offen, als er nicht bei einer konkreten Norm anknüpft. Deutlich wird jedoch aus seinen Urtei-

---

24 Kommission, Mitteilung v. 14.10.1981, Bulletin EG, Beilage 2/1982, S. 5 (7 f.); EP, Entschließung v. 8.10.1986, ABl.EG 1986 Nr. C 283/ 36, Nr. 3 ff.
25 Ausführlich W. *Hummer*, Das institutionelle Gleichgewicht als Strukturdeterminante der EG, FS-Verdross, 1979, S. 459 (483 ff.); ebenso *Läufer* (Fn. 3), S. 220 ff.; *R. Bieber*, in: GTE, EU-/EGV, Art. 4, Rn. 66; *M. Nettesheim*, in: Grabitz/Hilf, EU, Art. 4, Rn. 6; wohl auch *Kutscher* (Fn. 16), S. 410.
26 *Hilf* (Fn. 4), S. 312 ff. ; *L.-J. Constantinesco*, EG I, S. 359 ff.; *R. Priebe*, Entscheidungsbefugnisse vertragsfremder Einrichtungen im Europäischen Gemeinschaftsrecht, 1979, S. 76 f.; *E. Grabitz*, in: Kommission der EG (Hrsg.), Dreißig Jahre Gemeinschaftsrecht, 1981, S. 91 (116); *R. Streinz*, Die Luxemburger Vereinbarung, 1984, S. 98 f.; *W. Bernhardt*, Verfassungsprinzipien – Verfassungsgerichtsfunktionen – Verfassungsprozeßrecht im EWGV, 1987, S. 106 f.; *J. Hilf* (Fn. 13), S. 109 ff.

len, daß der Begriff auf das vertragliche System der Zuständigkeitsverteilung, das jedem Organ seinen eigenen Auftrag im institutionellen Gefüge zuweist, Bezug nimmt.

14 So betrachtet ist Art. 7 **die Grundnorm für das institutionelle Gleichgewicht**, die durch die speziellen Bestimmungen über das jeweilige Organ, die Vorgaben einer in Anspruch genommenen **Kompetenznorm** sowie verschiedene **vertragliche Grundprinzipien** – etwa der Demokratie und Rechtsstaatlichkeit gem. Art. 6 Abs. 1 EUV, der Bürgernähe und Transparenz gem. Art. 1 Abs. 2 EUV – näher **konkretisiert** wird. Der Begriff des institutionellen Gleichgewichts gibt insofern also nur einen Rahmen, einen **Argumentationstopos** vor, der durch verschiedene vertragliche Anknüpfungspunkte ausgefüllt werden kann und muß. Als ein solcher Rahmenbegriff **erfüllt er die keiner Norm ausdrücklich zugewiesene Aufgabe, Grenze für Verschiebungen im institutionellen System der Gemeinschaft** zu sein. Dies schließt nicht etwa vertraglich gedeckte Fortentwicklungen im Bereich der Organe aus. Vielmehr kann es nur darum gehen, vom Vertrag nicht gewollte Friktionen im institutionellen Gefüge zu verhindern.

15 Diese Funktion deckt sich darüber hinausgehend aber mit jener, die dem rechtsstaatlichen **Gewaltenteilungsprinzip** im staatlichen Bereich zukommt. Dabei geht es darum, über das institutionelle Gleichgewicht, das sich – als Prinzip der Funktionenteilung (s. Rn. 7) – auf das Prinzip der Gewaltenteilung zurückführen läßt[27], ein freiheitswahrendes System der »checks and balances« (s. Rn. 7) zu etablieren. Auch wenn allgemein Einigkeit besteht, daß die Gemeinschaft ein Gewaltenteilungsprinzip herkömmlicher Form nicht kennt, so sind die in Art. 7 genannten Institutionen Ausdruck und gleichzeitig Garanten eines **zwar nicht voll ausgereiften, jedoch tendenziell gewaltenteilig-demokratisch orientierten Organisationsprinzips**, das den Strukturprinzipien der Verfassungen der Mitgliedstaaten korrespondiert. Das Ziel der Gewaltenteilung, als Mittel der Freiheitsbewahrung und Rechtsstaatlichkeit verstanden, ist ein Strukturprinzip, das das Gemeinschaftsrecht durch ein neuartiges, der Integration adäquates **System mehrerer Mittel** erreicht. Dazu zählen die jeweils nur beschränkte Kompetenzzuweisung an die Gemeinschaftsorgane unter Versagung einer Kompetenz-Kompetenz, die Verschränkung der Willensbildungs- und Entscheidungsprozesse zwischen den Organen und ihre Besetzung, Struktur und Stellung sowie die Kontrolle durch eine unabhängige Gerichtsbarkeit.[28]

III. Handeln nach Maßgabe der in diesem Vertrag zugewiesenen Befugnisse

1. Begriff

16 Mit der Formulierung in Abs. 1 S. 2, daß jedes Organ nach Maßgabe der ihm in diesem Vertrag zugewiesenen Befugnisse handelt, wird eigentlich nur eine Selbstverständlichkeit zum Ausdruck gebracht: Jedes Organ ist bei all seinen Handlungen gehalten, sich gegenüber Dritten und im Verhältnis zu den anderen Organen **vertragsmäßig** und damit nicht rechtswidrig zu verhalten. Bei diesem Gebot handelt es sich um einen allgemeinen Grundsatz, der nicht nur die in Abs. 1 genannten Organe, sondern ebenso wie

---

[27] So auch *Bernhardt* (Fn. 26), S. 99 ff.; zustimmend insofern R. *Bieber*, Das Verfahrensrecht von Verfassungsorganen, 1992, S. 103.
[28] Vgl. *Ipsen*, EG-Recht, S. 315 ff., insbesondere S. 319 f.; *M. Nettesheim*, in: Grabitz/Hilf, EU, Art. 4, Rn. 1; *R. Bieber*, in: GTE, EU-/EGV, Art. 4, Rn. 6.

die in Abs. 2 genannten Nebenorgane alle Einrichtungen der Gemeinschaft erfaßt.[29] Eine **entsprechende Bestimmung enthält** Art. 5 EUV für den Bereich des Unionsvertrages.

Abs. 1 S. 2 nimmt keine Abgrenzung der funktionalen Zuständigkeiten vor. Die Befugnisse der Organe sind also den **Kompetenznormen** der jeweiligen Sachbereiche zu entnehmen. Mit anderen Worten ist die konkrete Befugnis des handelnden Organs der jeweiligen Kompetenznorm zu entnehmen, die für das Handeln in einem bestimmten Sachbereich in Anspruch genommen wird. Insofern ist Abs. 1 S. 2 eine Ausprägung des **Prinzips der begrenzten Einzelermächtigung**.[30] Mithin erfüllt die Norm im Bereich der Organkompetenzen die Funktion, die der Vorschrift des Art. 5 Abs. 1 im Bereich der Verbandskompetenzen zukommt (s. Art. 5 Rn. 8 ff.). In der Folge darf ein Organ nur bei gleichzeitigem Vorliegen seiner durch Art. 5 Abs. 1 i. V. m. der jeweiligen Kompetenznorm zu bestimmenden **Verbandskompetenz und** seiner durch Art. 7 Abs. 1 S. 2 i. V. m. der jeweiligen Kompetenznorm zu bestimmenden **Organkompetenz** handeln.[31] Hiermit ist zugleich die Schnittmenge zwischen **vertikaler (Art. 5) und horizontaler (Art. 7) Kompetenzverteilung** markiert. Denn die Wahl der richtigen Kompetenznorm entscheidet nicht nur (vertikal) über die konkreten Befugnisse der Gemeinschaft gegenüber den Mitgliedstaaten (s. Art. 5, Rn. 9), sondern auch (horizontal) über die – in der in Anspruch genommenen Kompetenznorm geregelten – Befugnisse eines jeden Organs im Rechtsetzungsverfahren[32].

2. Inhalt und Umfang

Ausdrücklich sind die Befugnisse hinsichtlich der Mitwirkungs- und Entscheidungsrechte eines Organs beim Erlaß verbindlicher Rechtsakte in den **konkreten Kompetenzvorschriften** abschließend geregelt. Daneben ist in Rechtsprechung und Literatur anerkannt, daß den Organen auch jene (impliziten) Befugnisse zustehen, die erforderlich sind, um die vertraglich zugewiesenen Aufgaben zu erfüllen. Dazu zählt etwa das **Selbstorganisationsrecht** der Organe, das die Befugnis zur **Regelung der internen Arbeitsabläufe** und damit zum Erlaß einer Geschäftsordnung beinhaltet.[33] Umfaßt sind ferner **Akte der Organisationsgewalt** (s. Rn. 23 ff.). Schließlich machte der EuGH deutlich, daß die Organe auch zu allen Sachbereichen im Anwendungsbereich des Vertrages **unverbindliche Beschlüsse** fassen dürfen, als er für das EP feststellte, daß dieses über jede Frage beraten dürfe, die die Gemeinschaften betreffe und Entschließungen über derartige Fragen annehmen könne.[34] Eine Grenze besteht – etwa beim EuGH – allein in der spezifischen Organstellung. Seine Grundlage findet dieses **allgemeine Beratungsrecht** im Selbstorganisationsrecht der Organe.[35]

---

29 *R. Bieber*, in: GTE, EU-/EGV, Art. 4, Rn. 51 f.
30 Ausführlich hierzu *Ipsen*, EG-Recht, S. 425 ff.; *Läufer* (Fn. 3), S. 217 ff.
31 *M. Nettesheim*, in: Grabitz/Hilf, EU, Art. 4, Rn. 1; differenzierend *R. Bieber*, in: GTE, EU-/EGV, Art. 4, Rn. 53.
32 Zu letzterem ausführlich *M. Nettesheim*, Horizontale Kompetenzkonflikte in der EG, EuR 1993, S. 243.
33 EuGH, Verb. Rs. 281-287/85, 9.7.1985, Slg. 1985, 3203, Rn. 28 (Deutschland u. a./Kommission); ausführlich *Bieber* (Fn. 27), S. 99 ff.; *J. Schwarze*, Möglichkeiten und Grenzen interinstitutioneller Vereinbarungen nach Maastricht, in: Ress/Schwarze/Stein (Hrsg.), Die Organe der EU im Spannungsfeld zwischen Gemeinschaft und Zusammenarbeit, EuR Beiheft 2/1995, S. 49 (53).
34 EuGH, Rs. 230/81, 10.2.1983, Slg. 1983, 255, Rn. 39 (Luxemburg/EP).
35 Ausführlich *Bieber* (Fn. 27), S. 30 ff.; dem EuGH zustimmend auch *M. Nettesheim*, in: Grabitz/Hilf, EU, Art. 4, Rn. 42; *Läufer* (Fn. 3), S. 273; *L.-J. Constantinesco*, EG I, S. 435 f.; *Hilf* (Fn. 4), S. 112.

3. Zusammenarbeit der Organe

19 Aufgrund der gemeinsamen Verpflichtung der Organe zur Verwirklichung der Ziele der Gemeinschaft bestehen **verschiedene Gebote** bei der Ausübung der vertraglichen Befugnisse[36], von denen das der Zusammenarbeit für die Praxis von größter Bedeutung ist.

a) Interinstitutionelle Vereinbarungen

20 In der Praxis wird das Verhältnis der Organe zueinander durch vielfältige Arten von Vereinbarungen zwischen ihnen konkretisiert. Insbesondere weil der Vertrag selbst die Organbeziehungen nur ansatzweise regelt, stellen interinstitutionelle Vereinbarungen ein **wichtiges Mittel zur Ausfüllung der Organverfassung** durch institutionelle Anpassungen und demokratische Korrekturen dar. Mithin betreffen diese Vereinbarungen zumeist die Funktionswahrnehmung und Funktionsweise der Organe, sie können aber auch **weiterreichende Zielsetzungen** wie etwa den Schutz der Grundrechte oder die Stärkung von Demokratie und Transparenz verfolgen.[37] Sie tragen in der Regel die Bezeichnung »Gemeinsame Erklärung«[38], »Interinstitutionelle Erklärung«[39] oder »Interinstitutionelle Vereinbarung«[40]. Ursprung und Hauptanwendungsbereich der Organvereinbarungen ist das **Haushaltsrecht**.[41]

21 Zur gemeinschaftsrechtlichen Zulässigkeit solcher interinstitutioneller Vereinbarungen lassen sich der Rechtsprechung des EuGH nur Hinweise entnehmen. So bezog er sich in einem Urteil zum Haushaltsstreit zwischen EP und Rat auf eine insofern relevante Gemeinsame Erklärung[42] und machte damit deutlich, daß derartige Vereinbarungen nicht nur zulässig sind, sondern auch eine **rechtserhebliche Rolle** bei der Zusammenarbeit der Organe spielen.[43] Die Bindungswirkung – in Form einer Selbstbindung der Organe – gründete der EuGH in einem Urteil aus dem Jahre 1973 auf den Grundsatz des Vertrauensschutzes, später aber auch auf die **Pflicht der Organe zur loyalen Zusammenarbeit (s. Rn. 22)**.[44] Letztere wird zum Teil auch in der Literatur als Grundlage der Rechtsverbindlichkeit angesehen[45], andere beziehen sich insoweit auf stillschweigende Ermächtigungen in vertraglichen Verfahrensregeln[46] oder ergänzend auf Art. 3 EUV[47].

---

36 Dazu R. *Bieber*, in: GTE, EU-/EGV, Art. 4, Rn. 57 ff.
37 Eingehend *Läufer* (Fn. 3), S. 30 f. und 43 ff.; *Bieber* (Fn. 27), S. 187 ff.; *Schwarze* (Fn. 33), S. 56 ff.
38 Z.B. Gemeinsame Erklärung des EP, des Rates und der Kommission über die Grundrechte vom 5.4.1977, abgedruckt in EuGRZ 1977, S. 157 ff.; Gemeinsame Erklärung des EP, des Rates und der Kommission zur Einrichtung eines Konzertierungsverfahrens, ABl.EG 1975 Nr. C 89/1 f. u. 63 f.
39 Z.B. Interinstitutionelle Erklärung über Demokratie, Transparenz und Subsidiarität vom 25.10.1993, ABl.EG 1993 Nr. C 329/132, abgedruckt auch in EuGRZ 1993, S. 602 f.
40 Z.B. Interinstitutionelle Vereinbarung zwischen dem EP, dem Rat und der Kommission über die Verfahren zur Anwendung des Subsidiaritätsprinzips vom 25.10.1993, abgedruckt in EuGRZ 1993, S. 603 f.
41 Ausführlich *Läufer* (Fn. 3), S. 43 ff.
42 EuGH, Rs. 34/86, 3.7.1986, Slg. 1986, 2155, Rn. 50 (Rat/Parlament); Rs. 204/86, 27.9.1988, Slg. 1988, 5323, Rn. 16 (Griechenland/Rat).
43 Zustimmend *Schwarze* (Fn. 33), S. 51; R. *Bieber*, in: GTE, EU-/EGV, Art. 4, Rn. 65; a. A. *Läufer* (Fn. 3), S. 285.
44 EuGH, Rs. 81/72, 5.6.1973, Slg. 1973, 575, Rn. 13 (Kommission/Rat); Rs. 204/86 (Fn. 42), Rn. 16.
45 *Schwarze* (Fn. 33), S. 54; M. *Gauweiler*, Die rechtliche Qualifikation interorganschaftlicher Absprachen im Europarecht, 1988, S. 104 ff.
46 R. *Bieber*, in: GTE, EU-/EGV, Art. 4, Rn. 65.
47 J. *Monar*, Interinstitutional Agreements: The Phenomenon and its New Dynamics after Maastricht, CMLRev. 1994, S. 693 (700 f.).

Da aber nicht immer eindeutig aus einer interinstitutionellen Vereinbarung hervorgeht, ob sie rechtlich bindend ist, muß insofern eine Auslegung ihres konkreten Inhalts erfolgen. EuGH und Literatur zufolge ist dabei entscheidend, ob die in Rede stehende Äußerung vom Standpunkt eines objektiven Beobachters die Absicht erkennen läßt, rechtliche Wirkungen für die Zukunft zu erzeugen.[48]

b) Pflicht zur loyalen Zusammenarbeit
In mehreren Urteilen hat der EuGH aus Art. 7 – in Analogie zu Art. 10 – eine Pflicht 22 der Organe zur loyalen Zusammenarbeit konstatiert. So führte er etwa mit Blick auf das **Haushaltsverfahren** aus, daß dessen Funktionieren im wesentlichen auf dem **Dialog der Organe** beruhe. Im Rahmen dieses Dialogs aber gälten die gleichen Pflichten zu redlicher Zusammenarbeit, wie sie nach der Entscheidung des Gerichtshofs die Beziehungen zwischen den Mitgliedstaaten und den Gemeinschaftsorganen (s. Art. 10, Rn. 19 ff. und 50 ff.) prägten.[49] In der Literatur wurde eine solche Pflicht mit Blick auf Art. 10 bereits vorher befürwortet, so daß die Rechtsprechung des EuGH – manchmal auch unter der Bezeichnung Organtreue – Zustimmung findet. Denn die **Funktionsfähigkeit der Gemeinschaft** erfordert in der Tat ein geordnetes fortwährendes Zusammenwirken der Organe, die solchermaßen verpflichtet sind, ihre Funktionen in einer Weise auszuüben, die den übrigen Organen die optimale Wahrnehmung ihrer Funktionen ermöglicht. Demgemäß sind die Organe aus Art. 7 Abs. 1, aus dem sich die Unterordnung aller Organe unter die Ziele des Vertrages entnehmen läßt, verpflichtet, aufeinander **Rücksicht zu nehmen und sich über die Art der Erreichung der gemeinsamen Ziele zu verständigen**.[50]

C. Die Organisationsgewalt in der EG

I. Errichtung von neuen Gemeinschaftsorganen

Grundsätzlich fällt die Errichtung neuer Gemeinschaftsorgane und ihre Ausstattung 23 mit Kompetenzen als **Vertragsänderung** gem. Art. 48 EUV in die Kompetenz der Mitgliedstaaten. Dabei ist allerdings unklar, ob Art. 7 nicht einen bestandsfesten, jeder mitgliedstaatlichen Veränderung entzogenen Kern gemeinschaftlicher Identität in Form der Organe gewährleistet.

Letzterer Auffassung scheint der **EuGH in seinem EWR-Gutachten 1/91**[51] zuzuneigen: 24 Die im EWR-Abkommen vorgesehene Einführung eines »gemischten« EWR-Gerichtshofs – mehrheitlich jeweils mit Richtern des EuGH und im übrigen mit von EFTA-Staaten benannten Mitgliedern besetzt – beeinträchtige die Homogenität der Gemeinschaftsrechtsordnung und ihre Autonomie, verstoße gegen Art. 220 (letztlich also das Rechtsprechungsmonopol des EuGH) und damit gegen die »Grundlagen der Gemein-

---

48 EuGH, Rs. 60/81, 11.11.1981, Slg. 1981, 2639, Rn. 9 (IBM/Kommission); zustimmend *Schwarze* (Fn. 33), S. 55 f.; *R. Bieber*, in: GTE, EU-/EGV, Art. 4, Rn. 65.
49 EuGH, Rs. 204/86 (Fn. 42), Rn. 16; ebenso Rs. C-65/93, 30.3.1995, Slg. 1995, I-643, Rn. 23 (Parlament/Rat).
50 Vgl. *R. Bieber*, Institutionelle Probleme und Entwicklungstendenzen in der EG, Vorträge aus dem Europa-Institut der Universität des Saarlandes, Nr. 22, 1983, S. 36 ff.; *ders.*, in: GTE, EU-/EGV, Art. 4, Rn. 63; *M. Hilf*, Die rechtliche Bedeutung des Verfassungsprinzips der parlamentarischen Demokratie für den europäischen Integrationsprozeß, EuR 1984, S. 9 (24); *Schwarze* (Fn. 33), S. 54; *Bernhardt* (Fn. 26), S. 107; *Gauweiler* (Fn. 45), S. 107 ff.
51 EuGH, Gutachten 1/91, 14.12.1991, Slg. 1991, I-6079, Rn. 71.

schaft selbst«.⁵² Im Zusammenhang mit diesen Ausführungen wird deutlich, daß der EuGH von Schranken für die Zulässigkeit einer Vertragsänderung dort ausgeht, wo diese auf eine Vertragsdurchbrechung abzielen. So gesehen fragt sich, ob die vertraglichen Grundlagen der Rechtsstellung des EuGH in ihrem **Kern als unantastbar** zu gelten haben, mithin den Mitgliedstaaten der Zugriff auf die Substanz der Gründungsverträge verwehrt ist.⁵³

II. Schaffung von vertragsfremden Einrichtungen durch die Gemeinschaftsorgane

1. Allgemeines

25 Hinter dem Begriff der vertragsfremden Einrichtung verbirgt sich die Frage, ob die Gemeinschaftsorgane die Möglichkeit haben, **selbständig vom Vertrag nicht vorgesehene Sonderbehörden zur Wahrnehmung spezieller Aufgaben** zu schaffen. Angesprochen ist hiermit die in der obigen Terminologie sog. **Tertiärebene**. In der Praxis gibt es zahlreiche Beispiele für solche – in der Regel durch Verordnung gegründete – Sonderbehörden, etwa die Verwaltungskommission für die soziale Sicherheit der Wanderarbeitnehmer⁵⁴, das Europäische Zentrum für die Förderung der Berufsbildung⁵⁵, die Europäische Umweltagentur⁵⁶, die Europäische Beobachtungsstelle für Drogen und Drogensucht⁵⁷, die Europäische Agentur für die Beurteilung von Arzneimitteln⁵⁸, das Gemeinschaftliche Sortenschutzamt⁵⁹ oder das Harmonisierungsamt für den Binnenmarkt (Markenamt)⁶⁰.

26 Die **Anzahl solcher Sonderbehörden wird in der Zukunft noch zunehmen**. Denn je mehr Kompetenzen die Gemeinschaftsorgane wahrnehmen, desto größerer Bedarf besteht, von ihrer Art her spezielle und komplexe Aufgabenbereiche aus der internen Organisation auszugliedern und auf eine **Fachbehörde** zu übertragen.⁶¹ Gleichzeitig besteht die berechtigte Hoffnung, daß solche Sonderbehörden – in Verbund mit einem **Netzwerk** entsprechender Behörden auf der nationalen Ebene – das Vollzugsdefizit im

---

52 EuGH, Gutachten 1/91 (Fn. 51), Rn. 71.
53 Hierzu M. *Herdegen*, Vertragliche Eingriffe in das Verfassungssystem der EU, FS-Everling Bd. I, 1995, S. 447 (448 f.); ausführlich R. *Bieber*, Les limites matérielles et formelles à la révision des traités établissant la Communauté Européenne, RMC 1993, S. 343.
54 Art. 80 f. VO (EWG) Nr. 1408/71, ABl.EG 1971 Nr. L 149/2; dazu H. *Maas*, La Commission administrative pour la sécurité sociale des travailleurs migrants, CDE 1966, S. 343 (350).
55 ABl.EG 1975 Nr. L 39/1; dazu M. *Berger*, Vertraglich nicht vorgesehen Einrichtungen des Gemeinschaftsrecht mit eigener Rechtspersönlichkeit, 1999, S. 35 ff.
56 ABl.EG 1990 Nr. L 120/1; dazu vertiefend W. *Kahl*, Stellung und Funktion von Umweltagenturen – eine rechtsvergleichende Typologie, UTR 36, 1996, S. 119 (127 ff.); A. *Epiney*, Die Europäische Umweltagentur: Eine neue Einrichtung der EG und ihre Bedeutung für die Schweiz, URP/DEP 1995, S. 39 ff.; S. *Breier*, Die Organisationsgewalt der Gemeinschaft am Beispiel der Errichtung der Europäischen Umweltagentur, NuR 1995, S. 516; H. v.*Lersner*, Zur Funktion einer wissenschaftlich-technischen Umweltbehörde in Europa, in: Calliess/ Wegener (Hrsg.), Europäisches Umweltrecht als Chance, 1992, S. 81 ff.; C. *Calliess*, Perspektiven für die Weiterentwicklung der EU zu einer ökologischen Rechtsgemeinschaft, KJ 1994, S. 284 (303 f.).
57 ABl.EG 1993 Nr. L 36/1; dazu M. *Berger* (Fn. 55), S. 43 f.
58 ABl.EG 1993 Nr. L 214/1; dazu ausführlich *Collatz*, Die neuen europäischen Zulassungsverfahren für Arzneimittel, 1996, S. 56 ff.
59 ABl.EG 1994 Nr. L 227/1; dazu M. *Berger* (Fn. 55), S. 50 ff.
60 ABl.EG 1994 Nr. L 11/28; dazu M. *Berger* (Fn. 55), S. 46 ff.
61 Siehe dazu auch *Joerges* (Fn. 15); im Ergebnis kritisch M. *Berger* (Fn. 55), S. 178.

Gemeinschaftsrecht (s. Art. 10, Rn. 11 f.) reduzieren helfen können.[62] Den Sonderbehörden werden dabei nicht eigentlich neue Aufgaben übertragen, sondern vielmehr werden **bestehende Aufgaben** eines Gemeinschaftsorgans auf eine spezielle Einrichtung delegiert, mithin nach außen getragen bzw. ausgelagert. Dabei überträgt das Gemeinschaftsorgan mit der Aufgabe häufig auch einen Teil einer ihm zustehenden Kompetenz. Diese Übertragung ist gemeinschaftsrechtlich nicht unproblematisch, insbesondere dann, wenn Entscheidungsbefugnisse delegiert werden, mit denen in **Rechte Privater** eingegriffen werden kann.

2. Die Zulässigkeit einer Delegation von Entscheidungsbefugnissen

a) Die Rechtsprechung des EuGH

Hinsichtlich der **Art und des Umfangs** übertragbarer Entscheidungsbefugnisse hat der EuGH bereits früh in seinen sog. »Meroni«-Urteilen mehrere grundlegende Feststellungen getroffen[63]. Ausgehend von einer systematischen Interpretation der in Anspruch genommenen Kompetenznorm schloß der EuGH eine Delegation von Befugnissen auf vertragsfremde Einrichtungen nicht grundsätzlich aus. Er formulierte in seiner Entscheidung aber mehrere bis heute gültige **Grundsätze, die als Grenze für eine zulässige Delegation** beachtet werden müssen. Zunächst sei zu beachten, daß keine weiterreichenden Befugnisse übertragen werden können, als sie dem übertragenden Organ nach dem Vertrag selbst zustehen[64]. Dabei müsse die übertragende Behörde eine Entscheidung erlassen, aus der diese **Übertragung ausdrücklich** hervorgeht[65]. 27

Zum Umfang der übertragbaren Befugnisse führte der EuGH aus, daß **nur Ausführungsbefugnisse** übertragen werden können, die »**genau umgrenzt**« sind. Deren Ausübung müsse von dem übertragenden Organ in vollem Umfang **beaufsichtigt** werden[66]. Würden hingegen **Ermessensbefugnisse politischen Charakters** übertragen, so würde das eine tatsächliche Verlagerung der Verantwortung mit sich bringen. Dies würde jedoch »das für den organisatorischen Aufbau der Gemeinschaft kennzeichnende **Gleichgewicht der Gewalten**«, das eine grundlegende Garantie darstelle, verletzen[67]. 28

Schließlich führt der Gerichtshof aus, daß Entscheidungen der vertragsfremden Einrichtung unter den gleichen Bedingungen wie die des übertragenden Organs der **Nachprüfung durch den Gerichtshof** unterworfen sein müssen: Der Rechtsschutz darf also durch die Delegation nicht geschmälert werden. Dementsprechend gibt es eine **Pflicht zur Begründung und Veröffentlichung** der Entscheidungen. 29

Nur indirekt nahm der EuGH später in der Rechtssache »Köster«[68], in der es um die Rechtmäßigkeit des sogenannten Verwaltungsausschußverfahrens (s. Art. 202, Rn. 12 ff.) ging, zu dieser Problematik Stellung. Er führte aus, daß »die Durchführungsbestimmungen zu den Grundverordnungen vom Rat selbst oder aufgrund einer Ermächtigung gemäß Art. 155 von der Kommission ... erlassen werden«. Aus diesem Satz könnte gefolgert werden, daß der EuGH die Übertragung von 30

---

62 H.H. *Lindemann/S. Delfs*, Vollzug des europäischen Umweltrechts. Lösungsansätze zur Überprüfung und Verbesserung, ZUR 1993, S. 256.
63 »Meroni I«, Rs. 9/56 (Fn. 20), S. 36 ff.; »Meroni II«, Rs. 10/56 (Fn. 20), S. 75 ff.
64 EuGH, Rs. 9/56 (Fn. 20), S. 40; ablehnend M. *Berger* (Fn. 55), S. 71 ff. und 174.
65 EuGH, Rs. 9/56 (Fn. 20), S. 42.
66 EuGH, Rs. 9/56 (Fn. 20), S. 44.
67 EuGH, Rs. 9/56 (Fn. 20), S. 44.
68 EuGH, Rs. 25/70, 17.12.1970, Slg. 1970, 1161, Rn. 6 (Köster).

Entscheidungsbefugnissen auf andere Stellen als den Rat und die Kommission für unzulässig hält[69]. Allerdings sprach der Gerichtshof in seinem nachfolgenden Gutachten »Stillegungsfonds für die Binnenschiffahrt«[70] das Problem an, ob es den Organen freistehe, die ihnen durch die Verträge zugewiesenen Befugnisse auf nicht zur Gemeinschaft gehörige Einrichtungen zu übertragen. In Bestätigung der »Meroni«-Urteile führte der EuGH aus, daß diese Frage nicht entschieden werden müsse. Denn die übertragenen Befugnisse seien in diesem Fall »so deutlich und genau, daß es sich hier um bloße Durchführungsbefugnisse handelt«.

31 Nur schwer vereinbar mit den Meroni-Grundsätzen sind allerdings jene **Urteile des EuGH, die die Verwaltungskommission für die soziale Sicherheit der Wanderarbeitnehmer** betreffen. In seiner Entscheidung »van der Vecht«[71] aus dem Jahre 1967 führte der Gerichtshof aus, daß den Beschlüssen der Verwaltungskommission nur der Rang von »Gutachten« zukommen könne. Echte **Entscheidungsbefugnisse** könnten ihr **nicht** übertragen werden. Eine andere Auslegung sei mit dem Vertrag, insbesondere mit Art. 234, unvereinbar. In seiner Entscheidung »Romano/INAMI« aus dem Jahre 1981[72] wurde der EuGH noch deutlicher: Es ergebe sich »sowohl aus Art. 155 EWG-Vertrag als auch aus dem durch den Vertrag, insbesondere seine Artikel 173 und 177, geschaffenen Rechtsschutzsystem, daß eine Stelle wie die Verwaltungskommission vom Rat nicht ermächtigt werden kann, Rechtsakte mit normativem Charakter zu erlassen«. Aufschlußreich sind in diesem Zusammenhang die Schlußanträge des Generalanwalts Warner[73], der ausführlicher als der EuGH in seinem Urteil das Problem erörtert, ob es mit dem Vertrag vereinbar war, daß der Rat der Verwaltungskommission eine Rechtsetzungsbefugnis übertrug. Unter Berufung auf die erwähnte »Köster«-Entscheidung folgert der Generalanwalt aus Art. 211, daß der Rat **auf keine andere Stelle als auf die EG-Kommission** Rechtsetzungsbefugnisse übertragen kann[74]. Ferner hält der Generalanwalt die Schaffung einer Verwaltungsstelle, deren bindende Entscheidungen nicht der **Nachprüfung durch den Gerichtshof** unterliegen, mit dem »System des Vertrages« und den Art. 230, 234 für unvereinbar[75].

b) Die Ansichten in der Literatur

32 Die Diskussion in der Literatur orientiert sich an den »Meroni«-Urteilen des EuGH. Dabei wird ganz überwiegend für unerheblich gehalten, daß die »Meroni« Entscheidungen zum einen lediglich eine private Organisation und nicht eine öffentliche Stelle betrafen[76] und zum anderen nicht im Rahmen des EG-Vertrages ergingen[77]. Innerhalb der Literatur wird nicht nur die Frage der Zulässigkeit einer Übertragung von Entscheidungsbefugnissen, sondern auch die Frage, welche Kompetenznorm eine Grundlage für die Delegation bilden kann, kontrovers diskutiert.

33 Dabei lassen sich **drei Meinungsrichtungen** voneinander unterscheiden. Die **erste Auffassung** erachtet eine Übertragung von Entscheidungsbefugnissen auf eine vertragsfremde Einrichtung für generell unzulässig. Begründet wird dies damit, daß eine solche

---

69 So C.-D. *Ehlermann* in der Anmerkung zum Köster-Urteil des EuGH, EuR 1971, S. 250 (259).
70 EuGH, Gutachten 1/76, 26.4.1977, Slg. 1977, 741, Rn. 15.
71 EuGH, Rs. 19/67, 5.12.1967, Slg. 1967, 461 (474) (van der Vecht).
72 EuGH, Rs. 98/80, 14.5.1981, Slg. 1981, 1241, Rn. 20 (Romano/INAMI).
73 GA *J.-P. Warner*, Schlußantr. zu EuGH, Rs. 98/80 (Fn. 72), 1263 ff.
74 GA *J.-P. Warner*, Schlußantr. zu EuGH, Rs. 98/80 (Fn. 72), 1265 u. 1264.
75 GA *J.-P. Warner*, Schlußantr. zu EuGH, Rs. 98/80 (Fn. 72), 1265.
76 *Priebe* (Fn. 26), S. 110, Fn. 231; *Ipsen*, EG-Recht, S. 444.
77 *Priebe* (Fn. 26), S. 113, Fn. 255; *Ipsen*, EG-Recht, S. 444; a. A. P. *Schindler*, Delegation von Zuständigkeiten in der EG, 1972, S. 102.

Delegation nur dann zulässig sein könne, wenn der **Vertrag sie ausdrücklich** vorsehe[78]. Außer in Art. 211 Unterabs. 4 sei im EG-Vertrag aber keine Delegationsnorm vorhanden.[79] Zudem fehle es an einer Kompetenzgrundlage: Weder die Organisationsgewalt von Rat und Kommission noch eine Sachkompetenz (i. V. m. »implied powers«) könnten eine Befugnis verleihen, in das institutionelle Gefüge der Verträge einzugreifen[80]. In Bezug auf eine Kompetenz aus Art. 308 wird einerseits behauptet, daß diese Norm keine organisatorischen Regelungen zulasse[81], andererseits Art. 308 nur im Rahmen des geltenden institutionellen Systems ausgenutzt werden könne[82].

Eine **andere Auffassung** hält eine Delegation **im Rahmen der strengen Grundsätze der** 34 »**Meroni**«-**Urteile** für zulässig. Hiernach darf eine Delegation keine Schwächung des übertragenden Organs bedeuten, anderenfalls werde das institutionelle Gleichgewicht gefährdet. Im Anschluß an die »Meroni«-Rechtsprechung wird eine solche Gefahr bei der Übertragung von genau umgrenzten Ausführungsbefugnissen nicht gesehen[83]. Während mancher die Kompetenzgrundlage zur Errichtung derartiger Institutionen in Art. 308 sieht[84], halten andere die Organisationsgewalt von Rat und Kommission für eine ausreichende Kompetenzgrundlage[85].

Die **dritte Meinung** schließlich orientiert sich zwar an den »Meroni«-Grundsätzen, 35 sucht aber deren »Korsett« zu lockern.[86] Entscheidend ist auch nach dieser Auffassung, daß das **institutionelle Gleichgewicht** der Gemeinschaft nicht geschwächt werden darf[87]. Was jedoch Art und Umfang der übertragbaren Befugnisse anbelangt, so werden hier Differenzierungen vorgenommen. In Anbetracht des heute viel umfassenderen Tätigkeitsfeldes der EG und der daraus entstehenden **praktischen Verwaltungsprobleme seien weniger strenge Maßstäbe** anzulegen, als der EuGH im Jahre 1958 für erforderlich hielt[88]. Auch wird in dem oben erwähnten »Stillegungsfonds«-Gutachten eine Tendenz des Gerichtshofes gesehen, den Erfordernissen einer wachsenden und entlastungsbedürftigen Gemeinschaftsverwaltung gerecht zu werden[89]. Demnach könne der Rat, wenn es sich nur um Durchführungsbefugnisse handele, auch solche mit

---

78 *U. Everling*, Zur Errichtung nachgeordneter Behörden der Kommission der Europäischen Wirtschaftsgemeinschaft, FS-Ophüls,1965, S. 33 (42); *Oppermann*, Euoparecht, Rn. 447.
79 *Schindler* (Fn. 77), S. 101; *H. Maas*, La Commission administrative pour la sécurité sociale des travailleurs migrants, CDE 1966, S. 343 (350); *Bleckmann*, Europarecht S. 92; *Hummer*, in: Grabitz/Hilf, EU, Art. 155, Rn .46.
80 *Everling* (Fn. 78), S. 42; *W. Däubler*, Die Delegation von Rechtsetzungsbefugnissen im Recht der EWG, DVBl. 1966, S. 660 (662 f.).
81 *Schindler* (Fn. 77), S. 76.
82 *U. Everling*, Die allgemeine Ermächtigung der EG zur Zielverwirklichung nach Art. 235 EWG-Vertrag, EuR-Sonderheft 1976, S. 2 (15); *D.-W. Dorn*, Art. 235 EWGV – Prinzipien der Auslegung, 1986, S. 147.
83 *H. Weis*, Außervertragliche Institutionen der Gemeinschaft, EuR 1980, S. 273 (279 u. 283); *Ipsen*, EG-Recht, S. 444; *Nicolaysen*, Europarecht I, S. 145; *Hatje*, in: Schwarze, EU-Kommentar, Art. 7 Rn. 16.
84 *Weis* (Fn. 83), S. 284; *Hatje*, in: Schwarze, EU-Kommentar, Art. 7 Rn. 16.
85 *Nicolaysen*, Europarecht I, S. 145.
86 *I.E. Schwartz*, in: GTE, EU-/EGV, Art. 235, Rn. 278 f., 289 ff.
87 *C.-D. Ehlermann*, Die Errichtung des Europäischen Fonds für währungspolitische Zusammenarbeit, EuR 1973, S. 193 (200); *Priebe* (Fn. 26), S. 123; *Hilf* (Fn. 4), S. 314 ff. (316); *I. E. Schwartz*, in: GTE, EU-/EGV, Art. 235, Rn. 289 ff.; *M. Berger* (Fn. 55), S. 76 ff., insbes. 78 ff. und 84 ff.; *J. Hilf* (Fn. 13), S. 98 ff.
88 *Ehlermann* (Fn. 87), S. 199; *Priebe* (Fn. 26), S. 113 f.; ähnlich *K. Lenaerts*, Regulating the regulatory process: delegation of powers in the European Community, ELR 1993, S. 23 (40 ff.); *M. Berger* (Fn. 55), S. 76 ff., insbes. 78 ff. und 84 ff.; *J. Hilf* (Fn. 13), S. 98 ff.
89 *Hilf* (Fn. 4), S. 319; *Lenaerts* (Fn. 4), S. 46 f.

weitem Beurteilungsspielraum übertragen[90]. Als Kompetenzgrundlage für die Delegation wird überwiegend Art. 308 herangezogen[91]. Nur vereinzelt wird die Kompetenzgrundlage in »implied powers« gesucht[92].

36 Auffallend ist, daß von Rechtsprechung und Literatur in aller Regel **kein Zusammenhang zwischen der Meroni-Rechtsprechung und den Urteilen betreffend die Verwaltungskommission hergestellt** wird.[93] Nur vereinzelt wird dahingehend Stellung genommen, daß, selbst wenn man eine Delegation von Entscheidungsbefugnissen für zulässig halte, die Verwaltungskommission nicht den »Meroni«-Grundsätzen des EuGH genüge[94], daß die »Meroni«-Grundsätze nicht auf das Recht der EG bezogen werden dürften und dementsprechend auch eine Ermächtigung der Verwaltungskommission zu Maßnahmen mit Rechtssetzungscharakter vertragswidrig sei[95], oder aber, daß die Anforderungen der »Meroni«-Urteile bei einer analogen Anwendung des Art. 230 im Bereich des Rechtsschutzes erfüllt seien[96].

c) **Stellungnahme**

37 Zutreffend stellt der EuGH das **institutionelle Gleichgewicht** in den Mittelpunkt der Frage, ob und inwieweit eine Delegation von Entscheidungsbefugnissen auf vertragsfremde Einrichtungen zulässig ist.[97] Wenn in der Literatur für eine Delegation von Entscheidungsbefugnissen vereinzelt eine Vertragsänderung gem. Art. 236 EGV (jetzt Art. 48 ex N EUV)[98] gefordert wird, wird die »Meroni«-Rechtsprechung des EuGH nicht ausreichend gewürdigt und der Anwendungsbereich des **Art. 308, der dem dynamischen Charakter der EG auch im institutionellen Bereich gerecht werden soll**, unnötig beschränkt. Ist daher in Übereinstimmung mit dem EuGH und der h.M. in der Literatur eine Delegation von Entscheidungsbefugnissen als allgemein zulässig anzusehen, so stellt sich mit der dritten Ansicht die Frage, ob das »**Korsett« der** »**Meroni«-Grundsätze gelockert** werden kann. Hierfür spricht, daß die »Meroni«-Urteile einige fallspezifische Besonderheiten aufweisen: Denn dort richtete sich die Organisationsermächtigung gem. Art. 53 EGKSV an die Hohe Behörde. Nimmt man aber Art. 308 als Kompetenzgrundlage, so ist dem Rat, in dem die ermächtigenden Mitgliedstaaten selbst ihren Einfluß und ihre Kontrolle zur Geltung bringen können, die Delegationsbefugnis nur bei einstimmiger Entscheidung eingeräumt[99]. Schließlich ging es dem Gerichtshof darum, eine Schwächung des institutionellen Gleichgewichts durch die »Verlagerung von Verantwortung« zu verhindern. Diesem Erfordernis kann aber durch eine **strenge Kontrolle der vertragsfremden Einrichtung** genügt werden[100].

38 Als **absolute Grenze** ist jedoch zu beachten, daß **Befugnisse von politischer Tragweite nicht** auf eine vertragsfremde Einrichtung übertragen werden dürfen[101]. Der Inhalt der

---

90 *Hilf* (Fn. 4), S. 319; *M. Berger* (Fn. 55), S. 88 ff.
91 *Priebe* (Fn. 26), S. 105 ff. (157); *Hilf* (Fn. 4), S. 317; *Ehlermann* (Fn. 87), S. 206; *M. Berger* (Fn. 55), differenzierend S. 173 f.
92 *P. Strohmaier*, Die Befugnis von Rat und Kommission der EG zur Einsetzung von Ausschüssen, Jur. Diss. Saarbrücken 1972, S. 157 ff. (160); differenzierend *M. Berger* (Fn. 55), S. 173 f.
93 *Priebe* (Fn. 26), S. 40; *Ehlermann* (Fn. 86), S. 198.
94 *Maas* (Fn. 79), S. 351 ff., 359.
95 *Däubler* (Fn. 80), S. 663.
96 *Strohmaier* (Fn. 92), S. 249 f.
97 *Priebe* (Fn. 26), S. 77; *Hilf* (Fn. 4), S. 312; *Lenaerts* (Fn. 88), S. 46 f.; *M. Berger* (Fn. 55), S. 76 ff., insbes. 78 ff. und 84 ff.; *J. Hilf* (Fn. 13), S. 98 ff.; kritisch *Bieber* (Fn. 27), S. 35 ff.
98 *Everling* (Fn. 78), S. 42.
99 *Hilf* (Fn. 4), S. 317.
100 *Hilf* (Fn. 4), S. 318; *M. Berger* (Fn. 55), S. 91 ff.
101 *Priebe* (Fn. 26), S. 123; *Hilf* (Fn. 4), S. 319; *Lenaerts* (Fn. 88), S. 42 f.; *M. Berger* (Fn. 55), S. 76 ff., insbes. 78 ff. und 84 ff.; *J. Hilf* (Fn. 13), S. 98 ff.

»van der Vecht«-Entscheidung sowie des »Romano/INAMI«-Urteils steht – wie gesehen – in ausdrücklichem Widerspruch zu den Vorgaben der »Meroni«-Entscheidungen sowie des »Stillegungsfonds«-Gutachtens des EuGH. Entscheidende Bedeutung muß daher der **gemeinsamen Schnittmenge der Urteile** zukommen. Erheblich ist daher insbesondere, daß das **Rechtsschutzsystem** des Vertrages – insbesondere die Art. 230 und 234 – **nicht beeinträchtigt** werden darf. Dieses Argument deckt sich einerseits mit der »van der Vecht«-Entscheidung, findet sich überdies aber auch als ganz wesentlicher Grundsatz in den »Meroni«-Urteilen[102]. Jede andere Sichtweise stellt die Gemeinschaft ohne plausiblen Grund vor Probleme bei der Bewältigung ihrer zunehmend komplexer werdenden Aufgaben. So stünde etwa das im Jahre 1993 neu geschaffene **Harmonisierungsamt für den Binnenmarkt** im Widerspruch zu den Vorgaben des EuGH: Indem das sog. Markenamt gem. den Art. 47 ff. der VO 40/94 über den Erwerb der Gemeinschaftsmarke, ihre Verlängerung sowie den Verfall und die Nichtigkeit einer Marke entscheidet, trifft diese mit eigener Rechtspersönlichkeit ausgestattete Einrichtung – gebundene – Entscheidungen gegenüber einzelnen Marktbürgern und greift damit in deren private Rechte ein. Dabei ist durch ein detailliertes Beschwerdeverfahren (Art. 57 ff. VO 40/94), das eine Klagemöglichkeit vor dem Gerichtshof gegen die Entscheidung der Beschwerdeinstanz eröffnet, gewährleistet, das das vertragliche Rechtsschutzsytem nicht beeinträchtigt wird und das institutionelle Gleichgewicht gewahrt bleibt.[103]

---

102 EuGH, Rs. 9/56 (Fn. 20), 40 (Meroni I).
103 Vgl. VO (EG) 40/94 vom 20.12.1993, ABl.EG 1994 Nr. L 11/28; ausführlich zu dieser Rechtsschutzproblematik *M. Berger (*Fn. 55), S. 97 ff.

Art. 8 (ex-Art. 4a)

Nach den in diesem Vertrag vorgesehenen Verfahren[2] werden ein Europäisches System der Zentralbanken (im folgenden als »ESZB« bezeichnet) und eine Europäische Zentralbank (im folgenden als »EZB« bezeichnet) geschaffen,[1 ff.] die nach Maßgabe der Befugnisse handeln, die ihnen in diesem Vertrag und der beigefügten Satzung des ESZB und der EZB (im folgenden als »Satzung des ESZB« bezeichnet)[2] zugewiesen werden.

Inhaltsübersicht:

A. Schaffung von ESZB und EZB	1
B. Verteilung der währungspolitischen Kompetenzen	5

A. Schaffung von ESZB und EZB

1 Die Errichtung des Europäischen Systems der Zentralbanken und der Europäischen Zentralbank **gehört zu den zentralen Ereignissen** im Rahmen der Wirtschafts- und Währungsunion.[1] Art. 8 errichtet diese Institutionen nicht selbst, sondern verweist sowohl hinsichtlich des Verfahrens als auch der Befugnisse dieser neuen Einrichtungen auf andere Vorschriften.

2 Die Bestimmungen über ESZB und EZB finden sich in den Art. 105 ff. sowie in der Satzung des ESZB und der EZB. Diese Satzung ist enthalten im »Protokoll über die Satzung des Europäischen Systems der Zentralbanken und der Europäischen Zentralbank«, das nach der Schlußakte des Vertrags über die Europäische Union dem EG-Vertrag beigefügt wurde. Solche dem Vertrag im gegenseitigen Einvernehmen der Mitgliedstaaten beigefügten Protokolle sind nach Art. 311 Bestandteil des Vertrags; sie teilen folglich seinen Rang als Primärrecht der Gemeinschaft.

3 Zeitiger als nach dem im Vertrag vorgesehenen Plan ernannten die Regierungen der Mitgliedstaaten, die an der Endstufe der Währungsunion teilnehmen, am 26.5.1998 den Präsidenten, den Vizepräsidenten und die weiteren Mitglieder des Direktoriums, eines der beiden Beschlußorgane der EZB. Die Errichtung von ESZB und EZB erfolgte unmittelbar danach (Art. 123 Abs. 1) zum 1.6.1998.[2]

4 Die EZB gehört zwar nicht zu den Organen der Gemeinschaft;[3] ihr kommt jedoch eine **organähnliche Stellung** zu (s. dazu Art. 107, Rn. 1). Art. 107 Abs. 2 stattet die EZB, nicht aber das ESZB mit Rechtspersönlichkeit aus. Die der EZB durch Art. 108 verliehene Unabhängigkeit gibt ihr eine **einzigartige Position im Gefüge des Gemeinschaftsrechts**. Auch wenn **ESZB und EZB** unabhängig sind, handelt es sich doch um **Einrichtungen der Gemeinschaft**.[4] Die EZB stellt deshalb keine eigenständige internationale Organisation dar.

---

1 Vgl. *I. Pernice*, in: Grabitz/Hilf, EU, Art. 4a, Rn. 1.
2 Vgl. Einvernehmlich gefaßter Beschluß der Regierungen der Mitgliedstaaten, die die Einführung der einheitlichen Währung beschließen, auf der Ebene der Staats- und Regierungschefs vom 26.5.1998, ABl.EG 1998 Nr. L 154/33.
3 Vgl. *A. Hatje*, in: Schwarze, EU-Kommentar, Art. 8 Rn. 2; *I. Pernice*, in: Grabitz/Hilf, EU, Art. 4a, Rn. 1; *B. Smulders*, in: GTE, EGV, Art. 4a, Rn. 3.
4 Vgl. *U. Häde*, Finanzausgleich, 1996, S. 504; *S. Weinbörner*, Die Stellung der Europäischen Zentralbank (EZB) und der nationalen Zentralbanken in der Wirtschafts- und Währungsunion nach dem Vertrag von Maastricht, 1998, S. 387.

B. Verteilung der währungspolitischen Kompetenzen

Mit dem Beginn der dritten Stufe der WWU am 1.1.1999 verloren die Mitgliedstaaten 5
ihre Zuständigkeit für die Währungspolitik fast[5] vollständig. Diese Kompetenzen sind
nicht etwa verschwunden,[6] sondern auf die Gemeinschaft übergegangen. Das ESZB ist
allerdings nicht alleiniger Träger der entsprechenden Kompetenzen. Seine Zuständigkeiten umfassen vor allem die Geldpolitik. Die Kompetenz für die Wechselkurspolitik
liegt dagegen nach Art. 111 zum Teil beim Rat.

---

5 Vgl. aber Art. 111 Abs. 5 (s. dazu Art. 111, Rn. 19).
6 So aber K. *Doehring*, Staat und Verfassung in einem zusammenwachsenden Europa, ZRP 1993, S. 98 (192); H. *Hofmann*, Zur Verfassungsentwicklung in der Bundesrepublik Deutschland, StWuStP 6 (1995), S. 155 (168).

Art. 9 EG-Vertrag

Art. 9 (ex-Art. 4b)

Es wird eine Europäische Investitionsbank errichtet[1-3], die nach Maßgabe der Befugnisse handelt, die ihr in diesem Vertrag und der beigefügten Satzung zugewiesen werden[4].

Inhaltsübersicht:

I. Errichtung	1
II. Befugnisse	4

I. Errichtung

1 Die gemäß Art. 9 zu errichtende Europäische Investitionsbank (EIB) besteht bereits seit dem Inkrafttreten des EWGV. Ursprünglich sah Art. 3 lit. j EWGV die Errichtung einer EIB als Tätigkeit der Gemeinschaft vor, nähere Vorschriften fanden sich im Dritten Teil über die »Politiken« der Gemeinschaft in den Art. 129 und 130 EWGV. Infolge der **konstitutiven Wirkung** des ersten Halbsatzes des Art. 129 Abs. 1 EWGV, dem in seinem Wortlaut der erste Halbsatz des Art. 9 gleicht, wurde die EIB gegründet.[1]

2 Mit dem Vertrag von Maastricht erfolgte (wohl auf Betreiben der EIB[2]) eine **neue Positionierung** der inhaltlich nahezu unveränderten Art. 129 und 130 EWGV[3] innerhalb der Systematik des EG-Vertrages. Während die näheren Vorschriften über die EIB nunmehr in den Art. 266 und 267 im Fünften Teil »Die Organe der Gemeinschaft« verortet sind, vervollständigt Art. 9 die zusammenfassende Aufzählung der Organe der Gemeinschaft mit ihren zwei beratenden Ausschüssen in Art. 7 sowie den vertraglich gegründeten selbständigen Einrichtungen der EZB (Art. 8) und eben der EIB. Die **systematische Stellung** des Art. 9 bringt dabei deutlich zum Ausdruck, daß die EIB **kein Organ** der Europäischen Gemeinschaft ist[4]. Gleiches folgt aus der Stellung der Art. 266 und 267 zwar im Fünften Teil, jedoch nicht in dessen 1. Kapitel »Die Organe«[5].

3 Ob dem Art. 9 angesichts der erfolgten Errichtung und langjährigen Tätigkeit der EIB noch eine **eigenständige Bedeutung** zukommt, ist fraglich. Jedenfalls indiziert er die Existenz der EIB, ohne dadurch aber einen höheren Bestandsschutz gegenüber vertraglichen Änderungen zu erreichen.

II. Befugnisse

4 Vertragliche Befugnisse normieren insbesondere die **Art. 266 und 267**. Daneben enthalten aber auch die Art. 104 Abs. 11, 159, 179 Abs. 2 und Art. 248 Abs. 3 UAbs. 3 Vorgaben für die EIB. Ausführliche Befugnisse regeln die Art. 17, 18, 20 sowie 23 bis 26 der **Satzung der EIB**, die dem Vertrag als Protokoll beigefügt und deshalb Bestandteil des Vertrags ist (Art. 311).

5 Im einzelnen wird auf die Kommentierung der Art. 266 und 267 verwiesen.

---

1 Umfassend *J. Müller-Borle*, Die Europäische Investitionsbank, Baden-Baden 1983.
2 *Y. Doutriaux*, Le Traité sur l'Union Européenne, Paris 1994.
3 Zur einzigen Änderung s. Art. 267, Rn. 16.
4 *Bleckmann*, Europarecht, Rn. 360; *P.-T. Stoll*, in: Grabitz/Hilf, EU, Art. 266 EGV, Rn. 5; *J. Müller-Borle*, in: GTE, EU-/EGV, Art. 198d, Rn. 3.
5 S. Art. 266, Rn. 3.

Art. 10 (ex-Art. 5)

Die Mitgliedstaaten[14] treffen alle geeigneten Maßnahmen allgemeiner oder besonderer Art[19 ff.] zur Erfüllung der Verpflichtungen, die sich aus diesem Vertrag oder aus Handlungen der Organe der Gemeinschaft ergeben[13]. Sie erleichtern dieser die Erfüllung ihrer Aufgabe.

Sie unterlassen alle Maßnahmen, welche die Verwirklichung der Ziele dieses Vertrags gefährden könnten[45 ff.].

Inhaltsübersicht:

A. Grundsatzfragen	1
I. Begrifflichkeit und dogmatische Einordnung	1
1. Rechtsprechung	1
2. Schrifttum	3
3. Stellungnahme	6
II. Anwendungsbereich	13
III. Adressaten	14
IV. Wirkung	15
V. Subsidiarität	18
B. Handlungspflichten der Mitgliedstaaten gegenüber der EG	19
I. Pflichten im Zusammenhang mit der legislativen Umsetzung von EG-Recht	19
II. Pflichten im Zusammenhang mit dem administrativen Vollzug von EG-Recht	23
III. Pflichten im Zusammenhang mit der gerichtlichen Durchsetzung von EG-Recht	31
IV. Pflichten im Zusammenhang mit der Kompetenzwahrnehmung	35
1. Konkurrierende Kompetenzen	36
2. Ausschließliche Kompetenzen der EG	38
3. Gemischte Abkommen	39
V. Maßstabswirkung (objektive unmittelbare Wirkung, gemeinschaftsrechtskonforme Auslegung und Rechtsfortbildung) und Staatshaftung	40
C. Unterlassungspflichten der Mitgliedstaaten gegenüber der EG	45
D. Pflichten der EG gegenüber den Mitgliedstaaten	50
E. Pflichten der Mitgliedstaaten untereinander	53
F. Pflichten der EG-Organe untereinander	56
G. Rechtspolitische Perspektiven	57

A. Grundsatzfragen

I. Begrifflichkeit und dogmatische Einordnung

1. Rechtsprechung

Die Begrifflichkeit des EuGH bezüglich des bisherigen Art. 5 EGV (bzw. Art. 192 EAGV, Art. 86 EGKSV) ist uneinheitlich. Der EuGH sprach zunächst von einer »Pflicht zur Solidarität«[1] (s. Art. 1 EUV, Rn. 44 ff.). In der Folge ging er dazu über, von gegenseitigen »Pflichten zur (loyalen) Zusammenarbeit«[2], vom »Grundsatz (Prinzip)

---

1 EuGH, Verb. Rs. 6 und 11/69, Slg. 1969, 523, Rn. 14/17 (Kommission/Frankreich); Rs. 39/72, Slg. 1973, 101, Rn. 25 (Kommission/Italien).
2 EuGH, Rs. 230/81, Slg. 1983, 255, Rn. 37 ff. (Luxemburg/Parlament); Rs. 240/86, Slg. 1988, 1835, Rn. 27 (Kommission/Griechenland); Verb. Rs. 358/85 und 51/86, Slg. 1988, 4821, Rn. 34 (Frankreich/Parlament); Rs. C-217/88, Slg. 1990, I-2879, Rn. 33 (Kommission/Deutschland); Rs. C-349/93, Slg. 1995, I-343, Rn. 13 (Kommission/Italien); Rs. C-348/93, Slg. 1995,

loyaler Zusammenarbeit«[3], von »Pflichten zur loyalen Zusammenarbeit und Unterstützung«[4] oder vom »Grundsatz der Mitwirkungspflicht«[5] zu sprechen. Am gebräuchlichsten ist die Wendung von den »**Pflichten zur loyalen Zusammenarbeit**«. Dagegen hat der Gerichtshof, soweit ersichtlich, den Begriff »Gemeinschaftstreue« bislang noch nicht verwendet[6].

2 Der EuGH beschränkt die Kooperationspflichten nicht auf Art. 10, sondern sieht hierin lediglich eine Teilpositivierung eines allgemeinen Rechtsgedankens. Dies zeigt sich an seiner Formulierung, die Mitwirkungspflichten lägen »namentlich«[7] bzw. »insbesondere«[8] dem Art. 10 zugrunde. Der Gerichtshof nimmt im übrigen häufig pauschal auf Art. 10 Bezug, ohne zwischen den **Handlungspflichten** des Abs. 1 und der **Unterlassungspflicht** des Abs. 2 oder gar den beiden Sätzen des Abs. 1 (Vertragserfüllungspflicht in Satz 1 und Unterstützungspflicht in Satz 2) zu differenzieren. Mitunter zitiert er auch Art. 10 überhaupt nicht, obgleich es in der Sache just hierum geht.

2. Schrifttum

3 Das überwiegende **deutschsprachige Schrifttum** versteht Art. 10 nicht als bloße Affirmation des völkerrechtlichen Grundsatzes »pacta sunt servanda« oder anderer völkerrechtlicher Grundsätze[9] (z. B. des Rücksichtnahmegebots)[10], sondern als Spezialausprägung eines generelleren und spezifisch europarechtlichen »Grundsatzes der

---

Fortsetzung von Fußnote 2
    I-673, Rn. 17 (Kommission/Italien); Rs. C-264/96, Slg. 1998, I-4695, Rn. 31 (ICI); Rs. C-404/97, 27.6.2000, EuZW 2001, 22, Rn. 40 (Kommission/Portugal).
3   EuGH, Rs. 14/88, Slg. 1989, 3677, Rn. 20 (Italien/Kommission); Rs. C-165/91, Slg. 1994, I-4661, Rn. 32 (Van Munster); Verb. Rs. C-36/97 und C-37/97, Slg. 1998, I-6337, Rn. 30 (Kellinghusen und Ketelsen); ähnlich EuGH, Rs. C-72/95, Slg. 1996, I-5403, Rn. 58 (Aannemersbedriif P.K. Kraaijeveld BV).
4   EuGH, Rs. 44/84, Slg. 1986, 29, Rn. 38 (Hurd); Rs. C-6/89, Slg. 1990, I-1595, Ls. 1 (Kommission/Belgien); Rs. C-374/89, Slg. 1991, I-367, Rn. 15 (Kommission/Belgien); GA *C.O. Lenz*, Schlußantr. zu EuGH, Rs. C-265/95, Slg. 1997, I-6959, Rn. 40 (Kommission/Frankreich).
5   EuGH, Rs. C-213/89, Slg. 1990, I-2433, Rn. 19 (Factortame u.a.); GA *J. Mischo*, Schlußantr. zu EuGH, Rs. C-224/97, Slg. 1999, I-2517, Ziff. 50 (Ciola).
6   Er findet sich aber bei GA *M. Darmon*, Schlußantr. zu EuGH, Rs. 190/87, Slg. 1988, 4689, Ziff. 22 (Moormann), der vom »Grundsatz der Zusammenarbeit« spricht, welcher die Prinzipien von Treu und Glauben, der Gemeinschaftstreue und der Widerspruchsfreiheit zusammenfasse.
7   EuGH, Rs. 230/81, Slg. 1983, 255, Rn. 37 (Luxemburg/Parlament); Rs. C-348/93, Slg. 1995, I-673, Rn. 17 (Kommission/Italien).
8   EuGH, Verb. Rs. 358/85 und 51/86, Slg. 1988, 4821, Rn. 34 (Frankreich/Parlament).
9   Vgl. zur Abgrenzung zu benachbarten Grundsätzen des EG-Rechts und Völkerrechts *M. Lück*, Die Gemeinschaftstreue als allgemeines Rechtsprinzip im Recht der EG, 1992, S. 79 ff.
10 So aber *R. Streinz*, Bundesverfassungsgerichtlicher Grundrechtsschutz und Europäisches Gemeinschaftsrecht, 1989, S. 331 ff. (333); *K. Vogel*, Der Grundsatz der Rücksichtnahme im deutschen innerstaatlichen Recht und im Völkerrecht, FS-Ritter, 1997, S. 771 (780 ff.).

Gemeinschaftstreue«[11]. Diesen Begriff benutzt auch das BVerfG[12]. Zur Begründung wird auf das Verwandtschaftsverhältnis des Art. 10 zum Grundsatz der Bundestreue[13] verwiesen[14].

Dieser Ansatz stößt jedoch auch auf **Kritik**. Ein Teil des deutschen Schrifttums lehnt die Annahme eines Prinzips der Gemeinschaftstreue inhaltlich ab, weil die EU kein Bundesstaat (im Werden) sei[15]. Außerdem könne die Gemeinschaftstreue keine Rechtspflichten begründen, die nicht bereits in speziellen Vorschriften des Gemeinschaftsrechts positiviert seien, und müsse daher als »methodisch verfehlt, sachlich unbegründet und nicht weniger unergiebig«[16] eingestuft werden. Teilweise wird auch weniger das Konzept als vielmehr der Begriff der Gemeinschaftstreue verworfen. Die Vertreter dieser Ansicht ziehen es stattdessen vor, vom »Grundsatz der loyalen Zusammenarbeit«[17], von einer »allgemeinen Treueklausel«[18] bzw. von einer »Loyalitätsklausel« oder »Loyalitätspflicht«[19] zu sprechen. 4

Im **nicht-deutschsprachigen Schrifttum** ist überwiegend vom »principle (bzw. duty) of solidarity«[20] oder vom »principle of loyality«[21] die Rede. Mitunter wird auch von 5

---

11 Vgl. *A. Bleckmann*, Art. 5 EWG-Vertrag und die Gemeinschaftstreue, DVBl. 1976, S. 483 (486 ff.); *W. Däubler*, Die Klage der EWG-Kommission gegen einen Mitgliedstaat, NJW 1968, S. 325 (326); *U. Everling*, Elemente eines europäischen Verwaltungsrechts, DVBl. 1983, S. 649 (651, 653); *Geiger*, EUV/EGV, Art. 10, Rn. 5; *A. Epiney*, Gemeinschaftsrecht und Föderalismus: »Landes-Blindheit« und Pflicht zur Berücksichtigung innerstaatlicher Verfassungsstrukturen, EuR 1994, S. 301 (309); *E. Grabitz*, in: ders. (Hrsg.), Kommentar zum EWG-Vertrag, 2. Aufl. (Stand: Juni 1991), Art. 5, Rn. 2, 15; *M. Hilf*, Sekundäres Gemeinschaftsrecht und deutsche Grundrechte, ZaöRV 35 (1975), S. 51 (58 ff.); *J. Wuermeling*, Kooperatives Gemeinschaftsrecht, 1988, S. 187 ff.; *M. Zuleeg*, in: GTE, EU-/EGV, Art. 5, Rn. 1 ff.
12 BVerfGE 75, 223 (237); 89, 155 (202).
13 Grundlegend *H. Bauer*, Die Bundestreue, 1992.
14 Vgl. *H. Lecheler*, Der Fortgang der europäischen Integration im Spiegel der Rechtsprechung des EuGH und der nationalen Gerichte, EuArch. 1968, S. 403 (409 ff.); *K. Zweigert*, Der Einfluß des Europäischen Gemeinschaftsrechts auf die Rechtsordnungen der Mitgliedstaaten, RabelsZ 28 (1964), S. 601 (620); w. N. bei *R. Söllner*, Art. 5 EWGV in der Rechtsprechung des EuGH, 1985, S. 11 ff.
15 Vgl. *L. Constantinesco*, EG I, S. 295; *K. Feige*, Der Gleichheitssatz im Recht der EWG, 1973, S. 89 ff.; *U. Scheuner*, Die Rechtsetzungsbefugnis internationaler Gemeinschaften, FS-Verdross, 1960, S. 229 (240).
16 So *Ipsen*, EG-Recht, S. 218 ff. (219); vgl. auch ders., Der »Kulturbereich« im Zugriff der EG, GS-Geck, 1989, S. 339 (352) mit Kritik an dem »Gefühlsgehalt« des Begriffs Gemeinschaftstreue; tendenziell ähnlich *BBPS*, S. 89; *R. Stadler*, Die Berufsfreiheit in der EG, 1980, S. 86 ff.; *Streinz*, Europarecht, Rn. 143.
17 *A. v. Bogdandy*, in: Grabitz/Hilf, EU, Art. 5, Rn. 6; *E. Klein*, in: HK-EUV, Art. 5, Rn. 3; ähnlich *C.O. Lenz*, in: ders., EGV, Art. 10, Rn. 7.
18 *C. Tomuschat*, Das Francovich-Urteil des EuGH – Ein Lehrstück zum Europarecht, FS-Everling, Bd. II, S. 1585 (1588, 1593).
19 *H.D. Jarass*, Grundfragen der innerstaatlichen Bedeutung des EG-Rechts, 1994, S. 6; *A. Lopian*, Übergangsregime für Mitgliedstaaten der EG, 1994, S. 238; *T. Oppermann*, Europarecht, Rn. 367; *C. Thun-Hohenstein/F. Cede*, Europarecht, 3. Aufl. (1999), S. 153 ff.
20 *E. Ellis/T. Tridimas*, Public Law of the EC, London 1995, S. 71 ff.; *J.-V. Louis*, Die Rechtsordnung der EG, 3. Aufl., Brüssel 1993, S. 71.
21 *Kapteyn/VerLoren van Themaat*, EC-Law, 2. Aufl. (1990), S. 86 ff.

»duties of cooperation«[22] oder vom »principe de cooperation loyale«[23] gesprochen. Der Begriff der »Gemeinschaftstreue« (s. Rn. 3) ist demgegenüber bislang kaum gebräuchlich[24].

3. Stellungnahme

6 Art. 10 ist als »pars pro toto-Regelung«[25] Ausprägung eines darüber hinausgreifenden allgemeinen Grundsatzes[26], der – wie jeder Grundsatz – zunächst einmal »nur« einen offenen, mehrschichtigen und konkretisierungsbedürftigen normativen Ausgangspunkt darstellt. Dieser Grundsatz kann mit der Bezeichnung **Gemeinschaftstreue** bzw. – im Anwendungsbereich des EUV – **Unionstreue** treffend benannt werden[27]. Die Begriffe der Gemeinschafts- bzw. Unionstreue sind im Gegensatz zu dem – an der Terminologie des BVerfG angelehnten – möglichen Alternativbegriff der »Staatenverbundestreue« bzw. »Verbundestreue«[28] sprachlich eingängiger und eher in andere europäische Sprachen übertragbar[29]. In ihnen kommt die **föderative**[30] **Verfassungsstruktur** der EU[31] zum Ausdruck, ohne daß ein (gegenwärtiger oder zukünftiger) Bundesstaat i. S. d. deutschen Staatslehre vorausgesetzt würde. Denn bei allen Parallelen zur Bundestreue geht es nicht um die Transformation des Bundesstaats-, sondern des Treueaspekts[32].

---

22 *J. Temple Lang*, Community constitutional law: Article 5 EEC Treaty, CMLRev. 27 (1990), S. 645 (646).
23 *C.-F. Durand*, in: De Cockborne u. a. (Hrsg.), Commentaire Mégret, Bd. 1, 2. Aufl., Brüssel, 1992, S. 25; *G.C. Rodríguez-Iglesias*, Gedanken zum Entstehen einer Europäischen Rechtsordnung, NJW 1999, S. 1 (4 f.; »Kooperationsgebot«); ähnlich *Verhoeven*, Droit-CE, S. 333 ff., der aber zudem den Grundsatz des »bonne foi« betont.
24 Er findet aber auch im nicht-deutschsprachigen Ausland verstärkt Anhänger. Vgl. insbesondere *M. Blanquet*, L'Article 5 du Traité C.E.E., Paris 1994, S. 19, 371 ff. (»principe de la fidélité fédérale«); daneben auch *V. Constantinesco*, L'article 5 CEE, de la bonne foi à la loyauté communautaire, LA-Pescatore, 1987, S. 97 (105 ff.); *E. Garcia de Enterria*, The Extension of the Jurisdiction of National Administrative Courts by Community Law: the Judgement of the Court of Justice in *Borelli* and Article 5 of the EC Treaty, Y.E.L. 13 (1993), S. 19 (32); *B. van der Esch*, L'unité du marché commun dans la jurisprudence de la Cour, la bonne foi communautaire et le problème des politiques communes, CDE 1970, S. 303; *H.G. Schermers/P.J. Pearson*, Some Comments on Art. 5 of the EEC Treaty, FS-Steindorff, 1990, S. 1359 (1360).
25 *Bleckmann*, Europarecht, Rn. 685, 704.
26 *Söllner* (Fn. 14), S. 27 ff.; wie hier *Grabitz* (Fn. 11), Rn. 15; eingehend *Lück* (Fn. 9), S. 22 ff., 103 ff. (130), 139 ff. (158 ff.) und passim.
27 Ebenso jetzt auch *M. Zuleeg*, Die föderativen Grundsätze der Europäischen Union, NJW 2000, S. 2846 (2847).
28 BVerfGE 89, 155 (181, 190); *P. Kirchhof*, in: HStR, Bd. VII, § 183, Rn. 50 ff., 69.
29 Vgl. etwa auch Art. 143 Abs. 1 der belgischen Verfassung (»loyauté fédérale«); *A. Alen/P. Peeters/W. Pas*, »Bundestreue« im belgischen Verfassungsrecht, JöR n.F. 42 (1994), S. 439.
30 Zu dem hier zugrunde gelegten weiten Föderalismusbegriff vgl. statt aller *R. Herzog*, in: EvStL, 3. Aufl. (1987), Sp. 913 (914); wie hier *I. Pernice*, in: HStR, Bd. VIII, 1995, § 191, Rn. 40 ff. (42); *Zuleeg* (Fn. 27), S. 2846 ff.
31 Von einer solchen geht die im Vordringen befindliche Ansicht aus; vgl. statt vieler *C. Calliess*, Das gemeinschaftsrechtliche Subsidiaritätsprinzip (Art. 3b EGV) als »Grundsatz der größtmöglichen Berücksichtigung der Regionen«, AöR 121 (1996), S. 509 (511 ff.); *P. Häberle*, Das Prinzip der Subsidiarität aus Sicht der vergleichenden Verfassungslehre, AöR 119 (1994), S. 169 (186 ff.); *R. Scholz*, in: Maunz/Dürig (Hrsg.), GG-Kommentar, Art. 23 (Stand: Okt. 1996), Rn. 29, 62.
32 Vgl. *E. Grabitz*, Stillhalte-Verpflichtungen vor dem Binnenmarkt, 1988, S. 40; zust. *Bauer* (Fn. 13), S. 210 m. Anm. 277; wie hier *Epiney* (Fn. 11), S. 311 ff.; *T. Jamrath*, Normenkontrolle der Verwaltung und Europäisches Gemeinschaftsrecht, o. J., S. 106 ff. (107); *H.-P. Kraußer*, Das Prinzip begrenzter Ermächtigung im Gemeinschaftsrecht als Strukturprinzip des EWGV, 1991, S. 142 ff.; *Lück* (Fn. 9), S. 103 ff. (130 ff.).

Zur Operationalisierung des Grundsatzes der Gemeinschaftstreue dienen zwei **Subprin-** 7
zipien[33]. Das erste ist das **Kooperationsprinzip**[34]. In der Judikatur des Gerichtshofs
wird gerade auf das Element der »Zusammenarbeit«[35] bzw. »Mitwirkung«[36] zentraler
Wert gelegt. Das Kooperationsprinzip kommt neben Art. 10 in einer Reihe weiterer Bestimmungen (z. B. Art. 5 Abs. 2[37], Art. 125, 127 Abs. 1, 137 Abs. 2 UAbs. 3, 140, 149
Abs. 1, 151 Abs. 1 und 2, 152 Abs. 1 UAbs. 2 und 3, Abs. 2, 153 Abs. 1 und 3, 154
Abs. 1, 157 Abs. 1 und 2, 163 Abs. 2, 164, 165 Abs. 1, 177 Abs. 1, 180 Abs. 1, 274
Abs. 1, 280 Abs. 2, 3 und 5) zum Ausdruck. Es umfaßt eine positive (Handlungspflichten) und eine negative (Unterlassungspflichten) Komponente mit dem Ziel der »Wahrung und Weiterentwicklung des gemeinschaftlichen Besitzstands« (vgl. Art. 2 Abs. 1
5. Spstr., Art. 3 EUV). In ihm spiegelt sich in besonderer Weise der **funktional-arbeitsteilige** Ansatz wider, der den meisten Gemeinschaftspolitiken zugrunde liegt. Das Zusammenarbeitsprinzip verleiht der EG ihr Gepräge als **kooperative Verfassungs- und
Verwaltungsgemeinschaft**[38].

Gemeinsam mit Art. 1 Abs. 2, Art. 2 Abs. 2 und Art. 6 Abs. 3 EUV sowie Art. 5 Abs. 2 8
und 3 ist Art. 10 zudem Ausprägung des **Prinzips der Rücksichtnahme**[39]. Hierin liegt
ein gegenüber dem Kooperationsprinzip zweites, eigenständiges Subprinzip der Ge-

---

33 Ähnlich *Bauer* (Fn. 13), S. 210 ff. (212); anders *Blanquet* (Fn. 24), S. 21 ff. und passim, der zwischen einer »obligation de coopération«, einer »obligation de collaboration«, einer »obligation de loyauté« und einer »obligation de solidarité« unterscheidet.
34 Gleichsinnig *Blanquet* (Fn. 24), S. 23 ff. (dessen weitere Unterteilung in Kooperations- und Kollaborationspflichten jedoch eher verwirrt); *V. Constantinesco*, in: ders./Jacqué/Kovar/Simon, TCE, Art. 5, Anm. 9; ders. (Fn. 24), S. 114; ähnlich *O. Due*, Der Grundsatz der Gemeinschaftstreue in der EG nach der neueren Rechtsprechung des Gerichtshofs, 1992, S. 13; *E. Schmidt-Aßmann*, Das allgemeine Verwaltungsrecht als Ordnungsidee, 1998, S. 313 f.; vgl. auch *Wuermeling* (Fn. 11), S. 2 ff., 164 ff., 213 ff.
35 Vgl. neben den Nachweisen oben in Fn. 2–4 EuGH, Verb. Rs. 205–215/82, Slg. 1983, 2633, Rn. 42 (Deutsche Milchkontor); Rs. 54/81, Slg. 1982, 1449, Rn. 5 (Fromme).
36 S. die Nachweise oben in Fn. 5.
37 Vgl. *U. Beyerlin*, Die »neue« Umweltpolitik der EG, UPR 1989, S. 361 (363); *W. Kahl*, Möglichkeiten und Grenzen des Subsidiaritätsprinzips nach Art. 3b EGV, AöR 118 (1993), S. 414 (421 ff., 435).
38 So *Kahl* (Fn. 37), S. 429 unter Bezugnahme auf *P. Häberle*, Der kooperative Verfassungsstaat, FS-Schelsky, 1978, S. 141 ff.; ähnlich *H.-J. Blanke*, Der Unionsvertrag von Maastricht – Ein Schritt auf dem Weg zu einem europäischen Bundesstaat?, DÖV 1993, S. 412 (421); *T. Giegerich*, Die Verfassungsbeschwerde an der Schnittstelle von deutschem, internationalem und supranationalem Recht, in: Grabenwarter u. a. (Hrsg.), Allgemeinheit der Gesetze und Vielfalt der Gesellschaft, 1994, S. 101 (102 ff.); *I. Pernice*, Die Dritte Gewalt im europäischen Verfassungsverbund, EuR 1996, S. 27 (29 ff.); vgl. auch *W. Kahl*, Europäisches und nationales Verwaltungsorganisationsrecht, Die Verwaltung 29 (1996), S. 341 (379 ff.); *D.H. Scheuing*, Europarechtliche Impulse für innovative Ansätze im deutschen Verwaltungsrecht, in: Hoffmann-Riem/Schmidt-Aßmann (Hrsg.), Innovation und Flexibilität des Verwaltungshandelns, 1994, S. 289 (331 ff.); *E. Schmidt-Aßmann*, Verwaltungskooperation und Verwaltungskooperationsrecht in der EG, EuR 1996, S. 270.
39 Vgl. auch *Bauer* (Fn. 13), S. 212; *C. Calliess*, Subsidiaritäts – und Solidaritätsprinzip in der EU, 2. Aufl. (1999), S. 168 ff.; *Ipsen* (Fn. 16), GS-Geck, S. 352 ff.; *H.D. Jarass*, EG-Recht und nationales Rundfunkrecht, EuR 1986, S. 75 (93 ff.); *Kahl* (Fn. 37), S. 431; *W. Pühs*, Der Vollzug von Gemeinschaftsrecht, 1997, S. 198. Art. 6 Abs. 3 EUV regelt hiervon nur einen Teilaspekt, nämliche die nationale (Verfassungs-)Identität, vergleichbar dem Art. 79 Abs. 3 GG, so daß Art. 10 daneben eine eigenständige Bedeutung verbleibt. Beide sind Ausprägungen des Grundsatzes der Gemeinschaftstreue; wie hier *M. Hilf*, in: Grabitz/ders., EU, Art. F EUV, Rn. 17 ff.; a. A. *A. Bleckmann*, Die Wahrung der nationalen Identität im Unions-Vertrag, JZ 1997, S. 265 (269), der Art. 6 Abs. 3 EUV jedoch überbewertet.

meinschafts- bzw. Unionstreue (s. auch unten Rn. 50, 52). Auch dieses Prinzip weist eine positive wie eine negative Seite auf.

9 Mit dem Begriff der »**Loyalität**« wird – ebenso wie mit der »Solidarität« – die Art und Weise (der »Geist«[40], vgl. Art. 11 Abs. 2 EUV) der Kooperation bzw. Rücksichtnahme umschrieben. Hierbei handelt es sich um einen **adjektivisch-modalen** Zusatz ohne eigenständigen Prinzipiengehalt. Vielmehr soll damit zum Ausdruck gebracht werden, daß sich Zusammenwirken und Rücksichtnahme »loyal«, d. h. geleitet vom Grundsatz von **Treu und Glauben** (bona fides, bonne foi, good faith) zu vollziehen haben[41], auf den der Gerichtshof bei seiner Rechtsprechung immer wieder Bezug nimmt[42].

10 Die genannten Grundsätze sind methodisch im Wege der Deduktion aus einer wertenden Gesamtschau diverser Einzelnormen des primären Gemeinschaftsrechts zu abstrahieren. Sie sind keine allgemeinen Rechtsgrundsätze, die durch kritisch-wertende Rechtsvergleichung gewonnen werden[43], sondern allgemeine Rechtsgrundsätze in Gestalt von dem Vertrag inhärenten **Verfassungsstrukturprinzipien**.

11 Art. 10 steht mit Recht an der Spitze des Vertrages, bildet er doch quasi die »Geschäftsgrundlage«[44] des gesamten Integrationsprojekts. Auf die herausragende Bedeutung des Art. 10 wies auch der EuGH wiederholt hin. So spricht er etwa davon, ein Verstoß gegen Art. 10 »beeinträchtigt die Rechtsordnung der Gemeinschaft bis in ihre *Grundfesten*«[45]. In einem anderen Urteil konstatiert er »eine schwerwiegende und unzulässige Verletzung« des Art. 10, die »die *wesentlichen Grundlagen der Gemeinschaftsrechtsordnung*«[46] gefährde. Das Prinzip der Gemeinschaftstreue ist – mit anderen Worten – für die Sicherung der **Funktionsfähigkeit der EG** als einer Rechtsgemeinschaft[47] schlechterdings fundamental[48]. Eine Rechtsgemeinschaft ist im Interesse der **Einheit und Wirksamkeit**[49] ihres – aus einer originären Rechtsquelle fließenden[50] – Rechts auf

---

40 EuGH, Rs. C-365/97, Slg. 1999, I-7773, Rn. 85 (Kommission/Italien); ähnlich *C. Thun-Hohenstein/F. Cede* (Fn. 19), S. 155 f.
41 Vgl. *Bauer* (Fn. 13), S. 211; *A. Bleckmann*, Die Bindungswirkung der Praxis der Organe und der Mitgliedstaaten der EG bei der Auslegung und Lückenfüllung des Europäischen Gemeinschaftsrechts: Die Rolle des Art. 5 EWG-Vertrag, in: Bieber/Ress (Hrsg.), Die Dynamik des Europäischen Gemeinschaftsrechts, 1987, S. 161 (215); ähnlich *Blanquet* (Fn. 24), S. 388 ff.
42 EuGH, Rs. 94/87, Slg. 1989, 175, Rn. 9 (Kommission/Deutschland); Rs. C-217/88, Slg. 1990, I-2879, Rn. 33 (Kommission/Deutschland); Rs. C-183/91, Slg. 1993, I-3131, Rn. 19 (Kommission/Griechenland).
43 Zur Prinzipienlehre im Gemeinschaftsrecht vgl. *W. Kahl*, Umweltprinzip und Gemeinschaftsrecht, 1993, S. 69 ff. (75 ff.) m.w.N.
44 Vgl. auch GA *G. Reischl*, Schlußantr. zu EuGH, Rs. 32/79, Slg. 1980, 2403 (2460) (Kommission/Vereinigtes Königreich): »Grundsatznorm«.
45 EuGH, Rs. 39/72, Slg. 1973, 101, Rn. 25 (Kommission/Italien); Hervorhebung durch den Verf.
46 EuGH, Rs. C-101/91, Slg. 1993, I-191, Rn. 23 (Kommission/Italien); Hervorhebung durch den Verf.
47 *W. Hallstein*, Die EG, 5. Aufl. (1979), S. 51 ff.; EuGH, Rs. 294/83, Slg. 1986, 1339, Rn. 23 (Les Verts).
48 Vgl. mit der wünschenswerten Klarheit *U. Everling*, Steht Deutschland noch zur Rechtsgemeinschaft?, FAZ Nr. 205 v. 3.9.1996, S. 11; *G. Hirsch*, Europäischer Gerichtshof und Bundesverfassungsgericht – Kooperation oder Konfrontation?, NJW 1996, S. 2457 (2458, 2463).
49 *A. Hatje*, Europäische Rechtseinheit durch einheitliche Rechtsdurchsetzung, EuR-Beiheft 1/1998, S. 7; *Zuleeg* (Fn. 27), S. 2847.
50 BVerfGE 22, 293 (296); 37, 271 (277); 89, 155 (182); *R. Stettner*, in: Hb.EUWirtR, A. IV, insbes. Rn. 7 ff.

die vertragskonforme Durchführung, d. h. die legislative Ausführung[51] (Umsetzung, Transformation) und die administrative wie judikative Anwendung im Einzelfall (Implementation), existentiell angewiesen[52]. Art. 10 sichert in einem politischen Mehrebenensystem, in dem die Hoheitsgewalt auf verschiedene Träger aufgeteilt ist, eine möglichst lückenlose Anwendung des übergeordneten Rechts und die Funktionsfähigkeit des Gesamtverbandes[53].

Die Rechtswirklichkeit ist durch **erhebliche Transformations- und Vollzugsdefizite** gekennzeichnet. Dabei macht die nicht notifizierte Umsetzung den Hauptteil aus, weitere Fallgruppen bilden die unterlassene, die verspätete, die unvollständige und die (inhaltlich oder instrumentell) unrichtige Umsetzung. Im Jahr 2000 hat die Kommission 1317 Vertragsverletzungsverfahren eingeleitet (1999: 1075), 460 mit Gründen versehene Stellungnahmen abgegeben (1999: 469) und in 172 Fällen Klage vor dem EuGH erhoben (1999: 165). Dabei sind hinsichtlich der Zahl der gegen sie eingeleiteten Vertragsverletzungsverfahren die Mitgliedstaaten Frankreich (27), Italien (24) und Griechenland (23) »Spitzenreiter«. Die Bundesrepublik Deutschland belegt mit 11 Vertragsverletzungsverfahren einen Platz im Mittelfeld[54]. Was die Mitteilung von Richtliniendurchführungsmaßnahmen angeht, ist die größte Vertragstreue in Dänemark, Spanien und den Niederlanden festzustellen. Deutschland rangiert auf Platz 6 unter den 15 Mitgliedstaaten. Die Schlußlichter bilden Portugal, Luxemburg und Griechenland[55]. 12

Die **Ursachen** für die gravierenden Defizite bei der Durchführung des EG-Rechts sind vielfältig, zum Teil bereichsspezifischer, zum Teil struktureller Natur. Sie sind sowohl auf der Ebene der EG als auch auf der Ebene der Mitgliedstaaten zu suchen, wobei sich bei der Verteilung auf die einzelnen Mitgliedstaaten und Politikbereiche zum Teil nicht unerhebliche Differenzen zeigen. Generelle Schwierigkeiten bei der Umsetzung und Durchführung von EG-Vorschriften resultieren etwa aus der Neuartigkeit, insbesondere aus der »Verfahrenslastigkeit« und gleichzeitigen materiellen Armut zahlreicher Gemeinschaftsregelungen, aus den unterschiedlichen Verwaltungskonzeptionen und -kulturen, aus der mangelnden Bestimmtheit, redaktionellen Klarheit und Eindeutigkeit EG-rechtlicher Vorgaben, aus einer partiellen Überregulierung[56], aus den beschränkten Sanktionsmöglichkeiten der EG sowie aus Unzulänglichkeiten des nationalen Transformationsinstrumentariums (z.B. deutsche Präferenz für Verwaltungsvorschriften) und Transformationssystems (z.B. Kompetenzkonflikte im Bundesstaat)[57]. 12 a

---

51 Terminologie von M. *Zuleeg*, Das Recht der Europäischen Gemeinschaften im innerstaatlichen Bereich, 1969, S. 47 ff. und passim.
52 Vgl. EuGH, Rs. 106/77, Slg. 1978, 629, Rn. 21/23 (Simmenthal); *Blanquet* (Fn. 24), S. 25 ff. (34 ff.); zum Hintergrund M. *Nettesheim*, Der Grundsatz der einheitlichen Wirksamkeit des Gemeinschaftsrechts, GS-Grabitz, 1995, S. 447.
53 A. *Epiney*, Grundlagen und Überblick, in: Rengeling (Hrsg.), EUDUR I, 1998, § 30, Rn. 18.
54 Kommission, Gesamtbericht 2000, Kapitel IX, Abschnitt I, Rz. 1109, zit. nach http://www.europa.eu.int/abc/doc/offrg/de/2000/pt1109.htm v. 6.3.2001. In einem Fall ist es bislang zur Verurteilung zur Zahlung eines Zwangsgelds gem. Art. 228 Abs. 2 UAbs. 3 gekommen; vgl. EuGH, Rs. C-387/97, 4.7.2000, EuZW 2000, 531, Rn. 79 ff. (Kommission/Griechenland) m. Anm. von P. *Karpenstein/U. Karpenstein*, ebd., S. 537.
55 17. Jahresbericht der Kommission über die Kontrolle der Anwendung des Gemeinschaftsrechts (1999), KOM (2000) 92 endg., S. 6 ff. (8); *Streinz*, Europarecht, Rn. 983.
56 Als Lösungswege werden gegenwärtig eine verstärkte Konsolidierung sowie eine Kodifikation des Gemeinschaftsrechts diskutiert; vgl. *Hatje* (Fn. 49), S. 24 f. m.w.N.
57 Vgl. S. *Magiera*, Die Durchsetzung des Gemeinschaftsrechts im europäischen Integrationsprozeß, DÖV 1998, S. 173 (178 ff.); *Pühs* (Fn. 39), S. 110 ff., 454 ff.; *D.H. Scheuing*, Rechtsprobleme bei der Durchführung des Gemeinschaftsrechts in der Bundesrepublik Deutschland, EuR 1985, S. 229; *J. Schwarze/U. Becker/C. Pollak*, Die Implementation von Gemeinschaftsrecht, 1993; *H. Siedentopf/J. Ziller* (Hrsg.), Making European Policies Work: The Implementation of

II. Anwendungsbereich

13 Art. 10 bezieht sich auf »Verpflichtungen, die sich aus diesem Vertrag oder aus Handlungen der Organe der Gemeinschaft ergeben« (Abs. 1 UAbs. 1). Damit sind nicht nur die gemeinsamen Politiken gemeint, sondern alle Gebiete, die den Zielen des EG-Vertrages entsprechen, wie sie sich aus der Präambel, Art. 2, 3, 4 oder Einzelvorschriften ergeben[58]. Auf außerhalb des Gemeinschaftsrechts eingegangene Verpflichtungen kommt Art. 10 grundsätzlich nicht zur Anwendung. Etwas anderes gilt nur, »wenn eine Maßnahme zur Durchführung eines solchen von den Mitgliedstaaten außerhalb des Anwendungsbereichs der Verträge geschlossenen Übereinkommens die Anwendung einer Bestimmung der Verträge oder des davon abgeleiteten Rechts oder das Funktionieren der Gemeinschaftsorgane behindern würde«[59]. In einem solchen Fall, in dem zwar weder primäres noch sekundäres Gemeinschaftsrecht einschlägig ist, es aber um das »allgemeine Recht der Europäischen Gemeinschaften geht«[60], kann Art. 10 zur Absicherung der Funktionsfähigkeit der EG Schrankenwirkungen oder Kooperationspflichten[61] zur Folge haben. Fehlt es an jeder direkten oder indirekten Anknüpfung an die »Verpflichtungen« bzw. »Ziele« des EG-Vertrags[62], bewegt sich eine Angelegenheit also »in the purely national law sphere«[63], kommt Art. 10 nicht zur Anwendung (sog. **Vertragsakzessorietät**).

III. Adressaten

14 Art. 10 nennt als Adressaten nur die Mitgliedstaaten, ist vom Wortlaut her also eindimensional gefaßt. Hierauf beschränkt sich seine Bedeutung jedoch nicht. Rechtsprechung und Schrifttum haben ihm einen **vierdimensionalen** Charakter zugewiesen[64]. Die Verpflichtungen, die aus der Gemeinschaftstreue resultieren, sind sowohl **vertikaler** als auch **horizontaler** Natur und in beiden Konstellationen **reziprok**. Im Vordergrund steht das Verhältnis der **Mitgliedstaaten gegenüber der EG und ihren Organen** (s. Rn. 19 ff.). Adressaten in diesem vertikalen Rechtsverhältnis sind die Mitgliedstaaten mit sämtli-

---

Fortsetzung von Fußnote 57
Community Legislation by the Member States, 2 Bde., London 1988; *R. Streinz*, Probleme des Zusammenwirkens von EG und Mitgliedstaaten beim Vollzug des Europäischen Wirtschaftsrechts, WiVerw 1996, S. 129 (134 ff.); *J.A.E. Vervaele* (Hrsg.), Compliance and Enforcement of European Community Law, 1999. Eingehende Spezialstudien liegen vor allem zum Umweltrecht vor; vgl. S. *Albin*, Die Vollzugskontrolle des europäischen Umweltrechts, 1999; *C. Engelsberger*, Der Vollzug europarechtlicher Vorschriften auf dem Gebiet des Umweltschutzes, 1998; *P. Mentzinis*, Die Durchführbarkeit des europäischen Umweltrechts, 2000; *C. Nicklas*, Implementationsprobleme des EG-Umweltrechts, 1997; *D. Nitschke*, Harmonisierung des nationalen Verwaltungsvollzugs von EG-Umweltrecht, 2000; *H.-W. Rengeling/M. Gellermann*, Gestaltung des europäischen Umweltrechts und seine Implementation im deutschen Rechtsraum, Jb.UTR 36 (1996), S. 1; *G. Lübbe-Wolff* (Hrsg.), Der Vollzug des europäischen Umweltrechts, 1996; s. auch in diesem Kommentar *Calliess*, Art. 175, Rn. 26 ff.
58 EuGH, Gutachten 2/91, Slg. 1993, I-1061, Rn. 10 (IAO).
59 EuGH, Rs. 44/84, Slg. 1986, 29, Rn. 38 ff. (Hurd); dazu *Blanquet* (Fn. 24), S. 306 ff.; *J. Wuermeling*, Die Gemeinschaftstreue und die Rechtsakte der Gesamtheit der Mitgliedstaaten der EG, EuR 1987, S. 237.
60 Vgl. *C. Vedder*, Die auswärtige Gewalt des Europa der Neun, 1980, S. 246 ff.
61 Vgl. EuGH, Rs. 235/87, Slg. 1988, 5589, Rn. 19 (Matteucci).
62 Vgl. *Bleckmann*, in: GBTE, EWGV, Art. 5, Rn. 26; *V. Constantinesco*, in: ders./Jacqué/Kovar/Simon, TCE, Art. 5, Anm. 1.
63 *Temple Lang* (Fn. 22), S. 655.
64 Hier zeigen sich interessante entwicklungsgeschichtliche Parallelen zur deutschen Reichs- bzw. Bundestreue, vgl. *Bauer* (Fn. 13), S. 30 ff. (53 ff.), 210 m. Anm. 277 m.w.N.

chen Trägern öffentlicher Gewalt, ungeachtet dessen, ob diese zur Legislative, Exekutive oder Judikative rechnen[65]. Auch die Länder, die Regionen und die sonstigen Gebietskörperschaften sowie die verselbständigten Verwaltungseinheiten sind unmittelbar dem Art. 10 unterworfen[66]. »Aus EG-Sicht spielt es keine Rolle, wer EG-Recht vollzieht, sondern nur, daß es vollzogen wird.«[67] Dies ändert nichts daran, daß nach außen (Staatshaftung, Vertragsverletzung) – jedenfalls bislang – allein der Mitgliedstaat »haftet«[68]. Umgekehrt verpflichtet Art. 10 die **EG und ihre Organe gegenüber den Mitgliedstaaten** (s. Rn. 50 ff.). Auch hier geht es um ein vertikales Rechtsverhältnis. Daneben betrifft Art. 10 noch das Verhältnis der **Mitgliedstaaten und ihrer Organe untereinander** (s. Rn. 53 ff.) sowie der **EG-Organe untereinander** (s. Rn. 56), beides sind horizontale Rechtsverhältnisse.

IV. Wirkung

Die **Verbindlichkeit** von Art. 10 ist heute allgemein anerkannt (kein bloßer Programmsatz)[69]. Nach der anfänglichen Rechtsprechung des EuGH hatte der frühere Art. 5 keine **unmittelbare Wirkung**[70], was mit seiner allgemeinen und unpräzisen Fassung und dem Ermessensspielraum der Mitgliedstaaten gerechtfertigt wurde. Heute ist aber in der Literatur überwiegend anerkannt[71] und durch zahlreiche spätere Urteile des EuGH belegt[72], daß Art. 10 unter bestimmten Voraussetzungen autonome zusätzliche Pflichten der Mitgliedstaaten oder der Gemeinschaft begründen kann, die im EG-Recht jedenfalls nicht explizit angelegt sind[73]. Er kann **konstitutive** Wirkung entfalten, d.h. als Grundlage für **selbständige Pflichten** der Mitgliedstaaten wirken[74]. Dies ist der Fall,

15

---

65 EuGH, Rs. 71/76, Slg. 1977, 765, Rn. 15/18 (Thieffry); Rs. 14/83, Slg. 1984, 1891, Rn. 26 (von Colson und Kamann); Rs. C-91/92, Slg. 1994, I-3325, Rn. 26 (Faccini Dori).
66 Wie hier EuGH, Rs. 9/74, Slg. 1974, 773, Rn. 6 (Casagrande); Rs. C-8/88, Slg. 1990, I-2321, Rn. 13 (Deutschland/Kommission); *Blanquet* (Fn. 24), S. 304 ff.; *Durand* (Fn. 23), S. 26; E. *Klein*, in: HK-EUV, Art. 5, Rn. 17; M. *Zuleeg*, in: GTE, EU-/EGV, Art. 1, Rn. 33; dagegen nur für eine über das nationale Verfassungsrecht (Bundestreue, Art. 23 Abs. 1 GG) vermittelte indirekte Bindung der Länder B. *Langeheine*, in: Grabitz/Hilf, EU, Art. 100, Rn. 65; *Scheuing* (Fn. 57), S. 242; C. *Trüe*, Auswirkungen der Bundesstaatlichkeit Deutschlands auf die Umsetzung von EG-Richtlinien und ihren Vollzug, EuR 1996, S. 179 (192).
67 W. *Rudolf*, Die Bundesländer und die europäische Einigung, in: Merten (Hrsg.), Föderalismus und EG, 1990, S. 263 (266).
68 *Zuleeg* (Fn. 27), S. 2847, 2849.
69 A. *Hatje*, in: Schwarze, EU-Kommentar, Art. 10, Rn. 1 m.z.w.N.
70 Vgl. GA K. *Roemer*, Schlußantr. zu EuGH, Rs. 14/68, Slg. 1969, 1, Ziff. 3 (Wilhelm); Rs. 9/73, Slg. 1973, 1135, Rn. 39 (Schlüter); Rs. 229/83, Slg. 1985, 1, Rn. 20 (Leclerc); Rs. 44/84, Slg. 1986, 29, Rn. 46 ff. (48) (Hurd).
71 Vgl. *Blanquet* (Fn. 24), S. 270 ff.; *Durand* (Fn. 23), S. 26 ff.; *Jarass* (Fn. 19), S. 9; *Söllner* (Fn. 14), S. 49 ff. (50 f.), 126 ff. (136 ff.); E. *Steindorff*, EG-Vertrag und Privatrecht, 1996, S. 269; M. *Zuleeg*, in: GTE, EU-/EGV, Art. 5, Rn. 2, 4; a. A. *Lück* (Fn. 9), S. 107 ff. (113, 125 ff.).
72 Zuletzt etwa EuGH, Rs. C-285/96, Slg. 1998, I-5935, Rn. 19 f. (Kommission/Italien). Weitere Nachweise bei *Epiney* (Fn. 11), S. 310 m. Anm. 28; *Grabitz* (Fn. 11), Rn. 5.
73 Art. 10 hat insofern eine Lückenschließungsfunktion, tendenziell vergleichbar mit Art. 308.
74 Vgl. *Bleckmann*, Europarecht, Rn. 677 ff.; A. v. *Bogdandy*, in: Grabitz/Hilf, EU, Art. 5, Rn. 3, 27; *Epiney* (Fn. 53), § 30, Rn. 18, 19 ff.; A. *Hatje*, in: Schwarze, EU-Kommentar, Art. 10, Rn. 6, 14; E. *Klein*, in: HK-EUV, Art. 5, Rn. 2; C. O. *Lenz*, in: ders., EGV, Art. 10, Rn. 6; J. *Temple Lang*, Article 5 of the EEC Treaty: The emergence of constitutional principles in the case law of the Court of Justice, FILJ 1987, S. 503 (505 ff.); *Zuleeg* (Fn. 27), S. 2846. G. *Ress*, Die richtlinienkonforme »Interpretation« des innerstaatlichen Rechts, DÖV 1994, S. 489 (490), sieht in Art. 10 sogar ein »Passepartout« für die Begründung zusätzlicher Pflichten der Mitgliedstaaten.

wenn ein Mitgliedstaat nur durch eine einzige Maßnahme seiner Verpflichtung aus dem Gemeinschaftsrecht entsprechen kann (**Ermessensreduzierung auf Null**), wie dies etwa im Bereich des Rechtsschutzes[75], bei Durchführungsverboten oder Stillhalteverpflichtungen häufig anzutreffen ist[76]. Im übrigen bedarf Art. 10 der **Konkretisierung**, um pflichtenerzeugend zu wirken und justiziabel zu sein[77]. Das notwendige Maß an Bestimmtheit ergibt sich daraus, daß Art. 10 mit einer anderen, hinreichend präzisen und unbedingten Bestimmung des Primärrechts (z. B. Art. 86 Abs. 1, 249 Abs. 3, 288 Abs. 2), des Sekundärrechts[78], politischer Erklärungen (etwa der Anlage VI zur sog. »Haager Entschließung«)[79] oder eines völkerrechtlichen Abkommens zusammenwirkt. In diesen Grenzen kann hierin kein bedenklicher Kompetenztransfer zugunsten der Gemeinschaft gesehen werden, der Art. 5 Abs. 1 unterlaufen würde[80].

16 Aus den genannten Gründen (mangelnde Bestimmtheit und Unbedingtheit) begründet Art. 10 im Regelfall **keine unmittelbaren Rechte des einzelnen**. Auch hier gilt die Ausnahme der Ermessensreduzierung auf Null, etwa wenn effektiver Rechtsschutz anderweitig nicht gewährleistet werden kann[81]. So kann sich der einzelne auf Art. 10 berufen, wenn eine nationale Beweislastregel oder Frist die Verwirklichung seiner gemeinschaftsrechtlich begründeten Rechte praktisch unmöglich macht[82]. Unmittelbar **individualpflichten**begründend kann Art. 10 niemals wirken, da er sich – wie Art. 249 Abs. 3 – nur an die Mitgliedstaaten und deren Untereinheiten wendet.

17 Durch rechtlich unverbindliche Vorschriften kann Art. 10 nicht verdrängt werden. Hier entfaltet Art. 10 jedoch unter Umständen eine **Verstärkungs-** bzw. **Aktivierungsfunktion**. Nach der Rechtsprechung des EuGH kann er Bestimmungen, denen von Haus aus lediglich soft law-Charakter zukommt, zu rechtsverbindlichen Normen aufwerten (s. Rn. 15). Art. 10 fungiert insofern, bildlich gesprochen, als Katalysator oder Transmitter für die Rechtsverbindlichkeit von ansonsten nur politisch-moralisch bindenden Vorschriften[83].

V. Subsidiarität

18 Art. 10 ist **subsidiär** gegenüber **speziellen Vorschriften**, die den Gedanken der Gemein-

---

[75] EuGH, Rs. C-213/89, Slg. 1990, I-2433, Rn. 19 (Factortame u.a.).
[76] Vgl. *A. v. Bogdandy*, in: Grabitz/Hilf, EU, Art. 5, Rn. 27 ff. (28); zustimmend *W. Hummer/ W. Obwexer*, Die Wahrung der »Verfassungsgrundsätze« der EU, EuZW 2000, S. 485 (492).
[77] Vgl. EuGH, Rs. 2/73, Slg. 1973, 865, Rn. 4 (Geddo); Rs. 78/70, Slg. 1971, 487, Rn. 5 (Deutsche Grammophon); *A. Bleckmann*, Die Rechtsprechung des Europäischen Gerichtshofes zur Gemeinschaftstreue, RIW 1981, S. 653; *Nicolaysen*, Europarecht I, S. 69 ff. (70). Nach GA *S. Alber*, Schlußantr. zu EuGH, Slg. 1998, I-785, Ziff. 63 (Spar), enthält Art. 10 »primär Grundsätze allgemeiner Natur« und ist »sehr fraglich« , ob sich aus ihm alleine »einzelne Gestaltungsregelungen« für konkrete Einzelfragen ergeben.
[78] Vgl. die Zusammenstellung bei *Schmidt-Aßmann* (Fn. 38), S. 275 ff.
[79] Vgl. EuGH, Rs. 141/78, Slg. 1979, 2923, Rn. 8 ff. (Frankreich/Vereinigtes Königreich).
[80] So aber *T. v. Danwitz*, Verwaltungsrechtliches System und Europäische Integration, 1996, S. 146 f., 315, 370 ff.
[81] *Grabitz* (Fn. 11), Rn. 6; *C.O. Lenz*, in: ders., EGV, Art. 10, Rn. 9; *Hummer/Obwexer* (Fn. 76), S. 493; *M. Zuleeg*, in: GTE, EU-/EGV, Art. 5, Rn. 3 m.w.N.
[82] EuGH, Rs. 199/82, Slg. 1983, 3595, Rn. 14 (San Giorgio); Rs. 309/85, Slg. 1988, 355, Rn. 17 ff. (Barra/Belgien).
[83] Vgl. EuGH, Rs. 141/78, Slg. 1979, 2923, Rn. 8 (Frankreich/Vereinigtes Königreich); GA *G. Reischl*, Schlußantr. zu EuGH, Rs. 804/79, Slg. 1981, 1045 (1090 ff.) (Kommission/Vereinigtes Königreich).

schaftstreue zum Ausdruck bringen, etwa Art. 86 Abs. 1, 97, 228, 234, 249 Abs. 3, 280 Abs. 2, 307, und ist insoweit, wie die Pflicht in diesen Normen geregelt ist, nicht anwendbar[84]. Spezielle Konkretisierungen des Art. 10 können auch in sekundärrechtlichen Vorschriften enthalten sein[85]. Dies gilt insbesondere für Informations-, Mitteilungs- und Konsultationspflichten[86]. Von besonderer Bedeutung sind die RL 98/34/EG über das Informationsverfahren auf dem Gebiet der Normen und technischen Vorschriften[87] sowie die VO (EG) Nr. 2679/98 über das Funktionieren des Binnenmarktes im Zusammenhang mit dem freien Warenverkehr zwischen den Mitgliedstaaten, welche in den Art. 3–5 ein Frühwarn- und Informationssystem etabliert[88]. Für das Kartellrecht ist auf die Art. 10 ff. der Kartellverordnung (VO Nr. 17) des Rates vom 6.2.1962[89] sowie auf Art. 19 der VO (EWG) Nr. 4064/89 vom 21.12.1989 über die Kontrolle von Unternehmenszusammenschlüssen[90] zu verweisen; für das Steuerrecht auf Art. 33 der RL 77/388/EWG vom 17.5.1977 zur Harmonisierung der Rechtsvorschriften der Mitgliedstaaten über die Umsatzsteuern – Gemeinsames Mehrwertsteuersystem: einheitliche steuerliche Bemessungsgrundlage[91]. Für die Durchführung der Marktordnungsmaßnahmen im Bereich der Landwirtschaftspolitik sind die Art. 8 Abs. 1 und Abs. 2 der VO (EWG) Nr. 729/70[92] die wichtigsten leges speciales (s. Rn. 27).

B. Handlungspflichten der Mitgliedstaaten gegenüber der EG

I. Pflichten im Zusammenhang mit der legislativen Umsetzung von EG-Recht

Aus Art. 10 folgt die Pflicht des nationalen Gesetzgebers, »in seinem innerstaatlichen Recht die Konsequenzen aus seiner Zugehörigkeit zur Gemeinschaft zu ziehen«[93], konkret, dort wo es notwendig ist, das nationale Recht so zu novellieren, aufzuheben, zu erlassen bzw. zu ergänzen, daß die Vorgaben des EG-Rechts ihre volle praktische Wirksamkeit (effet utile) entfalten können[94]. Dieses Gebot bezieht sich in erster Linie auf die **Umsetzung von Richtlinien** in nationales Recht, die sich nach Art. 10 Abs. 1 i. V. m.

19

---

84 EuGH, Verb. Rs. C-78/90 – C-83/90, Slg. 1992, I-1847, Rn. 19 (Compagnie commerciale de l'Ouest u. a.); Verb. Rs. C-332/92, C-333/92 und C-335/92, Slg. 1994, I-711, Rn. 22 (Euricio Italia u. a.); Rs. C-323/93, Slg. 1994, I-5077, Rn. 15 (Centre d'insémination de la Crespelle); Rs. C-387/93, Slg. 1995, I-4663, Rn. 17 (Banchero).
85 Vgl. EuGH, Rs. C-378/92, Slg. 1993, I-5095, Rn. 6 (Kommission/Spanien); Rs. C-65/94, Slg. 1994, I-4627, Rn. 5 (Kommission/Belgien); Rs. C-66/94, Slg. 1995, I-149, Rn. 6 (Kommission/Belgien); Rs. C-133/94, Slg. 1996, I-2323, Rn. 56 (Kommission/Belgien); GA *J. Mischo*, Schlußantr. zu EuGH, Rs. C-285/96, Slg. 1998, I-5935, Ziff. 34 (Kommission/Italien).
86 Vgl. EuGH, Rs. 141/78, Slg. 1979, 2923, Rn. 8 ff. (Frankreich/Vereinigtes Königreich); Rs. 804/79, Slg. 1981, 1045, Rn. 35 (Kommission/Vereinigtes Königreich); Rs. C-35/88, Slg. 1990, I-3125, Rn. 42 (Kommission/Griechenland); Rs. C-290/89, Slg. 1991, I-2851, Rn. 5 (Kommission/Belgien).
87 ABl.EG 1998 Nr. L 204/37.
88 ABl.EG 1998 Nr. L 337/8; vgl. auch die beigefügte Entschließung (ebd., S. 10).
89 ABl.EG 1962, 204.
90 ABl.EG 1990 Nr. L 395/1.
91 ABl.EG 1977 Nr. L 145/1; zum Spezialitätsverhältnis GA *S. Alber*, Schlußantr. zu EuGH, Rs. C-318/96, Slg. 1998, I-785, Ziff. 62 (Spar).
92 ABl.EG 1970 Nr. L 94/13.
93 EuGH, Rs. 30/72, Slg. 1973, 161, Rn. 11 (Kommission/Italien).
94 Vgl. *Blanquet* (Fn. 24), S. 44 ff.; *S. Kadelbach*, Allgemeines Verwaltungsrecht unter europäischem Einfluß, 1999, S. 143 ff.; *Lück* (Fn. 9), S. 25 ff. m.w.N.

Art. 249 Abs. 3 bestimmt[95]. Art. 10 hat eine ergänzende rechtliche Funktion, was die Art und Weise (»Wie«) der Umsetzung angeht[96]. Was das »Ob« der Umsetzung betrifft, ist Art. 249 Abs. 3 lex specialis[97]. Mit anderen Worten: Der EuGH folgert aus Art. 10 die Pflicht aller Träger öffentlicher Gewalt der Mitgliedstaaten, alle zur Erfüllung der Umsetzungspflicht (Art. 249 Abs. 3) geeigneten Maßnahmen allgemeiner oder besonderer Art zu treffen[98]. Die Bestimmungen der Richtlinie müssen danach mit der Konkretheit, Bestimmtheit und Klarheit umgesetzt werden, die notwendig sind, um vollständig der Rechtssicherheit zu genügen, die, soweit die Richtlinie Rechte für einzelne begründen soll, verlangt, daß die Adressaten in die Lage versetzt werden, von allen ihren Rechten Kenntnis zu erlangen[99]. Auf **innerstaatliche Gegebenheiten und Übungen** (Regierungswechsel, Kompetenzstreitigkeiten, praktische Schwierigkeiten etc.) kann sich der Mitgliedstaat zur Rechtfertigung der Nichtumsetzung bzw. der fehlerhaften Umsetzung nicht berufen[100].

20 Die Mitgliedstaaten sind schon während der Umsetzungsfrist an den Regelungsinhalt einer Richtlinie im Sinne einer **Vorwirkung** dergestalt gebunden, daß sie sich nicht so verhalten dürfen, daß Gegenstand und Zweck der Richtlinie insoweit unterlaufen werden, als aufgrund des mitgliedstaatlichen Verhaltens ein späteres richtlinienkonformes Verhalten der Mitgliedstaaten ausgeschlossen ist[101]. Nach dem EuGH haben die Mitgliedstaaten (nicht auch Private)[102] aufgrund von Art. 10 Abs. 2 i. V. m. Art. 249 Abs. 3 während der Umsetzungsfrist den Erlaß von Vorschriften zu unterlassen, »die geeignet sind, das in dieser Richtlinie vorgeschriebene Ziel ernstlich in Frage zu stellen«[103]. Diese Pflicht wird als **Frustrationsverbot** (entsprechend Art. 18 WVRK) be-

---

95 Vgl. *E. Klein*, in: HK-EUV, Art. 5, Rn. 18 m.w.N.
96 Ebenso *Lück* (Fn. 9), S. 32 ff.; i.Erg. wie hier auch *Durand* (Fn. 23), S. 29; *H. Maurer*, Staatshaftung im europäischen Kontext, FS-Boujong, 1996, S. 591 (592, 595 m. Anm. 14); a. A. (alleinige Abstützung auf Art. 10) *Bleckmann*, in: GBTE, EWGV, Art. 5, Rn. 4; *R. Streinz*, in: HStR, Bd. VII, 1992, § 182, Rn. 10 ff.; wieder a. A. *A. v. Bogdandy*, in: Grabitz/Hilf, EU, Art. 5, Rn. 41; *E. Gurlit*, in: Krämer u.a. (Hrsg.), Law and diffuse Interests in the European Legal Order, 1997, S. 55 (66), die Art. 10 für überflüssig halten; vgl. auch *M. Zuleeg*, in: GTE, EU-/EGV, Art. 5, Rn. 5. Die Kommission sieht in einer mangelhaften Richtlinienumsetzung i. d. R. einen Verstoß gegen Art. 10 und 249 Abs. 3. Die Generalanwälte zitieren z.T. sogar nur Art. 10; vgl. GA *P. Léger*, Schlußantr. zu EuGH, Rs. C-131/97, Slg. 1999, I-1103, Ziff. 52 (Carbonari u.a.); GA *A. Saggio*, Schlußantr. zu EuGH, Rs. C-401/98, Slg. 1999, I-5543, Ziff. 7 (Kommission/Griechenland). Der EuGH spricht häufig nur pauschal von einem Verstoß gegen »die Verpflichtungen aus dem Vertrag«, vgl. EuGH, Rs. C-336/93, Slg. 1994, I-533, Rn. 7 (Kommission/Belgien); Rs. C-91/96, Slg. 1996, I-6393, Rn. 7 ff. (Kommission/Griechenland), oder gegen die jeweilige sekundärrechtliche Umsetzungsbestimmung; vgl. Rs. C-138/96, Slg. 1997, I-3317, Rn. 12 (Kommission/Bundesrepublik Deutschland); Rs. C-329/96, Slg. 1997, I-3749, Rn. 8 (Kommission/Griechenland); Rs. C-354/98, Slg. 1999, I-4927, Rn. 13 (Kommission/Frankreich).
97 EuGH, Rs. C-72/95, Slg. 1996, I-5403, Rn. 55 (Aannemersbedriif P.K. Kraaijeveld BV); vgl. auch Rs. C-378/92, Slg. 1993, I-5095, Rn. 6 (Kommission/Spanien).
98 EuGH, Rs. 14/83, Slg. 1984, 1891, Rn. 26 (Von Colson und Kamann); Rs. 222/84, Slg. 1986, 1651, Rn. 53 (Johnston); Rs. C-131/97, Slg. 1999, I-1103, Rn. 48 (Carbonari u.a.).
99 Vgl. nur EuGH, Rs. C-197/96, Slg. 1997, I-1489, Rn. 14 f. (Kommission/Frankreich); Rs. C-185/97, Slg. 1998, I-5199, Rn. 18 (Coote); Rs. C-207/96, Slg. 1997, I-6869, Rn. 26 (Kommission/Italien); Rs. C-354/98, Slg. 1999, I-4927, Rn. 11 (Kommission/Frankreich).
100 EuGH, Rs. 279/83, Slg. 1984, 3395, Rn. 4 (Kommission/Italien).
101 Vgl. den sehr klaren Beitrag von *E. Klein*, Objektive Wirkungen von Richtlinien, FS-Everling, Bd. I, 1995, S. 641 (645).
102 EuGH, Verb. Rs. T-172/98, T-176/98 und T-177/98, 27.6.2000, Tätigkeitsbericht Nr. 20/2000, S. 8 (10) (Salamander).
103 EuGH, Rs. C-129/96, Slg. 1997, I-7411, Rn. 45 (Inter-Environnement Wallonie).

zeichnet[104]. Dagegen folgt aus Art. 10 **keine generelle Sperrwirkung** (»standstill«) mit dem Inhalt, daß der nationale Gesetzgeber bereits während des Laufs der Umsetzungsfrist am Erlaß jeglichen widersprechenden Rechts gehindert wäre (s. Rn. 36)[105]. Die Annahme einer derartigen Vorwirkung von Richtlinien konterkarierte die in Art. 249 Abs. 3 angelegte Zweistufigkeit der Rechtsetzung und wäre mit dem Gebot der Rechtssicherheit nicht zu vereinbaren. Sie ist auch nicht zwingend erforderlich, um den effet utile des Gemeinschaftsrechts zu gewährleisten. Sperrwirkungen treten somit erst mit dem Ablauf der Umsetzungsfrist ein, sofern das Gemeinschaftsrecht eine abschließende Regelung enthält und keine Schutzklauseln (z. B. Art. 95 Abs. 9, 174 Abs. 2 UAbs. 2) oder Schutzergänzungsklauseln (z. B. Art. 95 Abs. 4 und 5, 176) eingreifen. Erst recht abzulehnen ist eine in der Literatur z. T. bejahte Pflicht der Mitgliedstaaten, bei allen nationalen Rechtsetzungsvorhaben auf mögliche oder geplante gemeinschaftliche Rechtsetzungsprojekte Rücksicht zu nehmen[106]. Dies führte zu einer unverhältnismäßigen Behinderung und partiellen Paralysierung der nationalen Legislative. Primärrechtliche[107] **Konsultations-** und **Stillhaltepflichten** der Mitgliedstaaten setzen stets einen – in sachlicher und zeitlicher Hinsicht – hinreichenden Grad an Konkretisierung eines entsprechenden Rechtsetzungsvorhabens auf der EG-Ebene (unmittelbare Entscheidungsreife) voraus[108]. Hinzukommen muß, daß die nationale Rechtsetzungstätigkeit den bevorstehenden Gemeinschaftsrechtsakt beeinträchtigen würde[109].

Setzt ein Mitgliedstaat eine Richtlinie nicht bzw. nicht ordnungsgemäß in nationales Recht um, so kann sich ein einzelner Unionsbürger auf eine unbedingte und hinreichend genaue Bestimmung dieser Richtlinie unmittelbar berufen (s. Art. 249, Rn. 69 ff.)[110]. Die Möglichkeit der **unmittelbaren Wirkung von Richtlinienbestimmungen** wurde vom EuGH im Wege richterlicher Rechtsfortbildung entwickelt und auf Art. 249 Abs. 3 i. V. m. Art. 10 gestützt[111]. 21

Ist ein Mitgliedstaat wegen mangelhafter Umsetzung von EG-Recht nach Art. 226 ff. verurteilt worden, so hat er alle Maßnahmen, insbesondere legislativer Art, zu ergreifen, um dem **Durchführungsbefehl des Urteils** nachzukommen. Es entspricht der st. Rspr. des EuGH, daß, auch wenn Art. 228 keine Frist vorgibt, innerhalb derer ein Urteil durchgeführt sein muß, diese Durchführung »sofort in Angriff genommen werden 22

---

104 GA *A. Saggio*, Schlußantr. zu EuGH, Rs. C-319/97, Slg. 1999, I-3143, Ziff. 12 m. Fn. 9 (Kortas); *W. Weiß*, Zur Wirkung von Richtlinien vor Ablauf der Umsetzungsfrist, DVBl. 1998, S. 568 (572 ff.).
105 So aber *E. Grabitz*, in: Grabitz/Hilf, EU, Art. 189, Rn. 57 a. E.; *M. Hilf*, Die Richtlinie der EG – ohne Richtung, ohne Linie?, EuR 1993, S. 1 (7); *S. U. Pieper*, Die Direktwirkung von Richtlinien der EG, DVBl. 1990, S. 684 (685); wie hier *W. Brechmann*, Die richtlinienkonforme Auslegung, 1994, S. 264 ff.; *Everling*, in: W/E/G/S, EWG, Art. 100, Rn. 6; *V. Götz*, Europäische Gesetzgebung durch Richtlinien – Zusammenwirken von Gemeinschaft und Staat, NJW 1992, S. 1849 (1854); *H.D. Jarass*, Richtlinienkonforme bzw. EG-rechtskonforme Auslegung nationalen Rechts, EuR 1991, S. 211 (221); *E. Klein* (Fn. 101), S. 645 ff.; *B. Wegener*, in: Schrader/Schomerus/ders., Umweltinformationsgesetz, 1995, S. 27; eingehend zum Ganzen *A. Furrer*, Die Sperrwirkung des sekundären Gemeinschaftsrechts auf die nationalen Rechtsordnungen, 1994.
106 So *Bleckmann* (Fn. 41), S. 204 ff.; *ders.* (Fn. 77), S. 655.
107 Davon unberührt bleiben die sekundärrechtlichen Unterrichtungs- und Stillhaltepflichten.
108 Wie hier *A. v. Bogdandy*, in: Grabitz/Hilf, EU, Art. 5, Rn. 73; *B. Langeheine*, in: Grabitz/Hilf, EU, Art. 100, Rn. 63; *H. C. Taschner*, in: GTE, EU-/EGV, Art. 100, Rn. 22 f.
109 Vgl. EuGH, Rs. 31/74, Slg. 1975, 47, Rn. 29/31 (Galli); *E. Klein*, in: HK-EUV, Art. 5, Rn. 34.
110 St. Rspr. seit EuGH, Rs. 148/78, Slg. 1979, 1629, Rn. 18 ff. (Ratti).
111 Vgl. EuGH, Rs. 41/74, Slg. 1974, 1337, Rn. 12 (van Duyn); Rs. 8/81, Slg. 1982, 53, Rn. 25 (Becker).

Art. 10 EG-Vertrag

und innerhalb kürzestmöglicher Frist abgeschlossen sein muß«[112] (s. Art. 228, Rn. 3 ff.).

22 a Nicht nur die Legislative, sondern auch die **Exekutive** kann eine **Pflicht zum Normerlaß** (Rechtsverordnung, Satzung) treffen. Enthält das nationale Umsetzungsgesetz nur eine Rahmenregelung und wird das Nähere dem Verordnungsgeber zur Regelung überlassen, so ist dieser aufgrund von Art. 10 verpflichtet, von seiner Ermächtigung tatsächlich Gebrauch zu machen und die für eine wirksame Umsetzung erforderlichen Ausführungsregelungen rechtzeitig zu erlassen[113]. Entscheidend ist nämlich nicht die – unverzichtbare – formelle, d.h. textuelle, sondern die **materielle Umsetzung**, also die Umsetzung, die geeignet ist, das vom Normgeber angestrebte Regelungsziel mit hinreichender Sicherheit tatsächlich herbeizuführen[114].

II. Pflichten im Zusammenhang mit dem administrativen Vollzug von EG-Recht

23 Die EG vollzieht ihr Recht nur ausnahmsweise selbst (**direkter Vollzug**), etwa im Bereich des Kartell- oder des Beihilferechts durch die Kommission. Den Regelfall bildet hingegen der **indirekte (dezentrale) Vollzug** durch die Mitgliedstaaten[115]. Die nationale **Verwaltung** wird dabei quasi als Verwaltungsunterbau der EG instrumentalisiert[116]. Sie ist zu einem **vollständigen, einheitlichen und effektiven Vollzug** verpflichtet[117].

24 Sofern das Gemeinschaftsrecht keine Regelungen enthält[118], richtet sich der Vollzug nach dem nationalen Recht, insbesondere dem nationalen Verwaltungsverfahrens- und Verwaltungsorganisationsrecht[119]. Hiervon betroffen sind etwa Fragen wie die Zulässigkeit einer Aufrechnung, Verjährungs- oder Ausschlußfristen, die Verzinsung zurück-

---

112 EuGH, Rs. C-101/91, Slg. 1993, I-191, Rn. 20 (Kommission/Italien); Rs. C-387/97, 4.7.2000, EuZW 2000, 531, Rn. 82 (Kommission/Griechenland).
113 Vgl. EuGH, Rs. C-263/96, Slg. 1997, I-7453, Rn. 26, 33 ff. (Kommission/Belgien).
114 *Herrnfeld*, in: Schwarze, EU-Kommentar, Art. 94, Rn. 57 m.w.N.
115 Grundlegend *H.-W. Rengeling*, Rechtsgrundsätze beim Verwaltungsvollzug des Europäischen Gemeinschaftsrechts, 1977, S. 8 ff.; aus neuerer Zeit etwa *H.-W. Rengeling*, Durchführung des Europäischen Gemeinschaftsrechts – Überblick, in: ders. (Hrsg.), EUDUR I, 1998, § 27; *ders.*, Der Verwaltungsvollzug (Anwendung) von Gemeinschaftsrecht, in: ders. (Hrsg.), EUDUR I, 1998, § 29; *Streinz* (Fn. 96), Rn. 19 ff.; *R. Stettner*, in: Hb.EUWirtR, B. III, insbes. Rn. 11 ff., 18 ff. m.z.w.N.
116 Vgl. *Scheuing* (Fn. 38), S. 298 ff.; zum Ganzen *M. Burgi*, Verwaltungsprozeß und Europarecht, 1996, S. 45 ff.
117 Vgl. *Pühs* (Fn. 39), S. 79 ff. (81), 96 ff.; *M. Zuleeg*, Deutsches und europäisches Verwaltungsrecht – Wechselseitige Einwirkungen, VVDStRL 53 (1994), S. 154 (193).
118 Vgl. zur Frage der Kodifizierung des europäischen Verwaltungsrechts *W. Kahl*, Hat die EG die Kompetenz zur Regelung des Allgemeinen Verwaltungsrechts?, NVwZ 1996, S. 865; *J. Schwarze*, Deutscher Landesbericht, in: ders. (Hrsg.), Das Verwaltungsrecht unter europäischem Einfluß, 1996, S. 123 (218 ff.); *K.-P. Sommermann*, Europäisches Verwaltungsrecht oder Europäisierung des Verwaltungsrechts?, DVBl. 1996, S. 889 (896 ff.); *C. W. Vedder*, (Teil-)Kodifikation des Verwaltungsverfahrensrechts der EG?, EuR 1995, Beih. 1, S. 75.
119 EuGH, Verb. Rs. 205-215/82, Slg. 1983, 2633, Rn. 19 (Deutsche Milchkontor); Rs. C-312/93, Slg. 1995, I-4599, Rn. 12 (Peterbroeck); Rs. C-231/96, Slg. 1998, I-4951, Rn. 19 (Edis); Rs. C-298/96, Slg. 1998, I-4767, Rn. 24 (Oelmühle und Schmidt Söhne). Vgl. dazu A. *Hatje*, Die gemeinschaftsrechtliche Steuerung der Wirtschaftsverwaltung, 1998, S. 111 ff.; *Kahl*, Die Verwaltung (Fn. 38), S. 341 ff.; *J. Oebbecke*, Die europäische Integration und die Organisation der Verwaltung, FS-Heymanns Verlag, 1995, S. 607; *H.-W. Rengeling*, Deutsches und europäisches Verwaltungsrecht – Wechselseitige Einwirkungen, VVDStRL 53 (1994), S. 202 (211 ff.,

zuzahlender Beträge oder Fragen der Darlegungs- und Beweislast[120]. In der **Erklärung Nr. 43 zum Subsidiaritätsprotokoll** hat die Regierungskonferenz von Amsterdam (1997) rechtsverbindlich bekräftigt, daß die administrative Durchführung des Gemeinschaftsrechts grundsätzlich Sache der Mitgliedstaaten gemäß ihren verfassungsrechtlichen Vorschriften ist, daß aber die Aufsichts-, Kontroll- und Durchführungsbefugnisse der Gemeinschaftsorgane nach den Art. 202, 211 hiervon unberührt bleiben. Der hierfür häufig verwendete Begriff »**Grundsatz der Autonomie der Mitgliedstaaten**«[121] sollte gleichwohl aufgegeben werden, da er ein zu einseitiges Bild zeichnet. Stattdessen sollte vom »**Grundsatz der Anwendung nationaler Verfahrens- und Prozeßordnungen**«[122] gesprochen werden. Dabei sind der Anwendbarkeit des innerstaatlichen Rechts zwei Grenzen gesetzt[123]: Die Anwendung des nationalen Rechts darf die Tragweite und die Wirksamkeit des Gemeinschaftsrechts, insbesondere die Ausübung der durch die Gemeinschaftsrechtsordnung verliehenen Rechte, nicht praktisch unmöglich machen oder übermäßig erschweren (**Beeinträchtigungsverbot**). Hinzu kommt, daß bei der Anwendung der einzelstaatlichen Rechtsvorschriften keine Unterschiede im Vergleich zu Verfahren gemacht werden dürfen, in denen über gleichartige innerstaatliche Sachverhalte entschieden wird (**Diskriminierungsverbot**)[124]. Neuerdings spricht der EuGH vom **Effektivitätsgrundsatz** (statt Beeinträchtigungsverbot) und vom **Äquivalenz-** bzw. **Gleichwertigkeitsgrundsatz** (statt Diskriminierungsverbot)[125], ohne daß hiermit in der Sache eine Änderung verbunden wäre.

Für den Fall der **Rückforderung zu Unrecht gezahlter Gemeinschaftsbeihilfen** (die Zuständigkeit hierfür liegt gem. Art. 10 bei den Mitgliedstaaten) ist prinzipiell auf das nationale Recht (§§ 48 ff. VwVfG) abzustellen. Wenn dieses, wie etwa § 48 Abs. 2 VwVfG, eine Abwägung zwischen dem öffentlichen Rücknahmeinteresse und dem Vertrauensschutz des Empfängers zuläßt, muß den Interessen der Gemeinschaft in vollem

24 a

Fortsetzung von Fußnote 119
213 ff.); *Schwarze* (Fn. 118), S. 148 ff., 154 ff. Vgl. auch Art. 14 III 1 VO (EG) Nr. 659/1999 über besondere Vorschriften für die Anwendung von Art. 93 EGV (jetzt: Art. 88 EGV), ABl.EG 1999 Nr. L 83/1.
120 *Geiger*, EUV/EGV, Art. 10, Rn. 44; *D.H. Scheuing*, Europäisierung des Verwaltungsrechts. Zum mitgliedstaatlichen Verwaltungsvollzug des EG-Rechts am Beispiel der Rückforderung gemeinschaftsrechtswidriger Beihilfen, Die Verwaltung 34 (2001), S. 107 (111) jeweils m.w.N.
121 Begriffsprägend *H.-W. Rengeling*, Europäisches Gemeinschaftsrecht und nationaler Rechtsschutz – unter besonderer Berücksichtigung der Rechtsprechung des EuGH und deutscher Gerichte, GS-Sasse, Bd. I, 1981, S. 197; *ders*. (Fn. 119), S. 231; vgl. auch *G. C. Rodriguez Iglesias*, Zu den Grenzen der verfahrensrechtlichen Autonomie der Mitgliedstaaten bei der Anwendung des Gemeinschaftsrechts, EuGRZ 1997, S. 289. Krit. zu diesem Begriff *A. v. Bogdandy*, in: Grabitz/Hilf, EU, Art. 5, Rn. 43; *C.N. Kakouris*, Do the member states possess judicial procedural »autonomy«?, CMLRev. 34 (1997), S. 1389; *Scheuing* (Fn. 120), S. 110; *F. Schoch*, Die Europäisierung des Allgemeinen Verwaltungsrechts und der Verwaltungsrechtswissenschaft, Die Verwaltung, Beiheft 2/1999, S. 135 (136).
122 Ähnlich *Wegener*, Rechte des Einzelnen, 1998, S. 83.
123 *Scheuing* (Fn. 120), S. 308, spricht von einer »Koordinierungsformel«.
124 EuGH, Verb. Rs. 205–215/82, Slg. 1983, 2633, Rn. 19 (Deutsche Milchkontor); Rs. C-312/93, Slg. 1995, I-4599, Rn. 12 (Peterbroeck); Verb. Rs. C-430/93 und C-431/93, Slg. 1995, I-4705, Rn. 17 (Van Schijndel); Rs. C-212/94, Slg. 1996, I-389, Rn. 52 (FMC); Rs. C-366/95, Slg. 1998, I-2661, Rn. 15 (Steff-Houlberg Export u.a.); Verb. Rs. C-279/96, C-280/96 und C-281/96, Slg. 1998, I-5025, Rn. 16 (Ansaldo Energia u.a.).
125 EuGH, Rs. C-231/96, Slg. 1998, I-4951, Rn. 34 ff. (Edis); Rs. C-260/96, Slg. 1998, I-4997, Rn. 18 ff. (Spac); Rs. C-228/96, Slg. 1998, I-7141, Rn. 18 (Aprile); Verb. Rs. C-279/96, C-280/96 und C-281/96, Slg. 1998, I-5025, Rn. 27 (Ansaldo Energia u.a.); vgl. auch *Kadelbach* (Fn. 94), S. 115 ff., 131 ff. Mißverständlich *A. v. Bogdandy*, in: Grabitz/Hilf, EU, Art. 5, Rn. 46; *Jarass* (Fn. 19), S. 8, die vom »Effizienzgebot« sprechen.

Umfang Rechnung getragen werden[126]. Im Falle von Gemeinschaftsbeihilfen hat der EuGH auch materiellrechtliche Ausschlußgründe wie den **Schutz des guten Glaubens** des Beihilfeempfängers anerkannt und zugelassen, daß das nationale Recht einen solchen Rückforderungsausschluß entscheidend an ein sorgfaltswidriges Verhalten der staatlichen Behörden knüpft[127]. Auch eine Berufung auf den Wegfall der ungerechtfertigten Bereicherung (§ 49a II VwVfG) ist möglich[128].

25 Hat die Kommission die **Gemeinschaftsrechtswidrigkeit einer nationalen Beihilfe**[129] durch eine bestandskräftige Entscheidung (Art. 88 Abs. 2 i. V. m. Art. 249 Abs. 4) festgestellt, so ist der Mitgliedstaat als »logische Folge«[130] zur **Rückforderung** verpflichtet (s. Art. 88, Rn. 21 ff.)[131]. Dabei ist es unbeachtlich, in welcher Form die Beihilfe gewährt worden ist. Der Mitgliedstaat kann sich für den Fall der Nichtbeachtung von Art. 88 insbesondere *nicht* auf das geschützte Vertrauen der Begünstigten berufen. Der EuGH drängt hier den **Vertrauensschutz** der Beihilfeempfänger wesentlich stärker zurück und läßt das Interesse der Gemeinschaft in höherem Maße einfließen als im Fall der Rückforderung von Gemeinschaftsbeihilfen (s. Rn. 24a). Zwar widerspricht es nicht der Rechtsordnung der EG, Vertrauensschutzregelungen im nationalen Recht vorzusehen. Jedoch darf ein beihilfebegünstigtes Unternehmen auf die Ordnungsmäßigkeit der Beihilfe grundsätzlich nur vertrauen, wenn diese unter Einhaltung des Verfahrens gem. Art. 88 Abs. 3 gewährt wurde. Einem sorgfältigen Gewerbetreibenden ist es regelmäßig möglich, sich zu vergewissern, daß dieses Verfahren eingehalten wur-

---

126 EuGH, Verb. Rs. 205-215/82, Slg. 1983, 2633, Rn. 32 (Deutsche Milchkontor); Rs. C-366/95, Slg. 1998, I-2661, Rn. 15 (Steff-Houlberg Export u.a.); Rs. C-298/96, Slg. 1998, I-4767, Rn. 24 (Oelmühle und Schmidt Söhne).
127 EuGH, Verb. Rs. 205-215/82, Slg. 1983, 2633, Rn. 33 (Deutsche Milchkontor); Rs. C-366/95, Slg. 1998, I-2661, Rn. 16 ff., 29 ff. (Steff-Houlberg Export u.a.); Rs. C-298/96, Slg. 1998, I-4767, Rn. 21 ff. (31) (Oelmühle und Schmidt Söhne).
128 EuGH, Rs. C-298/96, Slg. 1998, I-4767, Rn. 25 ff. (Oelmühle und Schmidt Söhne).
129 Zur Rückforderung EG-rechtswidriger Beihilfen vgl. EuGH, Rs. C-5/89, Slg. 1990, I-3437 (Kommission/Deutschland) sowie vor allem Rs. C-24/95, Slg. 1997, I-1591, Rn. 33 ff., 41 ff., 50 ff. (Alcan II); krit. R. *Scholz*, Zum Verhältnis von europäischem Gemeinschaftsrecht und nationalem Verwaltungsverfahrensrecht, DÖV 1998, S. 261; dem EuGH folgend dagegen BVerwGE 106, 328; BVerfG, NJW 2000, S. 2015; *Berrisch*, Urteilsanmerkung, EuR 1997, S. 155; *Kadelbach* (Fn. 94), S. 457 ff. (465 f., 470 ff.); *M. Oldiges*, Die Entwicklung des Subventionsrechts seit 1996, NVwZ 2001, S. 626 (631 ff.); *Scheuing* (Fn. 120), S. 125 ff.; *R. Winkler*, Das »Alcan«-Urteil des EuGH – eine Katastrophe für den Rechtsstaat?, DÖV 1999, S. 148, allg. zum Problem *Hatje* (Fn. 119), S. 248 ff., 271 ff.; *W. Kahl*, in: R. Schmidt, Kompendium öffentliches Wirtschaftsrecht, 1998, § 6, Rn. 51 ff.; *J. Kokott*, Nationales Subventionsrecht im Schatten der EG, DVBl. 1993, S. 1235; *E. Pache*, Rechtsfragen der Aufhebung gemeinschaftsrechtswidriger nationaler Beihilfebescheide, NVwZ 1994, S. 318; eingehend *H. Müller*, Die Aufhebung von Verwaltungsakten unter dem Einfluss des Europarechts, 2000; *M. Nickel*, Das Spannungsverhältnis zwischen Europäischem Gemeinschaftsrecht und den §§ 48–49a VwVfG, 2000; *T. S. Richter*, Rückforderung staatlicher Beihilfen nach §§ 48, 49 VwVfG bei Verstoß gegen Art. 92 ff. EGV, 1995; *A. Sinnaeve*, Die Rückforderung gemeinschaftsrechtswidriger nationaler Beihilfen, 1997; aus österreichischer Sicht *S. L. Frank*, Gemeinschaftsrecht und staatliche Verwaltung, 2000.
130 EuGH, Rs. C-142/87, Slg. 1990, I-959, Rn. 66 (Belgien/Kommission); EuG, 29.9.2000; Rs. T-55/99, Rn. 160 (CETM/Kommission); ähnlich EuG, Slg. 1998, II-1, Rn. 179 (Ladbroke Racing/Kommission) (»natürliche Folge«). Zu den Einzelheiten vgl. Art. 14 VO (EG) Nr. 659/1999 (Fn. 119).
131 »Rückforderung« umfaßt dabei den Aufhebungs- (§§ 48 f. VwVfG) wie den Erstattungsbescheid (§ 49a I VwVfG).

de[132]. Die zuständige nationale Behörde ist gemeinschaftsrechtlich verpflichtet, den Bewilligungsbescheid für eine rechtswidrig gewährte nationale Beihilfe selbst dann noch zurückzunehmen, (1) wenn sie die nach nationalem Recht im Interesse der Rechtssicherheit dafür bestehende Ausschlußfrist (vgl. § 48 Abs. 4 S. 1 VwVfG) hat verstreichen lassen, (2) wenn sie (z.b. aufgrund einer schuldhaften Falschauskunft bezüglich der Durchführung des Notifizierungsverfahrens) für dessen Rechtswidrigkeit in einem solchen Maße verantwortlich ist, daß die Rücknahme dem Begünstigten gegenüber als Verstoß gegen Treu und Glauben erscheint, sofern der Begünstigte wegen Nichteinhaltung des in Art. 88 vorgesehenen Verfahrens kein berechtigtes Vertrauen in die Ordnungsmäßigkeit der Beihilfe haben konnte und (3) wenn eine Rückforderung nach nationalem Recht wegen Wegfalls der Bereicherung mangels Bösgläubigkeit des Beihilfeempfängers ausgeschlossen ist[133]. Ein Vertrauensschutz kommt nur beim Vorliegen außergewöhnlicher Umstände (Falschauskunft bzw. Zusage der Kommission, Verwirkung[134]) in Betracht[135]. Die Tatsache, daß die Beurteilung, ob eine staatliche Maßnahme als Beihilfe zu qualifizieren ist, im konkreten Fall schwierig war, genügt ebenso wenig wie grundsätzlich die Tatsache, daß eine Rückforderung zum Konkurs des begünstigten Unternehmens führt[136]. Der EuGH begründet diese **Ungleichbehandlung** der Rückforderung nationaler Beihilfen gegenüber der Rückforderung von Gemeinschaftsbeihilfen – nicht überzeugend – mit dem Aspekt der Notwendigkeit der Beseitigung der durch die staatlichen Beihilfen eingetretenen Wettbewerbsverzerrung[137]. In der Literatur wird die sachliche Rechtfertigung für die Differenzierung (1) in der unterschiedlichen Grundbewertung der Beihilfen durch das EG-Recht, (2) in dem unterschiedlichen Grad der Gefährdung des EG-Rechts und (3) in der jeweiligen Kompetenzausstattung der EG gesehen[138].

Ein Mitgliedstaat kann gegen eine Vertragsverletzungsklage der Kommission gem. Art. 88 Abs. 2 nur geltend machen, es sei ihm **absolut unmöglich**, die Entscheidung durchzuführen[139]. Stößt der Mitgliedstaat bei der Durchführung der Rückforderung auf unvorhergesehene und unvorhersehbare Schwierigkeiten oder wird er sich über Folgen klar, die von der Kommission nicht beabsichtigt sind, so hat er aufgrund von Art. 10 diese Probleme der Kommission zur Beurteilung vorzulegen und dabei geeignete Änderungen der fraglichen Entscheidung vorzuschlagen.»In einem solchen Fall müssen die Kommission und der Mitgliedstaat gemäß dem Grundsatz, daß den Mitgliedstaaten und den Gemeinschaftsorganen gegenseitige Pflichten zur loyalen Zusammen-

25 a

---

132 EuGH, Rs. C-5/89, Slg. 1990, I-3437, Rn. 13 f. (Kommission/Deutschland); Rs. C-169/95, Slg. 1997, I-135, Rn. 51 (Spanien/Kommission); Rs. C-24/95, Slg. 1997, I-1591, Rn. 25 (Alcan II).
133 EuGH, Rs. C-24/95, Slg. 1997, I-1591, Rn. 27 ff. (38), 39 ff. (43), 44 ff. (54) (Alcan II).
134 Vgl. die 10-Jahres-Frist gem. Art. 15 VO (EG) Nr. 659/1999 (Fn. 119).
135 *Scheuing* (Fn. 120), S. 131 ff.
136 C. *Nowak*, Die Entwicklung des EG-Beihilfenkontrollrechts in den Jahren 1998, 1999 und 2000, EuZW 2001, 293 (302 m. Fn. 122).
137 EuGH, Rs. C-298/96, Slg. 1998, I-4767, Rn. 37 (Oelmühle und Schmidt Söhne); ausführlicher GA P. *Léger*, Schlußantr. zu EuGH, Rs. C-298/96, Slg. 1998, I-4767, Ziff. 47 ff.; GA F.G. *Jacobs*, Schlußantr. zu EuGH, Rs. C-24/95, Slg. 1997, I-1591, Ziff. 26, 40 (Alcan II); ferner *Rodriguez Iglesias* (Fn. 121), S. 279 f.
138 *Scheuing* (Fn. 120), S. 126 ff.; vgl. auch *Oldiges* (Fn. 129), S. 635 f.
139 EuGH, Rs. 156/77, Slg. 1978, 1881, Rn. 21 ff. (Kommission/Belgien); Rs. 52/84, Slg. 1986, 89, Rn. 16 (Kommission/Belgien); Rs. C-280/95, Slg. 1998, I-259, Rn. 13 (Kommission/Italien); Rs. C-404/97, 27.6.2000, EuZW 2001, 22, Rn. 39 (Kommission/Portugal).

arbeit obliegen (...) redlich zusammenwirken, um die Schwierigkeiten unter vollständiger Beachtung der Bestimmungen des Vertrages (...) zu überwinden«[140].

26 Sofern eine Maßnahme des Gemeinschaftsrechts andernfalls leerzulaufen droht, gebietet Art. 10 den nationalen Verwaltungsbehörden den **Ausschluß der aufschiebenden Wirkung**, auch wenn die Voraussetzungen nach nationalem Recht (etwa § 80 Abs. 2 Nr. 4 VwGO) an sich nicht vorliegen[141]. Zu erreichen ist dieses Ziel im Wege gemeinschaftsrechtskonformer Auslegung (s. Rn. 40 und Art. 249, Rn. 106 ff.)[142]. Danach besteht ein »öffentliches Interesse« i. S. d. § 80 Abs. 2 Nr. 4 VwGO, wenn Art. 10 die Anordnung der sofortigen Vollziehung gebietet[143].

27 Aus Art. 10 können sich i. V. m. Vorschriften des Sekundärrechts auch (ungeschriebene) **Kontrollpflichten** der nationalen Administration ergeben. So sind die Mitgliedstaaten nach Art. 8 Abs. 1 der VO (EWG) 729/70 über die Finanzierung der gemeinsamen Agrarpolitik[144] i. V. m. Art. 10 verpflichtet, alle Maßnahmen zu treffen, um sich zu vergewissern, daß die durch den EAGFL finanzierten Maßnahmen tatsächlich und ordnungsgemäß durchgeführt worden sind, auch wenn der besondere Gemeinschaftsrechtsakt nicht ausdrücklich eine bestimmte Kontrollmaßnahme vorschreibt. Sie haben insbesondere Maßnahmen zur raschen und effektiven Behebung von betrügerischen Handlungen und Unregelmäßigkeiten zu treffen[145]. Den Mitgliedstaaten obliegt es ferner, die tatsächliche Durchführung der Kontrollen eingehend und vollständig nachzuweisen[146].

28 Verlangt das Gemeinschaftsrecht, daß das nationale Recht **Sanktionen** vorsieht und ist deren Ausgestaltung durch die EG entweder überhaupt nicht geregelt oder in das Ermessen der Mitgliedstaaten gestellt, so folgen aus Art. 10 bestimmte Ermessensbindungen. Verstöße gegen das Gemeinschaftsrecht, insbesondere sofern diese die finanziellen Interessen der Gemeinschaft betreffen (Betrügereien)[147], müssen nach ähnlichen

---

140 EuGH, Rs. 94/87, Slg. 1989, 175, Rn. 9 (Kommission/Deutschland); vgl. ferner Rs. 52/84, Slg. 1986, 89, Rn. 16 (Kommission/Belgien); Rs. C-349/93, Slg. 1995, I-343, Rn. 13 (Kommission/Italien); Rs. C-348/93, Slg. 1995, I-673, Rn. 17 (Kommission/Italien); Rs. C-404/97, 27.6.2000, EuZW 2001, 22, Rn. 40 (Kommission/Portugal).
141 EuGH, Rs. C-217/88, Slg. 1990, I-2879, Rn. 25 (Kommission/Deutschland); vgl. auch Rs. 314/85, Slg. 1987, 4199, Rn. 14 ff. (Foto Frost).
142 Vgl. *Bleckmann* (Fn. 77), S. 654; *I. Pernice*, Einheit und Kooperation: Das Gemeinschaftsrecht im Lichte der Rechtsprechung von EuGH und nationalen Gerichten, GS-Grabitz, 1995, S. 523 (542 ff.); *F. Schoch*, Die Europäisierung des vorläufigen Rechtsschutzes, DVBl. 1997, S. 289 (291).
143 Vgl. EuGH, Rs. C-217/88, Slg. 1990, I-2879, Rn. 26 (Kommission/Deutschland); hierzu *A. Puttler*, in: Ziekow/Sodan (Hrsg.), Nomos Kommentar zur VwGO, § 80, Rn. 11 ff. (13); *F. Schoch*, in: ders./Schmidt-Aßmann/Pietzner (Hrsg.), VwGO, Vorb § 80, Rn. 24; § 80, Rn. 157, 165; *C. W. Vedder*, Die Anordnung der sofortigen Vollziehung eines Verwaltungsaktes als Folge des Gemeinschaftsrechts?, EWS 1991, S. 10.
144 ABl.EG 1970 Nr. L 94/13.
145 EuGH, Rs. 146/81, 192/81 und 193/81, Slg. 1982, 1503, Rn. 13 (BayWa u.a.); Rs. C-2/93, Slg. 1994, I-2283, Rn. 17 f. (Exportslachterijen van Oordegem); Rs. C-235/97, Slg. 1998, I-7555, Rn. 45 (Frankreich/Kommission); Rs. C-28/94, Slg. 1999, I-1973, Rn. 39 ff. (Niederlande/Kommission); Rs. C-240/97, Slg. 1999, I-6571, Rn. 70 (Spanien/Kommission); Rs. C-44/97, Slg. 1999, I-7177, Rn. 55 (Deutschland/Kommission). Vgl. dazu *R. Mögele*, Die Behandlung fehlerhafter Ausgaben im Finanzierungssystem der gemeinsamen Agrarpolitik, 1997, S. 10 ff. m.w.N.
146 EuGH, Rs. C-28/94, Slg. 1999, I-1973, Rn. 41 (Niederlande/Kommission).
147 Art. 280 Abs. 2 hat insofern – in Anbetracht von Art. 10 – nur deklaratorische Bedeutung; vgl. EuGH, Rs. C-186/98, Slg. 1999, I-4883, Rn. 13 (Nunes und de Matos).

sachlichen und verfahrensrechtlichen Regeln sowie mit derselben Sorgfalt geahndet werden wie nach Art und Schwere vergleichbare Verstöße gegen nationales Recht, wobei die Sanktion jedenfalls wirksam, verhältnismäßig und abschreckend sein muß[148]. Dies verlangt ggf. die Einleitung von Straf- oder Disziplinarverfahren, aber z. B. auch die Geltendmachung von Ansprüchen verwaltungs-, steuer- oder zivilrechtlicher Art durch die nationalen Verwaltungsbehörden[149]. Die Mitgliedstaaten müssen ihre gesamte öffentliche Verwaltung, einschließlich erforderlichenfalls der Polizei und der Staatsanwaltschaft, einsetzen, um die Erfüllung ihrer Vertragspflichten zu gewährleisten. Dies bezieht sich sowohl auf Präventiv- wie auf Repressivmaßnahmen.

Ferner können die Exekutive eines Mitgliedstaats im Einzelfall **Informations-, Auskunfts-, Konsultations-** oder **Geheimhaltungspflichten** treffen, wie sich beispielhaft an Art. 14 Abs. 5, 6 und 7, Art. 19 Abs. 2, Art. 40 Abs. 3 EUV, Art. 88 Abs. 3, Art. 95 Abs. 4, 5 und 8, Art. 97 Abs. 1, Art. 284, Art. 287, aber auch im Sekundärrecht[150] zeigt. Diesen muß so entsprochen werden, daß die Kommission ihrer Kontrollaufgabe[151] und der Gerichtshof seiner Rechtswahrungsfunktion[152] sachgerecht nachkommen kann[153]. So sind etwa »nationale Alleingänge« gem. Art. 95 Abs. 4 und 5 oder Art. 176 S. 3 »so früh wie möglich mitzuteilen«, so daß die Kommission ihrer Prüfungspflicht ordnungsgemäß nachkommen kann[154]. Art. 10 ist für die **Gemeinschafts-** bzw. **Unionsaufsicht** die Generalnorm[155], die Art. 226 f. liefern das wichtigste Instrument. Ist ein Verfahren gegen einen Mitgliedstaat anhängig, so haben die Mitgliedstaaten auf Anfrage eines EG-Kontrollorgans Auskunft zu erteilen. Unter Umständen müssen sie auch selbstinitiativ bestimmte Vorgänge notifizieren. Dies wurde vom Gerichtshof für den Fall angenommen, daß ein Mitgliedstaat seine von einer gemeinsamen Marktorganisation abweichenden nationalen Regelungen, die zu einem früheren Zeitpunkt von der Gemeinschaft anerkannt worden sind, im nachhinein in bedeutender

29

---

148 Vgl. EuGH, Rs. 68/88, Slg. 1989, 2965, Rn. 23 ff. (Kommission/Griechenland); Rs. C-382/92, Slg. 1994, I-2435, Rn. 55 (Kommission/Vereinigtes Königreich); Rs. C-177/95, Slg. 1997, I-1111, Rn. 35 (Ebony Maritime und Loten Navigation/Prefetto della Provincia Brindisi); Rs. C-186/98, Slg. 1999, I-4883, Rn. 9 ff. (Nunes und de Matos); *M. Böse*, Strafen und Sanktionen im Europäischen Gemeinschaftsrecht, 1996; *W. van Gerven/M. Zuleeg* (Hrsg.), Sanktionen als Mittel zur Durchsetzung des Gemeinschaftsrechts, 1996; *Hatje* (Fn. 119), S. 283 ff.; *I. Pernice/S. Kadelbach*, Verfahren und Sanktionen im Wirtschaftsverwaltungsrecht, DVBl. 1996, S. 1100 (1112 ff.).
149 Vgl. EuGH, Rs. C-352/92, Slg. 1994, I-3385, Rn. 23 (Milchwerke Köln); vgl. auch GA *W. van Gerven*, Schlußantr. zu EuGH, ebd., Ziff. 16 ff.; am konkreten Beispiel *R. Mögele*, Betrugsbekämpfung im Bereich des gemeinschaftlichen Agrarrechts, EWS 1998, S. 1.
150 Z.B. Art. 5, 10 Abs. 2 VO (EG) Nr. 659/1999 (Fn. 119).
151 Vgl. EuGH, Rs. 804/79, Slg. 1981, 1045, Rn. 35 (Kommission/Vereinigtes Königreich); Rs. 192/84, Slg. 1985, 3967, Rn. 19 (Kommission/Griechenland); Rs. C-137/91, Slg. 1992, I-4023, Rn. 5 ff. (Kommission/Griechenland); Rs. C-375/92, Slg. 1994, I-923, Rn. 25 (Kommission/Spanien); Rs. C-285/96, Slg. 1998, I-5935, Rn. 17 ff. (Kommission/Italien); Rs. C-285/96, Slg. 1998, I-5935, Rn. 17 (19) (Kommission/Italien). Für die Beihilfenaufsicht vgl. Art. 21 ff. VO (EG) Nr. 659/1999 (Fn. 119).
152 Vgl. EuGH, Rs. 272/86, Slg. 1988, 4875, Rn. 31 ff. (Kommission/Griechenland).
153 Vgl. *Blanquet* (Fn. 24), S. 145 ff. m.z.w.N.
154 EuGH, Rs. C-319/97, Slg. 1999, I-3143, Rn. 35 (Kortas).
155 Vgl. *Ipsen*, EG-Recht, S. 216; allg. *D. Bandell*, Die Aufsicht der EG über die Mitgliedstaaten, verglichen mit der Bundesaufsicht und unter Berücksichtigung der internationalen Kontrolle, Diss. Köln 1965; *Hatje* (Fn. 119), S. 154 ff.; *Kahl*, Die Verwaltung (Fn. 38), S. 360 ff.; *A. Weber*, Rechtsfragen der Durchführung des Gemeinschaftsrechts in der Bundesrepublik, 1987, S. 64 ff.; *M. Zuleeg*, Die Kompetenzen der EG gegenüber den Mitgliedstaaten, JöR 20 (1971), S. 1 (52 ff.).

Weise ändert[156]. Eine generelle Auskunfts-, Informations- oder Mitteilungspflicht folgt aus Art. 10 dagegen nicht[157].

30 Aus Art. 10 können **Abstimmungsgebote** resultieren, wonach sich etwa nationale Kartellbehörden vor ihrer Entscheidung mit der Kommission in Verbindung zu setzen haben, wenn in Brüssel ein Verfahren auf Freistellung nach Art. 81 anhängig ist. Zwar ist das nationale Wettbewerbsrecht grundsätzlich neben dem EG-Wettbewerbsrecht anwendbar (s. Art. 81, Rn. 16 ff.), dies gilt jedoch nur, soweit dadurch »die einheitliche Anwendung des Gemeinschaftskartellrechts und die volle Wirksamkeit der zu seinem Vollzug ergangenen Maßnahmen auf dem gesamten Gemeinsamen Markt nicht beeinträchtigt«[158] wird.

III. Pflichten im Zusammenhang mit der gerichtlichen Durchsetzung von EG-Recht

31 Die nationalen **Gerichte** müssen das Gemeinschaftsrecht so anwenden, daß dessen Einheit und Wirksamkeit gewährleistet ist[159]. Die **Bestimmung der zuständigen Gerichte** und die **Ausgestaltung von gerichtlichen Verfahren** (z.B. Klagefristen, Beweislasten etc.) sind mangels gemeinschaftsrechtlicher Regelung grundsätzlich Sache der innerstaatlichen Rechtsordnung der einzelnen Mitgliedstaaten[160]. Praktisch relevant wird dies vor allem für Klagen von Unionsbürgern gegen ihren Mitgliedstaat auf **Erstattung von Abgaben, die unter Verstoß gegen das Gemeinschaftsrecht erhoben worden sind,** namentlich im Bereich der gemeinsamen Agrarpolitik. Die Mitgliedstaaten sind zwar aufgrund von Art. 10 (ggf. i.V.m. Art. 8 Abs. 1 VO 729/70) verpflichtet (kein Ermessen), ihren Bürgern unter Verstoß gegen das Gemeinschaftsrecht erhobene Abgaben sowie einen durch die rechtsgrundlose Abgabenerhebung entstandenen Schaden zu erstatten[161]. Die Festsetzung der Modalitäten der Erstattung bestimmt sich aber grundsätzlich nach nationalem Recht. Dabei ist es den Mitgliedstaaten gemeinschaftsrechtlich grundsätzlich nicht verwehrt, sich gegenüber den Erstattungsklagen auf eine angemessene **nationale Ausschlußfrist** zu berufen, da eine solche als Ausprägung des grundlegenden Prinzips der Rechtssicherheit mit dem Gemeinschaftsrecht vereinbar ist[162]. Dies soll – in Abwei-

---

156 EuGH, Rs. C-40/92, Slg. 1994, I-989, Rn. 35 (Kommission/Vereinigtes Königreich).
157 Wie hier *M. Zuleeg*, in: GTE, EU-/EGV, Art. 5, Rn. 2; *ders.* (Fn. 155), S. 53.
158 EuGH, Rs. 14/68, Slg. 1969, 1, Rn. 4 (Wilhelm).
159 Vgl. EuGH, Rs. 106/77, Slg. 1978, 629, Rn. 21/23 (Simmenthal); Rs. C-213/89, Slg. 1990, I-2433, Rn. 19 ff. (Factortame u.a.); Rs. 222/84, Slg. 1986, 1651, Rn. 53 (Johnston); Rs. C-72/95, Slg. 1996, I-5403, Rn. 58 (Aannemersdriif P.K. Kraaijveld BV); konzeptionell grundlegend bereits EuGH, Rs. 26/62, Slg. 1963, 1 (26) (van Gend & Loos); Vgl. auch *Kadelbach* (Fn. 94), S. 150 ff.; *G. Tesauro*, The effectiveness of judicial protection and co-operation between the Court of Justice and the national courts, Y.E.L. 13 (1993), S. 1; *M. Tonne*, Effektiver Rechtsschutz durch staatliche Gerichte als Forderung des europäischen Gemeinschaftsrechts, 1997, S. 248 ff.
160 Statt vieler *G. Hirsch*, Kompetenzverteilung zwischen EuGH und nationaler Gerichtsbarkeit, NVwZ 1998, S. 907 (910); *C. Moench/W. Sandner*, Rechtsschutz vor deutschen Gerichten, in: Rengeling (Hrsg.), EUDUR I, 1998, § 46, Rn. 53 f., 65.
161 EuGH, Verb. Rs. 205-215/82, Slg. 1983, 2633, Rn. 17 f., 22 (Deutsche Milchkontor); Rs. C-366/95, Slg. 1998, I-2661, Rn. 14 (Steff-Houlberg Export u.a.); Rs. C-298/96, Slg. 1998, I-4767, Rn. 23 (Oelmühle und Schmidt Söhne).
162 EuGH, Rs. 33/76, Slg. 1976, 1989, Rn. 5 (Rewe); Rs. 45/76, Slg. 1976, 2043, Rn. 17 f. (Comet); Rs. 61/79, Slg. 1980, 1205, Rn. 23 (Denkavit italiana); Rs. C-261/95, Slg. 1997, I-4025, Rn. 28 (Palmisani); Rs. C-90/94, Slg. 1997, I-4085, Rn. 48 (Haahr Petroleum); Rs. C-231/96, Slg. 1998, I-4951, Rn. 19 ff., 33 ff., 41 ff. (Edis); Rs. C-260/96, Slg. 1998, I-4997, Rn. 27

chung von der sog. »Emmottschen Formel«[163] – selbst dann gelten, wenn die gemeinschaftsrechtswidrige Abgabenerhebung auf einer nicht ordnungsgemäßen Richtlinienumsetzung beruht[164]. Auch ist es Sache der innerstaatlichen Stellen, alle mit der Erstattung zusammenhängenden Nebenfragen (z.b. Zahlung von Zinsen) nach innerstaatlichen Regeln zu entscheiden[165]. Auch die mitgliedstaatlichen Gerichte haben jedoch die Grenzen des Äquivalenz- und des Effektivitätsgrundsatzes (s. Rn. 24) zu beachten[166]. Hieraus folgt insbesondere die Pflicht, **Gemeinschaftsrechtsverstöße** wirksam zu **sanktionieren** (s. Rn. 28) sowie einen **umfassenden, effektiven Rechtsschutz** zu gewähren, um den subjektiven Rechten, die sich für Unionsbürger aus dem Gemeinschaftsrecht ergeben, zur praktischen Wirksamkeit zu verhelfen[167]. Die nationalen Gerichte verfügen über eine umfassende **Prüfungs- und Verwerfungskompetenz** hinsichtlich der Vereinbarkeit nationaler Normen mit dem Gemeinschaftsrecht[168]. Demgegenüber obliegt die Auslegungs- und Verwerfungszuständigkeit für sämtliche Normen des Gemeinschaftsrechts alleine dem EuGH[169].

Aus Art. 10 folgen auch Vorgaben für den verwaltungsgerichtlichen **vorläufigen** 32 **Rechtsschutz**[170]. Für die **Aussetzung der Vollziehung** gilt nach dem EuGH-Urteil in der Rechtssache »Zuckerfabrik Süderdithmarschen«: Ein nationales Gericht darf die Vollziehung eines auf einer Gemeinschaftsverordnung beruhenden nationalen Verwaltungsakts – entsprechend Art. 242 – nur vorläufig aussetzen, wenn es (1.) erhebliche Zweifel

---

Fortsetzung von Fußnote 162
(Spac); Verb. Rs. C-279/96, C-280/96 und C-281/96, Slg. 1998, I-5025, Rn. 17 f., 23 (Ansaldo Energia u.a.); Rs. C-88/99, 28.11.2000, NJW 2001, 741, Rn. 20 ff. (22 ff., 26 ff.) (Roquette Frères SA); Rs. C-78/98, EuZW 2000, 565 (Preston/Wolverhampton Healthcare).
163 EuGH, Rs. C-208/90, Slg. 1991, I-4269, 1. Leitsatz und Rn. 23 (Emmott).
164 EuGH, Rs. C-188/95, Slg. 1997, 6783, Rn. 41 ff. (Fantask u.a.); Rs. C-231/96, Slg. 1998, I-4951, Rn. 45 ff. (Edis); *H.-G. Kamann*, Vorrang des Gemeinschaftsrechts und Bestandskraft von Verwaltungsakten, Europablätter 2000, S. 87 m.w.N.
165 EuGH, Verb. Rs. C-279/96, C-280/96 und C-281/96, Slg. 1998, I-5025, Rn. 28 (Ansaldo Energia u.a.) m.w.N.
166 Vgl. EuGH, Rs. 45/76, Slg. 1976, 2043, Rn. 11/18 (Comet); Rs. 158/80, Slg. 1981, 1805, Rn. 44 (Rewe); Rs. C-312/93, Slg. 1995, I-4599, Rn. 12 (Peterbroeck) m.w.N. Zu den konkreten Einwirkungen auf das deutsche Verwaltungsprozeßrecht vgl. *Burgi* (Fn. 116), S. 64 ff.; *O. Dörr*, Europäischer Verwaltungsrechtsschutz, in: Sodan/Ziekow (Hrsg.), Nomos-Kommentar zur VwGO (Stand: Juli 2000), Bd. I, insbes. Rn. 409 ff.; *M. Ruffert*, Subjektive Rechte im Umweltrecht der EG, 1996, S. 291 ff.
167 Vgl. EuGH, Rs. C-213/89, Slg. 1990, I-2433, Rn. 21 (Factortame u.a.); Rs. C-393/97 P(R), Slg. 1997, I-441, Rn. 36 (Antonissen); Rs. C-1/99, 11.1.2001, Tätigkeitsbericht Nr. 01/2001, S. 11 (12) (Kofisa Italia Srl); Rs. C-226/99, 11.1.2001, Tätigkeitsbericht Nr. 01/2001, S. 13 (14) (Siples Srl); *Blanquet* (Fn. 24), S. 54 ff.; *Burgi* (Fn. 116), S. 58; *Due* (Fn. 34), S. 10.
168 BVerfGE 31, 145 (174 ff.); *U. Ehricke*, Die richtlinienkonforme und die gemeinschaftsrechtskonforme Auslegung nationalen Rechts, RabelsZ 59 (1995), S. 598 (627); *Pernice* (Fn. 142), S. 532. Zur – umstrittenen – Verwerfungskompetenz der Verwaltung s. Rn. 43.
169 EuGH, Rs. 314/85, Slg. 1987, 4199, Rn. 14 ff. (Foto Frost); *Pernice* (Fn. 38), S. 28, 35.
170 Vgl. *W. Buck*, Die Europäisierung des verwaltungsgerichtlichen vorläufigen Rechtsschutzes, 2000; *C. D. Classen*, Strukturunterschiede zwischen deutschem und europäischem Verwaltungsrecht, NJW 1995, S. 2457 (2462 ff.); *D. Ehlers/H. Pünder*, Vorläufiger Rechtsschutz im Geltungsbereich des Zollkodex, EuR 1997, S. 74; *Hatje* (Fn. 119), S. 323 ff.; *P. M. Huber*, Die Europäisierung des verwaltungsgerichtlichen Rechtsschutzes, BayVBl. 2001, S. 577; *A. Jannasch*, Einwirkungen des Gemeinschaftsrechts auf den einstweiligen Rechtsschutz, NVwZ 1999, S. 495; *S. Lehr*, Einstweiliger Rechtsschutz und Europäische Union, 1999; krit. *Moench/Sandner* (Fn. 160), § 46, Rn. 98 ff.; *Schoch* (Fn. 142), S. 291 ff., 294; zum Ganzen *U. v. Fragstein*, Die Einwirkungen des EG-Rechts auf den vorläufigen Rechtsschutz nach deutschem Verwaltungsrecht, 1997; *C. Rohde*, Der vorläufige Rechtsschutz unter dem Einfluß des Gemeinschaftsrechts, 1997.

an der Gültigkeit der Gemeinschaftsverordnung hat und die Frage dieser Gültigkeit, sofern der Gerichtshof mit ihr noch nicht befaßt ist, diesem selbst vorlegt, (2.) wenn die Entscheidung dringlich ist und dem Antragsteller ein schwerer und nicht wiedergutzumachender Schaden droht, und (3.) wenn das Gericht das Interesse der Gemeinschaft angemessen berücksichtigt. Ggf. muß (4.) eine Sicherheitsleistung verlangt werden[171]. Ein nationales Gericht, nach dessen Ansicht ein aus dem Gemeinschaftsrecht abgeleitetes Recht durch **einstweilige Anordnung** geschützt werden muß, hat, bis über das Bestehen dieses Rechts entschieden ist, solche Anordnungen selbst dann zu erlassen, wenn eine Vorschrift des nationalen Rechts den Erlaß solcher Anordnungen verbietet[172]. In der Rechtssache »Atlanta«[173] hat der Gerichtshof die für das Aussetzungsverfahren im Fall »Zuckerfabrik Süderdithmarschen« entwickelten Grundsätze, gestützt auf Art. 243, auf das einstweilige Anordnungsverfahren übertragen. In der Rechtssache »T. Port« ging der Gerichtshof noch einen Schritt weiter und sprach den nationalen Verwaltungsgerichten die »Zuständigkeit« ab, über streitbefangene Rechte von Marktteilnehmern in bezug auf eine EG-Verordnung einstweilige Regelungsanordnungen im vorläufigen Rechtsschutz zu treffen, solange nicht die Kommission über Härtefallregelungen entschieden hat. Die Kontrolle der Untätigkeit falle in die »ausschließliche Zuständigkeit der Gemeinschaftsgerichtsbarkeit«[174].

33 Art. 10 begründet Kooperationspflichten der nationalen Gerichte gegenüber der EG, insbesondere gegenüber dem EuGH[175], etwa eine Pflicht zur **Rechtshilfe** oder eine Pflicht zum **gerichtlichen Dialog** (Art. 234 Abs. 3). Die nationalen Gerichte nehmen in zunehmendem Maße die Funktion von »europäischen Gerichten«[176] wahr. Im **Beihilferecht** kommt den nationalen Gerichten eine »ergänzende (...) Rolle«[177] gegenüber der

---

171 EuGH, Verb. Rs. C-143/88 u. C-92/89, Slg. 1991, I-415, Rn. 20 ff., 22 ff. (33) (Zuckerfabrik Süderdithmarschen AG); dazu *Puttler* (Fn. 143), Rn. 14 ff.; *Schoch* (Fn. 143), Vorb § 80, Rn. 16 ff., § 80, Rn. 19.
172 EuGH, Rs. C-213/89, Slg. 1990, I-2433, Rn. 18 ff., insbes. 51 (Factortame u.a.).
173 EuGH, Rs. C-465/93, Slg. 1995, I-3761, Rn. 31 ff. (51) (Atlanta); Rs. C-334/95, Slg. 1997, I-4517, Rn. 43 ff. (Krüger/Hauptzollamt Hamburg-Jonas); vgl. auch *Schoch* (Fn. 143), § 123, Rn. 68, 91.
174 EuGH, Rs. C-68/95, Slg. 1996, I-6065, Rn. 39, 53, 58 ff. (T. Port) – auf Vorlage des VGH Kassel, EuZW 1995, 222; zust. *A. Weber*, Die Bananenmarktordnung unter Aufsicht des BVerfG?, EuZW 1997, S. 165 (166); *M. Zuleeg*, Bananen und Grundrechte – Anlaß zum Konflikt zwischen europäischer und deutscher Gerichtsbarkeit, NJW 1997, S. 1201 (1206); krit. *C. Koenig*, Gemeinschaftsrechtliche Unzulässigkeit einstweiliger Regelungsanordnungen gem. § 123 I VwGO im mitgliedstaatlichen Vollzug einer Gemeinsamen Marktorganisation?, EuZW 1997, S. 206; *C. Ohler/W. Weiß*, Einstweiliger Rechtsschutz vor nationalen Gerichten und Gemeinschaftsrecht, NJW 1997, S. 2221; *W. Sandner*, Probleme des vorläufigen Rechtsschutzes gegen Gemeinschaftsrecht vor nationalen Gerichten, DVBl. 1998, S. 262 (265 ff.).
175 Vgl. *T. Oppermann*, Die Dritte Gewalt in der EU, DVBl. 1994, S. 901 (907); *Streinz*, Europarecht, Rn. 574 ff., zur internen Kontrolle dieser Pflicht durch das BVerfG anhand von Art. 101 Abs. 1 S. 2 GG siehe zuletzt BVerfG, JZ 2001, S. 923 m. Anm. v. *Voßkuhle*, ebd., S. 924.
176 Vgl. *T. M. J. Möllers*, Doppelte Rechtsfortbildung contra legem?, in: H. Schlosser (Hrsg.), Bürgerliches Gesetzbuch 1896–1996, 1997, S. 153 (174 ff.); *Temple Lang* (Fn. 22), S. 646; *M. Zuleeg*, Die Rolle der rechtsprechenden Gewalt in der europäischen Integration, JZ 1994, S. 1 (2); weiterführend *M. Burgi*, Deutsche Verwaltungsgerichte als Gemeinschaftsrechtsgerichte, DVBl. 1995, S. 772; *C.D. Classen*, Die Europäisierung der Verwaltungsgerichtsbarkeit, 1996; *D. Ehlers*, Die Europäisierung des Verwaltungsprozeßrechts, 1999; *E. Schmidt-Aßmann*, in: Schoch/ders./Pietzner (Hrsg.), VwGO, Einleitung, Rn. 100 ff.; *ders.*, Europäische Rechtsschutzgarantien, FS-Bernhardt, 1995, S. 1293; *F. Schoch*, Die Europäisierung des verwaltungsgerichtlichen Rechtsschutzes, 2000.
177 Grundlegend EuGH, Rs. C-39/94, Slg. 1996, I-3547, Rn. 41 (SFEI).

Kommission zu[178]. Ist bei einem nationalen Gericht eine Klage anhängig, die darauf gerichtet ist, daß das Gericht die Konsequenzen aus einer Verletzung von Art. 88 Abs. 3 S. 3 zieht, und ist die Kommission zeitgleich angerufen worden, hat aber noch nicht entschieden, ob die streitigen staatlichen Maßnahmen staatliche Beihilfen i. S. d. Art. 88 Abs. 1 darstellen, so ist das nationale Gericht weder verpflichtet, sich für unzuständig zu erklären, noch muß es das Verfahren aussetzen, bis die Kommission Stellung nimmt. Die nationalen Richter können durchaus Veranlassung haben, den Begriff der Beihilfe auszulegen und anzuwenden, um zu bestimmen, ob das Notifizierungsverfahren hätte beachtet werden müssen oder nicht. Hat das nationale Gericht jedoch Zweifel über die Auslegung, so kann es – ungeachtet des Rechts bzw. der Pflicht gem. Art. 234 Abs. 2 und 3 – bei der Kommission **Auskünfte anfordern**. Dies ergibt sich auch aus der Bekanntmachung vom 23.11.1995 über die Zusammenarbeit zwischen der Kommission und den Gerichten der Mitgliedstaaten im Bereich der staatlichen Beihilfen[179], welche eine Konkretisierung von Art. 10 darstellt. Fordert das Gericht eine Auskunft an oder legt es dem EuGH eine Frage vor, so muß es zugleich prüfen, ob vorläufige Maßnahmen zu erlassen sind, um die Interessen der Beteiligten bis zu einer abschließenden Entscheidung zu schützen[180].

Das gerichtliche **Kooperationsverhältnis**[181], einschließlich der Vorlagepflicht nach Art. 234 Abs. 3, erstreckt sich auch auf die besonders sensible Beziehung des **BVerfG zum EuGH**[182]. Es erfaßt sowohl den Grundrechtsschutz als auch Kompetenzstreitigkeiten. Die Arbeitsteilung sieht wie folgt aus: Der EuGH ist – entgegen anderslautender Stimmen (»konkrete Einzelfallkontrolle«)[183] – ausschließlich und abschließend zuständig für die Entscheidung über die Vereinbarkeit von EG-Rechtsakten mit Gemein- 34

---

178 Vgl. bereits EuGH, Rs. 120/73, Slg. 1973, 1471, Rn. 4 ff. (Lorenz); Rs. C-354/90, Slg. 1991, I-5505, Rn. 11 ff. (FNCE).
179 ABl.EG 1995 Nr. C 312/8.
180 Vgl. EuGH, Rs. C-39/94, Slg. 1996, I-3547, Rn. 50 ff. (53) (SFEI); vgl. auch GA *F.G. Jacobs*, Schlußantr. zu EuGH, Rs. C-39/94, Slg. 1996, I-3547, Ziff. 48 ff. (SFEI).
181 Vgl. dazu allg. *J. T. Lang*, The duties of national courts under Community constitutional law, ELRev. 22 (1997), S. 3; *Pühs* (Fn. 39), S. 403 ff.
182 Vgl. bezogen auf den Grundrechtsschutz BVerfGE 89, 155 (175); zuvor bereits allg. EuGH, Rs. 244/80, Slg. 1981, 3045, Rn. 14 (Foglia); vgl. auch *H.-J. Cremer*, Europäische Hoheitsgewalt und deutsche Grundrechte, Der Staat 34 (1995), S. 268; *U. Everling*, BVerfG und Gerichtshof der EG nach dem Maastricht-Urteil, GS-Grabitz, 1995, S. 57; *H. Gersdorf*, Das Kooperationsverhältnis zwischen deutscher Gerichtsbarkeit und EuGH, DVBl. 1994, S. 674; *D. Grimm*, Europäischer Gerichtshof und nationale Arbeitsgerichte aus verfassungsrechtlicher Sicht, RdA 1996, S. 66; *M. Heintzen*, Die »Herrschaft« über die europäischen Gemeinschaftsverträge – Bundesverfassungsgericht und Europäischer Gerichtshof auf Konfliktkurs?, AöR 119 (1994), S. 564; *Hirsch* (Fn. 48), insbes. S. 2463 ff.; *H.-D. Horn*, »Grundrechtsschutz in Deutschland« – Die Hoheitsgewalt der EG und die Grundrechte des Grundgesetzes nach dem Maastricht-Urteil des BVerfG, DVBl. 1995, S. 89; *P. Kirchhof*, Rechtsschutz durch BVerfG und EuGH, in: Merten (Hrsg.), Föderalismus und EG, 1990, S. 109 (115 ff.); *R. Streinz*, Das »Kooperationsverhältnis« zwischen BVerfG und EuGH nach dem Maastricht-Urteil, FS-Heymanns Verlag, 1995, S. 663; *M. Zuleeg*, Europäischer Gerichtshof und nationale Arbeitsgerichte aus europarechtlicher Sicht, RdA 1996, S. 71. Zum Verhältnis EuGH-Landesverfassungsgerichte vgl. *R. Störmer*, Vorabentscheidungsersuchen nach Art. 177 EGV durch Landesverfassungsgerichte, NJ 1998, S. 337.
183 In diesem Sinne aber BVerfG, EuZW 1995, 126 (127); VG Frankfurt a. M., NJW 1997, 1256; *Horn* (Fn. 182), S. 91, 95; *J. Kokott*, Deutschland im Rahmen der EU – zum Vertrag von Maastricht, AöR 119 (1994), S. 207 (216 ff.); *Moench/Sandner* (Fn. 160), § 46, Rn. 15 ff.; *Sandner* (Fn. 174), S. 264 f.; *R. Zuck/C. Lenz*, Verfassungsrechtlicher Rechtsschutz gegen Europa, NJW 1997, S. 1193 (1195 ff., 1200). A.A. *E. Klein*, Grundrechtsdogmatische und verfassungsprozessuale Überlegungen zur Maastricht-Entscheidung des Bundesverfassungsgerichts, GS-Grabitz, 1995, S. 271 (280 ff.); *T. Oppermann*, Zur Eigenart der Europäischen Union, in:

schaftsrecht (Art. 220, 230, 234). Rechtsbehelfe des nationalen Verfassungsrechts sind insoweit unzulässig. Prüfungsgegenstand des BVerfG kann nur das nationale Zustimmungsgesetz oder der nationale Durchführungsakt sein. Das BVerfG hat dabei eine Reservekompetenz, jedoch nur für den Fall, daß der EuGH prinzipiell versagt, mit anderen Worten, seinen Rechtsschutzauftrag schlechterdings nicht mehr erfüllt, indem er offensichtliche Grundrechtsverletzungen oder Kompetenzüberschreitungen von einigem Gewicht (insbesondere wiederholter Art) passieren läßt, die die Substanz der Mitgliedstaaten treffen (»generelle Evidenzkontrolle«)[184]. Dies hat für die **Grundrechtsfrage** nunmehr auch das BVerfG in seinem Beschluß zur **EG-Bananenmarktordnung** so gesehen und betont, Art. 23 Abs. 1 S. 1 GG fordere keinen deckungsgleichen Grundrechtsschutz auf europäischer Ebene. Vielmehr genüge, wenn die Rechtsprechung des EuGH einen wirksamen Schutz der Grundrechte »generell gewährleistet, der dem vom Grundgesetz als unabdingbar gebotenen Grundrechtsschutz im Wesentlichen gleich zu achten ist, zumal den Wesensgehalt der Grundrechte generell verbürgt«. Verfassungsprozessuale Rechtsbehelfe gegen einen Akt der nationalen öffentlichen Gewalt sind unzulässig, wenn ihre Begründung nicht darlegt, daß die europäische Rechtsentwicklung einschließlich der Rechtsprechung des EuGH nach Ergehen der Solange II-Entscheidung[185] unter den erforderlichen Grundrechtsstandard abgesunken sei[186]. Für die Frage der **Kompetenzüberschreitung** durch die EG (»ausbrechende Rechtsakte«)[187] wird man wiederum ganz ähnlich gelagerten generellen Evidenz- bzw. Gesamtbildtheorie operieren müssen. Abzulehnen ist jedoch die – noch weitergehende – Ansicht, die bei jeder Form von Ultra vires-Akten der EG eine Bindung der nationalen Instanzen annimmt[188]. Sie verstößt gegen den Grundsatz der begrenzten Einzelermächtigung und die Kompetenz-Kompetenz der Mitgliedstaaten.

Fortsetzung von Fußnote 183
    Hommelhoff/Kirchhof (Hrsg.), Der Staatenverbund der Europäischen Union, 1994, S. 87 (97 ff.); *Pernice* (Fn. 38), S. 35 sowie *H. Steinberger,* Die Europäische Union im Lichte der Entscheidung des BVerfG vom 12. Oktober 1993, FS-Bernhardt, 1995, S. 1313 (1333), demzufolge »achtenswerte Gründe« dafür sprechen, in dem vom BVerfG in Anspruch genommenen »Interpositionsrecht« einen Verstoß gegen die früheren Art. 164 und 5 zu sehen; ebenso *Möllers* (Fn. 176), S. 158 f.

184 Wie hier bezogen auf Grundrechtsverletzungen *Grimm* (Fn. 182), S. 68 ff.; auch für Kompetenzüberschreitungen *Everling* (Fn. 182), S. 70 ff.; *J. A. Frowein,* Das Maastricht-Urteil und die Grenzen der Verfassungsgerichtsbarkeit, ZaöRV 1994, S. 1 (9 ff.); *J. Isensee,* Vorrang des Europarechts und deutsche Verfassungsvorbehalte – offener Dissens, Stern-FS, 1997, S. 1239 (1246, 1255); *E. Klein,* Der Verfassungsstaat als Glied einer europäischen Gemeinschaft, VVDStRL 50 (1991), S. 56 (66 ff., 77 ff.); *K. M. Meessen,* Maastricht nach Karlsruhe, NJW 1994, S. 549; *M. Nettesheim,* Art. 23 GG, nationale Grundrechte und EU-Recht, NJW 1995, S. 2083 (2084); *Oppermann* (Fn. 183), S. 97; *Pernice* (Fn. 30), Rn. 59; *J.-P. Schneider,* Effektiver Rechtsschutz Privater gegen EG-Richtlinien, AöR 119 (1994), S. 294 (301, 312 ff.); *Zuleeg* (Fn. 174), S. 1202, 1205; ähnlich, jedoch besonders auf die Wesensgehaltsgarantie (Art. 19 Abs. 2 GG) abhebend, *P. M. Huber,* Das Kooperationsverhältnis zwischen BVerfG und EuGH in Grundrechtsfragen, EuZW 1997, S. 517 (519 f.); noch enger im Sinne eines »Notstandsrechts« des BVerfG »im Extremfall« *D.H. Scheuing,* Deutsches Verfassungsrecht und europäische Integration, EuR Beiheft 1/1997, Rn. 87, 115.

185 BVerfGE 73, 339 (378–381).

186 BVerfG, JZ 2000, 1155 (1156). Vgl. auch bereits BVerfGE 89, 155 (175); aus der neueren Lit. unter Berücksichtigung der EU-Grundrechtecharta *J. Limbach,* Die Kooperation der Gerichte in der zukünftigen europäischen Grundrechtsarchitektur, EuGRZ 2000, S. 417; *M. Zuleeg,* Zum Verhältnis nationaler und europäischer Grundrechte, EuGRZ 2000, S. 511.

187 Vgl. dazu nunmehr grds. *F.C. Mayer,* Kompetenzüberschreitung und Letztentscheidung, 2000. Aus der Rspr. BVerfGE 89, 155 (188, 210).

188 So aber *W. Hummer/W. Obwexer,* Vom »Gesetzesstaat zum Richterstaat« und wieder retour?, EuZW 1997, S. 295 (300); wohl auch *E. Klein* (Fn. 184), S. 67.

IV. Pflichten im Zusammenhang mit der Kompetenzwahrnehmung

Vorab ist zu bemerken, daß Art. 10 stets nur bei der *Ausübung* anderweitig eingeräumter Kompetenzen von Bedeutung sein kann, jedoch in keinem Fall kompetenz*begründend* wirkt.

1. Konkurrierende Kompetenzen

Im Bereich der konkurrierenden Kompetenzen (s. Art. 5, Rn. 32) sind die Mitgliedstaaten grundsätzlich frei, nationale Regelungen zu erlassen, sofern die Gemeinschaft von ihrer Rechtsetzungskompetenz noch keinen erschöpfenden Gebrauch gemacht hat. Führt die Anwendung des Art. 5 Abs. 2 dazu, daß ein Tätigwerden der Gemeinschaft unterbleibt, so sind die Mitgliedstaaten bei ihrem Tätigwerden gem. **Ziff. 8 des Subsidiaritätsprotokolls** (Protokoll Nr. 21 zum Amsterdamer Vertrag 1997) verpflichtet, den Vorgaben des Art. 10 zu genügen. Geht die konkurrierende Kompetenz ab einem bestimmten Zeitpunkt in eine ausschließliche (s. Art. 5, Rn. 18 ff.) über und sind die Mitgliedstaaten nur noch übergangsweise zuständig, wie dies etwa nach Art. 102 der Beitrittsakte 1972[189] für den Schutz der Fischbestände der Fall war, so resultieren aus Art. 10 (ggf. i. V. m. anderen Vorschriften)[190] **Konsultations- und Informationspflichten**, ein **Beeinträchtigungsverbot** (s. Rn. 45), eine **Förderungspflicht**[191] sowie – in bestimmten Fällen (nicht generell; s. Rn. 20) – eine **Stillhalteverpflichtung** (»standstill«; vgl. die leges speciales der Art. 25, 28, 31 Abs. 2 und 86)[192] für die Mitgliedstaaten. Dies betrifft besonders den Bereich des **völkerrechtlichen Handelns**. Die Mitgliedstaaten müssen sich nach Kräften bemühen, die spätere Teilnahme der EG an völkerrechtlichen Übereinkommen sicherzustellen, sobald die EG sich zur Ausübung der Kompetenz anschickt[193]. Kollidieren Übereinkünfte, die ein Mitgliedstaat mit Dritten geschlossen hat, mit dem EG-Vertrag, so sind die Mitgliedstaaten *generell* (Art. 10 i.V.m. Art. 307 Abs. 2 S. 1) zur Behebung der Unvereinbarkeiten verpflichtet. Aus Art. 10 kann überdies eine Pflicht der Mitgliedstaaten zur Wahrnehmung ihrer konkurrierenden Kompetenz folgen, wenn die gleichermaßen zuständige EG am Erlaß der erforderlichen Maßnahmen gehindert ist[194].

In der Literatur wird z. T. für den **internen Bereich** der EG eine vergleichbare **Mitwirkungspflicht** wie im völkerrechtlichen Bereich angenommen[195]. Hierzu wird etwa die Pflicht gerechnet, die Organe der EG zu besetzen (Verbot einer Politik »des leeren Stuhls«) sowie bei der Willensbildung in den EG-Organen die »notwendige Kompro-

---

189 ABl.EG 1972 Nr. L 73/14.
190 Insbesondere dem Art. 116 EWGV, der durch den Maastrichter Vertrag von 1992 aufgehoben wurde.
191 Vgl. EuGH, Rs. 22/70, Slg. 1971, 263, Rn. 20/22 (Kommission/Rat); Verb. Rs. 3, 4 und 6/76, Slg. 1976, 1279, Rn. 44/45 (Kramer); Rs. 61/77, Slg. 1978, 417, Rn. 63/68 (Kommission/Irland); Rs. 88/77, Slg. 1978, 473, Rn. 14 ff. (Fischereiminister/Schonenberg).
192 Vgl. EuGH, Verb. Rs. 3, 4 und 6/76, Slg. 1976, 1279, Rn. 44/45 (Kramer); Rs. 804/79, Slg. 1981, 1045, Rn. 28 (Kommission/Vereinigtes Königreich); *A. v. Bogdandy*, in: Grabitz/Hilf, EU, Art. 5, Rn. 70; *Pernice* (Fn. 30), Rn. 32 ff.
193 EuGH, Verb. Rs. 3, 4 und 6/76, Slg. 1976, 1279, Rn. 44/45 (Kramer).
194 Vgl. EuGH, Rs. 32/79, Slg. 1980, 2403, Rn. 25 (Kommission/Vereinigtes Königreich); vgl. auch GA *Reischl*, Schlußantr. zu EuGH, Rs. 32/79, Slg. 1980, 2403 (2460 ff.) (Kommission/Vereinigtes Königreich).
195 So *Bleckmann*, in: GBTE, EWGV, Art. 5, Rn. 15, 18; *ders.* (Fn. 77), S. 655.

mißbereitschaft« an den Tag zu legen[196]. Der zuletzt genannte Aspekt geht jedoch zu weit. Es besteht kein Gebot für die Mitgliedstaaten, bei ihrem Abstimmungsverhalten im Rat ausschließlich oder primär Gemeinschaftsinteressen zu verfolgen und nationale Belange zurückzustellen[197].

2. Ausschließliche Kompetenzen der EG

38 Im Bereich der ausschließlichen EG-Kompetenzen (s. Art. 5, Rn. 18 ff.) sind die Mitgliedstaaten grundsätzlich nicht mehr befugt, nationale Regelungen zu erlassen. Das gilt auch dann, wenn keine gemeinschaftsrechtliche Vorschrift entgegensteht[198]. Der Gerichtshof hat es den Mitgliedstaaten jedoch ausnahmsweise erlaubt, gewisse innerstaatliche Maßnahmen[199] vorübergehender Natur zu ergreifen. Dies ist zulässig, wenn der Rat (z. B. wegen Beschlußunfähigkeit) keine entsprechenden Maßnahmen erläßt, obgleich solche unabweisbar notwendig sind (»notstandsähnliche Situation«)[200]. Das Schrifttum spricht in diesem Zusammenhang davon, die Mitgliedstaaten seien »Sachwalter des gemeinsamen Interesses«[201]. Festzuhalten bleibt jedoch, daß die Mitgliedstaaten nicht auf der Grundlage einer eigenen Zuständigkeit tätig werden, da die Zuständigkeitsübertragung auf die Gemeinschaft insoweit vollständig und endgültig war, sondern nur fiduziarisch und lückenschließend eine fremde Kompetenz wahrnehmen. Hierbei haben sie die Kooperationspflichten aus Art. 10 zu beachten, insbesondere die Kommission eingehend zu konsultieren, sich um ihre Billigung zu bemühen und keine Maßnahmen gegen ihre Einwände, Vorbehalte oder Bedingungen zu erlassen[202]. Zum Teil wird weitergehend eine generelle Verpflichtung der Mitgliedstaaten angenommen, nationale Maßnahmen zu erlassen, soweit ein konkreter Regelungsnotstand drohe[203]. Diese Ansicht wurde jedoch in dieser generellen Form vom EuGH mit Recht zurückgewiesen[204].

3. Gemischte Abkommen

39 Fällt der Regelungsgegenstand eines völkerrechtlichen Vertrages teils in die EG-Kompetenz, teils in die Zuständigkeit der Mitgliedstaaten (sog. gemischte Abkommen), so ist

---

196 *Bleckmann*, in: GBTE, EWGV, Art. 5, Rn. 15.
197 Vgl. *Blanquet* (Fn. 24), S. 136 ff.; *E. Klein*, in: HK-EUV, Art. 5, Rn. 40; *Lück* (Fn. 9), S. 165; *Söllner* (Fn. 14), S. 66 m.w.N.
198 Vgl. *C. Calliess*, Der Schlüsselbegriff der »ausschließlichen Zuständigkeit« im Subsidiaritätsprinzip des Art. 3b II EGV, EuZW 1995, S. 693 (698) m.w.N.
199 Konkret ging es um Seefischerei-Erhaltungsmaßnahmen nach Ablauf der sechsjährigen Übergangsfrist (Art. 102 der Beitrittsakte) am 31.12.1978.
200 Vgl. insbes. EuGH, Rs. 804/79, Slg. 1981, 1045, Rn. 17 ff., 28 ff. (Kommission/Vereinigtes Königreich); Verb. Rs. 3, 4 und 6/76, Slg. 1976, 1279, Rn. 39 ff. (Kramer); Rs. 32/79, Slg. 1980, 2403, Rn. 10 (Kommission/Vereinigtes Königreich); Verb. Rs. 47 und 48/83, Slg. 1984, 1721, Rn. 22 ff. (Pluimveeslachterijen Midden-Nederland und Van Miert).
201 Vgl. *Blanquet* (Fn. 24), S. 87 ff.; *M. Pechstein*, Die Mitgliedstaaten der EG als »Sachwalter des gemeinsamen Interesses«, 1987.
202 EuGH, Rs. 804/79, Slg. 1981, 1045, Rn. 30 f. (Kommission/Vereinigtes Königreich); Rs. 124/80, Slg. 1981, 1447, Rn. 10 (Van Dam).
203 Vgl. GA *Reischl*, Schlußantr. zu EuGH, Rs. 32/79, Slg. 1980, 2403 (2460 f.) (Kommission/Vereinigtes Königreich); *Due* (Fn. 34) S. 13; *A. Hatje*, in: Schwarze, EU-Kommentar, Art. 10, Rn. 24; *Pechstein* (Fn. 201), S. 119 ff., 145 ff.
204 Vgl. EuGH, Rs. C-165/88, Slg. 1989, 4081, Rn. 15 (ORO Amsterdam Beheer en Concerto); *Lück* (Fn. 9), S. 54 ff.

eine enge Zusammenarbeit zwischen den Mitgliedstaaten und den Gemeinschaftsorganen sowohl bei der Aushandlung und dem Abschluß des Übereinkommens wie bei dessen Durchführung sicherzustellen. Diese Pflicht zur Zusammenarbeit begründet der Gerichtshof, ohne Art. 10 zu zitieren, mit der Notwendigkeit einer **geschlossenen völkerrechtlichen Vertretung** der Gemeinschaft[205]. Ihre dogmatischen Wurzeln wird man aber primär in Art. 10 zu suchen haben.

V. Maßstabswirkung (objektive unmittelbare Wirkung, gemeinschaftsrechtskonforme Auslegung und Rechtsfortbildung) und Staatshaftung

Die Richtlinie verliert ihre Wirkung nicht mit dem Ergehen des nationalen Umsetzungsakts. Sie entfaltet vielmehr, solange sie besteht, eine umfassende **Maßstabswirkung**[206]. Gemeint sind damit die **objektiven Wirkungen** des Gemeinschaftsrechts, d. h. die Wirkungen, die von den Mitgliedstaaten bei der Erfüllung ihrer Aufgaben unabhängig davon zu beachten sind, ob sie von Individuen geltend gemacht werden[207] (s. Art. 249, Rn. 93 ff.). Wichtigstes Beispiel einer Maßstabswirkung ist die **objektive unmittelbare Wirkung** von Richtlinienbestimmungen, die (nur) an die Voraussetzung einer »unmißverständlichen Verpflichtung« gekoppelt ist[208]. Die objektive Wirkung äußert sich ferner darin, daß alle Träger öffentlicher Gewalt verpflichtet sind, das gesamte nationale Recht sowohl im Staat-Bürger-Verhältnis als auch im Verhältnis von Privaten unterein-

40

---

205 EuGH, G. 1/94, Slg. 1994, I-5267, Rn. 108 (WTO).
206 Vgl. *A. Bach*, Direkte Wirkungen von EG-Richtlinien, JZ 1990, S. 1108 (1111 ff.); *Brechmann* (Fn. 105), S. 142 ff.; *Götz* (Fn. 105), S. 1853; *Hilf* (Fn. 105), S. 12, 15; *E. Klein* (Fn. 101), S. 650; *C. Langenfeld*, Zur Direktwirkung von EG-Richtlinien, DÖV 1992, S. 955 (957); *M. Nettesheim*, Auslegung und Fortbildung nationalen Rechts im Lichte des Gemeinschaftsrechts, AöR 119 (1994), S. 261 (270, 272); *Wegener* (Fn. 122), S. 129 ff., 139. Der Begriff der »Maßstabswirkung« wird im Schrifttum uneinheitlich gebraucht. Hier wird er als Oberbegriff für die im folgenden dargestellten objektiven Wirkungen des EG-Rechtsakts verstanden, bei denen der Zielsetzung des EG-Rechtsakts bestimmte Anforderungen an die Ausgestaltung des nationalen Rechts mit hinreichender Deutlichkeit zu entnehmen sind; ähnlich *Bach*, ebd., S. 1113; *M. Gellermann*, Auflösung von Normwidersprüchen zwischen europäischem und nationalem Recht, DÖV 1996, S. 433 (436).
207 Vgl. *A. Epiney*, Unmittelbare Anwendbarkeit und objektive Wirkung von Richtlinien – Zur Entscheidung des EuGH vom 11.8.1995 – Rs. C-431/92 – Großkrotzenburg –, DVBl. 1996, S. 409 (410); *E. Klein* (Fn. 101), S. 642; *Reiner Schmidt*, Einführung in das Umweltrecht, 6. Aufl., 2001, § 8, Rn. 69.
208 EuGH, Rs. C-431/92, Slg. 1995, I-2189, Rn. 26, 39 f. (Großkrotzenburg); BVerwGE 100, 238 (242); dazu – mit unterschiedlicher Bewertung – *C. Calliess*, Zur unmittelbaren Wirkung der EG-Richtlinie über die Umweltverträglichkeitsprüfung und deren Umsetzung im deutschen Immissionsschutzrecht, NVwZ 1996, S. 339; *Epiney* (Fn. 207), S. 409; *Gellermann* (Fn. 206), S. 433; *R. Steinberg*, Chancen zur Effektuierung der Umweltverträglichkeitsprüfung durch die Gerichte?, DÖV 1996, S. 221 (224). Bezogen auf die Pflicht zur richtlinienkonformen Auslegung von Amts wegen und unabhängig von der unmittelbaren Richtlinienwirkung EuGH, Rs. C-91/92, Slg. 1994, I-3325, Rn. 26 (Faccini Dori); Verb. Rs. C-430/93 und C-431/93, Slg. 1995, I-4705, Rn. 13 ff. (van Schijndel); Rs. C-72/95, Slg. 1996, I-5403, Rn. 57 f. (Aannemersbedriif P.K. Kraaijeveld BV). Vgl. auch *L. Diederichsen*, Das Vermeidungsgebot im Abfallrecht, 1998, S. 147 ff. Zuletzt EuGH, Rs. C-365/97, Slg. 1999, I-7773, Rn. 63 (Kommission/Italien).

ander mit Vorrang[209] **gemeinschaftsrechtskonform auszulegen**[210]. Die Begründung hierfür liefert Art. 10[211]. Der praktisch wichtigste Anwendungsfall ist das Institut der **richtlinienkonformen Auslegung** gemäß Art. 10 i.V.m. Art. 249 Abs. 3[212] (s. Art. 249), das nach Ablauf der Umsetzungsfrist bzw. nach erfolgter Umsetzung das gesamte nationale Recht erfaßt und das verlangt, die Auslegung des nationalen Rechts soweit wie möglich am Wortlaut und Zweck der Richtlinie auszurichten. Voraussetzung für eine *Pflicht* zur gemeinschaftskonformen Auslegung ist jedoch, da dieses Institut eng mit dem, ebenfalls auf Art. 10 gestützten, Anwendungsvorrang des EG-Rechts vor dem gesamten nationalen Recht[213] (s. Art. 220, Rn. 22 ff.) verkoppelt ist[214], eine (direkte oder indirekte) *Kollision*[215] zwischen dem EG-Recht und dem nationalen Recht. Eine solche kann auch zwischen einer Vorschrift des nationalen Rechts und einer nicht unmittelbar wirkenden, sprich nicht unbedingten sowie hinreichend klaren und genauen (s. Art. 249), objektiven Regelung des Gemeinschaftsrechts vorliegen. (Unmittelbare) Wirkung und Individualrechtsbegründung (subjektive Wirkung) sind, mit anderen Worten, voneinander unabhängige Institute. Letztere stellt nur einen Teilausschnitt der Ersteren dar[216]. Zu denken ist etwa an Ziele, Prinzipien, unbestimmte Rechtsbegriffe und Generalklauseln. Einheit und Wirksamkeit des EG-Rechts verlangen die Anwendung der kollisionsrechtlichen Institute auch bei objektiven Normwidersprüchen. Die

---

209 Gleichsinnig *Ehricke* (Fn. 168), S. 623 ff. (mit Einschränkung bei der richtlinienkonformen Auslegung, bei der er von einer bloßen »Vorzugsregel« ausgeht, ebd., S. 612 ff.).
210 Allg. dazu *H.D. Jarass*, Richtlinienkonforme bzw. EG-rechtskonforme Auslegung nationalen Rechts, EuR 1991, S. 211; *Kadelbach* (Fn. 94), S. 95 ff.; *J. Schwarze/A. Hatje*, Gemeinschaftsrechtskonforme Auslegung des nationalen Rechts – unter besonderer Berücksichtigung des Umweltrechts, in: Rengeling (Hrsg.), EUDUR I, 1998, § 33; *G. Ress*, Die richtlinienkonforme »Interpretation« innerstaatlichen Rechts, DÖV 1994, S. 489.
211 Vgl. EuGH, Rs. C-365/97, Slg. 1999, I-7773, Rn. 85 (Kommission/Italien); Rs. C-264/96, Slg. 1998, I-4695, Rn. 31 ff. (ICI); GA *G. Tesauro*, Schlußantr. zu EuGH, Rs. C-264/96, Slg. 1998, I-4695, Ziff. 32 f. (ICI); *Reiner Schmidt*, Öffentliches Wirtschaftsrecht, AT, 1990, S. 284 ff.; *M. Zuleeg*, in: GTE, EU-/EGV, Art. 5, Rn. 6.
212 St. Rspr. seit EuGH, Rs. 14/83, Slg. 1984, 1891, Rn. 26 (von Colson und Kamann); vgl. etwa noch Rs. C-106/89, Slg. 1990, I-4135, Rn. 8 (Marleasing); Rs. C-334/92, Slg. 1993, I-6911, Rn. 20 f. (Wagner Miret); Rs. C-168/95, Slg. 1996, I-4705, Rn. 41 (Arcaro); Rs. C-185/97, Slg. 1998, I-5199, Rn. 18 (Coote); Rs. C-131/97, Slg. 1999, I-1103, Rn. 48 (Carbonari u.a.). Für eine alleinige Abstützung auf Art. 10 BVerfGE 75, 223 (237); *U. Ehricke*, Die richtlinienkonforme Auslegung nationalen Rechts vor Ende der Umsetzungsfrist einer Richtlinie, EuZW 1999, S. 553 (554); *Götz* (Fn. 105), S. 1853 ff.; *S. Kadelbach*, Der Einfluß des EG-Rechts auf das nationale Allgemeine Verwaltungsrecht, in: v. Danwitz u. a. (Hrsg.), Auf dem Wege zu einer Europäischen Staatlichkeit, 1993, S. 131 (133 m. Anm. 13).
213 Vgl. EuGH, Rs. 6/64, Slg. 1964, 1251 (1269 f.) (Costa/E.N.E.L.); Rs. 11/70, Slg. 1970, 1125, Rn. 3 (Internationale Handelsgesellschaft); Rs. 106/77, Slg. 1978, 629, Rn. 19 (Simmenthal); Rs. 158/80, Slg. 1981, 1805, Rn. 43 (Rewe); st. Rspr. Zuletzt dazu, daß der Anwendungsvorrang auch (nach innerstaatlichem Recht bestandskräftige) Verwaltungsakte erfaßt, EuGH, Rs. C-224/97, Slg. 1999, I-2517, Rn. 32 ff. (Ciola); für verallgemeinerungsfähig hält dieses Urteil *A. Epiney*, Neuere Rechtsprechung des EuGH zum allgemeinen Verwaltungs-, Umwelt- und Gleichstellungsrecht, NVwZ 2000, S. 36 (37); a.A. *Scheuing* (Fn. 120), S. 142 f.; *T. Schilling*, Urteilsanmerkung, EuZW 1999, S. 407 (408).
214 Wie hier *Ehricke* (Fn. 130), S. 631 ff.
215 Zur Kollisionsbegrifflichkeit vgl. *K. E. Huthmacher*, Der Vorrang des Gemeinschaftsrechts bei indirekten Kollisionen, 1984, S. 134 ff.; *Kadelbach* (Fn. 94), S. 23 ff.; *M. Niedobitek*, Kollisionen zwischen EG-Recht und nationalem Recht, VerwArch. 92 (20001), S. 58 (73 ff.).
216 Vgl. zutreffend *K.-H. Ladeur*, Die Umsetzung der EG-Richtlinie zur Umweltverträglichkeitsprüfung in nationales Recht und ihre Koordination mit dem allgemeinen Verwaltungsrecht, UPR 1996, S. 419 (420); wie hier auch *Jarass* (Fn. 19), S. 90 ff.; *Pühs* (Fn. 39), S. 390 ff.; *Rengeling/Middeke/Gellermann*, Rechtsschutz in der EU, Rn. 919; *U. Sacksofsky*, Europarechtliche Antworten auf Defizite bei der Umsetzung von Richtlinien, in: v. Danwitz u. a. (Hrsg.), Auf

Grenze liegt nach einem neueren Urteil des EuGH[217] möglicherweise (die vorsichtige Formulierung ist geboten, weil das Urteil in diesem Punkt nicht hinreichend klar ist) entsprechend seiner Direktwirkungsdogmatik dort, wo die richtlinienkonforme Auslegung zu einer **Horizontalwirkung zu Lasten des einzelnen** führt[218]. Ein solches Ergebnis stünde jedoch, jedenfalls was mittelbare Belastungen in Dreiecksverhältnissen angeht, im Widerspruch zur bisherigen EuGH-Judikatur und vermag in der Sache nicht zu überzeugen. Die Frage der begünstigenden/belastenden Wirkung einer Richtlinie ist für ihre Maßstabswirkung irrelevant, wie sich aus der Entscheidung »Großkrotzenburg« ergibt[219]. Es handelt sich bei der Maßstabswirkung gerade um eine gegenüber der Direktwirkung neuartige, weiterreichende Kategorie[220].

Fehlt es an jeglicher Kollision, *können* die nationalen Stellen das EG-Recht im Lichte des Gemeinschaftsrechts auslegen; verpflichtet sind sie hierzu nicht (sog. **gemeinschaftsrechtsorientierte Auslegung**)[221]. Hierbei handelt es sich dogmatisch um eine Fallgruppe der fakultativen Rezeption von Gemeinschaftsrecht im Wege der Adaption[222]. 41

Weist das nationale Gesetz **Lücken** auf und fehlt es an einer unmittelbar anwendbaren Bestimmung des Gemeinschaftsrechts, so folgt für die Mitgliedstaaten aus Art. 10 (ggf. i. V. m. Art. 249 Abs. 3) eine Pflicht zur **gemeinschaftsrechtskonformen** (insbesondere richtlinienkonformen) **Fortbildung des nationalen Rechts**[223]. Hiervon geht auch der EuGH im praktischen Ergebnis aus, ohne methodologisch zwischen Auslegung und Rechtsfortbildung zu differenzieren[224]. Der nationale Richter hat zwar den ihm eingeräumten Beurteilungsspielraum »soweit irgend möglich« zu nutzen, mit dieser Wendung ist aber zugleich konkludent zum Ausdruck gebracht, daß es (nationale) Grenzen 42

Fortsetzung von Fußnote 216
    dem Wege zu einer Europäischen Staatlichkeit, 1993, S. 91 (95 ff.); *Wegener* (Fn. 122), S. 129 ff.; a. A. *U. Di Fabio*, Richtlinienkonformität als ranghöchstes Normauslegungsprinzip, NJW 1990, S. 947 (952); *Ipsen*, EG-Recht, S. 263 ff.; *Isensee* (Fn. 184), S. 1243; *Zuleeg* (Fn. 117), S. 163 f.
217 EuGH, Rs. C-168/95, Slg. 1996, I-4705, Rn. 42 (Arcaro).
218 So auch *Langenfeld* (Fn. 207), S. 964.
219 EuGH, Rs. C-431/92, Slg. 1995, I-2189, Rn. 26, 39 f. (Großkrotzenburg).
220 Ähnlich *L. Diederichsen* (Fn. 208), S. 147 ff.; *Epiney* (Fn. 207), S. 413; *R. Hutka*, Gemeinschaftsrechtsbezogene Prüfungs- und Verwerfungskompetenz der deutschen Verwaltung gegenüber Rechtsnormen nach europäischem Gemeinschaftsrecht und nach deutschem Recht, 1997, S. 91 f.; *Rengeling/Middeke/Gellermann*, Rechtsschutz in der EU, Rn. 921; *Sacksofsky* (Fn. 217), S. 96; *Reiner Schmidt* (Fn. 207), § 8, Rn. 73.
221 Vgl. dazu ausführlich *W. Kahl*, Der europarechtlich determinierte Verfassungswandel im Informations- und Kommunikationsstaat Bundesrepublik Deutschland, in: Haratsch/Kugelmann/Repkewitz (Hrsg.), Herausforderungen an das Recht der Informationsgesellschaft, 1996, S. 9 (24 ff.).
222 Zur Klassifikation vgl. *Kahl*, Die Verwaltung (Fn. 38), S. 377 ff. (378); ähnlich *Ladeur* (Fn. 216), S. 422 (»aktive Gestaltungsaufgabe«; »kooperative Interpretation«).
223 *Brechmann* (Fn. 105), S. 19 ff.; *L. Diederichsen* (Fn. 208), S. 156 ff.; *Ehricke* (Fn. 130), S. 635, 638 ff.; *U. Everling*, Zur Auslegung des durch EG-Richtlinien angeglichenen nationalen Rechts, ZGR 1992, S. 376 (388); *S. Grundmann*, Richtlinienkonforme Auslegung im Bereich des Privatrechts – insbesondere: der Kanon der nationalen Auslegungsmethoden als Grenze?, ZEuP 1996, S. 399 (417 ff.); *M. Hilf*, Der Justizkonflikt um EG-Richtlinien: gelöst?, EuR 1988, S. 1 (8 ff.); *Jarass* (Fn. 19), S. 90; *E. Klein*, in: HK-EUV, Art. 5, Rn. 25; *Möllers* (Fn. 176), S. 179; *M. Zuleeg*, in: GTE, EU-/EGV, Art. 5, Rn. 4; instruktiv zum Ganzen *Nettesheim* (Fn. 206), S. 268 ff., 282 ff.
224 Vgl. *U. Everling*, Richterliche Rechtsfortbildung in der Europäischen Gemeinschaft, JZ 2000, S. 217; *Nettesheim* (Fn. 206), S. 265 m. N. der Rspr.

dieser Pflicht gibt und daß somit eine Pflicht zur Rechtsfortbildung entgegen den eindeutigen Wortlaut oder Willen des nationalen Gesetzgebers (**gesetzesübersteigende Rechtfortbildung** bzw. **Rechtsfortbildung contra legem**) nicht besteht[225]. Es besteht, mit anderen Worten, nur eine Pflicht zur **gesetzesimmanenten** Rechtsfortbildung (**Rechtsfortbildung intra** und **praeter legem**)[226]. Einen instruktiven Beispielsfall für eine gesetzesimmanente Rechtsfortbildung liefert die Entscheidung des BVerwG zur modalen Ausgestaltung des Anspruchs auf Umweltinformationen[227].

43 Gelangen nationale Verwaltungsbehörden nach einer Prüfung der Europarechtskonformität einer nationalen Vorschrift (**Prüfungsrecht** und **-pflicht**, »legal review«[228]) zu der Überzeugung, daß eine gemeinschaftsrechtskonforme Auslegung und Fortbildung des nationalen Rechts nicht möglich ist, so haben sie aufgrund von Art. 10 bei offenkundiger Gemeinschaftsrechtswidrigkeit das nationale Recht unangewendet zu lassen und auf das entsprechende EG-Recht Rückgriff zu nehmen (**Verwerfungsrecht** und **-pflicht**)[229]. Dem steht auch Art. 20 Abs. 3 GG nicht entgegen, der insoweit durch Art. 23 Abs. 1 S. 1 GG überlagert wird, als zum »Recht« i. S. v. Art. 20 Abs. 3 GG auch das mit Anwendungsvorrang ausgestattete Gemeinschaftsrecht rechnet[230]. Die Be-

---

225 EuGH, Rs. C-63/97, Slg. 1999, I-905, Rn. 23 f. (BMW); ebenso in der Lit. *J. Basedow*, Der Bundesgerichtshof, seine Rechtsanwälte und die Verantwortung für das europäische Privatrecht, FS-Brandner, 1996, S. 651 (658); *Brechmann* (Fn. 105), S. 166, 266 ff., 276 und passim; *Herrnfeld*, in: Schwarze, EU-Kommentar, Art. 94, Rn. 72; *B. Heß*, Urteilsanmerkung, JZ 1995, S. 150 (151); *E. Klein* (Fn. 101), S. 646; *M. Lutter*, Die Auslegung angeglichenen Rechts, JZ 1992, S. 593 (607); *E. Steindorff*, EG-Richtlinien und Illusionen, FS-Everling, Bd. II, 1995, S. 1455 (1460, 1463); *ders.* (Fn. 71), S. 451 ff. Dagegen für eine Pflicht (auch) zur gesetzesübersteigenden Rechtsfortbildung: *A. Dendrinos*, Rechtsprobleme der Direktwirkung der EWG-Richtlinie, 1989, S. 291; *Scheuing* (Fn. 57), S. 252 ff.; *Streinz* (Fn. 96), Rn. 64; *Zuleeg* (Fn. 51), S. 214 ff.; i. Erg. wohl auch *F. Schockweiler*, Die Haftung der EG-Mitgliedstaaten gegenüber dem einzelnen bei Verletzung des Gemeinschaftsrechts, EuR 1993, S. 107 (120).
226 Zur Begrifflichkeit *K. Larenz/C.-W. Canaris*, Methodenlehre der Rechtswissenschaft, 3. Aufl. (1995), S. 187 ff., 232 ff.
227 BVerwG, NJW 1997, 753; dazu *Reiner Schmidt*, Neuere höchstrichterliche Rechtsprechung zum Umweltrecht, JZ 1997, S. 1042 (1045).
228 Zum Begriff vgl. *C. W. A. Timmermans*, Directives: Their effect within the national legal system, CMLRev. 16 (1979), S. 533 (545 ff.); *A. Scherzberg*, Die innerstaatlichen Wirkungen von EG-Richtlinien, Jura 1993, S. 225 (229 ff.).
229 Vgl. EuGH, Rs. 158/80, Slg. 1981, 1805, Rn. 43 (Rewe); BVerwG, NVwZ 1996, 88; wie hier *Bach* (Fn. 206), S. 1113; *Dendrinos* (Fn. 225), S. 170 ff., 291; *E. Grabitz*, Entscheidungen und Richtlinien als unmittelbar wirksames Gemeinschaftsrecht, EuR 1971, S. 1 (21); *Jamrath* (Fn. 32), S. 91 ff. (102); 120 ff. (121); *Jarass* (Fn. 19), S. 102 ff.; *R. Mögele*, Deutsches und europäisches Verwaltungsrecht – wechselseitige Einwirkungen, BayVBl. 1993, S. 552 (554); *Pernice* (Fn. 142), S. 535 ff. (536); *Scheuing* (Fn. 57), S. 252 ff.; *R. Störmer*, Gemeinschaftsrechtliche Diskriminierungsverbote versus nationale Grundrechte?, AöR123 (1998), S. 541 (571); *A. Weber* (Fn. 155), S. 73 ff. A. A. mit dem gewichtigen Einwand der im Lichte von Art. 20 Abs. 3 GG (Vorrang und Vorbehalt des Gesetzes) zu sehenden Gefahr einer »selektiven Gesetzmäßigkeit« und Rechtsunsicherheit *M. Brenner*, Der Gestaltungsauftrag der Verwaltung in der EU, 1996, S. 275 ff.; *H.-J. Papier*, Direkte Wirkung von Richtlinien der EG im Umwelt- und Technikrecht, DVBl. 1993, S. 809 (811); *J. Pietzcker*, Zur Nichtanwendung europarechtswidriger Gesetze seitens der Verwaltung, FS-Everling, Bd. II, S. 1095 (1100 ff.); *E. Schmidt-Aßmann*, Zur Europäisierung des allgemeinen Verwaltungsrechts, FS-Lerche, 1993, S. 513 (526 ff.); *F. Schoch*, Die Europäisierung des Allgemeinen Verwaltungsrechts, JZ 1995, S. 109 (111); a. A. wegen des Verwerfungsmonopols des EuGH *Hatje* (Fn. 119), S. 84 ff.; grds. a. A. *Di Fabio* (Fn. 217), S. 947.
230 Vgl. *V. Neßler*, Europäisches Richtlinienrecht wandelt deutsches Verwaltungsrecht, 1994, S. 76 ff. (96); *Pernice* (Fn. 142), S. 535; *E. Schmidt-Aßmann*, Gefährdungen der Rechts- und Gesetzesbindung der Exekutive, FS-Stern, 1997, S. 745 (748).

schränkung auf »offenkundige« Diskrepanzen ist insbesondere wegen der drohenden Amtshaftung (Verschulden!) aus Gründen der Rechtssicherheit und -klarheit angezeigt[231]. Die Verwerfungsbefugnis gilt unabhängig von der Frage der unmittelbaren Wirkung einer Bestimmung[232].

Scheidet eine richtlinienkonforme Auslegung und Fortbildung aus, so können die Mitgliedstaaten unter bestimmten Voraussetzungen (s. Art. 288, Rn. 28 ff.) zum Ersatz der den Bürgern durch die Nichtumsetzung verursachten Schäden verpflichtet sein[233]. Die Wurzeln dieses **Staatshaftungsanspruchs** sieht der Gerichtshof im »Wesen der mit dem Vertrag geschützten Rechtsordnung«[234], ergänzend in Art. 10. Daneben hat der EuGH auch auf Art. 288 Abs. 2 rekurriert. Richtigerweise wird man die Rechtsgrundlage in Art. 10 i. V. m. Art. 288 Abs. 2 zu sehen haben[235]. 44

C. Unterlassungspflichten der Mitgliedstaaten gegenüber der EG

Abs. 2 verbietet den Mitgliedstaaten »Maßnahmen zu ergreifen oder aufrechtzuerhalten, welche die praktische Wirksamkeit des Vertrages beeinträchtigen könnten«[236]. Die Mitgliedstaaten haben alles zu unterlassen, was die Funktionsfähigkeit der EG (s. Rn. 11) mehr als nur unerheblich gefährden könnte. Dieses **allgemeine Beeinträchtigungsverbot** bezieht sich in erster Linie auf die Beachtung des Vorrangs sowie die Sicherung der Einheit und Wirksamkeit des Gemeinschaftsrechts. 45

Ausfluß des allgemeinen Beeinträchtigungsverbots ist auch der **Grundsatz der (Verfassungs-)Organtreue**[237]. Dieser gilt, wie sich beispielhaft aus Art. 108 S. 2 ergibt, sowohl im Verhältnis Mitgliedstaaten-EG als auch im Verhältnis der nationalen und europäischen Organe untereinander. Danach dürfen keine Maßnahmen erlassen werden, »die den internen Funktionsablauf der Gemeinschaftsorgane behindern«[238]. Nationale Be- 46

---

231 Vgl. überzeugend *Pietzcker* (Fn. 229), S. 1109; zur Frage der Vereinbarkeit mit Art. 20 Abs. 2 S. 2 GG und dem Rechtssicherheitsgebot vgl. auch *Hutka* (Fn. 220), S. 249 ff.
232 Wie hier *Bach* (Fn. 206), S. 1112 ff.; *Dendrinos* (Fn. 225), S. 170 f., 291; *C. Langenfeld*, Die dezentrale Kontrolle der Anwendung des Europäischen Gemeinschaftsrechts im innerstaatlichen Rechtsraum, in: Siedentopf (Hrsg.), Europäische Integration und nationalstaatliche Verwaltung, 1991, S. 173 (181); *Timmermans* (Fn. 228), S. 544 ff.; *A. Weber* (Fn. 155), S. 104 ff.; a. A. die h. M., vgl. *D. Ehlers*, Die Einwirkungen des Rechts der EG auf das Verwaltungsrecht, DVBl. 1991, S. 605 (609); *Hutka* (Fn. 220), S. 112 ff. (115 ff.); *Jarass* (Fn. 19), S. 104 ff.; *Nettesheim* (Fn. 206), S. 280; *Scherzberg* (Fn. 228), S. 229.
233 Grundlegend EuGH, Verb. Rs. C-6/90 und C-9/90, Slg. 1991, I-5357, Rn. 36 (Francovich und Bonifaci); Rs. C-91/92, Slg. 1994, I-3325, Rn. 27 (Faccini Dori), st. Rspr.; aus der Lit. statt vieler *Kadelbach* (Fn. 94), S. 162 ff.; *H.-J. Papier*, Staatshaftung bei der Verletzung von Gemeinschaftsrecht, in: Rengeling (Hrsg.), EUDUR I, 1998, § 43; *R. Stettner*, in: Hb.EUWirtR, A. IV Rn. 46 ff.; umfassend *S. Beljin*, Staatshaftung im Europarecht, 2000.
234 EuGH, Rs. C-5/94, Slg. 1996, I-2553, Rn. 24 (The Queen/Ministery of Agriculture, Fisheries and Food); Rs. C-66/95, Slg. 1997, I-2163, Rn. 31 (The Queen/Secretary of State for Social Security, ex parte: Eunice Sutton).
235 Es ist umstritten, ob der gemeinschaftsrechtliche Staatshaftungsanspruch im EG-Recht oder im nationalen Recht wurzelt; vgl. die Nachweise bei *S. Detterbeck*, Staatshaftung für Mißachtung von EG-Recht, VerwArch. 85 (1994), S. 159 (184 m. Anm. 133) und *Maurer* (Fn. 96), S. 597 m. Anm. 19.
236 EuGH, Rs. 14/68, Slg. 1969, 1, Rn. 6 (Wilhelm), ohne Bezug auf den früheren Art. 5.
237 Vgl. *Bleckmann*, Europarecht, Rn. 722; weitergehender Vorschlag zur Ableitung einer »im einzelnen noch ausgestaltungsbedürftigen allgemeinen Verwaltungshaftung zwischen Gemeinschaft und Mitgliedstaaten« aus Art. 10 bei *Mögele* (Fn. 145), S. 203 f.
238 EuGH, Rs. 208/80, Slg. 1981, 2205, Rn. 14 (Lord Bruce of Donnington); vgl. auch EuGH, Rs. 230/81, Slg. 1983, 255, Rn. 37 (Luxemburg/Parlament).

hörden haben beispielsweise die Entscheidung des Europäischen Parlaments, seinen Mitgliedern die Reise- und Aufenthaltskosten pauschal zu erstatten, zu respektieren und dürfen diesbezüglich keine Kontrolle durch nationale Steuerbehörden durchführen[239]. Den Mitgliedstaaten ist es außerdem untersagt, das System der Finanzierung der Gemeinschaft und die Verteilung der finanziellen Lasten unter den Mitgliedstaaten durch unilaterale Aktionen zu beeinträchtigen[240].

47 Im Bereich der **auswärtigen Gewalt** kann das Beeinträchtigungsverbot soweit gehen, daß Mitgliedstaaten einen Vertrag zu kündigen haben, falls dieser mit gemeinschaftsrechtlichen Verpflichtungen konfligiert oder sie zu Maßnahmen zwingt, die mit dem EG-Recht nicht konform gehen. Art. 10 i. V. m. Art. 300 verlangt von den Mitgliedstaaten, alles zu unterlassen, was die Gemeinschaft veranlassen würde, eine Verpflichtung aus einem völkerrechtlichen Vertrag, den sie unterzeichnet hat, zu verletzen[241]. Die Mitgliedstaaten dürfen nichts unternehmen, was die internationale Verhandlungsposition der Gemeinschaft schwächen oder die Gemeinschaft durch die Schaffung vollendeter Tatsachen vorab binden könnte[242].

48 Zu den »Zielen« i. S. v. Abs. 2 rechnen auch und gerade der **Binnenmarkt**, insbesondere die Grundfreiheiten. Setzt ein Mitgliedstaat eine Binnenmarktrichtlinie nicht rechtzeitig in nationales Recht um, so liegt hierin nicht nur ein Verstoß gegen Art. 249 Abs. 3, sondern zugleich eine Verletzung von Art. 14 i. V. m. Art. 10[243]. Befreit ein Mitgliedstaat ausländische Studenten, die sich zum Zwecke des Studiums in seinem Land aufhalten, nicht von einer zusätzlichen Einschreibegebühr für ausländische Studenten, so verstößt dies gegen Art. 10 und 12[244]. Allgemein gesprochen kann der **tatsächliche Gebrauch der Grundfreiheiten** unter gewissen Umständen von der Sicherstellung der Abstinenz oder des Vorhandenseins bestimmter Maßnahmen der nationalen Hoheitsgewalt (Legislative, Exekutive, Judikative) abhängig sein[245]. Der EuGH hat in der Untätigkeit französischer Behörden bei Gewalttaten, die Privatpersonen und Protestbewegungen französischer Landwirte gegen landwirtschaftliche Erzeugnisse aus anderen Mitgliedstaaten geübt haben, einen Verstoß gegen Art. 28 i. V. m. Art. 10 gesehen[246]. Art. 28 verbietet den Mitgliedstaaten nicht nur eigene Handlungen oder Verhaltensweisen, die zu einem Handelshemmnis führen könnten, sondern verpflichtet sie i. V. m. Art. 10 auch dazu, alle erforderlichen und geeigneten Maßnahmen zu ergreifen,

---

239 EuGH, Rs. 208/80, Slg. 1981, 2205, Rn. 19 (Lord Bruce of Donnington).
240 Vgl. EuGH, Rs. 44/84, Slg. 1986, 29, Rn. 48 (Hurd).
241 Vgl. EuGH, Rs. 104/81, Slg. 1982, 3641, Rn. 11 ff. (Kupferberg).
242 Vgl. GA *G. Reischl*, Schlußantr. zu EuGH, Rs. 61/77, Slg. 1978, 417 (469 ff.) (Kommission/Irland); EuGH, Verb. Rs. 3, 4 und 6/76, Slg. 1976, 1279, Rn. 44 ff. (Kramer).
243 So dezidiert die Kommission, in: EuGH, Rs. C-303/92, Slg. 1993, I-4739 (I-4743) (Kommission/Niederlande); der EuGH (ebd., Rn. 7, 10) schloß sich dem i. Erg. an; vgl. auch *A. Bardenhewer/J. Pipkorn*, in: GTE, EU-/EGV, Art. 7 a, Rn. 16, 23.
244 Vgl. EuGH, Rs. C-47/93, Slg. 1994, I-1593, Rn. 19 (Kommission/Belgien).
245 EuGH, Rs. 71/76, Slg. 1977, 765, Rn. 15/18 (Thieffry); Rs. C-340/89, Slg. 1991, I-2357, Rn. 14 (Vlassopoulou); vgl. auch für den freien Warenverkehr EuGH, Rs. C-137/91, Slg. 1992, I-4023, Rn. 8 (Kommission/Griechenland); für die Arbeitnehmerfreizügigkeit EuGH, Rs. 127/86, Slg. 1988, 3741, Rn. 12 (Ledoux); Rs. C-19/92, Slg. 1993, I-1663, Rn. 31 ff. (Kraus); Rs. C-165/91, Slg. 1994, I-4661, Rn. 32 ff. (Van Munster).
246 EuGH, Rs. C-265/95, Slg. 1997, I-6969, Rn. 32 ff. (Kommission/Frankreich); aufschlußreich ferner GA *Lenz*, Schlußantr. zu EuGH, Rs. C-265/95, Slg. 1997, I-6959, Ziff. 36 ff.; vgl. bereits EuGH, Rs. C-16/94, Slg. 1995, I-2421, Rn. 20 (Dubois und Général Cargo Services) sowie – deutlicher – Schlußantr. von GA *La Pergola* zu EuGH, Rs. C-16/94, Slg. 1995, I-2421, Ziff. 11 ff. (Dubois und Général Cargo Services); hierauf Bezug nehmend GA *Lenz*, ebd., Ziff. 44. *Lenz* zieht außerdem eine Parallele zur Rspr. bezüglich Art. 81 ff. i.V.m. Art. 10 (s. im Text Rn. 49). Vgl. auch die Urteilsanmerkungen von *J. Schwarze*, EuR 1998, S. 53; *F. Kainer*, Grundfreiheiten und staatliche Schutzpflichten – EuGH, NJW 1998, 1931, JuS 2000, S. 431.

um in ihrem Gebiet die Beachtung dieser Grundfreiheit sicherzustellen, begründet also im Einzelfall (vermittelt über Art. 10) **staatliche Schutzpflichten**. Dabei kommt den nationalen Behörden zwar ein Ermessen zu, dieses ist aber im Sinne einer Evidenzkontrolle beschränkt justiziabel. Im konkreten Fall hat der EuGH den Vertragsverstoß damit begründet, daß die Maßnahmen, welche die französische Regierung getroffen hat, angesichts der Häufigkeit und Schwere der Vorfälle »offenkundig nicht ausreichen, um den freien innergemeinschaftlichen Handelsverkehr mit landwirtschaftlichen Erzeugnissen in ihrem Gebiet dadurch zu gewährleisten, daß sie die Urheber der fraglichen Zuwiderhandlungen wirksam an deren Begehung und Wiederholung hinderten und sie davon abschreckten«. Diese »offenkundig(e) und beharrlich(e)« Weigerung, »ausreichende und geeignete Maßnahmen zu ergreifen«, verletze Art. 28 i. V. m. Art. 10. Aufgrund der geschilderten Vorfälle wurde mit der VO (EG) Nr. 2679/98 und der beigefügten Entschließung ein »Frühwarnsystem« für den freien Warenverkehr eingerichtet[247]. Dieses soll eine frühzeitige Unterrichtung der Kommission und der anderen Mitgliedstaaten bei einem Auftreten oder der Gefahr gravierender Handelsbehinderungen gewährleisten. Schließlich führt Art. 10 im Anwendungsbereich des Vertrages zu einer Bindung der Mitgliedstaaten an die allgemeinen Rechtsgrundsätze, vor allem das allgemeine **Diskriminierungsverbot** (Art. 12) und die europäischen **Grundrechte**[248].

Obgleich sich die **Art. 3 lit. g, 81 ff.** an sich nur an Unternehmen richten, sind – über Abs. 2 – auch die Mitgliedstaaten verpflichtet, keine Maßnahmen zu treffen oder beizubehalten, und zwar auch nicht in der Form von Rechtsnormen, die die praktische Wirksamkeit dieser Bestimmungen ausschalten könnten[249]. Dies ist insbesondere dann der Fall, »wenn ein Mitgliedstaat gegen Artikel 81 verstoßende Kartelle vorschreibt oder erleichtert oder deren Auswirkungen verstärkt oder wenn er der eigenen Regelung dadurch ihren staatlichen Charakter nimmt, daß er die Verantwortung für in die Wirtschaft eingreifende Entscheidungen privaten Wirtschaftsteilnehmern überträgt«[250]. Dagegen stehen Art. 10, 81 etwa nicht der Entscheidung eines Mitgliedstaates entgegen, auf Antrag einer Standesvertretung eines freien Berufes die Pflichtmitgliedschaft in einem Berufsrentenfonds vorzuschreiben[251]. Auch verbietet Art. 10 i.V.m. Art. 3 Abs. 1 lit. c, g und Art. 81 nicht die Anwendung einer nationalen Regelung, die die Verleger verpflichtet, den Buchhändlern einen festen Preis für den Weiterverkauf von Büchern

49

---

247 ABl.EG 1998 Nr. L 337/8; dazu M. *Hauschild*, Das neue »Frühwarnsystem« für den freien Warenverkehr in der EG, EuZW 1999, S. 236.
248 Vgl. M. *Ruffert*, Die Mitgliedstaaten der EG als Verpflichtete der Gemeinschaftsgrundrechte, EuGRZ 1995, S. 518; *Temple Lang* (Fn. 74), S. 524 ff. (528) m.w.N.
249 EuGH, Rs. 13/77, Slg. 1977, 2115, Rn. 31 (GB-Inno BM); Rs. 267/86, Slg. 1988, 4769, Rn. 16 (Van Eycke); Rs. C-185/91, Slg. 1993, I-5801, Rn. 14 (Reiff); Rs. C-412/93, Slg. 1995, I-179, Rn. 25 ff. (Leclerc-Siplec); Rs. C-70/95, Slg. 1997, I-3395, Rn. 41 ff. (Sodemare); Rs. C-35/96, Slg. 1998, I-3851, Rn. 53 (Kommission/Italien); Rs. C-266/96, Slg. 1998, I-3949, Rn. 35 (Corsica Ferries France); Rs. C-67/96, Slg. 1999, I-5751, Rn. 65 (Albany); Rs. C-219/97, Slg. 1999, I-6121, Rn. 55 (Drijvende Bokken); vgl. ferner P. J. *Slot*, The Application of Articles 3 (f), 5 and 85 to 94 EEC, ELRev. 12 (1987), S. 179.
250 EuGH, Rs. C-153/93, Slg. 1994, I-2517, Rn. 14 (Delta Schiffahrts- und Speditionsgesellschaft); Verb. Rs. C-140/94, C-141/94 und C-142/94, Slg. 1995, I-3257, Rn. 15 (DIP); Rs. C-35/96, Slg. 1998, I-3851, Rn. 54 (Kommission/Italien); Rs. C-266/96, Slg. 1998, I-3949, Rn. 49 (Corsica Ferries France).
251 EuGH, Verb. Rs. C-180/98 und C-184/98, 12.9.2000, Tätigkeitsbericht Nr. 23/2000, S. 12 (Pavel Pavlov).

vorzuschreiben[252]. Die Grundsätze hinsichtlich des Zusammenwirkens von Art. 10 mit Art. 81 ff. gelten über **Art. 86 Abs. 1** auch für öffentliche Unternehmen[253].

49 a Die Rechtsprechung des EuGH zum Zusammenwirken von Art. 10 und Art. 81 ff. ist *nicht* auf Vorschriften des EGV übertragbar, die nicht nur – wie die Art. 81 ff. – das Verhalten von Unternehmen betreffen, sondern sich **unmittelbar auf Maßnahmen der Mitgliedstaaten** beziehen. Dies hat der Gerichtshof in seiner Entscheidung zum deutschen Stromeinspeisungsgesetz klargestellt. In diesem Fall hat der EuGH – entgegen der Kommission – **Art.** 87 als abschließende Spezialregelung angesehen, neben der für eine Anwendung von Art. 10 (Abs. 2) kein Raum mehr bleibt. Art. 87 stellt »ein in sich vollständiges Verbot der von ihm erfaßten staatlichen Handlungen dar«, und Art. 10 »kann nicht zur Ausdehnung des Anwendungsbereichs« des Art. 87 »auf von diesem nicht erfaßte staatliche Handlungen herangezogen werden«[254].

D. Pflichten der EG gegenüber den Mitgliedstaaten

50 Es gibt mittlerweile eine Reihe von Urteilen, die das Verhältnis der EG zu den Mitgliedstaaten betreffen[255]. Hieraus kann auf das Vorliegen einer allgemeinen Pflicht der EG und ihrer Organe zur **loyalen Zusammenarbeit** mit den Mitgliedstaaten und deren Organen gefolgert werden. Diese schließt eine Pflicht zur **Rücksichtnahme auf die elementaren**[256] Interessen der Mitgliedstaaten mit ein. Es läßt sich von einem **Grundsatz des mitgliedstaatsfreundlichen Verhaltens**[257] sprechen, der – in einer vertikal gegliederten Union – einen **Grundsatz des regionenfreundlichen Verhaltens**[258] mit einschließt. Ein solcher Grundsatz ist im Interesse der Akzeptanz und der Funktionsfähigkeit der EG

---

252 EuGH, Rs. C-9/99, 3.10.2000, Tätigkeitsbericht Nr. 26/2000, S. 25 (Échirolles Distribution SA).
253 Vgl. EuGH, Rs. C-387/93, Slg. 1995, I-4663, Rn. 46 (Banchero); vgl. auch *H. Bauer*, Privatisierung von Verwaltungsaufgaben, VVDStRL 54 (1995), S. 243 (261 ff.) sowie eingehend *Reiner Schmidt*, Privatisierung und Gemeinschaftsrecht, Die Verwaltung 28 (1995), S. 281 (297 ff.) m.z.w.N.
254 EuGH, Rs. C-379/98, 13.3.2001, EuZW 2001, 242, Rn. 63 ff. (65) (PreussenElektra AG/Schleswag AG).
255 EuGH, Rs. 230/81, Slg. 1983, 255, Rn. 38 (Luxemburg/Parlament); Rs. 52/84, Slg. 1986, 89, Rn. 16 (Kommission/Belgien); Verb. Rs. 358/85 und 51/86, Slg. 1988, 4821, Rn. 34 (Frankreich/Parlament); Rs. C-2/88, Slg. 1990, I-3365, Rn. 17 ff. (Zwartveld); Rs. C-234/89, Slg. 1991, I-935, Rn. 53 (Delimitis); Rs. C-251/89, Slg. 1991, I-2797, Rn. 57 (Athanasopoulos u. a.); Rs. C-39/94, Slg. 1996, I-3547, Rn. 50 (SFEI); Verb. Rs. C-36/97 und C-37/97, Slg. 1998, I-6337, Rn. 30 ff. (Kellinghusen und Ketelsen); Rs. C-341/95, Slg. 1998, I-4355, Rn. 77 (Bettati); *Tesauro* (Fn. 159), S. 11. Trotz dieser st. Rspr. und ganz h. M. wäre es aus Gründen der Rechtsklarheit zu begrüßen, die Reziprozität der Loyalitätspflichten auch explizit in Art. 10 zu verankern, wie dies die deutschen Länder in einem Positionspapier zur Regierungskonferenz 1996 vom 24.5.1995, S. 4 ff. vorgeschlagen haben, zit. nach *J. Schwarze*, Kompetenzverteilung in der EU und föderales Gleichgewicht, DVBl. 1995, S. 1265 (1269); ebenso *H. D. Jarass*, Die Kompetenzverteilung zwischen der Europäischen Gemeinschaft und den Mitgliedstaaten, AöR 121 (1996), S. 173 (196).
256 Vgl. BVerfGE 89, 155 (184); *E. Klein*, in: HK-EUV, Art. 5, Rn. 49.
257 In diesem Sinne *W. Brohm*, Auswirkungen des EG-Binnenmarktes auf das deutsche Recht, StWuStP 1990, S. 132 (148 ff.); *Calliess* (Fn. 39), S. 168 ff.; *Epiney* (Fn. 11), S. 310 ff.; *Geiger*, EUV/EGV, Art. 10, Rn. 5; *K. Hailbronner*, Die deutschen Bundesländer in der EG, JZ 1990, S. 149 (152 ff.); *Zweigert* (Fn. 14), S. 620.
258 Im Ergebnis zutreffend *Calliess* (Fn. 31), S. 524 ff., der zur Begründung allerdings primär auf Art. 5 Abs. 2 und 3 EGV i.V.m. Art. 1 Abs. 2 EUV abhebt; wie hier dagegen *E. Klein*, in: HK-EUV, Art. 5, Rn. 49 ff. (51 a. E.); *Pühs* (Fn. 39), S. 200.

(s. Rn. 11) geboten[259] und läßt sich auch aus Art. 2, Art. 6 Abs. 3 EUV, Art. 5 Abs. 2 und 3, Art. 15, Art. 152 Abs. 5, Art. 155 Abs. 2, Art. 157 Abs. 2, Art. 174 Abs. 2 S. 1, Abs. 3 2. und 4. Spstr. EGV sowie Ziff. 7 (insbes. S. 2) des Subsidiaritätsprotokolls (1997) ablesen. So hat der EuGH das Europäische Parlament verpflichtet, die Zuständigkeit der Regierungen der Mitgliedstaaten für die Festlegung des Sitzes der EG-Organe zu respektieren[260]. Darüber hinaus ist die EG – bei der Ausarbeitung von Rechtsakten – zur Rücksichtnahme auf **tatsächliche und rechtliche Schwierigkeiten** der Mitgliedstaaten, etwa auf Regionen mit besonders schwacher Wirtschaftskraft, aber auch auf gewachsene und bewährte **Verwaltungsstrukturen und Funktionsweisen der Rechtssysteme**[261] einzelner Mitgliedstaaten verpflichtet. Umsetzungs- und Vollzugsdefizite können hiermit gleichwohl nicht gerechtfertigt werden (s. Art. 249, Rn. 47 und 59).

Nach der Rechtsprechung ist die Kommission »zu loyaler Zusammenarbeit mit den Gerichten der Mitgliedstaaten verpflichtet«, wenn es um die **Abstimmung im Rahmen kartellrechtlicher Verfahren** (s. Rn. 30) geht und die nationalen Gerichte z. B. konkrete wirtschaftliche oder rechtliche Auskünfte benötigen, die ihnen die Kommission erteilen kann (s. Rn. 33)[262]. 51

Ist der Mitgliedstaat auf eine Mitwirkung der Kommission für die Rechtmäßigkeit seines Handelns angewiesen und fehlt es hierfür an einer speziellen Fristbestimmung[263], wie dies beispielsweise im Rahmen eines »nationalen Alleingangs« auf der Basis des früheren Art. 100a Abs. 4 der Fall war, so trifft die Kommission aufgrund von Art. 10 die Pflicht zum **zügigen Handeln** bzw. zur **schnellstmöglichen Prüfung**[264] (s. Art. 95 Rn. 36). Im Falle des Art. 88 Abs. 3, der von der Kommission ein »unverzügliches« Handeln fordert, hat der EuGH aus Art. 10 sogar eine angemessene Frist von zwei Monaten hergeleitet[265]. Der Gerichtshof hat einem vorlegenden Gericht im Rahmen des »Verfahrens der Zusammenarbeit« (EuGH) nach Art. 234 eine »sachdienliche Antwort« zu geben[266]. Auch aus sekundärrechtlichen Vorschriften kann i. V. m. Art. 10 eine Pflicht zur **Amtshilfe** von EG-Organen gegenüber den Behörden der Mitgliedstaaten (wie im übrigen auch umgekehrt) folgen[267]. So kann die Kommission etwa zur Ertei- 51 a

---

259 Vgl. BVerfG, EuZW 1998, S. 279 (283); *Epiney* (Fn. 11), S. 313, 317; *Grabitz* (Fn. 11), Rn. 17; *E. Klein*, in: HK-EUV, Art 5, Rn. 46 f.; *S. Müller-Franken*, Gemeinschaftsrechtliche Fristenhemmung, richtlinienkonforme Auslegung und Bestandskraft von Verwaltungsakten, DVBl. 1998, S. 758 (763).
260 EuGH, Rs. 230/81, Slg. 1983, 255, Rn. 38 (Luxemburg/Parlament); vgl. auch Verb. Rs. 358/85 und 51/86, Slg. 1988, 4821, Rn. 34 ff. (Frankreich/Parlament).
261 Vgl. Punkt 7 Satz 2 des von der Regierungskonferenz von Amsterdam (1997) angenommenen Subsidiaritätsprotokolls (Protokoll Nr. 21 zum EGV); gleichsinnig *E. Schmidt-Aßmann*, Deutsches und europäisches Verwaltungsrecht, DVBl. 1993, S. 924 (931 ff.); zustimmend *Müller-Franken* (Fn. 259), S. 762 ff.
262 EuGH, Rs. C-234/89, Slg. 1991, I-935, Rn. 53 (Delimitis); vgl. auch Rs. C-2/88, Slg. 1990, I-3365, Rn. 22 (Zwartveld) sowie für das Beihilferecht EuGH, Rs. C-39/94, Slg. 1996, I-3547, Rn. 50 (SFEI); *Tesauro* (Fn. 159), S. 10 ff.
263 Wie nunmehr z.B. in Art. 94 Abs. 6 UAbs. 1.
264 EuGH, Rs. C-319/97, Slg. 1999, I-3143, Rn. 35 (Kortas); GA *A. Saggio*, Schlußantr. zu EuGH, Rs. C-127/97, Slg. 1998, I-6005, Ziff. 26 m. Fn. 24 (Burstein); *ders.*, Schlußantr. zu EuGH, Rs. C-319/97, Slg. 1999, I-3143, Ziff. 28 ff. (29 m. Fn. 21) (Kortas). Ein Verstoß der Kommission gegen diese Pflicht kann von dem Mitgliedstaat gem. Art. 232 bzw. im Verfahren des vorläufigen Rechtsschutzes vor dem EuGH gerügt werden.
265 EuGH, Rs. 84/82, Slg. 1984, 1451, Rn. 11 (Deutschland/Kommission).
266 So EuGH, Rs. C-334/95, Slg. 1997, I-4517, Rn. 22 (Krüger/Hauptzollamt Hamburg-Jonas), ohne Zitat des früheren Art. 5.
267 Vgl. – ohne Verwendung des Begriffs der Amtshilfe – EuGH, Rs. C-251/89, Slg. 1991, I-2797, Rn. 57 (Athanasopoulos u. a.); vgl. auch *G. Meier*, Europäische Amtshilfe – Ein Stützpfeiler des Europäischen Binnenmarktes, EuR 1989, S. 237 (245).

lung von Rechts- oder Sachauskünften, zur Herausgabe von Akten u. dgl. verpflichtet sein[268]. Stößt ein Mitgliedstaat bei der Durchführung einer Entscheidung auf unvorhergesehene und unvorhersehbare Schwierigkeiten, muß nicht nur er bestimmte Verhaltensgebote beachten (s. Rn. 25), sondern ist auch die Kommission zu einem **redlichen Zusammenwirken** mit dem Mitgliedstaat verpflichtet, um die Schwierigkeiten zu überwinden[269].

51 b Der **Erlaß einer Regelung** durch den EG-Gesetzgeber kann in keinem Fall eine Verletzung der Loyalitätspflicht der Gemeinschaftsorgane gegenüber den Mitgliedstaaten darstellen[270]. Folglich erfaßt Art. 10 etwa nicht Maßnahmen des Gemeinschaftsgesetzgebers im Umweltbereich, die für einzelne Unternehmen zu Vor- oder Nachteilen führen können[271].

52 Von der aus Art. 10 resultierenden Pflicht der EG zur **Rücksichtnahme auf grundlegende nationale Verfassungsstrukturen** werden alle identitätsprägenden Verfassungsfundamentalnormen und -prinzipien erfaßt, etwa die Verfassungsentscheidung zugunsten eines Bundesstaats[272], aber auch der Grundsatz der kommunalen Selbstverwaltung[273], ohne daß die Gemeinschaftsgewalt dadurch unmittelbar an das nationale Verfassungsrecht gebunden würde und ohne daß dies eine Abwägung (praktische Konkordanz) mit kollidierenden Gemeinschaftsverfassungsgütern ausschließt. Der Grundsatz der Gemeinschaftstreue zeitigt mithin eine **Durchgriffswirkung** auf die dritte (regionale) und vierte (kommunale) Ebene. Untersagt sind **unverhältnismäßige** Eingriffe

---

268 Vgl. A. v. Bogdandy, in: Grabitz/Hilf, EU, Art. 5, Rn. 80; Lück (Fn. 9), S. 44.
269 Vgl. EuGH, Rs. 52/84, Slg. 1986, 89, Rn. 16 (Kommission/Belgien); Rs. 94/87, Slg. 1989, 175, Rn. 9 (Kommission/Deutschland).
270 EuGH, Rs. C-63/90 und C-67/90, Slg. 1992, I-5073, Rn. 52 (Portugal und Spanien/Rat); GA P. Léger, Schlußantr. zu EuGH, Rs. C-284/95, Slg. 1998, I-4301, Ziff. 107 ff. (109) (Safety Hi-Tech).
271 EuGH, Rs. C-341/95, Slg. 1998, I-4355, Rn. 77 (Bettati).
272 Dies entspricht der im deutschen Schrifttum im Vordringen befindlichen Meinung; vgl. *Hailbronner* (Fn. 257), S. 152 ff.; M. *Heintzen*, Subsidiaritätsprinzip und EG, JZ 1991, S. 317 (321); *Ipsen* (Fn. 16), GS-Geck, S. 352 ff.; J. *Isensee*, in: HStR, Bd. IV, 1990, § 98, Rn. 290; *Kahl* (Fn. 37), S. 431 ff.; E. *Klein*, in: HK-EUV, Art. 5, Rn. 50 f.; *Epiney* (Fn. 11), S. 314 ff.; *Kraußer* (Fn. 32), S. 145 ff. (148 ff.); M. *Niedobitek*, Kultur und Europäisches Gemeinschaftsrecht, 1992, S. 230; F. L. *Graf Stauffenberg/C. Langenfeld*, Maastricht – ein Fortschritt für Europa?, ZRP 1992, S. 252 (256); *Trüe* (Fn. 66), S. 193 ff.; a. A. P. *Badura*, Bewahrung und Veränderung demokratischer und föderativer Verfassungsprinzipien der in Europa verbundenen Staaten, ZSchwR 1990, S. 115 (126); H.-J. *Blanke*, Die kommunale Selbstverwaltung im Zuge fortschreitender Integration, DVBl. 1993, S. 819 (826); M. *Brenner*, Der unitarische Bundesstaat in der EU, DÖV 1992, S. 903 (909); A. *Hatje*, in: Schwarze, EU-Kommentar, Art. 10, Rn. 53; G. *Ress*, Die Europäischen Gemeinschaften und der deutsche Föderalismus, EuGRZ 1986, S. 549 (551); *Scheuing* (Fn. 184), Rn. 96; M. *Schweitzer*, Beteiligung der Bundesländer an der europäischen Gesetzgebung, ZG 1992, S. 128 (145); W. *Graf Vitzthum*, Der Föderalismus in der europäischen und internationalen Einbindung der Staaten, AöR 115 (1990), S. 281 (287); M. *Zuleeg*, in: GTE, EU-/EGV, Art. 5, Rn. 11; skeptisch T. *Stein*, Europäische Union: Gefahr oder Chance für den Föderalismus in Deutschland, Österreich und der Schweiz?, VVDStRL 53 (1994), S. 25 (37 ff.).
273 A.A. die h.M.; vgl. stellv. *Blanke* (Fn. 272), S. 825 ff.; *Kadelbach* (Fn. 94), S. 245 ff. (252); S. *Schmahl*, Europäisierung der kommunalen Selbstverwaltung, DÖV 1999, S. 852 (859); abl. auch in diesem Kommentar *Puttler*, Art. 6 EUV, Rn. 194, wie hier dagegen J. *Kaltenborn*, Der Schutz der kommunalen Selbstverwaltung im Recht der EU, 1996, S. 70 ff. (91). Dazu, daß die Selbstverwaltung zu den identitätsbestimmenden Strukturen des Grundgesetzes gehört, eingehend R. *Hendler*, Selbstverwaltung als Ordnungsprinzip, 1984; W. *Kahl*, Die Staatsaufsicht, 2000, S. 255 ff.

in die Grundstrukturen des nationalen Verfassungsrechts[274] sowie Eingriffe in das kompetenzielle »Hausgut« der Länder bzw. den Kernbereich der kommunalen Selbstverwaltungsgarantie[275]. In diesem Fall folgt aus Art. 10 – zusätzlich zu Art 5 Abs. 2 – eine **Kompetenzausübungsschranke**[276]. Das BVerfG hat in seinem Urteil zur »EWG-Fernsehrichtlinie« festgestellt, die Bundesrepublik habe, wenn einer Mehrheitsentscheidung im Rat das Prinzip der Bundesstaatlichkeit entgegenstehe, »äußerstenfalls (...) das aus der Gemeinschaftstreue folgende Gebot wechselseitiger Rücksichtnahme zur Geltung zu bringen«[277] und gegen eine solche Maßnahme zu stimmen. Für den Fall der Majorisierung im Rat müsse die Bundesrepublik Klage vor dem EuGH (Art. 230 Abs. 1) u. a. wegen Verletzung von Art. 10 erheben. *Keine* Auswirkungen hat die Gemeinschaftstreue dagegen auf die **richtige Rechtsgrundlage** eines Gemeinschaftsrechtsakts und auf das bei seinem Erlaß einzuhaltende Rechtsetzungsverfahren, auch wenn die Abweichung im Interesse eines Mitgliedstaates läge[278].

E. Pflichten der Mitgliedstaaten untereinander

Aus Art. 10 ergeben sich Kooperations- und Rücksichtnahmepflichten im Verhältnis der Mitgliedstaaten untereinander. Die Mitgliedstaaten sind gegenseitig zur **Solidarität** verpflichtet. Dies entspricht im Grundsatz der ständigen Rechtsprechung des Gerichtshofs[279], auch wenn, was die hieraus konkret abzuleitenden Rechtsfolgen angeht, die EuGH-Judikatur bislang auffällig blaß geblieben ist[280]. Daß solche Pflichten existieren, ergibt sich u. a. aus Art. 11 Abs. 2, Art. 12, Art. 19, Art. 20, Art. 23 Abs. 1 UAbs. 2 S. 2 und 3, Art. 34 Abs. 1 EUV, Art. 99 Abs. 1, Art. 126 Abs. 2, Art. 152 Abs. 2, Art. 155 Abs. 2, Art. 157 Abs. 2, Art. 159 Abs. 1, Art. 280 Abs. 3 S. 2 und Art. 307 Abs. 2 S. 2 EGV. Eine ausdrückliche Normierung sieht Art. 86 EGKSV vor. Einen praktisch besonders bedeutungsvollen Anwendungsbereich der Pflicht zur Zusammenarbeit zwischen den Mitgliedstaaten stellt die **Binnenmarktverwirklichung** (Art. 14, 95) dar. Nach dem weitgehenden Fortfall der Grenzkontrollen wird eine vertrauensvolle Kooperation (Unterstützung, Information, Transparenz) der nationalen Zivil- und Strafgerichte und Verwaltungen (Polizei, Staatsanwaltschaft) untereinander sowie gegenüber der Kommission umso wichtiger (vgl. auch Art. 29 ff. EUV, Art. 61, 65 EGV)[281]. Auch besteht im Rahmen der Prüfung, ob strengere nationale Vorschriften (z.B. zum Schutz von Umwelt und Gesundheit) wissenschaftlich notwendig sind

---

274 Ähnlich *A. v. Bogdandy*, in: Grabitz/Hilf, EU, Art. 5, Rn. 82; *Söllner* (Fn. 14), S. 20.
275 Vgl. *Heintzen* (Fn. 272), S. 321; *Kahl* (Fn. 37), S. 431 (»Notbremse«).
276 Vgl. auch *Calliess* (Fn. 39), S. 172 ff.; *Epiney* (Fn. 11), S. 314; *Lück* (Fn. 9), S. 155 ff.; *F. Ossenbühl*, Rundfunk zwischen nationalem Verfassungsrecht und europäischem Gemeinschaftsrecht, 1986, S. 38 ff.; *T. Remmers*, Europäische Gemeinschaften und Kompetenzverluste der deutschen Länder, 1992, S. 123 ff. (125 ff.).
277 BVerfG, EuZW 1995, 227 (282) m. Anm. v. *U. Häde*, ebd., S. 284 ff.
278 EuGH, Rs. C-149/96, Slg. 1999, I-8395, Rn. 67 (Portugal/Rat).
279 Vgl. EuGH, Rs. 32/79, Slg. 1980, 2403, Rn. 46 ff. (Kommission/Vereinigtes Königreich); Rs. 42/82, Slg. 1983, 1013, Rn. 36 (Kommission/Frankreich); Rs. 235/87, Slg. 1988, 5589, Rn. 19 (Matteucci); Rs. C-251/89, Slg. 1991, I-2797, Rn. 57 (Athanasopoulos u. a.); vgl. auch *Blanquet* (Fn. 24), S. 223 ff.; *A. Hatje*, in: Schwarze, EU-Kommentar, Art. 10, Rn. 56; *E. Klein*, in: HK-EUV, Art. 5, Rn. 42 ff.
280 Vgl. die berechtigte Kritik von *Schmidt-Aßmann* (Fn. 261), S. 932; ebenso *Jarass* (Fn. 19), S. 10.
281 Vgl. *P. Sutherland*, Der Binnenmarkt nach 1992. Die Herausforderung aufnehmen. Bericht der hochrangigen »Beratergruppe Binnenmarkt« an die Kommission der Europäischen Gemeinschaft v. 21.3.1992 (sog. »Sutherland-Bericht«), Abschnitt IV; Mitteilung der Kommission an den Rat und das Europäische Parlament »Über die Entwicklung der Zusammenarbeit der Verwaltungen bei der Anwendung und Durchsetzung des Gemeinschaftsrechts für den Binnenmarkt« v. 16.2.1994, KOM (1994) 29 endg.

(s. Art. 95, Rn. 32, 34), eine Pflicht zur **Anerkennung wissenschaftlicher Analysen und Laboruntersuchungen**, die in einem anderen Mitgliedstaat durchgeführt wurden und deren Ergebnisse zur Verfügung stehen bzw. auf Anfrage zur Verfügung gestellt werden können, um unnötige Hindernisse für die Verwirklichung des Binnenmarktes zu vermeiden[282].

54 Der Gerichtshof hat Mitgliedstaaten etwa dazu verpflichtet, die Anwendung einer gemeinschaftsrechtlichen Vorschrift zu erleichtern und »zu diesem Zweck jeden anderen Mitgliedstaat, dem eine Verpflichtung aus dem Gemeinschaftsrecht obliegt, zu unterstützen«, wenn die Anwendung der Vorschrift »durch eine Maßnahme behindert werden kann, die im Rahmen der Durchführung eines – auch außerhalb des Anwendungsbereichs des Vertrages geschlossenen – zweiseitigen Abkommens getroffen worden ist«[283]. Verlangt die einheitliche Geltung und Wirksamkeit des Gemeinschaftsrechts Kontroll- oder Sanktionsverfahren, so gilt der Grundsatz der **gegenseitigen Anerkennung**. Die Mitgliedstaaten müssen »hinsichtlich der in ihrem jeweiligen Hoheitsgebiet durchgeführten Kontrollen gegenseitig Vertrauen entgegenbringen«[284]. Auch wird man aus Art. 10 eine Pflicht zur (horizontalen) **Amtshilfe** zwischen den Behörden der Mitgliedstaaten annehmen können, wenn eine solche für die Effektivität des Gemeinschaftsrechts erforderlich ist[285]. Verändert ein Mitgliedstaat seine Verwaltungspraxis (z. B. hinsichtlich der Kontrollen von Einfuhren), so hat er die betroffenen Mitgliedstaaten hiervon so rechtzeitig vorab zu **informieren**, daß sich diese auf die Änderung einstellen können[286].

55 Der Gerichtshof hat entschieden, daß ein Mitgliedstaat, sofern es an einer Harmonisierung in dem betreffenden Bereich fehlt, ein gleichwertiges Diplom, das ein Unionsbürger in einem anderen Mitgliedstaat erworben hat, grundsätzlich als auch den eigenen Vorschriften genügend anzuerkennen hat[287]. Nationalen **Verwaltungsakten** kommt somit unter bestimmten Voraussetzungen eine **transnationale Wirkung** zu[288]. Derartige transnationale Wirkungen sind für das Gelingen des Binnenmarktes unverzichtbar. Die damit verbundene Relativierung des Demokratieprinzips (Art. 20 Abs. 2 S. 1 GG) ist im Lichte von Art. 23 Abs. 1 S. 1 GG hinzunehmen. In der Literatur wird z. T. darüber hinausgegangen und angenommen, daß die Mitgliedstaaten pauschal, d. h. ohne speziellen Richtlinien- oder Verordnungsbefehl, alle Verwaltungsakte und Gerichtsentscheidungen, die ein anderer Mitgliedstaat in Durchführung des Gemeinschaftsrechts erlassen bzw. verhängt hat, als »inländische« Akte anzuerkennen und zu vollstrecken hätten[289].

---

282 EuGH, Rs. C-272/80, Slg. 1981, 3277, Rn. 14 (Nederlandse Maatschaapij voor Biologische Producten); Rs. C-293/94, Slg. 1996, I-3159, Rn. 12 f. (Brandsma); Rs. C-400/96, Slg. 1998, I-5121, Rn. 35 (Harpegnies).
283 EuGH, Rs. 235/87, Slg. 1988, 5589, Rn. 19 (Matteucci).
284 EuGH, Rs. 46/76, Slg. 1977, 5, Rn. 22/25 (Bauhuis); Rs. C-5/94, Slg. 1996, I-2553, Rn. 19 (The Queen/Ministery of Agriculture, Fisheries and Food).
285 A.A. *A. Hatje*, in: Schwarze, EU-Kommentar, Art. 10, Rn. 55.
286 Vgl. EuGH, Rs. 42/82, Slg. 1983, 1013, Rn. 36 ff. (Kommission/Frankreich).
287 EuGH, Rs. C-340/89, Slg. 1991, I-2357, Rn. 14 ff. (Vlassopoulou).
288 *C.-M. Happe*, Die grenzüberschreitende Wirkung von nationalen Verwaltungsakten, 1987, S. 79 ff.; *Neßler* (Fn. 230), S. 13 ff., 27 ff., 76 ff.; *ders.*, Europäisches Richtlinienrecht wandelt deutsches Verwaltungsrecht, 1994, S. 13 ff.; *Schmidt-Aßmann* (Fn. 261), S. 935 ff.; *Schwarze* (Fn. 118), S. 135 ff. sowie systematisierend *Schmidt-Aßmann* (Fn. 38), S. 300 ff.; *H.C. Röhl*, Akkreditierung und Zertifizierung im Produktsicherheitsrecht, 2000, S. 23 ff.
289 *Bleckmann* (Fn. 11), S. 486 ff.; *ders.*, Europarecht, Rn. 707; vgl. auch *ders.*, Zur Anerkennung ausländischer Verwaltungsakte im Europäischen Gemeinschaftsrecht, JZ 1985, S. 1072.

F. Pflichten der EG-Organe untereinander

Art. 10 betrifft auch das Verhältnis der EG-Organe untereinander (Grundsatz der **Or-** 56 **gantreue**; s. Rn. 46)[290]. Dies ist durch den EuGH ausdrücklich anerkannt worden[291] und ergibt sich exemplarisch aus Art. 3 Abs. 2 S. 2, Art. 21, Art. 27, Art. 36 Abs. 2, Art. 39 EUV, Art. 218 Abs. 1, Art. 251 und Art. 252 EGV. Der EuGH rechnet hierzu insbesondere die Vorschriften über die **legislativen Beteiligungsrechte des Parlaments**. Wird das Parlament nicht in der Weise am Rechtsetzungsverfahren beteiligt, wie es der Vertrag vorsieht, so liegt hierin nicht nur ein Verstoß gegen den Grundsatz des institutionellen Gleichgewichts und das Demokratieprinzip, sondern zugleich gegen die Gemeinschafs- bzw. Unionstreue. »Im Rahmen des Dialogs der Organe«, so der EuGH, gelten »die gleichen gegenseitigen Pflichten zu redlicher Zusammenarbeit, wie sie die Beziehungen zwischen den Mitgliedstaaten und den Gemeinschaftsorganen prägen«[292]. So ist es dem Rat etwa untersagt, die Wahl zwischen mehreren in Betracht kommenden Rechtsgrundlagen für einen Sekundärrechtsakt daran auszurichten, welche Vorschrift die schwächeren Beteiligungsrechte des Parlaments enthält und damit möglicherweise eine »reibungslosere« Legislativtätigkeit ermöglichen könnte. Die Beteiligung des Europäischen Parlaments hat so rechtzeitig zu erfolgen, daß noch keine vollendeten Tatsachen geschaffen wurden. Dem Parlament müssen alle notwendigen Unterlagen zur Verfügung gestellt und Informationen erteilt werden, damit sich seine Abgeordneten ein sachlich fundiertes und hinreichendes Urteil bilden können. Umgekehrt kann auch das Parlament durch eine unsachgemäße Ausübung seiner Beteiligungsrechte (z. B. »Verzögerungspolitik«) gegen seine Loyalitätspflichten verstoßen. Schließt es etwa die Plenarsitzung über einen Verordnungsvorschlag ohne Aussprache hierüber und aus Gründen, die mit dem geplanten Rechtsakt nichts zu tun haben, und vernachlässigt es dabei die objektiv gegebene Dringlichkeit und Notwendigkeit des Erlasses des Sekundärrechts, so verletzt es Art. 10[293].

G. Rechtspolitische Perspektiven

Trotz einer seit dem Beginn der achtziger Jahre deutlich gestiegenen Zahl von Urteilen 57 zu Art. 10 ist diese Vorschrift noch immer von dogmatischem Nebel umhüllt. Dies liegt nicht zuletzt an der häufig punktuell-apodiktischen Judikatur des EuGH[294]. Der Gerichtshof sollte sich bei seiner Rechtsprechung verstärkt für eine konsequente Begrifflichkeit entscheiden, das für Art. 10 zentrale Verhältnis von Prinzipien und Regeln aufhellen und deutlicher herausarbeiten, wann er Art. 10 nur unterstützend zitiert bzw. wann er ihm eine konstitutive Wirkung beimißt. Die Rechtsprechung zu Art. 10 vernachlässigt zu sehr Fragen der systematischen Einordnung[295]. Vor allem sollte der Gerichtshof um eine breiter angelegte methodologische Fundierung seiner Urteile bemüht sein. Dies erfordert, daß er sich – auch nach außen erkennbar – mit den Grenzen der richterlichen Rechtsfortbildung auseinandersetzt[296], ohne jedoch in Weitschweifigkeit

---

290 Ebenso *Bleckmann* (Fn. 41), S. 191; *C. O. Lenz*, in: ders., EGV, Art. 10, Rn. 8; a. A. *A. v. Bogdandy*, in: Grabitz/Hilf, EU, Art. 5, Rn. 9, 77; *E. Klein*, in: HK-EUV, Art. 5, Rn. 40.
291 Vgl. EuGH, Rs. 204/86, Slg. 1988, 5323, Rn. 16 (Griechenland/Rat); Rs. C-65/93, Slg. 1995, I-643, Rn. 23 (Parlament/Rat).
292 EuGH, Rs. C-65/93, Slg. 1995, I-643, Rn. 23 (Parlament/Rat).
293 EuGH, Rs. C-65/93, Slg. 1995, I-643, Rn. 26 ff. (Parlament/Rat); a. A. GA *G. Tesauro*, Schlußantr. zu EuGH, Rs. C-65/93, Slg. 1995, I-643, Ziff. 14 ff. (Parlament/Rat).
294 Ebenso *A. v. Bogdandy*, in: Grabitz/Hilf, EU, Art. 5, Rn. 4.
295 Vgl. auch *Schoch* (Fn. 142), S. 296.
296 Vgl. auch *Everling* (Fn. 182), S. 74; *Hummer/Obwexer* (Fn. 188), S. 297.

zu verfallen. Wenn die Durchdringung des Art. 10 bislang noch nicht hinreichend gelungen ist[297], so steht dahinter auch die strukturelle Schwierigkeit eines europäischen Verfassungsgerichts, zwischen den verschiedenen Methodenlehren der Mitgliedstaaten, die sich zwischen den Polen eines nüchtern-pragmatischen case law-approach einerseits und eines zur prinzipienhaften Überhöhung und innovativen Fortentwicklung neigenden Ansatzes andererseits bewegen, einen (Mittel-)Weg zu finden.

58 Eine Offenlegung und Erörterung methodischer Grundfragen erscheint jedoch unverzichtbar, da Art. 10, vom EuGH auf der Basis von Art. 220[298] rechtsfortbildend weiterentwickelt, auch zukünftig die **Scharnier-** bzw. **Brückennorm** für die »**Europäisierung des nationalen Rechts**«[299] bleiben wird, die zu gewährleisten hat, daß die verschiedenen Rechtsordnungen in Richtung auf ein »ius commune europaeum«[300] miteinander verzahnt[301] werden.

59 Nicht unproblematisch ist die in der Rechtsprechung des EuGH bisweilen festzustellende Tendenz, die Anwendbarkeit des nationalen Verwaltungsverfahrens- und Verwaltungsprozeßrechts zur eng begrenzten Ausnahme und die ursprünglich als Ausnahmen konzipierten Gebote der Gleichwertigkeit und Effektivität mit der pauschalen Berufung auf die ansonsten drohende »praktische Unmöglichkeit« zur fast absoluten Regel zu erklären, um auf diese Weise schrittweise das **nationale Verwaltungsrecht** richterrechtlich

---

297 Ansätze finden sich etwa im Schlußantr. von GA W. *van Gerven* zu EuGH, Rs. C-70/88, Slg. 1990, I-2041, Ziff. 5 ff. (Parlament/Rat).
298 Wie hier *Garcia de Enterria* (Fn. 24), S. 36 ff.; *Hummer/Obwexer* (Fn. 188), S. 296; a. A. *A. v. Bogdandy*, in: Grabitz/Hilf, EU, Art. 5, Rn. 2, 4, 23, der die Rechtsgrundlage für die Rechtsfortbildung durch den EuGH in Art. 10 ex 5 sieht.
299 Vgl. zur Europäisierung des *öffentlichen Rechts* nur *H. Bauer*, Europäisierung des Verfassungsrechts, JBl. 2000, S. 750; *Brenner* (Fn. 229); *Classen* (Fn. 176); *v. Danwitz* (Fn. 80); *U. Fastenrath*, Die veränderte Stellung der Verwaltung und ihr Verhältnis zum Bürger unter dem Einfluß des Europäischen Gemeinschaftsrechts, Die Verwaltung 31 (1998), S. 277; *Hatje* (Fn. 119); *Kadelbach* (Fn. 94), insbes. S. 296 ff.; *Schmidt-Aßmann* (Fn. 34), S. 29 ff., 307 ff.; *E. Schmidt-Aßmann/W. Hoffmann-Riem* (Hrsg.), Strukturen des Europäischen Verwaltungsrechts, 1999; *Schoch* (Fn. 121), S. 135; *J. Schwarze*, Europäisches Verwaltungsrecht, 2 Bände, 1988; *ders.* (Hrsg.), Das Verwaltungsrecht unter europäischem Einfluß, 1996; *ders.* (Hrsg.), Die Entstehung einer europäischen Verfassungsordnung, 2000; *M. Schweitzer* (Hrsg.), Europäisches Verwaltungsrecht, 1991; zur Europäisierung des *Privatrechts*: *P.-C. Müller-Graff*, Privatrecht und Europäisches Gemeinschaftsrecht, 2. Aufl. (1991); *P. Ulmer*, Vom deutschen zum europäischen Privatrecht?, JZ 1992, S. 1; zur Europäisierung des *Strafrechts*: *K. Tiedemann*, Europäisches Gemeinschaftsrecht und Strafrecht, NJW 1993, S. 23; *M. Zuleeg*, Der Beitrag des Strafrechts zur europäischen Integration, JZ 1992, S. 761; am Beispiel des Umweltrechts *G. Dannecker/R. Streinz*, Umweltpolitik und Umweltrecht: Strafrecht, in: Rengeling (Hrsg.), EUDUR I, 1998, § 8, Rn. 51 ff., 59 ff., 94 ff.; *M. Faure/G. Heine*, Environmental Criminal Law in the European Union, 2000; genereller Überblick bei *K.F. Kreuzer/D.H. Scheuing/U. Sieber* (Hrsg.), Die Europäisierung der mitgliedstaatlichen Rechtsordnungen in der Europäischen Union, 1997.
300 Vgl. *P. Häberle*, Gemeineuropäisches Verfassungsrecht, EuGRZ 1991, S. 261; *ders.*, Europäische Rechtskultur, 1994; *ders.*, Die europäische Verfassungsstaatlichkeit, KritV 1995, S. 298.
301 Vgl. zur Vorstellung der »Verzahnung« bzw. »normativen Verklammerung« (BVerfGE 73, 339 [384]) anstoßend *U. Everling*, Europäisches Gemeinschaftsrecht und nationales Recht in der praktischen Rechtsanwendung, NJW 1967, S. 465; *P. Pescatore*, Das Zusammenwirken der Gemeinschaftsrechtsordnung mit den nationalen Rechtsordnungen, EuR 1970, S. 307 (308); aus späterer Zeit etwa *H.-W. Rengeling*, Das Zusammenwirken von Europäischem Gemeinschaftsrecht und nationalem, insbesondere deutschem Recht, DVBl. 1986, S. 306; *Kahl*, Die Verwaltung (Fn. 38), S. 374 ff.; *R. Stettner*, in: Hb.EUWirtR, A. IV Rn. 40 ff.; *Streinz* (Fn. 96), Rn. 6 ff.

in Richtung auf ein ungeschriebenes »EG-VwVfG« **zu vereinheitlichen**[302], eine Aufgabe, welche an sich dem EG-Gesetzgeber vorbehalten sein müßte. Das Urteil in der Rechtssache »Alcan II« ist in diesem Kontext an die Grenze dessen gegangen, was gegenwärtig akzeptanzfähig erscheint (s. Rn. 24c)[303]. Auch die Rechtsprechung zum einstweiligen Rechtsschutz (s. Rn. 32) und zum Staatshaftungsrecht stieß zum Teil auf Widerspruch. Die proklamierte Maßgeblichkeit des nationalen Rechts droht in diesen Bereichen infolge der unitarisierenden Judikatur zum in der Theorie mitgeschleppten starting point der Argumentation zu verkommen, in der praktischen Relevanz aber weitgehend entkernt zu werden.

Die **neuere Rechtsprechung**, insbesondere zur Rückerstattung von unter Verstoß gegen das Gemeinschaftsrecht erhobenen Abgaben sowie zur Rückforderung von Gemeinschaftsbeihilfen (s. Rn. 24a, 31), zeugt von einer, wenn auch voraussichtlich auf diese Bereiche limitierten, begrüßenswerten **Kurskorrektur** und bringt einen abwägenderen, auf die mitgliedstaatlichen Rechtstraditionen und -unterschiede[304] wieder stärker Rücksicht nehmenden Geist zum Ausdruck. Zukünftig wird es darum gehen, die Einflüsse des EG-Rechts als positive Innovations- und Revisionsimpulse für das nationale Recht vorurteilsfrei in den Blick zu nehmen, ohne aber in eine ahistorische und wenig akzeptanzstiftende »Gleichmacherei« um jeden Preis zu verfallen. »Die Entwicklung eines Europäischen Verwaltungsrechts kann nur als eine alle Rechtsschichten mit ihren Erfahrungen und Funktionsbedingungen umgreifende gemeinsame Aufgabe verstanden werden«[305].

59 a

---

302 Vgl. *Scheuing* (Fn. 120), S. 109, 134 ff. *Scheuing* befürwortet diese Entwicklung und fordert für die Rückforderung nationaler Beihilfen (Art. 88) sogar eine Zentralisierung des Vertrauensschutzes (ebd., S. 136 ff.). Zur Breite und Tiefe der gemeinschaftsrechtlichen Überformungen nationalen Verfahrensrechts allgemein, mit zustimmender Tendenz *Wegener* (Fn. 122), S. 90 ff.; krit. demgegenüber *T. v. Danwitz*, Die Eigenverantwortung der Mitgliedstaaten für die Durchführung von Gemeinschaftsrecht, DVBl. 1998, S. 421 (423 ff.); *ders.* (Fn. 80), S. 187 ff., 334 ff. und passim.
303 So auch *Schoch* (Fn. 121), S. 139.
304 Dazu *Schmidt-Aßmann* (Fn. 34), S. 322 f.
305 *Schmidt-Aßmann* (Fn. 34), S. 333 ff. (334).

Art. 11 EG-Vertrag

Art. 11 (ex-Art. 5a)

(1) Die Mitgliedstaaten, die beabsichtigen, untereinander eine verstärkte Zusammenarbeit in einem der unter diesen Vertrag fallenden Bereiche zu begründen, richten einen Antrag an die Kommission, die dem Rat einen entsprechenden Vorschlag vorlegen kann. Legt die Kommission keinen Vorschlag vor, so teilt sie den betroffenen Mitgliedstaaten ihre Gründe dafür mit[2].

(2) Die Ermächtigung zur Aufnahme einer verstärkten Zusammenarbeit nach Absatz 1 wird nach Maßgabe der Artikel 43 bis 45 des Vertrags über die Europäische Union vom Rat mit qualifizierter Mehrheit[4] auf Vorschlag der Kommmission und nach Anhörung des Europäischen Parlaments erteilt. Betrifft die verstärkte Zusammenarbeit einen Bereich, für den das Verfahren nach Artikel 251 dieses Vertrags gilt, so ist die Zustimmung des Europäischen Parlaments erforderlich[3].

Ein Mitglied des Rates kann verlangen, dass der Europäische Rat befasst wird. Nach dieser Befassung kann der Rat gemäß Unterabsatz 1 beschließen[4].

(3) Die für die Durchführung der Tätigkeiten im Rahmen einer verstärkten Zusammenarbeit erforderlichen Rechtsakte und Beschlüsse unterliegen allen einschlägigen Bestimmungen dieses Vertrags, soweit in diesem Artikel und in den Artikeln 43 bis 45 des Vertrags über die Europäische Union nichts anderes bestimmt ist[5].

Amsterdamer Fassung:
(1) Die Mitgliedstaaten, die beabsichtigen, untereinander eine verstärkte Zusammenarbeit zu begründen, können vorbehaltlich der Artikel 43 und 44 des Vertrags über die Europäische Union ermächtigt werden, die in diesem Vertrag vorgesehenen Organe, Verfahren und Mechanismen in Anspruch zu nehmen, sofern die beabsichtigte Zusammenarbeit
a) keine in die ausschließliche Zuständigkeit der Gemeinschaft fallenden Bereiche betrifft;
b) die Gemeinschaftspolitiken, -aktionen oder -programme nicht beeinträchtigt;
c) nicht die Unionsbürgerschaft betrifft und auch keine Diskriminierung zwischen Staatsangehörigen der Mitgliedstaaten bedeutet;
d) die der Gemeinschaft durch diesen Vertrag zugewiesenen Befugnisse nicht überschreitet und
e) keine Diskriminierung oder Beschränkung des Handels zwischen den Mitgliedstaaten darstellt und die Wettbewerbsbedingungen zwischen diesen nicht verzerrt.

(2) Die Ermächtigung nach Absatz 1 wird vom Rat mit qualifizierter Mehrheit auf Vorschlag der Kommission und nach Anhörung des Europäischen Parlaments erteilt.
Erklärt ein Mitglied des Rates, daß es aus wichtigen Gründen der nationalen Politik, die es auch nennen muß, die Absicht hat, eine mit qualifizierter Mehrheit zu erteilende Ermächtigung abzulehnen, so erfolgt keine Abstimmung. Der Rat kann mit qualifizierter Mehrheit verlangen, daß die Frage zur einstimmigen Beschlußfassung an den in der Zusammensetzung der Staats- und Regierungschefs tagenden Rat verwiesen wird.
Die Mitgliedstaaten, die beabsichtigen, eine verstärkte Zusammenarbeit nach Absatz 1 zu begründen, können einen Antrag an die Kommission richten, die dem Rat einen entsprechenden Vorschlag vorlegen kann. Legt die Kommission keinen Vorschlag vor, so unterrichtet sie die betroffenen Mitgliedstaaten und gibt ihre Gründe dafür an.

(3) Jeder Mitgliedstaat, der sich der Zusammenarbeit nach diesem Artikel anschließen will, teilt dem Rat und der Kommission seine Absicht mit; die Kommission legt dem Rat binnen drei Monaten nach Eingang der Mitteilung eine Stellungnahme dazu vor. Innerhalb von vier Monaten vom Tag der Mitteilung an gerechnet beschließt die Kommission über den Antrag und über die spezifischen Regelungen, die sie gegebenenfalls für notwendig hält.

(4) Die für die Durchführung der Tätigkeiten im Rahmen der Zusammenarbeit erforderlichen Rechtsakte und Beschlüsse unterliegen allen einschlägigen Bestimmungen dieses Vertrags, sofern in

diesem Artikel und in den Artikeln 43 und 44 des Vertrags über die Europäische Union nichts anderes bestimmt ist.

(5) Dieser Artikel läßt das Protokoll zur Einbeziehung des Schengen-Besitzstands in den Rahmen der Europäischen Union unberührt.

Verstärkte Zusammenarbeit (zum Begriff Art. 43 EUV, Rn. 8) darf das hohe Maß an Integration in der ersten Säule nicht gefährden. Art. 11 a.F. suchte diesem Erfordernis u.a. durch besonders streng formulierte **Voraussetzungen** Rechnung zu tragen. Diese Voraussetzungen sind nunmehr in Art. 43 EUV übertragen worden. Weggefallen ist allein Art. 11 Abs. 1 lit. c) a.f., wonach eine verstärkte Zusammenarbeit nicht die Unionsbürgerschaft betreffen und keine Diskriminierung nach der Staatsangehörigkeit bedeuten durfte. Wenn die Rechte aus der Unionsbürgerschaft und das Diskriminierungsverbot auch zum *acquis communautaire* gehören und die Änderung damit praktisch folgenlos bleiben wird, so wäre die Aufrechterhaltung des Erfordernisses zur Klarstellung wünschenswert gewesen. Immerhin könnte der Verdacht einer Diskriminierung zu Lasten von Staatsangehörigen der Beitrittsländer aufkommen[1]. Die Einräumung von Individualrechten in Rechtsakten, die im Rahmen verstärkter Zusammenarbeit verabschiedet werden (zu ihrer Ermittlung Art. 249, Rn. 60 ff.), reicht daher weiterhin stets über die an der Zusammenarbeit teilnehmenden Staaten hinaus (s. Voraufl., Rn. 5). 1

Im Kern regelt Art. 11 jetzt das **Verfahren** zur verstärkten Zusammenarbeit in der ersten Säule. Dieses beginnt mit einem **Vorschlag der Kommission** auf Antrag der betroffenen Mitgliedstaaten (Abs. 1). Das Initiativmonopol der Kommission ist mithin begrenzt; aufgehoben ist es bei der PJZS (s. Art. 40a). Sie kann nicht ohne Antrag der Mitgliedstaaten tätig werden (Abs. 2 S. 1: »nach Absatz 1«) und muß das Unterlassen eines Vorschlags begründen (Abs. 1 S. 2)[2]. Allerdings hat sie einen Entscheidungsspielraum[3]. 2

Bevor der Rat entscheidet, ist das **EP anzuhören**. Eine Ausnahme gilt für Bereiche, für die das Verfahren nach Art. 251 Anwendung findet. In diesen Fällen ist die Zustimmung des EP erforderlich. Allerdings dürften solche Fälle wegen Art. 43 lit. d–f äußerst selten sein. 3

Anschließend faßt **der Rat** den Beschluß zur Ermächtigung **mit qualifizierter Mehrheit**. Was die Beschlussfassung des Rates betrifft, so hat die Revision von Nizza zwei anachronistische und systemwidrige Regelungen[4] beseitigt. Art. 11 Abs. 2 UAbs. 2 a.F. enthielt eine an den nicht mehr praktizierten Luxemburger Kompromiß (s. Art. 205, Rn. 8 f.) angelehnte Vetovorkehrung. Diese ist nun ersetzt worden durch das Recht der Ratsmitglieder, den Europäischen Rat zu befassen. Die Beibehaltung dieses intergouvernementalen Elements im EGV ist zwar bedauerlich, aber ein Fortschritt im Vergleich zur bisherigen Vetoregelung. Immerhin können so politische Divergenzen auf höchster Ebene ausgeräumt werden, was auch ohne ausdrückliche Regelungen geschehen würde. Zu begrüßen ist, daß nunmehr ausdrücklich der Europäische Rat befaßt werden 4

---

1 Die psychologische Seite betont zu Recht *M. Schauer,* Schengen – Maastricht – Amsterdam – Auf dem Weg zu einer flexiblen Union, 2000, S. 167.
2 Vgl. *C. v. Buttlar,* Rechtsprobleme der »verstärkten Zusammenarbeit« nach dem Vertrag von Nizza, ZEuS 4 (2001), S. 649 (670 ff.). Zur Rolle der Kommission *C. D. Ehlermann,* Engere Zusammenarbeit nach dem Amsterdamer Vertrag: Ein neues Verfassungsprinzip?, EuR 1997, S. 362 (377 f.).
3 *A. Hatje,* in: Schwarze, EU-Kommentar, Art. 11, Rn. 14.
4 Kritisch auch *G. Müller-Brandeck-Bocquet,* Flexible Integration – eine Chance für die europäische Umweltpolitik?, integration 1997, S. 292 (294).

soll und nicht der Rat in der Zusammensetzung der Staats- und Regierungschefs, also ohne Kommissionspräsidenten. Dieses intergouvernementale Element war ebenfalls im EGV systemfremd[5].

5 Für die **Durchführung** gelten nach Abs. 3 die – materiellen und institutionellen – Vorschriften des EGV, vorbehaltlich des Art. 11 sowie der Art. 43–45 EUV. Art. 11 Abs. 3 ergänzt insofern Art. 44 Abs. 1 S. 1 EUV.

6 Keine Regelung enthält der EGV für **Außenkompetenzen**. Im Schrifttum wird vertreten, die Gemeinschaft werde hinsichtlich der an der verstärkten Zusammenarbeit beteiligten Staaten ausschließlich zuständig, wenn die Voraussetzungen der AETR-Rechtsprechung des EuGH gegeben seien (vgl. Art. 300, Rn. 5 ff.)[6]. Dem steht jedoch entgegen, daß es keine verstärkte Zusammenarbeit bei ausschließlicher Gemeinschaftszuständigkeit gibt (Art. 43 lit. d EUV). Art. 11 erlaubt die Zusammenarbeit mit Drittstaaten, ohne daß eine ausschließliche Kompetenz begründet wird[7].

---

5 Vgl. auch V. *Constantinesco,* Les clauses de »coopération renforcée« – Le protocole sur l'application des principes de subsidiarité et de proportionnalité, R.T.D.E. 33 (1997), S. 751 (762).
6 *v. Ehlermann* (Fn. 2), S. 379 f.
7 Näher B. *Martenczuk,* Die differenzierte Integration nach dem Vertrag von Amsterdam, ZEuS 1 (1998), S. 447 (468). Differenzierend A. *Hatje,* in: Schwarze, EU-Kommentar, Art. 11, Rn. 27. Zur praktischen Auflösung *Schauer* (Fn. 1), S. 156 ff.

Art. 11a

Jeder Mitgliedstaat, der sich einer nach Artikel 11 begründeten verstärkten Zusammenarbeit anschließen will, teilt dem Rat und der Kommission seine Absicht mit; die Kommission legt dem Rat binnen drei Monaten nach Eingang der Mitteilung eine Stellungnahme dazu vor. Binnen vier Monaten nach Eingang der Mitteilung beschließt die Kommission über den Antrag und über eventuelle spezifische Regelungen, die sie für notwendig hält.

Amsterdamer Fassung:
Entspricht Art. 11 Abs. 3 der Amsterdamer Fassung.

Der neue Art. 11a enthält die bisherige Regelung des Art. 11 Abs. 3 a.F. für den **Beitritt** 1 **zur verstärkten Zusammenarbeit**. Diese sind offener als im Unionsrahmen, um die Kohärenz der Gemeinschaftsrechtsordnung zu stärken. Über einen Beitrittsantrag entscheidet die Kommission nach spätestens sieben Monaten. Innerhalb dieser Frist kann der Rat seinen Standpunkt äußern. Die Regelung ist angesichts der Forderung nach Offenheit für den Beitritt gelungen, einzig die fehlende Beteiligung des EP muß moniert werden.

Nicht aufgenommen wurde eine ausdrückliche Verpflichtung, beitrittswillige, aber bei- 2 trittsunfähige Mitgliedstaaten in der Weise zu unterstützen, daß ihr Beitritt ermöglicht wird[1]. Weil die verstärkte Zusammenarbeit den Zielen der Gemeinschaft dient (Art. 43 lit. a EUV), folgt eine solche Pflicht schon aus Art. 10 EGV.

---

1 Kritisch C. D. *Ehlermann*, Engere Zusammenarbeit nach dem Amsterdamer Vertrag: Ein neues Verfassungsprinzip?, EuR 1997, S. 362 (379).

Art. 12 (ex-Art. 6)

Unbeschadet besonderer Bestimmungen[7 ff.] dieses Vertrages ist in seinem Anwendungsbereich[17 ff.] jede Diskriminierung[37 ff.] aus Gründen der Staatsangehörigkeit[13 ff.] verboten[43].

Der Rat kann nach dem Verfahren des Artikels 251 Regelungen für das Verbot solcher Diskriminierungen treffen[44 ff.].

Inhaltsübersicht:

A. Bedeutung und Grundlagen	1
B. Besondere Bestimmungen	7
I. Rechtsprechung	8
II. Ansätze im Schrifttum	10
III. Stellungnahme	11
C. Kriterium der Staatsangehörigkeit	13
D. Anwendungsbereich des Vertrages	17
I. Rechtsprechung	18
II. Schrifttum	21
III. Stellungnahme	22
IV. Insbesondere: das Problem der »umgekehrten Diskriminierung«	24
1. Rechtsprechung	29
2. Schrifttum	31
3. Stellungnahme	33
E. Diskriminierung und Rechtfertigung	37
I. Rechtsprechung	38
II. Schrifttum	41
III. Stellungnahme	42
F. Adressaten des Diskriminierungsverbots	43
G. Art. 12 Abs. 2	44

A. Bedeutung und Grundlagen

1 Das Diskriminierungsverbot[1] aus Gründen der Staatsangehörigkeit gehört – wie auch schon seine Stellung im Ersten Teil »Grundsätze« des EG-Vertrages nahelegt – zu den grundlegenden Vorschriften des Vertrages, die seine Systematik, Funktionsweise und Ausgestaltung im einzelnen prägen. So wird denn auch das Prinzip der Nichtdiskriminierung in anderen vertraglichen Vorschriften aufgegriffen und konkretisiert bzw. erweitert (z. B. Art. 39, 43, 49), so daß der Grundsatz der Nichtdiskriminierung auch als »Leitmotiv«[2] des Vertrages bezeichnet werden kann[3]. Dies erklärt denn auch die Praxis des EuGH, Art. 12 als Auslegungsgrundsatz für die besonderen Bestimmungen des Vertrages heranzuziehen[4].

---

1 Vgl. zur Struktur von Diskriminierungsverboten bzw. Gleichheitssätzen A. Epiney, Umgekehrte Diskriminierungen. Zulässigkeit und Grenzen der discrimination à rebours nach europäischem Gemeinschaftsrecht und nationalem Verfassungsrecht, 1995, S. 19 ff., 438 ff., m. w. N.
2 So auch A. v. Bogdandy, in: Grabitz/Hilf, EU, Art. 6, Rn. 1.
3 Der EuGH spricht auch vom »Grundsatz der Nichtdiskriminierung«, EuGH, Rs. 185–204/78, 3.7.1979, Slg. 1979, 2345, Rn. 10 (Strafverfahren gegen van Dam en Zonen u. a.).
4 EuGH, Rs. 175/78, Slg. 1979, 1129, Rn. 8 f. (Saunders) bzgl. Art. 39 EGV; EuGH, Rs. 136/78, Slg. 1979, 437, Rn. 14 ff. (Strafsache gegen Auer) bzgl. Art. 43 EGV; EuGH, Rs. 8/77, Slg. 1977, 1495, Rn. 9 ff. (Sagulo) bzgl. Art. 39 EGV; EuGH, Rs. 1/78, Slg. 1978, 1489, Rn. 12 (Kenny/Insurance Officer) bzgl. Art. 39 EGV und Art. 3 der VO 1408/71. Hierzu auch noch unten Rn. 7 ff.

Art. 12 ist **unmittelbar wirksam**[5]; er gibt also den Einzelnen ein Recht, das diese gerichtlich geltend machen können, so daß die entsprechende Pflicht der Mitgliedstaaten hier effektiv durchgesetzt werden kann[6]. Damit kommt dieser Bestimmung ein grundrechtsähnlicher **Charakter** zu[7]. 2

Art. 12 stellt eine besondere Ausprägung des allgemeinen Gleichheitssatzes dar[8]. Allerdings sind hier – ebenso wie bei der Unterscheidung zwischen Grundfreiheiten und Grundrechten – die bedeutenden Unterschiede zwischen den im Vertrag garantierten Rechten der Einzelnen und den aus den allgemeinen Rechtsgrundsätzen entwickelten gemeinschaftlichen Grundrechten zu beachten: Während letztere sich in erster Linie auf gemeinschaftliche Aktivitäten beziehen – so daß sie grundsätzlich nicht die Mitgliedstaaten in ihren »autonomen Bereichen« verpflichten –, richten sich erstere gerade an die Mitgliedstaaten und verpflichten diese in jeder Beziehung[9]. 3

Eine Diskriminierung im Sinne des Art. 12 kann nur unter der Voraussetzung vorliegen, daß die Anknüpfung an die jeweiligen Unterschiede auf menschlicher, insbesondere hoheitlicher Gewalt beruht[10]. Daher können etwa Fernsehsender nicht deshalb diskriminiert werden, weil Werbeausstrahlungen aufgrund des geographischen Standortes der Sender nur innerhalb eines bestimmten Sendegebiets möglich sind[11]. 4

Weiterhin liegt eine Diskriminierung von vornherein nur dann vor, wenn sie durch die gleiche Person oder den gleichen Hoheitsträger verursacht wird. Daher können insbesondere **Unterschiede der verschiedenen nationalen Vorschriften** in den Mitgliedstaaten als solche keine Diskriminierungen darstellen[12]. Allerdings müssen alle der Ho- 5

---

5 Hierzu auch noch Art. 249, Rn. 17 ff.
6 Stellungnahme der Kommission in EuGH, Rs. 86/78, Slg. 1979, 897, Rn. 906 (Peureux/Directeur des services fiscaux); GA *Römer*, Schlußantr. Zu EuGH, Rs. 14/68, Slg. 1969, 17, Rn. 28 (Walt Wilhelm/Bundeskartellamt); EuGH, Rs. 152/82, Slg. 1983, 2323, Rn. 18 (Forcheri u. a./Belgien u. a.); EuGH, Rs. C-274/96, Slg. 1998, I-7637, Rn. 16 (Bickel und Franz); aus der Literatur etwa *F. Schockweiler*, La portée du principe de non-discrimination de l'article 7 du Traité C.E.E., RDE 1991, S. 3 (5); *S. Kon*, Aspects of Reverse Discrimination in Community Law, ELR 1981, S. 75 ff.
7 *I. Pernice*, Grundrechtsgehalte im europäischen Gemeinschaftsrecht, 1979, S. 196 ff.
8 EuGH, Rs. 147/79, Slg. 1980, 3005, Rn. 7 (Hochstrass/EuGH). Hierzu auch noch unten Rn. 37 ff.
9 Vgl. ausführlich zu diesem Problemkreis m. w. N. *Epiney* (Fn. 1), S. 125 ff. Für Art. 12 ähnlich auch *A. v. Bogdandy*, in: Grabitz/Hilf, EU, Art. 6, Rn. 7. S. zu der Frage des absoluten Charakters des Diskriminierungsverbots des Art. 6 EGV noch unten Rn. 37 ff.
10 *A. Mohn*, Der Gleichheitssatz im Gemeinschaftsrecht: Differenzierungen im europäischen Gemeinschaftsrecht und ihre Vereinbarkeit mit dem Gleichheitssatz, 1990, S. 11; *T. Oppermann*, Europäisches Gemeinschaftsrecht und deutsche Bildungsordnung, 1987, S. 20, (52); EuGH, Rs. 52/79, Slg. 1980, 833, Rn. 21 (Strafverfahren gegen Débauve u. a.).
11 Vgl. den Sachverhalt der Entscheidung Débauve, EuGH, Rs. 52/79, Slg. 1980, 836 ff. (Strafverfahren gegen Débauve u. a.).
12 *Mohn* (Fn. 10), S. 9; *K. Mortelmans*, La discrimination à rebours et le droit communautaire, DCSI 1981, S. 1 (4 f.); *F.-J. Schöne*, Die »umgekehrte Diskriminierung« im EWG-Vertrag nach der Rechtsprechung des Europäischen Gerichtshofs. (Dargestellt am Beispiel der Dienstleistungsfreiheit nach Art. 59 ff. EWG-Vertrag), RIW 1989, S. 450 (453); *U. Fastenrath*, Inländerdiskriminierung – Zum Gleichbehandlungsgebot beim Zusammenwirken mehrerer (Teil-) Rechtsordnungen im vertikal gegliederten und international integrierten Staat –, JZ 1987, S. 170 (171); auch die Rechtsprechung geht i. Erg. hiervon aus, EuGH, Rs. 155/80, Slg. 1981, 1993, Rn. 7 f. (Bußgeldverfahren gegen Oebel); EuGH, Rs. 185-204/78, Slg. 1979, 2345, Rn. 10 (Strafverfahren gegen J. van Dam en Zonen u. a.); EuGH, Rs. C-251, 252/90, Slg. 1992, I-2873, Rn. 19 (Wood und Cowie); EuGH, Rs. C-177/94, Slg. 1996, I-161, Rn. 17 (Strafverfahren gegen G. Perfili); EuGH, Rs. 136/78, Slg. 1979, 437, Rn. 23/26 (Strafsache gegen Auer).

heitsgewalt des entsprechenden Staates unterstehende Personen gleich behandelt werden; irrelevant ist damit nur die unterschiedliche Behandlung außerhalb der Hoheitsgewalt des jeweiligen Mitgliedstaates[13]. Art. 12 läßt sich daher nicht zum Abbau von Wettbewerbsverzerrungen zwischen den Mitgliedstaaten der Union instrumentalisieren; hierfür ist der Erlaß von (harmonisierendem) Sekundärrecht notwendig.

6 Unerheblich ist dagegen die teilweise getroffene Unterscheidung zwischen **kausaler und finaler Herbeiführung** der Diskriminierung[14], verbietet Art. 12 doch jede Diskriminierung, so daß es (nur) auf den materiellen Inhalt und die Auswirkungen einer Regelung ankommt[15].

B. Besondere Bestimmungen

7 Das Diskriminierungsverbot des Art. 12 findet nur unter der Voraussetzung Anwendung, daß keine **besonderen Bestimmungen** eingreifen. Hintergrund dieser Anwendungseinschränkung dürfte die Erwägung sein, daß der Grundsatz der Nichtdiskriminierung aus Gründen der Staatsangehörigkeit in zahlreichen anderen Vorschriften **aufgegriffen und konkretisiert** und ggf. gar erweitert wird. Dann aber erscheint ein Rückgriff auf Art. 12 insofern nicht mehr notwendig, als seinem Anliegen in den besonderen Bestimmungen Rechnung getragen wird. Allerdings ist nicht immer ganz klar, unter welchen Voraussetzungen nun eine Bestimmung eine besondere darstellt und welche Rolle Art. 12 im Rahmen ihrer Heranziehung noch zukommen kann.

I. Rechtsprechung

8 Die Rechtsprechung geht – allerdings ohne eine ausführliche (abstrakte) Auseinandersetzung mit dem Problemkreis – davon aus, daß sich die »besonderen Bestimmungen« insbesondere dadurch auszeichnen, daß sie besondere Diskriminierungsverbote enthalten und damit das allgemeine Diskriminierungsverbot des Art. 12 konkretisieren. Dabei müssen sich diese besonderen Bestimmungen jedoch nicht in einem Diskriminierungsverbot erschöpfen, sondern können auch (etwa in der Form eines Beschränkungsverbots[16]) darüber hinausgehen[17].

9 In bezug auf das Zusammenspiel von Art. 12 und den besonderen Bestimmungen war die Rechtsprechung nicht immer ganz klar. So zog der Gerichtshof zunächst häufig die in Betracht kommende »besondere Bestimmung« neben Art. 12 heran und nahm eine Verletzung oder Nichtverletzung des Vertrages unter Rückgriff auf beide Vorschriften an[18]. In der neueren Rechtsprechung jedoch dürfte die Tendenz überwiegen, im Falle

---

13 EuGH, Rs. C-379/92, Slg. 1994, I-3453, Rn. 47 (Strafverfahren gegen M. Peralta).
14 Vgl. etwa *M.-A. Reitmaier*, Inländerdiskriminierungen nach dem EWG-Vertrag: zugleich ein Beitrag zur Auslegung von Art. 7 EWG-Vertrag, 1984, S. 44 ff.
15 Hierzu schon *Epiney* (Fn. 1), S. 100 ff.; ebenso *M. Zuleeg*, in: GTE, EGV, Art. 6, Rn. 5.
16 Zum Begriff *Epiney* (Fn. 1), S. 36 ff.
17 S. aus der Rechtsprechung insbesondere EuGH, Rs. 186/87, Slg. 1989, 195, Rn. 14 (Cowan/Trésor public); EuGH, Rs. 13/76, Slg. 1976, 1333, Rn. 6/7 (Donà/Mantero); EuGH, Rs. 305/87, Slg. 1989, 1461, Rn. 12 f. (Kommission/Griechenland); EuGH, Rs. C-175/88, Slg. 1990, I-1779, Rn. 19 (Biehl/Administration des contributions).
18 So etwa EuGH, Rs. 59/85, Slg. 1986, 1283, Rn. 29 (Niederlande/Reed); EuGH, Rs. 1/78, Slg. 1978, 1489, Rn. 12 (Kenny/Insurance Officer); EuGH, Rs. 175/78, Slg. 1979, 1129, Rn 8 f. (Saunders).

der Einschlägigkeit besonderer Bestimmungen nicht mehr auf Art. 12 zurückzugreifen, sondern ausschließlich auf diese abzustellen, dies unter ausdrücklichem Hinweis darauf, daß das allgemeine Diskriminierungsverbot in den betreffenden besonderen Bestimmungen umgesetzt worden sei, so daß auf Art. 12 nur noch in den Fällen zurückgegriffen werden könne, in denen der Vertrag gerade **keine besonderen Diskriminierungsverbote** enthält[19]. Jedenfalls aber kann Art. 12 nach ständiger Rechtsprechung zur **Auslegung** der besonderen Diskriminierungsverbote herangezogen werden[20].

II. Ansätze im Schrifttum

In der Literatur geht man allgemein davon aus, daß Art. 12 den Grundsatz darstellt, 10 der dann für spezifische Bereiche wieder aufgegriffen und konkretisiert wird, wobei die genauen Formulierungen jedoch etwas differieren[21]. Weiterhin wird teilweise auch ausdrücklich darauf hingewiesen, dass – entsprechend der Tendenz in der neueren Rechtsprechung – Art. 12 EGV nur dann Anwendung finden soll, wenn keine besonderen Bestimmungen greifen (können)[22]. Darüber hinaus wurde aber auch eine ausführliche Analyse der Begriffe »unbeschadet« und »besondere Bestimmungen« vorgenommen, wobei insbesondere auf die Frage eingegangen wird, ob nun auf Spezialvorschriften oder auf eine Art Subsidiaritätsgrundsatz Bezug genommen wird[23].

III. Stellungnahme

Ausgangspunkt des Zusammenspiels von Art. 12 mit anderen vertraglichen Bestim- 11 mungen sollte Sinn und Zweck der Vorschrift und ihre systematische Stellung im Vertrag sein: Einerseits soll das allgemeine Diskriminierungsverbot sicherstellen, daß tatsächlich in den in den Anwendungsbereich des Vertrages fallenden Gebieten keine Diskriminierung aus Gründen der Staatsangehörigkeit erfolgt. Dies schließt jedoch

---

19 EuGH, Rs. 305/87, Slg. 1989, 1461, Rn. 12 f. (Kommission/Griechenland); EuGH, Rs. C-175/88, Slg. 1990, I-1779, Rn. 19 (Biehl/Administration des contributions); EuGH, Rs. 186/87, Slg. 1989, 195, Rn. 14 (Cowan/Trésor public); EuGH, Rs. C-10/90, Slg. 1991, I-1119, Rn. 12 (M. Mario/Bundesknappschaft); EuGH, Rs. C-419/92, Slg. 1994, I-505, Rn. 6 (Scholz/Opera Universitaria di Cagliari); EuGH, Rs. C-177/94, Slg. 1996, I-161, Rn. 13 ff. (Strafverfahren gegen G. Perfili); EuGH, Rs. C-213/90, Slg. 1991, I-3507, Rn. 10 (Asti); wohl auch EuGH, Rs. C-112/91, Slg. 1993, I-429, Rn. 19 f. (Werner/Finanzamt Aachen Innenstadt). S. auch GA *Jacobs*, Schlußantr. zu EuGH, Rs. 305/87, Slg. 1989, 1461, 1472 (Kommission/Griechenland); GA *Darmon*, Schlußantr. zu EuGH, Rs. C-175/88, Slg. 1990, I-1779, 1787 f. (Biehl/Administration des contributions). Vgl. aber auch wieder EuGH, Rs. C-45/93, Slg. 1994, I-911, Rn. 10 (Kommission/Spanien); EuGH, Rs. C-203/98, Slg. 1999, I-4899, Rn. 15 (Kommission/Belgien), wo wiederum auf Art. 12, 43 bzw. 49 parallel zurückgegriffen wird.
20 Vgl. die Nachweise in Fn. 4.
21 Vgl. etwa die Ausführungen bei *Ipsen*, EG-Recht, S. 593; *D. Blumenwitz*, Rechtsprobleme im Zusammenhang mit der Angleichung von Rechtsvorschriften auf dem Gebiet des Niederlassungsrechts der freien Berufe, NJW 1989, S. 621 (624); *U. Drobnig*, Verstößt das Staatsangehörigkeitsprinzip gegen das Diskriminierungsverbot des EWG-Vertrages?, RabelsZ 34 (1970), S. 636 (637); *W. Kewenig*, Niederlassungsfreiheit, Freiheit des Dienstleistungsverkehrs und Inländerdiskriminierung, JZ 1990, S. 20 (21); *Schockweiler* (Fn. 6), S. 6 f.; *Mortelmans* (Fn. 12), S. 1 f.
22 Ausdrücklich *M. Rossi*, Das Diskriminierungsverbot nach Art. 12 EGV, EuR 2000, S. 197 (205 ff.).
23 *Reitmaier* (Fn. 14), S. 70 ff., die zum Ergebnis kommt, daß »besonders sind (...) diejenigen Vorschriften, die in einschränkender Weise formelle oder materielle Diskriminierungen nach der Staatsangehörigkeit verbieten«. Ihr folgend *A. v. Bogdandy*, in: Grabitz/Hilf, EU, Art. 6, Rn. 57.

nicht aus, daß dieses Verbot in einzelnen spezifischen Bereichen wieder aufgegriffen und eigens ausgestaltet wird, so daß hier ein Rückgriff auf Art. 12 weder sinnvoll noch notwendig erscheint. Auf dieser Grundlage sind all diejenigen Bestimmungen als besondere Bestimmungen anzusehen, die das Kriterium der **Staatsangehörigkeit** aufgreifen und ein entsprechendes **Diskriminierungsverbot** enthalten. Dabei ist natürlich auch möglich, daß den besonderen Bestimmungen darüber hinaus weitere Inhalte entnommen werden können. Ausgeschlossen werden damit diejenigen Vorschriften, die auf ein anderes Unterscheidungsmerkmal zurückgreifen (z. B. Erzeuger und Verbraucher). Besondere Bestimmungen sind daher etwa Art. 31, 39, 43.

12   Ist eine derartige besondere Bestimmung einschlägig, so erübrigt sich ein Rückgriff auf Art. 12; »unbeschadet« ist im Sinne von »**gilt nur**« auszulegen. Denn dem Anliegen des Art. 12, eine Diskriminierung aus Gründen der Staatsangehörigkeit zu unterbinden, wird dann gerade im Rahmen der besonderen Bestimmungen Rechnung getragen. Mit der Rechtsprechung ist allerdings davon auszugehen, daß Art. 12 – entsprechend seinem »Leitmotivcharakter« – im Rahmen der besonderen Bestimmungen zur Auslegung herangezogen werden kann.

C. Kriterium der Staatsangehörigkeit

13   Art. 12 verbietet nicht alle Diskriminierungen, sondern nur solche, die auf dem Kriterium der **Staatsangehörigkeit** beruhen. Dies sind einerseits solche Maßnahmen, die ausdrücklich an die Staatsangehörigkeit anknüpfen (**formelle Diskriminierungen**). Erfaßt werden aber nach wohl einhelliger Meinung und ständiger Rechtsprechung auch sog. **materielle Diskriminierungen**. Darunter sind solche Maßnahmen zu verstehen, die zwar auf ein anderes Unterscheidungskriterium als das der Staatsangehörigkeit zurückgreifen, im Ergebnis jedoch auch auf eine Diskriminierung aus Gründen der Staatsangehörigkeit hinauslaufen. Dies ist immer dann der Fall, wenn eine Unterscheidung zur Folge hat, daß typischerweise oder im wesentlichen dieselben Wirkungen wie im Falle eines direkten Rückgriffs auf das Kriterium der Staatsangehörigkeit erreicht werden[24]. Dies ist etwa bei dem Rückgriff auf den Wohnsitz oder die Muttersprache in der Regel gegeben.

14   Da eine irgendwie geartete Quantifizierung der betroffenen Personen aber naturgemäß sehr schwierig ist[25], erscheint es sachdienlich, hier entscheidend auf das Vorliegen eines **Bezugs zu einem Mitgliedstaat** abzustellen[26].

---

24   Vgl. zur Einbeziehung materieller (oder auch versteckter) Diskriminierungen aus der Literatur nur *Kewenig* (Fn. 21), S. 22; *B. Sundberg-Weitman*, Discrimination on grounds of nationality, 1977, S. 107 ff.; *Mortelmans* (Fn. 12), S. 2; *Reitmaier* (Fn. 14), S. 45 ff.; *M. Zuleeg*, in: GTE, EGV, Art. 6, Rn. 4; *K. Lenaerts*, L'égalité de traitement en droit communautaire, CDE 1991, S. 3 (12 ff.); aus der Rechtsprechung (allerdings teilweise in anderem Zusammenhang, namentlich der Grundfreiheiten, wobei die entsprechenden Überlegungen aber auch im Rahmen des Art. 12 herangezogen werden können) EuGH, Rs. 22/80, Slg. 1980, 3427, Rn. 9 (Boussac/Gerstenmeier); EuGH, Rs. 175/88, Slg. 1990, I-1779, Rn. 13 (Biehl/Administration des contributions); EuGH, Rs. C-398/92, Slg. 1994, I-467, Rn. 14 (Mund&Fester/Hatrex); EuGH, Rs. 270/83, Slg. 1986, 273, Rn. 11 ff. (Kommission/Frankreich); EuGH, Rs. 198/86, Slg. 1987, 4469, Rn. 7 ff. (Conradi/Direction de la concurrence); EuGH, Rs. 152/73, Slg. 1974, 153, Rn. 11 (Sotgiu/Deutsche Bundespost); EuGH, Rs. 61/77, Slg. 1978, 417, Rn. 78/80 (Kommission/Irland); EuGH, Rs. C-29/95, Slg. 1997, I-1, Rn. 16 (Pastoors u. a./Belgien).
25   Müssen nun 60, 70, 80 oder 90 % der Betroffenen Aus- bzw. Inländer sein?
26   Vgl. ausführlich *Epiney* (Fn. 1), S. 105 ff.

Die Einbeziehung materieller Diskriminierungen in den Tatbestand des Art. 12 ergibt 15
sich zwingend aus dem **effet utile** dieser Bestimmung: Ohne die Erfassung materieller
Diskriminierungen fielen nämlich eine Reihe von Diskriminierungen, die de facto eine
auf der Staatsangehörigkeit beruhende Benachteiligung bewirken, aus dem Anwendungsbereich des Art. 12 Abs. 1 heraus.

Allerdings muß aufgrund der unabdingbaren Parallelität zu dem Merkmal der 16
Staatsangehörigkeit auf **personenbezogene Merkmale** abgestellt werden, so daß insbesondere Regelungen, die ausschließlich an Sachen (etwa die Warenherkunft) anknüpfen, von vornherein keine materiellen Diskriminierungen darstellen können[27].

D. Anwendungsbereich des Vertrages

Art. 12 ist von vornherein nur dann einschlägig, wenn der **Anwendungsbereich des** 17
Vertrages betroffen ist. Hintergrund dieses Erfordernisses ist die Überlegung, daß durch
den EG-Vertrag nur bestimmte Hoheitsrechte auf die Gemeinschaft übertragen worden
sind, womit eine allgemeine Unterwerfung staatlicher Maßnahmen unter das Diskriminierungsverbot des Art. 12 nicht in Einklang stünde. Das Erfordernis des Anwendungsbereichs des Vertrages bezieht sich daher in erster Linie auf die **inhaltliche Tragweite** einer bestimmten Maßnahme, wobei diese sowohl durch die betroffenen bzw. berechtigten Personen als auch die Materie determiniert wird[28].

I. Rechtsprechung

Die Rechtsprechung geht im Ergebnis von einer Betrachtung des jeweiligen **Einzelfalles**, 18
häufig unter Bezugnahme auf den »**gegenwärtigen Entwicklungsstand des Gemeinschaftsrechts**«, aus. Sie berücksichtigt dabei insbesondere den ggf. bestehenden Zusammenhang mit der tatsächlichen Verwirklichung der Grundfreiheiten oder der effektiven
Beachtung gemeinschaftsrechtlicher Vorgaben. Neuerdings spielt auch das sich aus der
Unionsbürgerschaft ergebende Recht, sich in einem anderen Mitgliedstaat aufzuhalten,
eine immer wichtigere Rolle.

So berühre etwa der Zugang zum Universitätsstudium den Anwendungsbereich des 19
Vertrages, da hier ein denkbar enger Zusammenhang zur Erleichterung der Ausübung
der Freizügigkeit bestehe und der Vertrag dem Rat auch schon die Aufstellung allgemeiner Grundsätze erlaube[29]. Dagegen sei die Ausbildungsförderung zur Deckung des
Lebensunterhalts grundsätzlich nicht vom Anwendungsbereich des Vertrages erfaßt,
bestünden hier doch wesentlich engere Bindungen zur Bildungs- und Sozialpolitik, die
als solche eben in die Kompetenz der Mitgliedstaaten fielen[30]. Die Erstreckung des
Diskriminierungsverbotes auf den Zugang zur Ausbildung impliziere darüber hinaus
auch die Erfassung des Aufenthaltsrechts der Studierenden durch den Anwendungsbe-

---

27 Anders jedoch ohne weitere Begründung *Reitmaier* (Fn. 14), S. 92; wie hier *M. Zuleeg*, in: GTE, EGV, Art. 6, Rn. 4; *G. Nicolaysen*, Inländerdiskriminierung und freier Warenverkehr, EuR 1991, S. 95 (99); *Ch. Moench*, Reinheitsgebot für Bier, NJW 1987, S. 1109 (1112); EuGH, Verb. Rs. 80/85 und 159/85, Slg. 1986, 3359, Rn. 22 (Nederlandse Bakkerij/Edah); EuGH, Rs. 355/85, Slg. 1986, 3231, Rn. 9 (Driancourt/Cognet).
28 Zum räumlichen Anwendungsbereich des Vertrages Art. 299 EGV.
29 EuGH, Rs. 293/83, Slg. 1985, 593, Rn. 21 ff. (Gravier/Lüttich). S. auch EuGH, Rs. C-357/89, Slg. 1992, I-1027, Rn. 25 ff. (Raulin/Minister van Onderwijs en Wetenschappen); EuGH, Rs. C-47/93, Slg. 1994, I-1593, Rn. 13 f. (Kommission/Belgien).
30 EuGH, Rs. 39/86, Slg. 1986, 3161, Rn. 14 ff. (Lair/Universität Hannover); s. auch EuGH, Rs. C-109/92, Slg. 1993, I-6447, Rn. 25 (Wirth/Landeshauptstadt Hannover). Kritisch hierzu *A. v. Bogdandy*, in: Grabitz/Hilf, EU, Art. 6, Rn. 41.

reich des Vertrages, könnte doch ansonsten die Gleichheit des Zugangs ausgehebelt werden[31]. Eine Regelung, die die Gewährung einer staatlichen Entschädigung zur Wiedergutmachung von (u. a.) Touristen zugefügten Schäden betrifft, falle insbesondere deshalb in den Anwendungsbereich des Gemeinschaftsrechts, weil hier ein untrennbarer Zusammenhang mit der von Touristen wahrgenommenen Dienstleistungsfreiheit bestehe[32]. Die schwedische Regelung, wonach ausländische juristische Personen, die in Schweden Klage erheben, auf Verlangen der Beklagten eine Sicherheitsleistung für Prozeßkosten zu stellen haben, fällt nach Ansicht des EuGH ebenfalls in den Anwendungsbereich des Vertrages, sei sie doch geeignet, die wirtschaftliche Betätigung der Wirtschaftsteilnehmer anderer Mitgliedstaaten auf dem Markt des betreffenden Staates (und damit die Grundfreiheiten) zu beeinträchtigen[33]. Auch fielen das Urheberrecht und die verwandten Rechte des geistigen Eigentums in den Anwendungsbereich des Vertrages, da sie aufgrund ihres Einflusses auf den freien Waren- und Dienstleistungsverkehr sowie den freien Wettbewerb eine enge Beziehung zu vertraglichen Regelungen und der Ausübung vertraglicher Rechte aufwiesen[34]. Die Dienstleistungsfreiheit impliziere das Recht, sich in das Hoheitsgebiet eines anderen Staates zu begeben und dort Leistungen zu empfangen, und auch die Unionsbürgerschaft gewähre den Bürgern das Recht, sich in einem anderen Mitgliedstaat aufzuhalten; die Möglichkeit, mit den Behörden anderer Mitgliedstaaten in einer bestimmten Sprache zu kommunizieren, könne die Ausübung dieser Freiheiten erleichtern, so dass eine entsprechende Regelung in den Anwendungsbereich des Vertrages falle[35]. Schließlich betonte der EuGH in seiner jüngeren Rechtsprechung, dass sich ein Unionsbürger, der sich rechtmäßig in dem Gebiet eines anderen Mitgliedstaates aufhält, in allen vom sachlichen Anwendungsbereich des Gemeinschaftsrechts erfassten Fällen auf Art. 12 EGV berufen könne[36].

20 Zudem ist der Anwendungsbereich des Gemeinschaftsrechts nach ständiger Rechtsprechung jedenfalls immer dann betroffen, wenn die Mitgliedstaaten Gemeinschaftsrecht umsetzen oder vollziehen. So ging der EuGH etwa davon aus, daß ein zur Durchführung einer gemeinschaftlichen Verordnung erlassener innerstaatlicher Rechtsakt an den Vorgaben des Art. 12 gemessen werden kann[37].

II. Schrifttum

21 Im Schrifttum werden in erster Linie drei verschiedene Ansätze zur genaueren Bestimmung des sachlichen Anwendungsbereichs des Vertrages vertreten[38]: Eine erste Richtung stellt auf eher **isolierte Kriterien**, wie insbesondere den Bezug der jeweiligen Materie zum Wirtschaftsleben[39] oder das Element der Grenzüberschreitung[40], ab. Eine zwei-

---

31 EuGH, Rs. C-295/90, Slg. 1992, I-4193, Rn. 18 f. (Parlament/Rat).
32 EuGH, Rs. 186/87, Slg. 1989, 195, Rn. 17 (Cowan/Trésor public).
33 EuGH, Rs. C-43/95, Slg. 1996, I-4661, Rn. 13 ff. (Data Delecta/MSL Dynamics) vgl. ZPO.
34 EuGH, Verb. Rs. C-92/92, C-326/92, Slg. 1993, I-5145, Rn. 20 ff. (Phil Collins/Imtrat Handelsgesellschaft).
35 EuGH, Rs. C-274/96, Slg. 1998, I-7637, Rn. 15 ff. (Bickel und Franz).
36 EuGH, Rs. C-85/96, Slg. 1998, I-2691, Rn. 63 (Martinez Sala/Freistaat Bayern); EuGH, Rs. C-184/99, DVBl. 2001, 1662 (Grzelczyk/Centre public d'aide sociale).
37 EuGH, Rs. C-29/95, Slg. 1997, I-1, Rn. 13 ff. (Pastoors/Belgien).
38 Vgl. in diesem Zusammenhang auch die Zusammenstellung von *Reitmaier* (Fn. 14), S. 61 ff.; s. auch *Oppermann* (Fn. 10), S. 54 ff.
39 So *Schöne* (Fn. 12), S. 453.
40 So *T. Stein*, Strafgerichtliche Aufenthaltsbeschränkungen gegenüber eigenen Staatsangehörigen und EWG-Ausländern, Anmerkung zum Saunders-Urteil des EuGH vom 29. März 1979, EuGRZ 1979, S. 448 (449); *S. Weatherill*, The Scope of Article 7 EEC, ELR 1990, S. 334 (339).

te, sehr weite Auslegung des Anwendungsbereichs geht davon aus, daß mit »Anwendungsbereich« die Gesamtheit der von den **vertraglichen Regelungen erfaßten Bereiche** gemeint sei, unter Einschluß der (potentiellen) Reichweite von Kompetenzgrundlagen (auch etwa Art. 94, 95, 308), so daß der Anwendungsbereich des Vertrages alle Bereiche erfasse, die grundsätzlich Gegenstand gemeinschaftlicher Regelungen sein können[41]; teilweise wird hier bei der Erörterung des Anwendungsbereichs auch zwischen dem personellen und dem räumlichen Anwendungsbereich unterschieden[42]. Eine dritte Auffassung schließlich will den Anwendungsbereich des Vertrages ausgehend von den **Rechtswirkungen der vertraglichen Bestimmungen und des Sekundärrechts** bestimmen[43], so daß auf dieser Grundlage in erster Linie die Tragweite des augenblicklich geltenden Gemeinschaftsrechts maßgeblich ist; Rechtsgrundlagen, deren Anwendungsbereich sehr schwer abschließend einzugrenzen ist, schieden damit als Anknüpfungspunkte für die Bestimmung des Anwendungsbereichs des Vertrages aus[44].

III. Stellungnahme

Aus konzeptioneller Sicht sind – wie auch die Ansichten im Schrifttum zeigen – für die Bestimmung des Anwendungsbereichs des Vertrages zunächst zwei grundsätzliche (entgegengesetzte) Ansatzpunkte denkbar: Entweder er bezieht alle Bereiche ein, die durch den Vertrag in irgendeiner Form erfaßt werden, auch wenn dies nur im Sinne einer Projektion in ferne Zukunft oder als Planung für künftige Aktivitäten geschehen ist. Oder aber der Anwendungsbereich des Vertrages wird auf die Gebiete beschränkt, die Gegenstand verbindlicher (primärer oder sekundärer) Rechtsakte sind. Eine sinnvolle Lösung muß jedenfalls zwischen diesen beiden Alternativen liegen. Denn einerseits führte die erste Variante zu einer Ausdehnung des Anwendungsbereichs des Vertrages auch auf solche Gebiete, die über den derzeitigen Integrationsstand hinausgehen, ist doch die genaue (potentielle) Tragweite einiger vertraglicher Vorschriften nur sehr schwer bestimmbar. Dagegen schränkte der andere Ansatz den praktischen Anwendungsbereich des Art. 12 zu weit ein, hätte er doch zur Folge, daß teilweise auch solche Bereiche ausgenommen werden müßten, die in engem Zusammenhang mit der Verwirklichung gemeinschaftlicher Zielsetzungen oder Bestimmungen stehen. Vor diesem Hintergrund erscheint es im Ergebnis sachgerecht, auf eine abstrakt-allgemeine Umschreibung des Anwendungsbereichs des Vertrages zu verzichten. Sie könnte nämlich die Komplexität der vom Vertrag erfaßten Bereiche und der Tätigkeit der Gemeinschaft nur unzureichend umschreiben. Zudem könnte sie dem sich ständig ändernden Stand der Integration nicht ausreichend Rechnung tragen. Vielmehr sollte der Anwendungsbereich des Vertrages in bezug auf jeden **Einzelfall** definiert werden, um so alle in seinem Rahmen eine Rolle spielenden Gesichtspunkte berücksichtigen zu können. Ausgangspunkt und Anhaltspunkte müssen dabei sowohl die Tätigkeit der Gemeinschaft als auch die Verpflichtungen der Mitgliedstaaten sein. Damit wird auch deutlich, daß

---

41 So A. v. *Bogdandy*, in: Grabitz/Hilf, EU, Art. 6, Rn. 37 ff., der allerdings darüber hinaus noch auf eine »Konnexität« des gemeinschaftsrechtlichen Element des Sachverhalts und der spezifischen Rechtsfrage abstellt, Rn. 44 ff., womit seine weite Auffassung wieder (etwas) relativiert wird.
42 So A. v. *Bogdandy*, in: Grabitz/Hilf, EU, Art. 6, Rn. 27 ff.
43 M. *Zuleeg*, in: GTE, EGV, Art. 6, Rn. 12; H. *Bungert*, Das Recht ausländischer Kapitalgesellschaften auf Gleichbehandlung im deutschen und US-amerikanischen Recht, 1994, S. 555 ff.; in diese Richtung wohl auch *Lenaerts* (Fn. 24), S. 3 ff.; *Oppermann* (Fn. 10), S. 54 ff.; letztlich ähnlich *Rossi*, EuR 2000 (Fn. 22), S. 203 f., der aber ausschließlich auf die Betroffenheit der Grundfreiheiten abstellen möchte.
44 So denn auch ausdrücklich M. *Zuleeg*, in: GTE, EGV, Art. 6, Rn. 13.

der Anwendungsbereich des Vertrages nicht statisch festgeschrieben ist, sondern sich mit dem Stand der Integration fortentwickelt. Insofern deckt sich der hier vertretene Ansatz mit der skizzierten Rechtsprechung. Deutlich wird damit aber auch, daß der Anwendungsbereich des Vertrages – insbesondere im Gefolge der Verbindung zur Wahrnehmung der Grundfreiheiten – grundsätzlich alle Politikbereiche erfassen kann, also auch solche, die an sich in der Regelungskompetenz der Mitgliedstaaten liegen. Die Kasuistik des EuGH liefert denn hierzu auch sehr anschauliche Beispiele.

23 Diese Grundsätze müssen notwendigerweise auch in bezug auf die Frage des **personellen Anwendungsbereichs** des Vertrages herangezogen werden, kann doch diese Problematik je nach dem betroffenen Bereich unterschiedlich zu beantworten sein. Die Frage der Drittwirkung des Art. 12 ist also ein Problem des Anwendungsbereichs des Vertrages. Gründe für einen grundsätzlichen Ausschluß der Bindung Privater sind daher nicht ersichtlich, woraus aber auch nicht auf eine generelle Einbeziehung der Rechtsbeziehungen zwischen Privaten geschlossen werden kann[45]. Etwas anderes ergibt sich auch nicht aus der Tatsache, daß bei einzelnen Grundfreiheiten auch eine Drittwirkung angenommen wurde[46], ist dies doch (zunächst) auf bestimmte, eng begrenzte Fallgestaltungen beschränkt. Allerdings dürfte ausgehend von den in dieser Rechtsprechung entwickelten Grundsätzen der Anwendungsbereich des Vertrages immer dann betroffen sein, wenn zwischen den Einzelnen ein solches Machtgefälle besteht, daß die Wahrnehmung der Grundfreiheiten der Einzelnen gefährdet wird[47].

IV. Insbesondere: das Problem der »umgekehrten Diskriminierung«

24 Die Anwendung insbesondere der gemeinschaftlichen Grundfreiheiten kann (in Verbindung mit entsprechenden nationalen Regelungen) dazu führen, daß Inländer oder auch einheimische Produkte schlechter gestellt werden als EG-Ausländer (bzw. aus dem EG-Ausland kommende Personen) oder aber eingeführte Produkte. So ist es etwa möglich, daß eine aus dem EG-Ausland kommende Person im Gefolge der Anwendung des Art. 43 bzw. einschlägigen Sekundärrechts für die Berufszulassung oder Niederlassung andere bzw. weniger strenge Voraussetzungen erfüllen muß als eine inländische Person, die in jeder Beziehung den einheimischen Regeln unterliegt[48]. Bei derartigen Fallgestaltungen stellt sich die Frage, ob und ggf. inwieweit sich die so benachteiligten Personen auf Gemeinschaftsrecht berufen können. Problematisch ist dies in erster Linie deshalb, weil es sich bei den erfaßten Fallgestaltungen um sog. nicht grenzüberschreitende Sachverhalte handelt, d. h. die betroffenen Personen bzw. Waren haben nicht von den Grundfreiheiten Gebrauch gemacht, sondern die Problematik stellt sich für sie ausschließlich innerhalb eines Mitgliedstaates[49].

25 Da sich sowohl bei an die Warenherkunft als auch bei an die Staatsangehörigkeit (im materiellen Sinn) anknüpfenden Regelungen parallele Fragestellungen ergeben, er-

---

45 Zu weitgehend daher A. v. *Bogdandy,* in: Grabitz/Hilf, EU, Art. 6, Rn. 29 ff.
46 Vgl. insbesondere in bezug auf Art. 39 EGV EuGH, Rs. 36/74, 12.12.1974, Slg. 1974, 1405, Rn. 25 (Walrave und Koch/Association Union Cycliste Internationale); EuGH, Rs. C-415/93, 15.12.1995, Slg. 1995, I-4921, Rn. 69 ff. (Union royale belge des sociétés de football/Bosman); neuerdings EuGH, Rs. C-281/98, EuZW 2000, 468, Rn. 30 ff. (Angonese). S. zu diesem Problemkreis noch Art. 28, Rn. 46, 56 ff.
47 Ebenso *Mohn* (Fn. 10), S. 30 ff.
48 Vgl. im einzelnen zu den verschiedenen Erscheinungsformen umgekehrter Diskriminierungen mit zahlreichen Beispielen und weiteren Nachweisen *Epiney* (Fn. 1), S. 19 ff.
49 Zur Abgrenzung von grenzüberschreitenden und nicht grenzüberschreitenden Sachverhalten *Epiney* (Fn. 1), S. 272 ff.

scheint es terminologisch genauer, nicht von »Inländerdiskriminierungen«, sondern von »**umgekehrten Diskriminierungen**« zu sprechen[50].

Hinzuweisen ist in diesem Zusammenhang auf den Umstand, daß sich die Problematik der umgekehrten Diskriminierung in erster Linie im Anwendungsbereich der jeweils einschlägigen **Grundfreiheit** stellen wird, da diese im Verhältnis zu Art. 12 besondere Bestimmungen darstellen[51], so daß in ihrem materiellen Anwendungsbereich nicht mehr auf Art. 12 zurückgegriffen werden kann. Allerdings bleibt diese Bestimmung für im Anwendungsbereich des Vertrages, aber außerhalb des materiellen Anwendungsbereichs der Grundfreiheiten liegende Fallgestaltungen anwendbar. Zudem ist die in diesem Zusammenhang relevante Fragestellung im Rahmen der Grundfreiheiten und des Art. 12 parallel gelagert. 26

Nicht problematisch sind in dieser Beziehung jedoch diejenigen Fallgestaltungen, bei denen nicht innerhalb eines Mitgliedstaates zwischen In- und Ausländern bzw. zwischen eingeführten und einheimischen Waren unterschieden wird, sondern (lediglich) zwei oder mehrere Mitgliedstaaten einen bestimmten Sachverhalt in ihrem Kompetenzbereich unterschiedlich regeln. Hier liegt schon gar keine Diskriminierung vor, da es sich um das Verhalten **unterschiedlicher Hoheitsträger** handelt[52]. Art. 12 (und übrigens auch die Grundfreiheiten) kann hier von vornherein keine Anwendung finden, da diese Bestimmung ausschließlich bezweckt, »Diskriminierungen aus Gründen der Staatsangehörigkeit zu beseitigen, die sich aus Rechtsvorschriften oder Verwaltungspraktiken eines einzelnen Mitgliedstaates ergeben, nicht aber eine Ungleichbehandlung, die für die Unternehmen der verschiedenen Mitgliedstaaten mangels einer gemeinsamen Verkehrspolitik aus den Unterschieden in den nationalen Rechtsvorschriften folgt.«[53] 27

Festzuhalten ist weiterhin, daß der Schutzbereich des Art. 12 grundsätzlich jedenfalls auch **Inländer** (im formellen Sinn) erfaßt. Hierfür sprechen insbesondere teleologische und systematische Erwägungen[54]: Im Ersten Teil »Grundsätze« wird allgemein auch auf die Beziehung der Inländer zu »ihrem« Staat Bezug genommen, so daß nicht ersichtlich ist, warum dies im Rahmen des Art. 12 grundsätzlich anders sein soll. Zudem stellt Art. 12 eine Ausprägung des allgemeinen Gleichheitssatzes dar[55]; wenn dies aber so ist, dann müssen notwendigerweise auch Inländer in seinen Schutzbereich einbezogen werden, schützt der allgemeine Gleichheitssatz doch alle Rechtssubjekte. Schließlich kommt aus teleologischer Sicht den Konzepten des Gemeinsamen Marktes und des Binnenmarktes eine entscheidende Bedeutung zu: Diese nehmen gerade nicht auf die Staatsangehörigkeit oder die territoriale Zugehörigkeit einer Person Bezug, sondern – im Gegenteil – auf die Verwirklichung der erfaßten Zielsetzungen für alle Marktteilnehmer, so daß die Staatsangehörigkeit hier keine Rolle spielen kann. Wenn damit alle »Marktbürger« in diese Konzepte einbezogen werden, müssen auch die Beziehungen 28

---

50 Hierzu *Epiney* (Fn. 1), S. 33 ff.
51 Hierzu Rn. 7 ff.
52 S. schon oben Rn. 5.
53 EuGH, Rs. 126/82, Slg. 1983, 73, Rn. 27 (Smit/Commissie Grensoverschrijdend); s. auch EuGH, Rs. 1/78, Slg. 1978, 1489, Rn. 18 (Kenny/Insurance Officer); EuGH, Rs. 155/80, Slg. 1981, 1993, Rn. 7 (Bußgeldverfahren gegen Oebel); EuGH, Rs. 31/78, Slg. 1978, 2429, Rn. 38 f. (Bussone/Italienisches Landwirtschaftsministerium); EuGH, Rs. 136/78, Slg. 1979, 437, Rn. 23/26 (Strafsache gegen Auer). Ausführlich zum ganzen mit Nachweisen aus der Literatur *Epiney*, (Fn. 1), S. 189 ff.
54 Ausführlich hierzu *Epiney* (Fn. 1), S. 115 ff. m. w. N.
55 S. hierzu noch unten Rn. 37 ff.

eines Staates zu seinen eigenen Angehörigen grundsätzlich erfaßt werden können[56]. Die Problematik der »umgekehrten Diskriminierung« ist vor diesem Hintergrund keine Frage des personellen Schutzbereichs des Vertrages bzw. der (grundsätzlichen) Einbeziehung von Diskriminierungen von Inländern, sondern betrifft den **sachlichen Anwendungsbereich des Vertrages**.

1. Rechtsprechung

29 Der EuGH verneint in standiger Rechtsprechung die tatbestandliche Einschlägigkeit und damit die Anwendbarkeit des Art. 12 und der Grundfreiheiten auf rein **innerstaatliche**, d. h. gerade **nicht grenzüberschreitende Sachverhalte**[57]. Dies bedeutet, daß umgekehrte Diskriminierungen nicht in den Anwendungsbereich des Gemeinschaftsrechts fallen und damit nicht an gemeinschaftlichen Maßstäben gemessen werden können; die Mitgliedstaaten sind hier also frei, haben allerdings ihre verfassungsrechtlichen Grenzen zu beachten[58]. Das entscheidende Kriterium für die Anwendbarkeit des Art. 12 (und der Grundfreiheiten) ist dann der **grenzüberschreitende Charakter eines Sachverhaltes**.

30 Ein solcher grenzüberschreitender Charakter liegt allerdings auch dann vor, wenn die eigenen Staatsangehörigen eines Mitgliedstaates von den durch den Vertrag ermöglichten Erleichterungen oder den ihnen gewährten Freiheiten Gebrauch gemacht haben und dann wieder in ihr Heimatland zurückkehren. Aber auch in dem Falle, dass alle Elemente eines Sachverhalts im Inland angesiedelt sind, kann ein grenzüberschreitender Charakter deshalb vorliegen, weil die betreffende Regelung Rückwirkungen auf die Einfuhr von Waren oder die Tätigkeit von Personen aus dem Ausland entfaltet.[59]

---

56 Auch der EuGH geht grundsätzlich von dieser Sicht aus, s. insbesondere EuGH, Rs. 115/78, Slg. 1979, 399, Rn. 24 f. (Knoors/Staatssekretär für Wirtschaft); EuGH, Rs. 136/78, Slg. 1979, 437, Rn. 23/26 (Strafsache gegen Auer).
57 EuGH, Rs. 355/85, Slg. 1986, 3231, Rn. 10 (Driancourt/Cognet); EuGH, Rs. 80/ 85, 159/85, Slg. 1986, 3359, Rn. 18 (Nederlandse Bakkerij/Edah); EuGH, Rs. 168/ 86, Slg. 1987, 995, Rn. 7 (Procureur Général/Rousseau); EuGH, Rs. 98/86, Slg. 1987, 809, Rn. 7 f. (Ministère public/ Mathot); EuGH, Rs. 160/86, Slg. 1987, 1783, Rn. 7 (Ministère public/Verbrugge); EuGH, Rs. 175/78, Slg. 1979, 1129, Rn. 9 f. (Saunders); EuGH, Rs. 35, 36/82, Slg. 1982, 3723, Rn. 12 ff. (Morson/Niederlande); EuGH, Rs. 180/83, Slg. 1984, 2539, Rn. 14 f. (Moser/Baden-Württemberg); EuGH, Rs. 44/84, Slg. 1986, 29, Rn. 55 ff. (Hurd/Jones); EuGH, Rs. 407/85, Slg. 1988, 4233, Rn. 28 (3 Glocken GmbH/USL Centro Sud); EuGH, Rs. 204/87, Slg. 1988, 2029, Rn. 11 ff. (Strafverfahren gegen Bekaert); EuGH, Rs. 90/ 86, Slg. 1988, 4285, Rn. 28 (Strafverfahren gegen Zoni); EuGH, Verb. Rs. C-54/88, C-91/88 und C-14/89, Slg. 1990, I-3537, Rn. 11 ff. (Strafverfahren gegen Nino u. a.); EuGH, Verb. Rs. C-297/88 und C-197/89, Slg. 1990, I-3763, Rn. 22 ff. (Dzodzi/ Belgien); EuGH, Rs. C-332/90, Slg. 1992, I-341, Rn. 9 f. (Steen/Deutsche Bundespost); EuGH, Rs. C-29/94 u. a., Slg. 1995, I-301, Rn. 9 (Strafverfahren gegen Aubertin u. a.); auch EuGH, Rs. C-363/93 u.a., Slg. 1994, I-3957, Rn. 25 ff. (Lancry u.a./Direction générale des Douanes u.a.); EuGH, Rs. C-321/94 u.a., Slg. 1997, I-2343, Rn. 48 ff. (Pistre) dürfte im Grundsatz nichts anderes zu entnehmen sein; hier ging es letztlich um die Frage, ob ein grenzüberschreitendes Element vorlag.
58 In Deutschland sind hier insbesondere Art. 3, 12 GG einschlägig, vgl. ausführlich m. w. N. *Epiney* (Fn. 1), S. 343 ff.
59 Aus der Rechtsprechung EuGH, Rs. 115/78, Slg. 1979, 399, Rn. 19 f. (Knoors/Staatssekretär für Wirtschaft); EuGH, Rs. 136/78, Slg. 1979, 437, Rn. 19 ff. (Strafsache gegen Auer); EuGH, Rs. 246/80, Slg. 1981, 2311, Rn. 11 (Broekmeulen/Huisarts Registratie); EuGH, Rs. 20/87, Slg. 1987, 4879, Rn. 10 ff. (Ministère public/Gauchard); EuGH, Rs. C-370/90, Slg. 1992, I-4265, Rn. 16 ff. (Queen/Immigration Appeal Tribunal und S. Singh); EuGH, Rs. C-19/92, Slg. 1993, I-1663, Rn. 32 (Kraus/Baden-Württemberg); EuGH, Rs. C-321/94 u.a., Slg. 1997, I-2343, Rn. 48 ff. (Pistre).

2. Schrifttum

In der Literatur werden die Unterscheidung des EuGH zwischen innerstaatlichen und grenzüberschreitenden Sachverhalten und die daraus gezogenen Konsequenzen teilweise geteilt, insbesondere unter Hinweis auf die Zielrichtung des Art. 12 und der Grundfreiheiten, grenzüberschreitende Bewegungen zu ermöglichen, während die Tätigkeiten der Mitgliedstaaten ausschließlich in ihrem eigenen Hoheitsgebiet bzw. ihren eigenen Grenzen nicht den vertraglichen Vorgaben unterworfen werden sollten. An dieser Beurteilung habe auch die Einführung des Ziels der Verwirklichung des Binnenmarktes nichts geändert, da dies nicht dazu geführt habe, daß die verschiedenen Rechtsordnungen oder die Grenzen aufgehoben worden seien, so daß Art. 12 und die Grundfreiheiten auch weiterhin von einer Trennung des innerstaatlichen Bereichs vom grenzüberschreitenden Bereich ausgingen[60]. 31

Demgegenüber argumentiert eine andere, neue Richtung, daß inzwischen bereits eine so weit fortgeschrittene Integrationsstufe erreicht sei, daß auch der nicht grenzüberschreitende Bereich grundsätzlich in den Anwendungsbereich der Grundfreiheiten fallen müsse. Hierfür spreche neben den Vertragszielen der Errichtung eines Systems unverfälschten Wettbewerbs (Art. 3 lit. g) und der Verwirklichung des Gemeinsamen Marktes (Art. 2) insbesondere die Perspektive eines europäischen Binnenmarktes, in dem die vier Freiheiten verwirklicht und die Grenzen abgebaut werden sollen. Umgekehrte Diskriminierungen seien daher nach der jeweils einschlägigen Grundfreiheit verboten. Die Grundfreiheiten seien nämlich vor diesem Hintergrund insofern im Sinne von umfassenden Beschränkungsverboten auszulegen, als sie jegliche Behinderung der Ausübung der von der jeweiligen Freiheit erfaßten Tätigkeit in ihren Tatbestand einschlössen. Dann aber müßten sie unabhängig von dem Vorliegen eines grenzüberschreitenden Bezugs Anwendung finden, so daß jedenfalls die Schlechterstellung inländischer Produkte oder von Inländern nicht mit ihnen vereinbar sein könne[61]. Teilweise wird die Anwendung des Gemeinschaftsrechts auf innerstaatliche Sachverhalte auch nur für den 32

---

60 Vgl. diesen Ansatz insbesondere bei *R. Streinz*, Das Problem »umgekehrter Diskriminierungen« im Bereich des Lebensmittelrechts, in: Streinz (Hrsg.), Deutsches und europäisches Lebensmittelrecht: Die Auswirkungen des Rechts der europäischen Gemeinschaften auf das deutsche Lebensmittelrecht, 1991, S. 111 (115 f., 120); *B. Knobbe-Keuk*, Niederlassungsfreiheit: Diskriminierungs- oder Beschränkungsverbot? (Zur Dogmatik des Art. 52 EWG-Vertrag – am Beispiel einiger gesellschaftsrechtlicher Beschränkungen), DB 1990, S. 2573 (2577); *U. F. Kleier*, Freier Warenverkehr (Art. 30 EWG-Vertrag) und die Diskriminierung inländischer Erzeugnisse, RIW 1988, S. 623 (627); *Fastenrath* (Fn. 12) S. 172; *D. König*, Das Problem der Inländerdiskriminierung – Abschied vom Reinheitsgebot, Nachtbackverbot und Meisterprüfung?, AöR 1993, S. 591 (594 ff.); *Mortelmans* (Fn. 12), S. 7; *Schöne* (Fn. 12), S. 452; *C. Greenwood*, Nationality and the Limits of the Free Movement of Persons in Community Law, YEL 1987, S. 185 (200 ff.); *H. Weis*, Inländerdiskriminierung zwischen Gemeinschaftsrecht und nationalem Verfassungsrecht, NJW 1983, S. 2721 (2723); *Holoubek*, in: Schwarze, EU-Kommentar, Art. 12, Rn. 33 f.; *Christoph Hammerl*, Inländerdiskriminierung, 1997, S. 153 ff.; in der Tendenz auch *Alexander Graser*, Eine Wende im Bereich der Inländerdiskriminierung?, EuR 1998, 570 (579).
61 In diese Richtung *P. Behrens*, Die Konvergenz der wirtschaftlichen Freiheiten im europäischen Gemeinschaftsrecht, EuR 1992, S. 145 (160 ff.); *Nicolaysen* (Fn. 27), S. 100 ff.; *N. Reich*, Binnenmarkt als Rechtsbegriff, EuZW 1991, S. 203 (204 f.); *A. Bleckmann*, Die umgekehrte Diskriminierung (discrimination à rebours) im EWG-Vertrag, RIW 1985, S. 917 ff.; *D. M. W. Pickup*, Reverse Discrimination and Freedom of Movement for Workers, CMLRev. 1986, S. 135 (154 ff.); *Kewenig* (Fn. 21), S. 23 f.; *Kon* (Fn. 6), S. 81 ff. S. auch *Hartmut Weyer*, Freier Warenverkehr, rein innerstaatliche Sachverhalte und umgekehrte Diskriminierung, EuR 1998, S. 435 (455 ff.), der zwischen diskriminierenden und nicht diskriminierenden Maßnahmen unterscheiden will, wobei seine Ansicht aber nicht ganz deutlich wird (s. etwa einerseits S. 457, andererseits S. 458 f.).

begrenzten Bereich der Personenfreizügigkeit vertreten, dies unter Hinweis auf die Unionsbürgerschaft[62].

3. Stellungnahme[63]

33 Zwar war das ursprüngliche Konzept des Gemeinsamen Marktes zweifellos in erster Linie auf grenzüberschreitende Bewegungen ausgerichtet; Art. 12 und die Grundfreiheiten sollten verhindern, daß ein Ausländer bzw. ein Produkt gerade deshalb schlechter behandelt wird, weil er oder es aus einem anderen Mitgliedstaat kommt, was dann eine Trennung zwischen dem innerstaatlichen und dem grenzüberschreitenden Bereich nahelegt. Nun wurde aber das Binnenmarktkonzept neben dem ursprünglichen Konzept des Gemeinsamen Marktes in den Vertrag eingefügt, das gerade das Ziel eines »grenzenlosen« Marktes umfaßt. Daraus aber kann doch nur geschlossen werden, daß eine irgendwie geartete Grenzüberschreitung zumindest für die Anwendbarkeit der vertraglichen Bestimmungen keine Rolle mehr spielen soll; vielmehr sollen sich die Personen und Güter aus dem Integrationsraum ungeachtet der Grenzen bewegen können. In bezug auf die Auslegung und inhaltliche Tragweite der Grundfreiheiten und des Art. 12 kann aus dieser Konzeption nur gefolgert werden, daß das Kriterium der Grenzüberschreitung gerade keine Bedingung mehr für die Anwendbarkeit dieser Regelungen darstellen kann.

34 Allerdings bedeuten diese Grundsätze nicht, daß die Grenzen zwischen den Staaten und die nationalen Rechtsordnungen nunmehr »aufgehoben« wären; vielmehr bestehen diese weiterhin fort, so daß die grundsätzliche Einbeziehung innerstaatlicher Sachverhalte in den Anwendungsbereich der Grundfreiheiten nicht dazu führen darf, daß die nationalen Rechtsordnungen in jeder Beziehung in einem gemeinschaftlichen »Binnenmarktkonzept« oder in einem einheitlichen »Binnenmarktrechtsraum« aufgehen und damit die Kompetenzen der nationalen Gesetzgeber »aufgehoben« würden. Die Art der Einbeziehung innerstaatlicher Sachverhalte in den sachlichen Anwendungsbereich des Vertrages und der Grundfreiheiten muß daher diesen fortbestehenden Regelungsbefugnissen der Mitgliedstaaten Rechnung tragen. Letztlich geht es damit um einen sinnvollen Ausgleich des sich aus dem Vertrag ergebenden **Zielkonflikts zwischen fortschreitender Integration und fortbestehenden mitgliedstaatlichen Regelungsbefugnissen.**

35 Daher verbietet sich eine allgemeine parallele Erfassung des innerstaatlichen und des grenzüberschreitenden Bereichs, insbesondere durch die Übertragung der »zwingenden Erfordernisse« auch auf den innerstaatlichen Bereich[64]. Dies hätte nämlich die generelle Unvereinbarkeit umgekehrter Diskriminierungen mit den gemeinschaftsrechtlichen Anforderungen zur Folge. Denn wenn die entsprechenden nationalen Vorschriften im Gefolge der Anwendung gemeinschaftsrechtlicher Vorschriften nicht auf ausländische Personen oder Produkte anwendbar sind, können für den innerstaatlichen Bereich die zwingenden Erfordernisse regelmäßig schon deshalb nicht greifen, weil die Nichtanwendung der entsprechenden Maßnahmen auf Ausländer oder eingeführte Produkte zeigt, daß sie eben nicht erforderlich sind, um das entsprechende Allgemeininteresse zu verfolgen. Eine derartige Sicht ist jedoch insbesondere aus zwei Gründen nicht überzeugend: Zum einen kommt der Öffnung der nationalen Märkte auch weiterhin wohl eine zentrale Bedeutung zu. Zum anderen weist der innerstaatliche Bereich eine größere Nä-

---

62 Vgl. *G. Schulz,* Freizügigkeit für Unionsbürger, 1997, 83 f.
63 Die folgende Stellungnahme beruht auf den Untersuchungen von *Epiney* (Fn. 1), S. 205 ff.
64 So aber *Reich* (Fn. 61), S. 205.

he zu den den Mitgliedstaaten verbliebenen Regelungskompetenzen auf, geht es hier doch ausschließlich um das eigene Territorium des jeweiligen Mitgliedstaates betreffende Regelungen.

Dem skizzierten Spannungsverhältnis zwischen der Verwirklichung eines grenzenlosen Binnenmarktes und der Beachtung der Regelungskompetenzen der Mitgliedstaaten kann daher am besten durch die Anerkennung einer neuen Kategorie von Rechtfertigungsgründen, den sog. »**berechtigten Interessen**« der Mitgliedstaaten, Rechnung getragen werden. Dogmatisch sind sie parallel wie die zwingenden Erfordernisse einzuordnen, unterscheiden sich von ihnen jedoch insbesondere durch folgende, sich aus den für ihre Anerkennung sprechenden Gründen ergebende Besonderheiten: Der Kreis der durch die berechtigten Interessen erfaßten Rechtsgüter ist tendenziell weiter zu ziehen als im grenzüberschreitenden Bereich, so daß gerade durch nationale oder regionale (Wert-) Vorstellungen begründete kulturelle Interessen i. w. S. einbezogen werden. Möglich ist also nicht nur die Verfolgung von Schutzinteressen, sondern darüber hinaus sind die eigenen Entscheidungen der Mitgliedstaaten als solche zu respektieren. Aber auch bei eher schutzpolitischen Entscheidungen ist den mitgliedstaatlichen Konzeptionen stärker Rechnung zu tragen. Schließlich ist den Mitgliedstaaten im innerstaatlichen Bereich in bezug auf die Wahl der ergriffenen Maßnahmen ein größerer Gestaltungsspielraum zuzugestehen, was sich insbesondere bei der Prüfung der Verhältnismäßigkeit auswirkt. 36

E. Diskriminierung und Rechtfertigung

Art. 12 verbietet »jede Diskriminierung« aus Gründen der Staatsangehörigkeit. Diese Formulierung wirft die Frage auf, ob das Diskriminierungsverbot insofern absolut zu verstehen ist, als eine Ungleichbehandlung aus Gründen der Staatsangehörigkeit in jedem Fall, also auch wenn eine solche (objektiv) sachlich gerechtfertigt erscheint, verboten ist, oder aber, ob es eine spezielle Ausprägung des allgemeinen Gleichheitssatzes darstellt mit der Folge, daß eine Rechtfertigung grundsätzlich möglich ist. 37

I. Rechtsprechung

Die Rechtsprechung des EuGH geht jedenfalls bei den Fällen **materieller Diskriminierungen** von der Möglichkeit der **Rechtfertigung** aus. So prüfte der Gerichtshof etwa, ob eine Anknüpfung an den Wohnsitz von Unternehmen im Zusammenhang mit der Verfolgung von Ordnungswidrigkeiten oder Straftaten durch die Sicherstellung der Vollstreckung gerichtlicher Entscheidungen und der höheren Kosten für Verfahren gegen Gebietsfremde gerechtfertigt werden kann[65]. In einem anderen Fall fragte er danach, ob die (eine materielle Diskriminierung aus Gründen der Staatsangehörigkeit darstellende) Unterscheidung nach dem Ort der Vollstreckung (im In- oder Ausland) in bezug auf die Voraussetzungen für einen Arrest durch objektive Gründe gerechtfertigt war[66]. 38

---

65 EuGH, Rs. C-29/95, , Slg. 1997, I-1, Rn. 19 ff. (Pastoors/Belgien).
66 EuGH, Rs. C-398/92, Slg. 1994, I-467, Rn. 16 ff. (Mund&Fester/Hartrex).

39 Bei **formellen Diskriminierungen** aus Gründen der Staatsangehörigkeit dagegen unterläßt es der Gerichtshof in der Regel, das Vorliegen rechtfertigender objektiver Umstände eigens zu prüfen[67].

40 Darüber hinaus findet sich aber auch eine ausdrückliche Stellungnahme des EuGH im Sinne einer Auslegung des Art. 12 als **Ausprägung des allgemeinen Gleichheitssatzes** mit der Folge, daß Rechtfertigungen grundsätzlich möglich sein müßten: »(...) der allgemeine Gleichheitssatz (zählt) zu den Grundprinzipien des Gemeinschaftsrechts; das Verbot der Diskriminierung aus Gründen der Staatsangehörigkeit stellt lediglich eine besondere Ausformung dieses Grundsatzes dar. Danach dürfen vergleichbare Lagen nicht unterschiedlich behandelt werden, soweit eine Differenzierung objektiv gerechtfertigt ist«[68].

II. Schrifttum

41 In der Literatur finden sich zu dieser Frage im wesentlichen drei verschiedene Ansätze: Eine erste Meinung geht davon aus, daß Art. 12 bei allen von dieser Vorschrift erfaßten Konstellationen ein **absolutes Diskriminierungsverbot** darstelle, das eben keine Ausnahmen zulasse. Begründet wird dies im wesentlichen damit, daß Art. 12 ansonsten im allgemeinen Gleichheitssatz des Gemeinschaftsrechts aufginge; ob nämlich eine Ungleichbehandlung gerechtfertigt werden könne oder nicht, sei eine Frage der Wertung, die im Falle des Art. 12 im Sinne eines absoluten Verbots der Differenzierung aufgrund des Kriteriums der Staatsangehörigkeit entschieden worden sei. Dafür sprächen auch teleologische Gründe, könne in einem Gemeinsamen Markt eine Unterscheidung nach der Staatsangehörigkeit doch von vornherein nicht durch sachliche Gründe gerechtfertigt werden[69]. Das Abstellen des EuGH auf objektiv rechtfertigende Gründe im Falle materieller Diskriminierungen sei vor diesem Hintergrund so zu verstehen, daß diese eine Voraussetzung des Vorliegens einer materiellen Diskriminierung bildeten, nicht aber den Charakter des Diskriminierungsverbots selbst berührten[70]. Ein zweiter (vermittelnder) Ansatz setzt gerade hier an und möchte **materielle und formelle Diskriminierungen** in bezug auf die hier relevante Frage **unterschiedlich** behandeln und geht davon aus, daß Art. 12 bei formellen Diskriminierungen ein absoluter Charakter zukomme, während bei materiellen Diskriminierungen eine Rechtfertigung durch objekti-

---

67 S. etwa EuGH, Rs. C-43/95, Slg. 1996, I-4661, Rn. 16 ff. (Data Delecta/MSL Dynamics); s. auch schon EuGH, Rs. 293/83, Slg. 1985, 593, Rn. 21 ff. (Gravier/Lüttich); s. auch EuGH, Verb. Rs. C-92/92 und 326/92, Slg. 1993, I-5145, Rn. 32 (Phil Collins/Imtrat Handelsgesellschaft); EuGH, Rs. C-129/92, Slg. 1994, I-117, Rn. 17 (Owens Bank/Fulvio Bracco); EuGH, Rs. C-203/98, Slg. 1999, I-4899, Rn. 11 ff. (Kommission/Belgien); EuGH, Rs. C-172/98, Slg. 1999, I-3999, Rn. 13 f. (Kommission/Belgien); EuGH, Rs. C-184/99, DVBl. 2001, 1662 (Grzelczyk/Centre public d'aide sociale).
68 EuGH, Rs. 147/79, Slg. 1980, 3005, Rn. 7 (Hochstrass/EuGH). S. auch EuGH, Rs. C-122/96, Slg. 1997, I-5325, Rn. 29 f. (Saldanha und MTS Securities Coporation/Hiross Holding), wo der EuGH im Falle einer formellen Diskriminierung im Ergebnis wohl die Geeignetheit der Maßnahme im Hinblick auf den verfolgten Zweck verneint, nicht jedoch die formelle Unterscheidung als solche von vornherein für mit Art. 12 EGV unvereinbar erklärt. Ausdrücklich die Verhältnismäßigkeit bei einer parallelen Fallgestaltung verneinend EuGH, Rs. C-323/95, Slg. 1997, I-1711, Rn. 24 (Haye/Kronenberger).
69 So insbesondere *Reitmaier* (Fn. 14), S. 36 ff.; i. Erg. ebenso *K. Feige*, Der Gleichheitssatz im Recht der EWG, 1973, S. 44 ff.; *Mohn* (Fn. 10), S. 10; i. Erg. wohl auch *A. v. Bogdandy*, in: Grabitz/ Hilf, EU, Art. 6, Rn. 23 ff.
70 In diese Richtung etwa *Reitmaier* (Fn. 14), S. 43; *A. v. Bogdandy*, in: Grabitz/Hilf, EU, Art. 6, Rn. 25; *Holoubek*, in: Schwarze, EGV, Art. 12, Rn. 53.

ve Gründe möglich sein soll[71]. Eine dritte Richtung schließlich vertritt die Auffassung, daß Art. 12 als Ausprägung des allgemeinen Gleichheitssatzes eben grundsätzlich einer Rechtfertigung zugänglich sei[72].

III. Stellungnahme

Für eine differenzierende Sichtweise des Charakters des Art. 12 – je nachdem, ob es sich um formelle oder materielle Diskriminierungen handelt – fehlt m. E. jede Grundlage: Beide Ausprägungen des Abstellens auf die Staatsangehörigkeit werden grundsätzlich unter dieselbe Norm subsumiert und beruhen auf parallelen Erwägungen. Warum bei einer Form der Diskriminierung Rechtfertigungsmöglichkeiten eröffnet sein sollen, nicht aber bei der anderen, ist nicht ersichtlich, soll doch die Einbeziehung materieller Diskriminierungen in erster Linie dazu dienen, der Vorschrift eine möglichst effektive Wirkung (effet utile) zu verschaffen. Damit werden dann auch die Einwände gegen das Argument, die Berücksichtigung objektiver Rechtfertigungsgründe in der Rechtsprechung des EuGH beruhe darauf, daß es hier letztlich nur um die Voraussetzungen des Vorliegens materieller Diskriminierungen gehe, deutlich: Denn diese Ansicht führte dann letztlich doch zu einer »differenzierenden« Auslegung des Art. 12, je nach der Form der vorliegenden Diskriminierung. Entscheidend muß aber in diesem Zusammenhang sein, ob eine Ungleichbehandlung aus Gründen der Staatsangehörigkeit erfolgt oder ob sie auf anderen (sachlichen) Umständen beruht. Hierfür kann das in der jeweiligen Regelung gebrauchte Kriterium (formell oder materiell) allenfalls einen Anhaltspunkt bilden; ausschlaggebend muß aber sinnvollerweise das (tatsächliche) Vorliegen oder Nichtvorliegen eines solchen sachlichen Grundes sein[73]. Eine andere Auslegung hätte zur Folge, daß trotz ggf. weitgehend identischer Auswirkungen einer Differenzierung das Diskriminierungsverbot des Art. 12 je nach dem gewählten Kriterium einen anderen Inhalt annähme. Nicht zu verkennen ist allerdings, daß im Falle materieller Diskriminierungen das Vorliegen sachlicher Gründe eine besonders wichtige Rolle spielt, während im Falle formeller Diskriminierungen häufig das Vorliegen eines sachlichen Grundes zu verneinen sein wird. Dies dürfte dann auch erklären, warum der EuGH teilweise auf diese Frage nicht eingeht.

42

F. Adressaten des Diskriminierungsverbots

Das Diskriminierungsverbot des Art. 12 richtet sich in erster Linie an die Mitgliedstaaten und den Gemeinschaftsgesetzgeber. Ob und inwieweit es auch zwischen Privaten wirkt, ist eine Frage des Anwendungsbereichs des Vertrages[74]. Berechtigt sind die

43

---

71 So *A. Arnull*, The General Principles of EEC Law and the Individual, 1990, S. 274; s. auch *R. von Borries*, Anmerkung, EuZW 1994, S. 474 (475); ähnlich auch *Uwe Kischel*, Zur Dogmatik des Gleichheitssatzes in der EU, EuGRZ 1997, 1 (5).
72 So *Schöne* (Fn. 12), S. 454; *Kleier* (Fn. 60), S. 628; *Oppermann* (Fn. 10), S. 52 f.; *Fastenrath* (Fn. 12), S. 171; *H. Schlachter*, Discrimination à rebours. Die Inländerdiskriminierung nach der Rechtsprechung des EuGH und des französischen Conseil D'Etat, 1984, S. 79 ff.; *J. Jans*, Article 7 EEC and a non-discriminatory transfrontier environmental policy, Legal issues of european integration 1988, S. 21 (25); *Kon* (Fn. 6), S. 79; *D. Ehlers*, Das Wirtschaftsverwaltungsrecht im europäischen Binnenmarkt, NVwZ 1990, S. 810 (811); *M. Zuleeg*, in: GTE, EGV, Art. 6, Rn. 3; *Rossi*, EuR 2000 (Fn. 22), S. 212 ff.
73 Vgl. zudem zu der Erwägung, daß die Staatsangehörigkeit auch im Rahmen des Vertrages durchaus nicht obsolet geworden ist, *Epiney* (Fn. 1), S. 95 f.
74 Vgl. hierzu oben Rn. 17 ff., 23.

Staatsangehörigen der Mitgliedstaaten; damit werden auch solche Personen erfaßt, die sowohl die Staatsangehörigkeit eines Mitgliedstaates als auch diejenige eines Drittstaates besitzen[75]. Auch juristische Personen können sich grundsätzlich auf Art. 12 EGV berufen[76]. Hingegen fallen Drittstaatsanghörige grundsätzlich aus dem persönlichen Anwendungsbereich des Art. 12 heraus[77].

G. Art. 12 Abs. 2

44 Art. 12 Abs. 2 räumt dem Rat eine Befugnis ein, Regelungen (wobei die Art des Rechtsaktes nicht präzisiert ist) für das Verbot solcher Diskriminierungen zu treffen. Praktische Bedeutung kann diese Bestimmung angesichts der unmittelbaren Wirkung des Art. 12 Abs. 1 immer dort entfalten, wo sich Zweifelsfragen stellen, oder in den Bereichen, in denen Art. 12 Abs. 1 nicht greift, wie etwa bei manchen Beziehungen Privater[78]. Allerdings kann der Gemeinschaftsgesetzgeber das Diskriminierungsverbot nicht über den Anwendungsbereich des Vertrages hinaus ausdehnen. Eröffnet wird ihm dagegen die Möglichkeit, Gesichtspunkte zu regeln, die zur effektiven Wahrnehmung der in Art. 12 Abs. 1 garantierten Rechte notwendig sind[79].

45 Die praktische Bedeutung dieser Bestimmung ist bislang nicht sehr groß, was aber nichts an ihrem Potential ändert. In der Rechtsprechung ist sie insbesondere im Zusammenhang mit der Abgrenzung der Kompetenzgrundlagen relevant geworden: Die Richtlinie über das Aufenthaltsrecht der Studenten war nicht auf Art. 308, sondern auf Art. 12 Abs. 2 zu stützen[80], wobei nach Inkrafttreten des Vertrages von Maastricht wohl eher Art. 18 Abs. 2 einschlägig ist[81].

46 Seit Inkrafttreten des Amsterdamer Vertrages sind die Regelungen nach Art. 12 Abs. 2 nach dem Mitentscheidungsverfahren (Art. 251) zu erlassen[82].

---

75 Ausdrücklich EuGH, Rs. C-122/96, Slg. 1997, I-5325, Rn. 15 (Saldanha und MTS Securities Corporation/Hiross Holding).
76 EuGH, verb. Rs. C-92/92 und C-326/92, Slg. 1993, I-5145, Rn. 30 (Phil Collins); aus dem Schrifttum etwa Ebenso *Rossi*, EuR 2000 (Fn. 22), S. 197 (200 f.); *Holoubek*, in: Schwarze, EU-Kommentar, Art. 12, Rn. 17, m.w.N.;
77 EuGH, Rs. C-64, 65/96, Slg. 1997, I-3171, Rn. 16 ff. (Uecker und Jacquet); *Rossi*, EuR 2000 (Fn. 22), S. 202.
78 Hierzu auch A. v. Bogdandy, in: Grabitz/Hilf, EU, Art. 6, Rn. 61.
79 EuGH, Rs. C-295/90, Slg. 1992, I-4193, Rn. 18 (Parlament/Rat).
80 EuGH, Rs. C-295/90, Slg. 1992, I-4193, Rn. 15 f. (Parlament/Rat).
81 Vgl. *E. Klein/A. Haratsch*, Das Aufenthaltsrecht der Studenten, die Unionsbürgerschaft und intertemporales Gemeinschaftsrecht, JuS 1995, S. 7 ff.
82 Vorher kam das Verfahren der Zusammenarbeit zur Anwendung.

Art. 13 (ex-Art. 6a)

Unbeschadet der sonstigen Bestimmungen dieses Vertrages kann der Rat im Rahmen der durch den Vertrag auf die Gemeinschaft übertragenen Zuständigkeiten auf Vorschlag der Kommission und nach Anhörung des Europäischen Parlaments einstimmig[7] geeignete Vorkehrungen treffen, um Diskriminierungen aus Gründen des Geschlechts, der Rasse, der ethnischen Herkunft, der Religion oder der Weltanschauung, einer Behinderung, des Alters oder der sexuellen Ausrichtung zu bekämpfen[3 ff.].

Abweichend von Absatz 1 beschließt der Rat gemäß dem Verfahren des Artikels 251, wenn er gemeinschaftliche Fördermaßnahmen unter Ausschluss jeglicher Harmonisierung der Rechts- und Verwaltungsvorschriften der Mitgliedstaaten zur Unterstützung der Maßnahmen annimmt, die die Mitgliedstaaten treffen, um zur Verwirklichung der in Absatz 1 genannten Ziele beizutragen[8].

Abs. 2 ist eine durch den Vertrag von Nizza eingefügte Bestimmung.

Inhaltsübersicht:

A. Bedeutung	1
B. Anwendungsbereich	3
C. Entscheidungsverfahren	7
D. Sekundärrecht	9

A. Bedeutung

Art. 13 wurde neu durch den Amsterdamer Vertrag eingeführt[1]. Diese Vorschrift ergänzt Art. 12 insoweit, als sie **Diskriminierungen aus unterschiedlichen Gründen** – die im einzelnen aufgeführt sind – erfaßt. Allerdings bedeutet Art. 13 nicht die Einführung eines allgemeinen Gleichheitssatzes oder zumindest eines direkt operationellen Verbots von Ungleichbehandlungen aus den angeführten Gründen, sondern seine inhaltliche Reichweite bleibt insofern hinter derjenigen des Art. 12 zurück, als er gerade **nicht unmittelbar wirksam** ist, so daß die Einzelnen sich nicht auf diese Bestimmung berufen können[2]. Insofern dürfte Art. 13 daher keinen Schritt in Richtung eines Grundrechtskatalogs darstellen. Das Argument, die Befugnis zur Bekämpfung von Diskriminierungen setze an sich ein entsprechendes Diskriminierungsverbot voraus[3], vermag insbesondere aus zwei Gründen nicht zu überzeugen: Zum einen muss jedenfalls die nach Art. 13 EGV offenbar vorausgesetzte Bestimmung des genauen Anwendungsbereichs des jeweiligen Diskriminierungsverbots bestimmt werden, und zum anderen wird auf diese Weise der nach Art. 13 EGV notwendige Schritt gemeinschaftlicher Rechtsetzung mit den entsprechenden Erfordernissen – insbesondere die (abgesehen von Art. 13 Abs. 2) einstimmige Entscheidungsfindung[4] – letztlich übergangen.

1

---

1 Zur Entstehungsgeschichte *M. Bell,* The New Article 13: A Sound Basis for European Anti-Discrimination Law?, MJ 1999, 5 (6 ff.).
2 Ebenso *Matthias Rossi,* Das Diskriminierungsverbot nach Art. 12 EGV, EuR 2000, S. 197; *Pingel-Lenuzza,* in: Léger, Commentaire CE, Art. 13, Rn. 2; *Lenz,* in: Lenz, EGV, Art. 13, Rn. 11, 28.
3 So *Holoubek,* in: Schwarze, EU-Kommentar, Art. 13, Rn. 9.
4 Unten Rn. 8.

2 Vielmehr beschränkt sich die Tragweite dieser Bestimmung darauf, dem Rat die Kompetenz einzuräumen, gegen Diskriminierungen aus den angeführten Gründen vorzugehen; es handelt sich also um eine **Rechtsgrundlage**.

B. Anwendungsbereich

3 Der Rat kann nur **unbeschadet der sonstigen Bestimmungen** auf Art. 13 zurückgreifen. Da Art. 13 – im Gegensatz zu Art. 12 – nicht (nur) die besonderen Bestimmungen, sondern allgemein alle sonstigen Bestimmungen vorbehält, kann Art. 13 nur dann zum Zuge kommen, wenn die übrigen Rechtsgrundlagen im Vertrag den Erlaß der entsprechenden Maßnahmen gegen Diskriminierungen nicht erlauben. Etwas anderes muß jedoch für das Verhältnis von Art. 13 zu Art. 308 gelten: Da letztere Bestimmung eine »allgemeine subsidiäre Rechtsgrundlage« ist, dürfte ihr die »spezielle subsidiäre Rechtsgrundlage« des Art. 13 vorgehen. Insofern (und mit der genannten Einschränkung) ist Art. 13 also **subsidiärer Natur**. Gegen diese Sicht kann auch nicht eingewandt werden, Erklärung Nr. 22 der Schlussakte zum Amsterdamer Vertrag führe aus, daß bei Maßnahmen auf der Grundlagen von Art. 95 EGV den Bedürfnissen behinderter Personen Rechnung zu tragen sei[5]; vielmehr dürfte diese Erklärung die hier vertretene Ansicht gerade bestätigen: In dem Maße, in dem eben andere Kompetenzgrundlagen, also auch Art. 95 Abs. 1 EGV, zur Geltung kommen, erübrigt sich ein Rückgriff auf Art. 13 EGV[6]. Damit wird diese Vorschrift wohl in erster Linie den Erlaß von spezifisch auf die Bekämpfung einer Diskriminierung gerichteten Bestimmungen erlauben. Praktische Bedeutung entfaltet dieser Ansatz insbesondere auch insofern, als Art. 13 EGV damit jedenfalls nicht bedeuten kann, dass der materielle Anwendungsbereich anderer Rechtsgrundlagen insofern einzuschränken sei, als Diskriminierungen nicht erfaßt werden könnten.

4 Weiterhin darf der Rat nur im **Rahmen der durch den Vertrag auf die Gemeinschaft übertragenen Zuständigkeiten** tätig werden. Die genaue Tragweite dieser Einschränkung erschließt sich aus dem Zusammenspiel von Art. 13 und den übrigen Rechtsgrundlagen: Jedenfalls kann dieser Formulierung nicht entnommen werden, daß Art. 13 die Einschlägigkeit anderer Zuständigkeitsnormen, also Rechtsgrundlagen, voraussetzt[7], da ansonsten die Rechtsgrundlage des Art. 13 überflüssig und gegenstandslos werden würde. Andererseits[8] dürfte allein die Betroffenheit des Anwendungsbereichs des Vertrages nicht ausreichen, wird doch ausdrücklich auf die der Gemeinschaft übertragenen Zuständigkeiten Bezug genommen[9]. Insofern ist der Anwendungsbereich der Rechtsgrundlage auf die materiellen Zuständigkeiten der Gemeinschaft begrenzt, so daß der Gemeinschaftsgesetzgeber nur in denjenigen Bereichen im Hinblick auf die Beseitigung der erwähnten Diskriminierungen tätig werden kann, in denen ihm auch sonst eine Rechtsetzungszuständigkeit zukommt. Dabei dürfte auf den materiellen Umfang dieser Zuständigkeiten, nicht hingegen auf die zugelassene Form abzustellen sein, so dass etwa der Ausschluss von Harmonisierungsmaßnahmen (z.B. Art. 149 Abs. 4 EGV) nichts an der Zuständigkeit der Gemeinschaft in dem betreffenden Bereich im Sinne des Art. 13 ändert. Insgesamt ist damit festzuhalten, dass Art. 13

---

5 So aber *Holoubek*, in: Schwarze, EU-Kommentar, Art. 13, Rn. 3.
6 I. Erg. wie hier *Pingel-Lenuzza*, in: Léger, Commentaire CE, Art. 13, Rn. 4; wohl auch *Lenz*, in: Lenz, EU-Kommentar, Art. 13, Rn. 6 ff.; wohl auch *Bell*, MJ 1999 (Fn. 1), 8 f.
7 So aber wohl *G. Jochum*, Der neue Art. 13 EGV oder »political correctness« auf Europäisch?, ZRP 1999, S. 279 (280).
8 Präzisierend im Vergleich zur Vorauflage.
9 Ähnlich *Holoubek*, in: Schwarze, EGV, Art. 13, Rn. 5 f.

der Gemeinschaft keine allgemeine Kompetenz zur Bekämpfung der aufgeführten Diskriminierungen einräumt, sondern der Rechtsgrundlage kommt letztlich im Verhältnis zu den sonstigen Kompetenzen ein akzessorischer Charakter zu.

In bezug auf die Art des Tätigwerdens wird dem Rat ein großer Freiraum gewährt; er 5 kann allgemein **geeignete Vorkehrungen** zur Bekämpfung der erfaßten Diskriminierungen treffen. Damit kann der Rat auf alle ihm durch den Vertrag eröffneten Handlungsmöglichkeiten zurückgreifen, wobei er jedoch die Grenzen des Subsidiaritätsprinzips[10] zu beachten hat.

In materieller Hinsicht dürfen sich die Maßnahmen nur auf die ausdrücklich in der 6 Vorschrift **aufgeführten Diskriminierungstatbestände** beziehen; der Rat kann also nicht auf der Grundlage des Art. 13 allgemeine Gerechtigkeitsvorstellungen – etwa in bezug auf die Einkommensverteilung – verwirklichen. Allerdings dürfte der Begriff der Diskriminierung – in Anknüpfung an die Rechtslage im Rahmen des Art. 12[11] – nicht nur **formelle**, sondern auch materielle Diskriminierungen erfassen. Darüber hinaus legt der Sinn und Zweck des Art. 13, die Stellung benachteiligter Personengruppen zu verbessern, es nahe, nicht nur formell-rechtliche Diskriminierungen – die immer seltener vorkommen dürften –, sondern darüber hinaus auch sog. **faktische Diskriminierungen** einzubeziehen[12]. Dies trägt dem Umstand Rechnung, daß trotz einer effektiv gewährten Rechtsgleichheit die Chancengleichheit verschiedener Personen(gruppen) – insbesondere aufgrund faktischer Bedingungen und Umstände unterschiedlicher Art (soziale Strukturen bestimmte Verhaltensweisen, Rollenverteilung von Mann und Frau, unterschiedliche wirtschaftliche Verhältnisse o. ä.) – nicht immer gewährleistet ist. Im übrigen können die von einem Rechtsakt begünstigen Personen nicht nur Unionsbürger, sondern auch Drittstaatsangehörige sein, liegt den in Art. 13 Abs. 1 EGV erwähnten Kriterien doch ersichtlich das Bestreben zugrunde, gewissen Unterscheidungen zwischen Menschen entgegen zu treten.

C. Entscheidungsverfahren

Der Rat entscheidet nach Art. 13 Abs. 1 (auf Vorschlag der Kommission) **einstimmig** 7 nach Anhörung des Parlaments. Die grundsätzliche Aufrechterhaltung dieses Verfahrens mag damit zusammenhängen, daß man die der Gemeinschaft hier eingeräumten Kompetenzen nicht als zentrale Aufgaben der Gemeinschaft ansah, sondern der Ansicht war, daß hier den Mitgliedstaaten ein gewisses Gewicht zukommen soll.

Durch den Vertrag von Nizza wurde dieser Grundsatz der einstimmigen Entscheidung 8 durch den Rat – im Zuge der Bestrebung der Regierungskonferenz, möglichst viele Abstimmungen von der Einstimmigkeit in die qualifizierte Mehrheit zu überführen und die Stellung des Parlaments zu stärken – insofern relativiert, als für »gemeinschaftliche Fördermaßnahmen«, die zudem nicht zu einer Harmonisierung der Rechts- und Verwaltungsvorschriften führen dürfen, das Mitentscheidungsverfahren zur Anwendung kommen muss. Insbesondere aufgrund des zuletzt genannten Erfordernisses dürfte aber die Bedeutung dieser »Ausnahme« zu relativieren sein.

---

10 Art. 5 Abs. 2.
11 S. Art. 12, Rn. 37 ff.
12 Ebenso *Jochum* (Fn. 7), S. 279 f.; *Holoubek*, in: Schwarze, EU-Kommentar, Art. 12, Rn. 12; s. auch Mitteilung der Kommission über bestimmte Maßnahmen der Gemeinschaft zur Bekämpfung von Diskriminierungen, ABl. 1999 C 369, 3.

Astrid Epiney

D. Sekundärrecht

9 Inzwischen sind zwei Rechtsakte auf Art. 13 EGV gestützt worden:
Die **RL 2000/43 zur Anwendung des Gleichbehandlungsgrundsatzes ohne Unterschied der Rasse oder der ethnischen Herkunft**[13] zielt darauf ab, direkte oder indirekte Diskriminierungen (Art. 2 Abs 1, 2) aus Gründen der Rasse oder der ethnischen Herkunft umfassend zu verbieten, und zwar sowohl in den Beziehungen Staat – Bürger als auch zwischen den Bürgern untereinander, wobei die erfaßten Bereiche im einzelnen in Art. 3 aufgeführt sind (u.a. Einstellung von Arbeitnehmern, Ausbildung und Versorgung mit Gütern und Dienstleistungen, die der Öffentlichkeit zur Verfügung stehen, einschließlich Wohnraums). Im Hinblick auf die Sicherung der Durchsetzung dieser Ansprüche haben die Mitgliedstaaten nach Art. 7 entsprechende Rechtsschutzverfahren (unter Einschluß einer Verbandsklagemöglichkeit für die möglicherweise diskriminierte Person) vorzusehen und eine den Anforderungen des Art. 8 entsprechende Beweislastregelung einzuführen. Im Hinblick auf den allgemeinen Anwendungsbereich der Richtlinie verweist Art. 3 Abs. 1 »auf die der Gemeinschaft übertragenen Zuständigkeiten«, womit die Formulierung des Art. 13 übernommen wird und auf eine ausdrückliche Nennung der erfaßten Bereiche verzichtet wird. Ganz trennscharf dürfte die Unterscheidung zu den ausschließlich in der Kompetenz der Mitgliedstaaten verbliebenen Zuständigkeiten denn auch nicht durchzuführen sein, so daß gewisse Unsicherheiten bestehen bleiben. Darüber hinaus wird es wohl in zahlreichen Bereichen im Rahmen der Umsetzung nicht sachgerecht[14] sein, zwischen den der Zuständigkeit der Gemeinschaft unterfallenden Bereichen und denjenigen, bei denen dies nicht der Fall ist, zu unterscheiden. Vor diesem Hintergrund dürfte die materielle Tragweite der Richtlinie kaum überschätzt werden können: Letztlich führt sie in den erfaßten Bereichen ein umfassendes Diskriminierungsverbot bzw. Gleichbehandlungsgebot auch in privatrechtlichen Rechtsverhältnissen ein, dessen Tragweite wohl einer horizontalen Wirkung des grundrechtlich verankerten Gleichbehandlungsgrundsatzes kaum nachstehen dürfte.

10 Die im November 2000 verabschiedete, ebenfalls auf Art. 13 EGV gestützte **RL 2000/78 zur Festlegung eines allgemeinen Rahmens für die Verwirklichung der Gleichbehandlung in Beschäftigung und Beruf**[15] verfolgt den Zweck, im Arbeitsleben Diskriminierungen aus Gründen der Religion oder der Weltanschauung, einer Behinderung, des Alters oder der sexuellen Orientierung entgegen zu treten. Die Konzeption der Richtlinie folgt im wesentlichen der RL 2000/43, insbesondere auch in bezug auf die weite Fassung ihres Anwendungsbereichs und die vorgesehene Wirkung zwischen Privaten.

---

13 ABl.EG 2000 Nr. L 180, 22.
14 Und möglicherweise auch aus Gründen der Gleichbehandlung verfassungswidrig.
15 ABl.EG 2000 Nr. L 303, 16.

Art. 14 (ex-Art. 7a)

(1) Die Gemeinschaft trifft die erforderlichen Maßnahmen[18 ff.], um bis zum 31. Dezember 1992[16 f.] gemäß dem vorliegenden Artikel, den Artikeln 15 und 26, Artikel 47 Absatz 2 und den Artikeln 49, 80, 93 und 95[15] unbeschadet der sonstigen Bestimmungen dieses Vertrags[13] den Binnenmarkt schrittweise[28] zu verwirklichen.

(2) Der Binnenmarkt umfaßt einen Raum ohne Binnengrenzen, in dem der freie Verkehr von Waren, Personen, Dienstleistungen und Kapital gemäß den Bestimmungen dieses Vertrags gewährleistet ist[6 ff.].

(3) Der Rat legt mit qualifizierter Mehrheit auf Vorschlag der Kommission die Leitlinien und Bedingungen fest, die erforderlich sind, um in allen betroffenen Sektoren einen ausgewogenen Fortschritt zu gewährleisten[5].

Inhaltsübersicht:

A. Grundfragen	1
I. Entstehungsgeschichtlicher Hintergrund und Funktion	1
II. Begriff	6
1. Rechtsprechung	7
2. Schrifttum	8
a) Einschränkungstheorie	8
b) Synonymitätstheorie	9
c) Erweiterungstheorie	10
3. Stellungnahme	11
III. Instrumentelle Vorschriften	13
IV. Wirkung	14
B. Kernelemente des Binnenmarktes	16
I. Abbau der materiellen Schranken	16
II. Abbau der technischen Schranken	18
III. Abbau der steuerlichen Schranken	19
IV. System unverfälschten Wettbewerbs	20
V. Allgemeines Recht auf Freizügigkeit (»Europa der Bürger«)	21
VI. Ökologisch und sozial qualifizierter Binnenmarkt	23
C. Bilanz und Ausblick	24
I. Stand der Binnenmarktverwirklichung	24
II. Fortentwicklung, Verwaltung und Erweiterung	26

A. Grundfragen

I. Entstehungsgeschichtlicher Hintergrund und Funktion

Anfang der achtziger Jahre geriet die Gemeinschaft in eine Krise, die nahezu zu einem Stillstand der Integration führte. In dieser Situation genügte für den weiteren Ausbau des Gemeinsamen Marktes die Rechtsprechung des EuGH zum Begriff der »Maßnahme gleicher Wirkung« (»Dassonville-Formel«; s. Art. 28, Rn. 14 ff.) und zur unmittelbaren Wirkung der Grundfreiheiten nicht mehr, sondern bedurfte es eines neuen entschlossenen Anstoßes in wirtschaftlicher und integrationspolitischer Hinsicht, der in erster Linie in einem effizienteren Instrumentarium zur Rechtsangleichung gesehen wurde (s. Art. 95, Rn. 1). Nachdem sich die Rechtsangleichung im Dickicht zahlloser Detailregelungen verfangen hatte[1], war eine Konzentration der Harmonisierungskräfte 1

---

1 Vgl. statt vieler *U. Everling*, Zur Funktion der Rechtsangleichung in der Europäischen Gemeinschaft, LA-Pescatore, 1987, S. 227 (232 ff.).

auf unerläßliche Maßnahmen angezeigt, wollte man den neoprotektionistischen Tendenzen entgegenwirken und die noch zahlreich fortbestehenden Verkehrsbeschränkungen beseitigen[2]. Dem Konzept »Binnenmarkt« kommt somit eine **Impuls-, Konsolidierungs-, Supplementierungs-** und **Dynamisierungsfunktion** zu.

2 Maßgebliche Vorarbeiten bei der rechtlichen Konzeptionierung der Binnenmarktidee leistete die Europäische Kommission, die – einem Mandat des Europäischen Rates von Brüssel (März 1985) folgend[3] – am 14.6.1985 ein **Weißbuch über die Vollendung des Binnenmarktes**[4] präsentierte. Dieses sah eine, vor allem auf dem Grundsatz der gegenseitigen Anerkennung wurzelnde, »**neue Konzeption**« (bzw. »**neue Strategie**«)[5] in der Rechtsangleichungspolitik sowie einen Katalog von 282 Vorschlägen für Harmonisierungsmaßnahmen vor, um die wichtigsten **materiellen, technischen und steuerlichen Schranken** (s. Rn. 16 ff.)[6] auszuräumen sowie das **rechtliche Umfeld**[7] für die grenzüberschreitende Tätigkeit von Unternehmen zu verbessern. Auf der Basis des Weißbuchs unterbreitete die Kommission dem Europäischen Rat von Mailand (Juni 1985) ein Arbeitspapier, das den Verhandlungen der Regierungskonferenz über die Einheitliche Europäische Akte (EEA) zugrunde lag.

3 Die Staats- und Regierungschefs einigten sich nach kontroversen Diskussionen[8] darauf, das Binnenmarktkonzept in den Art. 13, 14 und 15 EEA[9] zu verankern, welche mit Wirkung zum 1.7.1987 als Art. 8a–c EWGV (seit dem Vertrag von Maastricht Art. 7 a –c EGV) in das primäre Gemeinschaftsrecht Eingang fanden. Art. 8a EWGV bildete dabei »the cornerstone of the Single European Act«[10]. Inhaltlich wich die von der Regierungskonferenz zur EEA beschlossene Fassung nicht unwesentlich von der Position der Kommission ab[11], auch wenn die der Schlußakte zur EEA beigefügte **Erklärung der Konferenz der Vertreter der Regierungen der Mitgliedstaaten zu Art. 8a EWGV** ausdrücklich auf das Weißbuch der Kommission Bezug nimmt. Diese politische, auch nicht gemäß Art. 31 Abs. 2 lit. a WVRK rechtsverbindliche[12], Erklärung lautet[13]: »Die Kon-

---

2 Vgl. *Oppermann*, Europarecht, Rn. 1272.
3 Vgl. Bull.EG Nr. 3/1985, S. 13; die Idee eines europäischen Binnenmarktes geht bis in die späten siebziger Jahre zurück; vgl. ferner Europäischer Rat von Kopenhagen (1982), Bull.EG Nr. 12/ 1982, S. 9 (10 f.).
4 KOM (1985) 310 endg.; vgl. dazu die Beiträge in *R. Bieber/R. Dehousse/J. Pinder/J. H. H. Weiler* (Hrsg.), 1992: One European Market?, 1988.
5 KOM (1985) 310 endg., Rn. 61 ff.
6 KOM (1985) 310 endg., Rn. 11 ff. i.V.m. 24 ff., 13 i.V.m. 57 ff.; 14 i.V.m. 160 ff.; aus der Lit. *J. F. Baur*, Der Europäische Binnenmarkt – normative Grundlagen (Teil 1), JA 1992, S. 65 (69 f.); *P.-C. Müller-Graff*, Die Rechtsangleichung zur Verwirklichung des Binnenmarktes, EuR 1989, S. 107 (113 ff.); *M. Seidel*, Die Vollendung des Binnenmarktes der Europäischen Gemeinschaft als Rechtsetzungsprozeß, in: FS-Steindorff, 1990, S. 1455.
7 Vgl. hierzu etwa Art. 163 ff. (Forschung und technische Entwicklung) und Art. 154 ff. (transeuropäische Netze).
8 Vgl. *J. De Ruyt*, L'Acte Unique Européen, 2. Aufl., Brüssel 1989, S. 149 f.
9 ABl.EG 1987 Nr. L 169/1.
10 *P. Oliver*, Free movement of goods in the European Community, 3. Aufl., London 1996, S. 392.
11 Vgl. *A. Bardenhewer/J. Pipkorn*, GTE, EU-/EGV, Art. 7a, Rn. 4; *C.-D. Ehlermann*, The internal market following the Single European Act, CMLRev. 24 (1987), S. 361 (370 f., 399).
12 GA *G. Cosmas*, Schlußantr. zu EuGH, Rs. C-378/97, Slg. 1999, I-6207, Ziff. 51 ff. (Wijsenbeek) unter Verweis auf EuGH, Rs. C-292/89, Slg. 1991, I-745, Rn. 18 (Antonissen); *B. Langeheine*, in: Grabitz/Hilf, EU, Art. 100a, Rn. 13. A.A. (rechtliche Bindungswirkung gem. Art. 31 Abs. 2 lit. a WVRK) *E. Klein*, in: HK-EU, Art. 100a, Rn. 6; *Streinz*, Europarecht, Rn. 421, 962 sowie noch der Verf. in der Voraufl. Zum ganzen auch *A. G. Toth*, The legal status of the declarations annexed to the Single European Act, CMLRev. 23 (1986), S. 803.
13 ABl.EG 1987 Nr. L 169/24.

ferenz möchte mit Artikel 8a den festen politischen Willen zum Ausdruck bringen, vor dem 1.1.1993 die Beschlüsse zu fassen, die zur Verwirklichung des in diesem Artikel beschriebenen Binnenmarktes erforderlich sind, und zwar insbesondere die Beschlüsse, die zur Ausführung des von der Kommission in dem Weißbuch über den Binnenmarkt aufgestellten Programms notwendig sind. Die Festsetzung des Termins ›31. Dezember 1992‹ bringt keine automatische rechtliche Wirkung mit sich.«

Bei der schrittweisen Verwirklichung des Binnenmarktes handelt es sich um ein **zentrales, rechtlich verbindliches**[14] **Ziel** und einen **tragenden Grundsatz** des Vertrages, das bzw. der von verschiedenen Richtungen und Blickwinkeln aus zahlreichen Bestimmungen des Vertrages zugrunde liegt[15] (vgl. Art. 2 Abs. 1 1. Spstr. EUV, Art. 2, Art. 3 Abs. 1 lit. c, Art. 4 Abs. 1, Art. 14, Art. 95 EGV). Man kann von einem verfassungsrechtlichen **Querschnittsziel** von fundamentaler Relevanz für die Identität der EU sprechen. Art. 14 begründet **keine Rechte zugunsten des Einzelnen**. Hat die Errichtung des Binnenmarktes, z.B. die Abschaffung von Zoll- und Steuergrenzen, berufliche Schäden für Einzelne (etwa Zollspediteure) zur (Neben-)Folge, so begründet dies **keine Haftung** der EG gem. Art. 288 Abs. 2[16]. 4

Durch den **Vertrag von Amsterdam** wurde der bisherige Art. 7a als Art. 14 übernommen, in Abs. 1 redaktionell angepaßt und um einen **Absatz 3** ergänzt, der mit dem durch die EEA eingeführten früheren Art. 8b Abs. 2 EWGV (seit dem Maastrichter Vertrag Art. 7b Abs. 2 EGV) identisch ist[17]. Danach zielt die Binnenmarktverwirklichung auf eine gleichmäßige, homogene wirtschaftliche Integration in allen Sachgebieten ab. Fortschritte in bestimmten Programmpunkten sollen sich nicht zu Lasten anderer Bereiche auswirken[18]. Diese **Homogenitätsklausel** hatte bislang, soweit ersichtlich, **keine praktische Bedeutung**, da nach Auffassung der Kommission das Binnenmarktprogramm ausgewogen durchgeführt worden ist[19]. Es steht nicht zu erwarten, daß sich dies zukünftig ändern wird. 5

II. Begriff

Abs. 2 liefert eine **Legaldefinition** des Binnenmarktes. Fraglich ist, wie sich der Begriff »**Binnenmarkt**« zum Begriff des »**Gemeinsamen Marktes**« verhält, der nach dem – durch den Vertrag von Amsterdam gestrichenen – Art. 7 a. F.[20] in drei Stufen in der Zeit vom 1.1.1958 bis 31.12.1969[21] verwirklicht werden sollte. Diese Begriffsfrage ist von praktischer Bedeutung, etwa für die kompetenzielle Abgrenzung zwischen Art. 94 und 95. 6

---

14 GA G. *Cosmas*, Schlußantr. zu EuGH, Rs. C-378/97, Slg. 1999, I-6207, Ziff. 38 (Wijsenbeek).
15 Ähnlich GA A. *La Pergola*, Schlußantr. zu EuGH, Rs. C-271/94, Slg. 1996, I-1689, Ziff. 14 (Parlament/Rat); vgl. bereits EuGH, Rs. 9/73, Slg. 1973, 1135, Rn. 39 (Schlüter); ferner EuGH, Rs. C-265/95, Slg. 1997, I-6959, Rn. 27 (Kommission/Frankreich).
16 EuGH, Rs. C-95/98 P, Slg. 1999, I-4835, Rn. 18 ff. (Dubois/Rat und Kommission).
17 Art. 7b a. F. wurde im übrigen durch den Vertrag von Amsterdam aufgehoben.
18 Vgl. A. *Bardenhewer/J. Pipkorn*, in: GTE, EU/EGV, Art. 7b, Rn. 5; *Ehlermann* (Fn. 11), S. 373; krit. hierzu P. *Pescatore*, Die »Einheitliche Europäische Akte«. Eine ernste Gefahr für den Gemeinsamen Markt, EuR 1986, S. 153 (158 f.); theoretische Anwendungsfälle nennt H.-J. *Glaesner*, Die Einheitliche Europäische Akte, EuR 1986, S. 119 (130).
19 A. v. *Bogdandy*, in: Grabitz/Hilf, EU, Art. 14, Rn. 13.
20 Der Vertrag von Amsterdam hat zwar Art. 7 EGV gestrichen, der Begriff des »Gemeinsamen Marktes« bleibt jedoch u. a. für Art. 15 Abs. 2, 32, 81 Abs. 1, 82 Abs. 1, 87, 94, 96 Abs. 1, 136 Abs. 3 und 296 Abs. 1 lit. b von Bedeutung.
21 Die Zollunion wurde aufgrund zweier »Beschleunigungsbeschlüsse« gem. Art. 7 Abs. 5 EWGV a. F. am 1.7.1968 vollendet.

Art. 14 EG-Vertrag

1. Rechtsprechung

7 In seinem Urteil »Gaston Schul« hat der EuGH den **Gemeinsamen Markt** als einen Markt qualifiziert, »dessen Bedingungen denjenigen eines wirklichen Binnenmarktes möglichst *nahekommen*«[22]. Dies ließ bereits erahnen, daß der Gerichtshof im Gemeinsamen Markt ein Minus gegenüber dem Binnenmarkt sieht, jedenfalls aber von einer Identität ausgeht. Eine deutlichere Sprache im Sinne eines weiten Binnenmarktverständnisses spricht das Urteil in der Rechtssache »Titandioxid«[23]. Hier hat der EuGH auch ein System unverfälschten Wettbewerbs zu den konstitutiven Merkmalen des Binnenmarktes gerechnet[24]. Eine Klärung brachte sodann das Urteil des EuGH in der Rs. C-350/92, in dem der Gerichtshof ausdrücklich die Vorstellung verwirft, daß auf Art. 95 nur Rechtsakte zur Herstellung oder Verbesserung der Wettbewerbsfreiheit gestützt werden könnten, nicht hingegen Maßnahmen zur Sicherung der Wettbewerbsgleichheit[25]. Die EG-Rechtsetzungsorgane erlassen in ständiger Praxis Richtlinien, deren Ziel ausschließlich in der Beseitigung von Wettbewerbsverzerrungen besteht und die keinen Bezug zu den Verkehrsfreiheiten aufweisen, auf der Basis von Art. 95[26].

2. Schrifttum

a) Einschränkungstheorie

8 Nach einer Meinung in der Literatur[27] umfaßt der Binnenmarkt nicht die Bereiche Wettbewerbspolitik, Agrarpolitik, Verkehrspolitik und Steuerpolitik (vgl. Art. 95 Abs. 2). Alle diese Gebiete seien hingegen im Begriff des Gemeinsamen Marktes eingeschlossen. Der Binnenmarkt stellt nach dieser Ansicht nur eine Teilmenge bzw. einen Unterfall des Gemeinsamen Marktes dar.

b) Synonymitätstheorie

9 Zum Teil wird dem Binnenmarkt eine nur klarstellende bzw. bekräftigende Funktion zugesprochen. Die von ihm erfaßten Bereiche decken sich danach mit denen des Ge-

---

22 EuGH, Rs. 15/81, Slg. 1982, 1409, Rn. 33 (Gaston Schul); Hervorhebung durch den Verf.; ferner etwa EuGH, Rs. C-41/93, Slg. 1994, I-1829, Rn. 19 (Frankreich/Kommission). Eingehend *T. Schubert*, Der Gemeinsame Markt als Rechtsbegriff – Die allgemeine Wirtschaftsfreiheit des EG-Vertrages, 1999.
23 EuGH, Rs. C-300/89, Slg. 1991, I-2867, Rn. 14 (Kommission/Rat).
24 Vgl. auch die Interpretation bei *A. Epiney*, Umweltrecht in der Europäischen Union, 1997, S. 60; *M. Nettesheim*, Das Umweltrecht der Europäischen Gemeinschaften, Jura 1994, S. 337 (339).
25 EuGH, Rs. C-350/92, Slg. 1995, I-1985, Rn. 32 ff. (Spanien/Rat).
26 Vgl. *J. Basedow*, Über Privatrechtsvereinheitlichung und Marktintegration, in: FS-Mestmäcker, 1996, S. 347 (353 m. Anm. 33).
27 *A. Epiney*, Gemeinschaftsrechtlicher Umweltschutz und Verwirklichung des Binnenmarktes – »Harmonisierung« auch der Rechtsgrundlagen?, JZ 1992, S. 564; *N. Forwood/M. Clough*, The Single European Act and free movement, ELRev. 1986, S. 383 (385); *R. Hayder*, Neue Wege der europäischen Rechtsangleichung?, RabelsZ 1989, S. 622 (639); *P. M. Huber*, Integration, S. 169; *A. Meier*, Risikosteuerung im Lebensmittel- und Gentechnikrecht, 2000, S. 43 ff. (47 f.); *Pescatore* (Fn. 18), S. 157; *W. Pühs*, Der Vollzug von Gemeinschaftsrecht, 1997, S. 54 f.; *G. Ress*, Löste Art. 100a EWGV die Probleme der Rechtsangleichung für den europäischen Binnenmarkt?, in: ders. (Hrsg.), Rechtsprobleme der Rechtsangleichung, Vorträge, Reden und Berichte aus dem Europa-Institut der Universität des Saarlandes Nr. 137/1988, S. 11 (13); *M. Seidel*, Grundsätzliche rechtspolitische Probleme bei der Verwirklichung des Binnenmarktes, EA 1987, S. 535 (555); *Streinz*, Europarecht, Rn. 953 f.; *C. Zacker*, Binnenmarkt und Gemeinsamer Markt, RIW 1989, S. 489 f.; s. auch Art. 2 EGV, Rn. 26.

meinsamen Marktes, wie nicht zuletzt darin zum Ausdruck komme, daß der Vertrag beide Begriffe offensichtlich sinngleich nebeneinander verwende[28].

c) **Erweiterungstheorie**
Von den Vertretern der Erweiterungstheorie[29] wird im Gemeinsamen Markt nur eine inhaltliche und temporäre Vorstufe zum Binnenmarkt gesehen. Der Binnenmarkt beinhaltet demnach den Gemeinsamen Markt, geht aber über diesen hinaus. Zur Begründung wird auf die Formulierungen in Abs. 2 (»gemäß den Bestimmungen dieses Vertrags«, »Raum ohne Binnengrenzen«), auf die Entstehungsgeschichte und auf Art. 95 Abs. 2 verwiesen, durch den erst kraft vertraglicher Anordnung bestimmte Materien aus dem Binnenmarkt ausgeklammert worden seien, die ansonsten zum Binnenmarktbegriff gerechnet hätten.

10

3. Stellungnahme

Die Einschränkungstheorie ist abzulehnen. Sie ist mit der Rechtsprechung des Gerichtshofs (s. Rn. 7) unvereinbar[30] und verkennt das Wesen der europäischen Integration im allgemeinen sowie die Funktion der Art. 14 f. i.V.m. Art. 95 im besonderen, welchen ein dynamisch-progressives Element immanent ist. Typisch für diese Dynamik ist die Formulierung in Art. 2 Abs. 1 1. Spstr., Art. 3 Abs. 1 EUV von der »Wahrung und Weiterentwicklung«[31]. Hinweise darauf, daß die Staats- und Regierungschefs 1986 einen freiwilligen Rückschritt in puncto ökonomischer Integration hätten, sind nicht ersichtlich. Im übrigen verdient die **Erweiterungstheorie** den Vorzug. Der Binnenmarkt verkörpert eine »neue Integrationsebene«[32]. Für die Erweiterungsthese spricht vor allem der Wortlaut von Art. 14 Abs. 2 EGV, Art. 2 Abs. 1 1. Spstr. EUV (»Raum ohne Binnengrenzen«). Danach ist die **Beseitigung aller Grenzkontrollen** im Personen- und Warenverkehr ein neuer, gegenüber dem Gemeinsamen Markt zusätzlicher, Aspekt des Binnenmarktes (s. Rn. 21 f.). Art. 14 »schafft die Verpflichtung, ein System absoluter Freiheit bei der Überschreitung der Binnengrenzen einzurichten, das eine Abschaffung systematischer Grenzkontrollen gegenüber allen ermöglichen soll«[33]. Schließlich wird das im Weißbuch der Kommission zugrunde gelegte Binnenmarktverständnis ver-

11

---

28 Vgl. *H.-J. Glaesner*, Bemerkungen zur Interpretation von Art. 100 a EWGV, in: Ress (Hrsg.), Rechtsprobleme der Rechtsangleichung, Vorträge, und Berichte aus dem Europa-Institut der Universität des Saarlandes, Nr. 137, 1988, S. 35 (37); *W. Kilian*, Europäisches Wirtschaftsrecht, 1996, S. 13; *B. Langeheine*, in: Grabitz/Hilf, EU, Art. 100a, Rn. 21 ff.; *J.-V. Louis*, in: Jacqué/Constantinesco (Hrsg.), L'Acte Unique Européen, o. J., S. 2; *A. Middeke*, Nationaler Umweltschutz im Binnenmarkt, 1994, S. 231 ff. (235 f.); *Nicolaysen*, Europarecht II, S. 310; *Oliver* (Fn. 10), S. 394; *De Ruyt* (Fn. 8), S. 150.
29 Vgl. *A. Bardenhewer/J. Pipkorn*, GTE, EU-/EGV, Art. 7a, Rn. 6 ff.; *A. v. Bogdandy*, in: Grabitz/Hilf, EU, Art. 14, Rn. 7 ff.; *G. Bosco*, Commentaire de l'Acte Unique Européen des 17–28 fèvrier 1987, CDE 1987, S. 355 (371 f.); *M. A. Dauses*, Die rechtliche Dimension des Binnenmarktes, EuZW 1990, S. 8 (10); *Ehlermann* (Fn. 11), S. 383; *J. Henke*, EuGH und Umweltschutz, 1992, S. 83 ff. (88); *H.P. Ipsen*, Vier Glossen zur Einheitlichen Europäischen Akte, FS-Partsch, 1989, S. 327 (332); *A. E. Kellermann*, The views of the Netherlands Government on the Single European Act, ELRev. 1987, S. 221 (223); *A. Mattera*, Le marché unique européen, 2. Aufl., Paris 1990, S. 11 ff.; *Müller-Graff* (Fn. 6), S. 123 ff.; *ders.*, Binnenmarktziel und Rechtsordnung, 1989, S. 11 ff.; *Reich*, Binnenmarkt als Rechtsbegriff, EuZW 1991, S. 203 (207 f.); *E. Steindorff*, Gemeinsamer Markt als Binnenmarkt, ZHR 150 (1986), S. 687 (689).
30 A.A. *Streinz*, Europarecht, Rn. 953.
31 Hervorhebung durch den Verf.
32 *E. Grabitz/A. v. Bogdandy*, Vom Gemeinsamen Markt zum Binnenmarkt – Statik und Dynamik des Europäischen Marktes, JuS 1990, S. 170 (175).
33 GA *G. Cosmas*, Schlußantr. zu EuGH, Rs. C-378/97, Slg. 1999, I-6207, Ziff. 41 (Wijsenbeek).

mittelt über die »Erklärung zu Art. 8a EWGV« (s. Rn. 3) in Art. 14 integriert, wonach der Binnenmarkt die Beseitigung aller technischen, materiellen und steuerlichen Schranken betrifft. Der Binnenmarkt ist insofern ganz pauschal der »umgrenzte Raum für die grundlegenden Freiheiten des Gemeinschaftsrechts«[34].

12 Der Binnenmarkt umschließt somit alle Elemente des Gemeinsamen Marktes und zusätzlich die Abschaffung von **Personenkontrollen** (»Europa der Bürger«)[35]. Das weitere Kernstück bilden die **Grundfreiheiten** von Waren, Personen, Dienstleistungen und Kapital. Deren besondere Bedeutung wird durch Abs. 2 und Art. 3 Abs. 1 lit. c unterstrichen. Die Art. 28, 39, 43 und 49 bleiben ungeachtet des Art. 14 unmittelbar anwendbar[36]. Dies folgt schon aus der Fassung des Abs. 1 (»unbeschadet der sonstigen Bestimmungen dieses Vertrags«). Von zentraler Bedeutung ist ferner die **Wettbewerbspolitik** (Rn. 20). Zu den **flankierenden Politiken**[37] rechnet insbesondere die europäische **Wirtschafts- und Währungsunion** (Art. 98 ff., 105 ff.), die zwar begrifflich kein zwingender Bestandteil des Binnenmarktes ist, mit diesem aber in einem engen politisch-ökonomischen Sachzusammenhang steht[38]. Der Vollendung des Binnenmarktes im Inneren entspricht das Erfordernis einer gemeinsamen **Handelspolitik** (Art. 131 ff.) nach außen[39]. Beide Aspekte ergänzen sich wie zwei Seiten einer Medaille[40].

III. Instrumentelle Vorschriften

13 Abs. 1 nimmt eine Reihe von Vorschriften in Bezug, die dem Zweck dienen, die Verwirklichung des Binnenmarktes abzusichern[41]. Sie betreffen die **instrumentelle Seite** der Binnenmarktverwirklichung. Art. 95 sieht für Maßnahmen der Rechtsangleichung zur Binnenmarktverwirklichung die Beschlußfassung mit qualifizierter Mehrheit vor. Hierdurch sollte das Harmonisierungsverfahren, welches bis zur EEA unter dem Einstimmigkeitsprinzip des Art. 94 litt, beschleunigt werden. Auch die anderen in Art. 14 aufgeführten Kompetenzen wurden – abgesehen von Art. 93, der inhaltlich neu gefaßt wurde – infolge der EEA mit der Möglichkeit zur Mehrheitsentscheidung versehen (Art. 26, 49 Abs. 2, 80 Abs. 2 und – mit Einschränkung – Art. 47 Abs. 2). Die Handlungsermächtigungen, die Abs. 1 nennt, sind nicht abschließend. Daneben sind etwa noch die Art. 37, 40, 44, 46, 94 oder 308 EGV von Bedeutung.

IV. Wirkung

14 Nach Abs. 1 sollte der Binnenmarkt bis zum **31.12.1992** verwirklicht werden. Dieses Datum verkörpert aber, wie sich aus der Erklärung zu Art. 8a EWGV (s. Rn. 3) ergibt, nur eine **politische Leitvorstellung**[42]. Art. 14 ist, wie der EuGH ausdrücklich festge-

---

34 Definition von GA *A. Saggio*, Schlußantr. zu EuGH, Rs. C-319/97, Slg. 1999, I-3143, Ziff. 21 (Kortas).
35 Zu Recht sieht *A. v. Bogdandy*, in: Grabitz/Hilf, EU, Art. 14, Rn. 9, hierin »die eigentliche Fortentwicklung des Integrationsziels«. Ähnlich *Herrnfeld*, in: Schwarze, EU-Kommentar, Art. 95, Rn. 6.
36 Vgl. statt vieler *Oliver* (Fn. 10), S. 393.
37 Vgl. *Mattera* (Fn. 29), S. 15 ff. m.w.N.
38 Vgl. *A. Bardenhewer/J. Pipkorn*, GTE, EU-/EGV, Art. 7a, Rn. 68.
39 *A. Bardenhewer/J. Pipkorn*, GTE, EU-/EGV, Art. 7a, Rn. 69.
40 Vgl. *R. Schmidt/W. Kahl*, Umweltschutz und Handel, in: Rengeling (Hrsg.), EUDUR II, 1998, § 90, Rn. 53.
41 GA *F.G. Jacobs*, Schlußantr. zu EuGH, Rs. C-297/92, Slg. 1993, I-5211, Ziff. 12 (Baglieri).

stellt hat[43], nach dem 31.12.1992 **nicht unmittelbar anwendbar**[44]. Dies gilt insbesondere für die **Abschaffung der Grenzkontrollen** an den inneren Grenzen des Binnenmarktes, solange nicht – als conditio sine qua non bzw. als Korrelat – ein Raum der Freiheit, der Sicherheit und des Rechts (Art. 61 ff.) geschaffen worden ist[45]. Im übrigen kann zur Begründung auf Art. 95 und vor allem auf den **früheren Art. 100b** (s. Art. 94, Rn. 4a) verwiesen werden, der – entgegen einem Vorschlag der Kommission[46] – gerade keinen automatischen Abbau der im Zeitpunkt des 31.12.1992 noch existenten Hindernisse für die Errichtung des Binnenmarktes, sondern den Weg über im Einzelfall zu beschließende gegenseitige Anerkennungen vorsah[47]. Die Frist des 31.12.1992 wurde im Amsterdamer Vertrag nicht gestrichen, was ohne rechtliche Bedeutung ist, sondern einen Akt politischer Symbolik darstellt[48].

Art. 14 ist nicht nur ein politischer Programmsatz. Er entfaltet eine zweifache **rechtliche Bindungswirkung**[49]. Zum einen verpflichtet er die Gemeinschaftsorgane zum rechtzeitigen Erlaß der für die Verwirklichung des Binnenmarktes erforderlichen Rechtsakte. Bei Verstößen hiergegen ist die Untätigkeitsklage (Art. 232) möglich. Zum anderen führt er i.V.m. Art. 10 (s. Art. 10, Rn. 48) zu positiven und negativen Kooperationspflichten der Mitgliedstaaten. 15

B. Kernelemente des Binnenmarktes

I. Abbau der materiellen Schranken

Ein zentrales Element des Binnenmarktes liegt in dem Abbau der **Grenzkontrollen** (sog. **materielle Schranken**) hinsichtlich von **Waren** und **Personen**. Die Einzelheiten hinsichtlich des Abbaus der Personenkontrollen ergeben sich aus den beiden, mit dem Vertrag von Amsterdam als sog. »Schengen-Besitzstand« in den Rahmen der EU einbezogenen, **Schengener Übereinkommen** v. 14.6.1985 und 19.6.1990 (s. dazu eingehend die Kommentierung zu den Art. 61 ff.). 16

Ausnahmeregelungen bezüglich der Personenkontrollen haben sich aufgrund ihrer Insellage das **Vereinigte Königreich** und **Irland** in dem »Protokoll über die Anwendung bestimmter Aspekte des Artikels 7a (jetzt: Art. 14) auf das Vereinigte Königreich und 17

---

42 Statt vieler *Streinz*, Europarecht, Rn. 37, 947.
43 EuGH, Rs. C-297/92, Slg. 1993, I-5211, Rn. 16 f. (Baglieri).
44 Vgl. auch *A. v. Bogdandy*, in: Grabitz/Hilf, EU, Art. 14, Rn. 3; *Glaesner* (Fn. 18), S. 132 f.; *De Ruyt* (Fn. 8), S. 158.
45 EuGH, Rs. C-378/97, Slg. 1999, I-6207, Rn. 40 ff. (Wijsenbeek); GA *G. Cosmas*, Schlußantr. zu EuGH, Rs. C-378/97, Slg. 1999, I-6207, Ziff. 43 ff. (70 ff.) (Wijsenbeek). Vgl. auch *A. Epiney*, Neuere Rechtsprechung des EuGH in den Bereichen institutionelles Recht, allgemeines Verwaltungsrecht, Grundfreiheiten, Umwelt- und Gleichstellungsrecht, NVwZ 2001, S. 524 (531), die zu Recht feststellt: »Im Gegenschluss dürfte man aus dem Urteil des Gerichtshofs auch ableiten können, dass ab dem Zeitpunkt, zu dem die notwendigen und hinreichenden Harmonisierungsvorschriften erlassen worden sind, Grenzkontrollen nicht mehr zulässig sind.«
46 Vgl. *A. Bardenhewer/J. Pipkorn*, in: GTE, EU-/EGV, Art. 7a, Rn. 29.
47 Vgl. *A. Bardenhewer/J. Pipkorn*, in: GTE, EU-/EGV, Art. 7a, Rn. 12, 30; *Glaesner* (Fn. 18), S. 132 f.
48 *A. v. Bogdandy*, in: Grabitz/Hilf, EU, Art. 14, Rn. 5.
49 Vgl. *A. Bardenhewer/J. Pipkorn*, in: GTE, EU-/EGV, Art. 7a, Rn. 15; *S. Magiera*, Die Beseitigung der Personenkontrollen an den Binnengrenzen der Europäischen Union, FS-Stern, 1997, S. 1317 (1328, 1333); *Oliver* (Fn. 10), S. 396; vgl. auch *F. Schockweiler*, Les conséquences de l'expiration du délai imparti pour l'établissement du marché intérieur, R.M.C. 1991, S. 882.

auf Irland« vorbehalten. Nach Art. 1 Abs. 1 dieses Protokolls darf Großbritannien an seinen Grenzen mit anderen Mitgliedstaaten bei Personen, die nach Großbritannien einreisen wollen, Kontrollen durchführen, die nach seiner Auffassung erforderlich sind zur Überprüfung des Rechts auf Einreise von Unionsbürgern (und deren Unterhaltsberechtigten) sowie zur Entscheidung darüber, ob anderen Personen die Einreisegenehmigung zu erteilen ist oder nicht. Das Vereinigte Königreich und Irland können untereinander Regelungen über den freien Personenverkehr zwischen ihren Hoheitsgebieten (»einheitliches Gebiet für den Reiseverkehr«) treffen. In diesem Fall gelten die Rechte des Art. 1 des Protokolls (Art. 2 des Protokolls). Die übrigen Mitgliedstaaten dürfen an ihren Grenzen bzw. an allen Orten, an denen ihr Hoheitsgebiet betreten werden kann, solche Kontrollen bei Personen durchführen, die aus Großbritannien oder aus Irland in ihr Hoheitsgebiet einreisen wollen (Art. 3 Abs. 1 des Protokolls). Die genannten Kontrollrechte werden weder durch Art. 14 noch durch sonstige Bestimmungen des Gemeinschaftsrechts berührt.

II. Abbau der technischen Schranken

18 Von besonderer Bedeutung für den Binnenmarkt ist der Abbau der sog. **technischen Schranken**[50]. Hierzu rechnen etwa die nichttarifären Handelshemmnisse im Bereich des freien Warenverkehrs (z. B. unterschiedliche Sicherheits-, Gesundheits- und Umweltschutzstandards), die dazu führen, daß Produkte für unterschiedliche nationale Märkte unterschiedlich konzipiert, hergestellt, verpackt oder etikettiert werden müssen, aber auch der Bereich des öffentlichen Auftragswesens. Gerade bei den technischen Handelshemmnissen verlangt der Binnenmarkt im Regelfall die Anwendung des **Prinzips der gegenseitigen Anerkennung**, d. h. die Geltung des **Herkunfts- bzw. Ursprungslandprinzips**[51]. Nur die Hindernisse, die sich aus divergierenden nationalen Regelungen ergeben, die durch Ausnahmebestimmungen des Vertrages (z. B. Art. 30) oder aufgrund »zwingender Erfordernisse« (s. Art. 28, Rn. 20 ff.) gerechtfertigt sind, müssen im Wege der **Rechtsangleichung** eliminiert werden. Diese harmonisierten Standards auszuarbeiten, ist im wesentlichen Aufgabe der drei **europäischen Normungsinstitute** CEN (Industrienormen), CENELEC (elektrische Geräte) und ETSI (Telekommunikation).

III. Abbau der steuerlichen Schranken

19 Der Binnenmarkt verlangt des weiteren einen Abbau der steuerlichen Schranken. Die Harmonisierung auf dem Gebiet der **indirekten** Steuern ist schon relativ weit vorangeschritten (s. Art. 93, Rn. 1 ff.). Hauptfortschritt ist die Einführung eines gemeinsamen Mehrwertsteuersystems, das – bis auf die Steuersätze – in allen Mitgliedstaaten gilt. Außerdem wurden die Grenzkontrollen im Bereich der Umsatz- und Verbrauchsteuern abgeschafft. Zwar blieb das Bestimmungslandprinzip im kommerziellen Handel erhalten, an die Stelle der Grenzkontrollen traten jedoch innerstaatliche Kontrollen unter intensiver Kooperation der nationalen Behörden. Im Bereich des privaten Reiseverkehrs gilt das Ursprungslandprinzip[52]. Das noch nicht erreichte Endziel der Umsatzsteuerhar-

---

50 Vgl. hierzu M. *Monti,* Der Binnenmarkt und das Europa von morgen, 1997, S. 26 ff., 38 ff.; *P.-C. Müller-Graff* (Hrsg.), Technische Regeln im Binnenmarkt, 1991.
51 Vgl. *A. Bardenhewer/J. Pipkorn,* in: GTE, EU-/EGV, Art. 7a, Rn. 27 f.; *Steindorff* (Fn. 29), S. 689 f.; am Beispiel des Lebensmittelrechts *A. Meier* (Fn. 27), S. 53 ff.; *R. Streinz,* Das Prinzip der gegenseitigen Anerkennung und seine Auswirkungen auf die nationalen Lebensmittelrechte, ZLR 1993, S. 31.

monisierung ist es, auch für den gewerblichen Bereich EU-weit das Ursprungslandprinzip einzuführen, was eine Gleichbehandlung der inländischen und der grenzüberschreitenden Umsätze zur Folge hätte und das Risiko des Steuerbetrugs mindern könnte[53]. Was die **direkten** Steuern angeht[54], so ist eine Angleichung bereits teilweise auf gesellschaftsrechtlichem Gebiet erfolgt[55], steht jedoch in den meisten Bereichen noch nicht einmal am Anfang, etwa hinsichtlich der Quellensteuer auf Spareträge und Dividenden oder der Besteuerung der zusätzlichen Altersvorsorge und der Lebensversicherungen (s. Art. 93, Rn. 19 ff., 25 f.)[56]. Die Mitgliedstaaten haben am 1.12.1997 ein »Maßnahmepaket zur Bekämpfung des schädlichen Steuerwettbewerbs in der EU«[57] angenommen. Dieses basiert auf der Grundvorstellung, die geplanten Maßnahmen (Zinsrichtlinie, Verhaltenskodex, Zins- und Lizenzrichtlinie)[58] als Pakte zu beschließen.

IV. System unverfälschten Wettbewerbs

Zum Binnenmarkt gehört auch, soll dieser zu einer harmonischen Entwicklung des Wirtschaftslebens i. S. v. Art. 2 beitragen, ein System unverfälschten Wettbewerbs i. S. d. Art. 3 Abs. 1 lit. g (bzw. der Grundsatz des freien Wettbewerbs i. S. d. Art. 4 Abs. 1)[59]. Dessen Säulen sind das Verbot wettbewerbsbehindernder Vereinbarungen und Beschlüsse (Art. 81), das Verbot des Mißbrauchs einer marktbeherrschenden Stellung (Art. 82), das Recht der öffentlichen Unternehmen (Art. 86 i.V.m. 81–89) sowie das Beihilfenregime (Art. 87 ff.). 20

V. Allgemeines Recht auf Freizügigkeit (»Europa der Bürger«)

Das Konzept des Binnenmarktes bezieht sich nicht nur auf die (un-)selbständig erwerbstätigen Personen (Art. 39 ff., 43 ff.) und deren Familienangehörige, sondern auch auf **Personen und deren Familienangehörige aus einem EU-Staat, die am Erwerbsleben nicht teilnehmen**, wie etwa Schüler, Studenten, Rentner, Pensionäre oder Personen, die von anderen Einkünften leben. Dies galt bereits vor dem Inkrafttreten des Vertrages von Amsterdam und ergibt sich daraus, daß Art. 14 und Art. 3 Abs. 1 lit. c allein von »Personen« sprechen, ohne dies weiter einzuschränken. Durch die Formulierung »Raum ohne Binnengrenzen« (Art. 14 Abs. 1 EGV, Art. 2 Abs. 1 1. Spstr. EUV) wird 21

---

52 Überblick bei *Nicolaysen*, Europarecht II, S. 104 f., 126 ff.
53 Ein entsprechender Vorschlag der Kommission fand jedoch nicht die Zustimmung aller Mitgliedstaaten. Daher will die Kommission dazu übergehen, Maßnahmen vorzuschlagen, die zu einer Vereinfachung und Modernisierung führen; vgl. KOM (2000) 348 endg.
54 Vgl. *J. De Weerth*, EG-Recht und direkte Steuern, RIW 1997, S. 482; vgl. auch *C. Ohler*, Mehr Mut zu Steuerpolitik in Europa, EuZW 1997, S. 370.
55 Vgl. RL 90/434/EWG v. 23.7.1990, ABl.EG 1990 Nr. L 225/1; RL 90/435/EWG v. 23.7.1990, ABl.EG 1990 Nr. L 225/6.
56 Siehe *H.-J. Selling*, Steuerharmonisierung im europäischen Binnenmarkt, IStR 2000, S. 417 (418 ff., 423), *J. de Weerth*, EG-Recht und direkte Steuern – Jahresüberblick 2000, RIW 2001, S. 443.
57 ABl.EG 1998 Nr. C 2/1.
58 Einzelheiten bei *Selling* (Fn. 56), S. 418 ff.; dort auch zum Bericht des ECOFIN an den Europäischen Rat in Feira v. Juni 2000 über das Steuerpaket.
59 Wie hier EuGH, Rs. C-300/89, Slg. 1991, I-2867, Rn. 15, 23 (Kommission/Rat); *E. Grabitz*, Über die Verfassung des Binnenmarktes, FS-Steindorff, 1990, S. 1229 (1240 ff.); *B. Langeheine*, in: Grabitz/Hilf, EU, Art. 100 a, Rn. 20; *J. Pipkorn*, in: GTE, EWGV, Art. 100 a, Rn. 17 ff.; a. A. *U. Everling*, Probleme der Rechtsangleichung zur Verwirklichung des europäischen Binnenmarktes, FS-Steindorff, 1990, S. 1155 (1170 f.).

zudem zum Ausdruck gebracht, daß der Binnenmarkt über einen reinen Wirtschaftsraum hinausgeht[60]. Er umschließt auch das Ziel einer politischen Union und eines »Europas der Bürger«[61] (vgl. Art. 2 Abs. 1 3. Spstr. EUV i.V.m. Art. 17 ff. EGV). Ein allgemeines Aufenthaltsrecht aller Unionsbürger in jedem anderen Mitgliedstaat (vgl. Art. 18) ist ein zentrales »europäisches Bürgerrecht«[62]. Der **Vertrag von Amsterdam** führte hierfür einen eigenen Abschnitt (Art. 61 ff.) in den EGV ein, der dem schrittweisen Aufbau eines **Raums der Freiheit, der Sicherheit und des Rechts** dienen soll. Eine zentrale Säule bilden hierbei die Maßnahmen nach Artikel 14 (vgl. Art. 61 lit. a, Art. 62 Ziff. 1)[63]. Damit ist der Raum der Freiheit, der Sicherheit und des Rechts ausdrücklich mit dem Ziel der Verwirklichung des Binnenmarktes verklammert worden. Er stellt eine »unerläßliche Ergänzung«[64] des Art. 14 dar.

22 Hinsichtlich von **Staatsangehörigen aus Drittstaaten** war bis zum Inkrafttreten des EUV umstritten, ob Art. 14 auch ihren Zugang und ihr Aufenthaltsrecht erfaßt[65]. Auf der Basis des Vertrages von Maastricht (Art. 3 Abs. 1 lit. d, Art. 100c a. f.) und erst recht des Vertrages von Amsterdam (Art. 3 Abs. 1 lit. d, Art. 61 ff.) ist dies grundsätzlich zu bejahen, da hierin ein wesentlicher Aspekt eines »Raumes der Freiheit« als eines für den Binnenmarkt wesentlichen Vertragszieles liegt.

VI. Ökologisch und sozial qualifizierter Binnenmarkt

23 Der Binnenmarkt ist kein Selbstzweck und auch kein Vertragsziel, das gegenüber den anderen Zielen Vorrang genießen würde[66]. Das Ziel des Binnenmarktes hat sich vielmehr im Sinne praktischer Konkordanz einzufügen in die sonstigen Vertragsziele, insbesondere sozialer und ökologischer[67] Art. Dies ergibt sich rechtlich u. a. aus Art. 2 Abs. 1 1. Spstr. EUV, Art. 2, Art. 6, Art. 15, Art. 95 Abs. 3–10, Art. 136 ff., Art. 152 Abs. 1 und Abs. 4 lit. a, Art. 153a Abs. 1, 2 und 5, Art. 158 ff. EGV und ist politisch eine zwingende Konsequenz der durch den Binnenmarkt verursachten dysfunktionalen

---

60 Vgl. bereits die von der Regierungskonferenz von Maastricht (1986) angenommene politische Erklärung der Regierungen der Mitgliedstaaten hinsichtlich der Freizügigkeit.
61 Siehe vor allem S. *Magiera*, in: Hb.EUWirtR, D.IV; *ders.* (Hrsg.), Das Europa der Bürger in einer Gemeinschaft ohne Binnengrenzen, 1990.
62 Wie hier *A. Bardenhewer/J. Pipkorn*, in: GTE, EU-/EGV, Art. 7a, Rn. 35 ff.; vgl. auch *H.-G. Fischer*, Zur Einreise- und Aufenthaltsfreiheit von EG-Ausländern, NVwZ 1990, S. 1150.
63 GA *G. Cosmas*, Schlußantr. zu EuGH, Rs. C-378/97, Slg. 1999, I-6207, Ziff. 67 ff. (Wijsenbeek).
64 GA *G. Cosmas*, Schlußantr. zu EuGH, Rs. C-378/97, Slg. 1999, I-6207, Ziff. 70 (Wijsenbeek).
65 Vgl. *A. Bardenhewer/J. Pipkorn*, in: GTE, EU-/EGV, Art. 7a, Rn. 39 ff.; zur früheren Rechtslage *M. Hilf*, Europäisches Gemeinschaftsrecht und Drittstaatsangehörige, FS-Doehring, 1989, S. 339.
66 A. A. *J. Basedow*, Zielkonflikte und Zielhierarchien im Vertrag über die Europäische Gemeinschaft, FS-Everling, Bd. 1, 1995, S. 49 (67 f.); *I. E. Schwartz*, EG-Kompetenz für das Verbot der Tabakwerbung, AfP 1998, S. 553 (561 ff.).
67 *A.A. P.-C. Müller-Graff*, in: Hb.EUWirtR, A.I Rn. 120 ff.; *Basedow* (Fn. 66), S. 68; wie hier *C. Calliess*, Perspektiven für eine Weiterentwicklung der Europäischen Union zu einer ökologischen Rechtsgemeinschaft, KJ 1994, S. 284; *Epiney* (Fn. 24), S. 123; *K. Hailbronner*, Der »nationale Alleingang« im Gemeinschaftsrecht am Beispiel der Abgasstandards für Pkw, EuGRZ 1989, S. 101; *R. Lane*, New Community competences under the Maastricht Treaty, CMLRev. 30 (1993), S. 939 (971); *I. Pernice*, Auswirkungen des europäischen Binnenmarktes auf das Umweltrecht, NVwZ 1990, S. 201 (203); *Reich* (Fn. 29), S. 207; richtig auch *A. v. Bogdandy*, in: Grabitz/Hilf, EU, Art. 14, Rn. 11.

sozialen[68] und ökologischen[69] Effekte. Der Vertrag geht nicht von einem isolierten, puristischen Binnenmarktverständnis, sondern vom Konzept des »**sozial und ökologisch qualifizierten Binnenmarktes**« aus[70]. **Der Vertrag von Amsterdam** hat diese, bereits vorher geltende, Rechtslage noch einmal ausdrücklich unterstrichen und verdeutlicht, indem er den **Grundsatz der nachhaltigen Entwicklung** (»sustainable development«) an mehreren Stellen eingeführt und mit den ökonomischen Zielsetzungen vernetzt hat (8. Erwägungsgrund der Präambel des EUV, Art. 2 Abs. 1 1. Spstr. EUV, Art. 2 EGV). Nicht zuletzt das Vor-die-Klammer-Ziehen der ökologischen Querschnittsklausel (Art. 130r Abs. 2 UAbs. 1 S. 3 EGV a. F.) durch den neuen Art. 6 bringt systematisch und teleologisch zum Ausdruck, daß die Integration umweltpolitischer Ziele in die sonstigen Politiken zu den fundamentalen, identitätskonstituierenden Verfassungszielen der EU rechnet. Nur ein umweltverträglicher Binnenmarkt ist vertragskonform. Binnenmarktmaßnahmen, etwa im Bereich der Liberalisierung des Straßen- und Luftverkehrs, die nicht hinreichend ökologisch »flankiert« sind, sind gemeinschaftsrechtswidrig. Der Europäische Rat von Göteborg hat daher im Juni 2001 eine »Strategie zur Einbeziehung der Belange der Umwelt und der nachhaltigen Entwicklung in die Binnenmarktpolitik« beschlossen. Umgekehrt müssen sich die Umweltschutzmaßnahmen einfügen in das Ziel der Binnenmarktverwirklichung, dürfen dieses nicht unverhältnismäßig behindern und bedürfen der strikten Kontrolle durch die Kommission einschließlich der konstitutiv wirkenden Bestätigung (vgl. Art. 95 Abs. 6). Ob hieraus jedoch ein **Regel-Ausnahme-Verhältnis zugunsten der Ökonomie** abgeleitet werden kann, wie es der traditionellen, EU-weit noch immer vorherrschenden Auffassung entspricht und wie es zuletzt auch Generalanwalt A. *Saggio* in zwei Schlußanträgen vertreten hat (s. Art. 95, Rn. 22a), erscheint sehr zweifelhaft.

C. Bilanz und Ausblick

I. Stand der Binnenmarktverwirklichung

Das Konzept des Binnenmarktes war rechtlich und ökonomisch ein eindrucksvoller **Erfolg**[71]. Bereits bis zum 31.12.1992 ist es gelungen, circa 95 Prozent der im Weißbuch vorgesehenen EG-Rechtsakte zu erlassen[72]. Als problematisch erwiesen sich insbesondere die Bereiche Personenverkehrsfreiheit (Grenzkontrollen), industrielles Eigentum, Gesellschaftsrecht[73] und Steuerharmonisierung[74]. Insgesamt entstand »die größte und vollständigste Freihandelszone der Welt, in der 370 Mio. Menschen leben, die eine Lei-

24

---

68 Vgl. statt vieler W. *Däubler* (Hrsg.), Sozialstaat EG?, Die andere Dimension des Binnenmarktes, 1989.
69 Vgl. Task Force Report on the Environment and the Internal Market, »1992« The Environmental Dimension, 1990; aus der Lit. statt vieler C. *Calliess*, Ansatzpunkte für eine umweltverträgliche Verkehrspolitik im europäischen Binnenmarkt, ZAU 1994, S. 322.
70 Vgl. W. *Kahl*, Umweltprinzip und Gemeinschaftsrecht, 1993, S. 38, 221 f., 267 f. und passim; vgl. auch M. *Dougan*, Minimum harmonization and the internal market, CMLRev. 37 (2000), S. 853 (857 ff., 859 ff., 863).
71 Ebenso *Streinz*, Europarecht, Rn. 983.
72 Vgl. P. S. R.F. *Mathijsen*, A Guide to European Union Law, 6. Aufl., London 1995, S. 263; *Schweitzer/Hummer*, EG-Recht, Rn. 1065; vgl. auch U. *Immenga*, Binnenmarkt durch europäisches Gemeinschaftsrecht, JA 1993, S. 257 (257, »92 %«); Schlußfolgerungen Nr. 11 ff. des Europäischen Rates von Edinburgh v. 11./12.12.1992.
73 Einen wichtigen Fortschritt bildet die am 6.6.2001 beschlossene Richtlinie über die Übernahme von Gesellschaften.
74 Vgl. zu den Durchführungsproblemen im einzelnen KOM (1997) 299 endg., S. 25 ff.

stung von 6441 Mrd. ECU erwirtschaften«[75]. Die durch den Binnenmarkt hervorgerufenen **volkswirtschaftlichen Vorteile** werden mit 1,1 bis 1,5 Prozent mehr Wachstum, 300 000 bis 900 000 neu geschaffenen Arbeitsplätzen, einer Verringerung der Inflation um 1 bis 1,5 Prozent und einer Steigerung des innergemeinschaftlichen Handels um 20 bis 30 Prozent beziffert[76]. Weitere positive Effekte (Anstieg des Bruttoinlandprodukts, Einsparungen für Verbraucher) verheißen die Durchführung der Liberalisierungsmaßnahmen im Bereich Energie[77], Telekommunikations-/Informationsdienstleistungen und Verkehr. Der Europäische Rat von Florenz (Juni 1996) hat noch einmal gerade die Bedeutung des Binnenmarktprojekts als »entscheidenden Beitrag (...) zur Förderung von **Wachstum und Beschäftigung**« herausgestellt, zugleich aber auch betont, daß hiervon die kleinen und mittleren Unternehmen (KMU) bislang zu wenig profitiert haben[78].

25 221 der im Weißbuch vorgesehenen Maßnahmen erfolgten in Richtlinienform und bedurften daher nationaler **Transformation**[79]. Was die Umsetzung der Binnenmarktrichtlinien angeht, die bis zum 14.4.2000 in Kraft getreten sind, so wurden nach dem Binnenmarktanzeiger der Kommission bei der Übertragung der Binnenmarktvorschriften in das heimische Wirtschaftsrecht gute Fortschritte erzielt. Bei nur noch 2,5 Prozent aller Richtlinien ist eine unzureichende Umsetzung festzustellen. Doch haben nur Schweden, Dänemark und Finnland das aufgestellte Ziel, nämlich die Übertragung von 98,5 Prozent aller Binnenmarktregeln, erreicht. Alarmierend ist vor allem das Umsetzungsdefizit im Bereich der Umweltvorschriften. Es liegt bei 7,1 Prozent[80] (s. auch Rn. 29).

II. Fortentwicklung, Verwaltung und Erweiterung

26 Trotz der weitgehenden Verwirklichung bleibt der Binnenmarkt eine **Daueraufgabe**[81], ein **kontinuierlicher Prozeß** (vgl. Abs. 1: »**schrittweise**«)[82], wobei es neben der endgültigen **Vollendung** (betroffen sind primär die Bereiche Gesellschaftsrecht[83] und Steuerrecht[84]) in erster Linie um die **Fortentwicklung** und **Verwaltung** des Erreichten sowie

---

75 *Monti* (Fn. 50), S. 1.
76 Mitteilung der Kommission »Wirkung und Wirksamkeit der Binnenmarktmaßnahmen«, KOM (1996) 520 endg.; vgl. auch *Monti* (Fn. 50), S. 2 ff., 121 ff., 151 ff. Zu den ökonomischen Anfangserwartungen vgl. *P. Cecchini*, Europa '92: Der Vorteil des Binnenmarktes, 1988.
77 KOM (2000) 297 endg.
78 Vgl. *Monti* (Fn. 50), S. 3; Schlußfolgerungen des Europäischen Rates von Florenz v. 21./22.6.1996, Bull.EU 6-1996, S. 9 (10 f.), 71 f., 75.
79 Vgl. *Monti* (Fn. 50), S. 10.
80 FAZ Nr. 128 v. 5.6.2001, S. 25; vgl. auch FAZ Nr. 269 v. 19.11.2001, S. 13; *Streinz*, Europarecht, Rn. 983 ff. Der Binnenmarktanzeiger ist abrufbar unter: http://europa.eu.int/comm/internal_market/de/update/score/score8.htm.
81 Vgl. *Monti* (Fn. 50), S. 151 ff.; *K. Mortelmans*, The common market, the internal market and the single market, what's in a market?, CMLRev. 35 (1998), S. 101 (105 ff., 108 ff.); *P.-C. Müller-Graff*, Binnenmarktauftrag und Subsidiaritätsprinzip, ZHR 159 (1995), S. 34 (38 ff.); *E. Steindorff*, Unvollkommener Binnenmarkt, ZHR 158 (1994), S. 149; *W. Weidenfeld* (Hrsg.), Der vollendete Binnenmarkt – eine Herausforderung für die Europäische Gemeinschaft, 1993.
82 EuGH, Rs. C-193/94, Slg. 1996, I-929, Rn. 27 (Skanavi und Chryssanthakopoulos); Rs. C-233/94, Slg. 1997, I-2405, Rn. 14, 43 (Deutschland/Parlament und Rat).
83 Vgl. nur *R. Deckert*, Zu Harmonisierungsbedarf und Harmonisierungsgrenzen im Europäischen Gesellschaftsrecht, RabelsZ 64 (2000), S. 478; *K. v. Hulle*, Aktuelle Entwicklungen im europäischen Gesellschaftsrecht, EWS 2000, S. 521.
84 Siehe *Selling* (Fn. 56), S. 417.

um die Vorbereitung der **Integration der mittel- und osteuropäischen Staaten**[85] geht[86]. Auch die Herausforderungen der Informationsgesellschaft sind im Geiste des Binnenmarktkonzepts zu bewältigen[87].

Zum Zwecke der Abrundung und der Verwaltung sind bereits eine Reihe von **Maßnahmen** ergriffen worden (bzw. geplant)[88]. So wurde ein **Beratender Ausschuß** für Koordinierung im Bereich des Binnenmarktes instituiert[89]. Ende 1993 hat die Kommission ein **Strategisches Programm** für die Verwirklichung, die Verwaltung und die künftige Entwicklung des Binnenmarktes erarbeitet, das der Mitteilung der Kommission an den Rat vom 22.12.1993 mit dem Titel »Die optimale Gestaltung des Binnenmarktes« angefügt ist[90]. Entscheidender Wert wird hierin auf eine angemessene und gut funktionierende **Zusammenarbeit** der nationalen Behörden untereinander (s. Art. 10, Rn. 53 ff.) und mit der Kommission (s. Art. 10, Rn. 29 f., 48) gelegt[91]. Unter anderem basierend auf diesem Programm erging am 29.6.1995 die Entschließung des Rates zur einheitlichen und wirksamen Anwendung des Gemeinschaftsrechts und zu **Sanktionen** bei Verstößen gegen das Gemeinschaftsrecht im Bereich des Binnenmarktes[92]. Hierin werden die Mitgliedstaaten ersucht, die Arbeiten hinsichtlich der Sanktionen im Bereich des Binnenmarktes aktiv zu unterstützen und solche Sanktionsbestimmungen zu erlassen, »die auf jeden Fall tatsächlich, verhältnismäßig und abschreckend sind« (s. Art. 10, Rn. 28). Am 8.5.1996 hat die Kommission das **Pilotprojekt SLIM** (Simpler Legislation for the Internal Market) zur Vereinfachung der Rechtsvorschriften in ausgewählten Bereichen des Binnenmarktes eingeleitet, welches sich zum Ziel gesetzt hat, durch einfachere und bessere Rechtsvorschriften den grenzüberschreitenden Geschäftsverkehr zu erleichtern und die Wettbewerbsfähigkeit zu steigern[93]. Im Rahmen des vom Europäischen Rat von Cardiff (Juni 1998) eingeleiteten Dialogs sollen schließlich Bürger und Unternehmen stärker in den Binnenmarktprozeß einbezogen werden. Hierzu wurde u.a. eine Website für Unternehmen (http://europa.eu.int/business) eingerichtet.

27

Zu erwähnen ist ferner der vom Europäischen Rat in Amsterdam im Juni 1997 verabschiedete »**Aktionsplan für den Binnenmarkt**«, der eine zeitliche Verknüpfung des Ausbaus des Binnenmarktes mit dem Eintritt in die Endstufe der europäischen Wirtschafts-

28

---

85 Vgl. Weißbuch zur Vorbereitung der mittel- und osteuropäischen Länder im Hinblick auf ihre Integration in den Binnenmarkt der Europäischen Union, KOM (1995) 163 endg.
86 Vgl. *A. Bardenhewer/J. Pipkorn*, in: GTE, EU-/EGV, Art. 7a, Rn. 26; zum Ganzen *D. Swann* (Hrsg.), The single European market and beyond, London, New York 1992.
87 Siehe z.B. RL 2000/31/EG v. 8.6.2000 über bestimmte rechtliche Aspekte der Dienste der Informationsgesellschaft, insbesondere des elektronischen Geschäftsverkehrs, im Binnenmarkt, ABl.EG 2000 Nr. L 178/1. Nach dem Binnenmarkt-Anzeiger der Kommission v. 22.5.2000 wurde von den fünf Richtlinien über die Dienste der Informationsgesellschaft noch keine in der gesamten EU voll umgesetzt; vgl. EuZW 2000, S. 514.
88 Vgl. den Überblick in: Kommission, Mitteilung v. 5.6.1996 »Für Beschäftigung in Europa: ein Vertrauenspakt«, Bull.EU Beil. 4-96, S. 11 (18 ff.).
89 ABl.EG 1993 Nr. L 26/18.
90 KOM (1993) 632 endg.
91 Vgl. vorher bereits *P. Sutherland*, Der Binnenmarkt nach 1992. Die Herausforderung aufnehmen. Bericht der hochrangigen »Beratergruppe Binnenmarkt« an die Kommission der Europäischen Gemeinschaft v. 1.3.1992, Abschnitt IV; aus späterer Zeit: Mitteilung der Kommission an den Rat und das Europäische Parlament »Über die Entwicklung der Zusammenarbeit der Verwaltungen bei der Anwendung und Durchsetzung des Gemeinschaftsrechts für den Binnenmarkt« v. 16.2.1994, KOM (1994) 29 endg.; zum Ganzen *Pühs* (Fn. 27), S. 208 ff. m.z.w.N.
92 ABl.EG 1995 Nr. C 188/1.
93 Vgl. Mitteilung der Kommission an den Rat und das Europäische Parlament »Vereinfachung der Rechtsvorschriften im Binnenmarkt (SLIM): Ein Pilotprojekt« v. 8.5.1996, KOM (1996) 204 endg.; siehe dazu auch KOM (1997) 626 endg.; KOM (1998) 715 endg.; EuZW 2000, S. 354.

und Währungsunion bis zum 1.1.1998 vorsah und vier neue Hauptziele (bessere Anwendung und Vereinfachung der gemeinsamen Rechtsvorschriften, Beseitigung von Wettbewerbsverzerrungen, Abbau sektorspezifischer Schranken, Stärkung des Verbrauchers) benannte[94].

28a Ein wichtiges Instrument zur Verwirklichung des Binnenmarktes ist auch das auf der – unmittelbar anwendbaren[95] – **RL 98/34/EG**[96] beruhende **Informationsverfahren auf dem Gebiet der Normen und technischen Vorschriften**. Ein Mitgliedstaat hat danach den Erlaß neuer Vorschriften der Kommission zu notifizieren, die die Vorschriften auf ihre Vereinbarkeit mit dem EG-Recht hin überprüft. Der Mitgliedstaat darf die Vorschrift erst drei Monate nach der Mitteilung in Kraft setzen; bei einem Einspruch der Kommission oder anderer Mitgliedstaaten verlängert sich die Frist um zwei Monate. Erklärt die Kommission, daß sie auf dem betroffenen Sektor einen Angleichungsvorschlag vorhat, so tritt eine Sperrwirkung von einem Jahr ein.

29 In einer Mitteilung vom 24.11.1999 legte die Kommission eine »**Strategie für den europäischen Binnenmarkt für die Jahre 2000–2004**« vor. Sie enthält vier strategische Ziele: die Verbesserung der Lebensqualität der Bürger, die Stärkung der Effizienz der gemeinschaftlichen Güter- und Kapitalmärkte, die Verbesserung der Rahmenbedingungen für die Wirtschaft und die Nutzung der Errungenschaften des Binnenmarktes in einer im Wandel begriffenen Welt. Zur Verwirklichung dieser strategischen Ziele wird ein Bündel von operativen Zielen festgelegt[97]. Auf seiner Tagung in Lissabon (März 2000) hat der Europäische Rat die Forderung aufgestellt, die EU in den nächsten zehn Jahren zum weltweit wettbewerbsfähigsten Wirtschaftsraum zu machen. Er hat hierfür der **Verwirklichung des Binnenmarktes für Dienstleistungen** besondere Bedeutung beigemessen. Die Kommission hat daher am 29.12.2000 eine »Binnenmarktstrategie für den Dienstleistungssektor«[98] vorgestellt. Der Europäische Rat von Stockholm hat 2001 beschlossen, die Binnenmarktstrategie zu **erweitern**. Sie umfaßt nunmehr auch Vorhaben zur Nutzung sogenannter Zukunftstechnologien wie der Biotechnologie und die »neue europäische Arbeitsmarktinitiative«, um die Mobilität auf dem EU-Arbeitsmarkt zu erhöhen. Neben der Verordnung zum Gemeinschaftspatent sollen die Mitgliedstaaten schnellstmöglich die Richtlinie über biotechnische Erfindungen verwirklichen und sich den Vorschlägen über gemeinschaftliche Rahmenregeln zur Sozialversicherung, zu den Zusatzrenten und zur Anerkennung beruflicher Fähigkeiten widmen. Bei der Verwirklichung der »Binnenmarktstrategie« sind spürbare **Umsetzungsdefizite** zu konstatieren. So wurden lediglich 20 der 36 Vorhaben, mit denen bis Juni 2001 die Schaffung des Binnenmarktes vorangetrieben werden sollte, pünktlich verwirklicht (= 55 Prozent). Die Kommission rügt vor allem die mangelnden Fortschritte beim geistigen Eigentum und den Finanzdienstleistungen[99].

---

94 EuZW 1997, S. 386; EuZW 1998, S. 322; eingehend *Mortelmans* (Fn. 80), S. 108 ff. Zur positiven Bilanz, wonach in den meisten Fällen die im Aktionsplan angestrebten Ziele verwirklicht worden sind, vgl. KOM (1999) 74 endg. v. 18.2.1999; EuZW 1999, S. 675.
95 EuGH Rs. C-194/94, Slg. 1996, I-2201, Rn. 40 ff. (55) (CIA Security International SA); Rs. C-226/98, Slg. 1998, I-3711, Rn. 32 ff. (Lemmens).
96 ABl.EG 1998 Nr. L 217/18.
97 KOM (1999) 624 endg.; EuZW 2000, S. 291; 516.
98 KOM (2000) 888 endg.
99 FAZ Nr. 90 v. 18.4.2001, S. 17; KOM (2001) 198 endg.

Art. 15 (ex-Art. 7c)

Bei der Formulierung ihrer Vorschläge zur Verwirklichung der Ziele des Artikels 14 berücksichtigt die Kommission den Umfang der Anstrengungen, die einigen Volkswirtschaften mit unterschiedlichem Entwicklungsstand im Zuge der Errichtung des Binnenmarktes abverlangt werden, und kann geeignete Bestimmungen vorschlagen.

Erhalten diese Bestimmungen die Form von Ausnahmeregelungen, so müssen sie vorübergehender Art sein und dürfen das Funktionieren des Gemeinsamen Marktes so wenig wie möglich stören.

Inhaltsübersicht:

I. Hintergrund und Anwendungsbereich	1
II. Formen der Anpassungserleichterung	3
III. Voraussetzungen	4
IV. Rechtspraxis	5

I. Hintergrund und Anwendungsbereich

Art. 15 (ursprünglich: Art. 8c EWGV bzw. – seit dem Vertrag von Maastricht – Art. 1
7c EGV) wurde durch Art. 15 EEA mit Wirkung zum 1.7.1987 in den Vertrag aufgenommen. Er regelt **Anpassungserleichterungen** für Mitgliedstaaten, deren Volkswirtschaften gegenüber dem gewöhnlichen Entwicklungsstand innerhalb der EU zurückgeblieben sind und eröffnet Möglichkeiten zu einer sog. »**abgestuften Integration**«[1],[2] bzw. einem »**Europa der verschiedenen** (nämlich drei) **Geschwindigkeiten**«[3] (eingehend zu den Möglichkeiten der **Flexibilisierung**[4] s. Art. 11, Rn. 1 ff.). Er bietet den leistungsschwächeren Volkswirtschaften Schutz vor Minorisierung und ist Ausdruck des Kompromisses zwischen dem Integrationsprinzip und dem Grundsatz der einheitlichen Geltung des EG-Rechts einerseits sowie der aufgrund von Art. 10 EGV i.V.m. Art. 2 Abs. 1 1. Spstr. EUV, 5. Erwägungsgrund der Präambel des EUV, Art. 3 Abs. 1 lit. j, Art. 158 ff. (insbes. Art. 159 Abs. 1 S. 2)[5], Art. 299 Abs. 2 EGV gebotenen

---

1 Zum entstehungsgeschichtlichen Hintergrund vgl. *A. Bardenhewer/J. Pipkorn*, in: GTE, EU-/EGV, Art. 7c, Rn. 1 f.; *J. De Ruyt*, L'Acte Unique Européen, 2. Aufl., Brüssel 1989, S. 161.
2 Siehe hierzu allg. noch immer grundlegend *E. Grabitz* (Hrsg.), Abgestufte Integration, 1984 (insbes. die Beiträge von *Scharrer*, *Grabitz/Iliopoulos* und *Langeheine*); ferner *C.-D. Ehlermann*, Rechtliche Überlegungen zum Konzept der abgestuften Integration, in: Ress/Will (Hrsg.), Vorträge, Reden und Berichte aus dem Europa-Institut der Universität des Saarlandes, Nr. 46, 1985; *P. M. Huber*, Differenzierte Integration und Flexibilität als neues Ordnungsmuster der Europäischen Union, EuR 1996, S. 347; *J. Janning*, Europa braucht verschiedene Geschwindigkeiten, EA 1994, S. 527; *H. R. Krämer*, Abgestufte Integration und differenzierte Assoziation, GS-Grabitz, 1995, S. 307; *R. Pitschas*, Europäische Integration als Netzwerkkoordination komplexer Staatsaufgaben, StWuStP 1994, S. 503 (518 ff.); *F. W. Scharpf*, Mehrebenenpolitik im vollendeten Binnenmarkt, StWuStP 1994, S. 475.
3 Vgl. *P. Pescatore*, Die »Einheitliche Europäische Akte«. Eine ernste Gefahr für den Gemeinsamen Markt, EuR 1986, S. 153 (159); a. A. *Simon*, in: Constantinesco/Jacqué/Kovar/ders., TCE, Art. 8c, Rn. 2.
4 Vgl. *G. Gaja*, How flexible is flexibility under the Amsterdam Treaty?, CMLRev. 35 (1998), S. 855; *C. Giering*, Vertiefung durch Differenzierung – Flexibilisierungskonzepte in der aktuellen Reformdebatte, Int. 1997, S. 72; *H. Kortenberg*, Closer cooperation in the Treaty of Amsterdam, CMLRev. 35 (1998), S. 833.
5 Vgl. auch die in die Schlußakte der Regierungskonferenz von Amsterdam aufgenommene »Erklärung zu den Inselgebieten«.

Art. 15 EG-Vertrag

Rücksichtnahme auf die nationalen und regionalen[6] **sozioökonomischen Strukturen** andererseits. Damit bildet Art. 15 das **Korrelat** zu den Art. 95 Abs. 3 und 4, Art. 137 Abs. 5, Art. 152 Abs. 4 UAbs. 1 lit. a, Art. 153 Abs. 5, Art. 176, welche den Erlaß **strengerer** nationaler Vorschriften aus bestimmten nichtökonomischen Sonderinteressen erlauben.

2 **Adressaten** des Art. 15 sind – entgegen dem zu engen Wortlaut des Abs. 1 – alle an der EG-Rechtsetzung beteiligten Organe, nicht nur die Kommission[7]. Die in Art. 14 Abs. 1 enthaltene **Frist des 31.12.1992** ist für Art. 15 bedeutungslos. Differenzierungen und Ausnahmen sind, wie die Praxis im Fall der deutschen Vereinigung belegt, auch über dieses Datum hinaus zulässig[8].

II. Formen der Anpassungserleichterung

3 Grundsätzlich kommen zwei Möglichkeiten von Anpassungserleichterungen in Betracht. Entweder ein Rechtsakt gilt zwar in toto für alle Mitgliedstaaten, enthält jedoch Regelungen, die den objektiv gegebenen Unterschieden in wirtschaftlich-sozialer Hinsicht Rechnung tragen bzw. einzelnen Mitgliedstaaten die Möglichkeit zur Abweichung von der Einheitsregelung qua Ermessen einräumen (sog. **negative Differenzierungen**)[9] oder der Rechtsakt gilt ganz oder zum Teil nur für einen bestimmten Kreis von Mitgliedstaaten (**Ausnahmeregelung**). Art. 15 beinhaltet eine **gestufte Typologie** von Diversifikationsoptionen[10]. Dies folgt aus der bewußt offenen Formulierung des Abs. 1 (»geeignete Bestimmungen«).

III. Voraussetzungen

4 Ausnahmen sind nur von sekundärrechtlichen Regelungen möglich; sie dürfen »das Funktionieren des Gemeinsamen Marktes so wenig wie möglich stören« (Abs. 2). Hierin kommt der **Verhältnismäßigkeitsgrundsatz** (Art. 5 Abs. 3; s. Art. 5, Rn. 45 ff.) zum Ausdruck. Verboten sind Eingriffe in das Ziel des Gemeinsamen Marktes bzw. Binnenmarktes, die ungeeignet, nicht erforderlich oder unangemessen sind[11]. Daneben müssen die Anpassungsregelungen auch mit **sonstigen Verfassungsprinzipien** (z.B. Grundsatz des Vertrauensschutzes, Diskriminierungsverbot) vereinbar sein. Fraglich ist, ob es sog. »**abstufungsfeste**« Bereiche gibt, die a limine jeder Anpassungsregelung entzogen sind. Dies wird z. T. für »Kernbereiche des Gemeinsamen Marktes« (Zollunion, freier Warenverkehr und andere konkretisierte Grundfreiheiten) angenommen[12]. Der Wortlaut des Art. 15 stützt diese Ansicht jedoch nicht. Sie ist auch deshalb abzu-

---

6 Vgl. *A. Bardenhewer/J. Pipkorn*, GTE, EU-/EGV, Art. 7c, Rn. 3 f.; *H.-J. Glaesner*, Die Einheitliche Europäische Akte, EuR 1986, S. 119 (134); *D. Simon*, in: Constantinesco/Jacqué/Kovar/ders., TCE, Art. 8c, Rn. 3; a. *A. R. Hayder*, Neue Wege der europäischen Rechtsangleichung?, RabelsZ 53 (1989), S. 621 (644); *De Ruyt* (Fn. 1), S. 161.
7 Vgl. *Geiger*, EUV/EGV, Art. 15, Rn. 1; a. *A. C. O. Lenz*, in: ders., EGV, Art. 15, Rn. 1.
8 Vgl. *Durand*, in: De Cockborne u. a. (Hrsg.), Commentaire Mégret. Le droit de la CEE, Bd. 1, 2. Aufl., Brüssel, 1992, S. 24.
9 Z. B. Mindest- oder Margenregelungen, Alternativregelungen.
10 Vgl. dazu allg. *E. Grabitz/K. Iliopoulos*, Typologie der Differenzierungen und Ausnahmen im Gemeinschaftsrecht, in: Grabitz (Hrsg.), Abgestufte Integration, 1984, S. 31; *B. Langeheine*, Europäisches Gemeinschaftsrecht und abgestufte Integration, o. J., S. 18 ff.
11 Vgl. auch *A. Bardenhewer/J. Pipkorn*, in: GTE, EU-/EGV, Art. 7c, Rn. 14 f.
12 Vgl. *Geiger*, EUV/EGV, Art. 15, Rn. 4; *B. Langeheine/U. Weinstock*, Abgestufte Integration: weder Königsweg noch Irrweg, EA 1984, S. 261 (265 f.).

lehnen, weil sie zu erheblichen Abgrenzungsschwierigkeiten führen würde[13]. Ausnahmen müssen nach Abs. 2 **vorübergehender Art** sein. Demgegenüber ist eine **Befristung** nach dem Wortlaut des Abs. 2 *nicht* vorgeschrieben[14].

IV. Rechtspraxis

In der Rechtspraxis wurde von Art. 15 (damals: Art. 8c) beim Beitritt der früheren DDR zur Bundesrepublik Deutschland Gebrauch gemacht[15]. Ansonsten war Art. 8c bzw. 7c bislang vor allem für die Bereiche Kapitalverkehr, öffentliches Auftragswesen, Energie und Telekommunikationsdienste von Relevanz[16].

5

---

13 Wie hier i. Erg. A. *Bardenhewer/J. Pipkorn*, in: GTE, EU-/EGV, Art. 7c, Rn. 16.
14 A.A. A. *Bardenhewer/J. Pipkorn*, in: GTE, EU-/EGV, Art. 7c, Rn. 12, 17 ff.
15 Vgl. die vom Rat am 4.12.1990 beschlossenen Übergangsmaßnahmen, ABl.EG 1990 Nr. L 353; dazu A. *Lopian*, Übergangsrégime für Mitgliedstaaten der Europäischen Gemeinschaften, 1994, S. 171 ff. und passim.
16 Vgl. A. *Bardenhewer/J. Pipkorn*, in: GTE, EU-/EGV, Art. 7c, Rn. 24 ff. m. w. N.

Art. 16 EG-Vertrag

Art. 16 (ex-Art. 7d)

Unbeschadet der Artikel 73, 86 und 87[12,13] und in Anbetracht des Stellenwerts[9], den Dienste von allgemeinem wirtschaftlichem Interesse[1–3,8] innerhalb der gemeinsamen Werte der Union einnehmen, sowie ihrer Bedeutung bei der Förderung des sozialen und territorialen Zusammenhalts[9,11] tragen die Gemeinschaft und die Mitgliedstaaten[10] im Rahmen ihrer jeweiligen Befugnisse[10] im Anwendungsbereich dieses Vertrags dafür Sorge[10–11], daß die Grundsätze und Bedingungen für das Funktionieren dieser Dienste so gestaltet sind, daß sie ihren Aufgaben nachkommen können[10a,12].

Inhaltsübersicht:

I. Politische Grundlagen und Normziel	1
II. Normative Aussage und dogmatische Bedeutung	8
III. Bedeutung	13
IV. Systematische Zusammenhänge	14

I. Politische Grundlagen und Normziel

1 Art. 16 wurde durch die **Beschlüsse von Amsterdam** mit Wirkung ab 1.5.1999 **neu** in den EG-Vertrag eingefügt. Eine vergleichbare Vorläuferregelung gab es weder im EWGV noch im Vertrag von Maastricht. Ziel des neuen Art. 16 ist eine Stärkung außerhalb des Marktes operierender, gemeinwohlorientierter Wirtschaftsformen in Europa. Der **Vertrag von Nizza** ließ **Art. 16 unverändert**. Leistungen der Daseinsvorsorge waren bei der Regierungskonferenz 2000 kein Reformthema. Der Vorschlag des Europäischen Parlaments, in den einschlägigen Artikeln des EGV den Begriff »offene Marktwirtschaft« durchgängig durch »soziale Marktwirtschaft« zu ersetzen[1], fand in den Abschlußdokumenten zum Vertragswerk von Nizza keinen Niederschlag. Allerdings erfuhr Art. 16 eine zumindest politische Bekräftigung durch **Art. 36 der Europäischen Grundrechtscharta**[2], worin der Zugang der Unionsbürger zu Dienstleistungen von allgemeinem wirtschaftlichem Interesse anerkannt wird als Mittel zur Förderung des sozialen und territorialen Zusammenhalts in der Union.[3]

1 a Art. 4 Abs. 1 legt die Wirtschaftsordnung der EG **grundsätzlich** auf eine »offene(n)

---

1 Entschließung des Europäischen Parlaments zur Vorbereitung der Reform der Verträge und der nächsten Regierungskonferenz (C5-0143/1999 – 1999/2135(COS)), 17.11.1999, Rn. 41, http://www.europarl.eu.int/igc2000/offdoc/pdf/ta18111999_de.htm (25.6.2001); abgeschwächt bereits: Entschließung des Europäischen Parlaments mit seinen Vorschlägen für die Regierungskonferenz (14094/1999 – C5-0341/1999 – 1999/0825(CNS)), 13.4.2000, Rn. 42, http://www.europarl.eu.int/igc2000/offdoc/offdoc0_0_en.htm (25.6.2001).
2 Charta der Grundrechte der Europäischen Union, 18.12.2000, ABl.EG 2000 Nr. C 364/1. Die Grundrechtscharta ist nicht Teil der Europäischen Verträge. Sie versteht sich als Zusammenfassung der existierenden Freiheits- und Gleichheitsrechte aus den Verfassungsüberlieferungen der EG-Mitgliedstaaten, welche die Gemeinschaftsorgane bereits gegenwärtig verpflichten. Zu ihrer Verbindlichkeit und Tragweite vgl. dort Art. 51 u. 52; ausführlich s. Art. 6, Rn. 26a–26c, 35a, 37, 40a, 40b, 43, 63; i.ü. *K. Fischer*, Der Vertrag von Nizza, 2001, S. 263-269 m.w.N.; *C. Calliess*, Die Charta der Grundrechte der Europäischen Union – Fragen der Konzeption, Kompetenz und Verbindlichkeit, EuZW 2001, S. 261; s. auch unten, Rn. 16.
3 Art. 36 der Grundrechtscharta ist in den Augen der Kommission ein wichtiger Schritt, um die Bindung der Bürger an die EU zu stärken; vgl. Mitteilung der Kommission, Leistungen der Daseinsvorsorge in Europa, 20.9.2000, KOM(2000) 580 endg., Rn. 64.

EG-Vertrag Art. 16

Marktwirtschaft mit freiem Wettbewerb« fest.[4] Demgegenüber bestand und besteht in vielen Mitgliedstaaten ein bedeutender **öffentlicher Wirtschaftssektor**.[5] Vor allem die Regierungen der romanischen Länder übertragen Aufgaben der Daseinsvorsorge und Allgemeinversorgung traditionell öffentlichen Unternehmen mit spezifischen Gemeinwohlverpflichtungen. Diese arbeiten nicht gewinnorientiert, sondern mit dem Ziel einer flächendeckenden Versorgung aller Nachfrager zu einem erschwinglichen Preis, ohne Rücksicht auf die Wirtschaftlichkeit jedes einzelnen Geschäftsvorgangs.[6] Unternehmen oder staatliche Stellen, die solche Dienstleistungen im allgemeinwirtschaftlichen Interesse erbringen, werden von den betreffenden Mitgliedstaaten mit Monopolen ausgestattet oder weitgehend **gegen Wettbewerb abgeschirmt**, um ihnen Quersubventionen aus profitablen in verlustbringende Bereiche ihrer Geschäftstätigkeit zu ermöglichen.

Besonders in Frankreich wurde der Sonderstatus solcher Unternehmen unter dem Begriff »**service public**« zusammengefaßt und zu einem eigenständigen Rechtsinstitut ausgestaltet[7], das im deutschen Rechtsbereich am ehesten dem Konzept der »**Daseinsvorsorge**« i. S. v. *Forsthoff*[8] entspricht. Diesen Begriff favorisiert auch die Europäische Kommission[9]. Die von Art. 16 und 86 angesprochenen »**Dienste von allgemeinem wirtschaftlichem Interesse**« stellen eine Subkategorie der Daseinsvorsorge dar.[10]

»Services publics« und eine marktwirtschaftlich orientierte Wirtschaftsverfassung stehen in **prinzipiellem Gegensatz** zueinander[11], mögen sie sich in ihren Ergebnissen auch

---

4 *E.-J. Mestmäcker*, Offene Märkte im System unverfälschten Wettbewerbs in der Europäischen Wirtschaftsgemeinschaft, FS-Böhm, 1965, S. 345 ff.; ders., in: Immenga/Mestmäcker, EG-Wettbewerbsrecht, Band II, 1997, Art. 37, 90, B Rn. 3; *J. Basedow*, Von der deutschen zur europäischen Wirtschaftsverfassung, 1992, S. 26 ff.; ders., Zielkonflikte und Zielhierarchien im Vertrag über die Europäische Gemeinschaft, in: FS-Everling, Band I, 1995, S. 49 (8 f., 53 ff.); *Ipsen*, EG-Recht, S. 567; *P.-C. Müller-Graff*, in: Hb.EGWirtR, A. I, Rn. 102–106; ders., Die wettbewerbsverfaßte Marktwirtschaft als gemeineuropäisches Verfassungsprinzip?, EuR 1997, S. 433 (434, 435, 439 ff. m. w. N.); *M. Dreher*, Der Rang des Wettbewerbs im europäischen Gemeinschaftsrecht, WuW 1998, S. 656 (657 ff.).
5 Umfassend dazu *E.-J. Mestmäcker*, in: Immenga/Mestmäcker, EG-Wettbewerbsrecht, Band II, 1997, Art. 37, 90, B Rn. 8–27.
6 EuG, Rs. T – 528 et al./93, Slg. 1996, II-649, Rn. 116 (Métropole télévision).
7 *E.-J. Mestmäcker*, in: Immenga/Mestmäcker, EG-Wettbewerbsrecht, Band II, 1997, Art. 37, 90, D Rn. 2–6; ders., Daseinsvorsorge und Universaldienst im europäischen Kontext, in: FS-Zacher, 1997, S. 621 (622, 626); *M. Burgi*, Die öffentlichen Unternehmen im Gefüge des primären Gemeinschaftsrechts, EuR 1998, S. 261 (263 m. w. N.); ausführlich *J.-C. Pielow*, Grundstrukturen öffentlicher Versorgung, 2001, S. 111–266; *R. Kovar*, Droit communautaire et service public: esprit d'orthodoxie ou pensée laïcisée, R.T.D.E. 1996, S. 215 ff., 493 ff. Zum unterschiedlichen Verständnis des Begriffs »gemeinwohlorientierte Leistungen« in den einzelnen Ländern der EU: Stellungnahme des Wirtschafts- und Sozialausschusses zum Thema »Leistungen der Daseinsvorsorge«, 21.10.1999, ABl.EG 1999 Nr. C 368/51, Ziff. 1.1.
8 Dazu *E.-J. Mestmäcker*, in: Immenga/Mestmäcker, EG-Wettbewerbsrecht, Band II, 1997, Art. 37, 90, D Rn. 2; ders. (Fn. 7), S. 622 f.
9 Europäische Kommission, Leistungen der Daseinsvorsorge in Europa, ABl.EG 1996 Nr. C 281/3, Rn. 11; Europäische Kommission, Leistungen der Daseinsvorsorge in Europa, 2000 (Fn. 3), Rn. 1 und Anhang II. Der Begriff »öffentlicher Dienst« bietet jedenfalls keine zutreffende Übersetzung von »service public«.
10 »Leistungen der Daseinsvorsorge« umfassen marktbezogene und nichtmarktbezogene Tätigkeiten, »Dienstleistungen von allgemeinem wirtschaftlichem Interesse« beschreiben dagegen nur marktbezogene Aktivitäten; vgl. Stellungnahme des Wirtschafts- und Sozialausschusses (Fn. 7), Ziff. 1.2.
11 *E.-J. Mestmäcker*, in: Immenga/Mestmäcker, EG-Wettbewerbsrecht, Band II, 1997, Art. 37, 90, D Rn. 3; letztlich auch Europäische Kommission, Leistungen der Daseinsvorsorge in Europa, 2000 (Fn. 3), Rn. 14.

ergänzen[12]. Dabei zeigen sich **Konflikte** auf zwei Ebenen. Zum einen geht es um den inhaltlichen Widerstreit zwischen verschiedenen **Wirtschaftsverfassungskonzepten**, zum anderen um die Frage, ob der **nationale Souverän oder die EG** die Ausgestaltung der Wirtschaftsverfassung bestimmt.[13]

4 Eine Lösung des ersten, inhaltlichen Konflikts ist gemeinschaftsrechtlich vor allem in Art. 86 angelegt.[14] Danach sind Unternehmen, die Leistungen von allgemeinem wirtschaftlichem Interesse erbringen, den Zwängen des EGV nur insoweit enthoben, wie dies zur Gewährleistung ihrer Aufgaben unbedingt erforderlich ist.[15] Der EGV legt damit – gemäß dem Grundsatz in Art. 4 Abs. 1 – eine wettbewerbsorientierte Wirtschaftsverfassung als Regelfall fest, während Leistungen nach gemeinwohlorientierten Grundsätzen die Ausnahme darstellen.[16]

5 Nach den **Veränderungen der Wirtschaftsbedingungen** während der letzten 15 Jahre empfanden einige Mitgliedstaaten, bestimmte Interessengruppen und das Europäische Parlament dieses **disproportionale Gleichgewicht** zwischen Marktwirtschaft und gemeinwohlorientierter Daseinsvorsorge nicht mehr als angemessen.[17] Sie nutzten die für 1996 anstehende Revision des Vertrages, um entweder grundlegende Änderungen bei Art. 86 oder eine **Verankerung der Daseinsvorsorge** an anderer Stelle im EGV zu fordern.[18] Das **Europäische Parlament** hatte schon seit 1993 in mehreren Entschließungen[19] verlangt, den »service public« im EGV zu definieren, seine **eigenständige Bedeutung** im Vertrag festzuschreiben und ein subjektives Recht aller EG-Bürger auf garantierte Mindest-Leistungsstandards zu schaffen. Auch die **Kommission** hatte in ihrer ersten Mitteilung zu »Leistungen der Daseinsvorsorge in Europa« vorgeschlagen, die Liste der Gemeinschaftspolitiken in Art. 3 um den Punkt »Förderung gemeinwohlori-

---

12 Europäische Kommission, Leistungen der Daseinsvorsorge in Europa, 2000 (Fn. 3), Rn. 3, 14, 15; Stellungnahme des Wirtschafts- und Sozialausschusses (Fn. 7), Ziff. 4.3.
13 *Mestmäcker* (Fn. 7), S. 635 f.; *E.-J. Mestmäcker*, Risse im europäischen Gesellschaftsvertrag, in: FAZ vom 4.10.1997, S. 15.
14 Europäische Kommission, Leistungen der Daseinsvorsorge in Europa, 2000 (Fn. 3), Rn. 19; *E.-J. Mestmäcker*, in: Immenga/Mestmäcker, EG-Wettbewerbsrecht, Band II, 1997, Art. 37, 90, B Rn. 3; *ders.* (Fn. 7), S. 629 f.; s. auch Art. 86, Rn. 34.
15 S. Art. 86, Rn. 43–46.
16 *K. van Miert*, La Conférence Intergouvernementale et la politique communautaire de concurrence, Competition Policy Newsletter 1997 No. 2, S. 1 (2 f.).
17 *van Miert* (Fn. 16), S. 2; *S. Rodrigues*, Les services publics et le Traité d'Amsterdam, R.M.C. 1998, S. 37 (38) m. w. N. zur Diskussion in Frankreich; Europäisches Parlament, Entschließung zu den öffentlichen Unternehmen, Privatisierungen und dem öffentlichen Dienst in der Europäischen Gemeinschaft (A3-0254/94), ABl.EG 1997 Nr. C 205/549, Ziff. B.
18 So vor allem Frankreich, Belgien und Spanien; vgl. European Parliament, Intergovernmental Conference, Briefing No. 12 – Public Services, http://www.europarl.eu.int/igc1996/fiches/fiche12_en.htm (25.6.2001), Ziff. III.; Europäisches Parlament, Weißbuch zur Regierungskonferenz 1996, Band II., II. 1., II. 5., http://www.europarl.eu.int/igc1996/pos-toc_de.htm (25.6.2001). Ebenso verschiedene Interessengruppen – der europäische Zentralverband der öffentlichen Wirtschaft (CEEP) votierte sogar für eine Streichung von Art. 86 aus dem EGV; vgl. European Parliament, Intergovernmental Conference, Briefing No. 12 – Public Services, http://www.europarl.eu.int/igc1996/fiches/fiche12_en.htm (25.6.2001), Ziff. VI.; European Liaison Committee on Services of General Interest, Public Utilities – Services of General Interest, 24.11.1995, http://europa.eu.int/en/agenda/igc-home/instdoc/ngo/celen.htm (25.6.2001); Vorschläge der CEEP zur Änderung des EG-Vertrages und für eine Europäische Charta, ZögU 1995, S. 455–464; dazu: *Rodrigues* (Fn. 17), S. 37 (39 Fn. 19); *Mestmäcker* (Fn. 7), S. 621 (635).
19 Zuletzt: Europäisches Parlament, Entschließung zu dem allgemeinen Rahmen für einen Entwurf zur Revision der Verträge, ABl.EG 1997 Nr. C 33/66; weitere Fundstellen s. Vorauflage, Fn. 13; zusammenfassend *Rodrigues* (Fn. 17), S. 37 (39 Fn. 26).

entierter Leistungen« zu erweitern[20], da die europäische Einigung nicht nur auf eine offene Marktwirtschaft, sondern ebenso auf wirtschaftlichen Zusammenhalt ausgerichtet sei, was einen universellen Zugang zu Leistungen der Daseinsvorsorge mit einschließe[21].

Insgesamt zielten alle diese **Vorschläge** darauf ab, das Konzept der gemeinwohlorientierten Daseinsvorsorge nicht mehr als rechtfertigungsbedürftigen Ausnahmefall zu betrachten, sondern als alternatives und möglichst **gleichberechtigtes Wirtschaftsmodell** neben der wettbewerbsorientierten Marktwirtschaft im EGV zu etablieren[22] sowie dem Bürger ein subjektives Recht auf qualifizierte Versorgung mit solchen Leistungen einzuräumen.[23]   6

Wenn sich auch diese Forderungen bei der Regierungskonferenz 1996 nicht vollständig durchsetzen konnten, so bewirkte der **Amsterdam-Vertrag** mit dem neu geschaffenen Art. 16[24] doch eine **deutliche Stärkung gemeinwohlorientierter Wirtschaftsformen** gegenüber dem Modell der Marktwirtschaft. Dienste von allgemeinem wirtschaftlichem Interesse sind heute als **wesentliche Elemente des »europäischen Gesellschaftsmodells«** und in ihrer grundlegenden Bedeutung für den sozialen Zusammenhalt anerkannt.[25]   7

II. Normative Aussage und dogmatische Bedeutung

Art. 16 betrifft, wie **Art. 86,** Unternehmen des »service public«. Der Begriff »**Dienste von allgemeinem wirtschaftlichem Interesse**« ist daher in beiden Vertragsartikeln identisch zu verstehen.[26] Die **Bestimmung, welche Tätigkeiten im einzelnen** als Dienstleistungen von allgemeinem wirtschaftlichem Interesse zu verstehen sind, fällt in die **Kompetenz der Mitgliedstaaten,** die sich freilich an europarechtlichen Definitionskriterien zu orientieren haben.[27] Es muß sich um eine konkret »dem Gemeinwohl dienende« Wirtschaftsaktivität handeln, die »ohne Rücksicht auf Sonderfälle und auf die Wirtschaftlichkeit jedes ein-   8

---

20 Europäische Kommission, Leistungen der Daseinsvorsorge in Europa, 1996 (Fn. 9), Rn. 73 f.; dazu *E.-J. Mestmäcker,* in: Immenga/Mestmäcker, EG-Wettbewerbsrecht, Band II, 1997, Art. 37, 90, D Rn. 16.
21 Europäische Kommission, Stärkung der Politischen Union und Vorbereitung der Erweiterung – Stellungnahme der Kommission zur Einberufung der Regierungskonferenz, KOM(96) 90 endg., 28.2.1996, Kapitel 8; ebenso Europäisches Parlament, Entschließung (i) mit der Stellungnahme des Europäischen Parlaments zur Einberufung der Regierungskonferenz und (ii) zur Bewertung der Arbeiten der Reflexionsgruppe und Festlegung der politischen Prioritäten des EP im Hinblick auf die Regierungskonferenz, ABl.EG 1996 Nr. C 96/77, Ziff. 11.1.
22 *Rodrigues* (Fn. 17); S. 37 (41).
23 European Parliament, Intergovernmental Conference, Briefing No. 12 – Public Services, http://www.europarl.eu.int/igc1996/fiches/fiche12_en.htm (25.6.2001), Ziff. VII.
24 Umfassend zu Entstehungsgeschichte und Inhalt dieser Vorschrift *Rodrigues* (Fn. 17), S. 37 ff., insbes. S. 40 f.
25 So ausdrücklich: Europäische Sozialagenda, auf der Tagung des Europäischen Rates in Nizza am 7., 8. und 9. Dezember 2000 angenommen, ABl.EG 2000 Nr. C 157/4, Rn. 11, 12; Europäischer Rat von Lissabon, 23./24.3.2000, Schlußfolgerungen des Vorsitzes, Ziff. 19, http://www.europarl.eu.int/summits/lis1_de.htm (25.6.2001); Europäische Kommission, Leistungen der Daseinsvorsorge in Europa, 2000 (Fn. 3), Zusammenfassung, Rn. 7, 56, 64; besondere Betonung des sozialen Zusammenhalts in Stellungnahme des Wirtschafts- und Sozialausschusses (Fn. 7), Ziff. 1.4.1.
26 S. Art. 86, Rn. 36–38, 40 m.w.N.; kurze Definition bei Europäische Kommission, Leistungen der Daseinsvorsorge in Europa, 2000 (Fn. 3), Anhang II; zur Terminologie innerhalb des Amsterdam-Vertrages *Rodrigues* (Fn. 17), S. 37 (39, 41).
27 Genauer dazu Art. 86, Rn. 37 m.w.N.;

zelnen Vorgangs« erbracht wird.[28] Die Entscheidung der Mitgliedstaaten, bestimmte Leistungen so zu qualifizieren und damit den Privilegien der Art. 16 und 86 zu unterstellen, kann von den Gemeinschaftsorganen nur auf »offenkundige Fehler« überprüft werden.[29]

9 Anders als bei Art. 86 werden Leistungen der Daseinsvorsorge in **Art. 16** nicht als Durchbrechung der grundsätzlich gewollten Marktordnung behandelt, sondern in ihrer **eigenständigen Bedeutung** anerkannt.[30] Dahinter steht die von der Kommission exemplarisch festgehaltene Auffassung, daß gemeinwohlorientierte Wirtschaftsformen zum »**Kern des europäischen Gesellschaftsmodells**« gehören[31] und einen wesentlichen Teil der gemeinsamen europäischen Wertvorstellungen ausmachen[32]. Ihre Bedeutung verortet Art. 16 vertragssystematisch bei der Gemeinschaftspolitik des **wirtschaftlichen und sozialen Zusammenhalts** (Art. 3 Abs. 1 lit. k), 158 ff.).[33] Das Fehlen flächendeckender Leistungen der Daseinsvorsorge in ausreichender Qualität bedeutet gravierende Nachteile für die betroffenen Gebiete oder Bevölkerungsgruppen.[34]

10 Art. 16 ist als Aufgabenzuweisung an die Gemeinschaft und die Mitgliedstaaten formuliert. Daraus wird deutlich, daß die Gestaltung der Rahmenbedingungen für gemeinwohlbezogene Dienste in den Bereich der **konkurrierenden Zuständigkeit** fällt. Ebenso wie die Definition derartiger Dienstleistungen liegt ihre Organisation und Unterstützung »zuallererst« bei den Mitgliedstaaten.[35] Art. 16 nimmt aber erstmals auch die Europäische Gemeinschaft in die Pflicht und erklärt die **Förderung allgemeinwirtschaftlich motivierter Dienste** ausdrücklich zu einer konkurrierenden **Gemeinschaftsaufgabe**.[36] Die Absichten der Europäischen Kommission, auf dieser Grundlage »ein gemeinsames Konzept für Leistungen der Daseinsvorsorge« zu entwickeln oder die Überwachung von Regulierungsbehörden auf europäischer Ebene zu koordinieren[37], gehen jedoch angesichts des Subsidiaritätsprinzips (Art. 5 Abs. 2) bedenklich weit. Über seinen unmittelbaren Anwendungsbereich hinaus läßt sich Art. 16 keine eigenständige Aussage über die Zuständigkeitsverteilung für die Aktionsfelder Wirtschafts- und Wettbewerbspolitik entnehmen, da EG und Mitgliedstaaten ausdrücklich auf den »Rahmen ihrer jeweiligen Befugnisse« verwiesen werden.

---

28 Der Begriff »Dienste« beschränkt sich nicht auf Dienstleistungen i.S.v. Art. 50; s. im einzelnen Art. 86, Rn. 36, 38 m.w.N.
29 Europäische Kommission, Leistungen der Daseinsvorsorge in Europa, 2000 (Fn. 3), Rn. 22.
30 Europäische Kommission, Leistungen der Daseinsvorsorge in Europa, 2000 (Fn. 3), Zusammenfassung, Rn. 2, 56.
31 Europäische Kommission, Leistungen der Daseinsvorsorge in Europa 1996 (Fn. 9), Rn. 1; Europäische Kommission, Leistungen der Daseinsvorsorge in Europa, 2000 (Fn. 3), Zusammenfassung, Rn. 7.
32 Europäische Kommission, Stärkung der Politischen Union und Vorbereitung der Erweiterung – Stellungnahme der Kommission zur Einberufung der Regierungskonferenz, KOM(96) 90 endg., 28.2.1996, ABl.EG 1996 Nr. C 281/3, Fn. 1; Europäische Kommission, Leistungen der Daseinsvorsorge in Europa 1996 (Fn. 9), Rn. 2; Europäische Kommission, Leistungen der Daseinsvorsorge in Europa, 2000 (Fn. 3), Zusammenfassung, Rn. 2, 64; Europäischer Rat von Cannes, 26./27.6.1995, Schlußfolgerungen des Vorsitzes, Ziff. A.I.1.7., http://www.europarl.eu.int/summits/can1_de.htm (25.6.2001); A. *Schaub*, Les effets de la concurrence dans la vie quotidienne des citoyens, Competition Policy Newsletter 1998 No. 3, S. 1 (3 f.).
33 A.A. A. *Hatje*, in: Schwarze, EU-Kommentar, 2000, Art. 16, Rn. 5: Art. 3 Abs. 1 lit. j).
34 Europäische Kommission, Leistungen der Daseinsvorsorge in Europa, 2000 (Fn. 3), Rn. 8, 54; Stellungnahme des Wirtschafts- und Sozialausschusses (Fn. 7), Ziff. 1.4.1.
35 S. o., Rn. 8; Europäische Kommission, Leistungen der Daseinsvorsorge in Europa, 2000 (Fn. 3), Rn. 22.
36 Europäische Kommission, Leistungen der Daseinsvorsorge in Europa, 2000 (Fn. 3), Rn. 6, 56; *van Miert* (Fn. 16), S. 3; *Rodrigues* (Fn. 17), S. 37 (42).
37 Europäische Kommission, Leistungen der Daseinsvorsorge in Europa, 2000 (Fn. 3), Rn. 62, 64.

Inhaltlich begründet Art. 16 für die Mitgliedstaaten und die Gemeinschaft eine »positive Verpflichtung«. Sie müssen durch geeignete Gestaltung der Rahmenbedingungen dafür sorgen, daß die Träger von Diensten im allgemeinen wirtschaftlichen Interesse ihren Aufgaben nachkommen können. Aus der Sicht des Wirtschafts- und Sozialausschusses bedeutet dies vor allem, die **Rentabilitätsinteressen** der in solchen Bereichen tätigen Unternehmen mit ihren **gemeinwirtschaftlichen Pflichten in Einklang** zu bringen.[38]
 10 a

Die Gestaltung der Bedingungen für Gemeinwohldienste wurde als **bloßer Handlungsauftrag** in den EGV eingeführt. Es handelt sich **nicht** um eine **eigenständige Gemeinschaftspolitik**, sondern nur um einen Teil des Politikbereichs »wirtschaftlicher und sozialer Zusammenhalt« (Art. 3 lit. k). Ebenso begründet Art. 16 – entgegen den Forderungen des Europäischen Parlaments[39] und anfänglichen Plänen der Regierungskonferenz von Turin[40] – in seiner gegenwärtigen Auslegung **kein subjektives Recht der EG-Bürger** auf Versorgung mit einem Mindeststandard an Leistungen.[41]
 11

Begrenzt wird die dogmatische Reichweite von Art. 16 vor allem durch die Eingangsworte »**unbeschadet** der Artikel 73, 86 und 87 ...«. Rechtsdogmatisch ist damit jede Änderung an Inhalt und Auslegung von **Art. 86 ausgeschlossen**.[42] Zum einen läßt sich daraus ableiten, daß die Parteien des Amsterdam-Vertrages das disproportionale Gleichgewicht zwischen Wettbewerbswirtschaft und gemeinwohlorientierter Wirtschaft nicht grundlegend verschieben wollten[43], und die »**services publics**« letztlich **nicht auf gleicher Ebene** neben dem Modell der offenen Marktwirtschaft stehen. Zum zweiten setzt Art. 86 Abs. 2 die Grenzen für eine Förderung gemeinwohlorientierter Dienste durch Gemeinschaft und Mitgliedstaaten. Sollte die Ausgestaltung der Rahmenbedingungen für ihre Funktionsfähigkeit ein Abweichen von den übrigen Vertragsbestimmungen erforderlich machen, so darf eine solche Ausnahme nicht weiter gehen als für die Aufgabenerfüllung unter zumutbaren wirtschaftlichen Bedingungen unverzichtbar[44]. Schließlich wird sich auch ein **absoluter Bestandsschutz** für die Position gemeinwirtschaftlich arbeitender Unternehmen **nicht aus Art. 16** ableiten lassen, da Art. 86 in seiner Reichweite nicht beeinträchtigt werden kann und unter bestimmten Voraussetzungen i. V. m. Art. 82 die Begründung und Aufrechterhaltung von Monopolen verbietet[45].
 12

III. Bedeutung

Dogmatisch gesehen erscheint Art. 16 daher zunächst als **politische Absichtserklärung und Handlungsaufforderung** mit geringer rechtlicher Durchschlagskraft.[46] Gleichwohl
 13

---

38 Stellungnahme des Wirtschafts- und Sozialausschusses (Fn. 7), Ziff. 6.2.
39 S. Rn. 5.
40 *Rodrigues* (Fn. 17), S. 37 (41).
41 **Anders** der WSA, der im Rahmen seiner zur Diskussion gestellten »Leitprinzipien« de lege lata bereits von einem Anspruch der Bürger auf Leistungen der Daseinsvorsorge ausgeht; vgl. Stellungnahme des Wirtschafts- und Sozialausschusses (Fn. 7), Ziff. 5.3.
42 *van Miert* (Fn. 16), S. 3 f.; **a.A.** *Rodrigues* (Fn. 17), S. 37 (42).
43 *van Miert* (Fn. 16), S. 4.
44 S. Art. 86, Rn. 45.
45 S. Art. 86, Rn. 32; *E.-J. Mestmäcker*, in: Immenga/Mestmäcker, EG-Wettbewerbsrecht, Band II, 1997, Art. 37, 90, C Rn. 18; **a.A.** *Rodrigues* (Fn. 17), S. 37 (42).
46 Europäisches Parlament, Erste Analyse des Vertrags von Amsterdam, Kapitel 4. Sozialpolitik, 25.6.1997, http://www.europarl.eu.int/topics/treaty/analysis/section2_de.htm#chap4 (25.6.2001). **Str.**; genauer dazu *Rodrigues* (Fn. 17), S. 37 (44 f.) m. w. N.

bleibt festzuhalten, daß in Art. 16 der politische Wille der Vertragsstaaten, gemeinwohlorientierte Wirtschaftsformen gegenüber dem marktwirtschaftlichen Modell zu stärken, seinen eindeutigen Ausdruck gefunden hat; dieser wurde zwischenzeitlich bekräftigt durch die Schlußfolgerungen des Europäischen Rates von Lissabon[47] und Art. 36 der Europäischen Grundrechtscharta.[48] In den zwei Jahren seit Inkrafttreten des Amsterdam-Vertrages ist Art. 16 deshalb **rechtlich nicht bedeutungslos** geblieben. Mehrere Gesetzgebungsinitiativen, vor allem in den Bereichen Infrastrukturnutzung und Beihilfen, wurden maßgeblich auf diese neue Vorschrift gestützt.[49] In ihrer neuen Mitteilung zu »Leistungen der Daseinsvorsorge in Europa« betrachtete die Europäische Kommission Art. 16 i. V. m. der politischen Botschaft des Europäischen Rates generell als Grundlage für ein »**aktiveres Vorgehen**« zur Förderung derartiger Gemeinwohldienste.[50] Vor allem **für die Zukunft** sollte man den Einfluß des neuen Art. 16 nicht unterschätzen. Angesichts der starken politischen Intention, von der die Bestimmung getragen wird, besteht die Gefahr, daß die **Auslegung von Art. 86 Abs. 2** im Sinne einer weniger strikten Anwendung des Wettbewerbsrechts **beeinflußt** wird.[51] Ansatzpunkte hierfür wären das Kriterium »rechtlich oder tatsächlich verhindern«[52] sowie die Grenze des Gemeinschaftsinteresses in Art. 86 Abs. 2 S. 2[53]. Entwicklungen in diese Richtung zeigen sich bereits in den **Schlußanträgen mancher Generalanwälte**, wo Art. 16 und Art. 36 der Europäischen Grundrechtscharta zur Auslegung von Art. 86 herangezogen werden, und zwar im Sinne einer Aufwertung der Ausnahme in Art. 86 Abs. 2 zu »einer grundlegenden Wertentscheidung des Gemeinschaftsrechts«.[54] Gemäß ihrem Bericht für den Europäischen Rat in Lacken (dort Rn. 51, 53) prüft die Kommission zur Zeit, ob die Prinzipien des Art. 16 in einer übergreifenden Rahmenrichtlinie konsolidiert werden sollten.

---

47 S. Fn. 25.
48 S. Rn. 1.
49 Vorschlag für eine Verordnung des Europäischen Parlaments und der Rates über Maßnahmen der Mitgliedstaaten im Zusammenhang mit Anforderungen der öffentlichen Dienste und der Vergabe öffentlicher Dienstleistungsaufträge für den Personenverkehr auf der Schiene, der Straße und auf Binnenschiffahrtswegen, 26.7.2000, KOM(2000) 7 endg., Begründung Ziff. 3.1. u. 9. Erwägungsgrund – s. dazu Art. 73, Rn. 3 –; Geänderter Vorschlag für eine RL des Europäischen Parlaments und des Rates zur Änderung der RL 97/67/EG im Hinblick auf die weitere Liberalisierung des Marktes für Postdienste in der Gemeinschaft, KOM(2000) 109 endg., 3. Erwägungsgrund; vgl. auch RL 2000/52/EG der Kommission vom 26.7.2000 zur Änderung der RL 80/723/EWG über die Transparenz der finanziellen Beziehungen zwischen den Mitgliedstaaten und den öffentlichen Unternehmen, ABl.EG 2000 Nr. L 193/75, 8. Erwägungsgrund. Art. 16 als allgemeine Vorgabe für sekundärrechtliche Liberalisierungsvorschriften: Europäische Kommission, Bericht für den Europäischen Rat in Lacken – Leistungen der Daseinsvorsorge, 18.10.2001, KOM (2001) 598 endg., Rn. 50, 51.
50 Europäische Kommission, Leistungen der Daseinsvorsorge in Europa, 2000 (Fn. 3), Rn. 56, 57; bekräftigt vom Europäischen Rat von Nizza, vgl. Europäische Kommission, 30. Wettbewerbsbericht (2000), 7.5.2001, SEK(2001) 694 endg., Rn. 199 – »Kasten 3«.
51 *van Miert* (Fn. 16), S. 5; weitergehend, im Sinne einer Änderung der Zielrichtung dieser Vorschriften, *Rodrigues* (Fn. 17), S. 37 (42, 46); s. auch Art. 86, Rn. 49.
52 S. Art. 86, Rn. 44–48.
53 S. Art. 86, Rn. 50–53.
54 GA *S. Alber*, Schlußantr. zu EuGH, Rs. C-340/99, Slg. 2001, I-4109, Rn. 94 (TNT Traco/Poste Italiane); im Ansatz auch GA *Jacobs*, Schlußantr. zu EuGH, Rs. C-475/1999, 17.5.2001, n.n.i.Slg., Rn. 175 (Ambulanz Glöckner/Landkreis Südwestpfalz).

IV. Systematische Zusammenhänge

Art. 16 wird unmittelbar ergänzt durch die **13. Erklärung zur Schlußakte** des Vertrags von Amsterdam[55], worin die Vertragstaaten ihre Absicht bekräftigen, Art. 16 umzusetzen mit dem Ziel, bei Diensten im Allgemeininteresse eine bestimmte Qualität, Dauerhaftigkeit und gleiche Zugangsmöglichkeiten aller EG-Bürger zu gewährleisten.[56]

14

Die gleiche Tendenz zu einer Ausnahme gemeinwirtschaftlicher Leistungsformen von den europäischen Wettbewerbsregeln[57] zeigt die **37. Erklärung zur Schlußakte** betreffend die öffentlich-rechtlichen **Kreditinstitute** in Deutschland[58] sowie Österreich und Luxemburg[59]. Das »**Protokoll über den öffentlich-rechtlichen Rundfunk in** den Mitgliedstaaten«[60] stärkt die Souveränität der nationalen Regierungen. Es bestätigt ausdrücklich deren Kompetenz, Rundfunkanstalten Aufgaben im Allgemeininteresse zu übertragen und sie insoweit aus öffentlichen Mitteln zu finanzieren.[61]

15

Art. 36 der Europäischen Grundrechtscharta[62] schließlich ergänzt Art. 16 durch die Verpflichtung der Gemeinschaftsorgane, den Zugang zu Dienstleistungen von allgemeinem wirtschaftlichem Interesse entsprechend der Rechtslage in den einzelnen Mitgliedstaaten anzuerkennen. Damit wird eine alte Forderung von Parlament und Kommission nach einem Anspruch aller EG-Bürger auf Daseinsvorsorgeeinrichtungen von bestimmter Mindestqualität[63] teilweise umgesetzt. Solche subjektiven Rechte lassen sich aus den gegenwärtigen Rechtsgrundlagen freilich nicht herleiten.[64]

16

---

55 Vertrag von Amsterdam, Fassung vom 2.10.1997, 13. Erklärung zur Schlußakte, Erklärung zu Artikel 7 d des Vertrags zur Gründung der Europäischen Gemeinschaft, ABl.EG 1997 Nr. C 340/1, 133; s. Art. 86, Rn. 41.
56 So bereits Kapitel III der von der CEEP vorgeschlagenen »Europäische(n) Charta der Dienstleistungen von allgemeinem wirtschaftlichem Interesse«, ZögU 1995, S. 458 (460). Die Verpflichtung zu uneingeschränkter Beachtung der Rspr. des Gerichtshofs wiederholt rechtlich gesehen nur eine Selbstverständlichkeit.
57 Einschränkend *van Miert* (Fn. 16), S. 4 f.; wettbewerbspolitisch neutral: Stellungnahme des Ausschusses der Regionen zum Thema »Die Bedeutung der öffentlichen Kreditinstitute für eine ausgewogene Entwicklung der Regionen, Städte und Gemeinden in Europa«, ABl.EG 2001 Nr. C 148/12.
58 Vertrag von Amsterdam, Fassung vom 2.10.1997, 37. Erklärung zur Schlußakte, Erklärung zu öffentlich-rechtlichen Kreditinstituten in Deutschland, ABl.EG 1997 Nr. C 340/1, 138; dazu: *Rodrigues* (Fn. 17), S. 37 (39 Fn. 17); Stellungnahme des Ausschusses der Regionen zum Thema »Die Bedeutung der öffentlichen Kreditinstitute für eine ausgewogene Entwicklung der Regionen, Städte und Gemeinden in Europa«, 14.2.2001, ABl.EG 2001 Nr. C 148/12; s. auch Art. 86, Rn. 40.
59 Vertrag von Amsterdam, Fassung vom 2.10.1997, 1. von der Konferenz zur Kenntnis genommene Erklärung, Erklärung Österreichs und Luxemburgs zu Kreditinstituten, ABl.EG 1997 Nr. C 340/1, 143.
60 Vertrag von Amsterdam, Protokoll über den öffentlich-rechtlichen Rundfunk in den Mitgliedstaaten, ABl.EG 1997 Nr. C 340/1, 109.
61 *van Miert* (Fn. 16), S. 4; bestätigt durch Mitteilung der Kommission über die Anwendung der Vorschriften über Staatliche Beihilfen auf den öffentlich-rechtlichen Rundfunk, 15.11.2001, ABl.EG 2001 Nr. C 320/5, Rn. 10 ff., 15 ff.; s. auch Art. 86, Rn. 40.
62 Charta der Grundrechte der Europäischen Union, 18.12.2000 (Fn. 2); s. bereits oben, Rn. 1.
63 S. o., Rn. 5.
64 Zur rechtlichen Verbindlichkeit der Grundrechtscharta s. Art. 6, Rn. 34–35a, 37, 40a, 40b, 43, 63; *Calliess* (Fn. 2), S. 261 (267 f.).

Zweiter Teil
Die Unionsbürgerschaft

Art. 17 (ex-Art. 8)

(1) Es wird eine Unionsbürgerschaft eingeführt.[1 ff.] Unionsbürger ist, wer die Staatsangehörigkeit eines Mitgliedstaats besitzt.[8 ff.] Die Unionsbürgerschaft ergänzt die nationale Staatsbürgerschaft, ersetzt sie aber nicht.[9]

(2) Die Unionsbürger haben die in diesem Vertrag vorgesehenen Rechte und Pflichten.[11 ff.]

Inhaltsübersicht:

I. Entwicklung und Bedeutung der Unionsbürgerschaft	1
1. Von der Marktbürgerschaft zur Unionsbürgerschaft	1
2. Bedeutung und systematische Einordnung der Unionsbürgerschaft	3
II. Voraussetzungen der Unionsbürgerschaft	8
III. Rechte und Pflichten der Unionsbürger	11

I. Entwicklung und Bedeutung der Unionsbürgerschaft

1. Von der Marktbürgerschaft zur Unionsbürgerschaft

1 Bis zum Vertrag über die Europäische Union war im Gemeinschaftsrecht der Status der Staatsangehörigen der Mitgliedstaaten im Verhältnis zur Gemeinschaft nicht ausdrücklich geregelt. Gleichwohl gab es einen solchen Status.[1] Er resultierte unmittelbar aus den einzelnen Normen des Primärrechts, aus denen sich die seinerzeit so genannten **Marktbürger**[2] begünstigende und berechtigende subjektive Rechtspositionen ableiten ließen. Es handelte sich nach dem Ablauf der Übergangsphase und ihrer direkten Anwendbarkeit[3] vor allem um die Grundfreiheiten sowie, nach der Einführung der Direktwahl, um das Wahlrecht zum Europäischen Parlament[4]. Der Marktbürger war nicht Teilhaber an der staatlichen Aktivbürgerschaft, durfte in den anderen Mitglied-

---

1 E. *Grabitz*, Europäisches Bürgerrecht zwischen Marktbürgerschaft und Staatsbürgerschaft, 1970, S. 65 ff.; *Ipsen*, EG-Recht, S. 250 ff. und S. 742 ff.; s. auch A. *Durand*, European Citizenship, ELR 1979, S. 3 ff.
2 *Ipsen*, EG-Recht, S. 250 ff. Zur Entwicklung S. *Magiera*, Die Europäische Gemeinschaft auf dem Wege zu einem Europa der Bürger, DöV 1987, S. 221 ff.; ders., Politische Rechte im Europa der Bürger, ZRP 1987, S. 331 ff; *T. Oppermann*, Sinn und Grenzen einer EG-Angehörigkeit, in: FS Doehring, 1989, S. 713 ff.; *A. Randelzhofer*, Marktbürgerschaft – Unionsbürgerschaft – Staatsbürgerschaft, in: GS Grabitz, 1995, S. 581 ff.; *Ch. Sauerwald*, Die Unionsbürgerschaft und das Staatsangehörigkeitsrecht in den Mitgliedstaaten der Europäischen Union, 1996, S. 45 ff.
3 *U. Everling*, Die Stellung des Bürgers in der Europäischen Gemeinschaft, ZfRV 1992, S. 241 (246 ff.); *Randelzhofer* (Fn. 2), S. 582.
4 *Everling* (Fn. 3), S. 245 f.; *Randelzhofer* (Fn. 2), S. 589. Zum Bürger als Basis der demokratischen Legitimation der Europäischen Union vgl. M. *Zuleeg*, Demokratie in der Europäischen Gemeinschaft, JZ 1993, S. 1069 ff.; W. *Kluth*, Die demokratische Legitimation der Europäischen Union, 1995, S. 42 f.; kritisch dazu M. *Kaufmann*, Europäische Integration und Demokratieprinzip, 1997, S. 250 f. m. w. N.

staaten nicht wählen und hatte keinen Zugang zu den öffentlichen Ämtern.[5] Seine Inländergleichbehandlung war auf den ökonomischen Bereich beschränkt.[6]

Eine förmliche Ausgestaltung[7] und thematische Erweiterung zur Unionsbürgerschaft erfolgte, anknüpfend an Vorarbeiten der Ad hoc Gruppe Europa der Bürger und Vorschlägen zur Einführung eines gemeinschaftsweiten Kommunalwahlrechts[8] im Maastrichter Unionsvertrag.[9] Durch den Amsterdamer Vertrag wurden diese Regelungen nur geringfügig ergänzt.[10]

2. Bedeutung und systematische Einordnung der Unionsbürgerschaft

Der **Bürgerstatus** spiegelt das besondere Verhältnis einer politischen Gemeinschaft zu ihren Angehörigen wider.[11] Im klassischen Fall des Staates umfaßt der Bürgerstatus die Gewährleistung von Freiheitsrechten, politischen Mitwirkungsrechten und Schutzansprüchen.[12] Dabei gehen die Bürgerrechte über die Menschenrechte hinaus.[13] Zugleich bildet er den Anknüpfungspunkt für besondere Pflichten, die der Staat zur Aufrechterhaltung der staatlichen Gemeinschaft vom einzelnen einfordern kann (Ehrenamt, Steuerpflicht, Wehrpflicht etc.).[14] Der Bürgerstatus symbolisiert den Charakter einer Gemeinschaft als **Solidargemeinschaft** und politische Schicksalsgemeinschaft.[15]

Durch die Anerkennung und rechtliche Ausgestaltung der Unionsbürgerschaft bringt die Europäische Union zum Ausdruck, daß sie sich nicht nur als technokratische Zweckgemeinschaft, sondern als personal geprägte **politische Rechtsgemeinschaft** ver-

---

5 *Randelzhofer* (Fn. 2), S. 583.
6 Frühe Kritik an dieser Beschränkung bei *Grabitz* (Fn. 1), S. 7 ff. Zu punktuellen Erweiterungen vgl. *Randelzhofer* (Fn. 2), S. 586 f.
7 Vgl. *Everling* (Fn. 3), S. 248.
8 Zur Vorgeschichte M. *Haag* in: GTE, EGV, Art. 8, Rn. 2; S. *Hobe*, Die Unionsbürgerschaft nach dem Vertrag von Maastricht, Der Staat 32 (1992), S. 245 ff.
9 Überblick bei C. *Closa*, The Concept of Citizenship in the Treaty of the European Union, CMLR 1992, S. 1137 ff.; M. *Degen*, Die Unionsbürgerschaft nach dem Vertrag über die europäische Union unter besonderer Berücksichtigung des Wahlrechts, DÖV 1993, S. 749 ff.; H. G. *Fischer*, Die Unionsbürgerschaft, EuZW 1992, S. 566 ff.; R *Kovar*/D. *Simon*, La citoyenneté européenne, CDE 1993, S. 285 ff.; D. *O'Keefe*, Union Citizenship, in: ders./Twomey (Eds.), Legal Issues of the Maastricht Treaty, 1994, S. 87 ff.; N. *Reich*, Bürgerrechte in der Europäischen Union, 1999, S. 45 ff.
10 Ergänzung des Art. 8 Abs. 1 durch Satz 3 und Einfügung des Art. 8d Abs. 3, jeweils a.F.
11 Allgemein dazu: BVerfGE 54, 53 (70); R. *Grawert*, Staatsangehörigkeit und Staatsbürgerschaft, Der Staat 23 (1984), S. 179 ff. Im vorliegenden Zusammenhang *Everling* (Fn. 3), S. 242; W. *Kluth*, in: ders. (Hrsg.), Die Europäische Union nach dem Amsterdamer Vertrag, 2000, S. 73 (76 ff.).
12 Übersicht bei K. *Stern*, Das Staatsrecht der Bundesrepublik Deutschland, Bd. 1, 2. Aufl. 1984, S. 256 ff.
13 Das Grundgesetz differenziert insoweit zwischen Deutschen-Grundrechten und Jedermanns-Grundrechten. Dabei fällt auf, daß die spezifisch auf die wirtschaftliche (Art 12) und kollektive politische Betätigung (Art. 8, 9) bezogenen Grundrechte als Deutschen-Grundrechte ausgestaltet sind.
14 Man spricht auch von Bürger- oder Grundpflichten, vgl. K. *Stern*, Das Staatsrecht der Bundesrepublik Deutschland, Bd. III/2, 1994, S. 1017 ff.
15 *J. Isensee*, Grundrechtsvoraussetzungen und Verfassungserwartungen an die Grundrechtsausübung, in: ders./Kirchhof (Hrsg.), Handbuch des Staatsrechts, Bd. V, 1992, § 115, Rn. 107. Siehe auch A. *Augustin*, Das Volk der Europäischen Union, 2000, S. 355 ff.

steht.[16] Sie übernimmt ergänzend zu den Mitgliedstaaten für den Bereich der ihr übertragenen Zuständigkeiten die Funktion einer Rechtsgewährleistungsgemeinschaft und räumt dem einzelnen politische Mitgestaltungsrechte ein. Damit erweist sie sich als partikulare Solidar- und Schicksalsgemeinschaft. Die Unionsbürger können neben den Mitgliedstaaten als unmittelbare Mitglieder der Europäischen Union angesprochen werden.[17] Die Unionsbürgerschaft besitzt inzwischen auch einen gewichtigen sozialrechtlichen Gehalt.[18]

5 Durch ihren **partikularen Charakter** unterscheidet sich die Unionsbürgerschaft prinzipiell und nicht nur graduell von der Staatsbürgerschaft.[19] Dies wird in Abs. 1 Satz 2 durch die Formulierung bekräftigt, daß die Unionsbürgerschaft die Staatsbürgerschaft ergänzt, sie aber nicht ersetzt. Trotz des hohen Integrationsstandes, den die Europäische Union inzwischen erreicht hat, kann von einer letztverbindlichen wechselseitigen Einstandspflicht nach wie vor nur auf der staatlichen Ebene gesprochen werden.[20] Die Unionsbürgerschaft klammert vor allem die zentralen Bereiche staatsbürgerlicher Solidarpflichten aus.

6 Obwohl die Unionsbürgerschaft an die Staatsangehörigkeit in den Mitgliedstaaten anknüpft, handelt es sich um ein **unmittelbar statusbegründendes Rechtsverhältnis**.[21] Die mit dem Status als Unionsbürger verbundenen Rechte und Pflichten werden nicht durch die staatliche Rechtsordnung vermittelt, sondern ergeben sich unmittelbar aus dem Recht der Union. Der Staatsangehörigkeit in den Mitgliedstaaten kommt lediglich die Funktion eines Tatbestandsmerkmals zu. Eine selbständige Verleihung der Unionsbürgerschaft wäre nur sinnvoll, wenn der Erwerb der Unionsbürgerschaft eingeschränkt werden sollte, was jedoch mit dem Gleichheitssatz nicht zu vereinbaren ist.

7 Wie sich insbesondere aus der **Evolutivklausel** des Art. 22 Abs. 2 ergibt, ist die Unionsbürgerschaft dynamisch zu verstehen, d. h. auf die weitere Zuerkennung von Rechten und damit eine Vertiefung der Integration hin angelegt. Der bislang verwirklichte Stand versteht sich insoweit als Mindeststatus und duldet mithin grundsätzlich keine Einschränkungen. Der bislang erreichte Stand kann durch die weitgehende Gleichstellung von Unions- und Staatsbürger als **europäisches Indigenat** gekennzeichnet werden.[22] Dieses wirkt sich auch auf das **Verfassungsrecht der Mitgliedstaaten** aus. So mußten Bund und Länder in ihren Verfassungen Änderungen vornehmen, um das kommunale Wahlrecht für Unionsbürger verfassungsrechtlich zu ermöglichen. Umstritten ist derzeit, ob zur Erleichterung der Rechtsausübung auch im Text der **Deutschen-Grundrechte** eine Änderung vorgenommen werden muß, die ausdrücklich auch die Unionsbürger als Grundrechtsträger ausweist.[23] **Entwicklungsbedarf** besteht vor allem im Hinblick auf die Gewährung von (geschriebenen) Grundrechten, die nach den Verfassungstradi-

---

16 A. v. Bogdandy, Supranationaler Föderalismus als Wirklichkeit und Idee einer neuen Herrschaftsform, 1999, S. 30 ff.; Everling (Fn. 3), S. 254.
17 Oppermann, Europarecht, Rn. 210 und 1551.
18 K.-D. Borchardt, Der sozialrechtliche Gehalt der Unionsbürgerschaft, NJW 2000, S. 2057 ff.; Reich (Fn. 9), S. 233 ff.
19 Ähnlich M. Hilf, in: Grabitz/Hilf, EU, Art. 8, Rn. 62; Hobe (Fn. 8), S. 257 f., 267; Randelzhofer (Fn. 2), S. 592; Sauerwald (Fn. 2), S. 76 f.
20 Dazu Kluth (Fn. 4), S. 94 f.; Randelzhofer (Fn. 2), S. 592.
21 Hilf, in: Grabitz/Hilf, EU, Art. 8, Rn. 55; Oppermann, Europarecht, Rn. 210. Anders Randelzhofer (Fn. 2), S. 592; Sauerwald (Fn. 2), S. 75.
22 Hobe (Fn. 8), S. 267.
23 M. Hilf, in: Grabitz/Hilf, EU, Art. 8, Rn. 52; W. Kluth, Das Grundrecht der Berufsfreiheit – Art. 12 Abs. 1 GG, Jura 2001, S. 371; R. Wernsmann, Die Deutschengrundrechte des Grundgesetzes im Lichte des Europarechts, Jura 2000, S. 657 (662).

tionen der Mitgliedstaaten zu den wichtigsten Bürgerrechten gehören.[24] Durch die Verabschiedung der zunächst allerdings nicht rechtsverbindlichen **Charta der Grundrechte**[25] ist ein erster wichtiger Schritt zur Überwindung dieses Defizits getan worden.

II. Voraussetzungen der Unionsbürgerschaft

Unionsbürger ist, wer die Staatsangehörigkeit eines Mitgliedstaates besitzt. Es gibt demnach keinen selbständigen Erwerbstatbestand der Unionsbürgerschaft, insbesondere nicht durch Angehörige von Drittstaaten[26]. Diese ist immer **akzessorisch zur Staatsangehörigkeit** in einem Mitgliedstaat.[27] Eines gesonderten Begründungsaktes bedarf es insoweit nicht. Im Falle einer doppelten Staatsangehörigkeit, bei der neben der Staatsangehörigkeit in einem Mitgliedstaat auch eine Staatsangehörigkeit in einem Drittstaat besteht, darf letztere nicht zu Rechtsnachteilen des Betroffenen führen. Er kann also uneingeschränkt von seinen Rechten als Unionsbürger Gebrauch machen.[28] **Familienangehörige** von Unionsbürgern, die die Staatsangehörigkeit von Drittstaaten besitzen, können sich nur auf Vorschriften des sekundären Gemeinschaftsrechts berufen. 8

Art. 17 und dem Gemeinschaftsrecht insgesamt sind weder Vorgaben für die Ausgestaltung des **nationalen Staatsangehörigkeitsrechts** zu entnehmen, noch ist es zulässig, daß die Wahrnehmung von Rechten, die an die Staatsangehörigkeit in einem Mitgliedstaat anknüpfen, von weiteren Bedingungen, wie etwa dem tatsächlichen Aufenthalt, abhängig gemacht wird.[29] Es kann jedoch zu **Wechselwirkungen** zwischen dem mitgliedstaatlichen Staatsangehörigkeitsrecht und der Unionsbürgerschaft kommen.[30] Insbesondere müssen bei Änderungen des Staatsangehörigkeitsrechts die Auswirkungen auf das Gemeinschaftsrecht berücksichtigt werden.[31] Das gilt insbesondere für die Erleichterung der Einbürgerung, da die Verleihung des Staatsangehörigkeitsrechts die Unionsbürgerrechte nach sich zieht und damit potentiell auch die Interessen der Gemeinschaft und der anderen Mitgliedstaaten betroffen sind.[32] 9

Soweit sich auch **juristische Personen** sachlich auf Rechtsvorschriften berufen können, die rechtliche Begünstigungen an die Unionsbürgerschaft anknüpfen, und diese Rechte ihnen nicht ausdrücklich zuerkannt werden, kommt eine entsprechende Anwendung in Betracht, soweit ein entsprechendes Schutzbedürfnis nachweisbar und eine vergleichbare Interessenlage gegeben ist. Bei der Bestimmung der Staatsangehörigkeit der juristischen Person ist sinnvollerweise auf die Kriterien des Art. 48 abzustellen, der eine Kombination von Sitz- und Gründungstheorie vorsieht. Demnach reicht es aus, daß eine juristische Person entweder ihre Hauptverwaltung in einem Mitgliedstaat hat oder nach den Vorschriften eines Mitgliedstaates gegründet wurde. 10

---

24 *M. Hilf*, in: Grabitz/Hilf, EU, Art. 8, Rn. 66 spricht insoweit von einem Traditionsbruch.
25 Dazu im einzelnen Art. 6 EUV, Rn. 26a–c. Siehe auch *Ch. Grabenwarter*, Die Charta der Grundrechte für die Europäische Union, DVBl. 2001, S. 1.
26 Dazu weitergehende Überlegungen bei *M. Hilf*, in: Grabitz/Hilf, EU, Art. 8, Rn. 65.
27 *W. Kaufmann-Bühler*, in: Lenz, EGV, Art. 17, Rn. 2.
28 EuGH, Rs. C-369/90, Slg. 1992, I-4239, Rn. 10 f. (Micheletti).
29 EuGH, Rs. C-369/90, Slg. 1992, I-4239, Rn. 10 f. (Micheletti).
30 Dazu ausführlich *Sauerwald* (Fn. 2), S. 79 ff.
31 Dazu grundsätzlich EuGH, Rs. C-369/90, Slg. 1992, I-4239, Rn. 10 (Micheletti).
32 *Sauerwald* (Fn. 2), S. 105 ff.

III. Rechte und Pflichten der Unionsbürger

11 Art. 17 begründet den Status der Unionsbürgerschaft, ohne selbst rechtliche Gewährleistungen zu regeln. Sein Absatz 2 verweist vielmehr auf die »in diesem Vertrag vorgesehenen Rechte und Pflichten«. Damit wird klargestellt, daß nicht nur die im Zweiten Teil des Vertrages getroffenen Regelungen, sondern sämtliche Vorschriften erfaßt sind, durch die unmittelbar die Unionsbürger betreffende Regelungen getroffen werden.[33] Nicht einbezogen sind die Regelungen des EUV.

12 Umstritten ist, inwieweit die in den nachfolgenden Vorschriften geregelten Rechte der Unionsbürger unmittelbar Rechte gewähren oder sich diese erst aus den ausgestaltenden Regelungen des sekundären Gemeinschaftsrechts ergeben.[34] Zu dieser Frage und bezüglich des Inhalts der einzelnen Rechte und Pflichten wird auf die Kommentierung der Einzelvorschriften verwiesen.

13 Nach ihrem sachlichen Gewährleistungsgehalt kann zwischen folgenden Gruppen von rechtlichen Gewährleistungen zugunsten der Unionsbürger[35] unterschieden werden:
  – politische Mitwirkungs- und Kontrollrechte[36]: Dazu gehören das Wahlrecht zum Europäischen Parlament gem. Art. 138 EGV, das Kommunalwahlrecht gem. Art. 19 EGV, das Petitionsrecht gem. Art. 21, 194 EGV sowie das Recht zu Beschwerden an den Bürgerbeauftragten gem. Art. 195.
  – Gewährleistung der Freizügigkeit: Art. 18 EGV i. V. m. den Grundfreiheiten.
  – Gewährleistung einzelner Wirtschaftsfreiheiten: Zu dieser Gruppe gehören u. a. sämtliche Grundfreiheiten sowie die arbeits- und sozialrechtlichen und verbraucherschützenden Vorschriften[37].

---

33 *M. Haag*, in: GTE, EGV, Art. 8, Rn. 9.
34 Zum Streitstand *M. Pechstein/A. Bunk*, Das Aufenthaltsrecht als Auffangrecht, EuGRZ 1997, S. 547.
35 Siehe auch die Zusammenstellung bei *T. Schilling*, Bestand und allgemeine Lehren der bürgerschützenden allgemeinen Rechtsgrundsätze des Gemeinschaftsrechts, EuGRZ 2000, S. 3 ff.
36 Dazu *Kluth* (Fn. 11). S. 84 ff.
37 Dazu ausführlich *Reich* (Fn. 9), S. 158 ff.

Art. 18 (ex-Art. 8a)

(1) Jeder Unionsbürger[7] hat das Recht[8], sich im Hoheitsgebiet der Mitgliedstaaten vorbehaltlich der in diesem Vertrag[10] und in den Durchführungsvorschriften vorgesehenen Beschränkungen und Bedingungen[11 ff.] frei zu bewegen und aufzuhalten[3 ff.].

(2) Erscheint zur Erreichung dieses Ziels ein Tätigwerden der Gemeinschaft erforderlich und sieht dieser Vertrag hierfür keine Befugnisse vor, so kann der Rat Vorschriften erlassen, mit denen die Ausübung der Rechte nach Absatz 1 erleichtert wird. Er beschließt gemäß dem Verfahren des Artikels 251.[15 f.]

(3) Absatz 2 gilt nicht für Vorschriften betreffend Pässe, Personalausweise, Aufenthaltstitel oder diesen gleichgestellte Dokumente und auch nicht für Vorschriften betreffend die soziale Sicherheit oder den sozialen Schutz.

Amsterdamer Fassung:

(1) Jeder Unionsbürger hat das Recht, sich im Hoheitsgebiet der Mitgliedstaaten vorbehaltlich der in diesem Vertrag und in den Durchführungsvorschriften vorgesehenen Beschränkungen und Bedingungen frei zu bewegen und aufzuhalten.

(2) Der Rat kann Vorschriften erlassen, mit denen die Ausübung der Rechte nach Absatz 1 erleichtert wird; sofern in diesem Vertrag nichts anderes bestimmt ist, beschließt er gemäß dem Verfahren des Artikels 251. Der Rat beschließt im Rahmen dieses Verfahrens einstimmig.

Inhaltsübersicht:

I. Entwicklung und Bedeutung des Aufenthaltsrechts	1
II. Gewährleistungsgehalt	3
1. Sachliche und personelle Reichweite der Gewährleistung	3
a) Sachlicher Schutzbereich	3
b) Personeller Schutzbereich	7
c) Adressaten der Regelung	8
2. Grundrecht oder objektiv-rechtliche Regelung	9
3. Verhältnis zu den Grundfreiheiten	10
III. Einschränkungen nach Absatz 1	11
IV. Ausübungserleichterungsvorschriften nach Absatz 2	15

I. Entwicklung und Bedeutung des Aufenthaltsrechts

Das Recht des freien Aufenthalts oder der Freizügigkeit wurde vor der Einfügung des Art. 18 als Annexgewährleistung oder Begleitrecht primärrechtlich aus der Niederlassungsfreiheit und der Dienstleistungsfreiheit abgeleitet.[1] Dabei war die Gewährleistung der Freizügigkeit mit der wirtschaftlichen Betätigung verknüpft und hatte insoweit eine dienende Funktion. **Sekundärrechtlich** gewährleistet wurde die Freizügigkeit durch die Verordnung (EWG) Nr. 1612/68 vom 19.10.1968 über die Freizügigkeit der Arbeitnehmer innerhalb der Gemeinschaft[2], die Richtlinie 68/360/EWG vom 19.10.1968 zur Aufhebung der Reise- und Aufenthaltsbeschränkungen für Arbeitnehmer der Mitgliedstaaten und ihrer Familienangehörigen innerhalb der Gemeinschaft[3], die Verord-

---

1 EuGH, Rs. C-292/89, Slg. 1991, I-745, Rn. 13 (Antonissen); Rs. C-171/91, Slg. 1993, I-2925, Rn. 8 (Tsiotras). S. Art. 49/50, Rn. 43. Siehe dazu ausführlich *G. Schulz*, Freizügigkeit für Unionsbürger, 1997, S. 53 ff. und knapper *U. Becker*, Freizügigkeit in der EU, EuR 1999, S. 522 (523 ff.).
2 ABl.EG 1968 Nr. L 257/2.
3 ABl.EG 1968 Nr. L 257/13.

nung (EWG) Nr. 1251/70 vom 30.6.1970 über das Recht der Arbeitnehmer, nach Beendigung einer Beschäftigung im Hoheitsgebiet eines Mitgliedstaats zu verbleiben[4], die Richtlinie 73/148/EWG vom 28.6.1973 zur Aufhebung der Reise- und Aufenthaltsbeschränkungen für Staatsangehörige der Mitgliedstaaten innerhalb der Gemeinschaft auf dem Gebiet der Niederlassung und des Dienstleistungsverkehrs[5] und die Richtlinie 75/34/EWG vom 20.1.1975 über das Recht der Staatsangehörigen eines Mitgliedstaats, nach Beendigung der Ausübung einer selbständigen Tätigkeit im Hoheitsgebiet eines anderen Mitgliedstaats zu verbleiben[6]. Verstärkt und auf Studenten ausgeweitet wurde das Aufenthaltsrecht 1990 durch drei Richtlinien: die Richtlinie 90/364/EWG vom 28.6.1990 über das Aufenthaltsrecht[7], die Richtlinie 90/365/EWG vom 28.6.1990 über das Aufenthaltsrecht der aus dem Erwerbsleben ausgeschiedenen Arbeitnehmer und selbständig Erwerbstätigen[8] sowie die Richtlinie 90/366/EWG vom 28.6.1990 über das Aufenthaltsrecht von Studenten[9]. Diese – weiterhin maßgeblichen[10] – Richtlinien gewähren das Aufenthaltsrecht unter der Bedingung, daß die Berechtigten krankenversichert sind und über ausreichende Existenzmittel verfügen[11], so daß sie nicht die Sozialhilfe des Aufnahmestaates in Anspruch nehmen müssen.[12] Durch den Maastrichter Unionsvertrag wurde mit der Einfügung des Art. 18 (seinerzeit als Art. 8a) das freie Aufenthaltsrecht allgemein und ohne ausdrücklichen Bezug zur wirtschaftlichen Betätigung als Recht aller Unionsbürger begründet. Der Vertrag von Nizza hat Absatz 2 neu gefaßt und Absatz 3 ergänzt. Deutschland hat diesen Vorgaben insbesondere durch den Erlaß der Freizügigkeitsverordnung/EG v. 17.7.1997 Rechnung getragen.[13]

2 Die Gewährleistung der Freizügigkeit im Binnenraum ist für die Verfassung und das Selbstverständnis der Union und des Unionsbürgerstatus von grundlegender Bedeutung[14], da sich darin die Reichweite der Integration in einer für jeden einzelnen Unionsbürger erfahrbaren Dimension widerspiegelt. Da die Freizügigkeitsgewährleistungen des staatlichen Rechts – trotz Art. 2 des Vierten Zusatzprotokolls zur EMRK[15], der allen sich rechtmäßig im Hoheitsgebiet aufhaltenden Personen das Recht auf Freizügig-

---

4 ABl.EG 1970 Nr. L 142/24.
5 ABl.EG 1973 Nr. L 172/14.
6 ABl.EG 1975 Nr. L 14.
7 ABl.EG 1990 Nr. L 180/26.
8 ABl.EG 1990 Nr. L 180/28.
9 ABl.EG 1990 Nr. L 180/30. Diese Richtlinie wurde fehlerhaft auf Art. 235 EGV gestützt und deshalb vom EuGH für nichtig erklärt, EuGH, Rs. 295/90, Slg. 1992, I-4193, Rn. 11 ff. (Parlament/Rat). An ihre Stelle ist die Richtlinie 93/96/EWG, ABl.EG 1993 Nr. L 317/59 getreten. Siehe dazu *A. Guckelberger*, Die Richtlinie 93/96/EWG über das Aufenthaltsrecht der Studenten und ihre Umsetzung in das nationale Recht, VBlBW 2000, S. 249 ff.; *E. Klein/A. Haratsch*, Das Aufenthaltsrecht der Studenten, die Unionsbürgerschaft und intertemporales Gemeinschaftsrecht, JuS 1995, S. 7 ff.
10 S. unten Rn. 15.
11 Zur Frage der unterschiedlichen Bestimmung des Existenzminimums im Anwendungsbereich der drei Richtlinien und den Anforderungen an den Nachweis siehe EuGH, Rs. C-424/98, n.n.i.S. Rn. 28 ff. (Kommission/Italien).
12 Zu Einzelheiten *Ch. Koenig/M. Pechstein*, Die Europäische Union, 1995, Kap. 9, Rn. 8 ff.; *R. Kampf*, Die »richtige« Rechtsgrundlage der Richtlinie über das Aufenthaltsrecht der Studenten, EuR 1990, S. 393 ff.
13 BGBl. I, S. 1810; siehe dazu *M. Schieffer*, Die neue Freizügigkeitsverordnung/EG, NVwZ 1998, S. 31 ff.
14 S. Zweiter Bericht der Kommission über die Unionsbürgerschaft vom 27.5.1997 KOM (97) 230 endg. S. 29: »wichtigstes Merkmal der Unionsbürgerschaft«.
15 Die Beschränkung der Freizügigkeit auf Inländer wird durch den in Art. 2 Abs. 3 gemachten Vorbehalt möglich. Dazu *I. Pernice*, in: Dreier (Hrsg.), GG, Bd. I, Art. 11, Rn. 4.

keit garantiert – regelmäßig nur die eigenen Staatsangehörigen erfassen[16], wird durch die unionsweite Gewährleistung des freien Aufenthaltsrechts in einem zentralen Bereich staatsbürgerlicher Rechte eine Gleichstellung vollzogen. Daran wird die Überlegung geknüpft, aus Art. 18 i. V. m. Art. 12 Abs. 1 EGV einen Anspruch auf Vollintegration der Aufenthaltsberechtigten in allen übrigen Belangen abzuleiten.[17] Die **Charta der Grundrechte** der Europäischen Union gewährleistet in Art. 45 die Freizügigkeit und Aufenthaltsfreiheit. Nach Absatz 1 haben die Unionsbürger und Unionsbürgerinnen das Recht, sich im Hoheitsgebiet der Mitgliedstaaten frei zu bewegen und aufzuhalten. Absatz 2 bestimmt, daß Staatsangehörigen dritter Länder, die sich rechtmäßig im Hoheitsgebiet eines Mitgliedstaats aufhalten, gemäß dem EG-Vertrag Freizügigkeit und Aufenthaltsfreiheit gewährt werden kann.

II. Gewährleistungsgehalt

1. Sachliche und personelle Reichweite der Gewährleistung

a) Sachlicher Schutzbereich

Art. 18 Abs. 1 EGV erstreckt sich räumlich auf das Hoheitsgebiet aller Mitgliedstaaten. Geschützte Verhaltensweisen sind **Bewegung** und **Aufenthalt**. Erfaßt werden damit die Einreise in andere Mitgliedstaaten, die freie Bewegung in ihrem Hoheitsgebiet, das Verlassen des Hoheitsgebiets des Heimatstaates oder eines anderen Mitgliedstaates sowie der ständige Aufenthalt an einem Ort einschließlich der Wohnsitznahme, das »Recht auf Heimat«.[18] Nach ständiger Rechtsprechung des EuGH ist das Freizügigkeitsrecht weit auszulegen[19], während die Abweichungen eng auszulegen sind[20]. Bestimmungen zum Schutz der Gemeinschaftsangehörigen, die diese Grundfreiheit ausüben, sind zu deren Gunsten auszulegen.[21] 3

Fraglich ist, ob sich aus der Einreise- und Bewegungsfreiheit auch das Recht ableiten läßt, aus Anlaß des Grenzübertritts nicht kontrolliert zu werden. Dagegen spricht, daß solche Kontrollen, soweit sie sachlich nicht auf die Einschränkung der Freizügigkeit abzielen, sondern anderen Zwecken dienen und auch im innerstaatlichen Bereich durchgeführt werden dürfen, sich nicht auf die Freizügigkeit auswirken.[22] Die vorübergehende Verzögerung der Fortbewegung stellt keine vom Schutzbereich erfaßte Verhaltensweise dar.[23] 4

Die Vorschrift wirkt, anders als die Grundfreiheiten, in erster Linie als **Beschränkungsverbot**.[24] Von erheblicher praktischer Bedeutung sind die möglichen **Erweiterungen**, die sich aus dem Zusammenwirken des Art. 18 mit dem **allgemeinen Diskriminierungsverbot** des Art. 12 Abs. 1 ergeben können. Das Diskriminierungsverbot ist auf Art. 18 anwendbar, 5

---

16 Vgl. Art. 11 Abs. 1 GG: »Alle Deutschen genießen Freizügigkeit im ganzen Bundesgebiet«. Ebenso Art. 5 Abs. 4 griech. Verf.; Art. 16 ital. Verf.; Art. 44 port. Verf.; Art. 19 span. Verf.
17 So M. *Pechstein/A. Bunk*, Das Aufenthaltsrecht als Auffangrecht, EuGRZ 1997, S. 547 ff.
18 A. *Hatje*, in: Schwarze, EU-Kommentar, Art. 18, Rn. 6; *Schulz* (Fn. 1), S. 90 ff.
19 EuGH, Rs. C-292/89, Slg. 1991, I-745, Rn. 11 (Antonissen); Rs. C-344/95, Slg. 1997, I-1035, Rn. 14 (Kommission/Belgien); Rs. C-357/98, 9.11.2000, n.n.i.Slg., Rn. 24.
20 EuGH, Rs. 139/85, Slg. 1986, 1741, Rn. 13 (Kempf); Rs. C-357/98, 9.11.2000, n.n.i.Slg., Rn. 24.
21 EuGH, Rs. C-357/98, 9.11.2000, n.n.i.Slg., Rn. 25.
22 W. *Kaufmann-Bühler*, in: Lenz, EGV, Art. 18, Rn. 11. Diese Frage ist im übrigen durch Art. 14 i.V.m. Art. 61 ff. EGV geregelt.
23 *Pechstein/Bunk* (Fn. 15), S. 552.
24 K. *Füßer*, Grundrecht auf wirtschaftliche Freizügigkeit und Art. 8a EGV als Auffangbeschränkungsverbot des Gemeinschaftsrechts, DÖV 1999, S. 96 (101).

da dieser selbst die Inländergleichbehandlung nicht ausdrücklich anordnet.[25] Verboten sind demnach alle Maßnahmen, durch die Unionsbürger im Zusammenhang mit der Ausübung des Aufenthaltsrechts schlechter gestellt werden als die Staatsbürger des jeweiligen Mitgliedstaates. So dürfen sie vorbehaltlich besonderer Regelungen in den Durchführungsvorschriften zu Art. 18 nur den Kontrollen unterworfen werden, die auch gegenüber Staatsbürgern zulässig sind.[26] Ob überdies jegliche Handlung, die in einem sachlichen Zusammenhang mit der Ausübung des Aufenthaltsrechts steht (z. B. Erwerb von Grundeigentum), durch Art. 12 i. V. m. Art. 12 Abs. 1 EGV erfaßt wird und eine vollständige Gleichstellung mit den Staatsbürgern verlangt (sog. **Vollintegration**), wie es in der Literatur vertreten wird[27], erscheint fraglich. Das Aufenthaltsrecht aus Art. 18 ist zwar nicht (mehr) an eine wirtschaftliche Betätigung geknüpft. Daraus alleine folgt aber nicht, daß für jede aus Anlaß des Aufenthalts in einem Mitgliedstaat vollzogene Handlung ein Anspruch auf Inländergleichbehandlung besteht.[28] Dies hätte zur Folge, daß die durch das Prinzip der begrenzten Einzelermächtigung gesicherte thematische Beschränkung des EGV, auf dem auch Art. 12 Abs. 1 aufbaut, unterlaufen und insoweit die Legitimationsgrundlage der Union in Frage gestellt würde.[29] Ein Anspruch auf Inländergleichbehandlung besteht nach Art. 18 i.V.m. Art. 12 Abs. 1 EGV demnach nur bei solchen Handlungen, die in einem engen sachlichen Zusammenhang mit dem jeweiligen Aufenthaltszweck stehen und seiner effektiven Ausübung dienen.[30] Ein Anspruch auf Gleichstellung beim Grunderwerb zum Zwecke der dauerhaften Wohnsitznahme erfüllt diese Voraussetzung.[31] In eine ähnliche Richtung deuten die Ausführungen des EuGH in der Sala-Entscheidung.[32] Dort ging es um die Frage, ob die Gewährung von sozialen Vergünstigungen von der Vorlage eines Dokuments, aus dem sich ein Aufenthaltsrecht ergibt, abhängig gemacht werden kann. Der EuGH hat dies verneint und weiter ausgeführt, daß sich ein Unionsbürger, der sich rechtmäßig im Gebiet des Aufnahmemitgliedstaats aufhält, in allen vom sachlichen Anwendungsbereich des Gemeinschaftsrechts erfaßten Fällen auf Artikel 12 des Vertrages berufen könne.[33] Daraus ist abzulesen, daß der EuGH zum einen die Anwendung des Diskriminierungsverbots auf Art. 18 bejaht, dies aber zum anderen auf Bereiche beschränkt sehen will, für die eine EG-Kompetenz besteht, d.h. die in einem sachlichen Zusammenhang mit sonstigen Vorschriften des primären oder sekundären Gemeinschaftsrecht stehen.

6   Das Aufenthaltsrecht besteht grundsätzlich, d. h. vorbehaltlich einer Schrankenziehung durch die Union oder die Mitgliedsstaaten[34], **ohne zeitliche Begrenzung**.[35] Einreise-, Ausreise- und Aufenthaltsformalitäten müssen so ausgestaltet sein, daß sie die Ausübung des Rechts nicht behindern und nicht diskriminierend wirken.[36] Es darf grundsätzlich nur der Nachweis der Staatsangehörigkeit eines Mitgliedstaates durch entsprechende Ausweispapiere verlangt werden.[37] Aufenthaltserlaubnisse haben nur noch deklaratorischen Charakter.[38]

---

25 *Pechstein/Bunk* (Fn. 15), S.552 f.
26 M. *Haag*, in: GTE, EGV, Art. 8a, Rn. 5.
27 *Pechstein/Bunk* (Fn. 15), S.553.
28 So aber *Pechstein/Bunk* (Fn. 15), S.553 f.
29 Zu diesem Aspekt allgemein BVerfGE 88, 155 (192 ff.).
30 *Schulz* (Fn. 1), S. 273.
31 Insoweit ist *Pechstein/Bunk* (Fn. 15), S.554 zu folgen. Siehe zur Abgrenzungsproblematik auch *Becker* (Fn. 1), S. 531 f.
32 EuGH, Rs. C-85/96, Slg. 1998, I-2691 (Martinez Sala). Ablehnend *Schulz* (Fn. 1), S. 260 f.
33 EuGH, Rs. C-85/96, Slg. 1998, I-2691, Rn. 63 (Martinez Sala). Siehe auch *Füßer* (Fn. 19), S. 102.
34 Dazu unten Rn. 11 ff.
35 M. *Haag*, in: GTE, EGV, Art. 8a, Rn. 5.
36 *Schulz* (Fn. 1), S. 212 ff.
37 EuGH, Rs. C-378/97, Slg. 1999, I-6207, Rn. 43 (Wijsenbeek); *Schulz* (Fn. 1), S. 215.
38 EuGH, Rs. C-85/96, Slg. 1998, I-2691, Rn. 53 (Martinez Sala).

b) Personeller Schutzbereich

Auf Art. 18 können sich **alle Unionsbürger** berufen und zwar auch dann, wenn sie zugleich die Staatsangehörigkeit eines Drittstaates besitzen. Es ist insoweit auf die statusbestimmenden Merkmale des Art. 17 abzustellen.[39] **Familienangehörige** von Unionsbürgern, die selbst die Staatsangehörigkeit eines Drittstaates besitzen, können sich nicht auf Art. 18 berufen. Ihnen wird ein Aufenthaltsrecht aber **sekundärrechtlich** gewährleistet.[40] Besondere Rechtsvorschriften gelten für Drittstaatsangehörige aus Ländern, mit denen die Gemeinschaft ein Assoziierungsabkommen abgeschlossen hat. Praktisch besonders bedeutsam ist in diesem Zusammenhang das Aufenthaltsrecht von türkischen Staatsangehörigen.[41]

7

c) Adressaten der Regelung

Die Regelung richtet sich in erster Linie an die Mitgliedstaaten, bindet aber auch die Gemeinschaftsorgane, soweit diese berufen sind, Beschränkungen oder Durchführungsvorschriften zu erlassen. Anders als bei den Grundfreiheiten[42] können sich die Unionsbürger auf Art. 18 auch bei rein innerstaatlichen Sachverhalten gegenüber dem eigenen Staat berufen.[43]

8

2. Grundrecht oder objektiv-rechtliche Regelung

Nach seinem Wortlaut begründet Art. 18 Abs. 1 ohne das Erfordernis einer sekundärrechtlichen Konkretisierung für jeden Unionsbürger das Aufenthaltsrecht. Dies spricht für eine unmittelbare Geltung.[44] Dennoch wird in der Literatur bestritten, daß es sich um eine unmittelbare Gewährleistung handelt.[45] Dazu wird indes lediglich geltend gemacht, daß es zur effektiven Umsetzung des Aufenthaltsrechts einer subjektiv-rechtlichen Deutung des Art. 18 nicht bedürfe.[46] Dieser Hinweis ist aber unbeachtlich, denn die Annahme, eine unmittelbare Anwendbarkeit sei zur effektiven Rechtsgewährleistung nicht erforderlich, spielt bei der Auslegung nur eine Rolle, wenn es sich um einen Zweifelsfall handelt. Ein solcher Zweifelsfall liegt aber nicht vor. Der Wortlaut spricht vielmehr jedem Unionsbürger ohne jegliche Rechtsbedingung das Aufenthaltsrecht zu.[47] Die innere Systematik, die in Abs. 1 den Erlaß von Beschränkungen und Bedingungen mittels Durchführungsvorschriften und in Abs. 2 den Erlaß von Vorschriften zuläßt, die die Ausübung der Rechte erleichtern, setzt die subjektive Gewährleistung voraus.[48] Schließlich entspricht auch nur diese Deutung dem Sinn und Zweck der Regelung, die

9

---

39 S. Art. 17, Rn. 20.
40 S. den Nachweis in Fn. 3.
41 Siehe dazu W. *Breidenbach*, Die Auswirkungen des Assoziationsrechts EG/Türkei auf das deutsche Arbeitsgenehmigungsrecht, 2001.
42 S. Art. 49/50, Rn. 7 f.
43 Ebenso *Schulz* (Fn. 1), S. 82 ff.; A. *Hatje*, in: Schwarze, EU-Kommentar, Art. 18, Rn. 6.
44 So A. *Haag*, in: GTE, EGV, Art. 8a, Rn. 4; *Koenig/Pechstein* (Fn. 11), Kap. 9, Rn. 14; H. G. *Fischer*, Die Unionsbürgerschaft, EuZW 1992, S. 566 (567); N. *Dautzenberg*, Der Vertrag von Maastricht, das neue Grundrecht auf allgemeine Freizügigkeit und die beschränkte Steuerpflicht der natürlichen Personen, BB 1993, S. 1563 (1564 f.).
45 So insbes. M. *Degen*, Die Unionsbürgerschaft nach dem Vertrag über die europäische Union unter besonderer Berücksichtigung des Wahlrechts, DöV 1993, S. 749 (752); W. *Kaufmann-Bühler*, in: Lenz, EGV, Art. 8a, Rn. 1; *Pechstein/Bunk* (Fn. 15), S. 547 ff., damit Abweichung von *Koenig/Pechstein* (Fn. 11), Kap. 9, Rn. 14, wo noch eine unmittelbare Anwendbarkeit vertreten wird.
46 So die Argumentation von *Pechstein/Bunk* (Fn. 15), S. 547 ff.
47 M. *Haag*, in: GTE, EGV, Art. 8a, Rn. 4.
48 M. *Haag*, in: GTE, EGV, Art. 8a, Rn. 4, 10; *Koenig/Pechstein* (Fn. 11), Kap. 9, Rn. 14.

bereits bestehenden primärrechtlichen Aufenthaltsrechte, die als Annexgewährleistungen der Grundfreiheiten unmittelbare Rechtsgewährleistungen enthalten, thematisch auszudehnen.[49] Es handelt sich demnach um ein **Grundrecht**.[50]

3. Verhältnis zu den Grundfreiheiten

10 Soweit bislang bereits aus den Grundfreiheiten Aufenthaltsrechte im Zusammenhang mit der wirtschaftlichen Betätigung abgeleitet wurden, stellt sich die Frage nach ihrem Fortbestand. Da Art. 18 thematisch ausdrücklich das Aufenthaltsrecht garantiert, könnte die Ableitung als Annexgewährleistung zu den Grundfreiheiten obsolet geworden sein. Für diese Deutung spricht der Wortlaut des Art. 18 Abs. 1, insoweit dieser auf die Schranken der sonstigen Vertragsbestimmungen verweist. Dies ergibt nur dann einen Sinn, wenn Art. 18 Abs. 1 das Aufenthaltsrecht auch im Anwendungsbereich der übrigen Vertragsbestimmungen einschließlich der Grundfreiheiten schützt. Dagegen spricht jedoch, daß der Aufenthalt zum Zweck einer wirtschaftlichen Betätigung in unauflösbarem sachlichen Zusammenhang mit der jeweiligen Grundfreiheit steht, soweit diese nicht ohne den Aufenthalt im jeweiligen Mitgliedstaat ausgeübt werden kann. Da die **einzelnen Grundfreiheiten** spezielleren Verhaltensformen erfassen als Art. 18, sind sie als **speziellere Regelungen** anzusehen.[51] Die Frage kann indes offenbleiben, da sie sich weder auf den materiellen Gewährleistungsgehalt noch auf die Schrankenziehung auswirkt.

III. Einschränkungen nach Absatz 1

11 Das Aufenthaltsrecht wird vorbehaltlich der in den übrigen Vertragsbestimmungen[52] sowie in den sekundärrechtlichen Durchführungsvorschriften geregelten Beschränkungen und Bedingungen gewährleistet, steht also unter einem **Schrankenvorbehalt**. Der Verweis auf die sonstigen Vertragsbestimmungen dient zugleich der Sicherung des Fortbestandes der besonderen Schrankensystematik vor allem im Anwendungsbereich der Grundfreiheiten.[53]

12 Der Verweis auf die sonstigen Vertragsbestimmungen und die zu ihnen erlassenen Durchführungsbestimmungen bezieht sich nur auf den EGV und nicht auf den EUV[54] und hat zur Folge, daß auf die für sie jeweils maßgeblichen Gründe und Grenzen abzustellen ist. Durch die Einführung von Art. 18 hat sich der materiellrechtliche Maßstab für die Beurteilung ihrer Rechtmäßigkeit, insbesondere ihrer Verhältnismäßigkeit, nicht geändert.[55] Einschränkungen sind demnach insbesondere zur Wahrung der öffentlichen

---

49 Vgl. *Pechstein/Bunk* (Fn. 15), S. 551 mit Fn. 33 und 34.
50 A. Hatje, in: Schwarze, EU-Kommentar, Art. 18, Rn. 1; *I. Pernice* in: Dreier (Hrsg.), GG, Bd. I, Art. 11, Rn. 5. Wohl auch *M. Hilf*, in: Grabitz/Hilf, EU, Art. 8a, Rn. 1.
51 So auch *A. Hatje*, in: Schwarze, EU-Kommentar, Art. 18, Rn. 12; *M. Hilf*, in: Grabitz/Hilf, EU, Art. 8a, Rn. 5; *Pechstein/Bunk* (Fn. 15), S. 553. Dies entspricht auch der Lösung des Kollisionsverhältnisses zwischen Art. 11 und 12 Abs. 1 GG, vgl. *K. Hailbronner*, Freizügigkeit, in: Isensee/Kirchhof (Hrsg.), Handbuch des Staatsrechts, Bd. VI, 1989, § 131, Rn. 38; *R. Scholz*, in: Maunz/Dürig, Komm. z. GG., Art. 12, Rn. 191.
52 Damit sind ausschließlich die Bestimmungen des EGV gemeint; *M. Haag*, in: GTE, EGV, Art. 8a, Rn. 8.
53 *M. Haag*, in: GTE, EGV, Art. 8a, Rn. 8; *Pechstein/Bunk* (Fn. 15), S. 552.
54 *M. Hilf*, in: Grabitz/Hilf, EU, Art. 8a, Rn. 10.
55 OVG Münster, NVwZ-RR 1996, 708 f.; *M. Hilf*, in: Grabitz/Hilf, EU, Art. 8a, Rn. 14.

Sicherheit und Ordnung zulässig.[56] Für eine Überprüfung der bisher erlassenen Beschränkungen an Art. 18 besteht demnach kein Anlaß.[57]

Da die sonstigen Vertragsbestimmungen an die wirtschaftliche Betätigung anknüpfen, erstrecken sich die auf diesen Vorschriften beruhenden Beschränkungen nicht auf einen Aufenthalt, der ohne Bezug zu einer wirtschaftlichen Betätigung erfolgt. Insoweit können Beschränkungen direkt auf Art. 18 Abs. 1 gestützt werden. Es fehlt dann aber an einer näheren Bestimmung der Zwecke, die eine Beschränkung rechtfertigen. Neben der Anwendung des Grundsatzes der Verhältnismäßigkeit[58] kommt eine entsprechende Anwendung der Schrankenbestimmungen zu den Grundfreiheiten und der zu ihnen ergangenen Durchführungsbestimmungen in Betracht. In jedem Fall bedarf die Beschränkung einer besonderen Rechtfertigung, die auf die grundlegende Bedeutung des Freizügigkeitsrechts Rücksicht nehmen muß.[59] Diese Vorgehensweise kann durch die Entwicklung einer einheitlichen Dogmatik der Grundfreiheiten einschließlich ihrer Schrankensystematik gerechtfertigt werden.[60] 13

Rechtsgrundlage für den Erlaß von Beschränkungen sind vorrangig die sonstigen Vertragsbestimmungen. Der Verweis auf Durchführungsbestimmungen bezieht sich nicht nur auf die sonstigen Vertragsbestimmungen, sondern ermächtigt auch zum Erlaß von Beschränkungen des allgemeinen Freizügigkeitsrechts. Da in Absatz 1 keine Regelung getroffen wird, ist auch insoweit, wie in Absatz 2, das Verfahren des Artikel 251 anzuwenden. Das gilt selbstverständlich nicht für Beschränkungen durch die Mitgliedstaaten, die allenfalls im Rahmen eines ungeschriebenen ordre-public-Vorbehalts zulässig sind.[61] 14

IV. Ausübungserleichterungsvorschriften nach Absatz 2

Von den Schranken deutlich zu unterscheiden sind die nach Absatz 2 fakultativ zu erlassenden Vorschriften. Sie sollen die Ausübung des Aufenthaltsrechts »erleichtern«. Damit können Beschränkungen nicht auf Absatz 2 gestützt werden. Dadurch wird insbesondere der bereits erreichte Stand der Freizügigkeit abgesichert.[62] Erleichterungen können u. a. durch verfahrensrechtliche Vereinheitlichungen erreicht werden. 15

Die **Voraussetzungen** für den Erlaß dieser Vorschriften sowie das dabei einzuhaltende **Verfahren** wurden durch den Vertrag von Nizza neu geregelt. Zunächst wurde die Rechtsetzungsbefugnis der Gemeinschaft gegenüber der vorherigen Fassung insoweit beschränkt, als sie nur dann tätig werden darf, wenn dies zur Erreichung der Zielsetzung des Absatzes 1 erforderlich ist. Es müssen also Hindernisse bei der Umsetzung erkennbar sein. Weiterhin ist die Gemeinschaft zur Verfolgung dieses Zieles zunächst auf die in 16

---

56 EuGH, Rs. C-378/97, Slg. 1999, I-6207, Rn. 43 (Wijsenbeek); dazu Anmerkung von *J. Wuermeling*, BayVBl. 2000, S. 624 ff.; siehe auch *A. Hatje*, in: Schwarze, EU-Kommentar, Art. 18, Rn. 11; *Schulz* (Fn. 1), S. 286 ff. A.A. *H. Schneider*, Die öffentliche Ordnung als Schranke der Grundfreiheiten im EG-Vertrag, 1998, S. 53 ff. S. zu Einzelheiten Art. 30, Rn. 26 ff.
57 Anders *M. Haag*, in: GTE, EGV, Art. 8a, Rn. 9.
58 *M. Haag*, in: GTE, EGV, Art. 8a, Rn. 9.
59 *M. Hilf*, in: Grabitz/Hilf, EU, Art. 8a, Rn. 13.
60 Dazu GA *C.O. Lenz*, Schlußantr. zu EuGH, Rs. C – 415/93, Slg. 1995, I-4921, Ziff. 200 (Bosman); *C. D. Classen*, Auf dem Weg zu einer einheitlichen Dogmatik der EG-Grundfreiheiten, EWS 1995, S. 97 ff.
61 *A. Hatje*, in: Schwarze, EU-Kommentar, Art. 18, Rn. 11.
62 *A. Hatje*, in: Schwarze, EU-Kommentar, Art. 18, Rn. 13; *W. Kaufmann-Bühler*, in: Lenz, EGV, Art. 18, Rn. 7.

anderen Vorschriften geregelten Befugnisse verwiesen, insbesondere also auf die Rechtsetzungsbefugnisse im Zusammenhang mit den einzelnen Grundfreiheiten. Wird ein Hindernis in einem Bereich festgestellt, der eine der Grundfreiheiten betrifft, so sind die entsprechenden Befugnisse heranzuziehen. Durch den ebenfalls neu angefügten Absatz 3 wird die thematische Reichweite der Regelungsbefugnis des Absatzes 2 beschränkt, mit der Folge, daß in diesem Bereich nur die sonstigen Befugnisse anwendbar sind. Dies betrifft Regelungen zu Pässen, Personalausweisen, Aufenthaltstiteln und gleichgestellten Dokumenten sowie den Bereich der sozialen Sicherheit und des sozialen Schutzes.

Art. 19 (ex-Art. 8b)

(1) Jeder Unionsbürger mit Wohnsitz in einem Mitgliedstaat, dessen Staatsangehörigkeit er nicht besitzt, hat in dem Mitgliedstaat, in dem er seinen Wohnsitz hat, das aktive und passive Wahlrecht bei Kommunalwahlen[10 ff.], wobei für ihn dieselben Bedingungen gelten wie für die Angehörigen des betreffenden Mitgliedstaats.[3 ff.] Dieses Recht wird vorbehaltlich der Einzelheiten ausgeübt, die vom Rat einstimmig auf Vorschlag der Kommission und nach Anhörung des Europäischen Parlaments festgelegt werden[7]; in diesen können Ausnahmeregelungen vorgesehen werden, wenn dies aufgrund besonderer Probleme eines Mitgliedstaats gerechtfertigt ist.[15]

(2) Unbeschadet des Artikels 190 Absatz 4 und der Bestimmungen zu dessen Durchführung besitzt jeder Unionsbürger mit Wohnsitz in einem Mitgliedstaat, dessen Staatsangehörigkeit er nicht besitzt, in dem Mitgliedstaat, in dem er seinen Wohnsitz hat, das aktive und passive Wahlrecht bei den Wahlen zum Europäischen Parlament[21 ff.], wobei für ihn dieselben Bedingungen gelten wie für die Angehörigen des betreffenden Mitgliedstaats. Dieses Recht wird vorbehaltlich der Einzelheiten ausgeübt, die vom Rat einstimmig auf Vorschlag der Kommission und nach Anhörung des Europäischen Parlaments festgelegt werden[19 f.]; in diesen können Ausnahmeregelungen vorgesehen werden, wenn dies aufgrund besonderer Probleme eines Mitgliedstaats gerechtfertigt ist.[25]

Inhaltsübersicht:

I. Bedeutung und Entstehung der Vorschrift	1
1. Regelungen über das Kommunalwahlrecht – Absatz 1	1
a) Bedeutung	1
b) Ausgangslage und Entstehungsgeschichte	3
c) Durchführungsvorschriften	7
2. Regelungen über das Wahlrecht zum EP – Absatz 2	8
II. Das Kommunalwahlrecht der Unionsbürger in Gast-Mitgliedstaaten	10
1. Gegenstand des Kommunalwahlrechts	10
a) Erfaßte Organe	10
b) Voraussetzungen für die Ausübung des Wahlrechts	12
2. Umsetzung durch die deutschen Bundesländer	16
III. Das Wahlrecht zum EP in Gast-Mitgliedstaaten	18
1. Anwendungsbereich und konkretisierende Durchführungsbestimmungen	18
2. Aktives Wahlrecht	21
3. Passives Wahlrecht	24
4. Ausnahmeregelungen	25

I. Bedeutung und Entstehung der Vorschrift

1. Regelungen über das Kommunalwahlrecht – Absatz 1

a) Bedeutung
Das mit der Einführung der Unionsbürgerschaft verfolgte Ziel, ein **Europa der Bürger** zu schaffen, verlangt vor allem die Stärkung und Erweiterung der Teilnahme an der Ausübung der **demokratischen Teilhaberechte** in der Form des aktiven und passiven Wahlrechts. Da die Identität und Souveränität der Mitgliedstaaten auch durch den Unionsvertrag nicht in Frage gestellt werden sollte[1], kam zur Verwirklichung dieser Zielset-

1

---

[1] S. Art. 6 Abs. 1 EUV.

zung vor allem die Öffnung des Kommunalwahlrechts für die Unionsbürger in Betracht.[2] Damit wird zugleich der Tatsache Rechnung getragen, daß der in einem anderen Mitgliedstaat seßhafte Unionsbürger in die lokale Gemeinschaft besonders stark integriert und von den dort getroffenen Entscheidungen in besonderer Weise betroffen ist. Das kommunale Wahlrecht bildet ein **Kernstück der Unionsbürgerschaft**.[3]

2 Die Einräumung des aktiven und passiven Kommunalwahlrechts ist staatsrechtlich dem Bereich der Exekutive zuzuordnen und nicht der Legislative.[4] Daran ändert auch der Umstand nichts, daß den kommunalen Vertretungskörperschaften regelmäßig gewichtige Rechtsetzungsbefugnisse zustehen. Diese Zuordnung macht deutlich, daß es sich nicht um eine Mitwirkung auf der für die nationale Identität besonders wichtigen gesamtstaatlichen Ebene, sondern um die Partizipation in einem funktional begrenzten Bereich geht. In vergleichbarer Weise sind die Unionsbürger als Mitglieder von Trägern der funktionalen Selbstverwaltung (Kammern der freien Berufe, Industrie- und Handelskammern etc.) in die demokratische Partizipation eingebunden.[5]

b) Ausgangslage und Entstehungsgeschichte

3 Mit der Wohnsitznahme in einem anderen Mitgliedstaat war für die Unionsbürger regelmäßig der Verlust des kommunalen Wahlrechts an ihrem bisherigen Wohnsitz verbunden[6], ohne daß dieser Verlust am neuen Wohnsitz kompensiert wurde.[7] In mehreren Mitgliedstaaten standen der Einräumung eines kommunalen Wahlrechts an Unionsbürger bzw. Ausländer verfassungsrechtliche Hindernisse entgegen.[8] Von einer Gleichbehandlung der Unionsbürger konnte deshalb bezüglich der politischen Partizipation auf der kommunalen Ebene weder in den meisten Mitgliedstaaten noch unionsweit die Rede sein.

4 Die Bemühungen um eine Gleichstellung der Unionsbürger bei den Kommunalwahlen reichen bis in das Jahr 1974 und den seinerzeit vom Pariser Gipfel[9] angestoßenen Tindemanns-Bericht über mögliche Sonderrechte für Gemeinschaftsbürger zurück.[10] 1985 forderte die sog. Adonnino-Kommission in ihrem Schlußbericht die Einführung von politischen Partizipationsmöglichkeiten auf kommunaler Ebene.[11] Diese Forderung machte sich das EP in einer Entschließung vom November 1985 zu eigen.[12] Am 22. Juni 1988 legte die Kommission einen Richtlinienentwurf vor, der jedoch im Hinblick auf

---

2 M. *Haag*, in: GTE, EGV, Art. 8b, Rn. 6.
3 A. *Hatje*, in: Schwarze, EU-Kommentar, Art. 19, Rdn. 1; W. *Kaufmann-Bühler*, in: Lenz, EGV, Art. 19, Rn. 1.
4 Aus deutscher Sicht BVerfGE 65, 283 (289).
5 Dazu W. *Kluth*, Verfassungsfragen der Privatisierung von Industrie- und Handelskammern, 1997, S. 30 ff.
6 In 11 Mitgliedstaaten ist Staatsangehörigen ohne Wohnsitz im Hoheitsgebiet die Ausübung ihres passiven und aktiven Wahlrechts untersagt. Im Ausland wohnhafte griechische und italienische Staatsangehörige müssen, wenn sie wählen wollen, in ihr Herkunftsland reisen. Lediglich Frankreich und Spanien ermöglichen ihren im Ausland wohnhaften Bürgern die volle Ausübung ihres Wahlrechts. Vgl. Zweiter Bericht der Kommission über die Unionsbürgerschaft v. 27.05.1997, KOM (97) 230 endg.
7 Ein kommunales Wahlrecht für Unionsbürger bzw. Ausländer gewährten 1992 allgemein Dänemark, Irland und die Niederlande sowie auf der Grundlage der Gegenseitigkeit Portugal und Spanien; M. *Haag*, in: GTE, EGV, Art. 8b, Rn. 4.
8 Vgl. für Deutschland BVerfGE 83, 37 ff. und 83, 60 ff. Verfassungsänderungen mußten zudem in Frankreich, Spanien und Portugal erfolgen; vgl. M. *Haag*, in: GTE, EGV, Art. 8b, Rn. 5.
9 Bull.EG 12/1964, Ziff. 1104.
10 Bull.EG 1976, Beilage 1/76.
11 Bull.EG 1985, Beilage 7/85.
12 ABl.EG Nr. C 345/82.

den sich abzeichnenden Inhalt des Maastrichter Unionsvertrages nicht weiter verfolgt wurde.[13]

Durch die Aufnahme des Art. 19 (seinerzeit Art. 8b) wurde der Grundsatz der Gleichbehandlung der Unionsbürger im Rahmen der Kommunalwahlen in doppelter Hinsicht umgesetzt: Einmal durch die unionsweite Einführung eines kommunalen Wahlrechts für Unionsbürger, zum anderen durch die Erstreckung des Grundsatzes der Inländergleichbehandlung auf diesen Bereich. Art. 19 enthält keine Vorgaben für die Ausgestaltung des Kommunalwahlrechts, die über die Absicherung der Inländergleichbehandlung hinausgehen, schafft also kein gemeinschaftsrechtliches Kommunalwahlrecht.[14]

Da die organisatorische Ausgestaltung der kommunalen Ebene in den einzelnen Mitgliedstaaten erhebliche Abweichungen aufweist und teilweise sogar innerhalb eines Mitgliedstaats **unterschiedliche Systeme** anzutreffen sind, wie z. B. in Deutschland mit seinen verschiedenen Kommunalverfassungstypen, wäre die Aufnahme einer alle Detailfragen regelnden, direkt anwendbaren Vorschrift unangebracht gewesen. Art. 19 trifft deshalb eine Grundsatzregelung, die einer näheren Ausgestaltung durch sekundäres Gemeinschaftsrecht bedürftig ist. Dem trägt Absatz 1 Satz 2 Rechnung. Da die Gewährleistung des Art. 19 Abs. 1 sich nur unter Berücksichtigung der ausführenden Regelungen erschließt, werden diese in die Kommentierung einbezogen.

c) **Durchführungsvorschriften**
Dem in Art. 19 Abs. 1 Satz 2 begründeten Regelungsauftrag ist der Rat durch den Erlaß der **Richtlinie 94/80/EG** vom 19.12.1994 über die Einzelheiten der Ausübung des aktiven und passiven Wahlrechts bei den Kommunalwahlen für Unionsbürger mit Wohnsitz in einem Mitgliedstaat, dessen Staatsangehörigkeit sie nicht besitzen[15], nachgekommen.[16] Die an die Mitgliedstaaten gerichtete Richtlinie ist in vier Kapitel untergliedert: I. Allgemeines, mit Bestimmung des Anwendungsbereichs, Begriffsbestimmungen und Einzelheiten zu den Voraussetzungen des Wahlrechts; II. Ausübung des aktiven und passiven Wahlrechts, mit näheren Regelungen betreffend die Aufnahme in Wählerverzeichnisse und Kandidatur; III. Ausnahme- und Übergangsregelung, mit besonderen Bestimmungen für Mitgliedstaaten mit besonders hohen Anteilen von Unionsbürgern aus anderen Mitgliedstaaten; IV. Schlußbestimmungen, mit Festlegung der **Umsetzungsfrist** auf den 1.1.1996. Ergänzt wird die Richtlinie durch eine Anlage, in der diejenigen Verwaltungseinheiten der einzelnen Mitgliedstaaten aufgeführt werden, in denen ein Kommunalwahlrecht zu gewähren ist. Wie in anderen Bereichen können die Mitgliedstaaten auch hier Umstände der internen Rechtsordnung, wie z.B. die Notwendigkeit einer Verfassungsänderung, nicht zur Rechtfertigung einer verspäteten Umsetzung anführen.[17]

2. Regelungen über das Wahlrecht zum EP – Absatz 2

Bis zum Unionsvertrag war die Regelung des Wahlrechts zum EP einschließlich der Frage, ob Angehörige anderer Mitgliedstaaten das Wahlrecht im Wohnsitzstaat besitzen,

---

13 Dok. KOM (88) 371 endg. vom 22.6.1988, ABl.EG Nr. C 246. Dazu *W. de Lobkowicz*, Ein europäisches Kommunalwahlrecht für alle EG-Bürger, DÖV 1989, S. 519 ff.
14 *M. Haag*, in: GTE, EGV, Art. 8b, Rn. 7.
15 ABl.EG Nr. L 368/38 geändert durch die Richtlinie 96/30/EG des Rates vom 30.5.1996, ABl.EG Nr. L 122/14.
16 Dazu eingehend *L. Schrapper*, Die Richtlinie 94/80/EG zum aktiven und passiven Kommunalwahlrecht für Unionsbürger, DVBl. 1995, S. 1167 ff.
17 EuGH, Rs. C-323/97, Slg. 1998, I-4281, Rn. 8 (Kommission/Belgien).

Art. 19 EG-Vertrag

der Ausgestaltung durch die Mitgliedstaaten überlassen, die sich für unterschiedliche Modelle entschieden hatten. So war in den meisten Mitgliedstaaten das aktive und passive Wahlrecht zum EP den eigenen Staatsangehörigen vorbehalten. Die sich daraus ergebenden **Beeinträchtigungen der Wahlrechtsgleichheit** sollten durch die Regelung des Absatz 2 behoben und zugleich die politische Integration der Unionsbürger im Wohnsitzstaat verbessert werden.[18]

9   Art. 19 Abs. 2 geht als speziellere Regelung dem Art. 190 Abs. 3 vor, enthebt den Rat und das EP jedoch nicht von der (überfälligen) Verpflichtung, ein vereinheitlichtes Wahlverfahren einzuführen.[19]

II. Das Kommunalwahlrecht der Unionsbürger in Gast-Mitgliedstaaten

1. Gegenstand des Kommunalwahlrechts

a) Erfaßte Organe

10 Art. 19 Abs. 1 Satz 1 spricht nur allgemein von »Kommunalwahlen«. Was darunter genau zu verstehen ist, ergibt sich aus Art. 2 Abs. 1 lit. a) und b) RL 94/80/EG. Danach bezeichnet der Ausdruck Kommunalwahlen »die allgemeinen, unmittelbaren Wahlen, die darauf abzielen, die Mitglieder der Vertretungskörperschaft und gegebenenfalls gemäß den Rechtsvorschriften jedes Mitgliedstaats den Leiter und die **Mitglieder des Exekutivorgans einer lokalen Gebietskörperschaft der Grundstufe** zu bestimmen«. Unter einer lokalen Gebietskörperschaft der Grundstufe sind die im Anhang zu der RL 94/80/EG angeführten Verwaltungseinheiten zu verstehen, »die nach Maßgabe der einzelstaatlichen Rechtsvorschriften in allgemeiner, unmittelbarer Wahl gewählte Organe besitzen und auf der Grundstufe der politischen und administrativen Organisation für die Verwaltung bestimmter örtlicher Angelegenheiten unter eigener Verantwortung zuständig sind«. Für **Deutschland** führt die Richtlinie folgende Verwaltungseinheiten auf: kreisfreie Stadt bzw. Stadtkreis, Kreis; Gemeinde, Bezirk in der Freien und Hansestadt Hamburg und im Land Berlin; Stadtgemeinde Bremen in der Freien Hansestadt Bremen; Stadt-, Gemeinde- oder Ortsbezirke und Ortschaften. Damit wird der Vielfalt der Kommunalverfassungen und den Besonderheiten der Stadtstaaten[20] Rechnung getragen. Nicht erfaßt werden einige höhere Kommunalverbände, wie z. B. die bayerischen Bezirke[21], die niedersächsischen Samtgemeinden[22] und die Verbandsgemeinden in Rheinland-Pfalz[23], die sämtlich über direkt gewählte Organe verfügen. Eine analoge Anwendung kommt nur für die beiden letztgenannten Verwaltungseinheiten in Betracht, da sie Aufgaben einer lokalen Gebietskörperschaft der Grundstufe wahrnehmen, die in den anderen Bundesländern den Städten und Kreisen zugewiesen sind.[24]

11 Fraglich ist, ob unter den Begriff der Kommunalwahlen auch die in zahlreichen Gemeinde- und Kreisordnungen vorgesehenen Abstimmungen in der Form von **Bürgerent-**

---

18 *M. Haag*, in: GTE, EGV, Art. 8b, Rn. 14.
19 S. Art. 190, Rn. 4.
20 Dazu *K. Sieveking*, Europäisches Gemeinschaftsrecht und Stadtstaaten, DÖV 1993, S. 449 ff.
21 Art. 12 bay. BezO.
22 §§ 71 ff. nds. GO.
23 §§ 64 ff. GO Rh.-Pf. Zukünftig auch in Sachsen-Anhalt nach dem Verbandsgemeindeeinführungsgesetz, das die in §§ 75 ff. sachs-anh GO geregelten Verwaltungsgemeinschaften ablöst.
24 *Schrapper* (Fn. 15), S. 1170.

scheiden u. ä. fallen. Im Gegensatz zu Wahlen, durch die ein Organwalter bestellt wird, geht es bei Abstimmungen um Sachentscheidungen. Eine Subsumtion unter den Begriff Kommunalwahlen scheidet damit aus. Dies bestätigt auch die Entstehungsgeschichte der Richtlinie.[25] Daß ein Wertungswiderspruch vorliegt, wenn ein nichtdeutscher Unionsbürger zwar als Ratsmitglied gewählt werden kann, aber nicht an der Abstimmung über eine einzelne Sachfrage durch Bürgerentscheid beteiligt ist, steht außer Frage. Für eine analoge Anwendung bleibt indes kein Raum. Wieder eine andere Frage ist es, ob die Erstreckung des Abstimmungsrechts auf Unionsbürger, wie sie mehrere Bundesländer eingeführt haben[26], mit dem Grundgesetz vereinbar ist.[27] Die besseren Argumente sprechen für die Zulässigkeit einer solchen Regelung, zumindest im Wege einer entsprechenden Anwendung.[28]

b) **Voraussetzungen für die Ausübung des Wahlrechts**

Die Ausübung des aktiven und passiven Kommunalwahlrechts folgt dem in Art. 3 lit. b RL 94/80/EG verankerten Grundsatz der Inländergleichbehandlung. Seine nähere Ausgestaltung wird in Art. 4 vor allem hinsichtlich der Bindung des Wahlrechts an eine **Mindestwohndauer** im Gebiet des betreffenden Staates und der betreffenden Gebietskörperschaft konkretisiert. Diese Bindung entspricht der gängigen Regelungspraxis in den Mitgliedstaaten und soll vor allem eine Wohnsitznahme nur zu Zwecken der Stimmrechtsausübung verhindern. Bei der Berechnung der Mindestaufenthaltszeit im Staatsgebiet ist gem. Art. 4 Abs. 1 die Aufenthaltszeit in anderen Mitgliedstaaten mit zu berücksichtigen. Art. 4 Abs. 2 gestattet die Beschränkung des Wahlrechts auf den Hauptwohnsitz. Nach Abs. 3 darf die Zuerkennung des Wahlrechts von einer Mindestwohndauer in der Gebietskörperschaft abhängig gemacht werden.

Die **Ausübung des aktiven Kommunalwahlrechts** im Wohnsitzmitgliedstaat ist nach Art. 7 Abs. 1 RL 94/80/EG von einer entsprechenden **Willensbekundung**, einer empfangsbedürftigen verwaltungsrechtlichen Willenserklärung, abhängig. In denjenigen Mitgliedstaaten, in denen eine Wahlpflicht besteht, erstreckt sich diese nach Art. 7 Abs. 2 auf Unionsbürger, die sich in das Wählerverzeichnis haben eintragen lassen. Besteht keine Wahlpflicht, so kann die Eintragung in das Wählerverzeichnis nach Art. 7 Abs. 3 von Amts wegen erfolgen.

Ist einem Unionsbürger in seinem Herkunftsstaat das passive Wahlrecht aberkannt worden, so kann dies nach Art. 5 Abs. 1 RL 94/80/EG berücksichtigt und das Kommunalwahlrecht aberkannt werden. Eine Inkompatibilitätsregelung trifft Art. 6.

Nach Art. 5 Abs. 3 RL 94/80/EG können die Mitgliedstaaten bestimmen, »daß nur ihre eigenen Staatsangehörigen in die Ämter des **Leiters des Exekutivorgans**, seines Vertreters oder eines Mitglieds des leitenden kollegialen Exekutivorgans einer lokalen Gebietskörperschaft der Grundstufe wählbar sind, wenn diese Personen gewählt worden sind, um diese Ämter während der Dauer des Mandats auszuüben«. Damit wird dem Umstand Rechnung getragen, daß die Verfassungen der Mitgliedstaaten für diese Ämter

---

25 *Schrapper* (Fn. 15), S. 1170.
26 Z. B. § 7 KWahlG NW i. V. m. §§ 21 Abs. 2, 26 GO NW.
27 Dazu *B. Burkholz*, Teilnahme von Unionsbürgern an kommunalen Bürgerentscheiden?, DÖV 1995, S. 816 ff.; *K. Engelken*, Einbeziehung der Unionsbürger in kommunale Abstimmungen (Bürgerbegehren)?, NVwZ 1995, S. 432 ff.; *ders.*, Nochmals: Teilnahme von Unionsbürgern an kommunalen Bürgerentscheiden?, DÖV 1996, S. 737 ff.; *H. Hofmann/K. G. Meyer-Teschendorf*, Teilnahme von Unionsbürgern nicht nur an Kommunalwahlen, sondern auch an kommunalen Plebisziten?, ZRP 1995, S. 290 ff.
28 *H.-U. Erichsen*, Kommunalrecht NW, 2. Aufl. 1997, S. 84.

Art. 19 EG-Vertrag

häufig einen Staatsangehörigenvorbehalt statuieren[29], worauf bereits Art. 39 Abs. 4 EGV Rücksicht nimmt.

2. Umsetzung durch die deutschen Bundesländer

16 Die effektive Gewährleistung des Kommunalwahlrechts für Unionsbürger ist primär eine den Bund treffende Verpflichtung. Da das Kommunalwahlrecht in die Gesetzgebungskompetenz der Länder fällt, war der Bund in seinem eigenen Zuständigkeitsbereich nur zur Schaffung der verfassungsrechtlichen Voraussetzungen verpflichtet. Dieser Pflicht ist er durch die Änderung des Grundgesetzes und die Einfügung des Art. 28 Abs. 1 Satz 3 nachgekommen.[30]

17 Die Bundesländer haben die Richtlinie 94/80/EG fristgerecht durch entsprechende Änderungen ihrer kommunalen Gesetze umgesetzt.[31] Von der Möglichkeit, das passive Wahlrecht für kommunale Spitzenbeamte auf Deutsche einzuschränken, haben z. B. Bayern[32] und Sachsen[33] Gebrauch gemacht.

III. Das Wahlrecht zum EP in Gast-Mitgliedstaaten

1. Anwendungsbereich und konkretisierende Durchführungsbestimmungen

18 Die der Verbesserung der Wahlrechtsgleichheit und politischen Integration der Unionsbürger im Wohnsitzstaat dienende Regelung des Absatz 2 erweitert die Wahlausübungsrechte der Unionsbürger für den Bereich des aktiven und passiven Wahlrechts zum EP. Für beide Bereiche wird eine Inländergleichbehandlung verlangt.

19 Die Regelung ist ebenso wie das Kommunalwahlrecht nach Absatz 1 nur auf der Grundlage einer konkretisierenden Regelung anwendbar, die in diesem Fall durch die Richtlinie 93/109/EG des Rates vom 6.12.1993 über die Einzelheiten der Ausübung des aktiven und passiven Wahlrechts bei den Wahlen zum Europäischen Parlament im Wohnsitzmitgliedstaat[34] getroffen wurde.

20 Die Bundesrepublik hat die Richtlinie durch das Dritte Gesetz zur Änderung des Europawahlgesetzes[35] und die Zweite Verordnung zur Änderung der Europawahlordnung[36] fristgerecht umgesetzt.

---

29 Für Deutschland Art. 20 Abs. 2 i. V. m. Art. 33 Abs. 2 und Abs. 4 GG.
30 G. v. 21.12.1992, BGBl. I S. 2086.
31 Art. 1 Abs. 1 bay. GWahlG; § 8 Nr. 1 bbg KWahlG; §§ 14, 12 bwGO; § 30 Abs. 1 Nr. 1 hess. GO; § 34 Abs. 1 nds. GO; § 7 nw KWahlG; § 14 Abs. 1 i. V. m. § 13 Abs. 2 Nr. 1 GO Rh.-Pf.; § 24 Abs. 1 i. V. m. § 18 Abs. 2 S. 1 saarl. KSVG; § 16 Abs. 1 S. 2 sächs. GO; § 37 Abs. 1 i. V. m. § 20 Abs. 2 S. 1 sachs.-anh. GO; § 3 Abs. 1 schl.-holst. KWahlG; § 19 Abs. 2 S. 3 thür. KO. S. dazu auch B. *Pieroth/M. Schmülling*, Die Umsetzung der Richtlinie des Rates zum Kommunalwahlrecht der Unionsbürger in den deutschen Ländern, DVBl. 1998, S. 365 ff.
32 Art. 36 Abs. 1 bay GWahlG. Dazu K. *Engelken*, Nochmals: Kommunalwahlrecht für nichtdeutsche Unionsbürger, BayVBl. 1996, S. 389 ff.
33 § 49 Abs. 1 sächs. GO.
34 ABl.EG 1993 Nr. L 329/34.
35 G.v. 8.3.1994, BGBl. I, S. 419. Dazu M. *Borchmann*, Änderungen im deutschen Europawahlrecht, NJW 1994, S. 1522 f.; M. *Dürig*, Das neue Wahlrecht für Unionsbürger bei den Wahlen zum Europäischen Parlament, NVwZ 1994, S. 1180 ff.
36 VO v. 15.3.1994, BGBl. I, S. 544.

2. Aktives Wahlrecht

Das aktive Wahlrecht kann gem. Art. 4 RL 93/109/EG entweder im Wohnsitzmitgliedstaat oder im Herkunftsmitgliedstaat ausgeübt werden, jedoch **nur alternativ**. Die Richtlinie geht von dem Grundsatz aus, daß das Wahlrecht im Herkunftsmitgliedstaat ausgeübt wird. Soll das Wahlrecht im Wohnsitzmitgliedstaat ausgeübt werden, so bedarf es einer Erklärung nach Art. 8 Abs. 1. Besteht im Wohnsitzmitgliedstaat Wahlpflicht, so gilt diese nach Art. 8 Abs. 2 auch für staatsfremde Unionsbürger, wenn diese eine Erklärung nach Art. 8 Abs. 1 abgegeben haben. 21

Nach Art. 7 Abs. 1 kann der Wohnsitzmitgliedstaat nachprüfen, ob ein Unionsbürger aus einem anderen Mitgliedstaat, der sein aktives Wahlrecht im Wohnsitzstaat ausüben will, seines aktiven Wahlrechts im Herkunftsstaat nicht verlustig gegangen ist. Das dabei einzuhaltende Verfahren ist in Art. 7 Abs. 2 und Abs. 3 näher geregelt. 22

Für die Ausübung des aktiven Wahlrechts ist die **Eintragung in das Wählerverzeichnis** im Wohnsitzmitgliedstaat erforderlich. Um dort eingetragen zu werden, können von den staatsfremden Unionsbürgern neben den gleichen Unterlagen, die nationale aktiv Wahlberechtigte zu diesem Zweck vorlegen müssen, zusätzliche Nachweise nach Art. 9 Abs. 2 und 3 verlangt werden. 23

3. Passives Wahlrecht

Bei der Ausübung des passiven Wahlrechts ist die in Art. 4 Abs. 2 RL 93/109/EG geregelte Beschränkung auf eine Kandidatur zu beachten. Bei der Einreichung der Kandidaturerklärung müssen zusätzlich zu den von nationalen Kandidaten einzureichenden Unterlagen die in Art. 10 Abs. 1 lit. a bis c angeführten Angaben in einer förmlichen Erklärung vorgelegt werden. Außerdem muß nach Art. 10 Abs. 2 eine Bescheinigung der zuständigen Verwaltungsbehörde des Herkunftsmitgliedstaates vorgelegt werden, in der bestätigt wird, daß der Betreffende seines passiven Wahlrechts nicht verlustig gegangen ist bzw. daß diesen Behörden ein solcher Verlust nicht bekannt ist. 24

4. Ausnahmeregelungen

Nach Art. 19 Abs. 2 a. E. können für Mitgliedstaaten, bei denen die Gewährung des Wahlrechts an Unionsbürger aus anderen Mitgliedstaaten besondere Probleme bereitet, Ausnahmeregelungen vorgesehen werden. Solche Regelungen finden sich in Art. 14 RL 93/109/EG für Mitgliedstaaten, bei denen der Anteil der staatsfremden Unionsbürger 20% der Wahlberechtigten überschreitet. In diesen Fällen kann die Ausübung des aktiven und passiven Wahlrechts von einer Mindestwohndauer abhängig gemacht werden. 25

# Art. 20 EG-Vertrag

Art. 20 (ex-Art. 8c)

Jeder Unionsbürger[19 f.] genießt[13 ff.] im Hoheitsgebiet eines dritten Landes, in dem der Mitgliedstaat, dessen Staatsangehörigkeit er besitzt, nicht vertreten ist[9], den diplomatischen und konsularischen Schutz[5 ff.] eines jeden Mitgliedstaats unter denselben Bedingungen wie Staatsangehörige dieses Staates. Die Mitgliedstaaten vereinbaren die notwendigen Regeln und leiten die für diesen Schutz erforderlichen internationalen Verhandlungen ein.[4]

Inhaltsübersicht:

I. Einordnung, Bedeutung und Struktur der Vorschrift	1
1. Einordnung zwischen Völkerrecht und Staatsrecht	1
2. Bedeutung der Regelung für die EU und die Unionsbürgerschaft	2
3. Zweistufigkeit der Regelung	3
II. Diplomatischer und konsularischer Schutz	5
1. Völkerrechtliche Anknüpfungspunkte	5
2. Wortlautinterpretation	7
3. Reichweite nach den Ausführungsbestimmungen	10
III. Rechtliche Qualifizierung der Schutzpflicht	13
1. Problemübersicht und Meinungsspektrum	13
2. Objektivrechtliche Wirkungen	15
3. Begründung von Individualrechten	16
4. Auswirkungen auf das deutsche Recht	18
IV. Anspruchsberechtigte	19
1. Natürliche Personen	19
2. Juristische Personen	20
V. Einzelfragen	21
1. Einschränkungsmöglichkeiten	21
2. Rechtsangleichung	22
3. Rechtsschutz	23

I. Einordnung, Bedeutung und Struktur der Vorschrift

1. Einordnung zwischen Völkerrecht und Staatsrecht

1   Mit dem diplomatischen und konsularischen Schutz greift Art. 20 eine Thematik auf, die nach herkömmlicher Betrachtungsweise an das mit der Staatsangehörigkeit verbundene besondere Loyalitäts- und Schutzverhältnis anknüpft und deshalb sowohl durch das Völkerrecht als auch das Staatsrecht dem (Heimat-) Staat vorbehalten war.[1] Daraus folgt, daß internationalen Organisationen und Drittstaaten die Ausübung diplomatischen und konsularischen Schutzes zugunsten von Angehörigen anderer Staaten nur ausnahmsweise und auf der Grundlage besonderer völkerrechtlicher Voraussetzungen (Notifikation bzw. Vereinbarung) gestattet ist.[2] Da Art. 20 **keine selbständige Schutz-**

---

1   Zur völkerrechtlichen Komponente: *W. K. Geck*, Diplomatic Protection, in: EPIL, Bd. 10, 1987, S. 112; *K. Hailbronner*, in: Vitzthum (Hrsg.), Völkerrecht, 2. Aufl. 2001, Abschnitt 3, Rn. 113 ff. Zur staatsrechtlichen Komponente: BVerfGE 37, 217 (241); *K. Doehring*, Die Pflicht des Staates zur Gewährung diplomatischen Schutzes, 1959; *K. Stern*, Das Staatsrecht der Bundesrepublik Deutschland, Bd. I, 2. Aufl. 1984, S. 258 f.
2   *R. Dolzer*, Diplomatic Protection of Foreign Nationals, in: EPIL Bd. 1, 1992, S. 1067 ff.; *Ch. Koenig/M. Pechstein*, Die Europäische Union, 1995, Kap. 9, Rn. 29; *J. Kokott*, Zum Spannungsverhältnis zwischen nationality rule und Menschenrechtsschutz bei der Ausübung diplomatischer Protektion, in: Ress/Stein (Hrsg.), Der diplomatische Schutz im Völkerrecht, 1996, S. 45 ff.; *M. Ruffert*, Diplomatischer und konsularischer Schutz zwischen Völker- und Europarecht, ArchVR 35 (1997), S. 459 (460 f.).

pflicht der EU begründet – eine solche weitergehende Konzeption, die insbesondere von der spanischen Regierung in ihrem Memorandum zum Europäischen Bürgerrecht vom 21.2.1991 vertreten wurde, konnte sich nicht durchsetzen[3] – geht es bei der Regelung um eine besondere Form des diplomatischen und konsularischen Schutzes für Nicht-Staatsangehörige, bei deren Umsetzung neben den Vorgaben des Art. 20 selbst die entsprechenden Regeln des Völkerrechts beachtet werden müssen. Dies kommt auch in dem außergewöhnlichen Verfahren zum Ausdruck, das Satz 2 für den Erlaß der Ausführungsbestimmungen vorsieht. Die Vorschrift steht in enger inhaltlicher und systematischer Beziehung zu Art. 20 EUV, der eine Abstimmungs- und Kooperationspflicht zwischen den diplomatischen und konsularischen Vertretungen der Mitgliedstaaten in dritten Ländern begründet.

2. Bedeutung der Regelung für die EU und die Unionsbürgerschaft

Art. 20 begründet keine selbständige Schutzpflicht der EU und führt deshalb auch 2 nicht zu einer Kompetenzverlagerung von den Mitgliedstaaten auf die Union. Ebensowenig wird anknüpfend an die Unionsbürgerschaft ein besonderes Schutzverhältnis begründet und diese an die Staatsbürgerschaft angenähert, wie dies bei den Unionsbürgerrechten nach Art. 18 und Art. 19 der Fall ist. Die Regelung beschränkt sich vielmehr darauf, den diplomatischen und konsularischen Schutz in Drittstaaten unter Anwendung des **Grundsatzes der Inländergleichbehandlung** zu optimieren, wo dies aufgrund fehlender institutioneller Präsenz eines Mitgliedstaates möglich und erforderlich ist. Die Regelung verstärkt das einheitliche Auftreten der in der EU vereinigten Staaten gegenüber Drittstaaten, ergänzt insoweit also auch die Aktivitäten und Zielsetzungen nach Art. 11 ff. EUV, und verbessert den Schutzstandard der Unionsbürger. Die **praktische Relevanz** wird u. a. daran deutlich, daß es derzeit insgesamt nur wenige Länder außerhalb der Union gibt, in denen alle Mitgliedstaaten vertreten sind (Rußland, Japan, USA, China und Schweiz). In immerhin 17 Ländern haben nur zwei Mitgliedstaaten Vertretungen.[4]

3. Zweistufigkeit der Regelung

Die Gewährung diplomatischen und konsularischen Schutzes für Unionsbürger im Rah- 3 men der tatbestandlichen Voraussetzungen des Art. 20 setzt die entsprechenden völkerrechtlichen Akte gegenüber den Drittstaaten voraus, in deren Hoheitsgebiet der Schutz gewährt werden soll. Nach Vollzug dieser Akte und im Rahmen ihrer materiellen Reichweite besteht sodann ein Anspruch auf Inländergleichbehandlung der Unionsbürger, d. h. auf die Gewährung des gleichen Schutzes, der auch den Staatsangehörigen des jeweiligen Mitgliedstaates zusteht, dessen Hilfe in Anspruch genommen wird. Aus dieser Zweistufigkeit der Regelung ergeben sich Konsequenzen für ihre rechtliche Qualifizierung[5] sowie den Rechtsschutz[6].

---

3 M. *Haag*, in: GTE, EGV, Art. 8c, Rn. 2. Abdruck des spanischen Memorandums bei E. Marias (ed.), European Citizenship, 1994, S. 141 ff. Abweichend und dabei maßgeblich auf die Praxis abstellend P. *Szczekalla*, Die Pflicht der Gemeinschaft und der Mitgliedstaaten zum diplomatischen und konsulraischen Schutz, EuR 1999, S. 325 (333 f.).
4 S. Zweiter Bericht der Kommission über die Unionsbürgerschaft v. 27.5.1995, KOM (97) 230 endg. S. 12.
5 S. Rn. 13 ff.
6 S. Rn. 23 f.

4 Die erforderlichen **Ausführungsregelungen** haben die Mitgliedstaaten am 19. Dezember 1995 durch den Beschluß 95/553/EG der im Rat vereinigten Vertreter der Regierungen der Mitgliedstaaten[7] erlassen.[8] Dadurch wurden die bereits vor Inkrafttreten des Unionsvertrages am 1.7.1993 im Rahmen der EPZ beschlossenen politischen Leitlinien zur Gewährung von Schutz an Unionsbürger in Notlagen[9] ersetzt, die ihrerseits allen Drittstaaten notifiziert worden waren. Diese Notifikation deckt auch die neuen Regelungen, da sie inhaltlich nicht weiter gehen als die Vereinbarungen im Rahmen der EPZ. Damit sind die völkerrechtlichen Voraussetzungen für die Inanspruchnahme des Schutzes durch die Unionsbürger gegeben. Darüber hinaus haben die im Rat vereinigten Vertreter der Regierungen der Mitgliedstaaten am 19. Dezember 1995 einen – nicht im Amtsblatt veröffentlichten – Beschluß über die von Konsularbeamten zu ergreifenden praktischen Maßnahmen verabschiedet[10] sowie am 25. Juni 1996 Regeln über die Ausstellung eines **Rückkehrausweises** beschlossen.[11]

II. Diplomatischer und konsularischer Schutz

1. Völkerrechtliche Anknüpfungspunkte

5 Indem Art. 20 von »diplomatischem und konsularischem Schutz« spricht, bezieht er sich auf ein vor allem völkerrechtlich geprägtes Phänomen.[12] Deshalb muß die Bestimmung der damit bezeichneten Verhaltensweisen an das **völkerrechtliche Begriffsverständnis** anknüpfen. Unter diplomatischem Schutz versteht das Völkerrecht Maßnahmen eines Staates, durch die er auf ein durch andere Staaten gegenüber seinen Staatsbürgern begangenes Unrecht reagiert.[13] Die geläufigste Erscheinungsform ist die Forderung von Entschädigungen für völkerrechtswidrige Enteignungen.[14] Hinzu kommen Proteste, Beschwerden, Ersuchen um Aufklärung etc. Bei dieser Form des diplomatischen Schutzes wird der Heimatstaat direkt gegenüber dem Drittstaat aktiv. Zugunsten von fremden Staatsangehörigen ist ein solches Vorgehen nur aufgrund einer ausdrücklichen Vereinbarung mit dem Drittstaat zulässig.[15]

6 Davon zu unterscheiden ist die diplomatische und konsularische Betreuung von im Drittstaat sich aufhaltenden Staatsangehörigen, durch Schutz, Beistand und Beratung. Hierunter fallen z. B. Paß- und Visumsangelegenheiten, Personenstandsangelegenheiten, Nachlaßfragen aber auch die Hilfe in Notlagen und bei der wirtschaftlichen Betätigung im Drittstaat.[16] Um diese Aufgaben wahrzunehmen, bedarf es lediglich einer Notifikation nach Art. 8 der Wiener Konsularkonvention. Damit stellt sich die Frage, ob Art. 20 nur die der zweiten Fallgruppe zugehörigen Schutzmaßnahmen meint, oder ob

---

7 ABl.EG 1995, Nr. L 314/73.
8 Zur Vereinbarkeit der dort getroffenen Regelungen mit Art. 20 s. Rn. 11 f.
9 Vgl. dazu den Bericht der Kommission über die Unionsbürgerschaft, KOM (93) 702 endg. v. 21.12.1993, Ziff. IV/E; W. *Kaufmann-Bühler*, in: Lenz, EGV, Art. 20, Rn. 8.
10 S. Zweiter Bericht der Kommission über die Unionsbürgerschaft, KOM (97) 230 endg. S. 12.
11 ABl.EG Nr. L 168/4.
12 S. Fn. 1.
13 Leading case: IGH, Reports 1955, Nottebohm (Liechtenstein/Guatemala); S. 4; *Hailbronner* (Fn. 1), Rn. 92; *Koenig/Pechstein* (Fn. 2), Kap. 9, Rn. 30 f.; *Ruffert* (Fn. 2), S. 460 f.
14 Dazu C. *Gloria*, in: Ipsen (Hrsg.), Völkerrecht, 3. Aufl. 1990, § 43.
15 *T. Stein*, Die Regelung des diplomatischen Schutzes im Vertrag über die Europäische Union, in: Ress/Stein (Hrsg.), Der diplomatische Schutz im Völker- und Europarecht, 1996, S. 97 (99) unter Verweis auf Art. 46 Wiener Diplomatenkonvention.
16 *Ruffert* (Fn. 2), S. 461

auch die zuerst genannten zwischenstaatlichen Maßnahmen erfaßt werden sollen. Von der Beantwortung dieser Frage hängt u. a. die Vereinbarkeit des Beschlusses 95/553/EG mit Art. 20 ab, da dieser Beschluß den erstgenannten Bereich ausklammert und auch im zweiten Bereich wichtige Einschränkungen vorsieht.

2. Wortlautinterpretation

Nach dem Wortlaut der deutschen Vertragsfassung genießt jeder Unionsbürger »den diplomatischen und konsularischen Schutz«. Dies könnte dafür sprechen, daß die ganze Bandbreite der Maßnahmen gemeint ist, die nach dem Völkerrecht dem diplomatischen und konsularischen Schutz zugeordnet sind.[17] Ein Blick auf die anderen sprachlichen Fassungen läßt indes Abweichungen erkennen.[18] So spricht die englische Fassung von »protection by the diplomatic or consular authorities«, bezieht sich also auf den Schutz durch die im Drittstaat ansässigen Institutionen. Deren Aufgaben beschränken sich aber auf die unter Rn. 6 aufgeführten Hilfsmaßnahmen im Drittstaat. Auch die französische Fassung, die von »protection de la part des autorités diplomatique et consulaires« spricht und der die italienische, spanische und niederländische Fassung folgen, legt ein solches Verständnis nahe. Liest man vor diesem Hintergrund den deutschen Text erneut, so sprechen auch hier durch die Bezugnahme auf das »Hoheitsgebiet eines dritten Landes« und das weitere Merkmal, daß der Heimatstaat des betreffenden Unionsbürgers in diesem Drittstaat keine Vertretungen besitzt, die besseren Argumente für eine **institutionelle Deutung**.[19] Damit sind alle jene Schutzmaßnahmen gemeint, die direkt und ohne Einschaltung der einheimischen Organe durch die Vertretung im jeweiligen Land gewährt werden. 7

Gegen eine solche institutionelle und auf den Schutz im Drittstaat abstellende Auslegung kann auch nicht ins Feld geführt werden, daß es damit nach den Regeln des Völkerrechts keiner »Verhandlungen« bedürfe, von denen Satz 2 aber ausdrücklich spreche.[20] Unter Verhandlungen kann man indes auch die Notifizierung verstehen, zumal dieser im Einzelfall durch den Drittstaat widersprochen werden kann und dann Verhandlungen erforderlich werden können. 8

Weitere Voraussetzung für die Schutzpflicht ist, daß der **Heimatstaat** des schutzsuchenden Unionsbürgers im Hoheitsgebiet des dritten Landes **nicht vertreten** ist. Das ist sowohl dann der Fall, wenn weder eine Botschaft noch ein Konsulat unterhalten werden, als auch wenn entsprechende Einrichtungen vorübergehend – z. B. in Spannungslagen – nicht besetzt sind. Auch Honorarkonsuln, die regelmäßig Staatsangehörige des dritten Landes sind, stellen eine Vertretung im Sinne des Art. 20 dar. Dagegen kommt eine **analoge Anwendung** auf Fälle, in denen eine Vertretung des Heimatstaates besteht, diese aber aus tatsächlichen Gründen nicht oder nicht rechtzeitig tätig werden kann, nicht in Betracht, da es insoweit an einer Regelungslücke fehlt.[21] 9

---

17 In diesem Sinne M. *Haag*, in: GTE, EGV, Art. 8c, Rn. 9; *Koenig/Pechstein* (Fn. 2), Kap. 9, Rn. 30; *Schweitzer/Hummer*, Europarecht, Rn. 832 ff.
18 Dazu auch *Ruffert* (Fn. 2), S. 463; *Stein* (Fn. 15), S. 98.
19 *Ruffert* (Fn. 2), S. 465.
20 So *Stein* (Fn. 15), S. 99.
21 Für eine analoge Anwendung: M. *Haag*, in: GTE, EGV, Art. 8c, Rn. 8; *W. Kaufmann-Bühler*, in: Lenz, EGV, Art. 20, Rn. 5.

3. Reichweite nach den Ausführungsbestimmungen

10 Die Mitgliedstaaten haben beim Erlaß der Ausführungsbestimmungen im **Beschluß 95/ 553/EG** das institutionelle Verständnis zugrunde gelegt und in Art. 1 den Schutzanspruch wie folgt ausgestaltet: »Jeder Bürger der Europäischen Union genießt den konsularischen Schutz jeder diplomatischen oder konsularischen Vertretung eines Mitgliedstaates, wenn es im Hoheitsgebiet, in dem er sich befindet, weder eine erreichbare ständige Vertretung noch einen erreichbaren zuständigen Honorarkonsul seines Mitgliedstaats oder eines anderen Staates gibt, der die ständige Vertretung für seinen Mitgliedstaat wahrnimmt.« In den weiteren Vorschriften werden die Legitimation des Schutzsuchenden durch Ausweispapiere (Art. 2), die Gleichbehandlung mit den Staatsangehörigen (Art. 3), weitere Ausführungsbestimmungen (Art. 4), die erfaßten Hilfsmaßnahmen (Art. 5) und die Kostenerstattung (Art. 6) geregelt. Die sachliche Reichweite der Hilfsmaßnahmen wird in Art. 5 konkretisiert und der Sache nach eingeschränkt. Nach Absatz 1 umfaßt der diplomatische und konsularische Schutz die Hilfe in akuten Notlagen wie Todesfällen, schweren Unfällen und Erkrankungen, bei Festnahme oder Haft sowie bei Gewaltverbrechen. Unionsbürgern in Not sollen Hilfeleistungen gewährt und gegebenenfalls ihre Rückführung ermöglicht werden. Nach Absatz 2 können die Vertretungen der Mitgliedstaaten in einem Drittland, soweit sie hierfür zuständig sind, einem Unionsbürger auf dessen Ersuchen auch in anderen Fällen Hilfe gewähren.

11 Die in Art. 1 des Beschlusses vorgenommene **Beschränkung des Schutzanspruchs** auf konsularischen Schutz ist auf der Grundlage der hier vertretenen institutionellen Interpretation mit Art. 20 vereinbar, da dadurch der Sache nach alle vor Ort zu erbringenden Schutzmaßnahmen der diplomatischen und konsularischen Vertretungen erfaßt werden. In diesem Bereich geht der diplomatische Schutz nämlich nicht weiter als der konsularische Schutz, wie ein Vergleich von Art. 3 Abs. 1 lit. b) Diplomatenrechtskonvention mit Art. 5 Konsularrechtskonvention zeigt.

12 Problematisch ist allerdings die in Art. 5 Abs. 1 Beschluß 95/553/EG vorgesehene Beschränkung des Schutzanspruchs auf die dort angeführten akuten Notlagen. Diese Einschränkung setzt voraus, daß Art. 20 Satz 2 im Sinne einer Ausgestaltungs- oder Einschränkungsbefugnis der Mitgliedstaaten zu interpretieren ist. Unter den »notwendigen Regeln« sind indes die für die Umsetzung des Schutzanspruchs erforderlichen Regelungen zu verstehen. Anhaltspunkte für eine Deutung der Regelung als Einschränkungsbefugnis sind nicht ersichtlich. Demzufolge ist Art. 5 Abs. 1 Beschluß 95/553/EG mit Art. 20 nicht vereinbar und gemeinschaftsrechtswidrig.[22]

III. Rechtliche Qualifizierung der Schutzpflicht

1. Problemübersicht und Meinungsspektrum

13 Im Völkerrecht ist umstritten, ob das Recht auf diplomatischen Schutz dem Heimatstaat oder dem einzelnen Staatsbürger zusteht.[23] Die Ausübung des diplomatischen und kon-

---

22 *Ruffert* (Fn. 2), S. 466 ff.
23 Dazu K. *Doehring*, Handelt es sich bei einem Recht, das durch diplomatischen Schutz eingefordert wird, um ein solches, das dem die Protektion ausübenden Staat zusteht, oder geht es um die Erzwingung von Rechten des betroffenen Individuums?, in: Ress/Stein (Hrsg.), Der diplomatische Schutz im Völker- und Europarecht, 1996, S. 13 ff.

sularischen Schutzes steht nur den Mitgliedsstaaten zu und ist zugunsten fremder Staatsangehöriger von einer Notifikation abhängig. Schließlich ist der Schutzanspruch in den Mitgliedstaaten vor allem hinsichtlich seiner gerichtlichen Durchsetzbarkeit unterschiedlich ausgestaltet.[24] Diese Gemengelage führt zu Schwierigkeiten bei der rechtlichen Qualifizierung des durch Art. 20 geregelten Schutzanspruchs.

In der Literatur wird zum einen die Ansicht vertreten, aus Art. 20 könne schon wegen des Erfordernisses der völkerrechtlichen Umsetzung durch die Mitgliedstaaten direkt kein subjektives Recht und damit ein direkter Schutzanspruch des einzelnen Unionsbürgers abgeleitet werden.[25] Andererseits wird Art. 20 zumindest nach Umsetzung der völkerrechtlichen Akte nach Satz 2 eine unmittelbare Anwendbarkeit attestiert[26] bzw. ein subjektives Recht auf Gleichbehandlung mit den Staatsangehörigen entnommen.[27] Zutreffend erscheint eine Differenzierung zwischen mehreren Wirkungsebenen und -inhalten. 14

2. Objektivrechtliche Wirkungen

Art. 20 begründet zunächst in mehrerer Hinsicht objektivrechtliche Pflichten der Mitgliedstaaten, nämlich auf Erlaß der für die Umsetzung erforderlichen Regelungen, auf Vornahme der notwendigen völkerrechtlichen Akte sowie auf Gleichbehandlung der Unionsbürger mit den eigenen Staatsangehörigen bei der Gewährung von diplomatischem und konsularischem Schutz. In den beiden ersten Bereichen geht es um Handlungspflichten. Im letztgenannten Bereich kann sich eine **innerstaatliche Rechtsanpassungspflicht** ergeben. 15

3. Begründung von Individualrechten

Die weitere Frage, ob und welche Individualrechte der Unionsbürger durch Art. 20 begründet werden, ist schwieriger zu beantworten. Unzweifelhaft steht den Unionsbürgern auf der Grundlage des Beschlusses 95/553/EG ein durch die Vorgaben der Art. 1, 3 und 5 Abs. 1 begrenzter subjektiver Schutzanspruch zu, der den **Gleichbehandlungsanspruch** einschließt. Dieser Anspruch folgt allerdings aus dem Beschluß in Verbindung mit den jeweiligen gesetzlichen Regelungen desjenigen Mitgliedstaates, dessen Vertretung in Anspruch genommen wird. Er wird also nicht unmittelbar durch Art. 20 begründet, so daß von einem konditionierten Unionsbürgerrecht gesprochen werden kann.[28] 16

Unmittelbar aus Art. 20 ableiten läßt sich ein **Individualrecht** der Unionsbürger darüber hinaus in zwei Konstellationen: Zum einen kann aus Art. 20 ein Anspruch auf solche Schutzmaßnahmen abgeleitet werden, die über den von Art. 5 Abs. 1 des Beschlusses 95/553/EG erfaßten Bereich hinausgehen, nach der hier vertretenen Ansicht aber von Art. 20 erfaßt und damit durch die Mitgliedstaaten zu gewähren sind. Da die von den Mitgliedstaaten vorgenommene Notifikation nach Art. 8 Konsularrechtskonvention die Maßnahmen nicht einschränkt und damit kein völkerrechtliches Hindernis besteht, ist 17

---

24 *E. Klein*, Anspruch auf diplomatischen Schutz, in: Ress/Stein (Hrsg.), Der diplomatische Schutz im Völker- und Europarecht, 1996, S. 125 ff.
25 *W. Kaufmann-Bühler*, in: Lenz, EGV, Art. 20, Rn. 3.
26 *M. Hilf*, in: Grabitz/Hilf, EU, Art. 20, Rn. 31; *Ruffert* (Fn. 2), S.471 f.; *Stein* (Fn. 15), S. 101: »konditioniertes Bürgerrecht«.
27 *M. Haag*, in: GTE, EGV, Art. 8c, Rn. 9.
28 *M. Hilf*, in: Grabitz/Hilf, EU, Art. 8c, Rn. 31.

Art. 20 insoweit unmittelbar anwendbar und durch die Möglichkeit des Rückgriffs auf Art. 3 Abs. 1 lit. b) Diplomatenrechtskonvention und Art. 5 Konsularrechtskonvention auch inhaltlich hinreichend bestimmt. Zum anderen kann in diesen Fällen ergänzend ein Anspruch auf Gleichbehandlung mit den Staatsangehörigen direkt aus Art. 20 abgeleitet werden. Im Falle einer Verletzung von Schutzpflichten können dem Einzelnen Schadenersatzansprüche zustehen.[29]

4. Auswirkungen auf das deutsche Recht

18 Soweit die Mitgliedstaaten nach Art. 20 bei der Gewährung diplomatischen und konsularischen Schutzes zur Gleichstellung der Unionsbürger mit den eigenen Staatsangehörigen verpflichtet sind, stellt sich die Frage nach der Erforderlichkeit einer Anpassung der einschlägigen Regelungen des innerstaatlichen Rechts. Für Deutschland handelt es sich dabei in erster Linie um § 1 Konsulargesetz. Eine Anpassung dieser nur Deutsche berechtigenden Vorschrift ist wünschenswert, jedoch nicht strikt erforderlich, da der Anspruch auf Inländergleichbehandlung aufgrund der direkten Anwendbarkeit der Regelungen des Beschlusses 95/553/EG sowie, soweit dieser nicht weit genug geht, des Art. 20 die notwendige Rechtsgewährleistung auch ohne eine solche Änderung ermöglicht.[30]

IV. Anspruchsberechtigte

1. Natürliche Personen

19 Anspruchsberechtigt sind zunächst alle Unionsbürger i. S. d. Art. 17, d. h. alle natürlichen Personen, die die Staatsangehörigkeit eines Mitgliedstaates besitzen. Besitzt ein Unionsbürger zugleich die Staatsangehörigkeit eines Drittstaates, so darf nach den Grundsätzen des Völkerrechts diplomatischer Schutz nur durch denjenigen Staat ausgeübt werden, dessen Staatsangehörigkeit als vorherrschend anzusehen ist. Dies ist anhand der tatsächlichen Gegebenheiten festzustellen.[31]

2. Juristische Personen

20 Art. 20 ist auf Juristische Personen mit Sitz in einem der Mitgliedstaaten[32] entsprechend anzuwenden.[33] Dies ist unproblematisch, da die Ausübung diplomatischen Schutzes für juristische Personen und Aktionäre völkerrechtlich anerkannt ist.[34]

---

29 *Szczekalla* (Fn. 3), S. 329 ff. (Ansprüche gegenüber Mitgliedstaaten) und 338 ff. (Ansprüche gegenüber der Gemeinschaft).
30 *Ruffert* (Fn. 2), S. 475.
31 M. *Haag*, in: GTE, EGV, Art. 8c, Rn. 6; K. *Hailbronner*, Diplomatischer Schutz bei mehrfacher Staatsangehörigkeit, in: Ress/Stein (Hrsg.), Der diplomatische Schutz im Völker- und Europarecht, 1996, S. 27 ff.
32 S. dazu Art. 17, Rn. 9.
33 M. *Haag*, in: GTE, EGV, Art. 8c, Rn. 7; *Szczekalla* (Fn. 3), S. 325 f.
34 I. *Seidl-Hohenveldern*, Der diplomatische Schutz für juristische Personen und Aktionäre, in: Ress/ Stein (Hrsg.), Der diplomatische Schutz im Völker- und Europarecht, 1996, S. 115 ff.

V. Einzelfragen

1. Einschränkungsmöglichkeiten

Das Völkerrecht kennt eine Reihe von Konstellationen, bei deren Vorliegen ein Staat den eigenen Staatsangehörigen den diplomatischen und konsularischen Schutz verweigern darf.[35] Art. 20 ist insoweit völkerrechtskonform auszulegen, daß diese Einschränkungsmöglichkeiten auch dann bestehen, wenn sich die betreffende Person an die Vertretung eines anderen Mitgliedstaates wendet und dieser die Gründe bekannt sind, die eine Einschränkung rechtfertigen.

2. Rechtsangleichung

Art. 20 verweist die Unionsbürger für die tatsächliche Inanspruchnahme diplomatischen und konsularischen Schutzes auf die Vorschriften desjenigen Mitgliedstaates, dessen Vertretungen um Schutz und Hilfe ersucht werden. Da diese Regelungen in zahlreichen Punkten voneinander abweichen stellt sich die Frage, ob die EU in diesem Bereich zum Zweck der Rechtsvereinheitlichung eine Richtlinie erlassen darf.[36] Da Art. 20 Satz 2 eine entsprechende Befugnis nicht zu entnehmen ist und Art. 94 f. nur zur Rechtsangleichung ermächtigen, soweit dies dem Funktionieren des Gemeinsamen Marktes bzw. des Binnenmarktes dient, fehlt es an einer entsprechenden Kompetenz der Union.

3. Rechtsschutz

Eine gerichtliche Durchsetzung des Schutzanspruchs gegenüber dem Mitgliedstaat, dessen Vertretung um Hilfe ersucht wird, ist vor den Gerichten dieses Staates nur möglich, wenn das **innerstaatliche Recht** dies vorsieht. In Deutschland ist dies der Fall.[37] Nur in diesen Fällen kann auch ein Anspruch auf Inländergleichbehandlung gerichtlich geltend gemacht werden.

Ob eine Überprüfung der von den Mitgliedstaaten nach Satz 2 verabschiedeten Regelungen, namentlich des Beschlusses 95/553/EG, durch den **EuGH** möglich ist, wird in der Literatur unterschiedlich beurteilt und hängt maßgeblich von seiner Einordnung in das System gemeinschaftsrechtlicher Rechtsquellen ab. Es handelt sich dabei um einen sog. uneigentlichen Ratsbeschluß, der kein Akt des Rates als Organ der EU, sondern eine gemeinsame Rechtshandlung der Mitgliedstaaten darstellt.[38] Daraus folgt, daß der Beschluß nicht im Wege der Nichtigkeitsklage nach Art. 173 angefochten werden kann.[39] Da durch den Beschluß der im Rat vereinigten Vertreter der Mitgliedstaaten eine durch das primäre Gemeinschaftsrecht begründete Rechtspflicht erfüllt werden soll, ist eine Aufsichtsklage der Kommission nach Art. 169 denkbar, die sich dann aber gegen alle Mitgliedstaaten richten müßte.[40] Das gleiche gilt für den Fall, daß ein Mitgliedstaat in einem Einzelfall gegen seine Verpflichtung zur Schutzgewährleistung verstoßen hat.

---

35 Vgl. dazu *Stein* (Fn. 15), S. 102.
36 *Stein* (Fn. 15), S. 105.
37 Vgl. BVerwGE 62, 11 (14); *Klein* (Fn. 24), S. 131 ff. m. w. N.
38 *Schweitzer/Hummer*, Europarecht, Rn. 489.
39 *Koenig/Pechstein* (Fn. 2), Kap. 9, Rn. 32; *Ruffert* (Fn. 2), S. 473.
40 *Ruffert* (Fn. 2), S. 473.

Art. 21 (ex-Art. 8d)

Jeder Unionsbürger besitzt das Petitionsrecht beim Europäischen Parlament nach Artikel 194. Jeder Unionsbürger kann sich an den nach Artikel 195 eingesetzten Bürgerbeauftragten wenden. Jeder Unionsbürger kann sich schriftlich in einer der in Artikel 314 genannten Sprachen an jedes Organ oder an jede Einrichtung wenden, die in dem vorliegenden Artikel oder in Artikel 7 genannt sind, und eine Antwort in derselben Sprache erhalten.

1 Art. 21 bezieht in seinen ersten beiden Sätzen das durch Art. 194 garantierte Petitionsrecht beim Europäischen Parlament sowie das durch Art 195 verbürgte Recht, sich an den Bürgerbeauftragten zu wenden, in die Rechte der Unionsbürger ein. Beide Rechte dienen der Gewährleistung der **Transparenz und Bürgernähe** der EU und ihrer Organe.[1] Die Vorschrift trifft insoweit keine eigenständige sachliche Regelung hinsichtlich beider Rechte, sondern übernimmt nur eine Verweisfunktion.[2] Da die Antragsberechtigung nach Art. 194 und 195 nicht auf Unionsbürger beschränkt ist, wird die Rechtsfigur des Unionsbürgers durch diese Regelung nicht spezifisch geprägt.

2 In Satz 3 wird jedem Unionsbürger ein **Recht auf Verständigung** (und nicht lediglich ein Recht auf Auskunft[3]) mit den in Art. 7 und Art. 21 genannten Organen und Einrichtungen der Union in einer der in Artikel 314 genannten Vertragssprachen eingeräumt. Damit wird eine bereits durch die VO Nr. 1 zur Sprachenfrage v. 15.4.1958[4] geregelte Praxis auf die Ebene des primären Gemeinschaftsrechts erhoben. Die Regelung ist im Zusammenhang mit der grundlegenden **Bedeutung der Sprache** für den politischen Prozeß innerhalb der Europäischen Union[5] und für die Wahrnehmung eigener Rechte durch die Unionsbürger zu sehen. Der Schwerpunkt der Regelung liegt eindeutig auf dem zweiten Aspekt. Die Frage, ob es auf europäischer Ebene bereits eine **Kommunikationsgemeinschaft** gibt[6], ist nur zum Teil durch die Kommunikation der Unionsbürger mit den Organen und Einrichtungen der Gemeinschaft bestimmt. Bei ihr steht die politische Kommunikation im gesellschaftlichen Raum unter Einschaltung der Europäischen politischen Parteien[7] und der Massenmedien im Vordergrund.

---

1 EuGH, Rs. C-149/96, Slg. 1999, I-8395, Rn. 55 ff. (Portugal/Rat); *Haag*, in: GTE, EGV, Art. 8d, Rn. 1; A. *Hatje*, in: Schwarze, EU-Kommentar, Art. 21, Rn. 2. Zur Transparenz R. *Rack/Ch. Gasser*, Mehr Transparenz und mehr Verantwortlichkeit im Gemeinschaftsrecht, EuZW 1998, S. 421 ff.; W. *Schroeder*, Demokratie, Transparenz und die Regierungskonferenz, KritV 1998, S. 423 (425 f. m.w.N.).
2 Zu beiden Einrichtungen A. *Hamers*, Der Petitionsausschuß des Europäischen Parlaments und der Europäische Bürgerbeauftragte, 1999.
3 So aber W. *Kaufmann-Bühler*, in: Lenz, EGV, Art. 21, Rn. 2.
4 Abl.EG 1958, Nr. C 17/385.
5 Dazu näher A. *Augustin*, Das Volk der Europäischen Union, 2000, S. 139 ff.; allgemeiner zur Rolle der Sprache im Prozeß der europäischen Rechtsetzung T. *Moellers*, Die Rolle des Rechts im Rahmen der europäischen Integration, 1999, S. 76 ff.
6 Dazu näher *Augustin* (Fn. 5), S. 142 ff. m.w.N.; W. *Kluth*, Die demokratische Legitimation der Europäischen Union, 1995, S. 62 ff.
7 S. Art. 193, Rn. 1.

Art. 22 (ex-Art. 8e)

Die Kommission erstattet dem Europäischen Parlament, dem Rat und dem Wirtschafts- und Sozialausschuß alle drei Jahre über die Anwendung dieses Teiles Bericht. In dem Bericht wird der Fortentwicklung der Union Rechnung getragen.[2 ff.]

Auf dieser Grundlage kann der Rat unbeschadet der anderen Bestimmungen dieses Vertrags zur Ergänzung der in diesem Teil vorgesehenen Rechte einstimmig auf Vorschlag der Kommission und nach Anhörung des Europäischen Parlaments Bestimmungen erlassen, die er den Mitgliedstaaten zur Annahme gemäß ihren verfassungsrechtlichen Vorschriften empfiehlt.[5 ff.]

Inhaltsübersicht:
I. Bedeutung der Vorschrift 1
II. Berichtspflicht 2
III. Ergänzungsermächtigung 5

I. Bedeutung der Vorschrift

Die Schlußvorschrift über die Unionsbürgerschaft enthält eine **Evolutivklausel**[1] und ist darauf gerichtet, eine **dynamische Erweiterung der Unionsbürgerschaft** zu ermöglichen. Zu diesem Zweck wird in Absatz 1 eine periodische Berichtspflicht der Kommission begründet und in Absatz 2 ein besonderes Verfahren über die Ergänzung der Rechte der Unionsbürger geregelt. Es kann dabei zwischen systemimmanenter Weiterentwicklung und systemtransformierender Fortbildung unterschieden werden.[2] Ein Beispiel für den zweiten Fall stellt die – allerdings unabhängig von Art. 22 vollzogene – Verabschiedung der Charta der Grundrechte der Europäischen Union dar, sobald diese rechtlich verbindlich wird. In der Literatur wird u.a. die Aufnahme eines Rechts auf kulturelle Identität vorgeschlagen.[3]

1

II. Berichtspflicht

Nach Absatz 1 erstattet die Kommission dem EP, dem Rat und dem Wirtschafts- und Sozialausschuß **alle drei Jahre einen Bericht** über die Anwendung der Vorschriften über die Unionsbürgerschaft. In diesem Bericht soll der Fortentwicklung der Union Rechnung getragen werden. Zweck der Berichterstattung ist es, eine zusammenfassende Beurteilung aller Maßnahmen im Bereich der Unionsbürgerschaft zu ermöglichen und auf dieser Grundlage den erreichten Stand sowie Möglichkeiten und Bedürfnisse einer Fortentwicklung zu erkennen.[4] Darin kommt zum Ausdruck, daß die Vorschriften über die Unionsbürgerschaft als Mindeststandard zu verstehen sind, der mit fortschreitender Integration zu erweitern ist.

2

Gegenstand der Berichte sind die Tätigkeit der Gemeinschaftsorgane und der Mitgliedstaaten, insbesondere der Erlaß der notwendigen Rechtsakte zur praktischen

3

---

1 W. *Kaufmann-Bühler*, in: Lenz, EGV, Art. 22, Rn. 1.
2 M. *Hilf*, in: Grabitz/M. Hilf, EU, Art. 8e, Rn. 11 f.
3 M. *Ende*, Kulturelle Identität als notwendige Ergänzung des gemeinschaftsrechtlichen Gleichheitssatzes, IPrax 1998, S. 244 ff.
4 M. *Haag*, in: GTE, EGV, Art. 8e, Rn. 2.

Wahrnehmung der in den Art. 18 bis 21 verbürgten Rechte. In den Bericht können Vorschläge zur Verbesserung und Fortschreibung der Unionsbürgerschaft aufgenommen werden.[5]

4 Die Kommission hat bislang zwei Berichte erstattet. Der **erste Bericht** vom 21. Dezember 1993, der wenige Wochen nach Inkrafttreten des Unionsvertrages vorzulegen war, enthielt noch keine substanziellen Aussagen.[6] Der **zweite Bericht** der Kommission über die Unionsbürgerschaft vom 27. Mai 1997[7] enthält demgegenüber bereits eine umfassende Bestandsaufnahme über die Umsetzung der einzelnen Unionsbürgerrechte und beschäftigt sich insbesondere mit den Hindernissen, die ihrer praktischen Wahrnehmung noch im Wege stehen. Generell wird kritisiert, daß viele Unionsbürgerrechte aufgrund einer unzureichenden Information und mangelnder Transparenz nicht in Anspruch genommen werden.[8] Im Bereich des Kommunalwahlrechts wird eine zögernde und unvollständige Umsetzung durch die Mitgliedstaaten kritisiert.[9] Auch die zum Teil zu beobachtenden Beschränkungen der Unionsbürger bei der Wahrnehmung politischer Grundrechte, wie z. B. der Versammlungsfreiheit, wird als Hindernis für die Teilnahme an den Wahlen und mögliche Kandidaturen gesehen.[10] Bei den Regelungen über die Freizügigkeit wird eine Überprüfung der sekundärrechtlichen Regelungen über die Bedingungen für die Ausübung der Freizügigkeit sowie eine Vereinheitlichung und Vereinfachung der Regelungen für notwendig erachtet.[11] Ebenfalls 1997 hat eine hochrangige **Arbeitsgruppe zu Fragen der Freizügigkeit** unter dem Vorsitz von Simone Veil der Kommission einen Bericht vorgelegt. Er führt eine Bestandsaufnahme für die Bereiche (1) Einreise und Aufenthalt, (2) Zugang zur Beschäftigung, (3) sozialer und familiärer Status, (4) steuerlicher und finanzieller Status, (5) kulturelle Rechte, (6) besondere Situation von Drittstaatlern sowie (7) Schutz der Rechte des Einzelnen durch. Er mündet in 12 Empfehlungen, die u.a. eine Verbesserung der Information der Unionsbürger über ihre Rechte, die Verbesserung des Zugangs zum öffentlichen Dienst in den Mitgliedstaaten sowie der Sprachausbildung umfassen.

III. Ergänzungsermächtigung

5 In Absatz 2 wird ein besonderes Verfahren zum Erlaß von Vorschriften bereitgestellt, die der Ergänzung der in den Art. 17 bis 21 gewährten Rechte dienen. Der materielle Gehalt dieser Ermächtigung geht folglich dahin, daß nur Erweiterungen des rechtlichen Status der Unionsbürger geregelt werden dürfen.[12] In Betracht kommt dabei die **Erweiterung** der bestehenden Gewährleistungen wie auch die **Aufnahme neuer Rechte.**[13]

6 Das in Absatz 2 geregelte **Verfahren**, das auch in anderen Bereichen Anwendung findet[14], verlangt zunächst, daß der Rat die von der Kommission vorgeschlagenen ergänzenden Regelungen nach Anhörung des EP durch einstimmigen Beschluß erläßt. Im An-

---

5 M. *Haag*, in: GTE, EGV, Art. 8e, Rn. 2.
6 KOM (93) 702 endg.
7 KOM (97) 230 endg.
8 KOM (97) 230 endg., S. 9, 11, 20.
9 KOM (97) 230 endg., S. 10 f.
10 KOM (97) 230 endg., S. 11.
11 KOM (97) 230 endg., S. 16 f. Vgl. dazu den Aktionsplan zur Förderung der Freizügigkeit der Arbeitnehmer, KOM (97) 586.
12 M. *Haag*, in: GTE, EGV, Art. 8e, Rn. 4.
13 M. *Haag*, in: GTE, EGV, Art. 8e, Rn. 2; W. *Kaufmann-Bühler*, in: Lenz, EGV, Art. 22, Rn. 3.
14 S. Art. 269 Abs. 2 EGV und Art. 37 EUV.

schluß daran müssen die Mitgliedstaaten diesen Vorschriften noch »gemäß ihren verfassungsrechtlichen Vorschriften«, regelmäßig durch Gesetz, zustimmen. Es besteht keine gemeinschaftsrechtliche Pflicht zuzustimmen, sondern die gleiche Entscheidungsfreiheit, wie sie auch bei sonstigen Änderungen des primären Gemeinschaftsrechts besteht. Dies folgt aus der politischen Unabhängigkeit der Staatsorgane der Mitgliedstaaten und dem Umstand, daß durch ihre Mitwirkung ein wesentlicher Teil der demokratischen Legitimation für die beschlossene Regelung beigesteuert wird. Die beschlossenen Änderungen sind Bestimmungen des primären Gemeinschaftsrechts.[15]

Eine Änderung oder Ergänzung der Regelungen des zweiten Teils auf der Grundlage anderer Ermächtigungsgrundlagen, insbesondere des Art. 48 EUV, ist durch Absatz 2 nicht ausgeschlossen, wie sich aus dem ausdrücklichen Verweis auf die »anderen Bestimmungen« ergibt. 7

---

15 M. *Haag*, in: GTE, EGV, Art. 8e, Rn. 3.

Dritter Teil
Die Politiken der Gemeinschaft

Titel I
Der Freie Warenverkehr

Art. 23 (ex-Art. 9)

(1) Grundlage[7] der Gemeinschaft ist eine Zollunion[4], die sich auf den gesamten Warenaustausch[15] erstreckt; sie umfaßt das Verbot, zwischen den Mitgliedstaaten Ein- und Ausfuhrzölle[1, 15] und Abgaben gleicher Wirkung[16] zu erheben, sowie die Einführung eines Gemeinsamen Zolltarifs gegenüber dritten Ländern[8, 17].

(2) Artikel 25 und Kapitel 2 dieses Titels gelten für die aus den Mitgliedstaaten stammenden Waren sowie für diejenigen Waren aus dritten Ländern, die sich in den Mitgliedstaaten im freien Verkehr befinden[18].

Inhaltsübersicht:

I. Zollunion	1
1. Begriff und Bedeutung als »Grundlage der Gemeinschaft«	1
a) Zoll	1
b) Zollintegrationsstufen	4
c) Verbindung zur Haushaltsordnung: Zolleinnahmen als Eigenmittel der Gemeinschaft	6
d) Heutige Bedeutung der Zollunion als »Grundlage der Gemeinschaft«	7
2. Entwicklung der Zollintegration	8
3. Rechtsquellen der Zollunion	9
4. Gemeinschaftsrechtliches Zollgebiet	10
5. Abgrenzung der Zollhoheit	11
6. Verhältnis zum Zollvölkerrecht	12
7. Zollunion und Drittstaatsbeziehungen	14
II. Verbot von Binnenzöllen	15
III. Verbot von Abgaben gleicher Wirkung	16
IV. Gemeinsamer Außenzoll	17
V. Gemeinschaftswaren gem. Abs. 2	18
VI. Zollverwaltung durch die Mitgliedstaaten	19
1. Zollkodex	19
2. Vollzugsgleichheit	21

I. Zollunion

1. Begriff und Bedeutung als »Grundlage der Gemeinschaft«

a) Zoll

1   Zölle sind »Abgaben, die nach Maßgabe des Zolltarifs von der Warenbewegung über die Zollgrenze erhoben werden«[1]. Nach Gemeinschaftsrecht kommt hinzu, daß die Abgabe

---

1   BVerfGE 8, 260 (269). Im Grundgesetz kommen die Zölle an zwei Stellen vor: im Rahmen der Gesetzgebungskompetenz in Art. 73 Nr. 5 GG bei der ausschließlichen Gesetzgebungskompetenz des Bundes über »die Einheit des Zoll- und Handelsgebietes« (dazu ausführlich: C. Pestalozza, Art. 73, Rn. 254 ff., in: v. Mangoldt/Klein, Das Bonner Grundgesetz. Kommentar, Bd. 8, 3. Aufl. 1996); Art. 105 Abs. 1 GG hinsichtlich der ausschließlichen Gesetzgebungs-

auch als Zoll bezeichnet sein muß[2]. Bei der Ausfuhr von Waren kann von Export-, bei deren Einfuhr von Importzöllen gesprochen werden. Im 19. Jh. wurden auch sog. Durchfuhrzölle erhoben[3]. Mengenzölle (Maßzölle, Stückzölle, Gewichtszölle) stellen als Bemessungsgrundlage auf die Warenmenge ab, Wertzölle auf den Wert der Ware. Ziele der Erhebung von Zöllen können einmal rein fiskalischer Natur sein (Fiskalzoll/Finanzzoll), in neuerer Zeit ist der wirtschaftliche Lenkungszweck ganz in den Vordergrund getreten (Wirtschaftszoll). Die Wirtschaftswissenschaften haben Zolltheorien entwickelt, die die Auswirkungen unterschiedlicher Zölle auf die nationalen Volkswirtschaften und auf die Weltwirtschaft analysieren[4]. Auch Zollunionen sind Gegenstand wirtschaftswissenschaftlichen Interesses[5].

Im Gemeinschaftsrecht handelt es sich ganz überwiegend um Importzölle aus wirtschaftspolitischen Motiven, die – von wenigen Ausnahmen abgesehen[6] – auf den Warenwert abstellen[7]. Die Abschöpfungsabgaben der gemeinsamen Landwirtschaftspolitik werden inzwischen als Agrarzölle bezeichnet[8]. 2

Vorschriften des Zollrechts der Gemeinschaft finden sich neben der Art. 23 ff. auch explizit in **Art. 3 Abs. 1 lit. a**, der Kernpunkte der Zollunion als Tätigkeit der Gemeinschaft aufführt, in **Art. 14 Abs. 1**, der die autonome Festsetzung der Sätze des Gemeinsamen Zolltarifs als Element des Binnenmarktprojekts sieht, in **Art. 131 ff.**, **133**, der die Zollunion in den größeren Rahmen der (Welt-)Handelspolitik einordnet, in **Art. 184**, der die Zollpolitik als Integrationsinstrument der Assoziierung der überseeischen Gebiete postuliert sowie implizit in zahlreichen anderen Normen des Vertrags[9]. **Art. 29 Abs. 2, 1. Spstr., 30 Abs. 1 lit. a EUV**[10] ordnen zur Erreichung der Ziele der polizeilichen und justitiellen Zusammenarbeit in Strafsachen eine engere, auch operative Zusammenarbeit der Zollbehörden mit Polizei- und Strafverfolgungsbehörden an. Der neu eingefügte Art. 135 regelt die Zusammenarbeit im Zollwesen. 3

Fortsetzung von Fußnote 1
kompetenz des Bundes »über die Zölle«; ferner *M. Heintzen,* in: von Mangoldt/Klein/Starck, Das Bonner Grundgesetz, Bd. 2, 4. Auflage 2000, Art. 73, Rn. 44; zu dem strittigen und unklaren Verhältnis dieser beiden Kompetenzgrundlagen zueinander s. die oben angegebene Entscheidung des BVerfG zur Helgoländer Gemeindeeinfuhrsteuer. Zu Verhältnis und Abgrenzung von Zöllen und Steuern auf Gemeinschaftsebene *R. Henke,* Verzahnung und Nebeneinander von Zoll- und Steuerrecht, in: Europäisches Forum für Außenwirtschaft, Verbrauchsteuern und Zoll e.V., 5 Jahre Binnenmarkt – Eine Zwischenbilanz, 1999, S. 80.

2 S. näher Art. 25, Rn. 5. Zu einem gemeinschaftsrechtlichen Abgabenbegriff allgemein: *M. Wasmeier,* Umweltabgaben und Europarecht, 1995, S. 13 ff.
3 S. zu diesen Begrifflichkeiten insgesamt *E. Dorsch,* Der Begriff »Zoll« in seinen verschiedenen Wortkombinationen, ZfZ 1967, S. 257 ff.
4 S. statt vieler nur *R. Voß,* in: Grabitz/Hilf, EU, vor Art. 23–27, Rn. 42 ff. Zu den volkswirtschaftlichen Folgen von Zollintegrationsprojekten (Rn. 4) s. *H. Jürgensen,* Zollunionen, Handwörterbuch der Sozialwissenschaften, Bd. 12, 1965, S. 463 ff.
5 Grundlegend: *J. Viner,* The Customs Union Issue, 1950; *J. E. Meade,* The Theory of Customs Unions, 1955; *H.-H. Hohlfeld,* Zur Frage einer europäischen Zollunion, 1928; zusammenfassende neuere Darstellung bei *R. Clapham,* Die Zollunionstheorie als Grundlage eines regionalen wirtschaftlichen Integrationskonzeptes, in: Zippel (Hrsg.), Ökonomische Grundlagen der europäischen Integration, 1992, S. 25. Empirische Untersuchung durch *J. Schmidt,* Die Auswirkungen der Europäischen Gemeinschaft auf die Wohlfahrt der Bundesrepublik Deutschland. Eine theoretische und empirische Analyse der Zollunion der EG, 1990.
6 S. *K. Landry,* Das Zollrecht der EG, in: Schwarze (Hrsg.), Das Wirtschaftsrecht des Gemeinsamen Marktes in der aktuellen Rechtsentwicklung, 1983, S. 127.
7 *J. Sack,* in: Hb.EUWirtR, Abschnitt C.II, Rn. 36.
8 *J. Korte/T. v. Rijn,* in: GTE, EG-/EUV, Art. 40, Rn. 34, 94 f.
9 S. nur Art. 301 f.
10 S. Art. K.1 Nr. 8 EUV a. F.

b) Zollintegrationsstufen

4 Schon in historischer Perspektive neigten einzelne nationale Volkswirtschaften aus unterschiedlichen Motiven zur Zusammenarbeit von und zum Zusammenschluß zu Zollgebieten. Regelungen über Zölle oder zollgleiche Abgaben bilden zumeist den Anfang einer umfänglicheren wirtschaftlichen oder auch politischen Zusammenarbeit[11]. Der Deutsche Zollverein von 1834[12] hat in spezifischer Hinsicht eine Pionierfunktion bei der wirtschaftspolitischen Einigung Deutschlands im 19. Jh. eingenommen[13]. Idealtypisch lassen sich zwei Formen zollpolitischer Integration unterscheiden: die **Freihandelszone und die Zollunion**[14].

5 In einer **Freihandelszone** bestehen zwischen den Mitgliedstaaten keine Zölle; die handelspolitische Souveränität wird dadurch gewahrt, daß kein gemeinsamer Außenzoll existiert[15]. **Zollunionen** bilden aus dem Zusammenschluß zweier oder mehrerer politisch selbständiger Hoheitsgebiete ein **einheitliches Zollgebiet**: für den ganz überwiegenden Teil der zwischen ihnen auszutauschenden Leistungen müssen sowohl die Zölle, als auch sonstige Handelsbeschränkungen vollständig beseitigt sein; gegenüber Drittstaaten muß ein einheitlicher Außenzoll bestehen; auch die übrigen Handelsvorschriften gegenüber Drittstaaten müssen weitgehend einheitlich sein[16]. Diese aus wirtschaftspolitischen Überlegungen und historischer Erfahrung resultierende Definition entspricht im wesentlichen der Bestimmung von Art. XXIV Abs. 8 lit. a GATT[17]. Erst unter Einbeziehung anderer Teile des EGV (Verbot mengenmäßiger Beschränkungen, Art. 28 ff.; gemeinsame Handelspolitik, Art. 131 ff.) kann somit der derzeit erreichte Integrationsstand der Gemeinschaft im Zollbereich als Zollunion in diesem Sinne angesehen werden[18].

c) Verbindung zur Haushaltsordnung: Zolleinnahmen als Eigenmittel der Gemeinschaft

6 Es liegt in der Logik der Zollunion der Gemeinschaft, daß die aus ihr erzielten Einnahmen der Gemeinschaft selbst und nicht den Mitgliedstaaten zufließen. Seit Errichtung der Eigenmittelfinanzierung der Gemeinschaft im Jahr 1970 gehören die Zolleinnahmen zu den originären Eigenmitteln der Gemeinschaft[19]. Zwar besitzt die Gemeinschaft ge-

---

11 *Sack*, in: Hb.EUWirtR, Abschnitt C.II, Rn. 1.
12 *H.-W. Hahn*, Geschichte des Deutschen Zollvereins, 1984.
13 *W. Fischer*, Der Deutsche Zollverein, die Europäische Wirtschaftsgemeinschaft und die Freihandelszone. Ein Vergleich ihrer Motive, Institutionen und Bedeutung, EA 1961, S. 105; *R. Christiansen*, Vom Deutschen Zollverein zur Europäischen Zollunion, 1978; *ders.*, Der Deutsche Zollverein, ein Modell für Europa? ZfZ 1984, S. 2; *H. Jürgensen* (Fn. 4), S. 465 f.
14 Sog. Präferenzsysteme besitzen ähnlich wie die Freihandelszonen keinen gemeinsamen Außenzolltarif, der Zollabbau zwischen den Mitgliedstaaten ist jedoch auf bestimmte Bereiche begrenzt; s. *Jürgensen* (Fn. 4), S. 463. S. zum Ganzen auch *M. Herdegen*, Internationales Wirtschaftsrecht, 2. Aufl. 1995, S. 129 ff.; *H. Ballreich*, Art. »Zollunion«, in: *Strupp/Schlochauer*, Wörterbuch des Völkerrechts, Bd. 3, 1962, S. 889.
15 S. auch die Definition in Art. XXIV Abs. 8 lit. b GATT: »In diesem Abkommen bedeutet ... ›Freihandelszone‹ eine Gruppe von zwei oder mehr Zollgebieten, zwischen denen die Zölle und beschränkenden Handelsvorschriften ... für annähernd den gesamten Handel mit den aus den teilnehmenden Gebieten der Zone stammenden Waren beseitigt werden.«
16 S. Rechtsgutachten des Ständigen Internationalen Gerichtshofs vom 5.9.1931, P.C.I.J., Séries A/B, no. 41, S. 1. S. auch *H. Ballreich*, Customs Union, in: E.P.I.L., Vol. I, 1992, S. 920.
17 »In diesem Abkommen bedeutet ›Zollunion‹ die Ersetzung von zwei oder mehr Zollgebieten durch ein einziges Zollgebiet...«
18 *C. Ohler*, Die fiskalische Integration in der Europäischen Gemeinschaft, 1997, S. 36 f.; *R. Voß*, in: Grabitz/Hilf, EU, Art. 23, Rn. 8; *Geiger*, EGV, Art. 23, Rn. 3. Zum rechtlichen Verhältnis von EG-Zollunion und GATT siehe näher Rn. 13.
19 Art. 269, Rn. 1, 6.

genüber dem Zollschuldner keinen unmittelbaren Anspruch[20]; die Charakterisierung als Eigenmittel rechtfertigt sich jedoch aus dem Ertragsanspruch der Gemeinschaft unmittelbar gegen den erhebenden Mitgliedstaat[21].

d) **Heutige Bedeutung der Zollunion als »Grundlage der Gemeinschaft«**
Der klassische Zoll in der Gemeinschaft ist einem ständigen **Entwertungs- und Niedergangsprozeß** ausgesetzt[22]. In doppelter Weise ist die Substanz der Zollunion verringert worden: (1) wegen der **exzessiven Präferenzpolitik**[23] wird der volle Gemeinsame Zolltarif nur noch auf eine geringe Anzahl von Staaten angewandt[24]; (2) in diesem verbleibenden Bereich wirken sich die allgemeinen Zollsenkungsaktivitäten des GATT (»Zollrunden des GATT«) aus[25]. Die exponierte Stellung der Zollunion im Vertrag – auch etwa in Art. 3 Abs. 1 lit. a – und ihre Einordnung als »Grundlage der Gemeinschaft« muß sich heute demnach auf andere Faktoren stützen, ihre Bedeutung für den Integrationsprozeß in historischer Perspektive (Vorwegnahme von Teilelementen des Binnenmarktes[26]) einmal vernachlässigt[27]. Auch der Beitrag der Zölle zu der Finanzierung der Gemeinschaft ist, relativ gesehen, rückläufig[28]. Die Zollunion ist heute »Grundlage«, »Kristallisationspunkt«[29] für eine Vielzahl nicht-zollrechtlicher Politiken und Entwicklungen der Gemeinschaft: sei es, daß sich diese Politiken der gemeinschaftlichen Zollrechtsordnung und der Zollverwaltungs-Infrastruktur bedienen (die Landwirtschaftspolitik, die statistische Erfassung des Warenverkehrs; handelspolitische Maßnahmen; Entwicklungspolitik; Teile der Steuerpolitik)[30], sei es, daß die Zollrechtsharmonisierung[31] Vorbildfunktion für andere Rechtsbereiche und über die Gemeinschaft hinaus beansprucht. Die Redeweise von der Zollunion »als Grundlage der Gemeinschaft« hat einen **Bedeutungswandel von der klassischen Tarifunion hin zu einer Grundlegung für andere Gebiete des Handelns der Gemeinschaft** erfahren[32].

7

---

20 Art. 2 Abs. 1 VO (EWG) Nr. 1552/89 vom 29.5.1989, ABl.EG 1989 Nr. L 155/1.
21 Art. 269, Rn. 4.
22 N. *Vaulont*, Das Zollrecht der EG und Drittstaaten: Stand und künftige Entwicklung, in: Hilf/Tomuschat (Hrsg.), EG und Drittstaatsbeziehungen nach 1992, 1991, S. 71; zu Reaktivierungsversuchen Entscheidung Nr. 210/97/EG des Europäischen Parlaments und des Rates, ABl. (EG) vom 4.2.1997 Nr. L 33, S. 24; dazu R. *Beußel* Zoll 2000 – Fortschritte Richtung Europa, ZfZ 1999, S. 290.
23 Rn. 14.
24 Darunter allerdings so wichtige Handelspartner wie die USA, Australien, Kanada und Japan; *Vaulont* (Fn. 22), S. 70.
25 N. *Vaulont*, in: GTE, EG-/EUV, Art. 9, Rn. 19.
26 W. *Dänzer-Vanotti*, Gemeinschaftliches und nationales Zollrecht, ZfZ 1988, S. 99; H. *Glashoff*, Freier Warenverkehr, in: Lenz (Hrsg.), EG-Handbuch Recht im Binnenmarkt, 1994, S. 140 f.
27 S. R. *Voß*, in: Grabitz/Hilf, EU, Art. 23, Rn. 1.
28 Art. 268, Rn. 28.
29 J. *Sack*, in: Hb.EUWirtR, Abschnitt C.II, Rn. 6.
30 Ausführlich: J. *Sack*, in: Hb.EUWirtR, Abschnitt C.II, Rn. 10 ff.; ferner: R. *Voß*, in: Grabitz/Hilf, EU, vor Art. 23–27, Rn. 41; Art. 23, Rn. 8; N. *Vaulont*, Die Zollunion der Europäischen Wirtschaftsgemeinschaft, 1981, S. 7 ff.; B. J. *Fehn*, Ermittlungszuständigkeiten der Zollfahndung beim Rauschgiftschmuggel nach Verwirklichung des Binnenmarkts, ZfZ 1991, S. 104; W. *Ringling*, Marktbeobachtung – keine Aufgabe des Zollfahndungsdienstes, ZfZ 1994, S. 109; G. *Klinkhammer/T. König*, Bekämpfung der Artenschutzkriminalität durch die deutsche Zollverwaltung, ZfZ 1995, S. 194; R. *Beußel*, Bekämpfung der Produkt- und Markenpiraterie – eine Aufgabe der Zollverwaltung, ZfZ 2000, S. 218.
31 Rn. 8; 19 f.
32 *Vaulont* (Fn. 22), S. 73. S. schon früh: D. *Ehle*, Die Zollunion der Europäischen Gemeinschaften, NJW 1969, S. 1509: Zollunion in doppelter Bedeutung, als Instrument politischer Integration und als Rechtsbegriff.

2. Entwicklung der Zollintegration

8 Bei der Entwicklung der gemeinschaftlichen Zollunion können **zwei Stufen** unterschieden werden: (1) der Abbau der Binnenzölle zwischen den Mitgliedstaaten und die Aufrichtung eines gemeinsamen Zolltarifs nach außen; (2) die Harmonisierung des Zollrechts.

Art. 13 ff. a. F. trafen Regelungen, wie die Mitgliedstaaten in einem gestuften Verfahren ihre Zölle für den gegenseitigen Warenaustausch abbauen und einen Gemeinsamen Zolltarif aufstellen sollten. Als Zeitrahmen war zunächst durch Art. 14 Abs. 2 a. F. und Art. 23 Abs. 3 a. F. der Zeitraum bis zum 31.12.1969 festgelegt worden; dieser Zeitrahmen konnte als Folge der durch die Aufrichtung der Gemeinschaft (mit-)ausgelösten wirtschaftlichen Dynamik[33] mit den sog. Beschleunigungsbeschlüssen zum 1.7.1968 vorgezogen werden[34]. Eine stufenweise Einbeziehung in die Zollunion erfolgte auch jeweils beim Beitritt neuer Mitgliedstaaten[35]. Die zweite Entwicklungsstufe kann mit dem Schlagwort »von der Tarifunion zur Zollrechtsunion« umrissen werden[36]: Vollendung konnte die Zollunion erst durch eine weitgehende Angleichung des Zollrechts finden[37]. Zweifelhaft erscheint die Sichtweise, daß die Zollunion mit der Erreichung des Binnenmarkts in diesem »aufgegangen sei«. Die Zollunion allein konnte noch keinen Binnenmarkt schaffen[38], sie stellt inzwischen ein wesentliches Teilelement eines solchen Marktes dar[39], behält aber ihre eigenständige Bedeutung.

3. Rechtsquellen der Zollunion

9 Im Prinzip können im Zollrecht folgende Regelungskomplexe unterschieden werden: Das **primäre Gemeinschaftsrecht** enthält die rechtlichen und institutionellen Grundlagen[40]. Im **sekundären Gemeinschaftsrecht** können als Regelungsbereiche das **Zolltarifrecht** und das **allgemeine Zollrecht** getrennt werden. Das **Zolltarifrecht** regelt Art und Höhe der Zölle[41]. Der Gemeinsame Zolltarif besteht wiederum aus zwei Elementen: aus einem umfassenden Verzeichnis von Waren (Zolltarifschema/Nomenklatur) und aus den Zollsätzen[42]. Die sog. Kombinierte Nomenklatur der VO (EWG) Nr. 2658/87 vom 23.7.1987[43] als wesentlicher Teil des Zolltarifs (s. Art. 20 ZK) dient neben der Zolltarifierung auch statistischen Zwecken. Gem. Art. 12 dieser VO veröffentlicht die Kommission jedes Jahr zum 31.10. eine vollständige aktuelle Fassung der Nomenklatur mit den geltenden Zollsätzen. Ergänzt wird die Kombinierte Nomenklatur durch Regelungen über Zollaussetzungen, Zollkontingente u. ä., Art. 20 Abs. 3 lit. b-g ZK. Für die

---

33 *J. Sack*, in: Hb.EUWirtR, Abschnitt C.II, Rn. 15.
34 VO (EWG) Nr. 950/68 vom 28.6.1968, ABl.EG 1968 Nr. L 172; Entscheidung 532/66 des Rates vom 1.7.1966, ABl.EG 1966 S. 2971. Vergleichende Auflistung der vorgegebenen Daten und der tatsächlichen Zollsenkungen bei *Clapham* (Fn. 5), S. 32. Ferner: *Vaulont* (Fn. 30), S. 19.
35 S. näher *J. Sack*, in: Hb.EUWirtR, Abschnitt C.II, Rn. 17 f.
36 *J. Sack*, in: Hb.EUWirtR, Abschnitt C.II, Rn. 19.
37 S. näher Rn. 19 f.
38 *Clapham* (Fn. 5), S. 36.
39 Rn. 7.
40 S. die Aufzählung der Vorschriften in Rn. 3.
41 *J. Sack*, in: Hb.EUWirtR, Abschnitt C.II, Rn. 29; *T. Bartsch*, Zollrecht – Meilenstein auf dem Weg zur Europäischen Integration, Jura 1993, S. 348 f. Zum Zolltarifrecht s. EuGH, Rs. 161/88, Slg. 1989, 2415 (Binder GmbH & Co. KG/Hauptzollamt Bad Reichenhall). Einzelheiten bei: *N. Vaulont*, in: HER, Vorb. zu Art. 18 bis 29.
42 *P. Witte/H.-M. Wolffgang*, Lehrbuch des europäischen Zollrechts, 2. Aufl. 1995, Rn. 1373 f.; *Vaulont* (Fn. 30), S. 21 ff.
43 ABl.EG 1987, Nr. L 256.

endgültige Berechnung des Zolls muß bei den – ganz überwiegenden[44] – Wertzöllen noch das Zollwertrecht zur Ermittlung des zugrundezulegenden Zollwerts hinzutreten[45]. Im gemeinschaftlichen Zollrecht entscheidend ist regelmäßig der Transaktionswert, d. h. der gezahlte oder zu zahlende Kaufpreis[46]. Das **allgemeine (nicht-tarifäre) Zollrecht** regelt Art und Weise der Erhebung des Zolls. Es ist in Einzelfragen vom Zolltarifrecht nicht zu trennen. Dazu gehören die Bestimmungen über das Zollgebiet, Zollabfertigung, Zollüberwachung, besondere Zollverfahren und das Zollschuldrecht. Das allgemeine Zollrecht der Gemeinschaft ist inzwischen im **Zollkodex** und seiner Durchführungsverordnung niedergelegt[47].

4. Gemeinschaftsrechtliches Zollgebiet[48]

Das gemeinschaftsrechtliche Zollgebiet bezeichnet den geographischen Raum, in dem das Zollrecht der Gemeinschaft Anwendung findet[49]. Ähnlich wie ursprünglich beim mitgliedstaatlichen deutschen Zollgebiet[50] decken sich Hoheitsgebiet der Gemeinschaft und Zollgebiet nicht vollständig. Art. 3 ZK trifft hier die Festlegung: in Bezug auf Deutschland gehören die Insel Helgoland[51] und der Zollausschluß Büsingen (im Verhältnis zur Schweiz: Vertrag vom 23.11.1964, BGBl. II 1967 S. 2029) nicht zum gemeinschaftsrechtlichen Zollgebiet. Im Unterschied zu assoziierten Gebieten[52] gehört gem. Art. 3 Abs. 2 ZK das Fürstentum Monaco zum Zollgebiet der Gemeinschaft. 10

5. Abgrenzung der Zollhoheit

Die **Zollgesetzgebungshoheit** liegt grundsätzlich bei der Gemeinschaft, die Mitgliedstaaten können lückenfüllend nur soweit tätig werden, wie das Gemeinschaftsrecht sich der Ergänzung durch mitgliedstaatliche Regelungen öffnet[53]. Da die Zölle (seit 1970) gem. Art. 2 Abs. 1 lit. b Eigenmittelbeschluß 2000[54] zu den Eigenmitteln der Gemeinschaft 11

---

44 Rn. 2.
45 *Landry* (Fn. 6), S. 126. Die Regelungen finden sich inzwischen in den Art. 28–36 ZK und Art. 141–181 DVO-ZK; zu den Einzelheiten s. *P. Witte*, Zollkodex. Kommentar, 2. Aufl. 1998, S. 378 ff.
46 Mögliches Gegenprinzip: Abstellen auf den Normalwert.
47 Zu diesem Rn. 19 f.
48 Zur Entwicklung und zu den Einzelheiten s. *A. Rogmann*, Das Zollgebiet der Gemeinschaft – mit dem Zollkodex um den Globus, ZfZ 1996, S. 194; *P. Witte*, Art. 3, in: ders. (Hrsg.), Zollkodex. Kommentar, 2. Aufl. 1998. Zum Zollgebiet und zu Zollgrenzen allgemein s. *H. Miehsler*, Customs Frontier, in: E.P.I.L., Vol. I, 1992, S. 906; *C. Rühland*, Art. »Zollgrenze«, in: Strupp/Schlochauer, Wörterbuch des Völkerrechts, Bd. 3, 1962, S. 885.
49 *Geiger*, EGV, Art. 9, Rn. 5; grds. zum Territorialbezug von Abgaben und Steuern *M. Lehner/C. Waldhoff*, in: Kirchhof/Söhn/Mellinghoff (Hrsg.), EStG. Kommentar, Loseblattsammlung, Stand: 108. Ergänzungslieferung März 2001, § 1, Rn. 4 ff.
50 S. zum territorialen Aspekt der deutschen Finanzhoheit *K. Vogel/C. Waldhoff*, Vorbemerkungen zu Art. 104a–115, Rn. 42, 44 in: Dolzer/Vogel (Hrsg.), Bonner Kommentar zum Grundgesetz, Loseblattsammlung, Stand: 96. Lieferung Mai 2001 (= *dies.*, Grundzüge des Finanzverfassungsrechts, 1999, Rn. 42, 44).
51 S. bereits das Reichsgesetz vom 15.12.1890, RGBl. S. 207 und das entsprechende deutsch-britische Kolonialabkommen; Darstellung in: BVerfGE 8, 260 (261 ff.).
52 Rn. 14.
53 Rn. 20. In Bezug auf Art. 105 Abs. 1 GG besteht wegen des Vorrangs des Gemeinschaftsrechts eine Kompetenzausübungssperre, *Ohler* (Fn. 18), S. 40 f.
54 ABl.EG 2000, Nr. L 253/42; s. Art. 269, Rn. 6.

zählen[55], steht die **Zollertragshoheit** ausschließlich der Gemeinschaft zu; die Gläubigerschaft hinsichtlich der Zollschuld, die den die Zölle erhebenden, d. h. verwaltenden Mitgliedstaaten zukommt[56], ist davon zu trennen[57]. Die **Zollverwaltungshoheit** liegt bei den Mitgliedstaaten, auch im Zollbereich besitzt die Gemeinschaft keinen eigenen Verwaltungsunterbau[58].

6. Verhältnis zum Zollvölkerrecht

12 Unter Zollvölkerrecht können diejenigen völkerrechtlichen Normen – vorrangig Verträge – verstanden werden, die völkerrechtliche Vorgaben für das nationale und das supranationale Zollwesen enthalten[59]. Die Gemeinschaft ist verschiedenen **internationalen zollrechtlichen Abkommen beigetreten**[60]. Bei einigen Abkommen, denen Mitgliedstaaten schon vor Errichtung der Gemeinschaft beigetreten waren, erfolgte ein (de-facto-)Beitritt der Gemeinschaft im Wege der Rechtsnachfolge (Substitution)[61].

13 Die größte Bedeutung in diesem Zusammenhang kommt dem **GATT** zu, das in seiner ursprünglichen Fassung von 1947[62] schon vor Errichtung der Gemeinschaft bestand, die über das **GATT 1994** weitestgehend als Teilelement in die Architektur der inzwischen errichteten **WTO**[63] **eingegangen ist**[64]. **Das Meistbegünstigungsprinzip** als Grundlage dieses Abkommens (Art. I GATT 1947/1994) steht in einem Spannungsverhältnis zu **regionalen Zusammenschlüssen**, von denen die Zollunion[65] eine Stufe fortgeschrittener

---

55 Zum Begriff allgemein s. Art. 269, Rn. 4.
56 Rn. 21.
57 S. für das nationale Finanzverfassungsrecht entsprechend *Vogel/Waldhoff* (Fn. 50), Rn. 43.
58 Zu den daraus resultierenden Problemen s. Rn. 19 ff.
59 *R. Christiansen*, Gemeinschaftszollrecht und völkerrechtliches Zollrecht, ZfZ 1976, S. 226; *H. Ballreich*, Customs Law, international, in: E.P.I.L., Vol. I, 1992, S. 910.
60 Sog. Kyoto-Abkommen des Brüsseler Zollrats, das Zollverfahren betreffend, ABl.EG 1975, Nr. L 100/1; das TIR-Abkommen, ABl.EG 1978, Nr. L 252/1; 1983, Nr. L 31/13. Zu den zollrechtlichen Drittstaatsbeziehungen (Assoziationen, insbes. durch den EWR) und dem allgemeinen zollrechtlichen Präferenzsystem s. sogleich Rn. 14.
61 Zum Abkommen über das Zolltarifschema für die Einreihung der Waren in die Zolltarife vom 15.12.1950 und zu dem Abkommen über die Gründung eines Rates für die Zusammenarbeit auf dem Gebiete des Zollwesens vom 15.12.1950 (Deutsches Zustimmungsgesetz: BGBl. 1952 II S. 1; Text der Abkommen ebd., S. 1, 19; s. zum sog. »Brüsseler Zollrat« *E. Kordt*, in: Strupp/Schlochauer, Wörterbuch des Völkerrechts, Bd. 1, 1960, S. 253) s. EuGH, Rs. 38/5, Slg. 1975, 1439, Rn. 21 f. (Trockenkopiergeräte): »Die Gemeinschaft hat ... die Verpflichtungen aus dem Abkommen ... übernommen...« S. auch *Christiansen* (Fn. 59), S. 232 f.
62 Deutsche Übersetzung in: *A. v. Bogdandy/M. Nettesheim/V. Mahnken*, Internationales Wirtschaftsrecht. Außenwirtschaftsrecht, Loseblattsammlung, Stand: September 1995.
63 EuZW 1994, S. 338; deutsche Übersetzung: BGBl. 1994 II S. 1625.
64 S. zum GATT in seiner neuen Struktur die Überblicke von *R. Senti*, WTO. System und Funktionsweise der Welthandelsordnung, 2000; *H. Hauser/K.-U. Schanz*, Das neue GATT, 1995; *M. Herdegen* (Fn. 14), S. 107 ff.; *B. Jansen*, Die neue Welthandelsorganisation, EuZW 1994, S. 333; *R. Hanel*, Vom GATT zur WTO, ZfZ 1996, S. 104, 138 und 174; allgemein zum Verhältnis Gemeinschaft-GATT *M. Hilf/E.-U. Petersmann* (Hrsg.), GATT und Europäische Gemeinschaft, 1986; *T. Oppermann*, Die Europäische Gemeinschaft und Union in der Welthandelsorganisation (WTO), RIW 1995, S. 919; *B. Kempen*, Deutschland als Vertragspartei des GATT und als Mitglied der Europäischen Gemeinschaften, in: FS Hahn, 1997, S. 417; *A. Ott*, GATT und WTO im Gemeinschaftsrecht, 1997. Dort, S. 25 ff., auch Hinweise zur Stellung der Gemeinschaft in der neugegründeten WTO.
65 Zum Begriff Rn. 4 f.

Integration darstellt[66]. Art. XXIV Abs. 4-10 GATT 1947 trifft die entsprechenden Regelungen[67]. Die Zollunion der Gemeinschaft erfüllt zwar allenfalls im Zusammenspiel mit anderen gemeinschaftsrechtlichen Regelungen die Definition der GATT-Zollunion – hervorzuheben sind hier auch die programmatischen Aussagen von Art. 131 Abs. 1, 133 Abs. 1, 307[68]. Sie stellt gleichwohl »das weltweit herausragende Beispiel einer Anwendung von Artikel XXIV« dar[69]. Unter bestimmten inhaltlichen Voraussetzungen (Abs. V: die Außenzölle der Zollunion dürfen in ihrer Gesamtheit nicht höher sein als die Summe der Zölle der teilnehmenden Staaten) und Verfahrensanforderungen (Abs. VI und VII: Notifizierungsverfahren) werden Zollunionen mit Grundgedanken und System des GATT für vereinbar erklärt. Die quantitativ und qualitativ gesteigerte Bedeutung von Zollunionen und Freihandelszonen im Welthandel[70] haben die diese Anforderungen präzisierende und eine Gesamtüberprüfung der bestehenden Notifikationen anordnende Vereinbarung zur Auslegung des Artikels XXIV des Allgemeinen Zoll- und Handelsabkommens 1994 vom 15.4.1994[71] als Teil des GATT 1994 hervorgerufen. Abs. 2 dieser Vereinbarung hat zunächst strittige und bei der Überprüfung der EWG am GATT 1947 offengelassene Streitfragen[72] hinsichtlich der Auslegung und Anwendung des Art. XXIV Abs. 5 GATT 1947/1994 zu klären versucht[73]. Bis heute ist die GATT-Konformität der Zollunion nicht rechtsverbindlich festgestellt worden[74]. 1947 war nicht voraussehbar, daß die Einbindung regionaler Integrationszonen ein zentrales Problem der GATT-Regelungen werden könnte; heute sind – mit steigender Tendenz – über 2/3 der

---

66 Zu dem Verhältnis regionaler Zusammenschlüsse zu dem Grundprinzip der Meistbegünstigung s. *H. Steinberger*, GATT und regionale Wirtschaftszusammenschlüsse, 1963; *R. Zimmer*, Zollpräferenzen im GATT, 1967; *F. Jaeger*, GATT, EWG und EFTA, Bern 1970, v.a. S. 208 ff.; *P. Hilpold*, Regionale Integrationszonen und GATT, RIW 1993, S. 657; *S. Langer*, Grundlagen einer internationalen Wirtschaftsverfassung, 1995, S. 127 ff.; *W. Benedek*, Die Rechtsordnung des GATT aus völkerrechtlicher Sicht, 1990, S. 63 ff.; *R. Senti*, GATT. Allgemeines Zoll- und Handelsabkommen als System der Welthandelsordnung, 1986, S. 117 ff.; *ders.*, WTO. System und Funktionsweise der Welthandelsordnung, 2000, S. 449 ff.

67 »(4) Die Vertragsparteien erkennen an, daß es wünschenswert ist, durch freiwillige Vereinbarungen zur Förderung der wirtschaftlichen Integration der teilnehmenden Länder eine größere Freiheit des Handels herbeizuführen. Sie erkennen ferner an, daß es der Zweck von Zollunionen und Freihandelszonen sein soll, den Handel zwischen den teilnehmenden Gebieten zu erleichtern, nicht aber dem Handel anderer Vertragsparteien mit diesen Gebieten Schranken zu setzen.
(5) Demgemäß schließt dieses Abkommen nicht aus, daß Gebiete von Vertragsparteien zu Zollunionen oder Freihandelszonen zusammengeschlossen oder vorläufige Vereinbarungen zur Bildung solcher Unionen oder Zonen abgeschossen werden; Voraussetzung hierfür ist
a) im Fall einer Zollunion oder einer mit dem Ziel der Bildung einer Zollunion getroffenen vorläufigen Vereinbarung, daß die bei der Bildung der Union oder beim Abschluß der vorläufigen Vereinbarung eingeführten Zölle und Handelsvorschriften für den Handel mit den an der Union oder Vereinbarung nicht teilnehmenden Vertragsparteien in ihrer Gesamtheit nicht höher oder einschränkender sind als die allgemeine Belastung durch Zölle oder Handelsvorschriften, die in den teilnehmenden Gebieten vor der Bildung der Union oder dem Abschluß der vorläufigen Vereinbarung bestand; ...« Zitiert nach der Übersetzung in A. v. Bogdandy/M. Nettesheim/V. Mahnken (Fn. 62). Vgl. dazu auch EuGH, Rs. C-352/96, Slg. 1998 I-6949, Rn. 11 ff.

68 S. Rn. 5.
69 *N. Vaulont*, in: GTE, EG-/EUV, Art. 9, Rn. 4.
70 S. die einleitenden Erwägungsgründe dieser Vereinbarung.
71 ABl.EG 1994, Nr. L 336/16; deutsche Übersetzung auch abgedruckt in A. v. Bogdandy/M. Nettesheim/V. Mahnken (Hrsg.), Internationales Wirtschaftsrecht. Außenwirtschaftsrecht. Textsammlung, Loseblattsammlung, Stand: September 1995, Nr. 1215.
72 S. *Hilpold* (Fn. 66), S. 662.
73 Kritisch *Ott* (Fn. 64), S. 31 ff.
74 S. zu den Prüfungsverfahren *Ott* (Fn. 64), S. 34 ff.; *N. Vaulont*, in: GTE, EG-/EUV, Art. 9, Rn. 4 ff. mit dem Hinweis in Rn. 7, daß wegen jahrzehntelanger Nichtbeanstandung sich die Legitimität der Zollunion im GATT schon allein durch Zeitablauf bewährt habe.

Mitgliedstaaten in entsprechenden Zusammenschlüssen organisiert[75]. Die sich ständig in Bewegung befindlichen ökonomischen und rechtsdogmatischen Probleme, die aus der Koordination regionaler Zusammenschlüsse mit den Prämissen des GATT resultieren, harren noch der abschließenden Klärung[76].

7. Zollunion und Drittstaatsbeziehungen[77]

14 Drittstaatsbeziehungen im Zollbereich betreffen die Außenperspektive der Zollunion[78] und sind Teilelement des Verhältnisses der Zollunion zum Zollvölkerrecht. Die Vorschriften über die gemeinsame Handelspolitik der Gemeinschaft sind einschlägig, Art. 131 ff. Schon bald nach Aufrichtung des Gemeinsamen Zolltarifs wurde dieser durch eine umfassende Politik der Einräumung von Präferenzen[79] zugunsten von Drittstaaten relativiert, vgl. Art. 131 ff., 182 ff., 310[80]. Anrainerstaaten sollten einbezogen[81], Entwicklungsländer gefördert werden[82]. Zum Teil handelt es sich dabei um Vorstufen eines Beitritts zur Gemeinschaft, zum Teil um qualifizierte Kooperationen ohne Beitrittsabsicht[83]. Einerseits wird dadurch die Dynamik und Ausstrahlungskraft der Zollunion bewiesen, andererseits unterliegt diese in ihrer Substanz als Tarifunion einem schleichenden Erosionsprozeß[84].

II. Verbot von Binnenzöllen

15 Zentrales Teilelement der Zollunion ist die Zollfreiheit im Binnenmarkt, d. h. zwischen den Mitgliedstaaten[85]; die Einführung neuer Binnenzölle zwischen den Mitgliedstaaten ist verboten. Bezugspunkt für diese Maßnahmen ist der innergemeinschaftliche Warenverkehr[86]. Dies erhellt aus dem Text des Art. 23 und aus der Gliederung des Vertrags: Die Zollunion als Kapitel des EGV ist dem Titel »Der freie Warenverkehr« untergeordnet. Waren im gemeinschaftsrechtlichen Sinne sind alle beweglichen Güter, die einen

---

75 *Ott* (Fn. 64), S. 26.
76 S. grundlegend *Steinberger* (Fn. 66), S. 93 ff.; *Langer* (Fn. 66), S. 127 ff.; ferner: *Ott* (Fn. 64), S. 25 ff.; *N. Vaulont*, in: GTE, EG-/EUV, Art. 9, Rn. 4.
77 Zu Sonderfällen s. *H.-J. Prieß*, Die Europäische Gemeinschaft als Mitglied einer Zollunion. Das Beispiel der Zollunion zwischen der EG und der ehemaligen DDR, EuR 1991, S. 187; *C. Rumpf*, Die Zollunion EG-Türkei, RIW 1997, S. 46; Beschluß v. 22. 12. 1995, ABl.EG 1995, Nr. L 35/1.
78 *Clapham* (Fn. 5), S. 30.
79 Zum Präferenzsystem im weltwirtschaftlichen Maßstab s. *Langer* (Fn. 66), S. 291 ff.
80 S. bereits oben Rn. 7. *R. Voß*, in: Grabitz/Hilf, EU, Art. 23, Rn. 76; *J. Sack*, in: Hb.EUWirtR, Abschnitt C.II, Rn. 44 f.; *Vaulont* (Fn. 30), S. 36 ff.
81 Hier ist vorrangig Art. 10 des Abkommens über den Europäischen Wirtschaftsraum vom 2.5.1992, BGBl. 1993 II S. 267, geänderte Fassung: BGBl. 1993 II S. 1294, zu nennen: »Ein- und Ausfuhrzölle und Abgaben gleicher Wirkung zwischen den Vertragsparteien sind verboten. ...« Zum EWR s. statt aller *Herdegen* (Fn. 14), S. 138 ff.
82 *Vaulont* (Fn. 22), S. 69.
83 *N. Vaulont*, Allgemeine Aspekte des europäischen Zollrechts, in: Birk/Ehlers (Hrsg.), Rechtsfragen des europäischen Steuer-, Außenwirtschafts- und Zollrechts, 1995, S. 109 f.; *R. Stober*, Wirtschaftsverwaltungsrecht I, 11. Aufl. 1998, S. 188.
84 S. bereits oben Rn. 7; nach *Vaulont* (Fn. 22), S. 70 erfolgen bereits über 60 % der Drittlandseinfuhren in die EG zum Zoll-Nulltarif. Differenzierend in der Bewertung auch: *Clapham* (Fn. 5), S. 36 f.
85 S. zur Entwicklung Rn. 8.
86 *Ohler* (Fn. 18), S. 37 und öfters; *Wasmeier* (Fn. 2), S. 93.

Geldwert haben und Gegenstand von Handel sein können[87]. Rechtsprechung des Gerichtshofs aufgreifend, sind Zweifelsfälle inzwischen in Art. 212 ZK vom gemeinschaftszollrechtlichen Warenbegriff ausgeschlossen worden: Falschgeld, Suchtstoffe und psychotrope Stoffe, die rechtswidrig in das Zollgebiet gelangen. Die Abgrenzung zum freien Zahlungsverkehr wird bei Münzen relevant: sofern Münzen gesetzliche Zahlungsmittel in einem Mitgliedstaat sind, unterfallen sie nicht dem zollrechtlichen Regime. Elektrischer Strom, Gas, Abfall u. ä. unterfallen dem gemeinschaftszollrechtlichen Warenbegriff[88], Leichen, Leichenteile und Feten nicht.

III. Verbot von Abgaben gleicher Wirkung

Das Verbot innergemeinschaftlicher Zölle wird durch das Verbot von Abgaben gleicher Wirkung in Art. 25 ergänzt und effektiviert[89]. 16

IV. Gemeinsamer Außenzoll

Im Gegensatz zur Freihandelszone setzt eine Zollunion voraus, daß nicht nur die Binnenzölle zwischen den Mitgliedstaaten beseitigt werden, sondern auch ein gemeinsamer Außenzoll errichtet wird[90]. Art. 18–26 a. F., die wegen Funktionslosigkeit durch den Vertrag von Amsterdam aufgehoben wurden, enthielten ein gestuftes Verfahren, in dem aus dem Mittel der Zolltarife der Gründungsstaaten ein gemeinsamer Tarif ermittelt wurde, der dann schrittweise, der Finalität des alten Art. 18 entsprechend, vorrangig im Rahmen des GATT-Prozesses abgesenkt wurde[91]. Seit dem 1.7.1968 liegt die Tarifhoheit vollständig bei der Gemeinschaft. Die Bestandteile des Gemeinsamen Zolltarifs wurden oben bereits im Zusammenhang mit den Rechtsquellen der Zollunion behandelt[92]. 17

V. Gemeinschaftswaren gem. Abs. 2

Abs. 2 trifft eine Festlegung, die über die Zollunion i. e. S. hinausreicht. Es wird eine Warengruppe definiert, für das Verbot der Binnenzölle und der zollgleichen Abgaben sowie das Verbot mengenmäßiger Beschränkungen, Art. 28 ff., gilt. Waren, die aus den Mitgliedstaaten stammen, sind (ursprüngliche) Gemeinschaftswaren. Diese haben keinen Statuswechsel durchlaufen, da sie entweder vollständig im Zollgebiet gewonnen oder hergestellt wurden oder aus im freien Verkehr befindlichen Drittlandswaren zusammengesetzt wurden, Art. 4 Nr. 7; 23 ZK. Gleichgestellt sind Waren, die zwar aus 18

---

87 EuGH, Rs. 7/68, Slg. 1968, 633, 642 (Kommission/Italien: Kunstschätze I); Rs. C- 2/90, Slg. 1992, I-4431, Rn. 23 (Kommission/Belgien); s. auch VO (EWG) Nr. 3330/ 91 des Rates über die Statistik des Warenverkehrs zwischen den Mitgliedstaaten, ABl.EG 1991, Nr. L 316/1, inzwischen mehrfach geändert. Erstaunlich ist, daß der ZK keine Definition normiert hat, s. *P. Witte*, Zollkodex. Kommentar, 2. Aufl. 1998, Art. 4, Rn. 2, Stichwort »Ware«; *H.-J. Kampf*, in: Witte (Hrsg.), Zollkodex. Kommentar, 2. Aufl. 1998, Art. 37, Rn. 2; *R. Henke*, Bedeutung des freien Warenverkehrs für den Europäischen Binnenmarkt, in: Birk (Hrsg.), Handbuch des Europäischen Steuer- und Abgabenrechts, 1995, § 20, Rn. 12 ff. S. ferner: *Wasmeier* (Fn. 2), S. 92 f.
88 *Bleckmann*, Europarecht, Rn. 1470. Zum Abfall als Ware ausführlich *Wasmeier* (Fn. 2), S. 92 f.
89 S. die Kommentierung von Art. 25.
90 Rn. 5.
91 S. auch Rn. 8. *J. Sack*, in: Hb.EUWirtR, Abschnitt C.II, Rn. 15 f.
92 Rn. 9.

Ländern außerhalb der Gemeinschaft stammen[93], sich jedoch im freien Verkehr befinden. Die Voraussetzungen dafür normiert Art. 24.

VI. Zollverwaltung durch die Mitgliedstaaten

1. Zollkodex

19 Das allgemeine Zollrecht[94] war bisher in eine unübersichtliche Vielzahl einzelner Rechtsnormen aufgesplittert. Die Harmonisierungspolitik der Gemeinschaft in diesem Bereich verlagerte sich von dem Erlaß von Richtlinien, auf Grund derer die Mitgliedstaaten ihre nationalen Zollgesetze ändern mußten hin zu unmittelbar geltenden Verordnungen[95]. Schon hinsichtlich dieser Einzelregelungen waren die Rechtsgrundlagen häufig strittig[96]. Der Zollkodex stützt sich laut Vorspruch auf die Art. 28, 100a und 113 a. F. (jetzt: Art. 26, 95 und 133).

20 Der Zollkodex[97] enthält die grundlegenden Bestimmungen des allgemeinen Zollrechts der Gemeinschaft[98], d. h. der Art und Weise der Erhebung des Zolls, darunter die Regelung des genauen Anwendungsbereichs, das Zollschuldrecht, die einzelnen Zollverfahren, Fragen des Rechtsschutzes und der Zusammenarbeit der Zollverwaltungen. Art. 249 ZK ermächtigt die Kommission zum Erlaß von Durchführungsverordnungen. Die zum 1.1.1994 in Kraft getretene DVO-ZK[99] übertrifft mit 913 Artikeln und mehr als 100 Anhängen die Regelungstiefe des Kodex beträchtlich. Zusammen handelt es sich um das größte harmonisierte Gesetzeswerk der Gemeinschaft[100]. Ausstrahlungswirkungen[101] bestehen einmal im Binnenbereich der Gemeinschaft, da der ZK zahlreiche Regeln eines allgemeinen Verwaltungsrechts vorwegnimmt[102]; international orientieren sich bereits zahlreiche Staaten außerhalb der Gemeinschaft an dieser Kodifikation. Nationales Recht ist wegen des Vorrangs des Gemeinschaftsrechts nur noch soweit anwendbar, als der ZK eine Lücke läßt oder explizit auf mitgliedstaatliches Recht ver-

---

93 Zu den Einzelheiten: *Wasmeier* (Fn. 2), S. 101.
94 Zu den Rechtsquellen des Gemeinschaftszollrechts s. Rn. 9.
95 S. ausführlich: *N. Vaulont*, in: GTE, EG-/EUV, Art. 9, Rn. 30 ff.
96 S. aus der Rechtsprechung EuGH, Rs. 45/86, Slg. 1987, 1493, Rn. 10 ff. (Kommission/Rat); Rs. 165/87, Slg. 1988, 5545, Rn. 7 ff. (Kommission/Rat); Rs. 275/87, Slg. 1989, 259 (Kommission/Rat). *M. Aubrée*, Die Quellen der autonomen Zollgesetzgebung der Europäischen Wirtschaftsgemeinschaft, ZfZ 1975, S. 325; *Dänzer-Vanotti* (Fn. 26), S. 100; *J. Sack*, in: Hb.EUWirtR, Abschnitt C.II, Rn. 24 ff.; *N. Vaulont*, in: GTE, EGV, Art. 9, Rn. 27 ff.
97 VO (EWG) Nr. 2913/92 des Rates vom 12.10.1992 zur Festlegung des Zollkodex der Gemeinschaften, ABl.EG 1992, Nr. L 302/1 mit späteren Änderungen. Aus der Lit. s.: *P. Witte* (Hrsg.), Zollkodex. Kommentar, 2. Aufl. 1998; *ders.*, Der Zollkodex der EG, in: Birk (Hrsg.), Handbuch des Europäischen Steuer- und Abgabenrechts, 1995, § 12; *ders./H.-M. Wolffgang*, Lehrbuch des europäischen Zollrechts, 2. Aufl. 1995; *ders.*, Das Neue am Zollkodex der Gemeinschaft, ZfZ 1993, S. 162; *ders.*, Entwicklung des Allgemeinen Zollrechts im Jahr 2000, RIW 2001, S. 524; *F. A. Hohrmann*, Quellen und Systematik des gemeinschaftlichen Zollrechts nach Inkrafttreten des Zollkodex der Gemeinschaften, DStZ 1994, S. 449; *M. Streck/H. Olgemöller*, Der Streit mit dem Zoll – Der neue Zollkodex, DStR 1996, S. 1105. *C. Meesenburg*, Das Vertrauensschutzprinzip im europäischen Finanzverwaltungsrecht, 1998, S. 37 ff.
98 S. Rn. 9.
99 VO (EG) Nr. 2454/93 der Kommission vom 2.7.1993, ABl.EG 1993, Nr. L 231/1; seither zahlreiche Änderungen.
100 *P. Witte*, Einführung, Rn. 2, in: ders. (Hrsg.), Zollkodex. Kommentar, 2. Aufl. 1998.
101 *Streck/Olgemöller* (Fn. 97), S. 1105 f.
102 *J. Sack*, in: Hb.EUWirtR, Abschnitt C.II, Rn. 28a.

weist[103]. Im deutschen Rechtsraum trat das Zollgesetz außer Kraft; das im mitgliedstaatlichen Bereich verbleibende Organisationsrecht ist im Zollverwaltungsgesetz vom 21.12.1992[104] enthalten.

2. Vollzugsgleichheit

»Ein gemeinschaftliches Zollrecht als Ergebnis der Zollrechtsangleichung wird nur dann von Bestand sein, wenn die einheitliche Auslegung und Anwendung der Rechtsvorschriften garantiert ist. Hier liegt eine der gefährlichsten Schwächen der europäischen Zollrechtsvereinheitlichung, solange die behördlichen und gerichtlichen Instanzen der sechs Mitgliedstaaten das Gemeinschaftszollrecht ausführen und auslegen.«[105] Die Durchsetzung des gemeinschaftlichen Zollrechts sieht sich mit unterschiedlichen Verwaltungstraditionen, unterschiedlichen handelspolitischen Traditionen und damit unterschiedlichen »Kontrollphilosophien« konfrontiert[106]. Gleichmäßige Auslegung des gemeinschaftlichen Zollrechts und die ausgiebige Rechtsprechung des Gerichtshofs zum Zollrecht[107] treffen nicht den Kern des Problems, denn im Prinzip bestehen keine Durchgriffsrechte der Kommission auf die mitgliedstaatlichen Zollbehörden. Vollzugsunterschiede würden jedoch Wettbewerbsverzerrungen hervorrufen und damit die Grundintention der Zollunion gefährden. Der mitgliedstaatliche, aus Sicht der Gemeinschaft also mittelbare Verwaltungsvollzug des gemeinschaftlichen Zollrechts[108] bedarf der Gewähr einheitlicher Anwendung. Art. 10 in seiner Ausprägung als Prinzip der Gemeinschaftstreue allein vermag dies nicht zu gewährleisten. Detaillierte rechtliche Steuerung des Vollzugs erfolgt über die DVO-ZK, die – in Durchbrechung des Prinzips des indirekten Vollzugs – auch Bestimmungen über Letztentscheidungsrechte der Kommission bei Ermessens- oder Billigkeitsfragen enthält. Allen Bemühungen zum Trotz dürfte in diesem Bereich die offene Flanke der Zollunion der Gemeinschaft liegen.

21

---

103 Zu den Einzelheiten: *P. Witte*, vor Art. 1, Rn. 11 ff., in: ders. (Hrsg.), Zollkodex. Kommentar, 2. Aufl. 1998; *K. Friedrich*, Zollkodex und Abgabenordnung, StuW 1995, S. 15; *Meesenburg* (Fn. 97), S. 43 ff.
104 BGBl. I S. 2125.
105 *Ehle* (Fn. 32), S. 1512.
106 *N. Vaulont*, in: GTE, EG-/EUV, Art. 9, Rn. 46 ff.
107 Rechtsprechungsübersichten finden sich jeweils in der EuZW, s. etwa: *K.-P. Müller-Eiselt*, Zollrechtsprechung des EuGH in den Jahren 1999 und 2000, EuZW 2001, S. 389; ferner *ders.*, Rechtsschutz in Zollsachen durch den Bundesfinanzhof und den Gerichtshof der Europäischen Gemeinschaften, ZfZ 1994, S. 258; *E. Eyl*, EuGH-Rechtsprechung zum Gemeinsamen Zolltarif (GZT) und zur kombinierten Nomenklatur (KN): 1979-1998, ZfZ 2000, S. 182; *L. Gellert*, Die Entscheidungen der Europäischen Kommission im Bereich Erlaß, Erstattung und Absehen von der Nacherhebung geschuldeter Einfuhrabgaben aus Billigkeitsgründen, ZfZ 2000, S. 146; 2001, S. 74, 110; *P. Witte*, Entwicklung des Allgemeinen Zollrechts im Jahr 2000, RIW 2001, S. 524.
108 S. Rn. 11.

… Art. 24 EG-Vertrag

Art. 24 (ex-Art. 10)

Als im freien Verkehr eines Mitgliedstaats befindlich[2] gelten diejenigen Waren aus dritten Ländern, für die in dem betreffenden Mitgliedstaat die Einfuhr-Förmlichkeiten erfüllt[3] sowie die vorgeschriebenen Zölle und Abgaben gleicher Wirkung erhoben[4] und nicht ganz oder teilweise rückvergütet worden sind[5].

1 Die Vorschrift wurde durch den Vertrag von Amsterdam aus Abs. 1 des Art. 10 a. F. gebildet; dessen aufgehobener Abs. 2 regelte das Kontrollverfahren der Kommission für eine Übergangszeit[1]; inzwischen finden sich entsprechende Regelungen in den Art. 84 ff. ZK.

2 Der Artikel konkretisiert das »sich im freien Verkehr« der Gemeinschaft Befinden von Waren nach Art. 23 Abs. 2, die ihren Ursprung in Drittländern, d. h. in Staaten außerhalb der Gemeinschaft haben[2]. Dadurch wird der Anwendungsbereich der Art. 23 und 25 und des Kapitels über das Verbot mengenmäßiger Beschränkungen zwischen den Mitgliedstaaten (Art. 28 bis 31) festgelegt[3]. Die Vorschrift regelt, unter welchen Voraussetzungen Drittlandswaren die Vorteile des innergemeinschaftlichen freien Warenverkehrs genießen und damit den Status von Gemeinschaftswaren erhalten[4]. Im Sekundärrecht hat Art. 79 Abs. 1 ZK diese Vorgaben aufgenommen. Für diesen **Statuswechsel von Waren**[5] sind drei **Voraussetzungen** kumulativ erforderlich: (1) Die Einfuhrförmlichkeiten müssen erfüllt sein; (2) die vorgeschriebenen Zölle und Abgaben gleicher Wirkung müssen erhoben worden sein; (3) weder die Zölle noch die Abgaben gleicher Wirkung dürfen ganz oder teilweise rückerstattet worden sein.
Zentraler Aussagegehalt des Artikels ist es, daß es genügt, wenn diese Voraussetzungen in einem (beliebigen) Mitgliedstaat erfüllt sind. Die Rechtsfolgen gelten dann für die gesamte Gemeinschaft, d. h. in allen Mitgliedstaaten.

3 Entsprechend dem über die Zollunion hinausreichenden Regelungsbereich der Vorschrift[6] sind unter **Einfuhrförmlichkeiten** nicht nur solche zu verstehen, die in Zusammenhang mit der Erhebung von Zöllen oder zollgleichen Abgaben stehen. Art. 79 Abs. 2 ZK stellt klar, daß auch sonstige außenwirtschaftliche Einfuhrförmlichkeiten gemeint sind[7]. Es handelt sich dabei sowohl um gemeinschaftsrechtliche als auch um mitgliedstaatliche Einfuhrförmlichkeiten. Letztere bestehen bspw. bei der Einfuhr von Betäubungsmitteln und Kriegswaffen[8]. Die Vorschrift kann als dynamische Verweisung auf die entsprechenden Bestimmungen des Gemeinschaftsrechts und der Mitgliedstaaten verstanden werden.

---

1 S. zum Anwendungsbereich dieses Absatzes zuletzt M. *Lux*, in: Lenz, EGV, 1. Aufl. 1994, Art. 10, Rn. 16.
2 Der zollrechtlich freie Verkehr deckt sich inzwischen mit dem steuerrechtlich freien Verkehr, s. Art. 90, Rn. 9.
3 Zur Funktion des gemeinschaftlichen Zollrechts für andere Politikbereiche der Gemeinschaft s. Art. 23, Rn. 7.
4 S. *Alexander*, in: Witte (Hrsg.), Zollkodex. Kommentar, 2. Aufl. 1998, Art. 79, Rn. 1.
5 Ohne Statuswechsel sind (ursprüngliche) Gemeinschaftswaren solche, die vollständig im Zollgebiet der Gemeinschaft gewonnen oder hergestellt sind oder die aus im freien Verkehr befindlichen Drittlandswaren zusammengesetzt worden sind, Art. 4 Nr. 7; 23 ZK. S. bereits Art. 23, Rn. 18.
6 Rn. 2.
7 S. zu den Einzelheiten S. *Alexander*, in: Witte (Hrsg.), Zollkodex. Kommentar, 2. Aufl. 1998, Art. 79, Rn. 4 ff.
8 N. *Vaulont*, in: GTE, EG-/EUV, Art. 10, Rn. 12.

Voraussetzung ist die **tatsächlich Entrichtung der Zölle und Abgaben zollgleicher Wir-** 4
kung[9]. Wird eines der zollrechtlichen Verfahren gewählt, um die Zollerhebung zunächst zu umgehen (Lagerung in einem Zollager; aktiver Veredelungsverkehr; passiver Veredelungsverkehr usw.), bleiben die Waren zunächst unter zollamtlicher Überwachung, sind also noch nicht Waren im freien Verkehr und damit noch nicht wie Gemeinschaftswaren zu behandeln, Art. 82 ZK.

Rückvergütung im Sinne der Vorschrift meint nicht die Fälle der Rückerstattung bei 5
Überzahlung u. ä. Art. 83 ZK zählt die Möglichkeiten der Rückerstattung, die zu einem Statuswechsel der betroffenen Waren führen, auf (aktiver Veredelungsverkehr gem. Art. 128 ZK; Art. 238 f. ZK).

---

9   Zu den Beweisproblemen, ob derartige Abgaben entrichtet wurden: EuGH, Rs. C-117/88, Slg. 1990, I-631, Rn. 8 ff. (Trend-Moden Textilhandels GmbH/Hauptzollamt Emmerich); Rs. C-83/89, Slg. 1990, I-1161, Rn. 12 ff. (Openbaar Ministerie u. a./Houben).

Kapitel 1
Die Zollunion

Art. 25 (ex-Art. 12)

Ein- und Ausfuhrzölle[5] oder Abgaben gleicher Wirkung[6 ff.] sind zwischen den Mitgliedstaaten verboten[1]. Dieses Verbot gilt auch für Finanzzölle[3].

Inhaltsübersicht:

I. Grundsatzfragen	1
II. Begriff des Zolls	5
III. Abgaben gleicher Wirkung	6
1. Rechtsprechung des EuGH	7
2. Schrifttum	9
3. Stellungnahme	10
IV. Abgrenzung zu »inländischen Abgaben« gem. Art. 90	11
V. Abgrenzung zu sonstigen Regelungen	12

I. Grundsatzfragen

1 Die Vorschrift stellt eine der beiden Säulen des Warenverkehrs im Binnenmarkt dar[1]: der alles **entscheidende Auslegungsleitgedanke** ist das **Funktionieren des freien Warenverkehrs**[2]. Neben dem Verbot mengenmäßiger Beschränkungen (Art. 28 ff.) darf der freie Warenverkehr im Binnenmarkt nicht durch Zölle oder zollgleiche Abgaben behindert werden. Alle Zweifelsfragen von Auslegung und Rechtsanwendung sind von diesem Leitgedanken aus zu klären. Finanzielle Belastungen, die an die Überschreitung von Staatsgrenzen (der Mitgliedstaaten) anknüpfen, behindern im Verhältnis zu einheimischen Waren (auch bei Geringfügigkeit) diesen zu schützenden freien Warenverkehr[3]. Der grundlegende Charakter des Verbots erhellt aus seiner Ausnahmslosigkeit[4]. Enthält die Vorschrift auch selbst keine Ausnahmemöglichkeiten, so sind solche bspw. in anderen Bestimmungen des primären Gemeinschaftsrechts oder im Rahmen von Beitrittsakten neuer Mitgliedstaaten als Übergangsmaßnahmen denkbar und üblich[5]. Es werden nur Gemeinschaftswaren[6] oder im freien Verkehr befindliche Waren[7] erfaßt.

2 Es handelt sich um **unmittelbar anwendbares Recht**[8], auf das sich jeder Gemeinschafts-

---

1 S. schon EuGH, verb. Rs. 52 und 55/65, Slg. 1966, 219, 235 (Bundesrepublik Deutschland/Kommission).
2 EuGH, verb. Rs. 2,3/62, Slg. 1962, 869, 881 (Kommission/Luxemburg, Belgien); Rs. 52, 55/65, Slg. 1966, 219, 235 (Bundesrepublik Deutschland/Kommission); *J. Kohler*, Abgaben zollgleicher Wirkung im Recht der Europäischen Gemeinschaften, 1978, S. 23 f.; *M. Beschel/N. Vaulont*, in: GTE, EG-/EUV, Art. 12, Rn. 6; jetzt eingehend *W. Schön*, Der freie Warenverkehr, die Steuerhoheit der Mitgliedstaaten und der Systemgedanke im europäischen Steuerrecht, EuR 2001, S. 216 (218 ff.).
3 EuGH, Rs. 24/68, Slg. 1969, 193, Rn. 14 (Kommission/Italien); Rs. 46/76, Slg. 1977, 5 (Bauhuis/Niederlande); Rs. 132/82, Slg. 1983, 1649, Rn. 8 ff. (Kommission/Belgien); Rs. C-209/89, Slg. I-1575, Rn. 6 (Kommission/Italien).
4 Dazu EuGH, verb. Rs. 2 und 3/62 (Fn. 2), 881 (Kommission/Luxemburg, Belgien).
5 S. nur *Kohler* (Fn. 2), S. 139.
6 S. Art. 24, Rn. 2, Fn. 5.
7 Art. 24, Rn. 2 ff.
8 EuGH, Rs. 26/62, Slg. 1963, 1, 24 ff. (van Gend & Loos/niederländische Finanzverwaltung); Rs. 33/70, Slg. 1970, 1213, Rn. 10 (Spa. SACE/Italienisches Finanzministerium; Rs. 251/78, Slg. 1979, 3369, Rn. 3 (Denkavit Futtermittel).

bürger als subjektives Gemeinschaftsrecht vor den Gerichten der Mitgliedstaaten berufen kann[9]. **Adressaten** der Norm sind demgegenüber allein die **Mitgliedstaaten**; nur ihre Abgaben fallen unter das Verbot[10]. Gebunden sind **alle Träger von Hoheitsgewalt**[11], einschließlich mit Hoheitgewalt beliehene Privatpersonen in jedem Mitgliedstaat[12].

In ihrer ursprünglichen Formulierung handelte es sich um eine sog. **Stillhalteverpflichtung** (standstill), wie sie auch an anderen Stellen des Vertrags vorkommt: Im Prozeß des Abbaus der Binnenzölle war die Einführung neuer oder die Erhöhung (noch) bestehender Abgaben verboten[13]. Mit vollständigem Abbau der Binnenzölle[14] bezieht sich diese Stillhalteverpflichtung nur noch darauf, keine nationalen Zölle mehr einzuführen[15]. Der Vertrag von Amsterdam hat konsequent den Wortlaut der Norm dieser Situation angepaßt. Der Hinweis auf die Finanz-, d. h. Fiskalzölle[16] hat klarstellenden Charakter. Durch den Wegfall des Art. 17 a. F., der Fragen der Finanzzölle betraf, erklärt sich die neue explizite Erwähnung in der hiesigen Norm.

3

Wird ein Verstoß gegen die Vorschrift rechtskräftig festgestellt, sind die gezahlten Abgaben nach den Regeln des mitgliedstaatlichen Rechts zu **erstatten**[17]. Der Zollkodex kann hier keine Anwendung finden, da dessen Art. 239 ff. nur für gemeinschaftsrechtliche Abgaben gelten[18]. Bei der Erstattung darf nicht erneut diskriminiert werden[19].

4

II. Begriff des Zolls

Nach dem Wortlaut der Norm werden alle Arten von Zöllen[20] erfaßt: Einfuhr- und Ausfuhrzölle; der Hinweis auf die Finanzzölle in dem neu eingefügten Satz 2 impliziert, daß die den Regelfall in der Zollwirklichkeit darstellenden Wirtschaftszölle[21] erst recht umfaßt sind. Zölle sind »Abgaben, die nach Maßgabe des Zolltarifs von der Warenbewegung über die Zollgrenze erhoben werden«[22]. Der Gerichtshof verlangt zusätzlich, daß die Abgaben auch als Zoll bezeichnet werden[23]. Dieses Tatbestandsmerkmal, das in der deutschen mitgliedstaatlichen Definition zu Recht fehlt, erklärt sich aus der funktionellen Gleichstellung der zollgleichen Abgaben[24].

5

---

9 *Nicolaysen*, Europarecht II, S. 89.
10 Rn. 10.
11 Körperschaften, Anstalten und Stiftungen des öffentlichen Rechts; im deutschen Recht somit auch der gesamte Bereich der Selbstverwaltung der Wirtschaft durch Kammern.
12 *Kohler* (Fn. 2), S. 36 ff.
13 S. näher *Kohler* (Fn. 2), S. 116 ff.
14 Art. 23, Rn. 8, 15.
15 Insofern hat die Stillhalteverpflichtung auch heute noch Bedeutung; *Nicolaysen*, Europarecht II, S. 88; R. *Henke*, Verbot von Abgaben zollgleicher Wirkung im Binnenmarkt der Gemeinschaft, in: Birk (Hrsg.), Handbuch des Europäischen Steuer- und Abgabenrechts, 1995, § 21, Rn. 1.
16 Zu den einzelnen Zollarten s. Art. 23, Rn. 1.
17 Vgl. zur Erstattung vorrangig EuGH, Rs. 61/79, Slg. 1980, 1205, Rn. 25 (Amministrazione delle Finanze dello Stato/Denkavit italiana Srl); Rs. 199/82, Slg. 1983, 3595, Rn. 11 ff. (Amministrazione delle Finanzo dello Stato/S.p.A. San Giorgio).
18 R. *Voß*, in: Grabitz/Hilf, EU, Art. 25, Rn. 26.
19 EuGH, Rs. 240/87, Slg. 1988, 3513, Rn. 18 (Deville/Administration des impôts).
20 Dazu Art. 23, Rn. 1.
21 Art. 23, Rn. 1.
22 BVerfGE 8, 260 (269). S. auch *Kohler* (Fn. 2), S. 26 ff.
23 EuGH, Rs. 87/75, Slg. 1976, 129, Rn. 8/9 (Bresciani/italienische Finanzverwaltung); Rs. 24/68, Slg. 1969, 193, Rn. 8/9; verb. Rs. 2 und 3/69, Slg. 1969, 211, Rn. 15/18 (Diamantarbeiders-Sociaal Fonds/Brachfeld u. Chougol); Rs. 77/72, Slg. 1973, 611, Rn. 12 (Capolongo/Azienda Agricola Maya). S. auch M. *Wasmeier*, Umweltabgaben und Europarecht, 1995, S. 91.
24 Rn. 7 ff.

III. Abgaben gleicher Wirkung

6 Auslegungsprobleme wirft der Begriff der »Abgaben gleicher Wirkung«, bezogen auf Ein- oder Ausfuhrzölle, auf.

1. Rechtsprechung des EuGH[25]

7 Die **Ausgangsdefinition des Gerichtshofs** wurde im sog. Lebkuchenfall aufgestellt. Eine Abgabe zollgleicher Wirkung sei eine »bei der Einfuhr oder später erhobene, einseitig auferlegte Belastung, die dadurch, daß sie speziell die aus einem Mitgliedstaat eingeführten Waren trifft, nicht aber gleichartige einheimische Waren trifft jene Waren verteuert und damit die gleiche Auswirkung auf den freien Warenverkehr hat wie ein Zoll«[26]. Diese Ausgangsdefinition wurde im Laufe einer umfangreichen Judikatur präzisiert und modifiziert. Es werden nicht nur Abgaben erfaßt, die der Staat selbst, sondern auch solche, die von sonstigen juristischen Personen des öffentlichen Rechts, z.B. öffentlich-rechtlichen Körperschaften erhoben werden, sofern die Erhebung hoheitlich, d. h. öffentlich-rechtlich erfolgt[27]. Die Abgabe ist nicht einseitig hoheitlich auferlegt und fällt grundsätzlich[28] aus dem Anwendungsbereich des Verbots heraus, wenn ihr ein Vertragsschluß voranging[29]. Nach der neueren Rechtsprechung gilt dieser Grundsatz nicht, wenn bei privatrechtlich vereinbarten Entgelten staatliche Aufsicht vorliegt[30] oder wenn ein Privatunternehmer öffentliche Aufgaben erfüllt[31]. Der Staat muß auch nicht unmittelbar ertragsberechtigt sein; die Abgabe kann zugunsten einer sonstigen öffentlich-rechtlichen Körperschaft oder auch sonstiger spezieller Einrichtungen erhoben werden[32]. Auch Abgaben, die für einen (Absatz-)Fonds erhoben werden, können somit erfaßt sein[33]. Grundsätzlich ist der Zweck der Abgabenerhebung irrelevant[34]. Auch ganz geringfügige Abgabenbelastungen fallen unter das Verbot[35]. Entscheidendes inhaltliches

---

25 Zur »prägenden Kraft der Rechtsprechung des Europäischen Gerichtshofs« in diesem Bereich: *Kohler* (Fn. 2), S. 19, 152 ff.
26 EuGH, verb. Rs. 2, 3/62 (Fn. 2), S. 882; zuletzt EuGH, Rs. C-441/98 und C-442/98, HFR 2000, 904.
27 EuGH, Rs. 77/72, Slg. 1973, 611, Rn. 12; verb. Rs. C-78/90 bis C-83/90, Slg. 1992, I-1847, Rn. 23 (Sociétés Compagnie de l'Ouest e.a./Receveur principal des douanes de la Pallice-Port); Rs. C-266/91, Slg. 1993, I-4337, Rn. 10 (Celulosa Biera Industrial SA/Fazenda Publica); Rs. 72/92, Slg. 1993, I-5509, Rn. 16 (Scharbatke/Bundesamt für Ernährung und Forstwirtschaft).
28 S. jedoch EuGH, Rs. C-16/94, Slg. 1995, 2421, Rn. 20 f. (Dubois u. a./Garonor).
29 EuGH, Rs. 2/73, Slg. 1973, 865 (Geddo/Ente Nazionale Risi).
30 EuGH, Rs. 188/89, Slg. 1990, I-3313, Rn. 16. ff. (Foster u. a./British Gas plc).
31 EuGH, Rs. C-16/94, Slg. 1995, 2421 (Dubois u.a./Garonor).
32 EuGH, verb. Rs. 2, 3/69, Slg. 1969, 211, Rn. 11/14 (Diamantarbeiders-Sociaal Fonds/Brachfeld u. Chougol); Rs. 63/74, Slg. 1975, 290, Rn. 3, 5 (Cadsky/Istituto nazionale per il Commercio Estero); Rs. 314/82, Slg. 1984, 1543, Rn. 18 (Kommission/Belgien); verb. Rs. C-78/90 bis C-83/90 (Fn. 27), Rn. 23; Rs. C-266/91, Slg. 1993, I-4337, Rn. 10 (Celulosa Biera Industrial SA/Fazenda Publica); Rs. C-72/92, Slg. 1993, I-5509, Rn. 16 (Scharbatke/Bundesamt für Ernährung und Forstwirtschaft); Rs. C-130/93, Slg. 1994, I-3215, Rn. 13 ff. (Lamaire NV/Nationale Dienst voor Afzet van Land- en Tuinbouwprodukten). Hier werden regelmäßig auch die Beihilfebestimmungen der Art. 87 ff. relevant; s. zum Ganzen *J. Nussbaum*, Parafiskalische Abgaben und EG-Wettbewerbsrecht, DVBl. 1994, S. 1174.
33 EuGH, Rs. 72/92, Slg. 1993 I-5509, Rn. 9 ff. (Scharbatke/Bundesamt für Ernährung und Forstwirtschaft)
34 EuGH, Rs. 7/68, Slg. 1968, 633, 643 (Kommission/Italien); Rs. 29/72, Slg. 1972, 1309, Rn. 7 (Marimex/italienische Finanzverwaltung); Rs. 39/73, Slg. 1973, 1039, Rn. 3 (Rewe-Zentralfinanz/Landwirtschaftskammer Westfalen-Lippe); Verb. Rs. C-485/93 und 486/93, Slg. 1995, I-2655, Rn. 14 (Simitzi/Kos). S. jedoch Rs. 90/79, 3.2.1981, Slg. 1981, 283, Rn. 16 (Kommission/Frankreich: Reprographieabgabe); Rs. 32/80, Slg. 1981, 251, Rn. 15 ff. (Kortmann).
35 EuGH, Rs. 34/73, Slg. 1973, 981, Rn. 6 (Variola/italienische Finanzverwaltung); Rs. 39/73, Slg. 1973, 1039, Rn. 3 (Rewe-Zentralfinanz/Landwirtschaftskammer Westfalen-Lippe).

Kriterium zur Qualifizierung der relevanten Abgaben ist die **zollgleiche Wirkung**. Der Gerichtshof hat von Anfang an seiner Rechtsprechung zugrunde gelegt, daß nicht sämtliche Zollwirkungen gegeben sein müssen; es reicht aus, wenn überhaupt zollähnliche Wirkungen hervorgerufen werden[36]. Der Grenzübertritt der Ware, die »**Grenzkausalität**« ist das entscheidende Kriterium, sowohl bei der Ein- als auch bei der Ausfuhr[37]. Hinsichtlich dieses Kriteriums darf nicht zwischen in- und ausländischen Waren differenziert werden[38]. Ort und Zeit der Abgabenerhebung treten demgegenüber zurück, wenn der Grenzübertritt nur Anlaß war, die Abgabe also nicht bloß »bei Gelegenheit« desselben fällig wird[39]. Es muß keine tatsächliche Kostensteigerung beim (End-)Verbraucher eintreten[40], denn eine solche könnte durch Veränderung der internen Kalkulation aufgefangen werden; inzwischen stellt der Gerichtshof auf eine abstrakte Kostensteigerung im Handelsprozeß ab[41]. Eine Abgabe zollgleicher Wirkung könne auch vorliegen, »selbst wenn sie keine diskriminierende oder protektionistische Wirkung hat«, weil gar keine Wettbewerbslage mit gleichartigen oder entsprechenden inländischen Waren gegeben ist[42]. Auch regionale, d. h. innerstaatliche Abgaben, die auch aus anderen Regionen desselben Staates stammende Waren trifft, werden von dem Verbot erfaßt[43].

Große praktische Relevanz hat die Einordnung von **Gebühren**[44]. Durch Verwirklichung des Binnenmarkts ist die Bedeutung dieser Rechtsprechungslinie allerdings zurückgegangen. Bei der Erhebung von Gebühren i. w. S. liegt regelmäßig eine »Gegenleistung« für den Abgabenpflichtigen vor, Gebühren sind nicht »voraussetzungslos« geschuldet, sie schöpfen einen Vorteil ab. Stellt die Gebühr der Höhe nach angemessenes Entgelt für die erbrachte Leistung dar, fehlt es an der Grenzkausalität, es handelt sich dann nicht um eine Abgabe zollgleicher Wirkung[45]. Dies gilt zumindest dann, wenn die Gebühr nicht Teil einer für in- wie ausländische Waren gleichermaßen geltenden allgemeinen mitgliedstaatlichen Gebührenregelung ist[46]. Entscheidend ist, daß der Vorteil hinreichend konkret individualisierbar ist[47] und nicht nur im Allgemeininteresse liegt[48]. Die Tatsache, daß die Gebühr obligatorisch ist, also in jedem Fall (rechtlich oder zumindest

8

---

36 Seit EuGH, verb. Rs. 2, 3/62, Slg. 1962, 869, 882 (Kommission/Luxemburg, Belgien).
37 Ebd.
38 Ebd., Rn. 17.
39 EuGH, Rs. 29/72, Slg. 1972, 1309, Rn. 6 (Marimex/italienische Finanzverwaltung).
40 So jedoch noch die frühe Rechtsprechung: EuGH, Rs. 52, 55/65, Slg. 1966, 219, 235 f. (Bundesrepublik Deutschland/Kommission); Rs. 7/68, Slg. 1968, 633, 643 (Kommission/Italien).
41 EuGH, Rs. 29/72, Slg. 1972, 1309, Rn. 6 (Marimex/italienische Finanzverwaltung); Rs. 77/72, Slg. 1973, 611, Rn. 9, 11 (Capolongo/Azienda Agricola Maya).
42 EuGH, verb. Rs. 2, 3/69, Slg. 1969, 211, Rn. 8, 9.
43 EuGH, Rs. C-163/90, Slg. 1992, I-4625, (Administration des douanes et droits indirectes/Legros u. a.); verb. Rs. C-363/93 und 407 bis 411/93, Slg. 1994, I-3957, (Lancra SA u. a/Direction générale des douanes u. a.); verb. Rs. C-485/93 und 486/93, Slg. 1995, I-2655, Rn. 11 ff. (Simitzi/Kos).
44 Zum Gebührenbegriff im deutschen Finanzverfassungsrecht s. statt aller *K. Vogel/C. Waldhoff*, Vorbemerkungen zu Art. 104a–115, Rn. 407 ff., in: Dolzer/Vogel (Hrsg.), Bonner Kommentar zum Grundgesetz, Loseblattsammlung, Stand: 96. Lieferung Mai 2001 (= *dies.*, Grundlagen des Finanzverfassungsrechts, 1999, Rn. 407 ff.). Vgl. auch *D. Ehle*, EWG-Vertrag und Gebührenerhebung, AWD 1965, S. 281.
45 EuGH, Rs. 39/82, Slg. 1983, 19, Rn. 7 (Donner/Niederlande); Rs. 158/82, Slg. 1983, 3573, Rn. 12 (Kommission/Dänemark: Erdnüsse).
46 Rs. 132/80, Slg. 1981, 995, Rn. 33 ff. (United Foods u. a./Belgien); Rs. 158/82, Slg. 1983, 3573, Rn. 19 (Kommission/Dänemark: Erdnüsse); Rs. 193/85, Slg. 1987, 2085, Rn. 11 (Cooperativa Co-Frutta/italienische Finanzverwaltung).
47 EuGH, Rs. C-111/89, Slg. 1990, I-1735, Rn. 12 ff. (Niederlande/Bakker Hillegrom BV).
48 EuGH, Rs. 39/73, Slg. 1973, 1039, Rn. 4 (Rewe-Zentralfinanz/Landwirtschaftskammer Westfalen-Lippe); Rs. 24/68, Slg. 1969, 193, Rn. 11 (Kommission/Italien); Rs. 63/74, Slg. 1975, 290, Rn. 6/8 (Cadsky/Istituto nazionale per il Commercio Estero).

faktisch[49]) geschuldet wird ohne realistisches Wahlrecht des Pflichtigen, führt noch nicht allein zur Qualifizierung als verbotene zollgleiche Abgabe[50]. Eine völlig freiwillig gezahlte Gebühr, für eine Leistung, die demnach vom Im- oder Exporteur nicht in Anspruch genommen werden muß, ist keine zollgleiche Abgabe[51]. Es muß eine Proportionalität zwischen der Höhe der Gebühr und dem abzuschöpfenden Vorteil gewahrt bleiben, da andernfalls eine Umgehung des Verbots vorliegen könnte[52]. Nicht unter das Verbot zollgleicher Abgaben fallen hingegen Gebühren, die auf Gemeinschaftsrecht beruhen und den freien Warenverkehr fördern, da sie die Wirkung von Hindernissen gem. Art. 28 aufheben, sofern die Proportionalität zwischen Vorteil/Kosten und Gebührenhöhe gewahrt bleibt[53]. Entsprechendes gilt für Gebühren, die auf Grund internationaler Abkommen erhoben werden[54].

2. Schrifttum

9 Diese zunächst unübersichtliche Kasuistik ist vom Schrifttum systematisiert und in ein tatbestandliches Schema überführt worden[55]. Die Untersuchung von *J. Kohler*[56] gelangt zu folgender Definition: »Abgaben zollgleicher Wirkung sind alle nicht als Zölle bezeichneten finanziellen Belastungen, die inländischen oder ausländischen Waren obligatorisch wegen ihres Grenzübertritts einseitig auferlegt werden und sich kostensteigernd auswirken.« Ganz ähnlich sieht *G. Nicolaysen* als Abgaben zollgleicher Wirkung unabhängig »von ihrer Bezeichnung und der Art ihrer Erhebung alle anläßlich oder wegen der Einfuhr (Ausfuhr) einseitig auferlegten finanziellen Belastungen, seien sie auch noch so geringfügig, die dadurch, daß sie eingeführte (ausgeführte) Waren spezifisch treffen, deren Gestehungspreis erhöhen und damit die gleiche einschränkende Wirkung auf den freien Warenverkehr haben wie ein Zoll«[57]. *R. Voß* hat aus der Rechtsprechung acht

---

49 EuGH, Rs. 89/76, Slg. 1977, 1355, Rn. 7 (Pflanzenschutzuntersuchung nach internationalen Abkommen).
50 EuGH, Rs. 39/73, Slg. 1973, 1039, Rn. 3 ff. (Rewe-Zentralfinanz/Landwirtschaftskammer Westfalen-Lippe).
51 EuGH, Rs. 89/76, Slg. 1977, 1355, Rn. 6 (Pflanzenschutzuntersuchung nach internationalen Abkommen).
52 EuGH, Rs. 24/68 (Fn. 3), Rn. 11; Rs. 39/73 (Fn. 34), Rn. 4; Rs. 63/74 (Fn. 32), Rn. 6/8; Rs. 39/82 (Fn. 45), Rn. 7; Rs. 1/83, Slg. 1984, 349, Rn. 21 (IFG/Freistaat Bayern).
53 EuGH, Rs. 46/76, Slg. 1977, 5, Rn. 31/34 (Bauhuis/Niederlande); Rs. 89/76, Slg. 1977, 1355, Rn. 8 ff. (Pflanzenschutzuntersuchung nach internationalen Abkommen); Rs. 1/83, Slg. 1984, 349, Rn. 16 (IFG Intercontinentale Fleischhandelsgesellschaft mbH & Co.KG/Freistaat Bayern); Rs. 18/87, Slg. 1988, 5427, Rn. 6 ff. (Kommission/Bundesrepublik Deutschland).
54 EuGH, Rs. C-111/89, Slg. 1990, I-1735, Rn. 18 ff. (Niederlande/Baller Hillegrom BV).
55 Eine genauere dogmatische Verortung unter Einbeziehung wirtschaftswissenschaftlicher Erkenntnisse versucht *C. Ohler*, Die fiskalische Integration in der Europäischen Gemeinschaft, 1997, S. 37 ff., vermag aber letztlich nicht die nicht immer ganz konsistente Rspr. des EuGH in ein widerspruchsfreies Schema zu pressen. S. *B. Balke*, Steuerliche Gestaltungsfreiheit der Mitgliedstaaten und freier Warenverkehr im Europäischen Binnenmarkt, 1998, S. 152 ff. S. ferner: *H. Ehring*, Zur Abgrenzung des Beihilfeverbots vom Verbot der zollgleichen Abgaben und der inländischen Abgaben, welche die Einfuhr höher belasten als die inländische Erzeugung, EuR 1974, S. 108; *N. Vaulont*, Die Vereinfachung der Verfahren und Förmlichkeiten im innergemeinschaftlichen Warenverkehr im Lichte der Rechtsprechung des Europäischen Gerichtshofs zum Verbot der Erhebung von Abgaben zollgleicher Wirkung, EuR 1977, S. 1; *A. Wiebe*, Das Verbot der Erhebung von Abgaben zollgleicher Wirkung in Abgrenzung zu anderen Regelungen des EG-Vertrags, 1999, S. 49 ff.
56 (Fn. 2), S. 47.
57 Europarecht II, S. 89 f. Ähnlich: *Wasmeier* (Fn. 23), S. 91 f.

Tatbestandsmerkmale abstrahiert[58]. Dieser Katalog läßt sich mit der Tatbestandsbildung durch M. *Lux* prägnanter zusammenfassen[59]: Eine Abgabe zollgleicher Wirkung liegt vor, wenn es sich
(1) um eine einseitig, hoheitlich auferlegte Abgabe handelt;
(2) diese Abgabe Waren, nicht Dienstleistungen betrifft;
(3) zollgleiche Wirkung besteht, d. h. ein- oder ausgeführte Waren im Vergleich zu einheimischen verteuert werden[60].

3. Stellungnahme

Entscheidender Auslegungsgesichtspunkt ist jede Vermeidung der Behinderung des freien Warenverkehrs[61]. Daher kann es sich immer nur um mitgliedstaatliche, nicht um gemeinschaftsrechtliche Abgaben handeln[62]. Vergleichspunkt muß die wirtschaftlich (= tatsächlich/faktisch) gleiche Wirkung wie ein entsprechender Zoll sein. Wegen des engen gemeinschaftsrechtliche Zollbegriffs[63] ist die Erstreckung des Verbots auf Abgaben zollgleicher Wirkung zur Verhinderung von Umgehungsmaßnahmen erforderlich[64]. Es geht demnach um jegliche (auch teilweise) **wirtschaftlich-funktionelle Äquivalenz zum Zoll im Hinblick auf die Behinderung des freien Warenverkehrs**, die »Grenzkausalität«[65]. Wie nicht anders zu erwarten, hat die Vorschrift eine beachtliche Kasuistik hervorgebracht, die insgesamt betrachtet konsistent ist und sich regelmäßig von der ratio dieses gemeinschaftlichen Politikziels leiten ließ. Der Rigidität und Konsequenz der Rechtsprechung des Gerichtshofs ist beizupflichten[66]. 10

IV. Abgrenzung zu »inländischen Abgaben« gem. Art. 90[67]

Art. 25 erfaßt grundsätzlich nur Abgaben, die im grenzüberschreitenden Warenverkehr anfallen. Die »innere Abgabenhoheit« der Mitgliedstaaten ist weniger stark restringiert. Gleichwohl können Abgrenzungsprobleme zu Art. 90 auftreten. Nach dieser Vorschrift 11

---

58 In: Grabitz/Hilf, EU, Art. 12, Rn. 10: (1) Erhebung anläßlich des Grenzübergangs einer Ware; (2) einseitige Auferlegung durch einen Mitgliedstaat; (3) Ertragsberechtigung des erhebenden Mitgliedstaats oder einer anderen Stelle; (4) Wettbewerb mit inländischen Waren wird nicht vorausgesetzt; (5) Irrelevanz des Zwecks der Belastung; (6) Irrelevanz von Bezeichnung und Höhe der Abgabe; (7) die diskriminierende Wirkung darf nicht dadurch ausgeschlossen sein, daß die Abgabe Teil eines auch inländische Erzeugnisse betreffenden inländischen Abgabensystems ist; (8) werden eingeführte wie inländische Waren gleichermaßen belastet, so liegt dennoch eine zollgleiche Abgabe vor, wenn das Aufkommen anschließend der vollständigen Entlastung der inländischen Waren dient.
59 In: Lenz, EGV, Art. 25, Rn. 10.
60 Ähnlich auch *Balke* (Fn. 55), S. 154.
61 S. Rn. 1.
62 *Nicolaysen*, Europarecht II, S. 90. S. schon oben Rn. 2. Zu den aufgehobenen Währungsausgleichsabgaben der gemeinsamen Agrarmarktpolitik s.m.w.N. *Ohler* (Fn. 55), S. 49 f.
63 Rn. 5; Art. 23, Rn. 1.
64 EuGH, Rs. 24/68, Slg. 1969, 193, Rn. 4/5 (Kommission(Italien).»Logische und notwendige Ergänzung«: R. *Voß*, in: Grabitz/ Hilf, EU, Art. 12, Rn. 8.
65 S. auch *Balke* (Fn. 55), S. 152; *Wasmeier* (Fn. 23), S. 97. Die genaue dogmatische Abgrenzung zwischen den Zöllen und den Abgaben gleicher Wirkung hatte ursprünglich, vor Vollendung der Zollunion, noch eine Funktion, s. *Kohler* (Fn. 2), S. 27. Nach Vollendung der Zollunion ist diese Funktion fortgefallen, da sich ökonomisch keine Unterschiede zwischen beiden Abgabeformen mehr zeigen, *Ohler* (Fn. 55), S. 38.
66 S. schon *Kohler* (Fn. 2), S. 24.
67 S. jetzt ausführlich *Balke* (Fn. 55), S. 149 ff.; *Wiebe* (Fn. 55), S. 122 ff.

dürfen inländische Abgaben auch auf Waren aus anderen Mitgliedstaaten erhoben werden, sofern die Abgaben nicht höher sind als auf einheimischen Waren. Nach Ansicht des Gerichtshof besteht zwischen beiden Abgabenarten ein Verhältnis der Alternativität[68]. Keine Abgaben zollgleicher Wirkung liegen vor, wenn diese im Rahmen eines allgemeinen inländischen Abgabensystems systematisch nach objektiven Kriterien auch inländische Waren gleichermaßen treffen[69]. Dies gilt auch dann, wenn ein gleiches oder gleichartiges inländisches Erzeugnis fehlt und die Abgabe demnach faktisch nur auf eingeführte Waren erhoben wird, wie dies z. B. bei Kraftfahrzeugen in kleineren Mitgliedstaaten vorkommt[70]. Wird das Abgabenaufkommen dazu verwendet, die Belastung inländischer Waren **vollständig zu kompensieren**, d. h. sind die Vergünstigungen für das inländische Produkt mit der Belastung finanziell gleichwertig, liegt eine Abgabe zollgleicher Wirkung vor[71]; dient das Abgabenaufkommen nur zu einer Teilkompensation bei inländischen Waren, ist Art. 90 einschlägig. Andernfalls könnte der bloße Anschein einer gleichmäßigen Belastung in- und ausländischer Waren die rechtliche Regelung aushebeln. Wegen der unterschiedlichen Rechtsfolgen ist eine dogmatisch scharfe Abgrenzung erforderlich: Art. 25 führt zur Unanwendbarkeit der Abgabenregelung wegen des Vorrangs des Gemeinschaftsrechts; Art. 90 verlangt lediglich die Aufhebung der Diskriminierung[72]. Beide Vorschriften sind idealiter somit exklusiv. Sie ergänzen sich zu einem umfassenden Schutz des freien Warenverkehrs vor abgabenrechtlichen Ingerenzen[73].

V. Abgrenzung zu sonstigen Regelungen

12 Das Verbot der Erhebung von Zöllen oder zollgleichen Abgaben geht als speziellere Norm dem Verbot mengenmäßiger Beschränkungen vor[74]. Die Art. 31 und 87 ff. sind grundsätzlich parallel anwendbar[75].

---

68 EuGH, Rs. 57/65, Slg. 1966, 258, 267 (Lütticke GmbH/Hauptzollamt Saarlouis); Rs. 25/67, Slg. 1968, 311, 330 (Milch-, Fett- und Eierkontor/Hauptzollamt Saarbrücken); Rs. C-90/94, Slg. 1997, I-4085, Rn. 19 (Haahr Petroleum); Rs. C-213/96, Slg. 1998, I-1801, Rn. 19 (Outokumpu); a. A. *Wiebe* (Fn. 55), S. 128 ff.
69 S. bereits oben Rn. 8. EuGH, Rs. 29/72, Slg. 1972, 1309, Rn. 7 (Marimex/italienische Finanzverwaltung); Rs. 39/73, Slg. 1973, 1039, Rn. 3 (Rewe-Zentralfinanz/Landwirtschaftskammer Westfalen-Lippe); Rs. 77/72, Slg. 1973, 611, Rn. 13 f. (Capolongo/Azienda Agricola Maya); Rs. 94/74, Slg. 1975, 699, Rn. 14 ff. (IGAV/ENCC); Rs. 158/82, Slg. 1983, 3573, Rn. 19 (Kommission/Dänemark: Erdnüsse); Rs. 193/85, Slg. 1987, 2085, Rn. 10 ff. (Cooperativa Co-Frutta/italienische Finanzverwaltung).
70 EuGH, Rs. 90/79, Slg. 1981, 283, Rn. 10 ff. (Kommission/Frankreich: Reprographieabgabe); Rs. 39/82, Slg. 1983, 195, Rn. 35 (Donner/Niederlande: Mehrwertsteuer); Rs. 193/85, Slg. 1987, 2085, Rn. 10 ff. (Cooperativa Co-Frutta/italienische Finanzverwaltung); Rs. C-343/90, Slg. 1992, I-4673, Rn. 53 ff. (Dias/Director da Alfândega do Porto).
71 EuGH, Rs. 94/74, Slg. 1975, 699, Rn. 14/17 (IGAV/ENCC); Rs. 77/76, Slg. 1977, 987, Rn. 16 f. (Cucchi/ Avez S.p.A.); Rs. C-17/91, Slg. 1992, I-6523, Rn. 18 (Lornoy en Zonen NV/Belgien); Rs. C-266/91, Slg. 1993, I-4337, Rn. 13 f. (Celulose Beira Industrial SA/Fazenda Pública); verb. Rs. C-78/90 bis C-83/90, Slg. 1992, I-1847, Rn. 24 ff. (Sociétés Compagnie de l'Ouest e.a./Receveuer principal des douanes de la Pallice-Port).
72 *M. Beschel/N. Vaulont*, in: GTE, EG-/EUV, Art. 12, Rn. 19; *Balke* (Fn. 55), S. 149.
73 *Nicolaysen*, Europarecht II, S. 96 f.; *Kohler* (Fn. 2), S. 73; *N. Vaulont*, in: GTE, EG-/EUV, Art. 12, Rn. 19; *Henke* (Fn. 15), Rn. 1.
74 EuGH, Rs. 7/68, Slg. 1968, 633, 643 f. (Kommission/Italien); Rs. 74/76, Slg. 1977, 557, Rn. 9/10 (Ianelli & Volpi S.p.A./Meroni). Differenzierend: *Wasmeier* (Fn. 23), S. 104 f.; *Wiebe* (Fn. 55), S. 223 ff., 273 f.
75 Zu den Einzelheiten s. *Wiebe* (Fn. 55), S. 307 ff., 205 ff.

Art. 26 (ex-Art. 28)

Der Rat[4] legt die Sätze des gemeinsamen Zolltarifs[2] mit qualifizierter Mehrheit[4] auf Vorschlag der Kommission[4] fest.

Es handelt sich – zusammen mit Art. 133[1] – um die **zentrale Vorschrift über die Rechtsetzungsbefugnisse im Bereich des Zolltarifrechts** der Gemeinschaft. Die Vorschrift wurde durch den Vertrag von Amsterdam im Sinne einer Anpassung an die Gemeinschaftspraxis redaktionell verändert: Die bisherige einschränkende Formulierung, daß nur »autonome«, d. h. nicht (international-)vertraglich bedingte, Änderungen erfaßt seien, wurde aufgegeben, denn nach der Gemeinschaftspraxis wurden auch bisher schon internationale Abkommen mit der Begründung, die Rechsetzungskompetenz umfasse hier auch die Regelung durch solche Abkommen (sofern keine speziellere Ermächtigungsgrundlage eingreift) auf Art. 28 a. F. gestützt[2]. Zudem wurde der Sonderfall der »Aussetzung« der Sätze des Gemeinsamen Zolltarifs, d. h. vorübergehender Ermäßigungen des Regelzolls bis hin zur Zollfreiheit[3], gestrichen, da die Aussetzung als Unterfall der Änderung ohnehin von dieser mitumfaßt ist. 1

Der Anwendungsbereich der Norm ist zum Teil weiter, zum Teil enger als der Wortlaut vermuten ließe. Obgleich der Text nur von den Sätzen des Gemeinsamen Zolltarifs spricht, sind Änderungen der den Zollsätzen zugrundeliegenden Nomenklatur, d. h. der systematischen Gliederung nach Warengruppen[4], mitumfaßt[5]. Nach den Art. 9 f. der VO (EWG) Nr. 2658/87 vom 23.7.1987[6] bedürfen bestimmte Nomenklaturänderungen allerdings nicht des Verfahrens gem. Art. 26, sie können von der Kommission vorgenommen werden. 2

Der Anwendungsbereich ist andererseits enger als der Wortlaut vermuten ließe, weil zahlreiche speziellere Rechtsgrundlagen des Vertrags vorgehen: handelt es sich um Zollsatzänderungen zur Pflege der Beziehungen mit Nichtmitgliedstaaten, also um Handelspolitik, geht Art. 133 vor; Zollabkommen, Antidumpingzölle, Präferenzzölle u. ä.[7] sind vorrangig auf diese Ermächtigungsnorm zu stützen. Die wegen unterschiedlicher Mehrheitserfordernisse früher wichtige Abgrenzung[8] ist nur noch von akademischem Interesse[9]. In jedem Fall kann Art. 308 hier keine Rechtsgrundlage darstellen[10]. Änderungen von Agrarabschöpfungen/Agrarzöllen basieren auf Art. 37; für die assoziierten über- 3

---

1 S. Art. 23, Rn. 3.
2 *M. Lux*, in: Lenz, EGV, Art. 26, Rn. 4 m. w. N.; zur Gegenansicht *M. D'Orville*, Die rechtlichen Grundlagen für die gemeinsame Zoll- und Handelspolitik der EWG, 1973, S. 39 ff.
3 *M. Lux*, in: Lenz, EGV, Art. 26, Rn. 5, 10 ff., 15 ff.; *Geiger*, EGV, Art. 26, Rn. 2. Wird die Zollaussetzung mit einer mengenmäßigen Beschränkung verbunden, ergibt sich die Festlegung von Gemeinschaftszollkontingenten, s. *K. Hailbronner*, in: HK-EUV, Art. 28, Rn. 1.
4 S. zum Zusammenspiel dieser Teilelemente des Gemeinsamen Zolltarifs Art. 23, Rn. 9.
5 EuGH, Rs. 165/87, Slg. 1988, 5545 (Kommission/Rat); *Geiger*, EGV, Art. 26, Rn. 3; *R. Voß*, in: Grabitz/Hilf, EU, Art. 26, Rn. 1.
6 ABl.EG 1987, Nr. L 256/1.
7 Auflistung möglicher Zollsatzmaßnahmen bei *R. Voß*, in: Grabitz/Hilf, EU, Art. 26, Rn. 16 ff., 22 ff.; *C. Meesenburg*, in: Schwarze, EU, Art. 26, Rn. 17 ff.; zur gerichtlichen Überprüfung von Anti-Dumping-Zöllen jetzt EuGH, Rs. C-239/99, EuZW 2001, 181 (Nachi Europe GmbH/ Hauptzollamt Krefeld) = DVBl. 2001, 544.
8 EuGH, Rs. 165/87 (Fn. 6); *M. D'Orville*, Die rechtlichen Grundlagen für die gemeinsame Zoll- und Handelspolitik, 1973; zum Problemkreis auch *C. Meesenburg*, in: Schwarze, EU, Art. 26, Rn. 7 ff.
9 *J. Sack*, in: Hb.EUWirtR, Abschnitt C.II, Rn. 24.
10 EuGH, Rs. 165/87 (Fn. 5).

seeischen Länder und Hoheitsgebiete sind im Einzelfall Sonderregelungen der Art. 182 ff. zu beachten. Für sonstige assoziierte Staaten ist auf Art. 310 hinzuweisen.

4 Die Befugnis zur **Änderung mit qualifizierter Mehrheit** (Art. 205 Abs. 2) – früher: Einstimmigkeitserfordernis – ist seit der Einheitlichen Europäischen Akte dem Rat übertragen. Mit Einführung des Mehrheitsprinzips bestehen nun die gleichen Voraussetzungen wie für Zolltarifänderungen auf Grund von Art. 133. Die Vorschrift fügt sich damit besser in den institutionellen Rahmen des Vertrags ein[11]. Der Vorschlag geht von der Kommission aus, die an die Maßgaben des Art. 27 gebunden ist. Der Rat kann von dem Vorschlag der Kommission gem. Art. 250 nur einstimmig abweichen.

---

11 *J. Sack*, in: Hb.EUWirtR, Abschnitt C.II, Rn. 22.

Art. 27 (ex-Art. 29)

Bei der Ausübung der ihr aufgrund dieses Kapitels übertragenen Aufgaben geht die Kommission von folgenden Gesichtspunkten aus:
a) der Notwendigkeit, den Handelsverkehr zwischen den Mitgliedstaaten und dritten Ländern zu fördern;
b) der Entwicklung der Wettbewerbsbedingungen innerhalb der Gemeinschaft, soweit diese Entwicklung zu einer Zunahme der Wettbewerbsfähigkeit der Unternehmen führt;
c) dem Versorgungsbedarf der Gemeinschaft an Rohstoffen und Halbfertigwaren; hierbei achtet die Kommission darauf, zwischen den Mitgliedstaaten die Wettbewerbsbedingungen für Fertigwaren nicht zu verfälschen;
d) der Notwendigkeit, ernsthafte Störungen im Wirtschaftsleben der Mitgliedstaaten zu vermeiden und eine rationale Entwicklung der Erzeugung sowie eine Ausweitung des Verbrauchs innerhalb der Gemeinschaft zu gewährleisten.

Der Gerichtshof sieht in der Vorschrift eine **rechtsverbindliche und gerichtlich überprüfbare Leitlinie** für die Verwaltung der Zollunion[1]. Ihr Anwendungsbereich ist hinsichtlich des unmittelbaren **Adressaten** erweiternd auszulegen: laut Wortlaut soll nur die Kommission gebunden sein; die wichtigen Entscheidungen im Zollbereich trifft jedoch der Rat, Art. 26. Die Kommission ist hier auf ein Vorschlagsrecht beschränkt. Die Normlogik erfordert, auch den Rat und sonst beteiligte Organe an die hier festgelegten Ziele zu binden[2]. Das Problem ist allerdings durch die Regelung in Art. 250 weitgehend entschärft[3]. 1

Fraglich erscheint der **sachliche Anwendungsbereich**. Hier ist der einleitende Wortlaut ernst zu nehmen: die Ziele sind auf die Ausführung des Abschnitts 2: »Die Aufstellung des Gemeinsamen Zolltarifs« in dem Kapitel 1: »Die Zollunion« im Dritten Teil des Vertrages: »Die Politiken der Gemeinschaft« bezogen. Diese enge Interpretation findet ihre Rechtfertigung darin, daß für andere Bereiche, besonders für die Gemeinsame Handelspolitik und die dadurch bedingten zollpolitischen Maßnahmen gem. Art. 133, in Art. 131 ähnliche Ziele mit gleicher rechtlicher Bindungswirkung verankert sind[4]. Jeder Politikbereich folgt somit seiner speziellen Finalität[5]. 2

Die vier festgelegten **Ziele konfligieren miteinander**[6], so daß zwischen ihnen im Einzelfall ein schonenster Ausgleich (praktische Konkordanz[7]) hergestellt werden muß: kein Ziel darf einseitig auf Kosten eines anderen Zieles, das vollständig eliminiert werden würde, durchgesetzt werden; die Ziele müssen einander so zugeordnet werden, daß möglichst viel von allen Zielen Wirklichkeit erlangen kann. 3

Der Gerichtshof hat hieraus einen weiten (politischen) Ermessensspielraum der Organe der Gemeinschaft bei der Berücksichtigung der in der Vorschrift postulierten Ziele an- 4

---

1 EuGH, Rs. C-343/89, Slg. 1990, I-4477, Rn. 13 (Witzemann/Hauptzollamt München Mitte).
2 S. auch *M. Lux*, in: Lenz, EGV, Art. 27, Rn. 3; *R. Voß*, in: Grabitz/Hilf, EU, Art. 27, Rn. 1; wohl auch *Geiger*, EGV, Art. 27, Rn. 1.
3 S. Art. 26, Rn. 4.
4 *M. Lux*, in: Lenz, EGV, Art. 27, Rn. 5.
5 So auch *R. Voß*, in: Grabitz/Hilf, EU, Art. 27, Rn. 1. Anders wohl *Geiger*, EGV, Art. 27, Rn. 1: »für die Gemeinschaft insgesamt verbindlich«.
6 *K. Hailbronner*, in: HK-EUV, Art. 29, Rn. 1.
7 *Geiger*, EGV, Art. 27, Rn. 3.

erkannt[8]. Die zollpolitischen Rechtsakte müssen den Begründungszwang des Art. 253 beachten, so daß eine gerichtliche Überprüfung ermöglicht wird[9].

---

8   EuGH, Rs. 24/62, Slg. 1963, 141, 155 (Bundesrepublik Deutschland/Kommission); Rs. 34/62, 1963, Slg. 1963, 286, 318 (Bundesrepublik Deutschland/Kommission).
9   EuGH, Rs. 24/62 (Fn. 8), S. 141. *M. Lux*, in: GTE, EG-/EUV, Art. 29, Rn. 7. Zu den Begründungsanforderungen in der Klageschrift s. EuGH, Rs. 90/77, Slg. 1978, 995 (Stimming KG/Kommission).

Kapitel 2
Verbot von mengenmäßigen Beschränkungen zwischen den Mitgliedstaaten

Art. 28 (ex-Art. 30)

Mengenmäßige Einfuhrbeschränkungen[6 ff.] sowie alle Maßnahmen gleicher Wirkung[13 ff.] sind zwischen den Mitgliedstaaten[43] verboten.

Inhaltsübersicht:

A. Bedeutung, Grundlagen und Überblick	1
B. Mengenmäßige Einfuhrbeschränkungen	6
C. Maßnahmen gleicher Wirkung wie mengenmäßige Einfuhrbeschränkungen	13
I. Entwicklung der Rechtsprechung	14
II. Schrifttum	31
III. Stellungnahme	36
D. Das Erfordernis der Zwischenstaatlichkeit	43
E. Normadressaten	44
F. Abgrenzungsfragen	53
G. Art. 28 als dogmatischer Wegbereiter: Zur Konvergenz der Grundfreiheiten	56

A. Bedeutung, Grundlagen und Überblick

Das Verbot mengenmäßiger Einfuhrbeschränkungen und Maßnahmen gleicher Wirkung im Bereich des Warenverkehrs stellt ein wesentliches Element des **Binnenmarktes** bzw. des Gemeinsamen Marktes dar. Es ergänzt die Bestimmungen über die Zollunion[1]: Während jene sich auf tarifäre Handelshemmnisse beziehen, steht Art. 28 **nichttarifären Beschränkungen** entgegen; die Anwendung der Bestimmungen beider Kapitel führt zu einem umfassenden Abbau der Hindernisse für den freien Warenverkehr. 1

Art. 28 ist auf den **innergemeinschaftlichen Warenverkehr** bezogen; eingeschlossen sind damit allerdings aus Drittländern stammende Waren, die sich in der Union im freien Verkehr befinden[2]. Diese Bestimmung findet unabhängig davon Anwendung, daß das entsprechende Produkt im Inland verboten ist; so war etwa auch das britische Einfuhrverbot von Diacetylmorphin, eine Substanz, die in Großbritannien als verbotene Droge angesehen wird, am Maßstab des Art. 28 zu messen[3]. 2

Die **Funktion** des Art. 28 EGV ist eine doppelte: Einerseits soll die **Öffnung der Märkte** sichergestellt werden, wodurch andererseits auch ein **gemeinschaftsweiter Wettbewerb** der Anbieter ermöglicht wird. Insofern bildet diese Bestimmung ein notwendiges Element der grundsätzlich marktwirtschaftlich ausgerichteten Wirtschaftsverfassung der EG[4]. 3

Art. 28 ist als eine der **Grundfreiheiten** des Vertrages – neben den Rechten aus der Personenfreizügigkeit, der Dienstleistungsfreiheit und der Kapitalverkehrsfreiheit – **unmit-** 4

---

[1] S. die Kommentierung der Art. 25 ff.
[2] Vgl. im einzelnen zum Begriff der Ware und zur Einbeziehung von aus Drittstaaten stammenden Waren Art. 23, Rn. 18.
[3] EuGH, Rs. C-324/93, Slg. 1995, I-563, Rn. 18 ff. (The Queen/Secretary of State, ex parte: Evans).
[4] Hierzu etwa *P.-C. Müller-Graff*, in: Hb.EGWirtR, A I, Rn. 101 f.; *P.-C. Müller-Graff*, in: GTE, EGV, Art. 30, Rn. 1 ff.

telbar wirksam, d.h. diese Bestimmung begründet Rechte Einzelner, die diese dann vor nationalen Gerichten durchsetzen können[5].

5 **Tatbestandliche Voraussetzung** des Eingreifens des Art. 28 ist entweder das Vorliegen einer mengenmäßigen Einfuhrbeschränkung oder aber einer Maßnahme gleicher Wirkung. Rechtsfolge ist das Verbot entsprechender Maßnahmen, vorbehaltlich der **Rechtfertigungsgründe des Art. 30**; die Verbotswirkung des Art. 28 wird weiterhin durch die in der Rechtsprechung entwickelten **zwingenden Erfordernisse** eingeschränkt.

B. Mengenmäßige Einfuhrbeschränkungen

6 **Mengenmäßige Beschränkungen** sind alle Maßnahmen, die die Einfuhr einer Ware der Menge oder dem Wert nach begrenzen[6], worunter auch das völlige Verbot der Einfuhr fällt.

7 Die Beschränkung nimmt regelmäßig die Form eines **bilateralen oder globalen Kontingents** an, durch das die Ein- oder Ausfuhr einer quantitativ oder wertmäßig bestimmten Warenmenge während eines bestimmten Zeitraums zugelassen wird. Der Begriff der mengenmäßigen Beschränkung umfaßt aber auch **Einfuhrverbote**, die das stärkste quantitative Handelshindernis darstellen[7]. Die Einfuhr einer Ware ist auch immer dann beschränkt, wenn es (nur) um ihre **Durchfuhr geht**[8].

8 Fraglich ist im einzelnen die **Abgrenzung** zwischen dem Begriff der mengenmäßigen Einfuhrbeschränkung und demjenigen der Maßnahme gleicher Wirkung. Diese Frage stellt sich in erster Linie bei unterschiedslos anwendbaren Maßnahmen, wie etwa Absatzbeschränkungen oder -verboten. Von praktischer Bedeutung ist diese Problematik insbesondere deshalb, weil die Rechtsprechung in bezug auf Maßnahmen gleicher Wirkung durch die Entwicklung der Cassis-de-Dijon- und die Keck-Rechtsprechung[9] gewisse tatbestandliche Einschränkungen vornimmt[10].

9 In der Rechtsprechung wird häufig auf eine genaue Abgrenzung zwischen Einfuhrverboten und Maßnahmen gleicher Wirkung verzichtet und (nur) nach dem Vorliegen eines Verstoßes gegen Art. 28 gefragt[11]. Darüber hinaus geht die Rechtsprechung wohl davon aus, daß Maßnahmen, die nicht ausdrücklich die Einfuhr beschränken, sondern in Ver-

---

5 St. Rspr., z.B. EuGH, Rs. 83/78, Slg. 1978, 2347, Rn. 66/67 (Pigs Marketing Board/ Redmond); s. aus neuerer Zeit etwa EuGH, Rs. C-46/93, C-48/93, Slg. 1996, I-1029, Rn. 54 (Brasserie du pêcheur/Deutschland).
6 Vgl. die Definition in EuGH, Rs. 2/73, Slg. 1973, 865, Rn. 7 (Geddo/Ente Nationale Risi), wonach unter mengenmäßigen Beschränkungen »sämtliche Maßnahmen, die sich ... als eine gänzliche oder teilweise Untersagung der Einfuhr, Ausfuhr oder Durchfuhr darstellen«, zu verstehen sind. S. auch EuGH, Rs. 124/85, Slg. 1986, 3935, Rn. 3 ff. (Kommission/Griechenland). Zum Begriff auch *M. A. Dauses,* Dogmatik des freien Warenverkehrs in der Europäischen Gemeinschaft, RIW 1984, S. 197 (201).
7 *P.-C. Müller-Graff,* in: GTE, Art. 30, Rn. 21. Aus der Rechtsprechung etwa EuGH, Rs. 232/78, Slg. 1979, 2729, Rn. 5 ff. (Kommission/Frankreich); EuGH, Rs. C-131/93, Slg. 1994, I-3303, Rn. 9 (Kommission/Deutschland).
8 S. nur EuGH, Rs. C-367/89, Slg. 1991, I-4621, Rn. 14 (Strafverfahren gegen A. Richardt).
9 Unten Rn. 20 ff.
10 *P.-C. Müller-Graff,* in: GTE, EGV, Art. 30, Rn. 24; s. aber auch *S. Leible,* in: Grabitz/Hilf, EU, Art. 28, Rn. 2, der die Abgrenzung als »praktisch bedeutungslos« bezeichnet.
11 S. etwa EuGH, Rs. 153/78, Slg. 1979, 2555, Rn. 4 ff. (Kommission/Deutschland); EuGH, Rs. 261/85, Slg. 1988, 547, Rn. 11 (Kommission/Vereinigtes Königreich); EuGH, Rs. 124/85, Slg. 1986, 3935, Rn. 4 f. (Kommission/Griechenland); s. auch EuGH, Rs. 232/78, Slg. 1979, 2729, Rn. 11 (Kommission/Frankreich).

bindung mit der Einfuhr an das Produkt oder seine Verpackung bestimmte Anforderungen stellen, als Maßnahmen gleicher Wirkung anzusehen sind, dies auch dann, wenn sie so einschneidend sind, daß sie aus wirtschaftlichen Gründen die Einfuhr unmöglich machen[12]. In diesem Sinn sieht der Gerichtshof auch Beschaffenheitsanforderungen an Produkte bzw. das Aufstellen bestimmter Voraussetzungen für deren Inverkehrbringung als Maßnahmen gleicher Wirkung an[13].

In der Literatur hat man verschiedene Versuche einer allgemeinen Abgrenzung unternommen: So wird teilweise (für das Vorliegen einer Einfuhrbeschränkung) auf den Ort des Eingriffs (unmittelbar an der Grenze)[14] oder die Produktbezogenheit einer Maßnahme[15] abgestellt. Ein anderer Ansatz knüpft an den »wirtschaftshistorischen Befund« an, wonach Einfuhrverbote regelmäßig unüberwindbare Barrieren und damit Begrenzungen des Gütertransports darstellten, und nimmt ein Einfuhrverbot immer dann an, wenn es um spezifisch die Einfuhr beschränkende Maßnahmen geht, die unüberwindbar sind, da sie die Einfuhr entweder quantifizierbar oder gänzlich verunmöglichen[16]. 10

Ein Abstellen auf den Ort des Eingriffs bedeutete letztlich den Rückgriff auf ein formales Element, das wohl nicht entscheidend sein kann, und die Produktbezogenheit sagt ebenfalls nichts über die tatsächliche Wirkung einer Maßnahme aus. Diese aber muß doch entscheidend sein, und hier dürfte tatsächlich die absolute Verhinderung oder quantitative Begrenzung der Einfuhr das entscheidende Kriterium darstellen. Im Ergebnis erscheint daher der zuletzt skizzierte Ansatz überzeugend, dies allerdings mit zwei Präzisierungen[17]: Objektives Ziel der Maßnahme muß gerade die Beschränkung oder das Verbot der Einfuhr sein; Beschaffenheitsanforderungen sollen jedoch typischerweise nicht die Einfuhr treffen, sondern bestimmte öffentliche Interessen verfolgen, so daß sie allenfalls als Maßnahmen gleicher Wirkung anzusehen sind. Zudem sollte die inhaltliche Tragweite entscheidend sein, nicht dagegen der für ein Unternehmen ggf. verursachte »unvertretbare« wirtschaftliche Aufwand, sind derartige Kriterien doch einer erheblichen Auslegungsmarge und damit Unsicherheit unterworfen. 11

In der Praxis nimmt die **Bedeutung** von Einfuhrbeschränkungen immer mehr ab[18], so daß der Schwerpunkt von Anwendung und Wirkung des Art. 28 auf dem Verbot der Maßnahmen gleicher Wirkung liegt. 12

C. Maßnahmen gleicher Wirkung wie mengenmäßige Einfuhrbeschränkungen

Hintergrund der Einbeziehung von Maßnahmen gleicher Wirkung wie Einfuhrbeschränkungen in den Verbotstatbestand des Art. 28 ist die Erwägung, daß der Warenverkehr zwischen den Mitgliedstaaten ganz erheblich durch (im Vergleich zu 13

---

12 EuGH, Rs. 124/81, Slg. 1983, 203, Rn. 21 f. (Kommission/Vereinigtes Königreich). Es ging hier um die Verpflichtung zu Neubehandlung und Neuverpackung eingeführter UHT-Milch.
13 EuGH, Rs. 274/87, Slg. 1989, 229, Rn. 4 f. (Kommission/Deutschland).
14 *H. Matthies,* in: Grabitz, EWGV, Stand 1990, Art. 30, Rn. 3; dieser Ansatz wird aber in der Neuauflage nicht mehr aufgegriffen, vgl. S. *Leible,* in: Grabitz/Hilf, EU, Art. 28, Rn. 1 ff.
15 So *P. Oliver,* Free Movements of Goods in the EC, 1996, S. 67 f.
16 *P.-C. Müller-Graff,* in: GTE, EGV, Art. 30, Rn. 26; ähnlich *Leible,* in: Grabitz/Hilf, EU, Art. 28, Rn. 2 f.; *V. Schmitz,* Die kommerzielle Kommunikation im Binnenmarkt im Lichte der neueren Rechtsprechung zur Warenverkehrsfreiheit, 2000, S. 93.
17 S. aber auch *P.-C. Müller-Graff,* in: GTE, EGV, Art. 30, Rn. 22.
18 Vgl. so schon *Dauses* (Fn. 6), S. 201; *Ch. Moench,* Der Schutz des freien Warenverkehrs im Gemeinsamen Markt, NJW 1982, S. 2689 (2690).

Einfuhrbeschränkungen) weniger sichtbare, gleichwohl aber sehr »wirkungsvolle« Maßnahmen beschränkt werden kann. Allerdings enthält der Vertrag keine Begriffsbestimmung für diese in ihrer Bedeutung kaum zu überschätzende Kategorie von Maßnahmen. Daher kommt hier der Entwicklung der **Rechtsprechung des EuGH** eine besonders wichtige Rolle zu; sie hat denn auch Auslegung und Tragweite des Art. 28 maßgeblich geprägt.

I. Entwicklung der Rechtsprechung

14 Die Rechtsprechung des Gerichtshofs stellte zunächst klar, daß jedenfalls **diskriminierende Maßnahmen**, die Auswirkungen auf die Einfuhr von Waren aus anderen Mitgliedstaaten entfalten, unter den Begriff der Maßnahmen gleicher Wirkung fallen. Damit werden etwa staatliche Maßnahmen, die die physische Einfuhr von Waren behindern, insbesondere durch schikanöse Ausgestaltung und Verzögerung der Grenzabfertigung[19], erfaßt. Dazu kommen Erfordernisse, die eine offene Diskriminierung von Importgütern beinhalten. So können gesundheitspolizeiliche Untersuchungen[20], Nachweiserfordernisse hinsichtlich Ursprung und Echtheit von Waren[21] und Lizenzsysteme bei der Einfuhr[22], aber auch Vermarktungsregeln, die in- und ausländische Waren ungleich behandeln[23], unter das Verbot des Art. 28 fallen[24].

15 Schon früh betonte der Gerichtshof darüber hinaus, daß Art. 28 auch **nicht diskriminierenden Maßnahmen** entgegensteht; entscheidend ist damit die einfuhrbeschränkende Wirkung einer Maßnahme. Der EuGH formulierte diesen Grundsatz in seiner **Dassonville-Formel**: Danach ist als Maßnahme gleicher Wirkung jede staatliche Regelung anzusehen, »die geeignet ist, den innergemeinschaftlichen Handel unmittelbar oder mittelbar, tatsächlich oder potentiell zu behindern«[25]. Auf dieser Grundlage ist Art. 28 also als ein umfassendes **Beschränkungsverbot** anzusehen.

16 Entscheidend ist damit nach dieser Rechtsprechung die **Eignung** einer Maßnahme, **handels- bzw. einfuhrbeschränkende Wirkung** zu entfalten; ihr tatsächlicher Eintritt ist dagegen nicht erforderlich[26]. Auch eine irgendwie geartete Spürbarkeit der Handelsbeein-

---

19 Vgl. z.B. EuGH, Rs. C-128/89, Slg. 1990, I-3239, Rn. 11 f. (Kommission/Italien).
20 Z.B. EuGH, Rs. 251/78, Slg. 1979, 3369, Rn. 11 (Denkavit/Minister für Ernährung, Landwirtschaft und Forsten); EuGH, Rs. 186/88, Slg. 1989, 3997, Rn. 9 ff. (Kommission/Bundesrepublik Deutschland).
21 Z.B. EuGH, Rs. 41/76, Slg. 1976, 1921, Rn. 14/21 (Donckerwolcke/Procureur de la République); EuGH, Rs. 25/88, Slg. 1989, 1105, Rn. 8 ff. (Strafverfahren gegen Wurmser).
22 Z.B. EuGH, Rs. 51–54/71, Slg. 1971, 1107, Rn. 5 ff. (International Fruit/Produktschap voor groenten en fruit); EuGH, Rs. 68/76, Slg. 1977, 515, Rn. 14/16 ff. (Kommission/Frankreich).
23 EuGH, Rs. 59/82, Slg. 1983, 1217, Rn. 8 (Schutzverband/Weinvertriebs-GmbH) (Mindestalkoholgehaltsregelung, die nur für eingeführten Wermut gilt).
24 Weitere Beispiele diskriminierender Regelungen enthalten: EuGH, Rs. 13/78, Slg. 1978, 1935 (Eggers/Freie Hansenstadt Bremen) (Einführung mittelbarer Herkunftsangaben, die den Gebrauch der Begriffe »Sekt« und »Weinbrand« auf deutsche Erzeugnisse beschränken); EuGH, Rs. 152/78, Slg. 1980, 2299 (Kommission/Frankreich) (Beschränkung der Werbung für alkoholische Getränke); EuGH, Rs. 113/80, Slg. 1981, 1625 (Kommission/Irland) (Verpflichtung, im Ausland hergestellte Souvenirs als solche zu kennzeichnen); EuGH, Rs. 249/81, Slg. 1982, 4005 (Kommission/Irland) (regierungsgeförderte Werbekampagne »Buy Irish«); EuGH, Rs. 247/81, Slg. 1984, 1111 (Kommission/ Bundesrepublik) (nur Unternehmen mit Sitz in Deutschland dürfen Arzneimittel in den Verkehr bringen).
25 EuGH, Rs. 8/74, Slg. 1974, 837, Rn. 5 (Dassonville/Staatsanwaltschaft).
26 Ausdrücklich EuGH, Rs. 16/83, Slg. 1984, 1299, Rn. 20 (Strafverfahren gegen Prantl); ebenso EuGH, Rs. C-1, 176/90, Slg. 1991, I-4179, Rn. 24 (Aragonesade Publicidad); EuGH, Rs. C-67/97, Slg. 1998, I-8033, Rn. 20 (Bluhme).

trächtigung wird von der Rechtsprechung nicht verlangt[27]. Allerdings darf die einfuhrbeschränkende Wirkung nicht zu ungewiß und indirekt sein[28]; damit dürfte gemeint sein, daß die Behinderungswirkung hinreichend wahrscheinlich sein muß und rein hypothetische Annahmen nicht ausreichen; der Gerichtshof dürfte hier also auf die Ausgestaltung der Regelung im Einzelnen und ihren (objektiven) Bezug zum zwischenstaatlichen Handel abstellen. Daher können auch staatliche Fördermaßnahmen unter den Tatbestand des Art. 28 fallen[29]. Die Konsequenz dieser (weiten) Auslegung des Begriffs der Maßnahme gleicher Wirkung kann dahingehend zusammengefaßt werden, daß grundsätzlich jedes Produkt, das in einem Mitgliedstaat rechtmäßig hergestellt und/oder in Verkehr gebracht worden ist, in die anderen Mitgliedstaaten eingeführt werden und dort frei zirkulieren können muß, auch wenn es nicht den nationalen Anforderungen an entsprechende Produkte entspricht[30].

So stellt etwa die an Hersteller und Importeure von bestimmten Getränken gerichtete Verpflichtung, nur von der zuständigen Behörde genehmigte Verpackungen zu verwenden, eine Maßnahme gleicher Wirkung dar, da der ausländische Hersteller eigens Verpackungen eines bereits genehmigten Typs herstellen oder kaufen muß, was ggf. zu erheblichen Mehrkosten führt[31]. Aber auch die Verpflichtung zur Verwendung einer bestimmten Verpackungsart kann den Vertrieb erschweren und verteuern und stellt somit eine Maßnahme gleicher Wirkung dar[32]. Maßnahmen gleicher Wirkung sind auch innerstaatliche Regelungen, die die Verwendung einer bestimmten Warenbezeichnung von der Erfüllung bestimmter Qualitäts- oder Herstellungsanforderungen abhängig machen[33]. 17

Darüber hinaus können aber auch zahlreiche nationale **Produktions- und Vermarktungsregelungen** unter den so definierten Begriff der Maßnahme gleicher Wirkung fallen. Denn auch sie werden häufig zumindest mittelbar und potentiell einen Einfluß auf die Menge der eingeführten Produkte entfalten. Die konsequente und strikte Anwendung der *Dassonville*-Formel führte somit dazu, daß der Tatbestand des Art. 28 sehr weit ausgedehnt würde, entfalten doch zahlreiche, auch eher allgemeine (wirtschaftspolitische oder gar kulturelle) Maßnahmen in irgendeiner Form mittelbar Auswirkungen auf den gemeinschaftlichen Handel mit der Folge, daß sie an gemeinschaftsrechtlichen Maßstäben gemessen werden könnten. 18

---

27 EuGH, Rs. 16/83, Slg. 1984, 1299, Rn. 20 (Strafverfahren gegen Prantl); s. auch EuGH, Rs. 12/74, Slg. 1975, 181, Rn. 14 (Kommission/Deutschland). So wohl auch EuGH, Rs. C-254/98, EuZW 2000, 309, Rn. 25 ff. (Schutzverband gegen unlauteren Wettbewerb/TK-Heimdienst Sass), wo der EuGH bei der Frage des Vorliegens beschränkender Wirkungen der Regelung allein auf ihren rechtlichen Gehalt, nicht jedoch auf das Erfordernis einer irgendwie gearteten Spürbarkeit abstellte.
28 Vgl. EuGH, Rs. C-254/98, EuZW 2000, 309, Rn. 30 (Schutzverband gegen unlauteren Wettbewerb/TK-Heimdienst Sass); EuGH, Rs. C-96/94, Slg. 1995, I-2883, Rn. 41 (Centro Servizi Spediporto/Spedizioni Marittima); EuGH, Rs. C-266/96, Slg. 1998, I-3949, Rn. 31 (Corsica Ferries France/Gruppo Antichi).
29 EuGH, Rs. 249/81, Slg. 1982, 4005, Rn. 27 f. (Kommission/Irland).
30 S. etwa EuGH, Rs. 178/84, Slg. 1987, 1227, Rn. 37 (Kommission/Deutschland) (Reinheitsgebot für Bier); EuGH, Rs. 407/85, Slg. 1988, 4233, Rn. 11 (Drei Glocken GmbH/USL Centro-Sud u.a.). Vgl. darüber hinaus die Zusammenstellung der Rechtsprechung zur Dassonville-Formel bei *P.-C. Müller-Graff*, in: GTE, EGV, Art. 30, Rn. 46 ff.
31 EuGH, Rs. 302/86, Slg. 1988, 4607, Rn. 17 (Kommission/Dänemark).
32 EuGH, Rs. 261/81, Slg. 1982, 3961, Rn. 13 (Rau/De Smedt).
33 EuGH, Rs. 178/84, Slg. 1987, 1227, Rn. 28 f. (Kommission/Deutschland) (Reinheitsgebot für Bier); EuGH, Rs. 182/84, Slg. 1985, 3731, Leitsatz 2 (Strafverfahren gegen Miro); EuGH, Rs. C-315/92, Slg. 1994, I-317, Rn. 15 (Verband Sozialer Wettbewerb/Clinique).

Art. 28 EG-Vertrag

19 Vor diesem Hintergrund ist wohl die diesbezügliche Entwicklung der Rechtsprechung zu sehen: Angesichts der weiten Auslegung des Tatbestandes des Art. 28 durch die Dassonville-Formel und die enge Auslegung des Art. 30 als Ausnahmevorschrift erwies sich eine **Eingrenzung der Verbotswirkung des Art. 28** insofern als notwendig, als nur auf diese Weise den Mitgliedstaaten ermöglicht werden konnte, den Schutz solcher Rechtsgüter zu verfolgen, die nicht durch den Katalog des Art. 30 erfaßt werden, wie z.B. Umwelt- und Verbraucherschutz[34], und denen auch im Rahmen der gemeinschaftlichen Rechtsetzung nicht Genüge getan wird.

20 Von Bedeutung ist in diesem Zusammenhang zunächst die Entwicklung der sog. **zwingenden Erfordernisse** durch die **Cassis de Dijon**-Rechtsprechung: Danach sind auf innerstaatlichen Rechtsvorschriften beruhende Handelshemmnisse dann hinzunehmen, wenn sie »notwendig sind, um zwingenden Erfordernissen gerecht zu werden, insbesondere den Erfordernissen einer wirksamen steuerlichen Kontrolle, des Schutzes der öffentlichen Gesundheit, der Lauterkeit des Handelsverkehrs und des Verbraucherschutzes«, und mit denen ein »im allgemeinen Interesse liegendes Ziel, das den Erfordernissen des freien Warenverkehrs, der eine der Grundlagen der Gemeinschaft darstellt«, gerecht wird, verfolgt wird[35].

21 In bezug auf die **dogmatische Einordnung** geht der Gerichtshof wohl davon aus, daß die zwingenden Erfordernisse schon den **Tatbestand** des Art. 28 insofern einschränken, als bei ihrem begründeten Vorliegen keine Maßnahme gleicher Wirkung wie Einfuhrbeschränkungen vorliegt, ohne daß er jedoch die Frage ausdrücklich problematisiert[36].

22 Der EuGH hat die *Cassis de Dijon*-Rechtsprechung in zahlreichen Urteilen angewandt und weiterentwickelt[37]. Er hat insbesondere auch den Umweltschutz als ein allgemeines Interesse angesehen, das Einschränkungen des freien Warenverkehrs erlaubt[38]. Auch die kulturellen Besonderheiten eines Mitgliedstaates werden hier berücksichtigt, wobei die Rechtsprechung allerdings zurückhaltender ist[39]. Darüber hinaus können auch die Er-

---

34 Zu Art. 30 noch die Kommentierung dieses Artikels.
35 EuGH, Rs. 120/78, Slg. 1979, 649, Rn. 8, 14 (Rewe/Bundesmonopolverwaltung für Brandweine) (Cassis de Dijon). In concreto war über eine deutsche Vorschrift zu befinden, wonach Fruchtsaftliköre wie »Cassis de Dijon« nur dann verkehrsfähig sind, wenn sie einen Mindestalkoholgehalt von 25 % aufweisen.
36 S. z.B. die Formulierungen in EuGH, Rs. 25/88, Slg. 1989, 1105, Rn. 11 (Wurmser); EuGH, Rs. C-1, 176/90, Slg. 1991, I-4151, Rn. 13 (Aragonesa/Departamento de Sanidad); EuGH, Rs. 274/87, Slg. 1989, 229, Rn. 16 (Kommission/Deutschland).
37 S. etwa EuGH, Rs. 788/79, Slg. 1980, 2071, Rn. 3 ff. (Strafverfahren gegen Gilli); EuGH, Rs. 193/80, Slg. 1981, 3019, Rn. 17 ff. (Kommission/Italien); EuGH, Rs. 261/ 81, Slg. 1982, 3961, Rn. 10 ff. (Rau/De Smedt) (Verpackungsvorschriften für Margarine); EuGH, Rs. 178/84, Slg. 1987, 1227, Rn. 28 (Kommission/Deutschland) (Reinheitsgebot für Bier); EuGH, Rs. 407/85, Slg. 1988, 4233, Rn. 15 ff. (Drei Glocken/USL Centro Sud u.a.) (Zusammensetzung von Nudeln); EuGH, Rs. C-39/90, Slg. 1991, I-3069, Rn. 16 ff. (Denkavit/Baden-Württemberg); EuGH, Rs. 62/90, Slg. 1992, I-2575, Rn. 10 ff. (Kommission/Deutschland). Vgl. auch die Zusammenstellung der Rechtsprechung bei *M. Ahlfeld*, Zwingende Erfordernisse im Sinne der Cassis-Rechtsprechung des Europäischen Gerichtshofs zu Art. 30 EGV, 1997, S. 85 ff.; unter besonderer Berücksichtigung der Rechtsprechung zur Werbung *Schmitz*, Kommerzielle Kommunikation (Fn. 16), S. 100 ff.
38 EuGH, Rs. 302/86, Slg. 1988, 4607, Rn. 8 f. (Kommission/Dänemark) (Pfandflaschen); EuGH, Rs. C-2/90, Slg. 1992, I-4431, Rn. 22 ff. (Kommission/Belgien) (Abfalltransport).
39 Vgl. z.B. EuGH, Rs. 60, 61/84, Slg. 1985, 2605, Rn. 23 (Cinéthèque/Fédération nationale des Cinémas français); EuGH, Rs. C-288/89, Slg. 1991, I-4007, Rn. 23 (Gouda/Commissariat voor de Media) (»Mediawet«); EuGH, Rs. C-353/89, Slg. 1991, I-4069, Rn. 29 f. (Kommission/Niederlande) (»Mediawet«); EuGH, Rs. C-148/91, Slg. 1993, I-487, Rn. 9 f. (Veronica Omroep/Commissariat voor de Media) (»Mediawet«).

haltung der Presse- und Medienvielfalt[40], die Sicherstellung des finanziellen Gleichgewichts von sozialen Sicherungssystemen[41] und grundsätzlich auch die Sicherung der Nahversorgungsbedingungen in relativ abgelegenen Gebieten[42] zwingende Erfordernisse darstellen. Inzwischen hat der EuGH auch klargestellt, daß die zwingenden Erfordernisse von den geschriebenen Rechtfertigungsgründen des Art. 30 zu unterscheiden sind, so daß nur solche Interessen als zwingende Erfordernisse angesehen werden können, die nicht unter Art. 30 fallen[43]. Jedenfalls sind die zwingenden Erfordernisse nicht abschließend formuliert (»insbesondere«), so daß a priori alle öffentlichen Interessen auch als zwingende Erfordernisse qualifiziert werden können[44]. Allerdings muß das betreffende Interesse aus gemeinschaftsverfassungsrechtlicher Sicht als solches anerkannt sein, so daß etwa die Verfolgung wirtschaftlicher Interessen nicht darunter fallen kann[45].

Der EuGH hat mehrfach betont, daß die zwingenden Erfordernisse nicht auf **formell**[46] **23** **diskriminierende Maßnahmen** Anwendung finden können[47], so daß etwa Belange des Umweltschutzes formell diskriminierende Maßnahmen von vornherein nicht rechtfertigen könnten. Auch Einfuhrverbote können damit grundsätzlich von vornherein nicht durch zwingende Erfordernisse gerechtfertigt werden[48]. Allerdings verfolgt der EuGH bei der Lösung diesbezüglicher Probleme eine pragmatische Linie: Im Fall des wallonischen Einfuhrverbots für Abfälle[49] war über eine formell diskriminierende Regelung zu entscheiden, so daß nach der Rechtsprechung der Rückgriff auf zwingende Erfordernisse und damit Erfordernisse des Umweltschutzes ausgeschlossen gewesen wäre. Der EuGH umging diese Schlußfolgerung durch die Heranziehung des Ursprungsprinzips (Art. 174 Abs. 2 S. 2): Dieses bringe es mit sich, daß es grundsätzlich Sache jeder Region sei, für die Beseitigung der Abfälle zu sorgen; daher sei eine Differenzierung zwischen den Abfällen je nach dem Ort ihrer Erzeugung nicht als diskriminierend anzusehen[50].

---

40 EuGH, Rs. C-368/95, Slg. 1997, I-3689, Rn. 18 (Familiapress/Bauer).
41 EuGH, Rs. C-120/95, Slg. 1998, I-1831, Rn. 39 (Decker/Caisse de maladie des employés privés).
42 EuGH, Rs. C-254/98, EuZW 2000, 309, Rn. 34 (Schutzverband gegen unlauteren Wettbewerb/TK-Heimdienst Sass).
43 EuGH, Rs. C-1, 176/90, Slg. 1991, I-4151, Rn. 13 (Aragonesa/Departamento de Sanidad).
44 Vgl. darüber hinaus die Zusammenstellung der Rechtsprechung bei P.-C. Müller-Graff, in: GTE, EGV, Art. 30, Rn. 207 ff.
45 Art. 30, Rn. 14 ff.
46 Hingegen können materiell diskriminierende Maßnahmen durch die zwingenden Erfordernisse gerechtfertigt werden. Vgl. EuGH, Rs. C-254/98, EuZW 2000, 309, Rn. 25 ff. (Schutzverband gegen unlauteren Wettbewerb/TK-Heimdienst Sass), wo es um eine materiell diskriminierende Maßnahme ging, der EuGH aber grundsätzlich den Rückgriff auf die Sicherstellung der Nahversorgung zu Gunsten ortsansässiger Unternehmen nicht auschloß. In der Sache ähnlich EuGH, Rs. C-34-36/95, Slg. 1997, I-3843, Rn. 44 f. (Konsumentombudsmannen/de Agostini). S. auch schon in diese Richtung EuGH, Rs. 113/90, Slg. 1981, 1625, Rn. 11 (Kommission/Irland). Die Rechtsprechung des EuGH war hier jedoch nicht immer ganz klar. Vgl. etwa EuGH, Rs. 231/83, Slg. 1985, 305, Rn. 27 ff. (Cullet/Centre Leclerc), wo die Formulierung des EuGH darauf hindeuten könnte, daß auch bei materiellen Diskriminierungen eine Rechtfertigung durch zwingende Erfordernisse ausgeschlossen sei.
47 EuGH, Rs. 113/80, Slg. 1981, 1625, Rn. 11 (Kommission/Irland); EuGH, Rs. 59/82, Slg. 1983, 1217, Rn. 11 (Schutzverband/Weinvertriebs GmbH).
48 Ausdrücklich EuGH, Rs. C-1, 176/90, Slg. 1991, I-4151, Rn. 13 (Aragonesa/Departamento de Sanidad).
49 S. auch EuGH, Rs. C-120/95, Slg. 1998, I-1831, Rn. 45 ff. (Decker/Caisse de maladie des employés privés), wo es um den grundsätzlichen (es sei denn, es liegt eine Genehmigung vor) Ausschluß der Kostenerstattung von im Ausland erbrachter Gesundheitsleistungen (Brille), also eine an sich diskriminierende Maßnahme, ging.
50 EuGH, Rs. C-2/90, Slg. 1992, I-4431, Rn. 36 (Kommission/Belgien) (Abfalltransport); s. neuerdings auch EuGH, Rs. C-379/98, Urteil vom 13.3.2001 (Preussen Elektra), wo der EuGH offenbar eine Rechtfertigung einer diskriminierenden Regelung durch Erfordernisse des Umweltschutzes zuließ.

24 Weiterhin ist ein Rückgriff auf zwingende Erfordernisse – parallel zu der Situation im Rahmen des Art. 30[51] – ausgeschlossen, wenn für den betreffenden Bereich **eine abschließende sekundärrechtliche Regelung** besteht[52]. Liegt eine solche vor, ist ein »nationaler Alleingang« nur unter der Voraussetzung einer entsprechenden primärrechtlichen Ermächtigung[53] möglich.

25 Bei der Heranziehung der zwingenden Erfordernisse muß der Grundsatz der **Verhältnismäßigkeit** gewahrt werden, d.h. die betreffende, den freien Warenverkehr beschränkende Maßnahme muß geeignet und notwendig sein, um dem jeweiligen öffentlichen Interesse des Allgemeinwohls zu entsprechen. Zudem muß die Abwägung der Beeinträchtigung des freien Warenverkehrs mit dem Interesse des Mitgliedstaates an der Verfolgung des zwingenden Erfordernisses zugunsten des letzteren ausfallen[54]. So kam der EuGH denn auch im Cassis de Dijon-Urteil zu dem Ergebnis, daß die beanstandete Regelung aus Gründen des Gesundheitsschutzes und der Aufrechterhaltung des lauteren Wettbewerbs nicht gerechtfertigt werden könne. Insbesondere könne die Transparenz des Alkoholangebotes statt durch die Standardisierung der Produkte ebenso wirksam durch die Angabe von Herkunft und Alkoholgehalt auf der Verpackung gesichert werden[55]. Auch eine Vorschrift, wonach Käse einer bestimmten Art einen Mindestfettgehalt aufweisen muß, könne nicht aus Gründen des Verbraucherschutzes gerechtfertigt werden, da der Verbraucher über eine entsprechende Kennzeichnung über den Fettgehalt informiert werden könne[56]. Ebenso sei das Verbot, kosmetische Mittel mit der Bezeichnung »Clinique« zu versehen und zu vermarkten, unzulässig, da der Verbraucher über den fehlenden medizinischen Charakter des Produkts entsprechend in Kenntnis gesetzt werden könne[57]. Deutlich wird damit aber auch, daß das Ergebnis der Verhältnismäßigkeitsprüfung häufig von den zugrundegelegten Konzepten und/oder Wertvorstellungen (z.B. eines »mündigen« Verbrauchers) geprägt werden wird[58].

26 Darüber hinaus verneinte der EuGH – allerdings (zunächst) ohne ausdrücklich eine allgemeine Einschränkung des Tatbestandes des Art. 28 vorzunehmen – schon früh die **Anwendbarkeit des Art. 28** auf eine Reihe von Regelungen, die sich **nicht primär beschränkend auf die Einfuhr** auswirken: So lehnte der Gerichtshof in seiner Entscheidung zum deutschen *Nachtbackverbot* die tatbestandliche Einschlägigkeit des Art. 28 in bezug auf das deutsche Verbot, Brötchen vor 6.00 h morgens auszuliefern, mit der Begründung ab, es stelle eine nationale Verkaufsregelung dar, die keinen grenzüberschreitenden Bezug aufweise und deshalb den Handel zwischen den Mitgliedstaaten nicht beeinträchtigen könne[59]. Auf potentielle Markteinbußen durch diese Regulierung des deutschen Marktes kam es also offensichtlich nicht an. Weiterhin ist der Fall *Blesgen* zu

---

51 Art. 30, Rn. 10 ff.
52 EuGH, Rs. 120/78, Slg. 1979, 649, Rn. 8 (Rewe/Bundesmonopolverwaltung für Brandweine) (Cassis de Dijon); EuGH, Rs. 261/81, Slg. 1982, 3961, Rn. 12 (Rau/de Smedt); EuGH, Rs. 298/87, Slg. 1988, 4489, Rn. 15 (Vergleichsverfahren gegen Smanor).
53 S. insbesondere Art. 95 Abs. 4, 176.
54 Allerdings läßt der EuGH nationale Maßnahmen in der Regel nicht an der Verhältnismäßigkeit i.e.S. scheitern. Vgl. zu der Verhältnismäßigkeitsprüfung aus der Rechtsprechung etwa EuGH, Rs. 153/78, Slg. 1979, 2555, Rn. 15 (Kommission/Deutschland); EuGH, Rs. 302/86, Slg. 1988, 4607, Rn. 11 ff. (Kommission/Dänemark).
55 EuGH, Rs. 120/78, Slg. 1979, 649, Rn. 13 (Rewe/Bundesmonopolverwaltung für Brandweine) (Cassis de Dijon).
56 EuGH, Rs. C-196/89, Slg. 1990, I-3647, Rn. 11 ff. (Strafverfahren gegen Nespoli und Crippa).
57 EuGH, Rs. C-315/92, Slg. 1994, I-317, Rn. 20 ff. (Verband Sozialer Wettbewerb/Clinique).
58 S. hierzu auch noch Art. 30, Rn. 47 f.
59 EuGH, Rs. 155/80, Slg. 1981, 1993, Rn. 20 (Bußgeldverfahren gegen Oebel).

erwähnen, in dem das belgische Nachtausschankverbot für Alkoholika zur Debatte stand: Hier verneinte der EuGH die Eignung, den Handel zwischen den Mitgliedstaaten zu beeinträchtigen, mit der Begründung, diese Maßnahme stehe in keinem Zusammenhang mit der Einfuhr von Waren[60].

Eine allgemeine Einschränkung des Tatbestandes des Art. 28 nahm der EuGH dagegen in dem sog. Keck-Urteil vor, in dem es um das französische Verbot des Verkaufs bestimmter Waren zum Verlustpreis ging. Der Gerichtshof stellte hier fest, daß »**bestimmte Verkaufsmodalitäten**« – also offenbar vertriebsbezogene Maßnahmen, die im Gegensatz zu den produktbezogenen Maßnahmen zu sehen sind – nicht in den Anwendungsbereich des Art. 28 fallen, sofern sie zwei Voraussetzungen erfüllen: Zum einen müssen sie für alle betroffenen Wirtschaftsteilnehmer gelten, die ihre Tätigkeit im Inland ausüben, also **nicht-diskriminierend** ausgestaltet sein, und zum anderen müssen sie den **Absatz** der inländischen und der aus anderen Mitgliedstaaten eingeführten Erzeugnisse rechtlich wie tatsächlich in der gleichen Weise berühren[61]. Entsprechen nationale Maßnahmen diesen Voraussetzungen, ist schon der Tatbestand des Art. 28 nicht gegeben (liegt doch keine Maßnahme gleicher Wirkung vor), so daß sie von vornherein nicht an einem gemeinschaftsrechtlichen Maßstab überprüft werden können; auf das Vorliegen zwingender Erfordernisse oder von Rechtfertigungsgründen (Art. 30) kommt es dann nicht mehr an. 27

Zwar stellt diese Rechtsprechung eine (ausdrückliche) **Einschränkung der tatbestandlichen Reichweite** des Art. 28 dar; nicht in Frage gestellt wird dadurch jedoch der Charakter dieser Vorschrift als **Beschränkungsverbot** – im Gegensatz zu einem Diskriminierungsverbot. Denn die dargelegten Grundsätze haben (nur) zur Folge, daß bestimmte staatliche Maßnahmen nicht am Maßstab des Art. 28 geprüft werden können. Für die weiterhin unter Art. 28 fallenden (in erster Linie produktbezogenen) Regelungen jedoch sind die bisher entwickelten Grundsätze in jeder Beziehung heranzuziehen, so daß insoweit auch nicht diskriminierende Maßnahmen grundsätzlich in den (Verbots-) Tatbestand des Art. 28 einbezogen werden. 28

Allerdings definierte der Gerichtshof den Begriff der »Verkaufsmodalitäten« nicht, so daß die genaue Reichweite der tatbestandlichen Einschränkung des Art. 28 umstritten bleibt[62]. Gewisse Anhaltspunkte ergeben sich aber aus der **Fort- und Weiterführung der Keck-Rechtsprechung**: So sind insbesondere Öffnungszeiten als Verkaufsmodalitäten anzusehen mit der Folge, daß sie nicht am Maßstab des Art. 28 geprüft werden können[63]. Ebenso sah der Gerichtshof – entgegen der Ansicht von Generalanwalt Lenz – das 29

---

60 EuGH, Rs. 75/81, Slg. 1982, 1211, Rn. 9 (Blesgen/Belgischer Staat); ähnlich EuGH, Rs. C-69/88, Slg. 1990, I-583, Rn. 10 f. (Krantz/Ontvanger der Directe Belastingen); s. auch EuGH, Rs. 145/88, Slg. 1989, 3851, Rn. 14 (Torfaen Borough Council/B & Q PLC) in bezug auf Sonntagsverkaufsverbote. Sehr instruktiv zu dieser Rechtsprechung die Schlußanträge von GA *Tesauro* (zur Rs. C-292/92, Slg. 1998, I-6800, Hünermund) und GA *van Gerven* (zur Rs. 145/88, Slg. 1989, 3885, Torfaen, und zur Rs. C-267, 268/93, Slg. 1994, I-6097, Keck und Mithouard). Aus der Literatur etwa *J. Keßler*, Das System der Warenverkehrsfreiheit im Gemeinschaftsrecht, 1997, S. 44 ff.; *K. Hammer*, Handbuch zum freien Warenverkehr, 1998, S. 35 ff.
61 EuGH, Rs. C-267, 268/91, Slg. 1993, I-6097, Rn. 16 (Strafverfahren gegen Keck und Mithouard).
62 Vgl. noch unten Rn. 31 ff.
63 EuGH, Rs. C-401/92, C-402/92, Slg. 1994, I-2199, Rn. 12 f. (Strafverfahren gegen Tankstation 't Heukske); EuGH, Rs. C-69/93, C-258/93, Slg. 1994, I-2355, Rn. 12 f. (Punto Casa/Sindaco del Comune di Capena); EuGH, verb. Rs. C-418/93 u.a., Slg. 1996, I-2975, Rn. 24 (Semeraro Casa Uno u.a./Sindaco del Comune di Erbusco).

griechische Gebot, Säuglingsmilch ausschließlich in Apotheken zu verkaufen[64], als Verkaufsmodalität an[65] und prüfte diese Maßnahme daher nicht am Maßstab des Art. 28; Verkaufsmonopole sollen also offenbar nicht mehr an Art. 28 gemessen werden können. Die österreichische Regelung, die vorsieht, dass nur derjenige Lebensmittel »umherziehend« feilbieten darf, der in dem betreffenden oder einem angrenzenden Bezirk eine ortsfeste Niederlassung unterhält, stelle zwar eine Verkaufsmodalität dar, sei jedoch gleichwohl als Maßnahme gleicher Wirkung anzusehen: Diese Regelung führe nämlich dazu, dass Anbietern aus dem Ausland der Zugang zu diesem Spektrum des österreichischen Marktes verwehrt werde; daher treffe die Regelung in- und ausländische Waren bzw. Anbieter von Waren unterschiedlich[66]. Hinzuweisen ist darüber hinaus auf die Präzisierung der Tragweite der Keck-Rechtsprechung für den Bereich der Werbung durch den EuGH: Hier werden einerseits nationale Vorschriften, die (allgemein) die Werbung für die Verteilung von Produkten im Fernsehen verbieten, nicht am Maßstab des Art. 28 gemessen[67]. Nicht ausgeschlossen sei das Vorliegen einer Maßnahme gleicher Wirkung aber dann, wenn das vollständige Verbot einer Form der Absatzförderung eines Erzeugnisses in einem Mitgliedstaat nachteilige Auswirkungen auf Erzeugnisse anderer Mitgliedstaaten habe[68]. Andererseits aber fallen produktbezogene Werbebeschränkungen in den Anwendungsbereich des Art. 28, so das Verbot, einen Schokoladenriegel mit dem Zusatz »+10%« zu kennzeichnen[69].

30 Insgesamt dürfte der EuGH also – unter den dargelegten Voraussetzungen[70] – Regelungen, die sich nicht auf **Merkmale von Erzeugnissen** selbst beziehen[71], aus dem Tatbestand des Art. 28 ausnehmen; entscheidend ist damit die Produktbezogenheit einer Regelung, so daß auch etwa Maßnahmen, die Vermarktungsmodalitäten genau bestimmter Produkte betreffen, nicht am Maßstab des Art. 28 geprüft werden können.

II. Schrifttum

31 Im Schrifttum bilden die durch die **Dassonville-** und **Cassis de Dijon-Rechtsprechung** begründeten und durch die **Keck-Rechtsprechung** fortgeführten Entwicklungen jedenfalls den Ausgangspunkt der Erörterungen. Weite Teile insbesondere (aber nicht nur) des älteren Schrifttums folgten denn auch der Rechtsprechung im großen und ganzen: An-

---

64 Ähnlich in bezug auf diesen Aspekt auch EuGH, Rs. C-387/93, Slg. 1995, I-4663, Rn. 34 ff. (Strafverfahren gegen Banchero), in dem der EuGH betonte, daß eine nationale Regelung, wonach der Vertrieb von Tabakwaren zugelassenen Einzelhändlern vorbehalten ist, nicht in den Anwendungsbereich des Art. 30 EGV falle.
65 EuGH, Rs. C-391/92, Slg. 1995, I-1621, Rn. 13 f. (Kommission/Griechenland).
66 EuGH, Rs. C-254/98, Slg. 2000, I-151, Rn. 25 ff. (Schutzverband gegen unlauteren Wettbewerb/ TK-Heimdienst Sass).
67 EuGH, Rs. C-412/93, Slg. 1995, I-179, Rn. 20 ff. (Leclerc/TF1 Publicité SA); s. auch EuGH, Rs. C-292/92, Slg. 1993, I-6787, Rn. 19 ff. (Hünermund/Landesapothekenkammer Baden-Württemberg).
68 EuGH, Rs. C-34-36/95, Slg. 1997, I-3843 (Konsumentombudsmannen/de Agostini); EuGH, Rs. C-405/98, Urteil vom 8.3.2001 (Gourmet International).
69 EuGH, Rs. C-470/93, Slg. 1995, I-1923, Rn. 12 f. (Verein gegen Unwesen in Handel und Gewerbe Köln E.V./Mars). S. auch EuGH, Rs. C-315/92, Slg. 1994, I-317 (Verband Sozialer Wettbewerb/Clinique).
70 Rn. 27.
71 Vgl. insoweit auch ausdrücklich EuGH, Rs. C-387/93, Slg. 1995, I-4663, Rn. 36 (Strafverfahren gegen Banchero), wo der EuGH betont, daß sich die in Frage stehenden Rechtsvorschriften nicht auf »Merkmale der Erzeugnisse« beziehen, woran auch die Tatsache nichts ändere, daß nur bestimmte Produkte von der betreffenden Maßnahme betroffen seien.

gesichts der unbestreitbaren Offenheit des Begriffs der Maßnahme gleicher Wirkung im Vertrag sah man die durch die Rechtsprechung getroffenen Präzisierungen insgesamt als im Ergebnis überzeugend an und beschränkte sich im wesentlichen darauf, die Rechtsprechung nachzuzeichnen, auszulegen und teilweise zu präzisieren bzw. dogmatisch zu erfassen[72]. Ausgelöst wohl durch das Keck-Urteil mehren sich aber in jüngerer Zeit ausführliche Auseinandersetzungen[73] mit der dogmatischen Struktur der Grundfreiheiten, die auch den einen oder anderen Aspekt der Rechtsprechung in Frage stellen[74]. Auf die m.E. wichtigsten Aspekte[75] sei dabei im Folgenden hingewiesen, wobei zwischen Einzelfragen und der dogmatischen Erfassung der Keck-Rechtsprechung unterschieden werden kann.

Im Hinblick auf **Einzelfragen** wird die Rechtsprechung in erster Linie in Bezug auf folgende Problemstellungen problematisiert bzw. kritisiert: die Begrenzung der Heranziehung der zwingenden Erfordernisse auf nicht-diskriminierende Maßnahmen[76], die genaue Abgrenzung der Rechtfertigungsgründe des Art. 30 von den zwingenden Erforder- 32

---

72 Vgl. etwa O. *Dörr*, Die Warenverkehrsfreiheit nach Art. 30 EWG-Vertrag – doch bloß ein Diskriminierungsverbot?, RabelsZ 54 (1990), S. 677 ff.; U. *Everling*, Die Cassis de Dijon-Rechtsprechung des EuGH und ihre Auswirkungen auf die Ernährungswirtschaft, Schriftenreihe des Bundes für Lebensmittelrecht und Lebensmittelkunde e.V., Heft 110, 1987, S. 11 ff.; U. *Bekker*, Der Gestaltungsspielraum der EG-Mitgliedstaaten im Spannungsfeld zwischen Umweltschutz und freiem Warenverkehr, 1991, S. 77 ff.; H.-J. *Rabe*, Freier Warenverkehr für Lebensmittel nach dem Bier-Urteil des EuGH, EuR 1987, S. 253 (254 ff.); V. *Gonzalez*, La jurisprudence relative à l'article 28 CE (ex article 30) après l'arrêt »Keck et Mithouard«, RDUE 2000, S. 395 ff.; G. *Hirsch*, Die aktuelle Rechtsprechung des EuGH zur Warenverkehrsfreiheit, ZEuS 1999, S. 503 ff.; M.O. *Maduro*, The Sag of Article 30 EC Treaty: To Be Continued, MJ 1998, S. 298 ff.; F. *Picod*, La nouvelle approche de la Cour de justice en matière d'entraves aux échanges, RTDE 1998, S. 169 ff.; S. *Weatherhill*, Recent Case Law concerning the free movement of goods: mapping the frontier of market deregulation, CMLRev 1999, S. 51 ff. Auch das Erfordernis der Verhältnismäßigkeit wurde in der Literatur näher untersucht, präzisiert und systematisiert, vgl. etwa *Becker*, ebd., S. 81 ff.; ausführlich zur Verhältnismäßigkeit auf umweltpolitischen Erwägungen beruhender nationaler Maßnahmen A. *Epiney/Th. Möllers*, Freier Warenverkehr und nationaler Umweltschutz, 1992, S. 67 ff. S. auch noch Art. 30, Rn. 1 ff.
73 Interessanterweise in erster Linie im deutschsprachigen Schrifttum.
74 Vgl. insbesondere J. Th. *Füller*, Grundlagen und inhaltliche Reichweite der Warenverkehrsfreiheiten nach dem EG-Vertrag, 2000; H. *Weyer*, Freier Warenverkehr und nationale Regelungsgewalt in der EU, 1997; K. *Hammer*, Handbuch zum freien Warenverkehr, 1998; J. *Lang*, Die Freiheit des Warenverkehrs – Kontinuität und Wandel in der Rechtsprechung, 1997; J. *Keßler*, Das System der Warenverkehrsfreiheit im Gemeinschaftsrecht, 1997; M. *Ahlfeld*, Zwingende Erfordernisse im Sinne der Cassis-Rechtsprechung des Europäischen Gerichtshofs zu Art. 30 EGV, 1997; M. *Hoffmann*, Die Grundfreiheiten des EG-Vertrags als koordinationsrechtliche und gleichheitsrechtliche Abwehrrechte, 2000; V. *Schmitz*, Die kommerzielle Kommunikation im Binnenmarkt im Lichte der neueren Rechtsprechung zur Warenverkehrsfreiheit, 2000.
75 Angesichts der Fülle der Literatur können hier nicht die verschiedenen Ansichten im Einzelnen nachgezeichnet werden; vielmehr erfolgt – abgesehen von der etwas eingehenderen Erörterung der Stellungnahmen zur Keck-Rechtsprechung – eine Beschränkung auf die Nennung der wichtigsten Problembereiche.
76 Vgl. die Kritik bei P. v. *Wilmowsky*, Abfallwirtschaft im Binnenmarkt, 1990, S. 156 ff.; U. *Bekker*, in: Schwarze, EGV, Art. 30, Rn. 43; *Ahlfeld*, Zwingende Erfordernisse (Fn. 74), S. 79 f., der insbesondere auf die s.E. fehlende rechtliche Grundlage der Unterscheidung hinweist; nicht ganz klar S. *Leible*, in: Grabitz/Hilf, EU, Art. 28, Rn. 20. I. Erg. zustimmend zur Rechtsprechung aber *Keßler*, System der Warenverkehrsfreiheit (Fn. 74), S. 37 f.; s. auch Th. *Kingreen*, Die Struktur der Grundfreiheiten des Europäischen Gemeinschaftsrechts, 1999, S. 47 ff., der betont – auch ausgehend von einer grundlegenden Kritik der Cassis-Formel –, daß es widersprüchlich sei, in Bezug auf die Rechtfertigungsebene formelle und materielle Diskriminierungen unterschiedlich zu behandeln.

nissen⁷⁷, der Verzicht auf ein »Spürbarkeitserfordernis« bzw. eine »Deutung« der Rechtsprechung in Richtung der Geltung eines solchen Erfordernisses⁷⁸ und die dogmatische Einordnung der zwingenden Erfordernisse als tatbestandsausschließende Gründe (statt als Art. 30 ergänzende Rechtfertigungsgründe)⁷⁹. Vereinzelt wird aber auch schon der Gedanke der Auslegung des Art. 28 als umfassendes Beschränkungsverbot zumindest in Teilen in Frage gestellt⁸⁰.

33 Sodann wurden einzelne Ansätze des EuGH einer dogmatischen Einordnung und Präzisierung unterzogen: So wurde auch die im Vorfeld der Keck-Rechtsprechung anzusiedelnde restriktive Auslegung des Tatbestandes des Art. 28⁸¹ erörtert und dogmatisch einzuordnen versucht⁸². Zudem wurden einige Bereiche der durch die zwingenden Erfordernisse erfaßten Aspekte vertieft⁸³, so z.B. die Frage der Berücksichtigung kultureller Aspekte⁸⁴. Vereinzelt wird sodann eine »Trendwende« in der Rechtsprechung des EuGH gesehen, der nun nur noch auf den einheitlichen Begriff der »Beschränkung« zurückgreife, dann nach dem Vorliegen einer Verkaufsmodalität frage und schließlich eine einheitliche Rechtfertigungsprüfung durchführe⁸⁵.

34 In jüngster Zeit am meisten diskutiert wurde die **Keck-Rechtsprechung** des EuGH. In der Literatur fiel zunächst schon die grundsätzliche Bewertung der Rechtsprechung eher unterschiedlich aus: Während einige Stimmen von einem »Bruch«⁸⁶ oder einer »Wende«⁸⁷ sprechen, gehen andere davon aus, daß die Rechtsprechung eher eine dogmatische

---

77 Vgl. die Fragestellung bei *P.-C. Müller-Graff*, in: GTE, EGV, Art. 30, Rn. 208.
78 *Th. Jestaedt/F. Kästle*, Kehrtwende oder Rückbesinnung in der Anwendung von Art. 30 EG-Vertrag: das Keck-Urteil, EWS 1994, S. 26 (28); *R. Sack*, Staatliche Regelungen sogenannter »Verkaufsmodalitäten« und Art. 30 EG-Vertrag, EWS 1994, S. 37 ff. Die Auslegung dessen, was unter »spürbar« zu verstehen ist, differiert jedoch. Ablehnend zu einem solchen Erfordernis etwa *Füller*, Grundlagen (Fn. 74), S. 111 ff.
79 S. die Kritik bei *M. A. Dauses*, in: Hb.EGWirtR, C.I., Rn. 92, der darauf hinweist, daß die Behandlung als Rechtfertigungsgründe näher gelegen hätte. S. auch *Becker*, in: Schwarze, EGV, Art. 28, Rn. 108 f.; *Füller*, Grundlagen (Fn. 74), S. 47 ff.; unentschieden *Ahlfeld*, Zwingende Erfordernisse (Fn. 74), S. 81 ff. Zustimmend zur Rspr. wohl *Keßler*, System der Warenverkehrsfreiheit (Fn. 74), S. 37 f. S. sodann *Kingreen*, Struktur (Fn. 76), S. 156 ff., der die vom EuGH als zwingende Erfordernisse angesehenen öffentlichen Interessen durch den geschriebenen Rechtfertigungsgrund der »öffentlichen« Ordnung erfassen möchte, der dann natürlich entsprechend weit ausgelegt werden müsste. Hierzu noch Art. 30, Rn. 1 ff.
80 In diese Richtung wohl *Weyer*, Freier Warenverkehr (Fn. 74), S. 418 f. Auch *Kingreen*, Struktur (Fn. 76), S. 52, meldet grundlegende Zweifel schon an der »Cassis de Dijon«-Rechtsprechung des EuGH an, wobei er aber wohl nicht »zurück« zu einem reinen Diskriminierungsverbot gehen möchte.
81 Rn. 26.
82 Vgl. etwa *A. Middeke*, Nationaler Umweltschutz im Binnenmarkt, 1994, S. 132 f. m.w.N.; *Dörr* (Fn. 72), S. 677 ff.
83 Umfassend nunmehr *Ahlfeld*, Zwingende Erfordernisse (Fn. 74).
84 Zum Problemkreis *M. Niedobitek*, Kultur und Europäisches Gemeinschaftsrecht, 1992, S. 250 ff.; *J. Sparr*, Kulturhoheit und EWG-Vertrag, 1991, S. 49 ff., die für eine erweiterte Anerkennung kulturpolitischer Belange im Rahmen der zwingenden Erfordernisse plädieren.
85 *W. Hakenberg*, Grundzüge des Europäischen Gemeinschaftsrechts, 2000, S. 99 f.
86 So *O. Remien*, Grenzen der gerichtlichen Privatrechtsangleichung mittels der Grundfreiheiten des EG-Vertrages, JZ 1994, S. 349 (353); ähnlich W. *Möschel*, Kehrtwende in der Rechtsprechung des EuGH zur Warenverkehrsfreiheit, NJW 1994, S. 429 ff.; *U. Ehricke*, Das Verbot des Weiterverkaufs zum Verlustpreis und Gemeinschaftsrecht, WuW 1994, S. 108 (112 ff.).
87 So *T. Ackermann*, Warenverkehrsfreiheit und »Verkaufsmodalitäten«, RIW 1994, S. 189; ähnlich wohl auch *M. Petschke*, Die Warenverkehrsfreiheit in der neuesten Rechtsprechung des EuGH, EuZW 1994, S. 107 (108), der davon spricht, daß das Keck-Urteil eine »Beschränkung des Beschränkungsverbots« bedeute; in die gleiche Richtung *K.-H. Fezer*, Europäisierung des Wettbewerbsrechts, JZ 1994, S. 317 ff.; *N. Reich*, Anmerkung, ZIP 1993, S. 1815 (1816), sieht (darüber hinausgehend) in der neueren Rechtsprechung des EuGH eine Rückkehr zu einer »eher traditionellen Freihandelssicht des Binnenmarktes«.

und systematische Klarstellung darstelle, die sich durchaus in die bisherige Linie einordnen lasse[88]. Besonders weit gehen Stimmen – die aber wohl heute sehr in der Minderheit sein dürften -, die annehmen, die Keck-Rechtsprechung impliziere eine Aufgabe der Auslegung des Art. 28 als Beschränkungsverbot[89]. Zudem wird die neue Keck-Rechtsprechung des EuGH aber auch teilweise insofern kritisiert und damit letztlich abgelehnt, als sie letztlich nur zu neuen Unsicherheiten führe und im Ergebnis keine saubere Abgrenzung ermögliche[90]. Überhaupt dürften sich beachtliche Teile der Literatur zwar um eine Konkretisierung der »Keck-Formel« bemühen, ihr aber an sich eher ablehnend gegenüberstehen[91].

Darüber hinaus wurden im Schrifttum im einzelnen zahlreiche Versuche der Interpretation der »Keck-Rechtsprechung« und auf dieser Grundlage dann die Entwicklung allgemeiner Kriterien für die Begrenzung des Anwendungsbereichs des Art. 28 unternommen: So wird – in Anknüpfung an die vom EuGH verwandte Terminologie – vorgeschlagen, alle Maßnahmen, die nicht produktbezogen sind, als Verkaufsmodalitäten anzusehen[92]. Andere stellen darauf ab, ob eine Maßnahme den Zugang zum Markt in einem anderen Mitgliedstaat erschwert[93]; ist dies der Fall, soll Art. 28 einschlägig sein, und dies unabhängig davon, ob die Regelung nun produktbezogen ist oder nicht. Daher stellten etwa auch generelle Werbeverbote keine Verkaufsmodalitäten dar, sondern fielen unter Art. 28[94]. In eine ähnliche Richtung geht der Ansatz, zwischen dem Zugang zu den Märkten einerseits und der Regulierung der Ströme zugelassener Waren andererseits zu unterscheiden und letztere als Verkaufsmodalitäten einzuordnen[95]. Ein letztlich mehr auf den Einzelfall abstellender Ansatz greift auf das Kriterium der Marktabschottung zurück: Wird eine solche durch die in Frage stehende Maßnahme bewirkt, sei Art. 28 tatbestandlich einschlägig[96]. Darüber hinaus wird der Begriff Verkaufsmodalitäten aber auch insofern weit ausgelegt, als man hierunter alle Maßnahmen erfassen möchte, die nicht unmittelbar etwas mit der Produktbeschaffenheit zu tun haben, worunter dann

35

---

88 So eher *H.-W. Arndt*, Warenverkehrsfreiheit und nationale Verkaufsbeschränkungen, ZIP 1994, S. 188 (189 ff.); *M. Zuleeg*, Die Grundfreiheiten des Gemeinsamen Marktes im Wandel, FS Ulrich Everling, 1995, S. 1717 (1721); *H. Matthies*, Artikel 30 EG-Vertrag nach Keck, FS Ulrich Everling, 1995, S. 803 (816); *U. Becker*, Von »Dassonville« über »Cassis« zu »Keck« – Der Begriff der Maßnahmen gleicher Wirkung in Artikel 30 EG-Vertrag, EuR 1994, S. 162 (173 f.); *L. Gormley*, Reasoning Renounced? The remarkable Judgement in Keck & Mithouard, European Law Review 1994, S. 63 (67).
89 In diese Richtung wohl *G. Ress*, Editorial, EuZW 1993, 745, der dies jedoch bedauert; in der Tendenz ähnlich *Jestaedt/Kästle*, EWS 1994 (Fn. 78), S. 26 ff.
90 Vgl. etwa *P.-C. Müller-Graff*, in: GTE, EGV, Art. 30, Rn. 247 ff.; in der Tendenz ähnlich *F. Picod*, La nouvelle approche de la Cour de justice en matière d'entraves aux échanges, RTDE 1998, S. 169 ff. Zustimmend zum Grundsatz der durch »Keck« eingeleiteten Einschränkung der Dassonville-Formel, aber kritisch zu ihrer Handbhabung durch den EuGH *Schmitz*, Kommerzielle Kommunikation (Fn. 74), S. 185 f.
91 Vgl. m.w.N. *Füller*, Grundlagen (Fn. 74), S. 124 ff. S. auch die Ablehnung der »Keck-Rechtsprechung« durch GA *Jacobs*, Slg. 1995, I-179 (182 ff.).
92 *J. Stuyck*, Observations – l'arrêt Keck et Mithouard (vente à perte) et ses conséquences sur la libre circulation des marchandises, CDE 1994, S. 435 (443); *J. Kotthoff*, Der Schutz des Euro-Marketing über Art. 30 EGV, WRP 1996, S. 79 (82 f.).
93 In diese Richtung etwa *P.-C. Müller-Graff*, in: GTE, EGV, Art. 30, Rn. 244; ähnlich *Leible*, in: Grabitz/Hilf, EU, Art. 28, Rn. 28; *Ch. König/A. Haratsch*, Europarecht, 2000, Rn. 509.
94 So ausdrücklich *P.-C. Müller-Graff*, in: GTE, EGV, Art. 30, Rn. 125.
95 So *Becker*, EuR 1994 (Fn. 88), S. 172 ff. Ähnlich wohl auch *Arndt*, ZIP 1994 (Fn. 88), S. 188 (190).
96 In diese Richtung *Ahlfeld*, Zwingende Erfordernisse (Fn. 74), S. 53 ff.; ähnlich auch die Unterscheidung zwischen marktsegmentierenden und marktregulierenden Maßnahmen bei *Weyer*, Freier Warenverkehr (Fn. 74), S. 297 ff.; *Kingreen*, Struktur (Fn. 76), S. 124 ff.

auch etwa Verwendungsbeschränkungen fielen[97]. Im Anschluß an die Keck-Rechtsprechung wurde aber auch eine neue Unterscheidung zwischen »Kern« und »Begriffshof« der Warenverkehrsfreiheit vorgenommen: Während ersterer »echte« Handelsregelungen betrifft, bei denen eigentlich keine Abwägung mit anderen Gütern möglich sein soll, orientiert sich letzterer in erster Linie an anderen Zielsetzungen[98]. Entscheidend wären damit letztlich finale Elemente einer Regelung. Eine andere Sicht bringt die Keck-Rechtsprechung in Verbindung mit dem Subsidiaritätsprinzip des Art. 5 Abs. 2[99]. Trotz dieser unterschiedlichen Ansätze dürfte heute zumindest in bezug auf die Werbung weitgehend anerkannt sein, daß der Gerichtshof in der Keck-Folgerechtsprechung zwischen produkt- und vertriebsbezogener Werbung unterscheidet[100].

III. Stellungnahme

36 Ausgangspunkt der Bestimmung des Begriffs der **Maßnahme gleicher Wirkung** wie Einfuhrbeschränkungen sollte – in Anknüpfung an die Rechtsprechung des EuGH und den Zweck des Art. 28 – die Wirkungen einer Maßnahme sein: Es kommt darauf an, ob sie gleiche oder vergleichbare Folgen für die Einfuhr von Waren aus anderen Mitgliedstaaten entfaltet bzw. entfalten kann wie mengenmäßige Einfuhrbeschränkungen. Nur so kann der Normzweck des Art. 28, umfassend die Beschränkungen des freien Warenverkehrs abzubauen, erreicht werden. Insofern ist die Dassonville-Formel der Rechtsprechung des EuGH als Ausgangspunkt in jeder Hinsicht überzeugend und Versuche, Art. 28 auf rechtlich oder tatsächlich diskriminierende Maßnahmen zu begrenzen, sind abzulehnen. Hervorzuheben ist insbesondere, daß jedenfalls auch nicht bezweckte Behinderungen des freien Warenverkehrs am Maßstab des Art. 28 zu messen sind, so daß jegliche Bezugnahme auf das Ziel einer Maßnahme zur Bestimmung des Begriffs der Maßnahme gleicher Wirkung ausscheiden muß. Maßgebend muß damit für das Vorliegen einer Maßnahme gleicher Wirkung die handelsbeschränkende Wirkung der Maßnahme sein, wofür – vorbehaltlich des Vorliegens bestimmter Verkaufsmodalitäten[101] – ausschlaggebend sein muss, ob die entsprechende Maßnahme einen (negativen) Einfluß auf das Einfuhrvolumen von aus dem EU-Ausland stammenden Produkten entfalten kann. Diese Behinderungseignung muß zwar nicht empirisch nachgewiesen werden, wäre es doch ansonsten nicht möglich, wirklich alle in der Realität behindernden Maßnahmen zu erfassen; allerdings muß in substantiierter Form dargelegt werden, daß eine Möglichkeit der handelsbeschränkenden Wirkung besteht, so daß rein hypothetische oder völlig ungewisse Auswirkungen nicht erfaßt werden. Auch wenn dieses qualitativ zu verstehende Kriterium durchaus gewisse Abgrenzungsschwierigkeiten mit sich bringt, erscheint es doch ebenso sinnvoll wie notwendig, das Element der »Eignung« zu begrenzen, könnten doch auch sonst reine gedankliche »Glasperlenspiele« und die Zu-

---

97 So *Petschke* (Fn. 87), S. 111.
98 So *T. Schilling*, Rechtsfragen zu Art. 30 EGV, EuR 1994, S. 50 (61 ff.).
99 In diese Richtung wohl *J. Jickeli*, Der Binnenmarkt im Schatten des Subsidiaritätsprinzips. Erste Weichenstellungen in der Rechtsprechung, JZ 1994, S. 57 ff.; wohl auch *M. Herdegen*, Europarecht, 2001, Rn. 291 f., der aber gleichzeitig noch darauf hinweist, daß Verkaufsmodalitäten dann vorlägen, wenn der grenzüberschreitende Verkehr nicht »direkt und nicht erheblich« beeinträchtigt werde. Eine gewisse Anknüpfung an das Subsidiaritätsprinzip findet sich auch etwa bei *Ahlfeld*, Zwingende Erfordernisse (Fn. 74), S. 52 f.; *Schmitz*, Kommerzielle Kommunikation (Fn. 74), S. 202 ff. Gegen einen Rückgriff auf das Subsidiaritätsprinzip *P.-C. Müller-Graff*, Binnenmarktauftrag und Subsidiaritätsprinzip?, ZHR 1995, S. 32 (73 ff.).
100 Hierzu auch *T. Lüder*, Mars: Zwischen Keck und Cassis, EuZW 1995, S. 609. Ausführlich und unter Berücksichtigung der gleichwohl noch verbleibenden Zweifelsfragen *Schmitz*, Kommerzielle Kommunikation (Fn. 74), S. 187 ff.
101 Hierzu sogleich unten, Fn. 39 ff.

grundelegung rein hypothetischer, möglicherweise völlig wirklichkeitsfremder Verhaltensweisen zur Bejahung der Behinderungseignung führen. Dies bedeutet jedoch nicht, daß die Handelsbehinderung »spürbar« sein muß; dieses letztlich auf quantitative Aspekte abstellende Kriterium ist schon wegen seiner Beliebigkeit sehr fragwürdig und dürfte auch im Widerspruch zu Sinn und Zweck des Art. 28 stehen, eben grundsätzlich jede Handelsbeschränkung, mag sie auch noch so gering sein, zu erfassen.

Nun bedeutet die Einschlägigkeit des Tatbestandes des Art. 28 aber nicht notwendigerweise, daß die entsprechenden Maßnahmen auch durch das Gemeinschaftsrecht im Ergebnis verboten sind, steht doch den Mitgliedstaaten nach wie vor die Kompetenz zu, zahlreiche in diesem Zusammenhang relevante Bereiche zu regeln. Allerdings wird ein gemeinschaftsrechtlicher Prüfungsmaßstab herangezogen. Auch insofern trägt die Rechtsprechung also im Ergebnis dem System des Vertrages Rechnung. 37

Allerdings vermögen **einzelne Aspekte** der Rechtsprechung nicht zu überzeugen. So ist etwa die Einordnung der **zwingenden Erfordernisse** als **tatbestandsausschließende Gründe** insofern nicht ganz überzeugend, als die einfuhrbeschränkende Wirkung auch im Falle des Vorliegens zwingender Erfordernisse aufrechterhalten bleibt, der Tatbestand des Art. 28 also erfüllt ist, so daß ihre Einordnung als Rechtfertigungsgründe durchaus näher gelegen hätte. Damit könnte man zudem auch der Schwierigkeit der genauen Abgrenzung des Anwendungsbereichs der zwingenden Erfordernisse und desjenigen des Art. 30 begegnen. In engem Zusammenhang damit steht die Begrenzung der Einschlägigkeit der **zwingenden Erfordernisse** auf (formell) **nicht diskriminierende Maßnahmen**: Es fragt sich, ob dieser Grundsatz immer einen ausreichenden Schutz der betroffenen Rechtsgüter ermöglicht. Ausgeschlossen ist es nämlich nicht, daß die unter die zwingenden Erfordernisse fallenden Gründe des Allgemeinwohls auch bei diskriminierenden Maßnahmen eine Rolle spielen können und eine Rechtfertigung aufgrund ihrer Berücksichtigung zu bejahen sein kann. Eventuellen Mißbräuchen könnte man jedenfalls über die Prüfung der Verhältnismäßigkeit begegnen. Die vom EuGH im Wallonien-Urteil eingeschlagene pragmatische Linie führt zwar zu befriedigenden Ergebnissen, vermag jedoch die dogmatischen Unzulänglichkeiten der Sicht des EuGH in diesem Punkt nicht zu verdecken oder gar auszuräumen. Daher erscheint eine »Einheitslösung« für die Tatbestands- und Rechtfertigungsebene in dem Sinn, dass bei Vorliegen eines Verstoßes gegen den Tatbestand des Art. 28 die Möglichkeit einer Rechtfertigung entweder aufgrund der ausdrücklich in Art. 30 erwähnten Gründe oder aber aus sonstigen zwingenden Erfordernissen des Allgemeinwohls möglich ist, wobei jedenfalls dem Grundsatz der Verhältnismäßigkeit Rechnung zu tragen ist, sachgerecht. Diese Sicht ermöglichte es zudem, auf den in der Rechtsprechung teilweise nicht immer einheitlich verwandten Begriff der »unterschiedslos anwendbaren« Maßnahmen[102] als Voraussetzung für die Möglichkeit der Heranziehung der zwingenden Erfordernisse zu verzichten. 38

Die Keck-Rechtsprechung ist wohl in erster Linie vor dem Hintergrund von **Sinn und Funktion** des Art. 28 zu sehen: Diese Vorschrift soll nämlich nicht allgemein Schutz vor staatlichen Einschränkungen wirtschaftlicher oder sonstiger Tätigkeiten gewähren, so daß sie sich insoweit von »echten« Grundrechten unterscheidet. Vielmehr geht der Vertrag davon aus, daß der Gemeinschaft (nur) punktuelle Kompetenzen zustehen und darüber hinaus die Zuständigkeit der Mitgliedstaaten erhalten bleibt. Dann können aber die Grundfreiheiten nicht so weit ausgelegt werden, daß kaum mehr übersehbare Teile des nationalen Rechts an ihrem Maßstab überprüft werden können. Die Grenzziehung ist hier allerdings insofern extrem schwierig, als einerseits die tatsächlichen Handels- 39

---

102 Vgl. die Bemerkungen in Rn. 46.

hemmnisse abgebaut werden sollen, andererseits aber auch der Kompetenz- und Handlungsspielraum der Mitgliedstaaten angemessen gewahrt bleiben soll.

40 Ansatzpunkt für eine Einschränkung des Tatbestandes des Art. 28 könnte denn auch Sinn und Zweck dieser Vorschrift sein[103]: Diese Vorschrift soll den freien Verkehr der in den verschiedenen Mitgliedstaaten hergestellten Waren auf dem gesamten Gebiet der Gemeinschaft ermöglichen und garantieren. Die Tatsache allein, daß ein Produkt in einem anderen Mitgliedstaat produziert worden ist, soll seine Vermarktung in den übrigen Mitgliedstaaten nicht behindern dürfen. Daher ist diese Vorschrift im Zusammenhang mit dem Fortbestehen verschiedener Staaten und damit verschiedener Rechtsordnungen in der Gemeinschaft zu sehen: In den Fällen, in denen gerade die **Koexistenz** unterschiedlicher Staaten und Rechtsordnungen zu Problemen für den freien Warenverkehr führt, soll der staatlichen Hoheitsgewalt eine (durch gemeinschaftsrechtliche Grundsätze definierte) Schranke gesetzt werden, um die Ziele des Vertrages zu verwirklichen. Wenn dies aber so ist, können nur solche Beschränkungen vom Tatbestand der Grundfreiheiten erfaßt werden, die unter direkter oder mittelbarer Anknüpfung an die Existenz verschiedener staatlicher Rechtsordnungen entstehen oder aufgestellt werden. Der jeweilige Wirtschaftsteilnehmer ist in der Ausübung der von Art. 28 erfaßten Aktivitäten gerade deshalb beschränkt, weil er oder die von ihm ausgeübte Tätigkeit (zunächst) einer bestimmten nationalen Rechtsordnung und nicht einer anderen unterworfen sind; ein Vergleichbarkeitsmoment spielt hier also eine gewisse Rolle.

41 Dies ist aber nur unter der Voraussetzung der Fall, daß sich eine staatliche Maßnahme auf **bestimmte Produkte** bezieht und diese in der einen oder anderen Form einer Regelung unterwirft oder an diese bestimmte Anforderungen stellt. Unter produktbezogenen Maßnahmen werden hier – wohl im Gegensatz zu der ansonsten verwandten Terminologie – alle diejenigen Regelungen verstanden, die sich auf eine **eingrenzbare Gruppe von Produkten** beziehen, so daß hierunter auch nicht unmittelbar an Produkte gestellte, sondern etwa an Vermarktungsmodalitäten anknüpfende Anforderungen fallen können. Durch diese Einschränkung schon des Begriffs der Beschränkung bei der Umschreibung des Tatbestandes des Art. 28 kann erreicht werden, daß solche mitgliedstaatlichen Maßnahmen, die **allgemein wirtschaftliche Tätigkeiten und Rahmenbedingungen** regeln, ohne daß dadurch bestimmte, eingrenzbare Produkte (aus anderen Mitgliedstaaten) betroffen sind, von vornherein aus dem Tatbestand des Art. 28 herausfallen und daher nicht an seinem Maßstab gemessen werden können. Gleichzeitig ermöglicht diese Sicht – gemäß den Zielsetzungen des Art. 28 – eine Überprüfung solcher mitgliedstaatlicher Maßnahmen, die gerade in Anknüpfung an die Unterworfenheit unter verschiedene nationale Rechtsordnungen Beschränkungen der Tätigkeiten der betroffenen Wirtschaftsteilnehmer oder der von ihnen ausgeübten Tätigkeiten zur Folge haben. Dies impliziert auch, daß Anforderungen an die Produktbeschaffenheit selbst ebenfalls von Art. 28 erfaßt werden, was im Grundsatz weder in der Rechtsprechung noch in der Literatur bestritten wird.

42 Auf dieser Grundlage dürften jedenfalls Maßnahmen, die sich auf eine eingrenzbare Zahl von Produkten beziehen, durch den Tatbestand des Art. 28 erfaßt werden, während solche, die allgemeine, von bestimmten Produkten unabhängige Regeln zum Gegenstand haben, »Verkaufsmodalitäten« darstellen und damit aus dem Anwendungsbereich dieser Bestimmung herausfallen. Die Rechtsprechung des EuGH ist damit zwar im Grundsatz durchaus zu begrüßen, kommt aber insofern teilweise zu abweichenden

---

[103] Vgl. zu diesen Überlegungen ausführlich *A. Epiney*, Die Maßstabsfunktion des Art. 30 EGV für nationale umweltpolitische Maßnahmen, ZUR 1995, S. 24 ff.

Ergebnissen, als sie ausschließlich auf die Produktbeschaffenheit abstellt, nicht dagegen auf die Betroffenheit einer bestimmten eingrenzbaren Gruppe von Produkten[104]. Dies ist insofern nicht überzeugend, als die Auswirkungen beider Gruppen von Regelungen auf den freien Warenverkehr durchaus vergleichbar ausfallen können. Dagegen dürfte der in der Literatur anzutreffende Ansatz des Abstellens auf den Marktzugang in der Regel[105] zu ähnlichen Ergebnissen wie die hier vertretene Ansicht führen. Schließlich bleibt zu erwähnen, daß – insofern in Anknüpfung und Übereinstimmung mit der Konzeption des EuGH – bei Vorliegen einer materiell oder formell diskriminierenden Maßnahme Art. 28 auf jeden Fall tatbestandlich einschlägig sein muß; dieser Ansatz ergibt sich ebenfalls aus der hier vertretenen Konzeption: Denn bei Vorliegen einer Diskriminierung in Anknüpfung an die Produktherkunft oder die Staatsangehörigkeit der mit den Produkten befaßten Person wird der betroffene Wirtschaftsteilnehmer eben gerade deshalb beschränkt, weil er oder die von ihm ausgeübte Tätigkeit einer bestimmten nationalen Rechtsordnung und nicht einer anderen unterworfen sind.

D. Das Erfordernis der Zwischenstaatlichkeit

Art. 28 gilt nur für den Warenverkehr zwischen den Mitgliedstaaten. Nicht beantwortet ist damit allerdings die Frage der umgekehrten Diskriminierung, also die Konstellation, bei der einheimische Waren schlechter gestellt werden als eingeführte Waren[106]. 43

E. Normadressaten

Normadressaten der Art. 28 ff. sind in erster Linie die **Mitgliedstaaten** (bzw. die staatlichen Organe), welche die Beschränkungen des Handels abzubauen haben und keine neuen Handelshemmnisse einführen dürfen. Erfaßt wird allerdings jedes staatliche Verhalten, das zu einer Beeinträchtigung des Warenverkehrs führt. So fallen etwa auch staatliche Aufrufe an die Endverbraucher, bestimmte Waren zu kaufen, unter Art. 28[107]. Eine irgendwie geartete «Zwangswirkung» des staatlichen Verhaltens ist also nicht erforderlich. Eingeschlossen wird auch die Konstellation, daß ein Privater ein gewerbliches Schutzrecht – das ja auf staatlichen Regeln beruht – ausübt und ggf. gerichtlich erzwingt[108]. 44

Aber auch den **Gemeinschaftsorganen** selbst ist untersagt, in Agrarmarktorganisationen oder im Rahmen von Harmonisierungsmaßnahmen Handelshindernisse zu errichten[109]. So darf die Kommission etwa nicht den Warenursprung in diskriminierender Weise regeln[110]. 45

---

104 Oben Rn. 27 ff.
105 Aber auch nicht immer: So sind nach der hier vertretenen Ansicht Verkaufsmonopole für bestimmte Produkte an Art. 28 zu messen, wird doch eine abgrenzbare Kategorie von Produkten erfaßt, obwohl der Marktzugang als solcher nicht zwingend betroffen ist.
106 Hierzu ausführlich Art. 12 Rn. 24 ff.
107 EuGH, Rs. 249/81, Slg. 1982, 4005, Rn. 23 ff. (Kommission/Irland).
108 Vgl. jüngst EuGH, Rs. C-313/94, Slg. 1996, I-6039, Rn. 14 ff. (Graffione SNC/Ditta Fransa).
109 EuGH, Rs. 80, 81/77 u.a., Slg. 1978, 927, Rn. 35/36 (Société les Commissionaires Réunis/Receveur des douanes).
110 EuGH, Rs. 162/82, Slg. 1983, 1101, Rn. 18 ff. (Strafverfahren gegen Cousin); s. auch EuGH, Rs. 37/83, Slg. 1984, 1229, Rn. 17 ff. (Rewe/Direktor der Landwirtschaftskammer Rheinland); EuGH, Rs. C-51/93, Slg. 1994, I-3879, Rn. 10 ff. (Meyhui/Schott Zwiesel Glaswerke), zu dem den Gemeinschaftsorganen zustehenden Gestaltungsspielraum.

46 **Privatpersonen** sind jedenfalls insoweit Adressaten der Art. 28 ff., als sie sich gegenüber staatlichen Maßnahmen auf die unmittelbare Wirkung des Verbots von Handelsbeschränkungen berufen können, dies im übrigen unabhängig von ihrer Nationalität[111]. Fraglich ist jedoch, ob Art. 28 auch direkt zwischen Privaten unmittelbar geltend gemacht werden kann. Jedenfalls die Rechtsprechung dürfte eine solche **Drittwirkung** ablehnen[112], während in der Literatur teilweise abweichende Ansichten vertreten werden[113]. Im Ergebnis dürften die besseren Gründe gegen eine umfassende[114] Drittwirkung jedenfalls im Rahmen des Art. 28 sprechen, so dass das Verbot der Errichtung von Handelsbarrieren Privaten gegenüber nicht geltend gemacht werden kann, sondern immer auf die jeweilige staatliche Maßnahme abzustellen ist. Der Grund hierfür dürfte letztlich zum einen in der Funktion der Art. 28, 29 EGV, das Verbot von Zöllen und Abgaben gleicher Wirkung auch durch die Unterbindung nicht-tarifärer Handelshemmnisse zu ergänzen, zu sehen sein. Zum anderen ist für die effektive Verwirklichung des Grundsatzes des freien Warenverkehrs nicht unbedingt notwendig, auch alle privaten Verhaltensweisen zu erfassen, so daß sich hier die Übernahme der (üblichen) Beschränkung auf eine staatliche Inpflichtnahme rechtfertigen läßt. Private Verhaltensweisen werden durch die wettbewerbsrechtlichen Bestimmungen des Vertrages erfaßt[115].

47 Von dem Problem der Drittwirkung des Art. 28 ist jedoch die Frage zu unterscheiden, ob und inwieweit insbesondere den Mitgliedstaaten **Schutzpflichten** obliegen. Diese Rechtsfigur ist zunächst im Rahmen der (nationalen) Grundrechtsdogmatik entwickelt worden. Auch wenn ihre dogmatische Begründung im einzelnen durchaus noch Anlaß zu Auseinandersetzungen gibt[116], ist ihre Existenz auf verfassungsrechtlicher Ebene heute im Ergebnis nicht mehr bestritten[117]. Materiell verpflichten die grundrechtlichen Schutzpflichten insbesondere den Gesetzgeber, geeignete Maßnahmen zu ergreifen, um durch Grundrechte erfaßte Rechtsgüter zu schützen. In Anbetracht des Umstandes, daß zur Erfüllung dieser Schutzpflicht regelmäßig verschiedene Möglichkeiten zur Verfügung stehen werden, ist dem Gesetzgeber hier jedoch ein weiter Gestaltungsspielraum einzuräumen, der nur dann verlassen sein dürfte, wenn er – trotz der gegebenen Gefah-

---

111 Wie hier *H. D. Jarass,* Elemente einer Dogmatik der Grundfreiheiten, EuR 1995, S. 202 (208); *H. D. Jarass,* Elemente einer Dogmatik der Grundfreiheiten II, EuR 2000, S. 705 (708); a.A. *Kingreen,* Struktur (Fn. 76), S. 79 f., der sich auf die Parallelität der Grundfreiheiten beruft, aber m.E. verkennt, daß der Anknüpfungspunkt in Art. 28 eben die Ware und nicht die Person ist.
112 EuGH, Rs. 249/81, Slg. 1982, 4005, Rn. 6 ff. (Kommission/Irland); EuGH, Rs. 65/86, Slg. 1988, 5249, Rn. 11 (Bayer u.a./Süllhöfer); die entgegengesetzte Aussage in EuGH, Rs. 58/80, Slg. 1981, 181, Rn. 17 f. (Dansk Supermarked/Imerco), hat der Gerichtshof später nicht mehr aufgegriffen, so daß davon ausgegangen werden kann, daß der EuGH nunmehr einer Drittwirkung ablehnend gegenüber steht.
113 Unten Rn. 58.
114 Allenfalls ausnehmen könnte man die Bindung nicht staatlicher Kollektivorganisationen, vgl. im ganzen zu diesem Problemkreis *P. C. Müller-Graff,* in: GTE, EGV, Art. 30, Rn. 301 ff. m.w.N. Zum Problem auch noch unten Rn., im Zusammenhang mit der Erörterung der »Konvergenz« der Grundfreiheiten.
115 Ebenso etwa *Leible,* in: Grabitz/Hilf, EU, Art. 28, Rn. 6; *Becker,* in: Schwarze, EU, Art. 28, Rn. 88 ff.
116 Vgl. etwa die Darstellung m.w.N. bei *P. Unruh,* Dogmatik der grundrechtlichen Schutzpflichten, 1996, 26 ff.; *R. Alexy,* Theorie der Grundrechte, 2. Aufl., 1994, 420 ff.
117 Diese wurden vom BVerfG zunächst im Hinblick auf den Schutz des ungeborenen Lebens entwickelt (BVerfGE 39, 1, 42, s. heute auch BVerfGE 88, 203, 251 ff.), dann auf Fälle der Bedrohung des Lebens (BVerfGE 46, 160, 164 f., BVerfGE 49, 24, 53 f.) und der Gefährdung des Lebens sowie der körperlichen Unversehrtheit durch technische Risiken (BVerfGE 56, 54, 73, BVerfGE 77, 170, 214 f., BVerfGE 77, 381, 405, BVerfGE 79, 174, 201 f.) ausgedehnt.

rensituation – untätig bleibt oder aber offensichtlich ungeeignete bzw. unzureichende Maßnahmen trifft[118].

An diese Grundsätze erinnert nun eine neuere Entwicklung in der Rechtsprechung des EuGH in der Rs. C-265/95[119], der folgender Sachverhalt zugrundelag: Französische Landwirte gingen in verschiedener Form gegen die Einfuhr landwirtschaftlicher Erzeugnisse aus anderen Mitgliedstaaten vor. Neben einigen »Einschüchterungskampagnen« gegen Einzel- und Großverteiler mit dem Ziel, sie zu bewegen, nur französische Produkte anzubieten, kam es zu zahlreichen Sachbeschädigungen (Zerstörungen von Waren und Fahrzeugen), ohne daß die anwesenden Ordnungskräfte zu deren Schutz (in effizienter Weise) eingegriffen hätten. Der EuGH stellte in bezug auf die Einschlägigkeit des Art. 28 EGV fest, daß diese Bestimmung auch dann Anwendung finden könne, wenn es um nicht auf den Staat zurückgehende Beeinträchtigungen des innergemeinschaftlichen Handels geht, dieser aber keine Maßnahmen zu deren Verhinderung ergreift; durch eine derartige Untätigkeit könne der innergemeinschaftliche Handel ebenso beeinträchtigt werden wie durch positive staatliche Maßnahmen, so daß Art. 28 EGV in Verbindung mit Art. 10 EGV die Mitgliedstaaten dazu verpflichte, alle erforderlichen und geeigneten Maßnahmen zu ergreifen, um die Beachtung dieser Grundfreiheit sicherzustellen. Hieran änderten auch die ggf. bestehenden schwierigen wirtschaftlichen und sozialen Verhältnisse nichts. Nach einer eingehenden Würdigung des Sachverhalts kam der EuGH dann zum Ergebnis, daß Frankreich gerade nicht die den Umständen nach notwendigen Schutzmaßnahmen getroffen habe. Dieses Urteil des Gerichtshofs ist insbesondere in zweierlei Hinsicht interessant: Einmal stellt es einen (weiteren) Anhaltspunkt dafür dar, daß Art. 28 EGV gerade keine umfassende Drittwirkung entfaltet; gegenüber den »Unruhestiftern« selbst hätte diese Vorschrift daher nicht greifen können. Darüber hinaus und vor allem aber entwickelt der EuGH in bezug auf die Grundfreiheiten positive Handlungspflichten des Staates, der alles zu unternehmen habe, um die tatsächliche Wahrnehmung der Grundfreiheiten durch die Wirtschaftsteilnehmer zu schützen, insofern im Ansatz parallel zu der erwähnten, aus der Grundrechtsdogmatik bekannten grundrechtlichen Schutzpflicht.

Allerdings bleibt die **dogmatische Grundlage** dieser Konstruktion des Gerichtshofs noch etwas im Dunkeln: Der EuGH läßt nämlich offen, ob diese Pflicht in erster Linie aus der Grundfreiheit selbst oder aber aus Art. 10 EGV (Gemeinschaftstreue, eine Bestimmung, die nach ständiger Rechtsprechung den Staat auch zu positiven Maßnahmen verpflichten kann[120]) folgt[121]. Der Umstand, daß der EuGH (auch) darauf abstellt, daß der freie Warenverkehr einen der tragenden Grundsätze des EG-Vertrages darstelle, und die Erwägung, dieser Grundsatz könne eben sowohl durch staatliche Aktivitäten als auch durch sonstige Umstände, insbesondere Handlungen von Privatpersonen, beeinträchtigt werden, spricht eher für eine Verankerung im Rahmen des Art. 28 EGV. Zudem ist auch aus rechtsdogmatischer Sicht kein Grund ersichtlich, warum das zumindest grund-

---

118 Hierzu *Unruh*, Dogmatik (Fn. 116), S. 79 ff., unter Berücksichtigung der Figur des »Untermaßverbots«. Vgl. auch BVerfG, NJW 1996, 651 zu den Ozon-Regelungen des Immissionsschutzrechts, wonach die objektivrechtliche Schutzpflicht nur dann verletzt sei, wenn die staatlichen Organe gänzlich untätig geblieben oder aber wenn die getroffenen Maßnahmen evident unzureichend seien, wobei hier jedoch zweifelhaft ist, ob das Gericht den Beurteilungsspielraum hier nicht zu weit ansetzt, hierzu *U. Wollenteit/F. Wenzel*, Das Bundesverfassungsgericht und das »Ozongesetz«, NuR 1997, S. 60 ff., die in diesem Urteil einen Rückschritt im Vergleich zur zitierten Rechtsprechung sehen.
119 EuGH, Rs. C-265/95, 9.12.1997, EuZW 1998, 84 (Kommission/Frankreich).
120 Art. 10, Rn. 3 ff., 19 ff.
121 Vgl. die Formulierung in Rn. 32 des Urteils.

rechtsähnliche Recht des Art. 28 nicht – ebenso wie »normale« Grundrechte – staatliche Schutzpflichten nach sich ziehen können soll[122]. Vor diesem Hintergrund dürfte dem Hinweis auf Art. 10 in erster Linie eine unterstützende und bestätigende Funktion zukommen. Jedenfalls aber dürfte der Grundgedanke dieses Urteils auch auf die übrigen Grundfreiheiten übertragen werden können[123], liegt hier doch eine vergleichbare rechtsdogmatische Ausgangssituation vor.

50 Zu beachten bleibt jedoch, daß der EuGH den **Gestaltungsspielraum der Mitgliedstaaten** betont: Grundsätzlich steht es nämlich in ihrem Ermessen, welche Maßnahmen sie zum Schutz der jeweiligen Grundfreiheit ergreifen, so daß eine Verletzung der skizzierten Schutzpflicht immer erst dann in Betracht kommt, wenn der Mitgliedstaat – trotz bestehender Gefährdung – ersichtlich untätig geblieben ist oder sich auf offenkundig untaugliche Maßnahmen beschränkt. Diese Voraussetzungen dürften insgesamt nur selten erfüllt sein; allerdings ist der Ausgangsfall ein anschauliches Beispiel dafür, daß ihr Vorliegen durchaus nicht ausgeschlossen ist.

51 Diese neue Entwicklung der Rechtsprechung dürfte insgesamt konsequent und im Sinne der **effektiven Verwirklichung** der Beachtung des Gemeinschaftsrechts systemgerecht sein: Nur durch die grundsätzliche Einbeziehung »grundfreiheitlicher Schutzpflichten« in den Anwendungsbereich der Grundfreiheiten kann tatsächlich ihre vollumfängliche Durchsetzung gewährleistet werden; angesichts des grundrechtsähnlichen Charakters der Grundfreiheiten stehen dem auch keine grundsätzlichen rechtsdogmatischen Einwände entgegen.

52 Im Zusammenhang mit der dargestellten Entwicklung der Rechtsprechung ist der Erlaß der VO 2679/98 über das Funktionieren des Binnenmarktes im Zusammenhang mit dem freien Warenverkehr zwischen den Mitgliedstaaten[124] zu sehen: Diese dient der **effektiven Durchsetzung der Grundsätze des freien Warenverkehrs** und sieht insbesondere einheitliche Informations- und Handlungspflichten der Mitgliedstaaten in Bezug auf bestimmte Gefährdungen der Verwirklichung des Grundsatzes des freien Warenverkehrs vor; darüber hinaus wird der Kommission die Möglichkeit zur Einleitung eines beschleunigten Vertragsverletzungsverfahrens eingeräumt[125].

F. Abgrenzungsfragen

53 Der Anwendungsbereich des Art. 28 umfaßt nicht Beeinträchtigungen, die durch **spezielle vertragliche Bestimmungen** geregelt sind, so z.B. Art. 23, 90[126].

---

122 Vgl. in diese Richtung auch P. *Szczekalla*, Grundfreiheitliche Schutzpflichten – eine »neue« Funktion der Grundfreiheiten des Gemeinschaftsrechts, DVBl 1998, 219 ff.; s. im weiteren die Anmerkung zu diesem Urteil von J. *Schwarze*, Anmerkung: Zum Anspruch der Gemeinschaft auf polizeiliches Einschreiten der Mitgliedstaaten bei Störungen des grenzüberschreitenden Warenverkehrs durch Private, EuR 1998, 53 ff. Ausführlich nunmehr zu der dogmatischen Struktur der Schutzpflicht M. *Hintersteininger*, Binnenmarkt und Diskriminierungsverbot, 1999, S. 206 ff.
123 Vgl. *Szczekalla* (Fn. 122), 223 f.
124 ABl. 1998 L 337, 8.
125 Vgl. zu der Verordnung F. *Schorkopf*, Der neue Mechanismus zur Gewährleistung des freien Warenverkehrs, EWS 2000, 156 ff.
126 EuGH, Rs. 74/76, Slg. 1977, 557, Rn. 8 ff. (Iannelli/Meroni); EuGH, Rs. C-78-93/ 90, Slg. 1992, I-1847, Rn. 20 (Sociétés Compagnie commerciale de l'Ouest/Receveur principal des douanes).

Art. 94, 95 dagegen stellen schon im Ansatz andere Regelungen dar: Sie sind Rechts- 54
grundlagen für den Erlaß von Harmonisierungsmaßnahmen zur Beseitigung von Handelshemmnissen, während es sich bei Art. 28 um eine unmittelbar wirksame Grundfreiheit handelt. Allerdings hat die Cassis de Dijon-Rechtsprechung hier insofern zu einer Bedeutungsänderung der Art. 94, 95 geführt, als grundsätzlich in anderen Mitgliedstaaten zulässig im Verkehr befindliche Waren im gesamten Gemeinschaftsgebiet zirkulieren können müssen. Rechtsangleichung ist daher immer nur noch dort notwendig, wo das Gemeinschaftsrecht weiter bestehenden Handelshemmnissen wegen des Vorliegens von Rechtfertigungsgründen des Art. 30 oder zwingender Erfordernisse gleichwohl entgegensteht.

Bei der Abgrenzung zu Art. 49 EGV ist zunächst der subsidiäre Charakter dieser Bestim- 55
mung zu berücksichtigen. Allerdings ist Art. 28 auch bei Einfuhrbeschränkungen oder -verboten dann nicht einschlägig, wenn die Einfuhr der entsprechenden Waren nur in Verbindung mit einer Dienstleistung sinnvoll ist. So ist etwa bei dem Verbot der Einfuhr von Losen und Werbematerial für eine Lotterie wegen der Unzulässigkeit derartiger Veranstaltungen in einem anderen Mitgliedstaat eine untrennbare Verbindung zwischen der Versendung der Lose und des Werbematerials mit der Durchführung selbst der Lotterie anzunehmen, so daß die Gesamtheit der in Frage stehenden Maßnahmen und Verhaltensweisen am Maßstab des Art. 49 zu prüfen ist[127].

G. Art. 28 als dogmatischer Wegbereiter: Zur Konvergenz der Grundfreiheiten

Die vier Grundfreiheiten verfolgen letztlich alle ein parallel angelegtes Ziel: Es geht um 56
die Liberalisierung des Verkehrs der Produktionsfaktoren zwischen den EU-Mitgliedstaaten, dies ohne die mitgliedstaatlichen Kompetenzen bei der Verfolgung der in ihrer Zuständigkeit stehenden Politiken übermäßig zu beeinträchtigen. Vor diesem Hintergrund drängt sich die Frage auf, ob und ggf. inwieweit die Grundfreiheiten strukturell parallel auszulegen sind, m.a.W. eine Konvergenz der Grundfreiheiten festzustellen ist. Dabei kann es im Folgenden nicht um eine umfassende Erörterung der Problematik gehen; hingewiesen werden soll vielmehr auf die m.E. wichtigsten Eckpunkte der Diskussion in Rechtsprechung und Literatur, die von einer kurzen eigenen Stellungnahme gefolgt werden soll.

In der **Rechtsprechung** gibt es zahlreiche Anhaltspunkte dafür, daß der EuGH weitge- 57
hend von einer parallelen Konzeption der Grundfreiheiten – dies jedenfalls soweit der Waren-, Dienstleistungs- und Personenverkehr betroffen ist[128] – ausgeht. Allerdings hat sich der EuGH nicht ausdrücklich zu dieser Frage geäußert, sondern vielmehr jeweils die sich im konkreten Fall stellenden Fragen beantwortet; im übrigen sind auch noch nicht alle hier relevanten Probleme in der Rechtsprechung aufgegriffen worden. Im einzelnen ist in erster Linie auf folgende, für die Struktur der Grundfreiheiten wohl zentrale[129] Aspekte hinzuweisen:

---

127 EuGH, Rs. C-275/92, Slg. 1994, I-1039, Rn. 20 ff. (Her Majesty's Custom and Excise/Schindler).
128 Die Kapitalverkehrsfreiheit soll im Folgenden ausgespart werden.
129 Daneben gibt es selbstverständlich noch eine Reihe weiterer Aspekte, die hier jedoch nicht angesprochen werden sollen. Vgl. hierzu insbesondere *Kingreen*, Struktur (Fn. 76), S. 74 ff. Zum spezifischen Problem der umgekehrten Diskriminierung Art. 12, Rn. 24 ff.

Art. 28 EG-Vertrag

- In Bezug auf die einheitliche Auslegung der Grundfreiheiten als **Beschränkungsverbote** ist jedenfalls für Art. 49 ein solches Verständnis der Verbotswirkung der Bestimmung in der Rechtsprechung anerkannt[130]. Soweit die Arbeitnehmerfreizügigkeit und die Niederlassungsfreiheit betroffen sind, war die Rechtsprechung lange nicht ganz klar. Heute dürfte sich aber eine Tendenz abzeichnen, diese Freiheiten jedenfalls insoweit als Beschränkungsverbote aufzufassen, als die in Frage stehenden Maßnahmen den Zugang zum Markt eines anderen Staates betreffen[131]. Soweit die Modalitäten der Ausübung der Tätigkeiten betroffen sind, lässt sich allerdings noch keine sichere Tendenz in diese Richtung feststellen[132].
- Auch im Rahmen der Art. 49, 43, 39 ist die **Rechtfertigungssystematik** in der Rechtsprechung noch nicht eindeutig geklärt. Die überwiegende Rechtsprechung dürfte aber in eine ähnliche Richtung gehen wie im Rahmen des Art. 28: So sollen jedenfalls formell diskriminierende Maßnahmen nur durch die geschriebenen Ausnahmetatbestände (Art. 39 Abs. 3[133], 46, 55 i.V.m. 46) gerechtfertigt werden können, während bei materiell diskriminierenden und beschränkenden Maßnahmen vieles darauf hindeutet, dass diese insofern parallel zu behandeln sind, als sie allgemein durch Interessen des Allgemeinwohls gerechtfertigt werden können[134]. Ebenso findet sich im Rahmen der Rechtfertigung von gegen diese Bestimmungen verstoßenden Regelungen der Gedanke, daß den verfolgten Schutzinteressen ein nichtwirtschaftlicher Charakter zukommen müsse[135].
- Die Frage der Übertragbarkeit der »**Keck-Rechtsprechung**« auf die anderen Grundfreiheiten ist in der Rechtsprechung noch nicht endgültig bzw. eindeutig geklärt. Es gibt aber verschiedene Anhaltspunkte, die darauf hindeuten, daß der EuGH den Grundgedanken der Keck-Rechtsprechung auch im Rahmen der übrigen Grundfreiheiten heranziehen möchte. So dürften die Äußerungen des EuGH im Urteil Alpine Investments, in dem der Gerichtshof letztlich das Vorliegen einer »Dienstleistungsmodalität« wegen der Tangierung des Marktzugangs verneinte[136], so auszulegen sein, daß grundsätzlich eine Übertragung des »Keck-Gedankens« auch im Rahmen der Dienstleistungsfreiheit in Betracht kommt. Ähnlich argumentierte der EuGH in

---

130 Grundlegend EuGH, Rs. 36/74, Slg. 1974, 1299, Rn. 10/12 (van Binsbergen/Bestuur van de Bedrijfsvereniging); aus der neueren Rechtsprechung etwa EuGH, Rs. C-3/95, Slg. 1996, I-6511, Rn. 23 ff. (Reisebüro Broede/Sandker); EuGH, Rs. C-275/92, Slg. 1994, I-1039 (Her Majesty's Customs and Excise/Schindler); EuGH, Rs. C-384/93, Slg. 1995, I-1141, Rn. 32 ff. (Alpine Investments/Minister van Financiën). Hierzu auch Art. 49, Rn. 38 ff.
131 Vgl. insbesondere mit jeweils weiteren Nachweisen aus der Rechtsprechung EuGH, Rs. C-415/93, Slg. 1995, I-4921, Rn. 89 ff. (Union royale belge des sociétés de football association/Bosman); EuGH, Rs. C-55/94, Slg. 1995, I-4165, Rn. 35 ff. (Gebhard/Consiglio dell'ordine degli avvocati); EuGH, Rs. C-255/97, Slg. 1999, I-2835, Rn. 19 (Pfeiffer/Löwa); EuGH, Rs. C-340/89, Slg. 1991, I-2357, Rn. 15 ff. (Vlassopoulou); EuGH, Rs. C-19/92, Slg. 1993, I-1663, Rn. 32 (Kraus/Land Baden-Württemberg); EuGH, Rs. C-106/91, Slg. 1992, I-3351, Rn. 29 f. (Ramrath/Ministère de la Justice).
132 Zum Problem ausführlich Art. 39, Rn. 48 ff.; Art. 43, Rn. 18 ff.
133 Vgl. aber zu dem Problem des Anwendungsbereichs dieser Ausnahme Art. 39, Rn. 89, wobei es allerdings sehr fraglich ist, ob der Anwendungsbereich der in Art. 39 Abs. 3 genannten Ausnahmen sich tatsächlich nur auf die in diesem Artikel genannten Rechte bezieht.
134 EuGH, Rs. C-76/90, Slg. 1991, I-4221, Rn. 15 (Säger/Dennemeyer); EuGH, Rs. C-55/94, Slg. 1995, I-4165, Rn. 35 ff. (Gebhard/Consiglio dell'ordine degli avvocati); EuGH, Rs. C-3/95, Slg. 1996, I-6511, Rn. 28 (Reisebüro Broede/Sandker); s. aber auch die in dieser Beziehung zumindest mißverständlichen Äußerungen etwa in EuGH, Rs. 352/85, Slg. 1988, 2085, Rn. 32 f. (Bond van Adverteerders/Niederlande); EuGH, Rs. C-275/92, Slg. 1994, I-1039, Rn. 46 ff. (Her Majesty's Customs and Excise/Schindler); s. auch EuGH, Rs. C-34-36/95, Slg. 1997, I-3843, Rn. 52 (Konsumentombudsmannen/de Agostini).
135 EuGH, Rs. C-398/95, Slg. 1997, I-3091, Rn. 22 f. (Syndesmos ton Elladi Touristikon/Ergasias).
136 EuGH, Rs. C-384/93, Slg. 1995, I-1141, Rn. 36 (Alpine Investments/Minister van Financiën).

Bezug auf Art. 39[137]. Schließlich ist auf die Rs. C-190/98 (Graf)[138] hinzuweisen, in der der EuGH betonte, dass bei unterschiedslos anwendbaren Regelungen Art. 39 nur eingreifen könne, wenn die nationale Regelung den »Zugang der Arbeitnehmer zum Arbeitsmarkt« beeinflusst, eine Formulierung, die stark an die Keck-Formel erinnert.

– Noch weitgehend ungeklärt ist in der Rechtsprechung die Frage der parallelen Erfassung der Adressaten der Grundfreiheiten, wobei hier im Wesentlichen die Frage der **Drittwirkung** der Grundfreiheiten im Sinne ihres Wirkens auch zwischen Privaten problematisch ist: Während im Rahmen des Art. 39 mittlerweile offenbar eine umfassende Drittwirkung angenommen wird, jedenfalls soweit es um diskriminierende Regelungen geht[139], und im Rahmen des Art. 49 jedenfalls im Falle von autonom und kollektiv handelnden Verbänden eine solche angenommen werden dürfte[140], geht die Rechtsprechung im Rahmen des Art. 28 wohl (noch?) nicht von einem Grundsatz der Drittwirkung aus[141]. Noch nicht aufgeworfen wurde die Frage bislang für Art. 43[142].

In der **Literatur** dürfte eine gewisse Tendenz zu einer zumindest weitgehend parallelen Auslegung der Grundfreiheiten festzustellen sein[143], dies aber teilweise in Abweichung bzw. unabhängig von den Ansätzen des EuGH[144]. Dies gilt jedenfalls für die Frage der Auslegung auch der Art. 39, 43, 49 als Beschränkungsverbote[145], i. Erg. aber auch zu- 58

---

137 EuGH, Rs. C-415/93, Slg. 1995, I-4921, Rn. 103 (Union royale belge des sociétés de football association/Bosman).
138 EuGH, Rs. C-190/98, EuZW 2000, 410 (Graf/Filzmoser Maschinenbau).
139 EuGH, Rs. C-281/98, EuZW 2000, 468, Rn. 30 ff. (Angonese/Cassa di Risparmio di Bolzano). Hierzu auch Art. 39, Rn.51.
140 EuGH, Rs. 36/74, Slg. 1974, 1405, Rn. 16/19 (Walrave/Union Cycliste Internationale); EuGH, Rs. 13/76, Slg. 1976, 1333, Rn. 17/18 (Donà/Mantero). Hierzu Art. 49/50, Rn. 44 ff.
141 Oben Rn. 46.
142 Vgl. auch Art. 43, Rn.
143 Vgl. etwa *P. Behrens*, Die Konvergenz der wirtschaftlichen Freiheiten im europäischen Gemeinschaftsrecht, EuR 1992, S. 145 ff.; *Füller*, Grundlagen (Fn. 74), S. 165; *C. D. Classen*, Auf dem Weg zu einer einheitlichen Dogmatik der EG-Grundfreiheiten?, EWS 1995, S. 97 ff.; *M. Eberhartinger*, Konvergenz und Neustrukturierung der Grundfreiheiten, EWS 1997, S. 43 ff.; *Jarass*, EuR 1995 (Fn. 111), S. 202 ff.; *H. Schneider*, Zum Funktionswandel der Grundfreiheiten des EGV und zu seinen Auswirkungen auf das nationale Recht, NJ 1996, S. 512 ff.; *Jarass*, EuR 2000 (Fn. 111), S. 705 ff.; eher ablehnend aber *V. Hatzopoulos*, Exigences essentielles, impératives ou impérieuses: *une* théorie, *des* théories ou pas de théorie du tout?, RTDE 1998, S. 191 ff.
144 S. insbesondere *Kingreen*, Struktur (Fn. 76), S. 115 ff., 120 ff., der die Grundfreiheiten im Ergebnis als (weit auszulegende) Gleichheitsrechte versteht, dies in Ablehnung der in der Rechtsprechung festzustellenden Tendenz eines Verständnisses der Grundfreiheiten als Freiheitsrechte. Im übrigen geht *Kingreen* (S. 154 ff.) davon aus, daß die Rechtfertigungsgründe einheitlich nur im geschriebenen Gemeinschaftsrecht zu verorten seien, wobei aber die Begriffe der öffentlichen Ordnung und Sicherheit weit auszulegen seien, so daß in der Sache dann doch auch allgemein öffentliche Interessen im Sinne der Cassis de Dijon-Rechtsprechung geltend gemacht werden dürften. S. sodann *Hoffmann*, Grundfreiheiten (Fn. 74), S. 27 ff., 167 ff., der zwar im wesentlichen zu denselben Ergebnissen wie der EuGH gelangt, aber teilweise auf andere Begründungen zurückgreift; s. auch *Schmitz*, Kommerzielle Kommunikation (Fn. 74), S. 259 ff., der zwar von einer Konvergenz spricht, aber jedenfalls Art. 39, 43, 49 nur als weit verstandene Diskriminierungsverbote auffaßt.
145 S. die Nachweise in Rn. 143 sowie *Hoffmann*, Grundfreiheiten (Fn. 74), S. 172 ff., wenn er auch auf teilweise von der Rechtsprechung abweichende Begründungsansätze zurückgreift; s. aber auch die Bemerkungen in Rn. 144.; für die Nachweise der ablehnenden älteren Literaturstimmen *A. Epiney*, Umgekehrte Diskriminierungen, 1995, S. 48 ff.; zweifelnd aus dem neueren Schrifttum auch *A. Nachbaur*, Niederlassungsfreiheit, 1999, S. 158 ff.

nehmend für die Übertragung der Keck-Formel[146] und die Systematik der Rechtfertigungen[147]. Bei der Frage der Drittwirkung der Grundfreiheiten schließlich ist es ausgesprochen schwierig, eine »herrschende« Linie in der Literatur festzustellen; vielmehr reichen die Ansichten von grundsätzlich bedenklich[148] über nach den verschiedenen Grundfreiheiten[149] oder auch nach den handelnden »Privaten«[150] differenzierenden Ansätzen bis hin zu einer im Ergebnis allgemeinen Befürwortung einer Drittwirkung[151].

59 Ausgangspunkt für die Beantwortung der Frage nach der Konvergenz der Grundfreiheiten soll und muß ihre letztlich parallel gelagerte Funktion sein[152]: Die Grundfreiheiten sind auf die Integration der nationalen Märkte bezogen und sollen verhindern, daß allein der Umstand, daß eine bestimmte Ware, Person oder Tätigkeit zunächst einer bestimmten Rechtsordnung und nicht einer anderen unterworfen ist, zu Behinderungen der Ausübung der jeweils geschützten Tätigkeit führt. An dieser Parallelität ändert auch der Umstand nichts, daß die verschiedenen Grundfreiheiten im Vertrag unterschiedlich formuliert und ausgestaltet sind. Vor diesem Hintergrund sprechen dann aber die besseren Gründe für eine strukturell parallele Auslegung der Grundfreiheiten, so daß es durchaus gerechtfertigt erscheint, von einer **Konvergenz der Grundfreiheiten** zu sprechen. Von Bedeutung ist dieser Ansatz in erster Linie für die Fassung des Tatbestandes und die Ausgestaltung der Rechtfertigungsebene: Alle Grundfreiheiten sind als Diskriminierungs- und Beschränkungsverbote auszulegen, der Gedanke der Keck-Rechtsprechung ist auf die anderen Grundfreiheiten zu übertragen[153] und die Möglichkeit der Rechtfertigung richtet sich nach parallelen Grundsätzen. Für die Präzisierung dieser Grundsätze soll auf die obigen Ausführungen verwiesen werden[154].

60 Die Konvergenz der Grundfreiheiten ist aber auch darüber hinaus von Bedeutung, wobei derzeit die Frage der Drittwirkung im Mittelpunkt der Diskussion steht. Auf der Grundlage der hier vertretenen Ansicht ist die Frage der Reichweite der Bindung Privater an die Grundfreiheiten jedenfalls parallel zu lösen, so daß ein nach den verschiedenen Grundfreiheiten differenzierender Ansatz ausscheiden muß. Darüber hinaus vermag die durch die Rechtsprechung jedenfalls im Rahmen des Art. 39 EGV offenbar angenommene umfassende Drittwirkung nicht zu überzeugen, dürfte sie doch der ebenfalls zu be-

---

146 S. etwa *Eberhartinger*, EWS 1997 (Fn. 143), S. 43 (49 f.); *T.O. Ganten*, Die Drittwirkung der Grundfreiheiten, 2000, S. 125 ff.; *M. Nettesheim*, Die europarechtlichen Grundrechte auf wirtschaftliche Mobilität, NVwZ 1996, S. 342 (345); *Herdegen*, Europarecht (Fn. 99), Rn. 291; *U. Becker*, Voraussetzungen und Grenzen der Dienstleistungsfreiheit, NJW 1996, S. 179 (180 f.); *Jarass*, EuR 2000 (Fn. 111), S. 710 ff., der hier den Begriff des »Kernbereichseingriffs« prägt; *Füller*, Grundlagen (Fn. 74), S. 139 ff., wobei letzterer – wie teilweise andere auch – der Keck-Formel grundsätzlich eher ablehnend gegenübersteht.
147 *Ahfeld*, Zwingende Erfordernisse (Fn. 74), S. 221 ff.; *Hoffmann*, Grundfreiheiten (Fn. 74), S. 176 ff.
148 Z.B. *Herdegen*, Europarecht (Fn. 99), Rn. 311; *Kingreen*, Struktur (Fn. 76), S. 195 ff.; *R. Streinz/S. Leible*, Die unmittelbare Drittwirkung der Grundfreiheiten, EuZW 2000, S. 459 ff.; *T. Körber*, Innerstaatliche Anwendung und Drittwirkung von Grundfreiheiten?, EuR 2000, S. 932 ff.
149 Z.B. *U. Forsthoff*, Drittwirkung der Grundfreiheiten: das EuGH-Urteil Angonese, EuZW 2000, S. 389 (392 f.).
150 Z.B. *H.D. Jarass*, Die Grundfreiheiten als Grundgleichheiten, FS U. Everling, Bd. I, 1995, S. 593 ff.; *M. Jaensch*, Die unmittelbare Drittwirkung der Grundfreiheiten, 1997, S. 263 ff.
151 So etwa jedenfalls für die den Grundfreiheiten zu entnehmenden Diskriminierungsverbote *Hintersteininger*, Binnenmarkt (Fn. 122), S. 285 ff.; umfassend nunmehr in diese Richtung *Ganten*, Drittwirkung (Fn. 146), passim.
152 Vgl. hierzu etwa *Weyer*, Freier Wearenverkehr (Rn. 74), S. 35 ff.
153 Wobei damit nicht die Schwierigkeit verneint werden soll, entsprechende Maßstäbe zu finden.
154 Rn. 13 ff.

achtenden Vertragsfreiheit und Privatautonomie nicht hinreichend Rechnung tragen und im übrigen zu kaum lösbaren Abgrenzungsproblemen führen. Der zunächst in der Rechtsprechung vorherrschende Ansatz der Beschränkung der Drittwirkung auf Regelungswerke, die eine ähnliche rechtliche oder faktische Bindungswirkung entfalten wie staatliche Normen, erscheint daher überzeugender: Er erlaubt die effektive Durchsetzung der Grundfreiheiten in den problematischen Bereichen und ist auch insoweit ausreichend, als bei sonstigen wirklichen Störungen des Funktionierens der Grundfreiheiten durch Private die staatliche Schutzpflicht[155] greift. Im übrigen könnte noch in Betracht gezogen werden, die Grundfreiheiten insofern mittelbar zwischen Privaten (zumindest in einem gewissen Ausmaß) zu Anwendung kommen zu lassen, als sie Verbotsnormen etwa im Sinne einschlägiger Vorschriften des Zivilrechts darstellen könnten.

Nach der hier vertretenen Ansicht zeichnen sich die Grundfreiheiten damit zusammengefaßt durch folgende letztlich einfache Struktur aus, die dann auch der Prüfung der Vereinbarkeit nationaler oder auch gemeinschaftlicher Maßnahmen mit den vertraglichen Vorgaben zugrundezulegen ist (wobei für die Inhaltsbestimmung jeweils auf die Randnummern der Kommentierung verwiesen wird):
– Ist der sachliche und persönliche[156] Anwendungsbereich der Grundfreiheit betroffen[157]?
– Besteht keine spezielle sekundärrechtliche Regelung[158]?
– Liegt eine Beschränkung der geschützten Tätigkeit vor[159]?
– Betrifft die Maßnahme eine Verkaufsmodalität oder eine Modalität der Ausübung der geschützten Tätigkeit[160]?
– Wenn nein: Ist eine Rechtfertigung nach Art. 30[161] oder durch andere öffentliche Interessen möglich[162]?

61

---

155 Rn. 47 ff.
156 Hier wäre dann auch die angesprochene Drittwirkung zu prüfen.
157 Für Art. 28 s. Art. 23.
158 Art. 30, Rn. 10 ff.
159 Rn. 15, 36.
160 Rn. 27 ff., 33 ff., 39 ff.
161 Bzw. Art. 39 Abs. 3, 46, 55 i.V.m. 46 für die anderen Grundfreiheiten.
162 Rn. 20 ff., 37.

Art. 29 (ex-Art. 34)

Mengenmäßige Ausfuhrbeschränkungen[5 f.] sowie alle Maßnahmen gleicher Wirkung[7 ff.] sind zwischen den Mitgliedstaaten[24] verboten.

Inhaltsübersicht:

A. Bedeutung	1
B. Mengenmäßige Ausfuhrbeschränkungen	5
C. Maßnahmen gleicher Wirkung	7
I. Rechtsprechung	9
II. Schrifttum	14
III. Stellungnahme	18
D. Sonstige Aspekte	24

A. Bedeutung

1 Art. 29 stellt – im Sinne der Verwirklichung des Binnenmarktes – ein notwendiges Korrelat zu Art. 28 dar: Die Bestimmung soll sicherstellen, daß der **freie Warenverkehr** nicht durch Ausfuhrbeschränkungen oder Maßnahmen gleicher Wirkung beschränkt wird. Dies ist in erster Linie dann der Fall, wenn die Ausfuhrbeschränkungen dazu führen, daß die Nachfrage auf dem innerstaatlichen Markt befriedigt wird, in der Folge eingeführte Produkte einen schwereren Stand haben und damit der freie Warenverkehr behindert wird. Der Verbotszweck des Art. 29 stimmt daher mit demjenigen des Art. 28 überein.

2 Daher kann – vor dem Hintergrund der **parallelen Ausgestaltung** beider Tatbestände – grundsätzlich auf die im Rahmen des **Art. 28 entwickelten Grundsätze** zurückgegriffen werden. Aufgrund des Sinns und Zwecks des Art. 29 gilt dies für den Begriff der Maßnahmen gleicher Wirkung allerdings nur beschränkt[1].

3 Ebenso wie Art. 28 entfaltet Art. 29 **unmittelbare Wirkung** und begründet somit **Rechte Einzelner**, die diese vor nationalen Gerichten durchsetzen können[2].

4 Wenn damit auch Art. 29 im System des Vertrages und im Hinblick auf die tatsächliche Verwirklichung des freien Warenverkehrs eine ähnliche bzw. parallele Funktion zukommt wie Art. 28, steht seine **praktische Bedeutung** doch weit hinter derjenigen des Verbots von Einfuhrbeschränkungen und Maßnahmen gleicher Wirkung zurück; letztere treten in der Praxis wesentlich häufiger auf. Der Grund hierfür dürfte in erster Linie darin zu sehen sein, daß gerade protektionistische Zielsetzungen häufig effizienter mit auf die Einfuhr bezogenen Maßnahmen erreicht werden können und daß die Mitgliedstaaten traditionell eher spezifische Anforderungen an Produkte stellen, die dann in erster Linie die Einfuhr, nicht dagegen die Ausfuhr von Produkten betreffen.

B. Mengenmäßige Ausfuhrbeschränkungen

5 Der Begriff der mengenmäßigen Ausfuhrbeschränkung deckt sich mit demjenigen der mengenmäßigen Einfuhrbeschränkung[3]; allerdings bezieht er sich im Rahmen des Art. 29 (natürlich) nicht auf die Ein-, sondern die Ausfuhr, unter Einschluß der Durchfuhr.

---

1 Unten Rn. 7 ff.
2 EuGH, Rs. 83/78, Slg. 1978, 2347, Rn. 66 (Pigs Marketing Board/Redmond); EuGH, Rs. C-47/90, Slg. 1992, I-3669, Rn. 28 (Delhaize/Promalvin).
3 Art. 28, Rn. 6 ff.

Erfaßt wird damit jede **mengenmäßige Beschränkung der Ausfuhr** einer Ware, worunter 6
auch **Ausfuhrverbote** fallen. So stellt etwa das Verbot der Ausfuhr lebender Schafe eine
Ausfuhrbeschränkung dar[4]. Auch die Begrenzung der Ausfuhr von nicht abgefülltem
Wein, ohne jedoch den Handel innerhalb des Erzeugungsgebiets zu beschränken, stellt
eine Ausfuhrbeschränkung dar[5]. Die Ausfuhrbeschränkung bzw. das Verbot müssen sich
nicht explizit aus einer Regelung ergeben; vielmehr genügt es, wenn diese eine **zwingende Folge** darstellen. So läuft eine Regelung, die die Hersteller dazu verpflichtet, die anfallenden Abfälle an eine lokale Behörde zu verkaufen, auf ein Ausfuhrverbot hinaus und
wird daher von Art. 29 erfaßt[6].

C. Maßnahmen gleicher Wirkung

Entsprechend der Parallelität der Tatbestände der Art. 28, 29 ist bei der Umschreibung 7
des Begriffs der Maßnahmen gleicher Wirkung zunächst von der **Dassonville-Formel**[7]
auszugehen: Danach sind alle Maßnahmen, die geeignet sind, den Handel unmittelbar
oder mittelbar, tatsächlich oder potentiell zu behindern, als Maßnahmen gleicher Wirkung wie Ausfuhrbeschränkungen anzusehen[8].

Allerdings hätte die uneingeschränkte Anwendung dieser Definition zur Folge, daß na- 8
hezu jede Produktions- oder Vertriebsregelung unter den Tatbestand des Art. 29 fiele –
letztlich kann nämlich durch alle diese Maßnahmen der innergemeinschaftliche Handel
in irgendeiner Weise zumindest potentiell oder mittelbar betroffen sein. Vor diesem Hintergrund ist denn auch die Entwicklung der Rechtsprechung zur Einschränkung des Tatbestandes und die entsprechende Diskussion in der Literatur zu sehen.

I. Rechtsprechung

Die Rechtsprechung des EuGH[9] basiert letztlich auf der Überlegung, daß die Kompetenz 9
der Gemeinschaft insofern **funktionell** beschränkt ist, als Sachverhalte **rein innerstaatlichen Charakters** ohne Bezug zum innergemeinschaftlichen Handel und grenzüberschreitenden Verkehr nicht in den Anwendungsbereich der Vertrages fallen können[10].

Darauf aufbauend führte der EuGH das Kriterium der »**spezifischen Beschränkung der** 10
Ausfuhrströme« ein und sieht nur solche Regelungen als Maßnahmen gleicher Wirkung
an, die »spezifische Beschränkungen der Ausfuhrströme bezwecken oder bewirken und
damit unterschiedliche Bedingungen für den Binnenhandel innerhalb eines Mitgliedstaates und seinen Außenhandel schaffen, so daß die nationale Produktion oder der Bin-

---

4 Vgl. EuGH, Rs. C-5/94, Slg. 1996, I-2553, Rn. 17 (The Queen/Ministry of Agriculture, ex parte: Hedley Lomas).
5 EuGH, Rs. C-47/90, Slg. 1992, I-3669, Rn. 13 f. (Delhaize/Promalvin); vgl. weitere Beispiele in EuGH, Rs. 7/78, Slg. 1978, 2247 (Thompson); EuGH, Rs. 111/76, Slg. 1977, 901 (van den Hazel).
6 EuGH, Rs. 118/86, Slg. 1987, 3883, Rn. 11 (Openbaar Ministerie/Nertsvoederfabriek).
7 S. Art. 28 Rn. 13 ff.
8 Vgl. insoweit EuGH, Rs. 53/76, Slg. 1977, 197, Rn. 16 (Staatsanwalt der Republik Besançon/ Bouhelier).
9 Hinzuweisen ist allerdings auf den Umstand, daß der Gerichtshof (ebenso wie die anderen Gemeinschaftsorgane) zunächst von einer in jeder Beziehung parallelen Auslegung des Begriffs der Maßnahmen gleicher Wirkung in Art. 28 und Art. 29 ausgegangen war, vgl. nur *P. C. Müller-Graff*, in: GTE, EGV, Art. 34, Rn. 11.
10 Hierzu Art. 12, Rn. 24 ff.

nenmarkt des betroffenen Staates zum Nachteil der Produktion oder des Handels anderer Mitgliedstaaten einen besonderen Vorteil erlangt«[11]. Der EuGH verlangt also einerseits eine spezifische Beschränkung der Ausfuhrströme, andererseits einen Vorteil der einheimischen und einen Nachteil der ausländischen Produktion.

11 Diese Rechtsprechung wurde in der Entscheidung zum deutschen Nachtbackverbot fortgeführt; allerdings stellte der EuGH hier (und in den nachfolgenden Urteilen) nicht mehr darauf ab, daß der Vorteil der Produktion in dem ausfuhrbeschränkenden Staat mit einem Nachteil der Produktion in anderen Mitgliedstaaten einhergeht[12].

12 Zusammenfassend stellt der EuGH also im wesentlichen auf die unterschiedliche Behandlung der im Inland verbleibenden und der ausgeführten Waren, also auf eine Diskriminierung[13] oder zumindest auf eine Lenkung des Warenabsatzes, ab, wobei diese der inländischen Produktion zum Vorteil gereichen muß. Auf dieser Grundlage können unterschiedslos anwendbare allgemeine Vorschriften – wie etwa Qualitätsstandards oder sonstige Anforderungen an Produkte – grundsätzlich keine Maßnahmen gleicher Wirkung wie Ausfuhrbeschränkungen darstellen[14].

13 Der Gerichtshof hat diese Grundsätze in zahlreichen Urteilen aufgegriffen und angewandt. So stellen besondere Genehmigungserfordernisse (Ausfuhrlizenzen)[15] oder Formalitäten[16] unter Einschluß besonderer Kontrollen[17] Maßnahmen gleicher Wirkung wie Ausfuhrbeschränkungen dar. Ebenso sind das Erfordernis einer bestimmten Qualitätskontrolle und die Bescheinigung der Vereinbarkeit mit den entsprechenden Anforderungen durch ein Zeugnis als Maßnahme gleicher Wirkung anzusehen[18]. Auch Systeme zur Sammlung von Abfällen und Altölprodukten können unter den Tatbestand des Art. 29 fallen[19]. Gleiches gilt für Regelungen, wonach eine Ursprungsbezeichnung für Wein (»Rioja« für den aus der gleichnamigen Region stammenden Wein) u.a. nur dann geführt werden darf, wenn der Wein in der Anbauregion abgefüllt wurde[20].

II. Schrifttum

14 Im Schrifttum wird der **differenzierende Ansatz des EuGH** für die Definition des Begriffs der Maßnahmen gleicher Wirkung in Art. 28 einerseits und Art. 29 andererseits teilwei-

---

11 EuGH, Rs. 15/79, Slg. 1979, 3409, Rn. 7 (Groenveld/Produktschap voor Vee en Vlees).
12 EuGH, Rs. 155/80, Slg. 1981, 1993, Rn. 15 (Strafverfahren gegen Oebel); st. Rspr., s. EuGH, Rs. 174/84, Slg. 1986, 576, Rn. 41 f. (Bulk Oil/Sun Limited); jüngst etwa EuGH, Rs. C-47/90, Slg. 1992, I-3669, Rn. 12 (Delhaize/Promalvin); EuGH, Rs. C-80/92, Slg. 1994, I-1019, Rn. 24 (Kommission/Belgien); EuGH, Rs. C-203/96, Slg. 1998, I-4075, Rn. 39 ff. (Dusseldorp); EuGH, Rs. C-412/97, Slg. 1999, I-3845, Rn. 10 (ED Srl/Italo Fenocchio).
13 Wobei auch materielle Diskriminierungen erfaßt sein dürften, zu diesem Begriff Art. 12 Rn. 37 ff.
14 Ausdrücklich EuGH, Rs. 237/82, Slg. 1984, 483, Rn. 13 (Jongeneel Kaas/Niederlande).
15 EuGH, Rs. 53/76, Slg. 1977, 197, Rn. 18 (Staatsanwalt der Republik Besançon/Bouhelier).
16 EuGH, Rs. 51-54/71, Slg. 1971, 1107, Rn. 8/9 (International Fruit/Produktschap voor groenten en fruit); EuGH, Rs. 68/76, Slg. 1977, 515, Rn. 24 (Kommission/Frankreich).
17 Vgl. z. B. EuGH, Rs. C-426/92, Slg. 1994, I-2757, Rn. 22, 42 ff. (Deutschland/Deutsches Milch-Kontor).
18 EuGH, Rs. 53/76, Slg. 1977, 197, Rn. 18 (Staatsanwalt der Republik Besançon/Bouhelier).
19 EuGH, Rs. 172/82, Slg. 1983, 555, Rn. 12 (Syndicat national/Inter Huiles); EuGH, Rs. 295/82, Slg. 1984, 575, Rn. 9 (Rhône Alpes Huiles/Syndicat national); EuGH, Rs. 173/83, Slg. 1985, 491, Rn. 7 f. (Kommission/Frankreich); EuGH, Rs. 240/83, Slg. 1985, 531, Rn. 14 f. (Procureur de la République/ADBHU); EuGH, Rs. C-37/92, Slg. 1993, I-4947, Rn. 11 (Strafverfahren gegen Vanacker und Lesage).
20 EuGH, Rs. C-388/95 (Belgien/Spanien), Rn. 36 ff., EuZW 2000, 633.

se schon im Ansatz **abgelehnt**: Er sei überflüssig, und es sei auf dieselben Kriterien wie im Rahmen des Art. 28 abzustellen; den Interessen der Mitgliedstaaten könne über die Heranziehung der zwingenden Erfordernisse Rechnung getragen werden[21].

In eine ähnliche Richtung geht der Rückgriff auf die **Parallelität** mit den im Falle der **Einfuhr als Maßnahmen gleicher Wirkung** zu qualifizierenden Regelungen, dies allerdings wohl beschränkt auf die im Gefolge der Anwendung des Art. 28 auftretenden umgekehrten Diskriminierungen[22]: Innerstaatliche Vorschriften, die im Rahmen des Art. 28 als Maßnahmen gleicher Wirkung wie eine Einfuhrbeschränkung qualifiziert werden, bedeuteten für den Export inländischer Waren einen Nachteil gegenüber vergleichbaren Erzeugnissen aus anderen Mitgliedstaaten. Erfordernissen eines Binnenmarktes werde dies nicht gerecht. Daher sollten derartige Bestimmungen – aber nur diese – am Maßstab der uneingeschränkt anwendbaren *Dassonville*-Formel überprüft werden. Sie seien nämlich schon für den Import am Gemeinschaftsrecht gemessen worden, und im Rahmen des Art. 29 gehe es (nur) um den nachteiligen Effekt derselben Bestimmungen für die Ausfuhr, weshalb eine »spiegelbildliche« Betrachtungsweise gerechtfertigt sei[23]. Nach diesem Ansatz fallen also solche innerstaatlichen Regelungen, die für die Einfuhr als Maßnahmen gleicher Wirkung zu qualifizieren sind[24], in bezug auf die Ausfuhr unter das Verbot des Art. 29. Diese Betrachtungsweise ersetzt gewissermaßen die nach dem Tatbestand des Art. 29 vorausgesetzte ausfuhrbeschränkende Wirkung durch eine Art Parallelität: Entscheidend soll sein, daß im Falle der Einschlägigkeit des Art. 28 für eingeführte Produkte die einheimischen, zum Export bestimmten Waren auf dem ausländischen Markt gerade deshalb ungünstige Wettbewerbsbedingungen vorfinden, weil sie solchen Vorschriften entsprechen müssen, die für die Einfuhr ausländischer Produkte als Maßnahmen gleicher Wirkung zu qualifizieren sind. Die entsprechenden Produkte finden aber sowohl auf dem inländischen als auch auf dem ausländischen Markt die gleichen Wettbewerbsbedingungen vor.

Ein weiterer (recht bedeutender) Teil der Literatur **folgt** dem EuGH im Ergebnis, teilweise unter Präzisierung einiger Nuancen. Zur Begründung wird in erster Linie darauf abgestellt, daß im Falle der Einfuhrbeschränkungen die gleichermaßen einheimische und eingeführte Produkte betreffenden Regelungen den ersteren schon deshalb einen Vorteil verschaffen (können), weil sie in der Regel diesen Anforderungen bereits genügen, während sich die ausländischen Produzenten erst anpassen müßten. Dagegen käme es bei den ausfuhrbeschränkenden Regelungen gerade nicht auf den inländischen Waren gewährten Vorzug an, sondern allein darauf, ob der Absatz einer Ware im Inland gegenüber ihrer Ausfuhr bevorzugt wird[25].

---

21 *BBPS*, S. 297. I. Erg. ähnlich Jens Th. Füller, Grundlagen und inhaltliche Reichweite der Warenverkehrsfreiheiten nach dem EG-Vertrag, 2000, S. 244 ff.
22 Hierzu Art. 12 Rn. 24 ff.
23 *G. Nicolaysen*, Inländerdiskriminierung und freier Warenverkehr, EuR 1991, S. 95 (106 f.); auch *E. Steindorff*, Probleme des Art. 30 EWG-Vertrag, ZHR 1984, S. 338 (353), will in diesem Zusammenhang das Konzept des Art. 34 EGV neu »durchdenken«, ohne jedoch auf Einzelheiten einzugehen; s. in diese Richtung auch *G. Meier*, Lebensmittelrechtlicher Gesundheitsschutz im Gemeinsamen Markt. Eine Entschärfung der »umgekehrten Diskriminierung« heimischer Unternehmen?, RIW 1987, S. 841 (845 f.); *A. Bleckmann*, Zur Problematik der Cassis de Dijon-Rechtsprechung des Europäischen Gerichtshofes, GRUR Int. 1986, S. 172 (181 f.).
24 Ohne daß zwingende Erfordernisse eingreifen.
25 S. etwa *U. F. Kleier*, Freier Warenverkehr (Art. 30 EWG-Vertrag) und die Diskriminierung inländischer Erzeugnisse, RIW 1988, S. 623 (628); *P. C. Müller-Graff*, in: GTE, EGV, Art. 34, Rn. 14 ff.; *R. Barents*, New Developments in measures having equivalent effect, CMLRev 1981, S. 271 (302 f.).

Art. 29 EG-Vertrag

17 Auf dieser Grundlage wird die Formel der Rechtsprechung darüber hinaus aber auch teilweise **präzisiert** und/oder gar (etwas) **modifiziert** bzw. **erweitert**: So wird klargestellt, daß – ebenso wie im Rahmen des Art. 28 – jedenfalls die Eignung einer Maßnahme, ausfuhrbeschränkende Wirkung zu entfalten, ausreichend sein muß; auf ein tatsächliches Eintreten der Behinderung komme es jedenfalls nicht an[26]. Zudem wird unter Rückgriff auf die Zielsetzung des Art. 29 eine Einbeziehung auch solcher Maßnahmen verlangt, die im Ergebnis zu Lasten der inländischen Produktion gereichen, könne doch auch hierdurch der freie Warenverkehr und damit der Binnenmarkt in Mitleidenschaft gezogen werden[27]. Die Konsequenzen des zuletzt genannten Aspekts sind nicht zu unterschätzen: Letztere führt nämlich dies dazu, daß grundsätzlich auch gewisse nicht diskriminierende Maßnahmen unter den Begriff der Maßnahmen gleicher Wirkung wie Ausfuhrbeschränkungen fallen. Ausschlaggebend soll also die »Behinderungseignung« sein, die etwa bei allgemeinen arbeitsschutzrechtlichen Bestimmungen oder Herstellungsregelungen nicht gegeben sei[28]. Auswirkungen entfaltet diese weitere Fassung des Begriffs der Maßnahme gleicher Wirkung auch auf der Rechtfertigungsebene: Soweit auch nicht diskriminierende Maßnahmen – letztlich im Ansatz ähnlich wie im Rahmen des Art. 28 EGV – einbezogen werden, dürfte sich eine entsprechende Heranziehung der zwingenden Erfordernisse, die der EuGH im Rahmen des Art. 28 entwickelte[29] aufdrängen[30].

III. Stellungnahme

18 Ausgangspunkt der Bestimmung des Begriffs der Maßnahmen gleicher Wirkung in Art. 29 ist die Erwägung, daß eine uneingeschränkte Anwendung der Dassonville-Formel auf Ausfuhrbeschränkungen zur Folge hätte, daß die Gesamtheit der nationalen Vorschriften, die in irgendeiner Weise Auswirkungen insbesondere auf die **Produktionskosten** entfalten, von dem Verbot des Art. 29 erfaßt werden könnte[31]. Sie beeinflussen nämlich notwendigerweise die Wettbewerbssituation der exportierenden Unternehmen auf den Märkten anderer Mitgliedstaaten, womit gerade in den Fällen relativ strenger Anforderungen die Ausfuhr zumindest potentiell oder mittelbar behindert ist. Dies kann jedoch nicht die Konsequenz der Auslegung und Anwendung des Art. 29 sein, geht der EG-Vertrag doch grundsätzlich von einer **Koexistenz** materiell unterschiedlich ausgestalteter nationaler Rechtsordnungen und damit auch des Schutzniveaus aus, womit gerade auch verschiedene Belastungen für die Unternehmen innerhalb des Gemeinsamen Marktes in Kauf genommen werden; eine Angleichung erfolgt ggf. im Rahmen des Sekundärrechts.

19 Damit wird die **Notwendigkeit der Einschränkung des Tatbestandes** des Art. 29 – über die Heranziehung der durch den EuGH entwickelten »zwingenden Erfordernisse«[32] hinaus – deutlich. Diese können nämlich der eben geschilderten Sachlage insofern nicht Rechnung tragen, als sie es zwar ermöglichen, die Verbotswirkung der Art. 28, 29 im

---

26 P.C. *Müller-Graff*, in: GTE, EGV, Art. 34, Rn. 20; A. *Middeke*, Nationaler Umweltschutz im Binnenmarkt, 1994, S. 151.
27 W.-H. *Roth*, Wettbewerb der Mitgliedstaaten oder Wettbewerb der Hersteller?, ZHR 1995, S. 78 (90); *Middeke* (Fn. 25), S. 158; P. C. *Müller-Graff*, in: GTE, EGV, Art. 34, Rn. 21 f.; ähnlich *Becker*, in: Schwarze, EGV, Art. 29, Rn. 12; S. *Leible*, in: Grabitz/Hilf, EU, Art. 29, Rn. 4.
28 P. C. *Müller-Graff*, in: GTE, EGV, Art. 34, Rn. 28.
29 Art. 28, Rn. 20 ff.
30 So denn auch ausdrücklich U. *Becker*, in: Schwarze, EGV, Art. 29, Rn. 24.
31 Soweit sie strenger sind als im EG-Ausland.
32 S. Art. 28 Rn. 13 ff.

Falle des grundsätzlichen Vorliegens einer Maßnahme gleicher Wirkung einem Korrektiv zu unterwerfen. Dies kann aber deshalb für Ausfuhrbeschränkungen nicht ausreichen, weil damit allen den Produktionsvorgang in irgendeiner Weise beeinflussenden Normen eine ausfuhrbeschränkende Wirkung bescheinigt werden kann, die (vom EuGH) am Maßstab der zwingenden Erfordernisse gemessen werden. Eine solch allgemeine Überprüfung eines immerhin nicht unbeachtlichen Teils nationalen Rechts ist aber nur schwerlich mit dem eben erwähnten Grundsatz zu vereinbaren, daß das Gemeinschaftsrecht prinzipiell Unterschiede zwischen den nationalen Rechtsordnungen hinnimmt. Daher muß eine Einschränkung der Verbotswirkung des Art. 29 schon bei der ausfuhrbeschränkenden Wirkung der nationalen Vorschriften ansetzen, soll der grundsätzlich fortbestehenden Regelungsbefugnis der Mitgliedstaaten in nicht harmonisierten Bereichen Rechnung getragen werden.

Vor diesem Hintergrund vermag die vom **EuGH** vorgenommene **Einschränkung des Begriffs der Maßnahme gleicher Wirkung** im Rahmen des Art. 29 grundsätzlich zu überzeugen. Sie trägt nämlich dem **Normzweck** der Art. 28, 29 und der (teilweise) verschiedenen Auswirkungen von Ein- und Ausfuhrbeschränkungen auf den innergemeinschaftlichen Handel Rechnung: Einfuhrbeschränkungen behindern den Handel zwischen den Mitgliedstaaten insoweit, als sie den Zugang einer Ware zum innerstaatlichen Markt eines Mitgliedstaates wegen ihrer **Herkunft aus einem anderen Mitgliedstaat** erschweren können. Die Behinderung der Einfuhr kann wegen der Unterschiede in den nationalen Rechtsordnungen auch und gerade bei nicht diskriminierenden Maßnahmen eintreten, weshalb ihre Einbeziehung in den Tatbestand des Art. 28 zur effektiven Durchsetzung dieser Norm unentbehrlich war. Durch die Anerkennung der die Verbotswirkung des Art. 28 einschränkenden »zwingenden Erfordernisse« kann bei dieser Sachlage dem Regelungsinteresse der Mitgliedstaaten Rechnung getragen werden und die Zulässigkeit von Einfuhrbeschränkungen und Maßnahmen gleicher Wirkung auf das unverzichtbare Maß begrenzt werden. 20

Dagegen beziehen sich Ausfuhrbeschränkungen auf **Waren derselben Herkunft**, d.h. sie können den innergemeinschaftlichen Handel wegen der Herkunft der betreffenden Waren gerade aus demselben Mitgliedstaat beeinträchtigen. Damit geht es also nicht um die Stellung von Waren verschiedener Herkunft auf einem (nationalen) Markt, sondern um die Regelung des Absatzes auf dem innerstaatlichen Markt im Vergleich zu der Ausfuhr des entsprechenden Erzeugnisses. Dann aber kann eine ausfuhrbeschränkende Maßnahme nur unter der Voraussetzung gegeben sein, dass der Absatz auf dem innerstaatlichen Markt gegenüber der Ausfuhr bevorzugt wird. Denn ansonsten findet das entsprechende Produkt auf dem in- und ausländischen Markt dieselben (Wettbewerbs-) Bedingungen im Vergleich zu Produkten aus anderen Mitgliedstaaten vor. Wenn dies aber so ist, ist nicht ersichtlich, worin die Beschränkung der Ausfuhren bestehen soll. Damit wird deutlich, daß nur solche Maßnahmen mit Art. 29 in Konflikt treten können, die für die Ausfuhr von bestimmten Produkten im Vergleich zum Absatz im Inland besondere Regeln (wie z.B. Ausfuhrkontrollen, gesonderte Hygienevorschriften) vorsehen. 21

Art. 29 kann daher nur auf solche Maßnahmen angewandt werden, die gerade die Ausfuhr erschweren. Entscheidend ist damit der **diskriminierende Charakter** der Maßnahme; erfaßt werden damit aber auch **faktisch diskriminierende** Regelungen[33], etwa die Fallgestaltung, daß es Unternehmen verwehrt wird, ihre Produkte entsprechend den Vermarktungsregeln eines anderen Mitgliedstaates herzustellen. Aus den angeführten Gründen vermag es nicht zu überzeugen, auf eine irgendwie geartete, zudem noch sehr 22

---

33 Hierzu Art. 12 Rn. 37 ff.

schwer definierbare und eingrenzbare Behinderungseignung abzustellen; der Rückgriff auf dieses Kriterium vermag gerade nicht zu erklären, warum standortbezogene Regelungen grundsätzlich nicht durch Art. 29 erfaßt werden sollen, können sie doch auch Behinderungswirkungen entfalten. Die letzte Konsequenz des Rückgriffs auf die Behinderungseignung ist daher eine parallele Definition des Begriffs Maßnahmen gleicher Wirkung in Art. 29 und Art. 28, was den angeführten Bedenken begegnet.

23 Allerdings erscheint es – entgegen der Rechtsprechung des EuGH – sachgerechter, Art. 29 unabhängig von der Existenz eines **Vorteils für die inländische Produktion** heranzuziehen. Dies ergibt sich vor allem aus dem Zweck des Art. 29, der darin besteht, Beschränkungen des freien Warenverkehrs zu verhindern. Eine solche Behinderung des freien Warenverkehrs kann aber – wenigstens in Ausnahmefällen – schon dann eintreten, wenn eine spezielle Ausfuhrbeschränkung oder eine Maßnahme gleicher Wirkung vorliegt, ohne daß damit notwendigerweise ein Vorteil der einheimischen Produktion auf dem inländischen Markt verbunden sein muß. Vielmehr kann – wie etwa insbesondere strenge Produktvorschriften für Exportwaren[34] zeigen – eine ausfuhrbeschränkende Wirkung auch mit einem Nachteil inländischer Hersteller verbunden sein, so daß allein die ausfuhrbeschränkende Wirkung ausschlaggebend sein muß.

D. Sonstige Aspekte

24 In bezug auf die übrigen Aspekte der Anwendung des Art. 29 (insbesondere das Erfordernis der Zwischenstaatlichkeit und die Normadressaten) kann auf die Ausführungen zu Art. 28 verwiesen werden[35].

---

34 Die allerdings in der Praxis selten vorkommen werden.
35 Art. 28 Rn. 14 ff.

Art. 30 (ex-Art. 36)

Die Bestimmungen der Artikel 28 und 29[7] stehen Einfuhr-, Ausfuhr- und Durchfuhrverboten oder -beschränkungen[8] nicht entgegen, die aus Gründen der öffentlichen Sittlichkeit, Ordnung und Sicherheit[26 ff.], zum Schutze der Gesundheit und des Lebens von Menschen, Tieren oder Pflanzen[31], des nationalen Kulturguts von künstlerischem, geschichtlichem oder archäologischem Wert[32] oder des gewerblichen und kommerziellen Eigentums[33 ff.] gerechtfertigt sind. Diese Verbote oder Beschränkungen dürfen jedoch weder ein Mittel zur willkürlichen Diskriminierung noch eine verschleierte Beschränkung des Handels zwischen den Mitgliedstaaten darstellen[47 ff.].

Inhaltsübersicht:

A. Bedeutung und Stellung im System des Vertrages	1
B. Anwendungsbereich	7
I. Erfaßte Verbotsnormen	8
II. Bestehende Gemeinschaftsregelungen	10
C. Rechtfertigungsgründe	13
I. Bereichsübergreifende Aspekte	14
1. Nicht wirtschaftlicher Charakter	14
2. Beschränkung auf nationale Interessen?	17
3. Inhaltsbestimmung der Rechtsgüter	21
4. Festlegung des Schutzniveaus	22
5. Existenz einer Gefahr für die Schutzgüter	24
6. Zur Bedeutung der Grundrechte	26
II. Die einzelnen Rechtsgüter	30
1. Öffentliche Sittlichkeit, Ordnung und Sicherheit	31
2. Schutz der Gesundheit und des Lebens von Menschen, Tieren oder Pflanzen	36
3. Schutz des nationalen Kulturguts von künstlerischem, geschichtlichem oder archäologischem Wert	37
4. Schutz des gewerblichen und kommerziellen Eigentums	38
D. Sonstige tatbestandliche Voraussetzungen: Verhältnismäßigkeit	47
I. Grundsatz	47
II. Die Prüfung der Verhältnismäßigkeit im einzelnen	51
1. Geeignetheit	52
2. Erforderlichkeit (mildeste Maßnahme)	54
3. Angemessenheit	57

A. Bedeutung und Stellung im System des Vertrages

Erfüllt eine bestimmte Maßnahme die dargelegten[1] Voraussetzungen für das Vorliegen einer mengenmäßigen Beschränkung oder einer Maßnahme gleicher Wirkung, so fällt sie unter den Tatbestand der Art. 28, 29 und ist damit grundsätzlich verboten. Da jedoch nicht alle Produkt- und Vermarktungsregeln auf Unionsebene harmonisiert sind, erlaubt das Gemeinschaftsrecht den Mitgliedstaaten gleichwohl, zum Schutz bestimmter Rechtsgüter unter die Tatbestände der Art. 28, 29 fallende Maßnahmen aufrechtzuerhalten oder zu ergreifen: Art. 30 enthält eine Reihe **allgemeiner Rechtfertigungsgründe**, bei deren Vorliegen – unter den übrigen in normierten Art. 30 Voraussetzungen – die grundsätzlich verbotene Maßnahme gerechtfertigt werden kann. 1

Dies trägt dem Umstand Rechnung, daß es den Mitgliedstaaten im Einzelfall erlaubt sein muß, aus Gründen eines **übergeordneten Allgemeininteresses** ausnahmsweise auf Bestimmungen und Praktiken zurückzugreifen, die die Freiheit des Warenverkehrs zwi- 2

---

1 S. die Kommentierungen zu Art. 28, 29.

schen den Mitgliedstaaten beeinträchtigen. Vor diesem Hintergrund geht die Rechtsprechung und auch ein Teil der Literatur davon aus, daß Art. 30 im System der Bestimmungen des freien Warenverkehrs eine **Ausnahmebestimmung** darstelle, so daß die in Art. 30 aufgeführten Rechtsgüter **eng und abschließend** auszulegen seien[2]. Mit der Anerkennung der »**zwingenden Erfordernisse**« im Gefolge der Cassis de Dijon-Rechtsprechung[3] geht aber jedenfalls insofern eine gewisse Relativierung des »Ausnahmecharakters« des Art. 30 einher, als diese grundsätzlich alle öffentlichen Interessen erfassen und ihre Berücksichtigung dazu führt, daß der Katalog des Art. 30 im Ergebnis dann doch nicht abschließend ist[4], führt doch auch die Einschlägigkeit der zwingenden Erfordernisse letztlich zur Zulässigkeit der entsprechenden Maßnahme[5]. Allerdings ist ihre Heranziehung nach der Rechtsprechung auf nicht diskriminierende Maßnahmen beschränkt[6], so daß insoweit die Rechtfertigungsgründe des Art. 30 ihre volle Bedeutung entfalten. Dies wirft denn auch die Frage nach dem **Verhältnis** der in Art. 30 genannten Schutzgüter zu den zwingenden Erfordernissen im Sinne der Cassis de Dijon-Rechtsprechung auf. Die Rechtsprechung des Gerichtshofs war hier nicht immer klar: So enthielt die Cassis de Dijon-Formel in ihrer ersten Anwendung u.a. die Erfordernisse der öffentlichen Gesundheit – die auch in Art. 30 (Gesundheit von Menschen) figurieren[7]. Später nennt der EuGH aber die öffentliche Gesundheit oder sonstige schon durch Art. 30 erfaßte Rechtsgüter in diesem Zusammenhang nicht mehr[8] und prüft – soweit sich dies als erforderlich erweist – die entsprechenden Fragen am Maßstab des Art. 30[9]. Schließen kann man daraus nur, daß die zwingenden Erfordernisse nur unter der Voraussetzung zur Geltung kommen können, daß die Rechtfertigungsgründe des Art. 30 nicht greifen[10]. Dies wirft dann wieder die Frage auf, ob die Einordnung der zwingenden Erfordernisse als tatbestandsausschließende Gründe tatsächlich über alle Zweifel erhaben ist[11].

3   Geht man dagegen – mit der hier vertretenen Ansicht und einem Teil der Literatur – davon aus, daß auch die sog. zwingenden Erfordernisse zur Rechtfertigung diskriminierender Maßnahmen herangezogen werden können und damit einheitliche Schranken für die in Art. 28 gewährleistete Freiheit bestehen[12], verliert die Frage der engen oder weiten

---

2   Aus der Rspr. etwa EuGH, Rs. 29/72, Slg. 1972, 1309, Rn. 4 (Marimex/Italienische Finanzverwaltung); EuGH, Rs. 95/81, Slg. 1982, 2187, Rn. 27 (Kommission/Italien); EuGH, Rs. C-205/89, Slg. 1991, I-1361, Rn. 9 (Kommission/Griechenland); aus der Literatur etwa *A. Middeke*, Nationaler Umweltschutz im Binnenmarkt, 1994, S. 162; *M. A. Dauses*, Dogmatik des freien Warenverkehrs in der Europäischen Gemeinschaft, RIW 1984, S. 197 (203 ff.); *P.-C. Müller-Graff*, in: GTE, EGV, Art. 36, Rn. 2, 23; vgl. aber auch teilweise kritisch im Zusammenhang mit der Abgrenzung in Art. 30 erfaßten Gründe zu den zwingenden Erfordernissen *P.-C. Müller-Graff*, in: GTE, EGV, Art. 36, Rn. 2, 28 f.
3   Art. 28 Rn. 13 ff.
4   Vgl. auch die Kritik an der Rechtsprechung, insbesondere im Hinblick auf die Abstimmung von Art. 30 und den zwingenden Erfordernissen, *P.-C. Müller-Graff*, in: GTE, EGV, Art. 36, Rn. 28 ff.
5   Zur Frage ihres Rechtscharakters (tatbestandsausschließende Gründe oder Rechtfertigungsgründe) Art. 28 Rn. 13 ff.
6   Art. 28 Rn. 13 ff.
7   EuGH, Rs. 120/78, Slg. 1979, 649, Rn. 8 (Rewe/Bundesmonopolverwaltung für Branntwein) (Cassis de Dijon).
8   Vgl. etwa EuGH, Rs. 178/84, Slg. 1987, 1227, Rn. 28 (Kommission/Deutschland) (Reinheitsgebot für Bier).
9   EuGH, Rs. 178/84, Slg. 1987, 1227, Rn. 40 ff. (Kommission/Deutschland) (Reinheitsgebot für Bier).
10 S. jetzt auch in diesem Sinn EuGH, Rs. C-1/90, C-176/90, Slg. 1991, I-4151, Rn. 13 (Aragonesa de Publicidad Exterior/Departamento de Sanidad).
11 Hierzu schon Art. 28 Rn. 13 ff.
12 Art. 28, Rn. 32, 38.

Auslegung des Art. 30 insofern an Gewicht, als auf jeden Fall eine Rechtfertigung aufgrund der zwingenden Erfordernisse in Betracht kommt.

Die Voraussetzungen des Art. 30 sind ausschließlich **sachlich-gegenständlicher Natur;** 4
verfahrensrechtliche Anforderungen irgendwelcher Art werden nicht gestellt, dies etwa im Unterschied zu Art. 95 Abs. 4, 5, 6, 7.

Der **Zweck** des Art. 30[13] ist also vor allem darin zu sehen, den Mitgliedstaaten den 5
Schutz bestimmter Rechtsgüter zu ermöglichen, der auf Gemeinschaftsebene nicht oder nicht ausreichend gewährleistet ist. Insoweit wird das zentrale Anliegen des freien Warenverkehrs zurückgestellt. Art. 30 ist also **keine allgemeine Schutzklausel** zugunsten der Mitgliedstaaten und nimmt auch nicht bestimmte gegenständlich definierte Bereiche aus dem Anwendungsbereich der Regelungen des freien Warenverkehrs aus, sondern ermöglicht nur unter den in dieser Vorschrift formulierten Voraussetzungen die Verfolgung bestimmter Schutzziele und damit den Schutz **bestimmter Rechtsgüter**[14].

Deutlich wird damit auch, daß sich der Zweck der in Art. 30 genannten Rechtfertigungsmöglichkeit und der Anerkennung zwingender Erfordernisse im wesentlichen 6
überschneidet – dies im übrigen unabhängig von der erwähnten dogmatischen Auseinandersetzung. Insofern können die nachfolgenden allgemein anwendbaren Grundsätze (B., C.I., D.) entsprechend für die Heranziehung **zwingender Erfordernisse** Gültigkeit beanspruchen, auch wenn dieser Aspekt nachfolgend nicht immer ausdrücklich erwähnt wird.

B. Anwendungsbereich

Der Anwendungsbereich des Art. 30 ist in zweierlei Hinsicht beschränkt: Zum einen 7
wird nur die Durchbrechung bestimmter Verbote erlaubt, zum anderen ist eine Berufung auf Art. 30 im Falle des Bestehens gemeinschaftlicher Regelungen grundsätzlich ausgeschlossen.

I. Erfaßte Verbotsnormen

Art. 30 ermöglicht nur eine Rechtfertigung der in **Art. 28, 29** enthaltenen Verbote; eine 8
analoge Anwendung auf in anderen vertraglichen Vorschriften enthaltene Verbote ist nicht möglich[15]. Dies gilt insbesondere für Art. 25[16].

Nach dem Wortlaut des Art. 30 können nur Ein-, Aus- oder Durchfuhrbeschränkungen 9
gerechtfertigt werden. Ständige Rechtsprechung und ganz herrschende Lehre und gehen jedoch davon aus, daß auch **Maßnahmen gleicher Wirkung** erfaßt werden[17], was angesichts des Zwecks der Einbeziehung von Maßnahmen gleicher Wirkung in die jeweiligen

---

13 Hierzu auch im wesentlichen übereinstimmend *P.-C. Müller-Graff,* in: GTE, EGV, Art. 36, Rn. 1 ff.
14 EuGH, Rs. 153/78, Slg. 1979, 2555, Rn. 5 (Kommission/Deutschland).
15 EuGH, Rs. 29/72, Slg. 1972, 1309, Rn. 4 (Marimex/Italienische Finanzverwaltung).
16 Vgl. EuGH, Rs. 32/80, Slg. 1981, 251, Rn. 11 (Strafverfahren gegen Kortmann).
17 *P.-C. Müller-Graff,* in: GTE, EGV, Art. 36, Rn. 10; *Middeke* (Fn. 2), S. 161; *Streinz,* Europarecht, S. 229; aus der Rechtsprechung z.B. EuGH, Rs. 32/80, Slg. 1981, 251, Rn. 11 (Strafverfahren gegen Kortmann); wohl auch EuGH, Rs. 178/84, Slg. 1987, 1227, Rn. 40 (Kommission/Deutschland) (Reinheitsgebot für Bier).

Verbotstatbestände und der durch Art. 30 eröffneten Handlungsmöglichkeiten der Mitgliedstaaten zwingend erscheint.

II. Bestehende Gemeinschaftsregelungen

10 Der Rückgriff auf Art. 30 ist immer dann ausgeschlossen, wenn dem entsprechenden Schutzanliegen schon durch **bestehende gemeinschaftsrechtliche Bestimmungen** Rechnung getragen wird[18]. Diese Einschränkung des Anwendungsbereichs des Art. 30 folgt zwingend aus dem Normzweck dieser Vorschrift: Wenn nämlich das entsprechende Rechtsgut (schon) durch gemeinschaftliche Regelungen geschützt wird, fehlt das Bedürfnis nach einem autonomen mitgliedstaatlichen Schutz, würde doch ansonsten die bestehende gemeinschaftliche Harmonisierung unterlaufen werden. Allerdings bleibt den Mitgliedstaaten hier die Berufung auf Art. 95 Abs. 4 ff.[19]. Wird das Schutzniveau im Einzelfall für nicht ausreichend erachtet, kann nur auf dem Wege der Modifikation der entsprechenden sekundärrechtlichen Regelungen Abhilfe geschaffen werden[20].

11 Damit ergibt sich denn auch die »Einschränkung der Einschränkung«: Die gemeinschaftliche Regelung muß in bezug auf das zu schützende Rechtsgut **abschließenden Charakters**[21] sein[22]; andernfalls kann durchaus noch ein Interesse der Mitgliedstaaten an seinem Schutz bestehen. Der abschließende Charakter der Gemeinschaftsregelung ist immer dann zu verneinen, wenn der Schutz des entsprechenden Rechtsgutes nicht umfassend geregelt ist[23].

12 Fraglich ist, ob eine Berufung auf Art. 30 auch dann möglich ist, wenn sekundärrechtliche Schutzbestimmungen zwar bestehen, diese jedoch in anderen Mitgliedstaaten (tatsächlich oder vermutlich) nicht eingehalten werden[24]. Nach der Rechtsprechung des EuGH sind einseitige Maßnahmen gegen die Nichtbeachtung des Sekundärrechts durch einen anderen Mitgliedstaat unzulässig, und zwar auch dann, wenn die einschlägige

---

18 EuGH, Rs. C-5/94, Slg. 1996, I-2553, Rn. 18 (The Queen/Ministry of Agriculture, ex parte: Hedley Lomas); s. auch schon EuGH, Rs. 148/78, Slg. 1979, 1629, Rn. 36 (Strafverfahren gegen Ratti); EuGH, Rs. 251/78, Slg. 1979, 3369, Rn. 14 (Denkavit/Minister für Ernährung, Landwirtschaft und Forsten); EuGH, Rs. 25/88, Slg. 1989, 1105, Rn. 12 (Strafverfahren gegen Wurmser); EuGH, Rs. C-323/93, Slg. 1994, I-5077, Rn. 31 (Crespelle/Coopérative d'élevage); EuGH, Rs. C-120/95, Slg. 1995, I- 1831, Rn. 42 f. (Decker/Caisse de maladie des employés privés).
19 Vgl. Art. 95 Rn. 20 ff.
20 EuGH, Rs. 29/87, Slg. 1988, 2965, Rn. 15 f. (Dansk Denkavit/Landbrugsministeriet).
21 Allerdings kann die Feststellung, ob einer Regelung nun abschließender Charakter zukommt oder nicht, im Einzelfall große Schwierigkeiten mit sich bringen, ausführlich zum Problemkreis *A. Furrer,* Die Sperrwirkung des sekundären Gemeinschaftsrechts auf die nationalen Rechtsordnungen, 1994; für eine »Kategorisierung« der Harmonisierungsmaßnahmen *P. J. Slot,* Harmonisation, ELR 1996, S. 378 ff.; s. auch die Beispiele bei *P.-C. Müller-Graff,* in: GTE, EGV, Art. 36, Rn. 17 ff.
22 EuGH, Rs. 215/87, Slg. 1989, 617, Rn. 15 (Schumacher/Hauptzollamt Frankfurt); EuGH, Rs. C-369/88, Slg. 1991, I-1487, Rn. 48 (Strafverfahren gegen Delattre); EuGH, Rs. C-347/89, Slg. 1991, I-1747, Rn. 26 (Freistaat Bayern/Eurim Pharm); EuGH, Rs. C-317/92, Slg. 1994, I-2039, Rn. 14 (Kommission/Deutschland); EuGH, Rs. 320/93, Slg. 1994, I-5243, Rn. 14 (Ortscheit/Eurim Pharm); EuGH, Rs. C-102/96, Slg. 1998, I-6871, Rn. 26 ff. (Kommission/Deutschland).
23 Vgl. die Beispielsfälle in EuGH, Rs. C-238/89, Slg. 1990, I-4827, Rn. 22 (Pall Corp./Dahlhausen); EuGH, Rs. C-39/90, Slg. 1991, I-3069, Rn. 16 ff. (Denkavit/Land Baden-Württemberg); EuGH, Rs. 320/93, Slg. 1994, I-5243, Rn. 13 ff. (Ortscheit/Eurim Pharm); EuGH, Rs. C-1/96, Slg. 1998, I-1251, Rn. 49 ff. (Compassion in World Farming).
24 Vgl. den Sachverhalt in EuGH, Rs. C-5/94, Slg. 1996, I-2553 (The Queen/Ministry of Agriculture, ex parte: Hedley Lomas).

Richtlinie kein Kontroll- und/oder Sanktionsverfahren vorsieht[25]. Allerdings fragt es sich, ob bei dieser Konstellation ein solch absoluter Ausschluß der Anwendbarkeit des Art. 30 vor dem Hintergrund seines Sinns gerechtfertigt ist. Hier geht es nämlich gerade nicht – wie im »Normalfall« – um das Bestreben eines Mitgliedstaates, selbst andere Maßstäbe als die in den gemeinschaftlichen Normen festgelegten anzuwenden, sondern darum, insgesamt den Schutz der Rechtsgüter des Art. 30 zu gewährleisten. Damit soll gerade nicht die gemeinschaftliche Harmonisierung »ausgehebelt« werden. Dann aber erscheint zumindest ein allgemeiner Ausschluß des Rückgriffs auf Art. 30 nicht zwingend, und die grundsätzliche Frage hätte sich gestellt, ob der Schutz der Rechtsgüter des Art. 30 auch dann geltend gemacht werden kann, wenn dieser außerhalb der die Maßnahme ergreifenden Mitgliedstaates gewährt werden soll[26]. Allerdings ist dem Ansatz des EuGH zuzugeben, daß eine zu weite Auslegung des Art. 30 in dem hier skizzierten Sinn Selbsthilfemaßnahmen der Mitgliedstaaten förderte und damit die im Vertrag vorgesehenen Kontrollmechanismen aushebelte. Denkbar wäre aber etwa – auch und gerade im Interesse eines effektiven Schutzes der betroffenen Rechtsgüter – die Ermöglichung der Berufung auf Art. 30 im Falle evidenter, gravierender und dauernder Nichtachtung der gemeinschaftsrechtlichen Vorgaben[27].

C. Rechtfertigungsgründe

Art. 30 listet die Rechtsgüter auf, die eine Rechtfertigung einer gegen den Tatbestand der Art. 28, 29 verstoßenden Maßnahme begründen können. Bei der Begriffsbestimmung soll – trotz der noch offenen dogmatischen Fragen – die Rechtsprechung des EuGH zugrunde gelegt werden, die aufgrund der engen Auslegung dieser Bestimmung als Ausnahmevorschrift die Aufzählung als **abschließend** ansieht und die einzelnen Rechtfertigungsgründe **eng auslegt**[28]. Neben den die einzelnen Rechtfertigungsgründe betreffenden Definitionsfragen (II.) wirft die Heranziehung der Rechtfertigungsgründe des Art. 30 aber auch einige bereichsübergreifende Fragen auf (I.).

13

I. Bereichsübergreifende Aspekte

1. Nicht wirtschaftlicher Charakter

Den Beschränkungsgründen muß ein »**nicht-wirtschaftlicher**« Charakter zukommen[29], d.h. es darf nicht um Wirtschaftslenkung, die Erreichung wirtschaftspolitischer Zielsetzungen oder die Abwendung wirtschaftlicher Nachteile gehen. Wirtschaftliche Störungen, auch schwerer Art, werden daher von Art. 30 von vornherein nicht erfaßt. Dies ergibt sich zwingend aus dem Sinn und Zweck des Art. 30, der eben nur den Schutz der dort erwähnten Rechtsgüter ermöglichen will; hierunter fallen aber nicht wirtschaftslenkende Zielsetzungen, sollen diese doch durch die Verbote der Art. 28, 29 gerade nicht

14

---

25 EuGH, Rs. C-5/94, Slg. 1996, I-2553, Rn. 19 (The Queen/Ministry of Agriculture, ex parte: Hedley Lomas).
26 Hierzu noch Rn. 17 ff.
27 Vorbehaltlos dem Urteil zustimmend aber wohl *P.-C. Müller-Graff,* in: GTE, EGV, Art. 36, Rn. 14, 32.
28 Oben Rn. 2.
29 EuGH, Rs. 95/81, Slg. 1982, 2187, Rn. 27 (Kommission/Italien); EuGH, Rs. 238/83, Slg. 1984, 523, Rn. 23 (Duphar/Niederlande); EuGH, Rs. 231/81, Slg. 1985, 305, Rn. 30 ff. (Cullet/Chambre syndicale des reparateurs automobiles); EuGH, Rs. 72/83, Slg. 1984, 2727, Rn. 35 f. (Campus Oil/Minister für Industrie und Energie u.a.); EuGH, Rs. C-324/93, Slg. 1995, I-563, Rn. 36 (The Queen/Secretary of State, ex parte: Evans); s. aus der Literatur etwa *M. Niedobitek,* Kultur und Europäisches Gemeinschaftsrecht, 1992, S. 250; *J. Sparr,* Kulturhoheit und EWG-Vertrag, 1991, 52.

berücksichtigt werden. Andernfalls könnte Art. 30 letztlich herangezogen werden, um sich den durch den Abbau der in Art. 28, 29 erfaßten Beschränkungen ggf. hervorgerufenen wirtschaftlichen Schwierigkeiten zu entziehen. Allerdings schließen es diese Grundsätze nicht aus, daß neben der Wahrung der Rechtsgüter des Art. 30 auch noch andere, ggf. wirtschaftspolitische Zielsetzungen verfolgt werden. M.a.W. ist (nur, aber immerhin) die eigenständige Verfolgung wirtschaftlicher Interessen ausgeschlossen; wenn aber wirtschaftspolitische Maßnahmen letztlich einen anderen Zweck verfolgen, können sie grundsätzlich von Art. 30 erfaßt werden, so etwa, wenn es um die Versorgung der Bevölkerung mit wichtigen Medikamenten aus Gründen des Gesundheitsschutzes geht[30].

15 Es fragt sich aber, ob Art. 30 auch dann unanwendbar ist, wenn die **wirtschaftlichen Schwierigkeiten** zu **Störungen der öffentlichen Ordnung** führen, etwa zu Unruhen oder wilden Streiks. Das war z.B. der Fall, als südfranzösische Weinbauern 1975 die Einfuhr billiger italienischer Weine durch Straßensperren und Angriffe auf Behörden (»Weinkrieg«) verhindern wollten. Bei derartigen Fällen könnte man auf den ersten Blick versucht sein, die Anwendbarkeit des Art. 30 zu bejahen, da Störungen der öffentlichen Ordnung, die wirtschaftliche Ursachen haben, nicht ausdrücklich ausgeschlossen sind; jedenfalls wäre aber zu prüfen, ob Einfuhrbeschränkungen die geeigneten und erforderlichen Mittel sind, um die Ordnung wieder herzustellen. Dieser Ansatz ist jedoch von vornherein abzulehnen, da es der vertraglichen Systematik widerspricht, das Funktionieren der Grundfreiheiten als Störung der öffentlichen Ordnung zu qualifizieren und somit letztlich unter den Vorbehalt der polizeilichen Generalklausel zu stellen.

16 Unzulässig sind im übrigen jedenfalls Maßnahmen, die nur dazu dienen, die **Belastung der Verwaltung** oder die **öffentlichen Ausgaben** zu vermindern[31], geht es hier doch letztlich auch zumindest mittelbar in erster Linie um wirtschaftliche Gesichtspunkte.

2. Beschränkung auf nationale Interessen?

17 Art. 30 kann grundsätzlich jedenfalls immer dann einschlägig sein, wenn es um den Schutz der erfaßten Rechtsgüter in dem jeweiligen Mitgliedstaat, also auf seinem Territorium, geht, so etwa im Falle der Gesundheitsgefahr für die Einwohner eines Staates. Es fragt sich jedoch, ob die Mitgliedstaaten darüber hinaus befugt sind, auch Situationen zu berücksichtigen, die gerade **keine Auswirkungen auf ihrem Territorium** entfalten. Von Bedeutung ist dies etwa dann, wenn die von der einschlägigen Maßnahme geschützte Tierart auf dem Territorium des die Maßnahme ergreifenden Mitgliedstaates nicht vorkommt, so etwa bei Einfuhrbeschränkungen von Elfenbein.

18 Die **Rechtsprechung** hatte sich bislang noch nicht sehr häufig mit dieser Frage zu befassen[32]. Die Entscheidung des Gerichtshofs in Bezug auf den Schutz des schottischen

---

30 EuGH, Rs. C-324/93, Slg. 1995, I-563, Rn. 36 f. (Evans Medical); s. auch EuGH, Rs. 72/83, Slg. 1984, 2727, 2752 (Campus Oil/Minister für Industrie und Energie u.a.); EuGH, Rs. 118/86, Slg. 1987, 3883, Rn. 15 (Openbaar Ministerie/Nertsvoederfabriek); EuGH, Rs. C-120/95, Slg. 1998, I-1831, Rn. 39 ff. (Decker/Caisse de maladie des employés privés), in Bezug auf die zwingenden Erfordernisse.
31 EuGH, Rs. 104/75, Slg. 1976, 613, Rn. 14/18 (de Peijper); EuGH, Rs. C-128/89, Slg. 1990, I-3239, Rn. 22 (Kommission/Italien).
32 Insbesondere in EuGH, Rs. C-5/94, Slg. 1996, I-2553 (The Queen/Ministry of Agriculture, ex parte: Hedley Lomas) konnte der EuGH der Frage ausweichen, da seines Erachtens bereits die Anwendbarkeit des Art. 30 aufgrund der Existenz einer sekundärrechtlichen Regelung ausgeschlossen war.

Moorschneehuhns, in der er festhielt, daß ein Einfuhrverbot für Vögel – die weder nach den einschlägigen gemeinschaftsrechtlichen Regeln noch nach dem Recht des Mitgliedstaates, in dem sie beheimatet sind, als gefährdet eingestuft werden – durch einen anderen Mitgliedstaat nicht gerechtfertigt werden könne[33], beruhte letztlich auf der Auslegung der RL 79/409[34], nicht dagegen auf der allgemeinen Ablehnung der Einschlägigkeit des Art. 30 bei derartigen Fallkonstellationen.

In der **Literatur** werden verschiedene Ansätze vertreten: Teilweise wird allgemein die Anwendbarkeit des Art. 30 verneint, sofern sich der Schutz der Rechtsgüter nicht auf das **Territorium** des handelnden Staates bezieht[35]. Eine andere Sicht knüpft an die Existenz **internationaler Schutzinteressen** an und will bei ihrem Vorliegen die Möglichkeit der Berufung auf die Rechtfertigungsgründe des Art. 30 eröffnen[36]. Zu im Einzelfall etwas anderen Ergebnissen kommt eine dritte Sicht, die auf die »globale Gesamtverantwortung« der Staaten für bestimmte Interessen abstellt und ausnahmsweise – etwa beim Tier- oder Artenschutz – den Rückgriff auf Art. 30 ermöglichen will[37]. 19

Die Lösung dieser Frage muß notwendigerweise ausgehend vom **Sinn und Zweck** des Art. 30 erfolgen: Diese Bestimmung soll es den Mitgliedstaaten doch gerade ermöglichen, die betreffenden Rechtsgüter zu schützen, wobei die Intensität dieses Schutzes grundsätzlich in ihrem Beurteilungsspielraum steht[38]. Dann aber ist kein Grund ersichtlich, warum nationale Maßnahmen nicht grundsätzlich auch den Schutz dieser Rechtsgüter außerhalb ihres Hoheitsgebiets zum Gegenstand haben können, geht es doch letztlich nur darum, das selbst definierte Schutzniveau auch bei Fallgestaltungen mit grenzüberschreitendem Bezug heranzuziehen. Allerdings dürfen die Staaten ihre Vorstellungen anderen Staaten in deren Kompetenzbereich nicht aufdrängen, so daß etwa nationale Maßnahmen zum Schutz der öffentlichen Ordnung in einem anderen Mitgliedstaat nicht durch Art. 30 gerechtfertigt werden können. Daher müssen die Mitgliedstaaten jedenfalls ein »eigenes« Schutzinteresse darlegen, dessen Vorliegen aber nicht in Anknüpfung an das Territorium zu bestimmen ist; ausschlaggebend und ausreichend muß vielmehr eine auch rechtlich begründbare eigene Verantwortung für das Schutzgut sein, die sich auch aufgrund internationaler Wechselwirkungen ergeben kann, so insbesondere bei artenschutzrechtlichen Regelungen. M.a.W. kommt es auf die Kompetenz der Mitgliedstaaten zur Regelung der entsprechenden Belange an. 20

3. Inhaltsbestimmung der Rechtsgüter

Die in Art. 30 aufgeführten Schutzgüter sind gemeinschaftsrechtlicher Natur, so daß ihre inhaltliche Eingrenzung nach **gemeinschaftsrechtlichen Grundsätzen** erfolgen muß[39]. 21

---

33 EuGH, Rs. C-169/89, Slg. 1990, I-2143, Rn. 15 (Strafverfahren gegen Gourmetterie van den Burg).
34 ABl. 1979 L 103. 1.
35 G. *Gornig/M. Silagi*, Vom Ökodumping zum Ökoprotektionismus, EuZW 1992, S. 753 (756); wohl auch U. *Everling*, Durchführung und Umsetzung des Europäischen Gemeinschaftsrechts im Bereich des Umweltschutzes unter Berücksichtigung der Rechtsprechung des EuGH, NVwZ 1993, S. 209 (211). In der Tendenz etwas offener S. *Leible*, in: Grabitz/Hilf, EU, Art. 30, Rn. 7.
36 Vgl. etwa W. *Kahl*, Umweltprinzip und Gemeinschaftsrecht, 1993, S. 192 f.; D. H. *Scheuing*, Grenzüberschreitende atomare Wiederaufbereitung im Lichte des europäischen Gemeinschaftsrechts, 1991, S. 46 f.; *Middeke* (Fn. 2), S. 167 f.
37 P.-C. *Müller-Graff*, in: GTE, EGV, Art. 36, Rn. 37 ff.; ähnlich *Becker*, in: Schwarze, EGV, Art. 30, Rn. 61; B. *Weiher*, Nationaler Umweltschutz und internationaler Warenverkehr, 1997, S. 99 ff.
38 Hierzu noch Rn. 22 f.
39 S. im einzelnen Rn. 30 ff.

So ist es etwa – nach der Rechtsprechung des EuGH – das Ergebnis der (engen) gemeinschaftsrechtlichen Auslegung der Begriffe »Schutz der Gesundheit und des Lebens von Menschen, Tieren oder Pflanzen«, daß Belange des Umweltschutzes grundsätzlich nicht hierunter subsumiert werden können. Allerdings verweisen die in Art. 30 verwandten Begriffe teilweise wiederum auf mitgliedstaatliche Wertvorstellungen, so etwa bei der Auslegung des Begriffs der »öffentlichen Sittlichkeit«[40]. Aber auch hier setzt das Gemeinschaftsrecht jedenfalls Grenzen, so daß es auf keinen Fall im Belieben der Mitgliedstaaten steht zu definieren, was nun unter einem bestimmten Rechtsgut zu verstehen ist.

4. Festlegung des Schutzniveaus

22 Davon zu unterscheiden ist die Frage des **Maßes des anzulegenden Schutzes:** Welches Schutzniveau die Mitgliedstaaten gewähren wollen, steht grundsätzlich im Ermessen der Mitgliedstaaten[41]. Denn wenn Art. 30 den Mitgliedstaaten ermöglichen soll, bestimmten Schutzinteressen Rechnung zu tragen, muß es ihnen auch obliegen, das Schutzniveau zu bestimmen[42]. Darüber hinaus wird nur durch diese Sicht auch dem Umstand Rechnung getragen, daß der Schutz der betreffenden Rechtsgüter – mangels einer gemeinschaftlichen Regelung – eben in der Kompetenz der Mitgliedstaaten liegt. Dem Interesse der Gemeinschaft an der möglichst lückenlosen Verwirklichung gemeinschaftlicher Ziele kann durch das Erfordernis der Verhältnismäßigkeit[43] – dem die konkret ergriffene Maßnahme dann genügen muß – Rechnung getragen werden.

23 Dieser Entscheidungsspielraum der Mitgliedstaaten bezieht sich auch auf **tatbestandliche Unsicherheiten**, z.B. über die Schädlichkeit von Farb- und sonstigen Zusatzstoffen[44]. Auf diese Weise können auch Ernährungsgewohnheiten und Gesundheitszustand der jeweiligen Bevölkerung berücksichtigt werden[45].

5. Existenz einer Gefahr für die Schutzgüter

24 Art. 30 kann von vornherein nur unter der Voraussetzung zum Zug kommen, daß überhaupt eine **Gefahr** für das Schutzgut, auf das sich der jeweilige Mitgliedstaat beruft, vorliegt. Die einwandfreie Feststellung einer solchen kann ggf. schwierig sein, dies insbesondere immer dann, wenn gewisse Unsicherheitsfaktoren bestehen.

---

40 EuGH, Rs. 34/79, Slg. 1979, 3795, Rn. 15 (Strafverfahren gegen Henn und Darby).
41 Vgl. schon *A. Epiney/Th. Möllers,* Freier Warenverkehr und nationaler Umweltschutz, 1992, S. 70 ff. I. Erg. ähnlich *M. Ahlfeld,* Zwingende Erfordernisse im Sinne der Cassis-Rechtsprechung des Europäischen Gerichtshofs zu Art. 30 EGV, 1997, S. 62 ff.
42 So im Ergebnis auch die Rspr., EuGH, Rs. 104/75, Slg. 1976, 613, Rn. 14 ff. (de Peijper); EuGH, Rs. 34/79, Slg. 1979, 3795, Rn. 15 (Strafverfahren gegen Henn und Darby); EuGH, Rs. 53/80, Slg. 1981, 409, Rn. 13 ff. (Officier van justitie/Koninklijke Kaasfabriek Eyssen); EuGH, Rs. 227/82, Slg. 1983, 3883, Rn. 37 (Strafverfahren gegen van Bennekom); EuGH, Rs. 97/83, Slg. 1984, 2367, Rn. 18 (Strafverfahren gegen Melkunie); EuGH, Rs. 178/84, Slg. 1987, 1227, Rn. 41 (Kommission/Deutschland) (Reinheitsgebot für Bier); EuGH, Rs. 261/85, Slg. 1988, 547, Rn. 12 (Kommission/Vereinigtes Königreich); s. auch EuGH, Rs. 272/80, Slg. 1981, 3277, Rn. 12 (Strafverfahren gegen Biologische Producten); EuGH, Rs. 174/82, Slg. 1983, 2445, Rn. 16 (Strafverfahren gegen Sandoz); EuGH, Rs. 304/84, Slg. 1986, 1511, Rn. 21 (Muller/ Ministère public).
43 S. Rn. 50 ff.
44 EuGH, Rs. 174/82, Slg. 1983, 2445, Rn. 19 (Strafverfahren gegen Sandoz) (Vitamine); EuGH, Rs. 227/82, Slg. 1983, 3883, Leitsatz 6 (Strafverfahren gegen van Bennekom); s. auch EuGH, Rs. 304/84, Slg. 1986, 1511, Rn. 20 (Muller/Ministère public).
45 EuGH, Rs. 94/83, Slg. 1984, 3263, Rn. 16 (Strafverfahren gegen Heijn); EuGH, Rs. 304/84, Slg. 1986, 1511, Rn. 20 (Muller/Ministère public).

Auch wenn die Gefährdungslage nicht naturwissenschaftlich einwandfrei nachgewie- 25
sen werden muß, ein diesbezüglicher Unsicherheitsfaktor also im Sinne eines effektiven Schutzes der erfaßten Rechtsgüter hingenommen wird, muß doch ein diesbezüglicher **substantiierter und nachvollziehbarer Vortrag** erfolgen[46]. So deuten etwa Koli-
bakterien auf pathogene Mikroorganismen hin, die eine wirkliche Gefahr für die Gesundheit darstellen[47]. Dagegen konnte die deutsche Regierung nicht substantiiert
glaubhaft machen, daß die teilweise in eingeführten Bieren verwendeten Zusatzstoffe
tatsächlich eine Gefährdung der Gesundheit darstellen[48]. Ebensowenig kann ein geringerer Nährwert eines bestimmten Lebensmittels angesichts der anderen auf dem
Markt befindlichen Nahrungsmittel eine Gesundheitsgefährdung begründen[49]. Eine
wissenschaftliche Unsicherheit spielt allerdings zugunsten des Gestaltungsspielraums
der Mitgliedstaaten[50].

6. Zur Bedeutung der Grundrechte

Maßnahmen zum Schutz der in Art. 30 genannten Rechtsgüter oder »zwingender Erfor- 26
dernisse« können auch grundrechtlich relevante Rechtspositionen der betroffenen
Rechtsunterworfenen berühren, so etwa, wenn es um den Schutz der Pressevielfalt geht,
wo die Meinungsäußerungsfreiheit berührt sein kann, oder aber auch, wenn einfach die
Wirtschaftsfreiheit zur Debatte steht. Damit wird die Frage aufgeworfen, welche Rolle
die **Grundrechte** im Rahmen der Rechtfertigung von Einschränkungen der Grundfreiheiten spielen.

Der **EuGH** nimmt – soweit sich dies aufdrängt – jeweils Bezug auf die möglicherweise 27
betroffenen Grundrechte und betont im Ergebnis, daß die im Gemeinschaftsrecht vorgesehene Rechtfertigung für beschränkende Maßnahmen der Mitgliedstaaten »im Lichte der Grundrechte« auszulegen sei[51]. Die Grundrechte könnten aber durchaus
Beschränkungen unterworfen sein, zu denen eben das jeweilige in Art. 30 genannte
Rechtsgut oder das zwingende Erfordernis auch gehöre. Daran schließt sich – auch unter
Bezugnahme auf das einschlägige Grundrecht – eine »normale« Verhältnismäßigkeitsprüfung an.

In der **Literatur** ist man – soweit diese Frage ausdrücklich aufgegriffen wird – dem An- 28
satz des EuGH weitgehend gefolgt[52], wobei teilweise noch nuanciert bzw. präzisiert
wird: So wird etwa betont, daß im Falle der Einschlägigkeit von Grundrechten immer
dann keine zusätzlichen Anforderungen erwachsen, wenn der geltend gemachte Rechtfertigungsgrund auch zur Einschränkung des jeweiligen Grundrechts herangezogen wer-

---

46 EuGH, Rs. C-17/93, Slg. 1994, I-3537, Rn. 17 (Strafverfahren gegen van der Veldt).
47 EuGH, Rs. 97/83, Slg. 1984, 2367, Rn. 15 (Strafverfahren gegen Melkunie).
48 EuGH, Rs. 178/84, Slg. 1987, 1227, Rn. 49 (Kommission/Deutschland) (Reinheitsgebot für Bier).
49 EuGH, Rs. 274/87, Slg. 1989, 229, Rn. 10 (Kommission/Deutschland).
50 Oben Rn. 23. Zur Gefährdungslage beim speziellen Fall der Immaterialgüterrechte unten Rn. 39 ff.
51 EuGH, Rs. C-62/90, Slg. 1992, I-2575, Rn. 23 (Kommission/Deutschland); EuGH, Rs. C-368/95, Slg. 1997, I-3689, Rn. 24 (Familiapress/Bauer); EuGH, Rs. C-260/89, Slg. 1991, I-2925, Rn. 43 (ERT/DEP u.a.).
52 S. etwa *B. Holznagel*, Rundfunkrecht in Europa, 1996, S. 156; *Th. Giegerich*, Europarecht und deutsches Recht – Wechselwirkungen in der Fallbearbeitung, JuS 1997, S. 426 (431); *J. Kühling*, Grundrechtskontrolle durch den EuGH: Kommunikationsfreiheit und Pluralismussicherung im Gemeinschaftsrecht, EuGRZ 1997, S. 296 (299 f.).

den könne[53]. Vereinzelt wird die Rechtsprechung aber auch abgelehnt, wobei in erster Linie schon der Grundsatz der Einschlägigkeit der Gemeinschaftsgrundrechte kritisiert wird, dies in Anknüpfung an die den Mitgliedstaaten im Anwendungsbereich der Rechtfertigungstatbestände zugestandene Autonomie[54].

29 Versucht man eine dogmatische Einbettung des vom EuGH verfolgten, im Ergebnis zu begrüßenden Ansatzes, so sind zwei Gesichtspunkte zu unterscheiden: die **Anwendbarkeit** der gemeinschaftlichen Grundrechte einerseits und ihre **Einbettung in die Prüfung der Grundfreiheit** andererseits. Im Hinblick auf den ersten Aspekt ist zu bemerken, daß sich die gemeinschaftlichen Grundrechte zwar grundsätzlich an den Gemeinschaftsgesetzgeber richten, für die Mitgliedstaaten aber insoweit Wirkungen entfalten, als diese eben Gemeinschaftsrecht anwenden oder durchführen[55]. Dann aber müssen die gemeinschaftlichen Grundrechte auch in den Fällen, in denen es um mitgliedstaatliche Regelungen geht, die in den Anwendungsbereich des Gemeinschaftsrechts fallen und sich im Hinblick auf ihre Zulässigkeit auf gemeinschaftsrechtliche Begriffe – wie die in Art. 30 gebrauchten oder die zwingenden Erfordernisse – berufen, zu beachten sein, so daß diese Begriffe auch im Lichte der Grundrechte auszulegen sind. Der dogmatische Ansatzpunkt für die Anwendbarkeit der gemeinschaftlichen Grundrechte ist also m.a.W. in der Heranziehung gemeinschaftsrechtlicher Rechtfertigungsgründe zu sehen, so daß es eben (auch) um die Anwendung von Gemeinschaftsrecht geht. Insofern ist hier gerade nicht mehr ein Bereich mitgliedstaatlicher Autonomie betroffen. Auswirkungen auf die konkrete Prüfung der Zulässigkeit der in Frage stehenden mitgliedstaatlichen Maßnahme entfaltet diese Grundrechtsgeltung auf zwei Ebenen: Zum einen muß das geltend gemachte Rechtsgut auch Einschränkungen des Grundrechts zu rechtfertigen vermögen, und zum anderen ist auf der Ebene der Verhältnismäßigkeitsprüfung dem Umstand der Betroffenheit eines Grundrechts Rechnung zu tragen. Insofern kann die Einschlägigkeit eines Grundrechts also durchaus entscheidungserheblich sein.

II. Die einzelnen Rechtsgüter

30 Der EuGH hat in zahlreichen Entscheidungen anhand der ihm unterbreiteten Fallgestaltungen eine nähere Begriffsumschreibung der in Art. 30 aufgeführten Schutzgüter unternommen; die Literatur hat diese Definitionen in der Regel nachvollzogen, so daß bei der folgenden Umschreibung der Rechtsgüter von der Rechtsprechung des EuGH ausgegangen wird und ggf. auf ergänzende oder abweichende Ansätze in der Literatur verwiesen wird.

1. Öffentliche Sittlichkeit, Ordnung und Sicherheit

31 Unter Rückgriff auf das allgemeine Verständnis des Begriffs der **öffentlichen Ordnung** sind darunter die wesentlichen Grundregeln – teilweise wird in Anlehnung an das Recht der Personenfreizügigkeit von »staatlichen Interessen von fundamentaler Bedeutung« gesprochen[56] – eines Gemeinwesens zu verstehen; insofern kann man den Begriff der

---

53 S. etwa *U. Becker,* in: Schwarze, EGV, Art. 30, Rn. 62.
54 *Th. Kingreen,* Die Struktur der Grundfreiheiten des Europäischen Gemeinschaftsrechts, 1999, S. 164 ff.; *ders.,* Art. 6 EUV, Rn. 61 f.; ähnlich *R. Störmer,* Gemeinschaftsrechtliche Diskriminierungsverbote versus nationale Grundrechte?, AöR 1998, S. 541 (insbes. 567).
55 Ausführlich zu dieser Frage m.w.N. *A. Epiney,* Umgekehrte Diskriminierungen, 1995, S. 125 ff.
56 *U. Becker,* in: Schwarze, EGV, Art. 30, Rn. 11.

öffentlichen Ordnung auch als einen Oberbegriff auffassen[57], der im Sinne einer Art Auffangvorschrift dann zur Geltung kommt, wenn die anderen in Art. 30 erwähnten Rechtsgüter nicht einschlägig sind. Aufgrund des gemeinschaftsrechtlichen Charakters dieses Begriffs darf der den Mitgliedstaaten damit gewährte Gestaltungsspielraum jedoch nicht dazu führen, daß Wertungen des Vertrages unterlaufen werden[58].

Der Gerichtshof hat z.B. die Aufdeckung und Verfolgung von Geschäften mit gestohlenen Fahrzeugen[59] oder die Verhinderung von Betrug im Zusammenhang mit der Gewährung von Ausfuhrbeihilfen[60] als Gründe öffentlicher Ordnung anerkannt. Eine Regelung fällt jedoch jedenfalls nicht schon deshalb unter die öffentliche Ordnung, weil ihre Nichtbeachtung mit Sanktionen versehen ist[61], könnten die Mitgliedstaaten damit doch diesen Begriff in jeder Hinsicht selbst bestimmen und sich der Bindungswirkung der Art. 28, 29 entziehen. 32

Die **öffentliche Sicherheit** betrifft – als Teilbereich der öffentlichen Ordnung[62] – das Schutzsystem des Staates zur Erhaltung seines Gewaltmonopols, aber auch den Schutz der Existenz des Staates und seiner zentralen Einrichtungen vor (inneren oder äußeren) Bedrohungen. So gehören etwa die Existenz eines Staates, aber auch die Gefährdung der Existenz durch die Unterbrechung der Erdölversorgung[63] zur öffentlichen Sicherheit[64]. 33

Der Begriff der **öffentlichen Sittlichkeit** nimmt Bezug auf die Moralvorstellungen, nach denen sich das Zusammenleben der Menschen gestalten soll und nimmt so notwendigerweise verschiedene Inhalte an, so daß den Mitgliedstaaten hier ein recht weiter Gestaltungsspielraum zukommt[65]. 34

Soweit sich die Mitgliedstaaten auf die öffentliche Ordnung, Sicherheit oder Sittlichkeit berufen, war in der Regel weniger die Betroffenheit des Rechtsguts denn die Verhältnismäßigkeit[66] der Maßnahme problematisch[67]. 35

---

57 *P.-C. Müller-Graff*, in: GTE, EGV, Art. 36, Rn. 49.
58 S. ähnlich *H. Schneider*, Die öffentliche Ordnung als Schranke der Grundfreiheiten im EG-Vertrag, 1997, S. 75 f., der im Übrigen ausführlich eine Inhaltsbestimmung des Begriffs versucht (S. 84 ff.).
59 EuGH, Rs. 154/85, Slg. 1987, 2717, Rn. 13 f. (Kommission/Italien); EuGH, Rs. C-239/90, Slg. 1991, I-2023, Rn. 23 (Boscher/British Motors).
60 EuGH, Rs. C-426/92, Slg. 1994, I-2757, Rn. 44 (Deutschland/Deutsches Milch-Kontor).
61 EuGH, Rs. 16/83, Slg. 1984, 1299, Rn. 33 (Strafverfahren gegen Prantl).
62 In diese Richtung wohl auch EuGH, Rs. 72/83, Slg. 1984, 2727, Rn. 33 (Campus Oil/Minister für Industrie und Energie).
63 EuGH, Rs. 72/83, Slg. 1984, 2727, Rn. 34 (Campus Oil/Minister für Industrie und Energie).
64 S. auch EuGH, Rs. C-367/89, Slg. 1991, I-4621, Rn. 22 ff. (Strafverfahren gegen Richardt).
65 EuGH, Rs. 34/79, Slg. 1979, 3795, Rn. 15 f. (Strafverfahren gegen Henn und Darby); EuGH, Rs. 121/85, Slg. 1986, 1007, Rn. 14 (Conegate/Customs & Excise).
66 S. Rn. 50 ff.
67 S. z.B. EuGH, Rs. C-239/90, Slg. 1991, I-2023, Rn. 22 f. (Boscher/British Motors); EuGH, Rs. 121/85, Slg. 1986, 1007, Rn. 14 ff. (Conegate/Customs & Excise; s. auch EuGH, Rs. 154/85, Slg. 1987, 2717, Rn. 14 (Kommission/Italien); EuGH, Rs. 231/ 83, Slg. 1985, 305, Rn. 20 ff. (Cullet/Centre Leclerc).

2. Schutz der Gesundheit und des Lebens von Menschen, Tieren oder Pflanzen

36 In der Rechtsprechung des EuGH kommt diesen Rechtsgütern eine sehr große Bedeutung zu[68]. Dabei müssen die betreffenden mitgliedstaatlichen Regelungen den Schutz von Menschen, Pflanzen oder Tieren als solchen zum Gegenstand haben; erfasst werden also – nach ständiger Rechtsprechung[69] – m.a.W. Maßnahmen, die unmittelbar auf den Schutz der Gesundheit oder des Lebens abzielen, während »nur« mittelbar wirkende Maßnahmen nicht durch Art. 30, sondern über die »zwingenden Erfordernisse«[70] (Umweltschutz, Verbraucherschutz o.ä.) gerechtfertigt werden können. Nicht notwendig ist es hingegen, daß jeweils eine bestimmte Art geschützt wird; vielmehr ist ein Bezug zur Aufrechterhaltung der Artenvielfalt ausreichend[71]. Der Schutz der Gesundheit und des Lebens wird besonders häufig im Lebensmittelrecht und bei der Frage des Umgangs mit gefährlichen Substanzen relevant. Da die Bestimmung des Schutzniveaus in der Kompetenz der Mitgliedstaaten steht, ist hier in der Regel die Verhältnismäßigkeit ausschlaggebend für die letztliche (Un-) Zulässigkeit einer bestimmten Maßnahme. Jedenfalls aber muß die Gesundheit selbst Gegenstand der Schutzmaßnahme sein; daher kann die Einfuhrbeschränkung von grundsätzlich verbotenen Drogen zwar aus Gründen des Gesundheitsschutzes – etwa im Rahmen einer medizinischen Versorgung –, nicht aber zur Sicherung des Überlebens eines Unternehmens gerechtfertigt sein[72].

3. Schutz des nationalen Kulturguts von künstlerischem, geschichtlichem oder archäologischem Wert

37 Hintergrund dieses Rechtfertigungsgrundes ist das Interesse der Mitgliedstaaten, dem Land bestimmte künstlerische Werke oder sonstige für die nationale Identität wertvolle Gegenstände zu erhalten. Angesichts der Unschärfe der in Art. 30 verwandten Begriffe[73] und der den Mitgliedstaaten grundsätzlich zukommenden Kompetenz zu bestimmen, was für sie als Kulturgut wichtig ist, wird man ihnen auch hier einen weiten Gestaltungsspielraum gewähren müssen, der aber etwa dann überschritten sein dürfte, wenn es um »klassische Konsumgüter« geht. Auch muß es sich jedenfalls um ein »Kulturgut«, also offenbar um einen Gegenstand, handeln, so daß etwa Erwägungen der Erhaltung oder

---

68 Vgl. aus der Rechtsprechung z.B. EuGH, Rs. 274/87, Slg. 1989, 229 (Kommission/Deutschland); EuGH, Rs. 407/85, Slg. 1988, 4233 (Drei Glocken); EuGH, Rs. 50/85, Slg. 1986, 1855 (Schloh/SPRL Auto contrôle technique); EuGH, Rs. 247/81, Slg. 1984, 1111 (Kommission/Deutschland); EuGH, Rs. 227/82, Slg. 1983, 3883 (Straverfahren gegen van Bennekom); EuGH, Rs. 274/84, Slg. 1985, 3887 (Strafverfahren gegen Motte); EuGH, Rs. 124/81, Slg. 1983, 203 (Kommission/Vereinigtes Königreich); EuGH, Rs. 320/93, Slg. 1994, I-5243 (Ortscheit/Eurim Pharm); EuGH, Rs. 53/80, Slg. 1981, 409 (Officier van justitie/Koninklijke Kaasfabriek Eyssen); EuGH, Rs. 178/84, Slg. 1987, 1227 (Kommission/Deutschland) (Reinheitsgebot für Bier); EuGH, Rs. C-400/96, Slg. 1998, I-5121 (Strafverfahren gegen Jean Harpegnies); EuGH, Rs. C-67/97, Slg. 1998, I-8033 (Strafverfahren gegen Bluhme).
69 S. etwa EuGH, Rs. C-169/89, Slg. 1990, I-2143, Rn. 3 f. (van den Burg); aus der Literatur *Epiney/Möllers*, Nationaler Umweltschutz (Fn. 41), 26 f.; *Middeke*, Nationaler Umweltschutz (Fn. 2), 181.
70 Art. 28, Rn. 20 ff.
71 So wohl auch EuGH, Rs. C-67/97, Slg. 1998, I-8033, Rn. 34 (Strafverfahren gegen Bluhme); s. auch EuGH, Rs. C-131/93, Slg. 1994, I-3303, Rn. 17 (Kommission/Deutschland).
72 EuGH, Rs. C-324/93, Slg. 1995, I-563, Rn. 36 f. (The Queen/Secretary of State, ex parte: Evans).
73 Vgl. aber etwa die präzisierenden Anhaltspunkte bei *P.-C. Müller-Graff*, in: GTE, EGV, Art. 36, Rn. 65.

Förderung »kultureller Vielfalt« nicht unter Art. 30 fallen, sondern als zwingende Erfordernisse angesehen werden können. Aus dem Erfordernis des Vorliegens eines »nationalen« Kulturguts wird man wohl ableiten können, daß die besondere Bedeutung des betreffenden Gegenstandes in nachvollziehbarer Weise begründet wird. Dieses Rechtsgut hat in der Rechtsprechung bislang keine große Bedeutung erlangt[74].

4. Schutz des gewerblichen und kommerziellen Eigentums

Das gewerbliche und kommerzielle Eigentum[75] bezieht sich auf die rechtlichen Instrumente, die gewerbliche oder kommerzielle Rechtspositionen schützen sollen. Nach der Rechtsprechung des EuGH fallen hierunter namentlich das Patentrecht[76], das Warenzeichen-[77] und Urheberrecht[78] sowie das Geschmacksmuster- und Gebrauchsmusterrecht. Erfaßt wird auch die Ursprungsbezeichnung[79]. Die Definition und damit Ausprägung dieser Rechte im einzelnen und ihre Wirkungen stehen aber in der Kompetenz der Mitgliedstaaten[80]. Auf diesen Grundsatz beruhte wohl die ursprünglich in der Rechtsprechung hervorgehobene, heute aber in den Hintergrund getretene Unterscheidung zwischen **Bestand** und **Ausübung** der jeweiligen Rechte[81]: Danach lasse der Vertrag den Bestand der erfaßten Rechte unberührt, während ihre Ausübung jedoch am Maßstab der einschlägigen vertraglichen Vorschriften überprüft werden könne. 38

Gerade die Kompetenz der Mitgliedstaaten zur Definition und Begründung solcher Rechte impliziert aber im Zusammenhang mit ihrer Geltendmachung die Gefahr recht weitgehender Beschränkungen des freien Warenverkehrs, ist doch ihre Ausübung – im Gegensatz zu ihrer Begründung – nicht auf rein innerstaatliche Sachverhalte beschränkt. Insbesondere das Patent-, Marken- und Urheberrecht können eine **Abschottung der nationalen Märkte** nach sich ziehen: Gemäß dem diesen Rechten gemeinsamem Territorialprinzip kann sich der Rechtsinhaber nämlich dem Import von Waren, die von ihm selbst oder mit seiner Zustimmung in einem anderen Staat in den Verkehr gebracht worden sind, widersetzen. Die damit verbundenen Handelsbeschränkungen können nach Art. 30 grundsätzlich gerechtfertigt werden, da dieser Einfuhrhindernisse aus Gründen des »gewerblichen und kommerziellen Eigentums« zuläßt. 39

Um vor diesem Hintergrund eine Aushöhlung des Grundsatzes des freien Warenverkehrs zu verhindern, stellt die Rechtsprechung heute – wohl auch ausgehend von der Spezifizität dieser Rechte, die eine Konkretisierung und Präzisierung der allgemeinen 40

---

74 Vgl. zu Einzelfragen in der Literatur insbesondere *J. Bila,* Nationaler Kulturgüterschutz in der EU, 1997.
75 Wobei hier auch auf die diesbezügliche Sekundärrechtsetzung zu verweisen ist, die aber in der Regel die Befugnis der Mitgliedstaaten zur Schaffung eigener Schutzrechte nicht berührt. Vgl. die Zusammenstellung der Sekundärrechtsakte bei *S. Leible,* in: Grabitz/Hilf, EU, Art. 30, Rn. 25.
76 Z.B. EuGH, Rs. 35/87, Slg. 1988, 3585, Rn. 14 f. (Thetford/Fiamma).
77 Z.B. EuGH, Rs. 102/77, Slg. 1978, 1139, Rn. 7 f. (Hoffmann-La-Roche/Centrafarm).
78 Z.B. EuGH, Rs. 402/85, Slg. 1987, 1747, Rn. 11 ff. (Basset/Société des auteurs).
79 Z.B. EuGH, Rs. C-47/90, Slg. 1992, I-3669, Rn. 16 (Delhaize/Promalvin); EuGH, Rs. C-388/95, EuZW 2000, 633, Rn. 50 ff. (Belgien/Spanien); ebenso wohl die geographische Herkunftsangabe, EuGH, Rs. C-3/91, Slg. 1992, I-5529, Rn. 25 (Exportur/LOR).
80 Vgl. etwa EuGH, Rs. C-317/91, Slg. 1993, I-6227, Rn. 20 f., 31 (Renault/Audi); EuGH, Rs. 238/87, Slg. 1988, 6211, Rn. 7 (Volvo/Erik Veng); EuGH, Rs. 341/87, Slg. 1989, 79, Rn. 11 (Emi Electrola/Patricia In- und Export).
81 Vgl. etwa EuGH, Rs. 192/73, Slg. 1974, 731, Rn. 7/10 (HAG I/Van Zuylen Frères); EuGH, Rs. 15/74, Slg. 1974, 1147, Rn. 6/8 (Centrafarm, de Peijper/Sterling Drug); EuGH, Rs. 434/85, Slg. 1988, 1245, Rn. 8 ff. (Allen/Generics). Kritisch zu dieser Unterscheidung etwa *F.-K. Beier,* Gewerblicher Rechtsschutz und freier Warenverkehr im europäischen Binnenmarkt und im Verkehr mit Drittstaaten, GRUR Int. 1989, S. 603 (609).

Art. 30 EG-Vertrag

Grundsätze als notwendig erscheinen läßt – im Ergebnis entscheidend darauf ab, ob die einschränkende Maßnahme zur Wahrung der Rechte erforderlich ist, die den **spezifischen Gegenstand** des jeweiligen Rechts darstellen[82].

41 Die Problematik dieses Kriteriums liegt in erster Linie darin, den spezifischen Inhalt der Schutzrechte angesichts der verschiedenen nationalen Regelungen zu bestimmen. Der EuGH hat hier in einer einzelfallbezogenen Rechtsprechung einige Kriterien entwickelt:
- So ist der spezifische Gegenstand des **Patentrechts** darin zu sehen, daß der Inhaber – quasi als Kompensation für seine geistige, erfinderische Leistung – ein ausschließliches Recht erlangt, die entsprechenden Erzeugnisse herzustellen und in Verkehr zu bringen[83].
- In engem Zusammenhang hiermit stehen die **Musterrechte**: Diese sollen insbesondere die Befugnis des Inhabers eines geschützten Modells, Dritte an der Herstellung und dem Verkauf oder der Einfuhr der das Modell verkörpernden Erzeugnisse ohne seine Zustimmung zu hindern, schützen[84].
- Durch das **Warenzeichenrecht** oder **Markenrecht** erlangt der Inhaber das ausschließliche Recht, eine Ware unter einer bestimmten Bezeichnung in Verkehr zu bringen, damit die Konsumenten über die Herkunft der Ware Auskunft erhalten und Konkurrenten eine etwaige Vertrauensstellung – was etwa im Hinblick auf die Qualitätssicherung von Bedeutung sein kann – nicht ausnützen können[85]. Dies impliziert insbesondere die grundsätzliche Möglichkeit, gegen Einfuhren von Waren aus anderen Mitgliedstaaten vorgehen zu können, die verwechslungsfähige Warenzeichen tragen[86].
- Das **Urheberrecht** beinhaltet Persönlichkeitsrechte hinsichtlich des Werkes, aber auch die Befugnis, dieses durch Inverkehrbringen kommerziell zu nutzen[87].
- **Ursprungs- oder Herkunftsbezeichnungen** sollen ganz allgemein auf die geographische Herkunft eines Produkts, ggf. ergänzend auch auf besondere (geschmackliche oder sonstige Eigenschaften) aufmerksam machen[88]. Ausgeschlossen ist damit der Schutz von Gattungsbezeichnungen[89] oder von Bezeichnungen, die keine geographische Herkunft erkennen lassen[90].

---

82 S. etwa. EuGH, Rs. C-10/89, Slg. 1990, I-3711, Rn. 12 (S.A. CNL-SUCAL NV/Hag); EuGH, Rs. C-61/97, Slg. 1998, I-5171, Rn. 13 (FDV); EuGH, Rs. C-23/99, Urteil vom 26.9.2000, n.n.i.Slg., Rn. 37 (Kommission/Frankreich).
83 EuGH, Rs. 15/74, Slg. 1974, 1147, Rn. 9 (Centrafarm, de Peijper/Sterling Drug); EuGH, Rs. 187/80, Slg. 1981, 2063, Rn. 9 (Merck/Stephar); EuGH, Rs. C-30/90, Slg. 1992, I-829 Rn. 21 (Kommission/Vereinigtes Königreich).
84 EuGH, Rs. 238/87, Slg. 1988, 6211, Rn. 8 (Volvo/Veng); EuGH, Rs. C-23/99, Urteil vom 26.9.2000, n.n.i.Slg., Rn. 39 (Kommission/Frankreich); EuGH, Rs. 53/87, Slg. 1988, 6039, Rn. 11 (Circa/Renault).
85 EuGH, Rs. C-317/91, Slg. 1993, I-6227, Rn. 31 ff. (Renault/Audi); EuGH, Rs. C-9/93, Slg. 1994, I-2789, Rn. 33 (IHT/Ideal Standard); EuGH, Rs. C-427, 429, 436/93, Slg. 1996, I-3457, Rn. 44 (Bristol-Myers Squibb u.a.); EuGH, verb. Rs. 71-73/94, Slg. 1996, I-3603, Rn. 31 (Eurim Pharm); EuGH, Rs. C-349/95, Slg. 1997, I-6227, Rn. 22 (Frits Loendersloot/Ballantine); s. auch schon EuGH, Rs. 119/75, Slg. 1976, 1039, Rn. 7 (Terrapin/Terranova).
86 EuGH, Rs. 119/75, Slg. 1976, 1039, Rn. 7 (Terrapin/Terranova); ebenso EuGH, Rs. 102/77, Slg. 1978, 1139, Rn. 8 (Hoffmann-La Roche/Centrafarm). S. auch EuGH, Rs. C-317/91, Slg. 1993, I-6227, Rn. 31 ff. (Renault/Audi), wo der EuGH klarstellte, daß keine enge Auslegung des Begriffs der Verwechslungsgefahr geboten sei.
87 EuGH, Rs. 55, 57/80, Slg. 1981, 147, Rn. 13 (Musik-Vertrieb membran/GEMA); EuGH, Rs. C-61/97, Slg. 1998, I-5171 (FDV).
88 EuGH, Rs. C-47/90, Slg. 1992, I-3669, Rn. 18 (Delhaize/Promalvin SA).
89 Hierzu EuGH, Rs. C-87/97, Slg. 1999, I-1301, Rn. 20 (Consorzio Gorgonzola/Käserei Champignon).
90 Z.B. »montagne«, vgl. EuGH, Rs. C-324/94, Slg. 1997, I-2343, Rn. 53 (Strafverfahren gegen Pistre).

Ausgehend von diesem **spezifischen Gegenstand** des jeweiligen Schutzrechts ist für die 42 Einschlägigkeit des Art. 30 zunächst notwendig, daß gerade dieser betroffen ist bzw. durch die jeweilige nationale Maßnahme geschützt werden soll; das von Art. 30 erfaßte Rechtsgut beschränkt sich eben auf diesen spezifischen Gegenstand des jeweiligen Rechts. Dieses ist bei der Einfuhr oder dem Vertrieb eines Erzeugnisses insbesondere dann nicht betroffen, wenn das Produkt vom Inhaber des Schutzrechts selbst, mit seiner Zustimmung oder von einer von ihm abhängigen Person rechtmäßig in den Verkehr gebracht worden ist[91], ist doch hier das dem Schutzrecht eigene Ausschließlichkeitsrecht gerade nicht betroffen[92]. Dieser **Erschöpfungsgrundsatz**[93] soll eine künstliche Abschottung der nationalen Märkte gegen aus anderen Mitgliedstaaten stammenden Produkten verhindern.

So können sog. **Parallelimporte** – dabei werden Produkte in Staaten eingekauft, in denen 43 die Preise relativ niedrig sind, um sie dann in Staaten zu verkaufen, in denen die Preise entsprechend höher liegen – jedenfalls dann nicht als solche unter Berufung auf gewerbliche oder kommerzielle Schutzrechte abgewehrt werden, wenn das Produkt von dem Schutzrechtsinhaber selbst, mit seiner Zustimmung oder durch eine wirtschaftlich von ihm abhängige Person rechtmäßig in den Verkehr gebracht wurde; vielmehr muß spezifisch die Gefährdung eines (sonstigen) Rechtsguts, etwa der öffentlichen Gesundheit, nachgewiesen werden[94]. Eng mit der Problematik verwandt ist die Frage, unter welchen Voraussetzungen eine **Umetikettierung** von Beschriftungen, Markenzeichen o.ä. durch einen Dritten, der nicht Markeninhaber ist, zulässig ist. In Anknüpfung an die spezifische Funktion des Markenrechts kann nach der Rechtsprechung des EuGH gegen eine solche Umetikettierung dann nichts eingewandt werden, wenn keine künstliche Abschottung der Märkte erfolgt, die Neuetikettierung den Originalzustand des Produkts nicht beeinträchtigt, dem guten Ruf der Marke und seines Inhabers nicht geschadet werden kann und eine Unterrichtung des Markeninhabers über den Verkauf der Erzeugnisse erfolgt[95].

Die genaue Tragweite und Problematik des Erschöpfungsgrundsatzes kann sodann am 44 Beispiel der Entwicklung der Rechtsprechung zum **Warenzeichenrecht** illustriert werden[96]. Im Urteil *Ideal Standard*[97] ging es um folgende Konstellation: Die Klägerin des Ausgangsverfahrens und Inhaberin des Warenzeichens »Ideal-Standard« in Deutschland wollte der Beklagten verbieten lassen, in Deutschland Heizungsanlagen, die von der Muttergesellschaft der Beklagten aus Frankreich bezogen wurden, unter diesem Markenzeichen zu vertreiben. Die Muttergesellschaft der Beklagten ist Inhaberin des Warenzeichens Ideal-Standard in Frankreich; dieses hatte sie vor einigen Jahren von einer Tochtergesellschaft der Klägerin erworben. Der im Gefolge eines Vorabentschei-

---

91 Vgl. EuGH, Rs. 144/81, Slg. 1982, 2853, Rn. 25 (Keurkoop/Nancy Kean); s. auch EuGH, Rs. 15/74, Slg. 1974, 1147, Rn. 10/12 ff. (Centrafarm, de Peijper/Sterling Drug); EuGH, Rs. 19/84, Slg. 1985, 2281, Rn. 22 ff. (Pharmon/Höchst).
92 Zu Besonderheiten beim Urheberrecht *Leible,* in: Grabitz/Hilf, EU, Art. 30, Rn. 23.
93 Zu diesem Grundsatz R. *Sack,* Der markenrechtliche Erschöpfungsgrundsatz im deutschen und europäischen Recht, WRP 1998, S. 549 ff.
94 EuGH, Rs. C-94/98, Slg. 1999, I-8789, Rn. 40 (The Queen/Licensing Authority, ex parte: Rhône Poulenc); EuGH, Rs. C-427, 429, 436/93, Slg. 1996, I-3457, Rn. 45 (Bristol-Myers Squibb). Ausführlich zur Problematik nunmehr *Ch. Freytag,* Parallelimporte nach EG- und WTO-Recht, 2001, insbes. S. 50 ff.
95 EuGH, Rs. C-349/95, Slg. 1997, I-6227, Rn. 21 ff., 50 (Frits Loendersloot/Ballantine). S. auch EuGH, Rs. C-337/95, Slg. 1997, I-6013, Rn. 49 ff. (Christian Dior/Evora BV) (Vereinbarkeit der Möglichkeit, mit einer Marke zu werben, mit Art. 28, 30, wenn nicht eine Schädigung des guten Rufes der Waren erwiesen ist).
96 Vgl. aber zum Patentrecht etwa EuGH, verb. Rs. C-267/95, 268/95, Slg. 1996, I-6285, Rn. 26 ff. (Merck/Primecrown).
97 EuGH, Rs. C-9/93, Slg. 1994, I-2789 (Ideal Standard/IHT Internationale Heiztechnische GmbH).

dungsersuchens mit der Sache befaßte EuGH stellte fest, daß ein Verstoß gegen Art. 28, 30 dann in Betracht komme, wenn die Verwendung des Warenzeichens unter einheitlicher Kontrolle stehe. Dies sei aber unter Zugrundelegung des Territorialitätsprinzips in einem Fall wie dem vorliegenden (in dem zwei verschiedene Wirtschaftsteilnehmer das Warenzeichen benutzen) nicht gegeben, obwohl die Übertragung des Warenzeichens auf Rechtsgeschäft beruhte.

45 Diese Entscheidung führt die im *Hag II*-Urteil[98] eingeschlagene Linie konsequent fort, indem die Ursprungsgleichheit nicht nur bei unfreiwilliger Aufspaltung des Warenzeichens[99], sondern auch bei einer durch rechtsgeschäftliche Übertragung erfolgten freiwilligen Aufspaltung keine Einschränkung nationaler Zeichenrechte zu rechtfertigen vermag. Die tragende Begründungslinie des EuGH knüpft an die Funktion von Warenzeichen an: Diese bezweckten es gerade sicherzustellen, daß die mit dem Zeichen versehenen Produkte tatsächlich durch einen bestimmten Produzenten hergestellt worden sind, so daß der Verbraucher von einer gewissen Qualität des Produkts ausgehen könne. Nähme man einen Verstoß gegen Art. 28, 30 auch in den Fällen an, in denen für das Gebiet eines anderen Mitgliedstaates eine rechtsgeschäftliche Übertragung erfolgt ist, könne das Warenzeichen seine Funktion als Herkunftshinweis für den Verbraucher gerade nicht mehr erfüllen[100].

46 Die Konsequenzen dieser Sicht sind nicht zu unterschätzen: Letztlich wird es damit den Wirtschaftsteilnehmern ermöglicht, für jedes einzelne EU-Land das Zeichenrecht zu übertragen und eine Einfuhr der so gekennzeichneten Waren in den Heimatstaat zu verhindern. Damit geht dann die Gefahr einer gewissen Abschottung der nationalen Märkte einher. Im Falle der Annahme eines Verstoßes gegen Art. 28, 30 dagegen könnten die Wirtschaftsteilnehmer ihr Markenzeichen de facto nicht mehr nur für einen EU-Staat übertragen; diese Möglichkeit stünde ihnen zwar theoretisch offen, sie könnten aber mit diesem Zeichen versehene Warenimporte nicht verhindern. Interessant ist das Urteil insbesondere unter dem Gesichtspunkt, daß in Zukunft das Verbot des Vertreibens von Produkten, die mit einem auch im Inland verwendeten Warenzeichen versehen sind, keiner Verhältnismäßigkeitsprüfung mehr unterworfen wird; allein das Vorliegen einer rechtsgeschäftlichen Übertragung des Warenzeichens reicht für die Rechtfertigung der Beschränkung des freien Warenverkehrs bzw. letztlich die Einschränkung der tatbestandlichen Reichweite des Art. 30 aus. Die genaue Tragweite dieser Grundsätze wird davon abhängen, welche Anforderungen an eine Zeichenübertragung gestellt werden[101]. Zu begrüßen ist diese Rechtsprechung des EuGH insbesondere vor dem Hintergrund, daß nunmehr entscheidend auf die Rückwirkungen der Anwendung der Art. 28, 30 auf den Sinn und Zweck nationaler Regelungssysteme abgestellt wird. Im Bereich des Warenzeichenrechts bringt es eben die Existenz nationalen Zeichenrechts mit sich, daß die isolierte Übertragung des Zeichenrechts für einen Mitgliedstaat anerkannt werden muß. Die Vermeidung der damit verbundenen Marktabschottung ist dann Aufgabe der Rechtsangleichung nach Art. 95 EGV[102].

---

98 EuGH, Rs. C-10/89, Slg. 1990, I-3711, Rn. 15 ff. (S.A. CNL-SUCAL NV/Hag).
99 Wie im Fall *Hag II* (EuGH, Rs. C-10/89, Slg. 1990, I-3711, S.A. CNL-SUCAL NV/Hag), in dem die Aufspaltung auf einer Enteignung beruhte.
100 Dabei erfordert das Gemeinschaftsrecht keine enge Auslegung des Begriffs der Verwechslungsgefahr, EuGH, Rs. C-317/91, Slg. 1993, I-6227, Rn. 31 ff. (Renault/Audi).
101 S. auch R. *Hackbarth,* Anmerkung, EuZW 1994, S. 472 f.
102 S. jüngst auch EuGH, Rs. C-313/94, Slg. 1996 (Graffione SNC/Ditta Fransa). Vgl. zum ganzen unter Berücksichtigung der neueren Rechtsprechung T. *Lüder,* Die Angst vor der Verhältnismäßigkeitsprüfung bei der Abwägung zwischen nationalem Markenrecht und der Freiheit des Warenverkehrs, EuZW 1995, S. 15 ff.; *J. Sack,* Die Erschöpfung von Markenrechten nach Europäischem Recht, RIW 1994, S. 897 ff.

D. Sonstige tatbestandliche Voraussetzungen: Verhältnismäßigkeit

I. Grundsatz

Eine Rechtfertigung nach Art. 30 kommt nur in Betracht, wenn die Maßnahme aus den angeführten Gründen **gerechtfertigt** ist, Art. 30 S. 1. Zudem dürfen die unter Berufung auf Art. 30 ergriffenen Verbote oder Beschränkungen weder ein Mittel zur **willkürlichen Diskriminierung** noch eine **verschleierte Beschränkung des Handels** darstellen, Art. 30, S. 2. Der Wortlaut des Art. 30 gibt allerdings keine genaue Auskunft darüber, in welchem Verhältnis diese Anforderungen zueinander stehen. 47

Der **EuGH** hat sich noch nicht ausdrücklich mit dieser Frage beschäftigt und seine Rechtsprechung ist nicht ganz einheitlich. So deuten einige Urteil darauf hin, daß der Gerichtshof die Erfordernisse des Art. 30 S. 2 als besondere Ausprägungen der jedenfalls zur Anwendung kommenden Verhältnismäßigkeitsgrundsatzes versteht[103]. Zudem leitet der EuGH das Erfordernis der Verhältnismäßigkeit (auch) aus dem Verbot einer verschleierten Beschränkung des Handels ab bzw. betont, daß dieses Verbot letztlich auf den Grundsatz der Verhältnismäßigkeit zurückgehe[104]. Vereinzelt hat der EuGH aber auch ausdrücklich (nur) auf Art. 30 S. 2 zurückgegriffen und betont, daß das Verbot der willkürlichen Diskriminierung verhindern solle, daß die Rechtfertigungsgründe des Art. 30 S. 1 mißbraucht werden und nur die nationale Produktion (mittelbar) geschützt werde[105]. Auch zieht der EuGH Art. 30 S. 2 manchmal ohne (zumindest ausdrücklichen) Bezug zum Grundsatz der Verhältnismäßigkeit heran[106]. 48

In der **Literatur** wird teilweise Art. 30 S. 2 insofern jede eigenständige Bedeutung abgesprochen, als darauf hingewiesen wird, daß sich die dort angesprochenen Anforderungen mit denjenigen des Grundsatzes der Verhältnismäßigkeit deckten und allenfalls eine Konkretisierung desselben darstellten[107]. Andere jedoch leiten das Erfordernis der Beachtung des Grundsatzes der Verhältnismäßigkeit aus Art. 30 S. 1 (die Maßnahme muß »gerechtfertigt« sein) ab und entnehmen Art. 30 S. 2 darüber hinausgehende Schranken der Regelungsbefugnisse der Mitgliedstaaten, so daß es hier um zwei voneinander zu unterscheidende Voraussetzungen gehe[108]. Begründet wird dies mit der Erwägung, daß es durchaus Fallgestaltungen gebe, bei denen die Voraussetzungen des Art. 30 S. 1 (und damit die Verhältnismäßigkeit) an sich gegeben seien, während gleichwohl ein Verstoß gegen Art. 30 S. 2 vorliegen könne, so etwa, wenn eine selektive Anwendung an sich gerechtfertigter Einfuhrkontrollen gegenüber Waren aus bestimmten Mitgliedstaaten erfolge[109]. 49

---

103 EuGH, Rs. 178/84, Slg. 1987, 1227, Rn. 42 ff. (Kommission/Deutschland) (Reinheitsgebot für Bier); EuGH, Rs. C-13/91, C-113/91, Slg. 1992, I-3617, Rn. 16 (Debus); EuGH, Rs. 27/80, Slg. 1980, 3839, Rn. 14 (Strafverfahren gegen Fietje).
104 EuGH, Rs. 174/82, Slg. 1983, 2445, Rn. 18 (Strafverfahren gegen Sandoz); EuGH, Rs. 247/84, Slg. 1985, 3887, Rn. 23 (Strafverfahren gegen Motte).
105 EuGH, Rs. 34/79, Slg. 1979, 3795, Rn. 20 f. (Strafverfahren gegen Henn und Darby).
106 EuGH, Rs. C.317/91, Slg. 1993, I-6227, Rn. 33 f. (Renault/Audi).
107 S. schon *Epiney/Möllers* (Fn. 41), S. 81; in diese Richtung wohl auch *Middeke* (Fn. 2), S. 168 f.
108 So wohl *Dauses* (Fn. 2), S. 203 f.; K. Hailbronner, Umweltrecht und Umweltpolitik in der Europäischen Gemeinschaft, 1991, S. 29; *P.-C. Müller-Graff*, in: GTE, EGV, Art. 36, Rn. 161 ff. Nicht ganz klar *Becker*, in: Schwarze, EGV, Art. 30, Rn. 77 ff., der zwar betont, daß sich die Kriterien des Art. 30 S. 2 in der Regel mit den Anforderungen der Verhältnismäßigkeit überschnitten, dann aber gleichwohl offenbar eine autonome Prüfung der Kriterien zugrundelegen will. Unentschieden *Ahlfeld*, Zwingende Erfordernisse (Fn. 41), S. 60 f.
109 So *P.-C. Müller-Graff*, in: GTE, EGV, Art. 36, Rn. 161 ff., 163, der allerdings (Rn. 162) zugibt, daß die Ergebnisse in der Regel parallel ausfallen werden, wegen der Begründungsklarheit aber gleichwohl an der Unterscheidung festhalten möchte.

50 Aber auch bei diesem Anwendungsfall dürfte letztlich schon die Geeignetheit der Maßnahme nicht gegeben sein, kann doch der bezweckte Rechtsgüterschutz nicht erreicht werden, wenn die Maßnahme nur auf einen Teil der potentiellen »gefährlichen« Güter Anwendung findet. Ausgehend von den typischen Fallkonstellationen der willkürlichen Diskriminierung und der verschleierten Beschränkung des Handels fällt es daher schwer, sich Fallgestaltungen vorzustellen, bei denen nicht schon die Geeignetheit oder Erforderlichkeit und damit die Verhältnismäßigkeit der Maßnahmen zu verneinen sein wird: Im Falle einer willkürlichen Diskriminierung wird typischerweise die entsprechende Maßnahme im Sinne der fehlenden Rechtfertigung durch anerkennenswerte sachliche Erfordernisse[110] zumindest nicht erforderlich sein; gleiches gilt für die verschleierte Beschränkung des Handels. Daher erscheint es sinnvoll, Art. 30 S. 2 als eine Konkretisierung oder besonderen Ausdruck des Grundsatzes der Verhältnismäßigkeit zu begreifen, dem aber aus sachlicher Sicht keine eigenständige Bedeutung zukommt. Vielmehr ist das Vorliegen einer willkürlichen Diskriminierung oder einer verschleierten Beschränkung des Handels im Rahmen der Prüfung der Verhältnismäßigkeit zu berücksichtigen.

II. Die Prüfung der Verhältnismäßigkeit im einzelnen

51 Die Verhältnismäßigkeitsprüfung verlangt, daß die Maßnahme **geeignet** ist, um das angestrebte Ziel zu erreichen, daß sie – hier in bezug auf die Beeinträchtigung des freien Warenverkehrs – das **mildeste Mittel** darstellt und daß das Ausmaß der Beeinträchtigung des freien Warenverkehrs und der angestrebte Rechtsgüterschutz in einem **angemessenen Verhältnis** zueinander stehen[111].

1. Geeignetheit

52 Eine Maßnahme ist jedenfalls dann nicht geeignet, wenn sie gänzlich untauglich ist, um das angestrebte Ziel zu erreichen, was ggf. aufgrund entsprechender wissenschaftlicher Untersuchungen festzustellen ist. Die Geeignetheit einer Maßnahme ist auch dann nicht gegeben, wenn der betreffende Mitgliedstaat gegenüber den gleichen Waren, die in seinem Hoheitsgebiet hergestellt oder vermarktet werden, keine einschränkenden Maßnahmen zur Verfolgung des angestrebten Ziels ergreift[112], sind doch die Bürger in diesem Fall jedenfalls der entsprechenden Gefahr ausgesetzt. Allgemein formuliert bedeutet dies, daß eine Maßnahme immer schon dann ungeeignet ist, wenn vergleichbare Sachverhalte nicht in gleichem Maß erfaßt bzw. geregelt werden. Dieser Grundsatz kann auch als Ausprägung des Gleichheitssatzes angesehen werden, der als gemeinschaftliches Grundrecht auch im Rahmen der Geltendmachung von Rechtfertigungen von Einschränkungen der Grundfreiheiten zu beachten ist[113].

53 Darüber hinaus aber muß den Mitgliedstaaten bei der Wahl des Mittels ein gewisser Gestaltungsspielraum zugestanden werden[114], steht ihnen doch die Kompetenz zur Verfolgung der entsprechenden Politik zu. So ist eine Maßnahme etwa nicht schon deshalb als

---

110 Vgl. P.-C. *Müller-Graff*, in: GTE, EGV, Art. 36, Rn. 166.
111 Vgl. etwa die Formulierung in EuGH, Rs. 274/87, Slg. 1989, 229, Rn. 6 (Kommission/Deutschland).
112 Vgl. in bezug auf die öffentliche Sittlichkeit EuGH, Rs. 121/85, Slg. 1985, 1007, Rn. 15 (Conegate); s. auch EuGH, Rs. C-67/88, Slg. 1990, I-4285, Rn. 6 f. (Kommission/Italien).
113 Rn. 26 ff.
114 Vgl. schon *Epiney/Möllers* (Fn. 41), S. 81 ff.; A. *Epiney*, Umgekehrte Diskriminierungen, 1995, S. 303 ff.

ungeeignet anzusehen, weil sie das Ziel nicht in vollem Umfang zu erreichen vermag bzw. nur einen kleinen oder gar vernachlässigbaren Beitrag hierzu zu leisten vermag. Wenn also etwa ein kleiner Mitgliedstaat Fluorkohlenwasserstoffe verbietet, vermag dies die globale Lösung dieser Problematik kaum zu beeinflussen; gleichwohl ist auch dieser kleine Beitrag geeignet im Rechtssinn, um das angestrebte Ziel zu erreichen. Vor diesem Hintergrund ist es daher auch recht selten, daß der EuGH die Geeignetheit einer Maßnahme verneint[115].

2. Erforderlichkeit (mildeste Maßnahme)

Eine Maßnahme ist immer dann nicht erforderlich, wenn das angestrebte Schutzziel auch durch den Warenverkehr weniger einschränkende Maßnahmen erreicht werden kann. So können etwa die mit Einfuhrkontrollen verbundenen Zielsetzungen häufig auch durch Vermarktungsregelungen oder sonstige Kontrollen erreicht werden[116]. Nicht erforderlich sind auch sog. Doppelkontrollen[117]. Im Zusammenhang mit dem schwedischen Alkoholmonopol im Einzelhandel verneinte der EuGH jedenfalls die Erforderlichkeit einiger Maßnahmen des Erlaubnissystems, dem die Einfuhr alkoholischer Getränke unterworfen ist, für einem effektiven Gesundheitsschutz[118], und zwar insbesondere hinsichtlich der Vorschriften über die Lagerung des Alkohols und der von den Inhabern einer Erlaubnis zu entrichtenden hohen Gebühren. 54

Fraglich ist in diesem Zusammenhang die Reichweite des mitgliedstaatlichen **Gestaltungsspielraumes**. Die Rechtsprechung des **EuGH** ist in bezug auf diese Frage nicht ganz konsequent: Einerseits stellt er insbesondere im Bereich der Unterrichtung der Verbraucher in Verbindung mit dem Gesundheitsschutz hohe Anforderungen auf: So ist grundsätzlich die zwingende Festlegung der Warenqualität und ein daraus folgendes Vertriebsverbot nicht erforderlich, soweit – dies wird zumindest im Falle der fehlenden Schädlichkeit der Substanzen an sich in der Regel der Fall sein – das entsprechende Rechtsgut (z.B. Gesundheits- oder Verbraucherschutz) durch eine Kennzeichnungspflicht geschützt werden kann[119]. Andererseits nimmt der EuGH in neuerer Zeit aber auch teilweise eine zu- 55

---

115 Vgl. aber EuGH, Rs. 120/78, Slg. 1979, S. 649, Rn. 11 (Rewe/Bundesmonopolverwaltung für Branntwein) (Cassis de Dijon); EuGH, Rs. 274/87, Slg. 1989, 229, Rn. 10 (Kommission/Deutschland); wohl auch EuGH, Rs. 90/86, Slg. 1988, 4285, Rn. 13 f. (Strafverfahren gegen Zoni); EuGH, Rs. C-426/92, Slg. 1994, I-2757, Rn. 43 (Deutschland/Deutsches Milch-Kontor). Die Geeignetheit bejaht wurde z.B. in folgenden Fällen: EuGH, Rs. C-39/90, Slg. 1991, I-3069, Rn. 23 (Denkavit/Land Baden-Württemberg); EuGH, Rs. C-1/90, C- 176/90, Slg. 1991, I-4151, Rn. 15 (Aragonesa/Departamento de Sanidad); EuGH, Rs. 174/82, Slg. 1983, 2445, Rn. 18 ff. (Strafverfahren gegen Sandoz).
116 Vgl. z.B. EuGH, Rs. C-131/93, Slg. 1994, I-3303, Rn. 25 (Kommission/Deutschland); EuGH, Rs. 261/85, Slg. 1988, 547, Rn. 15 ff. (Kommission/Vereinigtes Königreich). S. auch EuGH, Rs. 124/85, Slg. 1986, 3935, Rn. 13 (Kommission/Griechenland).
117 Vgl. aus der Rspr. etwa EuGH, Rs. C-293/94, Slg. 1994, I-4249, Rn. 19 (Strafverfahren gegen Houtwipper); EuGH, Rs. C-293/94, Slg. 1996, I-3159, Rn. 12 f. (Strafverfahren gegen Brandsma); EuGH, Rs. C-400/96, Slg. 1998, I-5121 (Strafverfahren gegen Jean Harpegnies); EuGH, Rs. C-184/96, Slg. 1998, I-6197, Rn. 22 ff. (Kommission/Frankreich).
118 EuGH, Rs. C-189/95, Slg. 1997, I-5909, Rn. 76 (Strafverfahren gegen Franzén).
119 Vgl. etwa EuGH, Rs. 178/84, Slg. 1987, 1227, Rn. 35 ff. (Kommission/Deutschland) (Reinheitsgebot für Bier); EuGH, Rs. 120/78, Slg. 1979, 649, Rn. 13 (Rewe/Bundesmonopolverwaltung für Branntwein) (Cassis de Dijon); EuGH, Rs. 407/85, Slg. 1988, 4233, Rn. 16 (Drei Glocken/USL Centro Sud); EuGH, Rs. C-17/93, Slg. 1994, I-3537, Rn. 19 (Strafverfahren gegen van der Veldt).

rückhaltendere Kontrolle vor: Hinzuweisen ist insbesondere[120] auf die Rs. C-388/95[121]: Hier ging es um eine spanische Regelung, wonach die Zulässigkeit des Führens einer Ursprungsbezeichnung (»Rioja« für den aus der gleichnamigen Region stammenden Wein) u.a. davon abhängig ist, daß der Wein in der Anbauregion abgefüllt wird. Der EuGH nahm hier eine Rechtfertigung aus Gründen der gewerblichen Schutzrechte an und hielt auch die Erforderlichkeit der Maßnahme für gegeben. Denn der Abfüllvorgang sei schwierig und könne nur von Personen mit großer Sachkenntnis durchgeführt werden; gleiches gelte für die Beförderung in nicht abgefülltem Zustand. Diese Sachkenntnis sei eben in erster Linie in der Herstellungsregion vorhanden. Im übrigen weist der EuGH in jüngeren Urteilen auch darauf hin, daß bei Unsicherheiten in Bezug auf die Frage der Wirksamkeit der Maßnahmen darauf abzustellen sei, daß (keine) Anhaltspunkte ersichtlich sein dürften, daß die nationale Regelung über das hinausgehe, was zur Erreichung des Zweckes erforderlich sei[122].

56 Vor diesem Hintergrund drängt sich folgende Präzisierung für die Reichweite des mitgliedstaatlichen Gestaltungsspielraums auf: Soweit es um die Einschätzung der Wirksamkeit einer Maßnahme auf der Grundlage bestimmter politischer Konzepte bzw. Prioritäten geht, diese jedoch durch die Mitgliedstaaten gesetzt werden dürfen, ist im Grundsatz von einem **weiten Gestaltungsspielraum** der Mitgliedstaaten auszugehen. Insofern erscheint die erwähnte Rechtsprechung des EuGH zum Verbraucherschutz nicht ganz unbedenklich; der EuGH setzt nämlich seine Konzeption eines »mündigen« Verbrauchers an die Stelle der Konzeption der betroffenen Mitgliedstaaten, die teilweise von einem »unmündigen« Verbraucher ausgehen, wodurch die politischen Entscheidungen der Mitgliedstaaten in Frage gestellt werden. Sobald es aber allein um die »technische« Frage geht, ob ein milderes Mittel zur Verfügung gestanden hätte, muß zumindest in vertretbarer Weise dargelegt werden, daß die möglicherweise auch in Frage kommenden (milderen) Maßnahmen eben nicht gleich wirksam wären. Daher vermag der Ansatz des EuGH in der erwähnten Rs. 388/95 nicht zu befriedigen und lässt einige Fragen offen, so insbesondere diejenigen danach, ob wirklich alle Unternehmen in der Region über das nötige Know-how verfügen, warum die Abfüllung und der Transport von Rioja schwieriger sein soll als von anderem Qualitätswein und warum die Erhaltung der Qualität des Weins nicht durch mildere Mittel (Prüfungen für abfüllende Unternehmen, Anforderungen an den Transport o.ä.) hätten sichergestellt werden können[123]. Im Ergebnis dürfte daher in diesem Urteil der Entscheidungsspielraum der Mitgliedstaaten angesichts des doch recht technischen Charakters der sich stellenden Probleme zu weit gefasst sein. Insgesamt kann damit festgehalten werden, daß je größer die Rolle bestimmter politischer Konzepte oder Prioritäten für die Wahl des Mittels ist, desto weiter auch der Gestaltungsspielraum der Mitgliedstaaten ausfallen muß. Damit erklärt sich auch die Berücksichtigung tatbestandlicher Unsicherheiten im Rahmen der (weiteren) Fassung des Gestaltungsspielraumes, steht doch auch hier letztlich eine politische Entscheidung zur Debatte.

---

120 S. aber auch EuGH, Rs. C-220/98, EuZW 2000, 286 (Lauder Cosmetics/Lancaster), wo der EuGH in bezug auf die Frage, ob eine nationale Regelung, die es verbietet, eine Creme unter der Bezeichnung »Lifting« zu verkaufen, weil sie beim Verbraucher den Eindruck einer dauerhaften Wirkung – dem operativen »Liftung« vergleichbar – hervorrufen könnte, mit Art. 28 in Einklang steht, nicht abschließend beantwortet, sondern nur abstrakt die Kriterien nennt.
121 EuGH, Rs. C-388/95, EuZW 2000, 633, Rn. 61 ff. (Belgien/Spanien).
122 S. etwa EuGH, Rs. C-473/98, EuZW 2000, 638, Rn. 40 ff. (Kemikalieinspektionen/Toolex Alpha); EuGH, Rs. C-394/97, Slg. 1999, I-3599, Rn. 36 ff. (Strafverfahren gegen Heinonen).
123 Insofern erscheint die Abweichung zum Urteil Delhaize (EuGH, Rs. C-47/90, Slg. 1992, I-3669 (Delhaize/Promalvin)) nicht ganz einleuchtend.

3. Angemessenheit

Beim letzten Schritt der Verhältnismäßigkeitsprüfung geht es um die Abwägung zwischen der Beeinträchtigung des freien Warenverkehrs einerseits und dem verfolgten Schutzinteresse andererseits. Ggf. sind in diesem Rahmen auch betroffene Grundrechte[124] angemessen zu berücksichtigen. Der EuGH läßt eine mitgliedstaatliche Maßnahme nur außerordentlich selten an diesem Erfordernis scheitern[125]; bei den in dieser Hinsicht problematischen Fällen wird es häufig schon an der Erforderlichkeit fehlen.

57

---

124 Zu ihrer Geltung Rn. 26 ff.
125 Vgl. aber in bezug auf Art. 12 EuGH, Rs. C-29/95, Slg. 1997, I-1, Rn. 25 ff. (Pastoors u.a./ Belgien).

Art. 31 (ex-Art. 37)

(1) Die Mitgliedstaaten formen ihre staatlichen Handelsmonopole[1] derart um, daß jede Diskriminierung in den Versorgungs- und Absatzbedingungen[6 ff.] zwischen den Angehörigen der Mitgliedstaaten ausgeschlossen ist.
Dieser Artikel gilt für alle Einrichtungen, durch die ein Mitgliedstaat unmittelbar oder mittelbar die Einfuhr oder die Ausfuhr zwischen den Mitgliedstaaten rechtlich oder tatsächlich kontrolliert, lenkt oder merklich beeinflußt. Er gilt auch für die von einem Staat auf andere Rechtsträger übertragenen Monopole.

(2) Die Mitgliedstaaten unterlassen jede neue Maßnahme, die den in Absatz 1 genannten Grundsätzen widerspricht oder die Tragweite der Artikel über das Verbot von Zöllen und mengenmäßigen Beschränkungen zwischen den Mitgliedstaaten einengt[10 f.].

(3) Ist mit einem staatlichen Handelsmonopol eine Regelung zur Erleichterung des Absatzes oder der Verwertung landwirtschaftlicher Erzeugnisse verbunden, so sollen bei der Anwendung dieses Artikels gleichwertige Sicherheiten für die Beschäftigung und Lebenshaltung der betreffenden Erzeuger gewährleistet werden.

Inhaltsübersicht:

A. Bedeutung und Geltungsbereich	1
B. Umformung staatlicher Handelsmonopole	6
C. Stillstand-Klausel	11
D. Abgrenzungsfragen	13

A. Bedeutung und Geltungsbereich

1   Aus Art. 31 Abs. 1 ergibt sich der Bezugspunkt dieser Bestimmung: Sie bezieht sich auf **staatliche Handelsmonopole**[1]. In Anknüpfung an Art. 31 Abs. 1 Uabs. 2 sind solche gegeben, wenn einem bestimmten Rechtsträger[2] durch einen **staatlichen Hoheitsakt** die **ausschließliche Befugnis** verliehen wird, die dem Monopol unterliegenden Produkte herzustellen und/oder zu vertreiben. Die Bezugnahme auf »rechtliche oder tatsächliche« Kontrolle in Abs. 1 Uabs. 2 weist darauf hin, daß es nicht darauf ankommt, ob formell ein Ausschließlichkeitsrecht vorliegt[3]. Zudem muß sich das Monopol auf den Handel beziehen, was immer dann gegeben ist, wenn es um Handelswaren geht, bei denen ein (grenzüberschreitender) Warenaustausch möglich ist und das Monopol hierauf rechtlich oder tatsächlich merklichen Einfluß entfaltet[4]. Die Einbeziehung dieser Mono-

---

1   Zu diesem Erfordernis etwa EuGH, Rs. 59/75, Slg. 1976, 91, Rn. 4/5 ff. (Staatsanwaltschaft/Manghera); EuGH, Rs. 161/82, Slg. 1983, 2079, Rn. 14 ff. (Kommission/Frankreich); EuGH, Rs. 30/87, Slg. 1988, 2479, Rn. 10 ff. (Bodson/Pompes funèbres); EuGH, Rs. C-347/88, Slg. 1990, I-4747, Rn. 42 (Kommission/Griechenland); EuGH, Rs. C-78-83/90, Slg. 1992, I-1847, Rn. 36 f. (Sociétés Compagnie Commerciale de l'Ouest u.a./Receveur principal des douanes). Für eine Auflistung der in den verschiedenen Mitgliedstaaten bestehenden Monopole S. *Leible*, in: Grabitz/Hilf, EU, Art. 31, Rn. 12.
2   Gem. Art. 31 Abs. 1 Uabs. 2 werden auch sog. »delegierte Monopole« erfaßt. Hierzu aus der Rechtsprechung etwa EuGH, Rs. 393/92, Slg. 1994, I-1477 (Almelo).
3   In diesem Sinn wohl auch EuGH, Rs. 13/70, Slg. 1970, 1039, Rn. 4/5 (Cinzano/Hauptzollamt).
4   S. schon EuGH, Rs. 6/64, Slg. 1964, 1251, 1276 (Costa/E.N.E.L.); EuGH, Rs. 30/87, Slg. 1988, 2479, Rn. 10 ff. (Bodson/Pompes funèbres); EuGH, Rs. C-393/92, Slg. 1994, I-1477, Rn. 29 (Gemeente Almelo/Energiebedrijf Ijsselmij). Dienstleistungsmonopole werden jedenfalls nicht erfaßt, EuGH, Rs. 155/73, Slg. 1974, 409, Rn. 10 (Sacchi); EuGH, Rs. 30/87, Slg. 1988, 2479, Rn. 13 f. (Bodson/Pompes funèbres).

pole in die vertraglichen Regelungen über den freien Warenverkehr drängt sich schon deshalb auf, weil sowohl ihre Existenz als auch ihre konkrete Ausgestaltung gewichtige Auswirkungen auf die Verwirklichung des freien Warenverkehrs in der Union entfalten kann[5]. Aus dem Umstand, daß der EuGH im Urteil Manghera[6] auf das Vorbringen der italienischen Regierung, das italienische Tabakmonopol sei ein Finanzmonopol, auf das Art. 31 keine Anwendung finde, nicht eingeht, kann wohl geschlossen werden, daß seiner Ansicht nach Art. 31 auch für Finanzmonopole gilt. Dienstleistungsmonopole werden jedoch nicht erfasst[7], sondern sind am Maßstab des Art. 49 zu prüfen.

Art. 31 ist immer schon dann betroffen, wenn die fraglichen Maßnahmen einen Zusammenhang mit dem Monopol aufweisen und sich auf den zwischenstaatlichen Handel auswirken; nicht erforderlich ist es dagegen, daß Ein- oder Ausfuhren betroffen sind, die unmittelbar Gegenstand des Monopols sind. Notwendig ist aber jedenfalls ein **spezifischer Zusammenhang** mit dem Monopol[8]. 2

Eine **Rechtfertigung** analog Art. 30 ist nicht möglich; aus teleologischen und systematischen Gründen ist der Anwendungsbereich des Art. 30 auf die Verbotstatbestände der Art. 28, 29 zu beschränken[9]. Eine Rechtfertigung ist allerdings nach neuer Rechtsprechung entsprechend Art. 86 Abs. 2 möglich, so dass diese Vorschrift im Ergebnis auch im Rahmen des Art. 31 heranzuziehen ist[10]. 3

Art. 31 verlangt nicht die Abschaffung der Monopole, sondern (nur) ihre **Umformung** im Sinne einer nicht diskriminierenden Ausgestaltung. Zudem werden der **Einführung** neuer in diese Richtung gehender Maßnahmen Grenzen gesetzt. Sowohl das Umformungsgebot als auch die Stillstand-Klausel begründen Rechte Einzelner; diesen Vorschriften kommt also **unmittelbare Wirkung** zu[11], die vor den einzelstaatlichen Gerichten durchzusetzen ist. 4

Die Bestimmung ist durch den Amsterdamer Vertrag insofern etwas entschlackt worden, als die mit Ablauf der Übergangsregelung gegenstandslos gewordenen ehemaligen 5

---

5 Vgl. etwa EuGH, Rs. C-387/93, Slg. 1995, I-4663, Rn. 27 (Strafverfahren gegen Banchero). Zur Aktualität des Art. 31 *I. F. Hochbaum,* in: GTE, EGV, Art. 37, Rn. 2. Zur praktischen Bedeutung derartiger Monopole ebd., Rn. 5, 14 ff. Zur Zielsetzung des Art. 31 *S. Leible,* in: Grabitz/Hilf, EU, Art. 31, Rn. 1.
6 EuGH, Rs. 59/75, Slg. 1976, 91, Rn. 4/5 ff. (Staatsanwaltschaft/Manghera).
7 Dies kann wohl aus EuGH, Rs. 155/73, Slg. 1974, 409, Rn. 9 f. (Sacchi) geschlossen werden. Ebenso *W. Berg,* in: Schwarze, EGV, Art. 31, Rn. 6; EuGH, Rs. C-158/94, Slg. 1997, I-5789, Rn. 33 (Kommission/Italien); *S. Leible,* in: Grabitz/Hilf, EU, Art. 31, Rn. 4, 11.
8 Vgl. aus der Rspr. etwa EuGH, Rs. 91/75, Slg. 1976, 217, Rn. 8 ff. (Hauptzollamt Göttingen/Miritz); EuGH, Rs. 91/78, Slg. 1979, 935, Rn. 8 (Hansen/Hauptzollamt Flensburg); EuGH, Rs. 86/78, Slg. 1979, 897, Rn. 34 ff. (Peureux/Directeur des services fiscaux); EuGH, Rs. 119/78, Slg. 1979, 975, Rn. 28 ff. (Peureux/Directeur des services fiscaux). Aus der Literatur i. Erg. ebenso etwa *W. Berg,* in: Schwarze, EGV, Art. 31, Rn. 3 f.
9 EuGH, Rs. C-158/94, Slg. 1997, I-5789, Rn. 33 (Kommission/Italien); EuGH, Rs. C-159/94, Slg. 1997, I-5815, Rn. 41 (Kommission/Frankreich). Zum Problemkreis *U. Ehricke,* Zur Anwendbarkeit des Art. 36 EG-Vertrag auf Art. 37 EG-Vertrag, EWS 1994, 186 ff.
10 EuGH, Rs. C-157/97, Slg. 1997, I-5768, Rn. 32 (Kommission/Niederlande); EuGH, Rs. C-159/94, Slg. 1997, I-5815, Rn. 49 (Kommission/Frankreich). Hierzu und i. Erg. zustimmend *U. Ehricke,* Zur Konzeption von Art. 37 I und Art. 90 II EGV, EuZW 1998, S. 741 ff. A.A. *Emmerich,* in: Hb.EGWirtR, H.II., Rn. 33.
11 Für Art. 31 Abs. 1 EuGH, Rs. 59/75, Slg. 1976, 91, Rn. 15/12 ff. (Staatsanwaltschaft/Manghera); EuGH, Rs. 45/75, Slg. 1976, 181, Rn. 24 (Rewe/Hauptzollamt Landau); für Art. 31 Abs. 2 EuGH, Rs. 6/64, 15.7.1964, Slg. 1964, 1251, 1276 (Costa/E.N.EL.); EuGH, Rs. 13/70, Slg. 1970, 1089, Rn. 3 ff. (Cinzano/Hauptzollamt Saarbrücken).

Abs. 3, 4, 5, 6 gestrichen wurden, mit Ausnahme der nun in Abs. 3 festgehaltenen Berücksichtigungspflicht der Beschäftigungs- und Lebenshaltungsinteressen der Erzeuger im landwirtschaftlichen Bereich.

B. Umformung staatlicher Handelsmonopole

6 Nach Art. 30 Abs. 1 Uabs. 1 haben die Mitgliedstaaten ihre Handelsmonopole so umzuformen, daß keine **Diskriminierung** in den **Versorgungs- und Absatzbedingungen** auftritt[12]. Diese Auflage soll verhindern, daß das Verhalten staatlicher Handelsmonopole die Wirksamkeit der Regeln über den freien Warenverkehr einschränkt. Die staatlichen Handelsmonopole werden also nicht verboten, sondern es wird sichergestellt, daß sie die Anwendung der allgemeinen Regeln über den freien Warenverkehr nicht einschränken. Entsprechend dieser Zielsetzung bleibt Art. 31 auch nach der Umformung der Monopole insoweit relevant, als er der diskriminierenden Wahrnehmung ausschließlicher Rechte entgegensteht[13].

7 Diesen Anforderungen läuft z.B. ein ausschließliches Recht eines staatlichen Monopols zur Einfuhr von Tabakwaren entgegen, bringt es doch eine Diskriminierung gegenüber den Exporteuren in der Union mit sich[14]. Ebenso ist es mit den Vorgaben des Art. 31 Abs. 1 nicht vereinbar, daß ein staatliches Monopol für Branntwein diesen (unter Inanspruchnahme öffentlicher Mittel) zu einem Preis vermarktet, der angesichts der auf eingeführten Branntwein erhobenen Steuern sehr viel niedriger ausfällt[15]. Art. 31 greift darüber hinaus auch ein, wenn ein Handelsmonopol den Ankauf einheimischer Erzeugnisse davon abhängig macht, daß sie ohne Verwendung ausländischer Ausgangsstoffe hergestellt worden sind[16] oder wenn ein Einfuhrrecht eines Monopols zwar quotenmäßig beschränkt ist, ihm aber weiterhin ein spürbarer Einfluß auf die Gesamtheit der Einfuhren verbleibt[17]. Ein ausschließliches Einfuhrrecht muß also nicht sämtliche Einfuhren erfassen[18], sondern es genügt grundsätzlich die Erfassung eines Teils, sofern die Einfuhren insgesamt dadurch merklich beeinflußt werden.

8 Darüber hinaus dürfte eine Diskriminierung in den Versorgungsbedingungen immer schon dann gegeben sein, wenn die Angehörigen eines bestimmten Mitgliedstaates die entsprechenden Produkte nur bei einem Monopolunternehmen beziehen dürfen, während es den Angehörigen der übrigen Mitgliedstaaten offensteht, auch auf andere Anbieter zurückzugreifen. Entsprechend gestaltet sich die Problemstellung bei den Absatzbedingungen, denen schon dann diskriminierender Charakter zukommt, wenn sich zwar das Handelsmonopol auf dem gesamten Markt in der Union frei bewegen darf, die üb-

---

12 Hierzu etwa EuGH, Rs. 78/82, Slg. 1983, 1955, Rn. 11 ff. (Kommission/Italien); EuGH, Rs. 91/78, Slg. 1979, 935, Rn. 8 f. (Hansen/Hauptzollamt Flensburg).
13 EuGH, Rs. 91/78, Slg. 1979, 935, Rn. 7 ff. (Hansen/Hauptzollamt Flensburg).
14 EuGH, Rs. 59/75, Slg. 1976, 91, Rn. 9/12 ff. (Staatsanwaltschaft/Manghera). S. auch EuGH, Rs. 90/82, Slg. 1983, 2011, Rn. 26 (Kommission/Frankreich); EuGH, Rs. 119/78, Slg. 1979, 975, Rn. 30 f. (Peureux/Directeur des services fiscaux).
15 EuGH, Rs. 91/78, Slg. 1979, 935, Rn. 14 (Hansen/Hauptzollamt Flensburg); s. auch EuGH, Rs. 13/70, Slg. 1970, 1089, Rn. 3 ff. (Cinzano/Hauptzollamt Saarbrücken); EuGH, Rs. 45/75, Slg. 1976, 181, Rn. 26 f. (Rewe/Hauptzollamt Landau); EuGH, Rs. 86/78, Slg. 1979, 897, Rn. 21 f. (Peureux/Directeur des services fiscaux); EuGH, Rs. 119/78, Slg. 1979, 975, Rn. 30 f. (Peureux/Directeur des services fiscaux).
16 EuGH, Rs. 119/78, Slg. 1979, 975, Rn. 27 ff. (Peureux/Directeur des services fiscaux).
17 EuGH, Rs. C-347/88, Slg. 1990, I-4747, Rn. 39 ff. (Kommission/Griechenland).
18 Ausdrücklich in Bezug auf die Einfuhr von Elektrizität EuGH, Rs. C-157/94, Slg. 1997, I-5699, Rn. 18 (Kommission/Niederlande).

rigen Anbieter aus der Gemeinschaft aber gerade auf dem Markt des Handelsmonopols wegen dessen Monopol nicht tätig werden dürfen[19]. Dies impliziert, daß eine den Anforderungen des Art. 31 entsprechende Umformung der staatlichen Handelsmonopole letztlich nur durch die Abschaffung jeglicher ausschließlicher Ein- und Ausfuhrrechte erfolgen kann. Das Verbot des Art. 31 Abs. 1 zielt demnach auf alle Fälle, in denen ein Mitgliedstaat in der Lage ist, den Handel über eine von ihm geschaffene Einrichtung oder ein Monopol zu kontrollieren oder merklich zu beeinflussen[20]. Von Monopolen, denen ein ausschließliches Einfuhrrecht zusteht, kann nämlich, insbesondere wenn sie – wie etwa das italienische Tabakmonopol – auch über ein Herstellungsmonopol verfügen, eine nicht diskriminierende Handhabung der Einfuhren kaum erwartet werden[21]. Dagegen entspricht das schwedische Alkoholmonopol im Einzelhandel den Anforderungen des Art. 31: Denn die Sortimente der Einzelhandelsgeschäfte werden nach nicht von der Herkunft der Produkte abhängigen Kriterien zusammengestellt[22]. Die begrenzte Zahl der Alkohol führenden Geschäfte beeinträchtige auch nicht die Versorgung der Verbraucher; zumindest werden hierdurch die eingeführten Alkoholika nicht stärker betroffen als die im Inland hergestellten[23].

Fraglich ist hingegen, ob Art. 31 – in Anknüpfung an die »Dassonville«-Formel – ein umfassendes Beschränkungsverbot darstellt, wie dies teilweise in der Literatur vertreten wird[24]. Die Rechtsprechung dürfte jedenfalls nicht soweit gehen, erfolgt doch in den relevanten Fällen regelmäßig eine Anknüpfung an den faktisch diskriminierenden Charakter einer Regelung[25]. In Anbetracht des Umstandes, dass Art. 31 ja gerade nicht die Abschaffung der Handelsmonopole verlangt und allein die Existenz der Monopole in vielen Fällen schon eine Beeinträchtigung des Handels im Sinne der Dassonville-Formel bewirken können, dürfte eine Auslegung des Art. 31 im Sinne eines umfassenden Beschränkungsverbots nicht der Systematik des Vertrages entsprechen. Hiergegen kann auch nicht auf die Konvergenz der Grundfreiheiten[26] verwiesen werden, unterscheiden sich Struktur und Funktion des Art. 31 doch von den Grundfreiheiten. 9

Art. 31 steht umgekehrten Diskriminierungen[27], die dazu führen, daß inländische Erzeugnisse mit höheren Abgaben belastet werden als eingeführte Produkte, nicht entge- 10

---

19 S. für beide Fallgestaltungen in diese Richtung etwa V. *Emmerich*, in: Hb.EGWirtR, H.II. Rn. 10 m.w.N.; s. auch *I.F. Hochbaum*, in: GTE, EGV, Art. 37, Rn. 39; aus der Rechtsprechung in diese Richtung EuGH, Rs. 59/75, Slg. 1976, 91, Rn. 9/12 (Staatsanwaltschaft/Manghera); EuGH, Rs. C-202/88, Slg. 1991, I-1223, Rn. 34 ff. (Frankreich/Kommission).
20 EuGH, Rs. 30/87, Slg. 1988, 2479, Rn. 11 (Bodson/Pompes funèbres).
21 Da Art. 31 Abs. 1 nur von einer »Umformung« der Handelsmonopole spricht, sehen die Beitrittsakte Griechenland (Art. 40), Spanien (Art. 48) und Portugal (Art. 208) ausdrücklich die Aufhebung der in diesen Ländern bestehenden ausschließlichen Einfuhr- und Ausfuhrrechte vor. Vgl. ABl. L 291/1979; ABl. L 302/1985. Schweden und Finnland mußten ebenfalls mit ihrem Beitritt zur EU das Alkoholmonopol im Bereich der Einfuhr, Herstellung und dem Großhandel abschaffen; aufrechterhalten können sie dagegen nach dem erzielten politischen Kompromiß das Monopol im Einzelhandel, vgl. Agence Europe Nr. 6134 vom 22.12.1993, S. 7 f. Der Beitrittsvertrag selbst jedoch enthält keinerlei Übergangsvorschriften, so daß in jedem Fall die rechtlichen Vorgaben des Art. 31 maßgeblich sind.
22 EuGH, Rs. C-189/95, Slg. 1997, I-5909, Rn. 44 ff. (Strafverfahren gegen Franzén).
23 EuGH, Rs. C-189/95, Slg. 1997, I-5909, Rn. 54 ff. (Strafverfahren gegen Franzén).
24 S. ausdrücklich *Leible*, in: Grabitz/Hilf, EU, Art. 31, Rn. 14 ff. A.A. etwa *Berg*, in: Schwarze, EGV, Art. 31, Rn. 12
25 S. etwa EuGH, Rs. 91/78, Slg. 1979, 935 Rn. 7 ff. (Hansen/Hauptzollamt Flensburg); EuGH, Rs. 90/82, Slg. 1983, 2011, Rn. 26 ff. (Kommission/Frankreich).
26 Art. 28, Rn. 56 ff.
27 Hierzu schon Art. 12 Rn. 24 ff.

gen[28]. Auch eine Handelsspannenregelung eines Handelsmonopols ist zulässig und zwar selbst dann, wenn sie von ausländischen Herstellern ebenfalls zu respektieren ist[29].

C. Stillstand-Klausel

11 Während Art. 31 Abs. 1 schon bestehende Handelsmonopole erfaßt, setzt die Stillstand-Klausel des Art. 31 Abs. 2 der **Errichtung neuer Monopole** insofern dem Abs. 1 vergleichbare Schranken, als sie nicht zu neuen Diskriminierungen in den Versorgungs- und Absatzbedingungen führen und keine Umgehung der Bestimmungen über die Abschaffung der Zölle und mengenmäßigen Beschränkungen darstellen dürfen.

12 Gegen diese Auflagen verstößt es etwa, wenn ein Mitgliedstaat ausschließlich eingeführte Erzeugnisse belastet, um den Unterschied zwischen dem Verkaufspreis des Produktes im Herkunftsland und dem höheren Preis, den das staatliche Monopol den inländischen Herstellern des entsprechenden Produktes zahlt, auszugleichen[30]. Dagegen liegt keine Diskriminierung vor, wenn das eingeführte Produkt in derselben Höhe belastet wird wie das von dem Monopol betroffene inländische Erzeugnis[31].

D. Abgrenzungsfragen

13 Grundsätzlich sind auf die Handelsmonopole auch die allgemeinen Vorschriften des Vertrages (insbesondere Art. 10, 12, 28, 81 f., 87 f.) anwendbar[32]. Allerdings kommt den allgemeinen Vorschriften immer dann Vorrang zu, wenn die Handelsmonopole (nur) ebenso wie andere Unternehmen betroffen sind[33]. Umgekehrt dürfte Art. 31 vorgehen, wenn es um Regelungen bzw. Verhaltensweisen geht, die einen spezifischen Zusammenhang mit der Gewährung oder der Ausübung des ausschließlichen Rechts aufweisen[34]. So ist Art. 31 etwa als lex specialis zu Art. 86 anzusehen, wenn ein Monopol durch hohe Ankaufspreise einheimische Erzeuger subventioniert[35].

---

28 EuGH, Rs. 86/78, Slg. 1979, 897, Rn. 34 ff. (Peureux/Directeur des services fiscaux); wohl auch EuGH, Rs. 91/78, Slg. 1979, 935, Rn. 16 (Hansen/Hauptzollamt Flensburg).
29 EuGH, Rs. 78/82, Slg. 1983, 1955, Rn. 11 ff. (Kommission/Italien) (Tabakmonopol).
30 EuGH, Rs. 91/75, Slg. 1976, 217, Rn. 8 ff. (Hauptzollamt Göttingen/Miritz).
31 EuGH, Rs. 13/70, Slg. 1970, 1089, Rn. 3 ff. (Cinzano/Hauptzollamt Saarbrücken).
32 EuGH, Rs. 119/78, Slg. 1979, 975, Rn. 17 ff. (Peureux/Directeur des services fiscaux); EuGH, Rs. 45/75, Slg. 1976, 181, Rn. 6 ff. (Rewe/Hauptzollamt Landau).
33 Vgl. z.B. EuGH, Rs. 120/78, Slg. 1979, 649, Rn. 7 (Rewe/Bundesmonopolverwaltung für Branntwein) (Cassis de Dijon); EuGH, Rs. 91/78, Slg. 1979, 935, Rn. 8 f. (Hansen/Hauptzollamt Flensburg); EuGH, Rs. C-347/88, Slg. 1990, I-4747, Rn. 54 ff. (Kommission/Griechenland).
34 Rn. 2.
35 EuGH, Rs. 91/78, Slg. 1979, 935, Rn. 10 (Hansen/Hauptzollamt Flensburg).

Titel II
Die Landwirtschaft

Art. 32 (ex-Art. 38)

(1) Der Gemeinsame Markt[32] umfaßt[3 ff., 29 ff.] auch die Landwirtschaft[21 ff.] und den Handel mit landwirtschaftlichen Erzeugnissen[11 ff.]. Unter landwirtschaftlichen Erzeugnissen sind die Erzeugnisse des Bodens, der Viehzucht und der Fischerei sowie die mit diesen in unmittelbarem Zusammenhang stehenden Erzeugnisse der ersten Verarbeitungsstufe[14 ff.] zu verstehen[13 ff., 17].

(2) Die Vorschriften für die Errichtung des Gemeinsamen Marktes finden auf die landwirtschaftlichen Erzeugnisse Anwendung, soweit in den Artikeln 33 bis 38 nicht etwas anderes bestimmt ist[6, 29 ff.].

(3) Die Erzeugnisse, für welche die Artikel 33 bis 38 gelten, sind in der diesem Vertrag als Anhang I beigefügten Liste aufgeführt[12 ff.].

(4) Mit dem Funktionieren und der Entwicklung des Gemeinsamen Marktes für landwirtschaftliche Erzeugnisse muß die Gestaltung einer gemeinsamen Agrarpolitik[6] Hand in Hand gehen[31].

Inhaltsübersicht:

A. Einführung	1
B. Einbeziehung der Landwirtschaft und der landwirtschaftlichen Erzeugnisse in den Gemeinsamen Markt	3
C. Anwendungsbereich	8
I. Inhaltlicher Anwendungsbereich	9
1. Landwirtschaftliche Erzeugnisse	11
a) Das Spannungsverhältnis zwischen Abs. 1 Satz 2 und Abs. 3	11
b) Erweiterung der Liste in Anhang I des Vertrages auch noch nach Ablauf der ursprünglichen Zweijahresfrist des Abs. 3 Satz 2?	17
c) Gleichstellung von Verarbeitungserzeugnissen mit landwirtschaftlichen Erzeugnissen über Art. 308 in Einzelfällen	18
d) Auslegung und Umfang der auf der Liste des Anhangs I erfaßten landwirtschaftlichen Erzeugnisse	20
2. Definition des Begriffs »Landwirtschaft«	21
II. Territorialer Anwendungsbereich	28
D. Das Verhältnis der GAP zum Gemeinsamen Markt	29
E. GAP und Binnenmarkt	34

A. Einführung

Die Gemeinsame Agrarpolitik hat seit Bestehen der EWG insgesamt für die Gemeinschaft eine besondere Rolle gespielt. Mit ihrem weit fortgeschrittenen Integrationsstand und ihren allgemeinen Impulsen für die Integration auf der einen Seite[1] und die durch die enormen Haushaltsbelastungen für die Integration bestehenden Gefahren auf der anderen, ist die GAP, wie *Ahner* es treffend formuliert[2], in der Tat Herzstück und Sorgenkind zugleich. Zwar haben die insbesondere im Rahmen der Agrarreform von 1992 und als

1

---

1 *J. Korte/T. van Rijn*, in: GTE, EUV, Vor Art. 38, Rn. 1; *D. Ahner*, in: Handbuch der Europäischen Integration, S. 847.
2 *D. Ahner*, in: Handbuch der Europäischen Integration, 1996, S. 846.

Folge der Agenda 2000 (s. Art. 34, Rn. 34 ff.) ergriffenen Maßnahmen Entspannungen der Lage nach sich gezogen, doch sind aufgrund der bevorstehenden Erweiterung der EU und des sich aus der fortschreitenden Globalisierung ergebenden politischen Drucks auf die EG weitergehende Reformen wohl erforderlich. Zudem haben offenbar die BSE-Krisen und die im Jahre 2001 insbesondere im Vereinigten Königreich wieder ausgebrochene Maul- und Klauenseuche in Ansätzen zu dem politischen Willen geführt, tiefgreifendere Reformen anzugehen. Ob dies gelingen wird, bleibt angesichts der in vielen Bereichen auftretenden großen Interessenunterschiede zwischen den einzelnen Mitgliedstaaten abzuwarten.

2   Die Diskussionen um die Reformen der GAP werden seit Bestehen der Gemeinschaft mit besonderer Heftigkeit geführt. Aufgrund der gerade genannten Umstände sind Themen zur Landwirtschaftspolitik, auch wenn dies zwischenzeitlich aufgrund der Konzentration auf andere wesentliche Facetten der fortschreitenden Integration möglicherweise nicht immer der Fall war, im öffentlichen Bewußtsein deutlich präsent. Die Verhandlungen mit den beitrittssuchenden Staaten Mittel- und Osteuropas sowie Zypern werden seit einigen Jahren geführt und eine erste Runde der Erweiterung steht möglicherweise nicht mehr in allzu weiter Ferne. Jedwede Art von Erweiterung wird unter anderem gewaltige ökonomische Herausforderungen mit sich bringen. Diese ergeben sich aus den großen Diskrepanzen der Volkswirtschaften der beitrittssuchenden Mitgliedstaaten einerseits und der jetzigen Mitgliedstaaten andererseits. Darüber hinaus handelt es sich bei den beitrittssuchenden Staaten im wesentlichen um stark agrarwirtschaftlich ausgerichtete Staaten. Die Landwirtschaft stellt ca. 22% der Erwerbsbevölkerung, die landwirtschaftliche Nutzfläche beträgt ca. 60 Mio. ha[3]. Die GAP wird daher zur Vorbereitung und Ermöglichung der Erweiterung in besonderem Maße einer Evaluierung (und voraussichtlich auch weitergehenden Reformen) zu unterziehen sein. Falsch wäre es jedoch, Reformnotwendigkeiten einseitig in der geplanten Erweiterung zu sehen. Bereits die bestehende Gemeinschaft steht unter Handlungszwang, nicht zuletzt um die europäische Landwirtschaft weltweit konkurrenzfähig zu machen. Auf diese Fragen wird jedoch an späterer Stelle noch detaillierter eingegangen (vgl. Art. 34, Rn. 34 ff.).

B. Einbeziehung der Landwirtschaft und der landwirtschaftlichen Erzeugnisse in den Gemeinsamen Markt

3   Abs. 1 bestimmt: »Der Gemeinsame Markt umfaßt auch die Landwirtschaft und den Handel mit landwirtschaftlichen Erzeugnissen«. Mit dieser Formulierung ist zunächst klargestellt, daß Agrarerzeugnisse überhaupt mit in den Anwendungsbereich des Vertrags fallen, daß dieser also nicht nur für gewerbliche Produkte Geltung hat. Die Landwirtschaft befand sich Ende der fünfziger Jahre in einer mit derjenigen der gewerblichen Wirtschaft kaum zu vergleichenden Lage. In sämtlichen ursprünglichen Mitgliedstaaten wurde die Landwirtschaft, wenn auch hinsichtlich der Zielsetzung teilweise recht unterschiedlich, staatlich marktregulierend unterstützt bzw. gelenkt[4]. Die Gründe hierfür waren die gleichen, für die zum Teil auch heute noch Gültigkeit beansprucht wird. Die Agrarwirtschaft könne nicht den allgemeinen Gesetzen von Angebot und Nachfrage unterworfen werden, da die landwirtschaftliche Produktion und auch die Nachfrage in diesem Marktbereich nicht in der Weise flexibel auf Marktentwicklungen reagieren

---

3   Zu den genannten Zahlen vgl. Stellungnahme des Ausschusses der Regionen vom 19./20.11. 1997, Nr. 98/C64/07 vom 20.11.1997 zum Thema »Die Auswirkungen einer EU-*Mitgliedschaft* der beitrittswilligen Länder Mittel- und Osteuropas auf die Politiken der EU (Wirkungsanalyse)«, ABl.EG Nr. C 64/48, S. 50.
4   Vgl. hierzu *Oppermann*, Europarecht, Rn. 1225.

könnten, wie dies bei gewerblichen Erzeugnissen der Fall sei. Die Preisgestaltung hänge in weit stärkerem Maße als bei gewerblichen Erzeugnissen von Faktoren ab, die von den Produzenten landwirtschaftlicher Produkte nicht beeinflußt werden könnten. So sei die Ernte häufig wegen ihrer Abhängigkeit von Witterungsbedingungen eher zufällig, die Produkte könnten meist nicht für längere Zeit eingelagert werden, die nachfrageorientierte Umstellung auf andere Produkte falle schwerer, da z.B. die Nutzung der Böden nicht kurzfristig geändert werden könne usw.[5]. Landwirtschaftlichen Produkten komme aber wegen ihrer Existenzsicherungsfunktion ganz besondere Bedeutung zu[6]. Insbesondere letzteres ist eine Erfahrung der letzten Kriegs- und der Nachkriegsjahre. Diese Besonderheiten sind im übrigen mit Art. 33 Abs. 2 lit. a) und b) auch primärrechtlich verankert worden. Auf die Diskussion um die Aufhebung des Sonderstatus der Landwirtschaft soll hier nicht eingegangen, wohl aber verwiesen werden[7].

Basierend auf diesen Einsichten hatten sich in den Mitgliedstaaten Strukturen in der Landwirtschaft entwickelt, die dazu führten, daß keine Bereitschaft bestand, die staatliche Lenkung aufzugeben und die Landwirtschaft lediglich den allgemeinen Regeln des Gemeinsamen Marktes bzw. den Marktgesetzen zu unterwerfen. Andererseits war die Landwirtschaft für die Volkswirtschaften der Mitgliedstaaten insgesamt derart bedeutsam[8], daß ihre Ausklammerung aus dem Gemeinsamen Markt für einige der Staaten nicht in Frage kam. Insbesondere war für Frankreich die Sicherung des Überlebens seiner Landwirtschaft derart wichtig, daß es die Aufnahme einer gemeinsamen Agrarpolitik in den EWG-Vertrag zur Bedingung für seine Zustimmung zur Einführung des freien Warenverkehrs machte (die Steigerung seiner Agrarexporte sollte einen Ausgleich dafür bieten, daß die industriell orientierten Partnerstaaten für ihre Industrieprodukte in Frankreich einen großen Absatzmarkt finden würden)[9]. 4

Bei den Verhandlungen über den Abschluß des EWG-Vertrags galt es daher, einen Ausgleich zwischen den Agrarinteressen einerseits und den Industrieinteressen andererseits zu finden[10]. Man entschied sich dafür, die Landwirtschaft und die landwirtschaftlichen Erzeugnisse zwar grundsätzlich in den Gemeinsamen Markt einzubeziehen, andererseits aber nicht generell die allgemeinen Regeln, die für den Gemeinsamen Markt im übrigen gelten sollten, auf diesen Bereich anzuwenden. Vielmehr einigte man sich darauf, eine gemeinsame Politik zu betreiben, die erst die Bedingungen für die Einführung eines Gemeinsamen Marktes schaffen sollte. 5

In der Systematik der Vorschriften stellt Abs. 1 den Grundsatz der Einbeziehung der Landwirtschaft und der landwirtschaftlichen Erzeugnisse in den Gemeinsamen Markt auf. Abs. 2 normiert den Sondercharakter des Agrarteils des Vertrages gegenüber den allgemeinen Bestimmungen zum Gemeinsamen Markt (zur rechtlichen Einordnung die- 6

---

5 Vgl. hierzu im einzelnen *P. Gilsdorf/R. Priebe*, in Grabitz/Hilf, EU, Art. 39, Rn. 34 ff.
6 Im einzelnen vgl. *F. Baade/F. Fendt*, Die deutsche Landwirtschaft im Ringen um den Agrarmarkt Europas, 1971, S. 36 ff.; *A. Bleckmann*, Europarecht, Rn. 1583; *R. Boest*, Die Agrarmärkte im Recht der EWG, S. 49 ff.; *V. Götz*, Zum Recht der Gemeinsamen Agrarpolitik der Europäischen Wirtschaftsgemeinschaft, NJW 1968, S. 1545 ff.; *L. Lindberg*, The Political Dynamics of European Economic Integration, 1963, S. 220 ff.; *A. Ries*, Die Rechtsfragen der Agrarpolitik, in: Einführung in die Rechtsfragen der Europäischen Integration, Europäische Hefte, Schriftenreihe des Gustav-Stresemann-Instituts e. V. für politische Bildungs- und Informationsarbeit, Nr. 4, 2. Auflage 1972, S. 159 ff.
7 Vgl. hierzu z.B. die Ausführungen von *F. Snyder*, New Directions in European Community Law, 1990, S. 100–145, m. w. N..
8 *Boest* (Fn. 6), S. 42 f.
9 *K. D. Borchardt*, in: Lenz, EGV, Art. 32, Rn. 4; *Streinz*, Europarecht, S. 318 f.
10 *Streinz*, Europarecht, S. 318 f.

ses Verhältnisses vgl. unten Rn. 29 ff.). Abs. 4 bringt die Notwendigkeit zum Ausdruck, daß die Errichtung eines Gemeinsamen Marktes durch eine gemeinsame Politik angestrebt wird.

7 Hinsichtlich der Einzelheiten dieser gemeinsamen Politik konnte man im Rahmen der Vertragsverhandlungen noch keine Einigung erzielen. Man beschränkte sich daher darauf, die Zielsetzungen und Prinzipien einer GAP und in Art. 37 einen Zeitplan für ihre Entwicklung vertraglich festzulegen.

C. Anwendungsbereich

8 Zunächst bedarf es der Klärung, wofür das EG-Agrarrecht Gültigkeit entfaltet.

I. Inhaltlicher Anwendungsbereich

9 Nach Abs. 1 umfaßt der Gemeinsame Markt zum einen »die Landwirtschaft« und zum anderen »den Handel mit landwirtschaftlichen Erzeugnissen«.
Aus dieser Formulierung folgt, wohl unbestritten[11], daß sowohl die Erzeugung landwirtschaftlicher Erzeugnisse (= Landwirtschaft) als auch der Handel mit diesen und deren Absatz abgedeckt sind.

10 Schwieriger zu klären ist hingegen, welche Tätigkeitsbereiche und Erzeugnisse der Landwirtschaftstitel exakt erfaßt. Insbesondere hinsichtlich des Begriffs »Landwirtschaft« vermißt man eine Definition im Vertrag. Ergiebiger scheint der Vertrag in Hinblick auf die landwirtschaftlichen Erzeugnisse zu sein.

1. Landwirtschaftliche Erzeugnisse

a) Das Spannungsverhältnis zwischen Abs. 1 Satz 2 und Abs. 3

11 Im Zusammenhang mit der Definition dieses Begriffs ergeben sich verschiedene Probleme. So enthält Abs. 1 Satz 2 zwar auf den ersten Blick eine Legaldefinition. Nach dieser Bestimmung sind unter landwirtschaftlichen Erzeugnissen »die Erzeugnisse des Bodens, der Viehzucht und der Fischerei sowie die mit diesen in unmittelbarem Zusammenhang stehenden Erzeugnisse der ersten Verarbeitungsstufe« zu verstehen.

12 Nach Abs. 3 hingegen gelten die Vorschriften des Titels über die Landwirtschaft jedoch nur für solche Erzeugnisse, die auf der dem EG-Vertrag als Anhang I beigefügten Liste aufgeführt sind. Es hat sich heute generell die Auffassung etabliert, daß diese Liste allein ausschlaggebend sei[12]. Die Bestimmung von Abs. 1 Satz 2 wird vorwiegend als Grundsatzaussage ohne definitiven Charakter gewertet[13].

13 Nach hier vertretener Auffassung verbietet es sich jedoch, ohne weiteres über die in Abs. 1 Satz 2 enthaltene Definition hinwegzugehen bzw. offenzulassen, welche Bedeutung diese Bestimmung eigentlich hat. Hierzu ist zunächst festzustellen, daß unbestrittenermaßen ein Erzeugnis, das zwar nach der Definition des Abs. 1 Satz 2 ein landwirtschaftliches wäre, nicht aber auf der Liste wiederzufinden ist, nicht als landwirtschaftli-

---

11 Vgl. z.B. *P. Gilsdorf/R. Priebe*, in Grabitz/Hilf, EU, Art. 38, Rn. 3; *J. Korte/T. van Rijn*, in: GTE, EUV, Art. 38, Rn. 3.
12 *P. Gilsdorf/R. Priebe*, in Grabitz/Hilf, EU, Art. 38, Rn. 3; *J. Korte/T. van Rijn*, in: GTE, EUV, Art. 38, Rn. 4; *Streinz*, Europarecht, S. 320.
13 *O. Gottsmann*, in: GTE, EWGV, 3. Auflage, 1983, Art. 38, Rn. 2.

ches Erzeugnis angesehen werden kann. So finden sich bestimmte Urprodukte (z.B. Baumwolle und Holz) nicht auf der Liste und können damit auch nicht dem »Handel mit landwirtschaftlichen Erzeugnissen« unterfallen. **Damit hat die Definition des Abs. 1 Satz 2 keine eigenständige Bedeutung.**

Umgekehrt stellt sich aber die Frage, inwiefern diese Definition Einfluß auf die Liste in Anhang I hat. Die Verfasser des Vertrages, die diese Definition in den Vertrag aufgenommen hatten, nahmen bereits selber Erzeugnisse mit in die Liste auf, welche jedenfalls einer strengen Auslegung des Merkmals »erste Verarbeitungsstufe« nicht entsprechen (so ist selbst Käse nicht in einem einzigen Arbeitsgang aus Milch gewinnbar). Naturgemäß waren die Verfasser selber nicht an ihre eigene Definition gebunden. 14

Bis zum Inkrafttreten der durch den Amsterdamer Vertrag vorgenommenen Vertragsänderungen enthielt Abs. 3 einen Satz 2, wonach binnen zwei Jahren nach Inkrafttreten des damaligen EWGV der Rat diese Liste um weitere Erzeugnisse ergänzen durfte. Der EuGH hatte 1974 über die Frage zu entscheiden[14], ob der Rat berechtigt gewesen sei, innerhalb dieser Zweijahresfrist die Liste in Anhang I auch um solche Erzeugnisse zu ergänzen[15], die unter Anwendung einer strengen Auslegung in mehr als einem Verarbeitungsschritt gewonnen werden (es ging in diesem Verfahren um landwirtschaftlichen Sprit mit einem Äthylalkoholgehalt von weniger als 80%). In diesem Verfahren wurde von den Regierungen des V. K. und IRL die Ansicht vertreten, eine solche Kompetenz habe nicht bestanden, die Definition sei als eine Ermächtigung zu verstehen, die dem Rat enge Grenzen setzen wollte. Eine Erweiterung hätte daher nur hinsichtlich solcher Erzeugnisse erfolgen dürfen, die sich aus höchstens einem einzigen Bearbeitungsschritt ergeben. Auch heute findet sich noch die Auffassung, die Definition habe eben für diese Möglichkeit der zusätzlichen Aufnahme von Erzeugnissen auf die Liste Bedeutung gehabt[16]. Die Vertreter dieser Meinung sehen es jedoch als nicht sachgerecht an, hinsichtlich des Begriffs »erste Verarbeitungsstufe« einen strengen Maßstab anzulegen. Der EuGH kommt in dem Urteil zu dem Ergebnis, die Erzeugnisse auf der Liste, die in mehr als einem (in engem Sinne verstandenen) Verarbeitungsschritt aus landwirtschaftlichen Grunderzeugnissen hergestellt werden, seien durch das gemeinsame Merkmal gekennzeichnet, daß zwischen ihnen und den Grunderzeugnissen ein »enges wirtschaftliches Zuordnungsverhältnis» bestehe, was es nicht gerechtfertigt erscheinen lasse, auf die Grunderzeugnisse die Agrarregelungen, auf die Verarbeitungserzeugnisse aber die allgemeinen Vertragsbestimmungen anzuwenden. Es komme daher **nicht auf die Anzahl der Bearbeitungsschritte**, sondern nur darauf an, ob ein **»offenkundiges wirtschaftliches Zuordnungsverhältnis«** bestehe. Der EuGH liest (dies wird insbesondere deutlich, wenn man in diesem Verfahren ergangenen Schlußanträge des Generalanwalts Trabucchi hinzuzieht) die Definition damit im Licht der von den Verfassern selbst auf die Liste gesetzten Erzeugnisse und sieht keine Notwendigkeit, die Ergänzung der Liste unter engere Voraussetzungen zu stellen. 1984 wurde außerdem im Rahmen eines anderen Verfahrens noch einmal deutlich, daß der EuGH der Definition durchaus Bedeutung als Rahmen für die Bestimmung landwirtschaftlicher Erzeugnisse beimißt[17]. 15

Diese Rechtsprechung ist überzeugend. Insbesondere die enge wirtschaftliche Verflechtung zwischen den auf der Liste befindlichen Verarbeitungserzeugnissen und den Grund- 16

---

14 EuGH, Rs. 185/73, 29.5.1974, Slg. 1974, 607 (HZA Bielefeld/König).
15 Die Liste wurde nur einmal erweitert, s. VO (EWG) Nr. 7a vom 18.12.1959, ABl.EG 1961 Nr. 7/71. Daß die bereits am 18.12.1959 gefaßte Beschluß erst im Januar 1961 im ABl. veröffentlicht wurde, führte nicht zur Verfristung, so EuGH, Rs. 185/73, 29.5.1974, Slg. 1974, 607, 617 (HZA Bielefeld/König).
16 *J. Korte/T. van Rijn*, in: GTE, EUV, Art. 38, Rn. 5.
17 EuGH, Rs. 77/83, 29.2.1984, Slg. 1984, 1257, Rn. 12 (CILFIT II).

erzeugnissen, aus denen sie gewonnen werden, macht deutlich, daß eine enge Auslegung der Definition kaum gewollt gewesen sein kann. Für die Auffassung, die Definition in Abs. 1 Satz 2 habe die Bedeutung einer Ermächtigungsbeschränkung für den Rat gehabt, ergeben sich ferner keine Anhaltspunkte im Text selber. Wäre dies beabsichtigt gewesen, so hätte es zum einen nahegelegen, dies auch deutlich zu machen, und zum anderen spricht auch das örtliche Auseinanderfallen von Definition (in Abs. 1) und Ermächtigung (in Abs. 2) gegen diese Auffassung.

b) Erweiterung der Liste in Anhang I des Vertrages auch noch nach Ablauf der ursprünglichen Zweijahresfrist des Abs. 3 Satz 2?

17 Eine weitere Frage, die es zu klären gilt, ist, ob die Liste in Anhang I auch seit Ablauf der ursprünglich in einem zweiten Satz in Abs. 3 (welcher mit Inkrafttreten des Amsterdamer Vertrages entfallen ist) vorgesehenen Zweijahresfrist erweitert werden könnte, was bislang noch nicht geschehen ist. Als Rechtsgrundlage käme insofern Art. 308 in Betracht. Ein anderes Problem stellt die Frage dar, ob Rechtsnormen auf der Basis von Art. 308 erlassen werden dürfen, welche andere Erzeugnisse, die sich nicht auf der Liste befinden, in Einzelfällen oder auch in weiteren Bereichen landwirtschaftlichen Erzeugnissen gleichstellen (hierzu unten, Rn. 18). Eine Änderung der Liste ist nur über eine Vertragsänderung möglich[18]. Art. 308 kann insofern als Rechtsgrundlage nicht herangezogen werden. Die die Landwirtschaft und landwirtschaftliche Erzeugnisse regelnden Vorschriften des EGV sind als Sonderregeln gegenüber den allgemeinen Vorschriften konzipiert. Zwar wird in Art. 308 die Möglichkeit eröffnet, in Fällen, in denen dies im Vertrag grundsätzlich nicht vorgesehen ist, dennoch tätig zu werden, wenn dies zur Verwirklichung eines der Ziele des Gemeinsamen Marktes erforderlich ist. Diese Norm gilt jedoch subsidiär gegenüber ausdrücklich im Vertrag geregelten Kompetenzen[19]. Dementsprechend ist sie auch dann nicht anwendbar, wenn an anderer Stelle eine Kompetenz explizit, bzw. im Umkehrschluß, ausgeschlossen wird. Dies war bei Abs. 3 Satz 2 der Fall. Auch wenn diese Vorschrift durch den Amsterdamer Vertrag aus dem EGV herausgestrichen worden ist, kommt ihr für diese Frage auch heute noch Bedeutung zu. Die Streichung war folgerichtig, da die in Abs. 3 Satz 2 vorgesehene Zweijahresfrist seit langem abgelaufen war. Diese Vorschrift brachte aber den Willen der Vertragsparteien zum Ausdruck, unter welchen Bedingungen die Liste im Wege des Sekundärrechts noch hätte ergänzt werden können. Dieser Wille hat sich mangels einer ausdrücklichen Bestimmung durch die simple Streichung dieser Vorschrift nicht geändert. Daß Art. 308 nicht als Rechtsgrundlage herangezogen werden kann, läßt sich allerdings nicht auf das Urteil in der zuvor angesprochenen Rechtssache König[20] stützen[21]. Der EuGH hat in diesem Urteil eine solche Feststellung nicht getroffen. Vielmehr ging es um die Frage, ob die Beschlußfassung vor Ablauf der Zweijahresfrist ausgereicht habe oder ob auch die Veröffentlichung vor Fristablauf hätte erfolgen müssen. Nach dem Urteil kam es nur auf den Zeitpunkt der Beschlußfassung an. Eine Aussage über die Unzulässigkeit einer Erweiterung auch nach Fristablauf, darüber hinaus in einem anderen Verfahren, kann hierin nicht gesehen werden.

c) Gleichstellung von Verarbeitungserzeugnissen mit landwirtschaftlichen Erzeugnissen über Art. 308 in Einzelfällen

18 Demgegenüber sind auf Art. 308 gestützte Regelungen, welche Verarbeitungserzeugnisse hinsichtlich bestimmter Fälle den gleichen Bedingungen unterstellen wie landwirt-

---

18 *J.-P. Hix*, in: Schwarze, EGV, Art. 32, Rn. 4; *Streinz*, Europarecht, S. 320; *P. Gilsdorf/R. Priebe*, in Grabitz/Hilf, EU, Art. 38, Rn. 8; *K. D. Borchardt*, in: Lenz, EGV, Art. 32, Rn. 18.
19 *Geiger*, EGV, Art. 235, Rn. 9.
20 EuGH, Rs. 185/73, 29.5.1974, Slg. 1974, 607.
21 So aber *P. Gilsdorf/R. Priebe*, in Grabitz/Hilf, EU, Art. 38, Rn. 8.

schaftliche Erzeugnisse, nicht zu beanstanden. Derartige Regelungen können zum Schutz von landwirtschaftlichen Erzeugnissen erforderlich werden, wenn z.b. anderenfalls das Preissystem für landwirtschaftliche Erzeugnisse durch die Nichtanwendung der speziellen Preisstützmechanismen der GAP gefährdet würde[22]. Dieses Vorgehen darf jedoch nicht dazu führen, daß eine gänzliche Gleichstellung solcher Verarbeitungserzeugnisse mit landwirtschaftlichen Erzeugnissen – und damit eine faktische Erweiterung der Liste in Anhang I – erfolgt.

Ob darüber hinaus ein Anspruch einzelner darauf besteht, daß derartige Regelungen erlassen werden, wenn die genannten Voraussetzungen gegeben sind, ist – soweit ersichtlich – bislang nicht Gegenstand eines Verfahrens vor dem EuGH gewesen. Ein solcher **Anspruch wird jedoch abzulehnen sein**. Es entspricht inzwischen ständiger Rechtsprechung des EuGH, daß von einem generell weiten Ermessen des Gemeinschaftsgesetzgebers auf dem Gebiet der GAP auszugehen ist, was der Verantwortung entspricht, die ihm (insbesondere mit Art. 34 und Art. 37) übertragen worden sei[23]. 19

d) **Auslegung und Umfang der auf der Liste des Anhangs I erfaßten landwirtschaftlichen Erzeugnisse**
Hinsichtlich der Bestimmung der Erzeugnisse, die unter die Rubriken der Liste in Anhang I fallen, hat der EuGH entschieden, daß Anhang I unter Zugrundelegung der gesicherten Auslegung des GZT und anhand der insoweit anerkannten Methoden auszulegen ist[24]. Um also sämtliche Erzeugnisse zu ermitteln, die von Anhang I erfaßt werden, bedarf es einer Hinzuziehung des GZT[25] und ggf. der einschlägigen Rspr. des EuGH. 20

2. Definition des Begriffs »Landwirtschaft«

Auf den ersten Blick stehen die landwirtschaftliche Erzeugung und der Handel mit landwirtschaftlichen Erzeugnissen unabhängig nebeneinander. Der Vertrag definiert den Begriff »Landwirtschaft« jedoch nicht. Dies wäre im Prinzip auch nicht weiter von Bedeutung, da man über den Begriff »landwirtschaftliche Erzeugnisse« in der Regel auf die landwirtschaftliche Tätigkeit, die das entsprechende Erzeugnis hervorbringt, schließen kann[26]. Dennoch gibt es Fälle, in denen eine klare übergreifende Definition hilfreich wäre. So verwischen beispielsweise zum Teil die Grenzen zwischen landwirtschaftlicher und gewerblicher Tätigkeit hinsichtlich der Agrarerzeugnisse oder hinsichtlich solcher Veredelungs- bzw. Verarbeitungsprodukte, welche einen hohen Anteil eines oder mehrerer Agrarerzeugnisse aufweisen. Landwirtschaftliche Tätigkeit wäre, wenn sie sich ausschließlich über die landwirtschaftlichen Erzeugnisse definiert, nicht auf bestimmte Erzeugergruppen oder Erzeugungsmethoden beschränkt. So machten Ende der 70er Jahre landwirtschaftliche Erzeugnisse 48% des Umsatzes der Lebensmittel- und Getränkeindustrie in den damaligen Mitgliedstaaten aus[27]. Dies wirft das Problem auf, ob z.B. im 21

---

22 Vgl. z.B. EuGH, Rs. 151/77, 5.4.1979, Slg. 1979, 1469 (Peiser/HZA Hamburg-Ericus); für weitere Nachweise aus der Rspr. s. *J. Korte/T. van Rijn*, in: GTE, EUV, Art. 38, Rn. 6.
23 Vgl. z.B. EuGH, Rs. 57/72, 14.3.1973, Slg. 1973, 321 (Westzucker); Rs. 265/87, 11.7.1989, Slg. 1989, 2237, Rn. 22 (Schräder); verb. Rs. C-267-285/88, 21.2.1990, Slg. 1990, I-467 (Wuidart); C-280/93, 5.10.1994, Slg. 1994, I-4980 (Deutschland/Rat = Bananen).
24 EuGH, Rs. 77/83, 29.2.1984, Slg. 1984, 1257, Rn. 7 (CILFIT II).
25 VO (EWG) Nr. 2658/87 des Rates über die zolltarifliche und statistische Nomenklatur sowie den Gemeinsamen Zolltarif, ABl.EG 1987 Nr. L 256/1; s. auch *G. Thiele*, Das Recht der Gemeinsamen Agrarpolitik der EG, 1997, S. 127 f.
26 *P. Gilsdorf/R. Priebe*, in Grabitz/Hilf, EU, Art. 38, Rn. 3; *J. Korte/T. van Rijn*, in: GTE, EUV, Art. 38, Rn. 3.
27 Vgl. *S. Harris/A. Swinbank/G. Wilkinson*, The Food and Farm Policies of the European Community, 1983, S. 236, Tabelle 10.2.

Falle einer begünstigenden EG-Regelung alle Erzeuger ohne jegliche Differenzierung in den Genuß der Begünstigung kommen sollen[28]. Ferner gibt es zum Teil horizontale Regelungen, die nicht ein bestimmtes landwirtschaftliches Erzeugnis betreffen, sondern allgemein für die Landwirtschaft Gültigkeit haben, z.b. im Bereich der Agrarstrukturpolitik (vgl. Art. 33, Rn. 16 ff.) und dem Agrarsozialrecht. Zwar finden sich in den einzelnen Regelungen zuweilen Definitionen oder Mindestanforderungen. Diese betreffen aber nur den jeweiligen Anwendungsbereich der entsprechenden Regelung, auf die sie sich beziehen. So definiert Art. 9 VO (EWG) Nr. 3950/92 des Rates über die Erhebung einer Zusatzabgabe im Milchsektor[29] die Begriffe »Erzeuger« und »Betrieb« für den Anwendungsbereich der Milchquotenregelung (also noch nicht einmal für die gesamte Milchmarktordnung einheitlich). Mangelt es an einer Definiton oder Hinweisen, so ist es nach der Rspr. letztlich auch den zuständigen staatlichen Stellen erlaubt, im Rahmen ihrer Durchführungsbefugnisse nähere Eingrenzungen vorzunehmen, solange sie die Grenzen der gemeinschaftlichen Regelung respektieren[30]. So hatte der EuGH in der Rechtssache Denkavit über die Rechtmäßigkeit einer Maßnahme seitens einer deutschen Behörde zu entscheiden, wonach ein im Sinne des deutschen Steuerrechts gewerblicher Tierhalter und Tierzüchter keine landwirtschaftliche Tätigkeit ausübt und daher auch nicht in den Genuß einer bestimmten Vergünstigung kommen konnte, die das EG-Recht im Prinzip vorsah[31].

22   Damit könnte man zu dem Ergebnis kommen, daß in der Regel derjenige Landwirtschaft betreibt, welcher ein landwirtschaftliches Erzeugnis produziert, daß aber in Einzelfällen von diesem Grundsatz abgewichen werden könne, so daß ein Produzent eines landwirtschaftlichen Erzeugnisses unter Umständen ausnahmsweise keine Landwirtschaft im Sinne von Abs. 1 betreibt. Nach hier vertretener Ansicht ist es abwegig, eine Tätigkeit, die zu einem landwirtschaftlichen Erzeugnis führt, nicht in jedem Fall als landwirtschaftliche Tätigkeit (d. h. Landwirtschaft im Sinne von Abs. 1) zu qualifizieren. Entscheidet der Gemeinschaftsgesetzgeber (oder – in Ermangelung einer Gemeinschaftsregelung – die mitgliedstaatlichen Stellen), daß eine bestimmte Tätigkeit den Sonderregelungen im Rahmen der GAP nicht unterfallen soll, so handelt er damit lediglich in Verfolgung der Ziele des Art. 33 im Rahmen einer Gemeinsamen Marktordnung, übt also die ihm übertragenen Kompetenzen im Rahmen der GAP aus. Dies läßt sich insbesondere daran erkennen, daß derartige Ausschlußentscheidungen, wenn sie vom Gemeinschaftsgesetzgeber selber getroffen werden, innerhalb des Regelungswerkes einer Gemeinsamen Marktordnung, also mit den Instrumenten der GAP, getroffen werden. Geht die Entscheidung von mitgliedstaatlichen Stellen aus, so haben auch sie unter Beachtung der Ziele der grds. anwendbaren Gemeinschaftsregelung und damit im Rahmen der GAP zu handeln. Ferner kann ein und dieselbe Tätigkeit in einem Fall den Agrar-Sonderregelungen unterfallen, in einem anderen Fall aber nicht. Das Konzept des Begriffs »Landwirtschaft« in Abs. 1 kann aber nicht von Fall zu Fall (oder ggf. auch von Mitgliedstaat zu Mitgliedstaat) variieren. Eine entsprechende Interpretation wäre daher rechtssystematisch verfehlt.

23   Darüber hinaus gilt es zu klären, ob eine Tätigkeit ggf. als landwirtschaftliche Tätigkeit behandelt werden und damit unter Maßnahmen der GAP fallen kann, obwohl sie nicht auf die Herstellung eines landwirtschaftlichen Erzeugnisses im Sinne der Liste des Anhangs I gerichtet ist. Diese Frage stellt sich insbesondere in Hinblick auf solche Tätig-

---

28 Diese Situation lag z.B. zugrunde im Fall EuGH, Rs. 139/77, 13.6.1978, Slg. 1978, 1317 (Denkavit).
29 ABl.EG 1992, Nr. L 405/1.
30 EuGH, Rs. 85/77, 28.2.1978, Slg. 1978, 527, (Azienda Avicola).
31 EuGH, Rs. 139/77, 13.6.1978, 1317 (Denkavit).

keiten, die sich als Folge der Reformansätze in den letzten zehn Jahren entwickelt haben. Vielfach wird der Überschußerzeugung nämlich dadurch begegnet, daß Landwirten für das Einstellen der Erzeugung und teilweise für die anstelle dessen betriebene landespflegerischen Maßnahmen Renten bzw. Prämien gezahlt werden. Kann **landespflegerische Tätigkeit** aber als »Landwirtschaft« im Sinne von Abs. 1 angesehen werden?

Ein gesamter Wirtschaftszweig, der nicht unter die landwirtschaftlichen Erzeugnisse der Liste in Anhang I fällt, ist die **Forstwirtschaft**. Auch diesbezüglich werden aber teilweise Maßnahmen als solche der GAP, basierend auf der besonderen Rechtsgrundlage des Art. 37, erlassen[32]. 24

Die systematische Einordnung dieser Frage ist nicht unproblematisch. Unbestritten ist wohl inzwischen, daß Maßnahmen (jeglicher Art) auf die konkreten Kompetenzgrundlagen des Agrartitels gestützt werden dürfen, wenn sie der Erreichung eines der Ziele des Art. 33 Abs. 1 dienen (s. Art. 37, Rn. 4 ff.)[33]. Zum Teil wird auch danach differenziert, ob eine Maßnahme erzeugnisspezifisch ist oder sich auf die Produktionsfaktoren oder die in der Landwirtschaft tätigen Personen bezieht[34]. In letzterem Falle sei ein Bezug zu landwirtschaftlichen Erzeugnissen nicht erforderlich. Letztlich offen gelassen wird dabei aber, ob solche Maßnahmen dann unter den Begriff »Landwirtschaft« fallen oder nicht. Eine derartige Differenzierung ist nach hier vertretener Auffassung jedoch nicht erforderlich, denn sämtliche Maßnahmen, die zur Verfolgung der Ziele des Art. 33 Abs. 1 ergriffen werden, beziehen sich unmittelbar oder mittelbar auf das, was die Landwirtschaft hervorbringt, die landwirtschaftlichen Erzeugnisse. Damit aber handelt es sich bei dem vorliegenden Problem eigentlich nicht um eines der richtigen Definition des Begriffs »Landwirtschaft«, sondern um die Abgrenzung der dem Gemeinschaftsgesetzgeber im Rahmen der GAP zustehenden Kompetenzen gegenüber denjenigen in anderen Bereichen des EGV und damit um die Frage nach der zutreffenden Rechtsgrundlage (vgl. Art. 37, Rn. 4 ff.). 25

Sofern daher eine z.B. die **Forstwirtschaft** betreffende Regelung der Verfolgung der Ziele des Art. 33 dient, kann sie auf Art. 37 gestützt werden (vgl. Art. 37, Rn. 4 ff.). So verfolgte VO (EWG) Nr. 2080/92 des Rates zur Einführung eine gemeinschaftlichen Beihilferegelung für Aufforstungsmaßnahmen in der Landwirtschaft[35] das Ziel, die Aufforstung von Flächen zu fördern, die (zur Bekämpfung der Überschußerzeugung) aus der landwirtschaftlichen Erzeugung herausgenommen werden. Die in dieser Verordnung vorgesehenen Maßnahmen wurden nach der Reform aufgrund der Agenda 2000 mit der VO (EG) Nr. 1257/1999 des Rates über die Förderung der Entwicklung des ländlichen Raums durch den Europäischen Ausrichtungs- und Garantiefonds für die Landwirtschaft (EAGFL)[36] u.a. mit der Begründung fortgesetzt, dass die Forstwirtschaft einen integralen Bestandteil der Entwicklung des ländlichen Raums darstelle (vgl. den 35. Erwägungsgrund). Gleiches gilt für die zuvor genannten landespflegerischen Maßnahmen. Sicher unrichtig wäre es hingegen, solche Bereiche als insgesamt vom Begriff »Landwirtschaft« gem. Abs. 1 erfaßt anzusehen. Werden daher derartige Maßnahmen ergriffen, so 26

---

32 Vgl. z.B. VO (EWG) Nr. 269/79 des Rates zur Einführung einer gemeinsamen forstwirtschaftlichen Maßnahme in bestimmten Zonen des Mittelmeergebietes der Gemeinschaft, ABl.EG 1979 Nr. L 38/1.
33 Ausführlicher hierzu *Thiele* (Fn. 27), S. 26 ff.; s. auch *J. Korte/T. van Rijn*, in: GTE, EUV, Art. 38, Rn. 3.
34 *P. Gilsdorf/R. Priebe*, in: Grabitz/Hilf, EU, Art. 38, Rn. 13.
35 ABl.EG 1992, Nr. L 215/96; vgl; zur Kompetenz in Bezug auf forstwirtschaftliche Maßnahmen auch *J.-P. Hix*, in: Schwarze, EGV, Art. 32, Rn. 28.
36 ABl.EG 1999, Nr. L 160/80.

findet dies nicht seine Berechtigung darin, daß diese Bereiche Teil der Landwirtschaft wären, sondern darin, daß diese Maßnahmen sich sehr wohl auf landwirtschaftliche Erzeugnisse und damit die Landwirtschaft beziehen.

27 Damit bleibt festzuhalten, daß Landwirtschaft nur eine Tätigkeit sein kann, die auf die Produktion eines landwirtschaftlichen Erzeugnisses gerichtet ist und daß somit vom landwirtschaftlichen Erzeugnis auf »Landwirtschaft« geschlossen werden kann. Daß einzelne Tätigkeiten von der Anwendung bestimmter Maßnahmen der GAP ausgenommen werden können, ändert nichts daran, daß es sich um Landwirtschaft i.S.v.. Abs. 1 handelt. **Ausschlaggebend ist daher der Begriff »landwirtschaftliche Erzeugnisse«.** Dies wird auch dadurch deutlich, daß in den EGV-Agrarbestimmungen auch nicht konsequent zwischen den beiden Begriffen differenziert wird und vielmehr i.d.R. von landwirtschaftlichen Erzeugnissen die Rede ist (so z.B. in Abs. 2), zugleich aber klar ist, daß die Landwirtschaft als solche nicht jeweils ausgeklammert sein soll. Eine Nennung beider Begriffe in Abs. 1 dient daher nur dazu, klarzustellen, daß die GAP sowohl die Erzeugung als auch den Handel mit landwirtschaftlichen Erzeugnissen erfaßt.

II. Territorialer Anwendungsbereich

28 Die GAP ist als Bestandteil des EG-Vertrags gemäß Art. 299 Abs. 1 auf die Hoheitsgebiete sämtlicher Mitgliedstaaten, einschließlich der Meeresgewässer, die den Hoheits- und Wirtschaftsrechten der Mitgliedstaaten völkerrechtlich zuzuordnen sind, anwendbar. Auf die französischen überseeischen Departements (Martinique, Guadeloupe, Réunion, Guyana) findet die GAP mit Ausnahme der Fondsvorschriften gemäß Art. 34 Abs. 4 explizit Anwendung. Auch hinsichtlich der Nichtanwendbarkeit auf verschiedene externe Hoheitsgebiete und Inseln unterscheidet sich die GAP nicht von den allgemeinen Vertragsvorschriften. Es gelten insoweit die Bestimmungen in Art. 299 Abs. 3, 4 und 5.

D. Das Verhältnis der GAP zum Gemeinsamen Markt

29 Das Verhältnis der Vorschriften zur GAP zu den Bestimmungen, die den Gemeinsamen Markt regeln, kommt mehrfach in Art. 32 zum Ausdruck. In diesem Zusammenhang sind jedoch zunächst zwei Komplexe voneinander zu trennen.

30 Zum einen ist zu klären, inwiefern andere Vorschriften, die selber bereits materielle Regelungen treffen, die GAP beeinflussen bzw. bei ihrer Durchführung zu berücksichtigen sind. Zum anderen stellt sich das Problem, daß die GAP mit einer Vielzahl von anderen Politik- und Rechtsbereichen Überschneidungen aufweist, bzw. in solche hineinwirken kann (z.B. Sozial-, Zivil-, Straf-, Umwelt-, Wettbewerbsrecht usw.). Hierbei kann es sich auch um Bereiche handeln, die nicht unmittelbar dem Konzept des Gemeinsamen Marktes unterfallen (zum Begriff »Gemeinsamer Markt« vgl. Rn. 32). Da für den Erlaß von Rechtsnormen im Bereich der GAP eine besondere Kompetenznorm besteht (Art. 37 Abs. 2 UAbs. 3), welche Beschlüsse mit qualifizierter Mehrheit (lediglich) nach Anhörung des Europäischen Parlaments ermöglicht, ergeben sich zwangsläufig Probleme bei der Wahl der zutreffenden Rechtsgrundlage, da andere Rechtsgrundlagen möglicherweise Einstimmigkeit und/oder weitere Beteiligungsrechte des Europäischen Parlaments vorsehen. Darüber hinaus ist wegen des Prinzips der begrenzten Ermächtigung (Art. 5 Abs. 1) in manchen Fällen die Gemeinschaftskompetenz gegenüber solchen, die bei den Mitgliedstaaten verblieben sind, abzugrenzen. Dieser letztere Bereich betrifft

Kompetenzfragen. Insoweit wird auf die Kommentierung zu Art. 37 verwiesen. In vorliegendem Zusammenhang soll ersterer Frage nachgegangen werden, inwiefern die allgemeinen Bestimmungen zum Gemeinsamen Markt in Hinblick auf die GAP Bedeutung haben.

Die Landwirtschaft und der Handel mit landwirtschaftlichen Erzeugnissen ist gemäß 31 Abs. 1 **Teil des Gemeinsamen Marktes**. Nach Abs. 2 finden (konsequenterweise) die Vorschriften für die Errichtung des Gemeinsamen Marktes auf die landwirtschaftlichen Erzeugnisse grundsätzlich Anwendung. Nur soweit in den Agrarvorschriften etwas anderes bestimmt ist, treten die allgemeinen Vorschriften zurück. Entsprechend der Lage, in der sich die Landwirtschaft bei Vertragsschluß befand, wird diese damit im Prinzip den Regeln des Gemeinsamen Marktes unterworfen, gleichzeitig aber darüber hinausgehende Ziele normiert und für deren Verfolgung spezielle Instrumente zur Verfügung gestellt. Die etwas mißlungene Formulierung des Abs. 4 macht ferner das Ziel deutlich, daß durch eine GAP letztlich ein **Gemeinsamer Markt »für landwirtschaftliche Erzeugnisse«** geschaffen werden soll. Ob dies auch die Absicht der Verfasser andeutet, daß am Ende ein **selbständig funktionierender Gemeinsamer Markt ohne staatliche Intervention** stehen soll, könnte vermutet werden, doch wären daraus kaum rechtliche Verbindlichkeiten herzuleiten.

Im Prinzip besteht zwischen den allgemeinen Vorschriften und den Agrarbestimmungen 32 daher ein **lex generalis/lex specialis-Verhältnis** in dem Sinne, daß die **allgemeinen Vorschriften als Auffangvorschriften** fungieren[37]. Bevor näher auf dieses Verhältnis eingegangen wird, ist an sich zunächst Klarheit hinsichtlich des **Konzepts, das dem Begriff »Gemeinsamer Markt« zugrunde liegt**, zu schaffen. Mangels einer klaren Definition im EGV ist nicht abschließend geklärt, welche Bereiche neben den Grundelementen des Gemeinsamen Marktes (Grundfreiheiten, gemeinsame Wettbewerbsregeln, gemeinsame Verkehrspolitik, gemeinsame Außenhandelspolitik) diesem Konzept unterfallen (vgl. Art. 94, Rn. 8 ff.)[38]. In der Praxis ergeben sich Fragen vor allem im Hinblick auf die **Freiheit des Warenverkehrs**. Hinsichtlich des **Kapitels über die Wettbewerbsregeln** enthält Art. 36 bereits besondere Vorschriften (vgl. dort). Allgemeine Bestimmungen zum Gemeinsamen Markt, wie auch die **Freizügigkeits-, die Dienstleistungs- und Kapitalverkehrsvorschriften** sind im Bereich des Agrarrechts **ohne weiteres anwendbar**. Teilweise beinhaltet der Agrartitel jedoch speziellere Vorschriften, so z.B. ein besonderes Diskriminierungsverbot in Art. 34 Abs. 3 UAbs. 2 und 3. Insofern als angrenzende Politikbereiche betroffen sind (z.B. Umwelt- und Sozialrecht) ergeben sich Probleme i.d.R. hinsichtlich der Kompetenzabgrenzungen (vgl. Art. 37, Rn. 4 ff.). Wesentlich ist daher vor allem das Verhältnis zu den Vorschriften über die Warenverkehrsfreiheit.

Zwar ist grds. davon auszugehen, daß die **Prinzipien der Warenverkehrsfreiheit seit Ab-** 33 **lauf der Übergangszeit unmittelbar auch auf Agrarerzeugnisse Anwendung finden**[39]. Dies gilt uneingeschränkt hinsichtlich solcher landwirtschaftlicher Erzeugnisse, für die noch keine GMO geschaffen worden ist (Kartoffeln, Honig, landwirtschaftlicher Alkohol, Zichorienwurzeln, frische Ananas, Kaffee, Kork und Pferdefleisch). Unabhängig von der Frage, ob sich diese Bindung für alle Adressaten (Mitgliedstaaten und Gemein-

---

37 Um die genaue juristische Einordnung des Verhältnisses wird jedoch gestritten, vgl. einerseits *P. Gilsdorf/R. Priebe*, in: Grabitz/Hilf, EU, Art. 38, Rn. 33; andererseits *K. D. Borchardt*, in: Lenz, EGV, Art. 38, Rn. 17.
38 S. auch *B. Langeheine*, in: Grabitz/Hilf, EU, Art. 100, Rn. 25
39 *H. Matthies/R. von Borries*, in: Grabitz/Hilf, EU, Art. 30, Rn. 51; *P. Gilsdorf/R. Priebe*, in: Grabitz/Hilf, EU, Art. 38, Rn. 36, 38, 43 ff.

schaftsgesetzgeber) unmittelbar aus Art. 25 und 28 ff. ergibt[40], ist darauf hinzuweisen, daß bereits vor Ablauf der Übergangszeit die wesentlichen Agrarmarktordnungen entsprechende Verbote enthielten. Ferner ist in diesem Zusammenhang zwischen zwei Fragenkomplexen zu unterscheiden: Zum ersten ergibt sich eine, seit Ende der Übergangszeit wohl unmittelbar von Art. 25 und 28 ff. ausgehende, **Bindung der Mitgliedstaaten**[41]. Problematischer stellt sich die Beantwortung der Frage nach der **Bindung des Gemeinschaftsgesetzgebers** selbst an diese Prinzipien dar. Geklärt ist, daß der **Gemeinschaftsgesetzgeber nicht befugt ist, im Rahmen von Marktordnungen die Mitgliedstaaten zu abweichenden Maßnahmen zu ermächtigen**[42]. Der Gemeinschaftsgesetzgeber ist auch darüber hinausgehend grds. an diese Prinzipien gebunden. Zieht man jedoch die in Art. 33 Abs. 1 genannten Ziele (z.B. Stabilisierung der Märkte) und die in Art. 33 Abs. 2 genannten, vom Gemeinschaftsgesetzgeber zu berücksichtigenden Umstände bei der Gestaltung der GAP und die weite Ermächtigung in Art. 34 Abs. 3 (wonach »alle« zur Durchführung erforderlichen Maßnahmen ergriffen werden dürfen) in Betracht, so wird deutlich, daß der Gemeinschaftsgesetzgeber selbst nicht derart strikt an diese Prinzipien gebunden sein kann. Der EuGH ist in dieser Hinsicht jedoch recht streng. Während er insbesondere hinsichtlich des Diskriminierungsverbots des Art. 37 Abs. 2 dem Gemeinschaftsgesetzgeber einen weiten Ermessensspielraum einräumt, legt er in Bezug auf die Einhaltung der Prinzipien des Gemeinsamen Marktes einen strengen Maßstab an und läßt Ausnahmen nur in eng begrenzten Ausnahmefällen zu[43].

E. GAP und Binnenmarkt

34 Das mit der Einheitlichen Europäischen Akte in den Vertrag eingefügte **Binnenmarktkonzept** geht möglicherweise über das Konzept des Gemeinsamen Marktes hinaus, jedenfalls stellt es nicht ein Minus dazu dar. Somit fällt auch die GAP unter den Begriff des Binnenmarktes (vgl. auch Art. 14, Rn. 7, 11). Da es sich bei der GAP aber um einen Bereich handelt, in dem zum Zeitpunkt der Einfügung des Binnenmarktkonzepts in den Vertrag die Integration bereits sehr weit fortgeschritten war, ergeben sich kaum Abgrenzungsfragen, die über diejenigen hinausgehen, die das Verhältnis der GAP zum Gemeinsamen Markt kennzeichnen. Im übrigen sind die Gemeinschaftskompetenzen im Bereich der GAP derart weit gefaßt, daß Rechtsakte, die anläßlich der Verwirklichung des Binnenmarktes im Bereich der GAP getroffen werden (z.B. Schaffung einer Gemeinsamen Marktorganisation für Bananen), auf die Rechtsgrundlage des Art. 37 zu stützen sind, so daß ein Rückgriff auf die allgemeine Rechtsgrundlage des Art. 95 ausscheiden muß (vgl. Art. 37, Rn. 6 f.).

---

40 Zu dieser Frage vgl. *H. Matthies/R. von Borries*, in: Grabitz/Hilf, EU, Art. 30, Rn. 43; *P. Gilsdorf/ R. Priebe*, in: Grabitz/Hilf, EU, Art. 38, Rn. 43.
41 EuGH, Rs. 48/74, 10.12.1974, Slg. 1974, 1383 (Charmasson).
42 EuGH, Rs. 80 und 81/77, 20.4.1978, Slg. 1978, 927 (Ramel).
43 EuGH, Rs. 61/86, 2.2.1988, Slg. 1988, 431, Rn. 9 (VK/Kommission); verb. Rs. 80 und 81/77, 20.4.1978, Slg. 1978, 927, Rn. 24 (Ramel).

Art. 33 (ex-Art. 39)

(1) Ziel der gemeinsamen Agrarpolitik[1 ff., 12 ff.] ist es:
a) die Produktivität der Landwirtschaft durch Förderung des technischen Fortschritts, Rationalisierung der landwirtschaftlichen Erzeugung und den bestmöglichen Einsatz der Produktionsfaktoren, insbesondere der Arbeitskräfte, zu steigern[2 f.];
b) auf diese Weise der landwirtschaftlichen Bevölkerung, insbesondere durch Erhöhung des Pro-Kopf-Einkommens der in der Landwirtschaft tätigen Personen, eine angemessene Lebenshaltung zu gewährleisten[4 ff.];
c) die Märkte zu stabilisieren[7 ff.];
d) die Versorgung sicherzustellen[10];
e) für die Belieferung der Verbraucher zu angemessenen Preisen Sorge zu tragen[11].

(2) Bei der Gestaltung der gemeinsamen Agrarpolitik und der hierfür anzuwendenden besonderen Methoden ist folgendes zu berücksichtigen[15]:
a) die besondere Eigenart der landwirtschaftlichen Tätigkeit, die sich aus dem sozialen Aufbau der Landwirtschaft und den strukturellen[16 ff.] und naturbedingten Unterschieden der verschiedenen landwirtschaftlichen Gebiete ergibt;
b) die Notwendigkeit, die geeigneten Anpassungen stufenweise durchzuführen;
c) die Tatsache, daß die Landwirtschaft in den Mitgliedstaaten einen mit der gesamten Volkswirtschaft eng verflochtenen Wirtschaftsbereich darstellt.

Inhaltsübersicht:

A. Die Ziele der Gemeinsamen Agrarpolitik	2
I. Steigerung der Produktivität	2
II. Gewährleistung einer angemessenen Lebenshaltung der landwirtschaftlichen Bevölkerung	4
III. Stabilisierung der Märkte	7
IV. Sicherstellung der Versorgung	10
V. Gewährleistung angemessener Verbraucherpreise	11
B. Das Verhältnis der Ziele zueinander und zu den allgemeinen Vertragszielen	12
C. Die Rahmenbedingungen für die Agrarpolitik gem. Abs. 2	15
D. Agrarstrukturpolitik	16

Art. 33 enthält die inhaltlichen Vorgaben der GAP, während in den Folgeartikeln die Wege und Instrumente zur Erreichung dieser Vorgaben festgelegt sind. Abs. 1 nennt fünf Ziele, die mit der GAP zu verfolgen sind; Abs. 2 erlegt dem Gemeinschaftsgesetzgeber bestimmte Bedingungen auf, die bei der Verfolgung der Ziele zu beachten sind. 1

A. Die Ziele der Gemeinsamen Agrarpolitik

I. Steigerung der Produktivität

Ziel der GAP ist es zunächst, die Produktivität der Landwirtschaft zu steigern. Dieses Ziel ist ganz offensichtlich aus der Sicht der auslaufenden fünfziger Jahre formuliert, als die europäische Landwirtschaft insgesamt wenig produktiv war und den Mitgliedstaaten die knappe Versorgungslage insbesondere während der Nachkriegsjahre noch deutlich vor Augen war. Daß sich dies seit Bestehen der Gemeinschaft radikal geändert hat, bzw. nunmehr gar das Gegenteil, d.h. in vielen Bereichen Überschußerzeugungen, der Fall ist, bedarf keiner näheren Erläuterung. Soweit Abs. 1 lit. a) also eine mengenmäßige Produktivitätssteigerung vor Augen hat, kann man davon ausgehen, daß dieses Ziel erreicht wurde und (jedenfalls derzeit) nicht weiter verfolgt wird. 2

Gereon Thiele

3 Das Ziel »Steigerung der Produktivität« wird aber nicht nur in diesem (engen) Sinne der generellen mengenmäßigen Steigerung verstanden, sondern umfaßt, wie es in der Formulierung in Abs. 1 lit. a) auch bereits angelegt ist, ebenfalls Maßnahmen z.B. zur Rationalisierung und damit Effizienzsteigerung auf einzelbetrieblicher Ebene, Maßnahmen zur Senkung der Erzeugungskosten[1], zur Qualitätsverbesserung[2], zur Fortbildung der in der Landwirtschaft tätigen Personen usw.

II. Gewährleistung einer angemessenen Lebenshaltung der landwirtschaftlichen Bevölkerung

4 Diesem zweiten Ziel kam von Anfang an besondere, wenn nicht die zentrale, Bedeutung zu[3], was sich auch an Art. 37 Abs. 3 lit. a) erkennen läßt; nach dieser Vorschrift ist eine Ersetzung der einzelstaatlichen Marktordnungen durch eine gemeinsame Organisation i. S. v. Art. 34 Abs. 2 gegen den Willen eines Mitgliedstaats nur möglich, wenn diesem **gleichwertige Sicherheiten für die Beschäftigung und Lebenshaltung** der betreffenden Erzeuger geboten werden.

5 Zunächst gilt es zu klären, was unter »angemessen« zu verstehen ist. Wie ganz allgemein bei der Verfolgung der GAP steht dem Gemeinschaftsgesetzgeber auch insoweit ein weites Ermessen zu, um auf die gesamtwirtschaftliche Lage flexibel reagieren zu können. Ein Vergleich mit der allgemeinen Einkommenssituation mag zwar häufig herangezogen werden. Dies jedoch würde angesichts der Tatsache, daß die Einkommensunterschiede zwischen den Mitgliedstaaten und auch innerhalb der einzelnen Mitgliedstaaten je nach Region und/oder Wirtschaftssektor durchaus sehr groß sein können, häufig zu unvertretbaren Ergebnissen führen. Ein solcher Vergleich müßte sich nämlich in der Regel am Durchschnitt orientieren, und dadurch könnte es sowohl zu starken Benachteiligungen als auch zu starken Bevorteilungen der landwirtschaftlichen Bevölkerung kommen. Auch ist es nicht zwingend, daß die Angemessenheit der Lebenshaltung durch die Erhöhung des Pro-Kopf-Einkommens realisiert wird. Hier stellt der Vertrag ausdrücklich klar, daß es sich um eine (aber nicht die einzige) mögliche Art handelt, mit der dieses Ziel verfolgt werden kann (vgl. die Formulierung »insbesondere«)[4].

6 Die Formulierung dieses zweiten Ziels läßt auf den ersten Blick vermuten, die Angemessenheit der Lebenshaltung sei ausschließlich in Verknüpfung mit dem ersten Ziel, der Produktivitätssteigerung, zu verfolgen (vgl. die Formulierung »auf diese Weise«). Diese Sichtweise ist jedoch zu eng[5]. Bis zu den ersten Ansätzen für eine einschneidendere Agrarreform 1992 wurde das Ziel der Angemessenheit der Lebenshaltung in erster Linie durch die in den einzelnen Gemeinsamen Marktorganisationen enthaltenen Preis- und Interventionsmechanismen verfolgt. Da diese im wesentlichen für den Anreiz der »Produktion für die Interventionsstellen«, d.h. die Überschußerzeugungen, verantwortlich waren, kann man zwar insofern auch eine Produktionssteigerung und damit eine gemeinsame Verfolgung mit dem ersten Ziel sehen (wobei jedoch unklar bleibt, ob die Produktivitätssteigerung nicht eher die Folge der Einkommenssteigerung war als umgekehrt). Die Gemeinschaft geht nun jedoch verstärkt dazu über, dieses Ziel durch direkte Einkommensstützungen und damit ohne Verfolgung des Ziels Produktivitätssteigerung

---

1 P. *Gilsdorf/R. Priebe*, in: Grabitz/Hilf, EU, Art. 39, Rn. 7a.
2 *J. Korte/T. van Rijn*, in: GTE, EUV, Art. 39, Rn. 5.
3 Vgl. P. *Gilsdorf/R. Priebe*, in: Grabitz/Hilf, EU, Art. 39, Rn. 9.
4 So auch P. *Gilsdorf/R. Priebe*, in Grabitz/Hilf, EU, Art. 39, Rn. 10.
5 Vgl. auch P. *Gilsdorf/R. Priebe*, in Grabitz/Hilf, EU, Art. 39, Rn. 9; *J. Korte/T. van Rijn*, in: GTE, EUV, Art. 39, Rn. 6.

im strengen Sinne zu verfolgen. Eine vertiefte Fortsetzung dieses Ansatzes verfolgt die Gemeinschaft mit ihren jüngst gefaßten Reformbeschlüssen weiter (s. Art. 34, Rn. 36 ff.).

III. Stabilisierung der Märkte

Ziel der GAP ist es ferner, zu einer Stabilisierung der Märkte beizutragen. Hinsichtlich der Auslegung dieses Tatbestandmerkmals hat die Gemeinschaft grds. weitgehende Ermessensfreiheit, insbesondere muß sie dieses Ziel nicht für jedes einzelne agrarische Erzeugnis verfolgen[6]. 7

Diese Vorgabe zielt sicher nicht nur auf eine kurzfristige Stabilität ab, sondern ist wohl in erster Linie darauf angelegt, auch langfristig für stabile Märkte, d.h. für ein ausgewogenes Verhältnis von Angebot und Nachfrage, zu sorgen. Die Gemeinschaft hatte jedoch, in rechtlich nicht zu beanstandender Weise (s. u. Rn. 12), zunächst ihre GAP eher auf die Verfolgung anderer Ziele, insbesondere der Produktivitätssteigerung, damit auch Sicherstellung der Versorgung und Gewährleistung einer angemessenen Lebenshaltung der landwirtschaftlichen Bevölkerung, ausgerichtet. Da das zur Verfolgung dieser Ziele in den Gemeinsamen Marktorganisationen vorgesehene Instrumentarium schon ab Mitte der sechziger Jahre zu Überschußerzeugungen führte[7], ging es zunächst einmal darum, auf kurzfristige Stabilisierungen der Märkte hinzuwirken, wozu die Gemeinsamen Marktorganisationen auch geeignete Instrumentarien bereit halten, wie z. B. den **subventionierten Export** von Agrarerzeugnissen in Drittstaaten oder umgekehrt die **subventionierte Einfuhr** aus Drittstaaten im Falle des Ansteigens des Gemeinschaftspreises usw. 8

»Stabilisierung der Märkte« bedeutet daher nunmehr in erster Linie Bekämpfung der Überschußerzeugungen. Zu diesem Zweck hat die Gemeinschaft seit etwa Mitte der siebziger Jahre verschiedene Maßnahmen erprobt, die jedoch zunächst keine größeren Erfolge hatten. So führte sie 1977 eine **Mitverantwortungsabgabe** für Milch[8] und 1986 auch für Getreide ein (vgl. Art. 34, Rn. 30) und Mitte 1982, ebenfalls auf dem Milchsektor, eine **Garantieschwellenregelung**[9], nach der vorgesehen war, ab Überschreitung einer bestimmten Produktionsobergrenze »geeignete Maßnahmen« zu beschließen, also keine konkreten Sanktionen. Erst die Einführung von **Produktionsquoten**, bei deren Überschreitung eine prohibitiv wirkende Abgabe zu zahlen ist, führte im Milchsektor zu einer Stabilisierung, gleichzeitig jedoch auch zu einem enormen Verwaltungsaufwand und vielschichtigen rechtlichen Problemen[10]. Die Agrarreform von 1992 enthält darüber hinaus für viele Bereiche erste Ansätze für eine Umorientierung von der Intervention bei (und damit Subventionierung von) Erzeugnissen hin zu direkten Einkommensunterstützungen (vgl. Art. 34, Rn. 34 ff.). 9

IV. Sicherstellung der Versorgung

Auch dieses Ziel erklärt sich aus den Erfahrungen der Nachkriegszeit, als ein Selbstversorgungsgrad innerhalb Europas nicht gewährleistet war. Es geht auch hier letztlich darum, **langfristig** die Versorgung sicherzustellen. Dieses Ziel kann daher nicht isoliert von 10

---

6 EuGH, Rs. 63–69/72, 13.11.1973, Slg. 1973, 1229, Rn. 12 f. (Wehrhahn).
7 *G. Thiele*, Das Recht der Gemeinsamen Agrarpolitik der EG, 1997, S. 161 f. m. w. N.
8 Vgl. *Thiele* (Fn. 7), S. 166 f.
9 Im einzelnen vgl. *Thiele* (Fn. 7), S. 167 ff.
10 Zu den Einzelheiten *Thiele* (Fn. 7), S. 169 ff.

den anderen Zielen, insbesondere der Stabilisierung der Märkte und der Erhöhung der Produktivität, gesehen werden. Um kurzfristig auf Versorgungsengpässe reagieren zu können, stellen die Gemeinsamen Marktorganisationen, wie zum Teil bereits im Zusammenhang mit dem vorgenannten Ziel der Stabilisierung der Märkte angesprochen, verschiedene Instrumente zur Verfügung. Zu nennen sind insbesondere die Möglichkeiten der Beeinflussung von Import und Export durch die Nichterhebung von Einfuhrzöllen bzw. **Subventionierung der Einfuhr** aus Drittstaaten und der **Erhebung von Abgaben bei der Ausfuhr** in Drittstaaten bis hin zu Ausfuhrverboten. Auch das **Anlegen von Interventionslagerbeständen** dient letztlich der Sicherstellung der Versorgung.

V. Gewährleistung angemessener Verbraucherpreise

11 Die Instrumente, die die Gemeinsamen Marktorganisationen zur Beeinflussung der Märkte bereitstellen, können naturgemäß auch mit dem Ziel eingesetzt werden, die Preise für landwirtschaftliche Erzeugnisse zu senken. Wird die Einfuhr aus Drittstaaten zu günstigen Bedingungen gewährt oder werden Erzeugnisse aus den Interventionslagerbeständen bei gleichzeitiger Aussetzung der obligatorischen Interventionen auf den Markt gebracht, so hat dies wegen des größeren Angebots Einfluß auf die Preise. Insgesamt jedoch ist dieses Ziel gegenüber den anderen Zielen eher nachrangig verfolgt worden. Der Gemeinschaft steht aber auch bei der Frage, was unter »Angemessenheit« der Verbraucherpreise zu verstehen ist, ein weites Ermessen zu.

B. Das Verhältnis der Ziele zueinander und zu den allgemeinen Vertragszielen

12 Die Darstellung der einzelnen Ziele macht deutlich, daß diese teilweise im Widerspruch zueinander stehen können (insb. Gewährleistung einer angemessenen Lebenshaltung einerseits und Versorgung der Verbraucher zu angemessenen Preisen andererseits). In inzwischen als gefestigt zu bezeichnender Rechtsprechung billigt der EuGH dem Gemeinschaftsgesetzgeber auf dem Gebiet der GAP generell ein weites Ermessen zu, was der Verantwortung entspreche, die ihm die Agrarvorschriften des EGV übertragen[11]. Der Gemeinschaftsgesetzgeber kann daher **einzelne Ziele zeitweise mit Vorrang verfolgen**, sofern dies nicht die Realisierung der anderen Ziele letztlich vereitelt[12].

13 Auch stehen die **Ziele nicht in einem hierarchischen Verhältnis zueinander.** Sie bauen teilweise jedoch aufeinander auf bzw. ergänzen sich gegenseitig. Zum Teil kann eine Maßnahme gleichzeitig mehrere Ziele verfolgen (Stabilisierung der Märkte, Sicherung der Versorgung). Hinsichtlich des Begriffs »einzelstaatliche Marktordnung«, wie er beispielsweise in Art. 37 Abs. 3 genannt wird, hat der EuGH festgestellt, daß es sich dabei um »... ein Bündel rechtlicher Mittel (handelt), das die Regulierung des Marktes des betreffenden Erzeugnisses hoheitlicher Aufsicht unterstellt, um durch die Steigerung der Produktivität und durch den bestmöglichen Einsatz der Produktionsfaktoren, insbesondere der Arbeitskräfte, eine angemessene Lebenshaltung für die Erzeuger, die Stabilisie-

---

11 Vgl. z.B. EuGH, Rs. 57/72, 14.3.1973, Slg. 1973, 321 (Westzucker); Rs. 265/87, 11.7.1989, Slg. 1989, 2237, Rn. 22 (Schräder); verb. Rs. C-267–285/88, 21.2.1990, Slg. 1990, I-467 (Wuidart); allgemein hierzu vgl. *R. Streinz*, Bundesverfassungsgerichtlicher Grundrechtsschutz und EG-Recht, 1989, S. 416.

12 So z.B. EuGH, Rs. 5/67, 13.3.1968, Slg. 1968, 125, 147 (Beus); Rs. 59/83, 6.12.1984, Slg. 1984, 4057, Rn. 16 (Biovilac); Rs. C-280/93, 5.10.1994, Slg. I-4973, Rn. 47 (Deutschland/Rat = Bananen).

rung der Märkte, die Sicherung der Versorgung und angemessene Verbraucherpreise zu gewährleisten.«[13]. Hieraus könnte man, unterstellt, der EuGH lege dem Begriff Europäische Marktordnung die gleiche Definition zugrunde, schließen, die Steigerung der Produktivität sei das vorrangige Ziel, von dem alle übrigen abhängig seien. Es wäre aber wohl in jedem Falle zu weit gefaßt, würde man dieser Definition eine solch strenge Kausalitätsanforderung entnehmen wollen (vgl. auch bereits oben, Rn. 6).

Gegenüber den anderen Vertragszielen sind die Ziele des Art. 33 grds. vorrangig; dies bedeutet jedoch nicht, daß übrige Vertragsziele für die GAP bedeutungslos wären[14]. Zu nennen sind vor allem die Ziele des freien Warenverkehrs (vgl. Art. 32, Rn. 29 ff.), die Wettbewerbsregeln der Art. 81 ff. (vgl. Art. 36, insbesondere Rn. 2) und auch verschiedene einzelne Politikbereiche (für die Umweltpolitik wird dies in Art. 174 Abs. 2, Satz 3 explizit angeordnet). Die enge Verflechtung der Agrarwirtschaft mit den übrigen Wirtschaftsbereichen bzw. mit der gesamten Volkswirtschaft stellt außerdem Abs. 2 lit. c) klar. Sofern daher die Besonderheiten der Landwirtschaft keine Abweichungen erforderlich machen, sind die übrigen Vertragsziele ebenfalls zu berücksichtigen, wobei auch insoweit dem Gemeinschaftsgesetzgeber ein weiter Ermessensspielraum zuzubilligen sein wird. 14

C. Die Rahmenbedingungen für die Agrarpolitik gem. Abs. 2

In Abs. 2 sind die Rahmenbedingungen festgelegt, die bei der Durchführung der GAP zu beachten sind. Dabei handelt es sich einerseits um eine primärrechtliche Verankerung der Besonderheiten der GAP, die bei Vertragsschluß dazu geführt haben, daß man die Landwirtschaft nicht den allgemeinen Regeln eines freien Marktes unterworfen hat (lit. a und b; s. auch Art. 32, Rn. 3–5) und andererseits um die Klarstellung, daß die GAP nicht gänzlich nach eigenen Regeln, sondern vielmehr unter Berücksichtigung der gesamten Volkswirtschaft betrieben werden soll (lit. c). 15

D. Agrarstrukturpolitik

Da das Instrumentarium, das Art. 33 ff. zur Verfügung stellen, in erster Linie auf marktpolitische Maßnahmen abstellt, war lange Zeit umstritten, ob die Gemeinschaft auch eine Kompetenz besitzt, agrarstrukturpolitische Maßnahmen durchzuführen[15]. Da agrarstrukturpolitische Maßnahmen letztlich auch zur Erreichung der in Abs. 1 genannten Ziele der GAP dienen, wird die Gemeinschaftskompetenz, auch für diesen Bereich Maßnahmen vorzusehen, heute nicht mehr ernsthaft bestritten. In lit. a und b in Verbindung mit Art. 34 Abs. 3 (s. Art. 37, Rn. 4 ff.) wird allgemein die Handlungsgrundlage für ein Tätigwerden der Gemeinschaft in diesem Bereich gesehen, da über eine solche Politik den strukturellen und naturbedingten Unterschieden der verschiedenen landwirtschaftlichen Gebiete (lit. a) unter Berücksichtigung der Bedürfnisse der einzelnen Regionen (lit. b) Rechnung getragen werden kann. Strukturpolitische Interventionen (zur begrifflichen Abgrenzung der Struktur- von der Marktpolitik vgl. hier im Anschluß) stehen jedoch in der Regel unter dem Vorbehalt, daß die Gemeinschaft lediglich nationale Maßnahmen kofinanziert. Den Mitgliedstaaten verbleibt daher ein weitgehendes Entscheidungsermessen, ob und in welchem Umfang sie Maßnahmen durchführen wollen. 16

---

13 EuGH, Rs. 48/74, 10.12.1974, Slg. 1974, 1383, Rn. 26 (Charmasson).
14 So auch R. Mögele, in: Hb.EGWirtR, Abschnitt G, Rn. 13.
15 V. Götz, NJW 1968, S. 1545; ders., Agrarrecht 1971, S. 33 ff.; Thiele (Fn. 7), S. 27 ff. (m.w.N.).

17 Auch wenn eine genaue **Abgrenzung zwischen den Begriffen Agrarmarktpolitik einerseits und Agrarstrukturpolitik andererseits** nur schwer vorzunehmen ist[16], kann man die **Agrarstrukturpolitik** dahingehend definieren, daß mit ihr in erster Linie Maßnahmen vorgesehen werden, die an den **Produktionsbedingungen** ansetzen (also ob und wie produziert wird). Hierunter fallen z.b. Maßnahmen im Zusammenhang mit der Ausbildung der in der Landwirtschaft tätigen Personen, der Modernisierung einzelner Betriebe z.B. durch den Einsatz moderner Techniken, dem Aufbau einer Infrastruktur und der Entwicklung von landwirtschaftlichen Regionen insgesamt, aber auch Programme zur Ermöglichung des vorgezogenen Ruhestandes, der Umschulung von Personen, die das Betreiben landwirtschaftlicher Tätigkeit einstellen möchten, Flächenstillegungsprogramme, Erhaltung lebensfähiger Agrargemeinschaften, Umweltschutzmaßnahmen usw. **Marktpolitische Maßnahmen haben hingegen in der Regel die landwirtschaftlichen Erzeugnisse unmittelbar vor Augen**, wollen also Einfluß auf die Entwicklungen des Marktes unmittelbar nehmen (z.b. durch Interventionsankäufe, verschiedene Arten von Erzeugnissubventionen, Direktzahlungen zum Ausgleich von Einkommensverlusten aufgrund der Interventionspreissenkungen und ganz generell das Instrumentarium, wie es in den Gemeinsamen Marktorganisationen vorgesehen ist). Tendenziell verfolgt die Strukturpolitik somit langfristige, die Marktpolitik eher kurzfristige Ziele. Teilweise jedoch überschneiden sich diese beiden Bereiche. Eine Abgrenzung ist wegen der Zuordnung von Maßnahmen zur richtigen Abteilung des EAGFL (vgl. Art. 34, Rn. 43 ff.) dennoch erforderlich. Andererseits findet die Zuordnung einer Maßnahme zu der einen oder der anderen Abteilung des EAGFL nicht immer danach statt, welcher Abteilung sie tatsächlich angehört, vielmehr ist häufig eher entscheidend, wie die Maßnahme finanziert werden soll[17]. Dieser Umstand muß jedoch vor dem Hintergrund gesehen werden, daß für die Abteilung Garantie Mittel in wesentlich größerem Umfang zur Verfügung stehen als für die Abteilung Ausrichtung (die Mittel werden in etwa nach dem Verhältnis 1 : 10 aufgeteilt, d.h. 10% der Mittel stehen für strukturpolitische, 90% für marktpolitische Interventionen zur Verfügung[18]).

18 Während der ersten Jahre nach Inkrafttreten des EWGV ging es zunächst darum, hinsichtlich der einzelnen Agrarmarktbereiche Bedingungen für das Funktionieren eines Gemeinsamen Marktes zu schaffen. Bei diesen Regelungen handelte es sich im wesentlichen um marktpolitische Maßnahmen, während Agrarstrukturen – wenn überhaupt – nur untergeordnete Bedeutung zukam[19]. 1968 unterbreitete die Kommission unter dem Titel »**Landwirtschaft 1980**« einen Maßnahmenkatalog (2. Mansholt-Plan[20]), welcher 1972, wenn auch in vielen Bereichen wesentlich verändert, in drei Richtlinien umgesetzt wurde[21], die den Beginn einer eigenen EG-Agrarstrukturpolitik markieren[22]. Diese drei

---

16 Vgl. hierzu genauer *P. Gilsdorf/R. Priebe*, in: Grabitz/Hilf, EU, Art. 39, Rn. 45; *R. Priebe*, in: Hb.EGWirtR, Abschnitt G, Rn. 99.
17 Vgl. hierzu *J. Korte/T. van Rijn*, in: GTE, EUV, Art. 40, Rn. 52; *R. Mögele*, Die Behandlung fehlerhafter Ausgaben im Finanzierungssystem der gemeinsamen Agrarpolitik, 1997, S. 21; *R. Priebe*, in: Hb.EGWirtR, Abschnitt G, Rn. 99.
18 Vgl. hierzu auch *P. Gilsdorf/R. Priebe*, in: Grabitz/Hilf, EU, Art. 40, Rn. 99.
19 Für erste wenig effektive Ansätze einer Agrarstrukturpolitik aus dem Jahr 1962 vgl. *P. Gilsdorf/R. Priebe*, in: Grabitz/Hilf, EU, Art. 39, Rn. 46; vgl. außerdem den Hinweis der Versammlung auf die Bedeutung einer Agrarstrukturpolitik in ihrer Entschließung vom 26.6.1959, ABl. 1959/789.
20 Sonderbeilage zum EG Bulletin 1/1969.
21 RL 72/159/EWG zur Modernisierung der landwirtschaftlichen Betriebe, ABl.EG 1972, Nr. L 96/1; RL 72/160/EWG zur Förderung der Einstellung der landwirtschaftlichen Tätigkeit, ABl.EG 1972, Nr. L 96/9; RL 72/161/EWG, über die sozio-ökonomische Information und die künftige Qualifikation der in der Landwirtschaft tätigen Personen, ABl.EG 1972, Nr. L 96/15.
22 *V. Götz*, Agrarrecht 1971, S. 33, S. 35.

Richtlinien wurden 1985 durch die **VO (EWG) Nr. 797/85 des Rates zur Verbesserung der Effizienz der Agrarstruktur** ersetzt[23].

1988 wurde, nachdem mit der EEA ein der Strukturpolitik gewidmeter Teil V in den Vertrag eingefügt worden war, welcher die Agrarstrukturpolitik mit einbezieht, die **gesamte Strukturpolitik der Gemeinschaft reformiert** und unter Schaffung einer einheitlichen Fördergebietskulisse sowie unter Vorgabe allgemeingültiger Verwaltungs-, Finanzierungs- und Kontrollvorschriften sachlich und räumlich in einem gemeinsamen Rahmen zusammengefaßt und konzentriert[24]. Basis hierfür war die VO (EWG) Nr. 2052/88 über Aufgaben und Effizienz der Strukturfonds und über die Koordinierung ihrer Intervention untereinander sowie mit denen der Europäischen Investitionsbank und der anderen vorhandenen Finanzierungsinstrumente[25]. Die Konkretisierung agrarstrukturpolitischer Maßnahmen erfolgte durch die VO (EWG) Nr. 4256/88 zur Durchführung der VO (EWG) Nr. 2052/88 hinsichtlich des EAGFL, Abteilung Ausrichtung[26], das (materielle) Förderrecht basierte zunächst auf VO (EWG) Nr. 2328/91 zur Verbesserung der Effizienz der Agrarstruktur[27], welche die zuvor genannte VO (EWG) Nr. 797/85 abgelöst hatte. Die VO (EWG) Nr. 2328/91 wurde 1997 ihrerseits ersetzt durch die folgenden Rats-Verordnungen[28]: VO (EG) Nr. 950/97 zur Verbesserung der Effizienz der Agrarstruktur[29], VO (EG) Nr. 951/97 zur Verbesserung der Verarbeitungs- und Vermarktungsbedingungen landwirtschaftlicher Erzeugnisse[30] und die VO (EG) Nr. 952/97 betreffend die Erzeugergemeinschaften und ihre Vereinigungen[31]. Ferner wurden parallel zu der **Reform 1992** drei **flankierende Maßnahmen** ergriffen, die ihre Basis finden in den Rats-Verordnungen (EG) Nr. 2078/92 für umweltgerechte und den natürlichen Lebensraum schützende Produktionsverfahren[32], (EG) Nr. 2079/92 zur Einführung einer gemeinschaftlichen Beihilferegelung für den Vorruhestand in der Landwirtschaft[33] und (EG) Nr. 2080/92 zur Einführung einer gemeinschaftlichen Beihilferegelung für Aufforstungsmaßnahmen in der Landwirtschaft[34].

Auch der Strukturpolitik wurde als Folge der **Agenda 2000** ein neuer Rechtsrahmen verliehen, durch den zugleich die zuvor dargelegten Verordnungen aufgehoben wurden. Grundlage der Strukturpolitik allgemein stellt jetzt die VO (EG) Nr. 1260/1999 des Rates mit allgemeinen Bestimmungen über die Strukturfonds[35] dar. Die **agrarstrukturpolitischen Maßnahmen** basieren auf der **VO (EG) Nr. 1257/1999** des Rates über die Förderung der Entwicklung des ländlichen Raums durch den Europäischen Ausrichtungs- und Garantiefonds für die Landwirtschaft (EAGFL)[36]. Die Durchführungsbestimmun-

---

23 ABl.EG 1985, Nr. L 93/1.
24 Für die Einzelheiten der Funktionsweise des einheitlichen Rahmens, die Grundprinzipien, Beteiligungssätze der Gemeinschaft usw. vgl. Art. 161; *R. Priebe*, in: Hb.EGWirtR, Abschnitt G, Rn. 101 ff.; *W. Stabenow*, in Grabitz/Hilf, EU, Art. 130 d.
25 ABl.EG 1988, Nr. L 185/1.
26 ABl.EG 1988, Nr. L 374/25.
27 ABl.EG 1991, Nr. L 218/1.
28 Zum Inhalt dieser drei Verordnungen im einzelnen vgl. *R. Streinz*, Die Grundzüge des EG-Beihilfenrechts unter besonderer Berücksichtigung der Landwirtschaft, in: Staatliche Fördermaßnahmen und Ausgleichsleistungen für die Landwirtschaft, Passau 1998, S. 4, 24 ff.
29 ABl.EG 1997, Nr. L 142/1.
30 ABl.EG 1991, Nr. L 142/22.
31 ABl.EG 1991, Nr. L 142/30.
32 ABl.EG 1992, Nr. L 215/85.
33 ABl.EG 1992, Nr. L 215, 91.
34 ABl.EG 1992, Nr. L 215, 96.
35 ABl.EG 1999, Nr. L 161/1.
36 ABl.EG 1999, Nr. L 160/80.

Art. 33 EG-Vertrag

gen der Kommission sind enthalten in der **VO (EG) Nr. 1750/1999**[37]. Der in diesen Verordnungen vorgesehene Katalog ermöglicht Programme betreffend **Investitionen in landwirtschaftlichen Betrieben**, die Niederlassung von Junglandwirten, die Berufsbildung, den Vorruhestand, Maßnahmen in **benachteiligten Gebieten und Gebieten mit umweltspezifischen Einschränkungen**, **Agrarumweltmaßnahmen**, die Verbesserung der Verarbeitung und Vermarktung landwirtschaftlicher Erzeugnisse, die Forstwirtschaft und die Förderung der Anpassung und Entwicklung von ländlichen Gebieten.

21 Agrarstrukturpolitische Maßnahmen haben neben der klassischen Agrarmarktpolitik inzwischen derart an Bedeutung gewonnen, daß diese Politik zuweilen auch als »**Zweite Säule**« der GAP bezeichnet wird (zu der sich nunmehr als »Dritte Säule« zudem die »Agraraußenpolitik« hinzugesellt). Die wachsende Bedeutung der Agrarstrukturpolitik, und innerhalb dieses Rahmens wiederum der **umweltpolitischen Facetten** dieser Politik, zeigt sich insbesondere auch an einem im Rahmen der Agenda 2000 zusätzlich eingeführten Element: Auf der Grundlage der **VO (EG) Nr. 1259/1999** zur Festlegung von Gemeinschaftsregeln für Direktzahlungen im Rahmen der Gemeinsamen Agrarpolitik[38] (auch als »horizontale« Verordnung, da für viele verschiedene gemeinschaftliche Beihilfemaßnahmen anwendbar, bezeichnet) haben die Mitgliedstaaten die Möglichkeit, zum einen Direktzahlungen von national festgelegten Umweltauflagen abhängig zu machen (sog. »**cross-compliance**«), zu diesem Zwecke eigene, nationale Beihilfen vorzusehen, und im Falle von Verstößen **Sanktionen** zu verhängen. Zum anderen haben sie die Möglichkeit zur »**Differenzierung**«, wonach sie unter näher bestimmten Voraussetzungen die nach den verschiedenen gemeinschaftlichen Direktzahlungsmaßnahmen zu gewährenden Zahlungen linear kürzen können. Die aus Sanktionen und der Differenzierung frei werdenden Beträge können sodann in verschiedene, in der genannten VO (EG) Nr. 1257/1999 vorgesehene Maßnahmen zur ländlichen Entwicklung investiert werden, freilich unter dem generell in der gemeinschaftlichen Strukturpolitik geltenden Prinzip der »**Partnerschaft**«[39], also der Bedingung, daß ein Teil der Finanzierung von den Mitgliedstaaten zu übernehmen ist.

22 Da Maßnahmen aufgrund der Agrarstrukturpolitik i. d. R. auf nationalen Programmen basieren und diese lediglich kofinanzieren, richtet sich die Frage, ob ein Förderanspruch besteht, regelmäßig nach nationalem Recht. Daher ist **Rechtsschutz** vor den nationalen Gerichten zu suchen. Lediglich in Fällen, in denen die Gemeinschaft (in aller Regel die Kommission) unmittelbar entscheidet, kann ein Antragsteller i. S. v. Art. 230 Abs. 4 unmittelbar und individuell betroffen sein und damit **Klagebefugnis zum EuGH** bestehen. Auch inhaltlich wird es schwierig sein, derartige Klagen erfolgreich zu führen, da ein gebundener Anspruch auf Subventionsgewährung kaum einmal bestehen wird und auch über das Diskriminierungsverbot nur in absoluten Ausnahmefällen das generell weite Ermessen in solchen Fällen derart eingeschränkt sein wird, daß letzlich ein gebundener Anspruch zu bejahen wäre.

---

37 ABl.EG 1999, Nr. L 214/31.
38 ABl.EG 1999, Nr. L 160/113.
39 *Hix*, in: Schwarze, EGV, Art. 32, Rn. 27.

Art. 34 (ex-Art. 40)

(1) Um die Ziele des Artikels 33 zu erreichen, wird eine gemeinsame Organisation der Agrarmärkte[1, 7 ff.] geschaffen.
Diese besteht je nach Erzeugnis aus einer der folgenden Organisationsformen:
a) gemeinsame Wettbewerbsregeln[3];
b) bindende Koordinierung der verschiedenen einzelstaatlichen Marktordnungen[4 ff.];
c) eine Europäische Marktordnung[7 ff.].

(2) Die nach Absatz 1 gestaltete gemeinsame Organisation kann alle[2, 7, 40] zur Durchführung des Artikels 33 erforderlichen Maßnahmen[11 ff., 51 ff.] einschließen, insbesondere Preisregelungen[15 ff.], Beihilfen für die Erzeugung und die Verteilung der verschiedenen Erzeugnisse[23], Einlagerungs- und Ausgleichsmaßnahmen[20 f.], gemeinsame Einrichtungen zur Stabilisierung der Ein- oder Ausfuhr[24 ff.].
Die gemeinsame Organisation hat sich auf die Verfolgung der Ziele des Artikels 33 zu beschränken[37] und jede Diskriminierung[41 f.] zwischen Erzeugern oder Verbrauchern innerhalb der Gemeinschaft auszuschließen.
Eine etwaige gemeinsame Preispolitik muß auf gemeinsamen Grundsätzen und einheitlichen Berechnungsmethoden beruhen[41].

(3) Um der in Absatz 1 genannten gemeinsamen Organisation die Erreichung ihrer Ziele zu ermöglichen, können ein oder mehrere Ausrichtungs- oder Garantiefonds für die Landwirtschaft geschaffen werden[43 ff.].

Inhaltsübersicht:

A. Abs. 1: Die Organisationsformen der GAP	1
I. Gemeinsame Wettbewerbsregeln	3
II. Bindende Koordinierung der verschiedenen einzelstaatlichen Marktordnungen	4
III. Europäische Marktordnung	7
1. Die Grundprinzipien der Gemeinsamen Marktorganisationen (GMO)	8
2. Inhalt der Europäischen Marktordnungen	11
a) Einleitung	11
b) Das Preissystem der GMO	15
c) Interventionsregelungen	19
aa) Intervention im engeren Sinne	20
bb) Intervention im weiteren Sinne	23
d) Außenschutzbestimmungen	24
aa) Importbestimmungen	26
bb) Ausfuhrerstattungen	27
cc) Sondermaßnahmen im Falle von Versorgungsschwierigkeiten	28
e) Reformen der GAP	29
IV. Beschränkungen für die GAP gem. Abs. 2 UAbs. 2	40
V. Das Diskriminierungsverbot des Abs. 2 UAbs. 2 und UAbs. 3	41
VI. Der Ausrichtungs- und Garantiefonds für die Landwirtschaft	43
B. Die Gemeinsame Fischereipolitik (GFP) im Rahmen der GAP	51

A. Abs. 1: Die Organisationsformen der GAP

Der **Oberbegriff** des Rahmens, in welchem sich die GAP bewegt, ist nach Abs. 1 die **Gemeinsame Organisation der Agrarmärkte**. Sofern Erzeugnisgruppen von der GAP erfaßt sind, beinhalten die Titel der Grundverordnungen jeweils diese Formulierung, z. B. »Ge-

1

meinsame Marktorganisation für Getreide«[1]. Für die gemeinsame Organisation der Agrarmärkte stellt UAbs. 2 drei verschiedene Organisationsformen zur Verfügung (gemeinsame Wettbewerbsregeln, bindende Koordinierung der einzelstaatlichen Marktordnungen und Europäische Marktordnung) und überläßt es dem Gemeinschaftsgesetzgeber zu entscheiden, hinsichtlich welcher Erzeugnisse er welche Organisationsform wählen möchte. Darüber hinaus bedeutet dies auch, daß der Gemeinschaftsgesetzgeber hinsichtlich der Wahl der Inhalte innerhalb der jeweils gewählten Organisationsform grds. über freies Ermessen verfügt. Es ist dem Gemeinschaftsgesetzgeber auch freigestellt, die drei Organisationsformen miteinander zu verbinden[2].

2 Abs. 2 stellt ausdrücklich klar, daß die gemeinsame Organisation der Agrarmärkte im Sinne von Abs. 1 *alle* zur Durchführung des Art. 33 erforderlichen Maßnahmen einschließen kann. Unbestritten ist, daß die drei in Abs. 1 genannten Organisationsformen die einzig zulässigen im Rahmen der gemeinsamen Organisation der Agrarmärkte sind[3]. Streiten könnte man hingegen darüber, ob es außer der gemeinsamen Organisation der Agrarmärkte noch **weitere Mittel zur Verfolgung der Ziele von Art. 33** geben kann. So werden Maßnahmen beispielsweise im Bereich der Strukturpolitik offenbar zum Teil nicht als Maßnahmen, die auf Abs. 1 basieren, angesehen[4]. Von anderen wird die Berücksichtigung von Maßnahmen, die nicht dem strikten Begriff der Marktpolitik untergeordnet werden können (Umwelt-, Verbraucherschutz usw.), im Rahmen der gemeinsamen Organisation der Agrarmärkte für zulässig erachtet[5]. Der EuGH hatte eine Kompetenz der Gemeinschaft für die Erhebung einer Mitverantwortungsabgabe auf die Milcherzeugung[6], die – zumindest auch – strukturpolitische Ziele verfolgt, für gegeben angesehen und dies mit Abs. 2 gerechtfertigt[7]; dabei ließ er allerdings offen, ob er selbst diese Maßnahme der Struktur- oder der Marktpolitik zuordnet[8]. Letztlich kommt es darauf an, wie die Begriffe »gemeinsame Organisation der Agrarmärkte« und – allgemein – *Agrarmarktpolitik* zu definieren sind. Der EuGH tendiert dazu, die Kompetenzen der Gemeinschaft im Bereich der Agrarpolitik extensiv auszulegen und dem Gemeinschaftsgesetzgeber in der Verfolgung der Ziele des Art. 33 einen weiten Ermessensspielraum hinsichtlich der Auswahl der politischen Lenkungsinstrumente zuzubilligen[9]. Dabei knüpft er häufig an Abs. 2 an, teilweise setzt er das Vorhandensein von Kompetenzen inzident voraus[10]. Nach hier vertretener Ansicht ist davon auszugehen, daß die gesamte GAP einschließlich solcher Maßnahmen, die im klassischen Sinne möglicherweise keine *Markt*lenkungsinstrumente mehr darstellen mögen, sich letztlich im Rahmen der gemeinsamen Organisation der Agrarmärkte im Sinne von Abs. 1 abspielt. Dies gilt auch für die in Art. 35 und 36 genannten Maßnahmen bzw. Bereiche, die lediglich konkrete Einzelfälle von Maßnahmen, die innerhalb einer gemeinsamen Organisation der Agrarmärkte verfolgt werden können, darstellen.

---

1 ABl.EG 1992 Nr. L 181/21.
2 Hinsichtlich bestehender Einschränkungsgründe (insb. aus übergeordneten Rechtsprinzipien wie dem Diskriminierungsverbot und dem Subsidiaritätsprinzip) vgl. *P. Gilsdorf/R. Priebe*, in: Grabitz/Hilf, EU, Art. 40, Rn. 4 ff.
3 *K. D. Borchardt*, in: Lenz, EGV, Art. 34, Rn. 3; *J.-P. Hix*, in: Schwarze, EGV, Art. 34, Rn. 3; *P. Gilsdorf/R. Priebe*, in Grabitz/Hilf, EU, Art. 40, Rn. 4.
4 *J. Korte/T. van Rijn*, in: GTE, EUV, Art. 40, Rn. 4.
5 So wohl *K. D. Borchardt*, in: Lenz, EGV, Art. 34, Rn. 3.
6 VO (EWG) Nr. 1079/77, ABl.EG 1977, Nr. L 131/1.
7 EuGH, Rs. 138/78, 21.2.1979, Slg. 1979, 713, Rn. 4 und 5 (Stölting).
8 Zur Abgrenzung vgl. Art. 33, Rn. 17.
9 So z. B. in EuGH, Rs. 138/78(Fn. 7), selbst.
10 Eingehend *G. Thiele*, Das Recht der Gemeinsamen Agrarpolitik, 1997, S. 30 ff.

I. Gemeinsame Wettbewerbsregeln

Die Festlegung gemeinsamer Wettbewerbsregeln stellt die schwächste Form der drei Organisationsmodelle dar. Hierbei beschränkt sich die Gemeinschaft darauf zu bestimmen, ob und wieweit die Wettbewerbsvorschriften der Art. 81 ff. zwischen den Mitgliedstaaten auch für die Agrarwirtschaft gelten. Es ist ihr freigestellt, sich auf den Erlaß gemeinsamer Wettbewerbsregeln zu beschränken oder solche Regeln in den Rahmen einer Koordinierung der einzelstaatlichen Marktordnungen (zweite Organisationsform) oder einer Europäischen Marktordnung (dritte Organisationsform) einzufügen.

3

II. Bindende Koordinierung der verschiedenen einzelstaatlichen Marktordnungen

Die zweite Möglichkeit, eine GAP zu betreiben, besteht darin, die jeweiligen nationalen Marktordnungen gemeinschaftsrechtlich zu koordinieren. Eine solche Koordinierung stellt mehr dar, als lediglich gemeinsame Wettbewerbsregeln aufzustellen, welche aber ggf. Teil einer Koordinierung sein können.

4

Der EuGH hat die einzelstaatlichen Marktordnungen dahingehend definiert, daß diese durch die Unterstellung der Regulierung des Marktes unter hoheitliche Aufsicht darauf abzielen, die in Art. 33 Abs. 1 genannten Ziele (bezogen auf das jeweilige Gebiet des betreffenden Mitgliedstaats) zu verfolgen[11]. Eine Koordinierung der nationalen Marktordnungen müßte im wesentlichen darauf ausgerichtet sein, Bedingungen für ein reibungsloses Funktionieren des freien Warenverkehrs zu schaffen und damit auf die Anwendung der allgemeinen Vertragsvorschriften. Daß dies jedoch im Fall sehr unterschiedlich ausgeprägter nationaler Marktordnungen, die insbesondere stark divergierende Preisregime vorsehen, zu großen Problemen führen kann, liegt auf der Hand. Zieht man darüber hinaus in Betracht, welchen Stellenwert bereits der Vertrag selbst vor allem dem Lebenshaltungsniveau der landwirtschaftlichen Bevölkerung einräumt (vgl. Art. 37 Abs. 3 und die Zielvorgabe des Art. 33 Abs. 1 lit. b), so ist es offensichtlich, daß eine Koordinierung durch simple Anwendung der allgemeinen Vertragsnormen nahezu unmöglich wäre. Differenzierungen nach Regionen und/oder Mitgliedstaaten wären (wie es allerdings letztlich auch bei Anwendung des Instruments der Europäischen Marktordnungen der Fall ist[12]) nicht zu vermeiden. Hinzuweisen ist insofern auch auf Art. 38, wonach im Falle von Wettbewerbsverzerrungen, die sich durch die Anwendung einzelstaatlicher Marktordnungen ergeben, Ausgleichsabgaben erhoben werden; das Primärrecht geht also selber von unterschiedlichen nationalen Protektionsniveaus aus[13].

5

Obgleich die Organisationsform der Koordinierung der nationalen Marktordnungen auch heute noch anwendbar ist, kommt ihr in der Praxis nur marginale Bedeutung zu, da nur noch für die Erzeugnisse Kartoffeln, Honig, landwirtschaftlicher Alkohol, Zichorienwurzeln, frische Ananas, Kaffee, Kork und Pferdefleisch nationale Marktordnungen fortbestehen.

6

---

11 EuGH, Rs. 48/74, 10.12.1974, Slg. 1974, 1383, Rn. 26 (Charmasson); s. auch Art. 33, Rn. 13.
12 Vgl. hierzu u. Rn. 41 f.
13 Zur Fortgeltung dieser Bestimmung auch nach Ende der Übergangszeit vgl. Art. 38, Rn. 1.

III. Europäische Marktordnung

7 Diese dritte – und intensivste – Organisationsform ist die inzwischen für fast alle landwirtschaftlichen Erzeugnisse realisierte Form. Der Begriff Europäische Marktordnung ist primärrechtlich nicht definiert. Hinweise könnte man der Definition des EuGH entnehmen, die dieser im Hinblick auf die nationalen Marktordnungen ausgesprochen hat[14]. Andererseits ist wegen der Breite der Möglichkeiten, die Abs. 2 dem Gemeinschaftsgesetzgeber zur Verfügung stellt (o. Rn. 2 u. Rn. 37), eine abschließende Definition letztlich entbehrlich.

1. Die Grundprinzipien der Gemeinsamen Marktorganisationen (GMO)

8 Um die Funktionsweise der GMO zu verstehen, hat man sich zunächst deren wesentlichen Grundprinzipien zu vergegenwärtigen[15]. Das erste dieser Prinzipien, das **Marktprinzip**, geht davon aus, daß sich die landwirtschaftlichen Einkommen grds. über den freien Markt realisieren lassen sollten. Dies soll insbesondere auch bedeuten, daß die landwirtschaftlichen Betriebe in der Lage sein sollten, ohne Subventionen zu überleben. Dieses Prinzip unterliegt wegen der vielfältigen Besonderheiten der Landwirtschaft, insbesondere auch wegen der massiven Unterschiede der Struktur landwirtschaftlicher Betriebe in den einzelnen Mitgliedstaaten (vorwiegend Großunternehmen im V.K. und Familienbetriebe in D), vielen Durchbrechungen und Ausnahmen.

9 Um die Verfolgung der Ziele des Art. 33 (insbesondere das Preisniveau zur Sicherung der Einkommen der landwirtschaftlichen Bevölkerung) sicherzustellen, wurde (und wird) es, jedenfalls solange diese im wesentlichen über Produktivitätssteigerungen verfolgt werden, als erforderlich angesehen, Gemeinschaftserzeugnisse mit Präferenz gegenüber Erzeugnissen aus Drittstaaten zu behandeln (**Prinzip der Gemeinschaftspräferenz**), obgleich mit den Reformen von 1992 und 1999 eine Annäherung an die Weltmarktkonditionen angestrebt wird, so daß diesem Prinzip heute nicht mehr die gleiche Bedeutung wie früher zukommt. Vor dem Hintergrund dieses (vom EuGH anerkannten[16]) Prinzips sind die Außenschutzregelungen zu verstehen.

10 Das dritte Prinzip, der **Grundsatz der Gemeinschaftsfinanzierung**, legt die finanzielle Verantwortung der Gemeinschaft für die von ihr ergriffenen bzw. erlassenen Maßnahmen fest. Dies gilt sowohl für Ausgaben im Rahmen der unmittelbaren Marktpolitik als auch für agrarstrukturpolitische Maßnahmen. Hinzuweisen ist jedoch darauf, daß – insbesondere im agrarstrukturpolitischen Bereich – zum Teil auch kofinanzierte Maßnahmen durchgeführt werden. Zur Verwaltung dieser Ausgaben ist auf der Grundlage von Abs. 3 der Europäische Ausrichtungs- und Garantiefonds für die Landwirtschaft (EAGFL) geschaffen worden (vgl. unten Rn. 43 ff.).

---

14 EuGH, Rs. 48/74 (Fn. 11).
15 Siehe auch *D. Ahner*, Gemeinsame Agrarpolitik – Herzstück und Sorgenkind, in: Handbuch der Europäischen Integration, 6. Kapitel, 1996, S. 850; *M. Melchior*, in: Europäische Kommission, Dreißig Jahre Gemeinschaftsrecht, Reihe »Europäische Perspektiven«, 1981, S. 482 ff.
16 EuGH, Rs. 5/67, 13.3.1968, Slg. 1968, 125, 147 (Beus).

2. Inhalt der Europäischen Marktordnungen[17]

a) Einleitung

Bei den in den Europäischen Marktordnungen enthaltenen Vorschriften handelt es sich in erster Linie um solche zur Errichtung eines differenzierten Preissystems (s.u. Rn. 15 ff.), Interventionsregelungen (s.u. Rn. 19 ff.), Regelungen im Zusammenhang mit dem Außenhandel (s.u. Rn. 24 ff.), Wettbewerbsvorschriften (s. Art. 36), Bestimmungen zum innergemeinschaftlichen Handel usw. Zu nennen sind auch die Vorschriften zur Eindämmung der Überschußerzeugungen (s.u. Rn. 29 ff.). Nicht alle Regelungen finden sich in sämtlichen GMO, die für die einzelnen Erzeugnisse jeweils bestehen. Vielmehr hängt es von der jeweiligen »Interventionsbedürftigkeit« der Erzeugnisse ab, welche Bestimmungen in die betreffenden GMO aufgenommen werden. Ein Hinweis darauf, welchen Inhalts die Gemeinsamen Marktorganisationen sein dürfen, ist in Abs. 2 enthalten. Mit der Formulierung, daß die GMO alle zur Durchführung des Art. 33 erforderlichen Maßnahmen enthalten dürfen, wird deutlich, daß die Vertragsautoren dem Gemeinschaftsgesetzgeber weitgehende Handlungsfreiheit einräumen wollten. Der Hinweis auf einzelne Lenkungsinstrumente ist nur beispielhaft und nicht abschließend (vgl. die Formulierung »insbesondere«)[18]. 11

Je nach Erzeugnis und Intensität der Intervention lassen sich **verschiedene Marktordnungstypen** differenzieren. Für die wesentlichen, weil für die Stabilität der gesamten Agrarwirtschaft relevanten, Agrarerzeugnisse (Milch und Milcherzeugnisse, Rindfleisch, Reis, Zucker, Olivenöl und bestimmte Ölsaaten) enthalten die jeweiligen GMO (im Grundsatz auch heute noch) eine »**obligatorische Intervention**« (vgl. unten Rn. 19 f.). Dieser Grundsatz wird jedoch zur Bekämpfung der Überschußerzeugung teilweise eingeschränkt. 12

Andere GMO sehen von vornherein (also nicht erst als Folge der Überschußbekämpfung) Interventionen nur in beschränktem Umfang vor (auch als »**fakultative Intervention**« bezeichnet) (z. B. in der GMO für Obst und Gemüse) oder sie **beschränken sich gar auf Außenschutzregelungen** (z. B. im Falle der GMO für Eier und Geflügelfleisch) und überlassen den innergemeinschaftlichen Handel dem freien Spiel der Marktkräfte. Auch kommt es vor, daß innerhalb ein und derselben GMO hinsichtlich bestimmter Verarbeitungserzeugnisse eine obligatorische, hinsichtlich anderer Verarbeitungserzeugnisse jedoch nur eine fakultative oder gar keine Intervention vorgesehen ist. 13

Rechtsetzungstechnisch betrachtet existiert für die Erzeugnisse bzw. für die Erzeugnisgruppen, für die eine GMO geschaffen wurde, eine **Grundverordnung des Rates**, die die Überschrift »Gemeinsame Marktorganisation für ...« trägt[19]. Teilweise werden jedoch in eigenständigen Verordnungen Teilbereiche individuell geregelt. So basiert heute die Milchquotenregelung (u. Rn. 32 f.) auf einer eigenständigen VO; ursprünglich war diese Regelung in der Grundverordnung der GMO für Milch und Milcherzeugnisse enthalten. Basierend auf den Grundverordnungen werden sogenannte »**Grundregelnverordnungen**« ebenfalls durch den Rat und »**Durchführungsverordnungen**« durch die Kommission erlassen[20]. In den nachfolgenden Darstellungen des Inhalts der GMO werden Beispiele in erster Linie aus der **GMO für Milch und Milcherzeugnisse, VO (EWG)** 14

---

17 Darstellung am Beispiel konkreter GMO siehe *P. Gilsdorf/R. Priebe*, in Grabitz/Hilf, EU, Art. 40, Rn. 11 ff. (GMO für Getreide); *Thiele* (Fn. 10) S. 122 ff. (Milch und Milcherzeugnisse).
18 Zur Rechtsprechung des EuGH hinsichtlich des Umfangs der Gemeinschaftskompetenzen, der aus dieser Formulierung folgt, vgl. bereits oben, Rn. 2 und Art. 37, Rn. 4 ff. m. w. N.
19 Eine Übersicht zu den bestehenden GMO ist diesem Artikel als Anhang beigefügt.
20 Für die Einzelheiten vgl. Art. 37, Rn. 20 ff.

Nr. 1255/1999[21], gegeben. Bei dieser GMO handelt es sich um eine der regelungsintensivsten, die insbesondere auch obligatorische Interventionen hinsichtlich verschiedener Milcherzeugnisse vorsieht und Vorschriften beinhaltet, die zur Bekämpfung der Überschußerzeugung erlassen wurden.

b) Das Preissystem der GMO

15 Grundlage der GMO ist deren Preissystem, da letztlich alle übrigen Maßnahmen direkt oder indirekt Instrumentarien zur Stützung des Preisniveaus sind. Die Preispolitik war lange Zeit Dreh- und Angelpunkt der GAP. Ihre Bedeutung ist gegenüber der Politik der direkten Einkommensstützung (Reformen von 1992 und 1999, s. u. Rn. 34 ff.) jedoch nunmehr in den Hintergrund getreten.

16 Ausgangspunkt ist der **Richtpreis** (z. T. auch als **Zielpreis, Orientierungspreis** oder **Grundpreis** bezeichnet), der jährlich als Preisziel für das nächste Wirtschaftsjahr zusammen mit den anderen Preisen festgelegt wird. Dieser Preis hat als solcher noch keine Bindungswirkung irgendeiner Art. Mit ihm drückt der Rat seine Vorstellung über das zu erreichende Preisniveau aus. Die GMO sehen zum Teil vor, daß die **Preisbeschlüsse jährlich etwa acht Monate vor Beginn des nächsten Wirtschaftsjahres** gefaßt werden. Dies soll den Erzeugern eine angemessene **Produktionsorientierung** ermöglichen, um etwa zu entscheiden, ob sie im kommenden Jahr ihre Produktion von einem auf das andere Erzeugnis umstellen möchten[22]. In der Praxis jedoch ist es dem Rat selten gelungen, die Preisbeschlüsse auch nur annähernd mit dem vorgegebenen zeitlichen Vorlauf zu fassen. Häufig wurden die Preise in nächtelangen Marathonsitzungen des Agrarrates (zum Teil nach mehrmaliger Verschiebung des Beginns des nächsten Wirtschaftsjahres) gar mit Rückwirkung, also ohne jeglichen zeitlichen Vorlauf, beschlossen. Hierin ist nach hier vertretener Auffassung nicht nur ein Verstoß gegen die Vorgaben in den GMO selbst zu sehen, sondern auch eine **Verletzung höherrangigeren Rechts**, namentlich das **Eigentumsrecht und die Freiheit der Berufsausübung**, je nach Fallkonstellation in Verbindung mit dem **Vertrauensschutzgrundsatz** oder dem **Verhältnismäßigkeitsprinzip**[23].

17 Erreicht der tatsächliche Marktpreis ein vom Rat in seinen Preisbeschlüssen bestimmtes Niveau unterhalb des Richtpreises (= **Interventionspreis**), so führt dies je nach GMO zu unterschiedlichen Konsequenzen, im Falle der GMO, die eine obligatorische Intervention vorsehen, zur Möglichkeit für die Erzeuger, ihre Produkte den Interventionsstellen zum Interventionspreis anzudienen. In einigen GMO (z. B. bei Zucker) sind regional unterschiedliche Interventionspreise vorgesehen. Obgleich hiergegen verschiedene rechtliche Bedenken geltend gemacht werden (insbesondere Verstoß gegen das Diskriminierungsverbot), ist angesichts einer EuGH-Entscheidung aus dem Jahre 1974[24] und der allgemeinen Rspr. des EuGH zur Ermessensfreiheit des Gemeinschaftsgesetzgebers im Bereich der Gemeinsamen Agrarpolitik (vgl. u. Rn. 38 und o. Rn. 2) davon auszugehen, daß der EuGH gegen eine solche Differenzierung keine durchgreifenden Bedenken erheben würde. Ferner sind die Interventionsstellen hinsichtlich einiger Erzeugnisse berechtigt, vom Interventionspreis nach oben oder unten abzuweichen, wenn das angediente Erzeugnis nicht der Standardqualität entspricht.

18 Bis zum Abschluß der Uruguay-Runde wurde ferner der Differenzbetrag zwischen einem Preis, wie er auf dem Weltmarkt bestand, abzüglich der Transportkosten (= **Schwellen-**

---

21 ABl.EG 1999, Nr. L 160/48.
22 *Buchholz*, HdWW, Bd. I, S. 87, S. 90; *Thiele* (Fn. 10), S. 139.
23 Ausführlicher hierzu *Thiele* (Fn. 10), S. 139 f.
24 EuGH, Rs. 11/74, 11.7.1974, Slg. 1974, 877, Rn. 11–16 (Minotiers de la Champagne).

preis) und dem Richtpreis abgeschöpft. Seither werden jedoch die auf Welthandelsebene ausgehandelten festen Zollsätze erhoben (zum Außenhandel vgl. Rn. 24 ff.).

c) Interventionsregelungen

In aller Regel wird unter dem Begriff »Intervention« der Aufkauf landwirtschaftlicher 19 Erzeugnisse durch staatliche Stellen zum Interventionspreis verstanden (**Intervention i.e.S.**). Das deutsche Recht versteht unter Intervention »die Übernahme, Abgabe oder Verwertung von Marktordnungswaren durch Interventionsstellen«, vgl. § 7 MOG. Eine einheitliche Gemeinschaftsdefinition existiert nicht. Ein sehr viel weiteres Begriffsverständnis als der deutschen Regelung liegt der von der Kommission 1988 erstellten Liste[25] (die jedoch nur deklaratorische Bedeutung hat[26]) mit einer Momentaufnahme aller durch den EAGFL, Abteilung Garantie (unten Rn. 43 ff.), finanzierten Interventionsmaßnahmen zugrunde. Da durch die Abteilung Garantie in aller Regel marktordnungspolitische Maßnahmen finanziert werden, lassen sich dieser Liste in erster Linie auch nur derartige Maßnahmen entnehmen. Einige wenige Maßnahmen, die strukturpolitischen Charakter haben (z.b. die Mitverantwortungsabgaben im Getreide- und Milchsektor und das Nichtvermarktungs- und Umstellungsprogramm im Milchsektor, vgl. unten Rn. 30), die in Abweichung vom Prinzip durch die Abteilung Garantie finanziert werden (wie es übrigens seit der Agrarreform von 1992 zunehmend der Fall ist, vgl. unten Rn. 34 ff. bzw. Rn. 43 ff.[27]) sind konsequenterweise in dieser Verordnung mit aufgeführt. Letztlich kann man daher als Intervention all diejenigen Maßnahmen ansehen, welche direkt oder indirekt der Verfolgung der Ziele des Art. 33 dienen (**Intervention i.w.S.**), somit auch strukturpolitische Maßnahmen.

aa) Intervention im engeren Sinne

Ausschlaggebend für jede Art der Intervention ist zunächst der **Interventionspreis**, bei 20 dessen Erreichen die in den GMO vorgesehenen Interventionsmaßnahmen ausgelöst werden. Im Falle der **obligatorischen Intervention** haben die Erzeuger einen Anspruch darauf, daß ihnen die Interventionsstelle (in der Bundesrepublik ist dies gemäß § 7 Abs. 1 Satz 1 i. V. m. § 3 MOG die **Bundesanstalt für Landwirtschaft und Ernährung, BLE**) ihre auf garantierten Interventionspreis abnimmt. In der Regel werden Erzeugnisse auf Großhandelsstufe an die Interventionsstellen verkauft, was daran liegt, daß die **Intervention häufig auf bestimmte Verarbeitungserzeugnisse** (z. B. Butter, Magermilchpulver und einige wenige Käsesorten im Rahmen der GMO für Milch und Milcherzeugnisse, vgl. Art. 6 ff. der VO (EG) Nr. 1255/1999) **oder bestimmte Mindestanlieferungsmengen beschränkt** ist. Darüber hinaus stellt sich vielfach das Problem, daß die Grundverordnungen der GMO zwar den Erlaß von Qualitätsbestimmungen hinsichtlich der Interventionserzeugnisse vorsehen, diese jedoch mangels Einigungsfähigkeit im Rat tatsächlich nie erlassen wurden. In diesen Fällen hat der Rat häufig Regelungen erlassen, mit denen für jeden Mitgliedstaat **Güteklassen** (meistens der ersten Qualität) bestimmt wurden, bei denen eine Interventionsverpflichtung besteht.

Als man an den immer weiter anwachsenden Überschüssen erkannte, daß der Verkauf 21 an Interventionsstellen »... inzwischen eine attraktivere Absatzmöglichkeit ... bietet als

---

25 VO (EWG) Nr. 380/88 der Kommission vom 10.2.1988 zur Erstellung des Verzeichnisses der Maßnahmen, die dem Begriff der Interventionen zur Regelung der Agrarmärkte im Sinne des Artikels 3 Absatz 1 der Verordnung (EWG) Nr. 729/70 des Rates entsprechen, ABl.EG 1988, Nr. L 38/10 (diese VO wurde jedoch inzwischen aufgehoben, s. VO (EG) Nr. 1608/1999 der Kommission zur Aufhebung bestimmter, den Europäischen Ausrichtungs- und Garantiefonds für die Landwirtschaft betreffenden Verordnungen der Kommission, ABl.EG 1999, Nr. L 190/12).
26 Vgl. die 2. Begründungserwägung der VO (EWG) Nr. 380/88 (Fn. 26).
27 *R. Priebe*, in: Hb.EGWirtR, Abschnitt G, Rn. 93.

die normalen Märkte«[28], wurden die obligatorischen Interventionen teilweise eingeschränkt. So wurden in einigen Fällen **Höchstmengen** festgelegt, ab denen die Intervention ausgesetzt werden kann. Auch solche Aussetzungen sind häufig wiederum dahingehend beschränkt, daß die obligatorische Intervention wiederaufgenommen werden muß, sobald das Preisniveau auf dem freien Markt unter eine bestimmte Marge sinkt.

22 Unter **fakultativen Interventionen** sind Maßnahmen zu verstehen, die ergriffen werden *können*, sobald dies als erforderlich angesehen wird. Zuständig für die Durchführung derartiger Maßnahmen ist in der Regel die Kommission.

bb) Intervention im weiteren Sinne

23 Die GMO sehen ferner eine Reihe von Maßnahmen vor, die ebenfalls dazu dienen sollen, das Preisniveau für das jeweilige Erzeugnis zu stabilisieren. In erster Linie fällt hierunter die (obligatorische oder fakultative) **Gewährung von Beihilfen für die private Lagerhaltung** landwirtschaftlicher Erzeugnisse (z. B. bei Wein, Butter). Es muß sich nicht notwendigerweise um die gleichen oder (qualitativ) gleichwertigen Erzeugnisse handeln wie diejenigen, die von den Interventionsstellen aufgekauft werden. Mit dieser Maßnahme sollen die Erzeuger in die Lage versetzt werden, ihre Erzeugnisse zu einem von ihnen gewählten Zeitpunkt auf den Markt bringen zu können[29]. Zu nennen sind ferner der Absatz der von den Interventionsstellen angekauften Erzeugnisse (insbesondere um dem ungewollten Anstieg des Marktpreises zu begegnen), Beihilfen für Agrarerzeugnisse, die zu Futter- oder sonstigen Sonderzwecken verwendet werden usw. Je nach dem, wie man den Begriff »Intervention« definiert (dazu oben Rn. 19) und welche Maßnahmen im einzelnen mit GMO verfolgt werden können (dazu oben Rn. 2), könnten hierunter auch die vielfältigen andersartigen Beihilfearten gefaßt werden, die im Rahmen von strukturpolitischen Maßnahmen gewährt werden können. Derartige Maßnahmen beruhen jedoch in der Regel nicht auf den im Hinblick auf die einzelnen Erzeugnisse erlassenen Normen, sondern finden sich in horizontal geltenden Bestimmungen.

d) Außenschutzbestimmungen

24 Die einzelnen GMO beinhalten zwar ein grds. Verbot der Erhebung von Abgaben gleicher Wirkung wie Zölle und der Anwendung mengenmäßiger Beschränkungen oder Maßnahmen gleicher Wirkung auch im Handel mit Drittstaaten, doch gilt dieses Verbot vorbehaltlich anderweitiger Regelungen. Die Existenz solcher anderweitiger Regelungen macht diesen Grundsatz zur Ausnahme.

25 Die Zielsetzungen der GAP in der Anfangsphase führten zu einem hohen innergemeinschaftlichen Preisniveau, zu dessen Absicherung die gesamte GAP u. a. unter dem Prinzip der Gemeinschaftspräferenz steht (vgl. oben Rn. 9). Die Notwendigkeit des Schutzes der innergemeinschaftlichen Erzeugung gegenüber günstigerer Konkurrenz aus Drittstaaten steht daher im Mittelpunkt der Außenhandelsregelungen[30].

---

[28] So z. B. die Begründungserwägungen der VO (EWG) Nr. 773/78 (ABl.EG 1987, Nr. L 78/1), mit der der Rat Sonderbestimmungen in die GMO für Milch und Milcherzeugnisse hinsichtlich deren Interventionsregelungen aufnahm.

[29] M. *Melchior*, in: Europäische Kommission, Dreißig Jahre Gemeinschaftsrecht, Reihe »Europäische Perspektiven«, 1981, S. 493.

[30] Für einen Überblick zur Agrar-Außenhandelspolitik (jedoch noch aus der Zeit vor Abschluß der Uruguay-Runde) vgl. A. *von Bogdandy*, Das Recht der Agrarpolitik, in: E. Grabitz, A./von Bogdandy,/M. Nettesheim (Hrsg.), Europäisches Außenwirtschaftsrecht, 1994, S. 143.

aa) Importbestimmungen

Bis zum Inkrafttreten der im Rahmen der Uruguay-Runde eingegangenen Verpflichtungen[31] wurde auf die Einfuhr von landwirtschaftlichen Erzeugnissen aus Drittstaaten eine Einfuhrabgabe (**Abschöpfung**) erhoben, durch die die Importeure wirtschaftlich gezwungen wurden, ihre Erzeugnisse auf dem Gemeinschaftsmarkt zu Preisen anzubieten, die denen für die Gemeinschaftserzeugnisse entsprachen. Mit dem im Rahmen der Uruguay-Runde geschlossenen **Übereinkommen über die Landwirtschaft**[32] wurden feste Zollkontingente und Zollabgaben vereinbart. Diese wurden in das System des **Gemeinsamen Zolltarifs (GZT)** der Gemeinschaft übernommen, welches seinerseits auf dem **Internationalen Übereinkommen über das Harmonisierte System zur Bezeichnung und Kodierung von Waren** (allgemein als »Harmonisiertes System« bezeichnet) basiert[33]. Die Umstellung der Abschöpfungsregelungen auf die Zollbestimmungen erfolgte für alle GMO gleichzeitig durch die VO (EG) Nr. 3290/94 des Rates über erforderliche Anpassungen und Übergangsmaßnahmen im Agrarsektor zur Anwendung der im Rahmen der multilateralen Handelsverhandlungen der Uruguay-Runde geschlossenen Übereinkünfte[34]. Das Übereinkommen über die Landwirtschaft erlaubt es den GATT-Mitgliedern jedoch, in besonderen Situationen die grundsätzlich vereinbarten Zollsätze zu erhöhen und Schutzmaßnahmen im Falle ernstlicher Störungen zu ergreifen (vgl. Art. 5 des Übereinkommens über die Landwirtschaft)[35].

26

bb) Ausfuhrerstattungen

Darüber hinaus sehen die GMO häufig die Möglichkeit der Zahlung von Ausfuhrsubventionen an die Gemeinschaftserzeuger vor, damit diese ihre Erzeugnisse auf dem Weltmarkt zu konkurrenzfähigen Preisen anbieten können. Darauf, daß diese Praxis z.T. auch zu Unterbietungen der Konkurrenzerzeugnisse aus Drittstaaten mit entsprechenden Folgen für deren Erzeuger führt, sei hier nur hingewiesen[36]. Aber auch diesbezüglich hat es durch den Abschluß der Uruguay-Runde Einschränkungen insofern gegeben, als Ausfuhren nur noch bis zu einer bestimmten Menge subventioniert werden dürfen (nicht subventionierte Exporte können unbeschränkt durchgeführt werden) und auch abschließend festgelegt wurde, für welche Erzeugnisse überhaupt Subventionen gewährt werden dürfen[37].

27

cc) Sondermaßnahmen im Falle von Versorgungsschwierigkeiten

Zu nennen sind schließlich Bestimmungen über Maßnahmen, die ergriffen werden können, wenn es zu Versorgungsschwierigkeiten kommt. Dies kann insbesondere der Fall

28

---

31 Die Verhandlungen endeten am 15.12.1994 mit dem Abkommen von Marakesh; die Ratifikation des Abkommens durch den Rat erfolgte durch Beschluß des Rates vom 22.12.1994 über den Abschluß der Übereinkünfte im Rahmen der multilateralen Verhandlungen der Uruguay-Runde (1986–1994) im Namen der Europäischen Gemeinschaft in bezug auf die in ihre Zuständigkeit fallenden Bereiche, ABl.EG 1994 Nr. L 336/1.
32 Dieses Übereinkommen ist dem Rats-Ratifikations-Beschluß vom 22.12.1994 als Anhang 1A beigefügt, ABl.EG 1994 Nr. L 336/22 ff.
33 Das Harmonisierte System wurde von der EG durch die VO (EWG) Nr. 2658/87 des Rates vom 23. Juli 1987 über die zolltarifliche und statistische Nomenklatur sowie den Gemeinsamen Zolltarif, ABl.EG 1987 Nr. L 256/1, übernommen. Die Anpassungen in den jeweiligen GMO erfolgten durch einzelne Änderungsverordnungen.
34 ABl.EG 1994 Nr. L 349/105.
35 Zu den Einzelheiten des Verhältnisses der GAP zu den GATT-Vereinbarungen vgl. *J. Korte/T. van Rijn*, in: GTE, EUV, Anhang zu Art. 40, Rn. 82 ff.
36 Vgl. hierzu – jedenfalls für die Zeit bis zum Abschluß der Uruguay-Runde – *von Bogdandy* (Fn. 30), S. 144.
37 Hierzu genauer *J. Korte/T. van Rijn*, in: GTE, EUV, Anhang zu Art. 40, Rn. 93 und Art. 40, Rn. 29 ff.

sein, wenn das Gemeinschaftspreisniveau erheblich unter das des Weltmarktes sinkt und damit kein Anreiz mehr für Importe aus Drittstaaten in die EG und umgekehrt ein großer Anreiz für Exporte für Gemeinschaftserzeuger besteht. In solchen Fällen ist in einigen GMO die teilweise oder vollständige Aussetzung der Einfuhrzölle und/oder die Erhebung von Ausfuhrsteuern vorgesehen.

e) **Reformen der GAP**

29 Die Ausrichtung der GAP hatte zunächst vor allem die Gewährung einer angemessenen Lebenshaltung der landwirtschaftlichen Bevölkerung, insbesondere durch Steigerung der Produktivität, zum Ziele (vgl. Art. 33, Rn. 4). Vor diesem Hintergrund ist das bisher dargestellte Instrumentarium in den GMO zu verstehen. Schon Mitte der sechziger Jahre zeichneten sich jedoch Überschußerzeugungen in vielen Erzeugnisbereichen ab, insbesondere naturgemäß bei den Erzeugnissen, für die eine obligatorische Intervention vorgesehen war (Milch, Getreide, Rindfleisch, Wein). So hatten beispielsweise im Bereich der GMO für Milch und Milcherzeugnisse die Überschüsse bei den Interventionserzeugnissen Butter und Magermilchpulver 1968 bereits einen Umfang erreicht, der einem Vollmilchwert von 5 bis 6 Millionen Tonnen entsprach[38]. Die seither ergriffenen Reformmaßnahmen sind dadurch gekennzeichnet, daß zunächst zaghaft, mit der Zeit jedoch immer stärkere Umorientierungen auf andere Zielsetzungen stattgefunden haben, was dazu geführt hat, daß neben der klassischen Agrarmarktpolitik zunächst in zunehmendem Maße eine Agrarstrukturpolitik (s. hierzu Art. 33, Rn. 16 ff.) und in der jüngeren Geschichte der GAP auch eine Agrar-»Außenpolitik« entstanden sind. Dementsprechend kann man heute »**drei Säulen**« der GAP (Agrar*markt*politik, Agrar*struktur*politik und Agrar*außen*politik) differenzieren.

30 Die Bekämpfung der Überschußerzeugungen ist ausgesprochen komplex, da sie aus vielfältigen Maßnahmen bestand und teilweise noch besteht, die z. T. auch ineinander greifen oder aufeinander aufbauen. Neben **Nahrungsmittelhilfeprogrammen** für Dritte-Welt-Staaten und **Verkäufen der in den Interventionsstellen lagernden Erzeugnisse an Drittstaaten**, was jeweils zu kurzfristigen Entspannungen führte, legte die EG immer wieder **Nichtvermarktungs-, Stillegungs-, Produktionsumstellungs-, Schlachtprogramme** usw. auf, mit denen den Erzeugern für entsprechende Maßnahmen Prämien gezahlt wurden und werden. 1977 wurde erstmals eine »**Mitverantwortungsabgabe**« (im Bereich der GMO für Milch und Milcherzeugnisse) eingeführt[39]. Die Erzeuger hatten auf die Milcherzeugung eine Abgabe zu zahlen, die zwischen 1,5% und 3% des Milchrichtpreises betrug. Damit sollte den Erzeugern ihre Mitverantwortung an der Erzeugungssituation vor Augen geführt werden. Diese Regelung wurde bis Ende des Wirtschaftsjahres 1992/93 (31.3.1993) angewandt[40]. Auch im Getreidesektor wurde vom Wirtschaftsjahr 1986/87 bis zum 30.6.1992 eine solche Mitverantwortungsabgabe erhoben. Aus Sicht der Erzeuger bewirkte die Abgabe lediglich eine entsprechende Senkung des im übrigen weiterhin garantierten Interventionspreises. Die Erzeugung stieg (vielleicht gerade deshalb) weiter an. Der EuGH hatte gegen diese Maßnahmen, deren politische Zweck- und damit Rechtmäßigkeit gerade deshalb in Frage gestellt wurde, keine Bedenken[41].

---

38 Bundesministerium für Landwirtschaft, Ernährung und Forsten, in: Zentrale Markt- und Preisberichtstelle für Erzeugnisse der Land-, Forst- und Ernährungswirtschaft, Dokumentation 20 Jahre EG-Milchmarktordnung 1988.
39 VO (EWG) Nr. 1079/77 des Rates vom 17.5.1977 über eine Mitverantwortungsabgabe und Maßnahmen zur Erweiterung der Märkte für Milch und Milcherzeugnisse, ABl.EG 1977 Nr. L 131/6.
40 Siehe VO (EG) Nr. 1029/93 des Rates vom 27.4.1993 zur Aufhebung der VO (EWG) Nr. 1079/77, ABl.EG Nr. L 108/4.
41 EuGH, Rs. 138/78, 21.2.1979, Slg. 1979, 713 (Stölting).

1982 führte die Gemeinschaft, ebenfalls im Getreide- und Milchsektor, eine **Garantie-** 31
schwellenregelung ein[42]. Mit dieser Regelung wurde vereinbart, daß geeignete Maßnahmen zu treffen seien, sobald eine bestimmte Höchsterzeugungsmenge (= Garantieschwelle) überschritten würde. Im Getreidebereich sollte diese Maßnahme in einer Senkung des Interventionspreises in den Folgejahren bestehen, doch konnte sich der Rat, als es zur Überschreitung der vereinbarten Schwelle kam, letztlich nicht einigen, weshalb 1986/87 im Getreidebereich die Mitverantwortungsabgabe (o. Rn. 30) eingeführt wurde. Weder im Milch- noch im Getreidesektor führte die Garantieschwellenregelung zu einer Abnahme der Erzeugung.

Die wohl – jedenfalls im Rahmen der Agrarmarktpolitik – bislang einschneidendste 32
Maßnahme, zu der sich der Gemeinschaftsgesetzgeber schließlich 1984 entschloß, bestand in der Einführung einer **Garantiemengen- oder Quotenregelung**[43] **im Milchsektor**[44]. Kern dieser Regelung war und ist es auch heute noch, die Milcherzeugung gemeinschaftsweit auf einem bestimmten Höchstniveau festzuschreiben (= sogenannte Gesamtgarantiemenge). Diese Gesamtgarantiemenge wird in Form **einzelstaatlicher Garantiemengen** auf die Mitgliedstaaten aufgeteilt. Vorbehaltlich verschiedener Ausnahmen durften die Erzeuger nur in dem Umfang Milch erzeugen, wie es ihrer Erzeugung innerhalb eines bestimmten Referenzjahres entsprach. Diese Menge ist den Erzeugern als **einzelbetriebliche Referenzmenge**, die inzwischen in begrenztem Umfange auch handelbar ist (Quotenverkauf und Quotenleasing[45]), zugewiesen. Sobald ihre Erzeugung darüber hinausgeht, müssen sie eine Abgabe von inzwischen 115% des Milchrichtpreises entrichten, wodurch die Erzeugung wirtschaftlich sinnlos wird. Da die Summe der einzelbetrieblichen Referenzmengen zeitweise die einzelstaatlichen Garantiemengen überstieg (in der Bundesrepublik wurde dies als »Bauchladenproblematik« bezeichnet), wurden bisher auch innerhalb der Milchquotenregelung vielfach Stillegungs- bzw. Rentenprogramme durchgeführt, um Referenzmengen aus dem Markt herauszukaufen[46]. Wegen der einschneidenden Restriktionen und vielfältiger Ausnahme- und Ermessenstatbestände führte diese Regelung zu einer großen Anzahl von Rechtsstreitigkeiten betreffend die Ermittlung der zutreffenden Referenzmengen. Auch ihre verwaltungsmäßige Bewältigung stellte die Mitgliedstaaten vor verschiedene Probleme, doch hat sich die Quotenregelung letztlich als wirksames Instrument zur Eindämmung der Überschußerzeugung erwiesen. Nachdem die Regelung ursprünglich rechtlich in der Grundverordnung der GMO für Milch und Milcherzeugnisse verankert war, wurde ihr mit der VO (EG) Nr. 3950/92 des Rates vom 28.12.1992 über die Erhebung einer Zusatzabgabe im Milchsektor[47] ein eigenständiger Rahmen gegeben.

---

42 Eingefügt in die beiden zu diesem Zeitpunkt geltenden Grundverordnungen durch die VO (EWG) Nr. 1451/82 des Rates zur Änderung der Verordnung (EWG) Nr. 2727/75 für Getreide, ABl.EG 1982 Nr. L 164/6; VO (EWG) Nr. 1183/82 des Rates vom 18.5.1982 zur Änderung der Verordnung (EWG) Nr. 804/68 über die gemeinsame Marktorganisation für Milch und Milcherzeugnisse, ABl.EG 1982 Nr. L 140/1.
43 Eingefügt in die bis 1999 geltende Grund-VO durch die VO (EWG) Nr. 856/84 des Rates zur Änderung der Verordnung (EWG) Nr. 804/68 über die gemeinsame Marktorganisation für Milch und Milcherzeugnisse, ABl.EG 1984 Nr. L 90/10.
44 Ausführlich zur Milchquotenregelung H. *Gehrke*, Die Milchquotenregelung, Schriftenreihe des Instituts für Landwirtschaftsrecht der Universität Göttingen, Band 46, 1996; *Thiele* (Fn. 10) S. 169 ff.
45 Vgl. zum rechtlichen Rahmen für die Übertragung der Milchquoten *Gehrke* (Fn. 44), S. 256 ff., insb. S. 305 ff.; *Thiele* (Fn. 10), S. 189 ff., insb. S. 205 ff.
46 Im einzelnen *Thiele* (Fn. 10), S. 209 ff.
47 ABl.EG 1992 Nr. L 405/1.

33 Ein Sonderproblem im Rahmen der Milchquotenregelung, das die Gerichte z. T. auch heute noch beschäftigt, ist die Situation einer Gruppe von Milcherzeugern, die sich aufgrund eines **Nichtvermarktungsprogramms** aus dem Jahre 1977[48] verpflichtet hatten, über einen Zeitraum von mehreren Jahren keine Milch zu erzeugen. Als diese Erzeuger nach Ablauf ihrer Nichtvermarktungsverpflichtung die Milcherzeugung wieder aufnehmen wollten, wurden ihre Referenzmengen auf 0 kg festgelegt (und damit faktisch ein Erzeugungsverbot ausgesprochen), da sie während der ausschlaggebenden Referenzjahre keine Milch erzeugt hatten. In zwei Musterfällen entschied der EuGH 1988[49], daß das Vertrauen dieser Erzeuger verletzt sei, da nicht vorauszusehen war, daß ihnen später gerade wegen ihrer Teilnahme an dem durch die EG motivierten Programm ein Nachteil entstehen würde. Der Gemeinschaftsgesetzgeber war danach aufgefordert, diesen Erzeugern eine Referenzmenge zuzuweisen (nach der niederländischen Bezeichnung allgemein SLOM-Quote genannt). Auch über die konkrete Höhe dieser **SLOM-Quote** wurde in einer ganzen Kette weiterer Verfahren später gestritten[50]. Nachdem nunmehr sämtlichen Erzeugern eine – rechtlich nicht mehr angreifbare – Referenzmenge zugeteilt worden ist, geht es in einigen Verfahren vor dem EuG auch heute noch um **Amtshaftungsansprüche** gegen die EG, nachdem der EuGH 1992 entschieden hatte, daß im Grundsatz Amtshaftungsansprüche bestehen[51] (vgl. Art. 288, Rn. 15 a. E.).

34 Die **Agrarreform von 1992**[52], die zunächst die Erzeugnissektoren Rind- und Schaffleisch, Tabak, Milch und Ackererzeugnisse erfaßte und inzwischen auch auf andere Bereiche erstreckt wurde (Reis), verfolgt das Ziel, das ständige Anwachsen der Erzeugung und damit der Überschußbestände zu stoppen, die europäische Landwirtschaft unter Beibehaltung der Qualitätsstandards weltweit konkurrenzfähig zu machen und zu umweltfreundlicheren Erzeugungsmethoden beizutragen. Damit mußte es insbesondere das Anliegen der Reform sein, die Einkommenssicherung der landwirtschaftlichen Bevölkerung von der Erzeugung von Produkten abzukoppeln. Zugleich aber sollte gewährleistet sein, daß es nicht zu unvertretbaren Einkommensverlusten kommt. Zu diesem Zweck wurde das **Preisniveau je nach Sektor erstmals teilweise massiv oder zumindest geringfügig reduziert.** So wurde der Richtpreis für Getreide von anfänglich 155 ECU/t in mehreren Schritten auf 110 ECU/t bis zum Wirtschaftsjahr 1995/96 reduziert, also um mehr als 30%. Im Rindfleischsektor wurde der Interventionspreis um ca. 15% gesenkt. In einigen Erzeugersektoren wurden **Höchstmengen, bis zu denen die obligatorische Intervention eingreift,** eingeführt, wie dies bei Butter und Magermilchpulver schon seit 1987 der Fall war (vgl. oben, Rn. 24). Im Schaffleisch- und Tabaksektor wurden Quotensysteme installiert.

---

48 Basis dieses Programms war die VO (EWG) Nr. 1078/77 des Rates vom 17.5.1977 zur Einführung einer Prämienregelung für die Nichtvermarktung von Milch und Milcherzeugnissen und die Umstellung der Milchkuhbestände, ABl.EG 1977 Nr. L 131/1 (dieses Programm wurde zeitgleich mit der Mitverantwortungsabgabe, o. Rn. 30, eingeführt).
49 EuGH, Rs. 120/86, 28.4.1988, Slg. 1988, 2321 (Mulder I); Rs. 170/86, 28.4.1988, Slg. 1988, 2355 (von Deetzen I).
50 Im einzelnen zu den SLOM-Quoten und den damit verbundenen Rechtsproblemen *Thiele* (Fn. 10), S. 233 ff.
51 EuGH, verb. Rs. C-104/89 und C-37/90, 19.5.1992, Slg. 1992, I-3061 (Mulder II u. a. und Heinemann/Rat und Kommission).
52 Die Agrarreform von 1992 beruhte auf einer Reihe von Verordnungen, die der Rat am 30.6.1992 erließ. Dabei handelte es sich teilweise um Verordnungen, mit denen die Grundverordnungen verschiedener GMO geändert wurden, teilweise um gänzlich neue Grundverordnungen für GMO (so z. B. die GMO für Getreide und Rohtabak) und teilweise um solche Regelungen, die mehrere GMO horizontal erfaßten. Diese Verordnungen sind enthalten in ABl.EG 1992 Nr. L 181 und Nr. L 215. Zu den Einzelheiten der Agrarreform von 1992 für viele *R. Priebe*, in: Hb.EGWirtR, Abschnitt G, Rn. 81 ff.

Um durch diese Maßnahmen bedingte Einkommensverluste auszugleichen, wurden zugleich verschiedene Maßnahmen zur **direkten, erzeugungsunabhängigen Einkommensstützung** ergriffen. Für den Bereich der wesentlichen landwirtschaftlichen Kulturpflanzen (Getreide, Ölsaaten, Eiweißpflanzen, Lein, Reis und Körnerleguminosen) wurde eine **flächenbezogene Stützungsregelung** eingeführt, nach der den Erzeugern auf der Basis der für die jeweiligen Regionen ausschlaggebenden Ertragsfaktoren Zahlungen gewährt wurden. Zugleich mußten sie sich verpflichten, Teile ihrer **Flächen aus der Agrarerzeugung herauszunehmen** (obligatorische Stillegung). Im tierischen Sektor wurden Direktzahlungsmaßnahmen für die Erzeuger von Rindfleisch und Schaf- und Ziegenfleisch eingeführt. Im übrigen wurden Einkommensstützungen durch die Ermächtigung an die Mitgliedstaaten in den verschiedenen GMO ermöglicht, **Rentenprogramme** durchzuführen[53], an deren Finanzierung die EG beteiligt ist. Im Rahmen sogenannter »**flankierender Maßnahmen**« wurde es den Mitgliedstaaten außerdem freigestellt, eine **marktordnungsunabhängige Vorruhestandsregelung** durchzuführen, die es den Erzeugern ermöglicht, unter bestimmten Bedingungen ab dem 55. Lebensjahr die landwirtschaftliche Tätigkeit gegen Zahlung einer Rente einzustellen. Ebenfalls unter der Überschrift »flankierende Maßnahmen« wurden **Programme zur Förderung umweltgerechter Produktionsmethoden** und zur **Förderung der Nutzung landwirtschaftlicher Nutzflächen** insbesondere zur **Aufforstung** beschlossen (vgl. hierzu bereits Artikel 32, Rn. 19). Die EG beteiligte sich an der Durchführung dieser Maßnahmen je nach Region zu 50 % bzw. 75 % mit Mitteln aus dem EAGFL. 35

Die GAP wurde 1999 (für den Zeitraum 2000–2006) basierend auf der von der Kommission erarbeiteten Agenda 2000[54] erneut einer Reform unterzogen, deren Grundgedanke jedoch im wesentlichen an die der Reform von 1992 anknüpfen. So werden zum Teil weitere Reduzierungen im Rahmen der Preisregime vorgenommen und zugleich die Direktzahlungsmaßnahmen fortgesetzt. Die wesentliche Rechtsgrundlage für die **Direktzahlungsmaßnahme im Bereich der Kulturpflanzenregelung** ist die VO (EG) Nr. 1251/1999 des Rates zur Einführung einer Stützungsregelung für Erzeuger bestimmter landwirtschaftlicher Kulturpflanzen[55], welche flächengestützte Zahlungen für **Getreide, Ölsaaten, Eiweißpflanzen, Lein** und (seit ihrer Änderung durch die VO (EG) Nr. 1672/2000) außerdem für **Faserflachs und -hanf** vorsieht. Die Durchführungsbestimmungen der Kommission sind enthalten in der VO (EG) Nr. 2316/1999[56]. Daneben gelten die VO (EG) Nr. 3072/95 des Rates über die gemeinsame Marktorganisation für **Reis**[57] und die VO (EG) Nr. 1577/96 des Rates zur Festlegung einer Sondermaßnahme zugunsten bestimmter **Körnerleguminosen**[58] fort. Wie bereits auf der Grundlage der Reform von 1992 werden auch nunmehr die flächenbezogenen Zahlungen auf der Grundlage von regionalen Ertragsfaktoren geleistet. Für die Erzeuger, die Anträge im Rahmen der VO (EG) Nr. 1251/1999 stellen, sind darüber hinaus mindestens 10 % der beantragten Fläche stillzulegen. Die Vorschriften sehen weiters zum Teil eine schrittweise Reduzierung des Stützungsniveaus im Laufe der Jahre 2000 bis 2002 und eine weitgehende Angleichung der Zahlungen für die unterschiedlichen Arten von Kulturpflanzen und die stillgelegten Flächen vor. Ein höherer Beihilfebetrag als für die übrigen Kulturpflanzen 36

---

53 Vgl. z. B. VO (EG) Nr. 1560/93 des Rates zur Änderung der VO (EG) Nr. 3950/92 des Rates vom 28.12.1992 über die Erhebung einer Zusatzabgabe im Milchsektor, ABl. EG 1993 Nr. L 154/8.
54 genda 2000 – Teil I: Eine stärkere und erweiterte Union, Dok. KOM (97) 2000 endg. – Teil I und Mitteilung der Kommission – Agenda 2000: die Legislativvorschläge, Dok. KOM (98) 0182 endg.
55 ABl.EG 1999, Nr. L 160/1.
56 ABl.EG 1999, Nr. L 280/43.
57 ABl.EG 1995, Nr. L 329/18.
58 ABl.EG 1996, Nr. L 206/4.

Art. 34 EG-Vertrag

und stillgelegte Fläche bleibt lediglich für Flächen erhalten, auf denen Eiweißpflanzen angebaut werden.

37 Im Bereich der **tierischen Erzeugung** stellt die wesentliche Rechtsgrundlage für die **Rindfleischerzeugung** die VO (EG) Nr. 1254/1999 des Rates über die gemeinsame Marktorganisation für Rindfleisch dar, welche im wesentlichen **Sonderprämien für männliche Rinder, Mutterkuhprämien und Schlachtprämien** vorsieht. Erzeuger, deren Viehbestand pro Hektar einen bestimmten Besatzdichtefaktor nicht überschreiten, kann darüber hinaus eine **Extensivierungsprämie** gewährt werden. Die Durchführungsvorschriften der Kommission sind enthalten in der VO (EG) Nr. 2342/1999[59]. Die Stützungsregelung für die Erzeuger von **Schaf- und Ziegenfleisch** beruht auf der VO (EG) Nr. 2529/2001 des Rates über die gemeinsame Marktorganisation für Schaf- und Ziegenfleisch[60].

38 Hinzuweisen ist auf die jüngst vom Rat angenommene VO (EG) Nr. 1244/2001 zur Änderung der Verordnung (EG) Nr. 1259/1999 zur Festlegung von Gemeinschaftsregeln für Direktzahlungen im Rahmen der Gemeinsamen Agrarpolitik[61], mit der für die Jahre 2002 bis 2005 eine Kleinerzeugerregelung für solche Erzeuger eingeführt wurde, die in den vorangegangenen drei Jahren durchschnittlich nicht mehr als € 1250 im Rahmen verschiedener der in Rn. 36 und 37 genannten Beihilferegelungen erhalten hatten. Mit dieser Regelung verfolgt der Rat im wesentlichen das Ziel, zu einer Vereinfachung des für die Erzeuger durch das Agrarrecht entstehenden bürokratischen Aufwandes beizutragen[62].

39 Reformiert und ausgebaut wurden ferner die im Rahmen der Reform von 1992 beschlossenen »flankierenden Maßnahmen«, die nunmehr als **Maßnahmen der ländlichen Entwicklung** in der VO (EG) Nr. 1257/1999 des Rates über die Förderung der Entwicklung des ländlichen Raums durch den Europäischen Ausrichtungs- und Garantiefonds für die Landwirtschaft (EAGFL)[63] enthalten sind (vgl. im einzelnen Artikel 33, Rn. 20 f.).

39a Die genannten Maßnahmen zur direkten Einkommensstützung werden aufgrund des Gemeinschaftsrechts durch die in den Mitgliedstaaten aufgrund der gem. Art. 4 der VO (EG) Nr. 1258/1999 des Rates über die Finanzierung der Gemeinsamen Agrarpolitik[64] eingerichteten Zahlstellen durchgeführt. Die Entscheidung über das Bestehen eines Zahlungsanspruchs wird von den Zahlstellen getroffen, Rechtsschutz beurteilt sich mithin ebenfalls nach den jeweiligen nationalen Rechtsordnungen.

IV. Beschränkungen für die GAP gem. Abs. 2 UAbs. 2

40 Abs. 2 UAbs. 1 stellt klar, daß die im Rahmen der Vorgaben des Abs. 1 jeweils gewählten GMO *alle* zur Durchführung des Art. 33 erforderlichen Maßnahmen einschließen können. Abs. 2 UAbs. 2 drückt daneben, was eigentlich selbstverständlich ist, aus, daß mit der gemeinsamen Organisation der Agrarmärkte jedoch keine anderen Ziele als die

---

59 ABl.EG 1999, Nr. L 281/30.
60 ABl.EG 2001, Nr. L 341/3.
61 ABl.EG 2001, Nr. L 173/1.
62 Vgl. den zweiten Erwägungsgrund der genannten VO (EG) Nr. 1244/2001.
63 ABl.EG 1999, Nr. L 160/80.
64 ABl.EG 1999, Nr. L 160/103.

des Art. 33 verfolgt werden dürfen. Nach allgemeiner Auffassung[65] bedeutet diese Beschränkung, daß die GAP nicht dazu mißbraucht werden darf, andere Ziele und damit andere Politiken zu verfolgen; sie bedeutet hingegen nicht, daß andere Bereiche, die zwar nicht auf den ersten Blick mit unter die Zielbestimmungen des Art. 33 fallen, deren Verfolgung aber sehr wohl der Erreichung dieser Ziele dienlich sein kann oder die mit der Landwirtschaft eng verknüpft sind, nicht (mit)verfolgt werden dürften (zur Kompetenzabgrenzung allgemein vgl. Art. 37, Rn. 4 ff.). Der Gemeinschaftsgesetzgeber ist gem. Art. 33 Abs. 2 lit. c) im übrigen ohnehin verpflichtet, die enge Verflechtung der Landwirtschaft mit anderen Bereichen der Volkswirtschaft bei der Gestaltung der GAP zu berücksichtigen (vgl. Art. 33, Rn. 15). Bei der Beurteilung der Frage, ob die Verfolgung einer bestimmten Politik den Zielen des Art. 33 dient, verfügt der Gemeinschaftsgesetzgeber, wie allgemein im Rahmen der GAP, über **einen weiten Ermessensspielraum**.

V. Das Diskriminierungsverbot des Abs. 2 UAbs. 2 und UAbs. 3

Abs. 2 UAbs. 2 postuliert darüber hinaus ein Diskriminierungsverbot, das der Gemeinschaftsgesetzgeber im Rahmen der Durchführung der GAP zu beachten hat. Als konkrete Ausformung dieses Diskriminierungsverbots im Hinblick auf die Preispolitik ist Abs. 2 UAbs. 3 zu verstehen[66]. Es handelt sich jedoch lediglich um eine besondere Ausformung des im Gemeinschaftsrecht allgemein enthaltenen Gleichheitsgrundsatzes[67]. Nach der Rspr. des EuGH verbietet dieser Grundsatz die unterschiedliche Behandlung vergleichbarer Sachverhalte und die gleiche Behandlung ungleicher Sachverhalte, es sei denn, eine Abweichung von diesem Grundsatz ist objektiv gerechtfertigt[68]. Wie allgemein im Rahmen der GAP billigt der EuGH dem Gemeinschaftsgesetzgeber einen **weiten Ermessensspielraum** zu, der seiner Verantwortung entspreche, welche ihm die Art. 34 und 37 übertragen. Auch insofern ist daher davon auszugehen, daß eine politische Entscheidung des Gemeinschaftsgesetzgebers nur dann in Frage gestellt werden kann, wenn sie angesichts der Erkenntnisse, über die er bei Erlaß der Entscheidung verfügt, offensichtlich irrig erscheint[69]. Es kommt daher selten dazu, daß eine Maßnahme als gegen dieses Verbot verstoßend qualifiziert wird[70]. Die Anwendung des Diskriminierungsverbots ist insgesamt nicht unproblematisch. Zwar wird diesem Prinzip generell große Bedeutung beigemessen. Problematisch ist insbesondere die Anwendung unterschiedlicher Bestimmungen in verschiedenen Mitgliedstaaten oder regionalspezifischer Maßnahmen. Veranlaßt durch die Agrarreform 1992, die Einführung des Subsidiaritätsprinzips und Bestrebungen zur Dezentralisierung ist eine verstärkte Tendenz zu beobachten, daß den Mitgliedstaaten hinsichtlich der Anwendung der einen oder der anderen

---

65 K. D. *Borchardt*, in: Lenz, EGV, Art. 34, Rn. 77; P. *Gilsdorf/R. Priebe*, in Grabitz/Hilf, EU, Art. 40, Rn. 67 ff.; J. *Korte/T. van Rijn*, in: GTE, EUV, Art. 40, Rn. 41 f.
66 P. *Gilsdorf/R. Priebe*, in Grabitz/Hilf, EU, Art. 40, Rn. 71 m. N. aus der Rspr.
67 St.Rspr., EuGH, Verb. Rs. C-267-285/88, 21.2.1990, Slg 1990, I-467, Rn. 13 (Wuidart u. a.); Rs. C-177/90, 10.1.1992, Slg. 1992, I-35, Rn. 18 (Kühn); Rs. C-98/91, 27.1.1994, Slg. 1994, I-223, Rn. 27 (Herbrink); Rs. C-280/93, 5.10.1994, Slg. 1994, I-4973, Rn. 67 (Deutschland/Rat = Bananen).
68 Vgl. z. B. EuGH, Verb. Rs. 201 und 202/85, 25.11.1986, Slg. 1986, 3477, Rn. 9 (Klensch u. a.); Rs. 84/87, 17.5.1988, Slg. 1988, 2647, Rn. 29 (Erpelding); verb. Rs. C-267–285/88, 21.2.1990, Slg 1990, I-467, Rn. 13 f. (Wuidart u. a.).
69 EuGH, Rs. 57/72, 14.3.1973, Slg. 1973, 321 (Westzucker); Rs. 265/87, 11.7.1989, Slg. 1989, 2237 (Schräder); zu dieser Frage vgl. auch R. *Streinz*, Bundesverfassungsrechtlicher Grundrechtsschutz und EG-Recht, 1989, S. 416.
70 So aber z. B. in EuGH, Verb. Rs. 201 und 202/85, 25.11.1986, Slg. 1986, 3477 (Klensch u. a.); vgl. hierzu auch P. *Gilsdorf/R. Priebe*, in Grabitz/Hilf, EU, Art. 40, Rn. 72.

Maßnahme verstärkt Entscheidungsspielräume eingeräumt werden[71], so daß es zu unterschiedlichen Situationen, in denen sich Erzeuger und Verbraucher befinden können, kommen kann. Dieses Problem wird unter dem Stichwort »**Renationalisierung**« diskutiert[72] und wurde bereits im Rahmen eines Vorabentscheidungsverfahrens vor dem EuGH thematisiert. Im Ergebnis sieht der EuGH selbst bei sehr weitreichenden Entscheidungsspielräumen, die das EG-Recht den Mitgliedstaaten überträgt, insofern keine Bedenken, wenn eine unterschiedliche Behandlung objektiv gerechtfertigt ist[73]. Bei der Ausübung des ihnen von der EG eingeräumten Ermessens sind im übrigen die **Mitgliedstaaten selber ebenfalls an das gemeinschaftsrechtliche Diskriminierungsverbot gebunden**[74].

42 Das Diskriminierungsverbot regelt nur Fragen der Diskriminierung zwischen Erzeugern oder zwischen Verbrauchern, nicht hingegen Fragen des Gleichgewichts, das zwischen den entgegengesetzten Interessen dieser beiden Gruppen gewahrt werden muß. Insofern ist auf Art. 33 und das Verhältnis der dort formulierten Ziele der GAP zueinander zurückzugreifen[75]. Der EuGH wendet das Diskriminierungsverbot wegen seiner Allgemeingültigkeit zugunsten **aller Gruppen von Wirtschaftsteilnehmern, die einer gemeinsamen Marktorganisation unterliegen,** an und ordnet diese (neuerdings) nicht mehr gesondert den Begriffen Erzeuger bzw. Verbraucher zu[76]. Erfaßt sind damit auch sämtliche Wirtschaftsteilnehmer, die zwischen dem Erzeuger und dem Endverbraucher stehen, insbesondere also Angehörige des Produktions- und Verarbeitungsgewerbes und des Handels.

VI. Der Ausrichtungs- und Garantiefonds für die Landwirtschaft

43 Abs. 3 sieht für die Finanzierung der GAP die Schaffung eines oder mehrerer Ausrichtungs- oder Garantiefonds vor. Der Gemeinschaftsgesetzgeber entschied sich bereits 1962, einen Europäischen Ausrichtungs- und Garantiefonds für die Landwirtschaft (EAGFL) und nicht mehrere verschiedene derartiger Fonds zu schaffen (VO (EWG) Nr. 25 des Rates vom 4.4.1962 über die Finanzierung der gemeinsamen Agrarpolitik[77]7). Rechtsgrundlage ist heute **VO (EG) Nr. 1258/1999** des Rates über die Finanzierung der gemeinsamen Agrarpolitik[78]. Der EAGFL hat **keine eigene Rechtspersönlichkeit**, sondern ist (dem in Art. 268 Abs. 1 enthaltenen Prinzip der Einheitlichkeit des Haushalts folgend[79]) **Teil des allgemeinen Haushalts** der Gemeinschaft,

---

71 Vgl. hierzu *R. Priebe*, Maßnahmen der Europäischen Gemeinschaften zur Beseitigung landwirtschaftlicher Überschüsse, in: FS-Zeidler 1987, S. 1729, 1745 ff.
72 Zu diesem Themenkomplex vgl. *M. Seidel*, Rückführung der Landwirtschaftspolitik in die Verantwortung der Mitgliedstaaten? – Rechts- und Verfassungsfragen des Gemeinschaftsrechts, Agrarrecht 2000 (Heft 12), S. 381–393 Begriff der Renationalisierung
73 EuGH, Verb. Rs. C-267-285/88, 21.2.1990, Slg. 1990, I-467, Rn. 20 ff. (Wuidart u. a.) (vgl. auch die in dieser Sache ergangenen Schlußanträge des GA Mischo, a. a. O. I-461 ff.); für eine Analyse anhand des Falles der Anwendung unterschiedlicher Abgabesätze im Rahmen der Milchquotenregelung, *Thiele* (Fn. 10), S. 174 ff.
74 EuGH, Rs. 5/88, 13.7.1989, Slg. 1989, S. 2609, Rn. 19 (Wachauf); Verb. Rs. 196–198/88, 11.7.1989, Slg. 1989, 2309, Rn. 25 (Daniel Cornée); Rs. C-2/92, 24.3.1994, Slg. 1994, I-955, Rn. 16 (ex parte Bostock); Rs. C-351/92, 14.7.1994, Slg. 1994, I-3361, Rn. 17 (Graff); zu den Einzelheiten vgl. *Thiele* (Fn. 10), S. 178 f.
75 EuGH, Rs. 5/73, 24.10.1973, Slg. 1973 1091, Rn. 26 (Balkan Import-Export GmbH)
76 EuGH, Rs. C-280/93, 5.10.1994, Slg. 1994, I-4973, Rn. 68 (Deutschland/Rat = Bananen).
77 ABl.EG 1962, Nr. 30/991.
78 ABl.EG 1999, Nr. L 160/103.
79 *R. Mögele*, Die Behandlung fehlerhafter Ausgaben im Finanzierungssystem der gemeinsamen Agrarpolitik, 1997, S. 22.

wie es auch in Art. 1 Abs. 1 der VO (EG) Nr. 1258/1999 zum Ausdruck kommt, obgleich Abs. 3 wohl auch (entgegen Art. 268 Abs. 1) einen rechtlich selbständigen Fonds ermöglicht hätte[80].

Der EAGFL teilt sich in zwei Abteilungen: die **Abteilung Ausrichtung** finanziert die Ausgaben für strukturpolitische Maßnahmen (für die Einzelheiten der Agrarstrukturpolitik vgl. Art. 33, Rn. 16 ff.), die **Abteilung Garantie** die Ausgaben im Rahmen der GMO. Die Grenzen zwischen den beiden Abteilungen verschwimmen jedoch teilweise, da zum einen die über die eine Abteilung finanzierten Maßnahmen indirekt auch Effekte im jeweils anderen Politikbereich zeitigen können, zum anderen weil Maßnahmen, die typischerweise dem Bereich der Agrarstrukturpolitik zuzuordnen wären, zunehmend aus Mitteln der Abteilung Garantie finanziert werden, so z. B. die in Ziel 2-Regionen durchgeführten Maßnahmen der ländlichen Entwicklung[81]. Dies erklärt sich z. T. damit, daß die Abteilung Ausrichtung seit Bestehen des EAGFL sehr viel dürftiger als die Abteilung Garantie und dazu von Anfang an mit einer Höchstausgabengrenze ausgestattet ist. Im Haushaltsjahr 1996 standen für die Abteilung Ausrichtung etwa 3,7 Mrd. ECU, für die Abteilung Garantie ca. 37 Mrd. ECU zur Verfügung. 44

Die für die Abteilung Garantie bereitgestellten Mittel waren lange Zeit nicht nach oben begrenzt. Mit der Entscheidung 88/377/EWG des Rates[82] (Grundlage ist heute VO (EG) Nr. 2040/2000[83] betreffend die Haushaltsdisziplin) wurde im Rahmen der Einführung einer allgemeinen **Haushaltsdisziplin** u. a. auch eine **Agrarleitlinie** mit bestimmten Höchstgrenzen festgesetzt. Der Betrag setzt sich zusammen aus einem Fixbetrag, erhöht um einen bestimmten Prozentsatz der BSP-Wachstumsrate, einen Betrag für den geschätzten BSP-Deflator, einen Betrag für geschätzte Sonderausgaben und der geschätzten Einnahmen aus der Erhebung von Sonderabgaben im Zucker- und Milchsektor. Die Agrarleitlinie muß bei den jährlichen Agrarpreisfestsetzungen (vorbehaltlich bestimmter Korrekturmechanismen) eingehalten werden. Nach dem derzeit geltenden **Beschluß über das System der Eigenmittel** (Beschluß 2000/597/EG, Euratom des Rates[84]) gehören bestimmte Abgaben, die im Rahmen der GAP erhoben werden, zu den Eigenmitteln der EG, und fließen, den allgemeinen Haushaltsregeln folgend, den Einnahmetiteln des Gesamthaushalts zu, werden also nicht zugunsten der Abteilung Garantie verbucht. Anders wurde mit den **Mitverantwortungsabgaben** im Getreide- und Milchsektor (oben Rn. 30), heute nur noch hinsichtlich der Einnahmen aus der Erhebung der **Zusatzabgabe im Rahmen der Milchquotenregelung**, verfahren. Diese Einnahmequellen sind im Eigenmittelbeschluß nicht vorgesehen und werden als sogenannte »**negative Ausgaben**« mit den positiven Ausgaben des jeweiligen Sektors verrechnet, stehen also letztlich für (weitere positive) Ausgaben durch die Abteilung Garantie unmittelbar zur Verfügung. Diese Abgaben basieren ausschließlich auf Art. 37 und nicht auf Art. 269, welcher für die Festlegung der Eigenmittel u. a. eine gesonderte Ratifikation durch alle Mitgliedstaaten vorsieht. Der EuGH hat keine Bedenken gegen die Rechtmäßigkeit der gewählten Rechtsgrundlage, da es sich um **Maßnahmen zur Reduzierung der Überschußerzeugung** 45

---
80 *P. Gilsdorf/R. Priebe*, in Grabitz/Hilf, EU, Art. 40, Rn. 100.
81 Art. 2 Abs. 3 UAbs. 3 der VO (EG) Nr. 1260/1999 des Rates mit allgemeinen Bestimmungen über die Strukturfonds, ABl.EG 1999, Nr. L 161/1, in Verbindung mit den in der VO (EG) Nr. 1257/1999 des Rates über die Förderung der Entwicklung des ländlichen Raums durch den Europäischen Ausrichtungs- und Garantiefonds für die Landwirtschaft (EAGFL), ABl.EG 1999, Nr. L 160/80; betr. das bereits im Rahmen der Agrarreform 1992 eingeführte Programm zur Gewährung von Beihilfen für den Vorruhestand vgl. *R. Priebe*, Hb.EGWirtR, Abschnitt G, Rn. 93.
82 ABl.EG 1988, Nr. L 185/29.
83 ABl.EG 2000, Nr. L 244/27.
84 ABl.EG 2000, Nr. L 253/42.

Art. 34 EG-Vertrag

handele. Der Umstand, daß auch Einnahmen erzielt werden, führe nicht notwendig zu Art. 269[85].

46 Die in den GMO vorgesehenen Interventionsmaßnahmen (oben Rn. 19 ff.) werden von den Mitgliedstaaten durchgeführt[86]. Damit ist es auch Sache der Mitgliedstaaten, zu prüfen, ob die Voraussetzungen für Ansprüche auf Zahlung aus Mitteln der Abteilung Garantie vorliegen oder nicht. Zu diesem Zweck müssen in allen Mitgliedstaaten gem. Art. 4 der VO (EG) Nr. 1258/1999 sogenannte »**Zahlstellen**« eingerichtet werden, die Gewähr dafür bieten, daß die Zahlungen aus dem EAGFL zu Recht erfolgen. Um dieser Funktion nachzukommen, haben die Zahlstellen auf der Grundlage von Art. 4 Abs. 2 und 3 und Art. 8 Abs. 1 Buchst. a) der VO (EG) Nr. 1258/1999 die generelle Pflicht, Kontrollen im Hinblick auf die Anspruchsberechtigung durchzuführen. Diese generelle Pflicht wird für verschiedene Sektoren teilweise durch speziellere Regelungen ergänzt bzw. spezifiziert. Mit Einführung der Direktzahlungsmaßnahmen im Rahmen der GAP-Reform 1992 wurde die Notwendigkeit gesehen, in bezug auf diese Maßnahmen sehr viel spezifischere Verwaltungs- und Kontrollregelungen zu erlassen. Zu diesem Zweck erließ der Rat die **VO (EWG) Nr. 3508/92 zur Einführung eines integrierten Verwaltungs- und Kontrollsystems für bestimmte gemeinschaftliche Beihilferegelungen**[87], welche durch die **VO (EWG) Nr. 3887/92 der Kommission**[88] in den Einzelheiten durchgeführt wurde[89]. Zum 1.1.2002 wurde die VO (EWG) Nr. 3887/92 der Kommission durch die VO (EG) Nr. 2419/2001 der Kommission[90] ersetzt. Auch inhaltlich wurde mit der VO (EG) Nr. 2419/2001 das Recht in vielen Punkten reformiert. Diese Vorschriften erfassen unmittelbar die Direktzahlungsmaßnahmen für landwirtschaftliche Kulturpflanzen, Reis und Körnerleguminosen, sowie Rindfleisch und Schaf- und Ziegenfleisch (vgl. zu diesen Maßnahmen Rn. 36 u. 37) und darüber hinaus gelten vielfach einzelne Teile oder Elemente dieses in Deutschland auch als »**InVeKoS**« bezeichneten Systems durch Verweisung in den für andere Sektoren geltenden Verwaltungs- und Kontrollbestimmungen mittelbar auch für diese Beihilfemaßnahmen (vgl. z.B. Art. 47 der VO (EG) Nr. 1750/1999 der Kommission mit Durchführungsbestimmungen zur Verordnung (EG) Nr. 1257/1999 des Rates über die Förderung der Entwicklung des ländlichen Raums durch den Europäischen Ausrichtungs- und Garantiefonds für die Landwirtschaft (EAGFL)[91]). Das InVeKoS regelt die Einzelheiten des Antragsverfahrens, Fragen der Flächenidentifikation und -kontrolle, der Tieridentifizierung und -kontrolle, darüber hinaus legt die genannte Kommissions-Verordnung Nr. 2419/2001 ein System zur Anwendung von Sanktionen im Falle von Falschangaben fest (vgl. insb. Art. 32–35 und 38–40 dieser Verordnung), welche je nach Umfang und Verschuldensmaßstab bis zum Ausschluß von der Teilnahme an diesen Maßnahmen für das laufende und das Folgejahr reichen. Daß die darin vorgesehenen Sanktionen mit dem Grundsatz der Verhältnismäßigkeit vereinbar sind, stellte der EuGH in der Rs. C-354/95[92] (jedoch basierend auf der inhaltlich in diesen Punkten z.T. abweichenden VorgängerVO (EWG) Nr. 3887/92) fest.

---

85 EuGH, Rs. Nr. 265/87, Slg. 1989, 2237 (Schräder); kritisch hierzu *Mögele* (Fn. 79), S. 29 f. m. w. N.
86 Zu den Fragen der Durchführung des Agrarmarktordnungsrechts generell vgl. *E.-L. Barnstedt*, Die Durchführung der Gemeinsamen Marktorganisationen in der Bundesrepublik Deutschland, 1988; *R. Boest*, Die Agrarmärkte im Recht der EWG, 1984; *J. Schwarze*, EuVerwR II, S. 438 ff.; *Thiele* (Fn. 10), S. 75 ff.
87 ABl.EG 1992, Nr. L 355/1.
88 ABl.EG 1992, Nr. L 391/36.
89 Hierzu s. auch *K.-D. Borchardt*, in: Lenz, EGV, Art. 34, Rn. 59 ff.; *J.-P. Hix*, in: Schwarze, EGV, Art. 34, Rn. 101.
90 ABl.EG Nr. L 327/11.
91 ABl.EG Nr. L 214/31.
92 EuGH, Rs. C-354/95, 17.7.1997, Slg. 1997, I-4559 (National Farmers' Union).

Dieses Sanktionssystem ist im Lichte der horizontal für die Frage der Anwendung von Verwaltungssanktionen geltenden **VO (EG) Nr. 2988/95 des Rates über den Schutz der finanziellen Interessen der Europäischen Gemeinschaften**[93] zu sehen.

Die Funktion der Zahlstellen hat zweierlei Konsequenzen: zum einen sind die Mitglied- 47 staaten selbst (bzw. die jeweils zuständigen Behörden) Anspruchsgegner bzw. zuständig für Rückforderungen, nicht also die EG. Im Falle von Rechtsstreitigkeiten sind die nationalen Gerichte zuständig. Der EuGH ist lediglich im Rahmen von Vorabentscheidungsverfahren zur Entscheidung berufen. Werden Zahlungen zu Unrecht gewährt, so trifft die Mitgliedstaaten gem. Art. 8 Abs. 1, Buchstabe c) der VO (EG) Nr. 1258/1999 bzw. nach verschiedenen, in einzelnen sektoriellen Verordnungen enthaltenen Spezialvorschriften (z.b. Art. 49 der gerade zuvor genannten VO (EG) Nr. 2419/2001 betr. das InVeKoS) die Pflicht, die Beträge wieder zurückzufordern. Existieren (z. B. in den jeweiligen GMO) keine gemeinschaftlichen Vorschriften betreffend das Verfahren bei der Rückforderung, ist (wie allgemein im Falle von Rückforderungen aufgrund gemeinschaftsrechtlicher Verpflichtung) das nationale Recht mit der Einschränkung anwendbar, daß die Verwirklichung der Rückforderungspflicht nicht praktisch unmöglich gemacht wird und daß in vergleichbaren Fällen, denen ein rein nationaler Sachverhalt zugrundeliegt, nicht anders verfahren wird[94]. Zum anderen sind die Mitgliedstaaten gegenüber der EG dafür verantwortlich, daß die von ihnen getätigten Ausgaben rechtmäßig, d. h. in ordnungsgemäßer Anwendung des Gemeinschaftsrechts, erfolgt sind. Ist dies der Fall, werden die durch sie getätigten Ausgaben anerkannt und vom EAGFL übernommen. Nach st. Rspr. des EuGH ist für diese Frage Art. 2 der VO (EG) Nr. 1258/1999[95] mit der Folge anzuwenden, daß bereits bei objektiv fehlerhafter Anwendung des Gemeinschaftsrechts die Zahlungen vom EAGFL nicht übernommen werden dürfen. Dies gilt auch dann, wenn die betroffenen Behörden ohne Verschulden und gutgläubig gehandelt haben. In Fällen, in denen es um die Auslegung einer Gemeinschaftsregelung, insbesondere um unbestimmte Rechtsbegriffe, geht, ist es ferner nicht ausreichend, wenn die von den Mitgliedstaaten gewählte Auslegung vertretbar wäre. Die Mitgliedstaaten können sich jedoch an die Kommission wenden und diese um Klärung bitten. Folgen sie den Hinweisen der Kommission, kann diese den Mitgliedstaaten dies, sollte sich ihre Auslegung später als unrichtig erweisen (letztlich ausschlaggebend ist die Auslegung durch den EuGH) nicht mehr als Fehler anlasten[96]. Die auf den ersten Blick anwendbare Vorschrift des Art. 8 der VO (EG) Nr. 1258/1999, wonach die Ablehnung durch den EAGFL nur erfolgen darf, wenn im Falle von Unregelmäßigkeiten und Versäumnissen diese den Mitgliedstaaten anzulasten sind, ist nach dieser Rspr. nur in Fällen des Vorgehens gegen Betrug und andere Unregelmäßigkeiten anwendbar[97].

Ob die Mitgliedstaaten die Ausgaben in Übereinstimmung getätigt haben, wird im Rah- 48 men eines mehrphasigen **Rechnungsabschlußverfahrens** von der Kommission u. a. anhand der Unterlagen, die die Mitgliedstaaten zu diesem Zweck vorzulegen haben, über-

---

93 ABl.EG 1995, Nr. L 312/1.
94 EuGH, verb. Rs. 205–215/82, 21.9.1983, Slg. 1983, 2633, Rn. 15 ff., insb. Rn. 19 (Deutsche Milchkontor); Rs. C-24/95, 20.3.1997, Slg. 1997, I-1591, Rn. 24 f. (Alcan); zu den Einzelheiten vgl. *Mögele* (Fn. 79), S. 94 ff.
95 Die Rechtsprechung des EuGH basiert jedoch noch auf den Artikeln 2 und 3 der vorherigen Verordnung über die Finanzierung der Gemeinsamen Agrarpolitik, der VO (EWG) Nr. 729/70, ABl.EG 1970, Nr. L 94/13.
96 EuGH, Rs. C-334/87, 10.7.1990, Slg. 1990, I-2849 (Griechenland/Kommission); Rs. C-56/91, 22.6.1993, Slg. 1993, I-3455 (Griechenland/Kommission).
97 Zu den Einzelheiten vgl. *Mögele* (Fn. 79), S. 41 ff. und S. 230 f.

prüft und schließlich durch die Rechnungsabschlußentscheidung der Kommission festgestellt. Gegen diese Entscheidung i.S.v. Art. 249 Abs. 4 können die Mitgliedstaaten Klage gem. Art. 230 erheben, nicht jedoch einzelne Marktbeteiligte, weil diese erst durch einen etwaigen Rückforderungsakt der Mitgliedstaaten unmittelbar belastet werden.

49 Das Rechnungsabschlußverfahren wurde aus verschiedenen Gründen, insbesondere wegen seiner Langwierigkeit, kritisiert[98]. 1995 trat durch eine Änderung der zu diesem Zeitpunkt geltenden VO (EWG) Nr. 729/70 des Rates über die Finanzierung der Gemeinsamen Agrarpolitik[99] eine **Reform des Rechnungsabschlusses** in Kraft[100], durch welche zum einen wesentliche Änderungen an dem bis dahin praktizierten Verfahren vorgenommen wurden. Zum anderen wurden Bereiche, die bislang nicht normiert, sondern durch die Rspr. des EuGH entwickelt worden waren, sekundärrechtlich normiert[101]. An dieser Rechtslage hat sich auch durch die Neufassung dieses Rechtsinstruments durch die VO (EG) Nr. 1258/1999 nichts geändert.

50 Was die **Beweislastverteilung** anbelangt, obliegt es nach der Rspr. des EuGH der Kommission, darzutun, daß ein Verstoß gegen gemeinschaftsrechtliche Bestimmungen vorliegt und daß die getätigte Ausgabe auf diesem Fehler beruhte. Es reicht jedoch aus, wenn die Feststellungen der Kommission im Rahmen des Rechnungsabschlußverfahrens **ernsthafte und vernünftige Zweifel an der Rechtmäßigkeit** zulassen, so daß es insofern zu einer Art Beweislastumkehr zu Lasten der Mitgliedstaaten kommt. Darüber hinaus ist es Sache der Mitgliedstaaten, zu beweisen, daß die von der Kommission aufgrund des festgestellten Verstoßes festgelegte Höhe der Beträge, die sie den Mitgliedstaaten als nicht finanzierbar anlastet, fehlerhaft war[102]. Seit der Reform des Rechnungsabschlusses 1995 hat die Kommission allerdings (abweichend von der bis dahin bestehenden Rspr.) gem. Art. 5 Abs. 2 lit. c) der VO (EWG) Nr. 729/70 n. f. (nach der Neufassung nunmehr Art. 7 Abs. 4 der VO (EG) Nr. 1258/1999) »die auszuschließenden Beträge insbesondere unter Berücksichtigung der Tragweite der festgestellten Nichtübereinstimmung« zu bemessen und hat dabei »der Art und der Schwere des Verstoßes sowie dem der Gemeinschaft entstandenen finanziellen Schaden« Rechnung zu tragen.

B. Die Gemeinsame Fischereipolitik (GFP) im Rahmen der GAP

51 Zwar ist die **GFP Teil der GAP**, da Fischereierzeugnisse im Anhang I zum EGV mitaufgeführt sind (vgl. Art. 32, Rn. 11 ff.), auch wenn Landwirtschaft und Fischerei in Art. 3, lit. e) auf den ersten Blick als jeweils gesonderte Politiken nebeneinander stehen. Die GFP unterliegt aber aus vielerlei Gründen Sonderregelungen, von denen der augenfälligste die Tatsache ist, daß die **Fischereitätigkeit anders als (übrige) landwirtschaftliche Tätigkeit ortsgebunden** ausgeübt wird[103] und der **Zugriff auf die Fischbestände** im Prinzip jedermann zusteht.

52 Die Zugriffsmöglichkeiten auf die Fischbestände stellten in der EWG der ersten sechs

---

98 Vgl. bereits den Sonderbericht des Europäischen Rechnungshofs aus dem Jahre 1982 über den Rechnungsabschluß des EAGFL, Abteilung Garantie, ABl.EG 1982, Nr. C 313/1.
99 ABl.EG 1970, Nr. L 94/13.
100 VO (EG) Nr. 1287/95 des Rates vom 22.5.1995 zur Änderung der Verordnung (EWG) Nr. 729/70 über die Finanzierung der Gemeinsamen Agrarpolitik, ABl. 1995, Nr. L 125/1.
101 Im einzelnen vgl. *Mögele* (Fn. 79), S. 183 ff., insb. S. 186 ff.
102 EuGH, Rs. C-281/89, 19.2.1991, Slg. 1991, I-359.
103 Vgl. *R. C. Fischer*, in Grabitz/Hilf, EU, nach Art. 40, Rn. 1; *R. Priebe*, Hb.EGWirtR, Abschnitt G, Rn. 59.

Mitgliedstaaten noch kein Problem dar. Es bestand freier Zugang zu allen Meeres- und Binnengewässern. Anläßlich der Beitritte 1973 (V.K., IRL und DK) und 1986 (E und P) wurde den Mitgliedstaaten genehmigt, für eine Übergangszeit das Fischen in ihren Küstengewässern (6, teilweise 12 Seemeilen), vorbehaltlich der Pflicht, den Fischern anderer Mitgliedstaaten ihre traditionellen Fangrechte zu belassen, ihren eigenen Fischern vorzubehalten. Die Gemeinschaft wurde durch die Beitrittsakte 1972 aufgefordert, für die Zeit nach 1982 Regelungen hinsichtlich des Rechts auf Zugang zu den Küstengewässern zu erlassen. Die Ausnahmeregelung wurde durch die VO (EWG) Nr. 170/83 zur Einführung einer gemeinschaftlichen Regelung für die Erhaltung und Bewirtschaftung der Fischereiressourcen[104] zunächst um zehn Jahre (also bis 1992) und durch die VO (EWG) Nr. 3760/92 zur Einführung einer gemeinschaftlichen Regelung für die Fischerei und Aquakultur[105] um weitere zehn Jahre (also bis 2002) verlängert.

In der als Ergebnis der Dritten VN-Seerechtskonferenz 1982 geschlossenen Seerechtskonvention[106] wurde anerkannt, daß Küstenstaaten in einer Zone von bis zu 200 Seemeilen souveräne Rechte hinsichtlich der Fischerei beanspruchen können (Art. 55 ff. der Konvention). Mit den **Haager Entschließungen** vom 30.10.1976[107] beanspruchte auch die EG eine solche 200-Seemeilen-Zone (sog. »EG-Meer«[108]), in der Fischer aus Drittstaaten nur aufgrund von Abkommen mit der EG fischen dürfen. 53

Mit Art. 102 der Beitrittsakte 1972 wurde der EG ferner die (nach wohl vorherrschender Auffassung ausschließliche[109]) Zuständigkeit übertragen, umfassende Regelungen für den **Schutz der Fischbestände und die Erhaltung der biologischen Schätze des Meeres** zu erlassen. Wesentliche Rechtsgrundlage ist auch insofern die bereits genannte VO (EWG) Nr. 3760/92 zur Einführung einer gemeinschaftlichen Regelung für die Fischerei und Aquakultur[110]. Die in dieser Verordnung vorgesehenen Maßnahmen bestehen zum einen in der Festlegung jährlicher Höchstfangmengen (**Total Allowable Catches = TAC**) aus den jeweiligen Fischbeständen. Diese wiederum werden als Fangquoten auf die Mitgliedstaaten aufgeteilt, die diese ihrerseits den Fischern zuteilen[111]. Ferner enthält die Verordnung **technische Vorgaben** z.B. hinsichtlich der Mindestmaschenöffnungen (zum Schutz von Jungfischen), der Verwendung bestimmter Fischereifahrzeuge, der Angabe von Gebieten, in denen zu bestimmten Zeitpunkten nicht gefischt werden darf usw. Die Verordnung sieht schließlich noch **Kontrollmaßnahmen** vor. 54

Hinsichtlich solcher Bereiche, in denen die Fischereiwirtschaft den gleichen Bedingungen unterliegt, wie die übrigen landwirtschaftlichen Erzeugnisse, hat der Rat mit der **VO (EG) Nr. 104/2000**[112] außerdem eine GMO für Fischereierzeugnisse und Erzeugnisse der Aquakultur erlassen. Diese Verordnung enthält Bestimmungen hinsichtlich der Vermarktung (insbesondere Qualitätsnormen), zur Gewährleistung eines angemessenen 55

---

104 ABl.EG 1983, Nr. L 24/1.
105 ABl.EG 1992, Nr. L 389/1.
106 A/CONF. 62/122 mit corrigenda; der Text ist auch abgedruckt bei *R. Platzöder/W. Graf von Vitzthum*, Seerecht, The Law of the Sea, 1984, S. 69 ff.; auch in Sartorius II Nr. 350; zur Seerechtskonvention allgemein s. *M. Ederer*, Die EWG und die Seerechtskonvention der Vereinten Nationen von 1982, 1988.
107 BullEG Nr. 10-1976, Ziffer 1501 ff.
108 Vgl. *Streinz*, Europarecht, S. 327.
109 Vgl. *A. von Bogdandy/M. Nettesheim*, in Grabitz/Hilf, EU, Art. 3 b, Rn. 16.; *R. von Borries*, Das Subsidiaritätsprinzip im Recht der Europäischen Union, EuR 1994, S. 263, S. 273 f. m. w. N.; *R. C. Fischer*, in Grabitz/Hilf, EU, nach Art. 47, Rn. 9 ff.; *Streinz*, Europarecht, S. 328.
110 Fn. 104.
111 Zu den Einzelheiten vgl. *R. C. Fischer*, in Grabitz/Hilf, EU, nach Art. 47, Rn. 32 ff.
112 ABl.EG 2000, Nr. L 17/22.

Art. 34 EG-Vertrag

Einkommens, ein Preisregime, Marktstützungsmaßnahmen im Falle des Unterschreitens des Preisniveaus, Beihilfen für die private Lagerung usw. Hervorzuheben sind die Bestimmungen, mit denen es den Mitgliedstaaten genehmigt wird, Erzeugerorganisationen zuzulassen, welche in großem Umfang quasi öffentlich-rechtliche Befugnisse (Interventionsmaßnahmen, Kontrollen hinsichtlich der Qualität, Verwaltung, Zuteilung und Kontrolle der Fangquote usw.) ausüben dürfen.

Anhang zu Art. 34

Liste der Gemeinsamen Marktorganisationen

VO-Nummer	ABl. Nr.	Erzeugnisbereich
136/66	B 172, S. 3025	Fette (insb. Olivenöl)
234/68	L 55, S. 1	Blumen und Pflanzen
1255/1999	L 160, S. 48	Milch und Milcherzeugnisse
1254/1999	L 160, S. 21	Rindfleisch
827/68	L 151, S. 16	sog. »Reste-VO«
1673/2000	L 193, S. 16	Flachs und Hanf
1696/71	L 175, S. 1	Hopfen
2358/71	L 246, S. 1	Saatgut
845/72	L 100, S. 1	Seidenraupen
2200/96	L 297, S. 1	Obst und Gemüse
2201/96	L 297, S. 29	Verarbeitungserzeugnisse aus Obst und Gemüse
2759/75	L 282, S. 1	Schweinefleisch
2771/75	L 282, S. 49	Eier
2777/75	L 282, S. 77	Geflügel
2783/75	L 282, S. 104	Eiweißstoffe (Albumine)
3072/95	L 329, S. 18	Reis
603/95	L 63, S. 1	Trockenfutter
2038/1999	L 252, S. 1	Zucker
1051/2001	L 148, S. 3	Baumwolle
1493/1999	L 179, S. 1	Wein
2529/2001	L 341, S. 3	Schaf- und Ziegenfleisch
1251/1999	L 160, S. 1	Stützungsregelung für verschiedene Kulturpflanzen
1766/92	L 181, S. 21	Getreide
2075/92	L 215/70	Tabak (Rohtabak)
104/2000	L 17, S. 22	Fischereierzeugnisse
404/93	L 47, S. 1	Bananen
3448/93	L 318, S. 18	Nicht-Anhang-I-Erzeugnisse (allgemein)

Art. 35 (ex-Art. 41)

Um die Ziele des Artikels 33 zu erreichen, können im Rahmen der gemeinsamen Agrarpolitik folgende Maßnahmen vorgesehen werden:
a) eine wirksame Koordinierung der Bestrebungen auf dem Gebiet der Berufsausbildung[2], der Forschung[3] und der Verbreitung landwirtschaftlicher Fachkenntnisse[2]; hierbei können Vorhaben oder Einrichtungen gemeinsam finanziert werden;
b) gemeinsame Maßnahmen zur Förderung des Verbrauchs[4] bestimmter Erzeugnisse.

Die Vorschrift stellt lediglich die Zulässigkeit besonderer Maßnahmen im Rahmen der Verfolgung der Ziele des Art. 33 klar. Diese Maßnahmen hätten naturgemäß bereits auf der Basis von Art. 33, 34 und 37 ergriffen werden können. Damit kommt der Vorschrift lediglich deklaratorische, nicht aber konstitutive Bedeutung zu. 1

Maßnahmen zur **Berufsausbildung** und zur **Verbreitung von Fachkenntnissen** (lit. a, erste und dritte Alternative) werden von der EG im Rahmen ihres agrarstrukturpolitischen Instrumentariums, nach derzeit geltendem Recht auf der Basis von Abschnitt 3 der **VO (EG) Nr. 1257/1999** des Rates über die Förderung der Entwicklung des ländlichen Raums durch den Europäischen Ausrichtungs- und Garantiefonds für die Landwirtschaft (EAGFL)[1] durchgeführt, verfolgt (vgl. Art. 33, Rn. 16 ff.). 2

Hinsichtlich der in lit. a zweite Alternative genannten **Forschung** sind auf der Basis verschiedenster Programme Maßnahmen vorgesehen, mit denen mitgliedstaatliche Forschungsaktivitäten koordiniert oder ergänzt werden (vgl. z.B. die VO (EWG) Nr. 1728/74 des Rates über die Koordinierung der Agrarforschung[2]). Die Agrarforschung erfolgt jedoch im wesentlichen im Rahmen der **allgemeinen Forschungspolitik der EG gem. Art. 163 ff.** Maßnahmen werden hierbei i. d. R. auf die dort vorgesehene besondere Rechtsgrundlage des Art. 166 gestützt, doch kommt auch Art. 37 als Rechtsgrundlage in Betracht[3] (zur Frage der zutreffenden Rechtsgrundlagen vgl. Art. 37, Rn. 4 ff.). 3

Maßnahmen zur **Verbrauchsförderung** bestehen neben den weitgehend von den Mitgliedstaaten durchgeführten Maßnahmen (die sich an den Beihilfevorschriften der Art. 87 ff. auszurichten haben) im wesentlichen in der Gewährung von **Verbrauchsbeihilfen** (z. B. Beihilfen für den verbilligten und kostenlosen Absatz von Milcherzeugnissen an Schüler oder stark benachteiligte Personenkreise auf der Basis von Art. 14 der VO (EG) Nr. 1255/1999 des Rates über die gemeinsame Marktorganisation für Milch und Milcherzeugnisse[4]). Derartige Maßnahmen basieren auf den einzelnen GMO. Zu nennen sind ferner die (horizontal geltende) VO (EWG) Nr. 951/97[5], in der Maßnahmen zur **Verbesserung der Verarbeitungs- und Vermarktungsbedingungen** vorgesehen sind, und Maßnahmen zur **Förderung der Qualität landwirtschaftlicher Erzeugnisse** (vgl. z. B. VO (EWG) Nr. 2081/92[6]). Die durch die im Milch- und Getreidesektor über viele Jahre erhobenen Mitverantwortungsabgaben (vgl. Art. 34, Rn. 30) wurden ebenfalls zur Absatzförderung und Qualitätsverbesserung verwendet[7]. 4

---

1 ABl.EG 1999, Nr. L 160/80.
2 ABl.EG 1974, Nr. L 182/1.
3 *P. Gilsdorf/R. Priebe*, in: Grabitz/Hilf, EU, Art. 38, Rn. 26 a.
4 ABl.EG 1999, Nr. L 160/48; s. auch *G. Thiele*, Das Recht der Gemeinsamen Agrarpolitik der EG, Berlin 1997, S. 133 f.
5 ABl.EG 1997, Nr. L 142/22.
6 ABl.EG 1992, Nr. L 208/1.
7 Vgl. auch *Thiele* (Fn. 4), S. 166 f.

Art. 36 EG-Vertrag

Art. 36 (ex-Art. 42)

Das Kapitel über die Wettbewerbsregeln[2 f.] findet auf die Produktion landwirtschaftlicher Erzeugnisse und den Handel mit diesen nur insoweit Anwendung[1 ff.], als der Rat dies unter Berücksichtigung der Ziele des Artikels 33 im Rahmen des Artikels 37 Absätze 2 und 3 und gemäß dem dort vorgesehenen Verfahren bestimmt[3 ff., 9 ff.].
Der Rat kann insbesondere genehmigen[12], daß Beihilfen[9 ff.] gewährt werden
a) zum Schutz von Betrieben, die durch strukturelle oder naturgegebene Bedingungen benachteiligt sind, oder
b) im Rahmen wirtschaftlicher Entwicklungsprogramme.

Inhaltsübersicht:
A. Struktur der Anwendbarkeit der Wettbewerbsregeln im Bereich der GAP   1
B. Unternehmensbezogene Wettbewerbsregeln   4
   I. Erzeugnisse, die noch nationalen Marktordnungen unterfallen   5
   II. Ausnahmen zugunsten der Ziele des Art. 33   6
   III. Ausnahmebestimmungen außerhalb der VO (EWG) Nr. 26   7
C. Staatliche Beihilfen   9

A. Struktur der Anwendbarkeit der Wettbewerbsregeln im Bereich der GAP

1 Art. 36 bringt den Sondercharakter der GAP im Vergleich zu den übrigen Bereichen des Gemeinsamen Marktes noch einmal deutlich zum Ausdruck. Es handelt sich um eine der Vorschriften, die i. S. v. Art. 32 Abs. 2 »etwas anderes« bestimmen.

2 Zwar bestimmt Art. 36 nicht, daß die GAP und damit die Agrarwirtschaft dem Grundsatz nach unter Ausschluß freier Wettbewerbsbedingungen stattzufinden hätten. Es ist im Gegenteil davon auszugehen, daß auch die Agrarwirtschaft grundsätzlich den Regeln des freien Wettbewerbs unterworfen sein soll[1]. Die Vorschrift stellt aber klar, daß die Wettbewerbsregeln des Vertrages (also die unternehmensbezogenen Wettbewerbsvorschriften der Art. 81 ff. und die Beihilfevorschriften der Art. 87 ff., sowie für die Übergangszeit, die durch den Amsterdamer Vertrag inzwischen aufgehobene Anti-Dumping-Vorschriften des ehemaligen Art. 91) nicht ohne weiteres, ohne Berücksichtigung der Besonderheiten der Agrarwirtschaft gelten. Der EuGH hat in seinem Urteil über die Klage der Bundesrepublik gegen die 1993 eingeführte Bananenmarktordnung (VO (EWG) Nr. 404/93 des Rates vom 13.2.1993 über die gemeinsame Marktorganisation für Bananen[2]) festgestellt, daß die Vertragsautoren sowohl den Vorrang der Agrarpolitik vor den Zielen des Vertrages im Wettbewerbsbereich als auch die Befugnis des Rates anerkannt haben, darüber zu entscheiden, inwieweit die Wettbewerbsregeln im Agrarsektor Anwendung finden[3]. Daher ist der Rat aufgefordert, die Grenzen der Freiheit des Wettbewerbs für die Agrarwirtschaft gesondert festzulegen. Davon, daß der Rat damit verpflichtet wurde, derartige Bestimmungen auch tatsächlich zu treffen, kann wohl ausgegangen werden, wohl aber unter dem Vorbehalt, daß der Rat einen – wie im Bereich der GAP allgemein – sehr weiten Ermessensspielraum dabei hat, da es ihm selbst obliegt, die Ziele der GAP festzulegen. Sofern diese Ziele es verlangen, gehen diese nämlich der Freiheit des Wettbewerbs vor[4].

---

1 EuGH, Rs. 83/78, 29.11.78, Slg. 1978, 2347, 2372 (Pigs Marketing Board); Rs. 177/78, 26.6.79, Slg. 1979, 2161, 2189 (Pigs and Bacon Commission).
2 ABl.EG 1993 Nr. L 47/1.
3 EuGH, Rs. C-280/93, 5.10.1994, Slg. 1994, I-4973, Rn. 61 (Deutschland/Rat = Bananen)
4 EuGH, Rs. 139/79, 27.10.80, Slg. 1980, 3393, 3421 (Maizena); vgl. auch *Koch*, in Grabitz/Hilf, EU, Vor Art. 85, Rn. 21.

Systematisch lassen sich die durch den Rat getroffenen Regelungen wie folgt unterschei- 3
den: Zum einen hat der Rat 1962 mit der VO (EWG) Nr. 26[5] eine horizontale, d. h. alle
Arten landwirtschaftlicher Tätigkeit bzw. alle landwirtschaftlichen Erzeugnisse erfassende, Regelung getroffen. Diese VO trifft weitgehende, zwingende Regelungen im Hinblick auf die Anwendbarkeit der unternehmensbezogenen Wettbewerbsvorschriften der Art. 81 ff.; für den Beihilfenbereich enthält sie lediglich Bestimmungen zur Koordination und Überprüfung der nationalen Beihilfen, nicht jedoch zwingende Vorschriften. Zum anderen finden sich Bestimmungen in sämtlichen Gemeinsamen Marktorganisationen, in einigen strukturpolitischen Regelungen und in weiteren horizontal geltenden Verordnungen. Es handelt sich hierbei vor allem um zwingende Bestimmungen zur Anwendbarkeit der Beihilfevorschriften gem. Art. 87 ff. In den genannten Regelungen hat der Rat die Anwendbarkeit der Wettbewerbsregeln im Grundsatz festgelegt, davon aber Ausnahmen entweder bereits selber vorgeschrieben oder zugelassen.

B. Unternehmensbezogene Wettbewerbsregeln

Nach VO (EWG) Nr. 26 gelten die Art. 81 ff. (und auch das auf diesen basierende Se- 4
kundärrecht) im Bereich der Landwirtschaft prinzipiell uneingeschränkt. Von diesem
Grundsatz lassen sich verschiedene Ausnahmetatbestände differenzieren.

I. Erzeugnisse, die noch nationalen Marktordnungen unterfallen

Zunächst sind in VO (EWG) Nr. 26 selbst die Erzeugnisse, die noch einzelstaatlichen 5
Marktordnungen unterfallen, von der Anwendbarkeit der EG-Wettbewerbsbestimmungen ausgenommen; dies ist bei den Erzeugnissen Kartoffeln, Honig, landwirtschaftlicher Alkohol, Zichorienwurzeln, frische Ananas, Kaffee, Kork und Pferdefleisch der Fall.

II. Ausnahmen zugunsten der Ziele des Art. 33

Einen sehr weitgehenden Ausnahmetatbestand enthält Art. 2 der VO (EWG) Nr. 26, wo- 6
nach zugunsten der Ziele des Art. 33 von diesem Grundsatz abgewichen werden darf. Hierzu bedarf es einer Feststellung durch die Kommission, der dabei nach dem Wortlaut der Vorschrift ein weiter Ermessensspielraum zur Verfügung steht. In der Praxis wird jedoch eine **enge Verhältnismäßigkeitsprüfung** durchgeführt, die voraussetzt, daß die geplante Abweichung tatsächlich *notwendig* ist[6]. Sollte z. B. innerhalb der Gemeinsamen Marktorganisation, der das betroffene Erzeugnis unterfällt, kein hinreichender Spielraum vorgegeben sein, so wird eine Abweichung von der Kommission kaum genehmigt werden.

III. Ausnahmebestimmungen außerhalb der VO (EWG) Nr. 26

Schließlich finden sich Ausnahmeregelungen in Vorschriften, die vom Rat selber außer- 7
halb der VO (EWG) Nr. 26 erlassen werden. Die wesentliche derartige Ausnahmeregelung ist die horizontal wirkende **VO (EG) Nr. 952/97** über die Erzeugervereinigungen

---

5 VO (EWG) Nr. 26 des Rates vom 4.4.1962 zur Anwendung bestimmter Wettbewerbsregeln auf die Produktion landwirtschaftlicher Erzeugnisse und den Handel mit diesen Erzeugnissen, ABl.EG 1962 Nr. 30/993.
6 EuGH, Rs. 71/74, 15.5.75, Slg. 1975, 563 (Frubo).

und ihre Zusammenschlüsse[7]. Zum Teil finden sich Bestimmungen jedoch darüber hinaus auch in den einzelnen Gemeinsamen Marktorganisationen. Häufig handelt es sich hierbei um die Zulassungsmöglichkeit verschiedener Arten von Erzeugerorganisationen bzw. Erzeugervereinigungen. Um die Märkte und/oder Preise bestimmter landwirtschaftlicher Erzeugnisse zu stabilisieren, werden hierbei Erzeuger in unterschiedlicher Intensität bestimmten Regeln (z. B. Vermarktungsregeln, Qualitätsstandards usw.) einer Erzeugerorganisation unterworfen. Von dieser Unterwerfung können gar solche Erzeuger erfaßt sein, die selber nicht Mitglied der entsprechenden Organisation sind. Dieses Instrument wird allgemein als »**Ausdehnung der Disziplinen**« bezeichnet[8].

8 Derartige Rats-Vorschriften rangieren hierarchisch auf der gleichen Ebene wie die VO (EWG) Nr. 26. Sie stellen damit gegenüber den allgemeinen Regelungen der VO (EWG) Nr. 26 spezielle Normen dar. Daher ist es auch der Kommission verwehrt, abweichende Entscheidungen im Rahmen der ihr mit VO (EWG) Nr. 26 übertragenen Kompetenzen zu treffen.

C. Staatliche Beihilfen

9 Auch die Art. 87 ff. finden auf landwirtschaftliche Erzeugnisse nur Anwendung, sofern dies vom Rat bestimmt wurde. Dadurch, daß die vorliegende Vorschrift die Anwendbarkeit des Kapitels über die Wettbewerbsregeln auf die GAP regelt, ist für die Beantwortung der Fragen nach der Definition des Begriffs »Beihilfe« und danach, ob lediglich Beihilfen aus mitgliedstaatlichen oder auch aus Gemeinschaftsmitteln erfaßt sind, auf die Art. 87 ff. selbst bzw. deren Auslegung zurückzugreifen (vgl. Art. 87, Rn. 45). Die Auffassung, die Art. 87 ff. seien seit Ablauf der Übergangszeit auch ohne eine solche Ratsbestimmung anwendbar geworden, hat der EuGH zurückgewiesen[9].

10 VO (EWG) Nr. 26 schreibt hinsichtlich der Beihilfenormen der Art. 87 ff. lediglich die Anwendbarkeit von Art. 88 Abs. 1 und Abs. 3 Satz 1 vor. Auf dieser Basis hat die Kommission also ein Kontroll- und Vorschlagsrecht, kann den Mitgliedstaaten jedoch keine zwingenden Vorschriften machen, insbesondere kann sie mit dieser Rechtsgrundlage keine Beihilfen verbieten. Verstoßen die Mitgliedstaaten jedoch gegen ihre Pflicht aus Art. 88 Abs. 3 Satz 1, die Kommission zu informieren, so führt dies zur **Rechtswidrigkeit der Beihilfe**[10].

11 Der Gemeinschaftsgesetzgeber hat jedoch in sämtlichen Gemeinsamen Marktorganisationen die Anwendbarkeit der Art. 87 ff. vorgeschrieben (vgl. z. B. Art. 37 der VO (EG) Nr. 1255/1999 des Rates über die Gemeinsame Marktorganisation für Milch und Milcherzeugnisse[11]). Damit haben die beihilferechtlichen Bestimmungen der VO (EWG) Nr. 26 für die von den Gemeinsamen Marktorganisationen erfaßten Erzeugnisse keine Bedeutung mehr, wohl aber für die wenigen landwirtschaftlichen Erzeugnisse, die nationalen Marktordnungen unterfallen (oben Rn. 5).

12 Durch die Anwendbarkeitsanordnungen der Beihilfevorschriften unterscheidet sich die Beihilfenkontrolle durch die Kommission hinsichtlich landwirtschaftlicher Erzeugnisse

---

7 ABl. EG 1997 Nr. L 142, 30.
8 Vgl. z. B. bei *P. Gilsdorf/D. Booß*, in Grabitz/Hilf, EU, Art. 42, Rn. 13; *K. D. Borchardt*, in: Lenz, EGV, Art. 36, Rn. 6.
9 EuGH, Rs. 91/78, 13.3.1979, Slg. 1979, S. 935 (Hansen II).
10 So auch *P. Gilsdorf/D. Booß*, in Grabitz/Hilf, EU, Art. 42, Rn. 6.
11 ABl.EG 2000, Nr. L 160/48.

nicht wesentlich von derjenigen bei industriellen Erzeugnissen. Der Katalog der Beihilfen, welche gem. Art. 87 Abs. 2 mit dem Gemeinsamen Markt vereinbar sind bzw. gem. Art. 87 Abs. 3 als mit ihm vereinbar angesehen werden können, wird durch zwei Sondertatbestände in UAbs. 2 erweitert. Es handelt sich jedoch nicht um eine abschließende Aufzählung (vgl. die Formulierung in UAbs. 2: »Der Rat kann *insbesondere* genehmigen, ...«). Für eine solche Genehmigung bedarf es eines Rechtsaktes durch den Rat nach dem Verfahren des Art. 37 Abs. 2 und 3, da UAbs. 2 an die mit UAbs. 1 übertragenen Kompetenzen anknüpft. Sonderbestimmungen für die Genehmigungsfähigkeit von Beihilfen sind zum Teil bereits in den Gemeinsamen Marktorganisationen enthalten. Die durch die Mitgliedstaaten zu gewährenden Agrarsubventionen aufgrund des Gemeinschaftsrechts sind selbst naturgemäß von dem grundsätzlichen Beihilfeverbot nicht erfaßt[12].

---

12 Für eine Übersicht vgl. R. *Streinz*, Die Grundzüge des EG-Beihilfenrechts unter besonderer Berücksichtigung der Landwirtschaft, in: Staatliche Fördermaßnahmen und Ausgleichsleistungen für die Landwirtschaft, Passau 1998, S. 4, S. 9 m.w.N.

Art. 37 (ex-Art. 43)

(1) Zur Erarbeitung der Grundlinien für eine gemeinsame Agrarpolitik beruft die Kommission unmittelbar nach Inkrafttreten dieses Vertrages eine Konferenz der Mitgliedstaaten[2] ein, um einen Vergleich ihrer Agrarpolitik, insbesondere durch Gegenüberstellung ihrer Produktionsmöglichkeiten und ihres Bedarfs, vorzunehmen[1 f.].

(2) Unter Berücksichtigung der Arbeiten der in Absatz 1 vorgesehenen Konferenz[2] legt die Kommission nach Anhörung des Wirtschafts- und Sozialausschusses binnen zwei Jahren nach Inkrafttreten dieses Vertrags zur Gestaltung und Durchführung der gemeinsamen Agrarpolitik Vorschläge vor, welche unter anderem die Ablösung der einzelstaatlichen Marktordnungen durch eine der in Artikel 34 Absatz 1 vorgesehenen gemeinsamen Organisationsformen sowie die Durchführung der in diesem Titel bezeichneten Maßnahmen vorsehen.
Diese Vorschläge müssen dem inneren Zusammenhang der in diesem Titel aufgeführten landwirtschaftlichen Fragen Rechnung tragen.
Der Rat erläßt[4 ff., 15 ff.] mit qualifizierter Mehrheit[17 ff.] auf Vorschlag der Kommission und nach Anhörung des Europäischen Parlaments[19] Verordnungen, Richtlinien oder Entscheidungen, unbeschadet seiner etwaigen Empfehlungen.

(3) Der Rat kann mit qualifizierter Mehrheit die einzelstaatlichen Marktordnungen nach Maßgabe des Absatzes 2 durch die in Artikel 34 Absatz 1 vorgesehene gemeinsame Organisation ersetzen[2],
a) wenn sie den Mitgliedstaaten, die sich gegen diese Maßnahme ausgesprochen haben und eine eigene Marktordnung für die in Betracht kommende Erzeugung besitzen, gleichwertige Sicherheiten für die Beschäftigung und Lebenshaltung der betreffenden Erzeuger bietet; hierbei sind die im Zeitablauf möglichen Anpassungen und erforderlichen Spezialisierungen zu berücksichtigen, und
b) wenn die gemeinsame Organisation für den Handelsverkehr innerhalb der Gemeinschaft Bedingungen sicherstellt, die denen eines Binnenmarkts entsprechen.

(4) Wird eine gemeinsame Organisation für bestimmte Rohstoffe geschaffen, bevor eine gemeinsame Organisation für die entsprechenden weiterverarbeiteten Erzeugnisse besteht, so können die betreffenden Rohstoffe aus Ländern außerhalb der Gemeinschaft eingeführt werden, wenn sie für weiterverarbeitete Erzeugnisse verwendet werden, die zur Ausfuhr nach dritten Ländern bestimmt sind.

Inhaltsübersicht:

A. Einleitung	1
B. Umfang der durch Abs. 2 UAbs. 3 übertragenen Kompetenzen	4
I. Abgrenzung der GAP von anderen Politik- und Rechtsbereichen	5
II. Einfluß des Subsidiaritätsprinzips auf Maßnahmen im Rahmen der GAP	10
C. Rechtsetzung im Bereich der GAP	16
I. Regelungsinstrumente	16
II. Rechtsetzungsverfahren	17
III. Normhierarchie	21
IV. Rechtsetzung durch die Mitgliedstaaten	25

A. Einleitung

1 Art. 37 enthält ein Konglomerat verschiedenartiger Bestimmungen, denen mit Ausnahme des Abs. 2 UAbs. 3 als der **Kompetenzgrundlage für Maßnahmen des Gemein-**

schaftsgesetzgebers im Rahmen der GAP heute nur noch historische Bedeutung zukommt.

Die meisten in diesem Artikel enthaltenen Bestimmungen hatten durch die Vorgabe eines 2 bestimmten Verfahrens und von Fristen **Bedeutung für die Entwicklung der GAP**. Die in Abs. 1 vorgesehene Konferenz zur Erarbeitung der Grundlinien der GAP fand unter dem Vorsitz des damaligen Vizepräsidenten der Kommission, *Sicco L. Mansholt*, vom 3. bis 11. Juli 1958 im italienischen Stresa statt (**Konferenz von Stresa**). Die von der Kommission anschließend auf der Grundlage der Entschließungen dieser Konferenz[1] erarbeiteten Vorschläge für die Rechtsetzung durch den Rat mündeten 1962 im Erlaß der ersten Rechtsnormen zur Verwirklichung der GAP[2], d. h. bereits einiger GMO, der VO (EWG) Nr. 26[3] mit den Grundsatzbestimmungen hinsichtlich der Anwendbarkeit des Wettbewerbsrechts auf die Landwirtschaft (vgl. Art. 36) und der VO (EWG) Nr. 25[4] zur Finanzierung der GAP.

Neben seiner Bedeutung als Kompetenznorm und für die Entwicklung der GAP enthält 3 die Vorschrift ferner materielle Bestimmungen (Abs. 3 zur Ablösung einzelstaatlicher Marktordnungen durch eine gemeinsame Organisation und Abs. 4 mit Spezialbestimmungen zum aktiven Veredelungsverkehr), die systematisch eher zu Art. 34 gehört hätten. Aber auch diesen beiden Absätzen kommt heute keine Bedeutung mehr zu.

B. Umfang der durch Abs. 2 UAbs. 3 übertragenen Kompetenzen

Maßnahmen, die der Gemeinschaftsgesetzgeber im Bereich der GAP ergreift, tangieren 4 häufig andere Politik- bzw. Rechtsbereiche, für die entweder im EGV gesonderte Rechtsgrundlagen bestehen, die teilweise andere Entscheidungsverfahren und/oder Mehrheitsverhältnisse vorschreiben, oder für die, jedenfalls prima facie, im EGV überhaupt keine Kompetenzen vorgesehen sind. In ersterem Falle sind die in Betracht kommenden **anderen Rechtsgrundlagen von Art. 37 abzugrenzen**, in letzterem Falle ist zu fragen, ob die EG wegen des **Prinzips der begrenzten Ermächtigung** (Art. 5 Abs. 1) überhaupt tätig werden darf. Überdies ist im Falle des Vorliegens einer EG-Kompetenz seit der Einführung des **Subsidiaritätsprinzips** durch den EUV von Maastricht zu klären, ob und in welchem Umfang die EG diese Kompetenz im Einzelfalle ausüben darf.

I. Abgrenzung der GAP von anderen Politik- und Rechtsbereichen

Abs. 2 UAbs. 3 kann nicht losgelöst von den übrigen Vorschriften des Titels über die 5 Landwirtschaft, insbesondere Art. 33–36, gesehen werden, da sich erst durch diese Vorschriften der materielle Gehalt der GAP und damit der Umfang der auf die EG übertragenen Kompetenzen ermitteln läßt. Es war lange Zeit umstritten, welchen Umfang die Kompetenzen im Rahmen der GAP haben[5]. Unklarheit bestand insbesondere hinsicht-

---

1 ABl.EG 1958/281; im einzelnen zur Konferenz von Stresa vgl. *F. Baade/F. Fendt*, Die deutsche Landwirtschaft im Ringen um den Agrarmarkt Europas, Baden-Baden 1971, S. 40 ff.
2 Vgl. *F. Baade/F. Fendt* (Fn. 1), S. 49 ff.
3 ABl.EG 1962, Nr. 30/993.
4 ABl.EG 1962, Nr. 30/991.
5 Zu dieser Diskussion vgl. *D. Eckert*, Die Angleichung des Lebensmittelrechts in der Europäischen Wirtschaftsgemeinschaft, NJW 1967, S. 473; *Karpenstein*, Doppelte Rechtsgrundlagen im Gemeinschaftsrecht, in: G. Ress (Hrsg.), Rechtsprobleme der Rechtsangleichung, Vorträge, Reden und Berichte aus dem Europa-Institut der Universität des Saarlandes Nr. 137, 1988, S. 55 ff.

Art. 37 EG-Vertrag

lich einer **gemeinschaftlichen Agrarstrukturpolitik** (vgl. insofern Art. 33, Rn. 16)[6]. Abgrenzungsprobleme zu anderen Rechtsgrundlagen des EGV ergeben sich ferner insbesondere hinsichtlich der **Gemeinsamen Handelspolitik** (Art. 131 ff.), der **Wirtschafts- und Konjunkturpolitik** (Art. 98 ff.), der **Umweltschutzpolitik** (Art. 175), der Politik im Bereich **Forschung und Technologie** (Art. 163 ff.), der Vorschriften über die **Harmonisierung der einzelstaatlichen Rechtsordnungen** (Art. 94 und 95), **Gesundheitswesen** (Art. 152), **Verbraucherschutz** (Art. 153), **Wirtschaftlicher und Sozialer Zusammenhalt** (Art. 158 ff.) und hinsichtlich der sogenannten »Kompetenz-Kompetenz«-Norm des Art. 308. Darüber hinaus können sich, was die Bereiche angeht, die grds. in der ausschließlichen Zuständigkeit der Mitgliedstaaten verblieben sind, Überschneidungen mit der GAP insbesondere im Hinblick auf das Sozialrecht, das Recht des **Bodeneigentums**, der **Flurbereinigung**, des **Grundstückverkehrs**, der **ländlichen Siedlung**, das **landwirtschaftliche Erbrecht**, das **Steuerrecht** usw. ergeben. Selbst für sanktionsrechtliche Maßnahmen, also für den Bereich des **Strafrechts**, ist unter Umständen eine EG-Kompetenz zu bejahen[7]. Die Aufzählung kann wegen der vielfältigen Verknüpfungen, die die GAP aufgrund der weitgefaßten Formulierung ihrer Ziele zwangsläufig aufweisen muß, nicht erschöpfend sein.

6   Der EuGH billigt der EG auf der Grundlage von Abs. 2 UAbs. 3 daher auch sehr weitgehende Kompetenzen zu. Die EG kann nach dieser Rspr. letztlich jeden Bereich, wenn – aber auch nur soweit als – dieser für die Durchführung der GAP relevant ist, kompetenzrechtlich erfassen und regeln[8]. Hierbei hebt der EuGH explizit Art. 34 Abs. 3 hervor, wonach die GMO *alle* zur Durchführung des Art. 33 erforderlichen Maßnahmen einschließen können, die zur Verwirklichung eines oder mehrerer der in Art. 33 EWG-Vertrag genannten Ziele der Gemeinsamen Agrarpolitik **beitragen**[9]. Handelt es sich daher um eine Maßnahme, die im Schwerpunkt agrarpolitische Ziele im Sinne von Art. 33 verfolgt, so **muß diese allein auf Abs. 2 UAbs. 3 gestützt werden, auch wenn zugleich Ziele mit dieser Maßnahme verfolgt werden, die nicht in den Bereich der GAP gehören.** Diese Rspr. unterstreicht die Vorrangstellung der Vorschriften über die Landwirtschaft, wie sie in Art. 32 Abs. 2 zum Ausdruck kommt[10].

---

6   Insofern vgl. *C.-D. Ehlermann*, Grenzen der Gemeinsamen Agrarpolitik, in: Agrarrecht der EWG, Kölner Schriften zum Europarecht Band 10, Köln usw. 1969, S. 57, S. 108 f.; *V. Götz*, Zum Recht der Gemeinsamen Agrarpolitik der Europäischen Wirtschaftsgemeinschaft, NJW 1968, S. 1545; *ders.*, Supranationale und staatliche Kompetenzen auf dem Gebiet der Agrarpolitik, Agrarrecht 1971, S. 33; *ders.* Recht der Wirtschaftssubventionen, München, Berlin 1966, S. 132 f.; *G. Thiele*, Das Recht der Gemeinsamen Agrarpolitik, S. 27 ff.
7   EuGH, Rs. 68/88, Slg. 1989 2965 (Kommission/Griechenland) = EuZW 1990, S. 99 mit Anmerkung *K. Tiedemann*; Rs. C-240/90, Slg. 1992, I-5383 (Bundesrepublik Deutschland/Kommission) = NJW 1993, S. 47 mit Anmerkung *K. Tiedemann*; zur Kompetenz des »Agrargesetzgebers« vgl. auch *P. Gilsdorf/D. Booß*, in Grabitz/Hilf, EU, Art. 43, Rn. 40a; allgemein zur Frage des Verhältnisses von EG-Recht und Strafrecht vgl. auch *J. Dine*, European Community Criminal Law? Crim.L.R. 1993, S. 246; *H. Jung*, Criminal Justice – a European Perspective, Crim.L.R. 1993, S. 237; *E. Pache*, Der Schutz der finanziellen Interessen der Europäischen Gemeinschaften, Berlin 1994; *H. G. Sevenster*, Criminal Law and EC Law, CMLRev. 29 (1992), S. 29; *K. Tiedemann*, Europäisches Gemeinschaftsrecht und Strafrecht, NJW 1993, S. 23.
8   Für eine detaillierte Analyse der Abgrenzungsfragen s. *R. Mögele*, Die gemeinschaftliche Agrarkompetenz nach Amsterdam, Zeitschrift für europarechtliche Studien 2000 (Heft 1), S. 79–95.
9   EuGH, Rs. 68/86, 23.2.1988, Slg. 1988, 855, Rn. 14 (V.K./Rat = Hormone); Rs. 131/86, 23.2.1988, Slg. 1988, 905, Rn. 19 (V.K./Rat = Legehennen); Rs. 131/87, 16.11.1989, Slg. 1989, 3743, Rn. 10 (Kommission/Rat); verb. Rs. C-164 u. C-165/97, 25.2.1999, Slg. 1999, I-1139 (Parlament/Rat).
10 *K. D. Borchardt*, in: Lenz, EGV, Art. 37, Rn. 8.

Die Heranziehung weiterer Rechtsgrundlagen daneben, wie es der Rat aus Kompromiß- 7
gründen vor allem im Hinblick auf die Harmonisierung der einzelstaatlichen Rechtsordnungen (Art. 94) häufig getan hatte, **ist unzulässig**. Die Wahl der Rechtsgrundlage eines Rechtsaktes muß sich auf objektive, gerichtlich nachprüfbare Umstände gründen[11].
Ein diesbezügliches Auswahlermessen des Rates würde zum einen der Begründungspflicht des Art. 253, welcher u. a. auch die Angabe der (zutreffenden) Rechtsgrundlage erfordert, zum anderen dem im Vertrag angelegten institutionellen Gleichgewicht widersprechen, denn anderenfalls hätte es der Rat ggf. in der Hand, Einfluß auf
die Art der Beteiligungsrechte anderer Institutionen und Organe (insbesondere des Europäischen Parlaments) zu nehmen[12].

Durch den Amsterdamer Vertrag wurde jedoch in Folge der BSE-Krise mit Art. 152 8
Abs. 4 Buchst. b) für Maßnahmen zum Gesundheitsschutz in den Bereichen Veterinärwesen und Pflanzenschutz, soweit diese unmittelbar den Schutz der Bevölkerung zum
Ziel haben, ausdrücklich eine Abweichung von Art. 37 (und damit insofern eine Überführung in das Mitentscheidungsverfahren) in den EGV aufgenommen[13]. Die beiden
letzten Änderungen des EGV führten zudem in einer Reihe weiterer Sachgebiete zu neu-
en Kompetenzen, die voraussichtlich in einzelnen Fragen erneut Abgrenzungsfragen aufwerfen werden[14], doch werden sich die wesentlichen Prinzipien der soeben dargelegten
Rspr. des EuGH voraussichtlich nicht ändern.

Erfaßt ein Rechtsakt allerdings neben der GAP **andere Bereiche in gleicher Intensität**, so 9
muß er neben Art. 37 auf der entsprechenden anderen Rechtsgrundlage basieren. Dies
ist insbesondere im Falle solcher Maßnahmen vorstellbar, die einerseits landwirtschaftliche Erzeugnisse und andererseits Verarbeitungserzeugnisse, die nicht mehr den Sonderregelungen über die Landwirtschaft unterfallen[15], erfassen[16].

II. Einfluß des Subsidiaritätsprinzips auf Maßnahmen im Rahmen der GAP[17]

Hinsichtlich der Anwendbarkeit des durch den EUV von Maastricht mit Art. 5 Abs. 2 in 10
den EGV eingefügten Subsidiaritätsprinzips i. e. S.[18] sind im wesentlichen zwei Fragen-

---

11 EuGH, Rs. 45/86, 26.3.1987, Slg. 1987, 1493, Rn. 11 (Kommission/Rat); Rs. 68/86 (Fn. 9), Rn. 24 (V.K./Rat = Hormone); Rs. C-84/94, 12.11.1996, Slg. 1996, I-5755, Rn. 25 (VK/Rat); Rs. C-269/97, 4.4.2000, Slg. 2000, I-2257 (Kommission/Rat).
12 Vgl. auch P. Gilsdorf/R. Priebe, in Grabitz/Hilf, EU, Art. 38, Rn. 15; B. Langeheine, in Grabitz/Hilf, EU, Art. 100, Rn. 77.
13 Daß der Rat die VO (EG) Nr. 820/97 über die Kennzeichnung und Registrierung von Rindern und die Etikettierung von Rindfleisch noch ausschließlich auf der Basis des Art. 43 a.F. erlassen hatte, wurde vom EuGH in der Rs. C-269/97, 4.4.2000, Slg. 2000, I-2257 (Kommission/Rat), als zutreffend bestätigt. Die inzwischen ergangene, diese VO neufassende VO (EG) Nr. 1760/2000 (ABl.EG 2000, Nr. L 204/1) ist bereits neben Art. 37 auch auf Art. 152 gestützt (vgl. hierzu, jedoch aus Sicht der Zeit zwischen Abgabe der Schlußanträge durch Generalanwalt Saggio und vor Erlaß des Urteils, R. Mögele (Fn. 8), S. 87 ff.).
14 R. Mögele (Fn. 8), S. 91–93.
15 J. Korte/T. van Rijn, in: GTE, EUV, Art. 43, Rn. 5.
16 So z.B. nunmehr auch die Wahl der Art. 37 und 152 als Rechtsgrundlage für die VO (EG) Nr. 1760/2000 des Rates zur Einführung eines Systems zur Kennzeichnung und Registrierung von Rindern und zur Etikettierung von Rindfleisch und Rindfleischerzeugnissen. (ABl.EG 2000, Nr. L 204/1) (vgl. hierzu bereits die Anmerkung in Fn. 13).
17 Für eine detaillierte Analyse s. Thiele (Fn. 6), S. 33 ff.
18 Zu den Begriffen Subsidiarität i. e. S. und i. w. S. vgl. W. Möschel, Zum Subsidiaritätsprinzip im Vertrag von Maastricht, NJW 1993, S. 3025.

komplexe voneinander zu trennen: erstens, ob die GAP nach primärrechtlichem Verständnis der ausschließlichen Zuständigkeit der EG unterfällt und zweitens, sollte dies nicht der Fall sein, ob eine einmal von der EG durch den Erlaß von Regelungen wahrgenommene Kompetenz faktisch zu einer ausschließlichen Zuständigkeit für diesen Bereich mit der Folge führt, daß die Anwendbarkeit des Subsidiaritätsprinzips fortan ausgeschlossen ist und mitgliedstaatliche Kompetenzen gänzlich verdrängt.

11 Nach hier vertretener Auffassung gehört die **GAP nicht zu den ausschließlichen Gemeinschaftszuständigkeiten** des EGV, so daß Art. 5 Abs. 2 grds. auch auf die GAP anzuwenden ist[19]. Diese Feststellung bezieht sich auf sämtliche Bereiche, die, wie zuvor im einzelnen dargelegt, von der Kompetenzgrundlage des Abs. 2 UAbs. 3 erfaßt werden. Eine Unterteilung nach den einzelnen möglichen Politikbereichen[20] bzw. danach, ob es sich um eine agrarmarktpolitische[21] oder sonstige Maßnahme im Bereich der GAP handelt, wie es z. T. in der streckenweise recht unübersichtlichen Diskussion anklingt[22], wäre sachfern und würde die vom EuGH gezogenen Kompetenzgrenzen zwischen den einzelnen Sach- bzw. Politikbereichen konterkarieren.

12 Während hinsichtlich dieses ersten Fragenkomplexes nur wenige die Ansicht vertreten, die GAP sei bereits primärrechtlich ein Bereich der ausschließlichen Gemeinschaftszuständigkeit, sind die Stimmen derer, die eine »quasi« ausschließliche Zuständigkeit durch »Besetzung« der Bereiche bejahen, die die Gemeinschaft durch den Erlaß von Normen bereits erfaßt hat, sehr viel zahlreicher[23]. Diese Ansicht ist im übrigen auch dahingehend zu verstehen, daß selbst bei Neuregelungen in derartigen »besetzten« Bereichen das Subsidiaritätsprinzip nicht zur Anwendung käme. Trifft diese Ansicht zu, so wären im Grunde fast sämtliche Tätigkeitsbereiche im Rahmen der GAP dem Anwendungsbereich des Subsidiaritätsprinzips entzogen, da für fast alle landwirtschaftlichen Erzeugnisse bereits vor Inkrafttreten des EUV GMO existierten. Die Vertreter dieser Ansicht stützen sich in ihrer Argumentation auf die Rspr. des EuGH, die sich jedoch auf Sachverhalte aus der Zeit vor dem Inkrafttreten des Subsidiaritätsprinzips bezieht (vgl. Art. 5, Rn. 19 ff.).

13 Die aus der durchgängig zitierten Rspr. gezogenen Schlüsse sind jedoch letztlich nicht gerechtfertigt. Der keinesfalls einheitlichen oder stringenten Rspr. des EuGH sind zwar Hinweise zu entnehmen, daß er mitgliedstaatliche Kompetenzen in Bereichen, die der Gemeinschaftsgesetzgeber »besetzt« hat, für verdrängt ansieht, daß die Gemeinschaft insoweit ausschließlich zuständig ist[24]. Die Mitgliedstaaten dürften nur noch zur Schlie-

---

19 S. auch Art. 5, Rn. 26; *K. D. Borchardt*, in: Lenz, EGV, Art. 37, Rn. 10; *P. Gilsdorf/D. Booß*, in Grabitz/Hilf, EU, Art. 43, Rn. 37; *R. Streinz*, Europarecht, S. 55; *Thiele* (Fn. 6), S. 45 f.; a. A. *J. Korte/T. van Rijn*, in: GTE, EUV, Art. 43, Rn. 36.
20 *R. von Borries*, Das Subsidiaritätsprinzip im Recht der Europäischen Union, EuR 1994, S. 263, S. 274 f.
21 Vgl. *P. Gilsdorf*, Der Grundsatz der Subsidiarität und die Gemeinsame Agrarpolitik, in: A. Randelzhofer (Hrsg.), GS-Grabitz, Berlin 1995, S. 77 ff.;
22 Vgl. hierzu *Thiele* (Fn. 6), S. 35–37 m. w. N.
23 *K. D. Borchardt*, in: Lenz, EGV, Art. 37, Rn. 11; *P. Gilsdorf* (Fn. 20), S. 88; ders. in: Grabitz/Hilf, EU, vor Art. 38, Rn. 26; *P. Gilsdorf/D. Booß*, in Grabitz/Hilf, EU, Art. 43, Rn. 39; *Möschel* (Fn. 18), NJW 1993, S. 3025, S. 3026; *A. G. Toth*, The Principle of Subsidiarity in the Maastricht Treaty, CMLRev. 29 (1992), S. 1079, der gar soweit geht, sämtliche Bereiche, die im ursprünglichen EWGV geregelt waren, der Anwendbarkeit des Subsidiaritätsprinzips zu entziehen.
24 Vgl. insb. EuGH, Verb. Rs. 47–48/83, 28.3.1984, Slg. 1984, 1721 (Midden-Nederland); Rs. 90/86, 14.7.1988, Slg. 1988, 4285 (Zoni); Rs. C-32/89, 19.3.1991, Slg. 1991, I-1321 (Griechenland/Kommission); Rs. C-159/89, 17.5.1990, Slg. 1990, I-2013 (Weingut Dietz-Matti); Rs. C-61/90, 7.4.1992, Slg. 1992, I-240 (Kommission/Griechenland); zu den Einzelheiten vgl. *Thiele* (Fn. 6), S. 38 ff.

ßung von Lücken, in Ausübung einer Art Notkompetenz, als **Sachwalter des gemeinsamen Interesses**[25], nach Konsultation der Kommission und deren Zustimmung tätig werden[26]. Man kann jedoch nicht davon ausgehen, daß sich diese Rspr. zu einer ständigen und gefestigten entwickelt hätte. Der EuGH ließ im Gegenteil Gelegenheiten, in denen es sich angeboten hätte, diese Rspr. heranzuziehen oder zu vertiefen, verstreichen[27]. Wenn insofern von einem klaren Konzept in der Rspr. des EuGH nicht ausgegangen werden kann, erübrigt sich eine Auseinandersetzung mit dem im Zusammenhang mit dem Amsterdamer Vertrag geschlossenen **Subsidiaritätsprotokoll** und der darin enthaltenen dritten Klausel, daß dieses Prinzip die Befugnisse, über die die Europäische Gemeinschaft aufgrund des Vertrages entsprechend der Auslegung durch den EuGH verfügt, nicht in Frage stellt.

Eine generelle Anwendbarkeit des Subsidiaritätsprinzips auf die GAP hat zur Folge, daß letztlich jede neue gesetzgeberische Maßnahme (wohl aber mit Ausnahme derjenigen, die die Kommission im Rahmen der ihr delegierten Kompetenzen erläßt, denn bereits der delegierende Rechtsakt steht unter Subsidiaritätsvorbehalt) am Maßstab des Subsidiaritätsprinzips geprüft werden muß. Dies könnte zu **Kollisionen mit dem in Art. 34 Abs. 3 UAbs. 2 enthaltene Diskriminierungsverbot**, so wie es der EuGH in seiner Rspr. entwickelt hat (vgl. Art. 34, Rn. 41) führen, da es durch die (zumindest wie hier vertretene) Anwendung des Subsidiaritätsprinzips in gewissem Umfang zu einer Art **Renationalisierung der Agrarpolitik** und damit zu unterschiedlichen Rechten und Pflichten für Erzeuger und Verbraucher, je nach dem, welcher Rechtsordnung sie unterfallen, kommen kann. In seiner Rspr., die jedoch ebenfalls aus der Zeit vor Aufnahme des Subsidiaritätsprinzips in den EGV stammt, hat der EuGH in solchen Fällen dann keine Bedenken, wenn **unterschiedliche Behandlungen objektiv gerechtfertigt** sind. Fraglich ist, ob es nunmehr überhaupt noch eines objektiven Grundes bedarf. Im Grunde verlangt das Subsidiaritätsprinzip genau umgekehrt einen besonderen Grund, weshalb die Gemeinschaft tätig werden soll. Andererseits könnten sich Fälle in der Praxis auch so darstellen, daß eben der Grund, weswegen die Gemeinschaft als Folge des Subsidiaritätsprinzips im Einzelfall nicht tätig werden soll, auch als objektiver Grund für eine unterschiedliche Behandlung anzusehen ist.   14

Welche praktische Relevanz die Anwendung des Subsidiaritätsprinzips in rechtlicher Hinsicht aber überhaupt haben wird, bleibt abzuwarten, denn der EuGH neigt dazu, die (politische) Entscheidung, daß eine Maßnahme i. S. v. Art. 5 besser durch die EG wahrgenommen wird, juristisch nicht zu hinterfragen[28].   15

C. Rechtsetzung im Bereich der GAP

I. Regelungsinstrumente

Nach Abs. 2 UAbs. 3 hat der Rat für die Realisierung der GAP die Wahl zwischen sämtlichen in Art. 249 genannten bindenden Rechtsinstrumenten, also Verordnungen, Richtlinien und Entscheidungen. In aller Regel verwendet der Rat (wie auch die Kommission im Rahmen der ihr delegierten Rechtsetzungsbefugnisse), wenn es um generell-abstrakte   16

---

25 Zu dieser Rechtsfigur allgemein s. *M. Pechstein*, Die Mitgliedstaaten der EG als »Sachwalter des gemeinsamen Interesses«, 1987.
26 Vgl. *J. Korte/T. van Rijn*, in: GTE, EUV, Art. 43, Rn. 26.
27 EuGH, Rs. C-134/92, 17.11.1993, Slg. 1993, I-6017 (Mörlins).
28 EuGH, Rs. C-84/94, 12.11.1996, Slg. 1996, I-5755, Rn. 47 und 55 (V.K./Rat).

Regelungen geht, die Verordnung i. S. v. Art. 249 Abs. 2. Insbesondere zur Regelung strukturpolitischer Maßnahmen hatte sich der Rat in der Anfangsphase zunächst des Instruments der Richtlinie i. S. v. Art. 249 Abs. 3 bedient, doch werden Maßnahmen auch insoweit heute auf der Grundlage von Verordnungen erlassen (vgl. Art. 33, Rn. 18 ff.).

II. Rechtsetzungsverfahren

17 Der Wortlaut des Abs. 2 UAbs. 3 schreibt vor, daß der Rat diese Rechtsnormen zwar während der ersten beiden Stufen einstimmig, anschließend aber mit qualifizierter Mehrheit auf Vorschlag der Kommission und nach Anhörung des EP erläßt. Dies bedarf in mehrfacher Hinsicht der Kommentierung.

18 Zunächst hatte es sich als Folge des **Luxemburger Kompromisses von 1966** (vgl. Art. 205, Rn. 8 f.) ergeben, daß im Rat auch nach Ablauf der ersten beiden Stufen im wesentlichen auch weiterhin nur einstimmig Beschlüsse gefaßt wurden[29]. Von dieser außerhalb des E(W)GV getroffenen Vereinbarung ist man erst im Laufe der achtziger Jahre wieder abgewichen.

19 Bereits das in Abs. 2 UAbs. 3 vorgegebene Verfahren unter Einbeziehung des EP begegnet im Hinblick auf die Erfordernisse, die sich aus dem **Demokratieprinzip** ergeben, Bedenken, da das EP lediglich angehört wird[30]. An dem geltenden Verfahren hat sich seit Schaffung der EWG 1957 abgesehen von einer Ausnahme (dazu sogleich) nichts geändert, was verwundert, da im Rahmen der Einheitlichen Europäischen Akte und der Verträge von Maastricht, Amsterdam und Nizza hinsichtlich vieler anderer Politikbereiche dem EP weitergehende Mitwirkungs- bzw. gar Mitentscheidungsrechte übertragen worden sind (vgl. das Kooperationsverfahren des Art. 252 und das Mitentscheidungsverfahren des Art. 251). Die Kommission hatte den zu den Verträgen von Amsterdam und Nizza führenden Regierungskonferenzen vorgeschlagen, für einzelne, näher bezeichnete Gegenstände der Agrargesetzgebung das Mitentscheidungsverfahren einzuführen[31], was aber weder im Amsterdamer Vertrag noch im Vertrag von Nizza berücksichtigt wurde[32]. Gerade wegen der finanziellen Auswirkungen der GAP und ihrer Einwirkung in grundrechtlich geschützte Bereiche hätten Reformen auch in diesem Bereich nahegelegen.

20 Dieses bemängelte Demokratiedefizit setzt sich aber noch weiter fort: Der Rat erläßt lediglich die jeweiligen Grundverordnungen für ein landwirtschaftliches Erzeugnis bzw. eine Gruppe von Erzeugnissen, sowie die alljährlichen Preisbeschlüsse unter Einbeziehung des EP. In den Grundverordnungen delegiert er an sich selber das Recht, weitergehende »Grundregeln« ohne Anhörung des EP zu erlassen (sog. Grundregelnverord-

---

29 R. *Streinz*, Die Luxemburger Vereinbarung, München 1984.
30 Vgl. hierzu K. *Hänsch*, Europäische Integration und parlamentarische Demokratie, Europa-Archiv 1986, S. 191; R. *Herzog*, in: T. Maunz/G. Dürig/R. Herzog/R. Scholz (Hrsg.), Grundgesetz, Loseblattkommentar, Art. 20, Teil II, E., Rn. 114; R. *Hrbek*, Der Vertrag von Maastricht und das Demokratie-Defizit der Europäischen Union auf dem Weg zu stärkerer demokratischer Legitimation?, in: A. Randelzhofer (Hrsg.), GS-Grabitz, Berlin 1995, S. 171 ff.; *Thiele* (Fn. 6), S. 63 ff.
31 Dok. SEC(96) 1225 endg. bzw. Dok. KOM (2000) 34 endg.; vgl. auch R. *Mögele* (Fn. 8) S. 84 f.).
32 Es ist hier jedoch noch einmal darauf hinzuweisen, daß durch die Schaffung verschiedener horizontaler und spezieller Kompetenznormen es möglicherweise zu leichten Änderungen jedenfalls in den Nuancen der Abgrenzung der Agrarkompetenz von diesen Bereichen und damit auch für die Frage des anwendbaren Rechtsetzungsverfahrens kommen kann, vgl. oben Rn. 8.)

nungen). Diese Art der **Selbstermächtigung** war zunächst nicht unumstritten[33], wurde jedoch vom EuGH gebilligt[34]. Die Einheitliche Europäische Akte fügte in den E(W)GV in Art. 145 (jetzt Art. 202 EGV) einen dritten Gedankenstrich ein, der in seinem Satz 3 dieses Verfahren nunmehr auch primärrechtlich zuläßt.

III. Normhierarchie

In der Rechtsetzungspraxis hat sich eine **mehrstufige Normhierarchie** entwickelt. Auf der **ersten Stufe** stehen die Rechtsakte des Rates, die er nach Anhörung des EP erläßt, also insbesondere die **Grundverordnungen**. Aber auch die **jährlichen Preisbeschlüsse** werden unter Einbeziehung des EP erlassen. Dennoch besteht zwischen diesen beiden Normarten ein Rangverhältnis zugunsten der Grundverordnungen, da diese Orientierungsmaßstäbe für die Preisbeschlüsse aufstellen[35]. 21

Auf einer **zweiten Stufe** stehen die Rechtsakte des Rates, die dieser in Ausübung der zuvor beschriebenen Selbstdelegation erläßt (**Grundregelnverordnungen**). Diese Rechtsakte müssen sich an den Grundverordnungen ausrichten und sind als nichtig anzusehen, wenn sie diesen widersprechen oder über den Delegationsrahmen hinausgehen[36]. 22

Auf der **dritten Stufe** schließlich stehen die **Durchführungsvorschriften** der Kommission, die diese aufgrund von Ermächtigungen durch den Rat (Art. 211, 4. Gedankenstrich), die in dessen Verordnungen der ersten und zweiten Stufe enthalten sein können[37], erläßt. Auch die Kommission agiert zu diesem Zweck mit dem Instrument der Verordnung. Naturgemäß haben sich die Kommissionsmaßnahmen an den Vorgaben des Rates zu orientieren. Die Kommission wird in der Regel nicht vorbehaltlos zum Handeln ermächtigt, vielmehr sind im sog. **Komitologie-Beschluß**[38] des Rates verschiedene Modalitäten, insbesondere verschiedene Ausschußverfahren, vorgesehen, auf die seit Bestehen des Komitologie-Beschlusses in den ermächtigenden Normen einfach verwiesen wird (für die Einzelheiten vgl. Art. 202, Rn. 12 ff.). Vor Erlaß dieses Beschlusses waren in den Grundverordnungen jeweils gesondert die Modalitäten festgelegt. Die für die GAP vorwiegend verwendete Modalität ist das **Verwaltungsausschußverfahren**[39]. Die Kommission hat darüber hinaus in sehr begrenzten Ausnahmefällen die Kompetenz, Regelungen stellvertretend für den Rat zu beschließen, wenn dieser es versäumt, dringend erforderliche Maßnahmen (z. B. mangels Einigungsfähigkeit hinsichtlich der Festsetzung der Agrarpreise) zu erlassen (Notkompetenz)[40]. 23

Hinzuweisen ist jedoch darauf, daß der Gemeinschaftsgesetzgeber seit der Reform der GAP 1992 verstärkt dazu übergeht, unter Anhörung des EP die wesentlichen Grundzüge einer bestimmten Politik gemeinschaftsrechtlich vorzugeben und im übrigen die Mitgliedstaaten zu ermächtigen, die Einzelheiten zu regeln. Insofern ist zu beobachten, daß Regelungen auf der zweite Stufe weniger werden. So beruhte die Milchquotenregelung 24

---

33 Für die Einzelheiten s. R. *Boest*, Die Agrarmärkte im Recht der EWG, 1984, S. 223 ff.; K. *Lenaerts*, Regulating the regulatory process: »delegation of powers« in the European Community, ELRev. 18 (1993), S. 23, S. 33 f.; *Thiele* (Fn. 6), S. 65 ff.
34 EuGH, Rs. 25/70, Slg. 1970, 1161 (Köster); Rs. 230/78, Slg. 1979, 2749 (Eridania)
35 *Boest* (Fn. 33), S. 225 f.; *Thiele* (Fn. 6), S. 74.
36 P. *Gilsdorf/D. Booß*, in Grabitz/Hilf, EU, Art. 43, Rn. 10; *Thiele* (Fn. 6), S. 73.
37 P. *Gilsdorf/D. Booß*, in Grabitz/Hilf, EU, Art. 43, Rn. 11; *Thiele* (Fn. 6), S. 69.
38 ABl.EG 1987, Nr. L 197/33.
39 Vgl. hierzu im einzelnen *Thiele* (Fn. 6), S. 70 ff.
40 Vgl. *J. Korte/T. van Rijn*, in: GTE, EUV, Art. 43, Rn. 24 f.

bis 1992 in ihren Grundzügen auf einem Artikel, der in die Grundverordnung für die GMO für Milch und Milcherzeugnisse unter Anhörung des EP eingefügt worden war, also auf einer Regelung der ersten Stufe[41]. Die (sehr ausführlichen) weiterführenden Ratsbestimmungen waren in der Grundregelnverordnung Nr. 857/84 enthalten, einer Norm der zweiten Stufe. 1992 wurden die Bestimmungen, die die Milchquotenregelung betreffen, reformiert und in eine, auf der ersten Stufe stehenden eigenständige »Milchquoten-Verordnung« aufgenommen, welche weitgehende Ermächtigungen an die Mitgliedstaaten enthält[42].

IV. Rechtsetzung durch die Mitgliedstaaten

25 Konfrontiert ist man schließlich auch mit nationalen Vorschriften, die zur Durchführung der Gemeinschaftsbestimmungen auf nationaler Ebene erlassen werden. In der Bundesrepublik ist dies für den Bereich der Durchführung der GMO insbesondere das **Marktorganisationsgesetz** (MOG)[43], das als eine Art »Schleusengesetz«[44] im Grunde keinerlei materiellen Regelungen selber trifft, sondern lediglich die jeweiligen Zuständigkeiten für die Durchführung und für den Erlaß von Rechtsverordnungen, im wesentlichen durch den Bundesminister für Ernährung, Landwirtschaft und Forsten, festlegt. Wegen des Bezugs auch auf künftiges EG-Recht sind die im MOG enthaltenen Verordnungsermächtigungen nicht unumstritten[45]. Dieses Problem stellt sich um so deutlicher dar, je schwächer die Vorgaben hinsichtlich Inhalt, Zweck und Ausmaß (Art. 80 Abs. 1 GG) in den EG-Bestimmungen sind. Seit die EG, wie zuvor erläutert, den Mitgliedstaaten verstärkt Handlungsspielräume überläßt, bewegen sich nach hier vertretener Ansicht die auf das MOG (und damit auf die entsprechenden EG-Regelungen) gestützten Verordnungen nicht mehr im Rahmen dieser verfassungsrechtlichen Grenzen[46].

---

41 Art. 5 c VO (EWG) Nr. 804/68 über die Gemeinsame Marktorganisation für Milch und Milcherzeugnisse, ABl.EG 1968, Nr. L 148/13, eingefügt durch die Änderungs-VO Nr. 856/84, ABl.EG 1984, Nr. L 90/10.
42 VO (EWG) Nr. 3950/92 über die Erhebung einer Zusatzabgabe im Milchsektor, ABl.EG 1992, Nr. L 405/1.
43 Gesetz zur Durchführung der Gemeinsamen Marktorganisationen (MOG), BGBl. 1986, Teil I, S. 1397.
44 Zu diesem Begriff vgl. *K. Friedrich*, Das Gesetz zur Durchführung der Gemeinsamen Marktorganisationen an der Schnittstelle zwischen gemeinschaftlichem und nationalem Recht, ZfZ 1988, S. 194, S. 195; *Thiele* (Fn. 6), S. 104.
45 *E. L. Barnstedt*, Die Durchführung der Gemeinsamen Marktorganisationen in der Bundesrepublik Deutschland, München 1988, S. 136 ff.; *Thiele* (Fn. 6), S. 106 ff.; *A. Weber*, Rechtsfragen der Durchführung des Gemeinschafsrechts in der Bundesrepublik Deutschland, Osnabrück 1987, S. 22 ff.
46 Im Detail *Thiele* (Fn. 6), S. 108 ff.

Art. 38 (ex-Art. 46)

Besteht in einem Mitgliedstaat für ein Erzeugnis eine innerstaatliche Marktordnung oder Regelung gleicher Wirkung und wird dadurch eine gleichartige Erzeugung in einem anderen Mitgliedstaat in ihrer Wettbewerbslage beeinträchtigt, so erheben die Mitgliedstaaten bei der Einfuhr des betreffenden Erzeugnisses aus dem Mitgliedstaat, in dem die genannte Marktordnung oder Regelung besteht, eine Ausgleichsabgabe, es sei denn, daß dieser Mitgliedstaat eine Ausgleichsabgabe bei der Ausfuhr erhebt[1].
Die Kommission[1 f.] setzt diese Abgaben in der zur Wiederherstellung des Gleichgewichts erforderlichen Höhe fest; sie kann auch andere Maßnahmen genehmigen, deren Bedingungen und Einzelheiten sie festlegt.

Hat die Gemeinschaft für ein landwirtschaftliches Erzeugnis (noch) keine GMO geschaffen, so bleiben die Mitgliedstaaten allein zuständig. Durch marktlenkende bzw. marktstützende Maßnahmen einzelner Mitgliedstaaten in dem jeweiligen Bereich kann es naturgemäß zu Wettbewerbsverzerrungen kommen. Sollte grds. in Betracht kommen, daß es sich um eine staatliche Beihilfe handelt, so ist der Kommission eine Kontrolle und ggf. ein Verbot auf der Basis der Art. 87 ff. verwehrt, da diese Vorschriften gem. Art. 36 ausdrücklich nur dann gelten, sofern dies vom Rat angeordnet ist. Aus diesem Grunde war (und ist, da die Anordnung in Art. 36 nach der Rspr. des EuGH auch nach Ablauf der Übergangszeit fortgilt[1]) es erforderlich, daß der EG ein wirksames Instrument an die Hand gegeben ist, mit dem sie Wettbewerbsverzerrungen entgegenwirken kann. Da derartige Maßnahmen durch die Mitgliedstaaten solange möglich bleiben, wie nicht sämtliche landwirtschaftlichen Erzeugnisse GMO unterfallen, hat der EuGH entschieden, daß diese Vorschrift unbefristet gilt[2]. 1

Kommt es zu einer solchen Wettbewerbsverzerrung und erhebt der Mitgliedstaat, aus dessen Maßnahmen diese Wettbewerbsverzerrungen resultieren, nicht bereits selber eine Ausgleichsabgabe von den bevorteilten Erzeugern, so hat die Kommission die Möglichkeit, eine Ausgleichsabgabe festzulegen, die den Vorteil wieder ausgleicht. Da es sich um eine Maßnahme handelt, durch die gleiche Wettbewerbsbedingungen (wieder)hergestellt werden sollen, **kommt es auch nicht darauf an, ob die mitgliedstaatliche Maßnahme rechtswidrig oder rechtmäßig ist**[3]. 2

Solche Ausgleichsabgaben können Zöllen bzw. Abgaben gleicher Wirkung i. S. v. Art. 23 nicht gleichgestellt werden, da sie von der Kommission (und nicht von den Mitgliedstaaten etwa zum Schutz des jeweiligen einzelstaatlichen Marktes) zum Zweck der Herstellung gleicher Wettbewerbsbedingungen im Allgemeininteresse festgesetzt werden. 3

---
1 EuGH, Rs. 91/78, 13.3.1979, Slg. 1979, 935 (Hansen II).
2 EuGH, Rs. 337/82, 21.2.1984, Slg. 1984, 1051, Rn. 11 ff., insb. Rn. 14 (St. Nikolaus Brennerei); Rs. C-201/90, 15.5.1991, Slg. 1991, I-2453 (Buton).
3 EuGH, Rs. 337/82, 21.2.1984, Slg. 1984, 1051, Rn. 17 (St. Nikolaus Brennerei).

Titel III
Die Freizügigkeit, der freie Dienstleistungs- und Kapitalverkehr

Kapitel 1
Die Arbeitskräfte

Art. 39 (ex-Art. 48)

(1) Innerhalb der Gemeinschaft[6 f.] ist die Freizügigkeit der Arbeitnehmer[8 ff.] gewährleistet[1 ff.].

(2) Sie umfaßt die Abschaffung jeder auf der Staatsangehörigkeit[18 ff.] beruhenden unterschiedlichen Behandlung der Arbeitnehmer der Mitgliedstaaten[41 ff.] in bezug auf Beschäftigung, Entlohnung und sonstiger Arbeitsbedingungen[45 ff.].

(3) Sie gibt – vorbehaltlich der aus Gründen der öffentlichen Ordnung, Sicherheit und Gesundheit gerechtfertigten Beschränkungen[89 ff.] – den Arbeitnehmern das Recht,
a) sich um tatsächlich angebotene Stellen zu bewerben[73];
b) sich zu diesem Zweck im Hoheitsgebiet der Mitgliedstaaten frei zu bewegen[74 ff.];
c) sich in einem Mitgliedstaat aufzuhalten, um dort nach den für die Arbeitnehmer dieses Staates geltenden Rechts- und Verwaltungsvorschriften eine Beschäftigung auszuüben[79 ff., 88];
d) nach Beendigung einer Beschäftigung im Hoheitsgebiet eines Mitgliedstaates unter Bedingungen zu verbleiben, welche die Kommission in Durchführungsverordnungen festlegt[86, 88].

(4) Dieser Artikel findet keine Anwendung auf die Beschäftigung in der öffentlichen Verwaltung[99 ff.].

Inhaltsübersicht:

A. Allgemeines	1
B. Anwendungsbereich der Freizügigkeitsrechte	6
I. Räumlicher Anwendungsbereich	6
II. Persönlicher Anwendungsbereich	8
1. Arbeitnehmer	8
a) Überblick	8
b) Der Begriff des Arbeitnehmers	9
aa) Nach dessen Weisung	11
bb) Erbringung von Leistungen	12
cc) Gegen Entgelt	13
2. Spezielle Berufsgruppen	14
a) Berufssportler	14
b) Studenten	15
c) Auszubildende und Praktikanten	16
d) Sonstige Berufsgruppen	17
3. Staatsangehörigkeit eines Mitgliedstaates	18
a) Kompetenz der Mitgliedstaaten für die Verleihung der Staatsangehörigkeit	18
b) Beitritt neuer Mitgliedstaaten	19
4. Familienangehörige	21
5. Die Rechtsstellung Drittstaatsangehöriger	24
a) Überblick	24
b) Insbesondere: Die Rechtsstellung türkischer Arbeitnehmer	25
aa) Das Assoziationsabkommen EWG/Türkei	25
bb) Die Rechtsprechung des EuGH zum Assoziationsratsbeschluß Nr. 1/80	28

	cc) Auffassungen im Schrifttum	36
	dd) Stellungnahme	37
	c) Angehörige der Vertragsstaaten des EWR-Abkommens	38
	d) Sonstige Abkommen	39
III.	Sachlicher Anwendungsbereich	41
	1. Ausschluß interner Sachverhalte	41
	2. Tätigkeit bei einer Internationalen Organisation	44
B.	**Diskriminierungsverbot gemäß Art. 39 Abs. 2**	**45**
I.	Die Arten des Diskriminierungsverbotes	45
	1. Das Verbot der unmittelbaren Diskriminierung	45
	2. Das Verbot der mittelbaren Diskriminierung	46
	a) Begriff	46
	b) Rechtfertigung	47
II.	Beschränkungsverbot	48
	1. Rechtsprechung des EuGH	48
	2. Auffassungen im Schrifttum	49
	3. Stellungnahme	50
III.	Drittwirkung	51
IV.	Einzelfragen	52
	1. Recht auf gleichen Zugang zur Beschäftigung	52
	2. Insbesondere: Gleichwertigkeit von Diplomen	54
	3. Gleiche Beschäftigungs- und Arbeitsbedingungen	55
	4. Gleiche soziale und steuerliche Vergünstigungen	57
	a) Steuerliche Vergünstigungen	58
	b) Soziale Vergünstigungen	61
	c) Zugang zu Berufsschulen und Umschulungszentren	66
	5. Rechte aus Art. 8 und 9 VO (EWG) Nr. 1612/68	67
V.	Gleichbehandlungsgebot für Familienangehörige	68
	1. Recht auf Zugang zur Beschäftigung	68
	2. Soziale Vergünstigungen	69
	3. Ausbildungsrechte der Kinder	70
C.	**Freizügigkeitsrechte gemäß Art. 39 Abs. 3**	**72**
I.	Der Inhalt der Freiheitsrechte	72
	1. Überblick	72
	2. Das Recht auf Stellenbewerbung	73
	3. Das Recht auf freie Einreise und Aufenthalt	74
	a) Allgemeines	74
	b) Einreisebedingungen	76
	c) Aufenthaltsrecht	79
	d) Insbesondere: Aufenthaltsrecht zur Bewerbung um einen Arbeitsplatz	85
	4. Verbleiberechte	86
	5. Rechte der Familienangehörigen	87
II.	Vorbehalt der öffentlichen Ordnung, Sicherheit und Gesundheit	89
	1. Zweck und Tragweite	89
	2. Die Richtlinie 64/221/EWG	91
	a) Anwendungsbereich	91
	b) Verbot der Verfolgung wirtschaftlicher Ziele	92
	c) Der Begriff der öffentlichen Ordnung und Sicherheit	93
	d) Insbesondere: Verstöße gegen Einreise- und Aufenthaltsformalitäten	94
	e) Die öffentliche Gesundheit	95
	f) Verfahrensgarantien	96
D.	**Einschränkung der öffentlichen Verwaltung**	**99**
I.	Rechtsprechung des EuGH	99
II.	Auffassungen im Schrifttum	104
III.	Stellungnahme	106

Art. 39 EG-Vertrag

A. Allgemeines

1 Die **Freizügigkeit der EG-Arbeitnehmer** gehört zu den wichtigsten Grundsätzen des Gemeinschaftsrechts[1]. Sie dient der Verwirklichung des **Binnenmarktes**, der durch die Beseitigung der Hindernisse unter anderem für den freien Personenverkehr gekennzeichnet ist (vgl. Art. 3 lit. c). Als grundrechtsgleiches Recht[2] zählt die Freizügigkeit nach Art. 39 neben der **Niederlassungsfreiheit** (Art. 43 ff.), der **Dienstleistungsfreiheit** (Art. 49 ff.) und der **Freiheit des Kapitalverkehrs** (Art. 56 ff.) zu den vier **Grundfreiheiten** des Gemeinschaftsrechts. Die Bestimmungen des Vertrags über die Freizügigkeit entfalten spätestens seit dem Ende der Übergangszeit (31.12.1969) **unmittelbare Wirkung**[3].

2 Aus Art. 39 leiten sich sowohl **Gleichbehandlungsrechte** hinsichtlich des Zugangs zur Beschäftigung und deren Ausübung als auch klassische **Freiheitsrechte** der Freizügigkeit[4] ab, wie etwa das Recht auf freie Einreise und Aufenthalt in einen anderen Mitgliedstaat. Hinzu kommen **flankierende Begleitrechte**, die der Herstellung und Gewährleistung der Freizügigkeit dienen, wie etwa die Anerkennung im Ausland erworbener beruflicher Qualifikationen[5]. Die Vorschriften über die Gewährung der Freizügigkeit legt der **EuGH** als eine der **Grundfreiheiten** der Gemeinschaft grundsätzlich **weit**, die **Ausnahmen** und **Einschränkungen** der Freizügigkeit dagegen **eng** aus[6]. Zahlreiche der in Art. 39 verankerten Arbeitnehmerrechte haben Eingang gefunden in die **Grundrechtscharta der EU** (vgl. Kapitel IV, Art. 28 ff. der Charta).

3 Zur Herstellung einer gemeinschaftsweiten Freizügigkeit der EG-Arbeitnehmer erging eine Vielzahl von **Sekundärrechtsakten**[7]. Von besonderer Bedeutung ist hierbei die **VO (EWG) Nr. 1612/68** vom 15. Oktober 1968 über die Freizügigkeit der Arbeitnehmer innerhalb der Gemeinschaft[8]. Sie regelt im einzelnen die Rechte der Arbeitnehmer aus anderen Mitgliedstaaten und ihrer Familienangehörigen auf gleichen Zugang zur Beschäftigung und auf Gleichbehandlung bei der Ausübung einer Beschäftigung. Seit der Änderung des Art. 39 Abs. 1 durch den **Vertrag von Amsterdam** wird die Freizügigkeit innerhalb der Gemeinschaft nicht mehr »hergestellt«, sondern in ihrem Bestand »gewährleistet«. Damit wird zum Ausdruck gebracht, daß das ursprüngliche Ziel der Herstellung der Freizügigkeit der Arbeitnehmer inzwischen erreicht ist.

4 Die Freizügigkeitsrechte knüpfen stets an die Ausübung einer **Erwerbstätigkeit** an. Sie unterscheiden sich hierdurch von den durch die **Unionsbürgerschaft** vermittelten Rechten (vgl. Art. 17 ff.) und verdrängen diese als speziellere Regelungen. Das **allgemeine**

---

1 EuGH, Rs. 118/75, Slg. 1976, 1185, Rn. 16 (Watson und Belman); Rs. 222/86, Slg. 1987, 4097, Rn. 8 (Heylens); Rs. C-370/90, Slg. 1992, I-4265, Rn. 15 (Singh); Rs. C-19/92, Slg. 1993, I-1663, Rn. 16 (Kraus); Rs. C-415/93, Slg. 1995, I-4921, Rn. 78 und 93 (Bosman).
2 S. hierzu näher M. Dietrich, Die Freizügigkeit der Arbeitnehmer in der Europäischen Union, 1995, S. 154 ff.
3 EuGH, Rs. 41/74, Slg. 1974, 1337, Rn. 5, 7 (van Duyn); Rs. C-415/93, Slg. 1995, I-4921, Rn. 93 (Bosman); Rs. C-90/96, Slg. 1997, I-6527, Rn. 28 (Petrie u.a.).
4 S. hierzu ausführlich J. Ziekow, Über Freizügigkeit und Aufenthalt, 1997.
5 S. näher Dietrich (Fn. 2), S. 349 ff. m.w.N.
6 EuGH, Rs. 139/85, Slg. 1986, 1741, Rn. 13 (Kempf); Rs. 9/88, Slg. 1989, 2989, Rn. 13 (Lopes da Veiga); Rs. C-292/89, Slg. 1991, I-745, Rn. 11 (Antonissen); Rs. C-376/89, Slg. 1991, I-1069, Rn. 20 (Giagounidis); Rs. C-344/95, Slg. 1997, I-1035, Rn. 14 (Kommission/Belgien); EuGH, Rs. C-357/98, n.n.i.Slg., Slg. 2000, Rn. 24 (Yiadom).
7 S. die abgedruckten Rechtsakte bei U. Wölker, in: Bieber/Ehlermann (Hrsg.), HER, Band 5, I A 27.
8 ABl.EG 1968 Nr. L 257/2, zuletzt geändert durch VO (EWG) Nr. 2434/92 vom 27.7.1992, ABl.EG 1992 Nr. L 245/1.

Diskriminierungsverbot des Art. 12 Abs. 1 wird im Anwendungsbereich der Arbeitnehmerfreizügigkeit ebenfalls durch den **spezielleren Gleichbehandlungsgrundsatz** nach Art. 39 Abs. 2 verdrängt[9]. Für Facharbeiter im Nuklearbereich gelten darüber hinaus gemäß Art. 96 EAGV i.V.m. Art. 305 Abs. 2 Sonderregelungen.

Die Art. 136 bis 145 dienen der Verbesserung der Lebens- und Arbeitsbedingungen der Arbeitnehmer im Rahmen einer **gemeinsamen Sozialpolitik** und ergänzen die Freizügigkeitsrechte. Zur Förderung der Beschäftigungsmöglichkeiten in der Gemeinschaft wurde der **Europäische Sozialfond** eingerichtet (Art. 146 ff.). Schließlich eröffnet Art. 150 der Gemeinschaft weitreichende Möglichkeiten zu einer Politik der **beruflichen Bildung** für Arbeitnehmer. 5

B. Anwendungsbereich der Freizügigkeitsrechte

I. Räumlicher Anwendungsbereich

Die Vorschriften über die Freizügigkeit gelten gemäß Art. 227 Abs. 1 in den **Hoheitsgebieten der Mitgliedstaaten**[10]. Art. 227 Abs. 2 UAbs. 2 i.V.m. dem Beschluß des Rates 68/ 359/EWG vom 15.10.1968[11] erweitert den räumlichen Anwendungsbereich auf die französischen überseeischen **Departements**. Ausnahmen finden sich in Art. 227 Abs. 5: so gilt die Freizügigkeit nicht auf den Faröer[12], auf den Kanalinseln und auf der Insel Man[13]. Auf den zu Finnland gehörenden Ålandinseln ist die Freizügigkeit gewissen Einschränkungen unterworfen[14]. 6

Art. 39 findet darüber hinaus auf eine **außerhalb des Gemeinschaftsgebiets** ausgeübte **Berufstätigkeit** Anwendung, wenn das Arbeitsverhältnis einen **hinreichend engen Bezug** zum Gemeinschaftsgebiet aufweist[15]. Für die Abgrenzung sind folgende **Kriterien** von Bedeutung[16]: Das auf den Arbeitsvertrag anwendbare Recht, die Staatsangehörigkeit 7

---

9 EuGH, Rs. 316/85, Slg. 1987, 2811, Rn. 10 (Lebon); Rs. 305/87, Slg. 1989, 1461, Rn. 12 ff. (Kommission/Griechenland); Rs. C-179/90, Slg. 1991, 5889, Rn. 12 (Merci Convenzionali Porto Di Genova); Rs. C-131/96, Slg. 1997, I-3659, Rn. 10 ff. (Romero); kumulativ dagegen noch EuGH, Rs. 1/78, Slg. 1978, 1489, Rn. 8/9 (Kenny/Insurance Officer); Rs. 59/85, Slg. 1986, 1283, Rn. 21 (Reed); s. hierzu auch *Dietrich* (Fn. 2), S. 354 ff.; *A. Randelzhofer*, in: Grabitz/Hilf, EUV, Art. 48, Rn. 26; *U. Wölker*, in: GTE, EU-/EGV, Art. 48, Rn. 14.
10 EuGH, Rs. 61/77, Slg. 1978, 417, Rn. 46 (Kommission/Irland); Rs. C-214/94, Slg. 1996, I-2253, Rn. 13 (Boukhalfa).
11 ABl.EG 1968 Nr. L 257/1.
12 Art. 4 des Protokolls Nr. 2 (zur Beitrittsakte Dänemarks) betreffend die Faröer vom 22.1.1972, ABl.EG 1972 Nr. L 73/163.
13 Art. 2 des Protokolls Nr. 3 (zur Beitrittsakte Irlands und des Vereinigten Königreichs) betreffend die Kanalinseln und die Insel Man vom 27.3.1972, ABl.EG 1972 Nr. L 73/164; s. hierzu auch EuGH, Rs. C-355/89, Slg. 1991, I-3479, Rn. 22 ff. (Barr u.a.); Rs. C-171/96, Slg. 1998, I-2691, Rn. 15 ff. (Roque).
14 Art. 1 des Protokolls Nr. 2 (zur Beitrittsakte Finnlands) über die Ålandinseln, ABl.EG 1994 Nr. C 241/352 i.V.m. der Mitteilung betreffend die Anwendung der die EU begründenden Verträge auf den Alandinseln, ABl.EG 1995 Nr. L 75/18.
15 EuGH, Rs. 237/83, Slg. 1984, 3153, Rn. 6 (Prodest); Rs. 9/88, Slg. 1989, 2989, Rn. 15 (Lopes da Veiga); Rs. C-60/93, Slg. 1994, I-2991, Rn. 14 (Aldewereld); Rs. C-214/94, Slg. 1996, I-2253, Rn. 15 (Boukhalfa).
16 EuGH, Rs. 9/88, Slg. 1989, 2989, Rn. 15 (Lopes da Veiga); Rs. C-434/93, Slg. 1995, I-1475, Rn. 17 (Bozkurt); Rs. C-214/94, Slg. 1996, I-2253, Rn. 16 (Boukhalfa), s. auch GA P. *Léger*, Schlußantr. zu EuGH, Rs. C-214/94, Ziff. 41 ff.

des Arbeitgebers, die Einstellung des Arbeitnehmers in einem der Mitgliedstaaten, die Vereinbarung eines Gerichtsstandes innerhalb der Gemeinschaft sowie die Abgabenpflichtigkeit des Arbeitnehmers gegenüber einem der Mitgliedstaaten oder dessen Sozialversicherungsträgern. Der Anwendbarkeit des Art. 39 steht nicht entgegen, daß das Arbeitsverhältnis dauerhaft außerhalb des Hoheitsgebiets der Mitgliedstaaten ausgeübt wird[17].

II. Persönlicher Anwendungsbereich

1. Arbeitnehmer

a) Überblick

8 Der **persönliche Anwendungsbereich** der Vorschriften über die Freizügigkeit umfaßt Arbeitnehmer mit der Staatsangehörigkeit eines der Mitgliedstaaten (**EG-Arbeitnehmer**) und dessen **Familienangehörige**. Der Begriff des Arbeitnehmers wird allerdings weder in Art. 39 noch in anderen Rechtsvorschriften näher umschrieben. Art. 1 Abs. 1 VO (EWG) Nr. 1612/68 spricht von einer »**Tätigkeit im Lohn- oder Gehaltsverhältnis**« und setzt damit ein **unselbständiges Arbeitsverhältnis** zwischen einem Arbeitnehmer und einem Arbeitgeber voraus. Aber auch ein **Arbeitgeber** kann sich auf Art. 39 berufen, wenn er im Mitgliedstaat seiner Niederlassung einen Angehörigen aus einem anderen Mitgliedstaat mangels dessen Wohnsitz im Inland nicht beschäftigen darf[18]. Die nähere Konkretisierung des Arbeitnehmerbegriffs erfolgt nach den Grundsätzen einer **gemeinschaftsrechtlichen Auslegung**[19]. Einer Verweisung auf die Rechtsvorschriften der Mitgliedstaaten steht die einheitliche Geltung und Wirksamkeit des Gemeinschaftsrechts und der Schutz bestimmter Personengruppen vor dem Entzug ihrer Gemeinschaftsrechte entgegen[20]. Der **Arbeitnehmerbegriff** wird vom EuGH grundsätzlich **weit**, seine **Ausnahmen** und **Einschränkungen** hingegen **eng** ausgelegt[21].

b) Der Begriff des Arbeitnehmers

9 Zu den Arbeitnehmern i.S.v. Art. 39 gehören alle Person, die eine **tatsächliche und echte Tätigkeit im Lohn- und Gehaltsverhältnis ausüben**. Erforderlich ist mithin eine Beschäftigung im **Wirtschaftsleben**[22]. Tätigkeiten, die einen so geringen Umfang haben, daß sie sich als völlig untergeordnet und unwesentlich darstellen, bleiben außer Betracht[23]. Die rechtliche **Ausgestaltung des Lohn- und Gehaltsverhältnisses** zwischen dem

---

17 EuGH, Rs. 9/88, Slg. 1989, 2989, Rn. 16 (Lopes da Veiga) ; Rs. C-214/94, Slg. 1996, I-2253, Rn. 22 (Boukhalfa).
18 EuGH, Rs. C-350/96, Slg. 1998, I-2521, Rn. 25 (Clean Car).
19 EuGH, Rs. 75/63, Slg. 1964, 383, 396 (Unger); Rs. 66/85, Slg. 1986, 2121, Rn. 16 (Lawrie-Blum); Rs. C-357/89, Slg. 1992, I-1027, Rn. 10 (Raulin).
20 EuGH, Rs. 53/81, Slg. 1982, 1035, Rn. 11 (Levin); Rs. 105/84, Slg. 1985, Rn. 24 (Danmols Inventar); Rs. C-340/94, Slg. 1997, I-462, Rn. 25 (de Jaeck).
21 EuGH, Rs. 53/81, Slg. 1982, 1035, Rn. 13 (Levin); Rs. 139/85, Slg. 1986, 1741, Rn. 13 (Kempf); Rs. 344/87, Slg. 1989, 1621, Rn. 11 (Bettray); Rs. C-357/89, Slg. 1992, I-1027, Rn. 10 (Raulin); Rs. C-176/96, Slg. 2000, I-2681, Rn. 42 (Lehtonen); kritisch zu dieser Auslegungsmethode insbesondere K. Hailbronner, Die soziale Dimension der Freizügigkeit – Gleichbehandlung und Territorialitätsprinzip, EuZW 1991, S. 171 (173 f.).
22 EuGH, Rs. 53/81, Slg. 1982, 1035, Rn. 17 (Levin); Rs. 344/87, Slg. 1989, 1621, Rn. 11 (Bettray); Rs. C-176/96, Slg. 2000, I-2681, Rn. 43 (Lehtonen).
23 EuGH, Rs. 53/81, Slg. 1982, 1035, Rn. 17 (Levin); Rs. 139/85, Slg. 1986, 1741, Rn. 14 (Kempf); Rs. 197/86, Slg. 1988, 3205, Rn. 21 (Brown); Rs. C-357/89, Slg. 1992, I-1027, Rn. 10 (Raulin); Rs. C-3/90, Slg. 1992, I-1071, Rn. 14 (Bernini); Rs. C-107/94, Slg. 1996, I-3089, Rn. 25 (Asscher); Rs. C-176/96, Slg. 2000, I-2681, Rn. 44 (Lehtonen).

Arbeitnehmer und dem Arbeitgeber – öffentlich-rechtlicher Status oder privat-rechtlicher Arbeitsvertrag – hat auf die Anwendbarkeit des Art. 39 keinen Einfluß[24]. Auch **Beamte** sind daher gemeinschaftsrechtlich als Arbeitnehmer zu qualifizieren (vgl. Rn. 99)[25].

Das wesentliche Merkmal für das Vorliegen eines **Arbeitsverhältnisses** sieht der EuGH 10 darin, daß jemand während einer **bestimmten Zeit für einen anderen nach dessen Weisung Leistungen** erbringt, für die er als Gegenleistung eine Vergütung erhält[26]. Maßgeblich ist dabei allein die im Hoheitsgebiet eines anderen Mitgliedstaates ausgeübte Tätigkeit[27]. Demgegenüber kommt es für die Qualifikation einer Person als Arbeitnehmer i.S.d. Art. 39 nicht auf die Motive an, die den Unionsbürger zur Ausübung der durch Art. 39 garantierten Freizügigkeit bewogen haben[28].

aa) Nach dessen Weisung

Der Begriff »**nach dessen Weisung**« verlangt, daß die betreffende Person unter der Wei- 11 sung oder Aufsicht eines Dritten steht, der ihm die zu erbringenden Leistungen und/ oder die Arbeitszeit vorschreibt und dessen Anordnung oder Vorschriften der Arbeitnehmer zu befolgen hat[29]. Das Merkmal der **Weisungsgebundenheit** dient in erster Linie der **Abgrenzung** zu den selbständigen Tätigkeiten, die entweder von der **Niederlassungsfreiheit** gemäß Art. 43 ff. oder von der **Dienstleistungsfreiheit** gemäß Art. 49 ff. erfaßt werden[30]. Die Weisungsgebundenheit wird nicht dadurch ausgeschlossen, daß die Arbeitnehmer eines Unternehmens zugleich Gesellschafter desselben sind, wenn sie im übrigen hinsichtlich der Ausführung ihrer Arbeit in einem Weisungsverhältnis zum Arbeitgeber stehen[31]. Demgegenüber übt ein Geschäftsführer einer Gesellschaft, dessen alleiniger Geschäftsführer er ist, eine selbständige Tätigkeit aus[32].

bb) Erbringung von Leistungen

Unter den Begriff der »**Leistungen**« fallen alle Tätigkeiten, die einen gewissen **wirt-** 12 **schaftlichen Wert** haben. Zu den Arbeitnehmern i.S.d. Art. 39 zählen mithin auch Personen, die eine **Teilzeitbeschäftigung** im Lohn- oder Gehaltsverhältnis ausüben[33]. Eine Mindestdauer des Arbeitsverhältnisses darf nicht verlangt werde[34]. Selbst ein **Gelegen-**

---

24 EuGH, Rs. 152/73, Slg. 1974, 153, Rn. 5 f. (Sotgiu); Rs. 66/85, Slg. 1986, 2121, Rn. 20 (Lawrie-Blum); Rs. 344/87, Slg. 1989, 1621, Rn. 16 (Bettray); Rs. C-357/89, Slg. 1992, I-1027, Rn. 10 (Raulin).
25 EuGH, Rs. C-71/93, Slg. 1994, I-1101, Rn. 10 ff. (Van Poucke); s. näher *P. Karpenstein*, Zur Tragweite des Art. 48 Abs. 4 EWG-Vertrag, in: GS Constantinesco, 1983, S. 377.
26 EuGH, Rs. 66/85, Slg. 1986, 2121, Rn. 17 (Lawrie-Blum); Rs. 197/86, Slg. 1988, 3205, Rn. 21 (Brown); Rs. 344/87, Slg. 1989, 1621, Rn. 12 (Bettray); Rs. C-357/89, Slg. 1992, I-1027, Rn. 10 (Raulin); Rs. C-179/90, Slg. 1991, 5889, Rn. 13 (Merci Convenzionali Porto Di Genova); Rs. C-3/90 Slg. 1992, I-1071, Rn. 14 (Bernini); Rs. C-107/94, Slg. 1996, I-3089, Rn. 25 (Asscher); Rs. C-340/94, Slg. 1997, I-462, Rn. 26 (de Jaeck); Rs. C-176/96, Slg. 2000, I-2681, Rn. 45 (Lehtonen).
27 EuGH, Rs. C-357/89, Slg. 1992, I-1027, Rn. 18 f. (Raulin).
28 EuGH, Rs. 53/81, Slg. 1982, 1035, Rn. 21 f. (Levin); Rs. C-237/94, Slg. 1996, I-2617, Rn. 21 (O'Flynn).
29 EuGH, Rs. 66/85, Slg. 1986, 2121, Rn. 18 (Lawrie-Blum).
30 EuGH, Rs. C-107/94, Slg. 1996, I-3089, Rn. 26 (Asscher); *U. Wölker*, in: GTE, EU-/EGV, Vorb. zu Art. 48 bis 50, Rn. 25.
31 EuGH, Rs. C-179/90, Slg. 1991, 5889, Rn. 13 (Merci Convenzionali Porto Di Genova).
32 EuGH, Rs. C-107/94, Slg. 1996, I-3089, Rn. 26 (Asscher).
33 EuGH, Rs. 53/81, Slg. 1982, 1035, Rn. 16 (Levin); Rs. C-357/89, Slg. 1992, I-1027, Rn. 13 (Raulin).
34 EuGH, Rs. 157/84, Slg. 1985, 1739, Rn. 25 (Frascogna); Rs. 197/86, Slg. 1988, 3205, Rn. 22 (Brown).

heitsarbeitsverhältnis schließt nicht von vornherein die Qualifizierung als Arbeitnehmer aus, sofern es trotz der Unregelmäßigkeiten auf **gewisse Dauer** angelegt ist[35]. Dagegen begründen Tätigkeiten, die nur zur Rehabilitation oder zur Wiedereingliederung der Arbeitnehmer in das Arbeitsleben dienen und hierfür auf die Fähigkeiten des Betroffenen zugeschnitten sind, nicht die Eigenschaft eines EG-Arbeitnehmers[36].

cc) Gegen Entgelt

13 Unter dem Begriff des »**Entgelts**« sind alle Arten von Leistungen zu verstehen, denen im weitesten Sinne der Charakter einer **Gegenleistung** oder **Vergütung** zukommt. Hierzu gehören auch **Sachleistungen**, wie etwa Unterkunft, Verpflegung u.ä.[37]. Der EuGH hat in diesem Sinne etwa Unterhaltsleistungen einer Religionsgemeinschaft an eines ihrer Mitglieder als »Entgelt« qualifiziert, da dieser gewisse Leistungen von wirtschaftlichem Wert (Hausmeisterarbeiten) für die Religionsgemeinschaft erbracht habe[38]. Auch die Entlohnung im Wege einer **Ertragsbeteiligung** an den Gewinnen des Unternehmens schließt eine Qualifikation als Arbeitnehmer nicht aus[39]. Die tatsächlich oder zu erwartenden Einkünfte müssen nicht den **Lebensunterhalt** der betreffenden Person decken oder über einem in der betreffenden Berufsbranche garantiertem **Mindesteinkommen** liegen[40]; vielmehr darf der Arbeitnehmer zur Ergänzung seiner Einkünfte etwa die finanzielle Unterstützung aus **staatlichen Mitteln** in Anspruch nehmen[41].

2. Spezielle Berufsgruppen

a) Berufssportler

14 Art. 39 findet Anwendung auf die Arbeitsverhältnisse von **Berufssportlern**. Der EuGH hat diesbezüglich in seinem »**Bosman-Urteil**« vom 15.12.1995[42] bekräftigt, daß der **Sport** insoweit in den Anwendungsbereich des Gemeinschaftsrechts falle, als dessen Ausübung zum Wirtschaftsleben im Sinne von Art. 2 gehöre. Dies treffe etwa auf die Tätigkeit von Berufssportlern zu, da diese für einen Verein eine unselbständige Tätigkeit ausüben oder entgeltliche Dienstleistungen erbringen[43]. Die Regelungen über **Transferentschädigungen** oder Transferlisten bei einem Vereinswechsel (s. näher Rn. 48) unterfallen daher ebenso den Vorschriften über die Freizügigkeit wie die sog. »**Ausländer-**

---

35 EuGH, Rs. C-357/89, Slg. 1992, I-1027, Rn. 14 (Raulin).
36 EuGH, Rs. 344/87, Slg. 1989, 1621, Rn. 20 (Bettray); kritisch *U. Wölker*, in: GTE, EU-/EGV, Vorb. zu Art. 48 bis 50, Rn. 26.
37 *U. Wölker*, in: GTE, EU-/EGV, Vorb. zu den Art. 48 bis 50, Rn. 29.
38 EuGH, Rs. 196/87, Slg. 1988, 6159, Rn. 12 (Steymann).
39 EuGH, Rs. 3/87, Slg. 1989, 4459, Rn. 36 (The Queen/Ministry of Agriculture etc.).
40 EuGH, Rs. 53/81, Slg. 1982, 1035, Rn. 16 (Levin); Rs. C-317/93, 14.12.1995, Slg. 1995, I-4625, Rn. 19 (Nolte).
41 EuGH, Rs. 139/85, Slg. 1986, 1741, Rn. 14 (Kempf).
42 EuGH, Rs. C-415/93, Slg. 1995, I-4921, Rn. 69 ff. (Bosman); s. dazu näher *L. Gramlich*, Grundfreiheiten contra Grundrechte im Gemeinschaftsrecht, DÖV 1996, S. 801; *M. Hilf/E. Pache*, Das Bosman-Urteil des EuGH, NJW 1996, S. 1169; *St. Hobe/Ch. Tietje*, Europäische Grundrechte auch für Profisportler, JuS 1996, S. 486; *Ch. Palme*, Das Bosman-Urteil des EuGH: Ein Schlag gegen die Sportautonomie?, JZ 1996, S. 238; *W. Schröder*, Gemeinschaftsrechtliche Zulässigkeit von Transferregeln und Ausländerklauseln im Profisport, JZ 1996, S. 254.
43 EuGH, Rs. C-415/93, Slg. 1995, I-4921, Rn. 73 (Bosman), für Fußballprofis- und -halbprofis unter Verweis auf EuGH, Rs. 36/74, Slg. 1974, 1405, Rn. 4 (Walrave/Koch); Rs. 13/76, Slg. 1976, 1333, Rn. 12 (Donà/Mantero); für Basketballprofis EuGH, verb. Rs. C-51/96 und 191/97 sowie C-176/96, Slg. 2000, I-2681, Rn. 32 (Lehtonen) mit Anm. *U. Becker*, RIW 2000, S. 552 und *A. Röthel*, EuZW 2000, S. 552; s. *M. Kelber*, Die Transferpraxis beim Vereinswechsel im Profifußball auf dem Prüfstand, NZA 2001, S. 11 ff.

klauseln«, die den Einsatz von EG-Ausländern in einer Mannschaft zahlenmäßig beschränken. Spieler aus anderen Mitgliedstaaten dürfen nur von solchen sportlichen Begegnungen **ausgeschlossen** werden, die mit dem spezifischen Charakter und Rahmen dieser Begegnungen zusammenhängen und deshalb nur den Sport als solchen betreffen, wie es etwa bei Spielen zwischen den **Nationalmannschaften** verschiedener Länder der Fall ist. Der Ausschluß darf jedoch keinesfalls weiterreichen, als der nichtwirtschaftliche Zweck der besonderen Begegnungen es erfordert[44].

b) Studenten
Auch **Studenten** können in den Genuß der Freizügigkeitsrechte nach Art. 39 gelangen, wenn zwischen ihrer **früheren Berufstätigkeit** und dem **Studium ein inhaltlicher Zusammenhang** besteht[45]. Das nationale Gericht hat für diese Beurteilung alle Gesichtspunkte des Einzelfalls zu erwägen, namentlich die Art der ausgeübten Tätigkeiten, ihre Verschiedenartigkeit und die Dauer der Zeitspanne, die zwischen dem Ende dieser Tätigkeiten und dem Beginn des Studiums liegen[46]. Der inhaltliche Zusammenhang ist zu verneinen, wenn das Arbeitsverhältnis nur im Hinblick auf ein geplantes Studium zustande gekommen ist (voruniversitäres Praktikum)[47]. Einer Kontinuität zwischen Studium und früherer Berufstätigkeit bedarf es nicht, wenn der Arbeitnehmer **unfreiwillig arbeitslos** geworden ist und ihn die Lage auf dem Arbeitsmarkt zu einer **beruflichen Umschulung** zwingt[48]. Darüber hinaus dürfen die Mitgliedstaaten gemäß Art. 12 Abs. 1 Studenten aus anderen Mitgliedstaaten beim **Zugang** zu den **Hochschulstudiengängen** nicht diskriminieren[49].

15

c) Auszubildende und Praktikanten
Arbeitnehmer kann auch jemand sein, der eine **Berufsausbildung** oder ein **Praktikum** außerhalb der Hochschulausbildung ableistet, wenn diese Ausbildung oder das Praktikum unter den Bedingungen einer tatsächlichen und echten **Tätigkeit im Lohn- und Gehaltsverhältnis** durchgeführt wird[50]. Zu den Arbeitnehmern i.S.d. Art. 39 zählen daher auch (**Studien- und Rechts-**) **Referendare**, da sie während eines wesentlichen Teils ihres Vorbereitungsdienstes Dienstleistungen von gewissem wirtschaftlichen Wert erbringen und hierfür eine Vergütung erhalten[51]. Die Ausübung eines Vorbereitungsdienstes oder einer anderen Berufsausbildung im **öffentlichen Dienst** hindert die Anwendung des Art. 39 nicht, wenn dieser Dienst unter den Bedingungen einer Tätigkeit im Lohn- oder

16

---

44 EuGH, Rs. 13/76, Slg. 1976, 1333, Rn. 14 und 15; Rs. C-415/93, Slg. 1995, I-4921, Rn. 76 (Bosman); Rs. C-176/96, Slg. 2000, I-2681, Rn. 34 (Lehtonen).
45 EuGH, Rs. 39/86, Slg. 1988, 3161, Rn. 37 (Lair); Rs. 197/86, Slg. 1988, 3205, Rn. 26 (Brown); Rs. C-357/89, Slg. 1992, I-1027, Rn. 21 (Raulin); *K. Hailbronner*, Europa 1992 – Freizügigkeit für Studenten und Auszubildende in der EG, JuS 1991, S. 9 (11); *U. Wölker*, in: GTE, EU-/EGV, Art. 48, Rn. 57 ff.; s. auch § 8 Abs. 1 Nr. 8 BaföG i.d.F. der Bekanntmachung vom 6.6.1983, BGBl. I S. 645, geändert durch Gesetz vom 27.4.1993, BGBl I S. 512.
46 EuGH, Rs. C-3/90, Slg. 1992, I-1071, Rn. 19 (Bernini).
47 EuGH, Rs. 197/86, Slg. 1988, 3205, Rn. 27 (Brown).
48 EuGH, Rs. 39/86, Slg. 1988, 3161, Rn. 37 (Lair); Rs. C-357/89, Slg. 1992, I-1027, Rn. 21 (Raulin).
49 EuGH, Rs. 293/83, Slg. 1985, 593, Rn. 19 (Gravier); Rs. 24/86, Slg. 1998, 379, Rn. 11, 20 (Blaizot); *H. Avenarius*, Zugangsrechte von EG-Ausländern im Bildungswesen der Bundesrepublik Deutschland, NVwZ 1988, S. 385; *Th. Oppermann*, Europäisches Gemeinschaftsrecht und deutsche Bildungsordnung – »Gravier« und die Folgen, 1987.
50 EuGH, Rs. 66/85, Slg. 1986, 2121, Rn. 19 ff. (Lawrie-Blum); Rs. C-3/90, Slg. 1992, I-1071, Rn. 17 (Bernini); s. auch *Hailbronner* (Fn. 45), S. 9 ff.; *E. Steindorff*, Ausbildungsrechte in der EG, NJW 1983, S. 1231; *U. Wölker*, in: GTE, EU-/EGV, Vorb. zu den Art. 48 bis 50, Rn. 27.
51 EuGH, Rs. 66/85, Slg. 1986, 2121, Rn. 18 (Lawrie-Blum); s. hierzu kritisch *St. Forch*, Freizügigkeit für Studienreferendare, NVwZ 1987, S. 27.

Gehaltsverhältnis abgeleistet wird[52]. In neuerer Rechtsprechung hat der EuGH Auszubildende oder Praktikanten bereits dann als Arbeitnehmer i.S.d. Art. 39 qualifiziert, wenn diese genügend Stunden geleistet haben, um sich mit der Arbeit **vertraut** zu machen[53]. Erforderlich bleibt aber stets die **Vereinbarung eines Entgelts**[54].

d) Sonstige Berufsgruppen

17 Die Überlassung von Arbeitnehmern an ein **Entleihunternehmen** in einem anderen Mitgliedstaat fällt als solche nicht unter die Arbeitnehmerfreizügigkeit sondern unter die Dienstleistungsfreiheit[55]. Arbeitsverträge mit **Kirchen** und anderen **religiösen Gruppen** begründen den Status eines Arbeitnehmers und sind dem Anwendungsbereich des Art. 39 zuzuordnen[56]. Die Ausübung der **Prostitution**, soweit sie nicht innerstaatlich verboten ist, fällt zwar in den Anwendungsbereich des Art. 39, unterliegt aber den **Schranken der öffentlichen Sicherheit und Ordnung** (vgl. Art. 39 Abs. 3)[57].

3. Staatsangehörigkeit eines Mitgliedstaates

a) Kompetenz der Mitgliedstaaten für die Verleihung der Staatsangehörigkeit

18 Das Recht auf Freizügigkeit der Arbeitnehmer können alle Personen in Anspruch nehmen, die **Staatsangehörige eines Mitgliedstaates** sind[58]. Mangels einer gemeinschaftsrechtlichen Kompetenz bestimmt **jeder Mitgliedstaat nach seinem Recht** die Voraussetzungen für den **Erwerb** und **Verlust** der Staatsangehörigkeit. Von dieser Zuständigkeit ist jedoch unter Beachtung des Gemeinschaftsrechts Gebrauch zu machen[59]. Die Mitgliedstaaten haben gegenseitig die Verleihung der Staatsangehörigkeit **anzuerkennen** und dürfen nicht zusätzliche Voraussetzungen für die Ausübung der Freizügigkeit aufstellen, wie etwa im Falle einer **Doppelstaatsangehörigkeit** das Erfordernis des »gewöhnlichen Aufenthalts« in einem der Mitgliedstaaten[60]. Die **Bundesrepublik Deutschland** hat anläßlich der Unterzeichnung der Römischen Verträge eine Erklärung abgegeben, wonach als ihre Staatsangehörigen alle **Deutschen** i.S.v. Art. 116 GG anzusehen sind.

---

52 EuGH, Rs. 66/85, Slg. 1986, 2121, Rn. 19 (Lawrie-Blum).
53 EuGH, Rs. C-3/90, Slg. 1992, I-1071, Rn. 16 (Bernini); *U. Wölker*, in: GTE, EU-/EGV, Vorb. zu den Art. 48 bis 50, Rn. 27.
54 *K. Hailbronner*, in: HK-EUV, Art. 48, Rn. 5; ders., in: Hd.EUWirtR, D I, Rn. 26; *A. Randelzhofer*, in: Grabitz/Hilf, EU, Art. 48, Rn. 5; a. *A. U. Wölker*, in: GTE, EU-/EGV, Vorb. zu den Art. 48 bis 50, Rn. 28.
55 EuGH, Rs. 279/80, Slg. 1981, 3305, Rn. 10 (Webb); Rs. C-113/89, Slg. 1990, I-1417, Rn. 10 ff. und 19 (Rush Portuguesa); Rs. C-43/93, Slg. 1994, I-3803, Rn. 11 ff. (Van der Elst); O. *Deinert*, Arbeitnehmerentsendung im Rahmen der Erbringung von Dienstleistungen innerhalb der EG, RdA 1996, S. 339; *P. Hanau*, Das Arbeitnehmer-Entsendegesetz, NJW 1996, S. 1369.
56 EuGH, Rs. 30/84, Slg. 1986, 3097, Rn. 18 ff. (van Roosmalen).
57 EuGH, Verb. Rs. 115/81 und 116/81, Slg. 1982, 1665, Rn. 5 f. (Adoui); S. *Benjes*, Die Personenverkehrsfreiheiten des EWG-Vertrages und ihre Auswirkungen auf das deutsche Verfassungsrecht, 1992, S. 82; *K. Hailbronner*, in: HK-EUV, Art. 48, Rn. 8; *G. Schulz*, Freizügigkeit für Unionsbürger, 1997, S. 121 f.; *E. Steindorff*, Berufsfreiheit für nicht-wirtschaftliche Zwecke, NJW 1982, S. 1902 (1904); *U. Wölker*, in: GTE, EU-/EGV, Vorb. zu den Art. 48 bis 50, Rn. 35; a.A. BVerwGE 60, 284 (288).
58 S. näher *A. Randelzhofer*, in: Grabitz/Hilf, EU, Art. 48, Rn. 7; *U. Wölker*, in: GTE, EU-/EGV, Vorb. zu den Art. 48 bis 50, Rn. 41, jeweils m.w.N.
59 S. *U. Wölker*, in: GTE, EU-/EGV, Vorb. zu den Art. 48 bis 50, Rn. 41 f.; *A. Zimmermann*, Europäisches Gemeinschaftsrecht und Staatsangehörigkeitsrecht der Mitgliedstaaten unter besonderer Berücksichtigung der Probleme mehrfacher Staatsangehörigkeit, EuR 1995, S. 54.
60 EuGH, Rs. C-369/90, Slg. 1992, I-4239, Rn. 10 (Micheletti).

b) **Beitritt neuer Mitgliedstaaten**
Beim **Beitritt neuer Mitgliedstaaten** gelten regelmäßig Übergangsbestimmungen, durch 19
die gewisse Beschränkungen der Freizügigkeit, wie etwa hinsichtlich der Einreise und
des Zugangs zum Arbeitsmarkt für eine Übergangszeit aufrechterhalten werden können.
Die Übergangsvorschriften erlauben allerdings **keine Verschärfung** der Zugangsvoraussetzungen zu einer Beschäftigung[61]. Die Einschränkungen gelten zudem nicht gegenüber
denjenigen Wanderarbeitnehmern, die bereits im Hoheitsgebiet eines anderen Mitgliedstaates einer Tätigkeit im Lohn- und Gehaltverhältnis nachgehen[62].

Hinsichtlich der **spanischen, portugiesischen und griechischen Staatsangehörigen** sind 20
die in den Beitrittsakten vorgesehenen Übergangsfristen bis zur vollständigen Anwendbarkeit der Freizügigkeit spätestens am 1.1.1996 abgelaufen[63], so daß sich Arbeitnehmer aus diesen Mitgliedstaaten und ihre Familienangehörigen nunmehr in vollem Umfang auf die Freizügigkeit berufen können. Anläßlich des Beitritts von **Finnland, Österreichs und Schwedens** wurden keine Übergangsregelungen vereinbart. Übergangsregelungen werden aber für den Beitritt der **MOE-Staaten** gefordert.[64]

4. Familienangehörige

Die Freizügigkeitsrechte der **Familienangehörigen** ergeben sich **in Ableitung der Rechte** 21
des Arbeitnehmers vornehmlich aus den Art. 10 bis 12 VO (EWG) Nr. 1612/68 (vgl. vor
allem Rn. 68 ff.)[65]. Auch **Drittstaatsangehörige** können insofern in den Genuß der Freizügigkeit kommen (vgl. Art. 11 VO (EWG) Nr. 1612/68)[66]. Art. 39 und die hierzu ergangenen Vorschriften sind zugunsten der Familienangehörigen, namentlich im Blick
auf das **Grundrecht auf Achtung des Familienlebens** gemäß Art. 8 EMRK, weit auszulegen[67]. Die Kommission hat einen Richtlinien-Entwurf betreffend den **Status der langfristig aufenthaltsberechtigten Drittstaatsangehörigen** vorgelegt, der auch die Rechtsstellung der Familienangehörigen von Unionsbürgern umfasst[68].

Zu dem Kreis der begünstigten Familienangehörigen zählen vorrangig die **Kinder** (vgl. 22
insb. Art. 12 VO (EWG) Nr. 1612/68) und der **Ehegatte** des Arbeitnehmers. Das **Getrenntleben** der Ehegatten mit der Absicht späterer Scheidung beendet nicht den Status
als Familienangehöriger, solange die Ehe nicht rechtskräftig geschieden worden ist[69].

---

61 EuGH, Rs. 77/82, Slg. 1983, 1085, Rn. 12 (Peskeloglou).
62 EuGH, Rs. 9/88, Slg. 1989, 2989, Rn. 11 (Lopes da Veiga); Rs. 3/87, Slg. 1989, 4459, Rn. 6 (Agegate); Rs. C-279/89, Slg. 1992, I-5785, Rn. 35 und 38 (Kommission/Vereinigtes Königreich).
63 S. näher *A. Randelzhofer*, in: Grabitz/Hilf, EU, Art. 48, Rn. 13 ff.; *U. Wölker*, in: GTE, EU-/
EGV, Vorb. zu den Art. 48 bis 50, Rn. 51.
64 S. nur *A. Hänlein*, Übergangsregelungen beim EU-Beitritt der MOE-Staaten im Bereich der Arbeitnehmerfreizügigkeit, EuZW 2001, S. 165 ff.
65 S. näher *Benjes* (Fn. 57), S. 93 ff.; *Dietrich* (Fn. 2), S. 271 ff.; *J. Handoll*, Free Movement of Persons in the EU, London 1995, S. 79 ff.; *U. Wölker*, in: GTE, EU-/EGV, Vorb. zu den Art. 48 bis
50, Rn. 21 ff.; *J. Ziekow*, Der gemeinschaftsrechtliche Status der Familienangehörigen, DÖV
1991, S. 364 f.
66 EuGH, Rs. 94/84, Slg. 1985, 1873, Rn. 25 f. (Deak).
67 EuGH, Rs. 249/86, Slg. 1989, 1263, Rn. 10 (Kommission/Deutschland); Rs. C-356/98,
Slg. 2000, I-2623, Rn. 20 (Kaba); *A. Randelzhofer*, in: Grabitz/Hilf, EU, Art. 48, Rn. 15;
U. Wölker, in: GTE, EU-/EGV, Vorb. zu den Art. 48 bis 50, Rn. 40.
68 KOM (2001) 127.
69 EuGH, Rs. 267/83, Slg. 1985, 567, Rn. 20 (Diatta); *K. Hailbronner*, Aufenthaltsbeschränkungen
gegenüber EG-Angehörigen und neuere Entwicklungen im EG-Aufenthaltsrecht, ZAR 1985,
S. 108 (115).

Nichteheliche Lebensgemeinschaften fallen nicht unter den Anwendungsbereich des Art. 39, es sei denn, daß ein Mitgliedstaat die Partner einer nichtehelichen Lebensgemeinschaft den Ehegatten rechtlich gleichgestellt hat[70].

23 Zu den Familienangehörigen zählen ferner **alle Verwandten** des Arbeitnehmers und seines Ehegatten in auf- und absteigender Linie, denen der Arbeitnehmer Unterhalt gewährt (vgl. Art. 10 Abs. 1 lit. b) und Abs. 2 VO (EWG) Nr. 1612/68). Auf das Bestehen eines Unterhaltsanspruchs kommt es nicht an; maßgeblich ist vielmehr allein die **tatsächliche Gewährung von Unterhalt**[71]. Die zusätzliche Inanspruchnahme von **Sozialhilfe** steht der Annahme einer tatsächlichen Unterhaltsgewährung nicht im Wege[72]. Verstarb der EG-Arbeitnehmer jedoch vor Beitritt seines Herkunftsstaates zur Gemeinschaft, so können sich dessen Familienangehörige als nur mittelbare Nutznießer seiner Freizügigkeitsrechte nicht auf die Rechte nach Art. 10 bis 12 VO (EWG) Nr. 1612/68 berufen[73].

5. Die Rechtsstellung Drittstaatsangehöriger

a) Überblick

24 **Drittstaatsangehörige** können sich – abgesehen von ihrer Stellung als Familienangehörige – nicht auf die Rechte nach Art. 39 berufen[74]. Besondere Regelungen gelten für Drittstaatsangehörige, deren Heimatstaaten **Assoziations- oder Kooperationsabkommen** mit der EG bzw. EU geschlossen haben[75]. Für sie gilt insbesondere ein arbeitsrechtliches Gleichbehandlungsgebot[76]. Angehörige **außereuropäischer Länder und Hoheitsgebiete**, die mit einzelnen Mitgliedstaaten besondere Beziehungen unterhalten (vgl. Art. 182), genießen mangels entsprechender Abkommen i.S.v. Art. 186 keine Freizügigkeitsrechte innerhalb der Gemeinschaft (vgl. Art. 42 Abs. 3 S. 2 VO (EWG) Nr. 1612/68)[77]. **Staatenlose und Flüchtlinge** werden ebenfalls nicht von den Freizügigkeitsregeln begünstigt[78].

b) Insbesondere: Die Rechtsstellung türkischer Arbeitnehmer
aa) Das Assoziationsabkommen EWG/Türkei

25 Das **Assoziationsabkommen EWG/Türkei** vom 12.9.1963[79] i.V.m. den zu dessen Durchführung ergangenen **Beschlüssen des Assoziationsrates** (vgl. Art. 6 und 22 Abs. 1

---

70 EuGH, Rs. 59/85, Slg. 1986, 1283, Rn. 15 und 30 (Reed).
71 EuGH, Rs. 316/85, Slg. 1987, 2811, Rn. 20 f. (Lebon); a.A. GA C. O. *Lenz*, Schlußantr. zu EuGH, Rs. 316/85, a. a. O. Ziff. 26 ff. (Lebon); K. *Hailbronner*, Die neuere Rechtsprechung des EuGH zum Freizügigkeitsrecht, ZAR 1988, S. 5.
72 EuGH, Rs. 316/85, Slg. 1987, 2811, Rn. 22 (Lebon); a.A. *Hailbronner* (Fn. 21), S. 172 f.
73 EuGH, Rs. C-131/96, Slg. 1997, I-3659, Rn. 16 ff. (Romero).
74 S. M. *Hilf*, Gemeinschaftsrecht und Drittstaatsangehörige, in: FS Doehring, 1989, S. 339 ff.; K. *Sieveking*, Der arbeits- und sozialrechtliche Status von Drittstaatsangehörigen in der Rechtsprechung des EuGH, ZAR 1998, S. 201 ff.
75 S. die Übersicht bei G. *Hirsch*, Die Rechtsprechung des Europäischen Gerichtshofs zu Assoziierungsabkommen, BayVBl. 1997, S. 449; W. *Weiß*, Die Personenverkehrsfreiheiten von Staatsangehörigen assoziierter Staaten, 1998; M. *Husmann*, Der erstmalige Zugang zum deutschen Arbeitsmarkt für Drittstaatsangehörige aus EG-assoziierten Ländern, SGb 1999, S. 593 ff.
76 EuGH Rs. C-416/96, Slg. 1999, I-1209, Rn. 22 ff. (El-Yassini); s. hierzu auch M. *Novak*, ELR 1999 S. 131; R. *Gutmann*, Europarechtliches Diskriminierungsverbot und Aufenthaltsrecht, NVwZ 2000, S. 281.
77 S. näher R. *Erhard*, in: Lenz, EGV, Art. 48, Rn. 13; A. *Randelzhofer*, in: Grabitz/Hilf, EU, Art. 48, Rn. 12; U. *Wölker*, in: Lenz, EGV, EU-/EGV, Vorb. zu den Art. 48 bis 50, Rn. 50.
78 S. W. *Hummer*, Flüchtlinge im europäischen Binnenmarkt, ZfRV 1991, S. 115; U. *Wölker*, in: GTE, EU-/EGV, Vorb. zu den Art. 48 bis 50, Rn. 55.
79 ABl.EG 1963 Nr. L 217/3687.

des Abkommens) gewährt nach Auffassung des EuGH den **türkischen Arbeitnehmern** subjektive Freizügigkeitsrechte auf Zugang zum Arbeitsmarkt innerhalb der Union. Art. 12 des Abkommens verpflichtet die Vertragsparteien, sich von den Art. 39, 40 und 41 »**leiten zu lassen**«, um untereinander die Freizügigkeit der Arbeitnehmer schrittweise herzustellen. Auf die türkischen Arbeitnehmer sind daher **soweit wie möglich** die im Rahmen dieser Artikel geltenden Grundsätze über die Freizügigkeit anzuwenden[80]. Ferner sieht Art. 36 des **Zusatzprotokolls** vom 23.11.1970[81] vor, die Freizügigkeit der Arbeitnehmer zwischen der Gemeinschaft und der Türkei bis zum 1.12.1986 herzustellen und durch den Assoziationsrat die hierfür erforderlichen Regeln festzulegen.

Den Vorschriften des **Assoziationsabkommens** kommt mangels einer klaren und eindeutigen Verpflichtung, deren Erfüllung oder Wirkungen nicht vom Erlaß eines weiteren Aktes abhängen, bloßer »**Programmcharakter**« zu[82]. Hingegen hat der EuGH die **unmittelbare Wirkung** einzelner Bestimmungen des **Assoziationsratsbeschlusses Nr. 1/80** vom 19.9.1980[83] über die Freizügigkeit der Arbeitnehmer, namentlich des Art. 6 Abs. 1 und des Art. 13 bejaht[84]. 26

Art. 6 Abs. 1 1. Spstr. ARB Nr. 1/80 sieht vor, daß die Arbeitnehmer der Vertragsstaaten nach **einem Jahr ordnungsgemäßer Beschäftigung** Anspruch auf Erneuerung ihrer Arbeitserlaubnis bei dem gleichen Arbeitgeber haben. Der Anspruch richtet sich auf **die Fortsetzung einer Beschäftigung bei ein und demselben Arbeitgeber** über die ursprüngliche Dauer der Beschäftigung von einem Jahr hinaus[85]. Voraussetzung ist ferner, daß der Arbeitnehmer **ein Jahr lang ununterbrochen** eine ordnungsgemäße Beschäftigung bei diesem Arbeitgeber ausgeübt hat[86]. Nach **drei Jahren ordnungsgemäßer Beschäftigung** haben die Arbeitnehmer gemäß Art. 6 Abs. 1 2. Spstr. ARB Nr. 1/80 das Recht, sich – vorbehaltlich des Vorrangs der Arbeitnehmer aus anderen Mitgliedstaaten – für den gleichen Beruf bei einem Arbeitgeber seiner Wahl auf ein Stellenangebot in dem Mitgliedstaat zu bewerben. Und nach **vier Jahren ordnungsgemäßer Beschäftigung** genießen sie gemäß Art. 6 Abs. 1 3. Spstr. ARB Nr. 1/80 freien Zugang zu jeder von ihnen gewählten Beschäftigung im Lohn- oder Gehaltsverhältnis. 27

bb) Die Rechtsprechung des EuGH zum Assoziationsratsbeschluß Nr. 1/80

Art. 6 Abs. 1 ARB Nr. 1/80 regelt zwar nur die beschäftigungsrechtliche Rechtsposition der Arbeitnehmer, setzt jedoch nach der Rechtsprechung des EuGH zwingend einen **Anspruch auf Erteilung einer Aufenthaltserlaubnis** voraus, weil sonst das Recht auf Zugang zum Arbeitsmarkt und auf Ausübung einer Beschäftigung praktisch wirkungslos wäre[87]. Dem steht auch nicht die Vorschrift des Art. 6 Abs. 3 ARB Nr. 1/80 entgegen, 28

---

80 EuGH, Rs. C-434/93, Slg. 1995, I-1475, Rn. 14, 19 f. (Bozkurt); Rs. C-171/95, Slg. 1997, I-329, Rn. 20 (Tetik); Rs. C-351/95, Slg. 1997, I-2133, Rn. 30 (Kadiman); Rs. C-1/97, Slg. 1998, I-7747, Rn. 23 ff. (Birden).
81 ABl.EG 1970 Nr. L 293/3.
82 EuGH, Rs. 12/86, Slg. 1987, 3719, Rn. 14 und 26 (Demirel); Rs. C- 37/98, Slg. 2000, I-2927, Rn. 45 (Savas) mit Anm. *M. Hofstötter*, ELR 2000 S. 262 ff.
83 Abgedruckt in: *Rat der EG*, Assoziierungsabkommen und Protokolle EWG-Türkei sowie andere Basisdokumente, 1992, S. 327 ff.; *K. Hailbronner*, Ausländerrecht, D 5.2.
84 EuGH, st.Rspr. seit Rs. C-192/89, Slg. 1990, I-3461, Rn. 15 ff. (Sevince); s. Art. 310, Rn. 27 ff.
85 EuGH, Rs. C-355/93, Slg. 1994, I-5113, Rn. 13 (Eroglu).
86 EuGH, Rs. C-386/95, Slg. 1997, I-2697, Rn. 22 ff. (Eker); Rs. C-285/95, Slg. 1997, I-3069, Rn. 19 (Kol).
87 St. Rspr. EuGH, Rs. C-192/89, Slg. 1990, I-3461, Rn. 29 (Sevince); Rs. C-237/91, Slg. 1992, I-6781, Rn. 29 f. (Kus); Rs. C-340/97, Slg. 2000, I-957, Rn. 28 (Nazli); Rs. C-37/98, Slg. 2000, I-2927, Rn. 60 (Savas); gleiches gilt für die Rechte der Familienangehörigen nach Art. 7 ARB Nr. 1/80 (s. Rn. 34 f.), st.Rspr. EuGH, Rs. C-355/93, Slg. 1994, I-5113, Rn. 20 ff. (Eroglu); Rs.

wonach die Einzelheiten der Freizügigkeitsgewährung durch einzelstaatliche Vorschriften festgelegt werden. Diese Bestimmung konkretisiert nur die Verpflichtung der Mitgliedstaaten zur Umsetzung der vom Assoziationsrat getroffenen Beschlüsse, ohne daß die Mitgliedstaaten zugleich ermächtigt werden, die Ausübung der in Art. 6 Abs. 1 ARB Nr. 1/80 genau bestimmten und nicht an Bedingungen geknüpften Rechte für türkische Arbeitnehmer zusätzlich einzuschränken[88]. Zudem sieht Art. 13 ARB Nr. 1/80 vor, daß die Vertragsstaaten für Arbeitnehmer und ihre Familienangehörigen, deren Aufenthalt und Beschäftigung in ihrem Hoheitsgebiet rechtmäßig sind, keine neuen Beschränkungen der Bedingungen für den Zugang zum Arbeitsmarkt einführen dürfen.

29 Art. 6 Abs. 1 3. Spstr. ARB Nr. 1/80 gewährt einem türkischen Arbeitnehmer darüber hinaus das Aufenthaltsrecht in einem Mitgliedstaat auch für die Zeit der **Arbeitssuche**[89]. In Anknüpfung an die Rechte der Unionsbürger nach Art. 39 Abs. 3[90] dürfte im Regelfall hierfür ein Zeitraum von sechs Monaten als angemessen anzusehen sein. Voraussetzung ist allerdings, daß der betreffende Staatsangehörige sich als Arbeitsuchender meldet und sich der Arbeitsverwaltung des betreffenden Mitgliedstaats zur Verfügung stellt[91].

30 Die Kompetenz der Mitgliedstaaten, Vorschriften sowohl über die **Einreise** der türkischen Staatsangehörigen in ihr Hoheitsgebiet als auch über die **Aufnahme einer ersten Beschäftigung** zu erlassen, bleibt von dem Assoziationsratsbeschluß Nr. 1/80 unberührt; dieser regelt in Art. 6 Abs. 1 lediglich die Stellung der türkischen Arbeitnehmer, die bereits ordnungsgemäß in den Arbeitsmarkt des Mitgliedstaats eingegliedert sind[92]. Sind aber die Voraussetzungen des Art. 6 Abs. 1 ARB Nr. 1/80 erfüllt, dürfen die Mitgliedstaaten die Verlängerung der Aufenthalts- und/oder Arbeitserlaubnis nicht mit der Begründung verweigern, die Einreise und der Aufenthalt sei **aus anderen Gründen** als zur Aufnahme einer Tätigkeit im Lohn- oder Gehaltsverhältnis gestattet worden oder sie sei von vornherein an die Bedingung einer befristeten Tätigkeit geknüpft gewesen[93]. Es dürfen auch nicht ganze Kategorien von türkischen Wanderarbeitnehmern, wie etwa **Spezialitätenköche**, von vornherein von der Inanspruchnahme der durch Art. 6 Abs. 1 ARB Nr. 1/80 verliehenen Rechte ausgeschlossen werden[94].

31 Der Begriff der »**ordnungsmäßigen Beschäftigung**« in Art. 6 Abs. 1 ARB Nr. 1/80 setzt eine gesicherte und nicht nur vorläufige Position des Betroffenen auf dem Arbeitsmarkt

---

Fortsetzung von Fußnote 87
    C-351/95, Slg. 1997, I-2133, Rn. 31 f. (Kadiman); Rs. C-210/97, Slg. 1998, I-7519, Rn. 24 (Akman); Rs. C-329/97, Slg. 2000, I-1487, Rn. 40 (Ergat); s. zur Rspr. des EuGH auch *Rasim Yagli*, Die Rechtsstellung der türkischen Arbeitnehmer in der EU, ZEuS 2000, S. 507 ff.
88 EuGH, Rs. C-192/89, Slg. 1990, I-3461, Rn. 22 (Sevince); Rs. C-237/91, Slg. 1992, I-6781, Rn. 29 f. (Kus), Rn. 31 ff.; Rs. C-329/97, Slg. 2000, I-1487, Rn. 41 (Ergat).
89 EuGH, Rs. C-171/95, Slg. 1997, I-329, Rn. 27 ff. (Tetik).
90 EuGH, Rs. C-292/89, Slg. 1991, I-745, Rn. 13 und 15 f. (Antonissen); s. näher Rn. 85.
91 EuGH, Rs. C-171/95, Slg. 1997, I-329, Rn. 40 f. (Tetik).
92 EuGH, Rs. C-237/91, Slg. 1992, I-6781, Rn. 25. (Kus); Rs. C-355/93, Slg. 1994, I-5113, Rn. 10 (Eroglu); Rs. C-171/95, Slg. 1997, I-329, Rn. 21 (Tetik); Rs. C-36/96, Slg. 1997, I-5143, Rn. 23 (Günaydin); Rs. C-98/96, Slg. 1997, I-5179, Rn. 23 (Ertanir); Rs. C-1/97, Slg. 1998, I-7747, Rn. 37 (Birden). Rs. C-340/97, Slg. 2000, I-957, Rn. 29 (Nazli); Rs. C-37/98, Slg. 2000, I-2927, Rn. 58 (Savas).
93 EuGH, Rs. C-237/91, Slg. 1992, I-6781, Rn. 21 ff. (Kus); Rs. C-36/96, Slg. 1997, I-5143, Rn. 51 ff. (Günaydin); Rs. C-98/96, Slg. 1997, I-5179, Rn. 54 ff. (Ertanir); Rs. C-1/97, Slg. 1998, I-7747, Rn. 38 (Birden). auf etwaige formale Mängel der Aufenthaltsberechtigung kommt es nicht an: EuGH, Rs. C-329/97, Slg. 2000, I-1487, Rn. 67 (Ergat).
94 EuGH, Rs. C-98/96, Slg. 1997, I-5179, Rn. 31 und 37 (Ertanir).

voraus und damit das Bestehen eines nicht bestrittenen Aufenthaltsrechts[95]. Beschäftigungszeiten können nicht als ordnungsgemäß i.S.v. Art. 6 Abs. 1 ARB Nr. 1/80 angesehen werden, solange nicht feststeht, daß dem Arbeitnehmer während dieses Zeitraums das **Aufenthaltsrecht** von Rechts wegen zustand[96]. Zeiten während der Dauer des **Verwaltungsverfahrens** über die Erteilung einer Aufenthaltserlaubnis einschließlich eines nachfolgenden **gerichtlichen Verfahrens** werden daher nicht berücksichtigt, wenn dem Betreffenden die Aufenthaltserlaubnis versagt bleibt[97]. Als nicht ordnungsgemäß ist auch eine Beschäftigungszeit anzusehen, die nach Erteilung einer durch Täuschung erschlichenen Aufenthaltserlaubnis ausgeübt wurde[98]. Andere vorübergehende Unterbrechungen wie etwa eine Untersuchungshaft sind nicht geeignet, dem Arbeitnehmer seine Rechte aus Art. 6 ARB Nr. 1/80 wieder zu nehmen.[99]

Art. 6 Abs. 2 ARB Nr. 1/80 trifft Sonderregelungen für die Berechnung der Zeiten des 32 Urlaubs, der unverschuldeten Arbeitslosigkeit, des Mutterschutzes und der krankheitsbedingten Abwesenheit. Ein **Verbleiberecht** für türkische Arbeitnehmer, die endgültig aus dem Arbeitsleben **ausgeschieden** sind, läßt sich aus dem Assoziationsratsbeschluß Nr. 1/80 nicht herleiten[100]. Eine **Aufenthaltsbeendigung** kommt ungeachtet der Rechte von türkischen Staatsangehörigen aus Art. 6 ARB nicht aus generalpräventiven Gründen, sondern nur in Betracht, wenn diese durch ihr persönliches Verhalten die öffentliche Ordnung, Sicherheit oder Gesundheit tatsächlich und schwerwiegend gefährdet haben; insofern wird Art. 14 Abs. 1 ARB Nr. 1/80 entsprechend Art. 39 Abs. 3 ausgelegt[101].

Der Begriff der »**regulären Zugehörigkeit zum Arbeitsmarkt**« bestimmt sich danach, ob 33 das Arbeitsverhältnis im **Hoheitsgebiet eines Mitgliedstaats** lokalisiert werden kann oder eine hinreichend enge Verknüpfung mit diesem Gebiet aufweist, wobei insbesondere der Ort der Einstellung, das Gebiet, in dem oder von dem aus die Tätigkeit im Lohn- oder Gehaltsverhältnis ausgeübt wurde, und die nationalen Vorschriften im Bereich des Arbeitsrechts und der sozialen Sicherheit zu berücksichtigen sind. Der Begriff bezeichnet die Gesamtheit der Arbeitnehmer, die den Rechts- und Verwaltungsvorschriften des betroffenen Mitgliedstaates nachkommen und somit das Recht haben, eine Beschäftigung in seinem Hoheitsgebiet auszuüben[102].

---

95 EuGH, Rs. C-192/89, Slg. 1990, I-3461, Rn. 30 (Sevince); Rs. C-237/91, Slg. 1992, I-6781, Rn. 12 und 22 (Kus); Rs. C-434/93, Slg. 1995, I-1475, Rn. 26 (Bozkurt); Rs. C-285/95, Slg. 1997, I-3069, Rn. 21 (Kol). Rs. C-36/96, Slg. 1997, I-5143, Rn. 41 (Günaydin); Rs. C-98/96, Slg. 1997, I-5179, Rn. 47 (Ertanir); Rs. C-1/97, Slg. 1998, I-7747, Rn. 55 (Birden). Rs. C-37/98, Slg. 2000, I-2927, Rn. 60 (Savas).
96 EuGH, Rs. C-237/91, Slg. 1992, I-6781, Rn. 15 f. (Kus); Rs. C-285/95, Slg. 1997, I-3069, Rn. 24 (Kol). Rs. C-98/96, Slg. 1997, I-5179, Rn. 50 (Ertanir).
97 EuGH, Rs. C-192/89, Slg. 1990, I-3461, Rn. 31 (Sevince); Rs. C-237/91, Slg. 1992, I-6781, Rn. 13 (Kus).
98 EuGH, Rs. C-285/95, Slg. 1997, I-3069, Rn. 25 ff. (Kol). Rs. C-37/98, Slg. 2000, I-2927, Rn. 61 (Savas).
99 EuGH, Rs. C-340/97, Slg. 2000, I-957, Rn. 41 (Nazli).
100 EuGH, Rs. C-434/93, Slg. 1995, I-1475, Rn. 37 ff. (Bozkurt); Rs. C-98/96, Slg. 1997, I-5179, Rn. 39 ff. (Ertanir); Rs. C-40/97, Slg. 2000, I-957, Rn. 37 (Nazli);
101 EuGH, Rs. C-340/97, Slg. 2000, I-957, Rn. 29 (Nazli); Rs. C-329/97, Slg. 2000, I-1487, Rn. 46 (Ergat); C. *Weber*, Zur Ausweisung türkischer Arbeitnehmer aus generalpräventiven Gründen, ZAR 2000, S. 134 ff.; G. *Glupe*, Die Ausweisung türkischer Arbeitnehmer nach dem Nazli-Urteil des EuGH, ZAR 2000, S. 167 ff.; M. *Hofstötter*, Ausweisung aus Gründen der Generalprävention, ELR 2000, S. 106.
102 EuGH, Rs. C-434/93, Slg. 1995, I-1475, Rn. 26 f. (Bozkurt); Rs. C-1/97, Slg. 1998, I-7747, Rn. 51 (Birden). Rs. C-340/97, Slg. 2000, I-957, Rn. 31 (Nazli).

34 Die Freizügigkeitsrechte der **Familienangehörigen** türkischer Staatsangehöriger regelt Art. 7 ARB Nr. 1/80. Auch diese Vorschrift entfaltet **unmittelbare Wirkung** in den Mitgliedstaaten[103]. Die Familienangehörigen haben das Recht, sich auf jedes Stellenangebot in dem betreffenden Mitgliedstaat zu **bewerben**, wenn sie dort seit mindestens **drei Jahren** ihren **ordnungsgemäßen Wohnsitz** haben (Art. 7 Satz 1 1. Spstr.). Nach **fünf Jahren** eines ordnungsgemäßen Wohnsitzes haben sie **freien Zugang** zu jeder von ihnen gewählten Beschäftigung im Lohn- oder Gehaltsverhältnis (Art. 7 Satz 1 2. Spstr.). Die genannten Zeiten eines ordnungsgemäßen Wohnsitzes setzen voraus, daß die Familienangehörigen ein **Aufenthaltsrecht** im Mitgliedstaat besitzen[104]. Auf die Ausstellung eines Verwaltungsdokuments kommt es nicht an, sofern an der Ordnungsmäßigkeit des Aufenthalts kein Zweifel besteht[105]. Zudem muß der Familienangehörige aufgrund des Zwecks dieser Vorschrift, die Familienzusammenführung zu stärken, in **häuslicher Gemeinschaft** mit dem Arbeitnehmer gelebt haben, außer objektive Umstände, wie etwa berufliche Tätigkeiten, rechtfertigen verschiedene Wohnsitze, weil es an der Absicht der Aufgabe der gemeinsamen Wohnung ersichtlich fehle[106].

35 Schließlich können die **Kinder türkischer Arbeitnehmer**, die im Aufnahmeland eine **Berufsausbildung** abgeschlossen haben, sich unabhängig von der Dauer ihres Aufenthalts in dem betreffenden Mitgliedstaat auf jedes Stellenangebot bewerben, sofern ein **Elternteil** in dem betreffenden Mitgliedstaat seit mindestens **drei Jahren** ordnungsgemäß beschäftigt war (Art. 7 Satz 2). Weder muß der Elternteil zum Zeitpunkt des Berufseintritts über eine ordnungsgemäße Beschäftigung verfügen noch muß er in dem betreffenden Mitgliedstaat wohnen[107].

cc) **Auffassungen im Schrifttum**

36 Die Zuerkennung von Freizügigkeitsrechten an türkische Staatsangehörige aufgrund der Art. 6 und 7 ARB Nr. 1/80 hat im **Schrifttum**, aber auch in der **Rechtsprechung** deutscher Gerichte heftige Kontroversen ausgelöst[108]. Diese betrifft insbesondere die Frage der **Kompetenz** der Gemeinschaft zur Regelung des aufenthaltsrechtlichen Status von türkischen Staatsangehörigen und die Frage der **unmittelbaren Wirksamkeit** der in dem Assoziationsratsbeschluß vorgesehenen Rechte[109]. Nachdem das Bundesverwal-

---

103 EuGH, Rs. C-355/93, Slg. 1994, I-5113, Rn. 17 (Eroglu); Rs. C-351/95, Slg. 1997, I-2133, Rn. 27 f. (Kadiman); Rs. C-210/97, Slg. 1998, I-7519, Rn. 23 (Akman); Rs. C-329/97, Slg. 2000, I-1487, Rn. 34 (Ergat). Rs. C-65/98, Slg. 2000, n.n.i. Slg., Rn. 25 (Eyüp); s. näher *R. Gutmann*, Zur Struktur des Art. 7 ARB Nr. 1/80, InfAuslR 1997, S. 429; *W. Cremer*, Ausbildungsrechtliche Ansprüche türkischer Kinder aufgrund des Assoziationsratsbeschlusses EWG/Türkei Nr. 1/80, InfAuslR 1995 S. 45.
104 EuGH, Rs. C-351/95, Slg. 1997, I-2133, Rn. 29 (Kadiman); Rs. C-329/97, Slg. 2000, I-1487, Rn. 42 ff. (Ergat).
105 EuGH, Rs. C-351/95, Slg. 1997, I-2133, Rn. 51 ff. (Kadiman); Rs. C-329/97, Slg. 2000, I-1487, Rn. 29 (Ergat); Rs. C-65/98, Slg. 2000, n.n.i. Slg., Rn. 45 (Eyüp)
106 EuGH, Rs. C-351/95, Slg. 1997, I-2133, Rn. 37 ff. (Kadiman); Rs. C-65/98, Slg. 2000, n.n.i. Slg., Rn. 28 ff. (Eyüp)
107 EuGH, Rs. C-210/97, Slg. 1998, I-7519, Rn. 29 ff. und 44 ff. (Akman); Rs. C-329/97, Slg. 2000, I-1487, Rn. 35 f. (Ergat); *G. Lang*, Das europäische Aufenthaltsrecht türkischer Kinder, ZAR 1999, S. 69 ff.
108 *S. P. Gilsdorf*, Die Rechtswirkungen der im Rahmen von Gemeinschaftsabkommen erlassenen Organbeschlüsse, EuZW 1991, S. 459; *R. Gutmann*, Die Assoziationsfreizügigkeit türkischer Staatsangehöriger, 1996, S. 15 ff.; *K. Hailbronner*, in: HK-EUV, Art. 48, Rn. 32j ff.; *A. Nachbaur*, VGH Mannheim versus Europäischer Gerichtshof?, JZ 1992, S. 351; *Ch. Vedder*, Rechtswirkungen von Assoziationsratsbeschlüssen – Die Kus-Entscheidung des EuGH, EuR 1994, S. 202; *G. Benassi*, ARB 1/80, Der aktuelle Stand der Rechtsprechung, InfAuslR 1998, S. 473 ff.
109 S. näher Art. 310, Rn. 31 ff. m.w.N.

tungsgericht indes der Rechtsprechung des EuGH folgt[110], steht im Vordergrund der Diskussion nunmehr die Frage, inwieweit die gemeinschaftsrechtlichen Regeln über die Freizügigkeit der Unionsbürger, namentlich die an einer am »effet utile« orientierte weite Auslegungsmethode des Gemeinschaftsrechts[111], auf die Vorschriften des Beschlusses Nr. 1/80 übertragbar sind. Während die eine Meinung es für richtig erachtet, auf die türkischen Arbeitnehmer **soweit wie möglich** die im Rahmen der Art. 39 ff. geltenden Prinzipien des Gemeinschaftsrechts zu übertragen[112], lehnt die Gegenmeinung dies mit dem Hinweis auf den **unterschiedlichen Rechtscharakter** von Gemeinschaftsrecht und Assoziationsrecht ab[113].

dd) Stellungnahme

Nach Art. 12 des Abkommens haben die Vertragsparteien ausdrücklich vereinbart, sich von den Artikeln 39, 40 und 41 »leiten zu lassen«, um untereinander die Freizügigkeit der Arbeitnehmer schrittweise herzustellen. In Übereinstimmung mit der Rechtsprechung des EuGH spricht daher eine **Vermutung** zugunsten der entsprechenden **Anwendung gemeinschaftsrechtlicher Grundsätze** auf die Auslegung und Anwendung des Assoziationsratsbeschlusses. 37

c) **Angehörige der Vertragsstaaten des EWR-Abkommens**

Nach dem am 1.1.1994 in der Bundesrepublik Deutschland in Kraft getretenen Abkommen über den **Europäischen Wirtschaftsraum (EWR-Abkommen)**[114], das derzeit im Verhältnis zu Island, Liechtenstein und Norwegen gilt, genießen die Angehörigen der Vertragsparteien in etwa dieselben Freizügigkeitsrechte wie EG-Arbeitnehmer. So sieht Art. 28 Abs. 1 des Abkommens vor, daß zwischen den Vertragsparteien die Freizügigkeit der Arbeitnehmer hergestellt wird. Art. 28 Abs. 2 bis 4 stimmt im Wortlaut mit den Vorschriften der Art. 39 Abs. 2 bis 4 überein. Die gemeinschaftsrechtlichen Durchführungsvorschriften zur Freizügigkeit der Arbeitnehmer erklärt Art. 28 Abs. 5 i.V.m. dem Anhang V des Abkommens zum Bestandteil des EWR-Abkommens; sie sind gemäß Art. 7 für die Vertragsparteien verbindliches Recht[115]. Neue Rechtsakte der Gemeinschaft über die Freizügigkeit der Arbeitnehmer können gemäß Art. 102 EWR-Abkom- 38

---

110 S. etwa BVerwGE 97, 301, 304; 98, 31, 33; 98, 298, 311 f.; 98, 313, 323 f.; 99, 28, 32 ff.; BVerwG, Beschluß vom 12.11.1996, InfAuslR 1997, S. 285 ff.; BVerwG, Urteil vom 28.1.1997, InfAuslR 1997, S. 240 ff.; *O. Mallmann,* Neue Rechtsprechung zur aufenthaltsrechtlichen Bedeutung des Assoziationsratsbeschlusses EWG/Türkei, NVwZ 1998, S. 1025.
111 S. *R. Streinz,* Der »effet utile« in der Rechtsprechung des Gerichtshofs der Europäischen Gemeinschaften, in: FS Everling, 1995, S. 1491.
112 S. *G. Benassi,* Ausweisung türkischer Arbeitnehmer, InfAuslR 1993, S. 205; *W. Cremer,* Aufenthaltsbeendende Maßnahmen der Mitgliedstaaten der EU gegenüber türkischen Staatsangehörigen im Lichte des Assoziationsratsbeschlusses EWG/Türkei Nr. 1/80, InfAuslR 1995, S. 138; *Gutmann* (Fn. 108), S. 66 ff., S. 73 ff. und S. 121 ff. m.w.N.; *B. Huber,* Das Sevince-Urteil des EuGH: Ein neues EG-Aufenthaltsrecht für türkische Arbeitnehmer, NVwZ 1991, S. 242; *ders.,* Das Kus-Urteil des EuGH: Weitere aufenthaltsrechtliche Sicherungen für türkische Arbeitnehmer, NVwZ 1993, S. 246; so nun auch EuGH, Rs. C-340/97, Slg. 2000, I-957, Rn. 56 ff. (Nazli); vgl. hierzu *G. Glupe* (Fn. 101), S. 167 ff.
113 *K. Hailbronner,* in: HK-EUV, Art. 48, Rn. 32j; *Ch. Rumpf,* Freizügigkeit der Arbeitnehmer und Assoziation EG-Türkei, RIW 1993, S. 214; *C. Weber,* Der assoziationsrechtliche Status Drittstaatsangehöriger in der EU, 1997, S. 77 ff. und S. 95 f. m.w.N.; *ders.,* Der Status arbeitssuchender türkischer Staatsangehöriger nach europäischem Recht – Die Entscheidung des EuGH in der Rechtssache »Tetik«, NVwZ 1997, S. 652.
114 ABl.EG 1994 Nr. L 1/1; BGBl. II 1993 S. 266 und BGBl. I 1993 S. 2436.
115 S. hierzu insbesondere *A. Streit,* Das Abkommen über den Europäischen Wirtschaftsraum, NJW 1994, S. 555; *H.-P. Welte,* Das Abkommen über den Europäischen Wirtschaftsraum – Freier Personenverkehr, ZAR 1994, S. 80.

men durch Beschluß des Gemeinsamen EWR-Ausschusses in das Abkommen einbezogen werden[116].

d) Sonstige Abkommen

39 Die zwischen der EG/EU und **osteuropäischen Staaten** geschlossenen **Europa-Abkommen** treffen jeweils unter dem Titel IV Regelungen über die Freizügigkeit der Arbeitnehmer[117]. Die Vertragsparteien verpflichten sich darin zur Nichtdiskriminierung der Arbeitnehmer hinsichtlich der Arbeitsbedingungen, einem Gebot, dem unmittelbare Wirkung zukommt[118]. Rechtmäßig in einem Mitgliedstaat wohnhafte **Ehegatten** und **Kinder** eines im selben Staate beschäftigten Arbeitnehmers haben das Recht auf **freien Zugang zum Arbeitsmarkt**, solange die Arbeitserlaubnis des Arbeitnehmers gilt[119]. Das Abkommen EG-Schweiz vom 26.2.1999 über die Personenfreizügigkeit sieht eine stufenweise Einführung des freien Personenverkehrs nach 5 Jahren vor, während in den ersten fünf Jahren die Aufenthaltsbedingungen vor allem für EG-Bürger verbessert werden[120].

40 In den **Kooperationsabkommen** mit den Maghreb-Staaten Marokko, Algerien und Tunesien[121] sowie in dem vierten AKP-Abkommen von Lomé[122] finden sich ebenfalls Diskriminierungsverbote hinsichtlich der Beschäftigungsbedingungen von Arbeitnehmern und auf dem Gebiete der sozialen Sicherheit[123]. Diese entfalten **unmittelbare Wirkung** zugunsten der Staatsangehörigen der Vertragsparteien[124].

III. Sachlicher Anwendungsbereich

1. Ausschluß interner Sachverhalte

41 Nach der Rechtsprechung des EuGH sind die Vorschriften über die Freizügigkeit nicht auf Sachverhalte anwendbar, die sich ausschließlich innerhalb eines Mitgliedstaats abspielen und dessen Merkmale mit keinem Element über die Grenzen eines Mitgliedstaates hinausweisen (**interne Sachverhalte**); es bedarf vielmehr eines grenzüberschreitenden Anhaltspunktes[125]. Rein hypothetische berufliche Aussichten der Beschäftigung in

---

116 S. etwa ABl.EG 1994 Nr. L 160/1.
117 S. T. *Gargulla*, Die arbeits- und aufenthaltsrechtlichen Begünstigungen für osteuropäische Arbeitnehmer und Selbständige durch die Europa-Abkommen – Sein oder Schein, InfAuslR 1995, S. 181 ff.; s. näher Art. 310, Rn. 38.
118 S. etwa Art. 38 Abs. 1 1. Spstr. des Slowenien-Abkommens vom 10. Juni 1996; BGBl. II 1997, S. 1855; s. zu Art. 37 des Europa-Abkommens mit Polen: Rs. C-162/00, n.n.i. Slg., Rn. 21 ff. (Pokrzeptowicz-Meyer).
119 S. etwa Art. 38 Abs. 1 2. Spstr. des Slowenien-Abkommens (Fn. 114).
120 S. näher B. *Kahil/R. Mosters,* Das Abkommen über die Freizügigkeit EG-Schweiz, EuZW 2001, S. 5 ff.
121 S. ABl.EG 1978 Nr. L 264/2 (Marokko-Abkommen).
122 ABl.EG 1991 Nr. L 229/3.
123 S. *Weber* (Fn. 113), S. 10.
124 EuGH, Rs. C-18/90, Slg. 1991, I-199, Rn. 15 ff. (Kziber); Rs. C-58/93, Slg. 1994, I-1353, Rn. 16 (Youfsi); Rs. C-103/94, Slg. 1995, I-719, Rn. 23 f. (Krid) m. Anm. C. *Weber*, Die Rechtsstellung algerischer Staatsangehöriger in der Europäischen Gemeinschaft, ZAR 1996, S. 37.
125 EuGH, Rs. 175/78, Slg. 1979, 1129, Rn. 11 (Saunders); Verb. Rs. 35/82 und 36/82, Slg. 1982, 3723, Rn. 16 (Morson und Jhanjan); Rs. 180/83, Slg. 1984, 2539, Rn. 20 (Moser); Rs. 44/84, Slg. 1986, 47, Rn. 55 (Hurd); Rs. 298/84, Slg. 1984, 251, Rn. 14 (Iorio); Verb. Rs. C-297/88 und C-197/89, Slg. 1990, I-3763, Rn. 28 (Dzodzi); Rs. C-41/90, Slg. 1991, I-1979, Rn. 37 (Höfner und Elser); Rs. C-153/91, Slg. 1992, I-4973, Rn. 8 (Camille Petit); Rs. C-206/91,

einem anderen Mitgliedstaat genügen nicht, um einen hinreichend engen Bezug zu Art. 39 herzustellen[126].

Der Ausschluß interner Sachverhalte vom Anwendungsbereich des Art. 39 läßt eine Schlechterstellung von inländischen Arbeitnehmern gegenüber EG-Arbeitnehmern zu (sog. »**umgekehrte Diskriminierung**«). Im Schrifttum hat diese Rechtsprechung des EuGH überwiegend Kritik erfahren, da das Konzept des einheitlichen Binnenmarktes jegliche Ungleichbehandlung zwischen den Unionsbürgern verbiete und zudem im Einzelfall zu ungerechtfertigten Benachteiligungen führe[127]. Angesichts der restriktiven Haltung des EuGH wird vielfach eine extensive Auslegung der nationalen Grundrechte befürwortet[128]. 42

Arbeitnehmer können sich allerdings auch **gegenüber ihrem Heimatstaat** auf die gemeinschaftsrechtlichen Freizügigkeitsrechte berufen, wenn sie sich in einer vergleichbaren Situation wie EG-Ausländer befinden. Dies ist etwa der Fall, wenn Inländer von ihrem Recht auf Freizügigkeit Gebrauch gemacht und in einem anderen Mitgliedstaat eine Berufstätigkeit ausgeübt oder dort eine nach dem Gemeinschaftsrecht anerkannte berufliche Qualifikation erworben haben[129]. Drittstaatsangehörigen Ehegatten eines EG-Arbeitnehmers darf die Rückkehr in den Herkunftsstaat des EG-Arbeitnehmers daher nicht versagt werden, wenn dieser sich auf die Freizügigkeitsrechte nach Art. 39 berufen kann[130]. 43

2. Tätigkeit bei einer Internationalen Organisation

Die Beschäftigung eines Unionsbürgers bei einer **internationalen Organisation** berührt nicht dessen Eigenschaft als Arbeitnehmer i.S.v. Art. 39 Abs. 1. Für den Fall, daß die Bedingungen seiner Einreise und seines Aufenthalts in den Beschäftigungsstaat durch ein **internationales Abkommen** zwischen der Organisation und dem Staat, in dem diese ihren Sitz hat, besonders geregelt ist, gelten zumindest subsidiär Art. 39 und die zur Durchführung der Freizügigkeit ergangenen Sekundärvorschriften[131]. 44

Fortsetzung von Fußnote 125
  Slg. 1992, I-6685, Rn. 10 ff. (Koua Poirrez); Rs. C-332/92, Slg. 1992, I-341, Rn. 9 (Steen); Verb. Rs. C-29/94, C-30/94, C-31/94, C-32/94, C-33/94, C-34/94 und C-35/95, Slg. 1995, I-301, Rn. 9 (Aubertin u.a.); Rs. C-415/93, Slg. 1995, I-4921, Rn. 89 (Bosman); Rs. C-134/95, Slg. 1997, I-195, Rn. 19 ff. (USSL/INAIL).
126 EuGH, Rs. 180/83, Slg. 1984, 2539, Rn. 18 (Moser).
127 *K. Lackhoff/B. Radzinski*, Umgekehrte Diskriminierung, EWS 1997, S. 109 m.w.N. in Anm. 5; s. näher Art. 12, Rn. 24 m.w.N.
128 *U. Fastenrath*, Inländerdiskriminierung, JZ 1987, S. 170; *Th. Schilling*, Gleichheitssatz und Inländerdiskriminierung, JZ 1994, S. 8; s. näher Art. 12, Rn. 32.
129 EuGH, Rs. 115/78, Slg. 1979, 399, Rn. 24 (Knoors); Rs. C-19/92, Slg. 1993, I-1663, Rn. 15 f. (Kraus); Rs. C-419/92, Slg. 1994, I-505, Rn. 9 (Scholz).
130 EuGH, Rs. C-370/90, Slg. 1992, I-4265, Rn. 23 (Singh); s. hierzu *H. Lüdke*, Inländergleichbehandlung in ausländerrechtlichen Vorschriften – Reichweite der Singh-Entscheidung des EuGH, NVwZ 1994, S. 1178.
131 EuGH, Verb. Rs. 389 und 390/87, Slg. 1989, 723, Rn. 11 (Echternach und Moritz); Rs. C-310/91, Slg. 1993, I-3011, Rn. 20 (Schmid); Rs. C-411/98, Slg. 2000, I-8081, Rn. 42 f. (Ferlini).

B. Diskriminierungsverbot gemäß Art. 39 Abs. 2

I. Die Arten des Diskriminierungsverbotes

1. Das Verbot der unmittelbaren Diskriminierung

45 Art. 39 Abs. 2 verbietet jede auf der Staatsangehörigkeit beruhende **unterschiedliche Behandlung** der EG-Arbeitnehmer in bezug auf die Beschäftigung, Entlohnung und sonstige Arbeitsbedingungen. Zugleich gewährt die Vorschrift einen Anspruch auf **Inländergleichbehandlung**. Eine Ungleichbehandlung liegt vor, wenn unterschiedliche Vorschriften auf gleichartige oder zumindest vergleichbare Situationen angewandt werden oder wenn dieselbe Vorschrift auf unterschiedliche Situationen angewandt wird[132]. Die Ungleichbehandlung verstößt gegen das Verbot jeder Diskriminierung aus **Gründen der Staatsangehörigkeit**, wenn die Vorschriften ausdrücklich zwischen Inländern und EG-Arbeitnehmern unterscheiden. Es handelt sich um ein **absolutes Differenzierungsverbot**, das keine Rechtfertigung zuläßt[133], es sei denn, sie beruht auf primärem Gemeinschaftsrecht.

2. Verbot der mittelbaren Diskriminierung

a) Begriff

46 Das Gleichbehandlungsgebot verbietet nicht nur **offensichtliche** Diskriminierungen aufgrund der Staatsangehörigkeit, sondern auch alle **versteckten Formen** der Diskriminierung, die durch die Anwendung anderer Unterscheidungsmerkmale tatsächlich zu dem gleichen Ergebnis führen[134]. Eine Vorschrift des nationalen Rechts enthält eine **mittelbare Diskriminierung**, wenn sie sich ihrem Wesen nach eher auf EG-Arbeitnehmer als auf inländische Arbeitnehmer auswirken kann und folglich die Gefahr besteht, daß sie EG-Arbeitnehmer besonders benachteiligt. Die EG-Arbeitnehmer müssen nicht nur »im wesentlichen« oder zumindest »ganz überwiegend« betroffen sein[135]; es genügt, daß die betreffende Vorschrift **geeignet** ist, eine solche Wirkung hervorzurufen[136]. Damit sind insbesondere all diejenigen unterschiedslos anwendbaren Vorschriften verboten, die von

---

[132] EuGH, Rs. C-279/93, Slg. 1995, I-225, Rn. 30 (Schumacker); Rs. C-80/94, Slg. 1995, I-2493, Rn. 17 (Wielockx); Rs. C-107/94, Slg. 1996, I-3089, Rn. 40 (Asscher).
[133] EuGH, Rs. C-162/99, Slg. 2001, I-541, Rn. 32 (Kommission/Italien).
[134] EuGH, Rs. 152/73, Slg. 1974, 153, Rn. 11 (Sotgiu); Rs. 33/88, Slg. 1989, 1591, Rn. 11 (Allué u.a.); Rs. C-175/88, Slg. 1990, I-1779, Rn. 13 (Biehl); Rs. C-27/91, Slg. 1991, I-5531, Rn. 10 (Le Manoir); Rs. C-111/91, Slg. 1993, I-817, Rn. 9 (Kommission/ Luxemburg); Rs. C-419/92, Slg. 1994, I-505, Rn. 7 (Scholz); Rs. C-279/93, Slg. 1995, I-225, Rn. 26 (Schumacker); Rs. C-151/94, Slg. 1995, I-3685, Rn. 14 (Kommission/Luxemburg); Rs. C-237/94, Slg. 1996, I-2617, Rn. 17 (O'Flynn); Rs. C-278/94, Slg. 1996, I-4307, Rn. 27 (Kommission/Belgien); Rs. C-57/96, Slg. 1997, I-6689, Rn. 44 f. (Meints); Rs. C-187/96, Slg. 1998, I-1095, Rn. 18 f. (Kommission/Griechenland); Rs. C-350/96, Slg. 1998, I-2521, Rn. 29 ff. (Clean Car); Rs. C-35/97, Slg. 1998, I-5325, Rn. 37 f. (Kommission/Frankreich); Rs. C-190/98, Slg. 2000, I-493, Rn. 14 (Graf); ; Rs. C-356/98, Slg. 2000, I-2623, Rn. 27 (Kaba); Rs. C-195/98, Slg. 2000, n.n.i.Slg., Rn. 39 (Österreichischer Gewerkschaftsbund).
[135] So aber noch EuGH, Rs. 41/84, Slg. 1986, 1, Rn. 24 (Pinna); Rs. 33/88, Slg. 1989, 1591, Rn. 12 (Allué u.a.); Rs. C-27/91, Slg. 1991, I-5531, Rn. 11 (Le Manoir); Rs. C-272/92, Slg. 1993, I-5185, Rn. 18 (Spotti).
[136] EuGH, Rs. C-237/94, Slg. 1996, I-2617, Rn. 20 f. (O'Flynn); Rs. C-278/94, Slg. 1996, I-4307, Rn. 20 (Kommission/Belgien); s. ebenso EuGH, Rs. C-175/88, Slg. 1990, I-1779, Rn. 14 (Biehl); Rs. C-349/87, Slg. 1991, I-4501, Rn. 23 (Paraschi); Rs. C-204/90, Slg. 1992, I-249, Rn. 9 (Bachmann).

inländischen Arbeitnehmern **leichter** erfüllt werden können als von EG-Arbeitnehmern[137], wie z. B. das Wohnsitzerfordernis[138].

b) Rechtfertigung

Eine mittelbare Ungleichbehandlung ist jedoch zulässig, wenn die betreffenden nationa- 47
len Vorschriften durch **zwingende Gründe des Allgemeininteresses** gerechtfertigt sind
und sich als **verhältnismäßig** erweisen[139]. Namentlich muß die Anwendung der fraglichen nationalen Regelung **geeignet** sein, die Verwirklichung des mit ihr verfolgten
Zwecks zu gewährleisten, und darf nicht über das hinausgehen, was zur Erreichung dieses Zwecks **erforderlich ist**[140]. Als derartige zwingende Gründe des Allgemeininteresses
hat der Gerichtshof bislang u.a. die Kohärenz des Steuersystems, den Schutz der öffentlichen Gesundheit[141] und die ordnungsgemäße Verwaltung der Universitäten in Betracht
gezogen[142]. Verwaltungstechnische Schwierigkeiten der Berechenbarkeit von Leistungen
an EG-Arbeitnehmer mit Wohnsitz außerhalb des verpflichteten Mitgliedstaates darf
durch Pauschalierungen, dem nach Kontrollen kann durch Zusammenarbeit mit anderen Mitgliedstaaten begegnet werden[143].

II. Beschränkungsverbot

1. Rechtsprechung des EuGH

Über das Verbot jeglicher unmittelbarer und mittelbarer Diskriminierung hinaus leitet der 48
EuGH seit dem **Bosman-Urteil**[144] aus Art. 39 Abs. 2 ein unabhängig von der Staatsangehörigkeit des Arbeitnehmers geltendes Beschränkungsverbot für Maßnahmen oder
Bestimmungen her, die einen Unionsbürger daran hindern oder davon abhalten könnten,
sein Herkunftsland zu verlassen, um von seinem Recht auf Freizügigkeit Gebrauch zu machen. Hieraus leitet der Gerichtshof das Recht der Unionsbürger ab, ihr Herkunftsland
zu verlassen, um sich zur Ausübung einer wirtschaftlichen Tätigkeit in das Gebiet eines
anderen Mitgliedstaates zu begeben und sich dort aufzuhalten[145]. Eine Beeinträchtigung
der Freiheit kommt aber nur in Betracht, wenn durch unterschiedslos geltende Maßnah-

---

137 EuGH, Rs. C-310/91, Slg. 1993, I-3011, Rn. 25 (Schmid); Rs. C-278/94, Slg. 1996, I-4307, Rn. 28 (Kommission/Belgien); Rs. C-281/98, Slg. 2000, I-4139, Rn. 30 ff. (Angonese).
138 EuGH, Rs. C-350/96, Slg. 1998, I-2521, Rn. 27 ff. (Clean Car); Rs. C-355/98, Slg. 2000, I-1221, Rn. 31 (Kommission/Belgien).
139 EuGH, Rs. C-237/94, Slg. 1996, I-2617, Rn. 19 f. (O'Flynn) s. ebenso EuGH, Rs. C-204/90, Slg. 1992, I-249, Rn. 27 (Bachmann);); Rs. C-111/91, Slg. 1993, I-817, Rn. 12 (Kommission/ Luxemburg); Verb. Rs. C-259/91, C-331/91 und C-332/91, Slg. 1993, I-4309, Rn. 15 (Allué u.a.); Rs. C-195/98, n.n.i.Slg., Rn. 40 (Österreichischer Gewerkschaftsbund).
140 EuGH, Rs. C-19/92, Slg. 1993, I-1663, Rn. 32 (Kraus) in Anknüpfung an EuGH, Rs. 71/76, Slg. 1977, 765, Rn. 12 und 15 (Thieffry); Rs. C-106/91, Slg. 1992, I-3351, Rn. 29 f. (Ramrath).
141 EuGH, Rs. C-111/91, Slg. 1993, I-817, Rn. 11 ff. (Kommission/ Luxemburg).
142 EuGH, Verb. Rs. C-259/91, C-331/91 und C-332/91, Slg. 1993, I-4309, Rn. 15 (Allué u.a.).
143 EuGH, Rs. C-237/94, Slg. 1996, I-2617, Rn. 29 (O'Flynn); Rs. C-355/98, Slg. 2000, I-1221, Rn. 33 (Kommission/Belgien).
144 EuGH, Rs. C-415/93, Slg. 1995, I-4921, Rn. 94 ff. (Bosman); s. auch EuGH, Rs. C-190/98, Slg. 2000, I-493, Rn. 18 (Graf).
145 EuGH, Rs. C-363/89, Slg. 1991, I-273, Rn. 9 (Roux); Rs. C-370/90, Slg. 1992, I-4265, Rn. 17 (Singh); Rs. C-415/93, Slg. 1995, I-4921, Rn. 95, 97 (Bosman) unter Hinweis EuGH, Rs. 81/87, Slg. 1988, 5483, Rn. 16 (Daily Mail and General Trust) zu Art. 43 ff.; Rs. C-18/95, Slg. 1999, I-345, Rn. 38 (Terhoeve); Rs. C-190/98, Slg. 2000, I-493, Rn. 22 (Graf); zum Wohnsitzerfordernis als Beschränkungsverbot EuGH, Rs. C-162/99, Slg. 2001, I-541, Rn. 20 (Kommission/Italien).

men der Zugang der EG-Arbeitnehmer zum Arbeitsmarkt beeinflusst wird[146]. **Transferentschädigungen** für Berufssportler, die Ausgleichs- oder Entschädigungszahlungen bei einem Vereinswechsel vorsehen, oder Transferfristen beeinflussen nach Auffassung des EuGH unmittelbar den Zugang der Spieler zum Arbeitsmarkt in den anderen Mitgliedstaaten und sind daher geeignet, die Freizügigkeit der Arbeitnehmer zu beeinträchtigen[147]. Eine Rechtfertigung aus **zwingenden Gründen des Allgemeininteresses** komme jedenfalls nicht in Betracht. Anderes gelte für Transferfristen aus sportlichen Wettbewerbsgründen, die gerechtfertigt seien, wenn sie nicht-diskriminierend wirken[148].

2. Auffassungen im Schrifttum

49 Die Ausdehnung der Freizügigkeit zu einem umfassenden Beschränkungsverbot hat das Schrifttum überwiegend begrüßt[149]. Diese Entwicklung sei in der **dynamischen Rechtsprechung** des EuGH, namentlich zu den Warenverkehrsfreiheiten und zu den Dienstleistungsfreiheiten vorgezeichnet gewesen[150]. Der EuGH habe damit einen weiteren Schritt zu einem **einheitlichen Verständnis der Grundfreiheiten** als grundrechtsgleiche Diskriminierungs- und Beschränkungsverbote getan. Uneinigkeit herrscht allerdings im Blick auf die tatbestandliche **Reichweite des Beschränkungsverbots** im Bereich der Freizügigkeit. In Anknüpfung an die »Keck-Rechtsprechung« des EuGH zur Warenverkehrsfreiheit[151] wird teilweise eine Einschränkung der gemeinschaftsrechtlichen Prüfungskompetenz auf **Zugangsbeschränkungen** gefordert, während bloße Ausübungsmodalitäten nicht an Art. 39 zu messen seien[152]. Eine andere Auffassung hält solche Maßnahmen oder Bestimmungen für nicht am Maßstab des Art. 39 überprüfbar, die den »**wirtschaftlichen Ordnungsrahmen**« eines nationalen Arbeitsmarktes bilden[153]. Eine dritte Auffassung schließlich reduziert das Beschränkungsverbot im Bereich des Art. 39 auf solche Maßnahmen des Herkunftsstaats, die einer Beeinträchtigung der **Ausreisefreiheit** gleichkommen[154]. Begrüßt wird auch, dass der EuGH die Reichweite bei nichtdiskriminierenden Beschränkungen weiter einenge und eine Reduzierung auf die Marktzugangsfreiheiten vornehme[155].

---

146 EuGH, Rs. C-190/98, Slg. 2000, I-493, Rn. 23 (Graf).
147 EuGH, Rs. C-415/93, Slg. 1995, I-4921, Rn. 103 (Bosman); *M. Kelber*, Die Transferpraxis beim Vereinswechsel im Profifußball auf dem Prüfstand, NZA 2001, S. 11 ff.
148 EuGH, Rs. C-19/92, Slg. 1993, I-1663, Rn. 32 (Kraus); Rs. C-55/94, Slg. 1995, I-4165, Rn. 37 (Gebhard); Rs. C-415/93, Slg. 1995, I-4921, Rn. 104 ff. (Bosman); Rs. C-176/96, Slg. 2000, I-2681, Rn. 53 ff. (Lehtonen) mit Anm. *A. Röthel*, Freizügigkeit von Basketballspielern, EuZW 2000, S. 379 f.
149 *L. Daniele*, Non-Discriminatory Restrictions to the Free Movement of Persons, ELRev. 1997, S. 191; *Hilf/Pache* (Fn. 42), S. 1172; *Hobe/Tietje* (Fn. 42), S. 489 f.; *M. Nettesheim*, Die europarechtlichen Grundrechte auf wirtschaftliche Mobilität (Art. 48, 52), NVwZ 1996, S. 342; *A. Randelzhofer*, in: Grabitz/Hilf, EU, Art. 48, Rn. 36a; *W. Schroeder* (Fn. 42), S. 255; *H. D. Jarass*, Elemente einer Dogmatik der Grundfreiheiten II, EuR 2000, S. 705 ff.
150 *S. H.-D. Jarass*, Die Grundfreiheiten als Grundrechtsgleichheiten, in: FS Everling, 1995, S. 593; *U. Klinge*, Europäisches Unternehmensrecht und EuGH, ZGR 1996, S. 578; *M. Zuleeg*, Die Grundfreiheiten des Gemeinsamen Marktes im Wandel, in: FS Everling, 1995, S. 1717.
151 EuGH, Rs. Verb. Rs. C-267/91 und C-268/91, Slg. 1993, I-6097, Rn. 12 ff. (Keck und Mithouard); s. Art. 28, Rn. 27 ff.
152 *W. Schroeder* (Fn. 42), S. 255 f.; *A. Röthel* (Fn. 148), S. 380; *R. Streinz*, Jus 2000, S. 1017.
153 *M. Nettesheim* (Fn. 150), S. 343 ff.
154 *K. Hailbronner*, in: Hd.EUWirtR, D I, Rn. 41b ff.
155 *M. Deckert/W. Schroeder*, Zur Reichweite der Grundfreiheiten, JZ 2001, S. 88 ff.

3. Stellungnahme

Art. 39 gewährt als Freiheitsrecht nur den **unmittelbaren Zugang zum Arbeitsmarkt** in anderen Mitgliedstaaten (vgl. Abs. 3 lit. a) und c)). Das Beschränkungsverbot umfaßt daher nur solche Maßnahmen oder Bestimmungen, die geeignet sind, **in spezifischer Weise** Unionsbürger an der Aufnahme eines Berufes in einem anderen Mitgliedstaat zu hindern. Bloße **Berufsausübungsmodalitäten** fallen dagegen nur unter das Diskriminierungsverbot (vgl. Art. 1 Abs. 1 VO (EWG) Nr. 1612/68; s. Rn. 52).

50

III. Drittwirkung

Dem Diskriminierungsverbot unterliegen sowohl die staatlichen Hoheitsakte als auch alle sonstigen Maßnahmen, die eine **kollektive Regelung im Arbeits- und Dienstleistungsbereich** enthalten. Verstoßen letztere Bestimmungen gegen den Gleichbehandlungsgrundsatz, sind sie nach Art. 7 Abs. 4 VO (EWG) Nr. 1612/68 **nichtig**; es gelten für diesen Fall die für die übrigen Arbeitnehmer anwendbaren Regelungen[156]. Soweit einzelne Maßnahmen Privater eine Diskriminierung enthalten, gilt Art. 39 Abs. 2 unmittelbar[157]. Zur Begründung der Drittwirkung führt der EuGH aus, daß privatrechtliche Vereinigungen oder Einrichtungen kraft ihrer rechtlichen Autonomie Hindernisse für die Freizügigkeit der Arbeitnehmer aufrichteten, die dem Staat verboten wäre. Außerdem sind die Arbeitsbedingungen in den verschiedenen Mitgliedstaaten teils öffentlichrechtlich, teils privatrechtlich geregelt, so daß das Gebot der **einheitlichen Geltung** des Gemeinschaftsrechts die Erstreckung der Freizügigkeitsbestimmungen auf den privatrechtlichen Bereich erfordert[158]. Privatpersonen können sich allerdings ebenso wie der Staat auf Einschränkungen der Freizügigkeit nach Art. 39 Abs. 3 berufen, die aus Gründen der öffentlichen Ordnung, Sicherheit und Gesundheit gerechtfertigt sind[159]. Im **Schrifttum** wird die Erstreckung der Freizügigkeitsvorschriften auf Privatpersonen begrüßt[160], aber auch unter dem Gesichtspunkt des Eingriffs in die **Privatautonomie** kritisiert und eine Eingrenzung auf solche privaten Verbände gefordert, die – etwa im Tarifvertragswesen – anstelle des Staates tätig werden[161]. Eine solche Eingrenzung ist jedoch abzulehnen, weil sie der Systematik der Grundfreiheiten fremd ist.

51

IV. Einzelfragen

1. Recht auf gleichen Zugang zur Beschäftigung

Das Recht des EG-Arbeitnehmers auf **gleichen Zugang zur Beschäftigung** nach Art. 39 Abs. 2 präzisieren die Art. 1 bis 6 VO (EWG) Nr. 1612/68. Nach Art. 1 Abs. 1 VO

52

---

156 EuGH, Rs. C-15/96, Slg. 1998, I-47, Rn. 35 (Schöning-Kongebetopoulo).
157 EuGH, Rs. C-176/96, Slg. 2000, I-2681, Rn. 35 (Lehtonen); Rs. C-281/98, Slg. 2000, I-4139, Rn. 30 ff. (Angonese).
158 EuGH, Rs. 36/74, Slg. 1974, 1405, Rn. 17 ff. (Walrave/Koch); Rs. C-415/93, Slg. 1995, I-4921, Rn. 82 ff. (Bosman).
159 EuGH, Rs. C-415/93, Slg. 1995, I-4921, Rn. 84 f. (Bosman)
160 *U. Forsthoff*, Drittwirkung der Grundfreiheiten, RIW 2000, S. 389 ff.; *J. Cruz*, Free movement and private autonomy, ELR 1999, S. 603; *A. Fabis*, Art. 48 und Beschäftigungsverhältnisse im nationalen Recht, 1994, S. 206 ff.
161 S. *R. Streinz/St. Leible*, Die unmittelbare Drittwirkung von Grundfreiheiten, EuZW 2000, S. 459 ff.; *C. Weber*, Die Freizügigkeit für Arbeitnehmer in der EG nach der Entscheidung »Bosman«, RdA 1996, S. 107; *T. Körber*, Innerstaatliche Anwendung und Drittwirkung der Grundfreiheiten, EuR 2000, S. 932 ff.

(EWG) Nr. 1612/68 ist jeder Unionsbürger ungeachtet seines Wohnorts berechtigt, eine Tätigkeit als Arbeitnehmer im Gebiet eines anderen Mitgliedstaates nach den dort geltenden Rechts- und Verwaltungsvorschriften aufzunehmen und auszuüben. Nationale Rechts- oder Verwaltungsvorschriften oder Verwaltungspraktiken, die den Zugang zur Beschäftigung oder deren Ausübung durch EG-Arbeitnehmer einschränken oder von Bedingungen abhängen machen, die für Inländer nicht gelten, finden keine Anwendung (vgl. Art. 3 Abs. 1 und Art. 4 VO (EWG) Nr. 1612/68).

53 Der EuGH hat dementsprechend die zeitliche Begrenzung der Arbeitsverträge von **Fremdsprachenlektoren**, die überwiegend Staatsangehörige anderer Mitgliedstaaten betrifft[162], die Nichtanerkennung bzw. erschwerte Anerkennung der **Beschäftigungszeiten im öffentlichen Dienst** eines Mitgliedstaates bei der Bewerbung um eine Stelle im öffentlichen Dienst eines anderen Mitgliedstaates[163] sowie das Verbot und die erschwerte **Einstellung von Lehrern** aus anderen Mitgliedstaaten an Privatschulen[164] als gemeinschaftsrechtswidrige Diskriminierung verworfen. Ein **Förderungsprogramm zur Beschäftigung von Schulabgängern**, die nationale Schulen besucht hatten, verstößt hingegen nicht gegen das Diskriminierungsverbot. Ein solches Sonderprogramm betrifft den Bereich der **Arbeitslosenversicherung**, der nur dann dem Anwendungsbereich des Art. 39 zuzuordnen ist, wenn der Arbeitnehmer bereits Zugang zum Arbeitsmarkt gefunden hat[165]. Ausnahmen vom Gleichbehandlungsgrundsatz gelten darüber hinaus für den Zugang zu Stellen, die besondere **Sprachkenntnisse** erfordern (vgl. Art. 3 Abs. 1 UAbs. 2 VO (EWG) Nr. 1612/68). Das Verlangen nach Sprachkenntnissen verstößt jedoch gegen den Diskriminierungsgrundsatz, wenn die spezifischen Sprachkenntnisse ausschließlich auf dem nationalen Hoheitsgebiet erworben müssen bzw. nur von einer Behörde des anderen Mitgliedstaates nach einem Sprachtest bescheinigt werden dürfen[166].

2. Insbesondere: Gleichwertigkeit von Diplomen

54 Die Verwirklichung der Freizügigkeit hängt wesentlich von der **Anerkennung** der in einem anderen Mitgliedstaat erworbenen **Befähigungsnachweise** ab. Der Rat hat inzwischen eine Vielzahl von Richtlinien zur gegenseitigen Anerkennung solcher Titel und Grade erlassen, namentlich die Richtlinie 89/48/EWG vom 21.12.1988[167] und die Richtlinie 92/51/EWG vom 18.6.1992[168] über eine allgemeine Regelung zur Anerkennung der **Hochschuldiplome**, die eine mindestens dreijährige Berufsausbildung abschließen. Soweit harmonisierende Regelungen in diesem Bereich fehlen, bleiben die

---

162 EuGH, Verb. Rs. C-259/91, C-331/91 und C-332/91, Slg. 1993, I-4309, Rn. 21 (Allué u.a.); Rs. C-272/92, Slg. 1993, I-5185, Rn. 20 f. (Spotti); s. die krit. Anm. von *H. H. Rupp*, JZ 1994, S. 250 und *M. Löwisch*, JZ 1994, S. 293; s. zur Vertretungsberechtigung von Fremdsprachenlektoren EuGH, Rs. C-90/96, Slg. 1997, I-6527, Rn. 24 ff. (Petrie u.a.).
163 EuGH, Rs. C-419/92, Slg. 1994, I-505, Rn. 11 f. (Scholz); Rs. C-15/96, Slg. 1998, I-47, Rn. 23 (Schöning-Kougebetopoulou) mit Anm. *P. Cabral*, CMLR 36 (1999), S. 453; Rs. C-187/96, Slg. 1998, I-1095, Rn. 21 (Kommission/Griechenland); C-195/98, n.n.i.Slg., Rn. 41 (Österreichischer Gewerkschaftsbund); s. auch *W. Wahlers*, Die Anrechnung von Zeiten im öffentlichen Dienst eines anderen Mitgliedstaates der EU, DöD 2000, S. 73 ff.
164 EuGH, Rs. 147/86, Slg. 1988, 1637, Rn. 19 ff. (Kommission/Griechenland); Rs. C-123/94, Slg. 1995, I-1457, Rn. 5 (Kommission/Griechenland).
165 EuGH, Rs. C-278/94, Slg. 1996, I-4307, Rn. 40 (Kommission/Belgien); Rs. C-357/89, Slg. 1992, I-1027, Rn. 10 (Raulin).
166 EuGH, Rs. C-379/87, Slg. 1989, 3967, Rn. 14 ff. (Groener); Rs. C-281/98, Slg. 2000, I-4139, Rn. 30 ff. (Angonese).
167 ABl.EG 1989 Nr. L 19/16.
168 ABl.EG 1992 Nr. L 209/25.

Mitgliedstaaten befugt, die Führung der Titel und Grade im einzelnen zu regeln. Die hierzu ergangenen nationalen Vorschriften dürfen jedoch **kein Hindernis** für die tatsächliche Ausübung der durch Art. 39 und 43 garantierten Freiheiten darstellen, namentlich müssen sie dem **Grundsatz der Verhältnismäßigkeit** entsprechen und bei objektiver Gleichwertigkeit die Anerkennung der Diplome vorsehen[169]. Dies gilt auch für berufliche Tätigkeiten, deren Aufnahme oder Ausübung nicht kraft rechtlicher Regelung den Besitz eines Diploms voraussetzt[170]. Mit der Richtlinie 1999/42/EG vom 7.6.1999 ist zudem das Verfahren zur Anerkennung der Befähigungsnachweise für die unter die Liberalisierungs- und Übergangsrichtlinien fallenden Berufstätigkeiten geregelt worden.[171]

3. Gleiche Beschäftigungs- und Arbeitsbedingungen

Nach Art. 7 Abs. 1 VO (EWG) Nr. 1612/68 darf ein Unionsbürger im Hoheitsgebiet der anderen Mitgliedstaaten hinsichtlich der **Beschäftigungs- und Arbeitsbedingungen**, insbesondere im Hinblick auf Entlohnung, Kündigung und, falls er arbeitslos geworden ist, im Hinblick auf seine berufliche Wiedereingliederung oder Wiedereinstellung, nicht anders behandelt werden als die inländischen Arbeitnehmer. Die Anwendung des Art. 7 Abs. 1 VO (EWG) Nr. 1612/68 setzt einen **Zusammenhang** der betreffenden Rechtsvorschrift oder Maßnahmen mit den Beschäftigungs- und Arbeitsbedingungen des Arbeitnehmers voraus. Dieser besteht, wenn es sich um eine **Vergünstigung** handelt, die dem Arbeitnehmer **aufgrund des Arbeitsverhältnisses** gewährt wird[172]. Ob die Vergünstigung durch Gesetz oder Vertrag, durch Kollektiv- oder Einzeltarifvertrag begründet wird oder ob der Arbeitgeber lediglich eine freiwillige Nebenleistung erbringt, ist ohne Bedeutung[173]. 55

Der EuGH hat die Anwendbarkeit des Art. 7 Abs. 1 VO (EWG) Nr. 1612/68 **bejaht** in bezug auf die Gewährung einer **Trennungsentschädigung**[174], die Anrechnung des **Wehrdienstes** auf die Dauer der Betriebszugehörigkeit[175], die Geltung besonderer **Kündigungsregelungen**[176] und der **Laufbahnbedingungen**[177]. Verneint hat der Gerichtshof die Anwendbarkeit des Art. 7 Abs. 1 VO (EWG) Nr. 1612/68 dagegen für den Fall, daß der Arbeitgeber für den zum Wehrdienst in einem anderen Mitgliedstaat einberufenen Arbeitnehmer kraft Gesetzes einen Beitrag zu einer zusätzlichen Alters- und Hinterbliebenenversorgung leistet, obwohl der Arbeitsvertrag für die Dauer des Wehrdienstes ruht[178]. 56

---

169 EuGH, Rs. C-19/92, Slg. 1993, I-1663, Rn. 37 ff. (Kraus); ebenso zu Art. 43: EuGH, Rs. 222/86, Slg. 1987, 4097, Rn. 14 ff. (Heylens); Rs. C-340/89, Slg. 1991, I-2357, Rn. 22 (Vlassopoulou); Rs. C-104/91, Slg. 1992, I-3003, Rn. 11 (Borrel u. a.); s. Art. 43, Rn. 23 ff. m.w.N.
170 EuGH, Rs. C-164/94, Slg. 1996, I-135, Rn. 31 (Aranitis).
171 ABl.EG Nr. L 201/77 und ABl.EG 2001 Nr. L 7/5.
172 S. näher *Dietrich* (Fn. 2), S. 440 ff.
173 EuGH, Rs. 152/73, Slg. 1974, 153, Rn. 9 (Sotgiu); zu den Einzelproblemen s. etwa *P. Hanau*, Die neuere Entwicklung der Gleichbehandlung ausländischer Arbeitnehmer in der Bundesrepublik Deutschland, EuR 1974, S. 197.
174 EuGH, Rs. 152/73, Slg. 1974, 153, Rn. 9 (Sotgiu).
175 EuGH, Rs. 15/69, Slg. 1969, 363, Rn. 5 ff. (Ugliola).
176 EuGH, Rs. 44/72, Slg. 1972, 1243, Rn. 3 ff. (Marsman/Rosskamp); Rs. C-35/97, Slg. 1998, I-5325, Rn. 36 (Kommission/Frankreich).
177 EuGH, Rs. 225/85, Slg. 1987, 2625, Rn. 14 (Kommission/Italien); Rs. C-15/96, Slg. 1998, I-47, Rn. 28 (Schöning-Kongebetopoulo); Rs. C-187/96, Slg. 1998, I-1095, Rn. 23 (Kommission/Griechenland).
178 EuGH, Rs. C-315/94, Slg. 1996, I-1417, Rn. 14 ff. (de Vos); mit Anmerkung von *C. Weber*, ArbuR 1996, S. 237.

4. Gleiche soziale und steuerliche Vergünstigungen

57 Nach Art. 7 Abs. 2 VO (EWG) Nr. 1612/68 genießt ein EG-Arbeitnehmer die gleichen **sozialen** und **steuerlichen Vergünstigungen** wie die inländischen Arbeitnehmer. Das Recht auf Gleichbehandlung hinsichtlich der sozialen und steuerlichen Vergünstigungen kommt nur **EG-Arbeitnehmern** zugute. Unionsbürger, die zuwandern, um erst eine Beschäftigung zu suchen, sind nicht anspruchsberechtigt[179].

a) Steuerliche Vergünstigungen

58 Der Grundsatz der Gewährung **gleicher steuerlicher Vergünstigungen** verlangt die steuerliche Gleichbehandlung der EG-Arbeitnehmer mit den inländischen Arbeitnehmern[180]. Die Erhebung der **direkten Steuern** fällt zwar in die Zuständigkeit der Mitgliedstaaten. Diese haben jedoch ihre Kompetenzen unter Wahrung des Gemeinschaftsrechts auszuüben und müssen deshalb jede offensichtliche oder versteckte Diskriminierung aufgrund der Staatsangehörigkeit unterlassen[181]. Eine **mittelbare Diskriminierung** hat der EuGH etwa in dem Fall angenommen, daß ein Mitgliedstaat die **Rückerstattung** zuviel gezahlter Lohn- oder Einkommenssteuer denjenigen Arbeitnehmern verweigert hat, die nur während eines Teils des Jahres gebietsansässig waren[182]. Auch das Erfordernis eines inländischen Wohnsitzes beider Ehegatten als Voraussetzung des Splittings verstößt gegen den Grundsatz der Gleichbehandlung[183].

59 **Grenzgängern** sind gemäß Art. 7 Abs. 2 VO (EWG) 1612/68 die gleichen steuerlichen Vergünstigungen wie gebietsansässigen Arbeitnehmern zu gewähren, wenn sie ihre gesamten oder nahezu ihre **gesamten Einkünfte** aus einer beruflichen Tätigkeit (mindestens **ca. 90%**) und praktisch die **Gesamtheit ihrer Familieneinkünfte** in einem anderen Mitgliedstaat als ihrem Wohnsitzstaat erzielen[184]. Zwar befinden sich beide Steuergruppen grundsätzlich nicht in einer vergleichbaren Situation, weil sowohl hinsichtlich der Einkunftsquelle als auch der persönlichen Steuerkraft oder der persönlichen Lage und des Familienstandes objektive Unterschiede bestehen[185]. Bei dieser Gruppe von Grenzgängern besteht jedoch **kein objektiver Unterschied** zu der Besteuerung der gebietsansässigen Ar-

---

179 EuGH, Rs. 316/85, Slg. 1987, 2811, Rn. 22 (Lebon); Rs. C-473/93, Slg. 1996, I-3207, Rn. 2 (Kommission/Luxemburg); Rs. C-173/94, Slg. 1996, I-3265, Rn. 23 (Kommission/Belgien).
180 EuGH, Rs. C-175/88, Slg. 1990, I-1779, Rn. 12 (Biehl); Rs. C-279/93, Slg. 1995, I-225, Rn. 23 (Schumacker); Rs. C-151/94, Slg. 1995, I-3685, Rn. 13 (Kommission/Luxemburg); s. auch C. O. *Lenz*, Die neuere Rechtsprechung des Gerichtshof auf dem Gebiet der direkten Steuern, DStZ 1997, S. 541; *F. Ebke/K.Deutschmann*, Einkommensbesteuerung im Recht der Europäischen Union, JZ 1999, S. 1131.
181 EuGH, Rs. C-279/93, Slg. 1995, I-225, Rn. 21 (Schumacker); Rs. C-80/94, Slg. 1995, I-2493, Rn. 16 (Wielockx); Rs. C-107/94, Slg. 1996, I-3089, Rn. 36 (Asscher); Rs. C-87/9, Slg. 2000, I-3337, Rn. 18 (Zurstrassen).
182 EuGH, Rs. C-175/88, Slg. 1990, I-1779, Rn. 12 ff. (Biehl); Rs. C-151/94, Slg. 1995, I-3685, Rn. 15 (Kommission/Luxemburg).
183 EuGH, Rs. C-87/99, Slg. 2000, I-3337, Rn. 20 (Zurstrassen).
184 EuGH, Rs. C-279/93, Slg. 1995, I-225, Rn. 36 ff. (Schumacker); Rs. C-80/94, Slg. 1995, I-2493, Rn. 21 f. (Wielockx); Rs. C-107/94, Slg. 1996, I-3089, Rn. 62 (Asscher); *N. Dautzenberg*, Grenzgängerregelungen nach dem Schumacker-Urteil, BB 1995, S. 2397 ff.; *W. Kaefer*, EuGH-Diskriminierungsfall Schumacker, 1996; *B. Knobbe-Keuk*, Freizügigkeit und direkte Besteuerung, EuZW 1995, S. 167; *G. Saß*, Die Regelungen für Ausländer nach dem Jahressteuergesetz 1996, BB 1996, S. 295; *J. De Weerth*, EG-Recht und direkte Steuern, RIW 1995, S. 928.
185 EuGH, Rs. C-279/93, Slg. 1995, I-225, Rn. 31 ff. (Schumacker); EuGH, Rs. C-80/94, Slg. 1995, I-2493, Rn. 18 f. (Wielockx); Rs. C-107/94, Slg. 1996, I-3089, Rn. 41 (Asscher).

beitnehmer, der eine solche Ungleichbehandlung rechtfertigt[186]. Die Richtlinie 77/799/ EWG des Rates vom 19.12.1977 über die gegenseitige **Amtshilfe** zwischen den zuständigen Behörden der Mitgliedstaaten im Bereich der direkten Steuern[187] bietet hinreichende Möglichkeiten für die Erfassung von Einkünften in einem anderen Mitgliedstaat[188].

Eine Ungleichbehandlung liegt ebenfalls vor, wenn EG-Arbeitnehmer ihre Beiträge zu Sozialversicherungen nicht steuerlich von den Erwerbseinkünften abziehen können, falls die Versicherungsträger ihren Sitz im Ausland haben und von dem betreffenden Mitgliedstaat nicht als gleichwertig anerkannt sind[189]. Das Ziel einer **Kohärenz des nationalen Steuersystems** rechtfertigt jedoch eine solche Ungleichbehandlung, wenn zwischen der Gewährung der steuerlichen Vergünstigungen und einer späteren Besteuerung von Versicherungsbeiträgen ein unmittelbarer Zusammenhang besteht[190]. Die Tatsache, daß steuerliche Vergünstigungen an den Abschluß eines **Doppelbesteuerungsabkommens** geknüpft werden, begründet indes diese Kohärenz nicht[191]. 60

b) Soziale Vergünstigungen
Gemäß Art. 7 Abs. 2 VO (EWG) Nr. 1612/68 genießt ein EG-Arbeitnehmer im Beschäftigungsstaat die **gleichen sozialen Vergünstigungen** wie inländische Arbeitnehmer[192]. Der Begriff der sozialen Vergünstigung ist **weit auszulegen** und knüpft nicht an das Bestehen eines Arbeitsverhältnisses an[193]. Er umfaßt nach st. Rspr. des EuGH »alle **Vergünstigungen**, die ob sie an einen **Arbeitsvertrag anknüpfen oder nicht**, den inländischen Arbeitnehmern im allgemeinen hauptsächlich wegen deren objektiver Arbeitnehmereigenschaft oder einfach wegen ihres **Wohnsitzes im Inland** gewährt werden und deren Ausdehnung auf die Arbeitnehmer, die Staatsangehörige eines anderen Mitgliedstaats sind, deshalb als geeignet erscheint, deren **Mobilität** innerhalb der Gemeinschaft zu erleichtern«[194]. 61

---

186 EuGH, Rs. C-279/93, Slg. 1995, I-225, Rn. 36 ff. (Schumacker); Rs. C-80/94, Slg. 1995, I-2493, Rn. 20 (Wielockx); Rs. C-107/94, Slg. 1996, I-3089, Rn. 42 (Asscher); Rs. C-87/99, Slg. 2000, I-3337, Rn. 21 (Zurstrassen); s. näher *J.-D. Kramer*, Beschränkte Steuerpflicht und Europarecht, RIW 1996, S. 951
187 ABl.EG 1977 Nr. L 336/15; s. aber auch die kritische Anm. von. GA *P. Léger*, Schlußantr. zu EuGH, Rs. C-279/93, Slg. 1995, I-225, (Schumacker), Ziff. 80.
188 EuGH, Rs. C-204/90, Slg. 1992, I-249, Rn. 18 ff. (Bachmann); Rs. C-300/90, Slg. 1992, I-305, Rn. 11 ff. (Kommission/Belgien); Rs. C-279/93, Slg. 1995, I-225, Rn. 45 (Schumacker); Rs. C-80/94, Slg. 1995, I-2493, Rn. 25 (Wielockx).
189 EuGH, Rs. C-204/90, Slg. 1992, I-249, Rn. 9 ff. (Bachmann); Rs. C-300/90, Slg. 1992, I-305, Rn. 7 ff. (Kommission/Belgien); s. auch *R. Wernsmann*, Steuerliche Diskriminierungen, EuR 1999, S. 754 ff.
190 EuGH, Rs. C-204/90, Slg. 1992, I-249, Rn. 21 ff. (Bachmann); Rs. C-300/90, Slg. 1992, I-305, Rn. 14 ff. (Kommission/Belgien); Rs. C-107/94, Slg. 1996, I-3089, Rn. 56 ff. (Asscher); s. *J. Sedemund*, Die Bedeutung des Prinzips der steuerlichen Kohärenz als Rechtfertigungsaspekt für Eingriffe in die Grundfreiheiten, Int. Steuerrecht 2001, S. 190 ff.
191 EuGH, Rs. C-80/94, Slg. 1995, I-2493, Rn. 24 f. (Wielockx); abw. EuGH, Rs. C-336/96, Slg. 1998, I-2793, Rn. 23 (Gilly).
192 S. ein Schrifttum insb.: *D. O'Keeffe*, Equal Rights for Migrants, YEL 1985, S. 93; *R. Lippert*, Gleichbehandlung bei sozialen Vergünstigungen, 1993; *St. Peers*, »Social advantages« and discrimination in Employment, ELRev. 1997, S. 157; *J. Steiner*, The Right to Welfare, ELR 1985, S. 21.
193 EuGH, Rs. 32/75, Slg. 1975, 1085, Rn. 10 und 13 (Cristini); Rs. 59/85, Slg. 1986, 1283, Rn. 25 (Reed); anders noch EuGH Rs. 76/72, Slg. 1973, 463, Rn. 6/10 (Michel); kritisch *Hailbronner* (Fn. 21), S. 172.
194 EuGH, Rs. 207/78, Slg. 1979, 2019, Rn. 22 (Even); Rs. 65/81, Slg. 1982, 33, Rn. 12 (Reina); Rs. 261/83, Slg. 1984, 3199, Rn. 11 (Castelli); Rs. 122/84, Slg. 1985, 1027, Rn. 24 (Scrivner); Rs. 249/83, Slg. 1985, 973, Rn. 20 (Hoeckx); Rs. 157/84, Slg. 1985, 1739, Rn. 20 (Frascogna);

Art. 39 EG-Vertrag

62 Unter Art. 7 Abs. 2 VO (EWG) Nr. 1612/68 fallen danach alle staatlich gewährten Vergünstigungen, die geeignet sind, die Eingliederung eines Arbeitnehmers und seiner Familie in den Aufnahmestaat zu fördern und somit zur Verwirklichung des Ziels der Freizügigkeit der Arbeitnehmer beizutragen[195]. Die Mitgliedstaaten dürfen die Leistung der sozialen Vergünstigungen nicht von **Bedingungen** abhängig machen, die für die eigenen Staatsangehörigen nicht gelten (z.B. Gegenseitigkeitsabkommen[196], bestimmter Zeitraum einer Berufstätigkeit[197], Wohnsitzerfordernis[198]). Ebensowenig kommt es darauf an, ob auf die Leistung ein Rechtsanspruch oder nur ein Ermessensanspruch besteht[199]. Der Anspruch auf Gleichbehandlung bei der Vergabe von Stipendien für den Erwerb einer beruflichen Qualifizierung wird nicht durch die Tatsache ausgeschlossen, daß **die berufliche Aus- oder Weiterbildung im Ausland** gleichzeitig der Förderung der kulturellen Beziehungen zwischen den betreffenden Staaten dient[200].

63 Als **soziale Vergünstigungen** i.S.d. Art. 7 Abs. 2 VO (EWG) Nr. 1612/68 hat der EuGH folgende **Geld- und Sachleistungen** angesehen: Leistungen für kinderreiche Familien[201], Leistungen zur Sicherstellung des Existenzminimums[202], Ausbildungsförderung und Stipendien für ein Universitätsstudium, soweit dem früheren Arbeitnehmer weiterhin die Rechte aus Art. 39 zukommen[203], Überbrückungsgelder für junge Arbeitslose,[204] Geburts- und Mutterschaftsbeihilfen sowie Erziehungsgeld[205], Leistungen für Behinderte[206], Kindergeld[207], Bestattungsgelder für Erd- und Feuerbestattungen[208], Entschädi-

---

Fortsetzung von Fußnote 194
Rs. 94/84, Slg. 1985, 1873, Rn. 21 (Deak); Rs. 59/85, Slg. 1986, 1283, Rn. 26 (Reed); Rs. 39/86, Slg. 1988, 3161, Rn. 21 (Lair); Rs. C-310/91, Slg. 1993, I-3011, Rn. 18 (Schmid); Rs. C-315/94, Slg. 1996, I-1417, Rn. 20 (de Vos); Rs. C-57/96, Slg. 1997, I-6689, Rn. 39 (Meints); Rs. C-85/96, Slg. 1998, I-2691, Rn. 25 (Sala); Rs. C-185/96, Slg. 1998, I-6601, Rn. 20 (Kommission/Griechenland).

195 EuGH, Rs. 59/85, Slg. 1986, 1283, Rn. 28 (Reed); s. auch den dritten und fünften Erwägungsgrund zur VO (EWG) Nr. 1612/68, ABl.EG 1968 Nr. L 245/1.
196 EuGH, Rs. 261/83, Slg. 1984, 3199, Rn. 12 (Castelli); s. ebenso EuGH, Rs. 1/71, Slg. 1972, 457, Rn. 19 (Frilli); Rs. 186/87, Slg. 1989, 195, Rn. 12 (Cowan); Rs. C-20/92, Slg. 1993, I-3777, Rn. 17 (Hubbard); s. zum Problem des deutschen Staatshaftungsrechts U. *Wölker*, in: GTE, EU-/EGV, Art. 48, Rn. 49 m.w.N.
197 EuGH, Rs. 39/86, Slg. 1988, 3161, Rn. 42 (Lair); Rs. 197/86, Slg. 1988, 3205, Rn. 22 (Brown); Rs. C-3/90, Slg. 1992, I-1071, Rn. 28 (Bernini).
198 EuGH, Rs. 249/83, Slg. 1985, 973, Rn. 25 (Hoeckx); Rs. C-278/94, Slg. 1996, I-4307, Rn. 29 (Kommission/Belgien).
199 EuGH, Rs. 65/81, Slg. 1982, 33, Rn. 17 (Reina).
200 EuGH, Rs. 235/87, Slg. 1988, 5589, Rn. 11 (Matteucci).
201 EuGH, Rs. 32/75, Slg. 1975, 1085, Rn. 10/13 (Cristini); Rs. C-185/96, Slg. 1998, I-6601, Rn. 21 (Kommission/Griechenland).
202 EuGH, Rs. 261/83, Slg. 1984, 3199, Rn. 12 (Castelli); Rs. 122/84, Slg. 1985, 1027, Rn. 25 ff. (Scrivner); Rs. 249/83, Slg. 1985, 973, Rn. 22 (Hoeckx); Rs. 157/84, Slg. 1985, 1739, Rn. 22, 25 (Frascogna).
203 EuGH, Rs. 39/86, Slg. 1988, 3161, Rn. 23 (Lair); Rs. 197/86, Slg. 1988, 3205, Rn. 12 (Brown); Rs. 235/87, Slg. 1988, 5589, Rn. 11 (Matteucci); Rs. C-3/90, Slg. 1992, I-1071, Rn. 23 (Bernini).
204 EuGH, Rs. 65/81, Slg. 1982, 33, Rn. 18 (Reina); Rs. 94/84, Slg. 1985, 1873, Rn. 27 (Deak); Rs. C-278/94, Slg. 1996, I-4307, Rn. 25 (Kommission/Belgien).
205 EuGH, Rs. C-111/91, Slg. 1993, I-817, Rn. 6, 22 (Kommission/ Luxemburg); Rs. C-85/96, Slg. 1998, I-2691, Rn. 26 (Sala) mit Anm. Ch. *Tomuschat*, CMLR 37 (2000), S. 449; s. aber EuGH, Rs. C-411/98, Slg. 2000, EuZW 2001, S. 26, Rn. 45 (Ferlini).
206 EuGH, Rs. C-310/91, Slg. 1993, I-3011, Rn. 26 (Schmid); Rs. C-243/91, Slg. 1992, I-4401, Rn. 11 (Taghavi).
207 EuGH, Rs. C-266/95, Slg. 1997, I-3279, Rn. 32 ff. (García), wobei der EuGH die Diskriminierung auf Art. 39 Abs. 2 stützt.
208 EuGH, Rs. C-237/94, Slg. 1996, I-2617, Rn. 14 (O'Flynn).

gungen wegen der Auflösung des Arbeitsverhältnisses[209]. Darüber hinaus hat der EuGH auch **immaterielle Vorteile** unter Art. 7 Abs. 2 VO (EWG) Nr. 1612/68 gefaßt, wie z.b. das Recht, sich vor Gericht seiner eigenen Sprache zu bedienen[210], oder das Recht auf Erteilung einer Aufenthaltserlaubnis für Partner einer nichtehelichen Lebensgemeinschaft[211].

Keine sozialen Vergünstigungen stellen dagegen Rentenleistungen dar, die ihren Grund in der Ableistung von Wehrdienst für einen Mitgliedstaat während des Zweiten Weltkrieges haben[212]. Gleiches gilt für staatliche Beitragsleistungen zu einer Alters- und Hinterbliebenenversicherung, die während der Dauer des Wehrdienstes als Ausgleich für Nachteile aus der Wehrpflicht gezahlt werden[213]. **64**

Die **Abgrenzung** zwischen sozialen Vergünstigungen und **Leistungen der sozialen Sicherheit** i.S.v. Art. 4 VO (EWG) Nr. 1408/71 entzieht sich vor allem in bezug auf **Sozialhilfeleistungen** einer eindeutigen Zuordnung[214]. Nach der neueren Rechtsprechung des EuGH findet Art. 7 Abs. 2 VO (EWG) Nr. 1612/68 jedoch subsidiär auch auf Leistungen Anwendung, die gleichzeitig in den Anwendungsbereich der VO (EWG) Nr. 1408/71 fallen[215]. Soziale Vergünstigungen i.S.v. Art. 7 Abs. 2 VO (EWG) Nr. 1612/68 sind zudem ähnlich wie Leistungen der sozialen Sicherheit grundsätzlich »**exportierbar**«; jedenfalls dürfen sie nicht davon abhängig gemacht werden, daß der Begünstigte seinen Wohnsitz in dem Beschäftigungsstaat hat[216]. Bei fortlaufenden Leistungen, wie etwa der Sozialhilfe, bleibt jedoch der Wohnortstaat zur Leistung verpflichtet[217]. **65**

c) Zugang zu Berufsschulen und Umschulungszentren

Ein EG-Arbeitnehmer kann gemäß Art. 7 Abs. 3 VO (EWG) Nr. 1612/68 mit dem gleichen Recht und unter den gleichen Bedingungen wie die inländischen Arbeitnehmer **Berufsschulen und Umschulungszentren** besuchen. Ein Zusammenhang mit der vorherigen Berufstätigkeit ist nicht erforderlich. Der Begriff der Berufsschule umfaßt ausschließlich Einrichtungen, die eine Ausbildung vermitteln, welche entweder in eine Berufstätigkeit eingebettet oder mit einer solchen, insbesondere während einer Lehre, verbunden ist[218]. **Hochschulen** zählen nicht zu den Berufsschulen i. S. d. Art. 7 Abs. 3 VO (EWG) Nr. 1612/68[219]. Allerdings fällt die Erhebung von Einschreibe- und Studiengebühren als **66**

---

209 EuGH, Rs. C-57/96, Slg. 1997, I-6689, Rn. 42 (Meints).
210 EuGH, Rs. 137/84, Slg. 1985, 2681, Rn. 16 ff. (Mutsch).
211 EuGH, Rs. 59/85, Slg. 1986, 1283, Rn. 28 ff. (Reed); kritisch U. *Wölker*, in: GTE, EU-/EGV, Art. 48, Rn. 62 f.
212 EuGH, Rs. 207/78, Slg. 1979, 2019, Rn. 23 ff. (Even).
213 EuGH, Rs. C-315/94, Slg. 1996, I-1417, Rn. 21 ff. (de Vos).
214 EuGH, Rs. 39/74, Slg. 1974, 1251, Rn. 6 (Costa); Rs. 122/84, Slg. 1985, 1027, Rn. 19 (Scrivner); Rs. 249/83, Slg. 1985, 973, Rn. 12 (Hoeckx); *J. V. Ketelsen*, Sozialhilfe und Gemeinschaftsrecht, ZSR 1990, S. 331.
215 EuGH, Rs. C-111/91, Slg. 1993, I-817, Rn. 21 (Kommission/ Luxemburg); Rs. 207/78, Slg. 1979, 2019, Rn. 17 (Even); Rs. C-85/96, Slg. 1998, I-2691, Rn. 27 (Sala); Rs. C-185/96, Slg. 1998, I-6601, Rn. 21 (Kommission/Griechenland); anders noch EuGH, Rs. 1/72, Slg. 1972, 457, Rn. 4 (Frilli); Rs. 122/84, Slg. 1985, 1027, Rn. 16 (Scrivner); kritisch *B. Willms*, in: GTE, EU-/EGV, Art. 51, Rn. 32.
216 EuGH, Rs. C-57/96, Slg. 1997, I-6689, Rn. 49 f. (Meints); a.A. *R. Erhard*, in: Lenz, EGV, Art. 48, Rn. 24; *Hailbronner* (Fn. 21), S. 175; *A. Randelzhofer*, in: Grabitz/Hilf, EU, Art. 48, Rn. 33; *B. Willms*, in: GTE, EU-/EGV, Art. 51, Rn. 16 ff.
217 *W. Rüfner*, Verfassungs- und europarechtliche Grenzen bei der Umgestaltung des Sozialhilferechts, VSSR 1997, S. 69
218 EuGH, Rs. 197/86, Slg. 1988, 3205, Rn. 12 (Brown).
219 EuGH, Rs. 24/86, Slg. 1998, 379, Rn. 12 (Blaizot); Rs. 197/86, Slg. 1988, 3205, Rn. 12 (Brown); kritisch *U. Wölker*, in: GTE, EU-/EGV, Art. 48, Rn. 64.

Zugangsvoraussetzung zu einer universitären Berufsausbildung unter den Anwendungsbereich des Art. 12 Abs. 1[220].

5. Rechte aus Art. 8 und 9 VO (EWG) Nr. 1612/68

67 Art. 8 VO (EWG) Nr. 1612/68 gewährt den EG-Arbeitnehmern Anspruch auf gleiche Behandlung hinsichtlich der Zugehörigkeit zu **Gewerkschaften** und der Ausübung **gewerkschaftlicher Rechte**[221]. Hierzu zählen insbesondere das aktive und das passive Wahlrecht zu den Organen der Arbeitnehmervertretungen[222]. Der Begriff der »Gewerkschaften« erstreckt sich auch auf alle Einrichtungen, die der Verteidigung und Vertretung von Arbeitnehmerinteressen dienen (z.B. Berufskammern)[223]. Der Ausschluß der EG-Arbeitnehmer von der »Teilnahme an der Verwaltung von Körperschaften des öffentlichen Rechts und der Ausübung eines öffentlichen Amtes« gemäß Art. 8 Satz 2 VO (EWG) Nr. 1612/68 entspricht der Ausnahmeregelung des Art. 39 Abs. 4[224]. Nach Art. 9 VO (EWG) Nr. 1612/68 genießen ferner die EG-Arbeitnehmer hinsichtlich einer Wohnung, einschließlich der Erlangung des Eigentums an der von ihnen benötigten Wohnung, alle Rechte und Vergünstigungen wie inländische Arbeitnehmer[225].

V. Gleichbehandlungsgebot für Familienangehörige

1. Recht auf Zugang zur Beschäftigung

68 Art. 11 VO (EWG) Nr. 1612/68 sieht vor, daß der **Ehegatte** eines EG-Arbeitnehmers sowie dessen **Kinder**, die noch nicht 21 Jahre alt sind oder denen er Unterhalt gewährt, das Recht haben, im gesamten Hoheitsgebiet dieses Mitgliedstaates **irgendeine Tätigkeit im Lohn- oder Gehaltsverhältnis** auszuüben. Zugleich eröffnet der Anspruch nach Art. 11 das Recht auf **Inländergleichbehandlung** gemäß Art. 3 Abs. 1 VO (EWG) Nr. 1612/68 hinsichtlich der Stellensuche, des Zugangs zur Beschäftigung und dessen Ausübung, was insbesondere für **Drittstaatsangehörige** von Bedeutung ist[226].

2. Soziale Vergünstigungen

69 **Familienangehörige** können im **eigenen Namen** einen Anspruch des EG-Arbeitnehmers nach Art. 7 Abs. 2 VO (EWG) Nr. 1612/68 auf **Familienleistungen** geltend machen, wenn sie den nach nationalem Recht begünstigten Familienangehörigen eines inländi-

---

220 S. Art. 12, Rn. 19 m.w.N.
221 S. hierzu näher *Dietrich* (Fn. 2), S. 457 ff.
222 R. *Birk*, Der Einfluß des Gemeinschaftsrechts auf das Arbeitsrecht der Bundesrepublik Deutschland, RIW 1989, S. 6.
223 EuGH, Rs. C-213/90, Slg. 1991, I-3507, Rn. 16 (ASTI); Rs. C-118/92, Slg. 1994, I-1891, Rn. 4 ff. (Kommission/Luxemburg); s. *K. Hailbronner*, HK-EUV, Art. 48, Rn. 40.
224 EuGH, Rs. 149/79, Slg. 1980, 3881, Rn. 15 (Kommission/Belgien); Rs. C-213/90, Slg. 1991, I-3507, Rn. 19 (ASTI).
225 EuGH, Rs. 305/87, Slg. 1989, 1461, Rn. 18 (Kommission/Griechenland); s. *U. Wölker*, in: GTE, EU-/EGV, Art. 48, Rn. 65.
226 EuGH, Rs. 131/85, Slg. 1986, 1573, Rn. 14 und 20 (Gül); *Ziekow* (Fn. 65), S. 367 f.

schen Arbeitnehmers ebenfalls unmittelbar gewährt werden[227]. Voraussetzung ist jedoch stets, daß die Familienangehörigen i.S.d. Art. 10 VO (EWG) Nr. 1612/68 von dem Arbeitnehmer Unterhalt beziehen oder, sofern es Kinder sind, noch nicht das 21. Lebensjahr erreicht haben[228]. Art. 7 Abs. 2 VO (EWG) Nr. 1612/68 eröffnet Rechte der Familienangehörige auch noch nach dem Tod des Arbeitnehmers[229]. Die unterschiedliche Ausgestaltung von Aufenthaltsrechten in Abhängigkeit von dem Wohnsitz des EG-Arbeitnehmers, von dem die Freizügigkeit hergeleitet wird, verstößt nicht Art. 7 Abs. 2 VO (EWG) Nr. 1612/68[230].

3. Ausbildungsrechte der Kinder

Nach Art. 12 Abs. 1 VO (EWG) Nr. 1612/68 können **Kinder eines EG-Arbeitnehmers**, 70 wenn sie im Hoheitsgebiet eines anderen Mitgliedstaates wohnen, unter den gleichen Bedingungen wie die Staatsangehörigen dieses Mitgliedstaates am **allgemeinen Unterricht** sowie an der **Lehrlings- und Berufsausbildung** teilnehmen[231]. Die Vorschrift bezieht sich auf **jede Form von Unterricht und Ausbildung** einschließlich eines Hochschulstudiums[232]. Umfaßt sind nicht nur die Zulassungsbedingungen zum Unterricht, sondern auch die **allgemeinen Maßnahmen**, die die Teilnahme am Unterricht erleichtern sollen. Dazu gehören namentlich alle **Beihilfen**, die für den Lebensunterhalt und zur Deckung der Ausbildungskosten an einer Schule oder Universität gezahlt werden, die den Kindern von EG-Arbeitnehmern unter den gleichen Bedingungen wie den inländischen Kindern zustehen[233]. Dies gilt auch für den Fall, daß die Kinder eines EG-Arbeitnehmers ein Studium in ihrem **Heimatstaat** aufnehmen oder fortsetzen[234].

Der Begriff des **Kindes** i.S.d. Art. 12 VO (EWG) Nr. 1612/68 wird **nicht** durch eine Al- 71 tersgrenze oder das Erfordernis einer **Unterhaltsgewährung** eingeschränkt[235]. Der persönliche Anwendungsbereich der Vorschrift ist jedoch eröffnet, wenn das Kind mit seinen Eltern oder einem Elternteil in dem Aufnahmemitgliedstaat in einer Zeit lebte, in der dort zumindest ein Elternteil als Arbeitnehmer wohnte[236]. Die zwischenzeitliche **Rückkehr des EG-Arbeitnehmers** in seinen Heimatstaat unter Aufgabe der Beschäftigung schmälert nicht die Rechte des Kindes auf Weiterführung der Ausbildung. Dies gilt

---

227 EuGH, Rs. 32/75, Slg. 1975, 1085, Rn. 14/18 (Cristini); Rs. 261/83, Slg. 1984, 3199, Rn. 10 (Castelli); Rs. 157/84, Slg. 1985, 1739, Rn. 23 f. (Frascogna); Rs. 94/84, Slg. 1985, 1873, Rn. 24 (Deak); Rs. C-3/90, Slg. 1992, I-1071, Rn. 25 f. (Bernini); Rs. C-243/91, Slg. 1992, I-4401, Rn. 11 (Taghavi); a.A. noch EuGH, Rs. 76/72, Slg. 1973, 463, Rn. 6/10 (Michel), wonach nur die Art. 10 ff. VO (EWG) Nr. 1612/68 Anwendung fänden.
228 EuGH, Rs. 316/85, Slg. 1987, 2811, Rn. 13 (Lebon); Rs. C-3/90, Slg. 1992, I-1071, Rn. 25 (Bernini).
229 EuGH, Rs. 32/75, Slg. 1975, 1085, Rn. 14/18 (Cristini); *Ziekow* (Fn. 65), S. 368.
230 Rs. C-356/98, Slg. 2000, I-2623, Rn. 35 (Kaba).
231 S. näher *P. Oliver*, Non-Community Nationals and the Treaty of Rome, YEL 1985, S. 57 (69); *U. Wölker*, in: GTE, EU-/EGV, Art. 48, Rn. 77 ff.; *Ziekow* (Fn. 65), S. 369.
232 EuGH, Verb. Rs. 389 und 390/87, Slg. 1989, 723, Rn. 30 (Echternach); Rs. C-7/94, Slg. 1995, I-1031, Rn. 24 (Gaal).
233 EuGH, Rs. 76/72, Slg. 1973, 463, Rn. 16 (Michel); Rs. 9/74,, Slg. 1974, 773, Rn. 4 (Casagrande); Rs. 68/74, Slg. 1975, 109, Rn. 5/7 (Alaimo); Verb. Rs. 389 und 390/87, Slg. 1989, 723, Rn. 33 (Echternach); Rs. C-308/89, Slg. 1990, I-4185, Rn. 9 (Carmina di Leo); Rs. C-7/94, Slg. 1995, I-1031, Rn. 19 (Gaal).
234 EuGH, Rs. C-308/89, Slg. 1990, I-4185, Rn. 17 (Carmina di Leo); kritisch *K. Hailbronner* (Fn. 21), S. 175.
235 EuGH, Rs. C-7/94, Slg. 1995, I-1031, Rn. 31 (Gaal); *Ziekow* (Fn. 65), S. 369.
236 EuGH, Rs. 197/86, Slg. 1988, 3205, Rn. 30 (Brown); Rs. C-7/94, Slg. 1995, I-1031, Rn. 28 (Gaal).

selbst für den Fall, daß das Kind zwischenzeitlich selber mit der Familie zurückgekehrt war, sofern er nur ohne wesentliche Unterbrechung am Unterricht im Aufnahmeland teilnimmt[237].

C. Freizügigkeitsrechte gemäß Art. 39 Abs. 3

I. Der Inhalt der Freiheitsrechte

1. Überblick

72 Die **Freiheitsrechte** des EG-Arbeitnehmers und seiner Familienangehörigen aus Art. 39 Abs. 3 und den zu seiner Durchführung ergangenen Sekundärvorschriften umfassen das Recht auf **Stellenbewerbung** (lit. a)), das Recht auf **Einreise und Aufenthalt** zur Stellensuche und zur Ausübung der Beschäftigung (lit. b) und c)) und das **Verbleiberecht** im Mitgliedstaat nach Maßgabe von Durchführungsvorschriften (lit. d)). Mit Ausnahme des Verbleiberechts nach Art. 39 Abs. 3 lit. d) leiten sich diese Freizügigkeitsrechte des Arbeitnehmers unmittelbar aus dem Vertrage ab; ihre Wahrnehmung dürfen die Mitgliedstaaten nicht von weiteren Voraussetzungen, wie etwa Gegenseitigkeitabkommen zwischen den Mitgliedstaaten, abhängig machen[238].

2. Das Recht auf Stellenbewerbung

73 Art. 39 Abs. 3 lit. a) gibt Unionsbürgern das Recht, sich um tatsächlich angebotene **Stellen** innerhalb der Gemeinschaft zu **bewerben**[239]. Nähere Regelungen treffen die Art. 1 bis 6 VO (EWG) Nr. 1612/68. Danach genießen die Unionsbürger aus anderen Mitgliedstaaten dieselben Rechte wie Inländer bei dem Austausch von **Stellenangeboten** und dem Abschluß von **Arbeitsverträgen** (Art. 2) sowie hinsichtlich der Leistungen der Arbeitsämter bei der Stellensuche (Art. 5). Ein staatliches Monopol der Arbeitsvermittlung für EG-Arbeitnehmer läßt sich mit Art. 39 Abs. 3 lit. a) nicht vereinbaren.

3. Das Recht auf freie Einreise und Aufenthalt

a) Allgemeines

74 Art. 39 Abs. 3 lit. b) und c) sehen vor, daß EG-Arbeitnehmer zum Zwecke der Stellenbewerbung und der Ausübung der Beschäftigung sich frei in dem Hoheitsgebiet eines anderen Mitgliedstaates bewegen und sich dort aufhalten dürfen. Das daraus abgeleitete **Einreise- und Aufenthaltsrecht** in einen anderen Mitgliedstaat wird durch die **Richtlinie 68/360/EWG** des Rates vom 15. Oktober 1968 zur Aufhebung der Reise- und Aufenthaltsbeschränkungen für EG-Arbeitnehmer und ihre Familienangehörigen innerhalb der Gemeinschaft näher ausgestaltet[240]. Als Konkretisierung der vertraglichen Freizügigkeitsrechte entfalten die Vorschriften der Richtlinie **unmittelbare Wirkung**[241].

---

237 EuGH, Verb. Rs. 389 und 390/87, Slg. 1989, 723, Rn. 22 f. (Echternach); K. *Hailbronner*, in: Hd.EUWirtR, D I, Rn. 16.
238 EuGH, Rs. 48/75, Slg. 1976, 497, Rn. 19/23 (Royer); Rs. 157/79, Slg. 1980, 2171, Rn. 4 (Pieck); Rs. C-370/90, Slg. 1992, I-4265, Rn. 16 (Singh); Rs. 249/86, Slg. 1989, 1263, Rn. 9 (Kommission/Deutschland).
239 S. näher *Dietrich* (Fn. 2), S. 289 ff. und 427 ff.; s. auch Rs. C-176/96, Slg. 2000, I-2681, Rn. 46 (Lehtonen).
240 ABl.EG 1968 Nr. L 257/13.
241 EuGH, Rs. 48/75, Slg. 1976, 497, Rn. 19/23, 31 (Royer); Rs. 8/77, Slg. 1977, 1495, Rn. 4 (Sagulo); Rs. 157/79, Slg. 1980, 2171, Rn. 4 (Pieck).

Für den Bereich des **Dienstleistungsverkehrs** und der **Niederlassungsfreiheit** trifft die 75
Richtlinie 73/148/EWG des Rates vom 21. Mai 1973[242] gleichlautende Bestimmungen
zur Aufhebung der Reise- und Aufenthaltsbeschränkungen. Subsidiär[243] gilt daneben
das Einreise- und Aufenthaltsrecht für Unionsbürger nach Art. 18 Abs. 1 i.V.m. den
Aufenthaltsrichtlinien 90/364/EWG für Unionsbürger[244], **90/365/EWG für die aus
dem Erwerbsleben ausgeschiedenen Arbeitnehmer und selbständig Erwerbstätigen**[245]
und 93/96/EWG für Studenten[246], welche die Einreise und den Aufenthalt indes jeweils
von der Verfügung über ausreichende Existenzmittel und eines Krankenversicherungs-
schutzes abhängig machen[247]. Die aufenthaltsrechtlichen Vorschriften des Gemeinschaftsrechts sind in Deutschland durch das **Aufenthaltsgesetz/EWG**[248] sowie durch die
Verordnung über die allgemeine Freizügigkeit von Staatsangehörigen der Mitgliedstaaten der Europäischen Union vom 17.7.1997[249] umgesetzt worden.

b) Einreisebedingungen
Die Richtlinie 68/360/EWG sieht vor, daß die Mitgliedstaaten die Ein- und Ausreise von 76
freizügigkeitsberechtigten Personen nicht von anderen Bedingungen oder Förmlichkeiten als dem Vorliegen eines gültigen **Personalausweises oder Reisepasses** abhängig
machen dürfen (Art. 2 und 3)[250]. Darüber hinaus darf – mit Ausnahme der drittstaatsangehörigen Familienangehörigen – weder ein Sichtvermerk noch ein gleichartiger
Nachweis verlangt werden (Art. 3 Abs. 2); alle Förmlichkeiten, mit denen die Einreise in
das Hoheitsgebiet erlaubt werden soll und die zur Kontrolle von Reisepaß oder Personalausweis an der Grenze hinzukommen, sind dadurch untersagt[251].

Auch der **ordre-public-Vorbehalt** gemäß Art. 39 Abs. 3 (s. Rn. 89 ff.) rechtfertigt keine 77
Verwaltungsmaßnahmen, die für die Einreise und den Aufenthalt andere Voraussetzungen verlangen, als sie die gemeinschaftsrechtlichen Regelungen über die Freizügigkeit
vorschreiben[252]. Auf der anderen Seite verbietet es die Richtlinie den Mitgliedstaaten
nicht, gelegentlich der Einreise an der Grenze Unionsbürger aus anderen Mitgliedstaaten
daraufhin zu kontrollieren, ob sie ihre Aufenthaltspapiere bei sich führen. Erfolgen diese
Kontrollen allerdings systematisch oder auf willkürliche oder unnötig lästige Weise, beeinträchtigen sie das Recht auf Freizügigkeit[253].

---

242 ABl.EG 1973 Nr. L 172/14.
243 S. näher Art. 18, Rn. 1 m.w.N.
244 ABl.EG 1990 Nr. L 180/26.
245 ABl.EG 1990 Nr. L 180/28.
246 ABl.EG 1993 Nr. L 317/59.
247 S. jeweils den Art. 1 der Richtlinien.
248 In der Fassung der Bekanntmachung vom 31.1.1980 (BGBl. I S. 116), zuletzt geändert durch das
    Fünfte Gesetz zur Änderung des Aufenthaltsgesetzes/EWG vom 27.12.2000 (BGBl. I S. 2042).
249 BGBl. I S. 1810.
250 EuGH, Rs. 157/79, Slg. 1980, 2171, Rn. 8 (Pieck); Rs. 321/87, Slg. 1989, 997, Rn. 11
    (Kommission/Belgien); Rs. C-68/89, Slg. 1991, I-2637, Rn. 11 (Kommission/Niederlande);
    Rs. C-378/97, Slg. 1999, I-6207, Rn. 43 ff. (Wijsenbeek); s. hierzu ausführlich *K. Hailbronner*,
    Ausländerrecht, D I § 2; *Schulz* (Fn. 57), S. 214 ff.
251 EuGH, Rs. 157/79, Slg. 1980, 2171, Rn. 10 (Pieck); Rs. 321/87, Slg. 1989, 997, Rn. 9
    (Kommission/Belgien).
252 EuGH, Rs. 48/75, Slg. 1976, 497, Rn. 28/29 (Royer); Rs. 157/79, Slg. 1980, 2171, Rn. 9
    (Pieck); Rs. 321/87, Slg. 1989, 997, Rn. 10 (Kommission/Belgien); Rs. C-363/89, Slg. 1991,
    I-273, Rn. 31 (Roux).
253 EuGH, Rs. 157/79, Slg. 1980, 2171, Rn. 9 (Pieck); Rs. 321/87, Slg. 1989, 997, Rn. 12
    (Kommission/Belgien); *P. Demaret/B. Ernst de la Graete*, Mesures nationales d'ordre public et
    circulation des personnes entre Etats membres, CDE 1983, S. 261, 285 ff.; *D. O'Keeffe*, Prac-
    tical Difficulties in the Application of Article 48 of the EEC treaty, CMLR 1982, S. 35, 50 ff.

78 Durch den **Vertrag von Amsterdam** gilt nunmehr gemäß Art. 62, daß der Rat innerhalb eines Zeitraums von fünf Jahren Maßnahmen trifft, die sicherstellen, daß Unionsbürger und Staatsangehörige dritter Länder beim Überschreiten der **Binnengrenzen nicht mehr kontrolliert** werden. Dies regelt unmittelbar für die Schengen-Mitgliedstaaten Art. 2 Abs. 1 SDÜ[254]. Die Mitgliedstaaten haben daher allen Personen die Einreise in ihr Hoheitsgebiet an den Binnengrenzen ohne Vorbedingungen zu gestatten; lediglich die Überschreitung der **Außengrenzen** darf von der Vorlage eines gültigen Personalausweises oder Reisepasses abhängig gemacht werden[255]. Allerdings können die Mitgliedstaaten weiterhin verlangen, daß die freizügigkeitsberechtigten Personen stets einen gültigen Personalausweis oder Reisepaß mit sich führen[256].

c) **Aufenthaltsrecht**

79 Das **Aufenthaltsrecht** der EG-Arbeitnehmer für die Dauer der Beschäftigung folgt unmittelbar aus Art. 39 Abs. 3 lit. c)[257]; es wird durch Art. 4 RL 68/360/EWG präzisiert. Danach sind die Mitgliedstaaten verpflichtet, den Arbeitnehmern das Aufenthaltsrecht zu gewähren, wenn sie einen gültigen **Personalausweis** oder **Reisepaß** und eine **Einstellungserklärung** des Arbeitgebers bzw. **Arbeitsbescheinigung vorlegen**[258]. Der Personalausweis oder Reisepaß muß allein Angaben über die Identität und die Staatsangehörigkeit des Inhabers enthalten, jedoch nicht notwendigerweise zur Ausreise aus dem Hoheitsgebiet des ausstellenden Mitgliedstaates berechtigen[259].

80 Zum Nachweis des Aufenthaltsrechts wird gemäß Art. 4 Abs. 2 RL 68/360/EWG eine »**Aufenthaltserlaubnis** für Angehörige eines Mitgliedstaates der EWG« für das gesamte Hoheitsgebiet des Mitgliedstaates erteilt. Ihre **Gültigkeitsdauer** beträgt mindestens 5 Jahre und muß ohne weiteres verlängerbar sein (Art. 6 Abs. 1). Für Arbeitnehmer, deren Beschäftigung zwischen drei Monaten und einem Jahr andauert, darf der betreffende Mitgliedstaat eine kürzere Aufenthaltserlaubnis vorsehen (Art. 6 Abs. 2). EG-Arbeitnehmer, die voraussichtlich nur **drei Monate** beschäftigt sein werden, **Saisonarbeiter** und **Grenzgänger** bedürfen keiner Aufenthaltserlaubnis; sie haben aber ihren Aufenthalt gegebenenfalls unter Vorlage einer Bescheinigung des Arbeitgebers über die Dauer der Beschäftigung oder eines Arbeitsvertrags anzuzeigen (vgl. Art. 8)[260].

81 Die **Aufenthaltsbescheinigung** i.S.v. Art. 4 RL 68/360/EWG wirkt im Unterschied zu anderen Aufenthaltserlaubnisses für Ausländer nur **deklaratorisch**[261] Das Recht auf Einreise und Aufenthalt oder auf staatliche Leistungen wie ein Erziehungsgeld darf mithin nicht von der Erteilung oder dem Besitz einer Aufenthaltserlaubnis abhängig gemacht

---

254 BGBl. II 1990, S. 1010.
255 S. näher Art. 62, Rn. 3 ff.
256 S. den Richlinienvorschlag der Kommission zur Änderung der RL 68/360/EWG; ABl.EG 1995 Nr. C 307/18; *U. Wölker*, in: GTE, EU-/EGV, Vorb. zu den Art. 48 bis 50, Rn. 10; s. ferner Art. 62, Rn. 5.
257 EuGH, Rs. 48/75, Slg. 1976, 497, Rn. 19/23, 31 (Royer); Rs. 8/77, Slg. 1977, 1495, Rn. 4 (Sagulo); Rs. 157/79, Slg. 1980, 2171, Rn. 4 (Pieck); s. näher *Schulz* (Fn. 57), S. 219 ff.; *J. Haller*, Das Aufenthaltsrecht der Unionsbürger in Deutschland 2000.
258 EuGH, Rs. 48/75, Slg. 1976, 497, Rn. 37 (Royer); Rs. 157/79, Slg. 1980, 2171, Rn. 12 (Pieck); Rs. C-344/95, Slg. 1997, I-1035, Rn. 22 (Kommission/Belgien).
259 EuGH, Rs. C-376/89, Slg. 1991, I-1069, Rn. 16 (Giagounidis); *H.-G. Fischer*, Einreise- und Aufenthaltsfreiheit von EG-Ausländern, NVwZ 1990, S. 1150.
260 EuGH, Rs. C-344/95, Slg. 1997, I-1035, Rn. 30 f. (Kommission/Belgien).
261 EuGH, Rs. 48/75, Slg. 1976, 497, Rn. 31/32 (Royer); Rs. 8/77, Slg. 1977, 1495, Rn. 8 (Sagulo); Rs. 157/79, Slg. 1980, 2171, Rn. 13 (Pieck); Verb. Rs. 389 und 390/87, Slg. 1989, 723, Rn. 25 f. (Echternach); Rs. C-363/89, Slg. 1991, I-273, Rn. 12 (Roux); Rs. C-85/96, Slg. 1998, I-2691, Rn. 53.

werden²⁶². Ebensowenig darf der Anschluß eines Arbeitnehmers an ein bestimmtes System der sozialen Sicherheit als Voraussetzung des Aufenthaltsrechts oder der Erteilung der Aufenthaltserlaubnis verlangt werden²⁶³.

Die **Verfahrensgestaltung** und die **Verfahrensdauer** bis zur Erteilung der Aufenthaltserlaubnis darf sich nicht als zu aufwendig und mithin als ein tatsächliches Hindernis für die Freizügigkeit der Arbeitnehmer erweisen, namentlich hat die Erteilung und Verlängerung der Aufenthaltsdokumente **unentgeltlich** oder gegen Entrichtung eines Betrags zu erfolgen, der die **Ausstellungsgebühr** von Personalausweisen für **Inländer nicht übersteigt**. Für den Fall eines mehrstufigen Verwaltungsverfahrens ist der Gesamtbetrag, nicht jedoch die jeweilige Einzelgebühr maßgeblich²⁶⁴. 82

Ein **ausgewiesener Unionsbürger** kann nach Ablauf einer angemessenen Frist **erneut** die Erteilung einer Aufenthaltserlaubnis beantragen. Die zuständige Verwaltungsbehörde des Aufnahmestaats hat zu prüfen, ob sich die Umstände, welche die erste Ausweisung gerechtfertigt hatten, zugunsten des Antragstellers verändert haben²⁶⁵. Während des behördlichen Verfahrens besteht **kein Recht auf Einreise**²⁶⁶. 83

Nach Art. 7 Abs. 1 RL 68/360/EWG führt der Umstand, daß der Inhaber des Aufenthaltsrechts infolge von Krankheit oder Unfall vorübergehend **arbeitsunfähig** ist oder **unfreiwillig arbeitslos** geworden ist und letzteres vom zuständigen Arbeitsamt ordnungsgemäß bestätigt wird, nicht zum Entzug der Aufenthaltserlaubnis. Allerdings kann deren Gültigkeit nach Art. 7 Abs. 2 RL 68/360/EWG bei der ersten Verlängerung beschränkt werden, wenn der Arbeitnehmer im Aufnahmestaat länger als zwölf aufeinanderfolgende Monate unfreiwillig arbeitslos ist; sie darf jedoch zwölf Monate nicht unterschreiten. Voraussetzung ist dabei stets, daß die betreffende Person zuvor in Ausübung ihres Rechts auf Freizügigkeit als Arbeitnehmer im Aufnahmestaat beschäftigt war²⁶⁷. 84

d) Insbesondere: Aufenthaltsrecht zur Bewerbung um einen Arbeitsplatz
Das Recht auf Einreise und Aufenthalt besteht auch für die **Dauer der Stellensuche**, ohne daß eine **Aufenthaltserlaubnis** verlangt werden darf²⁶⁸. Die Mitgliedstaaten sind mangels einer gemeinschaftsrechtlichen Regelung befugt, hierfür einen **ausreichenden Zeitraum** festzulegen²⁶⁹. Der EuGH hält einen Mindestzeitraum von **sechs Monaten** für angemessen²⁷⁰. In jedem Fall darf der Betroffene nicht ausgewiesen werden, wenn er nach 85

---

262 EuGH, Rs. C-357/89, Slg. 1992, I-1027, Rn. 36 (Raulin); Rs. 249/86, Slg. 1989, 1263, Rn. 9 (Kommission/Deutschland); Rs. C-85/96, Slg. 1998, I-2691, Rn. 54 ff. (Sala).
263 EuGH, Rs. C-363/89, Slg. 1991, I-273, Rn. 14, 18 (Roux).
264 EuGH, Rs. C-344/95, Slg. 1997, I-1035, Rn. 24 ff. (Kommission/Belgien).
265 EuGH, Verb. Rs. 115/81 und 116/81, Slg. 1982, 1665, Rn. 12 (Adoui); Verb. Rs. C-65/95 und C-111/95, Slg. 1997, I-3341, Rn. 39 ff. (Shingara und Radiom).
266 EuGH, Verb. Rs. 115/81 und 116/81, Slg. 1982, 1665, Rn. 12 (Adoui); BVerwG, InfAuslR 1990, S. 54.
267 EuGH, Rs. C-171/91, 26.5.1993, Slg. 1993, 2925, Rn. 11 (Tsiotras).
268 EuGH, Rs. C-292/89, Slg. 1991, I-745, Rn. 13 (Antonissen); Rs. C-171/91, Slg. 1993, 2925, Rn. 8 (Tsiotras); s. näher K. *Hailbronner*, Ausländerrecht, D I § 8, Rn. 1 ff.; U. *Wölker*, in: GTE, EU-/EGV, Art. 48 Rn. 36 ff. m.w.N.
269 EuGH, Rs. C-292/89, Slg. 1991, I-745, Rn. 16 (Antonissen); Rs. C-344/95, Slg. 1997, I-1035, Rn. 16 (Kommission/Belgien).
270 EuGH, Rs. C-292/89, Slg. 1991, I-745, Rn. 21 f. (Antonissen); Rs. C-171/91, Slg. 1993, 2925, Rn. 13 (Tsiotras).; a.A. (drei Monate ausreichend) etwa S. *Magiera*, Europa der Bürger, DöV 1987, S. 223; R. *Streinz*, Einreise, Aufenthalt und Ausweisung von EG-Ausländern, ZfRV 1991, S. 109.

Ablauf des Zeitraums den Nachweis erbringt, daß er weiterhin und mit begründeter Aussicht auf Erfolg Arbeit sucht[271].

4. Verbleiberechte

86 Art. 39 Abs. 3 lit. d) gibt den EG-Arbeitnehmern das Recht, nach Beendigung einer Beschäftigung im Hoheitsgebiet eines Mitgliedstaates nach Maßgabe einer Durchführungsverordnung zu **verbleiben**. Die **VO (EWG) Nr. 1251/70** vom 29.6.1970 über das Recht der Arbeitnehmer, nach Beendigung einer Beschäftigung im Hoheitsgebiet eines Mitgliedstaates zu verbleiben, regelt insofern die näheren Modalitäten (vgl. Art. 2)[272].

5. Rechte der Familienangehörigen

87 Nach Art. 10 Abs. 1 VO (EWG) Nr. 1612/68 dürfen bei dem EG-Arbeitnehmer sein **Ehegatte**, die **Kinder** unter 21 Jahren und alle **Verwandten in auf- und absteigender Linie**, denen er Unterhalt gewährt, **Wohnung nehmen**. Voraussetzung ist jedoch gemäß Art. 10 Abs. 3 VO (EWG) Nr. 1612/68, daß der Arbeitnehmer zum Zeitpunkt der Einreise der Familienangehörigen für sich und seine Familie über eine angemessene Wohnung verfügt. Sobald die Familie zusammengeführt ist, gelten allerdings keine strengeren Voraussetzungen hinsichtlich der Wohnung, als sie für Inländer gelten[273]. Insbesondere sind die Familienangehörigen nicht verpflichtet, für die Dauer des Aufenthalts in einer gemeinsamen Wohnung zu leben, um ihr Aufenthaltsrecht zu wahren[274].

88 Das Recht auf **Einreise und Aufenthalt** der nach Art. 10 VO (EWG) Nr. 1612/68 zuzugsberechtigten Familienangehörigen regelt wiederum die Richtlinie 68/360/EWG. Ihnen steht grundsätzlich unter denselben Bedingungen wie den Arbeitnehmer das Recht auf Einreise und Aufenthalt zu[275]. Für eine **Aufenthaltserlaubnis** haben die Familienangehörigen allerdings zusätzlich eine Bescheinigung über das Verwandtschaftsverhältnis und die Gewährung von Unterkunft und Unterhalt durch den EG-Arbeitnehmer vorzulegen (Art. 4 Abs. 3; vgl. auch § 1 Abs. 3 AufenthG/EWG). Der Mitgliedstaat darf darüber hinaus von **Drittstaatsangehörigen bei der Einreise** an einer Außengrenze einen Sichtvermerk oder einen gleichartigen Nachweis verlangen (Art. 3 Abs. 2). Die Familienangehörigen genießen auch nach dem Ende der Beschäftigung ein vom Arbeitnehmer abgeleitetes **Verbleiberecht**, das unter bestimmten Umständen (Tod des Arbeitgebers) zu einem eigenen Recht erstarkt (vgl. Art. 3 VO (EWG) Nr. 1251/70).

---

271 EuGH, Rs. C-292/89, Slg. 1991, I-745, Rn. 21 f. (Antonissen); Rs. C-171/91, 26.5.1993, Slg. 1993, 2925, Rn. 13 (Tsiotras); Rs. C-344/95, Slg. 1997, I-1035, Rn. 17 (Kommission/Belgien).
272 ABl.EG 1970 Nr. L 142/25; s. näher *K. Hailbronner*, Ausländerrecht, D I § 6a, Rn. 1 ff.; *Dietrich* (Fn. 2), S. 481 ff.; *U. Wölker*, in: GTE, EU-/EGV, Art. 48, Rn. 81 ff. m.w.N.
273 EuGH, Rs. 249/86, Slg. 1989, 1263, Rn. 13 (Kommission/Deutschland); *Ziekow* (Fn. 65), S. 366 f.
274 EuGH, Rs. 267/83, Slg. 1985, 567, Rn. 18 (Diatta); s. auch § 7 Abs. 10 AufenthG/EWG.
275 Rs. C-356/98, Slg. 2000, I-2623, Rn. 20 (Kaba).

II. Vorbehalt der öffentlichen Ordnung, Sicherheit und Gesundheit

1. Zweck und Tragweite

Die Freizügigkeit der Arbeitnehmer steht gemäß Art. 39 Abs. 3 unter dem Vorbehalt der aus Gründen der öffentlichen Ordnung, Sicherheit und Gesundheit gerechtfertigten Beschränkungen. Eine ähnliche Schranke gilt auch für den freien Warenverkehr (Art. 33), die Niederlassungsfreiheit (Art. 46 Abs. 1) und die Dienstleistungsfreiheit (Art. 55 i.V.m. Art. 46 Abs. 1). Der **ordre-public-Vorbehalt** erlaubt es den Mitgliedstaaten, zum Schutz anerkannter Rechtsgüter Maßnahmen gegenüber den Staatsangehörigen anderer Mitgliedstaaten zu ergreifen, die sie bei ihren eigenen Staatsangehörigen nicht anwenden könnten, als sie nicht die Befugnis haben, diese aus dem nationalen Hoheitsgebiet zu entfernen oder ihnen die Einreise in das nationale Hoheitsgebiet zu untersagen[276]. Der **Anwendungsbereich des Vorbehalts** erstreckt sich nur auf die in Art. 39 Abs. 3 erwähnten Rechte der Bewerbung auf eine Stelle, der Einreise, des Aufenthalts und des Verbleibs in dem Beschäftigungsstaat, während das Recht auf Inländergleichbehandlung nach Art. 39 Abs. 2 vorbehaltlos gewährt wird[277]. 89

Die Begriffe der öffentlichen Ordnung, Sicherheit und Gesundheit sind als **Ausnahmen** von der Freizügigkeit **eng auszulegen**; ihre Tragweite darf nicht von jedem Mitgliedstaat einseitig ohne Nachprüfung durch die Organe der Gemeinschaft bestimmt werden[278]. Es handelt sich mithin um **gemeinschaftsrechtlich** auszulegende Rechtsbegriffe. Allerdings können die besonderen Umstände, die möglicherweise eine Berufung auf den Begriff der öffentlichen Ordnung rechtfertigen, von Land zu Land und im zeitlichen Wechsel verschieden sein, so daß den **Mitgliedstaaten ein Beurteilungsspielraum** zuzubilligen ist[279]. Das Recht der Unionsbürger, ins Hoheitsgebiet eines anderen Mitgliedstaates einzureisen, sich dort aufzuhalten und frei zu bewegen, darf jedoch nur beschränkt werden, wenn ihre Anwesenheit oder ihr Verhalten **eine tatsächliche und hinreichend schwerwiegende Gefährdung der öffentlichen Ordnung** darstellt, die ein Grundinteresse der Gesellschaft berührt[280]. Eine solche schwerwiegende Gefährdung setzt voraus, daß der Aufnahmestaat gegenüber dem gleichen Verhalten, das von eigenen Staatsangehörigen ausgeht, ebenfalls Zwangsmaßnahmen oder andere **tatsächliche und effektive Maßnahmen** 90

---

276 EuGH, Verb. Rs. 115/81 und 116/81, Slg. 1982, 1665, Rn. 7 (Adoui); Verb. Rs. C-65/95 und C-111/95, Slg. 1997, I-3341, Rn. 28 (Shingara und Radiom); Rs. C-348/96, Slg. 1999, I-11, Rn. 20 (Calfa) mit Anm. *D. Hanf*, JZ 1999, S. 785 und *M. Doppelhammer*, ELR 1999, S. 621; *N. Fennelly*, The EU and Protection of Aliens from Expulsion, EJM 1999, S. 313.
277 *U. Wölker*, in: GTE, EU-/EGV, Art. 48, Rn. 92, Anm. 360; a.A. *A. Randelzhofer*, in: Grabitz/Hilf, EU, Art. 48, Rn. 58.
278 EuGH, Rs. 41/74, Slg. 1974, 1337, Rn. 19 (van Duyn); Rs. 36/75, Slg. 1975, 1219, Rn. 26/28 (Rutili); Rs. 30/77, Slg. 1977, 1999, Rn. 33/35 (Bouchereau); Rs. C-348/96, Slg. 1999, I-11, Rn. 20 (Calfa); Rs. C-355/98, Slg. 2000, I-1221, Rn. 28 (Kommission/Belgien).
279 EuGH, Rs. 41/74, Slg. 1974, 1337, Rn. 19 (van Duyn); Rs. 30/77, Slg. 1977, 1999, Rn. 33/35 (Bouchereau); Rs. 249/86, Slg. 1989, 1263, Rn. 19 (Kommission/Deutschland); Rs. C-65/95 und C-111/95, Slg. 1997, I-3341, Rn. 30 (Shingara und Radiom); s. näher *W. Bongen*, Schranken der Freizügigkeit, 1975; *F. Hubeau*, L'exception d'ordre public et la libre circulation des personnes en droit communautaire, CDE 1981, S. 207 (214 ff.); *Schulz* (Fn. 57), S. 287 ff.; *P. Selmer*, Die öffentliche Sicherheit und Ordnung als Schranke der Arbeitnehmerfreizügigkeit, DöV 1967, S. 331.
280 EuGH, Rs. 36/75, Slg. 1975, 1219, Rn. 26/28 (Rutili); Rs. 30/77, Slg. 1977, 1999, Rn. 33/35 (Bouchereau); Verb. Rs. 115/81 und 116/81, Slg. 1982, 1665, Rn. 8 (Adoui); Rs. 249/86, Slg. 1989, 1263, Rn. 17 (Kommission/Deutschland); Rs. C-114/97, Slg. 1998, I-6717, Rn. 46 (Kommission/Spanien); Rs. C-348/96, Slg. 1999, I-11, Rn. 21 (Calfa); Rs. C-355/98, Slg. 2000, I-1221, Rn. 28 (Kommission/Belgien).

zur Bekämpfung dieses Verhaltens ergreift[281]. Alle Maßnahmen unterliegen einer strengen **Verhältnismäßigkeitsprüfung** (»gerechtfertigt«)[282].

2. Die Richtlinie 64/221/EWG

a) Anwendungsbereich

91 Eine nähere Konkretisierung des Vorbehalts in Art. 39 Abs. 3 trifft die **Richtlinie 64/221/EWG** des Rats vom 25.2.1964 zur Koordinierung der Sondervorschriften für die Einreise und den Aufenthalt von Ausländern, soweit sie aus Gründen der öffentlichen Ordnung, Sicherheit oder Gesundheit gerechtfertigt sind[283]. Die Richtlinie gilt für **EG-Arbeitnehmer** und **Niederlassungsberechtigte** sowie für Erbringer und Empfänger von **Dienstleistungen**, jeweils einschließlich ihrer **Familienangehörigen** (Art. 1). Der Anwendungsbereich erstreckt sich ferner auf die im Aufnahmestaat **verbleibeberechtigten** Arbeitnehmer und Selbständigen[284] sowie auf alle **Unionsbürger**, die ihr Aufenthaltsrecht auf die Richtlinien 90/364/EWG, 90/365/EWG und 93/36/EWG stützen (vgl. jeweils Art. 2 Abs. 2 der Richtlinien). Ferner werden den betroffenen Personen verfahrensrechtliche Mindestgarantien eingeräumt. Soweit die Richtlinie 64/221/EWG dem Einzelnen subjektive Rechte einräumt, lassen sie sich aus den Freizügigkeitsrechten nach Art. 39 herleiten und haben daher Anteil an dessen **unmittelbarer Wirkung**[285].

b) Verbot der Verfolgung wirtschaftlicher Ziele

92 Einschränkungen der Freizügigkeitsrechte, die auf den Vorbehalt des Art. 39 Abs. 3 gestützt werden, dürfen nicht »**für wirtschaftliche Zwecke**« geltend gemacht werden (Art. 2 Abs. 2). Arbeitsmarktpolitische oder fiskalische Ziele rechtfertigen keine Beschränkungen der Freizügigkeit; namentlich darf nicht ein bestimmter Wirtschaftsbereich von der Grundfreiheit insgesamt ausgenommen werden[286]. Aufenthaltsbeendende Maßnahmen, die allein mit der Inanspruchnahme von **Sozialhilfe** begründet werden, sind ebenfalls unzulässig[287].

c) Der Begriff der öffentlichen Ordnung und Sicherheit

93 Art. 3 Abs. 1 RL 64/221/EWG verpflichtet die Mitgliedstaaten, bei Maßnahmen der öffentlichen Ordnung oder Sicherheit ausschließlich das **persönliche Verhalten** der in Betracht kommenden Einzelpersonen zu berücksichtigen; **generalpräventive Erwägungen**,

---

281 EuGH, Verb. Rs. 115/81 und 116/81, Slg. 1982, 1665, Rn. 9 (Adoui); Rs. 249/86, Slg. 1989, 1263, Rn. 19 (Kommission/Deutschland); anders EuGH, Rs. 41/74, Slg. 1974, 1337, Rn. 18/19 (van Duyn); s. *P. Demaret/B. Ernst de la Graete* (Fn. 253), S. 261.
282 EuGH, Rs. 118/75, Slg. 1976, 1185, Rn. 21/22 (Watson und Belman); Rs. 249/86, Slg. 1989, 1263, Rn. 20 (Kommission/Deutschland); *Bongen* (Fn. 268), S. 99 f.; *T. Stein/S. Thomson*, The Status of the Member States Nationals under the Law of the European Communities, in: Frowein/Stein (Hrsg.), Die Rechtsstellung von Ausländern nach staatlichem Recht und Völkerrecht, 1987, S. 1775; *U. Wölker*, in: GTE, EU-/EGV, Art. 48, Rn. 95 m.w.N.
283 ABl.EG 1964 Nr. 56, S. 850; *H. Schneider*, Der Begriff der öffentlichen Ordnung als Schranke der Grundfreiheiten im EG-Vertrag, 1998.
284 S. die Richtlinien 72/194/EWG vom 26.5.1972, ABl.EG 1972 Nr. L 121/32, und 75/35/EWG vom 20.11.1975, ABl.EG 1975, Nr. L 14/14.
285 EuGH, Rs. 41/74, Slg. 1974, 1337, Rn. 12 ff. (van Duyn).
286 EuGH, Rs. C-114/97, Slg. 1998, I-6717, Rn 42 (Kommission/Spanien); Rs. C-355/98, Slg. 2000, I-1221, Rn. 29 (Kommission/Belgien).
287 *S. K. Hailbronner*, HK-EUV, Art. 48, Rn. 86; *Schulz* (Fn. 57), S. 303 ff.; *M. Zuleeg*, Die Bedeutung des europäischen Gemeinschaftsrechts für das Ausländerrecht, NJW 1987, S. 2193 (2197).

die vom Einzelfall losgelöst sind, scheiden daher als Rechtfertigung einer auf den Vorbehalt des Art. 39 Abs. 3 gestützten Maßnahme von vornherein aus[288]. **Strafrechtliche Verurteilungen** allein können solche Maßnahmen nicht rechtfertigen (vgl. Art. 3 Abs. 2)[289]. Der EuGH präzisierte diese Regelung dahin, daß eine frühere strafrechtliche Verurteilung nur insoweit berücksichtigt werden darf, als die ihr zugrunde liegenden Umstände ein persönliches Verhalten erkennen lassen, das eine **gegenwärtige Gefährdung** der öffentlichen Ordnung darstellt[290]. An den Nachweis einer derartigen **konkreten Gefahr** sind hohe Anforderungen zu stellen und nur im konkreten Fall kann eine einzige besonders schwerwiegende Straftat (nicht aber eine Straftat generell) eine Ausweisung rechtfertigen[291]. Aufenthaltsverbote unter Berufung auf Art. 39 Abs. 3 dürfen ferner nur für das **gesamte Staatsgebiet** ausgesprochen werden, außer den Inländern können ebenfalls räumlich beschränkte Aufenthaltsverbote auferlegt werden[292].

d) **Insbesondere: Verstöße gegen Einreise- und Aufenthaltsformalitäten**
Die Einhaltung der **Einreise- und Aufenthaltsformalitäten** (vgl. etwa Art. 8 Abs. 2 RL 68/ 360/EWG) darf von den Mitgliedstaaten kontrolliert und sanktioniert werden. Die den EG-Ausländern auferlegten Verpflichtungen und die hieran anknüpfenden Sanktionen dürfen die Freizügigkeit aber nicht in **unverhältnismäßiger Weise** einschränken[293]. Insbesondere ist es den Mitgliedstaaten untersagt, einen Verstoß gegen die **Melde- und Aufenthaltspflichten** mit einer Ausweisung oder einer Freiheitsstrafe zu sanktionieren[294]. Andere Sanktionen, die etwa denen entsprechen, die gegen Inländer verhängt werden, sind hingegen zulässig, soweit sie nicht außer Verhältnis zu der Art des begangenen Verstoßes stehen oder sich sonst als Hindernis für die im Vertrag vorgesehene Einreise- und Aufenthaltsfreiheit erweisen[295]. Dementsprechend wird in der **Bundesrepublik Deutschland** der Verstoß gegen Einreise- oder Aufenthaltsformalitäten durch eine

94

---

288 EuGH, Rs. 67/74, 26.2.1975, Slg. 1975, 297, Rn. 6 (Bonsignore); Verb. Rs. 115 und 116/81 (Fn. 57), Rn. 11; Rs. 249/86, Slg. 1989, 1263, Rn. 18 (Kommission/Deutschland); s. auch BVerwGE 49, 60.
289 *Hubeau* (Fn. 279), S. 242; *Streinz* (Fn. 270), S. 110.
290 EuGH, Rs. 30/77, Slg. 1977, 1999, Rn. 27/28 (Bouchereau); Rs. 36/75, Slg. 1975, 1219, Rn. 28 (Rutili); Rs. 249/86, Slg. 1989, 1263, Rn. 17 (Kommission/Deutschland); Rs. C-348/96 (Fn. 265), Rn. 24; Rs. C-348/96, Slg. 1999, I-11, Rn. 24 (Calfa); kritisch *Schulz* (Fn. 57), S. 292 ff.; *D. Hanf*, Zur Zulässigkeit einer lebenslangen Ausweisung von EG-Ausländern, JZ 1999, S. 785 ff.
291 EuGH, Rs. C-348/96 (Fn. 265), Rn. 28 f.; BVerwGE 57, 61 (65); 64, 13 (19); BVerwG, InfAuslR 1983, S. 307; *K. Hailbronner*, Ausländerrecht, D § 12, Rn. 35 ff.; *W. Meyer*, Die Grundsätze der aufenthaltsrechtlichen Rechtsprechung des BVerwG zum Europarecht und zu völkerrechtlichen Niederlassungsverträgen, NVwZ 1984, S. 763 (765 ff.); *Schulz* (Fn. 57), S. 294 ff.; *V. Stiebig*, Die Vereinbarkeit aufenthaltsbeschränkender Vollstreckungsmaßnahmen mit europäischem Recht, ZAR 2000, S. 127 ff.
292 EuGH, Rs. 36/75, Slg. 1975, 1219, Rn. 49 f. (Rutili); krit. *A. Bleckmann*, Zum Rutili-Fall des EuGH, EuGRZ 1976, S. 265; *T. C. Hartley*, Public policy and internal free movement, ELRev. 1976, S. 473; *D. Simon*, Ordre public et libertés publiques dans les Communautés européennes, RMC 1976, S. 201; *T. Stein*, Anm. zu EuGH Rs. 36/75, EuR 1976, S. 242.
293 EuGH, Rs. 118/75, Slg. 1976, 1185, Rn. 18 (Watson); Rs. C-265/88, 12.12.1989, Slg. 1989, 4209, Rn. 8 f. (Messner); Rs. C-24/97, Slg. 1998, I-2133, Rn. 13 f. (Kommission/Deutschland); Rs. C-329/97, Slg. 2000, I-1487, Rn. 56 (Ergat).
294 EuGH, Rs. C-265/88 (Fn. 282), Rn. 14; Rs. C-363/89, Slg. 1991, I-273, Rn. 32 (Roux).
295 EuGH, Rs. 118/75, Slg. 1976, 1185, Rn. 21 f. (Watson und Belman); Rs. 8/77, Slg. 1977, 1495, Rn. 12 f. (Sagulo); Rs. 157/79, Slg. 1980, 2171, Rn. 18 ff. (Pieck); Rs. 48/75, Slg. 1976, 497, Rn. 38/40 (Royer); Rs. C-24/97, Slg. 1998, I-2133, Rn. 15 (Kommission/Deutschland); s. näher *Ch. Sasse*, Das Sagulo-Urteil und seine verwirrenden Folgen, EuGRZ 1978, S. 230; *Ch. Vedder*, Anm. zu EuGH Rs. 8/77, NJW 1977, S. 2014; *A. Weber*, Ausländer- und Melderecht in gemeinschaftsrechtlicher Sicht, BayVBl. 1978, S. 357.

freizügigkeitsberechtigte Person gemäß § 12a AufenthG/EWG nur als Ordnungswidrigkeit geahndet.

e) Die öffentliche Gesundheit

95 Das Recht zur Einreise und zum Aufenthalt im Beschäftigungsstaat darf wegen **Krankheit und Gebrechen** nur in den im Anhang zur Richtlinie 64/221/EWG aufgezählten Fällen verweigert werden (Art. 4 Abs. 1)[296]. Die dortige Aufzählung ist zwar grundsätzlich **abschließend**, jedoch finden sich in Punkt A. 1 (quarantänepflichtige Krankheiten nach den Vorschriften der WHO) und in Punkt A. 4 (ansteckende und übertragbare parasitäre Krankheiten und Leiden, sofern im Aufnahmeland Vorschriften zum Schutz der Inländer gegen diese Krankheiten und Leiden bestehen) **dynamische Verweisungen**. Treten diese Krankheiten oder Gebrechen nach der Erteilung der ersten Aufenthaltserlaubnis auf, dürfen weder die Verlängerung der Aufenthaltserlaubnis abgelehnt noch die freizügigkeitsberechtigten Personen aus dem Hoheitsgebiet entfernt werden (Art. 4 Abs. 2).

f) Verfahrensgarantien

96 Die Art. 5 bis 9 RL 64/221/EWG enthalten **verfahrensrechtliche Mindestgarantien**[297]. Die Erteilung oder Verweigerung der ersten Aufenthaltserlaubnis hat danach spätestens innerhalb von sechs Monaten zu erfolgen; zuvor besteht ein vorläufiges Aufenthaltsrecht (Art. 5 Abs. 1). Eine Ablehnung des Antrags auf Aufenthalt ist hinreichend zu begründen, um es dem Betroffenen zu ermöglichen, seine Interessen wahrzunehmen (Art. 6)[298]. Im Falle einer **Ausweisung** ist die Frist anzugeben, innerhalb welcher der Betroffene das Hoheitsgebiet zu verlassen hat; außer in dringenden Fällen[299] muß sie mindestens einen Monat oder – wenn der Betreffende noch keine Aufenthaltserlaubnis erlangt hat – 15 Tage betragen (Art. 7).

97 Der Betroffene muß ferner gegen die ihn beschränkenden Entscheidungen, welche die Einreise und den Aufenthalt im Aufnahmestaat betreffen, die **Rechtsbehelfe** einlegen können, die Inländern gegenüber Verwaltungsakten im allgemein zustehen[300]. Die näheren Möglichkeiten, namentlich in welchem Rechtsweg die Rechtsbehelfe eingelegt werden können, bestimmt sich nach der Gerichtsverfassung des jeweiligen Mitgliedstaates[301]. Kein Mitgliedstaat darf jedoch für die durch die Richtlinie geschützten Personen Rechtsbehelfe vorsehen, die **geringere Garantien** bieten als die Rechtsbehelfe, die Inländer gegen Maßnahmen der Verwaltung einlegen[302]. Insbesondere darf eine **Auswei-**

---

296 S. hierzu näher *Dietrich* (Fn. 2), S. 504 ff.; *K. Hailbronner*, in: HK-EUV, Art. 48, Rn. 87; *Schulz* (Fn. 57), S. 285 f.; *Streinz* (Fn. 270), S. 104; *U. Wölker*, in: GTE, EU-/EGV, Art. 48, Rn. 107 f.
297 S. näher *Demaret/de la Graete* (Fn. 253), S. 272 ff.; *Dietrich* (Fn. 2), S. 511 ff.; *D. O'Keeffe*, Practical Difficulties in the Application of Article 48 of the EEC Treaty, CMLRev. 1982, S. 35 (38 ff.); Verfahrensgarantien sind zu Gunsten der Unionsbürger auszulegen, EuGH, Rs. C-357/98, Slg. 2000, n.n.i.Slg., Rn. 25 (Yiahom).
298 EuGH, Verb. Rs. 115/81 und 116/81, Slg. 1982, 1665, Rn. 13 (Adoui); s. auch § 12 Abs. 8 Satz 1 AufenthG/ EWG.
299 *G. Druesne*, Ordre public et garanties procédurales offertes aux travailleurs migrants, R.T.D.E. 1980, S. 428 (432); *K. Hailbronner*, Ausländerrecht, D 1 § 12, Rn. 61; *U. Wölker*, in: GTE, EU-/EGV, Art. 48, Rn. 109.
300 EuGH, Verb. Rs. C-65/95 und C-111/95, Slg. 1997, I-3341, Rn. 31 (Shingara und Radiom).
301 EuGH, Rs. 98/79, Slg. 1980, 691, Rn. 11 (Pecasting); Verb. Rs. C-297/88 und C-197/89, Slg. 1990, I-3763, Rn. 59 (Dzodzi); Verb. Rs. C-65/95 und C-111/95, Slg. 1997, I-3341, Rn. 24 (Shingara).
302 EuGH, Rs. 98/79, Slg. 1980, 691, Rn. 10 (Pecasting); Verb. Rs. C-297/88 und C-197/89, Slg. 1990, I-3763, Rn. 58 (Dzodzi); Verb. Rs. C-65/95 und C-111/95, Slg. 1997, I-3341, Rn. 25 (Shingara und Radiom).

sungsverfügung – außer im Fall nachweislicher Dringlichkeit – nicht vollzogen werden, bevor nicht der Betroffene die ihm nach Art. 8 der Richtlinie garantierten Rechtsbehelfsverfahren auszuschöpfen in der Lage war[303].

Fehlen solche Rechtsbehelfe im nationalen Recht oder betreffen sie nur die Gesetzmäßigkeit oder sind sie sofort vollziehbar, darf die Verwaltungsbehörde gemäß Art. 9 Abs. 1 die Entscheidung über die Verweigerung der Einreise (bei vorausgegangenem geduldeten Aufenthalt), der Verlängerung der Aufenthaltserlaubnis oder über die Ausweisung aus dem Hoheitsgebiet außer in dringenden Fällen erst **nach Erhalt der Stellungnahme** einer zuständigen Stelle des Aufnahmelandes treffen; der Betroffene darf die Entscheidung vor einer zuständigen Stelle anfechten und seine Verteidigung persönlich übernehmen (Art. 9 Abs. 2)[304]. 98

D. Einschränkung der öffentlichen Verwaltung

I. Rechtsprechung des EuGH[305]

Nach Art. 39 Abs. 4 findet die Freizügigkeit keine Anwendung auf die Beschäftigung in der öffentlichen Verwaltung. Der Begriff der **Beschäftigung in der öffentlichen Verwaltung** ist gemeinschaftsrechtlich auszulegen und anzuwenden[306]. Er umfaßt auch Stellen in der Legislative und in der Gerichtsbarkeit. Die rechtliche Ausgestaltung des Beschäftigungsverhältnisses, namentlich ob jemand nach nationalem Recht als **Arbeiter, Angestellter** oder **Beamter** beschäftigt wird oder ob sein Beschäftigungsverhältnis öffentlichem oder privatem Recht unterliegt, ist ohne Bedeutung[307]. Als **Ausnahme von der Freizügigkeit** ist der Begriff der öffentlichen Verwaltung **eng auszulegen** und auf das zu beschränken, was zur Wahrung der Interessen, die Art. 39 Abs. 4 den Mitgliedstaaten zu schützen erlaubt, unbedingt erforderlich ist.[308] Eine mit Art. 39 Abs. 4 vergleichbare 99

---

303 EuGH, Rs. 48/75, Slg. 1976, 497, Rn. 56 ff. (Royer); Rs. 98/79, Slg. 1980, 691, Rn. 12 (Pecasting); Verb. Rs. C-297/88 und C-197/89, Slg. 1990, I-3763, Rn. 66 (Dzodzi); Rs. C-175/94, Slg. 1995, I-4253, Rn. 17 (Gallagher); s. hierzu S. O'Leary, Anmerkung zum Urteil Gallagher, CMLRev, 1996, S. 777.
304 EuGH, Rs. 98/79, Slg. 1980, 691, Rn. 17 (Pecasting); Verb. Rs. C-297/88 und C-197/89, Slg. 1990, I-3763, Rn. 62 (Dzodzi); Rs. C-175/94, Slg. 1995, I-4253, Rn. 22 (Gallagher); Rs. C-357/98, Slg. 2000, n.n.i.Slg., Rn. 32 ff. (Yiadom).
305 S. auch die Übersichten bei *U. Everling*, Zur Rechtsprechung des Europäischen Gerichtshofs über die Beschäftigung von EG-Ausländern in der öffentlichen Verwaltung, DVBl. 1990, S. 225; *H. Eschmann*, Die Freizügigkeit der EG-Bürger und der Zugang zum öffentlichen Dienst, 1992, S. 73 ff.; *Th. Schotten*, Die Auswirkungen des Europäischen Gemeinschaftsrechts auf den Zugang zum öffentlichen Dienst in der Bundesrepublik Deutschland, 1994, S. 73 ff.; *J. E. Beenen*, Citizenship, nationality and access to public service employment, Groningen 2001.
306 EuGH, Rs. 149/79, Slg. 1980, 3881, Rn. 18 f. (Kommission/Belgien); Rs. C-473/93, Slg. 1996, I-3207, Rn. 26 (Kommission/Luxemburg); *M. Burgi*, Freier Personenverkehr in Europa und nationale Verwaltung, JuS 1996, S. 959 f.; *G. Druesne*, La liberté de circulation des personnes dans la CEE, R.T.D.E. 1981, S. 286; *H. Eschmann* (Fn. 305), S. 60 ff.
307 EuGH, Rs. 152/73, Slg. 1974, 153, Rn. 4 (Sotgiu); Rs. 307/84, Slg. 1986, 1725, Rn. 11 (Kommission/Frankreich); Rs. 225/85, Slg. 1987, 2625, Rn. 8 (Kommission/Italien); Rs. C-473/93, Slg. 1996, I-3207, Rn. 31, 50 (Kommission/Luxemburg).
308 EuGH, Rs. 152/73, Slg. 1974, 153, Rn. 4 (Sotgiu); Rs. 66/85, Slg. 1986, 2121, Rn. 26 (Lawrie-Blum); Rs. 225/85, Slg. 1987, 2625, Rn. 7 (Kommission/Italien); weitergehend *K. Hailbronner*, Öffentlicher Dienst und EG-Freizügigkeit, VBlBW 2000, S. 129 ff., und *J.A. Kämmerer*, Europäisierung des öffentlichen Dienstrechts, EuR 2001, S. 27, die sich beide für einen Verzicht auf den Vorbehalt aussprechen.

Einschränkung findet sich in Art. 45 für die **Niederlassungsfreiheit** und in Art. 55 i.V.m. Art. 45 für die **Dienstleistungsfreiheit**.

100 Art. 39 Abs. 4 schließt nur den Zugang zur Beschäftigung aus. Ist eine Person zu einer Beschäftigung in der öffentlichen Verwaltung zugelassen worden, gilt das **Diskriminierungsverbot** auch für den EG-Arbeitnehmer in bezug auf Entlohnung oder sonstige Arbeitsbedingungen[309]. Es stellt daher einen Verstoß gegen Art. 39 Abs. 2 dar, wenn EG-Arbeitnehmer nicht wie die vergleichbaren inländischen Kollegen zu Beamten auf Lebenszeit ernannt werden, sondern nur befristete Arbeitsverträge verbunden mit schlechteren Beförderungsmöglichkeiten erhalten[310]. Eine vollständige Gleichwertigkeit wird dabei allerdings nicht verlangt; es genügt, daß den EG-Arbeitnehmern im Ergebnis **dieselben Vergünstigungen und Garantien** zuteil werden wie den Inländern[311].

101 Zu den »**Beschäftigungen in der öffentlichen Verwaltung**« i.S.v. Art. 39 Abs. 4 zählen nach st. Rspr. des EuGH diejenigen Stellen, die eine **unmittelbare oder mittelbare** Teilnahme an der **Ausübung hoheitlicher Befugnisse** und an der Wahrnehmung solcher Aufgaben mit sich bringen, die auf die **Wahrung der allgemeinen Belange des Staates** und anderer öffentlicher Körperschaften gerichtet sind[312]. Die Zuordnung hängt davon ab, ob die betreffenden Stellen typisch für die spezifischen Tätigkeiten der öffentlichen Verwaltung sind[313]. Hinzukommen muß ein **Verhältnis besonderer Verbundenheit** des jeweiligen Stelleninhabers zum Staat sowie die **Gegenseitigkeit der Rechte und Pflichten**, die dem Staatsangehörigkeitsband zugrunde liegen[314]. Art. 39 Abs. 4 gilt daher nicht für Stellen, die zwar dem Staat oder anderen öffentlich-rechtlichen Einrichtungen zuzuordnen sind, jedoch keine Mitwirkung bei der Erfüllung von Aufgaben mit sich bringen, die zur öffentlichen Verwaltung im eigentlichen Sinne gehören[315].

102 Für den Vorbehalt des Art. 39 Abs. 4 reicht es aus, daß die betreffende Stelle einen **Zusammenhang** mit der Ausübung hoheitlicher Befugnisse und der Wahrung allgemeiner Belange des Staats aufweist. Es genügt darüber hinaus auch eine nur **mittelbare Teilnahme** an einer solchen Tätigkeit, zu denen der EuGH etwa »staatliche Leitungs- und Beratungsfunktionen« zählt[316]. Auch die Teilnahme am Prozeß der staatlichen Willens-

---

309 EuGH, Rs. 152/73, Slg. 1974, 153, Rn. 4 (Sotgiu); Rs. 225/85, Slg. 1987, 2625, Rn. 11 (Kommission/Italien); Verb. Rs. 389 und 390/87, Slg. 1989, 723, Rn. 14 (Echternach); Rs. 33/88, Slg. 1989, 1591, Rn. 8 (Allué u.a.); Rs. C-195/98, n.n.i.Slg., Rn. 37 (Österreichischer Gewerkschaftsbund).
310 EuGH, Rs. 307/84, Slg. 1986, 1725, Rn. 13 (Kommission/Frankreich); Rs. 225/85, Slg. 1987, 2625, Rn. 13 (Kommission/Italien).
311 EuGH, Rs. 225/85, Slg. 1987, 2625, Rn. 13 (Kommission/Italien).
312 EuGH, Rs. 149/79, Slg. 1980, 3881, Rn. 10 f. (Kommission/Belgien); Rs. 307/84, Slg. 1986, 1725, Rn. 12 (Kommission/Frankreich); Rs. 66/85, Slg. 1986, 2121, Rn. 16 (Lawrie-Blum); Rs. C-473/93, Slg. 1996, I-3207, Rn. 2 (Kommission/Luxemburg); Rs. C-173/94, Slg. 1996, I-3265, Rn. 2 (Kommission/Belgien); Rs. C-290/94, Slg. 1996, I-3285, Rn. 2 (Kommission/Griechenland).
313 EuGH, Rs. 149/79, Slg. 1980, 3881, Rn. 12 (Kommission/Belgien); Rs. C-473/93, Slg. 1996, I-3207, Rn. 27 (Kommission/Luxemburg).
314 EuGH, Rs. 149/79, Slg. 1980, 3881, Rn. 10 (Kommission/Belgien); Rs. C-473/93, Slg. 1996, I-3207, Rn. 2 (Kommission/Luxemburg); Rs. C-290/94, Slg. 1996, I-3285, Rn. 2 (Kommission/Griechenland).
315 EuGH, Rs. 149/79, Slg. 1980, 3881, Rn. 10 f. (Kommission/Belgien); Rs. C-473/93, Slg. 1996, I-3207, Rn. 2 (Kommission/Luxemburg); Rs. C-173/94, Slg. 1996, I-3265, Rn. 2 (Kommission/Belgien); Rs. C-290/94, Slg. 1996, I-3285, Rn. 2 (Kommission/Griechenland).
316 EuGH, Rs. 225/85, Slg. 1987, 2625, Rn. 9 (Kommission/Italien).

bildung im Vorfeld der Ausübung hoheitlicher Befugnisse kann daher gemäß Art. 39 Abs. 4 den jeweiligen Staatsangehörigen vorbehalten werden[317].

Der Gerichtshof vertritt eine **funktionelle Interpretation** der Ausnahmeregelung in Art. 39 Abs. 4. Danach ist es den Mitgliedstaaten nur erlaubt, konkrete, mit einer bestimmten Funktion verbundene Stellen in der öffentlichen Verwaltung den eigenen Staatsangehörigen vorzubehalten[318]. Eine **institutionelle** Sichtweise, die den Vorbehalt auf alle Beschäftigungen innerhalb eines bestimmten Sachbereichs bezieht, hat der EuGH dagegen verworfen[319]. Der Zugang zu einer Beschäftigung kann Unionsbürgern auch nicht mit der Begründung verwehrt werden, daß sie nach einer Beförderung oder Versetzung im Rahmen der Laufbahn mit Aufgaben der öffentlichen Verwaltung i.S.v. Art. 39 Abs. 4 betraut werden könnten[320]. Trotz der funktionellen Auslegung des Vorbehalts hat es der EuGH gebilligt, daß die Kommission mit Beschluß vom 18.3.1988 eine »**systematische Aktion** auf dem Gebiet der Anwendung des Art. 39 Abs. 4«[321] eingeleitet und die Mitgliedstaaten hinsichtlich **ganzer Berufsbereiche** zur Aufhebung der Zugangsbeschränkungen für Unionsbürger und ihrer Familienangehörigen aufgefordert hat. In den sich gegenüber Belgien, Luxemburg und Griechenland anschließenden Vertragsverletzungsverfahren nach Art. 169[322] stützte der EuGH die Verurteilung der drei Mitgliedstaaten vor allem auf die Erwägung, daß die Beschränkung ganzer Berufsbereiche für eigene Staatsangehörige gemeinschaftsrechtlich nur zulässig sein könne, wenn diese Bereiche insgesamt der öffentlichen Verwaltung i.S.v. Art. 39 Abs. 4 zuzurechnen seien; die **Beweislast** hierfür trage der jeweilige Mitgliedstaat[323]. Daß bestimmte Stellen in diesen Bereichen unter Art. 39 Abs. 4 fallen könnten, rechtfertige nicht ein allgemeines Verbot[324]. Die Beschäftigungen in den **Versorgungssystemen für Wasser, Gas und Elektrizität**[325], in den Bereichen der Forschung für zivile Zwecke[326], des Gesundheits-

103

---

317 *Schott* (Fn. 305), S. 92 m.w.N.
318 EuGH, Rs. 152/73, Slg. 1974, 153, Rn. 4 (Sotgiu); Rs. 149/79, Slg. 1980, 3881, Rn. 21 (Kommission/Belgien); Rs. 307/84, Slg. 1986, 1725, Rn. 12 (Kommission/Frankreich); Rs. C-473/93, Slg. 1996, I-3207, Rn. 27 (Kommission/Luxemburg); S. auch *Everling* (Fn. 305), S. 228; U. *Wölker*, in: GTE, EU-/ EGV, Art. 48, Rn. 116 f.
319 EuGH, Rs. C-473/93, Slg. 1996, I-3207, Rn. 25 f. (Kommission/Luxemburg).
320 EuGH, Rs. 149/79, Slg. 1980, 3881, Rn. 21 (Kommission/Belgien); Rs. 225/85, Slg. 1987, 2625, Rn. 10 (Kommission/Italien); Rs. C-173/94, Slg. 1996, I-3265, Rn. 19 ff. (Kommission/Belgien); Rs. C-473/93, Slg. 1996, I-3207, Rn. 47 (Kommission/Luxemburg); Rs. C-290/94, Slg. 1996, I-3285, Rn. 36 (Kommission/Griechenland).
321 ABl.EG 1988 Nr. C 72/2; s. hierzu I. *Hochbaum*, Die Aktion der EG-Kommission zur Liberalisierung des öffentlichen Dienstes, ZBR 1989, S. 33.
322 EuGH, Rs. C-473/93, Slg. 1996, I-3207 (Kommission/Luxemburg); Rs. C-173/94, Slg. 1996, I-3265 (Kommission/Belgien); Rs. C-290/94, Slg. 1996, I-3285 (Kommission/Griechenland).
323 EuGH, Rs. C-473/93, Slg. 1996, I-3207, Rn. 28 ff., 46 (Kommission/Luxemburg); Rs. C-173/94, Slg. 1996, I-3265, Rn. 26 ff. (Kommission/Belgien); Rs. C-290/94, Slg. 1996, I-3285, Rn. 22 f., 31 ff. (Kommission/Griechenland).
324 EuGH; Rs. C-473/93, Slg. 1996, I-3207, Rn. 47 (Kommission/Luxemburg); Rs. C-173/94, Slg. 1996, I-3265, Rn. 19 (Kommission/Belgien); Rs. C-290/94, Slg. 1996, I-3285, Rn. 36 (Kommission/Griechenland).
325 EuGH, Rs. C-173/94, Slg. 1996, I-3265, Rn. 24 (Kommission/Belgien); Rs. C-473/93, Slg. 1996, I-3207, Rn. 31, 50 (Kommission/Luxemburg); Rs. C-290/94, Slg. 1996, I-3285, Rn. 39 (Kommission/Griechenland).
326 EuGH, Rs. 225/85, Slg. 1987, 2625, Rn. 9 (Kommission/Italien); Rs. C-473/93, Slg. 1996, I-3207, Rn. 28 ff., 31 (Kommission/Luxemburg); Rs. C-290/94, Slg. 1996, I-3285, Rn. 39 (Kommission/Griechenland).

wesens[327], des Straßen- und Schienenverkehrs[328], des See- und Luftverkehrs[329], des Post- und Fernmeldewesens[330], des Rundfunk- und Fernsehwesens[331] sowie schließlich im musikalischen und lyrischen Bereich[332] lassen sich demzufolge nicht pauschal und ohne besondere Rechtfertigung der öffentlichen Verwaltung i.S.v. Art. 39 Abs. 4 zurechnen. Auch Lehrtätigkeiten im Bereich des **Bildungswesens** (z.B. Studienreferendare[333], Fremdsprachenlektoren[334], Lehrer[335]) dürfen nicht allgemein unter Berufung auf Art. 39 Abs. 4 den eigenen Staatsangehörigen vorbehalten bleiben. Der Schutz der **nationalen Identität der Mitgliedstaaten** (vgl. Art. F Abs. 1 EUV) könne in dem sensiblen Bereich des Bildungswesens durch mildere Mittel, insbesondere durch strenge Einstellungsvoraussetzungen, gewahrt werden[336]. Dagegen gehören die Tätigkeiten der klassischen Eingriffsverwaltung wie etwa der Polizei, die Rechtspflege, die Ordnungs- und Steuerverwaltung, die Streitkräfte und der Auswärtige Dienst, aber auch Teile der Leistungsverwaltung, soweit sie durch Hoheitsakt Vergünstigungen gewähren (Sozialhilfe), zur klassischen öffentlichen Verwaltung und unterfallen mithin dem Vorbehalt des Art. 39 Abs. 4[337]. Dies enthebt die Mitgliedstaaten indes nicht von der Pflicht zu prüfen, ob auch die konkrete Stelle zu den Beschäftigungen in der öffentlichen Verwaltung i.S.v. Art. 39 Abs. 4 zählt.

II. Auffassungen im Schrifttum

104 Im **Schrifttum** löste die Rechtsprechung des EuGH zu Art. 39 Abs. 4 eine lebhafte Kontroverse und zum Teil heftige **Kritik** aus[338]. Die Kritik entzündete sich überwiegend an dem Urteilsstil des Gerichtshofs, dem fehlende Begriffsklarheit und Begründungsdefizite

---

327 EuGH, Rs. 149/79, Slg. 1980, 3881, Rn. 9 (Kommission/Belgien); Rs. 307/84, Slg. 1986, 1725, Rn. 13 (Kommission/Frankreich); Rs. C-473/93, Slg. 1996, I-3207, Rn. 31, 50 (Kommission/Luxemburg); Rs. C-290/94, Slg. 1996, I-3285, Rn. 34 (Kommission/Griechenland).
328 EuGH, Rs. C-290/94, Slg. 1996, I-3285, Rn. 34 (Kommission/Griechenland).
329 EuGH, Rs. C-37/93, Slg. 1993, I-6295, Rn. 5 (Kommission/Belgien); Rs. C-290/94, Slg. 1996, I-3285, Rn. 34 (Kommission/Griechenland).
330 EuGH, Rs. C-473/93, Slg. 1996, I-3207, Rn. 31, 50 (Kommission/Luxemburg); Rs. C-290/94, Slg. 1996, I-3285, Rn. 34 (Kommission/Griechenland).
331 EuGH, Rs. C-290/94, Slg. 1996, I-3285, Rn. 34 (Kommission/Griechenland).
332 EuGH, Rs. C-290/94, Slg. 1996, I-3285, Rn. 34 (Kommission/Griechenland).
333 EuGH, Rs. 66/85, Slg. 1986, 2121, Rn. 28 (Lawrie-Blum).
334 EuGH, Rs. 33/88, Slg. 1989, 1591, Rn. 9 (Allué u.a.).
335 EuGH, Rs. C-4/91, Slg. 1991, I-5627, Rn. 7 (Bleis); Rs. C-473/93, Slg. 1996, I-3207, Rn. 34 (Kommission/Luxemburg); Rs. C-195/98, n.n.i.Slg., Rn. 36 (Österreichischer Gewerkschaftsbund).
336 EuGH, Rs. C-473/93, Slg. 1996, I-3207, Rn. 35 (Kommission/Luxemburg).
337 S. die Auffassung der Kommission anläßlich der Durchführung der »systematischen Aktion«, ABl.EG 1988 Nr. C 72/3; ebenso etwa *U. Wölker*, in: GTE, EU-/EGV, Art. 48, Rn. 120.
338 S. nur die Monographien von *H. Becker*, Europäisches Gemeinschaftsrecht und deutsches Berufsbeamtentum, 1992; *H. Edelmann*, Die Europäische Arbeitnehmerfreizügigkeit nach Art. 48 und ihre Auswirkungen auf den Zugang zum deutschen öffentlichen Dienst, 1992; *Eschmann* (Fn. 305), *U. Klinge*, Die Begriffe »Beschäftigung in der öffentlichen Verwaltung« und »Ausübung öffentlicher Gewalt« im Gemeinschaftsrecht, 1980; *Th. Rieckhoff*, Die Entwicklung des Berufsbeamtums in Europa, 1993; *Schotten* (Fn. 305); *U. Wittkopp*, Wirtschaftliche Freizügigkeit und Nationalstaatsvorbehalte, 1977; *D. Veltmann*, Der Anwendungsbereich des Freizügigkeitsrechts der Arbeitnehmer gemäß Art. 48 EGV, 1999; in neuerer Zeit haben sich zu dem Thema u.a. geäußert: *K. Otte*, Beamte als Arbeitnehmer des EG-Rechts, Der Personalrat 1999, S. 6 ff.; *K. Hailbronner*, Öffentlicher Dienst und EG-Freizügigkeit, VBlBW. 2000, S. 115 ff.; *Burgi* (Fn. 306), S. 960 ff.; *A. Fischer/R. Strempel*, Arbeitnehmerfreizügigkeit und öffentliche Verwaltung, Jura 1995, S. 357 (359); *H.-G. Fischer*, Unionsbürger als Beamte

vorgeworfen wurde[339]. Unklar sei vor allem, ob die beiden objektiven Anforderungen an den Begriff der Beschäftigung in der öffentlichen Verwaltung (Teilnahme an der Ausübung hoheitlicher Befugnisse; Wahrung der allgemeinen Belange des Staates) **kumulativ** oder **alternativ** zu verstehen seien[340]. Für eine alternative Anwendung spreche, daß die Ausübung hoheitlicher Befugnisse stets zugleich auf die Wahrung der allgemeinen Belange des Staates gerichtet sei. Das letztgenannte Kriterium könne daher nur als Auffangtatbestand für solches staatliches Handeln dienen, das keine unmittelbare Außenwirkung gegenüber dem Bürger erzeuge, aber von solchem Gewicht für die Gemeinschaft sei, daß es die Beschäftigung eigener Staatsangehöriger erfordere[341]. Nach der wohl überwiegenden Meinung[342], die sich auf den Wortlaut der Rechtsprechung des EuGH (»und«) berufen kann[343], stehen das hoheitliche Handeln des Staates und die wahrzunehmende Aufgaben in einem unauflöslichen innerem Zusammenhang[344]. Das Merkmal der Wahrung der allgemeinen Belange des Staates erfülle eine Korrektivfunktion insofern, als nicht schon die Ausübung hoheitlicher Befugnisse als solche, sondern erst die Ausübung dieser Befugisse im Hinblick auf die allgemeinen Belange des Staates den Vorbehalt des Art. 39 Abs. 4 trage. Auch gewährleiste nur die kumulative Lösung die vom EuGH verlangte **enge Auslegung** der Vorschrift. Weiterhin bestreitet eine Mindermeinung im Schrifttum die Kompetenz des EuGH, den Begriff der »öffentlichen Verwaltung« gemeinschaftsrechtlich auszulegen und funktional auf konkrete Stellen zu beziehen[345].

Fortsetzung von Fußnote 338
    in Deutschland, RiA 1995, S. 105; *Ch. Hillgruber*, Die Entwicklung des deutschen Beamtenrechts unter der Einwirkung des europäischen Gemeinschaftsrechts, ZBR 1997, S. 1; S. *Hölscheidt/Ch. Baldus*, Unionsbürger im öffentlichen Dienst anderer Mitgliedstaaten, NWVBl. 1997, S. 41; M. *Schweitzer*, Lehrerberuf und Arbeitnehmerfreizügigkeit, in: GS Grabitz, 1995, S. 747; *F. Schwidden*, Die europäische Freizügigkeit im öffentlichen Dienst nach nationalem Recht und nach europäischem Gemeinschaftsrecht, RiA 1996, S. 166; s. darüber hinaus die Nachweise bei *Th. Schotten*, Der Zugang von Unionsbürgern zum deutschen Beamtenverhältnis, DVBl. 1994, S. 567, Anm. 2.

339 S. etwa *Schotten* (Fn. 305), S. 573; *Schweitzer* (Fn. 338), S. 755 ff.; *Fischer* (Fn. 338), S. 107 f.; *Hölscheidt/Baldus* (Fn. 338), S. 41 f.
340 S. hierzu die Übersicht bei *Schwidden* (Fn. 338), S. 171 f.
341 *Schotten* (Fn. 305), S. 87 ff.; *ders.*, DVBl. 1994, S. 571; *Everling* (Fn. 305), S. 229; *U. Battis*, Freizügigkeit und Beschäftigung in der öffentlichen Verwaltung, in: Magiera (Hrsg.), Das Europa der Bürger in einer Gemeinschaft ohne Binnengrenzen, 1990, S. 47 (54); *D. Dörr*, Das Deutsche Beamtenrecht und das Europäische Gemeinschaftsrecht, EuZW 1990, S. 565 (569 f.); *Eschmann* (Fn. 305), S. 100 ff.
342 GA *P. Léger*, Schlußantr. zu EuGH, Rs. C-290/94, Slg. 1996, I-3285, Rn. 2 (Kommission/Griechenland), Ziff. 23; s. näher; *M. Böse*, Arbeitnehmerfreizügigkeit und öffentlicher Dienst, EuZW 1992, S. 639 (641); *H. Goerlich/P. Bräth*, Zur europäischen Freizügigkeit im öffentlichen Sektor, NVwZ 1992, S. 330; *J. Handoll*, Art. 48 (4) EEC and Non-National Acces to Public Employment, ELR 1988, S. 223 (230 ff.); *I. Hochbaum*, Die Liberalisierung des öffentlichen Dienstes im Binnenmarkt, Der Staat 1990, S. 577 (589); *A. Randelzhofer*, in: Grabitz/Hilf, EUV, Art. 48, Rn. 64; *R. Erhard*, in: Lenz, Art. 48, Rn. 47; *Rieckhoff* (Fn. 338), S. 118 ff.; *Fischer* (Fn. 338), S. 108 f.; *J. Ziekow*, Die Freizügigkeit nach europäischem Gemeinschaftsrecht im Bereich des öffentlichen Dienstes, DöD 1991, S. 11, 18.
343 Anders nur EuGH, Rs. 225/85, Slg. 1987, 2625, Rn. 9 (Kommission/Italien).
344 *Schwidden* (Fn. 338), S. 171 f.
345 S. etwa die Kritik von *Hillgruber* (Fn. 338), S. 3; *H. Lecheler*, in: Battis (Hrsg.), Europäischer Binnenmarkt und nationaler öffentlicher Dienst, 1989, S. 129 f.; *ders.*, Öffentliche Verwaltung in den Mitgliedstaaten nach Maßgabe der »Dynamik der europäischen Integration«, Die Verwaltung 1989, S. 137 (139); ähnlich *W. Loschelder*, Der Staatsangehörigkeitsvorbehalt des deutschen Beamtenrechts und die gemeinschaftsrechtliche Freizügigkeit der Arbeitnehmer, ZBR 1991, S. 102 (111); *A. Meyer*, Die europäische Integration und das deutsche Beamtenrecht, BayVBl. 1990, S. 97.

105 Die weitere Diskussion über die Frage der notwendigen **innerstaatlichen Anpassungen des Beamtenrechts** an die gemeinschaftsrechtlichen Freizügigkeitsanforderungen fand ihren vorläufigen Abschluß durch die am 24.12.1993 in Kraft getretene Änderung des Beamtenrechtsrahmengesetzes durch das »Zehnte Gesetz zur Änderung dienstrechtlicher Vorschriften« vom 11.11.1993[346]. Die nationalen Rechtsvorschriften sind nunmehr mit Art. 39 Abs. 4 EGV konform[347].

III. Stellungnahme

106 Die Merkmale der »Ausübung hoheitlicher Befugnisse« und der »Wahrung der allgemeinen Belange des Staates« sind **kumulativ** vorauszusetzen, um die Anwendung des Art. 39 Abs. 4 zu rechtfertigen. Der Begriff der »Ausübung hoheitlicher Befugnisse« beschränkt sich allerdings nicht auf ein hoheitliches Handeln mit Außenwirkung, sondern umfaßt auch **alles staatliche Handeln im Innenbereich**, soweit es sich als Ausfluß der staatlichen Hoheitsgewalt darstellt und von substantiellen Gewicht für das Allgemeinwohl ist[348]. Die Tätigkeit muß ferner darauf ausgerichtet sein, den **allgemeinen Belangen des Staates** zu dienen. Hierzu zählen nur die Aufgaben, die dem Staat als mit Hoheitsgewalt ausgestattetem Herrschaftsverband eigentümlich sind und nur von ihm bzw. den Körperschaften des öffentlichen Rechts wahrgenommen werden kann. Solche Aufgaben setzen zugleich als **subjektives Erfordernis** bei dem Beschäftigten ein besonderes Treueverhältnis zum Staat voraus[349]. Soweit der Berufsbereich als solcher grundsätzlich unter den Vorbehalt des Art. 39 Abs. 4 fällt, steht den Mitgliedstaaten ein gewisser **Beurteilungsspielraum** zu, welche Stellen sie eigenen Staatsangehörigen vorbehalten wollen. Maßgeblich ist hierbei stets der Schwerpunkt der Tätigkeit[350].

---

346 BGBl. I S. 2136.
347 S. näher 1. Auflage, Art. 39, Rn. 105 und zur Frage der verbleibenden Diskriminierung von Drittstaatsangehörigen Art. 39, Rn. 106.
348 S. auch *Fischer* (Fn. 338), S. 108.
349 *Everling* (Fn. 305), S. 230 ff.; *Fischer* (Fn. 338), S. 109; K. *Hailbronner*, in: HK-EUV, Art. 48, Rn. 94.
350 So auch *Schwidden* (Fn. 338), S. 175.

Art. 40 (ex-Art. 49)

Der Rat trifft gemäß dem Verfahren des Artikels 251 und nach Anhörung des Wirtschafts- und Sozialausschusses durch Richtlinien oder Verordnungen alle erforderlichen Maßnahmen, um die Freizügigkeit der Arbeitnehmer im Sinne des Art. 39 herzustellen[1 ff.], insbesondere,

a) durch Sicherstellung einer engen Zusammenarbeit zwischen den einzelstaatlichen Arbeitsverwaltungen[4];
b) durch die Beseitigung der Verwaltungsverfahren und -praktiken sowie der für den Zugang zu verfügbaren Arbeitsplätzen vorgeschriebenen Fristen, die sich aus innerstaatlichen Rechtsvorschriften oder vorher zwischen den Mitgliedstaaten geschlossenen Übereinkünften ergeben und deren Beibehaltung die Herstellung der Freizügigkeit der Arbeitnehmer hindert[5];
c) durch die Beseitigung aller Fristen und sonstigen Beschränkungen, die in innerstaatlichen Rechtsvorschriften oder vorher zwischen den Mitgliedstaaten geschlossenen Übereinkünften vorgesehen sind, und die den Arbeitnehmern der anderen Mitgliedstaaten für die freie Wahl des Arbeitsplatzes andere Bedingungen als den ausländischen Arbeitnehmern auferlegen[5];
d) durch die Schaffung geeigneter Verfahren für die Zusammenführung und den Ausgleich von Angebot und Nachfrage auf dem Arbeitsmarkt zu Bedingungen, die eine ernstliche Gefährdung der Lebenshaltung und des Beschäftigungsstands in einzelnen Gebieten und Industrien ausschließen[6].

Art. 40 ermächtigt den Rat, »alle erforderlichen Maßnahmen« zur Sicherstellung und Verbesserung der Freizügigkeit zu treffen. Durch den Vertrag von Amsterdam fielen die Worte »unmittelbar nach Inkrafttreten dieses Vertrages« weg; dadurch ist klargestellt, daß Art. 40 auch nach dem Ende der Übergangszeit als Rechtsgrundlage für Maßnahmen zur Herstellung der Freizügigkeit dient. Demgemäß erließ der Rat auf der Grundlage des Art. 40 eine Vielzahl von Richtlinien und Verordnungen, zwischen denen er nach freiem Ermessen wählen kann[1], darunter die VO (EWG) Nr. 1612/68 und die Richtlinie 68/360/EWG[2]. 1

Der Anwendungsbereich des Art. 40 erstreckt sich nur auf solche Maßnahmen, welche die **Freizügigkeit der EG-Arbeitnehmer** und ihrer **Familienangehörige** betreffen. Regelungen über den Zugang zur Beschäftigung für **Drittstaatsangehörige** – mit Ausnahme der Familienangehörigen – können daher nicht auf Art. 40 gestützt werden[3]. Sie fallen nach dem **Vertrag von Amsterdam** auch nicht mehr in den Bereich der von der Gemeinschaft (s. Art. 63 Abs. 1 Nr. 3) und der Union (s. Art. 29 EUV) zu treffenden **einwanderungspolitischen Maßnahmen**. Nur Art. 137 Abs. 3 enthält eine Kompetenz der Gemeinschaft zur Regelung der »Beschäftigungsbedingungen der Staatsangehörigen dritter Länder, die sich rechtmäßig im Gebiet der Gemeinschaft aufhalten. Art. 40 gibt der Gemeinschaft ebenfalls keine Kompetenz zu Maßnahmen, welche die Beseitigung der **Inländerdiskriminierung** betreffen. **Spezielle Rechtsgrundlagen** finden sich darüber hinaus in Bezug auf das Recht der sozialen Sicherheit in Art. 42, das Verbleiberecht der Arbeitnehmer nach dem Ende der Beschäftigung in Art. 39 Abs. 3 lit. d), das Arbeitsrecht und die Arbeitsbedingungen in Art. 94 und Art. 138. 2

---

1 S. U. *Wölker*, in: GTE, EU-/EGV, Art. 49, Rn. 6 m.w.N.
2 S. die Nachweise bei A. *Randelzhofer*, in: Grabitz/Hilf, EUV, Art. 49, Rn. 2; U. *Wölker*, in: GTE, EU-/EGV, Art. 49, Rn. 3.
3 A.A. U. *Wölker*, in: GTE, EU-/EGV, Art. 49, Rn. 11 ff.

3 Das Verfahren zur Verabschiedung von Rechtsakten nach Art. 40 richtet sich seit der Änderung der Vorschrift durch den Vertrag von Maastricht nach **Art. 251**[4]. Erforderlich ist mithin ein Vorschlag der Kommission sowie die Beteiligung des Parlaments im Wege des **Mitentscheidungsverfahrens**. Hinzu kommt die obligatorische Anhörung des Wirtschafts- und Sozialausschusses.

4 Die **in lit. a)** des Art. 41 geforderte enge **Zusammenarbeit** zwischen den einzelstaatlichen **Arbeitsverwaltungen** konkretisiert Art. 13 f. VO (EWG) Nr. 1612/68. In die Zusammenarbeit einbezogen ist die Kommission durch einen Beratenden Ausschuß (Art. 24 ff.) und durch einen Fachausschuß (Art. 32 ff.). Die Zusammenarbeit besteht in erster Linie aus einem intensiven Informationsaustausch über die Beschäftigungslage und soll den Arbeitnehmern eine Orientierungshilfe bieten.[5]

5 Die **lit. b) und c)**, die auf die **Erleichterung** des Zugangs zur Beschäftigung in anderen Mitgliedstaaten zielen, sind durch die Bestimmungen der Art. 1-12 VO (EWG) Nr. 1612/68 weitgehend verwirklicht worden; ihnen kommt daher **keine aktuelle Bedeutung** mehr zu.[6]

6 In **lit. d)** ist das Verfahren zur Zusammenführung und zum Ausgleich von Angebot und Nachfrage auf dem **Arbeitsmarkt** angesprochen. Das **Ausgleichsverfahren** ist näher in den Art. 15 ff. VO (EWG) Nr. 1612/68 geregelt, die zuletzt durch die VO (EWG) Nr. 2434/92 vom 27.7.1992[7] neu und effizienter gestaltet wurde. Danach melden besondere Dienststellen der Mitgliedstaaten untereinander und gegenüber dem **Europäischen Koordinierungsbüro** (vgl. Art. 21 ff.) die Stellenangebote und Arbeitsgesuche und leiten die Angaben an die zuständigen **Arbeitsämter** und **Arbeitsvermittlungsorganisationen** weiter. Diese haben die Stellenangebote zu bearbeiten und die Arbeitsgesuche zu beantworten; es gilt der Grundsatz der Nichtdiskriminierung (vgl. Art. 16). Die Mitgliedstaaten und die Kommission verfolgen das Ziel, die offenen Stellen vorrangig mit Staatsangehörigen aus anderen Mitgliedstaaten zu besetzen (vgl. Art. 19). Das Recht der EG-Arbeitnehmer, sich aus eigener Initiative um eine Stelle zu bewerben, bleibt unberührt.

---

[4] S. Art. 251, Rn. 4 ff.
[5] U. *Wölker*, in: GTE, EU-/EGV, Art. 49, Rn. 6.
[6] S. näher A. *Randelzhofer*, in: Grabitz/Hilf, EU, Art. 49, Rn. 7 m.w.N.
[7] ABl.EG 1992 Nr. L 245/1.

Art. 41 (ex-Art. 50)

Die Mitgliedstaaten fördern den Austausch junger Arbeitskräfte[1] **im Rahmen eines gemeinsamen Programms**[2 f.]

Der **Austausch junger Arbeitskräfte** zielt auf die Stärkung der **Mobilität junger Arbeitnehmer** in der Gemeinschaft und verfolgt damit neben der Herstellung der Freizügigkeit auch ökonomische und politische Ziele[1]. Die frühere Streitfrage, ob die Mitgliedstaaten oder die Gemeinschaft nach Art. 41 für die Aufstellung von gemeinsamen Programmen zuständig sind, ist inzwischen zugunsten der **Gemeinschaftskompetenz** entschieden[2]. 1

In der Vergangenheit sind mehrere **gemeinsame Programme** beschlossen worden: Das erste gemeinsame Programm zur Förderung des Austauschs junger Arbeitskräfte innerhalb der Gemeinschaft erging durch den Beschluß 64/307/EWG der im Rat vereinigten Vertreter der Mitgliedstaaten vom 8.5.1964[3]. Das Zweite und das Dritte Gemeinsame Programm beschloß der Rat mit den Beschlüssen 79/642/EWG vom 16.7.1979[4] und 84/636/EWG vom 13.12.1984[5]; sie liefen am 31.12.1991 aus. 2

Mit Wirkung vom 1.1.1992 wurde das Programm zur Förderung des Austauschs junger Arbeitskräfte gemäß dem Beschlusses des Rates 91/387/EWG vom 23.7.1991[6] in das bereits seit 1988 laufenden **Aktionsprogramm** für die Berufsbildung Jugendlicher und zur Vorbereitung der Jugendlichen auf das Erwachsenen- und Erwerbsleben (**PETRA**) integriert. Seit dem 1.1.1995 ist es nunmehr gemäß dem Beschluß des Rates 94/819/EG[7] Bestandteil des Aktionsprogramms zur Durchführung einer Berufsbildungspolitik der Europäischen Gemeinschaften (**LEONARDO DA VINCI**)[8], das auf der Rechtsgrundlage des Art. 150 beruht[9]. Es sieht hinsichtlich der jungen Arbeitnehmer, aber auch hinsichtlich arbeitsloser Jugendlicher Ausbildungsaufenthalte oder Arbeitspraktika von unterschiedlicher Dauer in anderen Mitgliedstaaten der Gemeinschaft vor, die materiell gefördert werden. Bei der Ausgestaltung des Programms, namentlich hinsichtlich des **Auswahlverfahrens** und der **Auswahlkriterien** besitzt der Rat relativ freie Hand; er hat allerdings die in Art. 150 genannten Schranken zu beachten[10]. Die Kommission führt das Programm in Abstimmung mit den Mitgliedstaaten durch. Die Gemeinschaft stellt den überwiegenden Teil der finanziellen Mittel zur Unterstützung und Förderung der Maßnahmen bereit. Mit Beschluss des Rates vom 26.4.1999 wurde das Programm um eine zweite Phase für die Jahre 2000 bis 2006 verlängert[11]. Ein weiteres, den Austausch von jugendlichen Arbeitnehmern betreffendes Programm ist das Programm »**JUGEND**«, das auf Art. 149 EGV gestützt ist[12]. 3

---

1 S. *A. Randelzhofer*, in: Grabitz/Hilf, EU, Art. 50, Rn. 1; *U. Wölker*, in: GTE, EU-/EGV, Art. 50, Rn. 2.
2 S. *A. Randelzhofer*, in: Grabitz/Hilf, EU, Art. 50, Rn. 3; *U. Wölker*, in: GTE, EU-/EGV, Art. 50, Rn. 4.
3 ABl.EG 1964 Nr. 78/1226.
4 ABl.EG 1979 Nr. L 183/24.
5 ABl.EG 1984 Nr. L 331/36.
6 ABl.EG 1991 Nr. L 214/69.
7 ABl.EG 1994 Nr. L 346/8
8 S. unter Punkt I.1.2. lit. a) und b) des Anhangs unter dem Titel: Transnationale Vermittlungs- und Austauschprogramme.
9 S. Art. 150, Rn. 8; *U. Wölker*, in: GTE, EU-/EGV, Art. 50, Rn. 5.
10 S. Art. 150, Rn. 4 ff.; *U. Wölker*, in: GTE, EU-/EGV, Art. 50, Rn. 8.
11 ABl.EG 1999 Nr. L 146/33.
12 ABl.EG 2000 Nr. L 117/10.

Art. 42 (ex-Art. 51)

Der Rat beschließt gemäß dem Verfahren des Art. 251 die auf dem Gebiet der sozialen Sicherheit[1 f.] für die Herstellung der Freizügigkeit der Arbeitnehmer[9 ff.] notwendigen Maßnahmen; zu diesem Zweck führt er insbesondere ein System[22 ff.] ein, welches aus- und einwandernden Arbeitnehmern[3 ff.] und deren anspruchsberechtigten Angehörigen[8] folgendes sichert:
a) die Zusammenrechnung[17 ff.] aller nach den verschiedenen innerstaatlichen Rechtsvorschriften berücksichtigten Zeiten für den Erwerb und die Aufrechterhaltung des Leistungsanspruchs sowie für die Berechnung der Leistungen;
b) die Zahlung der Leistungen an Personen, die in den Hoheitsgebieten der Mitgliedstaaten wohnen[20 f.]

Der Rat beschließt im Rahmen des Verfahrens des Artikels 251 einstimmig[48].

Inhaltsübersicht:

I. Allgemeines	1
II. Der Geltungsbereich der VO (EWG) Nr. 1408/71	3
1. Persönlicher Geltungsbereich	3
a) Arbeitnehmer	4
b) Selbständige	7
c) Familienangehörige	8
2. Sachlicher Geltungsbereich	9
3. Verhältnis zum Internationalen Sozialrecht	12
III. Grundprinzipien	13
1. Koordinierung der nationalen Sozialleistungssysteme	13
2. Grundsatz des Diskriminierungsverbots	16
3. Zusammenrechnung der Versicherungszeiten	17
4. Leistungsexport	20
IV. Die einzelnen Leistungsarten	22
1. Krankheit und Mutterschaft	22
2. Arbeitsunfälle und Berufskrankheiten	26
3. Invalidität	28
4. Alter und Tod	31
a) Die Zusammenrechnung der Versicherungszeiten	32
b) Das Berechnungsverfahren	34
5. Sterbegeld	38
6. Arbeitslosigkeit	39
7. Familienleistungen	44
8. Vorschriften über die Zusammenarbeit der Behörden	47
V. Verfahrensfragen	48

I. Allgemeines

1 Art. 42 gewährleistet, daß EG-Arbeitnehmern und ihren anspruchsberechtigten Angehörigen **Leistungen der sozialen Sicherheit erhalten bleiben,** wenn sie von ihrem Recht auf Freizügigkeit innerhalb der Union Gebrauch machen[1]. Zu diesem Zweck erläßt der Rat Vorschriften, die die Zusammenrechnung aller in den Mitgliedstaaten zurückgelegten Zeiten für den Erwerb und die Aufrechterhaltung des Leistungsanspruchs sowie für die Berechnung der Leistungen sichert (lit. a). Das Regelwerk soll weiterhin garantieren, daß die Zahlung von Leistungen der sozialen Sicherheit auch an Personen erfolgt, die in den Hoheitsgebieten der anderen Mitgliedstaaten wohnen (lit. b).

---

1 EuGH, st.Rspr. seit Rs. 100/63, Slg. 1964, 1213 (1232) (van der Veen).

Das derart umschriebene System hat der Rat bereits mit der VO (EWG) Nr. 3 über die 2
soziale Sicherheit der Wanderarbeitnehmer vom 25. September 1958[2] und der zur
Durchführung dieser Verordnung ergangenen VO (EWG) Nr. 4 vom 3. Dezember 1958[3]
eingeführt. An deren Stelle trat mit Wirkung vom 1. Oktober 1972 die nunmehr geltende **VO (EWG) Nr. 1408/71 des Rates vom 14.6.**1971 zur Anwendung der Systeme der
sozialen Sicherheit auf Arbeitnehmer und deren Familien, die innerhalb der Gemeinschaft zu- und abwandern (**im folgenden »VO 1408/71«**)[4]. Diese Verordnung wird
ergänzt durch die **VO (EWG) Nr. 574/72** des Rates vom 21.3.1972[5]. Beide Verordnungen sind seither mehrfach geändert worden; eine konsolidierte Fassung findet sich im
Anhang der VO (EG) Nr. 118/ 97 des Rates vom 2.12.1996[6]. Der **EuGH** hat mit einer
Vielzahl von Entscheidungen das Regelsystem der sozialen Sicherheit in der Gemeinschaft näher ausgeformt[7]. Ferner regelt die Richtlinie 49/98/EG des Rates vom
29.6.1998 die Wahrung ergänzender Rentensysteme von Arbeitnehmern und Selbständigen, die innerhalb der Europäischen Gemeinschaft zu- und abwandern[8].

II. Der Geltungsbereich der VO (EWG) Nr. 1408/71

1. Persönlicher Geltungsbereich

Die VO 1408/71 gilt gemäß Art. 2 Abs. 1 für freizügigkeitsberechtigte **Arbeitnehmer** 3
und **Selbständige**, für die die Rechtsvorschriften eines oder mehrerer Mitgliedsstaaten
gelten oder galten, soweit sie Unionsbürger sind oder als Staatenlose oder Flüchtlinge im
Gebiet eines Mitgliedsstaates wohnen, sowie – unabhängig von der Staatsangehörigkeit[9]
– für deren Familienangehörige und Hinterbliebene. **Drittstaatsangehörige** können auf
Grund von besonderen völkerrechtlichen **Abkommen** in den Schutzbereich der VO
1408/71 einbezogen werden (s. auch Rn. 12)[10]. Abkommen der EG/EU mit Drittstaaten

---

2 ABl.EG 1958 Nr. L 30/561.
3 ABl.EG 1958 Nr. L 30/597.
4 ABl.EG 1971 Nr. L 149/2.
5 ABl.EG 1972 Nr. L 28/1; s. B. *Willms*, in: GTE, EU-/EGV, Art. 51, Rn. 127.
6 ABl.EG 1997 Nr. L 28/1 und 28/4 (konsolidierte Fassung), zuletzt geändert durch VO (EG) Nr. 1386/2001 des Rates vom 5.6. 2001, ABl. EG 2001 Nr. L 187/1; zu Überlegungen zur Reform der VO 1408/71 s. E. *Eichenhofer*, Vorschläge zur Vereinfachung der VO (EWG) 1408/71, SGb 2001, S. 53 ff.
7 S. B. *Schulte*, Neuere Entwicklungen des Europäischen Sozialrechts, BayVBl. 2000, S. 336 ff. und S. 362 ff.; K. D. *Borchardt*, Die Rechtsprechung des Gerichtshofs der EG und das Sozialrecht, ZfSH/SGB 1991, S. 132; E. *Eichenhofer*, Neuere Rechtsprechung des EuGH zum Europäischen Sozialrecht, JZ 1995, S. 1047; H. A. *Ewert*, Der Beitrag des Gerichtshofs der Europäischen Gemeinschaften zur Entwicklung eines europäischen Sozialrechts, dargestellt am Beispiel der VO (EWG) Nr. 1408/71, 1987; K. *Sieveking*, Der EuGH als Motor der sozialen Integration der Gemeinschaft, ZSR 1997, S. 187; B. *Schulte/H. Zacher*, Das Sozialrecht in der Rechtsprechung des Europäischen Gerichtshofs, in: Wannagat (Hrsg.), Jahrbuch des Sozialrechts der Gegenwart, Berlin 1979 bis 1996, Bd. 1, S. 353; Bd. 2, S. 359; Bd. 3, S. 419; Bd. 4, S. 439; Bd. 5, S. 403; Bd. 6, S. 445; Bd. 7, S. 407; Bd. 8, S. 457; Bd. 10, S. 453; Bd. 12, S. 387; Bd. 14, S. 391; Bd. 16, S. 453; Bd. 18, S. 471; Bd. 20, S. 486 (ab Bd. 3 nur noch von B. *Schulte* bearbeitet).
8 ABl. EG 1998 Nr. L 209/46; s. näher H.-D. *Steinmeyer*, Die Richtlinie 98/49/EG zur Wahrung ergänzender Rentenansprüche, EuZW 1999, S. 645 ff.
9 EuGH, Rs. C-308/93, Slg. 1996, I-2109, Rn. 21 (Cabanis-Issarte).
10 B. *Spiegel*, Die Stellung von Drittstaatsangehörigen im Sozialrecht der EU, 1999; s. etwa für das Abkommen EG-Schweiz vom 26.2.1999 über die Freizügigkeit der Personen: E. *Muhrer* (Hg.), Das Personenverkehrsabkommen mit der EU und seine Auswirkungen auf die soziale Sicherheit der Schweiz, Bern 2001.

können soziale Leistungsansprüche für die Staatsangehörigen der Vertragsstaaten aber nur begründen, sofern die entsprechenden Regelungen klar, eindeutig und ohne Bedingungen formuliert sind[11]. So gewährt Art. 3 Abs. 1 ARB Nr. 3/80 EWG-Türkei **türkischen Staatsangehörigen**, die im Gebiet eines Mitgliedstaats wohnen und für die der Beschluss Nr. 3/80 gilt, im Wohnsitzstaat Anspruch auf Leistungen der sozialen Sicherheit nach den Rechtsvorschriften dieses Staates unter den gleichen Voraussetzungen wie dessen eigene Staatsangehörige[12].

a) Arbeitnehmer

4   Der Begriff des **Arbeitnehmers** wird nach **sozialversicherungsrechtlichen und nicht nach arbeitsrechtlichen Kriterien** definiert. Art. 1 lit. a) VO 1408/71 bezeichnet als Arbeitnehmer jede Person, die im Rahmen eines der in Art. 1 lit. a) aufgeführten Systeme der sozialen Sicherheit unter den dort genannten Voraussetzungen gegen die in dieser Vorschrift angeführten Risiken versichert ist[13]. Als Arbeitnehmer ist danach eine Person anzusehen, die, ob sie nun **eine Erwerbstätigkeit ausübt oder nicht**, die versicherten Eigenschaften nach den für die soziale Sicherheit geltenden **nationalen Rechtsvorschriften** eines oder mehrerer Mitgliedstaaten besitzt[14]. Der tatsächliche Anschluß an ein Sozialversicherungssystem ist dabei unmaßgeblich; es kommt nur darauf an, ob die **materiellen Voraussetzungen** für einen solchen Anschluß erfüllt sind[15]. Die Mitgliedstaaten legen die Voraussetzungen fest, unter denen eine Person einem System der sozialen Sicherheit beitreten kann oder muß[16].

5   Auch der Begriff der »**Tätigkeit im Lohn- und Gehaltsverhältnis**« (vgl. Art. 14a und 14c) wird **nach nationalem Recht** bestimmt[17]. Die im Vergleich zur Freizügigkeit der Arbeitnehmer nach Art. 39 unterschiedliche Begriffsbestimmung rechtfertigt sich aus der Überlegung, daß Art. 42 i.V.m. VO 1408/71 **keine subjektiven Rechte** des Einzelnen begründet, sondern nur die für den Erwerb und die Aufrechterhaltung des Anspruchs und der Leistungen anzuwendenden nationalen Vorschriften nennt[18].

---

11 EuGH, Rs. C-277/94, Slg. 1996, I-4085, Rn. 26 ff. (Taflan-Met); s. auch M. *Zuleeg*, Die Taflan-Met Entscheidung des Europäischen Gerichtshofs, ZAR 1997, S. 170 ff.; E. *Eichenhofer*, Deutsch-Türkische Sozialrechtsbeziehungen, ZIAS 1997, S. 136; *St. Peers*, European Communities and EEA, ELRev. 1997, S. 342.
12 EuGH, Rs. C-262/96, Slg. 1999, I-2685, Rn. 74 (Sürül); Verb. Rs. C-102/98 und C-211/98, Slg. 2000, I-1287, Rn. 35 (Kocak und Örs).
13 EuGH, Rs. 182/78, Slg. 1979, 1977, Rn. 4 und 7 (Pierick II); Rs. C-2/89, Slg. 1990, I-1755, Rn. 9 (Kits van Heijningen); Rs. C-340/94, Slg. 1997, I-461, Rn. 10 (de Jaeck); Rs. C-266/95, Slg. 1997, I-3279, Rn. 22 (García); zur freiwilligen Versicherung s. EuGH, Verb. Rs. 82/86 und 103/86, Slg. 1987, 3401, Rn. 15 ff. (Laborero und Sabato); Rs. 368/87, Slg. 1989, 1333, Rn. 12 (Troiani); Rs. C-85/96, Slg. 1998, I-2691, Rn. 20 (Sala).
14 EuGH, stRspr. seit Rs. 17/76, Slg. 1976, 1429, Rn. 13 ff. (Brack); Rs. 182/78 Slg. 1979, 1977, Rn. 4 (Pierick II); s. in jüngerer Zeit etwa: EuGH, Rs. C-221/95, Slg. 1997, I-609, Rn. 17 (Hervein und Hervillier); ausführlich hierzu P. *Pompe*, Leistungen der sozialen Sicherheit bei Alter und Invalidität für Wanderarbeitnehmer nach Europäischen Gemeinschaftsrecht, 1987, S. 121 ff.
15 EuGH, Rs. 39/76, Slg. 1976, 1901, Rn. 7 und 10 (Mouthaan).
16 EuGH, Rs. 110/79, Slg. 1980, 1445, Rn. 12 (Coonan); Rs. C-245/88, Slg. 1991, I-555, Rn. 11 f. (Daalmeijer); Rs. C-340/94, Slg. 1997, I-461, Rn. 36 (de Jaeck).
17 EuGH, Rs. C-340/94, Slg. 1997, I-461, Rn. 34 (de Jaeck); s. auch Rs. 404/98, Slg. 2000, I-9379, Rn. 23 (Plum).
18 EuGH, Rs. C-340/94, Slg. 1997, I-461, Rn. 27 (de Jaeck); s. *Pompe* (Fn. 14), S. 131 ff.; *Ph. Watson*, Social Security Law of the European Communities, 1980, S. 70; a.A. *K. Klang*, Soziale Sicherheit und Freizügigkeit im EWG-Vertrag, 1986, S. 163 ff.

Zu der Gruppe der Arbeitnehmer rechnen auch die **Beamten** (vgl. Art. 1 lit. a) Ziff. i)[19]. 6
Soweit allerdings für diese Personengruppe im nationalen Recht Sondersysteme eingerichtet worden sind, findet die VO 1408/71 keine Anwendung (vgl. Art. 4 Abs. 4)[20]. Mit der VO (EG) Nr. 307/1999 des Rates wurde der Anwendungsbereich der VO 1408/71 auch auf **Studenten** ausgedehnt[21].

b) Selbständige
Die VO 1408/71 erfaßt seit ihrer Änderung durch die VO (EWG) Nr. 1390/81 mit Wir- 7
kung vom 1. Juli 1982 auch **Selbständige** (vgl. Art. 1 lit. a))[22]. Hinsichtlich der näheren Bestimmung dieses Begriffs gilt das zum Begriff des Arbeitnehmers Gesagte entsprechend[23]. Einer genauen **Abgrenzung** zwischen Arbeitnehmern und Selbständigen bedarf es nur in denjenigen Fällen, in denen einzelne Leistungen Arbeitnehmern vorbehalten sind (z.b. Leistungen bei Arbeitslosigkeit) oder bestimmte Sondersysteme für Selbständige vom Anwendungsbereich der VO 1408/71 ausgeschlossen werden. Der EuGH hat die Einbeziehung der Selbständigen in das Regelungssystem ausdrücklich gebilligt[24].

c) Familienangehörige
Art. 42 und die VO 1408/71 gelten für die **Familienangehörigen** und **Hinterbliebenen**, 8
denen Leistungen der sozialen Sicherheit nach den jeweiligen nationalen Vorschriften gewährt werden. Anspruchsberechtigt sind nach Art. 2 Abs. 1 der Verordnung insofern auch **Drittstaatsangehörige**. Den Familienangehörigen stehen grundsätzlich nur **abgeleitete Rechte** zu, die sie als Angehörige eines Berechtigten erworben haben[25]. Begründet indes eine nationale Vorschrift für die Familienangehörigen **eigene Ansprüche oder Leistungen**, wie etwa auf Familienleistungen, können sie sich hierauf aufgrund eines eigenen Rechts im eigenen Namen berufen[26]. Zusätzlich besteht in vielen Fällen ein Leistungsanspruch aus dem Recht auf Inländergleichbehandlung gemäß Art. 39 Abs. 2 i.V.m. Art. 7 Abs. 2 VO (EWG) Nr. 1612/68[27].

---

19 Durch die VO (EG) Nr. 1606/98 des Rates vom 29.6.1998 wurden die Sondersysteme für Beamte und ihnen gleichgestellte Personen in den Anwendungsbereich der VO (EWG) Nr. 1408/71 und der VO (EWG) Nr. 574/72 einbezogen, ABl.EG 1998 Nr. L 209/1; s. ferner EuGH, Rs. C-71/93, Slg. 1994, I-1101, Rn. 10 ff. (Van Poucke); Rs. C-443/93, Slg. 1995 I-4033, Rn. 10 ff. (Vougionkas); Rs. C-389/99, Slg. 2001, I-3731, Rn. 25 f. (Rundgren); *M. Fuchs*, Zum Begriff der Beamten und zur Qualifizierung als »Sondersysteme« im Sinne von Art. 4 Abs. 4 VO Nr. 1408/71, ZBR 1996, S. 152.
20 EuGH, Rs. C-71/93, Slg. 1994, I-1101, Rn. 15 ff. (Van Poucke).
21 ABl.EG 1999 Nr. L 38/1.
22 ABl.EG 1981 Nr. L 143/1; EuGH, Rs. C-2/89, Slg. 1990, I-1755, Rn. 9 (Kits van Heijningen); Verb. Rs. C-4/95 und C-5/95, Slg. 1997, I-511, Rn. 27 (Stöber und Pereira).
23 EuGH, Rs. C-340/94, Slg. 1997, I-461, Rn. 36 (de Jaeck).
24 EuGH, Rs. 300/84, Slg. 1986, 3097, Rn. 18 ff. (van Roosmalen); Rs. C-121/93, Slg. 1993, I-5023, Rn. 10 f. (Zinnekker).
25 EuGH, Rs. 40/76, Slg. 1976, 1669, Rn. 7 (Kermaschek); Rs. 157/84, Slg. 1985, 1739, Rn. 15 (Frascogna); Rs. 94/84, Slg. 1985, 1873, Rn. 15 (Deak); Rs. 147/87, Slg. 1987, 5511, Rn. 11 (Zaoui); Rs. C-243/91, Slg. 1992, I-4401, Rn. 17 (Taghavi); Rs. C-78/91, Slg. 1992, I-4839, Rn. 25 (Hughes); Rs. 310/91, Slg. 1993, I-3011, Rn. 12 f. (Schmid).
26 EuGH, Rs. C-308/93, Slg. 1996, I-2109, Rn. 27 ff. (Cabanis-Issarte); Verb. Rs. C-245/94 und C-312/94, Slg. 1996, I-4895, Rn. 32 (Hoever und Zachow); Rs. C-185/96, Slg. 1998, I-6601, Rn. 28 (Kommission/Griechenland); anders noch EuGH, Rs. 310/91, Slg. 1993, I-3011, Rn. 12 f. (Schmid); s. *K. D. Borchardt*, in: Hd.EUWirtR, D II, Rn. 72a; *St. Peers* (Fn. 11), S. 342; *B. Willms*, in: GTE, EU-/EGV, Art. 51, Rn. 77.
27 S. Art. 39, Rn. 61 ff., m.w.N.

2. Sachlicher Geltungsbereich

9 Der **sachliche Geltungsbereich** der Vorschriften über die soziale Sicherheit ergibt sich aus den in Art. 4 Abs. 1 VO 1408/71 aufgezählten **Leistungsarten**, die in Rechtsvorschriften über Zweige der sozialen Sicherheit geregelt sind[28]. Danach erstreckt sich dieses System auf alle Leistungen bei Krankheit und Mutterschaft, bei Invalidität einschließlich der Leistungen, die zur Erhaltung oder Besserung der Erwerbsfähigkeit bestimmt sind, bei Alter, Leistungen an Hinterbliebene, Leistungen bei Arbeitsunfällen und Berufskrankheiten, Sterbegeld, Leistungen bei Arbeitslosigkeit und Familienleistungen. Nach Art. 4 Abs. 2 gilt die Verordnung für die allgemeinen und die besonderen, die **auf Beiträgen** beruhenden und die **beitragsfreien Systeme der sozialen Sicherheit** sowie für die Systeme, nach denen die Arbeitgeber zu Leistungen gemäß Art. 4 Abs. 1 der Verordnung verpflichtet sind. Erfaßt werden schließlich auch bestimmte **beitragsunabhängige Sonderleistungen** (Art. 4 Abs. 2a).

10 Die Einordnung einer Leistung in den Geltungsbereich der Verordnung hängt hauptsächlich von ihren **Wesensmerkmalen**, ihrem **Zweck** und den **Voraussetzungen** ihrer Gewährung ab, nicht dagegen davon, ob eine Leistung nach nationalem Recht als Leistung der sozialen Sicherheit betrachtet wird[29]. Bei Abgrenzungsproblemen kommt es entscheidend darauf an, ob eine Leistung erstens **ohne** jede auf Ermessen beruhende **individuelle Bedürftigkeitsprüfung** aufgrund eines **gesetzlichen Tatbestands** gewährt wird und sich zweitens auf eines der in Art. 4 Abs. 1 VO 1408/71 aufgezählten **Risiken** bezieht[30].

11 Die Mitgliedsstaaten geben in notifizierten **Erklärungen** die Rechtsvorschriften und Systeme an, die von der Verordnung erfaßt werden (vgl. Art. 5). Mit der Abgabe der Erklärung fallen die Rechtsvorschriften und Systeme in ihrer Gesamtheit[31] zwingend in den **Anwendungsbereich der Verordnung**[32]. Hingegen kann aus dem Fehlen einer solchen Erklärung nicht gefolgert werden, die Leistung werde nicht von Art. 42 und der VO 1408/71 erfaßt. Ansonsten könnte jeder Mitgliedstaat beliebig durch die Nichtabgabe einer Erklärung die Wirkung des Gemeinschaftsrechts einschränken[33]. Nicht anwendbar ist die VO 1408/71 gemäß Art. 4 Abs. 4 auf die **Sozialhilfe** (Fürsorge) und auf Leistungssysteme für Opfer des Krieges und seiner Folgen sowie auf **Sondersysteme** für Beamte und ihnen gleichgestellte Personen. Problematisch ist insbesondere die **Abgren-**

---

28 B. *Schulte*, Der Begriff der sozialen Sicherheit im Sinne von Art. 4 VO (EWG) Nr. 1408/71, 1994; D. *Wiegand*, Das Europäische Gemeinschaftsrecht in der Sozialversicherung, 2. Auflage 1993, Rn. 125 ff.
29 EuGH, Rs. 249/83, Slg. 1985, 973, Rn. 11 (Hoeckx); Rs. C-78/91, Slg. 1992, I-4839, Rn. 14 (Hughes); Verb. Rs. C-245/94 und C-312/94, Slg. 1996, I-4895, Rn. 17 (Hoever und Zachow); Rs. C-85/99, Slg. 2001, I-2261, Rn. 27 (Offermanns).
30 St. Rspr. des EuGH; s. Rs. 249/83, Slg. 1985, 973, Rn. 12 bis 14 (Hoeckx); Rs. C-78/91, Slg. 1992, I-4839, Rn. 15 (Hughes); Verb. Rs. C-245/94 und C-312/94, Slg. 1996, I-4895, Rn. 17 (Hoever und Zachow); Rs. C-57/96, Slg. 1997, I-6689, Rn. 23 (Meints); Rs. C-85/99, Slg. 2001, I-2261, Rn. 27 (Offermanns).
31 EuGH, Rs. 104/76, Slg. 1977, 829, Rn. 7 (Jansen); Rs. 70/80, Slg. 1981, 229, Rn. 12 ff. (Vigier); Rs. C-327/92, Slg. 1995, I-1235, Rn. 15 ff. (Rheinhold und Mahla NV).
32 S. B. *Willms*, in: GTE, EU-/EGV, Art. 51, Rn. 63 ff. m.w.N. zu der von der Bundesrepublik Deutschland angegebenen Rechtsvorschriften und Sozialleistungen.
33 EuGH, Rs. 35/77, Slg. 1977, 2249, Rn. 9 f. (Beerens); Rs. 237/78, Slg. 1979, 2645, Rn. 8 (Toia); Rs. 70/80, Slg. 1981, 229, Rn. 15 (Vigier); Rs. C-251/89, Slg. 1991, I-2831, Rn. 28 (Athanasopoulos); Verb. Rs. C-88/95, C-102/95 und C-103/95, Slg. 1997, I-869, Rn. 21 (Losada u.a.); Rs. C-20/96, Slg. 1997, I-6057, Rn. 35 (Snares).

zung der Leistungen der sozialen Sicherheit von denen der Sozialhilfe[34]. Auf die Leistung von Sozialhilfe besteht jedoch für EG-Arbeitnehmer und ihre Familienangehörigen zugleich ein Anspruch nach **Art. 7 Abs. 2 VO (EWG) Nr. 1612/68**.

3. Verhältnis zum Internationalen Sozialrecht[35]

Die VO 1408/71 ersetzt in ihrem **räumlichen Geltungsbereich** (vgl. Art. 227) die zwischen den Mitgliedstaaten geschlossenen **Sozialversicherungsabkommen** (Art. 6). Ausnahmsweise kann ein solches Abkommen Anwendung finden, wenn der Betroffene daraus eine für ihn **günstigere** Rechtsposition herleiten kann[36]. Dieser Grundsatz gilt jedoch nicht für Arbeitnehmer und Selbständige, die ihr Recht auf Freizügigkeit erst **nach dem Inkrafttreten** der Verordnung ausgeübt haben[37]. Art. 8 der Verordnung gestattet ferner den Mitgliedstaaten, **ergänzende Abkommen** zu schließen, soweit hierfür ein Bedürfnis besteht[38]. Ein solches Abkommen darf die von der VO 1408/71 gewährten Rechtspositionen nicht einschränken[39]. Sozialversicherungsabkommen mit einem **Drittstaat** werden von der Verordnung hingegen nicht berührt[40]. Sozialrechtliche Ansprüche folgen darüber hinaus aus der Eigentumsgarantie des 1. Zusatzprotokolls zur EMRK[41].

12

III. Grundprinzipien

1. Koordinierung der nationalen Sozialleistungssysteme

Das auf der Grundlage des Art. 42 errichtete System der sozialen Sicherheit schafft **kein gemeinschaftsrechtliches Sozialversicherungssystem**. Es handelt sich vielmehr um **Koordinierungsvorschriften**, die nicht auf eine Harmonisierung des Rechts der Mitgliedstaaten auf dem Gebiet der sozialen Sicherheit zielen. Die materiellen und verfahrensmäßigen Unterschiede zwischen den Systemen der sozialen Sicherheit der Mitgliedstaaten und damit den Ansprüchen der dort Beschäftigten werden durch diese Bestimmung

13

---

34 S. *K. D. Borchardt*, in: Hd.EUWirtR, D II, Rn. 75 ff.; *R. Erhard*, in: Lenz, EGV, Art. 51, Rn. 9; *K. Hailbronner*, Die soziale Dimension der Freizügigkeit – Gleichbehandlung und Territorialitätsprinzip, EuZW 1991, S. 171; s. Art. 39, Rn. 65.
35 Ausführlich hierzu: *E. Eichenhofer*, Internationales Sozialrecht, München 1994; *R. Schuler*, Das Internationale Sozialrecht der Bundesrepublik Deutschland, 1988.
36 EuGH, Rs. 82/72, Slg. 1973, 599, Rn. 8 (Walder); Rs. C-227/89, Slg. 1991, I-323, Rn. 22 (Rhönfeldt); Rs. C-31/96, Slg. 1997, I-5501 (Arjona u.a.); einschränkend aber EuGH, Rs. C-113/96, Slg. 1998, I-2461, Rn. 48 (Rodriguez).
37 EuGH, Rs. C-475/93, Slg. 1995, I-3832, Rn. 26 f. (Thévenon); Verb. Rs. C-31/96, C-32/96 und C-33/96, Slg. 1997, I-5501, Rn. 26 (Arjona u.a.); Rs. C-75/99, Slg. 2000, I-9399, Rn. 23 (Thelen); s. näher *R. Resch*, Nationale Sozialversicherungsabkommen und EG-Verordnungen zur Sozialen Sicherheit, NZS 1996, S. 603.
38 EuGH, Rs. C-305/92, Slg. 1994, I-1533, Rn. 19 (Hoorn).
39 S. *B. Schulte*, in: NKES, Art. 8, Rn. 1.
40 EuGH, Rs. C-23/92, Slg. 1993, I-4505, Rn. 23 (Grana-Novoa); *B. Willms*, in: GTE, EU-/EGV, Art. 51, Rn. 52 m.w.N; zu den Rechten Drittstaatsangehöriger: Commission of the European Community *(*Hrsg.), Social Security in Europe – Equality between Nationals and Non-nationals, Lissabon 1995.
41 EuGMR vom 16. 9. 1996 (Gaygusuz), JZ 1997, S. 405; kritisch *K. Hailbronner*, Die sozialrechtliche Gleichbehandlung von Drittstaatsangehörigen – ein menschenrechtliches Postulat?, JZ 1997, S. 397.

Art. 42 EG-Vertrag

nicht berührt[42]. Die **Mitgliedsstaaten** bleiben nach wie vor zuständig, die Voraussetzungen für die Gewährung von Leistungen der sozialen Sicherheit zu ändern und zu verschärfen, sofern diese Voraussetzungen keine offene oder versteckte Diskriminierung aufgrund der Staatsangehörigkeit bewirken[43]. Ein **Leistungsanspruch** ergibt sich daher niemals allein aus Gemeinschaftsrecht, sondern immer nur in Verbindung mit mitgliedsstaatlichem Recht[44]. Die einschlägigen Verordnungen binden die Mitgliedsstaaten allerdings gemäß Art. 249 Abs. 2 als unmittelbar geltendes Recht und stellen insofern Mindestanforderungen für die nationale Gesetzgebung auf. Weitergehenden Ansprüchen nach dem nationalem Recht stehen sie nicht entgegen[45]. Darüber hinaus sind die Mitgliedstaaten bei der Ausgestaltung ihrer Systeme der sozialen Sicherheit an das übrige Gemeinschaftsrecht und insbesondere an die **Grundfreiheiten**, namentlich an die Warenverkehrsfreiheit und die Dienstleistungsfreiheit gebunden[46]. Beschränkungen der Grundfreiheiten, die auf Vorschriften des nationalen Sozialversicherungsrechts beruhen, müssen daher aus zwingenden Gründen des Allgemeininteresses, etwa zur Abwehr einer Gefährdung des finanziellen Systems der sozialen Sicherheit oder zur Sicherung eines hohen Gesundheitsschutzes objektiv gerechtfertigt sein.

14 Die Bestimmungen des Teils II der Verordnung (Art. 13 bis 17a) bilden ein vollständiges und einheitliches System von **Kollisionsnormen**[47], das bezweckt, die von ihr erfaßten Personen dem Sozialversicherungssystem nur eines Mitgliedstaats zu unterwerfen. Die **Kumulierung** mehrerer anwendbarer nationaler Rechtsvorschriften und die **Benachteiligungen**, die sich daraus ergeben können, werden dadurch **vermieden**[48]. Als Grundsatz gilt, daß Personen, die von ihrem Freizügigkeitsrecht Gebrauch gemacht haben, nur den Rechtsvorschriften eines Mitgliedstaates unterworfen werden (vgl. Art. 13 Abs. 1). Vor-

---

42 EuGH stRspr. seit Rs. 41/84, Slg. 1986, 1, Rn. 20 (Pinna); s. ferner etwa EuGH, Rs. C-221/95, Slg. 1997, I-609, Rn. 16 (Hervein und Hervillier); Rs. C-266/95, Slg. 1997, I-3279, Rn. 27 (García).
43 EuGH, Rs. C-12/93, Slg. 1994, I-4337, Rn. 27 (Drake); Rs. C-20/96, Slg. 1997, I-6057, Rn. 45 (Snares); Rs. C-320/95, Slg. 1999, I-951, Rn. 23 (Alvite).
44 EuGH, Rs. C-356/89, Slg. 1991, I-3035, Rn. 15 (Newton); Rs. C-186/90, Slg. 1991, I-5792, Rn. 14 (Durighello); Rs. C-146/93, Slg. 1994, I-3244, Rn. 26 ff. (MacLachlan); Rs. C-262/97, Slg. 2000, I-7321, Rn. 36 (Engelbrecht).
45 EuGH, Rs. 92/63, Slg. 1964, 611 (629) (Nonnenmacher); Rs. 69/79, Slg. 1980, 75, Rn. 11 f. (Jordens-Vosters); Rs. 21/87, Slg. 1988, 3715, Rn. 24 (Borowitz).
46 EuGH, Rs. C-120/95, Slg. 1998, I-1831, Rn. 23 ff. (Decker); Rs. C-158/96, Slg. 1998, I-1931, Rn. 20 ff. (Kohll) hinsichtlich der Zulässigkeit des Genehmigungserfordernisses nach Art. 22 VO 1408/71 vor einer medizinischen Behandlung in einem anderen Mitgliedstaat; Rs. C-262/97, Slg. 2000, I-7321, Rn. 42 (Engelbrecht) hinsichtlich der Kürzung von Rentenansprüchen; EuGH, Rs. C-135/99, Slg. 2000, n.n.i.Slg., Rn. 33 f. (Elsen) hinsichtlich der Berücksichtigung von Kindererziehungszeiten in anderen Mitgliedstaaten; EuGH, Rs. 368/98, Slg. 2001, I-5363, Rn. 50 ff. (Vanbraekel) hinsichtlich der Erstattung von Geldleistungen, die aufgrund der Behandlung im Ausland geringer ausgefallen sind; EuGH, Rs. 157/99, Slg. 2001, I-5473, Rn. 52 ff. (Smits/Peerbooms); s. auch *H.-D. Steinmeyer*, Der Zugang zu Leistungen der Kranken- und Pflegeversicherung der EU-Bürger, ZSR 1999, S. 735 ff.; *A. Schneider-Danwitz*, Freizügigkeit der Versicherten in der Krankenversicherung, SGb 2000, S. 354 ff.; *Th. Beyer/W. Freitag*, Das Sozialrecht in den Zeiten des Binnenmarktes, JuS 2000, S. 852 ff.; *H. Verschueren*, Auswirkungen der Rechtsprechung des EuGH auf die Ansprüche von Patienten auf medizinische Leistungen, SGb 2001, S. 356 ff.
47 *S. B. von Maydell*, Sach- und Kollisionsnormen im internationalen Sozialversicherungsrecht, 1967, S. 22 f.; *E. Eichenhofer*, Nationales und supranationales Sozialrecht, VSSR 1996, S. 187 (193 ff.); *V. Kolotonro*, Les règles communautaires de coordination des systèmes de sécurité, RDE 2001, S. 73 ff.
48 EuGH, Rs. 276/81, Slg. 1982, 3027, Rn. 14 (Kuijpers); Rs. 302/84, Slg. 1986, 1821, Rn. 21 (Ten Holder); Rs. 60/85, Slg. 1986, 2365, Rn. 14 (Luijten); Rs. C-71/93, Slg. 1994, I-1101, Rn. 22 (Van Poucke); Rs. C-131/95, Slg. 1997, I-1409, Rn. 17 (Huijbrechts).

rangig Anwendung finden die Rechtsvorschriften desjenigen Staates, auf dessen Gebiet der Schwerpunkt des Sozialrechtsverhältnisses liegt, d.h. des **Beschäftigungsstaates** (vgl. Art. 13 Abs. 2)[49]. Diese Bestimmungen gelten auch für Arbeitnehmer oder Selbständige, die keiner Berufsausübung mehr nachgehen[50]. Die Verordnung definiert jedoch nicht die Voraussetzungen, unter denen eine Person einem System der sozialen Sicherheit beitreten kann oder muß[51].

Eine Reihe von **Ausnahme- und Sonderregelungen** sehen die Art. 14 bis 17a VO 1408/71 vor allem für Personen vor, die in mehreren Mitgliedstaaten eine abhängige oder selbständige Beschäftigung ausgeübt haben, für entsandte Arbeitnehmer, sowie für Seeleute[52]. Art. 89 der Verordnung enthält in Verbindung mit Anhang VI ferner Ausnahmebestimmungen für jeden einzelnen Mitgliedstaat. Für die **Bundesrepublik Deutschland** ist Abschnitt C einschlägig, dessen Nr. 15 der EuGH jedoch wegen Verstoßes gegen Art. 39 und 42 für nichtig erklärt hat[53]. 15

2. Grundsatz des Diskriminierungsverbots

Eines der wichtigsten Grundprinzipien im Rahmen der gemeinschaftsrechtlichen Vorgaben für das nationale Sozialversicherungsrecht ist der **Grundsatz der Gleichbehandlung**[54]. Personen, die im Gebiet eines Mitgliedstaates wohnen und für die die EG-Vorschriften über die soziale Sicherheit gelten, haben gemäß Art. 3 Abs. 1 VO 1408/71 die gleichen Rechte und Pflichten aufgrund der Rechtsvorschriften eines Mitgliedstaates wie dessen Staatsangehörige. Das Gebot der Gleichbehandlung im Bereich der Sozialleistungen verbietet – ebenso wie in seinen allgemeinen Ausprägungen gemäß Art. 12 Abs. 1 und 39 Abs. 2 – sowohl **unmittelbare** als auch **mittelbare Diskriminierungen**[55]. Eine Vorschrift des nationalen Rechts enthält eine mittelbare Diskriminierung, wenn sie sich ihrem Wesen nach eher auf die von der VO 1408/71 erfaßten Personen als auf Inländer auswirkt und die Gefahr besteht, daß sie diese Personen bei der Gewährung von Sozialleistungen benachteiligt oder es sogar praktisch unmöglich macht, in den Genuß der Leistung zu kommen[56]. Die Betroffenen müssen nicht nur »im wesentlichen« oder zumindest »ganz überwiegend« betroffen sein[57]; es genügt, daß die betreffende Vorschrift 16

---

49 EuGH, Rs. 102/76, Slg. 1977, 815, Rn. 10, 14 (Perenboom); Rs. 302/84, Slg. 1986, 1821, Rn. 16 ff. (Ten Holder); Rs. C-131/95, Rs. C-131/95, Slg. 1997, I-1409, Rn. 18 (Huijbrechts); Rs. C-135/99, Slg. 2000, n.n.i.Slg., Rn. 25 (Elsen); *H. D. Steinmeyer*, in: NKES, Art. 13, Rn. 1 ff.
50 EuGH, Rs. 150/82, Slg. 1983, 43, Rn. 11 f. (Coppola); Rs. 302/84, Slg. 1986, 1821, Rn. 14 f. (Ten Holder); Verb. Rs. 82/86 und 103/86, Slg. 1987, 3401, Rn. 20 (Laborero und Sabato).
51 EuGH, Rs. C-2/89, Slg. 1990, I-1755, Rn. 19 (Kits van Heijningen); Rs. C-131/95, Slg. 1997, I-1409, Rn. 19 (Huijbrechts); Rs. C-262/97, Slg. 2000, I-7321, Rn. 36 (Engelbrecht).
52 S. hierzu die Kommentierung von *H.-D. Steinmeyer*, in: NKES, Art. 14 bis 17a, m.w.N.
53 EuGH, Rs. 20/85, Slg. 1988, 2805, Rn. 18 (Roviello).
54 S. *K.-J. Bieback*, Diskriminierungs- und Behinderungsverbote im europäischen Sozialrecht, SGb 1994, S. 301; *U. Becker*, Die Bedeutung des gemeinschaftsrechtlichen Diskriminierungsverbots für die Gleichstellung von Sachverhalten im koordinierenden Sozialrecht, VSSR 2000, S. 221.
55 EuGH, stRspr. seit Rs. 41/84, Slg. 1986, 1, Rn. 23 (Pinna); s. EuGH, Rs. C-131/96, Slg. 1997, I-3659, Rn. 32 (Romero).
56 EuGH, Rs. 1/78, Slg. 1978, 1489, Rn. 16 f. (Kenny); Rs. 237/78, Slg. 1979, 2645, Rn. 12 (Toia); Rs. 41/84, Slg. 1986, 1, Rn. 23 f. (Pinna); Rs. 20/85, Slg. 1988, 2805, Rn. 14 ff. (Roviello).
57 So aber noch EuGH, Rs. 41/84, Slg. 1986, 1, Rn. 24 (Pinna); Rs. 33/88, Slg. 1989, 1591, Rn. 12 (Allué u.a.); Rs. C-27/91, Slg. 1991, I-5531, Rn. 11 (Le Manoir); Rs. C-279/89, Slg. 1992, I-5785, Rn. 42 (Kommission/Vereinigtes Königreich); Rs. C-272/92, Slg. 1993, I-5185, Rn. 18 (Spotti).

geeignet ist, eine solche Wirkung hervorzurufen[58]. **Eine mittelbare Diskriminierung** bewirkendes Kriterium kann beispielsweise die Anknüpfung an einen **Wohnsitz** sein[59].

3. Zusammenrechnung der Versicherungszeiten

17 Das in Art. 42 lit. a) enthaltene **Gebot der Zusammenrechnung** der Versicherungszeiten besagt, daß die zuständigen Träger eines Mitgliedstaates die entsprechenden, nach den Rechtsvorschriften eines anderen Mitgliedstaates zurückgelegten **Versicherungs-, Beschäftigungs-** oder **Wohnzeiten** wie eigene Zeiten zu berücksichtigen haben, wenn hiervon der Erwerb, die Aufrechterhaltung oder das Wiederaufleben eines Leistungsanspruchs abhängt[60]. Die Verordnung regelt jedoch nicht, welche Zeiten als Beschäftigungs- oder Versicherungszeiten anzusehen sind. Dies richtet sich ausschließlich **nach den Rechtsvorschriften des Mitgliedstaates**, in dem die Leistungen erbracht worden sind[61]. Sie werden vom betreffenden Träger dem für die Berechnung und Zahlung der Leistungen zuständigen Träger verbindlich mitgeteilt.

18 Versicherungszeiten aus **Drittstaaten** werden dagegen von der VO 1408/71 nicht erfaßt, außer diese werden vom nationalen Recht eines Mitgliedstaates bei der Berechnung einer Sozialleistung mitberücksichtigt[62]. Für diesen Fall kann ein Unionsbürger unter Berufung auf den Gleichbehandlungsgrundsatz ebenfalls die Anerkennung solcher Versicherungszeiten in Drittstaaten verlangen[63].

19 Art. 12 Abs. 1 VO 1408/71 enthält das **Verbot der Kumulierung von Leistungen**. Danach kann ein Anspruch auf mehrere Leistungen gleicher Art aus derselben Pflichtversicherungszeit aufgrund dieser Verordnung weder erworben noch aufrechterhalten werden. Sofern sich die nach den Rechtsvorschriften mehrerer Mitgliedstaaten zurückgelegten Versicherungs- oder Wohnzeiten zeitlich überschneiden, legt Art. 15 VO (EWG) Nr. 574/72 eine **Rangfolge** fest, die gewährleistet, daß bei der Zusammenrechnung ein mehrfach belegter Zeitraum nur einmal berücksichtigt wird. Dies gilt allerdings **nicht** für Leistungen bei **Invalidität, Alter, Tod (Renten) oder Berufskrankheiten**. Nach Art. 12 Abs. 2 und 3 VO 1408/71 werden daneben **nationale Antikumulierungsvorschriften** ausdrücklich für anwendbar erklärt, die eine Besserstellung der Unionsbürger aus anderen Mitgliedstaaten gegenüber Inländern verhindern sollen[64].

---

58 EuGH, Rs. C-237/94, Slg. 1996, I-2617, Rn. 20 f. (O'Flynn); Rs. C-278/94, Slg. 1996, I-4307, Rn. 20 (Kommission/Belgien); s. ebenso EuGH, Rs. C-175/88, Slg. 1990, I-1779, Rn. 14 (Biehl); Rs. C-204/90, Slg. 1992, I-249, Rn. 9 (Bachmann); Rs. C-279/89, Slg. 1992, I-5785, Rn. 42 (Kommission/Vereinigtes Königreich); Rs. C-111/91, Slg. 1993, I-817, Rn. 10 (Kommission/Luxemburg); kritisch *B. Willms*, in: GTE, EU-/EGV, Art. 51, Rn. 78.
59 EuGH, Rs. 41/84, Slg. 1986, 1, Rn. 25 (Pinna); Rs. C-2/89, Slg. 1990, I-1755, Rn. 21 (Kits van Heijningen); Rs. C-131/96, Slg. 1997, I-3659, Rn. 36 (Romero); zum Problem der Anwendbarkeit von Drittstaatsabkommen auf Unionsbürger unter dem Gesichtspunkt des Diskriminierungsverbots: *K. D. Borchardt*, in: Hd.EUWirtR, D II, Rn. 83a.
60 S. zu den Einzelproblemen: *Wiegand* (Fn. 28), Rn. 176 ff.; *Pompe* (Fn. 14), S. 49 f.; *Watson* (Fn. 18), S. 203 ff.; *R. Schuler*, in: NKES, Art. 45, Rn. 5 ff.; *C. Charissé*, Sozialversicherungsrechtliche Behandlung von Arbeitsverhältnissen mit Auslandsberührung, DB 200, S. 978 ff.
61 EuGH, Rs. 388/87, Slg. 1989, 1203, Rn. 10, 17 und 19 (Warmerdam-Steggerda); Verb. Rs. C-88/95, C-102/95 und C-103/95, Slg. 1997, I-869, Rn. 35 (Losada u.a.).
62 EuGH, Rs. 75/76, Slg. 1977, 495, Rn. 8/13 (Kaucic); Verb. Rs. 82/86 und 103/86, Slg. 1987, 3401, Rn. 21 ff. (Laborero und Sabato).
63 S. *B. Willms*, in: GTE, EU-/EGV, Art. 51, Rn. 68 m.w.N.
64 S. etwa EuGH, Rs. 366/96, I-583, Rn. 25 (Cordelle); kritisch *P. Clever*, Gemeinschaftscharta sozialer Grundrechte und soziales Aktionsprogramm der EG-Kommission, ZfSH/ SGB 1990, S. 225 (230); *Hailbronner* (Fn. 34), S. 174.

4. Leistungsexport

Art. 10 Abs. 1 VO 1408/71 gewährleistet in Umsetzung des Art. 42 lit. b) die Zahlung 20
von Leistungen der sozialen Sicherheit an anspruchsberechtigte Personen, die in einem
anderen als dem zur Leistung verpflichteten **Mitgliedstaat** ihren Wohnsitz genommen
haben (Grundsatz des **Leistungsexports**)[65]. Diese Bestimmung gilt allerdings nur für die
Geldleistungen bei Invalidität, Alter oder für die Hinterbliebenen, die Renten bei Arbeitsunfällen oder Berufskrankheiten und für die Sterbegelder und auch nur insofern, als
in der Verordnung nichts anderes bestimmt ist[66]. Im Bereich der **Krankenversicherung**
und im Bereich der **Arbeitslosenversicherung** wird die Aufhebung der Wohnortklausel
durch besondere Vorschriften geregelt. Einschränkungen des Leistungsexports (s. etwa
durch das Genehmigungserfordernis nach Art. 22 VO 1408/71) unterliegen allerdings
der Kontrolle anhand der **Grundfreiheiten** des EG-Vertrags[67].

Beitragsunabhängige Sonderleistungen werden gemäß Art. 10 Abs. 2 und Art. 10a VO 21
1408/71 nur in dem Wohnmitgliedstaat gewährt, sofern diese Leistungen in Anhang IIa
aufgeführt sind[68]. Der EuGH hat in dieser Ausnahmeregelung vom Grundsatz des Leistungsexports keinen Verstoß gegen Art. 42 gesehen, weil die Gewährung von Sozialleistungen, die eng an das **soziale Umfeld** gebunden seien, davon abhängig gemacht werden dürfe, daß der Empfänger im Staat des zuständigen Trägers wohnt[69].

IV. Die einzelnen Leistungsarten

1. Krankheit und Mutterschaft

Die Leistungen bei **Krankheit und Mutterschaft** koordinieren die Art. 18–36 VO 1408/ 22
71[70]. Die Vorschriften gehen von dem Regelfall aus, daß der zur Leistung verpflichtete
Sozialversicherungsträger in demjenigen Mitgliedstaat zu finden ist, in dem der Versicherungsfall eintritt. Leistungsansprüche bestehen aber auch, wenn der Versicherungsfall in einem anderem Mitgliedstaat eingetreten ist[71]. Für die Ermittlung des zuständigen
Trägers und der Höhe des Anspruchs gilt es zwischen **Sachleistungen und Geldleistungen** zu unterscheiden. Zu den **Sachleistungen** gehören ambulante und stationäre Behandlungen sowie die Kostenübernahme für ärztliche Behandlungen und von Arznei-

---

[65] EuGH, Rs. 284/84, Slg. 1986, 685, Rn. 19 ff. (Spruyt); Verb. Rs. 379/85, 380/85, 381/85 und 93/86, Slg. 1987, 955, Rn. 13 ff. (Giletti); für die Zusatzrente: EuGH, Rs. 236/88, Slg. 1990, I-3163, Rn. 10 ff. (Kommission/Frankreich); Rs. C-160/96, Slg. 1998, I-843, Rn. 25 ff. und 44 (Molenaar) für das Pflegegeld (s. Rn. 26); s. *E. Eichenhofer*, Export von Sozialleistungen nach Gemeinschaftsrecht, SGb 1999, S. 505; *St. Huster*, Grundfragen der Exportpflicht im europäischen Sozialrecht, NZS 1999, S. 10 ff.
[66] EuGH, Rs. 92/81, Slg. 1982, 2213, Rn. 14 (Camera); Rs. 302/84, Slg. 1986, 1821, Rn. 39 (Ten Holder); Rs. C-356/89, Slg. 1991, I-3035, Rn. 10 ff. (Newton).
[67] EuGH, Rs. C-120/95, Slg. 1998, I-1831, Rn. 21 ff. (Decker); Rs. C-158/96, Slg. 1998, I-1931, Rn. 20 f. (Kohll); *H. Lewalle/W. Palm*, L'accès aux sains de sauté dans l'Union européenne, RDE 2001, S. 119 ff.; *J. Heberlein*, Europa und die gesetzliche Krankenversicherung, NVwZ 2001, S. 773 ff.
[68] EuGH, Rs. C-20/96, Slg. 1997, I-6057, Rn. 32 (Snares); Rs. C-90/97, Slg. 1999, I-1075, Rn. 24 (Swaddling).
[69] EuGH, Rs. 313/86, Slg. 1988, 5391, Rn. 16 (Lenoir); Rs. C-20/96, Slg. 1997, I-6057, Rn. 42 ff. (Snares); Rs. C-90/97, Slg. 1999, I-1075, Rn. 29 ff. (Swaddling).
[70] S. *K.-J. Bieback*, Krankheit und Mutterschutz, in: Eichenhofer (Hrsg.), Reform des Europäischen koordinierenden Sozialrechts, 1993, S. 55; *H. Kuhn*, Die soziale Dimension der Europäischen Gemeinschaft, 1996, S. 260 ff.; *Wiegand* (Fn. 28), Rn. 160 ff.
[71] EuGH, Rs. 75/63, Slg. 1963, Slg. 1964, 379, 399 (Unger).

mitteln. **Geldleistungen** sind demnach nur die Zahlungen, mit denen keine Sachleistungen vergütet werden (z.b. Krankengeld, Lohnfortzahlung im Krankheitsfall, etc.)[72].

23 Geldleistungen sind grundsätzlich **unabhängig vom Wohn- oder Aufenthaltsort** des Berechtigten von demjenigen Träger zu gewähren, in dessen Zuständigkeitsbereich der Versicherungsfall eingetreten ist. In Ausnahmefällen kann der Träger des Wohn- oder Aufenthaltsstaat für Rechnung des zuständigen Trägers die Leistung gewähren (vgl. Art. 22 Abs. 1 Ziff. ii). Ist die Leistung von der vorherigen Feststellung der Krankheit bzw. Arbeitsunfähigkeit abhängig, ist der zuständige Träger, aber auch der Arbeitgeber an die **Feststellung des Trägers** bzw. des behandelnden **Artzes** des Aufenthaltsstaats gebunden[73]. Der zuständige Träger behält jedoch gemäß Art. 18 Abs. 5 VO (EWG) Nr. 574/72 das Recht, die Person durch einen **Arzt seiner Wahl** untersuchen zu lassen. Die **Beweislast** für ein mißbräuchliches oder betrügerisches Verhalten liegt beim Arbeitgeber[74].

24 **Sachleistungen** gewährt der Träger des **Wohnortstaates** für die Rechnung des verpflichteten Trägers eines anderen Mitgliedstaates (vgl. Art. 19)[75]. Entsprechendes gilt für den nur vorübergehenden Aufenthalt in einem anderen als dem leistungspflichtigen Mitgliedstaat, sofern der Zustand eine sofortige Behandlung erfordert. **Grenzgänger** wählen, ob sie im Wohnortstaat oder im Versicherungsstaat die Leistungen in Anspruch nehmen wollen (vgl. Art. 20). Art. 22 VO 1408/71 regelt weitere Fallgruppen, in denen Leistungen in einem anderen Mitgliedstaat zu erbringen sind als in dem, in dem der zuständige Sozialversicherungsträger seinen Sitz hat[76]. Hierzu gehört auch die Übernahme der in einem anderen Mitgliedstaat angefallenen Krankenhauskosten nach **Genehmigung** durch den zuständigen Träger[77]. Eine solche Genehmigung ist aus Gründen der **Dienstleistungsfreiheit** zu erteilen, wenn weder der Erhalt der medizinischen Versorgung im Inland noch das Krankenfinanzierungssystem – insbesondere bei geringeren Aufwendungen im Falle einer Auslandsbehandlung – nachteilig berührt sind[78]. Umgekehrt ist die Genehmigung zu versagen, wenn die Behandlung im Ausland nach internationalen Maßstäben als in ärztlichen Kreisen unüblich anzusehen ist oder wenn die gleiche oder eine für den Patienten ebenso wirksame Behandlung rechtzeitig in eine Einrichtung verlangt werden kann, die eine vertragliche Vereinbarung mit der Krankenkasse geschlossen hat, der der Versicherte angehört[79].

---

72 S. *R. Erhard*, in: Lenz, EGV, Art. 51, Rn. 19 m.w.N.
73 EuGH, Rs. 22/86, Slg. 1987, 1339, Rn. 12 (Rindone); Rs. C-45/90, Slg. 1992, I-3423, Rn. 19 und 27 f. (Paletta I); Rs. C-206/94, Slg. 1996, I-2357, Rn. 26 (Paletta II); zustimmend *R. Abele*, Zur gemeinschaftsrechtlichen Qualifizierung eines Arbeitgebers, der Lohnfortzahlungen im Krankheitsfall leistet, als Sozialversicherungsträger, EuZW 1992, S. 482; *C. Berenz*, Lohnfortzahlung an im Urlaub erkrankte Arbeitnehmer, DB 1992, S. 2442.; kritisch *B. Willms*, in: GTE, EU-/EGV, Art. 51, Rn. 80.
74 EuGH, Rs. C-206/94, Slg. 1996, I-2357, Rn. 27 (Paletta II); s. *M. Heinze/R. Giesen*, Die Arbeitsunfähigkeitsbescheinigung und der EuGH, BB 1996, S. 1830; *K. Lörcher*, Soziale Sicherheit – Anerkennung einer Arbeitsunfähigkeit – Paletta II, ArbuR 1996, S. 235.
75 S. *K. Füßer*, Transfer sozialversicherungsrechtlicher Komplexleistungen ins Ausland, ASP 1997, S. 30.
76 S. *K. D. Borchardt*, in: Hd.EUWirtR, D II, Rn. 94 ff.
77 EuGH, Rs. C-120/95, Slg. 1998, I-1831, Rn. 21 ff. (Decker); Rs. C-158/96, Slg. 1998, I-1931, Rn. 20 ff. (Kohll); Rs. C-368/98, Slg. 2001, 5363, Rn. 33 und 53 (Vanbraekel).
78 EuGH, Rs. C-158/96, Slg. 1998, I-1931, Rn. 42 (Kohll); Rs. C-368/98, Slg. 2001, I-5363, Rn. 49 und 52 (Vanbraekel).
79 EuGH, Rs. C-157/99, Slg. 2001, I-5473, Rn. 59 ff. (Smits/Peerbooms) m. Anm. Th. Kingreen, NJW 2001, S. 3382 ff.; *K.-J. Bieback*, Etablierung eines Gemeinsamen Marktes für Krankenbehandlung durch den EuGH, NZS 2001, S. 561 ff.; s. auch Fn. 46 m.w.N.

Die in Deutschland mit Wirkung vom 1.1.1995 eingeführte **Pflegeversicherung**, die die 25
Leistungspflicht auf das Inland begrenzt (vgl. §§ 34 Abs. 1 Nr. 1, 25 Abs. 1 Nr. 1 SGB
XI), die Beitragspflicht hingegen ohne Einschränkung auf alle Mitglieder einer Krankenversicherung erstreckt, war mit dem Gleichbehandlungsgebot des Art. 3 Abs. 1 VO
1408/71 nicht vereinbar[80]. Inwieweit eine Verpflichtung zum Leistungsexport besteht,
hängt allerdings von der Einordnung der Leistungen nach der Pflegeversicherung als
Sach- oder als Geldleistungen ab. Nur letztere unterliegen dem Gebot des Leistungsexports (Art. 19). Hierzu ist auch das Pflegegeld zu rechnen[81].

2. Arbeitsunfälle und Berufskrankheiten[82]

Die Art. 52 bis 62 VO 1408/71 betreffen die Leistungen und Ansprüche bei **Arbeitsun-** 26
fällen und **Berufskrankheiten**. Maßgeblich ist auch hier der Unterschied zwischen Sach-
und Geldleistungen. **Sachleistungen** übernimmt der Träger des Wohnortstaates für
Rechnung des Staates, in dem der Berechtigte versichert ist. **Geldleistungen** hingegen erhält der Berechtigte vom Träger des Versicherungsstaates erstattet. **Grenzgänger** haben
insofern wiederum ein Wahlrecht (vgl. Art. 53).

Art. 52 und 55 Abs. 1 stellen sicher, daß auch die **in anderen Mitgliedstaaten** eingetrete- 27
nen Arbeitsunfälle und Berufskrankheiten vom Träger eines anderen Mitgliedstaates berücksichtigt werden. Hat eine in mehreren Mitgliedstaaten ausgeübte Tätigkeit die Berufskrankheit verursacht, ist grundsätzlich der Staat der **letzten Beschäftigung** leistungspflichtig (vgl. Art. 57 Abs. 1 und Abs. 2). Ausnahmen finden sich in Art. 57 Abs. 5 und
6 für bestimmte Berufskrankheiten sowie nach Art. 60 für die anteilige Lastentragung
bei der Verschlimmerung einer Berufskrankheit. Die ärztliche Feststellung einer Berufskrankheit muß der leistungspflichtige Träger auch dann anerkennen, wenn sie in einem
anderen Mitgliedstaat nach dessen Rechtsvorschriften vorgenommen wurde[83]. Darüber
hinaus regelt Art. 56 für den **Wegeunfall**, daß dieser als in dem Gebiet des Mitgliedstaats, in dem der Versicherungsträger seinen Sitz hat, eingetreten gilt, auch wenn er sich
tatsächlich in dem Gebiet eines anderen Mitgliedstaates abgespielt hat.

3. Invalidität

Regelungen über die Leistungen bei **Invalidität**, zu denen neben den Rentenansprüchen 28
auch Leistungen zur Erhaltung und Besserung der Erwerbsfähigkeit gehören, treffen die
Art. 37 bis 43 VO 1408/71. Die Leistungen unterscheiden sich danach, ob für den Anspruchsteller ausschließlich Rechtsvorschriften gegolten haben, nach denen die Höhe

---

80 EuGH, Rs. C-160/96, Slg. 1998, I-843, Rn. 25 ff. und 44 (Molenaar) mit Anm.
  M. Wollenschläger, SGb 1999, S. 362; s. vor dem Urteil aus dem Schrifttum *S. Löffner*, Pflegeversicherung – Unklare Rechtslage bei Arbeit und Wohnsitz im Ausland, DB 1997, S. 778;
  K. Sieveking, Pflegeversicherung und Migranten, ZAR 1997, S. 17; *M. Zuleeg*, Die Einwirkung
  des Europäischen Gemeinschaftsrechts auf die deutsche Pflegeversicherung, DVBl. 1997, S. 445.
81 EuGH, Rs. C-160/96, Slg. 1998, I-843, Rn. 25 ff. und 44 (Molenaar); Rs. C-215/99, Slg. 2001,
  I-1901, Rn. 24 ff. und 31 ff. (Jauch); s. zur Diskussion im Schrifttum, *K. D. Borchardt*, in:
  Hd.EUWirtR, D II, Rn. 99c; *St. Krasny*, Zum Pflegegeld des § 37 SGB XI, SGb 1996, S. 253;
  Peters-Lange, Export des Pflegegeldes nach § 37 SGB XI in andere Mitgliedstaaten der EU?,
  ZfSH/SGB 1996, S. 624.
82 S. *H.-D. Steinmeyer*, Die deutsche gesetzliche Unfallversicherung und das europäische koordinierende Sozialrecht, in: FS Gitter, 1995, S. 963.
83 EuGH, Rs. 28/85, Slg. 1986, 991, Rn. 16 (Deghillage).

der Leistungen von der **Dauer der Versicherungszeiten unabhängig** ist (Art. 37 bis 39), oder ob bei der Bemessung der Leistungshöhe die Dauer der **Versicherungs- oder Wohnzeiten** Berücksichtigung finden (Art. 40). Im ersteren Falle werden die Leistungen ausschließlich vom Träger des Mitgliedstaates gewährt, dessen nationale Rechtsvorschriften zum Zeitpunkt des Eintritts der Invalidität anzuwenden waren (vgl. Art. 39 Abs. 1)[84]. Die Zurücklegung anrechenbarer Versicherungs- oder Wohnzeiten in anderen Mitgliedstaaten bleibt von Bedeutung für Erwerb, Aufrechterhaltung oder Wiederaufleben eines Leistungsanspruchs. Ist hingegen die Höhe der Leistung von der Dauer der Versicherungs- oder Wohnzeiten abhängig, sind grundsätzlich die für die Berechnung von Leistungen bei Alter und Tod geltenden Vorschriften entsprechend anwendbar (vgl. Art. 40 Abs. 1 i.V.m. Art. 44 bis 51)[85]. Hat ein Betroffener sowohl Ansprüche, die von der Dauer der Versicherung abhängen, als auch hiervon unabhängige Ansprüche, berechnet sich die Höhe seines Anspruchs insgesamt nach den Vorschriften über die **Leistungen bei Alter und Tod** (vgl. Art. 46 Abs. 2)[86].

29 Die Entscheidung eines Trägers über die **Anerkennung** (nicht jedoch über die Aberkennung)[87] einer Invalidität des Antragstellers **bindet** den Träger des anderen Mitgliedstaates (vgl. Art. 40 Abs. 4), sofern die in den nationalen Rechtsvorschriften der betroffenen Mitgliedstaaten festgelegten Tatbestandsmerkmale der Invalidität in **Anhang V** der VO 1408/71 als übereinstimmend anerkannt worden sind (dies gilt für Italien, Belgien, Frankreich und Luxemburg). Bei der Beteiligung eines der übrigen Mitgliedstaaten prüft der **zuständige Träger** eigenständig, ob der Versicherungsfall nach seinen Rechtsvorschriften eingetreten ist.

30 **Sonderregelungen** gelten bei Verschlimmerung des Invaliditätszustandes (Art. 41), bei Wiedergewährung ruhender oder entzogener Leistungen (Art. 42) sowie bei Umwandlung von Leistungen bei Invalidität in Leistungen bei Alter (Art. 43)[88].

4. Alter und Tod

31 Die Rentenleistungen bei **Alter und Tod** aus gesetzlichen Rentensystemen bestimmen sich nach den Art. 44 bis 51 VO 1408/71, die durch die VO (EWG) Nr. 1248/92 des Rates vom 30. April 1992[89] neu gefaßt worden sind. Diese Vorschriften behandeln vor allem Fragen der **Zusammenrechnung von Versicherungszeiten**, die in verschiedenen Mitgliedstaaten zurückgelegt worden sind, sowie der Berechnung **der Höhe der Rente**[90].

a) Die Zusammenrechnung der Versicherungszeiten
32 Art. 45 verpflichtet den zuständigen Sozialversicherungsträger, dessen Rechtsvorschriften für den Erwerb, die Aufrechterhaltung oder das Wiederaufleben eines Rentenanspruchs die **Zurücklegung bestimmter Versicherungs- oder Wohnzeiten** verlangt, auch

---

84 EuGH, Rs. C-302/70, Slg. 1991, I-4875, Rn. 14 (Faux).
85 EuGH, Rs. 199/88, Slg. 1990, I-1023, Rn. 16 (Cabras); Rs. C-193/92, Slg. 1993, I-755, Rn. 17 (Bogana).
86 EuGH, Rs. C-251/94, Slg. 1996, I-4187, Rn. 39 f. (Lafuente Nieto); Rs. C-248/96, Slg. 1997, I-6407, Rn. 23 (Grahame und Hollanders).
87 EuGH, Rs. 232/82, Slg. 1983, 583, Rn. 18 (Baccini).
88 EuGH, Rs. C-275/91, Slg. 1993, I-523, Rn. 10 ff. (Iacobelli).
89 ABl.EG 1992 Nr. L 136/7.
90 S. *K. Bauer/K. Hannemann/D. Kinzel*, Die EWG-Verordnungen Nr. 1408/71 und 574/72 aus der Sicht der Rentenversicherung, 17. Auflage, 2001?; *Ch. Tannen*, Europäischer Binnenmarkt und gesetzliche Rentenversicherung, Die Angestelltenversicherung 1989, S. 275.

die nach den Rechtsvorschriften eines anderen Mitgliedstaates zurückgelegten Zeiten zu berücksichtigen. Dabei ist es unmaßgeblich, ob diese Zeiten in einem allgemeinen oder in einem Sondersystem, in einem System für Arbeitnehmer oder in einem System für Selbständige zurückgelegt worden sind (vgl. Art. 45 Abs. 1), es sei denn, daß die entsprechenden Rechtsvorschriften eines Mitgliedstaates die Zurücklegung von Versicherungszeiten in einem Beruf, für den ein Sondersystem gilt, oder in einer bestimmten Beschäftigung verlangen (vgl. Art. 45 Abs. 2 und 3).

Versicherungs- oder Wohnzeiten von **weniger als einem Jahr**, die ihrerseits nicht anwartschaftsbegründend wirken, müssen von den anderen beteiligten Mitgliedstaaten mitberücksichtigt werden (vgl. Art. 48)[91]. Eine ergänzende Regelung für **Mindestversicherungs- und Kindererziehungszeiten**, die in einem bestimmten Rahmenzeitraum vor dem Versicherungsfall zurückgelegt worden sein müssen, enthält § 9a VO 1408/71[92]. 33

b) Das Berechnungsverfahren
Die Berechnung der Rente folgt einem komplizierten System (vgl. Art. 46 und 46 lit. a) bis c))[93]. Zunächst ist gemäß Art. 46 Abs. 1 der Betrag der allein unter Anwendung der mitgliedstaatlichen Vorschriften und der allein unter diesem System abgeleiteten Zeiten zu errechnen (sog. »**autonome Rente**«)[94]. Dabei werden auch bestehende fiktive Zeiten oder andere den Versicherungs- oder Wohnzeiten gleichgestellte Zeiten in vollem Umfang berücksichtigt[95]. 34

Es folgt die Bestimmung des **tatsächlichen Rentenanspruchs**, für den auf die in anderen Mitgliedstaaten zurückgelegten Zeiten zurückgegriffen wird. Ausgangspunkt ist dabei der nach Art. 46 Abs. 2 lit. a) zu ermittelnde **theoretische Rentenbetrag**. Hierzu werden alle anrechenbaren Versicherungszeiten zusammengerechnet und unterstellt, daß sie alle in dem Zuständigkeitsbereich des Versicherungsträgers zurückgelegt worden seien. Der dem Versicherten **tatsächlich geschuldete Betrag** ist der Teil des theoretischen Betrags, der sich aus dem Verhältnis zwischen den im Zuständigkeitsbereich des jeweiligen Versicherungsträgers zurückgelegten Zeiten und den insgesamt in den verschiedenen Mitgliedstaaten zurückgelegten Zeiten ergibt. Diese Berechnung verteilt die insgesamt zu zahlende Rente auf die beteiligten Versicherungsträger nach dem Verhältnis der im Zuständigkeitsbereich eines jeden Versicherungsträgers zurückgelegten Zeiten (»**pro-rata-temporis-Berechnung**«; vgl. Art. 46 Abs. 2 lit. b)). 35

Hat der Versicherte gegen den Versicherungsträger bereits nach nationalem Recht einen Anspruch auf Rentenleistung, muß der Versicherungsträger gleichwohl eine Berechnung nach Art. 46 Abs. 2 vornehmen. Der Anspruchsteller genießt einen **Meistbegünstigungsanspruch** in dem Sinne, daß er den jeweils höheren Betrag der beiden Berechnungen beanspruchen kann (vgl. Art. 46 Abs. 3)[96]. Änderungen der gewährten Leistungen, 36

---

91 EuGH, Rs. 49/75, Slg. 1975, 1461, Rn. 5 (Borella); Rs. 86/82, Slg. 1982, 4309, Rn. 8 ff. (Malfitano); Rs. 55/81, Slg. 1982, 649, Rn. 11 (Vermaut); s. aber für die Waisenrente nach Art. 77 ff.
92 VO 1408/71: EuGH, Rs. 269/87, Slg. 1988, 6411, Rn. 10 ff. (Ventura).
92 S. B. Willms, in: GTE, EU-/EGV, Art. 51, Rn. 85 m.w.N.
93 S. K. D. Borchardt, in: Hd.EUWirtR, D II, Rn. 108 ff.; Pompe (Fn. 14), S. 195 ff.; R. Schuler, in: NKES, Art. 46, Rn. 8 ff.; s. auch EuGH, Rs. C-244/97, n. n. i. Slg., Rn. 8 (Lustig); zum zeitlichen Anwendungsbereich von Art. 46 s. EuGH, Verb. Rs. C-52/99 und C-53/99, Slg. 2001, I-1395, Rn. 25 f. (Camarotto und Vignone).
94 EuGH, Rs. 58/84, Slg. 1985, 1679, Rn. 11 ff. (Romano); Rs. 117/84, Slg. 1985, 1697, Rn. 12 ff. (Ruzzu); Rs. 342/88, Slg. 1990, I-2259, Rn. 11 f. (Spits).
95 EuGH, Rs. 296/84, Slg. 1986, 1047, Rn. 19 ff. (Sinatra).
96 EuGH, Rs. C-85/89, Slg. 1990, I-1063, Rn. 18 (Ravida); Verb. Rs. C-45/92 und 46/92, Slg. 1993, I-6497, Rn. 17 (Lepore); Rs. C-144/96, Slg. 1997, I-5349, Rn. 17 (Cirotti).

die auf Ereignissen beruhen, die mit der persönlichen Situation des Arbeitnehmers nichts zu tun haben, sondern Folge der allgemeinen Entwicklung der wirtschaftlichen und sozialen Lage ist, führen zu **keiner Neuberechnung** (vgl. Art. 51 Abs. 1)[97]. Dies gilt selbst für den Fall, daß die Leistung allein nach nationalem Recht festgestellt worden ist[98]. Der Zusammenrechnung bedarf es nicht, wenn der Berechtigte gemäß Art. 46 Abs. 1 bereits **allein nach nationalem Recht** Anspruch auf eine **einer vollen Rente** entsprechende autonome Leistung hat[99].

37 Die Berechnungen erfolgen jeweils auf der Grundlage mitgliedstaatlicher Vorschriften, wobei gegebenenfalls alle nationalen Kürzungs-, Ruhens- und Entziehungsbestimmungen (**Antikumulierungsvorschriften**) zur Anwendung kommen (vgl. Art. 46 Abs. 3)[100]. Als Kürzungsbestimmung ist eine nationale Vorschrift anzusehen, wenn die von ihr vorgeschriebene Berechnung bewirkt, dass der Rentenbetrag, auf den der Betroffene Anspruch hat, deshalb gekürzt wird, weil er in einem anderen Mitgliedstaat eine Leistung erhält[101] Diese Regelungen sind erforderlich, da es aufgrund der unterschiedlichen Ausgestaltung der mitgliedstaatlichen Sozialversicherungssysteme denkbar ist, daß eine Person im Ergebnis wesentlich höhere Rentenzahlungen beanspruchen kann, als ihr nach der Zurücklegung der gesamten Erwerbstätigkeit unter einem System zustünden. Nachdem der EuGH im Jahre 1975 die frühere Antikumulierungsvorschrift des Art. 46 Abs. 3 durch das Urteil «**Petroni**»[102] für teilweise nichtig erklärt hatte, hat der Rat diese Vorschriften durch den Verweis auf die Geltung nationaler Antikumulierungsvorschriften und die gleichzeitige Einfügung der Art. 46a bis 46c in die Verordnung, die eine Benachteiligung aus der Anwendung mehrerer Antikumulierungsvorschriften verhindern, neu gestaltet[103].

5. Sterbegeld

38 Das **Sterbegeld** (Art. 64 bis 66 VO 1408/71) ist eine einmalige Zahlung im **Todesfall** (vgl. Art. 1 lit. v)). Es ist vom zuständigen Träger desjenigen Mitgliedstaates zu zahlen, in dem der Verstorbene zuletzt versichert war. Der zuständige Träger ist auch dann zur Leistung verpflichtet, wenn der Tod in einem anderen Mitgliedstaat eintritt oder der Berechtigte in einem anderen Mitgliedstaat wohnt (Art. 65 Abs. 1). Die für den Erwerb, die Aufrechterhaltung oder das Wiederaufleben des Anspruchs maßgeblichen Zeiten sind durch Zusammenrechnung zu ermitteln (Art. 64).

---

97 EuGH, Rs. C-144/96, Slg. 1997, I-5349, Rn. 19 und 34 (Cirotti).
98 EuGH, Rs. C-93/90, Slg. 1991, I-1401, Rn. 20 (Cassamali); Rs. C-144/96, Slg. 1997, I-5349, Rn. 21 (Cirotti).
99 EuGH, Rs. 197/85, Slg. 1987, 3855, Rn. 18 ff. (Stefanutti); Rs. C-5/91, Slg. 1992, I-897, Rn. 16 ff. (Di Prinzio).
100 EuGH, Verb. Rs. C-90/91 und C-91/91, Slg. 1992, I-3851, Rn. 19 ff. (Di Crescenzo und Casagrande).
101 EuGH, Rs. C-143/97, Slg. 1998, I-6365, Rn. 25 (Conti), Rs. C-161/98, Slg. 1999, I-8195, Rn. 25 f. (Platbrood).
102 EuGH, Rs. 24/75, Slg. 1975, 1149, Rn. 12 ff. (Petroni), EGV, stRspr.; zu der hierdurch im Schrifttum ausgelösten Kontroverse s. *R. Erhard*, in: Lenz, EGV, Art. 51, Rn. 26 m.w.N.; *B. Willms*, in: GTE, EU-/EGV, Art. 51, Rn. 91, Anm. 210 m.w.N.
103 S. *K. D. Borchardt*, Hd.EUGWirtR, D II, Rn. 144 ff.; *B. Willms*, in: GTE, EU-/EGV, Art. 51, Rn. 92 f.

6. Arbeitslosigkeit

Die Leistungen bei **Arbeitslosigkeit** erfassen die Art. 67 bis 71 VO 1408/71[104]. Hierzu gehören nur solche Leistungen, die den verlorenen **Arbeitslohn** ersetzen sollen und mithin für den Unterhalt des arbeitslosen Arbeitnehmers bestimmt sind[105]. Für die Begründung und Dauer des Anspruchs gilt wiederum der Grundsatz der **Zusammenrechnung** der in mehreren Mitgliedstaaten zurückgelegten **Versicherungs- bzw. Beschäftigungszeiten** (Art. 67 Abs. 1 und 2). Der Anspruch setzt voraus, daß der Anspruchsteller **unmittelbar** vor Eintritt der Arbeitslosigkeit in dem Mitgliedstaat, in dem er die Leistung beantragt, versichert bzw. beschäftigt gewesen ist (Art. 67 Abs. 3)[106]. Zur Leistung verpflichtet ist der Mitgliedstaat, in dem der Arbeitnehmer zuletzt eine **Beschäftigung ausgeübt** hat[107]. 39

Die **Leistungsberechnung** erfolgt auf der Grundlage des früheren Entgelts, das der Anspruchsteller während seiner letzten Beschäftigung im Gebiet des zuständigen Staates bezogen hat[108], es sei denn, daß diese weniger als vier Wochen gedauert hätte (vgl. hierzu Art. 68 Abs. 1)[109]. Wird bei der Leistungsberechnung die Zahl der Familienangehörigen berücksichtigt, so sind auch die nicht im Leistungsstaat ansässigen Angehörigen miteinzubeziehen (vgl. Art. 68 Abs. 2). 40

Gibt sich ein vollarbeitsloser Arbeitnehmer oder Selbständiger während des Bezugs von Arbeitslosenleistungen zum **Zwecke der Arbeitsuche** in einen anderen Mitgliedstaat, bleibt der Leistungsanspruch nur unter den besonderen Voraussetzungen der Art. 69, 70 der Verordnung erhalten. Der Anspruch besteht höchstens für die Dauer von **drei Monaten** von dem Tag ab, von dem der Arbeitslose der Arbeitsverwaltung des leistungspflichtigen Staates nicht mehr zur Verfügung steht; anschließend muß der Betroffene in den für die Arbeitslosenversicherung zuständigen Mitgliedstaat **zurückkehren**, um nicht sämtliche Ansprüche zu verlieren[110]. Allerdings kann die zuständige Arbeitsverwaltung oder der zuständige Träger die Frist – auch nach Ablauf der drei Monate – auf Antrag hin verlängern (vgl. Art. 69 Abs. 2)[111]. Nach der Rechtsprechung des EuGH ist diese **Einschränkung** vom Grundsatz des Leistungsexports mit Art. 42 EGV vereinbar[112]. 41

---

104 s. *M. Husmann*, Koordinierung der Leistungen bei Arbeitslosigkeit durch EG-Recht, SGb 1998, S. 245 ff. und S. 291 ff. und *ders.*, Sozialrechtliche Aspekte der Arbeitslosigkeit aus Sicht des Europarechts, ZSR 2001, S. 159 ff. *R. Ghyselinck*, Les ressortissants des pays tiers à l'Union europeénne et l'assurance chômage, RDE 2001, S. 3 ff.
105 EuGH, Rs. C-102/91, Slg. 1992, I-4341, Rn. 44 (Knoch); Rs. C-57/96, Slg. 1997, I-6689, Rn. 24 (Meints).
106 EuGH, Rs. 126/77, Slg. 1978, 725, Rn. 5/9 (Frangiamore); Rs. 388/87, Slg. 1989, 1203, Rn. 16 ff. (Warmerdam-Steggerda).
107 EuGH, Rs. 145/84, Slg. 1985, 801, Rn. 14 (Cochet); Rs. C-131/95, Slg. 1997, I-1409, Rn. 21 (Huijbrechts).
108 EuGH, Rs. C-201/91, Slg. 1992, I-5009, Rn. 14 (Grisvard).
109 EuGH, Rs. 67/79, Slg. 1980, 535, Rn. 6 ff. (Fellinger).
110 EuGH, Verb. Rs. 41/79, 121/79 und 796/79, Slg. 1980, 1979, Rn. 11 (Testa); Rs. C-272/90, Slg. 1991, I-2543, Rn. 12 (van Noorden); Rs. C-62/91, Slg. 1992, I-2737, Rn. 10 ff. (Gray); s. *E. Eichenhofer*, in: NKES, Art. 69, Rn. 9; kritisch *A. Gagel*, Freizügigkeit in der Europäischen-Union? in: FS zum 40jährigen Bestehen der Sozialgerichtsbarkeit in Rheinland-Pfalz, 1994, S. 383; *B. Willms*, in: GTE, EU-/EGV, Art. 51, Rn. 117 ff. m.w.N.; zur Sonderregelung für Belgien gemäß Art. 69 Abs. 4 VO (EWG) 1408/71: EuGH, Rs. C-163/90, Slg. 1990, I-1829, Rn. 15 (Di Conti).
111 EuGH, Rs. 139/78, Slg. 1979, 991, Rn. 6 und 9 (Coccioli).
112 EuGH, Verb. Rs. 41/79, 121/79 und 796/79, Slg. 1980, 1979, Rn. 14 (Testa).

Art. 42 EG-Vertrag

42 **Grenzgänger** unterliegen den in Art. 71 bezeichneten Sonderregelungen. Sie erhalten Leistungen bei **Kurzarbeit** und vorübergehendem Arbeitsausfall im Beschäftigungsstaat (Art. 71 Abs. 1 lit. a) Ziff. i)). Demgegenüber erhalten sie bei **Arbeitslosigkeit** Leistungen vom Träger des Wohnstaats, »**als ob**« er der Staat der letzten Beschäftigung gewesen wäre (Art. 71 Abs. 1 lit. a) Ziff. ii))[113]. Der Begriff des Grenzgängers wird gemeinschaftsrechtlich bestimmt und hängt von dem Umstand ab, ob der Arbeitnehmer in Teilzeit weiterbeschäftigt wird oder vollarbeitslos geworden ist und keine Verbindung mehr mit diesem Mitgliedstaat hat.[114] Für die Berechnung der Leistungen legt der Wohnstaat das Entgelt zugrunde, das der Arbeitnehmer während der letzten Beschäftigung in dem Mitgliedstaat erzielt hat, in dem er unmittelbar vor Eintritt der Arbeitslosigkeit beschäftigt war[115]. **Rentenversicherungsrechtlich** gelten die Zeiten der Arbeitslosigkeit als Versicherungszeiten in dem Beschäftigungsstaat (Art. 45 Abs. 6)[116]. Die Ausnahmeregelung des Art. 71 Abs. 1 lit. a) Ziff. ii) der Verordnung gilt allerdings nicht für den Fall, daß ein arbeitsloser Grenzgänger, nachdem er in seinem Wohnstaat Arbeitslosenleistungen bezogen hat, seine Wohnung im Staat seiner letzten Beschäftigung nimmt[117].

43 Arbeitnehmer, **die nicht Grenzgänger sind** und dennoch die Voraussetzungen der Trennung von Beschäftigungs- und Wohnstaat erfüllen, erhalten Leistungen bei Kurzarbeit, vorübergehendem Arbeitsausfall und Vollarbeitslosigkeit vom **Träger des Beschäftigungsstaats**, wenn und soweit sie sich der dortigen Arbeitsvermittlung zur Verfügung stellen und sich ihrer Kontrolle unterwerfen (Art. 71 Abs. 1 lit. b) Ziff. i))[118]. Hinsichtlich der Leistungen bei Vollarbeitslosigkeit steht diesen Personen auch die Möglichkeit zu, die Leistungen des Wohnstaats in Anspruch zu nehmen (Art. 71 Abs. 1 lit. b) Ziff. ii))[119]. Diese Regelung verfolgt das Ziel einer **optimalen Arbeitsplatzsuche**[120].

7. Familienleistungen

44 **Familienleistungen** (Art. 72 bis 76 VO 1408/71) sind alle Sach- und Geldleistungen, die zum Ausgleich von **Familienlasten** im Rahmen der in Art. 4 Abs. 1 lit. h) VO 1408/71 genannten Rechtsvorschriften bestimmt sind, jedoch mit Ausnahme der in Anhang II aufgeführten besonderen Geburts- und Adoptionsbeihilfen (vgl. Art. 1 lit. u) Ziff. i) VO 1408/71)[121]. Hierzu gehört etwa das **Kindergeld**[122], das **Erziehungsgeld**[123] oder der Un-

---

113 EuGH, Rs. 145/84, Slg. 1985, 801, Rn. 15 (Cochet); Rs. C-131/95, Slg. 1997, I-1409, Rn. 24 (Huijbrechts); s. näher *Husmann* (Fn. 103), S. 159 ff. unter II. 4.
114 EuGH, Rs. C-444/98, Slg. 2001, I-2229, Rn. 17 f. und 35 ff. (Laat).
115 EuGH, Rs. 67/79, Slg. 1980, 535, Rn. 9 (Fellinger).
116 S. *B. Willms*, in: GTE, EU-/EGV, Art. 51, Rn. 102 m.w.N.
117 EuGH, Rs. C-131/95, Slg. 1997, I-1409, Rn. 28 ff. (Huijbrechts).
118 EuGH, Rs. 76/76, Slg. 1977, 315, Rn. 14/15 (di Paolo); Rs. 227/81, Slg. 1982, 1991, Rn. 20 (Aubin); Rs. C-287/92, Slg. 1994, I-288, Rn. 16 (Toosey); Rs. C-308/94, Slg. 1996, I-207, Rn. 27 f. (Naruschawicus).
119 EuGH, Rs. 227/81, Slg. 1982, 1991, Rn. 19 (Aubin); Rs. 1/85, Slg. 1986, 1837, Rn. 9 (Miethe); Rs. 236/87, Slg. 1988, 5125, Rn. 15 ff. (Bergemann); Rs. C-102/91, Slg. 1982, 1991, Rn. 16 (Aubin).
120 S. *K. D. Borchardt*, in: Hd.EUWirtR, D II, Rn. 146.
121 S. näher *St. Trinkl*, Die gemeinschaftsrechtliche Koordinierung deutscher Familienleistungen, 2001.
122 EuGH, Rs. C-228/88, Slg. 1990, I-531, Rn. 11 (Bronzino).
123 EuGH, Verb. Rs. C-245/94 und C-312/94, Slg. 1996, I-4895, Rn. 19, 27 (Hoever und Zachow); Rs. C-85/96, Slg. 1998, I-2691 Rn. 22 ff. (Sala), kritisch *E. Eichenhofer*, Erziehungsgeld als Familienleistung?, EuZW 1996, S. 716 f.; *ders.*, Deutsches Erziehungsgeld und Europäisches Sozialrecht, SGb 1997, S. 449; *U. Becker*, Erziehungsgeld und Gemeinschaftsrecht – Probleme bei der Anwendung der VO (EWG) Nr. 1408/71, SGb 1998, S. 553.

terhaltsvorschuss[124]. Der Anspruch auf Familienleistungen für Familienangehörige, die im Gebiet eines anderen Mitgliedstaates wohnen, folgt – vorbehaltlich des Anhangs VI der Verordnung – aus **Art. 73 i.V.m. den Rechtsvorschriften des Beschäftigungsstaats**. Auch die Höhe des Anspruchs bestimmt sich nach den Bestimmungen des anwendbaren nationalen Rechts (Art. 75). Beschäftigungszeiten in anderen Mitgliedstaaten fließen in die Berechnung mit ein, wenn der Anspruch hiervon abhängt (Art. 72). Auch über den Wohnsitz hinausgehende formelle Erfordernisse, wie die Meldung der Arbeitslosigkeit nach § 2 Abs. 4 BKKG oder die Verfügbarkeit für die deutsche Arbeitsvermittlung, können durch entsprechende Sachverhalte in einem anderen Mitgliedstaat erfüllt sein[125].

Gemäß dem Anhang I Abschnitt I Unterabschnitt C zur Verordnung, auf den Art. 1 lit. a) Ziff. ii VO 1408/71 verweist, haben nur solche Erwerbstätige Anspruch auf die deutschen Familienleistungen gemäß Titel III Kapitel 7 der Verordnung, die in einem der dort genannten Systeme **pflichtversichert** sind oder im Anschluß an diese Versicherung Krankengeld oder entsprechende Leistungen erhalten[126]. Das Bestehen einer **freiwilligen Versicherung** wirkt nicht anspruchsbegründend[127]. Werden dem Betroffenen allerdings soziale Vergünstigungen im Vergleich zu Inländern vorenthalten, kommt ein Gleichbehandlungsverstoß gemäß Art. 39 Abs. 2 i.V.m. Art. 7 Abs. 2 VO (EWG) Nr. 1612/68 oder gemäß Art. 43 in Betracht[128]. 45

Die Vorschriften der Art. 76 und 79 Abs. 3 VO 1408/71 und des Art. 10 VO (EWG) Nr. 574/72 treffen Vorsorge, um eine **Kumulierung von Leistungen** zu **vermeiden**, wenn Arbeitnehmer, Selbständiger oder Arbeitsloser einerseits und deren Familienangehöriger andererseits in verschiedenen Mitgliedstaaten wohnen[129]. Bei unterschiedlich hohen Leistungen in den Mitgliedstaaten besteht ein Anspruch auf den Unterschiedsbetrag zwischen der höheren und der niedrigeren Leistung[130]. Vorschriften über die Leistungen für **unterhaltsberechtigte Kinder von Rentner und Waisen** finden sich in den Art. 77 bis 79 VO 1408/71[131]. 46

---

124 EuGH, Rs. C-85/99, Slg. 2001, I-2261, Rn. 36 ff. (Offermanns).
125 EuGH, Rs. C-228/88, Slg. 1990, I-531, Rn. 15 (Sala) und Rs. C-12/89, I-557, Rn. 15 (Gatto); s. *E. Eichenhofer*, Deutsches Kindergeld für in Italien arbeitslose Jugendliche, SGb 1991, S. 167; *J. Stahlberg*, Deutsches Kindergeld für EG-Staatsangehörige – Zu den Auswirkungen der EG-VO Nr. 1408/71 auf das Bundeskindergeldgesetz, SGb 1989, S. 238 (244 ff.); *O. Seewald*, Kindergeld bei Berufsausbildung mit Auslandsberührung, SGb 1992, S. 1; *A. Voss/B. Klose*, Kindergeld und Freizügigkeit innerhalb der EG, MDR 1996, S. 1222.
126 EuGH, Verb. Rs. C-245/94 und C-312/94, Slg. 1996, I-4895, Rn. 29 (Hoever und Zachow); Verb. Rs. C-4/95 und C-5/95; Slg. 1997, I-511, Rn. 34 (Stöber und Pereira); Rs. C-266/95, Slg. 1997, I-3279, Rn. 24 (García).
127 EuGH, Rs. C-266/95, Slg. 1997, I-3279, Rn. 26 (García).
128 EuGH, Verb. Rs. C-4/95 und C-5/95, Slg. 1997, I-511, Rn. 39 (Stöber und Pereira); Rs. C-266/95, Slg. 1997, I-3279, Rn. 32 ff. (García).
129 EuGH, Rs. 100/78, Slg. 1979, 831, Rn. 12 ff. (Rossi); Rs. 104/80, Slg. 1981, 503, Rn. 10 ff. (Beeck); Rs. 153/84, Slg. 1986, 1406, Rn. 17 f. (Ferraioli); Rs. C-168/88, Slg. 1989, I-4553 Rn. 19 ff. (Dammer); Rs. 24/88, Slg. 1989, 1905, Rn. 13 (Georges).
130 EuGH, Rs. 733/79, Slg. 1980, 1915, Rn. 10 (Laterza); Rs. 807/79, Slg. 1980, 2205, Rn. 8 (Gravina); Rs. 320/82, Slg. 1983, 3811, Rn. 10 (d'Amario); Rs. 242/83, Slg. 1984, 3171, Rn. 11 (Patteri).
131 S. in der Rspr: EuGH, Rs. 313/86, Slg. 1988, 5391, Rn. 16 (Lenoir); Rs. 269/87, Slg. 1988, 6411, Rn. 10 ff. (Ventura); Rs. 1/88, Slg. 1989, 667 (Baldi); Rs. C-188/90, Slg. 1992, I-2039 (Doriguzzi); Rs. C-251/89, Slg. 1991, I-2831, Rn. 28 (Athanasopoulos); Rs. C-186/90, Slg. 1991, I-5792 (Durighello); Rs. C-218/91, Slg. 1993, I-701 (Gobbis); Rs. C-59/95, Slg. 1997, I-1071 (Moriana).

8. Vorschriften über die Zusammenarbeit der Behörden

47 Die VO 1408/71 enthält in den Schlußbestimmungen eine Reihe von Regelungen über die **Zusammenarbeit** zwischen den **jeweils zuständigen Behörden der Mitgliedstaaten**. Zur Förderung der Zusammenarbeit wurde eine **Verwaltungskommission** (Art. 80, 81) und ein besonderer Ausschuß (Art. 82, 83) geschaffen. Art. 86 bestimmt ferner, daß die Einreichung von Anträgen, Erklärungen und Rechtsbehelfen bei einer zuständigen Behörde eines anderen Mitgliedstaates fristwahrend möglich ist.

V. Verfahrensfragen

48 Art. 42 EGV bestimmt, daß der Rat gemäß **dem Verfahren der Mitentscheidung gemäß Art. 251** die auf dem Gebiet der sozialen Sicherheit notwendigen Maßnahmen zu treffen hat. Diese durch den Vertrag von Amsterdam eingefügte Vorschrift stärkt die Rechte des **Parlaments**. Gleichzeitig wird das Verfahren nach Art. 251 dadurch modifiziert, daß Art. 42 in diesem Bereich nur **einstimmige Entscheidungen** des Rates vorsieht.

Kapitel 2
Das Niederlassungsrecht

Art. 43 (ex-Art. 52)

Die Beschränkungen der freien Niederlassung[4 ff.] von Staatsangehörigen eines Mitgliedstaats im Hoheitsgebiet eines anderen Mitgliedstaats sind nach Maßgabe der folgenden Bestimmungen verboten.[19 ff.] Das gleiche gilt für Beschränkungen der Gründung von Agenturen, Zweigniederlassungen oder Tochtergesellschaften durch Angehörige eines Mitgliedstaats, die im Hoheitsgebiet eines Mitgliedstaats ansässig sind.[17 f.]

Vorbehaltlich des Kapitels über den Kapitalverkehr[8] umfaßt die Niederlassungsfreiheit die Aufnahme und Ausübung selbständiger Erwerbstätigkeiten[9 ff.] sowie die Gründung und Leitung von Unternehmen, insbesondere von Gesellschaften im Sinne des Artikels 48 Absatz 2, nach den Bestimmungen des Aufnahmestaats für seine eigenen Angehörigen.[4 ff.]

Inhaltsübersicht:

I. Einführung	1
II. Der Inhalt der Niederlassungsfreiheit	5
1. Persönlicher und räumlicher Anwendungsbereich	7
2. Sachlicher Anwendungsbereich	9
3. Der Begriff der Niederlassung im Europäischen Medienrecht	15
4. Niederlassungsformen	17
III. Die Entwicklung der Niederlassungsfreiheit vom Grundsatz der Inländergleichbehandlung hin zu einem allgemeinen Beschränkungsverbot	19
1. Das Diskriminierungsverbot als Ausgangspunkt	19
2. Die Rechtsprechung des EuGH	22
3. Literatur und Stellungnahme	29
IV. Gemeinschaftsrechtliche Niederlassungsfreiheit und nationales Steuerrecht	33

I. Einführung

Die Vorschriften zur Niederlassungsfreiheit im EGV bilden einen Teil der primärrechtlichen Vorschriften, die sich mit der Freizügigkeit von Personen befassen. Bei der Niederlassungsfreiheit geht es um die Freizügigkeit der Selbständigen, also der Freiberufler, Handwerker und sonstigen Gewerbetreibenden (Unternehmer). Für die unselbständig Beschäftigten ist die Freizügigkeit in Art. 39 Abs. 1 gewährleistet. Beide Artikel werden ergänzt durch Art. 18, der das Freizügigkeitsrecht grundsätzlich für die Bürger der Union, also auch für solche, die nicht in irgend einer Weise mit dem wirtschaftlichen Produktionsprozeß verbunden sind, gewährleistet (vgl. Art. 18, Rn. 1).[1] Unabhängig von dem persönlichen Anwendungsbereich der jeweiligen Freizügigkeitsregelungen besteht, soll die gewonnene Freizügigkeit mehr als ein formales, nur für einige kleine Minderhei- 1

---

1 Die Freizügigkeit der Nichterwerbstätigen ist geregelt in den Aufenthaltsrichtlinien 90/364/EWG vom 28.6.1990 über das Aufenthaltsrecht, ABl.EG Nr. L 180/26, 90/365/EWG vom 28.6.1990 über das Aufenthaltsrecht der aus dem Erwerbsleben ausgeschiedenen Arbeitnehmer und selbständig Erwerbstätigen, ABl.EG Nr. L 180/28 und 93/96/EWG vom 29.10.1993 über das Aufenthaltsrecht der Studenten, ABl.EG Nr. L 317/59. Zur Umsetzung in deutsches Recht vgl. die Verordnung über die allgemeine Freizügigkeit von Staatsangehörigen der Mitgliedstaaten der Europäischen Union, BGBl. I 1997, 1810. Dazu *M. Schieffer*, Die neue Freizügigkeitsverordnung/ EG – Inhalt und Voraussetzungen des Aufenthaltsrechts nichterwerbstätiger Unionsbürger und ihrer Familienangehörigen im Bundesgebiet, NVwZ 1998, S. 31 ff.

ten de facto nutzbares Freiheitsrecht sein, die Notwendigkeit der sozialen Flankierung und Absicherung.[2]

2 Die Niederlassungsfreiheit als Freizügigkeitsrecht für Selbständige unterscheidet sich von der Arbeitnehmerfreizügigkeit u. a. dadurch, daß die selbständige Erwerbstätigkeit häufiger und weitergehend staatlich reglementiert ist, als die unselbständige Erwerbstätigkeit.[3] Insbesondere im Bereich der freien Berufe und im Handwerk haben die Mitgliedstaaten mehr oder weniger weitreichende **subjektive Zulassungsschranken** errichtet. Wer in diesen Bereichen tätig werden will, muß oft bestimmte Qualifikationen erfüllen. Im Bereich der unselbständig Beschäftigten wird der Zugang zur Beschäftigung im wesentlichen durch den Markt reguliert. Letztlich entscheidet der Arbeitgeber, ob und unter welchen Voraussetzungen ein Bewerber den Anforderungen genügt. Dies hat – soll die Niederlassungsfreiheit nicht nur formal gelten – zur Konsequenz, daß im Bereich der Niederlassungsfreiheit entweder die unterschiedlichen nationalen Zulassungsbedingungen auf europäischer Ebene harmonisiert werden müssen oder durch verstärkten Rekurs auf das Prinzip der gegenseitigen Anerkennung die nationalen Regeln zugunsten von EG-Ausländern zu durchbrechen sind. So oder so ist die Niederlassungsfreiheit daher oftmals mit schmerzlichen Eingriffen in historisch gewachsene Strukturen verbunden.

3 Ganz ähnlich gelagert sind die Probleme im Bereich der **Dienstleistungsfreiheit**. Auch dort geht es um Personenfreizügigkeit und auch bei den Dienstleistungen stellt sich die Frage nach den subjektiven Zulassungsschranken für die Erbringer von Dienstleistungen. Im Unterschied zur grenzüberschreitenden Erbringung von Dienstleistungen ist die Niederlassung in einem anderen Mitgliedstaat jedoch durch das Element der Dauerhaftigkeit gekennzeichnet. Auch der EGV anerkennt die enge Beziehung zwischen der Niederlassungs- und Dienstleistungsfreiheit. Gemäß Art. 55 gelten die zum Bereich der Niederlassungsfreiheit gehörenden Bestimmungen der Art. 45 bis 48 auch für die Dienstleistungsfreiheit.

4 Für die Einreise von Niederlassungswilligen und Familienmitgliedern, deren Verbleiberecht und soziale Absicherung gilt im wesentliche das gleiche wie im Bereich der Arbeitnehmerfreizügigkeit.[4] Auch bezüglich der sozialen Absicherung des Niederlassungswil-

---

2 Zur sozialen Absicherung vgl. insbesondere die VO 1408/71 des Rates vom 14. Juni 1971 über die Anwendung der Systeme der sozialen Sicherheit auf Arbeitnehmer und Selbständige sowie deren Familienangehörige, die innerhalb der Gemeinschaft zu- und abwandern, ABl.EG Nr. L 149/2. Ein konsolidierter Text dieser vielfach geänderten VO findet sich z. B. im Sartorius II, Nr. 185. S. dazu *B. Schulte/K. Barwig* (Hrsg.), Freizügigkeit und Soziale Sicherheit – Die Durchführung der Verordnung (EWG) Nr. 1408/71 über die Soziale Sicherheit der Wanderarbeitnehmer in Deutschland, 1999.
3 So auch *Schlag*, in: J. Schwarze (Hrsg.), EU-Kommentar, Art. 43, Rn. 23.
4 S. dort Kommentierung zu Art. 39, Rn. 52 ff. S.a. die für den Bereich der Niederlassungsfreiheit ergangenen Rechtsakte: RL 73/148/EWG des Rates vom 21.5.1973 zur Aufhebung der Reise- und Aufenthaltsbeschränkungen für Staatsangehörige der Mitgliedstaaten innerhalb der Gemeinschaft auf dem Gebiet der Niederlassung und des Dienstleistungsverkehrs, ABl.EG L 172/14 (1973); RL 75/34/EWG des Rates vom 17.12.1974 über das Recht der Staatsangehörigen eines Mitgliedstaats, nach Beendigung der Ausübung einer selbständigen Tätigkeit im Hoheitsgebiet eines anderen Mitgliedstaats zu verbleiben, ABl.EG L 14/10 (1975); im Bereich der sozialen Sicherheit ist die VO 1408/71 von überragender Bedeutung, vgl. die konsolidierte Fassung in VO (EG) Nr. 118/97 des Rates vom 2.12.1996 zur Änderung und Aktualisierung der Verordnung (EWG) Nr. 1408/71 zur Anwendung der Systeme der sozialen Sicherheit auf Arbeitnehmer und Selbständige sowie deren Familienangehörige, die innerhalb der Gemeinschaft zu- und abwandern, und der Verordnung (EWG) Nr. 574/72 über die Durchführung der Verordnung (EWG) Nr. 1408/71, ABl.EG L 28/1 (1997). S.a. VO (EWG) Nr. 1390/81 des Rates vom 12.5.1981 zur

ligen und seiner Familienangehörigen gilt das strikte Gebot der Inländergleichbehandlung, z.B. mit Blick auf die Gewährung von sozialen Vergünstigungen.[5]

II. Der Inhalt der Niederlassungsfreiheit

Beide Absätze des Art. 43 umschreiben, was mit dem Begriff der freien Niederlassung gemeint ist, ohne daß eine vollständige Definition geliefert wird. 5

Vorab sei darauf hingewiesen, daß nach ständiger Rechtsprechung des EuGH Art. 43 auf 6 rein mitgliedstaatsinterne Fälle nicht angewendet werden kann, also auf Fälle, die **keinen grenzüberschreitenden Bezug** aufweisen. Verändert also ein deutscher Staatsangehöriger seinen Standort innerhalb Deutschlands, so fällt dies nicht in den Anwendungsbereich des Art. 43.[6] Die Regelung rein interner Sachverhalte fällt in den ausschließlichen Zuständigkeitsbereich der Mitgliedstaaten. Der Preis für den Vorrang des nationalen Rechts bei rein internen Sachverhalten ist die dadurch eröffnete Möglichkeit der Inländerdiskriminierung.[7] Der EuGH hat dies jedoch, wie u. a. die zitierten Entscheidungen zeigen, immer wieder hingenommen. Unter der Geltung des Subsidiaritätsprinzips besteht auch in der Tat kaum die Möglichkeit, gegen Inländerdiskriminierungen gemeinschaftsrechtlich vorzugehen, denn sonst müsste das inländische Recht letztlich immer dem Gemeinschaftsrecht folgen, um solche Schlechterstellungen zu vermeiden.[8]

1. Persönlicher und räumlicher Anwendungsbereich

Aus Absatz 1 ergibt sich, daß die Niederlassungsfreiheit nur den **Staatsangehörigen der** 7 **Mitgliedstaaten** zusteht. Nur Unionsbürger haben mithin das Recht, sich in einem anderen Mitgliedstaat niederzulassen. Über den Bereich der Gemeinschaft hinaus gilt die Niederlassungsfreiheit auch für die Staatsangehörigen der Mitgliedstaaten des Europäischen Wirtschaftsraums (EWR), also für Norweger, Isländer und Liechtensteiner.[9] Das

---

Fortsetzung von Fußnote 4
    Ausdehnung der Verordnung (EWG) Nr. 1408/71 zur Anwendung der Systeme der sozialen Sicherheit auf Arbeitnehmer und deren Familien, die innerhalb der Gemeinschaft zu- und abwandern, auf die Selbständigen und ihre Familienangehörigen, ABl.EG L 143/1 (1981).
5 EuGH, Rs. C-337/97, 8.6.1999, Slg. 1999, S. I-3289, Rn. 27 ff. (Meeusen).
6 Schlußanträge des Generalanwalts Elmer vom 15. Mai 1997, Rs. C-55/96 (Job Centre coop. arl.), Slg. 1997, I-7119, Rn. 29; vgl. auch EuGH, Rs. C-152/94, 16.11.1995, Slg. 1995, I-3981 (van Buynder); Rs. 204/87, 20.4.1988, Slg.1988, 2029, Rn. 11 f. (Bekaert). So auch Schlag, in: J. Schwarze (Hrsg.), EU-Kommentar, Art. 43, Rn. 43.
7 Vgl. dazu *W.-H. Roth*, in: Hb.EUWirtR, E. I, Rn. 21 f.
8 Eine ganz andere Frage ist es, ob solche Inländerdiskriminierungen verfassungsrechtlich zulässig sind oder ob nicht ein Verstoß gegen Art. 3 Abs. 1 GG vorliegt, vgl. dazu umfassend C. Hammerl, Inländerdiskriminierung, 1997; s.a. L. Osterloh, in: Sachs (Hrsg.), GG-Kommentar, 1996, Art. 3, Rn. 71; T. Schilling, Gleichheitssatz und Inländerdiskriminierung, JZ 1994, S. 8 ff. Der österreichische VerfGH hat mit Urteil vom 9.12.1999, EuZW 2001, 219 die Inländerdiskriminierung als mit österreichischem Verfassungsrecht unvereinbar angesehen. Zum ganzen auch M. Gerhardt, Zu neueren Entwicklungen der sogenannten Inländerdiskriminierung im Gewerberecht, GewArch 2000, S 372 ff. Teilweise wird auch deren Gemeinschaftsrechtswidrigkeit behauptet, vgl. L. Münnich, Art 7 EWGV und Inländerdiskriminierung, ZfRV 1992, S. 92 ff.
9 Art. 31–35 des Abkommens, ABl.EG L 1/1 (1994), s.a. z.B. Beschluß des Gemeinsamen EWR-Ausschusses Nr. 190/1999 vom 17. Dezember 1999 über die Änderung des Anhangs VII (Gegenseitige Anerkennung beruflicher Qualifikationen) des EWR-Abkommens, ABl.EG L 74/26 (2001) mit dem verschiedene Rechtsänderungen im EG-Bereich für den EWR nachvollzogen werden.

Art. 43 EG-Vertrag

Abkommen über die Freizügigkeit mit der Schweiz ist noch nicht ratifiziert.[10] Das Assoziierungsabkommen mit der Türkei gewährt keine subjektiven Rechte[11], ebenso wenig wie das Europäische Niederlassungsabkommen, welches zudem noch durch weitreichende Schutzklauseln (Art. 6) relativiert wird.[12] Im übrigen gilt für den räumlichen Anwendungsbereich Art. 299.

8   Aus **Art. 43 Abs. 2** folgt, daß die Niederlassungsfreiheit nicht nur natürlichen, sondern auch »Gesellschaften«, **also juristischen Personen** zusteht (s. Kommentierung zu Art. 48). Die **Vorbehaltsklausel zugunsten der Kapitalverkehrsfreiheit** bringt zum Ausdruck, daß Beschränkungen des freien Kapitalverkehrs grundsätzlich auf die Niederlassungsfreiheit durchschlagen können.[13]

2. Sachlicher Anwendungsbereich

9   Sachlich umfasst die Niederlassungsfreiheit die Niederlassung einer natürlichen oder juristischen Person in einem anderen Mitgliedstaat **zum Zwecke** der Aufnahme und Ausübung selbständiger Erwerbstätigkeiten, die Gründung von Agenturen, Zweigniederlassungen oder Tochtergesellschaften in einem anderen Mitgliedstaat oder aus einem Mitgliedstaat heraus (grenzüberschreitend) und die Gründung und Leitung von Unternehmen (Gesellschaften) in einem anderen Mitgliedstaat. Von der Niederlassungsfreiheit auch umfasst ist der Erwerb einer Beteiligung an einem Unternehmen mit Sitz in einem anderen Mitgliedstaat, die einen solchen Einfluss auf die Entscheidungen der Gesellschaft verleiht, daß der Erwerber deren Tätigkeiten bestimmen kann (**Kontrollerwerb**).[14]

10 Der **Begriff der selbständigen Erwerbstätigkeit** grenzt die Niederlassungsfreiheit hin zur Arbeitnehmerfreizügigkeit ab. Unter Erwerbstätigkeit ist jede Art der wirtschaftlichen, d. h. grundsätzlich entgeltlichen Tätigkeit, zu verstehen, die in eigener Verantwortung und weisungsfrei erfolgt. Der Begriff ist weit auszulegen und umfasst gewerbliche Tätigkeiten in Industrie, Handel und Handwerk ebenso wie freiberufliche Tätigkeiten. Die Gewinnzielung muß nicht vorderstes Ziel sein, rein karitative Betätigungen dienen jedoch nicht dem Erwerb und unterfallen damit nicht den Art. 43 ff.[15] Voraussetzung ist

---

10 Dazu B. *Kahil-Wolff/R. Mosters*, Das Abkommen über die Freizügigkeit EG-Schweiz, EuZW 2001, S. 5 ff.; Dieses Abkommen ist Teil von sieben sektorbezogenen Abkommen der EG mit diesem Land (die anderen Bereiche sind Luftverkehr, Schienen- und Landverkehr, das öffentliche Beschaffungswesen, die wirtschaftlich-technische Zusammenarbeit, die gegenseitige Anerkennung der Konformitätsbewertung und der Handel mit landwirtschaftlichen Erzeugnissen), wenn man so will zur Abmilderung der Konsequenzen aus der Weigerung der Schweizer, sich der EU oder dem EWR anzuschließen. Zur Problematik s. *T. Jaag*, Die Beziehungen zwischen der Schweiz und der Europäischen Union - Eine Bestandsaufnahme nach der Zustimmung zu den sektoriellen Abkommen von 1999, ZSchR 2000, S. 223 ff. Die bilateralen Abkommen sind mit klarer Mehrheit in der Volksabstimmung vom 21.5.2000 bestätigt worden, vgl. http://www.europa.admin.ch/ba/abstimmung/resultate/d/resultat.htm.
11 EuGH, C-37/98, 11.5.2000, Slg: 2000, S. I-2927, Rn. 64 ff. und passim m.w.N. zur Rechtswirkung des Assoziierungsabkommens. Zu den sog. Europa-Abkommen s. W. *Weiß*, Aktuelle Fragen zum Niederlassungsrecht in den Europaabkommen, Informationsbrief Ausländerrecht 2001, S. 1 ff.
12 Vom 13.12.1955, BGBl. II, S. 997 (1959).Text in Internet unter http://conventions.coe.int/Treaty/en/Treaties/Html/019.htm.
13 Dazu im einzelnen Art. 56, Rn. 16 ff.
14 EuGH, Rs. C-251/98, 13.4.2000, Slg. 2000, S. I-2787, Rn. 22 (Baars).
15 Vgl. EuGH, Rs. C-70/95, 17.6.1997, Slg. 1997, I-3395, Rn. 24 (Sodemare).

weder, daß der Tätigkeit ein bestimmtes Berufsbild zugrunde liegt oder der Betreffende einem bestimmten Berufsstand schon angehört[16], noch, daß das Einkommen aus der Tätigkeit eine bestimmte Größenordnung erreicht. Diese Unterscheidung gilt auch für hochverdienende Berufssportler oder Führungskräfte in Unternehmen (»Spitzenmanager«). Bei beiden ist zu fragen, ob die Tätigkeit schwerpunktmäßig unternehmerisch, also weisungsfrei erfolgt, oder im Abhängigkeitsverhältnis zu einem Dienstherrn.[17] Fußballprofis – oder allgemeiner professionelle Mannschaftssportler – sind daher nicht selbständig Erwerbstätige in diesem Sinne, weil sie ihre Tätigkeit in totaler Weisungsgebundenheit von ihrem Verein ausüben.[18] Tennisprofis hingegen, um ein anderes Beispiel zu nennen, entscheiden i. d. R. letztlich selbst, d. h. eigenverantwortlich und weisungsfrei über ihre Auftritte und sind daher keine Arbeitnehmer.

Zentraler Begriff und für die Abgrenzung zur Dienstleistungsfreiheit entscheidend ist der **Begriff der Niederlassung**. Der EuGH hat den Begriff der Niederlassung definiert als »tatsächliche Ausübung einer wirtschaftlichen Tätigkeit mittels einer festen Einrichtung in einem anderen Mitgliedstaat auf unbestimmte Zeit«.[19] Die Niederlassung setzt danach zunächst eine »**feste Einrichtung**« in einem anderen Mitgliedstaat voraus. Dazu zählen insbesondere bauliche Einrichtungen wie etwa Produktionsstätten, Lager- und Büroräume.[20] Ein formaler Rechtsakt, z. B. die Registrierung eines Schiffes, erfüllt – isoliert betrachtet – nicht die Anforderungen an die Begründung einer Niederlassung in diesem Sinn. Art. 43.[21] Es muß noch eine feste Einrichtung hinzukommen. Ist dies der Fall, so sind auch die rechtlichen Voraussetzungen für die Schiffsregistrierung an den Art. 43 ff. zu messen, mit der Folge, daß bei der Ausgestaltung dieser nationalen Vorschriften das Verbot der Diskriminierung der Staatsangehörigkeit zu beachten ist.[22] Das gleiche gilt, wenn die Schiffsregistrierung in anderer Weise an die Niederlassungsfreiheit angeknüpft werden kann, etwa durch Rekurs auf die Verbleiberichtlinie 75/34.[23] 11

Das Merkmal der festen Einrichtung alleine genügt jedoch nicht, um eine Niederlassung annehmen zu können. Hinzutreten muß das **Element der Dauerhaftigkeit**, d. h. die »stetige und dauerhafte«[24] bzw. »stabile und kontinuierliche«[25] Teilnahme am Wirtschaftsleben im Niederlassungsland. Der Niederlassungswillige begibt sich dauerhaft in den Niederlassungsstaat, der Dienstleister oder Dienstleistungsempfänger begibt sich nur »**vorübergehend**« (Art. 50 Abs. 3) in den anderen Mitgliedstaat. 12

Es ist nicht zulässig, von dem Bestehen einer festen Einrichtung auf die Dauerhaftigkeit der Teilnahme am Wirtschaftsleben zu schließen. Auch Dienstleistungserbringer können sich im Aufnahmestaat mit der für die Erbringung ihrer Dienstleistung erforderlichen Infrastruktur ausstatten und etwa ein Büro oder eine Praxis unterhalten.[26] 13

---

16 EuGH, Rs. C-55/94, 30.11.1995, Slg. 1995, 4165, Rn. 29 ff. (Gebhard).
17 Vgl. z.B. *Schlag*, in: J. Schwarze (Hrsg.), EU-Kommentar, Art. 43, Rn. 24.
18 Vgl. EuGH, Rs. C-415/93, 15.12.1995, Slg. 1995, I-4921, Rn. 97 (Bosmann); a. A. *R. Scholz/J. Aulehner*, Die »3 plus 2«-Regel und die Transferbestimmungen des Fußballsports im Lichte des europäischen Gemeinschaftsrechts, SpuRt 1996, S. 44; zweifelnd H. P. Westermann, Die Entwicklung im bezahlten Fußballsport nach dem »Bosman«-Urteil, DZWir 1997, S. 485, 486 f.
19 EuGH, Rs. C-221/89, 25.7.1991, Slg. 1991, I-3905, Rn. 20 (Factortame).
20 *Schlag*, in: J. Schwarze (Hrsg.), EU-Kommentar, Art. 43, Rn. 20.
21 EuGH, Rs. C-221/89, 25.7.1991, Slg. 1991, I-3905, Rn. 21 (Factortame). (Fn. 9), Rn. 21.
22 EuGH, Rs. C-221/89, 25.7.1991, Slg. 1991, I-3905, Rn. 23 (Factortame). (Fn. 9), Rn. 23, 29.
23 EuGH, Rs. C-62/96, 27.11.1997, Slg. 1997, I-6725, Rn. 18 (Kommission/Griechenland), 27; Rs. C-151/96, 12.6.1997, Slg. 1997, I-3327, Rn. 12, 14 f. (Kommission/Irland); Rs. C-334/94, 7.3.1996, Slg. 1996, I-1307, Rn. 22, 23.
24 EuGH, Rs. C-70/95, 17.6.1997, Slg. 1997, I-3395, Rn. 24 (Sodemare).
25 EuGH, Rs. C-55/94, 30.11.1995, Slg. 1995, 4165, Rn. 25 (Gebhard) (Fn. 7), Rn. 25.
26 EuGH, Rs. C-55/94, 30.11.1995, Slg. 1995, 4165, Rn. 27 (Gebhard) (Fn. 7), Rn. 27.

14 Eng verwandt mit dem Kriterium der Dauerhaftigkeit ist das Kriterium des Schwerpunkts der Tätigkeit. Für die Abgrenzung zwischen Dienstleistungs- und Niederlassungsfreiheit sei auch auf den **Umfang** und den **Schwerpunkt der Tätigkeit** abzustellen.[27] Das Kriterium kann hilfreich für die Beurteilung von Fällen sein, in denen ein Selbständiger etwa wie ein Grenzpendler in dem einen Mitgliedstaat lebt und in dem anderen Mitgliedstaat – ohne feste Einrichtung – arbeitet. Allzu viel gewinnt man jedoch nicht, wenn man bedenkt, daß für die Antwort auf die Abgrenzungsfrage Niederlassung oder Dienstleistung nicht an den Ort angeknüpft werden kann, an dem man schläft oder seine Freizeit verbringt. Jemand der in einem Mitgliedstaat lebt, aber »schwerpunktmäßig« im anderen Mitgliedstaat selbständig arbeitet, der erbringt seine Arbeitsleistung dort nicht vorübergehend und ist daher niedergelassen.

3. Der Begriff der Niederlassung im Europäischen Medienrecht

15 Eine besondere Ausprägung im Sinne einer **qualifizierten Niederlassung** hat der Begriff der Niederlassung im europäischen Medienrecht erhalten. Die Fernsehrichtlinie 1989[28] verpflichtete die Mitgliedstaaten u. a. dazu, bei den ihrer »**Rechtshoheit unterworfenen Fernsehveranstaltern**« (Art. 2 Abs. 1 RL 89/552/EWG) für die Einhaltung der auf die von der Richtlinie erfaßten Sendungen zu sorgen. Ziel dieser Regelung war es, ein System der Kontrolle der Fernsehveranstalter durch jeweils einen einzigen Mitgliedstaat, den Sendestaat, zu errichten. In der Folgezeit hatte der EuGH sich mit der Frage auseinander zu setzen, welcher Mitgliedstaat im konkreten Fall diese Rechtshoheit auszuüben hat.[29] In der Rs. C-222/94[30] hat der EuGH, nachdem sich GA Lenz in seinen Schlußanträgen ausführlich mit der Frage auseinandergesetzt hatte[31], entschieden, daß bei mehreren Niederlassungen eines Fernsehveranstalters in verschiedenen Mitgliedstaaten, der die Rechtshoheit ausübende Mitgliedstaat derjenige sein müsse, in dem der Veranstalter den »**Mittelpunkt seiner Tätigkeiten**« habe, und in dem insbesondere »die Entscheidungen über die Programmpolitik und die endgültige Zusammenstellung der zu sendenden Programme getroffen würden«.[32] In der Rs. C-56/96[33] hat der EuGH diese Rechtsprechung bestätigt[34] und dahingehend konkretisiert, daß der Feststellung einer qualifizierten Niederlassung im Sinne des Art. 2 Abs. 1 der RL 89/552/EWG nicht entgegenstehe, daß der Veranstalter noch in anderen Mitgliedstaaten Niederlassungen unterhalte.[35] Ins-

---

27 P. Troberg, in: GTE, EU-/EGV, Art. 52, Rn. 6 unter Verweis auf Rs. 33/74, 3.12.1974, Slg. 1974, 1299, Rn. 13 (van Binsbergen) und Rs. 205/84, 4.12.1986, Slg. 1986, 3755, Rn. 22. Danach ist nach den Vorschriften der Niederlassungsfreiheit zu behandeln, wer seine Tätigkeit »ganz oder vorwiegend auf das Gebiet dieses Mitgliedstaates ausgerichtet hat«.
28 Richtlinie 89/552/EWG des Rates vom 3. Oktober 1989 zur Koordinierung bestimmter Rechts- und Verwaltungsvorschriften der Mitgliedstaaten über die Ausübung der Fernsehtätigkeit, ABl.EG 1989, Nr. L 298/23.
29 Vgl. dazu auch N. Helberger, Die Konkretisierung des Sendestaatsprinzips in der Rechtsprechung des EuGH, ZUM 1998, S. 50 ff.
30 EuGH, Rs. 222/94, 10.9.1996, Slg. 1996, I-4025 (Kommission/Vereinigtes Königreich); dazu die Besprechung von D. Dörr, Rechtshoheit über Rundfunkveranstalter im Sinne des EG-Rechts, JuS 1997, 557 f.
31 GA C.O. Lenz, Schlussantr. zu Rs. C-222/94,, 10.9.1996, Slg. 1996, I-4025, Rn. 61 ff. (Kommission/Vereinigtes Königreich) Schlußanträge des Generalanwalts Carl Otto Lenz vom 30.4.1996., Rn. 61 ff.
32 EuGH, Rs. C-222/94, 10.9.1996, Slg. 1996, I-4025, Rn. 60 i. V. m. Rn. 58 (Kommission/Vereinigtes Königreich) (Fn. 19), Rn. 60 i. V. m. Rn. 58.
33 EuGH, Rs. C-56/96, 5.6.1997, Slg. 1997, I-3143 (VT4 Ltd.); vgl. auch die ausführlichen Schlußanträge des GA Lenz, Rn. 27 ff.
34 EuGH, Rs. C-56/96, 5.6.1997, Slg. 1997, I-3143, Rn. 23 (VT4 Ltd.) (Fn. 22), Rn. 23.
35 EuGH, Rs. C-56/96, 5.6.1997, Slg. 1997, I-3143, Rn. 19-21 (VT4 Ltd.) (Fn. 22), Rn. 19–21.

besonders spiele es keine Rolle, daß bei Anwendung der Kriterien zur Ermittlung der qualifizierten Niederlassung (das Gebiet des Staates, in dem der Mittelpunkt der Tätigkeiten des Veranstalters ausgeübt wird, in dem die Entscheidungen über die Programmpolitik und über das zu sendende Programm getroffen werden), die Ausübung der Rechtshoheit über diesen Veranstalter einem anderen Staat zufalle als dem Mitgliedstaat, für dessen Gebiet die Programme ausschließlich bestimmt sind[36], ungeachtet der Tatsache, daß sich auch in diesem Staat eine Niederlassung befindet, an die für die Ausübung der Rechtshoheit angeknüpft werden könnte.[37]

Die Rechtsprechung des EuGH hat nunmehr ihren Niederschlag in der überarbeiteten Fernsehrichtlinie 97/36/EG gefunden.[38] Die Richtlinie enthält in Art. 2 Abs. 2 und 3 einen Katalog von abgestuften Kriterien (Ort der Hauptverwaltung, Ort an dem die redaktionellen Entscheidungen getroffen werden, Ort an dem der wesentliche Teil des Sendepersonals beschäftigt ist, Ort der ersten Sendebetätigung) mit deren Hilfe der Ort der qualifizierten Niederlassung festgestellt werden soll und damit der Mitgliedstaat, der über einen bestimmten Fernsehveranstalter die Rechtshoheit ausübt. 16

4. Niederlassungsformen

Art. 43 Abs. 1 spricht in Satz 1 von der freien Niederlassung und stellt dem in Satz 2 die Gründung von Agenturen, Zweigniederlassungen und Tochtergesellschaften gleich.[39] Dabei hat sich eingebürgert von primärer und sekundärer Niederlassung zu sprechen. Eine **primäre oder Hauptniederlassung** liegt vor, wenn in einem anderen Mitgliedstaat ein Unternehmen neu gegründet oder übernommen wird (bei Gesellschaften gilt dies in Verbindung mit Art. 48) oder nach einer Standortverlagerung, also der Verlagerung der Betriebsmittel und Produktionsanlagen in einen anderen Mitgliedstaat. **Sekundäre oder Nebenniederlassungen** können rechtlich selbständige (Tochtergesellschaften) oder unselbständige (Agenturen, Zweigniederlassungen)[40] Einrichtungen sein.[41] Letztlich signalisieren auch diese Begriffe nichts anderes, als in den Merkmalen feste Einrichtung und Dauerhaftigkeit im Niederlassungsmitgliedstaat schon angelegt ist. 17

Zwischen der primären und sekundären Niederlassungsfreiheit besteht ein **rechtlicher Unterschied** dergestalt, daß jeder Unionsbürger unabhängig von seinem Aufenthaltsort Berechtigter der primären Niederlassungsfreiheit ist, daß aber von der sekundären Niederlassungsfreiheit nur profitieren kann, wer im Hoheitsgebiet eines Mitgliedstaates 18

---

36 EuGH, Rs. C-56/96, 5.6.1997, Slg. 1997, I-3143, Rn. 22 (VT4 Ltd.) (Fn. 22), Rn. 22.
37 Und somit eine doppelte Zuständigkeit »ratione personae« begründet werden könnte, vgl. EuGH, Rs. C-222/94, 10.9.1996, Slg. 1996, I-4025, Rn. 42 (Kommission/Vereinigtes Königreich) (Fn. 19), Rn. 42 und Verb. Rs. C-34/95, C-35/95 und C-36/95, 9.7.1997, Slg. 1997, I-3843, Rn. 29 (Konsumentenombudsmannen).
38 RL 97/36/EG des Europäischen Parlaments und des Rates vom 30. Juni 1997 zur Änderung der Richtlinie 89/552/EWG des Rates zur Koordinierung bestimmter Rechts- und Verwaltungsvorschriften der Mitgliedstaaten über die Ausübung der Fernsehtätigkeit, ABl.EG 1997, Nr. L 202/60.
39 Bezüglich dieser Begriffe können sich im Sekundärrecht Besonderheiten ergeben. Vgl. etwa zum Versicherungsrecht EuGH, Rs. C-191/99, 14.6.2001, n.n.i.Slg., Rn. 29 ff. zu den Begriffen Niederlassung und Tochtergesellschaft in der RL 88/357/EWG (Direktversicherungen mit Ausnahme der Lebensversicherungen).
40 Der EuGH spricht zuweilen auch von einer »Nebenstelle«, vgl. Rs. C-101/94, 6.6.1996, Slg. 1996, I-2691, Rn. 12 (Kommission/Italien); Rs. 204/87, 20.4.1988, Slg.1988, 2029, Rn. 11 (Bekaert) (Fn. 3), Rn. 11.
41 Vgl. z. B. W.-H. *Roth*, in: Hb.EUWirtR, A. I, Rn. 34 ff.

auch ansässig ist. Daraus folgt, daß etwa ein Deutscher Staatsangehöriger mit Wohnsitz in einem Drittland zwar dann Berechtigter der Niederlassungsfreiheit ist, wenn er selbst sich in einem Mitgliedstaat niederlassen will, er jedoch von der Schweiz aus keine Agenturen, Zweigniederlassungen oder Tochtergesellschaften gründen kann.[42] Darüber hinaus ist die Unterscheidung zwischen den verschiedenen Niederlassungsformen rechtlich nur mittelbar relevant. Das in Art. 43 Abs. 1 enthaltene Beschränkungsverbot gilt für alle Niederlassungsformen gleich. Allerdings kann die Niederlassungsform bei der Beurteilung der Frage, ob eine gegen die Niederlassungsfreiheit gerichtete Maßnahme notwendig und verhältnismäßig im Sinne der sog. Cassis-Formel (s. Art. 28, Rn. 20 ff.) ist, mittelbar eine Rolle spielen.[43]

III. Die Entwicklung der Niederlassungsfreiheit vom Grundsatz der Inländergleichbehandlung hin zu einem allgemeinen Beschränkungsverbot

1. Das Diskriminierungsverbot als Ausgangspunkt

19 Gemäß Art. 3 lit. c EGV ist die Errichtung des Binnenmarktes durch die Beseitigung der Hindernisse für den freien Waren-, Personen-, Dienstleistungs- und Kapitalverkehr zwischen den Mitgliedstaaten gekennzeichnet. Solche Hindernisse können sowohl diskriminierender als auch nichtdiskriminierender Natur sein. Nach ständiger Rechtsprechung des Gerichtshofs liegt eine Diskriminierung vor, wenn »vergleichbare Sachverhalte rechtlich unterschiedlich oder unterschiedliche Sachverhalte rechtlich gleich behandelt werden«[44], ohne daß für die Gleich- bzw. Ungleichbehandlung ein objektiver Rechtfertigungsgrund besteht[45]. Da das Gemeinschaftsrecht nur Sachverhalte mit Gemeinschaftsbezug umfaßt, kann man genauer formulieren: **Diskriminierung bedeutet** die rechtliche Schlechterbehandlung eines zu beurteilenden Sachverhalts mit Gemeinschaftsbezug gegenüber einem reinen Inlandssachverhalt. Soweit die Marktfreiheiten diskriminierende Markthindernisse verbieten, also **ein spezielles Diskriminierungsverbot** enthalten, knüpfen sie an das **allgemeine Diskriminierungsverbot** des Art. 12 Abs. 1 EGV an[46], der jede Diskriminierung aus Gründen der Staatsangehörigkeit verbietet, gehen aber darüber hinaus[47], weil z. B. auch solche **Inländerdiskriminierungen** erfaßt werden, die ihre Ursache darin haben, daß der diskriminierte Inländer von einer der Grundfreiheiten Gebrauch gemacht hat. Mit Bezug auf die Niederlassungsfreiheit hat der EuGH dies für die Anerkennung von Diplomen entschieden, die ein Inländer im EG-Ausland erworben hatte.[48]

---

42 *Schlag*, in: J. Schwarze (Hrsg.), EU-Kommentar, Art. 43, Rn. 29.Vgl. Schweitzer/Hummer, Europarecht, Rn. 1166.
43 Vgl. dagegen *P. Troberg*, in: GTE, EU-/EGV, Art. 52, Rn. 21.
44 EuGH, Rs. 283/83, 13.11.1984, Slg. 1984, 3791, Rn. 7 (Racke).
45 St. Rspr. seit EuGH, Rs. 810/79, 8.10.1980, Slg. 1980, 2747, Rn. 16 (Überschär); EuGH, Rs. 147/79, 16.10.1980, Slg. 1980, 3005, Leitsatz 2 (Hochstrass); aus der neuestenren Rechtsprechung vgl. EuGH, Rs. C-187/96, 12.3.1998, Slg. 1998, I-1095, Rn. 19 (Kommission/Griechenland).
46 S. z.B. EuGH, C-172/98, 29.6.1999, Slg. 1999, S. I-3999, Rn. 12 f. (Kommission/Belgien).
47 Die speziellen, aus den Marktfreiheiten abgeleiteten Diskriminierungsverbote verdrängen als lex specialis das allgemeine Diskriminierungsverbot des Art. 12 Abs. 1 EGV, vgl. EuGH, Rs. 330/91, 3.7.1993, Slg. 1993, I-4017, Rn. 21 (Commerzbank).
48 Vgl. EuGH C-61/89, Slg. 1990, 3551, Rn. 11, 13 (Bouchoucha). Mit Bezug auf die Anerkennung eines akademischen Grades s. EuGH, Rs. C-19/92, 31.3.1993, Slg. 1993, 1663, Rn. 23 (Kraus).

Nach ständiger Rechtsprechung des EuGH kommt es für die Anwendung des Diskriminierungsverbots nicht darauf an, daß eine mitgliedstaatliche Regelung tatbestandlich an das Vorliegen einer bestimmten Staatsangehörigkeit anknüpft. Vielmehr ist der Anwendungsbereich dieses Verbots auch dann eröffnet, wenn die Anknüpfung an ein beliebiges Tatbestandsmerkmal EG-Ausländer de facto schlechter stellt als Inländer (**versteckte, indirekte Diskriminierung**).[49] Für die Feststellung einer solchen verdeckten Diskriminierungen verlangt der EuGH, daß die mitgliedstaatliche Regelung sich »besonders zum Nachteil« der Ausländer auswirkt.[50] Als Beispiel aus der neueren Rechtsprechung kann man eine nationale Vorschrift anführen, die die **Eintragung in das Register der Zahnärztekammer** und damit die Berufsausübung der Zahnärzte davon abhängig machen, daß die Betreffenden im Bezirk der Zahnärztekammer wohnen, weil eine solche Verpflichtung die in einem anderen Mitgliedstaat niedergelassenen Zahnärzte daran hindert, eine zweite Zahnarztpraxis in diesem Staat zu eröffnen.[51] Im Allgemeinen Programm zur Aufhebung der Beschränkungen der Niederlassungsfreiheit war dagegen noch die Rede von Regelungen, »die ausschließlich oder vorwiegend Ausländer [...] behindern.«[52] Eine Diskriminierung liegt damit vor, wenn man zeigen kann, daß eine bestimmte (niederlassungsrelevante) mitgliedstaatliche Regelung sich statistisch häufiger bei EG-Ausländern nachteilig auswirkt, als bei Inländern.

20

Mitgliedstaatliche Regelungen, die gegen dieses Diskriminierungsverbot auf direkte oder indirekte, versteckte Art verstoßen, sind gemäß Art. 43 ohne weiteres verboten. Schwierigkeiten treten bei mitgliedstaatlichen Regelungen auf, die sich nicht ohne weiteres diesem Diskriminierungsverbot zuordnen lassen. Gemäß Art. 43 Abs. 2 a. E. gewährt die Niederlassungsfreiheit zunächst nur ein Recht auf **Inländergleichbehandlung**. Damit wird der Tatsache Rechnung getragen, daß die rechtliche Ausgestaltung der beruflichen Niederlassung in Abwesenheit gemeinschaftsrechtlicher Harmonisierungsmaßnahmen den Mitgliedstaaten zusteht.[53] Es ist dieser Passus im Art. 43 Abs. 2 a. E., der die Niederlassungsfreiheit etwa von dem umfassenden Verbot des Art. 28 EGV im Bereich der Warenverkehrsfreiheit unterscheidet und vor diesem Hintergrund ist die im folgenden nachzuzeichnende Debatte zu sehen, ob sich die Niederlassungsfreiheit über

21

---

49 St. Rspr. seit EuGH, Rs. 152/73, 12. 2.1974, Slg. 1974, 153, Rn. 11 (Sotgui). Aus der neueren Rechtsprechung s. Rs. C-107/94, 27.6.1996, Slg. 1996, I-3089, Rn. 36 (»jede offensichtliche oder versteckte Diskriminierung aufgrund der Staatsangehörigkeit«) und 38 (die »sich hauptsächlich zum Nachteil der Staatsangehörigen anderer Mitgliedstaaten auswirken«); Rs. C-57/96, 27.11.1997, Slg. 1997, I-6689, Rn. 44; Rs. C-237/94, 23.5.1996, Slg. 1996, I-2617, Rn. 17 ff. (O'Flynn) m. w. N. Diese Entscheidungen ergingen im Zusammenhang mit Art. 48 a. F. und den VOen 1408/71 und 1612/68.
50 EuGH, Rs. C-175/88, 8.5.1990, Slg.1990, I-1789, Rn. 14 (Biehl).
51 EuGH, Rs. 162/99, 18.1.2001, Slg. 2001, S. I-541, Rn. 20 (Kommission/Italien). S.a. EuGH, C-355/98, 9.3.2000, Slg. 2000, S. I-1221, Rn. 31 (Kommission/Belgien): Wohnsitzerfordernis für Führungskräfte von Wachunternehmen behindert die Niederlassungsfreiheit. Nicht mit Art. 43 vereinbar ist daher, dass nach deutschem Recht nur die Unternehmen, in denen die Arbeitnehmer zu über 50% der betrieblichen Gesamtarbeitszeit bauliche Leistungen erbrächten, als Betriebe des Baugewerbes anerkannt werden können, weil dadurch die Gründung von Zweigniederlassungen in Deutschland für in anderen Mitgliedstaaten ansässige Bauunternehmen uninteressant werde, wenn die deutsche Zweigniederlassung nur mit Verwaltungspersonal oder technischem oder kaufmännischem Personal etwa für Zwecke der Werbung oder der Erschließung von Projekten besetzt werden soll, EuGH, Rs. C-493/99, 25.10.2001, Rn. 33 ff. (Kommission/Deutschland).
52 Allgemeines Programm zur Aufhebung der Beschränkungen der Niederlassungsfreiheit, 18.12.1961, ABl.EG 1962, S. 36.
53 Zur ursprünglichen Konzeption der Niederlassungsfreiheit vgl. U. *Everling*, Vertragsverhandlungen 1957 und Vertragspraxis 1987 – dargestellt an den Kapiteln Niederlassungsrecht und Dienstleistungen des EWG-Vertrages, in: FS von der Groeben, 1987, S. 111.

das – ggf. weit zu fassende – Gebot der Inländergleichbehandlung als konkretisiertes Diskriminierungsverbot hinaus zu einem umfassenden Verbot jeglicher Beschränkung der freien Niederlassung entwickelt hat. Die Frage lautet mithin, ob Art. 43 nur in irgendeiner Weise diskriminierende Maßnahmen der Mitgliedstaat verbietet oder ob auch unterschiedslos anwendbare Maßnahmen das Recht der freien Niederlassung unzulässig beschränken können.

2. Die Rechtsprechung des EuGH

22   Bis etwa Mitte der achtziger Jahre war die Rechtsprechung des EuGH beherrscht von dem engeren Verständnis der Niederlassungsfreiheit als bloßes Gebot der Inländergleichbehandlung.[54]

23   Mit der Entscheidung in der **Rs. Klopp**[55] begann eine weitergehende Entwicklung. Der EuGH entschied, daß das Verbot der Zweitniederlassung für Anwälte[56] eine unzulässige Beschränkung der Niederlassungsfreiheit darstellt, wenn es im Aufnahmeland auf einen EG-Ausländer angewendet wird, der bereits über eine Niederlassung im Heimatstaat (oder in einem anderen Mitgliedstaat) verfügt.[57] Immerhin bewegt sich diese Entscheidung noch im Grenzbereich von dem als Diskriminierungsverbot verstandenen Gebot der Inländerbehandlung einerseits und einem darüber hinaus gehenden Beschränkungsverbot. Zwar entfällt das Verbot der Zweitniederlassung und damit eine an sich unterschiedslos anwendbare Maßnahme. Bezogen auf das Gebiet des Aufnahmemitgliedstaats, also auf die räumliche Reichweite der nationalen berufsregelnden Vorschriften, bedeutet das Verbot der Zweitniederlassung aber effektiv den generellen Ausschluß der schon niedergelassenen EG-Ausländer von der Betätigung im Aufnahmestaat und trifft somit EG-Ausländer in ungleich stärkerem Maße (keine Tätigkeit im Aufnahmeland) als Inländer (Tätigkeit nur an (einem) Niederlassungsort).[58]

24   Ein weiterer Schritt weg von einem reinen Diskriminierungsverbot erfolgte mit der Entscheidung in der **Rs. Vlassopoulou**.[59] Der EuGH entschied, daß zwar die Mitgliedstaaten regeln dürften, welche Kenntnisse und Fähigkeiten zur Ausübung eines Berufes notwendig sind[60], daß aber die im Inland nach diesen Regelungen erforderlichen Fähigkeiten und Kenntnisse in einem objektiven und der gerichtlichen Kontrolle unterliegenden Prüfungsverfahren mit den im Heimatland erworbenen Kenntnissen und Fähigkeiten zu vergleichen seien und das Ergebnis dieses Vergleichs bei der Zulassungsentscheidung der nationalen Behörden zu berücksichtigen sei.[61] Das geht über eine eng verstandene Inlän-

---

54   Anschaulich ist dies dargestellt in den Schlußanträgen des GA Lenz vom 2.12.1986, Rs. 221/85, Slg. 1987, 719, Rn. 29 f. (Kommission/Belgien), vgl. auch Rn. 11 des Urteils des EuGH in dieser Rs., a. a. O.
55   EuGH, Rs. 107/83, 12.7.1984, Slg. 1984, 2971 (Klopp).
56   Zur Zweitniederlassung von Ärzten vgl. EuGH, Rs. 96/85, 30.4.1986, Slg. 1986, 1475 (Kommission/Frankreich); Rs. C-351/90, 16.6.1992, Slg. 1992, 3946 (Kommission/Luxemburg).
57   EuGH, Rs. 107/83, 12.7.1984, Slg. 1984, 2971, Rn. 18 (Klopp). (Fn. 40), Rn. 18.
58   Vgl. *U. Everling*, Das Niederlassungsrecht in der EG als Beschränkungsverbot – Tragweite und Grenzen, in: Schön (Hrsg.), GS für Brigitte Knobbe-Keuk, 1997, S. 607 (611).
59   EuGH, Rs. C-340/89, 7.5.1991, Slg. 1991, I-2357 (Vlassopoulou).
60   EuGH, Rs. C-340/89, 7.5.1991, Slg. 1991, I-2357, Rn. 9 (Vlassopoulou).
61   EuGH, Rs. C-340/89, 7.5.1991, Slg. 1991, I-2357, Rn. 16 (Vlassopoulou) (Fn. 44), Rn. 16. Diese Prüfungspflicht bringt einen »den Grundfreiheiten des Vertrages innewohnenden Grundsatz« zum Ausdruck. Die Prüfungspflicht gilt daher auch, wenn Richtlinien für die gegenseitige Anerkennung von Diplomen erlassen wurden, EuGH, Rs. C-31/00, 22. 1. 2002, Rn 25 (Dreessen); s. a. EuGH, Rs. C-238/98, 14.9.2000, Slg. 2000, I-6623, Rn. 24, 31 (Hocsman).

derbehandlung hinaus, weil Vorschriften, die z. B. an den Erwerb einer bestimmten, nur im Inland erwerbbaren Qualifikation anknüpfen, seither unzulässig sind. Allerdings kann man sagen, daß auch in dieser Entscheidung in einem weiteren Sinne nur die Gleichstellung mit dem Inländer gefordert wird, denn im Ergebnis verlangt der EuGH eine Inländerbehandlung in der Sache (bezogen auf die Kenntnisse und Fähigkeiten) und verbietet den Mitgliedstaaten den Rückgriff auf ein bloß formal verstandenes Gleichbehandlungsgebot, welches wegen der Anknüpfung an nur im Inland erwerbbare Qualifikationen EG-Ausländer de facto stärker benachteiligt.

In der Entscheidung in der **Rs. Kraus**[62] erachtete der EuGH ein unterschiedslos für Inländer und (EG-) Ausländer geltendes Genehmigungsverfahren für die Führung ausländischer akademischer Grade für zulässig. Der EuGH stellte dabei, ähnlich wie im Fall *Vlassopoulou*, strenge Anforderungen an das Genehmigungsverfahren und stellte ausdrücklich klar, daß Art. 52 a.F. grundsätzlich jeder nationalen Regelung entgegenstehe, die »zwar ohne Diskriminierung aus Gründen der Staatsangehörigkeit anwendbar« sei, aber geeignet sei, »die Ausübung der durch den EWG-Vertrag garantierten grundlegenden Freiheiten durch die Gemeinschaftsangehörigen einschließlich der Staatsangehörigen des Mitgliedstaats, der die Regelung erlassen hat, zu behindern oder weniger attraktiv zu machen«.[63] 25

Die Hinwendung zum Verständnis der Niederlassungsfreiheit als einem »Behinderungsverbot« wird noch dadurch unterstrichen, daß der EuGH als Ausnahme von dem grundsätzlichen Behinderungsverbot auf die »**zwingenden Gründe des Allgemeininteresses**« verweist und damit auf einen Satz der allgemeinen Grundfreiheitsdogmatik.[64] 26

Diese Entwicklung setzte sich mit dem Urteil in der **Rs. Gebhard** fort und ist seither ständige Rechtsprechung.[65] Danach müssen nationale Maßnahmen, die »die Ausübung der durch den Vertrag garantierten grundlegenden Freiheiten behindern oder weniger attraktiv machen« können, vier Voraussetzungen erfüllen. Sie müssen 27
– in nichtdiskriminierender Weise angewendet werden;
– aus zwingenden Gründen des Allgemeininteresses gerechtfertigt sein;
– geeignet sein, die Verwirklichung des mit ihnen verfolgten Zieles zu gewährleisten und
– sie dürfen nicht über das hinausgehen, was zur Erreichung dieses Zieles erforderlich ist.[66]

Schließlich wird in der *Rs. Inasti* nur noch festgestellt, daß gemäß Art. 52 (a. F.) die Beschränkungen der freien Niederlassung aufzuheben seien und daher nationale Regelungen, die die Ausdehnung der Betätigung über das Gebiet eines Mitgliedstaates hinaus behindern, unzulässig seien.[67] In der Sache ging es um die Anwendung einer inländischen Sozialversicherungsvorschrift auf einen EG-Ausländer, der schon in seinem Heimatland einem solchen Sicherungssystem angehörte und dem aus der zweifachen Zugehörigkeit aber keinerlei Vorteile erwuchsen. Der EuGH hielt die doppelte Versicherungspflicht für unzulässig und untersagte mithin die Inländergleichbehandlung unter Verweis auf das 28

---

62 EuGH, Rs. C-19/92, 31.3.1993, Slg. 1993, 1663 (Kraus). (Fn. 34).
63 EuGH, Rs. C-19/92, 31.3.1993, Slg. 1993, 1663, Rn. 32 (Kraus). (Fn. 34) Rn. 32.
64 EuGH, Rs. C-19/92, 31.3.1993, Slg. 1993, 1663, Rn. 32 (Kraus). (Fn. 34) Rn. 32.
65 EuGH, Rs. C-55/94, 30.11.1995, Slg. 1995, 4165, Rn. 37 (Gebhard).
66 EuGH, Rs. C-55/94 (Fn. 7), Rn. 37. S.a. EuGH, Rs. C-427/97, 4.7.2000, Slg. 2000, S. I-5123, Rn. 57 (Haim); Rs. C-355/98, 9.3.2000, Slg. 2000, S. I-1221, Rn. 33 (Kommission/Belgien); Rs. C-212/97, 9.3.1999, Slg. 1999, S. I-1459, Rn. 34 (Centros).
67 EuGH, Rs. C-53/95, 15.2.1996, Slg. 1996, I-703, Rn. 9 u. 11 (Inasti).

breitere Behinderungsverbot. Denkbar wäre jedoch auch gewesen, die Maßnahme als diskriminierend einzustufen, trifft eine solche doppelte Versicherungspflicht doch EG-Ausländer sicherlich in weitaus stärkerem Maße als Inländer.[68]

3. Literatur und Stellungnahme

29 In der Literatur war die Frage, ob die Niederlassungsfreiheit ein konkretisiertes Diskriminierungsverbot oder ein darüber hinausgehendes Beschränkungsverbot enthält lange umstritten.[69] Nunmehr geht man in der Literatur – soweit ersichtlich – allgemein davon aus, der EuGH habe die Frage zugunsten eines weiten Verständnisses der Niederlassungsfreiheit im Sinne eines Beschränkungsverbotes entschieden.[70] Für diese These spricht auch die im Art. 43 vorgenommene Neuformulierung des Art. 52 a. F. Mit dem neuen Wortlaut wird eine Entwicklung nachgezeichnet, die der EuGH in den letzten Jahren vorgegeben hat.

30 Allerdings – und daran ändert auch die zu begrüßende Rechtsprechung des EuGH nichts – bleibt zu beachten, daß der Niederlassungswillige sich **dauerhaft und freiwillig** in das Gebiet eines anderen Mitgliedstaates und damit in die Obhut einer anderen Rechtsordnung begibt.[71] Zurecht wurde in der Literatur auf die »föderale Struktur« der Gemeinschaft und auf das – die föderale Struktur widerspiegelnde – **Subsidiaritätsprinzip**[72] hingewiesen[73] und damit auf die grundsätzlich bei den Mitgliedstaaten liegende Regelungszuständigkeit für niederlassungsrelevante Vorschriften. Das aus der geschilderten Rechtsprechung des EuGH abgeleitete Schlagwort von der **Konvergenz der Grundfreiheiten**[74] darf daher nicht überstrapaziert werden. Alle Grundfreiheiten und auch die Niederlassungsfreiheit haben ihre zu beachtenden Besonderheiten. Der besondere Charakter der Niederlassung liegt in dem Element der Dauerhaftigkeit. Zurückhaltung ist daher angebracht und die Rechtsprechung des EuGH steht einer solchen Zurückhaltung auch keineswegs entgegen.

31 Bei näherem Hinsehen zeigt sich, daß die Ausgangsfrage – ist die Niederlassungsfreiheit ein Diskriminierungs- oder Beschränkungsverbot – auf den inkonsequenten Gebrauch der Begriffe Diskriminierung einerseits und »unterschiedslos anwendbar« andererseits zurück geht. Wie bei der Darstellung des Gangs der Rechtsprechung des EuGH schon angedeutet, handelte es sich bei den vom EuGH entschiedenen Fällen um Sachverhalte, denen auch ein diskriminierendes Element innewohnte, wenn man – wie im übrigen allgemein anerkannt – auch indirekte, versteckte, d. h. nicht unmittelbar an die Staatsangehörigkeit anknüpfende Maßnahmen, die sich »besonders zum Nachteil« von EG-Aus-

---

68 Vgl. W.-H. *Roth*, Die Niederlassungsfreiheit zwischen Beschränkungs- und Diskriminierungsverbot, in: Schön (Hrsg.), GS für Brigitte Knobbe-Keuk, 1997, S. 729, 733.
69 Eine instruktive Zusammenfassung des Streitstandes findet sich bei *U. Everling*, Der Gegenstand des Niederlassungsrechts in der Europäischen Gemeinschaft, in: Ress/Stein (Hrsg.), Vorträge, Reden und Berichte aus dem Europa-Institut, Nr. 208, 1990, S. 19 ff. m. w. N.
70 Vgl. aus der neueren Literatur *K. Lackhoff*, Die Niederlassungsfreiheit des EGV – nur ein Gleichheits- oder auch ein Freiheitsrecht?, 2000; *Schlag*, in: J. Schwarze (Hrsg.), EU-Kommentar, Art. 43, Rn. 45; s.a. *Everling* (Fn. 58), 608; Roth (Fn. 68), S. 731 ff., 740 ff.; *M. Eberhartinger*, Konvergenz und Neustrukturierung der Grundfreiheiten, EWS 1997, S. 43 (48).
71 *Eberhartinger* (Fn. 55), S. 46.
72 S. dazu die Kommentierung zu Art. 5.
73 *Everling* (Fn. 69), S. 24, 26.
74 So der Titel des Beitrags von *Eberhartinger* (Fn. 70); vgl. auch, *P. Behrens*, Die Konvergenz der wirtschaftlichen Freiheiten im europäischen Gemeinschaftsrecht, EuR 1992, S. 145.

länder auswirken[75], die also typischerweise EG-Ausländer treffen, in den Diskriminierungsbegriff einbezieht. Was als diskriminierend betrachtet wird, kann aber nach überkommener Diktion nicht gleichzeitig eine »unterschiedslos anwendbare« Maßnahme sein. In den vom EuGH entschiedenen Fällen ging es immer um den Marktzugang von Niederlassungswilligen oder um Maßnahmen, »die gegen das Prinzip der Marktgleichheit verstoßen«[76]. Das Bestehen auf inländischen Diplomen ohne Prüfung der inhaltlichen Gleichwertigkeit eines EG-ausländischen Diploms trifft aber die EG-Ausländer in evidenter Weise ungleich härter als Inländer.[77] Ebenso wirkt eine doppelte Sozialabgabenpflicht auf Niederlassungswillige wie eine Strafabgabe. Damit ist im Bereich der personenbezogenen Niederlassungsfreiheit die Unterscheidung zwischen diskriminierenden und unterschiedslos anwendbaren Maßnahmen nicht so deutlich wie im Bereich der sachbezogenen Warenverkehrsfreiheit. Die **Haim-Entscheidung** des EuGH mag als illustratives Beispiel dienen: Dort hat der EuGH entschieden, daß bei strenger Wahrung des Grundsatzes der Verhältnismäßigkeit es grundsätzlich zulässig sein kann, die Kassenzulassung eines Zahnarztes von vorhandenen **Sprachkenntnissen** abhängig zu machen, weil die Gewährleistung der Verständigung des Zahnarztes mit seinen Patienten sowie mit den Verwaltungsbehörden und Berufsorganisationen **einen zwingenden Grund des allgemeinen Interesses** darstelle.[78] Das Abstellen auf inländische Sprachkenntnisse ist nicht deshalb eine unterschiedslos anwendbare Maßnahme, weil und soweit es auch für alle inländischen Staatsangehörigen gilt. Es handelt sich vielmehr um eine diskriminierende Maßnahme, weil es vor allem ausländische Niederlassungswillige betrifft und behindert. Daß der EuGH dennoch mit zwingenden Allgemeininteressen argumentiert und damit mit einem Topos, der herkömmmlicherweise nur auf unterschiedslos anwendbare Maßnahmen Anwendung gefunden hat, steht diesem Befund nicht entgegen, sondern zeigt, daß die genaue Abgrenzung zwischen diskriminierenden und nichtdiskriminierenden Maßnahmen nicht immer möglich ist.[79] Ungeachtet der dogmatischen Fragen ist das Urteil vor allem deshalb problematisch, weil es einer Politik der Marktabschottung durch Abstellen auf vermeintlich zwingende Sprachkenntnisse Vorschub leisten könnte. Die vom EuGH gleichfalls betonte **Verhältnismäßigkeit** solcher Maßnahmen muß daher hier besonders betont werden. Die staatlichen Stellen müssen nachweisen, daß ein Minimum an Sprachkenntnissen **im konkreten Fall** wirklich erforderlich ist. Die »einfachere« Verständigung mit den Behörden und Berufsorganisationen und die Tatsache, daß einschlägige Rechtsvorschriften nur in inländischer Amtssprache vorliegen, reichen dafür jedenfalls nicht aus. Insofern ist dem EuGH vorzuwerfen, daß er sich nicht deutlicher ausgedrückt hat.

Aus alledem folgt, daß mitgliedstaatliche Maßnahmen dem Verbot des Art. 43 nur dann 32 nicht unterfallen, wenn sie **weder unmittelbar noch mittelbar an die Staatsangehörigkeit anknüpfen**, d.h. wenn diese **Maßnahmen Inländer und EG-Ausländer tatbestandlich und in ihren Auswirkungen in gleichem Maße betreffen**. Damit ist sichergestellt, daß bloße Unterschiede in den Rechtsordnungen der Mitgliedstaaten nicht als Niederlassungsbeschränkung aufgefasst werden können.

---

75 EuGH, Rs. C-175/88, 8.5.1990, Slg.1990, I-1789, Rn. 14 (Biehl) (Fn. 36), Rn. 14; EuGH, Rs. C-204/90, 28.1.1992, Slg. 1992, I-249, Rn. 9 (Bachmann); Rs. C-279/93, 14.2.1995, Slg. 1995, I-225, Rn. 28 (Schumacker); Rs. C-151/94, 26.10.1995, Slg. 1995, I-3685 (Kommission/Luxemburg).
76 *Roth* (Fn. 53), S. 739, *Everling* (Fn. 43), S. 625.
77 S.o. bei Fn. 59 und 62, EuGH, Rs. C-340/89, 7.5.1991, Slg. 1991, I-2357 (Vlassopoulou) und Rs. C-19/92, 31.3.1993, Slg. 1993, 1663 (Kraus).
78 EuGH, Rs. C-427/97, 4.7.2000, Slg. 2000, S. I-5123, Rn. 59 f. (Haim).
79 *W. Weiß*, Nationales Steuerrecht und Niederlassungsfreiheit, EuZW 1999, S. 493 (496 f.) spricht von einer Auflösung dieser Differenzierung.

IV. Gemeinschaftsrechtliche Niederlassungsfreiheit und nationales Steuerrecht

33 Ein entscheidender Faktor bei Entscheidungen über den Ort der Niederlassung sind steuerrechtliche Gesichtspunkte. Das Steuerrecht ist jedoch weitestgehend eine nationale Domäne geblieben. Regelungskompetenzen in diesem Bereich bestehen nur gemäß Art. 93 (indirekte Steuern) und – ohne daß dies bisher eine Rolle gespielt hätte – gemäß Art. 94 für direkte Steuern. Ungeachtet der Tatsache, daß die Regelung der direkten Steuern in die Zuständigkeit der Mitgliedstaaten fallen, hat der EuGH entschieden, daß diese ihre Befugnisse in diesem Bereich unter Wahrung des Gemeinschaftsrechts ausüben und deshalb jede offensichtliche oder versteckte Diskriminierung aufgrund der Staatsangehörigkeit unterlassen müssen.[80] Im Bereich der Niederlassungsfreiheit hat dies zur Konsequenz, daß **bei der Ausgestaltung des nationalen Steuerrechts das Beschränkungsverbot des Art. 43 zu berücksichtigen ist.**[81]

34 Der EuGH hat daher in der Rs. 270/83 (»**avoir fiscal**«) eine Regelung des französischen Steuerrechts für unvereinbar mit Art. 52 a. F. gehalten, die in Frankreich gelegenen Zweigniederlassungen und Agenturen von Versicherungsgesellschaften mit Sitz in einem anderen Mitgliedstaat nicht unter den gleichen Umständen eine Steuergutschrift (»avoir fiscal«) für die von diesen Zweigniederlassungen und Agenturen bezogenen Dividenden aus Anteilen an französischen Gesellschaften gewährte wie Versicherungsgesellschaften mit Sitz in Frankreich.[82] Der EuGH wies darauf hin, daß bei Gesellschaften eine Differenzierung nach dem Sitz der Gesellschaft ähnlich wirkt wie bei natürlichen Personen eine Differenzierung nach der Staatsangehörigkeit[83] und daß deshalb eine solche Differenzierung allenfalls in Ausnahmefällen in Betracht kommen kann.[84] Als **Rechtfertigungsgründe für steuerrechtliche Diskriminierungen** ließ der EuGH weder die mangelnde Harmonisierung der Rechtsvorschriften der Mitgliedstaaten über die Körperschaftsteuer gelten[85], noch vermeintlich bestehende steuerliche Vorteile anderer Art, die durch den »avoir fiscal« ausgeglichen würden.[86] Auch die Gefahr der Steuerflucht rechtfertige keine Ausnahme vom Diskriminierungsverbot.[87] Auch durch Verweis auf ein bestehendes Doppelbesteuerungsabkommen könne Art. 52 a.F. nicht umgangen werden, weil die Mitgliedstaaten die Beachtung unmittelbar geltender primärrechtlicher

---

80 EuGH, Rs. C-251/98, 13.8.2000, Slg. 2000, I-2787, Rn. 17 (Baars); EuGH, Rs. C-35/98, 6.6.2000, Slg. 2000, I-4071, Rn. 32 (Verkooijen); Rs. C-311/97, 29.4.1999, Slg. 1999, S. I-2651, Rn. 19 (Royal Bank of Scotland); Rs. C-264/96, 16.7.1998, Slg. 1998, S. I-4695, Rn. 28 (ICI); EuGH, Rs. C-250/95, 15.5.1997, Slg. 1997, I-2471, Rn. 19 m. w. N. (Futura), zu den beiden letzteren Entscheidungen s. *Weiß* (Fn. 79), EuZW 1999, S. 493 ff..

81 Vgl. zu dieser Problematik z.B. *W. Schön*, Hinzurechnungsbesteuerung und Europäisches Gemeinschaftsrecht, DB 2001, S. 940 ff.; *O. Thömmes*, Das deutsche Unternehmensteuerrecht auf dem europäischen Prüfstand – Bestandsaufnahme und Perspektiven, in: Der Fachanwalt für Steuerrecht im Rechtswesen, FS für 50 Jahre Arbeitsgemeinschaft der Fachanwälte für Steuerrecht, 1999, S. 587 ff.; *Weiß* (Fn. 79), EuZW 1999, S. 493 ff.; *N. Herzig/N. Dautzenberg*, Die Einwirkungen des EG-Rechts auf das deutsche Unternehmenssteuerrecht, DB 1997, 8 ff.; *J. Wouters*, The Case-Law of the European Court of Justice on Direct Taxes: Variations upon a Theme, Maastricht Journal of European and Comparative Law (MJ) 1 (1994), S. 179 ff.

82 EuGH, Rs. 270/83, 28.1.1986, Slg. 1986, 273, Rn. 28 (avoir fiscal). S.a. EuGH, Rs. C-200/98, 18.11.1999, Slg. 1999, S. I-8261, Rn. 25 ff. (X AB und Y AB) zur nach Maßgabe des Sitzes der Tochtergesellschaft unterschiedlichen steuerlichen Behandlung von Konzernbeiträgen.

83 EuGH, Rs. 270/83, 28.1.1986, Slg. 1986, 273, Rn. 18 (avoir fiscal) (Fn. 66), Rn. 18.
84 EuGH, Rs. 270/83, 28.1.1986, Slg. 1986, 273, Rn. 19 (avoir fiscal) (Fn. 66), Rn. 19.
85 EuGH, Rs. 270/83, 28.1.1986, Slg. 1986, 273, Rn. 24 (avoir fiscal) (Fn. 66), Rn. 24.
86 EuGH, Rs. 270/83, 28.1.1986, Slg. 1986, 273, Rn. 21 (avoir fiscal) (Fn. 66), Rn. 21.
87 EuGH, Rs. 270/83, 28.1.1986, Slg. 1986, 273, Rn. 25 (avoir fiscal) (Fn. 66), Rn. 25.

Vorschriften nicht vom Inhalt eines mit einem anderen Mitgliedstaat abgeschlossenen Vertrages abhängig machen können.[88] In ähnlicher Weise hielt der EuGH auch eine britische Steuervorschrift für unvereinbar mit dem sich aus den Art. 42 i. V. m. 58 a. F. ergebenden Beschränkungsverbot, die die Gewährung eines Zuschlags zur Rückzahlung nicht geschuldeter Steuern vom Bestehen eines steuerlichen Sitzes (im Unterschied zum gesellschaftsrechtlichen Sitz der Gesellschaft) im Vereinigten Königreich abhängig machte, weil sich eine solche Vorschrift besonders zu Lasten der Gesellschaften auswirkt, die ihren Sitz in anderen Mitgliedstaaten haben.[89] Zu diesen Entscheidungen paßt die Feststellung des EuGH, daß eine Verletzung der Niederlassungsfreiheit nicht etwa deswegen ausscheide, weil eine steuerrechtliche Regelung typischerweise privilegierend und nicht diskriminierend wirkt. Entscheidend ist vielmehr die Frage, ob es im konkreten Fall zu Nachteilen für Niederlassungsberechtigte komme.[90] **Die Vermeidung von Steuermindereinnahmen ist ebenfalls kein Rechtfertigungsgrund** für in die Niederlassungsfreiheit eingreifende Maßnahmen.[91]

Der EuGH hielt es in einem anderen Fall für unzulässig, den Zuzug oder Wegzug aus dem Gebiet eines Mitgliedstaates dadurch zu sanktionieren, daß während des Aufenthaltszeitraums überentrichtete Steuern nicht zurückgezahlt werden.[92] 35

Zurückhaltender entschied der Gerichtshof in der **Rs. C-112/91 (Werner)**.[93] Dort ging es um die vermögenssteuerrechtliche Schlechterstellung eines im Ausland wohnenden, aber in Deutschland ausgebildeten und praktizierenden Zahnarztes. Der Gerichtshof sah darin keine Beschränkung der Niederlassungsfreiheit, weil die im Streit befindliche steuerliche Regelung nicht an die Staatsangehörigkeit, sondern an den Wohnsitz anknüpfte[94] und weil der Gemeinschaftsbezug des Falles ausschließlich durch den ausländischen Wohnsitz hergestellt werde[95], was dem Gerichtshof nicht ausreichend erschien. 36

In der **Rs. C-279/93 (Schumacker)** hingegen war ein hinreichender Gemeinschaftsbezug gegeben, weil nicht nur der Wohnsitz im EG-Ausland lag, sondern der betroffene EU-Bürger auch eine andere Staatsangehörigkeit als die des besteuernden Staates besaß.[96] Der EuGH anerkannte, daß die Unterscheidung zwischen Gebietsfremden und Gebietsansässigen im Steuerrecht grundsätzlich sachlich gerechtfertigt sei. Der Gerichtshof begnügte sich damit aber nicht, sondern zeigte, daß im konkreten Fall der ganz überwiegenden Einkommenserzielung in nur einem Mitgliedstaat die Gefahr der doppelten Begünstigung durch die doppelte Anerkennung der persönlichen Lage und des Familienstandes des Steuerschuldners nicht bestehe, weswegen der Rechtfertigungsgrund der »kohärenten Anwendung der Steuerregelungen auf Gebietsfremde« nicht eingreifen 37

---

88 EuGH, Rs. 270/83, 28.1.1986, Slg. 1986, 273, Rn. 26 (avoir fiscal) (Fn. 66), Rn. 26.
89 EuGH, Rs. 330/91, 13.7.1993, Slg. 1993, I-4017, Rn. 15 (Commerzbank).
90 EuGH, Rs. C-141/99, 14.12.2000, n.n.i.Slg., Rn. 27 (AMID).
91 EuGH, Rs. C-35/98, 6.6.2000, Slg. 2000, I-4071, Rn. 59 (Verkooijen); EuGH, Rs. C-307/97, 21.9.1999, Slg. 1999, S. I-6161, Rn. 51 (Compagnie de St. Gobain); Rs. C-264/96, 16.7.1998, Slg. 1998, S. I-4695, Rn. 28 (ICI).
92 EuGH, Rs. C-175/88, 8.5.1990, Slg.1990, I-1789, Rn. 14 (Biehl) (Fn. 36) zu Art. 48 Abs. 2 a. F.; vgl. auch EuGH, Rs. C-151/94, 26.10.1995, Slg. 1995, I-3685 (Kommission/Luxemburg) (Fn. 60).
93 EuGH. Rs. C-112/91, 26.1.1993, Slg. 1993, I-429 (Werner).
94 EuGH. Rs. C-112/91, 26.1.1993, Slg. 1993, I-429, Rn. 15 (Werner) (Fn. 75), Rn. 15.
95 EuGH. Rs. C-112/91, 26.1.1993, Slg. 1993, I-429, Rn. 16 (Werner) (Fn. 75), Rn. 16.
96 EuGH, Rs. C-279/93 Rs. C-279/93, 14.2.1995, Slg. 1995, I-225 (Schumacker) (Fn. 60).

könne.[97] Ging es in dieser Sache noch um einen abhängig Beschäftigten, so bestätigte der EuGH diese Erkenntnisse wenig später in der **Entscheidung Wielockx** auch für den Bereich der Niederlassungsfreiheit.[98] In diesem Fall war einem in den Niederlanden tätigen Selbständigen eine Steuervergünstigung für Altersrücklagen verweigert worden, weil der (belgische) Steuerpflichtige nicht in den Niederlanden wohnte. Der EuGH ließ den vorgebrachten Rechtfertigungsgrund der steuerlichen Kohärenz mit Blick auf ein zwischen den Niederlanden und Belgien bestehendes Doppelbesteuerungsabkommen nicht gelten.[99] In ähnlicher Weise hielt der EuGH in der **Entscheidung Metallgesellschaft** die Erhebung von **Körperschaftssteuervorauszahlungen auf Dividendenzahlungen** einer inländischen Tochter (im Vereinigten Königreich) an eine ausländische Muttergesellschaft (in Deutschland) für unzulässig, wenn solche Vorauszahlungen bei inländischen Sachverhalten vermieden werden können.[100]

38 In der **Rs. C-107/94 (Asscher)** hielt es der EuGH für unzulässig, daß ein in zwei Mitgliedstaaten tätiger Selbständiger in einem Mitgliedstaat mit einem höheren Einkommensteuersatz belegt wurde, weil ein objektiver Grund für die grundsätzlich zulässige Unterscheidung zwischen Gebietsfremden und Gebietsansässigen nicht ersichtlich war und weil die Tatsache, daß der Betroffene nicht dem dortigen Sozialsystem angeschlossen war, keinen solchen Grund darstellt.[101]

39 Der Gerichtshof sah es ferner als unzulässigen Eingriff in die Niederlassungsfreiheit an, wenn die steuerliche **Berücksichtigung eines Verlustvortrags** von Zweigniederlassungen in einem Mitgliedstaat von einer dort getrennt geführten Buchhaltung abhängig gemacht werde.[102] Dem stehe auch nicht entgegen, daß die Wirksamkeit der Steueraufsicht einen zwingenden Grund des Allgemeininteresses darstellen könne, der grundsätzlich geeignet sei, Beschränkungen der Niederlassungsfreiheit zu rechtfertigen.[103]

---

97 EuGH, Rs. C-279/93 Rs. C-279/93, 14.2.1995, Slg. 1995, I-225, Rn. 35 ff. (Schumacker) (Fn. 60), Rn. 35 ff. Zu dem Rechtfertigungsgrund der steuerrechtlichen Kohärenz vgl. EuGH, Rs. C-204/90, 28.1.1992, Slg. 1992, I-249, Rn. 28 (Bachmann) (Fn. 60), Rn. 28 und Rs. C-300/90, 28.1.1992, Slg. 1992, I-305, Rn. 21 (Kommission/Belgien).
98 EuGH, Rs. C-80/94, 11.8.1995, Slg. 1995, I-2493, Rn. 22 ff. (Wielockx).
99 EuGH, Rs. C-80/94, 11.8.1995, Slg. 1995, I-2493, Rn. 24, 27 (Wielockx). (Fn. 80), Rn. 24, 27.
100 EuGH, verb. Rs. C-397/98 und C-410/98, 8.3.2001, n.n.i.Slg., Rn. 39 ff. (Metallgesellschaft und Höchst). Zur Versagung des Schachtelprivilegs bei unselbständiger inländischer Betriebsstätte einer EG-ausländischen Gesellschaft, s. EuGH, Rs. C-307/97, 21.9.1999, Slg. 1999, S. I-6161, (Compagnie de St. Gobain).
101 EuGH, Rs. C-107/94, 27.6.1996, Slg. 1996, I-3089, Rn. 62 (Asscher).
102 EuGH, Rs. C-250/95, 15.5.1997, Slg. 1997, I-2471, Rn. 43 (Futura). (Fn. 64), Rn. 43.
103 EuGH, Rs. C-250/95, 15.5.1997, Slg. 1997, I-2471, Rn. 31 (Futura). (Fn. 64), Rn. 31.

Art. 44 (ex-Art. 54)

(1) Der Rat erlässt gemäß dem Verfahren des Artikels 251 und nach Anhörung des Wirtschafts- und Sozialausschusses Richtlinien zur Verwirklichung der Niederlassungsfreiheit für eine bestimmte Tätigkeit.[2, 3]

(2) Der Rat und die Kommission erfüllen die Aufgaben, die ihnen aufgrund der obigen Bestimmungen übertragen sind, indem sie insbesondere[4 ff.]

a) im allgemeinen diejenigen Tätigkeiten mit Vorrang behandeln, bei denen die Niederlassungsfreiheit die Entwicklung der Produktion und des Handels in besonderer Weise fördert;[6]
b) eine enge Zusammenarbeit zwischen den zuständigen Verwaltungen der Mitgliedstaaten sicherstellen, um sich über die besondere Lage auf den verschiedenen Tätigkeitsgebieten innerhalb der Gemeinschaft zu unterrichten;[7]
c) die aus innerstaatlichen Rechtsvorschriften oder vorher zwischen den Mitgliedstaaten geschlossenen Übereinkünften abgeleiteten Verwaltungsverfahren und -praktiken ausschalten, deren Beibehaltung der Niederlassungsfreiheit entgegensteht;[8]
d) dafür Sorge tragen, daß Arbeitnehmer eines Mitgliedstaats, die im Hoheitsgebiet eines anderen Mitgliedstaats beschäftigt sind, dort verbleiben und eine selbständige Tätigkeit unter denselben Voraussetzungen ausüben können, die sie erfüllen müßten, wenn sie in diesen Staat erst zu dem Zeitpunkt einreisen würden, in dem sie diese Tätigkeit aufzunehmen beabsichtigen;[9]
e) den Erwerb und die Nutzung von Grundbesitz im Hoheitsgebiet eines Mitgliedstaats durch Angehörige eines anderen Mitgliedstaats ermöglichen, soweit hierdurch die Grundsätze des Artikels 33 Absatz 2 nicht beeinträchtigt werden;[10]
f) veranlassen, daß bei jedem in Betracht kommenden Wirtschaftszweig die Beschränkungen der Niederlassungsfreiheit in bezug auf die Voraussetzungen für die Errichtung von Agenturen, Zweigniederlassungen und Tochtergesellschaften im Hoheitsgebiet eines Mitgliedstaats sowie für den Eintritt des Personals der Hauptniederlassung in ihre Leitungs- oder Überwachungsorgane schrittweise aufgehoben werden;[11]
g) soweit erforderlich die Schutzbestimmungen koordinieren, die in den Mitgliedstaaten den Gesellschaften im Sinne des Artikels 48 Absatz 2 im Interesse der Gesellschafter sowie Dritter vorgeschrieben sind, um diese Bestimmungen gleichwertig zu gestalten;[12 ff.]
h) sicherstellen, daß die Bedingungen für die Niederlassung nicht durch Beihilfen der Mitgliedstaaten verfälscht werden.[15]

Inhaltsübersicht:

I. Einführung	1
II. Die Gesetzgebungskompetenz im Art. 44 Abs. 1	2
III. Die Handlungsaufträge an Rat und Kommission im einzelnen (Art. 44 Abs. 2)	4

I. Einführung

Bei der Neufassung des Art. 44 wurde Art. 54 Abs. 1 a.F. ersatzlos gestrichen. Im Art. 44 Abs. 2 hatte dies zur Folge, daß bezüglich der Regelung der Gesetzgebungskompetenz die Bezugnahme auf das in Art. 54 Abs. 1 a.F. genannte »allgemeine Programm« und auf die ursprünglich in Stufen vorgesehene Verwirklichung der Niederlassungsfreiheit entfallen mußte. Im übrigen entspricht der neugefaßte Art. 44 dem Art. 54 a.F.

1

II. Die Gesetzgebungskompetenz im Art. 44 Abs. 1

2 Rechtsakte der Gemeinschaft nach dieser Vorschrift ergehen im **Mitentscheidungsverfahren** des Art. 251. Die Beteiligung des EP im Mitentscheidungsverfahren ist damit im Bereich der Niederlassungsfreiheit durchgehend vorgesehen, während im Bereich der Dienstleistungen Art. 52 noch immer das Anhörungsverfahren vorsieht (vgl. Art. 52, Rn. 6).

3 Die Rechtsetzungskompetenz in Art. 54 Abs. 2 a.F. stand praktisch in engem Zusammenhang mit der Verwirklichung des in Abs. 1 a.F. genannten »allgemeinen Programms«, obwohl auch schon nach Abs. 2 a.F. das Bestehen eines solchen ausdrücklich keine Voraussetzung für die Anwendung dieser Vorschrift war. Mit dem Wegfall des Art. 54 Abs. 1 a.F. und der Bezugnahme auf das »allgemeine Programm«, ist die Rechtsetzungskompetenz im Art. 44 Abs. 1 kaum mehr von der »Koordinationskompetenz«[1] aus Art. 47 Abs. 2 S. 1 zu unterscheiden, zumal die Handlungsaufträge in Art. 44 Abs. 2 nicht abschließend sind.

III. Die Handlungsaufträge an Rat und Kommission im einzelnen (Art. 44 Abs. 2)

4 Große praktische Bedeutung haben die nicht abschließende (»insbesondere«) Liste der Handlungsaufträge, mit Ausnahme von lit. g), nicht erlangt und es steht nicht zu erwarten, daß sich dies ändern wird.

5 Die Verwendung des Plurals im Art. 44 Abs. 2 S. 1 (»obige Bestimmungen«) ist ein Redaktionsversehen, welches aus dem Wegfall des Art. 54 Abs. 1 a.F. herrührt. Die einzelnen Handlungsaufträge können nicht nur durch den Erlass von RL erfüllt werden; zulässig ist auch ein Rückgriff auf Empfehlungen oder Stellungnahmen als »mildere« Gestaltungsmittel. Ausgeschlossen ist indes der Erlaß von Rechtsverordnungen.

6 Art. 44 Abs. 2 lit. a) war schon im Rahmen des Art. 54 a.F. seit Ablauf der Übergangszeit Ende 1969 obsolet geworden.[2] Aus der Beibehaltung der Vorschrift kann nicht abgeleitet werden, es sei nach einem neuen Bedeutungsgehalt zu suchen, denn auch inhaltlich macht die Vorschrift im Lichte der fortgeschrittenen Integration und der Entwicklung hin zu einer Dienstleistungsgesellschaft keinen Sinn mehr.

7 Art. 44 Abs. 2 lit. b) ermöglicht Rat und Kommission, durch geeignete Maßnahmen auf einen verstärkten Informationsaustausch und Zusammenarbeit zwischen den Mitgliedstaaten hinzuwirken.

8 Art. 44 Abs. 2 lit. c) verdeutlicht, daß nicht nur Rechtsvorschriften der Mitgliedstaaten die Niederlassungsfreiheit beschränken können, sondern auch das Verwaltungsverfahren oder die Verwaltungspraxis. Die Bedeutung der Vorschrift ist allerdings gering, denn einerseits unterfallen solche Praktiken grundsätzlich dem Diskriminierungsverbot und andererseits fließt aus lit. c) nicht etwa eine Kompetenz zum Erlaß gemeinschaftlicher Verfahrensregelungen[3].

---

1 Zum Begriff der Koordination vgl. Art. 47 Rn. 1, 9.
2 Allgemeine Ansicht, s. z. B. R. *Erhard*, in: Lenz, EGV, Art. 54, Rn. 5; *P. Troberg*, in: GTE, EU-/EGV, Art. 54, Rn. 16.
3 Zu den gemeinschaftsrechtlichen Vorgaben an nationales Verfahrensrecht s. *T. von Danwitz*, Die Eigenverantwortung der Mitgliedstaaten für die Durchführung von Gemeinschaftsrecht, DVBl. 1998, S. 421 ff.

Mit **Art. 44 Abs. 2 lit. d)** wird klargestellt, daß Berechtigter der Niederlassungsfreiheit 9
nicht nur eine Person ist, die schon zum Zwecke der selbständigen Beschäftigung einreist. Vielmehr sind alle Unionsbürger Berechtigte der Niederlassungsfreiheit, also insbesondere **auch zunächst als Wanderarbeitnehmer oder als Dienstleistungsempfänger eingereiste Personen** und selbstverständlich auch Personen, die, sei es im selben oder in einem anderen Mitgliedstaat, schon von einer anderen Grundfreiheit (etwa als Arbeitnehmer) Gebrauch machen.[4]

Gegenstand des **Art. 44 Abs. 2 lit. e)** ist der Erwerb bzw. die Nutzung von **Grundbesitz** 10
durch niederlassungswillige EG-Ausländer. Die Möglichkeit des Erwerbs bzw. der Nutzung von Grundbesitz kann unmittelbar für die wirtschaftliche Betätigung selbst Voraussetzung sein (z. B. Kauf eines gewerblich nutzbaren Grundstücks oder einer Betriebsstätte). Der Grundstückserwerb kann aber auch mittelbar der wirtschaftlichen Betätigung dienen, etwa durch den Kauf eines Wohnhauses. Der EuGH hat entschieden, daß Beschränkungen, die ein Mitgliedstaat gegenüber Staatsangehörigen der anderen Mitgliedstaaten beim Erwerb und der Nutzung von Rechten an Immobilien anwendet, gegen die Artikel 48, 52 und 59 a.F. verstoßen.[5] Mit Bezug auf die Niederlassungsfreiheit stellte der EuGH fest, daß das in Artikel 52 a.F. ausgesprochene Verbot der Diskriminierung nach der Staatsangehörigkeit über die Vorschriften, die sich speziell auf die Ausübung der einschlägigen Berufstätigkeiten beziehen hinaus auch diejenigen Vorschriften umfasse, bei denen es um die verschiedenen, für die Ausübung dieser Tätigkeiten nützlichen allgemeinen Befugnisse gehe, so daß das Diskriminierungsverbot auch auf dem Gebiet des Erwerbs und der Nutzung von Immobilien gelte.[6] Der Grunderwerb ist in manchen Mitgliedstaaten jedoch auf primärrechtlicher Grundlage durch nationale Vorschriften eingeschränkt.[7]

Art. 44 Abs. 2 lit. f) ist im wesentlichen bedeutungslos geworden, da Beschränkungen 11
der Niederlassungsfreiheit von Tochtergesellschaften, Zweigniederlassungen und Agenturen dem unmittelbar anwendbaren Beschränkungsverbots des Art. 43 unterfallen. Das gilt auch für den Austausch von Personal zwischen den verschiedenen Unternehmensteilen. Art. 44 Abs. 2 lit. f) kann daher allenfalls eine Handhabe für die Ausdehnung von Freizügigkeitsrechten über den Bereich der Unionsbürger hinaus bilden.[8]

Art. 44 Abs. 2 lit. g) enthält eine **eigenständige Rechtsgrundlage** und hat große prakti- 12
sche Bedeutung im Bereich des Gesellschaftsrechts erlangt, weil auf dieser Grundlage weite Teile des Rechts der Kapitalgesellschaften gemeinschaftsrechtlich geregelt wurden.[9] Die Vorschrift will verhindern, daß es durch die gemeinschaftsrechtlich gewährleistete Niederlassungsfreiheit für Gesellschaften zu einem Wettbewerb zwischen den Gesellschaftsrechten der Mitgliedstaaten kommt, bei dem die Interessen von Gesellschaftern und Dritten auf der Strecke bleiben. Erreicht werden soll dieser Zweck durch den Erlaß von Richtlinien, mit denen **Schutzbestimmungen** zugunsten von Gesellschaftern und Dritten angeglichen werden sollen, soweit dies erforderlich ist. Der Begriff des Drit-

---

4 EuGH, Rs. 143/87, 7.7.1988, Slg. 1988, S. 3877, Rn. 11 f. (Stanton).
5 Zum Verhältnis dieser Vorschrift zu Art. 293 s. Kommentierung dort, Rn. 7.
6 EuGH, Rs. 305/87, 30.5.1989, Slg. 1989, 1461, Leitsatz 1 und 3 (Kommission/Griechenland).
7 Vgl. dazu Art. 56, Rn. 11 und 20 f. sowie EuGH, Rs. C-302/97, 1.6.1999, Slg. 1999, S. I-3099 (Konle).
8 *Müller-Huschke* in: Schwarze, EUV-Kommentar, Art. 44, Rn. 16; *R. Erhard*, in: Lenz, EGV, Art. 54, Rn. 11.
9 Vgl. z.B. *M. Lutter*, Das Europäische Unternehmensrecht im 21. Jahrhundert, ZGR 2000, S. 1 ff. m.w.N.; einen ausführlichen Überblick über die vorliegenden Rechtsakte bietet *P. Wiesner*, Europäisches Unternehmensrecht, ZIP 2000, S. 1792 ff.

ten ist dabei weit auszulegen und erfaßt nicht nur Gläubiger, sondern auch Kapitalanleger (Anlegerschutz) und Arbeitnehmer (z. B. Mitbestimmung).[10] Daraus wird auch deutlich, daß auf der Grundlage dieser Vorschrift (i.V.m. Abs. 1) nicht nur niederlassungsrelevante Materien geregelt werden können.[11] Insgesamt umfaßt das Gesetzgebungsprogramm in diesem Bereich vierzehn Richtlinien, von denen bisher neun erlassen wurden. Vier andere RL befinden sich noch im Entwurfs- bzw. Vorentwurfsstadium.[12] Im einzelnen handelt es sich um folgende Richtlinien:

- Erste RL 68/151/EWG des Rates vom 9. März 1968 zur Koordinierung der Schutzbestimmungen, die in den Mitgliedstaaten den Gesellschaften im Sinne des Artikels 58 Absatz 2 des Vertrages im Interesse der Gesellschafter sowie Dritter vorgeschrieben sind, um diese Bestimmungen gleichwertig zu gestalten (Publizitätsrichtlinie).[13] Dabei geht es um die Offenlegung bestimmter relevanter Informationen (Z.B. Satzung, Organmitglieder, Vertretungsbefugte), die Gültigkeit der von der Gesellschaft eingegangenen Verpflichtungen (etwa der Vorgesellschaft oder bei über den Gegenstand des Unternehmens hinausgehenden Geschäften) und die Voraussetzungen für die Nichtigkeit einer Gesellschaft;
- Zweite RL 77/91/EWG des Rates vom 13. Dezember 1976 zur Koordinierung der Schutzbestimmungen, die in den Mitgliedstaaten den Gesellschaften im Sinne des Artikels 58 Absatz 2 des Vertrages im Interesse der Gesellschafter sowie Dritter für die Gründung der Aktiengesellschaft sowie für die Erhaltung und Änderung ihres Kapitals vorgeschrieben sind, um diese Bestimmungen gleichwertig zu gestalten (Kapitalrichtlinie).[14] In dieser Richtlinie geht es um die Koordinierung der einzelstaatlichen Vorschriften über die Gründung der Aktiengesellschaft sowie die Aufrechterhaltung, die Erhöhung und die Herabsetzung ihres Kapitals;[15]
- Dritte RL 78/855/EWG des Rates vom 9. Oktober 1978 gemäß Artikel 54 Absatz 3 Buchstabe g) des Vertrages betreffend die Verschmelzung von Aktiengesellschaften[16] (Verschmelzungsrichtlinie[17]). Gegenstand dieser Richtlinie ist der Schutz der Rechte der Aktionäre und Gläubiger bei fusionierenden Gesellschaften;

---

10 P. Behrens, in: Hb.EGWirtR, E. III, Rn. 17.
11 So auch *Müller-Huschke* in: Schwarze, EUV-Kommentar, Art. 44, Rn. 21.
12 Ausführlich *P. Behrens*, in: Hb.EGWirtR, E. III, Rn. 18 ff.
13 ABl.EG 1968 Nr. L 65/8. In Deutschland umgesetzt durch das Gesetz zur Koordinierung des Gesellschaftsrechts vom 15. August 1969, BGBl. I, S. 1146. S. dazu auch EuGH, Rs. C-191/95, 29.9.1998, Slg. 1998, S. I-5449.
14 ABl.EG 1977 Nr. L 26/1. In Deutschland umgesetzt durch das Gesetz zur Durchführung der Zweiten Richtlinie des Rates der Europäischen Gemeinschaften zur Koordinierung des Gesellschaftsrechts vom 13. Dezember 1978, BGBl. I, S. 1959. Vgl. dazu z.B. EuGH, Rs. C-373797, 23.3.2000, Slg. 2000, S. I-1705 (Diamantis u.a.).
15 Im Bereich der ersten und zweiten Richtlinie gibt es Reformvorschläge der »Arbeitsgruppe Gesellschaftsrecht der EG-Initiative »Simpler Legislation for the Internal Market« (SLIM). So soll etwa das bisherige System der Unternehmenspublizität durch elektronisches System ersetzt werden (1. RL), der Bezug eigener Aktien erleichtert, ebenso die bezugsrechtsfreie Kapitalerhöhung u.v.m. (2. RL). Vgl. Ergebnisse der vierten Phase der SLIM-Initiative, DOK KOM (2000), 56 endg. v. 4.2.2000, S. 13 ff.; dazu auch *T. Drygala*, Die Vorschläge der SLIM-Arbeitsgruppe zur Vereinfachung der Europäischen Gesellschaftsrechts, AG 2001, S. 291 ff.
16 ABl.EG 1978 Nr. L 295/36. In Deutschland umgesetzt durch das Gesetz zur Durchführung der Dritten Richtlinie des Rates der Europäischen Gemeinschaften zur Koordinierung des Gesellschaftsrechts (Verschmelzungsrichtliniengesetz) vom 25.10.1982, BGBl. I, S. 1425.
17 Nicht zu verwechseln mit der wettbewerbsrechtlichen Verordnung (EWG) Nr. 4064/89 des Rates vom 21. Dezember 1989 über die Kontrolle von Unternehmenszusammenschlüssen, ABl.EG 1989 Nr. L 395/1, berichtet und neu veröffentlicht in ABl.EG 1990 Nr. L 257/13, geändert durch Verordnung (EG) Nr. 1310/97 des Rates vom 30. Juni 1997 zur Änderung der Verordnung (EWG) Nr. 4064/89 des Rates über die Kontrolle von Unternehmenszusammenschlüssen, ABl.EG 1997 Nr. L 180/1.

- Vierte RL 78/660/EWG des Rates vom 25. Juli 1978 aufgrund von Artikel 54 Absatz 3 Buchstabe g) des Vertrages über den Jahresabschluß von Gesellschaften bestimmter Rechtsformen (Bilanzrichtlinie)[18]; vgl. dazu auch die Änderungen durch Richtlinie 90/604/EWG des Rates vom 8. November 1990 zur Änderung der Richtlinie 78/660/EWG über den Jahresabschluß und der Richtlinie 83/349/EWG über den konsolidierten Abschluß hinsichtlich der Ausnahme für kleine und mittlere Gesellschaften sowie der Offenlegung von Abschlüssen in Ecu (Mittelstandsrichtlinie)[19] und Richtlinie 90/605/EWG des Rates vom 8. November 1990 zur Änderung der Richtlinien 78/660/EWG und 83/349/EWG über den Jahresabschluß bzw. den konsolidierten Abschluß hinsichtlich ihres Anwendungsbereichs (GmbH & Co. KG Richtlinie)[20];
- Sechste RL 82/891/EWG des Rates vom 17. Dezember 1982 gemäß Artikel 54 Absatz 3 Buchstabe g) des Vertrages betreffend die Spaltung von Aktiengesellschaften (Spaltungsrichtlinie)[21];
- Siebente RL 83/349/EWG des Rates vom 13. Juni 1983 aufgrund von Artikel 54 Absatz 3 Buchstabe g) des Vertrages über den konsolidierten Abschluß (Konzernbilanzrichtlinie)[22];
- Achte RL 84/253/EWG des Rates vom 10. April 1984 aufgrund von Artikel 54 Absatz 3 Buchstabe g) des Vertrages über die Zulassung der mit der Pflichtprüfung der Rechnungslegungsunterlagen beauftragten Personen (Prüferbefähigungsrichtlinie)[23];
- Elfte RL 89/666/EWG des Rates vom 21. Dezember 1989 über die Offenlegung von Zweigniederlassungen, die in einem Mitgliedstaat von Gesellschaften bestimmter Rechtsformen errichtet wurden, die dem Recht eines anderen Staates unterliegen (Zweigniederlassungsrichtlinie)[24];

---

18 ABl.EG 1978 Nr. L 222/11. In Deutschland umgesetzt durch das Gesetz zur Durchführung der Vierten, Siebenten und Achten Richtlinie des Rates der Europäischen Gemeinschaften zur Koordinierung des Gesellschaftsrechts (Bilanzrichtliniengesetz) vom 19.12.1985, BGBl. I, S. 2355. Zu den Bilanzrichtlinien s.a. *W. Schön*, Gesellschafter-, Gläubiger- und Anlegerschutz im Europäischen Bilanzrecht, ZGR 2000, S. 706 ff.; *K. van Hulle*, Die Reform des europäischen Bilanzrechts: Stand, Ziele, Perspektiven, ZGR 2000, S. 537 ff. S.a. Konzernbilanzrichtlinie (u. Fn. 22).
19 ABl.EG 1990 Nr. L 317/57.
20 ABl.EG 1990 Nr. L 317/60.
21 ABl.EG 1982 Nr. L 378/47. In Deutschland umgesetzt durch das Gesetz über die Spaltung der von der Treuhandanstalt verwalteten Unternehmen (SpTrVG) vom 5. April 1991, BGBl. I, S. 854.
22 ABl.EG 1983 Nr. L 193/1; insbesondere geändert durch die Mittelstandsrichtlinie (s.o. Fn. 14) und die GmbH & Co. KG-Richtlinie (s.o. Fn. 15). In Deutschland umgesetzt durch das Bilanzrichtlinengesetz (s. o. Fn. 13). Die Konzernbilanzrichtlinie ist im Zusammenhang zu sehen mit der Bilanzrichtlinie 78/660 (s. Fn. 18). Zu beiden Richtlinien wurde am 31.5.2001 eine Änderungsrichtlinie (»fair value-Richtlinie«, n.n.i.ABl.EG, s. Vorschlag für eine Richtlinie des Europäischen Parlaments und des Rates vom 24.2.2000 zur Änderung der Richtlinien 78/660/EWG und 83/349/EWG im Hinblick auf die im Jahresabschluß bzw. im konsolidierten Abschluß von Gesellschaften bestimmter Rechtsformen zulässigen Wertansätze, ABl.EG C 311 E/1 (2000) erlassen). Zweck der Richtlinie ist eine Anpassung der Bewertung bestimmter Finanzaktiva und -passiva (insbesondere derivativer Finanzinstrumente wie Futures, Optionen, Forwards und Swaps) an internationale Standards durch Einführung einer Rechnungslegung auf der Grundlage des »fair value« anstelle einer Bewertung nach historischen Kosten. Vgl. dazu *H. Helmschrott*, Der Vorschlag der EU zur Anpassung der Bilanzrichtlinien an die IAS durch Einführung einer Fair-Value-Bewertung von Finanzinstrumenten, in: DStR 2000, S. 941 ff.
23 ABl.EG 1984 Nr. L 126/20. In Deutschland umgesetzt durch das Bilanzrichtlinengesetz (s.o. Fn. 13).
24 ABl.EG 1989 Nr. L 395/36; in Deutschland umgesetzt durch das Gesetz zur Durchführung der Elften gesellschaftsrechtlichen Vorschriften vom 22. Juli 1993, BGBl. I, S. 1282 (1993).

Art. 44 EG-Vertrag

- Zwölfte RL 89/667/EWG des Rates vom 21. Dezember 1989 auf dem Gebiet des Gesellschaftsrechts betreffend Gesellschaften mit beschränkter Haftung mit einem einzigen Gesellschafter (Einpersonengesellschaftsrichtlinie).[25]

13 Die **fünfte RL zur Struktur der Aktiengesellschaften** konnte trotz der nun über zwei Jahrzehnte andauernden Bemühungen wegen der Differenzen betreffend die Binnenstruktur der Aktiengesellschaft (dualistische Struktur mit Vorstand und Aufsichtsrat oder monistische Struktur) und der Mitbestimmungsfrage nicht verabschiedet werden.[26] Immerhin kam es im Rahmen der Sozialpolitik zwischenzeitlich zur Verabschiedung der Euro-Betriebsräte-Richtlinie.[27] Die **neunte RL zum Konzernrecht** gibt es bisher nur als Vorentwurf.[28] Die **zehnte RL** betrifft grenzüberschreitende (internationale) Verschmelzungen von Aktiengesellschaften.[29] Bewegung gab es in letzter Zeit bezüglich der vorgeschlagenen **dreizehnten RL betreffend Übernahmeangebote**.[30] Diese Richtlinie war Bestandteil des Aktionsplans für Finanzdienstleistungen und noch vom Europäischen Rat in Lissabon im März 2000 mit höchster Priorität versehen worden. Am 6. Juni 2001 wurde zwar im Vermittlungsausschuß Einigung über einen Kompromiß erzielt, der jedoch am 4. Juli 2001 im EP keine Zustimmung fand. Das Projekt ist damit vorerst gescheitert. Die **vierzehnte RL über die grenzüberschreitende Sitzverlegung** ist bisher über einen Vorentwurf nicht hinausgekommen.[31] Umstritten ist, ob sich der Erlaß dieser Richtlinie erübrigt hat, weil das Recht zur ungehinderten grenzüberschreitenden Sitzverlagerung unmittelbar aus Art. 43, 48 fließt.[32] Schließlich ist noch auf den überarbeiteten Vorentwurf einer **Liquidationsrichtlinie** betreffend die Auflösung und Liquidation von Gesellschaften hinzuweisen.[33]

---

25 ABl.EG 1989 Nr. L 395/40. In Deutschland umgesetzt durch das Gesetz zur Durchführung der Zwölften Richtlinie des Rates der Europäischen Gemeinschaften auf dem Gebiet des Gesellschaftsrechts betreffend Gesellschaften mit beschränkter Haftung mit einem einzigen Gesellschafter vom 18. Dezember 1991, BGBl. I 1991, S. 2206.
26 Vgl. zuletzt die Zweite Änderung zum Vorschlag für eine fünfte Richtlinie des Rates nach Artikel 54 EWG-Vertrag über die Struktur der Aktiengesellschaft sowie die Befugnisse und Verpflichtungen ihrer Organe, ABl.EG 1991 Nr. C 7/4.
27 Richtlinie 94/45/EG des Rates vom 22. September 1994 über die Einsetzung eines Europäischen Betriebsrats oder der Schaffung eines Verfahrens zur Unterrichtung und Anhörung der Arbeitnehmer in gemeinschaftsweit operierenden Unternehmen und Unternehmensgruppen, ABl.EG 1994 Nr. L 254/64.
28 Text des Vorentwurfs bei *M. Lutter*, Europäisches Unternehmensrecht, 3. Aufl. 1991, S. 279 ff.
29 Vgl. den Vorschlag einer 10. Richtlinie des Rates nach Artikel 54 Absatz 3 Buchstabe g) des Vertrages über die grenzüberschreitende Verschmelzung von Aktiengesellschaften, ABl.EG 1985 Nr. C 23/11. Vgl. auch oben Fn. 11 (dritte Richtlinie für Fusionen innerhalb eines Mitgliedstaates und Fn. 12.
30 Vgl. Geänderter Vorschlag für eine dreizehnte Richtlinie des Europäischen Parlaments und des Rates auf dem Gebiet des Gesellschaftsrechts über Übernahmeangebote, ABl.EG C 378/10 (1997). Vgl. zu diesem Thema auch *M. Körner*, Die Neuregelung der Übernahmekontrolle nach deutschem und europäischem Recht – insbesondere zur Neutralitätspflicht des Vorstands, DB 2001, S. 367 ff.; *A. Dimke/K.J. Heiser*, Neutralitätspflicht, Übernahmegesetz und Richtlinienvorschlag 2000, NZG 2001, 241. Zur Reform in Deutschland s. *T. Liebscher*, Das Übernahmeverfahren nach dem neuen Übernahmegesetz, ZIP 2001, S. 853 ff.
31 KOM XV/6002/97 v. 20. April 1997, abgedruckt in ZIP 1997, 1721. Dazu *K. Schmidt*, Sitzverlegungsrichtlinie, Freizügigkeit und Gesellschaftsrechtspraxis, ZGR 1999, S. 20 ff.
32 Vgl. dazu EuGH, Rs. 212/97, 9.3.1999, Slg. 1999, S. I-1459 (Centros) und die Kommentierung zu Art. 48, Rn. 8 ff.
33 Überarbeiteter Vorentwurf von 1987 einer vierzehnten Richtlinie betreffend die Auflösung und Liquidation von Gesellschaften, Text bei Lutter (Fn. 23), S. 321 ff.

Nicht auf Art. 44 sondern auf Art. 235 a.F. wurde die VO zur bisher einzigen gemein- 14
schaftsrechtlichen Gesellschaftsform, der sog. **Europäischen Wirtschaftlichen Interessenvereinigung (EWIV)**.[34] Bisher erfolglos waren die Bemühungen zur Schaffung anderer gemeinschaftsrechtlicher Gesellschaftsformen. Das gilt für die Vorschläge für einen **Europäischen Verein**[35], eine **Europäische Genossenschaft**[36] und eine **Europäische Gegenseitigkeitsgesellschaft**[37]. Am 8. Oktober 2001 und damit fast 30 Jahre nach dem ersten Vorschlag zu diesem Thema ist nunmehr die Verordnung über das Statut der Europäischen Gesellschaft (Societas Europaea – SE)[38] und die damit verbundene Richtlinie über die Beteiligung der Arbeitnehmer[39] verabschiedet worden. Damit haben grenzüberschreitend tätige Unternehmen die Möglichkeit, eine gemeinschaftsrechtliche Unternehmensverfassung zu wählen und auf dieser Grundlage unionsweit zu operieren, ohne jeweils dem nationalen Recht unterstehende Tochtergesellschaften gründen zu müssen. Rechtsgrundlage für diese beiden Rechtsakte ist gleichfalls nicht der Art. 44, sondern Art. 308, während für die anderen Gesetzgebungsvorschläge Art. 100a a.f. (nunmehr Art. 95) herangezogen wurde.

Art. 44 Abs. 2 lit. h) ist im Lichte des Art. 87 zu sehen. Im Rahmen der allgemeinen Nie- 15
derlassungsfreiheit sind **Beihilfen** denkbar, um die Niederlassungswilligkeit von Inländern im EG-Ausland zu fördern oder, umgekehrt, um EG-ausländische Unternehmungen für die Niederlassung im Inland zu gewinnen. Soweit die Beihilfevorschriften der Art. 87 ff. diesen Tatbestand nicht erfassen, etwa weil es sich um nach diesen Vorschriften zulässige Beihilfen handelt oder weil Beihilfen zur allgemeinen Niederlassungsförderung nicht das Kriterium der Begünstigung »bestimmter Unternehmen oder Industriezweige« erfüllen, bietet Art. 44 Abs. 2 lit. h) eine Handhabe zum Erlaß spezieller Rechtsakte.[40] Soweit eine im übrigen zulässige Beihilfe nur Inländern gewährt wird, liegt eine schon nach Art. 43 untersagte Diskriminierung vor.

---

34 VO 2137/85 des Rates v. 25.7.1985 über die Schaffung einer Europäischen Wirtschaftlichen Interessenvereinigung (EWIV), ABl.EG 1985 Nr. L 199/1; s. auch BGBl. I 1988, 514. Vgl. dazu auch *P. Behrens*, in: Hb.EGWirtR, E. III, Rn. 127 ff. m. w. N. und *Selbherr/Manz* (Hrsg.), Kommentar zur Europäischen Wirtschaftlichen Interessenvereinigung (EWIV), 1995.
35 Vorschlag vom 6.3.1992 über eine Verordnung (EWG) des Rates über das Statut des Europäischen Vereins, ABl.EG 1992 Nr. C 99/1 und den geänderten Vorschlag, ABl.EG C 236/1 (1993). Vgl. dazu auch *P. Behrens*, in: Hb.EGWirtR, E. III, Rn. 145 ff.
36 Vorschlag vom 6.3.1992 über eine Verordnung (EWG) des Rates über das Statut der Europäischen Genossenschaft, ABl.EG 1992 Nr. C 99/17 und den geänderten Vorschlag, ABl.EG C 236/17 (1993). Vgl. dazu *W. Blomeyer*, Auf dem Weg zur Europäischen Genossenschaft, BB 2000, S. 1741 ff.
37 Vorschlag vom 6.3.1992 über eine Verordnung (EWG) des Rates über das Statut der Europäischen Gegenseitigkeitsgesellschaft, ABl.EG 1992 Nr. C 99/40 und den geänderten Vorschlag, ABl.EG C 236/40 (1993). Vgl. dazu *P. Behrens*, in: Hb.EGWirtR, E. III, Rn. 159 ff.
38 VO 2157/2001 des Rates vom 8. Oktober 2001 über das Statut der Europäischen Gesellschaft, ABl.EG L 294/1. Dazu *M. Lutter*, Europäische Aktiengesellschaft – Rechtsfigur mit Zukunft?, BB 2002, S. 1 ff.; *H. Hirte*, Die Europäische Aktiengesellschaft, NZG 2002, S. 1 ff.; *H. Bungert/C. H. Beier*, Die Europäische Aktiengesellschaft – Das Statut und seine Umsetzung in die Praxis, EWS 2002, 1 ff.
39 RL 2001/86/EG des Rates vom 8. Oktober 2001 zur Ergänzung des Statuts der Europäischen Gesellschaft hinsichtlich der Beteiligung der Arbeitnehmer, ABl.EG L 294/22.
40 S.a. *Müller-Huschke* in: Schwarze, EUV-Kommentar, Art. 44, Rn. 73.

… Art. 45 EG-Vertrag

Art. 45 (ex-Art. 55)

Auf Tätigkeiten[2 f.], die in einem Mitgliedstaat dauernd oder zeitweise mit der Ausübung öffentlicher Gewalt[4 ff.] verbunden sind, findet dieses Kapitel in dem betreffenden Mitgliedstaat keine Anwendung.

Der Rat kann mit qualifizierter Mehrheit auf Vorschlag der Kommission beschließen, daß dieses Kapitel auf bestimmte Tätigkeiten keine Anwendung findet.[7]

Inhaltsübersicht:

I. Allgemeines	1
II. Begriff der Tätigkeit	2
III. Der Begriff der öffentlichen Gewalt	4
IV. Die Rechtsprechung des EuGH zu Art. 45 im einzelnen	8

I. Allgemeines

1 Art. 45 Abs. 1 bestimmt, daß die Niederlassungsfreiheit – und über die Verweisung im Art. 55 auch die Dienstleistungsfreiheit – nicht anwendbar sind, wenn es um Tätigkeiten geht, die mit der Ausübung öffentlicher Gewalt verbunden sind. Die potentielle Weite dieser Bereichsausnahme macht bereits deutlich, daß der zentrale Begriff der »öffentlichen Gewalt« nicht allein von den Mitgliedstaaten bestimmt werden kann und daß – wie grundsätzlich jede Ausnahmevorschrift – auch Art. 45 Abs. 1 eng auszulegen ist.[1]

II. Begriff der Tätigkeit

2 Die Frage, ob der **Begriff der Tätigkeit** ganze Berufsbilder umfaßt oder nur spezifische, die Ausübung hoheitlicher Gewalt umfassende Teilbereiche (Teiltätigkeiten) bestehender Berufsbilder wurde vom EuGH früh zugunsten des engeren Ansatzes entschieden. In der Rs. 2/74 hat der EuGH mit Bezug auf die **Betätigung als Rechtsanwalt** klargestellt, daß Art. 55 a. F. Zugangsbeschränkungen für EG-Ausländer nur insoweit rechtfertigt, als die spezifische Tätigkeit »in sich selbst betrachtet, eine unmittelbare und spezifische Teilnahme an der Ausübung hoheitlicher Gewalt« darstellt[2] und daß sich die Tragweite dieser Vorschrift »auf das beschränkt, was zur Wahrung der Interessen, die diese Bestimmung den Mitgliedstaaten zu schützen erlaubt, **unbedingt erforderlich** ist«[3].

3 Diese Begrenzung des sachlichen Anwendungsbereichs des Art. 45 Abs. 2 auf den **spezifisch hoheitlich ausgerichteten Tätigkeitsausschnitt** findet sich auch in anderen Entscheidungen des EuGH zu diesem Bereich. So gibt es eine Reihe von Entscheidungen, die den Bereich der Arbeitsvermittlung betreffen und denen gemeinsam ist, daß Art. 55 a.F. nicht erwähnt, aber im Rahmen etwa des Art. 86 a.F. klargestellt wird, daß die **Arbeitsvermittlung** jedenfalls nicht gänzlich als Ausübung von hoheitlicher Gewalt ver-

---

1 EuGH, Rs. 147/86, 15.3.1988, Slg. 1988, 1637, Rn. 8 (Kommission/Griechenland): »daß den anerkannten Ausnahmen vom Grundsatz der Niederlassungsfreiheit durch Artikel 55 gemeinschaftsrechtliche Grenzen gesetzt sind, durch die verhindert werden soll, daß der Vertrag durch einseitige Maßnahmen der Mitgliedstaaten seiner praktischen Wirksamkeit in diesem Bereich beraubt wird.«
2 EuGH Rs. 2/74, 21.6.1974, Slg. 1974, 631, Rn. 44/45 (Reyners); der gleiche Wortlaut findet sich in Rs. C-42/92, 13.7.1993; Slg. 1993, I-4047, Leitsatz 1 u. Rn. 22 (Thijssen).
3 EuGH, Rs. 147/86, 15.3.1988, Slg. 1988, 1637, Rn. 7 (Kommission/Griechenland).

standen werden kann.⁴ Grundsätzlich kann daher jedenfalls bei Tätigkeiten, die auf dienst- oder werkvertraglicher Grundlage ausgeübt werden, nicht generell davon ausgegangen werden, sie seien untrennbar mit der Ausübung von hoheitlicher Gewalt verbunden. Dies gilt auch für den deutschen **Notar**, dessen Tätigkeit ganz überwiegend dem Bereich der öffentlichen Gewalt zugeordnet wird.⁵ Mag dies auch in Deutschland der überkommenen Betrachtungsweise dieses Berufsstandes entsprechen, so muß doch im einzelnen nachgewiesen werden, in welcher Weise der Notar »in spezifischer Weise an der Ausübung hoheitlicher Gewalt« teilnimmt und nicht nur »helfend und vorbereitend«⁶ tätig wird. Das ist selbst für die Beurkundungsfunktionen der Notare nicht leicht zu begründen und wird für die beratenden Aufgaben der Notare im Bereich Immobilien (Gestaltung von Grundstückskaufverträgen), Ehe und Familie (z.B. Eheverträge), Erb- und Schenkungssachen, Beratung bei der Gründung von Unternehmen etc. nicht leichter.

III. Der Begriff der öffentlichen Gewalt

Deutlich wird gleichfalls, daß die Frage, ob **öffentliche Gewalt** ausgeübt wird, nicht mit Hinweis auf die öffentlich-rechtlichen Charakter der in Rede stehenden Tätigkeit in dem betreffenden Mitgliedstaat beantwortet werden kann. Daraus, daß Arbeitsvermittlung z. B. in der Bundesrepublik Deutschland zum größten Teil öffentlich-rechtlich erfolgt, folgt nicht, daß sie ausschließlich öffentlich-rechtlich erfolgen muß oder gar kann.⁷   4

Im **Bereich der Ausbildung** hat der EuGH diese Grundsätze in der Rs. 147/86 bestätigt. Dort hat der EuGH entschieden, daß es zwar Sache eines jeden Mitgliedstaats sei, die Rolle und die Verantwortung der öffentlichen Gewalt im Unterrichtswesen festzulegen, daß aber die bloße Gründung einer Schule der streitgegenständlichen Art oder einer Berufsschule durch eine Privatperson oder die bloße Tätigkeit einer Privatperson als Hauslehrer nicht mit der Ausübung öffentlicher Gewalt im Sinne von Art. 55 a.F. verbunden sei. Dies folge auch daraus, daß die Mitgliedstaaten mit der Ausübung von Kontrollbefugnissen über »geeignete Mittel« verfügen, um ihre Interessen in diesem Bereich zu wahren und daß deshalb Beschränkungen der Niederlassungsfreiheit nicht erforderlich seien.⁸ Damit hat der EuGH die Anwendung des Art. 45 auch unter einen **Verhältnismäßigkeitsvorbehalt** gestellt.   5

Schon in den Schlußanträgen zur Rs. 2/74 hatte GA Mayras ausgeführt, der Begriff der öffentlichen Gewalt beinhalte für denjenigen, der sie ausübt, die Möglichkeit, dem Bürger gegenüber von Sonderrechten, Hoheitsprivilegien **und Zwangsbefugnissen** Gebrauch zu machen.⁹ Der Rückgriff auf Art. 45 ist damit nur und insoweit möglich, als die in Rede stehende spezifische Tätigkeit die Ausübung von Zwangsbefugnissen notwendigerweise mitumfaßt und der öffentliche Zweck auch nicht durch weniger ein-   6

---

4   Vgl. EuGH Rs. C-55/96, 11.12.1997, Rn. 22, 32–35, Slg. 1997, I-7119 (Job Centre); Rs. C 41/90, 23.4.1991, Slg. 1991, I-1979, Rn. 22, 34 (Höfner u. Elser/Macrotron); in diesem Fall hat sich allerdings der GA Jacobs deutlich gegen die Anwendbarkeit des Art. 55 a. F. (jetzt Art. 45) ausgesprochen, vgl. Schlußanträge, Slg. 1991, I-1979, Rn. 22 f.; vgl. auch Verb. Rs. 110 u. 111/78, 18.1.1979, Slg. 1979, 35 (van Wesemael); Rs. 279/80, 17.12.1981, Slg. 1981, 3305 (Webb).
5   Vgl. z.B. *Schlag*, in: J. Schwarze (Hrsg.), EU-Kommentar, Art. 45, Rn. 8; GTE/*Troberg*, EGV/EUV, Art. 55, Rn. 4.
6   EuGH, Rs. C-42/92, 13.7.1993, Slg. 1993, S. I-4047, Rn. 21 f. (Thijssen).
7   EuGH Rs. C-55/96, 11.12.1997, Rn. 22, Slg. 1997, I-7119 (Job Centre).
8   EuGH, Rs. 147/86, 15.3.1988, Slg. 1988, 1637, Rn. 9 (Kommission/Griechenland).
9   Vgl. EuGH Rs. 2/74, 21.6.1974, Slg. 1974, 664 (Reyners).

schneidende Maßnahmen (z.B. Genehmigungspflichten[10], Kontrollaufsicht) erreicht werden kann.

7   Art. 45 Abs. 2 gibt dem Rat die Möglichkeit, weitere Tätigkeitsbereiche durch Rechtsakt vom Anwendungsbereich der Niederlassungs- und Dienstleistungsfreiheit auszuschließen. Die Vorschrift hat bisher keine praktische Bedeutung erlangt.[11] Mit Blick auf das überragend wichtige Binnenmarktziel der Gemeinschaft[12] wird deutlich, daß Art. 45 Abs. 2 keine Befugnisnorm zur Aufhebung der Niederlassungs- und Dienstleistungsfreiheit sein kann, sondern **der Gemeinschaft ermöglicht**, durch Rechtsakt festzustellen, daß bestimmte Tätigkeiten als Ausübung öffentlicher Gewalt gelten bzw. der Ausübung öffentlicher Gewalt gleichstehen, auch wenn es sich bei diesen Tätigkeiten nicht in allen Mitgliedstaaten um die Ausübung öffentlicher Gewalt handelt.

IV. Die Rechtsprechung des EuGH zu Art. 45 im einzelnen

8   Der EuGH hatte bisher noch nicht allzu viel Gelegenheit, sich mit dieser Vorschrift, die über Art. 55 auch für die Dienstleistungsfreiheit relevant ist, zu beschäftigen. In einer neueren Entscheidung[13] hat der EuGH noch einmal bekräftigt, »daß sich diese Ausnahmeregelung auf Tätigkeiten beschränken muß, die als solche eine **unmittelbare und spezifische Teilnahme an der Ausübung öffentlicher Gewalt** darstellen« und »daß die Tätigkeit der Bewachungs- oder Sicherheitsunternehmen normalerweise keine direkte und spezifische Beteiligung an der Ausübung der öffentlichen Gewalt darstellt«.[14] Eine italienische Regelung, wonach die Tätigkeiten privater Sicherheitsdienste, einschließlich derjenigen der Überwachung oder Bewachung von beweglichem oder unbeweglichem Eigentum, im italienischen Hoheitsgebiet vorbehaltlich einer Lizenz nur von italienischen privaten Sicherheitsunternehmen ausgeübt werden können, wurde daher als vertragswidrig angesehen.

9   In einer anderen Rechtssache hat der EuGH sich mit Rechtsvorschriften auseinandergesetzt, die das Recht zur Annahme von **Wetten über Sportereignisse** bestimmten Einrich-

---

10 Zur Genehmigungspflicht als milderem Mittel vgl. die Bekanntmachung der Kommission über die Anwendung der Wettbewerbsregeln auf den Postsektor und über die Beurteilung bestimmter staatlicher Maßnahmen betreffend Postdienste, ABl.EG C 39/2 1998. Danach soll bei Postdiensten die Ausnahmebestimmung des Art. 55 a. F. nur für die Beförderung und Zustellung von bestimmten Arten von Sendungen, zum Beispiel Sendungen im Rahmen von Gerichts- oder Verwaltungsverfahren, die – selbst nur gelegentlich – mit der Ausübung öffentlicher Gewalt verbunden sind, insbesondere amtliche Mitteilungen, die im Rahmen von Gerichts- oder Verwaltungsverfahren vorgesehen sind, gelten. Die Beförderung und Zustellung solcher Sendungen im Gebiet eines Mitgliedstaats könne deshalb zum Schutz der Interessen der Allgemeinheit weiterhin von einer *Genehmigung* abhängig gemacht werden [Hervorhebung durch Verfasser].
11 Die RL 67/43/EWG des Rates vom 12. Januar 1967 über die Verwirklichung der Niederlassungsfreiheit und des freien Dienstleistungsverkehrs für selbständige Tätigkeiten auf dem Gebiet 1. der »Immobiliengeschäfte (außer 6 401)« (Gruppe aus 640 ISIC) 2. einiger »sonstiger Dienste für das Geschäftsleben« (Gruppe 839 ISIC), ABl.EG 1967/140, die auf Art. 54 Abs. 2 u. 3 a. F. und Art. 63 Abs. 2 u. 3 gestützt ist, nimmt in Art. 4 unter Verweis auf Art. 55 Abs. 1 a. F. die Tätigkeit des Feldhüters, Forsthüters, Jagdaufsehers und Fischereiaufsehers von ihrem Anwendungsbereich aus. Die pauschale Ausnahme für diese Bereiche erstaunt, es ist aber darauf hinzuweisen, daß eine RL nicht die Auslegung einer Vorschrift des primären Rechts determinieren kann.
12 Vgl. Art. 2, 3 Abs. 1 c und die Kommentierung zu diesen Vorschriften.
13 EuGH, Rs. C-283/99, 31.5.2001, n.n.i.Slg. (Kommission/Italien).
14 EuGH, Rs. C-283/99 (Fn. 13), Rn. 20, unter Bezugnahme auf EuGH, Rs. C-114/97, 29.10. 1998, Slg. 1998, S. I-6717, Rn. 35 und 39 (Kommission/Spanien) und EuGH, Rs. C-355/98, 9.3. 2000, Slg. 2000, S. I-1221, Rn. 25, 26.

tungen vorbehalten und dadurch Veranstalter aus anderen Mitgliedstaaten daran hindern, sich an diesem Marktgeschehen zu beteiligen. In diesem Zusammenhang hat der EuGH ausgeführt, daß Art. 45 EGV Beschränkungen zulasse, »wenn die Tätigkeiten auch nur **zeitweise mit der Ausübung öffentlicher Gewalt verbunden** sind«.[15] Diese Passage hat aber in der Entscheidung im übrigen keine Rolle mehr gespielt. Offen blieb daher, was mit dem Begriff »zeitweise« gemeint sein könnte. Der EuGH wollte sicherlich nicht von dem schon früh für den Rechtsanwaltsberuf aufgestellten Grundsatz abweichen, wonach Tätigkeiten Inländern nur soweit vorbehalten werden dürfen, als sie »eine unmittelbare und spezifische Teilnahme an der Ausübung öffentlicher Gewalt darstellen«.[16]

Keine Ausübung öffentlicher Gewalt ist mit der **Gründung privater Unterrichtsanstalten** und privater Berufsschulen oder mit der Tätigkeit als Lehrer an solchen Einrichtungen oder als Hauslehrer verbunden.[17] Das Gleiche gilt für die »Planung, Software und Verwaltung von Datenverarbeitungssystemen«, weil diese **Tätigkeiten technischer Natur** seien.[18] Die Tätigkeit eines vor Gericht auftretenden Sachverständigen für Straßenverkehrsunfälle ist nicht als Ausübung öffentlicher Gewalt zu werten, wenn dadurch die richterliche Beweiswürdigung nicht eingeschränkt und das Gericht nicht gebunden wird.[19] Auch die vergleichsweise eng an eine staatliche Aufsichtsbehörde gebundene **Tätigkeit eines zugelassenen Wirtschaftsprüfers** bei Versicherungsunternehmen und privaten Vorsorgeeinrichtungen hat der EuGH nicht als Ausübung spezifischer öffentlicher Gewalt gewertet, weil endgültige Entscheidungen nur die Aufsichtsbehörde nicht aber der nur »helfend und vorbereitend« tätige Wirtschaftsprüfer treffen könne.[20] 10

In der Rs. *van Schaik* ging es um die Frage, ob die notwendige Wartungsüberprüfung für Kraftfahrzeuge und die Erteilung einer entsprechenden Prüfplakette, die im Inland nach entsprechender Anerkennung auch durch eine niedergelassene Werkstatt durchgeführt werden kann, auch von einer ausländischen Werkstatt durchgeführt werden kann. Der EuGH hat diese Frage verneint, allerdings nicht, weil darin die Ausübung von öffentlicher Gewalt zu sehen wäre, sondern weil die notwendige Anerkennung auch ausländischer Werkstätten zur Vornahme der Untersuchung und Erteilung der Prüfplakette »die Ausdehnung einer Befugnis der öffentlichen Gewalt über das nationale Hoheitsgebiet hinaus« beträfe und deshalb nicht in den Anwendungsbereich des damaligen Art. 59 (jetzt Art. 49) falle. In diesem Fall ging es mithin nicht um die Einschränkung von Grundfreiheiten durch Rückgriff auf eine bestimmte Ausnahme, sondern um die Tatsache, daß der EGV grundsätzlich nicht das **die Wirkung staatlicher Hoheitsakte begrenzende Territorialitätsprinzip** außer Kraft setzen kann.[21] 11

---

15 EuGH, Rs. C-67/98, 21.10.1999, Slg. 1999, S. I-7289, Rn. 29 (Zenatti); zu diesem Urteil s.a. *T. Stein*, Beschränkung der Annahme von Sportwetten, EuZW 2000, S. 153 ff.
16 EuGH, Rs. 2/74, 21.6.1974, Slg. 1974, S. 631, Rn. 44/45 (Reyners).
17 EuGH, Rs. 147/86, 15.3.1988, Slg. 1988, S. 1637, Rn. 9 (Kommission/Griechenland).
18 EuGH, Rs. 3/88, 5.12.1989, Slg. 1989, S. 4035, Rn. 13 (Kommission/Italien).
19 EuGH, Rs. C-306/89, 10.12.1991, Slg. 1991, S. I-5863, Rn. 7 (Kommission/Griechenland).
20 EuGH, Rs. C-42/92, 13.7.1993, Slg. 1993, S. I-4047, Rn. 21 f. (Thijssen).
21 Insofern mißverständlich Schlag, in: *J. Schwarze* (Hrsg.), EU-Kommentar, Art. 45, Rn. 8.

Art. 46 (ex-Art. 56)

(1) Dieses Kapitel und die aufgrund desselben getroffenen Maßnahmen beeinträchtigen nicht die Anwendbarkeit der Rechts- und Verwaltungsvorschriften, die eine Sonderregelung für Ausländer vorsehen und aus Gründen der öffentlichen Ordnung, Sicherheit oder Gesundheit[2, 3] gerechtfertigt sind.

(2) Der Rat erläßt gemäß dem Verfahren des Artikels 251 Richtlinien für die Koordinierung der genannten Vorschriften.[4]

Inhaltsübersicht:
1. Allgemeines 1
2. Die Begriffe öffentliche Sicherheit, Ordnung und Gesundheit 2
3. Rechtsgrundlage zum Erlaß von Koordinierungsrichtlinien (Abs. 2) 4

1. Allgemeines

1 Art. 46 erlaubt den Mitgliedstaaten, im Bereich des Niederlassungsrechts – und über die Verweisung im Art. 55 auch im Dienstleistungsrecht – EG-Ausländer diskriminierende Rechts- und Verwaltungsvorschriften anzuwenden, wenn die **öffentliche Sicherheit, Ordnung oder Gesundheit** es erfordern.[1] Die Vorschrift beschränkt die Niederlassungsfreiheit im Binnenmarkt und steht im Gegensatz zu dem grundsätzlich herrschenden und für die Gemeinschaft fundamentalen Diskriminierungsverbot des Art. 12. Auf der Grundlage dieser Vorschrift sind die Mitgliedstaaten gegenüber Staatsangehörigen anderer Mitgliedstaaten zu Maßnahmen befugt, die sie gegenüber ihren eigenen Staatsangehörigen nicht ergreifen dürfen, da das Völkerrecht den Staaten verbietet, ihre eigenen Staatsangehörigen aus dem Staatsgebiet zu entfernen oder nicht einreisen zu lassen.[2] Es handelt sich mithin um eine **eng auszulegende Ausnahmevorschrift**[3], ähnlich der des Art. 30 im Bereich des Warenverkehrs und des Art. 58 Abs. 1 lit. b) a.E. im Bereich des Kapitalverkehrs.[4] Besonders eng ist die Verwandtschaft des Art. 46 zu dem die Arbeitnehmerfreizügigkeit beschränkenden Art. 39 Abs. 3, da es hier wie dort zum großen Teil um nationale Vorschriften geht, die die Freizügigkeit (Ein-, Ausreise, Verbleiberechte) von Personen betreffen.[5] Daraus abzuleiten, Art. 46 könne nur ausländerpolizeiliche Sonderregelungen rechtfertigen erscheint schon deshalb schwierig, weil die Qualifikation einer Norm als »ausländerpolizeilich« nicht eindeutig ist.[6] In gewisser Weise ist jede Norm, die Ausländer anders behandelt als Inländer eine ausländerpolizeiliche Norm. Ungeachtet dessen sind mitgliedstaatliche Maßnahmen in diesem Bereich am **Grundsatz der Verhältnismäßigkeit** zu messen und somit nur zulässig, wenn sie zum Schutz der Belange, die sie gewährleisten sollen, erforderlich sind, und auch nur insoweit, als diese Ziele nicht mit Maßnahmen weniger einschränkenden Mitteln erreicht werden können.[7]

---

1 Dazu umfassend *U. Forsthoff*, Die Tragweite des Rechtfertigungsgrundes aus Art. 46 Abs. 1 EG für die Niederlassungsfreiheit, die Dienstleistungsfreiheit und für Gesellschaften, EWS 2001, S. 59 ff.
2 EuGH, Rs. C-416/96, 2.3.1999, Slg. 1999, S. I-1209, Rn. 45 (El-Yassini) m.w.N.
3 EuGH, Rs. C-348/96, 19.1.1999, Slg. 1999, S. I-11, Rn. 23 (Calfa); so schon EuGH Rs. 67/74, 26.2.1974, Slg. 1975, 297, Rn. 6 (Bonsignore).
4 Die weitgehende inhaltliche Kongruenz der einzelnen Sicherheitsvorbehalte wird in EuGH, Rs. C-54/99, 14.3.2000, Slg. 2000, S. I-1335, Rn. 17 (Scientology) augenfällig.
5 S. Art. 39 Rn. 74 ff.
6 *Forsthoff* (Fn. 1), S. 59 f.
7 EuGH, Rs. C-54/99, 14.3.2000, Slg. 2000, S. I-1335, Rn. 17 (Scientology).

Überdies haben die Mitgliedstaaten bei er Anwendung dieser Vorschrift auch die gemeinschaftsrechtlichen Grundfreiheiten zu beachten.[8]

2. Die Begriffe öffentliche Sicherheit, Ordnung und Gesundheit

Anhaltspunkte zur Auslegung der Begriffe **öffentliche Sicherheit, Ordnung und Gesundheit** finden sich in der RL 64/221 und in der Rechtsprechung des EuGH.[9] Der Begriff der **öffentlichen Gesundheit** ist abschließend durch Art. 4 in Verbindung mit Anhang A der RL 64/221 konkretisiert.[10] Über die dort genannten Krankheiten hinaus ist ein Rückgriff der Mitgliedstaaten auf die öffentliche Gesundheit als Schutzgut nicht mehr möglich.

Bei den **Begriffen öffentliche Sicherheit und Ordnung** handelt es sich um **autonome gemeinschaftsrechtliche Begriffe**. Die Mitgliedstaaten haben zwar einen **gewissen Spielraum** und können »im wesentlichen frei nach ihren nationalen Bedürfnissen bestimmen, was die öffentliche Ordnung verlangt«.[11] Die Grenzen dieses Spielraums bestimmt jedoch der EuGH unter Beachtung des »fundamentalen Grundsatzes der Freizügigkeit in der Gemeinschaft«[12]. Parallelen etwa aus dem innerstaatlichen polizeirechtlichen Begriff der öffentlichen Sicherheit und Ordnung sind daher nur bedingt hilfreich.[13] So ergibt sich z. B. aus Art. 3 der RL 64/221/EWG, daß ein ungültig gewordener Reisepaß oder Personalausweis nicht die Entfernung aus dem Hoheitsgebiet rechtfertigen kann, obwohl ein Verstoß gegen die öffentliche Sicherheit und Ordnung im polizeirechtlichen Sinne vorliegt. Bei der Anwendung innerstaatlicher Vorschriften zum Schutze der öffentlichen Sicherheit und Ordnung auf EG-Ausländer ist mithin – in Anlehnung an die im Verfassungsrecht angewandte sog. »Wechselwirkungslehre«[14] – die Bedeutung und Tragweite des Freizügigkeitsgrundsatzes unbedingt zu beachten. In der Rechtssache 67/74 hat der EuGH deshalb auch entschieden, daß »**generalpräventive**« Gesichtspunkte zum Zwecke der Abschreckung anderer (EG-)Ausländer freizügigkeitsbeschränkende Maßnahmen **nicht rechtfertigen können**. Nur solche Gefährdungen der öffentlichen Sicherheit und Ordnung sind berücksichtigungsfähig, die von der betreffenden Einzelperson ausgehen. So kann z.b. eine strafrechtliche Verurteilung wegen Verstoßes gegen das Betäubungsmittelstrafrecht für sich alleine keine **Ausweisung** rechtfertigen, wenn nicht die Umstände ein persönliches Verhalten erkennen lassen, das eine gegenwärtige Gefahr für die öffentliche Ordnung darstellt.[15] Der EuGH hat darüber hinaus neuer-

---

8 Dazu ausführlich H. *Schneider*, Die öffentliche Ordnung als Schranke der Grundfreiheiten im EG-Vertrag, 1998, S. 185 ff.; s.a. EuGH, Rs. 36/75, 28.10.1975, Slg. 1975, S. 1219, Rn. 32 (Rutili) mit Verweis auf die EMRK wonach auf die öffentliche Ordnung nur rekurriert werden dürfe, wenn dies »in einer demokratischen Gesellschaft« notwendig ist.
9 Wegen der Parallelität zu Art. 39 Abs. 3 ist für die Einzelheiten auf die Kommentierung dieser Vorschrift zu verweisen, zumal die weitaus meisten Entscheidungen des EuGH auch zu dieser Vorschrift ergangen sind.
10 Im Anhang A zu Art. 4 der RL 64/221 werden abschließend als »Krankheiten, welche die öffentliche Gesundheit gefährden können« quarantänepflichtige Krankheiten im Sinne der einschlägigen Vorschriften der WHO, Tuberkulose der Atemwege im aktiven Stadium oder mit Entwicklungstendenzen, Syphilis und andere ansteckende oder übertragbare parasitäre Krankheiten und Leiden, sofern im Aufnahmeland Vorschriften zum Schutz der Inländer gegen diese Krankheiten und Leiden bestehen, genannt.
11 EuGH Rs. 36/75, 28.10.1975, Slg. 1975, 1219, Rn. 26/28 (Rutili).
12 EuGH, Rs. 67/74, 26.2.1974, Slg. 1975, 297, Leitsatz 1 (Bonsignore).
13 Vgl. jedoch P. *Troberg*, in: GTE, EU-/EGV, Art. 56, Rn. 10.
14 Vgl. z. B. BVerfGE 7, 198, 208 f.
15 EuGH, Rs. C-340/97, 10.2.2000, Slg. 2000, S. I-957, Rn. 58 (Nazli); s.a. Rs. C-348/96, 19.1.1999, Slg. 1999, S. I-11, Rn. 24 (Calfa); EuGH, Rs. 67/74, 26.2.1974, Slg. 1975, 297, Leitsatz 2 u. 3 (Bonsignore);

dings mehrfach betont, daß der Begriff der öffentlichen Ordnung nur geltend gemacht werden kann, »wenn eine tatsächliche und hinreichend schwere Gefährdung vorliegt, die ein Grundinteresse der **Gesellschaft berührt**.[16] Daraus folgt auch, daß der betreffende Mitgliedstaat ähnliche Verfehlungen eigener Staatsangehöriger in vergleichbar schwerer Weise ahnden muß, ungeachtet der Tatsache, daß etwa das Mittel der Ausweisung nicht zur Verfügung steht.[17]

3. Rechtsgrundlage zum Erlaß von Koordinierungsrichtlinien (Abs. 2)

4 Art. 46 Abs. 2 gibt der Gemeinschaft die Kompetenz zum **Erlaß von Richtlinien** zur Harmonisierung der diesbezüglichen mitgliedstaatlichen Vorschriften und verweist für den Erlass dieser Richtlinien auf das Mitentscheidungsverfahren des Art. 251. Die in der Vorgängervorschrift (Art. 56 Abs. 2 a. F.) enthaltene Differenzierung zwischen »Rechts- und Verwaltungsvorschriften« einerseits (Art. 56 Abs. 2 S. 1 a.F.) und »Rechtsverordnungen und Verwaltungsvorschriften« andererseits (Art. 56 Abs. 2 S. 2 a.F.) ist weggefallen und damit die sich daraus ergebenden Probleme[18]. Gegenstand der auf Abs. 2 gestützten Richtlinien kann all das sein, was die Mitgliedstaaten gemäß Art. 46 Abs. 1 zum Schutze der öffentlichen Sicherheit und Ordnung zulässigerweise auch im Alleingang (hätten) regeln können. Sobald und soweit jedoch die Gemeinschaft durch eine auf diese Vorschrift gestützte Richtlinie gehandelt hat, ist den Mitgliedstaaten der Rückgriff auf die öffentliche Sicherheit und Ordnung verbaut. Bisher wurden lediglich die RL 64/221/EWG[19] und die RL 75/35[20] auf diese Vorschrift gestützt. Andere Rechtsakte wurden nicht als harmonisierte Freiheitsbeschränkungen im Sinne des Art. 46, sondern als konkretisierende Liberalisierungsvorschriften oder als über den Bereich der Niederlassungsfreiheit hinausgehend angesehen und dementsprechend auf anderer Rechtsgrundlage erlassen.[21]

---

16 EuGH, Rs. C-54/99, 14.3.2000, Slg. 2000, S. I-1335, Rn. 17 (Scientology); Rs. 355/98, 9.3.2000, Slg. 2000, S. I-1221, Rn. 28 (Kommission/Belgien); Rs. C-348/96, 19.1.1999, Slg. 1999, S. I-11, Rn. 21 (Calfa), unter Bezugnahme auf Rs. 30/77, 27.10.1977, Slg. 1977, S. 1999, Rn. 35.
17 EuGH, verb. Rs. 115, 116/81, 18.5.1982, Slg. 1982, S. 1665, Rn. 7 (Adoui): es darf »kein willkürlicher Unterschied« zwischen eigenen und EG-ausländischen Staatsangehörigen gemacht werden.
18 P. Troberg, in: GTE, EU-/EGV, Art. 56, Rn. 5 ff.
19 RL 64/221/EWG v. 25.2.1964 zur Koordinierung der Sondervorschriften für die Einreise und den Aufenthalt von Ausländern, soweit sie aus Gründen der öffentlichen Ordnung, Sicherheit oder Gesundheit gerechtfertigt sind, ABl.EG 1964, 850.
20 RL 75/35/EWG des Rates vom 17. Dezember 1974 zur Erweiterung des Geltungsbereichs der Richtlinie 64/221/EWG zur Koordinierung der Sondervorschriften für die Einreise und den Aufenthalt von Ausländern, soweit sie aus Gründen der öffentlichen Ordnung, Sicherheit oder Gesundheit gerechtfertigt sind, auf die Staatsangehörigen eines Mitgliedstaats, die von dem Recht, nach Beendigung einer selbständigen Tätigkeit im Hoheitsgebiet eines Mitgliedstaats zu verbleiben, Gebrauch machen; ABl.EG Nr. L 14/14 (1975). Diese RL ist auf Art. 235 a. F. und auf Art. 56 Abs. 2 a. F. gestützt.
21 RL 73/148/EWG des Rates vom 21. Mai 1973 zur Aufhebung der Reise- und Aufenthaltsbeschränkungen für Staatsangehörige der Mitgliedstaaten innerhalb der Gemeinschaft auf dem Gebiet der Niederlassung und des Dienstleistungsverkehrs, ABl.EG 1973 Nr. L 172/5 – als Rechtsgrundlage für den Bereich der Niederlassung diente Art. 54 Abs. 2 a. F.; insbesondere die aufenthaltsrechtlichen RL gehen über den engeren Bereich der Niederlassungsfreizügigkeit hinaus und gewähren auch nichtwirtschaftlich Tätigen Verbleiberechte, vgl. RL 75/34 des Rates vom 17. Dezember 1974 über das Recht der Staatsangehörigen eines Mitgliedstaats, nach Beendigung der Ausübung einer selbständigen Tätigkeit im Hoheitsgebiet eines anderen Mitgliedstaats zu verbleiben, ABl.EG Nr. L 14/10 (gestützt auf Art. 235 a. F.) und RL 75/35/EWG (Fn. 11).

Art. 47 (ex-Art. 57)

(1) Um die Aufnahme und Ausübung selbständiger Tätigkeiten zu erleichtern, erläßt der Rat nach dem Verfahren des Artikels 251 Richtlinien für die gegenseitige Anerkennung der Diplome, Prüfungszeugnisse und sonstigen Befähigungsnachweise[4 ff.].

(2) Zu dem gleichen Zweck erläßt der Rat gemäß dem Verfahren des Artikels 251 Richtlinien zur Koordinierung der Rechts- und Verwaltungsvorschriften der Mitgliedstaaten über die Aufnahme und Ausübung selbständiger Tätigkeiten. Der Rat beschließt im Rahmen des Verfahrens des Artikels 251 einstimmig über Richtlinien, deren Durchführung in mindestens einem Mitgliedstaat eine Änderung bestehender gesetzlicher Grundsätze der Berufsordnung hinsichtlich der Ausbildung und der Bedingungen für den Zugang natürlicher Personen zum Beruf umfaßt. Im übrigen beschließt der Rat mit qualifizierter Mehrheit[9 ff.].

(3) Die schrittweise Aufhebung der Beschränkungen für die ärztlichen, arztähnlichen und pharmazeutischen Berufe setzt die Koordinierung der Bedingungen für die Ausübung dieser Berufe in den einzelnen Mitgliedstaaten voraus[3].

Inhaltsübersicht:
I.	Allgemeines	1
II.	Die Rechtsetzungsbefugnis des Art. 47 Abs. 1	4
III.	Die Rechtsetzungsbefugnis des Art. 47 Abs. 2	9

I. Allgemeines

Art. 47 ist im Bereich des Niederlassungsrechts eine zentrale Rechtsgrundlage für Harmonisierungsmaßnahmen der Gemeinschaft. Zum einen geht es um die **Anerkennung EG-ausländischer Diplome**, Zeugnisse und anderer Befähigungsnachweise (Art. 47 Abs. 1). Gerade in der Praxis ist diese Anerkennung außerordentlich wichtig, erspart sie doch dem EG-ausländischen Niederlassungswilligen, im Aufnahmeland deshalb als nichtqualifiziert und, wo solche Befähigungsnachweise Voraussetzung für die Ausübung einer selbständigen Tätigkeit sind, als nicht niederlassungsfähig angesehen zu werden, weil die heimischen Befähigungsnachweise nicht anerkannt werden. Wie im Rahmen des Art. 43 gezeigt, hat in diesem Bereich die Rechtsprechung des EuGH erhebliche Verbesserungen in den Bereichen gebracht, in denen sekundärrechtliche Harmonisierungsmaßnahmen unterblieben waren. Zum anderen geht es um die **Koordinierung der Rechtsnormen der Mitgliedstaaten**, die Voraussetzung für die Aufnahme selbständiger Tätigkeiten in den einzelnen Mitgliedstaaten sind. Im Zusammenhang mit Befähigungsnachweisen geht der Begriff der Koordinierung über den Begriff der Anerkennung insofern hinaus, als das, was anerkannt werden soll, näher bestimmten – koordinierten – Voraussetzungen unterworfen wird (Art. 47 Abs. 2).[1] Rechtsakte auf der Grundlage des Art. 47 Abs. 2 sind jedoch nicht auf die Koordination von Befähigungsnachweisen beschränkt. Auch andere Rechtsakte mit dem Ziel, die Aufnahme und Ausübung selbständiger Tätigkeiten zu erleichtern, können auf Art. 47 Abs. 2 gestützt werden. Dies gilt insbesondere, soweit die Mitgliedstaaten zur Verfolgung zwingender Gründe des Allgemeininteresses Maßnahmen erlassen oder beibehalten dürfen, die den freien Verkehr behindern; solche Hindernisse können durch Koordinierungsrechtsakte auf der Grundlage dieser Vorschrift beseitigt werden.[2] Insofern ist der Begriff der Koordinierung identisch mit den allgemeinen Begriffen Harmonisierung oder Rechtsangleichung. Je nach Regelungszu-

1

---

1 Vgl. *Schlag* in: Schwarze, EUV-Kommentar, Art. 47, Rn. 2.
2 EuGH, Rs. C-233/94, 13.5.1997, Slg. 1997, S. I-2405, Rn. 16 f.

sammenhang und je nach Reichweite der einschlägigen Rechtsgrundlage geht es bei allen Begriffen um die gemeinschaftsweite Vereinheitlichung von nationalen Rechtsvorschriften.[3] Als Rechtsgrundlage für koordinierende Rechtsakte tritt Art. 47 Abs. 2 grundsätzlich als mögliche Rechtsgrundlage kumulativ neben den Art. 44 Abs. 1. Ein Vorrangverhältnis der einen oder anderen Vorschrift besteht nicht, es sei denn, es handelt sich um eine Richtlinie im Sinne des Art. 47 Abs. 2 S. 2. Sowohl Abs. 1 als auch Abs. 2 verweisen auf das Mitentscheidungsverfahren des Art. 251.

2 Für das anzuwendende **Gesetzgebungsverfahren** verweisen beide Absätze auf das Mitentscheidungsverfahren des Art. 251. Die Beschlußfassung im Rat erfolgt grundsätzlich mit qualifizierter Mehrheit. Eine Besonderheit gilt gemäß Art. 47 Abs. 2 S. 2 für solche Richtlinien, deren Umsetzung die Änderung von nationalen Gesetzen betreffend die Ausbildung und den Zugang zu dem Beruf nach sich ziehen. Ist dies der Fall muß der Rat einstimmig beschließen, mit der Folge eines de facto bestehenden Verhinderungsrechts für einzelne Mitgliedstaaten. Die Vorschrift geht vor allem auf deutschen Druck zum Schutz insbesondere der Handwerksordnung zurück.[4] Wegen dieses Einstimmigkeitserfordernisses ist die Begriffsbestimmung der berufsordnungsändernden Rechtsakte nicht ohne Bedeutung. Der EuGH ist diesbezüglich im Ergebnis zurecht der Ansicht gefolgt, daß dieser Begriff eng auszulegen sei, weil es sich um eine Ausnahme vom allgemeinen Verfahren der qualifizierten Mehrheit handele. RL 98/5 schaffe »einen Mechanismus zur gegenseitigen Anerkennung von Berufsbezeichnungen der zuwandernden Rechtsanwälte« oder regele »**Modalitäten der Ausübung**« des Rechtsanwaltberufs, könne daher nicht als Berufszugangsregelung qualifiziert werden und habe daher nicht auf der Grundlage des Art. 47 Abs. 2 S. 2 einstimmig erlassen werden müssen.[5]

3 Art. 47 Abs. 3 und der dort vorgesehene Vorrang der Koordinierung der Anforderungen vor dem Abbau von Niederlassungsbeschränkungen ist schon seit längerer Zeit **obsolet**, weil auch für diese Berufe das Beschränkungsverbot unmittelbar gilt und weil im übrigen die Koordinationsvorschriften zwischenzeitlich ergangen sind.[6]

II. Die Rechtsetzungsbefugnis des Art. 47 Abs. 1

4 Gegenstand der Anerkennung im Rahmen des Art. 47 Abs. 1 sind Diplome, Prüfungszeugnisse und sonstige Befähigungsnachweise.[7] Der Begriff »sonstige Befähigungsnachweise« ist dabei als Oberbegriff zu verstehen, so daß **alle Arten von Befähigungsnachweisen erfaßt** werden, bei denen es um den Nachweis einer bestimmten persönlichen Qualifikation des Betroffenen geht und die als Voraussetzung für die Aufnahme einer selbständigen Tätigkeit in Betracht kommen können. Ob auch Betriebszulassungen von Gesellschaften auf der Grundlage dieser Vorschrift harmonisiert werden können[8],

---

3 Vgl. dazu z.B. G. *Hirsch*, Die Europäisierung der freien Berufe, DNotZ 2000, S. 729 ff.
4 U. *Everling*, Das Niederlassungsrecht in der EG als Beschränkungsverbot – Tragweite und Grenzen, in: W. *Schön* (Hrsg.), GS für Brigitte Knobbe-Keuk, 1997, S. 607 (609 f.)
5 EuGH, Rs. C-168/98, 7.11.2000, Slg. 2000, S. I-9131, Rn. 48, 52, 56, 59 (Luxemburg/EP und Rat).
6 Schlag in: Schwarze, EUV-Kommentar, Art. 47, Rn. 28; R. *Erhard*, in: Lenz, EGV, Art. 57, Rn. 7; P. *Troberg*, in: GTE, EU-/EGV, Art. 57, Rn. 7 f.
7 Grundlegend und umfassend zu diesem ganzen Bereich H. *Schneider*, Die Anerkennung von Diplomen in der Europäischen Gemeinschaft, Maastricht 1995; C. *Weber*, Die Anerkennung beruflicher Hochschuldiplome im Recht der Europäischen Gemeinschaft, WissR 1997, S. 20 ff.; H. *Conrad*, Rechtsprobleme bei der Anerkennung ausländischer Zeugnisse und Examina, RdJB 1995, S. 292 ff.
8 So P. *Troberg*, in: GTE, EU-/EGV, Art. 57, Rn. 14.

könnte aufgrund des klaren Wortlauts bezweifelt werden. Im Bereich der Niederlassungsfreiheit wäre zwar insoweit der Rückgriff auf Art. 44 Abs. 1 möglich, so daß es auf die Frage im Ergebnis nicht ankäme. Die Gesetzgebungskompetenz des Art. 44 betrifft aber ausschließlich die Niederlassungsfreiheit und bietet, weil von der Verweisung des Art. 55 nicht umfaßt, keine Grundlage für dienstleistungsspezifische Regelungen. Schon wegen des engen Sachzusammenhanges zwischen Niederlassungs- und Dienstleistungsbereich ist deshalb ein weite Auslegung des Begriffs »sonstige Befähigungsnachweise« geboten.

Der Erlaß solcher Anerkennungsrichtlinien ist nicht conditio sine qua non für die Anerkennung von Befähigungsnachweisen. Vielmehr sind die Mitgliedstaaten schon aus dem unmittelbar anwendbaren Beschränkungsverbot des Art. 43 heraus verpflichtet sind, den EG-ausländischen Befähigungsnachweis auf seine Gleichwertigkeit mit den inländischen Anforderungen hin zu prüfen. Daraus folgt, daß derartige Richtlinien die gegenseitige Anerkennung der Diplome, Prüfungszeugnisse und sonstigen Befähigungsnachweise weder unmittelbar noch mittelbar erschweren dürfen.[9] Sekundärrecht kann mithin – und das ist wenig erstaunlich – primärrechtliche Vorgaben nicht verdrängen.

5

Mittlerweile sind eine Reihe solcher Anerkennungsrichtlinien für verschiedene Berufe erlassen worden.[10] Hier kann nur kurz auf einige neuere Entwicklungen hingewiesen werden. Die **Tätigkeit als Rechtsanwalt** war bisher nur für den Bereich der Dienstleistungserbringung sekundärrechtlich geregelt.[11] Nunmehr ist auch die **Niederlassungsfreiheit der Rechtsanwälte** in einer eigenen Richtlinie geregelt.[12] RL 98/5/EG regelt einerseits die Voraussetzungen, unter denen ein EG-ausländischer Rechtsanwalt im Aufnahmeland unter seiner ursprünglichen Berufsbezeichnung dauerhaft praktizieren kann und schreibt andererseits fest, wann einem solchen Rechtsanwalt die volle Gleichstellung mit Inländern gewährt werden muß, d. h. unter welchen Voraussetzungen ein Anwalt unter der Berufsbezeichnung des Aufnahmelandes tätig werden kann.[13] Im medizinischen Bereich erging 1993 eine umfassende und ältere Regelungen inkorporierende neue **Ärzterichtlinie**.[14] Gemeinsam ist diesen Richtlinien, daß durch

6

---

9 So nunmehr ausdrücklich EuGH, Rs. C-31/00, 22.1.2002, Rn. 26 (Dreessen); vgl. schon EuGH, Rs. 71/76, 28.4.1977, Slg. 1977, 765, Leitsatz 3 (Thieffry).
10 Überblick bei C. Stumpf, in: Hb.EGWirtR, E. II, Rn. 30 ff.
11 RL 77/249/EWG des Rates vom 22. März 1977 zur Erleichterung der tatsächlichen Ausübung des freien Dienstleistungsverkehrs der Rechtsanwälte, ABl.EG 1977 Nr. L 78/17.
12 RL 98/5/EG des Europäischen Parlaments und des Rates vom 16. Februar 1998 zur Erleichterung der ständigen Ausübung des Rechtsanwaltsberufes in einem anderen Mitgliedstaat als dem, in dem die Qualifikation erworben wurde, ABl.EG 1998 Nr. L 77/36. Die Umsetzung ist erfolgt durch das Gesetz über die Tätigkeit europäischer Rechtsanwälte in Deutschland (EuRAG) v. 9.3.2000, BGBl. I 2000, S. 182 ff. Dazu *B. Lach*, Die Möglichkeiten der Niederlassung europäischer Rechtsanwälte in Deutschland, NJW 2000, S. 1609.
13 Dazu auch *E. Ewig*, Verwirklichung der Niederlassungsfreiheit für Rechtsanwälte in der EU und im EWR, NJW 1999, S. 248 ff.; s.a. *M. Kilian*, Das Verbot der Sternsozietät – Verstoß gegen Gemeinschaftsrecht?, NJW 2001, S. 326 ff.; *M. Henssler*, Der lange Weg zur EU-Niederlassungsrichtlinie für die Anwaltschaft, ZEuP 1999, S. 689 ff.
14 Richtlinie 93/16/EWG des Rates vom 5. April 1993 zur Erleichterung der Freizügigkeit für Ärzte und zur gegenseitigen Anerkennung ihrer Diplome, Prüfungszeugnisse und sonstigen Befähigungsnachweise, ABl.EG 1993 Nr. L 165/1. Zwischenzeitlich geändert durch die Richtlinie 97/50/EG des Europäischen Parlaments und des Rates vom 6. Oktober 1997, ABl.EG 1997 Nr. L 291/35 und die Richtlinie 98/21/EG der Kommission vom 8. April 1998, ABl.EG 1998 Nr. L 119/15. Zur Rechtsangleichung im medizinischen Bereich s. *W. Hakenberg*; Europarechtliche Perspektiven der ärztlichen Berufsausübung, MedR 2000, S. 55 ff. Zur Vergütungspflicht bei der Weiterbildung zum Facharzt vgl. EuGH, C-371/97, 3.11.2000, Slg. 2000, S. I-7881 (Cinzia Gozza); Rs. C-131/97, 25.2.1999, Slg¨1999, S. I-1103 (Carbonari).

sie die Anerkennung pauschal für die geregelte Berufsgruppe erfolgt und eine Einzelprüfung der Qualifikation durch die Mitgliedstaaten bezüglich dieses Personenkreises entfällt. Die durch Abs. 1 ermöglichte Anerkennung von Befähigungsnachweisen kann mit koordinierenden Vorschriften, die auf der Grundlage des Abs. 2 zu erlassen sind, in einem Rechtsakt verbunden werden. Zu beachten ist, daß die Anerkennungsrichtlinien nicht nur die Anerkennung der Befähigungsnachweise für Selbständige regeln. Durch zusätzlichen Rückgriff auf Art. 40 (Art. 49 a. F.) als Rechtsgrundlage werden auch die abhängig Beschäftigten des betreffenden Betätigungsfeldes von der Anerkennungswirkung umfaßt.

7 Der Ansatz, die Anerkennung jeweils für einzelne Berufe gesondert zu regeln, erwies sich jedoch als mühsam. Ein großer Fortschritt brachte daher die 1989 erlassenen **allgemeine Hochschulanerkennungsrichtlinie**.[15] Der Zweck dieser Richtlinie ist es, die Anerkennung aller der den Anforderungen der Richtlinie entsprechenden Hochschuldiplome für Unionsbürger in allen Mitgliedstaaten sicher zu stellen. Daraus folgt, daß dem Inhaber eines den Anforderungen der Richtlinie entsprechenden Diploms in einem anderen Mitgliedstaat nicht entgegengehalten werden kann, es ermangle ihm an der notwendigen Qualifikation (Art. 3 RL 89/48). Den Mitgliedstaaten steht es frei, zur Kompensation unterschiedlich langer Ausbildungszeiten eine **bestimmte Zeit der Berufserfahrung** zu verlangen und unterschiedliche Ausbildungsinhalte ggf. durch einen **Anpassungslehrgang** oder – wahlweise – eine **Eignungsprüfung** auszugleichen (Art. 4 RL 89/ 48). Von der RL 89/48 nicht erfasst sind nur solche Befähigungsnachweise, die Gegenstand einer speziellen Richtlinie sind. Das durch diese Richtlinie geschaffene System der allgemeinen Anerkennung von Hochschuldiplomen wurde 1992 durch eine allgemeine Anerkennungsrichtlinie für berufliche Befähigungsnachweise[16] mit ähnlicher Systematik ergänzt.[17] Die beiden Richtlinien werden vervollständigt durch die **RL 99/42/EG**.[18] Diese Richtlinie regelt die Anerkennung von Befähigungsnachweisen für bestimmte Berufstätigkeiten, die nicht unter die beiden vorher genannten Richtlinien fallen. Dabei ersetzt sie zahlreiche, zuvor vor allem in den Bereichen des Handels, des Handwerks, des Gewerbes sowie der Land- und Forstwirtschaft bestehenden Übergangs- und Liberalisie-

---

15 Richtlinie 89/48/EWG des Rates vom 21. Dezember 1988 über eine allgemeine Regelung zur Anerkennung der Hochschuldiplome, die eine mindestens dreijährige Berufsausbildung abschließen, ABl.EG 1989 Nr. L 19/16. Dazu C. *Weber*; Die Anerkennung beruflicher Hochschuldiplome im Recht der Europäischen Gemeinschaft, WissR 1997, S. 20 ff.
16 Richtlinie 92/51/EWG des Rates vom 18. Juni 1992 über eine zweite allgemeine Regelung zur Anerkennung beruflicher Befähigungsnachweise in Ergänzung zur Richtlinie 89/48/EWG, ABl.EG 1992 Nr. L 209/25. In Deutschland betrifft diese RL verschiedene Berufe, vgl. z.B. im Apothekenwesen BGBl. I, S. 2189 (1994), medizinisch-technische Assistenten, BGBl. I, S. 1402 (1993) und BGBl. I, S. 922 (1994), andere Heilberufe (Masseure, medizinische Bademeister), BGBl. I, S. 3770 (1994).
17 Hinzuweisen ist auf den Vorschlag für eine Richtlinie des Europäischen Parlaments und des Rates zur Änderung der Richtlinien 89/48/EWG und 92/51/EWG über eine allgemeine Regelung zur Anerkennung beruflicher Befähigungsnachweise und zur Ergänzung der Richtlinien 77/452/EWG, 77/453/EWG, 78/686/EWG, 78/687/EWG, 78/1026/EWG, 78/1027/EWG, 80/154/EWG, 80/155/EWG, 85/384/EWG, 85/432/EWG, 85/433/EWG und 93/16/EWG über die Tätigkeiten der Krankenschwester und des Krankenpflegers, die für die allgemeine Pflege verantwortlich sind, des Zahnarztes, des Tierarztes, der Hebamme, des Architekten, des Apothekers und des Arztes, ABl.EG 1998 Nr. C 28/1. Der Änderungsvorschlag zielt insbesondere auf eine bessere Berücksichtigung der Berufserfahrung im Anerkennungsprozeß.
18 Richtlinie 1999/42/EG des Europäischen Parlaments und des Rates vom 7. Juni 1999 über ein Verfahren zur Anerkennung der Befähigungsnachweise für die unter die Liberalisierungs- und Übergangsrichtlinien fallenden Berufstätigkeiten in Ergänzung der allgemeinen Regelung zur Anerkennung der Befähigungsnachweise, ABl.EG L 201/77 (1999). Die Umsetzungsfrist läuft bis zum 31.7.2001.

rungsrichtlinien und sorgt damit für mehr Rechtsklarheit. In Art. 3 der RL hat der **Richtliniengeber die Rechtsprechung des Gerichtshofs umgesetzt**, wonach die Mitgliedstaaten zur inhaltlichen Prüfung EG-ausländischer Befähigungsnachweise verpflichtet sind, bevor sie sich auf mangelnde Qualifikation berufen können.[19]

Auf dem Feld der Anerkennung beruflicher Befähigungsnachweise ist **in den nächsten Jahren mit einigen Änderungen** zu rechnen. Der Europäische Rat von Lissabon hat das Ziel gesetzt, innerhalb von zehn Jahren die wettbewerbsfähigste wissensbasierte Wirtschaft der Welt zu schaffen. Die Organe der Gemeinschaft haben in diesem Zusammenhang unterstrichen, wie wichtig eine **Konsolidierung der geltenden Rechtsvorschriften** über die Anerkennung beruflicher Befähigungsnachweise sei, um mehr Einheitlichkeit und Transparenz, aber auch mehr Flexibilität zu erreichen.[20] Ein erstes Resultat dieser Bemühungen ist die **neue RL 2001/19/EG zur Änderung einer Reihe von sektoralen Richtlinien**, mit die Anerkennungsverfahren beschleunigt und erleichtert werden soll.[21] 8

III. Die Rechtsetzungsbefugnis des Art. 47 Abs. 2

Die Kompetenz aus Art. 47 Abs. 2 ist **nicht begrenzt** auf die Regelung von **Sachverhalten mit Gemeinschaftsbezug**, d. h. es geht nicht nur um die Schaffung von bloß komplementären Gemeinschaftsregelungen zur Regelung von Fällen mit Gemeinschaftsbezug.[22] Es wäre in der Tat widersinnig, Ausbildung und Ausübung eines Berufes gemeinschaftsrechtlich zu harmonisieren und gleichzeitig zuzulassen, daß ein Mitgliedstaat, indem er strengere Anforderungen für reine Inlandssachverhalte verlangt, das Koordinierte praktisch abwertet. Überdies würde dies nur zur vermehrten Fällen von Inländerdiskriminierungen[23] führen und der Umgehung Tür und Tor öffnen. 9

Wie schon dargelegt, kann dem **Begriff der Koordinierung** keine Einschränkung der gemeinschaftlichen Gesetzgebungsbefugnis entnommen werden. Vielmehr ist der Begriff synonym zu den sonst verwandten Begriffen Rechtsangleichung oder Harmonisierung. Der Wortlaut des Art. 47 Abs. 1 S. 1 macht jedoch deutlich, daß es um die Angleichung von nationalen Vorschriften bezüglich der Aufnahme und Ausübung selbständiger Tätigkeiten gehen muß, d. h. es müssen in wenigstens einem Mitgliedstaat Regelungen bestehen, die sich – über ganz allgemeine Vorschriften (z. B. strafrechtlicher Art) hinaus, 10

---

19 Vgl. z.B. EuGH, Rs. C-340/89, 7.5.1991, Slg. 1991, I-2357 (Vlassopoulou).
20 Vgl. Arbeitspapier der Dienststellen der Europäischen Kommission zur künftigen Regelung der Anerkennung beruflicher Befähigungsnachweise, Markt/D/8131/3/2001-DE (21.5.2001). Zum weiteren Fortgang der Arbeiten auf diesem Gebiet s. die Erklärungen zur RL 2001/19/EG (s. nachfolgende Fn.), insbesondere die Gemeinsame Erklärung des Parlaments, des Rates und der Kommission, ABl.EG L 206/51 (2001). Danach will die Kommission die Ergebnisse ihrer Beratungen bis spätestens 2003 vorlegen.
21 Richtlinie 2001/19/EG des Europäischen Parlaments und des Rates vom 14. Mai 2001 zur Änderung der Richtlinien 89/48/EWG und 92/51/EWG des Rates über eine allgemeine Regelung zur Anerkennung beruflicher Befähigungsnachweise und der Richtlinien 77/452/EWG, 77/453/EWG, 78/686/EWG, 78/687/EWG, 78/1026/EWG, 78/1027/EWG, 80/154/EWG, 80/155/EWG, 85/384/EWG, 85/432/EWG, 85/433/EWG und 93/16/EWG des Rates über die Tätigkeiten der Krankenschwester und des Krankenpflegers, die für die allgemeine Pflege verantwortlich sind, des Zahnarztes, des Tierarztes, der Hebamme, des Architekten, des Apothekers und des Arztes, ABl.EG L 206/1 (2001).
22 H.M., vgl. *R. Streinz*, Mindestharmonisierung im Binnenmarkt, in: Vorträge und Berichte des Zentrums für Europäisches Wirtschaftsrecht, Nr. 68, 1996, S. 80 f.; W.-H. *Roth*, in: Hb.EG-WirtR, E. I, Rn. 146; *P. Troberg*, in: GTE, EU-/EGV, Art. 57, Rn. 32.
23 Vgl. zur Problematik der Inländerdiskriminierung *M. Gerhardt*, Zu neueren Entwicklungen der sogenannten Inländerdiskriminierung im Gewerberecht, GewArch 2000, S. 372.

mit der Aufnahme und Ausübung selbständiger Tätigkeiten befassen. Nur dann kann überhaupt Harmonisierungsbedarf bestehen. Die Gemeinschaft ist dagegen nicht kompetent zum Erlaß von Regelungen für Tätigkeiten, die im Rahmen der allgemeinen Rechtsordnungen der Mitgliedstaaten völlig frei zugänglich sind. Daraus – und aus Art. 3 Abs. 1 lit. c) – folgt aber konsequenterweise auch, daß die Gemeinschaft keine Kompetenz zum Erlaß von »überschießenden« Vorschriften besitzt, die das Regulierungsniveau in der Gemeinschaft über die in den Mitgliedstaaten existierende Regulierungstiefe hinaus noch zu verdichten trachten. Die Gemeinschaft ist nur befugt, die freie Niederlassung zu erleichtern, sie ist nicht befugt, diese zu erschweren. Dies hat auch der EuGH in einer neueren Entscheidung klar zum Ausdruck gebracht.[24]

11 Daraus ergibt sich zunächst die Frage, mit welcher Intensität eine bestimmte Tätigkeit durch mitgliedstaatliche Vorschriften reguliert werden muß, bevor die gemeinschaftliche Harmonisierungskompetenz zur Erleichterung der Ausübung dieser Tätigkeit einsetzt. Mit anderen Worten: Wie viel Niederlassungshindernisse sind notwendig, um die Erleichterungskompetenz der Gemeinschaft zu begründen. Viele nationale Regelungen beeinflussen, d. h. erleichtern oder erschweren die selbständige Ausübung von Tätigkeiten und haben damit einen mehr oder weniger direkten Einfluß auf Niederlassungsentscheidungen. Dennoch ist klar, daß dies nicht ausreicht, um eine Handlungskompetenz der Gemeinschaft nach Art. 47 Abs. 2 zu begründen. Das Recht der direkten Steuern kann nicht auf der Grundlage des Art. 47 Abs. 2 harmonisiert werden (in Betracht kommt insoweit einzig Art. 94), nur weil Angleichungsmaßnahmen auf dem Gebiet der direkten Steuern oder gar ein einheitliches Steuersystem die Niederlassung in anderen Mitgliedstaaten in erheblicher Weise erleichtern würden. Ähnliches gilt für strafrechtliche Vorschriften. Sollte das jüngst ergangene Strafurteil gegen einen verantwortlichen Mitarbeiter eines großen Internet Service Providers wegen des mit dem Internetzugangs verbundenen Zugangs auch zu pornographischen Angeboten rechtskräftig werden[25], so könnte dies die Niederlassungsbedingungen für solche Anbieter in der Bundesrepublik Deutschland erheblich verschlechtern und eine Harmonisierung auf Gemeinschaftsebene würde zweifelsohne Rechtssicherheit schaffen. Dennoch kann die Gemeinschaft keine Kompetenz zum Erlaß strafrechtlicher Regelungen aus Art. 47 Abs. 2 herleiten.

12 Zweitens stellt sich die Frage, wie eng der Bezug zur Niederlassungsfreiheit sein muß um eine Kompetenz zu begründen. Diese Frage ist insbesondere dann von Interesse, wenn die ins Auge gefaßte Regelung der Niederlassungsfreiheit in einem bestimmten Bereich auf andere kompetenzrechtlich relevante Bereiche ausstrahlt.

13 Die Antwort auf beide Fragen folgt aus der Zusammenschau der die Kompetenzabgrenzung zwischen Gemeinschaft und Mitgliedstaaten beherrschenden Grundprinzipien, d. h. aus der Anwendung – zunächst – des **Prinzips der begrenzten Einzelermächtigung** und – wenn ein Kompetenztitel gefunden ist – der verschiedenen **Kompetenzausübungsschranken** des Vertrages. Zu nennen ist insbesondere der Subsidiaritäts- und Verhältnismäßigkeitsgrundsatz (Art. 5), spezielle Ausschlußtitel wie etwa Art. 151 Abs. 5 im Bereich der Kultur oder Art. 149 Abs. 4, aber auch mittelbar ableitbare Handlungsverbote für die Gemeinschaft. So ergibt sich indirekt aus Art. 93, 94 und 95 Abs. 2, daß Rechtsetzung im Bereich der direkten Steuern jedenfalls nicht mit qualifizierter Mehrheit im Rat und im Mitentscheidungsverfahren erfolgen kann und damit auch nicht im Rahmen des Art. 47 Abs. 2. Harmonisierung im Bereich der direkten Steuern kann mithin auf der

---

24 EuGH, Rs. C-233/94, 13.5.1997, Slg. 1997, I-2405, Rn. 14 f., 19; s.a. *G. Ress/J. Bröhmer*, Europäische Gemeinschaft und Medienvielfalt – Die Kompetenzen der Europäischen Gemeinschaft zur Sicherung des Pluralismus im Medienbereich, 1998, S. 36 (39).
25 AG München, 28.5.1998, AZ 8340 Ds 465 Js 173 158/95 – »Compuserve«, CR 1998, 500.

Grundlage des Art. 47 Abs. 2 auch dann nicht erfolgen, wenn sie der Erleichterung der Ausübung einer selbständigen Tätigkeit dient. Aus Art. 149 Abs. 4 ergibt sich unmittelbar, daß die Gemeinschaft nicht den Fremdsprachenunterricht in den Schulen regeln kann, auch nicht unter Hinweis auf die Tatsache, daß Fremdsprachenkenntnisse die Ausübung einer selbständigen Tätigkeit im EG-Ausland erheblich erleichtern.[26] Aus dem **kompetenzrechtlichen Verhältnismäßigkeitsgrundsatz** des Art. 5 Abs. 3 folgt, daß gemeinschaftsrechtliche Harmonisierungsrechtsetzung dann nicht erforderlich ist, wenn die abwehrrechtliche Wirkung des Beschränkungsverbots des Art. 43 ausreicht, um das Niederlassungsrecht zu sichern. Das wird insbesondere der Fall sein, wenn eine bestimmte Tätigkeit nicht oder nur in wenigen Mitgliedstaaten überhaupt reguliert ist. Aus dem **Prinzip der begrenzten Einzelermächtigung** ergibt sich, daß die Anforderungen an die Begründung einer Gemeinschaftskompetenz um so höher werden, je mehr neben dem funktionalen Aspekt »Regelung der Niederlassungsfreiheit«, also dem Niederlassungsaspekt, andere Aspekte hinzutreten, die herkömmlich von eigener kompetenzrechtlicher Relevanz sind.

Allerdings bedeutet eine fehlende Regelungszuständigkeit der Gemeinschaft nicht, daß die betreffenden nationalen Regelungen sich außerhalb jeglichen gemeinschaftsrechtlichen Zugriffs befinden. Auch in diesen Bereichen gelten die primärrechtlichen Vorgaben und damit auch das Beschränkungsverbot des Art. 43.[27]   14

---

26 Ress/Bröhmer (Fn. 24), S. 36.
27 Für den Bereich des Steuerrechts s. die Kommentierung zu Art. 43, Rn. 32 ff.

Art. 48 EG-Vertrag

Art. 48 (ex-Art. 58)

Für die Anwendung dieses Kapitels stehen die nach den Rechtsvorschriften eines Mitgliedstaats gegründeten Gesellschaften[5], die ihren satzungsmäßigen Sitz, ihre Hauptverwaltung oder ihre Hauptniederlassung innerhalb der Gemeinschaft haben[6, 7], den natürlichen Personen gleich[8 ff.], die Angehörige der Mitgliedstaaten sind.

Als Gesellschaften gelten die Gesellschaften des bürgerlichen Rechts und des Handelsrechts einschließlich der Genossenschaften und die sonstigen juristischen Personen des öffentlichen und privaten Rechts mit Ausnahme derjenigen, die keinen Erwerbszweck verfolgen.[2 ff.]

Inhaltsübersicht:

I. Allgemeines	1
II. Der Begriff der »juristischen Person«	2
III. Voraussetzungen für die Niederlassungsfreiheit von Gesellschaften	5
IV. Bedeutung und Besonderheiten der Niederlassungsfreiheit von Gesellschaften	8

I. Allgemeines

1 Art. 48 Abs. 1 macht deutlich, daß die Niederlassungsfreiheit – und über die Verweisung im Art. 55 auch die Dienstleistungsfreiheit – nicht nur für natürliche Personen, sondern auch für juristische Personen gilt.

II. Der Begriff der »juristischen Person«

2 In Art. 48 Abs. 2 wird der Begriff der Gesellschaft bzw. der juristischen Person näher definiert. Gemeinsamer Nenner aller genannten Erscheinungsformen ist der **Erwerbszweck**. Im Gleichlauf zu dem im Art. 43 Abs. 2 (s. dort Rn. 10) gebrauchten Begriff der Ausübung einer **selbständigen Erwerbstätigkeit** geht es um die Teilnahme am Wirtschaftsleben, d. h. daß das Produkt oder die Dienstleistung der niedergelassenen Gesellschaft wird grundsätzlich gegen Entgelt (s. auch. Art. 50 Abs. 1, Rn. 9 ff.) angeboten. Die Anforderungen an dieses Merkmal sind nicht allzu hoch anzusetzen; die Gewinnerzielung muß, wie die Nennung der Genossenschaften im Abs. 2 zeigt, nicht im Vordergrund stehen. Ausgenommen sind – in negativer Abgrenzung – nur Gesellschaften, die **keinerlei Erwerbszweck** verfolgen[1], also etwa rein karitative oder kulturelle Organisationen und insbesondere der sog. Idealverein. Der EuGH hat es zugelassen, daß ein Mitgliedstaat die Erbringung bestimmter Dienstleistungen im Rahmen der Sozialhilfe Gesellschaften vorbehält, die keinen Erwerbszweck verfolgen und damit Gesellschaften mit Erwerbszweck ausschließt, weil davon sowohl inländische als auch ausländische Gesellschaften mit Erwerbszweck gleichermaßen betroffen seien.[2]

---

1 EuGH, Rs. C-70/95, 17.6.1997, Slg. 1997, I-3395, Rn. 25 (Sodemare); in seinen Schlußantr. zu dieser Rs. vom 6.2.1997, Rn. 21, unterscheidet GA Fenelly allerdings zwischen Gesellschaften, die »keinen Gewinn anstreben« und solchen die »kaufmännisch« arbeiten. Ob dies ein engerer Ansatz ist, bleibt unklar, denn auch nicht auf Gewinnerzielung ausgerichtete Unternehmen können nicht kaufmännisch arbeiten. Der EuGH hat diese Terminologie in seinem Urteil nicht übernommen und spricht nur vom Erwerbszweck. Allerdings kam es in diesem Fall auf die genaue Unterscheidung auch nicht an.
2 EuGH, Rs. C-70/95, 17.6.1997, Slg. 1997, I-3395, Rn. 33, 35 (Sodemare).

Auffällig ist, daß Art. 48 Abs. 2 sowohl juristische Personen des Privatrechts als auch 3
solche des öffentlichen Rechts umfaßt. **Juristische Personen des öffentlichen Rechts** können sich auf die Niederlassungsfreiheit jedoch nur berufen, soweit mit der öffentlich-rechtlichen Organisationsform nicht die Ausübung von Hoheitsrechten einhergeht. Davon abgesehen eröffnet diese Vorschrift auch öffentlich-rechtlich organisierten Unternehmen die Möglichkeit zur gemeinschaftsweiten Betätigung. Hier bestehen etwa für Eigenbetriebe der Gemeinden – insbesondere im grenznahen Raum – durchaus Perspektiven, man denke z. B. an die Abfall-, Energie- oder Wasserwirtschaft oder neuerdings an den Bereich der Telekommunikation. Dabei ist darauf zu achten, daß die sonstigen Wettbewerbsregeln eingehalten werden. Bezüglich der öffentlich-rechtlichen Kreditinstitute, die aufgrund der sog. Gewährträgerhaftung einen Wettbewerbsvorteil gegenüber privaten Konkurrenten genießen, ist auf die Erklärung Nr. 37 zum Vertrag von Amsterdam[3] hinzuweisen. Danach wird die Sonderstellung der öffentlich-rechtlichen Kreditinstitute hingenommen, allerdings nur soweit die Gebietskörperschaften mit Hilfe dieser Einrichtungen »in ihren Regionen« eine leistungsfähige Finanzinfrastruktur zur Verfügung stellen wollen. Damit ist die in der Erklärung angelegte wettbewerbsrechtliche Privilegierung dieser Einrichtungen nicht mehr anwendbar, wenn und soweit solche Institute mit Blick auf Art. 48 ihre Dienstleistungen grenzüberschreitend erbringen wollen.

Art. 48 Abs. 2 zählt bestimmte Organisationsformen beispielhaft auf, die unter den Gesellschaftsbegriff der Vorschrift fallen sollen. Die Vorschrift ist sprachlich mißglückt, 4
weil nach dem deutschen Wortlaut der Vorschrift sowohl rechtsfähige (»sonstige juristische Personen«) als auch nicht-rechtsfähige Gesellschaften (»Gesellschaften des bürgerlichen Rechts«) angesprochen werden. Betrachtet man jedoch die französische oder englische Fassung, so spricht viel dafür, daß nur rechtsfähige Gebilde gemeint sind[4], auch weil nur dann der Begriff der »sonstigen juristischen Person« einen Sinn ergibt. Außerdem ist zu beachten, daß bei nichtrechtsfähigen Gesellschaften die dahinter stehenden natürlichen Personen Berechtigte der Niederlassungsfreiheit sind. Dennoch wird – soweit ersichtlich einhellig – davon ausgegangen, die Vorschrift erfasse auch nicht-rechtsfähige Organisationsformen.[5]

III. Voraussetzungen für die Niederlassungsfreiheit von Gesellschaften

Art. 48 erfaßt nur solche Gesellschaften, die **nach den Rechtsvorschriften eines Mitglied-** 5
staates gegründet worden sind, d. h. die Existenz der Gesellschaft und ihre Grundstruktur müssen sich aus dem nationalen Recht eines Mitgliedstaates herleiten. Die Gesellschaft muß **zusätzlich** entweder ihren **satzungsmäßigen Sitz oder ihre Hauptverwaltung oder ihre Hauptniederlassung innerhalb der Gemeinschaft** haben. Diese Kriterien dienen, ähnlich wie die Staatsangehörigkeit bei natürlichen Personen, der Zuordnung der Gesellschaft zu einem mitgliedstaatlichen Recht.[6]

---

3 Von der Konferenz angenommene Erklärung zu öffentlich-rechtlichen Kreditinstituten in Deutschland. Zum rechtlichen Charakter von Erklärungen vgl. Art. 311, Rn. 3.
4 Die Gesellschaft des bürgerlichen Rechts, im deutschen Recht eine spezielle Art einer nichtrechtsfähigen Organisationsform, wird im englischen zu »constituted under civil (or commercial) law« und im französischen zu »les sociétés de droit civil (ou commercial)«. Diese Formulierungen deuten mehr darauf hin, daß zivil- und handelsrechtliche Gesellschaften erfaßt werden sollten, nicht aber unbedingt die deutsche Gesellschaft des bürgerlichen Rechts.
5 Jedoch ohne Begründung, vgl. *Müller-Huschke* in: J. Schwarze (Hrsg.), EU-Kommentar, Art. 48, Rn. 3; *P. Troberg*, in: GTE, EU-/EGV, Art. 58, Rn. 2; *W.-H. Roth*, in: Hb.EGWirtR, E. I. Rn. 55; *A. Randelzhofer*, in: Grabitz-Hilf, EGV, Art. 58 Rn. 3; *Bleckmann*, Europarecht, Rn. 1609.
6 EuGH Rs. 330/91, 13.7.1993, Slg. 1993, I-4017, Rn. 13 (Commerzbank).

6 Für die Zuordnung einer Gesellschaft zur Gemeinschaft und damit für die Anwendbarkeit der Niederlassungsfreiheit auf diese Gesellschaft spielt die Staatsangehörigkeit der Gesellschafter – und damit die sog. **Kontrolltheorie**[7] – nach dem klaren Wortlaut des Art. 48 Abs. 1 keine Rolle.[8]

7 Ob aus dem Allgemeinen Niederlassungsprogramm[9] für die Zuordnung einer Gesellschaft zum Gemeinschaftsrecht ein **zusätzliches ungeschriebenes Kriterium der »tatsächlichen und dauerhaften Verbindung mit der Wirtschaft eines Mitgliedstaates«** abzuleiten ist, ist umstritten.[10] Für diese Annahme fehlt nicht nur die rechtliche Grundlage[11]; es besteht auch kein Bedürfnis für eine solche ungeschriebene Regelung, weil Gesellschaften mit Tätigkeitsbereich außerhalb der Gemeinschaft – und nur für solche Gesellschaften kann der Ausschluß von der Niederlassungsfreiheit überhaupt in Frage kommen – durch den nach den Rechtsvorschriften eines Mitgliedstaates erfolgten Gründungsakt bzw. durch das Innehaben des satzungsmäßigen Sitzes oder einer Hauptverwaltung oder Hauptniederlassung innerhalb der Gemeinschaft ausreichend mit der Gemeinschaft verbunden sind.[12]

IV. Bedeutung und Besonderheiten der Niederlassungsfreiheit von Gesellschaften

8 Prima facie bewirkt Art. 48 für den Bereich der Niederlassungsfreiheit eine **Gleichstellung von natürlichen und juristischen Personen**. Aber schon auf den zweiten Blick wird deutlich, daß Unterschiede bestehen. Während bei natürlichen Personen bei der Verlagerung ihrer Niederlassung weder ihre Existenz als solche angezweifelt wird noch die Anerkennung als Person mit fremder Staatsangehörigkeit in Frage steht, ist dies bei juristischen Personen in den Mitgliedstaaten nicht der Fall, die der sog. Sitztheorie[13] folgen. Unter der Geltung der Sitztheorie ist die Verlagerung des Sitzes einer Gesellschaft in einen anderen Staat (primäre Niederlassung) grundsätzlich nicht möglich. Vielmehr bedarf es der Auflösung und Liquidation der »auswandernden« Gesellschaft und der Neugründung im »Einwanderungsland«. Selbst die Errichtung einer (oder mehrerer) »sekundären Niederlassung«, also etwa die Eröffnung eines dauerhaften Büros in einem an-

---

7 Im internationalen Gesellschaftsrecht, also dem Teil des internationalen Privatrechts (Kollisionsrecht) welches sich mit juristischen Personen befaßt, werden für die Bestimmung des auf die Gesellschaft anwendbaren Rechts im wesentlichen drei Theorien vertreten. Die Kontrolltheorie knüpft an die Staatsangehörigkeit der die Gesellschaft beherrschenden Gesellschafter an, die insbesondere in den kontinental-europäischen Ländern vorherrschende Sitztheorie an das Recht des Staates, in dem die Gesellschaft ihren Sitz hat und die vor allem im angelsächsischen Rechtskreis vorherrschende Gründungsorttheorie an das Recht des Staates, indem die Gesellschaft gegründet wurde. Vgl. zu dieser Thematik G. *Kegel*, Internationales Privatrecht, 7. Aufl. 1995, § 17 II, S. 413 ff.; *Staudinger-Grossfeld* (1993), IntGesR, Rn. 13 ff.
8 Vgl. EuGH, Rs. C-221/89, 25.7.1991, Slg. 1991, S. I-3905, Rn. 30 (Factortame).
9 ABl.EG 1962 Nr. 2, 6.
10 Dafür z. B. *Bleckmann*, Europarecht, Rn. 1619 mit einem wenig überzeugenden Hinweis auf die drohende »Gefahr der Amerikanisierung der Wirtschaft«. Die Frage, wer die Kontrolle über eine Gesellschaft ausübt, spielt für die Frage der Zuordnung einer Gesellschaft zu einem Mitgliedstaat keine Rolle. Dafür auch P. *Troberg*, in: GTE, EU-/EGV, Art. 58, Rn. 8, allerdings nicht bezogen auf die sekundäre Niederlassung und auf solche Gesellschaften, die ihren Geschäftsschwerpunkt außerhalb der Gemeinschaft haben. Diese sollen nicht mit einem rein formalen Sitz innerhalb der Gemeinschaft in den Genuß der Niederlassungsfreiheit kommen können. Dagegen A. *Randelzhofer*, in: Grabitz-Hilf, EGV, Art. 58 Rn. 14 unter Verweis auf EuGH, Rs. 79/85, 10.7.1986, Slg. 1986, 2375, Rn. 16 (Segers).
11 EuGH, Rs. 79/85, 10.7.1986, Slg. 1986, 2375, Rn. 16 (Segers).
12 Wie hier auch *Müller-Huschke* in: Schwarze, EUV-Kommentar, Art. 48, Rn. 11 f.
13 S. o. Fn. 7.

deren Mitgliedstaat als ausländische juristische Person, setzt voraus, daß das dortige Recht die handelnde ausländische juristische Person als Träger von Rechten und Pflichten anerkennt. Mag dies auch grundsätzlich nach den Regeln des internationalen Gesellschaftsrechts kein Problem sein, so ist doch der konkrete Umfang dieser Anerkennung nicht von vornherein klar.[14, 15]

In seiner Entscheidung im Fall **Daily Mail**[16] hatte der EuGH unter Berufung auf den seinerzeitigen Stand des Gemeinschaftsrechts diese Rechtslage grundsätzlich gebilligt. Zur Frage, ob die Sitzverlagerung einer englischen Aktiengesellschaft ohne vorherige Liquidation (Aufgabe der Registrierung der AG in England) von einer Genehmigung der zuständigen englischen Steuerbehörde abhängig gemacht werden kann, entschied der EuGH, daß – »beim derzeitigen Stand des Gemeinschaftsrechts«[17] – die Unterschiede in den Rechtsordnungen der Mitgliedstaaten insbesondere hinsichtlich der Möglichkeit und ggf. der Modalitäten einer Verlegung des satzungsmäßigen oder wahren Sitzes einer Gesellschaft nationalen Rechts von einem Mitgliedstaat in einen anderen »durch die Bestimmungen über die Niederlassungsfreiheit nicht gelöst sind, sondern einer Lösung im Wege der Rechtsetzung oder des Vertragsschlusses bedürfen«.[18] Dies ergebe sich zum einen aus Art. 220 a.F. (nunmehr Art. 293), der den Mitgliedstaat aufgebe, die gegenseitige Anerkennung der Gesellschaften und die Beibehaltung der Rechtspersönlichkeit bei Verlegung des Sitzes von einem Staat in einen anderen durch den Abschluß von völkerrechtlichen Verträgen zu regeln (s. Art. 293 Rn. u)[19] und zum anderen aus Art. 54 Abs. 2 lit. g) a.F., welcher für die Koordinierung des Gesellschaftsrecht auf den – bisher nicht erfolgten – Erlaß von Richtlinien abstelle.[20] 9

Im weitbeachteten **Centros-Urteil**[21] entschied der EuGH, daß ein Mitgliedstaat die **Eintragung einer Zweigniederlassung** einer in einem anderen Mitgliedstaat nach dessen Recht gegründeten Gesellschaft nicht verweigern darf, auch wenn die Gesellschaft im 10

---

14 Vgl. dazu P. *Troberg*, in: GTE, EU-/EGV, Art. 58, Rn. 12.
15 Plakativ P. *Behrens*, Sind Gesellschaften Niederlassungsberechtigte minderen Rechts?, EuZW 1991, S. 97 (Editorial); ausführlich zu dieser Problematik z. B.: W. *Meilicke*, Zur Vereinbarkeit der Sitztheorie mit der Europäischen Menschenrechtskonvention und anderem höherrangigem Recht, BB (Beilage 9 zu Heft 31/1995), S. 1; C. T. *Ebenroth/T. Auer*, Die Vereinbarkeit der Sitztheorie mit europäischem Recht – Zivil- und steuerrechtliche Aspekte im deutschen Recht, GmbHR 1994, S. 16.
16 EuGH, Rs. 81/87, 27.9.1988, Slg. 1988, 5483 (Daily Mail); aus der umfangreichen Literatur zu diesem Urteil s. M. *Schümann*, Die Vereinbarkeit der Sitztheorie mit dem europäischen Recht, EuZW 1994, S. 269; J. *Wouters*, The Case-Law of the European Court of Justice on Direct Taxes: Variations upon a theme, Maastricht Journal of European and Comparative Law 1994, S. 179 (197 ff.) und die Angaben in Fn. 15.
17 EuGH, Rs. 81/87, 27.9.1988, Slg. 1988, 5483, Rn. 25 (Daily Mail).
18 EuGH, Rs. 81/87, 27.9.1988, Slg. 1988, 5483, Rn. 23 (Daily Mail).
19 EuGH, Rs. 81/87, 27.9.1988, Slg. 1988, 5483, Rn. 21 (Daily Mail). Bisher sind solche Abkommen nicht in Kraft getreten. Das Europäische Übereinkommen vom 29.2.1968 über die gegenseitige Anerkennung von Gesellschaften und juristischen Personen (BGBl. II 1972, 370 ff.) ist von den Niederlanden nicht ratifiziert worden und deshalb nicht in Kraft getreten, vgl. Staudinger-Grossfeld, Internationales Gesellschaftsrecht, 1993, Rn. 131, Abdruck des Abkommens, Rn. 132 ff.
20 EuGH, Rs. 81/87, 27.9.1988, Slg. 1988, 5483, Rn. 22 (Daily Mail).
21 EuGH Rs. 212/97, 9.3.1999, Slg. 1999, S. I-1459 (Centros). Die Entscheidung dürfte zu den am meisten besprochenen Entscheidungen des EuGH zählen. Aus der neueren Literatur vgl. z.B. (höchst auszugsweise) H. *Xanthaki*, Centros: Is this Really the End for the Theory of the Siege Reel?, Company Lawyer 2001, S. 2 ff.; B. *Lurger*, Centros Revisited – Die österreichische Sitztheorie und die Niederlassungsfreiheit des EG-Vertrages, IPrax 2001, S. 346 ff.; D. *Zimmer*, Mysterium »Centros« – Von der schwierigen Suche nach der Bedeutung eines Urteils des Europäischen Gerichtshofes, ZHR 164, S. 23 ff.; W. F. *Ebke*, Centros – Some Realities and some Mysteries, Am. J. Comp. L. 2000, S. 623 ff.; W-H. *Roth*, »Centros«: Viel Lärm um nichts?, ZGR 2000, S. 311 ff.

Art. 48 EG-Vertrag

Gründungsstaat keinerlei Geschäftstätigkeit entfaltet und die Gründung dort nur erfolgte, um die strengeren Anforderungen des die Eintragung verweigernden Mitgliedstaates zu umgehen.

11 Im Unterschied zu Daily-Mail-Entscheidung ging es in der Centros-Entscheidung nicht um steuerrechtliche Auswirkungen des Wegzugs einer Gesellschaft, sondern um die Anwendbarkeit nationaler gesellschaftsrechtlicher Schutzvorschriften im Lichte der Niederlassungsfreiheit bei Zuzug einer Gesellschaft. In beiden Fällen waren nur Länder betroffen, die der Gründungsorttheorie folgen.[22]

12 Aus heutiger Sicht stellt sich die Frage, ob sich das Gemeinschaftsrecht zwischenzeitlich in einer Weise weiterentwickelt hat, daß nunmehr von einer tatsächlichen Gleichstellung von natürlichen und juristischen Personen im Bereich der Niederlassungsfreiheit auszugehen ist. Soweit der EuGH in seiner Daily Mail Entscheidung auf Art. 220 a.F. (nunmehr Art. 293) und auf Art. 54 Abs. 2 lit. g a.F. (nunmehr Art. 44 Abs. 2 lit. g) verweist, haben sich keine Änderungen ergeben. Bisher wurden weder Richtlinien noch Abkommen zu diesem Themenbereich verabschiedet. In der Zwischenzeit verfestigt hat sich jedoch die Betrachtung der Niederlassungsfreiheit als ein über die bloße Inländerbehandlung hinausgehendes Beschränkungsverbot.[23] Diese von der Rechtsprechung des EuGH vorangetriebene Entwicklung hat durch Art. 43 Abs. 1 S. 1 ihre primärrechtliche Bestätigung erfahren. Mit dem Centros-Urteil hat diese Entwicklung nun auch unmittelbar das Gesellschaftsrecht erreicht. Damit ist aber keineswegs die Frage nach der Zulässigkeit der Sitztheorie beantwortet.

13 Die Antwort auf diese Frage muß vielmehr differenziert ausfallen. Aus der **Centros-Entscheidung** läßt sich zunächst einmal nur ableiten, daß Mitgliedstaaten die Eröffnung einer Zweigniederlassung grundsätzlich nicht verhindern können und daß als Zweigniederlassung auch die Niederlassung angesehen werden kann, über die die gesamte Geschäftstätigkeit abgewickelt wird. Daraus folgt mittelbar, daß die **Begriffe Hauptniederlassung und Zweigniederlassung nur noch rein formale Begriffe** sind. Hauptniederlassung kann auch der Satzungssitz sein[24], auf den Umfang der Geschäftstätigkeit am Satzungssitz kommt es nicht an.[25]

14 Im übrigen erscheint bei der Interpretation der Centros-Entscheidung Zurückhaltung angebracht.[26] Art. 48 Abs. 1 verlangt die rechtliche Gleichstellung der juristischen Personen mit den natürlichen Personen. Gleichheit bedeutet aber nicht die Aufhebung aller Unterschiede, zumal dies im Ergebnis zu einer Privilegierung der juristischen Personen führen würde. Auch natürliche Personen können ihren Wohnsitz nicht einfach formal in einen anderen Mitgliedstaat verlegen, etwa um dort von günstigeren Steuern zu profi-

---

22 *Schümann* (Fn. 16), 271, 269; ausführlich Staudinger-Grossfeld, (Fn. 19) Rn. 13 ff.
23 Vgl. die Kommentierung zu Art. 43, Rn. 18 ff.
24 Das ist freilich umstritten, weil z.T. auch behauptet wird, in Centros sei es um einen Fall der primären vollständigen Sitzverlegung gegangen und nicht um eine Zweigniederlassungsgründung. In der Entscheidung findet diese Ansicht jedoch keine Stütze. Sie gründet sich auf die Annahme, daß die Gründung einer Zweigniederlassung eine Hauptniederlassung und keinen bloßen Satzungssitz voraussetze, vgl. z.B. *Freitag*, Der Wettbewerb der Rechtsordnungen im internationalen gesellschaftsrecht, EuZW 1999, 267 (268). Dagegen überzeugend *Ebke* (Fn. 21), S. 633 ff.
25 Vgl. schon EuGH, Rs. 79/85, 10.7.1986, Slg. 1986, S- 2375, Rn. 17(Segers); s.a. *Roth* (Fn. 21), ZGR 2000, 311 (316).
26 Vgl. dazu auch OLG Düsseldorf, 26.3.2001, BB 2001, S. 901: Sitzverlegung einer Gesellschaft in einen anderen Mitgliedstaat in Deutschland nicht eintragungsfähig. S. dazu auch die Anm. von R. *Emden*, S. 902 ff.; s.a. OLG Hamm, 1.2.2001, DB 2001, S. 1084 f. – Sitzverlegung einer deutschen GmbH nach England führt zur Auflösung und kann deshalb nicht eingetragen werden.

tieren. Von natürlichen Personen verlangt man, daß sie sich dann auch tatsächlich in nennenswertem Umfang in dem anderen Mitgliedsstaat aufhalten. Solange die Niederlassungsfreiheit nicht die Zulässigkeit des »Briefkastenwohnsitzes« für natürliche Personen mit Auswirkungen auch in den steuerlichen Bereich verlangt, solange folgt aus ihr auch nicht die Zulässigkeit eines »Briefkastensitzes« für juristische Personen unter Hinnahme aller steuerlichen Konsequenzen. Auch nach dem heutigen Stand des Gemeinschaftsrechts kann die Niederlassungsfreiheit daher nicht als Grundlage dafür dienen, im übrigen rechtlich nicht zu beanstandende steuerrechtliche Regelungen in den Mitgliedstaaten durch steuerlich motivierte Sitzverlagerungen auszuhebeln.[27] Dies gilt jedoch nur insoweit, als der »Umzug« bzw. die begehrte Eintragung von Gesellschaften oder Zweigniederlassungen – wie im Fall Daily Mail und anders als im Fall Centros – auch tatsächlich und nachvollziehbar mit Rechtsgütern kollidiert, deren Schutz aus zwingenden Gründen des Allgemeininteresses gerechtfertigt sein kann. Dazu gehört die Kohärenz des nationales Steuersystems soweit es im übrigen grundfreiheitenkonform ausgestaltet ist, dazu können z.b. auch nationale Mitbestimmungsregeln gehören, keinesfalls jedoch die Verhinderung der Verlagerung wirtschaftlicher Aktivitäten aus (wirtschafts-)politischen Gründen.[28]

Inwiefern ein vom **BGH eingeleitetes Vorlageverfahren** die Frage nach der Vereinbarkeit der Sitztheorie mit Art. 48 beantworten wird, bleibt abzuwarten.[29] Dort geht es um die Frage, ob mit Art. 48 EGV vereinbar ist, daß eine nach niederländischem Recht gegründete und dort eingetragene Gesellschaft nach **Verlegung ihres tatsächlichen Verwaltungssitzes** nach Deutschland nach deutschem Recht ihre Rechtsfähigkeit verliert und daher vor deutschen Gerichten keine zivilrechtlichen Ansprüche geltend machen kann.[30] Auch nach dem heutigen Stand des Gemeinschaftsrechts wäre eine Entscheidung des EuGH unwahrscheinlich, die alle mit der Anwendung der Sitztheorie verbundenen Schutzgesichtspunkte unanwendbar werden ließe. Im Lichte der Centros-Entscheidung näherliegend ist die – eher zu verneinende – Frage, ob die strenge Anknüpfung an den tatsächlichen Verwaltungssitz und der daraus resultierende Eingriff in die Niederlassungsfreiheit in diesem konkreten Fall erforderlich war, um zwingende Allgemeininteresses zu verteidigen.[31]

15

---

27 *Wouters* (Fn. 16), 199.
28 Vgl. *Wouters* (Fn. 16), S. 198; *Schümann* (Fn. 16), S. 274 f.
29 BGH, Az.: VII ZR 370/98, EuZW 2000, 412; s.a. die Vorlage des AG Heidelberg v. 3.3.2000, Az. HRB 831-SNH, RIW 2000, S. 557 ff., dazu *D. Zimmer*, Internationales Gesellschaftsrecht und Niederlassungsfreiheit: Das Rätsel vor der Lösung?, BB 2000, S. 1361 ff.
30 Zu diesem Vorlagebeschluß, der sowohl auf Kritik als auch auf Zustimmung gestoßen ist, vgl. *D. Walden*, Niederlassungsfreiheit, Sitztheorie und der Vorlagebeschluß des VII. Zivilsenats des BGH vom 30.3.2000, EWS 2001, S. 256 ff. m.w.N.
31 Es stellt sich z.B. die Frage, ob die niederländische Gesellschaft nicht als vollwirksame GbR bzw. OHG hätte behandelt werden müssen, um auf diese Weise die Parteifähigkeit herzustellen. Dazu *U. Forsthoff*, Rechts- und Parteifähigkeit ausländischer Gesellschaften mit Verwaltungssitz in Deutschland? – Die Sitztheorie vor dem EuGH: Anmerkung zu dem Vorlagebeschluß des BGH vom 30.3.2000 – VII ZR 370/98, DB 2000, S. 1109 ff.

Kapitel 3
Dienstleistungen

Art. 49 (ex-Art. 59)

Die Beschränkungen[53 ff.] des freien Dienstleistungsverkehrs[5 ff.] innerhalb der Gemeinschaft für Angehörige der Mitgliedstaaten, die in einem anderen Staat der Gemeinschaft als demjenigen des Leistungsempfängers ansässig sind[7 f.], sind nach Maßgabe der folgenden Bestimmungen verboten[34 ff.].

Der Rat kann mit qualifizierter Mehrheit auf Vorschlag der Kommission beschließen, daß dieses Kapitel auch auf Erbringer von Dienstleistungen Anwendung findet, welche die Staatsangehörigkeit eines dritten Landes besitzen und innerhalb der Gemeinschaft ansässig sind.[32]

Art. 50 (ex-Art. 60)

Dienstleistungen im Sinne dieses Vertrags sind Leistungen[5 f.], die in der Regel gegen Entgelt erbracht werden[9 ff.], soweit sie nicht den Vorschriften über den freien Waren- und Kapitalverkehr und über die Freizügigkeit der Personen unterliegen[13 ff.].
Als Dienstleistungen gelten insbesondere:
a) gewerbliche Tätigkeiten,
b) kaufmännische Tätigkeiten,
c) handwerkliche Tätigkeiten,
d) freiberufliche Tätigkeiten.
Unbeschadet des Kapitels über die Niederlassungsfreiheit kann der Leistende zwecks Erbringung seiner Leistungen seine Tätigkeit vorübergehend in dem Staat ausüben[42], in dem die Leistung erbracht wird, und zwar unter den Voraussetzungen, welche dieser Staat für seine eigenen Angehörigen vorschreibt[36 ff.].

Inhaltsübersicht:

A. Rechtliche und praktische Bedeutung der Dienstleistungsfreiheit	1
B. Begriff und Anwendungsbereich der Dienstleistungsfreiheit	5
I. Begriff der Dienstleistung	5
1. Rechtsprechung des EuGH	7
a) Grenzüberschreitung	7
b) Entgeltlichkeit	9
c) Subsidiarität	13
2. Kritik des Schrifttums	17
3. Stellungnahme	20
II. Sachlicher Anwendungsbereich	21
1. Räumlich-persönlicher Anwendungsbereich	21
2. Dienstleistungserbringungsfreiheit	24
3. Dienstleistungsempfangsfreiheit	27
4. Korrespondenzdienstleistungen	29
III. Berechtigte	31
1. Natürliche Personen	31
2. Gesellschaften	33
C. Gewährleistungsumfang	34
I. Unmittelbare Anwendbarkeit	34
II. Diskriminierungsverbot	36
III. Allgemeines Beschränkungsverbot	38
1. Rechtsprechung des EuGH	38
2. Kritik des Schrifttums	39
3. Stellungnahme	40

IV. Begleitrechte	43
V. Bindungswirkung, insbesondere Drittwirkung	44
1. Rechtsprechung des EuGH	44
2. Kritik des Schrifttums	46
3. Stellungnahme	48
VI. Rechtsangleichung	50
D. Beschränkungen der Dienstleistungsfreiheit	53
I. Allgemeines	53
II. Rechtfertigung von Diskriminierungen	55
1. Offene Diskriminierungen	55
2. Versteckte Diskriminierungen	56
III. Beschränkungen der Dienstleistungserbringungsfreiheit	58
1. Residenz-, Präsenz- und Registrierungspflichten	58
2. Tätigkeitsbezogene Regelungen	62
IV. Beschränkungen der Dienstleistungsempfangsfreiheit	69
V. Staatliche Dienstleistungsmonopole	71

A. Rechtliche und praktische Bedeutung der Dienstleistungsfreiheit

Die Dienstleistungsfreiheit ergänzt und vervollständigt den Schutz der wirtschaftlichen 1
Betätigungsfreiheit im Binnenmarkt, indem das grenzüberschreitende Angebot von
Dienstleistungen garantiert wird. Sie steht in enger **Beziehung zur Niederlassungsfreiheit**, da sie in den meisten Fällen eine selbständige berufliche Betätigung in einem anderen Mitgliedstaat voraussetzt und die gleichen rechtlichen und praktischen Probleme
aufwirft. Der Erlaß gemeinsamer Richtlinien für beide Grundfreiheiten bringt diese Verknüpfung plastisch zum Ausdruck und wird durch den Verweis auf die Art. 45 bis 48
in Art. 55 rechtssystematisch hervorgehoben. Der Unterschied zwischen beiden Grundfreiheiten wird in der anderen zeitlichen Dimension der Betätigung in einem anderen Mitgliedstaat gesehen.[1] Zugleich stellt die Dienstleistungsfreiheit als grenzüberschreitende
Darbietung eines in wesentlichen Elementen unkörperlichen Produkts eine **Komplementärgewährleistung zur Warenverkehrsfreiheit** dar.[2] Bei der Interpretation der Vorschriften über die Dienstleistungsfreiheit sind diese Bezüge gleichermaßen zu berücksichtigen.
Dabei ist bei den tätigkeitsbezogenen Aspekten die besondere Nähe zur Niederlassungsfreiheit[3], bei den produktbezogenen Aspekten die Verwandtschaft zur Warenverkehrsfreiheit[4] von besonderer Bedeutung. In jüngerer Zeit haben die Bezüge der Dienstleistungsfreiheit zur **Kapitalverkehrsfreiheit** an Bedeutung gewonnen.[5]

Die Dienstleistungsfreiheit stand lange Zeit im Schatten der anderen Grundfreiheiten. 2
Dies zeigt sich z. B. daran, daß die ersten bedeutenden Entscheidungen des EuGH erst

---

1 T. *Oppermann*, Europarecht, Rn. 1482 ff.; A. *Randelzhofer/U. Forsthoff*, in: Grabitz/Hilf, EUV, Art. 49/50, Rn. 32.
2 Grundlegend M. *Seidel*, Die Dienstleistungsfreiheit in der neuesten Rechtsentwicklung, in: ders., Rechtsangleichung und Rechtsgestaltung in der Europäischen Gemeinschaft, 1990, S. 61 (64 ff.). Dieser Zuordnung folgen u. a. K. *Hailbronner*, in: HK-EUV, Art. 60, Rn. 3; K. *Hailbronner/A. Nachbaur*, Die Dienstleistungsfreiheit in der Rechtsprechung des EuGH, EuZW 1992, S. 105 (106); P. *Troberg*, in: GTE, EGV, Vorbemerkungen zu den Artikeln 59 bis 66, Rn. 19 ff. S. auch N. *Reich*, Die Freiheit des Dienstleistungsverkehrs als Grundfreiheit, ZHR 153 (1989), S. 571 (574 ff.), der von einem »verkehrsbezogenen Ansatz« spricht.
3 Beispiele für eine solche Orientierung: EuGH, Rs. C-16/78, Slg. 1978, 2293, Rn. 8 f. (Choquet); Rs. C-106/91, Slg. 1992, I-3351, Rn. 19 ff. (Ramrath).
4 Beispiel für eine solche Orientierung: EuGH, Rs. C-384/93, Slg. 1995, I–1141, Rn. 33 ff. (Alpine Investment).
5 GA G. *Tesauro*, Schlußantr. zu EuGH, Rs. C-118/96, Slg. 1998, I-1897, Ziff. 9 ff. (Safir).

im Jahr 1974 ergingen.[6] Die wichtigste Ursache für diese späte Entwicklung dürfte in der traditionell lokalen Orientierung der meisten Dienstleistungsberufe zu erblicken sein, die ihrerseits durch das jeweilige Berufsrecht (Präsenzpflicht, besondere Zulassungserfordernisse etc.) begünstigt wurde. Seit Mitte der siebziger Jahre hat die praktische Bedeutung der grenzüberschreitenden Dienstleistungen und damit auch der Dienstleistungsfreiheit ständig zugenommen.[7] Heute steht sie – nicht zuletzt durch die Zunahme des elektronischen Dienstleistungsverkehrs[8] – im Zentrum der weiteren Entwicklung des Binnenmarktes.[9]

3   Ein weiterer Grund für die gesteigerte Bedeutung der Dienstleistungsfreiheit ist die Zunahme ihrer **rechtlichen Tragweite** aufgrund der **Erweiterung ihres Anwendungsbereichs** durch die Rechtsprechung des EuGH. Während zunächst in enger Anknüpfung an den Wortlaut insbesondere des Art. 50 Abs. 3 nur die Freiheit der Erbringung von Dienstleistungen in einem anderen Mitgliedstaat der Dienstleistungsfreiheit zugeordnet wurde[10], kam durch die Entscheidung in der Rechtssache Luisi und Carbone eine Erstreckung auf die Empfänger von Dienstleistungen[11] sowie durch die Entscheidung Koestler die Einbeziehung von sog. Korrespondenzdienstleistungen[12], bei denen nur die Dienstleistung, nicht aber der Dienstleistende oder der Empfänger die Grenze überschreiten, hinzu.

4   Die Erfassung des Gewährleistungsgehalts der Dienstleistungsfreiheit ist im Vergleich zu den anderen Grundfreiheiten aus mehreren Gründen besonders schwierig. Zum einen erschließt sich ihr Anwendungsbereich erst aus der Zusammenschau mehrerer Teilregelungen in Art. 49 und 50, die überdies die Dienstleistungsfreiheit als »**Restfreiheit**« im Wege der negativen Abgrenzung zu den anderen Grundfreiheiten definieren.[13] Zum anderen ist durch den Verweis in Art. 55 sowie die Ausklammerung der Verkehrsdienstleistungen durch Art. 51 Abs. 1[14] und die besonderen Vorgaben für Dienstleistungen der Banken und Versicherungen in Art. 51 Abs. 2 eine komplizierte Struktur geschaffen worden, die nicht zur Transparenz der Regelung beiträgt. Um unter diesen Umständen zumindest bei der Beschreibung des Grundtatbestandes eine möglichst große Übersichtlichkeit zu erreichen, werden Art. 49 und 50 zusammen kommentiert.

---

6 EuGH, Rs. 155/73, Slg. 1974, 409 (Sacchi) und Rs. C-33/74, Slg. 1974, 1299 (van Binsbergen).
7 Übersicht bei S. *Völker*, Passive Dienstleistungsfreiheit im Europäischen Gemeinschaftsrecht, 1990, S. 28 ff.; s. weiter *Hailbronner/Nachbaur* (Fn. 2), S. 105; *M. Kort*, Schranken der Dienstleistungsfreiheit im europäischen Recht, JZ 1996, S. 132 f.; *P. Troberg*, in: GTE, EGV, Vorbemerkungen zu den Artikeln 59 bis 66, Rn. 12 ff.
8 *K. M. Brisch*, EU-Richtlinienvorschlag zum elektronischen Geschäftsverkehr, CR 1999, S. 235 ff.; *H.-W. Micklitz*, Fernabsatz und E-Commerce im Schuldrechtsmodernisierungsgesetz, EuZW 2001, S. 133 ff.; *G. Spindler*, Verantwortlichkeit von Diensteanbietern nach dem Vorschlag einer E-Commerce-Richtlinie, MMR 1999, S. 199 ff.
9 *P. Troberg*, in: GTE, EGV, Vorbemerkungen zu den Artikeln 59 bis 66, Rn. 12.
10 Vgl. etwa *Ipsen*, EG-Recht, S. 632; weitere Nachweise bei *Völker* (Fn. 7), S. 62 ff.
11 EuGH, Verbundene Rs. C-286/82 und 26/83, Slg. 1984, 377, Rn. 10 (Luisi und Carbone). S. unten Rn. 27 f.
12 EuGH, Rs. C-15/78, Slg. 1978, 1971, Rn. 3 (Koestler). S. unten Rn. 29.
13 *K. Hailbronner*, in: HK-EUV, Art. 60, Rn. 1.
14 *Hailbronner/Nachbaur* (Fn. 2), S. 106.

B. Begriff und Anwendungsbereich der Dienstleistungsfreiheit

I. Begriff der Dienstleistung

Beim Begriff der Dienstleistung i. S. d. Art. 49 ff. handelt es sich um einen **genuin gemeinschaftsrechtlichen Begriff**, der nicht durch die Übernahme zivilrechtlicher[15] oder volkswirtschaftlicher[16] Definitionen konkretisiert werden kann. Sein Gehalt erschließt sich vielmehr aus der Systematik der Gewährleistung der wirtschaftlichen Grundfreiheiten durch den EG-Vertrag.[17] Aufgrund des negativen definitorischen Ansatzes spielt dabei die Abgrenzung zu den anderen Grundfreiheiten eine zentrale Rolle.

Gemeinsame Grundlage aller Bemühungen um eine Definition des Begriffs der Dienstleistung ist ihre Beschränkung auf **selbständige Tätigkeiten**.[18] Dies wird einerseits aus der exemplarischen Aufzählung in Art. 50 Abs. 2 und andererseits aus der Abgrenzung zur Arbeitnehmerfreizügigkeit abgeleitet. Die weiteren Begriffsmerkmale sind jedoch in Rechtsprechung und Literatur in vielen Punkten umstritten.

1. Rechtsprechung des EuGH

a) Grenzüberschreitung

Der EuGH hat in seiner Rechtsprechung die **Grenzüberschreitung** und die **Entgeltlichkeit** als unverzichtbare Begriffsmerkmale der Dienstleistung herausgearbeitet und sich darüber hinaus zur Konkretisierung der **Subsidiaritätsklausel** des Art. 50 Abs. 3 mit der Entwicklung von verschiedenen Abgrenzungsmerkmalen begnügt, ohne ein vollständiges positives Konzept des Dienstleistungsbegriffs zu entwickeln.[19]

Das Merkmal der Grenzüberschreitung ergibt sich explizit aus dem Wortlaut des Art. 49 Abs. 1 und Art. 50 Abs. 3, ist zugleich aber auch eine unverzichtbare Bedingung für die Anwendung des Gemeinschaftsrechts überhaupt, das rein innerstaatliche Vorgänge nicht erfaßt. Dementsprechend hat der EuGH festgestellt, daß Art. 49 keine Anwendung findet, wenn »alle Elemente der fraglichen Betätigung nicht über die Grenzen eines Mitgliedstaats hinausweisen«.[20] Dies hat Folgen für den sachlichen Anwendungsbereich und die Bestimmung der einzelnen Formen der Dienstleistungsfreiheit.[21] Wichtigstes

---

15 Dazu F.-J. *Schöne*, Dienstleistungsfreiheit in der EG und deutsche Wirtschaftsaufsicht, 1989, S. 31 f.
16 *Hailbronner/Nachbaur* (Fn. 2), S. 105 f.; P. *Troberg*, in: GTE, EGV, Vorbemerkungen zu den Artikeln 59 bis 66, Rn. 8; U. *Wetzel*, Die Dienstleistungsfreiheit nach den Artikeln 59–66 des EWG-Vertrages, Diss. Münster, 1992, S. 16 ff..
17 *Hailbronner/Nachbaur* (Fn. 2), S. 106; *Schöne* (Fn. 15), S. 34 ff.; P. *Troberg*, in: GTE, EGV, Vorbemerkungen zu den Artikeln 59 bis 66, Rn. 9 ff.
18 *Hailbronner*, in: HK-EUV, Art. 60, Rn. 4; *Schöne* (Fn. 15), S. 35; P. *Troberg*, in: GTE, EGV, Art. 60, Rn. 6.
19 Zur Offenheit der Dogmatik der Dienstleistungsfreiheit vgl. auch GA C. O. *Lenz*, Schlußantr. zu EuGH, Rs. C-186/87, Slg. 1989, S. 195, Ziff. 6 (Cowan).
20 EuGH, Rs. C-52/79, Slg. 1980, 833, Rn. 9 (Debauve); Rs. C-198/89, Slg. 1991, I–727, Rn. 9 (Kommission/Griechenland); Rs. C-41/90, Slg. 1991, I-1979, Rn. 37-39 (Höfner und Elser); Rs. C-134/95, Slg. 1997, I–195, Rn. 19 (USSL N°47 di Biella).
21 S. *Hailbronner/Nachbaur* (Fn. 2), S. 107 f. und unten Rn. 21 ff.

Art. 50 EG-Vertrag

Kriterium für die Feststellung eines grenzüberschreitenden Sachverhalts ist die Ansässigkeit der an der Dienstleistung Beteiligten in verschiedenen Mitgliedstaaten.[22]

b) Entgeltlichkeit

9 Von einer **Entgeltlichkeit** der Dienstleistung kann ausgegangen werden, wenn es sich um Tätigkeiten handelt, die »einen Teil des Wirtschaftslebens ausmachen«.[23] Die Beteiligung am Wirtschaftsleben, die begrifflich durch Art. 2 vorgeprägt wird, ist weit zu verstehen. Darunter fallen nach Ansicht des EuGH auch Tätigkeiten der **Mitglieder religiöser Vereinigungen**, die im Rahmen der gewerblichen Betätigung dieser Vereinigungen ausgeübt werden, sofern die Leistungen, die die Vereinigungen ihren Mitgliedern gewähren als mittelbare Gegenleistung für tatsächliche und echte Tätigkeiten betrachtet werden können.[24] **Sportliche Aktivitäten** werden erfaßt, wenn sie entgeltlich erbracht werden. Es besteht insoweit kein Bereichsvorbehalt.[25] Gleiches gilt für **kulturelle Aktivitäten**, wie z. B. die Tätigkeit von Fremden- und Museumsführern[26] und für **Rundfunk und Fernsehen**[27]. Bei der Tätigkeit von **Bildungseinrichtungen** ist nach der Art ihrer Finanzierung (staatliche Finanzierung ggf. mit Heranziehung zu Gebühren oder Entgelt für Besuch privater Bildungseinrichtungen[28]) zu differenzieren.[29]

10 Wesensmerkmal des Entgelts ist es, »daß es die **wirtschaftliche Gegenleistung** für die betreffende Leistung darstellt«[30] und dementsprechend einen wirtschaftlichen Wert haben muß, der nicht völlig außer Verhältnis zu dem der Dienstleistung steht. Auch beim **Glücksspiel** können diese Voraussetzungen erfüllt sein.[31]

11 Das Entgelt muß für die betreffende Leistung **im Regelfall** entrichtet werden, so daß der Umstand, daß im zu beurteilenden Einzelfall ausnahmsweise kein Entgelt erhoben wurde, ohne Bedeutung bleibt.[32] Ohne Belang ist es, ob das Entgelt vom Empfänger der Dienstleistung oder von einem Dritten erbracht wird.[33] Das ist etwa für die Qualifizierung von werbefinanziertem Rundfunk bedeutsam.

12 Bei **staatlichen Leistungen** ist danach zu differenzieren, ob der Staat bei der Leistungs-

---

22 S. nur EuGH, Rs. C-124/97, Slg. 1999, I-6067, Rn. 27 (Läära); Rs. C-384/93, Slg. 1995, I-1141, Rn. 21 (Alpine Investment). Zu einem Grenzfall s. Rn. 24 a.E. Zu einem Fall der »Umgehung« OLG Hamm, IStR 1999, 349 f.
23 EuGH Rs. C-36/74, Slg. 1974, 1405, Rn. 4/10 (Walrave); Rs. C-196/87, Slg. 1988, 6159, Rn. 9 (Steymann).
24 EuGH, Rs. C-196/87, Slg. 1988, 6159, Rn. 11 ff. (Steymann).
25 EuGH, Rs. 36/74, Slg. 1974, 1405, Rn. 4/10 (Walrave); Rs. C-415/93, Slg. 1995, I-4921, Rn. 73 ff. (Bosman); *H. Kahlenberg*, Zur EG-rechtlichen Zulässigkeit von Ausländerklauseln im Sport, EWS 1994, S. 423 ff.; *R. Scholz/J. Aulehner*, Die 3 + 2-Regel und die Transferbestimmungen des Fußballsports im Lichte des europäischen Gemeinschaftsrechts, SpuRt 1996, S. 44 ff.
26 EuGH, Rs. C-198/89, Slg. 1991, I-727, Rn. 7 (Kommission/Griechenland).
27 Grundlegend: EuGH, Rs. C-155/73, Slg. 1974, 409, Rn. 6 (Sacchi); *W.-H. Roth*, Grenzüberschreitender Rundfunk und Dienstleistungsfreiheit, ZHR 149 (1985), S. 679 ff. S. auch *T. Ch. Paefgen*, Grenzüberschreitendes Telemarketing im europäischen Binnenmarkt, CR 1992, S. 385 ff.
28 S. näher unten Rn. 12.
29 EuGH, Rs. C-263/86, Slg. 1988, 5365, Rn. 15 ff. (Humbel und Edel).
30 EuGH, Rs. C-263/86, Slg. 1988, 5365, Rn. 17 (Humbel und Edel).
31 EuGH, Rs. C-275/92, Slg. 1994, I-1039, Rn. 27 f. (Schindler); Rs. C-124/97, Slg. 1999, I-6067, Rn. 27 (Läära); *F.-J. Schöne*, Die Dienstleistungsfreiheit nach Art. 59 ff. EWG-Vertrag und das deutsche Lotterierecht im Spannungsverhältnis, RIW 1990, S. 550 ff.
32 *K. Hailbronner*, in: HK-EUV, Art. 60, Rn. 11.
33 EuGH, Rs. 352/85, Slg. 1988, 2085, Rn. 16 (Bond Van Adverteerders).

darbietung unternehmerähnlich am Wirtschaftsleben teilnimmt (Bsp.: staatliche Lotterie[34]) oder es sich um durch öffentliche Abgaben finanzierte staatliche Leistungen handelt, die nicht als wirtschaftliche Betätigung zu qualifizieren sind und mit denen kein unternehmerischer Erwerbszweck verfolgt wird, wie z. B. bei Schulgeld, Entschädigungen und Sozialleistungen.[35]

c) Subsidiarität

Art. 50 Abs. 3 geht davon aus, daß sich im Falle der Erbringung einer Dienstleistung der Leistungserbringer **vorübergehend** in einem anderen Mitgliedstaat aufhält. Damit kommt ein **Zeitfaktor** ins Spiel, der vor allem im Hinblick auf die **Abgrenzung zur Niederlassungsfreiheit** von Belang ist, geht deren Leitbild doch von einer dauerhaften Anwesenheit im anderen Mitgliedstaat aus. In der Rechtsprechung des EuGH finden sich in diesem Zusammenhang verschiedene Abgrenzungsversuche. So hat der EuGH für den Bereich der Direktversicherung entschieden, daß eine Tätigkeit der Niederlassungsfreiheit zuzuordnen ist, wenn ein Dienstleistungserbringer seine Tätigkeit von vornherein ausschließlich oder ganz vorwiegend in einem anderen Mitgliedstaat erbringen will, auch wenn er dort keine Zweigniederlassung oder Agentur besitzt.[36] Umgekehrt soll aber die Existenz einer bestimmten Infrastruktur, wie z. B. eines Büros, als solche noch nicht die Anwendung der Dienstleistungsfreiheit ausschließen.[37] Das muß auch schon deshalb so sein, weil das sekundäre Gemeinschaftsrecht selbst für einige Dienstleistungen eine ansprechbare Stelle im jeweiligen Mitgliedstaat verlangt, an die sich die Empfänger der Dienstleistung jederzeit wenden können.[38] Die Zuordnung eines Sachverhalts zur Dienstleistungsfreiheit oder Niederlassungsfreiheit muß im Einzelfall unter Berücksichtigung von Dauer, Häufigkeit, Periodizität und Kontinuität der Tätigkeit erfolgen.[39]

13

Eine besondere Situation ist dann gegeben, wenn ein Unternehmen in einem anderen Mitgliedstaat über eine Zweigniederlassung verfügt, daneben aber auch von einer Niederlassung in seinem Heimatstaat aus Dienstleistungen in diesem Mitgliedstaat erbringt. Nach Ansicht des EuGH kann sich das Unternehmen aufgrund seiner Präsenz im anderen Mitgliedstaat für seine grenzüberschreitende Dienstleistungserbringung nicht auf die Art. 49 und 50 berufen.[40] Man spricht in diesen Fällen von einem **Kumulverbot**.[41]

14

Weniger Schwierigkeiten bereitet die Abgrenzung der Dienstleistungsfreiheit zur **Freiheit des Warenverkehrs**. Da bei Dienstleistungen in vielen Fällen zugleich auch Materialien verwendet und verbraucht werden, die an sich unter die Warenverkehrsfreiheit fallen, wird grundsätzlich darauf abgestellt, wo der Schwerpunkt der erbrachten Leistung

15

---

34 EuGH, Rs. C-275/92, Slg. 1994, I-1039, Rn. 46 ff. (Schindler); Rs. C-124/97, Slg. 1999, I-6067, Rn. 27 (Läärä).
35 EuGH, Rs. 263/86, Slg. 1988, 5365, Rn. 16 ff. (Humbel und Edel); *K. Hailbronner*, in: HK-EUV, Art. 60, Rn. 13; *Hailbronner/Nachbaur* (Fn. 2), S. 108 f.; *T. Oppermann*, Europäisches Gemeinschaftsrecht und deutsche Bildungsordnung – Gravier und die Folgen, 1987; *Völker* (Fn. 7), S. 106 ff.
36 EuGH, Rs. C-205/84, Slg. 1986, 3755, Rn. 21 (Kommission/Bundesrepublik Deutschland).
37 EuGH, Rs. C-55/94, Slg. 1995, I-4165, Rn. 27 (Gebhard); Rs. C-3/95, Slg. 1996, I-6511, Rn. 21 (Reisebüro Broede).
38 Vgl. Art. 46 AbS. 2 UAbs. 4 der Dritten Richtlinie zur Schadensregulierung, RL 92/49/EWG v. 18.6.1992, ABl.EG 1992, Nr. L 228/1.
39 EuGH, Rs. C-3/95, Slg. 1996, I-6511, Rn. 22 (Reisebüro Broede).
40 EuGH, Rs. C-205/84, Slg. 1986, 3755, Rn. 21 (Kommission/Bundesrepublik Deutschland).
41 *U. Hübner*, Die Dienstleistungsfreiheit in der Europäischen Gemeinschaft und ihre Grenzen, JZ 1987, S. 330 (332); *H.-P. Schwintowski*, Europäisierung der Versicherungsmärkte im Lichte der Rechtsprechung des EuGH, NJW 1987, S. 521 ff.

liegt.[42] Bei Grenzfällen, wie z. B. der Lieferung von Gas, Wasser und Elektrizität, die nach den Wertungen des Zivilrechts keine Sachen sind, wird unter Verweis auf den Wertungsgehalt der Subsidiaritätsklausel »im Zweifel« eine Zuordnung zur Warenverkehrsfreiheit vorgenommen.[43] Bei Fernsehsendungen, die der EuGH der Dienstleistungsfreiheit zuordnet, sieht der EuGH den Schwerpunkt der Leistungserbringung nicht in der Übertragung, sondern in der Produktion der Sendung.[44] Es kann aber auch eine »Zerlegung« in einzelne Vorgänge erfolgen, die den einzelnen Grundfreiheiten zugeordnet werden.[45] So fallen die Herstellung und der Vertrieb von Datenträgern, auf denen Filme gespeichert sind (z. B. Videokassetten), unter die Warenverkehrsfreiheit.[46] Demgegenüber wird die Verbreitung von Werbematerial und sonstigen Unterlagen, die über die Erbringung einer Dienstleistung informieren, als Annex der Dienstleistung angesehen.[47]

16 Bei der Abgrenzung zur **Freiheit des Zahlungs- und Kapitalverkehrs** muß zwischen Verhaltensweisen, die direkt den Art. 56 ff. unterfallen und Dienstleistungen, die mit dem Kapitalverkehr der Banken und Versicherungen verbunden sind, unterschieden werden, da für letztere in Art. 51 Abs. 2 eine besondere Regelung getroffen wurde. Insoweit wird auf die Kommentierung dieser Vorschrift verwiesen. Es ist aber auch denkbar, daß Maßnahmen gleichzeitig den freien Dienstleistungs- und den freien Kapital- und Zahlungsverkehr betreffen.[48] Weiter ist zu beachten, daß der **Bereich der direkten Steuern** als solcher beim gegenwärtigen Stand des Gemeinschaftsrechts nicht in die Zuständigkeit der Gemeinschaft fällt. Die Mitgliedstaaten müssen die ihnen verbliebenen Befugnisse jedoch unter Wahrung des Gemeinschaftsrechts, insbesondere der Dienstleistungsfreiheit ausüben.[49]

2. Kritik des Schrifttums

17 Die Rechtsprechung des EuGH ist vom Schrifttum ganz überwiegend zustimmend rezipiert worden. Vereinzelt findet sich aber auch Kritik, vor allem bezüglich der Abgrenzung der Dienstleistungsfreiheit von der Niederlassungsfreiheit. Dabei wird geltend gemacht, daß der EuGH die Gleichrangigkeit beider Gewährleistungen mißachte, indem er auf den Zeitfaktor abstelle.[50] Es sei aber nicht einsichtig, warum ein Gewerbetreibender eine Dienstleistung nicht dauerhaft grenzüberschreitend erbringen können soll, ohne sich im anderen Mitgliedstaat niederzulassen. Fehle es deshalb an einer Niederlassung, d. h. einer im anderen Mitgliedstaat organisatorisch verfestigten Präsenz, die über eine reine Kontaktstelle hinausgeht, so falle die betreffende Betätigung auch dann unter die Dienstleistungsfreiheit, wenn sie dauerhaft ausgeübt werde. Entscheidend sei mithin, ob zur Erbringung der Dienstleistung ein (grenzüberschreitender) Ortswechsel vorgenommen werde.[51]

18 Weiter wird kritisiert, daß die Rechtsprechung des EuGH keine transparenten Abgrenzungskriterien verwende, sondern sich von der Überlegung leiten lasse, daß der Gast-

---

42 *Schöne* (Fn. 15), S. 57; *Wetzel* (Fn. 16), S. 48 f.
43 *Schöne* (Fn. 15), S. 56.
44 EuGH, Rs. C-155/73, Slg. 1974, 409, Rn. 6 ff. (Sacchi).
45 *K. Hailbronner*, in: HK-EUV, Art. 60, Rn. 19.
46 EuGH, Verb. Rs. C-60 und 61/84, Slg. 1985, 2605, Rn. 8 f. (Cinéthèque).
47 EuGH, Rs. C-275/92, Slg. 1994, I-1039, Rn. 22 (Schindler).
48 GA *G. Tesauro*, Schlußantr. zu EuGH, Rs. C-118/96, Slg. 1998, I-1897, Ziff. 9 (Safir).
49 EuGH, Rs. C-279/93, Slg. 1995, I-225, Rn. 21 (Schumacker); Rs. C-118/96, Slg. 1998, I-1897, Rn. 21 (Safir).
50 *Schöne* (Fn. 15), S. 43 ff.
51 *Schöne* (Fn. 15), S. 47 f.

staat im Falle einer Niederlassung strengere Anforderungen an die Betätigung stellen dürfe als bei einer nur vorübergehenden Tätigkeit und daß deshalb der Tatbestand von den Schranken her bestimmt werde.[52] Auch führe die Rechtsprechung zu einer Bevorzugung großer Unternehmen, da diese sich leichter auf die unterschiedlichen Betätigungsanforderungen in verschiedenen Staaten einstellen könnten.[53] Es wird deshalb vorgeschlagen, den **Zeitfaktor** bei der Bestimmung der Dienstleistung **außer Betracht zu lassen** und alleine darauf abzustellen, ob eine Niederlassung erfolgt, d. h. die Dienstleistung ohne Erforderlichkeit eines grenzüberschreitenden Ortswechsels im anderen Mitgliedstaat erbracht wird.[54] Auch eine dauerhafte und kontinuierliche Erbringung von Dienstleistungen – etwa im grenznahen Bereich – soll demnach Art. 49 zugeordnet und nicht als Niederlassung qualifiziert werden.[55]

Auf Ablehnung ist auch das sog. **Kumulverbot** gestoßen. Die Versagung einer parallelen Inanspruchnahme von Niederlassungs- und Dienstleistungsfreiheit sei durch den Vertrag nicht vorgegeben und schränke in unverhältnismäßiger Art und Weise die Organisationsfreiheit der Unternehmen ein.[56] Die Problematik hat an Bedeutung verloren, da der EuGH in seiner neueren Rechtsprechung seine Ansicht nicht wieder aufgegriffen hat. 19

3. Stellungnahme

Die Definition der Dienstleistung mit Hilfe des Zeitfaktors bei gleichzeitiger Abgrenzung zur Niederlassungsfreiheit durch den EuGH und die herrschende Lehre ist methodisch anfechtbar, weil dabei der Anwendungsbereich aus dem Blickwinkel der Schranken definiert wird. Insoweit ist es konsequenter, auch eine dauerhafte Dienstleistungserbringung den Art. 49, 50 zuzuordnen. Diese Konstruktion hat indes den erheblichen Nachteil, daß sie den Gesetzgeber in vielen Fällen zwingt, unterschiedliche Regelungen für die Erbringung von Dienstleistungen zu treffen, je nach dem, ob sie nur punktuell oder dauernd erbracht werden. Der EuGH hat nämlich für Fälle, in denen ein Dienstleistungserbringer nur punktuell tätig wird, die Anwendung der für den Fall der dauerhaften Niederlassung zulässigen Anforderungen für unverhältnismäßig gehalten und damit den Gemeinschaftsgesetzgeber und die Mitgliedstaaten gezwungen, differenzierende Regelungen zu treffen. Bei einer dauerhaften Erbringung von Dienstleistungen in einem anderen Mitgliedstaat wäre indes die Anwendung der gleichen Vorschriften wie im Falle einer Niederlassung gerechtfertigt und aus Gründen der Gleichbehandlung wohl auch geboten. Im Ergebnis würde es deshalb dazu kommen, daß in sämtlichen Regelungen zwischen zwei Formen der Dienstleistung unterschieden werden müßte, wobei die zweite Form materiell-rechtlich dem Fall der Niederlassung gleichgestellt wäre.[57] Dies hätte aber zur Folge, daß der Verzicht auf den Zeitfaktor nur zu einer anderen formalen Zuordnung, nicht aber zu einer Änderung der materiellen Betrachtungsweise führen würde. Eine solche, ausschließlich theoretischer Stringenz dienende Korrektur, die in ihrer praktischen Konsequenz zudem einen unnötigen Rechtsetzungsaufwand erzeugt, ist aus 20

---

52 *Schöne* (Fn. 15), S. 44 f.
53 *Schöne* (Fn. 15), S. 45.
54 *Schöne* (Fn. 15), S. 47 f.
55 *Schöne* (Fn. 15), S. 50.
56 K. *Hailbronner*, in: HK-EUV, Art. 60, Rn. 17; W.-H. *Roth*, Grundlagen eines gemeinsamen europäischen Versicherungsmarktes, RabelsZ 1990, S. 63 (108 f., 123 f.); *Schöne* (Fn. 15), S. 51 f.; P. *Troberg*, in: GTE, EGV, Art. 60, Rn. 10 ff.
57 S. EuGH, Rs. C-279/80, Slg. 1981, 3305, Rn. 16 (Webb); *Hailbronner/Nachbaur* (Fn. 2), S. 109.

dem Blickwinkel der Transparenz und Effektivität nicht akzeptabel. Trotz berechtigter methodischer Einwände ist deshalb der vom EuGH praktizierten Bestimmung der Dienstleistung unter Einbeziehung des Zeitfaktors zu folgen.[58]

II. Sachlicher Anwendungsbereich

1. Räumlich-persönlicher Anwendungsbereich

21 Die Bestimmung des sachlichen Anwendungsbereichs der Dienstleistungsfreiheit, d. h. die Beschreibung der Verhaltensweisen, die ihrem Schutzbereich zuzuordnen sind, ist maßgeblich durch das Tatbestandsmerkmal der Grenzüberschreitung[59] geprägt. Dementsprechend gilt es, die verschiedenen Formen grenzüberschreitender Erbringung von Dienstleistungen zu erfassen. Schwierigkeiten bei der Lokalisierung[60] einer Dienstleistung (z. B. bei der Frage, ob eine Versicherungsdienstleistung im anderen Mitgliedstaat oder als Korrespondenzdienstleistung erbracht wird) sind dabei nur von sekundärer Bedeutung, solange feststeht, daß eine grenzüberschreitende Leistung vorliegt.

22 Anknüpfungspunkt für die Qualifizierung eines Verhaltens als grenzüberschreitend ist die **Ansässigkeit** der am Leistungsverhältnis beteiligten Personen bzw. Gesellschaften. Es gelten insoweit die gleichen Kriterien wie bei Art. 43.[61]

23 Da Art. 49 keine Anwendung findet, wenn »alle Elemente« der fraglichen Betätigung nicht über die Grenzen eines Mitgliedstaats hinausweisen«[62], stellt sich das Problem der **umgekehrten** oder **Inländerdiskriminierung**[63], auf das an dieser Stelle nur hingewiesen werden kann.[64]

2. Dienstleistungserbringungsfreiheit

24 Hauptanwendungsfall der Art. 49 ff. ist die Erbringung einer Dienstleistung durch einen in einem Mitgliedstaat ansässigen Gewerbetreibenden in einem anderen Mitgliedstaat. In diesen Fällen überschreitet der Gewerbetreibende die Grenze zum anderen Mitgliedstaat, hält sich dort vorübergehend auf und erbringt seine Dienstleistung. Man bezeichnet diese durch den Wortlaut der Art. 49 Abs. 1, Art. 50 Abs. 3 explizit erfaßte Verhaltensweise als Dienstleistungserbringungsfreiheit oder **aktive** oder **positive Dienstleistungsfreiheit**.[65] Sie erfaßt auch den Fall, daß sich Leistungserbringer und Leistungsempfänger gemeinsam in einen anderen Mitgliedstaat begeben (z. B. ein Anwalt mit

---

58 Hailbronner/Nachbaur (Fn. 2), S. 106; T. Oppermann, Europarecht, Rn. 1498.
59 S. oben Rn. 8.
60 Dazu ausführlicher P. Troberg, in: GTE, EGV, Art. 60, Rn. 20 ff.
61 S. Art. 43, Rn. 6.
62 EuGH Rs. C-52/79, Slg. 1980, 833, Rn. 9 (Debauve); Rs. C-198/89, Slg. 1991, I–727, Rn. 9 (Kommission/Griechenland); Rs. C-41/90, Slg. 1991, I-1979, Rn. 37-39 (Höfner und Elser); Rs. C-134/95, Slg. 1997, I–195, Rn. 19 (USSL N°47 di Biella).
63 S. A. Epiney, Umgekehrte Diskriminierungen, 1995, S. 166 ff.; K. Hailbronner, in: HK-EUV, Art. 60, Rn. 36; F.-J. Schöne, Die umgekehrte Diskriminierung im EWG-Vertrag nach der Rechtsprechung des EuGH – Dargestellt am Beispiel der Dienstleistungsfreiheit nach Art. 59 ff. EWG-Vertrag, RIW 1989, S. 450 ff.; Völker (Fn. 7), S. 136 ff.
64 S. ausführlich Art. 12, Rn. 24 ff.
65 K. Hailbronner, in: HK-EUV, Art. 60, Rn. 6; Oppermann, Europarecht, Rn. 1498.

seinem Mandanten, der in einem anderen Mitgliedstaat einen Vertrag schließt oder einen Prozeß führt bzw. ein Tourist mit eigenem Fremdenführer).[66]

Diese Freiheit umfaßt neben der Erbringung der Dienstleistung auch alle vorbereitenden Maßnahmen, wie die Abgabe eines Angebots[67] und die – vom Dienstleistungserbringer veranlaßte[68] – Werbung[69], sowie die Vertragsabwicklung und die Rechtsdurchsetzung[70]. Die Erfassung des Angebots von Dienstleistungen hat zur Folge, daß auch die **Vergabe öffentlicher Aufträge** an Art. 49 ff. zu messen ist.[71] Bei der – veranlaßten – Werbung handelt es sich um einen Annex, nicht um eine selbständige Dienstleistung.[72] Leistungen in Drittstaaten werden nicht erfaßt.[73] 25

Die Dienstleistungserbringung umfaßt alle für die Durchführung erforderlichen Handlungen und Maßnahmen, wie die Mitnahme des erforderlichen Personals[74], Fuhrparks und Materials, auch die Miete von Wohnungen und die Kreditaufnahme.[75] 26

3. Dienstleistungsempfangsfreiheit

Vom Wortlaut der Art. 49, 50 nicht ausdrücklich erfaßt und von Literatur und Rechtsprechung erst spät anerkannt ist die Dienstleistungsempfangsfreiheit oder **passive** oder **negative Dienstleistungsfreiheit**.[76] Es geht dabei zum einen um die Freiheit zur Entgegennahme einer Dienstleistung in einem anderen Mitgliedstaat durch einen dort ansässigen Gewerbetreibenden (insbes. Leistungen an Touristen, aber auch medizinische Versorgung).[77] Zum anderen ist auch die Inanspruchnahme von Dienstleistungen erfaßt, die im Heimatstaat des Empfängers durch einen in einem anderen Mitgliedstaat ansässigen Gewerbetreibenden erbracht werden.[78] Letzterer Fall ist – im Gegensatz zur ersten 27

---

66 EuGH, Rs. C-198/89, Slg. 1991, I–727, Rn. 9 ff. (Kommission/Griechenland); *A. Randelzhofer/ U. Forsthoff*, in: Grabitz/Hilf, EUV, Art. 49/50, Rn. 45.
67 EuGH, Rs. C-384/93, Slg. 1995, I–1141, Rn. 28 (Alpine Investment); *K. Hailbronner*, in: HK-EUV, Art. 60, Rn. 11a.
68 Zu einem abweichenden Fall EuGH, Rs. C-159/90, Slg. 1991, I-4685, Rn. 24 (Grogan).
69 EuGH, Rs. C-384/93, Slg. 1995, I–1141, Rn. 28 (Alpine Investment); Rs. C-275/92, Slg. 1994, I-1039, Rn. 22 (Schindler); *U. di Fabio*, Werbeverbote – Bewährungsprobe für europäische Grundfreiheiten und Grundrechte, AfP 1998, S. 564 ff.; *K. Hailbronner*, in: HK-EUV, Art. 60, Rn. 11a.
70 EuGH, Rs. C-15/78, Slg. 1978, 1971, Rn. 3 (Koestler); *W.-H. Roth*, in: Hb.EGWirtR, Abschnitt E. I Rn. 107.
71 *P. Troberg*, in: GTE, EGV, Art. 60, Rn. 39 ff. Dazu ausführlicher *M. Brenner*, Die Einwirkungen der EG-Vergaberichtlinien auf die Struktur der Auftragsvergabe in Deutschland, in: FS Kriele, 1997, S. 1431 ff.; *K. Hailbronner*, Die Vergabe öffentlicher Aufträge nach europäischem Gemeinschaftsrecht, WiVerw 1994, S. 173 ff.; *P. M. Huber*, Die Europäisierung des öffentlichen Auftragswesens in Deutschland, in: Dörr u.a. (Hrsg.), FS Schiedermair, 2001, S. 765 ff. S. auch EuGH, Rs. C-94/99, 7.12.2000, EuR 2001, S. 85 (ARGE Gewässerschutz/Bundesministerium für Land- und Forstwirtschaft); Rs. C-324/98, 7.12.2000, EuZW 2001, S. 90 ff. (Telaustria/Telekom).
72 *P. Troberg*, in: GTE, EGV, Art. 59, Rn. 36.
73 *P. Troberg*, in: GTE, EGV, Art. 59, Rn. 42.
74 EuGH, Rs. C-113/89, Slg. 1990, I-1417, Rn. 17 (Rush Portuguesa). S. auch *I. Plesterninks*, Entsenderegelungen nach nationalem und europäischem Recht, 1998; *J. Wichmann*, Dienstleistungsfreiheit und grenzüberschreitende Entsendung vom Arbeitnehmern, 1998.
75 *W.-H. Roth*, in: Hb.EGWirtR, Abschnitt E. I ,Rn. 107.
76 S. umfassend zur Entwicklung *Völker* (Fn. 7), S. 62 ff.; *P. Reindl*, Negative Dienstleistungsfreiheit im EWG-Vertrag, 1992.
77 *Hailbronner*, in: HK-EUV, Art. 60, Rn. 7; *W.-H. Roth*, in: Hb.EGWirtR, Abschnitt E. I, Rn. 108; *Völker* (Fn. 7), S. 61.
78 *W.-H. Roth*, in: Hb.EGWirtR, Abschnitt E. I, Rn. 109.

Variante – zugleich von der Dienstleistungserbringungsfreiheit erfaßt. Auch hier werden Leistungen aus Drittstaaten nicht erfaßt.

28 Die Einbeziehung der Dienstleistungsempfangsfreiheit in den Anwendungsbereich des Art. 49 stellt nach Ansicht des EuGH eine »notwendige Ergänzung ... dar, die dem Ziel entspricht, jede gegen Entgelt geleistete Tätigkeit, die nicht unter den freien Waren- und Kapitalverkehr und die Freizügigkeit der Personen fällt, zu liberalisieren«.[79] Dem ist unter dem Gesichtspunkt einer möglichst effektiven und umfassenden Gewährleistung der Dienstleistungsfreiheit im Binnenmarkt zuzustimmen.[80]

4. Korrespondenzdienstleistungen

29 In einigen Branchen, wie z. B. der Versicherungswirtschaft, kann eine Dienstleistung ohne Kontakt vor Ort erbracht werden. Der für den Vollzug der Dienstleistung erforderliche Austausch von Informationen und Leistungen erfolgt auf Distanz im Wege der Korrespondenz. Weder der Dienstleistungserbringer noch der Dienstleistungsempfänger überschreiten die Grenze. Nur das unkörperliche Produkt vollzieht einen Grenzübertritt. Nach heute gesicherter Ansicht werden auch diese Fälle der Korrespondenzdienstleistung von den Art. 49, 50 erfaßt.[81]

30 Wichtige Beispiele für Korrespondenzdienstleistungen sind neben Direktversicherungen[82] vor allem Bankgeschäfte[83], Telekommunikation und Fernsehen[84], grenzüberschreitende Lotterien[85] und das immer weitere Spektrum an Service- und Beratungsdienstleistungen im Rahmen von e-business und e-commerce[86].

III. Berechtigte

1. Natürliche Personen

31 Der persönliche Anwendungsbereich der Dienstleistungsfreiheit ist auf Angehörige der Mitgliedstaaten, d. h. **Unionsbürger** i. S. d. Art. 17, beschränkt. Fraglich ist, ob darüber hinaus die Ansässigkeit innerhalb des Binnenmarktes erforderlich ist. Praktisch relevant wird dies für Unionsbürger, die nicht im Geltungsbereich des Vertrages ansässig sind (z. B. ein Deutscher, der vorübergehend in der Schweiz wohnt und in Frankreich die Dienste eines Arztes – der dort ansässig ist – in Anspruch nehmen will). Vereinzelt wird auch in diesen Fällen die Berufung auf die Dienstleistungsempfangsfreiheit für möglich

---

79 EuGH, Verb. Rs. C-286/82 und 26/83, Slg. 1984, 377, Rn. 10 (Luisi und Carbone); Verb. Rs. C-120/95 und C-158/96, Slg. 1998, I-1842, Rn. 29 ff. (Decker und Kohll).
80 Allg. Ansicht; vgl. *A. Bleckmann*, Europarecht, Rdnr. 1676; *Hailbronner*, in: HK-EUV, Art. 60, Rn. 7; *Hailbronner/Nachbaur* (Fn. 2), S. 108; *Oppermann*, Europarecht, Rn. 1499 ff.; *W.-H. Roth*, in: Hb.EGWirtR, Abschnitt E. I, Rn. 108; *P. Troberg*, in: GTE, EGV, Art. 59, Rn. 40.
81 *K. Hailbronner*, in: HK-EUV, Art. 60, Rn. 9; *Hailbronner/Nachbaur* (Fn. 2), S. 108; *Oppermann*, Europarecht, Rn. 1505 ff.; *P. Troberg*, in: GTE, EGV, Art. 60, Rn. 23.
82 EuGH, Rs. C-205/84, Slg. 1986, 3755, Rn. 18 ff. (Kommission/Bundesrepublik Deutschland).
83 EuGH, Rs. C-15/78, Slg. 1978, 1971, Rn. 2 (Koestler).
84 EuGH, Rs. C-155/73, Slg. 1974, 409, Rn. 6 (Sacchi).
85 *H. Wilms*, Grenzüberschreitende Lotterietätigkeit in der Europäischen Gemeinschaft, 2001.
86 S. dazu *H. W. Micklitz*, Fernabsatz und E-Commerce im Schuldrechtsmodernisierungsgesetz, EuZW 2001, S. 133 ff.

gehalten.[87] Die überwiegende Ansicht[88] lehnt dies jedoch zu Recht ab, da es in diesen Fällen an einem grenzüberschreitenden Sachverhalt fehlt. Die Inanspruchnahme von Dienstleistungen durch einen außerhalb des Binnenmarktes ansässigen Unionsbürger ist aus der Perspektive des EG-Vertrages kein grenzüberschreitender Sachverhalt. Eine andere Beurteilung wäre nur dann möglich und geboten, wenn es sich um ein Bürgerrecht handeln würde, das den Unionsbürgern als solchen zusteht. Das ist aber bislang nicht der Fall.

Von der durch **Art. 49 Abs. 2** eröffneten Möglichkeit, den Anwendungsbereich der Dienstleistungsfreiheit auf Angehörige von (einzelnen) Drittstaaten zu erweitern, wurde bislang nicht Gebrauch gemacht.[89] In **Handelsabkommen mit Drittstaaten wird deren Staatsangehörigen aber z. T. die Dienstleistungsfreiheit zuerkannt.**[90] 32

2. Gesellschaften

Gem. Art. 55 i. V. m. Art. 48 sind Gesellschaften, die ihren satzungsmäßigen Sitz, ihre Hauptverwaltung oder ihre Hauptniederlassung innerhalb der Gemeinschaft haben, den Unionsbürgern gleichgestellt.[91] 33

C. Gewährleistungsumfang

I. Unmittelbare Anwendbarkeit

Seit dem Ende der Übergangszeit am 31.12.1969 sind die Dienstleistungsvorschriften nach der Rechtsprechung des EuGH unmittelbar anwendbar, soweit sie die Beseitigung aller Diskriminierungen eines Dienstleistungserbringers aus Gründen seiner Staatsangehörigkeit oder wegen seines Aufenthalts in einem anderen Mitgliedstaat als dem der Leistungserbringung zum Gegenstand haben.[92] Dies ist heute unbestritten.[93] Auch soweit die Vorschriften über die Dienstleistungsfreiheit unmittelbar anwendbar sind, folgt aus ihnen nicht automatisch ein individueller Zulassungsanspruch. Vielmehr beschränkt sich das durch die Dienstleistungsfreiheit vermittelte **Abwehrrecht** darauf, diskriminierende oder beschränkende mitgliedstaatliche Regelungen außer Anwendung zu setzen. Es kann insoweit von einem normvernichtenden Charakter der Gewährleistung gesprochen werden.[94] In materieller Hinsicht ist zwischen der Dienstleistungsfreiheit als offenes und verdecktes Diskriminierungsverbot sowie als allgemeines Beschränkungsverbot **zu unterscheiden**. 34

Die Verwirklichung der Dienstleistungsfreiheit durch die unmittelbare Anwendung der Art. 49 ff. ist aus der Perspektive des Vertrages **nur die zweitbeste Lösung**. Vorrang ha- 35

---

87 *Völker* (Fn. 7), S. 198 f.
88 *K. Hailbronner*, in: HK-EUV, Art. 60, Rn. 21; *W.-H. Roth*, in: Hb.EGWirtR, Abschnitt E. I, Rn. 115; *P. Troberg*, in: GTE, EGV, Art. 59, Rn. 43.
89 Zu den Richtlinienentwürfen ABl.EG 1999, Nr. C 67/12 und Nr. C 67/17 (Begründung dazu in Dok. KOM/99/0003 endg.); *U. Häußler*, Dienstleistungsfreiheit für Drittstaatsangehörige?, ZAR 2000, S. 24 ff.
90 S. *P. Troberg*, in: GTE, EGV, Art. 60, Rn. 50; zu den Grenzen EuGH, Gutachten 1/94, Slg. 1994, I-5267, Rn. 36 ff.
91 S. zu Einzelheiten die Kommentierung zu Art. 48.
92 EuGH, Rs. C-33/74, Slg. 1974, 1299, Rn. 27 (van Binsbergen).
93 S. nur *K. Hailbronner*, in: HK-EUV, Art. 60, Rn. 34; *A. Randelzhofer/U. Forsthoff*, in: Grabitz/Hilf, EUV, Art. 49/50, Rn. 55; *Völker* (Fn. 7), S. 129.
94 *P. Troberg*, in: GTE, EGV, Art. 59, Rn. 45.

ben die Maßnahmen der **Koordinierung und Rechtsangleichung,** durch die den Erfordernissen des Binnenmarktes am weitestgehenden Rechnung getragen wird.[95] Angesichts zahlreicher politischer Meinungsverschiedenheiten zwischen den Mitgliedstaaten, die eine Rechtsangleichung in vielen Bereichen gehemmt und z. T. bis heute verhindert haben, wird durch die unmittelbare Anwendbarkeit ein **Mindeststandard der Dienstleistungsfreiheit abgesichert.**

II. Diskriminierungsverbot

36 Gem. Art. 50 Abs. 3 gilt für die Erbringung von Dienstleistungen der Grundsatz der **Inländergleichbehandlung.** Daraus folgt zunächst ein **Verbot jeglicher offener Diskriminierung** aus Gründen der Staatsangehörigkeit.[96] Infolge der Erweiterung des Anwendungsbereich auf die passive Dienstleistungsfreiheit und Korrespondenzdienstleistungen ist auch in diesen Bereichen vom Gebot der Inländergleichbehandlung auszugehen.[97]

37 Das Diskriminierungsverbot wird von Rechtsprechung und Lehre nicht nur auf offene, d. h. explizit an die Staatsangehörigkeit anknüpfende Ungleichbehandlungen angewendet, sondern auf **versteckte oder mittelbare Diskriminierungen** ausgedehnt.[98] Dabei geht es um Regelungen, die zwar formal nicht zwischen Inländern und sonstigen Normadressaten unterscheiden, bei denen aber aufgrund der getroffenen Regelung und in Anbetracht der sachlichen Umstände zu erwarten ist, daß sie für nicht ortsansässige Angehörige von Drittstaaten mit nachteiligen Auswirkungen bzw. Behinderungen verbunden sind.[99] Die für den Bereich der Dienstleistungsfreiheit praktisch wichtigste Form der versteckten Diskriminierung ist die sog. **Präsenzpflicht.**[100] Es handelt sich dabei um einen Tatbestand, den Inländer automatisch erfüllen und der die Betätigung von Unionsbürgern aus anderen Mitgliedstaaten, die keine Niederlassung anstreben, erschwert.[101] Besondere Schwierigkeiten bereitet in diesem Zusammenhang die Bewertung der mittelbaren Auswirkungen von abgabenrechtlichen Vorschriften, die nur im Inland erbrachte Leistungen bei der Einräumung von Begünstigungen berücksichtigen.[102]

III. Allgemeines Beschränkungsverbot

1. Rechtsprechung des EuGH

38 Anders und deutlicher als andere Grundfreiheiten[103] verlangt Art. 49 Abs. 1 indes nicht nur die Inländergleichbehandlung, sondern auch die Beseitigung sonstiger Beschränkungen des grenzüberschreitenden Dienstleistungsverkehrs. Deshalb hat der EuGH be-

---

95 S. dazu unten Rn. 50 ff. und die Kommentierung zu Art. 52.
96 EuGH, Rs. C-3/95, Slg. 1996, I-6511, Rn. 25 (Reisebüro Broede) – st. Rspr.; *K. Hailbronner*, in: HK-EUV, Art. 60, Rn. 26; *A. Randelzhofer/U. Forsthoff*, in: Grabitz/Hilf, EUV, Art. 49/50 Rn. 54; *Schöne* (Fn. 15), S. 87 f.; *P. Troberg*, in: GTE, EGV, Art. 59, Rn. 8.
97 *Völker* (Fn. 7), S. 129 ff.
98 EuGH, Verb. Rs. C-62 und 63/81, Slg. 1982, 223, Rn. 8 (Seco); *K. Hailbronner*, in: HK-EUV, Art. 60, Rn. 26; *Schöne* (Fn. 15), S. 88 ff.; *P. Troberg*, in: GTE, EGV, Art. 59, Rn. 9 ff.
99 S. *P. Troberg*, in: GTE, EGV, Art. 52, Rn. 39.
100 Dazu ausführlich *Schöne* (Fn. 15), S. 166 ff.; *P. Troberg*, in: GTE, EGV, Art. 59, Rn. 9 ff.
101 Zur Rechtmäßigkeit siehe unten Rn. 56 ff.
102 Dazu *K. Hailbronner*, in: HK-EUV, Art. 60, Rn. 27 a; s. auch unten Rn. 66.
103 Übersicht bei GA *C. O. Lenz*, Schlußantr. zu EuGH, Rs. C-415/93, Slg. 1995, I-4921, Ziff. 165 ff. (Bosman). S. auch *T. Kingreen*, Die Struktur der Grundfreiheiten des Europäischen Gemeinschaftsrechts, 1999, S. 38 ff.

reits in seiner ersten Entscheidung zur Dienstleistungsfreiheit diese über das Diskriminierungsverbot hinausgehend als allgemeines Beschränkungsverbot verstanden und interpretiert.[104] Der EuGH faßt dabei den **Beschränkungsbegriff** sehr weit und ordnet ihm nicht nur das **Unterbinden** und **Behindern** von Dienstleistungen zu, sondern auch den Fall, daß aufgrund der betreffenden Regelung die Erbringung der Dienstleistung **weniger attraktiv gemacht** wird.[105]

2. Kritik des Schrifttums

Durch die Deutung als allgemeines Beschränkungsverbot wird die Dienstleistungsfreiheit in die Nähe einer sektoriell begrenzten grundrechtlichen Gewährleistung der Gewerbefreiheit gerückt.[106] Diese Ausweitung ist – unter Einbeziehung auch der Deutung anderer Grundfreiheiten als Beschränkungsverbote – mit dem Argument kritisiert worden, der EG-Vertrag ziele bei den Grundfreiheiten nur auf die Gewährleistung von Grundgleichheiten ab, wolle also den Grundsatz der Inländergleichbehandlung effektiv durchsetzen.[107] Nach anderer Ansicht ist anknüpfend an den abweichenden Wortlaut der Art. 49 Abs. 1 und 50 Abs. 3 zwischen verschiedenen Formen der Dienstleistung zu differenzieren. Ein allgemeines Beschränkungsverbot soll danach nur für die Korrespondenzdienstleistungen gelten, während für die mit einem Grenzübertritt des Erbringers oder Empfängers der Dienstleistung verbundenen Fälle nur ein (weit verstandenes) Diskriminierungsverbot zur Anwendung kommen soll.[108] Schließlich wird unter Verweis auf die vom EuGH zur Warenverkehrsfreiheit in seiner Entscheidung Keck und Mithouard[109] entwickelten Grundsätze[110] eine Unterscheidung zwischen importorientierten und exportorientierten Beschränkungen getroffen.[111]

3. Stellungnahme

Welcher der Auslegungen der Vorzug gebührt, ist in erster Linie vor dem Hintergrund 40 der Funktionen zu entscheiden, die den Grundfreiheiten und dem Binnenmarktkonzept innerhalb des EG-Vertrages zugewiesen sind. Dabei steht der Abbau von an die Staatsangehörigkeit anknüpfenden diskriminierenden Effekten ohne Zweifel im Vordergrund. Es ist angesichts des Wortlauts von Art. 49 Abs. 1, aber auch des Art. 28, sowie

---

104 EuGH, Rs. C-33/74, Slg. 1974, 1299, Rn. 10/12 (van Binsbergen) – st. Rspr.; vgl. aus jüngerer Zeit EuGH, Rs. C-3/95, Slg. 1996, I-6511, Rn. 25 (Reisebüro Broede); Rs. C-222/95, Slg. 1997, I-3899, Rn. 18 (Parodi); Verb. Rs. C-369/96 und C-376/96, Slg. 1999, I-8453, Rn. 32 (Arblade). S. auch *A. Bleckmann*, Europarecht, Rn. 1679; *Hailbronner*, in: HK-EUV, Art. 60, Rn. 28; *Hailbronner/Nachbaur* (Fn. 2), S. 109 f.; *Kort* (Fn. 7), S. 135 f.; *T. Trautwein*, Dienstleistungsfreiheit und Diskriminierungsverbot im Europäischen Gemeinschaftsrecht, Jura 1995, S. 191 ff.; *P. Troberg*, in: GTE, EGV, Art. 59, Rn. 17 ff.
105 EuGH, C-3/95, Slg. 1996, I-6511, Rn. 25 (Reisebüro Broede); Rs. C-222/95, Slg. 1997, I-3899, Rn. 18 (Parodi); Verb. Rs. C-369/96 und C-376/96, Slg. 1999, I-8453, Rn. 33 (Arblade).
106 Zum Verständnis der Grundfreiheiten als Grundrechte s. *Bleckmann*, Europarecht, Rn. 755 ff.; GA *C. O. Lenz*, Schlußantr. zu EuGH, Rs. C-415/93, Slg. 1995, I-4921, Ziff. 203 (Bosman).
107 So programmatisch *H. D. Jarras*, Elemente einer Dogmatik der Grundfreiheiten, EuR 1995, S. 202 (216 ff.).
108 *C. Weber*, Die Dienstleistungsfreiheit nach Art. 59 ff. EG-Vertrag – einheitliche Schranken für alle Formen der Dienstleistung?, EWS 1995, 292 (294 f.) z. T. unter Bezugnahme auf EuGH, Gutachten 1/94, Slg. 1994, I-5267, Rn. 43 ff. Ähnlich *C. D. Classen*, Auf dem Weg zu einer einheitlichen Dogmatik der EG-Grundfreiheiten?, EWS 1995, S. 97 (101 f.).
109 EuGH, Verb. Rs. C-267/91 und C-268/91, Slg. 1993, I-6097, Rn. 16 f. (Keck und Mithouard).
110 S. Art. 28 Rn. v
111 So z. B. *Classen* (Fn. 108), S. 101 ff.; *Weber* (Fn. 108), S. 294 ff.

des inzwischen erreichten Integrationsniveaus aber auch nicht von der Hand zu weisen, daß dem Vertrag auch die Zielsetzung entnommen werden kann, allgemein auf die Beseitigung von Hindernissen für den freien Waren-, Personen-, Dienstleistungs- und Kapitalverkehr abzuzielen. Dies kann z. B. Art. 3 lit. c wörtlich entnommen werden. Die Auslegung muß aber zugleich den Rahmen respektieren, der dem Binnenmarktkonzept selbst innewohnt. Dieses Konzept ist nicht darauf gerichtet, einen Markt mit einheitlichen Regeln zu schaffen. Dazu bedürfte es einer umfassenden Regelungsbefugnis der Gemeinschaft, an der es nicht nur fehlt, sondern das als Ziel der weiteren Entwicklung des Gemeinschaftsrechts durch die Verankerung des Subsidiaritätsprinzips in Art. 5 zurückgewiesen wurde.[112] Es kann deshalb nur um solche Hindernisse gehen, die – ohne diskriminierend zu wirken – eine unverhältnismäßige Beschränkung der Wirtschaftsfreiheiten im grenzüberschreitenden Verkehr bewirken.

41 Diese Deutung wird letztlich durch eine **Auslegung der Grundfreiheiten im Lichte des Grundrechtsschutzes** innerhalb der Gemeinschaft getragen. Die durch die einzelnen Grundfreiheiten tatbestandlich erfaßten Betätigungen werden im Verhältnis zur Gemeinschaftsgewalt und zu den Mitgliedstaaten[113] durch die **Wirtschaftsgrundrechte** (Berufs-, Wettbewerbs- und Gewerbefreiheit) im Sinne eines grundsätzlichen Beschränkungsverbotes geschützt. Die Grundfreiheiten verfügen demnach über einen grundrechtlichen Unterbau, der ihre **grundrechtskonforme Auslegung** gebietet. Diese hat zur Folge, daß auch Einschränkungen der wirtschaftlichen Betätigungsfreiheit ohne diskriminierenden Charakter einem Rechtfertigungserfordernis unterliegen, was im Ergebnis dem Verständnis der Grundfreiheiten als allgemeinen Beschränkungsverboten entspricht. Allerdings ist damit keine einheitliche Auslegung aller Grundfreiheiten[114] oder gar die Verschmelzung der Grundfreiheiten zu einer einzigen Gewährleistung gefordert oder gerechtfertigt, wie es in den Schlußanträgen des Generalanwalts Lenz im Bosman-Urteil anklingt.[115] Die grundrechtskonforme Auslegung knüpft vielmehr an den jeweiligen Tatbestand der einzelnen Grundfreiheit an und orientiert sich an seinem spezifischen Gewährleistungsgehalt. Nur so ist es auch möglich, die Selbständigkeit der Rechtsordnungen der Mitgliedstaaten ausreichend zu respektieren, deren Regelungs- und Ausgestaltungsbefugnis nicht in Frage gestellt werden darf.[116] Unter Berücksichtigung dieser Einschränkungen ist dem EuGH im Ergebnis zuzustimmen, wenn er die Dienstleistungsfreiheit – wie auch andere Grundfreiheiten – im Sinne eines Beschränkungsverbots interpretiert.[117]

42 Ob zwischen verschiedenen Formen der Dienstleistungen und Einschränkungen zu differenzieren ist, ist eine die Reichweite des Beschränkungsverbotes, aber auch die mitgliedstaatliche Regelungsautonomie betreffende Frage. Der EuGH hat in der Entschei-

---

112 Vgl. *Classen* (Fn. 108), S. 105 m. w. N.
113 Zu den Voraussetzungen der Bindung der Mitgliedstaaten an die Gemeinschaftsgrundrechte vgl. *H.-W. Rengeling*, Grundrechtsschutz in der Europäischen Gemeinschaft, 1993, S. 200; dort S. 16 ff. auch Nachweise zur Gewährleistung der Wirtschaftsgrundrechte auf Gemeinschaftsebene.
114 Davon zu unterscheiden sind gewisse Konvergenzen, die bei der Auslegung der einzelnen Grundfreiheiten ohne Zweifel zu beobachten sind; vgl. *P. Behrens*, Die Konvergenz der wirtschaftlichen Freiheiten im europäischen Gemeinschaftsrecht, EuR 1992, S. 145 ff.; davon wiederum ist die Frage zu unterscheiden, ob es eine einheitliche Dogmatik der Grundfreiheiten gibt bzw. geben sollte; zu diesem Aspekt *Classen* (Fn. 108), S. 97 ff.
115 GA *C. O. Lenz*, Schlußantr. zu EuGH, Rs. C-415/93, Slg. 1995, I-4921, Ziff. 198 ff. (Bosman).
116 Auf diesen Gesichtspunkt weist zutreffend *U. Everling*, Das Niederlassungsrecht in der Europäischen Gemeinschaft, DB 1990, S. 1853 (1857) hin.
117 S. auch *Kingreen* (Fn. 103), S. 58 ff.

dung Alpine Investments erkennen lassen, daß die Grundsätze der Keck und Mithouard Rechtsprechung nach seiner Ansicht auf den Bereich der Dienstleistungsfreiheit grundsätzlich übertragen werden können.[118] Den Mitgliedstaaten würde demnach in einigen Bereichen eine größere Gestaltungsfreiheit eingeräumt. Damit ist aber noch nicht geklärt, welche Formen der Regelung bzw. Beschränkungen bei der Dienstleistungsfreiheit den Verkaufsmodalitäten bei der Warenverkehrsfreiheit entsprechen.[119] Vieles spricht aber dafür, eine entsprechende Lockerung auf inlandsbezogene Dienstleistungen zu beschränken.[120]

IV. Begleitrechte

Außer im Fall der Korrespondenzdienstleistung erfordert die Wahrnehmung der Dienstleistungsfreiheit für Erbringer oder Empfänger den (vorübergehenden) Aufenthalt in einem anderen Mitgliedstaat. Das insoweit für die Ausübung der Dienstleistungsfreiheit erforderliche **Aufenthaltsrecht** wird als sog. Begleitrecht aus Art. 49, 50 mit garantiert.[121] Das Aufenthaltsrecht wurde sekundärrechtlich näher ausgestaltet.[122] Die lange Zeit vor allem bezüglich der Dienstleistungsempfangsfreiheit beachtliche Problematik, die genaue Reichweite des Aufenthaltsrechts festzulegen[123], hat durch die Einführung des **allgemeinen Aufenthaltsrechts für Unionsbürger** in Art. 18 ihre Bedeutung verloren. Die sekundärrechtliche Erstreckung des Aufenthaltsrechts auf Familienangehörige bezieht diese nicht in den Anwendungsbereich der Dienstleistungsfreiheit ein, soweit sie Drittstaatsangehörige sind. 43

V. Bindungswirkung, insbesondere Drittwirkung

1. Rechtsprechung des EuGH

Es ist unbestritten, daß die Art. 49 ff. die Organe der Gemeinschaft und der Mitgliedstaaten binden. Für die Bundesrepublik Deutschland schließt dies auch die Regelungen und Maßnahmen der **Träger funktionaler Selbstverwaltung**[124] (insbes. Handwerkskammern, Industrie- und Handelskammern sowie Kammern der freien Berufe) ein.[125] Soweit Beschränkungen der Dienstleistungsfreiheit durch **Maßnahmen privater Organisationen**, insbesondere privatrechtlich verfaßter Berufs-, Wirtschafts- und Verbraucherverbände, sowie im Rahmen von vertraglichen **Einzelvereinbarungen unter Privaten** erfolgen, stellt sich die Frage nach ihrer rechtlichen Bindung und damit die Frage der sog. Drittwirkung der Grundfreiheiten.[126] Da Adressaten der Grundfreiheiten in erster Linie die Mitgliedstaaten und in zweiter Linie die Organe der Union sind, bedarf die Einbe- 44

---

118 EuGH, Rs. C-384/93, Slg. 1995, I-1141, Rn. 33 ff. (Alpine Investment).
119 Dazu *P. Troberg*, in: GTE, EGV, Art. 59, Rn. 33 ff. Kritisch *Kort* (Fn. 7), S. 136.
120 *Kort* (Fn. 7), S. 138. S. auch *N. Dethloff*, Grenzüberschreitende Telefaxwerbung und Grundfreiheiten, IPrax 1999, S. 347 (349 ff.); *Kingreen* (Fn. 103), S. 63 f.
121 *K. Hailbronner*, in: HK-EUV, Art. 60, Rn. 37; *W.-H. Roth*, in: Hb.EGWirtR Abschnitt E. I, Rn 106; *Völker* (Fn. 7), S. 156 ff.
122 S. dazu Art. 18, Rn. 1.
123 S. *Völker* (Fn. 7), S. 156 ff.
124 Übersicht bei *W. Kluth*, Funktionale Selbstverwaltung, 1997, S. 82 ff.
125 *C. Stumpf*, in: Hb.EGWirtR, Abschnitt E. II, Rn. 13.
126 Übersicht bei *W. Kluth*, Die Bindung privater Wirtschaftsteilnehmer an die Grundfreiheiten des EG-Vertrages, AöR 122 (1997), S. 557 ff.

ziehung von Organisationen und einzelnen, die dem privaten oder gesellschaftlichen Bereich zuzurechnen sind, einer besonderen Begründung.

45 Der EuGH hat in seinem **Walrave-Urteil** bereits im Jahre 1974 zu dieser Frage Stellung genommen und entschieden, daß auch private Verbände an die Regelungen der Dienstleistungsfreiheit gebunden sind, wenn sie Verbandsvorschriften erlassen, durch die sie auf die grenzüberschreitende gewerbliche Betätigung Einfluß nehmen.[127] Danach gilt das Verbot der unterschiedlichen Behandlung aus Gründen der Staatsangehörigkeit »nicht nur für Akte der staatlichen Behörden, sondern erstreckt sich auch auf sonstige Maßnahmen, die eine kollektive Regelung im Arbeits- und Dienstleistungsbereich enthalten«. Dies wird damit begründet, daß die Beseitigung der Hindernisse für den freien Personen- und Dienstleistungsverkehr als eines der wesentlichen Ziele der Gemeinschaft gefährdet wäre, »wenn die Beseitigung der staatlichen Schranken dadurch in ihren Wirkungen wieder aufgehoben würde, daß privatrechtliche Vereinigungen oder Einrichtungen kraft ihrer rechtlichen Autonomie derartige Hindernisse aufrichteten«.[128] Dabei verkennt der EuGH nicht, daß sich die in den Art. 50 Abs. 3, 52 und 54 getroffenen Regelungen speziell und ausschließlich an die Mitgliedstaaten richten. Die allgemeine Fassung des Art. 49, die nicht auf den Ursprung der Beeinträchtigung abstelle, werde dadurch aber nicht in seinem allgemeinen, auch Private einbeziehenden Geltungsanspruch, eingeschränkt.[129] Diese Rechtsprechung hat der EuGH in späteren Entscheidungen bekräftigt[130] und auf andere Grundfreiheiten[131] ausgedehnt.

2. Kritik des Schrifttums

46 Die Einbeziehung Privater, insbesondere privatrechtlicher Vereinigungen und Verbände in den Kreis der Normadressaten ist im Schrifttum, neben einigen zustimmenden Äußerungen[132], als **systemwidrig** und **rechtsstaatlich bedenklich kritisiert** worden.[133] Dabei ist auf die Unterschiede in der Rechtsprechung des EuGH hingewiesen worden, der vor allem im Bereich der Warenverkehrsfreiheit eine unmittelbare Bindung Privater ablehnt.[134] Weiter wird geltend gemacht, daß der EG-Vertrag systematisch eindeutig zwischen Vorschriften, die an die Mitgliedstaaten gerichtet sind, und solchen, die sich an Private richten, unterscheide, wie sich insbesondere aus den wettbewerbsrechtlichen Vorschriften der Art. 81 ff. ergebe.[135]

47 Eine **Ausnahme** wird von einigen Autoren für die **Normsetzung privater Verbände** ge-

---

127 EuGH, Rs. C-36/74, Slg. 1974, 1405, Rn. 16/19 (Walrave).
128 EuGH, Rs. C-36/74, Slg. 1974, 1405, Rn. 16/19 (Walrave).
129 EuGH, Rs. C-36/74, Slg. 1974, 1405, Rn. 20/24 (Walrave).
130 EuGH, Rs. C-13/76, Slg. 1976, 1333, Rn. 17/18 (Donà).
131 Zu Art. 39 zuletzt EuGH, Rs. C-415/93, Slg. 1995, I-4921, Rn. 82 (Bosman).
132 E. *Steindorf*, Drittwirkung der Grundfreiheiten im europäischen Gemeinschaftsrecht, in: FS Lerche, 1993, S. 575 ff.; *Völker* (Fn. 7), S. 135 m. w. N. in Fn. 31.
133 W.-H. *Roth*, Drittwirkung der Grundfreiheiten?, in: FS Everling, Bd. 2, 1995, S. 1231 ff.; R. *Scholz/S. Langer*, Europäischer Binnenmarkt und Energiepolitik, 1992, S. 61 ff.; grundsätzlich ablehnend auch M. *Jaensch*, Die unmittelbare Drittwirkung der Grundfreiheiten, 1997; P. *Troberg*, in: GTE, EGV, Art. 59, Rn. 46.
134 EuGH, Rs. C-402/85, Slg. 1987, 1747, Rn. 17 ff. (Basset); Rs. C-395/87, Slg. 1989, 2521, Rn. 15 (Strafverfahren gegen Tournier); Rs. C-10/89, Slg. 1990, I-3711, Rn. 9 ff. (HAG GF).
135 *Jaensch* (Fn. 133), S. 140 ff.; W.-H. *Roth* (Fn. 133), S. 1241 ff.

macht, insoweit diese als intermediäre Mächte qualifiziert und der Staatsgewalt gleichgesetzt werden.[136] Auch diese Begründung ist auf Kritik gestoßen.[137]

3. Stellungnahme

Gegen die Annahme einer Drittwirkung der Art. 49, 50 sprechen sowohl die Ergebnisse der systematischen und teleologischen Auslegung als auch grundrechtliche Erwägungen. Entgegen der Ansicht des EuGH kann alleine unter Berufung auf den weit gefaßten Wortlaut des Art. 49 Abs. 1 die eindeutige Bezugnahme der nachfolgenden Regelungen, insbesondere des Art. 50 Abs. 3 und der Art. 52 und 54 auf staatliche Maßnahmen in ihrer Bedeutung nicht relativiert werden. Vielmehr muß dieser **systematische Zusammenhang** als eindeutiges Indiz für die Beschränkung auf die Mitgliedstaaten und die Gemeinschaft als Normadressaten gewertet werden.[138] Dies wird auch durch einen Vergleich mit den Art. 81 ff. bestätigt.[139] Weiter ist zu berücksichtigen, daß der weit gefaßte Wortlaut des Art. 49 Abs. 1 von Rechtsprechung und Lehre unter Berufung auf den **effet utile** bereits dahingehend interpretiert wird, daß die Norm als allgemeines Beschränkungsverbot zu verstehen ist. Ihr muß also nicht notwendig ein Indiz für die Erweiterung des Adressatenkreises entnommen werden.[140]

Dieses Auslegungsergebnis wird bestätigt und weiter untermauert, wenn man den **Grundrechtsschutz Privater** in die Betrachtung einbezieht. Durch eine unmittelbare Bindung privater Wirtschaftsteilnehmer und Verbände an die Dienstleistungsfreiheit wird deren grundrechtlich geschützte Freiheit zur wirtschaftlichen Betätigung bzw. zur Ausübung der Verbandsgewalt[141] beschränkt. Eine solche Beschränkung ist auch im Gemeinschaftsrecht nur auf der Grundlage einer ausdrücklichen **rechtssatzmäßigen Ermächtigung** und unter Einhaltung des Grundsatzes der **Verhältnismäßigkeit** zulässig.[142] Dies gilt auch für die Normsetzung privatrechtlicher Verbände, soweit diese nicht ausdrücklich mit hoheitlichen Befugnissen beliehen sind. Soweit ein Bedürfnis besteht, auch gegenüber solchen Maßnahmen die Dienstleistungsfreiheit zu schützen[143], bedarf es deshalb entsprechender Regelungen im sekundären Gemeinschaftsrecht oder durch die Mitgliedstaaten.[144] Im Ergebnis ist die Annahme einer unmittelbaren Drittwirkung der Dienstleistungsfreiheit demnach auch aus grundrechtsdogmatischen Gründen abzulehnen. Der Schutz der Dienstleistungsfreiheit vor Beschränkungen durch privatrechtliche Verbände und Einzelne ist Aufgabe des Gemeinschaftsgesetzgebers bzw. der Mitglied-

---

136 So etwa K. *Hailbronner*, in: HK-EUV, Art. 60, Rn. 35; *Jaensch* (Fn. 133), S. 263 ff., wohl auch *Hailbronner/Nachbaur* (Fn. 2), S. 112; P. *Troberg*, in: GTE, EGV, Art. 59, Rn. 46.
137 *Kluth* (Fn. 126), S. 578 ff.
138 *Kluth* (Fn. 126), S. 572 ff.
139 *Jaensch* (Fn. 133), S. 140 ff.; W.-H. *Roth* (Fn. 133), S. 1242 ff.; *Scholz/Langer* (Fn. 133), S. 65.
140 *Kluth* (Fn. 126), S. 574 ff.
141 Zu deren Schutz vgl. *Rengeling* (Fn. 113), S. 58 ff.
142 *Kluth* (Fn. 126), S. 578 ff.
143 Zur Frage eines Schutzbedürfnisses vgl. *Kluth* (Fn. 126), S. 576 f.
144 Solche Regelungen lagen in den vom EuGH in den Urteilen Walrave und Donà zu beurteilenden Fällen im übrigen vor, so daß die Annahme einer unmittelbaren Drittwirkung überflüssig war; vgl. *Kluth* (Fn. 126), S. 566.

staaten und Ausdruck einer **grundfreiheitlichen Schutzpflicht**[145], wie sie der EuGH in seiner Rechtsprechung zur Warenverkehrsfreiheit entwickelt hat[146].

VI. Rechtsangleichung

50 Das in vieler Hinsicht wirksamste Instrument zur Verwirklichung der Dienstleistungsfreiheit ist – auch heute noch – die Rechtsangleichung. Ihr Vorteil gegenüber der Durchsetzung der Dienstleistungsfreiheit durch eine unmittelbare Kontrolle nationaler Regelungen an den Art. 49 ff. besteht vor allem darin, daß die Bedingungen für die Erbringung von Dienstleistungen einheitlich für den gesamten Binnenmarkt geregelt werden können und so weniger Wettbewerbsverzerrungen entstehen.[147]

51 Die Rechtsangleichung kann im Wege der **einheitlichen Regelung** des jeweiligen Sachgebietes durch die Gemeinschaft, wobei zwischen Voll- und Rahmenregelungen zu unterscheiden ist oder durch die Aufstellung von Grundsätzen für die **gegenseitige Anerkennung** mitgliedstaatlicher Regelungen erfolgen. Die erste Variante hat den Nachteil, daß sie einen stärkeren Eingriff in die Selbständigkeit der mitgliedstaatlichen Rechtsordnungen darstellt und deshalb der erforderliche politische Konsens nicht zustande kommt. In der Praxis hat sich zunehmend das Prinzip der gegenseitigen Anerkennung durchgesetzt.[148]

52 Der Erlaß von Richtlinien zum Zweck der effektiven Durchsetzung der Dienstleistungsfreiheit in den verschiedenen Tätigkeitsbereichen ist in Art. 52 besonders geregelt. Die daraus abgeleitete Rechtsetzungskompetenz der Gemeinschaft darf nur zum Zweck der Liberalisierung genutzt werden und ermächtigt nicht zur isolierten Einführung von bislang in den Mitgliedstaaten bestehenden Pflichten. Derartige Regelungen müssen auf andere Sachkompetenzen gestützt werden. Auch die Verweisung des Art. 55 auf Art. 46 und 47 betrifft die Rechtsangleichung. Bezüglich der Einzelheiten der bisherigen Praxis (Allgemeine Programme und Einzelrichtlinien) wird auf die Kommentierung dieser Vorschriften verwiesen.[149]

D. Beschränkungen der Dienstleistungsfreiheit

I. Allgemeines

53 Wie alle anderen Grundfreiheiten, so wird auch die Dienstleistungsfreiheit nicht unbeschränkt gewährleistet.[150] **Beschränkungen** der Dienstleistungsfreiheit können sowohl

---

145 S. M. *Burgi*, Mitgliedstaatliche Garantenpflicht statt unmittelbare Drittwirkung der Grundfreiheiten, EWS 1999, S. 327 ff.; L. *Jaeckel*, Schutzpflichten im deutschen und europäischen Recht, 2001, S. 234 ff.; H. D. *Jarass*, Elemente einer Dogmatik der Grundfreiheiten II, EuR 2000, S. 705 (713 f.); J. *Schwarze*, Zum Anspruch der Gemeinschaft auf polizeiliches Einschreiten der Mitgliedstaaten, EuR 1998, S. 53 ff.; P. *Szczekalla*, Grundfreiheitliche Schutzpflichten – eine neue Funktion der Grundfreiheiten des Gemeinschaftsrechts, DVBl. 1998, S. 219 ff.
146 EuGH, Rs. C-265/95, Slg. 1997, I-6959, Rn. 27 ff. (Kommission/Frankreich).
147 W.-H. *Roth*, in: Hb.EGWirtR, Abschnitt E. I, Rn. 139 ff.; ders., Die Harmonisierung des Dienstleistungsrechts in der EWG, EuR 1986, S. 340 (343 ff.).
148 *Oppermann*, Europarecht, Rn. 1525. S. zu Einzelheiten Art. 94, Rn. 4.
149 S. Art. 52, Rn. 14 ff. Übersicht bei *Oppermann*, Europarecht, Rn. 1512 ff.; C. *Stumpf*, in: Hb.EGWirtR, Abschnitt E. II.
150 Zu allgemeinen Grundsätzen: *Jarass* (Fn. 145), S. 709 ff.; *Kingreen* (Fn. 103), S. 149 ff.

durch die **Rechtsetzung der Gemeinschaft**, z. B. in Richtlinien und Verordnungen, als auch durch die **Mitgliedstaaten** (einschließlich der berufsständischen Körperschaften[151]) vorgenommen werden. Bereits in seinem für den Bereich der Dienstleistungsfreiheit grundlegenden Urteil im Fall van Binsbergen hat der EuGH ausgeführt, daß durch das Allgemeininteresse gerechtfertigte Berufsregelungen der Mitgliedstaaten durchaus mit Art. 49 vereinbar sein können.[152] Eine wichtige Funktion der Grundfreiheiten besteht aber darin, solche Beschränkungen einem Rechtfertigungserfordernis zu unterwerfen. Aufgabe der Schrankendogmatik ist es, die materiellen Anforderungen der zulässigen Beschränkungen näher zu bestimmen. Dabei ist zwischen den verschiedenen Gewährleistungsgehalten der Dienstleistungsfreiheit zu differenzieren.

Trotz der unterschiedlichen sachlichen Reichweite und der strukturellen Abweichungen der einzelnen Grundfreiheiten kann auf der Grundlage der bisherigen Rechtsprechung des EuGH[153] heute von einer jedenfalls in den Grundzügen **gemeinsamen Schrankensystematik** gesprochen werden. Diese ist durch folgende Systemelemente gekennzeichnet: 54
(1) Es besteht – vorbehaltlich des Art. 46 Abs. 1 – ein **absolutes Verbot offener Diskriminierungen** aus Anlaß der Staatsangehörigkeit;
(2) sonstige Beschränkungen sind nur aus **zwingenden Gründen des Allgemeininteresses** zulässig;
(3) sie müssen **geeignet** sein, die Verwirklichung des mit ihnen verfolgten Zieles zu gewährleisten;
(4) sie dürfen nicht über das hinausgehen, was zur Erreichung des Zieles erforderlich ist (**Verhältnismäßigkeit**).[154]

II. Rechtfertigung von Diskriminierungen

1. Offene Diskriminierungen

Formal an die Staatsangehörigkeit anknüpfende diskriminierende Regelungen sind mit Art. 49, 50 nur insoweit vereinbar, als sie auf Art. 46 gestützt sind, auf den Art. 55 verweist.[155] 55

2. Versteckte Diskriminierungen

Ob in den Fällen der sog. versteckten Diskriminierungen[156] auch von einem nur durch die von Art. 46 erfaßten Fälle durchbrochenen absoluten Verbot auszugehen ist oder eine Beschränkung auch aufgrund von zwingenden Allgemeininteressen zulässig ist, läßt sich der Rechtsprechung des EuGH nicht ganz eindeutig entnehmen. Ordnet man die versteckten Diskriminierungen dem formalen Gebot der Inländergleichbehandlung zu, so kommt eine Rechtfertigung nach den allgemeinen Grundsätzen nicht in Betracht.[157] 56

---

151 S. oben Rn. 44.
152 EuGH, Rs. C-33/74, Slg. 1974, 1299, Rn. 10/12 (van Binsbergen).
153 S. EuGH, Rs. C-19/92, Slg. 1993, I-1663, Rn. 32 (Kraus); Rs. C-55/94, Slg. 1995, I-4165, Rn. 37 (Gebhard); Rs. C-272/94, Slg. 1996, I-1905, Rn. 11 (Guiot); Rs. C-369/96, Slg. 1999, I-8453, Rn. 34 (Arblade).
154 EuGH, Rs. C-3/95, Slg. 1996, I-6511, Rn. 28 m. w. N. (Reisebüro Broede); Rs. C-369/96, Slg. 1999, I-8453, Rn. 35 (Arblade). S. auch *Kingreen* (Fn. 103), S. 168 ff.
155 S. Art. 46, Rn. 2 ff. S. auch *Oppermann*, Europarecht, Rn. 1539 ff.; *Schöne* (Fn. 15), S. 144 ff.
156 S. oben Rn. 37. Näher dazu *Kingreen* (Fn. 103), S. 62 ff.
157 So auch K. *Hailbronner*, in: HK-EUV, Art. 60, Rn. 29; *Kingreen* (Fn. 103), S, 63.

Das eigentliche Problem besteht indes darin, die Fälle der versteckten Diskriminierung eindeutig von Fällen abzugrenzen, die dem allgemeinen Beschränkungsverbot zuzuordnen sind. Beide Tatbestände gehen fließend ineinander über, und es ist sehr schwierig, im Einzelfall eine überzeugende Abgrenzung vorzunehmen.[158] Dies wird besonders bei den Fällen der Residenz- oder Präsenzpflicht deutlich.

57 Die Statuierung einer Residenzpflicht gehört zu den Tatbeständen, die durch einen Angehörigen des jeweiligen Mitgliedstaates in der Regel automatisch erfüllt sind, während dies für Angehörige anderer Mitgliedstaaten regelmäßig nicht zutrifft. Damit liegt ein typischer Fall einer versteckten Diskriminierung vor. Bereits in der Entscheidung van Binsbergen hat der EuGH[159] entschieden, daß eine solche **Residenzpflicht** nicht unter die Fälle des absoluten Verbots fällt, sondern durch zwingende Allgemeininteressen gerechtfertigt werden kann. Eine Residenzpflicht stellt demnach nur dann eine Diskriminierung dar, wenn es an einer solchen Rechtfertigungsmöglichkeit fehlt. Die Fälle der versteckten Diskriminierung sind deshalb bei genauerer Betrachtung lediglich eine **besondere Erscheinungsform der allgemeinen Beschränkungen**, bei denen die Beschränkung an Tatbestandsmerkmale anknüpft, die von Inländern in der Regel automatisch erfüllt werden. Infolge des Verständnisses der Dienstleistungsfreiheit als allgemeinem Beschränkungsverbot kommt dieser Fallgruppe heute nur noch eine **deskriptive Funktion** zu. Die herkömmlich als versteckte Diskriminierung diskutierten Fallgestaltungen sind deshalb den sonstigen Beschränkungen zuzuordnen und zusammen mit ihnen zu erörtern.

III. Beschränkungen der Dienstleistungserbringungsfreiheit

1. Residenz-, Präsenz- und Registrierungspflichten

58 Die Zulässigkeit eines Wohnsitz- oder Niederlassungserfordernisses im Land der Dienstleistungserbringung (Residenz- oder Präsenzpflicht) hat den EuGH bereits mehrfach beschäftigt. Im Fall **van Binsbergen** ging es um einen Rechtsanwalt, der seinen Wohnsitz aus den Niederlanden nach Belgien verlegt hatte und dem deshalb die Wahrnehmung einer Prozeßvertretung vor einem niederländischen Gericht untersagt wurde. Dies wurde mit der gesetzlichen Regelung begründet, nach der nur in den Niederlanden ansässige Rechtsanwälte dort vor Gericht auftreten dürfen. Der EuGH hat darin zwar eine Beschränkung der Dienstleistungsfreiheit gesehen, diese aber mit der Begründung für gerechtfertigt gehalten, daß »in Anbetracht der Besonderheiten der Dienstleistungen ... diejenigen an den Leistungserbringer gestellten besonderen Anforderungen nicht als mit dem Vertrag unvereinbar angesehen werden [dürfen], die sich aus der Anwendung durch das Allgemeininteresse gerechtfertigter Berufsregelungen – namentlich der Vorschriften über Organisation, Befähigung, Berufspflichten, Kontrolle, Verantwortlichkeit und Haftung – ergeben und die für alle im Gebiet des Staates, in dem die Leistung erbracht wird, ansässigen Personen verbindlich sind«. Dies soll insoweit gelten, als der Leistende dem Zugriff dieser Regelungen nur deshalb entgehen würde, weil er in einem anderen Mitgliedstaat ansässig ist.[160] Nach Ansicht des EuGH kann einem Mitgliedstaat überdies nicht das Recht zum Erlaß von Vorschriften abgesprochen werden, »die verhindern sollen, daß der Erbringer einer Leistung, dessen Tätigkeit ganz oder vorwiegend auf das Gebiet eines Staates ausgerichtet ist, sich die durch Artikel 59 (jetzt 49) garantierte Frei-

---

158 Hailbronner/Nachbaur (Fn. 2), S. 111.
159 EuGH, Rs. C-33/74, Slg. 1974, 1299, Rn. 10/12 und 13 (van Binsbergen).
160 EuGH, Rs. C-33/74, Slg. 1974, 1299, Rn. 10/12 (van Binsbergen).

heit zunutze macht, um sich den Berufsregelungen zu entziehen, die auf ihn Anwendung fänden, wenn er im Gebiet dieses Staates ansässig wäre; denn es ist denkbar, daß auf einen solchen Fall nicht das Kapitel über die Dienstleistungen, sondern über das Niederlassungsrecht anwendbar wäre.«[161] Hier wird ein **Umgehungsverbot** statuiert.[162] Diese Grundsätze hat der EuGH in der Entscheidung **Coenen** für den Fall eines Versicherungsmaklers wiederholt.[163]

In seiner Entscheidung zum Niederlassungserfordernis für **Versicherungsunternehmen** 59 hat der EuGH die Anforderungen an die Rechtfertigung einer Residenzpflicht verschärft und ausgeführt, daß der betreffende Mitgliedstaat den Nachweis führen müsse, daß die Niederlassungspflicht unerläßliche Voraussetzung für die Erreichung des mit ihr verfolgten Zwecks sei.[164] Die Erleichterung der administrativen Tätigkeit reicht als Rechtfertigungsgrund nicht aus. Es muß vielmehr der Nachweis geführt werden, daß ohne Niederlassung die (legitimen) behördlichen Überwachungsaufgaben nicht wahrgenommen werden können.[165] Für den Fall, daß ein entsprechendes Bedürfnis nachgewiesen werden kann, sind nach Ansicht des EuGH aber noch weitere Maßgaben zu beachten. Dem Antrag auf Zulassung muß grundsätzlich stattgegeben werden und es dürfen dabei keine Anforderungen gestellt werden, die mit den im Heimatstaat geltenden Anforderungen gleichwertig sind. Auch müssen die im Heimatstaat durchgeführten behördlichen Kontrollen und Überprüfungen berücksichtigt werden.[166] Es besteht also ein **Verbot der Doppelkontrolle**.[167]

Diese relativ strengen Anforderungen hat der EuGH in der Entscheidung **Ramrath** wie- 60 der etwas gelockert und sich auf die Formel zurückgezogen, daß »Erfordernisse bezüglich des Vorhandenseins von Einrichtungen und einer bestimmten tatsächlichen Anwesenheit ... im Hoheitsgebiet ... als gerechtfertigt [erscheinen], um den Schutz des Allgemeininteresses zu gewährleisten.«[168] In einer weiteren Entscheidung zu **Wertpapiermaklern** ist der EuGH indes zu seiner ursprünglichen strengen Formel zurückgekehrt.[169]

Residenz- und Präsenzpflichten beschränken demnach die Dienstleistungsfreiheit und 61 sind deshalb nur zulässig, wenn ihre Statuierung zur Durchsetzung von im Allgemeininteresse erlassenen Regelungen des Berufsrechts oder Verbraucherschutzes (zwingend) erforderlich sind. In denjenigen Fällen, in denen eine Residenz- oder Präsenzpflicht zulässig ist, dürfen bei der Zulassung keine Doppelkontrollen vorgenommen werden. Anders zu beurteilen ist der Fall, in dem ein Unternehmer gezielt keine Niederlassung begründet, um die in einem Mitgliedstaat bestehenden (rechtmäßigen) Berufsregelungen zu umgehen.

Ähnliche Wirkungen wie eine Residenzpflicht können **Registrierungspflichten** wie z.B. 61 a die Pflicht zur Eintragung in die Handwerksrolle nach § 1 Abs. 1 HwO entfalten. Es ist zwar grundsätzlich anerkannt, daß das Ziel, die Qualität der erbrachten Dienstleistungen zu sichern und den Abnehmer vor Schäden zu bewahren einen zwingenden Grund

---

161 EuGH, Rs. C-33/74, Slg. 1974, 1299, Rn. 13 (van Binsbergen). S. auch *P. Troberg*, in: GTE, EGV, Art. 59, Rn. 9 ff.
162 *P. Troberg*, in: GTE, EGV, Art. 59, Rn. 28.
163 EuGH, Rs. C-39/75, Slg. 1975, 1547, Rn. 12 (Coenen).
164 EuGH, Rs. C-205/84, Slg. 1986, 3755, Rn. 52 (Kommission/Bundesrepublik Deutschland).
165 EuGH, Rs. C-205/84, Slg. 1986, 3755, Rn. 54 (Kommission/Bundesrepublik Deutschland).
166 EuGH, Rs. C-205/84, Slg. 1986, 3755, Rn. 47 (Kommission/Bundesrepublik Deutschland).
167 *P. Troberg*, in: GTE, EGV, Art. 59, Rn. 24.
168 EuGH, Rs. C-106/91, Slg. 1992, I-3351, Rn. 35 (Ramrath).
169 EuGH, Rs. C-101/94, Slg. 1996, I-2691, Rn. 31 (Kommission/Italien).

des Allgemeininteresses darstellt.[170] Der mit einer Registrierung verbundene verfahrensmäßige, zeitliche und finanzielle Aufwand kann insbesondere die punktuelle oder sogar einmalige Erbringung von Dienstleistungen erheblich behindern. In der Rechtssache **Corsten** hat der EuGH deshalb entschieden, daß eine Eintragungspflicht jedenfalls bei nur gelegentlicher Betätigung nicht zulässig ist und daß auch in den Fällen, bei denen nach der RL 64/427/EWG des Rates vom 7. Juli 1964 eine Registrierungspflicht gerechtfertigt ist, diese bei fehlender Niederlassung weder zusätzliche Verwaltungskosten noch die obligatorische Zahlung von Beiträgen an die Handwerkskammer nach sich ziehen darf.[171] Mit einer ähnlichen Begründung hat der EuGH eine italienische Registrierungspflicht für Transitspediteure für unzulässig erklärt.[172] Auch andere gewerberechtliche Anzeige- und Registrierungspflichten müssen vor dem Hintergrund dieser Rechtsprechung überprüft werden.[173]

2. Tätigkeitsbezogene Regelungen

62 In vielen Fällen stellt das Recht der Mitgliedstaaten besondere Anforderungen an die berufliche Qualifikation. Dies gilt vor allem für die sog. freien Berufe. Diese innerstaatlich bereits hinsichtlich des Grundrechts der Berufsfreiheit rechtfertigungsbedürftigen Regelungen, führen im Bereich der Dienstleistungsfreiheit ebenfalls zu Beschränkungen und zwar auch dann, wenn sie unterschiedslos angewendet werden. Soweit es für den betreffenden Bereich an einer Rechtsangleichung oder Koordination zum Zweck der gegenseitigen Anerkennung[174] fehlt, muß die Vereinbarkeit der jeweiligen Anforderungen mit der Dienstleistungsfreiheit anhand der allgemeinen Kriterien[175] überprüft werden.[176] Dabei ist insbesondere zu fragen, ob die regelmäßig auf eine dauerhafte Betätigung zugeschnittenen Regelungen der Mitgliedstaaten auch auf Fälle einer nur vorübergehenden oder punktuellen Tätigkeit anwendbar sind oder sich insoweit als unverhältnismäßig erweisen.[177]

63 Als **zwingende Gründe des Allgemeininteresses**, die eine Beschränkung der Dienstleistungsfreiheit rechtfertigen können, hat der EuGH in seiner bisherigen Rechtsprechung neben den Berufsregeln[178] den Schutz des geistigen Eigentums[179], den Schutz der Ar-

---

170 EuGH, Rs. C-58/98, 3.10.2000, DVBl. 2001, S. 114, Rn. 38 (Corsten).
171 EuGH, Rs. C-58/98, 3.10.2000, DVBl. 2001, S. 114, Rn. 39 ff. (Corsten). Dazu G. *Früh*, Die Inländerdiskriminierung im Handwerksrecht und das Urteil des österreichischen Verfassungsgerichtshofes zur Erleichterung des Gewerbezugangs, GewArch 2001, S. 58 ff.; *dies.*, Keine Eintragungspflicht in Handwerksrolle für ausländische Dienstleister, EuZW 2000, S. 767 f.; M. *Grünhagen*, Zur Verrichtung handwerklicher Tätigkeiten, EuLF 2000, S. 110 f.; G.-S. *Hök*, Zur Eintragungspficht in die Handwerksrolle für ausländische Handwerksunternehmen, ZfBR 2001, S. 77 ff.; W. *Leisner*, Handwerksrecht und Euoparecht, GewArch. 1998, S. 445 f.; R. *Streinz*, Keine Eintragungspflicht in die Handwerksrolle für ausländische Dienstleister, JuS 2001, S. 388 ff.
172 EuGH, Rs. C-264/99, 8.6.2000, NVwZ 2000, S. 1032 (Kommission/Italien). S. auch EuGH, Rs. C-358/98, 9.3.2000, EuZW 2000, S. 342 (Kommission/Italien).
173 K. *Füßer/U. Schiedt*, Anzeigepflicht gem. § 14 I GewO im Lichte der neueren Rechtsprechung des EuGH zu den Grundfreiheiten, NVwZ 1999, S. 620 ff.; VG Lüneburg, GewArch. 1998, S. 28 f.
174 S. oben Rn. 50 ff. und die Übersicht bei Art. 52, Rn. 12 ff.
175 S. oben Rn. 54.
176 EuGH, Rs. C-353/89, Slg. 1991, I-4069, Rn. 16 (Kommission/Niederlande).
177 W.-H. *Roth*, in: Hb.EGWirtR, Abschnitt E. I, Rn. 127.
178 EuGH, Verb. Rs. C-110 und 111/78, Slg. 1979, 35, Rn. 28 (Van Wesemael).
179 EuGH, Rs. C-62/79, Slg. 1980, 881 (Coditel).

beitnehmer[180], den Schutz der Verbraucher[181], die Kulturpolitik[182], die Erhaltung des nationalen historischen und künstlerischen Erbes[183], sowie die Aufwertung der archäologischen, historischen und künstlerischen Reichtümer und die bestmögliche Verbreitung von Kenntnissen über das künstlerische und kulturelle Erbe des Landes[184] anerkannt.[185]

Weiter hat der EuGH in der Entscheidung **Säger** entschieden, daß für eine Tätigkeit, durch die ein Verfall gewerblicher Schutzrechte verhindert werden soll, eine besondere berufliche Qualifikation nicht verlangt werden darf.[186] In der Entscheidung **Reisebüro Broede** hat er die Beschränkung der gerichtlichen Inkassotätigkeit auf Rechtsanwälte als durch Gründe des Verbraucherschutzes gerechtfertigt angesehen.[187] 64

Umstritten ist, ob auch Regelungen, die nur einen **mittelbaren Bezug** zur gewerblichen Betätigung aufweisen, am Maßstab der Art. 49, 50 zu messen sind, wie z. B. Regelungen über den Grundstückserwerb, die Raummiete oder die Kreditvergabe.[188] In der Eurowings-Entscheidung hat der EuGH im Zusammenhang mit dem Leasing deutlich herausgestellt, daß auch innerstaatliche Steuervorschriften, die die Nachfrage von Dienstleistungen bei inländischen Anbietern begünstigen, an Art. 49 zu messen sind.[189] Derartige Regelung können in der Regel nicht unter Berufung auf das Prinzip der steuerlichen Köhärenz oder unter Hinweis auf die geringere steuerliche Belastung in dem anderen Mitgliedstaat gerechtfertigt werden.[190] 65

Verlangt das nationale Recht den Nachweise besonderer **Sicherheitsleistungen** (Nachweis von Eigenkapital, Hinterlegungen, Bürgschaften) so muß eine im Heimatstaat getroffene Regelung bzw. erbrachte Sicherheit berücksichtigt werden.[191] Das gleiche gilt für steuerliche Regelungen die Inländer begünstigen.[192] Insoweit besteht ein **Verbot der Doppelregelung** oder **Doppelbelastung**.[193] 66

Beschränkungen können in diesen Fällen auch **durch den Heimatstaat** des Dienstlei- 67

---

180 EuGH, Rs. C-279/80, Slg. 1981, 3305, Rn. 19 (Webb); Rs. C-113/89, Slg. 1990, I-1417, Rn. 18 (Rush Portuguesa); Rs. C-272/94, Slg. 1996, I-1905, Rn. 16 (Guiot).
181 EuGH, Rs. C-220/83, Slg. 1986, 3663, Rn. 20 (Kommission/Frankreich).
182 EuGH, Rs. C-353/89, Slg. 1991, I-4069, Rn. 30 (Kommission/Niederlande).
183 EuGH, Rs. C-180/89, Slg. 1991, I-709, Rn.20 (Kommission/Italien).
184 EuGH, Rs. C-154/89, Slg. 1991, I-659, Rn. 17 (Kommission/Frankreich).
185 S. auch *A. Randelzhofer/U. Forsthoff*, in: Grabitz/Hilf, EUV, Art. 49, 50, Rn. 128 ff.
186 EuGH, Rs. C-76/90, Slg. 1991, I-4221, Rn. 18 ff. (Säger).
187 EuGH, Rs. C-3/95, Slg. 1996, I-6511, Rn. 38 ff. (Reisebüro Broede).
188 Ablehnend: *W.-H. Roth*, in: Hb.EGWirtR., Abschnitt E. I, Rn. 129.
189 EuGH, Rs. C-294/97, Slg. 1999, I-7447, Rn. 25 ff. (Eurowings). Dazu *G. Saß*, Einfluß der Dienstleistungsfreiheit in der EU auf die direkten Steuern, DB 2000, S. 176 ff.; *W. Scheffler*, Leasing nach dem Eurowings-Urteil des Europäischen Gerichtshofs und vor der Unternehmenssteuerreform, DB 2000, S. 735 ff.; *T. Wachter*, Finanzierungsfreiheit im europäischen Binnenmarkt 1999, IStR 1999, S. 689 ff.
190 EuGH, Rs. C-294/97, Slg. 1999, I-7447, Rn. 41, 43 (Eurowings). S. auch EuGH, Rs. C-55/98, 28.10.1999, IStR 1999, S. 694.
191 EuGH, Rs. C-272/94, Slg. 1996, I-1905, Rn. 17 ff. (Guiot). S. auch *H. Bungert*, Sicherheitsleistung durch Ausländer und europäische Dienstleistungsfreiheit, IStR 1993, S. 481 ff.
192 EuGH, Rs. C-300/90, Slg. 1992, I-305, Rn. 22 ff. (Kommission/Belgien); Rs. C-484/93, Slg. 1995, I-3955, Rn. 15, 19 (Svensson und Gustavsson). S. auch *N. D. Rademacher*, Die Künstler-Steuer: Vereinbar mit Europarecht?, ZRP 1996, S. 471 ff.
193 *W.-H. Roth*, in: Hb.EGWirtR., Abschnitt E. I, Rn. 129; *P. Troberg*, in: GTE, EGV, Art. 59, Rn. 18. S. auch EuGH, Rs. C-272/94, Slg. 1996, I-1905, Rn. 14 ff. (Guiot); Verb. Rs. C-369/96 und C-376/96, Slg. 1999, I-8453, Rn. 48 ff.

stenden erlassen werden.[194] In diesen Fällen gelten die gleichen Grundsätze wie bei einer Beschränkung durch den Mitgliedstaat, in dem die Dienstleistung erbracht wird.[195]

68 Im Falle der Beschränkung von **Korrespondenzdienstleistungen** sollen die aufgeführten Grundsätze mit besonderer Strenge angewendet werden.[196]

IV. Beschränkungen der Dienstleistungsempfangsfreiheit

69 Beschränkungen der Dienstleistungsfreiheit können sich auch daraus ergeben, daß der Empfänger in der Auswahl der Dienstleistenden eingeschränkt wird. Dabei kommen sowohl beschränkende Regelungen des Heimatstaates als auch des Gaststaates in Betracht.[197]

70 In der Entscheidung **Luisi und Carbone** ging es um das vom italienischen Staat erlassene Verbot, ausländische Devisen über einen bestimmten Jahreshöchstbetrag hinaus auszuführen. Da die Devisen zur Finanzierung von touristischen Reisen verwendet worden waren, beschränkten die Devisenregelungen nach Ansicht des EuGH die Dienstleistungsfreiheit. Der freie Dienstleistungsverkehr schließe die Freiheit des Leistungsempfängers ein, »sich zur Inanspruchnahme einer Dienstleistung in einen anderen Mitgliedstaat zu begeben, ohne durch Beschränkungen – und zwar auch im Hinblick auf Zahlungen – daran gehindert zu werden, und daß Touristen, sowie Personen, die eine medizinische Behandlung in Anspruch nehmen, oder die für Studien- oder Geschäftsreisen unternehmen, als Empfänger von Dienstleistungen anzusehen sind.«[198] Zwar seien die Mitgliedstaaten zum Erlaß von Devisentransferregelungen berechtigt, doch dürfe dies nicht in einer Art und Weise erfolgen, daß bei Zahlungen und Transferierungen, die sich auf Dienstleistungen beziehen, eine Beschränkung auf einen bestimmten Betrag pro Transaktion oder pro Zeitraum vorgeschrieben wird.[199]

V. Staatliche Dienstleistungsmonopole

71 Die Dienstleistungsfreiheit verbietet als solche nicht die Begründung staatlicher Dienstleistungsmonopole, wie sie z. B. im kommunalen Bereich durch die Einführung eines Anschluß- und Benutzungszwangs begründet werden können. Dies zeigt sich auch daran, daß Art. 86 die Existenz solcher Monopole voraussetzt.[200] Der EuGH hat im Fall **Sacchi** dazu für den Bereich des Fernsehens ausgeführt, der Vertrag hindere die Mitgliedstaaten in keiner Weise daran, aus Gründen des öffentlichen Interesses bestimmte

---

194 EuGH, Rs. C-384/93, Slg. 1995, I–1141, Rn. 30 (Alpine Investment).
195 K. *Hailbronner*, in: HK-EUV, Art. 60, Rn. 30a; W.-H. *Roth*, in: Hb.EGWirtR, Abschnitt E. I, Rn. 137.
196 EuGH, Rs. C-76/90, Slg. 1991, I-4221, Rn. 13 (Säger); K. *Hailbronner*, in: HK-EUV, Art. 60, Rn. 29a.
197 Übersicht bei P. *Troberg*, in: GTE, EGV, Art. 59, Rn. 47 ff.; *Völker* (Fn. 7), S. 142 ff.
198 EuGH, Verb. Rs. C-286/82 und 26/83, Slg. 1984, S. 377 Rn. 16 (Luisi und Carbone).
199 EuGH, Verb. Rs. C-286/82 und 26/83 Slg. 1984, S. 377 Rn. 34 (Luisi und Carbone).
200 Umfassend J. A. *Müller*, Dienstleistungsmonopole im System des EWGV, 1988; vgl. auch K. *Hailbronner*, Rechtsstellung und Tätigkeitsbereich der öffentlich-rechtlichen Monopolversicherungsanstalten in der Europäischen Gemeinschaft, 1991; *ders.*, Öffentliche Unternehmen im Binnenmarkt – Dienstleistungsmonopole und Gemeinschaftsrecht, NJW 1991, S. 593 ff.; *Hailbronner/Nachbaur* (Fn. 2) S. 109.

Dienstleistungen dem Wettbewerb zu entziehen.[201] Die Dienstleistungen müssen in diesen Fällen ohne Diskriminierungen erbracht werden, und es müssen die Vorschriften des Wettbewerbsrechts beachtet werden.[202]

---

201 EuGH, Rs. C-155/73, , Slg. 1974, 409, Rn. 14 (Sacchi).
202 EuGH, Rs. C-41/90, Slg. 1991, I-1979, Rn. 16 ff. zum Arbeitsvermittlungsmonopol (Höfner und Elser).

Art. 51 (ex-Art. 61)

(1) Für den freien Dienstleistungsverkehr auf dem Gebiet des Verkehrs gelten die Bestimmungen des Titels über den Verkehr.[1]

(2) Die Liberalisierung der mit dem Kapitalverkehr verbundenen Dienstleistungen der Banken und Versicherungen wird im Einklang mit der Liberalisierung des Kapitalverkehrs durchgeführt.[2]

1 Die Vorschrift schränkt in Absatz 1 den Anwendungsbereich der Art. 49 ff. ein, da für den Verkehr in den Art. 70 ff. wegen dessen Besonderheiten eigene Regelungen getroffen wurden.[1]

2 Für die Liberalisierung der Dienstleistungen von Banken[2] und Versicherungen[3], die mit dem Kapitalverkehr verbunden sind, ordnet Absatz 2 eine Abstimmungspflicht an.

---

1 S. auch Art. 49/50, Rn. 13 ff.
2 S. dazu Art. 52, Rn. 29.
3 S. dazu Art. 52, Rn. 24 ff.

Art. 52 (ex-Art. 63)

(1) Der Rat erläßt mit qualifizierter Mehrheit auf Vorschlag der Kommission und nach Anhörung des Wirtschafts- und Sozialausschusses und des Europäischen Parlaments[6] Richtlinien zur Liberalisierung[7 ff.] einer bestimmten[4] Dienstleistung.

(2) Bei den in Absatz 1 genannten Richtlinien sind im allgemeinen mit Vorrang diejenigen Dienstleistungen zu berücksichtigen, welche die Produktionskosten unmittelbar beeinflussen oder deren Liberalisierung zur Förderung des Warenverkehrs beiträgt.[5]

Inhaltsübersicht:

A. Bedeutung und Regelungsgehalt der Vorschrift	1
I. Einordnung und Funktionen der Regelung	1
II. Inhaltliche Vorgaben für die Liberalisierung	4
1. Einzelregelungsgebot in Absatz 1	4
2. Vorrangprinzip in Absatz 2	5
III. Rechtsetzungsverfahren	6
B. Entwicklung der Liberalisierung im Bereich der Dienstleistungsfreiheit	7
I. Allgemeines	7
II. Der Wandel der Liberalisierungskonzeption	10
C. Überblick zur Rechtsetzung	12
I. Das Allgemeine Programm von 1961	12
II. Liberalisierung in Einzelbereichen	14
1. Handwerk und Gewerbe	14
a) Einzelrichtlinien	14
b) Allgemeine Regelung zur Anerkennung von Befähigungsnachweisen	20
c) Entsenderichtlinie	22
2. Einzelne Gewerbezweige	24
a) Versicherungen	24
b) Banken	29
c) Rundfunk	30
3. Einzelne freie Berufe	33
a) Die allgemeine Regelung über die Anerkennung der Hochschuldiplome	33
b) Rechts- und Patentanwälte	34
c) Wirtschafts- und Buchprüfer	36
d) Steuerberater	38
e) Ärzte	39
f) Zahnärzte	42
g) Tierärzte	44
h) Hebammen	46
i) Krankenschwestern	47
j) Architekten	48
k) Kunstmaler und Bildhauer	50

A. Bedeutung und Regelungsgehalt der Vorschrift

I. Einordnung und Funktionen der Regelung

Der EG-Vertrag sieht zur **Verwirklichung der Grundfreiheiten** und des auf sie aufbauenden Binnenmarktes i.S.d. Art. 3 lit. c im wesentlichen **drei Instrumente** oder Wege vor: (1) die Aufhebung von Beschränkungen durch die Mitgliedstaaten, insbesondere durch die Gewährleistung der Inländergleichbehandlung, (2) die Beseitigung von Beschränkungen durch Liberalisierungsmaßnahmen des sekundären Gemeinschaftsrechts und (3) die Gewährleistung eines Mindeststandards der Grundfreiheiten durch die

1

unmittelbare Anwendung der Grundfreiheiten[1]. Diese Trias spiegelt sich in der Systematik der Art. 49 ff. folgendermaßen wider: die Übergangsregelung des Art. 54 markiert – zusammen mit der unmittelbaren Anwendung – den ersten Bereich, die Ermächtigung zur Liberalisierung und Rechtsangleichung in Art. 52, die durch Art. 53 ergänzt wird, den zweiten Bereich und die unmittelbare Anwendbarkeit der Art. 49, 50[2] den dritten Bereich. Korrespondierende Regelung für den Bereich der Niederlassungsfreiheit ist Art. 44, der sich vor allem durch seine detaillierteren inhaltlichen Vorgaben für die Rechtsangleichung von Art. 52 abhebt.[3]

2 In seiner ursprünglichen Fassung (als Art. 63) sah Art. 52 in Absatz 1 den Erlaß eines **allgemeinen Programms** zur Aufhebung der Beschränkungen des freien Dienstleistungsverkehrs vor dem Ende der ersten Stufe vor. In dem Programm waren die allgemeinen Voraussetzungen und die Stufen der Liberalisierung für jede Art von Dienstleistung festzulegen. Absatz 2 ermächtigte und verpflichtete zum Erlaß der für die Umsetzung erforderlichen Richtlinien. Durch den **Amsterdamer Vertrag** wurden die zeitlich und sachlich überholten Regelungen des Absatz 1 aufgehoben; Absatz 2 wurde inhaltlich geändert und zu Absatz 1. Der inhaltlich unveränderte Absatz 3 wurde zu Absatz 2.

3 Art. 52 erfüllt drei Funktionen: (1) er **ermächtigt** zur Liberalisierung des Dienstleistungsverkehrs in der Union und zu den dazu erforderlichen Rechtsangleichungsmaßnahmen, (2) er normiert **inhaltliche Vorgaben** für die Rechtsangleichung und (3) regelt partiell das dabei einzuhaltende **Verfahren**.

II. Inhaltliche Vorgaben für die Liberalisierung

1. Einzelregelungsgebot in Absatz 1

4 Art. 52 Abs. 1 ordnet an, daß Richtlinien zur Liberalisierung »einer bestimmten Dienstleistung« zu erlassen sind. Damit wird ein Gebot der gesonderten Regelung der verschiedenen Dienstleistungen statuiert, das den Erlaß von fach- und berufsfeldübergreifenden Regelungen verbietet. Damit wird dem Umstand Rechnung getragen, daß die Eigenarten der einzelnen Dienstleistungsberufe eine pauschale und allgemeine Regelung nicht zulassen. Dem hat der Rat in seiner bisherigen Rechtsangleichungspraxis durchgehend Rechnung getragen.

2. Vorrangprinzip in Absatz 2

5 Absatz 2 stellt für die Liberalisierung eine sachliche Vorrangregelung auf, die solche Rechtsangleichungsmaßnahmen zeitlich privilegiert, die sich unmittelbar auf die Produktionskosten auswirken oder zur Liberalisierung des Warenverkehrs beitragen. In der Kommentarliteratur wurde bis zum Amsterdamer Vertrag die Ansicht vertreten, daß die Regelung nach Ablauf der Übergangszeit am 31.12.1969 **gegenstandslos** geworden sei.[4] Durch die Beibehaltung des Absatzes 3 im Zusammenhang mit der Änderung des Art. 52 durch den Amsterdamer Vertrag ist aber klargestellt, daß die **Vorrang-**

---

[1] Zu den dabei zu beachtenden Schranken s. Art. 49/50, Rn. 53 ff.
[2] S. dazu Art. 49/50, Rn. 34.
[3] S. zu Einzelheiten *P. Troberg*, in: GTE, EGV, Art. 63, Rn. 2 f.
[4] *K. Hailbronner*, in: HK-EUV, Art. 63, Rn. 3; *A. Randelzhofer/U. Forsthoff,* in: Grabitz/Hilf, EUV, Art. 52, Rn. 1; *P. Troberg*, in: GTE, EGV, Art. 63, Rn. 3.

regelung nach wie vor Rechtswirkungen entfaltet. Allerdings sind diese nur von programmatischem Charakter, wie sich aus der Formulierung »im allgemeinen« ergibt. Der Erlaß einer einzelnen Richtlinie kann demnach nicht unter Bezugnahme auf Absatz 2 als rechtsfehlerhaft in Frage gestellt werden.

III. Rechtsetzungsverfahren

Für den Erlaß von Liberalisierungsrichtlinien regelt Absatz 1 das Rechtsetzungsverfahren. Danach besitzt die Kommission das Initiativrecht. Zum Vorschlag der Kommission sind der Wirtschafts- und Sozialausschuß und das Parlament anzuhören[5]. Schließlich entscheidet der Rat mit qualifizierter Mehrheit[6]. 6

B. Entwicklung der Liberalisierung im Bereich der Dienstleistungsfreiheit

I. Allgemeines

Die Liberalisierung kann im Bereich der Dienstleistungsfreiheit an verschiedenen Stellen der rechtlichen Erfassung und Ausgestaltung von Dienstleistungen ansetzen. Am einfachsten ist die Anknüpfung an die Berufspraxis, wobei eine bestimmte Mindestdauer der Berufsausübung zugrunde gelegt wird. Zeitlich früher setzt die Koordinierung der Ausbildung und die gegenseitige Anerkennung der Ausbildungsabschlüsse (Diplome und sonstige Befähigungsnachweise) an. Weitere mögliche Anknüpfungspunkte sind die Berufszulassungs- sowie die Berufsausübungsregeln. Damit kann die Liberalisierung des Dienstleistungsverkehrs auf der **Ausbildungsebene**, der **Zulassungsebene** und der **Tätigkeitsebene** ansetzen. 7

Die **verschiedenen Methoden der Liberalisierung** unterscheiden sich vor allem in zweierlei Hinsicht. Einmal hinsichtlich der Einwirkungen auf die mitgliedstaatlichen Rechtsordnungen[7]. Hier wirkt sich die Anknüpfung an die Berufspraxis am geringsten aus, gefolgt von der gegenseitigen Anerkennung und Koordination der Ausbildung. Die stärksten Eingriffe sind mit der Vereinheitlichung der Zulassungs- und Ausübungsregelungen verbunden. Zum anderen sind die Liberalisierungseffekte sehr verschieden. Sie gehen bei einer Vereinheitlichung der Zulassungs- und Ausübungsregeln deutlich weiter als bei einer Anknüpfung an die Berufspraxis und Ausbildung, da in diesen Fällen die unterschiedlichen Regeln für die Berufsausübung in den einzelnen Mitgliedstaaten bestehen bleiben und zu beachten sind. Hinzu kommen weitere Gesichtspunkte, die für die Praxis der Rechtsangleichung von erheblicher Bedeutung sind. So hängt die gewählte Form der Rechtsangleichung davon ab, wie stark die mitgliedstaatlichen Regelungen zum Zeitpunkt des Erlasses von Anpassungsakten voneinander abweichen und wie groß die politischen Handlungsspielräume des Rates sind. Auch die Beschränkungserfordernisse spielen dabei eine Rolle. Je größer die möglichen Gefährdungen für Individual- und Gemeinschaftsgüter sind, die durch eine bestimmte Dienstleistung hervorgerufen werden können, desto bedeutsamer sind auch die Beschränkungen. Da Gefährdungen von den einzelnen Staaten erfahrungsgemäß sehr unterschied- 8

---

5 Zur Anhörung s. Art. 192, Rn. 5 ff.
6 S. dazu Art. 205 Abs. 2.
7 Zur Einschränkung der Souveränität der Mitgliedstaaten durch Rechtsangleichung s. *H.-C. Taschner*, in: GTE, EGV, 4. Aufl., Art. 100, Rn. 20.

lich eingeschätzt werden, bestehen auch insoweit nicht selten erhebliche Hemmnisse für die Liberalisierung. Es verwundert deshalb nicht, daß die vom Gemeinschaftsgesetzgeber gewählten Formen der Rechtsangleichung je nach Charakteristik der jeweiligen Dienstleistung stark variieren. Dies zeigt auch der Überblick über die Entwicklung der Liberalisierung im Bereich der Dienstleistungsfreiheit.

9 Nach ihrer Funktion und Zielsetzung können drei Arten von Richtlinien unterschieden werden:
– **Anerkennungsrichtlinien** (sie beziehen sich in erster Linie auf Diplome und vergleichbare Ausbildungsabschlüsse);
– **Koordinierungsrichtlinien** (sie können Ausbildung, Zulassung und Tätigkeit regeln);
– **Angleichungsrichtlinien** (auch sie können Ausbildung, Zulassung und Tätigkeit regeln).

II. Der Wandel der Liberalisierungskonzeption

10 Die Durchsetzung der Dienstleistungsfreiheit mußte zunächst auf die Abschaffung solcher mitgliedstaatlichen Regelungen abzielen, die zu einer Diskriminierung aufgrund der Staatsangehörigkeit führten. Da die Grundfreiheiten bis zum Ablauf der Übergangszeit nicht unmittelbar anwendbar waren[8], mußte dies durch besondere Rechtsetzungsakte der Gemeinschaft erfolgen, die sich auf die Abschaffung diskriminierender Normen beschränkten und deren Nichtanwendung zur Folge hatten.[9]

11 Die Grundlage für weitergehende Liberalisierungsmaßnahmen bildete ein gem. Art. 63 Abs. 1 a.F. 1961 verabschiedetes allgemeines Programm[10], das durch den Erlaß einzelner Richtlinien umgesetzt werden sollte[11]. Dabei wurde zunächst versucht, eine weitgehende Angleichung der Zulassungs- und Betätigungsregelungen zu erreichen. Angesichts der dabei auftretenden politischen Konflikte und dem bis zum Ende der ersten Stufe geltenden Einstimmigkeitserfordernis des Art. 63 Abs. 2 a.F. kam es praktisch zu einem Stillstand der Rechtsangleichung.[12] Die inhaltliche Beschränkung der Liberalisierung auf die gegenseitige Anerkennung von Ausbildungen und Abschlüssen und die Koordinierung von Ausbildung und Betätigung führte zu einer Wiederaufnahme der Liberalisierung.[13]

C. Überblick zur Rechtsetzung

I. Das Allgemeine Programm von 1961

12 Art. 63 Abs. 1 der ursprünglichen Fassung des Vertrages sah vor, daß der Rat vor dem Ende der ersten Stufe ein **allgemeines Programm zur Aufhebung der Beschränkungen des freien Dienstleistungsverkehrs innerhalb der Gemeinschaft** aufstellt. Dieser Ver-

---

8 S. Art. 49/50, Rn. 34.
9 W.-H. *Roth*, in: Hb.EGWirtR, Abschnitt E. I., Rn. 139.
10 Dazu unten Rn. 12.
11 Dazu unten Rn. 14 ff.
12 S. R. *Lukes*, in: Hb.EGWirtR, B. II, Rn. 86 f.
13 Dazu im einzelnen T. *Bruha*, Rechtsangleichung in der Europäischen Wirtschaftsgemeinschaft – Deregulierung durch »Neue Strategie«?, ZaöRV 1986, S. 1 ff.; P.-Ch. *Müller-Graff*, Die Rechtsangleichung zur Verwirklichung des Binnenmarktes, EuR 1989, S. 107 ff.

pflichtung ist der Rat am 18.12.1961 nachgekommen.[14] Das Programm bestimmte in Abschnitt I die durch die Dienstleistungsfreiheit Begünstigten. In Abschnitt II wurden die Mitgliedstaaten zur Gewährleitung der Freizügigkeit für Dienstleistungserbringer verpflichtet. Von besonderer Bedeutung war Abschnitt III, da dort die Vorschriften und Maßnahmen der Mitgliedstaaten aufgeführt wurden, die als Beschränkungen der Dienstleistungsfreiheit anzusehen sind. Dieser Abschnitt zeigt, daß der Rat von Beginn an ein **weites Verständnis** zugrunde legte und zwar sowohl für von der Dienstleistungsfreiheit erfaßte Verhaltensweisen (z.b. Einbeziehung des Angebots, des Erwerbs von Grund und Boden sowie von Konzessionen, der Aufnahme von Anleihen und der Inanspruchnahme staatlicher Beihilfen, der Mitnahme von Werkzeugen und Maschinen) als auch den Diskriminierungstatbestand, der ausdrücklich versteckte Diskriminierungen einschließt. In Abschnitt IV wurde – da die Vorschriften über die Dienstleistungsfreiheit noch nicht unmittelbar anwendbar waren – eine vorläufige Inländergleichbehandlung angeordnet. Abschnitt V enthielt einen detaillierten Zeitplan für die Durchführung der einzelnen Maßnahmen. Abschnitt VI beschloß das Programm mit einer Verpflichtung der Mitgliedstaaten zum Erlaß von Richtlinien zur gegenseitigen Anerkennung der Befähigungsnachweise und Diplome bzw. zur Koordinierung der entsprechenden mitgliedstaatlichen Regelungen.

Bei der **Durchführung** dieses allgemeinen Programms wurden die zeitlichen Vorgaben nur bei einigen Dienstleistungen eingehalten. Vor allem bei den freien Berufen kam es aufgrund politischer Auseinandersetzungen über den Inhalt der Rechtsangleichung zu erheblichen Verzögerungen. 13

II. Liberalisierung in Einzelbereichen

1. Handwerk und Gewerbe[15]

a) Einzelrichtlinien

Die ersten Maßnahmen zur Liberalisierung des Dienstleistungsverkehrs wurden für den Bereich des Gewerbes und des Handwerks getroffen. Dabei war der Besonderheit Rechnung zu tragen, daß die rechtliche Ausgestaltung des Gewerbe- und Handwerksrechts in den einzelnen Mitgliedstaaten teils dem Grundsatz der Gewerbefreiheit folgt und eine Betätigung keine besondere Ausbildung erfordert, während in anderen wiederum die berufliche Betätigung von einem Befähigungsnachweis oder ähnlichen Zulassungsbedingungen abhängt. Um dieser Besonderheit, die eine schnelle Rechtsangleichung nicht erwarten ließ, gerecht zu werden, wurde die **Richtlinie 64/427/EWG** des Rates vom 7.7.1964 über die Einzelheiten der Übergangsmaßnahmen auf dem Gebiet der selbständigen Tätigkeiten der be- und verarbeitenden Gewerbe der CITI-Hauptgruppen[16] 23 bis 40 (**Industrie und Handwerk**)[17] erlassen. 14

Die Richtlinie trägt den erwähnten Unterschieden zunächst dadurch Rechnung, daß ihr Anwendungsbereich durch eine Auflistung von Tätigkeiten genauer bestimmt ist. Es 15

---

14 ABl.EG 1962, S. 32 ff. Änderungen und neue Richtlinien können auch im Internet unter folgender Adresse abgefragt werden: http://europa.int. Dort finden sich unter »Politikbereiche« entsprechende Hinweise.
15 Ausführliche Übersicht bei G. Klinge, Das Berufszulassungs- und Berufsausübungsrecht des selbständigen Handwerkers im Europäischen Binnenmarkt, WiVerw 1992, S. 1 ff.
16 Classification international type, par industrie, de toutes les branches d'activité économique, herausgegeben vom Statistischen Amt der Vereinten Nationen.
17 ABl.EG 1964, Nr. 117, geändert durch RL 69/77/EWG, ABl.EG 1969, Nr. L 59/8.

wird also kasuistisch und nicht begrifflich-systematisch vorgegangen, insbesondere kommt es nicht darauf an, ob die genannten Tätigkeiten industriell oder handwerklich ausgeführt werden. Weiter wird zur Überbrückung der Unterschiede, die zwischen Mitgliedstaaten mit und ohne Befähigungsnachweis und Ausbildungserfordernis bestehen, die Inanspruchnahme der Dienstleistungsfreiheit vom Nachweis einer in Art. 3 RL 64/427/EWG näher bestimmten Berufspraxis abhängig gemacht. Der entsprechende Nachweis muß durch eine Bescheinigung der Behörden des Heimatmitgliedstaats erbracht werden, dessen Voraussetzungen und Form Art. 4 der Richtlinie bestimmt.[18] Identische Regelungen enthalten die **Richtlinie 68/366/EWG**[19] über die Einzelheiten der Übergangsmaßnahmen auf dem Gebiet der selbständigen Tätigkeiten der **Nahrungs- und Genußmittelgewerbe und der Getränkeherstellung** sowie Art. 5 der **Richtlinie 75/368/ EWG**[20] für eine Reihe von namentlich aufgeführten Tätigkeiten. Art. 7 der Richtlinie 75/368/EWG sieht für eine weitere Anzahl genau bezeichneter Tätigkeiten eine leicht abweichende Regelung vor. Daneben existieren noch zahlreiche **weitere Richtlinien für Einzelbereiche**, die in Anhang A zur Richtlinie 92/51/EWG aufgeführt sind.[21] Am 20.11.1998 wurde schließlich die **Richtlinie 98/84/EG** des Europäischen Parlaments und des Rates über den rechtlichen Schutz von zugangskontrollierten Diensten und von Zugangskontrolldiensten erlassen.[22]

16 Die ursprünglich als Übergangsregelungen gedachten Richtlinien haben aufgrund der zunehmenden Schwierigkeiten, die sich angesichts der wachsenden Zahl der Mitgliedstaaten für eine inhaltliche Angleichung der mitgliedstaatlichen Regelungen ergeben haben, inzwischen einen **endgültigen Charakter** und Status erlangt.[23]

17 In **Deutschland** wurde die Richtlinie 64/427/EWG durch die auf der Ermächtigung des § 9 HandwO beruhende Verordnung vom 4.8.1966 umgesetzt.[24] Der entsprechende Nachweis wird durch eine Bescheinigung erbracht, die in Deutschland für handwerkliche Tätigkeiten von den Handwerkskammern erteilt wird.[25] Umgekehrt gelten diese Regelungen auch für **deutsche Staatsangehörige**, soweit sie die Voraussetzungen der Richtlinie in einem **anderen Mitgliedstaat** erfüllt haben und dort Dienstleistungen erbringen wollen. Die in diesen Ländern für die entsprechende Bescheinigung **zuständigen Stellen** sind aus einer Bekanntmachung der Kommission vom 13.7.1974[26] ersichtlich.[27]

18 Gesonderte Regelungen sind in der **Richtlinie 82/89/EWG** über Maßnahmen zur Erleichterung der tatsächlichen Ausübung des Niederlassungsrechts und des Rechts auf freien Dienstleistungsverkehr für Friseure[28] getroffen worden, wobei den gleichen Grundsätzen gefolgt wird.

19 Die angeführten Richtlinien schließen heute bis auf die **Gesundheitshandwerke** und das **Schornsteinfegerhandwerk** alle Handwerke ein.

---

18 Zu weiteren Einzelheiten C. *Stumpf*, in: Hb.EGWirtR, Abschnitt E. II, Rn. 57.
19 ABl.EG 1968, Nr. L 260/12.
20 ABl.EG 1975, Nr. L 167/22.
21 ABl.EG 1992, Nr. L 209/37 f.
22 ABl.EG 1998, Nr. L 320/54.
23 *Klinge* (Fn. 15), S. 8.
24 BGBl. I, S. 469, zuletzt geändert durch VO vom 8.10.1985, BGBl. I, S. 1957.
25 C. *Stumpf*, in: Hb.EGWirtR, Abschnitt E. II, Rn. 59.
26 ABl.EG 1974, Nr. C 81/2.
27 S. auch G. *Honig*, HandwO, Kommentar, 1993, § 9, Rn. 15.
28 ABl.EG 1982, Nr. L 218/24.

b) Allgemeine Regelung zur Anerkennung von Befähigungsnachweisen

Von weitreichender Bedeutung ist die **Richtlinie 92/51/EWG** des Rates vom 18.7.1992 über eine zweite allgemeine Regelung zur Anerkennung beruflicher Befähigungsnachweise in Ergänzung zur Richtlinie 89/48/EWG[29]. Diese Richtlinie ergänzt die gegenseitige Anerkennung von Ausbildungen unterhalb des Hochschulniveaus. Soweit ein Handwerk oder Gewerbe durch eine Einzelrichtlinie[30] erfaßt ist, gehen deren Bestimmungen vor. Die Richtlinie 92/51/EWG bezieht auch Gesundheitshandwerke (Optiker, Hörgeräteakustiker etc.) sowie nichtärztliche Heilberufe in ihren Anwendungsbereich ein. Ferner zu berücksichtigen ist die von Europäischem Parlament und Rat am 7.6.1999 erlassene **Richtlinie 1999/42/EG** über ein Verfahren zur Anerkennung der Befähigungsnachweise für die unter die Liberalisierungs- und Übergangsrichtlinien fallenden Berufstätigkeiten in Ergänzung der allgemeinen Regelung zur Anerkennung der Befähigungsnachweise.[31] In dieser Richtlinie wird für bislang noch nicht erfaßte Berufe zunächst in Art. 3 eine **Vergleichspflicht** der Mitgliedstaaten begründet. In den weiteren Vorschriften der Art. 4 bis 7 werden dann Einzelheiten zu der Frage geregelt, welchen **Qualifikationswert eine praktische Berufstätigkeit** für den Nachweis einer Befähigung besitzt. Dabei werden je nach Art der Tätigkeit unterschiedlich lange Zeiträume zwischen 3 und 6 Jahren zugrunde gelegt, die mit den in einem Anhang zur Richtlinie befindlichen Listen kombiniert werden müssen. Art. 8 bestimmt ferner, daß der Nachweis über das Vorliegen der entsprechenden Voraussetzungen durch eine Bescheinigung der zuständigen Behörde oder Stelle des Heimat- oder Herkunftslandes erbracht wird. Führt der Vergleich zu dem Ergebnis, daß die nachgewiesenen Kenntnisse und Fähigkeiten nicht ausreichen, so kann ein Anpassungslehrgang oder eine Einigungsprüfung in Analogie zu den Richtlinien 89/48/EWG und 92/51/EWG durchgeführt werden.

Obwohl die Dienstleistungsfreiheit im Handwerk damit rechtlich weitgehend verwirklicht ist und von einer Bewährung der Richtlinien gesprochen wird[32], bestehen noch zahlreiche **praktische Hemmnisse**. Diese ergeben sich aus den Unterschieden der mitgliedstaatlichen Regelungen des Arbeitsrechts, des Sozial- und Steuerrechts, des öffentlichen Auftragswesens oder der Regelungen für ausländische Investitionen.[33]

c) Entsenderichtlinie

Einen bedeutsamen Fortschritt stellt in diesem Zusammenhang die **Richtlinie 96/71/EG** des Europäischen Parlaments und des Rates vom 16.12.1996 über die Entsendung von Arbeitnehmern im Rahmen der Erbringung von Dienstleistungen[34] (**Entsenderichtlinie**) dar. Diese Richtlinie gilt für Unternehmen mit Sitz in einem Mitgliedstaat, die im Rahmen der länderübergreifenden Erbringung von Dienstleistungen Arbeitnehmer in das Hoheitsgebiet eines anderen Mitgliedstaats entsenden (Art. 1 RL). Sie verbietet aber auch eine Besserstellung von Unternehmen, die in Drittstaaten ansässig sind (Art. 1 Abs. 4 RL). Ziel der Entsenderichtlinie ist es, bestimmte Mindestbedingungen bei der Ausgestaltung der Lohn- und Arbeitsbedingungen zu garantieren. Erfaßt sind gem. Art. 3 RL folgende Bereiche: Höchstarbeitszeiten und Mindestruhezeiten; bezahlter Mindestjahresurlaub; Mindestlohnsätze einschließlich der Überstundensätze (dies gilt nicht für die zusätzlichen betrieblichen Altersversorgungssysteme); Bedingungen für die Überlassung von Arbeitskräften, insbesondere durch Leiharbeitunternehmen; Sicherheit, Gesundheitsschutz und Hygiene am Arbeitsplatz; Schutzmaßnahmen im

---

29 ABl.EG 1992, Nr. L 209/25.
30 S. dazu Anhang A zur RL.
31 ABl.EG 1999, Nr. L 201/77.
32 *Klinge* (Fn. 15), S. 9 f.
33 S. *C. Stumpf*, in: Hb.EGWirtR, Abschnitt E. II, Rn. 64.
34 ABl.EG 1997, Nr. L 18/1.

Zusammenhang mit den Arbeits- und Beschäftigungsbedingungen von Schwangeren und Wöchnerinnen, Kindern und Jugendlichen; Gleichbehandlung von Männern und Frauen sowie andere Nichtdiskriminierungsbestimmungen. In Art. 4 enthält die Entsenderichtlinie ausführliche Regelungen für die Zusammenarbeit der Mitgliedstaaten bei der Durchführung, insbesondere die gegenseitige Information. Die Richtlinie war bis zum 16.12.1999 umzusetzen.[35]

23 In der Literatur wird sowohl die Kompetenz der EU zum Erlaß der Richtlinie[36] als auch ihre Vereinbarkeit mit Art. 49, 50 EGV[37] in Frage gestellt. Beide Bedenken sind aber im Ergebnis nicht begründet.[38] Deutschland hat zur Umsetzung der Richtlinie das Gesetz über zwingende Arbeitsbedingungen bei grenzüberschreitenden Dienstleistungen vom 26.2.1996[39] in einigen Punkten angepaßt.[40]

2. Einzelne Gewerbezweige

a) Versicherungen

24 Der Versicherungsmarkt wird durch **Korrespondenzdienstleistungen** geprägt, die als Direktversicherungen erbracht werden. Die Liberalisierungsmaßnahmen ließen in diesem Bereich lange auf sich warten und erstrecken sich auf die Mitversicherung, die Schadensversicherung, die Lebensversicherung und die Kraftfahrzeugversicherung.[41] Im einzelnen wurden folgende Richtlinien erlassen:

25 **Richtlinie 78/473/EWG** des Rates vom 30.5.1978 zur Koordinierung der Rechts- und Verwaltungsvorschriften auf dem Gebiet der **Mitversicherung** auf Gemeinschaftsebene.[42] Die Richtlinie eröffnet den Versicherungen bei bestimmten Großrisiken die Möglichkeit, zusammen mit anderen dort ansässigen Versicherungen in einem anderen Mitgliedstaat ohne eigene Niederlassung tätig zu sein.[43]

26 **Richtlinie 88/357/EWG** des Rates vom 22.6.1988 zur Koordinierung der Rechts- und Verwaltungsvorschriften für die **Direktversicherung** (mit Ausnahme der Lebensversicherung) und zur Erleichterung der tatsächlichen Ausübung des freien Dienstlei-

---

35 Ausführlich zur RL W. *Däubler*, Die Entsende-Richtlinie und ihre Umsetzung in das deutsche Recht, EuZW 1997, S. 613 ff. m.w.N.; s. zur Thematik auch *P. Hanau*. Lohnunterbietung (Sozialdumping) durch Europarecht, in: FS Everling, Bd. 1, 1995, S. 415 ff. S. auch Art. 136, Rn. 13.
36 *B. Steck*, Geplante Entsende-Richtlinie nach Maastricht ohne Rechtsgrundlage?, EuZW 1994, S. 140 ff.
37 *D. Beisiegel/W. Mosbacher/E. Lepante*, Vergleich des deutschen Arbeitnehmerentsendegesetzes mit seinem französischen Pendant, JZ 1996, S. 668 (670 f.); *Steck* (Fn. 36), S. 141.
38 *Däubler* (Fn. 35), S. 614 f.
39 BGBl. I S. 227.
40 Gesetz zu Korrekturen in der Sozialversicherung und zur Sicherung der Arbeitnehmerrecht v. 19.12.1998, BGBl. I, S. 3843. S. auch *P. Strick/A. Crämer*, Das neue Arbeitnehmer-Entsendegesetz, BauR 1999, S. 713 ff.
41 Überblick bei *U. Hübner*, in: Hb.EGWirtR, Abschnitt E. IV, Rn. 52 ff.; *U. Hübner/A. Matusche-Beckmann*, Auswirkungen des Gemeinschaftsrechts auf das Versicherungsrecht, EuZW 1995, S. 263 ff.; *W.-H. Roth*, Grundlagen des gemeinsamen europäischen Versicherungsmarktes, RabelsZ 54 (1990), S. 63 (88 ff.). S. auch *H.-W. Micklitz*, Maklerrecht im Binnenmarkt, EWS 1995, S. 296 ff.
42 ABl.EG 1978, Nr. L 151/25. Dazu *G. Levie*, Die europäische Mitversicherungs-Richtlinie, ZgesVersW 67 (1978), S. 341 ff.
43 S. *W.-H. Roth* (Fn. 41), S. 89.

stungsverkehrs sowie zur Änderung der Richtlinie 73/239/EWG.[44] Am 16.5.2000 erließen das Europäische Parlament und der Rat die **Richtlinie 2000/26/EG** zur Angleichung der Rechtsvorschriften der Mitgliedstaaten über die Kraftfahrzeug-Haftpflichtversicherung, und zur Änderung der Richtlinien 73/239/EWG und 88/357/EWG des Rates (Vierte Kraftfahrzeughaftpflicht-Richtlinie).[45]

Richtlinie 90/619/EWG des Rates vom 8.11.1990 zur Koordinierung der Rechts- und Verwaltungsvorschriften für die Direktversicherung (**Lebensversicherung**) und zur Erleichterung der tatsächlichen Ausübung des freien Dienstleistungsverkehrs sowie zur Änderung der Richtlinie 79/267/EWG.[46]   27

Richtlinie 90/232/EWG des Rates vom 14.5.1990 zur Angleichung der Rechtsvorschriften der Mitgliedstaaten über die **Kraftfahrzeug-Haftpflichtversicherung**.[47] Weiterhin ergingen die **Entscheidungen der Kommission 1999/103/EG** vom 26.1.1999[48] sowie **2001/160/EG** vom 15.2.2001[49] zur Durchführung der Richtlinie 72/166/EWG des Rates betreffend die Angleichung der Rechtsvorschriften der Mitgliedstaaten bezüglich der Kraftfahrzeug-Haftpflichtversicherung und der Kontrolle der entsprechenden Versicherungspflicht.   28

Zu beachten sind schließlich die **Richtlinie 98/78/EG** des Europäischen Parlaments und des Rates vom 27.10.1998 über die zusätzliche Beaufsichtigung der einer Versicherungsgruppe angehörenden Versicherungsunternehmen[50] und die **Richtlinie 2001/17/EG** des Europäischen Parlaments und des Rates vom 19.3.2001 über die Sanierung und Liquidation von Versicherungsunternehmen.[51]   28 a

b) Banken
Zur Liberalisierung der von den Banken erbrachten Dienstleistungen hat der Rat vor allem in der **Richtlinie 89/646/EWG** des Rates vom 15.12.1989 zur Koordinierung der Rechts- und Verwaltungsvorschriften über die Aufnahme und Ausübung der Tätigkeit der Kreditinstitute und zur Änderung der Richtlinie 77/780/EWG[52] in den Art. 18 ff. besondere Regelungen getroffen.[53] Hinzu kommt die **Richtlinie 93/22/EWG** des Rates vom 10.5.1993 über Wertpapierdienstleistungen.[54] Nicht zu vernachlässigen sind schließlich auch die **Richtlinie 2000/12/EG** des Europäischen Parlaments und des Rates vom 20.3.2000 über die Aufnahme und Ausübung der Tätigkeit der Kreditinstitu-   29

---

44 ABl.EG 1988, Nr. L 172/1. Dazu *W.-H. Roth* (Fn. 41), S. 89 ff. Geändert durch RL 90/618/EWG v. 8.11.1990, ABl.EG 1990, Nr. L 330/44 und RL 92/49/EWG v. 18.6.1992, ABl.EG 1992, Nr. L 228/1.
45 ABl.EG 2000, Nr. L 181/65.
46 ABl.EG 1990, Nr. L 330/50. Geändert durch RL 92/96/EWG v. 10.11.1992, ABl.EG 1992, Nr. L 360/1.
47 ABl.EG 1990, Nr. L 129/33.
48 ABl.EG 1999, Nr. L 033/25.
49 ABl.EG 2001, Nr. 057/56.
50 ABl.EG 1998, Nr. 330/1.
51 ABl.EG 2001, Nr. L 110/28.
52 ABl.EG 1989, Nr. L 386/1.
53 Übersicht bei *U. Hübner*, in: Hb.EGWirtR, Abschnitt E. IV, Rn. 7 ff.; *M. Deckert*, Europäische Privatrechtsharmonisierung am Beispiel des Bankrechts – eine Problemübersicht, JA 1997, S. 75 ff. S. auch *R. Meixner*, Neuerungen im Bankenaufsichts- und Kapitalmarktrecht, NJW 1998, S. 862 ff.; *F.-J. Schöne*, Das deutsche Bankenaufsichtsrecht (KWG) und die Dienstleistungsfreiheit nach Art. 59 ff. EWG-Vertrag, WM 1989, S. 873 ff.
54 ABl.EG 1993, Nr. L 141/27.

te,[55] die **Richtlinie 2000/46/EG** des Europäischen Parlaments und des Rates vom 18.9.2000 über die Aufnahme, Ausübung und Beaufsichtigung der Tätigkeit von E-Geld-Instituten[56] sowie die **Richtlinie 2001/24/EG** des Europäischen Parlaments und des Rates vom 4.4.2001 über die Sanierung und Liquidation von Kreditinstituten.[57] Desweiteren zu berücksichtigen ist die **Empfehlung der Kommission 2000/408/EG** vom 23.6.2000 zur Offenlegung von Informationen über Finanzinstrumente und andere ähnliche Instrumente in Ergänzung der Offenlegung gemäß der Richtlinie 86/635/EWG des Rates über den Jahresabschluß und den konsolidierten Abschluß von Banken und anderen Finanzinstituten.[58]

c) **Rundfunk**

30 Der grenzüberschreitende Rundfunk ist neben den Dienstleistungen der Versicherungen und Banken das wichtigste Beispiel einer **Korrespondenzdienstleistung**.[59] Da die Regulierung des Rundfunks in den Mitgliedstaaten sehr stark unter **kulturpolitischen Gesichtspunkten** sowie im Hinblick auf seine Bedeutung für die **politische Meinungsbildung** erfolgt[60] und insbesondere in Deutschland lange Zeit ein Monopol der öffentlich-rechtlichen Rundfunkanstalten bestand[61], ergeben sich in diesem Bereich besondere Probleme und Abgrenzungsschwierigkeiten, die sich auch auf die Liberalisierungsmaßnahmen ausgewirkt haben.[62] Angesichts dieser Besonderheiten wurde in die Schlußakte zum Amsterdamer Vertrag eine Erklärung zum öffentlich-rechtlichen Rundfunk aufgenommen, in der anerkannt wird, daß der öffentlich-rechtliche Rundfunk in den Mitgliedstaaten unmittelbar mit den demokratischen, sozialen und kulturellen Bedürfnissen jeder Gesellschaft sowie mit dem Erfordernis verknüpft ist, den Pluralismus der Medien zu wahren. Zugleich wird dort die Finanzierung des öffentlich-rechtlichen Rundfunks durch Gebühren gebilligt.

31 Die Ausstrahlung von Hörfunk- und Fernsehsendungen wird durch ihre kulturelle Dimension sowie ihre Funktion als Medium des Prozesses der politischen Meinungsbildung nicht ihres Charakters als einer wirtschaftlichen Dienstleistung entkleidet.[63] Dies gilt ohne jeden Zweifel für die Tätigkeit privater Sender, deren primär erwerbswirtschaftliche Orientierung offenkundig ist. Es gilt aber auch für die öffentlich-rechtlichen Rundfunkanstalten, da sie für die Tätigkeit wirtschaftliche Gegenleistungen in Form von Gebühren und Werbeeinnahmen (hier ist zu berücksichtigen, daß nicht nur die Zahlungen der Leistungsempfänger zu berücksichtigen sind[64]) erhalten. Daß die Tätigkeit der Sender zugleich den **Kommunikationsgrundrechten** sowie den **Regelungen über**

---

55 ABl.EG 2000, Nr. L 126/1.
56 ABl.EG 2000, Nr. L 275/39.
57 ABl.EG 2001, Nr. L 125/15.
58 ABl.EG 2000, Nr. L 154/36.
59 S. ausführlich *D. Kugelmann*, Der Rundfunk und die Dienstleistungsfreiheit des EWG-Vertrages, 1991.
60 S. zu diesem Aspekt EuGH, Rs. C-155/73, Slg. 1974, 409, Rn. 6 (Sacchi) sowie dort S. 417 ff. die abweichenden Stellungnahmen der deutschen und italienischen Regierung; s. weiter EuGH, Rs. C-52/79, Slg. 1980, 833, Rn. 8; *G. Hermann*, Rundfunkrecht, 1994, § 8, Rn. 53 ff.; *H. Schultze-Fielitz*, in: Dreier (Hrsg.), Grundgesetz Kommentar, Bd. 1, 1996, Art. 5 I, II, Rn. 23 m.w.N.
61 Übersicht bei *Hermann* (Fn. 60), § 7, Rn. 85 ff.
62 Übersicht bei *Ch. Engel*, in: Hb.EGWirtR, Abschnitt E. V; *M. Heinze*, Fernsehen ohne Grenzen – um jeden Preis?, 1993; *Hermann* (Fn. 61), § 8; *P. Lerche*, Auslandsoffenheit und nationaler Rundfunkstandard, in: FS Everling, Bd. 1, 1995, S. 729 ff.; *T. Oppermann*, Europarecht, Rn. 1508 ff.; *R. Ricker/P. Schiwy*, Rundfunkverfassungsrecht, 1997, S. 472 ff.
63 Übersicht zum Streitstand bei *Ricker/Schiwy* (Fn. 62), S. 476 ff.
64 S. Art. 49/50, Rn. 11.

die Kultur⁶⁵ zugeordnet werden kann, steht einer solchen Wertung nicht entgegen.⁶⁶ Das gleiche gilt auch für die Arbeit von Verlagen und Printmedien, deren Dienstleistungscharakter nicht in Frage gestellt wird. Dogmatisch geht es letztlich darum, ob und inwieweit die kulturelle und politische Funktion des Rundfunks Beschränkungen der Dienstleistungsfreiheit rechtfertigen können. Dies erkennt auch der EuGH an.⁶⁷

Zur Liberalisierung der Dienstleistungen auf dem Gebiet des Rundfunks wurde die **Richtlinie 89/552/EWG** des Rates vom 3.10.1989 zur Koordinierung bestimmter Rechts- und Verwaltungsvorschriften der Mitgliedstaaten über die Ausübung der Fernsehtätigkeit erlassen.⁶⁸ Die sog. Fernsehrichtlinie gewährleistet den gemeinschaftsweiten Fernsehempfang und trifft Regelungen über die Fernsehwerbung, das Sponsoring, den Jugendschutz und das Gegendarstellungsrecht. Besonders umstritten waren die Regelungen über die Förderung europäischer Werke (Art. 4 ff. der RL).⁶⁹ Sie stimmt inhaltlich in weiten Teilen mit der Fernsehkonvention der Europarates überein.⁷⁰ 32

3. Einzelne freie Berufe

a) Die allgemeine Regelung über die Anerkennung der Hochschuldiplome
Als bedeutsame **berufsübergreifende Regelung** ist zunächst die **Richtlinie 89/48/EWG** des Rates vom 21.12.1988 über eine allgemeine Regelung zur **Anerkennung der Hochschuldiplome**, die eine mindestens dreijährige Berufsausbildung abschließen⁷¹, zu erwähnen. Die Richtlinie gilt für alle Unionsbürger, die als Selbständige oder abhängig Beschäftigte einen reglementierten Beruf in einem anderen Mitgliedstaat ausüben wollen (Art. 2 Abs. 1 RL); Berufe, die Gegenstand einer Einzelrichtlinie sind, sind vom Anwendungsbereich ausgenommen (Art. 2 Abs. 2 RL). Die Richtlinie eröffnet den Mitgliedstaaten aber unter bestimmten Voraussetzungen die Möglichkeit, einen Nachweis der Berufserfahrung zu verlangen oder einen höchsten dreijährigen Anpassungslehrgang vorzuschreiben (Art. 4). Sie stellt in ihren praktischen Auswirkungen eine wesentliche Förderung der Dienstleistungsfreiheit dar.⁷² 33

b) Rechts- und Patentanwälte
Für Rechtsanwälte und Patentanwälte ist zunächst die Diplomanerkennungsrichtlinie 34

---

65 S. Art. 151.
66 S. *Ricker/Schiwy* (Fn. 62), S. 493 ff.; *W.-H. Roth*, Grenzüberschreitender Rundfunk und Dienstleistungsfreiheit, ZHR 149 (1985), S. 679 (684 ff.). S. auch *H. Koszuszeck*, Freier Dienstleistungsverkehr und nationales Rundfunkrecht, ZUM 1989, S. 541 ff.
67 EuGH, Rs. C-23/93, Slg. 1994, I-4795, Rn. 19 (TV 10).
68 ABl.EG 1989, Nr. L 298/23. Dazu *Möwes/Schmitt-Vockenhausen*, Europäische Medienordnung im Lichte des Fernsehübereinkommens des Europarats und der EG-Fernsehrichtlinie 1989, EuGRZ 1990, S. 121 ff. Zum Streit um die Vereinbarkeit mit dem Grundgesetz vgl. BVerfGE 92, 203 und dazu *P. Lerche*, Konsequenzen aus der Entscheidung des BVerfG zur EG-Fernsehrichtlinie, AfP 1995, S. 632 ff.
69 S. dazu *A. v. Bogdandy*, Europäischer Protektionismus im Medienbereich, EuZW 1992, S. 9 ff.
70 *Möwes/Schmitt-Vockenhausen* (Fn. 68); *I. Schwartz*, Fernsehen ohne Grenzen: Zur Effektivität und zum Verhältnis von EG-Richtlinie und Europarats-Konvention, EuR 1989, S. 1 ff.
71 ABl.EG 1989, Nr. L 19/16. Dazu *M.-P. Henninger*, Richtlinie des Rates über eine allgemeine Regelung zur Anerkennung der Hochschuldiplome, die eine mindestens dreijährige Berufsausbildung abschließen, GewArch. 1989, S. 259 ff.; *T. Oppermann*, Europarecht, Rn. 1533 ff.
72 S. *G. Leibrock*, Stand und Perspektiven der gegenseitigen Anerkennung der Diplome, EuZW 1992, S. 465 ff. Zur parallelen Regelung für Befähigungsnachweise s. oben Rn. 20.

89/48/EWG[73] von Bedeutung, die ihren Berufszugang regelt. In Deutschland wurde die Richtlinie gemeinsam für Rechtsanwälte und Patentanwälte mit Wirkung zum 1.1.1991 durch Einfügung der §§ 206, 207 in die BRAO und das **Gesetz über die Eignungsprüfung für die Zulassung zur Rechtsanwaltschaft**[74] umgesetzt.[75]

35 Diese Regelung wird ergänzt durch die **Richtlinie 77/249/EWG** des Rates vom 22.3.1977 zur Erleichterung der tatsächlichen Ausübung des freien Dienstleistungsverkehrs der Rechtsanwälte[76]. Diese **Anwaltsdienstleistungsrichtlinie** erleichtert die Dienstleistung eines Anwalts aus einem anderen Mitgliedstaat ohne Niederlassung im Aufnahmestaat, ohne daß dieser Anwalt die Berufsbefähigung nach dem Recht des Aufnahmestaats erworben zu haben braucht oder seine Examina gleichgestellt sind, also insbesondere ohne Ablegung der Eignungsprüfung.[77] Diese Richtlinie gilt auch in dem Fall, daß der fremde Rechtsanwalt gleichzeitig dem Aufnahmestaat angehört. Etwas anderes gilt, wenn einer Person mit doppelter Staatsangehörigkeit der Zugang zur Anwaltschaft in dem anderen Mitgliedstaat aus Gründen der Würde, Ehrbarkeit und Rechtschaffenheit untersagt worden ist.[78] Diese Richtlinie wurde in Deutschland durch das **Anwaltsdienstleistungsgesetz** vom 16.8.1980[79] umgesetzt.

c) Wirtschafts- und Buchprüfer

36 Für den Berufszugang der Wirtschafts- und Buchprüfer ist auf die allgemeine Diplomanerkennungsrichtlinie 89/48/EWG abzustellen, die mit dem Zweiten Gesetz zur Änderung der Wirtschaftsprüferordnung vom 20. Juli 1990[80] in deutsches Recht umgesetzt worden ist. Danach wird für die Bestellung als Wirtschaftsprüfer oder vereidigter Buchprüfer eine nicht nach Herkunftsländern der Zuwanderer differenzierende Eignungsprüfung (im Fall des Buchprüfers mit weniger umfangreichen Prüfungsfächern) über das nationale deutsche Recht in deutscher Sprache gefordert; Sprachkenntnisse dürfen aber nicht geprüft werden.

37 Eine gewisse Harmonisierung der Anforderungen an den Prüferberuf bezweckt die achte gesellschaftsrechtliche Richtlinie 84/253/EWG des Rates vom 10.4.1984 über die Zulassung der mit der Pflichtprüfung der Rechnungsunterlagen beauftragten Personen.[81] Sie greift immer ein, wenn das Gemeinschaftsrecht einen Abschlußbericht von

---

73 ABl.EG 1989, Nr. L 19/16. Dazu *U. Everling*, Niederlassungsrecht und Dienstleistungsfreiheit der Rechtsanwälte in der Europäischen Gemeinschaft, EuR 1989, S. 338 ff.; *H.-J. Rabe*, Internationales Anwaltsrecht – Dienstleistung und Niederlassung, NJW 1987, S. 2185 (2189).
74 Dazu *D. Schroeder/A. Federle*, in: Henssler/Prütting (Hrsg.), Bundesrechtsanwaltsordnung, Kommentar, 1997, S. 1384 ff.
75 Gesetz zur Umsetzung der Richtlinie des Rates vom 21.12.1988 über eine allgemeine Regelung zur Anerkennung der Hochschuldiplome, die eine mindestens dreijährige Berufsausbildung abschließen, für die Berufe des Rechtsanwalts und des Patentanwalts vom 6.7.1990, BGBl. I 1349. Vgl. dazu *W. Feuerich*, Die Umsetzung der Diplomanerkennungsrichtlinie durch das Eignungsprüfungsgesetz für die Zulassung zur Rechtsanwaltsschaft, NJW 1991, S. 1144 ff.
76 ABl.EG 1978, Nr. L 78/17. Dazu EuGH, Rs. C-55/94, Slg. 1995, I-4165, Rn. 12 ff. (Gebhard); *H. Brangsch*, Grenzüberschreitende Dienstleistungen der Anwälte in der Europäischen Gemeinschaft, NJW 1981, S. 1177 ff. Zur Umsetzung *J. Scherer*, Europäisches Niederlassungsrecht für Freiberufler, WiVerw. 1987, S. 159 (170).
77 Zu weiteren Einzelheiten der RL s. *C. Stumpf*, in: Hb.EGWirtR, Abschnitt E. II, Rn. 31 ff.
78 EuGH, Rs. C-292/86, Slg. 1988, 111, Rn. 15 ff. (Gullung).
79 Gesetz zur Durchführung der Richtlinie des Rates der Europäischen Gemeinschaften vom 22. März 1977 zur Erleichterung der tatsächlichen Ausübung des freien Dienstleistungsverkehrs der Rechtsanwälte, BGBl. I S. 1453, zuletzt geändert durch Art. 36 des Gesetzes vom 27.4.1993, BGBl. I S. 512, 529. Dazu *Schroeder/Federle* (Fn. 74), S. 1365 ff.
80 BGBl. I S. 1462.
81 ABl.EG 1984, Nr. L 126/20.

Buchführungsunterlagen durch entsprechend anerkannte Personen voraussetzt. Trotz dieser Harmonisierung bestehen noch erhebliche Unterschiede hinsichtlich der erlaubten Tätigkeiten.

d) Steuerberater
Bei den Steuerberatern ist nur auf die Diplomanerkennungsrichtlinie 89/48/EWG abzustellen.[82] Dies hängt damit zusammen, daß neben Deutschland nur Belgien und Österreich die steuerberatende Tätigkeit gesetzlich geregelt haben und neben dem Hochschuldiplom ein zusätzliches staatliches Examen verlangen. Daraus folgt, daß deutsche Steuerberater auch unabhängig von der Diplomanerkennungsrichtlinie ihren Beruf in den übrigen Mitgliedstaaten ausüben können, während Angehörige der übrigen EG-Staaten, die in ihren Heimatländern die Befugnis zur Steuerberatung besitzen, derzeit eine steuerberatende Tätigkeit in der Bundesrepublik erst nach Absolvierung einer dreijährigen hauptberuflichen praktischen Tätigkeit auf dem Gebiet des Steuerwesens und nach Ablegung des Steuerberaterexamens ausüben dürfen. 38

e) Ärzte
Für den Berufsstand der Ärzte (arztähnliche Berufe wie Biotherapie und Pranotherapie werden von der Richtlinie nicht erfaßt[83]) liegen eine Koordinierungs-, eine Anerkennungs- und eine Angleichungsrichtlinie vor. Die **Richtlinie 75/363/EWG** des Rates vom 16.6.1975 zur Koordinierung der Rechts- und Verwaltungsvorschriften über die Tätigkeiten des Arztes[84] knüpft den ärztlichen Befähigungsnachweis an im einzelnen genauer bestimmte Kenntnisse der wissenschaftlichen Methoden, der Struktur, der Funktionen und des Verhaltens gesunder und kranker Menschen, der klinischen Sachgebiete und Praktiken sowie einer angemessenen klinischen Erfahrung unter entsprechender Leitung in Krankenhäusern. Es muß eine ärztliche Gesamtausbildung von mindestens sechs Jahren oder 5500 Stunden theoretischen und praktischen Hochschulunterrichts nachgewiesen werden (Art. 1 Abs. 2 RL). Für die einzelnen Facharztrichtungen gelten in Art. 4 und 5 RL spezifizierte Bestimmungen. 39

Als zweiter Rechtsakt zur Liberalisierung der Dienstleistung von Ärzten wurde die **Richtlinie 75/362/EWG** des Rates vom 16.6.1975 für die **gegenseitige Anerkennung** der Diplome, Prüfungszeugnisse und sonstigen **Befähigungsnachweise des Arztes** und für Maßnahmen zur Erleichterung der tatsächlichen Ausübung des Niederlassungsrechts und des Rechts auf freien Dienstleistungsverkehr[85] erlassen. Sie bezeichnet die Befähigungsnachweise, die diesen Kriterien genügen, und bestimmt ihre gegenseitige Anerkennung. Darüber hinaus bezeichnet die Richtlinie enumerativ die fachärztlichen Befähigungsnachweise und sieht auch für diese die gegenseitige Anerkennung vor. Ein Facharztdiplom wird allerdings nur in den Mitgliedstaaten anerkannt, in denen es die jeweilige Fachrichtung gibt; Diplome der Fachrichtung Anästhesie, allgemeine Chirurgie, Neurochirurgie, Frauenheilkunde und Geburtshilfe, innere Medizin, Augenheilkunde, Hals-, Nasen-, Ohrenheilkunde, Kinderheilkunde, Lungen- und Bronchialheilkunde, Urologie und Orthopädie, seit 8.5.1991 werden auch Pathologie, Neurologie 40

---

82 ABl.EG 1989, Nr. L 19/16.
83 EuGH, Verb. Rs. C-54/88, C-91/88 und C-14/89, Slg. 1990, I-3537, Rn. 7 (Nino).
84 ABl.EG 1975, Nr. L 167/14; ergänzt durch RL 81/1057/EWG, ABl.EG 1981, Nr. L 385/25, durch RL 82/76/EWG, ABl.EG 1982, Nr. L 43/21, sowie RL 89/594/EWG, ABl.EG 1989, Nr. L 341/19. Zur Umsetzung *Scherer* (Fn. 76), S. 170.
85 ABl.EG 1975, Nr. L 167/1, geändert durch RL 82/76/EWG, ABl.EG 1982, Nr. L 43/21, die unter anderem eine strengere Regelung für die Teilzeitweiterbildung der Fachärzte bestimmt. Wegen der besonderen Situation Luxemburgs vgl. Empfehlung des Rates 75/366/EWG, ABl.EG 1975, Nr. L 167/20; zuletzt geändert durch RL 97/50/EG, ABl.EG 1997, Nr. L 291/35.

und Psychiatrie[86] in allen Mitgliedstaaten anerkannt. Da in den meisten Mitgliedstaaten im Anschluß an die medizinische Universitätsausbildung eine klinische Ausbildung als Voraussetzung für den uneingeschränkten Zugang zur Tätigkeit des Arztes gefordert wird, erging zusätzlich die Empfehlung des Rates 75/367/EWG[87] an die Mitgliedstaaten, Staatsangehörigen anderer Mitgliedstaaten den Zugang zu dieser klinischen Ausbildung zu gestatten.

41 Diese Regelungen werden ergänzt durch die **Richtlinie 86/457/EWG** des Rates vom 15.9.1986 über eine spezifische **Ausbildung in der Allgemeinmedizin**.[88]

f) Zahnärzte

42 Ähnlich wie bei den Ärzten wird auch die Betätigung der Zahnärzte durch eine Koordinierungs- und eine Anerkennungsrichtlinie geregelt. Die **Richtlinie 78/687/EWG** des Rates vom 25.7.1978 zur Koordinierung der Rechts- und Verwaltungsvorschriften für die Tätigkeiten des Zahnarztes[89] sieht vor, daß ein zahnärztlicher Befähigungsnachweis im einzelnen näher spezifizierte Kenntnisse voraussetzt und auf einer mindestens fünfjährigen theoretischen und praktischen Hochschulausbildung auf Vollzeitbasis beruhen muß. Die Richtlinie enthält außerdem besondere Vorschriften zur Koordinierung der fachzahnärztlichen Ausbildung.

43 Die **Richtlinie 78/686/EWG** des Rates vom 25.7.1978 für die gegenseitige **Anerkennung** der Diplome, Prüfungszeugnisse und sonstigen **Befähigungsnachweise des Zahnarztes** und für Maßnahmen zur Erleichterung der tatsächlichen Ausübung des Niederlassungsrechts und des Rechts auf freien Dienstleistungsverkehr[90] listet im einzelnen die zahnärztlichen Befähigungsnachweise der Mitgliedstaaten auf, die diesen Kriterien entsprechen und bezeichnet die Tätigkeiten, die von der Regelung erfaßt werden. Die Mitgliedstaaten werden verpflichtet, die genannten zahnärztlichen Befähigungsnachweise anzuerkennen und ihnen die gleiche Wirkung für Aufnahme und Ausübung der zahnärztlichen Tätigkeit beizumessen wie den eigenen Befähigungsnachweisen. Für die Bereiche Kieferorthopädie und Oralchirurgie/Mundchirurgie werden besondere Anerkennungsregeln formuliert.

g) Tierärzte

44 Eine weitere Parallelregelung liegt für Tierärzte vor. Die **Richtlinie 78/1027/EWG** des Rates vom 18.12.1978 zur **Koordinierung** der Rechts- und Verwaltungsvorschriften für die **Tätigkeiten des Tierarztes**[91] zählt die Kenntnisse auf, die im Falle einer Berufsausübung in einem Mitgliedstaat nachzuweisen sind.

45 Die **Richtlinie 78/1026/EWG** des Rates vom 18.12.1978 für die gegenseitige **Anerkennung** der Diplome, Prüfungszeugnisse und sonstigen **Befähigungsnachweise des Tierarztes** und für Maßnahmen zur Erleichterung der tatsächlichen Ausübung des Nie-

---

86 RL 89/594/EWG, ABl.EG 1989, Nr. L 341/19.
87 ABl.EG 1975, Nr. L 167/21.
88 ABl.EG 1986, Nr. L 267/26.
89 ABl.EG 1978, Nr. L 233/10. Ergänzt durch die Beitrittsakte Griechenlands, Spaniens und Portugals, durch RL 81/1057/EWG, ABl.EG 1981, Nr. L 385/25; RL 89/594/EWG, ABl.EG 1989, Nr. L 341/19. Dazu EuGH, Rs. C-319/92, Slg. 1994, I-425, Rn. 3 ff. (Haim); Rs. C-154/93, Slg. 1994, I-451, Rn. 3 ff. (Tawil-Albertini).
90 ABl.EG 1978, Nr. L 233/1.
91 ABl.EG 1978, Nr. L 362/7 ff.; ergänzt durch die Beitrittsakte Griechenlands, Spaniens und Portugals, durch RL 81/1057/EWG, ABl.EG 1981, Nr. L 385/25; durch RL 89/594/EWG, ABl.EG 1989, Nr. L 341/19. Dazu EuGH, Rs. C-319/92, Slg. 1994, I-425, Rn. 3 ff. (Haim); Rs. C-154/93, Slg. 1994, I-451, Rn. 3 ff. (Tawil-Albertini).

derlassungsrechts und des Rechts auf freien Dienstleistungsverkehr[92] zählt die Befähigungsnachweise der Mitgliedstaaten auf, die diesen Kriterien genügen, und bestimmt die gegenseitige Anerkennung dieser Befähigungsnachweise.[93]

h) Hebammen
Die Qualifikation der Hebammen wird durch die **Richtlinie 80/155/EWG** des Rates vom 21.1.1980 zur **Koordinierung** der Rechts- und Verwaltungsvorschriften betreffend die Aufnahme und Ausübung der Tätigkeit der Hebamme[94] geregelt. Die gegenseitige Anerkennung der Befähigungsnachweise wird durch die **Richtlinie 80/154/EWG** des Rates vom 21.1.1980 über die **gegenseitige Anerkennung** der Diplome, Prüfungszeugnisse und sonstigen **Befähigungsnachweise für Hebammen** und über Maßnahmen zur Erleichterung der tatsächlichen Ausübung des Niederlassungsrechts und des Rechts auf freien Dienstleistungsverkehr[95] gewährleistet.

46

i) Krankenschwestern
Für Krankenschwestern und Krankenpfleger, die hier nur wegen des thematischen Bezuges erwähnt werden, sieht die **Richtlinie 77/453/EWG** des Rates vom 27.6.1977 zur **Koordinierung** der Rechts- und Verwaltungsvorschriften für die Tätigkeiten der Krankenschwester und des Krankenpflegers, die für die allgemeine Pflege verantwortlich sind[96], eine zehnjährige allgemeine Schulausbildung sowie eine spezielle theoretische und praktische Vollzeit-Berufsausbildung über drei Jahre oder 4600 Stunden vor, deren Ausbildungsinhalte in einem Anhang genauer aufgeführt werden. Die **Richtlinie 77/452/EWG** des Rates vom 27.6.1997 über die **gegenseitige Anerkennung** der Diplome und sonstigen **Befähigungsnachweise der Krankenschwester und des Krankenpflegers**, die für die allgemeine Pflege verantwortlich sind, und über Maßnahmen zur Erleichterung der tatsächlichen Ausübung des Niederlassungsrechts und des Rechts auf freien Dienstleistungsverkehr[97] zählt die erfaßten Tätigkeiten auf und bestimmt die gegenseitige Anerkennung der im einzelnen genannten Befähigungsnachweise.

47

j) Architekten
Die Tätigkeit der Architekten ist durch die **Richtlinie 85/384/EWG** des Rates vom 10.6.1985 für die gegenseitige Anerkennung der Diplome, Prüfungszeugnisse und sonstigen Befähigungsnachweise auf dem Gebiet der Architektur und für Maßnahmen zur Erleichterung der tatsächlichen Ausübung des Niederlassungsrechts und des Rechts auf freien Dienstleistungsverkehr[98] liberalisiert. Über die Richtlinie wurde 18 Jahre ver-

48

---

92 ABl.EG 1978, Nr. L 362/1.
93 Für die Zeit vor Gültigkeit der Richtlinie vgl. EuGH, Rs. C-136/78, Slg. 1979, 437, Rn. 10 ff. (Auer); zur Auslegung der RL 78/1026/EWG vgl. EuGH, Rs. C-271/82, Slg. 1983, 2727, Rn. 12 ff. (Ministère Public/Auer).
94 ABl.EG 1980, Nr. L 33/8, ergänzt durch RL 80/1273/EWG, ABl.EG 1980, Nr. L 375, sowie durch die spanische und portugiesische Beitrittsakte; durch RL 89/594/EWG, ABl.EG 1989, Nr. L 341/19. Vgl. auch Beschluß des Rates zur Einsetzung eines Beratenden Ausschusses für die Ausbildung von Hebammen, 80/156/EWG, ABl.EG 1980, Nr. L 33/13.
95 ABl.EG 1980, Nr. L 33/1. Zur Umsetzung vgl. *Scherer* (Fn. 76), S. 171.
96 ABl.EG 1977, Nr. L 176/8; ergänzt durch RL 81/1057/EWG, ABl.EG 1981, Nr. L 385/25, die Beitrittsakte Spaniens und Portugals, durch RL 89/594/EWG, ABl.EG 1989, Nr. L 341/19 und RL 89/595/EWG, ABl.EG 1989, Nr. L 341/30; vgl. dazu EuGH, Rs. C-29/84, Slg. 1985, 1661, Rn. 33 ff. (Kommission/Deutschland). Zur Umsetzung *Scherer* (Fn. 76), S. 171.
97 ABl.EG 1977, Nr. L 176/1; vgl. dazu EuGH, Rs. C-29/84 (Fn. 85), Rn. 25 ff. Diese Regelung wird ergänzt durch die Einsetzung eines Beratenden Ausschusses für die Ausbildung in der Krankenpflege, Beschluß des Rates 77/454/EWG, ABl.EG 1977, Nr. L 176/11.
98 ABl.EG 1985, Nr. L 223/15, geändert durch RL 85/614/EWG, ABl.EG 1985, Nr. L 376, sowie durch RL 86/17/EWG, ABl.EG 1986, Nr. L 27/72; Berichtigung in ABl.EG 1986, Nr. L 87/36.

handelt.[99] Hauptproblem für eine Einigung war die dreijährige deutsche Fachhochschulausbildung. Schließlich wurde ein Kompromiß gefunden, nach dem grundsätzlich für die Anerkennung der Diplome ein Hochschulstudium von mindestens vier Jahren auf Vollzeitbasis vorausgesetzt, die dreijährige deutsche Fachhochschulausbildung jedoch im Wege einer Sonderregelung anerkannt wird, wenn sie durch eine vierjährige Berufspraxis in der Bundesrepublik ergänzt wird.

49 Die Frage, ob die bayerische und baden-württembergische Fachhochschulausbildung, die mit zwei integrierten Praxissemestern mindestens vier Jahre lang dauert, als eine Ausbildung von vier Studienjahren anzusehen ist, wurde inzwischen vom EuGH bejaht.[100] Rechtsvorschriften eines Mitgliedstaats, die nicht ausdrücklich das Recht der hinreichend qualifizierten Angehörigen anderer Mitgliedstaaten auf Eintragung als ordentliches Mitglied der Ingenieurkammer dieses Mitgliedstaates vorsehen, obwohl erst diese Eintragung den Zugang zu den Berufen des Architekten, des Bauingenieurs und des Vermessungsingenieurs ermöglicht, stellen einen Verstoß gegen Art. 49, 50 dar.[101] Innenarchitekten und Landschaftsarchitekten fallen in den Anwendungsbereich der Richtlinie 89/48/EWG, sofern ihre Ausbildung den dort geregelten Bedingungen entspricht.

k) Kunstmaler und Bildhauer

50 Der Zugang zu den freien Künstlerberufen ist **nicht durch einzelstaatliche Vorschriften reglementiert**, die Frage der Befähigungsnachweise stellt sich daher hier nicht. Es kann aber aus sonstigen Gründen zu Diskriminierungen in der Berufsausübung kommen, die auch für freie Künstler nach dem Grundsatz der **Inländerbehandlung** verboten sind.[102]

---

99 A. *Mohn*, Das Gewerbe in Europa, GewArch. 1990, S. 203 (204).
100 EuGH, Rs. C-310/90, Slg. 1992, I-177, Rn. 8 ff. (Egle); Rs. C-166/91, Slg. 1992, I-2797, Rn. 9 ff. (Bauer). S. auch EuGH, Rs. C-447/93, Slg. 1994, I-4087, Rn. 7 ff. (Dreessen).
101 EuGH, Rs. C-38/87, Slg. 1988, 4415, Rn. 6 ff. (Kommission/Griechenland).
102 EuGH, Rs. C-197/84, Slg. 1985, 1819, Rn. 16 (Steinhauser) für die gleichgelagerte Problematik bei der Niederlassungsfreiheit.

Art. 53 (ex-Art. 64)

Die Mitgliedstaaten sind bereit, über das Ausmaß der Liberalisierung der Dienstleistungen, zu dem sie aufgrund der Richtlinien gemäß Artikel 52 Absatz 1 verpflichtet sind, hinauszugehen, falls ihre wirtschaftliche Gesamtlage und die Lage des betreffenden Wirtschaftszweigs dies zulassen.

Die Kommission richtet entsprechende Empfehlungen an die betreffenden Staaten.

Die Vorschrift hat nach Ablauf der Übergangszeit ihre normative Bedeutung verloren.[1] Auch vorher kam ihr keine praktische Bedeutung zu.

---

1 K. *Hailbronner*, in: HK-EUV, Art. 64, Rn. 1; A. *Randelzhofer/U. Forsthoff*, in: Grabitz/Hilf, EUV, Art. 53, Rn. 1; P. *Troberg*, in: GTE, EGV, Art. 64, Rn. 2.

Art. 54 (ex-Art. 65)

Solange die Beschränkungen des freien Dienstleistungsverkehrs nicht aufgehoben sind, wendet sie jeder Mitgliedstaat ohne Unterscheidung nach Staatsangehörigkeit oder Aufenthaltsort auf alle in Artikel 49 Absatz 1 bezeichneten Erbringer von Dienstleistungen an.

1 Art. 54 verpflichtet die Mitgliedstaaten, bis zur Aufhebung aller Beschränkungen des freien Dienstleistungsverkehrs, alle Erbringer von grenzüberschreitenden Dienstleistungen **untereinander gleich zu behandeln**. Damit wird hier ein besonderes, vom Grundsatz der Inländergleichbehandlung zu unterscheidendes **Gleichbehandlungsgebot** oder Diskriminierungsverbot statuiert.[1] Die Vorschrift hat durch die unmittelbare Anwendbarkeit der Art. 49, 50[2] ihre selbständige Bedeutung nicht verloren. Sie wirkt insoweit als **Meistbegünstigungsklausel** zwischen den Dienstleistungserbringern aus anderen Mitgliedstaaten.[3] Insbesondere darf also bei zulässigen Beschränkungen der Dienstleistungsfreiheit keine unterschiedliche Behandlung aufgrund der Staatsangehörigkeit oder des Aufenthaltsortes vorgenommen werden. Die in Abschnitt IV des allgemeinen Programms von 1961[4] gemachte Ausnahme bezüglich der Regelungen zwischen den Benelux-Staaten ist aufgrund des Art. 306 mit dem Vertrag vereinbar.

2 Der **zeitliche Geltungsbereich** der Vorschrift ist nicht auf die Übergangszeit beschränkt, sondern davon abhängig, ob es in einem Mitgliedstaat noch Beschränkungen des freien Dienstleistungsverkehrs gibt.[5]

---

1 P. *Troberg*, in: GTE, EGV, Art. 65, Rn. 1.
2 S. dazu Art. 49/50, Rn. 34.
3 K. *Hailbronner*, in: HK-EUV, Art. 65, Rn. 1; A. *Randelzhofer/U. Forsthoff*, in: Grabitz/Hilf, EUV, Art. 54, Rn. 1; P. *Troberg*, in: GTE, EGV, Art. 65, Rn. 1.
4 ABl.EG 1962, S. 32. S. dazu Art. 52, Rn. 12 ff.
5 K. *Hailbronner*, in: HK-EUV, Art. 65, Rn. 4; P. *Troberg*, in: GTE, EGV, Art. 65, Rn. 2.

Art. 55 (ex-Art. 66)

Die Bestimmungen der Artikel 45 bis 48 finden auf das in diesem Kapitel geregelte Sachgebiet Anwendung.

Inhaltsübersicht:
I. Bedeutung der Vorschrift 1
II. Ausübung öffentlicher Gewalt 2
III. Beschränkungen aus Gründen des ordre public 3
IV. Liberalisierungsmaßnahmen 4

I. Bedeutung der Vorschrift

Die **Verweisregelung** erklärt vier Vorschriften aus dem Kapitel über die Niederlassungsfreiheit für anwendbar. Die Vorschriften beziehen sich auf den sachlichen (Art. 45) und personellen (Art. 48)[1] Anwendungsbereich, die zulässigen Beschränkungen (Art. 46) und die Liberalisierung (Art. 47). Bezüglich der Einzelheiten dieser Regelungen wird auf die Kommentierung der jeweiligen Vorschrift verwiesen. Die nachstehenden Ausführungen beschränken sich auf eine knappe Charakterisierung der Bedeutung und des Anwendungsbereich der einzelnen in Bezug genommenen Regelungen. 1

II. Ausübung öffentlicher Gewalt

Durch den **Verweis auf Art. 45** werden Tätigkeiten, die in einem Mitgliedstaat dauernd oder zeitweise mit der Ausübung öffentlicher Gewalt verbunden sind, aus dem Anwendungsbereich der Vorschriften über die Dienstleistungsfreiheit ausgenommen. Praktische Bedeutung hat die Regelung vor allem für die freien Berufe. Für die Auslegung und Anwendung dieser Vorschriften ergeben sich im Vergleich zur Niederlassungsfreiheit keine Besonderheiten. 2

III. Beschränkungen aus Gründen des ordre public

Art. 46 Abs. 1 ermächtigt die Mitgliedstaaten aufgrund des **Verweises in Art. 55** ausdrücklich zur **Beschränkung der Dienstleistungsfreiheit**[2] aus Gründen der öffentlichen Ordnung und Sicherheit oder Gesundheit, zusammenfassend ordre public genannt. Absatz 2 sieht vor, daß die Beschränkungen nicht abgeschafft, sondern lediglich **koordiniert** werden. Dazu wurde die **Richtlinie 64/221/EWG** des Rates vom 25. 2. 1964 erlassen.[3] Die Regelungen haben Bedeutung sowohl für die Dienstleistungserbringungsfreiheit als auch für die Dienstleistungsempfangsfreiheit.[4] Der EuGH hat betont, daß diese Ausnahmeregelung wie alle Ausnahmen von einem Grundprinzip des Vertrages **eng auszulegen ist**.[5] 3

---

1 S. dazu Art. 49/50, Rn. 33.
2 S. dazu allgemein Art. 49/50, Rn. 53 ff.
3 ABl.EG 1964, Nr. L 56/850, ergänzt durch RL 73/148/EWG v. 21.5.1973, ABl.EG 1973, Nr. L 172/14.
4 S. Art. 1 Abs. 1 lit. b RL 64/221/EWG.
5 EuGH, Rs. C-348/96, Slg. 1999, I-11, Rn. 23 (Calfa).

Winfried Kluth

IV. Liberalisierungsmaßnahmen

4 Die Verweisung auf Art. 47 ist eine der Hauptursachen für den in der Praxis häufig zu beobachtenden Erlaß von **Richtlinien,** die sowohl die Liberalisierung der Niederlassungs- als auch der Dienstleistungsfreiheit regeln. Erfaßt werden von der Regelung in Absatz 1 zunächst die Richtlinien für die **gegenseitige Anerkennung** der Diplome, Prüfungszeugnisse und sonstigen Befähigungsnachweise, die für die Dienstleistungsfreiheit von besonderer Bedeutung sind.[6]

5 In Absatz 2 findet sich eine Ermächtigung zum Erlaß von **Koordinierungsrichtlinien.**[7] Diese Ermächtigung überschneidet sich mit Art. 52. In Absatz 3 wird die Aufhebung der Beschränkungen für die ärztlichen, arztähnlichen und pharmazeutischen Berufe an besondere Bedingungen geknüpft.[8]

---

6 S. dazu insbes. Art. 52, Rn. 20 f. und Rn. 33.
7 S. dazu die Nachweise bei Art. 52, Rn. 12 ff.
8 S. dazu Art. 52, Rn. 39 ff.

Kapitel 4
Der Kapital- und Zahlungsverkehr

Art. 56 (ex-Art. 73b)

(1) Im Rahmen der Bestimmungen dieses Kapitels sind alle Beschränkungen[15 ff.] des Kapitalverkehrs[5 ff.] zwischen den Mitgliedstaaten sowie zwischen den Mitgliedstaaten und dritten Ländern[4] verboten.

(2) Im Rahmen der Bestimmungen dieses Kapitels sind alle Beschränkungen des Zahlungsverkehrs[21 f.] zwischen den Mitgliedstaaten sowie zwischen den Mitgliedstaaten und dritten Ländern verboten.

Inhaltsübersicht:

A. Einführung	1
I. Historische Entwicklung	1
II. Die Bedeutung der Kapital- und Zahlungsverkehrsfreiheit	4
III. Räumlicher und personeller Anwendungsbereich der Kapital- und Zahlungsverkehrsfreiheit	5
B. Die Freiheit des Kapitalverkehrs, Art. 56 Abs. 1 EGV	8
I. Der Begriff des Kapitalverkehrs	8
1. Primärrechtliche Grundlagen	9
2. Sekundärrechtliche Grundlagen	12
3. Die Abgrenzung der Kapitalverkehrsfreiheit von den anderen Grundfreiheiten	14
a) Die Grundregel	14
b) Abgrenzung zur Warenverkehrsfreiheit	15
c) Abgrenzung zur Niederlassungsfreiheit	16
(1) Rechtsprechung	16
(2) Stellungnahme	22
d) Abgrenzung zur Dienstleistungsfreiheit	26
(1) Rechtsprechung	27
(2) Stellungnahme	34
II. Das Beschränkungsverbot	36
1. Die Rechtsprechung des EuGH zu Kapitalverkehrsbeschränkungen	37
2. Der Beschränkungsbegriff im Schrifttum	48
3. Stellungnahme	50
C. Die Freiheit des Zahlungsverkehrs, Art. 56 Abs. 2 EGV	54

A. Einführung

I. Historische Entwicklung

Im Konzert der gemeinschaftlichen Grundfreiheiten hat die Freiheit des Kapitalverkehrs immer eine Sonderrolle gespielt, die vor allem durch die fehlende unmittelbare Anwendbarkeit der Kapitalverkehrsvorschriften im ursprünglichen EWGV geprägt war. Nach h.M. und Rechtsprechung des EuGH hatte die Kapitalverkehrsfreiheit nur im Rahmen des »für das Funktionieren des Gemeinsamen Marktes notwendigen« Maß Bestand.[1] Im Maastrichter Unionsvertrag kam es zu einer völligen Neugestaltung der

---

1 EuGH, Rs. 203/80, 11.11.1981, Slg. 1981, S. 2595, Rn. 9 ff. (Casati); W. *Schön*, Europäische Kapitalverkehrsfreiheit und nationales Steuerrecht, in: W. *Schön* (Hrsg.), Gedächtnisschrift für Brigitte Knobbe-Keuk, 1997, S. 743 (746); vgl. auch G. *Ress* in: Grabitz, EWGV, Art. 67, Rn. 6 (3. Ergänzungslieferung 1989); a.A. A. *Bleckmann*, Europarecht, 5. Aufl. 1990, Rn. 1181 f.

Art. 56 EG-Vertrag

Kapital- und Zahlungsverkehrsfreiheit. Im Gleichklang mit den anderen gemeinschaftsvertraglichen Marktfreiheiten ist nunmehr auch die Kapital- und Zahlungsverkehrsfreiheit durch einen primärrechtlichen und unbedingten Liberalisierungsauftrag gekennzeichnet.

2 Im ursprünglichen EWGV war der Kapitalverkehr in den Artikeln 67 bis 73 geregelt, für den Zahlungsverkehr gab es in Art. 106 EWGV eine Spezialvorschrift. Durch den Maastrichter EGV wurden die Art. 67 bis 73 zwar nicht formal außer Kraft gesetzt. In einem neuen Art. 73a wurde jedoch angeordnet, daß nach Ablauf einer – durch das verspätete Inkrafttreten des Maastrichter Unionsvertrags am 1. November 1993 stark verkürzten – Übergangszeit vom 1. Januar 1994 an die Art. 67 bis 73 durch die neuen Art. 73b bis 73g ersetzt werden sollen. Gleichzeitig wurde der bisher den Zahlungsverkehr gesondert regelnde Art. 106 EWGV durch eine Vorschrift mit anderer Thematik (Zusammensetzung des ESZB und Rechtspersönlichkeit der EZB) ersetzt und der Zahlungsverkehr in Art. 73b Abs. 2 sachgerecht mit der Kapitalverkehrsfreiheit verschränkt. Durch den Vertrag von Amsterdam wurden im Zuge der Vertragsbereinigung und Neunumerierung die obsolet gewordenen Art. 67–73 a.F. aus dem Vertrag entfernt, ebenso wie die sich mit der Übergangszeit von altem zu neuem Regime befassenden Vorschriften der Art. 73a, 73e und 73h. Kapital- und Zahlungsverkehr sind seither in den Art. 56 bis 60 geregelt. Der Vertrag von Nizza hat im Bereich der Kapitalverkehrsfreiheit keine Änderungen erbracht.

3 Im Unterschied zu den anderen Grundfreiheiten war Art. 67 EWGV **nicht unmittelbar anwendbar**, d.h. dem Marktbürger erwuchsen aus dieser Vorschrift keine (subjektiven) Rechte.[2] Integrationsfortschritte konnten daher zunächst nur durch Sekundärrechtsetzung erzielt werden.[3] Erst 1988 wurde mit der **Kapitalverkehrsrichtlinie 88/361/EWG**[4] ein Instrument zur umfassenden gemeinschaftsweiten Liberalisierung des Kapitalverkehrs geschaffen, auf dessen Bestimmungen sich die Marktbürger ggf. unmittelbar berufen können.[5] Primärrechtlich wurde dieser Schritt mit Art. 73b a.F. vollzogen, der nach ganz allgemeiner Ansicht[6], für Art. 73b Abs. 1 a.F. auch vom EuGH bestätigt[7], mit seinen beiden Absätzen **unmittelbar anwendbares Recht** darstellt und mithin »dem Bürger Rechte verleiht, die dieser gerichtlich geltend machen kann und die die nationalen Gerichte schützen müssen«[8]. Seit 1.1.1994 ist damit die Kapital- und Zahlungsverkehrsfreiheit ein »gleichberechtigtes Mitglied« im Konzert der Grundfreiheiten.

II. Die Bedeutung der Kapital- und Zahlungsverkehrsfreiheit

4 Die Bedeutung insbesondere der Kapitalverkehrsfreiheit kann nicht unterschätzt werden und steht im Widerspruch zu ihrer zuweilen etwas stiefmütterlichen Behandlung.

---

2 EuGH, Rs. 203/80, 11.11.1981, Slg. 1981, S. 2595, Rn. 10–13.
3 Zu nennen sind die erste RL v. 11.5.1960, ABl.EG 1960, 921 und die zweite RL v. 18.12.1962, ABl.EG 1963, 62. Erst im Zuge des »Binnenmarktprogramms« (KOM Dok.(85) 310 endg.) kam es zu weiteren Liberalisierungen, zunächst durch die RL 86/566/EWG v. 17.11.1986, ABl.EG 1986 Nr. L 332/22.
4 RL 88/361/EWG, ABl.EG 1988 Nr. L 178/5.
5 EuGH, Verb. Rs. C-358/93 u. C-416/93, 23.2.1995, Slg. 1995, 361, Rn. 33 (Bordessa).
6 Dazu S. *Weber*, Kapitalverkehr und Kapitalmärkte in der Europäischen Union, EuZW 1992, S. 561 (562); G. *Ress/J. Ukrow*, in: Grabitz/Hilf, EGV, Art. 73b, Rn. 25 ff. m.w.N.
7 EuGH, Verb. Rs. C-163/94, 165/94 und 250/94, 14.12.1995, Slg. 1995, I-4821, Rn. 40 ff., 48 (Sanz de Lera u.a.).
8 EuGH, Verb. Rs. C-163/94, 165/94 und 250/94, 14.12.1995, Slg. 1995, I-4821, Rn. 43 (Sanz de Lera).

Dies gilt nicht nur in wirtschaftlicher, sondern auch in integrationspolitischer Hinsicht. Bei der gerade zur Zeit vieldiskutierten **Globalisierung der Wirtschaft** handelt es sich vor allem auch um eine **Globalisierung der Kapitalströme**. Im Zuge des technischen Fortschrittes gewinnt der Produktionsfaktor Kapital immer mehr an Bedeutung. Die modernen Kommunikationsmittel machen es möglich, daß die Kapitalmärkte rund um die Uhr in Bewegung sind und führen zu einer weltweiten Marktinterdependenz ungeahnten Ausmaßes und gleichzeitig zu einem Verlust von staatlichen Steuerungsmöglichkeiten. Die politischen Auswirkungen dieser Entwicklung sind noch nicht absehbar. Es bleibt offen, wie die Staaten bzw. »Staatenverbünde« und die darin organisierten Menschen auf die ihre Lebensumstände so unmittelbar berührende und doch so abstrakte und schwer faßbare »Bewegungsfreiheit« des Kapitals reagieren werden. So geriet bei der 1999 mit internationaler Hilfe beendeten Krise der Finanzmärkte in Südostasien auch die Freiheit des Kapitalverkehrs in die Diskussion. Die EG hat jedenfalls entschieden, diesen Herausforderungen offensiv zu begegnen und eine grundsätzlich uneingeschränkte Kapitalverkehrsfreiheit nicht nur nach innen, sondern auch nach außen im Verkehr mit Drittstaaten herzustellen[9], um durch optimale Allokationsmöglichkeiten für den Produktionsfaktor Kapital den größtmöglichen Nutzen für die Volkswirtschaft zu stiften.[10]

III. Räumlicher und personeller Anwendungsbereich der Kapital- und Zahlungsverkehrsfreiheit

Art. 56 verbietet Beschränkungen des Kapital- und Zahlungsverkehrs nicht nur zwischen den Mitgliedstaaten, sondern auch zwischen den Mitgliedstaaten und dritten Ländern. Der Anwendungsbereich dieser Freiheiten zielt also über das Gebiet der EU hinaus. Das wirf die Frage auf, ob sich auch Drittstaatsangehörige auf diese Freiheit berufen können. Diese Frage wird, soweit ersichtlich, allgemein unter Hinweis auf den Wortlaut des Art. 56 bzw. der Vorgängervorschrift (Art. 73b), der sich insbesondere auch von der Formulierung in Art. 7 Abs. 1 der Richtlinie 88/361 unterscheidet, bejaht.[11]   5

In Anlehnung an die Richtlinie 88/361 wird darüber hinaus davon ausgegangen, daß es im Bereich des Kapital- und Zahlungsverkehrs von vornherein nicht auf die Staatsangehörigkeit ankomme, sondern allenfalls auf die Gebietsansässigkeit. Die h.M. geht sogar davon aus, daß die Kapital- und Zahlungsverkehrsfreiheit völlig losgelöst von Personen besteht und es daher für den Geltungsbereich der Freiheiten auch nicht auf die Eigenschaft als Gebietsansässiger oder Gebietsfremder ankomme.[12]   6

Konsequenz dieser Betrachtungsweise wäre es, daß auch nicht gebietsansässige Drittstaatsangehörige diese Freiheiten als subjektives Recht vor mitgliedstaatlichen Gerichten geltend machen können und daß insbesondere auch die Beschränkungsmöglichkeiten dieser Freiheiten eine Differenzierung zwischen Unionsbürgern bzw. Unionsansässigen und Drittstaatsangehörigen bzw. Uniongebietsfremden allenfalls über den Verhältnismäßigkeitsgrundsatz möglich machten. Es ist letztlich noch offen, ob der   7

---

9 Zum Kapitalverkehr mit Drittstaaten s. die Kommentierung zu Art. 57.
10 Vgl. *Schön* (Fn. 1), S. 745.
11 *G. Ress/J. Ukrow*, in: Grabitz/Hilf, EGV, Art. 73b, Rn. 28 f.
12 *G. Ress/J. Ukrow*, in: Grabitz/Hilf, EGV, Art. 73b, Rn. 28 f.; *W. Kiemel*, in: GTE, EG-/EUV, Art. 73b, Rn. 13 f. A.A. *R. Weber*, in: Lenz, EGV, Art. 73b, Rn. 18 und wohl auch *S. Weber* (Fn. 6), S. 564, die eine Begrenzung auf Gebietsansässige annehmen.

EuGH die Kapital- und Zahlungsverkehrsfreiheit wirklich in diesem Sinne auslegen wird. Betrachtet man die Sachverhalte der – noch im einzelnen darzustellenden – bisher ergangenen Entscheidungen zu diesen Freiheiten, so kann man dies durchaus bezweifeln. Ob etwa in der **Albore-Entscheidung**[13] das Genehmigungserfordernis für den Grundstückskauf auch dann als kapitalverkehrsfreiheitswidrig angesehen worden wäre, wenn z.B. ein nichtgebietsansässiger Australier als Käufer aufgetreten wäre, bleibt offen. Die gleiche Frage kann man z.b. hinsichtlich der luxemburgischen Zinsvergünstigung im Fall **Svensson und Gustavson**[14] stellen. Fraglich ist auch, ob die Mitgliedstaaten der Gemeinschaft Grundschulden wirklich in jeder Weltwährung eintragen müssen, wie das der EuGH in der Rs. Trummer und Mayer für einen Gemeinschaftssachverhalt bejaht hat.[15] Der Wortlaut des Art. 56 spricht zwar für den weiten Ansatz der h.M., Systematik und Zweck der Vorschriften würden jedoch Differenzierungen für Drittstaatsangehörige – z.b. mittels des Kriteriums der Gebietsansässigkeit oder darüber hinaus bestimmte sachliche Einschränkungen – nicht unbedingt ausschließen und, wie gezeigt, für bestimmte Sachverhaltsgestaltungen auch nahe legen.

B. Die Freiheit des Kapitalverkehrs, Art. 56 Abs. 1 EGV

I. Der Begriff des Kapitalverkehrs

8   Der Begriff des Kapitalverkehrs wird weder in den Gemeinschaftsverträgen, noch im sekundären Gemeinschaftsrecht definiert. Auch der EuGH hat eine genaue Definition bisher vermieden und stattdessen auf Sekundärrecht verwiesen.[16] Gleichwohl läßt sich aus einer Zusammenschau kapitalverkehrsrelevanter primär- und sekundärrechtlicher Regelungen, der Rechtsprechung des EuGH und aus dem ökonomischen Verständnis des Begriffs die Formel gewinnen, daß unter **Kapitalverkehr** jede über die Grenzen eines Mitgliedstaates der Gemeinschaft hinweg stattfindende Übertragung von Geld- oder Sachkapital zu verstehen ist, die **primär zu Anlagezwecken** erfolgt.[17]

1. Primärrechtliche Grundlagen

9   Primärrechtliche Indizien für die nähere Eingrenzung des Begriffs Kapitalverkehr ergeben sich vor allem aus Art. 57. Fraglich ist, inwieweit sich Konkretisierungen auch aus verschiedenen Protokollen und Erklärungen zum EUV, die sich mit kapitalverkehrsrelevanten Vorgängen beschäftigen und aus den Beitrittsakten der skandinavischen Staaten und Österreich entnehmen lassen.

10 Aus Art. 57 Abs. 1 und Abs. 2 muß man schließen, daß die Kapitalverkehrsfreiheit grundsätzlich auch (und nicht etwa nur!) Direktinvestitionen einschließlich der Anlagen in Immobilien umfaßt, und darüber hinaus Transaktionen im Zusammenhang mit der Niederlassung, der Erbringung von Finanzdienstleistungen oder der Zulassung von Wertpapieren zu den Kapitalmärkten.

---

13 EuGH, Rs. C-423/98, 13. Juli 2000, Slg. 2000, I-5965 (Albore).
14 EuGH, Rs. C-484/93, 14.11.1995, Slg. 1995, I-3955, Rn. 10, 11 (Svensson und Gustavson).
15 EuGH, Rs. C-222/97, 16.3.1999, Slg. 1999, S. I-1661 (Trummer und Mayer).
16 EuGH, verb. Rs. 222/97, 16.3.1999, Slg. 1999, I-1661, Rn. 21 (Trummer und Mayer), dazu unten bei Fn. 26.
17 Vgl. A. *Bleckmann*, Europarecht, 6. Aufl. 1997, Rn. 1181 f.; R. *Weber*, in: Lenz, EGV, Art. 73b, Rn. 4; vgl. dazu auch A. *Honrath*, Umfang und Grenzen der Freiheit des Kapitalverkehrs, 1998, S. 23 ff.; *Schön* (Fn. 1), S. 747.

Der Erwerb von **Zweitwohnungen** und von **Grundeigentum** ist Gegenstand einer Reihe 11
von einschränkenden Sonderregelungen. Im Protokoll zum EUV[18] betreffend den Immobilienerwerb in Dänemark heißt es, daß »Dänemark seine geltenden Rechtsvorschriften für den Erwerb von Zweitwohnungen beibehalten« kann. Aus dieser Vorschrift kann man aber für sich genommen nicht schließen, der Zweitwohnungserwerb sei grundsätzlich Gegenstand der Kapitalverkehrsfreiheit.[19] Das Protokoll schützt die diesbezüglichen dänischen Regelungen vor allen aus dem EGV ableitbaren Einwänden, also auch vor Einwänden aus dem Bereich der Personenfreizügigkeit oder der Niederlassungsfreiheit. Ähnlich verhält es sich mit den Art. 70, 87 und 114 der Beitrittsakte bezüglich des Beitritts Österreichs[20], Finnlands und Schwedens.[21]

2. Sekundärrechtliche Grundlagen

Von erheblicher praktischer Bedeutung für die Konkretisierung des Begriffs Kapitalver- 12
kehr sind die bisher ergangenen Richtlinien, insbesondere die Kapitalverkehrsrichtlinie
88/361/EG vom 24.6.1988.[22] Dies gilt auch nach der primärrechtlichen Neuordnung
der Kapitalverkehrsfreiheit durch den Maastrichter Vertrag, weil mit den Art. 73a ff.
der mit der RL 88/361 erreichte Stand nicht unterschritten werden sollte.[23] Allerdings
ist zu beachten, daß Sekundärrecht nicht den Rechtsgehalt von Primärrecht determinieren oder gar derogieren kann.[24] Die im Annex I der RL 88/361/EG aufgeführten Kapitalverkehrsvorgänge[25] »haben daher Hinweischarakter für die Definition des Begriffes
des Kapitalverkehrs«, stellen aber keine abschließende Nomenklatur dar.[26] Auch der
Mindestumfang der Kapitalverkehrsfreiheit ergibt sich nicht zwangsläufig aus der
Richtlinie, denn jedenfalls rechtstheoretisch unterliegt auch die Gesetzgebung im Bereich der Kapitalverkehrsfreiheit dem Subsidiaritäts- und kompetenzrechtlichen Verhältnismäßigkeitsprinzip.

Der Anhang I der RL 88/361 enthält eine Nomenklatur für den Kapitalverkehr, der ge- 13
mäß Art. 1 der RL grundsätzlich beschränkungsfrei sein soll. Die Nomenklatur enthält
eine – ausdrücklich nicht erschöpfende – Aufzählung von Kapitalverkehrsgeschäften,
die in 13 Hauptklassen zusammengefaßt wurden: Direktinvestitionen, Immobilieninve-

---

18 Protokolle sind Bestandteil der Verträge, denen sie beigefügt sind, vgl. Art. 311.
19 So *G. Ress/J. Ukrow*, in: Grabitz/Hilf, EGV, Art. 73b, Rn. 7.
20 Zur österreichischen Zweitwohnungsregelung s. EuGH, Rs. C-302/97, 1.7.1999, Slg. 1999, I-3099 (Konle). Ausführlich zu dieser Entscheidung *A. Fischer*, Die Kapitalverkehrsfreiheit in der Rechtsprechung des EuGH, ZEuS 2000, S. 391 ff.
21 ABl.EG 1994 Nr. C 241/21. Vgl. auch die gemeinsame Erklärung Nr. 5 zu Zweitwohnungen, ABl.EG 1994 Nr. C 241/382 und Art. 1, 1. Spiegelstrich des Protokolls Nr. 2 über die Aalandinseln, ABl.EG 1994 Nr. C 241/352 betreffend den Erwerb und Besitz von Grundeigentum.
22 4. RL des Rates zur Liberalisierung des Kapitalverkehrs, Nr. 88/361 vom 24.6.1988, ABl.EG 1988 Nr. L 178/5.
23 *S. Grundmann*, Europäisches Kapitalmarktrecht, Zeitschrift für schweizerisches Recht 115 (1996), S. 103 (106).
24 *Schön* (Fn. 1), S. 747; *Honrath* (Fn. 17), S. 23 ff.
25 Schon die beiden ersten RL zum Kapitalverkehr vom 11. Mai 1960 (ABl.EG 1960/921) und vom 18. Dezember 1962 (ABl.EG 1963/62) haben die Kapitalbewegungen in verschiedene Listen aufgeteilt, damals allerdings mit je unterschiedlichen Rechtsfolgen bezüglich der Liberalisierungspflicht der Mitgliedstaaten.
26 EuGH, verb. Rs. 222/97, 16.3.1999, Slg. 1999, I-1661, Rn. 21; s.a. *G. Ress/J. Ukrow*, in: Grabitz/Hilf, EGV, Art. 73b, Rn. 7; *C. Ohler*, Die Kapitalverkehrsfreiheit und ihre Schranken, WM 1996, S. 1801; so auch, wenngleich vom Ansatz her mißverständlich (»abzustellen ist«) *R. Weber*, in: Lenz, EGV, Art. 73b, Rn. 4.

stitionen, Geschäfte mit Wertpapieren, Geschäfte mit Anteilscheinen von Organismen für gemeinsame Anlagen (Investmentfonds), Geschäfte mit Geldmarktpapieren, Kontokorrent- und Termingeschäfte mit Finanzinstituten, Kreditgeschäfte im Zusammenhang mit Handelsgeschäften und Dienstleistungen, Darlehen und Finanzkredite, Kreditsicherheiten (Bürgschaften, andere Garantien und Pfandrechte), Transferzahlungen auf Versicherungsverträge, Kapitalverkehrsgeschäfte mit persönlichem Charakter, Ein- und Ausfuhr von Vermögenswerten, sonstiger Kapitalverkehr (u.a. mit einem Punkt F »Verschiedenes« als Auffangtatbestand). In einer anschließenden Begriffsbestimmung werden einzelne Termini näher erläutert.

3. Die Abgrenzung der Kapitalverkehrsfreiheit von den anderen Grundfreiheiten

a) Die Grundregel

14 Im Vordergrund der Rechtsprechung des EuGH zu dem Begriff des Kapitalverkehrs stand zunächst die Abgrenzung zu anderen Grundfreiheiten des EGV. Die Abgrenzung insbesondere zur Warenverkehrs- und Dienstleistungsfreiheit war deshalb von herausragender Bedeutung, weil ein Gebrauchmachen von diesen Freiheiten oft auch auf der Gegenleistungsseite einen grenzüberschreitenden Kapitaltransfer nach sich zieht, die Kapitalverkehrsfreiheit aber nicht im gleichen Maße liberalisiert war wie die anderen Freiheiten. Der EuGH hat jedoch schon früh klargestellt, daß der **Transfer von Banknoten**, also von Geldkapital, dann nicht den Regeln des Kapitalverkehrs unterfällt, wenn diesem Transfer eine Zahlungsverpflichtung entspricht, die sich aus einer Transaktion auf dem Gebiet des Waren- oder Dienstleistungsverkehrs ergibt.[27] Kapitalverkehr liegt nicht allein deshalb vor, weil Kapital über die Grenzen hinweg bewegt wird. Vielmehr ist auf den **Zweck der Kapitalbewegung** abzustellen. Im Rahmen des Kapitalverkehrs geht es um Geschäfte »bei denen es in erster Linie um die Anlage und die Investition des betreffenden Kapitals geht und nicht um die Vergütung einer Dienstleistung«.[28]

b) Abgrenzung zur Warenverkehrsfreiheit

15 In Konsequenz der Grundregel, daß die Erfüllung von Zahlungsverpflichtungen nicht der Kapitalverkehrsfreiheit unterfällt, hat der EuGH mit Blick auf die Zahlungsverkehrsfreiheit entschieden, daß Münzen keine Waren sind, solange sie die Eigenschaft eines gesetzlichen Zahlungsmittels besitzen.[29]

c) Abgrenzung zur Niederlassungsfreiheit
(1) Rechtsprechung

16 Die Abgrenzung der Kapitalverkehrsfreiheit von der Niederlassungsfreiheit hat den EuGH in einer Reihe von Entscheidungen beschäftigt. Im Urteil **Verkooijen** entschied der EuGH, daß der Fall, daß ein Staatsangehöriger eines Mitgliedsstaats, der in diesem Staat wohnt, Dividenden von einer Gesellschaft erhält, die ihren Sitz in einem anderen Mitgliedstaat hat, von der Richtlinie 88/361 und damit von der Kapitalverkehrsfreiheit erfaßt wird.[30] Der **Bezug von Dividenden** sei zwar in der RL 88/361 nicht ausdrücklich als Kapitalbewegung erwähnt, setze aber die Beteiligung an einem Unternehmen vor-

---

27 EuGH, Verb. Rs. 286/82 und 26/83, 31.1.1984, Slg. 1984, 377, Rn. 22 (Luisi und Carbone); Verb. Rs. C-163/94, 165/94 und 250/94, 165/94 und 250/94, 14.12.1995, Slg. 1995, I-4821, Rn. 17 (Sanz der Lera).
28 EuGH, Verb. Rs. 286/82 und 26/83, 31.1.1984, Slg. 1984, 377, Rn. 21 (Luisi und Carbone).
29 EuGH, Rs. 7/78, 23.11.1978, Slg. 1978, S. 2247, Rn. 27/28 (Thompson).
30 EuGH, Rs. C-35/98, 6.6.2000, Slg. 2000, I-4071, Rn. 30 (Verkooijen).

aus. Zudem könne der Bezug von Dividenden unter Position III A 2 der Nomenklatur im Anhang zur RL 88/361 (»Erwerb an der Börse gehandelter ausländischer Wertpapiere durch Gebietsansässige«) subsumiert werden, weil die dividendenzahlende Gesellschaft ihren Sitz außerhalb der Niederlande, dem Wohnsitzland des Dividendenempfängers, habe und an der Börse notiert sei.[31]

Dagegen hat der EuGH in der **Entscheidung Metallgesellschaft** die Unzulässigkeit der 17 Erhebung von **Körperschaftssteuervorauszahlungen auf Dividendenzahlungen** einer inländischen Tochter (im Vereinigten Königreich) an eine ausländische Muttergesellschaft (in Deutschland), wenn solche Vorauszahlungen bei inländischen Sachverhalten vermieden werden können, auf die Vorschriften der Niederlassungsfreiheit gestützt.[32] Der EuGH sah in dieser Regelung des britischen Steuerrechts eine ungerechtfertigte Diskriminierung, weil die Tochtergesellschaft einer im Vereinigten Königreich ansässigen Muttergesellschaft dadurch einen Liquiditätsvorteil erlange, da sie die Beträge, die sie andernfalls als Körperschaftsteuervorauszahlung hätte entrichten müssen, bis zur Fälligkeit der Körperschaftsteuerabschlußzahlung behalten kann.[33] Aufgrund des Eingreifens der Vorschriften über die Niederlassungsfreiheit hat der EuGH es ausdrücklich offen gelassen, ob daneben auch die Vorschriften der Kapitalverkehrsfreiheit dieser steuerrechtlichen Regelung entgegen stünden.[34]

Die Niederlassungsfreiheit angewandt hat der EuGH gleichfalls in einem schwedischen 18 Fall, bei dem es um die **steuerliche Behandlung von genauer qualifizierten Konzernbeiträgen** ging, d.h. Zahlungen zwischen zwei inländischen Gesellschaften eines Konzerns zur Abdeckung der Kosten einer gemeinsamen Gewerbetätigkeit.[35]

In der **Rs. Baars**[36] ging es um **vermögenssteuerrechtliche Unternehmensfreibeträge**, de- 19 ren Gewährung an einen inländischen Sitz des Unternehmens, dessen Beteiligung vermögensrechtlicher Steuergegenstand war, gebunden war. Der EuGH geht in diesem Falle ausdrücklich auf das vor dem Hintergrund des Art. 58 Abs. 1 verständlichen Vorbringen der niederländischen Regierung ein, der Sachverhalt sei »ausschließlich« am Maßstab der Kapitalverkehrsfreiheit zu beurteilen.[37] Der EuGH führt aus, daß zwar das streitgegenständliche niederländische steuerliche Tatbestandsmerkmal »wesentliche Beteiligung« nach niederländischem Recht auch Fälle umfasse, wo das Maß der Beteiligung nicht zwangsläufig mit der Kontrolle über oder der Leitung der Gesellschaft verbunden sei. Daher sei auch nicht zwangsläufig die Niederlassungsfreiheit betroffen.[38] Allerdings liege im konkreten Fall eine einhundertprozentige Beteiligung vor. Dies bewirke »zweifellos«, daß die Vorschriften der Niederlassungsfreiheit anzuwenden seien.[39]

---

31 EuGH, Rs. C-35/98, 6.6.2000, Slg. 2000, I-4071, Rn. 28 und 29.
32 EuGH, verb. Rs. C-397/98 und C-410/98, 8.3.2001, n.n.i.Slg., Rn. 39 ff. (Metallgesellschaft und Höchst).
33 EuGH, verb. Rs. C-397/98 und C-410/98, 8.3.2001, n.n.i.Slg., Rn. 44, 76 (Metallgesellschaft und Höchst).
34 EuGH, verb. Rs. C-397/98 und C-410/98, 8.3.2001, n.n.i.Slg., Rn. 75 Metallgesellschaft und Höchst).
35 EuGH, Rs. C-200/98, 18.11.1999, Slg. 1999, S. I-8261, Rn. 25 ff. (X AB und Y AB), dazu auch unten Rn. 24.
36 EuGH, Rs. C-251/98, 13.8.2000, Slg. 2000, I-2787 (Baars).
37 EuGH, Rs. C-251/98, 13.8.2000, Slg. 2000, I-2787, Rn. 18 ff. (Baars).
38 EuGH, Rs. C-251/98, 13.8.2000, Slg. 2000, I-2787, Rn. 20 (Baars).
39 EuGH, Rs. C-251/98, 13.8.2000, Slg. 2000, I-2787, Rn. 21 (Baars).

20 Zwei weitere relevante Entscheidungen ergingen zur Frage der Einordnung von Grunderwerb in die Kapitalverkehrs- bzw. die Niederlassungsfreiheit. In der **Albore-Entscheidung** führt der EuGH aus, »daß der Erwerb eines Grundstückes in einem Mitgliedstaat durch einen Gebietsfremden, aus welchen Gründen auch immer er erfolgt«, eine Immobilieninvestition darstelle, »die in die Kategorie des Kapitalverkehrs zwischen den Mitgliedstaaten fällt.«[40] Der EuGH erachtete in diesem Fall eine italienische Bestimmung, wonach nur Ausländer einer Genehmigung für den Erwerb eines Grundstücks in einem Gebiet von militärischer Bedeutung bedurften für unvereinbar mit der Kapitalverkehrsfreiheit und hielt wegen dieses Ergebnisses eine Prüfung der Fragen nach der Auslegung der Vorschriften über die Niederlassungsfreiheit (insbesondere Art. 43 EGV) für überflüssig.

21 In der **Entscheidung Konle**[41] ging es um die Verweigerung einer grundverkehrsrechtlichen Genehmigung durch österreichische Behörden auf der Grundlage eines den Erwerb von Zweitwohnungen beschränkenden Gesetzes, dessen Berechtigung Österreich in der Sonderregelung zum Zweitwohnungserwerb in Art. 70 der Beitrittsakte erblickte.[42] Deutlicher als in der **Albore-Entscheidung** betonte der EuGH, daß die österreichischen Regelungen zum Grundstückserwerb **sowohl** am Maßstab der Vorschriften über die **Niederlassungsfreiheit, als auch** am Maßstab der Vorschriften über die **Kapitalverkehrsfreiheit** zu messen seien.[43] Die Besonderheit des Falles liegt darin, daß der Kläger in dem grundverkehrsrechtlichen Genehmigungsverfahren versichert hatte, die Kaufimmobilie nicht als Freizeitimmobilie, sondern als Hauptwohnsitz nutzen zu wollen, um von dort aus eine kaufmännische Tätigkeit im Rahmen seines bereits in Deutschland bestehenden Unternehmens zu betreiben.[44] Dieser dezidiert niederlassungsrechtliche Aspekt hinderte die Anwendung der Kapitalverkehrsfreiheit in diesem Fall jedoch nicht.

(2) Stellungnahme

22 Die vorgestellte Rechtsprechung des EuGH deutet darauf hin, daß Kapitalverkehrs- und Niederlassungsfreiheit kumulativ anwendbar sind und es einen Vorrang der einen vor der anderen Grundfreiheit nicht gibt. Insbesondere die **Konle-Entscheidung** mit ihrem deutlich niederlassungsrechtlichen Hintergrund zeigt in diese Richtung.[45] Der EuGH hat dort sogar die Diskriminierungsgefahr, die aus der Tatsache folgte, daß die österreichischen Behörden die Glaubhaftmachung des Käufers, keinen Freizeitwohnsitz zu schaffen bei Ausländern »einer eingehenderen Überprüfung« unterzögen, als dies bei Inländern der Fall sei[46], als einen tragenden Grund für die Annahme der Kapitalverkehrswidrigkeit der österreichischen Regelungen herangezogen, was deshalb verwundert, weil der Kauf einer Wohnimmobilie in der Absicht, sie kaum oder nur wenig zu

---

40 EuGH, Rs. C-423/98, 13. Juli 2000, Slg. 2000, I-5965, Rn. 14 (Albore).
41 EuGH, Rs. C-302/97, 1.6.1999, Slg. 1999, S. I-3099 (Konle); s.a. EuGH, Rs. 355/97, 7.9.1999, Slg. 1999, S. I-4977 (Beck und Bergdorf).
42 Auf das Urteil Konle hin sind beim EuGH bisher 35 Vorabentscheidungsverfahren anhängig gemacht worden, s. GA *Geelhoed*, Schlußantr. zu EuGH, Rs. C-178/99, 13.3.2001, n.n.i.Slg, Rn. 1 (Salzmann).
43 EuGH, Rs. C-302/97, 1.6.1999, Slg. 1999, S. I-3099, Rn. 22 (Konle).
44 EuGH, Rs. C-302/97, 1.6.1999, Slg. 1999, S. I-3099, Rn. 16 (Konle).
45 A.A. A. *Fischer* (Fn. 20), ZEuS 2000, S. 391 (400), die diese Entscheidung bezüglich der exklusiven oder kumulativen Anwendung der Kapitalverkehrsfreiheit für wenig aussagekräftig hält, weil der EuGH eine gerechtfertigte Beschränkung angenommen habe. Diese auf Rn. 31 des Urteils gestützte Sicht übersieht, daß der EuGH, wie Rn. 54 der Entscheidung zeigt, im Gegenteil einen Verstoß gegen die Freiheit des Kapitalverkehrs angenommen hat und eben deshalb auf die Niederlassungsfreiheit nicht mehr eingeht, s. Rn. 55.
46 EuGH, Rs. C-302/97, 1.6.1999, Slg. 1999, S. I-3099, Rn. 41 (Konle).

nutzen jedenfalls näher an der Kapitalverkehrsfreiheit liegt, als der Kauf einer Wohnung in der erklärten Absicht, diese als Hauptwohnsitz zu benutzen. Auch die Aussage in der **Albore-Entscheidung**, der Kauf einer Immobilie sei ungeachtet des Kaufgrundes immer ein Anwendungsfall der Kapitalverkehrsfreiheit, spricht für die Parallelität dieser beiden Grundfreiheiten. Mit der Aufwertung der Kapitalverkehrsfreiheit als vollwirksame Grundfreiheit durch den Vertrag von Maastricht ist der einzige tatbestandliche Unterschied zu den anderen Grundfreiheiten deren **Geltung auch im Verhältnis zu Drittstaaten**. Erst die Geltendmachung der Kapitalverkehrsfreiheit durch einen Nichtunionsbürger, z.B. im Wege eines vergleichbaren Grundstückserwerbs, wird letztlich zeigen, ob die vom EuGH angedeutete grundsätzliche Parallelität der Kapitalverkehrs- und Niederlassungsfreiheit wirklich Bestand haben wird.

Die Bewertung der beiden steuerrechtlichen Entscheidungen fällt etwas anders aus. Die **23** Rs. **Verkooijen** konnte nur auf der Grundlage der Vorschriften über den Kapitalverkehr entschieden werden, da dem bloßen Transfer von Dividenden an einen ausländischen Anteilseigner aus der Sicht des Dividendenempfängers jedes niederlassungsrechtliche Element jedenfalls solange fehlt, wie dieser von seinen Freizügigkeitsrechten keinen Gebrauch gemacht hat. In gleicher Weise ist es konsequent, daß der EuGH im Falle **Metallgesellschaft und Höchst** die Vorschriften über die Niederlassungsfreiheit herangezogen hat, ging es doch um die Ausgestaltung des Verhältnisses zwischen ausländischer Muttergesellschaft und der inländischen niedergelassenen Tochtergesellschaft.[47] Auch die Entscheidung zu den **schwedischen Konzernbeiträgen** ist stringent. Entscheidendes Kriterium dort ist die Tatsache, daß es jeweils – es ging um drei verschiedenen Beitragstypen – um Konzernbeiträge ging, die »zwischen zwei in einem Mitgliedstaat ansässigen Aktiengesellschaften« entrichtet werden sollten. Damit fehlt der für die Anwendung der Kapitalverkehrsfreiheit entscheidende grenzüberschreitende Bezug.[48] Allerdings verliert der EuGH darüber kein Wort, sondern läßt die Frage nach der Anwendbarkeit der Kapitalverkehrsvorschriften offen.[49]

Die These, daß **Direktinvestitionen**, die ausschließlich zum Zwecke der selbständigen **24** wirtschaftlichen Betätigung in einem anderen Mitgliedstaat, also zum Zwecke der Ausübung der Niederlassungsfreiheit erfolgen, nicht der Kapitalverkehrsfreiheit, sondern nur der Niederlassungsfreiheit unterliegen, weil es dabei – im Gegensatz zu den dem Kapitalverkehr zuzuordnenden sog. **Portfolioinvestitionen** – nicht in erster Linie um eine Anlage- oder Investitionsentscheidung gehe[50], gilt im Lichte der geschilderten Rechtsprechung nur noch eingeschränkt. Es bleibt jedoch dabei, daß der mit der Niederlassung im Ausland verbundene Kapitalverkehr grundsätzlich nur Annex des Freizügigkeitsrechts ist. Sofern es jedoch um Immobilienerwerb geht, ist nach der Rechtsprechung des EuGH grundsätzlich auch die Kapitalverkehrsfreiheit betroffen, und zwar auch dann, wenn der Immobilienerwerb zum Zwecke des eigenen Wohnens erfolgt.[51] Dies muß um so mehr gelten, je weniger ein Handeln vom Aspekt des Gebrauchma-

---

47 Für *J.A. Usher*, Financial Services: Some Taxing Problems, ZEuS 2001, S. 245 (248, 251) ist die hier vorgeschlagene Differenzierung zwischen diesen beiden Fällen nicht so evident. Allerdings befaßt sich Usher mehr mit der Abgrenzung zu den Dienstleistungen und weist auf die Niederlassungsfreiheit nur nebenbei hin.
48 EuGH, Rs. C-200/98, 18.11.1999, Slg. 1999, S. I-8261, Rn. 24 (X AB und Y AB), dazu auch oben Rn. 18.
49 EuGH, Rs. C-200/98, 18.11.1999, Slg. 1999, S. I-8261, Rn. 30 (X AB und Y AB).
50 So z.B. *Ohler* (Fn. 26), S. 1804 f.; *R. Freitag*, Mitgliedstaatliche Beschränkungen des Kapitalverkehrs und Europäisches Gemeinschaftsrecht, EWS 1997, S. 186 (190 f.); differenzierend und von einer grundsätzlichen Parallelität der Grundfreiheiten ausgehend *S. Weber* (Fn. 6), S. 564 f.; zu weitgehend *G. Ress/J. Ukrow*, in: Grabitz/Hilf, EGV, Art. 73d, Rn. 16.
51 Vgl. dagegen *Ohler* (Fn. 26), S. 1803 f.; *Freitag* (Fn. 50), S. 189.

Art. 56 EG-Vertrag

chens von der Personenfreizügigkeit beherrscht wird und Anlage- und Investitionsgesichtspunkte im Vordergrund stehen. Solche Vorgänge sind parallel sowohl an der Niederlassungs- als auch an der Kapital- und Zahlungsverkehrsfreiheit zu messen.[52] Reine Finanzinvestitionen (Portfolioinvestitionen), wie etwa die Vergabe von Darlehen, die Gewährung von Genußkapital oder stillen Einlagen sind nur nach Maßgabe der Vorschriften über den Kapitalverkehr zu beurteilen.[53]

25 Insgesamt geht die Tendenz mithin zur **kumulativen Anwendung der Niederlassungs- und Kapitalverkehrsfreiheit**, es sei denn der Sachverhalt läßt sich ausschließlich der einen oder der anderen Freiheit zuordnen. Die Entscheidung in der **Rs. Baars** ist ein weiteres Beispiel für diesen Ansatz, denn auch dort wurde die Anwendung der Kapitalverkehrsvorschriften gerade nicht ausgeschlossen.[54] Diese Betrachtungsweise ist für die überwiegende Zahl der Fälle, zumal für die bisher entschiedenen, angemessen, kann jedoch, wie schon erwähnt, in kapitalverkehrsrechtlichen Streitigkeiten mit Drittlandbezug dazu führen, daß »unerwünschte« Begünstigungen von ggf. sogar nicht gebietsansässigen Drittstaatsangehörigen eintreten oder aber dieser weite Anwendungsbereich der Kapitalverkehrsfreiheit im Einzelfall und dann wohl in wenig überzeugender Weise wieder reduziert werden muß.

d) Abgrenzung zur Dienstleistungsfreiheit

26 Kapitalverkehrsgeschäfte sind, wie sich auch aus Art. 51 Abs. 2 ergibt, eng mit dem Dienstleistungssektor verknüpft. Die Gewährung von Darlehen oder der Kauf von Wertpapieren durch Händler stellen nach allgemeinem Sprachgebrauch **Finanzdienstleistungen** dar. Im Rahmen des EGV stellt sich daher die Frage, ob, wie Art. 50 Abs. 1 EGV anzudeuten scheint[55], die Kapitalverkehrsvorschriften der Art. 56 ff. ein spezielles, die Vorschriften der Dienstleistungsfreiheit verdrängendes System darstellen oder ob beide Freiheitsgewährleistungen kumulativ zur Anwendung kommen.[56]

(1) Rechtsprechung

27 In der **ASPA-Entscheidung** hat der EuGH unter Hinweis auf Art. 61 Abs. 2 a.F. (jetzt Art. 51 Abs. 2) die steuerliche Benachteiligung von Spareinlagen mit der fehlenden Liberalisierung des Kapitalverkehrs gerechtfertigt.[57] In einer späteren Entscheidung hat der EuGH dann den Eindruck erweckt, in solchen Fällen sei allein die Dienstleistungsfreiheit maßgeblich.[58]

28 In der **Entscheidung Svensson und Gustavson** hat der EuGH jedoch eine luxemburgische Regelung, die eine Zinsvergünstigung für den Wohnungsbau u.a. daran knüpfte, daß das Darlehen bei einem in Luxemburg zugelassenen und niedergelassenen Kreditinstitut aufgenommen wurde, nicht nur für vertragswidrig erachtet, weil darin ein unzulässiges Hindernis für »den Verkehr von Kapital wie Bankdarlehen« zu sehen sei, sondern auch, weil die Gewährung von Baudarlehen durch Banken auch Dienstleistun-

---

52 Zur grundsätzlichen Parallelität der Grundfreiheiten s. *Weber* (Fn. 6), S. 564 f.; s.a. *J.C.W. Müller*, Kapitalverkehrsfreiheit in der Europäischen Union, 2000, S. 192 f.
53 *Schön* (Fn. 1), S. 750.
54 EuGH, Rs. C-251/98, 13.8.2000, Slg. 2000, I-2787, Rn. 20 (Baars).
55 Zu dem in Art. 50 Abs. 1 angesprochenen Verhältnis der Dienstleistungsfreiheit zu den anderen Grundfreiheiten s. Art. 50, Rn. 13 ff.
56 Dazu auch *Schön* (Fn. 1), S. 752 ff.
57 EuGH, Rs. 267/86, 21.9.1988, Slg. 1988, 4769, Rn. 22–25 (ASPA).
58 Vgl. EuGH, Rs. C-204/90, 28.1.1992, Slg. 1992, I-249; Rn. 34 (Bachmann).

gen im Sinne des Art. 59 darstellten und deshalb das Diskriminierungsverbot die Bevorzugung von im Inland niedergelassenen Banken verbiete.[59]

In der **Parodi-Entscheidung**[60] wiederum hat der EuGH aus der Vorschrift des Art. 51 Abs. 2 gefolgert, daß zulässigen Beschränkungen des Kapitalverkehrs nicht die Dienstleistungsfreiheit entgegengehalten werden kann.[61] Daraus folge, daß die Vertragsvorschriften zum Dienstleistungsverkehr dann nicht zur Anwendung kommen könnten, wenn es um eine mit dem Gemeinschaftsrecht in Einklang stehenden Beschränkung des freien Kapitalverkehrs geht.[62]

29

Trotz der Kritik des Generalanwalts Tesauro, der für eine stärkere Trennung zwischen den beiden Grundfreiheiten und einen engeren Begriff der Kapitalverkehrsfreiheit eintrat[63], kehrte der EuGH in der **Safir-Entscheidung** wieder zum Parallelitätskonzept zurück und prüfte die Kapitalverkehrsvorschriften nur wegen des angenommenen Verstoßes gegen Art. 49 nicht. Gegenstand dieser Entscheidung war die Zulässigkeit einer vom Sitz der Versicherungsgesellschaft abhängigen unterschiedlichen Besteuerung von Kapitallebensversicherungen.[64]

30

Auch in der **Ambry-Entscheidung** ging der EuGH von der Anwendbarkeit sowohl der Kapitalverkehrs- als auch der Dienstleistungsfreiheit aus.[65] Dort ging es um eine französische Vorschrift, die die Gestellung von Sicherheiten durch Pauschalreiseveranstalter im Inland begünstigte. Obwohl die Kapitalverkehrsrichtlinie 88/361 in Rubrik IX die Gewährung von anderen Garantien von Gebietsfremden an Gebietsansässige und umgekehrt als Kapitalverkehr definiert, hält der EuGH die Prüfung der Kapitalverkehrsfreiheit für überflüssig, weil ein Verstoß gegen die Dienstleistungsfreiheit vorliege.

31

In **Trummer und Mayer** hingegen rückte der EuGH davon wieder ab und unterstellte die Bestellung einer Hypothek zur Sicherung eines in der Währung eines anderen Mitgliedstaates zahlbaren Schuld unter Bezugnahme auf Rubrik II (Liquidation einer Immobilieninvestition) und Rubrik IX (Bürgschaften, andere Garantien und Pfandrechte) des Anhangs I zur RL 88/361 ausschließlich der Kapitalverkehrsfreiheit.[66]

32

Der Dienstleistungsfreiheit unterfallen sollen **Angelerlaubnisse** in Finnland, weil es eine Dienstleistung sei, Dritten ein Gewässer zum Fischen zur Verfügung zu stellen.[67] Die Tatsache, daß »diese Erlaubnisse in Dokumenten festgehalten werden, die als solche Gegenstand des Handels sein können« war dem EuGH nicht Anlaß genug, die Frage der Anwendbarkeit der Kapitalverkehrsfreiheit näher zu prüfen, obwohl das Gericht unter Hinweis auf die Rs. Trummer und Mayer[68] feststellt, daß »Geschäfte mit [...] anderen Wertpapieren, die wie das Fischereirecht oder die an seine Stelle tretenden Fischereierlaubnisse Geldwert haben und Gegenstand von Handelsgeschäften sein können«,

33

---

59 EuGH, Rs. C-484/93, 14.11.1995, Slg. 1995, I-3955, Rn. 10, 11 (Svensson und Gustavsson).
60 EuGH, Rs. C-222/95, 9.7.1997, Slg. 1997, I-3899 (Parodi).
61 EuGH, Rs. C-222/95, 9.7.1997, Slg. 1997, I-3899, Rn. 9 (Parodi).
62 EuGH, Rs. C-222/95, 9.7.1997, Slg. 1997, I-3899, Rn. 10 Parodi).
63 GA Tesauro, Schlußantr. zu EuGH, Rs. C-118/96, 28. 4. 1998, Slg. 1998, I-1897, Rn. 9 ff. (Safir).
64 EuGH, Rs. C-118/96, 28. 4. 1998, Slg. 1998, S. I-1897, Rn. 35 (Safir).
65 EuGH, Rs. C-410/96, 1. 12. 1998, Slg. 1998, S. I-7875, Rn. 40 (Ambry).
66 EuGH, Rs. C-222/97, 16.3.1999, Slg. 1999, S. I-1661 (Trummer und Mayer); s.a. Rs. C-464/98, 11.1.2001, Slg. 2001, S. I-173, Rn. 19 (West-LB).
67 EuGH, Rs. 97/98, 21.10.1999, Slg. 1999, S. I-7319, Rn. 39 (Jaegerskioeld).
68 EuGH, Rs. C-222/97, 16.3.1999, Slg. 1999, S. I-1661 (Trummer und Mayer).

u.a. den Kapitalverkehrsvorschriften unterfallen.[69] Das ist deshalb kurios, weil stattdessen die Frage aufgeworfen (und verneint) wird, ob die streitgegenständlichen Angelerlaubnisse von der Warenverkehrsfreiheit erfaßt sein könnten.

(2) Stellungnahme

34 Die **Safir-Entscheidung** des EuGH steht in Widerspruch zum Wortlaut des Art. 50 Abs. 1, wonach die Qualifikation als Dienstleistung subsidiär nur dann in Frage kommt, wenn der Sachverhalt nicht unter die anderen Grundfreiheiten subsumiert werden kann.[70] Der EuGH hätte mithin zunächst prüfen müssen, ob der streitgegenständliche Sachverhalt der Kapitalverkehrsfreiheit unterfällt. Zwar hat der EuGH zu Recht entschieden, daß der Abschluß von Kapitallebensversicherungen der Dienstleistungsfreiheit unterfällt.[71] In Safir ging es jedoch nicht um die Dienstleistung des Versicherers, sondern um eine auf Versicherungen bezogene staatliche Besteuerungsregelung, die durch ihre Wirkung die Allokationsentscheidung für das zu investierende Kapital beeinflußt und daher kapitallenkend wirkt. Richtigerweise wäre mithin die Kapitalverkehrsfreiheit zu prüfen gewesen und damit der Rückgriff auf die Dienstleistungsfreiheit ausgeschlossen und die schwedische steuerrechtliche Regelung hätte am Maßstab des Art. 58 Abs. 1 Buchst. a gemessen werden müssen, einer Vorschrift, die eine Differenzierung nach dem Ort der Kapitalanlage ausdrücklich zuläßt. Die Anwendbarkeit dieser Vorschrift zu vermeiden könnte jedoch gerade der Grund für die Entscheidung des EuGH gewesen sein.[72] Immerhin wird deutlich, daß von der Abgrenzung der Grundfreiheiten untereinander auch nach der Gleichstellung der Kapitalverkehrsfreiheit mit den anderen Grundfreiheiten noch Rechtsfolgen ausgehen.

35 Auch die **Entscheidung Svensson und Gustavson** ist mit Art. 50 Abs. 1 nur schwer in Einklang zu bringen, hat aber, da es dort nicht um Steuerrecht, sondern um eine soziale Vergünstigung ging keine Auswirkungen im Ergebnis, da die Vorenthaltung dieser Vergünstigung auch kapitalverkehrsrechtlich nicht rechtfertigungsfähig gewesen wäre. Ähnlich liegen die Dinge in den Entscheidungen **Ambry** und **Trummer&Mayer**. Festzuhalten ist, daß die Rechtsprechung des EuGH eine stringente Systematik bei der Abgrenzung der Dienstleistungs- von der Kapitalverkehrsfreiheit nicht erkennen läßt.[73]

II. Das Beschränkungsverbot

36 Art. 56 Abs. 1 verbietet alle Beschränkungen des Kapitalverkehrs zwischen den Mitgliedstaaten selbst und zwischen den Mitgliedstaaten und Drittstaaten. Gegenstand der Kapitalverkehrsfreiheit ist mithin ausschließlich der grenzüberschreitende Kapitalverkehr und nicht etwa der rein innerstaatliche Kapitalverkehr.[74] So wenig im EGV der Begriff des Kapitalverkehrs definiert wird, so wenig wird der Begriff der Beschränkungen des Kapitalverkehrs definiert. Es stellt sich daher insbesondere die Frage, ob es einen eigenen kapitalverkehrsrechtlichen Beschränkungsbegriff gibt oder ob auch die Kapitalverkehrsfreiheit im Lichte einer sich verfestigenden allgemeinen Grundfreiheiten-

---

69 EuGH, Rs. 97/98, 21.10.1999, Slg. 1999, S. I-7319, Rn. 34 (Jaegerskioeld).
70 So auch *Usher* (Fn. 47), ZEuS 2001, S. 256.
71 EuGH, Rs. 205/84, 4.12.1986, Slg. 1986, S. 3755, Rn. 20 (Kommission/Deutschland). A.A. *Müller* (Fn. 52), S. 194: Anwendbarkeit beider Grundfreiheiten.
72 *J.A. Usher*, The Law of Money and Financial Services in the European Community, 2000, p. 235.
73 Dazu ausführlich *Usher* (Fn. 47), ZEuS 2001, S. 245 ff.
74 Allgemeine Ansicht, vgl. z.B. *G. Ress/J. Ukrow*, in: Grabitz/Hilf, EGV, Art. 73b, Rn. 10.

dogmatik zu sehen ist[75], die sich an den vom EuGH in seinen grundlegenden Entscheidungen Dassonville[76] und Cassis-de-Dijon[77] entwickelten und in der Keck-Entscheidung[78] verfeinerten Prinzipien ausrichtet.

1. Die Rechtsprechung des EuGH zu Kapitalverkehrsbeschränkungen

Die nicht sehr umfangreiche bisherige Rechtsprechung des EuGH zum Begriff der »Beschränkungen« des Kapitalverkehrs ist nur bedingt aussagekräftig, bezieht sie sich doch noch überwiegend auf die Zeit vor der Geltung des Art. 56 Abs. 1, als die Kapitalverkehrsfreiheit nur im Rahmen der sekundärrechtlich zu bestimmenden Erforderlichkeit für das Funktionieren des Gemeinsamen Marktes gewährt wurde.[79] Immerhin hat der EuGH dennoch aus dem Fehlen von sekundärrechtlichen Regelungen nicht geschlossen, es liege keine Beschränkung des Kapitalverkehrs vor, sondern nur, daß die Beseitigung der Beschränkung für das Funktionieren des gemeinsamen Marktes nicht notwendig sei. Dementsprechend kann man etwa schon dem **Urteil Casati** entnehmen, daß Beschränkungen bei der Ausfuhr von Banknoten eine Beschränkung des Kapitalverkehrs darstellen.[80] Das gilt allerdings nur, wenn die in Rede stehenden Banknoten nicht dem Zahlungsverkehr zuzuordnen sind, wenn es also nicht um eine Zahlungsverpflichtung aus einem Austauschverhältnis geht.[81]   37

Eine Beschränkung des Kapitalverkehrs hat der EuGH in einer mitgliedstaatlichen Vorschrift gesehen, wonach im Ausland ausgegebene oder zahlbare Wertpapiere bei einer zugelassenen Bank oder bei einer von einer zugelassenen Bank ausgewählten ausländischen Bank in Verwahrung zu geben sind.[82]   38

Eine Beschränkung des freien Kapitalverkehrs liegt weiter vor, wenn im Inland zu erfüllende Forderungen von Devisenausländern gesperrt sind und Zahlungen nur durch Hinterlegung des Forderungsbetrages auf ein Sperrkonto erfolgen dürfen, über dessen Freigabe die Zentralbank entscheidet.[83] Der EuGH hat den Kauf von gemäß der RL vom 11.5.1960 im Ausland gehandelten inländischen Wertpapieren durch Deviseninländer als gemäß dieser RL »nicht liberalisiert« angesehen und damit jedenfalls angedeutet, daß mitgliedstaatliche Vorschriften, die solche Transaktionen verbieten oder beschränken, als Beschränkung des Kapitalverkehrs im Sinne des Art. 56 zu werten sind.[84]   39

Aus der **Veronica-Entscheidung** des EuGH ergibt sich, daß mitgliedstaatliche Regelun-   40

---

75 Vgl. dazu *M. Eberhartinger*, Konvergenz und Neustrukturierung der Grundfreiheiten, EWS 1997, S. 43 ff.
76 EuGH, Rs. 8/74, 11.7.1974, Slg. 1974; 837 (Dassonville), dazu s. Art. 28, Rn. 15 ff.
77 EuGH, Rs. 120/78, 20.2.1979, Slg. 1979, 649 (Cassis-de-Dijon), dazu s. Art. 28, Rn. 20 ff.
78 EuGH, Verb. Rs. C-267 u. 268/91, 24.11.1993, Slg. 1993-I, 6097 (Keck), dazu s. Art. 28, Rn. 27 ff.
79 Vgl. EuGH, Rs. 203/80, 11.11.1981, Slg. 1981, S. 2595, Rn. 12, 13 (Casati).
80 EuGH, Rs. 203/80, 11.11.1981, Slg. 1981, S. 2595, Rn. 13 (Casati).
81 EuGH, Verb. Rs. 286/82 und 26/83, 31.1.1984, Slg. 1984, 377, Rn. 22 (Luisi und Carbone).
82 EuGH, Rs. 157/85, 24.6.1986, Slg. 1986, 2013, Rn. 25 (Brugnoni).
83 EuGH, Rs. 194/84, 2.12.1987, Slg. 1987, 4737, Rn. 7 (Kommission/Griechenland). Gegenstand des Verfahrens war eine Übergangsvorschrift aus der Beitrittsakte Griechenland.
84 EuGH, Rs. 143/86, 4.2.1988, Slg. 1988, 625, Rn. 17 (Margetts and Addenbrooke). Es ging um Provisionsforderungen Londoner Börsenmakler an in Irland ansässige irische Staatsangehörige für den Kauf von Aktien irischer Gesellschaften, die auch in London notiert waren.

gen welche grenzüberschreitende Kapitalbeteiligungen verbieten, gleichfalls als Beschränkung der Kapitalverkehrsfreiheit zu bewerten sind.[85] Gegenstand des Verfahrens waren niederländische medienrechtliche Vorschriften, die die Tätigkeiten von Rundfunkunternehmen einer umfassenden Genehmigungspflicht unterwarf. Aufgrund dieser Vorschrift versuchten niederländische Medienaufsichtsbehörden, einem inländischen Medienunternehmen die Gründung einer ausländischen Rundfunkaktiengesellschaft, die Beteiligung an deren Kapital oder andere Unterstützungsmaßnahmen (z.b. Stellung einer Bürgschaft) zu untersagen, deren Programm im Inland verbreitet werden sollte. Der EuGH ging davon aus, daß dieses konkrete **Genehmigungserfordernis für Medienunternehmen** der Erhaltung eines »**pluralistischen und nichtkommerziellen**« **Rundfunksystems** diente und daß dieses Regelungsziel im **Allgemeininteresse** liegt und somit Einschränkungen der Kapitalverkehrsfreiheit (und der Dienstleistungsfreiheit) jedenfalls dann rechtfertigt, wenn die konkrete Auslandsberührung nur dazu dient, sich den Verpflichtungen aus inländischen Vorschriften zu entziehen.[86]

41   Der EuGH sah einer Beschränkung des freien Kapitalverkehr in nationalen Bestimmungen, die die **Gewährung einer staatlichen Zinsvergütung** für den Bau, den Erwerb oder die Verbesserung einer im Inland belegenen Wohnung daran knüpften, daß es sich bei der darlehensgebenden Bank um ein im Inland zugelassenes Kreditinstitut handelt. Dies könne potentielle Darlehensnehmer davon abhalten, sich für die Zwecke der Darlehensaufnahme an ein Bankinstitut zu wenden, welches nur ihre Niederlassungen im Ausland verfüge.[87] Der EuGH wandte sich mit dieser Entscheidung gegen die Ansicht des GA Elmer in diesem Fall, der keine Beschränkung des Kapitalverkehrs annehmen wollte, weil nicht der Transfer von Kapital betroffen sei, sondern die Erbringung von grenzüberschreitenden Finanzierungsdienstleistungen.[88]

42   Das gleiche gilt für eine Regelung, die den **Abschluß von Darlehensverträgen** zwischen Privaten an eine **an den Staat zu entrichtende Gebühr** auch dann knüpft, wenn das Darlehen im Ausland aufgenommen wurde. Der EuGH sieht die Beschränkung der Kapitalverkehrsfreiheit darin, daß den Gebietsansässigen eines Mitgliedstaates dadurch die Möglichkeit genommen werde, ein Darlehen in einem anderen Staat aufzunehmen, der eine solche Gebühr nicht kennt.[89] Im gleichen Fall wurde eine Beschränkung a fortiori auch angenommen, soweit nur bei im Ausland aufgenommenen Darlehen eine **Ersatzbeurkundungsgebühr** anfallen kann.[90]

43   Ein Eingriff in die Kapitalverkehrsfreiheit liegt auch dann vor, wenn inländische Vorschriften die **Ausfuhr von Hartgeld, Banknoten und Inhaberschecks einer vorherigen Genehmigungspflicht** unterwerfen.[91] Damit hat der EuGH für den Bereich des gemäß Art. 56 Abs. 1 gleichfalls geschützten freien Kapitalverkehrs mit Drittländer bestätigt, was seit der **Bordessa-Entscheidung**[92] für den Bereich des mitgliedstaatlichen Kapitalverkehrs galt.

---

85 EuGH, Rs. C-148/91, 3.2.1993, Slg. 1993, 487, Rn. 15 (Veronica).
86 EuGH, Rs. C-148/91, 3.2.1993, Slg. 1993, 487, Rn. 9, 13, 15 (Veronica).
87 EuGH, Rs. C-484/93, 14.11.1995, Slg. 1995, I-3955, Rn. 10 (Svensson und Gustavsson).
88 GA Elmer, Schlußantr. zu Rs. C-484/93, 14.11.1995, Slg. 1995, I-3955, Rn. 8 (Svensson und Gustavsson).
89 EuGH, Rs. C-439/97, 14.10.1999, Slg. 1999, S. I-7041, Rn. 19 f. (Sandoz GmbH). Die Passage ist allerdings aus sich heraus nicht verständlich, sondern erschließt sich nur über die Schlußantr. des *GA Leger* zu diesem Fall, Rn. 31 ff. und 48.
90 EuGH, Rs. C-439/97, 14.10.1999, Slg. 1999, S. I-7041, Rn. 29-31 (Sandoz GmbH).
91 EuGH, Verb. Rs. C-163/94, 165/94 und 250/94, 165/94 und 250/94, 14.12.1995, Slg. 1995, I-4821, Rn. 39 (Sanz de Lera).
92 EuGH, Verb. Rs. C-358/93 u. C-416/93, 23.2.1995, Slg. 1995, 361, Rn. 25 ff. (Bordessa).

Auch die nach französischem Recht erforderliche vorherige Genehmigung für bestimm- 44
te Direktinvestitionen in Frankreich ist eine Beschränkung des freien Kapitalverkehrs
und zwar auch dann, wenn die Genehmigung bei Nichthandeln der Behörde nach Ablauf eines Monats als erteilt gilt.[93]

Ebenso stellen nur Ausländer treffende Genehmigungserfordernisse für Grundstücks- 45
käufe eine Beschränkung des Kapitalverkehrs dar.[94]

Das gleiche gilt für die Verpflichtung, für die Bestellung eine Hypothek die inländische 46
Währung zu verwenden[95], weil dadurch die Akzessorietät zwischen Schuld und Sicherheit gelockert wird, ein zusätzliches Währungsrisiko entstehe und durch die festzustellende Umrechnung zusätzliche Kosten entstünden.[96] Der Hinweis auf das Währungsrisiko ist mit der Einführung des Euros seit 1.1.1999 entfallen und dieser Hinweis nur mit Blick auf die Tatsache verständlich, daß das zugrundeliegende Rechtsgeschäft schon 1996 geschlossen wurde.

Unproblematisch und zurecht hat der EuGH eine Beschränkung des Kapitalverkehrs in 47
einem gegen Belgien gerichteten Vertragsverletzungsverfahren angenommen, das sich gegen belgische Vorschriften richtete, welche die Zeichnung einer vom belgischen Finanzminister bei einem internationalen Bankenkonsortium aufgenommenen Anleihe durch in Belgien ansässige Personen mit wenigen Ausnahmen verbietet, weil dadurch Grundfreiheitsberechtigten (in Belgien ansässige In- und Ausländern) die Möglichkeit genommen wird, eine bestimmte »nicht-belgische« Anlageform zu wählen.[97]

2. Der Beschränkungsbegriff im Schrifttum

Im Schrifttum herrscht ein weites Verständnis des Beschränkungsbegriffs vor.[98] Klar ist, 48
daß alle direkten Eingriffe in kapitalverkehrsrelevante Transaktionen auch Beschränkungen darstellen. Hierunter fallen z.B. Verbote bestimmter Transaktionen oder auch Genehmigungs- oder Anmeldeerfordernisse. Darüber hinaus werden auch sonstige indirekte Behinderungen des Kapitalverkehrs aufgrund von Rechts- und Verwaltungsvorschriften der Mitgliedstaaten, seien sie diskriminierend oder nichtdiskriminierend, als Beschränkungen qualifiziert.[99] Z.T. wird die sog. Dassonville-Formel auf den Kapitalverkehr übertragen. Danach sind unter Beschränkungen des Kapitalverkehrs »unmittelbare oder mittelbare, aktuelle oder potentielle Behinderungen, Begrenzungen und Untersagungen für den Zufluß, Abfluß oder Durchfluß von Kapital« zu verstehen.[100]

Ein weites Verständnis des Beschränkungsbegriffs ist nicht ohne Konsequenz. So wird 49
vertreten, daß strafprozessuale Maßnahmen der Strafverfolgungsbehörden gegen Bankinstitute in der Bundesrepublik Deutschland wegen des Verdachts der Beihilfe zur Steu-

---

93 EuGH, Rs. C-54/99, 14.3.2000, Slg. 2000, S. I-1335, Rn. 14 f. (Scientology).
94 EuGH, Rs. C-423/98, 13. Juli 2000, Slg. 2000, I-5965, Rn. 16 (Albore); EuGH, Rs. C-302/97, 1.7.1999, Slg. 1999, I-3099, Rn. 23 (Konle).
95 EuGH, Rs. C-222/97, 16.3.1999, Slg. 1999, S. I-1661, Rn. 28 (Trummer und Mayer).
96 EuGH, Rs. C-222/97, 16.3.1999, Slg. 1999, S. I-1661, Rn. 226 f. (Trummer und Mayer).
97 EuGH, Rs. C-478/98, 26.9.2000, Slg. 2000, S. I-7587, Rn. 16 ff. (Kommission/Belgien).
98 Ausdrücklich für ein weites Verständnis *G. Ress/J. Ukrow*, in: Grabitz/Hilf, EGV, Art. 73b, Rn. 10.
99 So *W. Kiemel*, in: GTE, EG-/EUV, Art. 73b, Rn. 14.
100 *S. Weber* (Fn. 6), S. 562 f.; *G. Ress/J. Ukrow*, in: Grabitz/Hilf, EGV, Art. 73b, Rn. 11; vgl. auch *R. Weber*, in: Lenz, EGV, Art. 73b, Rn. 5.

erhinterziehung eine unzulässige Beschränkung der Kapitalverkehrsfreiheit darstellen, sofern die Unterhaltung eines ausländischen Bankkontos der einzig relevante tatsächliche Anhaltspunkt für ein solches Steuerstrafdelikt darstellt.[101] Die Anknüpfung eines Straftatverdachts an das bloße Gebrauchmachen von einer gemeinschaftsrechtlichen Grundfreiheit habe abschreckenden Charakter und sei geeignet, die Bürger von der grenzüberschreitenden Eröffnung und Unterhaltung eines Bankkontos abzuhalten.[102] Auch indirekte Hindernisse für den freien Kapitalverkehr seien als Beschränkungen in diesem Sinne zu werten und zwar auch dann, wenn diese indirekten Hindernisse nicht auf die Beschränkung der Kapitalverkehrsfreiheit abzielten.[103]

3. Stellungnahme

50   Zunächst einmal ist zu beachten, daß der EuGH den **Beschränkungsbegriff** im Rahmen der Freiheit des Kapitalverkehrs **bisher offen gelassen** hat. Im Unterschied zur Warenverkehrsfreiheit und zur Niederlassungs- und Dienstleistungsfreiheit hat der EuGH es bisher unterlassen, über den Einzelfall hinaus generell-abstrakte Aussagen zum Tatbestand des Beschränkungsbegriffs zu machen. Der EuGH hat jedoch in seiner **Veronica-Entscheidung**[104] ausdrücklich auf das Konzept der zwingenden Allgemeininteressen abgestellt und damit auf ein Konzept, welches ursprünglich entwickelt wurde, um die weitreichende Dassonville-Formel im Lichte der eng auszulegenden Ausnahmebestimmungen zu den Grundfreiheiten des EGV wieder einzuschränken.[105] Der EuGH hat damit anerkannt, daß Eingriffe in das Beschränkungsverbot **analog der allgemeinen Grundfreiheitendogmatik** entweder auf der Grundlage ausdrücklicher Ausnahmen oder auf der Grundlage der ungeschriebenen »allgemeinen« (zwingenden) Erfordernisse möglich sind (sog. Cassis-Formel). Da die im Rahmen der Cassis-Formel zu berücksichtigenden Allgemeininteressen nicht abschließend definiert sind, spricht für die Anlehnung des Beschränkungsbegriffs an die Dassonville-Formel nicht nur eine an sich begrüßenswerte Einheitlichkeit in der Betrachtung der Grundfreiheiten, sondern auch die grundsätzliche Erwägung, daß nicht abschließend geregelten Eingriffstatbeständen auch ein weiter Freiheitstatbestand gegenüber stehen muß. Im übrigen behält auf diese Weise der EuGH am ehesten die Kontrolle über die Inhalt und Reichweite (auch) der Kapitalverkehrsfreiheit.

51   Allerdings ist darauf hinzuweisen, daß solche Formeln bei allzu starrer Anwendung leicht in die Irre führen können. Gerade im Bereich der Kapitalmärkte sind eine Vielzahl von mitgliedstaatlich zurechenbaren Handlungen mit potentiellen oder tatsächlichen Auswirkungen auf den »Zu-, Durch- und Abfluß« von Kapital denkbar, ohne daß diese als Eingriff in die Kapitalverkehrsfreiheit gewertet werden könnten. Man denke

---

101 So *G. Ress/J. Ukrow*, Kapitalverkehrsfreiheit und Steuergerechtigkeit – Art. 73b ff. EGV und die Annahme des Anfangsverdachts einer Steuerhinterziehung bei der Unterhaltung eines Bankkontos im Ausland, 1997, S. 92 Thesen 4 und 5; ebenso *T. Ditges/A. Graß*, EG-Rechtswidrigkeit der Fahndungswelle in deutschen Banken, BB 1998, S. 1390 ff.; *R. Hamacher*, »Dagobert Duck« – Ein kriminelles System? – insbesondere zu § 154 AO und zu dem EuGH-Urteil vom 23.5.1995 Rs. C-358/93, C-416/93, Der Betrieb 1995, S. 2284 (2288 f.).
102 *G. Ress/J. Ukrow*, Kapitalverkehrsfreiheit und Steuergerechtigkeit (Fn. 101), S. 45 f.; es wird der Begriff des »chilling effect« eingeführt, vgl. S. 46, Fn. 105.
103 *G. Ress/J. Ukrow*, Kapitalverkehrsfreiheit und Steuergerechtigkeit (Fn. 101), S. 41.
104 EuGH, Rs. C-148/91, 3.2.1993, Slg. 1993, 487, Rn. 9, 13, 15 (Veronica); vgl. nunmehr auch EuGH, Rs. C-35/98, 6.6.2000, Slg. 2000, I-4071, Rn. 46 ff. (Verkooijen).
105 Zur Bedeutung dieser Entscheidung für Eingriffsdogmatik des EuGH im Rahmen der Kapitalverkehrsfreiheit vgl. *G. Ress/J. Ukrow*, in: Grabitz/Hilf, EGV, Art. 73b, Rn. 30 f.; s.a. *Honrath* (Fn. 17), S. 711 ff.

an Privatisierungen staatlicher Unternehmen oder an »Erklärungen« etwa der Finanzminister oder anderer Personen zu kapitalmarktrelevanten Themen. Es sind sogar auf die Beeinflussung der Kapitalflüsse zielgerichtete Maßnahmen denkbar, etwa die Umgestaltung des Steuersystems mit dem Ziel, ein Land für Investitionen aus dem Ausland attraktiver zu machen, ohne daß man die dadurch hervorgerufenen Auswirkungen auf den Kapitalfluß als Kapitalverkehrsbeschränkung qualifizieren dürfte, die nur im Lichte des Art. 58 oder als zwingendes Allgemeininteresse gerechtfertigt werden könnten. Im Gegenteil: Der durch die Kapitalverkehrsfreiheit zu sichernde freie Zu-, Ab- und Durchfluß von Kapital setzt notwendig das Bestehen von Unterschieden in den Rahmenbedingungen voraus, die Kapitalbewegungen verursachen. Änderungen dieser Rahmenbedingungen mit dem Ziel der Beeinflussung des Kapitalverkehrs können daher nicht ohne weiteres als Kapitalverkehrsbeschränkung qualifiziert werden, ungeachtet ihrer potentiellen oder gar tatsächlichen Auswirkungen auf die Kapitalströme. In diesem Bereich der »Grauzone von Beschränkungen«[106] ist die Frage zu stellen, ob die zu beurteilende Maßnahme – ähnlich der **vom EuGH entwickelten »Verkaufsmodalitäten«** – nur die **»Rahmenmodalitäten« für Kapital** betrifft.[107] »Rahmenmodalitäten« in diesem Sinne sind z.B. Grundbuchvorschriften oder Notarpflichten im Immobilienbereich, der rechtliche Rahmen für den Schutz von Investoren und auch die grundsätzliche, d.h. ungeachtet der sich aus den Grundfreiheiten ergebenden Gestaltungsgrenzen, Ausgestaltung des Steuersystems. Bei solchen »Rahmenmodalitäten« handelt es sich schon nicht um Beschränkungen der Kapitalverkehrsfreiheit.

Die Abgrenzung zu beschränkenden Maßnahmen ist allerdings nicht einfach. Eine entscheidende Rolle kommt dem **Merkmal der versteckten (verschleierten) Diskriminierung** zu, auf welches auch im Art. 58 Abs. 3 Bezug genommen wird. Bei kapitalverkehrsbeschränkenden Maßnahmen läßt sich bei genauer Betrachtung in der Regel ein verstecktes (verschleiertes) oder mittelbar wirkendes Diskriminierungselement nachweisen. In dem erwähnten Fall der Verknüpfung eines Straftatverdachts mit der Unterhaltung eines Bankkontos im Ausland liegt das diskriminierende Element darin, daß eine bestimmte Kapitalanlageart bzw. die Kapitalanlage an einem bestimmten Ort zu strafprozessualen Konsequenzen führt. Im übrigen ist, in dubio pro libertate – im Zweifelsfalle vom Vorliegen einer Kapitalverkehrsbeschränkung auszugehen. Im Rahmen des Art. 58 und unter Hinzuziehung des aus der Cassis-Rechtsprechung abgeleiteten Konzepts der **zwingenden Erfordernisse des Allgemeininteresses** stehen hinreichende Rechtfertigungsmöglichkeiten zur Verfügung, deren Prüfung durch zu weitreichende tatbestandliche Ausnahmen umgangen würde. 52

Grundsätzlich nicht zu rechtfertigende Beschränkungen sind in mitgliedstaatlichen Vorschriften zu sehen, die **Genehmigungsverfahren für Investitionen in bestimmte Unternehmen** vorsehen, z.B. für Unternehmen, die wesentliche oder öffentliche Dienstleistungen erbringen. Soweit solche Vorschriften verhindern sollen, daß EG-Ausländer vom Erwerb des Gesellschaftskapitals von vornherein oder ab einer bestimmten Beteiligungsgrenze ausgeschlossen sind, sind solche Vorschriften diskriminierend, so daß ausschließlich Art. 58 Abs. 1 lit. b (öffentliche Sicherheit und Ordnung) als Rechtfertigungsgrund in Frage kommt. Für nicht-diskriminierende Maßnahmen gelten die allgemeinen Regeln, d.h. es müssen zwingende Gründe des allgemeinen Interesses geltend 53

---

106 Vgl. zu den Grauzonen von Beschränkungen *M. Seidel*, Recht und Verfassung des Kapitalmarktes als Grundlage der Währungsunion, in: Randelzhofer u.a. (Hrsg.), GS Grabitz, 1995, S. 763 (764 ff.); s.a. *W. Kiemel*, in: GTE, EU-/EGV, Art. 73b, Rn. 14.
107 Vgl. EuGH, Verb. Rs. C-267 u. 268/91, 24.11.1993, Slg. 1993-I, 6097 (Keck). Zur Anwendung der dort vom EuGH entwickelten Grundsätze s.a. *Ohler* (Fn. 26), 1806 und Art. 28, Rn. 27 ff.

gemacht werden und die Maßnahmen müssen verhältnismäßig sein.[108] Allerdings darf man in diesem Zusammenhang auch die Vorschrift des Art. 295 außer Betracht lassen.[109]

C. Die Freiheit des Zahlungsverkehrs, Art. 56 Abs. 2 EGV

54 Durch die Neugestaltung der Kapital- und Zahlungsverkehrsfreiheit im Maastrichter Unionsvertrag wurde die **Zahlungsverkehrsfreiheit** – vorher in Art. 106 EWGV geregelt – zwar systematisch der Kapitalverkehrsfreiheit zugeordnet, sie blieb aber als **selbständige Freiheit** erhalten und ist auch weiterhin von der Kapitalverkehrsfreiheit zu unterscheiden, zumal die in den Art. 57 und 59 geregelten Beschränkungsmöglichkeiten bzw. Schutzmaßnahmen auf den Kapitalverkehr mit Drittländern beschränkt sind.

55 Die Zahlungsverkehrsfreiheit wird häufig als **Annexfreiheit zu den anderen Marktfreiheiten** angesehen.[110] Die Zahlungsverkehrsfreiheit gewährleistet,»daß der Schuldner, der eine Geldleistung für eine Warenlieferung oder eine Dienstleistung schuldet, sein vertraglichen Pflichten freiwillig und ohne unzulässige Beschränkung erfüllen und der Gläubiger eine solche Zahlung frei empfangen kann.«[111] Selbstverständlich mitumfaßt sind auch Gegenleistungen für der Kapitalverkehrsfreiheit unterfallende Transaktionen oder für Arbeitsleistungen. Diese Sichtweise geht auf den Wortlaut des Art. 106 Abs. 1 a.F. EWGV und auf die Rechtsprechung des EuGH zurück, der vor der Aufgabe stand die weiter liberalisierten Grundfreiheiten nicht dadurch leer laufen zu lassen, daß die Abwicklung der Gegenleistung dem damals weniger liberalisierten Kapitalverkehr unterstellt wurde.[112]

56 Die Zahlungsverkehrsfreiheit ist aber eine eigenständige Freiheit und nicht unbedingt synallagmatisch an ein Grundgeschäft gebunden. Ihr unterfallen daher **alle Zahlungen** die **unmittelbar oder mittelbar** mit der Wahrnehmung einer anderen Grundfreiheit verbunden sind, also z.B. auch zivilrechtliche Schadensersatzleistungen[113] oder die Auszahlung einer Versicherungssumme nach Eintritt des Versicherungsfalls[114]. Die Abgrenzung zur Kapitalverkehrsfreiheit kann jedoch im Einzelfall sehr schwierig sein. So wird z.B. in der RL 97/5 über grenzüberschreitende Überweisungen der Zahlungsverkehr

---

108 Die Kommission hat im Jahr 2000 eine Reihe von Vertragsverletzungsverfahren gegen verschiedene Mitgliedstaaten eingeleitet, in denen solche Vorschriften existieren. Vgl. dazu auch GA *Ruiz-Jarabo Colomer*, Schlußantr. zu Rs. C-367/98, C-483/99 und C-505/99, 3.7.2001, n.n.i.Slg. (Kommission/Portugal, Frankreich und Belgien).
109 In den Rs. C-367/98, C-483/99 und C-505/99, 3.7.2001, n.n.i.Slg. (Kommission/Portugal, Frankreich und Belgien) ging es um Beschränkungen bei den Beteiligungsmöglichkeiten an privatisierten »strategischen« Unternehmen etwa durch mit speziellen Befugnissen ausgestatteten Aktien. GA *Ruiz-Jarabo Colomer* betont in seinen Schlußantr. vom 3.7.2001 ausdrücklich die Bedeutung des Art. 295 in diesem Zusammenhang, vgl. Rn. 40 ff. S. dazu auch die Kommentierung zu Art. 295, Rn. 8a, 12.
110 Vgl. *Streinz*, Europarecht, Rn. 753.
111 EuGH, Rs. C-412/97, 22.6.1999, Slg. 1999, S. I-3845, Rn. 17 (ED Srl).
112 EuGH, Verb. Rs. 286/82 und 26/83, 31.1.1984, Slg. 1984, 377, Rn. 21 (Luisi und Carbone).
113 Dazu näher G. *Ress/J. Ukrow*, in: Grabitz/Hilf, EGV, Art. 73b, Rn. 78; *Ohler* (Fn. 26), 1802 bezüglich der Zahlung von Prozeßkostensicherheiten zur gerichtlichen Durchsetzung von Ansprüchen aufgrund einer Warenlieferung; bedenklich hingegen der Standpunkt des OLG Düsseldorf – Großbank mit Sitz in einem anderen Mitgliedstaat wegen Fehlens eines inländischen allgemeinen Gerichtsstands kein tauglicher Bürge im Sinne des § 232 Abs. 1 BGB, WiB 1995, S. 602, mit Anm. von C. *Ralle*.
114 *Müller* (Fn. 52), S. 195, Fn. 3 m.w.N.

mit keinem Wort erwähnt.[115] Vielmehr stützt sich die RL auf die bei der »Liberalisierung des Kapitalverkehrs« erreichten Fortschritte.[116] Bei isolierter Betrachtung ist die grenzüberschreitende Geldüberweisung ein bloßer Kapitaltransfer. In der Praxis wird es aber – gerade im Anwendungsbereich der RL 97/5 – um die Erbringung einer Gegenleistung gehen und mithin um eine dem Zahlungsverkehr zuzuordnende Handlung.

Der Schutzbereich der Zahlungsverkehrsfreiheit wird nicht durch nationale Vorschriften zur Ausgestaltung des Mahnverfahrens tangiert, wenn diese Vorschriften den Erlaß eines Mahnbescheides gegen einen im Ausland sitzenden Schuldner nicht zulassen. Der EuGH hat dies als eine »**Verfahrensmodalität**« angesehen, die die Geltendmachung eines Anspruchs gegen einen Schuldner betrifft, nicht aber die Zahlungsverkehrsfreiheit.[117] 57

Zu beachten ist ferner, daß auch die Zahlungsverkehrsfreiheit nur den **grenzüberschreitenden** Fluß von Zahlungsmitteln umfaßt. Die Zahlung von Arbeitsentgelt an einen Wanderarbeitnehmer im Inland unterfällt daher nicht dem freien Zahlungsverkehr, in Betracht kommt insoweit nur das Verbringen des Arbeitsentgeltes ins Ausland, sofern dieses nicht im Einzelfall der Kapitalverkehrsfreiheit unterfällt. Der Transfer von gesetzlichen Zahlungsmitteln oder von Zahlungsmitteln, die auf den Märkten wie gesetzliche Zahlungsmittel behandelt werden unterfällt nicht den Vorschriften über den freien Warenverkehr.[118] 58

---

115 RL 97/5/EG des Europäischen Parlaments und des Rates vom 27.1.1997 über grenzüberschreitende Überweisungen, ABl.EG 1997 Nr. L 43/25.
116 Vgl. die 4. Begründungserwägung; Rechtsgrundlage der RL 97/5 ist Art. 95 EGV.
117 EuGH, Rs. C-412/97, 22.6.1999, Slg. 1999, S. I-3845, Rn. 17 (ED Srl).
118 EuGH, Rs. 7/78, 23.11.1978, Slg. 1978, 2247, Rn. 26 (Thompson).

Art. 57 (ex-Art. 73c)

(1) Artikel 56 berührt nicht die Anwendung derjenigen Beschränkungen[3 ff.] auf dritte Länder[1], die am 31. Dezember 1993[6] aufgrund einzelstaatlicher oder gemeinschaftlicher Rechtsvorschriften für den Kapitalverkehr mit dritten Ländern im Zusammenhang mit Direktinvestitionen einschließlich Anlagen in Immobilien, mit der Niederlassung, der Erbringung von Finanzdienstleistungen oder der Zulassung von Wertpapieren zu den Kapitalmärkten bestehen.

(2) Unbeschadet der anderen Kapitel dieses Vertrags sowie seiner Bemühungen um eine möglichst weitgehende Verwirklichung des Zieles eines freien Kapitalverkehrs zwischen den Mitgliedstaaten und dritten Ländern kann der Rat auf Vorschlag der Kommission mit qualifizierter Mehrheit Maßnahmen für den Kapitalverkehr mit dritten Ländern im Zusammenhang mit Direktinvestitionen einschließlich Anlagen in Immobilien, mit der Niederlassung, der Erbringung von Finanzdienstleistungen oder der Zulassung von Wertpapieren zu den Kapitalmärkten beschließen. Maßnahmen nach diesem Absatz, die im Rahmen des Gemeinschaftsrechts für die Liberalisierung des Kapitalverkehrs mit dritten Ländern einen Rückschritt darstellen, bedürfen der Einstimmigkeit.[7]

Inhaltsübersicht:
I. Allgemeines 1
II. Die zulässigen Beschränkungsmaterien 4
III. Das Verschlechterungsverbot des Absatz 1 7
IV. Die Handlungsbefugnis nach Absatz 2 8

I. Allgemeines

1 Eine Besonderheit der in Art. 56 garantierten Kapitalverkehrsfreiheit ist deren **Ausdehnung auch auf den Kapitalverkehr mit Drittstaaten**. Hintergrund dieser im Bereich der Grundfreiheiten einmaligen Ausdehnung[1] des Anwendungsbereichs der Kapitalverkehrsfreiheit war wohl auch die Notwendigkeit, die **weltweite Verfügbarkeit des Euros** sicherzustellen.[2]

2 Die Ausdehnung des Freiheitsbereichs auf Drittstaaten wird durch Art. 57 jedoch stark relativiert, der die Beibehaltung bestehender mitgliedstaatlicher und gemeinschaftsrechtlicher Beschränkungen des freien Kapitalverkehrs (nicht Zahlungsverkehrs)[3] mit Drittstaaten und – unter bestimmten Umständen – die Einführung neuer gemeinschaftsrechtlicher Beschränkungen. Dessen ungeachtet schränkt Art. 57 den umfassenden Liberalisierungsauftrag des Art. 56 ein und ist als **eng auszulegende Ausnahmevorschrift** zu qualifizieren

3 Da die Ausnahmevorschrift **nur den Kapitalverkehr umfaßt** und es mithin auf die Abgrenzung zwischen Kapital- und Zahlungsverkehr ankommt, »sind die Mitgliedstaaten berechtigt, die Art und die tatsächliche Durchführung der betreffenden Transaktionen

---

1 Gegenüber der Ausdehnung der Grundfreiheiten über die EU hinaus hat der EuGH bisher eine restriktive Haltung eingenommen. In der Rs. 270/80, 9.2.1982, Slg. 1982, S. 329, Rn. 15 ff. (Polydor) hat es der EuGH z.B. abgelehnt, dem Begriff der »Maßnahme gleicher Wirkung« in einem Freihandelsabkommen die gleiche Bedeutung wie im Art. 28 zukommen zu lassen.
2 J.A. Usher, The Law of Money and Financial Services in the EC, 2. Aufl. 2000, S. 22 f.
3 EuGH, Verb. Rs. C-163/94, 165/94 und 250/94, 14.12.1995, Slg. 1995, I-4821, Rn. 31 ff. (Sanz de Lera).

oder Transfers zu überprüfen, um sich zu vergewissern, daß derartige Transfers nicht für Kapitalbewegungen verwendet werden, die gerade Gegenstand der nach Art. 73c zulässigen Beschränkungen sind.«[4] Daraus kann man folgern, daß den Transferierenden die Darlegungslast dafür obliegt, daß es sich um beschränkungsfreien Zahlungsverkehr handelt.[5]

II. Die zulässigen Beschränkungsmaterien

Beide Absätze des Art. 57 beziehen sich auf dieselben Materien: Direktinvestitionen einschließlich Anlagen in Immobilien, Niederlassung, Erbringung von Finanzdienstleistungen und die Zulassung von Wertpapieren zu den Kapitalmärkten.[6]

Der EuGH hält die aufgezählten Kapitalbewegungen für so genau formuliert, daß den Mitgliedstaaten insoweit kein Ermessensspielraum mehr verbleibe.[7] Daraus kann man schließen, daß schon bestehenden sekundärrechtlichen Konkretisierungen der Begriffe eine herausragende Indizwirkung zukommt.

Die Begriffe »Direktinvestitionen, einschließlich der Anlagen in Immobilien« und »Zulassung von Wertpapieren zu den Kapitalmärkten« sind in der RL 88/361/EWG (Nomenklatur, Anhang I) definiert. Die Direktinvestitionen umfassen danach die Gründung, Übernahme oder Beteiligung an Unternehmen, langfristige Darlehen oder Reinvestitionen von Erträgen mit dem Ziel der Schaffung oder Aufrechterhaltung dauerhafter Wirtschaftsbeziehungen. Es muß die Möglichkeit bestehen, sich tatsächlich an der Verwaltung dieser Gesellschaft oder an deren Kontrolle zu beteiligen[8]; reine Portfolioinvestitionen, sind mithin nicht erfaßt[9]. Die Beschränkung trifft daher nicht die Anleger aus Drittstaaten, sondern nur Emittenten.[10] Wertpapiere in diesem Sinne sind Aktien, andere Wertpapiere mit Beteiligungscharakter und Schuldverschreibungen; Regelungen betreffend die Zulassung dieser Wertpapiere zu den Kapitalmärkten sind solche über die Emission und Unterbringung von Wertpapieren an einem Kapitalmarkt, also z.B. Regeln über die Börseneinführung. Der Begriff »Niederlassung« knüpft an den allgemeinen Niederlassungsbegriff ebenso an, wie der Begriff der Finanzdienstleistungen an den allgemeinen Dienstleistungsbegriff. Die Tatsache, daß gegenüber Drittländern keine Liberalisierungspflichten in diesen Bereichen bestehen, verdeutlicht jedoch, daß eine enge Verbindung zu Kapitalverkehrsgeschäften bestehen muß. Die Ausfuhr von Zahlungsmitteln kann als solche nicht unter die in Art. 57 Abs. 1 aufgezählten Kapitalverkehrstransaktionen subsumiert werden.[11]

---

4 EuGH, Verb. Rs. C-163/94, 165/94 und 250/94 (Fn. 1), Rn. 37.
5 Vgl. auch H.K. Ress, Anmerkung zu EuGH, Verb. Rs. C-358/93 u. C-416/93, 23.2.1995, Slg. 1995, 361 (Bordessa), JZ 1995, S. 1008 (1010).
6 Vgl. auch den enger gefaßten Art. 7 Abs. 1 der RL 88/361/EWG, ABl.EG 1988 Nr. L 178/5: dort sind »Direktinvestitionen einschließlich Anlagen in Immobilien« nicht erwähnt.
7 EuGH, Verb. Rs. C-163/94, 165/94 und 250/94 (Fn. 1), Rn. 44.
8 RL 88/361/EWG, Anhang F. Begriffsbestimmungen »Direktinvestition«.
9 W. Kiemel, in: GTE, EU-/EGV, Art. 73c, Rn. 3.
10 S. Grundmann, Europäisches Kapitalmarktrecht, Zeitschrift für schweizerisches Recht 115 (1996), S. 103 (145).
11 EuGH, Verb. Rs. C-163/94, 165/94 und 250/94 (Fn. 1), Rn. 33.

III. Das Verschlechterungsverbot des Absatz 1

7 Erlaubt sind nur solche Beschränkungen gegenüber Drittstaaten, die am 31.12.1993 aufgrund nationaler oder gemeinschaftsrechtlicher Rechtsvorschriften schon bestanden.[12] Es handelt sich um ein **Verschlechterungsverbot**. Es besteht jedoch kein Verbesserungsverbot (aber auch kein -gebot). In der Sache geht es vor allem um Beschränkungen im Bereich der Direktinvestitionen, z.B. in nationale Fluggesellschaften, Schifffahrtsunternehmen und Rundfunkanstalten.[13] Bei den »Maßnahmen aufgrund gemeinschaftsrechtlicher Vorschriften« geht es überwiegend um **Reziprozitätsvorschriften** in einer Reihe von Richtlinien[14] und Verordnungen.[15] Bestehende mitgliedsstaatliche Beschränkungen der Kapitalverkehrsfreiheit mit Drittstaaten können, weil auf diese Weise der Grundsatz der vollständigen Liberalisierung am effektivsten verwirklicht werden kann, **sowohl von der Gemeinschaft als auch von diesen selbst aufgehoben werden,** wenn dieser Aufhebung gemeinschaftsrechtliche Beschränkungen nicht entgegenstehen.[16]

IV. Die Handlungsbefugnis nach Absatz 2

8 Absatz 2 eröffnet der Gemeinschaft die Möglichkeit, den Kapitalverkehr mit Drittstaaten durch neue Rechtsakte – gleich welchen Typs[17] – zu beschränken.[18] Grundsätzlich entscheidet der Rat mit qualifizierter Mehrheit; bei Maßnahmen, die einen Liberalisierungsrückschritt darstellen, erfolgt die Beschlußfassung einstimmig. Das Europäische Parlament ist nicht beteiligt.[19] Die Vorschrift sichert der Gemeinschaft die Handlungsfähigkeit im Verkehr mit Drittstaaten, die erheblich eingeschränkt wäre, wenn die Gemeinschaft nicht zu einer flexiblen Verhandlungsführung in der Lage wäre.

---

12 In der Bundesrepublik Deutschland bestanden zu diesem Zeitpunkt keine kapitalmarktrechtlichen Beschränkungen für ausländische Emittenten, *Grundmann* (Fn. 8), S. 145.
13 *W. Kiemel*, in: GTE, EU-/EGV, Art. 73c, Rn. 8; *Glaesner* in: J. Schwarze, EU-Kommentar, Art. 57, Rn. 4.
14 S. z.B. Art. 41 der Richtlinie 2001/34/EG vom 28.5.2001 über die Zulassung von Wertpapieren zur amtlichen Börsennotierung und über die hinsichtlich dieser Wertpapiere zu veröffentlichenden Informationen, ABl.EG L 184/1 (2001). Weitere Beispiele bei *Glaesner* in: J. Schwarze, EU-Kommentar, Art. 57, Rn. 5; *W. Kiemel*, in: GTE, EU-/EGV, Art. 73c, Rn. 10.
15 VO 2407/92/EWG des Rates vom 23.7.1992 über die Erteilung von Betriebsgenehmigungen an Luftfahrtunternehmen, ABl.EG 1992 Nr. L 240/1, mit Beschränkungen für Direktinvestitionen (kein Kontrollerwerb, Art. 4 Abs. 2).
16 A.A. *Glaesner* in: J. Schwarze, EU-Kommentar, Art. 57, Rn. 6 unter Verweis das Gutachten 1/94 des EuGH (15.11.1994, Slg. 1994, I-5267, Rn. 77) und auf Rs. 22/70, 31.3.1971, Slg. 1971, S. 263, Rn. 15/19 (AETR), woraus eine exklusive Zuständigkeit der Gemeinschaft folge. Dabei wird übersehen, daß sowohl das AETR-Urteil als auch das Gutachten 1/94 darauf abzielen, zu verhindern, daß die Mitgliedstaaten mit dritten Staaten Verpflichtungen eingehen, die gemeinschaftsrechtliche Vorschriften beeinträchtigen.
17 *G. Ress/J. Ukrow*, in: Grabitz/Hilf, EGV, Art. 73c, Rn. 11.
18 Dazu auch *S. Weber*, Kapitalverkehr und Kapitalmärkte in der Europäischen Union, EuZW 1992, S. 561 (565 f.).
19 Auf Art. 57 Abs. 2 wurden z.B. folgende neuere Rechtsakte gestützt: Beschluß des Rates Nr. 2001/248/EG vom 19. März 2001 über den Abschluß des Rahmenabkommens für den Handel und die Zusammenarbeit zwischen der Europäischen Gemeinschaft und ihren Mitgliedstaaten einerseits und der Republik Korea andererseits, ABl.EG L 90/45 (2001); Beschluß des Rates und der Kommission Nr. 2000/684/EG, EGKS, Euratom vom 12. Oktober 2000 über den Abschluß des Protokolls zum Abkommen über Partnerschaft und Zusammenarbeit zwischen den Europäischen Gemeinschaften und ihren Mitgliedstaaten einerseits und der Republik Moldau andererseits, ABl.EG L 283/36 (2000); desgleichen mit der Ukraine, ABl.EG L 283/27 (2000) und der Russischen Föderation, ABl.EG L 283/18 (2000).

Art. 58 (ex-Art. 73d)

(1) Artikel 56 berührt nicht das Recht der Mitgliedstaaten,
a) die einschlägigen Vorschriften ihres Steuerrechts anzuwenden, die Steuerpflichtige mit unterschiedlichem Wohnort oder Kapitalanlageort unterschiedlich behandeln[2 ff.],
b) die unerläßlichen Maßnahmen zu treffen, um Zuwiderhandlungen gegen innerstaatliche Rechts- und Verwaltungsvorschriften, insbesondere auf dem Gebiet des Steuerrechts und der Aufsicht über Finanzinstitute, zu verhindern, sowie Meldeverfahren für den Kapitalverkehr zwecks administrativer oder statistischer Information vorzusehen oder Maßnahmen zu ergreifen, die aus Gründen der öffentlichen Ordnung oder Sicherheit gerechtfertigt sind.[8 ff.]

(2) Dieses Kapitel berührt nicht die Anwendbarkeit von Beschränkungen des Niederlassungsrechts, die mit diesem Vertrag vereinbar sind.[16, 17]

(3) Die in den Absätzen 1 und 2 genannten Maßnahmen und Verfahren dürfen weder ein Mittel zur willkürlichen Diskriminierung noch eine verschleierte Beschränkung des freien Kapital- und Zahlungsverkehrs im Sinne des Artikels 56 darstellen.[18 ff.]

Inhaltsübersicht:

I.	Allgemeines	1
II.	Zulässige Diskriminierungen in den nationalen Steuerrechten	2
III.	Sonstige zulässige Beschränkungsmaßnahmen	8
IV.	Beschränkungen des Niederlassungsrechts	16
V.	Das Verbot willkürlicher Diskriminierungen und verschleierter Beschränkungen	18

I. Allgemeines

Art. 58 schränkt das **umfassende Liberalisierungsgebot des Art. 56** ein und erlaubt den Mitgliedstaaten, bestimmte Beschränkungsmaßnahmen für den Kapital- und Zahlungsverkehr – die Betroffenheit beider Freiheiten ergibt sich aus pauschalen Nennung des »Art. 56« in Abs. 1 und aus Abs. 3[1] – beizubehalten oder einzuführen.[2] Da nicht angenommen werden kann, daß die Gemeinschaft intern andere oder gar weitergehende Beschränkungen zulassen will als im Kapitalverkehr mit Drittländern, erstreckt sich der Anwendungsbereich der Vorschrift auch auf den Verkehr mit Drittstaaten. **Als Ausnahmevorschrift ist Art. 58 eng auszulegen**[3]; die dort genannten Beschränkungsgründe sind aber insofern nicht abschließend, als auch die Kapital- und Zahlungsverkehrsfreiheit mit dem Verweis auf »im Allgemeininteresse liegende Ziele« – dazu zählen etwa der Schutz eines pluralistischen, nicht-kommerziellen Rundfunksystems[4] nicht aber rein wirtschaftliche Ziele[5] – eingeschränkt werden kann. Soweit jedoch eine Materie abschließend, etwa auf der Grundlage des Art. 95, sekundärrechtlich geregelt ist und

---

1 A.A. C. *Ohler*, Die Kapitalverkehrsfreiheit und ihre Schranken, WM 1996, S. 1801 (1807).
2 Umfassend zu Art. 73d a.F. *A. Honrath*, Umfang und Grenzen der Freiheit des Kapitalverkehrs, 1998, S. 77 ff.; s. a. *N. Dautzenberg*: Die Kapitalverkehrsfreiheit des EG-Vertrages, der Steuervorbehalt des Art. 73d und die Folgen der Besteuerung, RIW/AWD 1998, S. 537 ff.
3 EuGH, Rs. C-54/99, 14.3.2000, Slg. 2000, S. I-1335, Rn. 17 (Scientology).
4 EuGH, Rs. C-148/91, 3.2.1993, Slg. 1993, 487, Rn. 10 (Veronica).
5 EuGH, Rs. C-35/98, 6.6.2000, Slg. 2000, I-4071, Rn. 48 (Verkooijen).

Maßnahmen nach Art. 95 Abs. 4 nicht in Betracht kommen ist den Mitgliedstaaten auch der Rückgriff auf Art. 58 verwehrt.[6]

II. Zulässige Diskriminierungen in den nationalen Steuerrechten

2 Die Besonderheit des Art. 58 Abs. 1 lit. a besteht darin, dass er **ausdrücklich diskriminierende Maßnahmen zuläßt**. Dies erstaunt auch deshalb, weil die RL 88/361/EWG eine solche Beschränkungsmöglichkeit nicht vorsieht.[7] Die Mitgliedstaaten als »Herren der Verträge« haben somit im Vertrag von Maastricht einen gewissen Liberalisierungsrückschritt vorgenommen, diesen aber durch eine »Erklärung zu Art. 73d« wieder dahingehend eingeschränkt, daß im innergemeinschaftlichen Bereich der Vorbehalt nationaler diskriminierender Steuervorschriften nur für solche Vorschriften gelten soll, die Ende 1993 schon bestanden.[8] Art. 58 Abs. 1 lit. a postuliert im innergemeinschaftlichen Bereich mithin ein **Verschlechterungsverbot**. Auch der EuGH hat sich in der **Rs. Verkooijen** bemüht, diesen Liberalisierungsrückschritt stark zu relativieren. Die Anwendung nationaler Steuervorschriften, die nach Wohnort oder Kapitalanlageort unterschieden, sei schon vor Inkrafttreten des Art. 58 (damals Art. 73d) Abs. 1 Buchst. a vom EuGH zugelassen worden, wenn die Anwendung in »objektiv nicht vergleichbaren Situationen« erfolgt oder durch zwingende Gründe des Allgemeininteresses, insbesondere die Kohärenz der Steuerregelung gerechtfertigt werden konnte[9]; zusätzlich verweist der EuGH noch auf das Verbot des Art. 58 Abs. 3, wohl um deutlich zu machen, daß die Beschränkungsmöglichkeiten des Kapitalverkehrs engen Grenzen unterliegen.[10]

3 Schon aus dem Wortlaut des Art. 58 Abs. 1 lit.a ergibt sich, daß die unterschiedliche Behandlung nur an den »Wohnsitz« des Steuerpflichtigen, also an seiner Eigenschaft als **Steuerinländer bzw. Steuerausländer**, oder an den **Kapitalanlageort** anknüpfen darf, nicht aber an die Staatsangehörigkeit (vgl. Art. 12).[11] Relevant sind diese mitgliedstaatlichen Gestaltungsspielräume insbesondere mit Blick auf Anrechnungsverfahren bei der Körperschaftssteuer und bei der Besteuerung der Kapitaleinkünfte (Sparerträge).[12]

---

6 G. Ress/J. Ukrow, in: Grabitz/Hilf, EGV, Art. 73d, Rn. 2.
7 G. Ress/J. Ukrow, in: Grabitz/Hilf, EGV, Art. 73d, Rn. 5.
8 Vgl. die Schlußakte zum Vertrag über die Europäischen Union vom 7.2.1992 und die beigefügte Erklärung zu Art. 73d des Vertrages zur Gründung der Europäischen Gemeinschaft; zur Rechtswirkung dieser Erklärung – sie ist gemäß Art. 31 Abs. 2 lit. a) WVRK für die Auslegung der Vorschrift verbindlich – s. G. Ress/J. Ukrow, in: Grabitz/Hilf, EGV, Art. 73d, Rn. 6. Insofern unzutreffend Ohler (Fn. 1), S. 1807 der Protokolle und Erklärungen gleichsetzt.
9 EuGH, Rs. C-35/98, 6.6.2000, Slg. 2000, I-4071, Rn. 43 (Verkooijen) unter Verweis auf die Entscheidungen in der Rs. C-279/93, 14.2.1995, Slg. 1995, S. I-225 (Schumacker) einerseits und Rs. C-204/90, 28.1.1992, Slg. 1992, I-249 (Bachmann) und Rs. C-300/90, Slg. 1992, S. I-305 (Kommission/Belgien) andererseits.
10 EuGH, Rs. C-35/98, 6.6.2000, Slg. 2000, I-4071, Rn. 44 (Verkooijen).
11 Diskriminierungen aus Gründen der Staatsangehörigkeit hat der EuGH auch dann nicht zugelassen, wenn sie steuerrechtlicher Art waren, vgl. EuGH, Rs. C-279/93, 14.2.1995, Slg. 1995, I-225, Rn. 24 (Schumacker); W. Kiemel, in: GTE, EU-/EGV, Art 73d, Rn. 10; J. C. W. Müller, Kapitalverkehrsfreiheit in der Europäischen Union, 2000, S. 172.
12 Glaesner in: J. Schwarze, EU-Kommentar, Art. 58, Rn. 4. Die Besteuerung der Zinserträge von Nichtansässigen ist schon geraume Zeit Gegenstand verstärkter politischer Bemühungen. Am 18.7.2001 hat die Kommission einen Richtlinienvorschlag »zur Gewährleistung einer effektiven Besteuerung von Zinserträgen innerhalb der Gemeinschaft« unterbreitet (KOM (2001) 400) und damit gleichzeitig einen schon 1998 vorgelegten Richtlinienvorschlag (vgl. ABl.EG C-212/13 (1998)) zurückgezogen. Hintergrund des neuen Vorschlages ist die Einigung im Europäischen Rat (vgl. Rn. 42 und Anlage IV der Schlußfolgerungen des Vorsitzes, Europäischer Rat (Santa Maria de Feira), 19. und 20.6.2000) und im Rat (Schlußfolgerungen des Rates »Wirtschaft und

Anknüpfungspunkt ist der **Wohnort als Ort des gewöhnlichen Aufenthalts** oder der **Ka-** 4
pitalanlageort als Ort der Belegenheit des Kapitals, also grundsätzlich der Ort an dem
das Sach- oder Geldkapital oder die Forderung belegen ist (z.b. das Grundstück oder
das Bankkonto). Bei mehrstufigen Sachverhalten kommt es darauf an, ob der Erstempfänger des Kapitals eigenverantwortlich über die weitere Verwendung des Kapitals entscheidet oder ob das Kapital nur weitergeleitet wird. So kommt es bei der Kapitalanlage in einem Investmentfonds nicht darauf an, wo der Fonds die übertragenen Mittel
letztlich investiert.[13]

Aus dem Wortlaut der Vorschrift ergibt sich, daß nur solche Diskriminierungen zuläs- 5
sig sind, die sich unmittelbar aus einer Anknüpfung an den Steuerpflichtigen ergeben,
nicht aber solche, die an Emittenten oder etwa an bestimmte Arten von Wertpapieren
oder bestimmte Arten von Sparinstrumenten anknüpfen.[14] Die noch zu dem alten
Recht ergangene Entscheidung des EuGH in der **Rechtssache Svensson und Gustavson**
zur Unzulässigkeit der Verknüpfung einer steuerlichen Zinsvergütung mit einer inländischen Niederlassung der darlehensgewährenden Bank hätte mithin auch unter Geltung
des Art. 58 Abs. 1 lit. a Bestand, weil der steuerliche Nachteil nicht an den Steuerpflichtigen anknüpft, sondern an den Niederlassungsort der Bank.[15]

Soweit die bisherigen Bemühungen um Harmonisierungsmaßnahmen auf dem Gebiet 6
des Steuerrechts – für die indirekten Steuern s. Art. 93 – erfolglos waren, verhindert
Art. 58 Abs. 1 a eine »indirekte Harmonisierung« über das unmittelbar anwendbare
Beschränkungsverbot des Art. 56.

Eingangs wurde darauf hingewiesen, daß die Richtlinie 88/361 eine Beschränkung wie 7
die des Art. 58 Abs. 1 lit. a nicht kennt. Diese Richtlinie ist aber über Annex XII des
EWR-Abkommens[16] maßgeblich für die Durchführung des in Art. 40 EWR-Abk. geregelten grundsätzlichen Verbots von Kapitalverkehrsbeschränkungen. Im Verhältnis der
EU zu den EWR-Staaten Norwegen, Island und Liechtenstein gilt daher die Beschränkungsmöglichkeit des Art. 58 Abs. 1 lit. a nicht.[17]

III. Sonstige zulässige Beschränkungsmaßnahmen

Art. 58 Abs. 1 lit. b gibt im wesentlichen den Wortlaut des Artikels 4 Abs. 1 der 8
RL 88/ 361 wieder und bestimmt darüber hinaus, daß die Mitgliedstaaten Maßnahmen

---

Fortsetzung von Fußnote 12
Finanzen« vom 26. und 27.11.2000, Pressemitteilung Nr.13861/00 (Presse 453, 26.11.2000),
vom ursprünglich vorgesehenen Modell der alternativen Erhebung einer Quellensteuer oder der
Einrichtung eines System der gegenseitigen Information über gezahlte Zinserträge zugunsten des
Vorrangs der Informationsübermittlung abzuweichen. Nach dem neuen Vorschlag werden nur
Österreich, Belgien und Luxemburg für eine Übergangszeit eine Quellensteuer von zunächst
15% und dann 20% erheben, wovon 75% an den Wohnsitzstaat des Anlegers abzuführen sind.
Danach gilt für diese Länder wie für die anderen Mitgliedstaaten die Pflicht zur Übermittlung
der relevanten Informationen.
13 A.A. N. *Dautzenberg*, Die Ertragsbesteuerung des Kapitaleinkommens in der Europäischen Union: Zur Bedeutung des Begriffs »Kapitalanlageort« in Art. 73d EGV, EWS 1997, S. 379 (380 ff.).
14 W. *Kiemel*, in: GTE, EU-/EGV, Art. 73d, Rn. 14.
15 EuGH, Rs. C-484/93, 14.11.1995, Slg. 1995, I-3955, Rn. 10, 11 (Svensson und Gustavsson).
16 Abkommen über den Europäischen Wirtschaftsraum, ABl.EG L 1/3 (1994).
17 J. A. *Usher*, The Law of Money and Financial Services in the European Community, 2000, p. 237.

ergreifen können, die aus Gründen der öffentlichen Ordnung oder Sicherheit gerechtfertigt sind.[18]

9 Zu den mitgliedstaatlichen Maßnahmen die durch Art. 58 Abs. 1 lit. b erfaßt sind, zählt der EuGH insbesondere »Maßnahmen zur Sicherstellung der Wirksamkeit der Steueraufsicht und zur Bekämpfung rechtswidriger Tätigkeiten, wie der Steuerhinterziehung, der Geldwäsche, des Drogenhandels und des Terrorismus«.[19]

10 Es liegt auf der Hand, daß die zu schützenden nationalen Rechtsvorschriften nicht solche sein können, die final auf die Beschränkung des Kapital- und Zahlungsverkehrs gerichtet sind, sondern nur solche, die ihren außerhalb des Kapital- und Zahlungsverkehrs liegenden Schutzzweck nicht oder nur eingeschränkt erfüllen könnten, wenn wegen der Kapital- und Zahlungsverkehrsfreiheit keinerlei Kontrollmaßnahmen zulässig wären.[20] **Maßnahmen zum Schutz solcher Rechtsvorschriften müssen »unerläßlich« sein** und außerdem auch noch den Anforderungen des Abs. 3 entsprechen. Im Ergebnis handelt es sich um eine spezielle Ausformung dessen was im Bereich der anderen Grundfreiheiten unter die »zwingenden Erfordernisse« im Sinne der Cassis-Rechtsprechung subsumiert werden kann bzw. unter den Vorbehalt der öffentlichen Sicherheit und Ordnung fällt.[21]

11 In der Rechtsprechung des EuGH gibt es nur wenige Beispiele für die Anwendung von Art. 58 Abs. 1 lit. b. In der **Entscheidung Sanz de Lera** hat der EuGH festgestellt, daß die Ausfuhr von Hartgeld, Banknoten oder Inhaberschecks grundsätzlich **nur von einer vorherigen Anmeldung, nicht aber von einer Genehmigung** abhängig gemacht werden darf[22], weil mit dem Anmeldeerfordernis dem staatlichen Schutzinteresse ausreichend gedient ist und ein Genehmigungsvorbehalt einen unverhältnismäßigen Eingriff in die Kapitalverkehrsfreiheit bedeutete.[23] Daraus kann man aber nicht ableiten, daß Genehmigungserfordernisse immer als ungerechtfertigter Eingriff in die Kapitalverkehrsfreiheit zu werten sind. Erforderlich ist vielmehr eine Prüfung des Einzelfalls.[24]

12 In der **Entscheidung Scientology** entschied der Gerichtshof, daß die **öffentliche Ordnung und Sicherheit** nur geltend gemacht werden kann, »wenn eine tatsächliche und hinreichende schwere Gefährdung vorliegt, die ein Grundinteresse der Gesellschaft berührt«[25], nicht in Wirklichkeit wirtschaftliche Zwecke verfolgt werden[26], Rechtsbehelfe gegen die beschränkenden Maßnahmen bestehen[27] und die Maßnahmen verhältnis-

---

18 EuGH, Verb. Rs. C-358/93 u. C-416/93, 23.2.1995, Slg. 1995, 361, Rn. 22 (Bordessa).
19 EuGH, Verb. Rs. C-163/94, 165/94 und 250/94, 14.12.1995, Slg. 1995, I-4821, Rn. 22 (Sanz de Lera) unter Bezug auf die Entscheidung Verb. Rs. C-358/93 u. C-416/93 (Fn. 11), Rn. 21 f.
20 S. Weber, Kapitalverkehr und Kapitalmärkte in der Europäischen Union, EuZW 1992, S. 561 (563 f.); vgl. auch W. Kiemel, in: GTE, EU-/EGV, Art. 73d, Rn. 22.
21 F. Kimms, Die Kapitalverkehrsfreiheit im Recht der europäischen Union, 1996, S. 191.
22 EuGH, Verb. Rs. C-163/94, 165/94 und 250/94, 14.12.1995, Slg. 1995, I-4821, Rn. 39 (Sanz de Lera).
23 EuGH, Verb. Rs. C-163/94, 165/94 und 250/94, 14.12.1995, Slg. 1995, I-4821, Rn. 23–30 (Sanz de Lera).
24 EuGH, Rs. C-54/99, 14.3.2000, Slg. 2000, S. I-1335, Rn. 19 (Scientology).
25 EuGH, Rs. C-54/99, 14.3.2000, Slg. 2000, S. I-1335, Rn. 17 (Scientology) unter Verweis auf EuGH, Rs. 36/75, 28.10.1975, Slg. 1975, S. 1219, Rn. 26/27 (Rutili) und Rs. C-348/96, 19.1.1999, Slg. 1999, S. I-11, Rn. 21 (Calfa).
26 EuGH, Rs. C-54/99, 14.3.2000, Slg. 2000, S. I-1335, Rn. 17 (Scientology) unter Verweis auf EuGH, Rs. 36/75, 28.10.1975, Slg. 1975, S. 1219, Rn. 30 (Rutili).
27 EuGH, Rs. C-54/99, 14.3.2000, Slg. 2000, S. I-1335, Rn. 18 (Scientology) unter Verweis auf EuGH, Rs. 222/86, 15.10.1987, Slg. 1987, S. 4097, Rn. 14/15 (Heylens u.a.).

mäßig sind²⁸. Bei einfließenden ausländischen Direktinvestitionen kann dies sogar eine vorherige Genehmigungspflicht rechtfertigen, wenn die Umstände, unter denen eine vorherige Genehmigung notwendig ist genauer spezifiziert werden, als nur durch einen Hinweis auf die öffentliche Sicherheit und Ordnung.²⁹

In der **Entscheidung Kommission/Belgien**, das sich gegen belgische Vorschriften richtete, welche die Zeichnung einer vom belgischen Finanzminister bei einem internationalen Bankenkonsortium aufgenommenen Anleihe durch in Belgien ansässige Personen mit wenigen Ausnahmen verboten, entschied der EuGH, daß allein »die allgemeine Annahme, daß eine Steuerhinterziehung oder -umgehung stattfinden werde, keine Steuermaßnahme rechtfertigen« könne, »die die Ziele einer Richtlinie beeinträchtigt«.³⁰ In ähnlicher Weise entschied der EuGH im **Albore-Urteil**, daß ein Genehmigungserfordernis für Ausländer zum Erwerb bestimmter Grundstücke durch Berufung auf Erfordernisse der Landesverteidigung im Rahmen des Rechtfertigungsgrundes öffentliche Sicherheit nur gerechtfertigt werden kann, wenn für den **konkreten Einzelfall** dargelegt wird, daß und warum »eine nichtdiskriminierende Behandlung der Staatsangehörigen aller Mitgliedstaaten, reale, konkrete und schwere Gefahren für die militärischen Interessen des betreffenden Mitgliedstaates mit sich brächte.«³¹ 13

In Anlehnung an Art. 4 der RL 88/361 sind Meldeverfahren – über die Kontrollanmeldung im Sinne der genannten EuGH-Entscheidung hinaus – auch zu statistischen und administrativen Zwecken zulässig. Entgegen dem Wortlaut können solche Meldeverfahren auch den Zahlungsverkehr betreffen.³² 14

Das **Schutzgut der mitgliedstaatlichen öffentlichen Sicherheit und Ordnung** findet sich auch bei den anderen Grundfreiheiten und ist entsprechend auszulegen. Ein Anwendungsfall könnte etwa ein Eingriff in Kapitalverkehrstransaktionen von Organisationen sein, die als eine Gefahr für die Gesellschaft angesehen werden oder gar verboten sind.³³ 15

IV. Beschränkungen des Niederlassungsrechts

Art. 58 Abs. 2 stellt lediglich klar, daß unter Berufung auf Art. 56 nicht zulässige Beschränkungen der Niederlassungsfreiheit umgangen werden können.³⁴ Zulässige Ein- 16

---

28 EuGH, Rs. C-54/99, 14.3.2000, Slg. 2000, S. I-1335, Rn. 18 (Scientology) unter Verweis auf EuGH, verb. Rs. C-163/94, 165/94 und 250/94, 14.12.1995, Slg. 1995, I-4821, Rn. 23 (Sanz de Lera).
29 EuGH, Rs. C-54/99, 14.3.2000, Slg. 2000, S. I-1335, Rn. 20, 21 (Scientology).
30 EuGH, Rs. C-478/98, 26.9.2000, Slg. 2000, S. I-7587, Rn. 40, 45 ff. (Kommission/Belgien) unter Verweis auf Rs. C-28/95, 17.7.1997, Slg. 1997, S. I-4161, Rn. 44 ((Leur-Bloem).
31 EuGH, Rs. C-423/98, 13. Juli 2000, Slg. 2000, I-5965, Rn. 22, 24 (Albore).
32 W. *Kiemel*, in: GTE, EU-/EGV, Art. 73d, Rn. 24, spricht von einem Redaktionsversehen. A.A. G. *Ress/J. Ukrow*, in: Grabitz/Hilf, EGV, Art. 73d, Rn. 12.
33 G. *Ress/J. Ukrow*, in: Grabitz/Hilf, EGV, Art. 73d, Rn. 14. In EuGH, Rs. 41/74, 4.12.1974, Slg. 1974, 1337, Rn. 18/19 (van Duyn) ging es um eine – zulässige – Freizügigkeitsbeschränkung für eine Angehörige und Mitarbeiterin der Church of Scientology. Diese Organisation ist auch in letzter Zeit verstärkt ins Gerede gekommen und gerade ihre kommerzielle Ausrichtung könnte sie anfällig für Eingriffe im Kapitalverkehrsbereich machen, vgl. EuGH, Rs. C-54/99, 14.3.2000, Slg. 2000, S. I-1335, Rn. 14 f. (Scientology) und Kommentierung zu Art. 56, Rn. 41. S.a. oben Rn. 11.
34 Einschränkend *Kimms* (Fn. 21), S. 140 f.: Nur solche aus der Niederlassungsfreiheit herrührenden Beschränkungen sollen zu beachten sein, die auf Art. 55 und 56 gestützt sind.

schränkungen der Niederlassungsfreiheit bleiben damit auch dann anwendbar, wenn sie gleichzeitig in eigentlich unzulässiger Weise in die Kapitalverkehrsfreiheit eingreifen.[35]

17 Art. 58 Abs. 2 ist damit die Spiegelvorschrift zu Art. 43 Abs. 2. Bezüglich der Dienstleistungsfreiheit konnte ein ähnliches Vorgehen unterbleiben, weil Art. 51 Abs. 2 die Liberalisierung der Bank- und Versicherungsdienstleistungen an die Liberalisierung im Kapitalverkehrsbereich anknüpft und damit praktisch deren Vorrang festschreibt. Darüber hinaus sind dienstleistungsbeschränkende Maßnahmen, die auch den Kapitalverkehr betreffen kaum denkbar.

V. Das Verbot willkürlicher Diskriminierungen und verschleierter Beschränkungen

18 Art. 58 Abs. 3 enthält zwei tatbestandlich getrennte Schranken für die in Abs. 1 und 2 zugelassenen Beschränkungen der Kapital- und Zahlungsverkehrsfreiheit, das Verbot willkürlicher Diskriminierungen und das Verbot verschleierter Beschränkungen.[36] Die Kombination mit den schon auf der Tatbestandsebene vorgesehenen Schranken-Schranken (»unerläßlich«, Art. 58 Abs. 1 b) macht deutlich, daß insoweit ein enger Maßstab anzulegen ist und daß auch im Rahmen der Kapital- und Zahlungsverkehrsfreiheit der Grundsatz »in dubio pro libertate« gilt. Wegen des klaren Wortlautes des Art. 58 steht dennoch außer Zweifel, daß die Beschränkungsmöglichkeiten des Art. 58 Abs. 1 lit. a **auch auf den Zahlungsverkehr** anwendbar sind und nicht als Redaktionsversehen verstanden und negiert werden können[37], so daß Abhilfe insoweit nur Art. 58 Abs. 3 schaffen kann.

19 Das Verbot des Abs. 3 ist, wie der EuGH in der **Rs. Verkooijen** zurecht unter Verweis auf die Binnensystematik der Vorschrift und die Schwierigkeiten der Abgrenzung von »Maßnahmen« und »Vorschriften« festgestellt hat, ungeachtet der etwas unglücklichen Formulierung (»Maßnahmen und Verfahren«) auch auf Art. 58 Abs. 1 Buchst. a anwendbar, der bestimmte »Vorschriften« des nationalen Steuerrechts vom Beschränkungsverbot ausnimmt.[38]

20 Mißverständlich ist die Entscheidung des EuGH zur Frage der willkürlichen Diskriminierung im Fall Sandoz. Dort ging es um die Zulässigkeit einer **an den Staat zu entrichtende Gebühr** den **Abschluß von Darlehensverträgen** zwischen Privaten auch dann wenn das Darlehen im Ausland aufgenommen wurde. Der EuGH sah die Beschränkung der Kapitalverkehrsfreiheit darin, daß den Gebietsansässigen eines Mitgliedstaates dadurch die Möglichkeit genommen werde, ein Darlehen in einem anderen Staat aufzunehmen, der eine solche Gebühr nicht kennt.[39] Konsequenterweise stellt der EuGH daher auch fest, daß eine willkürliche Diskriminierung schon deshalb nicht vorliegen könne, weil alle in Österreich Gebietsansässigen betroffen seien und es weder auf die Staatsangehörigkeit, noch auf den Ort des Darlehensabschlusses (Kapitalanlageort)

---

35 W. Kiemel, in: GTE, EU-/EGV, Art. 73d, Rn. 32; vgl. auch Weber (Fn. 20), S. 565.
36 S.a. W. Schön, Hinzurechnungsbesteuerung und Europäisches Gemeinschaftsrecht, DB 2001, S. 940 (942 f.).
37 Ohler (Fn. 1), S. 1807.
38 EuGH, Rs. C-35/98, 6.6.2000, Slg. 2000, I-4071, Rn. 45 (Verkooijen).
39 EuGH, Rs. C-439/97, 14.10.1999, Slg. 1999, S. I-7041, Rn. 19 f. (Sandoz GmbH). S.a. Kommentierung zu Art. 56, Rn. 39.

ankomme.[40] Inkonsequenterweise behauptet der EuGH aber gleich darauf, es liege doch eine Diskriminierung »aufgrund des Ortes des Abschlusses des Darlehensvertrages« vor.[41] Nicht nur Diskriminierungen können als potentiell ungerechtfertigte Beschränkungen von Grundfreiheiten qualifiziert werden.

Bei der Auslegung des Tatbestandsmerkmals **willkürliche Diskriminierung** ist zu beachten, daß insbesondere Abs. 1 lit. a eine Diskriminierung anknüpfend an den Wohnbzw. Kapitalanlageort ausdrücklich zuläßt. Daraus ergibt sich zum einen, daß eine daran anknüpfende Diskriminierung nicht grundsätzlich als willkürlich eingestuft werden kann. Zum anderen ergibt sich daraus jedoch auch, daß auch solche grundsätzlich zulässigen Diskriminierungen am Maßstab des Willkürverbots zu messen sind, denn Abs. 3 betrifft ausschließlich die in Abs. 1 und 2 abschließend geregelten Beschränkungen der Kapital- und Zahlungsverkehrsfreiheit. Alle Beschränkungen bedürfen daher zu ihrer objektiven Rechtfertigung eines **anerkennenswerten sachlichen Grundes**.[42] In Verbindung mit dem **Verhältnismäßigkeitsgrundsatz** als allgemeinem Rechtsgrundsatz des Gemeinschaftsrechts folgt daraus, daß diskriminierende Maßnahmen im besonderen – und alle Beschränkungsmaßnahmen im allgemeinen – darauf zu überprüfen sind, ob für die Diskriminierung ein konkreter sachlicher Grund besteht, ob die diskriminierende Maßnahme geeignet ist, diesen konkreten Zweck zu erreichen, und ob die – im Lichte des Gemeinschaftsrechts besonders schwer wiegende – Diskriminierung wirklich erforderlich ist, um den geschützten Regelungszweck zu erreichen. 21

Dem **Verbot verschleierten Beschränkungen des Kapitalverkehrs**[43] wird in der Literatur – Rechtsprechung aus dem Bereich des Kapitalverkehrs gibt es dazu gibt es nicht[44] – nur wenig eigenständige Bedeutung zugemessen.[45] In der Tat ist ein eigenständiger Anwendungsbereich dieses Verbots wegen der grundsätzlich eng auszulegenden anderen Beschränkungsgründe, dem Verhältnismäßigkeitsprinzip und dem Willkürverbot nur schwer vorstellbar.[46] Dieses Verbot macht aber deutlich, daß der EuGH sich nicht auf mitgliedstaatliche Angaben verlassen darf und die in Rede stehenden einschränkenden Maßnahmen selbst dann zu hinterfragen sind, wenn sie dem Grunde nach als berechtigt erscheinen. 22

---

40 EuGH, Rs. C-439/97, 14.10.1999, Slg. 1999, S. I-7041, Rn. 26 (Sandoz GmbH).
41 EuGH, Rs. C-439/97, 14.10.1999, Slg. 1999, S. I-7041, Rn. 31 (Sandoz GmbH).
42 Zutreffend *J. A. Usher*, The Law of Money and Financial Services in the European Community, 2000, p. 57, 236: »objectively justified«; W. *Schön*, Europäische Kapitalverkehrsfreiheit und nationales Steuerrecht, in: W. Schön (Hrsg.), Gedächtnisschrift für Brigitte Knobbe-Keuk, 1997, S. 743 (768 ff.).
43 S. dazu auch die Kommentierung zu Art. 30, Rn. 47 ff.
44 Instruktiv jedoch die Schlußantr. des GA Elmer zu Rs. C-443/99 und C-143/00, 12.7.2001, n.n.i.Slg. (Merck/Paranova) zu Art. 30 und dem Begriff der verschleierten Beschränkung dort. Die Auseinandersetzung des GA mit der Rechtssprechung des EuGH zu diesem Begriff zeigt die enge Verbindung zum Verhältnismäßigkeitsprinzip (Begriff der Erforderlichkeit einer Maßnahme, vgl. Rn. 87 ff.).
45 Vgl. W. *Kiemel*, in: GTE, EU-/EGV, Art. 73d, Rn. 39–41 geht der Sache nach von einer speziellen Ausprägung des Verhältnismäßigkeitsgrundsatzes aus; s. auch G. *Ress/J. Ukrow*, in: Grabitz/Hilf, EGV, Art. 73d, Rn. 22: »Eine eigenständige Bedeutung dieser Verbotsnorm ist nur schwer erkennbar«.
46 Vgl. etwa EuGH, Rs. C-439/97, 14.10.1999, Slg. 1999, S. I-7041, Rn. 37 (Sandoz GmbH): EuGH hält Prüfung des Abs. 3 für überflüssig, weil die streitgegenständliche Maßnahme schon für ungeeignet gehalten wird. S.a. EuGH, Rs. C-478/98, 26.9.2000, Slg. 2000, S. I-7587 (Kommission/Belgien), wo der EuGH die belgische Maßnahme für unverhältnismäßig hielt und auf den Begriff der verschleierten Beschränkung überhaupt nicht mehr einging, obwohl er in das Verfahren eingebracht worden war (Rn. 12).

… Art. 59 EG-Vertrag

Art. 59 (ex-Art. 73f)

Falls Kapitalbewegungen[4] nach oder aus dritten Ländern unter außergewöhnlichen Umständen das Funktionieren der Wirtschafts- und Währungsunion schwerwiegend stören oder zu stören drohen[5], kann der Rat mit qualifizierter Mehrheit auf Vorschlag der Kommission und nach Anhörung der EZB gegenüber dritten Ländern Schutzmaßnahmen[1 ff.] mit einer Geltungsdauer von höchstens sechs Monaten treffen, wenn diese unbedingt erforderlich sind[6].

1 Art. 59 enthält eine auf Kapitalbewegungen mit Drittstaaten begrenzte Schutzklausel[1] auf deren Grundlage die EG – nicht die Mitgliedstaaten – Schutzmaßnahmen gegen drohende oder schon eingetretene Gefahren für das Funktionieren der Wirtschafts- und Währungsunion erlassen kann.[2]

2 Die Schutzmaßnahmen sind zulässig gegen das Funktionieren der Wirtschafts- und Währungsunion gefährdende »Kapitalbewegungen«. Unklar ist, ob damit nur der Kapitalverkehr oder auch der Zahlungsverkehr von und nach Drittstaaten gemeint ist. Für die engere Auslegung spricht, daß Ausnahmevorschriften grundsätzlich eng auszulegen sind.[3] Der Wortlaut hingegen spricht für eine weitere Auslegung. Im Gegensatz zu Art. 58 Abs. 1 lit. b wurde gerade nicht auf den Kapitalverkehr abgestellt, sondern allgemeiner auf Kapitalbewegungen. Im übrigen ist zu beachten, daß auch bei engerer Auslegung in die Zahlungsverkehrsfreiheit eingreifende Schutzmaßnahmen möglich sein müssen und sei es nur, um diese dann von solchen Kapitalbewegungen zu unterscheiden, die der Kapitalverkehrsfreiheit unterfallen.[4]

3 Als Schutzmaßnahmen kommen alle Maßnahmen in Betracht, die in den durch Art. 56 gewährten, aber ggf. durch Art. 57 wieder reduzierten – Bestand der Kapital- und Zahlungsverkehrsfreiheit mit Drittstaaten eingreifen.

4 Art. 59 betrifft nur Kapitalbewegungen nach oder aus Drittstaaten, also solchen, die der EG nicht angehören. Die Nichtteilnahme an der Wirtschafts- und Währungsunion macht einen Mitgliedstaat der EG nicht zu einem Drittstaat in diesem Sinne, so daß die Wirtschafts- und Währungsunion gefährdende Kapitalbewegungen zwischen teilnehmenden und nicht teilnehmenden Mitgliedstaaten der EG keine Schutzmaßnahmen nach Art. 59 auslösen können.[5] Insofern besteht eine Lücke im Vertrag, zumal die nicht

---

1 Zu den Zahlungsbilanzschutzklauseln der Art. 119 und 120, sowie zu Art. 100 Abs. 2 siehe die Kommentierung dort und ausführlich A. *Honrath*, Umfang und Grenzen der Freiheit des Kapitalverkehrs, 1998, S. 144 ff.
2 Soweit ersichtlich sind bisher nur zwei Ratsbeschlüsse auf diese Vorschrift gestützt worden, allerdings in eher unspezifischer Weise, denn in beiden werden als Rechtsgrundlage – neben vielen anderen Vorschriften – pauschal die »Art. 73b bis f« zitiert. Vgl. die Ratsbeschlüsse Nr. 1999/61/EG vom 14. Dezember 1998 über die Annahme der Ergebnisse der Verhandlungen der Welthandelsorganisation über Finanzdienstleistungen im Namen der Europäischen Gemeinschaft hinsichtlich der unter ihre Zuständigkeit fallenden Bereiche, ABl.EG L 20/38 (1999) und Nr. 96/412/EG vom 25. Juni 1996 zur Annahme der Ergebnisse der Verhandlungen der Welthandelsorganisation über Finanzdienstleistungen und den grenzüberschreitenden Verkehr natürlicher Personen im Namen der Europäischen Gemeinschaft in bezug auf die in ihre Zuständigkeit fallenden Bereiche, ABl.EG 1996 Nr. L 167/23; s. auch *Honrath* (Fn. 1), S. 203 ff.
3 In diese Richtung tendiert (»eher«) W. *Kiemel*, in: GTE, EU-/EGV, Art. 73f, Rn. 9.
4 Für die Einbeziehung des Zahlungsverkehrs auch *Glaesner* in: J. Schwarze, EU-Kommentar, Art. 59, Rn. 4.
5 So auch *Glaesner* in: J. Schwarze, EU-Kommentar, Art. 59, Rn. 2.

am Euro beteiligten Mitgliedstaaten Schutzmaßnahmen zugunsten ihrer Zahlungsbilanz auf der Grundlage der Art. 119, 120 ergreifen können.[6]

Die störenden Kapitalbewegungen müssen das Funktionieren der Wirtschafts- und 5
Währungsunion gefährden. Die Bezugnahme auf die Wirtschafts- und Währungsunion ist als Bezugnahme auf den dreistufigen Prozeß zur Errichtung der Wirtschafts- und Währungsunion zu verstehen (weswegen die Vorschrift auch schon vor dem 1.1.1999 anwendbar war).[7]

Fraglich ist, ob Maßnahmen auf der Grundlage von Art. 59 auch dann möglich sind, 6
wenn Kapitalbewegungen zwischen Drittstaaten und an der Wirtschafts- und Währungsunion zunächst noch nicht teilnehmenden EG-Mitgliedsstaaten den zügigen Beitritt dieses Mitgliedstaates zur Wirtschafts- und Währungsunion gefährden. Da die Wirtschafts- und Währungsunion zwar nicht die Teilnahme aller Mitgliedstaaten der EG voraussetzt, die Teilnahme aller Mitgliedstaaten alleine schon wegen des Binnenmarktes aber inhärentes Endziel des dynamischen Prozesses der Herstellung einer Wirtschafts- und Währungsunion ist, wird man den Begriff des Funktionierens der Wirtschafts- und Währungsunion nicht auf die konkrete, im Beurteilungszeitpunkt bestehende Wirtschafts- und Währungsunion beziehen dürfen, sondern auf die Verwirklichung einer Wirtschafts- und Währungsunion unter Beteiligung aller Mitgliedstaaten der EG. Dafür spricht auch das in Art. 59 vorgesehene Beschlußverfahren, welches nicht zwischen an der Wirtschafts- und Währungsunion teilnehmenden und nicht teilnehmenden Mitgliedstaaten unterscheidet.[8]

Die zu ergreifenden Schutzmaßnahmen müssen selbstverständlich **geeignet sein**, die 7
Störung für das Funktionieren der Wirtschafts- und Währungsunion zu beseitigen bzw. zu mildern. Schutzmaßnahmen sind nur **zur Abwehr** »schwerwiegender« – eingetretener oder bevorstehender (drohender) – Störungen möglich und auch dann nur, wenn sie »**unbedingt erforderlich**« sind. Der Hinweis auf **außergewöhnliche Umstände** ist zwar sprachlich verfehlt, verdeutlicht jedoch zusätzlich, dass nicht jede Störung den Erlaß von Schutzmaßnahmen rechtfertigen kann. Über diesen äußeren Rahmen hinaus besteht jedoch ein **weitreichender Beurteilungs- und Prognosespielraum der Kommission** als Initiator (»auf Vorschlag der Kommission«) und des mit qualifizierter Mehrheit entscheidenden Rates unter Einschluß auch derjenigen Staaten, die nicht an der Wirtschafts- und Währungsunion teilnehmen. Eine rechtserhebliche Verletzung dieses Spielraums erscheint nur denkbar, wenn Rat und Kommission entgegen der Auffassung der im Beschlußverfahren anzuhörenden EZB solche Schutzmaßnahmen für notwendig erachten wollten. Die zeitliche Begrenzung der Geltungsdauer solcher Maßnahmen auf sechs Monate schließt eine Verlängerung von Schutzmaßnahmen nicht aus. Diese müssen allerdings in dem vorgesehenen Verfahren neu beschlossen werden.[9]

---

6 *J. A. Usher*, The Law of Money and Financial Services in the EC, 2. Aufl. 2000, S. 203. S.a. die Kommentierung zu Art. 119 und Art. 120.
7 *W. Kiemel*, in: GTE, EU-/EGV, Art. 73f, Rn. 3.
8 Vgl. auch *G. Ress/J. Ukrow*, in: Grabitz/Hilf, EGV, Art. 73f., Rn. 8; Die Beteiligung aller Mitgliedstaaten der EG wird zum Teil kritisiert, vgl. *J. Welcker/C. Nerge*, Die Maastrichter Verträge – zum Scheitern verurteilt?, 1992, S. 61 f., *M. Seidel*, Recht und Verfassung des Kapitalmarktes als Grundlage der Währungsunion, in: Randelzhofer u.a. (Hrsg.), GS Grabitz, 1995, S. 763, (775 f.).
9 So auch *G. Ress/J. Ukrow*, in: Grabitz/Hilf, EGV, Art. 73f., Rn. 7.

Art. 60 (ex-Art. 73g)

(1) Falls ein Tätigwerden der Gemeinschaft in den in Artikel 301[1] vorgesehenen Fällen für erforderlich erachtet wird, kann der Rat nach dem Verfahren des Artikels 301 die notwendigen Sofortmaßnahmen[2 ff.] auf dem Gebiet des Kapital- und Zahlungsverkehrs mit den betroffenen dritten Ländern ergreifen.

(2) Solange der Rat keine Maßnahmen nach Absatz 1 ergriffen hat, kann jeder Mitgliedstaat unbeschadet des Artikels 297 bei Vorliegen schwerwiegender politischer Umstände aus Gründen der Dringlichkeit gegenüber dritten Ländern einseitige Maßnahmen auf dem Gebiet des Kapital- und Zahlungsverkehrs treffen. Die Kommission und die anderen Mitgliedstaaten sind über diese Maßnahmen spätestens bei deren Inkrafttreten zu unterrichten.[6]

Der Rat kann mit qualifizierter Mehrheit auf Vorschlag der Kommission entscheiden, daß der betreffende Mitgliedstaat diese Maßnahmen zu ändern oder aufzuheben hat. Der Präsident des Rates unterrichtet das Europäische Parlament über die betreffenden Entscheidungen des Rates.

Inhaltsübersicht:

I. Allgemeines	1
II. Sofortmaßnahmen des Rates – Art. 60 Abs. 1	2
III. Dringlichkeitsmaßnahmen der Mitgliedstaaten – Art. 60 Abs. 2	6

I. Allgemeines

1 Im Bereich des Kapital- und Zahlungsverkehrs ist Art. 60 lex specialis zur »Embargovorschrift« des Art. 301 und über die in Absatz 1 enthaltene Verweisung eng mit dieser Vorschrift verzahnt. Im Unterschied zu Art. 59 geht es hier um Beschränkungen der Kapital- und Zahlungsverkehrsfreiheit **aus politischen Gründen**. Im Unterschied zu Art. 301 erlaubt Art. 60 Abs. 2 unter bestimmten Voraussetzungen auch ein Tätigwerden der Mitgliedstaaten selbst. Da auch der Kapital- und Zahlungsverkehr zu den in Art. 301 genannten »Wirtschaftsbeziehungen« gehört (s. Art. 301, Rn. 15), hätte es der Regelung des Art. 60 Abs. 1 in der Sache nicht unbedingt bedurft.[1] Insofern wird nur klargestellt, daß Wirtschaftssanktionen im Bereich des Kapital- und Zahlungsverkehrs nicht etwa deshalb ausgeschlossen sind, weil dieser Bereich – anders als die weiteren Grundfreiheiten – auch im Verhältnis zu Drittstaaten liberalisiert ist.

II. Sofortmaßnahmen des Rates – Art. 60 Abs. 1

2 Art. 60 Abs. 1 ermöglicht das Ergreifen der notwendigen Sofortmaßnahmen durch die EG in den in Art. 301 vorgesehenen Fällen und in dem dort vorgesehenen Verfahren.[2] Kein sachlicher Unterschied ergibt sich daraus, daß hier von »notwendigen«, im

---

1 So auch P. Gilsdorf/P.J. Kuijper, GTE, EWGV, Art. 228a, Rn. 10.
2 Auf Art. 60 (und 301) wurden u.a. folgende neuere Rechtsakte gestützt: VO (EG) Nr. 467/2001 des Rates vom 6.3.2001 über das Verbot der Ausfuhr bestimmter Waren und Dienstleistungen nach Afghanistan, über die Ausweitung des Flugverbots und des Einfrierens von Geldern und anderen Finanzmitteln betreffend die Taliban von Afghanistan und zur Aufhebung der Verordnung (EG) Nr. 337/2000, ABl.EG L 67/1 (2001); VO (EG) Nr. 2488/2000 des Rates vom 10.11.2000 über die Aufrechterhaltung des Einfrierens von Geldern betreffend Herrn Milosevic und Perso-

Art. 301 von »erforderlichen« Sofortmaßnahmen die Rede ist. Insoweit kann daher auf die Kommentierung zu Art. 301 verwiesen werden (s. Art. 301, Rn. 11 ff.). Über Art. 301 erfolgt eine **Anbindung an die GASP**, weil die Notwendigkeit gemeinschaftlichen Tätigwerdens durch im Rahmen der GASP zu beschließenden gemeinsame Standpunkte (Art. 12 EUV) oder gemeinsame Aktionen (Art. 13 EUV) festgestellt werden muß.[3] Aus dieser Systematik ergibt sich, daß dem Rat – entgegen dem Wortlaut des Art. 60 Abs. 1 (»kann ... ergreifen«) – **kein Ermessensspielraum** bezüglich des Erlasses der Maßnahmen zukommen kann[4], soweit diese sich aus den im Rahmen der GASP erfolgten Beschlüssen ergeben. Sinnvollerweise kann den im Rahmen der GASP erlassenen Rechtsakten im Rahmen des Art. 60 keine schwächere Wirkung zukommen, als im Rahmen des Art. 301.

Die ergriffenen **Maßnahmen müssen** »**notwendig**« sein. Dieser Verweis auf das **Verhältnismäßigkeitsprinzip** dürfte aber schon wegen des **weitreichenden politischen Beurteilungs- und Prognosespielraumes** kaum praktische Bedeutung erlangen. Im übrigen ist zu beachten, daß Art. 60 das gemeinschaftsrechtliche Instrument zur kapitalverkehrsrechtlichen **Umsetzung von Sanktionsbeschlüssen des Sicherheitsrates** der Vereinten Nationen im Gebiet der EG ist.[5] Die Vorschrift ist daher so auszulegen, daß auf ihrer Grundlage die Mitgliedstaaten der Gemeinschaft – mittelbar – die sich aus ihrer gleichzeitigen Mitgliedschaft in den Vereinten Nationen ergebenden Pflichten erfüllen können. Auch hieraus folgt, daß dem Verhältnismäßigkeitsgrundsatz in diesem Bereich keine allzu große praktische Bedeutung zukommen kann. 3

Die Wirtschaftssanktionen müssen sich gegen **genau zu bestimmende** (»**betroffene**«) **Drittstaaten** richten. Maßnahmen gegen **internationale Organisationen** als solche sind wegen des klaren Wortlauts und der grundsätzlich zu befolgenden engen Auslegung 4

Fortsetzung von Fußnote 2
nen seines Umfelds und die Aufhebung der Verordnungen (EG) Nr. 1294/1999 und (EG) Nr. 607/2000 sowie des Artikels 2 der Verordnung (EG) Nr. 926/98, ABl.EG L 287/19 (2000); VO (EG) Nr. 1746/2000 des Rates vom 3.8.2000 zur Verlängerung der zeitlich begrenzten Aussetzung der Verordnung (EG) Nr. 2151/1999 zur Verhängung eines Flugverbots zwischen dem Gebiet der Gemeinschaft und dem Gebiet der Bundesrepublik Jugoslawien mit Ausnahme der Teilrepublik Montenegro und der Provinz Kosovo und zur Änderung der Verordnung (EG) Nr. 607/2000, ABl.EG L 200/24 (2000); VO (EG) Nr. 1081/2000 des Rates vom 22.5.2000 über das Verbot des Verkaufs, der Lieferung und der Ausfuhr nach Birma/Myanmar von Ausrüstungen, die zur internen Repression oder für terroristische Zwecke benutzt werden können, und über das Einfrieren der Gelder bestimmter, mit wichtigen Regierungsfunktionen verbundener Personen in diesem Land, ABl.EG L 122/29 (2000); VO (EG) Nr. 1059/2000 des Rates vom 18.5.2000 zur Änderung der Verordnung (EG) Nr. 723/2000 zur Änderung der Verordnung (EG) Nr. 1294/1999 über das Einfrieren von Geldern und ein Investitionsverbot betreffend die Bundesrepublik Jugoslawien (BRJ), ABl.EG L 119/1 (2000); VO (EG) Nr. 607/2000 des Rates vom 20.3.2000 zur zeitlich begrenzten Aussetzung der Verordnung (EG) Nr. 2151/1999 zur Verhängung eines Flugverbots zwischen dem Gebiet der Gemeinschaft und dem Gebiet der Bundesrepublik Jugoslawien mit Ausnahme der Teilrepublik Montenegro und der Provinz Kosovo und zur Änderung der Verordnungen (EG) Nr. 1294/1999 und (EG) Nr. 2111/1999 betreffend Zahlungen und Lieferungen im Zusammenhang mit dem Flugverkehr während der sechsmonatigen Aussetzung, ABl.EG L 73/4; VO (EG) Nr. 337/2000 des Rates vom 14.2.2000 über ein Flugverbot und das Einfrieren von Geldern und anderen Finanzmitteln betreffend die Taliban von Afghanistan, ABl.EG L 43/1 (2000).

3 Dazu ausführlich *G. Ress/J. Ukrow*, in: Grabitz/Hilf, EGV, Art. 73g, Rn. 3.
4 *A.A. W. Kiemel*, in: GTE, EU-/EGV, Art. 73g, Rn. 5.
5 Vgl. z.B. die VO (EG) Nr. 2229/97, ABl.EG 1997 Nr. L 309/1 (Fn. 2).

Art. 60 EG-Vertrag

von Ausnahmevorschriften de lege lata nicht zulässig.[6] Dieser Frage dürfte allerdings in absehbarer Zeit kaum praktische Relevanz zukommen, da außerhalb der EU internationale Organisationen, denen ein Sanktionen auslösendes Verhalten zugerechnet werden könnte, soweit ersichtlich nicht bestehen und weil der Sanktionszweck jedenfalls auch durch Bezugnahme auf die Staaten selbst erreicht werden könnte.

5 Etwas unglücklich ist in der deutschen Fassung des Art. 60 nur von »**Sofortmaßnahmen**« die Rede.[7] Hieraus kann aber nicht geschlossen werden, die EG könne nur vorläufige, aber keine endgültigen Maßnahmen treffen. Eine solche Auslegung widerspräche nicht nur dem Sinn und Zweck der Vorschrift, sie könnte auch nicht mit den Abs. 2 und 3 des Art. 60 in Einklang gebracht werden, weil die in Abs. 2 den Mitgliedstaaten vorbehaltene Handlungsbefugnis nur »solange« gilt, bis der Rat die notwendigen Maßnahmen ergreift und nach Abs. 3 die mitgliedschaftlichen Maßnahmen unter einem scharfen Kontrollvorbehalt des Rates stehen.[8] Damit ist klar, daß die Verbandszuständigkeit letztlich bei der EG liegt und die Mitgliedstaaten nur eine Art Ausfallzuständigkeit in dringenden Fällen besitzen. Damit wäre eine rein vorläufige »Eilzuständigkeit« nicht vereinbar.

III. Dringlichkeitsmaßnahmen der Mitgliedstaaten – Art. 60 Abs. 2

6 Die **Mitgliedstaaten können unter engen Voraussetzungen selbst Maßnahmen** zur Einschränkung des Kapital- und Zahlungsverkehrs mit Drittstaaten **aus politischen Gründen**, also nicht, um die eigene Wirtschaft zu schützen[9], treffen. Diese Befugnis gilt nur »solange« der Rat für die EG keine entsprechenden Maßnahmen ergriffen hat und sie ist an die umfassende Information der Kommission und der anderen Mitgliedstaaten gebunden. Eine unmittelbare Rechtspflicht zur Konsultation von Kommission und Mitgliedstaaten im Vorfeld besteht nicht, weil der Wortlaut des Art. 60 die Information erst zum Zeitpunkt des Inkrafttretens der einzelstaatlichen Maßnahme verlangt.[10] Allerdings ergibt sich schon aus dem Grundsatz der Gemeinschaftstreue (Art. 10) und aus der in Art. 297 erfolgten Konkretisierung dieses Grundsatzes, dass Kommission und Mitgliedstaaten **so früh und umfassend wie möglich** informiert werden müssen.

7 Offen ist, ob das Abstellen auf das Ergreifen von Maßnahmen durch den Rat bedeutet, daß die Befugnis der Mitgliedstaaten eigene Maßnahmen zu ergreifen, erst endet, wenn der Rat Maßnahmen nach Abs. 1 positiv ergriffen hat oder ob die mitgliedstaatliche Regelungsbefugnis auch schon dann endet, wenn im Rat keine Mehrheit für Maßnahmen nach Abs. 1 zu erreichen war. Für letzteres wird die Regelung des Art. 60 Abs. 2 S. 3 ins Feld geführt. Aus dieser Vorschrift ergibt sich ein Letztentscheidungsrecht des Rates und es wird argumentiert, daß dieses Letztentscheidungsrecht letztlich unterlaufen würde, wenn Mitgliedstaaten trotz entgegenstehendem Gemeinschaftswillen auto-

---

6 A.A. G. *Ress/J. Ukrow*, in: Grabitz/Hilf, EGV, Art. 73g, Rn. 4 mit Blick auf Durchgriffswirkung solcher Maßnahmen auf die Mitgliedstaaten einer solchen Organisation.
7 Deutlicher die englische Fassung: »[...] the Council shall take the necessary measures as a matter of urgency«; ebenso undeutlich wie die deutsche Formulierung ist jedoch die französische Fassung: »le Conseil, [...], peut prendre, [...], les mesures urgentes nécessaires [...]«.
8 Ebenso G. *Ress/J. Ukrow*, in: Grabitz/Hilf, EGV, Art. 73g, Rn. 5 f.
9 *J. A. Usher*, The Law of Money and Financial Services in the EC, 2. Aufl. 2000, S. 235.
10 Anders *Glaesner* in: J. Schwarze, EU-Kommentar, Art. 60, Rn. 4, allerdings ohne auf den Zeitpunkt der Konsultation abzustellen.

nome Maßnahmen treffen könnten.[11] Es lassen sich aber auch Argumente für erstere Ansicht finden. Mitgliedstaatliches Handeln kommt **nur unter engen Voraussetzungen** – schwerwiegende politische Umstände und Dringlichkeit – infrage. Das Merkmal »schwerwiegende politische Umstände« und die enge Verzahnung mit der GASP machen deutlich, daß hier Erwägungen eine Rolle spielen, die den Kernbereich der staatlichen Souveränität berühren und damit einen Bereich, wo Einschränkungen mitgliedstaatlicher Handlungsbefugnisse besonderer Rechtfertigung bedürfen. An der Notwendigkeit einer solchen Einschränkung kann man aber gerade wegen des bestehenden Letztentscheidungsrechts der Gemeinschaft zweifeln, weil damit die Durchsetzung des Gemeinschaftsinteresses gesichert ist. Für eine solche Auslegung könnte auch ein Gewinn an politischem Handlungsspielraum (Duldung einer mitgliedstaatlichen Maßnahme und Drohung mit gemeinschaftsweiten Sanktionen) sprechen. Es kann aber auch das Gegenteil eintreten und das einheitliche Auftreten der EG gefährdet werden, denn zu dem Ratsbeschluß, keine Maßnahmen zu ergreifen, müßte dann ein ggf. politisch brisanter zweiter Ratsbeschluß treten, der den handelnden Mitgliedstaaten aufgibt, ihre Maßnahmen zu ändern oder aufzugeben.[12]

---

11 So *G. Ress/J. Ukrow*, in: Grabitz/Hilf, EGV, Art. 73g, Rn. 11.
12 Vgl. auch *M. Seidel*, Recht und Verfassung des Kapitalmarktes als Grundlage der Währungsunion, in: Randelzhofer u.a. (Hrsg.), GS Grabitz, 1995, 763 (774), wonach schon das Vorliegen mitgliedstaatlicher Handlungsbefugnisse die Mitgliedstaaten von einem gemeinsamen Vorgehen abhalte. Im Rahmen des Art. 60 sprechen die in Fn. 2 zitierten Rechtsakte gegen diese Annahme.

Titel IV
(ex-Titel IIIa)
Visa, Asyl, Einwanderung und andere Politiken betreffend den freien Personenverkehr

Art. 61 (ex-Art. 73i)

Zum schrittweisen Aufbau[5 ff.] eines Raums der Freiheit, der Sicherheit und des Rechts[4] erläßt der Rat
a) innerhalb eines Zeitraums von fünf Jahren nach dem Inkrafttreten des Vertrags von Amsterdam[13] Maßnahmen zur Gewährleistung des freien Personenverkehrs nach Artikel 14 in Verbindung mit unmittelbar damit zusammenhängenden flankierenden Maßnahmen in bezug auf die Kontrollen an den Außengrenzen, Asyl und Einwanderung nach Artikel 62 Nummern 2 und 3, Artikel 63 Nummer 1 Buchstabe a und Nummer 2 Buchstabe a sowie Maßnahmen zur Verhütung und Bekämpfung der Kriminalität nach Artikel 31 Buchstabe e des Vertrags über die Europäische Union[11 ff.];
b) sonstige Maßnahmen in den Bereichen Asyl, Einwanderung und Schutz der Rechte von Staatsangehörigen dritter Länder nach Artikel 63;
c) Maßnahmen im Bereich der justitiellen Zusammenarbeit in Zivilsachen nach Artikel 65;
d) geeignete Maßnahmen zur Förderung und Verstärkung der Zusammenarbeit der Verwaltungen nach Artikel 66;
e) Maßnahmen im Bereich der polizeilichen und justitiellen Zusammenarbeit in Strafsachen, die durch die Verhütung und Bekämpfung der Kriminalität in der Union nach dem Vertrag über die Europäische Union auf ein hohes Maß an Sicherheit abzielen.

Inhaltsübersicht:

1. Überblick	1
2. Raum der Freiheit, der Sicherheit und des Rechts	4
3. Entwicklung der europäischen Justiz- und Innenpolitik vor dem Vertrag von Amsterdam	5
a) TREVI-Zusammenarbeit	5
b) Ad-hoc-Gruppe Einwanderung	6
c) Vertrag von Maastricht	8
d) Die Schengener Abkommen	9
4. Entwicklung bis zum Inkrafttreten des Vertrags von Nizza	10
5. Einbeziehung des »Schengen-Besitzstandes«	11
6. Ausgleichsmaßnahmen zur Gewährleistung des freien Personenverkehrs	12

1. Überblick

1 Art. 61 beschreibt die **Aufgaben** der Gemeinschaft auf dem Gebiet der Justiz- und Innenpolitik, die durch den **Vertrag von Amsterdam** aus dem Unionsvertrag (Art. K. 1 bis K. 9) herausgelöst und in das Gemeinschaftsrecht als Kapitel IV des EGV übernommen worden sind[1]. Hierzu gehören namentlich die **Grenzkontrollen**, die **Visapolitik**, das

---

1 S. zu diesem Aspekt des Vertrags von Amsterdam: *K. Hailbronner/C. Thiery*, Amsterdam-Vergemeinschaftung der Sachbereiche Freier Personenverkehr, Asylrecht und Einwanderung sowie Überführung des Schengen-Besitzstands auf EU-Ebene, EuR 1998, S. 583 ff.; *L. Harings*, Die Zusammenarbeit in den Bereichen Justiz und Inneres, EuR 1998, Beiheft 2, S. 81 ff.; *M. Hilf/*

Asyl- und Asylverfahrensrecht, die **Einwanderungspolitik** einschließlich der **Reisefreiheit** von Angehörigen dritter Staaten innerhalb der Union, die **justitielle Zusammenarbeit in Zivilsachen** sowie die **Zusammenarbeit der Verwaltungen**. Parallel hierzu weist Art. 3 lit. d) der Tätigkeit der Gemeinschaft im Sinne von Art. 2 Maßnahmen hinsichtlich der Einreise und des Personenverkehrs nach Titel IV zu.

Auf die in Art. 61 aufgeführten Bereiche finden die nach dem EG-Vertrag angeordneten Handlungsinstrumente, Verfahren und Zuständigkeiten Anwendung, soweit diese nicht jeweils durch Sonderregelungen in den Art. 62 ff. abgeändert oder modifiziert werden. Für das **Vereinigte Königreich, Irland und Dänemark** gelten gemäß Art. 69 besondere Regelungen, mit der sie sich von der gemeinschaftsrechtlichen Bindung an die Rechtsakte nach den Art. 62 ff. weitgehend freizeichnen[2]. Die **Befugnisse des Rates** für Maßnahmen nach den Art. 62 ff. sind **abschließend** formuliert, ein Rückgriff auf andere Rechtsgrundlagen, insbesondere auf Art. 95 ist damit unzulässig[3].

In **systemwidriger** Art und Weise benennt Art. 61 lit. a) und lit. e) darüber hinaus auch **Aufgaben** der **Europäischen Union** auf dem Gebiet der **polizeilichen und justitiellen Zusammenarbeit in Strafsachen** (s. Art. 29 ff. EUV). Diese Verweisung hat auf Grund der Verschiedenheit beider Rechtskreise **deklaratorischen Charakter**, die den engen Zusammenhang mit der »dritten Säule« des Unionsrechts unterstreichen soll. Es gelten jedoch für die polizeiliche und justitielle Zusammenarbeit der Mitgliedstaaten in Strafsachen ausschließlich die Vorschriften der Art. 29 ff. EUV[4].

2. Raum der Freiheit, der Sicherheit und des Rechts

Die Justiz- und Innenpolitik der EG (und der EU; vgl. Art. 29 EUV) zielt auf die Erhaltung und Weiterentwicklung eines **Raums der Freiheit, der Sicherheit und des Rechts** (s. Art. 2 Abs. 1 4. Spstr. EUV). Trotz sprachlicher Mängel (s. etwa »schrittweiser Aufbau«)[5] ist es zu begrüßen, daß die mit dem Vertrag von Amsterdam erfolgte neue Zielrichtung der Gemeinschaft auch begrifflich deutlich gemacht wird[6]. Die bisherige Zielsetzung des EG-Vertrags, in einem »**Raum ohne Binnengrenzen**« die Personenfreizügigkeit zu gewährleisten (s. Art. 14), wird um die grundlegenden Aufgaben jedes Staates erweitert, nämlich die Gewährleistung von **Freiheit, Sicherheit und Rechtsstaatlichkeit**. Im einzelnen[7] geht es bei dem Begriff »**Raum der Freiheit**« um die Gewährleistung des

---

Fortsetzung von Fußnote 1
E. *Pache*, Der Vertrag von Amsterdam, NJW 1998, S. 707 ff.; U. *Karpenstein*, Der Vertrag von Amsterdam, DVBl. 1998, S. 943 ff.; J. *Monar*, Justice and home affairs in the treaty of Amsterdam, ELRev. 1998, S. 320 ff.; R. *Streinz*, Der Vertrag von Amsterdam, EuZW 1998, S. 137 ff.; *Ch. Thun-Hohenstein*, Der Vertrag von Amsterdam, 1997, S. 28 ff.

2 S. näher Art. 69, Rn. 2 ff.
3 Ebenso V. *Röben*, in: Grabitz/Hilf, EU, Art. 61, Rn. 10; A. A. wohl *P.-C. Müller-Graff*, Justiz und Inneres nach Amsterdam – Die Neuerungen in erster und dritter Säule, Integration 1997, S. 273.
4 Ebenso V. *Röben*, in: Grabitz/Hilf, EU, Art. 61, Rn. 4, 6; zweifelnd insofern *Müller-Graff* (Fn. 3), S. 273; U. *Bardenhewer*, in: Lenz, EGV, Art. 61, Rn. 5 rechtfertigt die Durchbrechung mit dem Kohärenzgebot des Art. 1 EUV;
5 Kritisch insofern *Müller-Graff* (Fn. 3), S. 271; J. *Ukrow*, Die Fortentwicklung des Rechts der EU durch den Vertrag von Amsterdam, ZEuS 1998, S. 141 ff.
6 M. *Degen*, in: GTE, EU-/EGV, Vorbem. zu den Art. K bis K. 9, Rn. 19; H. *Labayle*, Un espace de liberté, de sécurité et de justice, R.T.D.E. 34 (1998), S. 813 ff.
7 S. hierzu auch die Mitteilung der Kommission vom 14.7.1998; KOM (98) 459; J. *Monar*, Die Entwicklung des »Raumes der Freiheit, der Sicherheit und des Rechts«, integration 2000, S. 18 ff.

freien Personenverkehrs, aber auch um den Schutz der Grundrechte und die Bekämpfung jeglicher Diskriminierung. Der Begriff »**Raum der Sicherheit**« verpflichtet die Union zur Bekämpfung und Verfolgung von Kriminalität, insbesondere hinsichtlich der in Art. 29 EUV genannten Deliktsbereiche. Schließlich folgt aus dem Begriff »**Raum des Rechts**« das Ziel der Union, allen Bürgern gleichen Zugang zum Recht zu ermöglichen und die Zusammenarbeit der Justizbehörden zu gewährleisten. Der Schwerpunkt liegt bei Titel IV EGV auf dem Raum der Freiheit und des Rechts.

3. Entwicklung der europäischen Justiz- und Innenpolitik vor dem Vertrag von Amsterdam

a) TREVI-Zusammenarbeit

5 Die Zusammenarbeit zwischen den Mitgliedstaaten auf dem Bereich der Justiz- und Innenpolitik geht auf eine lange Tradition zurück[8]. So beschloß der **Europäische Rat** bereits im Dezember 1975 regelmäßige Tagungen der für die Innere Sicherheit zuständigen Minister, die sich mit der **Bekämpfung des Terrorismus**, der **internationalen organisierten Kriminalität**, der **Ausrüstung der Polizei** und dem **Aufbau von Europol** beschäftigten (sog. **TREVI-Kooperation** – die Abkürzung dürfte entweder für »terrorisme, radicalisme, extremisme und violence internationale« stehen oder an den Ort des konstituierenden Treffens in Rom in der Nähe der Fontana di Trevi erinnern)[9]. Die der TREVI-Gruppe zugeordneten fünf Lenkungsgruppen beschäftigten sich vor allem mit Fragen des Terrorismus, der öffentlichen Ordnung, der Bekämpfung des organisierten Verbrechens, insbesondere der Drogenkriminalität, der Polizeitechnik und -ausbildung sowie schließlich mit dem Aufbau von **Europol**.

b) Ad-hoc-Gruppe Einwanderung

6 Die im Jahre 1986 eingesetzte »**ad-hoc-Gruppe Einwanderung**« befaßte sich mit den Grenzkontrollen an den Außengrenzen, der Visapolilik, dem Asylrecht, der Zusammenarbeit in bezug auf Reisepässe und mit Reiseerleichterungen für Unionsbürger[10]. Sowohl die TREVI-Gruppe als auch die »ad-hoc-Gruppe Einwanderung« entwickelten Konzepte für Ausgleichsmaßnahmen für den Wegfall der Binnengrenzen. Der Zusammenarbeit der Zollverwaltungen und dem Kampf gegen den Schmuggel, soweit er nicht in die Kompetenz der Gemeinschaft fiel, widmete sich seit 1989 die Gruppe **GAM '92** (Groupe d'Assistance Mutuelle).

7 Die Koordination der verschiedenen Gruppen oblag seit 1988 der Koordinationsgruppe »**Freizügigkeit des Personenverkehrs**«. Die Koordination der auf intergouvernementaler Ebene mit der Drogenproblematik beschäftigten Gruppen erfolgte seit dem Jahre 1989 durch das »**Comité européen de lutte antidrogue**« (CELAD). Dagegen gab es im Rahmen der Gemeinschaft selber nur wenige Ansätze für eine Fortbildung und Vergemeinschaftung der Justiz- und Innenpolitik. Das durch die »**ad-hoc-Arbeitsgrup-**

---

8 S. *M. Degen*, in: GTE, EU-/EGV, Vorbem. zu den Art. K bis K. 9, Rn. 2 ff.; *K. G. Grütjen*, Innere Sicherheit in der Europäischen Union, Kriminalpolizei 1997, S. 7 f.; *K. Hailbronner*, in: HK-EUV, Art. K, Rn. 2 ff.; *R. Rupprecht/M. Hellenthal*, Innere Sicherheit im Europäischen Binnenmarkt, 1992, S. 36 ff.; *L. Schrapper*, Innere Sicherheit in der Europäischen Union, Dt. Verwaltungspraxis 1996, S. 498 ff.; *J. Wenzel*, Innere Sicherheit in Europa, Die Polizei 1993, S. 5 ff.
9 S. zur Arbeit und Zusammensetzung der TREVI-Gruppe vor allem *M. Degen*, in: GTE, EU-/EGV, Vorbem. zu den Art. K bis K. 9, Rn. 2 ff.; *Rupprecht/Hellenthal* (Fn. 8), S. 151 ff.; *R. Wehner*, Europäische Zusammenarbeit bei der polizeilichen Terrorismusbekämpfung, 1992, S. 229 ff.
10 S. hierzu näher *M. Degen*, in: GTE, EU-/EGV, Vorbem. zu den Art. K bis K. 9, Rn. 6 ff.

pe für ein Europa der Bürger«[11] diskutierte Ziel einer Abschaffung der Kontrollen an den Binnengrenzen auf der Grundlage des Art. 7a a. F. hat nicht zu konkreten Ergebnissen geführt.

c) **Vertrag von Maastricht**
Der **Vertrag von Maastricht** bot durch die Regelung in den Art. K. 1–K. 9 EUV die Grundlage für eine **intergouvermentale Zusammenarbeit** der Mitgliedstaaten in weiten Bereichen der Justiz- und Innenpolitik[12]. Den Rahmen hierfür bildete die neu gegründete **EU**, während sich die Kompetenz der EG insofern auf Teile der **Visapolitik nach Art. 100c, 100d a. F.** beschränkte (Festlegung der visumpflichtigen Drittländer und Regelungen über eine einheitliche Visagestaltung). Die Justiz- und Innenpolitik als die sog. »**dritte Säule**« der Union[13] blieb aber angesichts struktureller Mängeln, insbesondere der fehlenden Rechtsverbindlichkeit der in Art. K. 3 vorgesehenen Akte hinter den an sie gesetzten Erwartungen an eine zügige Integration deutlich zurück[14].

d) **Die Schengener Abkommen**
Als Katalysator der zwischenstaatlichen Zusammenarbeit wirkte das zunächst nur zwischen den Benelux-Staaten, Deutschland und Frankreich geschlossene **Schengener Übereinkommen** vom 14.6.1985[15]. Es zielte auf die **Abschaffung der Kontrollen an den Binnengrenzen** und erging als **Verwaltungsabkommen**. Die Umsetzung dieses Ziels einschließlich der Regelungen über die notwendigen Ausgleichs- und Sicherheitsmaßnahmen erfolgte durch das zunächst allein zwischen den Benelux-Staaten, Deutschland und Frankreich geschlossene **Schengener Durchführungsübereinkommen** vom 19.6. 1990 (SDÜ)[16]. Es wurde durch einen Beschluß des **Exekutivausschusses** am 26.3.1995 für alle diese Mitgliedstaaten in Kraft gesetzt (Art. 139 SDÜ)[17]. Dem SDÜ sind Italien

8

9

---

11 S. hierzu Bull.EG Beilage 7/85, S. 5 ff.
12 S. *M. Degen*, in: GTE, EU-/EGV, Art. K, Rn. 1; *P.-C. Müller-Graff*, Europäische Zusammenarbeit in den Bereichen Justiz und Inneres, in: ders. (Hrsg.), Europäische Zusammenarbeit in den Bereichen Justiz und Inneres, 1996, S. 11 ff.
13 Zu dem Begriff s. näher *Th. Akmann*, Die Zusammenarbeit in den Bereichen Justiz und Inneres als »3. Säule« des Maastrichter Unionsvertrags, JA 1994, S. 49 ff; *U. di Fabio*, Die »Dritte Säule« der Union, DÖV 1997, S. 89 ff.; *H.-G. Fischer*, Die Zusammenarbeit in den Bereichen Justiz und Inneres, EuZW 1994, S. 747 ff.; *K.-P. Nanz*, Der »Der 3. Pfeiler der Europäischen Union«, Integration 1992, S. 126 ff.
14 *M. Degen*, in: GTE, EU-/EGV, Vorbem. zu den Art. K bis K. 9, Rn. 17.
15 Übereinkommen zwischen den Regierungen der Staaten der Benelux-Wirtschaftsunion, der Bundesrepublik Deutschland und der Französischen Republik betreffend den schrittweisen Abbau der Kontrollen an den gemeinsamen Grenzen, GMBl. 1986, S. 79 ff.
16 Übereinkommen zur Durchführung des Übereinkommens zwischen den Regierungen der Staaten der Benelux-Wirtschaftsunion, der Bundesrepublik Deutschland und der Französischen Republik betreffend den schrittweisen Abbau der Kontrollen an den gemeinsamen Grenzen; in Deutschland ratifiziert durch Gesetz vom 15.7.1993, BGBl. II S. 1010; zur Geschichte der Schengener Verträge: s. insbesondere *H. C. Taschner*, Schengen, 1997, Rn. 7 ff.; *ders.*, in: GTE, EU-/EGV, Das Schengener Übereinkommen, Rn. 7 ff.
17 S. zum SDÜ im Schrifttum insbesondere: *O. Dörr*, Das Schengener Durchführungsübereinkommen – ein Fall des Art. 24 Abs. 1 GG, DÖV 1993, S. 696; *Grütjen* (Fn. 8), S. 9 ff.; *K.-P. Nanz*, Schengener Übereinkommen und Personenfreizügigkeit, Integration 1994, S. 92; *B. Néel*, L'accord de Schengen, AJDA 1991, S. 659; *D. O'Keeffe*, The Schengen Convention, YEL 1991, S. 185; *J. Sturm*, Das Schengener Durchführungsübereinkommen – SDÜ –, Kriminalistik 1995, S. 162; *Taschner*, Schengen, (Fn. 16), Rn. 40 ff.; *ders.*, in GTE, EU-/EGV, Das Schengener Übereinkommen, Rn. 40 ff.; *K. Würz*, Das Schengener Durchführungsabkommen, 1997.

am 27.11.1990[18], Spanien und Portugal am 25.6.1991[19], Griechenland am 6.11.1992[20], Österreich am 28.4.1995[21] sowie die nordischen Staaten Dänemark, Schweden und Finnland am 19.12.1996 beigetreten. Das **Vereinigte Königreich und Irland** können sich gemäß Art. 69 i. V. m. dem Protokoll zum Amsterdamer Vertrag über den Sonderstatus der beiden Länder an allen oder an Teilen der Bestimmungen des »Schengen-Besitzstandes« beteiligen, sofern der Rat in seiner Zusammensetzung der Schengen-Staaten einstimmig zustimmt[22]. Eine solche Beteiligung ist bislang nur für ausgewählte Bereich der PJZS erfolgt. Mit **Norwegen und Island** wurden aufgrund ihrer Paßunion mit den anderen drei nordischen Staaten ebenfalls am 19.12.1996 Assoziationsverträge geschlossen[23]. Im Rahmen der Assoziierung wurde ein Gemischter Ausschuss aus Vertretern der Regierungen Islands, Norwegens, Mitgliedern des EU-Rates und der Kommission gebildet[24].

4. Entwicklung bis zum Inkrafttreten des Vertrags von Nizza

10 Der Rat und die Kommission haben am 3.12.1998 einen **Aktionsplan** vorgelegt »zur bestmöglichen Umsetzung der Bestimmungen des Amsterdamer Vertrages über den Aufbau eines Raums der Freiheit, der Sicherheit und des Rechts«, der vom Europäischen Rat am 10./11.12.1998 in Wien angenommen wurde (»**Wiener Aktionsplan**«). Darin werden die Prioritäten und die geplanten Maßnahmen betreffend die Politiken im Zusammenhang mit dem freien Personenverkehr nach den Art. 61 ff. näher skizziert[25]. Der **Europäische Rat von Tampere** am 15./16.10.1999 hat ferner in seinen Schlußfolgerungen über 50 Aufträge in den Bereichen Asyl/Migration, Gemeinsamer Rechtsraum und Bekämpfung der Organisierten Kriminalität an den Rat, die Kommission und die Mitgliedstaaten erteilt, um möglichst rasch einen einheitlichen Binnenraum der Freiheit, der Sicherheit und des Rechts zu schaffen. Die Kommission gibt seither zur Information der Mitgliedstaaten und der Öffentlichkeit einen »**Anzeiger der Fortschritte bei der Schaffung eines Raumes der Freiheit, der Sicherheit und des Rechts in der EU**« heraus, der halbjährlich aktualisiert wird[26]. Der **Europäische Rat von Laeken** am 14./15.12.2001 hat die Fortschritte in diesem Bereich bewertet und der Kommission hinsichtlich der Asyl- und Migrationspolitik konkrete Handlungsaufträge erteilt.

5. Einbeziehung des »Schengen-Besitzstandes«

11 Durch das Protokoll zum Amsterdamer Vertrag »zur Einbeziehung des ›Schengen-Besitzstandes‹ in den Rahmen der Europäischen Union« (SchProt) wurde dieser Besitz-

---

18 Gesetz vom 6.10.1993 zu dem Übereinkommen vom 27.11.1990 über den Beitritt der Italienischen Republik; BGBl. II 1993, S. 1902 (1904 ff.).
19 Gesetz vom 6.10.1993 zu dem Übereinkommen vom 26.6.1991 über den Beitritt des Königreichs Spaniens und der Portugiesischen Republik; BGBl. II 1993, S. 1902 (1904 ff.).
20 Gesetz vom 21.10.1996 zu dem Übereinkommen vom 6.11.1992 über den Beitritt der Griechischen Republik; BGBl. II 1996, S. 2542 (2543 ff.).
21 Gesetz vom 12.2.1997 zu dem Übereinkommen vom 28.4.1996 über den Beitritt der Republik Österreich; BGBl. II 1997, S. 966 (967).
22 S. Art. 69 Rn. 2 ff.
23 Übereinkommen zwischem dem Rat der EU und der Republik Island und dem Königreich Norwegen über die Assoziierung dieser beiden Staaten bei der Umsetzung, Anwendung und Entwicklung des Schengen-Besitzstandes; ABl.EG 1999 Nr. L 176/36 und Nr. L 176/53.
24 ABl.EG 1999 Nr. C 211/9.
25 ABl.EG 1999 Nr. C 19/1.
26 S. etwa die Mitteilung der Kommission zum 2. Halbjahr 2001; KOM (2001).

stand in das Gemeinschafts- bzw. Unionsrecht integriert (Art. 1 SchProt). Die Vorschriften des **Schengener Übereinkommens und des SDÜ** einschließlich der Beitrittsprotokolle und -übereinkommen sowie die Beschlüsse und Erklärungen des **Schengener Exekutivausschusses** (s. näher Art. 131 ff. SDÜ) sind durch den **Beschluß 1999/435/ EG des Rates vom 20.5.1999** den jeweils einschlägigen Rechtsgrundlagen des EGV oder des EUV zugeordnet worden (Art. 2 Abs. 1 UAbs. 2 SchProt)[27]. Der **Rat** in seiner Zusammensetzung der Schengen-Vertragsstaaten trat an die Stelle des **Exekutivausschusses** (Art. 2 Abs. 1 UAbs. 1 Satz 2 SchProt); das Schengen-Sekretariat wurde dem **Generalsekretariat des Rates** eingegliedert (Art. 7 SchProt)[28]. Der »Schengen-Besitzstand« einschließlich aller bilateralen völkerrechtlicher Abkommen sowie die Entschließungen des Exekutivausschusses wurden im Einzelnen im Amtsblatt der EG bekannt gemacht.[29] Sollte gleichwohl eine Zuordnung noch nicht erfolgt sein, gelten die Bestimmungen und Beschlüsse des Schengen-Besitzstandes als Rechtsakte, die auf **Art. 29 ff. EUV** gestützt sind. Für das Vereinigte Königreich, Irland und Dänemark gelten Sonderregelungen (s. näher Art. 69 EGV). **Beitrittskandidaten zur Union** müssen den »**Schengen-Besitzstand**« als »**acquis communautaire**« vollständig übernehmen (s. Art. 8 des SchProt). Wegen der nordischen Paßunion wurden mit Island und Norwegen ein Übereinkommen zur Einbeziehung des »Schengen-Besitzstandes« abgeschlossen, das am 26.6.2000 in Kraft getreten ist (Art. 6 Abs. 2 SchProt)[30].

6. Ausgleichsmaßnahmen zur Gewährleistung des freien Personenverkehrs

Art. 61 lit. a) verdeutlicht durch seinen Wortlaut (»zur Gewährleistung des freien Personenverkehrs«) die enge Verknüpfung zwischen der durch den Wegfall **der Kontrollen an den Binnengrenzen** erweiterten **Personenfreizügigkeit nach Art. 14** einerseits und der Notwendigkeit **sicherheitsrelevanter Ausgleichsmaßnahmen** in bezug auf die Kontrollen an den Außengrenzen, Asyl, Einwanderung sowie zur Verhütung und Bekämpfung der Kriminalität andererseits (s. auch Art. 2 Abs. 1 4. Spstr. EUV). Die begriffliche Beschränkung der Ausgleichsmaßnahmen in Art. 61 lit. a) auf Maßnahmen nach Art. 62 Nr. 2 und 3 (Visapolitik), Art. 63 Nr. 1 lit. a) (Bestimmung des für einen Asylantrag zuständigen Mitgliedstaats), Art. 63 Nr. 2 lit. a) (vorübergehender Schutz von Flüchtlingen) und Art. 31 lit. e) EUV (Mindestvorschriften über materielle Strafvorschriften) dürfte auf einem **redaktionellen Versehen** beruhen; es erklärt sich allein daraus, daß die Materien mit Blick auf den »Schengen-Besitzstand« ausgewählt worden sind. Auch die übrigen **Rechtssetzungsbefugnisse** nach den Art. 62 und 63 sowie die Kompetenzen nach Art. 31 EUV stellen sich als Ausgleichsmaßnahmen für den Wegfall der Kontrollen an den Binnengrenzen dar[31]. 12

Die Maßnahmen nach Art. 61 lit. a) sind innerhalb eines Zeitraums **von fünf Jahren** nach dem Inkrafttreten des Amsterdamer Vertrags zu treffen. In Art. 31 lit. e) EUV 13

---

27 S. ABl.EG 1999 Nr. L 176/1 ff.; ber. ABl.EG 2000 Nr. L 9/1; s. *M. den Boer/L. Corrado*, For the Record or Off the Record, Comments about the incorporation of Schengen into the EU, EJML 1999, S. 397.
28 Beschluß des Rates vom 1.5.1999, ABl.EG Nr. L 119/49.
29 ABl.EG 2000 Nr. L 239/13 ff.
30 ABl.EG Nr. L 149/36; s. auch das Übereinkommen mit Island und Norwegen zur Festlegung der Rechte und Pflichten zwischen Irland und Norwegen einerseits und Irland und dem Vereinigten Königreich andererseits in den für diese Staaten geltenden Bereichen des Schengen-Besitzstandes; ABl.EG 2000 Nr. L 15/2.
31 Dies betonen etwa *Grütjen* (Fn. 8), S. 11; *Müller-Graff* (Fn. 4), S. 272; *Nanz* (Fn. 17), S. 96.

wird jedoch die Frist nicht mehr aufgegriffen. Die Fristsetzung im EGV kann allein aber für diesen Kompetenzbereich nach dem Unionsrecht keine unmittelbare Wirkung entfalten[32]. Auch im übrigen handelt es sich bei dem Fünf-Jahres-Zeitraum um eine Soll-Bestimmung, die avisierten Gemeinschaftsregelungen bis zu diesem Zeitpunkt zu treffen[33].

---

32 A.A. *V. Röben*, in: Grabitz/Hilf, EU, Art. 61, Rn. 11.
33 *U. Bardenhewer*, in: Lenz, EGV, Art. 61, Rn. 2; kritisch zu den Fristen *Thun-Hohenstein* (Fn. 1), S. 29 ff.

Art. 62 (ex-Art. 73j)

Der Rat beschließt nach dem Verfahren des Artikels 67 innerhalb eines Zeitraums von fünf Jahren nach Inkrafttreten des Vertrags von Amsterdam[1 ff.]

1. Maßnahmen, die nach Artikel 14 sicherstellen, daß Personen, seien es Bürger der Union oder Staatsangehörige dritter Länder, beim Überschreiten der Binnengrenzen nicht kontrolliert werden[3 ff.];
2. Maßnahmen bezüglich des Überschreitens der Außengrenzen der Mitgliedstaaten, mit denen folgendes festgelegt wird:
   a) Normen und Verfahren, die von den Mitgliedstaaten bei der Durchführung der Personenkontrollen an diesen Grenzen einzuhalten sind[6 ff.];
   b) Vorschriften über Visa für geplante Aufenthalte von höchstens drei Monaten[16] einschließlich
      i) der Liste der Drittländer, deren Staatsangehörige beim Überschreiten der Außengrenzen im Besitz eines Visums sein müssen, sowie der Drittländer, deren Staatsangehörige von dieser Visumpflicht befreit sind[17 ff.];
      ii) der Verfahren und Voraussetzungen für die Visumerteilung durch die Mitgliedstaaten[20 ff.];
      iii) der einheitlichen Visumgestaltung[22];
      iv) der Vorschriften für ein einheitliches Visum[23].
3. Maßnahmen zur Festlegung der Bedingungen, unter denen Staatsangehörige dritter Länder im Hoheitsgebiet der Mitgliedstaaten während eines Aufenthalts von höchstens drei Monaten Reisefreiheit genießen[24 ff.].

Inhaltsübersicht:

I. Überblick	1
II. Wegfall der Kontrollen an den Binnengrenzen	3
III. Kontrollen beim Überschreiten der Außengrenzen	6
1. Allgemeines	6
2. Praxis	9
IV. Vorschriften über Visa für kurzfristige Aufenthalte	15
1. Allgemeines	15
2. Die Festlegung der visapflichtigen und der visafreien Länder	16
3. Verfahren und Voraussetzungen der Visaerteilung	19
4. Vorschriften über die einheitliche Visumgestaltung	21
5. Vorschriften über ein einheitliches Visum	22
V. Reisefreiheit für Drittstaatsangehörige	23

I. Überblick

Regelungsgegenstand des Art. 62 ist der **freie Personenverkehr über die Binnengrenzen** (Nr. 1), die Harmonisierung der **Kontrollen an den Außengrenzen** der Gemeinschaft (Nr. 2 lit. a) und die Erteilung und Gestaltung von **Visa für kurzfristige Aufenthalte** im Hoheitsgebiet der Mitgliedstaaten (Nr. 2 lit. b). Der Rat legt zudem die Bedingungen fest, unter denen Angehörige von Drittstaaten während eines Aufenthalts von höchstens drei Monaten **Reisefreiheit** innerhalb der Union genießen (Nr. 3). 1

Der Rat hat die Maßnahmen innerhalb eines Zeitraums von **fünf Jahren** nach Inkrafttreten des Amsterdamer Vertrags zu beschließen. Bei der Fristsetzung handelt es sich um eine **Soll-Regelung**. Mit der Übernahme des »Schengen-Besitzstandes« in das Gemeinschaftsrecht[1] und dem Erlaß mehrerer gemeinschaftsrechtlicher Rechtsakte im 2

---

1 ABl.EG 1999 Nr. L 176/1; s. Art. 61, Rn. 11.

Bereich der Visapolitik liegen in allen in Art. 62 erwähnten Bereichen Maßnahmen der Gemeinschaft vor. Für das Entscheidungsverfahren gilt gemäß Art. 67 Abs. 1 für zunächst fünf Jahre das Einstimmigkeitsprinzip mit Ausnahme von Maßnahmen nach Nr. 2, für die die in Art. 67 Abs. 3 und Abs. 4 Sonderregelungen greifen[2].

II. Wegfall der Kontrollen an den Binnengrenzen

3 Zu den vom **Wegfall der Kontrollen an den Binnengrenzen** begünstigten Personen zählen nicht nur **Unionsbürger** (so bereits gemäß Art. 7a Maastrichter Fassung.[3]), sondern auch **Staatsangehörige dritter Länder**. Die Binnengrenzen dürfen **an jeder Stelle** ohne Personenkontrollen überschritten werden (s. Art. 2 Abs. 1 SDÜ)[4], ohne daß die Reisepapiere an den Binnengrenzen einschließlich der Sichtvermerke von Drittstaatsangehörigen kontrolliert werden dürfen[5].

4 Zu den »**Binnengrenzen**« gehören – entsprechend der Definition in Art. 1 SDÜ – die gemeinsamen **Landgrenzen** der Mitgliedstaaten sowie **ihre Flughäfen für die Binnenflüge** und ihre **Seehäfen** für die regelmäßigen Fährverbindungen ausschließlich von und nach dem Gebiet der Mitgliedstaaten ohne Fahrtunterbrechung in außerhalb des Gebiets gelegenen Häfen. Unter dem Begriff der **Grenzkontrollen** sind wiederum die an den Grenzen vorgenommenen Kontrollen zu verstehen, die **unabhängig von jedem anderen Anlaß** ausschließlich aufgrund des beabsichtigten Grenzübertritts durchgeführt werden (s. Art. 1 SDÜ). Hierzu gehören auch alle Formalitäten, die allein aufgrund des Übertritts einer Binnengrenze zu erfüllen sind.

5 Die Beseitigung der Kontrollen und Formalitäten im Personenverkehr an den Binnengrenzen berührt aber weder die **Ausübung polizeilicher Befugnisse** der zuständigen Behörden eines Mitgliedstaates noch die im jeweiligen nationalen Recht vorgesehenen Vorschriften über den Besitz und das Mitführen von **Urkunden und Bescheinigungen**[6]. Art. 64 stellt insofern klar, daß die **Zuständigkeit der Mitgliedstaaten** für die **Aufrechterhaltung der öffentlichen Ordnung** und den **Schutz der inneren Sicherheit** unberührt bleibt (s. auch Art. 2 Abs. 3 SDÜ). Eine kurzfristige Wiedereinführung der Grenzkontrollen **in begründeten Ausnahmesituationen** ist daher für einen **befristeten Zeitraum** mit dem Gemeinschaftsrecht vereinbar (s. auch Art. 2 Abs. 2 SDÜ)[7].

---

2 S. Art. 67, Rn. 2 ff.
3 S. hierzu *A. Bardenhewer/J. Pipkorn*, in: GTE, EU-/EGV, Art. 7a, Rn. 43 ff.; *R. Bieber*, Das Abkommen von Schengen über den Abbau der Grenzkontrollen, NJW 1994, S. 294; s. Art. 14, Rn. 21 f.
4 Zu Art. 2 Abs. 1 SDÜ s. näher *K. G. Grütjen*, Innere Sicherheit in der Europäischen Union, Kriminalpolizei 1997, S. 10 f.; *J. Sturm*, Das Schengener Durchführungsübereinkommen, Kriminalistik 1995, S. 165; *H. C. Taschner*, in: GTE, EU-/EGV, Das Schengener Übereinkommen, Rn. 44.
5 Dies macht eine Anpassung der RL 68/360/EWG zur Aufhebung der Reise- und Aufenthaltsbeschränkungen für Arbeitnehmer der Mitgliedstaaten und ihre Familienangehörigen innerhalb der Gemeinschaft vom 15.10.1968 (ABl.EG Nr. L 257/13) und der RL 73/148/EWG zur Aufhebung der Reise- und Aufenthaltsbeschränkungen für Staatsangehörige der Mitgliedstaaten innerhalb der Gemeinschaft auf dem Gebiet der Niederlassung und des Dienstleistungsverkehrs vom 21.5.1973 (ABl.EG Nr. L 172/14) erforderlich; s. hierzu den Vorschlag der Kommission zur Änderung der Richtlinien vom 24.8.1995 (KOM (95) 348) und – zusammen mit dem Parlament – zur Änderung der RL 68/360/EWG vom 14.10.1998; KOM (98) 394.
6 S. Art. 1 Abs. 2 des Richtlinienvorschlages der Kommission zur Beseitigung der Personenkontrollen an den Binnengrenzen, KOM (95) 347 endg.; ebenso Art. 1 Nr. 3 des Richtlinienvorschlags der Kommission zur Änderung der RL 68/360/EWG; s. Anm. 5.
7 S. Art. 64, Rn. 4 f.

III. Kontrollen beim Überschreiten der Außengrenzen

1. Allgemeines

Die **Kontrolle der Außengrenzen** unterfällt grundsätzlich gemäß Art. 62 lit. a) der Kompetenz der Gemeinschaft. Die Vorschrift besagt, daß der Rat einheitlich für alle Mitgliedstaaten die **Normen und Verfahren für die Kontrollen an den Außengrenzen festzulegen** hat. Die Mitgliedstaaten sind verpflichtet, diesen Kontrollstandard nicht zu unterschreiten, dürfen jedoch auch strengere Kontrollen vornehmen. Unter dem Begriff der **Außengrenzen** der Gemeinschaft sind (negativ umschrieben) diejenigen Land- und Seegrenzen sowie die Flug- und Seehäfen der Mitgliedstaaten zu verstehen, die nicht **Binnengrenzen** sind (s. Art. 1 SDÜ). 6

In der Sache werden von der Regelungskompetenz alle formellen und materiellen Voraussetzungen erfaßt, unter denen Personen die Außengrenzen der Gemeinschaft überschreiten wollen (Vorlage gültiger Reisedokumente, Visa oder von Dokumenten über den Zweck des beabsichtigten Aufenthalts, die Pflicht zur Benutzung der Grenzübergangsstellen, den Nachweis hinreichender Mittel zur Bestreitung des Lebensunterhalts, keine Gefahr für die öffentliche Sicherheit und Ordnung, etc.). 7

Nach einem Protokoll zum Vertrag von Amsterdam berühren die in Art. 62 Nr. 2 lit. a) aufgenommenen Bestimmungen über Maßnahmen in bezug auf **das Überschreiten der Außengrenzen nicht** die Zuständigkeit der Mitgliedstaaten für die Aushandlung und den Abschluß von **Übereinkünften mit Drittländern**, solange diese mit den gemeinschaftlichen Rechtsvorschriften und anderen in Betracht kommenden internationalen Übereinkünften im Einklang stehen[8]. Die Mitgliedstaaten sind damit zu völkerrechtlichem Handeln auch dann ermächtigt, wenn die Gemeinschaft eine abschließende Regelung getroffen hat, sofern die Übereinkunft mit dem Gemeinschaftsrecht vereinbar ist[9]. 8

2. Praxis

Nähere Regelungen hinsichtlich der **Kontrollen an den Außengrenzen** finden sich in den Art. 3 bis 8 SDÜ, die durch die Übernahme des **Schengen-Besitzstandes** in das Gemeinschaftsrecht der Rechtsgrundlage des Art. 62 Nr. 2 lit. a) zugeordnet wurden. Ein noch auf Art. K. 3 EUV a. F. gestützter Vorschlag der Kommission vom 10.12.1993 zum Abschluß eines **Übereinkommens über das Überschreiten der Außengrenzen** der Mitgliedstaaten, der sich im wesentlichen mit den einschlägigen Regelungen des SDÜ deckte, fand im Rat insbesondere wegen der unterschiedlicher Auffassungen über die Zuständigkeit des Gerichtshofs und der territorialen Geltung (Gibraltar) keine Zustimmung[10]. 9

Die Überwachung und Kontrolle der Außengrenze fällt nach den Vorschriften des 10

---

8 S. hierzu näher *Ch. Thun-Hohenstein*, Der Vertrag von Amsterdam, Wien 1997, S. 32.
9 *V. Röben*, in: Grabitz/Hilf, EUV, Art. 62, Rn. 11.
10 KOM (93) 684 endg.; s. auch Europäische Kommission, Gesamtbericht über die Tätigkeit der Europäischen Union, Brüssel 1997, S. 401; *Grütjen* (Fn. 4), S. 92, Anm. 146; *D. O'Keeffe*, The New Draft External Frontiers Convention and the Draft Visa Regulation, in: Monar/Morgan (Hrsg.), The Third Pillar of the European Union, Brüssel 1994, S. 135 ff.

Art. 62 EG-Vertrag

SDÜ[11] in die **Kompetenz des jeweils betroffenen Mitgliedstaates**; dieser hat allerdings seine Kontrollen als **Sachwalter** der Interessen aller übrigen Mitgliedstaaten entsprechend den **gemeinschaftsrechtlichen Bestimmungen** durchzuführen (s. Art. 6 Abs. 1 Satz 2 SDÜ)[12]. Allerdings hat sich der Rat mit der VO (EG) Nr. 790/2001 vom 24.4.2001 Durchführungsbefugnisse im Hinblick auf bestimmte detaillierte Vorschriften und praktische Verfahren für die Durchführung der Grenzkontrollen und die Überwachung der Grenzen vorbehalten.[13] Die Außengrenzen dürfen nur an den zugelassenen **Grenzübergangsstellen** und während der **festgesetzten Verkehrsstunden** überschritten werden; ein Verstoß hiergegen ist zu ahnden (Art. 3 SDÜ). Die Standorte der Grenzübergangsstellen legen die Mitgliedstaaten fest. Alle Mitgliedstaaten sind verpflichtet, die Außengrenzen gleich wirksam durch Streifen oder mit anderen geeigneten Mitteln zu überwachen (s. Art. 6 Abs. 3 und 4 SDÜ).

11 Die **Personenkontrolle** umfaßt die Überprüfung der **Grenzübertrittspapiere** und der anderen Voraussetzungen für die **Einreise**, den **Aufenthalt**, die **Arbeitsaufnahme** und die **Ausreise**. Hierzu gehört auch, soweit vorgeschrieben, der Besitz eines gültigen Visums und der Nachweis, daß der Lebensunterhalt selber bestritten werden kann (s. Art. 5 Abs. 1 SDÜ)[14]. Hinzu kommt eine **fahndungstechnische Überprüfung** der die Grenze überschreitenden Personen mit dem Ziel, Gefahren für die nationale Sicherheit und die öffentliche Ordnung aller Mitgliedstaaten, insbesondere illegale Einwanderungen, abzuwehren (s. Art. 6 Abs. 2 lit. a) Satz 1 SDÜ). Alle Personen sind zumindest auf ihre **Identität** hin zu kontrollieren (s. Art. 6 Abs. 2 lit. b) SDÜ). Die Kontrollen beziehen sich darüber hinaus auf Fahrzeuge und auf mitgeführte Sachen (s. Art. 6 Abs. 2 lit. a) Satz 2 SDÜ). Besondere Regelungen gelten für den **Flugverkehr**[15], **den Seeverkehr** und den **kleinen Grenzverkehr**.

12 **Drittstaatsangehörige** unterliegen sowohl bei der Einreise als auch bei der Ausreise einer **strengeren Kontrolle als Unionsbürger** (s. Art. 6 Abs. 2 lit. c) und lit. d) Satz 2 SDÜ). Beide Personengruppen dürfen aber getrennt abgefertigt werden[16]. Einem Drittstaatsangehörigen ist die **Einreise zu verweigern**, wenn seine Anwesenheit eine Gefahr für die öffentliche Ordnung, die nationale Sicherheit oder die internationalen Beziehungen der Mitgliedstaaten darstellt (s. Art. 5 Abs. 1 lit. d) und lit. e) sowie Art. 96 Abs. 2 SDÜ). Dementsprechend wird aufgrund nationaler Ausschreibungen eine **gemeinsame Fahndungsliste** derjenigen Personen erstellt, denen die Mitgliedstaaten an ihren Außengrenzen die Einreise zu verweigern haben. Diese Namen werden in das **Schengener Informationssystem (SIS)** eingespeichert und sind dort für alle Mitgliedstaaten verfügbar (s. Art. 96 Abs. 1 SDÜ)[17]. Ergänzende Informationen erhalten die

---

11 S. hierzu im Überblick: *Grütjen* (Fn. 4), S. 11; *K.-P. Nanz*, Schengener Übereinkommen und Personenfreizügigkeit, Integration 1994, S. 95 ff.; *H. C. Taschner*, in: GTE, EU-/EVG, Das Schengener Übereinkommen, Rn. 46.
12 *A. Epiney*, Rechte und Pflichten der Drittausländer, in: Achermann/Bieber/dies./Wehner (Hrsg.), Schengen und die Folgen, Zürich 1995, S. 56.
13 ABl.EG Nr. L 116/5.
14 Zu Einzelproblemen der Anwendung des SDÜ im Hinblick auf das deutsche Ausländerrecht s. *v. Westphal*, Schengen und das Ausländergesetz, LKV 1996, S. 154.; *ders.*, Die Berücksichtigung des Schengener Durchführungsabkommens bei aufenthaltsrechtlichen Maßnahmen, ZAR 1998, S. 175 ff.
15 S. hierzu auch die VO (EWG) Nr. 3925/91 über die Abschaffung der Kontrollen auf einem innergemeinschaftlichen Flug, ABl.EG 1991 Nr. L 374/4.
16 Kritisch zu den damit verbundenen Sicherheitsrisiken *Nanz* (Fn. 11), S. 97.
17 S. v. *Westphal*, Die Ausschreibung zur Einreiseverweigerung im SIS, InfAuslR 1999, S. 361; zum SIS s. näher Art. 30 EUV, Rn. 10.

Polizeien über das **SIRENE-System**[18]. Die zuständige nationale Stelle für den anfallenden Informationsaustausch ist in Deutschland das **Bundeskriminalamt** (§§ 3 und 14 BKAG).

Die Entscheidung über die **Aufnahme einer Person** in die gemeinsame Fahndungsliste 13
treffen die zuständigen Behörden auf der Grundlage des einschlägigen nationalen Verfahrensrechts und unter Beachtung der materiellen Vorgaben des Art. 96 Abs. 2 SDÜ. Danach darf eine Ausschreibung nur aufgrund einer Verurteilung zu einer **Freiheitsstrafe** von mindestens einem Jahr, des begründeten Verdachts der Begehung oder beabsichtigten Begehung einer **schweren Straftat** sowie bei schweren Verstößen gegen die **Einreise- und Aufenthaltsvorschriften** erfolgen.

Drittstaatsangehörige können sich nicht auf einen **Einreiseanspruch** berufen, auch 14
wenn sie alle formellen Bedingungen für die Einreise erfüllen. Die Entscheidung hierüber liegt im **Ermessen** des für die Kontrolle der Außengrenze jeweils zuständigen Mitgliedstaates[19]. Personen, die über eine Aufenthaltserlaubnis oder über ein Visum eines Mitgliedstaates oder erforderlichenfalls über beide Dokumente verfügen, ist die **Durchreise** in den das Visum ausstellenden Mitgliedstaat zu gestatten. Sie darf verweigert werden, wenn jemand auf der **nationalen Fahndungs- und Ausschreibungsliste** desjenigen Mitgliedstaates steht, an dessen Außengrenze der Drittstaatsangehörige die Einreise begehrt. Ein Mitgliedstaat kann ferner aus **humanitären Gründen** oder aus Gründen des **nationalen Interesses** oder aufgrund **internationaler Verpflichtungen** jederzeit eine Person einreisen lassen, auch wenn diese zur Einreiseverweigerung ausgeschrieben ist. In diesen Fällen wird die Zulassung allerdings auf das Hoheitsgebiet des betreffenden Mitgliedstaates beschränkt (s. Art. 5 Abs. 2 SDÜ).

IV. Vorschriften über Visa für kurzfristige Aufenthalte

1. Allgemeines

Art. 62 Nr. 2 lit. b) weist die gesamte **Visapolitik** für **kurzfristige Aufenthalte** der Ge- 15
meinschaft zu. Hierunter fallen alle Maßnahmen, die den Aufenthalt von Staatsangehörigen dritter Staater (d. h. nicht Unionsbürger oder EWR-Staatsangehörige jeweils nebst Familienangehörigen) in den Hoheitsgebieten der Mitgliedstaaten **bis zu drei Monaten** betreffen. Die Kompetenz erstreckt sich nach dem Wortlaut der Ziff. i) sowohl auf die **Festlegung der Drittländer**, deren Staatsangehörige im Besitz eines Visums sein müssen (**Negativliste**) als auch der Drittstaatsangehörigen aus Ländern, die kein Visum zur Einreise bedürfen (**Positivliste**). Ziff. ii) gestattet gemeinschaftsrechtliche Regelungen in bezug auf das **Verfahren und die Voraussetzungen** für die **Visumerteilung**. Vorschriften über die **einheitliche Visumgestaltung** und über ein **einheitliches EU-Visum** enthalten schließlich Ziff. iii) und iv). Die zu Art. 100c Abs. 1 Maastrichter Fassung lebhaft diskutierte Frage, ob die Gemeinschaft auch zum Erlaß einer »Positivliste« befugt ist[20], ist durch die Neuregelung in Art. 62 Nr. 2 lit. b) Ziff. i) **zugunsten der Gemeinschaftskompetenz** geklärt worden. **In einer Erklärung** zum Amsterdamer Vertrag stellen die Mitgliedstaaten klar, daß im Rahmen der Visapolitik **außenpolitische Überlegungen** zu berücksichtigen sind.

---

18 Zu SIRENE s. näher Art. 30 EUV, Rn. 10.
19 Kritisch *Epiney* (Fn. 12), S. 63; *S. Steenbergen*, Non-Expulsion und Non-Refoulement, Brüssel 1989, S. 65 und S. 76 f.
20 EuGH, Rs. C-392/95, Slg. 1997, I-3213, Rn. 19 (Parlament/Rat). *K. Hailbronner*, in: HK-EUV, Art. 100c, Rn. 3 ff. m. w. N.

2. Die Festlegung der visapflichtigen und der visafreien Länder

16 Bereits vor dem Inkrafttreten des Vertrags von Amsterdam fiel gemäß **Art. 100c, 100d a. F.** die Festlegung der **visumpflichtigen Drittstaaten** sowie die **einheitliche Gestaltung** der nationalen **Visamarken** in die Kompetenz der Gemeinschaft[21]. Auf dieser Rechtsgrundlage beschloß der Rat die **VO (EG) Nr. 2317/95** vom 25. September 1995 zur Bestimmung der Drittländer, deren Staatsangehörige beim Überschreiten der Außengrenzen der Mitgliedstaaten im Besitz eines Visums sein müssen (**Negativliste**)[22]. Der **EuGH** hat diese Verordnung allerdings mit Urteil vom 10. Juli 1997 wegen eines **Verfahrensfehlers** bei der Beteiligung des Parlaments für **nichtig** erklärt[23]. Nach einer durch den EuGH festgelegten Übergangsregelung hat der Rat zunächst am 12.3.1999 die VO (EG) Nr. 574/1999 erlassen[24], die nunmehr durch die **VO (EG) Nr. 539/2001** des Rates vom 15.3.2001 zur Aufstellung der Liste der Drittländer, deren Staatsangehörige beim Überschreiten der Außengrenzen im Besitz eines Visums sein müssen, sowie der Liste der Drittländer, deren Staatsangehörige von dieser Visumspflicht befreit sind, ersetzt worden ist.[25] Die Auswahl der Drittländer erfolgt anhand mehrerer Kriterien, die vor allem die illegale Einwanderung, die öffentliche Ordnung und Sicherheit sowie die Außenbeziehungen der Union zu den Drittländern betreffen; dabei werden auch die regionale Kohärenz und das Gegenseitigkeitsprinzip berücksichtigt.

17 Als **Visum** bezeichnet Art. 2 VO (EG) Nr. 539/2001 eine von einem der Mitgliedstaaten ausgestellte **Genehmigung** oder eine von einem Mitgliedstaat getroffene **Entscheidung**, die für einen kurzfristigen Aufenthalt in einem oder mehreren der Mitgliedstaaten bis zu einer Dauer von drei Monaten oder für die Durchreise durch das Hoheitsgebiet dieses Mitgliedstaates oder mehrerer Mitgliedstaaten erforderlich ist, mit Ausnahme des Flughafentransits[26]. In Sonderfällen dürfen die Mitgliedstaaten **Ausnahmen von der Visumpflicht** zulassen (etwa für ziviles Flug- und Schiffspersonal oder für Schülergruppen; vgl. Art. 4). Irland und das Vereinigte Königreich haben sich an der Verordnung nicht beteiligt. Die Verordnung berührt nicht die Verpflichtung der Mitgliedstaaten, die sich aus dem »Schengen-Besitzstand« ergeben. Mit der VO (EG) Nr. 789/2001 werden dem Rat Durchführungsbefugnisse im Hinblick auf bestimmte detaillierte Vorschriften und praktische Verfahren zur Prüfung von Visumsanträgen vorbehalten.[27]

18 Alle anderen Aspekte der **Visapolitik** gehörten gemäß Art. K. 1 Nr. 2 und 3 lit. a) EUV Maastrichter Fassung zum Bereich der **zwischenstaatlichen Zusammenarbeit** der Mitgliedstaaten im Rahmen der Union[28]. In diesem Rahmen einigten sich die Mitgliedstaaten etwa auf eine Visapflicht für bestimmte Drittländer während des **Transits auf Flughäfen**[29]. Einzelne Regelungen über die Erteilung und Gestaltung von Visa für einen kurzfristigen Aufenthalt finden sich auch in den Art. 9–17 SDÜ.

---

21 S. näher *K.-P. Nanz*, Visapolitik und Einwanderungspolitik der Europäischen Union, in: Müller-Graff (Hrsg.), Europäische Zusammenarbeit in den Bereichen Justiz und Inneres, 1996, S. 63.
22 ABl.EG 1995 Nr. L 234/1.
23 EuGH (Fn. 20) Rn. 24 ff.
24 ABl.EG 1999, Nr. L 72/2.
25 ABl.EG Nr. L 81/1.
26 *K. Hailbronner*, in: HK-EUV, Art. 100c, Rn. 16 ff.
27 ABl.EG Nr. L 116/2.
28 S. *M. Degen*, in: GTE, EU-/EGV, Art. K. 1, Rn. 7; *Nanz* (Fn. 21), S. 67 ff.
29 Gemeinsame Maßnahme vom 4.3.1996, ABl.EG Nr. L 63/8; das von der Kommission gegen diese Maßnahme angestrengte Vertragsverletzungsverfahren wegen Verstoßes gegen Art. 100 c a. F. vor dem EuGH blieb erfolglos; EuGH, Rs. C-170/96, Slg. 1998, I-2763, Rn. 21 ff. (Kommission/Rat) mit krit. Anmerkung von *M. Pechstein*, JZ 1998, S. 1008.

3. Verfahren und Voraussetzungen der Visaerteilung

Nach Art. 62 Nr. 2 lit. b) Ziff. ii) legt der Rat die **Verfahren und die Voraussetzungen** 19
für die Erteilung der Visa fest. Es sind insbesondere Regelungen zu treffen über **die sachliche und örtliche Zuständigkeit** der das Visum ausstellenden Behörde sowie über die **materiellen Voraussetzungen für eine Visumerteilung**. Art. 12 Abs. 1 SDÜ sieht vor, daß ein Visum von den diplomatischen und konsularischen Vertretungen im Herkunftsland und gegebenenfalls von den vom Rat (in der Zusammensetzung der Schengen-Staaten) festgelegten Behörden erteilt wird[30]. Zuständig ist gemäß Art. 12 Abs. 2 und 3 SDÜ grundsätzlich der Mitgliedstaat, in dessen Hoheitsgebiet das Hauptreiseziel liegt; kann dieses Ziel nicht bestimmt werden, so ist der Staat der ersten Einreise zuständig. Die Kompetenz nach Nr. 2 lit. b) Ziff. i) umfaßt weiterhin Regelungen über die **Erteilung, Verlängerung und die Rücknahme bzw. den Widerruf eines Visums** sowie die sich daraus ergebende **Aufenthaltsbeendigung**. Die näheren Einzelheiten über die Visumbeantragung, -prüfung, -entscheidung und -ausstellung regelt die **Gemeinsame Konsularische Instruktion (GKI)** des Gemeinsamen Handbuchs der Schengenstaaten.[31]

Das Visum ist gemäß Art. 15 SDÜ einem Drittausländer zu **verweigern**, sofern er zur 20
Einreiseverweigerung in die Hoheitsgebiete der Mitgliedstaaten **ausgeschrieben** ist; es gelten insofern die für die Kontrolle der Außengrenzen maßgeblichen Bestimmungen (s. Art. 5 SDÜ)[32]. Erlaubt ein Mitgliedstaat aus **humanitären Erwägungen** oder aufgrund **internationaler Verpflichtungen** dennoch die **Einreise**, darf dieser Staat auch nur ein räumlich **auf sein Hoheitsgebiet begrenztes Visum** ausstellen; die übrigen Mitgliedstaaten sind hierüber in Kenntnis zu setzen (s. Art. 16 SDÜ)[33]. Eine erhebliche Verfahrenserleichterung folgt aus der VO (EG) Nr. 1091/2001 des Rates vom 28.5.2001 zur Änderung des Art. 18 SDÜ, wonach ein längerfristig erteiltes Visum zugleich als einheitliches Visum für kurzfristige Aufenthalten bis zu drei Monaten gilt (s. Rn. 24).

4. Vorschriften über die einheitliche Visumgestaltung

Die Kompetenz zur **einheitlichen Visumgestaltung** gemäß Nr. 2 lit b) Ziff. iii) lag be- 21
reits aufgrund der Vorschrift des Art. 100c Abs. 3 Satz 2 a. F. in den Händen der Gemeinschaft. Der Rat hat am 29.5.1995 die VO (EG) Nr. 1683/95 über eine einheitliche Visumgestaltung erlassen, die der Regelung des Art. 10 SDÜ über das »**Schengen-Visum**« entspricht[34]. Darin wird insbesondere das **Aussehen einer einheitlichen fälschungssicheren Visummarke** einschließlich der darauf einzutragenden Informationen geregelt[35]. Die Kommission hat einen Vorschlag zur Änderung der VO (EG) Nr. 1683/

---

30 S. auch die Empfehlung des Rates vom 4.3.1996 über die Zusammenarbeit der konsularischen Vertretungen der Mitgliedstaaten vor Ort, ABl.EG 1996 Nr. C 80/1.
31 Beschluß des Exekutivausschusses von Schengen vom 28.4.1999 (SCH/Com-ex(99) 13), geändert durch Art. 7 VO (EG) Nr. 539/2001.
32 Kritisch *Epiney* (Fn. 12), S. 61 m. w. N.
33 S. auch Art. 24 Abs. 2 des Kommissionsentwurfs für ein Übereinkommen über das Überschreiten der Außengrenzen der Mitgliedstaaten, ABl.EG 1994 Nr. C 11/14.
34 ABl.EG 1995 Nr. L 164/1; s. *Nanz* (Fn. 21), S. 69.
35 S. zu den Sicherheitsstandards näher A. *Hildebrandt*, Sicherheitsstandards für Visa, Aufenthaltstitel und andere ausländerrechtliche Dokumente der EU, ZF/S 1998, S. 274; mit der gemeinsamen Maßnahme vom 9.12.1998 einigten sich die Mitgliedstaaten auf die einheitliche Gestaltung des Formblatts für die Anbringung eines Visums, das die Mitgliedstaaten Personen erteilen, die Inhaber eines von dem betreffenden Mitgliedstaat nicht anerkannten Reisedokuments sind oder die kein Reisedokument besitzen, ABl. EG 1998 Nr. L 333/8.

95 vorgelegt, mit dem eine einheitliche Gestaltung des Formblatts für die Anbringung eines Visums erreicht werden soll, das die Mitgliedstaaten Personen erteilen, die Inhaber eines von dem betreffenden Mitgliedstaat nicht anerkannten Reisedokuments sind; zugleich soll durch die Verordnung eine erhöhte Fälschungssicherheit gewährleistet werden[36].

5. Vorschriften über ein einheitliches Visum

22 Der Rat verfügt gemäß Nr. 2 lit. b) Ziff. iv) über die Befugnis, ein **einheitliches EU-Visum** für alle Mitgliedstaaten einzuführen. Gegenstand der materiell-rechtlichen Vorschriften für ein einheitliches Visum sind die Dauer des erlaubten Aufenthalts, seine Zwecke sowie die Notwendigkeit, ein nationales Visum zu beantragen[37]. Bereits das »Schengen-Visum« verlieh dem Inhaber die Rechtsmacht, in allen Schengener Staaten bis zu drei Monaten frei zu reisen, ohne jeweils ein nationales Visum zu besitzen[38]. Bis zur Einführung eines einheitlichen Visums verpflichten sich die Mitgliedstaaten zur **gegenseitigen Anerkennung ihrer Visa**[39].

V. Reisefreiheit für Drittstaatsangehörige

23 Nach Art. 62 Nr. 3 hat der Rat die Bedingungen festzulegen, unter denen Staatsangehörige dritter Länder im Hoheitsgebiet der Mitgliedstaaten während eines **Aufenthalts von höchstens drei Monaten Reisefreiheit** genießen. Unter dem Begriff der **Reisefreiheit** ist das Recht zu verstehen, die **Binnengrenzen der Gemeinschaft** zu überschreiten und für einen kurzen Zeitraum durch das Gebiet eines oder mehrerer Mitgliedstaaten zu reisen oder sich dort aufzuhalten, ohne daß der Begünstigte ein Visum des jeweils bereisten Mitgliedstaats benötigt.

24 In der **Praxis** hat die Kommission einen Richtlinien-Entwurf vorgelegt betreffend erstens die Voraussetzungen, unter denen Drittstaatsangehörigen im Hoheitsgebiet der Mitgliedstaaten während höchstens drei Monaten Reisefreiheit genießen, und zweitens die Einführung einer besonderen Reisegenehmigung unter Festlegung der Voraussetzungen, unter denen Drittstaatsangehörigen einreisen dürfen, um sich im Hoheitsgebiet der Mitgliedstaaten während höchstens sechs Monaten frei zu bewegen[40]. Einen Einzelaspekt der Reisefreiheit regelt die VO (EG) Nr. 1091/2001 des Rates vom 28.5.2001, die bestimmt, daß das Visum für einen längerfristigen Aufenthalt zugleich ab seiner Geltung als einheitliches Visum für die anderen Mitgliedstaaten für einen kurzfristigen Aufenthalt bis zu drei Monaten gilt[41]. Ein weiterer Vorschlag der Kommission für eine Verordnung über den Zeitraum, in dem von der Visumpflicht befreite Staatsangehörige dritter Länder im Hoheitsgebiet der Mitgliedstaaten Reisefreiheit ge-

---

36 KOM (2001) 577.
37 V. Röben, in: Grabitz/Hilf, EU, Art. 62, Rn. 26.
38 S. K. Würz, Das Schengener Durchführungsübereinkommen, 1997, Rn. 36 ff.
39 K. Hailbronner, Visa Regulations and Third-Country Nationals in EC-Law, CMLRev. 31 (1994), S. 987 f.
40 S. KOM (2001) 388; einen auf Art. 100 und Art. 7a a. F. gestützten Richtlinienvorschlag der Kommission für die Reisefreiheit Drittstaatsangehöriger in der Gemeinschaft fand nicht die erforderliche Zustimmung, s. ABl.EG 1995 Nr. C 306/5; s. C. Weber, Reisefreiheit für Drittstaatsangehörige, ZAR 1997, S. 25 ff.
41 ABl.EG Nr. L 150/5.

nießen, steht zur Abstimmung.⁴² Ferner haben die Mitgliedstaaten auf der Grundlage des Art. K. 1 Nr. 3 lit. a) EUV a. F. am 30. November 1994 eine gemeinsame Maßnahme beschlossen, die vorsieht, daß **drittstaatsangehörigen Schülern** mit Wohnsitz in einem Mitgliedstaat Reiserleichterungen gewährt werden⁴³.

Das **SDÜ** regelt die Reisefreiheit für Drittausländer in den Art. 19 ff. SDÜ⁴⁴. Voraussetzung für Aufenthalte bis zu drei Monaten ist danach, daß die betreffenden Personen ordnungsgemäß eingereist sind, über einen **gültigen Aufenthaltstitel, Reisedokumente** und über **ausreichende Mittel zur Bestreitung des Lebensunterhalts** verfügen (s. Art. 19 SDÜ). Die Bestimmungen gelten für Drittausländer, die für Kurzaufenthalte der Visumpflicht unterliegen (Art. 19 SDÜ) oder die für Kurzaufenthalte von der Visumpflicht befreit (Art. 20 SDÜ) oder die im Besitz eines von einem Schengen-Staat ausgestellten Aufenthaltstitels sind (Art. 21 SDÜ). Für einen Drittausländer bestehen nach seiner Einreise **Meldepflichten** (s. Art. 22 SDÜ).

---

42 ABl.EG 2000 Nr. C 164/6.
43 ABl.EG 1994 Nr. L 327/1; K. *Hailbronner*, in: HK-EUV, Art. K, Rn. 45.
44 H. C. *Taschner*, in: GTE, EU-/EGU, Das Schengener Übereinkommen, Rn. 50.

Art. 63 (ex-Art. 73k)

Der Rat beschließt gemäß dem Verfahren des Artikels 67 innerhalb eines Zeitraums von fünf Jahren nach Inkrafttreten des Vertrags von Amsterdam[1 f.]
1. in Übereinstimmung mit dem Genfer Abkommen vom 28. Juli 1951 und dem Protokoll vom 31. Januar 1967 über die Rechtsstellung der Flüchtlinge sowie einschlägigen anderen Verträgen[4] Asylmaßnahmen[3, 5 ff.] in folgenden Bereichen:
   a) Kriterien und Verfahren zur Bestimmung des Mitgliedstaates, der für die Prüfung eines Asylantrags zuständig ist, den ein Staatsangehöriger eines dritten Landes in einem Mitgliedstaat gestellt hat[7 ff.];
   b) Mindestnormen für die Aufnahme von Asylbewerbern in den Mitgliedstaaten[12 ff.];
   c) Mindestnormen für die Anerkennung von Staatsangehörigen dritter Länder als Flüchtlinge[16];
   d) Mindestnormen für die Verfahren in den Mitgliedstaaten zur Zuerkennung oder Aberkennung der Flüchtlingseigenschaft[17 ff.];
2. Maßnahmen in bezug auf Flüchtlinge und vertriebene Personen[22] in folgenden Bereichen:
   a) Mindestnormen für den vorübergehenden Schutz von vertriebenen Personen aus dritten Ländern, die nicht in ihr Herkunftsland zurückkehren können, und von Personen, die anderweitig internationalen Schutz benötigen[21 ff.];
   b) Förderung einer ausgewogenen Verteilung der Belastungen, die mit der Aufnahme von Flüchtlingen und vertriebenen Personen und den Folgen dieser Aufnahme verbunden sind, auf die Mitgliedstaaten[24 ff.];
3. einwanderungspolitische Maßnahmen[26 ff.] in folgenden Bereichen:
   a) Einreise- und Aufenthaltsvoraussetzungen sowie Normen für die Verfahren zur Erteilung von Visa für einen langfristigen Aufenthalt und Aufenthaltstiteln, einschließlich solcher zur Familienzusammenführung, durch die Mitgliedstaaten[27 ff.];
   b) illegale Einwanderung und illegaler Aufenthalt, einschließlich der Rückführung solcher Personen, die sich illegal in einem Mitgliedstaat aufhalten[32 ff.];
4. Maßnahmen zur Festlegung der Rechte und der Bedingungen, aufgrund derer sich Staatsangehörige dritter Länder, die sich rechtmäßig in einem Mitgliedstaat aufhalten, in anderen Mitgliedstaaten aufhalten dürfen[35].

Maßnahmen, die vom Rat gemäß den Nummern 3 und 4 beschlossen worden sind, hindern die Mitgliedstaaten nicht daran, in den betreffenden Bereichen innerstaatliche Bestimmungen beizubehalten oder einzuführen, die mit diesem Vertrag und mit internationalen Übereinkünften vereinbar sind[36 ff.].

Der vorgenannte Fünfjahreszeitraum gilt nicht für nach Nummer 2 Buchstabe b, Nummer 3 Buchstabe a und Nummer 4 zu beschließende Maßnahmen[2].

Inhaltsübersicht:

I. Überblick	1
II. Asylpolitik	3
1. Allgemeines	3
2. Asyl für Unionsbürger	6
3. Die Festlegung des zuständigen Mitgliedstaates für einen Asylantrag	8
4. Aufnahme von Asylbewerbern	13
5. Anerkennung als Flüchtling	15
6. Harmonisierung des Asylverfahrensrechts	16
III. Vorübergehender Schutz von vertriebenen Personen	21

IV. Ausgewogene Lastenverteilung aus der Aufnahme von Flüchtlingen und vertriebenen Personen	24
V. Einwanderungspolitische Maßnahmen	27
1. Überblick	27
2. Einreise- und Aufenthaltsvoraussetzungen	28
a) Regelungskompetenz	28
b) Praxis	30
3. Illegale Einwanderung und illegaler Aufenthalt	35
a) Regelungskompetenz	35
b) Praxis	36
VI. Reisefreiheit für Drittstaatsangehörige	40
VII. Einschränkungen durch nationale Sonderregelungen	41

I. Überblick

Die Überführung der **Asyl-, Flüchtlings- und Einwanderungspolitik** in die Kompetenz 1 der Gemeinschaft gehört zu den wesentlichen Ergebnissen des **Vertrags von Amsterdam**. Vor dessen Inkrafttreten zählten diese Aufgabenbereiche gemäß Art. K. 1 Nr. 1 und Nr. 3 EUV a. F. zur »dritten Säule« der Union und unterfielen mithin allein einer zwischenstaatlichen Zusammenarbeit. Im näheren weist Art. 63 der Gemeinschaft die Kompetenz für die **Asylpolitik** (Nr. 1), für **die Flüchtlings- und Vertriebenenpolitik** (Nr. 2), für die **Einwanderungspolitik** (Nr. 3) und für die kurzfristige **Reisefreiheit von Drittstaatsangehörigen** (Nr. 4) zu.

Art. 63 sieht vor, daß der Rat die angestrebten Maßnahmen nach den Nr. 1 bis 4 inner- 2 halb eines Zeitraums von **fünf Jahren** nach Inkrafttreten des **Vertrags von Amsterdam** zu beschließen hat[1]. Diese Frist gilt nach Abs. 3 nicht für Maßnahmen zur Förderung einer **ausgewogenen Lastenverteilung bei der Aufnahme von Flüchtlingen** (Nr. 2 lit. b), für Maßnahmen in bezug auf die Voraussetzungen für **Einreise- und Aufenthalt** (Nr. 3 lit. a) und für Maßnahmen zur Festlegung der Rechte und Bedingungen, unter denen sich Drittstaatsangehörige in einem anderen Mitgliedstaat **aufhalten dürfen** (Nr. 4). Es handelt sich bei der Frist von **fünf Jahren** um eine **Soll-Regelung** mit rechtspolitischem Charakter. Der vom Europäischen Rat am 10./11.12.1998 gebilligte »Wiener Aktionsplan«[2] und die Schlußfolgerungen des Europäischen **Rates von Tampere** vom 15./16.10.1999 geben einen zügigen Zeitplan für ein Bündel asyl- und einwanderungspolitischer Maßnahmen vor. Hinsichtlich des Beschlußverfahrens nach Art. 67 gilt seit dem Vertrag von Nizza abweichend vom Grundsatz der Einstimmigkeit nach Abs. 1 das Verfahren nach Art. 251 für die Kompetenzbereiche nach Art. 63 Nr. 1 und Nr. 2 lit. b), sofern die gemeinsamen Regeln und wesentlichen Grundsätze für diese Bereiche festgelegt worden sind (s. Art. 67 Abs. 5)[3]. Anderenfalls bleibt es weiterhin beim Einstimmigkeitsprinzip für Entscheidungen des Rates, solange der Rat keinen abweichenden Beschluß gefaßt hat.

II. Asylpolitik

1. Allgemeines

Der Rat hat nach Art. 63 Nr. 1 »**Asylmaßnahmen**« zur Bestimmung des für die Prü- 3 fung eines Asylantrags zuständigen Mitgliedstaates (lit. a) sowie jeweils »**Mindestnor-**

---

1 Skeptisch insofern *Pechstein/Koenig*, Eu, Rn. 354.
2 S. ABl.EG 1999 Nr. C 19/1.
3 S. Art. 67, Rn. 9.

men« für die **Aufnahme von Asylbewerbern** in den Mitgliedstaaten (lit. b), für die Anerkennung von Drittstaatsangehörigen als **Flüchtlinge** (lit. c) und für die Verfahren der Zu- und Aberkennung der Flüchtlingseigenschaft (lit. d) zu beschließen. Das gesamte Asylrecht einschließlich des Asylverfahrensrechts fällt damit in die Kompetenz der Gemeinschaft[4]. Der Begriff der »**Mindestnormen**« stellt klar, daß die Mitgliedstaaten **günstigere Regelungen** beibehalten oder einführen dürfen, sofern diese mit dem übrigen Gemeinschaftsrecht im Einklang stehen[5]. Ziel der Gemeinschaft soll es nach den Schlußfolgerungen des **Rates von Tampere** sein, ein vollständig **harmonisiertes gemeinsames Asylsystem** zu schaffen, d. h. ein einheitliches Verfahren für alle Flüchtlingsgruppen zu etablieren, einheitliche materiell-rechtliche Anforderungen an die Schutzgewährung aufzustellen und einen einheitlichen unionsweiten Status für anerkannte Flüchtlinge festzulegen.[6] Hierzu sollen klare und praktible Formeln für die Bestimmung des für die Prüfung eines Asylantrags zuständigen Staates, gemeinsame Standards für ein gerechtes und wirksames Asylverfahren, gemeinsame Mindestbedingungen für die Aufnahme von Asylbewerbern und die Annäherung der Bestimmungen über die Zuerkennung und die Merkmale der Flüchtlingseigenschaft gefunden werden.

4 Die Gemeinschaft verpflichtet sich in Art. 63 zugleich, Asylmaßnahmen nur in Übereinstimmung mit dem **Genfer Abkommen vom 28.7.1951 über die Rechtsstellung der Flüchtlinge (Genfer Flüchtlingskonvention – GFK)**[7] in der Fassung des New Yorker Protokolls vom 31.1.1967[8] zu beschließen. Eine vergleichbare Regelung fand sich bereits in Art. K. 2 Abs. 1 EUV a. F.[9] Art. 1 A Ziff. 2 GFK definiert **Flüchtlinge** als die Menschen, die aus der begründeten Furcht vor Verfolgung wegen ihrer Rasse, Religion, Nationalität, Zugehörigkeit zu einer bestimmten sozialen Gruppe oder wegen ihrer politischen Überzeugung nicht den Schutz ihres Heimatlandes in Anspruch nehmen können oder infolge dieser Befürchtungen nicht in Anspruch nehmen wollen. Asylbewerber sind hingegen Personen, die Asyl beantragt haben. Die GFK gewährt den Asylbewerbern zwar nicht ein subjektives **Recht auf Asyl**, aber auf **Rechte im Asyl**[10]. Hierzu gehört insbesondere das in Art. 33 GK enthaltene Verbot einer Abschiebung in einen Ver-

---

4 S. hierzu im Überblick *K. Sieveking*, Europäische Einwanderungs- und Flüchtlingspolitik – neue Perspektiven nach Amsterdam, ZSR 2001, S. 3 ff.; *K. Hailbronner*, The treaty of Amsterdam and Migration Law, EJM 1999, S. 9; *B. Huber*, Die europäische Asylpolitik nach Inkrafttreten des Amsterdamer Vertrages, InfAuslR 2000, S. 302 ff.; *M. Beckmann*, Europäische Harmonisierung des Asylrechts, 2001; *E. Guild/C. Harlow*, Implementing Amsterdam, Oxford 2001; *St. Schmahl*, Die Vergemeinschaftung der Asyl- und Flüchtlingspolitik, ZAR 2001, S. 3 ff.; Zur Entwicklung der europäischen Asylpolitik vor dem Vertrag von Amsterdam s. insbesondere *A. Achermann*, Schengen und Asyl, in: ders./Bieber/Epiney/Wehner (Hrsg.), Schengen und die Folgen, Bern 1995, S. 85 ff.; *K. Hailbronner*, Möglichkeiten und Grenzen einer europäischen Koordinierung des Einreise- und Aufenthaltsrechts, 1989; *W. de Lobkowicz*, Intergovernmental Cooperation in the Fields of Migration, in: Monar/Morgan (Hrsg.), The Third Pillar of the European Union, Brüssel 1994, S. 99 ff.; *F. Schoch*, Asyl- und Ausländerrecht in der Europäischen Gemeinschaft, DVBl. 1992, S. 525.

5 Einen Überblick über das Asylrecht in anderen europäischen Ländern gibt *P. Schoenemann*, Das deutsche Asylrecht im Lichte der europäischen Asylrechtsharmonisierung und des nationalen Asylrechts in Westeuropa, NVwZ 1997, S. 1049; *P. J. Kricken* (Hg.) The asylum acquis handbook, Den Haag 2000.

6 S. auch *A. Weber*, Ansätze zu einem gemeineuropäischen Asylrecht, EuGRZ 1999, S. 301; *M. Wolter*, Auf dem Weg zu einem gemeinschaftsrechtlichen Asylrecht in der EU, 1999; *M. Bell*, Mainstreaming equality norms to European asylum law, ELR 2001, S. 27.

7 BGBl. II 1953 S. 559.

8 BGBl. II 1969 S. 1293.

9 *M. Degen*, in: GTE, EU-/EGV, Art. K. 2, Rn. 1 ff. m.w.N.

10 *K. Amann*, in: Huber, Hdb. des Ausländer- und Asylrechts, B 510, Vorb. Genf-Konv., Rn. 25 ff. m.w.N.

folgerstaat oder in Staaten, die ihrerseits Ausländer in einen Verfolgerstaat abschieben (**Prinzip des »non-refoulement«**)[11]. Da alle Mitgliedstaaten sowohl der GFK als auch dem New Yorker Protokoll ohne geographische Vorbehalte beigetreten sind, bekräftigt Art. 63 nur die ohnehin bestehenden völkerrechtlichen Pflichten der Mitgliedstaaten. Die Bindung an die **EMRK**, die (deklaratorisch) noch in Art. K. 2 Abs. 1 EUV a. F. hervorgehoben worden war[12], ergibt sich nunmehr unmittelbar aus Art. 6 Abs. 2 EUV. Institutionelle Verbürgung findet das Asylrecht schließlich in Art. 18 **EU-Grundrechtscharta**, wonach das Recht auf Asyl nach Maßgabe des Genfer Abkommens vom 28.7.1951 und des Protokolls vom 31.1.1967 über die Rechtsstellung der Flüchtlinge sowie gemäß dem EG-Vertrag gewährleistet wird.

Für die bessere Erfassung, den Austausch und die Verbreitung von Informationen über asylrelevante Fragen sowie für die Erstellung einer Asyl-Dokumentation haben die Einwanderungsminister mit Beschluß vom 30.11.1992 ein Informations-, Reflexions- und Austauschzentrum für Asylfragen (**CIREA**) eingerichtet[13]. Geplant ist ferner das Statistische Amt der Europäischen Gemeinschaften (**Eurostat**) für die Sammlung und Auswertung von Daten über Asyl und Migration zu nutzen. 5

2. Asyl für Unionsbürger

In einem **Protokoll** zum Vertrag von Amsterdam über die Gewährung von **Asyl für Unionsbürger** erkennen sich die Mitgliedstaaten für alle rechtlichen und praktischen Zwecke im Zusammenhang mit Asylfragen gegenseitig als **sichere Herkunftsländer** an (Art. 1 Satz 1)[14]. Der Asylantrag eines Unionsbürgers innerhalb der Gemeinschaft darf danach nur noch berücksichtigt oder zur Bearbeitung zugelassen werden (Art. 1 Satz 2), wenn er aus einem Mitgliedstaat stammt, der unter Berufung auf Art. 15 EMRK erklärt, den Pflichten aus der EMRK nicht mehr nachzukommen, oder gegen den der Rat ein Verfahren wegen schwerwiegender und anhaltender Mißachtung der Menschenrechte gemäß Art. 7 EUV entweder eingeleitet oder eine solche Verletzung festgestellt hat[15]. Für den Fall, daß ein Mitgliedstaat **einseitig** einen solchen Beschluß faßt, hat er von der »**offensichtlichen Unbegründetheit**« des Asylantrags auszugehen. 6

In einer Erklärung zu dem genannten Protokoll sind die Mitgliedstaaten ferner übereingekommen, die Bedeutung der Entschließung der Einwanderungsminister vom 30.11./1.12.1992 über offensichtlich unbegründete Asylanträge und der Entschließung des Rates vom 9.3.1995 über die Mindestgarantien für Asylverfahren zwar anzuerkennen, jedoch die Frage des Mißbrauchs von Asylverfahren und geeigneter schneller Verfahren, die es gestatten, auf die Prüfung offensichtlich unbegründeter Asylanträge zu verzichten, weiter zu prüfen. **Belgien** hat darüber hinaus eine Erklärung abgegeben, daß es sich die Prüfung jedes Asylantrags eines Unionsbürgers vorbehält. 7

---

11 S. zum Refoulement-Verbot: *G. Gornig*, Das Refoulement-Verbot im Völkerrecht, 1987; *W. Kälin*, Das Prinzip des Non-Refoulement, Zürich 1982; zum Refoulement-Verbot nach Art. 3 EMRK siehe u. a. *Ch. Klos*, Deutschlands Verhältnis zur GFK und zur EMRK, ZAR 2000, S. 202 ff.; *Th. Groß*, Europäische Grundrechte als Vorgaben für das Einwanderungs- und Asylrecht, KJ 2001, S. 100 ff.
12 *M. Degen*, in: GTE, EU-/EGV, Art. K. 2, Rn. 1.
13 S. etwa den Bericht über die Tätigkeit von CIREA vom 26.5.1997, ABl.EG Nr. C 191/21.
14 *M. Degen*, in: GTE, EU-/EGV, Vorbem. zu den Art. K bis K. 9, Rn. 21; kritisch *A. Zimmermann*, Der Vertrag von Amsterdam und das deutsche Asylrecht, NVwZ 1998, S. 453 ff.
15 S. Art. 7, Rn. 5.

3. Die Festlegung des zuständigen Mitgliedstaates für einen Asylantrag

8   Nach Art. 63 Nr. 1 lit. a) legt der Rat die **Kriterien und Verfahren zur Bestimmung desjenigen Mitgliedstaates** fest, der für die Prüfung eines **Asylantrags zuständig** ist, den ein Drittstaatsangehöriger in einem der Mitgliedstaaten stellt. Damit soll verhindert werden, daß Asylbewerber von einem Mitgliedstaat in den anderen abgeschoben werden kann (sog. »refugee in orbit«) oder unkontrolliert mehrere Asylverfahren gleichzeitig in den Mitgliedstaaten anstrengt[16]. In der Praxis erfolgt die Bestimmung der Zuständigkeit nach den Vorschriften des **Dubliner Übereinkommens** vom 15.6.1990 (DÜ)[17]. Das Übereinkommen ist am 1.9.1997 in Kraft getreten[18]. Zugleich bestimmt Art. 1 des **Bonner Protokolls** vom 19. Juni 1990[19], in Kraft getreten am 1.8.1997[20], daß die im wesentlichen gleich gelagerten Kollisionsnormen des **Schengener Durchführungsübereinkommens** (Art. 28 – 38 SDÜ) keine Anwendung mehr finden (s. Art. 142 SDÜ)[21]. Island und Norwegen wurden durch ein Übereinkommen vom 15.3.2001 in den Anwendungsbereich des DÜ mit aufgenommen[22]. Die Kommission hat auf der Grundlage einer Evaluierung über die Anwendung des DÜ in den Mitgliedstaaten einen Verordnungsentwurf über die Kriterien und Mechanismen zur Bestimmung des für einen Asylantrag zuständigen Mitgliedstaat vorgelegt, der die Effizienz des DÜ verbessern, den Asylmißbrauch verhindern und zugleich den Zugang zum Asylverfahren sicherstellen soll[23].

9   Ziel der Kollisions- und Kompetenzregelungen des DÜ ist es, daß ein im Hoheitsgebiet der Mitgliedstaaten gestellter Asylantrag nur von einem **einzigen Mitgliedstaat** geprüft wird (s. Art. 3 Abs. 2 Satz 1 DÜ). Unter **Asylantrag** ist ein Antrag zu verstehen, mit dem ein Ausländer einen Mitgliedstaat um Schutz nach dem Genfer Abkommen unter Berufung auf den **Flüchtlingsstatus** i. S. v. Art. 1 GFK ersucht (s. Art. 1 lit. b) DÜ). Soweit ausschließlich **asylunabhängige Abschiebungshindernisse** – etwa nach Art. 3 EMRK – geltend gemacht werden, liegt kein Asylantrag im Sinne des Dubliner Übereinkommens vor[24]. Die **Prüfung des Asylantrags** umfaßt die Gesamtheit der Prüfungs-

---

16   S. Denkschrift zum Übereinkommen, BT-Drs. 12/6485, S. 13; *R. Marx,* Adjusting the Dublin Convention, EJML 2001, S. 7 ff.; *K. G. Grütjen,* Innere Sicherheit in der Europäischen Union, Kriminalpolizei 1997, S. 12 und S. 90; *K. Hailbronner/C. Thiery,* Schengen II und Dublin – Der zuständige Asylstaat in Europa, ZAR 1997, S. 56; *G. Ress,* Die Auswirkungen der Abkommen von Schengen und Dublin auf die Asylpolitik der EG, in: Pauly (Hrsg.), Les accords de Schengen, Maastricht 1993, S. 83.
17   Übereinkommen über die Bestimmung des zuständigen Staates für die Prüfung eines in einem Mitgliedstaat der Europäischen Gemeinschaften gestellten Asylantrags vom 15.6.1990; BGBl II 1994, S. 792 ff.; s. näher: *F. Löper,* Das Dubliner Übereinkommen über die Zuständigkeit für Asylverfahren, ZAR 2000, S. 16 ff.; *Achermann* (Fn. 4), S. 93 ff.; *A. Gerlach,* Dubliner Asylrechtskonvention und Schengener Abkommen, ZRP 1993, S. 164; *Grütjen* (Fn. 16), S. 90; *B. Huber,* Das Dubliner Übereinkommen, NVwZ 1998, S. 150 f.; *P.-C. Müller-Graff,* The Dublin Convention. Pioneer and Lesson for Third-Pillar Conventions, in: Bieber/Monar (Hrsg.), Justice and Home Affairs in the European Union, Brüssel 1995, S. 49.
18   BGBl. II 1997, S. 1452.
19   BGBl. II 1995, S. 738.
20   BGBl. II 1997, S. 1468.
21   S. zu den Unterschieden zwischen dem Dubliner Übereinkommen und den entsprechenden Vorschriften des SDÜ: *Achermann* (Fn. 3), S. 83 f.; *D. O'Keeffe,* The Schengen Convention, YEL 1991, S. 196 ff.; *Ress* (Fn. 16), S. 83 ff.; zur Integration in das Gemeinschaftsrecht über das Schengen-Protokoll s. näher *A. Weber,* Möglichkeiten und Grenzen europäischer Asylrechtsharmonisierung, ZAR 1998, S. 149 f.
22   ABl.EG 2001 Nr. L 93/1.
23   KOM (2001) 447.
24   *Hailbronner/Thiery* (Fn. 16), S. 58.

vorgänge, der Entscheidungen bzw. Urteile der zuständigen Stellen in bezug auf einen Asylantrag, mit Ausnahme der Verfahren zur Bestimmung des jeweils zuständigen Mitgliedstaates (s. Art. 1 lit. d) DÜ)[25]. Das Verfahren zur Bestimmung des zuständigen Mitgliedstaates beginnt, wenn ein **Asylantrag zum ersten Mal** gestellt wird (s. Art. 3 Abs. 6 DÜ). Die näheren Durchführungsvorschriften trifft der gemäß Art. 18 DÜ eingesetzte **Dubliner Ausschuß**[26].

Die Festlegung der Zuständigkeit bemißt sich nach folgenden, in einer Rangstufe stehenden Kriterien (Art. 3 Abs. 2 Satz 2 DÜ)[27]: Ein **enges Verwandtschaftsverhältnis** zu einem Asylberechtigten, dem der Aufenthalt gewährt worden ist (Art. 4 DÜ) [28], die Erteilung einer **Aufenthaltserlaubnis**[29] **oder eines Visums (Art. 5 DÜ), die Gestattung einer visumfreien Einreise (Art. 7 Abs. 1 DÜ) und das nachweisliche Überschreiten der Grenze** bei einer illegalen Einreise, außer der Asylbewerber hielt sich seit seiner Einreise länger als sechs Monate in einem anderen Mitgliedstaat auf (s. Art. 6 Abs. 1 DÜ). Als **Auffangregelung** gilt schließlich der Grundsatz, daß derjenige Mitgliedstaat zuständig ist, in dem der Asylbewerber **seinen Asylantrag gestellt** hat (s. Art. 8 i.V.m. Art. 12 DÜ)[30]. Die Zuständigkeit orientiert sich mithin maßgeblich an der Frage, welcher Mitgliedstaat die **größte Verantwortung** für den Aufenthalt des Asylbewerbers im Hoheitsgebiet der Mitgliedstaaten trägt[31]. 10

Art. 10 DÜ verpflichtet die Mitgliedstaaten im Falle ihrer Zuständigkeit, **Asylbewerber aufzunehmen** und **das Asylverfahren bis zum Ende durchzuführen**[32]. Das nähere Verfahren der Übernahme von Asylbewerbern regeln die Art. 11–13 DÜ[33]. Jeder Mitgliedstaat ist darüber hinaus aus **humanitären, familiären oder kulturellen** Gründen berechtigt, einen (selbst anderswo abgelehnten) **Asylantrag zu prüfen**, sofern der Asylbewerber **zustimmt**; mit der Prüfung tritt er in die Pflichten des eigentlich zuständigen Mitgliedstaates ein (s. Art. 3 Abs. 4 und Art. 9 DÜ)[34]. Asylbewerber haben aber kein subjektives Recht, daß der Asylantrag von einem bestimmten Mitgliedstaat geprüft wird[35]. Art. 14 und Art. 15 DÜ sehen weiterhin vor, daß zur Durchführung des Übereinkommens **allgemeine Informationen in Asylfragen** und bestimmte **personenbezogene Daten** über Asylbewerber ausgetauscht werden können. Der Austausch personenbezo- 11

---

25 B. *Huber*, Das Schengener Durchführungsübereinkommen und seine Auswirkungen auf das Ausländer- und Asylrecht, NVwZ 1996, S. 1073; kritisch insofern *Grütjen* (Fn. 16), S. 13.
26 S. insbesondere den Beschluß Nr. 1/97 des Dubliner Ausschusses vom 9.9.1997, ABl.EG 1997 Nr. L 282/1.
27 S. zu den Beweismittel zur Bestimmung des für einen Asylantrag zuständigen Mitgliedstaates näher die Entschließung des Rates vom 24.6.1994, ABl.EG 1996 Nr. C 274/35.
28 Für nicht weitgehend genug halten diese Regelung *Hailbronner/Thiery* (Fn. 16), S. 57.
29 Gemeint ist jede von den Behörden eines Mitgliedstaates erteilte Erlaubnis, mit der Aufenthalt eines Drittstaatsangehörigen im Hoheitsgebiet gestattet wird, also auch die Aufenthaltsbewilligung, die Aufenthaltsbefugnis und die Aufenthaltsberechtigung im Sinne des Ausländergesetzes; s. *Huber* (Fn. 17), S. 151.
30 Kritisch zu der praktischen Wirksamkeit des Zuständigkeitssystems nach dem Dubliner Übereinkommen, *Hailbronner/Thiery* (Fn. 16), S. 64 ff.
31 *Grütjen* (Fn. 16), S. 90; *Hailbronner/Thiery* (Fn. 16), S. 57; *Müller-Graff* (Fn. 17), S. 54 ff.; *O'Keeffe* (Fn. 21), S. 197 f.; *Stefanini/Doublet* (Fn. 17), S. 397; kritisch zu dem Zuständigkeitssystem *Achermann* (Fn. 17), S. 100 ff.
32 Das nähere praktische Verfahren in Deutschland schildern anschaulich *Hailbronner/Thiery* (Fn. 16), S. 61 f. und S. 64 ff.
33 Näher zu der verfahrensrechtlichen Praxis: *Hailbronner/Thiery* (Fn. 16), S. 61 ff.
34 S. *Hailbronner/Thiery* (Fn. 16), S. 56; OVG Münster, NVwZ 1997, S. 1141 (1142 f.); s. auch Beschluß Nr. 1/2000 des Dubliner Ausschusses vom 31.10.2000, ABl.EG Nr. L 281/1.
35 VG Gießen, NVwZ-Beilage 1996, S. 27; *Hailbronner/Thiery* (Fn. 16), S. 59; a. A. *Huber* (Fn. 17), S. 150.

gener Daten darf nur erfolgen, wenn die Datenübermittlung zur Bestimmung des für den Asylantrag zuständigen Mitgliedstaates erforderlich ist. Die Regelung des Art. 15 DÜ wird allerdings kritisiert, weil Asylbewerbern nicht das Recht zustehe, Klage auf Berichtigung, Löschung, Auskunftserteilung oder Schadensersatz zu erheben[36].

12 Zur Erleichterung der Anwendung des Dubliner Übereinkommens sieht die VO (EG) Nr. 2725/2000 die Einrichtung einer Zentraleinheit (**EURODAC**) vor, die mittels eines besonderen Erkennungsverfahren die Fingerabdrücke von Asylbewerbern und illegalen Einwanderern abgleichen kann[37]. Die Zentraleinheit wird seinen Betrieb aufnehmen, sobald die Kommission als deren Betreiberin und die Mitgliedstaaten die technischen Voraussetzungen geschaffen haben. EURODAC findet nicht nur gegenüber Asylbewerbern, sondern auch gegenüber anderen Drittausländern, vor allem illegalen Einwanderern, Anwendung[38].

4. Aufnahme von Asylbewerbern

13 Art. 63 Nr. 1 lit. b) ermächtigt den Rat, **Mindestvorschriften** für die **Aufnahme von Asylbewerbern** in den Mitgliedstaaten zu beschließen. Erfaßt werden hiervon u. a. Regelungen über die Annahme eines Asylantrags, die Einreise des Asylbewerbers in das Hoheitsgebiet, das Bleiberecht des Asylbewerbers bis zum rechtskräftigen Abschluß des Verfahrens, das Recht auf Arbeit und Bildung[39] sowie Art und Höhe der an die Asylbewerber zu erbringenden Leistungen.

14 Die Kommission hat zur Ausgestaltung der Kompetenz einen **Richtlinien-Entwurf** zur Festlegung von Mindestnormen für die Aufnahme von Asylbewerbern in den Mitgliedstaaten vorgelegt[40]. In dem Richtlinien-Entwurf werden die **Aufnahmebedingungen** in allen Phasen und bei allen Arten von Asylverfahren im Einzelnen geregelt (Information, Dokumente, Bewegungsfreiheit, Unterkunft, Verpflegung, Kleidung, Leistungen zur Deckung des täglichen Bedarfs, Einheit der Familie, medizinische Versorgung, schulische Betreuung Minderjähriger, Zugang zum Arbeitsmarkt und Berufsbildung). Die **materiellen Aufnahmebedingungen** für die Asylbewerber verbessern sich, wenn die Anträge nicht als zulässig und nicht offensichtlich unbegründet eingestuft werden oder das laufende Verfahren zu langwierig ist. Eine weitere Gruppe von Vorschriften betrifft Bestimmungen zur Einschränkung oder Aberkennung des Zugangs zu einigen oder allen Aufnahmebedingungen sowie die Möglichkeit der gerichtlichen Überprüfung solcher Entscheidungen. Schließlich sollen Verfahren und Institutionen zur Kontrolle und Verbesserung der Aufnahmebedingung eingesetzt werden.

5. Anerkennung als Flüchtling

15 Der Rat hat weiterhin gemäß Nr. 1 lit. c) **Mindestnormen für die Anerkennung von Staatsangehörigen dritter Länder als Flüchtlinge** i. S. d. Art. 1 GFK zu beschließen. Erfaßt werden alle Regelungen, die den Status als Flüchtling in einem Mitgliedstaat be-

---

36 *Hailbronner/Thiery* (Fn. 16), S. 60.
37 ABl.EG 2000 Nr. L 316/1; »EURODAC« heißt »European Automated Fingerprint Recognition System«; s. B. *Schröder*, Das Fingerabdruckvergleichssystem EURODAC, ZAR 2001, S. 71 ff.
38 S. Art. 8 ff. VO (EG) Nr. 2725/2000.
39 S. D. *Dohms-Ockenfels*, Die Rechte auf Arbeit und Bildung der Asylbewerber in der EU, 1999.
40 KOM (2001) 181.

treffen. In der **Praxis** liegt ein **gemeinsamer Standpunkt** des Rates vom 4.3.1996 gemäß Art. K.3 Abs. 2 lit. a) EUV a. F. vor, der die Harmonisierung der Anwendung des Begriffs »Flüchtling« i. S. d. Art. 1 GFK zum Ziel hat[41]. Danach soll jeder Asylantrag anhand der im Einzelfall geltend gemachten Tatsachen und Umstände und unter Berücksichtigung der tatsächlichen Lage im Herkunftsland geprüft werden. Dies gilt auch bei einer **Gruppenverfolgung**. Die Anerkennung als Flüchtling setzt eine Verfolgung im Herkunftsstaat voraus, die hinreichend gravierend ausgefallen und sich auf die Rasse, Religion, Nationalität, Zugehörigkeit zu einer bestimmten sozialen Gruppe oder die politische Überzeugung bezogen haben muß. Verfolgung kann nur durch den **Staat** erfolgen; im Falle eines Bürgerkrieges liegt eine Verfolgung nicht vor[42]. Für die Annahme einer staatlichen Verfolgung genügt eine **Förderung oder Billigung** der Verfolgung durch staatliche Behörden; allein die Unterlassung notwendiger Schutzmaßnahmen vor Verfolgung durch Dritte begründet hingegen keine staatliche Verfolgung. Eine inländische Fluchtalternative schließt die Gewährung von Asyl aus. Ein **Richtlinien-Entwurf** der Kommission über die Annäherung der Bestimmungen über die **Zuerkennung und die Merkmale der Flüchtlingseigenschaft** ist in Vorbereitung. Mit Statusfragen anerkannter Flüchtlinge befaßt sich eingehend die Mitteilung der Kommission vom 22.11.2000 über einen **unionsweit geltenden einheitlichen Status** für die Personen, denen Asyl gewährt wird[43].

6. Harmonisierung des Asylverfahrensrechts

Nach Nr. 1 lit. d) beschließt der Rat **Mindestvorschriften für das Asylverfahren** in den Mitgliedstaaten. Diese Kompetenz umfaßt alle Verfahrensregelungen, die die Prüfung des Asylbegehrens betreffen einschließlich der Rechtsmittel gegen einen ablehnenden Bescheid. Hierzu zählen auch Regelungen über die Möglichkeiten und Mittel der Beweisführung oder der Glaubhaftmachung der Verfolgungsgründe und über den Rechtsschutz. Erfaßt werden weiterhin Regelungen zur Beendigung des Aufenthalts abgelehnter Asylbewerber.

16

Die Kommission hat einen Vorschlag für eine **Richtlinie über Mindestnormen für Verfahren in den Mitgliedstaaten zur Zuerkennung oder Aberkennung der Flüchtlingseigenschaft** unterbreitet, die Vorschriften über die Verfahrensgarantien für Asylbewerber, die Mindestanforderungen an die Entscheidungsfindung und die Anwendung bestimmter Konzepte und Praktiken enthält, ohne jedoch eine völlige Vereinheitlichung der Verfahren anzustreben[44]. Der Vorschlag sieht im wesentlichen drei Arten von Maßnahmen vor: Eine erste Reihe von Regelungen betrifft die **Verfahrensgarantien für Asylbewerber**. Demnach muß jeder Asylbewerber das Recht haben, gegen eine erstinstanzliche Entscheidung Berufung einzulegen und muß in allen maßgeblichen Stadien des Verfahrens in einer ihm verständlichen Sprache über seine Rechtslage informiert werden. Ein zweites Bündel von Vorschriften betrifft **die Mindestanforderungen für die Entscheidungsfindung**. Insofern sieht der Entwurf ein zumindest dreistufiges Modell vor, nämlich eine den Flüchtlingsstatus bestimmende Behörde, eine administrative oder gerichtliche Beschwerdeinstanz und ein Berufungsgericht. Eine dritte Kategorie von Normen

17

---

41 ABl.EG 1996 Nr. L 63/2; s. *K. Hailbronner*, in: HK-EUV, Art. K, Rn. 30.
42 S. hierzu näher *Schoenemann* (Fn. 5), S. 1052.
43 KOM (2000) 755.
44 KOM (2000) 578; s. auch die Mitteilung der Kommission »Für ein gemeinsames Asylverfahren und einen unionsweit geltenden einheitlichen Status für die Personen, denen Asyl gewährt wird« vom 22.11.2000; KOM (2000) 755; *J. van der Klaauw*, toward a common asylum procedure, in: Implementing Amsterdam (Fn. 4), S. 165 ff.

definiert verbindlich bestimmte **Konzepte und Begriffe**, wie z. B. »unzulässige Anträge«, »offensichtlich unbegründete Anträge«, »sicherer Herkunftsstaat« und »sicherer Drittstaat«. Insgesamt betrachtet sieht der Richtlinien-Vorschlag einen hohen Verfahrensstandard vor, der jedenfalls im Hinblick auf den umfassend angelegten Rechtsschutz auf Bedenken in Fällen von unzulässigen oder offensichtlich unbegründeten Anträgen stößt. Der Richtlinien-Vorschlag knüpft inhaltlich an die Entschließung des Rates vom 30.11./1.12.1992 über die oben genannten Konzepte und Begriffe[45] und an die Entschließung vom 20.6.1995 über **Mindestgarantien für Asylverfahren**[46] an.

18 Ihre Vorstellungen über das langfristige Vorgehen hinsichtlich eines gemeinsamen Asylverfahrens hat die Kommission in einer **Mitteilung vom 22.11.2000** skizziert und darin einen **2 Phasen-Ansatz** vorgestellt[47]. In der 2. Phase sollen nach den Überlegungen der Kommission die oben genannten Asylverfahrensregelungen, die den Mitgliedstaaten für günstigere Vorschriften weite Spielräume läßt, stärker in ein einheitliches Asylverfahrenssystem überführt werden sollen. Inwieweit eine solche Konzeption aber mit dem Begriff der »Mindestnormen« vereinbar ist, erscheint sehr fraglich.

19 Nähere Bestimmungen über das Asylverfahrensrecht trifft ferner das **Dubliner Übereinkommen**. Es verpflichtet die Vertragsstaaten, **jeden Asylantrag** zu prüfen, den ein Drittstaatsangehöriger an der Grenze oder im Hoheitsgebiet eines Mitgliedstaates gestellt hat (s. Art. 3 Abs. 1 DÜ)[48]. Eine Pflicht zur Duldung der Einreise und des Aufenthalts bis zur endgültigen Entscheidung über das Asylbegehren folgt hieraus aber ebensowenig wie ein Anspruch auf Asyl[49]. Die Vertragsstaaten sind vielmehr gemäß Art. 3 Abs. 5 DÜ berechtigt, einen Asylbewerber gemäß den innerstaatlichen Vorschriften unter Wahrung der Bestimmungen der Genfer Flüchtlingskonvention – insbesondere des Refoulement-Verbots gemäß Art. 33 GFK – in einen anderen Staat zurück- oder auszuweisen, sofern der Asylantrag offensichtlich unbegründet ist[50] oder der Asylbewerber aus einem sicheren Drittstaat eingereist ist (s. Art. 16a Abs. 2 Satz 1 GG) oder aus einem sicheren Herkunftsland stammt (s. Art. 16a Abs. 3 GG).

20 Die Rechte **unbegleiteter Minderjähriger**, die in die Union einreisen und einen Asylantrag stellen, stärkt die Entschließung des Rates vom 26.6.1997[51]. Ihnen sollen besondere Rechte im Hinblick auf die Suche nach der Familie, die notwendige Grundversorgung und die Ausgestaltung des Asylverfahrens garantiert werden. Solche Rechte legt auch Art. 10 des oben genannten Richtlinien-Entwurfs über das Asylverfahren fest.

III. Vorübergehender Schutz von vertriebenen Personen

21 Art. 63 Nr. 2 lit. a) zielt auf die Gewährleistung eines vorübergehenden Schutzes von **vertriebenen Personen** und anderen Personen, die internationalen Schutz benötigen. Er-

---

45 Abgedruckt in *K. Hailbronner*, Ausländerrecht, D. 9., D. 9.2. und 9.3; Zu der Umsetzung dieses Konzepts in Deutschland s. *Schoenemann* (Fn. 4), S. 1050.; S. auch *K. Hailbronner*, in: HK-EUV, Art. K, Rn. 23.
46 ABl.EG 1996 Nr. C 274/13; *M. Degen,* in: GTE, EU-/EGV Art. K. 1, Rn. 6.
47 KOM (2000) 755.
48 *Achermann* (Fn. 16), S. 92 bezeichnet dies als »völkerrechtliches Novum«; ebenso *Hailbronner/Thiery* (Fn. 16), S. 59.
49 *Hailbronner/Thiery* (Fn. 16), S. 58 f.; a. A. *Huber* (Fn. 17), S. 52.
50 S. Nr. 25 der Entschließung des Rates vom 20.6.1995 über Mindestgarantien für Asylverfahren, ABl.EG 1996 Nr. C 274/13; im Schrifttum näher *Hailbronner/Thiery* (Fn. 16), S. 59; kritisch *Gerlach* (Fn. 17); S. 166; *P. Ulsamer,* Asylrecht und Menschenwürde, 1996, S. 92 f.
51 ABl.EG 1997 Nr. C 221/23.

faßt werden alle Regelungen, die den **rechtlichen Status von vertriebenen Personen** in den Aufnahmeländern betreffen. Die Rechtsetzungsbefugnis der Gemeinschaft beschränkt sich auf den Erlaß von **Mindestnormen;** günstigere Regelungen bleiben den Mitgliedstaaten vorbehalten. Der Schutz ist allerdings auf eine **vorübergehende Dauer** angelegt, so daß die Mindestnormen auch Maßnahmen über die Rückführung der vertriebenen Personen miteinschließen können. Unberührt vom vorübergehenden Schutz bleibt die Anerkennung des Flüchtlingsstatus im Sinne der Genfer Flüchtlingskonvention. Ein völkerrechtliches Novum ist die mit Nr. 2 lit. a) einhergehende **Verpflichtung der Mitgliedstaaten** untereinander, vertriebenen Personen **vorübergehenden Schutz zu gewähren;** ein individueller Rechtsanspruch auf Schutz folgt hieraus aber nicht. Für den Fall eines **plötzlichen und unerwarteten »Massenzustroms«** von Vertriebenen gilt Art. 64 Abs. 2. Art. 63 Nr. 2 lit. b) betrifft die Lastenverteilung zwischen den Mitgliedstaaten infolge der Schutzgewährung und hängt insofern eng mit Nr. 2 lit. a) zusammen.

Der in Nr. 2 lit. a) verwendete Begriff der **»vertriebenen Personen«** bedarf der Erläuterung. Er wurde vor dem Hintergrund des Krieges im ehemaligen Jugoslawien entwickelt und bezeichnet eigentlich Personen, die vor drohender Gewaltanwendung fliehen, aber noch nicht die Grenzen ihres Heimatstaates überschritten haben (**»Binnenflüchtlinge«**). Nach herkömmlichen Verständnis bedarf aber nur ein Flüchtling, der das Gebiet seines Mitgliedstaates verlassen hat, des internationalen Schutzes. Gemeint sind daher **»de-facto-Flüchtlinge«,** d. h. Personen, die vor drohender Gewalt, namentlich kriegerischen Handlungen oder systematischen Menschenrechtsverletzungen aus ihrem Heimatstaat fliehen, ohne allerdings bereits selbst individuell gefährdet gewesen zu sein (s. die Definition in Art. 2 lit c) der Richtlinie 2001/55/EG, s. Rn. 23)[52]. »De-facto-Flüchtlinge« können nicht in ihren Heimatstaat zurückgeschickt werden, weil ihre Rückkehr unter menschenwürdigen Bedingungen nicht möglich und/oder sie durch das **Abschiebungsverbot** des Art. 33 GK und des Art. 3 EMRK geschützt sind. Zu den Personen, die **anderweitig internationalen Schutz** benötigen, zählen hingegen solche, die nicht vor drohender Gewaltanwendung, sondern aus anderen Gründen, etwa Naturkatastrophen, aus ihrem Heimatstaat fliehen. 22

Der **Rat** hat am 20.7.2001 die Richtlinie 2001/55/EG über Mindestnormen für die Gewährung **vorübergehenden Schutzes im Falle eines Massenzustroms von Vertriebenen** beschlossen[53]. Die Richtlinie sieht vor, Regelungen für den vorübergehenden Schutz von Flüchtlingen künftig gemeinsam zu beschließen und den Betroffenen innerhalb der EU bestimmte (Mindest-)Rechte in Bezug auf Aufenthalt, Familienzusammenführung, Beschäftigung, Unterkunft, Sozialleistungen und Bildung zu garantieren. Über den Beginn und die Beendigung des vorübergehenden Schutzes soll der Rat mit qualifizierter Mehrheit auf Vorschlag der Kommission eine Entscheidung treffen. Für die Dauer der Aufnahme soll den Vertriebenen eine eigenständige **Aufenthaltserlaubnis** erteilt werden, die nur aus Erwägungen der öffentlichen Sicherheit oder Ordnung verweigert werden darf. Als Frist für die Aufnahme ist **eine Höchstdauer von zwei Jahren** vorgesehen. Beginn, Durchführung und Beendigung des vorübergehenden Schutzes müssen mit dem UNHCR abgestimmt werden. Grundsätzlich genießen die vom vorübergehenden 23

---

52 *W. Kälin/A. Achermann,* Rückkehr von Gewaltflüchtlingen, Bern 1992, S. 4; *M. Degen,* Probleme eines besonderen humanitären Schutzes für de-Facto-Flüchtlinge, in: Heibelt (Hrsg.), Zuwanderungspolitik in Europa, 1994, S. 107 ff.
53 ABl.EG Nr. L 212/12; s. auch *J. Fitzpatrick,* Temporary Protection of Refugees: Elements of a Formalized Regime, AJIL 94 (2000), S. 279; *R. Hofmann,* Das Konzept des vorübergehenden Schutzes, in: FS H. Schiedermair, 2001, S. 873 ff.; *K. Hailbronner,* Die Rechtsstellung der de-facto-Flüchtlinge, 1993, S. 45 ff.

Schutz Begünstigten zu denselben Bedingungen wie anerkannte Flüchtlinge Zugang zur Beschäftigung und zu Bildungseinrichtungen; aus arbeitsmarktpolitischen Gründen kann aber EU-Bürgern und Drittstaatangehörigen mit rechtmäßigem Aufenthalt, die Arbeitslosengeld beziehen, Vorrang eingeräumt werden. Rückführungsmaßnahmen sollen stets »unter Wahrung der menschlichen Würde« erfolgen.

IV. Ausgewogene Lastenverteilung aus der Aufnahme von Flüchtlingen und vertriebenen Personen

24 Gemäß Art. 63 Nr. 2 lit. b) hat der Rat Maßnahmen zu treffen, um eine **ausgewogene Verteilung** der Belastung auf die Mitgliedstaaten zu **fördern**, die mit der Aufnahme von Flüchtlingen und vertriebenen Personen und den daraus resultierenden Folgen verbunden ist. Die Lastenverteilung hat sich dabei an der **wirtschaftlichen Leistungsfähigkeit** und an der **Bevölkerungszahl** eines Mitgliedstaats zu orientieren. Die Vorschrift bezieht sich nach ihrem Wortlaut nur auf die Aufnahme von anerkannten Flüchtlingen i. S. d. Art. 1 GK und von vertriebenen Personen. Gestattet sind Maßnahmen zur **Förderung** der Lastenverteilung, so daß fraglich ist, ob eine verbindliche **Quotenregelung** von Nr. 2 lit. b) gedeckt ist. Maßnahmen zur Verteilung der Aufnahme von **Asylbewerbern** auf die Mitgliedstaaten können nur auf der Grundlage des Art. 63 Nr. 1 lit. a) erfolgen.

25 In der **Praxis** hat der Rat mit der Entscheidung 2000/596/EG vom 15.9.2000 die Errichtung eines **Europäischen Flüchtlingsfonds** beschlossen.[54] Der Flüchtlingsfonds verwaltet für den Zeitraum von 2000–2004 Mittel von 216 Mio. Euro, die es den Staaten erleichtern sollen, mit Notsituationen bei einem plötzlichen Massenzustrom von Flüchtlingen oder Vertriebenen fertig zu werden; die Mittel sollen zwischen den Mitgliedstaaten nach Maßgabe der von ihnen aufgenommenen Asylbewerber und der sich auf ihrem Staatsgebiet aufhaltenden Flüchtlinge aufgeteilt werden. Zugleich wird in einer Protokollerklärung zum Ausdruck gebracht, daß der Rat mit Nachdruck die Verabschiedung weiterer Maßnahmen zur Förderung einer ausgewogenen Verteilung der Belastungen bei der Aufnahme von Flüchtlingen und Vertriebenen anstrebt.

26 Die Richtlinie 2001/55/EG des Rates vom 20.7.2001 regelt nicht nur den vorübergehenden Schutz von Vertriebenen (s. Rn. 23), sondern beinhaltet auch Maßnahmen zur **Förderung einer ausgewogenen Verteilung** der Belastungen, die mit der Aufnahme dieser Personen und den Folgen dieser Aufnahme verbunden sind[55]. Die Aufteilung der Betroffenen soll durch ein Prinzip der **doppelten Freiwilligkeit** gesteuert werden: Die Mitgliedstaaten teilen ein Aufnahmekontingent mit, in dessen Rahmen sie sich zur Aufnahme von Flüchtlingen bereit erklären. Die Vertriebenen können gegebenenfalls in einen anderen Mitgliedstaat überstellt werden, wenn die Aufnahmekontingente erfüllt sind. Die finanzielle Lastenverteilung erfolgt durch den Europäischen Flüchtlingsfonds. Vor dem Amsterdamer Vertrag hat der Rat eine Entschließung vom 25.9.1995 über unverbindliche Grundsätze für die Lastenverteilung hinsichtlich der Aufnahme und des vorübergehenden Aufenthalts von Vertriebenen [56] und einen Beschluß vom 4.3.1996 über ein Warn- und Dringlichkeitsverfahren zur Lastenverteilung hinsichtlich der Aufnahme und des vorübergehenden Aufenthalts von Vertriebenen gefaßt[57].

---

54 ABl.EG 2000 Nr. L 252/27.
55 ABl.EG 2001 Nr. L 212/12; s. auch *J. Fitzpatrick* (Fn. 52), S. 279.
56 ABl.EG 1995 Nr. C 262/1; zu dem Problemkreis s. näher W. *Schieffer*, Die Zusammenarbeit der EU-Mitgliedstaaten in den Bereichen Asyl und Einwanderung, 1998, S. 201 ff.
57 ABl.EG 1996 Nr. L 63/10.

V. Einwanderungspolitische Maßnahmen

1. Überblick

Mit Art. 63 Nr. 3 wird die Einwanderungspolitik, die vor In-Kraft-Treten der Zusammenarbeit der Mitgliedstaaten im Rahmen der Union gemäß Art. K. 1 Nr. 3 EUV a. F. vorbehalten war, in die Kompetenz der Gemeinschaft überführt. Die neue Rechtsetzungskompetenz erstreckt sich auf die gesamten **Einreise- und Aufenthaltsvoraussetzungen** (Nr. 3 lit. a), auf Maßnahmen gegen die **illegale Einwanderung und den illegalen Aufenthalt** (Nr. 3 lit. b) und auf Maßnahmen zur Festlegung von **Aufenthaltsrechten von Drittstaatsangehörigen in anderen Mitgliedstaaten** für einen über drei Monate währenden Aufenthalt (Nr. 4). Die Befugnis der Gemeinschaft erfaßt auch die Kontrolle derjenigen Drittstaatsangehörigen, die sich bereits rechtmäßig in der Europäischen Union aufhalten. Maßnahmen zur Regelung der Bedingungen einer **Beschäftigung** von Drittstaatsangehörigen einschließlich der Bekämpfung der illegalen Arbeit ergehen demgegenüber auf der Grundlage des Art. 137 Abs. 3.

27

2. Einreise- und Aufenthaltsvoraussetzungen

a) Regelungskompetenz

Art. 63 Nr. 3 lit. a) gewährt der Gemeinschaft die Kompetenz zur Harmonisierung der Einreise- und Aufenthaltsvoraussetzungen von Staatsangehörigen dritter Länder zu einem Aufenthalt von mehr als drei Monaten sowie die Voraussetzungen für einen solchen Aufenthalt. Hierzu gehört in erster Linie das Verfahren zur Ausstellung von **langfristiger Visa** und für die Ausstellung von **Aufenthaltstiteln** einschließlich solcher zur **Familienzusammenführung**. Vor allem Art. 63 Nr. 3 lit. a) eröffnet mithin der Gemeinschaft das Tor zu einer umfassenden Migrationspolitik. Nach Ansicht der Kommission soll dieses Politikfeld dadurch ausgefüllt werden, daß ein gemeinsamer Rechtsrahmen für die Aufnahme von Wirtschaftsmigranten festgelegt und ein offener Koordinierungsmechanismus innerhalb der Gemeinschaft etabliert wird[58].

28

Unter dem Begriff des »**Aufenthaltstitels**« ist jedes von den Behörden eines Mitgliedstaates ausgestellte Dokument oder jede Genehmigung zu verstehen, die einer Person den Aufenthalt in einem Mitgliedstaat erlaubt. Unabhängig von ihrer Staatsangehörigkeit besitzen **Familienangehörige der Unionsbürger** bereits ein eigenes Einreise- und Aufenthaltsrecht. Sonderregelungen gelten auch für **Angehörige der EWR-Vertragsstaaten** und deren Familienangehörigen. Die Voraussetzungen für kurzfristige Aufenthalte von bis zu drei Monaten regeln speziell Art. 62 Nr. 2 und Nr. 3. Nach einer Erklärung zum Vertrag von Amsterdam sind die Mitgliedstaaten weiterhin befugt, in den unter Artikel 63 Nr. 3 lit. a) fallenden Bereichen Übereinkünfte mit Drittländern auszuhandeln und abzuschließen, sofern diese Übereinkünfte mit den gemeinschaftlichen Rechtsvorschriften in Einklang stehen.

29

b) Praxis

Hinsichtlich der **Einreise und des Aufenthalts** von Drittstaatsangehörigen hat die Kommission mehrere wichtige Legislativakte unterbreitet. Hervorzuheben ist vor allem der Entwurf einer Richtlinie des Rates über die Bedingungen für die Einreise und den Aufenthalt von Drittstaatsangehörigen zur Ausübung einer unselbständigen oder selbstän-

30

---

58 Mitteilung der Kommission vom 22.11.2000; KOM (2000) 757; s. hierzu *P. Hägel/Ch. Deubner*, Migrationspolitik der Gemeinschaft, ZAR 2001, S. 154

digen Erwerbstätigkeit[59]. Der Richtlinien-Entwurf legt die Bedingungen und Verfahren fest, unter denen Drittstaatsangehörige zur Ausübung einer unselbständigen oder selbständigen Erwerbstätigkeit in die Gemeinschaft einreisen und sich dort aufhalten dürfen. Die Zulassung von Drittstaatsangehörigen soll sich vorwiegend an den Bedürfnissen des EG-Arbeitsmarkts orientieren, wobei den Nachweis eines Arbeitskräftemangels auch Unternehmen führen können. Das Antragsverfahren soll zugleich in eine einheitliche Genehmigung münden, die sowohl den Aufenthaltstitel als auch die Arbeitserlaubnis einschließt. Die Mitgliedstaaten bleiben befugt, Höchstgrenzen oder Quoten je Mitgliedstaat oder sonstige Beschränkungen aufgrund der öffentlichen Ordnung, Sicherheit oder Gesundheit zu erlassen. Werden jedoch die gemeinschaftsrechtlichen Kriterien erfüllt und stehen mitgliedschaftliche Einschränkungen nicht entgegen, besteht ein Rechtsanspruch auf Einreise und Aufenthalt.

31 Die Kommission hat einen weiteren Vorschlag für eine Richtlinie betreffend das **Recht der Familienzusammenführung** vorgelegt[60]. Danach haben Drittstaatsangehörige, die sich rechtmäßig im Hoheitsgebiet der Mitgliedstaaten aufhalten und im Besitz eines Aufenthaltstitels mit mindestens einjähriger Gültigkeit sind, das Recht auf Familienzusammenführung, vorbehaltlich bestimmter Auflagen, wie z. B. die Achtung der öffentlichen Ordnung und der öffentlichen Sicherheit, ausreichender finanzieller Mittel und ggf. auch einer festgelegten Wartezeit. Die Richtlinie sieht einen weiten Familienbegriff vor, der auch nichteheliche Lebenspartner einschließt, sofern das innerstaatliche Recht eine Gleichstellung mit der Ehe vorsieht. Berechtigt sind ebenso volljährige Kinder, sofern sie wegen ihres Gesundheitszustandes nicht in der Lage sind, sich selbst zu unterhalten und Verwandte aufsteigender Linie, wenn der Zusammenführende für ihren Unterhalt aufkommt und keine sonstigen familiären Bindungen im Herkunftsland bestehen. Die Bestimmungen der Richtlinie sollen ebenso für anerkannte Flüchtlinge und Personen, die subsidiären Schutz genießen, gelten.

32 Einen dritten **Richtlinien-Entwurf** hat die Kommission betreffend den **Status der langfristig aufenthaltsberechtigten Drittstaatsangehörigen** vorgelegt.[61] Der Status soll allen Drittstaatsangehörigen offen stehen, die sich rechtmäßig im Hoheitsgebiet eines Mitgliedstaates aufhalten und dort auf Dauer ansässig sind. Langfristig Aufenthaltsberechtigte mit diesem Rechtsstatus sollen gleichbehandelt werden hinsichtlich des Zugangs zu abhängiger oder selbständiger Erwerbstätigkeit, allgemeiner und beruflicher Bildung sowie des Sozialschutzes und der Sozialhilfe. Sie sollen einen hohen Ausweisungsschutz genießen. Vorgesehen sind weiterhin Vorschläge der Kommission über die Zulassung von Drittstaatsangehörigen zwecks abhängiger und selbständiger Erwerbstätigkeit, Studiums oder Berufsausbildung sowie zur Aufnahme einer unentgeltlichen Tätigkeit. Schließlich steht ein Vorschlag der Kommission für eine Verordnung des Rates zur einheitlichen Gestaltung des **Aufenthaltstitels für Drittstaatsangehörige** zur Abstimmung[62], welche die gemeinsame Maßnahme des Rates vom 16.12.1996[63] ersetzen soll. Die Vereinheitlichung zielt darauf, das Dokument mit den gleichen notwendigen Informationen zu versehen und zugleich Schutz vor Fälschungen oder Verfälschungen zu bieten. Schließlich hat die Kommission einen Richtlinien-Entwurf vorgelegt betreffend die Voraussetzungen unter denen Drittstaatsangehörigen im Hoheitsgebiet der Mitgliedstaaten während höchstens drei Monaten **Reisefreiheit** genießen und die Einfüh-

---

59 KOM (2001) 386.
60 KOM (2000) 624; *P. Boeles*, Directive an family reunification, EJML 2001, S. 61 ff.
61 KOM (2001) 127; s. auch die Schlußfolgerungen des Rates über die Harmonisierung der Rechtstellung von auf Dauer aufhältigen Drittstaatsangehörigen vom 30.11/1.12.2000.
62 KOM (2001) 157.
63 ABl.EG 1997 Nr. L 7/1.

rung einer besonderen **Reisegenehmigung** unter Festlegung der Voraussetzungen, unter denen Drittstaatsangehörigen einreisen dürfen, um sich im Hoheitsgebiet der Mitgliedstaaten während höchstens **sechs Monaten** frei zu bewegen[64]

Schon vor In-Kraft-Treten des **Vertrags von Amsterdam** hat sich der Rat mehrfach mit den Voraussetzungen der Einreise und des Aufenthalts in der Union befaßt[65]. Entschließungen des Rates[66] betrafen die Beschränkungen für die **Einreise** von Staatsangehörigen dritter Länder in die Mitgliedstaaten zur Familienzusammenführung[67], zur Ausübung einer Beschäftigung[68], für die Zulassung von Staatsangehörigen dritter Länder in das Hoheitsgebiet der Mitgliedstaaten, zur Ausübung einer selbständigen Tätigkeit[69] und zur Aufnahme eines Studiums[70], das Recht der Familienzusammenführung[71], die Bekämpfung von Scheinehen[72] sowie die Rechtsstellung von Drittstaatsangehörigen, die im Hoheitsgebiet der Mitgliedstaaten auf Dauer ansässig sind[73]. Das **Schengener Durchführungsübereinkommen** schließlich verlangt in bezug auf die Erteilung langfristiger Visa und von Aufenthaltstiteln durch die Vertragsstaaten nur eine gegenseitige Anerkennung der ausgestellten Titel (s. Art. 18 Abs. 1 SDÜ). Das Visum eines Mitgliedstaates berechtigt daher grundsätzlich nur zur **Durchreise** eines anderen Mitgliedstaates (s. Art. 18 Abs. 2 SDÜ); der Aufenthalt dort darf drei Monate aber nicht überschreiten (s. Art. 21).

33

Zur besseren Koordinierung der nationalen und gemeinschaftsrechtlichen Maßnahmen auf dem Gebiet der Einwanderungspolitik haben die Einwanderungsminister mit Beschluß vom 30.11.1992 ein **Informations-, Reflexions- und Austauschzentrum** für Fragen im Zusammenhang mit dem Überschreiten der Außengrenzen und der Einwanderung (**CIREFI**) errichtet. Dessen Tätigkeit wurde mit Beschluß des Rates vom 30.11. 1994 auf den Bereich der illegalen Zuwanderung, des illegalen Aufenthalts, der Schleuserkriminalität und der Verbesserung der Rückführungspraxis ausgedehnt[74]; ferner wurde im Rahmen des CIREFI mit Beschluß des Rates vom 27.5.1999 ein Frühwarnsystem zur Übermittlung von Informationen über die illegale Zuwanderung und die Schleuserkriminalität eingerichtet, das der Übermittlung von Informationen dient[75].

34

---

64 KOM (2001) 388.
65 S. insbes. die Mitteilung der Kommission vom 23.2.1994 zu Asyl und Einwanderung (sog. »Flynn-Bericht«), KOM (94) 23 endg.; s. auch die Erklärung des Europäischen Rates von Edinburgh vom 30.11./1.12.1992 zu den Grundsätzen für die Flüchtlingspolitik, Europa-Archiv 1993, S. 22 ff.; de Lobkowicz (Fn. 4), S. 99 ff.; *K.-P. Nanz*, Visapolitik und Einwanderungspolitik, in: Müller-Graff (Hrsg.), Europäische Zusammenarbeit in den Bereichen Justiz und Inneres, 1996, S. 63 ff.; *W. Schieffer* (Fn. 55), S. 79 ff.; *Weber* (Fn. 4), S. 11 ff.
66 S. näher *J. Haberland*, Die Entschließungen der Justiz- und Innenminister der Europäischen Union im Bereich der Aufnahme, ZAR 1996, S. 5 ff. und S. 56 ff.;
67 Entschließung des Rates vom 1.6.1993.
68 Entschließung des Rates vom 20.6.1994, ABl.EG 1996 Nr. C 274/3.
69 Entschließung des Rates vom 30.11.1994, ABl.EG 1996 Nr. C 274/7.
70 Entschließung des Rates vom 30.11.1994, ABl.EG 1996 Nr. 274/10.
71 *K. Hailbronner*, in: HK-EUV, Art. K, Rn. 41.
72 ABl.EG 1997 Nr. C 382/1.
73 ABl.EG 1996 Nr. C 80/2.
74 ABl.EG 1996, Nr. C 274/50.
75 Entschließung des Rates vom 27.5.1999, Bull.EG 5/1999, 1.4.6; s. auch die Schlußfolgerungen des Rates über die Zusammenarbeit zwischen den Mitgliedstaaten bei der Bekämpfung der Schleuserkriminalität vom 1.12.2000, Bull.EG 12/2000, 1.4.1

3. Illegale Einwanderung und illegaler Aufenthalt

a) Regelungskompetenz

35 In Anknüpfung an Art. K. 1 Nr. 3 lit. c) EUV a. F. erhielt die Gemeinschaft auch die Kompetenz für die Fragen der **illegalen Einwanderung** und des **illegalen Aufenthalts**. Ausdrücklich wird die **Rückführung von Personen**, die sich illegal in einem Mitgliedstaat aufhalten, dieser Rechtsgrundlage zugeordnet. Regelungen auf diesem Gebiet haben vor allem die Schranken der **Genfer Flüchtlingskonvention** und der **EMRK** (s. vor allem Art. 3 und Art. 8 EMRK) für die Behandlung und Ausweisung illegaler Zuwanderer zu beachten[76]. Die Kompetenz der Gemeinschaft schließt die Befugnis zur Übergabe und damit auch zum Abschluß von völkerrechtlichen Rückführungsübereinkommen ein. Solange die EG im Verhältnis zu einem Drittstaat nicht tätig wird, kann jeder Mitgliedstaat bilateral Rückführungsabkommen mit Drittstaaten schließen.[77]

b) Praxis

36 Die Richtlinie 2001/40/EG des Rates vom 28.5.2001 regelt die gegenseitige Anerkennung von Entscheidungen über die **Rückführung von Drittstaatsangehörigen**[78]. Demnach ist eine Rückführungsentscheidung, die entweder mit einer schwerwiegenden und akuten Gefahr für die öffentliche Sicherheit und Ordnung oder die nationale Sicherheit (Freiheitsstrafe von mindestens 1 Jahr oder begründeter Verdacht der Begehung einer schweren Straftat) begründet ist oder sich auf einen Verstoß gegen Einreise- oder Aufenthaltsvorschriften stützt, von den anderen Mitgliedstaaten zu vollstrecken, wenn sich der Drittstaatsangehörige dort aufhält. Nationale Aufenthaltstitel sind ggf. einzuziehen. Die Durchführung der Rückführung erfolgt nach den Vorschriften des Vollstreckungsmitgliedstaates. Langfristig ist die Ausarbeitung von gemeinsamen Mindestnormen für die Rückführung in das Heimatland beabsichtigt.

37 Zur Bekämpfung der illegalen Einreise sind die Mitgliedstaaten gemäß Art. 26 SDÜ und der Richtlinie 2001/51/EG vom 28.6.2001 verpflichtet, **Beförderungsunternehmer zur Kontrolle der Reisepapiere** und ggf. der **erforderlichen Visa** von Drittstaatsangehörigen bei der Einreise anzuhalten[79]. Wird einer Person die Einreise verweigert, haben die Unternehmer diese Personen **unentgeltlich** in den Herkunftsstaat, den Drittstaat, der das Reisedokument erstellt hat, oder in jeden anderen aufnahmebereiten Drittstaat zu verbringen. Eine Ausnahme gilt von vornherein für den **Grenzverkehr** (Art. 26 Abs. 3 SDÜ). Ferner müssen die Mitgliedstaaten **angemessene Sanktionen** gegen jede **Person** vorsehen, die zu Erwerbszwecken einem Drittausländer hilft oder zu helfen versucht, in das Hoheitsgebiet einer der Vertragsparteien unter Verletzung der Einreise- und Aufenthaltsbestimmungen einzureisen oder sich dort aufzuhalten (s. Art. 4 Rl 2001/51/EG i.V.m. Art. 27 SDÜ)[80].

38 Mit der gemeinsamen Maßnahme vom 3. 12. 1998 beschloß der Rat ferner die Errichtung eines **Europäischen Bildspeicherungssystems (FADO)**, um gefälschte Dokumente besser zu entdecken[81]. Ferner sprach der Rat mehrere **Empfehlungen** an die Mitgliedstaaten aus. Hierzu gehört etwa die Empfehlung vom 22.12.1995 zur **Harmonisierung der Mittel zur Bekämpfung der illegalen Einwanderung** und der **illegalen Beschäftigung**

---

76 S. näher R. *Marx*, Abschiebungsschutz bei fehlendem staatlichen Schutz, NVwZ 1998, S. 153.
77 S. Bericht der *Bundesregierung*, Über die Integration der Bundesrepublik Deutschland in die EU (1.1.-31.12.1999), BT-Drs. 14/3434, S. 49.
78 ABl.EG Nr. L 149/34.
79 ABl.EG Nr. L 187/45.
80 Kritisch A. *Epiney*, Rechte und Pflichten der Drittausländer, in: Achermann/Bieber/dies./Wehner (Hrsg.), Schengen und die Folgen, Zürich 1995, S. 70.
81 ABl.EG 1998 Nr. C 333/4.

sowie zur Verbesserung der einschlägigen Kontrollverfahren[82], die Empfehlung vom 30.11./1.12.1992 über einen **Transit** durch andere Mitgliedstaaten zum Zwecke der Entfernung[83], die Empfehlung vom 30.11.1994 für die Verwendung eines **Standardreisedokuments** für die Rückführung von Drittstaatsangehörigen[84], die Empfehlung vom 30.11.1994 betreffend den Musterentwurf eines **bilateralen Rückübernahmeabkommens** zwischen einem Mitgliedstaat und einem Drittstaat[85], die Empfehlung vom 24.7.1995 betreffend **Leitsätze für die Ausarbeitung von Protokollen** zur Durchführung von Rückübernahmeabkommen[86] sowie den Beschluß des Rates vom 2.12.1999 über die **Rückübernahmeklauseln** in Gemeinschafts- und gemischten Abkommen. Zur Bekämpfung der **illegalen Einwanderung** beschloß der Rat schließlich den **gemeinsamen Standpunkt** vom 25.10.1996, der ein **Unterstützungs- und Informationsprogramm** für die von den örtlichen Behörden oder von den Luftfahrtgesellschaften mit den Kontrollen auf den Flughäfen beauftragten Bediensteten beinhaltet[87].

Das in das Gemeinschaftsrecht inkorporierte **SDÜ** regelt die **Abschiebung** von Drittstaatsangehörigen in Art. 23. Danach muß ein Drittstaatsangehöriger nach Maßgabe des nationalen Rechts und unter Beachtung der Genfer Flüchtlingskonvention und des Art. 3 EMRK aus dem Hoheitsgebiet der Vertragspartei abgeschoben werden, in dem er aufgegriffen wurde, soweit er nicht **freiwillig ausreist** oder angenommen werden kann, daß diese **Ausreise nicht erfolgen** wird, oder soweit die sofortige Ausreise des Drittausländers aus **Gründen der nationalen Sicherheit** oder der **öffentlichen Ordnung** geboten ist (Art. 23 Abs. 3 Satz 1). Der betroffene Drittausländer kann in seinen **Herkunftsstaat** oder in einen anderen zur Aufnahme bereiten Staat abgeschoben werden (Art. 23 Abs. 4). Ist die Abschiebung nach nationalem Recht unzulässig, kann die betroffene Vertragspartei dem Ausländer den Aufenthalt in ihrem Hoheitsgebiet gestatten (Art. 23 Abs. 3 Satz 2). Art. 23 SDÜ wird Art. 63 Nr. 3 zugeordnet. 39

VI. Reisefreiheit für Drittstaatsangehörige

Nach Art. 63 Nr. 4 hat der Rat die Bedingungen festzulegen, unter denen Staatsangehörige dritter Länder im Hoheitsgebiet der Mitgliedstaaten während eines **Aufenthalts von über drei Monaten Reisefreiheit** genießen. Für kürzere Aufenthalte gilt Art. 62 Nr. 3. Unter dem Begriff der **Reisefreiheit** ist das Recht zu verstehen, die **Binnengrenzen der Gemeinschaft** zu überschreiten und für einen bestimmten Zeitraum durch das Gebiet eines oder mehrerer Mitgliedstaaten zu reisen oder sich dort aufzuhalten, ohne daß der Begünstigte ein Visum des jeweils bereisten Mitgliedstaats benötigt. Die Reisefreiheit von Drittstaatsangehörigen hat auch Eingang in die **EU-Grundrechtscharta** gefunden. In Art. 45 der Charta ist bestimmt, daß Staatsangehörigen dritter Länder, die sich rechtmäßig im Hoheitsgebiet eines Mitgliedstaats aufhalten, gemäß dem EG-Vertrag Freizügigkeit und Aufenthaltsfreiheit gewährt werden kann. In dem Richtlinien-Entwurf der Kommission betreffend den **Status der langfristig aufenthaltsberechtigten Drittstaatsangehörigen** finden sich auch die Modalitäten für die Ausübung der Reisefreiheit[88]. 40

---

82 ABl.EG 1996 Nr. C 5/1.
83 S. *K. Hailbronner*, in: HK-EUV, Art. K, Rn. 40.
84 ABl.EG 1996 Nr. C 274/18; *K. Hailbronner*, in: HK-EUV, Art. K, Rn. 46.
85 ABl.EG 1996 Nr. C 274/20.
86 ABl.EG 1996 Nr. C 274/25.
87 ABl.EG 1996 Nr. L 281/1.
88 KOM (2001) 127; s. auch die Schlußfolgerungen des Rates über die Harmonisierung der Rechtsstellung von auf Dauer aufhältigen Drittstaatsangehörigen vom 30.11/1.12.2000.

VII. Einschränkungen durch nationale Sonderregelungen

41 Nach der **Öffnungsklausel** des Art. 63 vorletzter Satz kann ein Mitgliedstaat in den von Nr. 3 und Nr. 4 erfaßten Kompetenzbereichen (Einwanderungs- und Rückführungspolitiken) **innerstaatliche Bestimmungen beibehalten** oder **einführen**, die mit diesem Vertrag und mit internationalen Übereinkünften vereinbar sind. Die Reichweite dieser Öffnungsklausel ist aufgrund des Rückverweises auf die **Übereinstimmung mit dem EG-Vertrag** unklar. Nach dem bisherigen Verständnis einer solchen Öffnungsklausel, wie sie der Vertrag etwa in Art. 176 (Umweltschutz) oder in Art. 137 Abs. 5 (Arbeitsbedingungen) vorsieht, bedarf es der Vereinbarkeit nicht nur mit dem EG-Vertrag selber, sondern auch mit den auf seiner Grundlage erlassenen **sekundärrechtlichen Vorschriften**. Ein solches Verständnis ließe die Öffnungsklausel nach einer entsprechenden **gemeinschaftsrechtlichen** Regelung des **Ausländerrechts** durch den Rat vollständig leerlaufen und kann daher nicht intendiert sein[89].

42 Die Öffnungsklausel eröffnet vielmehr **Handlungsspielräume der Mitgliedstaaten** auch für den Fall einer gemeinschaftsrechtlichen Harmonisierung. Insbesondere dürfen die Mitgliedstaaten **nationale Sonderregelungen** beibehalten oder einführen, um Drittstaatsangehörigen ein Aufenthaltsrecht aus **arbeitsmarktpolitischen Überlegungen** oder mangels **ausreichender Existenzmittel** zu verweigern, auch wenn Verordnungen oder Richtlinien des Gemeinschaftsrechts eine Einwanderung in diesem Fall gestatten sollten. Diesen Sinn der auf den Wunsch Deutschlands eingefügten Klausel hat der frühere Bundeskanzler Kohl in einem Schreiben an den Ratspräsidenten vom 13.3.1998 bekräftigt, um politischen Forderungen der Länder zur Klarstellung der Öffnungsklausel entgegenzukommen[90].

---

[89] A. A. etwa *Ch. Thun-Hohenstein*, Der Vertrag von Amsterdam, Wien 1997, S. 35 (unter Hinweis auf Art. 176); *A. Weber* (Fn. 21), S. 151.
[90] *R. Göbel-Zimmermann/Th. Masuch*, Regelungsbedarf für eine Einwanderungsgesetzgebung?, ZRP 1998, S. 438.

Art. 64 (ex-Art. 73l)

(1) Dieser Titel berührt nicht die Wahrnehmung der Zuständigkeiten der Mitgliedstaaten für die Aufrechterhaltung der öffentlichen Ordnung und den Schutz der inneren Sicherheit[1 ff.].

(2) Sehen sich ein oder mehrere Mitgliedstaaten einer Notlage aufgrund eines plötzlichen Zustroms von Staatsangehörigen dritter Länder gegenüber, so kann der Rat unbeschadet des Absatzes 1 auf Vorschlag der Kommission mit qualifizierter Mehrheit zugunsten der betreffenden Mitgliedstaaten vorläufige Maßnahmen mit einer Geltungsdauer von höchstens sechs Monaten beschließen[6 f.].

Die Mitgliedstaaten dürfen gemäß Abs. 1 Maßnahmen zur Aufrechterhaltung der öffentlichen Ordnung oder zum Schutze der inneren Sicherheit beschließen, die von den nach dem Titel IV getroffenen Regelungen des Gemeinschaftsrechts abweichen. Eine gleichlautende Regelung findet sich in Art. 33 EUV. Dieser »ordre-public-Vorbehalt« knüpft an die Vorschriften des Art. 100c Abs. 5 Maastrichter Fassung für den Bereich der Visumpolitik und des Art. K. 2 Abs. 2 EUV a. F. für den Bereich der zwischenstaatlichen Zusammenarbeit in der Justiz- und Innenpolitik an. 1

Die Reichweite des Vorbehalts ist unklar. Es widerspräche dem supranationalen und vorrangigem Status des Gemeinschaftsrechts, wenn sich die Mitgliedstaaten durch den Vorbehalt die vollständige Rechtsetzungs- und Vollzugszuständigkeit neben der EG eröffnet hätten[1]. Vielmehr handelt es sich um **gemeinschaftsrechtliche Begriffe**, die der autonomen Auslegung und Anwendung durch die Mitgliedstaaten entzogen sind[2]. Abzulehnen ist hingegen die Auffassung[3], daß Art. 64 Abs. 1 eine »Reservatkompetenz« i. S. einer Kompetenzgarantie enthalte, die verbiete, daß den Mitgliedstaaten jegliche Verantwortung entzogen würde. Art. 64 Abs. 1 setzt diese Verantwortung als gegeben voraus, ohne sie garantieren zu wollen. 2

Andererseits kann die restriktive Rechtsprechung des EuGH zu den Begriffen der »öffentlichen Ordnung, Sicherheit und Gesundheit« i. S. etwa v. Art. 39 Abs. 3 und Art. 46 Abs. 1 (ähnlich auch Art. 30) ebenfalls nicht auf Art. 64 Abs. 1 übertragen werden. Diese restriktive Auslegung rechtfertigt sich auf Grund der Tatsache, daß es sich um Ausnahmetatbestände der **Grundfreiheiten** handelt[4]. Im Gegensatz dazu zählen die Kompetenzen der Gemeinschaft für die Bereiche der Asyl-, Visa- und Einwanderungspolitik zu den klassischen Hoheitsaufgaben der Mitgliedstaaten, die nur sukzessive und schonend der Kompetenz der Mitgliedstaaten entzogen werden sollen. Die Vorbehaltsklausel ist mithin zwar gemeinschaftsrechtlich auszulegen, den Mitgliedstaaten ist aber bei der Anwendung ein sehr **weiter Beurteilungsspielraum** zuzubilligen[5], der über den Spielraum im Rahmen der Grundfreiheiten noch hinausgeht. 3

Art. 64 Abs. 1 erlaubt den Mitgliedstaaten insbesondere eine **Wiederaufnahme der Personenkontrollen** an den Binnengrenzen, soweit eine tatsächliche und ernsthafte Bedro- 4

---

1 So noch für Art. K. 2 Abs. 2 EUV a. F. *M. Degen*, in: GTE, EU-/EGV, Art. K. 2, Rn. 4.
2 S. näher *V. Röben*, in: Grabitz/Hilf, EU, Art. 64, Rn. 1; *K. Hailbronner*, in: HK-EUV, Art. K, Rn. 73.
3 *V. Röben*, in: Grabitz/Hilf, EU, Art. 64, Rn. 1.
4 S. etwa Art. 39, Rn. 90; *K. Hailbronner*, in: HK-EUV, Art. 100c, Rn. 34; a. A. *A. Weber*, Möglichkeiten und Grenzen europäischer Asylrechtsharmonisierung, ZAR 1998, S. 148.
5 Ähnlich *V. Röben*, in: Grabitz/Hilf, EU, Art. 64, Rn. 12.

hung der öffentlichen Sicherheit und Ordnung dies erfordert[6]. Gleiches gilt auch nach Art. 2 Abs. 2 SDÜ, der allerdings eine vorherige Konsultation der anderen Mitgliedstaaten verlangt und die Geltung der Maßnahmen auf maximal sechs Monate befristet[7].

5   Jede nationale, auf Art. 64 Abs. 1 gestützte Maßnahme hat das Verbot der Diskriminierung zwischen dem innerstaatlichen Verkehr und dem grenzüberschreitenden Verkehr zu beachten[8]. Die polizeilichen Kontrollen dürfen darüber hinaus im grenznahen Bereich nicht systematisch oder auf willkürliche oder unnötig lästige Weise erfolgen, da ansonsten das Recht auf Freizügigkeit der Arbeitnehmer nach Art. 39 beeinträchtigt ist[9]. In diesen Grenzen stehen die etwa in Art. 13 Abs. 1 Nr. 5 BayPAG[10] oder in § 26 Abs. 1 Nr. 6 PolG BadWürt[11] vorgesehenen Befugnisse der Polizei zur **Identitätsfeststellung** von Personen ohne konkreten Gefahrenverdacht zum Zwecke der Bekämpfung der **grenzüberschreitenden Kriminalität** in öffentlichen Einrichtung des internationalen Verkehrs sowie auf **Durchgangsstraßen** (insbesondere Bundesautobahnen und Europastraßen) mit dem Gemeinschaftsrecht im Einklang[12].

6   Art. 64 Abs. 2 enthält eine **Ausnahmeregelung** für den Fall, daß eine **Notlage** in einem dritten Land außerhalb der Union zu einem **unerwarteten** und **plötzlichen Zustrom** von Drittstaatsangehörigen in die Gemeinschaft führt. Für diesen Fall kann der Rat auf Vorschlag der Kommission mit qualifizierter Mehrheit zugunsten der betreffenden Mitgliedstaaten vorläufige Maßnahmen bis zu einer Dauer von sechs Monaten beschließen. Eine ähnliche Notlagenklausel enthielt **Art. 100c Abs. 2 Maastrichter Fassung**. Danach durfte der Rat in einer Notlage vorübergehend den Visumzwang für die Staatsangehörigen des betroffenen Landes einführen. Im Unterschied zu Art. 100c Abs. 2 a. F. wird allerdings nicht auf eine Notlage in einem dritten Staat abgestellt, der die Flüchtlingswelle auslöste, sondern auf eine Notlage, welche aufgrund des plötzlichen Zustroms von Drittstaatsangehörigen in diesem Mitgliedstaat entsteht[13].

7   Unter den Begriff der »**Notlage**« fallen **Kriegs- und Bürgerkriegssituationen,** politische Unruhen, Hungersnöte und sonstige Katastrophen von einer gewissen Intensität. Auch muß die Notlage zu einer **Massenflucht** der Bevölkerung in einen oder mehrere Mitgliedstaaten geführt haben oder zumindest muß eine solche Massenflucht bevorstehen[14]. Unter den **vorläufigen Maßnahmen** von max. **sechs Monaten** Dauer sind vor allem Maßnahmen zu verstehen, welche die Einreise- und Aufenthaltsvoraussetzungen sowie die Lastenverteilung des Flüchtlingszustroms auf die Mitgliedstaaten betreffen. Im Verhältnis zu **Art. 63 Nr. 2 lit a)**, welches ebenfalls zu Schutzmaßnahmen für Ver-

---

6   Eine weitere Vorbehaltsklausel findet sich in Art. 17 DÜ.
7   K. G. *Grütjen*, Innere Sicherheit in der Europäischen Union, Kriminalpolizei 1997, S. 11.
8   S. die Begründung zu Art. 1 Abs. 2 des Richtlinienvorschlags der Kommission zum Wegfall der Personenkontrollen an den Binnengrenzen; ABl.EG 1994 Nr. C 306/16.
9   EuGH, Rs. 157/79, Slg. 1980, 2171, Rn. 9 (Pieck); Rs. 321/87, Slg. 1989, 997, Rn. 12 (Kommission/Belgien); P. *Demaret/B. Ernst de la Graete*, Mesures nationales d'ordre public et circulation des personnes entre Etats membres, C.D.E. 19 (1983) S. 261 (285 ff.); D. *O'Keeffe*, Practical Difficulties in the Application of Article 48 of the EEC treaty, CMLRev. 19 (1982), S. 35 (50 ff.).
10 GVBl. 1994, S. 1050.
11 GBl. 1996, S. 501.
12 P. *Beinhofer*, Europäischer Abbau der Grenzkontrollen und polizeiliche Aufgabenerfüllung, BayVBl. 1995, S. 193 ff.
13 M. *Degen*, in: GTE, EU-/EGV, Vorbem. zu den Art. K bis K. 9, Rn. 24.
14 So zur Rechtslage nach Art. 100c Maastrichter Fassung: K. *Hailbronner*, in: HK-EUV, Art. 100c, Rn. 27; F. *Röttinger*, in: Lenz, EGV, 1. Auflage, Art. 100c, Rn. 7.

triebene ermächtigt, tatbestandlich aber keine Notlage des aufnehmenden Mitgliedstaates voraussetzt, treten Maßnahmen gestützt auf Art. 64 Abs. 2 zurück, wenn der Rat entsprechende Maßnahmen zum Schutze der Vertriebenen getroffen hat[15]. Allein im Vorfeld von Entscheidungen des Rates nach Art. 63 Nr. 2 lit. a) und außerhalb dessen Anwendungsbereichs kommen mitgliedstaatliche Maßnahmen nach Art. 64 Abs. 2 in Betracht.

---

15 S. Art. 63, Rn. 21 ff.

Art. 65 (ex-Art. 73m)

Die Maßnahmen im Bereich der justitiellen Zusammenarbeit in Zivilsachen[1] mit grenzüberschreitenden Bezügen, die, soweit sie für das reibungslose Funktionieren des Binnenmarktes erforderlich sind[2], nach Artikel 67 zu treffen sind[3], schließen ein:
a) Verbesserung und Vereinfachung
 – des Systems für die grenzüberschreitende Zustellung gerichtlicher und außergerichtlicher Schriftstücke[4 f.];
 – der Zusammenarbeit bei der Erhebung von Beweismitteln[4];
 – der Anerkennung und Vollstreckung gerichtlicher und außergerichtlicher Entscheidungen in Zivil- und Handelssachen[6];
b) Förderung der Vereinbarkeit der in den Mitgliedstaaten geltenden Kollisionsnormen und Vorschriften zur Vermeidung von Kompetenzkonflikten[7];
c) Beseitigung der Hindernisse für eine reibungslose Abwicklung von Zivilverfahren, erforderlichenfalls durch Förderung der Vereinbarkeit der in den Mitgliedstaaten geltenden zivilrechtlichen Verfahrensvorschriften[8].

Inhaltsübersicht:

1. Allgemeines	1
2. Kompetenzbereiche	4
a) Zustellung, Beweiserhebung und gegenseitige Anerkennung und Vollstreckung von Entscheidungen	4
b) Kollisionsnormen	8
c) Vorschriften über das Zivilverfahren	9

1. Allgemeines

1 Die **justitielle Zusammenarbeit in Zivilsachen** wurde durch Art. 65 aus der zwischenstaatlichen Zusammenarbeit gemäß Art. K. 1 Nr. 6 EUV Maastrichter Fassung in die Kompetenz der Gemeinschaft überführt und dabei zugleich näher konkretisiert[1]. Ziel der Vergemeinschaftung ist es, allen Bürgern in der Union einen erleichterten **Zugang zu den Gerichten** der anderen Mitgliedstaaten und einen **verbesserten Rechtsschutz** zu gewährleisten. Die in den lit. a) bis c) aufgeführten Bereiche sind nicht abschließend gefaßt (»schließt ein«). Von der Rechtsgrundlage des Art. 65 werden daher alle Regelungen des internationalen **Privat- und Zivilverfahrensrechts und des allgemeinen Zivilprozeßrechts** erfaßt, welche sich auf das **reibungslose Funktionieren des Binnenmarktes**, d. h. den freien Verkehr von Waren, Personen, Dienstleistungen und Kapital zwischen den Mitgliedstaaten nachteilig auswirken können[2]. Mit diesem weitem Verständnis ist eine Auslegung des Art. 65 dahingehend, daß allein Regelungen betreffend die Herstellung der Personenfreizügigkeit erfaßt seien, nicht vereinbar.[3] Eine Angleichung des **materiellen Zivilrechts** läßt sich hingegen nicht auf Art. 65, sondern nur auf Art. 95 EGV stützen. Flankiert werden die Maßnahmen nach Art. 65 durch die Einrichtung eines **Europäischen Justitiellen Netzes für Zivil- und Handelssachen**, das der

---

1 S. *St. Leible/A. Staudinger*, Art. 65 EGV im System der EG-Kompetenzen, EuLF (D), 2000/01, S. 225; *B. Heß*, Die »Europäisierung« des internationalen Zivilprozeßrechts durch den Amsterdamer Vertrag, NJW 2000, S. 23; *Besse*, Die justitielle Zusammenarbeit in Zivilsachen nach dem Vertrag von Amsterdam und das EuGVÜ, ZeuP 1999, S. 107; Zu Art. K. 1 Nr. 6 EUV a. F. s. *M. Degen*, in: GTE, EU-/EGV Art. K. 6, Rn. 1 ff.; *A. Dittrich*, Der Schutz der Unionsbürger durch die justitielle Zusammenarbeit, in: Müller-Graff (Hrsg.), Europäische Zusammenarbeit in den Bereichen Justiz und Inneres, 1996, S. 105 ff.
2 S. zu den geplanten Maßnahmen den »Wiener Aktionsplan«, ABl. EG 1999, Nr. C 19/10.
3 S. *Leible/Staudinger* (Fn. 1), S. 232 f.

umfassenden Information der Mitgliedstaaten und der Öffentlichkeit über das jeweilige nationale und gemeinschaftsrechtliche Zivil- und Handelsrecht dient.[4]

Der Rat darf Maßnahmen nach Art. 65 unter der Voraussetzung beschließen, daß **grenzüberschreitende Bezüge** eine Harmonisierung notwendig machen und die konkreten Maßnahmen zum **reibungslosen Funktionieren des Binnenmarktes erforderlich** sind. Durch die Entscheidung des EuGH zur Tabakwerbeverbot-Richtlinie vom 5.10. 2000 ist klargestellt, daß Maßnahmen nach Art. 95 Abs. 1 EGV nur zulässig sind, wenn diese tatsächlich zur Beseitigung spürbarer Verzerrungen des Wettbewerbs beitragen[5]. Für Maßnahmen nach Art. 65 gilt entsprechendes. Das Wort »reibungslos« hat nicht das Gewicht, daß bereits mittelbare Einschränkungen des Binnenmarktes eine Tätigkeit der Gemeinschaft im Kompetenzbereich des Art. 65 auslösen können[6]. Es wird daher jeweils streng zu hinterfragen sein, ob die Regelung auch für das ordnungsgemäße Funktionieren des Binnenmarktes tatsächlich erforderlich ist, d. h. die Grundsätze der **Subsidiarität** und der **Verhältnismäßigkeit** Beachtung gefunden haben (s. Art. 5 Abs. 2 und Abs. 3). Mit anderen Worten: Je ausgreifender und detaillierter Regelungen im Bereich des Art. 65 ausfallen, insbesondere im Hinblick auf die Harmonisierung von Kollisionsrecht, um so eher wird man die Kompetenz der EG in Zweifel ziehen müssen. 2

Das **Verfahren der Beschlußfassung** über konkrete Maßnahmen erfolgt nach Art. 67. Abweichend von der Regelung in Art. 67 Abs. 1, die bestimmt, daß in einem Zeitraum von fünf Jahren nach Inkrafttreten des Amsterdamer Vertrages das Einstimmigkeitsprinzip gilt, sieht der durch den **Vertrag von Nizza** eingefügte Art. 67 Abs. 5 vor, daß der Rat die Maßnahmen nach Art. 65 mit Ausnahme der **familienrechtlichen Aspekte** gemäß dem Verfahren des Art. 251 beschließt[7]. Hinsichtlich der Geltungsausnahmen nach Art. 69 ist zu bemerken, daß sich das **Vereinigte Königreich** und **Irland** bislang an allen EG-Rechtsakten nach Art. 65 beteiligt haben (opting-in), während **Dänemark** aufgrund des Protokolls zu Art. 68 keine Teilnahme am Rechtsetzungsverfahren im Bereich der justiziellen Zusammenarbeit in Zivilsachen erlaubt ist. 3

2. Kompetenzbereiche

a) Zustellung, Beweiserhebung und gegenseitige Anerkennung und Vollstreckung von Entscheidungen

Art. 65 lit. a) erfaßt Maßnahmen bezüglich der **grenzüberschreitenden Zustellung**, der **Beweiserhebung** sowie der **Anerkennung** und **Vollstreckung** von gerichtlichen und außergerichtlichen Entscheidungen in **Zivil- und Handelssachen**. Die Regelung in Art. 293 4. Spstr., wonach die Mitgliedstaaten zu Verhandlungen und zum Abschluß **völkerrechtlicher Abkommen** angehalten sind, um die Vereinfachung der Förmlichkeiten für die **gegenseitige Anerkennung** und **Vollstreckung** richterlicher Entscheidungen und **Schiedssprüche** sicherzustellen[8], tritt hinter lit. a) zurück. Die bisher auf dieser Rechtsgrundlage geschlossenen völkerrechtlichen Übereinkommen sind bereits weitgehend mittels Verordnungen in das Gemeinschaftsrecht überführt worden[9]. Art. 293 4

---

4 S. näher Art. 66, Rn. 5.
5 S. EuGH, Rs. C-376/98, Rn. 106 ff., EuZW 2000, S. 694 (Deutschland/Kommission); s. näher Art. 95, Rn. 8 ff. und Art. 5, Rn. 10.
6 A. A. *Leible/Staudinger* (Fn. 1), S. 228 f.
7 S. Art. 67, Rn. 8.
8 S. näher Art. 293, Rn. 10.
9 Zum Verhältnis zwischen Art. K. 1 Nr. 6 EUV a. F. und Art. 220 EGV a. F. s. näher *Dittrich* (Fn. 1), S. 101; *K. Hailbronner*, in: HK-EUV, Art. K, Rn. 56.

Art. 65 EG-Vertrag

4. Spstr. behält fortan nur Bedeutung im Hinblick auf die mit **Dänemark** (s. Art. 69) abzuschließenden völkerrechtlichen Verträge.

5 In der **Praxis** wird die grenzüberschreitende Zustellung durch die VO (EG) Nr. 1348/ 2000 des Rates vom 29.5.2000 über die **Zustellung gerichtlicher und außergerichtlicher Schriftstücke in Zivil- oder Handelssachen** in den Mitgliedstaaten geregelt[10], die an die Stelle des gleichlautenden Übereinkommens vom 26.5.1997 und des hierzu ergangenen Protokolls für die Anrufung des EuGH getreten ist[11]. Durch die Verordnung werden die Übermittlungsverfahren für gerichtliche und außergerichtliche Schriftstücke durch direkte Beziehungen zwischen den für die Übermittlung zuständigen Personen oder Stellen beschleunigt und moderne Übermittlungswege (FAX; elektronische Post) und die Übersetzung von Schriftstücken geregelt.[12]

6 Die **gegenseitige Anerkennung und Vollstreckung gerichtlicher und außergerichtlicher Entscheidungen** regelt die VO (EG) Nr. 44/2001 des Rates über die gerichtliche Zuständigkeit und Vollstreckung gerichtlicher Entscheidungen in Zivil- und Handelssachen vom 22.12.2000[13], mit der das **Brüsseler Übereinkommen** vom 27.9.1968 (EuGVÜ) weiterentwickelt und vergemeinschaft worden ist[14]. In Beziehung auf die EWR-Staaten gilt weiterhin das **Übereinkommen von Lugano** vom 25.11.1988[15], welches aber ebenfalls durch einen EG-Rechtsakt ersetzt werden soll. Die VO (EG) Nr. 44/ 2001 enthält Bestimmungen über die gerichtlichen Zuständigkeiten, die Prüfung der Zuständigkeit und der Zulässigkeit des Verfahrens, alle mit der Rechtshängigkeit im Zusammenhang stehenden Verfahren sowie Vorschriften über einstweilige Verfügungen einschließlich Sicherungen. Weiterhin trifft die Verordnung Regelungen über die Anerkennung und Vollstreckung von Entscheidungen sowie über öffentliche Urkunden und Prozeßvergleiche. Die Verordnung deckt wie bereits das Brüsseler Übereinkommen alle Bereiche des Zivil- und Handelsrecht ab mit Ausnahme der Bereiche: Personenstand[16], Rechts- und Handlungsfähigkeit, gesetzliche Vertretung von natürlichen Personen, eheliche Güterstände, Erbrecht, Konkurse, soziale Sicherheit und Schiedsgerichtsbarkeit. Mit der Vergemeinschaftung und Überarbeitung des EuGVÜ wurde vor allem das Ziel verfolgt, die Hindernisse im Binnenmarkt durch die verschiedenartigen **Vollstreckbarkeitserklärungen** und die damit verbundenen Zusatzkosten und Verzögerungen zu vermeiden[17].

7 Hinsichtlich der Zusammenarbeit bei der **Erhebung von Beweismitteln** hat der Rat die VO (EG) Nr. 1206/2001 des Rates vom 28.5.2001 über die Zusammenarbeit zwischen den Gerichten der Mitgliedstaaten auf dem Gebiet der **Beweisaufnahme** in Zivil- und

---

10 ABl.EG Nr. L 160/37.
11 ABl.EG 1998 Nr. C 27/3.
12 s. B. Heß, Die Zustellung von Schriftstücken im europäischen Justizraum, NJW 2001, S. 15.
13 ABl.EG 2001 Nr. L 12/1; s. W. Hausmann, Die Revision des Brüsseler Übereinkommens von 1968, EuLF (D) 2000/01, S. 40; H.-W. Michklitz/P. Rott, Vergemeinschaftung des EuGVÜ in der VO (EG) Nr. 44/2001, EuZW 2001, S. 325.
14 ABl.EG 1998 Nr. C 27/1 (konsolidierte Fassung).
15 ABl.EG 1988 Nr. L 319/9; K. Kreuzer/R. Wagner, Europäisches Internationales Zivilverfahrensrecht, in: Hb.EUWirtR, Abschnitt Q, Rn. 226 ff.
16 Die Zuständigkeit und die Anerkennung und Vollstreckung von Entscheidungen in Ehe- und Familiensachen regelt die aus dem Übereinkommen der EU vom 28.5.1998 (ABl.EG 1998 Nr. C 221/2) in das EG-Recht übernommene VO (EG) Nr. 1347/2000 des Rates über die Zuständigkeit und die Anerkennung und Vollstreckung von Entscheidungen in Ehesachen und in Verfahren betreffend die elterliche Verantwortung für die gemeinsamen Kinder der Ehegatten (ABl.EG 2000 Nr. L 160/19)
17 S. Mitteilung der Kommission, ABl.EG 1998 Nr. C 33/7, S. 20 ff.

Handelssachen beschlossen[18]. Zum einen bestimmt die Verordnung, daß gerichtliche Ersuchen um Beweisaufnahmen unmittelbar dem zuständigen Gericht eines anderen Mitgliedstaates zur Durchführung der Beweisaufnahme übersandt werden können. Zum anderen haben die Mitgliedstaaten Zentralstellen zu bezeichnen, die den Gerichten Auskunft erteilen, ggf. aber auch vermitteln oder nur das fragliche Gesuch an die zuständige Stelle weiterleiten. Einen weiteren auf Art. 65 lit. a) gestützten Rechtsakt bildet die VO (EG) Nr. 1347/2000 vom 29.5.2000 über die **Zuständigkeit und die Anerkennung und Vollstreckung von Entscheidungen in Ehesachen** und in Verfahren betreffend die **elterliche Verantwortung für die gemeinsamen Kinder der Ehegatten**.[19] Die Kommission verfolgt ferner das Ziel der Einführung eines **europäischen Vollstreckungstitels**, der in allen Mitgliedstaaten anerkannt wird und die Vollstreckung ausländischer Gerichtsurteile erheblich vereinfachen würde.

b) Kollisionsnormen
Art. 65 lit. b) eröffnet die Befugnis für Maßnahmen zur Förderung der **Vereinbarung der Kollisionsnormen** und der Vorschriften über die **Vermeidung von Kompetenzkonflikten** in Zivil- und Handelssachen[20]. Unter der für die deutsche Rechtsordnung ungewöhnlichen Terminologie verbirgt sich die Angleichung des **Internationalen Privatrechts** und des **internationalen Zivilverfahrensrecht**[21]. Derzeit finden sich nur wenige kollisionsrechtliche Vorgaben des EG-Rechts.[22] Eine territoriale Beschränkung der zu regelnden Kollisionsvorschriften auf bloße Binnenmarktsachverhalte ist weder rechtlich geboten noch dürfte sie sich praktisch verwirklichen lassen; andererseits bedarf die Einbeziehung von Drittstaatensachverhalten in das EG-Kollisionsrecht aber einer strengen Kompetenzprüfung im Hinblick auf die »Erforderlichkeit« der EG-Rechtssetzung. In Art. 65 lit. b) ist ausdrücklich von einer »**Förderung der Vereinbarkeit**« die Rede, wodurch eine vollständige Harmonisierung ausgeschlossen ist. Eine Vergemeinschaftung des Kollisionsrechts ganzer Rechtsbereiche des Zivilrechts wie z. B. durch die Kodifikation des Internationalen Deliktsrechts dürfte damit kaum zu vereinbaren sein[23].

8

c) Vorschriften über das Zivilverfahren
Maßnahmen zur Beseitigung von Hindernissen für eine **reibungslose Abwicklung von Zivilverfahren** einschließlich der Harmonisierung der nationalen **zivilprozessualen Vorschriften** erlaubt lit. c). Ziel dieser Harmonisierung ist es, die gerichtlichen Verfahren transparenter zu gestalten, die Prozeßkosten und das Prozeßrisiko zu vermindern und die Effizienz der Verfahrenstechniken zu verbessern. Gedacht ist vor allem an eine Harmonisierung der Klageerhebung einschließlich der Prozeßkostenhilfe[24], der Berechnung

9

---

18 ABl.EG Nr. L 174/1; s. näher *Ch. Berger*, Die EG-Verordnung über die Zusammenarbeit der Gerichte auf dem Gebiet der Beweisaufnahme in Zivil- und Handelssachen (Eu BVO), JPRax 2001, S. 522 ff.
19 ABl.EG Nr. L 160/19; s. *S. Kohler*, Internationales Verfahrensrecht für Ehesachen in der EU, NJW 2001, S. 10.
20 So schon die Forderung von *E. Jayme*, Ein Internationales Privatrecht für Europa, 1991; *K. F. Kreuzer*, Die Europäisierung des Internationalen Privatrechts – Vorgaben des Gemeinschaftsrechts, in: Müller-Graff (Hrsg.), Gemeinsames Privatrecht in der Europäischen Gemeinschaft, 1993, S. 373 (443 ff.).
21 In diesen Kompetenzbereich fällt etwa das Übereinkommen über das auf vertragliche Schuldverhältnisse anzuwendende Recht vom 19.6.1980, ABl. EG 1980 Nr. L 266/1.
22 *Leible/Staudinger* (Fn. 1), S. 229 f. m. w. N.
23 Ebenso *Hoffmann*, in: Ders. (Hrsg.), European Private International Law, Nijmegen 1998, S. 19, 32 und 34; a. A. *J. Basedow*, The Communitarization of the Conflict of Laws under the Treaty of Amsterdam, CMLR 2000, S. 687, S. 701 ff.; *Leible/Staudinger* (Fn. 1), S. 229 f. m. w. N.
24 S. »Wiener Aktionsplan«, ABl.EG 1999 Nr. C 19/10 f., Rn. 41 lit. d); Grünbuch der Kommission über Prozeßkostenhilfe in Zivilsachen: Probleme der Parteien bei grenzüberschreitenden Streitsachen; KOM (2000) 51.

von Klagefristen, an Vorschriften über die Beweislast, die Wirkung von Rechtsbehelfen, die Vollstreckbarkeit von Titeln und die Höhe der Verfahrenskosten[25]. In der **Praxis** wurde das auf der Grundlage des Art. 293 4. Spstr. geschlossene, aber noch In-Kraft-Getretene Übereinkommen über **Insolvenzverfahren** nunmehr gestützt auf Art. 65 lit. c) als VO (EG) Nr. 1346/2000 erlassen.[26] Der Rat beabsichtigt ferner, ein gemeinschaftsweites Netz einzelstaatlicher Einrichtungen für die **außergerichtliche Streitbeilegung in Verbraucherrechtsstreitigkeiten** einzurichten.[27]

---

25 S. die Mitteilung der Kommission an den Rat und das Parlament: »Wege zu einer effizienteren Erwirkung und Vollstreckung von gerichtlichen Entscheidungen in der Europäischen Union, ABl.EG 1998 Nr. C 33/5; im Schrifttum s. W. *Habscheid*, Die Europäisierung des Zivilprozeßrechts, in: Müller-Graff (Fn. 1), S. 449 ff.; W. *Grunsky*, Wege zu einem europäischen Zivilprozeßrecht, 1992, P. *Schlosser*, Europarecht und Zivilprozeßrecht, Jura 1998, S. 65 ff.
26 ABl.EG Nr. L 160/1; s. *Eidenmüller*, Europäische Verordnung über Insolvenzverfahren und zukünftiges deutsches internationales Insolvenzrecht, IPRax 2001, S. 2.
27 Entschließung des Rates vom 25.5.2000; ABl.EG Nr. C 155/1.

Art. 66 (ex-Art. 73n)

Der Rat beschließt gemäß dem Verfahren des Artikels 67 Maßnahmen, um die Zusammenarbeit zwischen den entsprechenden Dienststellen der Behörden der Mitgliedstaaten in den Bereichen dieses Titels sowie die Zusammenarbeit zwischen diesen Dienststellen und der Kommission zu gewährleisten.

Art. 66 ermächtigt den Rat zu Maßnahmen, die eine bessere **Zusammenarbeit der für die Justiz- und Innenpolitik jeweils zuständigen Behörden** der Mitgliedstaaten sowohl untereinander als auch mit der Kommission fördern sollen. Hinsichtlich des Verfahrens der Beschlußfassung des Rates gelten die Sonderbestimmungen des Art. 67 Abs. 1 und 2 sowie 5, auf die Art. 66 Bezug nimmt[1]. Die Vorschrift ist weit auszulegen und erfaßt alle Arten von Maßnahmen der Zusammenarbeit angefangen vom Austausch von Beamten und Richtern über Verbesserungen der Kommunikationsmöglichkeiten bis hin zu institutionellen Einrichtungen zur besseren Zusammenarbeit. 1

In der **Praxis** finden sich bereits zahlreiche Vereinbarungen und Formen der bilateralen oder multilateralen Zusammenarbeit zwischen den Mitgliedstaaten und deren nationalen Behörden sowie zwischen den Mitgliedstaaten und der Kommission, die jeweils als Anhang den gemeinschaftsrechtlichen Rechtsakten beigefügt wurden. In diesen speziellen Rechtsakten wird der Informationsaustausch und die Einrichtung von Kontaktstellen im Einzelnen bereichsspezifisch ausgeformt. An gemeinschaftsrechtlichen Institutionen sind im Bereich der **Asyl- und Einwanderungspolitik** hervorzuheben das **CIREA** (Centre d'information, de réflexion et d'echange en matière d'asile) und das **CIREFI** (Centre d'information, de réflexion et d'échanges en matière de franchissement des frontières et d'immigration)[2]. Mit der Entscheidung Nr. 1719/1999/EG des Parlaments und des Rates vom 12. Juli 1999 wurden Leitlinien entwickelt einschließlich der Festlegung von Projekten von gemeinsamem Interesse für transeuropäische Netze zum elektronischen Datenaustausch zwischen Verwaltungen (**IDA**)[3]. 2

Einer verbesserten Zusammenarbeit dienen auch die zahlreichen **Programme**, die seitens der Gemeinschaft aufgelegt worden sind. Das Programm »ODYSSEUS« sieht die verstärkte Ausbildung und den Austausch von Beamten und Sachverständigen vor, welche den für die Durchführung der Asyl-, Einwanderungs- und Flüchtlingspolitik und für die Kontrolle der Grenzen zuständigen Behörden der Mitgliedstaaten angehören[4]. Auf die verstärkte Sicherheit der **Ausweispapiere,** die insbesondere beim Überschreiten der Außengrenzen verwendet werden, zielt die gemeinsame Maßnahme des Rats vom 28.10.1996 zur Festlegung eines Ausbildungs-, Austausch- und Kooperationsprogramms im Bereich der Ausweisdokumente (**SHERLOCK**)[5]. Dieses Programm soll die gegenseitige Kenntnis der Techniken zur Herstellung und Kontrolle von Ausweisdokumenten, die in den einzelnen Mitgliedstaaten angewendet werden, und den Kampf gegen Fälschungen verbessern helfen. Das Programm »**GROTIUS**« enthält ein Förder- und Austauschprogramm für Rechtsberufe, das dazu beitragen soll, das gegenseitige Verständnis für die Rechtsordnungen und die Rechtspflege der Mitgliedstaaten zu ver- 3

---

1 S. Art. 67, Rn. 1 ff.
2 S. näher Art. 63 Rn. 5 und Rn. 33.
3 ABl.EG Nr. L 203/1; s. auch die Mitteilung der Kommission über die Bewertung von IDA II und den Vorschlag für eine Änderung des Beschlusses Nr. 1719/1999/EG vom 12.7.1999 (KOM [2001] 507).
4 Gemeinsame Maßnahme vom 19.3.1998, ABl.EG Nr. L 99/2.
5 ABl.EG 1996 Nr. L 287/7.

Art. 66 EG-Vertrag

bessern sowie die Zusammenarbeit im rechtlichen Bereich erleichtern[6]. Das Programm »KAROLUS« dient dem Austausch nationaler Beamter zwischen den Verwaltungen der Mitgliedstaaten[7]. Der Austausch von Verbindungsrichtern im Bereich der Zivil- und Handelssachen regelt die gemeinsame Maßnahme des Rates vom 22.4.1996[8].

4 Durch die Entscheidung des Rates vom 28.5.2001 wurde ein **Europäisches Justitielles Netz für Zivil- und Handelssachen** eingerichtet, um die Zusammenarbeit der Mitgliedstaaten in Zivil- und Handelssachen zu erleichtern und zugleich praktische Informationen für die Bevölkerung bereitstellen, die bei Streitfällen mit grenzüberschreitenden Bezügen den Zugang zum Recht erleichtern.[9] Das Netz setzt sich aus einer Vielzahl von **nationalen Kontaktstellen** und Kontaktbeamten in den Mitgliedstaaten zusammen, die die justitielle Zusammenarbeit unter den Mitgliedstaaten unterstützen und hierfür Informationen zur Verfügung stellen. Die Kontaktstellen, aber auch die Mitgliedstaaten treffen sich im Rahmen des Netzes zu regelmäßigen Sitzungen. Für die Öffentlichkeit wird ein Internet-gestütztes Informationssystem zur Verfügung gestellt. Das Netz tritt am 1.12.2002 in Kraft. Ferner wurde vorgeschlagen, **ein Europäisches Netz für justizielle Ausbildung** einzurichten[10].

---

6 Gemeinsame Maßnahme des Rates vom 28.10.1996, ABl.EG 1996 Nr. L 287/3; durch VO (EG) Nr. 290/2001 des Rates vom 12.2.2001 wurde das Programm für eine zweite Phase (2001–2002) verlängert, ABl.EG Nr. L 43/1.
7 Entscheidung 92/481/EWG des Rates vom 22.9.1992, ABl.EG 1992 Nr. L 286/65; verlängert bis zum Jahre 2000 durch den gemeinsamen Standpunkt vom 26.1.1998, ABl.EG 1998 Nr. C 62/60.
8 ABl.EG Nr. L 105/1.
9 ABl.EG Nr. L 174/25.
10 ABl.EG 2001 Nr. C 18/9.

Art. 67 (ex-Art. 73o)

(1) Der Rat handelt während eines Überganszeitraums von fünf Jahren nach Inkrafttreten des Vertrags von Amsterdam einstimmig auf Vorschlag der Kommission oder auf Initiative eines Mitgliedstaates und nach Anhörung des Europäischen Parlaments.[1]

(2) Nach Ablauf dieser fünf Jahre
- handelt der Rat auf der Grundlage von Vorschlägen der Kommission; die Kommission prüft jeden Antrag eines Mitgliedstaates, wonach sie dem Rat einen Vorschlag unterbreiten soll;[2]
- faßt der Rat einstimmig nach Anhörung des Europäischen Parlaments einen Beschluß, wonach auf alle Bereiche oder Teile der Bereiche, die unter diesen Titel fallen, das Verfahren des Artikels 251 anzuwenden ist und die Bestimmungen über die Zuständigkeit des Gerichtshofs angepaßt werden.[3 ff.]

(3) Abweichend von den Absätzen 1 und 2 werden die in Artikel 62 Nummer 2 Buchstabe b Ziffer i und iii genannten Maßnahmen vom Zeitpunkt des Inkrafttretens des Vertrags von Amsterdam an vom Rat mit qualifizierter Mehrheit auf Vorschlag der Kommission und nach Anhörung des Europäischen Parlaments beschlossen.[6]

(4) Abweichend von Absatz 2 werden die in Artikel 62 Nummer 2 Buchstabe b Ziffern ii und iv genannten Maßnahmen nach Ablauf von fünf Jahren nach Inkrafttreten des Vertrags von Amsterdam vom Rat nach dem Verfahren des Artikels 251 beschlossen.[7]

(5) Abweichend von Absatz 1 erläßt der Rat gemäß dem Verfahren des Artikels 251[8]
- die Maßnahmen nach Artikel 65 mit Ausnahme der familienrechtlichen Aspekte;
- die Maßnahmen nach Artikel 63 Nummer 1 Buchstaben a, b, c und d und nach Artikel 63 Nummer 2 Buchstabe a, sofern der Rat zuvor gemäß Absatz 1 des vorliegenden Artikels Gemeinschaftsvorschriften angenommen hat, in denen die gemeinsamen Regeln und wesentlichen Grundsätze für diesen Bereich festgelegt sind.

Abs. 5 ist eine durch den Vertrag von Nizza eingefügte Bestimmung.

Art. 67 regelt in Abweichung von den Art. 249 ff. das **Verfahren** für die Annahme von   1
Rechtsakten im Bereich der **Justiz- und Innenpolitik**, die auf den Titel IV des EGV gestützt sind mit Ausnahme der in Art. 64 Abs. 2 erwähnten vorläufigen Maßnahmen im Falle einer Notlage aufgrund eines plötzlichen Zustroms von Drittstaatsangehörigen. Für eine Übergangszeit von fünf Jahren nach Inkrafttreten des Vertrags von Amsterdam, d. h. bis zum 30.4.2004, sieht Abs. 1 zunächst ein besonderes Verfahren vor, währenddessen der **Rat** Entscheidungen nur **einstimmig** treffen darf. Das **Vorschlagsrecht** üben in dieser Zeit sowohl die **Kommission** als auch die **Mitgliedstaaten** aus (Koinitiativrecht). Hierin liegt eine systemwidrige Durchbrechung des **Initiativmonopols** der Kommission (s. Art. 251 Abs. 2 und Art. 252 lit. a)). Bei allen nach Art. 67 zu erlassenden Rechtsakten ist das **Parlament** anzuhören[1]. Ausnahmen zum Verfahren nach Abs. 1 finden sich in den Abs. 3 bis 5, von denen insbesondere der durch den Vertrag von Nizza eingefügte Abs. 5 weittragende Bedeutung hat (s. Rn. 8).

Nach **Ablauf von fünf Jahren** seit Inkrafttreten des Amsterdamer Vertrags sieht Abs. 2   2
1. Spstr. vor, daß das **Koinitiativrecht der Mitgliedstaaten** für Rechtsakte – und zwar ipso jure – entfällt. Das Initiativrecht liegt ab diesem Zeitpunkt allein bei der **Kommis-

---

1   P.-C. *Müller-Graff,* Justiz und Inneres nach Amsterdam, Integration 1997, S. 278.

sion.² Für die in den Abs. 3 und 4 genannten Kompetenzbereiche war ein Initiativrecht von vornherein nicht vorgesehen, für die in Abs. 5 genannten Kompetenzbereiche hingegen entfällt das Initiativrecht der Mitgliedstaaten mit dem Inkrafttreten des Vertrags von Nizza. Die Kommission hat allerdings in allen Politiken nach dem Kapitel IV die Anträge von Mitgliedstaaten zu prüfen, die darauf zielen, dem Rat einen bestimmten Vorschlag zu unterbreiten (**verstärktes Aufforderungsrecht**). Eine ähnliche Regelung findet sich auch in Art. 115 und früher in Art. 100c Abs. 2 a. F. Die Kommission entscheidet über einen derartigen Antrag nach ihrem pflichtgemäßen Ermessen; ein Tätigwerden der Kommission können die Mitgliedstaaten im Wege der Untätigkeitsklage nach Art. 232 einklagen³.

3 Der **Rat** hat, soweit nicht die in Abs. 3 bis 5 genannten Kompetenzbereichen betroffen sind, nach dem Zeitraum von **fünf Jahren** gemäß Abs. 2 2. Spstr. zu entscheiden, ob für alle oder nur für einzelne der in den Art. 61 bis 69 genannten Politikbereiche das **Verfahren der Mitentscheidung** nach Art. 251 anzuwenden ist; das Parlament ist zuvor anzuhören. Ein positiver Beschluß hat zur Folge, daß der Rat in den betreffenden Politikbereichen fortan mit **qualifizierter Mehrheit** entscheidet und das **Parlament** über ein **Mitentscheidungsrecht** nach Maßgabe des Art. 251 verfügt. Für die Berechnung der qualifizierten Mehrheit gilt gemäß Art. 69 die in Art. 205 Abs. 2 angeordnete Stimmengewichtung, **unabhängig** von der Frage, ob **Dänemark**, das **Vereinigte Königreich** oder **Irland** an dem Rechtsakt mitwirken.⁴ Obwohl der Rat ggf. nur mit 13 Mitgliedern entscheidet, gilt daher für die qualifizierte Mehrheit das gleiche Quorum wie bei der Beteiligung von allen 16 Mitgliedern. Diese Erschwerung der Annahme von Rechtsakten erklärt sich nur durch die besondere Bedeutung der Justiz- und Innenpolitik für die nationalstaatliche Souveränität. Wird ein negativer oder gar kein Beschluß gefaßt, bleibt es beim Verfahren nach Abs. 1⁵.

4 Die Mitgliedstaaten haben in einer **Erklärung zur Schlußakte** zum **Vertrag von Nizza** ihr Einverständnis erteilt, daß der Rat ab dem 1.5.2004 **einwanderungspolitische Maßnahmen** nach Art. 62 Nr. 3 und Art. 63 Nr. 3 lit. b) gemäß dem Mitentscheidungsverfahren nach Art. 251 und Maßnahmen nach Art. 66 hingegen mit qualifizierter Mehrheit auf Vorschlag der Kommission und nach Anhörung des Europäischen Parlaments beschließt. Die Erklärung ersetzt den Beschluß des Rates, der gemäß Art. 67 Abs. 2 2. Spstr. über den Übergang zum Mitentscheidungsverfahren nötig gewesen wäre. Ferner haben sich die Mitgliedstaaten darauf geeinigt, Maßnahmen hinsichtlich der Kontrolle der **Außengrenzen** (Art. 62 Nr. 2 lit. a)) nach dem Verfahren des Art. 251 zu beschließen, sobald eine Einigung über den Anwendungsbereich der Maßnahmen in Bezug auf das Überschreiten der Außengrenzen der Mitgliedstaaten der Europäischen Union durch Personen erzielt worden ist.

5 Der Regelungsgehalt des Abs. 2 erschöpft sich nicht in einen einmaligen Beschluß vor Ablauf des Übergangszeitraums von fünf Jahren. Auch danach kann für diejenigen Teile, für die es zunächst beim Verfahren nach Abs. 1 verblieben ist, die Anwendung des Mitentscheidungsverfahrens nach Art. 251 beschlossen werden.⁶ Der Rat hat in der oben genannten Erklärung die Absicht bekundet, das Verfahren des Artikels 251 nach Ablauf der Fünf-Jahres-Frist oder so bald wie möglich nach diesem Zeitpunkt auf die

---

2 *M. Degen*, in: GTE, EU-/EGV, Vorbem. zu den Art. K bis K. 9, Rn. 27.
3 *Ch. Thun-Hohenstein*, Der Vertrag von Amsterdam, Wien 1997, S. 31.
4 S. Art. 69 Rn. 6 und 9.
5 A.A. V. *Röben*, in: Grabitz/Hilf, EU, Art. 67, Rn. 6; *Thun-Hohenstein* (Fn. 3), S. 39.
6 Ebenso A. *Weber*, Möglichkeiten und Grenzen europäischer Asylrechtsharmonisierung, ZAR 1998, S. 148.

übrigen unter Titel IV fallenden Bereiche oder auf einige dieser Bereiche anwendbar zu machen. Eine Rückkehr zum Prinzip der Einstimmigkeit ist hingegen von Art. 67 nicht gedeckt.

Der Rat hat sich bei seiner Entscheidung nach Abs. 2 zugleich mit einer **Anpassung der Zuständigkeiten des EuGH** auseinanderzusetzen. Es besteht insofern die Gefahr, daß der Gerichtshof im Zuge einer vertieften Vergemeinschaftung der Asyl- und Einwanderungspolitik mit einer großen Zahl von Verfahren zusätzlich belastet wird, die zu erheblichen und unerwünschten Verzögerungen gerade in Asylsachen führen könnten. Gemeint ist in der Sache eine Änderung des Art. 68 Abs. 1 und Abs. 2 EGV[7] Der **Vertrag von Nizza** hat den Versuch einer **institutionellen Reform des EuGH** unternommen; eine darüber hinausgehende Änderung des Art. 68 ist derzeit wohl nicht beabsichtigt[8]. 6

Die **Visapolitik** gehörte in Teilen bereits vor dem Vertrag von Amsterdam gemäß Art. 100c a. F. zur Kompetenz der Gemeinschaft. Um den erreichten **Integrationsstand** auf diesem Gebiet zu halten, ordnet Art. 67 Abs. 3 an, daß Maßnahmen nach Nr. 2 lit. b) Ziff. i) über die Festlegung der visapflichtigen Drittländer und Ziff. iii) über die einheitliche Visumgestaltung bereits unmittelbar mit Inkrafttreten des Vertrags von Amsterdam vom Rat mit **qualifizierter Mehrheit** auf **Vorschlag der Kommission** und nach **Anhörung des Parlaments** beschlossen werden. Diese Verfahrensregelung entspricht weitgehend dem Regelungsgehalt des Art. 100c Abs. 1 in der Fassung des Vertrags von Maastricht, bezieht aber nunmehr die Kompetenz der EG für den Erlaß von Positivlisten mit ein[9]. 7

Eine weitere Abweichung vom Normalverfahren nach Art. 67 Abs. 2 sieht Abs. 4 vor. Danach setzt der Übergang auf das Verfahren nach Art. 251 in Fragen der **Visumerteilung** (Art. 62 Nr. 2 lit. b) Ziff. ii)) und der Gestaltung eines **einheitlichen Visums** (Art. 62 Nr. 2 lit. b) Ziff. iv)) keinen **Beschluß** des Rates voraus, sondern vollzieht sich unmittelbar mit Ablauf der Fünf-Jahres-Frist nach Inkrafttreten des Amsterdamer Vertrags. Diese Vorschrift trägt ebenfalls der bereits vor dem Vertrag von Amsterdam fortgeschrittenen Harmonisierung der gesamten Visapolitik Rechnung. 8

Der durch den **Vertrag von Nizza** neu eingefügte Abs. 5 trifft ähnlich wie bereits Abs. 3 und Abs. 4 eine von dem Verfahren nach den Abs. 1 und 2 abweichende Verfahrensregelung. Eine unmittelbare und vollständige Überführung in das **Verfahren der Mitentscheidung nach Art. 251** konnte aber nur für die **justitielle Zusammenarbeit in Zivilsachen** nach Art. 65 mit Ausnahmen aller Angelegenheiten des Familienrechts erreicht werden. Für den Bereich des **Asyl- und Asylverfahrensrechts** gemäß Art. 63 Nr. 1 sowie für den Bereich des vorübergehenden Schutzes **von Vertriebenen** nach Art. 63 Nr. 2 lit. a) soll das Verfahren der Mitentscheidung erst Anwendung finden, wenn Gemeinschaftsvorschriften angenommen worden sind, in denen die »**gemeinsamen Regeln**« und »**wesentlichen Grundsätze**« für den jeweiligen Bereich festgelegt sind. Ein bestimmtes Kriterium oder Verfahren zur Festlegung, wann dieser Standard erreicht ist, sieht Abs. 5 nicht vor. Gemeint ist aber, daß für alle der in Art. 63 Nr. 1 lit. a) bis lit. d) und in Nr. 2 lit. a) genannten Zuständigkeiten der Gemeinschaft jeweils zumindest ein grundlegendes Regelungswerk (Richtlinie oder Verordnung) beschlossen worden sein 9

---

7   V. *Röben*, in: Grabitz/Hilf, EU, Art. 67, Rn. 5; L. *Harings,* Die Zusammenarbeit in den Bereichen Justiz und Inneres, EuR 1998, Beiheft 2, S. 87.
8   S. näher Art. 225, Rn. 3 f.; B. *Wegener,* Die Verordnung der EU-Gerichtsbarkeit durch den Vertrag von Nizza, DVBl. 2001, S. 1258 ff.
9   S. Art. 62, Rn. 15.

muß, so daß unionsweit entsprechende Mindestnormen gelten. Wie die Wörter »für diesen Bereich« belegen, greift das Verfahren nach Abs. 5 erst ein, wenn **in allen Politikfeldern** der Asyl- und Flüchtlingspolitik ein Grad an Harmonisierung eingetreten ist, daß von einem gemeinsamen Asyl- und Asylverfahrensrechts sowie von einer einheitlichen Flüchtlingspolitik geredet werden kann.

Art. 68 (ex-Art. 73p)

(1) Artikel 234 findet auf diesen Titel unter folgenden Umständen und Bedingungen Anwendung[1]: Wird eine Frage der Auslegung dieses Titels sowie der Gültigkeit oder Auslegung von auf diesen Titel gestützten Rechtsakten der Organe der Gemeinschaft in einem schwebenden Verfahren bei einem einzelstaatlichen Gericht gestellt, dessen Entscheidungen selbst nicht mehr mit Rechtsmitteln des innerstaatlichen Rechts angefochten werden können, so legt dieses Gericht dem Gerichtshof die Frage zur Entscheidung vor, wenn es eine Entscheidung darüber zum Erlaß seines Urteils für erforderlich hält[2].

(2) In jedem Fall ist der Gerichtshof nicht für Entscheidungen über Maßnahmen oder Beschlüsse nach Artikel 62 Nummer 1 zuständig, die die Aufrechterhaltung der öffentlichen Ordnung und den Schutz der inneren Sicherheit betreffen[3 f.].

(3) Der Rat, die Kommission oder ein Mitgliedstaat können den Gerichtshof eine Frage der Auslegung dieses Titels oder von auf diesen Titel gestützten Rechtsakten der Organe der Gemeinschaft zur Entscheidung vorlegen. Die Entscheidung, die der Gerichtshof auf dieses Ersuchen hin fällt, gilt nicht für Urteile von Gerichten der Mitgliedstaaten, die rechtskräftig geworden sind[5].

Inhaltsübersicht:

1. Allgemeines	1
2. Vorabentscheidungsverfahren	2
3. Ausnahmeklausel	4
4. Vorlageverfahren	8

1. Allgemeines

Aufgrund der Regelung in Art. 68 erstreckt sich die **Zuständigkeit des EuGH** seit dem Inkrafttreten des **Amsterdamer Vertrages** auch auf die Visa-, Asyl-, Einwanderungs- und sonstigen Politiken, die den freien Personenverkehr betreffen (Art. 61 ff.). Die Zuständigkeit ist obligatorischer Art und hängt nicht – wie etwa im Rahmen der PJZS nach Art. 35 Abs. 2 EUV – von einer besonderen Zustimmungserklärung der Mitgliedstaaten ab. Es gelten vielmehr für den gesamten Bereich der Kompetenzen nach Kapitel IV des Vertrags unmittelbar die Verfahrensbestimmungen für den EuGH nach den Art. 220 ff. Diese Vorschriften werden indes durch die **Sonderregelungen** in Art. 68 modifiziert und ergänzt. Der **Vertrag von Maastricht** sah noch für den Bereich der Justiz- und Innenpolitik eine **fakultative Zuständigkeit** des EuGH allein für Streitigkeiten über die Auslegung von zwischenstaatlichen Übereinkommen vor (s. Art. K. 2 UAbs. 3 EUV a. F.). 1

2. Vorabentscheidungsverfahren

Absatz 1 trifft Sonderregelungen für das in Art. 234 geregelte **Vorabentscheidungsverfahren**. Während nach Art. 234 Abs. 2 auch die unteren Fachgerichte die Möglichkeit einer Vorlage an den EuGH haben, beschränkt sich die **Vorlagebefugnis** nach dem Wortlaut des Art. 68 Abs. 1 auf die **funktionell letztinstanzlichen Gerichte**[1]. Diese sind allerdings in Übereinstimmung mit Art. 234 Abs. 3 **zur Vorlage verpflichtet**, wenn sie 2

---

1 S. zu diesem Begriff näher Art. 234, Rn. 18 f.

eine Entscheidung über die Vorlagefrage zum Erlaß des Urteils für **erforderlich** halten, d. h. wenn die aufgeworfene Frage hinsichtlich der Auslegung des Gemeinschaftsrechts **entscheidungserheblich** ist[2]. Der im Vergleich zu Art. 234 Abs. 3 unterschiedliche Wortlaut beruht auf einer Präzisierung der vom EuGH herausgearbeiteten Vorlagevoraussetzungen, hat aber auf die Frage der Vorlagepflicht keine Auswirkung[3].

3 Auch **Instanzgerichte** sind zur Vorlage **verpflichtet**, wenn sie Rechtsakte der Gemeinschaftsorgane für rechtswidrig und mithin unanwendbar halten[4]. Insofern gelten die vom EuGH zu Art. 234 Abs. 2 herausgearbeiteten Gesichtspunkte entsprechend[5]. Eine Bindung der Instanzgerichte auch an ungültiges Gemeinschaftsrecht läßt sich weder mit dem Rechtsstaatsprinzip noch mit der **alleinigen Verwerfungskompetenz des EuGH** noch mit dem **Gebot effektiven Rechtsschutzes** – insbesondere in Eilverfahren – in Einklang bringen. Auch die Unabhängigkeit der Gerichte wäre erheblich gefährdet, wenn man ihnen in diesem Fall eine **Normverwerfungskompetenz** abspricht, obwohl das Gemeinschaftsrecht eine solche Kompetenz der nationalen Gerichte nicht ausdrücklich ausschließt. Der Wortlaut von Art. 68 Abs. 1 steht schon deshalb nicht entgegen, weil er hinsichtlich der Vorlagepflicht von Instanzgerichten gerade keine Regelung enthält. Auf der anderen Seite wäre es aus gemeinschaftsrechtlicher Sicht nicht akzeptabel, wenn Instanzgerichte geltendes Gemeinschaftsrecht für gemeinschaftswidrig erachten und mit Rechtsverbindlichkeit für unanwendbar erklären[6].

3. Ausnahmeklausel

4 Nach Abs. 2 ist der EuGH **unzuständig** für Entscheidungen über Maßnahmen oder Beschlüsse im Zusammenhang mit dem **Wegfall der Binnengrenzkontrollen**, wenn diese die **Aufrechterhaltung der öffentlichen Ordnung** und den **Schutz der inneren Sicherheit** betreffen. Der Wortlaut der Regelung mit der Bezugnahme auf »Entscheidungen über Maßnahmen oder Beschlüsse nach Art. 62 Nr. 1« beruht wohl auf einem redaktionellen Versehen, weil von der Regelung gerade auch – wie die Entstehungsgeschichte unterstreicht[7] – der Ausschluß jeder Jurisdiktion des EuGH über nationale Maßnahmen zur Aufrechterhaltung der öffentlichen Ordnung und den Schutz der inneren Sicherheit wie etwa die kurzzeitige Wiedereinführung von Grenzkontrollen in bestimmten Ausnahmesituationen durch die Mitgliedstaaten (s. Art. 2 Abs. 3 SDÜ) erfaßt werden sollte[8]. Im Verhältnis zu Art. 64 Abs. 1 gewinnt Art. 68 Abs. 2 seinen Sinn darin, daß der

---

2 EuGH, Rs. 283/81, Slg. 1982, S. 3415, Rn. 10 (C.I.L.F.I.T.); s.näher Art. 234, Rn. 14 m. w. N.
3 O. Dörr/U. Mager, Rechtswahrung und Rechtsschutz nach Amsterdam, AöR 2000, S. 386 (389); C.D. Classen, Die Jurisdiktion des Gerichtshofs der Europäischen Gemeinschaften nach Amsterdam, EuR, Beiheft 1/1999, S. 73, (76); C. Gialdino, Schengen et le troisième pilier, RMUE 1998, S. 89 (105 f.); P. Girerd, L'article 68 CE: un renvoi préjudiciel d'interpretation et d'application incertaines, RTDE 35 (1999), S. 239 (243).; a. A. H. Labayle, Un escape de liberté, de sécurité et de justice, RTDE 33 (1997), S. 813 (863). St. Leible/A. Staudinger, Art. 65 EGV im System der EG-Kompetenzen, EuLF (D), S. 227.
4 A. A. Dörr/ Mager (Fn. 3), S. 391; Girerd (Fn. 3), S. 246; V. Röben, in Grabitz/Hilf, EU, Art. 68 EGV, Rn. 4; L. Harings, Die Zusammenarbeit in den Bereichen Justiz und Inneres, EuR 1998, Beiheft 2, S. 87; Classen (Fn. 3.), S. 75 f.
5 EuGH, Rs. 314/85, Slg. 1987, 4199, Rn. 15 ff. (Foto Frost).
6 So auch L. Harings (Fn. 4), S. 87; Classen (Fn. 3.), S. 75 f.
7 K. Hailbronner/C. Thiery, Amsterdam – Vergemeinschaft der Sachbereiche Freier Personenverkehr, Asylrecht und Einwanderung, EuR 1998, S. 583, 597.
8 Classen (Fn. 3), S. 76; a.A. Dörr/Mager (Fn. 3), S. 397 f.; Girerd (Fn. 3), S. 249; Wölker, Grundrechtsschutz durch den EuGH und nationale Gerichte nach Amsterdam, EuR, Beiheft 1/1999, S. 99, 106.

Gerichtshof die Begriffe »öffentliche Ordnung« und »Schutz der inneren Sicherheit« nicht als **gemeinschaftsrechtliche Begriffe** auslegen und damit unabhängig von dem mitgliedstaatlichen Verständnis deuten darf[9].

Durch die Worte »**in jedem Fall**« wird klargestellt, daß die Ausnahmeklausel nicht nur 5 für Vorabentscheidungsverfahren, sondern für **alle Verfahren vor dem EuGH** gilt. Der europarechtsfreundliche Versuch, diesen Regelungsinhalt durch eine systematische Auslegung unter Hinweis auf die Stellung der Ausnahmeklausel zwischen dem Vorabentscheidungsverfahren nach Absatz 1 und dem Vorlageverfahren nach Absatz 3 allein auf diese Verfahren zu beschränken, kann angesichts des unzweideutigen Wortlauts von Absatz 2 nicht überzeugen[10].

Der Vorbehalt des Art. 68 Abs. 2 wird noch erweitert durch Art. 2 Abs. 1 des **Proto-** 6 **kolls zur Einbeziehung des Schengen-Besitzstands in den Rahmen der Europäischen Union**. Danach ist der Gerichtshof »keinesfalls zuständig für Maßnahmen oder Beschlüsse, die die Aufrechterhaltung der öffentlichen Ordnung und den Schutz der inneren Sicherheit betreffen«. Von der Bestimmung des Protokolls werden alle **vor Inkrafttreten des Amsterdamer Vertrages** beschlossenen Rechtsakte der Schengen-Staaten erfaßt und dabei nicht nur solche, die das Überschreiten der Binnengrenzen regeln[11].

Die **Ausnahmeklausel** des Absatzes 2 ist mit dem bisherigen Anspruch der Gemein- 7 schaftsrechtsordnung als einer auf umfassenden Rechtsschutz aufgebauten **Rechtsgemeinschaft** nicht zu vereinbaren und gefährdet die Einheitlichkeit der Auslegung und Anwendung des Gemeinschaftsrechts[12]. Aus dem Defizit an Rechtsschutz folgt aber nicht der Ausschluß jedes Rechtsschutzes; diesen gewähren weiterhin die **nationalen Gerichte**. In jedem Fall ist der Vorbehalt aus **Rechtsschutzgründen** und vom Sinn und Zweck des Art. 62 Nr. 1 her, der gerade die Personenfreizügigkeit durch den Wegfall der Kontrollen an den Binnengrenzen gewährleisten soll, **eng auszulegen**.

4. Vorlageverfahren

Ein neuartiges **Vorlageverfahren** begründet Abs. 3[13]. Der Rat, die Kommission und die 8 Mitgliedstaaten (nicht aber das Parlament[14]) können danach dem EuGH eine **Frage zur Auslegung** der Art. 61 bis 69 und der auf diese Vorschriften gestützten Rechtsakte zur Entscheidung vorlegen. Die **Gültigkeit** von Sekundärrecht können die Vorlageberechtigten daneben im Wege der **Nichtigkeitsklage** gemäß Art. 230 Abs. 2 prüfen lassen. Es handelt sich um ein **objektives Verfahren**, dem kein Rechtsstreit zugrunde liegen muß; eine Frist ist nicht einzuhalten. Im Unterschied zur Einholung eines Gutachtens (s. Art. 300 Abs. 6) kann der EuGH in diesen Verfahren ähnlich wie im Verfahren der Vorabentscheidung auch die **Nichtigkeit** eines Rechtsaktes feststellen[15]. Aus rechtsstaatlicher Sicht bedenklich ist es, daß **rechtskräftige Entscheidungen nationaler Ge-**

---

9 S. Art. 64, Rn. 2; a. A. *Classen* (Fn. 3), S. 76.
10 Ebenso *Wölker* (Fn. 8), S. 107; *Classen* (Fn. 3), S. 76; a.A. *Dörr/Mager* (Fn. 3), S. 399 f.
11 Ebenso *Classen* (Fn. 3), S. 77; a. A. *Wölker* (Fn. 8), S. 107.
12 *U. Karpenstein*, Der Vertrag von Amsterdam, DVBl. 1998, S. 943 f.; *M. Pechstein*, Amsterdamer Vertrag und Grundgesetz, DÖV 1998, S. 576; *P. C. Müller-Graff*, Justiz und Inneres nach Amsterdam, Integration 1997, S. 280; *Dörr/Mager* (Fn. 3), S. 401 f.; *Classen* (Fn. 3), S. 80 f..
13 S. näher *Dörr/Mager* (Fn. 3), S. 393; *Girerd* (Fn. 3), S. 247 f.; *Gialdino* (Fn. 3), S. 109.
14 Kritisch *Girerd* (Fn. 3), S. 247; *V. Röben*, Grabitz/Hilf, EU, Art. 68, Rn. 17; a. A. *Dörr/Mager* (Fn. 3), S. 395.
15 A. A. *Classen* (Fn. 3), S. 79.

Art. 68 EG-Vertrag

richte generell von diesem Verdikt **unangetastet** bleiben sollen[16]. Eine Entscheidung des EuGH über diese Frage in jedem Einzelfall hätte flexiblere und dem Rechtsschutz angemessenere Möglichkeiten eröffnet. Abgesehen von diesem Ausnahmefall ergehen die Entscheidungen des EuGH nach Art. 68 Abs. 3 »**erga omnes**«, vorbehaltlich der in Art. 69 genannten Einschränkungen[17].

---

16 Ebenso *Karpenstein* (Fn. 12), S. 944; die Regelung knüpfte wohl an dem früher geltendem Art. 4 EuGVÜ an (ABl.EG 1998 Nr. C 27/28), nun überführt in die VO (EG) Nr. 44/2001.
17 *Dörr/Mager* (Fn. 3), S. 393; *Classen* (Fn. 3), S. 78 f.; *V. Röben*, in: Grabitz/Hilf, EU, Art. 68 EGV, Rn. 18.

Art. 69 (ex-Art. 73q)

Für die Anwendung dieses Titels gelten unbeschadet des Protokolls über die Anwendung bestimmter Aspekte des Artikels 14 des Vertrags zur Gründung der Europäischen Gemeinschaft auf das Vereinigte Königreich und auf Irland[6 f.] die Bestimmungen des Protokolls über die Position des Vereinigten Königreichs und Irlands[2 ff.] und des Protokolls über die Position Dänemarks[8 f.].

Inhaltsübersicht:
1. Überblick 1
2. Sonderstatus des Vereinigten Königreichs und Irlands 2
3. Der Sonderstatus Dänemarks 8

1. Überblick

Die schwer lesbare Vorschrift nimmt Bezug auf insgesamt **drei Protokolle zum Amsterdamer Vertrag**, die das **Vereinigte Königreich, Irland und Dänemark** betreffen. In diesen Protokollen werden den drei genannten Mitgliedstaaten **umfangreiche Sonderrechte** im Bereich der Justiz- und Innenpolitik eingeräumt, die den räumlichen Anwendungsbereich des betreffenden Gemeinschaftsrechts erheblich einschränken[1]. Es handelt sich mithin um einen Anwendungsfall der flexiblen Integration, der allerdings nicht dem Rechtsregime des Art. 11 unterliegt, sondern sich aus dem Inhalt der Protokolle ergibt. Zu den drei genannten Protokollen kommt noch das **Schengen-Protokoll** hinzu, in dem ebenfalls Sonderrechte für die drei Mitgliedstaaten verankert sind. 1

2. Sonderstatus des Vereinigten Königreichs und Irlands

Das »**Protokoll über die Position des Vereinigten Königreichs und Irlands**« gewährt beiden Mitgliedstaaten einen **Sonderstatus** hinsichtlich der Visa-, Asyl-, Einwanderungs- und sonstigen Politiken betreffend den freien Personenverkehr[2]. Das Vereinigte Königreich und Irland beteiligen sich danach nicht an der Annahme von Maßnahmen durch den Rat, die auf den Titel IV des EGV gestützt sind (Art. 1 des Protokolls). Derartige Maßnahmen und die auf Titel IV des EGV gestützten internationalen Übereinkünfte und Entscheidungen des EuGH sind für beide Mitgliedstaaten weder verbindlich noch berühren sie den gemeinschaftsrechtlichen Besitzstand, soweit er das Vereinigte Königreich oder Irland betrifft (Art. 2). 2

Das Vereinigte Königreich oder Irland können dem Rat innerhalb von drei Monaten nach der Vorlage eines Vorschlags oder einer Initiative im Bereich des Titels IV des EGV schriftlich mitteilen, daß sie sich an der **Annahme** und **Anwendung** der betreffenden Maßnahme **beteiligen** wollen (Art. 3 Abs. 1). Kann eine Maßnahme innerhalb eines angemessenen Zeitraums aufgrund der Beteiligung des Vereinigten Königreichs oder Irlands nicht angenommen werden, kann der Rat die Maßnahme auch ohne Beteiligung dieser Staaten annehmen (Art. 3 Abs. 2). Beide Mitgliedstaaten können auch nach Annahme einer solchen Maßnahme dem Rat oder der Kommission jederzeit mitteilen, daß sie die Maßnahme verbindlich annehmen (Art. 4 Satz 1). Die Kommission 3

---
1 Kritisch daher etwa A. *Weber*, Möglichkeiten und Grenzen europäischer Asylrechtsharmonisierung, ZAR 1998, S. 151 f.
2 S. A. *Wiener*, Forging Flexibility – The British »No« to Schengen, EJM 1999, S. 441.

hat daraufhin in sinngemäßer Anwendung des Art. 11 Abs. 3 über den Antrag und die insofern erforderlichen Maßnahmen zu entscheiden (Art. 4 Satz 2).

4 Die Bestimmungen des **Schengen-Protokolls** bleiben von diesen Bestimmungen unberührt (Art. 7). Dies bedeutet, daß das Vereinigte Königreich oder Irland die Anwendung einzelner oder aller Bestimmungen des »**Schengen-Besitzstandes**«, die gegenwärtig für beide Länder keine Anwendung finden, auch auf sie beantragen können. Der Rat muß dem Antrag einstimmig zustimmen (Art. 4 SchProt). Derartige Anträge haben das Vereinigte Königreich und Irland betreffend die Zusammenarbeit der Justiz- und Polizeibehörden, der Zusammenarbeit in Strafsachen, den Kampf gegen Drogen und das Schengen-Informationssystem (SIS) gestellt, die vom Rat mit Beschluss 2000/365/ EG vom 29.5.2000 angenommen worden sind.[3] Irland hat sich ferner vorbehalten, durch eine schriftliche Erklärung gegenüber dem Ratspräsidenten dieses Protokoll für obsolet zu erklären (Art. 8). Zusätzlich hat das Land in einer **Erklärung** zum Protokoll bekräftigt, daß es allen Maßnahmen beizutreten beabsichtige, soweit dies den einheitlichen Reiseverkehr mit dem Vereinigten Königreich nicht beeinträchtige.

5 Für den Fall, daß das Vereinigte Königreich und Irland sich nicht an Maßnahmen der Gemeinschaft im Rahmen der Justiz- und Innenpolitik nach den Art. 61 ff. beteiligen, sieht das Protokoll für das Abstimmungsverfahren im Rat besondere Regelungen vor. Als **qualifizierte Mehrheit** gilt derselbe Anteil der gewogenen Stimmen der Mitglieder des Rates, der in Art. 205 Abs. 2 auch für das **Abstimmungsverfahren** unter Beteiligung aller Mitgliedstaaten festgelegt ist (s. Art. 1 Satz 2). Daraus folgt eine deutliche Erschwerung für die Annahme von Maßnahmen. Für einstimmige Beschlüsse ist die Zustimmung des Vereinigten Königreichs und Irlands nicht erforderlich (s. Art. 1 Satz 3).

6 Das »**Protokoll über die Anwendung bestimmter Aspekte des Art. 14 auf das Vereinigte Königreich und auf Irland**« betrifft die **Kontrollen an den Binnengrenzen**. Das Protokoll gestattet beiden Mitgliedstaaten, unbeschadet des Art. 14 weiterhin **Einreisekontrollen** an den **Binnengrenzen** vorzunehmen (Art. 1)[4]. Diese Kontrollen dürfen hinsichtlich der Angehörigen von **EWR-Vertragsstaaten** und dessen **Familienangehörigen** nur für die Überprüfung ihres Rechts auf Einreise, bei anderen Personen für eine **Entscheidung über die Einreise** vorgenommen werden. Mit dem Hinweis auf die Geltung des Art. 14 ist klargestellt, daß sich **Unionsbürger** und ihre Familienangehörigen auf die **Personenfreizügigkeit** berufen können und die Binnengrenzen daher ohne Kontrollen überschreiten dürfen. Aus Sinn und Zweck des Protokolls wird aber deutlich, daß beide Mitgliedstaaten – wie bisher – zu Kontrollen befugt sind, um einem Mißbrauch dieses Rechts durch andere Staatsangehörige entgegenzuwirken.

7 Beide Mitgliedstaaten dürfen auch weiterhin die Bestimmungen über den freien Personenverkehr zwischen ihren Hoheitsgebieten (»**common travel area**«) beibehalten (Art. 2). Für **Irland** findet diese Ausnahmebestimmung solange Anwendung, als zwischen beiden Mitgliedstaaten ein gemeinsamer Reiseverkehr aufrechterhalten wird. Umgekehrt wird den anderen Mitgliedstaaten gestattet, Kontrollen bei Personen durchzuführen, die aus dem Vereinigten Königreich oder Irland in ihr Hoheitsgebiet einreisen wollen (Art. 3).

---

3 ABl.EG Nr. L 131/43.
4 S. näher M. *Degen*, in: GTE, EU-EGV, Vorbem. zu den Art. K bis K. 9, Rn. 29.

3. Der Sonderstatus Dänemarks

Das »**Protokoll über die Position Dänemarks**« sieht vor, daß sich auch Dänemark weder an der Annahme von Maßnahmen durch den Rat im Rahmen des Titels IV beteiligen muß noch hieran gebunden ist (Art. 1 und Art. 2). Dies gilt allerdings nicht für Maßnahmen zur Bestimmung derjenigen Drittländer, deren Staatsangehörige beim Überschreiten der **Außengrenzen** der Gemeinschaft im Besitz eines **Visums** sein müssen, sowie auf Maßnahmen zur **einheitlichen Visumgestaltung** (Art. 4). Diese Ausnahme trägt dem Umstand Rechnung, daß die **gemeinsame Visapolitik** gemäß Art. 100c Abs. 1 a. F. auch für Dänemark Anwendung fand. Hinsichtlich des Abstimmungsverfahrens im Rat gelten die oben bereits ausgeführten Sonderregelungen (s. Rn. 5). 8

Dänemark kann aber im Unterschied zum Vereinigten Königreich und Irland nicht in ein laufendes Verfahren eintreten oder nachträglich einzelne Maßnahmen annehmen. Eine Ausnahme gilt für den »**Schengen-Besitzstand**« und Maßnahmen zu dessen Ergänzung. Dieser bleibt nach dem Schengen-Protokoll für **Dänemark** als völkerrechtlicher Vertrag in Kraft (Art. 3 Abs. 1 SchProt). Eine Ergänzung des Schengen-Besitzstandes durch Ratsbeschluß (der 13) kann von Dänemark innerhalb von sechs Monaten angenommen und in nationales Recht umgesetzt werden. Insofern wie auch hinsichtlich des Unionsrechts werden für Dänemark allerdings nur **völkerrechtliche Verpflichtungen** begründet (Art. 5 Abs. 1). Mit Beschluß des Rates vom 1.12.2000 wurde der Schengen-Besitzstand in Dänemark, aber auch in Finnland und Schweden sowie in Island und Norwegen in Kraft gesetzt.[5] 9

---

5 ABl.EG Nr. L 309/24.

Titel V
(ex-Titel IV)
Der Verkehr

Art. 70 (ex-Art. 74)

Auf dem in diesem Titel geregelten Sachgebiet[1-3, 10-13] verfolgen die Mitgliedstaaten[4-6, 8, 9, 14] die Ziele dieses Vertrags[10, 11, 13-17] im Rahmen einer gemeinsamen Verkehrspolitik[5, 7, 14, 15].

Inhaltsübersicht:

I. Die Verkehrspolitik im System des EG-Vertrages	1
II. Verkehrspolitische Zuständigkeiten der Europäischen Gemeinschaft im Verhältnis zu den Mitgliedstaaten	4
III. Verkehrspolitik als Integrationsgegenstand und Integrationsinstrument	10
IV. Art. 70 als Aufgabenzuweisung und Zielvorgabe	14
1. Die normative Aussage von Art. 70	14
2. Der marktordnungsrechtliche Inhalt der gemeinsamen Verkehrspolitik	16

I. Die Verkehrspolitik im System des EG-Vertrages

1 Wegen seiner strategischen Bedeutung für die Volkswirtschaft haben die einzelnen europäischen Staaten den Verkehr schon Anfang dieses Jahrhunderts einem besonderen rechtlichen Regime unterworfen, das diesen Wirtschaftszweig gegen die Gefahren freien Wettbewerbs abschotten sollte[1]. Aus demselben Grund haben die Verfasser des Vertrags zur Gründung der Europäischen Wirtschaftsgemeinschaft der Verkehrswirtschaft 1957 einen eigenen bereichsspezifischen Titel gewidmet – systematisch immerhin auf gleicher Gliederungsstufe wie die Wirtschafts- und Währungsunion und sogar auf formal höherer Ebene als die Wettbewerbsregeln. Durch den Vertrag von Nizza blieb der Titel »Verkehrspolitik« unangetastet.

2 Das Thema »Verkehr« wird im EG-Vertrag an verschiedenen Stellen angesprochen. **Verkehr ist ein Bestandteil des Binnenmarkts**; das ergibt sich aus der Verweisung in Art. 14 Abs. 1 auf Art. 80[2]. Daraus folgt, daß eine **bestimmte Qualität an Verkehrsrelationen**, nämlich solche, die ein Funktionieren des Binnenmarkts ermöglichen, zu den **Zielen der Europäischen Gemeinschaft zählt**. Die obersten Ziele der Gemeinschaft finden sich vor allem in Art. 2, während Art. 3 Abs. 1 die Mittel zur Erreichung dieser Primärziele nennt, welche selbst wiederum nachgeordnete Vertragsziele darstellen. Dazu zählt gem. Art. 3 Abs. 1 lit. f) unter anderem »eine gemeinsame Politik auf dem Gebiet des Verkehrs«. Wie diese im einzelnen realisiert wird, ergibt sich aus den Art. 70–80, dem zentralen Titel des Vertrages zur Verkehrspolitik.

3 Der Bereich »Verkehr« gehört in der Systematik des EGV nach Art. 2 und 3 Abs. 1 lit. f) zu den **gemeinsamen Politiken der Europäischen Gemeinschaft**. Der Begriff »Politiken« bezeichnet Gestaltungsaufgaben, welche die Gemeinschaft zu erfüllen hat. »Gemeinsame Politik« bedeutet: Die Europäische Gemeinschaft kann selbst gesetzliche

---

1 *J. Basedow/M. Dolfen*, in: Hb.EGWirtR, Abschnitt L, Rn. 9–17.
2 *P. Mückenhausen*, in: Lenz, EGV, Vor Art. 74–84, Rn. 1; zusammenfassende Darstellung der europäischen Verkehrspolitik bei *P. Mückenhausen*, in: Frohnmeyer/Mückenhausen, EG-Verkehrsrecht, Loseblatt, Nr. 1 (Grundzüge der gemeinsamen Verkehrspolitik).

Regelungen oder Entscheidungen erlassen und ist nicht auf eine Angleichung der nationalen Rechtssysteme durch die Mitgliedstaaten angewiesen[3].

II. Verkehrspolitische Zuständigkeiten der Europäischen Gemeinschaft im Verhältnis zu den Mitgliedstaaten

Aus dieser rechtssystematischen Einordnung folgt jedoch nicht, daß alle Zuständigkeiten für die Verkehrspolitik ausschließlich bei der Europäischen Gemeinschaft liegen und die Mitgliedstaaten keine eigenen Kompetenzen mehr hätten. Die **Zuständigkeitsverteilung** ist vielmehr **differenziert** zu sehen. Maßgebend dafür sind der Wortlaut von Art. 70 und das Subsidiaritätsprinzip, das nach Art. 5 Abs. 2 seit dem 1.11.1993 einen allgemeinen verfassungsrechtlichen Grundsatz der Gemeinschaft darstellt. 4

Art. 70 verpflichtet zunächst die **Mitgliedstaaten** zum Tätigwerden, wobei die **gemeinsame Verkehrspolitik den Rahmen** bildet. Verkehrspolitik im allgemeinen fällt also keinesfalls in vollem Umfang in die ausschließliche Zuständigkeit der Gemeinschaft; es handelt sich sogar primär um eine Aufgabe der Mitgliedstaaten[4]. Die **Europäische Gemeinschaft** ist nur für die Entwicklung der **spezifisch gemeinschaftlichen Verkehrspolitik** berufen – des politischen Rahmens für nationale Aktivitäten. Inwieweit ihre Zuständigkeit dort **ausschließlich** ist, hängt davon ab, ob der EGV ausdrücklich oder aufgrund Auslegung erkennen läßt, daß bestimmte Aspekte der gemeinsamen Verkehrspolitik allein vom Rat oder von der Kommission gestaltet werden sollen.[5] Wo der Vertrag dies nicht hinreichend zu erkennen gibt, besteht **konkurrierende Zuständigkeit** mit den Mitgliedstaaten. Bei konkurrierender Zuständigkeit entscheidet das **Subsidiaritätsprinzip** (Art. 5 Abs. 2), welche Organisationsebene in welchen Fällen tätig werden darf. 5

Demnach konzentriert sich die Abgrenzung zwischen nationalen und europäischen Zuständigkeiten für den »Verkehr« auf den Inhalt des Begriffs »gemeinsame Verkehrspolitik« und die Aussagen des EGV zur Kompetenzabgrenzung. 6

»**Gemeinsame Verkehrspolitik**« ist im EGV nicht definiert, sondern nur in Art. 71 mit Beispielen angesprochen. Sachlich und nach seiner Funktion zeichnet sich dieser Begriff durch folgende **Merkmale** aus: 7
– Es muß sich um Leitlinien (im untechnischen Sinne) auf dem Gebiet des Verkehrs einschließlich der zugehörigen Infrastruktur handeln;
– diese Leitlinien müssen in ihren Auswirkungen über das Gebiet eines einzelnen Mitgliedstaats hinausreichen
– und auf die Errichtung oder das Funktionieren des Binnenmarkts (Art. 14 Abs. 2) abzielen[6].

Welche der so definierten Leitlinien ausschließlich von der Europäischen Gemeinschaft vorgegeben werden dürfen, sagt der EGV an keiner Stelle ausdrücklich. Die herrschen- 8

---

3 *T. Müller-Ibold*, in: Lenz, EGV, Vor Art. 110, Rn. 2.
4 *A. Frohnmeyer*, in: Grabitz/Hilf, EU, Art. 74, Rn. 8. Grundlegend zur Kompetenzverteilung in der Verkehrspolitik *A. Epiney/R. Gruber*, Verkehrsrecht in der EU – Zu den Gestaltungsspielräumen der EU-Mitgliedstaaten im Bereich des Landverkehrs, 2001.
5 Ausführlich zu Begriff und Inhalt der ausschließlichen Gemeinschaftszuständigkeit s. Art. 5, Rn. 18–27.
6 Ähnlich *A. Frohnmeyer*, in: Grabitz/Hilf, EU, Art. 74, Rn. 7; *P. Mückenhausen*, in: Lenz, EGV, Art. 74, Rn. 2.

de Meinung entnimmt jedoch der **besonders konkreten Umschreibung verkehrspolitischer Aufgabengebiete in Art. 71 Abs. 1 lit. a) und b)** und deren prinzipieller **Binnenmarktrelevanz**, daß jedenfalls für den internationalen Verkehr zwischen den Mitgliedstaaten und die Kabotage **ausschließliche** Gemeinschaftszuständigkeiten bestehen[7]. Für den **Außenverkehr** mit Nicht-EG-Staaten bleibt es bei der vom EuGH vorgezeichneten differenzierten Zuständigkeitsverteilung.[8] Auch die Aufwertung von Art. 133 im **Vertrag von Nizza** hat insoweit **keine** flächendeckend ausschließliche Gemeinschaftszuständigkeit begründet.[9]

9 Die Beschränkung ausschließlicher Gemeinschaftszuständigkeit auf die Materien der Art. 71 Abs. 1 lit. a) und b) unterwirft **alle übrigen Aspekte gemeinsamer Verkehrspolitik** dem Subsidiaritätsprinzip.[10] Auf allen Feldern der gemeinsamen Verkehrspolitik bleibt die Europäische Gemeinschaft zuständig – ihre Zuständigkeit besteht allerdings **neben den Mitgliedstaaten** und ist letzteren gegenüber **subsidiär**. Insofern darf die Gemeinschaft gemäß **Art. 5 Abs. 2** nur handeln, wenn sie sachlich weitergehend und effizienter als die einzelnen Mitgliedstaaten in der Lage ist, die Ziele des EGV in der Verkehrswirtschaft durchzusetzen[11]. Das wird häufig der Fall sein, weil Gemeinschaftsorgane sofort mit Wirkung für alle Mitgliedstaaten handeln können und nicht erst auf eine Koordinierung nationaler Vorstellungen angewiesen sind[12].

III. Verkehrspolitik als Integrationsgegenstand und Integrationsinstrument

10 Oberstes Ziel des EGV ist – neben der Wirtschafts- und Währungsunion – die **Errichtung des Binnenmarkts**. Der Begriff »Binnenmarkt« bezeichnet nach der Definition in **Art. 14 Abs. 2** einen Raum ohne Binnengrenzen, in dem alle Grundfreiheiten verwirklicht und alle Vorschriften des EGV zur Geltung gebracht sind. Wesentliche Elemente des Binnenmarkts sind der **freie Verkehr** von Waren, Personen und Dienstleistungen.

11 Angesichts dieser Definition des Binnenmarktziels hat der Faktor »**Verkehr**« eine **Doppelnatur**: Er ist zum einen **Instrument zur Verwirklichung des Binnenmarkts**, zum anderen **selbst ein Element des Binnenmarkts**[13].

12 Ohne grenzüberschreitende Güter- und Personenbeförderung lassen sich weder ein freier Warenverkehr noch eine effiziente Verteilung der Produktionsfaktoren realisieren. Abschottungen der Verkehrsströme haben die gleiche Wirkung wie Zölle oder mengenmäßige Einfuhrbeschränkungen: sie behindern den Wirtschaftsverkehr zwischen den Vertragsstaaten der EG und damit die Errichtung des Binnenmarkts. Freie Transport-

---

7 *A. Frohnmeyer*, in: Grabitz/Hilf, EU, Art. 74, Rn. 8; *J. Erdmenger*, in: GTE, EU-/EGV, Art. 75, Rn. 52; s. auch Art. 5, Rn. 26. Gleicher Ansatz bei EuGH, Rs. 13/83, Slg. 1985, 1513, Rn. 64–67, 78 (Parlament/Rat) hinsichtlich der politischen Handlungsverpflichtung des Rates.
8 S. Art. 71, Rn. 39, 40; zusammenfassend dazu, unter Berücksichtigung der aktuellen politischen Entwicklungen *P. Mückenhausen*, in: Frohnmeyer/Mückenhausen, EG-Verkehrsrecht, Loseblatt, Nr. 1 Rn. 45–54.
9 Genauer Art. 71, Rn. 39.
10 Ausführlich zur Geltung des Subsidiaritätsprinzips für konkurrierende und parallele Kompetenzen der Gemeinschaft s. Art. 5, Rn. 32–44.
11 *A. Frohnmeyer*, in: Grabitz/Hilf, EU, Art. 74, Rn. 8, 8 a; *C. Jung,* Subsidiarität in der europäischen Verkehrspolitik, TranspR 1999, Heft 4; allgemein zum Subsidiaritätsprinzip: *C. Jung,* Subdisidiarität im Recht der Wettbewerbsbeschränkungen, 1995, S. 170–178, sowie Art. 5, Rn. 17 ff.
12 *A. Frohnmeyer*, in: Grabitz/Hilf, EU, Art. 74, Rn. 8 a.
13 *J. Basedow/M. Dolfen*, in: Hb.EGWirtR, Abschnitt L, Rn. 2.

möglichkeiten sind daher wesentliche Voraussetzung und wesentliches Mittel, um die Elemente des Binnenmarkts real entstehen zu lassen[14]. Zugleich ist der Verkehr selbst ein bedeutender Wirtschaftssektor, der im Rahmen des Binnenmarkts für Anbieter und Nachfrager aus anderen Mitgliedstaaten geöffnet und einem System unverfälschten Wettbewerbs unterstellt werden muß.[15] Bereits im Jahre 1985 flossen aus dem gewerblichen und privaten Verkehr 15%–20% des Bruttosozialprodukts der Europäischen Gemeinschaft[16]; die Landwirtschaft erwirtschaftete im selben Zeitraum nur 5%[17]. 1999 betrug der Wertschöpfungsanteil der Verkehrswirtschaft am EG-Bruttoinlandsprodukt zwar ebenfalls nur noch 5%[18], das Volumen aller Verkehrsdienstleistungen in der EG war jedoch seit 1970 im Güter- und Personenverkehr um durchschnittlich 4,2% pro Jahr gestiegen[19].

In beiden Funktionen, sowohl als Instrument wie als Element des Binnenmarkts, muß sich die Verkehrswirtschaft der **Dienstleistungsfreiheit** und dem **Wettbewerb** öffnen, um die konstitutiven Elemente des Binnenmarkts zu verwirklichen. Im Ergebnis fordert der EGV deshalb die **Schaffung eines gemeinsamen Verkehrsmarktes ohne mengenmäßige Beschränkungen und ohne Wettbewerbsverfälschungen**[20]. Die in Art. 71 Abs. 1 angesprochenen »Besonderheiten des Verkehrs«[21] rechtfertigen nach heute nahezu einhelliger Ansicht **keine marktordnungsrechtliche Sonderbehandlung**, welche eine wettbewerbliche Verfassung der Verkehrswirtschaft ausschließen würde[22]. Gleichwohl hatten manche EG-Mitgliedstaaten lange Zeit versucht, ihre national gewachsenen Wettbewerbsbeschränkungen und Marktaufteilungen im Verkehrssektor mit diesem Argument aufrechtzuerhalten[23]. 13

IV. Art. 70 als Aufgabenzuweisung und Zielvorgabe
1. Die normative Aussage von Art. 70

Art. 70 spricht unmittelbar nur eine **Verpflichtung der EG-Mitgliedstaaten** aus, im Bereich des Binnenverkehrs (Art. 80 Abs. 1) die Ziele des EG-Vertrages aus Art. 2, 3, 4 14

---

14 A. *Frohnmeyer*, in: Grabitz/Hilf, EU, Vor Art. 74, Rn. 2, Art. 74, Rn. 9; J. *Basedow/M. Dolfen*, in: Hb.EGWirtR, Abschnitt L, Rn. 2.
15 M. *Dolfen*, Der Verkehr im europäischen Wettbewerbsrecht, 1991, S. 6 f.
16 EuGH, Rs. 13/83, Slg. 1985, 1513, Tatbestand Ziff. III. B. 1. (Parlament/Rat).
17 J. *Erdmenger*, EG unterwegs – Wege zur Gemeinsamen Verkehrspolitik, 1981, S. 17; J. *Basedow/M. Dolfen*, in: Hb.EGWirtR, Abschnitt L, Rn. 3.
18 European Commission, EU Transport in Figures, Statistical Pocketbook, 2000, Table 1.2.
19 Steigerung um jährlich 4,20% (zwischen 1990 und 1999 3% p.a.) im Güterverkehr und 4,24% (zwischen 1990 und 1999 2% p.a.) im Personenverkehr; vgl. European Commission, EU Energy and Transport in Figures, Statistical Pocketbook, 2001, Table 3.1.2.
20 R. *Wägenbaur*, Angleichung des Rechts der Wirtschaft in Europa, 1969, S. 405, 417 ff.; J. *Basedow*, Verkehrsrecht und Verkehrspolitik als europäische Aufgabe, in: Max-Planck-Institut für ausländisches und internationales Privatrecht (Hrsg.), Europäische Verkehrspolitik, 1987, S. 1 ff. (8 f.); A. *Frohnmeyer*, in: Grabitz/Hilf, EU, Art. 74, Rn. 10; J. *Basedow/M. Dolfen*, in: Hb.EGWirtR, Abschnitt L, Rn. 19, 20.
21 Ausführlich F. *Voigt*, Verkehr, Band I/1 – Die Theorie der Verkehrswirtschaft, 1973, S. 20–28; i.ü. J. *Basedow/M. Dolfen*, in: Hb.EGWirtR, Abschnitt L, Rn. 24–26; A. *Frohnmeyer*, in: Grabitz/Hilf, EU, Art. 75, Rn. 23, 24; J. *Erdmenger*, in: GTE, EU/EGV, Art. 75, Rn. 23.
22 *Basedow*, (Fn. 20), S. 9 f.; J. *Basedow*, Wettbewerb auf den Verkehrsmärkten, 1989, S. 48–51, 105–113; J. *Basedow/M. Dolfen*, in: Hb.EGWirtR, Abschnitt L, Rn. 29, 30; *Epiney/Gruber* (Fn. 4), S. 58, 103, 251, 254 Fn. 212, 257 m. w. N.
23 G. *Aberle*, Die ökonomischen Grundlagen der europäischen Verkehrspolitik, in: Max-Planck-Institut für ausländisches und internationales Privatrecht (Hrsg.), Europäische Verkehrspolitik, 1987, S. 29 ff. (34 f.) m.w.N.; *Basedow* (Fn. 22), S. 42 f.

und 14 zu verwirklichen. Den **Rahmen** für die Aktivitäten der Mitgliedstaaten setzt die **gemeinsame Verkehrspolitik**, die von der **Europäischen Gemeinschaft** vorgegeben wird. Die **Ermächtigung dazu** findet sich nicht in Art. 70, sondern in den **Art. 71–77**.

15 Der Rat hat dabei wegen der allgemeinen Fassung von Art. 70 einen – verglichen etwa mit der Agrarpolitik (Art. 33) – weiten Ermessensspielraum[24]. Die gemeinsame Verkehrspolitik muß sich lediglich an oben genannten **Vertragszielen** orientieren[25]. Konkret lassen sich deren Vorgaben in drei Aufgabenkomplexe für die europäische Verkehrspolitik zusammenfassen:
– Im Rahmen einer europäischen Gestaltung der Verkehrswirtschaft müssen die Gemeinschaftsorgane alle Diskriminierungen und Behinderungen für ausländische Leistungsanbieter abbauen[26];
– sie müssen für die Entstehung eines einheitlichen Wirtschaftsraums die erforderliche Infrastruktur schaffen und die erforderlichen Verkehrsdienstleistungen fördern[27];
– schließlich muß die Verkehrspolitik gemeinschaftsweit gleiche und unverfälschte Wettbewerbsbedingungen herstellen durch Beseitigung nationaler Wettbewerbsverzerrungen[28].

2. Der marktordnungsrechtliche Inhalt der gemeinsamen Verkehrspolitik

16 Den Verfassern des EG-Vertrages ist es im Rahmen der **Art. 70–80** nicht gelungen, konkrete ordnungspolitische Direktiven für die gemeinsame Verkehrspolitik vorzugeben. Wegen grundlegender Meinungsverschiedenheiten der EWG-Gründerstaaten über die Funktion der Verkehrswirtschaft[29] regeln die spezifischen Bestimmungen zur Verkehrspolitik nur Einzelprobleme von höchst unterschiedlicher Bedeutung[30] und **ohne ein stringentes Marktordnungskonzept**[31]. Die **inhaltlichen Leitlinien** der gemeinsamen Verkehrspolitik müssen deshalb aus den **allgemeinen Grundsatzbestimmungen** des Vertrages gewonnen werden.

---

24 St. Rspr.: vgl. EuGH, Rs. 13/83, Slg. 1985, 1513, Rn. 49 (Parlament/Rat); EuGH, Rs. 97/78, Slg. 1978, 2311, Rn. 8 (Schumalla); EuGH, Rs. C-248 u. 249/95, Slg. 1997, I-4475, Rn. 23 u. 25 m.w.N. (SAM Schiffahrt).
25 EuGH, Rs. 167/73, Slg. 1974, 359, Rn. 24 (Kommission/Französische Republik); *J. Basedow/ M. Dolfen*, in: Hb.EGWirtR, Abschnitt L, Rn. 61; *A. Frohnmeyer*, in: Grabitz/Hilf, EU, Art. 74, Rn. 9; differenzierter *Epiney/Gruber* (Fn. 4), S. 55–63.
26 vgl. EuGH, Rs. 13/83, Slg. 1985, 1513, Rn. 64 (Parlament/Rat); *J. Basedow/M. Dolfen*, in: Hb.EGWirtR, Abschnitt L, Rn. 62; *A. Frohnmeyer*, in: Grabitz/Hilf, EU, Art. 74, Rn. 10.
27 *J. Basedow/M. Dolfen*, in: Hb.EGWirtR, Abschnitt L, Rn. 61; *A. Frohnmeyer*, in: Grabitz/Hilf, EU, Art. 74, Rn. 9.
28 *J. Basedow/M. Dolfen*, in: Hb.EGWirtR, Abschnitt L, Rn. 63; *A. Frohnmeyer*, in: Grabitz/Hilf, EU, Art. 74, Rn. 12, 12 a.
29 Deutschland und Frankreich betrachteten diese traditionell als Strukturausgleichs- und Umverteilungsinstrument, Belgien und die Niederlande dagegen als wettbewerbsoffenen Wirtschaftsbereich; vgl. *E. Müller-Hermann*, Die Grundlagen der gemeinsamen Verkehrspolitik in der Europäischen Wirtschaftsgemeinschaft, 1963, S. 160 ff.; *Basedow* (Fn. 20), S. 9–11; *J. Basedow/ M. Dolfen*, in: Hb.EGWirtR, Abschnitt L, Rn. 58, 59; *Basedow* (Fn. 22), S. 160.
30 *U. Everling*, in: W/E/G/S, EWG, Vor Art. 74, Ziff. 6; *J. Basedow/M. Dolfen*, in: Hb.EGWirtR, Abschnitt L, Rn. 57; *A. Frohnmeyer*, in: Grabitz/Hilf, EU, Vor Art. 74, Rn. 5; *P. Mückenhausen*, in: Lenz, EGV, Art. 74, Rn. 8.
31 *J. Basedow*, Der europäische Verkehrsmarkt als Rechtsproblem, TranspR 1989, S. 402, 403; *J. Basedow/M. Dolfen*, in: Hb.EGWirtR, Abschnitt L, Rn. 58–60; *A. Frohnmeyer*, in: Grabitz/ Hilf, EU, Vor Art. 74, Rn. 4; *Epiney/Gruber* (Fn. 4), S. 55.

Neben dem Gebot aus **Art. 4 Abs. 1**, eine offene Marktwirtschaft mit freiem Wettbewerb zu verwirklichen, ist die Verkehrspolitik sämtlichen **europäischen Grundfreiheiten** verpflichtet[32], insbesondere der **Dienstleistungsfreiheit**. Die Konkurrenzregel in Art. 51, welche die Art. 49–55 auf dem Gebiet des Verkehrs – einschließlich des See- und Luftverkehrs[33] – für nicht anwendbar erklärt, **präkludiert nur die Umsetzungsvorschriften** der Art. 49 ff.[34]. Das **Vertragsziel einer »Beseitigung aller Hindernisse für grenzüberschreitende Dienstleistungen«** bleibt dagegen unberührt. Es handelt sich dabei um ein wesentliches Element des Binnenmarkts[35], das in Art. 51 Abs. 1 ausdrücklich hervorgehoben wird und somit **auch in der Verkehrswirtschaft zu verwirklichen** ist. Lediglich die Umsetzung der Dienstleistungsfreiheit geschieht mit den Mitteln der Verkehrspolitik, nicht mit den Mitteln der Art. 49 ff[36]. Besonders hervorzuheben ist schließlich die **unmittelbare Geltung des gesamten europäischen Wettbewerbsrechts**. Aufgrund der Rspr. des EuGH[37] ist heute unbestritten, daß die in Art. 71 Abs. 1 erwähnten »Besonderheiten des Verkehrs« eine wettbewerbsbestimmte Verfassung der Verkehrsmärkte nicht ausschließen[38]. 17

---

32 Vgl. zum Verhältnis zwischen Verkehrspolitik und den übrigen Politiken der Gemeinschaft C. *Jung*, Der europarechtliche Rahmen der Verkehrspolitik, TranspR 1998, S. 133 (135–138).
33 EuGH, Rs. C-49/89, Slg. 1989, 4441, Rn. 10, 12, 15 (Corsica Ferries); P. *Troberg*, in: GTE, EWGV, Art. 61, Rn. 1.
34 Selbst mit Ablauf der Übergangszeit (Art. 7 EGV a.F.; im Vertrag von Amsterdam weggefallen, da gegenstandslos) erlangten die Durchführungsbestimmungen zur Dienstleistungsfreiheit keine unmittelbare Anwendbarkeit auf die Verkehrswirtschaft; vgl. EuGH, Rs. 13/83, Slg. 1985, 1513, Rn. 63 (Parlament/Rat).
35 EuGH, Rs. C-49/89, Slg. 1989, 4441, Rn. 8 (Corsica Ferries); J. *Erdmenger* in: GTE, EU-/EGV, Art. 75, Rn. 52.
36 EuGH, Rs. 209-213/84, Slg. 1986, 1425, Rn. 37 (Asjes); EuGH, Rs. C-49/89, Slg. 1989, 4441, Rn. 11 (Corsica Ferries); J. *Basedow*/M. *Dolfen*, in: Hb.EGWirtR, Abschnitt L, Rn. 84.
37 Vor allem EuGH, Rs. 167/73, Slg. 1974, 359, Rn. 27/28 u. 29/33 (Kommission/Französische Republik); EuGH, Rs. 209-213/84, Slg. 1986, 1425, Rn. 42 (Asjes); EuGH, Rs. 66/86, Slg. 1989, 803, Rn. 21, 33 (Ahmed Saeed).
38 Vgl. etwa *Bleckmann*, Europarecht, Rn. 2400; *Oppermann*, Europarecht, Rn. 1422, 1423, 1427; P. *Mathijsen*, A Guide to European Union Law, 7th ed. 1999, S. 278–282, 360; B. *Adkins*, Air Transport and EC Competition Law, 1994, S. 6–11.

Art. 71 (ex-Art. 75)

(1) Zur Durchführung des Artikels 70[1] wird der Rat[3] unter Berücksichtigung der Besonderheiten des Verkehrs gemäß dem Verfahren des Artikels 251[30–34] und nach Anhörung des Wirtschafts- und Sozialausschusses sowie des Ausschusses der Regionen[32]
a) für den internationalen Verkehr[2] aus oder nach dem Hoheitsgebiet eines Mitgliedstaats[37–40] oder für den Durchgangsverkehr durch das Hoheitsgebiet eines oder mehrerer Mitgliedstaaten gemeinsame Regeln[27–29] aufstellen;[1, 3–10]
b) für die Zulassung von Verkehrsunternehmen zum Verkehr innerhalb eines Mitgliedstaats, in dem sie nicht ansässig sind,[2] die Bedingungen[27–29] festlegen;[1, 3, 11–18]
c) Maßnahmen[27–29] zur Verbesserung der Verkehrssicherheit erlassen;[19–21]
d) alle sonstigen zweckdienlichen Vorschriften[27–29] erlassen.[2, 22–26]

(2) Abweichend von dem in Absatz 1 vorgesehenen Verfahren werden die Vorschriften über die Grundsätze der Verkehrsordnung, deren Anwendung die Lebenshaltung und die Beschäftigungslage in bestimmten Gebieten sowie den Betrieb der Verkehrseinrichtungen ernstlich beeinträchtigen könnte[35], vom Rat auf Vorschlag der Kommission und nach Anhörung des Europäischen Parlaments und des Wirtschafts- und Sozialausschusses einstimmig[35] erlassen; dabei berücksichtigt er die Notwendigkeit einer Anpassung an die sich aus der Errichtung des Gemeinsamen Marktes ergebende wirtschaftliche Entwicklung.

Inhaltsübersicht:

I. Art. 71 als Befugnisgrundlage und Handlungspflicht	1
II. Bisherige Umsetzung der Verkehrspolitik nach Art. 71 Abs. 1	4
1. Internationaler Verkehr – Art. 71 Abs. 1 lit. a)	4
2. Kabotage – Art. 71 Abs. 1 lit. b)	11
3. Verkehrssicherheit – Art. 71 Abs. 1 lit. c)	19
4. »Sonstige Vorschriften« – Art. 71 Abs. 1 lit. d)	22
III. Rechtsetzung in der Verkehrspolitik	27
1. Die Rechtsformen möglicher Gemeinschaftsmaßnahmen	27
2. Das Verfahren bei Rechtsetzung	30
IV. Kompetenzen der Europäischen Gemeinschaft für den Verkehr mit Drittstaaten	37

I. Art. 71 als Befugnisgrundlage und Handlungspflicht

1 Die **Mittel zur Ausgestaltung und Durchführung der gemeinsamen Verkehrspolitik** gibt dem Rat Art. 71 in Form einer **speziellen Ermächtigung** zum Erlaß sekundärrechtlicher Vorschriften. Wie aus Art. 80 Abs. 1 hervorgeht, gilt Art. 71 als Rechtsetzungsermächtigung nur für den Eisenbahn-, Straßen- und Binnenschiffsverkehr, die sog. **Binnenverkehrsträger**. Hinsichtlich des Luft- und Seeverkehrs findet sich die Grundlage für den Erlaß von Sekundärrecht unmittelbar in Art. 80 Abs. 2.[1] **Art. 71 Abs. 1 lit. a) und b)** betreffen den internationalen Verkehr beziehungsweise die Kabotage und somit beide Ausprägungen der **Dienstleistungsfreiheit**. Der Rat wird darin verpflichtet[2], den Grundsatz der Dienstleistungsfreiheit in der Verkehrswirtschaft zu verwirklichen, und zwar mit den Mitteln der Verkehrspolitik. **Umfang und Grenzen** der Dienstleistungsfreiheit sind auch bei ihrer Umsetzung im Wirtschaftsbereich »Verkehr« den Art. 49, 50 und 55 zu entnehmen[3]. Diese spezifischen Befugnisse zur Schaffung von Marktzu-

---

1 S. Art. 80, Rn. 1–3, 9.
2 Der Rat hat nicht nur das Recht, sondern auch die Pflicht, eine gemeinsame Verkehrspolitik zu verwirklichen; vgl. EuGH, Rs. 13/83, Slg. 1985, 1513, Rn. 50, 64–68 (Parlament/ Rat).
3 EuGH, Rs. 13/83, Slg. 1985, 1513, Rn. 64 (Parlament/Rat).

trittsfreiheit werden in **Art. 71 Abs. 1 lit. d**) ergänzt durch eine **generelle Ermächtigung**, alle sonst für die Vertragsziele zweckdienlichen Vorschriften zu erlassen[4].

Art. 71 Abs. 1 lit. d) wird weit ausgelegt. Der Begriff »**zweckdienliche Vorschriften**« umfaßt unter anderem die Planung und Koordinierung von Verkehrswegen, ihre Finanzierung, Regelungen für ihre Benutzung sowie alle Maßnahmen der Rechtsangleichung mit dem Ziel einer Harmonisierung der Wettbewerbsverhältnisse.[5] »**Internationaler Verkehr**« im Sinne von Art. 71 Abs. 1 lit. a) meint nach einheiliger Ansicht sowohl den grenzüberschreitenden Verkehr **zwischen EG-Mitgliedstaaten als auch mit Drittländern**[6]. Anwendungsfälle von Art. 71 Abs. 1 lit. a) sind vor allem Regelungen über den Marktzutritt, Preise und Kontingente im grenzüberschreitenden Transport[7]. Art. 71 Abs. 1 lit. b) bezweckt die Abschaffung aller Hindernisse, die einer innerstaatlichen Beförderung durch Unternehmen aus anderen EG-Mitgliedstaaten entgegenstehen, betrifft also die Deregulierung der **Kabotage**[8]. Insofern fordert der EG-Vertrag nicht die Abschaffung aller Zulassungsregeln, sondern nur eine gemeinschaftsweite Vereinheitlichung der Zulassungsbedingungen, wobei Diskriminierungen nach Staatsangehörigkeit oder Sitz des Verkehrsunternehmers ausgeschlossen sein müssen[9]. 2

Gemäß Art. 75 Abs. 2 EGV a.F.[10] hätten alle diese Maßnahmen bis zum Ende der Übergangszeit – d. h. bis spätestens 31.12.1969 – getroffen werden müssen. Das ist freilich nicht geschehen. Der **EuGH** hat auf Klage des Europäischen Parlaments gegen den Rat in seinem sog. **Untätigkeitsurteil von 1985**[11] folgende Konsequenzen daraus gezogen[12]: 3

- **Die Buchstaben a) und b)** von Art. 71 Abs. 1 sind besondere Ausprägungen der Dienstleistungsfreiheit. Die Vorgaben des EGV sind in diesen beiden Punkten so konkret, daß daraus eine **gerichtlich überprüfbare Verpflichtung** des Rates abgeleitet werden kann.[13] Hinsichtlich der Ermächtigungen in Art. 71 Abs. 1 lit. c) und d) wäre dies nicht der Fall.
- Anders als in allen anderen Wirtschaftsbereichen hatte der ergebnislose Ablauf der Übergangsfrist im Bereich »Verkehr« **nicht** zur Folge, daß die Grundsätze der **Dienstleistungsfreiheit** (Art. 49, 50) **unmittelbar anwendbares Recht** geworden wären.[14] Dienstleistungsfreiheit muß in der Verkehrswirtschaft nach wie vor mit den Mitteln des Art. 71 erst herbeigeführt werden.

---

4 *J. Basedow/M. Dolfen*, in: Hb.EGWirtR, Abschnitt L, Rn. 64; *A. Frohnmeyer*, in: Grabitz/Hilf, EU, Art. 75, Rn. 33; *A. Epiney/R. Gruber*, Verkehrsrecht in der EU – Zu den Gestaltungsspielräumen der EU-Mitgliedstaaten im Bereich des Landverkehrs, 2001, S. 50 f.; zur Frage der Zweckdienlichkeit zuletzt EuGH, Rs. C-248 u. 249/95, Slg. 1997, I-4475, Rn. 21–27, 31 u 32, 37, 43 (SAM Schiffahrt).
5 *A. Frohnmeyer*, in: Grabitz/Hilf, EU, Art. 75, Rn. 33; ebenso Maßnahmen zum Abbau von Überkapazitäten in der Binnenschiffahrt, vgl. EuGH, Rs. C-248 u. 249/95, Slg. 1997, I-4475, Rn. 21 ff. (SAM Schiffahrt).
6 *A. Frohnmeyer*, in: Grabitz/Hilf, EU, Art. 75, Rn. 26; *Epiney/Gruber* (Fn. 4), S. 48 f.; dazu unten, Rn. 37 ff.
7 *A. Frohnmeyer*, in: Grabitz/Hilf, EU, Art. 75, Rn. 18.
8 *A. Frohnmeyer*, in: Grabitz/Hilf, EU, Art. 75, Rn. 29.
9 EuGH, Rs. 13/83, Slg. 1985, 1513, Rn. 64, 67 (Parlament/Rat); *A. Frohnmeyer*, in: Grabitz/Hilf, EU, Art. 75, Rn. 30.
10 Im Vertrag von Amsterdam entfallen, da gegenstandslos.
11 EuGH, Rs. 13/83, Slg. 1985, 1513, (Parlament/Rat).
12 Zusammenfassend *J. Basedow/M. Dolfen*, in: Hb.EGWirtR, Abschnitt L, Rn. 81–84.
13 EuGH, Rs. 13/83, Slg. 1985, 1513, Rn. 66-68 (Parlament/Rat).
14 EuGH, Rs. 13/83, Slg. 1985, 1513, Rn. 59-63 (Parlament/Rat); EuGH, Rs. C-17/90, Slg. 1991, I-5253, Rn. 11, 12, 14 (Pinaud Wieger).

- Insofern besteht aber auch eine echte, nach Art. 232 justitiable **Verpflichtung**[15], wobei der Gerichtshof die Sanktionsmöglichkeiten bei deren fortdauernder Nichterfüllung offenließ[16].

II. Bisherige Umsetzung der Verkehrspolitik nach Art. 71 Abs. 1

1. Internationaler Verkehr – Art. 71 Abs. 1 lit. a)

4 Bezüglich des **grenzüberschreitenden** Verkehrs innerhalb der EG besteht **seit 1.1.1993 vollständige Dienstleistungsfreiheit für sämtliche Binnenverkehrsträger mit Ausnahme der Eisenbahn**; letztere wird jedoch spätestens ab 15.3.2008 für den internationalen Schienengüterverkehr von den bisherigen Streckenzugangsbeschränkungen befreit. Die normativen Strukturen der Marktordnung sind daher bei allen Binnenverkehrsträgern sehr ähnlich.

5 Im **Güterkraftverkehr** wurden bereits mit der VO Nr. 3164/76[17] neben die bilateral vereinbarten Transportkontingente Gemeinschaftskontingente gesetzt und in der Folgezeit immer mehr ausgeweitet. Die **VO Nr. 1841/88**[18], ergänzt durch die **VO Nr. 881/92**[19], brachte schließlich eine **völlige Abschaffung aller mengenmäßigen und nationalitätsbezogenen Beschränkungen** für gemeinschaftsinterne, grenzüberschreitende Gütertransporte per LKW zum 1.1.1993.

6 Das **Funktionieren dieses Marktes** wird im wesentlichen durch zwei Verordnungen bestimmt. Die **VO Nr. 4058/89**[20] beendete jede staatlich beeinflußte Preisfestsetzung mit Wirkung ab 1.1.1990. Seit diesem Zeitpunkt werden die Entgelte für Gütertransporte zwischen den Mitgliedstaaten per LKW »in **freier Preisbildung** zwischen den Vertragspartnern vereinbart«, da der Rat das freie Verhandeln der Preise angesichts der Ziele des Binnenmarkts als die geeignetste Tarifregelung betrachtet[21]. Die Folgen der Liberalisierung dieses ehemals durch Kontingente und Tarife geschützten Marktes werden abgemildert durch einen **Marktbeobachtungs- und Kriseninterventionsmechanis-**

---

15 EuGH, Rs. 13/83, Slg. 1985, 1513, Rn. 66, 67 (Parlament/Rat).
16 EuGH, Rs. 13/83, Slg. 1985, 1513, Rn. 69 (Parlament/Rat). Denkbar wären in äußerster Konsequenz Schadensersatzansprüche gem. Art. 233, 288 Abs. 2; vgl. dazu *A. von Bogdandy*, in: Grabitz/Hilf, EU, Art. 215, Rn. 35–37; *F. Capelli/A. Nehls*, Die außervertragliche Haftung der Europäischen Gemeinschaft und Rechtsbehelfe zur Erlangung von Schadensersatz gemäß Art. 215 EGV – Wertung, Kritik und Reformvorschlag, EuR 1997, S. 132; *S. Detterbeck*, Haftung der Europäischen Gemeinschaft und gemeinschaftsrechtlicher Staatshaftungsanspruch, AöR 2000, S. 202; *M. Núñez Müller*, Die Verjährung außervertraglicher Schadensersatzansprüche gegen die EG, EuZW 2000, S. 611.
17 VO (EWG) Nr. 3164/76 des Rates vom 16. Dezember 1976 über das Gemeinschaftskontingent für den Güterkraftverkehr zwischen den Mitgliedstaaten, ABl.EG 1976 Nr. L 357/1; aufgehoben durch VO (EWG) Nr. 881/92 (Fn. 19).
18 VO (EWG) Nr. 1841/88 des Rates vom 21. Juni 1988 zur Änderung der VO (EWG) Nr. 3164/76 über das Gemeinschaftskontingent für den Güterkraftverkehr zwischen den Mitgliedstaaten, ABl.EG 1988 Nr. L 163/1.
19 VO (EWG) Nr. 881/92 des Rates vom 26. März 1992 über den Zugang zum Güterkraftverkehrsmarkt in der Gemeinschaft für Beförderungen aus oder nach einem Mitgliedstaat oder durch einen oder mehrere Mitgliedstaaten, ABl.EG 1992 Nr. L 95/1. Dazu hat die Kommission am 22.11.2000 einen Änderungsvorschlag vorgelegt; vgl. KOM(2000) 751 endg.
20 VO (EWG) Nr. 4058/89 des Rates vom 21.12.1989 über die Preisbildung im Güterkraftverkehr zwischen den Mitgliedstaaten, ABl.EG 1989 Nr. L 390/1.
21 VO Nr. 4058/89 (Fn. 20), 3. Erwägungsgrund.

mus. So erlaubt die **VO Nr. 3916/90**[22] der Kommission im Falle eines anhaltenden, deutlichen Angebotsüberhangs, der das finanzielle Überleben zahlreicher Unternehmen ernstlich zu gefährden droht, die Tätigkeit etablierter Verkehrsunternehmer sowie den Marktzugang für neue Anbieter zu beschränken.

Der **grenzüberschreitende Personenverkehr mit Kraftomnibussen** steht aufgrund der **VO Nr. 684/92**[23], geändert und ergänzt durch die **VO Nr. 11/98**[24], schon seit 1.6.1992 jedem Verkehrsunternehmer mit Niederlassung in einem EG-Mitgliedstaat offen[25]. Allerdings waren vor allem internationale Linienverkehre bis 11.12.1998 von einer Genehmigung abhängig, die u. a. aus industriepolitischen Gründen verweigert werden konnte[26]. Die ÄnderungsVO Nr. 11/98 brachte hier eine gewisse Erleichterung[27]. Seit dem oben genannten Zeitpunkt sind **sämtliche Gelegenheitsverkehre, Sonderformen des Linienverkehrs sowie Werkverkehre genehmigungsfrei**[28]. Allgemeine Linienverkehre zwischen EG-Mitgliedstaaten bleiben genehmigungspflichtig, jedoch nach neuer Rechtslage ohne Ermessensspielraum für die Behörde[29]. 7

Der **grenzüberschreitende Eisenbahnverkehr**, der bis vor kurzem noch kaum liberalisiert war, hat durch die Änderung der **RL 91/440/EWG**[30] im sog. »**Eisenbahnpaket**« **vom 26.2.2001**[31] – jedenfalls für den Gütertransport – einen entscheidenden Marktöffnungsschub erfahren. Unverändert haben danach »**internationale Gruppierungen**« von Eisenbahnunternehmen ein Recht auf Nutzung der Infrastruktur in den Staaten, in de- 8

---

22 VO (EWG) Nr. 3916/90 des Rates vom 21.12.1990 über Maßnahmen bei Krisen auf dem Güterkraftverkehrsmarkt, ABl.EG 1990 Nr. L 375/10.
23 VO (EWG) Nr. 684/92 des Rates vom 16.3.1992 zur Einführung gemeinsamer Regeln für den grenzüberschreitenden Personenverkehr mit Kraftomnibussen, ABl.EG 1992 Nr. L 74/1.
24 VO (EG) Nr. 11/98 des Rates vom 11.12.1997 zur Änderung der VO (EWG) Nr. 684/92 zur Einführung gemeinsamer Regeln für den grenzüberschreitenden Personenverkehr mit Kraftomnibussen, ABl.EG 1998 Nr. L 4/1.
25 Art. 3, 1 VO Nr. 684/92 (Fn. 23).
26 Art. 7 Abs. 4 VO Nr. 684/92 (Fn. 23). Zu den einzelnen Verkehrsarten nach der VO Nr. 684/92 ausführlich: Entscheidung der Kommission vom 25.1.1999 betreffend eine Streitigkeit zwischen den Niederlanden einerseits und Frankreich und Italien andererseits über eine Genehmigung für einen Fahrgastdienst mit Kraftomnibussen, ABl.EG 1999 Nr. L 33/21.
27 Allgemein dazu M. *Fey*, Neue Vorschriften der Europäischen Union (EU) für den Personenverkehr mit Omnibussen, TranspR 1998, S. 286; K. *Heinz/S. Seltenreich*, Freie Fahrt für die Dienstleistungsfreiheit im Personenbeförderungswesen – Zu den Neuerungen im Bereich der Personenbeförderung durch die Verordnungen (EG) Nr. 11/8 und 12/98, TranspR 1999, S. 221.
28 Art. 1 Nr. 4 VO Nr. 11/98 (Fn. 24); Entscheidung der Kommission vom 25.1.1999 (Fn. 26), Rn. 20.
29 Art. 1 Nr. 8 Abs. 4 VO Nr. 11/98 (Fn. 24).
30 RL 91/440/EWG des Rates vom 29.7.1991 zur Entwicklung der Eisenbahnunternehmen der Gemeinschaft, ABl.EG 1991 Nr. L 237/25.
31 RL 2001/12/EG des Europäischen Parlaments und des Rates vom 26.2.2001 zur Änderung der RL 91/440/EG des Rates zur Entwicklung der Eisenbahnunternehmen der Gemeinschaft, ABl.EG 2001 Nr. L 75/1. Daneben umfaßt das »Eisenbahnpaket 2001« zwei weitere Rechtsakte:
  - die RL 2001/14/EG über die Zuweisung von Fahrwegkapazitäten und die Erhebung von Nutzungsentgelten (ABl.EG 2001 Nr. L 75/29), welche die VO (EWG) Nr. 2830/77 und Nr. 2183/78 sowie die Entscheidungen 82/529/EWG, 83/418/EWG und die RL 95/19/EG ersetzt;
  - und die RL 2001/13/EG zur Änderung der RL 95/18/EG über die Erteilung von Genehmigungen an Eisenbahnunternehmen, ABl.EG 2001 Nr. L 75/26.
  In unmittelbarem Zusammenhang damit steht die RL 2001/16/EG vom 19.3.2001 über die Interoprabilität des konventionellen transeuropäischen Eisenbahnsystems, ABl.EG 2001 Nr. L 110/1.

nen die angeschlossenen Unternehmen ihren Sitz haben; für alle übrigen EG-Staaten bestehen lediglich Transitrechte.[32] Unbeschränkte Zugangs- und Transitrechte in allen EG-Mitgliedstaaten hatten bislang nur **Eisenbahnunternehmen im grenzüberschreitenden kombinierten Güterverkehr**; dabei ist es auch unter der neuen RL geblieben.[33] **Neu** ist, daß spätestens **ab 15.3.2003** alle europäischen Eisenbahnunternehmen für **jede Form grenzüberschreitender Güterbeförderung** Zugang zu einem besonders definierten »**transeuropäischen Schienengüternetz**« erhalten werden, das auch den Schienenzugang zu Terminals und Häfen einschließt[34]; nach Ablauf einer Übergangsfrist von bis zu sieben Jahren (d. h. **spätestens ab 15.3.2008**) wird das Infrastrukturnutzungsrecht im grenzüberschreitenden Güterverkehr auf das **gesamte europäische Schienennetz** erstreckt.[35] Zugangsrechte sollen zu »angemessenen«, nicht diskriminierenden Bedingungen eingeräumt werden[36]. Diesem Erfordernis dient die **RL 2001/14/EG** über die **Zuweisung von Fahrwegkapazitäten und die Erhebung von Nutzungsentgelten** für die Eisenbahninfrastruktur[37]. Sie gilt für den **gesamten inländischen und grenzüberschreitenden Eisenbahnverkehr** (sofern nach der RL 91/440/EWG legitimiert) und bestimmt sehr detailliert die Grundsätze und Verfahren der Trassenzuweisung, der Nutzungsentgeltberechnung, der Nutzungsbedingungen sowie der Kontrolle durch eine »Regulierungsstelle«. Jeder Mitgliedstaat ist danach verpflichtet, sicherzustellen, daß Fahrwegkapazitäten von einem unabhängigen Infrastrukturbetreiber in gerechter und nicht diskriminierender Weise zugeteilt werden[38], die Entgelte kein Eisenbahnunternehmen benachteiligen, sich in einem der Nutzung proportionalen Rahmen halten[39], und beides durch eine Regulierungsstelle[40] überwacht wird. Entscheidend sind die Prinzipien »**Transparenz**«, »**Diskriminierungsfreiheit**«, »**Gleichbehandlung**« und »**Kostenorientierung**«. Ziel ist eine »Revitalisierung der europäischen Eisenbahnen« durch eine Erweiterung des Infrastrukturzugangs und die Herbeiführung eines gerechten intermodalen Wettbewerbs zwischen Schiene und Straße.[41]

9   Um den **Leistungsaustausch** im internationalen Eisenbahnverkehr marktwirtschaftlichen Standards anzunähern, hatte der Rat bereits in zwei **Entscheidungen 1982**[42] und

---

32 Art. 10 Abs. 1 RL 91/440/EWG (Fn. 30) i.d.F. der RL 2001/12/EG (Fn. 31).
33 Art. 10 Abs. 2 RL 91/440/EWG (Fn. 30)
34 Art. 10a i.V.m. Anhang I RL 91/440/EWG (Fn. 30) i.d.F. der RL 2001/12/EG (Fn. 31). Damit werden die »Freight-Freeways«, welche die EG den Mitgliedstaaten seit 1997 als freiwilligen Liberalisierungsansatz angeboten hatte, nunmehr qua RL festgeschrieben; vgl. Mitteilung der Kommission, Transeuropäische Freeways für den Schienengüterverkehr, 29.5.1997, KOM(1997) 242 endg.; zur Entwicklung der »Freight-Freeways« *A. Holst*, in: Frohnmeyer/Mückenhausen, EG-Verkehrsrecht, Loseblatt, Nr. 21 Rn. 80, 81.
35 Art. 10 Abs. 3 u. 8 RL 91/440/EWG (Fn. 30) i.d.F. der RL 2001/12/EG (Fn. 31).
36 Art. 10 Abs. 2, 3, 5 RL 91/440/EWG (Fn. 30) i.d.F. der RL 2001/12/EG (Fn. 31).
37 RL 2001/14/EG des Europäischen Parlaments und des Rates vom 26.2.2001 über die Zuweisung von Fahrwegkapazitäten der Eisenbahn, die Erhebung von Entgelten für die Nutzung von Eisenbahninfrastruktur und die Sicherheitsbescheinigung, ABl.EG 2001 Nr. L 75/29; ersetzt die VorgängerRL 95/19/EG vom 19.7.1995, ABl.EG 1995 Nr. L 143/75, in Deutschland umgesetzt durch die Eisenbahninfrastruktur-Benutzungsverordnung (EIBV) vom 17.12.1997, BGBl. 1997 I, S. 3153.
38 Art. 13 ff. RL 2001/14/EG (Fn. 37).
39 Art. 4 ff. RL 2001/14/EG (Fn. 37).
40 RL 2001/14/EG (Fn. 37), 10. Erwägungsgrund und Art. 30.
41 RL 2001/14/EG (Fn. 37), 10. Erwägungsgrund; zur Entwicklung: Europäische Kommission, Eine Strategie zur Revitalisierung der Eisenbahn in der Gemeinschaft, Weißbuch, 30.7.1996, KOM(1996) 421 endg.
42 Entscheidung des Rates vom 19.7.1982 über die Preisbildung im grenzüberschreitenden Eisenbahngüterverkehr (82/529/EWG), ABl.EG 1982 Nr. L 234/5.

1983[43] den Eisenbahnunternehmen bei grenzüberschreitenden Gütertransporten differenzierte Preise durch Abweichung von staatlich festgesetzten Tarifen ermöglicht; hinsichtlich des grenzüberschreitenden Personen- und Gepäckverkehrs wurde ihnen kommerzielle Selbständigkeit bei der internationalen Zusammenarbeit in der Preisgestaltung garantiert. Beide Entscheidungen hat der Rat **in der RL 2001/14/EG aufgehoben**[44], mit dem Argument, die kommerzielle Freiheit der Eisenbahnunternehmen bei der Verhandlung von Preisen sei bereits in Art. 4 RL 91/440/EWG ausreichend verankert.[45] Diese Vorschrift garantiert die Unabhängigkeit der Geschäftsführung der Eisenbahnunternehmen von staatlicher Einflußnahme. Betrachtet man **Art. 4 i.V.m. Art. 5 Abs. 1 UAbs. 2 der RL 91/440/EWG**, wonach Eisenbahnunternehmen in allen Geschäftsbereichen wie Handelsgesellschaften geführt werden müssen[46], so ist davon auszugehen, daß der Rat mit Aufhebung der genannten Entscheidungen von 1982 und 1983 das Prinzip **freier Preisbildung für alle Verkehrsleistungen der Eisenbahn** unbeschränkt zur Anwendung bringen wollte.

Die **Binnenschiffahrt** unterlag aufgrund völkerrechtlicher Abkommen schon seit jeher einem außerordentlich liberalen Marktordnungsregime. Dieses wurde nach der letzten Erweiterung der Gemeinschaft auch europarechtlich kodifiziert. Die **VO Nr. 1356/96**[47] gestattet jedem in der Gemeinschaft niedergelassenen Binnenschiffahrtsunternehmen, das in einem Mitgliedstaat registrierte Schiffe einsetzt, die **uneingeschränkte Ausübung des Güter- und Personenverkehrs zwischen den EG-Mitgliedstaaten** sowie den entsprechenden Durchgangsverkehr. Gemäß der **RL 96/75/EG**[48] können die **Frachtraten seit 1.1.1997 frei ausgehandelt** werden. Übergangsfristen für die Rotations-Befrachtungssysteme in Frankreich und den Benelux-Staaten endeten im Jahre 2000[49], so daß seit diesem Zeitpunkt jede staatliche Beeinflussung oder Kontrolle der Preise in der europäischen Binnenschiffahrt entfallen ist.

10

2. Kabotage – Art. 71 Abs. 1 lit. b)

Die Vollendung des Binnenmarkts verlangte neben einer Liberalisierung grenzüberschreitender Transporte auch eine Freigabe des Kabotageverkehrs in der EG. Die Initiative für ein Aufbrechen der Kabotagemärkte ging allein von der Europäischen Gemeinschaft aus, die den erforderlichen Rechtsrahmen meist gegen den Widerstand der Mitgliedstaaten durchsetzen mußte. Mittlerweile ist die **Kabotagefreiheit für sämtliche Binnenverkehrsträger** weitgehend verwirklicht – im **Eisenbahnverkehr** freilich immer noch **sehr eingeschränkt**. Zur Durchsetzung der Kabotagefreiheit ergingen seit 1991 auf der Grundlage von Art. 71 Abs. 1 lit. b) folgende Verordnungen und Richtlinien:

11

---

43 Entscheidung des Rates vom 25.7.1983 über die kommerzielle Selbständigkeit der Eisenbahnunternehmen bei der Verwaltung ihres grenzüberschreitenden Personen- und Gepäckverkehrs (83/418/EWG), ABl.EG 1983 Nr. L 237/32.
44 Art. 37 RL 2001/14/EG (Fn. 37).
45 Begründung in: Europäische Kommission, Vorschlag für eine Richtlinie des Rates über die Zuweisung von Fahrwegkapazitäten, die Erhebung von Wegentgelten im Eisenbahnverkehr und die Sicherheitsbescheinigung, 7.10.1998, KOM(1998) 480 endg., Rn. 88.
46 Im einzelnen dazu A. Holst, in: Frohnmeyer/Mückenhausen (Fn. 34), Nr. 21 Rn. 10–12.
47 VO (EG) Nr. 1356/96 des Rates vom 8.7.1996 über gemeinsame Regeln zur Verwirklichung der Dienstleistungsfreiheit im Binnenschiffsgüter- und -personenverkehr zwischen Mitgliedstaaten, ABl.EG 1996 Nr. L 175/7.
48 RL 96/75/EG des Rates vom 19.11.1996 über die Einzelheiten der Befrachtung und der Frachtratenbildung im innerstaatlichen und grenzüberschreitenden Binnenschiffsgüterverkehr in der Gemeinschaft, ABl.EG 1996 Nr. L 304/12.
49 Art. 3 RL 96/75/EG (Fn. 48).

Art. 71 EG-Vertrag

12 Im **Güterkraftverkehr** stehen Kabotagetransporte **seit 1.7.1998 jedem Inhaber einer Gemeinschaftslizenz** i.S.d. VO Nr. 881/92[50] **einschränkungslos** offen. Mengenmäßige Beschränkungen und Genehmigungserfordernisse wurden in der VO Nr. 3118/93[51] zu dem genannten Stichtag aufgehoben. Damit verlor auch die Kommissions-VO Nr. 792/94 über die Genehmigung des Werk-Kabotageverkehrs[52] ihren Regelungsgegenstand.

13 Zur Sicherung der Funktionsfähigkeit des Kabotagemarkts im Güterkraftverkehr enthält Art. 7 der VO Nr. 3118/93[53] einen sehr ähnlichen **Marktbeobachtungs- und Kriseninterventionsmechanismus** wie die VO Nr. 3916/90[54] für den grenzüberschreitenden Verkehr. Die europarechtlichen Vorgaben zur Preisbildung beschränken sich auf wenige Grundstrukturen: Kabotagetransporte unterliegen den **Preisregeln des Aufnahmestaats**, die auf inländische wie ausländische Unternehmer strikt **diskriminierungsfrei** angewandt werden müssen.[55]

14 Hinsichtlich der **Kabotage in der Personenbeförderung mit Kraftfahrzeugen** ersetzt die VO Nr. 12/98[56] ab 11.6.1999 die aus formalen Gründen für nichtig erklärte[57] VO Nr. 2454/92[58]. Letztere hatte bereits seit 1996 den Gelegenheitsverkehr und bestimmte Sonderformen des Linienpersonenverkehrs für Unternehmer aus anderen EG-Mitgliedstaaten geöffnet.[59] Nach der neuen VO Nr. 12/98[60] ist **seit Juni 1999** für alle **Gelegenheitsfahrten, Linienverkehre zur Beförderung von Arbeitnehmern, Schülern, Studenten und Soldaten** sowie für alle Inlandsfahrten im Anschluß an grenzüberschreitende Liniendienste (Anschlußkabotage) die Kabotagebeförderung zugelassen.[61] Stadt- und Vorortdienste sind von der Kabotagefreiheit jedoch nach wie vor ausgenommen.[62]

15 Die rechtlichen Bedingungen für das Funktionieren des Kabotagemarktes im Personenkraftverkehr entsprechen den Regelungen des Güterkraftverkehrs.[63] Die **Preisbildung** unterliegt den Bestimmungen des Aufnahmestaats,[64] und im Falle einer ernsten Markt-

---

50 VO Nr. 881/92 (Fn. 19).
51 VO (EWG) Nr. 3118/93 des Rates vom 25.10.1993 zur Festlegung der Bedingungen für die Zulassung von Verkehrsunternehmen zum Güterkraftverkehr innerhalb eines Mitgliedstaats, in dem sie nicht ansässig sind, ABl.EG 1993 Nr. L 279/1. Spätere Änderungen durch die Verordnungen Nr. 3572/90 (ABl.EG 1990 Nr. L 353/12) und Nr. 3315/94 (ABl.EG 1994 Nr. L 350/9) hatten auf die Aufhebung der Kabotagebeschränkungen keinen Einfluß.
52 VO (EG) Nr. 792/94 der Kommission vom 8.4.1994 zur Festlegung der Einzelheiten der Anwendung der VO (EWG) Nr. 3118/93 des Rates auf Unternehmen, die die Beförderung von Gütern mit Kraftfahrzeugen im Werkverkehr durchführen, ABl.EG 1994 Nr. L 92/13.
53 Fn. 51.
54 VO Nr. 3916/90 (Fn. 22); s. o., Rn. 6.
55 Art. 6 VO Nr. 3118/93 (Fn. 51).
56 VO (EG) Nr. 12/98 des Rates vom 11.12.1997 über die Bedingungen für die Zulassung von Verkehrsunternehmen zum Personenkraftverkehr innerhalb eines Mitgliedstaats, in dem sie nicht ansässig sind, ABl.EG 1998 Nr. L 4/10.
57 EuGH, Rs. C-388/92, Slg. 1994, I-2081 (Europäisches Parlament/Rat).
58 VO (EWG) Nr. 2454/92 des Rates vom 23.7.1992 zur Festlegung der Bedingungen für die Zulassung von Verkehrsunternehmen zum Personenverkehr mit Kraftomnibussen innerhalb eines Mitgliedstaats, in dem sie nicht ansässig sind, ABl.EG 1992 Nr. L 251/1.
59 Art. 3 VO Nr. 2454/92 (Fn. 58).
60 Überblick über die Regelungen dieser Verordnung bei Fey (Fn. 27), S. 286; Heinz/Seltenreich (Fn. 27).
61 Art. 3, 15 VO Nr. 12/98 (Fn. 56).
62 Art. 3 Nr. 3 Abs. 3 VO Nr. 12/98 (Fn. 56).
63 S. o., Rn. 13.
64 Art. 4 VO Nr. 12/98 (Fn. 56).

störung aufgrund der Kabotagezulassung kann die Kommission die erforderlichen – in der VO allerdings nicht näher spezifizierten – Schutzmaßnahmen treffen.[65]

Die **sehr beschränkten** Freiräume für **Kabotage im Eisenbahnverkehr** ergeben sich, ebenso wie die Zulassung durchgehender internationaler Eisenbahnverkehre,[66] aus der **RL 91/440/EWG**[67]; die RL 20001/12/EG brachte insoweit keine Veränderung. Kabotagerechte gewährt diese Richtlinie – nach ihrem Wortlaut – nur »**internationalen Gruppierungen**«, und zwar in den EG-Mitgliedstaaten, in denen die ihnen angeschlossenen **Eisenbahnunternehmen jeweils ihren Sitz haben**.[68] Einzelne Eisenbahnunternehmen sind nicht zur Kabotage berechtigt, sondern lediglich zum grenzüberschreitenden kombinierten Gütertransport und ab 15.3.2003 zu allen Arten grenzüberschreitenden Frachtverkehrs auf dem »Transeuropäischen Schienengüternetz«.[69] Ergänzend gilt auch für diesen engen Bereich der Eisenbahnkabotage die **RL 2001/14/EG** über die Zuweisung von Fahrwegkapazitäten und die Erhebung von Infrastrukturnutzungsentgelten.[70] Hinsichtlich der **Preisbildung** gibt es noch keine eindeutigen europarechtlichen Vorgaben. Aus Art. 4 Abs. 1 und Art. 5 Abs. 1 UAbs. 2 der RL 91/440/EWG, welche die kommerzielle Handlungsfreiheit von Eisenbahnunternehmen begründen und für alle Eisenbahnverkehrsdienstleistungen durch Unternehmen mit Sitz in der EG gelten[71], läßt sich allerdings folgern, daß auch die Preise für Kabotagefahrten nach den erkennbaren Vorstellungen der Gemeinschaftsorgane frei am Markt ausgehandelt werden sollen.[72] 16

In der **Binnenschiffahrt** wurde die **Kabotage für den Güter- und Personenverkehr** durch die **VO Nr. 3921/91**[73] zum 1.1.1993 freigegeben. Übergangsfristen, die sich Deutschland und Frankreich vorbehalten hatten, endeten am 31.12.1994[74]. Seit 1995 kann daher jeder Binnenschiffahrtsunternehmer, der in einem Mitgliedstaat der EG niedergelassen ist, eine Genehmigung für grenzüberschreitende Transporte besitzt und Schiffe verwendet, die in einem EG-Mitgliedstaat registriert sind, ohne Beschränkung nationale Transporte in anderen Staaten der Gemeinschaft durchführen.[75] 17

Die **Preisbildung** unterliegt den Vorschriften des Aufnahmestaates[76], wobei die **RL 96/75/EG**[77] hinsichtlich der **Frachtraten** europaweit ein freies Aushandeln nach marktwirtschaftlichen Gesetzen vorschreibt. 18

---

65 Art. 9 VO Nr. 12/98 (Fn. 56).
66 S. o., Rn. 8.
67 Fn. 30.
68 Art. 10 Abs. 1 Alt. 1 RL 91/440/EWG (Fn. 30) i.d.F. der RL 2001/12/EG (Fn. 31); a.A. zur Auslegung dieser Vorschrift *A. Holst*, in: Frohnmeyer/Mückenhausen (Fn. 34), Nr. 21 Rn. 77.
69 Art. 10 Abs. 2 u. 3 RL 91/440/EWG (Fn. 30) i.d.F. der RL 2001/12/EG (Fn. 31).
70 Fn. 37.
71 Art. 2 Abs. 1 RL 91/440/EWG (Fn. 30).
72 S. bereits oben, Rn. 9.
73 VO (EWG) Nr. 3921/91 des Rates vom 16.12.1991 über die Bedingungen für die Zulassung von Verkehrsunternehmen zum Binnenschiffsgüter- und -personenverkehr innerhalb eines Mitgliedstaats, in dem sie nicht ansässig sind, ABl.EG 1991 Nr. L 373/1.
74 Art. 4 VO Nr. 3921/91 (Fn. 73).
75 Art. 1, 2 VO Nr. 3921/91 (Fn. 73).
76 Art. 3 VO Nr. 3921/91 (Fn. 73).
77 Fn. 48.

3. Verkehrssicherheit – Art. 71 Abs. 1 lit. c)

19 Art. 71 Abs. 1 lit. c) in seiner heutigen Fassung wurde durch den Vertrag von Maastricht in den EG-Vertrag eingefügt. Zuvor waren Sicherheitsfragen unter die verkehrspolitische Generalklausel – heute Art. 71 Abs. 1 lit. d) – subsumiert worden, wobei eine Zuständigkeit der Europäischen Gemeinschaft von den Mitgliedstaaten nur soweit anerkannt wurde, als die Verkehrssicherheit in wirtschaftlicher Hinsicht die Integration des Binnenmarktes förderte.[78] Die **Verselbständigung der Verkehrssicherheit in Art. 71 Abs. 1 lit. c)** stellt demgegenüber klar, daß diesem Element der gemeinsamen Verkehrspolitik ein von seinen wirtschaftlichen Auswirkungen losgelöster **Eigenwert** zukommt.

20 Quantitativ gesehen, sind die verkehrspolitischen Aktivitäten der EG im Bereich »Sicherheit« am stärksten ausgeprägt. Dabei zerfällt der Aufgabenbereich »Verbesserung der Verkehrssicherheit« in zwei Aspekte: eine **technische** und eine **organisatorische** Seite. Erstere bezieht sich auf die **Konstruktion der Fahrzeuge und der Verkehrswege**, letztere auf das **Verhalten der Beteiligten** im Verkehr und bei allen sonstigen Aktivitäten, die den Verkehr berühren.[79]

21 Dementsprechend haben Rat und Kommission zu den verschiedensten Teilbereichen der Verkehrssicherheit eine kaum mehr überschaubare Fülle **sehr detaillierter Einzelvorschriften** erlassen[80]. Dabei lassen sich folgende **Regelungsschwerpunkte** feststellen[81]:
- Sicherheit der Fahrzeuge und Verkehrsmittel;
- sicherheitstechnischer Bau und Ausrüstung der Fahrwege und Straßen;
- Ausbildung der Fahrzeugführer und Erziehung der Verkehrsteilnehmer;
- Fahrverhalten;
- Gefahrgutbeförderung;
- Informations- und Erfahrungsaustausch;
- Forschung und Entwicklung.

4. »Sonstige Vorschriften« – Art. 71 Abs. 1 lit. d)

22 Art. 71 Abs. 1 lit. d) enthält eine **General- und Auffangklausel**, die, wie oben bemerkt[82], weit ausgelegt wird. Sie ermächtigt die Gemeinschaft – konkurrierend neben den Mitgliedstaaten[83] – zum Erlaß aller Vorschriften, die der Verwirklichung der Ziele des EG-Vertrages mit den Mitteln der gemeinsamen Verkehrspolitik dienen. Vorschriften aufgrund Art. 71 Abs. 1 lit. d) können Regelungen, die nach lit. a)–c) erlassen wur-

---

78 *J. Erdmenger*, in: GTE, EU-/EGV, Art. 75, Rn. 42. Für eine weitere Auslegung dieser Gemeinschaftskompetenz nach heutigem Verständnis *Epiney/Gruber* (Fn. 4), S. 49 f.
79 *J. Erdmenger*, in: GTE, EU-/EGV, Art. 75, Rn. 44.
80 S. im einzelnen Fundstellennachweis des geltenden Gemeinschaftsrechts, Band I, Stand: 1.1.2002, Ziff. 07.20, 40.10, 07.30.30, 07.40.30; zu künftigen Rechtsetzungsvorhaben vgl. Europäische Kommission, GD Energie u. Verkehr, Programme de travail 2001, renforcer la sécurité, http://europe.eu.int/comm/dgs/energy_transport/library/versionexterne.pdf (19.6.2001); daneben noch Europäische Kommission, Die gemeinsame Verkehrspolitik, Nachhaltige Mobilität: Perspektiven für die Zukunft, Mitteilung der Kommission an den Rat, das Europäische Parlament, den Wirtschafts- und Sozialausschuß und den Ausschuß der Regionen, 1.12.1998, KOM(1998) 716 endg., Rn. 20–23 und Anhang I Ziff. B. 1.
81 So *J. Erdmenger*, in: GTE, EU-/EGV, Art. 75, Rn. 44–47.
82 S. o., Rn. 2.
83 Die Rechtsgrundlagen für nationale Maßnahmen liegen freilich in anderen Vorschriften.

den, ergänzen oder Bestimmungen zusammenfassen, die für den nationalen wie internationalen Verkehr gleichermaßen gelten sollen.[84] Dabei kann der zusammenfassende Aspekt die Gestalt einer abstrakten, universell anwendbaren Vorschrift annehmen, oder in der Kumulation singulärer Bestimmungen mit heterogenem Anwendungsbereich in einem einzigen Rechtsetzungsakt bestehen.

In der Praxis wurde Art. 71 Abs. 1 lit. d) meist zur Regelung von Problemen herangezogen, die eine **getrennte Behandlung im Rahmen spezifischer Verkehrsarten nicht zulassen**. Das betraf bisher insbesondere[85] 23
- die Einrichtung von allgemeinen Konsultations- und Koordinierungsverfahren,
- die Harmonisierung der Wettbewerbsbedingungen,
- die Regelung des Verhältnisses zwischen Eisenbahnen und dem Staat
- und den Zugang zum Beruf des Verkehrsunternehmers.

Vor allem **Berufszugangsbedingungen** wurden häufig für den grenzüberschreitenden und innerstaatlichen Verkehr einheitlich festgelegt.

So richten sich die Voraussetzungen für den Zugang zum Beruf des **Güter- und Personenkraftverkehrsunternehmers im nationalen wie internationalen Verkehr** nach der RL 96/26/EG[86], geändert durch die Ratsrichtlinie 98/76/EG vom 1.10.1998[87]. Diese ersetzte mit Wirkung ab 12.6.1996 die RL 74/561/EWG[88] und 74/562/EWG[89]. Bereits jene früheren Regelungen hatten i.V.m. der **VO Nr. 881/92**[90] die subjektiven Kriterien des Marktzugangs von nationalen Diskriminierungen befreit und **rein qualitativen Kriterien** unterworfen. Seit 1.1.1993[91] hängt die Möglichkeit, den Beruf des Kraftverkehrsunternehmers auszuüben, in allen EG-Mitgliedstaaten nurmehr von **drei Voraussetzungen** ab[92]: 24
- persönliche Zuverlässigkeit,
- finanzielle Leistungsfähigkeit,
- fachliche Eignung.

Diese drei Elemente finden sich in gleicher Weise in den Berufszugangsbestimmungen 25

---

84 So *J. Erdmenger*, in: GTE, EU-/EGV, Art. 75, Rn. 48.
85 Auflistung nach *J. Erdmenger*, in: GTE, EU-/EGV, Art. 75, Rn. 51.
86 RL 96/26/EG des Rates vom 29. April 1996 über den Zugang zum Beruf des Güter- und Personenkraftverkehrsunternehmers im innerstaatlichen und grenzüberschreitenden Verkehr sowie über die gegenseitige Anerkennung der Diplome, Prüfungszeugnisse und sonstigen Befähigungsnachweise für die Beförderung von Gütern und die Beförderung von Personen im Straßenverkehr und über Maßnahmen zur Förderung der tatsächlichen Inanspruchnahme der Niederlassungsfreiheit der betreffenden Verkehrsunternehmer, ABl.EG 1996 Nr. L 124/1.
87 RL 98/76/EG des Rates vom 1. Oktober 1998 über den Zugang zum Beruf des Güter- und Personenkraftverkehrsunternehmers im innerstaatlichen und grenzüberschreitenden Verkehr sowie über die gegenseitige Anerkennung der Diplome, Prüfungszeugnisse und sonstigen Befähigungsnachweise für die Beförderung von Gütern und die Beförderung von Personen im Straßenverkehr und über Maßnahmen zur Förderung der tatsächlichen Inanspruchnahme der Niederlassungsfreiheit der betreffenden Verkehrsunternehmer, ABl.EG 1998 Nr. L 277/17.
88 RL 74/561/EWG des Rates vom 12. November 1974 über den Zugang zum Beruf des Güterkraftverkehrsunternehmers im innerstaatlichen und grenzüberschreitenden Verkehr, ABl.EG 1974 Nr. L 308/18.
89 RL 74/562/EWG des Rates vom 12.11.1974 über den Zugang zum Beruf des Personenkraftverkehrsunternehmers im innerstaatlichen und grenzüberschreitenden Verkehr, ABl.EG 1974 Nr. L 308/23.
90 VO (EWG) Nr. 881/92 (Fn. 19).
91 RL 96/26/EG (Fn. 86), 7. Erwägungsgrund.
92 Art. 3 RL 96/26/EG (Fn. 86).

bezüglich der übrigen Binnenverkehrsträger.[93] Mit der **RL 87/540/EWG**[94] wurden die subjektiven Voraussetzungen der Berufsausübung **im innerstaatlichen und grenzüberschreitenden Binnenschiffsgüterverkehr** europaweit vereinheitlicht und von nationalen Präferenzregelungen befreit.

26 Die subjektiven Marktzugangsvoraussetzungen im **nationalen und internationalen Eisenbahnverkehr** regelt die **RL 95/18/EG**[95], deren Anwendungsbereich durch die **ÄnderungsRL 2001/13/EG** wesentlich erweitert wurde.[96] Sie gilt seit 15.3.2001 für alle Eisenbahnunternehmen mit Sitz in der EG, unabhängig davon, ob sie Verkehrsleistungen i.S.d. Art. 10 RL 91/440/EWG erbringen.[97] Im Hinblick auf die Herstellung des Binnenmarkts wurden einheitliche Mindestvoraussetzungen für die Erteilung von Genehmigungen an Eisenbahnunternehmen festgelegt.[98] Diese umfassen ebenfalls allein die Kategorien persönliche Zuverlässigkeit, finanzielle Leistungsfähigkeit und fachliche Eignung.[99]

III. Rechtsetzung in der Verkehrspolitik

1. Die Rechtsformen möglicher Gemeinschaftsmaßnahmen

27 Die meisten Bestimmungen der Art. 70–80 wirken nicht unmittelbar, sondern bedürfen der **Umsetzung durch Maßnahmen der Gemeinschaftsorgane**. Die **Rechtsgrundlagen** dafür finden sich in den **Art. 71, 80 Abs. 2 und 249**.[100] Die **Terminologie** des EGV in den Art. 70-80 ist allerdings alles andere als einheitlich. Der Vertrag spricht von »Regeln«, »Bedingungen«, »Maßnahmen« oder »Vorschriften«, nie jedoch von den Handlungsformen, die in Art. 249 vorgesehen und definiert sind.

28 Aus der Tatsache, daß an keiner Stelle inhaltlich im EG-Vertrag definierte Maßnahmen vorgeschrieben sind, kann man folgern, daß die Gemeinschaftsorgane im Rahmen der

---

93 Ebenso in der – nach Art. 80 Abs. 2 erlassenen – Berufszugangsverordnung für den Luftverkehr; vgl. Art. 5, 6, 9 VO (EWG) Nr. 2407/92 des Rates über die Erteilung von Betriebsgenehmigungen an Luftfahrtunternehmen, ABl.EG 1992 Nr. L 240/1. Dazu Art. 80, Rn. 18, 19.
94 RL des Rates vom 9.11.1987 über den Zugang zum Beruf des Unternehmers im innerstaatlichen und grenzüberschreitenden Binnenschiffsgüterverkehr und über die gegenseitige Anerkennung der Diplome, Prüfungszeugnisse und sonstigen Befähigungsnachweise für diesen Beruf (87/540/EWG), ABl.EG 1987 Nr. L 322/20. Ergänzend dazu: RL 91/672/EWG des Rates vom 16.12.1991 über die gegenseitige Anerkennung der einzelstaatlichen Schifferpatente für den Binnenschiffsgüter- und personenverkehr, ABl.EG 1991 Nr. L 373/29; RL 96/50/EG des Rates vom 23.7.1996 über die Harmonisierung der Bedingungen für den Erwerb einzelstaatlicher Schifferpatente für den Binnenschiffsgüter- und -personenverkehr in der Gemeinschaft, ABl.EG 1996 Nr. L 235/31.
95 RL 95/18/EG des Rates vom 19.6.1995 über die Erteilung von Genehmigungen an Eisenbahnunternehmen, ABl.EG 1995 Nr. L 143/70; ausführlich dazu *A. Holst*, in: Frohnmeyer/Mükkenhausen (Fn. 34), Nr. 22.
96 RL 2001/13/EG des Europäischen Parlaments und des Rates vom 26.2.2001 zur Änderung der RL 95/18/EG des Rates über die Erteilung von Genehmigungen an Eisenbahnunternehmen, ABl.EG 2001 Nr. L 75/26.
97 Art. 1 RL 95/18/EG (Fn. 95) i.d.F. der RL 2001/13/EG (Fn. 96); RL 2001/13/EG (Fn. 96), Erwägungsgründe 3 u. 4.
98 RL 95/18/EG (Fn. 95), Erwägungsgründe 1, 2, 4 u. 6; RL 2001/13/EG (Fn. 96), Erwägungsgründe 2 u. 3.
99 Art. 6, 7, 8 RL 95/18/EG (Fn. 95) i.d.F. der RL 2001/13/EG (Fn. 96); RL 2001/13/EG (Fn. 96), 2. Erwägungsgrund.
100 *J. Basedow/M. Dolfen*, in: Hb.EGWirtR, Abschnitt L, Rn. 125.

Verkehrspolitik in der **Wahl ihrer Handlungsform frei** sind. Rat und Kommission steht insoweit ein weites Auswahlermessen zu.[101] Sie können unter Berücksichtigung des **Regelungsgegenstands** und des **Subsidiaritätsprinzips** diejenige Rechtsform wählen, welche den größten Erfolg verspricht und dabei die Rechte der Adressaten am wenigsten beeinträchtigt. Möglich und zulässig sind umfassend bindende, nicht bindende und lediglich im Innenverhältnis bindende Rechtsakte.[102]

Bindend nach außen wie nach innen sind Verordnungen, Richtlinien und Entscheidungen.[103] Ihre Bindungswirkung ist in Art. 249 Abs. 2–4 festgeschrieben. **Keinerlei Bindungswirkung** entfalten gemäß Art. 249 Abs. 5 Empfehlungen und Stellungnahmen.[104] **Dazwischen** stehen Handlungsformen, die in Art. 249 nicht erwähnt sind, gleichwohl aber in der Praxis des Rates häufig vorkommen.[105] Nicht selten bezeichnet der Rat nämlich seine Maßnahmen als Beschlüsse, Entschließungen, Schlußfolgerungen oder Erklärungen. Deren Bindungswirkung ist bisher noch unklar.[106] Sie dürften eine **interne Bindung** für den Rat selbst begründen, allerdings nicht für die Kommission.[107] Faktisch werden sie jedoch von der Kommission als politische Leitlinien akzeptiert.[108] 29

2. Das Verfahren bei Rechtsetzung

Das Verfahren, das bei Erlaß von Rechtsnormen des Rates zu durchlaufen ist, ist **seit 1986 für alle Verkehrsträger gleich**.[109] Mit der Änderung von **Art. 80 Abs. 2** durch die Einheitliche Europäische Akte wurde für den Luft- und Seeverkehr das Einstimmigkeitserfordernis zugunsten einer Verweisung auf Art. 71 Abs. 1 und 2 gestrichen.[110] 30

Verfahrensrechtliches Kernstück ist die **Verweisung von Art. 71 Abs. 1 auf Art. 251**. Der Vertrag von Amsterdam hat hier die Verfahrensart verändert. War unter dem Maastricht-Vertrag das Zusammenarbeitsverfahren[111] (Art. 252) maßgebend, so vollzieht sich der Erlaß von Sekundärrecht im Bereich der Verkehrspolitik seit 1.5.1999 nach dem **Mitentscheidungsverfahren**. Im Folgenden sollen nur die **wesentlichen Elemente** dieses Verfahrens[112] im Hinblick auf **verkehrspolitische Rechtsakte** festgehalten werden: 31

Das **Initiativrecht** liegt ausschließlich bei der **Europäischen Kommission**; im Ergebnis steht der Kommission – ebenso wie bei dem früheren Zusammenarbeitsverfahren – ein **Vorschlagsmonopol** zu[113]. Die Kommission kann sich dabei von dem Sachverständi- 32

---

101 *A. Frohnmeyer*, in: Grabitz/Hilf, EU, Art. 75, Rn. 9.
102 *J. Basedow/M. Dolfen*, in: Hb.EGWirtR, Abschnitt L, Rn. 126 m.w.N.; Überblick über die Handlungsmöglichkeiten der Gemeinschaftsorgane bei *BBPS*, Ziff. 6.2.5.1.
103 Dazu *A. Frohnmeyer*, in: Grabitz/Hilf, EU, Art. 75, Rn. 9, 11.
104 Dazu *E. Grabitz*, in: Grabitz/Hilf, EU, Art. 189, Rn. 75, 76.
105 Ausführlich dazu *Ipsen*, EG-Recht, § 22; im übrigen *BBPS*, Ziff. 6.2.5.6.
106 Vgl. bei *BBPS*, Ziff. 6.2.5.6.
107 Grundsätzlich zu Rechtshandlungen mit Innenwirkung *Ipsen*, EG-Recht, § 22 Tz. 17 ff.
108 *A. Frohnmeyer*, in: Grabitz/Hilf, EU, Art. 75, Rn. 12; *J. Basedow/M. Dolfen*, in: Hb.EGWirtR, Abschnitt L, Rn. 126 am Ende.
109 *J. Basedow/M. Dolfen*, in: Hb.EGWirtR, Abschnitt L, Rn. 127.
110 *A. Frohnmeyer*, in: Grabitz/Hilf, EU, Art. 84, Rn. 10, 11; s. u. Art. 80, Rn. 9.
111 Dazu *Wyatt/Dashwood*, EC-Law, S. 40, 41.
112 *BBPS*, Ziff. 6.4.2.3; *Bleckmann*, Europarecht, Rn. 309; *Schweitzer/Hummer*, Europarecht, Rn. 23–238, 387; *Wyatt/Dashwood*, EC-Law, S. 41–43; ausführlich zum Mitentscheidungsverfahren Art. 251, Rn. 4 ff.
113 *Bleckmann*, Europarecht, Rn. 260, 262, 263, 309; *BBPS*, Ziff. 6.4.2; Art. 251, Rn. 5, 10.

genausschuß nach Art. 79 sowie **beratenden Ausschüssen**, die aufgrund sekundären Gemeinschaftsrechts gebildet werden[114], unterstützen lassen. Eine Verpflichtung dazu besteht nicht. Zwingend ist dagegen die **Anhörung des Wirtschafts- und Sozialausschusses** sowie des **Ausschusses der Regionen** gemäß Art. 71 Abs. 1.

33 Ebenso zwingend und von zentraler Bedeutung ist gem. Art. 251 die **Beteiligung des Europäischen Parlaments** in mindestens einer, maximal drei Lesungen.[115] Anders als im Zusammenarbeitsverfahren kann das Parlament im Verfahren **nach Art. 251 das Zustandekommen eines Rechtsaktes verhindern.**[116] Art. 251 setzt ein **parlamentarisches Vetorecht** an die Stelle des traditionellen Letztentscheidungsrechts des Rates.[117] Mit Einführung des Mitentscheidungsverfahrens erfuhren die Einflußmöglichkeiten des Europäischen Parlaments auf die Verkehrspolitik daher eine deutliche Aufwertung.

34 Sofern das Europäische Parlament zustimmt, beschließt der **Rat** auch im Mitentscheidungsverfahren **mit qualifizierter Mehrheit**[118], das heißt derzeit mit mindestens 62 Stimmen, ohne Rücksicht auf die Zahl der zustimmenden Mitgliedstaaten. Die Gewichtung der Stimmen der Mitgliedstaaten ist in **Art. 205 Abs. 2** festgelegt.[119]

35 **Einstimmigkeit** bei der Beschlußfassung ist nur noch in einem **Sonderfall** erforderlich. **Art. 71 Abs. 2** bestimmt, daß **Vorschriften »über die Grundsätze der Verkehrsordnung«** vom Rat einstimmig gefaßt werden müssen.[120]; dabei wird das Parlament nicht im Mitentscheidungsverfahren, sondern lediglich im Wege einer Anhörung beteiligt. »Grundsätze der Verkehrsordnung« sind alle Fragen, welche die **Ordnung und Organisation der Verkehrsmärkte in ihrer Gesamtheit** betreffen, also die hoheitliche Regulierung und Finanzierung der Verkehrsmärkte, im Gegensatz zu rein technischen oder administrativen Problemen.[121] Diese Grundsatzfragen müssen, um das Einstimmigkeitserfordernis auszulösen, **gewichtige Auswirkungen** haben. Art. 71 Abs. 2 verlangt hierfür eine **ernstliche Beeinträchtigung** der Lebenshaltung, der Beschäftigungslage oder des Betriebs ganzer Verkehrsträger, nicht nur einzelner Unternehmen.[122]

36 Festzuhalten bleibt schließlich, daß der Europäischen **Kommission** in den Art. 75–77 eine Reihe ergänzender Befugnisse eingeräumt sind. Die Kommission kann Entscheidungen erlassen[123] oder Empfehlungen abgeben[124] und ist dabei an das oben erläuterte Verfahren nicht gebunden.

---

114 S. Art. 79, Rn. 4; Aufzählung bei *J. Basedow/M. Dolfen*, in: Hb.EGWirtR, Abschnitt L, Rn. 127 mit Fn. 328.
115 Art. 251, Rn. 11, 15, 19. Zur stärkeren Rolle des Parlaments nach dem Amsterdam-Vertrag: Europäisches Parlament, Entschließung zu dem neuen Verfahren der Mitentscheidung nach Amsterdam, 16.7.1998, ABl.EG Nr. C 292/140.
116 Vgl. *Bleckmann*, Europarecht, Rn. 309; *Wyatt/Dashwood*, EC-Law, S. 41–43; Art. 251, Rn. 4.
117 *BBPS*, Ziff. 6.4.2.1.
118 Art. 251, Rn. 12, 15, 19.
119 Zur Anpassung der Stimmengewichtung im Rat ab dem 1.1.2005 vgl. im Rahmen des Vertrags von Nizza: Art. 3 des Protokolls über die Erweiterung der Europäischen Union, abgedruckt in: *K. Fischer*, Der Vertrag von Nizza, 2001, S. 185 ff.
120 Dazu *A. Frohnmeyer*, in: Grabitz/Hilf, EU, Art. 75, Rn. 14, 15.
121 *A. Frohnmeyer*, in: Grabitz/Hilf, EU, Art. 75, Rn. 17, 18; weniger differenziert *J. Basedow/ M. Dolfen*, in: Hb.EGWirtR, Abschnitt L, Rn. 57.
122 *A. Frohnmeyer*, in: Grabitz/Hilf, EU, Art. 75, Rn. 19–22.
123 Vgl. Art. 75 Abs. 3, Art. 76 Abs. 2.
124 Vgl. Art. 77 Abs. 3.

IV. Kompetenzen der Europäischen Gemeinschaft für den Verkehr mit Drittstaaten

Die gemeinsame Verkehrspolitik i.S.d. Art. 70 – 80 umfaßt auch den **Verkehr mit Drittstaaten**.[125] **Insbesondere Art. 71 Abs. 1 lit. a)** bezieht sich auf den internationalen Verkehr schlechthin – nicht nur zwischen den EG-Mitgliedstaaten. Allein auf die Art. 70 ff. können jedoch nur Maßnahmen gestützt werden, die sich auf das Territorium der Europäischen Gemeinschaft beschränken, denn nur so weit erstreckt sich die einseitige Rechtsetzungshoheit der Gemeinschaft. Sobald Regelungen **unmittelbar das Territorium eines Drittstaates berühren**, ist ein einseitiges Vorgehen unzulässig. Die Mitwirkung des betroffenen Drittstaats muß in solchen Fällen durch einen **völkerrechtlichen Vertrag** gesichert werden.[126] Daher bedarf die Festsetzung rechtsverbindlicher Bestimmungen hinsichtlich des Verkehrs mit Nicht-EG-Staaten regelmäßig einer völkerrechtlichen Vereinbarung. **Kompetenzen für den Abschluß von Staatsverträgen** sind in den Art. 70 ff. allerdings nicht ausdrücklich vorgesehen[127], so daß die Befugnisse der Europäischen Gemeinschaft insoweit aus **allgemeinen Grundsätzen** abgeleitet werden müssen. 37

Zu dieser Problematik entwickelte der **EuGH** bereits 1971 das Prinzip der **Parallelität von Innen- und Außenkompetenz**.[128] Danach ist die Europäische Gemeinschaft zum Abschluß völkerrechtlicher Verträge befugt, wenn ihr für das betreffende Sachgebiet **Kompetenzen im Innenverhältnis** zustehen und sie diese entweder **bereits ausgeübt hat oder das zugrundeliegende Vertragsziel ohne die zwingende Beteiligung eines Drittstaats nicht verwirklicht werden kann**.[129] Letzteres ist der Fall, wenn im Rahmen der Ziele des EG-Vertrages zwangsläufig das Rechtsschicksal von Drittstaatenangehörigen innerhalb des EG-Territoriums oder von EG-Angehörigen, die sich in ein Drittland begeben, mitgeregelt werden muß.[130] Diese Voraussetzung ist bei Verkehrsbeziehungen mit Nicht-EG-Staaten fast immer erfüllt, so daß die Gemeinschaftsorgane befugt sind, entsprechende völkerrechtliche Verträge zu schließen. Im Verhältnis zu den mittel- und osteuropäischen Ländern sowie zur Schweiz hat die Gemeinschaft von ihren verkehrspolitischen Außenkompetenzen bereits Gebrauch gemacht; Verhandlungen mit den U.S.A. bezüglich des Luftverkehrs, und mit Indien und China bezüglich des Seeverkehrs sollten folgen.[131] 38

---

125 S. o., Rn. 2.
126 Vgl. EuGH, Gutachten 1/76, Slg. 1977, 741, 755 Rn. 2 (Stillegungsfonds für die Binnenschiffahrt).
127 *J. Basedow/M. Dolfen*, in: Hb.EGWirtR, Abschnitt L, Rn. 130.
128 Näher Art. 300, Rn. 5 ff. Vgl. EuGH, Rs. 22/70, Slg. 1971, 263, Rn. 15/19 (AETR); EuGH, Rs. 3 u.a./76, Slg. 1976, 1279, Rn. 19/20, 32/33, 39 (Cornelis Kramer); EuGH, Gutachten 1/76, Slg. 1977, 741, Rn. 3 (Stillegungsfonds für die Binnenschiffahrt); *J. Basedow/M. Dolfen*, in: Hb.EGWirtR, Abschnitt L, Rn. 132; *Bleckmann*, Europarecht, Rn. 927.
129 EuGH, Gutachten 1/76, Slg. 1977, 741, Rn. 4 (Stillegungsfonds für die Binnenschiffahrt); EuGH, Gutachten 1/94, Slg. 1994, I-5267, Rn. 85, 86 (GATS und TRIPS). Zusammenfassend zur Rechtsentwicklung bis 1993 *J. Basedow/M. Dolfen*, in: Hb.EGWirtR, Abschnitt L, Rn. 132, 133 m.w.N.
130 EuGH, Gutachten 1/94, Slg. 1994, I-5267, Rn. 85, 86, 100 (GATS und TRIPS).
131 Mitteilung der Kommission vom 1.12.1998 (Fn. 80), Rn. 31–33 und Anhang I Ziff. C; Europäische Kommission, Vorschlag für ein Abkommen zwischen der Europäischen Gemeinschaft und der Schweizerischen Eidgenossenschaft über den Güter- und Personenverkehr auf Schiene und Straße, 4.5.1999, KOM(1999) 229 endg.; Vorschlag für ein Abkommen zwischen der Europäischen Gemeinschaft und der Schweiz über den Luftverkehr, 4.5.1999, KOM(1999) 229 endg.; o. Verf., EU und Schweiz: Gesamtvertrag unterzeichnet, in: DVZ v. 12.12.1998, S. 2;

39 Ob diese Zuständigkeit eine **ausschließliche** ist **oder konkurrierend** neben der der Mitgliedstaaten besteht, ist damit noch nicht entschieden, sondern bedarf eines weiteren Prüfungsschritts.[132] Die Kommission konnte sich vor dem Gerichtshof mit dem Argument, Verkehr falle in analoger Anwendung von Art. 133 in ihre ausschließliche Zuständigkeit, nie durchsetzen. Eine pauschale Ausdehnung der ausschließlichen Gemeinschaftskompetenzen auf den **Verkehr mit Nicht-EG-Staaten** ist auch durch den **Vertrag von Nizza nicht** erfolgt, denn in Art. 133 Abs. 6 UAbs. 3 sind internationale Abkommen auf dem Gebiet des Verkehrs ausdrücklich vom Anwendungsbereich der jetzt auf Dienstleistungen erweiterten gemeinsamen Handelspolitik ausgenommen.[133] Damit hat der Vertrag von Nizza sogar die im Amsterdam-Vertrag dem Rat eingeräumte Befugnis zurückgenommen, durch einstimmigen Beschluß gem. Art. 133 Abs. 5 die ausschließliche Zuständigkeit für Dienstleistungen – einschließlich Verkehrsdienstleistungen – an sich zu ziehen. Es bleibt somit bei der von der Rspr. vorgezeichneten Zuständigkeitsverteilung.[134] Das **entscheidende Kriterium** für die Qualifikation gemeinschaftlicher Außenkompetenzen sieht der **EuGH** letztlich im **Prinzip »Vorrang des Gemeinschaftsrechts«**. Demnach betrachtet der Gerichtshof die Zuständigkeit der Europäischen Gemeinschaft für den Abschluß völkerrechtlicher Verträge dann als ausschließlich, wenn für den konkreten Sachbereich **europäische Rechtsnormen existieren** oder gleichzeitig mit Abschluß eines Staatsvertrages erlassen werden, die **durch separate völkerrechtliche Verpflichtungen der Mitgliedstaaten beeinträchtigt** werden können.[135]

40 Im Hinblick auf Verkehrsbeziehungen mit Drittstaaten ist somit **differenziert zu prüfen**, ob der jeweils regelungsrelevante Sachbereich bereits von gemeinschaftsrechtlichen Bestimmungen abschließend erfaßt ist.[136] Da es in der Sache um Außenbeziehungen geht, kommt es konkret darauf an, daß die **einschlägigen europarechtlichen Normen den Sachverhalt gerade im Verhältnis zu Drittstaaten regeln**.[137] Im einzelnen bedarf es dazu einer eingehenden Analyse der jeweils maßgebenden Verordnungen oder Richtlinien.

Fortsetzung von Fußnote 131
    o. Verf., Schweiz profitiert von mehr Freiheiten in der Luft, in: DVZ v. 15.12.1998, S. 11; Europäische Kommission, 26. Bericht über die Wettbewerbspolitik (1996), Luxemburg 1997, Kapitel I Ziff. 102, Kapitel V Ziff. 6; o. Verf., US-Luftverkehr: Kinnock drängt auf Mandat, in: DVZ v. 3.11.1998, S. 1.

132 Allgemein zu den ausschließlichen Gemeinschaftszuständigkeiten in der Verkehrspolitik s. Art. 70, Rn. 7, 8.
133 Genauer zum heutigen Anwendungsbereich des Vertragsartikels über die gemeinsame Handelspolitik s. Art. 133, Rn. 21 ff., 50, 113.
134 S. bereits Art. 70, Rn. 8; zusammenfassend dazu, unter Berücksichtigung der aktuellen politischen Entwicklungen P. *Mückenhausen*, in: Frohnmeyer/Mückenhausen, EG-Verkehrsrecht, Loseblatt, Nr. 1 Rn. 45–54.
135 EuGH, Gutachten 1/94, Slg. 1994, I-5267, Rn. 77, 95, 96 (GATS und TRIPS); EuGH, Gutachten 2/92, Slg. 1995, I-521, Rn. 31-33 (OECD-Beschluß).
136 A.A. zu den Kriterien ausschließlicher Gemeinschaftszuständigkeit, jedenfalls für Regelungen im Innenverhältnis der EG, *J. Erdmenger*, in: GTE, EU-/EGV, Art. 75, Rn. 52.
137 Insoweit allerdings nicht eindeutig EuGH, Gutachten 1/94, Slg. 1994, I-5267, Rn. 77 (GATS und TRIPS).

Art. 72 (ex-Art. 76)

Bis zum Erlaß der in Artikel 71 Absatz 1 genannten Vorschriften1 darf ein Mitgliedstaat[7] die verschiedenen, am 1. Januar 1958 oder, im Falle später beigetretener Staaten, zum Zeitpunkt ihres Beitritts auf diesem Gebiet geltenden Vorschriften in ihren unmittelbaren oder mittelbaren Auswirkungen auf die Verkehrsunternehmer anderer Mitgliedstaaten im Vergleich zu den inländischen Verkehrsunternehmern[2-4] nicht ungünstiger gestalten[2-6], es sei denn, daß der Rat einstimmig etwas anderes billigt[8].

Inhaltsübersicht:

I. Normzweck und systematischer Zusammenhang	1
II. Regelungsgehalt von Art. 72	2
III. Unmittelbare Wirkung	7

I. Normzweck und systematischer Zusammenhang

Für die Zeit bis zum Erlaß der in Art. 71 vorgesehenen Durchführungsvorschriften traf der EG-Vertrag in diesem Artikel selbst eine **Übergangsregelung**. Art. 72 enthält zum einen **für die Mitgliedstaaten eine Stillhalteverpflichtung** bezüglich weiterer Diskriminierungen, zum anderen eine **einstweilige Regelung der Verkehrsmärkte** bis zu ihrer endgültigen vertragskonformen Gestaltung. Die Stillhalteverpflichtung sollte verhindern, daß einzelne Mitgliedstaaten durch neue nationale Gesetze, welche den Zielen des Vertrages zuwiderlaufen, die Einführung einer gemeinschaftlichen Verkehrspolitik erschweren[1]; damit erweist sie sich systematisch als **besondere Ausprägung von Art. 10 Abs. 2**[2].

1

II. Regelungsgehalt von Art. 72

Inhaltlich bedeutet die Stillhalteverpflichtung für die Mitgliedstaaten ein **besonderes Diskriminierungsverbot**, stellt also **auch einen Anwendungsfall von Art. 12** dar. Es wird untersagt, die Rechtssituation ausländischer Verkehrsunternehmer[3] im Verhältnis zu inländischen Verkehrsunternehmern rechtlich oder faktisch ungünstiger zu gestalten, als sie sich bei Inkrafttreten des EG-Vertrages darstellte.

2

Wie dieses **Verschlechterungsverbot** genau zu verstehen ist, war **bis 1992 umstritten**. Eine Auffassung in der Literatur orientierte sich am Wortlaut von Art. 72, der lediglich eine Schlechterstellung »im Vergleich zu inländischen Verkehrsunternehmern« untersagt. Nach dieser Auslegung durften nationale Gesetzgeber das Niveau der Gleichstellung nicht unterschreiten, waren aber an einem **Abbau etwaiger Privilegien für Ausländer** bis zur Grenze der Egalität mit Inländern nicht gehindert.[4] Die Gegenansicht legte Art. 72 extensiv aus. Danach seien Unterschiede in der rechtlichen Behandlung von inländischen und ausländischen Verkehrsunternehmern, so wie sie bei Inkrafttreten des EGV bestanden, unverändert beizubehalten. Das bedeutet, daß existierende **Ausländer-**

3

---

1 EuGH, Rs. C-195/90, Slg. 1992, I-3141, Rn. 20 (Kommission/Deutschland); *A. Frohnmeyer*, in: Grabitz/Hilf, EU, Art. 76, Rn. 1; ausführlich *A. Epiney/R. Gruber*, Verkehrsrecht in der EU – Zu den Gestaltungsspielräumen der EU-Mitgliedstaaten im Bereich des Landesverkehrs, 2001, S. 108–116.
2 *J. Erdmenger*, in: GTE, EU-/EGV, Art. 76, Rn. 1.
3 Zum Begriff des Verkehrsunternehmers *J. Erdmenger*, in: GTE, EU-/EGV, Art. 76, Rn. 7.
4 *J. Erdmenger*, in: GTE, EWGV, Art. 76, Rn. 9-11; *A. Frohnmeyer*, in: Grabitz/Hilf, EU, Art. 76, Rn. 6 m.w.N.

privilegien durch nationales Recht nicht beseitigt werden können.[5] Dagegen sei es durchaus möglich, die Rechtsstellung ausländischer wie inländischer Unternehmen in gleicher Weise zu verändern, solange Ausländer davon nicht einseitig stärker benachteiligt werden als Inländer.[6]

4 Der EuGH hat sich 1992 implizit der letzteren Ansicht angeschlossen.[7] In dem einschlägigen Urteil ging es um die Einführung einer **Straßenbenutzungsgebühr** für schwere Lkw in Deutschland, verbunden mit einer **gleichzeitigen** Entlastung inländischer Unternehmen durch eine **Absenkung der deutschen Kraftfahrzeugsteuer**. Der EuGH erachtete diese spezifische Kombination aus allgemeiner Nutzungsgebühr und steuerlicher Entlastung des deutschen Transportgewerbes als diskriminierend gegen ausländische Transportunternehmen und damit gemäß Art. 72 als unzulässig. Das Vorbringen der deutschen Regierung, damit würde nur eine Vorzugsstellung ausländischer Unternehmer beseitigt, da die von ihnen zu entrichtende Kraftfahrzeugsteuer im Vergleich zur Besteuerung in Deutschland viel niedriger sei, wurde im Ergebnis zurückgewiesen.[8] Das Verbot jeder disproportionalen Benachteiligung von Verkehrsunternehmen anderer Mitgliedstaaten steht auch einer entsprechenden Änderung der Verwaltungspraxis entgegen.[9]

5 Dieses **starre Verständnis von Art. 72** erwies sich im Ergebnis als **problematisch**, denn den Mitgliedstaaten wurden damit verkehrspolitisch weitgehend die Hände gebunden. Der EuGH legte die Handlungsbefugnis für eine Angleichung der Wettbewerbsbedingungen im Transportgewerbe allein in die Hände des Rates, der gerade bei kontroversen Problemen aus politischen Gründen oft zu keiner Einigung fähig ist.[10] Dies führt zu einem potentiellen Politikdefizit, das sich angesichts der Strukturveränderungen auf den Verkehrsmärkten, insbesondere der überproportionalen Zunahme des Straßenverkehrs zu Lasten des Schienenverkehrs mittlerweile deutlich bemerkbar macht: Der Rat reagiert nicht in ausreichendem Maße oder zu spät; die Mitgliedstaaten wären handlungsbereit, dürfen aber nicht, weil ihnen bei der herrschenden extensiven Auslegung von Art. 72 jede einseitige Veränderung der Rechtsstellung ausländischer Transportunternehmen verwehrt ist.[11]

6 Zu einer **partiellen Annäherung der fiskalischen Rahmenbedingungen** des Straßenverkehrs kam es deshalb erst **1993** mit der **RL über die Besteuerung von Kraftfahrzeugen sowie die Erhebung von Maut- und Benutzungsgebühren**.[12] Dort wurde den Mitglied-

---

5 A. *Frohnmeyer*, in: Grabitz/Hilf, EU, Art. 76, Rn. 5 m.w.N.; so jetzt auch *J. Erdmenger*, in: GTE, EU-/EGV, Art. 76, Rn. 10, 11.
6 *J. Erdmenger*, in: GTE, EU-/EGV, Art. 76, Rn. 10.
7 EuGH, Rs. C-195/90, Slg. 1992, I-3141, Rn. 20 ff. (Kommission/Deutschland); bestätigt durch EuGH, Rs. C-184 u. 221/91, Slg. 1993, I-1633, Rn. 12 ff. (Christof Oorburg).
8 EuGH, Rs. C-195/90, Slg. 1992, I-3141, Rn. 24, 26, 28, 30 (Kommission/Deutschland); zusammenfassend *J. Erdmenger*, in: GTE, EU-/EGV, Art. 76, Rn. 10.
9 EuGH, Rs. C-184 u. 221/91, Slg. 1993, I-1633, Rn. 15–17 (Christof Oorburg).
10 Vgl. etwa die europäische Eisenbahnpolitik oder die wiederholt gescheiterte Ausdehnung der kartellrechtlichen Anwendungsverordnung Nr. 3975/87 auf den internationalen Luftverkehr mit Nicht-EG-Staaten; s. zu letzterem Art. 80, Rn. 22 Fn. 78.
11 So bereits *J. Basedow/M. Dolfen*, in: Hb.EGWirtR, Abschnitt L, Rn. 69 m.w.N.
12 RL 93/89/EWG des Rates vom 25.10.1993 über die Besteuerung bestimmter Kraftfahrzeuge zur Güterbeförderung sowie die Erhebung von Maut- und Benutzungsgebühren für bestimmte Verkehrswege durch die Mitgliedstaaten, ABl.EG 1993 Nr. L 279/32; für nichtig erklärt vom EuGH am 5.7.1995 (Rs. C-21/94, Slg. 1995, I-1827, Rn. 31), unter Aufrechterhaltung ihrer substantiellen Wirkungen analog Art. 231 Abs. 2 EGV. Sie wurde mit Wirkung ab 20.7.1999 ersetzt durch die RL 1999/62/EG des Europäischen Parlaments und des Rates vom 17.6.1999 über die Erhebung von Gebühren für die Benutzung bestimmter Verkehrswege durch schwere Nutzfahrzeuge, ABl.EG 1999 Nr. L 187/42.

staaten kraft sekundären EG-Rechts eine Angleichung der Wettbewerbsbedingungen durch **kombinierte Gestaltung** von Steuern und Benutzungsgebühren gestattet. Letztlich handelt es sich dabei um denselben Ansatz, der Deutschland 1992 vom EuGH untersagt worden war – diesmal allerdings auf **multilateraler** Ebene, denn aufgrund der Richtlinie von 1993 und der **heute geltenden Richtlinie 1999/62/EG** kann kein Mitgliedstaat einseitig vorgehen und gezielt Unternehmen aus anderen EG-Mitgliedstaaten bestehende Vorteile entziehen.[13]

III. Unmittelbare Wirkung

Art. 72 hat unmittelbare Wirkung.[14] Verkehrsunternehmer, die sich diskriminiert fühlen, können sich vor nationalen Gerichten und Behörden direkt auf eine Verletzung von Art. 72 berufen. Entgegenstehendes nationales Recht darf von staatlichen Stellen nicht angewandt werden.[15] 7

Der **letzte Halbsatz** von Art. 72 schafft nur wenig Flexibilität. Danach kann der Rat einen Mitgliedstaat von dem Diskriminierungs- und Veränderungsverbot des Art. 72 befreien, wofür jedoch **Einstimmigkeit** erforderlich ist.[16] 8

---

13 Vgl. Art. 7 lit. b) RL 93/89/EWG (Fn. 12); Art. 7 Abs. 4 RL 1999/62/EG (Fn. 12); *J. Erdmenger*, in: GTE, EU-/EGV, Art. 76, Rn. 11; grundlegend zur Frage der Diskriminierung nach der RL 93/89/EWG EuGH, Rs. C-205/98, Slg. 2000, I-7367, Rn. 62 ff. (Kommission/Österreich); vgl. auch *C. Seitz*, Straßenbenutzungsgebühren im Spannungsfeld europäischer Harmonisierung und deutscher Straßenverkehrspolitik, EuZW 2001, S. 65.
14 So *A. Frohnmeyer*, in: Grabitz/Hilf, EU, Art. 76, Rn. 7.
15 BVerfG 9.6.1971, BVerfGE 31, 145; *A. Bleckmann*, Europarecht, Rn. 203, 1086, 1088, 1152, 1172 ff.; *BBPS*, Ziff. 6.3.1, 6.3.2.
16 *A. Frohnmeyer*, in: Grabitz/Hilf, EU, Art. 76, Rn. 8.

Art. 73 (ex-Art. 77)

Mit diesem Vertrag vereinbar[1, 5] sind Beihilfen[1, 2], die den Erfordernissen der Koordinierung des Verkehrs oder der Abgeltung bestimmter, mit dem Begriff des öffentlichen Dienstes zusammenhängender Leistungen[3] entsprechen[4].

Inhaltsübersicht:

I. Systematischer Zusammenhang und Anwendungsbereich	1
II. Zulässige Koordinierungs- und Abgeltungsbeihilfen	3
III. Sekundärrechtliche Ausführungsvorschriften	5

I. Systematischer Zusammenhang und Anwendungsbereich

1 Art. 73 und Art. 76 beschäftigen sich beide mit **Zulässigkeit und Grenzen staatlicher Unterstützungsmaßnahmen** im Verkehrssektor bezüglich Straßen-, Eisenbahn- und Binnenschiffsverkehr. Dabei steht die **Grundsatzbestimmung** zu dieser Problematik **in Art. 76**, der ein **Verbot** staatlicher Beihilfen über **Unterstützungstarife** zugunsten anderer, regelmäßig als Verlader auftretender Unternehmen statuiert. Art. 76 ist eine besondere Ausprägung des allgemein in Art. 87 verankerten Beihilfenverbots.[1] Demgegenüber durchbricht **Art. 73** diesen Grundsatz und erklärt zugunsten der Verkehrswirtschaft bestimmte Beihilfen von vornherein für rechtmäßig. Damit gewährt Art. 73 neben Art. 87 Abs. 2 und 3 eine **zusätzliche Ausnahme vom Beihilfenverbot des Art. 87 Abs. 1**.[2]

2 Die Vorschrift setzt voraus, daß eine **Beihilfe vorliegt**, die gemäß Art. 87 Abs. 1 **mit dem Gemeinsamen Markt unvereinbar** ist[3]; ferner muß es sich um eine Beihilfeform handeln, auf die die **Art. 87 ff.** anwendbar und **nicht** durch **Art. 76** verdrängt sind. Somit gilt Art. 73 nicht für Unterstützungstarife zugunsten bestimmter Unternehmen oder Industrien.[4]

II. Zulässige Koordinierungs- und Abgeltungsbeihilfen

3 Art. 73 erklärt – **kumulativ neben Art. 87 Abs. 2**[5] – staatliche Beihilfen an Verkehrsunternehmen für zulässig, wenn diese entweder der Koordinierung des Verkehrs dienen oder Verpflichtungen eines Verkehrsträgers aufgrund der Leistung eines »öffentlichen Dienstes« kompensiert werden sollen. Man bezeichnet diese als **Koordinierungs- und**

---

1 Art. 76, Rn. 2.
2 EuGH, Rs. 156/77, Slg. 1978, 1881, Rn. 9/13 (Kommission/Belgien); Entscheidung der Kommission vom 1.7.1998 bezüglich der von Spanien beim Erwerb von Nutzfahrzeugen gewährten Beihilfen »Plan Renove Industrial«, ABl.EG 1998 Nr. L 329/23, Ziff. V; Entscheidung der Kommission vom 22.10.1996 über die von Italien eingeführte Steueranrechnung im gewerblichen Güterverkehr, ABl.EG 1997 Nr. L 106/22, Ziff. V; Entscheidung der Kommission vom 4.5.1999 über Maßnahmen zur Förderung der Umstrukturierung des Straßengüterverkehrs und der Weiterentwicklung der Intermodalität (Gesetz Nr. 454 vom 23.12.1997), die Italien durchführen will, ABl.EG 1999 Nr. L 227/12, Rn. 55; *A. Frohnmeyer*, in: Grabitz/Hilf, EU, Art. 77, Rn. 1; *J. Basedow/M. Dolfen*, in: Hb.EGWirtR, Abschnitt L, Rn. 70.
3 EuGH, Rs. 156/77, Slg. 1978, 1881, Rn. 9/13 (Kommission/Belgien); Entscheidung der Kommission vom 1.7.1998 (Fn. 2), Ziff. V; Entscheidung der Kommission vom 30.7.1997 über von der Region Friaul-Julisch Venetien gewährte Beihilfen an Güterkraftverkehrsunternehmen der Region, ABl.EG 1998 Nr. L 66/18, Ziff. VIII; *A. Frohnmeyer*, in: Grabitz/Hilf, EU, Art. 77, Rn. 1.
4 Vgl. Art. 76, Rn. 1 u. 4.
5 *J. Erdmenger*, in: GTE, EU-/EGV, Art. 77, Rn. 1, 2; EuGH, Rs. 156/77, Slg. 1978, 1881, Rn. 9/13 (Kommission/Belgien).

Abgeltungsbeihilfen. Beide Begriffe – »**Koordinierung des Verkehrs**« und »**öffentlicher Dienst**« – stammen aus der französischen Doktrin[6] und haben in Art. 3 der RatsVO Nr. 1107/70 vom 4. Juni 1970[7] eine inhaltliche Umschreibung erfahren. Unter »Koordinierung« i.S.v. Art. 73 versteht die Kommission staatliche Eingriffe in den Beförderungssektor zwecks hoheitlicher Gestaltung der dortigen Wirtschaftsaktivitäten.[8] Der Unterschied zu klassischen Unterstützungsbeihilfen liegt hier in der planenden Dimension der staatlichen Lenkungsmaßnahme. In einem funktionierenden Markt kann diese Koordinierung durch den Markt selbst erfolgen.[9] Koordinierungsbeihilfen sind daher **um so weniger zulässig, je mehr ein Wirtschaftssektor bereits liberalisiert ist**.[10] Der Begriff »**öffentlicher Dienst**« wurde mittlerweile für alle Verkehrsarten gleichlautend definiert als »Verpflichtungen, die das Verkehrsunternehmen im eigenen wirtschaftlichen Interesse nicht oder ... nicht unter den gleichen Bedingungen übernehmen würde«.[11] Darunter fallen im einzelnen die »Betriebspflicht«, »Beförderungspflicht« und »Tarifpflicht«.[12] Insgesamt erlaubt Art. 73 somit einen finanziellen Ausgleich für besondere Mehrbelastungen, welche bestimmte Verkehrsträger – insbesondere die Eisenbahnen und Unternehmen des öffentlichen Personenverkehrs – **aufgrund gemeinwirtschaftlicher Verpflichtungen** stärker treffen als andere.[13] So mußten etwa Eisenbahnunternehmen bis vor kurzem ihre Verkehrswege selbst finanzieren[14] oder aus politischen Grün-

---

6 S. dazu bereits Art. 16, Rn. 1a u. 2.
7 VO (EWG) Nr. 1107/70 des Rates vom 4.6.1970 über Beihilfen im Eisenbahn-, Straßen- und Binnenschiffsverkehr, ABl.EG 1970 Nr. L 130/1; zu den bisher inkraftgetretenen Änderungen dieser VO s. u., Fn. 24. In der geplanten VO, welche künftig die VO (EWG) Nr. 1107/70 ersetzen soll, werden die dargestellten inhaltlichen Umschreibungen entfallen; vgl. Vorschlag für eine Verordnung des Europäischen Parlaments und des Rates über die Gewährung von Beihilfen für die Koordinierung des Eisenbahnverkehrs, des Straßenverkehrs und der Binnenschiffahrt, 26.7.2000, KOM(2000) 5 endg.
8 Entscheidung der Kommission vom 1.7.1998 (Fn. 2), Ziff. V.
9 Vorschlag für eine Verordnung des Europäischen Parlaments und des Rates über die Gewährung von Beihilfen für die Koordinierung des Eisenbahnverkehrs, des Straßenverkehrs und der Binnenschiffahrt (Fn. 7), Begründung Rn. 24.
10 Entscheidung der Kommission vom 4.5.1999 (Fn. 2), Rn. 58–60.
11 Art. 2 VO (EWG) Nr. 1191/69 des Rates vom 26.6.1969 über das Vorgehen der Mitgliedstaaten bei dem Begriff des öffentlichen Dienstes verbundenen Verpflichtungen auf dem Gebiete des Eisenbahn-, Straßen- und Binnenschiffsverkehrs, ABl.EG 1969 Nr. L 156/1, geändert durch VO (EWG) Nr. 1893/91 vom 20.6.1991, ABl.EG 1991 Nr. L 169/1; Art. 2 Nr. 4 VO (EWG) Nr. 3577/92 des Rates vom 7.12.1992 zur Anwendung des Grundsatzes des freien Dienstleistungsverkehrs auf den Seeverkehr in den Mitgliedstaaten (Seekabotage), ABl.EG 1992 Nr. L 364/7; Art. 2 lit. o) VO (EWG) Nr. 2408/92 des Rates vom 23.7.1992 über den Zugang von Luftfahrtunternehmen der Gemeinschaft zu Strecken des innergemeinschaftlichen Flugverkehrs, ABl.EG 1992 Nr. L 240/8; Europäisches Parlament, Entschließung zum öffentlichen Verkehr und zur staatlichen Förderung, 17.1.1997, ABl.EG 1997 Nr. C 33/127. Allgemein: Mitteilung der Kommission, Leistungen der Daseinsvorsorge in Europa, 20.9.2000, KOM(2000) 580 endg., Anhang II; s. auch Art. 16, Rn. 1a.
12 Die geplante VO, welche künftig die VO (EWG) Nr. 1191/69 ablösen soll, verzichtet auf eine ökonomisch begründete Definition des Begriffs »öffentlicher Dienst« und eine abschließende Konkretisierung als »Betriebspflicht«, »Beförderungspflicht« und »Tarifpflicht«; vgl. Geänderter Vorschlag für eine Verordnung des Europäischen Parlaments und des Rates über Maßnahmen der Mitgliedstaaten im Zusammenhang mit Anforderungen der öffentlichen Dienste und der Vergabe öffentlicher Dienstleistungsaufträge für den Personenverkehr auf der Schiene, der Straße und auf Binnenschiffahrtswegen, 21.2.2002, KOM(2002) 107 endg., dort insbes. Art. 3, 10 u. 20. Zu den Grundzügen dieses Verordnungsentwurfs in seiner Erstfassung *F. Roth*, Von der Direktvergabe zur Ausschreibung öffentlicher Verkehrsleistungen, NVwZ 2001, S. 616 (619 f.).
13 *A. Frohnmeyer*, in: Grabitz/Hilf, EU, Art. 77, Rn. 4, 9; *J. Erdmenger*, in: GTE, Eu-/EGV, Art. 77, Rn. 10.
14 Vgl. Art. 3 Nr. 1 lit. b) VO (EWG) Nr. 1107/70 (Fn. 7).

den auch unrentable Strecken flächendeckend bedienen.[15]; letzteres gilt in noch stärkerem Maße für die Betreiber des öffentlichen Personenverkehrs. Eine Verpflichtung der Mitgliedstaaten und der Gemeinschaft, »**angemessene öffentliche Personenverkehrsdienste**« ohne Rücksicht auf Rentabilitätserwägungen zu gewährleisten, wird seit dem Vertrag von Amsterdam auch aus **Art. 16** abgeleitet.[16]

4 Problematisch ist der **unbestimmte Wortlaut** von Art. 73. Es läßt sich nämlich dem Vertrag nicht entnehmen, wann eine Beihilfe den dort genannten Zielen »entspricht« und wo die **Grenzen** zulässiger Beihilfen liegen. Auch das dazu ergangene Sekundärrecht (s. u., Rn. 5) konkretisiert diese Fragen allenfalls für Teilbereiche. In der Literatur wird vorgeschlagen, insoweit auf die **Grundsätze** zurückzugreifen, die der **EuGH** zu **Art. 86 Abs. 2** entwickelt hat.[17] Ausschlaggebend wären danach **Eignung, Erforderlichkeit und Verhältnismäßigkeit** zur Erreichung des Koordinierungsziels oder zur Abgeltung der erwähnten Belastungen.[18] Vor allem aus dem Grundsatz der Erforderlichkeit folgt, daß Art. 73 dann **nur streng kongruente Beihilfen** zuließe, also solche, die präzise den errechneten Mehraufwand aus gemeinwirtschaftlichen Verpflichtungen ausgleichen sollen.[19] Pauschale Zuwendungen wären vor dem Hintergrund dieser Kriterien nicht über Art. 73, sondern nur nach Art. 87–89 zu rechtfertigen. Davon geht auch die Kommission bei ihren Verordnungsvorschlägen im Rahmen der Verkehrsbeihilfenreform aus.[20]

III. Sekundärrechtliche Ausführungsvorschriften

5 Zur **Konkretisierung von Art. 73** auf die Binnenverkehrsträger (Straße, Schiene, Binnenschiffahrt) sind eine Reihe von **EG-Verordnungen** ergangen.[21] Sie betreffen insbesondere **gemeinwirtschaftliche Verpflichtungen von Verkehrsunternehmen**[22], den **Ausgleich historischer Lasten der Eisenbahnunternehmen**[23] und eine allgemeine **Auflistung zulässiger Beihilfen im Landverkehr**[24]. Eine bedeutsame Ausdehnung erfuhr der Be-

---

15 Vgl. *J. Erdmenger*, in: GTE, EU-/EGV, Art. 77, Rn. 12.
16 Vgl. Vorschlag für eine Verordnung über Maßnahmen der Mitgliedstaaten im Zusammenhang mit Anforderungen des öffentlichen Dienstes und der Vergabe öffentlicher Dienstleistungsaufträge für den Personenverkehr auf der Schiene, der Straße und auf Binnenschiffahrtswegen, 26.7.2000, KOM (2000) 7 endg., Begründung Ziff. 3.1. u. 9. Erwägungsgrund.
17 *J. Basedow/M. Dolfen*, in: Hb.EGWirtR, Abschnitt L, Rn. 70.
18 EuGH, Rs. 66/86, Slg. 1989, 803, Rn. 55–57 (Ahmed Saeed); *M. Dolfen,* Der Verkehr im europäischen Wettbewerbsrecht, 1991, S. 40, 157–160.
19 *J. Basedow/M. Dolfen*, in: Hb.EGWirtR, Abschnitt L, Rn. 70; gleicher Gedanke im Rahmen einer nach Art. 86 Abs. 2 zu beurteilenden Ausgleichszahlung zwischen Postunternehmen GA *S. Alber*, Schlußantr. zu EuGH, Rs. C-340/99, Slg. 2001, I-4109, Rn. 101, 102 (TNT Traco/ Poste Italiane).
20 Vorschlag für eine Verordnung des Europäischen Parlaments und der Rates über die Gewährung von Beihilfen für die Koordinierung des Eisenbahnverkehrs, des Straßenverkehrs und der Binnenschiffahrt (Fn. 7), Begründung Rn. 63, Art. 4 Abs. 1 u. Art. 5; Vorschlag für eine Verordnung über Maßnahmen der Mitgliedstaaten im Zusammenhang mit Anforderungen des öffentlichen Dienstes und der Vergabe öffentlicher Dienstleistungsaufträge für den Personenverkehr ... (Fn. 16), Begründung Ziff. 3.2, 26. Erwägungsgrund, Art. 16 i.V.m. Anhang I; ebenso – beiläufig – Europäische Kommission, 30. Wettbewerbsbericht (2000), 7.5.2001, SEK(2001) 694 endg., Rn. 199 – »Kasten 3«.
21 Überblick bei *A. Frohnmeyer*, in: Grabitz/Hilf, EU, Art. 77, Rn. 5–10.
22 VO (EWG) Nr. 1191/69 (Fn. 11); dazu zuletzt EuGH, Rs. C-412/96, Slg. 1998, I-5141 (Kainuun Liikenne Oy).
23 VO (EWG) Nr. 1192/69 des Rates vom 26.6.1969 über gemeinsame Regeln für die Normalisierung der Konten der Eisenbahnunternehmen, ABl.EG 1969 Nr. L 156/8; geändert durch VO (EWG) Nr. 3572/90, ABl.EG 1990 Nr. L 353/12.
24 VO (EWG) Nr. 1107/70 (Fn. 7); geändert durch: VO (EWG) Nr. 1473/75, ABl.EG 1975

reich zulässiger Beihilfen für Binnenverkehrsträger durch die Einbeziehung von **Infrastrukturinvestitionen zur Förderung des kombinierten Verkehrs**.[25] Für den Straßen-, Eisenbahn- und Binnenschiffsverkehr wurde Art. 73 damit sekundärrechtlich so umfassend ausdifferenziert, daß die Vorschrift für sich genommen kaum mehr eigenständige Bedeutung zu haben scheint. Insbesondere in **Art. 3 der VO Nr. 1107/70** stellte der Rat – aus seiner Sicht – einen Katalog sämtlicher Anwendungsfälle zulässiger Koordinierungs- und Abgeltungsbeihilfen nach Art. 73 zusammen und bezeichnete diesen sogar als abschließend. Implizit werden den Mitgliedstaaten damit sonstige Beihilfen auf der Grundlage von Art. 73 verboten.[26] Letzteres dürfte indes **ohne rechtliche Bindungswirkung** sein, da sekundäres Gemeinschaftsrecht den Anwendungsbereich des EG-Vertrages weder beschränken noch verändern kann.[27] Der Anspruch der Ausführungsverordnungen auf abschließende Ausgestaltung **wird mit der geplanten Verkehrsbeihilfenreform entfallen**, so daß Art. 73 selbst in Zukunft wieder stärkere Bedeutung zukommen wird. Der Schwerpunkt wird sich dabei auf Beihilfen für Infrastrukturbetreiber und Betreiber öffentlicher Personenverkehrsdienste verschieben, zumal künftig nicht nur gemeinwirtschaftliche, sondern auch eigenwirtschaftlich operierende Verkehrsdienstleister öffentliche Ausgleichszahlungen beanspruchen können.[28]

Beihilfen für den See- und Luftverkehr unterliegen gem. Art. 80 **nicht** der besonderen Ausnahmevorschrift des **Art. 73**. Die Zulässigkeit von Beihilfen beurteilt sich dort **ausschließlich nach den Art. 87 ff**. Rat und Kommission haben für diese Verkehrsträger ihre Beihilfenpraxis auch nicht durch Sekundärrecht geregelt. Gleichwohl spielen Beihilfen im See- und Luftverkehr eine bedeutende Rolle. Die Kommission griff hier zum Instrument der **Leitlinien**[29], um ihre Kontroll- und -genehmigungspraxis den Unternehmen transparenter zu machen.

6

Fortsetzung von Fußnote 24
  Nr. L 152/1, VO (EWG) Nr. 1658/82, ABl.EG 1982 Nr. L 184/1, VO (EWG) Nr. 1100/89, ABl.EG 1989 Nr. L 116/4, VO (EWG) Nr. 3578/92, ABl.EG 1992 Nr. L 364/11, VO (EG) Nr. 2255/96, ABl.EG 1996 Nr. L 304/3 und VO (EG) Nr. 543/97, ABl.EG 1997 Nr. L 84/6; dazu EuG, Rs. T-298 u.a./97, Slg. 2000, II-2319, Rn. 2-6 (Alzetta Mauro/Kommission).
25 VO (EWG) Nr. 1658/82 des Rates vom 10.6.1982 zur Ergänzung durch Bestimmungen über den kombinierten Verkehr der VO (EWG) Nr. 1107/70 über Beihilfen im Eisenbahn-, Straßen- und Binnenschiffsverkehr, ABl.EG 1982 Nr. L 184/1.
26 *J. Erdmenger*, in: GTE, EU-/EGV, Art. 77, Rn. 14.
27 Genauer dazu *A. Frohnmeyer*, in: Grabitz/Hilf, EU, Art. 77, Rn. 7, 8; A. A. *J. Erdmenger*, in: GTE, EU-/EGV, Art. 77, Rn. 14; s. zu dieser Problematik – im Verhältnis zur VO (EWG) Nr. 1191/69 – jetzt den Vorlagebeschluß des BVerwG, 3 C 77/99, 6.4.2000, NVwZ 2001, 320; *G. Spuller*, Wettbewerb des Öffentlichen Personennahverkehrs im Rahmen der EG-Beihilfenkontrolle, LKV 2001, S. 252.
28 Vorschlag für eine Verordnung des Europäischen Parlaments und der Rates über die Gewährung von Beihilfen für die Koordinierung des Eisenbahnverkehrs, des Straßenverkehrs und der Binnenschiffahrt (Fn. 7), Begründung Rn. 3, 22 ff., 39 ff.; Vorschlag für eine Verordnung über Maßnahmen der Mitgliedstaaten im Zusammenhang mit Anforderungen der öffentlichen Dienste und der Vergabe öffentlicher Dienstleistungsaufträge für den Personenverkehr ... (Fn. 16), Begründung Ziff. 3.2, Art. 1 u. Art. 4; insoweit unverändert durch Geänderter Vorschlag für eine Verordnung über Maßnahmen der Mitgliedstaaten im Zusammenhang mit Anforderungen des öffentlichen Dienstes und der Vergabe öffentlicher Dienstleistungsaufträge für den Personenverkehr ... (Fn. 12); *Roth* (Fn. 12), S. 619 f.
29 Europäische Kommission, Anwendung der Artikel 92 und 93 des EG-Vertrags sowie des Artikels 61 des EWR-Vertrages auf staatliche Beihilfen im Luftverkehr, ABl.EG 1994 Nr. C 350/5; Europäische Kommission, Leitlinien der Gemeinschaft für staatliche Beihilfen im Seeverkehr, ABl.EG 1997 Nr. C 205/5; zu den Beihilfeleitlinien Luftverkehr *R. Schmid*, in: Giemulla/Schmid/Mölls, Europäisches Luftverkehrsrecht, Loseblatt, Einführung EuLuftVR Rn. 218; zu den Beihilfeleitlinien Seeverkehr *P. Nemitz*, in: Frohnmeyer/Mückenhausen, EG-Verkehrsrecht, Loseblatt, Nr. 46.

Art. 74 (ex-Art. 78)

Jede Maßnahme auf dem Gebiet der Beförderungsentgelte und -bedingungen[1], die im Rahmen dieses Vertrags getroffen wird[3], hat der wirtschaftlichen Lage der Verkehrsunternehmer Rechnung zu tragen.[2]

1 Art. 74 enthält eine **allgemeine Leitlinie** für Maßnahmen der Europäischen Gemeinschaft auf dem Gebiet der **Beförderungspreise und -bedingungen**[1], und zwar für den Güter- und Personenverkehr gleichermaßen[2]. Sie gilt **nur für Gemeinschaftsorgane**, nicht für die Verkehrspolitik der Mitgliedstaaten. Auch die einzelnen Verkehrsunternehmen können wegen des unbestimmten Wortlauts von Art. 74 keine individuellen Ansprüche daraus herleiten.[3]

2 Die Vorschrift verpflichtet Rat und Kommission, bei jeder verkehrspolitischen Einflußnahme auf Beförderungspreise oder -bedingungen die wirtschaftliche Lage der betroffenen Unternehmen zu berücksichtigen. Derartige Maßnahmen dürfen also **nicht nur im Interesse der Europäischen Gemeinschaft oder der Benutzer von Verkehrsmitteln** getroffen werden.[4] Allerdings gibt Art. 74 keinen Bestandsschutz für eine bestimmte Gewinnspanne[5] und schützt auch nicht vor Maßnahmen der Europäischen Gemeinschaft, die nicht **unmittelbar** Bedingungen und Preise der **Beförderungsleistung** betreffen, gleichwohl aber kostensteigernd wirken. Kosten für die Nutzung der Verkehrswege, Mindestsätze für verkehrsbezogene Steuern oder den betrieblichen Aufwand erhöhende Sozialvorschriften kann die Europäische Gemeinschaft deshalb einführen, ohne die wirtschaftliche Lage der Unternehmen gemäß Art. 74 berücksichtigen zu müssen.[6]

3 Art. 74 hatte bis Ende der 80er Jahre vor allem Bedeutung für die europarechtliche Vorgabe und Überwachung der Rahmenbedingungen für Referenztarife.[7] **Für einige Verkehrsarten** ist inzwischen durch Gemeinschaftsrecht eine **freie Preisbildung** qua Verhandlung zwischen den Vertragsparteien **zwingend vorgeschrieben**.[8] So ist **im grenzüberschreitenden Güterkraftverkehr** zwischen den EG-Mitgliedstaaten seit 1.1.1990 je-

---

1   *J. Basedow/M. Dolfen*, in: Hb.EGWirtR, Abschnitt L, Rn. 71; *A. Epiney/R. Gruber*, Verkehrsrecht in der EU – Zu den Gestaltungsspielräumen der EU-Mitgliedstaaten im Bereich des Landverkehrs, 2001, S. 58 f., entnehmen aus Art. 74 eine inhaltliche Konkretisierung der gemeinsamen Verkehrspolitik.
2   H. M.: *A. Frohnmeyer*, in: Grabitz/Hilf, EU, Art. 78, Rn. 1; *J. Basedow/M. Dolfen*, in: Hb.EGWirtR, Abschnitt L, Rn. 71. A. A. *W. Stabenow*, in: von der Groeben/Boeckh/Thiesing/Ehlermann, Kommentar zum EWG-Vertrag, 3. Aufl. 1983, Art. 78, Anm. II.
3   *A. Frohnmeyer*, in: Grabitz/Hilf, EU, Art. 78, Rn. 3.
4   *A. Frohnmeyer*, in: Grabitz/Hilf, EU, Art. 78, Rn. 1.
5   *J. Basedow/M. Dolfen*, in: Hb.EGWirtR, Abschnitt L, Rn. 71.
6   *A. Frohnmeyer*, in: Grabitz/Hilf, EU, Art. 78, Rn. 4; a. A. wohl *J. Basedow/M. Dolfen*, in: Hb.EGWirtR, Abschnitt L, Rn. 71.
7   Vgl. Art. 5 VO (EWG) Nr. 2831/77 des Rates vom 12.12.1977 über die Bildung der Beförderungsentgelte im Güterkraftverkehr zwischen den Mitgliedstaaten, ABl.EG 1977 Nr. L 334/22; Art. 3 Abs. 4 Vorschlag einer VO (EWG) des Rates über ein Referenztarifsystem für die Beförderung von Gütern in der Binnenschiffahrt zwischen den Mitgliedstaaten, ABl.EG 1976 Nr. C 54/30; Entscheidung der Kommission vom 7.12.1979 zur Schlichtung des Streitfalls zwischen dem Königreich Dänemark und den übrigen Mitgliedstaaten betreffend die Veröffentlichung der Referenztarife im grenzüberschreitenden Güterkraftverkehr, ABl.EG 1980 Nr. L 4/14, Ziff. II.
8   S. o., Art. 71, Rn. 6, 9, 10.

de staatliche Preisbindung aufgehoben.⁹ **Bei Flügen innerhalb der EG** sind europäische Luftfahrtunternehmen seit 1.1.1993 zu freier, marktangepaßter Preisbildung verpflichtet¹⁰, und für den **grenzüberschreitenden wie nationalen Binnenschiffsgüterverkehr** in der EG gilt das Gebot freier Preisvereinbarung umfassend seit dem 1.1.2000.¹¹ Im grenzüberschreitenden Eisenbahngüterverkehr hatte der Rat bereits mit Wirkung ab 1.1.1983 eine vorsichtige Liberalisierung in die Wege geleitet.¹² Mit Inkrafttreten der RL 2001/14/EG zum 15.3.2001 ist davon auszugehen, daß auch für sämtliche Eisenbahnverkehrsdienste eine kommerzielle und staatsfreie Gestaltung der Preise vorgeschrieben ist.¹³ Da in den **genannten Verkehrsbereichen** die Preisbildung zwingenden rechtlichen Vorgaben unterliegt, bleibt für unmittelbare Tarifbeeinflussung seitens der Gemeinschaftsorgane und damit für **Art. 74 kein Anwendungsbereich** mehr. Außerhalb dieser Verkehre ist Art. 74 allerdings in vollem Umfang zu beachten, falls die EG Beförderungsbedingungen oder -preise durch direkte Vorgaben gestalten wollte; das betrifft – potentiell – **bestimmte Formen der Personenbeförderung, der Kabotage und den Verkehr mit Drittstaaten**¹⁴.

---

9 S. Art. 71, Rn. 6; VO (EWG) Nr. 4058/89 des Rates vom 21.12.1989 über die Preisbildung im Güterkraftverkehr zwischen den Mitgliedstaaten, ABl.EG 1989 Nr. L 390/1. Für den grenzüberschreitenden Personentransport auf der Straße gibt keine spezifischen europarechtlichen Preisbestimmungen; vgl. *J. Basedow/M. Dolfen*, in: Hb.EGWirtR, Abschnitt L, Rn. 214.
10 S. Art. 80, Rn. 21; VO (EWG) Nr. 2409/92 des Rates vom 23.7.1992 über Flugpreise und Luftfrachtraten, ABl.EG 1992 Nr. L 240/15.
11 S. Art. 71, Rn. 10; RL 96/75/EG des Rates vom 19.11.1996 über die Einzelheiten der Befrachtung und der Frachtratenbildung im innerstaatlichen und grenzüberschreitenden Binnenschiffsgüterverkehr in der Gemeinschaft, ABl.EG 1996 Nr. L 304/12.
12 S. Art. 71, Rn. 9; Entscheidung des Rates vom 19.7.1982 über die Preisbildung im grenzüberschreitenden Eisenbahngüterverkehr (82/529/EWG), ABl.EG 1992 Nr. L 234/5; weniger weitgehend für den Personenverkehr: Entscheidung des Rates vom 25.7.1983 über die kommerzielle Selbständigkeit der Eisenbahnunternehmen bei der Verwaltung ihres grenzüberschreitenden Personen- und Gepäckverkehrs (83/418/EWG), ABl.EG 1983 Nr. L 237/32.
13 Genauer dazu Art. 71, Rn. 9.
14 S. o., Art. 71, Rn. 13, 15, 16, 18.

Art. 75 (ex-Art. 79)

(1) Im Verkehr innerhalb der Gemeinschaft werden die Diskriminierungen beseitigt[2], die darin bestehen, daß ein Verkehrsunternehmer in denselben Verkehrsverbindungen[3] für die gleichen Güter je nach ihrem Herkunfts- oder Bestimmungsland[2] unterschiedliche Frachten und Beförderungsbedingungen[2] anwendet.

(2) Absatz 1 schließt sonstige Maßnahmen nicht aus, die der Rat gemäß Artikel 71 Absatz 1 treffen kann.[5]

(3) Der Rat trifft mit qualifizierter Mehrheit auf Vorschlag der Kommission und nach Anhörung des Wirtschafts- und Sozialausschusses eine Regelung zur Durchführung des Absatzes 1.[4]

Er kann insbesondere die erforderlichen Vorschriften erlassen, um es den Organen der Gemeinschaft zu ermöglichen, für die Beachtung des Absatzes 1 Sorge zu tragen, und um den Verkehrsnutzern die Vorteile dieser Bestimmung voll zukommen zu lassen.

(4) Die Kommission prüft von sich aus oder auf Antrag eines Mitgliedstaats die Diskriminierungsfälle des Absatzes 1 und erläßt nach Beratung mit jedem in Betracht kommenden Mitgliedstaat die erforderlichen Entscheidungen im Rahmen der gemäß Absatz 3 getroffenen Regelung.

Inhaltsübersicht:

I. Systematischer Standort der Norm	1
II. Regelungsgehalt	2
III. Anwendungsbereich und Anwendbarkeit	3
IV. Ergänzende Maßnahmen zur Beseitigung diskriminierender Bedingungen	5

I. Systematischer Standort der Norm

1 Art. 75 stellt ebenso wie Art. 72 einen **Sondertatbestand des allgemeinen Diskriminierungsverbots** dar.[1] Diese Norm steht daher in enger systematischer Beziehung zu Art. 72 einerseits und zu Art. 76 andererseits.

II. Regelungsgehalt

2 Regelungsgehalt von Art. 75 Abs. 1 ist die **Beseitigung aller Diskriminierungen bei Preisen und Beförderungsbedingungen zum Nachteil bestimmter Herkunfts- oder Bestimmungsländer**. Im Gegensatz zu Art. 72[2] ist hier nicht die Niederlassung des Verkehrsunternehmers **Anknüpfungspunkt** einer verbotenen Diskriminierung, sondern **Provenienz und Destination des Transportguts**. Bei **identischen Transporten** müssen für alle wirtschaftlich gleichartigen Güter[3], gleich aus welchem Land sie stammen und in welches Land sie befördert werden sollen, dieselben Bedingungen gelten.[4] Ziel der Vorschrift ist die Schaffung von Mindestbedingungen für den freien Warenverkehr durch

---

1 GA F. *Jacobs*, Schlußantr. zu EuGH, Rs. C-195/90, Slg. 1992, I-3141, Ziff. 16 (Kommission/Deutschland); *J. Erdmenger*, in: GTE, EU-/EGV, Art. 79, Rn. 2; s. o., Art. 72, Rn. 2.
2 S. Art. 72, Rn. 2, 3.
3 Zum Begriff der »gleichen Güter« *J. Erdmenger*, in: GTE, EU-/EGV, Art. 79, Rn. 13 m.w.N.
4 *J. Basedow/M. Dolfen*, in: Hb.EGWirtR, Abschnitt L, Rn. 72.

Abbau protektionistischer Verkehrstarife, die andernfalls wie Zölle oder mengenmäßige Beschränkungen den zwischenstaatlichen Handel behindern würden[5].

III. Anwendungsbereich und Anwendbarkeit

Für das Verständnis von Art. 75 ist es wichtig, sich den **engen Anwendungsbereich** der Vorschrift vor Augen zu halten: Dieses spezielle Diskriminierungsverbot gilt **nur innerhalb derselben Verkehrsverbindung**; die Literatur spricht insoweit vom Erfordernis identischer Transporte. Wann dieselbe Verkehrsverbindung vorliegt, bestimmt sich nach **wirtschaftlichen Gesichtspunkten**. Im wesentlichen kommt es auf Identität des Versand- und Bestimmungsorts sowie des Verkehrsmittels an.[6] 3

Art. 75 Abs. 1 ist **nicht unmittelbar anwendbar**[7], sondern verlangt in Abs. 3 nach dem Erlaß eigener **Durchführungsvorschriften**. Dieser Verpflichtung ist der Rat schon sehr früh mit der **VO über die Beseitigung von Diskriminierungen auf dem Gebiet der Frachten und Beförderungsbedingungen vom 27.6.1960**[8] nachgekommen.[9] In der RL über gemeinsame Regeln für bestimmte Güterbeförderungen im kombinierten Verkehr zwischen Mitgliedstaaten wird auf diese VO Bezug genommen.[10] 4

IV. Ergänzende Maßnahmen zur Beseitigung diskriminierender Bedingungen

Abs. 2 von Art. 75 läßt schließlich erkennen, daß **Abs. 1 nicht alle denkbaren Formen von Diskriminierungen** bei Verkehrstarifen und Beförderungsbedingungen erfaßt. Möglich sind auch diskriminierende Preisgestaltungen auf verschiedenen Verkehrsverbindungen, etwa wenn Auslandsverbindungen generell erheblich teurer angeboten werden als Inlandsverbindungen.[11] Gegen solche sachwidrigen Differenzierungen können die Europäische **Kommission** mit den Mitteln des **Kartellrechts** (Art. 81–86)[12] sowie der **Rat** mit ergänzenden Maßnahmen nach Art. 71 Abs. 1 vorgehen[13]. 5

---

5 A. *Frohnmeyer*, in: Grabitz/Hilf, EU, Art. 79, Rn. 1.
6 J. *Erdmenger*, in: GTE, EU-/EGV, Art. 79, Rn. 10, 11.
7 J. *Basedow*/M. *Dolfen*, in: Hb.EGWirtR, Abschnitt L, Rn. 73.
8 VO (EWG) Nr. 11 des Rates vom 27.6.1960 über die Beseitigung von Diskriminierungen auf dem Gebiet der Frachten und Beförderungsbedingungen gemäß Artikel 79 Absatz 3, ABl.EG 1960, S. 1121; geändert durch VO (EWG) Nr. 3626/84, ABl.EG 1984 Nr. L 335/4.
9 A. *Frohnmeyer*, in: Grabitz/Hilf, EU, Art. 79, Rn. 2; J. *Basedow*/M. *Dolfen*, in Hb.EGWirtR, Abschnitt L, Rn. 72 m.w.N.
10 RL 92/106/EWG des Rates vom 7.12.1992 über die Festlegung gemeinsamer Regeln für bestimmte Beförderungen im kombinierten Güterverkehr zwischen Mitgliedstaaten, ABl.EG 1992 Nr. L 368/38.
11 J. *Erdmenger*, in: GTE, EU-/EGV, Art. 79, Rn. 10.
12 Entscheidung der Kommission vom 29.3.1994 in einem Verfahren zur Anwendung von Artikel 85 und 86 des EG-Vertrages (IV/33.941 HOV-SVZ/MCN), ABl.EG 1994 Nr. L 104/34; J. *Erdmenger*, in: GTE, EU-/EGV, Art. 79, Rn. 12.
13 A. *Frohnmeyer*, in: Grabitz/Hilf, EU, Art. 79, Rn. 3; EuGH, Rs. 97/78, Slg. 1978, 2311, Rn. 4 (Schumalla).

Art. 76 (ex-Art. 80)

(1) Im Verkehr innerhalb der Gemeinschaft sind die von einem Mitgliedstaat auferlegten[3] Frachten und Beförderungsbedingungen verboten[1,2], die in irgendeiner Weise der Unterstützung oder dem Schutz eines oder mehrerer bestimmter Unternehmen oder Industrien dienen[2,4], es sei denn, daß die Kommission die Genehmigung hierzu erteilt[5,7].

(2) Die Kommission prüft von sich aus oder auf Antrag eines Mitgliedstaats die in Absatz 1 bezeichneten Frachten und Beförderungsbedingungen; hierbei berücksichtigt sie insbesondere sowohl die Erfordernisse einer angemessenen Standortpolitik, die Bedürfnisse der unterentwickelten Gebiete und die Probleme der durch politische Umstände schwer betroffenen Gebiete als auch die Auswirkungen dieser Frachten und Beförderungsbedingungen auf den Wettbewerb zwischen den Verkehrsarten.[5,6]

Die Kommission erläßt die erforderlichen Entscheidungen[5] nach Beratung mit jedem in Betracht kommenden Mitgliedstaat.

(3) Das in Absatz 1 genannte Verbot trifft nicht die Wettbewerbstarife.[8]

Inhaltsübersicht:

I. Systematische Einordnung	1
II. Normzweck und Tatbestandsmerkmale in Abs. 1	3
III. Genehmigung von Unterstützungstarifen – Abs. 2	5
IV. Kein Verbot von Wettbewerbstarifen – Abs. 3	8

I. Systematische Einordnung

1 Art. 76 steht sachlich und systematisch in engem **Zusammenhang mit Art. 73**.[1] Das in Art. 76 niedergelegte Verbot von Unterstützungstarifen konkretisiert die **beihilferechtliche Grundentscheidung** des EG-Vertrages für den Bereich »Verkehrspolitik«, allerdings für den Spezialfall einer Unterstützung verkehrsfremder Industrien über künstlich niedrig gehaltene Transporttarife. Mit der Differenzierung zwischen genehmigungsbedürftigen Unterstützungstarifen und grundsätzlich zulässigen Wettbewerbstarifen wurde Art. 76 den analogen Bestimmungen in **Art. 70 Abs. 4 und 5 EGKSV** nachgebildet.

2 Art. 76 Abs. 1 **verbietet** den Mitgliedstaaten, durch hoheitlich festgesetzte Frachttarife und Beförderungsbedingungen bestimmte – meist inländische – Unternehmen finanziell zu unterstützen oder zu schützen. Übergreifend bezeichnet man solche Konditionen als **Unterstützungstarife**, welche wiederum eine **Sonderform der Ausnahmetarife im Sinne von Art. 70 Abs. 4 EGKSV** darstellen.[2] Unterstützungstarife wirken, da sie künstlich unterhalb des Marktniveaus festgesetzt werden, indirekt wie staatliche Zahlungen, stellen also eine Beihilfe dar.[3] Daher handelt es sich bei Art. 76 rechtssystematisch um ei-

---

1 S. Art. 73, Rn. 1.
2 *Ipsen*, EG-Recht, § 48 Tz. 38; *J. Erdmenger*, in: GTE, EU-/EGV, Art. 80, Rn. 3.
3 Entscheidung der Kommission vom 18.9.1991 über die Aufhebung von Subventionstarifen der italienischen Eisenbahn für die Beförderung mineralischer Rohstoffe in Form von Schüttgut sowie in Sizilien gewonnener und verarbeiteter Erzeugnisse, ABl.EG 1991 Nr. L 283/20; Entscheidung der Kommission vom 11.10.1979 über die Genehmigung des Ausnahmetarifs Nr. 201 der italienischen Staatsbahnen, ABl.EG 1979 Nr. L 269/29.

nen **Sonderfall des Beihilfeverbots**, was dazu führt, daß Art. 76, wenn solche Beihilfen über den Verkehrssektor gewährt werden, **Vorrang vor den Art.** 87 ff. zukommt.[4] **Mit Art.** 75 bestehen dagegen weitgehende **Überschneidungen**; viele Transporttarife fallen gleichzeitig unter die Beseitigungspflicht des Art. 75 und das Verbot aus Art. 76.[5] Letztere Bestimmung ist **im Gegensatz zu Art.** 75 **unmittelbar anwendbar**, weil Art. 76 zu seiner Umsetzung kein Sekundärrecht verlangt.[6]

II. Normzweck und Tatbestandsmerkmale in Abs. 1

Wie aus dem Begriff »Frachten« deutlich wird, bezieht sich **Art. 76 nur** auf den **Gütertransport**, nicht auf den Personenverkehr. Zweck von Art. 76 ist der Schutz des freien Warenverkehrs und des unverfälschten Wettbewerbs vor Behinderungen mittels staatlicher Eingriffe in die Transportpreise.[7] Das Verbot gilt daher nur für Tarife, die **maßgebend auf staatlicher Initiative beruhen**, sei es durch hoheitliche Festsetzung oder Genehmigung. Das Tatbestandsmerkmal »**auferlegt**« wird dabei weit ausgelegt.[8] Preise, die am Markt ausgehandelt werden, fallen aber in keinem Fall darunter. Da für die meisten Verkehrsarten die freie Preisbildung inzwischen europarechtlich vorgeschrieben ist (s. Art. 74 Rn. 3), wird der Anwendungsbereich von Art. 76 schon deshalb notwendigerweise immer enger.[9] 3

Voraussetzung ist ferner, daß diese Tarife der **Unterstützung bestimmter Unternehmen** – regelmäßig außerhalb des Transportsektors – dienen. Dafür genügt es, daß sie sich **kausal und objektiv auf Unternehmen oder Industrien fördernd auswirken**, die geographisch oder sektoral von der Gesamtwirtschaft **abgrenzbar** sind.[10] Für die Verkehrswirtschaft selbst wirken solche Unterstützungstarife notwendigerweise belastend.[11] Wesentliches Merkmal eines Unterstützungstarifs ist es nämlich, daß er aufgrund staatlicher Einflußnahme **niedriger** liegt als ein hypothetischer Marktpreis und **dem eigenwirtschaftlichen Interesse des jeweiligen Transportunternehmens widerspricht**. Für den Maßstab des eigenwirtschaftlichen Interesses spielt es dabei keine Rolle, ob die Verluste des Unternehmens von staatlicher Seite ausgeglichen werden[12], wie etwa im öffentlichen Personennahverkehr[13]. 4

---

4 *J. Erdmenger*, in: GTE, EU-/EGV, Art. 80, Rn. 3.
5 *A. Frohnmeyer*, in: Grabitz/Hilf, EU, Art. 80, Rn. 2.
6 *J. Basedow/M. Dolfen*, in: Hb.EGWirtR, Abschnitt L, Rn. 73.
7 *J. Basedow/M. Dolfen*, in: Hb.EGWirtR, Abschnitt L, Rn. 73; *A. Frohnmeyer*, in: Grabitz/Hilf, EU, Art. 80, Rn. 1; *J. Erdmenger*, in: GTE, EU-/EGV, Art. 80, Rn. 1.
8 *A. Frohnmeyer*, in: Grabitz/Hilf, EU, Art. 80, Rn. 4 m.w.N.; eingehend dazu *R. Wägenbaur*, Unterstützungstarife, Regionalpolitik und Wettbewerb im Gemeinsamen Markt, ZHR 127 (1964–65), S. 180, 190 ff.
9 Vgl. auch *G. Stadler*, in: J. Schwarze, EU-Kommentar, 2000, Art. 76 Rn. 5.
10 So zu Art. 70 Abs. 4 EGKSV EuGH, Rs. 3 u.a./58, Slg. 1960, 373, 412 (Barbara Erzbergbau AG); zu Art. 80 EGV *J. Basedow/M. Dolfen*, in: Hb.EGWirtR, Abschnitt L, Rn. 73; *A. Frohnmeyer*, in: Grabitz/Hilf, EU, Art. 80, Rn. 5.
11 Darauf hat *Wägenbaur* (Fn. 8) besonders hingewiesen.
12 *J. Erdmenger*, in: GTE, EU-/EGV, Art. 80, Rn. 8.
13 Vgl. Art. 1 Abs. 5, 6 Abs. 2, 9-13 VO (EWG) Nr. 1191/69 des Rates vom 26.6.1969 über das Vorgehen der Mitgliedstaaten bei mit dem Begriff des öffentlichen Dienstes verbundenen Verpflichtungen auf dem Gebiet des Eisenbahn-, Straßen- und Binnenschiffsverkehrs, ABl.EG 1969 Nr. L 156/1, geändert durch VO (EWG) Nr. 1893/91 des Rates vom 20.6.1991 zur Änderung der VO (EWG) Nr. 1191/69 über das Vorgehen der Mitgliedstaaten bei mit dem Begriff des öffentlichen Dienstes verbundenen Verpflichtungen auf dem Gebiet des Eisenbahn-, Straßen- und Binnenschiffsverkehrs, ABl.EG 1991 Nr. L 169/1. Grundsätzlich soll eine ausreichende Ver-

III. Genehmigung von Unterstützungstarifen – Abs. 2

5 Art. 76 Abs. 1 statuiert als Grundsatz ein **unmittelbares Verbot** von Unterstützungstarifen.[14] Nur in Ausnahmefällen geben Art. 76 Abs. 1 (am Ende) und Abs. 2 der Europäischen **Kommission**[15] die Möglichkeit, Unterstützungstarife zu gestatten. Abs. 2 präzisiert dabei die materiellen und verfahrensrechtlichen Voraussetzungen der in Art. 76 Abs. 1 erwähnten Genehmigung. Der EG-Vertrag erlaubt solche Genehmigungen vor allem im Interesse regionaler **Struktur- und Standortpolitik**.[16] Der Katalog zu berücksichtigender Faktoren in Art. 76 Abs. 2 ist nicht abschließend; allerdings mißt der EuGH den Erfordernissen der Standortpolitik besondere Bedeutung bei.[17]

6 Bei der Auslegung der bewußt offen gefaßten Begriffe in Art. 76 Abs. 2 hat die **Kommission sehr weiten Beurteilungsspielraum** und hinsichtlich ihrer Entscheidung ein **ebenso weites Ermessen,** das nach »Maßgabe der Gemeinschaftsziele« auszuüben ist.[18] Systematisch gesehen, wird sich die **Ermessensausübung** an den **gemeinschaftsrechtlichen Regeln über Pflichten des öffentlichen Dienstes** (vgl. Art. 73) und deren finanziellen Ausgleich durch den Staat orientieren müssen, denn die hoheitliche Auferlegung eines Unterstützungstarifs ist für das betroffene Verkehrsunternehmen gleichbedeutend mit der Verpflichtung zur Leistung eines solchen Dienstes im öffentlichen Interesse.[19] Wegen der **Wettbewerbsverzerrungen**, die mit der Entlastung bestimmter Unternehmen durch Unterstützungstarife verbunden sind, kann eine Genehmigung aber stets nur für eine begrenzte Frist gerechtfertigt sein.[20]

7 Auch wenn bestimmte Voraussetzungen i.S.v. Art. 76 Abs. 2 vorliegen, ist die Kommission weder verpflichtet, eine Genehmigung zu erteilen, noch, eine solche aufrechtzuerhalten, solange sich die Sachlage nicht ändert.[21] In der Praxis hat sich die

---

Fortsetzung von Fußnote 13
  kehrsversorgung der Allgemeinheit zwar nicht über hoheitlich festgesetzte Gemeinwohlverpflichtungen gegen Ausgleichszahlung, sondern durch vertragliche Vereinbarungen zwischen Verkehrsunternehmen und Mitgliedstaaten sichergestellt werden, aber auch die Preise aus solchen Verträgen stellen einen Ausgleich für wirtschaftliche Nachteile dar; vgl. Art. 1 Abs. 4, 14 VO (EWG) Nr. 1191/69 i.d.F. der VO (EWG) Nr. 1893/91. Zusammenfassend OVG Magdeburg, A 1/4 S 221/97, LKV 1999, 31, 33. Nach der geplanten Verkehrsbeihilfenreform sollen öffentliche Personenverkehrsdienstleistungen künftig nur noch über das vertragliche Vergabemodell mit öffentlichen Ausgleichszahlungen zur Verfügung gestellt werden; vgl. Art. 73, Fn. 12, 28 u. dort Rn. 5 m.w.N.
14 A. *Frohnmeyer,* in: Grabitz/Hilf, EU, Art. 80, Rn. 6.
15 Die Zuständigkeit liegt insoweit originär und ausschließlich bei der Europäischen Kommission; GA G. *Reischl,* Schlußantr. zu EuGH, Rs. 188 u.a./80, Slg. 1982, 2454, Ziff. 1 (Französische Republik u.a./Kommission).
16 *Ipsen,* EG-Recht, § 48 Tz. 40; *J. Erdmenger,* in: GTE, EU-/EGV, Art. 80, Rn. 15.
17 EuGH, Rs. 1/69, Slg. 1969, 277, Rn. 4/5 (Italien/Kommission).
18 EuGH, Rs. 1/69, Slg. 1969, 277, Rn. 4/5 (Italien/Kommission); *J. Basedow/M. Dolfen,* in: Hb.EGWirtR, Abschnitt L, Rn. 73; *J. Erdmenger,* in: GTE, EU-/EGV, Art. 80, Rn. 14–19. Unterstützungstarife, die eine Verzerrung des Wettbewerbs zwischen verschiedenen Verkehrsträgern bewirken, widersprechen nach Ansicht der Kommission dem Gemeinschaftsinteresse; vgl. Entscheidung der Kommission vom 18. 9. 1991 (Fn. 3).
19 *J. Erdmenger,* in: GTE, EU-/EGV, Art. 80, Rn. 4, in den Konsequenzen allerdings unentschieden.
20 So zu Art. 70 Abs. 4 EGKSV EuGH, Rs. 28/66, Slg. 1968, 1, 22 (Niederlande/Kommission); i.ü. *Ipsen,* EG-Recht, § 48 Tz. 40; *A. Frohnmeyer,* in: Grabitz/Hilf, EU, Art. 80, Rn. 7, 8; *J. Basedow/M. Dolfen,* in: Hb.EGWirtR, Abschnitt L, Rn. 73.
21 EuGH, Rs. 1/69, Slg. 1969, 277, Rn. 4/5 (Italien/Kommission).

Kommission restriktiv verhalten und von ihrer Befugnis zu Ausnahmegenehmigungen nur selten Gebrauch gemacht.[22]

IV. Kein Verbot von Wettbewerbstarifen – Abs. 3

Gemäß Art. 76 Abs. 3 gilt das **Verbot aus Abs. 1 nicht für Wettbewerbstarife**. Wettbewerbstarife sind **nicht staatlich auferlegte**, sondern von einem Verkehrsunternehmen **im eigenwirtschaftlichen Interesse** gewählten Vorzugspreise. Sie zielen darauf ab, das **Verkehrsaufkommen zwischen konkurrierenden Verkehrsträgern zu beeinflussen**, das heißt entweder bei einem bestimmten Verkehrsträger trotz wirtschaftlicher Nachteile zu halten oder auf einen anderen Verkehrsträger umzuleiten. Neben diesen **Verkehrserhaltungs-** und **Verkehrsgewinnungstarifen** hat die Kommission auch **potentielle Wettbewerbstarife**, die verhindern sollen, daß ein konkurrierendes Verkehrsmittel geschaffen wird, gebilligt.[23] Wettbewerbstarife betrachtet das europäische Gemeinschaftsrecht nicht als Beihilfen für die durch sie begünstigten Unternehmen. Für den Montanbereich waren sie bereits in der Rechtsprechung zu Art. 70 Abs. 4 EGKSV als generell genehmigungsfähig anerkannt[24], und dieser Gedanke wurde im EGV auf sämtliche Wirtschaftsbereiche ausgedehnt. Nach Art. 76 Abs. 3 sind alle Varianten von Wettbewerbstarifen **ohne weiteres zulässig**, es sei denn sie stellen in Wahrheit verschleierte Unterstützungstarife (Art. 76 Abs. 1) dar.[25] Insbesondere potentielle Wettbewerbstarife könnten als Einfallstor für die Umgehung des Verbots von Unterstützungstarifen instrumentalisiert werden.[26]

8

---

22 *J. Erdmenger*, in: GTE, EU-/EGV, Art. 80, Rn. 2.
23 Entscheidung der Kommission vom 22.7.1971 über die Genehmigung von Ausnahmetarifen der Deutschen Bundesbahn zugunsten der Unternehmen der Kohleförderung und Stahlerzeugung im Saarland, ABl.EG 1971 Nr. L 179/37; erläuternd dazu *A. Frohnmeyer*, in: Grabitz/Hilf, EU, Art. 80, Rn. 10, 12; *J. Basedow/M. Dolfen*, in: Hb.EGWirtR, Abschnitt L, Rn. 74; *Ipsen*, EG-Recht, § 48 Tz. 40.
24 *Ipsen*, EG-Recht, § 48 Tz. 40 m.w.N.
25 *A. Frohnmeyer*, in: Grabitz/Hilf, EU, Art. 80, Rn. 11.
26 *Oppermann*, Europarecht, Rn. 1104.

Art. 77 (ex-Art. 81)

Die Abgaben oder Gebühren[3], die ein Verkehrsunternehmer neben den Frachten beim Grenzübergang[1,4] in Rechnung stellt, dürfen unter Berücksichtigung der hierdurch tatsächlich verursachten Kosten eine angemessene Höhe nicht übersteigen[1,2]. Die Mitgliedstaaten werden bemüht sein, diese Kosten schrittweise zu verringern.[2,5] Die Kommission kann zur Durchführung dieses Artikels Empfehlungen an die Mitgliedstaaten richten.[5,2]

Inhaltsübersicht:

I. Normzweck	1
II. Regelungsgehalt	2
III. Praktische Bedeutung	4

I. Normzweck

1 Art. 77 nimmt sich der Handelshemmnisse an, die aus den hohen Verwaltungskosten für den Grenzübertritt resultierten. Ziel dieser Vorschrift ist es, den **Grenzübertritt von Waren im Binnenmarkt von unnötigen öffentlich-rechtlichen Gebühren zu befreien**.[1] Art. 77 bildet damit eine Schnittstelle zwischen Verkehrspolitik und Zollunion; beide Vorschriften dienen dem Abbau von Handelshindernissen an den Grenzen.

II. Regelungsgehalt

2 Art. 77 geht die öffentlich-rechtliche Seite dieses Problems mit **drei Vorgaben** an: **Abs. 1** beschränkt die Gebühren für den Grenzübertritt, die ein Verkehrsunternehmer auf den Versender überwälzen darf, auf eine »angemessene Höhe«. Das bedeutet, neben den tatsächlich angefallenen Kosten der Grenzabfertigung ist an hoheitlichen Gebühren nicht mehr als ein angemessener Aufschlag zulässig.[2] **Abs. 2** verpflichtet die Mitgliedstaaten, ihre Gebühren für Grenzübertritte schrittweise zu verringern. **Abs. 3** schließlich ermächtigt die Kommission, zur Durchsetzung der Verpflichtungen aus Abs. 1 und Abs. 2 geeignete Empfehlungen an die Mitgliedstaaten zu richten.

3 Nach seiner **Entstehungsgeschichte** und den verwendeten **Begriffen** – »Abgaben« und »Gebühren« – erfaßt Art. 77 Abs. 1 letztlich **nur die öffentlich-rechtlichen Grenzübergangsgebühren staatlicher Eisenbahnen**.[3] Dagegen liegen die **privatrechtlichen** Entgelte, die von Grenzzollagenten im Straßengüterverkehr verlangt werden, außerhalb des Geltungsbereichs dieser Vorschrift.[4] Ferner gilt Art. 77 nur für den Güterverkehr.

III. Praktische Bedeutung

4 Art. 77 Abs. 1 erlangte daher nie große praktische Bedeutung. Selbst wenn man mit der

---

1 A. *Frohnmeyer*, in: Grabitz/Hilf, EU Art. 81, Rn. 1; *J. Erdmenger*, in: GTE, EU-/EGV, Art. 81, Rn. 1.
2 *J. Basedow/M. Dolfen*, in: Hb.EGWirtR, Abschnitt L, Rn. 75.
3 Ausführliche Begründung bei *N. Bellieni*, in: Quadri/Monaco/Trabucchi, Trattato Istituivo della Communità Economica Europea – Commentario, Milano 1965, Art. 81, Anm. 3.
4 A. *Frohnmeyer*, in: Grabitz/Hilf, EU, Art. 81, Rn. 1.

Gegenansicht in der Literatur[5] privatrechtliche Kosten der Grenzabfertigung im Straßengüterverkehr mit einbeziehen will, bleibt für Art. 77 Abs. 1 **kaum ein Anwendungsbereich**, denn mit Wegfall der Kontrollen an den Binnengrenzen für den Straßen- und Binnenschiffsverkehr ab 1.1.1993[6] werden die Voraussetzungen dieser Vertragsbestimmung EG-intern nur noch selten vorliegen. Lediglich für die Überschreitung der EG-**Außengrenzen** ist die Vorschrift in ihrer **Zielsetzung** weiterhin von Bedeutung.[7]

Die Europäische **Kommission** hat von ihrer **Befugnis zu Empfehlungen nach Art. 77 Abs. 3** ebenfalls **keinen Gebrauch** gemacht.[8] Statt dessen bemühte sich der **Rat** mit den Mitteln sekundären Europarechts um eine Verringerung der Kosten des Grenzübertritts. Zentrale Bestimmung ist in diesem Zusammenhang die **Richtlinie zur Erleichterung der Kontrollen und Verwaltungsformalitäten im Güterverkehr**[9], die auf die Art. 43, 75, 84 und 100 EWGV (a.F.) gestützt wurde und über die unter Fn. 6 genannten Verordnungen hinaus **auch den Eisenbahn-, Schiffs- und Lufttransport** erfaßt. Sie ergänzt die gleichartige, unmittelbare Verpflichtung der Mitgliedstaaten aus Art. 77 Abs. 2.[10]

5

---

5 *P. Mückenhausen*, in: Lenz, EGV, Art. 81, Rn. 1; *J. Erdmenger*, in: GTE, EU-/EGV, Art. 81, Rn. 2
6 Vgl. VO (EWG) Nr. 4060/89 des Rates vom 21.12.1989 über den Abbau von Grenzkontrollen der Mitgliedstaaten im Straßen- und Binnenschiffsverkehr, ABl.EG 1989 Nr. L 390/18; zuletzt geändert durch VO (EWG) Nr. 3356/91 des Rates vom 7.11.1991 zur Änderung der VO (EWG) Nr. 4060/89 über den Abbau von Grenzkontrollen der Mitgliedstaaten im Straßen- und Binnenschiffsverkehr, ABl.EG 1991 Nr. L 318/1; VO (EWG) Nr. 3912/92 des Rates vom 17.12.1992 über innerhalb der Gemeinschaft durchgeführte Kontrollen im Straßen- und im Binnenschiffsverkehr von in einem Drittland registrierten oder zum Verkehr zugelassenen Verkehrsmitteln, ABl.EG 1992 Nr. L 395/6. Die Kontrolle von Reisegepäck im innergemeinschaftlichen Flug- und Seeverkehr wurde mit der VO (EWG) Nr. 3925/91, ABl.EG 1991 Nr. L 374/4, abgeschafft.
7 *A. Frohnmeyer*, in: Grabitz/Hilf, EU, Art. 81, Rn. 3; *J. Erdmenger*, in: GTE, EU-/EGV, Art. 81, Rn. 1.
8 *A. Frohnmeyer*, in: Grabitz/Hilf, EU, Art. 81, Rn. 1 am Ende; *P. Mückenhausen*, in: Lenz, EGV, Art. 81, Rn. 3.
9 RL 83/643/EWG des Rates vom 1.12.1983 zur Erleichterung der Kontrollen und Verwaltungsformalitäten im Güterverkehr zwischen den Mitgliedstaaten, ABl.EG 1983 Nr. L 359/8; geändert durch RL 87/53/EWG vom 15.12.1986, ABl.EG 1987 Nr. L 24/33, und RL 91/342/EWG vom 20.6.1991, ABl.EG 1991 Nr. L 187/47.
10 *A. Frohnmeyer*, in: Grabitz/Hilf, EU, Art. 81, Rn. 2, Art. 74, Rn. 61; *J. Basedow/M. Dolfen*, in: Hb.EGWirtR, Abschnitt L, Rn. 75.

Art. 78 EG-Vertrag

Art. 78 (ex-Art. 82)

Die Bestimmungen dieses Titels stehen Maßnahmen in der Bundesrepublik Deutschland nicht entgegen, soweit sie erforderlich sind, um die wirtschaftlichen Nachteile auszugleichen, die der Wirtschaft bestimmter, von der Teilung Deutschlands betroffener Gebiete der Bundesrepublik aus dieser Teilung entstehen.

Von den in Art. 78 zugelassenen Ausnahmen von den Politikbeschränkungen des Vertragstitels zur Verkehrspolitik hatte Deutschland schon während der Teilung nie Gebrauch gemacht. Mit der deutschen Wiedervereinigung hat die Vorschrift ihre **Bedeutung gänzlich verloren** und wird auch nicht dazu genutzt, fortbestehende wirtschaftliche Folgen der Teilung auszugleichen. **Lediglich** in der **VO (EWG) Nr. 3572/90**[1] zur Anpassung des verkehrspolitischen Sekundärrechts an die deutsche Einheit finden sich einige Übergangsbestimmungen für die Anwendung bestimmter gemeinschaftsrechtlicher Vorschriften auf die neuen Bundesländer.[2]

---

1 Verordnung (EWG) Nr. 3572/90 des Rates vom 4.12.1990 zur Änderung bestimmter Richtlinien, Entscheidungen und Verordnungen auf dem Gebiet des Straßen-, Eisenbahn- und Binnenschiffsverkehrs aufgrund der Herstellung der deutschen Einheit, ABl.EG 1990 Nr. L 353/12.
2 G. *Stadler*, in: J. Schwarze, EU-Kommentar, 2000, Art. 78.

Art. 79 (ex-Art. 83)

Bei der Kommission wird ein beratender Ausschuß gebildet[1]; er besteht aus Sachverständigen, die von den Regierungen der Mitgliedstaaten ernannt werden.[2] Die Kommission hört den Ausschuß je nach Bedarf[3] in Verkehrsfragen1 an; die Befugnisse des Wirtschafts- und Sozialausschusses bleiben unberührt.

Art. 79 sieht die Einrichtung eines Sachverständigenausschusses vor, der die Kommission **in allen Fragen der Verkehrspolitik** unterstützen soll. Es handelt sich um ein **beratendes Gremium**, das insbesondere im Rechtsetzungsverfahren und zur Vorbereitung von Entscheidungen der Kommission gutachtliche Stellungnahmen oder Empfehlungen abgeben soll. Seine Äußerungen waren **nie als bindend** intendiert. 1

Rechtsstellung und Aufgaben dieses Verkehrsausschusses hat der Rat durch eine **Satzung**[1] näher geregelt. 2

Der beratende Sachverständigenausschuß nach Art. 79 **spielt heute keine Rolle mehr**. Mit steigender Mitgliederzahl wurde seine Arbeitsweise zunehmend formalisierter und schwerfälliger. Luft- und Seeverkehr waren wegen Unanwendbarkeit der Vorschrift gem. Art. 80 Abs. 2 ohnehin nie repräsentiert. Aufgrund dieser und anderer Probleme[2] hat die Kommission **seit Mitte der 80er Jahre auf eine Einberufung des Ausschusses verzichtet**.[3] 3

Andererseits hat der Rat in vielen verkehrspolitischen RL und VO **besondere beratende Ausschüsse** eingesetzt, welche die Kommission bei der Anwendung der jeweiligen Rechtsakte unterstützen und Vorschläge für deren Änderung oder Ergänzung unterbreiten sollen. Diese Ausschüsse bestehen aus Vertretern der Mitgliedstaaten und einem Vertreter der Kommission, der auch den Vorsitz führt.[4] Die »**Paritätischen Ausschüsse**« für Hochseeschiffahrt, Zivilluftfahrt, Binnenschiffahrt, Straßenverkehr und die Eisenbahnen, die sozialpolitische Aufgaben hatten, wurden mit Wirkung ab 1.1.1999 in »Ausschüsse für den sektoralen Dialog« überführt.[5] Als umfassend zuständiges Reflexions-, Diskussions- und Konsultationsgremium für alle Fragen der europäischen Ver- 4

---

1 Satzung des Verkehrsausschusses, ABl.EG 1958, S. 509; geändert durch Änderungssatzung, ABl.EG 1964 Nr. L 102/1602.
2 *J. Erdmenger*, in: GTE, EU-/EGV, Art. 83, Rn. 10.
3 *J. Erdmenger*, in: GTE, EU-/EGV, Art. 83, Rn. 11; zum heutigen Verfahren der Kommission bei der Vorbereitung von Rechtsetzungsinitiativen *G. Stadler*, in: J. Schwarze, EU-Kommentar, 2000, Art. 79 Rn. 1.
4 Vgl. z. B. Art. 11a RL 91/440/EWG des Rates vom 29.7.1991 zur Entwicklung der Eisenbahnunternehmen der Gemeinschaft, ABl.EG 1991 Nr. L 237/25 i.d.F. der RL 2001/12/EG 26.2.2001, ABl.EG 2001 Nr. L 75/1; Art. 35 RL 2001/14/EG des Europäischen Parlaments und des Rates vom 26.2.2001 über die Zuweisung von Fahrwegkapazitäten der Eisenbahn, die Erhebung von Entgelten für die Nutzung von Eisenbahninfrastruktur und die Sicherheitsbescheinigung, ABl.EG 2001 Nr. L 75/29; Art. 9 RL 94/55/EG des Rates vom 21.11.1994 zur Angleichung der Rechtsvorschriften der Mitgliedstaaten für den Gefahrguttransport auf der Straße, ABl.EG 1994 Nr. L 319/7; Art. 12 RL 93/75/EWG des Rates vom 13.9.1993 über Mindestanforderungen an Schiffe, die Seehäfen der Gemeinschaft anlaufen oder aus ihnen auslaufen und gefährliche oder umweltschädliche Güter befördern, ABl.EG 1993 Nr. L 247/19 – jeweils i.V.m. Art. 3–5 Beschluß des Rates vom 28.6.1999 zur Festlegung der Modalitäten für die Ausübung der der Kommission übertragenen Durchführungsbefugnisse, ABl.EG 1999 Nr. L 184/23; weitere Nachweise bei *G. Stadler*, in: J. Schwarze, EU-Kommentar, 2000, Art. 79 Rn. 2.
5 Beschluß der Kommission vom 20.5.1998 über die Einsetzung von Ausschüssen für den sektoralen Dialog zur Förderung des Dialogs zwischen den Sozialpartnern auf europäischer Ebene, ABl.EG 1998 Nr. L 225/27.

kehrspolitik wurde im Juli 2001 – allerdings ohne ausdrückliche Berufung auf Art. 79 – das »**Europäische Energie- und Verkehrsforum**« eingesetzt.[6]

---

6   Beschluß der Kommission vom 11.7.2001 zur Einrichtung eines Beratenden Ausschusses mit der Bezeichnung »Europäisches Energie- und Verkehrsforum«, ABl.EG 2001 Nr. L 195/58.

Art. 80 (ex-Art. 84)

(1) Dieser Titel gilt für die Beförderungen im Eisenbahn-, Straßen- und Binnenschiffsverkehr.[2-5]

(2) Der Rat kann mit qualifizierter Mehrheit darüber entscheiden, ob, inwieweit und nach welchen Verfahren[9] geeignete Vorschriften für die Seeschiffahrt[10-16] und Luftfahrt[17-24] zu erlassen sind.[3, 7, 8]
Die Verfahrensvorschriften des Artikels 71 finden Anwendung.[2, 9]

Inhaltsübersicht:
A. Sachlicher Anwendungsbereich ... 1
   I. Binnenverkehrsträger ... 2
   II. Schnittstellen zu weltweit angelegten Verkehrsträgern ... 6
B. Seeschiffahrt und Luftverkehr ... 9
   I. Seeschiffahrt ... 10
   II. Luftverkehr ... 17

A. Sachlicher Anwendungsbereich

Aus historischen Gründen finden die Bestimmungen des V. Titels des EG-Vertrages nur auf einen Teil der Verkehrsträger Anwendung. Dies führt zu einem heute als systemwidrig zu bezeichnenden Bruch in den normativen Grundlagen der europäischen Verkehrspolitik.

1

I. Binnenverkehrsträger

Nach der ausdrücklichen Einschränkung in Art. 80 Abs. 1 gelten die spezifisch zur Gestaltung einer Verkehrspolitik vorgesehenen **Vertragsnormen (Art. 70–79) nur für** die sog. **Binnenverkehrsträger**: Eisenbahn[1], Straßen- und Binnenschiffstransport. Seeschiffahrt und Luftverkehr sind dagegen nicht erfaßt, mit Ausnahme der Vorschriften über das Rechtsetzungsverfahren.[2]

2

Diese aus heutiger Sicht schwer nachvollziehbare Unterscheidung erklärt sich aus der **Entstehungsgeschichte** des EG-Vertrages. Bei den Vertragsverhandlungen Mitte der 50er Jahre standen nur sechs Mitgliedstaaten zur Diskussion, deren Territorien sämtlich auf dem europäischen Festland belegen waren. Folglich konzentrierten sich die Delegationen auf die für den Gemeinsamen Markt allein bedeutsamen Binnenverkehrsträger. Hinsichtlich der weltweit angelegten Verkehrsträger Seeschiffahrt und Luftfahrt beschränkte man sich darauf, deren spätere Ausgestaltung durch Ratsentscheidungen vorzusehen.[3] Ihre Bedeutung für den Gemeinsamen Markt rückte erst 1973 mit der ersten Norderweiterung der EG ins Blickfeld.[4]

3

---

1 Dazu zählen nach gegenwärtigem Stand der Rechtsentwicklung auch **Magnetschwebebahnen (str.!)**. Argument: Die europarechtlich vorgegebene Marktordnung für Eisenbahnen ist grundsätzlich auch für das Verkehrsmittel »Magnetschwebebahn« angemessen.
2 S. Art. 71, Rn. 1, 30, 31.
3 *J. Erdmenger*, in: GTE, EU-/EGV, Art. 84, Rn. 2; ders., Die Anwendung des EWG-Vertrages auf Seeschiffahrt und Luftfahrt, 1962, S. 77 ff.
4 *J. Erdmenger*, EG unterwegs – Wege zur Gemeinsamen Verkehrspolitik, 1981, S. 93 f.

4 **Unanwendbar** sind die Art. 70 ff. nach h. M.[5] auch **auf alle rohrleitungsgebundenen Transporte**. Diese unterscheiden sich von den klassischen Binnenverkehrsträgern technisch und wirtschaftlich so sehr, daß sie nicht im Wege einer Analogie zu Art. 80 Abs. 1 in den Anwendungsbereich des Verkehrstitels einbezogen werden können.[6] Gleichfalls gelten **Seilbahnen und Aufzüge nicht** als **Binnenverkehrsträger** i.S.d. Art. 80 Abs. 1, 70 ff. Für Letztere hat der Gemeinschaftsgesetzgeber besondere Richtlinien erlassen[7], die nicht auf Art. 71 EGV gestützt sind, keinen Bezug zu existierenden Verkehrspolitiken erkennen lassen und sich z.T. nur mit der Warenverkehrsfreiheit für die entsprechenden technischen Anlagen befassen.

5 Andererseits greift der Regelungsumfang der europäischen Verkehrspolitik weiter, als der deutsche Wortlaut von Art. 80 Abs. 1 vermuten läßt. Ein Vergleich mit der französischen und englischen Vertragsfassung und der Generalermächtigung in Art. 71 Abs. 1 lit. d) führt zu dem Schluß, daß die Art. 70 ff. **nicht nur die reine Beförderungsleistung** erfassen. Wo es nicht um die Bestimmung der Verkehrsträger geht, verlangt Art. 80 nach einer extensiven Auslegung. Die gemeinsame Verkehrspolitik, und damit der Geltungsanspruch der einschlägigen Vertragsvorschriften, bezieht sich auf **sämtliche Rahmenbedingungen für Beförderungsleistungen durch sog. Landverkehrsträger einschließlich staatlicher Regulierungsmaßnahmen**.[8] Dazu gehören neben der eigentlichen Beförderung vor allem die Verkehrsinfrastruktur, die Finanzierung von Verkehrswegen[9], gemeinsame Regeln zum Umweltschutz, die Harmonisierung der steuerlichen Rahmenbedingungen sowie Forschung und Entwicklung im Bereich der Binnenverkehrsträger.[10]

II. Schnittstellen zu weltweit angelegten Verkehrsträgern

6 Da See- und Luftverkehr von den verkehrspolitischen Normen der Art. 70–79 definitiv ausgenommen sind, Binnenverkehrsträger aber gerade erfaßt werden, stellt sich die

---

5 A.A. vor allem R. *Wägenbaur*, Die Mineralölfernleitungen in der Europäischen Wirtschaftsgemeinschaft, AWD 1964, S. 206.
6 *Ipsen*, EG-Recht, § 48 Tz. 17; *BBPS*, Ziff. 15.1.1; A. *Frohnmeyer*, in: Grabitz/Hilf, EU, Art. 84, Rn. 7; J. *Basedow*/M. *Dolfen*, in: Dauses, Hb.EGWirtR, Abschnitt L, Rn. 53; W. *Stabenow*, Die Rechtsgrundlagen der europäischen Verkehrsintegration, ZHR 126 (1963–64), S. 228, 237; J. *Basedow*, Erdgastransporte im europäischen Verkehrsrecht, in: E. Mestmäcker/H. Gröner/J. Basedow (Hrsg.), Die Gaswirtschaft im Binnenmarkt, S. 163, 179 ff.
7 RL 95/16/EG des Europäischen Parlaments und des Rates vom 29.6.1995 zur Angleichung der Rechtsvorschriften der Mitgliedstaaten über Aufzüge, ABl.EG 1995 Nr. L 213/1; RL 2000/9 des Europäischen Parlaments und des Rates vom 20.3.2000 über Seilbahnen für den Personenverkehr, ABl.EG 2000 Nr. L 106/21.
8 J. *Basedow*/M. *Dolfen*, in: Hb.EGWirtR, Abschnitt L, Rn. 55; A. *Frohnmeyer*, in: Grabitz/Hilf, EU, Art. 74, Rn. 1.
9 Vgl. dazu bereits Art. 71, Rn. 8; Art. 72, Rn. 6; RL 1999/62/EG des Europäischen Parlaments und des Rates vom 17.6.1999 über die Erhebung von Gebühren für die Benutzung bestimmter Verkehrswege durch schwere Nutzfahrzeuge, ABl.EG 1999 Nr. L 187/42; RL 2001/14/EG des Europäischen Parlaments und des Rates vom 26.2.2001 über die Zuweisung von Fahrwegkapazität, die Erhebung von Entgelten für die Nutzung von Eisenbahninfrastruktur und die Sicherheitsbescheinigung, ABl.EG 2001 Nr. L 75/29; grundsätzlich zur politischen Konzeption: Europäische Kommission, Faire und effiziente Preise im Verkehr, Grünbuch, 20.12.1995, KOM(95) 691 endg.; Europäische Kommission, Faire Preise für die Infrastrukturbenutzung, Weißbuch, 22.7.1998, KOM(1998) 466 endg.
10 J. *Basedow*/M. *Dolfen*, in: Hb.EGWirtR, Abschnitt L, Rn. 55 m.w.N.; A. *Frohnmeyer*, in: Grabitz/Hilf, EU, Art. 74, Rn. 2–5.

Frage, wie die Schnittstellen – nämlich **See- und Flughäfen** – zu behandeln sind.[11] Da die spezifische Eigenart eines Seehafens oder Flughafens von den dort abgehenden Verkehrsträgern und dem **Übergang vom Binnentransport auf die See- oder Luftstrecke** bestimmt wird, hält ein Teil der Literatur allein Art. 80 Abs. 2 für einschlägig.[12] Ein anderer Teil will Art. 71 und Art. 80 Abs. 2 kumulativ heranziehen.[13]

Die **Europäische Kommission** scheint Maßnahmen zur Liberalisierung von Hafendienstleistungen und des Zugangs zu Hafenanlagen jetzt **umfassend** auf **Art. 80 Abs. 2** stützen zu wollen.[14] Diese Lösung überzeugt nicht in jedem Fall. In der dogmatischen Struktur des Verkehrstitels im EGV ist eine möglichst stringente Trennung angelegt zwischen den Leistungen eines Hafens, welche die von Land kommenden Verkehrsträger betreffen, und solchen, welche die See- oder Luftverkehrsträger betreffen: Für erstere gelten die Art. 70 ff., für die letzteren Art. 80 Abs. 2. Bei **effektiv untrennbaren** Überschneidungen würde eine kumulative Anwendung beider Ermächtigungsgrundlagen allerdings zu materieller Rechtsunsicherheit führen. Solche Leistungen sollten nach dem Recht des Verkehrsträgers behandelt werden, der das charakteristische Profil eines See- oder Flughafens ausmacht. Dies sind diejenigen Transportmittel, für welche der Hafen in erster Linie angelegt wurde, also Seeschiffe oder Flugzeuge, so daß in solchen Fällen **lediglich Art. 80 Abs.** 2 zur Anwendung kommen kann. 7

In jedem Fall steht jedoch seit der Seeleute-Entscheidung des EuGH von 1974[15] fest, daß die See- und Flughafenpolitik neben den Art. 70 ff. oder 80 Abs. 2 vor allem den **allgemeinen Bestimmungen des EGV** – außerhalb der Artikel 70–79 – unterliegt.[16] 8

B. Seeschiffahrt und Luftverkehr

Entsprechend der Aufspaltung der Rechtsgrundlagen europäischer Verkehrspolitik in Art. 80 konnte die Marktordnung der **Binnenverkehrsträger** auf der Grundlage von **Art. 71 i.V.m. den folgenden Bestimmungen des V. Titels** verwirklicht werden; die Ausgestaltung der »gemeinsamen Politik« im **Luft- und Seeverkehr** beruht dagegen allein 9

---

11 Vor allem Seehäfen waren lange Zeit kaum Gegenstand einer europäischen Liberalisierungspolitik; vgl. Europäische Kommission, Grünbuch über Seehäfen und Seeverkehrsinfrasturktur, 10.12.1997, KOM(97) 678 endg.; Stellungnahme des Wirtschafts- und Sozialausschusses zu dem »Grünbuch der Kommission über Seehäfen und Seeverkehrsinfrastruktur«, ABl.EG 1998 Nr. C 407/92; *B. Hector*, Seehäfen: Stiefkind der EU-Verkehrspolitik, in: DVZ v. 14.9.1999, S. 3. In jüngster Zeit aber verstärktes Interesse der Gemeinschaftsorgane; vgl. Mitteilung der Kommission an das Europäische Parlament und an den Rat – Verbesserung der Dienstequalität in Seehäfen: Ein zentraler Aspekt für den europäischen Verkehr, 13.2.2001, KOM(2001) 35 endg.; Europäische Kommission, Vorschlag für eine Richtlinie des Europäischen Parlaments und des Rates über den Marktzugang für Hafendienste, 13.2.2001, KOM(2001) 35 endg.
12 *J. Erdmenger*, in: GTE, EU-/EGV, Art. 84, Rn. 11; wohl auch *J. Basedow/M. Dolfen*, in: Hb.EG-WirtR, Abschnitt L, Rn. 56.
13 *A. Frohnmeyer*, in: Grabitz/Hilf, EU, Art. 84, Rn. 8.
14 Europäische Kommission, Vorschlag für eine Richtlinie über den Marktzugang für Hafendienste (Fn. 11); ebenso RL 96/67/EG des Rates über den Zugang zum Markt der Bodenabfertigungsdienste auf den Flughäfen der Gemeinschaft vom 15.10.1996, ABl.EG 1996 Nr. L 272/36, die sich allerdings ausschließlich mit der Abfertigung von Flugzeugen, nicht mit der Behandlung der übrigen Verkehre, befaßt.
15 EuGH, Rs. 167/73, Slg. 1974, 359, Rn. 24–28 (Kommission/Französische Republik).
16 *J. Erdmenger*, in: GTE, EU-/EGV, Art. 84, Rn. 11.

auf **Art. 80 Abs. 2 i.V.m. den allgemeinen Vorschriften** des EGV. Für diese weltweit angelegten Verkehrsträger[17] ist folgendes Regime maßgebend:
- Sie unterliegen in vollem Umfang den **allgemeinen Vorschriften des EGV**, insbesondere den Gemeinschaftspolitiken[18] – freilich mit Ausnahme der Verkehrspolitik und den spezifischen Vorschriften zur Dienstleistungsfreiheit[19].
- Die Umsetzung dieser Gemeinschaftspolitiken durch sekundäres Europarecht liegt **weitgehend im Ermessen des Rates**[20]; der EGV gibt dafür keine konkreten Leitlinien oder Fristen vor.
- Für das **Rechtsetzungsverfahren** gelten die Anforderungen aus **Art. 71 Abs. 1 und 2**[21], seit dem Vertrag von Amsterdam (1.5.1999) also das **Mitentscheidungsverfahren** nach Art. 251.

I. Seeschiffahrt

10 Die europäische **Marktordnung** der Seeschiffahrt wird bis heute im wesentlichen durch das sog. **Verordnungspaket von 1986** bestimmt.[22] Die EG wollte damit das Seehandelsaufkommen ihrer Flotte gegen Angriffe sog. »crosstrader« aus Drittstaaten mit billigen Frachtraten verteidigen und dabei gleichzeitig die Grundsätze des Binnenmarkts in der Seeschiffahrt verwirklichen. Das Verordnungspaket von 1986 besteht aus vier Rechtsakten, die teils am 1.1., teils zum 1.7.1987 in Kraft traten:

11 Mit der **VO Nr. 4055/86**[23] wurde der völkerrechtliche Grundsatz der Freiheit der Meere europarechtlich kodifiziert. Damit wurde dieses Prinzip innerhalb der EG justitiabel; Unternehmen, auf die die VO Anwendung findet, können sich vor Gericht ohne weiteres darauf berufen[24]. Seit 1.1.1987 gilt vollständige **Dienstleistungsfreiheit im Seeverkehr** zwischen den EG-Mitgliedstaaten sowie im Verkehr mit Drittstaaten. Mehr als der Sitz der Reederei oder die Registrierung der betreffenden Schiffe in einem EG-Mitgliedstaat ist für den Zugang zu diesem Markt nicht mehr erforderlich. Präferenzregeln zugunsten von Schiffen der eigenen Flagge waren bis 1993 abzubauen. Ladungsaufteilungsabkommen mußten abgeschafft oder diskriminierungsfrei umgestaltet werden; neue Abkommen dieser Art sind nach der VO untersagt.[25]

12 Dem **Zugang europäischer Reedereien zu Drittlandsmärkten** dient die **VO Nr. 4058/86**.[26] Sie ermöglicht den EG-Mitgliedstaaten ein koordiniertes Vorgehen gegen

---

17 Kritisch zu der Unterscheidung zwischen Binnenverkehrsträgern und weltweit operierenden Verkehrsträgern *J. Erdmenger*, in: GTE, EU-/EGV, Vor Art. 74-84, Rn. 11–13, Art. 84, Rn. 3.
18 EuGH, Rs. 167/73, Slg. 1974, 359, Rn. 24–28 (Kommission/Französische Republik); EuGH, Rs. 209–213/84, Slg. 1986, 1425, Rn. 44, 45 (Asjes).
19 S. Art. 70, Rn. 17.
20 *J. Erdmenger*, in: GTE, EU-/EGV, Art. 84, Rn. 14, 15.
21 Ausführlich dazu: Art. 71, Rn. 30–35.
22 Zusammenfassend *V. Power*, EC Shipping Law, 2nd ed. 1998, No. 5.066-5.075, zur weiteren Entwicklung des EG-Seeverkehrsrechts No. 5.076–5.117.
23 VO (EWG) Nr. 4055/86 des Rates vom 22.12.1986 zur Anwendung des Grundsatzes des freien Dienstleistungsverkehrs auf die Seeschiffahrt zwischen Mitgliedstaaten sowie zwischen Mitgliedstaaten und Drittländern, ABl.EG 1986 Nr.L 378/1, geändert durch VO (EWG) Nr. 3573/90, ABl.EG 1990 Nr. L 353/16; ausführlich dazu *I. Hering*, in: Frohnmeyer/Mückenhausen, EG-Verkehrsrecht, Loseblatt, Nr. 41; *Power* (Fn. 22), No. 7.001 ff.
24 *J. Erdmenger*, in: GTE, EU-/EGV, Art. 84, Rn. 48.
25 Dazu unlängst EuGH, Rs. C-176 und 177/97, Slg. 1998, I-3557 (Kommission/Belgien u. Luxemburg).
26 VO (EWG) Nr. 4058/86 des Rates vom 22.12.1986 für ein koordiniertes Vorgehen zum Schutz des freien Zugangs zu Ladungen in der Seeschiffahrt, ABl.EG 1986 Nr. L 378/21.

protektionistische Maßnahmen, die Drittstaaten zum Schutz ihrer eigenen Flotte treffen. Ein koordiniertes Vorgehen wird auf Antrag eines Mitgliedstaats vom Rat beschlossen und kann in diplomatischen Schritten oder Gegenmaßnahmen gegen Reedereien der betreffenden Drittländer bestehen. Als mögliche Gegenmaßnahmen nennt die VO die Auferlegung von Kontingenten, die Erhebung von Abgaben oder die Einführung einer Erlaubnispflicht für das Verladen, Befördern und Entladen von Fracht.

Mit der VO Nr. 4056/86[27] hat der Rat – im Prinzip – die **wettbewerbliche Verfassung des internationalen Seeverkehrs** von und nach einem Hafen der Gemeinschaft festgeschrieben und gleichzeitig versucht, den Rahmen des europäischen Kartellrechts mit dem UN-Kodex über Linienschiffahrtskonferenzen[28] in Einklang zu bringen.[29] Die VO enthält einerseits **materiell-rechtliche Regelungen zur Konkretisierung der Art. 81, 82** auf die internationale Linienschiffahrt, andererseits **Verfahrensregeln** für die Untersuchung und Sanktion von Wettbewerbsverstößen sowie die Anwendung von Art. 81 Abs. 3. Ebenso wie im Luftverkehr[30], erfolgt die **Freistellung** wettbewerbsbeschränkender Absprachen in der Linienschiffahrt grundsätzlich in einem vereinfachten **Widerspruchsverfahren**.[31] In der VO Nr. 4056/86 hat der **Rat auch unmittelbare Freistellungen** i.S.v. Art. 81 Abs. 3 ausgesprochen. Ausgenommen vom Kartellverbot sind unter bestimmten Auflagen[32] nichtdiskriminierende[33] Abstimmungen der Fahrpläne, Abreden hinsichtlich der Transportfrequenzen und -kapazitäten, Aufteilungen der Fahrten, der Ladungsmenge oder der Einnahmen und sogar Preisabsprachen zwischen Linienschiffahrtsunternehmen.[34] Korrespondierende Abreden zwischen Linienkonferenzen und ihren Kunden hinsichtlich Preise, Bedingungen und Qualität der Liniendienste sind ebenfalls vom Kartellverbot befreit.[35] Vereinbarungen und abgestimmte Verhaltensweisen, welche ausschließlich die **technische Zusammenarbeit** betreffen, fallen von vornherein nicht in den Anwendungsbereich des Art. 81 Abs. 1.[36]

13

Die Übergänge zu kommerziellen Verhaltensabstimmungen sind hier allerdings fließend. Insbesondere erscheint zweifelhaft, ob und unter welchen Voraussetzungen »die Aufstellung ... einheitlicher Regeln für die Struktur der Beförderungstarife ...«[37] als technische Kooperation qualifiziert werden kann. Überhaupt geht die VO Nr. 4056/86 in der Legalisierung wettbewerbsbeschränkender Vereinbarungen **bedenklich weit**. Jedenfalls hinsichtlich der Freistellung von Preisabsprachen dürfte diese VO mit primärem EG-Recht, insbes. Art. 81, nicht mehr zu vereinbaren sein.

14

Weitere Zusammenarbeitsformen in der Seeschiffahrt werden von der **RatsVO**

14 a

---

27 VO (EWG) Nr. 4056/86 des Rates vom 22.12.1986 über die Einzelheiten der Anwendung der Artikel 85 und 86 des Vertrages auf den Seeverkehr, ABl.EG 1986 Nr. L 378/4; ausführlich kommentiert. zusammen mit den GVOen für Konsortien (VO (EWG) Nr. 479/92 und VO (EWG) Nr. 870/95), von *I. Hering*, in: Frohnmeyer/Mückenhausen (Fn. 23), Nr. 44; vgl. auch *Power* (Fn. 22), No. 12.001 ff.
28 Übereinkommen über einen Verhaltenskodex für Linienkonferenzen, BGBl. 1983 II, S. 64; ausführlich zu Linienschiffahrtskonferenzen *Power* (Fn. 22), No. 11.001 ff.
29 *J. Erdmenger*, in: GTE, EU-/EGV, Art. 84, Rn. 49.
30 Art. 5 VO (EWG) Nr. 3975/87 des Rates vom 14.12.1987 über die Einzelheiten der Anwendung der Wettbewerbsregeln auf Luftfahrtunternehmen, ABl.EG 1987 Nr. L 374/1.
31 Art. 12 VO Nr. 4056/86 (Fn. 27).
32 Art. 5 VO Nr. 4056/86 (Fn. 27).
33 Art. 4 VO Nr. 4056/86 (Fn. 27).
34 Art. 3 VO Nr. 4056/86 (Fn. 27).
35 Art. 6 VO Nr. 4056/86 (Fn. 27).
36 Art. 2 VO Nr. 4056/86 (Fn. 27).
37 Art. 2 Abs. 1 lit. f) VO Nr. 4056/86 (Fn. 27).

Nr. 479/92[38] und der auf ihrer Grundlage ergangenen **KommissionsVO Nr. 823/2000**[39] legalisiert[40], welche »Konsortien« für die Seebeförderung von Gütern, vornehmlich im Containerverkehr, vom Kartellverbot des Art. 81 Abs. 1 freistellen. Sie ergänzen die Freistellung von Linienschiffahrtskonferenzen durch die o. g. VO Nr. 4056/86.

15 Die VO Nr. 4057/86[41] zielt darauf ab, europäischen Reedereien **im Seeverkehr mit Drittstaaten gleiche Wettbewerbsbedingungen** zu sichern. Sie gibt der Europäischen Gemeinschaft die Möglichkeit, auf **Ratenunterbietungen durch Drittlandsreedereien** aufgrund marktwidriger staatlicher Vorteile mit der Erhebung einer **Ausgleichsabgabe** zu reagieren.[42] Voraussetzung ist, daß »unlautere Preisbildungspraktiken« zu einer erheblichen Schädigung von Reedereien der Gemeinschaft und der Interessen der Gemeinschaft führen. Funktional gesehen, ist diese Verordnung eine Weiterentwicklung und Ergänzung des bereits 1978 begründeten **Marktbeobachtungssystems**[43] hinsichtlich bestimmter Bereiche der Seeschiffahrt, die für Unterbietungen mit marktwidrigen Frachtraten besonders anfällig erschienen.[44]

16 Die Herstellung der Dienstleistungsfreiheit für den internationalen Seeverkehr wurde mit Vollendung des Binnenmarkts ergänzt durch die **Freigabe der Kabotage**[45]. Die VO Nr. 3577/92[46] gestattet seit 1.1.1993 Gemeinschaftsreedern, deren Schiffe in einem EG-Mitgliedstaat registriert sind und unter der Flagge eines Mitgliedstaats fahren, die

---

38 VO (EWG) Nr. 479/92 des Rates vom 25.2.1992 über die Anwendung des Artikels 85 Absatz 3 des Vertrages auf bestimmte Gruppen von Vereinbarungen, Beschlüssen und aufeinander abgestimmten Verhaltensweisen zwischen Seeschiffahrtsunternehmen (Konsortien), ABl.EG 1992 Nr. L 55/3. Die VO soll im Zuge der Reform des sekundären Kartellrechts aufgehoben werden; vgl. Europäische Kommission, Vorschlag für eine VO des Rates zur Durchführung der in den Artikeln 81 und 82 EG-Vertrag niedergelegten Wettbewerbsregeln ... (»Durchführungsverordnung zu den Artikeln 81 und 82 EG-Vertrag«), 27.9.2000, KOM(2000) 582 endg., Art. 41.
39 VO (EG) Nr. 823/2000 der Kommission vom 19.4.2000 über die Anwendung von Artikel 81 Absatz 3 des Vertrages auf bestimmte Gruppen von Vereinbarungen, Beschlüssen und aufeinander abgestimmte Verhaltensweisen zwischen Seeschiffahrtsunternehmen (Konsortien), ABl.EG 2000 Nr. L 100/24; ersetzt die frühere VO (EG) Nr. 870/95 der Kommission vom 20.4.1995, ABl.EG 1995 Nr. L 89/3.
40 Ausführlich zu beiden Verordnungen *I. Hering*, in: Frohnmeyer/Mückenhausen (Fn. 23), Nr. 44; zu »Konsortien« und der entsprechenden GVO *Power* (Fn. 22), No. 16.001 ff.
41 VO (EWG) Nr. 4057/86 des Rates vom 22.12.1986 über unlautere Preisbildungspraktiken in der Seeschiffahrt, ABl.EG 1986 Nr. L 378/14.
42 So geschehen im Containerverkehr mit Australien; Verordnung (EWG) Nr. 15/89 des Rates vom 4.1.1989 zur Einführung einer Ausgleichsabgabe auf Ladungen in Großbehältern, die im Liniendienst zwischen der Gemeinschaft und Australien von der Hyundai Merchant Marine Company Ltd, Seoul, Republik Korea, befördert werden, ABl.EG 1989 Nr. L 4/1.
43 Entscheidung des Rates vom 19.9.1978 betreffend die Tätigkeit bestimmter Drittländer in der Frachtschiffahrt, ABl.EG 1978 Nr. L 258/35; Entscheidung des Rates vom 19.12.1978 über die Einholung von Informationen über die Tätigkeiten von Reedereien, die an Frachtliniendiensten in bestimmten Fahrtgebieten teilnehmen, ABl.EG 1979 Nr. L 5/31; Entscheidung des Rates vom 4.12.1980 zur Änderung und Ergänzung der Entscheidung über die Einholung von Informationen über die Tätigkeiten von Reedereien, die an Frachtliniendiensten in bestimmten Fahrtgebieten teilnehmen, ABl.EG 1980 Nr. L 350/44.
44 *J. Erdmenger*, in: GTE, EU-/EGV, Art. 84, Rn. 54.
45 *J. Erdmenger*, in: GTE, EU-/EGV, Art. 84, Rn. 60.
46 VO (EWG) Nr. 3577/92 des Rates vom 7.12.1992 zur Anwendung des Grundsatzes des freien Dienstleistungsverkehrs auf den Seeverkehr in den Mitgliedstaaten (Seekabotage), ABl.EG 1992 Nr. L 364/7; zur künftigen Entwicklung: Europäische Kommission, Vorschlag für eine Verordnung (EG) des Rates zur Änderung der Verordnung (EWG) Nr. 3577/92 zur Anwendung des Grundsatzes des freien Dienstleistungsverkehrs auf den Seeverkehr in den Mitgliedstaaten

freie Durchführung von Kabotagediensten.[47] Die letzten Übergangsfristen, betreffend die Inselkabotage in Griechenland, enden am 1.1.2004.[48]

II. Luftverkehr

Hinsichtlich des Luftverkehrs in der Europäischen Gemeinschaft gilt seit dem **dritten Liberalisierungspaket** vom Juli 1992[49] eine europaweit **einheitliche, marktwirtschaftlich determinierte Marktordnung**.[50] Spätestens seit Freigabe der Kabotage zum 1.4.1997[51] unterscheiden die zugrundeliegenden Rechtsnormen nicht mehr zwischen internationalen und nationalen Flügen, so daß marktordnungsrechtlich gesehen ein nationaler Luftverkehr nicht mehr existiert.[52] 17

Die **subjektiven Marktzugangsvoraussetzungen** wurden europaweit **vereinheitlicht** und **diskriminierungsfrei** ausgestaltet. Waren vor dem dritten Liberalisierungspaket die Anforderungen an die Aufnahme einer Berufstätigkeit als Luftfahrtunternehmer noch nationalen Bestimmungen überlassen geblieben, traf die **VO Nr. 2407/92**[53] hierfür erstmals eine unmittelbar gemeinschaftsweit geltende Regelung. Seit 1.1.1993 sind Erteilung und Aufrechterhaltung einer Betriebsgenehmigung für Luftfahrtunternehmen in allen Ländern der Europäischen Gemeinschaft nurmehr von drei Kriterien abhängig: 18
- **persönliche Zuverlässigkeit**[54]
- **finanzielle Leistungsfähigkeit**[55]
- und fachliche sowie organisatorische **Befähigung**[56].

Fortsetzung von Fußnote 46
  (Seekabotage), ABl.EG 1998 Nr. C 213/16. Zur Auslegung dieser VO zuletzt: EuGH, Rs. C-160/99, Slg. 2000, I-6137 (Kommission/Französische Republik); EuGH, Rs. C-205/99, Slg. 2001, I-1271 (Analir); i.ü. kommentiert von *I. Hering*, in: Frohnmeyer/Mückenhausen (Fn. 23), Nr. 42; *Power* (Fn. 22), No. 7.029 ff.
47 Art. 1 VO Nr. 3577/92 (Fn. 46).
48 Art. 6 VO Nr. 3577/92 (Fn. 46).
49 Zusammenfassend *J. Basedow/M. Dolfen*, in: Hb.EGWirtR, Abschnitt L, Rn. 304; *J. Balfour*, European Community Air Law, 1995, No. 3.1.6.
50 Genauer zur europäischen Marktordnung des Luftverkehrs *C. Jung*, Die Marktordnung des Luftverkehrs – Zeit für neue Strukturen in einem liberalisierten Umfeld, ZLW 1998, S. 308 (310-327); *M. Niejahr*, in: Frohnmeyer/Mückenhausen (Fn. 23), Nr. 51 Rn. 20-26; *Balfour* (Fn. 49), No. 5.1–8.12; *C.-O. Lenz*, The European Court of Justice and European Air Transport Law, ETR 3/1999, S. 307; zusammenfassend zur europäischen Luftverkehrspolitik *O. Jankovec*, La politique commune des transports aériens, Revue du marché unique européen 1999, S. 145.
51 Art. 3 Abs. 2 VO (EWG) Nr. 2408/92 des Rates vom 23.7.1992 über den Zugang von Luftfahrtunternehmen der Gemeinschaft zu Strecken des innergemeinschaftlichen Flugverkehrs, ABl.EG 1992 Nr. L 240/8.
52 Die Verwirklichung eines einheitlichen europäischen Luftraums auf allen Ebenen, insbesondere in den Bereichen Luftraummanagement und Infrastruktur, wird von der Kommission mit dem Projekt »Single European Sky« vorangetrieben; vgl. dazu die Dokumente unter http://europa.eu.int/comm/transport/themes/air/english/single_eur_sky_en.html (19.6.2001); vor allem: Europäische Kommission, Der einheitliche europäische Luftraum, Bericht der Hochrangigen Gruppe, Luxemburg 2001.
53 VO (EWG) Nr. 2407/92 des Rates vom 23.7.1992 über die Erteilung von Betriebsgenehmigungen an Luftfahrtunternehmen, ABl.EG 1992 Nr. L 240/1; ausführlich dazu *M. Niejahr*, in: Frohnmeyer/Mückenhausen (Fn. 23), Nr. 51 Rn. 27–123.
54 Art. 6 VO Nr. 2407/92 (Fn. 52).
55 Art. 5 u. 12 VO Nr. 2407/92 (Fn. 52).
56 Art. 2 lit. d) u. 9 VO Nr. 2407/92 (Fn. 52).

Art. 80 EG-Vertrag

19 Die Verordnung folgt damit dem Modell der europäischen Berufszugangsregelungen für sonstige Verkehrsträger.[57] Neben diesen drei Grundvoraussetzungen verlangt die Erteilung einer Betriebsgenehmigung ausreichenden Haftpflichtversicherungsschutz[58], die Registrierung der eingesetzten Flugzeuge in einem EWR-Vertragsstaat[59] und Sitz des antragstellenden Unternehmens in einem Staat des EWR[60]. Dagegen braucht dieses **Unternehmen nicht unbedingt im Eigentum von Staatsangehörigen des Genehmigungslandes** zu stehen. Entsprechend der europäischen **Niederlassungsfreiheit**[61] hat die VO Nr. 2407/92 die traditionellen völkerrechtlichen Eigentümerklauseln europaweit verallseitigt. Für den Luftverkehr innerhalb Europas genügt es daher, wenn das betreffende Luftfahrtunternehmen sich im Eigentum von Angehörigen irgendeines EWR-Vertragsstaates befindet.[62]

20 **Objektive Hindernisse** hinsichtlich des **Zugangs zur Bedienung von Flugstrecken**[63] wurden mit der **VO Nr. 2408/92**[64] zwischen den EG-Staaten beseitigt. Art. 3 Abs. 1 dieser Verordnung verpflichtet alle Mitgliedstaaten der EG, Luftfahrtunternehmen aus anderen Mitgliedstaaten sämtliche Arten von Verkehrsrechten auf innergemeinschaftlichen Strecken zu gewähren. Dazu gehörten von Anfang an[65] die Rechte der 5. bis 7. Freiheit[66] und seit 1.4.1997 auch die reine Inlandskabotage.[67] Mit der Freigabe des Streckenzugangs wurden gleichzeitig sämtliche Kapazitätsbeschränkungen aufgehoben.[68]

21 Hinsichtlich der **Flugpreise** rückte das dritte Liberalisierungspaket von jeder hoheitlichen Prädetermination ab. Gemäß Art. 3 der **VO Nr. 2409/92**[69] werden die Preise für Leistungen von Luftfahrtunternehmen der Gemeinschaft seit 1993 von den Parteien des Beförderungsvertrages frei vereinbart.[70] **Eingriffe in das Marktgeschehen** sind den Mitgliedstaaten und der Europäischen Kommission **nur noch in Ausnahmefällen** erlaubt, um ungerechtfertigten Preissteigerungen oder ruinösen Entwicklungen gegenzusteuern. Bei Festsetzung übermäßig hoher oder einem anhaltenden und außergewöhnlichen Verfall der Flugpreise können sowohl nationale Behörden als auch die Kommissi-

---

57 Vgl. Art. 71, Rn. 24–26 m.w.N.
58 Art. 7 VO Nr. 2407/92 (Fn. 52).
59 Art. 8 Abs. 2–4 VO Nr. 2407/92 (Fn. 52).
60 Art. 4 Abs. 1 lit. a) VO Nr. 2407/92 (Fn. 52).
61 VO Nr. 2407/92 (Fn. 52), 6. Erwägungsgrund; *W. Schwenk*, Handbuch des Luftverkehrsrechts, 2. Aufl., 1996, S. 558.
62 Art. 4 Abs. 2–4 VO Nr. 2407/92 (Fn. 52); ausführlich zu den für die VO zentralen Eigentumsfragen *M. Niejahr*, in: Frohnmeyer/Mückenhausen (Fn. 23), Nr. 51 Rn. 42–59.
63 Nach dem ICAO-Abkommen von 1944, der völkerrechtlichen Grundlage des internationalen Luftverkehrs, muß die Ausübung von Verkehrsrechten auf fremdem Territorium von den betroffenen Staaten jeweils ausdrücklich gestattet werden; vgl. Art. 6 Convention on International Civil Aviation, 15 UNTS 295; BGBl. 1956 II, S. 411. Überflüge, Starts und Landungen sind im internationalen Verkehr also nur auf der Grundlage eines Staatsvertrages oder verwaltungsrechtlicher Genehmigungen im Einzelfall zulässig.
64 S. Fn. 51; ausführlich kommentiert von *M. Niejahr*, in: Frohnmeyer/Mückenhausen (Fn. 23), Nr. 51 Rn. 124–266.
65 D. h. seit 1.1.1993.
66 Darstellung der sog. »Freiheiten der Luft« bei *Schwenk* (Fn. 50), S. 480 f.
67 Art. 3 Abs. 2 VO Nr. 2408/92 (Fn. 51).
68 Art. 10 Abs. 1 VO Nr. 2408/92 (Fn. 51).
69 VO (EWG) Nr. 2409/92 des Rates vom 23.7.1992 über Flugpreise und Luftfrachtraten, ABl.EG 1992 Nr. L 240/15; ausführlich kommentiert von *M. Niejahr*, in: Frohnmeyer/Mückenhausen (Fn. 23), Nr. 51 Rn. 267–314.
70 VO Nr. 2409/92 (Fn. 68), Art. 3 und 4. Erwägungsgrund.

on bestimmte Preise außer Kraft setzen oder Preissenkungen untersagen.[71] Orientierungsmaßstab ist dabei ein **angemessenes Verhältnis zwischen Entgelt und den »langfristig voll zugewiesenen einschlägigen Kosten«** des jeweiligen Unternehmens.[72] Es handelt sich hier um eine rein objektive Kontrolle der Preisentwicklung, unabhängig von einem etwaigen Mißbrauch einer marktbeherrschenden Stellung. Die Eingriffsbefugnisse nach der VO Nr. 2409/92 treten daher **neben die kartellrechtliche Mißbrauchskontrolle**, ohne diese zu beeinflussen.[73]

Was die **wettbewerbsrechtlichen Rahmenbedingungen** angeht, stand schon seit 1986 aufgrund der EuGH-Entscheidung in Sachen »**Asjes/Nouvelles Frontières**«[74] außer Zweifel, daß Luftverkehr keinen Ausnahmebereich darstellt, sondern in vollem Umfang dem europäischen Kartellrecht unterliegt[75]. Problematisch war allerdings dessen **verfahrensmäßige Durchsetzung**, da die VO Nr. 17/62 rückwirkend im gesamten Verkehrsbereich für unanwendbar erklärt worden war.[76] Später als bei den Binnenverkehrsträgern[77], konnte diese Lücke für den Luftverkehr erst im ersten Liberalisierungspaket mit Erlaß der **Anwendungsverordnung Nr. 3975/87**[78] geschlossen werden, die in der dritten Liberalisierungsphase auf den gesamten Verkehr »zwischen Flughäfen der Gemeinschaft« – einschließlich rein innerstaatlicher Flüge – ausgedehnt wurde.[79]

Die gleiche Entwicklung vollzog sich bei der Ermächtigung zum Erlaß von luftfahrtspe- 22

23

---

71 Art. 6, 7 Abs. 2 VO Nr. 2409/92 (Fn. 68).
72 Art. 6 Abs. 1 VO Nr. 2409/92 (Fn. 68); im einzelnen zu den Kriterien einer Flugpreiskontrolle durch die Kommission *M. Niejahr*, in: Frohnmeyer/Mückenhausen (Fn. 23), Nr. 51 Rn. 285–292; *Balfour* (Fn. 49), No. 7.5.1.
73 **Anders**, aber wohl unzutreffend, KG, Kart 9/97, 26.11.1997, Ziff. II. 2. b) aa) (Flugpreise Berlin – Frankfurt), WuW/E DE-R 124; aufgehoben und zurückverwiesen von BGH, KVR 12/98, 22.7.1999 (Flugpreisspaltung), BGHZ 142, 239, insbes. Ziff. III. 2. a), der die Frage des Einflusses des europäischen Marktordnungsrechts auf die kartellrechtliche Preiskontrolle ausdrücklich offen läßt.
74 EuGH, Rs. 209 u.a./84, Slg. 1986, 1425 (Asjes).
75 Vgl. *Lenz* (Fn. 50). Zum schwierigen Problem der räumlichen Marktabgrenzung im Luftverkehr ausführlich Europäische Kommission, Entscheidung vom 12.1.2001, WuW/E EU-V 557, Rn. 7–12 (UAL/US Air) m.w.N.: Entscheidend ist die einzelne Flugstrecke zwischen Abflug- und Destinationspunkt unter Einbeziehung aller gegenseitig substituierbaren Routen, nicht aber das gesamte von einer Fluggesellschaft bediente Netz;.so auch BGH, KVR 12/98 (Fn. 72), Ziff. II. 2.
76 VO Nr. 141 des Rates vom 26.11.1962 über die Nichtanwendung der VO Nr. 17 des Rates auf den Verkehr, ABl.EG 1962, S. 2751; ausführlich dazu *J. Basedow*, in: Immenga/Mestmäcker, EG-Wettbewerbsrecht, Band II, 1997, XV. Abschnitt, Teil A. Die VO soll im Zuge einer umfassenden Reform des sekundären Kartellrechts aufgehoben werden; vgl. Europäische Kommission, Vorschlag für eine Durchführungsverordnung zu den Artikeln 81 und 82 EG-Vertrag (Fn. 38), Art. 41.
77 Vgl. VO (EWG) Nr. 1017/68 des Rates vom 19.7.1968 über die Anwendung von Wettbewerbsregeln auf dem Gebiet des Eisenbahn-, Straßen- und Binnenschiffsverkehrs, ABl.EG 1968 Nr. L 175/1.
78 VO (EWG) Nr. 3975/87 des Rates vom 14.12.1987 über die Einzelheiten der Anwendung der Wettbewerbsregeln auf Luftfahrtunternehmen, ABl.EG 1987 Nr. L 374/1; ausführlich kommentiert von *J. Schüßlburner*, in: Frohnmeyer/Mückenhausen (Fn. 23), Nr. 54 Rn. 1–32.
79 VO (EWG) Nr. 2410/92 des Rates vom 23.7.1992 zur Änderung der VO (EWG) Nr. 3975/87 über die Einzelheiten der Anwendung der Wettbewerbsregeln auf Luftfahrtunternehmen, ABl.EG 1992 Nr. L 240/18; *Basedow*, (Fn. 75), Teil E, Rn. 12. Mit der Initiative zu einer weiteren Ausdehnung dieser AnwendungsVO auf den Flugverkehr mit Nicht-EG-Staaten ist die Kommission wiederholt im Rat gescheitert, weshalb die Verfahrenszuständigkeit insoweit gem. Art. 84 immer noch bei den nationalen Kartellbehörden liegt; vgl. zuletzt: Vorschlag für eine Verordnung (EG) des Rates zur Änderung der Verordnung (EWG) Nr. 3975/87 über die Einzelheiten der Anwendung der Wettbewerbsregeln auf Luftfahrtunternehmen, KOM(1997) 218 endg.

Art. 80 EG-Vertrag

zifischen **Gruppenfreistellungen**. Die **Rechtsgrundlage** dafür findet sich in der **Rats-VO Nr.** 3976/87[80], welche ebenfalls im Zuge des dritten Liberalisierungspakets auf den nationalen Luftverkehr ausgedehnt wurde.[81] Insofern brachte das dritte Liberalisierungspaket eine konsequente Harmonisierung der Rechtslage, so daß heute für den einheitlichen europäischen Luftverkehrsmarkt auch eine einheitliche Wettbewerbsordnung existiert.

24 Aufgrund der zuletzt genannten VO hatte die **Kommission** mehrere **Gruppenfreistellungsverordnungen** erlassen. Davon steht heute nur noch eine in Kraft. Die **GVO Nr.** 3652/93 für horizontale und vertikale Vereinbarungen im Zusammenhang mit computergesteuerten Buchungssystemen[82] endete ersatzlos am **30.6.1998**. Da die CRS-Betreiber inzwischen größere Unabhängigkeit von ihren »Mutterluftfahrtunternehmen« im Geschäftsverkehr erlangt hatten und der Betrieb dieser Systeme durch eine RatsVO[83] inhaltlich detailliert geregelt wird, bestand kein Bedrüfnis mehr für eine weitere Verlängerung. Die **GVO Nr.** 1617/93[84] wurde inzwischen zweimal verlängert und dabei in ihrem Geltungsbereich schrittweise reduziert. In ihrer ursprünglichen Fassung gewährte sie Freistellungen für die gemeinsame Planung und Koordinierung von Flugplänen, den gemeinsamen Betrieb von Flugdiensten, Absprachen über die Zuweisung von Zeitnischen auf Flughäfen und für »Tarifkonsultationen« sowohl im Personen- als auch im Frachtverkehr. Ab 30.6.1998 entfiel die Befreiung vom Kartellverbot für die Aufstellung gemeinsamer Flugpläne und den gemeinsamen Betrieb von Flugdiensten. Aufgrund der **KommissionsVO Nr.** 1083/1999[85] galt jedoch immer noch eine umfassende Freistellung von »Tarifkonsultationen« hinsichtlich der Beförderung von Personen und von Fracht

---

80 VO (EWG) Nr. 3976/87 des Rates vom 14.12.1987 zur Anwendung von Artikel 85 Absatz 3 des Vertrages auf bestimmte Gruppen von Vereinbarungen und aufeinander abgestimmten Verhaltensweisen im Luftverkehr, ABl.EG 1987 Nr. L 374/9; ausführlich kommentiert von *J. Schüßlburner*, in: Frohnmeyer/Mückenhausen (Fn. 23), Nr. 54 Rn. 33-52. Die VO soll im Zuge der geplanten Reform des sekundären Kartellrechts aufgehoben werden; vgl. Europäische Kommission, Vorschlag für eine Durchführungsverordnung zu den Artikeln 81 und 82 EG-Vertrag (Fn. 38), Art. 41.
81 VO (EWG) Nr. 2411/92 des Rates vom 23.7.1992 zur Änderung der VO (EWG) Nr. 3976/87 zur Anwendung von Artikel 85 Absatz 3 des Vertrages auf bestimmte Gruppen von Vereinbarungen und aufeinander abgestimmten Verhaltensweisen im Luftverkehr, ABl.EG 1992 Nr. L 240/19.
82 VO (EG) Nr. 3652/93 der Kommission vom 22.12.1993 zur Anwendung von Artikel 85 Absatz 3 des Vertrages auf bestimmte Gruppen von Vereinbarungen zwischen Unternehmen über computergesteuerte Buchungssysteme für den Luftverkehr, ABl.EG 1993 Nr. L 333/97.
83 VO (EWG) Nr. 2299/89 des Rates vom 24.7.1989 über einen Verhaltenskodex im Zusammenhang mit computergesteuerten Buchungssystemen, ABl.EG 1989 Nr. L 220/1; zuletzt geändert durch VO (EG) Nr. 323/1999 des Rats vom 8.2.1999 zur Änderung der VO (EWG) Nr. 2299/89 über einen Verhaltenscodex im Zusammenhang mit computergesteuerten Buchungssystemen (CRS), ABl.EG 1999 Nr. L 40/1.
84 VO (EWG) Nr. 1617/93 der Kommission vom 25.6.1993 zur Anwendung von Artikel 85 Absatz 3 EWG-Vertrag auf Gruppen von Vereinbarungen, Beschlüssen und aufeinander abgestimmten Verhaltensweisen betreffend die gemeinsame Planung und Koordinierung von Flugplänen, den gemeinsamen Betrieb von Flugdiensten, Tarifkonsultationen im Personen- und Frachtverkehr sowie die Zuweisung von Zeitnischen auf Flughäfen, ABl.EG 1993 Nr. L 155/18; geändert durch VO (EG) Nr. 1523/96 der Kommission vom 24.7.1996, ABl.EG 1996 Nr. L 190/11.
85 VO (EG) Nr. 1083/1999 der Kommission vom 26.5.1999 zur Änderung der Verordnung (EWG) Nr. 1617/93 zur Anwendung von Artikel 85 Absatz 3 EWG-Vertrag auf Gruppen von Vereinbarungen, Beschlüssen und aufeinander abgestimmten Verhaltensweisen betreffend die gemeinsame Planung und Koordinierung von Flugplänen, den gemeinsamen Betrieb von Flugdiensten, Tarifkonsultationen im Personen- und Frachtlinienverkehr sowie die Zuweisung von Zeitnischen auf Flughäfen, ABl.EG 1999 Nr. L 131/27.

im Linienflugverkehr. Mit der jüngsten Verlängerung durch die **Kommissions VO Nr. 1324/2001**[86] entfiel die Gruppenfreistellung für Konsultationen über Frachtbeförderungstarife. Seit 1.7.2001 besteht nur noch eine Generalausnahme vom Kartellverbot für »**Konsultationen über Tarife für die Beförderung von Fluggästen mit Gepäck**« sowie für Absprachen über die **Zuweisung von Zeitnischen auf Flughäfen** und die **Planung von Flugzeiten**. Die Freistellung der beiden letzteren Kategorien scheint weitgehend unumstritten und wurde daher bis 30.6.2004 gewährt.[87] Für Tarifkonsultationen über die Personenbeförderung im Linienverkehr wurde die kartellrechtliche Freistellung dagegen nur bis 30.6.2002 verlängert, da im Rahmen einer Anhörung gegenwärtig untersucht wird, ob insoweit Einzelfreistellungen nicht vorzuziehen sind.[88]

»Tarifkonsultationen« eignen sich jedoch grundsätzlich nicht für Gruppenfreistellungen, denn sie sind von kartellrechtlich eindeutig unzulässigen Preisabsprachen kaum zu unterscheiden.[89]

---

86 VO (EG) Nr. 1324/2001 der Kommission vom 29.6.2001 zur Änderung der Verordnung (EWG) Nr. 1617/93 in Bezug auf Tarifkonsultationen im Personen- und Frachtlinienverkehr sowie die Zuweisung von Zeitnischen auf Flughäfen, ABl.EG 2001 Nr. L 177/56.
87 VO Nr. 1324/2001 (Fn. 86), 3. Erwägungsgrund.
88 VO Nr. 1324/2001 (Fn. 86), 2. Erwägungsgrund.
89 Comité des Sages, Expanding Horizons, Brussels 1994, S. 19 f., zitiert bei C. *Woerz*, Deregulierungsfolgen im Luftverkehr, 1996, S. 113.

Titel VI
(ex-Titel V)
Gemeinsame Regeln betreffend Wettbewerb, Steuerfragen und Angleichung der Rechtsvorschriften

Kapitel 1
Wettbewerbsregeln

Abschnitt 1
Vorschriften für Unternehmen

Art. 81 (ex-Art. 85)

(1) Mit dem Gemeinsamen Markt unvereinbar und verboten sind alle Vereinbarungen[52 ff.] zwischen Unternehmen[31 ff.], Beschlüsse[60 ff.] von Unternehmensvereinigungen[47 ff.] und aufeinander abgestimmte Verhaltensweisen[64 ff.], welche den Handel zwischen Mitgliedstaaten zu beeinträchtigen geeignet sind[125 ff.] und eine Verhinderung, Einschränkung oder Verfälschung des Wettbewerbs[82 ff.] innerhalb des Gemeinsamen Marktes bezwecken oder bewirken[105 ff.], insbesondere
a) die unmittelbare oder mittelbare Festsetzung der An- oder Verkaufspreise oder sonstiger Geschäftsbedingungen[134 f.]
b) die Einschränkung oder Kontrolle der Erzeugung, des Absatzes, der technischen Entwicklung oder der Investitionen[136 ff.];
c) die Aufteilung der Märkte oder Versorgungsquellen[141 f.];
d) die Anwendung unterschiedlicher Bedingungen bei gleichwertigen Leistungen gegenüber Handelspartnern, wodurch diese im Wettbewerb benachteiligt werden[143];
e) die an den Abschluß von Verträgen geknüpfte Bedingung, daß die Vertragspartner zusätzliche Leistungen annehmen, die weder sachlich noch nach Handelsbrauch in Beziehung zum Vertragsgegenstand stehen[144 f.].

(2) Die nach diesem Artikel verbotenen Vereinbarungen oder Beschlüsse sind nichtig.[146 ff.]

(3) Die Bestimmungen des Absatzes 1 können für nicht anwendbar erklärt werden auf
– Vereinbarungen oder Gruppen von Vereinbarungen zwischen Unternehmen,
– Beschlüsse oder Gruppen von Beschlüssen von Unternehmensvereinigungen,
– aufeinander abgestimmte Verhaltensweisen oder Gruppen von solchen[150 ff.],
die unter angemessener Beteiligung der Verbraucher an dem entstehenden Gewinn[159 f.] zur Verbesserung der Warenerzeugung oder -verteilung oder zur Förderung des technischen oder wirtschaftlichen Fortschritts beitragen, ohne daß den beteiligten Unternehmen[154 ff.]
a) Beschränkungen auferlegt werden, die für die Verwirklichung dieser Ziele nicht unerläßlich sind[161], oder
b) Möglichkeiten eröffnet werden, für einen wesentlichen Teil der betreffenden Waren den Wettbewerb auszuschalten[162 ff.].

Inhaltsübersicht:

A. Art. 81 Abs. 1: Kartellverbot	1
I. Anwendbarkeit	1
1. Sachlicher und örtlicher Anwendungsbereich	1
a) Sachlicher Anwendungsbereich	1
aa) Kohle und Stahl bzw. Atomkraft	3

		bb) Landwirtschaft	5
		cc) Verkehr	6
	b)	Örtliche Anwendbarkeit, insbesondere Exterritorialität	7
		aa) Praxis der Kommission und Position des EuGH	8
		bb) Literatur	10
		cc) Stellungnahme	11
2.	Adressaten		13
3.	EG-Kartellrecht in den Mitgliedstaaten		16
	a)	Rangverhältnis von EG-Kartellrecht und nationalem Recht	16
		aa) Vorrang des Gemeinschaftsrechts	16
		(1) Rechtsprechung des EuGH und Praxis der Kommission	16
		(2) Stellungnahme	21
		bb) Bindung an Entscheidungen der Kommission	24
	b)	Unmittelbare Anwendung des EG-Kartellrechts durch nationale Stellen	30
II. Tatbestandsvoraussetzungen			31
1.	Unternehmen und Unternehmensvereinigungen		31
	a)	Der Begriff des Unternehmens	31
		aa) Die Definitionen von EuGH und Kommission	31
		bb) Das Kriterium der wirtschaftlichen Betätigung nach der Praxis der Organe	35
		cc) Das Kriterium der wirtschaftlichen Einheit	38
		(1) Verwendung durch EuGH und Kommission	38
		(2) Voraussetzungen einer wirtschaftlichen Einheit	40
		(3) Stellungnahme	44
	b)	Der Begriff der Unternehmensvereinigung	47
2.	Erfaßte Maßnahmen		51
	a)	Vereinbarungen	52
		aa) Die Rechtsprechung des EuGH und die Praxis der Kommission	52
		bb) Stellungnahme	57
	b)	Beschlüsse	60
		aa) Die Rechtsprechung des EuGH und die Praxis der Kommission	60
		bb) Stellungnahme	62
	c)	Aufeinander abgestimmte Verhaltensweisen	64
		aa) Die Rechtsprechung des EuGH und die Praxis der Kommission	64
		bb) Stellungnahme	69
	d)	Nachweis	72
	e)	Zurechnung	77
		aa) Zurechnung des Handelns	77
		bb) Problem der Unternehmenskontinuität	81
3.	Wettbewerbsbeschränkung		82
	a)	Wettbewerb	82
		aa) Wettbewerbskonzept der Organe	82
		bb) Konzerninterner Wettbewerb	85
		(1) Rechtsprechung des EuGH und Praxis der Kommission	85
		(2) Stellungnahme	87
	b)	Verhinderung, Einschränkung oder Verfälschung	88
		aa) Rechtsprechung des EuGH und Praxis der Kommission	88
		(1) Weiter Begriff der Wettbewerbsbeschränkung	88
		(2) Spürbarkeit	90
		(3) Relevanter Markt	94
		bb) Stellungnahme	100
	c)	Bezwecken oder Bewirken	105
	d)	Grenzen des Tatbestandes	110
		aa) Existenz einer rule of reason?	110
		(1) Praxis der Rechtsprechung und der Kommission	110
		(2) Stellungnahme	114
		bb) Insbesondere: Unternehmensveräußerung	118
		cc) Insbesondere: Handelsvertreter- und Kommissionsagentenverträge	119
		(1) Handhabung durch die Praxis	119
		(2) Stellungnahme	121
4.	Beeinträchtigung des Handels zwischen den Mitgliedstaaten		125

… Art. 81 EG-Vertrag

	a) Zwischenstaatlichkeit	125
	b) Spürbarkeit	132
5.	Regelbeispiele des Art. 81 Abs. 1	133
	a) Festsetzung der Preise und Geschäftsbedingungen	134
	b) Einschränkung oder Kontrolle der Erzeugung, des Absatzes, der technischen Entwicklung oder der Investition	136
	c) Aufteilung der Märkte und Versorgungsquellen	141
	d) Unterschiedliche Bedingungen gegenüber Handelspartnern	143
	e) Kopplungsgeschäfte ohne sachliche Gründe	144
B.	Art. 81 Abs. 2: Rechtsfolgen	146
I.	Nichtigkeit	146
II.	Vorläufige Geltung für Altkartelle	148
III.	Schadenersatz- und Unterlassungsansprüche, Bußgelder	149
C.	Art. 81 Abs. 3: Freistellungen	150
I.	Einzelfreistellung	151
1.	Allgemeines	151
2.	Voraussetzungen der Freistellung	153
	a) Verbesserte Warenerzeugung oder -verteilung oder mehr technischer oder wirtschaftlicher Fortschritt	154
	b) Angemessene Beteiligung der Verbraucher am Gewinn	159
	c) Unerläßlichkeit	161
	d) Keine Wettbewerbsausschaltung	162
II.	GruppenfreistellungsVOen	165
D.	Fallgruppen	169
I.	Kooperation	169
1.	Vorbemerkung	169
2.	Zulieferverträge	170
3.	Spezialisierungen	174
4.	Forschung und Entwicklung	177
5.	Ein- und Verkauf von Konkurrenten	179
6.	Versicherungswirtschaft	181
II.	Beteiligung an und Gründung oder Erwerb von Unternehmen	182
1.	Beteiligung an anderen Unternehmen	182
2.	Gründung und Erwerb von Unternehmen	184
III.	Vertriebsvereinbarungen	190
1.	Wettbewerbsbeschränkung durch Vertriebsabreden	191
2.	Die Freistellung durch die GVO 2790/1999	193
	a) Anwendbarkeit	193
	b) Marktanteilsschwelle	197
	c) Kernbeschränkungen	198
	d) Wettbewerbsverbote	199
	e) Widerruf und Außerkraftsetzung	200
3.	Insbesondere: Ausschließlichkeitsbindungen	201
4.	Insbesondere: Selektive Vertriebssysteme	203
	a) Einfache Fachhandelsbindung	205
	b) Qualifizierte Fachhandelsbindung	208
5.	Insbesondere: Dienstleistungs- und Vertriebsfranchising	210
6.	Kfz-Vertrieb	215
IV.	Vereinbarungen über Schutzrechte	221
1.	Schutzrechte und Wettbewerbsordnung	221
2.	Schutzrechte und Kartellrecht	223
	a) Vereinbarungen über die Ausübung der Rechte	224
	b) Lizenzvereinbarungen	225
3.	GVO für Technologietransfer-Vereinbarungen	231

A. Art. 81 Abs. 1: Kartellverbot

I. Anwendbarkeit

1. Sachlicher und örtlicher Anwendungsbereich

a) Sachlicher Anwendungsbereich
Das europäische Kartellrecht der Art. 81 f. gilt aufgrund seiner einschränkungslosen 1
Formulierung umfassend, d.h. für jede Betätigung und jede Branche[1]. **Bereichsausnahmen**, wie sie vom deutschen GWB her bekannt sind und auch in anderen Mitgliedstaaten existieren, sind in Art. 81 f. nicht vorgesehen. Insbesondere für Banken, Versicherungen und Versorgungsunternehmen hat der EuGH das zweifelsfrei gestellt.[2] Daß auch der öffentliche Bereich vom europäischen Kartellrecht erfaßt wird, zeigt Art. 86. Eine Ausnahme hat der EuGH indes in jüngster Rechtsprechung gemacht: Aufgrund einer zusammenhängenden Auslegung der Art. 81 f. mit den Bestimmungen über die Sozialpolitik, Art. 2, 136 ff., sind **Tarifverträge** unter bestimmten Bedingungen von der Geltung des Art. 81 ausgenommen, nämlich sofern sie das Ergebnis von Verhandlungen zwischen Arbeitnehmer- und Arbeitgebervertretern sind und unmittelbar zur Verbesserung der Arbeitsbedingungen der Arbeitnehmer beitragen.[3]

Unanwendbar ist das EG-Kartellrecht nur, wenn dies explizit bestimmt ist. 2

aa) Kohle und Stahl bzw. Atomkraft
Das Kartellrecht des EGV gilt grundsätzlich auch für die Bereiche Kohle und Stahl 3
bzw. Atomkraft. Denn Art. 305 läßt die Regelungen des EGKSV bzw. EAGV nur unberührt und verändert sie nicht. Er bestimmt aber nicht, daß der EGV für die Bereiche Kohle und Stahl bzw. Atomkraft nicht anwendbar wäre. Soweit und solange jedoch für diese Bereiche Sonderregeln in EGKSV bzw. EAGV bestehen, gehen sie als leges speciales vor.

---

1 EuGH, Rs. 45/85, Slg. 1987, 405, Rn. 14 (Verband der Sachversicherer/Kommission).
2 EuGH, Rs. 45/85, Slg. 1987, 405, Rn. 14 (Verband der Sachversicherer/Kommission) für die Assekuranz entgegen Stimmen der Literatur wie *B. Börner*, Die vorläufige Nichtanwendbarkeit des Art. 85 EWGV auf die Assekuranz, 1984; *S. Klaue*, Zur Anwendbarkeit des europäischen Kartellrechts auf die deutsche Versicherungswirtschaft, BB 1983, 2019; EuGH, Rs. 172/80, Slg. 1981, 2021, Rn. 8, 19 (Züchner/Bayerische Vereinsbank) für die Banken; EuGH, Rs. C-393/92, Slg. 1994, I-1477, Rn. 35 (Almelo) für die Versorgungsunternehmen.
3 EuGH, Rs. C-67/96, Slg. 1999, I-5751, Rn. 60–64 (Albany), gleichlautend verb. Rs. C-115/97 bis 117/97, Slg. 1999, I-6025, Rn. 57–74 (Brentjens) für die Errichtung eines Betriebsrentensystems; s. auch Rs. C-222/98, Slg. 2000, I-7111, Rn. 25–27 (van der Woude) zu einer tarifvertraglichen Krankenversicherungsregelung, wonach der vom Arbeitgeber zu tragende Teil der Krankenversicherungsprämien nur zu den Versicherungen gezahlt wird, die bei den im Rahmen der Durchführung dieses Tarifvertrags gewählten Versicherern abgeschlossen werden. Anders die Argumentation in den Schlußanträgen von GA Jacobs zu Rs. C-67/96, Slg. 1999, I-5754, der keine Bereichausnahme annimmt, Rn. 163, im Ergebnis aber keinen Wettbewerbsverstoß erkennt, Rn. 284 ff. Allerdings wird aus der Einordnung des Rentensystems durch den EuGH als Unternehmen i.S.v. Art. 81, s. Rs. C-115/97 bis 117/97, Rn. 87 deutlich, daß nur seine Errichtung selbst, nicht aber die Betätigung aus dem Kartellrecht ausgenommen ist. Art. 82 gilt daher weiter, s. Rs. C-222/98, Rn. 28 ff., wo die Prüfung des Tatbestands des Art. 82 erfolgt und nicht wegen fehlender Anwendbarkeit unterbleibt; deutlich auch GA Fennelly in seinen Schlußanträgen zu Rs. C-222/98, Tz. 40 ff. Bereits früher war die Herausnahme von Tarifverträgen gefordert worden, *M. Gleiss/M. Hirsch*, Kommentar zum EG-Kartellrecht, Band 1, 4. Auflage 1993, Art. 85 I, Rn. 20. Die Kommission will Art. 81 f. weitergehend nicht auf arbeitsrechtliche Fragen anwenden, vgl. ihre Antwort in ABl.EG 1990 Nr. C 328/3. Zweifelnd hierzu GA *C. O. Lenz*, Schlußantr. zu EuGH, Rs. C-415/93, 15.12.1995, Slg. 1995, I-4921, Ziff. 274 (Bosman).

4 Art. 65 und 66 EGKSV bilden ihrerseits ein Kartellrecht, das dem des EGV vergleichbar ist. Das gilt sowohl für horizontale als auch für vertikale Vereinbarungen.[4] Soweit der Bereich Kohle und Stahl ohnehin nicht vom EGKSV erfaßt wird, vgl. Art. 81 EGKSV und die Anlage 1 zum EGKSV, gilt Art. 81 EGV[5]. Für den Kernkraftbereich trifft der EAGV keine kartellrechtlichen Bestimmungen, so daß Art. 81 f. anwendbar sind[6].

bb) Landwirtschaft

5 Für den Agrarbereich sieht Art. 32 Abs. 2 i.V.m. Art. 36 ausdrücklich vor, daß das Kartellrecht nur nach Maßgabe der Zustimmung des Rats gilt. Der Rat hat in der VO (EWG) Nr. 26/62[7] die Geltung des Kartellrechts angeordnet. Ausgenommen davon wurden in Art. 2 der VO nur Maßnahmen, die wesentlicher Bestandteil einer nationalen Marktordnung sind oder zur Verwirklichung der Ziele des Art. 33 erforderlich sind[8], soweit sie gegen Art. 81 Abs. 1 verstoßen. Zu beachten ist, daß dies wiederum nur im Rahmen des Anwendungsbereichs der Bestimmungen über die Landwirtschaft gilt, d.h. allein für die Erzeugnisse, die in Anhang II des EGV genannt sind, vgl. Art. 33 Abs. 3[9]. Im übrigen gilt das Kartellrecht uneingeschränkt, selbst wenn es sich um Hilfsstoffe für die unter Anhang II fallenden Produkte handelt[10].

cc) Verkehr

6 Das EG-Kartellrecht gilt auch für den Verkehrsbereich.[11] Die VO (EWG) 141/62[12] hat nur die VO (EWG) 17/62 über das Kartellverfahren[13] (s. Art. 83, Rn. 36) hinsichtlich von Verkehrsleistungen, nicht für Nebenleistungen[14], für nicht anwendbar erklärt. An ihre Stelle ist für den Eisenbahn-, Straßen- und Binnenschiffsverkehr die VO (EWG) 1017/68[15] getreten. Sie ist Art. 81 f. und der VO 17/62 nachgebildet, denn sie enthält nach dem grundsätzlichen Kartellverbot durch Art. 2 in Art. 4 Gruppenfreistellungen für Vereinbarungen, Beschlüsse und aufeinander abgestimmte Verhaltensweisen kleiner und mittlerer Unternehmen und in Art. 5, 6 die Möglichkeit der Freistellung. Für die

---

4 Vgl. H. Schröter, in: GTE, EU-/EGV, Vor Art. 85 bis 89, Rn. 49. Hier ist zu beachten, daß der EGKSV nach seinem Art. 97 zum 23.7.2002 außer Kraft tritt und dann vollumfänglich das Kartellrecht des EGV gilt.
5 G. Grill, in Lenz, EGV, Vorbem. Art. 81–86, Rn. 27.
6 J.-H. Bunte, in Langen/Bunte, Kommentar zum deutschen und europäischen Kartellrecht, Band 1, 9. Auflage 2001, Einführung zum EG-Kartellrecht, Rn. 53; G. Grill, in Lenz, EGV, Vorbem. Art. 81–86, Rn. 27.
7 ABl.EG 1962 Nr. 30, S. 993 f. Die VO 26/62 enthält keine abschließende kartellrechtliche Regelung. Die EG kann im Rahmen der gemeinsamen Marktorganisationen nach Art. 34 EGV weitere Ausnahmen vom Kartellverbot vorsehen, Schröter, in GTE, EU-/EGV, Vor Art. 85 bis 89, Rn. 46.
8 Die fragliche Absprache muß zur Verwirklichung aller Ziele des Art. 33 beitragen, G. Grill, in: Lenz, EGV, Vor Art. 81–86, Rn. 28.
9 EuGH, Rs. 61/80, Slg. 1981, 851, Rn. 21 (Coöperative Stremsel- en Kleurselfabriek/Kommission).
10 EuGH, Rs. C-250/92, Slg. 1994, I-5641, Rn. 23 (DLG).
11 S. EuGH, Rs. 167/73, Slg. 1974, 359 Rn. 29/33 für den Seeverkehr; Verb. Rs. 209 bis 213/84, Slg. 1986, 1425 (Nouvelles Frontieres) für den Luftverkehr.
12 ABl.EG 1962, S. 2751.
13 ABl.EG 1962, S. 204.
14 T. Jestaedt, in Langen/Bunte, KartR (Fn. 6), Art. 81 Sonderbereiche, Rn. 19.
15 ABl.EG 1968 Nr. L 175/1.

Schiffahrt und den Luftverkehr regeln VO (EWG) 4056/86 und VO (EWG) 3975/87[16] die Einzelheiten der Anwendung des Kartellrechts. Auch sie sehen Freistellungen vor.[17]

b) Örtliche Anwendbarkeit, insbesondere Exterritorialität
Das EG-Kartellrecht gilt für die Gemeinschaft, vgl. Art. 299. Alle Unternehmen, die innerhalb der Gemeinschaft tätig werden, unterliegen daher dem Kartellrecht. Probleme bereitet aber die Erfassung verbotener Maßnahmen, die außerhalb des Hoheitsbereichs der EG von nicht in der EU Ansässigen getroffen werden, aber in den Gemeinsamen Markt einwirken. Der Anwendung des EG-Kartellrechts kann in diesem Fall die völkerrechtliche Begrenzung der Hoheitsgewalt der EG allein auf ihr Hoheitsgebiet entgegenstehen. 7

aa) Praxis der Kommission und Position des EuGH
Diese Schwierigkeiten löst die **Kommission** dadurch, daß sie darauf abstellt, ob das Verhalten sich innerhalb der Gemeinschaft auswirkt, sog. **Auswirkungsprinzip**.[18] Ferner bemüht sie sich, die grenzüberschreitende Anwendung durch völkerrechtliche Abkommen des Rates zu sichern.[19] 8

Der **EuGH** hält am Territorialitätprinzip fest, wenn er die Anwendung des Kartellrechts danach bestimmt, ob die Unternehmen innerhalb der EG tätig geworden sind. Entscheidend ist der **Ort der Durchführung des wettbewerbwidrigen Verhaltens**[20], wobei es nicht darauf ankommt, daß die in der Gemeinschaft ansässigen Filialen oder Töchter eingeschaltet wurden.[21] Argumentativ bedient der EuGH sich dabei der Zurechnung des Verhaltens von in der EG ansässigen, weisungsabhängigen Tochtergesellschaften an die außerhalb sitzenden Mütter, indem er die Figur der wirtschaftlichen Einheit von Mutter und Tochter (s. Rn. 38) heranzieht, um die mit der Exterritorialität zusammenhängenden Probleme zu überwinden.[22] Doch ist dem EuGH das bloße Abstellen auf die Wirkungen des Verhaltens auf den Gemeinsamen Markt keineswegs fremd.[23] 9

---

16 ABl.EG 1986 Nr. L 378/4 bzw. ABl.EG 1987 Nr. L 374/1.
17 Vgl. *T. Jestaedt*, in Langen/Bunte, KartR (Fn. 6), Art. 81 Sonderbereiche, Rn. 24 f., 91; z.T. a.A. *H. Schröter*, in: GTE, EU-/EGV, Art. 87 – Zweiter Teil, Verkehr, Rn. 19; *G. Grill*, in: Lenz, EGV, Vorb. Art. 81–86, Rn. 29.
18 Kommissionsentscheidung v. 19.12.1984, ABl.EG 1985, Nr. L 92/1, S. 46 (Aluminium); v. 19.12.1984, ABl.EG 1985, Nr. 85/1, Rn. 79 (Zellstoff). Die Auswirkungslehre gilt auch im US-amerikanischen Kartellrecht, vgl. *A.-M. Karl*, Auf dem Weg zu einer globalen Kartellrechtordnung, RIW 1996, 633.
19 Kommission, XXI. Wettbewerbsbericht, 1991, Rn. 64, XXII. Wettbewerbsbericht, 1992, Rn. 109 ff. Mit den USA wurde ein Abkommen über die Anwendung des Wettbewerbsregeln abgeschlossen. Das Abkommen trat nach der Zustimmung des Rats am 10.4.1995 in Kraft, vgl. ABl.EG 1995 Nr. L 95/45 ff. und L 131/38. Später wurde mit den USA noch ein Abkommen bezüglich der Durchsetzung der Wettbewerbsregeln geschlossen, ABl.EG 1998 Nr. L 173/26 ff. Ein weiteres Abkommen über die Anwendung des Wettbewerbsrechts besteht mit Kanada, vgl. ABl.EG 1999 Nr. L 175/50 ff; XXVII. Wettbewerbsbericht 1997, Ziffer 329.
20 So bereits EuGH, Rs. 48/69, Slg. 1972, 619, Rn. 126/130 (ICI/Kommission).
21 EuGH, Verb. Rs. 89, 104, 114, 116, 117 und 125 bis 129/85, Slg. 1988, 5193, Rn. 16–18 (Ahlström u.a./Kommission).
22 EuGH, Rs. 6/72, Slg. 1973, 215, Rn. 15, 16 (Europemballage und Continental Can/Kommission); Rs. 48/69, Slg. 1972, 619, Rn. 132/135 (ICI/Kommission); zust. *G. Grill*, in: Lenz, EU-/EGV, Vorbem. Art. 81–86, Rn. 22 f.; *W. Meng*, in GTE, EU-/EGV, Band 5, Exterritoriale Anwendung des EU-Rechts, Rn. 88.
23 EuGH, Rs. 22/71, Slg. 1971, 949, Rn. 12 (Béguelin Import/G.L. Import Export). So auch das EuG, Rs. T-102/96, Slg. 1999, II-753, Rn. 87, 90 ff. (GENCOR/Kommission) zur Bestimmung des Anwendungsbereichs der FusionskontrollVO 4064/89.

bb) Literatur

10 Die h.M. stützt die Berufung auf das Auswirkungsprinzip.[24] In der neueren Literatur wird an die Ordnungshoheit der EU angeknüpft. Der EU ist es in Zeiten grenzüberschreitenden Verkehrs und moderner Kommunikationsverbindungen gestattet, zum Wettbewerbsschutz die Teilnahme auch von Drittstaatsunternehmen an ihrer Wirtschaftsordnung zu regeln.[25]

cc) Stellungnahme

11 Für die Anknüpfung an das Auswirkungsprinzip spricht der weite, unbeschränkte Wortlaut, der nur auf die Beeinträchtigung des Handels zwischen den Mitgliedstaaten und die Beschränkung des innergemeinschaftlichen Wettbewerbs abstellt, ohne den »Tatort« näher zu spezifizieren.[26] Es kommt eben nur auf das Bezwecken oder Bewirken an. Zwingende Argumente aus völkerrechtlicher Sicht gegen das Auswirkungsprinzip gibt es nicht; vielmehr besteht eine weitverbreitete Staatenpraxis in diese Richtung.

12 Das Abstellen auf den Ort der Durchführung wird kaum zu anderen Ergebnissen führen. Denn es ist schwer vorstellbar, wettbewerbswidrige Verhaltensweisen mit Auswirkung auf den Gemeinsamen Markt an den Tag zu legen, ohne auf ihm tätig zu werden. Die Betätigung auf dem Gemeinsamen Markt genügt dem Territorialitätsprinzip als Anknüpfungspunkt.[27] Zwar lassen sich Fallsituationen denken, etwa die Belieferungsverweigerung, in denen wettbewerbswidriges Verhalten allein im Ausland stattfindet.[28] Jedoch wird das wettbewerbswidrig sich verhaltende Unternehmen dann auch am Gemeinsamen Markt teilnehmen, etwa indem es seine Produkte auf anderem Wege dorthin verkauft, so daß ein Anknüpfungspunkt für das Territorialitätsprinzip besteht. Der Terminus der Ordnungshoheit bringt demgegenüber keinen Erkenntnisfortschritt.

2. Adressaten

13 Art. 81 f. wenden sich unmittelbar nur an Unternehmen und -vereinigungen, nicht aber an die Mitgliedstaaten. Das Kartellrecht regelt das Wettbewerbsverhalten privater und wegen Art. 86 Abs. 1 auch öffentlicher Unternehmen, weil der Gemeinsame Markt nicht nur von staatlichen Handelsschranken, sondern auch von unternehmerischen wettbewerbsbeschränkenden Maßnahmen gefährdet wird.

14 Darüber hinaus gilt das Kartellrecht auch für den Staat als Hoheitsträger. Art. 3 lit. g,

---

24 Vgl. nur *I. Brinker*, in Schwarze, EU-Kommentar, Art. 81, Rn. 21; *V. Emmerich*, in: Hb.EU-WirtR, Abschnitt H.I., Rn. 28 ff. m.w.N.; *W. Meng*, in: GTE, EU-/EGV, Band 5, Exterritoriale Anwendung des EU-Rechts, Rn. 97, 104; *E. Rehbinder*, in: Immenga/Mestmäcker, EG-Wettbewerbsrecht, Band I, 1997, Einleitung, Rn. E 60, 74.
25 *S. Breitenmoser*, Praxis des Europarechts, 1996, S. 448; *W. Meng*, Exterritoriale Jurisdiktion im öffentlichen Wirtschaftsrecht, 1994.
26 Vgl. auch *V. Emmerich*, in: Hb.EUWirtR, Abschnitt H.I., Rn. 28, umfassend *E. Rehbinder*, in: Immenga/Mestmäcker, EG-Wettbewerbsrecht, Band I, 1997, Einleitung, Rn. E 61 ff.; *W. Meng*, in: GTE, EU-/EGV, Band 5, Exterritoriale Anwendung des EU-Rechts, Rn. 104 ff.
27 *K. M. Meessen*, Völkerrechtliche Grundsätze des internationalen Kartellrechts, 1975, S.101 ff.; vgl. auch die von *W. Meng*, in: GTE, EU-/EGV, Band 5, Exterritoriale Anwendung des EU-Rechts, Rn. 105 genannten Gesichtspunkte. A.A. wohl *M. Gleiss/M. Hirsch*, EGKartR (Fn. 3), Einl., Rn. 39.
28 Vgl. etwa *M. Schödermeier*, Die vermiedene Auswirkung, WuW 1989, S. 24. Es wird daher geltend gemacht, die Anknüpfung an den Durchführungsort stelle nur einen lückenhaften Schutz dar, so *E. Rehbinder*, in: Immenga/Mestmäcker, EG-Wettbewerbsrecht, Band I, 1997, Einleitung, Rn. E 63.

10 verpflichten die Mitgliedstaaten, auch bei hoheitlichen Maßnahmen das Kartellrecht zu achten. Art. 81 f. verbieten daher mittelbar den Mitgliedstaaten, in bezug auf Unternehmen hoheitliche Maßnahmen, etwa legislative Akte, zu treffen oder beizubehalten, die die praktische Wirksamkeit des Kartellrechts aufheben[29]. Dies ist der Fall, wenn ein Mitgliedstaat Kartellabsprachen vorschreibt, erleichtert, in ihren Auswirkungen z.b. durch staatliche Genehmigung[30] verstärkt oder die staatliche Verantwortung für solche in die Wirtschaft eingreifende Entscheidungen auf Private überträgt[31]. Ein Zusammenhang mit einem von Abs. 1 erfaßten unternehmerischen Verhalten ist nötig.[32] Ein Verstoß des Mitgliedstaats ist somit nur festzustellen, wenn er an ein wettbewerbswidriges Vorverhalten der Unternehmen anknüpft. Der Verstoß durch den Mitgliedstaat ist somit nach der Rspr. akzessorisch zu einem der Unternehmen.[33] Der Staat soll nicht das rechtswidrige Verhalten von Unternehmen decken.

Die Mitgliedstaaten unterliegen einer Bindung durch das Kartellrecht ferner nach 15 Art. 86. So dürfen sie die in Art. 86 Abs. 1 genannten Unternehmen nicht in eine Lage bringen, in die sie sich selbständig nicht ohne Verstoß gegen Art. 82 hätten versetzen können[34]. Eine Akzessorietätsvoraussetzung besteht im Gegensatz zur soeben erläuterten Konstellation nicht: Ein Verstoß des Mitgliedstaates liegt auch und gerade dann vor, wenn er dem Unternehmen wegen fehlender Eigenverantwortung nicht zugerechnet werden kann.[35]

3. EG-Kartellrecht in den Mitgliedstaaten

a) Rangverhältnis von EG-Kartellrecht und nationalem Recht
aa) Vorrang des Gemeinschaftsrechts
(1) Rechtsprechung des EuGH und Praxis der Kommission

Da eine spezielle sekundärrechtliche Regelung des Verhältnisses zum nationalen Kar- 16 tellrecht gemäß Art. 83 Abs. 2 lit. e) fehlt[36], nimmt das EG-Kartellrecht Teil am allge-

---

29 EuGH, Rs. 231/83, Slg. 1985, 305, Rn. 16 (Cullet/Leclerc).
30 EuGH, Rs. 66/86, Slg. 1989, 803, Rn. 49 (Ahmed Saeed Flugreisen u.a./Zentrale zur Bekämpfung unlauteren Wettbewerbs).
31 Sog. van Eycke-Test seit EuGH, Rs. 267/86, Slg. 1988, 4769, Rn. 16 (Van Eycke/ASPA); s. ferner Rs. C-153/93, Slg. 1994, I-2517, Rn. 14 (Delta); Rs. C-35/96, Slg. 1998, I-3851, Rn. 53 ff. (Kommission/Italien).
32 EuGH, Rs. C-2/91, Slg. 1993, I-5751, Rn. 14, 20, 22 (Meng). Näher zum Erfordernis einer Akzessorietät *J. Schwarze*, Der Staat als Adressat des europäischen Wettbewerbsrechts, EuZW 2000, S. 621 f.
33 Daher liegt kein Verstoß des Mitgliedstaats gegen den EGV vor, wenn bei einer staatlich angeordneten Tariffestsetzung private Beteiligte als vom Staat eingesetzte unabhängige Sachverständige fungieren oder bei einer Tariffestsetzung auch Allgemeinwohlbelange einbeziehen müssen, sehr wohl aber, wenn sie als Unternehmensvertreter nur nach ihren Interessen entscheiden, Rs. C-35/96, Slg. 1998, I-3851, Rn. 43 f. (Kommission/Italien). Die Akzessorität wird als widersprüchlich kritisiert, weil dann für intensivere Formen staatlicher Interventionen die Anforderungen an die Mitgliedstaaten gerade nicht gelten, vgl. *V. Emmerich*, Hb.EUWirtR, H.I. § 1, Rn. 15; *G. Grill*, in Lenz, EGV, Vor Art. 81–86, Rn. 38. Allerdings fordert Art. 81 das wettbewerbswidrige Verhalten von Unternehmen, *J. Schwarze*, (Fn. 32), S. 621. Ferner obliegt die Wirtschaftspolitik primär den Mitgliedstaaten.
34 EuGH, Rs. C-18/88, Slg. 1991, I-5941, Rn. 20 (GB-INNO-BM).
35 *J. Schwarze* (Fn. 32), S. 626.
36 Abgesehen von Art. 21 Abs. 2 FKVO (Fn. 496), der die ausschließliche Anwendung von Gemeinschaftsrecht für Fusionen von gemeinschaftsweiter Bedeutung anordnet. Der Vorschlag für eine VO zur Durchführung der in Art. 81 und 82 EGV niedergelegten Wettbewerbsregeln, Dok. KOM (2000) 582 endg., ABl.EG 2000 Nr. C 365 E/284, sieht in seinem Art. 3 den Vorrang des

meinen **Anwendungsvorrang** des Gemeinschaftsrechts vor dem nationalen Recht.[37] Grundsätzlich bleibt es bei der **parallelen Anwendung**, wobei sich im Konfliktfall das Gemeinschaftsrecht durchsetzt.[38] Ein Konflikt entsteht, wenn das eine Recht ein Verhalten verbietet, das das andere Recht aber erlaubt.

17 Verbietet das Gemeinschaftsrecht ein Verhalten, dann muß das nationale Recht mit seiner Erlaubnis zurücktreten. Im umgekehrten Fall wird ein nationales Verbot durch eine gemeinschaftsrechtliche Erlaubnis durchbrochen.[39] Dies ist aber nur dann so, wenn das Gemeinschaftsrecht eine explizite Erlaubnis, etwa in Form einer Freistellung, vorsieht. Es sind jedoch sekundärrechtliche Öffnungsklauseln denkbar, wonach das Gemeinschaftsrecht die Anwendung strengeren nationalen Rechts zuläßt. Eine gemäß Abs. 3 freigestellte Absprache kann dann vom nationalen Recht verboten werden, wenn und soweit das EG-Recht das explizit gestattet.[40]

18 Der **Zweischrankentheorie** hat der EuGH damit eine Absage erteilt. Nach dieser Theorie sind das nationale und das Gemeinschaftsrecht gleichwertig anwendbar, so daß immer das strengere Recht sich durchsetzt.

19 Die parallele Anwendung erlaubt auch parallele Verfahren, wobei die nationale Behörde dafür sorgen muß, daß der Vorrang, d.h. die einheitliche Anwendung des EG-Kartellrechts und die volle Wirksamkeit seines Vollzugs, gewahrt bleibt.[41] Im Falle einer Sanktionierung nach nationalem und europäischem Recht gebietet ein Billigkeitsgedanke die Berücksichtigung der nationalen Sanktion bei der Bemessung der Buße nach EG-Recht.

20 Die **Kommission** geht grundsätzlich auch vom Vorrang des Gemeinschaftsrechts aus, schränkt ihn aber für Freistellungen ein. Bei letzteren soll der Vorrang gewahrt sein, solange die gewährte Befreiung nicht vom nationalen Recht in ihrem Kern beeinträchtigt wird.[42] Im Rahmen dieser Beschränkung kann eine andere Beurteilung durch das nationale Recht sich durchsetzen.

Fortsetzung von Fußnote 36
EG-Rechts vor dem nationalen Kartellrecht für Maßnahmen vor, die den zwischenstaatlichen Handel berühren.
37 EuGH, Rs. 14/68, Slg. 1969, 1, Rn. 4, 5 (Wilhelm/Bundeskartellamt).
38 Vgl. EuGH, Rs. 253/78 und 1 bis 3/79, Slg. 1980, 2327, Rn. 16,17 (Procureur de la Republique/ Giry und Guerlain); Rs. 249/85, Slg. 1987, 2345, Rn. 17 (ALBAKO/BALM); Rs. C-67/91, Slg. 1992, I-4785, Rn. 11 f. (Asociacion Espanola de banca privada u.a.); zustimmend Kommission, VI. Wettbewerbsbericht, 1976, S.74.
39 Vgl. EuGH, Rs. 253/78 und 1 bis 3/79, Slg. 1980, 2327, Rn. 17 (Procureur de la Republique/ Giry und Guerlain); Kommission, Entscheidung v. 20.10.1978, ABl.EG 1978 Nr. L 322/26 (WANO).
40 Vgl. 19. Begründungserwägung der VO Nr. 1984/83, zum 1.6.2000 ersetzt durch die VO Nr. 2790/1999, ABl.EG 1999, Nr. L 336/21, für eine Beschränkung der zeitlichen Höchstdauer von Tankstellenverträgen und 29. Begründungserwägung der VO Nr. 123/85, die zum 1.7.1995 durch die VO 1475/95 (Fn. 461) abgelöst wurde.
41 EuGH, Rs. 14/68, Slg. 1969, 1, Rn. 4, 9, 11 (Wilhelm/Bundeskartellamt); EuG, Rs. T-149/89, Slg. 1995, II-1127, Rn. 26 (Sotralentz/ Kommission).
42 Arbeitsdokument IV/003/R 101 vom 10.10.1984 bezüglich Einzelfreistellungen; *H. Schröter/ P. Delsaux*, in: GTE, EU-/EGV, Vor. Art. 85 bis 89, Rn. 61. Zustimmung *E. Rehbinder*, FS Mestmäcker, 1996, S. 716 f., 724.

EG-Vertrag Art. 81

(2) **Stellungnahme**
Die Rechtsprechung hat überwiegend Zustimmung gefunden.[43] Teilweise wird der generelle Vorrang jedoch bestritten. Nur Freistellungen mit bewußt wettbewerbspolitischer Bedeutung, sog. **positive Eingriffe**, hätten Sperrwirkung gegenüber nationalen Verboten, so daß Gruppenfreistellungen nicht stets vorrangig wären.[44] Begründet wird dies mit einer Passage aus einem EuGH-Urteil, in der er feststellt, daß Art. 81 neben Verboten und Befreiungen der Kommission auch die Möglichkeit zu »positive[n], obgleich mittelbare[n] Eingriffe[n] zur Förderung einer harmonischen Entwicklung des Wirtschaftslebens«[45] gibt.[46]

21

Daraus wird von manchen gefolgert, es gebe nur einen Vorrang, soweit GruppenfreistellungsVOen positiv Wettbewerbsbeschränkungen freistellen, also für die sog. weißen Listen (s. Rn. 166), wobei letzteres wiederum streitig ist. Diese Meinung überdehnt aber völlig die Bedeutung dieser Passage. Der Zusammenhang des Textes zeigt, daß der EuGH den Vorrang des Gemeinschaftsrechts nicht etwa unter eine Einschränkung stellen wollte. Denn die nachfolgenden Sätze stellen den Vorrang des Gemeinschaftsrechts fest, und zwar ohne Einschränkung. Es ging ihm zunächst um eine teleologische Begründung des Vorrangs. Die Passage diente dem EuGH dazu, den Vorrang des Gemeinschaftsrechts nicht nur mit dem eher formalen Hinweis auf die Verbote und Befreiungen, sondern auch mit dem Hinweis darauf zu begründen, daß das EG-Kartellrecht durch Freistellungen der Kommission ein Mittel für integrationsfördernde Eingriffe in den Wettbewerb an die Hand gibt. Diese wirtschaftspolitischen Möglichkeiten, die nach dem Verständnis des EuGH der Kommission anvertraut waren, sollten nicht durch nationale Verbote unterlaufen werden. Auch hat der EuGH in späteren Urteilen diese Passage nicht mehr wiederholt.[47] Außerdem entscheidet jede Freistellung aufgrund der zu beachtenden Voraussetzungen des Abs. 3 positiv über die Förderung der wirtschaftlichen Entwicklung[48].

22

Der **Vorrang** für Individual- als auch Gruppenfreistellungen vor einem nationalem Verbot gilt somit **uneingeschränkt**.[49] GruppenfreistellungsVOen haben als Rechtsnormen

23

---

43 S. z.B. *V. Emmerich*, in: Hb.EUWirtR, Abschnitt H.I. § 1, Rn. 40 f.; *M. Gleiss/M. Hirsch*, EG-KartR (Fn. 3), Einl., Rn. 62; *H. Schröter*, in: GTE, EWGV, Vor Art. 85–89, Rn. 60; *G. Wiedemann*, Handbuch des Kartellrechts, 1999, § 6, Rn. 3; im Ergebnis auch *H.-J. Bunte* in Langen/Bunte, KartR (Fn. 6), Einführung zum EG-Kartellrecht, Rn. 79.
44 *C. Bellamy/G. Child*, Common Market Law of Competition, 3. Auflage 1987, Rn. 1-090; *H.-J. Bunte*, Das Verhältnis von deutschem zu europäischem Kartellrecht, WuW 1989, S. 16; *E.-J. Mestmäcker*, in: U. Immenga/ders., GWB, 3. Auflage, 2001, Einl., Rn. 86 f. Im übrigen ist noch strittig, ob der Vorrang zusätzlich noch der Feststellung eines Konflikts zwischen EG-Recht und nationalem Recht bedarf und wie dieser auszusehen hat, vgl. *E. Rehbinder*, in: Immenga/Mestmäcker, EG-Wettbewerbsrecht, Band I, 1997, Einleitung, Rn. F 18 m.w.N.
45 Vgl. EuGH, Rs. 14/68, Slg. 1969, 1, Rn. 5 (Wilhelm/Bundeskartellamt).
46 S. z.B. *H.-J. Bunte*, in: Langen/Bunte, KartR (Fn. 6), Einführung zum EG-Kartellrecht, Rn. 75, 78. Mit dem »positiven Eingriff« argumentiert auch *E. Rehbinder*, in: Immenga/Mestmäcker, EG-Wettbewerbsrecht, Band I, 1997, Einleitung, Rn. F 17 ff.
47 Vgl. auch *S. Klaue*, in: FS Steindorff, Berlin 1990, S. 984; a.A. insoweit *H. Schröter*, in: GTE, EU/EGV, Vor Art. 85 bis 89, Rn. 61; die von ihm angeführte Rs. 253/78 und 1 bis 3/79, Slg. 1980, 2327 (Guerlain) gibt dafür jedoch nichts her, so auch *R. Walz*, Der Vorrang des europäischen vor dem deutschen Kartellrecht, 1994, S. 36. Gleiches gilt für die von *E. Rehbinder*, in: Immenga/Mestmäcker, EG-Wettbewerbsrecht, Band I, 1997, Einleitung, Rn. F 17 Fn. 36 zitierten Entscheidungen, die eher für einen unbeschränkten Vorrang streiten.
48 Näher *G. Wiedemann*, Kommentar zu den GruppenfreistellungsVOen, Band I, 1989, Rn. 397 f.
49 So auch h.M., vgl. nur *H.-J. Bunte*, in: Langen/Bunte, KartR (Fn. 6), Einführung zum EG-Kartellrecht, Rn. 79; *A. Wagner*, EWG-Gruppenfreistellung und nationales Kartellrecht, 1993, S. 42; *G. Wiedemann*, Handbuch des Kartellrechts, 1999, § 6, Rn. 6 f.

stets Vorrang vor nationalem Recht. Ein anderes Ergebnis ist unsinnig, da ein Unternehmen sonst zu beschränkenden Abreden gezwungen ist, um in den Genuß der Freistellung zu kommen.[50]

bb) Bindung an Entscheidungen der Kommission

24 Folge des Vorrangs des Gemeinschaftsrechts ist, daß die Kommissionsentscheidungen die nationalen Stellen binden. Dies gilt für Individual- und für Gruppenfreistellungen. Ein nationales Verbot freigestellter Absprachen darf nicht angewandt werden, außer die Freistellung läßt die Anwendung strengeren nationalen Rechts ausdrücklich zu (s. bereits Rn. 17).

25 Der EuGH hat andererseits bezüglich formloser Verfahrenseinstellungen durch die Kommission durch sog. **letters of comfort**, also einfache Verwaltungsschreiben, entschieden, daß sie die Anwendung strengeren nationalen Rechts nicht behinderten.[51] Nationale Gerichte hätten bei ihrer Einschätzung der Vereinbarkeit mit Art. 81 die Beurteilung durch die Kommission (nur) als tatsächlichen Umstand zu berücksichtigen. Sie sind nicht an die Würdigung der Kommission gebunden[52]

26 Bezüglich **Negativatteste** nach Art. 2 VO 17/62, in denen die Kommission feststellt, daß nach den ihr bekannten Tatsachen kein Anlaß zum Einschreiten besteht, enthält die Rspr. keine klaren Vorgaben. Der EuGH spricht in seinen Urteilen immer nur davon, daß Entscheidungen Vorrang zukommen müsse.[53] Daraus folgt im Umkehrschluß, daß der Vorrang nicht für bloße Verfahrensmaßnahmen gilt, was die Rspr. zu den formlosen Verfahrenseinstellungen stützt. Negativatteste sind jedoch formelle Entscheidungen.

27 In der Literatur ist deshalb umstritten, ob ein Negativattest der Kommission Bindungswirkung gegenüber entgegenstehenden nationalen Maßnahmen entfaltet.

28 Die Ablehnung der Bindungswirkung wird damit begründet, daß das Negativattest nur eine Unbedenklichkeitbescheinigung sei[54]. Nach anderer Ansicht hat auch das Negativattest Vorrang, so daß nationales Recht die Abreden nicht untersagen dürfe.[55] Eine dritte Ansicht unterscheidet: Ergeht das Negativattest deswegen, weil das Gemeinschaftskartellrecht gar nicht anwendbar ist (z.B. wegen fehlender Zwischenstaatlichkeit), binde es nicht. Ergeht es aber, weil die Kommission keine Wettbewerbsbeschränkung erkennt, gelte der Vorrang.[56]

---

50 G. *Wiedemann* (Fn. 48), Rn. 411; *ders.*, Handbuch des Kartellrechts, 1999, § 6, Rn. 7.
51 EuGH, Rs. 253/78 und 1 bis 3/79, Slg. 1980, 2327, Rn. 18 (Guerlain); Rs. 31/80, Slg. 1980, 3775, Rn. 11 (L'Oréal/De nieuwe Amck). Vgl. auch R. *Walz* (Fn. 47), S. 37.
52 EuGH, Rs. 99/79, 10.7.1980, Slg. 1980, 2511, Rn. 18 (Lancôme/Etos); Rs. 31/80, Slg. 1980, 3775, Rn. 11 (L'Oréal/De nieuwe Amck); Rs. T-114/92, Slg. 1995, II-147, Rn. 65 (BEMIM/Kommission). In der Literatur wird gefordert, daß bei qualifizierten comfort letters, in denen die Kommission mitteilt, daß ihrer Ansicht nach die Voraussetzungen des Art. 81 Abs. 3 für eine Freistellung vorlägen, der Anwendungsvorrang wegen der einheitlichen Geltung des EG-Rechts einzugreifen habe, V. *Emmerich*, in: Hb.EUWirtR, H.I. § 1, Rn. 42.
53 S. EuGH, Rs. 14/68, Slg. 1969, 1, Rn. 7 (Wilhelm/Bundeskartellamt); Rs. 249/85, Slg. 1987, 2345, Rn.17 (Albako/BALM).
54 H.-J. *Bunte*, in Langen/Bunte, KartR (Fn. 6), Einführung zum EG-Kartellrecht, Rn. 77; s. auch E. *Rehbinder*, in: Immenga/Mestmäcker, EG-Wettbewerbsrecht, Band I, 1997, Einleitung, Rn. F 31.
55 U. *Ehricke*, Bindungswirkung von Negativattest und »comfort letter«, ZHR 1994, S. 178.
56 M. *Gleiss/M. Hirsch*, EGKartR (Fn. 3), Einl., Rn. 74.

Zu folgen ist der erstgenannten Ansicht, wonach keine Bindungswirkung vorliegt. 29
Denn die Annahme des Vorrangs des Negativattests liefe auf eine Gleichstellung mit einer Freistellung hinaus. Ein Negativattest trifft aber keine inhaltliche Regelung und vollzieht das EG-Kartellrecht nicht[57]. Entscheidend für die Bindungswirkung ist nämlich, ob das EG-Kartellrecht eine materielle Regelung entfaltet, nicht ob formal die Kommission einmal tätig war. Bei einem Negativattest fehlt es jedoch an einer Regelung. Im Gegensatz dazu ist eine Freistellung Vollzug, da ein rechtsgestaltender Akt ergeht, der die Rechtswirkung des Abs. 2 ausräumt. Die Freistellung begründet ein Recht.[58] Die Gleichstellung mit einer Freistellung verbietet sich daher mangels Vergleichbarkeit. Die Kommission trifft ferner keine definitive Aussage: Ein im Wege des Negativattests abgeschlossenes Verfahren kann wieder aufgegriffen werden. Das Negativattest hat keinen anderen rechtlichen Wert als ein letter of comfort[59], so daß eine Bindungswirkung systemwidrig wäre. Aus diesen Gründen kann auch nicht nach dem Inhalt des Negativattests differenziert werden, da dies den rechtlichen Wert allein von der Begründung abhängig machte. Die Gefahr verschiedener Beurteilungen vergleichbarer Sachverhalte vor nationalen Stellen[60] rechtfertigt eine Bindung nicht. Denn dann wäre der dezentrale Vollzug des EG-Rechts gleich insgesamt aufzugeben. Er soll indes auch für das Kartellrecht noch verstärkt werden.

b) Unmittelbare Anwendung des EG-Kartellrechts durch nationale Stellen
Art. 81 hat nur für nationale Behörden uneingeschränkte unmittelbare Wirkung (näher 30
Art. 83, Rn. 3 f.). GruppenfreistellungsVOen sind stets unmittelbar anwendbar[61]. Das Bundeskartellamt ist zum Vollzug von Art. 81 Abs. 1, 2, teilweise auch 3 (s. Art. 84, Rn. 4, 9), 82 befugt[62]. Was nationale Gerichte angeht, haben sie Art. 81 von Amts wegen anzuwenden, sofern Durchführungsvorschriften nach Art. 83, wie z.B. die VO 17/62, bestehen. Die Anwendung von Amts wegen kann unterbleiben, wenn eine nach nationalem Prozeßrecht nicht statthafte Amtsermittlung nötig wäre.[63] Die Gerichte müssen bei der Anwendung die Möglichkeit einer Freistellung durch die Kommission berücksichtigen. In diesem Fall ist das Verfahren auszusetzen, um widersprüchliche Ent-

---

57 Zum Vollzug als Voraussetzung EuGH, Rs. 14/68, Slg. 1969, 1, Rn. 9 (Wilhelm/Bundeskartellamt); vgl. *M. Gleiss/M. Hirsch*, EGKartR (Fn. 3), Einl., Rn. 73.
58 Vgl. GA *G. Reischl*, Schlußantr. zu EuGH, Rs. 31/80, Slg. 1980, 3803 (L'Oréal/De nieuwe Amck).
59 Vgl. näher W. *Weiß*, Die Verteidigungsrechte im EG-Kartellverfahren, 1996, S. 147 f. Ob sich durch die sog. Positiventscheidungen nach Art. 10 des Vorschlags für eine VO zur Durchführung der in Art. 81 und 82 EGV niedergelegten Wettbewerbsregeln, Dok. KOM (2000) 582 endg., ABl.EG 2000 Nr. C 365 E/284, die auch bei fehlender Erfüllung der Tatbestandsmerkmale des Art. 81 Abs. 1 ergehen können, daran etwas ändert, bleibt abzuwarten, vgl. *E.-J. Mestmäcker*, Versuch einer kartellpolitischen Wende in der EU, EuZW 1999, S. 527; *H. Weyer*, Wettbewerbspolitk nach dem Weißbuch der Kommission, ZHR 2000, S. 629 ff.
60 Auf sie stützt *U. Ehricke* (Fn. 55), S. 177 die Notwendigkeit einer Bindungswirkung.
61 EuGH, Rs. C-234/89, Slg. 1991, I- 935, Rn. 45, 46 (Delimitis).
62 Vgl. im übrigen die Bekanntmachung der Kommission über die Zusammenarbeit zwischen der Kommission und Wettbewerbsbehörden der Mitgliedstaaten bei der Bearbeitung von Fällen im Anwendungsbereich der Art. 85 und 86 EGV, ABl.EG 1997 Nr. C 313/3 ff. Die Kommission strebt die Aufgabe ihres Freistellungsmonopols an und erwägt die unmittelbare Anwendbarkeit von Art. 81 Abs. 3 sekundärrechtlich einzuführen, vgl. den Vorschlag für eine VO zur Durchführung der in Art. 81 und 82 EGV niedergelegten Wettbewerbsregeln, Dok. KOM (2000) 582 endg., ABl.EG 2000 Nr. C 365 E/284, und das Weißbuch über die Modernisierung der Vorschriften zur Anwendung der Art. 85 und 86, ABl.EG 1999 Nr. C 132/1.
63 EuGH, Rs. C-430 und 431/93, Slg. 1995, I-4705, Rn. 13, 22 (Van Schijndel und van Veen); zum Ganzen auch *W. Pühs*, Der Vollzug von Gemeinschaftsrecht, 1997, S. 351 ff.

scheidungen zu vermeiden.⁶⁴ Die Gerichte können bei der Kommission den Verfahrensstand erfragen und sie um rechtliche und wirtschaftliche Information bitten⁶⁵. Die Kommission hat Leitlinien für die Zusammenarbeit mit nationalen Stellen publiziert.⁶⁶

II. Tatbestandsvoraussetzungen

1. Unternehmen und Unternehmensvereinigungen

a) Der Begriff des Unternehmens
aa) Die Definitionen von EuGH und Kommission

31 Der Begriff des Unternehmens ist ein gemeinschaftsrechtlicher und hängt daher nicht davon ab, ob ein Unternehmen etwa eine juristische Person im Sinne einer nationalen Rechtsordnung ist. Vielmehr ist ein **funktionales Verständnis** angebracht. Das Kartellrecht regelt das Wettbewerbsverhalten der auf dem Gemeinsamen Markt Tätigen. Entscheidend ist damit die wirtschaftliche Betätigung. Der EuGH versteht unter einem Unternehmen jede eine **wirtschaftliche Tätigkeit ausübende Einheit** unabhängig von Rechtsform oder Art der Finanzierung.⁶⁷ Gewinnerzielungsabsicht ist nicht erforderlich⁶⁸, so daß auch gemeinnützige Unternehmen erfaßt sind. Wirtschaftlich ist eine Betätigung nur, wenn sie über die Deckung des eigenen Bedarfs und die Tätigkeit als abhängig Beschäftigter hinausgeht. Die Rspr. des EuG und die Kommission definieren dementsprechend als Unternehmen eine wirtschaftliche Einheit, die in einer einheitlichen Organisation personeller, materieller oder immaterieller Mittel besteht, die dauerhaft einen wirtschaftlichen Zweck verfolgt.⁶⁹ Öffentliche Unternehmen zählen dazu.

32 Unter diese denkbar weite Definition fallen auch natürliche Personen⁷⁰ wie Einzelkaufleute, Freiberufler⁷¹, Forschungsergebnisse verwertende Wissenschaftler und Künstler. Unternehmer verlieren diese Eigenschaft nicht sogleich durch Veräußerung des Unternehmens, da auch potentielle Unternehmen erfaßt sind.⁷²

33 Die Formulierung des EuG scheint darauf hinzudeuten, daß eine eigene Rechtspersön-

---

64 EuGH, Rs. C-234/89, Slg. 1991, I-935, Rn. 52 (Delimits). S. zuletzt dazu EuGH, Rs. C-344/98, 14.12.2000, EuZW 2001, 113, Tz. 51 f., 55. Auch vom EuG außer Vollzug gesetzte Entscheidungen der Kommission müssen beachtet werden, solange sie nicht aufgehoben oder zurückgenommen wurden, EuGH, ebda. Tz. 53.
65 Vgl. EuGH, Rs. C-91/95 P, Slg. 1996, I-5547, Rn. 41 (Tremblay/Kommission).
66 S. die Bekanntmachung über die Zusammenarbeit zwischen der Kommission und den Gerichten der Mitgliedstaaten, ABl.EG 1993, Nr. C 39/5.
67 EuGH, Rs. C-41/90, Slg. 1991, I-1979, Rn. 21 (Höfner und Elser); Rs. C-244/94, Slg. 1995, I-4022, Rn. 14 (Fédération francaise des sociétés d'assurance u.a.).
68 Vgl. EuGH, Rs. 209 bis 215 und 218/78, Slg. 1980, 3125, Rn. 88 (Van Landewyck/Kommission); Rs. C-244/94, Slg. 1995, I-4022, Rn. 21 (Fédération francaise des sociétés d'assurance u.a.).
69 EuG, Rs. T-11/89, Slg. 1992, II-757, Rn. 311 (Shell/Kommission); ähnlich Rs. T-6/89, Slg. 1991, II-1623, Rn. 235 (Enichem Anic/Kommission); Kommission, Kooperationsbekanntmachung v. 4.8.1990, ABl.EG 1990, Nr. C 203/10 Rn. 8. Dies entspricht weitgehend der Rspr. des EuGH zu Art. 66 EGKSV, vgl. EuGH, Rs. 17 und 20/61, Slg. 1962, 687 (Klöckner-Werke und Hoesch/Hohe Behörde). Zu Einschränkungen bezüglich des Merkmals der Dauerhaftigkeit H. Schröter, in GTE, EU-/EGV, Vor Art. 85 bis 89, Rn. 28.
70 Kommission, Entscheidung v. 26.5.1978, ABl.EG 1978 Nr. L 157/39, 40 (RAI/UNITEL).
71 Kommission, Entscheidung v. 30.6.1993, ABl.EG 1993 Nr. L 203/27 Rn. 40 (CNSD).
72 Kommission, Entscheidung v. 26.7.1976, ABl.EG 1976, Nr. L 254/40, 46 (Reuter/BASF).

lichkeit nicht notwendig ist.[73] Dafür spricht, daß es um funktionale, nicht um institutionelle Begriffe geht. Entscheidend ist die Frage der Zurechnung. Der Unternehmensträger muß Rechtssubjekt sein.[74] Die Frage eigener Rechtspersönlichkeit spielt nur für das Verfahrensrecht, etwa bei Zustellung oder Vollstreckung, eine Rolle.[75]

Auch Verbände und Unternehmensvereinigungen sind Unternehmen, wenn sie selbst wirtschaftlich tätig werden.[76] 34

bb) Das Kriterium der wirtschaftlichen Betätigung nach der Praxis der Organe
Wirtschaftliche Betätigung meint eine Tätigkeit, die auf den **Austausch von Leistungen oder Gütern am Markt** gerichtet ist[77]. Die Ausübung staatlicher Gewalt fällt nicht unter Art. 81 f., so daß Hoheitsträger insoweit keine Unternehmen sind[78]. Daß die über diesen Bereich hinausgehende Betätigung der öffentlichen Hand davon erfaßt wird, zeigt Art. 86. Die Rechtsnatur als öffentlich-rechtliche Anstalt, der z.B. eine Vermittlungstätigkeit übertragen ist (Bundesanstalt für Arbeit), berührt insoweit nicht die Natur der Tätigkeit. Denn Arbeitskräfte werden nicht nur von öffentlichen Einrichtungen vermittelt; dies ist auch gar nicht notwendig. Daher sieht das Wettbewerbsrecht die Betätigung einer solchen Einrichtung als wirtschaftlich und die Einrichtung somit als Unternehmen an.[79] Es kommt nicht auf die Rechtsnatur der Einheit, sondern auf die Art der ausgeübten Tätigkeiten an. 35

Besondere Probleme bereitet die Einordnung von **Systemen der sozialen Sicherung**. Denn solche Leitungen können auch wirtschaftlich als Versicherung erbracht werden. Der Begriff »wirtschaftlich« bildet keinen Gegensatz zum Begriff »sozial«. Daß eine Einrichtung ausschließlich soziale Ziele verfolgt, behindert das Eingreifen des EG-Kartellrechts nicht, ebensowenig wie die Berücksichtigung des Solidaritätsgedankens.[80] Zwar hat der EuGH **Sozialversicherungsträger** vom Begriff des Unternehmens ausgenommen.[81] Er tat dies aber nicht wegen der sozialen Aufgaben. Maßgeblich war vielmehr, daß es sich um ein System der sozialen Sicherung handelte, was der EuGH vor allem aus zwei Umständen folgerte, nämlich daraus, daß eine Zwangsmitgliedschaft bestand und daß die gewährten, gesetzlich festgelegten Leistungen für Krankheit und 36

---

73 So im Grundsatz auch die Kommission, Entscheidung v. 13.7.1994, ABl.EG 1994 Nr. L 243/1 Rn. 141 (Karton); anders aber die Definition des Unternehmens im EWR-Abkommen, vgl. Art. 1 des Protokolls Nr. 22 zum EWR-Abkommen. In der Literatur ist diese Frage str., vgl. nur V. *Emmerich*, in: Hb.EUWirtR, Abschnitt H.I. §1, Rn. 58; P. *Stockenhuber*, in: Grabitz/Hilf, EU, Art. 81, Rn. 53.
74 EuG, Rs. T-6/89, Slg. 1991, II-1623, Rn. 236 (Enichem Anic/Kommission); ebenso M. *Gleiss/ M. Hirsch*, EGKartR (Fn. 3), Art. 85 I, Rn. 47.
75 Insoweit besteht die Kommission auf der Rechtssubjektivität, vgl. die Entscheidung v. 18.8.1986, ABl.EG 1986 Nr. L 230/1, S. 31 (Polypropylhen) und v. 13.7.1994, ABl.EG 1994 Nr. L 243/1, Rn. 141; vgl. auch H.-J. *Bunte*, in: Langen/Bunte, KartR (Fn. 6), Art. 81 Generelle Prinzipien, Rn. 12.
76 Kommission, Entscheidung v. 27.10.1992, ABlEG 1992, Nr. L 326/31, Tz. 47 ff. (Fußball WM 1990); vgl. auch EuGH, Rs. 90/76, Slg. 1977, 1091, Rn. 24 (Van Ameyde/Uci).
77 Vgl. EuGH, Rs. 118/85, Slg. 1987, 2599, Rn. 7 (Kommission/Italien); 18.3.1997, Rs. C-343/95, EuZW 1997, 312, Rn. 16 (Cali u.a/SEPG); Kommission, Entscheidung v. 27.10.1992, ABl.EG 1992 Nr. L 326/31 Tz. 43 (Fußball WM 1990).
78 EuGH, Rs. 94/74, Slg. 1975, 699, Rn. 33/35 (Igav/ENCC); Rs. 30/87, Slg. 1988, 2479, Rn. 18 (Bodson/Pompes Funèbres). S. aber die oben Rn. 14 f. erörterten mittelbaren Wirkungen.
79 EuGH, Rs. C-41/90, Slg. 1991, I-1979, Rn. 23 (Höfner und Elser).
80 EuGH, Rs. C-244/94, Slg. 1995, I-4022, Rn. 20 (Fédération francaise des sociétés d'assurance u.a.) ; Rs. C-219/97, Slg. 1999, I-6121, Rn. 69 (Drijvende Bokken).
81 EuGH, Rs. C-159/91 und C-160/91, Slg. 1993, I-664, Rn. 20 (Poucet und Pistre). Zur Herausnahme von Tarifverträgen aus der Geltung des Art. 81 s. oben Rn. 1.

Mutterschaft unabhängig von den Einzahlungen für alle gleich war. Beim auch zu prüfenden Alterssicherungssystem hing die Höhe der Leistung zwar in gewissen Grenzen von der Höhe der Einzahlung ab. Es war aber deswegen solidarisch, weil die Auszahlungen aus den laufenden Einzahlungen, also infolge einer Solidarität der Generationen getätigt wurden. Ferner wurde die Leistungshöhe begrenzt und Rentenansprüche gewährt, denen keine Einzahlungen gegenüberstanden.[82] Neuere Entscheidungen bestätigen, daß der EuGH auf die Pflichtmitgliedschaft, vor allem aber auf die Unabhängigkeit der Leistung von den Beiträgen abstellt, um eine Tätigkeit als nichtwirtschaftlich einzuordnen.[83] Denn gerade bei freiwilliger Mitgliedschaft wird der einzelne ein öffentliches Sicherungssystem nur wählen, wenn es ihm vorteilhafter ist als das Angebot privater Versicherungen. Das belegt, daß die Leistung dann auch von Privat erbracht werden kann. Hinweise, es liege ein solidarisches System vor, wies der EuGH in jener Entscheidung zurück. Er anerkannte zwar, daß der Solidaritätsgrundsatz in jenem System zum Ausdruck kam. Da entsprechende Bestimmungen jedoch auch in Verträgen mit privaten Lebensversicherern möglich waren und der Solidaritätgedanke aufgrund der Freiwilligkeit nur äußerst begrenzt galt[84], kam dem Zusatzrentenversicherungssystem nach wie vor ein wirtschaftlicher Charakter zu[85].

37 Somit liegt eine wirtschaftliche Betätigung nur dann nicht vor, wenn die Tätigkeit ihrer Art nach nur von öffentlichen Einrichtungen ausgeübt werden kann. Kriterium dafür ist eine Vergleichbarkeit mit einer Betätigung privater Unternehmen. Dabei kommt es auf das Gesamtbild der Betätigung an.[86] Bei Zwangsmitgliedschaft und Unabhängigkeit der Leistung von Beiträgen liegt ein solidarisches System der Sicherung vor, das keine Betätigung wirtschaftlicher Art darstellt. Anders ist es, wenn das soziale Sicherungssystem nach dem Kapitalisierungsprinzip arbeitet.[87]

cc) Das Kriterium der wirtschaftlichen Einheit
(1) Verwendung durch EuGH und Kommission

38 Da der Unternehmensbegriff nicht von der Rechtssubjektivität abhängt, wird er auch nicht dadurch begrenzt. Jede wirtschaftliche Einheit, die auch aus mehreren juristischen Personen bestehen kann, ist damit ein Unternehmen i.S.v. Art. 81. Beim Begriff der **wirtschaftlichen Einheit** stellt die Rspr. darauf ab, ob eine Gesellschaft ihr Marktverhalten nicht autonom bestimmen kann, sondern Weisungen etwa der beherrschenden Gesellschaft unterliegt. Ist dies der Fall, so liegt nach Ansicht des EuGH *eine* wirt-

---

82 Vgl. EuGH, Rs. C-159/91 und 160/91, Slg. 1993, I-664, Rn. 8 ff. (Poucet und Pistre); vgl. auch den Bericht des Berichterstatters ibid. S. 656.
83 EuGH, Rs. C-244/94, Slg. 1995, I-4022, Rn. 17 (Fédération francaise des sociétés d'assurance u.a.). In der Rs. C-219/97, Slg. 1999, I-6121, Rn. 71 f. (Drijvende Bokken) hinderte ihn das Bestehen einer Pflichtmitgliedschaft nicht daran, ein Betriebsrentensystem als wirtschaftliche Betätigung einzuordnen. Ausschlaggebend war die Abhängigkeit der Leistungen von den Erträgen der Anlage der Beiträge und die Möglichkeit zur Selbstbestimmung der Leistungen und der Beiträge.
84 GA G. *Tesauro*, Schlußantr. zu EuGH, Rs. C-244/94, Slg. 1995, I-4022, Ziff. 20 (Fédération francaise des sociétés d'assurance u.a.) spricht gar von einem nur minimalen Umfang, in dem der Solidaritätsgrundsatz Beachtung fand.
85 EuGH, Rs. C-244/94, Slg. 1995, I-4022, Rn. 19 (Fédération francaise des sociétés d'assurance u.a.).
86 Vgl. GA G. *Tesauro*, Schlußantr. zu EuGH, Rs. C-159 u. 160/91, Slg. 1993, I-664, Ziff. 12 (Poucet und Pistre).
87 Vgl. EuGH, Rs. C-219/97, Slg. 1999, I-6121, Rn. 71 (Drijvende Bokken); GA G. *Tesauro*, Schlußantr. zu EuGH, Rs. C-159 u. 160/91, Slg. 1993, I-664, Ziff. 23 (Poucet und Pistre); *I. Bringer*, in Schwarze, EU-Kommentar, Art. 81, Rn. 25; s. auch *H. Schröter*, in GTE, EU-/EGV, Vor Art. 85 bis 89, Rn. 35.

schaftliche Einheit bestehend aus abhängiger und beherrschender Gesellschaft vor. Es finden sich einige wenige Entscheidungen, in denen die Figur der wirtschaftlichen Einheit dazu dient, das Vorliegen nur eines einzigen Unternehmens zu begründen, das sich aus der Mutter- und den abhängigen Tochtergesellschaften zusammensetzt[88]. Ferner benutzt der EuGH diese Figur, um die wirtschaftliche Einheit von Herstellern mit ihren eingegliederten Absatzorganisationen zu begründen. Er hat dies entschieden für Handelsvertreter, die, weil sie den Weisungen des Geschäftsherrn unterliegen, ein eingegliedertes Hilfsorgan darstellen, sog. Eingliederungstheorie (dazu Rn. 119).[89]

Die Figur der wirtschaftlichen Einheit dient jedoch vor allem dazu, wettbewerbswidrige Handlungen[90] oder Marktanteile[91] der abhängigen Gesellschaften dem beherrschenden Unternehmen zuzurechnen. Mit dem Vorliegen einer wirtschaftlichen Einheit begründet der EuGH die Zurechnung[92], was die Praxis auch beim Problem der exterritorialen Anwendung des Kartellrechts nutzt (s. Rn. 9). 39

(2) Voraussetzungen einer wirtschaftlichen Einheit
EuGH und Kommission bejahen eine wirtschaftliche Einheit, wenn es den verbundenen Unternehmen bzw. den Handelsvertretern an **Unabhängigkeit** in ihrem Marktverhalten fehlt. Dies liegt vor, wenn eine Gesellschaft eine 100%ige Tochter ist. In diesen Fällen bedarf es nicht des Nachweises einer konkreten Weisung.[93] Liegt die Beteiligung darunter, so ist zu fordern, daß die Muttergesellschaft die Möglichkeit der Kontrolle hat und diese auch tatsächlich etwa durch eine Weisung ausübt[94] (näher Rn. 78). Die bloße Beteiligung, insbesondere von (nur) 25,01%, genügt nicht, solange das Maß der Kontrolle auch nur diesem Anteil entspricht[95]. Das Vorliegen von Weisungen ist anzunehmen, wenn die leitenden Organe personengleich sind.[96] Das Kriterium der fehlenden Selb- 40

---

88 EuGH, Rs. 170/83, Slg. 1984, 2999, Rn. 11, 12 (Hydrotherm/Compact); EuG, Rs. T 11/89, Slg. 1992, II-757, Rn. 312 (Shell/Kommission); für die Kommission läßt sich das auch aufzeigen, vgl. G. Dannecker/J. Fischer-Fritsch, Das EG-Kartellrecht in der Bußgeldpraxis, 1989, S. 265.
89 EuGH, Rs. 32/65, Slg. 1966, 457, 485 (Italien/Kommission); Rs. 40 u.a./73, Slg. 1975, 1663, Rn. 478/481 (Suiker Unie u.a./Kommission).
90 EuGH, Rs. 48/69, Slg. 1972, 619, Rn. 132/135 (ICI/Kommission); Rs. 107/83, Slg. 1983, 3151, Rn. 49 (AEG/Kommission) für Art. 82.
91 EuGH, Rs. 6 und 7/73, 6.3.1974, Slg. 1974, 223, Rn. 39, 41 (Commercial Solvents/Kommission) für Art. 82.
92 So auch M. Gleiss/M. Hirsch, EGKartR (Fn. 3), Art. 85 I, Rn. 56.
93 EuGH, Rs. 107/82, Slg. 1983, 3151, Rn. 50 (AEG/Kommission); EuG, Rs. T-102/92, 12.1.1995, Slg. 1995, II-17, Rn. 51 (Viho/Kommission); P. Stockenhuber, in Grabitz/Hilf, EU, Art. 81, Rn. 75. A. A. J. Schütz, Interne Willensbildung und Kartellrecht, WuW 1998, S. 337.
94 EuGH, Rs. 6 und 7/73, Slg. 1974, 223, Rn. 39 (Commercial Solvents/Kommission); Kommission, Entscheidung v. 14.12.1972, ABl.EG 1972 Nr. L 299/51, S. 54 (Zoja-CSC/ICI). Eine Weisung in jedem Einzelfalle ist nicht erforderlich; das bloße Bestehen eines Weisungsrechts genügt aber auch nicht, wenn es nie ausgeübt wird. Insofern zu weit V. Emmerich, in: Immenga/Mestmäcker, EG-Wettbewerbsrecht, Band 1, Art. 85 Abs. 1, A, Rn. 55; H. Schröter, in: GTE, EU-/EGV, Art. 85 Abs. 1, Rn. 98. Differenzierend P. Stockenhuber, in Grabitz/Hilf, EU, Art. 81, Rn. 75. Zu den Definitionen des Verbundstatbestands in den GVOen s. U. Geers, Die Gruppenfreistellung im EG-Kartellrecht, 2000, S. 192 ff., allgemein zum Unternehmensverbund im EG-Kartellrecht P. Pohlmann, Der Unternehmensverbund im Europäischen Kartellrecht, 1999, die sich gegen eine Verortung der Probleme im Unternehmensbegriff ausspricht.
95 Vgl. EuG, Rs. T-141/89, Slg. 1995, II-791, Rn. 129 (Tréfileurope/Kommission); Rs. T-145/89, Slg. 1995, II-987, Rn. 107 (Baustahlgewerbe/Kommission); Kommission, Entscheidung v. 2.8.1989, ABl.EG 1989 Nr. L 260/1 Tz. 178 (Betonstahlmatten).
96 Kommission, Entscheidung v. 21.12.1993, ABl.EG 1994 Nr. L 15/8 Tz. 7 (Sea Containers/Sealink).

ständigkeit liegt der Beurteilung zugrunde, wonach eine Zweigniederlassung kein eigenes Unternehmen ist.[97]

41 Eine Zurechnung und damit eine wirtschaftliche Einheit wird aber verneint, wenn die Tochter – selbst bei 100% Beteiligung – aus eigenem Antrieb handelt und getrennt operiert.[98]

42 Für **Handelsvertreter** hat der EuGH darauf abgestellt, ob das Verhältnis mit dem Hersteller so ausgestaltet ist, daß der Handelsvertreter wirtschaftlich einem Eigenhändler ähnelt. Dann ist er selbst Unternehmen. Letzteres ist etwa gegeben, wenn der Handelsvertreter die finanziellen Risiken des Absatzes und der Abwicklung der vermittelten Geschäfte mit Dritten übernimmt.[99] Ein echter Handelsvertreter, der als reiner Absatzmittler kein eigenes Unternehmen iSv. Abs. 1 darstellt, liegt vor, wenn er keine oder nur unbedeutende Risiken in bezug auf die im Auftrag geschlossenen und/oder ausgehandelten Verträge und in bezug auf die geschäftsspezifischen Investitionen für das betreffende Geschäftsfeld trägt. Es kommt auf die Verteilung der Risiken an[100]. Näher zum Handelsvertreter unten Rn. 119.

43 **Reisevermittler** hat der EuGH als eigene Unternehmen angesehen, weil Reiseveranstalter sich vieler Vermittler bedienen und die Vermittler wiederum für mehrere Veranstalter tätig sind (Mehrfirmenhandelsvertreter), so daß sie unabhängige Zwischenpersonen darstellen.[101]

(3) Stellungnahme

44 In der Literatur wird wiederholt die mangelnde Schlüssigkeit und Konsequenz der Praxis in der Handhabung der Figur der wirtschaftlichen Einheit gerügt. Es werde oft nicht klar, ob es um Zurechnung fremden Verhaltens oder um die Annahme eines einheitlichen Unternehmens und daher um eigenes Verhalten gehe[102]. Dieser Mangel mag dadurch begründet sein, daß es für die Praxis regelmäßig keinen Unterschied ausmacht, ob man Gesellschaften durch die Figur der wirtschaftlichen Einheit als ein einziges Unternehmen ansieht oder nur eine Zurechnung begründet, da ein Unternehmen als Anknüpfungspunkt für die Anwendung des Kartellrechts in jedem Fall vorliegt.

45 Zutreffend ist der Einwand, bei der wirtschaftlichen Einheit gehe es weniger um den Unternehmensbegriff als vielmehr um die Frage der Zulässigkeit von Wettbewerbsbeschränkungen[103]. Dies zeigt sich, wenn man die Schlußfolgerungen der Rspr. ansieht. Die Feststellung einer wirtschaftlichen Einheit führt dazu, mangels Wettbewerbs zwi-

---

97 EuGH, Rs. 45/85, Slg. 1987, 405, Rn. 46 ff. (Verband der Sachversicherer/Kommission).
98 Kommission, Entscheidung v. 23.12.1977, ABl.EG 1978 Nr. L 46/33 (BMW Belgium); Entscheidung v. 23.4.1986, ABl.EG 1986 Nr. L 230/1 Tz. 99 (Polypropylen); *P. Stockenhuber*, in: Grabitz/Hilf, EU, Art. 81, Rn. 77.
99 EuGH, Rs. 40 u.a./73, Slg. 1975, 1663, Rn. 482/483 (Suiker Unie u.a./Kommission); Rs. C-266/93, Slg. 1995, I-3477, Tz. 19 (Volkswagen und VAG Leasing).
100 Für diese Verteilung hat die Kommission in ihren Leitlinien für vertikale Beschränkungen, ABl.EG 2000, Nr. C 291/1 detaillierte, sehr restriktive Vorgaben in Tz. 15–17 gemacht. So darf der Handelsvertreter die ebda. Tz. 16 bezeichneten Risiken nicht übernehmen.
101 EuGH, Rs. 311/85, Slg. 1987, 3801, Rn. 20 (VVR/Sociale Dienst); zustimmend GA C. O. *Lenz*, Schlußantr. zu EuGH, Rs. 311/ 85, ebda., Ziff. 46.
102 *G. Dannecker/J. Fischer-Fritsch* (Fn. 88), S.263; *M. Gleiss/M. Hirsch*, EGKartR (Fn. 3), Art. 85 I, Rn. 56; nicht genug differenzierend *H. Löffler*, in Langen/Bunte, KartR (Fn. 6), Art. 3 FKVO 4064/89, Rn. 3.
103 *M. Gleiss/M. Hirsch*, EGKartR (Fn. 3), Art. 85 I, Rn. 51.

schen den Beteiligten die Möglichkeit von Beschränkungen zu verneinen, so daß Art. 81 nicht anwendbar ist[104] (s. Rn. 85).

Für Handelsvertreter sollte daher nicht nach der Anwendbarkeit des Kartellrechts 46 überhaupt gefragt werden, sondern nach dem Vorliegen einer Wettbewerbsbeschränkung. Die Figur der wirtschaftlichen Einheit ist auf die Begründung der Zurechnung von Verhalten innerhalb von Konzernen und der fehlenden Kartellrechtsrelevanz konzerninterner Absprachen zu beschränken (dazu Rn. 78 und 85).

b) Der Begriff der Unternehmensvereinigung

Art. 81 gilt für Unternehmensvereinigungen, wenn die eigene Tätigkeit oder die der an- 47 gehörenden Unternehmen auf Wettbewerbsbeschränkungen zielt.[105]

Unternehmensvereinigungen sind Zusammenschlüsse von Unternehmen im obigen 48 Sinn. Eine Genossenschaft ist daher, wenn sie neben natürlichen Personen auch noch Gesellschaften vereinigt, nicht nur Unternehmen, sondern zugleich Unternehmensvereinigung.[106] Die Vorschrift erfaßt vor allem, aber nicht nur Unternehmensverbände. Organisationsweise, Rechtsform und Rechtsfähigkeit sind unerheblich.[107] Eigene Handelstätigkeit ist nicht nötig[108], ja führt insoweit zur Einordnung als Unternehmen (s. oben Rn. 34).

Die Praxis faßt darunter z.B. neben Genossenschaften und Kammern auch eine nach 49 öffentlichem Recht gebildete Stelle zur Festsetzung von Mindestpreisen, zu der Berufsorganisationen ihre Vertreter entsenden[109], es sei denn, die Entsandten handeln nicht als Vertreter, sondern als gemeinwohlverpflichtete unabhängige Sachverständige.[110] Vereinigungen von Unternehmensvereinigungen zählen ebenso dazu.[111] Die gemeinsame Gründung von Tochtergesellschaften gehört nicht hierher; letztere stellen selbst Unternehmen dar.[112]

Die Praxis trennt nicht scharf zwischen Unternehmen und -vereinigungen.[113] 50

2. Erfaßte Maßnahmen

Das Verbot erfaßt Vereinbarungen von Unternehmen, Beschlüsse von Unternehmens- 51 vereinigungen und aufeinander abgestimmte Verhaltensweisen. Sofern Unternehmen durch staatliche Maßnahmen zu Kartellen gezwungen werden, greift das Verbot aber

---

104 EuGH, Rs. 170/83, Slg. 1984, 2999, Rn. 11 (Hydrotherm/Compact); Rs. 30/87, Slg. 1988, 2479, Rn. 19 (Bodson/Pompes Funèbrèes).
105 EuGH, Rs. 71/74, Slg. 1975, 563, Rn. 30/31 (FRUBO/Kommission).
106 EuGH, Rs. T-61/89, Slg. 1992, II- 1931, Rn. 50 (Dansk Pelsdyravlerforening/Kommission).
107 EuGH, Rs. 123/83, Slg. 1985, 391, Rn. 17 (BNIC/CLAIR); Kommission, Entscheidung v. 7.12.1984, ABl.EG 1985 Nr. L 35/ 35, S. 39 (Milchförderungsfonds): nichtrechtsfähiger Verein.
108 Kommission, Entscheidung v. 30.11.1994, ABl.EG 1994 Nr. L 343/1 Tz. 44 (Zement).
109 Kommission, Entscheidung v. 15.12.1982, ABl.EG 1982 Nr. L 379/1 Tz. 50 ff. (UGEL/BNIC); EuGH Rs. 123/83, Slg. 1985, 391, Rn. 19 (BNIC/Clair).
110 EuGH, Rs. C-185/91, Slg. 1993, I-5801, Rn. 18 f. (Reiff).
111 Kommission, Entscheidung v. 30.11.1994, ABl.EG 1994 Nr. L 343/1 Tz. 44 (Zement); zust. M. Gleiss/M. Hirsch, EGKartR (Rn. 3), Art. 85 I, Rn. 71 wegen Sinn und Zweck von Art. 81 EGV.
112 Kommission, Entscheidung v. 9.8.1975, ABl.EG 1975 Nr. L 212/23, S. 25 (Intergroup).
113 EuGH, Rs. 123/83, Slg. 1985, 391, Rn. 20 (BNIC/Clair).

mangels Verantwortlichkeit der Unternehmen nicht[114]; zur Frage, ob dann der Mitgliedstaat gegen das EG-Recht verstoßen hat, s. Rn. 14.

a) Vereinbarungen
aa) Die Rechtsprechung des EuGH und die Praxis der Kommission

52 Eine Vereinbarung liegt vor, wenn Unternehmen und/oder – über den Wortlaut hinaus – Unternehmensvereinigungen[115] einen gemeinsamen Willen zum Ausdruck bringen, sich auf dem Markt in einer bestimmten Weise zu verhalten.[116] Dabei wird nicht zwischen horizontalen und vertikalen Vereinbarungen unterschieden.[117] Eine rechtliche Verbindlichkeit oder auch nur eine moralische oder tatsächliche Verpflichtung ist nicht erforderlich[118]. Denn die Rspr. subsumiert sowohl **gentlemen's agreements**[119] als auch die weiterbestehenden Wirkungen formal außerkraftgetretener Vereinbarungen[120] unter dem Begriff der Vereinbarungen. Entscheidend sind die wirtschaftlichen Ergebnisse, während die Rechtsform unerheblich ist. Auch eine staatliche Billigung ändert am Vorliegen einer Vereinbarung nichts.[121] Zwangsmaßnahmen oder Sanktionen bei Nichteinhaltung brauchen nicht vorgesehen zu sein.[122] Vereinbarungen können mündlich oder konkludent ergehen.

53 Auch bloße Kauf- allgemeiner: Austauschverträge werden erfaßt[123] wie auch gerichtliche oder außergerichtliche Vergleiche[124], Satzungen[125] und der Erwerb von Beteiligungen[126].

54 Die Kommission stimmt mit der Rspr. überein. Zwar schien sie früher am Bestehen

---

114 EuGH, Rs. C-359/95P und C-379/95 P, Slg. 1997, I-6265, Rn. 33 (Kommission und Frankreich/Ladbroke Racing); Kommission, Entscheidung v. 29.11.1974, ABl.EG 1974 Nr. L 343/19, S. 23 (Kugellager). Eine andere Möglichkeit fehlender Handlungsfreiheit der Unternehmen sieht das EuG bei übermächtigem staatlichen Druck, etwa der Drohung mit dem Erlaß staatlicher Maßnahmen, EuG. Rs. T-387/94, Slg. 1996, II-961, Rn. 65 (Asia Motor France u.a./Kommission).
115 EuGH, Rs. 96-102, 104, 105, 108, 110/82, Slg. 1983, 3369, Rn. 2, 20 (IAZ/Kommission); EuG, Rs. T-39 und 40/92, Slg. 1994, II-49, Rn. 77 (CB und Europay/Kommission); Kommission, Entscheidung v. 20.10.1972, ABl.EG 1972 Nr. L 264/ 22, S. 27 (Zentralheizung), v. 10.7.1986, ABl.EG 1986 Nr. L 232/15, Tz. 71 (Dach- und Dichtungsbahnen), v. 30.7.1992, ABl.EG 1992 Nr. L 246/37, Tz. 18 (Scottish Salmon Board).
116 EuGH, verb. Rs. 209-215, 218/78, Slg. 1980, 3125 Rn. 86 (Van Landewyck/Kommission), ähnlich die Kommission, Entscheidung v. 27.7.1994, ABl.EG 1994 Nr. L 239/14, Tz. 30 (PVC). Jeder Maßnahme eines Kartells kann einem am Kartell beteiligten Unternehmen nur zugerechnet werden, wenn es bei jeder einzelnen Aktion mitwirkte oder dem gesamten Plan zustimmte, EuG, Rs. T-304/94, Slg. 1998, II-869, Rn. 76 (Europa Carton/Kommission).
117 EuGH, Rs. 56/65, Slg. 1966, 281, 302 f. (LTM/MBU).
118 EuG, Rs. T-347/94, Slg. 1998, II-1751, Rn. 65 (Mayr-Melnhof/Kommission).
119 EuG, Rs. T-141/89, Slg. 1995, II-791, Rn. 96 (Tréfileurope/Kommission); nicht so klar EuGH, Rs. 41/69, 15.7.1970, Slg. 1970, 661, Rn. 110/114 (ACF Chemiefarma/Kommission), wo der EuGH noch auf die Verknüpfung mit Exportkartellverträgen abstellte.
120 EuGH, Rs. 243/83, Slg. 1985, 2015, Rn. 17 (BINON/AMP); EuG, Rs. T-9/89, Slg. 1992, II-499, Rn. 292 (Hüls/ Kommission).
121 EuGH, Rs. 43 u. 63/82, Slg. 1984, 19, Rn. 40 (VBVB/VBBB/Kommission).
122 EuGH, Rs. C-277/87, Slg. 1990, I.45, Rn. 12 (Sandoz/Kommission).
123 EuGH, Rs. 42/84, Slg. 1985, 2545, Rn. 17 (Remia/Kommission); V. *Emmerich*, in Hb.EU-WirtR, H.I. § 1, Rn. 79.
124 EuGH, Rs. 65/86, Slg. 1988, 5249, Rn. 15 (Bayer u.a./Süllhöfer); differenzierend die Kommission, ibid., Rn. 14.
125 Vgl. EuGH, Rs. C-250/92, Slg. 1994, I-5641, Rn. 23 (DLG).
126 Zur Fusionskontrolle über Art. 81 Abs. 1 s. EuGH, Rs. 142 und 156/84, Slg. 1987, 4487, Rn. 36 ff. (BAT und Reynolds/ Kommission) und unten Rn. 179 ff.

einer zumindest faktischen Verpflichtung als Voraussetzung festgehalten zu haben[127]. In neueren Entscheidungen ist davon jedoch nicht mehr die Rede. Es genügt eine Verständigung auch ohne Zwangsmaßnahmen bei Nichteinhaltung.[128]

Gegenbegriff zu den Vereinbarungen sind **einseitige Maßnahmen**. Sie werden vom Verbot des Abs. 1 an sich nicht erfaßt, sehr wohl aber von Art. 82. Bei der Beurteilung, ob einseitige Maßnahmen vorliegen, beziehen die Organe jedoch deren rechtliches Umfeld mit ein. Daher werden **Weisungen per Rundschreiben oder Fernschreiben** zu Vereinbarungen, wenn sie die vertraglichen Beziehungen mit den Empfängern gestalten, sei es daß ihr Inhalt akzeptiert wird, was sich bereits in ihrer Befolgung ausdrückt[129], sei es, daß sie sich in die vertraglichen Beziehungen einfügen. 55

Somit kann auch die **Verweigerung einer vertraglichen Beziehung** im Verhältnis zu Dritten eine Vereinbarung darstellen, so z.B. wenn ein Unternehmen einem Händler die Belieferung verweigert, obgleich er die Voraussetzungen des selektiven Vertriebssystems erfüllt oder gar dem Vertriebssystem in einem anderen Mitgliedstaat angehört. Diese Geschäftsverweigerung fügt sich in die Beziehung zu den am Vertriebssystem teilhabenden Wiederverkäufern ein. Denn in die vom Hersteller verfolgte Vertriebspolitik haben die mit ihm vertraglich verbundenen Händler, und wenn auch nur die in einem bestimmten Mitgliedstaat, eingewilligt[130], und sei es auch nur durch Anpassung ihres Verhaltens an die von ihnen nicht begrüßte Politik des Herstellers[131]. Bloße Einzelfälle bilden aber keine Vertriebspolitik in diesem Sinne.[132] Der systematische Aufdruck eines **Exportverbots** auf Rechnungen[133] oder die Durchsetzung eines Exportverbots gegenüber den Großhändlern stellt eine Vereinbarung dar[134]. Bloße **Preisempfehlungen** eines Franchisegebers an die Franchisenehmer sind nicht verboten[135]. 56

bb) Stellungnahme
In der Literatur wird an der Voraussetzung der Rechtsverbindlichkeit für das Vorliegen einer Vereinbarung festgehalten, so daß gentlemen's agreements nicht ohne weiteres darunter fielen.[136] 57

---

127 Kommission, Entscheidung v. 29.11.1974, ABl.EG 1974 Nr. L 343/19, S. 24 (Kugellager); vgl. *H.-J. Bunte*, in: Langen/Bunte, KartR (Fn. 6), Art. 81 Generelle Prinzipien, Rn. 20, *M. Gleiss/ M. Hirsch*, EGKartR (Fn. 3), Art. 85 I, Rn. 76; *H. Schröter*, in: GTE, EU-/EGV, Art. 85, Rn. 42.
128 Kommission, Entscheidung v. 23.4.1986, ABl.EG 1986, Nr. L 230/1, Tz. 81 (Polypropylen); v. 21.11.1988, ABl.EG 1989 Nr. L 74/1, Tz. 30, 32 (PVC) und Nr. L 74/21, Tz. 37 (LDPE), v. 27.7.1994, ABl.EG 1994, Nr. L 239/14, Tz. 30 (PVC). In allen diesen Entscheidungen wird, soweit es um den Begriff Vereinbarung geht, nicht auf die Sanktionen für Abweichler abgestellt.
129 Vgl. EuGH, Rs. C-279/87, Slg. 1990, I-261, Rn. 21, 23 (Tipp-Ex/Kommission); s. auch Kommission, Entscheidung v. 1996, ABl.EG 1996 Nr. L 201/1, Tz. 155 ff. (Adalat).
130 EuGH, Rs. 107/82, Slg. 1983, 3151, Rn. 38 (AEG/Kommission); Rs. C-70/93, Slg. 1995, I-3439, Rn. 16 (BMW); s. auch Rs. 25 u. 26/84, Slg. 1985, 2725, Rn. 21 (Ford/Kommission); in letzterem Fall muß man auf die Händler in Großbritannien abstellen.
131 Kommission, Entscheidung v. 10.1.1996, ABl.EG 1996 Nr. L 201/1, Tz. 176, 180 (Bayer); Entscheidung v. 28. 1. 1998, ABl.EG 1998 Nr. L 124/60 (VW).
132 EuGH, Rs. 107/82, Slg. 1983, 3151, Rn. 39 (AEG/Kommission): »Ausdruck planmäßigen Verhaltens«.
133 EuGH, Rs. C-277/87, Slg. 1990, I-45, Rn. 12 (Sandoz/Kommission); Kommission, Entscheidung v. 15.5.1991, ABl.EG 1991 Nr. L 185/23 Tz. 35 (Gosme/Martell-DMP).
134 Kommission, Entscheidung v. 10.1.1996, ABl.EG 1996 Nr. L 201/1, Tz. 176 (Bayer).
135 EuGH, Rs. 161/84, Slg. 1986, 353, Rn. 25 (Pronuptia).
136 *H.-J. Bunte*, in: Langen/Bunte, KartR (Fn. 6), Art. 81 Generelle Prinzipien, Rn. 20; *P.-C. Müller-Graff*, in: HK-EUV, Art. 85, Rn. 37, 42 f.; differenzierend *M. Gleiss/M. Hirsch*, EGKartR (Fn. 3), Art. 85 I, Rn. 74.

58 Diese Streitfrage kann für die Praxis zumeist dahinstehen, da das Kartellverbot auch ein nur abgestimmtes Verhalten erfaßt. Systematisch ist jedoch um der Abgrenzung zu aufeinander abgestimmten Verhaltensweisen willen das Festhalten an einer **Verbindlichkeit** für die Parteien, und sei es auch nur auf rein faktischer Ebene, nötig. Die Vereinbarung unterscheidet sich dann von abgestimmten Verhaltensweisen schon darin, daß Nichtbefolgen dem, der ausschert, zumindest wirtschaftliche, gesellschaftliche oder moralische Nachteile einbringt, die über das hinausgehen, was sich aus der Nichtteilnahme ohnehin ergibt.[137]

59 Kritisch wird in der Literatur auch die weite Einbeziehung **einseitiger Maßnahmen** gesehen[138]. Die Praxis der Organe geht hier sehr weit (s. Rn. 55 f.), jedoch mit Recht. Eine Vereinbarung kann dann angenommen werden, wenn zumindest ein konkludentes Einverständnis vorliegt. Dieses kann im vorangegangenen Vertragsschluß gesehen werden, wenn und weil damit der Vertriebspolitik des Herstellers zugestimmt wird. Entscheidend ist daher, ob in der Verweigerung eine systematische Vertriebsstrategie zum Ausdruck kommt oder ob nur ein Einzelfall vorliegt, der allenfalls unter Art. 82 fallen kann.[139] Darauf stellt der EuGH auch ab.

b) Beschlüsse
aa) Die Rechtsprechung des EuGH und die Praxis der Kommission

60 Auch für den Beschluß einer Unternehmensvereinigung gilt, daß er Ausdruck des Willens sein muß, das Marktverhalten ihrer Mitglieder zu koordinieren.[140] Gemessen hieran sind **Organbeschlüsse** einer Gesellschaft, die von mehreren Unternehmen kontrolliert wird, allenfalls dann Beschlüsse, wenn auch die Tätigkeit der Anteilseigner koordiniert wird.[141]

61 Der Begriff des Beschlusses erfaßt **Empfehlungen** eines Verbandes an seine Mitglieder. Aus der Rspr. wird nicht ganz klar, ob die Empfehlung nur dann ein Beschluß ist, wenn sie für die Mitglieder verbindlich ist. Einerseits stellt der EuGH – auch nur unter anderem – auf die Verbindlichkeit der Empfehlung nach der Verbandssatzung ab[142], andererseits läßt er die rechtliche Einordnung der Empfehlung ausdrücklich offen.[143] Ferner wendet der EuGH das Kartellverbot an, selbst wenn die Empfehlung unverbindlich ist, sofern sie angenommen oder befolgt wurde.[144] Daraus ergibt sich, daß die Rspr. eine Empfehlung zumindest dann als Beschluß ansieht, wenn sie verbindlich ist, angenommen oder befolgt wird. Die Kommission teilt diese Linie. Sie ordnet Verbandsvereinbarungen, zu deren Einhaltung sich Mitglieder verpflichtet haben,[145] oder Verbandsrundschreiben, die Vereinbarungen anpassen und zur Anwendung empfeh-

---

137 Für eine zumindest faktische Verbindlichkeit auch *H. Schröter*, in: GTE, EU/EGV, Art. 85 Absatz 1, Rn. 43, 46; *V. Emmerich*, in: Immenga/Mestmäcker, EG-Wettbewerbsrecht, Band I, 1997, Art. 85 Abs. 1, Rn. A 71; *ders.*, Hb.EUWirtR, H.I. § 1, Rn. 75.
138 So z.B. *V. Emmerich*, in: Hb.EUWirtR, Abschnitt H.I. § 1, Rn. 78; die Rspr. ablehnend *M. Gleiss/M. Hirsch*, EGKartR (Fn. 3), Art. 85 I, Rn. 91.
139 So auch *P. Stockenhuber*, in: Grabitz/Hilf, EU, Art. 81, Rn. 101.
140 EuGH, Rs. 45/85, Slg. 1987, 405, Rn. 32 (Verband der Sachversicherer/Kommission).
141 *H. Schröter*, in: GTE, EU-/EGV, Art. 85 Absatz 1, Rn. 57.
142 EuGH, Rs. 209–215 und 218/78, Slg. 1980, 3125, Rn. 88, 89 (Van Landewyck/Kommission); Rs. 45/85, Slg. 1987, 405, Rn. 30 (Verband der Sachversicherer/Kommission).
143 EuGH, Rs. 45/85, Slg. 1987, 405, Rn. 32 (Verband der Sachversicherer/Kommission); vgl. auch Rs. 8/72, Slg. 1972, 977, Rn. 18/22 (Cementhandelaren/Kommission).
144 Vgl. EuGH, Rs. 96 bis 102, 104, 105, 108 und 110/82, Slg 1983, 3369, Rn. 20 (IAZ/Kommission).
145 Kommission, Entscheidung v. 9.7.1980, ABl.EG 1980 Nr. L 260/24, Tz. 30 (NSAA).

len,[146] als Beschlüsse ein. Letztere Entscheidung scheint darauf hinzudeuten, daß einer Verbindlichkeit nicht so große Bedeutung zugemessen wird.[147]

bb) **Stellungnahme**
Fordert man – wie hier bei Rn. 58 – bei Vereinbarungen die zumindest faktische Verbindlichkeit, dann gilt das auch für Beschlüsse. Verbandsbeschlüsse sind daher bereits dann als Beschluß iSv. Abs. 1 anzusehen, wenn die Mitglieder sich nicht ohne wirtschaftliche oder gesellschaftliche Nachteile entziehen können. Die Praxis ist inkonsequent, wenn sie bei ersteren auf Verbindlichkeit verzichtet, bei letzteren – zumindest teilweise – darauf bzw. auf Annahme oder Befolgung Wert legt. 62

Daß in diesem Sinne unverbindliche Empfehlungen erst durch ihre Befolgung kartellrechtlich relevant werden, mag auf Bedenken stoßen. Doch nach Abs. 1 genügt es nicht, daß irgendein Verhalten wettbewerbsbeschränkende Wirkungen bezweckt oder bewirkt. Es muß eben eine in Abs. 1 benannte Maßnahme sein. Eine unverbindliche Empfehlung mag als hinreichend zur Koordinierung des Wettbewerbsverhaltens angesehen werden. Doch kann dies dann – bei Befolgung – als abgestimmtes Verhalten erfaßt werden.[148] 63

c) **Aufeinander abgestimmte Verhaltensweisen**
aa) **Die Rechtsprechung des EuGH und die Praxis der Kommission**
Eine aufeinander abgestimmte Verhaltensweise ist jede Koordinierung von Unternehmen, die bewußt eine praktische Zusammenarbeit an die Stelle des mit Risiken verbundenen Wettbewerbs treten läßt.[149] Sie bedarf keines Plans. Die Kriterien der Koordinierung und Zusammenarbeit sind im Sinne der Grundgedanken der Wettbewerbsvorschriften zu verstehen, wonach jedes Unternehmen seine Marktpolitik selbständig bestimmen soll.[150] 64

Dieses Selbständigkeitspostulat erlaubt eine Anpassung mit wachem Sinn; Parallelverhalten ist nicht verboten.[151] Jeder unmittelbare oder mittelbare **Informationsaustausch** über sensible, individuelle Daten und jede zweiseitige Fühlungnahme bezüglich künftigen Marktverhaltens ist aber untersagt, weil das die Ungewißheit über das Marktge- 65

---

146 Kommission, Entscheidung v. 12.12.1986, ABl.EG 1987 Nr. L 43/51, Tz. 32 (ABI).
147 S. auch *H. Schröter*, in: GTE, EU-/EGV, Art. 85 Absatz 1, Rn. 42, 57.
148 *H.-J. Bunte*, in: Langen/Bunte, KartR (Fn. 6), Art. 81 Generelle Prinzipien, Rn. 34. Die Praxis legt sich oft nicht fest. So stellt EuG, Rs. T-213/95 und T-18/96, 22.10.1997, Slg. 1997, II-1739, Rn. 160, 164 (SCK und FNK), sowohl auf die Verbindlichkeit als auch auf die Vorhersehbarkeit der Preispolitik der Wettbewerber ab, um Preisempfehlungen eines Verbandes als rechtswidrig einzuordnen. Ersteres belegt, daß ein Beschluß vorliegt, letzteres spricht für eine abgestimmte Verhaltensweise (s. Rn. 65).
149 EuGH, Rs. 48/69, Slg. 1972, 619, Rn. 64/67 (ICI/Kommission); Rs. 40 u.a./73, Slg. 1975, 1663, Rn. 26/28 (Suiker Unie u.a./Kommission); Rs. 172/80, Slg. 1981, 2021, Rn. 12 (Züchner/Bayerische Vereinsbank).
150 EuGH, Rs. 40 u.a./73, Slg. 1975, 1663, Rn. 173/174 (Suiker Unie u.a./Kommission); Rs. 172/80, Slg. 1981, 2021, Rn. 13 (Züchner/Bayerische Vereinsbank); Kommission, Entscheidung v. 23.11.1984, ABl.EG 1985, Nr. L 35/1, Tz. 45 (Peroxyd-Produkte).
151 EuGH, Rs. 40 u.a./73, Slg. 1975, 1663, Rn. 26/28 (Suiker Unie u.a./Kommission); EuG, Rs. T-2/89, Slg. 1991, II-1087, Rn. 213 (Petrofina/Kommission); Kommission, Entscheidung v. 23.11.1984, ABl.EG 1985, Nr. L 35/1, Tz. 45 (Peroxyd-Produkte); v. 6.8.1984, ABl.EG 1984, Nr. L 220/27, Tz. 75 (Zinc Producer Group); v. 21.12.1988, ABl.EG 1989, Nr. L 74/1, Tz. 33 f. (PVC).

schehen verringert.[152] Die Koordinierung muß nicht von den beteiligten Unternehmen getroffen worden sein; eine Abstimmung durch Dritte genügt, da der Tatbestand keine gegenseitige Abstimmung erfordert.[153]

66 Nicht hinreichend klar wird beim *EuGH*, ob Abs. 1 bereits die **Abstimmung** und nicht erst das abgestimmte Verhalten untersagt, so daß eine Fühlungnahme nicht erfolgreich gewesen sein muß. Zwar genügt nach den oben zitierten Aussagen der Rspr. die bloße Fühlungnahme und Koordination[154], so daß eine Abstimmung auch ohne nachfolgende Umsetzung auszureichen scheint. Jedoch spricht der EuGH in derselben Entscheidung – allerdings im Rahmen der Frage des erfolgten Nachweises – von der Abstimmung und ihrer Umsetzung und betont später, daß jedenfalls nicht nachgewiesen werden konnte, daß die Abstimmung auch in die Tat umgesetzt wurde.[155] In einem nachfolgenden Urteil stellt der EuGH wieder auf das Vorliegen eines Informationsaustausches ab, erwähnt aber zugleich, daß sich die Unternehmen gleichförmig verhalten hatten.[156] In einer neueren Entscheidung schließlich wird formuliert, eine Abstimmung sei durch das Parallelverhalten nicht nachgewiesen worden.[157] Der EuGH erweckt somit in seinen allgemeinen Ausführungen zum Merkmal der abgestimmten Verhaltensweisen den Eindruck, daß die Koordinierung genügt und das Verhalten deren Nachweis dient. Er hatte aber nur Fälle zu entscheiden, wo die Abstimmung auch in ein bestimmtes Marktverhalten mündete[158] bzw. wo zwar ein Verhalten vorlag, aber die Abstimmung fehlte. Die *Kommission* geht davon aus, daß bereits die Koordinierung für eine aufeinander abgestimmte Verhaltensweise genügt und daß ein nach außen tretendes Verhalten nur ihrem Nachweis dient[159] und ihr Ergebnis darstellt[160].

67 Das *EuG* hatte sich auch mit dieser Frage auseinanderzusetzen. Es stellt zunächst auf die (bloße) Abstimmung ab, fügt dann aber hinzu, daß die Unternehmen bei der dann folgenden Festlegung ihrer Preispolitiken zwangsläufig von den erhaltenen In-

---

152 EuGH, Rs. 40 u.a./73, Slg. 1975, 1663, Rn. 175/176 (Suiker Unie u.a./Kommission); Rs. C-7/95 P, Slg. 1998, I-3111, Rn. 88 (Deere); Kommission, Entscheidung v. 2.12.1981, ABl.EG 1982 Nr. L 161/18, Tz. 50 (Hasselblad), v. 13.7.1994, ABl.EG 1994, Nr. L 243/1, Tz. 127, 134 (Karton); v. 30.10.1996, ABl.EG 1997 Nr. L 26/23, Tz. 56 (Fährdienstbetreiber); v. 23.11.1984, ABl.EG 1985, Nr. L 35/1, Tz. 45 (Peroxyd-Produkte); v. 15.7.1975, ABl.EG 1975 Nr. L 228/3, S. 11 (IFTRA-Hüttenaluminium); v. 23.12.1977, ABl.EG 1978 Nr. L 70/54, Tz. 63 ff. (Pergamentpapier). Es kommt beim Informationsaustausch sehr auf die Marktstruktur und den Konzentrationsgrad an; s. auch Rn. 71. Weitgehend zulässig ist aber ein Austausch rein statistischen, anonymisierten Datenmaterials, EuG, Rs. T-347/94, Slg. 1998, II-1751, Rn. 193 (Mayr-Melnhof/Kommission).
153 Vgl. *H. Schröter*, in: GTE, EU-/EGV, Art. 81 Absatz 1, Rn. 63.
154 Vgl. EuGH, Rs. 40 u.a./73, Slg. 1975, 1663, Rn. 173/174 (Suiker Unie u.a./Kommission).
155 EuGH, Rs. 40 u.a./73, Slg. 1975, 1663, Rn. 179/180 und Rn. 356/358.
156 EuGH, Rs. 172/80, Slg. 1981, 2021, Rn. 21 (Züchner/Bayerische Vereinsbank).
157 EuGH, verb. Rs. C-89, 104, 114, 116, 117 und 125 bis 129/85, Slg. 1993, I-1307, Rn. 70, 126 (Ahlström u.a./Kommission); EuGH, Rs. 48/69, Slg. 1972, 619, Rn. 68 (ICI/Kommission) nennt auch nur die Abstimmung.
158 Vgl. GA *B. Vesterdorf*, Schlußantr. zu EuG, Rs. T-1/89, Slg. 1991, II-867, S. 932 (Rhone Poulenc/Kommission).
159 Kommission, Entscheidung v. 23.4.1986, ABl.EG 1986, Nr. L 230/1, Tz. 88 (Polypropylen); v. 7.12.1988, ABl.EG 1989 Nr. L 33/44, Tz. 63 (Flachglas); vgl. auch das Kommissionsvorbringen in Rs. T-2/89, Slg. 1991, II-1087, Rn. 204 f. (Petrofina/Kommission) und GA *B. Vesterdorf*, Schlußantr. zu EuG, Rs. T-1/89, Slg. 1991, II-867, S. 927 (Rhone Poulenc/Kommission).
160 Kommission, Entscheidung v. 11.5.1973, ABl.EG 1973 Nr. L 217/3, S. 4 (Kali und Salz).

formationen beeinflußt wurden.¹⁶¹ Man kann dies so verstehen, daß dem EuG eine bloße Abstimmung nicht genügt, daß aber das Gericht, falls der Abstimmung Preisfestsetzungen durch die beteiligten Unternehmen nachfolgen, dies alleine genügen läßt, um zu beweisen, daß die Abstimmung auch das Verhalten beeinflußte und somit umgesetzt wurde. Jedenfalls behielt die Kommission im Ergebnis recht. In einer späteren Entscheidung ordnet es einen Informationsaustausch als abgestimmte Verhaltensweise ein, der aber auch konkrete Auswirkungen auf die laufenden Lieferungen hatte.¹⁶²

Streitig zwischen Kommission und EuGH ist ferner, ob die Mitteilung des Marktverhaltens über den Markt, z.B. durch **öffentliche Ankündigung von Preiserhöhungen**, eine verbotene Abstimmung ist. Die Kommission erkennt zumindest dann ein verbotenes Verhalten, wenn durch ein System der vorherigen Ankündigung von Preiserhöhungen eine gegenseitige Information erfolgt, die so rechtzeitig ist, daß sie Konkurrenten die Reaktion ermöglicht¹⁶³. Der EuGH hat dem aber eine Absage erteilt, da es sich um Verhalten auf dem Markt gegenüber den Abnehmern handele, das für sich nicht geeignet sei, die Unsicherheit darüber, welche Haltung seine Konkurrenten einnehmen, zu verringern¹⁶⁴. Ferner verweist er auf die Transparenz des Marktes, die oligopolistische Struktur und andere Besonderheiten.¹⁶⁵ Insoweit liegt daher kein verbotener mittelbarer Informationsaustausch vor. In einer früheren Rechtssache hat er nur deshalb Ankündigungen als abgestimmtes Verhalten angesehen, weil sie Ausdruck einer fortschreitenden Zusammenarbeit waren¹⁶⁶. 68

bb) Stellungnahme
Die Unklarheiten in der Rspr. finden sich in der Literatur wieder. Die überwiegende Meinung läßt die Abstimmung genügen¹⁶⁷; andere vertreten – ebenfalls unter Berufung auf den EuGH –, die bloße **Abstimmung** alleine ohne Folgen sei kein Verstoß gegen Abs. 1; es bedürfe noch der Ausführungshandlung¹⁶⁸. Keine der Meinungen kann sich jedoch völlig auf den EuGH berufen.¹⁶⁹ Überzeugender ist schon der Verweis auf den 69

---

161 EuGH, Rs. T-1/89, Slg. 1991, II-867, Rn. 122 f. (Rhone Poulenc/Kommission); Rs. T-2/89, Slg. 1991, II-1087, Rn. 214 f. (Petrofina/Kommission); Rs. T-11/89, Slg. 1992, II-757, Rn. 301 f. (Shell/Kommission).
162 EuG, Rs. T-148/89, Slg. 1995, II-1063, Rn. 72 (Tréfilunion/Kommission).
163 Kommission, Entscheidung v. 19.12.1984, ABl.EG 1985 Nr. L 85/1, Tz. 108 (Zellstoff).
164 EuGH, verb. Rs. C-89, 104, 114, 116, 117 und 125 bis 129/85, Slg. 1993, I-1307, Rn. 64 f. (Ahlström u.a./Kommission).
165 EuGH, verb. Rs. C-89, 104, 114, 116, 117 und 125 bis 129/85, Slg. 1993, I-1307, Rn. 126 (Ahlström u.a./Kommission).
166 EuGH, Rs. 48/69, Slg. 1972, 619, Rn. 99/103 (ICI/Kommission).
167 *C. Bellamy/G. Child*, Common Market Law of Competition, 4. Auflage 1993, Rn. 2 – 042; *G. Grill*, in: Lenz, EGV, Art. 81, Rn. 7; *V. Emmerich*, in. Immenga/Mestmäcker, EG-Wettbewerbsrecht, Band I, 1997, Art. 85 Abs. 1, A, Rn. 118; *H. Schröter*, in: GTE, EU-/EGV, Art. 81 Absatz 1, Rn. 64, 67. Bedenklich die Argumentation von *P. Stockenhuber*, in: Grabitz/Hilf, EU, Art. 81, Rn. 114, der die Durchführung der Abstimmung wegen einer »besonders bedeutsame[n] teleologische[n] Auslegung« nicht als erforderlich ansieht; dabei läßt er das strafrechtliche Bestimmtheitsgebot außer acht, das wegen der Sanktionsfolge für Verstöße gegen EG-Kartellrecht anzuwenden ist.
168 So *H.-W. Daig*, Zum Begriff der aufeinander abgestimmten Verhaltensweisen, EuR 1976, S. 217; *V. Emmerich*, in: Hb.EUWirtR, H. I. § 1, Rn. 84; *M. Gleiss/M. Hirsch*, EGKartR (Fn. 3), Art. 85 I, Rn. 92.
169 Auf die wenig eindeutige Praxis weist auch *P. Stockenhuber*, in: Grabitz/Hilf, EU, Art. 81, Rn. 113 hin.

Wortlaut des Abs. 1. Er erfordert eine Verhaltensweise[170] und nicht nur eine Abstimmung, so daß aus der Abstimmung Folgen entstanden sein müssen. Nicht einsichtig ist das Gegenargument, eine bloße Abstimmung sei ausreichend, weil für das Kartellverbot bereits eine bezweckte Wettbewerbsbeschränkung genüge[171]. Denn damit wird verkannt, daß sich auch beim Verhalten selbst und nicht nur bei der Abstimmung nach Zweck und tatsächlicher Wirkung unterscheiden läßt.[172] Der Zweck bezieht sich auf die Wettbewerbsbeschränkung, nicht schon auf die Abstimmung. Ebensowenig kann unter Hinweis auf die Funktion der 3. Alt. als Auffangnorm letztlich die Strafbarkeit schon auf den Versuch vorverlegt werden, was eine folgenlose Abstimmung aber wäre. Denn auch die bloße Fühlungnahme zum Abschluß einer Vereinbarung, die ohne Gehör verhallt, wird vom Kartellverbot nicht erfaßt.[173] Eine Koordination, die nicht befolgt wird, reicht damit für eine abgestimmte Verhaltensweise nicht. Vielmehr ist ein **Marktverhalten** nötig, in dem eine Koordinierung zum Ausdruck gelangt. Bloßes Parallelverhalten genügt nicht. Damit ist auch die Abgrenzung der abgestimmten Verhaltensweisen zu Vereinbarung und Beschlüssen klar. Letztere erfordern im Gegensatz zu den abgestimmten Verhaltensweisen keine Auswirkung auf das Marktverhalten, jedoch – wie bereits gesehen (s. Rn. 58, 62) – eine zumindest faktische Verbindlichkeit.

70 Kritisch ist daher das Konzept des EuG (Rn. 67) zu sehen. Er hat zwar nicht explizit entschieden, daß eine Abstimmung bereits ein abgestimmtes Verhalten darstelle. Doch kommt seinem Konzept, in der Zwangsläufigkeit der Berücksichtigung im nachfolgenden Marktverhalten den Beweis auch für die Umsetzung zu sehen, kaum eine andere Bedeutung zu. Dahinter steht wohl das Bemühen, der Kommission bei Beweisproblemen entgegenzukommen. Denn Konkurrenten, die sich am Markt gegenseitig über ihre Absichten verständigen, lösen damit entsprechende Erwartungen über ihr Verhalten aus und setzen selbst Erwartungen in die Reaktion der Empfänger.[174] Daß dieser Mechanismus dann das Marktverhalten aller Beteiligten beeinflußt, liegt nah. Der Beweis einer **Abstimmung** mag damit im Sinne eines **prima facie Beweises** für den Nachweis eines abgestimmten Verhaltens genügen.

71 Zustimmung äußert die Literatur bezüglich der Einordnung der **Ankündigung von Preiserhöhungen** durch den EuGH (Rn. 68). In der Tat entspricht es rationalem Marktverhalten, bei der Entscheidung über das eigene Marktverhalten die mögliche Reaktion der Konkurrenten vorwegzunehmen. Aufgrund einer oligopolistischen Marktstruktur und der gegebenen Transparenz, wie sie bei der Zellstoff-Entscheidung vorlag, war die Reaktion auch leicht vorhersehbar.[175] Daher ist die vorherige Ankündigung von Preiserhöhungen alleine keine verbotene Abstimmung. Jedoch sollte das nicht generalisiert werden. Das System der Preisankündigung wurde im Zellstoff-Bereich von den Abnehmern verlangt. Wegen der Notwendigkeit, ihrerseits die Produktpreise anzupas-

---

170 So auch andere Sprachfassungen, z.B. im Englischen concerted practices. Verfehlt ist es, wenn die Gegenansicht sich auf den Wortlaut beruft, s. etwa V. *Emmerich*, in: Immenga/Mestmäcker, EG-Wettbewerbsrecht, Band I, Art. 85 Abs. 1, A, Rn. 119.
171 So aber H. *Schröter*, in: GTE, EU-/EGV, Art. 81 Absatz 1, Rn. 67.
172 Vgl. auch GA B. *Vesterdorf*, Schlußantr. zu EuG, Rs. T-1/89, Slg. 1991, II-867, S. 939 (Rhone Poulenc).
173 Vgl. EuG, Rs. T-149/89, Slg. 1995, II-1127, Rn. 44 (Sotralentz/Kommission).
174 J.-J. *Joliet*, La notion de pratique concertée et l'arrêt ICI dans une perspective comparative, C.D.E. 1974, S. 271.
175 G. *van Gerven*/E. *Navarro Varona*, The Wood Pulp Case and the Future of Concerted Practices, CMLRev. 31 (1994), S. 578 f. Das EuG stellt in einer Entscheidung Rs. T-34/92, 27.10.1994, Slg. 1994, II-905, Rn. 91 (Fiatagri und New Holland Ford/Kommission) auch auf die oligopolistische Marktstruktur ab, die den Informationsaustausch erst bedenklich macht.

sen, macht das Sinn. Bei der Beurteilung, ob Preissignalisierung abgestimmtes Verhalten darstellt, sind daher die jeweiligen Umstände zu berücksichtigen.[176]

d) **Nachweis**
Die **Beweislast** für das Vorliegen einer verbotenen Maßnahme trägt die Kommission. Sie muß hinreichend eindeutige und übereinstimmende Beweise beibringen[177]. Da ein direkter Nachweis kaum je gelingen dürfte, ist die Kommission auf die Beweisführung durch Indizien angewiesen, wobei es den Unternehmen offensteht, diese Indizien anders als durch eine Kartellabsprache zu erklären[178].

72

Besondere Probleme stellen sich beim Nachweis der **aufeinander abgestimmten Verhaltensweisen**. Nach der Praxis der Organe ist ein auf dem Markt festzustellendes Parallelverhalten ein wichtiges Indiz für ein abgestimmtes Verhalten, wenn es zu Wettbewerbsbedingungen führt, die nicht den normalen entsprechen. Dabei sind alle Umstände wie Art der Ware, Bedeutung und Anzahl der Unternehmen und Marktumfang einzubeziehen.[179] Ferner ist Parallelverhalten nur dann ein ausreichender Beweis für eine Abstimmung, wenn es sich nur durch Koordination einleuchtend erklären läßt.[180] Den Unternehmen ist damit der Gegenbeweis eröffnet, paralleles Verhalten anders zu erklären. Nimmt man beide Aussagen zusammen, dann ist identisches Verhalten ein Beweis für eine abgestimmte Verhaltensweise, wenn es sich nur durch Abstimmung und nicht durch Marktgegebenheiten o.ä. begreiflich machen läßt. Der Gerichtshof bedient sich bei dieser Beurteilung der Hilfe von Sachverständigen zur Marktanalyse[181]. Parallelverhalten festzustellen, genügt somit nicht; es bedarf weiterer Indizien.

73

Bereits oben in Rn. 67, 70 wurde gezeigt, daß dem EuG der Nachweis einer Abstimmung für ein abgestimmtes Verhalten ausreicht. Richtigerweise kommt dem Nachweis einer Abstimmung aber nur eine prima facie Bedeutung zu. Das EuG läßt es genügen, die Teilnahme eines Unternehmens an Sitzungen zu beweisen, ohne auf dem Nachweis einer Durchführung der Preisinitiative zu bestehen. Dabei geht es davon aus, daß wer an Sitzungen teilnimmt, auch den dort gefaßten Beschlüssen zustimmt.[182]Eine mangelnde Zustimmung muß durch Meinungsverschiedenheiten in der Sitzung zum Ausdruck kommen[183], weil sonst der Eindruck der Mitwirkung ausgelöst wird.[184]

74

Der Kommission genügt zurecht paralleles Preisgebaren als Beweis für eine abgestimmte Verhaltensweise nicht[185]. Hinzukommen müssen andere Indizien, wie den Preisänderungen vorangehende Kontakte zwischen Unternehmen oder Informationsaustausch.

75

---

176 Vgl. *G. van Gerven/E. Navarro Varona* (vorige Fn.), S. 594 f.
177 EuGH, Rs. 29 und 30/83, 28.3.1984, Slg. 1984, 1679, Rn. 20 (CRAM und Rheinzink/Kommission).
178 EuG, Rs. T-149/89, Slg. 1995, II-1127, Rn 70 (Sotralentz/Kommission).
179 EuGH, Rs. 48/69, Slg. 1972, 619, Rn. 64/67 (ICI/Kommission).
180 EuGH, Rs. 40 u.a./73, Slg. 1975, 1663, Rn. 174 (Suiker Unie u.a./Kommission); verb. Rs. C-89, 104, 114, 116, 117, 125 bis 129/85, Slg. 1993, I-1307, Rn. 71, 126 (Ahlström u.a./Kommission).
181 So in EuGH, verb. Rs. 89, 104, 114, 116, 117 und 125 bis 129/85, Slg. 1993, I-1307, Rn. 71, 126 (Ahlström u.a./Kommission).
182 S. z.B. EuG, Rs. T-1/89, Slg. 1991, II-867, Rn. 66 f. (Rhone Poulenc/Kommission).
183 EuG, Rs. T-13/89, Slg. 1992, II-1021, Rn. 148 (ICI/Kommission).
184 EuG, Rs. T-2/89, Slg. 1991, II-1087, Rn. 173 (Petrofina/Kommission).
185 Kommission, Entscheidung v. 6.8.1984, ABl.EG 1984, Nr. L 220/27, Tz. 75 (Zinc Producer Group) bei einer indikativen Preisführerschaft bei einem homogene Erzeugnisse produzierenden Oligopol.

76 Bei **Beschlüssen** von Unternehmensvereinigungen gilt die Zurechnung für alle ihre Mitglieder, auch wenn sie nicht an der Beschlußfassung teilnahmen und die Vereinigung dabei sogar ihre satzungsgemäßen Aufgaben überschritt[186].

e) Zurechnung
aa) Zurechnung des Handelns

77 Für Unternehmen handeln natürliche Personen, deren Verhalten ersteren zugerechnet wird. Kriterium dafür ist die **Befugnis**, für das Unternehmen zu handeln. Der EuGH versteht darunter den Rahmen der betrieblichen Aufgaben und fordert nicht eine rechtliche Verpflichtungsmöglichkeit[187]. Nach Ansicht der Kommission ist es bei Vereinbarungen nötig, daß rechtsgeschäftliche Vertretungsmacht vorliegt, wobei es reicht, wenn Personen die Vereinbarung kennen, die solchermaßen befugt sind. Eine unmittelbare Vertretungsmacht der vor Ort Agierenden ist nicht nötig[188]. Auf das Vorliegens einer rechtsgeschäftlichen Vertretungsmacht zu bestehen, ist indes nur konsequent, wenn man hinsichtlich Vereinbarungen zumindest eine tatsächliche Verbindlichkeit fordert, was die Kommission (wie auch beim EuGH) aber gerade tut (s. Rn. 52, 54). Beim Vorwurf nur abgestimmter Verhaltensweisen ist eine so weitgehende Befugnis nicht erforderlich.

78 Von der Zurechnung des Verhaltens natürlicher Personen zu trennen ist die Frage, wie **Verantwortlichkeiten innerhalb verbundener Unternehmen** verteilt werden. Kommission und EuGH stellen zunächst darauf ab, ob eine wirtschaftliche Einheit (s. Rn. 38) zwischen den Unternehmen vorliegt. Ist sie gegeben, haftet das führende Unternehmen. Dafür muß ihm aufgrund bestimmter Umstände das Verhalten der anderen zugerechnet werden können. Kriterien für die wirtschaftliche Einheit sind daher, daß die Konzernspitze die wettbewerbswidrigen Praktiken ihrer Tochter durch Weisungen steuert, eine einheitliche Leitung oder personelle Verflechtungen vorliegen[189], auf andere Weise eine effiziente Kontrolle ausgeübt wird[190] oder die Aufsichtspflicht verletzt wird[191].

79 In Ausnahmefällen sind die Töchter trotz Bestehens einer Verflechtung selbständig verantwortlich, so etwa bei eigener Koordinierung und Planung aufgrund weitgehender Autonomie.[192]

80 Eine weitere Möglichkeit, die Verantwortung eines Unternehmens durch die Zurechnung von Verstößen zu begründen, ist die Haftung von Mitgliedern für ihren Verband[193].

---

186 Kommission, Entscheidung v. 30.11.1994, ABl.EG 1994 Nr. L 343/1, Tz. 44 (4) (Zement).
187 EuGH, verb. Rs. 100 bis 103/80, Slg. 1983, 1825, Rn. 72 ff. (Musique Diffusion Francaise).
188 Kommission, Entscheidung v. 5.12.1983, ABl.EG 1983 Nr. L 376/7, Tz. 17 (IPTC Belgium); s. dazu G. *Dannecker/J. Fischer-Fritsch* (Fn. 88), S. 259.
189 Kommission, Entscheidung v. 6.1.1982, ABl.EG 1982 Nr. L 117/15 Tz. 74 (AEG-Telefunken); EuGH, Rs. 107/82, Slg. 1983, 3151, Rn. 50 (AEG/Kommission).
190 Vgl. *G. Dannecker/J. Fischer-Fritsch* (Fn. 88), S. 245, 268; Kommission, Entscheidung v. 23.7.1984, ABl.EG 1984 Nr. L 212/13, Tz. 54 (Flachglas Benelux).
191 Vgl. Kommission, Entscheidung v. 25.11.1980, ABl.EG 1980, Nr. L 377/16, Tz. 41 (Johnson und Johnson).
192 Kommission, Entscheidung v. 23.4.1986, ABl.EG 1986, Nr. L 230/1, Tz. 99 (Polypropylen); Entscheidung v. 23.7.1984, ABl.EG 1984 Nr. L 212/13, Tz. 54 (Flachglas Benelux). P. *Stokkenhuber*, in Grabitz/Hilf, EU, Art. 81, Rn. 77.
193 Kommission, Entscheidung v. 17.12.1981, ABl.EG 1982 Nr. L 167/39, Tz. 72 (NAVEWA/ANSEAU).

bb) Problem der Unternehmenskontinuität

Die Veränderung der rechtlichen Hülle läßt aufgrund des wirtschaftlichen Unternehmensbegriffs das Fortbestehen desselben Unternehmens unberührt. Zumindest liegt ein Fall der nach gemeinschaftsrechtlichen, nicht mitgliedstaatlichen Maßstäben zu beurteilenden[194] Rechtsnachfolge vor. Ebensowenig ändert die Auflösung einer 100%igen, rechtlich eigenständigen Tochter etwas an der Verantwortung der Muttergesellschaft[195]. Ein Unternehmen haftet im Wege der Rechtsnachfolge für ein übernommenes Unternehmen, das selbst nicht mehr als Rechtsperson, aber als Betrieb besteht[196]. Die Kommission sieht z.T. von einer Bußgeldverhängung gegen die Mutter ab, wenn die Übernahme erst gegen Ende des Zeitraums des wettbewerbswidrigen Verhaltens erfolgt war[197]. Wird jedoch die Abteilung, die sich wettbewerbswidrig verhalten hatte, verkauft oder aufgelöst, bleibt das bisherige Unternehmen für deren Verhalten bis zu diesem Zeitpunkt auch über den Verkauf oder die Auflösung hinaus verantwortlich.[198] Der Käufer wird durch bloßen Erwerb von Tätigkeitsbereichen oder Anteilen nicht verantwortlich für früheres Verhalten. Anders ist es, wenn eine rechtlich selbständige Tochtergesellschaft einen Wettbewerbsverstoß begangen hatte und an einen Dritten veräußert wird. Die Verantwortung dieses (früheren) Tochterunternehmens für Wettbewerbsverstöße vor der Übernahme bleibt bestehen und geht auf den Erwerber über, es sei denn, die Muttergesellschaft war nachweislich selbst beteiligt[199]. Bei einer Fusion übernimmt die neue Einheit die Verantwortlichkeit[200].

3. Wettbewerbsbeschränkung

a) Wettbewerb
aa) Wettbewerbskonzept der Organe

Der Vertrag verbietet die oben genannten Maßnahmen nur, wenn sie eine Wettbewerbsverhinderung, -einschränkung oder -verfälschung bezwecken oder bewirken. Es muß daher zunächst einmal ein Wettbewerbsverhältnis überhaupt bestehen. Das führt zur Frage, welcher Wettbewerb geschützt wird. Art. 3 lit. g) verpflichtet die Gemeinschaft auf ein System unverfälschten Wettbewerbs. Eine Definition des Wettbewerbs gibt das Gemeinschaftsrecht nicht. Auch die Wirtschaftswissenschaft bietet keine allgemein anerkannte Festlegung.

Der EuGH fordert **wirksamen Wettbewerb**, durch den die grundlegenden Forderungen des Vertrags erfüllt und seine Ziele, insbesondere der Binnenmarkt und die Öffnung der nationalen Märkte, erreicht werden[201]. Als unverfälscht sieht der EuGH dabei einen normalen Produkt- und Dienstleistungswettbewerb auf der Grundlage der Leistungen

---

194 Kommission, Entscheidung v. 13.7.1994, ABl.EG 1994 Nr. L 243/1, Tz. 144 (Karton).
195 Kommission, Entsheidung v. 17.10.1983, ABl.EG 1983 Nr. L 317/1, Tz. 63 (Gußeisen und Gußstahlwalzen).
196 So Statoil für Saga Petrokjemi, Kommission, Entscheidung v. 23.4.1986, ABl.EG 1986, Nr. L 230/1, S. 32 (Polypropylen); v. 23.11.1984, ABl.EG 1985 Nr. L 35/1 Tz. 49 (Peroxyd-Produkte); EuG, Rs. T-6/89, Slg. 1991, II-1623, Rn. 237 (Enichem Anic/Kommission).
197 Kommission, Entscheidung v. 23.7.1984, ABl.EG 1984, Nr. L 212/13, Tz. 54 (Flachglas Benelux).
198 Kommission, Entscheidung v. 5.12.1983, ABl.EG 1983 Nr. L 376/7, Tz. 19 (IPTC Belgium).
199 Kommission, Entscheidung v. 2.8.1989, ABl.EG 1989 Nr. L 260/1, Tz. 194 (Betonstahlmatten); Entscheidung v. 13.7.1994, ABl.EG 1994, Nr. L 243/1, Tz. 145 (Karton).
200 Kommission, Entscheidung v. 22.6.1993, ABl.EG 1993 Nr. L 272, Tz. 94, 130 (Hinkens/Stähler).
201 EuGH, Rs. 26/76, Slg. 1977, 1875, Rn. 20 (Metro/Kommission).

der Marktbürger an[202]. Der Wettbewerb ist in allen seinen Spielarten geschützt, sei es als horizontaler oder vertikaler Wettbewerb[203], als **potentieller** Wettbewerb mit Unternehmen, die eine gewisse Nähe zum relevanten Markt haben und deren Marktzutritt in angemessener Zeit möglich ist[204] oder als Intra- oder Interbrandwettbewerb, d.h. als Wettbewerb innerhalb derselben Marke oder zwischen Marken[205]. Der Markt soll frei von Einschränkungen der wirtschaftlichen Betätigungsfreiheit der Unternehmen sein, die in Selbständigkeit ihr Marktverhalten bestimmen sollen[206]. Nicht leistungsgerechter Wettbewerb wird ebensowenig geschützt[207] wie unlauterer oder rechtswidriger Wettbewerb[208]. Die Lauterkeit richtet sich mangels gemeinschaftsrechtlicher Regelung nach dem gemeinschaftskonform gehandhabten nationalen Recht.

84 Bei der Beurteilung des schutzwürdigen **leistungsgerechten Wettbewerbs** läßt der EuGH sich wesentlich vom Ziel der Herstellung und Festigung des Binnenmarkts leiten, so daß eine Maßnahme rechtswidrig ist, die in eine Abschottung der nationalen Märkte, z.B. durch die Verhinderung von Parallelimporten oder infolge Marktaufteilung, mündet[209]. Über diese Aussagen hinaus legt der EuGH sich ebensowenig fest in dem von ihm verfolgten Wettbewerbskonzept wie die Kommission. Zumindest juristisch überzeugend ist es, daß er der Erreichung der Vertragsziele bei der Auslegung des unverfälschten Wettbewerbs einen hohen Stellenwert einräumt.

bb) Konzerninterner Wettbewerb
(1) Rechtsprechung des EuGH und Praxis der Kommission
85 Das Kartellverbot erfaßt nicht **Maßnahmen zwischen verbundenen Unternehmen**, die eine wirtschaftliche Einheit (s. Rn. 38) darstellen[210]. Aufgrund der bei den einzelnen Unternehmen fehlenden wirtschaftlichen Selbständigkeit kann ein Wettbewerbsverhältnis zwischen ihnen nicht bestehen.[211]

---

202 EuGH, Rs. 85/76, Slg. 1979, 461, Rn. 91 (Hoffmann-La Roche/Kommission); Rs. 31/80, Slg. 1980, 3775, Rn. 27 (L'Oréal/De nieuwe Amck).
203 EuGH, Rs. 56/65, Slg. 1966, 281, S. 302 f. (LTM/MBU); vgl. EuGH, Rs. 209–215 und 218/78, Slg. 1980, 3125, Rn. 132 (Van Landewyck/Kommission).
204 EuGH, Rs. 6/72, Slg. 1973, 215, Rn. 35 f. (Europemballage und Continental Can/Kommission); Kommission, Entscheidung v. 13.7.1990, ABl.EG 1990 Nr. L 209/15, Tz. 28 (Elopak/Metal Box-Odin); s. auch EuGH, Rs. C-234/89, Slg. 1991, I-935, Rn. 21 (Delimitis); EuG, Rs. T-504/93, Slg. 1997, II-923, Rn. 158 (Tiercé Ladbroke).
205 EuGH, Rs. 56 und 58/64, Slg. 1966, 321, 390 (Grundig/Consten).
206 Vgl. EuGH, Rs. 319/82, Slg. 1983, 4172, Rn. 6 (Soc. De Vente de Cements et Bétons/Kerpen&Kerpen); Kommission, Entscheidung v. 2.12.1977, ABl.EG 1978 L 20/18, Tz. 25 f. (Rijwielhandel).
207 Vgl. Kommission, Entscheidung v. 15.12.1975, ABl.EG 1976 Nr. L 28/19, Tz. 34 (SABA) und EuGH, Rs. 26/76, Slg. 1977, 1875, Rn. 29 (Metro/Kommission), wonach das Verbot der Belieferung privater Endverbraucher durch Großhändler wegen der Aufgabentrennung zwischen Groß- und Einzelhandel nicht gegen Art. 81 verstößt.
208 Kommission, Entscheidung v. 13.12.1989, ABl.EG 1990 Nr. L 21/71, Tz. 40 (Bayo-n-ox). S. 4 der Präambel des EGV fordert einen redlichen Wettbewerb.
209 Vgl. EuGH, Rs. 56 und 58/64, Slg. 1966, 321, S. 388 (Grundig/Consten); Rs. 22/78, Slg. 1979, 1869, Rn. 17 (Hugin/Kommission), Rs. 30/87, Slg. 1988, 2479, Rn. 24 (Bodson/Pompes Funèbrées); EuG, Rs. T-102/92, Slg. 1995, II-17, Rn. 52 (Viho/Kommission).
210 EuGH, Rs. 15/74, Slg. 1974, 1147, Rn. 41 (Centrafarm/Sterling Drug), Rs. 30/87, Slg. 1988, 2479, Rn. 19 (Bodson/Pompes Funèbrées). Für einen Gleichlauf der Kriterien bei der Beurteilung des Vorliegens einer wirtschaftlichen Einheit und für den Ausschluß konzerninternen Wettbewerbs wie hier auch *P. Stockenhuber*, in: Grabitz/Hilf, EU, Art. 81, Rn. 78; a.A. *H. Schröter*, in GTE, EU-/EGV, Art. 85 Absatz 1, Rn. 96 a.E.
211 So auch EuGH, Rs. 170/83, Slg. 1984, 2999, Rn. 11 (Hydrotherm/Compact).

Früher wurde in der Rspr. noch gefordert, daß die Maßnahmen nur die interne Aufgabenverteilung regeln[212]. Nur dann seien sie Ausdruck rein konzerninternen Verhaltens. Diese zweite Voraussetzung hat keine eigenständige Bedeutung. Sie fehlt in anderen Urteilen[213]. Insbesondere weist das EuG eine auf das Fehlen dieser Bedingung gestützte Rüge zurück und erklärt die durch das im konkreten Fall für die Töchter bestehende Exportverbot erzielte Abschottung der nationalen Märkte durch einen Konzern für mit EG-Kartellrecht vereinbar[214]. Eine Einwirkung auf Dritte berücksichtigt es damit nicht.[215] Eine Beurteilung des Verhaltens nach Art. 82 bleibt aber möglich.[216]

Die Kommission scheint demgegenüber daran festzuhalten, daß konzerninterne Vereinbarungen nur bei fehlender Drittwirkung kein verbotenes Kartell sind[217]. 86

(2) Stellungnahme
In der Literatur ist aufgrund der Unklarheiten in der älteren Rspr. strittig, ob konzerninterne Absprachen schon per se vom Kartellverbot nicht erfaßt werden oder ob dies nur gilt, wenn auch Wirkungen auf Dritte ausgeschlossen werden können. Teilweise wird der in der älteren Rspr. genannten zweiten Voraussetzung eine selbständige Bedeutung dieses Inhalts zuerkannt[218]. Andere haben von Anfang an die Sinnlosigkeit dieser Einschränkung gerügt[219]. Letztere Kritik geht zumindest mit der neueren Rspr. konform, die konzerninterne Absprachen per se vom Kartellverbot ausnimmt. Soweit die Literatur der zweiten Voraussetzung eine selbständige Bedeutung zuerkannte, ging es darum, das Verhalten des Konzern als Ganzes zu kontrollieren. Dieses Bestreben lag zumindest dieser Einschätzung der Kommission zugrunde. Dies ist über Art. 82 nach wie vor möglich[220]. Daher überzeugt die Rspr., weil entscheidend ist, daß es innerhalb verbundener Unternehmen als wirtschaftlicher Einheit keinen schutzwürdigen Wettbewerb gibt[221]. Fragen der Unternehmensorganisation, etwa ob das beherrschende Unter- 87

---

212 S. die in der vorletzten Fn. zitierten Urteile.
213 So in EuGH, Rs. 66/86, Slg. 1989, 803, Rn. 35 (Ahmed Saeed); EuG, verb. Rs. T-68, 77, 78/89, Slg. 1992, II-1403, Rn. 357 (SIV/Kommission); Rs. T-102/92, Slg. 1995, II-17, Rn. 50 ff. (Viho/Kommission); Rs. T-141/89, Slg. 1995, II-791, Rn. 129 (Tréfileurope/Kommission). Wie hier *J. Schütz*, Interne Willensbildung und Kartellrecht, WuW 1998, S. 337.
214 EuG, Rs. T-102/92, Slg. 1995, II-17, Rn. 31, 54, bestätigt in EuGH, Rs. C-73/95 P, Slg. 1996, I-5482, Rn. 17 f. (Viho/Kommission). Davon zu unterscheiden ist der kartellwidrige Fall, daß die Tochter das Exportverbot an ihre Abnehmer weitergibt, vgl. Kommission AWD 1972, S. 420; zu Ausfuhrklauseln s. Fn. 219.
215 *N. Reich*, Europäisches Verbraucherrecht, 3. Auflage, 1996, Tz. 74 S. 175 bezeichnet dieses Urteil als Bruch mit der in der Rspr. bislang angeblich vertretenen Doktrin des Verbots von *intraentreprise conspiracy*. Als Aufgabe des zweiten Kriteriums sehen dieses Urteil auch *G. Grill*, in: Lenz, EGV, Vorbem. Art. 81–86, Rn. 36; *V. Emmerich*, Hb.EUWirtR, H.I. § 1, Rn. 69; *U. Geers*, Die Gruppenfreistellung im EG-Kartellrecht, 2000, S. 191; *H. Schröter*, in: GTE, EU-/EGV, Art. 85 Absatz 1, Rn. 99; *P. Stockenhuber*, in Grabitz/Hilf, EU, Art. 81, Rn. 168.
216 EuGH, Rs. 66/86, Slg. 1989, 803, Rn. 35 (Ahmed Saeed); EuG, verb. Rs. T-68, 77, 78/89, Slg. 1992, II-1403, Rn. 343 (SIV/Kommission).
217 Vgl. die Ansicht der Kommission im Verfahren Centrafarm, EuGH, Rs. 15/74, Slg. 1974, 1147, S. 1160; wohl anders aber in Entscheidung v. 30.6.1970, ABl.EG 1970, Nr. L 147/24, Tz. 12 (Kodak).
218 So *H.-J. Bunte*, in: Langen/Bunte, KartR (Fn. 6), Art. 81 Generelle Prinzipien, Rn. 139; s. auch *H. Schröter*, in: GTE, EU-/EGV, Art. 85 Absatz 1, Rn. 99, der durch die Aufgabe dieses zusätzlichen Kriteriums eine gesteigerte Möglichkeit zur Isolierung nationaler Märkte befürchtet; dazu jedoch *V. Emmerich*, in: Immenga/Mestmäcker, EG-Wettbewerbsrecht, Band I, 1997, Art. 85 Abs. 1, A, Rn. 58.
219 So *M. Gleiss/M. Hirsch*, EGKartR (Fn. 3), Art. 85 I, Rn. 200; *P.-C. Müller-Graff*, in: HK-EUV, Art. 85, Rn. 73.
220 So auch *M. Gleiss/M. Hirsch*, EGKartR (Fn. 3), Art. 85 I, Rn. 202.
221 So zurecht *M. Gleiss/M. Hirsch*, EGKartR (Fn. 3), Art. 85 I, Rn. 201.

nehmen per Weisung vorgeht oder die rechtliche Selbständigkeit von Töchtern zurücknimmt, können die Anwendung des Kartellrechts nicht beeinflussen. Der Schutz der Eigentümerbefugnisse geht deshalb insofern vor. Hier ist an das Selbständigkeitspostulat zu erinnern.

b) Verhinderung, Einschränkung oder Verfälschung
aa) Rechtsprechung des EuGH und Praxis der Kommission
(1) Weiter Begriff der Wettbewerbsbeschränkung

88 Der Mangel einer stringenten Begriffsbestimmung des Wettbewerbs hat zur Folge, daß sie auch für die Wettbewerbsbeschränkung fehlt. Vielmehr beurteilt die Praxis die Beschränkung je nach dem Einzelfall. Der EuGH läßt sich entweder von der Vergleichbarkeit mit den ausdrücklichen Verbotstatbeständen in lit. a) bis e) leiten[222] oder bestimmt ausgehend von Wesen und Tragweite der beanstandeten Maßnahmen die möglichen negativen Auswirkungen auf den Wettbewerb[223]. Dabei wird unter Einbeziehung der rechtlichen und wirtschaftlichen Zusammenhänge der Wettbewerb betrachtet, wie er ohne die fragliche Vereinbarung bestünde bzw. bei ihrem Vollzug sich ergäbe[224]. Es sind insbesondere Art und Gegenstand der betroffenen Erzeugnisse und Stellung und Bedeutung der Parteien auf dem relevanten Markt zu betrachten, und es ist zu prüfen, ob die Vereinbarung für sich allein steht oder Bestandteil einer Gesamtheit von Vereinbarungen ist[225]. Es bedarf somit einer Marktanalyse, um die eingetretenen oder objektiv bezweckten Beschränkungen der Handelsfreiheit von Marktteilnehmern festzustellen. So stellt die Praxis z.B. auf die Verhinderung der Paralleleinfuhren[226] und des Verkaufs zu herabgesetzten Preisen[227], die Aufrechterhaltung eines Systems doppelter Preise in der EG durch Reimportverbote[228] oder die Behinderung des Marktzutritts anderer Hersteller[229] ab. Entscheidend für EuGH und Kommission ist die Fähigkeit zur autonomen individuellen Bestimmung des Marktverhaltens. Begibt man sich dieser Möglichkeit oder schränkt die Handlungsfreiheit ein, liegt eine Wettbewerbsbeschränkung vor[230]. Dabei wird nicht nur auf die **Beschränkung der Handelsfreiheit** der Beteiligten abgestellt, sondern auch auf die Dritter, etwa die Einschränkun-

---

222 EuGH, Rs. 73/74, Slg. 1975, 1491, Rn. 10/12 (Papiers Peints/Kommission).
223 EuGH, Rs. 209–215 und 218/78, Slg. 1980, 3125, Rn. 93, 123, 155 (Van Landewyck/Kommission); Kommission, Entscheidung v. 29.11.1974, ABl.EG 1974 Nr. L 343/19, S. 25 (Kugellager).
224 EuGH, Rs. 56/65, Slg. 1966, 281, S. 304 (LTM/MBU); Rs. 56 und 58/64, Slg. 1966, 321, S. 391 (Grundig/Consten); EuG, Rs. T-34/92, Slg. 1994, II-905, Rn. 49 (Fiatagri und New Holland Ford/Kommission); vgl. auch Kommission, Entscheidung v. 2.1.1973, ABl.EG 1973 Nr. L 140/17, S. 41 (Europäische Zuckerindustrie), v. 10.7.1985, ABl.EG 1985 Nr. L 219/35, Tz. 47 f. (EATE-Beitrag).
225 EuGH, Rs. 31/80, Slg. 1980, 3775, Rn. 19 (L'Oréal/De Nieuwe Amck); EuG, Rs. T-19/91, Slg. 1992, II-415, Rn. 58 (Vichy/Kommission); Rs. T-61/89, Slg. 1992, II-1931, Rn. 62 (Danks Pelsdyravlerforening/Kommission).
226 EuGH, Rs. 40/70, Slg. 1971, 69, Rn. 10 (Sirena/Eda); vgl. Rs. 22/71, Slg. 1971, 949, Rn. 14/15 (Béguelin Import/G. L. Import Export).
227 EuGH, Rs. 73/74, Slg. 1975, 1491, Rn. 16/19 (Papiers Peints/Kommission); Kommission, Entscheidung v. 29.11.1974, ABl.EG 1974 Nr. L 343/19, S. 24 f. (Kugellager).
228 EuGH, Rs. 29 und 30/83, Slg. 1984, 1679, Rn. 28 (CRAM und Rheinzink/Kommission). Beachte aber Rn. 127, wenn es um Drittstaaten geht.
229 Kommission, Entscheidung v. 2.1.1973, ABl.EG 1973 Nr. L 140/17, S. 41 (Europäische Zukkerindustrie).
230 Deutlich auch EuGH, Rs. 29 und 30/83, Slg. 1984, 1679, Rn. 33 (CRAM und Rheinzink/Kommission); Kommission, Entscheidung v. 11.5.1973, ABl.EG 1973 Nr. L 217/3, S. 4 (Kali und Salz); v. 6.8.1984, ABl.EG 1984, Nr. L 220/27, Tz. 71 (Zinc Producer Group); vgl. auch EuGH, Rs. 6/72, Slg. 1973, 215, Rn. 29 (Europemballage und Continental Can/Kommission) zu Art. 82.

gen für Verbraucher oder von Marktzutrittsmöglichkeiten der Wettbewerber[231]. Es genügt dabei bezüglich vertikaler Absprachen, Auswirkungen allein auf die Position Dritter festzustellen[232]. Die Handhabung ist dabei aber nicht einheitlich[233].

EuGH und Kommission vertreten somit einen weiten Begriff der Wettbewerbsbeschränkung, der jede künstliche Veränderung der Marktbedingungen genügen läßt. Sie orientieren sich nicht an formalen Definitionen, sondern an der jeweils bezweckten oder bewirkten Veränderung der Marktgegebenheiten. Eine Beschränkung kann natürlich nur vorliegen, sofern zumindest ein potentielles Wettbewerbsverhältnis besteht. 89

(2) Spürbarkeit
Die Wettbewerbsbeschränkung muß spürbar sein; nur dann unterfällt sie dem Verbot des Abs. 1[234]. An der Spürbarkeit fehlt es, wenn der relevante Markt wegen der schwachen Stellung der Beteiligten auf ihm nur geringfügig beeinträchtigt wird. Eine Vertriebsvereinbarung mit absolutem Gebietsschutz ist dann dennoch nicht verboten[235]. Entscheidend ist v.a. der **Marktanteil** bzw. die Marktlage[236], nicht schon das Ausmaß der Kartellrechtswidrigkeit. Spürbarkeit ist regelmäßig anzunehmen ab einem Marktanteil von ca. 5%[237], kann aber auch schon weit darunter vorliegen. 90

Bei der Beurteilung der Wettbewerbsauswirkung einzelner Verträge, die für sich genommen diese Grenze nicht erreichen, findet die sog. **Bündeltheorie** Anwendung. Die Wirkungen gleichartiger Verträge werden im rechtlichen und wirtschaftlichen Zusammenhang betrachtet, in dem sie sich mit anderen Faktoren zur kumulativen Wirkung vereinigen, den Marktzugang zu verschließen. Verträge mit Ausschließlichkeitsbindungen wie bei Bierlieferungsverträgen und (vor der Liberalisierung) in der Stromversorgung sind in ihrer Gesamtheit geeignet, den freien Handel einzuschränken[238]. Dabei ist das Bestehen eines Bündels an gleichartigen Verträgen für sich alleine nicht ausreichend. Es bedarf noch der Prüfung übriger Faktoren.[239] Ergibt dies, daß die Verträge 91

---

231 EuGH, Rs. 56 und 58/64, Slg. 1966, 321, S. 391 (Grundig/Consten); Rs. 22/71, Slg. 1971, 949, Rn. 10/12 (Béguelin Import/G.L. Import Export); Rs. 73/74, Slg. 1975, 1491, Rn. 6 ff. (Papiers Peints/Kommission); Kommission, Entscheidung v. 19.12.1974, ABl.EG 1975 Nr. L 38/10, Tz. 6 f. (Goodyear Italiana-Euram); v. 18.9.1980, ABl.EG 1980 Nr. L 318/1, Tz. 57 ff. (IMA-Statut).
232 EuGH, Rs. 32/65, Slg. 1966, 457, S. 485 (Italien/Kommission); Kommission, Entscheidung v. 10.7.1985, ABl.EG 1985 Nr. L 219/35, Tz. 47 (EATE-Beitrag).
233 Vgl. z.B. Kommission, Entscheidung v.19.12.1974, ABl.EG 1975 Nr. L 38/10, Tz. 6 ff. (Goodyear Italiana-Euram), v. 13.12.1989, ABl.EG 1990, Nr. L 21/71, Tz. 39, 46 (Bayo-n-ox), wo sie sowohl Auswirkungen für die Beteiligten als auch Dritte nennt. S. auch *P. Stockenhuber*, in: Grabitz/Hilf, EU, Art. 81, Rn. 122.
234 EuGH, Rs. 56/65, Slg. 1966, 281, S. 304 (LTM/MBU); Rs. 22/71, Slg. 1971, 949, Rn. 18 (Béguelin Import/G. L. Import/Export); Rs. 209–215 und 218/78, Slg. 1980, 3125, Rn. 154 (Van Landewyck/Kommission); Kommission, Entscheidung v. 20.10.1972, ABl.EG 1972 Nr. L 264/22, S. 28 (Zentralheizung).
235 EuGH, Rs. 5/69, Slg. 1969, 295, Rn. 7 (Völk/Vervaecke); Rs. C-306/96, Slg. 1998, I-1983, Rn. 17 (Javico); EuG, Rs. T-77/92, Slg. 1994, II-549, Rn. 39 (Parker Pen/Kommission).
236 EuGH, Rs. 29 und 30/83, Slg. 1984, 1679, Rn. 30 (CRAM und Rheinzink/Kommission).
237 EuGH, Rs. 107/82, Slg. 1983, 3151, Rn. 58 (AEG/Kommission).
238 EuGH, Rs. 40 u.a./73, Slg. 1975, 1663, Rn. 548/549 (Suiker Unie u.a./Kommission); Rs. C-393/92, Slg. 1994, I-1477, Rn. 37 ff. (Almelo); Kommission, Entscheidung v. 2.8.89, ABl.EG 1989 Nr. L 260/1, Tz. 162 (Betonstahlmatten).
239 EuGH, Rs. C-234/89, Slg. 1991, I-935, Rn. 14, 20 (Delimitis); EuG, Rs. T-7/93, Slg. 1995, II-1533, Rn. 99 ff. (Langnese-Iglo/Kommission): z.B. des Bindungsgrads der Parteien. Vgl. auch Kommission, Entscheidungen v. 16.6.1999, ABl.EG 1999, Nr. L 186/1, Tz. 123 ff. (Bass); Nr. L 186/28, Tz. 93 ff. (Scottish and Newcastle).

keine Abschottungswirkung haben, dann verstoßen auch die einzelnen Verträge nicht gegen Abs. 1. Ist das Resultat der Prüfung aber, daß der Markt schwer zugänglich ist, muß der jeweilige Vertrag erheblich zur kumulativen Wirkung beitragen, um verboten zu sein. Denn nur dann ist sie dem jeweiligen Unternehmen zurechenbar[240].

92 Neben dem Marktanteil stellt die Praxis noch auf **Umstände** ab wie z.B. das Ansehen einer Marke, die Bedeutung des beschränkten Handels[241], die bereits bestehende Konzentration[242] oder die gemeinschaftsweite Anwendung einer Vereinbarung[243]. Für Beschränkungen des Weiterverkaufs gilt ein Anteil von 10% an den grenzüberschreitenden Lieferungen als spürbar[244]. Falls große Unternehmen involviert sind, ist der Marktanteil nicht von entscheidender Bedeutung[245].

93 Die neue Fassung der Bagatellbekanntmachung der Kommission läßt einen Marktanteil der Beteiligten von höchstens 10% bei horizontalen Vereinbarungen, 15% bei vertikalen Vereinbarungen zu, damit regelmäßig die Spürbarkeit fehlt[246]. Diese Grenzen gelten nicht, sofern der Wettbewerb durch kumulative Auswirkungen nebeneinander bestehender Netze gleichartiger Vereinbarungen beschränkt wird. Die Kommission wendet dann die Bündeltheorie (Rn. 91) an.[247] Überschreiten die gleichartigen Verträge eines Herstellers mit seinen Händlern zusammen selbst die Grenze zur Spürbarkeit, dann bejaht die Kommission die Spürbarkeit auch ohne die Würdigung der kumulativen Wirkungen[248]. Für ausschließliche Bierlieferverträge gilt die Schranke eines nationalen Marktanteils für den Absatz von Bier in Gaststätten von 1% und maximal 20 Mio. l/ Jahr Bierausstoß, wobei die Verträge für max. 15 Jahre geschlossen sein dürfen[249].

Die in den Bekanntmachungen der Kommission festgelegten Werte binden allerdings den EuGH nicht. Sie können aber dazu dienen, die Begründung von Kommissionsent-

---

240 EuGH, Rs. C-234/89, Slg. 1991, I-935, Rn. 24 (Delimitis). Kriterien sind Vertragsdauer und Stellung der Vertragspartner. An einem erheblichen Beitrag der umstrittenen Verträge zur Marktabschottung fehlte es in der Rs. C-214/99, Slg 2000, I-11121 (Neste). Dort hatte nur ein geringer Teil der Alleinbezugsverträge (nämlich 5% der Verträge mit einem Absatzvolumen von 8%) eines Lieferanten eine wettbewerbsrechtlich bedenkliche Kündigungsfrist von einem Jahr im Anschluß an eine Vertragslaufzeit von mindestens 10 Jahren. Das Verbot des Art. 81 war daher nicht anwendbar auf diese Verträge, vgl. EuGH, ebda. Tz. 29, 36 f.
241 Kommission, Entscheidung v. 15.5.1991, ABl.EG 1991, Nr. L 185/23, Tz. 38 (Gosme/Martell-DMP); vgl. ähnlich EuGH, Rs. 126/80, Slg. 1981, 1563, Rn. 17 (Salonia/ Poidermani und Giglio).
242 Kommission, Entscheidung v. 16.12.1982, ABl.EG 1982 Nr. L 379/19, S. 26 (Toltecs/Dorcet).
243 Kommission, Entscheidung v. 21.12.1993, ABl.EG 1994 Nr. L 20/15, Tz. 35 (Grundig).
244 EuGH, Rs. 319/82, Slg. 1983, 4172, Rn. 9 (Soc. De Vente de Cements et Bétons/Kerpen&Kerpen).
245 EuGH, Rs. 30/78, Slg. 1980, 2229, Rn. 28 (Destillers Company/Kommission); Rs. 100/80, Slg. 1983, 1825, Rn. 86 (Musique Diffusion Francaise/Kommission); Kommission, Entscheidung v. 28.11.1979, ABl.EG 1980 Nr. L 39/51, S. 57 (Floral), v. 23.12.1992, ABl.EG 1993 Nr. L 20/14, Tz. 22 (Ford/VW).
246 So die Neufassung der Bagatellbekanntmachung, s. ABl.EG 2001, Nr. C 368/13, Tz. 7, die Kernbeschränkungen neu formuliert, die bei besonders schädlichen Absprachen wie Preisfestsetzungen, Marktaufteilung, Gebietsschutz o. ä. diese Werte nicht gelten läßt, s. Tz. 11.
247 Liegt der Marktanteil der Beteiligten höchstens bei 5%, dann fehlt nach Ansicht der Kommission der Abschottungseffekt, s. die de minimis-Bekanntmachung, Tz. 8.
248 Kommission, Entscheidung v. 23.12.1992 ABl.EG 1993 Nr. L 183/1, Tz. 106 (Schöller); das EuG, Rs. T-9/93, 8.6.1995, Slg. 1995, II-1611, Rn. 76 ff. (Schöller/Kommission) wandte diese Differenzierung nicht an.
249 Bekanntmachung der Kommission über Bierlieferungen, ABl.EG 1992 Nr. C 121/2.

scheidungen anzugreifen und der Kommission entgegengehalten zu werden, was zur Aufhebung der Entscheidung führen kann[250].

(3) Relevanter Markt
Um das Bestehen einer Wettbewerbsbeschränkung und ihre Spürbarkeit zu beurteilen, aber auch wegen Abs. 3[251], bedarf es der Ermittlung des relevanten Markts auch bei Art. 81[252]. 94

Für den **sachlich** relevanten Markt ist entscheidend die **Substituierbarkeit**, d.h. die Frage, ob ein Produkt dem gleichen Bedürfnis besonders zu dienen bestimmt und mit anderen Erzeugnissen nur in geringem Maß austauschbar ist[253]. Die Erzeugnisse desselben Marktes müssen hinreichend austauschbar sein bezüglich der gleichen Verwendung[254]. Dabei beschränkt sich die Prüfung nicht allein auf die objektiven Merkmale des Produkts, sondern bezieht auch die Wettbewerbsbedingungen sowie die Nachfrage- und Angebotsstruktur ein[255], so daß z.B. Beachtung findet, wie einfach potentielle Wettbewerber ihre Produktion umstellen können. Verbrauchergewohnheiten sind zu berücksichtigen[256]. Identische Produkte können zu verschiedenen Märkten gehören, wenn sie eine je spezifische Nachfrage befriedigen[257]. Bei der Marktabgrenzung wird von der Sicht der Marktgegenseite ausgegangen, nicht von der des Wettbewerbers[258]. 95

Maßstab für die Austauschbarkeit ist neben der Preislage[259], der Qualität und technischer Merkmale[260] auch die sog. Kreuzpreiselastizität[261]. Danach liegt Austauschbarkeit vor, wenn eine geringfügige Preisänderung von 5% bis 10% bei einem Produkt die 96

---

250 Vgl. EuG, Verb. Rs. T-374/94 u.a., Slg. 1998, II-3141, Rn. 103–105 (European Night Services u.a./Kommission).
251 Die Freistellung wird in manchen GVOen von den Marktanteilen abhängig gemacht, so etwa in Art. 3 GVO 2790/1999 für Vertikalvereinbarungen, ABl.EG 1999, Nr. L 336/21.
252 Vgl. nur EuG, Rs. T-39 und 40/92, Slg. 1994, II-49, Rn. 101 (CB und Europay/Kommission); Kommission, Entscheidung v. 26.7.1988, ABl.EG 1988 Nr. L 272/27, Tz. 28 (Tetra Pak I).
253 EuGH, Rs. 6/72, Slg. 1973, 215, Rn. 32 (Europemballage und Continental Can/Kommission) zu Art. 82; EuG, Rs. T-7/93, Slg. 1995, II-1533, Rn. 61 (Langnese-Iglo/Kommission).
254 Vgl. EuGH, Rs. 85/76, Slg. 1979, 461, Rn. 23 (Hoffmann-La Roche/Kommission) zu Art. 82. Volle Austauschbarkeit ist nicht nötig, EuGH, Rs. 322/81, Slg. 1983, 3461, Rn. 48 (Michelin/Kommission).
255 Kommission, Entscheidung v. 23.12.1992, ABl.EG 1993, Nr. L 183/1, Tz. 84 (Schöller); s. auch ihre Bekanntmachung über die Definition des relevanten Marktes, ABl.EG 1997 Nr. C 372/5, Tz. 15 ff.; EuG, Rs. T-7/93, Slg. 1995, II-1533, Rn. 61 (Langnese-Iglo/Kommission); EuGH, Rs. 322/81, Slg. 1983, 3461, Rn. 37 (Michelin/Kommission) zu Art. 82.
256 Kommission, Entscheidung v. 26.7.1988, ABl.EG 1988, Nr. L 272/27, Tz. 32 (Tetra Pak I); vgl. auch Entscheidung v. 22.12.1987, ABl.EG 1988 Nr. L 52/51, Tz. 36 (Olivetti/Canon).
257 EuGH, Rs. 85/76, Slg. 1979, 461, Rn. 28 (Hoffmann-La Roche/Kommission).
258 Kommission, Entscheidung v. 26.7.1988, ABl.EG 1988, Nr. L 272/27, Tz. 30 ff. (Tetra Pak I); Bekanntmachung über die Definition des relevanten Marktes, ABl.EG 1997 Nr. C 372/5, Tz. 7; EuGH, Rs. 22/78, Slg. 1979, 1869, Rn. 5 (Hugin/Kommission); EuG, Rs.T-7/93, Slg. 1995, II-1533, Rn. 61 (Langnese-Iglo/Kommission).
259 Vgl. EuGH, Rs. 86/82, Slg. 1984, 883, Rn. 21 (Hasselblad/Kommission); Kommission, Entscheidung v. 16.12.1991, ABl.EG 1992 Nr. L 12/24, S. 29 (YSL Parfums).
260 Kommission, Entscheidung v. 29.11.1974, ABl.EG 1974 Nr. L 343/19, S. 22 (Kugellager); vgl. auch EuGH, Rs. 6/72, Slg. 1973, 215, Rn. 33 (Europemballage und Continental Can/Kommission).
261 EuGH, Rs. 27/76, Slg. 1978, 207, Rn. 33 (United Brands/Kommission); EuG, Rs. T-30/89, Slg. 1991, II-1439, Rn. 75 f. (Hilti/Kommission); Kommission, Entscheidung v. 22.12.1987, ABl.EG 1988 Nr. L 65/19, Tz. 60 (Eurofix-Bauco/Hilti), v. 26.7.1988, ABl.EG 1988, Nr. L 272/27, Tz. 30 (Tetra Pak I); anschaulich dazu C. Zacker, Kompendium Europarecht, 1997, S.122.

Nachfrage auf ein anderes derart verschiebt, daß durch den Absatzrückgang des einen Produkts die Preiserhöhung nicht mehr profitabel ist. Im Einzelfall kann ein Markt sehr eng abgegrenzt sein, so daß die Erteilung von Konformitätsbescheinigungen für die Zulassung von KFZ einer Marke[262] oder die Information eines Fernsehsenders über sein Programm[263] ein eigner Markt darstellen. Der EuGH scheint auch bereit zu sein, Unternehmen an ihrer Definition der Geschäftstätigkeit festzuhalten, selbst wenn die Austauschbarkeit weiter geht[264].

97 **Räumlich** relevanter Markt ist das Gebiet, in dem die Wettbewerbsbedingungen hinreichend homogen sind[265]. Die Verteilung der Marktanteile kann Hinweise geben. Die Kommission definiert ihn auch als das Gebiet, in dem die beteiligten Unternehmen die relevanten Produkte oder Dienstleistungen anbieten, in dem die Wettbewerbsbedingungen hinreichend homogen sind und das sich von benachbarten Gebieten durch spürbar unterschiedliche Wettbewerbsbedingungen unterscheidet[266]. Sie geht regelmäßig vom Gemeinsamen Markt als relevant aus[267]. Eine besondere Transportkostenempfindlichkeit von Gütern führt dazu, daß die einzelnen Mitgliedstaaten je eigene Märkte bilden[268].

98 Für den **Telekommunikationsbereich** geht die Kommission von je eigenen Märkten in den Mitgliedstaaten aus[269].

99 Im Einzelfall kann auch eine Abgrenzung **der Zeit nach** erforderlich werden, und zwar wenn eine Absprache zeitlich befristet ist, bestimmte Leistungen nur für eine bestimmte Zeit angeboten werden oder sich die Marktverhältnisse ändern[270].

---

262 EuGH, Rs. 226/84, Slg. 1986, 3263, Rn. 5 (British Leyland/Kommission).
263 EuG, Rs. T-69/89, Slg. 1991, II-485, Rn. 62 (RTE/Kommission).
264 EuGH, Rs. 86/82, Slg. 1984, 883, Rn. 20 (Hasselblad/Kommission). Der EuGH hat jedoch in dieser Entscheidung die Austauschbarkeit auch noch anhand von Produktspezifika geprüft, ebda. Rn. 21, so daß die Kritik von *M. Gleiss/M. Hirsch*, EGKartR (Fn. 3), Art. 85 I, Rn. 207 unberechtigt ist. Im übrigen wird eine uneinheitliche Vorgehensweise bei der Marktdefinition nicht als rechtsfehlerhaft gerügt, EuG, Rs. T-25/99, 5.7.2001, Rn. 49 f. (Roberts).
265 EuGH, Rs. 27/76, Slg. 1978, 207, Rn. 10/11 (United Brands/Kommission); Rs. 247/86, Slg. 1988, 5987, Rn. 15 (Alsatel/Novasam) zu Art. 82; EuG, Rs. T-34/92, Slg. 1994, II-905, Rn. 56 (Fiatagri und New Holland Ford/Kommission); Kommission, Entscheidung v. 17.12.1986, ABl.EG 1987 L 41/31, Tz. 19 (Mitchell Cotts/Sofiltra); 21.12.1988, ABl.EG 1989 L 43/27, Tz. 88 (Decca); vgl. auch ihre Bekanntmachung über die Definition des relevanten Marktes, ABl.EG 1997 Nr. C 372/5, Tz. 8.
266 So in Tz. 8 mit näheren Details ab Tz. 28 ff. ihrer Bekanntmachung über die Definition des relevanten Marktes, ABl.EG 1997 Nr. C 372/5.
267 Kommission, Entscheidung v. 22.12.1987, ABl.EG 1988, Nr. L 52/51, Tz. 36 (Olivetti/Canon); *M. Gleiss/M. Hirsch*, EGKartR (Fn. 3), Art. 85 I, Rn. 224; *H.-J. Bunte*, in: Langen/Bunte, KartR (Fn. 6), Art. 81 Generelle Prinzipien, Rn. 113.
268 Kommission, Entscheidung v. 5.12.1988, ABl.EG 1989 Nr. L 10/50, Tz. 111 (BPB); v. 7.12.1988, ABl.EG 1989, Nr. L 33/44, Tz. 77 (Flachglas); v. 12.1.1990, ABl.EG 1990 Nr. L 32/19, Tz. 9 (Alcatel); v. 13.7.1990, ABl.EG 1990, Nr. L 209/15, Tz. 18 (Elopak/Metal Box-Odin).
269 Leitlinien für den Telekommunikationsbereich, ABl.EG 1991 Nr. C 233/2, Tz. 32.
270 EuGH, Rs. 27/76, Slg. 1978, 207, Rn. 23 ff. (United Brands/Kommission); Rs. 77/77, Slg. 1978, 1513, Rn. 18 (B.P./Kommission).

bb) Stellungnahme

Die Literatur stimmt weitgehend dem Ansatz der Organe zu, daß eine Wettbewerbsbe- 100
schränkung gegeben ist, wenn die Handlungsfreiheit eingeschränkt wird[271].

Umstritten ist jedoch, welche Bedeutung der Beeinträchtigung Dritter hierbei zu- 101
kommt. Es besteht insoweit bereits Uneinigkeit, wie die Praxis zu verstehen ist. Einerseits wird eine Wettbewerbsbeschränkung bejaht, wenn die Handlungsfreiheit der Beteiligten und dadurch die Wahlmöglichkeiten Dritter beeinflußt werden[272]. Es wird also eine Auswirkung auf die Wahlfreiheit Dritter als kumulative Voraussetzung gefordert. Zumindest wird eine diesbezügliche Tendenz der Praxis festgestellt[273]. Andererseits wird eine Auswirkung allein auf Dritte schon als ausreichend angesehen[274]. Damit einher geht das Bemühen, dem Begriff der Wettbewerbsverfälschung neben der -verhinderung und -einschränkung eine eigenständige Bedeutung zu geben.

Der Kommission und dem EuGH sind solche Differenzierungen fremd. Zwar gibt es 102
Entscheidungen, in denen die Organe es genügen lassen, die Auswirkungen auf Dritte festzustellen, und sie nicht weiter auf Beschränkungen der Beteiligten selbst eingehen. Dahinter steckt jedoch kein systematisches Konzept. So stellt die Kommission auch bei vertikalen Absprachen teilweise auf Beschränkungen nur für Wettbewerber und Verbraucher, also Dritte, ab[275], teilweise allein auf die der Beteiligten[276], teilweise auf beides[277]. Auch werden die Begriffe Wettbewerbsstörung, -beschränkung oder -verfälschung ohne erkennbare Unterscheidung identisch gebraucht[278]. Die Praxis will ersichtlich die Bejahung einer Wettbewerbsbeschränkung nicht von solch feinsinnigen Betrachtungen abhängen lassen[279], sondern die jeweiligen praktischen Auswirkungen erfassen. Bei einer Vereinbarung liegt eine Beeinträchtigung der Handlungsfreiheit der Beteiligten schon in der Festlegung auf ein bestimmtes Vorgehen. Drittwirkungen stellen sich auch ein, da dadurch die Wettbewerbsverhältnisse, auf die Dritte stoßen, verändert werden und somit ihr Verhaltensspielraum sich einengt. Dagegen mag zwar geltend gemacht werden, daß der Anwendungsbereich des Kartellverbots damit uferlos

---

271 *P. Stockenhuber*, in: Grabitz/Hilf, EU, Art. 81, Rn. 122; *P.-C. Müller-Graff*, in: HK-EUV, Art. 85, Rn. 80.
272 *M. Gleiss/M. Hirsch*, EGKartR (Fn. 3), Art. 85 I, Rn. 136; vgl. auch *P. Stockenhuber*, in: Grabitz/Hilf, EU, Art. 81, Rn. 122.
273 So v. *V. Emmerich*, in: Hb.EUWirtR, Abschnitt H.I. § 1, Rn. 101, der selbst diese Voraussetzung ablehnt.
274 *H.-J. Bunte*, in Langen/Bunte, KartR (Fn. 6), Art. 81 Generelle Prinzipien, Rn. 62; *P.-C. Müller-Graff*, in: HK-EUV, Art. 85, Rn. 80; vgl. auch *E.-J. Mestmäcker*, Europäisches Wettbewerbsrecht, 1972, S. 191; *H. Schröter*, in: GTE, EU-/EGV, Art. 85 Absatz 1, Rn. 83 a.E. m.w.N.
275 Kommission, Entscheidung v. 10.7.1985, ABl.EG 1985, Nr. L 219/35, Tz. 47 (EATE-Beitrag); v. 26.11.1986, ABl.EG 1986 Nr. L 348/50, Tz. 64 (Meldoc).
276 Kommission, Entscheidung v. 2.12.1981, ABl.EG 1982 Nr. L 161/18, Tz. 66 (Hasselblad); v. 11.7.1983, ABl.EG 1983 Nr. L 229/1, S. 10 (Windsurfing International).
277 Kommission, Entscheidung v. 19.12.1974, ABl.EG 1975 Nr. L 38/10, Tz. 6 ff. (Goodyear Italiana-Euram); v. 6.8.1984, ABl.EG 1984, Nr. L 220/27, Tz. 67 (Zinc Producer Group); v. 13.12.1989, ABl.EG 1990, Nr. L 21/71, Tz. 39, 46 (Bayo-n-ox).
278 Vgl. z.B. für die Rspr. des EuGH: Rs. 56/65, Slg. 1966, 281, S. 303 f. (LTM/MBU); Rs. 22/71, Slg. 1971, 949, Rn. 15 (Béguelin Import/G.L. Import Export); Rs. C-234/89, Slg. 1991, I-935, Rn. 14 (Delimitis); Rs. 258/78, Slg. 1982, 2015, Rn. 54 (Nungesser/Kommission); Rs. 5/69, Slg. 1969, 295, Rn. 7 (Völk/Vervaecke); Rs. 26/76, Slg. 1977, 1875, Rn. 21 (Metro/Kommission).
279 Zur unterschiedlichen Handhabung der Praxis vgl. auch *M. Gleiss/M. Hirsch*, EGKartR (Fn. 3), Art. 85 I, Rn. 133 ff.

wäre, weil jeder Vertrag erfaßt würde[280]. Jedoch ist der Wortlaut von Art. 81 so weit gefaßt, daß auch Auswirkungen allein auf Dritte genügen. Außerdem genügt nicht jede Drittwirkung; bloße wirtschaftliche Einbußen reichen nicht[281].

103 Zuzugeben ist, daß Kriterien gefunden werden müssen, diesen weiten Anwendungsbereich einzuschränken. Ein Abstellen auf Auswirkungen auf Dritte als solches hilft dabei allerdings nicht weiter, sondern schon eher das Kriterium der Spürbarkeit[282]. Vielmehr muß bei einem zu untersuchenden Verhalten geprüft werden, ob die Wirkungen wettbewerbspolitisch hingenommen werden sollen. Die Ausrichtung kann dabei v.a. am Ziel der Verwirklichung eines Gemeinsamen Marktes erfolgen. Schließlich werfen auch reine Austauschverträge, mit denen die Beteiligten begrifflich ihre Handlungsfreiheit einschränken, weil sie nun gebunden sind, Fragen nach der Anwendbarkeit des Kartellverbotes auf. Die Praxis bedient sich anderer Wege zur Einschränkung des Anwendungsbereichs (s. Rn. 110 ff.). Im übrigen bringt es keine Vorteile, Maßnahmen, die sich nur auf Dritte auswirken, aus dem Begriff der Wettbewerbsbeschränkung herauszunehmen und dafür den eigenen Begriff der Wettbewerbsverfälschung zu nehmen[283], da sich an der Anwendbarkeit des Kartellverbots dadurch nichts ändert und die Frage, welche Auswirkungen auf Dritte nicht mehr tolerierbar sind, nur verschoben wird. Wie Art. 3 lit. g) zeigt, ist die Wettbewerbsverfälschung nur der Oberbegriff zur -verhinderung und -einschränkung.[284]

104 Ferner sind Zweifel angebracht, ob es bei den von der anderen Ansicht angegebenen Beispielsfällen für eine Wettbewerbsverfälschung ohne Wettbewerbsbeschränkung[285], die also nur nachteilige Wirkungen für Dritte entfalte, wirklich an einer Wettbewerbsbeschränkung fehlt[286] Eine von mehreren Unternehmen unterhaltene Ausgleichskasse für Exportverluste[287] schränkt nur auf den ersten Blick die Handlungsfreiheit der Beteiligten nicht ein. Dabei muß auf die in der Praxis damit einhergehende Preisabsprache gar nicht erst abgestellt werden. Denn eine solche Kasse kann nur funktionieren, wenn zumindest einer der Nettozahler sich anders verhält als wenn diese Kasse nicht existierte. In letzterem Fall könnte dieser Beteiligte sich in (weniger aussichtsreichen) Exportmärkten engagieren und evtl. Verluste mit den Gewinnen aus dem Inland ausgleichen. Das ist infolge der Ausgleichsverpflichtung nicht mehr in diesem Maße möglich, soll das System der Ausgleichskasse nicht zusammenbrechen. Ein reiner Austauschvertrag ist zwar im Ergebnis keine Wettbewerbsbeschränkung, weil der Ausübung der Handlungsfreiheit insoweit der Vorrang gebührt; jedoch läßt sich nicht leugnen, daß die Handlungsfreiheit der Vertragsparteien dadurch beschränkt wird.

---

280 So *V. Emmerich*, in: Hb.EUWirtR, Abschnitt H.I. §1, Rn. 102.
281 *H. Johannes*, Der Begriff der Wettbewerbsbeschränkung, AWD des BB 1968, S. 409, 414.
282 Insoweit auch *V. Emmerich*, in Hb.EUWirtR, H. I. § 1, Rn. 101 a.E.
283 So wohl *C. Bellamy/G. Child*, Common Market Law of Competition, 4. Auflage 1993, Rn. 2–108; *V. Emmerich*, in: Hb.EUWirtR, Abschnitt H. I. § 1, Rn. 104; *H. Schröter*, in: GTE, EU-/EGV, Art. 85 Absatz 1, Rn. 88.
284 So auch *H.-J. Bunte*, in: Langen/Bunte, KartR (Fn. 6), Art. 81 Generelle Prinzipien, Rn. 59; *G. Grill* in Lenz, EGV, Art. 81, Rn. 13; *P.-C. Müller-Graff*, in: HK-EUV, Art. 85, Rn. 77; auch *H. Schröter*, in: GTE, EU-/EGV, Art. 85 Absatz 1, Rn. 88 sieht die Verfälschung als Oberbegriff, will ihr aber ebda. dennoch eine selbständige Bedeutung zumessen.
285 Vgl. *C. Bellamy/G. Child*, Common Market Law of Competition, 4. Auflage 1993, Rn. 2–108; *V. Emmerich*, in: Hb.EUWirtR, Abschnitt H. I. § 1, Rn. 103; *W. Schluep*, in: FS Kummer, 1980, S. 494 f.
286 Ähnlich *P.-C. Müller-Graff*, in: HK-EUV, Art. 85, Rn. 77; *P. Stockenhuber*, in: Grabitz/Hilf, EU, Art. 81, Rn. 122 a.E.
287 Vgl. z.B. Kommission, Entscheidung v. 22.12.1972, ABl.EG 1972 Nr. L 303/24, S. 33 (Cimbel).

Es ist somit festzuhalten, daß es auf die Beeinträchtigung der Handelsfreiheit der Beteiligten ankommt. Die Einschränkung der Wahlmöglichkeiten Dritter ist für das Vorliegen eines Wettbewerbsverstoßes nicht erforderlich. Falls schwerpunktmäßig Dritte betroffen sind, läßt sich aber stets auch eine Beeinträchtigung der Handlungsfreiheit der Beteiligten feststellen. Je nach Lage liegt nur die besondere Betonung auf dem einen oder anderen. 104 a

Hinsichtlich der Marktabgrenzung ist dem Bedarfsmarktkonzept der Praxis zu folgen. Zurecht beachtet die Praxis auch die Selbsteinschätzung der Parteien, da die Unternehmen über ihre Produkte und Vertriebspolitik den Markt selbst definieren können.[288] 104 b

c) Bezwecken oder Bewirken

Die Maßnahmen sind verboten, wenn sie eine Wettbewerbsbeschränkung alternativ bezwecken oder bewirken. Somit genügt bereits der wettbewerbsbeschränkende Zweck der Vereinbarung, wobei die wirtschaftlichen Begleitumstände ihrer Durchführung zu berücksichtigen sind. Die Wettbewerbsbeschränkung muß sich aus der Gesamtheit oder einem Teil der Bestimmungen der Vereinbarung ergeben. Läßt dies keine hinreichende Beeinträchtigung erkennen, dann sind die Auswirkungen zu untersuchen.[289] 105

Der wettbewerbsbeschränkende **Zweck** ergibt sich aus einer objektivierten Beurteilung der Ziele der Vereinbarung, wie sie sich aus dem Inhalt ergeben; es kommt nicht darauf an, daß Parteien eine gemeinsame Absicht verfolgten[290], daß die Maßnahme erfolgreich war[291] oder überhaupt angewandt wurde[292]. Nach diesem Maßstab ist ein Exportverbot, die Bestimmung von Handelsspannen oder von Mindestpreisen bereits ein Verstoß gegen Kartellrecht[293]. 106

Diese objektive Beurteilung ist dann auch Grundlage für die Beurteilung der Spürbarkeit[294]. 107

Dieses Abstellen auf die **objektivierte** Tendenz setzt voraus, daß die Maßnahme überhaupt **geeignet** ist, den Wettbewerb zwischen den Mitgliedstaaten (spürbar) zu beschränken[295]. Dies genügt für den Nachweis. Eine reine Innentendenz reicht nicht aus. Ein objektiv untauglicher Versuch bleibt somit »straffrei«. Die Wettbewerbsbeschrän- 108

---

288 EuG, Rs. T-34/92, Slg. 1994, II-905, Rn. 51 (Fiatagri und New Holland Ford/Kommission); Rs. T-29/92, Slg. 1995, II-289, Rn. 76-81 (SPO u.a./Kommission). S. auch V. *Emmerich*, Hb.EUWirtR, H.I. § 1, Rn. 128, 132.
289 EuGH, Rs. 56/65, Slg. 1966, 281, S. 303 (LTM/MBU).
290 EuGH, Rs. 209–215 und 218/78, Slg. 1980, 3125, Rn. 154 (Van Landewyck); Rs. 29 und 30/83, Slg. 1984, 1679, Rn. 26 ff. (CRAM und Rheinzink/Kommission); Kommission, Entscheidung v. 13.12.1989, ABl.EG 1990 Nr. L 21/71, Tz. 45 f. (Bayo-n-ox); zustimmend die Literatur, vgl. nur *H.-J. Bunte*, in: Langen/Bunte, KartR (Fn. 6), Art. 81 Generelle Prinzipien, Rn. 97.
291 EuGH, Rs. 19/77, Slg. 1978, 131, Rn. 15 (Miller/Kommission); Kommission, Entscheidung v. 13.12.1989, ABl.EG 1990 Nr. L 21/71, Tz. 53 (Bayo-n-ox); 30.10.1996, ABl.EG 1997, Nr. L 26/23, Tz. 59 (Fährdienstbetreiber).
292 EuG, Rs. T-66/92, Slg. 1994, II-531, Rn. 40 (Herlitz/Kommission).
293 EuGH, Rs. 19/77, Slg. 1978, 131, Rn. 7 (Miller/Kommission); Rs. 209 bis 215 und 218/78, Slg. 1980, 3125, Rn. 110 (Van Landewyck/Kommission); Rs. 123/83, Slg. 1985, 391, Rn. 22 (BNIC/CLAIR).
294 Vgl. EuG, Rs. T-14/89, Slg. 1992, II-1155, Rn. 240 (Montedipe/Kommission). Die Kommission will bei einem offensichtlich wettbewerbsfeindlichen Zweck von Verhaltensweisen auf die Betrachtung der Spürbarkeit verzichten, Kommission, Entscheidung v. 13.7.1994, ABl.EG 1994, Nr. L 243/1, Tz. 135 (Karton).
295 So EuGH, Rs. 19/77, Slg. 1978, 131, Rn. 15 (Miller/Kommission); EuG, Rs. T-13/89, Slg. 1992, II-1021, Rn. 291 ff. (ICI/Kommission).

kung braucht nicht versucht worden zu sein[296] und muß nicht Hauptzweck sein. Konkrete Auswirkungen fließen bei Bejahung dieser Alternative dann nur in die Bestimmung der Bußgeldhöhe ein[297].

109 Die Alternative des **Bewirkens** liegt vor, wenn der verfolgte Zweck erreicht wird[298] oder wenn eine Maßnahme unbeabsichtigte wettbewerbsbeschränkende Auswirkungen hat. Um die Wettbewerbsbeschränkung festzustellen, ist auf den Wettbewerb abzustellen, wie er ohne die streitige Vereinbarung bestünde[299]. Für die Kausalität genügt die Darlegung der Adäquanz, d.h. der wahrscheinlichen Folge[300].

d) Grenzen des Tatbestandes
aa) Existenz einer rule of reason?
(1) Praxis der Rechtsprechung und der Kommission

110 In der Praxis von EuGH und Kommission wird eine Subsumtion bestimmter Maßnahmen unter das Kartellverbot unterlassen, obgleich wettbewerbsbeschränkende Wirkungen von ihnen ausgehen, die aufgrund der weiten Auslegung von Abs. 1 vom Verbot eigentlich erfaßt würden. Diese Einschränkung der Anwendung des Abs. 1 erfolgt nur zum Teil aufgrund einer Abwägung, wonach die positiven Effekte für den Wettbewerb die beschränkenden ausgleichen.[301] Vielmehr wird auf die **Förderung neuen Wettbewerbs** abgestellt. So ist eine sog. offene ausschließliche Lizenz (s. Rn. 225) wegen der mit Herstellung und Vertrieb des neuen Produkts verbundenen Risiken trotz wettbewerbsbeschränkender Wirkungen nicht unvereinbar mit Art. 81 Abs. 1. Denn nur so kann der Wettbewerb durch die Verbreitung neuer Technologien vorangebracht werden[302]. Bei **Unternehmensverkäufen** erkennt die Praxis an, daß ein Wettbewerbsverbot trotz seiner beschränkenden Wirkungen für diese Art Verträge erforderlich ist, die grundsätzlich den Wettbewerb stärken, weil sonst ein Verkauf nicht möglich wäre. Allerdings muß es hinsichtlich Dauer und Geltungsbereich auf den hierfür erforderlichen Rahmen beschränkt sein[303]. Gleiches gilt für **Nebenabreden** bei Fusionen[304] und für Wettbewerbsverbote mit Einfirmen-Handelsvertretern[305]. Bei komplexen wirtschaftlichen Verträgen wie etwa einem **Franchise-System** beschränkt der EuGH die Prü-

---

296 EuGH, verb. Rs. C-89, 104, 114, 116, 117 und 125 bis 129/85, Slg. 1993, I-1307, Rn. 175 (Ahlström u.a./Kommission).
297 Kommission, Entscheidung v. 10.7.1986, ABl.EG 1986 Nr. L 232/15, Tz. 76 (Dach- und Dichtungsbahnen); EuG, Rs. T-13/89, Slg. 1992, II-1021, Rn. 294 (ICI/Kommission).
298 Kommission, Entscheidung v. 6.8.1984, ABl.EG 1984, Nr. L 220/27, Tz. 71 (Zinc Producer Group).
299 EuG, Rs. T-34/92, Slg. 1994, II-905, Rn. 49 (Fiatagri und New Holland Ford/Kommission).
300 S. Kommission, Entscheidung v. 15.7.1975, ABl.EG 1975, Nr. L 228/3, S. 8 (IFTRA-Hüttenaluminium).
301 Vgl. für die Zulassung selektiver Vertriebssysteme EuGH, Rs. 26/76, Slg. 1977, 1875, Rn. 21 (Metro/Kommission); Rs. 75/84, 22.10.1986, Slg. 1986, 3021, Rn. 45 (Metro/Kommission).
302 EuGH, Rs. 258/78, Slg. 1982, 2015, Rn. 57 f. (Nungesser/Kommission).
303 EuGH, Rs. 42/84, Slg. 1985, 2545, Rn. 19 f. (Remia/Kommission).
304 Kommission, Entscheidung v. 14.7.1992, WuW/E EV 1979 ff., Tz. 23 (Thomas Cook/LTU/West LB); v. 28.9.1992, WuW/E EV 1995 ff., Tz. 27 (Ericsson/Ascom); v. 17.3.1993, WuW/E EV 2041 ff., Tz. 19 (Matra/Cap Gemini Sogeti).
305 Vgl. EuGH, Rs. 40 u.a./73, Slg. 1975, 1663, Rn. 538/540 (Suiker Unie u.a./Kommission). Hier geht es eigentlich um die Frage, ob nicht eine wirtschaftliche Einheit des Vertreters mit dem Prinzipal besteht, s.o. Rn. 42. Deutlich kritischer sieht die Kommission die Wettbewerbsverbote in Handelsvertreterverträgen nunmehr in ihren Leitlinien für vertikale Beschränkungen: Sie können von Abs. 1 erfaßt werden, wenn sie zur Marktabschottung führen, ABl.EG 2000, Nr. C 291/1, Tz. 19; P. Stockenhuber, in: Grabitz/Hilf, EU, Art. 81, Rn. 170. Zurecht kritisch zu dieser Beurteilung durch die Kommission K. W. Lange, Handelsvertretervertrieb nach den neuen Leitlinien der Kommission, EWS 2001, S. 22.

EG-Vertrag Art. 81

fung darauf, ob die an sich wettbewerbsbeschränkenden Wirkungen der Vertragsklauseln für das Gelingen des Systems notwendig sind, weil solche Verträge nur bei Maßnahmen zum Schutz des Know-how und der Vertriebsorganisation funktionieren können[306]. Für **Nichtangriffsklauseln** in **Patentlizenzvereinbarungen** verneint der EuGH unter bestimmten Voraussetzungen eine Wettbewerbsbeschränkung[307].

Die Praxis wendet ferner das Kartellverbot nicht auf Alleinvertriebsvereinbarungen 111 und Formen der Zusammenarbeit von Unternehmen an, soweit sie für die **Ermöglichung eines Marktzutritts** erforderlich sind, etwa weil infolge hoher Entwicklungsaufwendungen die Unternehmen alleine nicht tätig werden könnten[308].

Ausdrücklich auf die Existenz einer **rule of reason** angesprochen wurde nur das EuG. 112 Es hat die generelle Anwendung im Gemeinschaftsrecht offen gelassen und sie zumindest für einen offenkundigen Kartellverstoß (per se Verstoß) abgelehnt[309].

Dieser Überblick über die Entscheidungspraxis zeigt, daß Tatbestandseinschränkungen 113 bei vertikalen wie horizontalen Maßnahmen letztlich mit der **Wettbewerbsförderung** durch Marktzutritt oder der **Funktionsnotwendigkeit**[310] begründet werden.

(2) Stellungnahme
In der Literatur wird diese Rspr. v.a. wegen der Begründung, weniger der Ergebnisse 114 wegen kritisiert. Das Erfordernis einer Einschränkung des weiten Tatbestands des Abs. 1 wird einheitlich bejaht. Die einschränkende Rspr. wird zum Teil im Sinne einer gemeinschaftsrechtlichen *rule of reason* gedeutet[311]. Ferner wird kritisiert, der EuGH nehme in diesen Urteilen im Rahmen seiner Prüfung des Art. 81 Abs. 1 eine Abwägung vor, die die Kommission in der ihr nach Art. 81 Abs. 3 vorbehaltenen Freistellungsentscheidung vorzunehmen habe[312].

Diese Praxis ist jedoch nicht als europarechtliche *rule of reason* im Sinne einer Abwä- 115 gung der wettbewerbsfördernden mit den wettbewerbshemmenden Auswirkungen[313] zu verstehen. Denn zum einen finden sich Urteile, wonach die Rechtfertigung einer Beschränkung aufgrund von Marktbesonderheiten schon im Ansatz zurückgewiesen wird. So läßt der EuGH nicht zu, Preisfestsetzungen oder quantitative Beschränkungen für selektive Vertriebssysteme mit besonderen Vertriebsbedingungen oder Besonderhei-

---

306 EuGH, Rs. 161/84, Slg. 1986, 353, Rn. 14 ff. (Pronuptia); Kommission, Entscheidung v. 26.7.1988, ABl.EG Nr. L 262/27, Tz. 111 (Bloemenveilingen Aalsmeer).
307 EuGH, Rs. 65/86, Slg. 1988, 5249, Rn. 17 ff. (Bayer u.a./Süllhöfer).
308 EuGH, Rs. 56/65, Slg. 1966, 281, S. 304 (LTM/MBU); Kommission, Entscheidung v. 27.7.1990, ABl.EG 1990 Nr. L 228/31, S. 33 (Konsortium ECR 900); v. 13.7.1990, ABl.EG 1990, Nr. L 209/15, Tz. 24–29 (Elopak/Metal Box-Odin).
309 EuG, Rs. T-14/89, Slg. 1992, II1155, Rn. 265 (Montedipe/Kommission); Rs. T-148/89, Slg. 1995, II-1063, Rn. 109 (Tréfilunion/Kommission).
310 Deutlich auch EuGH, Rs. C-250/92, Slg. 1994, I-5641, Rn. 34 (DLG) zum Verbot der Doppelmitgliedschaft als Funktionsvoraussetzung für eine Genossenschaft; Kommission, Entscheidung v. 13.4.1994, ABl.EG 1994 Nr. L 117/30, Tz. 22 (SCK und FNK) für horizontale Beschränkungen.
311 *C. Bellamy/G. Child*, Common Market Law of Competition, 3. Auflage 1993, Rn. 2–063; *G. Wiedemann*, Kommentar zu den GruppenfreistellungsVOen, Band I, 1989, Rn. 24. Die rule of reason stammt aus dem US-amerikanischen Recht.
312 Vgl. *V. Emmerich*, in: Hb.EUWirtR, H.I. § 1, Rn. 146 m.w.N.
313 Dies ist der Inhalt der rule of reason-Doktrin nach modernem Verständnis, vgl. *P. Ulmer*, Rule of Reason im Rahmen von Art. 85 EWGV, in: XI. Internat. EG-Kartellrechtsforum, 1986, S. 48.

ten des Marktes zu rechtfertigen[314]. Zum anderen macht es wenig Sinn, gerade bei komplexeren Verträgen wegen einzelner einschränkender Klauseln das Kartellverbot greifen zu lassen, wenn und weil es diesen Wettbewerb ohne die Vereinbarung gar nicht gäbe[315]. Ferner ordnet die Praxis diese Fälle z.T. auch dem ungeschriebenen Tatbestandsmerkmal der (fehlenden) Spürbarkeit[316] oder – so bei der Einschränkung für die Handelsvertreter – dem Unternehmensbegriff zu (s. Rn. 38). Außerdem liegt der Figur der *rule of reason* die Vorstellung zugrunde, es gebe per-se-Verstöße gegen Kartellrecht. Diese können jedoch im Gemeinschaftsrecht immer noch – entgegen der Lage im US-Recht – freigestellt werden[317].

116 Die Praxis ist vielmehr bemüht, die Folgen der weiten Auslegung des Begriffs der Wettbewerbsbeschränkung durch die Anwendung **impliziter Schranken** einzugrenzen. Dies hat nichts zu tun mit einer generellen Abwägung bereits im Tatbestand des Abs. 1. Die von EuGH und Kommission entschiedenen Fälle zeigen, daß Vereinbarungen, die als Mittel von wirtschaftlichen Transaktionen dienen, nicht schon wegen den Wettbewerb beschränkender Nebenabreden, die für das Funktionieren erforderlich sind, vom Kartellverbot erfaßt werden sollen. Dem liegt eine Auslegung des Kartellverbots anhand von Sinn und Zweck des EG-Kartellrechts zugrunde, das den Güteraustausch im Markt fördern soll[318]. Ein reiner Austauschvertrag kann, obgleich er begrifflich eine Beschränkung der Handlungsfreiheit bedeutet, daher nicht unter das Kartellverbot fallen, da darin gerade ein Gebrauch der ökonomischen Freiheit liegt. Somit sind Beschränkungen erlaubt, die für die Transaktionen nötig sind. Verträge zur Errichtung bestimmter Vertriebssysteme, über Lizenzen und Franchising zielen auf die Einrichtung spezieller Absatzwege. Sie können nur unter bestimmten Bedingungen, die im Einzelfall bei der weiten Fassung des Abs. 1 wettbewerbsbeschränkend sein mögen, funktionieren. Auch sind Lizenz- und Franchiseverträge selbst wirtschaftliche Transaktionen des Zurverfügungstellens von Know-how[319]. Bei Handelsvertreterverträgen ist es nicht Aufgabe des Kartellrechts, ihre nützliche Funktion für die Arbeitsteilung zu blockieren[320]. Die funktionsnotwendigen[321] Beschränkungen dürfen nicht vom Kartellverbot erfaßt werden, außer sie übersteigen das Maß des Notwendigen. In gleicher Weise kommen Unterneh-

---

314 EuGH, Rs. 43 u. 63/82, Slg. 1984, 19, Rn. 45 f. (VBVB/VBBB/Kommission); Rs. 243/83, Slg. 1985, 2015, Rn. 32 f. (BINON/AMP); vgl auch EuG, Rs. T-61/89, Slg. 1992, II-1931, Rn. 78 (Dansk Pelsdyravlerforening/Kommission). In EuGH, Rs. 56 und 58/64, Slg. 1966, 321, S. 390 (Grundig/Consten) lehnt er bereits im Ansatz eine Abwägung zwischen Intra- und Interbrandwettbewerb ab.
315 So *G. Grill*, in: Lenz, EGV, Art. 81, Rn. 20; vgl zu Alleinvertriebsvereinbarungen *T. Jakob-Siebert/M. Jorna*, in: GTE, EU-/EGV, Art. 85 – Fallgruppen, Liefer- und Bezugsvereinbarungen, Rn. 88.
316 Vgl. *V. Emmerich*, Hb.EUWirtR, H. I. §1, Rn. 139, 146; *M. Gleiss/M. Hirsch*, EGKartR (Fn. 3), Art. 85 I, Rn. 262. Zur Spürbarkeit s. oben Rn. 90.
317 EuG, Rs. T-17/93, Slg. 1994, II-595, Rn. 85 (Matra Hachette/Kommission).
318 Vgl. allgemein zur Auslegung der Artt. 81 f. im Lichte von Art. 3 lit. g) EuGH, Rs. 6 u. 7/73, Slg. 1974, 223, Rn. 32 (Commercial Solvents/Kommission). Dies zeigt z.B. die Rs. C-376/92, Slg. 1994, I-15, Rn. 26 (Metro/Cartier), in der der EuGH die Lückenlosigkeit als Voraussetzung für ein selektives Vertriebssystem entgegen deutschem Recht abgelehnt hat. Denn als Begründung nannte er die stärkere Offenheit für Parallelhandel bei Verzicht auf diese Voraussetzung. Dies folgt aus dem Ziel eines Gemeinsamen Marktes. Ebenso verfolgt die Kommission den Ansatz, das Kartellrecht mit den übrigen Zielen des Vertrags in Einklang zu bringen, s. XXIII. Wettbewerbsbericht, 1993, Rn. 2, 17 ff., 149 ff., 155 ff.
319 Vgl. EuGH, Rs. 161/84, Slg. 1986, 353, Rn. 15 (Pronuptia), wo er davon spricht, daß der Franchisegeber seinen Erfolg verwerten kann.
320 *P. Ulmer/M. Habersack*, Handelsvertreterverträge und Art. 85 EGV, ZHR (159) 1995, S. 112.
321 Anders als nach *E.-J. Mestmäcker*, Europäisches Wettbewerbsrecht, 1972, S. 227 reicht eine enge Verbindung der Wettbewerbsbeschränkung mit legitimen Zwecken nicht.

mensverkäufe nur bei der Aufnahme von Wettbewerbsverboten zustande. Aus diesem Grund können auch Exportklauseln bezüglich Drittstaaten bei gleichzeitigem Reimportverbot (s. Rn. 127) vom Verbot des Abs. 1 nicht erfaßt sein, wenn erst durch günstigere Exportpreise Märkte außerhalb der EG für diese Produkte geöffnet werden können. Die Verhinderung der Reimporte ist dann für die Wettbewerbsförderung notwendig.

Soweit Beschränkungen wegen der Ermöglichung des Marktzutritts nicht vom Kartellverbot erfaßt werden, ist dies ebenso wegen Sinn und Zweck des Kartellrechts, den Wettbewerb zu fördern, geboten. Diese Tatbestandsrestriktionen sind daher Auslegungen des Tatbestands nach Sinn und Zweck des Kartellverbots und nicht Anwendung einer *rule of reason*.[322] 117

bb) Insbesondere: Unternehmensveräußerung
Eine Unternehmensveräußerung als wirtschaftliche Transaktion fällt als solche nicht unter das Kartellverbot, abgesehen von Fragen der Fusionskontrolle. Bedenklich können aber Nebenabreden sein wie z.b. ein **Wettbewerbsverbot**. Ein solches wird vom Tatbestand jedoch nicht erfaßt, wenn es notwendig ist, um den wirtschaftlichen Zweck des Verkaufs zu erreichen. Denn ohne Wettbewerbsverbot kann der frühere Inhaber z.B. seine Kundschaft zurückgewinnen. Es ist notwendig zur vollständigen Vertragserfüllung[323]. Es ist daher zulässig, sofern es in seiner Dauer und seinem Anwendungsbereich strikt auf diesen Zweck beschränkt ist und nicht über das Erforderliche hinausgeht[324]. Das Wettbewerbsverbot ist damit sachlich notwendig, wenn es darum geht, dem Erwerber den Geschäftswert und nicht nur materielle Gegenstände zu übertragen. Es ist beschränkt auf den Markt, auf dem das Unternehmen tätig ist. Die zulässige Dauer hängt davon ab, wie lange der Erwerber bedarf, um sich die Unternehmenswerte anzueignen. Dies variiert je nach Einzelfall. Als Leitlinie mag gelten, daß bei der Übertragung nur des Kundenstamms zwei Jahre genügen, bei der Übertragung auch des Know-how fünf Jahre[325]. Ein zu lange dauerndes oder zu weit gefaßtes Wettbewerbsverbot ist nur in seinem überschießenden Teil nichtig[326]. Das Wettbewerbsverbot darf alle verbundenen Unternehmen binden[327]. Ähnliche Grundsätze gelten für **Liefer- und Bezugspflichten** während einer Übergangszeit. Alleinlieferungs- oder -bezugspflichten sind jedoch regelmäßig unzulässig[328]. 118

cc) Insbesondere: Handelsvertreter- und Kommissionsagentenverträge
(1) Handhabung durch die Praxis
Ausgehend von seinem Unternehmensbegriff negiert der *EuGH* die Anwendbarkeit des Kartellverbots auf Vereinbarungen mit Handelsvertretern oder Kommissionsagenten, 119

---

322 Vgl. *J. Fritzsche*, Notwendige Wettbewerbsbeschränkungen und Art. 85 EGV, ZHR 160 (1996), S. 53 ff.; *P. Stockenhuber*, in Grabitz/Hilf, EU, Art. 81, Rn. 147. In diese Richtung auch *V. Emmerich*, HB.EUWirtR, H. I. § 1, Rn. 146.
323 EuGH, Rs. 42/84, Slg. 1985, 2545, Rn. 19 (Remia/Kommission); Kommission, 22.7.1976, ABl.EG 1976 Nr. L 254/40, S. 46 (Reuter/BASF).
324 EuGH, Rs. 42/84, Slg. 1985, 2545, Rn. 20 (Remia/Kommission); Ziffer II.6. der Bekanntmachung der Kommission über Nebenabreden zu Zusammenschlüssen, ABl.EG 1990 Nr. C 203/5. Dort auch weitere Details.
325 Ziffer III.A.2. der Bekanntmachung über Nebenabreden zu Zusammenschlüssen, ABl.EG 1990 Nr. C 203/5.
326 Kommission, Entscheidung v. 12.12.1983, ABl.EG 1983 Nr. L 376/22, S. 27 (Nutricia).
327 Vgl. Ziffer III.A.5 der Bekanntmachung über Nebenabreden zu Zusammenschlüssen, ABl.EG 1990 Nr. C 203/5.
328 Vgl. Ziffer III.C. der Bekanntmachung über Nebenabreden zu Zusammenschlüssen, ABl.EG 1990 Nr. C 203/5.

die als Absatzmittler in den Betrieb des Unternehmens **eingegliedert** sind (s. Rn. 38, 42 f.). Art. 81 taste die interne Organisation eines Unternehmens nicht an[329]. Ein Wettbewerbsverbot ist für solche Fälle unbedenklich. Trägt der Absatzmittler hingegen die wirtschaftlichen Risiken des Absatzes und der Vertragsabwicklung, dann handelt es sich um einen Eigenhändler, der ein selbständiges Unternehmen i.S.v. Abs. 1 darstellt[330]. Ist der Handelsvertreter auch nur teilweise Eigenhändler (sog. Verhältnis mit **Doppelprägung**), greift das Kartellverbot insgesamt; es wurde nicht auf die Bereiche mit Eigenhändlerstellung beschränkt[331]. Eine selbständige Stellung hat der EuGH auch einem Mehrfirmenhandelsvertreter zugewiesen, so daß ein Provisionsweitergabeverbot kartellwidrig war[332]. Entscheidend ist für die Rspr. somit die Stellung als eingegliedertes Hilfsorgan. Liegt sie vor, dann steht das Kartellverbot beschränkenden Abreden nicht entgegen. Die Trennlinie scheint der EuGH beim **Mehrfirmenvertreter** ziehen zu wollen, für den das Kartellverbot greift. Unbeschadet von all diesen Überlegungen bleibt Abs. 1 in vollem Umfange anwendbar bei Absprachen der Absatzmittler untereinander.

120 Für die *Kommission* bestimmt sich die Anwendbarkeit des Kartellverbots nach Abs. 1 danach, ob es sich um echte Handelsvertreterverträge handelt[333]. Ist das der Fall, dann greift das Verbot nicht. Für echte Handelsvertreter sind dann Konditionen- und Preisbindungen oder Gebietsbeschränkungen zulässig.[334] Dahinter steht wie beim EuGH der Gedanke, daß sie als Absatzmittler keine eigene Marktstellung haben, sondern nur eine Hilfsfunktion wahrnehmen. Die Kommission verwandte früher wie der EuGH den Begriff des eingegliederten Hilfsorgans[335]. Der Gegensatz zur echten Handelsvertreterstellung ist die Eigenhändlertätigkeit. Ob noch ein echter Handelsvertretervertrag vorliegt, bestimmt sich nach der **Risikoverteilung**. Ein Handelsvertreter darf keine oder allenfalls unbedeutende Risiken bezüglich der vermittelten Geschäfte und der diesbezüglichen Investitionen tragen. Dafür hat die Kommission in ihren Leitlinien Beispiele genannt. So liegt kein echter Handelsvertreter vor, wenn der Absatzmittler auf eigenes Risiko ein Lager mit Waren unterhält, auf eigene Kosten einen Service einrichtet oder die Bedingungen der Geschäfte bestimmt.[336] Ob der Absatzmittler für einen oder mehrere Auftraggeber handelt, erachtet die Kommission für unerheblich. Im Gegensatz zu früher werden auch Wettbewerbsverbote sehr viel kritischer gesehen. Sie sollen unter Abs. 1 fallen, wenn sie zur Marktabschottung führen. Auch die früher zugelassene Übernahme der Delkrederehaftung[337] führt nun zur Anwendung von Abs. 1. Das Ver-

---

329 EuGH, Rs. 32/65, Slg .1966, 457, S. 485 f. (Italien/Kommission).
330 EuGH, Rs. 40 u.a./73, Slg. 1975, 1663, Rn. 482/483, 541/542 (Suiker Unie u.a./Kommission); vgl. auch Kommission, Entscheidung v. 22.12.1987, ABl.EG 1988 Nr. L 45/34, Tz. 26 (ARG/Unipart). Tz. 13 der Leitlinien der Kommission über vertikale Beschränkungen, ABl.EG 2000, Nr. C 291/1 stellt auf das finanzielle oder geschäftliche Risiko ab.
331 Vgl. EuGH, Rs. 40 u.a./73, Slg. 1975, 1663, Rn. 544/547 (Suiker Unie u.a./Kommission); so auch die Kommission, Entscheidung v. 2.1.1973, ABl.EG 1973, Nr. L 140/17, S. 41 (Zuckerindustrie).
332 EuGH, Rs. 311/85, Slg. 1987, 3801, Rn. 17, 20 (VVR/Sociale Dienst).
333 S. die Leitlinien der Kommission für vertikale Beschränkungen, ABl.EG 2000 Nr. C 291/1, Tz. 13, 15. Die Leitlinien enthalten in Tz. 12 bis 20, 48 spezielle Grundsätze für die Handelsvertreter und lösen die frühere Handelsvertreterbekanntmachung von 1962 ABl.EG 1962, 2921 ab.
334 Tz. 18 der Leitlinien, ABl.EG 2000 Nr. C 291/1.
335 Kommission, Entscheidung v. 2.1.1973, ABl.EG 1973, Nr. L 140/17, S. 41 (Zuckerindustrie).
336 Zu den näheren Details s. die nicht erschöpfende Aufstellung in Tz. 16 der Leitlinien, ABl.EG 2000, Nr. C 291/1.
337 S. Ziffer I der alten Handelsvertreterbekanntmachung der Kommission, ABl.EG 1962, 2921.

bot einer Provisionsweitergabe sieht die Kommission hingegen generell als kartellwidrig an.[338]
In Verhältnissen mit Doppelprägung weicht die Kommission in neuerer Praxis von der Rspr. des EuGH ab. Während sie im Zuckerfall wie der EuGH nicht nach dem Bereich der Tätigkeit als Vertreter und als Eigenhändler differenziert und umfassend das Kartellrecht angewendet hat, wandte sie später Art. 81 hinsichtlich der Absatzmittlertätigkeit nicht an[339].

(2) Stellungnahme
Die Praxis insbesondere des EuGH ist auf heftige Kritik gestoßen, da das Kriterium der **Eingliederung** zu formell sei und nicht aufzeige, warum Vereinbarungen mit Absatzmittlern nicht unter das Kartellverbot fielen[340]. In der Tat ist die Aussage des EuGH, daß Verkäufe, die der Hersteller durch einen Mittler tätige, der als Hilfsorgan eingegliedert ist, Geschäfte mit dem Hersteller und nicht mit dem Mittler darstellten[341], zwar richtig. Diese Aussage gilt aber auch für Vertreter, die nicht eingegliedert sind. Denn kennzeichnend für jeden Vertreter ist, daß er sich auf das Vermitteln beschränkt und die Risiken aus dem abgeschlossenen Geschäft nicht ihn treffen. Aus diesem Grund hat die Praxis auch zurecht als Abgrenzungskriterium zum Eigenhändler darauf abgestellt, daß der Mittler keine Absatz- und Geschäftsrisiken übernimmt. In derselben Entscheidung führt der EuGH denn auch aus, daß ein Handelsvertreter grundsätzlich ein eingegliedertes Hilfsorgan ist[342]. Dann stellt sich die Frage, ob das Merkmal der Eingliederung mit dem der fehlenden Risikotragung zusammenfällt[343]. Daß der EuGH das nicht gemeint hat, zeigt das spätere Urteil, in dem er Mehrfirmenvertreter von der Privilegierung ausnimmt. Doch auch für Mehrfirmenvertreter kann gelten, daß sie nur Hilfsfunktion ausüben und keine wirtschaftlichen Risiken aus den vermittelten Geschäften tragen. Die Bedeutung der Mehrfirmenvertretung für das Eingliederungskonzept ist somit unklar[344]. 121

Das Merkmal der Eingliederung hat damit nicht schon auf dieser frühen Stufe bei der Entscheidung, ob Abreden mit Absatzmittlern (i.S.v. echten Handelsvertretern) unter das Kartellverbot fallen, diese entscheidende Bedeutung. Vielmehr ist bei Absatzmittlern zunächst zu unterscheiden, ob sich eine wettbewerbsbeschränkende Abrede auf den **Produktmarkt** selbst, also den Markt für die vom Geschäftsherrn erstellten Produkte bzw. Dienstleistungen, bezieht oder auf den **Markt für Vermittlungsleistungen**. Denn nur in bezug auf letzteren hat der bloße Mittler eine eigene Stellung. Und nur in- 122

---

338 S. Tz. 48 ihrer Leitlinien für vertikale Beschränkungen, ABl.EG 2000, Nr. C 291/1. Sie ordnet es als Grund für den Wegfall der Freistellung nach GVO 2790/1999, ABl.EG 1999 Nr. L 336/21 für vertikale Beschränkungen ein.
339 Kommission, Entscheidung v. 22.12.1987, ABl.EG 1988 Nr. L 45/34, Tz. 26 (ARG/Unipart). Zu den Divergenzen zwischen EuGH und Kommission s. auch *R. Bechtold*, EG-Gruppenfreistellungsverordnungen – eine Zwischenbilanz, EWS 2001, 53 f.
340 Vgl. *H.-J. Freund*, Handelsvertreterverträge und EG-Kartellrecht, EuZW 1992, S. 409 f.; *T. Kapp*, EG-kartellrechtliche Fehlentwicklung bei Handelsvertreterverträgen?, WuW 1990, S. 819.
341 EuGH, Rs. 40 u.a./73, Slg. 1975, 1663, Rn. 493 (Suiker Unie u.a./Kommission).
342 EuGH, Rs. 40 u.a./73, Slg. 1975, 1663, Rn. 538/540 (Suiker Unie u.a./Kommission).
343 Dafür, daß der EuGH beides auseinanderhalten will, spricht die kumulative Nennung der beiden Kriterien der fehlenden Risikotragung und der Eingliederung in Rs. C-266/93, Slg. 1995, I-3477, Tz. 19 (Volkswagen und VAG Leasing).
344 So auch *S. Völcker*, Handelsvertretervertrieb im EG-Kartellrecht, 1994, S. 197, näher *W. Kirchhoff*, in: Wiedemann, Handbuch des Kartellrechts, 1999, § 10, Rn. 11 ff. Diese Unklarheit gilt zumal bei nicht konkurrierenden Produkten, *T. Jakob-Siebert/M. Jorna*, in: GTE, EU-/EGV, Art. 85 – Fallgruppen, Liefer- und Bezugsvereinbarungen, Rn. 21 (S. 488).

soweit kann dann das Kriterium der Eingliederung bei der an System, Ziel und Zweck zu orientierenden Auslegung des Tatbestands des Abs. 1 Berücksichtigung finden bei der Beantwortung der Frage, ob gewisse Abreden wegen ihrer Funktionsnotwendigkeit keine tatbestandsmäßigen Wettbewerbsbeschränkungen sind.

123 Soweit es aber um den **Produktmarkt** geht, fehlt dem Absatzmittler eine eigene wirtschaftliche Stellung, so daß Preis- und Konditionenbindungen bezüglich der abzuschließenden Geschäfte nicht unter das Kartellverbot fallen. Die Tatsache, ob ein Ein- oder Mehrfirmenvertreter vorliegt, ist dabei unerheblich. Insoweit kann man der Kommission zustimmen. Auf die Eingliederung kommt es nicht an, sondern im Sinne der Kommission nur auf die Risikotragung. Dabei kann man aber überlegen, ob die Kommission in ihren Leitlinien die Grenzen nicht zu eng gezogen hat.

124 Wettbewerbsverbote, Bezugsbindungen, Gebiets- und Kundenbeschränkungen und das Verbot der Provisionsweitergabe betreffen hingegen den Markt für **Vermittlungsleistungen**, da sie den Inhalt der vom Mittler abzuschließenden Verträge nicht steuern. Solche Wettbewerbsbeschränkungen sind nicht tatbestandsmäßig, wenn sie infolge gesteigerter Interessenwahrungspflichten des Absatzmittlers gegenüber dem Geschäftsherrn notwendig sind. Dies ist bei einer Eingliederung der Fall[345]. Mehrfirmenvertreter sind von diesen Überlegungen nicht schon generell ausgenommen[346].

4. Beeinträchtigung des Handels zwischen den Mitgliedstaaten

a) Zwischenstaatlichkeit

125 Eine Vereinbarung ist geeignet, den Handel (dazu Rn. 131) zwischen den Mitgliedstaaten zu beeinträchtigen, wenn sich anhand einer Gesamtheit objektiver rechtlicher und tatsächlicher Umstände mit hinreichender Wahrscheinlichkeit voraussehen läßt, daß sie den Waren- oder Dienstleistungsverkehr zwischen den Mitgliedstaaten unmittelbar oder mittelbar, tatsächlich oder potentiell in einer der Erreichung der Ziele eines einheitlichen zwischenstaatlichen Marktes nachteiligen Weise beeinflussen kann[347]. Kartelle, die sich über das gesamte Hoheitsgebiet eines Mitgliedstaates erstrecken, haben die Abschottung der nationalen Märkte zur Folge, da sie den Marktzutritt und die angestrebte Verflechtung behindern[348].

126 Versuche der Literatur, die weite Auslegung durch das Subsidiaritätsprinzip einzugrenzen, können wegen der fehlenden Trennschärfe dieses Kriteriums nicht überzeugen[349].

---

345 Arg. ex EuGH, Rs. 311/85, Slg. 1987, 3801, Rn. 17, 20 (VVR/Sociale Dienst). Näher zum Ganzen *P. Ulmer/M. Habersack* (Fn. 320), S. 125 ff.
346 Kritisch zu einer generellen Anwendung des Art. 81 auf Mehrfirmenvertreter auch *T. Kapp*, Der Mehrfirmenvertreter in der neuen Handelsvertreterbekanntmachung, RIW 1992, S. 235 f.
347 Kommission, Entscheidung v. 20.7.1978, ABl.EG 1978 Nr. L 224/29, Tz. 91 (FEDETAB); EuGH, Rs. 31/80, Slg. 1980, 3775, Rn. 18 (L'Oréal/De nieuwe Amck); EuG, Rs. T-7/93, Slg. 1995, II-1533, Rn. 119 (Langnese-Iglo/Kommission).
348 EuGH, Rs. 42/84, Slg. 1985, 2545, Rn. 22 (Remia/Kommission); Kommission, Entscheidung v. 26.11.1986, ABl.EG 1986 Nr. L 348/50, Tz. 72 (Meldoc); Abschottung der nationalen Märkte ist der typische Fall, vgl. EuGH, verb. Rs. C-89, 104, 114, 116, 117 und 125 bis 129/85, Slg. 1993, I-1307, Rn. 176 (Ahlström u.a./Kommission).
349 Vgl. dazu *E. Rehbinder*, FS Mestmäcker, 1996, S. 721 f.

Demnach liegt Zwischenstaatlichkeit vor, wenn in einem Kartell mehrere Hersteller ihren Absatz innerhalb der EG abstimmen[350], durch Kooperation auch bei ihrem Export den Wettbewerb untereinander ausschalten[351] oder wenn bei einer Absprache nur bezüglich *eines* nationalen Marktes die Gefahr besteht, daß der Wettbewerb in anderen Mitgliedstaaten verändert wird[352] oder Importe beeinflußt werden[353]. Problematisch ist die Bewertung von **Exportgeboten**, durch die ein Händler sich gegenüber dem Hersteller verpflichtet, Produkte nur in bestimmte **Drittstaaten** außerhalb der EG zu verkaufen, gekoppelt mit dem Verbot des Verkaufs, sei es durch Direktverkauf oder durch Rücklieferung, in ein anderes Gebiet, einschließlich des der EG. Die dadurch mögliche Marktaufteilung bezieht sich nur auf die Aufteilung von Märkten von Drittstaaten und betrifft grundsätzlich nicht den Handel zwischen den Mitgliedstaaten. Dennoch können solche Klauseln sich auf den Handel zwischen den Mitgliedstaaten auswirken, wenn der Gemeinschaftsmarkt durch eine oligopolitische Struktur oder durch einen spürbaren Unterschied zwischen den innerhalb und außerhalb der EG praktizierten Preisen gekennzeichnet ist.[354] Dieses Urteil des EuGH steht jedoch in einem Widerspruch zu der markenrechtlichen Rechtslage, die eine nur gemeinschaftsweite Erschöpfung (s. Rn. 222) kennt, so daß ein Hersteller, der Markeninhaber ist, sich schon aufgrund des Markenrechtes gegen Reimporte aus Drittstaaten wehren kann.[355] Außerdem ist zu beachten, daß eine teleologische Auslegung von Abs. 1 ergibt, daß Wettbewerbsbeschränkungen zur Wettbewerbsförderung mit Abs. 1 vereinbar sind (Rn. 116 f.).

127

Für das Vorliegen der Zwischenstaatlichkeit genügt es, wenn eine Vereinbarung als solche bedeutsam für den zwischenstaatlichen Wirtschaftsverkehr ist. Es braucht **nicht** geprüft zu werden, ob auch die in einzelnen Bestimmungen enthaltene **Wettbewerbsbeschränkung** zwischenstaatliche Dimension hat[356]. Es kommt auf die zwischenstaatliche Bedeutung des gesamten Vertrags und nicht nur der problematischen Bestimmungen an.

128

Ferner reicht, daß eine Wettbewerbsbeschränkung sich auf ein in der EG nicht gehandeltes Produkt bezieht, wenn es Ausgangsstoff für ein in der EG gehandeltes Erzeugnis ist[357].

129

Zwischenstaatlichkeit fehlt, wenn eine Maßnahme keinerlei grenzüberschreitende Auswirkung oder Tendenz hat, so wenn ein Unternehmen Ersatzteile nur innerhalb des Vertriebsnetzes vertreibt und dies in mehreren Mitgliedstaaten so handhabt, dies aber nur Beeinträchtigungen für jeweils regional tätige Wettbewerber mit sich bringt[358].

130

---

350 Kommission, Entscheidung v. 2.1.1973, ABl.EG 1973 Nr. L 140/17, S. 42 (Europäische Zukkerindustrie); v. 11.5.1973, ABl.EG 1973, Nr. L 217/3, S. 4 f. (Kali und Salz).
351 Kommission, Entscheidung v. 21.1.1973, ABl.EG 1974 Nr. L 19/22, S. 24 (Kali und Salz/Kali Chemie).
352 Kommission, Entscheidung v. 29.11.1974, ABl.EG 1974 Nr. L 343/19, S. 25 (Kugellager).
353 EuGH, Rs. 240 bis 242, 261, 262, 268 und 269/82, 10.12.1985, Slg. 1985, 3831, Rn. 49 (Stichting Sigarettenindustrie/Kommission); EuG, Rs. T-7/93, Slg. 1995, II-1533, Rn. 122 (Langnese-Iglo/Kommission). Dies gilt selbst bei Bezug des Erzeugnisses von einem verbundenen Unternehmen.
354 So EuGH, Rs. C-306/96, Slg. 1998, I-1983, Rn. 28 (Javico); vgl. bereits EuGH, Rs. 29 und 30/83, Slg. 1984, 1679, Rn. 28, 30 (CRAM und Rheinzink/Kommission).
355 Vgl. EuGH, Rs. C-355/96, Slg. 1998, I-4799, Rn. 25, 26, 31 (Silhouette International Schmied); C-173/98, Slg. 1999, I-4103, Rn. 17 (Sebago und Maison Dubois).
356 EuGH, Rs. 193/83, Slg. 1986, 611, Rn. 97 (Windsurfing International/Kommission).
357 EuGH, verb. Rs. C-89, 104, 114, 116, 117 und 125 bis 129/85, Slg. 1993, I-1307, Rn. 142 (Ahlström u.a./Kommission).
358 EuGH, Rs. 22/78, Slg. 1979, 1869, Rn. 19 f. (Hugin/Kommission) zu Art. 82 EGV.

131 Die Zwischenstaatlichkeit erfährt eine Ausweitung vom **Handel** auf die Freiheit der Niederlassung, wenn Verträge zwischen Unternehmen mit Sitz in demselben Staat eine Wettbewerbsbeschränkung derart darstellen, daß sie Franchisenehmer daran hindern, eine Niederlassung in einem anderen Mitgliedstaat zu errichten[359]. Die Praxis legt den Begriff Handel weit aus, so daß letztlich der gesamte Wirtschaftsverkehr erfaßt wird.[360]

b) Spürbarkeit

132 Auch für die Zwischenstaatlichkeit gilt, daß die Beeinträchtigung spürbar sein muß[361]. Es gelten die gleichen Kriterien wie bei Rn. 90 ff[362]. Es kommt auf die Stellung und Bedeutung der Parteien auf dem betroffenen Markt an[363]. Spürbarkeit liegt daher bei der Beteiligung großer Unternehmen auch bei geringem Ausmaß des berührten Handels vor[364].

5. Regelbeispiele des Art. 81 Abs. 1

133 Art. 81 Abs. 1 nennt in lit. a) bis e) fünf Beispiele (»insbesondere«) für Kartellabsprachen. Sie verstoßen nur gegen das Kartellrecht, wenn auch die übrigen Voraussetzungen für die Anwendbarkeit der Vorschriften, wie Spürbarkeit oder Zwischenstaatlichkeit, vorliegen.

a) Festsetzung der Preise und Geschäftsbedingungen

134 **Preisabsprachen** jeder Art sind das Kartell schlechthin. Untersagt sind daher Festsetzungen in jeder Hinsicht, sei es als Höchst- oder Mindestpreise[365], Rabattvereinbarungen[366], Zielpreise[367] oder Prämienempfehlungen von Versicherungsverbänden[368]. Auch die Vereinbarung, für bestimmte Leistungen überhaupt Gebühren zu erheben, verstößt gegen lit. a)[369]. Erfaßt wird auch die Vereinbarung fester Kalkulationsschemata oder der Austausch von Informationen über Kosten, da er die Preispolitik abschätzbar macht[370].

359 EuGH, Rs. 161/84, Slg. 1986, 353, Rn. 26 (Pronuptia); hierzu V. *Korah*, An Introductory Guide to EEC Competition Law and Practice, 4. Auflage 1990, S. 54.
360 Vgl. EuGH, Rs. 172/80, Slg. 1981, 2021, Rn. 18 (Züchner/Bayerische Vereinsbank). Das umfaßt auch Abreden über Arbeitnehmer, vgl. W. *Weiß*, Transfersysteme und Ausländerklauseln unter dem Licht des EG-Kartellrechts, SpuRt 1998, 97 (100); vorsichtiger P. *Stockenhuber*, in: Grabitz/Hilf, EU, Art. 81, Rn. 209.
361 Vgl. EuGH, Rs. 40/70, Slg. 1971, 69, Rn. 13 (Sirena/Eda); EuG, Rs. T-19/91, Slg. 1992, II-415, Rn. 83 (Vichy/Kommission); Rs. T-77/92, Slg. 1994, II-549, Rn. 39 (Parker Pen/Kommission).
362 Die Prüfung der Spürbarkeit der Wettbewerbsbeschränkung und der der Handelsbeeinträchtigung fällt regelmäßig zusammen, V. *Emmerich*, in: Hb.EuWirtR, H.I. §1, Rn. 119. Die Kommission wendet die Kriterien der Bagatellbekanntmachung sowohl für die Spürbarkeit der Wettbewerbsbeschränkung als auch für die der Handelsbeeinträchtigung an, P. *Stockenhuber*, in: Grabitz/Hilf, EU, Art. 81, Rn. 217.
363 EuG, Rs. T-77/92, Slg. 1994, II-549, Rn. 40 (Parker Pen/Kommission).
364 EuGH, Rs. 30/78, Slg. 1980, 2229, Rn. 28 (Distillers Company/Kommission); Rs. 100/80, Slg. 1983, 1825, Rn. 86 (Musique Diffusion Francaise/Kommission).
365 EuGH, Rs. 123/83, Slg. 1985, 391, Rn. 22 (BNIC/CLAIR); Kommission, Entscheidung v. 30.7.1992, ABl.EG 1992 Nr. L 246/37, Rn. 20 (Scottish Salmon Board); v. 30.6.1993, ABl.EG 1993 Nr. L 203/27, Rn. 45 (CNSD).
366 EuGH, Rs. 260/82, Slg. 1985, 3812, Rn. 35 (NSO/Kommission).
367 EuG, Rs. T-1/89, Slg. 1991, II-867, Rn. 120 (Rhone Poulenc/Kommission); Kommission, Entscheidung v. 23.4.1986, ABl.EG 1986, Nr. L 230/1, Tz. 80, 89 (Polypropylen).
368 Kommission, Entscheidung v. 4.12.1992, ABl.EG 1993 Nr. L 4/26, Rn. 32 (Lloyd's).
369 EuG, Rs. T-39 und 40/92, Slg. 1994, II-49, Rn. 86 (CB und Europay/Kommission).
370 Kommission, Entscheidung v. 15.5.1974, ABl.EG 1974 Nr. L 160/1, S. 13f (IFTRA-Verpakkungsglas); v. 15.7.1975, ABl.EG 1975, Nr. L 228/3, S. 11 f. (IFTRA-Hüttenaluminium).

Gleich steht die Festlegung von **Geschäftsbedingungen**, und sei es auch nur punktuell. 135
Dazu zählt auch eine Absprache über Öffnungszeiten[371]. Die Praxis hatte sich mehrfach mit Klauseln bei Messen zu befassen, mit denen die Veranstalter die Teilnehmer zu binden versuchten[372].

b) Einschränkung oder Kontrolle der Erzeugung, des Absatzes, der technischen Entwicklung oder der Investition

Eine Beschränkung der **Erzeugung** erfolgt durch Quotenvereinbarungen[373], Spezialisierungsabreden z.B. in Form des Austausches von Produktionseinheiten[374] oder durch die Vereinbarung von technischen Standards[375]. Ferner gehören hierzu Abreden über Produktionsabbau, z.B. bei Strukturkrisenkartellen[376], oder die Zusammenarbeit von Wettbewerbern in der Entwicklung neuer Produkte[377]. 136

Der **Absatz** wird beschränkt infolge Zusammenarbeit konkurrierender Unternehmen z.B. beim Verkauf[378], durch die Auferlegung von Bezugspflichten[379], die auch durch englische Klauseln nicht in ihrer Wirkung gelockert werden[380], oder die Kategorisierung und Differenzierung der Kunden[381]. Hierher gehören auch Vereinbarungen über Kollegenlieferungen[382] oder Verwendungsbeschränkungen der Abnehmer[383]. 137

---

371 Kommission, Entscheidung v. 30.9.1986, ABl.EG 1986 Nr. L 295/28, Rn. 16 (Irish Bank's Standing Committee), wo aber die Spürbarkeit abgelehnt wurde.
372 Kommission, Entscheidung v. 11.7.1988, ABl.EG 1988 Nr. L 233/15, Tz. 25 ff. (BDTA). Diese Klauseln sind regelmäßig freistellungsfähig, vgl. EuGH, Rs. 43/85, Slg. 1987, 3131, Rn. 12 ff. (Ancides/Kommission); Kommission, Entscheidung v. 15.2.1991, ABl.EG 1991 Nr. L 60/19, Tz. 16 (SIPPA).
373 Vgl. EuG, Rs. T-7/92, Slg. 1993, II-669, Rn. 41 (Asia Motor France u.a./Kommission); Kommission, Entscheidung v. 2.8.1989, ABl.EG 1989 Nr. L 260/1, Tz. 159 ff. (Betonstahlmatten).
374 Kommission, Entscheidung v. 4.12.1986, ABl.EG 1987 Nr. L 5/13, Tz. 22 (ENI/Montedison); zu Spezialisierungen vgl. auch die GruppenfreistellungsVO 2658/2000, ABl.EG 2000 Nr. L 304/3.
375 Kommission, Entscheidung v. 20.12.1977, ABl.EG 1978 Nr. L 47/42, Tz. 23 (Video-Cassetterecorders).
376 Kommission, Entscheidung v. 14.12.1982, ABl.EG 1982 Nr. L 362/40, S. 48 (Zinkbleche); v. 19.7.1984, ABl.EG 1984 Nr. L 212/1, Tz. 26 (BPCL/ICI). Die Kommission handhabt die Freistellung bei Strukturkrisen großzügig, M. *Gleiss/M. Hirsch*, EGKartR (Fn. 3), Art. 85 I, Rn. 320, 1897.
377 Kommission, Entscheidung v. 11.10.1988, ABl.EG 1988 Nr. L 305/33, Tz. 14 (Conti/Michelin). Kein Verstoß gegen Abs. 1 liegt jedoch vor, wenn die Kooperation nötig ist, um ein Produkt oder eine Leistung überhaupt anbieten zu können. Dann fehlt es insoweit an einem Wettbewerbsverhältnis zwischen den Beteiligten, vgl. Kommission, Entscheidung v. 18.12.1996, ABl.EG 1997, Nr. L 16/87, Tz. 40 (Iridium); v. 12.4.1999, ABl.EG 1999, Nr. L 125/12, Tz. 66 (P&I-Clubs.Pooling Agreement).
378 Kommission, Entscheidung v. 11.5.1973, ABl.EG 1973 Nr. L 217/3, S. 4 (SCAP/Kali und Salz); v. 20.7.1978, ABl.EG 1978 Nr. L 242/15, Tz. 61 (CSV); v. 28.11.1979, ABl.EG 1980, Nr. L 39/51, S. 55 f. (Floral).
379 Kommission, Entscheidung v. 26.7.1988, ABl.EG 1988, Nr. L 262/27, Tz. 102, 111 (Bloemenveilingen Aalsmeer).
380 Kommission, Entscheidung v. 5.9.1979, ABl.EG 1979 Nr. L 286/32, Tz. 63 f. (BP Kemi-DDSF).
381 Kommission, Entscheidung v. 20.7.1978, ABl.EG Nr. L 224/29, Tz. 62 ff., 81 (FEDETAB).
382 Kommission, Entscheidung v. 14.12.1982, ABl.EG Nr. L 362/40, S. 47 (Zinkbleche); EuGH, Rs. 29 und 30/83, Slg. 1984, 1679, Rn. 35 (CRAM und Rheinzink/Kommission).
383 Kommission, Entscheidung v. 13.12.1989, ABl.EG 1990, Nr. 21/71, Tz. 39 (Bayo-n-ox); s. auch EuGH, Rs. 319/82, Slg. 1983, 4172, Rn. 6 (Soc. De Vente de Cements et Bétons/Kerpen & Kerpen).

138 Der Wettbewerb in der **Entwicklung** kann durch die Gründung von Gemeinschaftsunternehmen (GU)[384] oder Forschungskooperationen beschränkt werden.

139 **Investitionen** werden durch vertragliche Investitionsstopps[385] oder durch die Koordinierung von Investitionsvorhaben eingeschränkt.

140 Diese Beispiele zeigen, daß die Varianten innerhalb dieser Fallgruppe wie auch die Fallgruppen untereinander nicht überschneidungsfrei voneinander getrennt werden können.[386] Es besteht dafür letztlich auch kein Bedürfnis.

c) **Aufteilung der Märkte und Versorgungsquellen**

141 Unter **Marktaufteilung** fällt die Vereinbarung von Quoten für bestimmte Gebiete[387] oder die Auferlegung eines Exportverbots[388] bzw. der Verpflichtung, nur in bestimmte innergemeinschaftliche Gebiete zu verkaufen[389]. Dem gleichen Ziel dient die Garantie eines Mindestabsatzes für einen Konkurrenten[390]. Auch der Verzicht auf Herstellung und Vertrieb von Produkten für bestimmte Mitgliedstaaten[391] oder die unterschiedliche Behandlung der Kunden je nach Herkunftsland[392] teilt die Märkte. Ferner können parallele gewerbliche Schutzrechte zur Aufteilung der EG in Einzelmärkte benutzt werden[393]. Marktaufteilung ist außer nach Produkten und Gebieten auch nach Kunden möglich[394].

142 Eine Aufteilung von **Versorgungsquellen** liegt vor, wenn Abnehmer in ihrer Freiheit zur Auswahl ihres Lieferanten eingeschränkt sind. Dies kann über gemeinsamen Einkauf[395] erfolgen, durch Alleinbezugsverpflichtungen[396] oder durch Transferregeln im Fußball[397].

d) **Unterschiedliche Bedingungen gegenüber Handelspartnern**

143 Da Art. 81 kein allgemeines Diskriminierungsverbot enthält, sind nur **Diskriminierungen** aufgrund einer Vereinbarung, eines Beschlusses oder einer abgestimmten Verhaltensweise, nicht aber Diskriminierungen infolge eines einseitigen Verhaltens eines Un-

---

384 Kommission, Entscheidung v. 22.12.1987, ABl.EG 1988, Nr. L 52/51, Tz. 42 (Olivetti/Canon).
385 Kommission, Entscheidung v. 16.7.1969, ABl.EG 1969 Nr. L 192/5, S. 17 (Chinin).
386 S. z.B. Kommission, Entscheidung v. 20.7.1978, ABl.EG 1978, Nr. L 242/15, Tz. 61 (CSV), in der sowohl eine Beschränkung des Absatzes als auch der Produktion erkannt wird.
387 Kommission, Entscheidung v. 6.8.1984, ABl.EG 1984, Nr. L220/27, Tz. 77 (Zinc Producer Group).
388 EuG, Rs. T-66/92, Slg. 1994, II-531, Rn. 40 (Herlitz/Kommission).
389 Vgl. EuG, Rs. T-141/89, Slg. 1995, II-791, Rn. 141 f. (Tréfileurope/Kommission). Beachte aber Rn. 127, wenn es nur um Drittstaaten geht.
390 Kommission, Entscheidung v. 19.12.1990, ABl.EG 1991 Nr. L 152/16, Tz. 12 (Soda-Solvay-CFK).
391 Kommission, Entscheidung v. 12.6.1978, ABl.EG 1978 Nr. L 191/41, Tz. 13 (SNPE-LEL).
392 Kommission, Entscheidung v. 30.6.1970, ABl.EG 1970 Nr. L 147/24, Tz. 17 (Kodak).
393 EuGH, Rs. 144/81, Slg. 1982, 2853, Rn. 28 (Kleurkop/Nancy Kean Gifts); Rs. 35/83, Slg. 1985, 363, Rn. 33 (BAT/Kommission); Kommission, Entscheidung v. 5.3.1975 ABl.EG 1975 Nr. L 125/27, S. 29 (Sirdar-Phildar); v. 21.12.1988, ABl.EG 1989 Nr. L 43/27, Tz. 118 (Decca Navigator System).
394 Kommission, Entscheidung v. 8.10.1973, ABl.EG 1973 Nr. L 296/24, S. 25 (Prym-Beka); v. 5.9.1979, ABl.EG 1979 Nr. L 286/32, Tz. 80 (BP Kemi-DDSF).
395 Kommission, Entscheidung v. 9.7.1980, ABl.EG 1980 Nr. L 260/24, Tz. 30 ff. (NSAA).
396 Kommission, Entscheidung v. 22.12.1987, ABl.EG 1988 Nr. L 52/51, Tz. 43 (Olivetti/Canon).
397 GA C. O. *Lenz*, Schlußantr. zu EuGH, Rs. C-415/93, 15.12.1995, Slg. 1995, I-4921, Ziff. 262 (Bosman).

ternehmens verboten[398]; einseitiges Verhalten ist keine von Art. 81 erfaßte Maßnahme[399]. Für letzteres gilt allenfalls Art. 82. Ein Unternehmer darf daher für Inlands- und Exportlieferungen unterschiedliche Preise und Bedingungen anwenden. Unzulässig ist aber die diskriminierende Handhabung von Vertriebssystemen und anderer kollektiver, auf Verträgen beruhender Maßnahmen, so wenn Hersteller bestimmten Kunden ungünstigere Preise geben[400]. Gleiches gilt für Gesamtumsatzrabattkartelle gegenüber ausgeschlossenen Wiederverkäufern[401]. Lieferverweigerungen werden auch von lit. d) erfaßt, z.B. bei einem selektiven Vertriebssystem trotz Erfüllung der qualitativen Voraussetzungen[402] oder bei der Weigerung, an Außenseiter von Anerkennungssystemen zu liefern[403].

e) Koppelungsgeschäfte ohne sachliche Gründe

Hier ist noch umstritten, was für lit. d) geklärt ist, nämlich ob sämtliche Koppelungsgeschäfte verboten sind oder nur die auf kollektiven Maßnahmen beruhenden Koppelungspraktiken. Letztere liegt vor, wenn die Koppelungsgeschäfte auf der Vereinbarung mindestens zweier Unternehmen beruhen; individuell vereinbarte Koppelungen ohne vorangegangene Koordinierung sind dann von lit. e) nicht erfaßt. Für letzteres spricht, daß sonst Art. 82 Abs. 2 lit. d) überflüssig wäre.[404] Andererseits liegt eine von Abs. 1 erfaßte Maßnahme schon bei einer individuellen Vereinbarung vor; vertikale Vereinbarungen werden von Abs. 1 erfaßt. Daher wird auch eine individuell vereinbarte Koppelung von lit. e erfaßt.[405] Eine kollektive Koppelungspraxis besteht jedenfalls bei einem Lizenzvertrag, der Lizenznehmer verpflichtet, ihren Kunden nur komplette Surfbretter und nicht aufgrund der Lizenz hergestellte Teile anzubieten, weil der Vertrag Grundlage für die Koppelung gegenüber den Kunden ist. Er verstößt gegen das Koppelungsverbot.[406]

144

Eine Koppelung ist nur dann kartellrechtswidrig, wenn sie weder sachlich noch durch Handelsgebrauch gerechtfertigt ist. Ein **sachlicher Grund** liegt vor, wenn die Koppelung objektiv technisch oder wirtschaftlich vernünftig ist, z.B. zur einwandfreien Benutzung oder Verwertung oder zur Erhaltung gleichbleibender Qualität[407], der Gewährleistung

145

---

398 EuG, Rs. T-102/92, Slg. 1995, II-17, Rn. 61 (Viho/Kommission), bestätigt in EuGH, Rs. C-73/95 P, Slg. 1996, I-5482, Rn. 21 f. (Viho/Kommission).
399 Daher wird auch eine Diskriminierung aus Gründen der Staatsangehörigkeit von Art. 12 EGV insoweit nicht untersagt; der Anwendungsbereich des EGV ist erst gar nicht eröffnet. Auf die unmittelbare Anwendbarkeit von Art. 12 kommt es nicht an. Anders ist es wegen Art. 86 aber bei der wirtschaftlichen Betätigung der öffentlichen Hand. Zu weit daher V. *Emmerich*, Hb.EUWirtR, H.I. § 1, Rn. 167, wenn er *alle* Unternehmen aus Art. 12 EGV in die Pflicht genommen sieht.
400 Kommission, Entscheidung v. 15.7.1982, ABl.EG 1982 Nr. L 232/1, Tz. 99 (SSI).
401 EuGH, Rs. 260/82, Slg. 1985, 3812, Rn. 42 (NSO/Kommission).
402 EuGH, Rs. 243/83, Slg. 1985, 2015, Rn. 31, 37 (BINON/AMP); Kommission, Entscheidung v. 15.12.1975, ABl.EG 1976 Nr. L 28/19, Tz. 21 (Saba).
403 Vgl. Kommission, Entscheidung v. 30.6.1970, ABl.EG 1970 Nr. L 148/9, Tz. 7 (ASPA).
404 So *M. Gleiss/M. Hirsch*, EGKartR (Fn. 3), Art. 85 I, Rn. 400; *G. Grill*, in: Lenz, EGV, Art. 81, Rn. 32.
405 V. *Emmerich*, in: Hb.EUWirtR, H.I. §1, Rn. 170; *H. Schröter*, in GTE, EU-/EGV, Art. 85 Absatz 1, Rn. 162; *P. Stockenhuber*, in: Grabitz/Hilf, EU, Art. 81, Rn. 201. Anders noch die Vorauflage.
406 EuGH, Rs. 193/83, Slg. 1986, 611, Rn. 57 f. (Windsurfing International).
407 Kommission, Entscheidung v. 23.3.1990, ABl.EG 1990 Nr. L 100/32, Tz. 15 (Moosehead/Whitbread); v. 10.1.1979, ABl.EG Nr. L 19/32, Tz. 15 (Vaessen/Moris); Art. 2 Abs. 1 Nr. 5 GruppenfreistellungsVO (EG) Nr. 240/96 für Technologietransfer-Vereinbarungen, ABl.EG 1996 Nr. L 31/2.

und der Betriebssicherheit[408]. Ferner kann es nötig sein, Qualitätskriterien zum Schutz des Warenzeichens oder der Wahrung der Einheitlichkeit und des Ansehens eines Franchisesystems[409] vorzugeben. Auch das Interesse an Sicherung vor Produkthaftung ist ein sachlicher Grund[410].

B. Art. 81 Abs. 2: Rechtsfolgen

I. Nichtigkeit

146 Die Nichtigkeit besteht von Anfang an und originär mit absoluter Wirkung. Behördliche oder gerichtliche Feststellungen wirken nur deklaratorisch. Die Verstöße führen allein zur Teilnichtigkeit, d.h. nur die mit dem Kartellrecht unvereinbaren Bestimmungen der Vereinbarung sind nichtig, es sei denn sie sind mit dem übrigen Inhalt untrennbar verbunden[411]. Im Rahmen der Bündeltheorie (s. Rn. 91), also bei der Beurteilung von Netzen gleichartiger Verträge, sind jedoch alle Vereinbarungen eines Unternehmens nichtig und nicht nur der überschießende, erst die Spürbarkeit hervorrufende Anteil[412].

147 Die Auswirkung der Teilnichtigkeit auf den Rest der Vereinbarung richtet sich nach dem jeweiligen nationalen Recht[413], also in Deutschland nach § 139 BGB. Ebenso bestimmt nationales Recht über die Folgeverträge; das sind die aufgrund einer Vereinbarung erteilten Aufträge und Lieferungen. In Deutschland gelten sie als wirksam.

II. Vorläufige Geltung für Altkartelle

148 Ausgenommen von der Nichtigkeit sind sog. Altkartelle, die bereits vor dem 13.2.1962, dem Inkrafttreten der VO 17/62, bestanden. Dies gilt auch für Kartelle, die erst danach abgeschlossen wurden, aber genau einem Mustervertrag entsprechen, der zuvor zustande kam. Solche Kartelle sind bei Anmeldung der Altkartelle und Musterverträge innerhalb der Fristen des Art. 5 Abs. 1 VO 17/62 vorläufig gültig, bis die Kommission das Verfahren durch eine (dann konstitutive) Nichtigerklärung, einen letter of comfort (s. Rn. 25) oder eine vorläufige Stellungnahme nach Art. 15 Abs. 6 VO 17/62 positiv oder negativ abschließt[414], selbst wenn die Vereinbarungen nachträglich geändert werden, solange damit nicht die beschränkenden Wirkungen verstärkt oder erweitert werden. Änderungen, die neue Beschränkungen einführen, lassen die vorläufige Geltung des Altkartells jedoch unberührt, soweit sie trennbar sind[415]. Diese Rechts-

---

408 Kommission, Entscheidung v. 22.12.1987, ABl.EG 1988 Nr. L 65/19 Tz. 79, 92 f., 98.1 (Eurofix-Bauco/Hilti) zu Art. 82.
409 Vgl. Tz. 200 f. der Leitlinien der Kommission für vertikale Beschränkungen, ABl.EG 2000 Nr. C 291/1.
410 Vgl. Art. 3 Nr. 5 GVO Nr. 1475/95 für Kfz-Vertrieb, ABl.EG 1995 Nr. L 145/25.
411 EuGH, Rs. 56/65, Slg. 1966, 281, S. 304 (LTM/MBU).
412 Kommission, Entscheidung v. 23.12.1992, ABl.EG 1993 Nr. L 183/1, Tz. 107 (Schöller); bestätigt durch EuG, Rs. T-9/93, Slg. 1995, II-1611, Rn. 98 (Schöller/Kommission).
413 EuGH, Rs. 319/82, Slg. 1983, 4172, Rn. 11 (Soc. De Vente de Cements et Bétons/Kerpen & Kerpen).
414 EuGH, Rs. 10/69, Slg. 1969, 309, Rn. 17/19 (Portelange/Smith Corona); Rs. 48/72, Slg. 1973, 77, Rn. 21 (Brasserie de Haecht/Wilkin-Janssen); Rs. 99/79, Slg. 1980, 2511, Rn. 18 (Lancôme/Etos); Rs. C-234/89, Slg. 1991, I-935, Rn. 48 (Delimitis); Rs. C-39/96, 24.4.1997, EWS 1997, 204, Rn. 12 (KVB).
415 EuGH, Rs. C-39/96, 24.4.1997, EWS 1997, 204, Rn. 16, 18 (KVB).

lage gilt ebenso für die Kartelle, die in neuen Mitgliedstaaten vor deren Beitritt abgeschlossen worden waren.

III. Schadenersatz- und Unterlassungsansprüche, Bußgelder

Das nationale Recht hat über die Nichtigkeit hinaus weitere zivilrechtliche Folgen festzulegen[416]. Schadensersatzansprüche sind im Interesse der praktischen Wirksamkeit gefordert. Sie stehen jedem Geschädigten zu, auch Parteien eines nichtigen Vertrags, die keine erhebliche Verantwortung an der Wettbewerbsverzerrung trifft (EuGH, Rs. C-453/99, 20.9.2001, EuZW 2001, 715, Tz. 26 ff.). Art. 81 Abs. 1 ist ein Schutzgesetz i.S.v. § 823 Abs. 2 BGB, da er auch horizontal unmittelbar anwendbar (s. Art. 249, Rn. 22) ist und Rechte entstehen läßt, die die nationalen Gerichte zu wahren haben[417]. Auch können Unterlassungsansprüche nach § 1004 BGB geltend gemacht werden. Einem zu unrecht von einem selektiven Vertriebssystem (Rn. 198 ff.) ausgeschlossenen Händler einen Anspruch auf Kontrahierung oder Belieferung zu verweigern[418], dürfte mit der effektiven Wirksamkeit des EG-Kartellrechts nicht vereinbar sein; ein Belieferungsanspruch ergibt sich auch zwanglos aus § 249, S. 1 BGB. Das EG-Recht sieht ferner Bußgelder vor, die die Kommission verhängt. (Art. 15 VO 17/62). 149

C. Art. 81 Abs. 3: Freistellungen

Die Kommission, z.T. auch die nationalen Behörden (dazu Art. 84, Rn. 9) können sowohl für einzelne Vereinbarungen als auch für Gruppen von Vereinbarungen Abs. 1 für nicht anwendbar erklären und somit von den Rechtsfolgen des Abs. 2 freistellen. Sie gelten dann nicht als wettbewerbswidrige Maßnahmen. Die Kommission will ihr bislang weitgehend bestehendes Freistellungsmonopol vollständig beseitigen und plant, die unmittelbare Anwendung des Abs. 3 sekundärrechtlich anzuordnen. Sollte – womit zu rechnen ist – diese Novelle der VO 17/62 im Jahre 2003 in Kraft treten, dann kommt wegen der dann herbeigeführten unmittelbaren Anwendbarkeit von Abs. 3 der Kommissionsfreistellung keine Bedeutung mehr zu. Einzelfreistellungen sind daher im Entwurf nicht mehr vorgesehen. Die Gruppenfreistellungsverordnungen haben dann nur noch feststellende Bedeutung.[419] 150

---

416 EuG, Rs. T-24/90, Slg. 1992, II-2223, Rn. 50 (Automec) räumte die Zuständigkeit für weitere Rechtsfolgen noch den Mitgliedstaaten ein.
417 EuGH, Rs. C-234/89, Slg. 1991, I-935, Rn. 45 (Delimitis).
418 So BGH, EWiR Art. 85 EGV, 1/98, 1083; anders V. Emmerich, Hb.EUWirtR, H.I. § 1, Rn. 182 m.w.N.
419 Zu den Reformbestrebungen vgl. das Weißbuch der Kommission, ABl.EG 1999, Nr. C 132/1 und zur geplanten Ablösung der VO 17/62 den Entwurf Dok. KOM (2000) 582 endg., ABl.EG 2000 Nr. C 365 E/284. Die Reformbestrebungen werden stark kritisiert. Gerade der Wegfall der Freistellungen dürfte der Rechtssicherheit zuwiderlaufen. Art. 81 Abs. 3 eignet sich wegen der Fülle unbestimmter Begriffe nicht für eine unmittelbare Anwendbarkeit. S. aber andererseits C. D. Ehlermann, The Modernization of EC Antitrust Policy: A Legal and Cultural Revolution, CMLRev. 37 (2000), S. 553 ff. Zu den Auswirkungen auf die Rolle der Gruppenfreistellungsverordnungen R. Bechtold, EG-Gruppenfreistellungsverordnungen – eine Zwischenbilanz, EWS 2001, 54.

I. Einzelfreistellung

1. Allgemeines

151 Einzelne Vereinbarungen werden nach der VO 17/62 auf Anmeldung der beteiligten Unternehmen hin[420] bei Vorliegen der Voraussetzungen des Abs. 3 von der Kommission freigestellt. Die Kommission hat dabei nach dem derzeit geltenden Recht einen **Beurteilungsspielraum**[421], der nur begrenzt der Kontrolle durch den EuGH bzw. das EuG zugänglich ist[422]. Dies liegt nicht nur an den unbestimmten, der Wertung zugänglichen Begriffen des Kartellrechts, sondern auch daran, daß die Rspr. die Zuständigkeit der Kommission respektiert. Denn grundsätzlich ihr hat das derzeit noch geltende Gemeinschaftsrecht die konstitutive Entscheidung über die Freistellung zugewiesen. Die Rspr. beschränkt sich auf die Prüfung unzutreffender Tatsachenfeststellungen, Rechts- und offensichtlicher Beurteilungsfehler[423]. Weithin übt sie damit nur eine Evidenz- bzw. Schlüssigkeitskontrolle hinsichtlich der von der Kommission vorgetragenen Tatsachen bzw. Bewertungen aus.

152 Die **Beweislast** für das Vorliegen der Freistellungsvoraussetzungen trifft das Unternehmen[424], obgleich die Kommission zur Sachverhaltsaufklärung beizutragen hat und sich nicht darauf beschränken kann, vom Beteiligten den Nachweis zu verlangen. Auf die Freistellung besteht bei Vorliegen der Voraussetzungen wegen ihrer Rechtswirkungen ein **Anspruch**.

2. Voraussetzungen der Freistellung

153 Wettbewerb führt bei unbeeinträchtigtem Ausgleich der Kräfte idealiter zu einer stetig besseren Versorgung der Märkte[425], während Beschränkungen gegenläufige Wirkungen haben. In Einzelfällen mag jedoch eine wettbewerbsbeschränkende Maßnahme zu einer besseren Versorgung beitragen, als es unter Marktbedingungen der Fall wäre, nämlich dann, wenn letztere nicht das günstigste Ergebnis herbeiführen können[426]. Solche Maßnahmen sollen nicht verboten sein. Freistellungsfähig sind daher Kartellabsprachen, wenn sie dieselben Effekte erzielen wie der Markt, nämlich durch eine Förderung der Warenerzeugung und -verteilung oder des Fortschritts zur günstigsten Versorgung des Marktes zu führen. Diese **Wettbewerbsfunktion** müssen solche Maßnahmen erreichen, so daß die Nachteile der Wettbewerbsbeschränkung ausgeglichen werden. Gewissermaßen der Lackmustest für die Erfüllung dieser Funktion ist die Beteiligung der Verbraucher an den Gewinnen, die durch die Ausschaltung des Wettbewerbs entstehen. Denn Fortschritt und Verbesserung der Warenverteilung darf ebensowenig auf Kosten des

---

420 Dies ist eine notwendige Voraussetzung, vgl. Art. 4 Abs. 1 VO 17/62; EuG, Rs. T-14/89, Slg. 1992, II-1155, Rn. 271 (Montedipe/Kommission).
421 So explizit EuG, Rs. T-19/91, Slg. 1992, II-415, Rn. 90 (Vichy/Kommission).
422 Näher W. *Weiß*, Die Verteidigungsrechte im EG-Kartellverfahren, 1996, S. 234 ff.
423 EuG, Rs. T-17/93, Slg. 1994, II-595, Rn. 104 (Matra Hachette/Kommission); Rs. T-9/93, Slg. 1995, II-1611, Rn. 140 (Schöller/Kommission).
424 EuG, Rs. T-66/89, Slg. 1992, II-1995, Rn. 68 m.w.N. (Publishers Association/Kommission); Kommission, Entscheidung v. 27.7.1992, ABl.EG 1992 Nr. L 235/9, Tz. 52 (Quantel International-Continuum/Quantel S.A.). In der geplanten Novelle der VO 17/62 (s.o. Fn. 419) ist eine explizite Beweislastregelung dieses Inhalts vorgesehen.
425 Vgl. Kommission, Entscheidung v. 15.12.1975, ABl.EG 1976 Nr. L 30/13, S. 19 (Bayer/Gist-Brocades).
426 Kommission, Entscheidung v. 22.12.1972, ABl.EG 1972 Nr. L 303/24, Tz. 19 (Cimbel).

Verbrauchers gehen, wie es unter Marktbedingungen der Fall wäre. Diese Überlegungen erfaßt Abs. 3 und postuliert die Ergebnisse des Marktprozesses als *zwei positive Voraussetzungen* der Freistellung. Hinzu kommen kumulativ[427] *zwei negative Voraussetzungen*, nämlich die Begrenzung der Beschränkungen auf das Unerläßliche und die Vermeidung der völligen Ausschaltung des Wettbewerbs.

a) **Verbesserte Warenerzeugung oder -verteilung oder mehr technischer oder wirtschaftlicher Fortschritt**
Die Kartellabsprache muß eines dieser vier Ziele erreichen. 154

Die **Warenerzeugung** wird verbessert durch die von Absprachen begleiteten Synergie- und Rationalisierungseffekte insb. von Spezialisierungen, die zu Kostensenkungen[428], Qualitäts-[429] oder Sortimentsverbesserungen führen. Ferner kann eine zeitweise Zusammenarbeit neue Märkte erschließen[430]. Auch ein erleichterter Marktzugang fördert die Warenerzeugung.[431] 155

Die **Warenverteilung** wird durch den besseren Zugang zu Verkaufsstätten[432] oder zum Vertriebssystem des Konkurrenten[433], aber auch durch Marktstabilisierung[434] angehoben. Ebenso fördern Vertriebsbeschränkungen, weil sie die Geschäftsbeziehungen vereinfachen und intensivieren, aber auch zu einer stärkeren Marktbearbeitung und damit -durchdringung beitragen können[435]. Der gleiche Effekt stellt sich bei einem Konkurrenzverbot ein, da es die Verteilung der Absatzbemühungen verhindert und die Lagerhaltung erhöht, was Lieferfristen verkürzt[436]. 156

Wettbewerbsbeschränkende Maßnahmen, etwa in Form der Zusammenarbeit, können der schnelleren Entwicklung und Verbreitung neuer Technologien dienen. Eine die Freistellung begründende Förderung des **technischen oder wirtschaftlichen Fortschritts** wurde daher oft in der durch Kooperation ermöglichten gemeinsamen Auswertung des Know-how[437] oder der Konzentration auf bestimmte Vorhaben[438] gesehen. Die Kommission hat dies auch mit der Senkung von Transportkosten[439] oder der durch verstärkte Kommunikationsmöglichkeiten erhöhten Effizienz[440] begründet. Es genügt, anders als bei Art. 3 Abs. 4 VO 2659/2000 (s. Rn. 165, 178), jeder Beitrag zum Fortschritt[441], nicht nur ein wesentlicher. 157

---

427 EuG, Rs. T-17/93, Slg. 1994, II-595, Rn. 104 (Matra Hachette/Kommission).
428 Kommission, Entscheidung v. 13.7.1983, ABl.EG 1983 Nr. L 224/19, Tz. 8 (Rockwell/Iveco).
429 Kommission, Entscheidung v. 19.7.1989, ABl.EG 1989 Nr. L 253/10/1, Tz. 62 (Niederl. Banken); v. 20.12.1989, ABl.EG 1990 Nr. L 15/ 25, Tz. 24 (Concordato Incendio).
430 Kommission, Entscheidung v. 25.7.1977, ABl.EG 1977, Nr. L 215/11, Tz. 10 (De Laval-Stork) ; v. 11.10.1988, ABl.EG 1988 Nr. L 305/33, Tz. 15 ff. (Conti/Michelin).
431 Kommission, Entscheidung v. 20.12.1989, ABl.EG 1990, Nr. L 15/25, Tz. 25 (Concordato Incendio).
432 Kommission, Entscheidung v. 23.3.1990, ABl.EG 1990, Nr. L 100/32, Tz. 16 (Moosehead/ Whitbread).
433 Kommission, Entscheidung v. 20.7.1974, ABl.EG 1975 Nr. L 29/20, S. 24 (Rank/Sopelem).
434 Kommission, Entscheidung v. 19.12.1989, ABl.EG 1990 Nr. L 31/32, Tz. 100 (Zuckerrüben).
435 Vgl. Kommission, Entscheidung v. 27.11.1985, ABl.EG 1985 Nr. L 369/1, Tz. 20 (Ivoclar).
436 Kommission, Entscheidung v. 23.12.1977, ABl.EG 1978 Nr. L 70/69, S. 75 (Campari).
437 Kommission, Entscheidung v. 13.7.1983, ABl.EG 1983, Nr. L 224/19, Tz. 8 (Rockwell/Iveco).
438 Kommission, Entscheidung v. 20.7.1974, ABl.EG 1975 Nr. L 29/20, S. 24 (Rank/Sopelem).
439 Kommission, Entscheidung v. 23.3.1990, ABl.EG 1990, Nr. L 100/32, Tz. 16 (Moosehead/ Whitbread).
440 Kommission, Entscheidung v. 18.10.1991, ABl.EG 1991 Nr. L 306/22, Tz. 15 (Eirpage).
441 Kommission, Entscheidung v. 12.12.1990, ABl.EG 1991 Nr. L 19, Tz. 26 (KSB/Goulds/Lowara/ITT).

158 Diese Vorteile müssen **objektiv** spürbar sein[442] und die Nachteile für den Wettbewerb überwiegen[443]. Unerheblich ist es, wenn die Vorteile in einem anderen Mitgliedstaat als dem Sitz der Beteiligten eintreten[444]. Objektiv spürbar meint, daß eine reine Besserstellung für die Beteiligten nicht ausreicht, sondern Vorteile für den Markt nötig sind[445]. Es genügt dafür aufgrund der Notwendigkeit einer Prognose eine hinreichende Eintrittswahrscheinlichkeit[446].

b) Angemessene Beteiligung der Verbraucher am Gewinn

159 Die Praxis handhabt diese Voraussetzung bedenklich weit. Es genügt jeder dem Abnehmer mit hinreichender Wahrscheinlichkeit[447] zukommende Anteil an den durch die Vereinbarung entstehenden Vorteilen. Unter Verbraucher wird nicht allein der Letztverbraucher, sondern jeder mittelbare oder unmittelbare **Abnehmer** verstanden[448]. Eine **Beteiligung am Gewinn** erfordert nicht eine Preissenkung, sondern liegt auch vor bei Verbesserungen der Qualität und des Gebrauchs zum selben Preis[449], bei der Vergrößerung der Auswahl[450], dem Angebot eines leistungsfähigeren Produkts mit neuen Merkmalen[451] oder in der Wahrung des Exklusivcharakters des Produkts[452]. Ferner genügt die rasche und vollständige Verfügbarkeit des Produkts[453], die Ermöglichung der Weiterverwendung bisheriger Software[454] oder die leichtere Vergleichbarkeit von Angeboten durch Standardisierung[455]. Diese Beispiele zeigen, daß es der Kommission reicht, daß die Vorteile reflexhaft sich auf die Sphäre des Abnehmers auswirken. Denn die Argumente, die die Vorteile für die Warenerzeugung und den Fortschritt begründen, kehren hier mehr oder weniger verwandelt wieder. Eine eigenständige Bedeutung dieser Voraussetzung ist nicht zu erkennen. Kritisch ist auch zu sehen, wenn die Kommission

---

442 Kommission, Entscheidung v. 15.12.1975, ABl.EG 1976, Nr. L 30/13, S. 19 (Bayer/Gist-Brocades); 15.12.1986, ABl.EG 1987 Nr. L 35/36, Tz. 42 (X/OpenGroup).
443 Kommission, Entscheidung v. 27.11.1985, ABl.EG 1985, Nr. L 369/1, Tz. 21 (Ivoclar); v. 16.12.1991, ABl.EG 1992, Nr. L 12/24, S. 32 (YSL Parfums); vgl. auch EuGH, Rs. 209 bis 215 und 218/78, Slg. 1980, 3125, Rn. 185 (Van Landewyck/Kommission); Rs. 25 u. 26/84, Slg. 1985, 2725, Rn. 33 (Ford/Kommission); ein *deutliches* Überwiegen ist dabei entgegen *H.-J. Bunte*, in Langen/Bunte, KartR (Fn. 6), Art. 81, Generelle Prinzipien, Rn. 150 nicht nötig. Die Kommission läßt in ihrer Bekanntmachung der Leitlinien über horizontale Zusammenarbeit, ABl.EG 2001, Nr. C 3/2, Tz. 68, genügen, daß die Nutzwirkungen »stärker wiegen« als die Nachteile. S. auch den 9. Erw.grund der VO 2790/1999, ABl.EG 1999, Nr. L 336/21 und den 5. Erw.grund der VO 2659/2000, ABl.EG 2000, Nr. L 304/7.
444 EuGH, Rs. C-360/92 P, Slg. 1995, I-23, Rn. 29 (Publishers' Association/Kommission).
445 Kommission, Entscheidung v. 29.12.1970, ABl.EG 1971 Nr. L 10/15, S. 22 (Wand- und Bodenfliesen); 8.9.1977, ABl.EG 1977 Nr. L 242/ 10, Tz. 41 (Cobelpa/VNP).
446 Kommission, Entscheidung v. 17.7.1968, ABl.EG 1968 Nr. L 201/7, S. 9 (ACEC-Berliet); v. 13.7.1983, ABl.EG 1983, Nr. L 224/19, Tz. 8 (Rockwell/Iveco).
447 Kommission, Entscheidung v. 17.7.1968, ABl.EG 1968, Nr. L 201/7, S. 9 (ACEC-Berliet).
448 Kommission, Entscheidung v. 13.7.1983, ABl.EG 1983, Nr. L 224/19, Tz. 9 (Rockwell/Iveco); 22.12.1987, ABl.EG 1988 Nr. L 50/18, Tz. 38 (Enichem/ICI).
449 Kommission, Entscheidung v. 12.12.1990, ABl.EG 1991 Nr. L 19, Tz. 27 (KSB/Goulds/Lowara/ITT).
450 Kommission, Entscheidung v. 23.3.1990, ABl.EG 1990, Nr. L 100/32, Tz. 16 (Moosehead/Whitbread).
451 Kommission, Entscheidung v. 17.7.1968, ABl.EG 1968, Nr. L 201/7, S. 9 f. (ACEC-Berliet); 18.10.1991, ABl.EG 1991 Nr. L 306/22, Tz. 16 (Eirpage).
452 Kommission, Entscheidung v. 24.7.1992, ABl.EG 1992 Nr. L 236/11, S. 20 (Parfums Givenchy).
453 Kommission, Entscheidung v. 27.11.1985, ABl.EG 1985, Nr. L 369/1, Tz. 23 (Ivoclar); EuGH, Rs. 26/76, Slg. 1977, 1875, Rn. 48 (Metro/Kommission).
454 Kommission, Entscheidung v. 15.12.1986, ABl.EG 1987 Nr. L 35/36, Tz. 44 (X/OpenGroup).
455 Kommission, Entscheidung v. 20.12.1989, ABl.EG 1990, Nr. L 15/25, Tz. 26 (Concordato Incendio).

es genügen läßt, daß eine sich einstellende Verschärfung des Wettbewerbs zu einer Weitergabe von Kostenvorteilen zwingt[456]. Schließlich bedeutet die Feststellung der Möglichkeit, daß aufgrund des verschärften Wettbewerbsdrucks die Kostenvorteile an die Verbraucher weitergegeben werden, nicht sogleich, daß dies auch real wird[457].

Angemessen ist der Anteil, wenn er von hinreichender Bedeutung für den Verbraucher 160 ist[458]. Neuerdings stellt dieses Merkmal wohl eher eine nur negative Begrenzung dar: unangemessene Preise oder Geschäftsbedingungen hindern die Freistellung[459]. Denn in zahlreichen Entscheidungen taucht das Kriterium nicht mehr auf[460]. In der Literatur wird die Angemessenheit bejaht, wenn die Vorteile für den Verbraucher die Nachteile überwiegen[461]. Die im Rahmen des Abs. 3 geforderte wirtschaftliche Bilanz muß daher auch für den Verbraucher »stimmen«.

c) Unerläßlichkeit
Die durch die Vereinbarung auferlegten Beschränkungen dürfen über das, was zur Verwirklichung der mit der Wettbewerbsbeschränkung verfolgten Ziele erforderlich ist, 161 nicht hinausgehen. Als Ziele sind dabei die in Abs. 3 genannten vier Ziele anzusehen (Rn. 154). Abs. 3 lit. a) formuliert damit die Verhältnismäßigkeit als Bedingung[462], wie sie bereits im Rahmen der tatbestandlichen Restriktion (s. Rn. 110 ff.) auftrat. Die Freistellung erfolgt nur, wenn objektiv eine weniger wettbewerbsbeschränkende Alternative fehlt, um dieselben Wirkungen zu erreichen[463]. Dies zu beurteilen, erfordert, daß die beschränkenden Regelungen objektiv und hinreichend bestimmt sind; andernfalls scheidet eine Freistellung schon von vornherein aus[464]. An Unerläßlichkeit mangelt es stets, wenn durch Ausfuhrverbote absoluter Gebietsschutz, mithin Marktabschottung betrieben wird[465], ferner bei Preis-, Konditionen- oder Mengenabsprachen.[466]

---

456 Kommission, Entscheidung v. 23.12.1992, ABl.EG 1993 Nr. L 20/14, Tz. 27 (Ford/VW); dazu EuG, Rs. T-17/93, Slg. 1994, II-595, Rn. 120 (Matra Hachette/Kommission); vgl. auch Kommission, Entscheidung v. 13.3.1969, ABl.EG 1969 Nr. L 69/13, S. 19 (EWA); v. 24.9.1971, ABl.EG 1971 Nr. L 227/26, S. 31 (CEMATEX); v. 8.10.1973, ABl.EG 1973 Nr. L 296/24, S. 27 (Prym-Beka), ferner Tz. 34 der Leitlinien über horizontale Zusammenarbeit, ABl.EG 2001, Nr. C 3/2.
457 Kritisch im Gegensatz zum EuG, Rs. T-17/93, Slg. 1994, II-595, Rn. 120 (Matra Hachette/Kommission) wie hier aus EuGH, Rs. 26/76, Slg. 1977, 1875, Rn. 48 (Metro/Kommission).
458 Kommission, Entscheidung v. 13.3.1969, ABl.EG 1969 Nr. L 69/13, S. 19 (EWA); v. 24.9.1971, ABl.EG 1971 Nr. L 227/26, S. 31 (CEMATEX).
459 Vgl. Kommission, Entscheidung v. 17.7.1968, ABl.EG 1968, Nr. L 201/7, S. 9 (ACEC-Berliet).
460 Kommission, Entscheidung v. 11.10.1988, ABl.EG 1988 Nr. L 301/68, Tz. 24 (BBC); 12.12.1990, ABl.EG 1991 Nr. L 19, Tz. 27 (KSB/ Goulds/Lowara/ITT). Kritisch wie hier zur Praxis *H.-J. Bunte*, in: Langen/Bunte, KartR (Fn. 6), Art. 81, Generelle Prinzipien, Rn. 160.
461 *I. Brinker*, in: Schwarze, EU, Art. 81, Rn. 72; *V. Emmerich*, in Hb.EUWirtR, H. I. § 1, Rn. 196; *H. Schröter*, in: GTE, EU-/EGV, Art. 85 Absatz 3, Rn. 305.
462 Deutlich EuGH, Rs. 45/85, Slg. 1987, 405, Rn. 58 (Verband der Sachversicherer/Kommission); Kommission, Entscheidung v. 12.7.1989, ABl.EG 1989 Nr. L 226/25, Tz. 51 (UIP).
463 Kommission, Entscheidung v. 13.7.1983, ABl.EG 1983, Nr. L 224/19, Tz. 10 (Rockwell/ Iveco); v. 16.12.1991, ABl.EG 1992, Nr. L 12/24, S. 33 (YSL Parfums).
464 Vgl. EuG, verb. Rs. T-528/93, 542/93, 543/93, 546/93, Slg. 1996, II-649, Rn. 95, 99 (Metropole télévision SA u.a./Kommission).
465 Vgl. Kommission, Entscheidung v. 18.3.1992, ABl.EG 1992 Nr. L 131/32, Tz. 64 (Newitt/ Dunlop Slazenger u.a.); 21.12.1994, ABl.EG 1994 Nr. L 378/45, Tz. 72 (Tretorn). Die Kommission hat jedoch im I. Wettbewerbsbericht, 1971, S. 64 die befristete Freistellung absoluten Gebietsschutzes bei der Einführung eines marktschwachen Herstellers auf einem neuen Markt für möglich erachtet. Das kann sich aus dem Gedanken der Wettbewerbsförderung durch Marktzutritt rechtfertigen (s. Rn. 116 f.).
466 Vgl. *C. Teichmann*, Die Verbesserung der Warenerzeugung, 1994, S. 219.

Art. 81 EG-Vertrag

d) Keine Wettbewerbsausschaltung

162 Die Beteiligten dürfen keine Möglichkeit erhalten, den Wettbewerb für einen wesentlichen Teil der Waren auszuschalten. Wirksamer Wettbewerb hat fortzubestehen[467]. Das erfordert eine Betrachtung des relevanten Marktes, wobei die Kriterien der Marktabgrenzung dieselben sind wie bei Abs. 1 (Rn. 94 ff.).

163 Maßstab für die Möglichkeit der Wettbewerbssausschaltung ist zum einen der **Marktanteil** der Beteiligten. Liegt er bei unter 20%, begegnet die Absprache keinen Bedenken[468]. Ab 50% erfolgt regelmäßig keine Freistellung[469]. Ausgeschlossen ist eine Freistellung ab 80%[470]. Zum anderen sind die **sonstigen Verhältnisse des Marktes** zu betrachten. So fehlt es an wirksamem Wettbewerb, wenn ein Markt allein von selektiven Vertriebssystemen geprägt wird, so daß keine andere Vertriebsform mehr Platz hat und eine starre Preisstruktur verstärkt wird, ohne daß andere Wettbewerbsfaktoren ausgleichen können[471]. Andererseits kann eine Freistellung ergehen, wenn trotz Absprachen über Spezialisierung bei Forschung und Produktion der Wettbewerb auf demselben Markt aufgrund unterschiedlicher Erzeugnisse und Verkaufspolitiken bestehen bleibt[472].

164 Es genügt, daß sich die Ausschaltung des Wettbewerbs auf einen **wesentlichen Teil** der Waren und damit des Marktes bezieht. Die Voraussetzung ist zu sehen wie bei Art. 82 (s. Art. 82, Rn. 21 ff.). Ein zu hoher Marktanteil bereits in einem Mitgliedstaat reicht für die Ablehnung der Freistellung.[473]

II. GruppenfreistellungsVOen

165 Gemäß Abs. 3 können auch Gruppen von verbotenen Maßnahmen freigestellt werden. Dazu erläßt die Kommission infolge Ermächtigung des Rats GruppenfreistellungsVOen (GVO) (s. Art. 83, Rn. 21, 35 f.) mit beschränkter Geltungsdauer. Die Freistellung wirkt unmittelbar. Das trägt zur Arbeitsersparnis der Kommission bei. Im Vergleich zu Einzelfreistellungen bedarf es keiner Anmeldung. Die Unternehmen können jedoch das Subsumtionsrisiko, das sie tragen, durch Anmeldung umgehen[474]. Aktuell gelten folgende allgemeine GVOen: VO (EG) Nr. 2790/1999 über vertikale Vereinbarungen[475], VO Nr. 2658/2000 über Spezialisierungs-[476], VO (EG) Nr. 2659/2000 über For-

---

467 EuGH, Rs. 6/72, Slg. 1973, 215, Rn. 25 (Europemballage und Continental Can).
468 Vgl. Kommission, Entscheidung v. 2.12.1988, ABl.EG 1989 Nr. L 35/31, Tz. 41 (Charles Jourdan).
469 Kommission, Entscheidung v. 22.12.1976, ABl.EG 1977 Nr. L 16/8, S. 12 (Gerofabriek).
470 EuGH, Rs. 209–215, 218/78, Slg. 1980, 3125, Rn. 189 (Van Landewyck/Kommission); Rs. 61/80, Slg. 1981, 851, Rn. 18 (Cooperative Stremsel- en Kleurselfabriek/Kommission); vgl. aber Kommission, Entscheidung v. 26.7.11972, ABl.EG Nr. L 182/24, S. 27 (Feinpapier), wo trotz hoher Anteile aufgrund der starken Wettbewerber eine Freistellung erfolgte. Dies begründet die Kommission aber selbst mit Hinweis auf die Besonderheiten des Falles und die historische Situation.
471 EuGH, Rs. 75/84, Slg. 1986, 3021, Rn. 34, 40, 66 (Metro/Kommission). S. auch Rn. 198.
472 Kommission, Entscheidung v. 15.12.1975, ABl.EG 1976 Nr. L 30/13, S. 21 (Bayer/Gist-Brocades).
473 Kommission, Entscheidung v. 22.12.1976, ABl.EG 1977 Nr. L 16/8, S. 12 (Gerofabriek).
474 Vgl. Kommission, Entscheidung v. 13.12.1985, ABl.EG 1985 Nr. L 369/19, Tz. 29 (Whisky und Gin).
475 ABl.EG 1999, Nr. L 336/21 mit den zugehörigen Leitlinien für vertikale Beschränkungen, ABl.EG 2000, Nr. C 291/1. Sie löste die VO 1983/83 über Alleinvertriebs- (ABl.EG 1983 Nr. L 173/1), die VO (EWG) Nr. 1984/83 über Alleinbezugs- (ABl.EG 1983 Nr. L 173/5) und die VO (EWG) Nr. 4087/88 über Franchisevereinbarungen (ABl.EG 1988 Nr. L 349/46) zum 1.6.2000 ab.
476 ABl.EG 2000, Nr. L 304/3. Sie löste die VO (EWG) Nr. 417/85 (ABl.EG 1985 Nr. L 53/1) zum 1.1.2001 ab und gilt bis Ende 2010.

schungs- und Entwicklungs-[477] und VO (EG) Nr. 240/96 über Technologietransfer-Vereinbarungen[478]. Für spezielle Branchen bestehen die VO (EG) Nr. 1475/95 über KFZ-Vertrieb und -Service[479], die VO (EWG) Nr. 3932/92 über die Versicherungswirtschaft[480] und mehrere VOen für den See- und Luftverkehr[481].

Die GVOen sind in ihrer Grundstruktur weitgehend ähnlich aufgebaut. Zunächst werden die freizustellenden Vereinbarungen näher definiert und z.T. Mindestvoraussetzungen formuliert. Dann folgen bei den älteren GVOen regelmäßig sog. **weiße** und **schwarze Listen**. Erstere beschreiben die einzelnen wettbewerbsbeschränkenden Verpflichtungen, die in den Genuß der Freistellung kommen. Letztere bezeichnen solche, bei deren Vorliegen die Freistellung insgesamt scheitert. Sie sind negative Voraussetzungen der Freistellung. Die **neuen GVOen** über vertikale und horizontale Beschränkungen enthalten **keine weißen Listen** mehr.[482] Hier wird – nach der Festlegung des Anwendungsbereiches – nur noch definiert, welche Regelungen der Freistellung entgegenstehen (Schwarzlistenansatz) oder für welche Verpflichtungen die Freistellung nicht gilt. Endlich bestimmen die GVOen die Bedingungen des Widerrufs der Freistellung und die Folgen des Mißbrauchs. Für die älteren GVOen stellt sich noch die Frage, wie wettbewerbsbeschränkende Verpflichtungen behandelt werden, die in den **grauen** Zone liegen, also weder unter die weiße noch unter die schwarze Liste fallen. Für sie ist eine Einzelfreistellung zu suchen. Einige der älteren GVOen sahen dafür ein vereinfachtes nämlich: **Widerspruchsverfahren** vor: die Anmeldung der Vereinbarung führt zur Freistellung, wenn die Kommission nicht binnen einer bestimmten Frist widerspricht.[483] Von den heute gültigen GVOen besteht insoweit alleine in der GVO 240/96 noch ein Widerspruchsverfahren, vgl. deren Art. 4[484]. Das Widerspruchsverfahren ist für die Praxis bedeutungslos geblieben.

166

Für die GVOen, die weiße Listen enthalten, stellt sich die Frage, ob andere als die explizit zugelassenen Beschränkungen zum Wegfall der Freistellung insgesamt führen (**Alles-oder-Nichts-Prinzip**), also nicht nur für die weitere, überschießende wettbewerbsbe-

167

---

477 ABl.EG 2000, Nr. L 304/7. Sie löste die VO (EWG) Nr. 418/85 (ABl.EG 1985 Nr. L 53/5) zum 1.1.2001 ab und gilt bis Ende 2010.
478 ABl.EG 1996 Nr. L 31/2. Sie löste zum 1.4.1996 die VO 2349/84, ABl.EG 1984 Nr. L 219/15, über Patentlizenz- und die VO 556/89, ABl.EG 1989 Nr. L 61/1, über Know-how-Vereinbarungen ab. Sie gilt bis 31.3.2006.
479 ABl.EG 1995 Nr. L 145/25. Sie folgte auf VO 123/85, ABl.EG 1985 Nr. L 15/16, zu der die Kommission zwei Bekanntmachungen erließ, vgl. ABl.EG 1985 Nr. C 17/4 und 1991 Nr. C 329/20. Diese VO gilt bis Ende September 2002 und wird aller Voraussicht nach stark modifiziert verlängert s. Presseerklärung JP/01/1781, ferner: http://europa.eu.int/comm/competition/car_sector/
480 ABl.EG 1992 Nr. L 398/7.
481 S. VO 82/91 bis 84/91, ABl.EG 1991 Nr. L 10/7 ff und VO 1617/93, ABl.EG 1993 Nr. L 155/18. Die VO 83/91 wurde durch die VO 3652/93, ABl.EG 1993, Nr. L 333/37 ersetzt. Ferner gibt es die VO 823/2000, ABl.EG 2000, Nr. L 100/24 und VO 870/95, ABl.EG 1995, Nr. L 89/7 über Konsortien in der Seefahrt.
482 VOen 2790/1999, 2658/2000 und 2659/2000. Zur Entbehrlichkeit weißer Listen im neuen System *R. Bechtold*, EG-Gruppenfreistellungsverordnungen – eine Zwischenbilanz, EWS 2001, 51.
483 Näheres bei *U. Geers*, Die Gruppenfreistellung im EG-Kartellrecht, 2000, S. 208 ff.
484 ABl.EG 1996, Nr. L 31/2. Die GVO 823/2000, ABl.EG 2000, Nr. L 100/24 und ihre Vorgängerin 870/95, ABl.EG 1995, Nr. L 89/7 für Konsortien in der Seefahrt verwenden das Widerspruchsverfahren nicht für graue Klauseln, sondern beim Überschreiten von Verkehrs- bzw. Marktanteilen.

schränkende Verpflichtung. Die Kommission nimmt das an[485]. Dem ist grundsätzlich zuzustimmen. Denn dafür spricht die Systematik. Die GVO sind als Ausnahmen vom Verbot eng auszulegen. Ferner könnten sonst »überschießende« Wettbewerbsbeschränkungen risikolos eingeführt werden. Allerdings ist auf die jeweilige Regelung in den GVOen zu achten. Die Frage ist letztlich durch Auslegung der jeweiligen GVO zu klären[486].

Dieses Problem der Behandlung nicht explizit geregelter beschränkender Verpflichtungen besteht auch bei den neueren GVOen. De lege lata wurde das Alles-oder-Nichts-Prinzip für vertikale Beschränkungen außerhalb der schwarzen Klauseln aufgegeben. Denn die GVO 2790/1999 nennt Verpflichtungen, deren Verwendung nicht von der Freistellung erfaßt ist, Art. 5. Sie bringen damit nicht die Freistellung insgesamt zu Fall (graue Klausel), sondern werden als abtrennbare Klauseln eingeordnet, die nichtig sind.[487] Gleiches gilt für die anderen beiden GVOen, 2658 und 2659/2000. Die Aufgabe der weißen Listen deutet darauf hin, daß der völlige Wegfall der Freistellung nur noch bei den explizit genannten schwarzen Klauseln erfolgen soll.

168 Klargestellt sei, daß eine Vereinbarung, die die GVO-Bedingungen nicht erfüllt, nur gegen Abs. 1 verstößt, wenn dessen Voraussetzungen vorliegen. Einzelfreistellung bleibt möglich. Kritisch zu sehen ist, daß GVO immer mehr **Mittel der Industriepolitik** werden und so das grundsätzliche Kartellverbot durchbrochen wird. Die neuen GVOen vergrößern gegenüber ihren Vorläuferregelungen zusätzlich den Bereich der Freistellung aufgrund weniger restriktiver Regelungen. Die Vorbereitung von GVOen macht die Kommission auch anfällig für den Druck des Lobbyismus, was man derzeit an der Auseinandersetzung um den KFZ-Vertrieb verfolgen kann. Die Kommission begibt sich in den GVO auch in widersprüchliche Bewertungen, so wenn sie durch Art. 4 lit. d) VO 2790/1999 Querlieferungsverbote nur bei selektiven Vertriebssystemen (s. Rn. 198 ff.) untersagt, im übrigen aber etwa bei Alleinvertriebsvereinbarungen freistellt.[488]

D. Fallgruppen

I. Kooperation

1. Vorbemerkung

169 Kooperationen begegnen in besonderer Weise dem Verdacht der Wettbewerbsbeschränkung, können aber auch wettbewerbspolitisch notwendig sein. Daher hat die Kommis-

---

485 Für Technologietransfervereinbarungen Erw.grund 27 der GVO 240/96, ABl.EG 1996, Nr. L 31/2; Art. 6 Abs. 1 Nr. 3, Abs. 2 S. 1 der GVO 1475/95 zum KFZ-Vertrieb, ABl.EG 1995, Nr. L 145/25. Ähnlich der EuGH, vgl. W. *Veelken*, in: Immenga/Mestmäcker, EG-Wettbewerbsrecht, GFVO, A, Rn. 14 (S. 403) Die h.L. folgt der Kommission, vgl. etwa U. *Geers*, Die Gruppenfreistellung im EG-Kartellrecht, 2000, S. 146, a.A. aber G. *Wiedemann*, Kommentar zu den GruppenfreistellungsvOen, Band I, 1989 Rn. 316 ff. Für die GVO 240/96 ist ferner umstritten, ob das Alles-oder-Nichts-Prinzip auch für nur graue Klauseln gilt, vgl. T. *Ackermann*, Die Zukunft vertikaler Vertriebsvereinbarungen im EG-Kartellrecht, EuZW 1997, S. 272.
486 W. *Veelken*, in: Immenga/Mestmäcker, EG-Wettbewerbsrecht, Band I, GFVO, A, Rn. 17 (S. 404).
487 S. auch Tz. 57, 67 der Leitlinien, ABl.EG 2000, Nr. C 291/1; H.-J. *Bunte*, in Langen/Bunte, KartR (Fn. 6), Art. 81, Fallgruppen, Rn. 521.
488 Vgl. auch zur früheren Rechtslage C. *Teichmann*, Die Verbesserung der Warenerzeugung, 1994, S. 55 m.w.N.

sion sich immer wieder der Klärung ihrer kartellrechtlichen Beurteilung durch Bekanntmachungen angenommen[489]. Sie verfolgt dabei das Ziel, die Kooperation v.a. kleiner und mittlerer Unternehmen (KMU)[490] »in aller Regel« aus dem Kartellverbot herauszuhalten[491]. Doch auch die Kooperation großer Unternehmen kann unbedenklich sein, wenn es um die gemeinsame Forschung und Entwicklung geht. Als mit Abs. 1 vereinbar sieht die Kommission bloße Erfahrungsaustausche[492], die Zusammenarbeit in der Marktforschung, Werbung oder beim Inkasso oder die gemeinsame Nutzung von Produktionsanlagen an. Bei Arbeitsgemeinschaften soll es darauf ankommen, daß die Unternehmen keine Wettbewerber sind oder alleine nicht zur Leistung fähig wären. Gemeinsamer Ein-, Verkauf und Service entfaltet bei Nichtwettbewerbern nur selten Gefahren für den Wettbewerb[493]. Die Kooperation von Wettbewerbern bei Ein- und Verkauf ist hingegen regelmäßig bedenklich (s. näher Rn. 176).

2. Zulieferverträge

Durch Zulieferverträge beauftragt ein Unternehmen ein anderes, nach seinen Weisungen Erzeugnisse herzustellen und überläßt ihm dafür Wissen oder Hilfsmittel. Der Zulieferer ist Auftragnehmer und der Vertrag regelt nur, wie er für den Auftraggeber etwas herstellt. Zulieferverträge dienen der volkswirtschaftlich erwünschten und notwendigen Arbeitsteilung. Sie sind aber bedenklich, wenn die Verwendung der anvertrauten Kenntnisse oder Betriebsmittel beschränkt wird oder wenn sie von Wettbewerbern zur Abstimmung eingesetzt werden. 170

Bei Zuliefervereinbarungen hat man zu trennen. Zulieferungsverträge zwischen **Nichtwettbewerbern** sind eine vertikale Vereinbarung, weil Zulieferer und Auftraggeber dann in unterschiedlichen Produktionsstufen tätig sind, Art. 2 Abs. 1 der VO. Sie werden demnach grundsätzlich von der GVO 2790/1999 für vertikale Vereinbarungen erfaßt.[494] Eine Freistellung ist bei Zulieferungsvereinbarungen zwischen Nichtwettbewerbern regelmäßig schon mangels Verletzung von Abs. 1[495] unnötig. Bedenklich ist eine Beschränkung der anvertrauten Kenntnisse. Allerdings gilt die GVO nach Art. 2 Abs. 3 der VO gerade nicht, wenn geistige Eigentumsrechte nicht auf den Käufer, sondern auf den Verkäufer übertragen werden. Das erfolgt bei Zulieferverträgen. Der Transfer von Know-how durch Auftraggeber auf Zulieferer wird von der GVO 2790/1999 nicht erfaßt[496]. Für seine Beurteilung gilt weiterhin die Bekanntmachung über Zulieferverträge. Nach der dort geäußerten Auffassung der Kommission gilt das Verbot des Art. 81 171

---

489 Vgl. zuletzt die Leitlinien über horizontale Zusammenarbeit, ABl.EG 2001, Nr. C 3/2 Sie lösten die Kooperationsbekanntmachung, ABl.EG 1968 Nr. C 75/3, berichtigt durch Nr. C 93/3, und die Bekanntmachung zu kooperativen GU, ABl.EG 1993, Nr. C 43/2 ab. Die Bekanntmachungen binden den EuGH nicht.
490 Eine Definition ist im Anhang zur Empfehlung der Kommission v. 3.4.1996, ABl.EG Nr. L 107/4, enthalten: KMU dürfen max. 250 Beschäftigte und einen Umsatz bzw. eine Bilanzsumme von max. 40 bzw. 27 Mio ECU haben, wobei Kapitalanteile von Nicht-KMU i.d.R. geringer als 25% sein müssen. Die Schwellenwerte werden demnächst auf 50 Mio bzw. 43 Mio angehoben.
491 Vgl. Tz. 3 der Bagatellbekanntmachung, ABl.EG 2001, Nr. C 368/13.
492 Beachte aber Rn. 65 zum Austausch von wettbewerbsrelevanten Informationen.
493 Vgl. die Leitlinein über horizontale Zusammenarbeit, ABl.EG 2001 Nr. C 3/2, Tz. 123, 143.
494 Das gilt auch für einseitige Spezialisierungen; die GVO 2658/2000, ABl.EG 2000 Nr L 304/3, soll insoweit nicht angewendet werden, so deren Erwägungsgrund 10. Ihr Art. 1 schließt das aber nicht aus.
495 Vgl. Tz. 86 der Leitlinien über horizontale Zusammenarbeit, ABl.EG 2001, Nr. C3/2.
496 Tz. 33 der Leitlinien für vertikale Beschränkungen, ABl.EG 2000, Nr. C 291/1; Tz. 80 der Leitlinien über horizontale Zusammenarbeit, ABl.EG 2001, Nr. C 3/2.

Abs. 1 nicht, sofern die Beschränkung dazu dient, die Verwendung nur zur Auftragserfüllung sicherzustellen oder die Weitergabe der Kenntnisse oder mit ihrer Hilfe hergestellten Erzeugnisse an Dritte zu unterbinden, sofern die Kenntnisse und Betriebsmittel zur Ausführung erforderlich waren[497]. Denn dann konnte der Zulieferer ohne sie ohnehin nicht als selbständiger Anbieter auftreten. Daher ist z.B. das Verbot der Vergabe von Unterlizenzen rechtens[498].

172 Nach Auffassung der Kommission kommen Vereinbarungen, aufgrund derer der Käufer dem Zulieferer bloß nähere Spezifikationen zur Beschreibung der Ware oder Dienstleistung (und keine geistigen Eigentumsrechte) zur Verfügung stellt, in den Anwendungsbereich und in den Genuß der Freistellung[499]. Doch werden solche Vereinbarungen nicht von Art 2 Abs. 3 VO erfaßt, weil es gerade nicht um die Übertragung von Eigenumsrechten geht[500].

173 Zuliefervereinbarungen zwischen **Wettbewerbern** sind Ausdruck einer horizontalen Zusammenarbeit. Sie werden nach Art. 2 Abs. 4 mit einigen Einschränkungen nicht von der Freistellung der vertikalen Vereinbarungen nach VO 2790/1999 erfaßt[501]; für ihre kartellrechtliche Behandlung geben die Leitlinien über horizontale Zusammenarbeit Hinweise. So können Abschottungen und Auswirkungen auf Nachbarmärkte einen Verstoß gegen Abs. 1 begründen. Evtl. gilt die GVO 2658/2000, sofern eine Spezialisierungsabrede vorliegt, so daß die Produktion des Auftraggebers beschränkt wird[502].

3. Spezialisierungen

174 Damit sind gemeint sowohl Vereinbarungen, in der die Beteiligten sich gegenseitig verpflichten, bestimmte Produkte oder Dienstleistungen nicht herzustellen, sondern dies dem je anderen zu überlassen oder nur gemeinsam herzustellen, als auch *einseitige* Verpflichtungen, die Herstellung einzustellen und dem anderen zu überlassen. Wettbewerbsrechtlich bedenklich ist es, wenn – zumindest potentielle – Konkurrenten solche Absprachen treffen, weil damit Märkte aufgeteilt werden.

175 Die Kommission schätzt sie jedoch aufgrund von Produktivitätssteigerung und dadurch erzielter Verbesserung der Warenerzeugung oder -verteilung positiv ein, so daß bei beschränkter Marktmacht die Freistellungsvoraussetzungen erfüllt würden[503]. Daher hat sie diese Spezialisierungsvereinbarungen durch die GVO 2658/2000[504] freigestellt, die

---

497 Vgl. ihre Bekanntmachung über Zulieferverträge v. 18.12.1978, ABl.EG 1979 Nr. C 1/2.
498 Vgl. Kommission, Entscheidung v. 13.10.1988, ABl.EG 1988 Nr. L 309/34, Tz. 36 (Delta Chemie).
499 Tz. 33 a.E. der Leitlinien für vertikale Beschränkungen, ABl.EG 2000, Nr. C 291/1 und Tz. 80 mit Fn. 36 der Leitlinien über horizontale Zusammenarbeit, ABl.EG 2001, Nr. C 3/2.
500 R. *Wish*, Regulation 2790/99: The Commission's »New Style« Block Exemption for Vertical Agreements, CMLRev. 37 (2000), S. 903 f.
501 Die GVO bedient sich dabei einer recht formalen Abgrenzung horizontaler von vertikalen Vereinbarungen; zum Vergleich zum deutschen Recht s. M. *Baron*, in: Langen/Bunte, KartR (Fn. 6), Einführung zum EG-Kartellrecht, Rn. 149.
502 Art. 1 lit. a der GVO, ABl.EG 2000, Nr. L 304/3; Tz. 81, 88 f., 100, 114 der Leitlinien über horizontale Zusammenarbeit, ABl.EG 2001, Nr. C 3/2.
503 Vgl. Erwägungsgrund 8 f. der VO 2658/2000, ABl.EG 2000, Nr. L 304/3, wie auch die Entscheidung vom 8.10.1973, ABl.EG 1973, Nr. L 296/24, S. 26 (Prym-Beka).
504 ABl.EG 2000 Nr. L 304/3. Sie löste die GVO 417/85 zum 1.1.2001 ab. Für eine Übergangszeit bis 1.7.2002 gilt das alte Recht für alte Vereinbarungen. Für das alte Recht kann auf die Vorauflage verwiesen werden. Zu Spezialisierungen vgl. auch die neuen Leitlinien über horizontale Zusammenarbeit, ABl.EG 2001 Nr. C 3/2, Tz. 78 ff.

im Gegensatz zu früher auch einseitige Spezialisierungen und gemeinsame Produktionen erfaßt. Ferner stellt sie für die Durchführung der Spezialisierung notwendige Vereinbarungen wie über die Abtretung und Nutzung von geistigen Eigentumsrechten frei, Art. 1 Abs. 2.

Die GVO 2658/2000 stellt Spezialisierungen frei, sofern der addierte Marktanteil der Beteiligten im relevanten Markt 20% nicht überschreitet, Art. 4. Die GVO ist sehr viel großzügiger als ihre Vorgängerin, weil sie einige Einschränkungen nicht mehr enthält. So verzichtet die neue GVO auf die Umsatzschwelle, so daß auch Großunternehmen mit geringem Marktanteil in den Genuß der Freistellung gelangen. Die für den Fall gemeinsamen Vertriebs der Erzeugnisse früher vorgesehene geringere Marktanteilsschwelle von 10% besteht ebenfalls nicht mehr. Neu ist der Einbezug von Dienstleistungen. Die GVO gilt wiederum auch für die gemeinsame Produktion und gemeinsamen Vertrieb durch ein sog. kooperatives Gemeinschaftsunternehmen (zum Begriff s. Rn. 187)[505], also ein von den Beteiligten gemeinsam kontrolliertes, oft eigens für die Spezialisierung von ihnen gegründetes Unternehmen. Zu Herstellungs- und Vertriebslizenzen für Gemeinschaftsunternehmen s. Rn. 235. 176

4. Forschung und Entwicklung

Zusammenarbeit im Bereich F&E, etwa durch gemeinsame Projekte oder Vergabe von Aufträgen oder durch Aufteilung von F&E-Vorhaben, ist zulässig, sofern den Beteiligten alle Ergebnisse zugänglich und sie in ihrer Verwertung frei sind. Bedenken treten auf, sowie die Beteiligten hinsichtlich der eigenen F&E oder der Verwertung Bindungen eingehen[506]. 177

Die Kommission hat die F&E-Kooperation bei beschränkter Marktmacht genauso positiv beurteilt wie Spezialisierungen und Vereinbarungen über die gemeinsame F&E bis zur Produktion durch die GVO 2659/2000[507] freigestellt. Sie verspricht sich davon eine rationellere Forschung und eine bessere Nutzung ihrer Ergebnisse. Die Freistellung nach der GVO gilt auch für Verpflichtungen, sich eigener F&E im Bereich der Kooperation oder in eng verwandten Bereichen zu enthalten, Art. 1 Abs. 2, oder für Beschränkungen in Vertrieb und Herstellung von Vertragserzeugnissen. Die Freistellung entfällt bei einer weitergehenden Einschränkung eigner F&E oder bei bestimmten Beschränkungen der Preisgestaltung, der Produktion oder des Absatzes (Art. 5). Art. 4 der GVO führt in teilweiser Anknüpfung an die frühere Regelung eine zeitliche Begrenzung der Freistellung und eine Marktanteilsobergrenze ein: Bei nichtkonkurrierenden Unternehmen gilt die Freistellung für die Dauer der F&E-Vorhaben, im Falle gemeinsamen Vertriebs für weitere sieben Jahre ab dem ersten Inverkehrbringen. Sind konkurrierende Unternehmen an der Absprache beteiligt, gilt das nur, wenn bei Ab- 178

---

505 Vgl. Art. 2 Nr. 3, Art. 3 lit. b) VO 2658/2000, Tz. 78 der Leitlinien über horizontale Zusammenarbeit, ABl.EG 2001 Nr. C 3/2, die die Bekanntmachung über kooperative Gemeinschaftsunternehmen, ABl.EG 1993 Nr. C 43/2 ablöste. Zum Problem der Abgrenzung zur FusionskontrollVO 4064/89, ABl.EG 1990 Nr. L 257/13, 1997 Nr. L 180 vgl. *W. Veelken*, in: Immenga/Mestmäcker, EG-Wettbewerbsrecht, Band I, 1997, GFVO Rn. G 17.
506 Vgl. Erwägungsgrund 3 der GVO 2659/2000, ABl.EG 2000 Nr. L 303/7 und Tz. 42, 59 ff. der Leitlinien über horizontale Beschränkungen, AB.EG 2001 Nr. C3/2.
507 ABl.EG 2000 Nr. L 304/7. Sie löst zum 1.1.2001 die GVO 418/85, ABl.EG 1985 Nr. L 53/5; Änderung durch VO 151/93, ABl.EG 1993 Nr. L 21/8 ab. Vgl. auch die neuen Leitlinien über horizontale Zusammenarbeit, ABl.EG 2001, Nr. C 3/2, Tz. 39 ff. Für Altfälle gilt nach Art. 8 der VO eine Übergangsfrist bis 1.7.2002; zum alten Recht s. die Vorauflage, Rn. 174 f.

schluß der F&E-Vereinbarung der Marktanteil aller Beteiligten an den Produkten, die durch die F&E verbessert oder ersetzt werden sollen, maximal 25% beträgt. Über diese Fristen darf bei Vereinbarungen nichtkonkurrierender Unternehmen nur hinausgegangen werden, wenn ihr Marktanteil bezüglich der Vertragsprodukte 25% nicht überschreitet.

5. Ein- und Verkauf von Konkurrenten

179 Der gemeinsame **Verkauf** von Wettbewerbern bezüglich der Produkte, in denen sie konkurrieren, führt zu abgestimmtem Verhalten und verstößt daher – Spürbarkeit sc. vorausgesetzt – gegen Abs. 1[508]. Der Preis- und Konditionenwettbewerb würde damit beschränkt. Soweit die Kommission jedoch Auswirkungen auf die gesamte Produktion und Absatzpolitik erkennen will[509], ist dies zu pauschal[510]. Eine Freistellung des gemeinsamen Verkaufs wegen der Verbesserung und Leistungssteigerung infolge der Rationalisierung ist nur ausnahmsweise möglich[511]. Reine Vermarktungsvereinbarungen ohne Einbezug des Verkaufs sind nicht im gleichen Maße bedenklich. Sie sollen von Abs. 1 erst bei einer gewissen Marktmacht, nämlich bei einem gemeinsame Marktanteil unterhalb 15%, verboten werden[512]. Der gemeinsame Vertrieb von Wettbewerbern durch **kooperative Gemeinschaftsunternehmen** (Rn. 187) ist in gewissen Grenzen von den GVOen 2658 und 2659/2000 erfaßt (s. Rn. 174 ff.). Nichtwechselseitige Vertriebsvereinbarungen von Wettbewerbern werden außerdem nach Art. 2 Abs. 4 der GVO 2790/1999 für die dort genannten Fälle freigestellt. Die GVO 2790/1999 über vertikale Vereinbarungen regelt ansonsten nur die Vertriebsvereinbarungen von Nichtwettbewerbern.

180 Der gemeinsame **Einkauf** beschränkt den Nachfragewettbewerb, wenn eine – auch nur teilweise – Bezugspflicht von der gemeinsamen Einkaufsstelle besteht[513]. Andererseits können kleine und mittlere Unternehmen erst auf diesem Wege die Bedingungen großer Wettbewerber erreichen, so daß kein Wettbewerbsverstoß besteht. Das ist auch der Fall, wenn erst ein Gegengewicht zu einer starken Angebotsseite zu bilden ist. Für die Beurteilung ist im übrigen nicht nur auf die Einkaufsseite, sondern auch auf den nachgelagerten Verkaufsmarkt abzustellen, weil Wettbewerber durch gemeinsamen Einkauf ihre Kosten und somit ihr Verhalten auf nachgelagerten Märkten vereinheitlichen.[514] Mangels Marktmacht unbedenklich, zumindest freistellungsfähig, soll der gemeinsame Einkauf bei einem gemeinsamen Marktanteil aller Beteiligten sowohl auf den Einkaufs - wie auf den Verkaufsmärkten von jeweils unter 15% sein.[515] Der gemeinsame Einkauf kann wegen der Vorteile freigestellt werden, sofern die Bezugspflicht auf das Unerläßliche beschränkt ist.[516]

---

508 Kommission, Entscheidung v. 28.11.1979, ABl.EG 1980, Nr. L 39/51, S. 55 f. (Floral). S. auch die Leitlinien über horizontale Zusammenarbeit, Tz. 144.
509 So Kommission, Entscheidung v. 20.7.1978, ABl.EG 1978, Nr. L 242/15, Tz. 64 (CSV).
510 Mit Recht M. *Gleiss/M. Hirsch*, EGKartR (Fn. 3), Art. 85 I, Rn. 511.
511 So Kommission, Entscheidung v. 12.7.1989, ABl.EG 1989, Nr. L 226/25, Tz. 46 (UIP) unter Betonung der Besonderheiten des Spielfilmmarkts.
512 Tz. 149 der Leitlinien über horizontale Zusammenarbeit.
513 Kommission, Entscheidung v. 9.7.1980, ABl.EG 1980 Nr. L 260/24 Tz. 33ff (NSAA); EuGH, Rs. 61/80 (Fn. 7), Rn. 13.
514 Vgl. Tz. 117, 119, 122 der Leitlinien über horizontale Zusammenarbeit.
515 Tz. 130 der Leitlinien über horizontale Zusammenarbeit.
516 Kommission, Entscheidung v. 9.7.1980, ABl.EG 1980, Nr. L 260/24, Tz. 50 f. Die Bezugspflicht war auf 25% beschränkt.

6. Versicherungswirtschaft

Versicherungsunternehmen arbeiten häufig bei der Ermittlung von Grundlagen für die 181
Prämienberechnung und der Rückversicherung zusammen. Die GVO 3932/92[517] stellt
eine Kooperation bei der Erstellung von Berechnungsgrundlagen frei, sofern sie ausdrücklich als unverbindlich bezeichnet werden und eine Identifizierung der beteiligten
Unternehmen nicht möglich ist. Ferner ist die Erstellung von AGB-Mustern und die
Deckung bestimmter Risiken durch Mit(rück)versicherungsgemeinschaften freigestellt,
wobei die GVO für letzteres einen max. Marktanteil von 10 bzw 15% vorsieht. In ihren Einzelfreistellungen läßt die Kommission jedoch auch Marktanteile von mehr als
20% zu[518]. Schließlich sind auch vereinheitlichte Anforderungen an Sicherheitsvorkehrungen wegen der dadurch erreichten Harmonisierung und Normung[519] zulässig. In
besonderer Weise der individuellen Freistellung zugänglich dürfte die Kooperation bei
der Schadensabwicklung wie auch der Austausch von Informationen über erhöhte Risiken sein, da insoweit die GVO die Ermächtigung durch den Rat nicht ausschöpfte[520].

II. Beteiligung an und Gründung oder Erwerb von Unternehmen

1. Beteiligung an anderen Unternehmen

Erwirbt ein Unternehmen eine Beteiligung, so ist zu unterscheiden: Erhält der Erwerber 182
einen bestimmenden Einfluß, so wird der Sachverhalt von der FusionskontrollVO (FKVO)[521]geregelt[522]. Eine reine Minderheitsbeteiligung wird dagegen von der FKVO
nicht erfaßt und ist kartellrechtlich unerheblich, es sei denn sie dient als Forum für die
Koordinierung des Wettbewerbsverhaltens der Unternehmen, etwa in Form zusätzlicher Abreden. Der EuGH will aber bereits dann, wenn die Beteiligung auch nur Strukturen schafft, die für die Koordinierung des Wettbewerbsverhaltens förderlich sein *kön-*

---

517 ABl.EG 1992 Nr. L 398/7. Die Sonderregelungen blieben von der Neugestaltung der Kommissionspolitik zur horizontalen Zusammenarbeit unberührt, *M. Baron*, in: Langen/Bunte, KartR (Fn. 6), Einführung zum EG-Kartellrecht, Rn. 186.
518 Kommission, Entscheidung v. 30.3.1984, ABl.EG 1984 Nr. L 99/29, Tz. 6 (Nuovo Cegam); 14.1.1992, ABl.EG 1992 Nr. L 37/16, Tz. 21 (Assurpol).
519 Vgl. die Bek. der Kommission über ein globales Konzept für Zertifizierung, ABl.EG 1989 Nr. C 267/3.
520 Vgl. insoweit *T. Jestaedt*, in: Langen/Bunte, KartR (Fn. 6), Art. 81, Sonderbereiche, Rn. 132.
521 Art. 3 Abs. 1 lit. b) VO 4064/89 über die Kontrolle von Unternehmenszusammenschlüssen, ABl.EG 1989 Nr. L 395/1 ff., berichtigt durch ABl.EG 1990 Nr. L 257/13, geändert durch VO 1310/97, ABl.EG 1997 Nr. L 180/1, berichtigt in ABl.EG 1998 Nr. L 3/16, Nr. L 40/17. Die Durchführungsbestimmungen ergingen als VO 447/98, ABl.EG 1998 Nr. L 61/1. Eine konsolidierte Fassung der FKVO ist abgedruckt in [1997] 5 C.M.L.R. 387 ff.
522 Ob dann daneben noch Art. 81 anwendbar ist, ist strittig, weil der EuGH, Rs. 142 und 156/84, Slg. 1987, 4487, Rn. 38, 40 (BAT&Reynolds/Kommission) das Erlangen der Kontrolle infolge einer Beteiligung oder durch Nebenklauseln der Vereinbarung als von Art. 81 Abs. 1 erfaßt ansah, allerdings vor Erlaß der FKVO. Dabei muß es wegen des Vorranges des Primärrechts gegenüber dem Sekundärrecht auch bleiben, vgl. ebenso *V. Emmerich*, in: Immenga/Mestmäcker, EG-Wettbewerbsrecht, Band I, 1997, Art. 85 Abs. 1, B, Rn. 359. Die Kommission erklärte früher, daß sie »normalerweise« nicht auf Art. 81 f. zurückgreife, in ihrer Erklärung für die Ratsprotokoll vom 19.12.1989, WuW 1990, S. 243. Auf jeden Fall ist ein Rückgriff auf die VO 17/ 62 wegen Art. 22 der FKVO für Zusammenschlüsse mit gemeinschaftsweiter Bedeutung ausgeschlossen, so daß insofern verfahrensmäßig nur Art. 85 EGV bleibt, s. Art. 85, Rn. 2. Zu beachten ist ferner nunmehr die Sonderstellung der Vollfunktions-Gemeinschaftsunternehmen, s. Rn. 186 ff.

nen, einen Kartellverstoß annehmen[523]. Das überzeugt nicht ganz. Problematisch ist in diesem Falle weniger die Beteiligung oder die dabei getroffene Nebenvereinbarungen selbst (außer sie bezweckt von vornherein wettbewerbswidrige Absprachen) als vielmehr eine wettbewerbswidrige Absprache, die in Nutzung der vorbereiteten Strukturen später zustande kommt[524].

183 Erwerben mehrere Unternehmen Beteiligungen an demselben Unternehmen und erlangen so die Kontrolle an ihm, gelten die sogleich darzustellenden Grundsätze über Gemeinschaftsunternehmen[525].

2. Gründung und Erwerb von Unternehmen

184 Gründen mehrere Unternehmen gemeinschaftlich ein Unternehmen oder erwerben die Kontrolle darüber, dann liegt ein Gemeinschaftsunternehmen (GU) vor. Dies stellt dann entweder einen von der Fusionskontrolle erfaßten Zusammenschluß dar (sog. konzentrative GU) oder aber ist nach Art. 81 f. zu beurteilen (kooperatives GU).

185 Ein Unternehmen ist ein Gemeinschaftsunternehmen, wenn eine gemeinsame Kontrolle ausgeübt wird. Ein bestimmender Einfluß i.S.v. Art. 3 Abs. 3 FKVO wird gemeinsam ausgeübt, wenn die Muttergesellschaften bei allen wichtigen Entscheidungen eine Übereinstimmung erzielen müssen, um eine Pattsituation zu vermeiden[526]. Kriterium dafür ist z.B. der gleiche Stimmenanteil, die je hälftige Besetzung der Entscheidungsgremien oder das Vorliegen eines Vetorechts.

186 Besondere Beachtung verdienen sog. **Vollfunktions-GU**. Sie können einer Doppelkontrolle unterworfen werden. Vollfunktions-GU sind GU, die auf Dauer alle Funktionen einer selbständigen wirtschaftlichen Einheit erfüllen. Sie stellen nach Art. 3 Abs. 2 FKVO stets einen Zusammenschluß i.S. der FKVO dar und werden daher, wenn sie von gemeinschaftsweiter Bedeutung sind, seit der letzten Änderung der FKVO der Fusionskontrolle unterstellt (**konzentrative Vollfunktions-GU**). Dienen Vollfunktions-GU, die von gemeinschaftsweiter Bedeutung sind, der Koordinierung des Wettbewerbsverhaltens unabhängiger Unternehmen, wird die Koordinierung nach Art. 2 Abs. 4 FKVO am Maßstab von Art. 81 und mit den Maßgaben des Art. 2 Abs. 4 S. 2 FKVO geprüft (sog. **kooperatives Vollfunktions-GU**)[527]. Für die Beurteilung, ob GU das Wettbewerbsverhalten ihrer Muttergesellschaften koordiniert, kommt es v.a. auf die Märkte an, in denen die beteiligten Unternehmen tätig sind. Bei räumlich und produktmäßig identischem Markt ist eine Koordinierung anzunehmen. Zu beachten ist, daß die Beurteilung sowohl der konzentrativen wie der kooperativen Vollfunktions-GU's von gemein-

---

523 EuGH, Rs. 142 und 156/84, Slg. 1987, 4487, Rn. 38 (BAT&Reynolds/Kommission).
524 S. auch *M. Gleiss/M. Hirsch*, EGKartR (Fn. 3), Art. 85 I, Rn. 589, 593; *F. Montag/R. Dohm*, Minderheitsbeteiligungen, WuW 1993, S. 97. Vgl. Kommission, Entscheidung v. 10.11.1992, ABl.EG 1993 Nr. L 116/21, Tz. 34 (Lambert/Gilette).
525 Tz. 37 der Bekanntmachung über Konzentrationstatbestände, ABl.EG 1990 Nr. C 203/10.
526 Vgl. hierzu und zum folgenden Tz. 18 ff. der Bek. der Kommission über den Begriff des Zusammenschlusses, ABl.EG 1998 Nr. C 66/5.
527 Die Abgrenzung zwischen kooperativen und konzentrativen Vollfunktions-GU bleibt weiter bedeutsam wegen Art 2 Abs. 4 FKVO. Zur Abgrenzung s. Tz. 15 ff. der Bek. über Konzentrationstatbestände, ABl.EG 1990, Nr. C 203/10 und Tz. 17–20 der letztere ablösende Bek. über die Unterscheidung zwischen konzentrativen und kooperativen GU, ABl.EG 1994, Nr. C 385/1, die auch nach der Bek. über den Begriff des Vollfunktions-GU, ABl.EG 1998, Nr. C 66/1 noch weiter gelten.

schaftsweiter Bedeutung sich verfahrensmäßig seit dem 1.3.1998 nach der FKVO bestimmt[528].

Vollfunktions-GU ohne gemeinschaftsweite Bedeutung, die also unter den Schwellenwerten von Art. 1 Abs. 2 und 3 FKVO bleiben, sind **kooperative Gemeinschaftsunternehmen**, die alleine von Art. 81 erfaßt werden. Kooperative GU sind ferner solche GU, die nicht auf Dauer errichtet werden oder nicht alle Funktionen einer wirtschaftlichen Einheit haben, etwa nur der gemeinsamen Forschung oder Produktion dienen (Teilfunktions-GU). 187

Die Beurteilung kooperativer GU im Lichte des Art. 81 Abs. 1 erfordert, daß eine verbotene Maßnahme besteht. Das ist bei der gemeinsamen Gründung von GU wegen der Festlegung der gemeinsamen Kontrolle ohne weiteres der Fall. Beim bloßen Beteiligungserwerb liegt eine Vereinbarung der Erwerber in diesem Sinne vor, wenn sie ihr Kontrollverhalten aufeinander abstimmten. GU, die nur kartellfreier Kooperation dienen, wie z.B. der bloßen Informationsbeschaffung, oder die die Spürbarkeitsschwelle nicht überschreiten, sind unbedenklich. Bei der Beurteilung möglicher Wettbewerbsbeschränkungen ist das Wettbewerbsverhältnis der Gründer untereinander, zwischen ihnen und dem GU und das zu Dritten zu berücksichtigen. So wird geprüft, ob die Gründer je für sich in der Lage waren, die dem GU übertragenen Aufgaben zu erfüllen. Stellt sich heraus, daß die Zusammenarbeit im GU der einzige mögliche Weg für einen Markteintritt ist, dann liegt regelmäßig kein Verstoß gegen Abs. 1 vor[529]. GU von Nichtwettbewerbern werden regelmäßig nicht vom Kartellverbot erfaßt[530]. Vollfunktions-GU von Wettbewerbern sind bei Betätigung auf denselben Märkten, also z. B. bei Produktüberschneidung, bedenklich, bei benachbarten Märkten, sofern zwischen den Märkten eine hohe Reaktionsverbundenheit und gegenseitige Abhängigkeit besteht[531]. Durch GU herbeigeführte Marktabschottungen verletzen Abs. 1 ebenso wie GU von Unternehmen, die auch auf nachgeordneten Märkten eine starke Stellung einnehmen und auf diese Weise Wettbewerbsparameter vereinheitlichen. Freistellungsmöglichkeiten ergeben sich nach den Regelungen zur Bewertung von Kooperationen (s. Rn. 176 ff.). 188

Fällt das GU nicht unter Abs. 1, werden Nebenabreden, die für die Existenz des GU notwendig sind, trotz mit ihnen verbundener Wettbewerbsbeschränkung auch nicht erfaßt. 189

III. Vertriebsvereinbarungen

Art. 81 f. gelten gleichermaßen für vertikale wie für horizontale Maßnahmen. Bei vertikalen Wettbewerbsbeschränkungen wendet die Kommission Art. 81 nicht weniger intensiv an als auf horizontale Beschränkungen. Für beides hat die Kommission in jüngster Zeit ihre Praxis überprüft und geändert. Die neue GVO 2790/1999 über vertikale Beschränkungen[532] stellt vertikale Beschränkungen weitergehend als bislang frei. Sie löst mehrere GVOen ab, die verschiedene Teilbereiche regelten, und gilt für jede verti- 190

---

528 Vgl. die Änderung von Art. 3, 22 der FKVO durch VO 1310/97, ABl.EG 1997 Nr. L 180/1 und den 5. Erwägungsgrund ebda., ferner die Mitteilung der Kommission über die Beurteilung von Vollfunktions-GU's, ABl.EG 1998, Nr. C 66/38.
529 Vgl. Tz. 87 der Leitlinien über horizontale Zusammenarbeit, ABl.EG 2001 Nr. C 3/2.
530 Näher Tz. 86 der Leitlinien über horizontale Zusammenarbeit, ABl.EG 2001 Nr. C 3/2.
531 S. Tz. 82, 90 der Leitlinien über horizontale Zusammenarbeit, ABl.EG 2001 Nr. C 3/2.
532 ABl.EG 1999, Nr. L 336/21.

kale Abrede einschließlich selektiver Vertriebe. Erstmals werden neben Waren auch Dienstleistungen erfaßt. Sonderregelungen auf vertikaler Ebene erfahren nur noch der KFZ-Vertrieb und der Technologietransfer.

1. Wettbewerbsbeschränkung durch Vertriebsabreden

191 Vertriebsvereinbarungen sind Verträge zwischen Unternehmen auf verschiedenen Stufen, typischerweise zwischen Hersteller und Händler oder sonstigen Absatzmittlern. Die in diesen Verträgen festgelegten Bedingungen können den Wettbewerb beschränken, weil sie die Handelsfreiheit des Absatzmittlers oder aber auch – etwa bei Alleinvertriebsverträgen – des Herstellers einschränken. Das kann erfolgen durch Vorgaben, die der Hersteller macht hinsichtlich der Preisgestaltung und der sonstigen Angebotsbedingungen. Durch diese Vereinheitlichung wird der Preis- und Konditionenwettbewerb behindert (vgl. Abs. 2 lit. b). Andere Klauseln können das Absatzgebiet beschränken, etwa durch Beschränkungen der Weiterlieferung, die den Im- und Export erschweren[533]. Eine Marktaufteilung ist unvereinbar mit dem einheitlichen Binnenmarkt.[534] Ebenso steht es um absoluten Gebietsschutz. Soweit es jedoch um Drittstaaten geht, ist Rn. 127 zu beachten. Wettbewerbsschädlich sind auch Beschränkungen auf bestimmte Kundengruppen. Wegen der Aufgabenteilung zwischen Groß- und Einzelhandel ist das Verbot der Lieferung an Verbraucher in Verträgen mit Großhändlern zulässig[535].

192 Andererseits entfalten Vertriebsabreden auch vorteilhafte Wirkungen. Bei Alleinvertriebsbindungen etwa, also Vereinbarungen, bei denen sich ein Hersteller verpflichtet, in einem bestimmten Gebiet den Weiterverkauf nur durch einen Händler abzuwickeln, erhält dieser Händler zwar einen gewissen Gebietsschutz, so daß der Wettbewerb innerhalb einer Marke (intrabrand-Wettbewerb) beschränkt ist. Jedoch verbessern solche Ausschließlichkeitsbindungen bei Verpflichtungen des Händlers wie z.B. zur Absatzförderung den Vertrieb und verstärken den Wettbewerb zu anderen Marken (interbrand-Wettbewerb). Die Absatzbemühungen des Händlers werden auf sein Vertragsgebiet beschränkt, so daß er diesen Raum intensiv bearbeitet, zumal ausgeschlossen ist, daß andere Vertreiber derselben Marke davon profitieren (kein free riding). Ferner können Ausschließlichkeitsbindungen die einzige Möglichkeit eines Newcomers zum Markteintritt sein. Ähnliche wettbewerbsfördernde Effekte lassen sich für andere Vertriebsvereinbarungen wie Alleinbezugsvereinbarungen oder selektive Vertriebssysteme, die die Wiederverkäufer nach bestimmten Kriterien auswählen, nachweisen. Aufgrund dieser positiven und wünschenswerten Auswirkungen hat die Kommission bestimmte Vertriebsbindungen bereits frühzeitig unter engen Voraussetzungen freigestellt.

2. Die Freistellung durch die GVO 2790/1999

a) Anwendbarkeit
193 Die neue GVO stellt Vereinbarungen zwischen Unternehmen, von denen jedes zur Durchführung der Vereinbarung auf einer unterschiedlichen Produktions- oder Vertriebsstufe tätig ist, über die Bedingungen zum Bezug, Verkauf oder Weiterverkauf vom

---

533 Kommission, Entscheidung v. 18.3.1992, ABl.EG 1992, Nr. L 131/32, Tz. 48 (Newitt/Dunlop Slazenger u.a.); 15.7.1992, ABl.EG 1992 Nr. L 233/27, Tz. 16 (Viho/Parker Pen); EuGH, Rs. 86/82, Slg. 1984, 883, Rn. 46 (Hasselblad/Kommission).
534 Vgl. Kommission, Entscheidung v. 10.11.1992, ABl.EG 1993 Nr. L 116/21, Tz. 35 (Lambert/Gilette).
535 EuGH, Rs. 26/76, Slg. 1977, 1875, Rn. 29 f. (Metro/Kommission).

Verbot des Abs. 1 frei. Diese sehr allgemeine Regel des Art. 2 Abs. 1 erfaßt jede vertikale Vereinbarung und beschränkt anders als früher die Freistellung nicht auf bestimmte, näher umschriebene Vertragsbestimmungen. Schließlich enthält die GVO keine weiße Liste, die die freigestellten Vertragsklauseln näher bestimmt. Die GVO erfaßt aufgrund dieser Weite die bisher separat geregelten Alleinvertriebs- und Alleinbezugsabreden und Franchisingvereinbarungen und bezieht neu selektive Vertriebssysteme ein. Aufgrund ihrer weiten Formulierung ist sie auch geeignet, neue Vertriebsformen einzubeziehen. Die GVO gilt nicht, soweit für vertikale Vereinbarungen Sonderregeln existieren, wie etwa für den KFZ-Vertrieb (Art. 2 Abs. 5).

Darüber hinaus erfaßt der Anwendungsbereich der GVO nach Art. 2 Abs. 2 auch vertikale Vereinbarungen von Verbundgruppen. Verbundgruppen sind Zusammenschlüsse von Unternehmen, die über eine reine ad-hoc Zusammenarbeit hinausgehen, so wenn sich Hersteller in einer Vereinigung zusammenfinden, um damit gemeinsame Interessen zu verfolgen. Verbundgruppen können mit ihren Mitgliedern vertikale Vereinbarungen treffen, etwa über Vertrieb oder Einkauf. Diese sind nach Art. 2 Abs. 2 ebenfalls freigestellt, sofern es sich um Vereinigungen von Wareneinzelhändlern handelt, die jeweils nicht mehr als 50 Mio. Euro Jahresumsatz (Art. 10) erzielen; von der Freistellung unberührt blieben die horizontalen Vereinbarungen; sie sind separat an Art. 81 zu prüfen. 194

Die Freistellung gilt nach Art. 2 Abs. 3 auch für vertikale Vereinbarungen, die Bestimmungen über die Übertragung oder Nutzung geistiger Eigentumsrechte auf bzw. durch den Käufer (nicht: Lieferanten) enthalten.[536] Diese Bestimmungen dürfen nicht Hauptgegenstand des Vertrags sein, sondern nur Nebenbestimmung zu Verträgen über den Bezug, Verkauf oder Weiterverkauf von Waren oder Dienstleistungen und müssen damit unmittelbar zusammenhängen. Eine Notwendigkeit diesbezüglich wird anders als im Entwurf nicht gefordert. Schließlich dürfen diese Bestimmungen keine Zwecke oder Wirkungen herbeiführen wie die in der schwarzen Liste des Art. 4 genannten Beschränkungen oder die Wettbewerbsverbote nach Art. 5. In der Praxis dürfte diese Regelung bedeutsam werden v.a. für Warenzeichenrechte, Urheberrechte und Know-how. 195

Die GVO befreit wegen der Gefahr der horizontalen Marktaufteilung[537] nicht vertikale Vereinbarungen zwischen Wettbewerbern im selben Produktmarkt (Art. 2 Abs. 4). Eine Ausnahme wird ebenda dann gemacht, wenn Wettbewerber nichtwechselseitige Vereinbarungen treffen (bei wechselseitigen liegt eine Kooperation vor, dazu Rn. 171 ff., 176 f.) und eine der drei weiteren Bedingungen erfüllen, nämlich daß der Käufer einen jährlichen Gesamtumsatz von 100 Mio. Euro nicht überschreitet, die Vereinbarung sich auf Waren bezieht, bezüglich der der Käufer anders als der Lieferant nur Händler, nicht aber Hersteller ist oder der Käufer beim Bezug von Dienstleistungen auf dieser Wirtschaftsstufe nicht im Wettbewerb mit dem Hersteller steht. Die beiden letzteren Fälle erfassen Vereinbarungen im Rahmen des zweigleisigen Vertriebs von Waren oder Dienstleistungen durch Eigenhändler als auch den Hersteller selbst.[538] 196

b) Marktanteilsschwelle
Die Freistellung der oben näher umschriebenen vertikalen Vereinbarungen gilt nur, wenn der Marktanteil des Lieferanten maximal 30% beträgt. Im Falle von Alleinbelieferungspflichten darf der Marktanteil des Käufers diese Grenze nicht überschreiten. 197

---

536 Dazu näher Tz. 30 bis 44 der Leitlinien für vertikale Beschränkungen, ABl.EG 2000, Nr. C 291/1.
537 Dies galt schon unter der früheren AlleinvertriebsGVO 1983/83, s. den XV. Wettbewerbsbericht, 1985, Tz. 18.
538 Tz. 27 der Leitlinien über vertikale Beschränkungen, ABl.EG 2000, Nr. C 291/1.

Die Kommission hat damit, anstatt die freigestellten Klauseln näher zu umschreiben, mit dem Abstellen auf den Marktanteil eine sehr viel allgemeinere Bedingung gestellt. Sie geht davon aus, daß bei solchen Marktanteilen die wettbewerbsbeschränkenden Wirkungen kein solches Ausmaß erreichen, daß sie nicht ausgeglichen würden. Für die Berechnung des Marktanteil macht die VO in Art. 9 nähere Angaben. Hervorzuheben ist, daß hier die Sicht des Käufers (also des Händlers) gilt, während sonst eher die Sicht des Verbrauchers/Endabnehmers herangezogen wird. Jenseits dieser Schwelle ist eine Gruppenfreistellung versagt. Für solche Vertriebsvereinbarungen, die gegen Art. 81 Abs. 1 verstoßen (dazu unten Rn. 202 ff.), kann dann eine Individualfreistellung ergehen.

c) Kernbeschränkungen

198 Bestimmte, in Art. 4 genannte Vereinbarungen führen zum Wegfall der Freistellung (schwarze Klauseln). Denn sie stellen Kernbeschränkungen des Wettbewerbs dar, die einer Freistellung entgegenstehen. Dazu zählt die Vorgabe von Preisen außer Höchstpreisen oder bloßen Empfehlungen und grundsätzlich die Beschränkung des Verkaufsgebiets oder Kundenkreises (lit a), b)); denn darin liegt eine Marktaufteilung. Letzteres ist indes zulässig, soweit es bei Alleinvertrieb nur um Beschränkungen des aktiven Verkaufs[539] geht oder soweit es sich im Rahmen von selektiven Vertriebssystemen gegen nicht zugelassene Händler richtet. Ferner ist es zulässig, Großhändler den Verkauf an Endbenutzer zu untersagen. Dies entspricht der in der Rspr. vertretenen Aufgabenteilung zwischen Einzel- und Großhandel (s. Rn. 188). Dieses Verbot der Beschränkung des Kundenkreises wird etwa verletzt, wenn die Herstellergarantie nur den Kunden vorbehalten wird, die bei dem zuständigen Alleinvertriebshändler gekauft haben[540]. Dies hätte auch die Behinderung von Parallelimporten zur Folge. Es ist jedoch zulässig, daß der Händler nur seinen Kunden eine zusätzliche Garantie gibt[541]. Im Rahmen eines selektiven Vertriebssystems unzulässig ist wiederum jede Beschränkung des Verkaufs an Endverbraucher durch Einzelhändler und jede Querlieferungsbeschränkung (lit. c), d)). Zum Wegfall der Freistellung führt auch, wenn Hersteller ihren Lieferanten untersagen, die Produkte an andere zu veräußern (lit. e).

d) Wettbewerbsverbote

199 Art. 5 nimmt bestimmte Wettbewerbsverbote von der Freistellung aus. Unzulässig sind demnach alle Wettbewerbsverbote[542], die für mehr als fünf Jahre vereinbart sind (lit. a) wie auch überhaupt Wettbewerbsverbote in selektiven Vertriebssystemen (lit. c). Ein auf fünf Jahre befristetes Verbot, das sich mangels Kündigung automatisch verlängert, gilt als – nicht freigestellter – unbefristeter Vertrag[543]. Die zeitliche Obergrenze von fünf Jahren gilt nicht, wenn Vertragswaren oder -leistungen in Räumen oder auf Grundstücken verkauft werden, die der Lieferant dem Käufer überlassen hat. Für die Dauer der Nutzung ist ein Wettbewerbsverbot zulässig. Das ist etwa für Bierlieferungsverträge oder Tankstellenverträge bedeutsam. Nachvertragliche Wettbewerbsverbote

---

539 Der Begriff des aktiven Verkaufs ist in den Leitlinien für vertikale Beschränkungen, ABl.EG 2000 Nr. C 291/1, Tz. 50 näher definiert. Als aktiver Verkauf ist regelmäßig aber nicht der Verkauf übers Internet zu sehen, so Tz. 51 der Leitlinien.
540 EuGH, Rs. C-373/90, Slg. 1992, I-131, Rn. 18 (X); Tz. 49 der Leitlinien für vertikale Beschränkungen, ABl.EG 2000 Nr. C 291/1.
541 EuGH, Rs. 86/82, Slg. 1984, 883, Rn. 34 (Hasselblad/Kommission).
542 Darunter ist nach Art. 1 lit b) der GVO jede Verpflichtung zu verstehen, über 80% der Vertragsware oder -leistung von dem Lieferanten oder einem von diesem benannten Unternehmen zu beziehen.
543 So bereits früher die Kommissionspraxis: Kommission, Entscheidung v. 23.12.1992, ABl.EG1993, Nr. L 183/1, Tz. 112 (Silber); bestätigt durch EuG, Rs. T-9/93, Slg. 1995, II-1611, Rn. 123 f. (Schöller/Kommission).

werden für ein Jahr zugelassen nur bezüglich Konkurrenzprodukte. Außerdem müssen sie sich auf die Räume beziehen, in denen der Käufer sein Geschäft betrieb und müssen zum Schutz von dem Käufer vom Lieferanten überlassenen wesentlichen Know-hows erforderlich sein (lit. b).

e) **Widerruf und Außerkraftsetzung**
Die Kommission kann nach Art. 6 die Freistellung durch die GVO widerrufen, wenn im Einzelfall die Vereinbarung eine mit Art. 81 Abs. 3 unvereinbare Wirkung hat, insbesondere wenn Netze gleichartiger vertikaler Beschränkungen in ihrer Anhäufung sich so auswirken, daß der Marktzugang oder der Wettbewerb erheblich beschränkt wird. Erfassen solche Netze mehr als 50% des relevanten Marktes, kann die Kommission nach Art. 8 für diese vertikalen Vereinbarungen die Gruppenfreistellung durch eine VO außer Kraft setzen. 200

3. Insbesondere: Ausschließlichkeitsbindungen

Vertriebsabreden können Ausschließlichkeitsbeziehungen schaffen, sei es als Alleinvertrieb oder als Alleinbezug. Letzteres sind Vereinbarungen, in denen sich Händler verpflichten, gewisse Waren zum Weiterverkauf ausschließlich von einem bestimmten Hersteller zu beziehen. Die Kommission haben ähnliche Erwägungen wie beim Alleinvertrieb (s. Rn. 192) zur positiven Beurteilung bewogen: Alleinbezug fördert den Vertrieb aufgrund der erhöhten Planungssicherheit bei beiden. Die Risiken von Marktschwankungen werden begrenzt und die Vertriebskosten gesenkt. Der Marktzutritt wird leichter. 201

Alleinbezugs- und Alleinvertriebsabreden werden, wie oben dargestellt, von der GVO 2790/1999 freigestellt, sofern sie das Marktanteilskriterium erfüllen. Schließen Unternehmen, die höhere Marktanteile als 30% haben, solche Verträge, dann ist ihre Beurteilung anhand von Art. 81 je nach den Umständen vorzunehmen. Für die Würdigung, ob ein Verstoß vorliegt, sind verschiedene Faktoren wie die Marktstellung der Beteiligten und der Wettbewerber, bestehende Marktzutrittsbehinderungen, die Art des Produkt oder die Handelsstufe einzubeziehen. Kernbeschränkungen, wie sie die GVO in ihrer schwarzen Klausel formuliert, werden dann auch nicht freistellungsfähig sein. Die bei den Kernbeschränkungen (oben Rn. 198) vorgenommenen Wertungen sind hier nicht anders. Freistellungsfähig dürfte es sein, Alleinvertriebshändler zum Alleinbezug, zum Unterlassen von Konkurrenz und von aktivem Wettbewerb außerhalb des zugewiesenen Gebiets zu verpflichten. Ferner sind Pflichten zur Absatzförderung, zur Nutzung des Warenzeichens oder einer bestimmten Ausstattung denkbar. 202

4. Insbesondere: Selektive Vertriebssysteme

Im Gegensatz zu Ausschließlichkeitsbindungen begrenzen selektive Vertriebssysteme sich für ein bestimmtes Gebiet nicht auf *einen* Wiederverkäufer, sondern auf einzeln nach bestimmten Kriterien ausgewählte. Der Vertrieb soll einer begrenzten Zahl qualifizierter Händler anvertraut sein. Diese Absatzorganisation wird trotz der an sich gegebenen Absatzbeschränkungen nach Art. 81 Abs. 1 lit. b) positiv beurteilt aufgrund der dadurch möglichen gegenseitigen Durchdringung der Märkte[544]. Im Vergleich zum offenen Vertrieb, bei dem jeder Händler beliefert würde, wird der Preiswettbewerb eingeschränkt. Da dies aber nicht der einzige Wettbewerbsparameter ist, können die positi- 203

---

[544] V. *Emmerich*, in: Hb.EUWirtR, Abschnitt H. I. §1, Rn. 275.

ven Wirkungen selektiver Systeme überwiegen[545]. Denn der Qualitätswettbewerb[546] wie auch der inter-brand-Wettbewerb werden verstärkt[547]. Der EuGH hat aber einschränkend angefügt, daß selektive Vertriebssysteme dann nicht mehr mit Kartellrecht vereinbar sind, wenn aufgrund der Häufung selektiver Systeme kein Raum mehr für andere Vertriebssysteme bleibt oder eine Erstarrung der Preisstruktur eintritt, die durch andere Wettbewerbsfaktoren des intra- oder inter-brand-Wettbewerbs nicht mehr ausgeglichen werden[548]. Selektive Vertriebssysteme sind mit Abs. 1 nicht vereinbar bei einfachen Produkten wie einem nicht hoch entwickelten Verbrauchsgut[549]. Die Zulässigkeit eines selektiven Vertriebssystems in der EG besagt nichts darüber, ob Klauseln über den Direktverkauf in Drittländer bei gleichzeitigem Verbot des Reimports in die EG mit Abs. 1 vereinbar sind[550].

204 Die GVO 2790/1999 enthält nunmehr anders als ihre Vorgängerinnen einige Regelungen, nämlich in Art. 4 lit b) 3. Spiegelstrich, c) und d), Art. 5 lit. c), die sich explizit mit dem selektiven Vertrieb befassen.

a) Einfache Fachhandelsbindung
205 Ein selektiver Vertrieb wird vom Verbot des Art. 81 Abs. 1 nicht erfaßt, wenn die Auswahl der qualifizierten Händler aufgrund **objektiver Kriterien qualitativer Art** erfolgt (einfache Fachhandelsbindung), die Anforderungen an die fachliche Eignung des Wiederverkäufers oder seines Personals und die Ausstattung des Ladenlokals formulieren. Daher darf von einem Großhändler ein qualifizierter Außendienst erwartet werden und dem Wiederverkäufer (nur) der Verkauf an nicht zugelassene Händler untersagt werden[551], vgl. Art. 4 lit. b) 3. Spiegelstrich GVO 2790/1999. Großhändlern wird zurecht die Lieferung an Verbraucher untersagt[552].

206 Diese Kriterien müssen einheitlich festgelegt und ohne Diskriminierung angewandt werden[553]. Ferner ist die **Erforderlichkeit** in zwei Richtungen zu beachten. Zum einen zu prüfen, ob die Eigenschaften des fraglichen Erzeugnisses für die Wahrung seiner Qualität und die Gewährleistung seines richtigen Gebrauches ein selektives Vertriebssystem überhaupt erfordern[554] und ob die mit den Anforderungen verfolgten Ziele nicht

---

545 Vgl. EuGH, Rs. 26/76, Slg. 1977, 1875, Rn. 21 (Metro/Kommission).
546 EuGH, Rs. 107/82, Slg. 1983, 3151, Rn. 42 (AEG/Kommission).
547 Kommission, Entscheidung v. 16.12.1985, ABl.EG 1985 Nr. L 376/15, Tz. 33 (Villeroy&Boch); G. *Grill*, in Lenz, EGV, Art. 81, Rn. 89.
548 EuGH, Rs. 26/76, Slg. 1977, 1875, Rn. 50 (Metro/Kommission); Rs. 75/84, Slg. 1986, 3021, Rn. 40 (Metro/Kommission). S. auch Rs. C-306/96, Slg. 1998, I-1983, Rn. 23 (Javisco) und Rn. 163. Die Kommission trägt dem dadurch Rechnung, daß die Freistellung nach der GVO 2790/1999 gemäß ihrem Art. 8 in einem solchen Fall für unanwendbar erklärt werden kann.
549 Vgl. nur Kommission, Entscheidung v. 20.12.1984, ABl.EG 1985 Nr. L 19/17, Tz. 15 (Grohe).
550 S. EuGH, Rs. C-306/96, Slg. 1998, I-1983, Rn. 33 (Javisco) und oben Rn. 127.
551 Kommission, Entscheidung v. 21.12.1993, ABl.EG 1994 Nr. L 20/15, Tz. 26, 28 (Grundig). Innerhalb des Netzes zugelassener Betriebe muß der Handel frei sein, Kommission, Entscheidung v. 13.12.1989, ABl.EG 1990, Nr. L 21/71, Tz. 40 (Bayo-n-ox), Tz. 43. An zugelassene Händler muß verkauft werden können. Systeminterne Querlieferungen müssen möglich sein, Art. 4 lit d) GVO 2790/1999.
552 Kommission, Entscheidung v. 16.12.1985, ABl.EG 1985, Nr. L 376/15, Tz. 36 (Villeroy&Boch).
553 EuGH, Rs. 26/76, Slg. 1977, 1875, Rn. 20 (Metro/Kommission).
554 Bejaht wurde dies für die Erhaltung des Charakters eines Luxusprodukts, Kommission, Entscheidung v. 16.12.1991, ABl.EG 1992, Nr. L 12/24, S. 29 (YSL Parfums); für Unterhaltungselektronik, vgl. EuGH, Rs. 210/81, Slg. 1983, 3045, Rn. 2 (Demo Studio Schmidt/Kommission) und für andere langlebige und hochwertige Produkte. Beispiele bei *V. Emmerich*, in: Immenga/Mestmäcker, EG-Wettbewerbsrecht, Band I, 1997, S. 246 f., Rn. 203.

bereits durch nationale Vorschriften über den Zugang zum Beruf des Wiederverkäufers oder die Verkaufsbedingungen erreicht werden. Denn dann sind die Anforderungen nicht notwendig. Zum anderen ist zu fragen, ob die aufgestellten Kriterien selbst – gemessen an den verfolgten Zielen – nicht über das Erforderliche hinausgehen.[555] **Lückenlosigkeit** ist keine Voraussetzung der Rechtswirksamkeit. Lückenlose Systeme beschränken den Wettbewerb stärker. Die Lückenlosigkeit zur Voraussetzung zu machen, hieße die geschlossenen, starren Vertriebssysteme günstiger als die für den Parallelhandel stärker geöffneten zu behandeln[556].

Jeder, der die Voraussetzungen erfüllt, muß als Händler zugelassen werden, sonst liegt ein Verstoß gegen Abs. 1 vor (s. Rn. 143). **Unzulässig** ist eine quantitative Begrenzung, unter die nicht nur zahlenmäßige Grenzen unmittelbar in der Vertriebsorganisation fallen, sondern auch die Beschränkung des Vertriebs auf Angehörige eines freien Berufs, für die in manchen Mitgliedstaaten ein numerus clausus besteht[557]. Hierher gehört auch die Einräumung von Gebietsschutz[558]. Eine Preisbindung oder eine Beeinflussung der Wiederverkaufspreise sind unstatthaft[559]. Ebenso sind Verpflichtungen bezüglich Umsatz oder Mindestabnahme und zur Lagerhaltung für ein auf Qualität ausgerichtetes selektives Vertriebssystem nicht erforderlich[560]. **Erlaubt** ist die vertragliche Beschränkung von Garantieleistungen auf von zugelassenen Händlern verkaufte Erzeugnisse, da diese Regelung dazu dient, den Vertrieb durch Außenseiter zu verhindern[561]. Die für die Funktion des Vertriebssystems notwendigen Beschränkungen sind zulässig und werden von Abs. 1 nicht erfaßt. 207

b) Qualifizierte Fachhandelsbindung

Eine qualifizierte Selektion liegt vor, wenn die Wiederverkäufer **zusätzliche Pflichten** über die Einhaltung der oben genannten qualitativen Kriterien hinaus übernehmen, etwa eine möglichst umfassende Lagerhaltung für das gesamte Programm des Herstellers zu prästieren, das Markensortiment zu führen, Mindestmengen abzunehmen oder an Werbeveranstaltungen mitzuwirken[562]. Denn damit obliegen den Händlern besondere Absatzförderpflichten, die sie in ihrer autonomen Geschäftspolitik über das hinaus beschränken, was zumindest regelmäßig für die Wahrung der Qualität und des richtigen Gebrauchs notwendig ist. Sie sind daher grundsätzlich gemäß Abs. 1 verboten[563]. Die GVO 2790/1999 gewährt aber unter den oben angegebenen Bedingungen pauschal ei- 208

---

555 EuGH, Rs. 31/80, Slg. 1980, 3775, Rn. 16 (L'Oréal); vgl. EuG, Rs. T-19/91, Slg. 1992, II-415, Rn. 69 (Vichy/Kommission).
556 EuGH, Rs. C-376/92, Slg. 1994, I-15, Rn. 26, 28 (Metro/Cartier). Die deutsche Rspr., wonach ein Vertriebssystem nur bei Lückenlosigkeit einem Außenseiter nach § 1 UWG entgegengehalten werden kann, verstößt aber nicht gegen Gemeinschaftsrecht, EuGH, Rs. C-41/96, Slg. 1997, I-3125, Rn. 19 (VAG).
557 EuG, Rs. T-19/91, Slg. 1992, II-415, Rn. 67 (Vichy/Kommission).
558 Kommission, Entscheidung v. 6.1.1982, ABl.EG 1982 Nr. L 117/15, Tz. 65 (AEG); bestätigt in EuGH, Rs. 107/82, Slg. 1983, 3151, Rn. 98 ff. (AEG/Kommission). S. oben Fn. 550.
559 Kommission, Entscheidung v. 6.1.1982, ABl.EG 1982 Nr. L 117/15, Tz. 54 (AEG), bestätigt in EuGH, Rs. 107/82, 1983, 3151, Rn. 107 ff. (AEG/Kommission).
560 EuGH, Rs. 31/80, Slg. 1980, 3775, Rn. 16 (L'Oréal/De nieuwe Amck).
561 EuGH, Rs. C-376/92, Slg. 1994, I-15, Rn. 32, 33 (Metro/Cartier).
562 Vgl. Kommission, Entscheidung v. 16.12.1991, ABl.EG 1992, Nr. L 12/24, S. 30 (YSL Parfums); v. 21.12.1993, ABl.EG 1994 Nr. L 20/15, Tz. 35 (Grundig); als überspannt sieht *M. Gleiss/M. Hirsch*, EGKartR (Fn. 3), Art. 85 I, Rn. 1686 diese Auffassung an, soweit es um die Verpflichtung zur Führung des Sortiments oder zur Markteinführung geht.
563 Ein Gegenbeispiel ist aber Kommission, Entscheidung v. 16.12.1985, ABl.EG 1985 Nr. L 376, Tz. 29 f., 34 (Villeryo&Boch); begründet wurde das dort mit der mangelnden Spürbarkeit der Behinderung.

ne Freistellung. Nicht freigestellt sind nach Art. 5 lit. c) Wettbewerbsverbote, die den Händlern den Vertrieb konkurrierender Marken untersagen. Dadurch soll insbesondere ein kollusives Zusammenwirken führender Lieferanten verhindert werden, die bestimmte Konkurrenten vom Markt fernhalten. Solche Klauseln bedürfen der Individualfreistellung.

209 Bei Vertriebssystemen, die den Voraussetzungen der GVO 2790/1999 nicht entsprechen, können solche zusätzlichen Beschränkungen[564] oder quantitative Grenzen[565] immer noch **individuell freigestellt** werden. Eine Freistellung kann dann begründet werden mit der verbesserten Warenversorgung der Verbraucher und der intensiveren Bearbeitung des Marktes durch einen Händler, den Verpflichtungen zur Lagerhaltung o.ä. treffen[566]. Dies gilt auch für Luxusartikel. Voraussetzung der Freistellung ist stets, daß Importe über die Grenzen des Mitgliedstaats hinweg durch Querlieferungen innerhalb des Systems möglich bleiben und kein absoluter Gebietsschutz gewährt wird[567]. Das entspricht der auch andernorts feststellbaren Politik der Kommission, die erneute Aufspaltung der nationalen Märkte zu verhindern. Parallelimporte müssen möglich bleiben. Ferner darf der Hersteller keine Beschränkung der Preisgestaltungsfreiheit versuchen. Klauseln nach Art. 5 lit c) GVO 2790/1999 können kaum freigestellt werden, wenn der Marktanteil der fünf führenden Lieferanten mindestens 50% beträgt, es sei denn solche Klauseln werden von Lieferanten verwendet, die nicht zu den größten fünf gehören[568].

5. Insbesondere: Dienstleistungs- und Vertriebsfranchising[569]

210 Solche Franchise-Systeme sind besondere Formen des selektiven Vertriebs[570]. Der Franchisegeber (FG) gestattet den Franchisenehmern (FN) die Nutzung seines Know-how und seines kommerziellen Eigentums, insb. seiner Geschäftsmethoden und -bezeichnung gegen Entgelt, z.T. auch gegen Bezugspflichten von Waren. Dadurch ermöglicht er dem FN, in einem Geschäft mit der Geschäftsbezeichnung des FG bestimmte Dienstleistungen zu erbringen oder Waren zu verkaufen. Der FG baut sich dadurch mit verhältnismäßig geringem Aufwand einen Vertrieb auf und kann mit weniger Kapitaleinsatz expandieren. FN werden vom Verbraucher als Teil einer einheitlichen Organisation wahrgenommen, sind aber eigenständige Unternehmen, die durch Übernahme einer erprobten Geschäftskonzeption mit wenig Risiko in die Selbständigkeit starten. Dazu kommt die laufende Unterstützung durch den FG, die dem FN Wettbewerbsvorteile eines größeren Unternehmens bietet.

211 Nach Ansicht des EuGH haben Franchiseverträge eine **Sonderstellung**, weil es um die wirtschaftliche Verwertung eines Wissensschatzes ohne Kapitaleinsatz durch den FG

---

564 Vgl. Kommission, Entscheidung v. 24.7.1992, ABl.EG 1992 Nr. L 236/11, S. 15 ff. (Givenchy Parfums); v. 21.12.1993 (Fn. 532), Tz. 35.
565 Kommission, Entscheidung v. 21.12.1983, ABl.EG 1983 Nr. L 376/41, S.46, 49 f. (Saba); 27.11.1985, ABl.EG 1985 Nr. L 369/1, Tz. 20 (Ivoclar).
566 S. die soeben zitierten Kommissionsentscheidungen.
567 Kommission, Entscheidung v. 23.12.1977, ABl.EG 1978 Nr. L 46/33, Tz. 20 (BMW Belgium).
568 Tz. 192 der Leitlinien für vertikale Beschränkungen, ABl.EG 2000, Nr. C 291/1.
569 Zu Produktionsfranchising, d.h. der Herstellung von Ware nach den Anweisungen des Franchisegebers, s.u. zu Technologietransfervereinbarungen. Das Produktionsfranchising wird nicht von der GVO 2790/1999 erfaßt, weil es nicht den Voraussetzungen nach Art. 2 Abs. 1 GVO 2790/1999 entspricht.
570 V. Emmerich, in: Hb.EUWirtR, Abschnitt H.I. § 1, Rn. 285.

gehe. Die Verwendung derselben Geschäftsbezeichnung und -methoden unterscheide sie von anderen Vertriebsverträgen.

Franchiseverträge stellen keine Wettbewerbsbeeinträchtigung dar, sondern erlauben vielmehr dem FG das Verwerten seines Erfolges und erleichtern sein Eindringen in den Markt[571]. Abs. 1 greift damit nicht, soweit **Beschränkungen** für die Funktion dieses Systems **erforderlich** sind. Dies gilt für Klauseln in den Verträgen, die dem Schutz einerseits des dem FN anvertrauten Know-how und andererseits der Identität und des Namens der Vertriebsorganisation dienen[572]. Zu ersteren gehören Wettbewerbsverbote, die auch noch eine angemessene Zeit nach Vertragsablauf währen dürfen, oder der Zustimmungsvorbehalt des FG für die Übertragung des Geschäfts, zu letzterem die Verpflichtung, das Geschäftslokal nach den Vorgaben des FG auszuwählen und zu gestalten, seine Methoden anzuwenden und seine Zustimmung zur Art der Werbung einzuholen[573] wie auch die Alleinbezugspflicht von Ware nur beim FG; letztere aber nur, sofern objektive Qualitätskriterien aufzustellen oder zu überwachen praktisch unmöglich wäre[574]. Ferner darf dem FN untersagt werden, Ware an Wiederverkäufer außerhalb des Systems zu verkaufen[575]. Die Kommission hat in ihrer Leitlinien hervorgehoben, daß Wettbewerbsverbote des FN nicht von Abs. 1 erfaßt sind, sofern sie notwendig sind, um die Einheitlichkeit und den Ruf des Franchisesystems zu erhalten. Das Wettbewerbsverbot kann dann solange dauern wie die Franchisevereinbarung.[576] 212

Dieser Beurteilung gemäß hat die Kommission mit der GVO 2790/1999 über vertikale Vertriebsvereinbarungen auch Franchiseverträge über das Erbringen von Dienstleistungen oder den Warenverkauf freistellt.[577] Die oben (Rn. 193 ff.) dargelegten Voraussetzungen und Einschränkungen der Freistellung gelten daher auch für Franchisevereinbarungen. Besondere Regelungen zum Franchising enthält die GVO 2790/1999 nicht.[578] Freigestellt sind somit Beschränkungen in Form der Einräumung von Gebietsschutz an den FN, indem der FG sich verpflichtet, im Vertragsgebiet keinen anderen FN zuzulassen und selbst nicht die Ware bzw. Dienstleistung zu vertreiben, und der FN sich verpflichtet, das Geschäft nur vom festgesetzten Lokal aus zu betreiben und außerhalb des Gebiets nicht aktiv zu werben, vgl. die Ausnahmen von der schwarzen Klausel nach Art. 4 lit b) GVO 2790/1999[579]. Freigestellt sind auch notwendige Nebenabreden über Know-how-Transfer, Art. 2 Abs. 3 GVO 2790/1999. Marktabschottung durch absoluten Gebietsschutz und Preisbindungen sind wie gesehen nicht zulässig und führen zum Wegfall der Freistellung. Für Wettbewerbsverbote, soweit sie überhaupt unter Art. 81 Abs. 1 fallen, s. ebenfalls oben Rn. 199. 213

---

571 EuGH, Rs. 161/84, Slg. 1986, 353, Rn. 15 (Pronuptia).
572 EuGH, Rs. 161/84, Slg. 1986, 353, Rn. 16 f. (Pronuptia).
573 Dadurch soll verhindert werden, daß schlechte Geschäftsführung dem Interesse der Marke schadet, Kommission, Entscheidung v. 2.12.1988, ABl.EG 1989, Nr. L 35/31, Tz. 28 (Charles Jourdan).
574 EuGH, Rs. 161/84, Slg. 1986, 353, Rn. 16 ff. (Pronuptia).
575 Kommission, Entscheidung v. 2.12.1988, ABl.EG 1989, Nr. L 35/31, Tz. 28 (Charles Jourdan).
576 Tz. 200 der Leitlinien, ABl.EG 2000, Nr. C 291/1.
577 Die GVO 2790/1999, ABl.EG 1999, Nr. L 336/21 löste zum 1.6.2000 die GVO 4087/88, ABl.EG 1988, Nr. L 359/46 ab. Die Übergangsfrist für Altverträge läuft bis zum 31.12.2001.
578 Indes wird in der Literatur überlegt, ob die Regelungen über selektive Vertriebssysteme auf Franchisevereinbarungen anzuwenden sind, vgl. *C. Liebscher/A. Petsche*, Franchising nach der neuen GruppenfreistellungsVO Nr. 2790/99, EuZW 2000, S. 401 f. Wegen der vom EuGH betonten Sonderstellung des Franchising (Rn. 211) ist das abzulehnen.
579 Die Freistellungsfähigkeit ergibt sich nach EuGH, Rs. 161/84, Slg. 1986, 353, Rn. 24 (Pronuptia) daraus, daß FN die Risiken der Vorleistung nur gegen Gebietsschutz zu übernehmen bereit sind.

214 Franchisevereinbarungen, die den Anforderungen der GVO nicht genügen, insbesondere wenn der Marktanteil des FG oder des von ihm benannten Lieferanten die Schwelle von 30% überschreitet, können individuell freigestellt werden. Entsprechend den allgemeinen Regeln der Kommission für die Beurteilung vertikaler Beschränkungen ist umso eher mit einer Freistellung zu rechnen, je mehr die Beschränkung auf der Weitergabe von Know-how beruht und zum Schutz des übertragenen Know-how oder der Investitionsaufwendungen erforderlich ist[580]. Individualfreistellung ist nicht nötig, sofern sie von der GVO für Technologietransfer-Vereinbarungen erfaßt werden (Rn. 231 ff.).

6. Kfz-Vertrieb

215 Im Kfz-Vertrieb bedienen sich die Hersteller durchweg einer quantitativen qualifizierten Selektion. Sie wäre nach dem Vorstehenden mit Abs. 1 regelmäßig unvereinbar. Die Kommission hat daher in der GVO 1475/95[581] Vertriebs- und Kundendienstvereinbarungen über Kfz freigestellt. Denn Kfz sind längerlebige Güter, die fachkundiger Wartung und Instandsetzung bedürfen[582], so daß eine qualitative Selektion ohnehin statthaft wäre. Nach den derzeitigen Überlegungen wird die GVO nach ihrem Auslaufen zum Ende September 2002 modifiziert[583]. Wird sie nicht verlängert, gilt die GVO 2790/1999, deren Anwendung nach ihrem Art. 2 Abs. 5 derzeit gesperrt ist, dann auch für den KFZ-Vertrieb.

216 Die Freistellung gilt für alle Verträge zwischen zwei Unternehmen, bei denen ein Vertragsteil sich verpflichtet, zum Zwecke des Weiterverkaufs von mindestens dreirädrigen, für den öffentlichen Verkehr vorgesehenen neuen Kraftfahrzeugen und zugehörigen Ersatzteilen in einem abgegrenzten Gebiet nur den anderen Vertragsteil oder eine bestimmte Anzahl von Unternehmen des Vertriebsnetzes zu beliefern. Nach den aktuellen Plänen soll der Gebietsschutz künftig entfallen.

217 **Kraftfahrzeuge** in diesem Sinne sind nicht Motorräder und landwirtschaftliche Zugmaschinen (Traktoren)[584]. Ersatzteile sind eingebaute oder angebrachte Teile, nicht Öle und Lacke.[585]

218 Zulässig ist die Verpflichtung des Lieferanten, nicht an Verbraucher zu vertreiben und insofern keinen Kundendienst zu leisten (Art. 2). Freigestellt ist die Verpflichtung der Händler, nicht an nicht dem Vertriebsnetz zugehörige **Wiederverkäufer** zu liefern, es sei denn, es handelt sich um vom Verbraucher eingeschaltete, schriftlich bevollmächtigte **Vermittler** (Art. 3 Nr. 10, 11). Vermittler i.d.S. ist jedes – auch gewerblich tätige – Dienstleistungsunternehmen, dessen Leistung sich auf die Vermittlung beschränkt und das bloß als Vertreter auftritt, sodaß Vertragsbeziehungen unmittelbar nur zwischen

---

580 Tz. 200, 119 der Leitlinien, ABl.EG 2000 Nr. C 291/1.
581 ABl.EG 1995 Nr. L 145/25; sie gilt bis Ende September 2002. Die Kommission erließ hierzu auch den Leitfaden Vertrieb von Kfz, Dok. Nr. IV/9509/95, vgl. *J. Creutzig*, Vertrieb von Kraftfahrzeugen, EuZW 1996, S. 197 ff.
582 Erwägungsgrund 4 der GVO 1475/95 (Fn. 580).
583 Vgl. die Pressemitteilung IP (00) 1306 vom 15.11.2000, [2001] 4 C.M.L.R. Antitrust Reports 6 ff., ferner JP/01/1781. Die Neuerungen sind zu finden auf der homepage: http://europa.eu.int/comm/competition. Auf sie konnte hier nur vereinzelt hingewiesen werden.
584 Kommission, Entscheidung v. 15.12.1992, ABl.EG 1993 Nr. L 20/1, Tz. 18 (Ford).
585 Wird die Vereinbarung auf letztere erstreckt, entfällt die Freistellung, s. Art. 6 Abs. 1 Nr. 2. Das Empfehlen objektiver Qualitätsstandards für solche Stoffe ist aber zulässig, Kommission, Entscheidung v. 19.2.1990, ABl.EG 1991 Nr. L 20/42, Tz. 10 (D'Ieteren-Motorenöl).

dem Händler und dem Endverbraucher zustande kommen[586]. Darüber hinausgehende Leistungen eines Wiederverkäufers dürfen vom Vermittler nicht erbracht werden, wozu wohl die Übernahme des Absatz- und Währungsrisikos als auch Garantieleistungen, nicht aber das Verwahrrisiko zählten[587]. Diese Normen dürfen ferner nicht so verstanden werden, als würden sie den Händlern den Verkauf an **herstellerunabhängige Leasinggesellschaften** verbieten. Denn die Ausnahmen vom Kartellverbot sind eng auszulegen. Leasinggeber stellen keine Wiederverkäufer dar, sofern sie nur Aufträge ihrer Kunden erfüllen und keine Kaufoption anbieten, d.h. sie dürfen den Übergang des Eigentums oder eine Erwerbsoption nicht vor Vertragsablauf vorsehen. Ferner dürfen sie keine Lagerbestände zum Angebot an hierdurch angezogene Kundschaft bilden[588]. Parallelimporte müssen weiterhin zulässig sein. Die GVO regelt nicht die Tätigkeit der **Parallelimporteure**, die auf dem Markt tätig werden, ohne dem Vertriebsnetz anzugehören, sondern nur den Inhalt von Vereinbarungen von Parteien, die innerhalb des Vertriebsnetzes miteinander verbunden sind[589]. Art. 3 Nr. 11 darf daher nicht so verstanden werden, als wäre die Betätigung Außenstehender nur als bevollmächtigte Vermittler zulässig[590]. Die Tätigkeit als freier Weiterverkäufer und Parallelimporteur wird durch die GVO nicht behindert[591]. Umgekehrt darf ein Vermittler i.S.v. Art. 3 Nr. 11 auch freier Verkäufer von Kfz aus Parallelimporten sein[592]. Allerdings ist eine Klausel im Vertragshändlervertrag rechtens, die dem Vertraghändler den Verkauf an nicht autorisierte Wiederverkäufer untersagt, wenn sie nicht als Vermittler auftreten[593].

Die GVO stellt weitere Beschränkungen der Händler frei, so die Verpflichtung, die Waren nur im Auftrag eines Endabnehmers zu ändern, nicht selbst als Hersteller tätig zu werden, nur qualitativ entsprechende Ersatzteile zu vertreiben oder zu verwenden und außerhalb der Vertragsgebiets nicht aktiv tätig zu werden. Die Hersteller dürfen den Händlern aber nicht mehr wie unter Geltung der alten GVO 123/85 den Handel mit konkurrierenden Produkten untersagen, sondern nur noch eine räumliche und rechtliche Trennung unter Ausschluß jeder Verwechslung der Marken auferlegen (Art. 3 Nr. 3); letztere Einschränkung entfällt, sofern der Händler Verpflichtungen zur Verbesserung von Kundendienst und Vertrieb übernommen hat und der Händler sachliche Gründe nachweist (Art. 5 Abs. 2 Nr. 1); sie soll künftig ganz entfallen, so daß mehrere Marken unter einem Dach denkbar sind. Das Trennungsgebot hindert den Vertragshändler nicht daran, Reparatur- und Kundendienstleistungen für konkurrierende Marken in derselben Werkstatt auszuführen. Es darf aber die Verpflichtung auferlegt werden, dabei Sorge zu tragen, daß kein Dritter Nutzen aus Investitionen des Lieferanten

219

---

586 EuG, Rs. T-9/92, Slg. 1993, II-493, Rn. 42, 48 (Peugeot/Kommission); bestätigt durch EuGH, Rs. C-322/93 P, Slg. 1994, I-2727, Rn. 36 (Peugeot/Kommission).
587 EuG, Rs. T-9/92, Slg. 1993, II-493, Rn. 49 f., 53 f. (Peugeot/Kommission).
588 Vgl. Art. 10 Nr. 12 GVO 1475/95 (Fn. 579); s. EuGH, Rs. C-70/93, Slg. 1995, I-3439, Rn. 26 ff. (BMW) für die insoweit gleiche Vorgängerin, die GVO 123/85, ABl.EG 1985, Nr. L 15/16.
589 EuGH, Rs. C-309/94, Slg. 1996, I-677, Rn. 17 ff. (Nissan France u.a.) zur insoweit gleichen GVO 123/85, ABl.EG 1985, Nr. L 15/16.
590 Insoweit hat der EuGH, Rs. C-309/94, Slg. 1996, I-677, Rn. 22 (Nissan France u.a.) klargestellt, daß die Bek. der Kommission in ABl.EG 1991 Nr. C 329/20 nicht die Tragweite der GVO ändern kann. Die Bek. darf daher nicht so verstanden werden, als würde sie abschließend die Betätigung Außenstehender, nämlich nur als Vermittler, regeln.
591 EuGH, Rs. C-128/95, Slg. 1997, I-967, Rn. 18, 23 (Fontaine u.a.).
592 EuGH, Rs. C-309/94, Slg. 1996, I-677, Rn. 23 (Nissan France u.a.).
593 *J. Creutzig*, Anmerkung zu EuGH, 20.2.1997, EuZW 1997, S. 375 (376). Ein Wettbewerbsverstoß wegen Verleitung zum Vertragsbruch kann dann einem Außenseiter vorgeworfen werden, s.o. Fn. 555.

zieht. Eine Vertriebs- und Kundendienstvereinbarung über konkurrierende Ware darf nicht mehr wie früher verboten werden.

220 Die Kommission kann gemäß Art. 8 die Freistellung widerrufen, wenn im Einzelfall mit Art. 81 Abs. 3 unvereinbare Wirkungen eintreten, insbesondere bei weiterhin bestehenden erheblichen Preisunterschieden zwischen den Mitgliedstaaten. Diese Klausel ist jedoch schon unter der GVO 123/85 nie angewandt worden, obgleich ihre Voraussetzungen vorlagen[594]. Ferner konnte ein Widerruf erfolgen, wenn Informationen nicht an freie Werkstätten weitergegeben wurden. Nach den Änderungsplänen soll diese Verpflichtung nun stärker betont werden.

IV. Vereinbarungen über Schutzrechte

1. Schutzrechte und Wettbewerbsordnung

221 Die gesetzliche Gewährung von Schutzrechten gibt dem Inhaber ein Ausschließlichkeitsrecht und somit ein Monopol. Einerseits liegt darin eine staatliche Wettbewerbsbeschränkung, andererseits gewährt das Schutzrecht dem Inhaber nur die Frucht seiner eigenen geistigen Leistung und ist daher wettbewerbskonform. Sofern keine Rechtsvereinheitlichung erfolgt ist[595], obliegt die Ausgestaltung der Immaterialgüterrechte den Mitgliedstaaten[596]. Immaterialgüterrechte gehören zum Bestand der vom EGV nach Art. 295 geschützten nationalen Eigentumsordnung[597]. Kommerzielles Eigentum kann deswegen auch die Freiheit des Warenverkehrs einschränken (vgl. Art. 30). Dies unterliegt aber der gemeinschaftsrechtlichen Schranke der Verhältnismäßigkeit. Die Ausübung eines nationalen Schutzrechts ist nur insoweit gerechtfertigt, als sie der Wahrung der Rechte dient, die den – gemeinschaftsrechtlich bestimmten – **spezifischen Gegenstand** des Schutzrechts ausmachen[598]. Darüber hinaus ist es unverhältnismäßig. Was dieser spezifische Gegenstand ist, definiert letztlich der EuGH (s. Art. 30, Rn. 41 ff.).

222 Die Ausübung eines Schutzrechtes interessiert das Kartellrecht im Licht des Art. 81 insoweit, als sie **Gegenstand, Mittel oder Folge einer Kartellabsprache** ist, die Marktaufteilung bewirkt, indem Einfuhren von in anderen Mitgliedstaaten ordnungsgemäß in Verkehr gebrachten Waren untersagt werden[599]. Immaterialgüterrechte geben nicht das Recht, die Einfuhr von Ware, die vom Rechtsinhaber oder mit seiner Zustimmung[600] in einem Mitgliedstaat[601] in Verkehr gebracht worden sind, zu verbieten. Das Schutzrecht hat sich dann erschöpft (sog. **Erschöpfungsgrundsatz**)[602]. Dieser Grund-

---

594 G. *Grill*, in Lenz, EGV, Art. 81, Rn. 93.
595 Erste Ansätze finden sich im Markenrecht: Es erfolgte eine erste Rechtsvereinheitlichung durch die RL 89/104, ABl.EG 1989 Nr. L 40/1; ferner erging eine VO 40/94 über die Gemeinschaftsmarke, ABl.EG 1994 Nr. L 11/1 und L 349/83.
596 EuGH, Rs. 238/87, Slg. 1988, 6211, Rn. 7 (Volvo/Veng).
597 M. *Sucker/S. Guttuso*, in: GTE, EU-/EGV, Art. 85, Fallgruppen, Immaterialgüterrechte, Rn. 1.
598 EuGH, Rs. C-10/89, Slg. 1990, I-3711, Rn. 12 (Hag II).
599 EuGH, Rs. 78/70, Slg. 1971, 487, Rn. 6 (Grammophon/Metro).
600 Eine Zustimmung in diesem Sinne liegt nicht vor, wenn sie sich nur auf identische oder ähnliche Waren bezieht. Sie muß sich auf jedes Exemplar der Ware erstrecken, für die Erschöpfung geltend gemacht wird, Rs. C-173/98, Slg. 1999, I-4103, Rn. 21 f. (Sebago und Maison Duboius).
601 Nicht: Drittstaat, EuGH, Rs. C-191/90, Slg. 1992, 5335, Rn. 17 (Generics u. Harris); Rs. C-355/96, Slg. 1998, I-4799, Rn. 31 (Silhouette). Der Grundsatz der nur gemeinschaftsweiten Erschöpfung wurde bestätigt in Rs. C-173/98, Slg. 1999, I-4103, Rn. 17 (Sebago und Maison Duboius). Als Drittstaat ist wegen der Verpflichtungen aus dem EWR-Abkommen kein Land des EWR anzusehen.
602 Vgl. auch Art. 13 der VO 40/94 über die Gemeinschaftsmarke, ABl.EG 1994 Nr. L 11/1.

satz ist nötig aufgrund der territorialen Begrenzung dieses Rechts auf den einzelnen Mitgliedstaat[603].

2. Schutzrechte und Kartellrecht

Schutzrechte werden somit nur dann für das Kartellrecht relevant, wenn sie Gegenstand von Vereinbarungen oder aufeinander abgestimmten Verhaltensweisen sind. Letztere können vom Kartellverbot erfaßt werden. Die in der Literatur vertretene Ansicht, daß das Verbot des Abs. 1 generell nicht auf Schutzrechte Anwendung finde, ist abzulehnen, da damit Wettbewerbsbeschränkungen zugelassen würden, die nicht mehr vom Zweck des Schutzrechts gefordert wären[604]. 223

a) Vereinbarungen über die Ausübung der Rechte

Die Schutzrechte können dadurch vom Kartellrecht erfaßt werden, daß ihre Ausübung der Absicherung einer kartellwidrigen Vereinbarung dient. Die Geltendmachung ist dann ein Mißbrauch der Rechte[605]. Gleiches gilt, wenn mehrere Unternehmen durch eine zeitgleiche Hinterlegung desselben Modells als Geschmacksmuster auf die Aufteilung der Märkte untereinander zielen[606]. Das Immaterialgüterrecht ist dann Gegenstand eines Kartells. Das ist auch der Fall, wenn Inhaber von Urheberrechten übereinkommen, keinem Dritten eine Lizenz zu geben, um den Wettbewerb einzuschränken.[607] 224

b) Lizenzvereinbarungen

Schutzrechte erwecken das Interesse des Kartellrechts unter dem Blickwinkel des Art. 81, wenn der Inhaber das Schutzrecht überträgt oder Dritten durch Lizenzvergabe die Nutzung einräumt. Solche Verwertungsverträge dürfen keine wettbewerbsbeschränkenden Klauseln enthalten, die vom spezifischen Gegenstand nicht mehr gedeckt sind[608]. Da es sich regelmäßig um einzelne Abreden handelt, sind zur Beurteilung der Spürbarkeit immer die wirtschaftlichen und rechtlichen Begleitumstände einzubeziehen (**Bündeltheorie**; Rn. 91)[609]. 225

Nach diesen Grundsätzen sind Verpflichtungen des Lizenznehmers (LN) zur Geheimhaltung des ihm zur Verfügung gestellten Know-how und die Beschränkung seiner Nutzung allein auf die Herstellung der Lizenzprodukte **rechtmäßig**[610]. Ebenso sind bei Patent- und Warenzeichenlizenzen Klauseln zur Gewährleistung übereinstimmender Qualität der Ware nach objektiven Kriterien[611] und zur Wahrung des Markenimages zulässig[612]. Das gilt auch für Bezugspflichten bezüglich geheimer Vorprodukte[613]. Bei 226

---

603 Vgl. EuGH, Rs. 270/80, Slg. 1982, 329, Rn. 17 (Polydor/Harlequin); Rs. C-9/93, Slg. 1994, I-2789, Rn. 48 (Ideal Standard).
604 *R. Sack*, Der »spezifische Gegenstand« von Immaterialgüterrechten als immanente Schranke des Art. 85 Abs. 1 EGV bei Wettbewerbsbeschränkungen in Lizenzverträgen, RIW 1997, S. 450.
605 EuGH, Rs. 56 und 58/64, Slg. 1966, 321, S. 393 f. (Grundig/Consten).
606 EuGH, Rs. 144/81, Slg. 1982, 2853, Rn. 28 (Kleurkop/Nancy Kean Gifts).
607 Vgl. EuG, Rs. T-504/93, Slg. 1997, II-923, Rn. 159 (Tiercé Ladbroke).
608 Kommission, Entscheidung v. 11.7.1983, ABl.EG 1983, Nr. L 229/1, S. 11 f. (Windsurfing International).
609 EuGH, Rs. 27/87, Slg. 1988, 1919, Rn. 17 ff. (Erauw-Jacquery/La Hesbignonne).
610 Vgl. Kommission, Entscheidung v. 13.10.1988, ABl.EG 1988 Nr. L 309/34, Tz. 31 f. (Delta Chemie-DDD).
611 Vgl. EuGH, Rs. 193/83, Slg. 1986, 611, Rn. 45 f. (Windsurfing International/Kommission).
612 Kommission, Entscheidung v. 23.3.1990, ABl.EG 1990, Nr. L 100/32, Tz. 15 (Moosehead/Whitbread).
613 Kommission, Entscheidung v. 23.12.1977, ABl.EG 1978 Nr. L 70/69, S. 74 (Campari).

Art. 81 EG-Vertrag

Know-how-Lizenzen fällt dementsprechend die Verpflichtung zur strengen Einhaltung der Fertigungsmethoden und näherer Produktspezifikationen nicht unter Abs. 1[614]. Die vertragliche Verpflichtung des LN, unbefristet und damit auch nach Erlöschen des Patentrechts Lizenzgebühren zu zahlen, ist zumindest bei Bestehen eines Kündigungsrechts oder bei Abschluß des Lizenzvertrags zwischen Patentanmeldung und -erteilung unbedenklich[615]. Das Verbot an den LN, Unterlizenzen zu erteilen oder nach Vertragsablauf – solange das Know-how nicht allgemein zugänglich ist – die Lizenz weiterzunutzen, wahrt die Rechte des Lizenzgebers und beschränkt den Wettbewerb nicht[616].

227 **Abgrenzungsvereinbarungen,** die die Abgrenzung des Benutzungsumfangs verwechslungsfähiger Zeichen festlegen, werden trotz des Beitrags zur Konfliktvermeidung kritisch gesehen. Solche Vereinbarungen dürfen nicht zu dem Kartellrecht zuwiderlaufenden Zwecken mißbraucht werden[617]. Ansonsten sind sie zulässig, solange die Konfliktlösung gewählt wird, die die Benutzung der Zeichen im Gemeinsamen Markt am wenigsten einschränkt[618].

228 **Unzulässig** sind aber Beschränkungen der Preisgestaltungsfreiheit[619], Exportverbote[620], Einschränkungen der Nutzung des nach der Lizenz hergestellten Produkts, Beschränkungen der Lizenz auf bestimmte Produktionsstätten oder Behinderungen der Innovationsfähigkeit[621] und Wettbewerbsverbote zulasten des LN, wozu das Verbot aktiven Verkaufs außerhalb des Vertragsgebiets durch eigene Werbung und Niederlassung zählt[622]. Unzulässig ist ferner ein ab Vertragsbeendigung geltendes, somit über das Erlöschen des Patents hinausgehendes Verkaufs- und Herstellungsverbot, weil der LN damit im Vergleich zu seinem Konkurrenten in seiner Handlungsfreiheit behindert und somit geschwächt wird[623]. Nichtangriffsklauseln, in denen die LN sich verpflichten, das Schutzrecht anzuerkennen und gegen seine Gültigkeit nicht rechtlich anzugehen, sind wegen der durch den Erhalt des Rechts erreichbaren Marktabschottung unzulässig[624], außer die Lizenz wurde kostenlos erteilt oder vom LN ohnehin nicht benutzt[625].

---

614 Kommission, Entscheidung v. 13.10.1988, ABl.EG 1988 Nr. L 309/34, Tz. 30 (Delta Chemie-DDD).
615 EuGH, Rs. 320/87, Slg. 1989, 1177, Rn. 13 (Ottung/Klee & Weilbach u.a.).
616 Kommission, Entscheidung v. 13.10.1988, ABl.EG 1988 Nr. L 309/34, Tz. 35 (Delta Chemie-DDD); EuG, Rs. T-504/93, Slg. 1997, II-923, Rn. 146 (Tiercé Ladbroke).
617 EuGH, Rs. 35/83, Slg. 1985, 363, Rn. 33 ff. (BAT/Kommission).
618 Insoweit Kommission, Entscheidung v. 16.12.1982, ABl.EG 1982 Nr. L 379/19, S. 25 (Toltecs/Dorcet). S. zuletzt *H. Harte-Bavendamm/V. v. Bornhard,* Abgrenzungsvereinbarungen und Gemeinschaftsmarken, GRUR 1998, S. 530 ff.
619 EuGH, Rs. 27/87, Slg. 1988, 1919, Rn. 15 (Erauw-Jacquery/La Hesbignonne).
620 Kommission, Entscheidung v. 12.7.1985, ABl.EG 1985 Nr. L 233/22, S. 28 (Velcro/Aplix); differenzierend *R. Sack,* Der »spezifische Gegenstand« von Immaterialgüterrechten als immanente Schranke des Art. 85 Abs. 1 EGV bei Wettbewerbsbeschränkungen in Lizenzverträgen, RIW 1997, S. 452.
621 Vgl. Kommission, Entscheidung v. 11.7.1983, ABl.EG 1983, Nr. L 229/1, S. 10 ff. (Windsurfing International); insoweit bestätigt durch EuGH, Rs. 193/83, Slg. 1986, 611, Rn. 37 ff. (Windsurfing International/Kommission). Hinsichtlich der Beschneidung der Innovationsfähigkeit s. XXVII. Wettbewerbsbericht, 1997, Tz. 70.
622 Kommission, Entscheidung v. 23.3.1990, ABl.EG 1990 Nr. L 100/32, Tz. 15 (Moosehead/Whitbread).
623 EuGH, Rs. 320/87, Slg. 1989, 1177, Rn. 18 (Ottung/Klee & Weilbach u.a.).
624 EuGH, Rs. 193/83, Slg. 1986, 611, Rn. 92 (Windsurfing International/Kommission); Kommission, Entscheidung v. 23.3.1990, , ABl.EG 1990 Nr. L 100/32, Tz. 15.4 (Moosehead/Whitbread).
625 Vgl. EuGH, Rs. 65/86, Slg. 1988, 5249, Rn. 17 f. (Bayer u.a./Süllhöfer); kritisch hierzu *M. Gleiss/M. Hirsch,* EGKartR (Fn. 3), Art. 85 I, Rn. 943.

Besondere Probleme wirft die **Ausschließlichkeit** von Lizenzen auf. Die *Kommission* 229
sieht territorial ausschließliche Lizenzen, die den Lizenzgeber an der eigenen Verwertung oder auch an der weiteren Lizenzvergabe im Vertragsgebiet hindert, regelmäßig als verboten an[626]. Das gilt nicht nur bei besonderen wirtschaftlichen oder rechtlichen Begleitumständen, wie z.b. wenn marktbeherrschende Unternehmen ausschließliche Lizenzen an der einzigen Konkurrenztechnologie erwerben[627] oder bei übermäßig langer Dauer, nämlich mehr als 10 Jahre, und ungerechtfertigtem Umfang der Ausschließlichkeit auf dem Filmmarkt[628]. Für die Kommission sind ausschließliche Lizenzen nur mit dem Wettbewerb vereinbar, wenn sie der Einführung und dem Schutz neuer Technologien dienen, wofür es nicht genügt, daß die Lizenz patentierte Technologie bietet[629]. So fehlt es an der Neuheit, wenn der LN die Marktchancen des Produkts in einer Einführungsphase testet, in der er nur den Vertrieb besorgt[630]. Andererseits erteilt sie aber regelmäßig – und zwar gerade unter Rückgriff auf die andernfalls fehlende Risikobereitschaft des LN – doch eine Befreiung[631]. Der *EuGH* trennt demgegenüber[632] zwischen **offenen und geschlossenen ausschließlichen Lizenzen**. Während erstere die Stellung Dritter wie der Parallelimporteure und LN anderer Gebiete nicht betreffen, führen letztere auch zur Behinderung von Paralleleinfuhren und sind daher kartellrechtswidrig. Erstere sieht der EuGH angesichts der Kosten und Unsicherheiten bei der Einführung neuer Technologie als vereinbar mit Abs. 1 an[633]. Die Verbindung einer ausschließlichen Sortenschutzrechts-Lizenz mit einem Exportverbot erachtete der EuGH aus diesem Grund ebenso für unbedenklich[634]. Diese Entscheidung dürfte ein Sonderfall sein[635], da Wettbewerbsverbote sonst für unzulässig erachtet wurden. Ausschließliche Filmlizenzen hält er unter Bezugnahme auf die Merkmale der Filmmärkte nicht für geeignet, den Wettbewerb zu verfälschen[636]. Im *Ergebnis* unterscheidet sich der Ansatz von Kommission und EuGH kaum; denn was erstere zur Begründung der Freistellung heranzieht, genügt letzterem bereits für die Vereinbarkeit mit dem Wettbewerb[637].

Die Kommission geht auch bei der Gewährung ausschließlicher Lizenzen bzw. Verwer- 230
tungsrechte an **Gemeinschaftsunternehmen** (GU) durch die Gründer von einer Wettbewerbsbeschränkung in Form von Marktaufteilung aus. Die Freistellung begründet sie

---

626 Kommission, Entscheidung v. 23.12.1977, ABl.EG 1978 Nr. L 70/69, S. 74 (Campari); v. 12.7.1985, ABl.EG 1985 Nr. L 233/22, S. 27 (Velcro/Aplix).
627 Vgl. Kommission, Entscheidung v. 26.7.1988, ABl.EG 1988 Nr. L 272/27, Tz. 53 f. (Tetra Pak I).
628 Kommission, Entscheidung v. 15.9.1989, ABl.EG 1989 Nr. L 284/36, Tz. 41 f. (Filmeinkauf deutscher Fernsehanstalten).
629 Vgl. z.B. Kommission, Entscheidung v. 12.7.1985,, ABl.EG 1985 Nr. L 233/22, S. 27 (Velcro/Aplix) und v. 26.7.1988, ABl.EG 1988 Nr. L 272/27, Tz. 53 f. (Tetra Pak I).
630 Kommission, Entscheidung v. 13.10.1988, ABl.EG 1988 Nr. L 309/34, Tz. 23 (Delta Chemie-DDD).
631 Kommission, Entscheidung v. 13.10.1988, ABl.EG 1988 Nr. L 309/34, Tz. 43 (Delta Chemie-DDD); vgl. auch v. 22.12.1987, ABl.EG 1988 Nr. L 52/51, Tz. 57 (Olivetti/Canon); v. 22.12.1987, ABl.EG 1988 Nr. L 69/21, Tz. 40 ff. (Rich Products/Jus-rol); v. 23.3.1990, ABl.EG 1990 Nr. L 100/32, Tz. 16 (Moosehead/Whitbread).
632 Daß die Kommission das nicht tut, erhellt z.B. ihre Entscheidung v. 17.12.1986, ABl.EG 1987 Nr. L 41/31, Tz. 23 (Mitchell Cotts/Sofiltra).
633 EuGH, Rs. 258/78, Slg. 1982, 2015, Rn. 56 ff. (Nungesser).
634 EuGH, Rs. 27/87, Slg. 1988, 1919, Rn. 10 (Erauw-Jacquery/La Hesbignonne).
635 So auch *G. Grill*, in: Lenz, EGV, Art. 81, Rn. 115.
636 EuGH, Rs. 262/81, Slg. 1982, 3381, Rn. 16 (Coditel/Ciné-Vog Films); vgl. auch allgemein EuG, Rs. T-504/93, Slg. 1997, II-923, Rn. 146 f. (Tiercé Ladbroke).
637 Vgl. *M. Gleiss/M. Hirsch*, EGKartR (Fn. 3), Art. 85 I, Rn. 973.

mit der Unerläßlichkeit für die Funktion des GU[638] oder mit der Marktdurchdringung[639].

3. GVO für Technologietransfer-Vereinbarungen

231 Die oben dargestellten Grundzüge der Praxis zeigen die kartellrechtlichen Probleme von Lizenzverträgen. Die Kommission hat daher die GVO Nr. 240/96 für Technologietransfer-Vereinbarungen[640] erlassen, die die GVO Nr. 2349/84 über Patentlizenzvereinbarungen und GVO 556/89 über Know-how-Lizenzen zusammenführte und harmonisierte. Dabei ließ sie sich von dem Ziel leiten, die Verbreitung von Technologie in der EG zu fördern.

232 Die GVO erklärt das Verbot des Abs. 1 hinsichtlich gewisser Verpflichtungen für nicht anwendbar für reine oder gemischte Vereinbarungen zwischen zwei Unternehmen über Patentlizenzen, Know-how oder andere gewerbliche Schutzrechte wie Gebrauchsmuster oder Sortenschutzrechte wie auch für Vereinbarungen mit Nebenbestimmungen. Zu diesen Verpflichtungen zählen die Gewährung ausschließlicher Lizenzen mit einer gegenseitigen Abgrenzung der Vertragsgebiete von LN und LG und einem gewissen Gebietsschutz der LN untereinander (Art. 1 Abs. 1 Nr. 1 bis 4). Sie dürfen begleitet sein von einem aktiven und passiven Wettbewerbsverbot (Nr. 5, 6), d.h. der LN darf weder eigene Niederlassungen oder Werbung außerhalb des Vertragsgebiets betreiben noch auf von ihm nicht veranlaßte Bestellungen aus Gebieten anderer LN hin liefern. Ferner darf der LN gezwungen werden, Marke und Aufmachung des LG zu verwenden. Neu ist die Zulassung einer indirekten mengenmäßigen Beschränkung der Herstellung des Lizenzprodukts. Denn der LN darf auf die Mengen beschränkt werden, die er für die Herstellung eigner Erzeugnisse braucht, und das Erzeugnis nur in Verbindung mit den eignen Erzeugnissen veräußern, etwa als Bestandteil oder als Ersatzteil (Art. 1 Abs. 1 Nr. 8). Für diese Verpflichtungen gelten zeitliche Obergrenzen, z.B. bei reinen Patentlizenzvereinbarungen die Dauer des Bestehens paralleler Patente in den verschiedenen Mitgliedstaaten, bei reinen Know-how Vereinbarungen hinsichtlich der Ausschließlichkeit und des Verbots aktiven Wettbewerbs zehn Jahre, im übrigen die Zeit, solange das Know-how geheim ist. Bei gemischten Vereinbarungen wird z.T. auf das Bestehen notwendiger Patente abgestellt (Art. 1 Abs. 4). Für das passive Wettbewerbsverbot gilt eine Obergrenze von fünf Jahren ab dem ersten Inverkehrbringen des Erzeugnisses durch irgendeinen LN (Art. 1 Abs. 2, 3)[641].

233 Zu den durch Art. 2 GVO **freigestellt**en Beschränkungen gehören Geheimhaltungspflichten des LN, das Verbot für den LN, Unterlizenzen zu erteilen oder nach Vertragsablauf die noch geschützten Kenntnisse weiter zu verwenden, die Verpflichtung des LN, dem LG Lizenzen an Verbesserungen einzuräumen, objektive Qualitätsvorschriften einzuhalten oder Erzeugnisse vom LG zu beziehen. Ferner darf die Nutzung der überlassenen Technologie beschränkt und eine Mindestmenge vorgeschrieben werden.

---

638 So in Kommission, Entscheidung v. 22.12.1987, ABl.EG 1988, Nr. L 52/51, Tz. 57 (Olivetti/Canon); vgl. demgegenüber aber v. 13.7.1990, ABl.EG 1990 Nr. L 209/15, Tz. 31 (Elopax/Metal Box), wo die Erforderlichkeit für die Tätigkeit des GU jedoch herangezogen wird, um die Anwendbarkeit des Art. 81 Abs. 1 zu verneinen.
639 Kommission, Entscheidung v. 17.12.1986, ABl.EG 1987 Nr. L 41/31, Tz. 25 (Mitchell Cotts/Sofiltra).
640 ABl.EG 1996 Nr. L 31/2, s. auch oben Rn. 165.
641 Zurecht kritisch zu dem fehlenden Abstellen auf den jeweils betroffenen LN R. *Winkler/H.-P. Jugel*, Die GVO Technologietransfer, EuZW 1996, S. 367.

Befreit worden ist auch die Verpflichtung des LN, nur begrenzte Mengen an bestimmte Abnehmer zu liefern, für die innerhalb des Vertragsgebiets eine zweite Lieferquelle geschaffen werden soll (sog. second sourcing). Der LG darf sich auch die Kündigung vorbehalten für den Fall, daß der LN das Schutzrecht angreift. Im ganzen zeigt sich, daß die GVO den Schutz des LG erweitert hat und es ihm erlaubt, dem LN – im Vergleich zu den bisherigen Regeln – neue Verpflichtungen aufzuerlegen[642]. Zur im Vergleich zu früher gekürzten schwarzen Liste der **verboten**en, die Freistellung beseitigenden Abreden gehören die Beschränkung der Preisgestaltungsfreiheit, des Parallelhandels und der Menge der Lizenzerzeugnisse und die Aufteilung der Märkte durch Vereinbarungen über Abnehmergruppen, Vertriebs- oder Verpackungsformen (vgl. Art. 3 Nr. 1 bis 5). Das Verbot der Beschränkung des Parallelhandels entspricht der generell im EG-Kartellrecht aufzufindenden Wertung, Marktabschottung und absoluten Gebietsschutz zu verhindern. Weiterhin führt die Überschreitung der Zeitbegrenzung für die Ausschließlichkeit der Lizenz zum Verlust der Freistellung (Nr. 7). Nicht mehr in der schwarzen Liste enthalten sind die Nichtangriffsklauseln. Sie werden von der Kommission nicht mehr als generell wettbewerbswidrig bzw. nicht freistellungsfähig eingestuft.

Verträge mit überschießenden Klauseln können durch ein **Widerspruchsverfahren** mit einer auf vier Monate abgekürzten Frist erleichtert eine Individualfreistellung erlangen (Art. 4). Die Kommission hebt dabei Nichtangriffsklauseln sowie Qualitätsvorschriften und Bezugspflichten hervor, die für eine technisch einwandfreie Nutzung der Technologie über Art. 2 Abs. 1 Nr. 5 hinaus nicht notwendig sind. Art. 7 der GVO ermöglicht den **Widerruf** des Rechtsvorteils der GVO, wenn sich im Einzelfall doch Wirkungen einstellen, die den Voraussetzungen der Freistellungsfähigkeit zuwiderlaufen. Insbesondere gilt dies, wenn im Lizenzgebiet kein wirksamer Wettbewerb besteht, wofür die Kommission als kritischen Wert einen Marktanteil des LN von über 40% ansieht (Art. 7 Nr. 1), wenn Parallelhandel und Ausfuhren praktisch behindert werden, indem Geschäfte passiven Vertriebs oder Lieferungen an Abnehmer, die exportieren wollen, verweigert werden (Nr. 2, 3), oder wenn die Lizenzerteilung einen Wettbewerber von der Nutzung konkurrierender Technologie abhält (Nr. 4), was das Ziel der GVO, die Verbreitung von Innovationen, gerade vereitelte. 234

Die GVO enthält auch Bestimmungen über **Gemeinschaftsunternehmen**: Die Freistellung gilt für Herstellungs- und Herstellungs- und Vertriebslizenzen eines Gründerunternehmens an das GU, sofern der Marktanteil der Lizenzerzeugnisse und der übrigen mit ihnen in Wettbewerb stehenden Erzeugnisse der beteiligten Unternehmen bei einer auf die Herstellung beschränkten Lizenz 20%, bei einer sich auch auf den Vertrieb erstreckenden Lizenz 10% nicht übersteigt (Art. 5 Abs. 2 Nr. 1). Die Marktanteilsschwelle ist weich ausgestaltet, da ein Überschreiten um ein Zehntel für max. zwei Jahre nicht zum Verlust der Freistellung führt (Abs. 3). Im übrigen gilt die GVO nicht für Lizenzen der konkurrierenden Gründer untereinander. 235

---

642 Vgl. detaillierter W. *Kleinmann*, Die GVO für Technologietransfer, EWS 1996, S. 151 f.

Art. 82 (ex-Art. 86)

Mit dem Gemeinsamen Markt unvereinbar und verboten[72 f.] ist die mißbräuchliche Ausnutzung[24 ff.] einer beherrschenden Stellung[7 ff.] auf dem Gemeinsamen Markt oder auf einem wesentlichen Teil desselben[6, 21 ff.] durch ein oder mehrere Unternehmen[4, 17 ff.], soweit dies dazu führen kann, den Handel zwischen Mitgliedstaaten zu beeinträchtigen.[68 ff.]

Dieser Mißbrauch kann insbesondere[41] in folgendem bestehen:

a) der unmittelbaren oder mittelbaren Erzwingung[43] von unangemessenen Einkaufs- oder Verkaufspreisen[44] oder sonstigen Geschäftsbedingungen[1 f.];

b) der Einschränkung der Erzeugung[46 f.], des Absatzes[48] oder der technischen Entwicklung[49] zum Schaden der Verbraucher[51];

c) der Anwendung unterschiedlicher Bedingungen[53 ff.] bei gleichwertigen Leistungen[53] gegenüber Handelspartnern[54 ff.], wodurch diese im Wettbewerb benachteiligt werden[61];

d) der an den Abschluß von Verträgen geknüpften Bedingung[62 ff.], daß die Vertragspartner zusätzliche Leistungen[65] annehmen, die weder sachlich noch nach Handelsbrauch in Beziehung zum Vertragsgegenstand[66] stehen.

Inhaltsübersicht:

A. Allgemeines	1
I. Tatbestand des Art. 82 EGV	1
II. Verhältnis zu Art. 81 EGV	2
B. Adressaten	4
C. Marktbeherrschende Stellung	5
I. Relevanter Markt	6
II. Beherrschende Stellung	7
1. Begriff	7
2. Kriterien	10
3. Beherrschende Stellung durch mehrere Unternehmen	17
III. Gemeinsamer Markt oder wesentlicher Teil desselben	21
D. Mißbräuchliches Ausnutzen	24
I. Allgemeines	24
1. Mißbrauch	24
a) Allgemeine Begriffsbestimmung	24
b) Insbesondere: Gewerbliche Schutzrechte und essential facilities	37
2. Kausalität	40
II. Regelbeispiele nach Art. 82 S. 2	41
1. Unangemessene Preise oder Geschäftsbedingungen	42
2. Einschränkung von Erzeugung, Absatz oder technischer Entwicklung	46
3. Diskriminierung, insbesondere Geschäftsverweigerung	53
4. Kopplungsverbot	62
E. Beeinträchtigung des Handels zwischen den Mitgliedstaaten	68
F. Rechtsfolgen	72

A. Allgemeines

I. Tatbestand des Art. 82 EGV

1 Art. 82 untersagt den Mißbrauch einer beherrschenden Stellung. Verboten ist nicht schon das Innehaben oder der Erwerb einer solchen Stellung, auch nicht ihre Ausübung, sondern erst ihr Mißbrauch wegen der dadurch bedingten Gefahren für die Marktteilnehmer (vgl. S. 2) und die Wettbewerbsordnung[1]. Die Beispiele des S. 2 sind

---

1 Vgl. EuGH, Rs. 85/76, Slg. 1979, 461, Rn. 123, 125 (Hoffmann-LaRoche/Kommission).

nicht abschließend; sie sind auch nur schwer überschneidungsfrei voneinander abzugrenzen.

II. Verhältnis zu Art. 81 EGV

Art. 81 und 82 bestehen unabhängig voneinander. Dies folgt nicht nur aus ihrem Wortlaut, sondern auch aus dem unterschiedlichen Zweck der Regeln: Während Art. 81 Verhaltenskoordinierungen mehrerer Unternehmen unterbinden will, geht es Art. 82 darum, einem (oder mehreren) Unternehmen bezüglich seines (ihres) einseitigen Marktverhaltens im Interesse eines wirksamen Wettbewerbs Schranken aufzuzeigen. Daraus folgt nicht nur, daß ein Verhalten gegen Art. 81 und 82 verstoßen kann, etwa wenn es einem Unternehmen in beherrschender Stellung gelingt, die Anwendung seiner Preise auch durch die Wettbewerber durchzusetzen[2], sondern auch, daß ein Verhalten, obschon es nicht gegen Art. 81 verstößt, immer noch Art. 82 verletzen kann. 2

Für **Einzel- oder Gruppenfreistellungen** (s. Art. 81, Rn. 150 ff.) bedeutet das, daß sie die Anwendung des Art. 82 unberührt lassen. Eine freigestellte, den Wettbewerb beschränkende Vereinbarung kann daher als Mißbrauch einer marktbeherrschenden Stellung dennoch verboten sein[3]. Eine Freistellung vom Verbot des Art. 82 kommt aufgrund des klaren Wortlauts und der Stellung des Art. 81 Abs. 3 nicht in Betracht. Wie ein Mißbrauch der Marktstellung wettbewerbspolitisch gerechtfertigt werden könnte, ist nicht einsichtig. Da der Wortlaut des Art. 82 nicht im selben Maße wie der des Art. 81 Abs. 1 zu umfassend geraten ist, besteht auch kein Bedarf dafür. Eine andere Frage ist, ob die Freistellung noch ergehen darf, obwohl zugleich ein Verstoß gegen Art. 82 vorliegt oder ob wegen des Verstoßes gegen Art. 82 die Freistellung verweigert werden muß[4]. Der Rspr. neigt ersterer Ansicht zu: eine Freistellung darf trotz Vorliegen eines Verstoßes gegen Art. 82 erfolgen[5]. Die Prüfung bei der Freistellung ist auf die Voraussetzungen des Art. 81 Abs. 3 beschränkt. Die Kommission kann aber unter Hinweis auf Art. 82 die Freistellung verweigern[6]. Die Praxis der Kommission dazu ist pragmatisch: Wenn ein Verstoß gegen Art. 82 vorliegt, werden z.T. die Voraussetzungen des Art. 81 Abs. 3 erst gar nicht näher geprüft.[7] 3

B. Adressaten

Art. 82 wendet sich wiederum an Unternehmen. Dabei gilt derselbe Unternehmensbegriff wie bei Art. 81[8]. Es kann auf obige Ausführungen (Art. 81, Rn. 31 ff.) verwiesen werden. 4

---

2 EuGH, Rs. 66/86, Slg. 1989, 803, Rn. 37 (Ahmed Saeed Flugreisen u.a.); ferner Kommission, Entscheidung v. 10.11.1992, ABl.EG 1993 Nr. L 116/21, Tz. 32, 39 (Warner Lambert/Gillette).
3 Vgl. EuGH, Rs. 66/86, Slg. 1989, 803, Rn. 37 (Ahmed Saeed Flugreisen u.a.); EuG, Rs. T-51/89, Slg. 1990, II-309, Rn. 25, 30 (Tetra Pak/Kommission).
4 Für letzteres etwa *H. Schröter*, in: GTE, EU-/EGV, Art. 85 Einführung, Rn. 38, wohl auch *V. Emmerich*, Hb.EUWIrtR, H. I. §1, Rn. 187, 410.
5 Vgl. EuG, Rs. T-51/89, Slg. 1990, II-309, Rn. 25 (Tetra Pak/Kommission).
6 Vgl. EuG, Rs. T-17/93, Slg. 1994, II-595, Rn. 153 f. (Matra Hachette/Kommission). Das EuG hat dort offengelassen, ob die Kommission dies auch tun muß. Für letzteres *C. Jung*, in: Grabitz/Hilf, EU, Art. 82, Rn. 20.
7 Vgl. auch Art. 7 Abs. 2 VO Nr. 3976/87 zur Anwendung des Art. 81 Abs. 3 auf den Luftverkehr, ABl.EG 1987 Nr. L 374/9, der zwischen einem Verstoß gegen Art. 81 Abs. 3 und Art. 82 trennt.
8 EuG, Rs. T-68, 77, 78/89, Slg. 1992, II-1403, Rn. 358 (SIV u.a./Kommission); GA *C. O. Lenz*, Schlußantr. zu EuGH, Rs. C-415/93, Slg. 1995, I-4921, Ziff. 255, Fn. 313 (Bosman).

C. Marktbeherrschende Stellung

5 Art. 82 EGV untersagt den Mißbrauch der beherrschenden Stellung. Daher ist zunächst zu untersuchen, ob einem Unternehmen eine beherrschende Stellung zukommt. Dafür ist der Markt zu ermitteln, auf dem das Unternehmen eine beherrschende Position haben soll[9]. Das gilt[10] auch bei Bestehen eines Monopols, denn um seine Existenz festzustellen, ist der betroffene Markt zu definieren.

I. Relevanter Markt

6 Der Markt ist in sachlicher, räumlicher und zeitlicher Hinsicht abzugrenzen. Es ist dabei ebenso vorzugehen wie bei Art. 81 Abs. 1 (s. Art. 81, Rn. 94 ff.).

II. Beherrschende Stellung

1. Begriff

7 Nach der Rspr. des EuGH hat ein Unternehmen eine den Markt beherrschende Stellung, wenn seine Machtstellung es ihm erlaubt, die Aufrechterhaltung wirksamen Wettbewerbs auf dem relevanten Markt zu verhindern, indem sie ihm die Möglichkeit verschafft, sich seinen Konkurrenten, Abnehmern bzw. Verbrauchern gegenüber in nennenswertem Umfang unabhängig zu verhalten[11]. Eine völlige Ausschaltung des Wettbewerbs ist nicht nötig.

8 Es handelt sich dabei nicht um zwei kumulative oder alternative Bedingungen[12], auch wenn in der Entscheidung Michelin in der soeben wiedergegebenen Formel statt der modalen (»indem«) eine kumulative Verknüpfung (»und«) beider Kriterien steht[13]. Denn der EuGH hat in den späteren Urteilen ausdrücklich auf diese Entscheidung Bezug genommen, obschon er ein »indem« einfügte, was zeigt, daß er darin keinen Unterschied erkennt. Auch hebt er selbst hervor, daß für die marktbeherrschende Stellung kennzeichnend die Unabhängigkeit ist[14]. Es handelt sich somit um verschiedene Aspekte desselben übermäßigen Verhaltens[15].

---

9 EuGH, Rs. 322/81, Slg. 1983, 3461, Rn. 57 (Michelin/Kommission); EuG, Rs. T-68, 77, 78/89, Slg. 1992, II-1403, Rn. 360 (SIV u.a./Kommission).
10 Entgegen *H. Schröter*, in: GTE, EU-/EGV, Art. 86, Rn. 101. Die dort von ihm zitierten Entscheidungen enthalten durchaus – wenn auch z.T. sehr kurz – Überlegungen zur Marktabgrenzung. Bei rechtlichen Monopolen ergibt sich der Markt aus der Eigenart der monopolisierten Tätigkeit bzw. dem Ausschließlichkeitsrecht, vgl. EuGH, Rs. 26/75, Slg. 1975, 1379, Rn. 7/9 (General Motors/Kommission); EuG, Rs. T-70/89, Slg. 1991, II-535, Rn. 51 (BBC/Kommission); Kommission, Entscheidung v. 10.12.1982, ABl.EG 1982 Nr. L 360/36, Tz. 25 ff. (BT).
11 EuGH, Rs. 27/76, Slg. 1978, 207, Rn. 63/66 (United Brands/Kommission); Rs. 85/76, Slg. 1979, 461, Rn. 38 (Hoffmann-LaRoche/Kommission); Rs. 30/87, Slg 1988, 2479, Rn. 26 (Bodson/Pompes Funèbres des Régions libérées).
12 In letzterem Sinne *H. Schröter*, in GTE, EU-/EGV, Art. 86, Rn. 59.
13 Vgl. z.B. EuGH, Rs. 322/81, Slg. 1983, 3461, Rn. 37 (Michelin/Kommission).
14 EuGH, Rs. 85/76, Slg. 1979, 461, Rn. 41 (Hoffmann-LaRoche/Kommission).
15 So auch *V. Emmerich*, in: Hb.EUWirtR, Abschnitt H.I. §1, Rn. 337; *G. Grill* in Lenz, EGV, Art. 82, Rn. 12; *C. Jung*, in: Grabitz/Hilf, EU, Art. 82, Rn. 57.

Kommission[16] und EuG[17] sind dem Ansatz des EuGH gefolgt. Die Unabhängigkeit 9
drückt sich z.b. in der Fähigkeit aus, die Wettbewerbsbedingungen zu bestimmen oder
zumindest merklich zu beeinflussen[18], so z.b. für einen bedeutenden Teil der betreffenden Erzeugnisse die Preise vorzugeben oder Produktion und Verteilung zu kontrollieren[19]. Die beherrschende Stellung kann auch auf der Nachfrageseite bestehen[20].

2. Kriterien

Maßgebliches Kriterium für die beherrschende Stellung ist der **Marktanteil** des Unter- 10
nehmens. Die Bedeutung des Marktanteils kann zwar von Markt zu Markt unterschiedlich sein. Man kann jedoch zurecht annehmen, daß besonders hohe Anteile – abgesehen von außergewöhnlichen Umständen – ohne weiteres den Beweis für das Vorliegen einer beherrschenden Stellung geben. Ein Unternehmen, das während einer längeren Zeit einen besonders hohen Marktanteil hat, verfügt daher allein durch seinen Produktions- und Angebotsumfang über eine Position der Stärke, die ihm die Unabhängigkeit sichert[21].

Einen solchen Beweis hat der EuGH bei einem Marktanteil von 80%[22], ja selbst schon 11
bei 50%[23], angenommen. Die Kommission achtet demgegenüber auch bei einem Anteil
von 70% noch auf weitere Kriterien[24], da sie dem Marktanteil alleine stets nur eine Indizwirkung zuerkennt. Sie folgt somit dem Diktum der Rspr. vom bei besonders hohen
Marktanteilen eintretenden Beweis nicht ohne weiteres. Andererseits finden sich auch
Urteile, in denen der EuGH für »bedeutende« Marktanteile feststellt, daß sie alleine
nicht notwendigerweise entscheidend seien, sondern im Zusammenhang mit anderen
Faktoren gesehen werden müßten[25]. Ferner sprach das EuG bei einem Marktanteil von
70 bis 80% nur von einem »klaren Indiz«[26], während es später für besonders hohe
Anteile – es ging um 90% – von einem »Beweis« der beherrschenden Stellung ausging[27]. Es bestehen somit in der Praxis gewisse Unklarheiten hinsichtlich des Beweiswertes besonders hoher Marktanteile, zumindest für die Frage, ab wann ein solcher anzunehmen ist und dann auf zusätzliche Anhaltspunkte für die Marktbeherrschung verzichtet werden kann. Einigkeit besteht darin, daß ein Anteil unter 50% die Prüfung

---

16 Kommission, Entscheidung v. 5.12.1988, ABl.EG 1989 Nr. L 10/50, Tz. 114 (BPB Industries PLC); v. 19.12.1990, ABl.EG 1991 Nr. L 152/21, Tz. 40 f. (Solvay).
17 EuG, Rs. T-30/89, Slg. 1991, II-1439, Rn. 90 (Hilti/Kommission).
18 EuGH, Rs. 85/76, Slg. 1979, 461, Rn. 39 (Hoffmann-LaRoche/Kommission); Kommission, Entscheidung v. 22.12.1987, ABl.EG 1988 Nr. L 65/19, Tz. 71 (Eurofix-Bauco/Hilti).
19 Kommission, Entscheidung v. 9.12.1971, ABl.EG 1972 Nr. L 7/25, S. 35 (Continental Can).
20 EuGH, Rs. 298/83, Slg. 1985, 1105, Rn. 22 ff. (CICCE/Kommission).
21 EuGH, Rs. 85/76, Slg. 1979, 461, Rn. 41 (Hoffmann-LaRoche/Kommission).
22 EuGH, Rs. C-62/86, Slg. 1991, I-3359, Rn. 60 (Akzo/Kommission); vgl. auch EuG, Rs. T-30/89, Slg. 1991, II-1439, Rn. 92 (Hilti/Kommission); Kommission, Entscheidung v. 5.12.1988, ABl.EG 1989, Nr. L 10/50, Tz. 116 (BPB Industries PLC).
23 EuGH, Rs. C-62/86, Slg. 1991, I-3359, Rn. 60 (Akzo/Kommission).
24 Kommission, Entscheidung v. 19.12.1990, ABl.EG 1991 Nr. L 152/21, Tz. 44 f. (Solvay).
25 EuGH, Rs. 247/86, Slg. 1988, 5987, Rn. 19 (Alsatel/Novasam).
26 EuG, Rs. T-30/89, Slg. 1991, II-1439, Rn. 92 (Hilti/Kommission), obgleich es sich in dieser Entscheidung auf das Urteil des EuGH Rs. C-62/86, Slg. 1991, I-3359, Rn. 60 (Akzo/Kommission) bezieht, in dem jener von einem Beweis sprach.
27 EuG, Rs. T-83/91, Slg. 1994, II-755, Rn. 109 (Tetra Pak/Kommission); Rs. T-24–26, 28/93, Slg. 1996, II-1201, Rn. 76 f. (Compagnie maritime belge transports u. a./ Kommission).

weiterer Umstände nötig macht[28]. Nicht möglich ist es, einen Marktanteil zu nennen, bei dessen Unterschreiten eine beherrschende Stellung keinesfalls vorliegt. Der EuGH scheint auch bei Anteilen weit unter 40% bei zusätzlichen Umständen eine beherrschende Stellung nicht grundsätzlich ausschließen zu wollen[29]. Selbst noch bei unter 10% hält er es, wenn auch nur bei ganz außergewöhnlichen Umständen, für möglich, daß eine beherrschende Stellung vorliegt[30].

12 Ohne weiteres ist eine beherrschende Stellung anzunehmen bei einem **Monopol**[31], außer es liegt der Fall vor, daß die Wettbewerbsregeln wegen hoheitlicher Betätigung gar nicht greifen[32]. Daß ein Monopol gesetzlich begründet wurde, hindert ihre Anwendung dagegen nicht[33].

13 Der Marktanteil ist i.d.R. nicht der einzige für die Beurteilung der marktbeherrschenden Stellung maßgebliche Gesichtspunkt[34]. Daneben sind – mit abnehmendem Gewicht, je höher der Marktanteil ist – die übrigen Gegebenheiten der **Marktstruktur** wie z.B. im Verhältnis geringe Marktanteile der Wettbewerber, insbesondere der nächstkleineren[35], Chancen der Außenseiter auf Marktzutritt[36], das Bestehen eines technologischen Vorsprungs[37] oder die Abhängigkeit der Kunden/Händler[38] in die Betrachtung einzubeziehen. Denn entscheidend sind die Gesamtumstände. Eine beherrschende Stellung ergibt sich regelmäßig aus dem Zusammentreffen mehrerer Faktoren, die für sich genommen nicht ausschlaggebend[39] sein müssen. Das Entstehen einer beherrschenden Stellung wird daher dadurch begünstigt, daß aufgrund rechtlicher Hindernisse oder der Notwendigkeit ungewöhnlich hoher Investitionen der Markteintritt erschwert ist[40], so daß potentieller Wettbewerb ausfällt. Ferner unterstützt ein erstklassiges Vertriebsnetz und die weitgehende vertikale Integration des Unternehmens seine Marktposition[41]. Verfügt ein Unternehmen über einen Marktanteil von ca. 50%, dann ist die Annahme einer beherrschenden Stellung ohne weiteres gerechtfertigt, wenn der Anteil der beiden wichtigsten Konkurrenten zweimal bzw. fünfmal so klein ist[42].

14 Eine besondere Bedeutung kommt dabei auch **Ausschließlichkeitsrechten** zu (zu Schutzrechten und Wettbewerb s. schon Art. 81, Rn. 221 ff.). Das Innehaben eines solchen Rechts alleine führt nicht notwendig zu einer beherrschenden Stellung, da der Inhaber

---

28 Vgl. EuGH, Rs. 27/76, Slg. 1978, 207, Rn. 108 ff. (United Brands/Kommission); Kommission, Entscheidung v. 24.7.1991, ABl.EG 1992 Nr. L 72/1, Tz. 101 (Tetra Pak).
29 Vgl. EuGH, Rs. 85/76, Slg. 1979, 461, Rn. 57 f. (Hoffmann-LaRoche/Kommission).
30 EuGH, Rs. 26/76, Slg. 1977, 1875, Rn. 17 (Metro/Kommission); Rs. 75/84, Slg. 1986, 3021, Rn. 85 f. (Metro/Kommission).
31 Vgl. etwa EuGH, Rs. 22/78, Slg. 1979, 1869, Rn. 9 f. (Hugin/Kommission).
32 EuGH, Rs. C-343/95, Slg. 1997, I-1547, Rn. 16 ff. (Cali u.a./SEPG).
33 EuGH, Rs. 30/87, Slg. 1988, 2479, Rn. 26 (Bodson/Pompes Funèbres des Régions libérées).
34 EuGH, Rs. 26/76, Slg. 1977, 1875, Rn. 17 (Metro/Kommission).
35 EuGH, Rs. 85/76, Slg. 1979, 461, Rn 48 (Hoffmann-LaRoche/Kommission); Kommission, Entscheidung v. 5.12.1988, ABl.EG 1989 Nr. L 10/50,Tz. 117 (BPB Industries PLC).
36 EuGH, Rs. 27/76, Slg. 1978, 207, Rn. 121/124 (United Brands/Kommission).
37 EuGH, Rs. 85/76, Slg. 1979, 461, Rn. 48 (Hoffmann-LaRoche/Kommission); Kommission, Entscheidung v. 22.12.1987, ABl.EG 1988 Nr. L 65/19, Tz. 69 (Eurofix-Bauco/Hilti).
38 EuG, Rs. T-70/89, Slg. 1991, II-535, Rn. 51 (BBC/Kommission).
39 EuGH, Rs. 85/76, Slg. 1979, 461, Rn. 39 (Hoffmann-LaRoche/Kommission); EuG, Rs. T-24–26, 28/93, Slg. 1996, II-1201, Rn. 76 (Compagnie maritime belge transports u. a./ Kommission).
40 C. *Jung*, in: Grabitz/Hilf, EU, Art. 82, Rn. 86; zweifelnd insoweit G. *Grill*, in: Lenz, EGV, Art. 82, Rn. 17.
41 EuGH, Rs. 85/76, Slg. 1979, 461, Rn. 48 (Hoffmann-LaRoche/Kommission); Rs. 27/76, Slg. 1978, 207, Rn. 69 ff. (United Brands/Kommission).
42 EuG, Rs. T-83/91, Slg. 1994, II-755, Rn. 119 (Tetra Pak/Kommission).

durchaus lebhaftem Wettbewerb ausgesetzt sein kann. Anders ist es jedoch, wenn dadurch das Unternehmen aufgrund von wirtschaftlichen Abhängigkeiten ein Monopol[43] hat oder den Marktzutritt kontrolliert.

Die bloße Größe eines Unternehmens bzw. seines Umsatzes ist kein Indiz[44]. 15

Die Entscheidungspraxis zieht zur Unterstützung ihrer Einschätzungen aufgrund der 16 Analyse der Marktstruktur das **Marktverhalten** heran, etwa eine Preis- und Angebotspolitik des Unternehmens, die es sich bei funktionierendem Wettbewerb nicht hätte leisten können[45]. Eine selbständige Bedeutung hat das Kriterium des Marktverhaltens bislang aber nicht erhalten[46]. Der EuGH hält es für möglich, daß die Anwendung mißbräuchlicher Praktiken, wie etwa unüblicher Geschäftsbedingungen oder Weiterverkaufsverboten, Indiz für eine beherrschende Stellung sein können; alleine genügen sie ihm jedoch nicht[47]. In der Lit. ist das umstritten[48]. Insoweit ist in der Tat vorsichtig zu verfahren, wie es die Rspr. auch tut: Der Mißbrauch der Position ist eine eigenständige Tatbestandsvoraussetzung, die zur beherrschenden Position hinzutreten muß. Es kann daher nicht angehen, das eine Merkmal zur Definition und Ausfüllung des anderen zu verwenden[49].

3. Beherrschende Stellung durch mehrere Unternehmen

Art. 82 läßt es zu, daß mehrere Unternehmen eine **kollektive beherrschende Stellung** im 17 obigen Sinne innehaben. Voraussetzungen für eine solche gemeinsame Beherrschung ist die **enge Verflechtung** der betreffenden Unternehmen, so daß sie auf dem Markt in gleicher Weise vorgehen können. Denn nur dann können sie insofern als Einheit gesehen werden.

Eine solche Verflechtung entsteht z.B. durch Bildung gemeinsamer Strukturen in Form 18 von Linienkonferenzen von Reedern[50] oder durch einen technologischen Vorsprung, den mehrere Unternehmen aufgrund einer Vereinbarung oder durch Lizenzvergabe haben und der ihnen die Möglichkeit zu spürbarem einheitlichem Verhalten gibt[51]. Die zu fordernde Verflechtung muß nicht die Form einer strukturellen Verbindung zwischen

---

43 EuGH, Rs. 226/84, Slg. 1986, 3263, Rn. 9 (British Leyland/Kommission); EuG, Rs. T-70/89, Slg. 1991, II-535, Rn. 51 (BBC/Kommission).
44 EuGH, Rs. 85/76, Slg. 1979, 461, Rn. 47 (Hoffmann-LaRoche/Kommission).
45 EuGH, Rs. 27/76, Slg. 1978, 207, Rn. 94/96, 126/128 (United Brands/Kommission); s. auch EuG, Rs. T-30/89, Slg. 1991, II-1439, Rn. 92 (Hilti/Kommission).
46 *H. Schröter*, in: GTE, EU-/EGV, Art. 86, Rn. 95; s. auch *C. Jung*, in: Grabitz/Hilf, EU, Art. 82, Rn. 98, wonach die Analye des Marktverhaltens die Ergebnisse der Marktstrukturanalyse bestätigt oder widerlegt.
47 EuGH, Rs. 27/76, Slg. 1978, 207, Rn. 68 (United Brands/Kommission).
48 Vgl. *C. Jung*, in: Grabitz/Hilf, EU, Art. 82, Rn. 98 a.E. und die Nachweise bei *H. Schröter*, in: GTE, EU/EGV, Art. 86, Fn. 412 zu Rn. 98.
49 Wie hier *V. Emmerich*, Hb.EUWirtR, H.I §1, Rn. 345; zumindest kritisch auch *H. Schröter*, in GTE, EU-/EGV, Art. 86, Rn. 98.
50 EuG, Rs. T-24–26, 28/93, Slg. 1994, II-755, Rn. 62, 66 (Tetra Pak/Kommission); Kommission, Entscheidung v. 1.4.1992, ABl.EG 1992 Nr. L 134/1 Tz. 55 ff., 65 (Reederausschüsse in Frankreich/Westafrika-Fahrt). Diese Entscheidungen legen es nahe, auch die in einer Liga versammelten Sportvereine als kollektiv marktbeherrschende Unternehmen anzusehen; dazu näher *W. Weiß*, Transfersysteme und Ausländerklauseln unter dem Licht des EG-Kartellrechts, SpuRt 1998, 97 (101 f.).
51 EuG, Rs. T-68, 77, 78/89, Slg. Slg. 1992, II-1403, Rn. 358 (SIV u.a./Kommission).

den marktbeherrschenden Unternehmen etwa durch eine Vereinbarung oder gar eine Kapitalbeteiligung annehmen, sondern kann auch in anderer Weise erfolgen[52]. Das darf aber nicht so verstanden werden, als genügte für die Feststellung einer kollektiven Stellung der Hinweis auf die Art. 81 verletzenden gemeinsamen Absprachen. Vielmehr ist der Beweis von darüber hinausgehenden Verbindungen nötig, kraft derer die Unternehmen einheitlich auf dem Markt vorgingen[53].

19 Die neueste Rspr. zeigt, daß diese Fallgruppe auch **eigenständige Bedeutung** hat. Zu beachten ist aber, daß diese Fallgruppe nicht für Fälle gilt, in denen Unternehmen eine wirtschaftliche Einheit (s. Art. 81, Rn. 38 ff.) darstellen. Denn der Fall, daß Unternehmen einer einheitlichen Gruppe, also eines Konzerns, untereinander Absprachen treffen, gehört nicht unter diese Alternative des S. 1[54], weil dann nur der Konzern selbst ein Unternehmen i.S. des Kartellrechts ist, der selbst als ganzes gesehen eine beherrschende Stellung innehaben kann[55]. Die von der Rspr. geforderte Verflechtung muß gerade nicht so stark sein, daß die Beteiligten eine wirtschaftliche Einheit bilden.

20 Das Bestehen eines **Oligopols** begründet noch keine kollektive beherrschende Stellung[56]. Denn die parallelen Verhaltensweisen im Rahmen oligopolistischer Strukturen beeinflussen sich gegenseitig, während das Verhalten der Unternehmen in beherrschender Stellung einseitig festgelegt wird[57]. Dem Parallelverhalten fehlt der Charakter einseitiger Festlegung. Soweit es einem Unternehmen in beherrschender Stellung gelingt, die Anwendung seiner Tarife durch andere Unternehmen durchzusetzen, mögen Art. 81 und 82 nebeneinander anwendbar sein; ein Fall kollektiver Marktbeherrschung ist dies aber nicht.

III. Gemeinsamer Markt oder wesentlicher Teil desselben

21 Die beherrschende Stellung muß sich auf den Gemeinsamen Markt oder einen wesentlichen Teil davon erstrecken[58], während dies für den Mißbrauch nicht gilt.

---

52 Vgl. EuG, Rs. T-102/96, Slg. 1999, II-753, Rn. 273 ff. (Gencor/Kommission); in Rn. 279 billigte das EuG, daß die Kommission auf die infolge eines Zusammenschlusses eintretende Änderung der Marktstruktur und die Ähnlichkeit der Kostensituation abstellte. S. auch *G. Monti*, The Scope of Collective Dominance under Article 82 EC, in: CMLRev. 38 (2001), S. 131 (138, 156).
53 EuG, Rs. T-24–26, 28/93, Slg. 1996, II-1201, Rn. 62, 67 (Compagnie maritime belge transports u.a./Kommission).
54 Insoweit mißverständlich, aber im Ergebnis richtig EuGH, Rs. 247/86, Slg. 1988, 5987, Rn. 20 (Alsatel/Novasam). Unzutreffend daher *H. Schröter*, in: GTE, EU-/EGV, Art. 86, Rn. 67; wie hier *D. Dirksen*, in: Langen/Bunte, Kommentar zum deutschen und europäischen Kartellrecht, Band 1, 2001, Art. 86, Rn. 61; *V. Emmerich*, in Hb.EUWirtR, H. I. § 1, Rn. 347; *C. Jung*, in: Grabitz/Hilf, EU, Art. 82, Rn. 67.
55 Vgl. EuGH, Rs. 66/86, Slg. 1989, 803, Rn. 35 (Ahmed Saeed Flugreisen u.a.).
56 A.A. Kommission, Entscheidung v. 7.12.1988, ABl.EG 1989 Nr. L 33/44, Tz. 78 ff. (Flachglas), vom EuG, Rs. T-68, 77, 78/89, Slg. 1992, II-1403, Rn. 358 ff. (SIV u.a./Kommission) aufgrund Fehler in der Marktabgrenzung aufgehoben, so daß es auf die Frage nach der kollektiven Beherrschung nicht eingehen mußte.
57 EuGH, Rs. 85/76, Slg. 1979, 461, Rn. 39 (Hoffmann-LaRoche/Kommission); *I. Brinker*, in: Schwarze, EU-Kommentar, Art. 82, Rn. 14; *G. Grill*, in: Lenz, EGV, Art. 82, Rn. 21; wohl auch *V. Emmerich*, in: Hb.EUWirtR, H. I. §1, Rn. 349; *W. Möschel*, in: Immenga/Mestmäcker, EG-Wettbewerbsrecht, Band I, 1997, Art. 86, Rn. 114; a.A. aber *C. Jung*, in: Grabitz/ Hilf, EU, Art. 82, Rn. 69; *H. Schröter*, in: GTE, EU-/EGV, Art. 86, Rn. 69.
58 EuGH, Rs. 27/76, Slg. 1978, 207, Rn. 57 (United Brands/Kommission); Rs. 30/87, Slg. 1988, 2479, Rn. 26 (Bodson/Pompes Funèbres des Régions libérées).

Der räumliche relevante Markt muß wie bei Art. 81 mindestens einen wesentlichen Teil 22
des Gemeinsamen Marktes umfassen. Aufgrund des Zieles der EG, die nationalen
Grenzen zu überwinden, ist zumindest das Staatsgebiet jedes Mitgliedstaates ein wesentlicher Teil des Gemeinsamen Marktes[59]. Ob ein Gebiet ein wesentlicher Teil des
Gemeinsamen Marktes ist, bestimmt sich ferner danach, ob es von hinreichender Bedeutung ist, wofür es v.a. auf die Struktur und den Umfang der Produktion und des
Verbrauchs des relevanten Erzeugnisses und die Gewohnheiten und wirtschaftlichen
Möglichkeiten der Marktteilnehmer ankommt[60], mithin auf die wirtschaftliche Bedeutung, nicht auf die räumliche Größe[61]. Ein Anteil von ca. 5% am Gesamtverbrauch
scheint zu genügen, so daß auch der Raum Süddeutschland, zumindest für den Zuckermarkt, ein wesentlicher Teil ist[62].

Ein bloß regionaler Markt ist dagegen kein wesentlicher Teil des Gemeinsamen Marktes[63]. Anders ist es nur, wenn dieser dennoch von Relevanz für den Wettbewerb in der 23
EG ist. Bejaht wurde dies bei bedeutenden Häfen wie dem von Genua aufgrund des
Verkehrsaufkommens und der Bedeutung für die Ein- und Ausfuhr nach Italien auf
dem Seeweg[64].

D. Mißbräuchliches Ausnutzen

I. Allgemeines

1. Mißbrauch

a) Allgemeine Begriffsbestimmung

Eine abstrakte, umfassende Definition des mißbräuchlichen Ausnutzens zu geben, ist 24
schwierig. Als Leitlinien für die Entwicklung dieses Begriffs können die in S. 2
beispielshalber normierten Fälle und das Ziel des EGV nach Art. 3 lit. g, ein System unverfälschten Wettbewerbs zu prästieren, dienen[65].

Der deutsche Wortlaut scheint auch eine Trennung zwischen dem bloßen Ausnutzen 25
und dem mißbräuchlichen Ausnutzen nahezulegen, das demnach mehr umfassen müßte. In der Praxis wird nicht zwischen einem mißbräuchlichen Ausnutzen der beherrschenden Stellung und ihrem bloßen Ausnutzen getrennt. Dies mag daran liegen, daß in
der englischen – ebenso verbindlichen – Vertragsfassung nur der Begriff des Mißbrauchs (abuse) zu finden ist, obgleich u.a. auch der französische Text von einem mißbräuchlichen Ausnutzen spricht (d´exploiter de façon abusive). Es geht somit um den
Mißbrauch[66], nicht um die bloße Ausübung.

Art. 82 trifft keine Anforderungen bezüglich der **Lokalisierung** des Mißbrauchs auf 26

---

59 Kommission, Entscheidung v. 19.4.1977, ABl.EG 1977 Nr. L 117/1, S. 9 (ABG); v. 7.12.1988, ABl.EG 1989, Nr. L 33/44, Tz. 79 (Flachglas).
60 EuGH, Rs. 40 u.a./73, Slg. 1975, 1663, Rn. 371 ff. (Suiker Unie u.a./Kommission).
61 *D. Dirksen*, in: Langen/Bunte, KartR (Fn. 53), Art. 82, Rn. 69.
62 EuGH, Rs. 40 u.a./73, Slg. 1975, 1663, Rn. 445/447 (Suiker Unie u.a./Kommission); Kommission, Entscheidung v. 2.1.1973, ABl.EG 1973 Nr. L 140/17, S. 39 (Zucker).
63 EuGH, Rs. 247/86, Slg. 1988, 5987, Rn. 23 (Alsatel/Novasam).
64 EuGH, Rs. C-18/93, Slg. 1994, I-1812, Rn. 41 (Corsica Ferries).
65 EuGH, Rs. 6 und 7/73, Slg. 1974, 223, Rn. 25 (Commercial Solvents/Kommission).
66 Zur einheitlichen Auslegung der Gemeinschaftsbestimmungen im Lichte der anderen Sprachfassungen vgl. EuGH, Rs. C-219/95 P, Slg. 1997, I-4411, Rn. 15 (Ferriere Nord SpA/ Kommission).

dem Produktmarkt[67]. Die Praxis hat auch bei einem Mißbrauch auf dem nicht beherrschten Markt einen Verstoß angenommen.[68]. Der Mißbrauch muß somit weder auf dem beherrschten Markt stattfinden noch auf einem wesentlichen Teil des Gemeinsamen Marktes vorliegen.

27 Angemerkt sei ferner, daß nationales Recht niemals eine Rechtfertigung für einen Mißbrauch darstellen kann[69]. Das folgt schon aus dem Vorrang des Gemeinschaftsrechts.

28 Nach der **Definition der Praxis** sind mißbräuchlich alle Verhaltensweisen von Unternehmen in beherrschender Stellung, die die Struktur eines Marktes beeinflussen können, auf dem der Wettbewerb gerade wegen der Anwesenheit dieses Unternehmens bereits geschwächt ist und die die Aufrechterhaltung oder Entwicklung des noch bestehenden Wettbewerbs durch Maßnahmen behindern, die von den Mitteln eines normalen Produkt- und Dienstleistungswettbewerbs auf der Grundlage der Leistungen abweichen[70].

29 Dem beherrschenden Unternehmen kommt somit eine Verantwortung dafür zu, den wirksamen Wettbewerb durch sein Verhalten nicht zu beeinträchtigen.[71]

30 Dieser Formel der Praxis liegt die richtige Vorstellung zugrunde, daß einem Unternehmen in beherrschender Stellung grundsätzlich nicht allein wegen dieser Stellung ein Marktverhalten verboten ist, das jedem anderen Wettbewerber offen steht. Jedoch soll es wie jener auf die Mittel des **Leistungswettbewerbs** beschränkt sein und seine Stellung nicht zu einem Verhalten ausnutzen dürfen, das es ohne sie und bei einem funktionierenden Wettbewerb nicht an den Tag legen könnte. Der Mißbrauch entspricht daher einem Ausnutzen der Stellung[72], z.B. um übermäßige Handelsgewinne zu erzielen[73]. Schließlich ist der Wettbewerb schon geschwächt. Daher ist gerade dem dafür Verantwortlichen auch der Einsatz von solchen leistungsgerechten Mitteln untersagt, die im Ergebnis eine weitere Wettbewerbsschwächung zur Folge hätten[74]. Das ist Ausfluß seiner Verantwortung für den Restwettbewerb.

31 So ist z.B. nicht jeder Preiswettbewerb zulässig. Eine Preisunterbietungskampagne eines beherrschenden Unternehmens, das dadurch seine Konkurrenten zu verdrängen sucht, um nachher unter Ausnutzung seines Monopols die Preise wieder anzuheben, ist mißbräuchlich, insbesondere wenn dadurch allein aufgrund der überlegenen Finanzkraft genauso leistungsfähige Konkurrenten ausgeschaltet werden[75]. Eine gezielte **Kampfpreisunterbietung** liegt vor, wenn das beherrschende Unternehmen Preise verlangt, die

---

67 Deutlich Kommission, Entscheidung v. 24.7.1991, ABl.EG 1992 Nr. L 72/1, Tz. 104 (Tetra Pak); EuG, Rs. T-83/91, Slg. 1994, II-755, Rn. 113 (Tetra Pak/Kommission); zustimmend D. *Dirksen*, in Langen/Bunte, KartR (Fn. 53), Art. 82, Rn. 85; C. *Jung*, in: Grabitz/Hilf, EU, Art. 82, Rn. 28, 123; W. *Möschel*, in: Immenga/Mestmäcker, EG-Wettbewerbsrecht, Band I, 1997, Art. 86 Rn. 102 ff.
68 S. vorige Fn.
69 Vgl. nur EuGH, Rs. 13/77, Slg. 1977, 2115, Rn. 30/35 (Inno/ATAB).
70 EuGH, Rs. 85/76, Slg. 1979, 461, Rn. 91 (Hoffmann-LaRoche/Kommission); Kommission, Entscheidung v. 14.12.1985, ABl.EG 1985 Nr. L 374/1, Tz. 74 (ECS/Akzo); v. 10.11.1992, ABl.EG 1993 Nr. L 116/21, Tz. 23 (Warner Lambert/Gillette).
71 EuG, Rs. T-83/91, 1994, II-755, Rn. 114 f (Tetra Pak/Kommission); Kommission, Entscheidung v. 10.11.1992, ABl.EG 1993 Nr. L 116/21, Tz. 23 (Warner Lambert/Gillette).
72 S. EuGH, Rs. 30/87, Slg. 1988, 2479, Rn. 22 (Bodson/Pompes Funèbres des Régions libérées).
73 EuGH, Rs. 27/76, Slg. 1978, 207, Rn. 249 (United Brands/Kommission).
74 Vgl. EuGH, Rs. 85/76, Slg. 1979, 461, Rn. 123 (Hoffmann-LaRoche/Kommission).
75 EuGH, Rs. C-62/86, Slg. 1991, I-3359, Rn. 70 ff. (Akzo/Kommission).

unter den durchschnittlichen variablen Kosten, d.h. den je nach Menge variierenden Kosten, liegen oder unter den durchschnittlichen Gesamtkosten (Fixkosten plus variable Kosten). In letzterem Fall ist dann allerdings noch zu untersuchen, ob das Unternehmen die Ausschaltung des Wettbewerbers verfolgt[76]. Anzeichen für den gesonderten Nachweis der Verdrängungsabsicht sind Drohungen an den Konkurrenten, Angebote an dessen Kunden zu unangemessen niedrigen Preisen oder die Dauer der Preispraktiken. In ersterem Falle ist dies nicht nötig, weil die Interessen des beherrschenden Unternehmens aufgrund der Höhe der Verluste mindestens in Höhe der Fixkosten quasi unmittelbar nur auf Verdrängung der Konkurrenz ausgerichtet sein können[77]. Einer Prüfung der Kostenstruktur und Preispolitik von Wettbewerbern bedarf es in keinem Fall.

Folge der Verantwortung für den Restwettbewerb ist auch die Verpflichtung eines Marktbeherrschers, gewisse Schnittstelleninformationen seiner Hardware bekanntzugeben, um Wettbewerbern Schlüsselinformation zu geben, obgleich diese auf der Marktleistung des Unternehmens beruht[78]. Hier zeigt sich die enge Verknüpfung mit der Marktstrukturverantwortung des Marktbeherrschers. 32

Die Entscheidungspraxis belegt, daß sich im europäischen Kartellrecht drei Fallgruppen des Mißbrauchs der beherrschenden Stellung finden, nämlich der **Behinderungsmißbrauch**, der auf die Behinderung von Wettbewerbern auf beherrschten oder dritten Märkten zielt, der – in obiger Definition nicht klar zum Ausdruck gelangende – **Ausbeutungsmißbrauch** zum Nachteil der Verbraucher und Abnehmer und schließlich der **Marktstrukturmißbrauch** als gezielter Eingriff in die Struktur des Wettbewerbs, auch wenn sich diese Formulierungen in dieser Weise in den Entscheidungen und Urteilen nicht wiederfinden. Die Fallgruppen kommen aber zum Ausdruck, wenn die Praxis den Sinn des Mißbrauchsverbot darin erkennt, unmittelbare Schäden der Abnehmer oder der Verbraucher oder deren mittelbare Schädigung durch Eingriff in die Wettbewerbstruktur zu vermeiden[79]. 33

So liegt ein (Behinderungs)Mißbrauch dann vor, wenn ein beherrschendes Unternehmen sich ohne objektives Bedürfnis eine Hilfstätigkeit oder eine abgeleitete Tätigkeit auch auf einem benachbarten, aber getrennten Markt vorbehält, auf dem es keine beherrschende Stellung hat, selbst auf die Gefahr hin, jeglichen Wettbewerb auszuschalten[80], oder wenn es eine beherrschende Stellung bezüglich der Produktion von Rohstoffen einnimmt und sich nun entschließt, das Folgeprodukt selbst herzustellen und die Belieferung der bisherigen Produzenten mit dem Rohstoff einzustellen, was eine Beseitigung des Wettbewerbs bedeutet[81]. Ferner würde das Unternehmen dadurch sein Monopol auf andere Märkte ausdehnen. Mißbräuchlich ist das, wenn kein sachlicher Grund vorliegt[82]. 34

---

76 EuGH, Rs. C-62/86, Slg. 1991, I-3359, Rn. 72 (Akzo/Kommission).
77 Vgl. EuG, Rs. T-83/91, Slg. 1994, II-755, Rn. 148, 150 (Tetra Pak/Kommission).
78 So im Fall IBM, XIV. Wettbewerbsbericht, 1984, Rn. 94 f; ablehnend, weil dies über eine Unterlassungspflicht hinausgehe, *G. v. Bary*, Das Mißbrauchsverbot des Art. 86, 1986, S. 229 Fn. 3. S.W.I.F.T. mußte sich verpflichten, jedem Finanzinstitut uneingeschränkten Zugang zum grenzüberschreitenden Zahlungsverkehr zu gewähren, ABl.EG 1997 Nr. C 335/3. Näher zu den essential facilities bei Rn. 39.
79 Kommission, Entscheidung v. 14.12.1985, ABl.EG 1985 Nr. L 374/1, Tz. 73 (ECS/Akzo); vgl. EuGH, Rs. 6 und 7/73, Slg. 1974, 223, Rn. 25 (Commercial Solvents/Kommission).
80 EuG, Rs. T-83/91, Slg. 1994, II-755, Rn. 115 (Tetra Pak/Kommission).
81 EuGH, Rs. 6 und 7/73, Slg. 1974, 223, Rn. 25 (Commercial Solvents/Kommission).
82 Vgl. EuGH, Rs. 311/84, Slg. 1985, 3261, Rn. 26 (CBEM/CLT und IPB); Rs. C-18/88, Slg. 1991, I-5941, Rn. 24 (GB-Inno-BM).

35 Unternehmen, die Abnehmer, sei es auch auf deren Wunsch, durch die Verpflichtung an sich binden, den gesamten Bedarf oder einen beträchtlichen Teil ausschließlich bei ihm zu beziehen, behindern ihre Wettbewerber und mißbrauchen ihre beherrschende Stellung unabhängig davon, ob die Verpflichtung gegen Rabattgewährung eingegangen wurde[83]. Gleiches gilt, wenn ein solches Unternehmen die Abnehmer nicht durch eine förmliche Verpflichtung, sondern durch besondere Treuerabatte bindet, die auf den Bezug des Gesamtbedarfs des Abnehmers bei ihm bzw. eines wesentlichen Teiles davon abstellt, nicht auf die absolute Menge[84].

36 Die **Marktstrukturverantwortung** ist Ansatzpunkt für das Verbot der Ausdehnung des Monopols auf andere Märkte wie auch für die auf Art. 82 gestützte **Fusionskontrolle**. Einem beherrschenden Unternehmen ist es untersagt, diese Stellung zu stärken, indem es dafür sorgt, daß auf dem Markt nur noch von ihm abhängige Unternehmen übrigbleiben[85], oder die Mehrzahl der Wiederverkäufer durch Verträge in seine Vertriebsorganisation einbindet, so daß Wettbewerber keine selbständigen Unternehmen mehr finden, über die sie ihre Produkte in hinreichender Menge absetzen können[86]. Gleiches gilt für den Erwerb von Beteiligungen[87].

b) **Insbesondere: Gewerbliche Schutzrechte und essential facilities**
37 Behinderungen können bei Erwerb oder Ausübung von **Ausschließlichkeitsrechten** (zu Schutzrechten und Wettbewerb s. schon Art. 81, Rn. 221 ff.) auftreten. Der **Erwerb** einer ausschließlichen Lizenz durch ein beherrschendes Unternehmen ist für sich allein kein Mißbrauch. Anders liegt es aber bei besonderen Umständen, insbesondere bei negativen Auswirkungen auf die Wettbewerbsstruktur, die darin besteht, daß die Vormachtstellung durch den Kauf der einzigen Konkurrenztechnologie nicht nur gestärkt, sondern auch der Marktzutritt neuer Konkurrenten auf einem Markt mit ohnehin geringem Wettbewerb erheblich verzögert würde[88]. Ebenso ist die **Geltendmachung** eines Ausschließlichkeitsrechts bzw. die Ausübung der damit verbundenen Rechte grundsätzlich kein Mißbrauch[89]. Unter besonderen Umständen stellt sich das aber anders dar, nämlich wenn sich aus den Modalitäten der Ausübung des Immaterialgüterrechts ergibt, daß ein Ziel verfolgt wird, das zu den Zwecken des Art. 82 in Widerspruch steht. Dann entspricht die Ausübung des Rechts nicht mehr seinem **spezifischen Gegenstand** (s. Art. 81, Rn. 221). Daher stellt die willkürliche Weigerung, unabhängige Werkstät-

---

83 EuGH, Rs. C-393/92, Slg. 1994, I-1477, Rn. 44 (Almelo).
84 EuGH, Rs. 85/76, Slg. 1979, 461, Rn. 89 (Hoffmann-LaRoche/Kommission).
85 EuGH, Rs. 6/72, Slg. 1973, 215, Rn. 26 (Europemballage und Continental Can/Kommission). Der Erwerb eines Unternehmens oder einer Beteiligung kann aber ein Verstoß gegen Art. 82 sein, vgl. EuG, Rs. T-51/89, Slg. 1990, II-309, Rn. 23 f. (Tetra Pak/Kommission), Kommission, Entscheidung v. 10.11.1992, ABl.EG 1993 Nr. L 116/21, Tz. 23 ff. (Warner Lambert/Gillette). Die schon bei Art. 81 problematische Frage des Verhältnisses zur FusionskontrollVO, s. Art 81 Rn. 182, muß hier ebenso gesehen werden: Die Anwendung des Primärrechts bleibt vom Sekundärrecht unberührt; unrichtig daher *G. Grill*, in: Lenz, EGV, Art. 82, Rn. 42. In der Praxis wurde dies in den angegebenen Entscheidungen wohl auch so gesehen. Vgl. auch *V. Emmerich*, in: Immenga/Mestmäcker, EG-Wettbewerbsrecht, Band I, 1997, Art. 85 Abs. 1 Rn. B 364; *U. Immenga*, ebda, FKVO, Rn. F 20 f. Weitere Nachweise auf Fusionskontroll-Entscheidungen der Kommission aufgrund Art. 82 bei *M. Waelbroeck/A. Frignani*, in: Commentaire J. Megret, Band 4, 1997, Rn. 876 ff.
86 EuGH, Rs. 40 u.a./73, Slg. 1975, 1663, Rn. 486 (Suiker Unie u.a./Kommission).
87 Vgl. Kommission, Entscheidung v. 10.11.1992, ABl.EG 1993 Nr. L 116/21, Tz. 23 ff. (Warner Lambert/Gillette).
88 EuG, Rs. T-51/89, Slg. 1990, II-309, Rn. 23 (Tetra Pak/Kommission).
89 EuGH, Rs. 102/77, Slg. 1978, 1139, Rn. 16 (Hoffmann-LaRoche/Centrafarm).

ten mit Ersatzteilen zu beliefern oder die Festsetzung unangemessener Preise einen Mißbrauch dar[90].

Ebenso steht es um ein Urheberrecht an Programmvorschauen, das von seinem Inhaber dazu benutzt wird, den Marktzutritt anderer TV-Zeitschriften abzuwehren und das eigene Monopol zu wahren[91]. Das ist ein mißbräuchliches Verhalten. Der Inhaber muß eine **Zwangslizenz** erteilen. Die Kritik an dieser Lizenzverpflichtung beruft sich auf einen angeblichen Widerspruch der Magill-Entscheidung[92] zum Urteil Volvo/Veng[93], weil der EuGH in dem Urteil Volvo/Veng dem KFZ-Hersteller als Inhaber eines Geschmacksmusterrechts an den Karosserieteilen es als Substanz seines ausschließlichen Rechtes zubilligte, anderen die Herstellung desselben Produkts zu untersagen und ihm keine Zwangslizenz aufbürdete[94]. Die Kritik verkennt, daß es – im Gegensatz zur Entscheidung Volvo/Veng – im Urteil Magill um einen abgeleiteten, nachgeordneten Markt geht. Der Schutzrechtsinhaber ist in der Tat zu einer Lizenzierung eines Konkurrenten bezüglich desselben Produktes nicht verpflichtet. Anders ist es aber, wenn Informationen und Zugangsrechte benötigt werden, um ein abgeleitetes Produkt zu erstellen und der Rechtsinhaber auf diesem Markt tätig ist.[95] Man muß im Fall Magill den Markt für Programminformationen von dem für Fernsehprogrammführer trennen. Für den KFZ-Ersatzteilmarkt, um den es im Urteil Volvo/Veng ging, bedeutet das, daß ein Hersteller zwar die Herstellung von Teilen verbieten darf; er darf sich jedoch nicht durch Informationsverweigerung darüber hinaus den gesamten KFZ-Reparaturmarkt als abgeleiteten, eigenständigen Markt vorbehalten. Die beiden Entscheidungen stehen somit auf einer Linie[96]. 38

Eine allgemeine Formel, wann die Ausübung eines Immaterialgüterrechts nicht mehr dem spezifischen Gegenstand entspricht, wurde bisher nicht gefunden. Der EuGH entwickelt dies anhand des Einzelfalles. Es läßt sich wohl eine Tendenz dahin annehmen, daß ein Marktbeherrscher einem aktuellen oder potentiellen Wettbewerber den benötigten Zugang zu **unentbehrlichen** Informationen und – über gewerbliche Schutzrechte hinaus – Einrichtungen, sog. **essential facilities**, gewähren muß, wenn letzterer selbst rechtmäßig weder Zugang erlangen noch eine solche Einrichtung zu wirtschaftlich zu- 39

---

90 EuGH, Rs. 238/87, Slg. 1988, 6211, Rn. 9 (Volvo/Veng).
91 EuG, Rs. T-69/89, Slg. 1991, II-485, Rn. 71 ff. (RTE/Kommission); bestätigt durch EuGH, Rs. C-241/91 P und C-242/91 P, Slg. 1995, I-743, Rn. 29, 56 (RTE und ITP/Kommission), auch Magill-Entscheidung genannt. Kritisch dazu *H. Ullrich*, in: Immenga/Mestmäcker, EG-Wettbewerbsrecht, Band I, 1997, GRUR Rn. B 39.
92 S. vorige Fn.
93 EuGH, Rs. 238/87, Slg. 1988, 6211, Rn. 9 (Volvo/Veng); so z.B. *T. Jestaedt*, Anmerkung zum Urteil in der Sache Magill, WuW 1995, S. 484.
94 EuGH, Rs. 238/87, Slg. 1988, 6211, Rn. 8 (Volvo/Veng). Diese Kritik äußert etwa *M. Gerster*, Wettbewerbsbeschränkungen auf dem Markt für Kraftfahrzeugersatzteile, 1998, S. 212 ff.
95 Auch *GA Alber* stellt in Schlußantr. zu Rs. C-38/98, Slg. 2000, I-2973, Tz. 125 (Renault) darauf ab, ob der Schutzrechtsinhaber die »Einführung eines völlig neuen Produktes verhindert«. Der EuGH hat ebda. nicht zu Art. 82 entschieden, sondern zu Art. 27 des Brüsseler Übereinkommens. Aus seiner Entscheidung wird aber deutlich, daß er bei seiner Rspr. im Urteil Volvo/Veng – zurecht – bleibt.
96 Vgl. neben der soeben erwähnten Rs. C-38/98 auch EuG, Rs. T-504/93, Slg. 1997, II-923, Rn. 124 ff. (Tiercé Ladbroke/Kommission), das die Verweigerung einer Lizenz nicht als Mißbrauch bewertete. Der Rechtsinhaber hatte sich dort keinen Markt vorbehalten, s. ebda. Rn. 133. Gegen dieses Urteil ist ein Rechtsmittel anhängig, Rs. C-300/97 P. Der EuGH hat in Rs. C-7/97, Slg. 1998, I-7791, Rn. 44 ff. (Bronner) es auch nicht als Mißbrauch angesehen, daß ein Presseunternehmen einem Konkurrenten den Zugang zu seinem Hauszustellungssystem verweigerte, das landesweit das einzige war. Dem ist zuzustimmen, weil es sich dabei weder um einen abgeleiteten Markt noch um eine Einrichtung handelte, die der Konkurrent nicht auch selbst hätte errichten können.

mutbaren Bedingungen[97] schaffen kann und ersterer sich sonst einen von der Einrichtung abgeleiteten, separaten Markt vorbehalten oder seine Stellung auf ihm stärken könnte[98]. Dies liegt wohl auch der Regelung in Art. 6 Abs. 1 Nr. 12 2. Hs. GVO 1475/95 (s. Art. 81, Rn. 215) zugrunde, wonach die KFZ-Hersteller die Freistellung verlieren, wenn sie freien Reparaturwerkstätten in mißbräuchlicher Weise die für die Reparatur nötigen Informationen, die Gegenstand geistiger Eigentumsrechte sind, nicht zur Verfügung stellen[99]. Diese Verpflichtung zur Information wird in der Änderung dieser GVO explizit genannt sein.

2. Kausalität

40 Nicht nötig ist eine Kausalität in dem Sinne, daß der Mißbrauch eben infolge einer Ausnutzung der beherrschenden Stellung entsteht. Die beherrschende Stellung muß nicht Mittel für den Mißbrauch sein[100]. Der Mißbrauch kann auf einem anderen als dem beherrschten Markt stattfinden (Rn. 26).

II. Regelbeispiele nach Art. 82 S. 2

41 S. 2 gibt Beispiele (»insbesondere«) für mißbräuchliches Verhalten. Damit ist aber noch nicht sogleich ein Verstoß gegen S. 1 festgestellt. Denn dessen übrigen Voraussetzungen sind noch zu prüfen[101].

1. Unangemessene Preise oder Geschäftsbedingungen

42 S. 2 lit a) untersagt das Ausnutzen der Marktmacht zur Erzwingung unangemessener Preise oder Bedingungen von der Marktgegenseite. Das wäre Ausbeutungsmißbrauch. Dazu zählt auch die Erzwingung unangemessen niedriger Einkaufspreise durch Nachfrager[102]. Die Norm erfaßt es ebenso, Konkurrenten unangemessene Tarife aufzuzwingen[103].

---

97 Vgl. EuGH, Rs. C-7/97, Slg. 1998, I-7791, Rn. 46 (Bronner); H. Fleischer/H. Weyer, Neues zur »essential facilities«-Doktrin im Europäischen Wettbewerbsrecht, WuW 1999, S. 359 ff.
98 Vgl. dazu W. Deselaers, Die »Essential Facilities«-Doktrin des Magill-Urteils des EuGH, EuZW 1995, S. 564 f.; P. Meinnicke, »Magill« – Von der Unterscheidung zwischen Bestand und Ausübung von Immaterialgüterrechten zur »essential facilities«-Doktrin in der Rspr. des EuGH?, ZHR 1996, S. 658. Das »legalistische« Anknüpfen am dem spezifischen Gegenstand des Schutzrechts hält demgegenüber für verfehlt H. Ullrich, in: Immenga/Mestmäcker, EG-Wettbewerbsrecht, Band I, 1997, GRUR Rn. B 41, Fn. 331. S. auch Rn. 32. Im deutschen Kartellrecht findet sich eine ähnliche Regel in § 19 Abs. 4 Nr. 4 GWB.
99 Die Einwirkung des Art. 82 wurde bislang in der Kritik an dieser Regelung der GVO 1475/95, vgl. z.B. A. Bach, Die Zukunft des selektiven Vertriebs in der EG, WuW 1995, S. 18; C. T. Ebenroth/K. W. Lange, EWS 1995, S. 333, J. Schütz, in: Hootz (Hrsg.), Gemeinschaftskommentar, 18. Lieferung 1995, Art. 6, Rn. 18, nicht hinreichend oder aber nur unzureichend, so M. Gerster (Fn. 94), S. 158 f., gewürdigt. Die Kommission hat keine Kompetenz, von Verstössen gegen Art. 82 freizustellen.
100 EuGH, Rs. 85/76, Slg. 1979, 461, Rn. 91 (Hoffmann-LaRoche/Kommission); vgl. zu abweichenden Meinungen in der Literatur D. Dirksen, in: Langen/Bunte, KartR (Fn. 53), Art. 82, Rn. 85.
101 Deutlich wird dies z.B. in EuGH, Rs. 238/87, Slg. 1988, 6211, Rn. 9 (Volvo/Veng).
102 Vgl. EuGH, Rs. 298/83, Slg. 1985, 1105, Rn. 23 (CICCE/Kommission).
103 EuGH, Rs. 66/86, Slg. 1989, 803, Rn. 42 (Ahmed Saeed Flugreisen u.a.).

Erzwingen meint dabei nicht den Einsatz von Zwangsmitteln, sondern stellt auf das Ergebnis ab, daß die Bedingungen und Preise von den anderen Marktteilnehmern akzeptiert werden. Der Zwang besteht darin, daß sie aufgrund der Marktbeherrschung des Unternehmens sich den Bedingungen nicht entziehen können.

43

Maßstab für die **Unangemessenheit der Preise** ist der wirtschaftliche Wert der Gegenleistung[104]. Um deren Wert zu ermitteln, werden die Wettbewerbsparameter auf anderen, vergleichbaren Märkten herangezogen bzw. die Preise vergleichbarer Unternehmen genommen[105]. Liegen Tarife im Vergleich zu anderen Mitgliedstaaten erheblich höher, indiziert das den Mißbrauch, es sei denn, es gelingt dem Unternehmen, die Differenz objektiv zu rechtfertigen[106]. Rechtfertigend wirkt jedoch nicht ein übertriebener Verwaltungsaufwand, wofür ebenfalls der Vergleich mit anderen Unternehmen oder die bei Einsatz moderner Technologie möglichen Kostenvorteile[107] herangezogen werden. Eine andere Möglichkeit ist, die Kosten des beherrschenden Unternehmens zu ermitteln und die Preise daran zu messen[108]. Nur stark überhöhte Preise sind dann mißbräuchlich[109]. Diese Vorgehensweisen bergen jedoch erhebliche Schwierigkeiten der Kostenermittlung bzw. der Begründung der Vergleichbarkeit und einer angemessenen Gewinnspanne.

44

Nicht weniger schwierig ist es, die **Unangemessenheit von Geschäftsbedingungen** zu bestimmen bzw. Kriterien dafür anzugeben. Diese Fallgruppe erfaßt auch den Vertragspartnern auferlegte Handlungsbeschränkungen, die die Behinderung Dritter zur Folge haben kann, wie z.B. Wettbewerbsverbote und Verwendungsbeschränkungen wie z.B. Weiterverkaufsverbote. Mißbräuchlich sind Verpflichtungen, die für die Erreichung des Zwecks nicht unentbehrlich sind und die Freiheit der Marktteilnehmer unbillig beeinträchtigen.[110] Daher kann es ein Mißbrauch sein, wenn eine Gesellschaft zur Verwertung von Urheberrechten von ihren Mitgliedern die Abtretung aller, auch künftiger Rechte, auch für einen längeren Zeitraum nach deren Austritt verlangt. Die Unangemessenheit läßt sich daher nur durch eine Abwägung der Interessen ermitteln. Das mit der Bedingung angestrebte Ziel darf nicht mit Mitteln verfolgt werden, die dafür nicht erforderlich sind[111]. Es ist eine Verhältnismäßigkeitsprüfung durchzuführen[112].

45

2. Einschränkung von Erzeugung, Absatz oder technischer Entwicklung

S. 2 lit. b) untersagt die Einschränkung der Erzeugung, des Absatzes oder der technischen Entwicklung zum Schaden der Verbraucher. Dies gilt entsprechend für die

46

---

104 Vgl. z.B. EuGH, Rs. C-323/93, Slg. 1994, I-5077, Rn. 25 (Centre d'insémination de la Crespelle).
105 EuGH, Rs. 30/87, Slg. 1988, 2479, Rn. 31 (Bodson/Pompes Funèbres des Régions libérées); vgl. Kommission, Entscheidung v. 4.11.1988, ABl.EG 1988 Nr. L 317/47, Tz. 29 (SABENA).
106 EuGH, Rs. 395/87, Slg. 1989, 2521, Rn. 38 (Strafverfahren gegen Tournier); vgl. auch EuG, Rs. T-83/91, Slg. 1994, II-755, Rn. 207 (Tetra Pak/Kommission).
107 Vgl. EuGH, Rs. C-179/90, Slg. 1990, I-5889, Rn. 19 (Merci Convenzionali porto di Genova).
108 EuGH, Rs. 27/76, Slg. 1978, 207, Rn. 248/257 (United Brancs/Kommission); Kommission, Entscheidung v. 18.7.1988, ABl.EG 1988 Nr. L 284/41, Tz. 66 (Napier Brown/British Sugar).
109 EuGH, Rs. 26/75, Slg. 1975, 1379, Rn. 15/16 (General Motors/Kommission); Kommission, Entscheidung v. 2.7.1984, ABl.EG 1984 Nr. L 207/11, Tz. 28 (BL).
110 Vgl. EuGH, Rs. 127/73, Slg. 1974, 313, Rn. 15 (BRT/SABAM und Fonior).
111 Vgl. EuGH, Rs. 395/87, Slg. 1989, 2521, Rn. 45 (Strafverfahren gegen Tournier).
112 Vgl. GA H. Kirschner, Schlußantr. zu EuGH, Rs. T-51/89, Slg. 1990, II-309, Ziff. 67 ff. (Tetra Pak/Kommission).

Erbringung von Dienstleistungen[113]. Durch eine vom beherrschenden Unternehmen erreichte Einschränkung wird der Wettbewerb in den Mitgliedstaaten beeinträchtigt. Die Einschränkung geschieht entweder durch die Beschränkung der eigenen oder der entsprechenden fremden Tätigkeit[114], was direkt als auch indirekt erfolgen und durch Vertragsbestimmungen oder einseitigen Druck erreicht werden kann.

47 Die Beschränkung der eigenen **Produktion** erfolgt z.B. durch Einstellung der Herstellung von noch benötigten Ersatzteilen unter gleichzeitiger Verweigerung der Lizenzvergabe[115].

48 Unter die Beschränkung des (fremden) **Absatzes** fällt der Versuch von Unternehmen, Abnehmer durch Ausschließlichkeitsbindungen oder Treuerabatte, d.h. **Rabatte** für den Fall, daß der Kunde seinen Gesamtbedarf oder einen bedeutenden Teil davon bei dem beherrschenden Unternehmen bezieht, an sich zu binden oder durch die Festsetzung von Verkaufsquoten die erworbenen Marktpositionen zu verfestigen[116]. Der Vorstoß, Exportverbote durchzusetzen oder vorzugeben, gehört ebenfalls dazu[117]. Unbedenklich sind aber auf objektiver Grundlage gewährte Mengen- bzw. Umsatzrabatte[118], da das Unternehmen dadurch nur eigene Kostenvorteile weitergibt und die freie Wahl der Bezugsquelle nicht beschnitten wird.

49 Eine Einschränkung der **technischen Entwicklung** liegt in Verhaltensweisen, die den Zugang zum Stand der Technik und seine Weiterentwicklung behindern[119]. Dies kann bei Kauf der einzigen Konkurrenztechnik durch das beherrschende Unternehmen der Fall sein[120].

50 Der **Nachweis** dieses Mißbrauchstatbestands ist schwierig, da für das Verhalten wirtschaftliche oder technische Gründe vorliegen können. Rationalisierungen und die Anpassung der Produktion an die Nachfrage können die Einschränkungen rechtfertigen[121].

51 Die Beschränkungen müssen sich – so ist zusätzlich zu Art. 81 Abs. 2 lit. c) angefügt – zum **Schaden der Verbraucher** auswirken. Verbraucher in diesem Sinne sind alle Abnehmer. Der Begriff wird so verstanden wie bei Art. 81 Abs. 3[122]. Ein Schaden liegt vor, wenn die Angebotsverknappung eine Verteuerung bewirkt.

52 Da lit. b) das Ziel der Einschränkung verbietet, die hierzu eingesetzten Mittel aber nicht beschränkt, erfaßt lit. b) die positive Verknappung des Angebots wie auch bloße Unterlassungen.

---

113 EuGH, Rs. C-179/90, Slg. 1990, I-5889, Rn. 18 ff. (Merci Convenzionali porto di Genova).
114 Für letzteres vgl. EuGH, Rs. 27/76, Slg. 1978, 207, Rn. 151 ff. (United Brands/Kommission). Vgl. auch C. *Jung*, in Grabitz/Hilf, EUV, Art. 82, Rn. 247 m.w.N.
115 Vgl. EuGH, Rs. 238/87, Slg. 1988, 6211, Rn. 9 (Volvo/Veng).
116 Kommission, Entscheidung v. v. 7.12.1988, ABl.EG 1989 Nr. L 33/44, Tz. 81 (Flachglas).
117 Kommission, Entscheidung v. 22.12.1987, ABl.EG 1988 Nr. L 65/19, Tz. 76 (Eurofix-Bauco/Hilti).
118 EuGH, Rs. 322/81, Slg. 1983, 3461, Rn. 71 (Michelin/Kommission).
119 Kommission, Entscheidung v. 10.12.1982, ABl.EG 1982 Nr. L 360/36, Tz. 34 (British Telecommunications).
120 Vgl. EuG, Rs. T-51/89, Slg. 1990, II-309, Rn. 23 (Tetra Pak/Kommission).
121 Vgl. *G. v. Bary* (Fn. 77), S. 240 m. w. N. auf die Rspr.
122 *D. Dirksen*, in: Langen/Bunte, KartR (Fn. 53), Art. 82, Rn. 115.

3. Diskriminierung, insbesondere Geschäftsverweigerung

S. 2 lit. c) untersagt die Anwendung unterschiedlicher Bedingungen bei gleichwertigen 53
Leistungen (Ware oder Dienste), wodurch die Handelspartner im Wettbewerb benachteiligt werden. Dadurch wird die von einem oder mehreren beherrschenden Unternehmen einseitig angewandte **Diskriminierung** untersagt. Beispiele für lit.c) sind die Anwendung unterschiedlicher Preise und Konditionen, z.b. in Form von günstigen Angeboten an Kunden von Konkurrenten, während für die anderen eigenen Kunden die früheren höheren Preise bleiben[123], was u.U. bereits von lit.a) erfaßt sein kann. Ferner dürfen EG-Angehörige nicht anders als Inländer behandelt werden. Gesellschaften zur Verwertung des Urheberrechts dürfen daher ihre Leistungen und die Mitgliedschaft nicht Inländern vorbehalten oder bei Ausländern von zusätzlichen Bedingungen abhängig machen[124].

Handelspartner sind dabei nicht nur Kunden, mit denen das Unternehmen in beherr- 54
schender Stellung bereits geschäftliche Verbindungen unterhält[125], sondern auch
Marktteilnehmer, die solche mit ihm unterhalten könnten, also die Wettbewerber der
aktuellen Geschäftspartner[126]. Solche potentiellen Handelspartner aus dem Begriff des
Handelspartners auszuklammern, erfordert der Wortlaut nicht und steht vielmehr in
Widerspruch zur auch sonst im Kartellrecht üblichen Einbeziehung des potentiellen
Wettbewerbs. Außerdem stellt lit. c) nicht wie lit. d) auf das Vorliegen eines Vertragspartners ab. Daß die Ausklammerung potentieller Handelspartner keinen Sinn macht,
zeigt auch der Streit um die Zuordnung der kartellrechtlichen Bewertung der Verweigerung von Geschäftsbeziehungen[127]: bestünde bereits eine geschäftliche Verbindung, so
fiele die Verweigerung unter lit. c), bestünde noch keine, weil das beherrschende Unternehmen von Anfang an jeden geschäftlichen Kontakt verweigert, dann greife nicht
lit. c), sondern die Generalklausel des S. 1. Diese Unterscheidung überzeugt nicht, weil
es immer um die Bewertung desselben Verhaltens geht. Daß einmal bereits Kontakte
bestanden, ändert nichts. Auch läßt sich nicht argumentieren, daß damit das Problem
der Kausalität eines Unterlassens ungelöst bliebe[128]; denn die Verweigerung jeglicher
Geschäftsbeziehung ist ein aktives Tun genauso wie der Abbruch schon bestehender.

Die **Verweigerung der Belieferung** oder Zulassung eines Marktteilnehmers im Gegen- 55
satz zu anderen zählt daher zu lit. c)[129].

Ähnlich zu bewerten ist die **Vorzugsbehandlung** für bestimmte Kunden: Lieferengpässe 56

---

123 EuG, Rs. T-83/91, Slg. 1994, II-755, Rn. 206 (Tetra Pak/Kommission); Kommission, Entscheidung v. 22.12.1987, ABl.EG 1988 Nr. L 65/19, Tz. 81 (Eurofix-Bauco/Hilti).
124 Kommission, Entscheidung v. 2.6.1971, ABl.EG 1971 Nr. L 134/15, S. 21 (GEMA); v. 29.10.1981, ABl.EG 1981 Nr. L 370/49 Tz. 47, 51 (GVL).
125 So aber *D. Dirksen*, in: Langen/Bunte, KartR (Fn. 53), Art. 82, Rn. 141; *C. Jung*, in: Grabitz/Hilf, EU, Art. 82, Rn. 167; *H. Schröter*, in: GTE, EU-/EGV, Art. 86, Rn. 181.
126 Vgl. Kommission, Entscheidung v. 29.10.1981, ABl.EG 1981 Nr. L 370/49, Tz. 51 (GVL).
127 Die Geschäftsverweigerung wird z.T. S. 1 zugeordnet, vgl. EuGH, Rs. 7/82, Slg. 1983, 483, Rn. 56 (GVL/Kommission), *D. Dirksen*, in: Langen/Bunte, KartR (Fn. 53), Art. 82, Rn. 127. Der EuGH, Rs. 27/76, Slg. 1978, 207, Rn. 182/183 (United Brands/Kommission), hat die Lieferverweigerung auch unter lit. a) und b) eingeordnet. Gegen die Einordnung unter lit. b) spricht, daß der mißbräuchliche Charakter nicht davon abhängig sein kann, daß ein Schaden für Verbraucher eintritt, vgl. *H. Schröter*, in: GTE, EU/EGV, Art. 86, Rn. 168.
128 So *N. Koch*, in Grabitz/Hilf, EU, 4. EL., Art. 86, Rn. 65.
129 Kommission, Entscheidung v. 18.7.1988, ABl.EG 1988 Nr. L 284/41, Tz. 73 (Napier Brown/British Sugar), anders aber die Kommission in ihrer Stellungnahme in Rs. C-7/97, Slg. 1998, I-7791, Rn. 30 (Bronner).

darf das beherrschende Unternehmen nicht dazu benutzen, loyale Kunden zu bevorzugen. Vielmehr muß sich die Auswahl der bei Engpässen zu beliefernden Kunden an objektiven Kriterien, wie z.B. der schon bestehenden vertraglichen Verpflichtung gegenüber Stammkunden im Vergleich zu Gelegenheitskunden[130], messen lassen[131].

57 Handelspartner meint allerdings **nicht** den **Endverbraucher**; denn insoweit fehlt es an einer Benachteiligung »im Wettbewerb«. Ebensowenig erfaßt ist die **mittelbare Diskriminierung**, indem das marktbeherrschende Unternehmen die Abnehmer zu einer Ungleichbehandlung ihrer Abnehmer zwingt. Unternehmer der dem Handelspartner vor- und nachgelagerten Stufe werden daher nicht geschützt. Solches Verhalten kann aber unter S. 1 fallen[132].

58 Voraussetzung der Verletzung des Diskriminierungsverbotes ist immer die **Gleichwertigkeit**, d.h. Vergleichbarkeit der Leistungen. Das bedeutet, daß bei Vorliegen objektiver, leistungsbezogener[133] Gründe für eine unterschiedliche Behandlung das Verhalten gerechtfertigt ist. Maßstab für die Gleichwertigkeit ist ein Vergleich auf einheitlicher Grundlage[134]. So können Preisunterschiede durch unterschiedliche Transportkosten gerechtfertigt sein.

59 Für die Fallgruppe der **Lieferverweigerung** heißt das, daß die Rechtfertigung in der Abwehr eines Angriffs auf die Stellung des beherrschenden Unternehmens gesehen werden kann. Auch dem beherrschenden Unternehmen kann nicht untersagt sein, bei einem solchen Angriff seine Interessen zu wahren. Eine Lieferverweigerung ist aber auch unter diesem Aspekt unverhältnismäßig und damit ohne Rechtfertigung, wenn der Angriff von kleinen und mittleren Unternehmen ausgeht, die in ihrer Tätigkeit vom Beherrscher abhängen; die Gegenmaßnahmen müssen nämlich unter Berücksichtigung der wirtschaftlichen Macht der betroffenen Unternehmen in einem angemessenen Verhältnis zur Bedrohung stehen[135].

60 Ein Unternehmen, das bezüglich einer Einrichtung marktbeherrschend ist, kann den **Zugang** eines Wettbewerbers nur aus sachlichen Gründen verweigern. Ein Schiffahrtsunternehmen, das Eigentümer eines Hafens ist, darf daher andere Schiffahrtslinien nicht einfach von der Nutzung ausschließen[136]. Daß man eine Rechtfertigung findet, ist z.T. sehr unwahrscheinlich. Das gilt z.B. beim Abbruch von Geschäftsbeziehungen, die das beherrschende Unternehmen bislang mit einer Gesellschaft unterhielt, zu einem Zeitpunkt, zu dem letztere den Wettbewerb mit dem beherrschenden Unternehmen aufnimmt[137]. Der Verdacht, daß es sich um eine Strafmaßnahme handelt, liegt allzu nahe. Das beherrschende Unternehmen müßte zunächst den Widerspruch zum bisherigen Verhalten erklären.

61 Eine **Benachteiligung im Wettbewerb** erfordert, daß die Handelspartner im Wettbewerb

---

130 EuGH, Rs. 77/77, Slg. 1978, 1513, Rn. 29/34 (B.P./Kommission); vgl. auch Kommission, Entscheidung v. 5.12.1988, ABl.EG 1989, Nr. L 10/50, Rn. 144 (BPB Industries PLC).
131 EuG, Rs. T-65/89, Slg. 1993, II-389, Rn. 94 (BPB Industries und British Gypsum/Kommission).
132 Vgl. *D. Dirksen*, in: Langen/Bunte, KartR (Fn. 53), Art. 86, Rn. 142.
133 Kommission, Entscheidung v. 29.10.1981, ABl.EG 1981 Nr. L 370/49, Tz. 48 (GVL).
134 EuGH, Rs. 110, 241, 242/88, Slg. 1989, 2811, Rn. 33 (Lucazeau u.a./Sacem u.a.).
135 EuGH, Rs. 27/76, Slg. 1978, 207, Rn. 184/194 (United Brands/Kommission).
136 Kommission, Entscheidung v. 21.12.1993, ABl.EG 1994 Nr. L 15/8, Tz. 66 (Sea Containers/Stena Sealink).
137 Kommission, Entscheidung v. 26.2.1992, ABl.EG 1992 Nr. L 96/34 Tz. 26 (British Midland/Aer Lingus).

zueinander stehen. Die Anforderungen an das Vorliegen dieses Tatbestandsmerkmals sind nicht hoch; es genügt ein Abstellen auf die durch die besseren Bedingungen verursachten Kostenvorteile[138], die die einen besser stellen und die anderen benachteiligen. Die Benachteiligung ergibt sich somit ohne weiteres aus der Diskriminierung[139].

4. Kopplungsverbot

Lit. d stuft die an den Abschluß von Verträgen geknüpfte Bedingung, daß die Vertragspartner zusätzliche Leistungen annehmen, die weder sachlich noch nach Handelsbrauch in Beziehung zum Vertragsgegenstand stehen, als mißbräuchlich ein. 62

Diese **Kopplung** bindet die Abnehmer an das beherrschende Unternehmen und sperrt auf dem Markt der zusätzlichen Leistung andere vom Marktzugang aus. Ferner schützt lit. d) die Abnehmer davor, daß ihnen Ware aufgezwungen wird. Für die Kopplung ist nicht erforderlich, daß die Kunden verpflichtet werden; es genügt, daß von ihr ein so starker Anreiz zum ausschließlichen Bezug vom beherrschenden Unternehmen ausgeht, daß die Konkurrenten chancenlos sind. Daher werden **Treuerabatte** als versteckte Kopplungen auch von lit. d) erfaßt[140]. 63

Gegen lit. d) verstößt bereits der **Versuch**, solche Verträge nur mit der Kopplung abzuschließen[141]. Denn mißbräuchlich ist es, einen erstrebten Vertragsschluß von einer Kopplungsbedingung abhängig zu machen, nicht erst die durchgesetzte Kopplung. Auch bei lit. a–c) genügt bereits der Versuch. Eine Liefer- oder Leistungsverweigerung des beherrschenden Unternehmens, die daraus entsteht, daß das andere Unternehmen die Kopplung nicht akzeptiert, fällt somit unter lit. d)[142], da der Schwerpunkt des Vorwurfs nicht bei der Verweigerung, sondern bei dem Bestehen auf der Kopplung liegt. 64

Das Verbot erfaßt nur **zusätzliche Leistungen**. Das sind Leistungen, die sich vom Hauptgeschäft hinreichend unterscheiden lassen. Der Verkauf komplexer technischer Erzeugnisse anstelle einzelner Bestandteile fällt nicht unter das Kopplungsverbot, sofern vernünftige, nachvollziehbare technische oder wirtschaftliche Gründe für die Zusammenfassung zu einem einheitlichen Angebot sprechen[143]. Hier sind dieselben Überlegungen anzustellen wie bei der Frage nach der sachlichen Rechtfertigung. 65

Schließlich erfordert das Kopplungsverbot, daß es an einer sachlichen **Rechtfertigung** für die Kopplung mangelt. Eine Rechtfertigung ist gegeben, wenn die zusätzliche Leistung entweder der Sache nach oder nach Handelsbrauch in Beziehung zum Vertragsgegenstand steht. Daß das beherrschende Unternehmen nach einer Abmah- 66

---

138 Kommission, Entscheidung v. 29.10.1981, ABl.EG 1981 Nr. L 370/49, Tz. 55 (GVL).
139 Vgl. EuGH, Rs. 27/76, Slg. 1978, 207, Rn. 227/233 (United Brands/Kommission).
140 EuGH, Rs. 85/76, Slg. 1979, 461, Rn. 111 (Hoffmann-LaRoche/Kommission).
141 A.A. *H. Schröter*, in: GTE, EU-/EGV, Art. 86, Rn. 193, wonach lit. d) nur anwendbar sei, wenn ein Geschäft zustande gekommen ist.
142 Vgl. Kommission, Entscheidung v. 4.11.1988, ABl.EG 1988 Nr. L 317/47, Tz. 31 (London European/Sabena); die von *H. Schröter*, in: GTE, EU-/EGV, Art. 86, Rn. 193 Fn. 889 für ihre a.A. in bezug genommene Entscheidung des EuGH, Rs. 311/84, Slg. 1985, 3261, Rn. 25 ff. (CBEM/CLT und IPB), gibt dafür nichts her, weil der EuGH nur die Unvereinbarkeit mit Art. 82 generell feststellt, ohne eine Aussage zu treffen, ob er sein Urteil auf S. 1 oder S. 2 stützt.
143 Enger *H. Schröter*, in: GTE, EU-/EGV, Art. 86, Rn. 195: »zwingende technische oder wirtschaftliche Gründe«.

nung des Verhaltens auf die Kopplung ohne weiteres verzichtet, zeigt, daß eine sachliche Notwendigkeit fehlte[144].

67 Der Wortlaut der lit. d) verbietet nicht, daß Nachfrager einem Anbieter zusätzliche Leistungen abverlangen. Solche Situationen können von S. 1 oder als unangemessene Bedingungen von lit. a) oder als Diskriminierung von lit. c) erfaßt sein[145].

E. Beeinträchtigung des Handels zwischen den Mitgliedstaaten

68 Der Mißbrauch der beherrschenden Stellung muß zu einer – zumindest potentiellen – Beeinträchtigung des zwischenstaatlichen Handels führen. Es genügt eine objektive Eignung. Dazu sind die Auswirkungen des mißbräuchlichen Verhaltens auf die Struktur eines wirksamen Wettbewerbs im Gemeinsamen Markt zu berücksichtigen.

69 Liegt eine solche Auswirkung vor, kommt es nicht darauf an, ob das Verhalten selbst den Handel zwischen den Mitgliedstaaten betrifft[146]. Es ist nicht erforderlich, daß sich der Mißbrauch gerade auf ein unmittelbar zwischenstaatliches Geschäft bezieht[147].

70 Negative Auswirkungen sind zu sehen, wenn die Tätigkeit zur Aufteilung des Gemeinsamen Marktes und damit zu einer Behinderung der Freiheit des Waren- oder Dienstleistungsverkehrs führt[148], etwa durch Behinderung des Markteintritts eines wenn auch kleinen Herstellers in den Markt eines Staats[149]. Gleiches gilt, wenn ein mißbräuchliches Verhalten auf die Ausschaltung eines Wettbewerbers auf dem Gemeinsamen Markt zielt[150], auch wenn der 90% der Produktion außerhalb desselben verkauft. Wesentlich ist die Auswirkung auf die Struktur des Wettbewerbs im Gemeinsamen Markt; es kann nicht zwischen Exportproduktion und Produktion für den Handel innerhalb des Gemeinsamen Marktes unterschieden werden.[151] Da der Begriff der Beeinträchtigung des zwischenstaatlichen Handels dem bei Art. 81 Abs. 1 entspricht[152], kann im übrigen auf die dortige Kommentierung verwiesen werden (Art. 81, Rn. 125 ff.).

71 Umstritten ist, ob die Feststellung einer zwischenstaatlichen Handelsbeeinträchtigung wie bei Art. 81 eine **Spürbarkeit** der Handelsbeeinträchtigung voraussetzt. Dafür sprechen die neuere Praxis, die die Spürbarkeit erwähnt, jedoch bislang daran noch nie einen Verstoß gegen Art. 82 scheitern ließ[153], und die Überlegung, daß Art. 81 eine Kausalität zwischen beherrschender Stellung und Mißbrauch nicht voraussetzt (s. Rn. 40). Mangelnde Spürbarkeit kann aber – da es um den Mißbrauch marktbeherrschender

---

144 Vgl. Kommission, Entscheidung v. 18.7.1988, ABl.EG 1988 Nr. L 284/41, Tz. 70 (Napier Brown/British Sugar).
145 D. Dirksen, in: Langen/Bunte, KartR (Fn. 53), Art. 82, Rn. 156.
146 EuGH, Rs. 27/76, Slg. 1978, 207, Rn. 198/202 (United Brands/Kommission). Der Begriff des Handels ist hier ebensoweit zu verstehen wie bei Art. 81, s. dort Rn. 131.
147 Kommission, Entscheidung v. 15.12.1985, ABl.EG 1985 Nr. L 374/1, Tz. 88 (ECS/Akzo).
148 EuGH, Rs. 30/87, Slg 1988, 2479, Rn. 24 (Bodson/Pompes Funèbres des Régions libérées).
149 Kommission, Entscheidung v. 15.12.1985, ABl.EG 1985 Nr. L 374/1, Tz. 89 (ECS/Akzo).
150 Kommission, Entscheidung v. 4.11.1988, ABl.EG 1988 Nr. L 317/47, Tz. 33 (London European/Sabena).
151 EuGH, Rs. 6 und 7/73, Slg. 1974, 223, Rn. 30 ff. (Commercial Solvents/Kommission).
152 EuGH, Rs. 31/80, Slg. 1980, 3775, Tz. 28 (L'Oréal/De nieuwe Amck).
153 EuGH, Rs. C-215/96 und 216/96, Slg. 1999, I-135, Rn. 60 (Bagnasco u.a.); EuG, Rs. T-69/89, Slg. 1991, II-485, Rn. 77 (RTE/Kommission) bejaht die »spürbare Auswirkung«. Die Rspr. deutet darauf hin, daß bei Annahme eines Mißbrauchs auch die Spürbarkeit gegeben ist.

Stellung geht – allenfalls problematisch sein, wenn der Mißbrauch auf einem anderen als dem beherrschten Markt erfolgt.[154]

F. Rechtsfolgen

Das Verbot des Art. 82 gilt unmittelbar (s. Art. 249, Rn. 17 ff.), und zwar im Gegensatz zu Art. 81 (s. dort Rn. 30) vorbehalts- und ausnahmslos[155]. Es ist Schutzgesetz für Marktpartner und Konkurrenten, da es ihnen Rechte begründet und führt daher über § 823 Abs. 2 BGB zur Schadensersatzpflicht[156]. Ferner sind Verträge, die unter Verstoß gegen Art. 82 zustande kamen, wie z.B. Kopplungen nach S. 2 lit. d) gemäß § 134 BGB nichtig. Dies einer (weiteren) Einzelfallprüfung im Rahmen von § 138 BGB zu überlassen[157], würde dem effet utile des Gemeinschaftsrechts nicht gerecht[158]. 72

Die Kommission kann das mißbräuchliche Verhalten verbieten, Bußgelder auferlegen und sogar positive Anordnungen erlassen, wie der Mißbrauch abzustellen ist. Dazu gehört in neuerer Zeit bei Ausschließlichkeitsrechten immer mehr die Verpflichtung des beherrschenden Unternehmens, an Wettbewerber Zwangslizenzen zu erteilen, wenn sonst deren Zugang zu abgeleiteten Märkten behindert würde[159] (dazu näher oben Rn. 38 f.). 73

---

154 *C. Jung*, in Grabitz/Hilf, EU, Art. 82, Rn. 269.
155 *U. Immenga*, in: ders./Mestmäcker, EG-Wettbewerbsrecht, Band I, 1997, FKVO, Rn. F 20.
156 Vgl. EuGH, Rs. 155/73, Slg. 1974, 409, Rn. 18 (Sacchi); s. auch Art. 81, Rn. 149.
157 So *D. Dirksen*, in Langen/Bunte, KartR (Fn. 53), Art. 82, Rn. 208.
158 I. E. h.M., vgl. *V. Emmerich*, in Hb.EUWirtR, Abschnitt H.I. §1, Rn. 410 ff.; *G. Grill*, in: Lenz, EGV, Art. 82, Rn. 44; *C. Jung*, Grabitz/Hilf, EU, Art. 82, Rn. 279.
159 S. z.B. EuGH, Rs. C-241 und 242/91 P, Slg. 1995, I-743, Rn. 90 f (RTE u. ITP/Kommission).

Art. 83 (ex-Art. 87)

(1) Die zweckdienlichen[10–12] Verordnungen oder Richtlinien[7–9] zur Verwirklichung[2–4, 37] der in den Artikeln 81 und 82 niedergelegten Grundsätze[2, 5, 10] werden vom Rat[6, 13, 14] mit qualifizierter Mehrheit[14] auf Vorschlag der Kommission und nach Anhörung des Europäischen Parlaments beschlossen[14, 15].

(2) Die in Absatz 1 vorgesehenen Vorschriften bezwecken insbesondere[16, 35, 36],
a) die Beachtung der in Artikel 81 Absatz 1 und Artikel 82 genannten Verbote durch die Einführung von Geldbußen und Zwangsgeldern zu gewährleisten[17–19];
b) die Einzelheiten der Anwendung des Artikels 81 Absatz 3 festzulegen[20, 21]; dabei ist dem Erfordernis einer wirksamen Überwachung bei möglichst einfacher Verwaltungskontrolle Rechnung zu tragen[17, 22];
c) gegebenenfalls den Anwendungsbereich der Artikel 81 und 82 für die einzelnen Wirtschaftszweige näher zu bestimmen[23–26];
d) die Aufgaben der Kommission und des Gerichtshofes[27] bei der Anwendung der in diesem Absatz vorgesehenen Vorschriften gegeneinander abzugrenzen[27–29];
e) das Verhältnis zwischen den innerstaatlichen Rechtsvorschriften einerseits und den in diesem Abschnitt enthaltenen oder aufgrund dieses Artikels getroffenen Bestimmungen andererseits festzulegen[30–34].

Inhaltsübersicht:

A. Änderungen durch den Vertrag von Amsterdam	1
B. Funktion der Vorschrift im Verhältnis zu Art. 81, 82	2
C. Die Ermächtigung zum Erlaß von Durchführungsvorschriften (Art. 83 Abs. 1)	5
I. Zweck und Umfang der Ermächtigung	5
II. Ermessen des Gemeinschaftsgesetzgebers	7
1. Verordnungen oder Richtlinien	7
2. Zweckdienlichkeit	10
III. Verpflichtung zum Erlaß von Durchführungsvorschriften	13
IV. Verfahren	14
D. Der Beispielskatalog für den Inhalt von Durchführungsvorschriften (Art. 83 Abs. 2)	16
I. Geldbußen und Zwangsgelder (Art. 83 Abs. 2 lit. a))	17
II. Freistellungsverfahren (Art. 83 Abs. 2 lit. b))	20
III. Spezialregelungen für einzelne Wirtschaftsbereiche (Art. 83 Abs. 2 lit. c))	23
IV. Abgrenzung der Aufgaben von Kommission und Gerichtshof (Art. 83 Abs. 2 lit. d))	27
V. Festlegung des Verhältnisses zwischen innerstaatlichen Rechtsvorschriften und Gemeinschaftskartellrecht (Art. 83 Abs. 2 lit. e))	30
E. Verordnungen des Rates aufgrund von Art. 83	35
F. Abgrenzung zu sonstigen Verordnungsermächtigungen	37

A. Änderungen durch den Vertrag von Amsterdam

1 Mit dem **Vertrag von Amsterdam** wurde Abs. 1 des ehemaligen Art. 87 EWGV **umformuliert** und zusammengefaßt. Ursprünglich war dort für eine Anfangsphase von drei Jahren nach Inkrafttreten des Vertrages[1] der Erlaß von Sekundärrecht zur Durchsetzung der europäischen Wettbewerbspolitik an Einstimmigkeit im Rat geknüpft worden. Bereits mit Ablauf dieser Frist, am 1.1.1961, war die Verfahrensschwelle auf das Erfordernis qualifizierter Mehrheit gesunken. Mittlerweile sind alle Übergangsregelungen aus

---

1 1.1.1958; zum Inkrafttreten des EWGV s. Bekanntmachung vom 27.12.1957, BGBl. 1958 II, S. 1.

der Anfangszeit des Vertrages obsolet und konnten daher auch im Bereich der Wettbewerbspolitik entfallen. Der **Vertrag von Nizza** brachte keine weiteren Veränderungen.

B. Funktion der Vorschrift im Verhältnis zu Art. 81, 82

Anders als Art. 65, 66 EGKSV enthält der EGV selbst keine ausreichenden Vorschriften für die Anwendung der in den Art. 81, 82 enthaltenen Grundsätze. Um dieses Regelungsdefizit zu beheben, ermächtigt Art. 83 den Rat zum Erlaß sekundärrechtlicher **Durchführungsvorschriften**.[2]

2

Art. 81, 82 waren zwar schon vor Inkrafttreten solcher Durchführungsvorschriften unmittelbar anwendbares Recht mit innerstaatlicher Geltung zwischen Privatrechtsträgern.[3] Für das **Verbot aus Art. 81 Abs. 1** hatte der EuGH den Grundsatz **unmittelbarer Anwendbarkeit** jedoch vor nationalen Gerichten **erheblich eingeschränkt**, was letztlich auf den engen Zusammenhang dieser Vorschrift mit dem nicht unmittelbar anwendbaren Art. 81 Abs. 3 und der insoweit ausschließlichen Zuständigkeit der Kartellbehörden zurückzuführen ist. Aus Gründen der Rechtssicherheit und der einheitlichen Anwendung von Art. 81 Abs. 1 und Abs. 3 dürfen **nationale Gerichte** wettbewerbsbeschränkende Vereinbarungen nur dann als nichtig ansehen, wenn entweder ein Verfahren zur Prüfung der Freistellungsmöglichkeit (Art. 81 Abs. 3) zur Verfügung steht oder die zuständigen Behörden entsprechende Feststellungen getroffen hatten.[4] Vor »Inkrafttreten der ersten Durchführungsverordnung« mußten also die Behörden der Mitgliedstaaten nach Art. 84 die Freistellungsunfähigkeit festgestellt oder die Europäische Kommission nach Art. 85 Abs. 2 einen Kartellrechtsverstoß festgestellt haben. Diese Voraussetzungen sind **außerhalb** des Geltungsbereichs einer kartellrechtlichen Anwendungs- oder Durchführungsverordnung bis heute einzuhalten.[5] Wird der Sachverhalt von einer **Anwendungsverordnung** erfaßt, sind die Gerichte gehalten, das Verfahren auszusetzen und die Parteien eine Stellungnahme der Europäischen Kommission gemäß dieser VO einholen zu lassen, außer es steht zweifelsfrei fest, daß eine Freistellung des konkreten Verhaltens nicht in Frage kommt.[6]

3

---

2 *I. Pernice*, in: Grabitz/Hilf, EU, Art. 87, Rn. 1.
3 EuGH, Rs. 37/79, Slg. 1980, 2481, Rn. 13 (Estée Lauder); EuGH, Rs. C-344/98, NJW 2001, 1265, Rn. 47 (Masterfoods); *K. L. Ritter*, in: Immenga/Mestmäcker, EG-Wettbewerbsrecht, Band II, 1997, Art. 87, Rn. 1.
4 EuGH, Rs. 13/61, Slg. 1962, 97, 113 (De Geus/Bosch); EuGH, Rs. 209–213/84, Slg. 1986, 1425, Rn. 65, 67 (Asjes); zur Normeinheit von Art. 81 Abs. 1 u. 3 auch *GA Kirschner*, Schlußantr. zu EuG, Rs. T-51/89, Slg. 1990, II-309, Ziff. 20 (Tetra Pak I); s. auch Art. 81, Rn. 30.
5 EuGH, Rs. 209–213/84, Slg. 1986, 1425, Rn. 65, 67–69 (Asjes); EuGH, Rs. 66/86, Slg. 1989, 803, Rn. 20, 24, 29 (Ahmed Saeed); *K. L. Ritter*, in: Immenga/Mestmäcker, EG-Wettbewerbsrecht, Band II, 1997, Art. 87, Rn. 2. Kritisch dazu *I. Pernice*, in: Grabitz/Hilf, EU, Art. 87, Rn. 5; *H. Schröter*, in: GTE, EU-/EGV, Art. 87 – Erster Teil, Rn. 4. Mit der geplanten neuen Anwendungsverordnung sollen die beschriebenen Restriktionen der nationalen Gerichte vollständig entfallen; vgl. Europäische Kommission, Vorschlag für eine VO des Rates zur Durchführung der in den Artikeln 81 und 82 EG-Vertrag niedergelegten Wettbewerbsregeln ... (»Durchführungsverordnung zu den Artikeln 81 und 82 EG-Vertrag«), 27.9.2000, KOM(2000) 582 endg., Begründung Ziff. II.
6 EuGH, Rs. 48/72, Slg. 1973, 77, Rn. 10/13 (de Haecht II); EuGH, Rs. C-234/89, Slg. 1991, I-935, Rn. 50, 52, 53 (Delimitis/Henninger Bräu AG); EuGH, Rs. C-344/98, NJW 2001, 1265, Rn. 51 f., 55 (Masterfoods); s. auch Art. 81, Rn. 30. Auch **nationale Behörden** können Art. 81 Abs. 1 und 2 unmittelbar anwenden, solange eine Freistellung nicht in Betracht kommt; vgl. Bundeskartellamt, 20.6.1994, WuW/E BKartA 2659 (2668) (ATG/Menke/Silcock & Colling); Bundeskartellamt, 7.7.1995, WuW/E BKartA 2795 (2812) (CP System); Bundeskartellamt, Tätig-

4 Durchführungsvorschriften nach **Art. 83** haben somit zum einen den Zweck, in vollem Umfang die **unmittelbare Anwendbarkeit von Art. 81 Abs. 1 und 2** vor Gericht zu ermöglichen.[7] Zum zweiten sollen sie die lückenhafte primärrechtliche Regelung von **Zuständigkeit und Verfahren** in Art. 84, 85 vervollständigen.[8] Schließlich sollen sie eine effektive Durchsetzung des europäischen Kartellrechts sichern, was ohne **Zwangsgelder und Sanktionen** nicht möglich ist; die Art. 81–85 alleine liefern der Kommission[9] dazu keine ausreichende Grundlage.[10]

C. Die Ermächtigung zum Erlaß von Durchführungsvorschriften (Art. 83 Abs. 1)

I. Zweck und Umfang der Ermächtigung

5 Umfang und Inhalt der Ermächtigung in Art. 83 Abs. 1 werden bestimmt durch das Gebot, die **Grundsätze der Art. 81, 82** zu verwirklichen. Der Begriff »Grundsätze« ist hier gleichbedeutend mit dem materiell-rechtlichen Gehalt der Art. 81, 82[11]; daneben ist der Gemeinschaftsgesetzgeber an die **Ziele des EGV**, insbesondere **Art. 3 Abs. 1 lit. g)** gebunden. Da Verordnungen und Richtlinien als Sekundärrecht die »Grundsätze«, d.h. die Bestimmungen des EGV nicht ändern können, erlaubt Art. 83 Abs. 1 nur den Erlaß von **Verfahrensvorschriften** oder eine inhaltliche **Konkretisierung** des Gemeinschaftskartellrechts. Nicht gedeckt wären Vorschriften, welche die Art. 81, 82 in ihrem Anwendungsbereich einschränken oder in ihren Voraussetzungen und Rechtsfolgen verändern.[12]

6 Die Ermächtigung des Rates zum Erlaß von Durchführungsvorschriften umfaßt auch eine **Subdelegation** dieser Kompetenzen an die **Kommission**.[13]

Fortsetzung von Fußnote 6
  keitsbericht 1997/98, BT-Drs. 14/1139, S. 52; Bekanntmachung der Kommission über die Zusammenarbeit zwischen der Kommission und den Wettbewerbsbehörden der Mitgliedstaaten bei der Bearbeitung von Fällen im Anwendungsbereich der Art. 85 und 86 EG-Vertrag, ABl.EG 1997 Nr. C 313/3, Rn. 23, 26, 30.
7 *H. Schröter*, in: GTE, EU-/EGV, Art. 87 – Erster Teil, Rn. 4; zu den Befugnissen nationaler Gerichte nach Inkrafttreten der VO Nr. 17/62 EuGH, Rs. 48/72, Slg. 1973, 77, Rn. 10/13 (de Haecht II); aus der deutschen Judikatur OLG Düsseldorf, U (Kart) 15/97, 16.6.1998, WuW/E DE-R 143 (Global One).
8 *H. Schröter*, in: GTE, EU-/EGV, Art. 87 – Erster Teil, Rn. 1.
9 Auch für die Behörden der Mitgliedstaaten enthält – jedenfalls nach der herrschenden Ansicht in Deutschland – Art. 84 keine ausreichenden Zuständigkeits- und Verfahrensnormen; s. Art. 84, Rn. 8.
10 *D. Dirksen*, in: Langen/Bunte, Kommentar zum deutschen und europäischen Kartellrecht, 9. Aufl., 2001, Band 1, Art. 82, Rn. 204, 206; *A. Jungbluth*, in: Langen/Bunte, Kommentar zum deutschen und europäischen Kartellrecht, 9. Aufl., 2001, Art. 83, Rn. 3; *A. Jungbluth*, in: Langen/Bunte, Kommentar zum deutschen und europäischen Kartellrecht, 7. Aufl., 1994, Art. 86, Rn. 3; *I. Pernice*, in: Grabitz/Hilf, EU, Art. 87, Rn. 9. Selbst Art. 82 wurde **nur i.V.m.** Art. 15 VO Nr. 17/62 als hinreichend bestimmte Rechtsgrundlage für ein Bußgeld angesehen; vgl. EuGH, Rs. 85/76, Slg. 1979, 461, Rn. 128–130 (Hoffmann-La Roche/Kommission).
11 *A. Deringer*, Das Wettbewerbsrecht der Europäischen Wirtschaftsgemeinschaft, 1962, Art. 87, Rn. 13; *H. Schröter*, in: GTE, EU-/EGV, Art. 87 – Erster Teil, Rn. 1.
12 *A. Gleiss/M. Hirsch*, Kommentar zum EWG-Kartellrecht, 3. Aufl. 1978, Art. 87, Rn. 2, 3; *K. L. Ritter*, in: Immenga/Mestmäcker, EG-Wettbewerbsrecht, Band II, 1997, Art. 87, Rn. 5. Ebenso für die vergleichbare Situation bei Gruppenfreistellungsverordnungen nach Art. 81 Abs. 3: EuGH, Rs. 32/65, Slg. 1966, 457, 482, 484 (Italien/Rat und Kommission).
13 EuGH, Rs. 41/69, Slg. 1970, 661, Rn. 60/62 (ACF-Chemiefarma); *I. Pernice*, in: Grabitz/Hilf, EU, Art. 87, Rn. 16; *K. L. Ritter*, in: Immenga/Mestmäcker, EG-Wettbewerbsrecht, Band II, 1997, Art. 87, Rn. 6; s. u. Rn. 15.

II. Ermessen des Gemeinschaftsgesetzgebers

1. Verordnungen oder Richtlinien

Art. 83 Abs. 1 stellt dem Gemeinschaftsgesetzgeber als Regelungsinstrumente Verordnungen und Richtlinien zur Verfügung. Zwischen beiden Rechtsformen hat der Rat nach **pflichtgemäßem Ermessen** unter Berücksichtigung des **Subsidiaritätsprinzips** zu entscheiden, ob sich die jeweils verfolgten Ziele am zweckdienlichsten mit der einen oder anderen Rechtsform erreichen lassen. **Verordnungen** sind verbindlich hinsichtlich ihrer Ziele sowie der vorgesehenen Mittel und regeln einen Sachverhalt für alle Mitgliedstaaten einheitlich (Art. 249 Abs. 2).[14] **Richtlinien** sind nur in ihren Zielen verbindlich und überlassen den Mitgliedstaaten die Wahl der geeigneten Mittel (Art. 249 Abs. 3).[15] Mit der Entscheidung zwischen Verordnung und Richtlinie vollzieht der Gemeinschaftsgesetzgeber deshalb die erste Weichenstellung in Richtung einer **zentralistischen** oder **dezentralen** Anwendung des europäischen Kartellrechts.[16]

7

Art. 83 behandelt beide Regelungsinstrumente als gleichwertig. Der Rat hatte somit die Möglichkeit, das Modell einer primären Vollzugszuständigkeit der Mitgliedstaaten nach Art. 84 beizubehalten oder das Schwergewicht der Kompetenzen bei den Gemeinschaftsorganen zu bündeln.[17] Richtlinien haben bei der Anwendung von Art. 83 jedoch bisher keine Rolle gespielt. Der Rat hat sich vielmehr allgemein in der VO Nr. 17/62[18], für die Verkehrswirtschaft mit den Verordnungen Nr. 1017/68[19], Nr. 4056/86[20] und Nr. 3975/87[21], sowie in der Fusionskontrollverordnung (VO Nr. 4064/89)[22] – de lege lata – für eine **zentralisierte** Anwendung des Gemeinschaftskartellrechts entschieden und **Vollzugskompetenzen** fast ausschließlich der **Europäischen Kommission** eingeräumt.[23]

8

Aufgrund des Subsidiaritätsprinzips (Art. 5 Abs. 2)[24] und aus verfahrensökonomischen Erwägungen ist seit Mitte der 90er Jahre hier jedoch eine **gegenläufige Bewegung** fest-

9

---

14 S. Art. 249, Rn. 38 ff.
15 S. Art. 249, Rn. 43 ff.
16 *H. Schröter*, in: GTE, EU-/EGV, Art. 87 – Erster Teil, Rn. 16.
17 BGH, WuW/E DE-R 89, 90 (spanische Hotels).
18 VO (EWG) Nr. 17/62 des Rates: Erste Durchführungsverordnung zu den Artikeln 85 und 86 des Vertrags, ABl.EG 1962, S. 204; im Zusammenhang mit der Liberalisierung vertikaler Vereinbarungen geändert durch VO (EG) Nr. 1216/1999 des Rates vom 10.6.1999 zur Änderung der Verordnung Nr. 17: Erste Durchführungsverordnung zu den Artikeln 85 und 86 des Vertrags, ABl.EG 1999 Nr. L 148/5. Die VO Nr. 17/62 soll demnächst im Rahmen einer umfassenden Reform des sekundären Kartellrechts ersetzt werden; vgl. Europäische Kommission, Vorschlag für eine Durchführungsverordnung zu den Artikeln 81 und 82 EG-Vertrag (Fn. 5).
19 VO (EWG) Nr. 1017/68 des Rates vom 19. Juli 1968 über die Anwendung von Wettbewerbsregeln auf dem Gebiet des Eisenbahn-, Straßen- und Binnenschiffsverkehrs, ABl.EG 1968 Nr. L 175/1.
20 VO (EWG) Nr. 4056/86 des Rates vom 22. Dezember 1986 über die Einzelheiten der Anwendung der Artikel 85 und 86 des Vertrages auf den Seeverkehr, ABl.EG 1986 Nr. L 378/4.
21 VO (EWG) Nr. 3975/87 des Rates vom 14. Dezember 1987 über die Einzelheiten der Anwendung der Wettbewerbsregeln auf Luftfahrtunternehmen, ABl.EG 1987 Nr. L 374/1.
22 VO (EWG) Nr. 4064/89 über die Kontrolle von Unternehmenszusammenschlüssen, ABl.EG 1989 Nr. L 257/13; geändert durch VO (EG) Nr. 1310/97 des Rates vom 30.6.1997, ABl.EG 1997 Nr. L 180/1; Berichtigungen in ABl.EG 1998 Nr. L 3/16.
23 *A. Jungbluth*, in: Langen/Bunte (Fn. 10), 9. Aufl., Art. 83, Rn. 10–12; *H. Schröter*, in: GTE, EU-/EGV, Art. 87 – Erster Teil, Rn. 16–19.
24 Zum Postulat einer Auslegung von Art. 9 Abs. 3 VO Nr. 17/62 (Fn. 19) im Lichte des Subsidiaritätsprinzips *C. Jung*, Subsidiarität im Recht der Wettbewerbsbeschränkungen, 1995, S. 220–226.

zustellen. Bereits in ihrer sog. **Bekanntmachung zur dezentralen Kartellrechtsanwendung** von 1997[25] ermutigte die Europäische Kommission die nationalen Kartellbehörden, die Anwendung des europäischen Wettbewerbsrechts grundsätzlich in die eigenen Hände zu nehmen, wenn der konkrete Fall in seinen Auswirkungen im wesentlichen auf das Gebiet eines einzigen Mitgliedstaats beschränkt bleibt und eine Freistellung ausgeschlossen erscheint. Der neue Vorschlag einer **DurchführungsVO zu den Art. 81 und 82** geht insoweit noch einen prinzipiellen Schritt weiter und beabsichtigt als wesentliches Ziel, die Anwendung der **Art. 81, 82 in vollem Umfang bei den nationalen Gerichten und Behörden** anzusiedeln, damit die Europäische Kommission ihre Kräfte auf schwerwiegende und untersagungsrelevante Wettbewerbsverstöße konzentrieren kann.[26] Ermöglicht werden soll dies durch die Umgestaltung von Art. 81 Abs. 3 zu einer Legalausnahme, so daß Art. 81 Abs. 3 künftig – ebenso wie Art. 81 Abs. 1 und Art. 82 – unmittelbar von den Behörden und Gerichten der Mitgliedstaaten angewandt werden kann.[27]

2. Zweckdienlichkeit

10   Zweckdienlichkeit i.S.v. Art. 83 bedeutet, daß die jeweilige Durchführungsvorschrift geeignet ist, die **materiellen Grundsätze in Art. 81, 82 und deren Durchsetzung** zu fördern. Sie muß das Ziel verfolgen, den Kartell- und Mißbrauchsverboten zur Anwendung zu verhelfen und geeignete Sachverhalte einer Freistellung nach Art. 81 Abs. 3 zuzuführen.[28] Regelungsgegenstand einer VO oder RL nach Art. 83 ist »die Durchführung der Art. 81 und 82 insgesamt«, **gleich durch welchen Entscheidungsträger**. Die Vorschrift ermächtigt deshalb auch zu Regeln über die Anwendung des EG-Kartellrechts durch andere Stellen als die Gemeinschaftsorgane sowie über das Zusammenwirken der zuständigen Behörden bzw. Gerichte – einschließlich Kooperationen auf nationaler Ebene.[29] **Objektive Eignung genügt**; notwendig oder unerläßlich braucht eine Regelung nach Art. 83 nicht zu sein.[30]

---

25 Bekanntmachung der Kommission über die Zusammenarbeit zwischen der Kommission und den Wettbewerbsbehörden der Mitgliedstaaten (Fn. 6); dazu *J. H. Maitland-Walker*, Commission Notice on Co-operation between National Competition Authorities and the Commission in handling cases falling within the scope of Articles 85 and 86 of the E.C. Treaty, 1998 E.C.L.R. 124.
26 Europäische Kommission, Vorschlag für eine Durchführungsverordnung zu den Artikeln 81 und 82 EG-Vertrag (Fn. 5), Begründung Ziff. II. C. 1. Eingehend zu Begründung und Inhalt dieses Vorschlags *A. Schaub/R. Dohms*, Das Weißbuch der Europäischen Kommission über die Modernisierung der Vorschriften zur Anwendung der Artikel 81 und 82 EG-Vertrag, WuW 1999, S. 1055.
27 Europäische Kommission, Vorschlag für eine Durchführungsverordnung zu den Artikeln 81 und 82 EG-Vertrag (Fn. 5), Begründung Ziff. II. A., II. B., II. C. 1. a), Art. 5 u. 6; zur dogmatischen Begründung *Schaub/Dohms* (Fn. 26). S. 1065 f.; **insgesamt kritisch**: *E.-J. Mestmäcker*, Versuch einer kartellpolitischen Wende in der EU, EuZW 1999, S. 523; *W. Möschel*, Effizienter Wettbewerbsschutz in einer erweiterten Gemeinschaft durch Einbeziehung der nationalen Wettbewerbsbehörden und nationalen Gerichte?, WuW 2001, S. 147; *W. Fikentscher*, Das Unrecht einer Wettbewerbsbeschränkung: Kritik an Weißbuch und VO-Entwurf zu Art. 81, 82 EG-Vertrag, WuW 2001, S. 446.
28 *I. Pernice*, in: Grabitz/Hilf, EU, Art. 87, Rn. 14, 15.
29 Europäische Kommission, Vorschlag für eine Durchführungsverordnung zu den Artikeln 81 und 82 EG-Vertrag (Fn. 5), Begründung Ziff. II. B.
30 *H. Schröter*, in: GTE, EU-/EGV, Art. 87 – Erster Teil, Rn. 12; *A. Gleiss/M. Hirsch* (Fn. 12), Art. 87, Rn. 4.

Die **Beurteilungskompetenz**, ob eine Regelung zweckdienlich ist, liegt beim **Rat**, unge- 11
achtet des Vorschlagsrechts der Kommission.[31] Der Rat ist nicht verpflichtet, erschöpfende Regelungen für den gesamten Anwendungsbereich der Art. 81, 82 zu treffen. Er kann **Zweckdienlichkeit nur für bestimmte Teilgebiete** bejahen und seine Regelungen darauf beschränken. Daher ist es zulässig, Gruppenfreistellungsverordnungen selektiv auf bestimmte Arten von Vereinbarungen zu konzentrieren.[32] Der Gemeinschaftsgesetzgeber[33] braucht die in Art. 83 vorgesehenen Ausführungsbestimmungen auch nicht für alle Wirtschaftsbereiche zugleich in Kraft zu setzen. Er kann seine Regulierung zeitlich staffeln und einzelne Bereiche zeitweise von einer Durchführungsgesetzgebung völlig ausnehmen, wenn dies sachlich gerechtfertigt ist.[34] Eine **zeitliche Grenze**, bis zu der Durchführungsvorschriften für sämtliche Wirtschaftsbereiche existieren müssen, enthält Art. 83 nicht. Der Streit, ob gemäß Art. 7 Abs. 7 EGV i.d.F. des Vertrages von Maastricht[35] das Ende der Übergangszeit (31.12.1969) gleichzeitig den Endtermin für das Inkrafttreten möglichen Sekundärrechts i.S.v. Art. 83 vorgibt[36], hat mit der ersatzlosen Streichung dieser Übergangsbestimmung seine dogmatische Grundlage verloren.[37]

Damit hat der Rat ein weites, pflichtgemäß auszufüllendes Ermessen nicht nur hinsicht- 12
lich der Rechtsform, sondern auch bezüglich Gegenstand und Inhalt kartellrechtlicher Durchführungsvorschriften.

III. Verpflichtung zum Erlaß von Durchführungsvorschriften

Die Formulierung von Art. 83 Abs. 1 enthält – anders als etwa Art. 89 – einen **Recht-** 13
setzungsauftrag. Der Rat ist zum Erlaß sekundärrechtlicher Durchführungsvorschriften zu Art. 81, 82 nicht nur berechtigt, sondern verpflichtet.[38]

IV. Verfahren

Verordnungen und Richtlinien nach Art. 83 Abs. 1 werden auf Vorschlag der 14
Kommission, nach obligatorischer Anhörung des Europäischen Parlaments[39] – und in

---

31 *H. Smit/P. Herzog*, The Law of the European Economic Community, Vol. 3, Loseblatt, Stand: Mai 1998, Nr. 87.05.
32 EuGH, Rs. 32/65, Slg. 1966, 457, 482 (Italien/Rat und Kommission).
33 S. Rn. 2, 6, 15.
34 *A. Jungbluth*, in: Langen/Bunte (Fn. 10), 9. Aufl., Art. 83, Rn. 9; *K. L. Ritter*, in: Immenga/Mestmäcker, EG-Wettbewerbsrecht, Band II, 1997, Art. 87, Rn. 8; *H. Schröter*, in: GTE, EU-/EGV, Art. 87 – Erster Teil, Rn. 14. Ein Beispiel hierfür ist die VO Nr. 141 des Rates vom 26. November 1962 über die Nichtanwendung der Verordnung Nr. 17 des Rates auf den Verkehr, ABl.EG 1962, S. 2751.
35 ABl.EG 1992 Nr. C191/1; BGBl. 1992 II, S. 1251, 1253; BGBl. 1957 II, S. 753, 766; UNTS 298, 11.
36 Nachholung binnen angemessener Frist fordert *H. Schröter*, in: GTE, EU-/EGV, Art. 87 – Erster Teil, Rn. 14. A.A. (Erlaß aller Vorschriften bis zum Ende der Übergangszeit) *A. Gleiss/M. Hirsch* (Fn. 12), Art. 87, Rn. 1.
37 I. ü. existieren inzwischen kartellrechtliche Anwendungsverordnungen für sämtliche Wirtschaftssektoren mit Ausnahme des Flugverkehrs mit Drittstaaten und der Trampschiffahrt; vgl. auch *K. L. Ritter*, in: Immenga/Mestmäcker, EG-Wettbewerbsrecht, Band II, 1997, Art. 87, Rn. 7. De lege ferenda Europäische Kommission, Vorschlag für eine Durchführungsverordnung zu den Artikeln 81 und 82 EG-Vertrag (Fn. 5), insbes. 30. Erwägungsgrund.
38 *A. Jungbluth*, in: Langen/Bunte (Fn. 10), 9. Aufl., Art. 83, Rn. 3; *A. Gleiss/M. Hirsch* (Fn. 12), Art. 87, Rn. 1; *I. Pernice*, in: Grabitz/Hilf, EU, Art. 87, Rn. 9, 11.
39 Zu den einzelnen Varianten des Anhörungsverfahrens *BBPS*, Ziff. 4.2.2.3, 6.4.2. Erweiterte Beteiligungsrechte gemäß Art. 251 oder 252 stehen dem Europäischen Parlament im Rahmen von Art. 83 nicht zu.

der Praxis auch nach Anhörung des Wirtschafts- und Sozialausschusses[40] – vom Rat erlassen. Mehr als ein **obligatorisches Anhörungsrecht** hat auch der Vertrag von Amsterdam dem Europäischen Parlament in diesem Bereich nicht eingeräumt. Das **Initiativmonopol** liegt bei der Europäischen Kommission[41], die **Gesetzgebungszuständigkeit** einschließlich Entschließungs- und Auswahlermessen beim Rat. Der Rat beschließt mit qualifizierter Mehrheit i.S.v. Art. 205 Abs. 2.[42] Muß eine Durchführungsvorschrift neben Art. 83 auf Art. 308 gestützt werden[43], ist insgesamt Einstimmigkeit erforderlich, wenn sich die einzelnen Bestimmungen wegen ihres engen Sachzusammenhangs nicht voneinander trennen lassen.[44]

15 Art. 83 steht einem **zweistufigen Rechtsetzungsverfahren** nicht entgegen. Der Rat kann sich in seinen Verordnungen und Richtlinien auf Grundsätze und Leitlinien beschränken und im übrigen die Kommission ermächtigen, die vorgegebenen Konzepte durch weitere Regelungen zu präzisieren.[45] Von dieser Möglichkeit hat der Rat bei fast allen Anwendungs- und Gruppenfreistellungsverordnungen Gebrauch gemacht.[46]

D. Der Beispielskatalog für den Inhalt von Durchführungsvorschriften (Art. 83 Abs. 2)

16 Wie das Wort »insbesondere« deutlich macht, ist das Rechtsetzungsprogramm des Art. 83 Abs. 2 **nicht abschließend**. Abs. 2 enthält lediglich eine beispielhafte Aufzählung zweckdienlicher Vorschriften zur Verwirklichung der Grundsätze aus Art. 81, 82. Die dort genannten Gegenstände genießen gegenüber sonstigen zweckdienlichen Regelungen auch keinen Vorrang.[47] Zur Durchsetzung des europäischen Kartellrechts geeignet, obwohl in Art. 83 Abs. 2 nicht genannt, sind beispielsweise Informations- und Nachprüfungsbefugnisse der Kommission im Kartellverfahren (vgl. Art. 11, 14 VO Nr. 17/62), eine Regelung der Kompetenzverteilung und Zusammenarbeit zwischen der Kommission und nationalen Kartellbehörden[48], eine Strukturierung der Zusammenarbeit nationaler Kartellbehörden untereinander[49], einstweilige Maßnahmen der Kommission im Kartellverwaltungsverfahren[50] (vgl. Art. 4 a VO Nr. 3975/87) oder

---

40 K. L. *Ritter*, in: Immenga/Mestmäcker, EG-Wettbewerbsrecht, Band II, 1997, Art. 87, Rn. 11; H. *Schröter*, in: GTE, EU-/EGV, Art. 87 – Erster Teil, Rn. 20.
41 K. L. *Ritter*, in: Immenga/Mestmäcker, EG-Wettbewerbsrecht, Band II, 1997, Art. 87, Rn. 11; Verfahrensrechtliche Folge geregelt in Art. 250; s. Art. 250, Rn. 5.
42 Dies war bereits nach Art. 87 Abs. 1 UAbs. 2 EWGV mit Wirkung ab 1.1.1961 so vorgesehen; s. Vorauflage, Rn. 1.
43 S. u., Rn. 37.
44 H. *Schröter*, in: GTE, EU-/EGV, Art. 87 – Erster Teil, Rn. 22.
45 EuGH, Rs. 41/69, Slg. 1970, 661, Rn. 60/62 (ACF-Chemiefarma); s. o. Rn. 6.
46 A. *Jungbluth*, in: Langen/Bunte (Fn. 10), 9. Aufl., Art. 83, Rn. 14; H. *Schröter*, in: GTE, EU-/EGV, Art. 87 – Erster Teil, Rn. 21; einzige Ausnahme bisher: VO (EWG) Nr. 4056/86 des Rates vom 22.12.1986 über die Einzelheiten der Anwendung der Artikel 85 und 86 des Vertrages auf den Seeverkehr, ABl.EG 1986 Nr. L 378/4. De lege ferenda ist eine umfassende Generalermächtigung der Kommission zum Erlaß von GVOen geplant; vgl. Europäische Kommission, Vorschlag für eine Durchführungsverordnung zu den Artikeln 81 und 82 EG-Vertrag (Fn. 5), Art. 28.
47 H. *Schröter*, in: GTE, EU-/EGV, Art. 87 – Erster Teil, Rn. 24.
48 Bekanntmachung der Kommission über die Zusammenarbeit zwischen der Kommission und den Wettbewerbsbehörden der Mitgliedstaaten (Fn. 6).
49 S. o., Rn. 10; Europäische Kommission, Vorschlag für eine Durchführungsverordnung zu den Artikeln 81 und 82 EG-Vertrag (Fn. 5), Begründung Ziff. II. B.
50 Allgemeine Grundsätze: EuGH, Rs. 792/79 R, Slg. 1980, 119, Rn. 12–19 (Camera Care/Kommission).

Gemeinschaftsregelungen zivilrechtlicher Schadensersatzansprüche bei Verstößen gegen Art. 81, 82.[51]

I. Geldbußen und Zwangsgelder (Art. 83 Abs. 2 lit. a))

Eine effektive Durchsetzung und Kontrolle des europäischen Wettbewerbsrechts ist ohne Sanktions- und Zwangsbefugnisse nicht möglich.[52] In Art. 83 Abs. 2 lit. b) Hs. 2 unterstreicht der EGV ausdrücklich die besondere Bedeutung wirksamer Überwachung und Verwaltungskontrolle.[53] Die Sanktionen des primären Gemeinschaftsrechts sind insoweit allerdings ungenügend. Zivilrechtliche Nichtigkeit gemäß Art. 81 Abs. 2 beseitigt nur die Rechtsverbindlichkeit wettbewerbsbeschränkender Vereinbarungen, hindert die Unternehmen aber nicht an deren faktischer Fortsetzung[54]; Art. 82 enthält selbst nicht einmal zivilrechtliche Sanktionen.[55] Diese Defizite des Vertrages in der Durchsetzung der Wettbewerbspolitik bedürfen sekundärrechtlicher Ergänzung. 17

Der Rat hat dementsprechend in allen kartellrechtlichen Anwendungsverordnungen Geldbußen und Zwangsgelder vorgesehen. Entsprechende Regelungen finden sich in Art. 15, 16 VO Nr. 17/62, Art. 22, 23 VO Nr. 1017/68, Art. 19, 20 VO Nr. 4056/86, Art. 12, 13 VO Nr. 3975/87. Ergänzend ist die VO Nr. 2988/74 über die Verfolgungs- und Vollstreckungsverjährung der Europäischen Wirtschaftsgemeinschaft zu beachten. Geldbußen sind – bei Verstößen gegen materielles Kartellrecht – nach all diesen Verordnungen auf 10% des Jahresumsatzes begrenzt; sie orientieren sich insoweit am Vorbild von Art. 65 § 5 EGKSV bezüglich Beschränkungen von Produktion, technischer Entwicklung oder Investitionen.[56] 18

Geldbußen werden in den genannten Verordnungen ausdrücklich als nicht strafrechtlich qualifiziert.[57] Sie stellen auch keine zivilrechtlichen Sanktionen dar, denn Art. 83 enthält weder eine Ermächtigung zum Erlaß von Strafvorschriften noch für die Schaffung zivilrechtlicher Rechtsfolgen über Art. 81 Abs. 2 hinaus. 19

II. Freistellungsverfahren (Art. 83 Abs. 2 lit. b))

Die materiell-rechtlichen Voraussetzungen einer Freistellung ergeben sich unabänderlich aus Art. 81 Abs. 3. Für eine sekundärrechtliche Regelung nach Art. 83 bleibt daher nur die Festlegung der Zuständigkeiten und des dabei zu beachtenden Verfahrens. Vorschriften aufgrund von Art. 83 Abs. 2 lit. b) dürfen nur die »von Art. 81 gelassene[n] Lücke[n] füllen«, wozu insbesondere die Gestaltung des Durchführungssystems (un- 20

---

51 *A. Jungbluth*, in: Langen/Bunte (Fn. 10), 9. Aufl., Art. 83, Rn. 16; *I. Pernice*, in: Grabitz/Hilf, EU, Art. 87, Rn. 16.
52 *K. L. Ritter*, in: Immenga/Mestmäcker, EG-Wettbewerbsrecht, Band II, 1997, Art. 87, Rn. 16. Auf abschreckende Wirkung von Geldbußen und Zwangsgeldern legt die Kommission auch bei der geplanten kartellrechtlichen Anwendungsverordnung Wert; vgl. Europäische Kommission, Vorschlag für eine Durchführungsverordnung zu den Artikeln 81 und 82 EG-Vertrag (Fn. 5), Begründung Ziff. II. C. I. c), Ziff. IV »Kapitel VI-Sanktionen«.
53 *I. Pernice*, in: Grabitz/Hilf, EU, Art. 87, Rn. 17.
54 *A. Gleiss/M. Hirsch* (Fn. 12), Art. 87, Rn. 13; *A. Jungbluth*, in: Langen/Bunte (Fn. 10), 9. Aufl., Art. 83, Rn. 17.
55 S. Art. 82, Rn. 72; i. ü. dazu *A. Jungbluth*, in: Langen/Bunte (Fn. 10), 9. Aufl., Art. 83, Rn. 17; *D. Dirksen*, in: Langen/Bunte (Fn. 10), 9. Aufl., Art. 82, Rn. 207–209.
56 *K. L. Ritter*, in: Immenga/Mestmäcker, EG-Wettbewerbsrecht, Band II, 1997, Art. 87, Rn. 16.
57 Rechtsnatur allerdings str.; Nachweise bei *H. Schröter*, in: GTE, EU-/EGV, Art. 87 – Erster Teil, Rn. 27 Fn. 68.

Art. 83 EG-Vertrag

mittelbare Anwendung durch nationale Stellen oder Entscheidungsmonopol der Gemeinschaftsorgane?) gehört.[58]

21 Entgegen dem ursprünglichen Konzept von Art. 84[59] hat der Rat in seinen bisherigen Anwendungsverordnungen[60] die **Zuständigkeit** für **Einzel**freistellungen vom Kartellverbot ausschließlich auf die Europäische Kommission verlagert. Bei der Freistellung von **Gruppen** von Vereinbarungen stützte sich der Rat auf zwei verschiedene Kompetenzmodelle: Für bestimmte Absprachen in der Verkehrswirtschaft sprach der **Rat selbst** Gruppenfreistellungen qua Verordnung aus[61], im übrigen bediente er sich des zweistufigen Rechtsetzungsverfahrens und übertrug die Zuständigkeit zum Erlaß konkreter Gruppenfreistellungsverordnungen auf die **Kommission**.[62]

22 Die Ausgestaltung des **Freistellungsverfahrens** liegt im pflichtgemäßen Ermessen des Rates. Das Verfahren muß dem Rechtsschutz der Beteiligten und Dritter Rechnung tragen, vor allem aber eine wirksame Überwachung des Vorliegens der Freistellungsvoraussetzungen bei möglichst einfacher Verwaltungskontrolle sicherstellen. Es muß in jedem Fall gewährleistet sein, daß Vereinbarungen oder Beschlüsse, welche die Voraussetzungen von Art. 81 Abs. 3 nicht erfüllen, dem Verbot des Art. 81 Abs. 1 nicht entzogen werden, insbesondere wenn sie die Gefahr in sich bergen, für einen wesentlichen Teil der betreffenden Waren oder Leistungen den Wettbewerb auszuschalten.[63] Widerspruchsverfahren bei Einzelfreistellungen[64] bedürfen angesichts dieser Anforderungen jedenfalls einer strikten Handhabung.[65] Aus dem Erfordernis »möglichst

---

58 Europäische Kommission, Vorschlag für eine Durchführungsverordnung zu den Artikeln 81 und 82 EG-Vertrag (Fn. 5), Begründung Ziff. II. B.
59 S. Art. 84, Rn. 2, 9.
60 Art. 9 Abs. 1 VO Nr. 17/62 (Fn. 18); Art. 12, 15 VO Nr. 1017/68 (Fn. 19); Art. 12, 14 VO Nr. 4056/86 (Fn. 20); Art. 5, 7 Abs. 1 VO Nr. 3975/87 (Fn. 21).
61 Art. 4 VO Nr. 1017/68 (Fn. 19); Art. 3 und 6 VO Nr. 4056/86 (Fn. 20). Die VO Nr. 3975/87 (Fn. 21) enthält keine Gruppenfreistellungen; vgl. *J. Basedow/M. Dolfen*, in: Hb.EGWirtR, Abschnitt L 15, Rn. 334.
62 Art. 1 Abs. 1 VO Nr. 19/65/EWG des Rates vom 2. März 1965 über die Anwendung von Artikel 85 Absatz 3 des Vertrages auf Gruppen von Vereinbarungen und aufeinander abgestimmten Verhaltensweisen, ABl.EG 1965, S. 533, geändert durch VO (EG) Nr. 1215/1999 des Rates vom 10. Juni 1999, ABl.EG 1999 Nr. L 148/1; Art. 1 Abs. 1 VO (EWG) Nr. 2821/71 des Rates vom 20. Dezember 1971 über die Anwendung von Artikel 85 Absatz 3 des Vertrages auf Gruppen von Vereinbarungen, Beschlüssen und aufeinander abgestimmten Verhaltensweisen, ABl.EG 1971 Nr. L 285/46; Art. 5, 15 VO Nr. 1017/68 (Fn. 19); Art. 2 VO (EWG) Nr. 3976/87 des Rates vom 14. Dezember 1987 zur Anwendung von Artikel 85 Absatz 3 des Vertrages auf bestimmte Gruppen von Vereinbarungen und aufeinander abgestimmten Verhaltensweisen im Luftverkehr, ABl.EG 1987 Nr. L 374/9; Art. 1 VO (EWG) Nr. 1534/91 des Rates vom 31. Mai 1991 über die Anwendung von Artikel 85 Absatz 3 des Vertrages auf bestimmte Gruppen von Vereinbarungen, Beschlüssen und aufeinander abgestimmten Verhaltensweisen im Bereich der Versicherungswirtschaft, ABl.EG 1991 Nr. L 143/1; Art. 1 VO (EWG) Nr. 479/92 des Rates vom 25. Februar 1992 über die Anwendung von Artikel 85 Absatz 3 des Vertrages auf bestimmte Gruppen von Vereinbarungen, Beschlüssen und aufeinander abgestimmten Verhaltensweisen zwischen Seeschiffahrtsunternehmen (Konsortien), ABl.EG 1992 Nr. L 55/3. De lege ferenda sind grundlegende Änderungen dieses Gruppenfreistellungssystems geplant; vgl. Europäische Kommission, Vorschlag für eine Durchführungsverordnung zu den Artikeln 81 und 82 EG-Vertrag (Fn. 5), insbes. Art. 28 u. 41.
63 *I. Pernice*, in: Grabitz/Hilf, EU, Art. 87, Rn. 20; *H. Schröter*, in: GTE, EU-/EGV, Art. 87 – Erster Teil, Rn. 39.
64 Art. 12 VO Nr. 1017/68 (Fn. 19); Art. 12 VO Nr. 4056/86 (Fn. 20); Art. 5 VO Nr. 3975/87 (Fn. 21).
65 Kritisch *H. Schröter*, in: GTE, EU-/EGV, Art. 87 – Erster Teil, Rn. 36, 37; Kommission der Europäischen Gemeinschaften, Antwort auf die schriftliche Anfrage Nr. 291/82 der Abgeordneten Frau *Walz*, ABl.EG 1982 Nr. C 221/9.

einfacher Verwaltungskontrolle« folgert der EuGH unter anderem die Verpflichtung zur Verwendung von Formblättern bei der Anmeldung nach Art. 4, 5 Abs. 2 VO Nr. 17/62.[66]

III. Spezialregelungen für einzelne Wirtschaftsbereiche (Art. 83 Abs. 2 lit. c))

Die Ermächtigung des Rates aus Art. 83 Abs. 2 lit. c) enthält zwei Ansatzpunkte für sekundärrechtliche Regelungen. 23

Der Rat kann den Anwendungsbereich des Kartell- und Mißbrauchsverbots für einzelne Wirtschaftszweige näher bestimmen. Das bedeutet, er kann mit deklaratorischer Wirkung – im Sinne eines antizipierten Negativattests – **feststellen**, daß bestimmte Absprachen und Verhaltensweisen nicht unter die **Verbotstatbestände** fallen.[67] Der Rat ist aufgrund dieser Vorschrift jedoch **nicht** zu konstitutiven **Legal- oder Bereichsausnahmen** ermächtigt, wie das GWB sie lange Zeit für die Versorgungswirtschaft kannte. Dies widerspräche dem Zweck der Ermächtigung in Art. 83[68]. Vorbehaltlich der primärrechtlichen Ausnahmen in Art. 36 und Art. 86 Abs. 2 gelten die Wettbewerbsregeln des EGV uneingeschränkt für alle Wirtschaftsbereiche.[69] Der Gemeinschaftsgesetzgeber kann sie lediglich aus Gründen der Rechtssicherheit für bestimmte Situationen **konkretisieren**, nicht aber in ihrem materiellen Gehalt einschränken.[70] 24

Zum zweiten erlaubt Art. 83 Abs. 2 lit. c), den Besonderheiten bestimmter Wirtschaftsbereiche durch **Freistellungen** Rechnung zu tragen.[71] So hat der EuGH am Beispiel der Versicherungsbranche ausgeführt, besondere Probleme einzelner Wirtschaftszweige rechtfertigten keine Einschränkung der Art. 81, 82 in ihrem Anwendungsbereich, sondern seien mit den Mitteln von Art. 81 Abs. 3 durch Freistellungen zu lösen.[72] Art. 83 Abs. 2 lit. c) ist somit neben Art. 81 Abs. 3 die maßgebende Rechtsgrundlage für Gruppenfreistellungsverordnungen.[73] 25

---

66 EuGH, Rs. 209–215 u. 218/78, Slg. 1980, 3125, Rn. 62 (FEDETAB); *K. L. Ritter*, in: Immenga/Mestmäcker, EG-Wettbewerbsrecht, Band II, 1997, Art. 87, Rn. 19.
67 *H Schröter*, in: GTE, EU-/EGV, Art. 87 – Erster Teil, Rn. 43.
68 S. o. Rn. 4, 5. Im übrigen *I. Pernice*, in: Grabitz/Hilf, EU, Art. 87, Rn. 23; *K. L. Ritter*, in: Immenga/Mestmäcker, EG-Wettbewerbsrecht, Band II, 1997, Art. 87, Rn. 20, 22; *H. Schröter*, in: GTE, EU-/EGV, Art. 87 – Erster Teil, Rn. 43; **a.A.** die ältere Lit.: *E. Wohlfarth/U. Everling/ H. J. Glaesner/ R. Sprung*, Die Europäische Wirtschaftsgemeinschaft, 1960, Art. 87, Ziff. 5.; für eingeschränkte Bereichsausnahmen *A. Deringer* (Fn. 11), Art. 87, Rn. 28 ff.; *A. Gleiss/ M. Hirsch* (Fn. 12), Art. 87, Rn. 16.
69 EuGH, Rs. 209–213/84, Slg. 1986, 1425, Rn. 40–45 (Asjes); EuGH, Rs. 45/85, Slg. 1987, 405, Rn. 12, 14 (Verband der Sachversicherer); Europäische Kommission, Vorschlag für eine Durchführungsverordnung zu den Artikeln 81 und 82 EG-Vertrag (Fn. 5), Begründung Ziff. II. B.; *A. Jungbluth*, in: Langen/Bunte (Fn. 10), 9. Aufl., Art. 83, Rn. 26; *I. Pernice*, in: Grabitz/Hilf, EU, Art. 87, Rn. 23; *H. Schröter*, in: GTE, EU-/EGV, Art. 87 – Erster Teil, Rn. 41.
70 *I. Pernice*, in: Grabitz/Hilf, EU, Art. 87, Rn. 24; *K. L. Ritter*, in: Immenga/Mestmäcker, EG-Wettbewerbsrecht, Band II, 1997, Art. 87, Rn. 22.
71 *K. L. Ritter*, in: Immenga/Mestmäcker, EG-Wettbewerbsrecht, Band II, 1997, Art. 87, Rn. 20.
72 EuGH, Rs. 45/85, Slg. 1987, 405, Rn. 14, 15 (Verband der Sachversicherer); ebenso GA *M. Darmon*, Schlußantr. zu EuGH, Rs. 45/85, Slg. 1987, 405, Ziff. 9 (Verband der Sachversicherer).
73 Vgl. VO Nr. 19/65, 2. Erwägungsgrund (Fn. 62); VO Nr. 2821/71, 2. Erwägungsgrund (Fn. 62); VO Nr. 1534/91, 2. Erwägungsgrund (Fn. 62).

26 Von seinen Befugnissen aus Art. 83 Abs. 2 lit. c) hat der Rat bisher für die Verkehrs-[74] und Versicherungswirtschaft[75] sowie – mittelbar – für den Kfz-Vertrieb[76] Gebrauch gemacht, nicht jedoch für die Energiewirtschaft.[77] Allgemein werden **sektorspezifische Wettbewerbsregime zurückgenommen**. In dem **Kommissionsentwurf einer neuen DurchführungsVO zu den Art. 81 und 82** ist vorgesehen, die Ermächtigungen für besondere GVOen in der Verkehrs- und Versicherungswirtschaft aufzuheben und durch eine umfassende Generalermächtigung zu ersetzen[78]; ebenso sollen die kartellrechtlichen Anwendungsverordnungen für den Land-, See- und Luftverkehr durch umfangreiche Veränderungen mit der neuen DurchführungsVO in Einklang gebracht werden[79].

IV. Abgrenzung der Aufgaben von Kommission und Gerichtshof (Art. 83 Abs. 2 lit. d))

27 Die Aufgaben von Kommission und Gerichtshof stehen weitgehend bereits aufgrund allgemeiner Prinzipien und spezifischer Bestimmungen des EGV fest. Die Aufgaben der Kommission ergeben sich aus den **Art. 83, 85, 86 und 212**. Im wesentlichen obliegt ihr die Anwendung des Gemeinschaftskartellrechts auf den Einzelfall. Dagegen bestimmt **Art. 220** als Aufgabe des Gerichtshofs, die Wahrung des Rechts bei Auslegung und Anwendung des EGV zu sichern.[80] Seine Aufgaben erschöpfen sich damit in reiner Rechtskontrolle.

28 Durchführungsvorschriften nach Art. 83 können diese Aufgabenverteilung nur gestalten, sofern der **EGV organisationsrechtliche Lücken** läßt. Dies ist lediglich im Bereich von **Sanktionsentscheidungen** der Fall.[81] Art. 229 läßt nämlich dem Rat die Möglichkeit, in Verordnungen festzulegen, daß Zwangsmaßnahmen vom Gerichtshof hinsichtlich der zugrundeliegenden Ermessensausübung überprüft, geändert oder sogar originär verhängt werden können. Im Ergebnis verweist daher Art. 83 Abs. 2 lit. d) nur auf Art. 229.[82]

29 Der Rat hat in allen Anwendungsverordnungen[83] einschließlich der Fusionskontrollverordnung[84] von dieser Befugnis Gebrauch gemacht und dem Gerichtshof die Kompetenz zu unbeschränkter Überprüfung der jeweiligen Kommissionsentscheidung sowie zur Aufhebung, Herabsetzung oder Erhöhung einer Geldbuße oder eines

---

74 Art. 3–6 VO Nr. 1017/68 (Fn. 19); Art. 2, 3, 6 VO Nr. 4056/86 (Fn. 20); Art. 2 VO Nr. 3975/87 (Fn. 21); Art. 2 VO Nr. 3976/87 (Fn. 62).
75 VO Nr. 1534/91 (Fn. 62).
76 VO (EG) Nr. 1475/95 der Kommission vom 28.6.1995 über die Anwendung von Artikel 85 Absatz 3 des Vertrages auf Gruppen von Vertriebs- und Kundendienstvereinbarungen über Kraftfahrzeuge, ABl.EG 1995 Nr. L 145/25.
77 Die Verordnung Nr. 26 zur Anwendung bestimmter Wettbewerbsregeln auf die Produktion landwirtschaftlicher Erzeugnisse und den Handel mit diesen Erzeugnissen, ABl.EG 1962, S. 933, erging auf der Grundlage der Art. 36, 37 (ex-Art. 42, 43).
78 Europäische Kommission, Vorschlag für eine Durchführungsverordnung zu den Artikeln 81 und 82 EG-Vertrag (Fn. 5), Art. 41, 28; kritisch *Möschel* (Fn. 27), S. 147 Ziff. 3.
79 Europäische Kommission, Vorschlag für eine Durchführungsverordnung zu den Artikeln 81 und 82 EG-Vertrag (Fn. 5), Art. 37–40, Begründung Ziff. II. B.
80 *A. Jungbluth*, in: Langen/Bunte (Fn. 10), 9. Aufl., Art. 83, Rn. 28; *H. Schröter*, in: GTE, EU-/EGV, Art. 87 – Erster Teil, Rn. 45.
81 *A.A. I. Pernice*, in: Grabitz/Hilf, EU, Art. 87, Rn. 25.
82 *A. Gleiss/M. Hirsch* (Fn. 12), Art. 87, Rn. 56; *A. Jungbluth*, in: Langen/Bunte (Fn. 10), 9. Aufl., Art. 83, Rn. 29; *H. Schröter*, in: GTE, EU-/EGV, Art. 87 – Erster Teil, Rn. 46.
83 Art. 17 VO Nr. 17/62 (Fn. 18); Art. 24 VO Nr. 1017/68 (Fn. 19); Art. 21 VO Nr. 4056/86 (Fn. 20); Art. 14 VO Nr. 3975/87 (Fn. 21). De lege ferenda ebenso: Europäische Kommission, Vorschlag für eine Durchführungsverordnung zu den Artikeln 81 und 82 EG-Vertrag (Fn. 5), Art. 32.
84 Art. 16 VO Nr. 4064/89 (Fn. 22).

Zwangsgeldes eingeräumt. Da der Gerichtshof sein Ermessen an die Stelle der Kommission setzen kann, liegt darin systematisch eine Durchbrechung des Gewaltenteilungsprinzips.[85] Ausspruch und Festsetzung der Sanktionen blieben im Wettbewerbsrecht bei der Kommission[86], um den Betroffenen die Möglichkeit einer richterlichen Überprüfung in vollem Umfang zu erhalten.[87] Insoweit dienen die genannten Vorschriften der Verwirklichung effektiven Rechtsschutzes.[88]

V. Festlegung des Verhältnisses zwischen innerstaatlichen Rechtsvorschriften und Gemeinschaftskartellrecht (Art. 83 Abs. 2 lit. e))

Art. 83 Abs. 2 lit. e) ermächtigt den Rat, das Rangverhältnis zwischen primärem und sekundärem Gemeinschaftskartellrecht einerseits und nationalem Recht andererseits festzulegen. Die Ermächtigung beschränkt sich nicht auf die Konkurrenz zu nationalem Kartellrecht, sondern umfaßt alle nationalen Rechtsvorschriften.[89]   30

Das Verhältnis zwischen Gemeinschaftskartellrecht und nationalem Kartellrecht ist bereits durch **allgemeine Prinzipien des EGV** vorgezeichnet. Eine Verordnung oder Richtlinie nach Art. 83 Abs. 2 lit. e) könnte diese Prinzipien nur **wiederholen oder präzisieren**, nicht aber neu gestalten oder übergehen.[90] Der Rat hat von dieser Befugnis bisher nur in einem einzigen Fall Gebrauch gemacht: **Art. 21 Abs. 2 der Fusionskontrollverordnung**[91] bestimmt, daß innerstaatliches Wettbewerbsrecht auf Unternehmenszusammenschlüsse von gemeinschaftsweiter Bedeutung keine Anwendung findet.   31

In dem **Kommissionsvorschlag einer neuen DurchführungsVO zu den Art. 81 und 82** ist eine identische Verhältnisbestimmung künftig für das allgemeine Kartellrecht vorgesehen: Danach soll zur Beurteilung von Wettbewerbsbeschränkungen, die geeignet sind, den zwischenstaatlichen Wirtschaftsverkehr zu beeinträchtigen, künftig »... **allein das Wettbewerbsrecht der Gemeinschaft unter Ausschluß** des Wettbewerbsrechts der **Mitgliedstaaten** ...« zur Anwendung kommen.[92] Ebenso wie bei der Fusionskontrolle betrifft diese Vorrangregel das **materielle Recht und das Kartellverfahrensrecht**. Parallelverfahren nach europäischem und nationalem Kartellrecht sind damit in Zukunft ausgeschlossen; auch nationale Wettbewerbsbehörden werden in Fällen von zwischenstaatlicher Relevanz nur noch das Gemeinschaftsrecht anzuwenden haben. Erklärtes Ziel der Kommission ist es, dem zur Legalausnahme aufgewerteten Art. 81 Abs. 3 absoluten Primat vor allen mitgliedstaatlichen Verboten einzuräumen. Eine differenziertere Rechtslage hält die Kommission für »unvereinbar« mit dem Binnenmarktkonzept.[93]   31 a

---

85 S. Art. 229; *H. Schröter*, in: GTE, EU-/EGV, Art. 87 – Erster Teil, Rn. 46.
86 Anders bei Sanktionen gegen Mitgliedstaaten wegen Vertragsverletzung; vgl. Art. 228 Abs. 2.
87 *K. L. Ritter*, in: Immenga/Mestmäcker, EG-Wettbewerbsrecht, Band II, 1997, Art. 87, Rn. 23.
88 *H. Schröter*, in: GTE, EU-/EGV, Art. 87 – Erster Teil, Rn. 46.
89 *H. Schröter*, in: GTE, EU-/EGV, Art. 87 – Erster Teil, Rn. 51; vgl. etwa Art. 21 Abs. 3 VO Nr. 4064/89 (Fn. 23).
90 *A. Deringer* (Fn. 11), Art. 87, Rn. 38; *R. Geiger*, EG-Vertrag, 3. Aufl., 2000, Art. 83, Rn. 13, 14; *A. Jungbluth*, in: Langen/Bunte (Fn. 10), 9. Aufl., Art. 83, Rn. 30; *I. Pernice*, in: Grabitz/Hilf, EU, Art. 87, Rn. 26; *K. L. Ritter*, in: Immenga/Mestmäcker, EG-Wettbewerbsrecht, Band II, 1997, Art. 87, Rn. 24; *H. Schröter*, in: GTE, EU-/EGV, Art. 87 – Erster Teil, Rn. 48.
91 S. Fn. 22.
92 Europäische Kommission, Vorschlag für eine Durchführungsverordnung zu den Artikeln 81 und 82 EG-Vertrag (Fn. 5), Art. 3.
93 Europäische Kommission, Vorschlag für eine Durchführungsverordnung zu den Artikeln 81 und 82 EG-Vertrag (Fn. 5), Begründung Ziff. II. B., II. C. 2. a), Ziff. IV »Artikel 3 – Verhältnis zwischen den Artikeln 81 und 82 EG-Vertrag und dem einzelstaatlichen Wettbewerbsrecht«.

Art. 83 EG-Vertrag

Ob ein derart kompromißloses Ausblenden nationaler Marktordnungspolitik wirklich mit den allgemeinen Prinzipien des EGV, insbes. den Art. 4 Abs. 1 und 5 Abs. 2, in Einklang steht, ist jedoch fraglich.[94]

32 Bis zum Inkrafttreten dieser Neuregelung gelten **außerhalb der Fusionskontrollverordnung** im Kartellrecht unmittelbar die **allgemeinen Grundsätze**, die der EuGH für das Verhältnis zwischen nationalem Recht und Europarecht entwickelt hat. Seit der Entscheidung »van Gend & Loos«[95] geht der Gerichtshof in st. Rspr. von einem absoluten Vorrang des Gemeinschaftsrechts aus, weil andernfalls der universelle Geltungsanspruch des supranational anzusiedelnden Europarechts nicht gesichert wäre.[96] Das Prinzip vom **Vorrang des Gemeinschaftsrechts** wurde in der Grundsatzentscheidung »**Walt Wilhelm**«[97] auf die Konkurrenz der Kartellrechtsordnungen übertragen. Europäisches und nationales Kartellrecht sind danach nebeneinander auf denselben Sachverhalt anwendbar. Im Konfliktfall setzt sich jedoch Gemeinschaftskartellrecht durch. Vorrang genießen auch wirtschaftspolitisch motivierte Maßnahmen der Gemeinschaftsorgane »zur Förderung einer harmonischen Entwicklung des Wirtschaftslebens« (sog. »positive mittelbare Eingriffe«).[98] Aus der Entscheidung »Walt Wilhelm« entwickelte die Literatur die heute herrschende »**modifizierte Zweischrankentheorie**«. Danach soll nicht nur den Kartell- und Mißbrauchsverboten des EGV Vorrang vor innerstaatlichem Recht zukommen, sondern auch den Einzel- und Gruppenfreistellungen der Kommission.[99] Dies würde erst Recht nach dem Kommissionsvorschlag einer neuen DurchführungsVO zu den Art. 81, 82 gelten.[100]

33 Bei genauer Interpretation der EuGH-Rechtsprechung und nach dem gemeinschaftsverfassungsrechtlichen Subsidiaritätsprinzip (Art. 5 Abs. 2) scheint die modifizierte Zweischrankentheorie in ihrem vollen Umfang jedoch kaum mehr haltbar. »Vorrang des Gemeinschaftsrechts« bedeutet nicht Vorrang jeder gemeinschaftsbehördlichen Entscheidung. Nach Art. 5 Abs. 2 gibt es **keinen formalen Primat der Gemeinschaftsorgane**. Es kommt vielmehr allein darauf an, ob einzelstaatliche oder europäische Kartellbehörden mit ihrem jeweiligen Rechtsinstrumentarium die Ziele des EGV aus Art. 2, 4 Abs. 1 am besten verwirklichen können. Solange Art. 81 Abs. 3 nicht als Legalausnahme ausgestaltet ist, darf das Bundeskartellamt folglich auch gegen freigestellte Wettbewerbsbeschränkungen nach GWB einschreiten, wenn ein Verbot den Vertragszielen mehr Rechnung trägt als die durch Kommissionsentscheidung gewährte Ausnahme von Art. 81 Abs. 1.[101]

---

94 Kritisch bereits zur bestehenden Rechtslage: *A. Deringer* (Fn. 11), Art. 87, Rn. 46, 47; *Mestmäcker* (Fn. 27), S. 529; offenbar keine Bedenken: *H. Schröter*, in: GTE, EU-/EGV, Art. 87 – Erster Teil, Rn. 49 m.w.N.
95 EuGH, Rs. 26/62, Slg. 1963, 4, 5, 25 (Van Gend & Loos/Niederländische Finanzverwaltung).
96 Grundlegend EuGH, Rs. 6/64, Slg. 1964, 1251, 1256, 1269 f. (Costa/ENEL).
97 EuGH, Rs. 14/68, Slg. 1969, 1, Rn. 6 (Walt Wilhelm/Bundeskartellamt).
98 EuGH, Rs. 14/68, Slg. 1969, 1, Rn. 3, 5, 6, 9 (Walt Wilhelm/Bundeskartellamt).
99 *H.-J. Bunte*, in: Langen/Bunte (Fn. 10), 9. Aufl., Einführung zum EG-Kartellrecht, Rn. 73–75, 78, 79; *R. Geiger*, EG-Vertrag, 3. Aufl., 2000, Art. 83, Rn. 16–18; *A. Gleiss/M. Hirsch*, Kommentar zum EG-Kartellrecht, Band 1, 4. Aufl., 1993, Rn. 62–73; *P. Mailänder*, in: Gemeinschaftskommentar, 3. Aufl., 1972, Europäisches Kartellrecht (bis Art. 85 EWGV), EWG-Grundz. Rdnr. 19, 21, 24; *X. de Roux/D. Voillemot*, Le droit de la concurrence de la C.E.E., Paris 1982, S. 8 f.; *H. Schröter*, in: GTE, EU-/EGV, Vor Art. 85–89, Rn. 59–61; *E. Steindorff*, Europäisches Kartellrecht und Staatenpraxis, ZHR 142 (1978), 525, 547; *M. Waelbroeck*, in: Mégret/Louis/Vigne/Waelbroeck, Le droit de la Communauté Economique Européenne, Vol. 4 – Concurrence, 1972, Ziff. 113; *M. Zuleeg*, Der Rang des europäischen im Verhältnis zum nationalen Wettbewerbsrecht, EuR 1990, 123, 127; zusammenfassende Darstellung *C. Jung* (Fn. 24), S. 121–131.
100 Deutlich: Europäische Kommission, Vorschlag für eine Durchführungsverordnung zu den Artikeln 81 und 82 EG-Vertrag (Fn. 5), Art. 16; vgl. auch *Mestmäcker* (Fn. 27), S. 528, 529.
101 *C. Jung* (Fn. 24), S. 141 ff., 252–256 m.w.N.

Konstitutive Bedeutung hat Art. 83 Abs. 2 lit. e) dagegen für den Erlaß sekundärrechtlicher Vorschriften, die **Konflikten** zwischen innerstaatlichem und europäischem Kartellrecht **vorbeugen** und im **Verfahren** eine **einheitliche Anwendung des Gemeinschaftskartellrechts** sicherstellen sollen.[102] Kommission und Literatur erachten auf dieser Rechtsgrundlage Vorschriften zur Präzisierung der Zwischenstaatlichkeitsklausel[103], über die Zusammenarbeit nationaler Kartellbehörden und der Europäischen Kommission[104] sowie zur gegenseitigen Beteiligung europäischer wie nationaler Behörden an ihren jeweiligen Verfahren für möglich.[105] Inwieweit sich aus Art. 83 Abs. 2 lit. e) Einwirkungsmöglichkeiten des Rates auf das materielle Kartellrecht der Mitgliedstaaten oder der EG ableiten lassen, um das Konkurrenzverhältnis zwischen beiden zu konkretisieren, ist rechtsdogmatisch noch ungeklärt.[106] Die Europäische Kommission versucht gegenwärtig, auf der Basis dieser Vertragsbestimmung, eine Lösung des Konkurrenzproblems durch strikten Anwendungsausschluß des nationalen Kartellrechts.[107]

34

E. Verordnungen des Rates aufgrund von Art. 83

Aufgrund von Art. 83 erließ der Rat bisher eine Reihe von Anwendungsverordnungen sowie Ermächtigungsverordnungen für Gruppenfreistellungen durch die Kommission. Manche Anwendungsverordnungen enthalten bereits selbst Gruppenfreistellungen.[108]

35

Derzeit sind folgende **Anwendungsverordnungen** in Kraft: für alle Wirtschaftsbereiche mit Ausnahme der Landwirtschaft[109] und des Verkehrs[110] VO Nr. 17/62[111]; für den Eisenbahn-, Straßen- und Binnenschiffsverkehr VO Nr. 1017/68[112]; für den internationalen Seeverkehr VO Nr. 4056/86[113]; für den Luftverkehr zwischen Flughäfen der Gemeinschaft VO Nr. 3975/87[114]; für Unternehmenszusammenschlüsse VO Nr. 4064/

36

---

102 *I. Pernice*, in: Grabitz/Hilf, EU, Art. 87, Rn. 27.
103 S. Art. 81, Rn. 125–132.
104 Konkrete Ansätze unterhalb der Ebene verbindlicher Rechtsnormen: Bekanntmachung der Kommission über die Zusammenarbeit zwischen der Kommission und den Wettbewerbsbehörden der Mitgliedstaaten (Fn. 6); Bekanntmachung über die Zusammenarbeit zwischen der Kommission und den Gerichten der Mitgliedstaaten bei der Anwendung der Artikel 85 und 86 des EWG-Vertrags, ABl.EG 1993 Nr. C 39/6. Für die Zukunft sind allerdings gesetzliche Kooperationspflichten geplant; vgl. Europäische Kommission, Vorschlag für eine Durchführungsverordnung zu den Artikeln 81 und 82 EG-Vertrag (Fn. 5), Art. 11-15.
105 *A. Jungbluth*, in: Langen/Bunte (Fn. 10), 9. Aufl., Art. 83, Rn. 31; *K. L. Ritter*, in: Immenga/Mestmäcker, EG-Wettbewerbsrecht, Band II, 1997, Art. 87, Rn. 25; *H. Schröter*, in: GTE, EU-/EGV, Art. 87 – Erster Teil, Rn. 49, 50.
106 *A. Deringer* (Fn. 11), Art. 87, Rn. 46, 47; *K. L. Ritter*, in: Immenga/Mestmäcker, EG-Wettbewerbsrecht, Band II, 1997, Art. 87, Rn. 26; *H. Schröter*, in: GTE, EU-/EGV, Art. 87 – Erster Teil, Rn. 48, 50.
107 S. o., Rn. 31a.
108 Gruppenfreistellungen des Rates s. Fn. 61.
109 Hinsichtlich der Anwendung des EG-Wettbewerbsrechts auf Produktion und Handel mit landwirtschaftlichen Erzeugnissen erging – auf der Grundlage von Art. 36, 37 (ex-Art. 42, 43) – die VO Nr. 26/62 (Fn. 77).
110 Ausgenommen vom Anwendungsbereich der VO Nr. 17/62 durch VO Nr. 141/62 (Fn. 34). De lege ferenda soll auch der Wirtschaftsbereich »Verkehr« der neuen Anwendungsverordnung unterworfen werden; vgl. Europäische Kommission, Vorschlag für eine Durchführungsverordnung zu den Artikeln 81 und 82 EG-Vertrag (Fn. 5), Begründung Ziff. II. B., Art. 37–41.
111 S. Fn. 18.
112 S. Fn. 19.
113 S. Fn. 20.
114 S. Fn. 21.

89[115]. Für **Gruppenfreistellungen** existieren folgende **Ermächtigungsverordnungen:** hinsichtlich vertikaler Wettbewerbsbeschränkungen VO Nr. 19/65[116]; hinsichtlich horizontaler Wettbewerbsbeschränkungen VO Nr. 2821/71[117]; für den Luftverkehr VO Nr. 3976/87[118]; für die Versicherungswirtschaft VO Nr. 1534/91[119]; für Linienschifffahrtskonsortien VO Nr. 479/92[120].

F. Abgrenzung zu sonstigen Verordnungsermächtigungen

37 Der Umfang der Verordnungsermächtigung in Art. 83 ist durch Regelungsgehalt und Reichweite der Art. 81, 82 beschränkt. Art. 308 geht dagegen inhaltlich darüber hinaus und deckt alle Maßnahmen zur Verwirklichung eines Gemeinschaftsziels (Art. 2, 4), wenn der Vertrag die erforderlichen Befugnisse sonst nicht vorsieht.[121] Die Fusionskontrollverordnung (VO Nr. 4064/89) mußte daher neben Art. 83 auf Art. 308 gestützt werden, weil Unternehmenszusammenschlüsse mit Art. 82 nur zu fassen sind, wenn sie eine marktbeherrschende Stellung verstärken, nicht wenn sie diese erst begründen.[122]

38 Zur Sicherung der Wettbewerbsgrundsätze bei öffentlichen und monopolartigen Unternehmen, die in besonderer Beziehung zu nationalen Hoheitsträgern stehen[123], enthält **Art. 86 Abs. 3** eine spezielle Ermächtigung für Verordnungen und Richtlinien. Von dieser Vorschrift unterscheidet sich Art. 83 durch seine generellere Ausrichtung. Art. 83 ist Rechtsgrundlage zur Durchsetzung »der für alle Unternehmen geltenden Wettbewerbsregeln«[124] und damit gegenüber Art. 86 Abs. 3 subsidiär.

39 Die **Art. 94 und 95** geben dem Rat die Möglichkeit, Richtlinien zur Angleichung nationaler Rechtsvorschriften zu erlassen. Ziel ist dort die Harmonisierung nationalen Rechts, nicht die Anwendung oder Durchsetzung von Gemeinschaftsrecht.[125] Berührungspunkte mit Art. 83 bestehen daher – abgesehen von lit. e) – nicht.[126]

---

115 S. Fn. 23.
116 S. Fn. 52. Die VO Nr. 19/65 sowie alle weiteren Ermächtigungsverordnungen sollen im Zuge der Reform des sekundären EG-Kartellrechts aufgehoben werden; vgl. Vorschlag für eine Durchführungsverordnung zu den Artikeln 81 und 82 EG-Vertrag (Fn. 5), Art. 41.
117 S. Fn. 52.
118 S. Fn. 52.
119 S. Fn. 52.
120 S. Fn. 52.
121 S. Art. 308, Rn. 10 ff.
122 EuGH, Rs. 6/72, Slg. 1973, 215, 244 (Continental Can).
123 S. Art. 86, Rn. 12–16.
124 EuGH, Rs. C-202/88, Slg. 1991, I-1223, Rn. 24 (Telekommunikations-Endgeräte).
125 K. L. *Ritter*, in: Immenga/Mestmäcker, EG-Wettbewerbsrecht, Band II, 1997, Art. 87, Rn. 13.
126 EuGH, Rs. C-202/88, Slg. 1991, I-1223, Rn. 24, 25 (Telekommunikations-Endgeräte).

Art. 84 (ex-Art. 88)

Bis zum Inkrafttreten der gemäß Artikel 83 erlassenen Vorschriften[3,4] entscheiden die Behörden der Mitgliedstaaten[1, 5] im Einklang mit ihren eigenen Rechtsvorschriften[7,8] und den Bestimmungen der Artikel 81[7,8,] insbesondere Absatz 3[9], und 82 über die Zulässigkeit von Vereinbarungen, Beschlüssen und aufeinander abgestimmten Verhaltensweisen sowie über die mißbräuchliche Ausnutzung einer beherrschenden Stellung auf dem Gemeinsamen Markt[6].

Inhaltsübersicht:
A. Funktion und Auslegung	1
B. Anwendungsvoraussetzungen und Regelungsgehalt	3
I. Inkrafttreten der gemäß Art. 83 EGV erlassenen Vorschriften	3
II. Behörden der Mitgliedstaaten	5
III. Prüfungsgegenstand	6
IV. Anwendbare Rechtsvorschriften	7
C. Praktische Bedeutung von Art. 84	10

A. Funktion und Auslegung

Ziel von Art. 84 war es, unmittelbar mit Inkrafttreten des EWG-Vertrages und **bereits** **1** **vor** Erlaß der in Art. 83 vorgesehenen **Durchführungsvorschriften**[1] eine effiziente Durchsetzung des europäischen Kartellrechts zu ermöglichen.[2] Vollzugsinstrumente sollten sofort kraft primären Gemeinschaftsrechts zur Verfügung stehen: **Art. 84 begründet deshalb Vollzugsbefugnisse** für die einzelnen **Mitgliedstaaten**, Art. 85 gewährt bestimmte Befugnisse der Europäischen Kommission. Beide betreffen die verwaltungsmäßige Durchsetzung des EG-Kartellrechts, wo und soweit keine Durchführungsverordnung i.S.v. Art. 83 eingreift.[3] Darüber hinaus schafft Art. 84 eine latente Auffangkompetenz der Mitgliedstaaten, wann immer Durchführungsverordnungen[4] eine Lücke zugunsten nationaler Behörden lassen oder der Europäischen Kommission keine ausschließliche Zuständigkeit zuweisen.

Im Vergleich mit Art. 85 sind die Kompetenzen, die Art. 84 den **nationalen Behörden** **2** zuweist, stärker ausgeprägt. Die Mitgliedstaaten können **repressiv** gegen Kartellrechtsverstöße vorgehen und sogar **Freistellungen** erteilen, die **Kommission** dagegen hat außerhalb des Anwendungsbereichs einer Durchführungsverordnung nur ein **Untersuchungs-, Vorschlags- und Feststellungsrecht**.[5] Nach der Konzeption des primären EG-Vertragsrechts liegt also das Schwergewicht der kartellrechtlichen Vollzugsbefugnisse grundsätzlich bei den Mitgliedstaaten.[6] Art. 84 ist die wichtigste primärrechtliche

---

1 S. Art. 83, Rn. 4, 35, 36.
2 EuGH, Rs. 13/61, Slg. 1962, 97, 112 (De Geus/Bosch).
3 EuGH, Rs. 209–213/84, Slg. 1986, 1425, Rn. 51 f. (Asjes); vgl. als Überblick die Darstellung bei C. *Kerse*, Enforcing Community Competition Policy under Articles 88 and 89 of the E.C. Treaty – New Powers for U.K. Competition Authorities, 1997 E.C.L.R. 17.
4 S. Art. 83, Rn. 36.
5 S. Art. 85, Rn. 5–10.
6 Vergleichbare Befugnisse nationaler Behörden gibt es im Rahmen der Montanunion nicht. Nach Art. 65 § 4 EGKSV ist die Hohe Behörde ausschließlich zuständig für Entscheidungen über die Vereinbarkeit von Vereinbarungen und Beschlüssen mit den dortigen Kartellrechtsregeln. Im Ergebnis kann die Kartellrechtswidrigkeit solcher Verträge zivilrechtlich immer erst geltend gemacht werden, nachdem die Hohe Behörde eine entsprechende Entscheidung getroffen hat; vgl. EuGH, Rs. C-128/92, Slg. 1994, I-1209, Rn. 17 (Banks/British Coal); K. L. *Ritter*, in: Immenga/Mestmäcker, EG-Wettbewerbsrecht, Band II, 1997, Art. 88, Rn. 1 mit Fn. 1.

Grundlage für das politische Ziel einer **dezentralen Anwendung des europäischen Kartellrechts**.[7] Unter den dort genannten Voraussetzungen und hinreichendem Inlandsbezug[8] sind die Behörden der Mitgliedstaaten nicht nur berechtigt, sondern **verpflichtet**, Gemeinschaftskartellrecht durchzusetzen.[9] Dabei sind die nationalen Kartellbehörden keinesfalls auf reine Inlandssachverhalte beschränkt.[10] Für die **Zukunft** plant die Kommission, die Zuständigkeit zur Anwendung der Art. 81, 82 grundsätzlich bei den mitgliedstaatlichen Behörden und Gerichten zu verorten durch die Umgestaltung von Art. 81 Abs. 3 zu einer unmittelbar anwendbaren Legalausnahme.[11]

B. Anwendungsvoraussetzungen und Regelungsgehalt

I. Inkrafttreten der gemäß Art. 83 EGV erlassenen Vorschriften

3 Art. 84 war nur als **Übergangs- und Auffangvorschrift** gedacht, solange sekundärrechtliche Durchführungsbestimmungen gemäß Art. 83 nicht erlassen waren. Solche Anwendungsverordnungen[12] sind inzwischen für fast alle Formen unternehmerischer Tätigkeit ergangen. Soweit der Anwendungsbereich der Anwendungsverordnungen reicht und keine fortbestehenden Kompetenzen der Mitgliedstaaten vorsieht, ist eine Berufung auf Art. 84 ausgeschlossen. Bisher liegen fünf **Anwendungsverordnungen** i.S.v. Art. 83 vor[13]: Die allgemein geltende VO Nr. 17/62[14] ist am 13.3.1962 inkraftge-

---

7 Europäische Kommission, 20. Wettbewerbsbericht (1990), Erster Teil, Ziff. 13; 21. Wettbewerbsbericht (1991), Erster Teil, Ziff. 69 f.; 22. Wettbewerbsbericht (1992), Erster Teil, Ziff. 120, 299; 23. Wettbewerbsbericht (1993), Erster Teil, Ziff. 189–191; 24. Wettbewerbsbericht (1994), Erster Teil, Ziff. 23, 40 ff.; 25. Wettbewerbsbericht (1995), Erster Teil, Ziff. 90 ff. Zur dezentralen Anwendung des EG-Kartellrechts: Bekanntmachung der Kommission über die Zusammenarbeit zwischen der Kommission und den Wettbewerbsbehörden der Mitgliedstaaten bei der Bearbeitung von Fällen im Anwendungsbereich der Art. 85 und 86 EG-Vertrag, ABl.EG 1997 Nr. C 313/3; Bekanntmachung über die Zusammenarbeit zwischen der Kommission und den Gerichten der Mitgliedstaaten bei der Anwendung der Artikel 85 und 86 des EWG-Vertrags, ABl.EG 1993 Nr. C 39/6; *C.-D. Ehlermann*, Implementation of EC Competition Law by National Anti-Trust Authorities, 1996 E.C.L.R. 88; *R. Wesseling*, The Commission Notices on Decentralisation of E.C. Antitrust Law: In for a Penny, Not for a Pound, 1997 E.C.L.R. 94.
8 Dazu ausführlich BGH, WuW/E DE-R 89, 91 (spanische Hotels).
9 *H. Schröter*, in: GTE, EU-/EGV, Art. 88, Rn. 8; *C. Jung*, Subsidiarität im Recht der Wettbewerbsbeschränkungen, 1995, S. 227–230; *E. Wohlfarth/U. Everling/H. J. Glaesner/R. Sprung*, Die Europäische Wirtschaftsgemeinschaft, 1960, Art. 88, Ziff. 2; ebenso für den Sonderfall der Unternehmenszusammenschlüsse *M. Levitt*, Article 88, the Merger Control Regulation and the English Courts: BA/Dan-Air, 1993 E.C.L.R. 73 (76).
10 BGH, WuW/E DE-R 89, 91 f. (spanische Hotels).
11 Europäische Kommission, Vorschlag für eine VO des Rates zur Durchführung der in den Artikeln 81 und 82 EG-Vertrag niedergelegten Wettbewerbsregeln ... (»Durchführungsverordnung zu den Artikeln 81 und 82 EG-Vertrag«), 27.9.2000, KOM(2000) 582 endg., Begründung Ziff. II. C. 1.; genauer s. Art. 83, Rn. 9.
12 Richtlinien wurden bisher nicht erlassen oder vorgeschlagen; s. Art. 83, Rn. 8.
13 S. im einzelnen Art. 83, Rn. 36. De lege ferenda sollen die VO Nr. 17/62 durch eine neue Durchführungsverordnung ersetzt werden, die dann für sämtliche Wirtschaftsbereiche Geltung beansprucht. Die verkehrsrechtlichen Anwendungsverordnungen werden nur noch in ihrem materiell-rechtlichen Gehalt aufrechterhalten bleiben; vgl. Europäische Kommission, Vorschlag für eine Durchführungsverordnung zu den Artikeln 81 und 82 EG-Vertrag (Fn. 11), Begründung Ziff. II. B., Art. 37-41.
14 Die Verkehrswirtschaft wurde bislang durch die VO Nr. 141/62 vom Anwendungsbereich der VO Nr. 17/62 vollständig ausgenommen; vgl. VO Nr. 141 des Rates vom 26. November 1962 über die Nichtanwendung der Verordnung Nr. 17 des Rates auf den Verkehr, ABL.EG 1962, S. 2751.

treten, die VO Nr. 1017/68 für den Eisenbahn-, Straßen- und Binnenschiffsverkehr am 1.7.1968, die VO Nr. 4056/86 für den internationalen Seeverkehr am 1.7.1987, die VO Nr. 3975/87 für den Luftverkehr zwischen Flughäfen der Gemeinschaft am 1.1.1988, und die Fusionskontrollverordnung (VO Nr. 4064/89) schließlich ist in Kraft seit dem 21.9.1990.

Art. 84 wurde damit nicht gegenstandslos.[15] **Nicht erfaßt** von den bisher existierenden Durchführungsvorschriften sind nämlich Trampdienste im Seeverkehr, der Seeverkehr innerhalb eines Mitgliedstaats (Art. 1 Abs. 2 VO Nr. 4056/86) und der Luftverkehr zwischen der EG und Drittstaaten (Art. 1 Abs. 2 VO Nr. 3975/87)[16]. Ferner gewährleisten die oben genannten **Verordnungen in Teilbereichen** selbst ein Fortbestehen der **mitgliedstaatlichen Befugnisse**.[17] So sehen zwar alle Anwendungsverordnungen eine ausschließliche Zuständigkeit der Kommission für Freistellungserklärungen (Art. 81 Abs. 3) vor, zur Durchsetzung der Verbote in Art. 81 Abs. 1 und Art. 82 besteht aber konkurrierende Zuständigkeit mit den Behörden der Mitgliedstaaten, solange die Kommission kein Verfahren zum Erlaß einer Einzelfallentscheidung eingeleitet hat.[18] Vor Einleitung eines solchen Verfahrens sind nach dem Subsidiaritätsprinzip (Art. 5 Abs. 2) vorrangig die Mitgliedstaaten aufgerufen, auf der Grundlage von Art. 84 tätig zu werden.[19] Schließlich bleibt Raum für Art. 84, soweit **Durchführungsverordnungen bestimmte Sachverhalte** von ihrem Anwendungsbereich **ausnehmen** (Beispiel: Art. 22 Abs. 1, 2 i.V.m. Art. 3 und 1 VO Nr. 4064/89[20]), oder falls der Gemeinschaftsgesetzgeber ihre Reichweite nachträglich einschränkt.[21] Konzentrative Unternehmenszusammenschlüsse ohne gemeinschaftsweite Bedeutung unterliegen daher – auch nach der geänderten Fusionskontrollverordnung – der Beurteilung durch die Mitgliedstaaten auf der Grundlage von Art. 84.[22]

II. Behörden der Mitgliedstaaten

Der **Behördenbegriff** in Art. 84 ist **funktionell**, nicht institutionell zu verstehen. Die Vorschrift richtet sich an alle Stellen, die nach dem nationalen Recht der jeweiligen Mitgliedstaaten **mit der verwaltungsmäßigen Anwendung von Kartellrecht betraut sind**. Das sind in erster Linie Verwaltungsbehörden. In einigen EG-Mitgliedstaaten, wie Frankreich und Großbritannien, liegt diese Aufgabe bei bestimmten Gerichten, die

---

15 KG, WuW/E OLG 4291, 4293 (Landesgebühr); *K. L. Ritter*, in: Immenga/Mestmäcker, EG-Wettbewerbsrecht, Band II, 1997, Art. 88, Rn. 7–9.
16 Die Pläne der Kommission zur Ausdehnung dieser Anwendungsverordnung auf den Luftverkehr mit Nicht-EG-Staaten waren bisher politisch nicht durchsetzbar; s. Art. 80, Rn. 22 Fn. 79.
17 Das ist mit den Vorgaben des EGV vereinbar; BGH, WuW/E DE-R 89, 90 (spanische Hotels).
18 Art. 9 Abs. 3 VO Nr. 17/62, ABl.EG 1962, S. 204; Art. 15 VO Nr. 1017/68, ABl.EG 1968 Nr. L 175/1; Art. 14 VO Nr. 4056/86, ABl.EG 1986 Nr. L 378/4; Art. 7 VO Nr. 3975/87, ABl.EG 1987 Nr. L 374/1; ausdrücklich auch BGH, WuW/E DE-R 89, 90 (spanische Hotels).
19 Zur Begründung vgl. *Jung* (Fn. 9), S. 220–230. Die h.M. betrachtet dagegen die Zuständigkeit der Mitgliedstaaten als nachrangig; vgl. BGH, WuW/E DE-R 89, 90 (spanische Hotels).
20 VO (EWG) Nr. 4064/89 über die Kontrolle von Unternehmenszusammenschlüssen, ABl.EG 1989 Nr. L 257/13; geändert durch VO (EG) Nr. 1310/97 des Rates vom 30.6.1997, ABl.EG 1997 Nr. L 180/1. Allerdings hat dieser Ausnahmebereich infolge der Änderung von Art. 22 Abs. 1 VO (EWG) Nr. 4064/89 zum 1.3.1998 erheblich an Bedeutung verloren.
21 So geschehen in dem VO Nr. 141/62 (Fn. 13); vgl. EuGH, Rs. 209–213/84, Slg. 1986, 1425, Rn. 51 f. (Asjes).
22 A.A. – noch zur alten Rechtslage –, aber nicht überzeugend, der englische Court of Appeal in *Reg. v. Secretary of State for Trade and Industry, ex parte Airlines of Britain Holdings plc and Another*, [1992] T.L.R. 599; dazu *Levitt* (Fn. 9).

dann als Behörden i.S.v. Art. 84 anzusehen sind.[23] Unter den Behördenbegriff fallen jedoch nicht die ordentlichen Gerichte, die in Anwendung der Rechtsfolgen aus Art. 81 Abs. 2, 82 über die Nichtigkeit bestimmter Verhaltensweisen[24] oder sonstige zivilrechtliche Konsequenzen[25] zu entscheiden haben[26], ebensowenig die Strafgerichte.[27] Die Zuständigkeit dieser Gerichte folgt aus der unmittelbaren Anwendbarkeit von Art. 81 Abs. 1 und 82.[28]

III. Prüfungsgegenstand

6 Prüfungsgegenstand sind dieselben Verhaltensweisen, die auch von Art. 81, 82 erfaßt werden, denn der Zweck von Art. 84 liegt in der Schaffung einer Kompetenz- und Verfahrensgrundlage zur Durchsetzung dieser Vorschriften. Gegenstand einer Entscheidung aufgrund von Art. 84 sind daher **sämtliche Formen wettbewerbsbeschränkenden Zusammenwirkens**, einseitige Handlungen nur unter den Voraussetzungen von Art. 82.[29]

IV. Anwendbare Rechtsvorschriften

7 Die Kompetenz, die Art. 84 den Behörden der Mitgliedstaaten einräumt, bezieht sich auf eine Anwendung der Art. 81, 82 »... **im Einklang mit ihren eigenen Rechtsvorschriften** ...«. Gemeint sind damit **ausschließlich** die **Zuständigkeits- und Verfahrensnormen** des innerstaatlichen Rechts.[30] Die Kompetenz zur Anwendung nationalen materiellen Kartellrechts ergibt sich aus den jeweiligen Gesetzen unmittelbar. Art. 84 verlangt keine Harmonisierung von nationalem und EG-Kartellrecht auf materiell-rechtlicher Ebene; beide wettbewerbsrechtlichen Regime können unabhängig voneinander denselben Sachverhalt regeln.[31] Die Bezugnahme auf Rechtsvorschriften der Mitgliedstaaten besagt nur, daß nationale Kartellbehörden auch bei der Anwendung der Art. 81, 82 an ihre innerstaatlichen Zuständigkeits- und Verfahrensregeln gebunden sind.[32]

---

23 EuGH, Rs. 43/69, Slg. 1970, 127, Rn. 9 (Bilger/Jehle); EuGH, Rs. 127/73, Slg. 1974, 51, Rn. 19 f. (BRT/SABAM I); EuGH, Rs. 209–213/84, Slg. 1986, 1425, Rn. 55 (Asjes); *K. L. Ritter*, in: Immenga/Mestmäcker, EG-Wettbewerbsrecht, Band II, 1997, Art. 88, Rn. 2 m.w.N.
24 *K. Schmidt*, in: Immenga/Mestmäcker, EG-Wettbewerbsrecht, Band I, 1997, Art. 85 Abs. 2, Rn. 19–70; *W. Weiß*, Die Verteidigungsrechte im EG-Kartellverfahren, 1996, S. 150.
25 S. Art. 82, Rn. 72; *D. Dirksen*, in: Langen/Bunte, Kommentar zum deutschen und europäischen Kartellrecht, 9. Aufl., 2001, Art. 82, Rn. 207 ff.
26 EuGH, Rs. 127/73, Slg. 1974, 51, Rn. 15/17 (BRT/SABAM I).
27 EuGH, Rs. 209–213/84, Slg. 1986, 1425, Rn. 55 (Asjes).
28 EuGH, Rs. 127/73, Slg. 1974, 51, Rn. 15/17 (BRT/SABAM I); EuGH, Rs. C-344/98, NJW 2001, 1265, Rn. 47 (Masterfoods); *H. Schröter*, in: GTE, EU-/EGV, Art. 88, Rn. 5; s. Art. 81, Rn. 30 und Art. 83, Rn. 3, 4.
29 S. Art. 81, Rn. 55; EuG, Rs. T-51/89, Slg. 1990, II-309, Rn. 22 (Tetra Pak I); *H. Schröter*, in: GTE, EU-/EGV, Art. 85, Rn. 40, 54; ders., in: GTE, EU-/EGV, Art. 86, Rn. 35, 131–133.
30 EuGH, Rs. 43/69, Slg. 1970, 127, Rn. 9 (Bilger/Jehle); *H. Schröter*, in: GTE, EU-/EGV, Art. 88, Rn. 4, 8; *E. Wohlfarth/U. Everling/H. J. Glaesner/R. Sprung* (Fn. 9), Art. 88, Ziff. 5.
31 *H. Schröter*, in: GTE, EU-/EGV, Art. 88, Rn. 9; EuGH, Rs. 14/68, Slg. 1969, 1, Rn. 3, 11 (Walt Wilhelm).
32 EuGH, Rs. 209–213/84, Slg. 1986, 1425, Rn. 62 (Asjes); EuGH, Rs. C-242/95, Slg. 1997, I-4449, Rn. 23 (GT-Link).

Vor 1988 hatten Bundeskartellamt und Bundesregierung Art. 84 allein als ausreichende 8
Rechtsgrundlage für ein **repressives Vorgehen des Bundeskartellamts nach Gemeinschaftskartellrecht** angesehen.[33] Das Kammergericht hielt dagegen **Art. 84 per se für unzureichend** und konnte auch dem GWB in der damaligen Fassung keine hinreichend bestimmten Verfahrensvorschriften für den Vollzug der Art. 81, 82 entnehmen.[34] Art. 84 überläßt die Schaffung der zuständigkeits- und verfahrensmäßigen Grundlagen dem nationalen Gesetzgeber. Im Rahmen der 5. GWB-Novelle wurden die erforderlichen Bestimmungen in das deutsche Recht eingefügt.[35], die sich seit 1.1.1999 (6. GWB-Novelle) in **§ 50 GWB** finden. § 50 GWB begründet eine ausschließliche Zuständigkeit des Bundeskartellamts, erklärt die Befugnisse und Verfahrensvorschriften bei Vollzug des GWB für entsprechend anwendbar und regelt die Mitwirkung der Europäischen Kommission an solchen Verfahren.[36] Ebenso wie in Deutschland wendeten 1999 die Behörden in sieben weiteren EG-Mitgliedstaaten (Belgien, Frankreich, Griechenland, Italien, Niederlande, Portugal, Spanien) die Art. 81, 82 selbst an; die übrigen sieben Mitgliedstaaten (Österreich, Dänemark, Finnland, Irland, Luxemburg, Schweden, Großbritannien) hatten diese Möglichkeit noch nicht geschaffen.[37]

Art. 84 ermächtigt nationale Behörden **auch zu Freistellungsentscheidungen** gemäß 9
Art. 81 Abs. 3, **soweit keine ausschließliche Zuständigkeit** der Gemeinschaftsorgane nach Art. 83 Abs. 2 lit. b) i.V.m. Art. 9 Abs. 1 VO Nr. 17/62, Art. 15 VO Nr. 1017/68, Art. 14 VO Nr. 4056/86, Art. 7 VO Nr. 3975/87 besteht[38]. Die Freistellungskompetenz liegt originär sogar ausschließlich bei den Mitgliedstaaten, weil Art. 85 auf der Ebene des Primärrechts der Kommission eine entsprechende Befugnis nicht zuerkennt.[39] Nach dem Kommissionsvorschlag für eine neue Durchführungsverordnung zum EG-Kartellrecht werden die nationalen Kartellbehörden wieder uneingeschränkt zur Anwendung des Art. 81 Abs. 3 befugt sein, der dann freilich als Legalausnahme wirken soll und deshalb keiner konstitutiven Freistellungsentscheidung mehr bedarf.[40]

C. Praktische Bedeutung von Art. 84

Vor Erlaß der **Durchführungsverordnungen**[41] hatte Art. 84 wider Erwarten kaum prak- 10
tische Bedeutung. Unter den nationalen Verwaltungsbehörden hatte nur das deutsche Bundeskartellamt von den Möglichkeiten dieser Bestimmung Gebrauch gemacht und

---

33 So auch *E. Wohlfarth/U. Everling/H. J. Glaesner/R. Sprung* (Fn. 9), Art. 88, Ziff. 2, 8.
34 KG, WuW/E OLG 4291, 4294 ff. (Landegebühr).
35 *Klaue*, in: Immenga/Mestmäcker, GWB-Kommentar, 2. Aufl., 1992, § 47, Rn. 1–3, 9, 11 ff.; *K.-P. Schultz*, in: Langen/Bunte (Fn. 25), § 50, Rn. 5-7.
36 BGH, WuW/E DE-R 89, 91 (spanische Hotels) – noch zu § 47 GWB (a. F.).
37 Europäische Kommission, 29. Wettbewerbsbericht (1999), Zweiter Teil, S. 406 f., 386; zur Rechtslage in Großbritannien *J. H. Maitland-Walker*, Commission Notice on Co-operation between National Competition Authorities and the Commission in handling cases falling within the scope of Articles 85 and 86 of the E.C. Treaty, 1998 E.C.L.R. 124.
38 S. Art. 83, Rn. 21; *K. L. Ritter*, in: Immenga/Mestmäcker, EG-Wettbewerbsrecht, Band II, 1997, Art. 88, Rn. 4.
39 EuGH, Rs. 13/61, Slg. 1962. 1962, 97, 112 (De Geus/Bosch); EuGH, Rs. 209–213/84, Slg. 1986, 1425, Rn. 62 (Asjes).
40 Europäische Kommission, Vorschlag für eine Durchführungsverordnung zu den Artikeln 81 und 82 EG-Vertrag (Fn. 11), Begründung Ziff. II. C. 1. a), IV. »Artikel 1 – Direkte Anwendbarkeit«, Art. 5.
41 S. o. Rn. 3.

Art. 84 EG-Vertrag

eine förmliche Entscheidung nach Art. 81 Abs. 1 sowie mehrere Freistellungen gemäß Art. 81 Abs. 3 erlassen.[42]

11   Nach Erlaß der genannten **Durchführungsvorschriften** blieb für Art. 84 ein legitimer Anwendungsbereich auf den Feldern, die von diesen Verordnungen nicht abgedeckt wurden[43]. Ferner können nationale Behörden bei ihnen angemeldete Wettbewerbsbeschränkungen, solange die Kommission kein Verfahren im Sinne von Art. 9 Abs. 3 VO Nr. 17/62[44] eingeleitet hat, stets auf ihre Vereinbarkeit mit dem Gemeinschaftskartellrecht prüfen. Dies ist gängige Praxis des Bundeskartellamts, in allen Fällen von gemeinschaftsrelevanter Dimension.[45]

12   Eine entscheidende Stärkung seiner Bedeutung erlebte Art. 84 seit 1993 durch die von der Kommission forcierte **dezentrale Anwendung europäischen Kartellrechts**[46] und die **Spruchpraxis des Bundeskartellamts**, vor allem bei der Beurteilung langlaufender, marktabgrenzender Verträge zugunsten von Energieversorgungsunternehmen. Verträge zum Zweck der Energieversorgung genossen gemäß §§ 103, 103a GWB (a. F.) bis Ende 1998 weitgehende Bereichsausnahmen vom Kartellverbot des deutschen Rechts[47], so daß wettbewerbsbeschränkende Verhaltensweisen nur mit den Mitteln des Gemeinschaftskartellrechts auf der Grundlage von Art. 9 Abs. 3 VO Nr. 17/62 i.V.m. Art. 84 untersagt werden konnten. Von dieser Möglichkeit machte das Bundeskartellamt in den Jahren 1994 bis 1996 in zwei Fällen Gebrauch[48]. Weitere Entscheidungsschwerpunkte[49] lagen bei selektiven Ausschließlichkeitsbindungen im Tourismusbereich[50] wettbewerbsbeschränkenden Absprachen mit zwischenstaatlicher Auswirkung im Transport- und Dienstleistungssektor[51] sowie mißbräuchlichen Verweigerungen des Zugangs zu betriebsnotwendigen Infrastrukturenrichtungen in der Telekommunikations- und Verkehrswirtschaft[52]. Nachhaltige wirtschaftliche Bedeutung zeigt die Beur-

---

42   Bundeskartellamt, Tätigkeitsbericht 1959, BT-Drs. III/1795, S. 54 f., Tätigkeitsbericht 1960, BT-Drs. III/2734, S. 50, Tätigkeitsbericht 1962, BT-Drs. IV/1220, S. 75; weitere Nachweise bei A. *Deringer*, Das Wettbewerbsrecht der Europäischen Wirtschaftsgemeinschaft, 1962, Art. 88/89, Rn. 42–47; A. *Gleiss/M. Hirsch*, Kommentar zum EWG-Kartellrecht, 3. Aufl. 1978, Art. 88, Rn. 1.
43   S. o. Rn. 4.
44   Zu parallelen Regelungen in den übrigen Anwendungsverordnungen s. Fn. 18.
45   K. L. *Ritter*, in: Immenga/Mestmäcker, EG-Wettbewerbsrecht, Band II, 1997, Art. 88, Rn. 10, unter besonderer Hervorhebung der Kartellamtspraxis zu Lizenzverträgen.
46   Vgl. Europäische Kommission, 27. Wettbewerbsbericht (1997), Erster Teil, Ziff. 41–43, 323; 26. Wettbewerbsbericht (1996), Erster Teil, Ziff. 14, 20, 30–33; 25. Wettbewerbsbericht (1995), Erster Teil, Ziff. 16 f., 25, 92–95; s. i.ü. dazu die Nachweise in Fn. 7.
47   Diese Bereichsausnahmen wurden mit Ausnahme der Wasserversorgung in der 6. GWB-Novelle gestrichen; vgl. Bundesregierung, Entwurf eines Sechsten Gesetzes zur Änderung des Gesetzes gegen Wettbewerbsbeschränkungen, 29. 1. 1998, BT-Drs. 13/9720, S. 38, 70.
48   Bundeskartellamt, 18.4.1994, WuW/E BKartA 2648 u. 2778 (Ruhrgas/Thyssengas); Bundeskartellamt, 28.2.1996, WuW/E BKartA 2859 (RWE/Nordhorn). Beide Fälle haben sich in den Jahren 1997/98 erledigt, das Verfahren RWE/Kleve war bereits 1994 vom Bundeskartellamt eingestellt worden; vgl. Bundeskartellamt, Tätigkeitsbericht 1997/98, BT-Drs. 14/1139, S. 54.
49   Zur Entscheidungspraxis der Kartellbehörden in den übrigen EG-Mitgliedstaaten: Europäische Kommission, 29. Wettbewerbsbericht (1999), Zweiter Teil, S. 385 ff.
50   Bundeskartellamt, 21.10.1994, WuW/E BKartA 2761 (spanische Hotels); im wesentlichen aufrechterhalten durch BGH, WuW/E DE-R 89 (spanische Hotels); Tätigkeitsbericht 1993/94, BT-Drs. 13/1660, S. 116, 117 (Agenturverträge mit Reisebüros).
51   Bundeskartellamt, 20.6.1994, WuW/E BKartA 2659 (ATG/Menke/Silcock & Colling); Bundeskartellamt, 7.7.1995, WuW/E BKartA 2795 (CP System).
52   Bundeskartellamt, Tätigkeitsbericht 1997/98, BT-Drs. 14/1139, S. 53, 153; Europäische Kommission, 29. Wettbewerbsbericht (1999), Zweiter Teil, S. 384 f.

teilung internationaler Luftfahrtallianzen nach europäischem Kartellrecht; für Wettbewerbsbeschränkungen im Luftverkehr mit Drittstaaten liegt die Entscheidungszuständigkeit wegen des begrenzten Anwendungsbereichs der VO Nr. 3975/87 von vornherein allein bei den nationalen Behörden[53].

---

53 Bundeskartellamt, Tätigkeitsbericht 1997/98, BT-Drs. 14/1139, S. 53, 147; Europäische Kommission, 26. Wettbewerbsbericht (1996), Erster Teil, Ziff. 6–8, 98, 99; Mitteilung der Kommission zur Allianz zwischen Lufthansa, SAS und United Airlines, ABl.EG 1998 Nr. C 239/5; Mitteilung der Kommission zur Allianz zwischen British Airways und American Airlines, ABl.EG 1998 Nr. C 239/10.

Art. 85 EG-Vertrag

Art. 85 (ex-Art. 89)

(1) Unbeschadet des Artikels 84[1,2,3] achtet die Kommission auf die Verwirklichung der in den Artikeln 81 und 82 niedergelegten Grundsätze[4,5]. Sie untersucht[5,6] auf Antrag eines Mitgliedstaats oder von Amts wegen[5] in Verbindung mit den zuständigen Behörden der Mitgliedstaaten[6], die ihr Amtshilfe zu leisten haben, die Fälle, in denen Zuwiderhandlungen gegen diese Grundsätze vermutet werden. Stellt sie eine Zuwiderhandlung fest, so schlägt sie geeignete Mittel vor, um diese abzustellen[8].

(2) Wird eine Zuwiderhandlung nicht abgestellt, so trifft die Kommission in einer mit Gründen versehenen Entscheidung die Feststellung[9], daß eine derartige Zuwiderhandlung vorliegt. Sie kann die Entscheidung veröffentlichen[9] und die Mitgliedstaaten ermächtigen, die erforderlichen Abhilfemaßnahmen[10] zu treffen, deren Bedingungen und Einzelheiten sie festlegt[10].

Inhaltsübersicht:

A. Funktion und allgemeine Bedeutung	1
B. Befugnisse der Kommission	4
I. Untersuchungsrecht	5
II. Handlungsbefugnisse der Kommission	7
C. Praktische Bedeutung von Art. 85	11

A. Funktion und allgemeine Bedeutung

1 Während Art. 84 die Durchsetzung von Gemeinschaftskartellrecht durch nationale Behörden regelt, schafft Art. 85 entsprechende **konkurrierende Zuständigkeiten und Befugnisse für die Europäische Kommission.**[1] Art. 85 ist, anders als Art. 84, nicht als Übergangsvorschrift konzipiert. Die inzwischen ergangenen Anwendungsverordnungen[2] gehen jedoch in Intensität und Präzisierung ihrer Ermächtigungen über den Inhalt von Art. 85 hinaus, so daß dieser Vertragsartikel heute in den meisten Bereichen von Sekundärrecht überholt ist.

2 Der für **Art. 85** verbliebene **Anwendungsbereich** deckt sich mit dem von **Art. 84.** Die Vorschrift hat noch Bedeutung für alle Wirtschaftsfelder, die von **Durchführungsvorschriften** gemäß Art. 83 entweder **nicht erfaßt oder ausgenommen** sind[3], sowie für **Unternehmenszusammenschlüsse** unterhalb der Schwelle gemeinschaftsweiter Bedeutung[4].

---

1 Als Überblick: *C. Kerse*, Enforcing Community Competition Policy under Articles 88 and 89 of the E.C. Treaty – New Powers for U.K. Competition Authorities, 1997 E.C.L.R. 17; spezifisch zu Art. 85: *K. L. Ritter*, in: Immenga/Mestmäcker, EG – Wettbewerbsrecht, Band II, 1997, Art. 89, Rn. 1; *E. Wohlfarth/U. Everling/H. J. Glaesner/R. Sprung*, Die Europäische Wirtschaftsgemeinschaft, 1960, Art. 89, Ziff. 1.
2 S. Art. 83, Rn. 36; Art. 84, Rn. 3.
3 S. Art. 84, Rn. 4; *K. L. Ritter*, in: Immenga/Mestmäcker, EG – Wettbewerbsrecht, Band II, 1997, Art. 89, Rn. 2, 3.
4 Art. 1 u. 22 Abs. 1 VO (EWG) Nr. 4064/89 über die Kontrolle von Unternehmenszusammenschlüssen (Fusionskontrollverordnung), ABl.EG 1989 Nr. L 257/13; geändert durch VO (EG) Nr. 1310/97 des Rates vom 30.6.1997, ABl.EG 1997 Nr. L 180/1. Zur Auslegung des geänderten Art. 22 Abs. 1 FusionskontrollVO: *U. Immenga*, in: Immenga/Mestmäcker, EG-Wettbewerbsrecht, Ergänzungsband, Stand: Juli 1998, FKVO Art. 2, Rn. 10, Art. 22, Rn. 1; *H. F. Löffler*, in: Langen/Bunte, Kommentar zum deutschen und europäischen Kartellrecht, 9. Aufl., 2001, FKVO 4064/89 Art. 22, Rn. 3.

Zwar unterstellt die FusionskontrollVO seit 1.3.1998 die kartellrechtliche Beurteilung kooperativer Vollfunktions-Gemeinschaftsunternehmen, welche keine gemeinschaftsweite Bedeutung haben, aufgrund einer besonderen Ausnahmevorschrift den allgemeinen kartellrechtlichen Durchführungsverordnungen.[5] Im übrigen ist deren Anwendung auf Zusammenschlüsse ohne gemeinschaftsweite Bedeutung jedoch nach wie vor ausgeschlossen[6], weshalb sich die Europäische Kommission seit Inkrafttreten der FusionskontrollVO ausdrücklich eine Prüfung solcher Sachverhalte anhand der Art. 81, 82 über Art. 85 vorbehalten hat[7].

Auch **im Anwendungsbereich** kartellrechtlicher **Durchführungsverordnungen** behielt 3 Art. 85 partiell seine Bedeutung als Voraussetzung für **Ermittlungshandlungen** der Kommission.[8] Nach Art. 11 Abs. 1 und 14 Abs. 1 VO Nr. 17/62[9] sind Auskunftsverlangen und Prüfungshandlungen der Kommission nur zulässig zur Erfüllung der ihr in Art. 85 übertragenen Aufgaben. Schließlich ist Art. 85 konstitutiv für die Anwendung der Rechtsfolge aus Art. 81 Abs. 2 durch **nationale Gerichte**. Außerhalb einer Anwendungsverordnung dürfen sie wettbewerbsbeschränkende Vereinbarungen und Beschlüsse erst dann als nichtig ansehen, wenn zuvor die Behörden der Mitgliedstaaten nach Art. 84 oder die Europäische Kommission nach Art. 85 Abs. 2 eine solche Feststellung getroffen haben.[10]

---

5 Art. 22 Abs. 1 VO (EWG) Nr. 4064/89 i.d.F. der VO (EG) Nr. 1310/97 des Rates vom 30. 6. 1997 (Fn. 4). Kooperative Vollfunktions-Gemeinschaftsunternehmen von gemeinschaftsweiter Bedeutung unterliegen aufgrund der ÄnderungsVO von 1997 einer Doppelkontrolle; s. Art. 81, Rn. 181–186.

6 Vgl. *U. Immenga*, in: Immenga/Mestmäcker, EG-Wettbewerbsrecht, Ergänzungsband, Stand: Juli 1998, FKVO Art. 2, Rn. 10, Art. 22, Rn. 1; *H. F. Löffler*, in: Langen/Bunte (Fn. 4), FKVO 4064/89 Art. 22, Rn. 3, anders allerdings Rn. 5. Der frühere Art. 22 Abs. 2 VO (EWG) Nr. 4064/89 (a. F.) hatte für sämtliche Zusammenschlußtatbestände die Anwendung der EG-Verordnungen Nr. 17/62, Nr. 1017/68, Nr. 4056/86 und Nr. 3975/87 untersagt; dazu *H. F. Löffler*, in: Langen/Bunte, Kommentar zum deutschen und europäischen Kartellrecht, 7. Aufl., 1994, FKVO 4064/89 Art. 22, Rn. 2, 4; *M. Miersch*, Kommentar zur EG-Verordnung Nr. 4064/89 über die Kontrolle von Unternehmenszusammenschlüssen, 1991, Art. 22 Ziff. II.

7 Europäische Kommission, Erklärungen für das Ratsprotokoll vom 19.12. 1989 (sogenannte Protokollerklärung), WuW 1990, S. 240; dazu EuG, Rs. T-22/97, Slg. 1999, II-3775, Rn. 116-118 (Kesko Oy/Kommission). Art. 22 Abs. 1 FusionskontrollVO konnte auch nach früherer Fassung keinesfalls als Ausschluß der Anwendbarkeit von Art. 85, 86 EGV verstanden werden; vgl. *D. Krimphove*, Europäische Fusionskontrolle, 1992, S. 351 ff.; *H. F. Löffler*, in: Langen/Bunte (Fn. 6), 7. Aufl., FKVO 4064/89 Art. 22, Rn. 2, 4; *ders.*, in: Langen/Bunte (Fn. 4), 9. Aufl., FKVO 4064/89 Art. 22, Rn. 5; *Miersch* (Fn. 6), Art. 22 Ziff. III.; *H.-J. Niemeyer*, Die europäische Fusionskontrollverordnung, 1991, Ziff. IV. 1. a).

8 *K. L. Ritter*, in: Immenga/Mestmäcker, EG-Wettbewerbsrecht, Band II, 1997, Art. 89, Rn. 5.

9 VO (EWG) Nr. 17/62 des Rates: Erste Durchführungsverordnung zu den Artikeln 85 und 86 des Vertrages, ABl.EG 1962, S. 204; zur Reichweite von Auskunftsverlangen der Kommission vgl. EuGm, Rs. T-112/98, Slg. 2001, II-729 (Mannesmann Röhren-Werke AG/Kommission). In der geplanten neuen DurchführungsVO zu den Art. 81, 82 sollen die Ermittlungsbefugnisse der Europäischen Kommission deutlich ausgeweitet und von der Erfüllung der Aufgaben nach Art. 85 entkoppelt werden; vgl. Europäische Kommission, Vorschlag für eine VO des Rates zur Durchführung der in den Artikeln 81 und 82 EG-Vertrag niedergelegten Wettbewerbsregeln ... (»Durchführungsverordnung zu den Artikeln 81 und 82 EG-Vertrag«), 27.9.2000, KOM (2000) 582 endg., Art. 17-20.

10 EuGH, Rs. 13/61, Slg. 1962, 97, 113 (De Geus/Bosch); EuGH, Rs. 209 – 213/84, Slg. 1986, 1425, Rn. 65, 68, 69 (Asjes); EuGH, Rs. 66/86, Slg. 1989, 803, Rn. 29 (Ahmed Saeed). S. auch Art. 83, Rn. 3.

B. Befugnisse der Kommission

4 Die Kommission hat nach Art. 85 Abs. 1 die originäre Aufgabe, auf die Verwirklichung der Grundsätze des Gemeinschaftskartellrechts zu achten, »die Wettbewerbspolitik der Gemeinschaft festzulegen«, durchzuführen[11] und dabei koordinierend zu wirken.

I. Untersuchungsrecht

5 Art. 85 ermächtigt die Kommission zunächst zur **Untersuchung** aller Fälle, in denen sie Verstöße gegen diese Grundsätze vermutet. Dabei kann sie einen Sachverhalt **von Amts wegen** oder **auf Antrag eines Mitgliedstaats** aufgreifen. Im letzteren Falle ist sie – anders als im Rahmen der VO Nr. 17/62 – zum Tätigwerden verpflichtet.[12] Privatpersonen und Unternehmen haben – im Gegensatz zu Art. 3 Abs. 2 lit. b) VO Nr. 17/62 – kein formelles Antragsrecht[13]; sie können lediglich ein Aufgreifen von Amts wegen anregen.[14]

6 Das Untersuchungsrecht der Kommission umfaßt die Befugnis, von Unternehmen Auskünfte einzuholen und dort Nachprüfungen vorzunehmen. Die **Zustimmung der Behörden** des jeweiligen **Mitgliedstaates** ist dazu **nicht** erforderlich (str.). Ein Zustimmungserfordernis läßt sich aus dem Wortlaut von Art. 85 Abs. 1 S. 2 nicht ableiten.[15] Gegenüber kooperationsunwilligen Unternehmen gibt Art. 85 der Kommission keine eigenen Zwangsbefugnisse; insofern haben ihr die Mitgliedstaaten Amtshilfe zu leisten.[16]

II. Handlungsbefugnisse der Kommission

7 Art. 85 Abs. 1 S. 3 und Abs. 2 ermächtigen die Kommission zu einer Reihe von Handlungen, aufgezählt nach steigender Eingriffsintensität. Eigene, unmittelbar wirkende Zwangsbefugnisse hat die Kommission auch dabei nicht.

8 Stellt die Kommission Zuwiderhandlungen gegen Grundsätze des Gemeinschaftskartellrechts fest, kann sie **zunächst nur Vorschläge** unterbreiten, um diese abzustellen. Vorschläge i.S.v. Art. 85 Abs. 1 S. 3 haben die Rechtsnatur unverbindlicher Empfeh-

---

11 Der Kommission steht dabei ein Beurteilungsspielraum zu, der allerdings einer über die Rechtmäßigkeitskontrolle hinausgehenden Überprüfung durch die europäischen Gerichte unterliegt; vgl. EuGH, Rs. C-234/89, Slg. 1991, I-935, Rn. 44 (Delimitis/Henninger Bräu AG); EuGH, Rs. C-119/97P, Slg. 1999, I-1341, Rn. 88-96 (Ufex u.a./Kommission); EuGH, Rs. C-344/98, NJW 2001, 1265, Rn. 46, 47 (Masterfoods).
12 EuG, Rs. T-24/90, Slg. 1992, II-2223, Rn. 76 (Automec II); *K. L. Ritter*, in: Immenga/Mestmäkker, EG-Wettbewerbsrecht, Band II, 1997, Art. 89, Rn. 6.
13 So mit prozessualer Begründung EuGH, Rs. 246/81, Slg. 1982, 2277, Rn. 16 (Lord Bethell/Kommission); *K. L. Ritter*, in: Immenga/Mestmäcker, EG-Wettbewerbsrecht, Band II, 1997, Art. 89, Rn. 6.
14 *E. Wohlfarth/U. Everling/H. J. Glaesner/R. Sprung* (Fn. 1), Art. 89, Ziff. 2.
15 *A. Jungbluth*, in: Langen/Bunte (Fn. 4), Art. 85, Rn. 8; *I. Pernice*, in: Grabitz/Hilf, EU, Art. 89, Rn. 8; *H. Schröter*, in: GTE, EU-/EGV, Art. 89, Rn. 11, 12; **a.A.** *A. Deringer*, Das Wettbewerbsrecht der Europäischen Wirtschaftsgemeinschaft, 1962, Art. 89, Rn. 54; unentschieden *E. Wohlfarth/U. Everling/H. J. Glaesner/R. Sprung* (Fn. 1), Art. 89, Ziff. 2.
16 *A. Deringer* (Fn. 15), Art. 88/89, Rn. 55, 56; *I. Pernice*, in: Grabitz/Hilf, EU, Art. 89, Rn. 3; *H. Schröter*, in: GTE, EU-/EGV, Art. 89, Rn. 12.

lungen i.S.v. Art. 249 Abs. 5. Adressat sind nicht die Mitgliedstaaten, sondern die betroffenen Unternehmen (str.)[17]; dies folgt aus Art. 3 Abs. 3 VO Nr. 17/62.

Erst wenn diese Unternehmen Kartellrechtsverstöße nicht abstellen, kann die 9 Kommission die **Zuwiderhandlung in einer förmlichen Entscheidung feststellen**. Diese Entscheidung ist gemäß Art. 249 Abs. 4 in allen Teilen verbindlich, vor allem für nationale Behörden und Gerichte, die daraus zivilrechtliche Sanktionen ableiten können[18]. Art. 85 erlaubt keine Freistellungsentscheidung, jedoch die negative Feststellung, daß die Voraussetzungen von Art. 81 Abs. 3 nicht vorliegen. Die **Veröffentlichung** einer Kommissionsentscheidung ist im Rahmen von Art. 85 die einzig mögliche – wenn auch nur mittelbar wirkende – Sanktion auf Gemeinschaftsebene.[19]

Effektiv beseitigen kann die Kommission Kartellrechtsverstöße nur unter Einschaltung 10 der nationalen Behörden. **Abhilfemaßnahmen** kann die Kommission nicht selbst durchsetzen; sie muß dazu **nationale Behörden ermächtigen** und ihnen die Einzelheiten der erforderlichen Schritte vorgeben. Abhilfemaßnahmen i.S.v. Art. 85 Abs. 2 sind alle geeigneten Maßnahmen, die das jeweilige nationale Recht gegenüber Unternehmen zur Bekämpfung von Kartellen und Mißbrauch wirtschaftlicher Macht zuläßt.[20] Maßnahmen zum Schutz des eigenen Marktes (z.B. Krisenkartelle, Abwehrkartelle, Einfuhrbeschränkungen, Beihilfen etc.) oder einzelner Unternehmen würden jedoch den Zielen des EGV widersprechen und fallen nach herrschender Ansicht in der neueren Literatur nicht unter Art. 85 (str.).[21]

C. Praktische Bedeutung von Art. 85

Die Kommission hat von ihren Befugnissen aus Art. 85 nicht selten Gebrauch gemacht. 11 **Vor Inkrafttreten der VO Nr. 17/62** wurden 26 Fälle vermuteter Zuwiderhandlungen gegen Art. 81, 82 gemäß Art. 85 untersucht.[22] **Später** diente Art. 85 vor allem als verfahrensrechtliche Grundlage für die Bekämpfung wettbewerbsbeschränkender Verhaltensweisen in Seeschiffahrt und Luftverkehr[23], wobei Wettbewerbsbeschränkungen im

---

17 So *A. Jungbluth*, in: Langen/Bunte (Fn. 4), Art. 89, Rn. 10; *K. L. Ritter*, in: Immenga/ Mestmäcker, EG-Wettbewerbsrecht, Band II, 1997, Art. 89, Rn. 7; *H. Schröter*, in: GTE, EU-/EGV, Art. 89, Rn. 14. A.A. *A. Deringer* (Fn. 15), Art. 88/89, Rn. 58; *A. Gleiss/M. Hirsch*, Kommentar zum EWG-Kartellrecht, 3. Aufl., 1978, Art. 88, Rn. 3; *I. Pernice*, in: Grabitz/Hilf, EU, Art. 89, Rn. 10. Mitgliedstaaten und Unternehmen als Adressaten: *E. Wohlfarth/U. Everling/ H. J. Glaesner/R. Sprung* (Fn. 1), Art. 89, Ziff. 3.
18 S. o. Rn. 3; EuGH, Rs. 209–213/84, Slg. 1986, 1425, Rn. 69 (Asjes); *K. L. Ritter*, in: Immenga/ Mestmäcker, EG-Wettbewerbsrecht, Band II, 1997, Art. 89, Rn. 8.
19 *K. L. Ritter*, in: Immenga/Mestmäcker, EG-Wettbewerbsrecht, Band II, 1997, Art. 89, Rn. 8.
20 *A. Jungbluth*, in: Langen/Bunte (Fn. 4), Art. 89, Rn. 12; *H. Schröter*, in: GTE, EU-/EGV, Art. 89, Rn. 16.
21 *A. Jungbluth*, in: Langen/Bunte (Fn. 4), Art. 89, Rn. 12; *I. Pernice*, in: Grabitz/Hilf, EU, Art. 89, Rn. 12, 13; *K. L. Ritter*, in: Immenga/Mestmäcker, EG-Wettbewerbsrecht, Band II, 1997, Art. 89, Rn. 9; *H. Schröter*, in: GTE, EU-/EGV, Art. 89, Rn. 16; a.A. *A. Deringer* (Fn. 15), Art. 88/89, Rn. 61; *A. Gleiss/M. Hirsch* (Fn. 17), Art. 88, Rn. 3; *E. Wohlfarth/U. Everling/ H. J. Glaesner/R. Sprung* (Fn. 1), Art. 89, Ziff. 5.
22 *A. Deringer* (Fn. 15), Art. 88/89, Rn. 53; Europäische Wirtschaftsgemeinschaft – Kommission, Vierter Gesamtbericht über die Tätigkeit der Gemeinschaft (1961), Ziff. 50.
23 Nachweise jeweils bei *H. Schröter*, in: GTE, EU-/EGV, Art. 89, Rn. 17. Im Juli 1996 hat die Kommission Untersuchungsverfahren gegen vier Luftfahrtallianzen im Verkehr zwischen Europa und den U.S.A. eröffnet; vgl. Mitteilung der Kommission, Allianzvereinbarung zwischen British Airways und American Airlines, ABl.EG 1996 Nr. C 289/4; Mitteilung der Kommission, Allianzvereinbarung zwischen Delta, SABENA, Swissair und Austrian Air, ABl.EG 1996

Art. 85 EG-Vertrag

Luftverkehr mit Drittstaaten auf absehbare Zeit ein wichtiges Feld europäischer Wettbewerbspolitik darstellen werden[24]. Zu **förmlichen Entscheidungen** (Art. 85 Abs. 2 S. 1) kam es lediglich im Jahre 1987 gegenüber drei Fluggesellschaften; von einer Bekanntgabe (Art. 254 Abs. 3) sah die Kommission nach Aufgabe des beanstandeten Verhaltens ab.[25]

Fortsetzung von Fußnote 23

Nr. C 289/6; Mitteilung der Kommission, Allianzvereinbarung zwischen Lufthansa, United Airlines und Scandinavian Airlines System, ABl.EG 1996 Nr. C 289/8; Mitteilung der Kommission zu den Vereinbarungen über eine strategische Allianz zwischen KLM Royal Dutch Airlines und Northwest Airlines Inc., ABl.EG 1997 Nr. C 117/8; Mitteilung der Kommission zur Allianz zwischen Lufthansa, SAS und United Airlines, ABl.EG 1998 Nr. C 239/5; Mitteilung der Kommission zur Allianz zwischen British Airways und American Airlines, ABl.EG 1998 Nr. C 239/10. Zur Bedeutung nationaler Kartellbehörden in solchen Verfahren siehe Art. 84, Rn. 12.

24 Vgl. Europäische Kommission, 27. Wettbewerbsbericht (1997), Erster Teil, Ziff. 86–92, 327, 344; 26. Wettbewerbsbericht (1996), Erster Teil, Ziff. 8, 19, 98–102.

25 Europäische Kommission, 17. Wettbewerbsbericht (1987), Erster Teil, Ziff. 46.

Art. 86 (ex-Art. 90)

(1) Die Mitgliedstaaten[1,3,6] werden in bezug auf öffentliche[12,13] Unternehmen[11] und auf Unternehmen, denen sie besondere[15,16] oder ausschließliche[14–16] Rechte gewähren, keine diesem Vertrag und insbesondere dessen Artikeln 12[10] und 81 bis 89[4,25–28] widersprechende[20–28] Maßnahmen[17–19] treffen oder beibehalten[29–32].

(2) Für Unternehmen, die mit Dienstleistungen[36] von allgemeinem wirtschaftlichem Interesse[36–38,40,41] betraut[39,40] sind oder den Charakter eines Finanzmonopols[42,43] haben, gelten die Vorschriften dieses Vertrags[44,49], insbesondere die Wettbewerbsregeln, soweit die Anwendung dieser Vorschriften nicht die Erfüllung der ihnen übertragenen besonderen Aufgabe rechtlich oder tatsächlich verhindert[45–49]. Die Entwicklung des Handelsverkehrs[50,51] darf nicht in einem Ausmaß beeinträchtigt werden, das dem Interesse der Gemeinschaft[51] zuwiderläuft[53].

(3) Die Kommission achtet auf die Anwendung dieses Artikels[54,55] und richtet erforderlichenfalls[56,58] geeignete Richtlinien[57,60,61] oder Entscheidungen[57,59,62–66] an die Mitgliedstaaten[59].

Inhaltsübersicht:

A. Systematische Stellung und Regelungszweck	1
B. Maßnahmen gegen Wettbewerbsverfälschungen im System des Europarechts	5
C. Unmittelbare Anwendbarkeit von Art. 86	7
I. Art. 86 Abs. 1	7
II. Art. 86 Abs. 2	8
D. Pflichten der Mitgliedstaaten nach Art. 86 Abs. 1	10
I. Öffentliche Unternehmen	11
1. Der Unternehmensbegriff in Art. 86	11
2. Der Begriff des »öffentlichen Unternehmens«	12
II. Unternehmen mit besonderen oder ausschließlichen Rechten	14
III. Dem Vertrag widersprechende Maßnahmen	17
1. Der Begriff »Maßnahmen«	18
2. Widerspruch zum Vertrag	20
a) Beachtung von Normen, die für Mitgliedstaaten gelten	22
b) Beachtung von Normen, die für Unternehmen gelten	26
3. »Treffen oder Beibehalten« – Pflichten der Mitgliedstaaten	29
E. Bereichsausnahmen nach Art. 86 Abs. 2	33
I. Zweck und Rechtsnatur des Art. 86 Abs. 2	34
II. Unternehmen, die mit Dienstleistungen von allgemeinem wirtschaftlichem Interesse betraut sind	36
III. Finanzmonopole	42
IV. Verhinderung der Erfüllung einer »übertragenen besonderen Aufgabe«	44
V. Beeinträchtigung der Entwicklung des Handelsverkehrs	50
F. Befugnisse der Kommission nach Art. 86 Abs. 3	54
I. Funktion und Grenzen der Kommissionsbefugnisse	54
II. Richtlinien der Kommission nach Art. 86 Abs. 3	60
III. Entscheidungen der Kommission nach Art. 86 Abs. 3	62

A. Systematische Stellung und Regelungszweck

Der EGV verpflichtet die Mitgliedstaaten wie die Teilnehmer am Wirtschaftsverkehr auf Einhaltung der in Art. 3 Abs. 1 normierten Ziele. Die besondere Gefährdung des Wettbewerbs im Binnenmarkt (Art. 3 Abs. 1 lit. g), die daraus entsteht, daß der **Staat unternehmerisch handelt**, wird in zwei Vorschriften des Vertrages explizit angespro-

1

chen: **Art. 31 und Art. 86**[1]. Beide Vorschriften sind eng miteinander verwandt, da sie Verpflichtungen der Mitgliedstaaten aus Art. 10 konkretisieren.

2   Art. 31 ergänzt die Bestimmungen über die Beseitigung mengenmäßiger Beschränkungen und verpflichtet die Mitgliedstaaten zur Umformung ihrer staatlichen Handelsmonopole.[2] Art. 86 ergänzt im wesentlichen die Wettbewerbsregeln des Vertrages. Er betrifft öffentliche oder rechtlich privilegierte Unternehmen und verpflichtet die Mitgliedstaaten, in bezug auf solche Unternehmen keine dem EG-Kartellrecht widersprechenden Maßnahmen zu treffen. Vor allem **Dienstleistungsmonopole** fallen unter Art. 86.[3] Bezüglich staatlicher **Handelsmonopole** ist Art. 86 Abs. 1 grundsätzlich neben Art. 31 anwendbar; nur soweit es um die Pflicht zur Umformung geht, ist Art. 31 lex specialis (str.).[4] Dagegen besteht zwischen Art. 86 Abs. 2 und Art. 31 stets Idealkonkurrenz, sofern Handelsmonopole zugleich eine »Dienstleistung«[5] oder ein Finanzmonopol i.S.v. Art. 86 Abs. 2 darstellen.[6] Nach neuerer Rechtsprechung wirkt Art. 86 Abs. 2 alllgemein als Ausnahme von Art. 31 bei der Einräumung ausschließlicher Handelsrechte, sofern das betreffende Unternehmen gleichzeitig mit Dienstleistungen von allgemeinem wirtschaftlichem Interesse betraut ist und diese ohne Handelsmonopole nicht erbringen kann.[7] Angesichts der wachsenden wirtschaftlichen Bedeutung des Dienstleistungssektors ist Art. 86 zusammen mit Art. 82 gegenwärtig das wichtigste Instrument der Gemeinschaft zur Durchsetzung ihrer Liberalisierungspolitik.

3   Art. 86 verfolgt **drei Ziele:**[8] Zum einen konkretisiert er den Grundsatz der **Gleichbehandlung privater und öffentlicher Unternehmen.**[9] Soweit die Mitgliedstaaten über organisatorisch verselbständigte Einheiten wirtschaftlich tätig werden oder Unternehmen maßgeblich beeinflussen, haben sie dafür zu sorgen, daß diese sich den **Wettbewerbsregeln** genauso wenig entziehen können wie private Unternehmen (Art. 86 Abs. 1). Andernfalls wäre die wettbewerbliche Chancengleichheit nicht gesichert.[10] Der zweite

---

1 E.-J. Mestmäcker, in: Immenga/Mestmäcker, EG-Wettbewerbsrecht, Band II, 1997, Art. 37, 90, B Rn. 1, 2; zu Art. 86; GA G. Reischl, Schlußantr. zu EuGH, Rs. 188–190/80, Slg. 1982, 2545, Ziff. 3 (Transparenzrichtlinie).
2 S. Art. 31, Rn. 6 ff.
3 EuGH, Rs. 155/73, Slg. 1974, 409, Rn. 10 (Sacchi); EuGH, Rs. 30/87, Slg. 1988, 2479, Rn. 10 (Bodson/Pompes funèbres); GA J. da Cruz Vilaça, Schlußantr. zu EuGH, Rs. 30/87, Slg. 1988, 2479, Ziff. 50 (Bodson/Pompes funèbres).
4 H. Matthies/R. v. Borries, in: Grabitz/Hilf, EU, Art. 37, Rn. 4; V. Emmerich, in: Hb.EGWirtR, H. II., Rn. 12, 33. Weitergehend, im Sinne grundsätzlicher Spezialität von Art. 31: I. Pernice, in: Grabitz/Hilf, EU, Art. 90, Rn. 75; E.-J. Mestmäcker, Staat und Unternehmen im europäischen Gemeinschaftsrecht, RabelsZ 52 (1988), S. 526 (576–578).
5 Zum Dienstleistungsbegriff in Art. 86 Abs. 2 s. Rn. 36; zur Qualifikation von Handelsmonopolen als Dienstleistung i.S.v. Art. 86 Abs. 2 E.-J. Mestmäcker, in: Immenga/Mestmäcker, EG-Wettbewerbsrecht, Band II, 1997, Art. 37, 90, A Rn. 82; ders. (Fn. 4), S. 576.
6 S. u., Rn. 42; I. Pernice, in: Grabitz/Hilf, EU, Art. 90, Rn. 40, 75; V. Emmerich, in: Hb.EGWirtR, H. II., Rn. 33, 85, 86.
7 EuGH, Rs. C-159/94, Slg. 1997, I-5815, Rn. 49 (Kommission/Frankreich); EuGH, Rs. C-157/94, Slg. 1997, I-5699, Rn. 24, 25, 32 (Kommission/Niederlande); EuGH, Rs. C-158/94, Slg. 1997, I-5789, Rn. 33, 34, 43 (Kommission/Italien); s. u., Rn. 42.
8 Grundlegend EuGH, Rs. 188–190/80, Slg. 1982, 2545, Rn. 12 (Transparenzrichtlinie).
9 Mitteilung der Kommission, Leistungen der Daseinsvorsorge in Europa, 20.9.2000, KOM(2000) 580 endg., Rn. 21; kritisch hinsichtlich der konstitutiven Bedeutung von Art. 86 insoweit V. Emmerich, in: Hb.EGWirtR, H. II., Rn. 96; A. Jungbluth, in: Langen/Bunte, Kommentar zum deutschen und europäischen Kartellrecht, 9. Aufl., 2001, Art. 86, Rn. 12.
10 GA J. da Cruz Vilaça, Schlußantr. zu EuGH, Rs. 30/87, Slg. 1988, 2479, Ziff. 68 (Bodson/Pompes funèbres); GA G. Reischl, Schlußantr. zu EuGH, Rs. 188–190/80, Slg. 1982, 2545, Ziff. 3 (Transparenzrichtlinie).

Zweck von Art. 86 Abs. 1 liegt in der **Verhinderung einer mittelbaren Vertragsverletzung** durch Mitgliedstaaten kraft ihres bestimmenden Einflusses auf Unternehmen.[11] Über diesen Weg werden staatlich dominierte Unternehmen indirekt Verpflichtungen aus dem gesamten EGV unterworfen, auch wenn sie sich originär nicht an Unternehmen richten; das betrifft vor allem das Diskriminierungsverbot, die Warenverkehrsfreiheit und Beihilfevorschriften.[12] Zum dritten enthält **Art. 86 Abs. 2** eine **begrenzte Ausnahme** vom Geltungsanspruch des europäischen Wettbewerbsrechts für öffentliche oder private Unternehmen, die mit Dienstleistungen von allgemeinem wirtschaftlichem Interesse betraut sind, sowie für Finanzmonopole. Darin manifestiert sich der Kompromißcharakter, der in Art. 86 zum Schutz der Staatswirtschaft einiger EG-Mitgliedstaaten von Anfang an angelegt war.[13] Heute ist Art. 86 Abs. 2 zentraler normativer Ansatzpunkt für die **Balance zwischen Liberalisierungspolitik und Gemeinwohlinteressen.**[14]

Art. 86 Abs. 1 konkretisiert in bezug auf die dort genannten Unternehmen allgemeine Pflichten, die sich für die Mitgliedstaaten bereits aus Art. 3 Abs. 1 lit. g), 10 Abs. 2, 81 und 82 ergeben. Danach dürfen nationale Hoheitsträger keine Maßnahmen treffen oder aufrechterhalten, die die praktische Wirksamkeit der für Unternehmen geltenden Wettbewerbsregeln beeinträchtigen.[15] Art. 86 Abs. 1 ist insoweit **lex specialis zu Art. 10**[16], jedoch keinesfalls überflüssig, da dieser Artikel mit einem **besonders effektiven Durchsetzungsmechanismus** ausgestattet ist. Zur Umsetzung der Pflichten aus Art. 86 wurde die Europäische Kommission in Art. 86 Abs. 3 mit Aufsichtsaufgaben und Eingriffsbefugnissen betraut, die deutlich über ihre sonstigen Möglichkeiten, die Grundsätze europäischen Wettbewerbsrechts gegen Mitgliedstaaten durchzusetzen (Art. 83, 85, 88, 226), hinausgehen.[17] Insbesondere setzt Art. 86 Abs. 3 im Gegensatz

4

---

11 EuGH, Rs. 188–190/80, Slg. 1982, 2545, Rn. 26 (Transparenzrichtlinie); EuGH, Rs. C-159/94, Slg. 1997, I-5815, Rn. 47 (Kommission/Frankreich); EuGH, Rs. C-157/94, Slg. 1997, I-5699, Rn. 30 (Kommission/Niederlande); EuGH, Rs. C-158/94, Slg. 1997, I-5789, Rn. 41 (Kommission/Italien); GA *J. da Cruz Vilaça*, Schlußantr. zu EuGH, Rs. 30/87, Slg. 1988, 2479, Ziff. 66 (Bodson/Pompes funèbres); Europäische Kommission, 2. Wettbewerbsbericht (1972), Zweiter Teil, Ziff. 129; *I. F. Hochbaum*, in: GTE, EU-/EGV, Art. 90, Rn. 4; *A. Jungbluth* (Fn. 9), Art. 86, Rn. 12; *C.-D. Ehlermann*, Managing Monopolies: The Role of the State in Controlling Market Dominance in the European Community, 1993 E.C.L.R. 61 (65).
12 *I. F. Hochbaum*, in: GTE, EU-/EGV, Art. 90, Rn. 4, 5; *I. Pernice*, in: Grabitz/Hilf, EU, Art. 90, Rn. 6.
13 *I. Pernice*, in: Grabitz/Hilf, EU, Art. 90, Rn. 1 m.w.N.; so *G. Nicolaysen/H. P. Ipsen*, Öffentliche Unternehmen im Gemeinsamen Markt, NJW 1964, 2336, 2337; *V. Emmerich*, Kartellrecht, 7. Aufl., 1994, § 36 Ziff. 1.
14 Europäische Kommission, 26. Wettbewerbsbericht (1996), Ziff. 23, 114; 27. Wettbewerbsbericht (1997), Erster Teil, Ziff. 4, 7, 97, 100; *A. Schaub*, Les effets de la concurrence dans la vie quotidienne des citoyens, Competition Policy Newsletter 1998 No. 3, S. 1 (3 f.); s. auch Art. 16, Rn. 4, 8 f., 13.
15 EuGH, Rs. 13/77, Slg. 1977, 2115, Rn. 28/29, 30/35 (GB-INNO-BM/ATAB); EuGH, Rs. 66/86, Slg. 1989, 803, Rn. 48, 49 (Ahmed Saeed); EuGH, Rs. C-70/95, Slg. 1997, I-3395, Rn. 41, 42 (Sodemare).
16 EuGH, Rs. 13/77, Slg. 1977, 2115, Rn. 40/42 (GB-INNO-BM/ATAB); EuGH, Rs. C-323/93, Slg. 1994, I-5077, Rn. 15 (la Crespelle); GA *G. Reischl*, Schlußantr. zu EuGH, Rs. 188–190/80, Slg. 1982, 2545, Ziff. 3 (Transparenzrichtlinie); *I. F. Hochbaum*, in: GTE, EU-/EGV, Art. 90, Rn. 5; *E.-J. Mestmäcker*, in: Immenga/Mestmäcker, EG-Wettbewerbsrecht, Band II, 1997, Art. 37, 90, B Rn. 37; *I. Pernice*, in: Grabitz/Hilf, EU, Art. 90, Rn. 4; *Nicolaysen*, Europarecht II, S. 274; kritisch *Bacon* (Fn. 1), S. 287 f.
17 *E.-J. Mestmäcker*, in: Immenga/Mestmäcker, EG-Wettbewerbsrecht, Band II, 1997, Art. 37, 90, B Rn. 37; *A. Bach*, Wettbewerbsrechtliche Schranken für staatliche Maßnahmen nach europäischem Gemeinschaftsrecht, 1992, S. 32 f.; *Emmerich* (Fn. 13), § 36 Ziff. 2. *E.-J. Mestmäcker*,

zu den Rechtsangleichungsvorschriften (Art. 94, 95) keine Einschaltung des Rates voraus.

B. Maßnahmen gegen Wettbewerbsverfälschungen im System des Europarechts

5 Verfälschungen des Wettbewerbs im Binnenmarkt können unterschiedliche Ursachen haben. Sie können auf eigener Initiative von Unternehmen beruhen, durch staatliche Einflußnahme veranlaßt sein, oder der Staat selbst kann in wettbewerbswidriger Weise im Wirtschaftsverkehr auftreten.[18] Die Wettbewerbsregeln des EGV haben in allen Varianten denselben Geltungsanspruch und können mittels unterschiedlicher Befugnisnormen teils gegen die Unternehmen, teils gegen den Staat, teils gegen beide durchgesetzt werden. Der EGV folgt insoweit dem **Verantwortungsprinzip**[19] und erlaubt stets ein Vorgehen gegen diejenige Institution, welche die entscheidende Ursache für die Wettbewerbsverfälschung gesetzt hat.[20]

6 Sofern wettbewerbsbeschränkendes Verhalten eines privaten oder öffentlichen **Unternehmens** allein seiner **eigenen Entscheidungsfreiheit** entspringt, können Kommission oder nationale Behörden aufgrund Art. 81, 82 i.V.m. Art. 84, 85 oder den einschlägigen Anwendungsverordnungen[21] dagegen vorgehen.[22] Haben **staatliche Maßnahmen** das Verhalten eines solchen Unternehmens veranlaßt, gefördert oder in seiner Wirkung verstärkt, so unterliegt der jeweilige Mitgliedstaat den Verpflichtungen aus Art. 86 und 10, während gegen das Unternehmen nach wie vor Entscheidungen gemäß Art. 81, 82 ergehen können.[23] In Fällen staatlicher Einflußnahme scheidet ein Vorgehen gegen die

---

Fortsetzung von Fußnote 17
  Gemeinschaftsrechtliche Schranken für die Begründung und Ausübung besonderer und ausschließlicher Rechte nach Art. 90 Abs. 1 EWG-Vertrag, in: FS-Deringer, 1993, S. 79 (79, 80), begründet die eigenständige Stellung von Art. 86 Abs. 1 mit der besonderen Verantwortung der Mitgliedstaaten für öffentliche oder rechtlich privilegierte Unternehmen; ebenso GA *G. Reischl*, Schlußantr. zu EuGH, Rs. 188–190/80, Slg. 1982, 2545, Ziff. 3 (Transparenzrichtlinie).
18 *A. Jungbluth* (Fn. 9), Art. 86, Rn. 5, 6 m.w.N.
19 *A. Jungbluth* (Fn. 9), Art. 86, Rn. 5; vgl. auch EuGH, Rs. C-359 und 379/95 P, Slg. 1997, I-6265, Rn. 33 (Ladbroke Racing).
20 Es soll der Herr, nicht der Knecht gefaßt werden; so *Nicolaysen/Ipsen* (Fn. 11), S. 2338. Art. 86 begründet eine Verantwortlichkeit des Staates, wo das Unternehmen wegen der »state defence doctrine« nicht verantwortlich gemacht werden kann; vgl. *J. Buendia Sierra*, in: Faull/Nikpay, The EC Law of Competition, Oxford 1999, Rn. 5.02.
21 S. Art. 83, Rn. 35, 36.
22 EuGH, Rs. C-260/89, Slg. 1991, I-2925, Rn. 35 (ERT); EuGH, Rs. C-271 u.a./90, Slg. 1992, I-5833, Rn. 24 (Telekommunikationsdienste); EuGH, Rs. C-320/91, Slg. 1993, I-2533, Rn. 10 (Corbeau); EuGH, Rs. C-359 und 379/95 P, Slg. 1997, I-6265, Rn. 33 (Ladbroke Racing); EuGH, Rs. C-266/96, Slg. 1998, I-3949, Rn. 35 (Corsica Ferries France); *E.-J. Mestmäcker*, in: Immenga/Mestmäcker, EG-Wettbewerbsrecht, Band II, 1997, Art. 37, 90, B Rn. 52; *J. Buendia Sierra* (Fn. 20), Rn. 5.02.
23 EuGH, Rs. 209 u.a./78, Slg. 1980, 3125, Rn. 126 ff. (FEDETAB); EuGH, Rs. C-96/94, Slg. 1995, I-2883, Rn. 20, 21 (Centro Servizi Spediporto); EuGH, Rs. C-70/95, Slg. 1997, I-3395, Rn. 41, 42 (Sodemare); EuGH, Rs. C-359 und 379/95 P, Slg. 1997, I-6265 Rn. 34 (Ladbroke Racing); EuGH, Rs. C-266/96, Slg. 1998, I-3949, Rn. 35, 49 (Corsica Ferries France); Bekanntmachung der Kommission über die Anwendung der Wettbewerbsregeln auf den Postsektor und über die Beurteilung bestimmter staatlicher Maßnahmen betreffend Postdienste, ABl.EG 1998 Nr. C 39/2, Ziff. 4.2; *E.-J. Mestmäcker*, in: Immenga/Mestmäcker, EG-Wettbewerbsrecht, Band II, 1997, Art. 37, 90, B Rn. 40 ff.; ausführlich dazu *Bacon* (Fn. 1), S. 283–287.

beteiligten Unternehmen erst dann aus, wenn diese nicht mehr eigenverantwortlich handeln konnten, wenn also der Staat ein wettbewerbswidriges Verhalten zwingend vorschreibt[24] oder durch Einengung der Rahmenbedingungen den Unternehmen jeden Raum für eigene Entscheidungen nimmt.[25] Falls nationale **Hoheitsträger selbst wirtschaftlich handeln**, ohne sich eines Unternehmens zu bedienen, sind etwaige Wettbewerbsverfälschungen unmittelbar gegenüber dem Staat über die Art. 10, 3 Abs. 1 lit. g), 81, 82, 226 zu sanktionieren.[26]

C. Unmittelbare Anwendbarkeit von Art. 86

I. Art. 86 Abs. 1

Art. 86 Abs. 1 ist eine Verweisungsnorm und daher nur i.V.m. einem anderen Vertragsartikel anwendbar. Die unmittelbare Anwendbarkeit von Art. 86 Abs. 1 hängt deshalb von der **verwiesenen Vorschrift** ab. Falls diese unmittelbar anwendbar ist, ist es – in Verbindung damit – auch Art. 86 Abs. 1.[27] Vertragswidrige staatliche Maßnahmen unterliegen dann direkt der Kontrolle nationaler Gerichte.[28]

7

II. Art. 86 Abs. 2

Problematisch und noch nicht endgültig geklärt ist die unmittelbare Anwendbarkeit von Art. 86 Abs. 2.[29] Anfangs hatte der EuGH dieser Vorschrift die unmittelbare Anwendbarkeit insgesamt abgesprochen.[30] In späteren Entscheidungen hat der Gerichtshof die Frage offengelassen, weil die betroffenen Unternehmen die Voraussetzungen von Art. 86 Abs. 2 nicht erfüllten, in einem obiter dictum jedoch festgestellt, es sei Aufgabe des innerstaatlichen Richters, zu beurteilen, ob ein Unternehmen, das sich auf die Ausnahme in Art. 86 Abs. 2 beruft, wirklich mit Dienstleistungen von allgemeinem wirtschaftlichem Interesse betraut ist.[31]

8

EuGH und Gericht erster Instanz haben diese Argumentation fortentwickelt, so daß als heutiger Stand der Rspr. festgehalten werden kann: **Art. 86 Abs. 2 S. 1** ist grundsätzlich

9

---

24 EuGH, Rs. 90/76, Slg. 1977, 1091, Rn. 18–20 (Ameyde/UCI).
25 EuGH, Rs. 40 u.a./73, Slg. 1975, 1663, Rn. 614/618 (Suiker Unie); EuGH, Rs. 209 u.a./78, Slg. 1980, 3125, Rn. 126 ff. (FEDETAB); EuGH, Rs. C-359 und 379/95 P, Slg. 1997, I-6265, Rn. 33 (Ladbroke Racing).
26 EuGH, Rs. 13/77, Slg. 1977, 2115, Rn. 31–33 (GB-INNO-BM/ATAB); EuGH, Rs. 229/83, Slg. 1985, 1, Rn. 13, 14, 20 (Au blé vert); ausführlich dazu *J. Buendia Sierra* (Fn. 20), Rn. 5.04–5.06; i.ü.. *I. Pernice*, in: Grabitz/Hilf, EU, Art. 90, Rn. 14; *Bacon* (Fn. 1), S. 283 f.
27 EuGH, Rs. 155/73, Slg. 1974, 409, Rn. 14–18 (Sacchi); EuGH, Rs. C-179/90, Slg. 1991, I-5889, Rn. 23, 24 (Porto di Genova); EuGH, Rs. C-430 u. C-431/93, Slg. 1995, I-4705, Rn. 13–15 (van Schijndel/Pensioenfonds voor Fysiotherapeuten); EuGH, Rs. C-242/95, Slg. 1997, I-4449, Rn. 57 (GT-Link). Unmittelbare Anwendbarkeit i.V.m. Art. 82, 28, 31, 43, 49; vgl. *J. Buendia Sierra* (Fn. 20), Rn. 5.121.
28 *I. Pernice*, in: Grabitz/Hilf, EU, Art. 90, Rn. 12.
29 Ausführlich dazu *E.-J. Mestmäcker*, in: Immenga/Mestmäcker, EG-Wettbewerbsrecht, Band II, 1997, Art. 37, 90, D Rn. 22–28; *G. Wilms*, Das europäische Gemeinschaftsrecht und die öffentlichen Unternehmen, 1996, S. 145 ff.
30 EuGH, Rs. 10/71, Slg. 1971, 723, Rn. 13/16 (Hafen von Mertert); EuGH, Rs. 172/82, Slg. 1983, 555, Rn. 15 (Inter Huiles).
31 EuGH, Rs. 127/73, 313, Rn. 19/22 (BRT/SABAM II); EuGH, Rs. 66/86, Slg. 1989, 803, Rn. 55 (Ahmed Saeed); kritisch *E.-J. Mestmäcker*, in: Immenga/Mestmäcker, EG-Wettbewerbsrecht, Band II, 1997, Art. 37, 90, D Rn. 29.

unmittelbar anwendbar. Die nationalen Behörden und Gerichte können selbst darüber entscheiden, ob eine Betrauung mit Aufgaben von allgemeinem wirtschaftlichem Interesse vorliegt und ob deren Erfüllung durch die Anwendung der Wettbewerbsregeln verhindert wird.[32] Dagegen liegt die Anwendung von **Art. 86 Abs. 2 S. 2 in Zweifelsfällen ausschließlich** in der Zuständigkeit der **Kommission**. Sollten nationale Behörden oder Gerichte also zu dem Ergebnis kommen, daß die Voraussetzungen von Art. 86 Abs. 2 S. 1 vorliegen, jedoch eine Abwägung gemäß S. 2 für erforderlich halten, endet die unmittelbare Anwendbarkeit der Norm und es muß eine Entscheidung der Kommission herbeigeführt werden.[33] Die Folgerung der Kommission, sie sei in jedem Fall alleine zuständig, die Ausnahmeregelung in Art. 86 Abs. 2 anzuwenden[34], geht zu weit.[35] Ausschließliche Kommissionszuständigkeit besteht nur, wenn nationale Behörden »... **nicht zu einer klaren Aussage** ... kommen können ...«.[36] Da Art. 86 Abs. 2 auch der Verwirklichung nationaler Wirtschaftspolitik dient[37], kann den Mitgliedstaaten nicht jede positive Anwendungszuständigkeit entzogen sein.

D. Pflichten der Mitgliedstaaten nach Art. 86 Abs. 1

10 Art. 86 Abs. 1 verpflichtet alle Hoheitsträger der Mitgliedstaaten[38], sich jeder Einflußnahme auf öffentliche Unternehmen oder solche mit besonderen oder ausschließlichen Rechten zu enthalten, welche den Vorschriften des EGV, insbesondere dem Diskriminierungsverbot[39], den Wettbewerbs- und Beihilferegeln, zuwiderläuft.[40] Damit soll der öffentliche Sektor, der in einigen EG-Mitgliedstaaten große Bedeutung einnimmt, in die Wettbewerbsordnung der Gemeinschaft integriert werden.[41]

---

32 EuGH, Rs. C-260/89, Slg. 1991, I-2925, Rn. 34 (ERT); EuGH, Rs. C-320/91, Slg. 1993, I-2533, Rn. 19–21 (Corbeau); EuGH, Rs. C-393/92, Slg. 1994, I-1477, Rn. 50, 51 (Almelo/Energiebedrijf Ijsselmij); EuG, Rs. T-16/91, Slg. 1992, II-2417, Rn. 99 (Rendo/Kommission); insofern bestätigt von EuGH, Rs. C-19/93, Slg. 1995, I-3319, Rn. 18, 19 (Rendo); *C. Bellamy/G. Child*, Common Market Law of Competition, 4. Aufl., 1993, Rn. 13-027.
33 EuGH, Rs. 66/86, Slg. 1989, 803, Rn. 58 (Ahmed Saeed); *I. F. Hochbaum*, in: GTE, EU-/EGV, Art. 90, Rn. 65; *A. Jungbluth* (Fn. 9), Art. 86, Rn. 11; *E.-J. Mestmäcker*, in: Immenga/Mestmäcker, EG-Wettbewerbsrecht, Band II, 1997, Art. 37, 90, D Rn. 27, 65.
34 So auch *Bellamy/Child* (Fn. 32), Rn. 13-027.
35 So wohl auch EuGH, Rs. C-19/93, Slg. 1995, I-3319, Rn. 18, 19 (Rendo).
36 Europäische Kommission, Leitlinien für die Anwendung der EG-Wettbewerbsregeln im Telekommunikationsbereich, ABl.EG 1991 Nr. C 233/2, Ziff. 23; GA *F. Jacobs*, Schlußantr. zu EuGH, Rs. C-41/90, Slg. 1991, I-1979, Ziff. 53 (Höfner u. Elser/Macrotron).
37 EuGH, Rs. 10/71, Slg. 1971, 723, 730 Rn. 13/16 (Hafen von Mertert); *K. Hailbronner*, Öffentliche Unternehmen im Binnenmarkt, NJW 1991, S. 593 (599, 600); *J. Wieland*, Besonderheiten der öffentlichen Unternehmen in Deutschland, in: U. Blaurock (Hrsg.), Recht der Unternehmen in Europa, 1993, S. 9 (25).
38 EuGH, Rs. 30/87, Slg. 1988, 2479, Rn. 33 (Bodson/Pompes funèbres).
39 Das Redaktionsversehen des Maastricht-Vertrages, der in Art. 90 Abs. 1 fälschlich eine Verweisung auf die Übergangsvorschrift des Art. 7 ausgesprochen hatte (s. ABl.EG 1992 Nr. C 191/1; BGBl. 1992 II, S. 1251, 1258), wurde mit dem Vertrag von Amsterdam korrigiert.
40 *V. Emmerich*, in: Hb.EGWirtR, H. II., Rn. 60, 88.
41 *E.-J. Mestmäcker*, in: Immenga/Mestmäcker, EG-Wettbewerbsrecht, Band II, 1997, Art. 37, 90, B Rn. 8–27; *V. Emmerich*, in: Hb.EGWirtR, H. II., Rn. 91–94, s. dazu bereits Rn. 3 a.E. und Art. 16, Rn. 1–4, 13 m.w.N.

I. Öffentliche Unternehmen
1. Der Unternehmensbegriff in Art. 86

Einen spezifischen Unternehmensbegriff im Rahmen von Art. 86 gibt es nicht. Vielmehr ist der **allgemeine Unternehmensbegriff** des europäischen Wettbewerbsrechts einschlägig, der auch den Art. 81, 82 zugrundeliegt.[42] Entscheidend ist danach die **Funktion**, nicht die Rechtsform oder die national-rechtliche Qualifikation der handelnden Einheit: Es muß eine Tätigkeit wirtschaftlicher Art vorliegen[43], wobei es auf Gewinnerzielungsabsicht nicht ankommt.[44] Nach st. Rspr. des EuGH umfaßt der Unternehmensbegriff der Art. 81 ff. »... jede eine **wirtschaftliche Tätigkeit** ausübende Einheit, unabhängig von ihrer Rechtsform und der Art ihrer Finanzierung«.[45] Rechtliche Trennung vom Staat oder eigene Rechtspersönlichkeit sind nicht erforderlich.[46] Auch Stellen der öffentlichen Verwaltung – etwa Anstalten des öffentlichen Rechts – können Unternehmen i.S.v. Art. 86 darstellen, sofern sie zur Erzielung eines Leistungsaustauschs am Markt eingesetzt werden.[47] Erforderlich ist lediglich eine **gewisse organisatorische Selbständigkeit**. Wird der Staat unmittelbar, ohne Einschaltung selbständiger Verwaltungseinheiten, unternehmerisch tätig, ist Art. 86 unanwendbar.[48] Ebenso liegen die Voraussetzungen des Unternehmensbegriffs nicht vor, wenn die betreffende Stelle zur Wahrung öffentlicher Interessen und nicht **zu wirtschaftlichen Zwecken** oder in Ausübung hoheitlicher Gewalt tätig wird.[49] Ausschlaggebend ist dafür nicht die Ein-

11

---

42 *I. F. Hochbaum*, in: GTE, EU-/EGV, Art. 90, Rn. 6; *A. Jungbluth* (Fn. 9), Art. 86, Rn. 13; *E.-J. Mestmäcker*, in: Immenga/Mestmäcker, EG-Wettbewerbsrecht, Band II, 1997, Art. 37, 90, C Rn. 1–12; *I. Pernice*, in: Grabitz/Hilf, EU, Art. 90, Rn. 14; *V. Emmerich*, in: Hb.EGWirtR, H. II., Rn. 98; Nicolaysen, Europarecht II, S. 269 f.; *I. van Bael/J.-F. Bellis*, Competition Law of the European Community, 3. Aufl., 1994, ¶ 1318; *Wyatt/Dashwood*, EC-Law, S. 550, 381–383.
43 EuGH, Rs. 155/73, Slg. 1974, 409, Rn. 14 (Sacchi); *E.-J. Mestmäcker*, in: Immenga/ Mestmäcker, EG-Wettbewerbsrecht, Band II, 1997, Art. 37, 90, C Rn. 2, 3.
44 EuGH, Rs. 209 u.a./78, Slg. 1980, 3125, Rn. 88 (FEDETAB); *I. F. Hochbaum*, in: GTE, EU-/EGV, Art. 90, Rn. 16.
45 EuGH, Rs. C-41/90, Slg. 1991, I-1979, Rn. 21 (Höfner u. Elser/Macrotron); EuGH, Rs. C-159 u. 160/91, Slg. 1993, I-637, Rn. 17 (Poucet und Pistre); EuGH, Rs. C-364/ 92, Slg. 1994, I-43, Rn. 18 (SAT/Eurocontrol); EuGH, Rs. C-244/94, Slg. 1995, I-4013, Rn. 14 ff. (Fédération française d'assurances); EuGH, Rs. C-55/96, Slg. 1997, I-7119, Rn. 21 (Job Centre); EuGH, Rs. C-180 u.a./98, Slg. 2000, I-6451, Rn. 74, 108 (Pavel Pavlov); EuGH, Rs. C-218/00, 22.1.2002, n.n.i. Slg., Rn. 22, 23 (Cisal di Battistello Veneziano & C. Sas/INAIL).
46 EuGH, Rs. 118/85, Slg. 1987, 2599, Rn. 9–11 (Kommission/Italienische Republik); EuGH, Rs. C-69/91, Slg. 1993, I-5335, Rn. 15 und 21 (Decoster) *E.-J. Mestmäcker*, in: Immenga/Mestmäcker, EG-Wettbewerbsrecht, Band II, 1997, Art. 37, 90, C Rn. 2, 4.
47 So z. B. die Arbeitsvermittlung durch die Bundesanstalt für Arbeit; EuGH, Rs. C-41/90, Slg. 1991, I-1979, Rn. 21–23 (Höfner u. Elser/Macrotron), oder die italienischen Arbeitsvermittlungsbehörden, EuGH, Rs. C-55/96, Slg. 1997, I-7119, Rn. 20–22 (Job Centre). I. ü. EuGH, Rs. 118/ 85, Slg. 1987, 2599, Rn. 7, 13 (Kommission/Italienische Republik); *I. F. Hochbaum*, in: GTE, EU-/EGV, Art. 90, Rn. 14; *van Bael/Bellis* (Fn. 42), ¶ 1318; *Bellamy/Child* (Fn. 32), Rn. 13-013.
48 *A. Jungbluth* (Fn. 9), Art. 86, Rn. 14; *I. Pernice*, in: Grabitz/Hilf, EU, Art. 90, Rn. 14; *V. Emmerich*, in: Hb.EGWirtR, H. II., Rn. 98.
49 EuGH, Rs. 2/73, Slg. 1973, 865, Rn. 8, 9 (Geddo); EuGH, Rs. 94/74, Slg. 1975, 699, Rn. 33/35 (IGAV); EuGH, Rs. 364/92, Slg. 1994, I-43, Rn. 30, 31 (SAT/ Eurocontrol); EuGH, Rs. C-159 u. 160/91, Slg. 1993, I-637, Rn. 18 f. (Poucet und Pistre); GA *A. Trabucchi*, Schlußantr. zu EuGH, Rs. 94/74, Slg. 1975, 699, Ziff. 8 (IGAV); *E.-J. Mestmäcker*, in: Immenga/Mestmäcker, EG-Wettbewerbsrecht, Band II, 1997, Art. 37, 90, C Rn. 8; *I. Pernice*, in: Grabitz/Hilf, EU, Art. 90, Rn. 14; *Bellamy/Child* (Fn. 32), Rn. 2-010. Entscheidend für die Abgrenzung zu nicht unternehmerisch handelnden Sozialversicherungen ist die Freiwilligkeit der Mitgliedschaft und die Anwendung des Kapitalisierungsprinzip, so daß sich ein Wettbewerbsverhältnis zu Lebensversicherungen ergibt; ausführlich EuGH, Rs. C-180 u.a./98, Slg. 2000, I-6451, Rn. 107–117 m.w.N. (Pavel Pavlov). Keine wirtschaftliche Tätigkeit bei rein solidaritätsbestimmten Sozialver-

ordnung einer Tätigkeit als hoheitlich oder privatrechtlich nach innerstaatlichem Recht, sondern eine Abgrenzung nach gemeinschaftsrechtlichen Kriterien.[50]

2. Der Begriff des »öffentlichen Unternehmens«

12 Der Begriff »öffentliches Unternehmen« ist ebenfalls **autonom europarechtlich** zu bestimmen. Auf die Rechtsform oder Einordnung nach dem Recht der betroffenen Mitgliedstaaten kommt es nicht an.[51] Gleichwohl enthält der EGV keine allgemeine Definition des öffentlichen Unternehmens.[52] Auch die Definition in Art. 2 der Transparenzrichtlinie[53] gilt nach Feststellung des EuGH ausschließlich im Rahmen und für die Zwecke dieser RL.[54] Da jedoch die TransparenzRL den Anwendungsbereich von Art. 86 auf der Grundlage von Abs. 3 präzisiert, kann sie zumindest als Anhaltspunkt für die Auslegung dieses Vertragsartikels herangezogen werden.[55] Im übrigen ist die Definition aus dem Zweck von Art. 86 Abs. 1 abzuleiten, der Unternehmen erfassen will, auf deren Planung und Geschäftstätigkeit der Staat bestimmenden Einfluß ausüben kann.[56]

13 Öffentliche Unternehmen i.S.v. Art. 86 Abs. 1 sind demnach wirtschaftlich handelnde Einheiten beliebiger Rechtsform, auf deren Geschäftsplanung oder Tätigkeit öffentliche **Hoheitsträger** über Eigentum, Beteiligungsverhältnisse, Stimmrecht oder in sonstiger Weise mittelbar oder unmittelbar **bestimmenden Einfluß** ausüben können.[57] Die Ab-

---

Fortsetzung von Fußnote 49
  sicherungen mit staatlicher Festsetzung der Beiträge und Leistungen; EuGH, Rs. C-218/00, 22.1.2002, n.n.i. Slg., Rn. 31–45 (Cisal di Battistello Veneziano & C. Sas/INAIL).
50 So für die Qualifikation der Tätigkeit von Eurocontrol EuGH, Rs. 9 u. 10/77, Slg. 1977, 1517, Rn. 4, 5 (LTU/Eurocontrol); EuGH, Rs. 364/92, Slg. 1994, I-43, Rn. 28, 30 (SAT/Eurocontrol); i. ü. *E.-J. Mestmäcker*, in: Immenga/Mestmäcker, EG-Wettbewerbsrecht, Band II, 1997, Art. 37, 90, C Rn. 8; *Ehlermann*, (Fn. 11), S. 66; *J. Fesenmair*, Öffentliche Dienstleistungsmonopole im europäischen Recht, 1996, S. 44 f., 50 ff., 70; *A. Heinemann*, Die Grenzen staatlicher Monopole im EG-Vertrag, 1996, S. 76–78.
51 *I. F. Hochbaum*, in: GTE, EU-/EGV, Art. 90, Rn. 8; *A. Jungbluth* (Fn. 9), Art. 86, Rn. 17; *E.-J. Mestmäcker*, in: Immenga/Mestmäcker, EG-Wettbewerbsrecht, Band II, 1997, Art. 37, 90, C Rn. 13; *BBPS*, S. 364; *van Bael/Bellis* (Fn. 42), ¶ 1318; *M. Burgi*, Die öffentlichen Unternehmen im Gefüge des primären Gemeinschaftsrechts, EuR 1998, S. 261 (264 f., 267).
52 *A. Jungbluth* (Fn. 9), Art. 86, Rn. 15; *BBPS*, S. 363; *Bellamy/Child* (Fn. 32), Rn. 13-013.
53 RL 80/723/EWG der Kommission vom 25. Juni 1980 über die Transparenz der finanziellen Beziehungen zwischen den Mitgliedstaaten und den öffentlichen Unternehmen sowie über die finanzielle Transparenz innerhalb bestimmter Unternehmen, ABl.EG 1980 Nr. L 195/35; zu den Änderungen vgl. Fn. 252; genauer dazu Rn. 60.
54 EuGH, Rs. 188–190/80, Slg. 1982, 2545, Rn. 24 (Transparenzrichtlinie).
55 *A. Jungbluth* (Fn. 9), Art. 86, Rn. 16; *I. Pernice*, in: Grabitz/Hilf, EU, Art. 90, Rn. 17; *Emmerich* (Fn. 13), § 36 Ziff. 3. a).
56 EuGH, Rs. 188–190/80, Slg. 1982, 2545, Rn. 26 (Transparenzrichtlinie); EuGH, Rs. C-159/94, Slg. 1997, I-5815, Rn. 46 (Kommission/Frankreich); EuGH, Rs. C-157/94, Slg. 1997, I-5699, Rn. 29 (Kommission/Niederlande); EuGH, Rs. C-158/94, Slg. 1997, I-5789, Rn. 40 (Kommission/Italien); *I. F. Hochbaum*, in: GTE, EU-/EGV, Art. 90, Rn. 8; *A. Jungbluth* (Fn. 9), Art. 86, Rn. 15; *BBPS*, S. 363; *Burgi* (Fn. 51), S. 266; *Emmerich* (Fn. 13), § 36 Ziff. 3. a); enger: *I. Pernice*, in: Grabitz/Hilf, EU, Art. 90, Rn. 18, 19.
57 *Gleiss/Hirsch*, Kommentar zum EWG-Kartellrecht, 3. Aufl. 1978, Art. 90, Rn. 4; *I. F. Hochbaum*, in: GTE, EU-/EGV, Art. 90, Rn. 9; *E.-J. Mestmäcker*, in: Immenga/Mestmäcker, EG-Wettbewerbsrecht, Band II, 1997, Art. 37, 90, C Rn. 13, 15, 16; *BBPS*, S. 363, 364. Zu den Möglichkeiten, bestimmenden Einfluß auszuüben, TransparenzRL (Fn. 53), 9. Erwägungsgrund. Öffentliches Unternehmen wegen Mehrheitsbeteiligung des Staates: Europäische Kommission,

grenzung zu privaten Unternehmen liegt darin, daß dieser bestimmende Einfluß nicht mit den üblichen hoheitlichen Maßnahmen (Gesetzgebung, Verwaltungsakte) erzielt zu werden braucht.[58] Letztlich handelt es sich um Unternehmen im oben definierten Sinne[59], die der Staat **ohne Rückgriff auf hoheitliche Maßnahmen** für seine Zwecke steuern kann.

II. Unternehmen mit besonderen oder ausschließlichen Rechten

Unternehmen, denen die Mitgliedstaaten besondere oder ausschließliche Rechte gewähren, sind in Art. 86 Abs. 1 den öffentlichen Unternehmen gleichgestellt. Auch diese Unternehmensarten sind gemeinschaftsrechtlich autonom zu definieren, wobei mangels ausdrücklicher Vorgaben auf Systematik und Zweck von Art. 86 Abs. 1 abzustellen ist.[60] Wegen der Gleichstellung mit öffentlichen Unternehmen liegt das wesentliche Qualifikationsmerkmal sowohl der ausschließlichen als auch der besonderen Rechte darin, daß diese die begünstigten Unternehmen in eine **ähnliche Abhängigkeit zum Staat** bringen **wie öffentliche Unternehmen**.[61] 14

Der EuGH sieht das Wesensmerkmal dieser Unternehmen in ihrer **besonderen Rechtsbeziehung zum Staat**[62], die sich von der Rechtsposition sonstiger privater Unternehmen deutlich unterscheidet. Dabei muß es sich um **Privilegien für individuell bestimmte** Unternehmen handeln.[63] Nicht ausreichend sind Rechte, die von vornherein für eine unbestimmte Vielzahl von Begünstigten geschaffen wurden und jedem zustehen, der die entsprechenden gesetzlichen Voraussetzungen erfüllt (sog. unechte Konzessionen).[64] Daraus folgt: Besondere und ausschließliche Rechte i.S.v. Art. 86 Abs. 1 sind Regelungen, welche individuell bestimmte Unternehmen privilegieren, eine Sonderbeziehung mit einem Hoheitsträger begründen[65] und gleichzeitig diese Unternehmen in eine Abhängigkeit zu dem Hoheitsträger bringen, die für sonstige private Unternehmen nicht besteht und dem Hoheitsträger einen **bestimmenden Einfluß** auf deren Geschäftstätigkeit eröffnet.[66] 15

Ausschließliche Rechte liegen vor, wenn wirtschaftliche Tätigkeitsbereiche einem Unternehmen unter Ausschluß von Wettbewerbern vorbehalten bleiben.[67] Beispiele 16

Fortsetzung von Fußnote 57

    Entscheidung vom 4.10.1995, ABl.EG 1995 Nr. L 280/49, Rn. 2 (GSM-Mobilfunkdienste in Italien); EuGH, Rs. C-340/99, Slg. 2001, I-4109, Rn. 39 (TNT Traco/Poste Italiane); *van Bael/ Bellis* (Fn. 42), ¶ 1318.
58 *I. F. Hochbaum*, in: GTE, EU-/EGV, Art. 90, Rn. 9; *I. Pernice*, in: Grabitz/Hilf, EU, Art. 90, Rn. 18; *E.-J. Mestmäcker*, Europäisches Wettbewerbsrecht, 1974, § 54 Ziff. V. 2. Unklar hinsichtlich der Einflußart Europäische Kommission, 8. Wettbewerbsbericht (1978), Zweiter Teil, Ziff. 253; für eine Einbeziehung besonderer gesetzlicher Regelungen als Einflußfaktor *Emmerich* (Fn. 13), § 36 Ziff. 3. a).
59 S. Rn. 11.
60 *I. Pernice*, in: Grabitz/Hilf, EU, Art. 90, Rn. 26; *Emmerich* (Fn. 13), § 36 Ziff. 3. b).
61 *A. Jungbluth* (Fn. 9), Art. 86, Rn. 19; *I. Pernice*, in: Grabitz/Hilf, EU, Art. 90, Rn. 25, 26.
62 EuGH, Rs. 188–190/80, Slg. 1982, 2545, Rn. 24 (Transparenzrichtlinie).
63 *I. F. Hochbaum*, in: GTE, EU-/EGV, Art. 90, Rn. 22; *A. Jungbluth* (Fn. 9), Art. 86, Rn. 21.
64 EuGH, Rs. 13/77, Slg. 1977, 2115, Rn. 40/42 (GB-INNO-BM/ATAB); Europäische Kommission, Entscheidung vom 29.10.1981, ABl.EG 1981 Nr. L 370/49 (GVL); *Gleiss/Hirsch* (Fn. 57), Art. 90, Rn. 6; *I. Pernice*, in: Grabitz/Hilf, EU, Art. 90, Rn. 25, 28.
65 EuGH, Rs. C-202/88, Slg. 1991, I-1223, Rn. 24 (Telekommunikations-Endgeräte).
66 *I. F. Hochbaum*, in: GTE, EU-/EGV, Art. 90, Rn. 22; *A. Jungbluth* (Fn. 9), Art. 86, Rn. 19, 16; *I. Pernice*, in: Grabitz/Hilf, EU, Art. 90, Rn. 27.
67 RL der Kommission vom 28. Juni 1990 über den Wettbewerb auf dem Markt für Telekommunikationsdienste (90/388/EWG), ABl.EG 1990 Nr. L 192/10, Art. 1 Abs. 1; RL 94/46/EG der Kommission vom 13. Oktober 1994 zur Änderung der RL 88/301/EWG und 90/388/EWG, insbesondere betreffend Satelliten-Kommunikation, ABl.EG 1994 Nr. L 268/ 15, Art. 2 Nr. 1

hierfür[68] sind staatlich verliehene Monopole[69], die öffentliche Beleihung von Unternehmen[70] oder ausschließliche Lizenzen für das Angebot bestimmter Leistungen[71]. **Besondere Rechte** dagegen bestehen in der Übertragung hoheitlicher Befugnisse auf mehrere Unternehmen ohne Ausschließlichkeitsposition, wodurch diese gegenüber ihren Wettbewerbern begünstigt werden.[72] Beispiele für »besondere Rechte« hat der EuGH bisher noch nicht ausdrücklich anerkannt.[73] In der Literatur wird häufig zwischen beiden Privilegierungsformen nicht inhaltlich unterschieden.[74]

III. Dem Vertrag widersprechende Maßnahmen

17 Sinn von Art. 86 Abs. 1 ist es, die Mitgliedstaaten daran zu hindern, ihre Einflußmöglichkeiten auf Unternehmen, mit denen sie besondere Rechtsbeziehungen unterhalten, zu mittelbaren Vertragsverletzungen zu mißbrauchen.[75] Daher ist den Staaten jedes Verhalten verboten, das einen Widerspruch zum EGV begründet, wobei sämtliche Normen des Vertrages zu beachten sind.

1. Der Begriff »Maßnahmen«

18 Der Begriff »Maßnahmen« i.S.v. Art. 86 Abs. 1 wird durch den **Normzweck** der Vorschrift bestimmt und ist dementsprechend sehr weit auszulegen. Er umfaßt **jede Form der rechtlichen oder tatsächlichen Einflußnahme** der Mitgliedstaaten auf ihre öffentlichen oder privilegierten Unternehmen, wobei es auf die Rechtsform oder Rechtsquali-

---

Fortsetzung von Fußnote 67
  lit. a) i); Stellungnahme des Wirtschafts- und Sozialausschusses zum Thema »Leistungen der Daseinsvorsorge«, 21.10.1999, ABl.EG 1999 Nr. C 368/51, Ziff. 4.2. Fn. 4; *E.-J. Mestmäcker*, in: Immenga/Mestmäcker, EG-Wettbewerbsrecht, Band II, 1997, Art. 37, 90, C Rn. 19.
68 Zusammenfassend *E.-J. Mestmäcker*, in: Immenga/Mestmäcker, EG-Wettbewerbsrecht, Band II, 1997, Art. 37, 90, C Rn. 23.
69 EuGH, Rs. C-320/91, Slg. 1993, I-2533 (Corbeau); EuGH, Rs. C-163/96, Slg. 1998, I-533, Rn. 23 (Silvano Raso); EuGH, Rs. C-147 u. 148/97, Slg. 2000, I-825, Rn. 37 (Deutsche Post AG/GZS u. Citicorp); EuGH, Rs. C-475/99, 25.10.2001, n.n.i. Slg., Rn. 23, 24 (Ambulanz Glöckner/Landkreis Südwestpfalz).
70 *Gleiss/Hirsch* (Fn. 57), Art. 90, Rn. 6; *I. F. Hochbaum*, in: GTE, EU-/EGV, Art. 90, Rn. 24; *Emmerich* (Fn. 13), § 36 Ziff. 3. b).
71 EuGH, Rs. 155/73, Slg. 1974, 409 (Sacchi); EuGH, Rs. 90/76, Slg. 1977, 1091 (Ameyde/UCI); EuGH, Rs. 30/87, Slg. 1988, 2479 (Bodson/Pompes funèbres); EuGH, Rs. 66/86, Slg. 1989, 803 (Ahmed Saeed); EuGH, Rs. C-41/90, Slg. 1991, I-1979 (Höfner u. Elser/Macrotron); EuGH, Rs. C-260/89, Slg. 1991, I-2925 (ERT); EuGH, Rs. C-179/90, Slg. 1991, I-5889 (Porto di Genova); EuGH, Rs. C-271 u.a./90, Slg. 1992, I-5833 (Telekommunikationsdienste); Europäische Kommission, Entscheidung vom 18.12.1996, ABl.EG 1997 Nr. L 76/19, Rn. 10 (GSM-Mobilfunkdienste in Spanien).
72 RL 94/46/EG der Kommission vom 13. Oktober 1994 zur Änderung der RL 88/301/EWG und 90/388/EWG, insbesondere betreffend Satelliten-Kommunikation, ABl.EG 1994 Nr. L 268/15, Begründungserwägungen, Rn. 6 und 11, Art. 1 Nr. 1 lit. b), Art. 2 Nr. 1 lit. a) ii); Stellungnahme des Wirtschafts- und Sozialausschusses (Fn. 67), Ziff. 4.2. Fn. 4; *E.-J. Mestmäcker*, in: Immenga/Mestmäcker, EG-Wettbewerbsrecht, Band II, 1997, Art. 37, 90, C Rn. 19, 20.
73 Ausdrücklich offengelassen: EuGH, Rs. C-202/88, Slg. 1991, I-1223, Rn. 45, 46 (Telekommunikations-Endgeräte); EuGH, Rs. C-271 u.a./90, Slg. 1992, I-5833, Rn. 29–31 (Telekommunikationsdienste); EuGH, Rs. C-475/99, 25.10.2001, n.n.i. Slg., Rn. 24, 25 (Ambulanz Glöckner/Landkreis Südwestpfalz).
74 *I. Pernice*, in: Grabitz/Hilf, EU, Art. 90, Rn. 24; kritisch *E.-J. Mestmäcker*, in: Immenga/Mestmäcker, EG-Wettbewerbsrecht, Band II, 1997, Art. 37, 90, C Rn. 21 m.w.N.
75 S. o. 3, 4.; *BBPS*, S. 363.

tät der eingesetzten Mittel nicht ankommt.[76] Öffentlich-rechtliche wie privatrechtliche Rechtshandlungen oder auch reine Realakte können »Maßnahmen« i.S.v. Art. 86 Abs. 1 darstellen. Eine solche »Maßnahme« muß jedoch in jedem Fall **spezifisch öffentliche oder privilegierte Unternehmen** betreffen. Sie muß in ihren Folgen gerade auf diese Unternehmen abzielen, denn darin unterscheiden sich tatbestandsmäßige »Maßnahmen« von den allgemeinen staatlichen Vorgaben für alle Unternehmen; letztere sind nicht an Art. 86, sondern an Art. 10 zu messen.[77]

Als Maßnahmen haben EuGH und Europäische Kommission vor allem nationale Gesetze und Verordnungen angesehen, die bestimmte Unternehmen direkt oder indirekt privilegierten.[78] Daneben fielen unter diesen Begriff die Verweigerung erforderlicher Genehmigungen für Konkurrenzunternehmen[79], belastende Auflagen in Lizenzen für Konkurrenten[80] sowie Konzessionsbedingungen, die dem begünstigten Unternehmen ein bestimmtes vertragswidriges Verhalten vorschrieben.[81] 19

2. Widerspruch zum Vertrag

Nach Wortlaut und Normzweck von Art. 86 Abs. 1 sind den Mitgliedstaaten alle Maßnahmen verboten, die einer Bestimmung des EGV, insbesondere den Art. 12 und 81–89, widersprechen. Gemeint ist damit – alternativ – sowohl ein vertragswidriges Verhalten des beeinflußten **Unternehmens** als auch ein Vertragsverstoß des handelnden **Mitgliedstaats** selbst.[82] Es genügt, daß die rechtlichen oder tatsächlichen **Wirkungen** der jeweiligen Maßnahme zu einer solchen Vertragsverletzung seitens des Unternehmens oder seitens des verantwortlichen Mitgliedstaats führen können; durch staatliche 20

---

76 *I. F. Hochbaum*, in: GTE, EU-/EGV, Art. 90, Rn. 35; *E.-J. Mestmäcker*, in: Immenga/Mestmäcker, EG-Wettbewerbsrecht, Band II, 1997, Art. 37, 90, C Rn. 60, 61; *I. Pernice*, in: Grabitz/Hilf, EU, Art. 90, Rn. 42.
77 *I. F. Hochbaum*, in: GTE, EU-/EGV, Art. 90, Rn. 35; *A. Jungbluth* (Fn. 9), Art. 86, Rn. 25; *I. Pernice*, in: Grabitz/Hilf, EU, Art. 90, Rn. 42, 43; *Emmerich* (Fn. 13), § 36 Ziff. 4. a); a.A. *E.-J. Mestmäcker*, in: Immenga/Mestmäcker, EG-Wettbewerbsrecht, Band II, 1997, Art. 37, 90, C Rn. 61.
78 Vgl. EuGH, Rs. C-41/90, Slg. 1991, I-1979, Rn. 27 (Höfner u. Elser/Macrotron); EuGH, Rs. C-260/89, Slg. 1991, I-2925, Rn. 3 (ERT); EuGH, Rs. C-179/90, Slg. 1991, I-5889, Rn. 3, 4 (Porto di Genova); EuGH, Rs. C-18/88, Slg. 1991, I-5941, Rn. 5–7, 15 (RTT/GB-INNO-BM); EuGH, Rs. C-320/91, Slg. 1993, I-2533, Rn. 3 (Corbeau); Europäische Kommission, Entscheidung vom 24.4.1985, ABl.EG 1985 Nr. L 152/25 (Griechische Versicherungen); Europäische Kommission, Entscheidung vom 22.6.1987, ABl.EG 1987 Nr. L 194/28 (spanische Tarifmäßigungen); Europäische Kommission, Entscheidung vom 20.12.1989, ABl.EG 1990 Nr. L 10/47 (Eilkurierdienstleistungen in den Niederlanden); Europäische Kommission, Entscheidung vom 1.8.1990, ABl.EG1990 Nr. L 233/19 (Eilkurierdienstleistungen in Spanien); Europäische Kommission, Entscheidung vom 28.6.1995, ABl.EG 1995 Nr. L 216/8 (Rabattsystem am Flughafen Brüssel); Europäische Kommission, Entscheidung vom 21.10.1997, ABl.EG 1997 Nr. L 301/17 (Italienisches Hafenarbeitsgesetz); Europäische Kommission, Entscheidung vom 21.10.1997, ABl.EG 1997 Nr. L 301/27, Rn. 13 ff. (Lotsentarife im Hafen von Genua).
79 Europäische Kommission, Entscheidung vom 21.12.1993, ABl.EG 1994 Nr. L 55/52, Rn. 6 (Hafen von Rødby).
80 Europäische Kommission, Entscheidung vom 4.10.1995, ABl.EG 1995 Nr. L 280/49, Rn. 17 (GSM-Mobilfunkdienste in Italien); Europäische Kommission, Entscheidung vom 18.12.1996, ABl.EG 1997 Nr. L 76/19, Rn. 1, 21 (GSM-Mobilfunkdienste in Spanien).
81 Vgl. EuGH, Rs. 30/87, Slg. 1988, 2479, Rn. 34 (Bodson/Pompes funèbres).
82 EuGH, Rs. C-55/96, Slg. 1997, I-7119, Rn. 28 (Job Centre); Europäische Kommission, Entscheidung vom 21.10.1997, ABl.EG 1997 Nr. L 301/17, Rn. 29, 30 (Italienisches Hafenarbeitsgesetz); *A. Jungbluth* (Fn. 9), Art. 86, Rn. 25; *E.-J. Mestmäcker*, in: Immenga/Mestmäcker, EG-Wettbewerbsrecht, Band II, 1997, Art. 37, 90, C Rn. 62.

Art. 86 EG-Vertrag

Maßnahmen darf die **praktische Wirksamkeit der Vertragsbestimmungen** nicht ausgeschaltet werden.[83]

21 Prüfungsmaßstab sind folglich **sämtliche Normen des EGV**, sowohl diejenigen, welche sich an die Mitgliedstaaten richten, als auch die unmittelbar an Unternehmen gerichteten Vertragsartikel. Ferner zählt dazu das gesamte, den Vertrag konkretisierende **sekundäre Europarecht**.[84]

a) Beachtung von Normen, die für Mitgliedstaaten gelten

22 Unter den staatsgerichteten Verboten[85] verweist Art. 86 Abs. 1 ausdrücklich auf **das allgemeine Diskriminierungsverbot** in Art. 12. Jede Einflußnahme eines EG-Mitgliedstaats auf öffentliche oder privilegierte Unternehmen, die eine Benachteiligung von Bürgern oder Unternehmen aus dem übrigen EG-Raum wegen ihrer Staatsangehörigkeit zur Folge hat, ist gemäß Art. 86 Abs. 1 i.V.m. Art. 12 verboten. Darunter fallen etwa die Bevorzugung eigener Unternehmen bei der Vergabe öffentlicher Aufträge[86] oder eigener Bürger bei der Besetzung von Stellen.[87]

23 Ebenso sind die **besonderen Diskriminierungsverbote** der Arbeitnehmer-Freizügigkeit (Art. 39)[88], der Niederlassungsfreiheit (Art. 43)[89] sowie der Dienstleistungsfreiheit (Art. 49) im Rahmen von Art. 86 Abs. 1 zu beachten.[90] Ein Gesetz, das öffentlichen Unternehmen vorschreibt, sich nur bei bestimmten Versicherungen des eigenen Landes zu versichern, und öffentliche Banken verpflichtet, ihren Kunden nur noch diese Versicherungsgesellschaften zu empfehlen, verstößt daher gegen Art. 86 Abs. 1 i.V.m. Art. 43 und 49.[91]

24 Eine wichtige Rolle für Maßnahmen im Verhältnis zu öffentlichen Unternehmen spielt **Art. 28**. Die Mitgliedstaaten dürfen gemäß Art. 86 Abs. 1 i.V.m. Art. 28 keine Maßnahmen treffen, die dem fundamentalen Grundsatz des freien Warenverkehrs widersprechen.[92] Verboten ist jedes Verhalten nationaler Hoheitsträger, das »... geeignet ist, den innergemeinschaftlichen Handeln unmittelbar oder mittelbar, tatsächlich oder potentiell zu behindern«.[93] Vertragswidrig wäre aus diesem Grunde die staatliche Anordnung gegenüber einem öffentlichen Unternehmen, nur begrenzte Mengen eines Produkts aus anderen EG-Mitgliedstaaten zu beziehen.[94]

---

83 Europäische Kommission, Entscheidung vom 21.10.1997, ABl.EG 1997 Nr. L 301/17, Rn. 25, 32 (Italienisches Hafenarbeitsgesetz); EuGH, Rs. C-147 u. 148/97, Slg. 2000, I-825, Rn. 39 (Deutsche Post AG/GZS u. Citicorp); *A. Jungbluth* (Fn. 9), Art. 86, Rn. 26; *Emmerich* (Fn. 13), § 36 Ziff. 4. b).
84 Vgl. EuGH, Rs. 172/82, Slg. 1983, 555, Rn. 15 (Inter Huiles); *A. Jungbluth* (Fn. 9), Art. 86, Rn. 31; *Emmerich* (Fn. 13), § 36 Ziff. 4. d).
85 Ausführlich dazu *A. Jungbluth* (Fn. 9), Art. 86, Rn. 27 ff.; *Burgi* (Fn. 51), S. 282–285.
86 Europäische Kommission, 2. Wettbewerbsbericht (1972), Zweiter Teil, Ziff. 129; *I. F. Hochbaum*, in: GTE, EWGV, Art. 90, Rn. 39.
87 *I. F. Hochbaum*, in: GTE, EU-/EGV, Art. 90, Rn. 38; weitere Beispiele bei *E.-J. Mestmäcker*, in: Immenga/Mestmäcker, EG-Wettbewerbsrecht, Band II, 1997, Art. 37, 90, C Rn. 63.
88 EuGH, Rs. C-131/96, Slg. 1997, I-3659, Rn. 10–12 (Carlos Mora Romero).
89 Europäische Kommission, Entscheidung vom 26.6.1997, ABl.EG 1997 Nr. L 244/18, Rn. 12 f. (Vlaamse Televisie Maatschappij (VTM)).
90 *A. Jungbluth* (Fn. 9), Art. 86, Rn. 29 m.w.N.; *E.-J. Mestmäcker*, in: Immenga/Mestmäcker, EG-Wettbewerbsrecht, Band II, 1997, Art. 37, 90, C Rn. 64.
91 Europäische Kommission, Entscheidung vom 24.4.1985, ABl.EG 1985 Nr. L 152/25 (Griechische Versicherungen), bestätigt in EuGH, Rs. 226/87, Slg. 1988, 3611 (Kommission/Griechenland).
92 *I. F. Hochbaum*, in: GTE, EU-/EGV, Art. 90, Rn. 39.
93 EuGH, Rs. 8/74, Slg. 1974, 837, Rn. 5 (Dassonville); s. Art. 28, Rn. 14 ff.
94 Ebenso hinsichtlich eines Ausfuhrverbots EuGH, Rs. 172/82, Slg. 1983, 555, Rn. 9, 12, 15, 16 (Inter Huiles).

Besonders konfliktträchtig und in Art. 86 Abs. 1 ausdrücklich erwähnt sind die 25
Beihilfevorschriften. Art. 86 sichert die Durchsetzung des Verbots staatlicher Beihilfen (Art. 87) gegenüber öffentlichen Unternehmen in gleichem Maße wie gegenüber privaten Unternehmen.[95] Ob nach der neueren Rspr. des EuGH zum Beihilfebegriff[96] Art. 86 Abs. 1 in seiner Bedeutung hinter der unmittelbaren Anwendung von Art. 87 zurücktreten wird[97], erscheint fraglich.

b) Beachtung von Normen, die für Unternehmen gelten
Zu dieser Gruppe gehört vor allem das **Gemeinschaftskartellrecht**, insbesondere die 26
Art. 81, 82. Art. 86 Abs. 1 untersagt somit den Mitgliedstaaten jedes Verhalten, das öffentliche oder rechtlich privilegierte Unternehmen zu einem Verstoß gegen die Art. 81, 82 oder die Fusionskontrollverordnung[98] sowie sonstiges sekundäres Kartellrecht veranlassen oder verpflichten könnte. Im Vordergrund steht dabei für die Praxis **Art. 82**.

Nach st. Rspr. des EuGH hat jedenfalls ein Unternehmen, dem ein **gesetzliches Mono-** 27
pol zusteht, eine beherrschende Stellung i.S.v. Art. 82[99], und das Gebiet eines Mitgliedstaats gilt stets als wesentlicher Teil des Gemeinsamen Marktes.[100] Die **Schaffung eines Monopols** durch Gewährung ausschließlicher Rechte ist **nicht** schlechthin mit Art. 86 Abs. 1, 82 unvereinbar. Allerdings bejaht die Rspr. einen Verstoß gegen die genannten Bestimmungen bereits dann, wenn ein Mitgliedstaat durch Begründung ausschließlicher Rechte eine Lage schafft, in der das betreffende Monopolunternehmen seine beherrschende Stellung zwangsläufig mißbrauchen wird oder mißbrauchen könnte.[101] Es muß nicht zu einem tatsächlichen Mißbrauchsverhalten kommen. Vielmehr genügt es, wenn staatliche Privilegien die Chancengleichheit gegenüber nicht privilegierten

---

95 I. F. *Hochbaum*, in: GTE, EU-/EGV, Art. 90, Rn. 41, 42; E.-J. *Mestmäcker*, in: Immenga/Mestmäcker, EG-Wettbewerbsrecht, Band II, 1997, Art. 37, 90, C Rn. 66; *Emmerich* (Fn. 13), § 36 Ziff. 4. c).
96 EuGH, Rs. 290/83, Slg. 1985, 439, Rn. 14, 15 (Kommission/Französische Republik).
97 So A. *Jungbluth* (Fn. 9), Art. 86, Rn. 30; *Bach* (Fn. 17), S. 38 f.; wohl auch E.-J. *Mestmäcker*, in: Immenga/Mestmäcker, EG-Wettbewerbsrecht, Band II, 1997, Art. 37, 90, C Rn. 67.
98 EuGH, Rs. C-55/96, Slg. 1997, I-7119, Rn. 28 (Job Centre); *Emmerich* (Fn. 13), § 36 Ziff. 4. e); ebenso, noch im Hinblick auf die Fusionskontrolle nach Art. 81, 82, E.-J. *Mestmäcker*, Fusionskontrolle im Gemeinsamen Markt zwischen Wettbewerbspolitik und Industriepolitik, EuR 1988, S. 349 (364 f.); V. *Emmerich*, Fusionskontrolle 1988/89, Die AG 1989, S. 369 (375).
99 EuGH, Rs. 311/84, Slg. 1985, 3261, Rn. 12, 16–18 (Télémarketing); EuGH, Rs. C-179/90, Slg. 1991, I-5889, Rn. 14 (Porto di Genova); EuGH, Rs. C-18/88, Slg. 1991, I-5941, Rn. 17 (RTT/GB-INNO-BM); EuGH, Rs. C-320/91, Slg. 1993, I-2533, Rn. 9 (Corbeau); EuGH, Rs. C-18/93, Slg. 1994, I-1783, Rn. 40 (Corsica Ferries); EuGH, Rs. C-242/95, Slg. 1997, I-4449, Rn. 33, 34 (GT-Link); EuGH, Rs. C-55/96, Slg. 1997, I-7119, Rn. 30 (Job Centre); EuGH, Rs. C-266/96, Slg. 1998, I-3949, Rn. 39 (Corsica Ferries France); EuGH, Rs. C-147 u. 148/97, Slg. 2000, I-825, Rn. 38, 57 (Deutsche Post AG/GZS u. Citicorp); Europäische Kommission, Entscheidung vom 21.10.1997, ABl.EG 1997 Nr. L 301/17, Rn. 30 (Italienisches Hafenarbeitsgesetz); Europäische Kommission, Entscheidung vom 21.10.1997. ABl.EG 1997 Nr. L 301/27, Rn. 8 (Lotsentarife im Hafen von Genua). Allgemein zum Begriff der beherrschenden Stellung s. Art. 82, Rn. 7 ff.; EuGH, Rs. C-96/94, Slg. 1995, I-2883, Rn. 31 (Centro Servizi Spediporto); EuGH, Rs. C-70/95, Slg. 1997, I-3395, Rn. 44, 46 (Sodemare).
100 St. Rspr.: EuGH, Rs. C-41/90, Slg. 1991, I-1979, Rn. 28 (Höfner u. Elser/Macrotron); EuG, Rs. T-229/94, Slg. 1997, II-1689, Rn. 58 (Deutsche Bahn/Kommission); allgemein *Koch*, in: Grabitz/Hilf, EU, Art. 90, Rn. 41 m.w.N.; s. Art. 82, Rn. 22; zu territorial begrenzten Monopolen Europäische Kommission, Entscheidung vom 21.10.1997, ABl.EG 1997 Nr. L 301/17, Rn. 17–20 (Italienisches Hafenarbeitsgesetz).
101 EuGH, Rs. C-41/90, Slg. 1991, I-1979, Rn. 27, 29 (Höfner u. Elser/Macrotron); EuGH, Rs. C-179/90, Slg. 1991, I-5889, Rn. 17 (Porto di Genova); EuGH, Rs. C-18/93, Slg. 1994, I-1783, Rn. 43 (Corsica Ferries); EuGH, Rs. C-242/95, Slg. 1997, I-4449, Rn. 33, 34 (GT-Link); EuGH, Rs. C-55/96, Slg. 1997, I-7119, Rn. 29 (Job Centre); EuGH, Rs. C-266/96, Slg. 1998, I-3949, Rn. 40, 41 (Corsica Ferries France); EuGH, Rs. C-147 u. 148/97, Slg. 2000, I-825, Rn. 39 (Deutsche Post AG/GZS u. Citicorp); EuGH, Rs. C-475/99, 25.10.2001, n.n.i. Slg., Rn. 39 (Ambulanz

Art. 86 EG-Vertrag

Unternehmen derart beeinträchtigen, daß ein **Mißbrauch des Monopols** oder der rechtlichen Sonderstellung durch das begünstigte Unternehmen **naheliegt**.[102]

28   Die **Mißbrauchstatbestände**, die bei Dienstleistungsmonopolen bisher von Kommission und Gerichtshof im Rahmen von Art. 86 Abs. 1 i.V.m. Art. 82 moniert wurden, betreffen im wesentlichen folgende **Fallgruppen**[103]: Ein Verstoß gegen Art. 82 liegt vor, wenn Monopolisten den Marktzutritt möglicher Wettbewerber behindern[104], wenn sie unangemessene Preise oder Vertragsbedingungen fordern[105], die gleiche Leistung zu unterschiedlichen Preisen oder Bedingungen anbieten[106], das mögliche Leistungsangebot auf einem bestimmten Markt beschränken[107] oder die Entwicklung moderner Technologien behindern[108], wenn sich ein Monopolist als unfähig erweist, sein Monopol nachfragegerecht auszufüllen[109], oder wenn Monopole faktisch auf bisher wettbewerbsgesteuerte Märkte ausgedehnt werden.[110] Ferner bedeuten Alleinbezugsvereinbarungen mit marktbeherrschenden Unternehmen stets einen Mißbrauch i.S.v. Art. 82.[111]

Fortsetzung von Fußnote 101
  Glöckner/Landkreis Südwestpfalz); EuGH, Rs. C-340/99, Slg. 2001, I-4109, Rn. 44 (TNT Traco/ Poste Italiane); eingehende Analyse der Rspr. bei *Bacon* (Fn. 1), S. 285–287; *C. Bright*, Article 90, Economic Policy and the Duties of Member States, 1993 E.C.L.R. 263 (265–267).
102 EuGH, Rs. C-202/88, Slg. 1991, I-1223, Rn. 51 (Telekommunikations-Endgeräte); EuGH, Rs. C-18/88, Slg. 1991, I-5941, Rn. 23–28 (RTT/GB-INNO-BM); EuGH, Rs. C-69/91, Slg. 1993, I-5335, Rn. 19–22 (Decoster);); EuGH, Rs. C-242/95, Slg. 1997, I-4449, Rn. 44 (GT-Link); EuGH, Rs. C-163/96, Slg. 1998, I-533, Rn. 29–31 (Silvano Raso); Europäische Kommission, Entscheidung vom 21.10.1997, ABl.EG 1997 Nr. L 301/17, Rn. 30, 31 (Italienisches Hafenarbeitsgesetz); RL 96/19/EG der Kommission vom 13. März 1996 zur Änderung der RL 90/ 388/EWG hinsichtlich der Einführung des vollständigen Wettbewerbs auf den Telekommunikationsmärkten, ABl.EG 1996 Nr. L 74/13, Begründungserwägungen, Rn. 11; *J. Basedow*, Europarechtliche Grenzen des Postmonopols, EuZW 1994, 359, 360; s. auch unten, Rn. 32.
103 Ausführlich zum Folgenden *J. Basedow/C. Jung*, Das Postmonopol – ökonomische Zwecke und europarechtliche Grenzen, in: J. Basedow (Hrsg.), Das neue Wirtschaftsrecht der Postdienste, 1995, S. 179 (239 ff.) m.w.N. Vgl. auch die Regelbeispiele in Art. 82; s. Art. 82, Rn. 41 ff.
104 Europäische Kommission, 26. Wettbewerbsbericht (1996), Erster Teil, Ziff. 59–64.
105 EuGH, Rs. 155/73, Slg. 1974, 409, Rn. 17 (Sacchi); EuGH, Rs. 30/87, Slg. 1988, 2479, Rn. 33, 34 (Bodson/Pompes funèbres); EuGH, Rs. C-179/90, Slg. 1991, I-5889, Rn. 19 (Porto di Genova); EuGH, Rs. C-242/95, Slg. 1997, I-4449, Rn. 39 (GT-Link); *E.-J. Mestmäcker*, in: Immenga/Mestmäcker, EG-Wettbewerbsrecht, Band II, 1997, Art. 37, 90, C Rn. 70, 71.
106 EuGH, Rs. C-242/95, Slg. 1997, I-4449, Rn. 41–43 (GT-Link); Europäische Kommission, Entscheidung vom 21.10.1997. ABl.EG 1997 Nr. L 301/27, Rn. 10 ff. (Lotsentarife im Hafen von Genua).
107 EuGH, Rs. C-55/96, Slg. 1997, I-7119, Rn. 32, 35 (Job Centre); Europäische Kommission, Entscheidung vom 20.12.1989, ABl.EG 1990 Nr. L 10/47, Rn. 13, 14 (Eilkurierdienstleistungen in den Niederlanden); Europäische Kommission, Entscheidung vom 1.8.1990, ABl.EG 1990 Nr. L 233/19, Rn. 11. (Eilkurierdienstleistungen in Spanien).
108 EuGH, Rs. C-179/90, Slg. 1991, I-5889, Rn. 19 (Porto di Genova); EuGH, Rs. C-55/96, Slg. 1997, I-7119, Rn. 35, 38 (Job Centre); Europäische Kommission, Entscheidung vom 10.12.1982, ABl.EG 1982 Nr. L 360/36, Rn. 34 (British Telecommunications); Europäische Kommission, Entscheidung vom 18.12.1996, ABl.EG 1997 Nr. L 76/19, Rn. 21 (GSM-Mobilfunkdienste in Spanien); RL hinsichtlich der Einführung des vollständigen Wettbewerbs auf den Telekommunikationsmärkten (Fn. 102), Begründungserwägungen, Rn. 25.
109 EuGH, Rs. C-202/88, Slg. 1991, I-1223, Rn. 35, 41, 42 (Telekommunikations-Endgeräte); EuGH, Rs. C-41/90, Slg. 1991, I-1979, Rn. 8, 9, 30, 31 (Höfner u. Elser/Macrotron).
110 EuGH, Rs. 311/84, Slg. 1985, 3261, Rn. 27 (Télémarketing); EuGH, Rs. C-18/88, Slg. 1991, I-5941, Rn. 18, 19, 21, 24 (RTT/GB-INNO-BM); Europäische Kommission, Entscheidung vom 20.12.1989, ABl.EG 1990 Nr. L 10/47, Rn. 5 (Eilkurierdienstleistungen in den Niederlanden); Europäische Kommission, Entscheidung vom 18.12.1996, ABl.EG 1997 Nr. L 76/19, Rn. 21 (GSM-Mobilfunkdienste in Spanien). Vgl. auch *A. Jungbluth* (Fn. 9), Art. 86, Rn. 33 m.w.N.; *V. Emmerich*, Nationale Postmonopole und europäisches Gemeinschaftsrecht, EuR 1983, S. 216 (225).
111 EuGH, Rs. C-393/92, Slg. 1994, I-1477, Rn. 44 (Almelo/Energiebedrijf Ijsselmij); GA *P. Léger*, Schlußantr. zu EuGH, Rs. C-310/93 P, Slg. 1995, I-865, Ziff. 44–47 (BPB).

3. »Treffen oder Beibehalten« – Pflichten der Mitgliedstaaten

Aus den Worten »treffen oder beibehalten« sowie dem weiten Maßnahmenbegriff in Art. 86 Abs. 1 folgen entsprechend **weitgehende Pflichten** der Mitgliedstaaten. Im Ergebnis haben sie alles zu tun, um die Begründung oder Verfestigung eines vertragswidrigen Zustands zu verhindern.[112]

29

Das bedeutet zum einen eine **Unterlassungspflicht**. Den Mitgliedstaaten ist jede Veranlassung der von ihnen beeinflußten Unternehmen zu einem vertragswidrigen Verhalten verboten.[113] Sie dürfen weder die **öffentlichen oder privilegierten Unternehmen** zu einem solchen Verhalten anregen noch die **übrigen Unternehmen** entgegen den Bestimmungen des EGV zu einer Begünstigung der ersteren zwingen, etwa durch das Gebot, einen bestimmten Bedarf ausschließlich bei nationalen öffentlichen Unternehmen zu decken.[114] Verboten ist ferner ein Abschirmen öffentlicher Unternehmen vor potentiellem Wettbewerb durch Wettbewerbsbeschränkungen auf Märkten, die von jenen gar nicht versorgt werden.[115]

30

Zum zweiten trifft die Mitgliedstaaten auch eine **Pflicht zu aktivem Tätigwerden**[116], um einerseits Vertragsverletzungen seitens ihrer öffentlichen oder privilegierten Unternehmen zu **verhindern**, andererseits vertragswidrige Begünstigungen dieser Unternehmen zu **beseitigen**. Insoweit sind sie aus Art. 86 Abs. 1 verpflichtet, ihre wirtschaftlichen und rechtlichen Rahmenbedingungen für die genannten Unternehmen vertragskonform zu gestalten[117], diese Unternehmen zu beaufsichtigen und einzuschreiten, falls sie sich vertragswidrig verhalten.[118] Bei öffentlichen Unternehmen spricht nach überwiegender Literaturansicht eine Vermutung gegen »autonomes«, d.h. staatlich unbeeinflußtes, Handeln[119], das über Art. 86 grundsätzlich nicht angreifbar wäre.[120]

31

Umstritten war lange Zeit die Frage, ob bereits die **Begründung eines Monopols** oder besonderer Rechte gegen Art. 86 Abs. 1 i.V.m. Art. 28, 49, 82 verstoßen kann. Insofern hat sich die Rspr. des EuGH seit Anfang der 90er Jahre deutlich verschärft.[121] Galten

32

---

112 Ähnlich *Nicolaysen*, Europarecht II, S. 273 f.
113 Europäische Kommission, Entscheidung vom 21.10.1997. ABl.EG 1997 Nr. L 301/27, Rn. 21 (Lotsentarife im Hafen von Genua); *I. Pernice*, in: Grabitz/Hilf, EU, Art. 90, Rn. 46; *BBPS*, S. 363; *A. Page*, Member States, Public Undertakings and Article 90, 1982 ELRev. 19 (24). Es genügt bereits das Schaffen einer Lage, in der die bezeichneten Unternehmen gegen den EGV verstoßen können; s. o. Rn. 27.
114 Europäische Kommission, Entscheidung vom 24.4.1985, ABl.EG 1985 Nr. L 152/25 (Griechische Versicherungen); Europäische Kommission, 6. Wettbewerbsbericht (1976), Zweiter Teil, Ziff. 274; 19. Wettbewerbsbericht (1989), Dritter Teil, Ziff. 231; 20. Wettbewerbsbericht (1990), Dritter Teil, Ziff. 357; 21. Wettbewerbsbericht (1991), Dritter Teil, Ziff. 333; *I. Pernice*, in: Grabitz/ Hilf, EU, Art. 90, Rn. 46.
115 EuGH, Rs. C-41/90, Slg. 1991, I-1979, Rn. 25, 26, 31 (Höfner u. Elser/Macrotron); *Mestmäcker* (Fn. 17), S. 90, 91.
116 *BBPS*, S. 363; *Wyatt/Dashwood*, EC-Law, S. 553, 554; *Page* (Fn. 113), S. 24.
117 *I. F. Hochbaum*, in: GTE, EU-/EGV, Art. 90, Rn. 38; *I. Pernice*, in: Grabitz/Hilf, EU, Art. 90, Rn. 47.
118 Europäische Kommission, 2. Wettbewerbsbericht (1972), Zweiter Teil, Ziff. 129; *I. F. Hochbaum*, in: GTE, EU-/EGV, Art. 90, Rn. 37; *Ehlermann* (Fn. 11), S. 65.
119 *I. F. Hochbaum*, in: GTE, EU-/EGV, Art. 90, Rn. 37; *I. Pernice*, in: Grabitz/Hilf, EU, Art. 90, Rn. 47; *G. Marenco*, Public Sector and Community Law, 1983 CMLRev. 495 (511) m.w.N.; *Page*, (Fn. 113), S. 24–26.
120 S. Rn. 6; *I. Pernice*, in: Grabitz/Hilf, EU, Art. 90, Rn. 46 m.w.N.
121 Restriktiver bereits EuGH, Rs. C-202/88, Slg. 1991, I-1223, Rn. 22 (Telekommunikations-Endgeräte); ausführlich *E.-J. Mestmäcker*, in: Immenga/Mestmäcker, EG-Wettbewerbsrecht, Band II, 1997, Art. 37, 90, C Rn. 24–59; *Bacon* (Fn. 1), S. 285–287; *Bright* (Fn. 101), S. 265–268; für den Bereich der Telekommunikation *N. v. Baggehufwudt*, Dienstleistungsmonopole in der Telekommunikation, ArchivPT 1993, S. 174 (175 f.); s. bereits oben, Rn. 27.

Begründung und Existenz eines Monopols traditionell als wettbewerbsrechtlich unbedenklich[122], solange das betreffende Unternehmen seine marktbeherrschende Stellung nicht mißbraucht, so genügt mittlerweile eine objektiv zurechenbare Mißbrauchsmöglichkeit.[123] Nach der neuen Rspr. des EuGH wird die Begründung eines Monopols von Art. 86 Abs. 1 erfaßt, wenn ein nationales Gesetz eine **potentiell gegen Art. 82 verstoßende Lage** schafft und das Monopolunternehmen durch die bloße **Ausübung der ihm übertragenen Rechte** zwangsläufig **Mißbrauch** begeht[124] oder wenn es geneigt ist, sich entsprechend mißbräuchlich zu verhalten.[125] In Abwesenheit dieser Voraussetzungen gilt die staatliche Begründung eines Monopols aber nach wie vor nicht als Verstoß gegen Wettbewerbsrecht.

E. Bereichsausnahmen nach Art. 86 Abs. 2

33 Anders als Abs. 1 gilt Art. 86 Abs. 2 nicht nur für öffentliche Unternehmen oder solche, die in einem gleichwertigen Abhängigkeitsverhältnis zum Staat[126] stehen. Art. 86 Abs. 2 hat ein anderes Regelungsziel und ist daher auf öffentliche wie private **Unternehmen** gleichermaßen anwendbar, sofern eine Betrauung mit **Dienstleistungen von allgemeinem wirtschaftlichem Interesse** vorliegt.[127] Die Vorschrift gilt nach neuerer Rspr. ferner für die **Pflichten der Mitgliedstaaten aus Art. 86 Abs. 1** und wirkt dort als Einschränkung. So hat der EuGH in der Entscheidung »Corbeau« aufgrund des engen Zusammenhangs zwischen den beiden Absätzen Art. 86 Abs. 2 im Rahmen von Abs. 1 als Prüfungsmaßstab für die Begründung ausschließlicher Rechte herangezogen.[128]

---

122 EuGH, Rs. 155/73, Slg. 1974, 409, Rn. 14 (Sacchi); so immer noch der Ausgangspunkt der Rspr.: EuGH, Rs. C-271 u.a./90, Slg. 1992, I-5833, Rn. 35 (Telekommunikationsdienste); EuGH, Rs. C-18/93, Slg. 1994, I-1783, Rn. 42 (Corsica Ferries); EuGH, Rs. C-250/92, Slg. 1994, I-5641, Rn. 49 (DLG); EuGH, Rs. C-147 u. 148/97, Slg. 2000, I-825, Rn. 39, 40 (Deutsche Post AG/GZS u. Citicorp); *I. F. Hochbaum*, in: GTE, EU-/EGV, Art. 90, Rn. 20, 21, 25–29; *I. Pernice*, in: Grabitz/Hilf, EU, Art. 90, Rn. 43; *Hailbronner* (Fn. 37), S. 598; *Mestmäcker* (Fn. 98), S. 363. Sehr kritisch dazu die überwiegende Literatur; vgl. *V. Emmerich*, in: Hb.EG-WirtR, H. II., Rn. 67, 68 m.w.N.
123 EuGH, Rs. C-323/93, Slg. 1994, I-5077, Rn. 18, 20 (la Crespelle): Die Mißbrauchshandlung muß »unmittelbare Folge des Gesetzes« sein; EuGH, Rs. C-387/93, Slg. 1995, I-4663, Rn. 51 (Banchero): Das Unternehmen muß »durch die bloße Ausübung« seiner ausschließlichen Rechte zu einem Mißbrauch »veranlaßt« werden; ähnlich EuGH, Rs. C-266/96, Slg. 1998, I-3949, Rn. 40 (Corsica Ferries France); genauer dazu *Basedow* (Fn. 102), S. 360; *Basedow/Jung* (Fn. 103), S. 237 ff.; *Emmerich* (Fn. 13), § 36 Ziff. 4. f) m.w.N. und Ziff. 4. b).
124 EuGH, Rs. C-387/93, Slg. 1995, I-4663, Rn. 51 (Banchero); EuGH, Rs. C-55/96, Slg. 1997, I-7119, Rn. 31 (Job Centre); EuGH, Rs. C-163/96, Slg. 1998, I-533, Rn. 27, 31 (Silvano Raso); EuGH, Rs. C-180 u.a./98, Slg. 2000, I-6451, Rn. 127 (Pavel Pavlov).
125 EuGH, Rs. C-260/89, Slg. 1991, I-2925, Rn. 37, 38 (ERT); EuGH, Rs. C-179/90, Slg. 1991, I-5889, Rn. 17, 19, 20 (Porto di Genova); EuGH, Rs. C-320/91, Slg. 1993, I-2533, Rn. 11–14 (Corbeau), EuGH, Rs. C-18/93, Slg. 1994, I-1783, Rn. 42, 43, 45 (Corsica Ferries); EuGH, Rs. C-163/96, Slg. 1998, I-533, Rn. 29–31 (Silvano Raso); EuGH, Rs. C-266/96, Slg. 1998, I-3949, Rn. 40 (Corsica Ferries France); Schlußantr. GA *G. Tesauro* zu EuGH, Rs. C-320/91, Slg. 1993, I-2533, Ziff. 11 (Corbeau); Europäische Kommission, Entscheidung vom 21.10.1997, ABl.EG 1997 Nr. L 301/17, Rn. 37, 41 (Italienisches Hafenarbeitsgesetz); *V. Emmerich*, in: Hb.EGWirtR, H. II., Rn. 76, 77 m.w.N. Das gilt erst Recht für die Verleihung von Privilegien nach Begründung eines Monopols; vgl. EuGH, Rs. C-340/99, Slg. 2001, I-4109, Rn. 44–48 (TNT Traco/Poste Italiane).
126 S. Rn. 12, 14.
127 EuGH, Rs. 127/73, 313, Rn. 19/22 (BRT/SABAM I).
128 EuGH, Rs. C-320/91, Slg. 1993, I-2533, Rn. 13, 14 (Corbeau); *E.-J. Mestmäcker*, in: Immenga/Mestmäcker, EG-Wettbewerbsrecht, Band II, 1997, Art. 37, 90, B Rn. 53, D Rn. 30; vgl. auch *J. Basedow*, Dienstleistungsmonopole und Netzzugang in der europäischen Wirtschaftsverfassung, Jahrbuch für neue politische Ökonomie 1997, S. 121 (130 f.); *M. Dolfen*, Der Verkehr im europäischen Wettbewerbsrecht, 1991, S. 156.

I. Zweck und Rechtsnatur von Art. 86 Abs. 2

Art. 86 Abs. 2 ist Ausdruck eines Kompromisses zwischen dem Vertragsziel des unverfälschten Wettbewerbs (Art. 3 Abs. 1 lit. g) und der **wirtschaftspolitischen Gestaltungskompetenz der Mitgliedstaaten**. Wirtschaftspolitik liegt nahezu ausschließlich in nationaler Zuständigkeit.[129] Staaten mit bedeutendem öffentlichem Wirtschaftssektor sollte es auch im Rahmen des EGV möglich bleiben, ihre wirtschaftspolitischen Ziele einer allgemeinen Daseinsvorsorge mittels bestimmter Unternehmen weiterzuverfolgen.[130] Durch den Vertrag von Amsterdam haben gemeinwohlverpflichtete Wirtschaftsformen in Art. 16 sogar eine Absicherung und Aufwertung erfahren.[131] Art. 86 Abs. 2 erlaubt daher in engen Grenzen Abweichungen von den unternehmensbezogenen Vorschriften des EGV[132], insbesondere den Wettbewerbsregeln, soweit solche Ausnahmen erforderlich sind, um Unternehmen, an deren Tätigkeit ein allgemeines wirtschaftliches Interesse besteht[133], die Erfüllung ihrer Aufgaben zu ermöglichen.[134] Art. 86 Abs. 2 ist folglich als abwägungsabhängige, **eng begrenzte Bereichsausnahme** für die Erfüllung öffentlicher Aufgaben anzusehen (str.).[135]

34

Als Durchbrechung wesentlicher Vertragsvorschriften ist die Bestimmung – trotz des neuen Art. 16[136] – **restriktiv auszulegen**.[137] In der Praxis wurde zwar vielen wirtschaftlichen Funktionsträgern der Status eines öffentlichen Unternehmens zuerkannt, ein echter Dispens von den Wettbewerbsregeln und den Grundfreiheiten gelang jedoch nur sehr selten.[138] Erst in jüngster Zeit und teilweise nur für eine Übergangsfrist haben

35

---

129 S. Art. 99 Rn. 2 ff.
130 EuGH, Rs. C-202/88, Slg. 1991, I-1223, Rn. 12 (Telekommunikations-Endgeräte); EuGH, Rs. C-159/94, Slg. 1997, I-5815, Rn. 55, 56 (Kommission/Frankreich); EuGH, Rs. C-157/94, Slg. 1997, I-5699, Rn. 39, 40 (Kommission/Niederlande); *E.-J. Mestmäcker*, in: Immenga/Mestmäcker, EG-Wettbewerbsrecht, Band II, 1997, Art. 37, 90, D Rn. 1; *Emmerich* (Fn. 13), § 36 Ziff. 6. a); auch *Hailbronner* (Fn. 37), S. 598. Ausführlich zu den genannten EuGH-Entscheidungen *R. Dohms/ C. Levasseur*, Commentaire des arrêts de la Cour du 23.10.97 relatifs aux monopoles d'importation et d'exportation de gaz et d'électricité, Competition Policy Newsletter 1998 No. 1, S. 18.
131 S. Art. 16, Rn. 8, 9, 10a.
132 *I. F. Hochbaum*, in: GTE, EU-/EGV, Art. 90, Rn. 44, 45, 58; *P. v. Wilmowsky*, Mit besonderen Aufgaben betraute Unternehmen unter dem EWG-Vertrag, ZHR 155 (1991), S. 545 (556 f.); a.A. *Gleiss/Hirsch* (Fn. 57), Art. 90, Rn. 18.
133 EuGH, Rs. C-179/90, Slg. 1991, I-5889, 5931 Rn. 27 (Porto di Genova).
134 EuGH, Rs. C-320/91, Slg. 1993, I-2533, Rn. 14 (Corbeau); EuGH, Rs. C-393/92, Slg. 1994, I-1477, Rn. 46 (Almelo/Energiebedrijf Ijsselmij); Europäische Kommission, 26. Wettbewerbsbericht (1996), Erster Teil, Ziff. 23, 114.
135 Vgl. *I. F. Hochbaum*, in: GTE, EU-/EGV, Art. 90, Rn. 43 ff.; *P. Mailänder*, in: Gesetz gegen Wettbewerbsbeschränkungen und Europäisches Kartellrecht – Gemeinschaftskommentar, 3. Aufl., 1974, EWGV-Ber.Ausn., Rn. 10. A.A. *A. Jungbluth* (Fn. 9), Art. 86, Rn. 36; *I. Pernice*, in: Grabitz/Hilf, EU, Art. 90, Rn. 51; *Gleiss/Hirsch* (Fn. 57), Art. 90, Rn. 15; *Burgi* (Fn. 51), S. 277.
136 Vgl. zu dessen rechtlicher Bedeutung Art. 16, Rn. 12, 13; s. auch u. Rn. 41, 49.
137 EuGH, Rs. 127/73, 313, Rn. 19/22 (BRT/SABAM II); EuGH, Rs. C-242/95, Slg. 1997, I-4449, Rn. 50 (GT-Link); EuGH, Rs. C-159/94, Slg. 1997, I-5815, Rn. 53 (Kommission/Frankreich); EuGH, Rs. C-340/99, Slg. 2001, I-4109, Rn. 56 (TNT Traco/Poste Italiane); EuG, Rs. T-260/94, Slg. 1997, II-997, Rn.135, 138 (Air Inter); EuG, Rs. T-106/95, Slg. 1997, II-229, Rn. 173 (FFSA); GA *K. Roemer*, Schlußantr. zu EuGH, Rs. 82/71, Slg. 1972, 119, Ziff. 4 (SAIL); *I. F. Hochbaum*, in: GTE, EU-/EGV, Art. 90, Rn. 43; *A. Jungbluth* (Fn. 9), Art. 86, Rn. 42; *E.-J. Mestmäcker*, in: Immenga/Mestmäcker, EG-Wettbewerbsrecht, Band II, 1997, Art. 37, 90, D Rn. 14.
138 *A. Jungbluth* (Fn. 9), Art. 86, Rn. 44: Die Vorschrift ist allerdings deshalb nicht obsolet, sondern eine notwendige primärrechtliche Konkretisierung der Schnittstelle zwischen nationaler Wirtschaftspolitik und den unternehmensbezogenen Vorgaben des Gemeinschaftsrechts; ähnlich *E.-J. Mestmäcker*, Daseinsvorsorge und Universaldienst im europäischen Kontext, FS-Zacher, 1997, S. 621 (628 f.); *Hailbronner*, (Fn. 37), S. 599, 600; *Wieland*, (Fn. 37), S. 25; **a.A.** *v. Wilmowsky* (132), S. 553 ff.; *Emmerich* (Fn. 13), § 36 Ziff. 6. a).

Art. 86 EG-Vertrag

Kommission und Gerichtshof die Voraussetzungen von Art. 86 Abs. 2 bejaht für die Kernbereiche der Post-[139] und Fernmeldemonopole[140] sowie in engen Grenzen bei der Elektrizitätsversorgung[141]. Allerdings zeigen die Urteile des EuGH zu den Einfuhrmonopolen bei Gas und Elektrizität[142] seit 1997 eine deutliche Tendenz zu großzügigerer Anwendung dieser Ausnahmebestimmung.

II. Unternehmen, die mit Dienstleistungen von allgemeinem wirtschaftlichem Interesse betraut sind

36 Der Begriff des **Dienstleistungsunternehmens** in Art. 86 Abs. 2 wird maßgeblich bestimmt von dem Kriterium »allgemeines wirtschaftliches Interesse«. Der Kreis der erfaßten Unternehmenstätigkeiten beschränkt sich nicht auf Dienstleistungen i.S.v. Art. 50. Gemeint sind vielmehr **alle wirtschaftlichen Aktivitäten zur Sicherung von Infrastruktur und Daseinsvorsorge**[143]; nach neuerer Rspr. sollen auch Tätigkeiten im Interesse der **öffentlichen Sicherheit** einbezogen sein[144]. Zu den genannten wirtschaftlichen Aktivitäten zählen neben klassischen Dienstleistungen auch die Lieferung von Waren und sonstigen Sachleistungen, insbesondere von Energie.[145] Die europäischen Gerichte umschreiben diesen Begriff als »... Leistungen zugunsten sämtlicher Nutzer im gesamten Hoheitsgebiet des betreffenden Mitgliedstaats, ohne Rücksicht auf Sonderfälle und auf die Wirtschaftlichkeit jedes einzelnen Vorgangs«.[146]

37 Entscheidend ist, daß die betreffenden Unternehmen **im allgemeinen wirtschaftlichen Interesse tätig** werden. Eine exakte Definition dieses Begriffs auf europarechtlicher Ebene gibt es noch nicht.[147] Welche Aufgaben konkret darunter fallen, legen vielmehr

---

139 EuGH, Rs. C-320/91, Slg. 1993, I-2533, Rn. 13–19 (Corbeau); EuGH, Rs. C-340/99, Slg. 2001, I-4109, Rn. 55 (TNT Traco/Poste Italiane); EuG, Rs. T-106/ 95, Slg. 1997, II-229, Rn. 66–72, 176 (FFSA); Europäische Kommission, Leistungen der Daseinsvorsorge in Europa, ABl.EG 1996 Nr. C 281/3, Rn. 37–40; zu den Bemühungen der Kommission um eine Liberalisierung der Postdienste vgl. Europäische Kommission, 26. Wettbewerbsbericht (1996), Ziff. 22, 79, 125, 126; zuletzt: RL 97/67/EG des Europäischen Parlaments und des Rates vom 15.12.1997 über gemeinsame Vorschriften für die Entwicklung des Binnenmarktes der Postdienste der Gemeinschaft und die Verbesserung der Dienstequalität, ABl.EG 1998 Nr. L 15/14.
140 A. *Jungbluth* (Fn. 9), Art. 86, Rn. 44; s. u. Rn. 40, 48.
141 S. u., Rn. 40, 48.
142 EuGH, Rs. C-159/94, Slg. 1997, I-5815 (Kommission/Frankreich); EuGH, Rs. C-157/94, Slg. 1997, I-5699 (Kommission/Niederlande); EuGH, Rs. C-158/94, Slg. 1997, I-5789 (Kommission/Italien); dazu ausführlich *Dohms/Levasseur* (Fn. 130).
143 *I. Pernice*, in: Grabitz/Hilf, EU, Art. 90, Rn. 35; *E.-J. Mestmäcker*, in: Immenga/Mestmäcker, EG-Wettbewerbsrecht, Band II, 1997, Art. 37, 90, D Rn. 42; ders. (Fn. 58), § 55 Ziff. III. 2; ausführlich *R. Kovar*, Droit communautaire et service public: esprit d'orthodoxie ou pensée laïcisée, R.T.D.E. 1996, S. 215 ff., 493 ff.
144 EuGH, Rs. C-266/96, Slg. 1998, I-3949, Rn. 45, 60 (Corsica Ferries France) – nach dem Wortlaut von Art. 86 Abs. 2 zweifelhaft.
145 EuGH, Rs. C-159/94, Slg. 1997, I-5815, Rn. 57, 58 (Kommission/Frankreich); EuGH, Rs. C-158/94, Slg. 1997, I-5789, Rn. 41, 42 (Kommission/Italien); *I. F. Hochbaum*, in: GTE, EU-/ EGV, Art. 90, Rn. 46, 47; *A. Jungbluth* (Fn. 9), Art. 86, Rn. 37 m.w.N.; ; *C. Theobald/ I. Zenke*, Grundlagen der Strom- und Gasdurchleitung, 2001, S. 44.
146 EuGH, Rs. C-320/91, Slg. 1993, I-2533, Rn. 15 (Corbeau); EuG, Rs. T-528 u.a./93, Slg. 1996, II-649, Rn. 116 (Métropole télévision); EuG, Rs. T-106/95, Slg. 1997, II-229, Rn. 67 (FFSA); ähnlich *E.-J. Mestmäcker*, in: Immenga/Mestmäcker, EG-Wettbewerbsrecht, Band II, 1997, Art. 37, 90, D Rn. 21; ders. (Fn. 138), S. 631.
147 S. Art. 16, Rn. 2 und 8. Die neue Mitteilung der Kommission, »Leistungen der Daseinsvorsorge in Europa« (Fn. 9), bleibt ebenfalls nur allgemein und beispielhaft; konkreter: Stellungnahme des Wirtschafts- und Sozialausschusses (Fn. 67), Ziff. 1.2.–1.4.

die **nationalen Regierungen** fest, denen dabei ein denkbar **weiter Gestaltungsspielraum** zukommt. Ihre Entscheidung kann von den Gemeinschaftsorganen nur auf »offenkundige Fehler« überprüft werden.[148] »**Allgemeine wirtschaftliche Interessen**« können deshalb von Mitgliedstaat zu Mitgliedstaat unterschiedlichen Inhalt haben.[149] Jedoch sind die übergeordneten Definitionskriterien einheitlich dem Gemeinschaftsrecht zu entnehmen, da es sich in den Art. 86 und 16 um einen Begriff des europäischen Gemeinschaftsrechts handelt.[150]

Die Spruchpraxis von Kommission und Gerichtshof grenzt den Begriff von zwei Seiten her ein: **Abzugrenzen** ist zum einen gegenüber reinen **Individual- oder Gruppeninteressen**.[151] Dienstleistungen sind nur dann »allgemein«, wenn sie **zumindest auch im öffentlichen Interesse** wahrgenommen werden.[152] Hierfür genügt das Interesse eines Teils der Bevölkerung oder einer einzelnen Gemeinde.[153] Ein starkes Indiz für Handeln zugunsten der Allgemeinheit liegt darin, daß Unternehmen auch dort tätig werden, wo dies ihren eigenen wirtschaftlichen Interessen widerspricht.[154] Das ist vor allem der Fall bei teilweise unrentablen Dienstleistungen, die zur gleichmäßigen Versorgung der Be-

38

---

148 Europäische Kommission, Leistungen der Daseinsvorsorge in Europa, 2000 (Fn. 9), Rn. 22; RL 2000/52/EG der Kommission vom 26.7.2000 zur Änderung der RL 80/723/EWG über die Transparenz der finanziellen Beziehungen zwischen den Mitgliedstaaten und den öffentlichen Unternehmen, ABl.EG 2000 Nr. L 193/75, 4. Erwägungsgrund. Ebenso für spezifische Wirtschaftsbereiche: Vertrag von Amsterdam, Protokoll über den öffentlich-rechtlichen Rundfunk in den Mitgliedstaaten, ABl.EG 1997 Nr. C 340/1, 109; Entschließung des Rates und der im Rat vereinigten Vertreter der Regierungen der Mitgliedstaaten vom 25.1.1999 über den öffentlich-rechtlichen Rundfunk, ABl.EG 1999 Nr. C 30/1; Bekanntmachung der Kommission über die Anwendung der Wettbewerbsregeln auf den Postsektor und über die Beurteilung bestimmter staatlicher Maßnahmen betreffend Postdienste, ABl.EG 1998 Nr. C 39/2, Ziff. 6.1. S. auch Art. 16, Rn. 8.
149 *I. Pernice*, in: Grabitz/Hilf, EU, Art. 90, Rn. 35; *N. Catalano*, Application des dispositions du Traité C.E.E. (et notamment des règles de concurrence) aux entreprises publiques, FS-Riese, 1964, S. 133 (142); ausführlich, unter besonderer Berücksichtigung der französischen Perspektive, *V. Götz*, Die Betrauung mit Dienstleistungen von allgemeinem wirtschaftlichem Interesse (Art. 86 Abs. 2 EG) als Akt der öffentlichen Gewalt, in: FS-Maurer, 2001, S. 921 (921–925).
150 EuGH, Rs. 41/83, Slg. 1985, 873, Rn. 30 (Italienische Republik/Kommission); EuG, Rs. T-260/94, Slg. 1997, II-997, Rn. 135 (Air Inter); Europäische Kommission, Fernsehen ohne Grenzen, Grünbuch, KOM(84) 300 endg., BR-Drs. 360/84, S. 192 ff.; *I. Pernice*, in: Grabitz/Hilf, EU, Art. 90, Rn. 35; *Emmerich* (Fn. 13), § 36 Ziff. 6. b) aa); *Mestmäcker* (Fn. 4), S. 564 f.; a.A. *U. Ehricke*, Der Artikel 90 EWGV – eine Neubetrachtung, EuZW 1993, S. 211 (214).
151 EuGH, Rs. 127/73, 313, Rn. 23 (BRT/SABAM II); GA *G. Reischl*, Ergänzende Schlußantr. zu EuGH, Rs. 7/82, Slg. 1983, 483, Ziff. II. 1. (GVL/Kommission); Europäische Kommission, Entscheidung vom 19.10.1981, ABl.EG 1981 Nr. L 370/49, Rn. 67, 68 (GVL); *I. F. Hochbaum*, in: GTE, EU-/EGV, Art. 90, Rn. 48; *A. Jungbluth* (Fn. 9), Art. 86, Rn. 38.
152 *I. Pernice*, in: Grabitz/Hilf, EU, Art. 90, Rn. 36; *A. Jungbluth* (Fn. 9), Art. 86, Rn. 38; *E.-J. Mestmäcker*, in: Immenga/Mestmäcker, EG-Wettbewerbsrecht, Band II, 1997, Art. 37, 90, D Rn. 44.
153 GA *K. Roemer*, Schlußantr. zu EuGH, Rs. 82/71, Slg. 1972, 119, Ziff. 4 (SAIL); *I. F. Hochbaum*, in: GTE, EU-/EGV, Art. 90, Rn. 48; *A. Deringer*, Das Wettbewerbsrecht der Europäischen Wirtschaftsgemeinschaft, 1962, Art. 90, Rn. 73.
154 *I. Pernice*, in: Grabitz/Hilf, EU, Art. 90, Rn. 36; *Mestmäcker* (Fn. 58), § 55 Ziff. III. 3. Ähnlich EuGH, Rs. C-179/90, Slg. 1991, I-5889, Rn. 27 (Porto di Genova); Entscheidung der Kommission vom 27. November 1996 betreffend die von Irland beantragten zusätzlichen Fristen für die Umsetzung der RL 90/388/EG der Kommission in bezug auf den vollständigen Wettbewerb auf dem Markt der Telekommunikationsdienste, ABl.EG 1997 Nr. L 41/8, Rn. 11; *Burgi* (Fn. 51), S. 275.

völkerung gleichwohl flächendeckend erbracht werden müssen.[155] Zum anderen ist abzugrenzen gegenüber öffentlichen Interessen **nicht-wirtschaftlicher** Art. Sofern Unternehmen allein mit der Wahrung kultureller, sozialer oder karitativer Belange betraut sind, fallen sie nicht unter Art. 86 Abs. 2.[156] Das führt zu dem zweifelhaften Ergebnis, daß gerade Unternehmen, die sich ausschließlich solchen Zielen widmen, in vollem Umfang dem europäischen Wettbewerbsrecht unterworfen werden.[157] Das Argument, kulturelle und ähnliche Belange würden bereits im Rahmen der Art. 30 oder 46 berücksichtigt[158], überzeugt im Hinblick auf Art. 86 Abs. 2 nicht, weil diese Norm – anders als Art. 30 und 46 – nur Ausnahmen von unternehmensbezogenen Vertragsbestimmungen gestattet.[159]

39 Voraussetzung ist ferner ein **Betrauungsakt**. »Betrauung« bedeutet: Dem Unternehmen muß von einem Mitgliedstaat eine Aufgabe im oben genannten Sinne kraft eines **Hoheitsakts der öffentlichen Gewalt** übertragen worden sein.[160] Eine Betrauung muß daher auf Gesetz oder Verwaltungsakt basieren.[161] Der Betrauungsakt muß das ausgewählte Unternehmen mindestens **individualisieren**. Erforderlich ist die aktive hoheitliche Verleihung von Zuständigkeiten und Kompetenzen für eine Aufgabe von allgemeinem wirtschaftlichem Interesse. Dies kann nach neuerer Rechtsprechung **auch durch aktiv übertragende öffentlich-rechtliche Konzessionen** geschehen.[162] Passiv gewährende Erlaubnisse, die Eröffnung eines Rechtsrahmens für eine grundsätzlich jedermann offenstehende Versorgungstätigkeit oder die Unterstellung eines Wirtschaftszweigs

---

155 EuGH, Rs. 66/86, Slg. 1989, 803, Rn. 55 (Ahmed Saeed); EuGH, Rs. C-147 u. 148/97, Slg. 2000, I-825, Rn. 44 (Deutsche Post AG/GZS u. Citicorp); EuG, Rs. T-106/95, Slg. 1997, II-229, Rn. 72 (FFSA); *I. Pernice*, in: Grabitz/Hilf, EU, Art. 90, Rn. 36; *Mestmäcker* (Fn. 4), S. 565.
156 Europäische Kommission, Leistungen der Daseinsvorsorge in Europa, 1996 (Fn. 139), Rn. 18; Europäische Kommission, Leistungen der Daseinsvorsorge in Europa, 2000 (Fn. 9), Rn. 28; Europäische Kommission, Entscheidung vom 2.6.1971, ABl.EG 1971 Nr. L 134/15, Rn. III. 2. (GEMA); *I. F. Hochbaum*, in: GTE, EU-/EGV, Art. 90, Rn. 48 m.w.N.; *I. Pernice*, in: Grabitz/Hilf, EU, Art. 90, Rn. 37; ebenso *Deringer* (Fn. 153), Art. 90, Rn. 74, der allerdings auf den Charakter der Tätigkeit, nicht auf den Zweck der Dienstleistung abstellt. Kritisch *E.-J. Mestmäcker*, in: Immenga/Mestmäcker, EG-Wettbewerbsrecht, Band II, 1997, Art. 37, 90, D Rn. 46; ders. (Fn. 138) S. 630 f.; ders. (Fn. 58), § 55 Ziff. III. 4, weil sich ideelle Interessen in der Praxis kaum von wirtschaftlichen trennen lassen.
157 Vgl. *Emmerich* (Fn. 13), § 36 Ziff. 6. b) aa).
158 So *I. Pernice*, in: Grabitz/Hilf, EU, Art. 90, Rn. 37; im Ansatz a.A. *Ehricke* (Fn. 150), S. 215 f.
159 S. o. Rn. 34.
160 EuGH, Rs. 127/73, 313, Rn. 19/22 (BRT/SABAM II); EuGH, Rs. 172/80, Slg. 1981, 2021, Rn. 7 (Züchner/Bayerische Vereinsbank); EuGH, Rs. C-159/94, Slg. 1997, I-5815, Rn. 65 (Kommission/Frankreich); Europäische Kommission, Entscheidung vom 16.1.1991, ABl.EG 1991 Nr. L 28/32, Rn. 41 (Ijsselcentrale); *I. F. Hochbaum*, in: GTE, EU-/EGV, Art. 90, Rn. 49; *E.-J. Mestmäcker*, in: Immenga/Mestmäcker, EG-Wettbewerbsrecht, Band II, 1997, Art. 37, 90, D Rn. 31, 32; wohl auch Europäische Kommission, Entscheidung vom 19.10.1981, ABl.EG 1981 Nr. L 370/49, Rn. 65 (GVL). A.A. Teile der Literatur; vgl. *Burgi* (Fn. 51), S. 275 f. m.w.N.
161 EuGH, Rs. 10/71, Slg. 1971, 723, Rn. 8/12 (Hafen von Mertert); GA *H. Mayras*, Schlußantr. zu EuGH, Rs. 127/73, 313, Ziff. III (BRT/SABAM II); Europäische Kommission, Fernsehen ohne Grenzen (Fn. 150), S. 191 f.; *Deringer* (Fn. 153), Art. 90, Rn. 78; *A. Jungbluth* (Fn. 9), Art. 90, Rn. 40; a.A. *Gleiss/Hirsch* (Fn. 57), Art. 90, Rn. 12; ausführlich zu Form und Inhalt der »Betrauung« *Götz* (Fn. 149), S. 925 f., 931–933.
162 EuGH, Rs. C-393/92, Slg. 1994, I-1477, Rn. 47 (Almelo/Energiebedrijf Ijsselmij); EuGH, Rs. C-159/94, Slg. 1997, I-5815, Rn. 66 (Kommission/Frankreich); zur Untauglichkeit von Betriebsaufnahmegenehmigungen und Konzessionsverträgen in der Energiewirtschaft *C. Theobald/I. Zenke* (Fn. 145), S. 44 f.

unter staatliche Aufsicht[163] genügen jedoch nicht.[164] Ob ein solcher Betrauungsakt auch bei Unternehmen i.S.v. Art. 86 Abs. 1 zu fordern ist, wurde bisher noch nicht eindeutig entschieden. Aus Gründen der Gleichbehandlung privater und öffentlicher Unternehmen ist eine Betrauung auch bei öffentlichen Unternehmen erforderlich. I.d.R. wird sie bereits in der Gewährung besonderer oder ausschließlicher Rechte enthalten sein.[165] Ob ein tauglicher Betrauungsakt vorliegt, fällt in die Entscheidungskompetenz der nationalen Gerichte.[166]

Inzwischen gelten nicht wenige Unternehmen nach den vorgenannten Voraussetzungen als »mit Dienstleistungen von allgemeinem wirtschaftlichem Interesse betraut«.[167] **Anerkannt** wurden bisher vor allem staatliche Arbeitsvermittlungsbehörden[168], die nationalen Post-[169] und Fernmeldeverwaltungen[170], Wasserversorgungsunternehmen[171]; 40

---

163 So aber *M. Waelbroeck*, in: Mégret/Louis/Vigne/Waelbroeck, Le droit de la Communauté Economique Européenne, Vol. 4 – Concurrence, 1972, Ziff. 7.
164 EuGH, Rs. 7/82, Slg. 1983, 483, Rn. 31, 32 (GVL/Kommission); Europäische Kommission, Entscheidung vom 2.6.1971, ABl.EG 1971 Nr. L 134/15, Rn. III. 2. (GEMA); Europäische Kommission, Entscheidung vom 19.10.1981, ABl.EG 1981 Nr. L 370/49, Rn. 66 (GVL); Europäische Kommission, Fernsehen ohne Grenzen (Fn. 150), S. 192; *Deringer* (Fn. 153), Art. 90, Rn. 81; *E.-J. Mestmäcker*, in: Immenga/Mestmäcker, EG-Wettbewerbsrecht, Band II, 1997, Art. 37, 90, D Rn. 32, 33. Umfassend zu den Anforderungen an Konzessionen und zu neueren Entwicklungen *D. Triantafyllou*, Évolutions de la notion de concession de service public sous l'influence du droit communautaire, R.M.C. 1997, S. 558; *C. Theobald/I. Zenke* (Fn. 145), S. 44 f.
165 *I. Pernice*, in: Grabitz/Hilf, EU, Art. 90, Rn. 43.
166 EuGH, Rs. 127/73, 313, Rn. 19/22 (BRT/SABAM II); EuGH, Rs. 66/86, Slg. 1989, 803, Rn. 55, 57 (Ahmed Saeed).
167 Restriktiver noch, auf der Grundlage des Maastricht-Vertrages: *E.-J. Mestmäcker*, in: Immenga/Mestmäcker, EG-Wettbewerbsrecht, Band II, 1997, Art. 37, 90, D Rn. 14; ders. (Fn. 138), S. 627 f.; *Emmerich* (Fn. 13), § 36 Ziff. 6. b) bb).
168 EuGH, Rs. C-41/90, Slg. 1991, I-1979, Rn. 24 (Höfner u. Elser/Macrotron); EuGH, Rs. C-55/96, Slg. 1997, I-7119, Rn. 26 (Job Centre).
169 EuGH, Rs. C-320/91, Slg. 1993, I-2533, Rn. 15 (Corbeau); EuGH, Rs. C-147 u. 148/97, Slg. 2000, I-825 (Deutsche Post AG/GZS u. Citicorp); EuGH, Rs. C-340/99, Slg. 2001, I-4109, Rn. 53 (TNT Traco/Poste Italiane); EuG, Rs. T-106/95, Slg. 1997, II-229, Rn. 66–72, 176 (FFSA); RL über die Entwicklung des Binnenmarktes der Postdienste (Fn. 139), Begründungserwägungen, Rn. 16 und Kapitel 3; Bekanntmachung der Kommission über die Anwendung der Wettbewerbsregeln auf den Postsektor und über die Beurteilung bestimmter staatlicher Maßnahmen betreffend Postdienste, ABl.EG 1998 Nr. C 39/2, S. 3, 4 u. Ziff. 8.
170 EuGH, Rs. C-18/88, Slg. 1991, I-5941, Rn. 15, 16 (RTT/GB-INNO-BM); GA *F. Jacobs*, Schlußantr. zu EuGH, Rs. C-271 u.a./90, Slg. 1992, I-5833, Ziff. 28 (Telekommunikationsdienste); RL der Kommission vom 28.6.1990 über den Wettbewerb auf dem Markt für Telekommunikationsdienste (90/388/EWG), ABl.EG 1990 Nr. L 192/10, Begründungserwägungen, Rn. 18; RL hinsichtlich der Einführung des vollständigen Wettbewerbs auf den Telekommunikationsmärkten (Fn. 102), Begründungserwägungen, Rn. 4, 5, 9; Entscheidung der Kommission vom 27. November 1996 betreffend die von Irland beantragten zusätzlichen Fristen für die Umsetzung der RL 90/388/EG der Kommission in bezug auf den vollständigen Wettbewerb auf dem Markt der Telekommunikationsdienste, ABl.EG 1997 Nr. L 41/8, Rn. 9; Entscheidung der Kommission vom 12.2.1997 über Zusatzfristen, die Portugal für die Umsetzung der RL 90/388/EWG und 96/2/EG der Kommission in bezug auf den vollständigen Wettbewerb auf den Telekommunikationsmärkten eingeräumt werden, ABl.EG 1997 Nr. L 133/19, Rn. 8–10; Entscheidung der Kommission vom 12.2.1997 über Zusatzfristen, die Griechenland für die Umsetzung der RL 90/388/EWG und 96/2/EG der Kommission in bezug auf den vollständigen Wettbewerb auf den Telekommunikationsmärkten eingeräumt werden, ABl.EG 1997 Nr. L 245/6, Rn. 36.
171 Europäische Kommission, Entscheidung vom 17.12.1981, ABl.EG 1982 Nr. L 167/39, Rn. 65 (NAVEWA-ANSEAU).

Verkehrsunternehmen, soweit sie zu einer flächendeckenden Versorgung verpflichtet sind[172], und seit dem **Vertrag von Amsterdam die öffentlich-rechtlichen Kreditinstitute in Deutschland**[173] sowie Österreich und Luxemburg[174]. Letzteren wird in der **37. Erklärung zur Schlußakte** nicht nur bestätigt, daß sie grundsätzlich im allgemeinen wirtschaftlichen Interesse »... eine flächendeckende und leistungsfähige Finanzinfrastruktur zur Verfügung ... stellen«; auch die Vorteile (im Original: »Fazilitäten«), die ihnen zum Ausgleich der damit verbundenen Lasten gewährt werden, sollen nach Auffassung der Kommission mit dem europäischen Wettbewerbsrecht grundsätzlich vereinbar sein.[175] **Energieversorgungsunternehmen** fallen nach st. Rspr. von EuGH[176] und Kommission[177] in den Anwendungsbereich von Art. 86 Abs. 2, während in der Literatur teilweise die gegenteilige[178] oder eine differenzierende[179] Auffassung vertreten wird. Bei **öffentlich-rechtlichen Rundfunkanstalten**[180] war die Qualifikation lange auch zwischen den Gemeinschaftsorganen streitig.[181] Das »Protokoll über den öffentlich-rechtlichen Rundfunk in den Mitgliedstaaten«[182] traf selbst keine definitive Einordnung, sondern stellte nur die Befugnis der Mitgliedstaaten klar, ihren Rundfunkanstalten Auf-

---

172 EuGH, Rs. 10/71, Slg. 1971, 723, Rn. 8/12 (Hafen von Mertert); EuGH, Rs. 66/86, Slg. 1989, 803, Rn. 55 (Ahmed Saeed); differenzierend für den Betrieb eines Hafens EuGH, Rs. C-242/95, Slg. 1997, I-4449, Rn. 51–53 (GT-Link); für Versorgungsleistungen auf Flughäfen in Erwägung gezogen von Europäische Kommission, 21. Wettbewerbsbericht (1991), Dritter Teil, Ziff. 335. Ebenso Notfalltransporte mit Krankenwagen; EuGH, Rs. C-475/99, 25.10.2001, n.n.i. Slg., Rn. 55 (Ambulanz Glöckner/Landkreis Südwestpfalz).
173 Vertrag von Amsterdam, Fassung vom 2.10.1997, 37. Erklärung zur Schlußakte, Erklärung zu öffentlich-rechtlichen Kreditinstituten in Deutschland, ABl.EG 1997 Nr. C 340/1, 138; Europäische Kommission, Leistungen der Daseinsvorsorge in Europa, 2000 (Fn. 9), Rn. 35; a.A., allerdings zur Rechtslage vor dem Vertrag von Amsterdam, *E.-J. Mestmäcker*, in: Immenga/Mestmäcker, EG-Wettbewerbsrecht, Band II, 1997, Art. 37, 90, D Rn. 33.
174 Vertrag von Amsterdam, Fassung vom 2.10.1997, 1. von der Konferenz zur Kenntnis genommene Erklärung, Erklärung Österreichs und Luxemburgs zu Kreditinstituten, ABl.EG 1997 Nr. C 340/1, 143.
175 Allerdings dürfte eine Prüfung im Einzelfall stets erforderlich bleiben ; vgl. Europäische Kommission, Leistungen der Daseinsvorsorge in Europa, 2000 (Fn. 9), Rn. 35; einschränkend *K. van Miert*, La Conférence Intergouvernementale et la politique communautaire de concurrence, Competition Policy Newsletter 1997 No. 2, S. 1 (4 f.) .
176 EuGH, Rs. C-393/92, Slg. 1994, I-1477, Rn. 47–49 (Almelo/Energiebedrijf Ijsselmij); EuGH, Rs. C-159/94, Slg. 1997, I-5815, Rn. 57 (Kommission/Frankreich); EuGH, Rs. C-157/94, Slg. 1997, I-5699, Rn. 41, 42 (Kommission/Niederlande); EuGH, Rs. C-158/94, Slg. 1997, I-5789, Rn. 38 ff. (Kommission/Italien); *Dohms/ Levasseur* (Fn. 130).
177 Europäische Kommission, Entscheidung vom 16.1.1991, ABl.EG 1991 Nr. L 28/32, Rn. 40 (Ijsselcentrale).
178 So *V. Emmerich*, Die deutsche Versorgungswirtschaft in der Wettbewerbsordnung der Europäischen Gemeinschaft, FS-v. Gamm, 1990, S. 581 (588 ff.); *E.-J. Mestmäcker*, in: Immenga/Mestmäcker, EG-Wettbewerbsrecht, Band II, 1997, Art. 37, 90, D Rn. 34, 35: kein Betrauungsakt.
179 Etwa *D. Birkenmaier*, Gemeinsamer Markt, nationales Interesse und Art. 90 EWGV, EuR 1988, S. 144 (146 ff.): *R. Dohms*, Die Entwicklung eines wettbewerblichen europäischen Elektrizitätsbinnenmarktes, in: Oberösterreichische Kraftwerke AG (Hrsg.), Aktuelle Rechtsprobleme der Elektrizitätswirtschaft, 1995, S. 35 (49 ff.).
180 Für Art. 86 Abs. 2: EuGH, Rs. 155/73, Slg. 1974, 409, Rn. 15 (Sacchi); EuGH, Rs. 311/84, Slg. 1985, 3261, Rn. 17 (Télémarketing); EuGH, Rs. C-260/89, Slg. 1991, I-2925, Rn. 33 (ERT); Europäische Kommission, Entscheidung vom 11.6.1993, ABl.EG 1993 Nr. L 179/23, Rn. 78 (EBU/Eurovisions-System); *E.-J. Mestmäcker*, in: Immenga/Mestmäcker, EG-Wettbewerbsrecht, Band II, 1997, Art. 37, 90, D Rn. 35. Dagegen: Europäische Kommission, Entscheidung vom 19.2.1991, ABl.EG 1991 Nr. L 63/32, Rn. 69 (Screensport/EBU); Europäische Kommission, Fernsehen ohne Grenzen (Fn. 150), S. 191 f.
181 Zusammenfassend *I. Pernice*, in: Grabitz/Hilf, EU, Art. 90, Rn. 37.
182 Vertrag von Amsterdam, Protokoll über den öffentlich-rechtlichen Rundfunk in den Mitgliedstaaten, ABl.EG 1997 Nr. C 340/1, 109.

gaben im öffentlichen Interesse zu übertragen[183]. In ihrer Mitteilung über die Anwendung der Beihilfevorschriften auf den öffentlich-rechtlichen Rundfunk (ABl.EG 2001 Nr. C 320/15) hat sich die Kommission allerdings eindeutig für eine Anerkennung als Dienstleistung von allgemeinem wirtschaftlichem Interesse ausgesprochen.

»Dienstleistungen von allgemeinem wirtschaftlichem Interesse« haben in dem durch den **Amsterdam-Vertrag** neu geschaffenen **Art. 16** erstmals auf der Ebene primären EG-Rechts **Anerkennung als eigenständiges Wirtschaftsmodell** erfahren.[184] Die besondere Betonung ihrer Bedeutung für die Europäische Gemeinschaft stärkt den Stellenwert solcher Dienste.[185] Aus der entsprechenden **Erklärung zur Schlußakte**[186] wird überdies deutlich, daß den Parteien des Amsterdam-Vertrages konkret an einer Umsetzung von Art. 16 (Funktionsfähigkeit gemeinwirtschaftlicher Dienste) nach bestimmten Kriterien (»Gleichbehandlung«, »Qualität«, »Dauerhaftigkeit«) gelegen war.[187]

41

III. Finanzmonopole

Finanzmonopole sind Unternehmen, denen vom Staat eine Monopolstellung eingeräumt wurde, mit dem Ziel, durch die Monopolisierung bestimmter Leistungen dem **Staatshaushalt eine besondere Einnahmequelle** zu sichern.[188]

42

Die meisten Finanzmonopole sind als **Handelsmonopole** ausgestaltet und fallen somit in erster Linie unter **Art. 31**.[189] Art. 86 Abs. 2 ist jedoch auf Handelsmonopole gleichrangig neben Art. 31 anwendbar und wirkt als Ausnahme zu der zuletzt genannten Vorschrift. Dieser dogmatische Zusammenhang wurde vom EuGH erst vor kurzem ausdrücklich festgestellt.[190] Die Kommission[191] und die herrschende deutsche Literatur[192] waren bisher davon ausgegangen, daß Art. 86 Abs. 2 keine Einschränkung des

43

---

183 S. Art. 16, Rn. 15; *van Miert* (Fn. 175), S. 4.
184 S. im einzelnen Art. 16, Rn. 8–13.
185 S. u. Rn. 49; s. Art. 16, Rn. 9.
186 Vertrag von Amsterdam, Fassung vom 2.10.1997, 13. Erklärung zur Schlußakte, Erklärung zu Artikel 7 d des Vertrags zur Gründung der Europäischen Gemeinschaft, ABl.EG 1997 Nr. C 340/1, 133.
187 S. Art. 16, Rn. 14; Europäische Kommission, Leistungen der Daseinsvorsorge in Europa, 2000 (Fn. 9), Rn. 13; zu den möglichen Konsequenzen für die Anwendung von Art. 86 Abs. 2 s. u. Rn. 49. Wie diese Kriterien inhaltlich aussehen könnten, zeigen die »Leitprinzipien« des WSA; vgl. Stellungnahme des Wirtschafts- und Sozialausschusses (Fn. 67), Ziff. 5.1.–5.3.13.
188 *Gleiss/Hirsch* (Fn. 57), Art. 90, Rn. 14; *I. F. Hochbaum*, in: GTE, EU-/EGV, Art. 90, Rn. 50; *A. Jungbluth* (Fn. 9), Art. 86, Rn. 41; *E.-J. Mestmäcker*, in: Immenga/Mestmäcker, EG-Wettbewerbsrecht, Band II, 1997, Art. 37, 90, D Rn. 41; *V. Emmerich*, in: Hb.EGWirtR, H. II., Rn. 39; *V. Emmerich*, in: Hb.EGWirtR, H. II., Rn. 84; *M. Waelbroeck* (Fn. 160), Ziff. 8.
189 *V. Emmerich*, in: Hb.EGWirtR, H. II., Rn. 86; *Gleiss/Hirsch* (Fn. 57), Art. 90, Rn. 14; *A. Jungbluth* (Fn. 9), Art. 86, Rn. 41; *V. Emmerich*, in: Hb.EGWirtR, H. II., Rn. 85, 86; *E.-J. Mestmäcker*, in: Immenga/Mestmäcker, EG-Wettbewerbsrecht, Band II, 1997, Art. 37, 90, D Rn. 41.
190 EuGH, Rs. C-159/94, Slg. 1997, I-5815, Rn. 49 (Kommission/Frankreich); EuGH, Rs. C-157/94, Slg. 1997, I-5699, Rn. 32 (Kommission/Niederlande); EuGH, Rs. C-158/94, Slg. 1997, I-5789, Rn. 43 (Kommission/Italien); zur früheren dogmatischen Situation *A. Jungbluth* (Fn. 9), Art. 86, Rn. 41; *I. Pernice*, in: Grabitz/Hilf, EU, Art. 90, Rn. 40 m.w.N.
191 Umformungsempfehlungen der Europäischen Kommission, zitiert bei *Mestmäcker* (Fn. 58), § 53 Ziff. III., Fn. 13 u. 14. A.A. allerdings GA *S. Rozès*, Schlußantr. zu EuGH, Rs. 78/82, Slg. 1983, 1955, Ziff. VI. (Kommission/Italienische Republik).
192 *G. Grill*, in: Lenz, EGV, Art. 90, Rn. 21; *I. F. Hochbaum*, in: GTE, EU-/EGV, Art. 90, Rn. 55; *H. Matthies/R. v. Borries*, in: Grabitz/Hilf, EU, Art. 37, Rn. 4; *V. Emmerich*, in: Hb.EGWirtR, H. II., Rn. 86; *van Bael/Bellis* (Fn. 42), ¶ 1319; *G. van Hecke*, Government Enterprises and National Monopolies Under the EEC Treaty, 1965–66 CMLRev 450 (454); *Heinemann* (Fn. 50), S. 117. A. A. I. *Pernice*, in: Grabitz/Hilf, EU, Art. 90, Rn. 75; *J. Baur*, Der Vertrag über die Europäische Gemeinschaft und die ausschließliche Zuständigkeit von Unternehmen zur Versorgung mit Energie, FS-Everling, Band I, 1995, S. 69 (79, 80).

Umformungsgebots aus Art. 31 bewirken könne. Meist treffen die Voraussetzungen von Art. 86 Abs. 2 auf die Funktion von Handels- und Finanzmonopolen aber nicht zu[193], so daß die volle Anwendbarkeit des EGV auf Finanzmonopole durch Art. 86 Abs. 2 im Ergebnis kaum berührt wird.[194]

IV. Verhinderung der Erfüllung einer »übertragenen besonderen Aufgabe«

44 Art. 86 Abs. 2 statuiert als **Grundsatz**, daß alle unternehmensbezogenen Vertragsbestimmungen, insbesondere die Art. 81, 82, auch für die in diesem Absatz genannten Unternehmen gelten.[195] Erst in zweiter Linie gestattet die Vorschrift **Durchbrechungen** dieses Grundsatzes mit Rücksicht auf die besondere Pflichtenstellung mancher Unternehmen gegenüber der Allgemeinheit. Dafür sind **zwei Prüfungsstufen** zu überwinden: Eine Befolgung der Vertragsvorschriften muß die Erfüllung der jeweils übertragenen Aufgabe »verhindern«; ferner darf die Entwicklung des Handelsverkehrs nicht entgegen den Interessen der Gemeinschaft beeinträchtigt werden. An das Element der »Verhinderung« i.S.v. Art. 86 Abs. 2 S. 1 letzter Hs. sind strenge Anforderungen zu stellen.[196]

45 Erforderlich ist ein konkreter Konflikt[197] zwischen der Aufgabenerfüllung des im öffentlichen Interesse handelnden Unternehmens und der Einhaltung seiner gemeinschaftsrechtlichen Vertragspflichten[198]. Art. 86 Abs. 2 S. 1 spricht von »**verhindern**«[199]. Es genügt daher nicht, wenn Vorschriften des EGV die Erfüllung der übertragenen Aufgabe lediglich erschweren oder behindern.[200] Eine Durchführung der betreffenden Dienstleistung muß unter diesen Bedingungen unmöglich sein. Dabei kommt es nicht auf logische Unmöglichkeit an, weil dann für Art. 86 Abs. 2 kein Anwendungsbereich mehr bliebe.[201] Unmöglichkeit ist vielmehr i.S.v. **Unzumutbarkeit** zu verstehen.

---

193 I. F. Hochbaum, in: GTE, EU-/EGV, Art. 90, Rn. 56; I. Pernice, in: Grabitz/Hilf, EU, Art. 90, Rn. 40, 54 a.E.; V. Emmerich, in: Hb.EGWirtR, H. II., Rn. 85, 86.
194 E.-J. Mestmäcker, in: Immenga/Mestmäcker, EG-Wettbewerbsrecht, Band II, 1997, Art. 37, 90, D Rn. 41.
195 GA C.-O. Lenz, Schlußantr. zu EuGH, Rs. 209–213/84, Slg. 1986, 1425, Ziff. B. 2. c) (Asjes); Emmerich (Fn. 13), § 36 Ziff. 6. c) aa); a.A. Burgi (Fn. 51), S. 277.
196 S. o. Rn. 35.
197 EuGH, Rs. 258/78, Slg. 1982, 2015, Rn. 9 (Nungesser); EuG, Rs. T-69/89, Slg. 1991, II-485, Rn. 82, 83 (RTE/Kommission); I. F. Hochbaum, in: GTE, EU-/EGV, Art. 90, Rn. 55 a.E.; I. Pernice, in: Grabitz/Hilf, EU, Art. 90, Rn. 52 m.w.N.
198 Zu den inhaltlichen Anforderungen an diese Vertragspflichten EuGH, Rs. C-159/94, Slg. 1997, I-5815, Rn. 68 (Kommission/Frankreich).
199 Der EuGH verwendet allerdings in seiner neuen Rechtsprechung zu Energieeinfuhrmonopolen – in Abweichung vom Vertragstext – in der deutschen Urteilsfassung den Begriff »gefährden«, auf Französisch (zum Teil Verfahrenssprache) »faire échec à ...«; vgl. EuGH, Rs. C-159/94, Slg. 1997, I-5815, Rn. 59 (Kommission/Frankreich); EuGH, Rs. C-157/94, Slg. 1997, I-5699, Rn. 43, 52 (Kommission/Niederlande); EuGH, Rs. C-158/94, Slg. 1997, I-5789, Rn. 54 (Kommission/Italien).
200 EuG, Rs. T-260/94, Slg. 1997, II-997, Rn. 138 (Air Inter); GA G. Reischl, Ergänzende Schlußantr. zu EuGH, Rs. 7/82, Slg. 1983, 483, Ziff. II. 1. (GVL/Kommission); GA C.-O. Lenz, Schlußantr. zu EuGH, Rs. 209–213/84, Slg. 1986, 1425, Ziff. B. 2. c) (Asjes); Europäische Kommission, Entscheidung vom 17.12.1981, ABl.EG 1982 Nr. L 167/39, Rn. 66 (NAVEWA-ANSEAU); Europäische Kommission, Entscheidung vom 10.12.1982, ABl.EG 1982 Nr. L 360/36, Rn. 41 (British Telecommunications); Europäische Kommission, Entscheidung vom 11.6.1993, ABl.EG 1993 Nr. L 179/23, Rn. 79 (EBU/Eurovisions-System); I. F. Hochbaum, in: GTE, EU-/EGV, Art. 90, Rn. 55; E.-J. Mestmäcker, in: Immenga/Mestmäcker, EG-Wettbewerbsrecht, Band II, 1997, Art. 37, 90, D Rn. 53; Emmerich (Fn. 13), § 36 Ziff. 6. c) bb).
201 Gleiss/Hirsch (Fn. 57), Art. 90, Rn. 16.

EuGH, Kommission und herrschende Literatur stellen darauf ab, ob es einen anderen technisch möglichen und wirtschaftlich wie rechtlich zumutbaren Weg gibt, um die jeweils übertragene Aufgabe ohne Vertragsverletzung zu erfüllen.[202] Entscheidend ist nach neuerer EuGH-Rspr. eine Gefährdung der Gemeinwohlaufgaben »unter wirtschaftlich ausgewogenen Bedingungen«.[203] Erst recht muß nicht das Überleben des Unternehmens insgesamt gefährdet sein, um die Ausnahmebestimmung des Art. 86 Abs. 2 auszulösen[204].

Der Konflikt zwischen Aufgabenwahrnehmung und Beachtung der Vertragsvorschriften muß konkret **bewiesen** werden.[205] Die **Beweislast** hierfür liegt bei dem **Unternehmen**, das sich auf die Bereichsausnahme des Art. 86 Abs. 2 beruft, bzw. dem **Mitgliedstaat**, der dieses Unternehmen »betraut«.[206]

46

Ein Zurückdrängen des EGV über Art. 86 Abs. 2 kommt nur als **ultima ratio** in Betracht. Vorher müssen alle Möglichkeiten einer Freistellung nach Art. 81 Abs. 3 oder einer Sondergenehmigung von Beihilfen (Art. 88 Abs. 2 UAbs. 3) erfolglos ausgeschöpft sein.[207] Für die Durchbrechung der Vertragsvorschriften gilt das Prinzip der

47

---

202 EuGH, Rs. C-159/94, Slg. 1997, I-5815, Rn. 52, 59, 96, 101, 102 (Kommission/Frankreich); EuGH, Rs. C-157/94, Slg. 1997, I-5699, Rn. 53 (Kommission Niederlande); EuGH, Rs. C-158/94, Slg. 1997, I-5789, Rn. 53, 54 (Kommission/Italien); ähnlich bereits EuGH, Rs. C-320/91, Slg. 1993, I-2533, Rn. 16 (Corbeau); Europäische Kommission, Entscheidung vom 17.12.1981, ABl.EG 1982 Nr. L 167/39, Rn. 66 (NAVEWA-ANSEAU); Entscheidung der Kommission vom 27. November 1996 betreffend die von Irland beantragten zusätzlichen Fristen für die Umsetzung der RL 90/388/EG der Kommission in bezug auf den vollständigen Wettbewerb auf dem Markt der Telekommunikationsdienste, ABl.EG 1997 Nr. L 41/8, Rn. 12, 13; Entscheidung der Kommission vom 12.2.1997 über Zusatzfristen, die Portugal für die Umsetzung der RL 90/388/EWG und 96/2/EG der Kommission in bezug auf den vollständigen Wettbewerb auf den Telekommunikationsmärkten eingeräumt werden, ABl.EG 1997 Nr. L 133/19, Rn. 20; ähnlich EuGH, Rs. 41/83, Slg. 1985, 873, Rn. 33 (Italienische Republik/Kommission); ebenso *Deringer* (Fn. 153), Art. 90, Rn. 92; *Gleiss/Hirsch* (Fn. 57), Art. 90, Rn. 16; *A. Jungbluth* (Fn. 9), Art. 86, Rn. 42; *E.-J. Mestmäcker*, in: Immenga/Mestmäcker, EG-Wettbewerbsrecht, Band II, 1997, Art. 37, 90, D Rn. 51, 56, 57; *v. Baggehufwudt* (Fn. 121), S. 178; *Emmerich* (Fn. 13), § 36 Ziff. 6. c) bb).
203 EuGH, Rs. C-147 u. 148/97, Slg. 2000, I-825, Rn. 49–52 (Deutsche Post AG/GZS u. Citicorp); EuGH, Rs. C-340/99, Slg. 2001, I-4109, Rn. 54 (TNT Traco/Poste Italiane); EuGH, Rs. C-475/99, 25.10.2001, n.n.i.Slg., Rn. 57, 58 (Ambulanz Glöckner/Landkreis Südwestpfalz).
204 EuGH, Rs. C-159/94, Slg. 1997, I-5815, Rn. 59, 95 (Kommission/Frankreich); EuGH, Rs. C-157/94, Slg. 1997, I-5699, Rn. 43, 52 (Kommission/Niederlande); EuGH, Rs. C-340/99, Slg. 2001, I-4109, Rn. 54 (TNT Traco/Poste Italiane).
205 EuGH, Rs. 155/73, Slg. 1974, 409, Rn. 15 (Sacchi); EuGH, Rs. 41/83, Slg. 1985, 873, Rn. 33 (Italienische Republik/Kommission); EuGH, Rs. 311/84, Slg. 1985, 3261, Rn. 12, 17 (Télémarketing); EuGH, Rs. C-41/90, Slg. 1991, I-1979, Rn. 24 (Höfner u. Elser/Macrotron); EuG, Rs. T-69/89, Slg. 1991, II-485, Rn. 82 (RTE/Kommission); *I. Pernice*, in: Grabitz/Hilf, EU, Art. 90, Rn. 53; *A. Jungbluth* (Fn. 9), Art. 86, Rn. 42.
206 EuGH, Rs. C-159/94, Slg. 1997, I-5815, Rn. 94, 101 (Kommission/Frankreich); EuGH, Rs. C-157/94, Slg. 1997, I-5699, Rn. 51, 58 (Kommission/Niederlande); EuGH, Rs. C-158/94, Slg. 1997, I-5789, Rn. 51 (Kommission/Italien); ausführlich EuGH, Rs. C-340/99, Slg. 2001, I-4109, Rn. 59–62 (TNT Traco/Poste Italiane); EuG, Rs. T-260/94, Slg. 1997, II-997, Rn. 138 (Air Inter); Europäische Kommission, Entscheidung vom 20.12.1989, ABl.EG 1990 Nr. L 10/47, Rn. 16 (Eilkurierdienstleistungen in den Niederlanden); Europäische Kommission, Entscheidung vom 1.8.1990, ABl.EG 1990 Nr. L 233/19, Rn. 13 (Eilkurierdienstleistungen in Spanien); *Deringer* (Fn. 153), Art. 90, Rn. 92; *Emmerich* (Fn. 13), § 36 Ziff. 6. c) bb).
207 GA *C.-O. Lenz*, Schlußantr. zu EuGH, Rs. 209–213/84, Slg. 1986, 1425, Ziff. B. 2. c) (Asjes); *I. F. Hochbaum*, in: GTE, EU-/EGV, Art. 90, Rn. 55; *Deringer* (Fn. 153), Art. 90, Rn. 92; *I. Pernice*, in: Grabitz/Hilf, EU, Art. 90, Rn. 53; *Bellamy/Child* (Fn. 32), Rn. 13-025; *Mestmäcker* (Fn. 4), S. 568 f.; a.A. nur *Gleiss/Hirsch* (Fn. 57), Art. 90, Rn. 16.

Art. 86 EG-Vertrag

Erforderlichkeit.[208] Sie darf in **Intensität und Umfang** nicht weiter gehen, als für die Erfüllung der übertragenen Gemeinwohlaufgaben unbedingt erforderlich.[209]

48 Diese Voraussetzungen sahen Kommission und Gerichtshof **lediglich** für die nationalen Monopole im Sprachtelefondienst[210] und Basispostdienst[211] als gegeben an – bezüglich des Sprachtelefondiensts nur für eine Übergangszeit bis 1.1.1998.[212] Ferner erlaubt die Elektrizitätsbinnenmarktrichtlinie ein Abweichen von deren wettbewerbsbegründenden Vorschriften, soweit diese »gemeinwirtschaftliche Verpflichtungen« der Elektrizitätsunternehmen verhindern würden.[213] Allerdings zeigt die Entscheidung des deutschen Gesetzgebers für ein marktwirtschaftliches Modell mit verhandeltem Netzzugang im EnWG von 1998, daß Wettbewerb eine sichere und preislich angemessene Versorgung mit Strom und Erdgas gerade nicht verhindert.[214] Nach neuester Rspr. (EuGH, Rs. C-475/99, 25.10.2001, n.n.i.Slg., Rn. 57–61 »Ambulanz Glöckner«) rechtfertigt überdies die Sicherung von Notfalltransporten Wettbewerbsbeschränkungen auf dem benachbarten Markt für Krankentransporte.

---

208 Europäische Kommission, Leistungen der Daseinsvorsorge in Europa, 1996 (Fn. 139), Rn. 21; Europäische Kommission, Leistungen der Daseinsvorsorge in Europa, 2000 (Fn. 9), Rn. 23.
209 EuGH, Rs. C-320/91, Slg. 1993, I-2533, Rn. 14 (Corbeau); EuGH, Rs. C-340/99, Slg. 2001, I-4109, Rn. 57, 58 (TNT Traco/Poste Italiane); EuG, Rs. T-106/95, Slg. 1997, II-229, Rn. 175–178 (FFSA); Europäische Kommission, Entscheidung vom 17.12.1981, ABl.EG 1982 Nr. L 167/39, Rn. 66, 67 (NAWEWA-ANSEAU); Entscheidung der Kommission vom 27. November 1996 betreffend die von Irland beantragten zusätzlichen Fristen für die Umsetzung der RL 90/388/EG der Kommission in bezug auf den vollständigen Wettbewerb auf dem Markt der Telekommunikationsdienste, ABl.EG 1997 Nr. L 41/8, Rn. 15, 16, 18; *A. Jungbluth* (Fn. 9), Art. 86, Rn. 43; *I. Pernice*, in: Grabitz/Hilf, EU, Art. 90, Rn. 54; *Bach* (Fn. 17), S. 48; *v. Baggehufwudt* (Fn. 121), S. 178; ausführlich *Basedow* (Fn. 128), S. 131 f. So auch die 37. Erklärung zur Schlußakte hinsichtlich der Vereinbarkeit besonderer Vorteile öffentlich-rechtlicher Kreditinstitute mit dem europäischen Wettbewerbsrecht (Fn. 173).
210 Europäische Kommission, RL Telekommunikationsdienste (Fn. 170), Begründungserwägungen, Rn. 18, Art. 2 Abs. 1; dazu kritisch *v. Wilmowsky* (Fn. 132), S. 554–556. Zur gemeinschaftsrechtlichen Einordnung von Sprachübermittlung über Internet vgl. Bekanntmachung der Kommission über den Status der Sprachübermittlung über Internet in bezug auf die RL 90/388/ EWG, ABl.EG 1997 Nr. C 140/8 und Europäische Kommission, Der Status der Sprachübermittlung im Internet nach Maßgabe des Gemeinschaftsrechts und insbesondere der RL 90/388/ EWG, ABl.EG 1998 Nr. C 6/4.
211 EuGH, Rs. C-320/91, Slg. 1993, I-2533, Rn. 16–19 (Corbeau); Europäische Kommission, Entscheidung vom 20.12.1989, ABl.EG 1990 Nr. L 10/47, Rn. 18 (Eilkurierdienstleistungen in den Niederlanden); Europäische Kommission, Entscheidung vom 1.8.1990, ABl.EG 1990 Nr. L 233/19, Rn. 14 (Eilkurierdienstleistungen in Spanien). Ein vollständiger Abbau der staatlichen Monopole im Basispostdienst, von der Kommission als Universaldienst bezeichnet, ist auch unter den Bedingungen des Binnenmarktes nicht beabsichtigt; vgl. RL über die Entwicklung des Binnenmarktes der Postdienste (Fn. 139), Kapitel 2 und 3; Bekanntmachung der Kommission über die Anwendung der Wettbewerbsregeln auf den Postsektor (Fn. 169), S. 3, 4, Ziff. 8; Europäische Kommission, Leistungen der Daseinsvorsorge in Europa, 1996 (Fn. 139), Rn. 39; Europäische Kommission, 26. Wettbewerbsbericht (1996), Erster Teil, Ziff. 125, 126; 25. Wettbewerbsbericht (1995), Erster Teil Ziff. 118; zusammenfassend *J. Basedow*, Ansätze zur europäischen Regulierung der Postdienste, EuZW 1997, S. 143. Zur Rechtslage in Deutschland seit 1.1.1998 vgl. §§ 11 ff. und 51 ff. PostG, BGBl. 1997 I, S. 3294.
212 RL hinsichtlich der Einführung des vollständigen Wettbewerbs auf den Telekommunikationsmärkten (Fn. 102), Begründungserwägungen, Rn. 2, 4–6, Art. 1 Ziff. 2.
213 RL 96/92/EG des Europäischen Parlaments und des Rates vom 19. Dezember 1996 betreffend gemeinsame Vorschriften für den Elektrizitätsbinnenmarkt, ABl.EG 1997 Nr. L 27/20, Art. 3 Abs. 3; dazu Europäische Kommission, 26. Wettbewerbsbericht (1996), Ziff. 123. Tendenziell weitergehend, auch hinsichtlich der Versorgung mit Erdgas, jetzt wohl die Entscheidungen des EuGH zu Energieeinfuhrrechten vom 23.10.1997 (Fn. 142).
214 *C. Theobald/I. Zenke* (Fn. 145), S. 46; Entwurf eines Gesetzes zur Neuregelung des Energiewirtschaftsrechts, Begründung der Bundesregierung, BT-Drs. 13/7274, S. 12.

Ob der mit dem **Vertrag von Amsterdam** eingefügte Art. 16 die Auslegung von Art. 86 **49**
rechtlich beeinflussen wird, bleibt noch abzuwarten. Rechtsanwendungsorgane könnten daraus einen stärkeren Schutz allgemein-wirtschaftlich handelnder Unternehmen gegenüber dem europäischen Wettbewerbsrecht ableiten und sich deshalb zu einer Ausdehnung des Anwendungsbereichs von Art. 86 Abs. 2 veranlaßt sehen. Die Vorschrift ist **ambivalent formuliert**[215], da einerseits Art. 86 unberührt bleiben soll, andererseits die Bedeutung der »Dienste von allgemeinem wirtschaftlichem Interesse« in bisher unbekannter Deutlichkeit hervorgehoben wird.[216] Der rechtsdogmatisch unverfängliche Wortlaut der neuen Regelungen des Amsterdam-Vertrages (Art. 16[217] sowie die Erklärungen Nr. 13[218] und Nr. 37[219] zur Schlußakte) kann jedoch nicht darüber hinwegtäuschen, daß sich darin die eindeutige **politische Absicht** manifestiert, den öffentlichen Sektor gegen Wettbewerb und Deregulierung abzuschirmen.[220] Diese wurde in den zwei Jahren seit Inkrafttreten des Amsterdam-Vertrages durch verschiedene Erklärungen bestärkt und ausgebaut.[221] Ein **Überspringen in die rechtliche Dimension**, gerade bei der Anwendung von Art. 86 Abs. 2, steht – soweit prognostizierbar – konkret bevor. Ein Generalanwalt hat bereits in seinen Schlußanträgen Art. 16 zur Auslegung von Art. 86 herangezogen, und zwar im Sinne einer Aufwertung der Ausnahme in Art. 86 Abs. 2 zu »einer grundlegenden Wertentscheidung des Gemeinschaftsrechts«.[222]

V. Beeinträchtigung der Entwicklung des Handelsverkehrs

Neben nachweislicher Unvereinbarkeit von Aufgabenerfüllung und Beachtung des **50**
EGV verlangt Art. 86 Abs. 2 S. 2 in einem zweiten Prüfungsschritt, daß die Entwicklung des Handelsverkehrs nicht entgegen den Gemeinschaftsinteressen beeinträchtigt werden darf.[223]

Beeinträchtigung der Entwicklung des Handelsverkehrs i.S.v. Art. 86 Abs. 2 S. 2 ist **51**
nicht gleichbedeutend mit der Zwischenstaatlichkeitsklausel in Art. 81 Abs. 1 oder 82.[224] Da die Beeinträchtigung des Handels zwischen den Mitgliedstaaten bereits Anwendungsvoraussetzung für die Wettbewerbsregeln des EGV ist, muß der Begriff in Art. 86 Abs. 2 S. 2 darüber hinausgehen. Art. 86 Abs. 2 verfolgt einen globaleren Ansatz. »Beeinträchtigung der Entwicklung des Handelsverkehrs« bedeutet, daß der **freie Wirtschaftsverkehr** innerhalb der Gemeinschaft **insgesamt** und nicht nur hinsichtlich einzelner Produkte nachteilig beeinflußt wird.[225] Selbst bei schwerwiegenden Eingriffen

---

215 S. im einzelnen Art. 16, Rn. 9, 12, 13.
216 S. o. Rn. 41; vgl. aber bereits Europäische Kommission, Leistungen der Daseinsvorsorge in Europa, 1996 (Fn. 139).
217 Der Vorschlag der Kommission (Leistungen der Daseinsvorsorge in Europa, 1996 (Fn. 139), Rn. 73 f.), die »Förderung der gemeinwohlorientierten Leistungen« als weitere Gemeinschaftspolitik in Art. 3 EGV zu verankern, wurde nicht realisiert; s. Art. 16, Rn. 5, 7.
218 S. o. Rn. 41 mit Fn. 186.
219 S. o. Rn. 40.
220 S. Art. 16, Rn. 13; vgl. auch *van Miert* (Fn. 175), S. 5.
221 S. Art. 16, Rn. 13 m.w.N.; vgl. neben den dort genannten Quellen auch Europäische Kommission, Leistungen der Daseinsvorsorge in Europa, 2000 (Fn. 9).
222 GA S. *Alber*, Schlußantr. zu EuGH, Rs. C-340/99, Slg. 2001, I-4109, Rn. 94 (TNT Traco/Poste Italiane); s. i.ü. Art. 16, Rn. 13.
223 *v. Baggehufwudt* (Fn. 121), S. 179; *Heinemann* (Fn. 50), S. 186 f.; *Bellamy/Child* (Fn. 32), Rn. 13–026.
224 S. dazu Art. 81, Rn. 125 ff.; *V. Emmerich*, in: Hb.EGWirtR, H. II., Rn. 165; *I. Pernice*, in: Grabitz/Hilf, EU, Art. 90, Rn. 55.
225 *I. Pernice*, in: Grabitz/Hilf, EU, Art. 90, Rn. 55; *v. Baggehufwudt* (Fn. 121), S. 179; ebenso wohl *Bellamy/Child* (Fn. 32), Rn. 13-026; a.A. *E.-J. Mestmäcker*, in: Immenga/Mestmäcker, EG-Wettbewerbsrecht, Band II, 1997, Art. 37, 90, D Rn. 62.

in den zwischenstaatlichen Handel mit konkreten Waren kann der freie Wirtschaftsverkehr als Gesamtprozeß nur marginal betroffen sein.

52 Das »**Interesse der Gemeinschaft**« ist aus den **Zielen und Grundsätzen des EGV** zu erschließen. Diese wiederum ergeben sich aus den Art. 2–4, 12 und 23, sodann aus den Grundfreiheiten[226] und dem Wettbewerbsrecht.[227] Vorrangiges Ziel ist die Errichtung des Binnenmarkts (Art. 2, 3 Abs. 1 lit. c), 14 Abs. 2) unter den Bedingungen unverfälschten Wettbewerbs (Art. 3 Abs. 1 lit. g).[228] Ergänzend ist bei der Bestimmung des Gemeinschaftsinteresses der politische Wille der Gemeinschaftsorgane, wie er hauptsächlich in Sekundärrecht[229] und in Stellungnahmen zum Ausdruck kommt, zu berücksichtigen[230]. Kernstück des Gemeinschaftsinteresses sind in jedem Fall die **Parameter des Binnenmarktes** einschließlich der **Wettbewerbsregeln** sowie das **Diskriminierungsverbot**[231]. Die Definition des Gemeinschaftsinteresses im konkreten Fall ist Sache der Kommission, vorbehaltlich einer Rechtskontrolle des EuGH.[232]

53 Ob eine **Verletzung** der Gemeinschaftsinteressen i.S.v. Art. 86 Abs. 2 S. 2 vorliegt, ist grundsätzlich eine Frage der **Abwägung** mit den entgegenstehenden nationalen Interessen an der übertragenen besonderen Aufgabe.[233] Umstritten ist, ob eine Beeinträchtigung grundlegender Vertragsprinzipien – wie Warenverkehrsfreiheit, Grundrechte oder Diskriminierungsverbot – stets eine Verletzung des Gemeinschaftsinteresses bedeutet.[234] Trotz der Befürchtung, Art. 86 Abs. 2 könne dann seine Funktion als

---

226 Europäische Kommission, Entscheidung vom 26.6.1997, ABl.EG 1997 Nr. L 244/18, Rn. 15 (Vlaamse Televisie Maatschappij (VTM)).
227 *Deringer* (Fn. 153), Art. 90, Rn. 100; *V. Emmerich*, in: Hb.EGWirtR, H. II., Rn. 166; *I. F. Hochbaum*, in: GTE, EU-/EGV, Art. 90, Rn. 57, 58; *A. Jungbluth* (Fn. 9), Art. 86, Rn. 46; *I. Pernice*, in: Grabitz/Hilf, EU, Art. 90, Rn. 58; vgl. etwa Art. 3 Abs. 3 ElektrizitätsbinnenmarktRL (Fn. 213); Art. 3 Abs. 3 RL 98/30/EG des Europäischen Parlaments und des Rates vom 22.6.1998 betreffend gemeinsame Vorschriften für den Erdgasbinnenmarkt, ABl.EG 1998 Nr. L 204/1; Entscheidung der Kommission vom 18.6.1997 über Zusatzfristen, die Griechenland für die Umsetzung der RL 90/388/EWG in bezug auf den vollständigen Wettbewerb auf den Telekommunikationsmärkten eingeräumt werden, ABl.EG 1997 Nr. L 245/6, Rn. 44.
228 *A. Jungbluth* (Fn. 9), Art. 86, Rn. 46; *E.-J. Mestmäcker*, in: Immenga/Mestmäcker, EG-Wettbewerbsrecht, Band II, 1997, Art. 37, 90, D Rn. 63; *I. Pernice*, in: Grabitz/Hilf, EU, Art. 90, Rn. 58; *v. Baggehufwudt* (Fn. 121), S. 179; unklar *Deringer* (Fn. 153), Art. 90, Rn. 99.
229 *I. F. Hochbaum*, in: GTE, EU-/EGV, Art. 90, Rn. 61; vgl. etwa EuGH, Rs. C-159/94, Slg. 1997, I-5815, Rn. 114 (Kommission/Frankreich).
230 *V. Emmerich*, in: Hb.EGWirtR, H. II., Rn. 166; *I. Pernice*, in: Grabitz/Hilf, EU, Art. 90, Rn. 58. Weitergehend *Deringer* (Fn. 153), Art. 90, Rn. 100: »politische Entscheidung der Kommission im Einzelfall«.
231 *I. F. Hochbaum*, in: GTE, EU-/EGV, Art. 90, Rn. 60; *V. Emmerich*, in: Hb.EGWirtR, H. II., Rn. 166.
232 EuGH, Rs. C-159/94, Slg. 1997, I-5815, Rn. 113 (Kommission/Frankreich); EuGH, Rs C-157/94, Slg. 1997, I-5699, Rn. 69 (Kommission/Niederlande); EuGH, Rs. C-158/94, Slg. 1997, I-5789, Rn. 65 (Kommission/Italien).
233 EuGH, Rs. 10/71, Slg. 1971, 723, 730 Rn. 13/16 (Hafen von Mertert); Europäische Kommission, Leistungen der Daseinsvorsorge in Europa, 1996 (Fn. 139), Rn. 21; Europäische Kommission, Leistungen der Daseinsvorsorge in Europa, 2000 (Fn. 9), Rn. 23 *V. Emmerich*, in: Hb.EGWirtR, H. II., Rn. 166; *Gleiss/Hirsch* (Fn. 57), Art. 90, Rn. 17; *I. F. Hochbaum*, in: GTE, EU-/EGV, Art. 90, Rn. 58 a.E.; *A. Jungbluth* (Fn. 9), Art. 86, Rn. 45; *I. Pernice*, in: Grabitz/Hilf, EU, Art. 90, Rn. 59; *Wohlfarth/Everling/Glaesner/Sprung*, Die Europäische Wirtschaftsgemeinschaft, 1960, Art. 90, Ziff. 6; *Bach* (Fn. 17), S. 48; im Ergebnis ebenso *Ehricke* (Fn. 150), S. 215 f. Für eine absolute Vertragswidrigkeitsgrenze *Deringer* (Fn. 153), Art. 90, Rn. 98, 101.
234 So *V. Emmerich*, in: Hb.EGWirtR, H. II., Rn. 166; *I. F. Hochbaum*, in: GTE, EU-/EGV, Art. 90, Rn. 60, 61; *A. Jungbluth* (Fn. 9), Art. 86, Rn. 46; wohl auch *E.-J. Mestmäcker*, in: Immenga/Mestmäcker, EG-Wettbewerbsrecht, Band II, 1997, Art. 37, 90, D Rn. 64.

Ausnahmetatbestand nicht mehr erfüllen[235], ist diese Frage zu bejahen. Art. 86 Abs. 2 S. 2 greift erst bei einer globalen Beeinträchtigung des freien Wirtschaftsverkehrs als Integrationsfaktor ein. Sollte dies zugleich grundlegenden Vertragsprinzipien zuwiderlaufen, wäre ein Ausmaß an Vertragswidrigkeit erreicht, das durch nationale Interessen nicht mehr gerechtfertigt sein kann.[236]

F. Befugnisse der Kommission nach Art. 86 Abs. 3

I. Funktion und Grenzen der Kommissionsbefugnisse

Art. 86 Abs. 3 dient in erster Linie dem **Vollzug von Abs. 1**. Die Europäische Kommission erhält darin besondere Befugnisse, um gegenüber den Mitgliedstaaten deren Verpflichtungen aus Art. 86 Abs. 1 durchzusetzen. Daneben enthält die Vorschrift eine **allgemeine Aufgabenzuweisung** an die Europäische Kommission, die Einhaltung von Art. 86 Abs. 1 und 2 durch Mitgliedstaaten und Unternehmen zu überwachen. 54

Die **Überwachung** der Anwendung von Art. 86 ist nur eine Wiederholung und Konkretisierung der allgemeinen Kommissionsaufgaben gemäß **Art. 211**.[237] Die Überwachungstätigkeit der Kommission erstreckt sich sowohl auf die Mitgliedstaaten als auch auf die in Art. 86 beschriebenen Unternehmen. Da ihre allgemeinen Aufgaben unberührt bleiben[238], kann die Kommission gemäß Art. 211, 2. Spstr., gegenüber diesen Unternehmen auch Empfehlungen und Stellungnahmen abgeben. 55

Hinsichtlich der **Verpflichtung der Mitgliedstaaten** aufgrund Art. 86 Abs. 1 gewährt Abs. 3 der Kommission dagegen Befugnisse, die über ihre allgemeinen Kompetenzen aus Art. 83, 88 und 226 hinausgehen.[239] Die Kommission kann nach Art. 86 Abs. 3 Richtlinien oder Entscheidungen an die Mitgliedstaaten richten, einerseits mit dem Ziel, Verstöße gegen Art. 86 Abs. 1 abzustellen[240], andererseits als Konkretisierung und Weiterentwicklung der in Art. 86 Abs. 1 niedergelegten Grundsätze in präventiver Hinsicht.[241] Auf dieser Grundlage können jederzeit neue, noch nicht in Sekundärrecht enthaltene Verpflichtungen der Mitgliedstaaten begründet werden.[242] Die Rechtsetzungsbefugnis der Kommission besteht insoweit **unabhängig vom Rat**.[243] Art. 86 56

---

235 So *I. Pernice*, in: Grabitz/Hilf, EU, Art. 90, Rn. 59.
236 Ähnlich *V. Emmerich*, in: Hb.EGWirtR, H. II., Rn. 166; *G. Grill*, in: Lenz, EGV, Art. 90, Rn. 23.
237 *A. Jungbluth* (Fn. 9), Art. 86, Rn. 47; *E.-J. Mestmäcker*, in: Immenga/Mestmäcker, EG-Wettbewerbsrecht, Band II, 1997, Art. 37, 90, E Rn. 1
238 *I. Pernice*, in: Grabitz/Hilf, EU, Art. 90, Rn. 60.
239 *Emmerich* (Fn. 13), § 36 Ziff. 5. a); s. im übrigen Rn. 4 m.w.N. in Fn. 17.
240 EuGH, Rs. 226/87, Slg. 1988, 3611, Rn. 3, 11, 12 (Kommission/Griechische Republik); EuGH, Rs. C-48/90 u. C-66/90, Slg. 1992, I-565, Rn. 27, 28, 30 (Niederlande/Kommission); *Emmerich* (Fn. 13), § 36 Ziff. 5. a).
241 EuGH, Rs. C-202/88, Slg. 1991, I-1223, Rn. 14, 21 (Telekommunikations-Endgeräte); EuGH, Rs. C-271 u.a./90, Slg. 1992, I-5833, Rn. 12 (Telekommunikationsdienste); EuGH, Rs. C-48/90 u. C-66/90, Slg. 1992, I-565, Rn. 26 (Niederlande/Kommission); *I. Pernice*, in: Grabitz/Hilf, EU, Art. 90, Rn. 61, 62; *A. Jungbluth* (Fn. 9), Art. 86, Rn. 47.
242 EuGH, Rs. C-202/88, Slg. 1991, I-1223, Rn. 14, 21 (Telekommunikations-Endgeräte); GA *G. Reischl*, Schlußantr. zu EuGH, Rs. 188–190/80, Slg. 1982, 2545, Ziff. 2 (Transparenzrichtlinie); *Emmerich* (Fn. 13), § 36 Ziff. 5. a) a.E.
243 EuGH, Rs. C-202/88, Slg. 1991, I-1223, Rn. 24–26 (Telekommunikations-Endgeräte); Europäische Kommission, 2. Wettbewerbsbericht (1972), Zweiter Teil, Ziff. 129; 6. Wettbewerbsbericht (1976), Zweiter Teil, Ziff. 275; *I. Pernice*, in: Grabitz/Hilf, EU, Art. 90, Rn. 62.

Abs. 3 gibt der Kommission damit die Befugnis zu einer eigenständigen Politik der Umstrukturierung des öffentlichen Wirtschaftssektors.

57 Der Kommission steht hinsichtlich der Wahl des Regelungsinstruments und des Inhalts ihrer Anordnungen **weites Ermessen** zu.[244] Die **Grenzen** der Befugnis aus Art. 86 Abs. 3 ergeben sich zum einen aus der **Funktion dieser Vorschrift** im System des EGV[245], zum anderen aus dem **Erforderlichkeitsprinzip**. Art. 86 Abs. 3 soll der Kommission ein effektives Mittel an die Hand geben, um die Pflichten der Mitgliedstaaten zu präzisieren und durchzusetzen. »Der Umfang dieser Befugnis hängt folglich von der Tragweite der Vorschriften ab, deren Beachtung sichergestellt werden soll.«[246] Bei der Beurteilung der Erforderlichkeit hat die Kommission weiten Spielraum. Sie muß allerdings begründet darlegen[247], daß die EG tätig werden mußte, um das jeweilige Ziel zu erreichen, und kein weniger einschneidendes Mittel zur Verfügung stand.[248]

58 Aufgrund des weiten Beurteilungsspielraums und Ermessens, das der Kommission hierbei zusteht, begründet Art. 86 Abs. 3 weder eine Pflicht zum Einschreiten noch individuelle Ansprüche auf ein Tätigwerden der Kommission.[249]

59 RL und Entscheidungen nach Art. 86 Abs. 3 können **nur gegenüber Mitgliedstaaten** ergehen.[250] Entscheidungen gegen Unternehmen können wegen des eindeutigen Wortlauts der Vorschrift auf Art. 86 Abs. 3 nicht gestützt werden[251].

II. Richtlinien der Kommission nach Art. 86 Abs. 3

60 Die Europäische Kommission bedient sich seit 1980 ihrer besonderen **Richtlinien**kompetenz aus Art. 86 Abs. 3 als Liberalisierungsinstrument. Zunächst befaßte sie sich in der sog. **TransparenzRL** vom 25. Juni 1980[252] allgemein mit der Offenlegung mögli-

---

244 EuGH, Rs. C-107/95 P, Slg. 1997, I-947, Rn. 27 (Bundesverband der Bilanzbuchhalter); *I. Pernice*, in: Grabitz/Hilf, EU, Art. 90, Rn. 68.
245 EuGH, Rs. 188–190/80, Slg. 1982, 2545, Rn. 6 (Transparenzrichtlinie).
246 EuGH, Rs. C-202/88, Slg. 1991, I-1223, Rn. 21 (Telekommunikations-Endgeräte); ebenso bereits EuGH, Rs. 188–190/80, Slg. 1982, 2545, Rn. 13, 14 (Transparenzrichtlinie).
247 *A. Jungbluth* (Fn. 9), Art. 86, Rn. 53.
248 EuGH, Rs. 188–190/80, Slg. 1982, 2545, Rn. 18 (Transparenzrichtlinie); GA *G. Reischl*, Schlußantr. zu EuGH, Rs. 188–190/80, Slg. 1982, 2545, Ziff. 2 (Transparenzrichtlinie); *I. F. Hochbaum*, in: GTE, EU-/EGV, Art. 90, Rn. 91, 93–95.
249 St. Rspr.: EuGH, Rs. T-32/93, Slg. 1994, II-1015, Rn. 36–38 (Ladbroke Racing); EuG, Rs. T-84/94, Slg. 1995, II-101, Rn. 31 (Bundesverband der Bilanzbuchhalter); EuG, Rs. T-575/93, Slg. 1996, II-1, Rn. 71 (Koelman/Kommission); EuG, Rs. T-111/96, Slg. 1998, II-2937, Rn. 97 (ITT-Promedia/Kommission). Der EuGH, Rs. C-107/95 P, Slg. 1997, I-947, Rn. 24, 25 (Bundesverband der Bilanzbuchhalter), hält allerdings in Ausnahmefällen eine Nichtigkeitsklage gegen eine Weigerung der Kommission für möglich.
250 EuGH, Rs. C-202/88, Slg. 1991, I-1223, Rn. 24, 55 (Telekommunikations-Endgeräte); *E.-J. Mestmäcker*, in: Immenga/Mestmäcker, EG-Wettbewerbsrecht, Band II, 1997, Art. 37, 90, B Rn. 54.
251 *A. Jungbluth* (Fn. 9), Art. 86, Rn. 52; str. A.A. *Emmerich* (Fn. 13), § 36 Ziff. 5. a) a.E.
252 Europäische Kommission, TransparenzRL (Fn. 53); bestätigt durch EuGH, Rs. 188–190/80, Slg. 1982, 2545 (Transparenzrichtlinie) und EuGH, Rs. 118/85, Slg. 1987, 2599 (Kommission/Italienische Republik); erweitert und geändert durch: RL 85/413/EWG der Kommission vom 24. Juli 1985, ABl.EG 1985 Nr. L 229/20; RL 93/84/EWG der Kommission vom 30. September 1993; ABl.EG 1993 Nr. L 254/16; RL 2000/52/EG der Kommission vom 26.6.2000 (Fn. 148). Zu den ersten Änderungen ausführlich *E.-J. Mestmäcker*, in: Immenga/Mestmäcker, EG-Wettbewerbsrecht, Band II, 1997, Art. 37, 90, E Rn. 17–22; i. ü. Europäische Kommission, 24. Wettbewerbsbericht (1994), Zweiter Teil, Ziff. 232.

cher Beihilfen der Mitgliedstaaten an öffentliche Unternehmen. Mit der letzten Änderung der TransparenzRL im Jahr 2000 hat die Kommission die Bedeutung einer wirksamen Beihilfenaufsicht für die Anwendung des Wettbewerbsrechts auf öffentliche Unternehmen gem. Art. 86 erneut unterstrichen.[253]

Seit 1988 wurden Richtlinien nach Art. 86 Abs. 3 gezielt zur Liberalisierung der Telekommunikationsmärkte eingesetzt.[254] Den Anfang machte die RL über den Wettbewerb auf dem Markt für Telekommunikations-Endgeräte[255], worin durch Beseitigung ausschließlicher Rechte der freie Warenverkehr für Telefonapparate, Modems und Fernschreibgeräte durchgesetzt wurde[256]. Diese Politik der Öffnung monopolisierter Märkte wurde mit der RL über den Wettbewerb auf dem Markt für Telekommunikationsdienste[257] auf die Dienste im Telekommunikationsverkehr sowie den Netzzugang[258] ausgeweitet. Anfängliche Ausnahmebereiche der TelekommunikationsdiensteRL wurden in späteren Richtlinien[259] schrittweise beseitigt. Ihre entscheidende Ausweitung erfuhren diese Liberalisierungsbestrebungen mit der RL vom 13.

61

---

253 RL 2000/52/EG der Kommission vom 26.6.2000 (Fn. 148), Erwägungsgründe 2 und 5; zusammenfassend zu diesen letzten Änderungen *F. Koenigs*, Änderung der Transparenz-Richtlinie, WuW 2000, S. 867.
254 Europäische Kommission, Leistungen der Daseinsvorsorge in Europa, 2000 (Fn. 9), Anhang I – Elektronische Kommunikation; Europäische Kommission, 25. Wettbewerbsbericht (1995), Erster Teil, Ziff. 102–107; 26. Wettbewerbsbericht (1996), Ziff. 10, 22, 113, 115; 28. Wettbewerbsbericht (1998), Erster Teil, Ziff. 75–78, 83, 84; 29. Wettbewerbsbericht (1999), Erster Teil, Ziff. 65–73; *K. van Miert*, Probleme der wettbewerblichen Öffnung von Märkten mit Netzstrukturen aus europäischer Sicht, WuW 1998, S. 7 (8 ff.); *A. Schaub*, Europäische Wettbewerbsaufsicht über die Telekommunikation, MMR 2000, S. 211; *E.-J. Mestmäcker*, in: Immenga/Mestmäcker, EG-Wettbewerbsrecht, Band II, 1997, Art. 37, 90, E Rn. 24–29; *Basedow* (Fn. 128), S. 134 f. Diese Wettbewerbsrichtlinien werden stets flankiert von Harmonisierungsrichtlinien gemäß Art. 95 zur Herstellung europaweit einheitlicher Standards. Die Rechtsetzungskompetenzen aus Art. 86 Abs. 3 und Art. 95 sind voneinander unabhängig; vgl. EuGH, Rs. 188–190/80, Slg. 1982, 2545, Rn. 14 (Transparenzrichtlinie).
255 RL der Kommission vom 16.5.1988 über den Wettbewerb auf dem Markt für Telekommunikations-Endgeräte (88/301/EWG), ABl.EG 1988 Nr. L 131/73; bestätigt durch EuGH, Rs. C-202/88, Slg. 1991, I-1223 (Telekommunikations-Endgeräte); dazu *E.-J. Mestmäcker*, in: Immenga/Mestmäcker, EG-Wettbewerbsrecht, Band II, 1997, Art. 37, 90, E Rn. 30–41.
256 Die Telekommunikations-Endgeräte-RL wurde ergänzt durch mehrere Harmonisierungsrichtlinien auf der Grundlage von Art. 95, die schließlich in der »RL 1999/5/EG des Europäischen Parlaments und des Rates vom 9.3.1999 über Funkanlagen und Telekommunikationsendeinrichtungen und die gegenseitige Anerkennung ihrer Konformität«, ABl.EG 1999 Nr. L 91/10, zusammengefaßt wurden.
257 Europäische Kommission, RL Telekommunikationsdienste (Fn. 170); bestätigt durch EuGH, Rs. C-271 u.a./90, Slg. 1992, I-5833 (Telekommunikationsdienste); dazu *E.-J. Mestmäcker*, in: Immenga/Mestmäcker, EG-Wettbewerbsrecht, Band II, 1997, Art. 37, 90, E Rn. 42–57.
258 Die Liberalisierung durch die TelekommunikationsdiensteRL wurde begleitet von mehreren auf Art. 95 gestützten Harmonisierungsrichtlinien; zusammenfassend *K. van Miert* (Fn. 254), S. 10; zuden einzelnen Rechtsakten vgl. Vorauflage, Rn. 253.
259 RL 94/46/EG der Kommission vom 13.10.1994 zur Änderung der RL 88/301/EWG und 90/388/EWG, insbesondere betreffend Satelliten-Kommunikation, ABl.EG 1994 Nr. L 268/15; RL 95/51/EG der Kommission vom 18.10.1995 zur Änderung der RL 90/388/EWG hinsichtlich der Aufhebung der Einschränkungen bei der Nutzung von Kabelfernsehnetzen für die Erbringung bereits liberalisierter Telekommunikationsdienste, ABl.EG 1995 Nr. L 256/49, korrigiert durch Berichtigung der RL 95/51/EG der Kommission vom 18.10.1995 zur Änderung der RL 90/388/EWG hinsichtlich der Aufhebung der Einschränkungen bei der Nutzung von Kabelfernsehnetzen für die Erbringung bereits liberalisierter Telekommunikationsdienste, ABl.EG 1996 Nr. L 308/59; RL 96/2/EG der Kommission vom 16.1.1996 zur Änderung der RL 90/388/EWG betreffend die mobile Kommunikation und Personal Communications, ABl.EG 1996 Nr. L 20/59.

Art. 86 EG-Vertrag

März 1996 hinsichtlich der Einführung des vollständigen Wettbewerbs auf den Telekommunikationsmärkten[260], welche **sämtliche Telekommunikationsdienste**, einschließlich des Sprachtelefondiensts, **seit 1.1.1998** dem Wettbewerb öffnete.[261] Den vorläufig letzten Schritt vollzog die Kommission Mitte 1999 mit der Novelle zur »Kabelrichtlinie«[262], welche bis 31.12.2002 die rechtliche und organisatorische Trennung von Telekommunikationsgesellschaften und Fernsehkabelnetzbetreibern zwingend vorschreibt, um durch den dabei entstehenden Wettbewerb die Entwicklung bidirektionaler Multimediadienste zu forcieren.[263] Die sog. Internet-Telefonie betrachtet die Kommission beim derzeitigen Stand der Technik noch nicht als Sprach-Telefondienst i.S.v. Art. 1 der TelekommunikationsdiensteRL, weshalb die dort vorgesehenen Genehmigungserfordernisse und Verpflichtungen auf Anbieter solcher Leistungen zur Zeit nicht zutreffen.[264]

61 a Verglichen mit der Telekommunikation, steckt die Liberalisierung der **Postdienste** erst in den Anfängen.[265] Ende 1997 hat der Rat dazu eine RL verabschiedet[266], die auf Art. 95 beruht. Im Mai 2000 hat die Kommission einen Änderungsvorschlag präsentiert, der eine weitere schrittweise Entmonopolisierung der Postdienste vorsieht.[267] Aus politischen Gründen konnte der Rat hierüber noch keine Einigung erzielen.

---

260 Europäische Kommission, RL hinsichtlich der Einführung des vollständigen Wettbewerbs auf den Telekommunikationsmärkten (Fn. 102); dazu Europäische Kommission, 26. Wettbewerbsbericht (1996), Erster Teil, Ziff. 117.
261 Die letzten Übergangsfristen für einzelne Mitgliedstaaten sind mittlerweile abgelaufen; zusammenfassend Europäische Kommission, 26. Wettbewerbsbericht (1996), Erster Teil, Ziff. 117–119; 28. Wettbewerbsbericht (1998), Erster Teil, Ziff. 75; *K. van Miert* (Fn. 254), S. 8 f. Zur Umsetzung des Richtlinienpakets in den Mitgliedstaaten: Europäische Kommission, Mitteilung der Kommission an den Rat, das Europäische Parlament, den Wirtschafts- und Sozialausschuß und den Ausschuß der Regionen Vierter Bericht über die Umsetzung des Reformpakets für den Telekommunikationssektor, 25.11.1998, KOM(1998) 594 endg.; Europäische Kommission, 28. Wettbewerbsbericht (1998), Erster Teil, Ziff. 76–78; *K. van Miert* (Fn. 254), S. 10 f. Irland, Portugal, Luxemburg, Spanien und Griechenland wurden längere Umsetzungsfristen eingeräumt; s. Entscheidungen der Kommission in Fn. 154, 170, ferner ABl.EG 1997 Nr. L 234/7 und ABl.EG 1997 Nr. L 243/48.
262 RL 95/51/EG der Kommission vom 18. Oktober 1995 (Fn. 259).
263 RL 1999/64/EG der Kommission vom 23.6.1999 zur Änderung der RL 90/388/EWG im Hinblick auf die Organisation ein und demselben Betreiber gehörender Telekommunikations- und Kabelfernsehnetze in rechtlich getrennten Einheiten, ABl.EG 1999 Nr. L 175/39.
264 Europäische Kommission, Der Status der Sprachübermittlung im Internet nach Maßgabe des Gemeinschaftsrechts und insbesondere der RL 90/388/EWG, ABl.EG 1998 Nr. C 6/4; Europäische Kommission, 27. Wettbewerbsbericht (1997), Erster Teil, Ziff. 105; 28. Wettbewerbsbericht (1998), Erster Teil, Ziff. 85; Europäische Kommission, 30. Wettbewerbsbericht (2000), 7.5.2001, SEK(2001) 694 endg., Rn. 150.
265 S. o. Rn. 48; vgl. i.ü. Europäische Kommission, 28. Wettbewerbsbericht (1998), Erster Teil, Ziff. 92; *M. Griffiths*, Failing to install effective competition in postal services – The limited impact of E.C. Law, 2000 E.C.L.R. 399.
266 RL über die Entwicklung des Binnenmarktes der Postdienste (Fn. 139).
267 Europäische Kommission, Vorschlag für eine RL des Europäischen Parlaments und des Rates zur Änderung der RL 97/67/EG im Hinblick auf die weitere Liberalisierung des Marktes für Postdienste in der Gemeinschaft, 30.5.2000, KOM(2000) 319 endg.; inzwischen: Geänderter Vorschlag für eine RL des Europäischen Parlaments und des Rates zur Änderung der RL 97/67/EG, 21.3.2001, KOM(2001) 109 endg.; zusammenfassend Europäische Kommission, 30. Wettbewerbsbericht (2000) (Fn. 264), Rn. 170, 171.

III. Entscheidungen der Kommission nach Art. 86 Abs. 3

Während Richtlinien nach Art. 86 Abs. 3 dazu dienen, Verpflichtungen aus dem EGV zu präzisieren[268] und damit Märkte für die Zukunft wettbewerbskonform zu gestalten, haben **Entscheidungen** aufgrund dieser Vorschrift den Zweck, konkrete Vertragsverletzungen eines Mitgliedstaats ex post abzustellen.[269] Die Kommission kann dazu die Unvereinbarkeit staatlichen Verhaltens mit den Vorschriften des EGV feststellen und den betreffenden Mitgliedstaaten bestimmte Maßnahmen vorschreiben, um ihren gemeinschaftsrechtlichen Verpflichtungen nachzukommen.[270] Gleichwohl hat die Kommission in den letzten Jahren das Mittel der Entscheidung auch dazu genutzt, von Amts wegen bestimmte Verhaltensweisen öffentlicher Unternehmen systematisch und gemeinschaftsweit zu untersuchen. Sie hat wettbewerbspolitische Fehlentwicklungen flächendeckend korrigiert, Marktabschottungen mit Blick auf neue, zukunftsträchtige Wettbewerbsfaktoren verhindert und somit auch in ihren Entscheidungen die Märkte über den Einzelfall hinaus gestaltet. 62

Bis März 2002 waren **fünfzehn Kommissionsentscheidungen** nach Art. 86 Abs. 3 ergangen. Nach Inhalt und Zielrichtung lassen sie sich im wesentlichen zu drei Gruppen zusammenfassen: 63

— **Einschränkung** und Verhinderung der Ausdehnung **staatlich abgesicherter Monopole**: 64
Dazu zählten die Erstreckung des Postmonopols auf Eilkurierdienste in den Niederlanden[271], die Geltung des spanischen Postmonopols für internationale Eilkurierdienste[272], die Einbeziehung von sog. Hybrid-Postdiensten mit termingenauer Zustellung in das italienische Postmonopol[273], die Vergabe eines Monopols für die Ausstrahlung von Fernsehwerbung in Flandern[274], die Verleihung eines Monopols für bestimmte Hafenarbeiten an behördlich konzessionierte Unternehmen[275] sowie die staatliche Verweigerung des Zugangs zum Hafen von Rødby für nicht-dänische

---

268 EuGH, Rs. C-48/90 u. 66/90, Slg. 1992, I-627, Rn. 26 (Niederlande/Kommission); EuGH, Rs. C-314/93, Slg. 1994, I-3257, Rn. 7 (Badia).
269 EuGH, Rs. C-48/90 u. 66/90, Slg. 1992, I-627, Rn. 25, 27–34 (Niederlande/Kommission); R. *Geiger*, EUV/EGV, 3. Aufl., 2000, Art. 86, Rn. 17; A. *Jungbluth* (Fn. 9), Art. 86, Rn. 54; E.-J. *Mestmäcker*, in: Immenga/Mestmäcker, EG-Wettbewerbsrecht, Band II, 1997, Art. 37, 90, E Rn. 12.
270 EuGH, Rs. C-107/95 P, Slg. 1997, I-947, Rn. 23 (Bundesverband der Bilanzbuchhalter).
271 Europäische Kommission, Entscheidung vom 20.12.1989, ABl.EG 1990 Nr. L 10/47 (Eilkurierdienstleistungen in den Niederlanden); E.-J. *Mestmäcker*, in: Immenga/Mestmäcker, EG-Wettbewerbsrecht, Band II, 1997, Art. 37, 90, E Rn. 60.
272 Europäische Kommission, Entscheidung vom 1.8.1990, ABl.EG 1990 Nr. L 233/19 (Eilkurierdienstleistungen in Spanien); E.-J. *Mestmäcker*, in: Immenga/Mestmäcker, EG-Wettbewerbsrecht, Band II, 1997, Art. 37, 90, E Rn. 61.
273 Europäische Kommission, vom 22.12.2000, ABl.EG 2001 Nr. L 63/59 (neue postalische Dienste in Italien); Europäische Kommission, 30. Wettbewerbsbericht (2000) (Fn. 264), Rn. 177, 178.
274 Europäische Kommission, Entscheidung vom 26.6.1997, ABl.EG 1997 Nr. L 244/18 (Vlaamse Televisie Maatschappij (VTM)); in vollem Umfang aufrechterhalten von EuG, Rs. T-266/97, Slg. 1999, II-2329 (Vlaamse Televisie Maatschapij/Kommission).
275 Europäische Kommission, Entscheidung vom 21.10.1997, ABl.EG 1997 Nr. L 301/17 (Italienisches Hafenarbeitsgesetz); dazu C. *Dussart-Lefret/E. M. Armani*, Ports maritimes et concurrence, Competition Policy Newsletter 1998 No. 1, S. 32.

Schiffahrtsgesellschaften[276]. Ein weiteres Verfahren dieser Kategorie war 1996 gegen Griechenland eingeleitet worden wegen der Begründung ausschließlicher Bodenabfertigungsrechte zugunsten von Olympic Airways; es wurde jedoch 1997 gegen entsprechende Zusicherungen der griechischen Regierung eingestellt.[277]

65 – **Abbau staatlich gewährter Vorteile** für etablierte Marktteilnehmer:
Unter diese Gruppe fielen das Monopol bestimmter öffentlicher Unternehmen für die Versicherung öffentlicher Vermögen in Griechenland[278] sowie die finanzielle Bevorzugung der öffentlichen Telefongesellschaften bei der Vergabe von GSM-Mobilfunklizenzen in Italien[279] und Spanien[280].

66 – **Untersagung diskriminierend wirkender Tarife** für Infrastrukturdienstleistungen:
Mehrere systematisch zusammenhängende Entscheidungen der Kommission wandten sich gegen Marktabgrenzungen durch Tarife, welche ihrer Struktur nach notwendigerweise Inlandsgesellschaften begünstigten und oft sogar zwischen rein nationalen und innergemeinschaftlichen Leistungen differenzierten. Dies betraf die staatliche Genehmigung selektiver Ermäßigungen bei Lotsentarifen im Hafen von Genua für bestimmte Unternehmen trotz gleicher Leistung[281], selektive Tarifermäßigungen im Luft- und Seeverkehr für Bewohner der Kanarischen Inseln und der Balearen[282], die faktische Besserstellung nationaler Fluggesellschaften durch das Rabattsystem auf dem Brüsseler Flughafen[283] und – ausgehend von diesem Verfahren[284] – vergleichbare diskriminierende Flughafengebühren in Finnland[285], Portugal[286] und Spanien[287].

---

276 Europäische Kommission, Entscheidung vom 21.12.1993, ABl.EG 1994 Nr. L 55/52, Rn. 6 (Hafen von Rødby); *E.-J. Mestmäcker*, in: Immenga/Mestmäcker, EG-Wettbewerbsrecht, Band II, 1997, Art. 37, 90, E Rn. 62.
277 Europäische Kommission, 26. Wettbewerbsbericht (1996), Erster Teil, Ziff. 129; 27. Wettbewerbsbericht (1997), Erster Teil, Ziff. 131–134.
278 Europäische Kommission, Entscheidung vom 24.4.1985, ABl.EG 1985 Nr. L 152/25 (Griechische Versicherungen); *E.-J. Mestmäcker*, in: Immenga/Mestmäcker, EG-Wettbewerbsrecht, Band II, 1997, Art. 37, 90, E Rn. 58.
279 Europäische Kommission, Entscheidung vom 4.10.1995, ABl.EG 1995 Nr. L 280/49, Rn. 2 (GSM-Mobilfunkdienste in Italien).
280 Europäische Kommission, Entscheidung vom 18.12.1996, ABl.EG 1997 Nr. L 76/19 (GSM-Mobilfunkdienste in Spanien); Europäische Kommission, 26. Wettbewerbsbericht (1996), Erster Teil, Ziff. 120.
281 Europäische Kommission, Entscheidung vom 21.10.1997, ABl.EG 1997 Nr. L 301/27 (Lotsentarife im Hafen von Genua); dazu *Lefret/Armani* (Fn. 279).
282 Europäische Kommission, Entscheidung vom 22.6.1987, ABl.EG 1987 Nr. L 194/28 (spanische Tarifermäßigungen); *E.-J. Mestmäcker*, in: Immenga/Mestmäcker, EG-Wettbewerbsrecht, Band II, 1997, Art. 37, 90, E Rn. 59.
283 Europäische Kommission, Entscheidung vom 28.6.1995, ABl.EG 1995 Nr. L 216/8 (Rabattsystem am Flughafen Brüssel); Europäische Kommission, 26. Wettbewerbsbericht (1996), Erster Teil, Ziff. 130; *E.-J. Mestmäcker*, in: Immenga/Mestmäcker, EG-Wettbewerbsrecht, Band II, 1997, Art. 37, 90, E Rn. 63.
284 Zu den weiteren Untersuchungen der Kommission vgl. Europäische Kommission, 30. Wettbewerbsbericht (2000) (Fn. 264), Rn. 184–190; zusammenfassend: o. Verf., Landegebührenregelungen an europäischen Flughäfen, EuZW 2001, S. 419.
285 Europäische Kommission, Entscheidung vom 10.2.1999, ABl.EG 1999 Nr. L 69/24 (Ilmailulaitos/Luftfartsverket).
286 Europäische Kommission, Entscheidung vom 10.2.1999, ABl.EG 1999 Nr. L 69/31 (Portugiesische Flughäfen); in vollem Umfang aufrechterhalten von EuGH, Rs. C-163/99, Slg. 2001, I-2613 (Portugiesische Republik/Kommission).
287 Europäische Kommission, Entscheidung vom 26.7.2000, ABl.EG 2000 Nr. L 208/36 (Spanische Flughäfen).

Abschnitt 2
Staatliche Beihilfen

Art. 87 (ex-Art. 92)

(1) Soweit in diesem Vertrag nicht etwas anderes bestimmt ist[46 ff.], sind staatliche oder aus staatlichen Mitteln[10 f.] gewährte Beihilfen gleich welcher Art, die durch die Begünstigung bestimmter Unternehmen oder Produktionszweige[8 f.] den Wettbewerb verfälschen oder zu verfälschen drohen[12 ff.], mit dem Gemeinsamen Markt unvereinbar, soweit sie den Handel zwischen Mitgliedstaaten beeinträchtigen.[17]

(2) Mit dem Gemeinsamen Markt vereinbar sind:[19 ff.]
a) Beihilfen sozialer Art an einzelne Verbraucher, wenn sie ohne Diskriminierung nach der Herkunft der Waren gewährt werden;[20]
b) Beihilfen zur Beseitigung von Schäden, die durch Naturkatastrophen oder sonstige außergewöhnliche Ereignisse entstanden sind;[21]
c) Beihilfen für die Wirtschaft bestimmter, durch die Teilung Deutschlands betroffener Gebiete der Bundesrepublik Deutschland, soweit sie zum Ausgleich der durch die Teilung verursachten wirtschaftlichen Nachteile erforderlich sind.[22 f.]

(3) Als mit dem Gemeinsamen Markt vereinbar können angesehen werden:[24 ff.]
a) Beihilfen zur Förderung der wirtschaftlichen Entwicklung von Gebieten, in denen die Lebenshaltung außergewöhnlich niedrig ist oder eine erhebliche Unterbeschäftigung herrscht;[31]
b) Beihilfen zur Förderung wichtiger Vorhaben von gemeinsamem europäischem Interesse[32 f.] oder zur Behebung einer beträchtlichen Störung im Wirtschaftsleben eines Mitgliedstaats;[34]
c) Beihilfen zur Förderung der Entwicklung gewisser Wirtschaftszweige oder Wirtschaftsgebiete, soweit sie die Handelsbedingungen nicht in einer Weise verändern, die dem gemeinsamen Interesse zuwiderläuft;[35 ff.]
d) Beihilfen zur Förderung der Kultur und der Erhaltung des kulturellen Erbes, soweit sie die Handels- und Wettbewerbsbedingungen in der Gemeinschaft nicht in einem Maß beeinträchtigen, das dem gemeinsamen Interesse zuwiderläuft;[43]
e) sonstige Arten von Beihilfen, die der Rat durch eine Entscheidung mit qualifizierter Mehrheit auf Vorschlag der Kommission bestimmt.[44]

Inhaltsübersicht:

A. Vorbemerkungen zu den Art. 87 bis 89	1
I. Bedeutung, Einordnung und Struktur der Art. 87 bis 89	1
II. Geltungsbereich der Art. 87 bis 89	3
1. Räumlicher und zeitlicher Geltungsbereich	3
2. Sachlicher Geltungsbereich	4
III. Verbotscharakter und unmittelbare Wirkung	5
B. Art. 87 Abs. 1	7
I. Beihilfenbegriff	7
1. Zuwendungskomponente	7
2. Bestimmte Unternehmen und Produktionszweige	8
3. Staatliche oder aus staatlichen Mitteln stammende Zuwendungen	10
II. Verursachung einer (drohenden) Wettbewerbsverfälschung, insbesondere de-minimis-Beihilfen	12
III. Beeinträchtigung des Handels zwischen Mitgliedstaaten	16
IV. Einzelne Formen staatlicher Beihilfen	18
C. Art. 87 Abs. 2	19
I. Allgemeines	19

Wolfram Cremer

II.	Art. 87 Abs. 2 lit. a)		20
III.	Art. 87 Abs. 2 lit. b)		21
IV.	Art. 87 Abs. 2 lit. c)		22

D. Art. 87 Abs. 3   24
    I. Allgemeines   24
       1. Die Normstruktur von Art. 87 Abs. 3   24
       2. Administrative Entscheidungsspielräume im Anwendungsbereich des EGV   26
       3. Entscheidungsspielräume der Kommission bei der Anwendung
          von Art. 87 Abs. 3 lit. a)–d)   27
          a) Tatbestandsseite von Abs. 3 lit. a)–d)   28
          b) Rechtsfolgenseite   29
          c) Die Bedeutung des Wettbewerbsprinzips   30
    II. Die einzelnen Ausnahmetatbestände   31
       1. Abs. 3 lit. a)   31
       2. Abs. 3 lit. b)   32
          a) 1. Alt.   32
          b) 2. Alt.   34
       3. Abs. 3 lit. c)   35
          a) Allgemeines   35
          b) Sektorale Beihilfen   36
          c) Regionalbeihilfen   37
          d) Horizontale Beihilfen   38
             aa) Umweltschutzbeihilfen   38
             bb) F&E-Beihilfen   39
             cc) KMU-Beihilfen   40
             dd) Rettungs- und Umstrukturierungsbeihilfen   41
             ee) Ausfuhrbeihilfen   42
             ff) Ausbildungsbeihilfen   42a
             gg) Beschäftigungsbeihilfen   42b
             hh) Betriebsbeihilfen   42c
             ii) Sonstige Beihilferegelungen   42d
       4. Abs. 3 lit. d)   43
       5. Abs. 3 lit. e)   44
E. Gemeinschaftsbeihilfen   45
F. Verhältnis der Art. 87 f. zu anderen Vertragsvorschriften   46

A. Vorbemerkungen zu den Art. 87 bis 89[1]

I. Bedeutung, Einordnung und Struktur der Art. 87 bis 89

1 Die Art. 87 bis 89 tragen als Teil des Wettbewerbskapitels des Vertrages (Art. 81 bis 89) zu dem gem. Art. 3 lit. g) zu errichtenden System bei, welches den Wettbewerb innerhalb des Binnenmarktes vor Verfälschungen schützen soll.[2] Art. 87 Abs. 1 konstituiert ein grundsätzliches Verbot für staatliche Beihilfen,[3] soweit sie aufgrund wettbewerbsverfälschender Wirkungen den Handel zwischen den Mitgliedstaaten beeinträchtigen.

---

1 Informationen zu Beihilfeverfahren und zum Beihilferecht (u. a. Rechtsprechung zu staatlichen Beihilfen, staatliche Beihilfen betreffende Rechtsetzung, jährliche Berichte der Kommission über staatliche Beihilfen, Beihilfenregister) sind im Internet unter http://europa.eu.int/comm/competition/index_de.html in der Spalte *Staatliche Beihilfen* respektive *Gerichtshof* aufrufbar.
2 Vgl. auch EuGH, Rs. 171/83 R, Slg. 1983, 2621, Rn. 9 (Kommission/Frankreich).
3 Statistische Angaben zur Vergabe von staatlichen Beihilfen finden sich in den erstmals 1989 von der Kommission veröffentlichten Berichten über staatliche Beihilfen (vgl. zuletzt 9. Bericht über staatliche Beihilfen, 2001, KOM (2001) 403 endg., Ziff. 56 ff.) sowie in den jährlich erscheinenden Berichten über die Wettbewerbspolitik. Seit 1981 wird die Aufsichtspraxis der Kommission in den Berichten über die Wettbewerbspolitik vollständig dokumentiert.

Von diesem Verbot sehen Abs. 2 lit. a)–c) und Abs. 3 lit. a)–e) Ausnahmen vor. Während die Kommission bei der Anwendung von Abs. 3[4] nach allgemeiner Auffassung über einen Ermessensspielraum verfügt, wird dies hinsichtlich Abs. 2 überwiegend abgelehnt.[5] Des weiteren konstituiert Art. 86 Abs. 2 eine Ausnahme vom Beihilfenverbot.[6] Art. 88 regelt das Verfahren, in dem die Vereinbarkeit staatlicher Beihilfen mit dem Gemeinsamen Markt durch die Kommission (oder den Rat[7]) festgestellt wird. Art. 89 ermächtigt schließlich den Rat, Verordnungen zu den Art. 87 f. zu erlassen.

Von der Ermächtigung nach Art. 89 hat der Rat – vorbehaltlich der Bereiche Verkehr und Schiffbau (vgl. Art. 89, Rn. 1) – erstmals mit der Verordnung (EG) Nr. 994/98 vom 7.5.1998 über die Anwendung der Art. 92 und 93 EGV (jetzt Art. 87 f.) auf bestimmte Gruppen horizontaler Beihilfen[8] Gebrauch gemacht. Diese Verordnung ermächtigt die Kommission zum Erlaß von – zuvor nur aus dem Bereich des EG-Kartellrechts bekannten – Gruppenfreistellungsverordnungen für bestimmte, typischerweise beihilfenrechtlich unproblematische Arten staatlicher Zuwendungen. Auf Grundlage dieser Ermächtigung hat die Kommission am 12.1.2001 **drei Gruppenfreistellungsverordnungen** (Beihilfen für KMU,[9] Ausbildungsbeihilfen[10] und de-minimis-Beihilfen[11]) verabschiedet.[12] Des weiteren hat der Rat am 22.3.1999 die Verordnung (EG) Nr. 659/99 über besondere Vorschriften für die Anwendung von Art. 93 EGV (jetzt Art. 88)[13] verabschiedet (im folgenden als »Beihilfenverfahrensverordnung« bezeichnet).[14] In der Literatur werden hinsichtlich verschiedener Regelungen in den Gruppenfreistellungsverordnungen der Kommission und in der Beihilfenverfahrensverordnung Zweifel geäußert, ob sie mit dem Primärrecht der Art. 87 f. vereinbar sind. Diese Zweifel sollen an dieser Stelle nicht im einzelnen nachgezeichnet und gewürdigt werden. Wohl aber werden in allgemeiner Form die Grundsätze für die Ausübung der Verordnungsermächtigung nach Art. 89 skizziert, an die der Rat und im Falle der Delegation die Kommission gebunden sind. Auf diese Grundsätze wird dann bei der Würdigung der einzelnen problematischen Regelungen der Gruppenfreistellungsverordnungen und der Beihilfenverfahrensverordnung zurück- 1 a

---

4 Vgl. zu Art. 87 Abs. 3 lit. e) Rn. 43.
5 Vgl. zu Einzelheiten Rn. 19 ff. und 24 ff.
6 EuG, Rs. T-106/95, Slg. 1997, II-229, Rn. 170 ff. (FFSA/Kommission); EuGH, Rs. C-174/97 P, Slg. 1998, I-1303, Rn. 170 ff. (FFSA/Kommission). Vgl. dazu und insbesondere zur gebotenen Notifizierung solcher Beihilfen W. *Hakenberg*/F. *Erlbacher*, Die Rechtsprechung des EuGH und des EuGeI auf dem Gebiet der staatlichen Beihilfen in den Jahren 1999 und 2000, EWS 2001, S. 208 (213 f.); *Kommission*, 9. Bericht über staatliche Beihilfen, 2001, KOM (2001) 403 endg., Ziff. 19. Vgl. auch Mitteilung der Kommission über Leistungen der Daseinsvorsorge in Europa, ABl.EG 2000 Nr. C 17/4, welche die Mitteilung aus dem Jahre 1996 (ABl.EG 1996 Nr. C 281/3) aktualisiert hat.
7 Vgl. Art. 88 Abs. 2 UAbs. 3.
8 ABl.EG 1998 Nr. L 142/1.
9 Verordnung (EG), Nr. 70/2001, ABl.EG 2001 Nr. L 10/33.
10 Verordnung (EG), Nr. 68/2001, ABl.EG 2001 Nr. L 10/20.
11 Verordnung (EG), Nr. 69/2001, ABl.EG 2001 Nr. L 10/30.
12 Dazu A. *Bartosch*, Die neuen Gruppenfreistellungsverordnungen im EG-Beihilfenrecht, EuZW 2001, S. 921 ff.; A. *Sinnaeve*, Die ersten Gruppenfreistellungen: Dezentralisierung der Beihilfenkontrolle?, EuZW 2001, S. 69 ff.
13 ABl.EG 1999 Nr. L 83/1. Die Association Européenne des Avocats hatte 1996 ein Diskussionspapier für eine Verfahrensordnung für das Beihilfenrecht vorgelegt (EuZW 1996, S. 688 und instruktiv dazu T. *Müller-Ibold*, The AEA Proposal for a Regulation on State Aid Procedure, EuZW 1996, S. 677) und im gleichen Jahr startete die Kommission eine Initiative (dazu P. *Schütterle*, Wende in der Europäischen Beihilfenkontrollpolitik, EuZW 1997, S. 33), die im Februar 1998 in einen Vorschlag für eine Verordnung des Rates über Vorschriften für die Anwendung von Art. 93 EGV (KOM(1998) 73 endg., ABl.EG 1998 Nr. C 116/13) mündete.
14 Vgl. zu Einzelheiten dieser Sekundärrechtsakte fortlaufend im Text.

gegriffen. Zur Ermittlung der dem Rat gem. Art. 89 eingeräumten Verordnungsbefugnis gilt es zunächst zu betonen, daß diese nicht als einheitliche Ermächtigung zum Erlaß bloßer Durchführungsregelungen verstanden werden darf. Vielmehr unterscheidet Art. 89 **zwei Regelsvarianten.** Nach der 1. Alt. ermächtigt die Norm in der Tat nur zu »zweckdienlichen[15] *Durchführungs*verordnungen« zu den Art. 87 und 88. Eine **Durchführungsregelung** ist dadurch gekennzeichnet, daß sie bestehende administrative Spielräume konkretisiert. Eine Durchführungsregelung darf mithin nach dem Primärrecht bestehende administrative Entscheidungsspielräume, namentlich solche der Kommission, schließen, wobei diese entgegen der deutschen Doktrin nicht nur im Falle eines auf Rechtsfolgenseite eingeräumten Ermessens existieren (vgl. ausführlicher Rn. 26). Diese Kompetenz zum Erlaß von Durchführungsregelungen erstreckt sich insgesamt auf die Art. 87 und 88 und ermöglicht es dem Rat insbesondere, die Entscheidungsspielräume der Kommission nach Art. 87 Abs. 3 durch eigene Vorgaben zu begrenzen. Demgegenüber ermächtigt der nur auf Art. 88 Abs. 3 bezogene Art. 89 2. Alt. zu konstitutiven Regelungen, wenn es dort heißt, daß der Rat Bedingungen festlegen darf. Damit wird dem Rat mehr als eine bloße Konkretisierungskompetenz eingeräumt; vielmehr handelt es sich um eine Kompetenz zum Erlaß konstitutiver Regelungen, welche zwar nicht erlaubt, das Verfahren gem. Art. 88 Abs. 3 abzuschaffen oder zu konterkarieren, wohl aber an Stelle der Gemeinschaftsgerichtsbarkeit das in Art. 88 Abs. 3 nur rudimentär geregelte Verfahren auszugestalten und gar bestimmte Arten von Beihilfen von dem Verfahren auszunehmen. Die Ausübung der Kompetenz durch den Rat verdrängt mithin die vorher bestehende Rechtsfortbildungskompetenz der Gemeinschaftsgerichte. Gegen eine solche differenzierende Norminterpretation läßt sich nicht anführen, dass Art. 89 2. Alt. mit dem Wort »insbesondere« eingeleitet wird. Damit wird nicht auf eine Explikation dessen, was durch die Durchführungsverordnungen geregelt werden soll, hingewiesen, sondern betont, daß neben der allgemeinen Kompetenz zum Erlaß von Durchführungsregelungen zu den Art. 87 f. eine Kompetenz mit konstitutiven Kompetenzen besteht, auf deren tatsächliche Wahrnehmung durch den Rat der EGV besonderen Wert legt. Dies ist angesichts der fragmentarischen Regelung des Verfahrens in Art. 88 Abs. 3 auch ohne weiteres einleuchtend.

1 b Vor Erlaß dieser Verordnungen existierten lediglich eine Reihe von sog. **Leitlinien, Gemeinschaftsrahmen und Mitteilungen der Kommission,**[16] mit denen die Kommission insbesondere über ihre zukünftige Praxis über die Anwendung von Art. 87 Abs. 3 auf bestimmte Arten von Beihilfen informierte. Daran anknüpfend genehmigt die Kommission Beihilfen regelmäßig nur, wenn sie die Voraussetzungen des einschlägigen generellen Aktes erfüllt. Die Gemeinschaftsgerichtsbarkeit hat diese Praxis, soweit die Leitlinien, Gemeinschaftsrahmen und Mitteilungen mit höherrangigem Recht im Einklang stehen, im Grundsatz akzeptiert[17] und die Überprüfung der Genehmigung einer Beihilfe auf die Prüfung der Vereinbarkeit mit den zugrundegelegten Leitlinien, Gemeinschafts-

---

15 Zu diesem Begriff W. *Mederer,* in: GTE, EU-/EGV, Art. 94 Rn. 4.
16 Ein sachlicher Unterschied zwischen »Gemeinschaftsrahmen«, »Leitlinien« und »Mitteilungen«besteht nicht, vgl. auch T. *Jestaedt/U. Häsemeyer* Die Bindungswirkung von Gemeinschaftsrahmen und Leitlinien im EG-Beihilfenrecht, EuZW 1995, S. 787, S. 789.
17 EuGH, Rs. C-288/96, Slg. 2000, I-8237, Rn. 62 (Deutschland/Kommission).

rahmen respektive Mitteilungen konzentriert.[18] Gleichzeitig wird hervorgehoben, dass sich die Kommission in ihrer Entscheidungspraxis durch die Veröffentlichung dieser generellen Akte selbst bindet.[19] Diese Rechtsprechung verdient Zustimmung. Es begegnet keine rechtlichen Bedenken, wenn die Kommission sich bei der Ausübung ihres Ermessens durch Leitlinien, Gemeinschaftsrahmen respektive Mitteilungen selbst bindet,[20] soweit diese im Einklang mit höherrangigem Recht stehen.[21] Dies folgt schon daraus, daß die Kommission, wenn und soweit keine veröffentlichten Leitlinien, Gemeinschaftsrahmen oder Mitteilungen existier(t)en, durch den gemeinschaftsrechtlichen Gleichheitsgrundsatz ohnehin verpflichtet ist, im Rahmen ihrer (Beihilfenaufsichts)praxis gleichmäßig zu verfahren. Des weiteren fördert diese Praxis das Transparenzgebot und trägt zur Berechenbarkeit der Entscheidungen der Kommission bei, was für die betroffenen Mitgliedstaaten und Unternehmen von nicht zu überschätzender Bedeutung ist. Ob die Leitlinien, Gemeinschaftsrahmen respektive Mitteilungen angesichts dessen noch der zweifelhaften Stützung auf Art. 88 Abs. 1 bedürfen,[22] kann dahin stehen. Abschließend ist noch hinzuzufügen, daß die Existenz der verschiedenen Gemeinschaftsrahmen, Leitlinien und Mitteilungen die Genehmigung von Beihilfen gem. Art. 87 Abs. 3 (jedenfalls) dann nicht ausschließt, wenn die betreffenden Beihilfen in diesen keine Berücksichtigung erfahren haben.[23]

Das Beihilfenaufsichtsrecht ergänzt das Binnenmarktkonzept des Vertrages (vgl. Art. 3 lit. c)), welches seinerseits durch die Verwirklichung der Grundfreiheiten einen zentralen Beitrag zur Herstellung freien und unverfälschten Wettbewerbs leistet. Das Beihilfeverbot und das Verbot tarifärer Handelshemmnisse[24] sind zwei Seiten derselben Medaille. Die Abwehr unliebsamer Konkurrenz aus den anderen Mitgliedstaaten läßt sich nämlich sowohl durch die Belastung ausländischer Produktionen und Dienstleistun- 2

---

18 EuG, Rs. T-16/96, Slg. 1998, II- 757, Rn. 57 (Cityflyer/Kommission). Nichts anderes folgt aus EuG, Rs. T-110/97, Slg. 1999, II-2881, Rn. 51 f. (Kneissl/Kommission), wo das EuG davon ausgeht, daß die Allgemeinheit nicht die Grundlage einer Ausnahmeregelung im Einzelfall bilden können. Mißverständlich ist es allerdings, wenn das EuG formuliert, daß »die Klägerin nicht dargetan hat«, daß die Kommission ihre Entscheidung auf die Leitlinien gestützt habe. Entscheidend ist wegen der dadurch bewirkten Selbstbindung der Kommission, ob veröffentlichte Leitlinien im konkreten Fall einschlägig sind, vgl. dazu auch W. Hakenberg/F. Erlbacher (Fn. 6), S. 214, die m.E. aber erkennen, daß es wegen der Selbstbindung durchaus darauf ankommt, ob im konkreten Fall einschlägige Leitlinien existieren. Daraus folgt in Übereinstimmung mit W. Hakenberg/F. Erlbacher freilich nicht, daß ein Kläger sich auf die Gemeinschaftsrechtswidrigkeit der Leitlinien berufen muß; ein Angriff auf die konkrete Genehmigung der Kommission reicht aus.
19 EuGH, Rs. C-169/95, Slg. 1997, I-135, Rn. 19 ff. (Spanien/Kommission); EuG, Rs. T-149/95, Slg. 1997, II-2031, Rn. 61 (Durcos/Kommission); Rs. T-380/94, Slg. 1996, II-2169, Rn. 57 (AIUFFASS/Kommission); Rs. T-16/96, Slg. 1998, II-757, Rn. 57 (City Flyer/Kommission); Rs.T-214/95, Slg. 1998, II-717, Rn. 89 (Vlaams Gewest/Kommission), wonach zusätzlich der Gleichheitssatz zu beachten sei. Vgl. ausführlicher zur Rechtsnatur dieser Akte W. Mederer, in: GTE, EU-/EGV, Art. 92, Rn. 74 ff.
20 So zutreffend EuGH, Rs. C-288/96, Slg. 2000, I-8237, Rn. 62 (Deutschland/Kommission).
21 Vgl. dazu ausführlich T. Jestaedt/U. Häsemeyer (Fn. 16), S. 787 ff. Die de-minimis-Mitteilungen, nach denen die Kommission im Widerspruch zum Primärrecht de-minimis-Beihilfen von der Anmeldungspflicht nach Art. 88 Abs. 3 S. 3 ausnimmt und ihnen gar abspricht den Tatbestand des Art. 87 Abs. 1 zu erfüllen, sind freilich primärrechtswidrig. Wie noch dargelegt wird, kann eine Befugnis zur Änderung von Art. 87 Abs. 1 nicht einmal Art. 89 entnommen werden (vgl. Rn. 15a). Dies muß erst Recht für Mitteilungen der Kommission gelten.
22 So EuGH, Rs. C-288/96, Slg. 2000, I-8237, Rn. 64 (Deutschland/Kommission); Rs. C-311/94, Slg. 1996, I-5023, Rn. 36 f. (Ijssel-Vliet).
23 EuG, Rs. T-298/97 u.a., Slg. 2000, II-2319, Rs. 128 (Mauro u.a./Kommission).
24 Vgl. für den Warenverkehr Art. 23 ff. und 90 f.

gen, als auch – wenn auch kostspieliger – durch die Unterstützung einheimischer Unternehmen erreichen.[25] Die unkontrollierte Vergabe mitgliedstaatlicher Beihilfen würde folglich den Wettbewerbsmechanismus und mithin die Statik des Binnenmarktgebäudes gefährden.[26] Andererseits hat die gemeinschaftsrechtliche Beurteilung der nach Art. 87 Abs. 1 grundsätzlich unerwünschten staatlichen Beihilfen[27] bei der Auslegung der Ausnahmebestimmungen des Art. 87 Abs. 2 und 3 auch die in Art. 2 postulierten Ziele, insbesondere die harmonische, ausgewogene und nachhaltige Entwicklung des Wirtschaftslebens sowie den wirtschaftlichen und sozialen Zusammenhalt zu berücksichtigen.[28]

II. Geltungsbereich der Art. 87 bis 89

1. Räumlicher und zeitlicher Geltungsbereich

3 Die seit dem Inkrafttreten des EWGV geltenden Art. 87 bis 89 erfassen nur Beihilfen, die in den Mitgliedstaaten[29] vergeben werden. Nach Art. 61 des EWR-Abkommens[30] gelten aber für Beihilfen der verbliebenen EFTA-Staaten, die Mitglieder des EWR sind (seit dem 1.1.1994: Island und Norwegen; seit dem 1.5.1995: Liechtenstein), den Art. 87 f. entsprechende Regeln, einschließlich der dazu ergangenen Durchführungsvorschriften. Für die Kontrolle dieser Beihilfen ist gem. Art. 62 lit. b) EWR-Abkommen die EFTA-Überwachungsbehörde zuständig.[31]

2. Sachlicher Geltungsbereich

4 Die Art. 87 bis 89 erstrecken sich auf **sämtliche wirtschaftliche Tätigkeiten aller Unternehmen und Produktionszweige**, soweit speziellere Normen keine abweichenden Regelungen enthalten. Der EGV enthält Sonderregelungen in Art. 36 für die Landwirtschaft und in den Art. 73, 76 und 78 (jeweils i.V.m. Art. 80) für den Verkehr.[32] Für Kohle und

---

25 Vgl. dazu aus der Perspektive eines mitgliedstaatlichen Standortwettbewerbs *C. König/ J. Kühling*, Reform des EG-Beihilfenrechts aus der Perspektive des mitgliedstaatlichen Systemwettbewerbs, EuZW 1999, S. 517 ff.
26 Vgl. *B. Börner*, Zur Vereinbarkeit des Claes-Planes mit dem EWG-Vertrag, in: KSE Bd. 32, 1984, S. 137, 142 ff., dessen restriktive Schlußfolgerungen im Hinblick auf die Rechtmäßigkeit staatlicher Beihilfen allerdings nicht geteilt werden können, vgl. dazu unten Rn. 29.
27 Vgl. neben Art. 3 lit. g) auch Art. 4 Abs. 1: »Grundsatz einer offenen Marktwirtschaft mit freiem Wettbewerb«.
28 Bedeutung hat dieser Zielkonflikt vor allem bei der Auslegung und Anwendung von Art. 87 Abs. 3, dazu unten Rn. 27 ff.; vgl. auch *F.-H. Wenig*, in: GTE, EWGV, Vorbem. Art. 92–94, Rn. 2. Vgl. zum Ganzen auch *Kommission*, 9. Bericht über staatliche Beihilfen, 2001, KOM (2001) 403 endg., Ziff. 1 ff.
29 Vgl. zum Gemeinschaftsgebiet die Kommentierung zu Art. 299.
30 ABl.EG 1994 Nr. L 1/3; vgl. dazu auch *J. Bast/K. K. Blank*, Beihilfen in der EG und Rechtsschutzmöglichkeiten für Wettbewerber, WuW 1993, S. 181 (192).
31 Vgl. zur Beihilfenkontrolle in einigen zentral- und osteuropäischen Staaten, mit denen die Gemeinschaft Assoziierungsabkommen (»Europa-Abkommen«) abgeschlossen hat, Kommission, 26. Bericht über die Wettbewerbspolitik 1996, 1997, Ziff. 230; 28. Bericht über die Wettbewerbspolitik 1998, 1999, Ziff. 293 ff.; *A. Jour-Schröder*, The Application of the EC-State Aid Rules in the Central and Eastern European Countries, EuZW 1996, S. 741 ff. Vgl. bezüglich der Subventionsvergabe in anderen Drittstaaten: *F. Rawlinson*, in: Lenz, EGV, Vorbem. Art. 87–89, Rn. 4.
32 Vgl. zum Ganzen die jeweiligen Kommentierungen.

Stahl sind gem. Art. 4 lit. c) EGKSV »von den Staaten bewilligte Subventionen und Beihilfen, in welcher Form dies auch immer geschieht«, untersagt, wobei anders als bei Art. 87 nicht vorausgesetzt wird, daß Beihilfen durch die Begünstigung bestimmter Unternehmen oder Produktionszweige den Wettbewerb verfälschen oder zu verfälschen drohen.[33] Zur Interpretation des Beihilfe- bzw. Subventionsbegriffs in Art. 4 lit. c) EGKSV rekurriert das EuG indes auf die Gemeinschaftsrechtsprechung zum Begriff der staatlichen Beihilfe in Art. 87 Abs. 1.[34] Das strikte Verbot des Art. 4 lit. c) EGKSV überwindend hat die Kommission auf Grundlage von Art. 95 EGKSV Entscheidungen in Form von Kodices für Stahl- bzw. Kohlebeihilfen erlassen, worin allgemeingültige Genehmigungskriterien niedergelegt sind.[35] Darüber hinaus kann die Kommission nach Art. 95 EGKSV ad hoc-Beihilfen genehmigen, sofern es sich nicht um Beihilfetypen handelt, die bereits dem Anwendungsbereich des jeweils geltenden Kodex unterfallen.[36] Des weiteren verdrängt Art. 67 EGKSV Art. 4 lit. c EGKSV für nicht montanspezifische Beihilfen.[37] Schließlich kombiniert die Kommission Art. 67 EGKSV und Art. 87 bei Beihilfen, die im Überschneidungsbereich von EGV und EGKSV liegen, was z.B. bei Regionalbeihilfen (und bei Beschäftigungs- sowie Forschungs- und Entwicklungsbeihilfen) der Fall ist, welche für Gebiete gewährt werden, in denen überwiegend Kohle- und/oder Stahlunternehmen angesiedelt sind.[38] Im sachlichen Anwendungsbereich des EAGV finden die Art. 87 bis 89, vorbehaltlich des Art. 48 EAGV, gem. Art. 305 Abs. 2[39] und trotz Art. 1 Abs. 1 EAGV Anwendung.[40]

---

33 Vgl. auch EuG, verb. Rs. T-129/95, T-2/96 u. T-97/96, Slg. 1999, II-17, Rn. 99 (Neue Maxhütte/Kommission).
34 EuG, verb. Rs. T-129/95, T-2/96 u. T-97/96, Slg. 1999, II-17, Rn. 100 (Neue Maxhütte/Kommission).
35 Vgl. zum derzeit gültigen Beihilfenkodex für Stahl Entscheidung Nr. 2496/96/EGKS der Kommission, ABl.EG 1996 Nr. L 338/42 (vgl. zu nicht dem EGKSV unterfallende Stahlbereiche Rn. 36, Fn. 263) und für Kohle Entscheidung Nr. 3632/93/EGKS der Kommission, ABl.EG 1993 Nr. L 329/12 und Entscheidung Nr. 341/94/EGKS der Kommission zur Durchführung der Entscheidung Nr. 3632/93/EGKS, ABl.EG 1994 Nr. L 49/1, ausführlicher zu den Kodices *G. von Wallenberg*, in: Grabitz/Hilf, EU, Vorbem. Art. 92, Rn. 8 Vgl. zu Beihilfen für den Steinkohlenbergbau mit einem Ausblick in die Zukunft: *P. Lauffer*, Beihilfen für den Steinkohlenbergbau in der Europäischen Union nach 2002, 1998.
36 EuG, Rs. T-243/94, Slg. 1997, II-1887, Rn. 42 (British Steel); Rs. T-150/95, Slg. 1997, II-1433, Rn. 111 (UK Steel Association/Kommission); Rs. T-37/97, Slg. 1999, II-859 (Forges de Clabecq/Kommission).
37 Näher dazu EuGH, Rs. 59/70, Slg. 1971, 639, 645 (Niederlande/Kommission); Rs. 30/59, Slg. 1961, 1, 51 (De Gezamenlijke Steenkolenmijnen/Hohe Behörde).
38 Vgl. m.w.N. *B. Bär-Bouyssière*, in: Schwarze, EU-Kommentar, Art. 87 Rn. 7.
39 Vgl. dazu GA *G. Reischl*, Schlußantr. zu EuGH, Verb. Rs. 188–190/88, Slg. 1982, 2545, 2583, 2598 f. (Frankreich u.a./Kommission).
40 Vgl. zur Förderung der Kernforschung den zweiten Gemeinschaftsrahmen für staatliche Forschungs- und Entwicklungsbeihilfen, Ziff. 8.4, ABl.EG 1996 Nr. C 45/5, sowie bezüglich einer den britischen Kernenergiesektor betreffenden Genehmigung, Kommission, 20. Bericht über die Wettbewerbspolitik 1990, 1991, Ziff. 293.

III. Verbotscharakter und unmittelbare Wirkung

5 Trotz der insoweit nicht ganz eindeutigen Formulierung ist Art. 87 Abs. 1 ein **Verbotstatbestand**.[41] Der Einzelne kann sich allerdings vor nationalen Gerichten nicht unmittelbar auf die Unvereinbarkeit einer Beihilfe mit Art. 87 Abs. 1 berufen.[42] Wenn die Kommission indes eine Beihilfe für mit dem Gemeinsamen Markt vereinbar erklärt hat, kann der Einzelne – soweit klagebefugt –[43] gegen die Genehmigung der Kommission Klage nach Art. 230 Abs. 4 erheben oder einen nach Art. 230 Abs. 1 Klageberechtigten zur Nichtigkeitsklage bewegen. Soweit er nicht ein gem. Art. 230 Abs. 4 bestehendes Klagerecht wegen Fristablauf (Art. 230 Abs. 5) verwirkt hat, kann er die Gemeinschaftswidrigkeit einer Genehmigung der Kommission zudem in Verfahren vor nationalen Gerichten inzident rügen. Die nationalen Gerichte müssen ihre Entscheidung dann bis zur Entscheidung der Gemeinschaftsgerichtsbarkeit über die anhängige Nichtigkeitsklage gem. Art. 230 aussetzen oder dem EuGH die Frage zur Vorabentscheidung vorlegen.[44]

6 Unmittelbare Wirkung entfaltet demgegenüber Art. 88 Abs. 3 Satz 3,[45] der während des Hauptprüfverfahrens (vgl. zum Begriff Art. 88, Rn. 13–15) und – über seinen Wortlaut hinausgehend – auch während des Vorprüfverfahrens (vgl. zum Begriff Art. 88, Rn. 9) die Gewährung einer (noch) nicht genehmigten Beihilfe untersagt.[46]

---

41 So zutreffend die h.M.: *G. von Wallenberg*, in: Grabitz/Hilf, EU, Art. 92, Rn. 2; *F.-H. Wenig*, in: GTE, EWGV, Art. 92, Rn. 2; *S. Magiera*, in: HK-EUV, Art. 92, Rn. 13; *E. Pache*, Rechtsfragen der Aufhebung gemeinschaftsrechtswidriger nationaler Beihilfen, NVwZ 1994, S. 318 (319); *J. Schwarze*, Europäisches Verwaltungsrecht, Bd. 1, 1988, S. 367; *M. Caspari*, Die Beihilferegeln des EWG-Vertrags und ihre Anwendung, in: FS-von der Groeben, 1987, S. 69 (76); den Verbotscharakter unter Hinweis auf den Genehmigungsvorbehalt in Abs. 3 relativierend: *H.-W. Rengeling*, Grundlagen des Subventionsrechts und Kompetenzen aus der Sicht von Bund und Ländern, in: ZHR 152 (1988), S. 455 (463 f.); *A. Bach*, Wettbewerbsrechtliche Schranken für staatliche Maßnahmen nach europäischem Gemeinschaftsrecht, 1992, S. 9; einen Verbotscharakter ablehnend: *V. Götz*, Recht der Wirtschaftssubventionen, 1966, S. 101 f.
42 Vgl. dazu EuGH, Rs. 77/72, Slg. 1973, 611, Rn. 6 (Capolongo/Maya); Rs. 74/76, Slg. 1977, 557, Rn. 11/12 (Iannelli/Meroni); Rs. 78/76, Slg. 1977, 595, Rn. 8–10 (Steinike und Weinlig).
43 Dazu Art. 230 Rn. 44 ff.
44 Näher zum Ganzen Art. 241 Rn. 4 f. Das EuG hat in der Rs. T-330/94, Slg. 1996, II-1475, Rn. 39 (Salt Union/Kommission) eine Vorlageberechtigung bzw. -verpflichtung bejaht; anders noch Rs. T-398/94, Slg. 1996, II-477, Rn. 50 (Kahn Scheepvaart/Kommission). Anders als hier zum Vorabentscheidungsverfahren noch Vorauflage und *W. Cremer*, Forschungssubventionen im Lichte des EGV, 1995, S. 198.
45 EuGH, Rs. 77/72, Slg. 1973, 611, Rn. 6 (Capolongo/Maya); Rs. 120/73, Slg. 1973, 1471, Rn. 8 (Lorenz/Deutschland); Rs. C-354/90, Slg. 1991, I-5505, Rn. 11 f. (Fédération nationale du commerce/Frankreich); Rs. C-189/91, Slg. 1993, I-6185, Rn. 14 (Kirsammer-Hack); *G. Leibrock*, Der Rechtsschutz im Beihilfeaufsichtsverfahren des EWG-Vertrags, EuR 1990, S. 20 (28 f.); *J. J. Modlich*, Nationale Infrastrukturmaßnahmen und Artikel 92 Abs. 1 EGV, 1996, S. 11 ff.; *M. Ross*, Challenging State Aids: The Effect of Recent Developments, CMLRev. 1986, S. 867 (892); *P. J. Slot*, Procedural Aspects of State Aids: The Guardian of Competition versus the Subsidy Villains, CMLRev. 1990, S. 741 (751).
46 EuGH, Rs. C-39/94, Slg. 1996, I-3547, Rn. 38 f. (SFEI/La Poste); vgl. zu Einzelheiten Art. 88, Rn. 10 f. und 15.

B. Art. 87 Abs. 1

I. Beihilfenbegriff

1. Zuwendungskomponente

Der im Gemeinschaftsrecht nicht definierte Begriff »Beihilfe« ist nach allgemeiner Ansicht weit auszulegen.[47] Obwohl der Begriff »Beihilfe« in Art. 4 lit. c) EGKSV neben den Subventionsbegriff gestellt ist, wird letzterer vom Beihilfenbegriff umfaßt.[48] Auf eine abschließende phänomenologische Erfassung sämtlicher Beihilfeformen und -typen wird in der Literatur überwiegend und auch im Sekundärrecht[49] verzichtet. Dementsprechende Versuche[50] bergen die Gefahr einer unzulässigen Verengung des Beihilfebegriffs.[51] Weitgehend konsentiert ist dagegen die allgemeine Beschreibung von Beihilfen als Maßnahmen, die gleich in welcher Form (Tun oder Unterlassen) die Belastungen verringern, die ein Unternehmen normalerweise zu tragen hat.[52] Ohne daß darin eine sachliche Differenz zum Ausdruck kommt,[53] wird formuliert, daß der Beihilfenbegriff in beliebiger Form gewährte Zuwendungen erfasse, **die keine marktgerechte Gegenleistung** für eine

7

---

47 *H.-W. Rengeling*, Das Beihilfenrecht der Europäischen Gemeinschaften, in: KSE, Bd. 32, 1984, S. 23 (26); *D. Lefèvre*, Staatliche Ausfuhrförderung und das Verbot wettbewerbsverfälschender Beihilfen im EWG-Vertrag, 1977, S. 113; *F.-H. Wenig*, in: GTE, EWGV, Art. 92, Rn. 4; *W. Hakenberg/E. Tremmel*, Die Rechtsprechung des EuGH auf dem Gebiet der staatlichen Beihilfen im Jahre 1996, EWS 1997, S. 217 (217); vgl. auch EuGH, Rs. 47/69, Slg. 1970, 487, Rn. 16/17 (Frankreich/Kommission); Rs. 30/59, Slg. 1961, 1, 43 (De Gezamlijke Steenkolenmijen), zum Beihilfebegriff in Art. 4 lit. c) EGKSV.
48 EuGH, Rs. C-387/92, Slg. 1994, I-877, Rn. 13 (Banco de Crédito/Ayuntamiento de Valencia) und bzgl. Art. 4 lit. c) EGKSV, Rs. 30/59, Slg. 1961, 1, 42 f. (De Gezamlijke Steenkolenmijen); *E. Grabitz*, Handlungsspielräume der EG-Mitgliedstaaten zur Verbesserung des Umweltschutzes, RIW/AWD 1989, S. 623 (624), hält die Begriffe dagegen für synonym.
49 Vgl. nur Art. 1 lit. a) der Beihilfenverfahrensverordnung, wonach der Ausdruck »Beihilfen« alle Maßnahmen bezeichnet, welche die Voraussetzungen des Art. 92 Abs. 1 (jetzt 87 Abs. 1) erfüllen.
50 Zu einer umfangreichen, aber nicht abschließend verstandenen (»oder jede andere Maßnahme gleicher Wirkung«) Aufzählung: Antwort der Kommission auf die parlamentarische Anfrage des Abgeordneten Burgbacher, ABl.EG 1963 Nr. 125/2235. Weitere Definitionsversuche bei *S. Hoischen*, Die Beihilfenregelung in Art. 92 EWGV, 1989, S. 3 ff.; vgl. auch *E. Grabitz*, Gemeinsamer Markt und nationale Subventionen, in: Magiera (Hrsg.), Entwicklungsperspektiven der Europäischen Gemeinschaft, Schriftenreihe der Hochschule Speyer, Bd. 100, 1985, S. 95 (105).
51 Vgl. auch *W. Mederer*, in: GTE, EU-/EGV, Art. 92, Rn. 5; *Lefèvre* (Fn. 47), S. 112; *U. Immenga/ J. Rudo*, Die Beurteilung von Gewährträgerhaftung und Anstaltslast der Sparkassen und Landesbanken nach dem EU-Beihilfenrecht, 1997, S. 42; *A. Sinnaeve*, Anmerkung zu EuGH, Rs. C-39/ 94 (SFEI/La Poste), EuZW 1996, S. 569 (570).
52 EuGH, Rs. C-404/97, Slg. 2000, I-4897, Rn. 44 (Kommission/Italien); Rs. C-75/97, Slg. 1999, I-3671, Rn. 23 (Belgien/Kommission); Rs. C-39/94, Slg. 1996, I-3547, Rn. 58 (SFEI/La Poste); Rs. C-387/92, Slg. 1994, I-877, Rn. 12 (Banco de Crédito/Ayuntamiento de Valencia); Rs. 78/ 76, Slg. 1977, 595, Rn. 22 (Steinike und Weinlig); Rs. 57/86, Slg. 1988, 2869, Rn. 8 (Griechenland/Kommission); Rs. 61/79, Slg. 1980, 1205, Rn. 31 (Denkavit Italiana); Rs. 30/59, Slg. 1961, 1, 7 (De Gezamlijke Steenkolenmijen), dort bzgl. Art. 4 lit. c) EGKSV; Stellungnahme der Kommission, Rs. 730/79, Slg. 1980, 2671, 2678 (Philip Morris); *BBPS*, S. 367; *P. Knopf*, Europarecht und kommunale Selbstverwaltung, DVBl. 1980, S. 106 (107).
53 A.A. insoweit wohl *Modlich* (Fn. 45), S. 24 ff.

von diesem Wirtschaftsteilnehmer erbrachte Leistung darstellen.[54] Die Qualifizierung einer Maßnahme als Beihilfe richtet sich folglich ausschließlich nach ihren Wirkungen; Gründe oder Ziele ihrer Gewährung bleiben bei der Anwendung von Art. 87 Abs. 1 außer Betracht.[55] Demgemäß sind keine Bereichsausnahmen, etwa in den Bereichen soziale Sicherheit oder Kultur, anzuerkennen.[56] Zur Abgrenzung von marktgerechtem staatlichen Verhalten und Zuwendungen mit Beihilfecharakter wenden Kommission und Gemeinschaftsgerichtsbarkeit, insbesondere bei Zuwendungen an öffentliche Unternehmen[57] sowie staatlichen Kapitalbeteiligungen an privaten Unternehmen,[58] aber auch bei staatlichen Bürgschaften[59] den sog. »**private-investor-test**« (»Prinzip vom marktwirtschaftlich handelnden Kapitalgeber«) an, der das staatliche Verhalten mit dem eines umsichtigen Privatanlegers unter den gegebenen Umständen vergleicht.[60] Das wirtschaftliche Handeln der betreffenden staatlichen Stelle wird mit dem hypothetischen Verhalten eines nach Rentabilitätsgesichtspunkten agierenden privaten Investors verglichen. Wenn ein hypothetischer privater Investor den in Rede stehenden wirtschaftlichen Vorteil dem Unternehmen nicht oder allenfalls zu anderen, ungünstigeren Konditionen gewähren würde, liegt darin eine Begünstigung im Sinne von Art. 87 Abs. 1. Dabei ist freilich zu berücksichtigen, daß der Hoheitsträger nicht dem Börsenkurs oder kurzfristigen Renditen als Gradmesser unternehmerischen Handelns verpflichtet ist; er darf vielmehr längerfristige strategische Überlegungen und Rentabilitätsrechnungen zur Grundlage seiner Entscheidung machen

---

54 *Lefèvre* (Fn. 47), S. 113 f.; *Rengeling* (Fn. 47), S. 27; *D. Ehle/G. Meier*, EWG-Warenverkehr, Außenhandel-Zölle-Subventionen, 1971, S. 244; *S. Hoischen*, Die Beihilfenregelung in Art. 92 EWGV, 1989, S. 38; *P.-C. Müller-Graff*, Die Erscheinungsformen der Leistungssubventionstatbestände aus wirtschaftsrechtlicher Sicht, ZHR 152 (1988), S. 403 (418); *Bach* (Fn. 17), S. 7; *H.-J. Niemeyer*, Recent Developments in EC State Aid Law, EuZW 1993, S. 273; *P. Lasok*, State Aids and Remedies under the EEC Treaty, ECLRev. 1986, S. 53 (56); *F.-H. Wenig*, in: GTE, EWGV, Art. 92, Rn. 5 m.w.N. in Fn. 24; a.a. noch *Götz* (Fn. 41), S. 105 f., der die Auffassung vertritt, daß die Unentgeltlichkeit für eine Beihilfe begriffsnotwendig sei.
55 EuGH, Rs. C-404/97, Slg. 2000, I-4897, Rn. 44 (Kommission/Italien); Rs. C-75/97, Slg. 1999, I-3671, Rn. 23 (Belgien/Kommission); Rs. 310/85, Slg. 1987, 901, Rn. 8 (Deufil/Kommission); Rs. 173/73, Slg. 1974, 709, Rn. 26/28 (Italien/Kommission); *G. von Wallenberg*, in: Grabitz/Hilf, EU, Art. 92, Rn. 6; *Müller-Graff* (Fn. 54), S. 416. Bedeutung erlangen Gründe und Ziele der Beihilfengewährung erst im Rahmen der Abs. 2 und 3.
56 EuGH, Rs. C-342, Slg. 1999, I-2459, Rn. 23 (Spanien/Kommission); EuG, Rs. T-14/96, Slg. 1999, II-139, Rn. 81 (BAI/Kommission).
57 Vgl. auch Richtlinie 80/723/EWG der Kommission vom 26.7.1980 über die Transparenz der finanziellen Beziehungen zwischen den Mitgliedstaaten und den öffentlichen Unternehmen, ABl.EG 1980 Nr. L 195/35, zuletzt geändert durch Richtlinie 2000/52/EG der Kommission vom 26.7.2000, ABl.EG 2000 Nr. L 193/75, dort auch zur Definition des öffentlichen Unternehmens; Mitteilung der Kommission an die Mitgliedstaaten vom 13.11.1993 über die Anwendung der Art. 92 und 93 EWGV und des Art. 5 der Kommissionsrichtlinie 80/723/EWG über öffentliche Unternehmen in der verarbeitenden Industrie.
58 Vgl. auch *M. Dreher*, Die staatliche Eigenkapitalzufuhr an Gesellschaften als Beihilfe im Sinne des EG-Vertrags, GS-Knobbe-Keuk, 1997, S. 583 ff.
59 EuGH, Verb. Rs. C-329/93, C-62/95 und C-63/95, Slg. 1996, I-5151, Rn. 23 (Bremer Vulkan u.a./Kommission), dort allerdings unter dem Gesichtspunkt der Begründungspflicht nach Art. 253; bei der Gewährung von Vorzugstarifen, EuGH, Rs. C-56/93, Slg. 1996, I-723, Rn. 10 (Belgien/Kommission).
60 EuGH, Rs. C-303/88, Slg. 1991, I-1433, Rn. 21 f. (Italien/Kommission); EuG, Rs. T-358/94, Slg. 1996, II-2109, Rn. 70 f. (Air France/Kommission); Rs. C-39/94, Slg. 1996, I-3547, Rn. 60 f. (SFEI/La Poste).

(»long-term-investor-Maßstab«).[61] Nach der Rechtsprechung des EuG verfügt die Kommission, weil die Prüfung der Beihilfeneigenschaft nach Maßgabe des »private-investor-tests« eine komplexe ökonomische Beurteilung erfordert, über einen weiten Beurteilungsspielraum. Die gerichtliche Kontrolle beschränke sich auf die Prüfung, ob die Verfahrensvorschriften eingehalten, der Sachverhalt zutreffend festgestellt und nicht offensichtlich fehlerhaft gewürdigt wurde und auf das Vorliegen eines Ermessensmißbrauchs. Insbesondere dürfe die Gemeinschaftsgerichtsbarkeit die wirtschaftliche Beurteilung des Urhebers der Entscheidung nicht durch seine eigene Beurteilung ersetzen.[62]

2. Bestimmte Unternehmen und Produktionszweige

Der Beihilfenbegriff verlangt neben der Zuwendungskomponente, daß die Begünstigung 8 bestimmten Unternehmen oder Produktionszweigen zukommt.[63] Dem Unternehmensbegriff unterfallen natürliche und juristische Personen des öffentlichen[64] oder privaten Rechts, die Güter oder Dienstleistungen auf einem Markt anbieten,[65] während die privaten Haushalte aus dem Anwendungsbereich des Art. 87 Abs. 1 ausscheiden.[66] Entscheidend für den Unternehmensbegriff ist die Ausübung einer wirtschaftlichen Tätigkeit.[67] Auf eine Gewinnerzielungsabsicht kommt es grundsätzlich nicht an.[68] Nimmt der Begünstigte allerdings ausschließlich ihm gesetzlich zugewiesene soziale Aufgaben

---

61 EuGH, Rs. C-303/88, Slg. 1991, I-1433, Rn. 21 f. (Italien/Kommission); Verb. Rs. C-329/93, C-62/95 und C-63/95, Slg. 1996, I-5151, Rn. 36 (Bremer Vulkan u.a./Kommission); instruktiv zum »long-term-investor-Maßstab« C. König, EG-beihilferechtliche Anforderungen an Unterstützungsmaßnahmen eines öffentlichen Mutterunternehmens zugunsten seiner Tochtergesellschaften, ZIP 2001, S. 629 (630 ff.); ferner ders., Fremd- und Eigenkapitalzufuhr an Unternehmen durch die öffentliche Hand auf dem Prüfstand des EG-Beihilfenrechts, ZIP 2000; S. 53 (56); ders./ N. Ritter, Die EG-beihilfenrechtliche Behandlung von Gesellschafterdarlehen, ZIP 2000, S. 769 ff.
62 EuG, Rs. T-296/97, Urt. v. 12.12.2000, Rn. 105 (Alitalia/Kommission); verb. Rs. T-126/96 u. T-127/96, Slg. 1998, II-3437, Rn. 81 (BFM u. EFIM/Kommission).
63 Dieses Verständnis des Beihilfenbegriffs liegt jedenfalls der Formulierung des EuGH zugrunde, wonach Beihilfen Maßnahmen sind, die gleich welcher Form die Belastungen verringern, die ein Unternehmen normalerweise zu tragen hat, vgl. oben bei Fn. 26; ebenso F.-H. Wenig, in: GTE, EWGV, Art. 92, Rn. 12; Modlich (Fn. 45), S. 44.
64 Vgl. zu öffentlichen Unternehmen als unstreitig tauglichen Zuwendungsempfänger im Sinne des Beihilfenverbots E. Grabitz (Fn. 50), S. 105; G. von Wallenberg, in: Grabitz/Hilf, EU, Art. 92, Rn. 20; EuGH, Rs. 78/76, Slg. 1977, 595, Rn. 18 (Steinike und Weinlig); Rs. C-387/92, Slg. 1994, I-877, Rn. 11 (Banco de Crédito/Ayuntamiento de Valencia).
65 A. Bleckmann, Subventionsrecht, 1978, S. 156; teils wird auch verlangt, daß der Begünstigte mit seiner Tätigkeit auf Dauer wirtschaftliche Zwecke verfolgt, G. von Wallenberg, in: Grabitz/Hilf, EU, Art. 92, Rn. 20.
66 Vgl. zu privaten Haushalten als Zuwendungsempfänger M. Seidel, Das Verwaltungsverfahren in Beihilfesachen, EuR 1985, S. 22 (25 ff.); vgl. zur Vergabe von Forschungsgeldern an staatliche Forschungseinrichtungen, der unentgeltlichen oder vergünstigten Weitergabe von Forschungsergebnissen sowie einer ausgewählte Unternehmen sowie der Auftrags- oder Zusammenarbeit von Forschungsinstituten für oder mit Unternehmen Cremer (Fn. 44), S. 31; ders., Mitgliedstaatliche Forschungsförderung und Gemeinschaftsrecht: Der neue Gemeinschaftsrahmen für staatliche Forschungs- und Entwicklungsbeihilfen, EWS 1996, S. 379 (381) sowie Ziff. 2.4 des Gemeinschaftsrahmens für staatliche Forschungs- und Entwicklungsbeihilfen, ABl. EG 1996, Nr. C 45/5.
67 EuGH, Rs. C-41/90, Slg. 1991, I-1979, Rn. 21 (Höfner und Elser); Verb. Rs. C-159 u. C-160/91, Slg. 1993, I-637, Rn. 17 (Poucet und Pistre); Rs. C-364/92, Slg. 1994, I-42, Rn. 18 (SAT Fluggesellschaft); Rs. C-244/94, Slg. 1995, I-4013, Rn. 14 (Fédération française des sociétés d'assurance u.a.), alle zu den Art. 81 f.
68 EuGH, Rs. C-244/94, Slg. 1995, I-4013, Rn. 17 (Fédération française des sociétés d'assurance u.a.). Vgl. zum Unternehmensbegriff auch Art. 81, Rn. 31 ff.

wahr, ist die Unternehmenseigenschaft i.S.d. Art. 87 Abs. 1 zu verneinen.[69] Diese Einschränkung ist insbesondere für die jüngst vermehrt diskutierte Frage von Bedeutung, ob auch soziale Einrichtungen[70] bzw. Sozialleistungsträger[71] dem Unternehmensbegriff unterfallen. Der durch den Vertrag von Amsterdam eingefügte Art. 16 (vgl. auch die dazu abgegebene Erklärung für die Schlußakte) verdeutlicht, daß Art. 87 grundsätzlich auch auf Dienste von allgemeinem wirtschaftlichem Interesse Anwendung findet; die Norm trägt im übrigen aber Züge eines Formelkompromisses.

9 Das **Bestimmtheitsmerkmal** bzw. Kriterium der Spezifität schließt allgemeine Fördermaßnahmen der Wirtschaftspolitik zugunsten der Gesamtheit der Unternehmen aus dem Anwendungsbereich des Verbotstatbestandes aus. Dabei kommt es nicht auf die (allgemeine) Formulierung einer Maßnahme, sondern auf ihre **tatsächlichen (selektiven) Wirkungen** an,[72] wobei das Merkmal der Selektivität[73] weit auszulegen ist.[74] Demgemäß erfüllt auch eine »allgemein formulierte Maßnahme«, die aber de facto nur einzelne oder gar nur ein Unternehmen oder eine Branche begünstigt, das Bestimmtheitserfordernis.[75] **Beispiele für allgemeine Fördermaßnahmen** sind die Senkung oder Abschaffung der Unternehmenssteuern, Lohnzuschüsse, verbesserte Abschreibungsmöglichkeiten, Maßnahmen für die berufliche Bildung[76] oder staatliche Zahlungen von Entlassungsabfindungen oder Vorruhestandsgehältern an »freigesetzte« Arbeitnehmer[77]. Die Frage, ob die Vergünstigung allen Unternehmen, die in einer Wettbewerbsbeziehung zueinander stehen, zugute kommt, ist erst beim Merkmal »Wettbewerbsverfälschung« zu erörtern (vgl. dazu Rn. 13).

---

69 EuGH, Verb. Rs. C-159 und C-160/91, Slg. 1993, I-637, Rn. 18 f. (Poucet und Pistre), vgl. dazu H. P. *Schwintowski*, Der Begriff des Unternehmens im europäischen Wettbewerbsrecht, ZEuP 1994, 294 (300), der zu Recht auf die Ungereimtheiten der Rechtsprechung hinsichtlich der Bedeutung des Kriteriums »Gewinnerzielungsabsicht« hinweist.
70 Ablehnend G. *von Wallenberg*, in: Grabitz/Hilf, EU, Art. 92, Rn. 20.
71 Vgl. K. *Ipsen*, Soziale Dienstleistungen und EG-Recht, 1997, S. 48 ff.; E. *Eichenhofer*, Institutionelle Förderung aus europäischer Sicht, Veröffentlichungen der Deutschen Sozialrechtslehrertagung 1997, SDSRV Nr. 43, S. 105 ff.; im Erscheinen.
72 F.-H. *Wenig*, GTE, EWGV, Art. 92, Rn. 16; Kommission, 23. Bericht über die Wettbewerbspolitik, 1993, 1994, Ziff. 390; vgl. auch EuGH, verb. Rs. 6 und 11/69, Slg. 1969, 523, Rn. 21/23 (Kommission/Frankreich).
73 C. *König/J. Kühling* (Fn. 25), S. 520 wollen das Kriterium der Selektivität dem Tatbestandsmerkmal »Wettbewerbsverfälschung« zuordnen (dazu Rn. 13, insbesondere Fn. 112) und bei der Bestimmtheit fragen, ob eine Regelung nach ihrer Konzeption nicht alle Unternehmen oder Industriezweige erfaßt, die sie prinzipiell innerhalb des Regelungsgebiets erfassen könnte. Hinsichtlich des Bestimmtheitsmerkmals kann ich darin keine grundsätzlich sachliche Differenz zu den im Text genannten Kriterien erkennen.
74 Vgl. EuGH, Rs. C-75/97, Slg. 1999, I-3671, Rn. 32 ff. (Belgien/Kommission); Rs. C-295/97, Slg. 1999, I-3735, Rn. 39 (Piaggio/Ifitalia); Rs. C-97/256, Slg. 1999, I-3913, Rn. 27 und 30 (DM Transport); W. *Mederer*, in: GTE, EU-/EGV, Art. 92, Rn. 28.
75 Instruktiv EuGH, Rs. C-75/97, Slg. 1999, I-3671, Rn. 32 ff. (Belgien/Kommission); Kommission, Entscheidung vom 25.7.1990, ABl.EG 1992 Nr. L 207/47, 49.
76 Entscheidung der Kommission vom 26.3.1991, ABl.EG Nr. L 215/11; Dritter Bericht über staatliche Beihilfen 1992, Anhang I, S. 14.
77 Kommission, 24. Bericht über die Wettbewerbspolitik 1994, 1995, Ziff. 348.

3. Staatliche oder aus staatlichen Mitteln stammende Zuwendungen

Staatlich sind Beihilfen[78], wenn es sich bei dem Beihilfegeber um einen Hoheitsträger handelt. Dazu zählen neben den Mitgliedstaaten (Gesamtstaaten) die Länder (Teilstaaten).[79] Der Begriff »aus staatlichen Mitteln gewährte Beihilfen« ist weiter als der Begriff »staatliche Beihilfen«[80]. Aus staatlichen Mitteln stammen Beihilfen nicht nur, wenn sie von einem Gesamt- oder Teilstaat, sondern auch wenn sie von öffentlichen oder privaten Einrichtungen gewährt werden, die vom »Staat« zur Durchführung der Beihilfengewährung errichtet oder benannt worden sind.[81] Dabei wird die »Staatlichkeit« der Zuwendung nicht dadurch ausgeschlossen, daß die (Steuer)vergünstigung das Hinzutreten einer autonomen Entscheidung eines privaten Investors voraussetzt.[82] Dagegen hat der EuGH das Merkmal »Staatlichkeit« in einer vielbeachteten Entscheidung zum deutschen Stromeinspeisungsgesetz verneint.[83] Gegenstand des Urteils war eine Regelung, durch die private Elektrizitätsversorgungsunternehmen verpflichtet werden, den in ihrem Versorgungsgebiet erzeugten Strom aus erneuerbaren Energiequellen zu Mindestpreisen abzunehmen, die über dem tatsächlichen wirtschaftlichen Wert liegen, und durch die die sich aus dieser Verpflichtung ergebenden finanziellen Belastungen zwischen diesen Versorgungsunternehmen und den privaten Betreibern der vorgelagerten Stromnetze aufgeteilt werden. Soweit dagegen in der Literatur eine finanzielle Belastung öffentlicher Mittel nicht für erforderlich gehalten wird; es vielmehr ausreichen soll, daß die Begünstigung auf staatliches Handeln zurückführbar ist,[84] vermag dies angesichts des Wortlauts, welcher »staatliche oder aus staatlichen Mitteln gewährte Beihilfen« verlangt, nicht zu überzeugen.[85]

10

---

78 Der Beihilfebegriff des Art. 87 Abs. 1 umfaßt neben der Zuwendungskomponente und dem tauglichen Begünstigtenkreis auch den Beihilfegeber bzw. die Herkunft der Zuwendungen. Dies folgt insbesondere aus der Notifizierungspflicht für »Beihilfen« in Art. 88 Abs. 3 Satz 1, die sich andernfalls auch auf gemeinschaftliche Zuwendungen erstrecken würde, so auch *Hoischen* (Fn. 54), S. 32; *Modlich* (Fn. 45), S. 35 f., dort auch zu weiteren Argumenten.
79 Das ist unstreitig, *A. Bleckmann*, Europarecht, Rn. 2057; *G. Leibrock,* Die verfassungs- und europarechtlichen Probleme der Regionalförderung, 1989, S. 80; *G. von Wallenberg*, in: Grabitz/Hilf, EU, Art. 92, Rn. 16; EuGH, Rs. 248/84, Slg. 1987, 4013, Rn. 17 (Deutschland/Kommission); der für die Bundesländer offenläßt, ob es staatliche oder aus staatlichen Mitteln stammende Beihilfen sind.
80 A.A. insoweit wohl *E. C. Zivier*, Grundzüge und aktuelle Probleme des EU-Beihilfenrechts unter Berücksichtigung der Bezüge zum deutschen Verwaltungsrecht, Jura 1997, S. 116 (117).
81 Vgl. EuGH, Rs. C-379/98, Urt. v. 13.3.2001, Rn. 58 (PreussenElektra/Schleswag) = EuZW 2001, S. 242; Rs. C-189/91, Slg. 1993, I-6185, Rn. 16 (Kirsammer-Hack); Verb. Rs. C-72 und 73/91, Slg. 1993, I-887, Rn. 19 (Sloman Neptun); Rs. 248/84, Slg. 1987, 4013, Rn. 17 (Deutschland/Kommission); Rs. 78/76, Slg. 1977, 595, Rn. 21 (Steinike und Weinlig); Rs. 290/83, Slg. 1985, 439, Rn. 14 (Frankreich/Kommission); *G. von Wallenberg*, in: Grabitz/Hilf, EU, Art. 92, Rn. 17; *A. Bleckmann*, Europarecht, Rn. 2057.
82 EuGH, Rs. C-156/98, Urt. v. 19.9.2000, Rn. 27 f. (Deutschland/Kommission) = EuZW 2000, S. 723; dazu die Anmerkungen von *F. Erlbacher*, ELR, 2000, 343 ff.; *M. Heidenhain*, EuZW 2000, S. 729 f.; *A. Bartosch*, Verschärft sich die Spruchpraxis zum europäischen Beihilfenrecht?, ZIP 2000, S. 2010 ff.; *C. Nowak*, Die Entwicklung des EG-Beihilfenkontrollrechts in den Jahren 1998, 1999 und 2000, EuZW 2001, S. 293 (297); *W. Hakenberg/F. Erlbacher*, Die Rechtsprechung des EuGH und des EuGeI auf dem Gebiet der staatlichen Beihilfen in den Jahren 1999 und 2000, EWS 2001, S. 208 (213).
83 EuGH, Rs. C-379/98, Urt. v. 13.3.2001, Rn. 57 ff. (PreussenElektra/Schleswag) = EuZW 2001, S. 242 mit Anmerkung *R. Ruge*; vgl. auch die Anmerkung von *G. Kühne*, JZ 2001, S. 759 ff. Grundlegend zum Verhältnis des geltenden deutschen Energierechts zum EG-Beihilferecht *J. Kühling*, Von den Vergütungspflichten des Energieeinspeisungsgesetzes bis zur Deckungsvorsorge des Atomgesetzes: Die deutsche Energierechtsordnung im Koordinatensystem des Europäischen Beihilfenrechts, RdE 2001, S. 93 ff.
84 So *C. König/J. Kühling* (Fn. 25, S. 521.
85 Insoweit anders zum Wortlaut *C. König/J. Kühling* (Fn. 25), S. 521.

Art. 87 EG-Vertrag

10 a Da die Verwirklichung der beiden Tatbestandsalternativen »aus staatlichen Mitteln gewährte Beihilfen« und »staatliche Beihilfen« dieselben Rechtsfolgen auslöst, ist eine Abgrenzung nur von theoretischem Interesse.[86] Ob Mittel, die von Gemeinden,[87] sonstigen regionalen Hoheitsträgern,[88] öffentlichen Anstalten, Körperschaften und Stiftungen[89] oder von Privatrechtssubjekten, die (auch) hoheitliche Befugnisse ausüben, staatliche sind[90] oder »nur« aus staatlichen Mitteln stammen, kann folglich dahin stehen.

11 Der Gerichtshof verlangt nicht, daß die Begünstigung aus Haushaltsmitteln stammt,[91] sondern hat auch eine **staatliche Einflußnahme auf eine Unternehmensentscheidung durch Ausübung von Mehrheitsrechten** ausreichen lassen.[92] Hinsichtlich der staatlichen Festsetzung von Mindestpreisen[93] sowie für die staatliche Verteilung von Zollkontingenten[94] hat der EuGH die Qualifizierung als staatliche oder aus staatlichen Mitteln gewährte Beihilfen dagegen abgelehnt. Der Grund war in beiden Entscheidungen, daß nicht einmal mittelbare finanzielle Belastungen des »Staates« entstanden waren.[95] Diese Rechtsprechung läßt sich wohl dahingehend zusammenfassen, daß eine finanzielle Einbuße des Staates conditio sine qua non für die Verwirklichung des Tatbestandsmerkmals »staatliche oder aus staatlichen Mitteln gewährte Beihilfen« ist,[96] insoweit aber »**jede Involvierung staatlicher Mittel**«[97] (eben auch in privaten Unternehmen) ausreicht, **wenn** »**der Staat**« **auf die Mittelvergabe substantiellen Einfluß**[98] **nehmen kann**.

---

86 Vgl. zu Urteilen, die diese Frage offenlassen: EuGH, Rs. C-303/88, Slg. 1991, I-1433, Rn. 11 (Italien/Kommission); Rs. 57/86, Slg. 1988, 2869, Rn. 12 (Griechenland/Kommission); Rs. 248/84, Slg. 1987, 4013, Rn. 17 (Deutschland/Kommission); Verb. Rs. 67, 68 und 70/85, Slg. 1988, 219, Rn. 35 (van der Kooy).

87 Für eine Einordnung als staatliche Mittel: *G. von Wallenberg,* in: Grabitz/Hilf, EU, Art. 92, Rn. 16; *A. Bleckmann,* Die kommunale Leistungsverwaltung, insbesondere die Subventionsvergabe im europäischen Binnenmarkt, NVwZ 1990, S. 820 (821); *ders.,* Europarecht, Rn. 2057; *Modlich* (Fn. 45), S. 37 ff. Insoweit auf die Alternative »aus staatlichen Mitteln« rekurrierend: *Nicolaysen,* Europarecht II, S. 282. Die genaue Einordnung offenlassend: EuGH, Rs. 248/84, Slg. 1987, 4013, Rn. 17 (Deutschland/Kommission); *P. M. Mombaur,* Europäischer Binnenmarkt: Kommunalpolitik und Wirtschaftsförderung im Wettbewerb der Standorte, DÖV 1989, S. 243 (247). Den Beihilfecharakter ablehnend: *U. Everling,* in: Wohlfahrth/Everling/Glaesner/Sprung, 1960, Art. 92, Rn. 3; vgl. auch *G. Püttner/W. Spannowski,* Das Verhältnis der europäischen Regionalpolitik zur deutschen Regionalpolitik, 1986, S. 152 ff.

88 Z. B. Départements und Municipalités, Autonome Provinzen, local authorities und Grafschaften, vgl. dazu *Modlich* (Fn. 45), S. 38 m.w.N.

89 Für staatlich hält *Bleckmann,* Europarecht, Rn. 2057, solcherlei Zuwendungen.

90 So für alle genannten Konstellationen *Modlich* (Fn. 45), S. 40.

91 So aber *F.-H. Wenig,* GTE, EWGV, Art. 92, Rn. 11; *Hoischen* (Fn. 45), S. 43.

92 EuGH, Verb. Rs. 67, 68 und 70/85, Slg. 1988, 219, Rn. 36 f. (van der Kooy), betraf Vorzugstarife eines niederländischen Energieversorgungsunternehmens; vgl. auch Rs. 290/83, Slg. 1985, 439, Rn. 14 (Frankreich/Kommission); Rs. C-305/89, Slg. 1991, I-1603, Rn. 14 (Italien/Kommission); Rs. T-358/94, Slg. 1996, II-2109, Rn. 56 (Air France/Kommission) und Rs. C-56/93, Slg. 1996, I-723, Rn. 79 (Belgien/Kommission), wo die Beihilfeneigenschaft von Vorzugstarifen im konkreten Fall wegen ihrer Marktgerechtigkeit (»Praxis durch unternehmerische Gründe gerechtfertigt«) abgelehnt wird; vgl. dazu auch *G. Schohe/M. Hoenike,* Die Rechtsprechung von EuGH und EuG zu staatlichen Beihilfen in den Jahren 1996 und 1997, EuZW 1997, S. 741 (741).

93 EuGH, Rs. 82/77, Slg. 1978, 25, Rn. 23/25 (van Tiggele).

94 EuGH, Verb. Rs. 213 und 215/81, Slg. 1982, 3583, Rn. 22 f. (Norddeutsches Vieh- und Fleischkontor).

95 EuGH, Rs. 82/77, Slg. 1978, 25, Rn. 23/25 (van Tiggele); Verb. Rs. 213 und 215/81, Slg. 1982, 3583, Rn. 22 f. (Norddeutsches Vieh- und Fleischkontor).

96 Zu weitgehend *Modlich* (Fn. 45), S. 41 ff.

97 So auch *M. Schernthanner,* Das materielle Beihilfeaufsichtsrecht nach dem EWGV, Wien u.a., 1993, S. 60 f.

98 Jedenfalls wenn »der Staat« seine Position gegen andere Private durchsetzen kann.

II. Verursachung einer (drohenden) Wettbewerbsverfälschung, insbesondere de-minimis-Beihilfen

Art. 87 Abs. 1 setzt weiter voraus, daß die Beihilfe den Wettbewerb verfälscht oder jedenfalls zu verfälschen droht. Die Tatsache allein, daß ein Unternehmen eine staatliche Leistung ohne oder zumindest ohne marktübliche Gegenleistung erhält, kann eine Wettbewerbsverfälschung im Sinne von Art. 87 Abs. 1 nicht begründen. Das fehlende Äquivalent ist lediglich konstitutiv für die Einstufung einer Maßnahme als Beihilfe.[99] Wettbewerbsverfälschend ist eine Beihilfe nur, wenn sie die Stellung des Begünstigten oder eines dritten Unternehmens[100] auf dem sachlich, zeitlich und räumlich relevanten Markt[101] zu Lasten ihrer (potentiellen) Konkurrenten verbessert. Zur Beantwortung dieser Frage wird die Konkurrenzlage vor und nach einer (beabsichtigten) Subventionierung verglichen.[102] Nach verbreiteter Auffassung ist allerdings **jeder Beihilfengewährung eine wettbewerbsverfälschende Wirkung immanent**.[103] Jede dem Beihilfenbegriff unterfallende Maßnahme verursache eine (drohende) Wettbewerbsverfälschung. Dies folge dem Gebot wirtschaftlicher Logik. So verbessere jeder staatlich gewährte Vorteil die Wettbewerbsposition des Begünstigten und beeinträchtige kehrseitig in gleichem Maße die Wettbewerbsposition der Konkurrenten. Der EuGH ist dieser Betrachtungsweise nicht gefolgt. Zwar könne sich bereits aus den Umständen, unter denen die Beihilfe gewährt werde, ergeben, daß die Beihilfe den Wettbewerb verfälsche oder zu verfälschen drohe, die Kommission habe diese Umstände aber wenigstens in der Begründung der Entscheidung zu nennen.[104] Demnach sei eine **Marktanalyse** zu erstellen,[105] mit deren Hilfe eine mögliche Verfälschung der Wettbewerbssituation begründet werden könne.[106] Betriebsbeihilfen verfälschen die Wettbewerbsbedingungen indes auch nach Auffassung des EuGH grundsätzlich.[107]

12

---

99 Vgl. zum Beihilfenbegriff bereits Fn. 34 und 48.
100 Vgl. dazu *Rengeling* (Fn. 47), S. 30; *L. Ose*, Beihilfen und Maßnahmen gleicher Wirkung wie mengenmäßige Beschränkungen im Recht der EWG, 1976, S. 77 f.; *M. Hochbaum*, Das Diskriminierungs- und Subventionsverbot in der EGKS und der EWG, 1962, S. 179; *H.-G. Koppensteiner*, Das Subventionsverbot im Vertrag über die Europäische Gemeinschaft für Kohle und Stahl, 1965, S. 80 f.; *F.-H. Wenig*, in: GTE, EWGV, Art. 92, Rn. 14.
101 Vgl. zur Definition des relevanten Markts i.S. des gemeinschaftlichen Wettbewerbsrechts die Bekanntmachung der Kommission, ABl.EG 1997 Nr. C 372/5; dazu *C. König/J. Kühling* (Fn. 25), S. 518 und 522.
102 EuGH, Rs. 173/73, Slg. 1974, 709, Rn. 38/40 (Italien/Kommission); Rs. 730/79, Slg. 1980, 2671, Rn. 11 (Philip Morris/Kommission); *F.-H. Wenig*, in: GTE, EWGV, Art. 92, Rn. 20; *F. Rawlinson*, in: Lenz, EGV, Art. 87, Rn. 12.
103 Vorbringen der Kommission zu EuGH, Rs. 304/85, Sitzungsbericht, Slg. 1987, 871, 878 (Falck/Kommission); GA *F. Capotorti*, Schlußantr. zu EuGH, Rs. 730/79, Slg. 1980, 2671, 2693, 2698 f. (Philip Morris/Kommission); GA *J.-P. Warner*, Schlußantr. zu EuGH, Rs. 173/73, Slg. 1974, 709, 722, 729 (Italien/Kommission); nach GA *C.O. Lenz*, Schlußantr. zu EuGH, Rs. 173/73, 234/84, Slg. 1986, 2263, 2264, 2274 (Belgien/Kommission) und *J. Thiesing*, in: GBTE, EWGV, 3. Aufl., 1983, Art. 92, Rn. 31 sei eine Wettbewerbsverfälschung »im Zweifel anzunehmen«
104 Verb. Rs. 296 und 318/82, Slg. 1985, 809, Rn. 24 (Niederlande und Leeuwarder Papierwarenfabriken/Kommission); Rs. 248/84, Slg. 1987, 4013, Rn. 18 (Deutschland/Kommission); vorsichtiger formulierend, EuGH, Rs. 730/79, Slg. 1980, 2671, Rn. 11 (Philip Morris/Kommission).
105 EuGH, Verb. Rs. 296 und 318/82, Slg. 1985, 809, Rn. 24 (Niederlande und Leeuwarder Papierwarenfabriken/Kommission).
106 Vgl. auch *F.-H. Wenig*, in: GTE, EWGV, Art. 92, Rn. 20, wonach erst die Entlastung eines Unternehmens von Kosten, die die Wettbewerber zu tragen haben, zu einer künstlichen Verstärkung der Wettbewerbsfähigkeit des begünstigten Unternehmens führten und somit wettbewerbsverfälschend wirken.
107 EuGH, Rs. C-156/98, Urt. v. 19.9.2000, Rn. 30 (Deutschland/Kommission) = EuZW 2000, S. 723; Rs. C-288/96, Urt. v. 5.10.2000, Rn. 77 (Deutschland/Kommission).

13 In den praktischen Ergebnissen werden die Differenzen der beiden geschilderten Auffassungen dadurch abgemildert, daß auch diejenigen, die einer Beihilfe im Sinne des Art. 87 Abs. 1 eine »per-se-wettbewerbsverfälschende Wirkung«[108] zuschreiben, einräumen, daß in Ausnahmefällen von einer solchen Verfälschung nicht auszugehen sei, insbesondere wenn es kein mit dem begünstigten Unternehmen konkurrierendes Unternehmen in der EU gebe.[109] Gerade in solchen Konstellationen führt auch die vom Gerichtshof verlangte Marktanalyse dazu, daß eine Beihilfe keine Wettbewerbsverfälschung verursacht.[110] Demnach besteht im Ergebnis Übereinstimmung, daß die Gewährung einer Beihilfe zu keiner Wettbewerbsverfälschung führt, wenn der Begünstigte auf dem entsprechenden Markt (zumindest in der EU) **Monopolist** ist und es auch **keinen potentiellen Wettbewerber** gibt.[111] Indes versagt die These von »per-se-wettbewerbsverfälschende Wirkung« auch dann, wenn eine Begünstigung allen Unternehmen auf einem relevanten Markt zu Gute kommt. Eine Marktanalyse führt dagegen – mangels eines benachteiligten Wettbewerbers – in einer solchen Konstellation zu dem zutreffenden Ergebnis, daß es an der zur Erfüllung des Tatbestands von Art. 87 Abs. 1 erforderliche Wettbewerbsverfälschung fehlt.[112] Nun mag man einwenden, daß es in solchen Konstellationen – wenn eine Vergünstigung allen Unternehmen auf einem relevanten Markt zu Gute kommt – schon am Bestimmtheitsmerkmal fehle und eine wettbewerbsverfälschende Wirkung folglich nicht mehr zu prüfen sei. Das trifft aber jedenfalls dann nicht zu, wenn eine Vergünstigung allen Unternehmen einer bestimmten Branche gewährt wird. Ob diese Zuwendung auch wettbewerbsverfälschend wirkt, hängt davon ab, ob die Branche einen geschlossenen relevanten Markt markiert. Wenn die Produkte oder Dienstleistungen der begünstigten Branche mit Produkten oder Dienstleistungen aus anderen Branchen im (**Substitutions**)**wettbewerb** stehen, ist dies zwar zu bejahen; andernfalls aber zu verneinen. Schließlich führt die These von der »per-se-wettbewerbsverfälschende Wirkung« hinsichtlich der Vergabe von **Beihilfen für die Grundlagenforschung und teils auch für die angewandte Forschung** zu sachlich nicht gerechtfertigten Ergebnissen. Insoweit bestehen – im Rahmen einer Marktanalyse – jedenfalls ex ante, also im Zeitpunkt der Beihilfenvergabe, unüberwindbare Hindernisse, einen benachteiligten Wettbewerber und mithin eine wettbewerbsverfälschende Wirkung der Zuwendung zu bestimmen, weil sich insofern schon kein sachlich relevanter Markt ermitteln läßt.[113] Nach allem setzt das Urteil über die wettbewerbsverfälschende Wirkung einer Beihilfe zur Vermeidung sachlich unzutreffender Ergebnisse eine Marktanalyse voraus.

---

108 Zu dieser Begrifflichkeit *F.-H. Wenig*, in: GTE, EWGV, Art. 92, Rn. 20.
109 GA *F. Capotorti*, Schlußantr. zu EuGH, Rs. 730/79, Slg. 1980, 2671, 2693, 2698 (Philip Morris/Kommission).
110 Traditionell wird angenommen, daß Beihilfen für die Presse i.d.R. mangels Wettbewerbs zwischen den Unternehmen der einzelnen Mitgliedstaaten keine wettbewerbsverfälschende Wirkung haben, es jedenfalls an einer Beeinträchtigung des *zwischenstaatlichen* Handels fehle, *G. von Wallenberg*, in: Grabitz/Hilf, EU, Art. 92, Rn. 26; Kommission, 6. Bericht über die Wettbewerbspolitik 1976, 1977, Rn. 239. Zumindest für Presseprodukte mit einem (hohen) Verbreitungsgrad in anderen Mitgliedstaaten ist dies aber zweifelhaft.
111 Vgl. zu den Schwierigkeiten bei der Bestimmung potentieller Wettbewerber *Cremer* (Fn. 44), S. 59 f.
112 Dazu auch *C. König/J. Kühling* (Fn. 25), S. 520, die den Begriff »Selektivität« für diesen Kontext reservieren wollen (vgl. dazu Fn. 73). Ich meine demgegenüber, daß der Begriff sowohl in diesem Kontext als auch beim Bestimmtheitsmerkmal bezogen auf verschiedene Gesichtspunkte leistungsfähig ist.
113 Vgl. im einzelnen zu den Schwierigkeiten, *Cremer* (Fn. 44), S. 56 ff.; ebenda, S. 35 ff., auch kritisch zu Versuchen, die wettbewerbsverfälschende Wirkung von Forschungsbeihilfen mittels einer Substitutionsbeziehung (auf den Zweck der Förderung komme es in der internen Unternehmenskalkulation nicht an) zu begründen.

Neben aktuellen erfaßt Art. 87 Abs. 1 auch **drohende Wettbewerbsverfälschungen**. Das **14** Merkmal »drohend« bezieht insbesondere potentielle Wettbewerber des Begünstigten in den Schutzbereich von Art. 87 Abs. 1 ein.[114] Entgegen einigen Stimmen im Schrifttum[115] enthält diese Tatbestandsalternative neben einer Wahrscheinlichkeits- bzw. Möglichkeitskomponente keine spezifische zeitliche Komponente.[116]

Während Bagatellfälle von Art. 81 nach allgemeiner Auffassung nicht erfaßt werden,[117] **15** ist in der Literatur umstritten, ob auch Art. 87 Abs. 1 eine bestimmte Intensität bzw. **Spürbarkeit der Wettbewerbsverfälschung**[118] bzw. der Handelsbeeinträchtigung[119] erfordert. Der zunächst schwankende EuGH[120] will ein Spürbarkeitserfordernis nunmehr wohl verneinen.[121] Indes hat die Kommission in einer Mitteilung vom 2.7.1992 »de-minimis«-Regeln veröffentlicht, wonach sie gegenüber gem. Art. 88 Abs. 3 angemeldeten Beihilfen von geringer Bedeutung, die zugunsten von KMU[122] gewährt werden, keine Einwände erhebt und darüber in einem beschleunigten Verfahren (binnen 20 Arbeitstagen) entscheidet.[123] Den Mitgliedstaaten wurde damit eine zukünftig beabsichtigte Verwaltungspraxis zur Anwendung von Art. 87 Abs. 3 und Art. 88 Abs. 3 bekanntgemacht, welche der Vereinfachung, der Transparenz[124] und wegen der begrenzten Kommissionsressourcen zugleich der Effizienz der Beihilfeaufsicht dient. Eine dementsprechende Praxis und ihre die Kommission bindende[125] Veröffentlichung derselben begegnen angesichts der der Kommission gem. Art. 87 Abs. 3 zu stehenden Entscheidungsspielräume und wegen der geringfügigen Auswirkungen solcher Beihilfen auf den Wettbewerb im Hinblick auf das Primärrecht keinen Bedenken (vgl. auch Art. 87

---

114 Auch gegenüber potentiellen Konkurrenten kann aber eine aktuelle Wettbewerbsverfälschung vorliegen, wenn deren Marktzutritt mit Sicherheit unmittelbar bevorsteht. Eine solche Absicht kann durch die bereits erfolgte Umstellung existierender oder die Errichtung neuer Produktionsanlagen belegt werden.
115 Vgl. zu den in der Literatur vorgeschlagenen Definitionen und einer Systematisierung *Cremer* (Fn. 44), S. 69 f.
116 Vgl. zur Begründung *Cremer* (Fn. 44), S. 71 ff.
117 Vgl. Art. 81, Rn. 90 ff.
118 Für ein Spürbarkeitsmerkmal: *E. de Gizzi*, La Comunitá Economica Europea il regime di concorrenza e il divieto degli »aiuti«, Rivista Di Diritto Europeo 1963, S. 120 (127); *F.-H. Wenig*, in: GTE, EWGV, Art. 92, Rn. 21; *G. Püttner/W. Spannowsky* (Fn. 87), S. 162; *A. Evans/ S. Martin*, Socially Acceptable Distortion of Competition: Community Policy on State Aid, ELRev. 1991, S. 79 (85). Ein Spürbarkeitsmerkmal ablehnend, *G. von Wallenberg*, in: Grabitz/ Hilf, EU, Art. 92, Rn. 27; *B. Lefèvre* (Fn. 47), S. 125; *J. Thiesing*, in: GBTE, EWGV, 3. Aufl., 1983, Art. 92, Rn. 36; *Modlich* (Fn. 45), S. 86 f.; *Rengeling* (Fn. 41), S. 465.
119 Eine Spürbarkeit der Handelsbeeinträchtigung fordernd W. Keßler, Zur Auslegung des Art. 92 Abs. 1 EWG-Vertrag, DÖV 1977, S. 619 (620 ff.); auf die Handelsbeeinträchtigung abstellend auch EuGH, Rs. C-142/87, Slg. 1990, I-959, Rn. 43 (Belgien/Kommission).
120 Gegen die Annahme einer Spürbarkeitsschwelle spricht EuGH, Rs. C-142/87, Slg. 1990, I-959, Rn. 43 (Belgien/Kommission); Anhaltspunkte für die Annahme einer Spürbarkeitsschwelle dagegen in EuGH, Rs. 248/84, Slg. 1987, 4013, Rn. 18 (Deutschland/Kommission).
121 EuGH, Rs. C-156/98, Urt. v. 19.9.2000, Rn. 32, 39 (Deutschland/Kommission) = EuZW 2000, S. 723.
122 Vgl. dazu Ziff. 1 der Mitteilung der Kommission über das beschleunigte Genehmigungsverfahren für Beihilferegelungen für KMU und von Änderungen bestehender Beihilferegelungen vom 2.7.1992, ABl.EG 1992 Nr. C 213/10.
123 Mitteilung der Kommission über das beschleunigte Genehmigungsverfahren für Beihilfen für KMU und von Änderungen bestehender Beihilferegelungen, ABl. EG 1992 Nr. C 213/10 sowie die Vorgängerregelungen, zunächst Beschluß vom 19.12.1984, geändert durch Beschluß 90/C 40/02, Anmeldung von Beihilferegelungen von geringer Bedeutung, ABl.EG 1990 Nr. C 40/2.
124 Vgl. dazu auch *P. Wägenbaur*, Transparenz im Bereich staatlicher Beihilfen, EuZW 1997, S. 354.
125 Vgl. dazu oben Fn. 19.

Rn. 1b). In einer beschleunigten Bearbeitung liegt auch kein Verstoß gegen Art. 88 Abs. 3. In Ziff. 3.2. des Gemeinschaftsrahmen für staatliche Beihilfen an kleinere und mittlere Unternehmen vom 20.5.1992[126] hat die Kommission aber darüber hinausgehend eine de-minimis-Regelung veröffentlicht, wonach Zuwendungen, die einen Schwellenwert von 50.000 ECU pro Unternehmen während einer Dreijahresperiode nicht überschreiten, der Notifizierungspflicht des Art. 88 Abs. 3 nicht unterfallen. Unterhalb des de-minimis-Schwellenwertes sei Art. 87 Abs. 1 nicht anwendbar und zwar für Unternehmen aller Größenordnungen.[127] Durch eine Mitteilung vom 24.1.1996 wurde diese de-minimis-Regelung ausgeweitet und der Schwellenwert bei 100.000 ECU innerhalb von drei Jahren festgelegt.[128] Schließlich hat die Kommission – wie bereits dargelegt – auf Grundlage der Verordnung (EG) Nr. 994/98 des Rates vom 7. 5. 1998 über die Anwendung der Art. 92 und 93 EGV auf bestimmte Gruppen horizontaler Beihilfen[129] am 12.1.2001 eine **Gruppenfreistellungsverordnungen für de-minimis-Beihilfen**[130] verabschiedet. Ebenso wie nach der de-minimis-Mitteilung von 1996 erfüllen Beihilfen gem. Art. 2 Abs. 1, 2 dieser Gruppenfreistellungsverordnung den Tatbestand des Art. 87 Abs. 1 nicht (»Gruppennegativattest«)[131], wenn die Gesamtsumme der einem Unternehmen innerhalb von drei Jahren gewährten Beihilfen 100.000 EUR nicht übersteigt.[132] Folgerichtig unterliegen sie auch nicht der Anmeldepflicht des Art. 88 Abs. 3.

15 a Bleibt zu untersuchen, ob die Gruppenfreistellungsverordnung für de-minimis-Beihilfen mit dem Primärrecht in Gestalt des Art. 87 Abs. 1 vereinbar ist.[133] Obwohl der EuGH eine Spürbarkeitskriterium für Art.87 Abs. 1 – wie gezeigt – ablehnt,[134] scheint er im Urteil zu § 52 Abs. 8 EStG von der Verbindlichkeit und mithin Rechtmäßigkeit von de-minimis-Regelungen in Gestalt eines Gruppennegativattests auszugehen.[135] Der EuGH bezieht sich in diesem Urteil nämlich auf die Mitteilung der Kommission aus dem Jahre 1996, in welcher es wie in Art. 2 Abs. 1 Gruppenfreistellungsverordnung für de-minimis-Beihilfen vom 12.1.2001 heißt, daß Art. 87 Abs. 1 unterhalb des Schwellenwerts von 100.000 EUR (ECU) innerhalb von drei Jahren nicht anwendbar sei bzw. nicht alle Tatbestandsmerkmale der Norm erfüllt seien. Eine Begründung dieser Position bleibt

---

126 ABl.EG 1992 Nr. C 213/2.
127 Die Kommission weist in Ziff. 3.2. des Gemeinschaftsrahmens für staatliche Beihilfen an kleine und mittlere Unternehmen darauf hin, daß die de-minimis-Regelung tatsächlich vor allem kleinen Unternehmen zu Gute komme.
128 ABl.EG 1996 Nr. C 68/9.
129 ABl.EG 1998 Nr. L 142/1.
130 Verordnung (EG) Nr. 69/2001 über die Anwendung der Art.87 und 88 EG-Vertrag auf »De-minimis«-Beihilfen, ABl.EG 2001 Nr. L 10/30.
131 Vgl. zu diesem Begriff *A. Bartosch* (Fn. 12, S. 923, der im Unterschied zu den »Gruppengenehmigungsverordnungen« für Ausbildungsbeihilfen und Beihilfen für KMU verdeutlichen soll, daß für de-minimis-Beihilfen bereits die Erfüllung des Verbotstatbestands nach Art. 87 Abs. 1 verneint wird.
132 Gem. Art. 2 Abs. 3 der Gruppenfreistellungsverordnung für de-minimis-Beihilfen bezieht sich der Schwellenwert auf den Fall einer Barzuwendung. Bei den eingesetzten Beträgen sind die Bruttobeträge, d.h. die Beträge vor Abzug der direkten Steuern, zugrunde zu legen. Wird die Beihilfe nicht als Zuschuß, sondern in anderer Form gewährt, bestimmt sich die Höhe der Beihilfe nach ihrem Bruttosubventionsäquivalent. Vgl. zur Umrechnung der verschiedenen Zuwendungsformen in ein Subventionsäquivalent, Kommission, Leitfaden zum Gebrauch der »de-minimis«-Regel, 23. Bericht über die Wettbewerbspolitik 1993, 1994, Anh. II. B.
133 Vgl. zur Problematik bereits *Rengeling* (Fn. 41), S. 465.
134 Vgl. dazu oben Fn. 120 f.
135 EuGH, Rs. C-156/98, Urt. v. 19.9.2000, Rn. 40 f. (Deutschland/Kommission) = EuZW 2000, S. 723. Anders kann man die Ausführungen (ebenda, Rn. 41), wonach die Kommission »im vorliegenden Fall« annehmen durfte, daß der in der de-minimis-Mitteilung von 1996 aufgestellte Grundsatz nicht anwendbar sei, kaum interpretieren.

der EuGH allerdings schuldig. Für die Vereinbarkeit mit dem Primärrecht kommt es darauf an, ob die Regelung, welche nicht nur Bedingungen zur Anwendung des Art. 88 Abs. 3 bzw. diejenigen Arten von Beihilfen, die von diesem Verfahren ausgenommen sind, festlegt, sondern beansprucht, den Tatbestand des Art. 87 Abs. 1 authentisch auszulegen, als zweckdienliche Durchführungsregelung zu Art. 87 im Sinne von Art. 89 zu qualifizieren ist. Um eine solche handelte es sich entsprechend den oben skizzierten Grundsätzen zur Reichweite der dem Rat nach Art. 89 eingeräumten Befugnisse nur, wenn und soweit das Primärrecht der Kommission hinsichtlich der in Rede stehenden Rechtsfrage – hier Tatbestand von Art. 87 Abs. 1 – vom Gerichtshof nicht voll überprüfbare Entscheidungsspielräume eröffnet (vgl. Art. 87 Rn. 1a). Hinsichtlich Art. 87 Abs. 1 anerkennt die Gemeinschaftsgerichtsbarkeit solche Spielräume aber nur hinsichtlich des Kriterium des »private-investor-Tests«;[136] im übrigen handele es sich um einen der unbeschränkten gerichtlichen Kontrolle unterliegenden Rechtsbegriff.[137] Akzeptiert man dieses (überzeugende) Verständnis von Art. 87 Abs. 1 – womit die Anerkennung der de-minimis-Mitteilung von 1996 trotz Ablehnung eines Spürbarkeitserfordernisses durch den EuGH allerdings nicht harmoniert –, verstößt die Durchführungsverordnung der Kommission zu de-minimis-Beihilfen gegen Art. 87 Abs. 1, wenn sie solche Beihilfen dem Anwendungsbereich dieser Norm entzieht. Allerdings steht es der Kommission frei, auf Grundlage der sie ermächtigenden Verordnung des Rates über die Anwendung von Art. 92 und 93 auf bestimmte Gruppen horizontaler Beihilfen analog zu den Durchführungsverordnungen über Ausbildungsbeihilfen und Beihilfen für KMU einen »Gruppengenehmigungsverordnung« für de-minimis-Beihilfen zu erlassen, welche diese Beihilfen gem. Art. 87 Abs. 3 generell für mit dem Gemeinsamen Markt vereinbar erklären und daran anknüpfend von der Notifizierungspflicht des Art. 88 Abs. 3 S. 3 befreien. Man mag diese Differenzierung für eine dogmatische Spitzfindigkeit halten; indes »produziert« die Regelung in Art. 2 Abs. 1, 2 Gruppenfreistellungsverordnung für de-minimis-Beihilfen insoweit (Folge)bedenken, als sie erklären muß, warum die Mitgliedstaaten, die in Art. 3 dieser Gruppenfreistellungsverordnung verankerten Pflichten (insbesondere Informationspflichten) erfüllen müssen, wenn die betreffenden staatlichen Maßnahmen nicht einmal den Tatbestand des Art. 87 Abs. 1 erfüllen.

III. Beeinträchtigung des Handels zwischen Mitgliedstaaten

Eine Handelsbeeinträchtigung liegt vor, wenn die Beihilfe durch die wettbewerbsverfälschende Begünstigung bestimmter Unternehmen den Handel beeinflußt,[138] indem die Einfuhr oder die Ausfuhr erleichtert bzw. kehrseitig für die Konkurrenten erschwert wird.[139] Auf mögliche positive Auswirkungen auf den Handel (z.B. Erhöhung der Handelsströme) kommt es im Rahmen von Art. 87 Abs. 1 nicht an.[140] Entscheidend ist allein, daß sich der innergemeinschaftliche Verkehr anders entwickelt oder entwickeln könnte als ohne die Beihilfengewährung[141] und diese somit systemwidrig auf den Han-

16

---

136 Vgl. oben Fn. 62.
137 EuGH, Rs. C-83/98 P, Slg. 2000, I-3271, Rn. 25 (Frankreich/Labroke Racing/Kommission).
138 Vgl. zu dieser Kausalbeziehung *Hoischen* (Fn. 54), S. 59. Der Gerichtshof prüft die Merkmale gemeinschaftlich relevante Wettbewerbsverfälschung und Handelsbeeinträchtigung zwischen Mitgliedstaaten häufig zusammen, EuGH, Rs. 730/79, Slg. 1980, 2671, Rn. 11 f. (Philip Morris/Kommission); Verb. Rs. 6 und 11/ 69, Slg. 1969, 523 (Kommission/Frankreich).
139 *G. von Wallenberg*, in: Grabitz/Hilf, EU, Art. 92, Rn. 28.
140 Dies verdeutlichen die weniger pejorativ gefaßten Formulierungen von Art. 87 Abs. 1 in der französischen (»affecter«) und englischen (»affect«) Fassung.
141 Vgl. auch GA K. *Roemer*, Schlußantr. zu EuGH, Verb. Rs. 6 und 11/69, Slg. 1969, 523 (546, 553); *Modlich* (Fn. 45), S. 93 ff.

del einwirkt. Dabei erfaßt der Begriff »Handel« nach allgemeiner Auffassung nicht nur den **Warenaustausch**, sondern auch den **Dienstleistungsverkehr**.[142]

17 Das Merkmal Beeinträchtigung des »Handels zwischen Mitgliedstaaten« klammert Auswirkungen auf den rein innerstaatlichen Handel aus dem Anwendungsbereich der Art. 87 bis 89 aus.[143] Über den innerstaatlichen Bereich hinausgehende Auswirkungen sind gegeben, wenn das begünstigte Unternehmen in andere Mitgliedstaaten exportiert oder, obwohl nur im Inland tätig, mit Produkten oder Dienstleistungsanbietern aus anderen Mitgliedstaaten konkurriert.[144] Ausreichend ist es auch, wenn das begünstigte Unternehmen (fast) seine gesamte Produktion in Drittstaaten absetzt,[145] jedenfalls soweit Unternehmen aus anderen Mitgliedstaaten auch in diesen Drittstaat exportieren (wollen). Zwar ist in diesen Konstellationen der Austausch »zwischen Mitgliedstaaten« nicht unmittelbar betroffen, wohl aber die Wettbewerbsposition (potentieller) Konkurrenten und somit mittelbar (Export der Konkurrenten in andere Mitgliedstaaten) auch der Handel zwischen den Mitgliedstaaten. Lediglich bei Beihilfen mit ausschließlich lokalen, regionalen oder nationalen Auswirkungen (z.B. nicht überregionale Tageszeitungen) fehlt es am Merkmal der Zwischenstaatlichkeit.[146] Die Bedeutung der Zwischenstaatlichkeitsklausel hat angesichts der tatsächlichen Verflechtung der einzelstaatlichen Märkte stark abgenommen.[147] Ein mit Blick auf den fortschreitenden Integrationsprozeß innerhalb der EU vereinzelt konstatiertes Bedürfnis für eine einschränkende (und über den Wortlaut hinausgehende) Neuinterpretation des Merkmals besteht indes nicht.[148]

IV. Einzelne Formen staatlicher Beihilfen

18 Im folgenden wird ein Überblick über wichtige Formen staatlicher Beihilfen gegeben. Vorbehaltlich der dargestellten, nach hier vertretener Auffassung allerdings primärrechtswidrigen de-minimis-Regelung (vgl. Rn. 15 f.) sind als Beihilfen zu qualifizieren:
– sog. **verlorene Zuschüsse** (z.B. schenkweise Zuwendungen oder Zinszuschüsse für private Bankdarlehen[149]) sowie **verbilligte Darlehen** oder **Kredite zu unter Marktniveau liegenden Konditionen**[150],

---

142 W. *Mederer*, in: GTE, EU-/EGV, Art. 92, Rn. 37; *F.-H. Wenig*, in: GTE, EWGV, Art. 92, Rn. 23; *Schernthanner* (Fn. 97), S. 102; *Götz* (Fn. 41), S. 106; *K.-H. Rolfes*, Regionale Wirtschaftsförderung und EWG-Vertrag, 1991, S. 93; *Rengeling* (Fn. 47), S. 31; *Ipsen* (Fn. 71), S. 48.
143 GA G. *Tesauro*, Schlußantr. zu EuGH, Rs. C-142/87, Slg. 1990, I-959, 979, Ziff. 28; *Rengeling* (Fn. 47), S. 31.
144 EuGH, Rs. C-75/97, Slg. 1999, I-3671, Rn. 47 (Belgien/Kommission); Verb. Rs. C-278, 279 und 280/92, Slg. 1994, I-4103, Rn. 40 (Spanien/Kommission); Rs. C-303/88, Slg. 1991, I-1433, Rn. 27 (Italien/Kommission); Rs. 102/87, Slg. 1988, 4067, Rn. 19 (Frankreich/Kommission). Die vom EuGH in dem zuletzt genannten Urteil gemachte Einschränkung, »wenn keine Überkapazitäten in dem betreffenden Sektor besteht«, hat er in den nachfolgenden Urteilen aufgegeben. Sie vermag auch nicht zu überzeugen, denn auch und gerade, wenn Überkapazitäten in einem Sektor bestehen, werden Konkurrenten aus anderen Mitgliedstaaten durch die Förderung konkurrierender Produkte durch einen dann naheliegenden Preiskampf besonders getroffen.
145 EuGH, Rs. C-142/87, Slg. 1990, I-959, Rn. 35 (Belgien/Kommission).
146 So die ganz h.M., *Rengeling* (Fn. 47), S. 31; *B. Knopf*, Europarecht und kommunale Selbstverwaltung, DVBl. 1980, S. 106 (107); *B. Birkenmaier*, Beihilfen, Wettbewerbsrecht und Wettbewerbspolitik in der EG, Wirtschaftspolitische Blätter 1992, S. 73 (77); *Müller-Graff* (Fn. 54), S. 434.
147 S. *Magiera*, in: HK-EUV, Art. 92, Rn. 26; *Müller-Graff* (Fn. 54), S. 433.
148 So aber *Modlich* (Fn. 45), S. 91 ff., der verkennt, daß die tatsächlichen Veränderungen auch ohne eine Neuinterpretation der Zwischenstaatlichkeitsklausel zu einem Bedeutungsverlust derselben geführt haben.
149 Vgl. EuGH, Verb. Rs. 62 und 72/87, Slg. 1988, 1573, Rn. 13 (Exécutif régional Wallon/Kommission).
150 EuGH, Rs. C-301/87, Slg. 1990, I-307, Rn. 41 (Frankreich/Kommission).

- **Befreiung und Ermäßigung von Abgaben**[151] (Steuern,[152] Gebühren)[153] soweit sie keine allgemeinen wirtschaftlichen Maßnahmen darstellen respektive, wenn der Mitgliedstaat auf (Steuer)einnahmen verzichtet, die er normalerweise erzielt hätte,[154]
- **Befreiung von Sozialbeiträgen**, soweit Unternehmen von finanziellen Lasten freigestellt werden, die sich aus der normalen Anwendung des allgemeinen Sozialversicherungssystems ergeben, ohne daß die Befreiung durch die Natur oder den inneren Aufbau dieses Systems gerechtfertigt sind,[155]
- Verzicht[156] und Stundung von Forderungen ohne Gegenleistung[157] sowie staatliche Schuldübernahmen[158],
- Staatliche Garantien,[159] wie **Bürgschaften** oder **Wechselkursgarantien**, wenn sie am Markt nicht oder nur zu einem höheren Zinssatz bereitgestellt werden.[160] Die langjährige Kontroverse darüber, ob die staatlichen Garantien in Gestalt von **Gewährträgerhaftung und Anstaltslast** für öffentlich-rechtliche Kreditinstitute in Deutschland als Instrumente der Gläubigersicherung als Beihilfen im Sinne von Art. 87 Abs. 1 zu qualifizieren sind,[161] hat durch die Zustimmung der Bundesregierung zu einem Vorschlag der Kommission vom 8.5.2001 ihren (vorläufigen) Abschluß ge-

---

151 EuGH, Rs. C-6/97, Slg. 1999, I-2981, Rn. 16 (Italien/Kommission).
152 EuGH, Rs. C-156/98, Urt. v. 19.9.2000, Rn. 26 (Deutschland/Kommission) = EuZW 2000, S. 723; vgl. auch EuGH, Rs. 70/72, Slg. 1973, 813 (Kommission/Deutschland) – verschiedene Steuern; Entscheidung der Kommission vom 19.12.1984, ABl.EG 1985 Nr. L 216/12 – Kapitalsteuer. Vgl. auch Mitteilung der Kommission über die Anwendung der Vorschriften über staatliche Beihilfen auf Maßnahmen im Bereich der direkten Unternehmensbesteuerung, ABl.EG 1998 Nr. C 384/3.
153 Vgl. auch *M. M. Koschyk*, Steuervergünstigungen als Beihilfen nach Artikel 92 EG-Vertrag, 1999.
154 Vgl. zum Gesichtspunkt der Systemgerechtigkeit von Steuererleichterungen Kommission, 22. Bericht über die Wettbewerbspolitik 1992, 1993, Rn. 451 – Verminderung einer CO_2-Steuer für Großenergieverbraucher.
155 EuGH, Rs. C-251/97, Slg. 1999, I-6639, Rn. 36 (Frankreich/Kommission); Rs. C-301/87, Slg. 1990, I-307, Rn. 41 (Frankreich/Kommission); Entscheidung der Kommission vom 15.9.1980, ABl.EG 1980 Nr. L 264/28 – Arbeitgeberbeiträge zur Krankenversicherung.
156 Entscheidung der Kommission vom 2.5.1990, ABl.EG 1991 Nr. L 73/27, 28; Kommission, 17. Bericht über die Wettbewerbspolitik 1987, 1988, Ziff. 225.
157 Entscheidung der Kommission vom 29.3.1988, ABl.EG 1988 Nr. L 229/37, 38; Entscheidung der Kommission vom 9.3.1993, ABl.EG 1993 Nr. L 143/7, 10; Entscheidung der Kommission vom 22.9.1993, ABl.EG 1993 Nr. L 300/15.
158 Entscheidung der Kommission vom 29.3.1988, ABl.EG 1988 Nr. L 220/30, 35; Entscheidung der Kommission vom 22.7.1993, ABl.EG 1993 Nr. L 309/21, 30 – Kosten eines Sozialplans.
159 Vgl. auch Mitteilung der Kommission über die Anwendung der Art. 87 und 88 EGV auf staatliche Beihilfen in Form von Haftungsverpflichtungen und Bürgschaften, ABl.EG 2000 Nr. 71/1.
160 Entscheidung der Kommission vom 12.12.1990, ABl.EG 1991 Nr. L 158/71, 72; Entscheidung der Kommission vom 18.5.1979, ABl.EG 1979 Nr. L 138/30; vgl. auch EuGH, Rs. C-303/88, Slg. 1991, I-1433, Rn. 13 (Italien/Kommission) sowie die Mitteilung über öffentliche Unternehmen, ABl.EG 1993 Nr. C 307/3, 13, Ziff. 38.
161 Bejahend: *C. Koenig*, Öffentlich-rechtliche Anstaltslast und Gewährträgerhaftung als staatliche Beihilfen gem. Artikel 92 EGV?, EuZW 1995, S. 595; *C. L. Gleske*, Wettbewerb öffentlicher und privater Kreditinstitute in Deutschland, Rechtsgrundlagen und Rechtsentwicklungen, 1996, S. 313; *K. Schmid/T. Vollmöller*, Öffentlichrechtliche Kreditinstitute und EU-Beihilfenrecht, NJW 1998, S. 716. Ablehnend: *H. Schneider/T. Busch*, Anstaltslast und Gewährträgerhaftung als Beihilfen im Sinne von Art. 92 EGV?, EuZW 1995, S. 602; *P. Scherer/M. Schödermeier*, Staatliche Beihilfen und Kreditgewerbe, ZBB 1996, S. 165. Mit differenzierter Lösung: *U. Immenga/J. Rudo*, Die Beurteilung von Gewährträgerhaftung und Anstaltslast der Sparkassen und Landesbanken nach dem EU-Beihilfenrecht, 1997, passim; *E. Kruse*, Kommunale Sparkassen im Blickfeld des europäischen Beihilferechts, NVwZ 2000, S. 721 ff. Vgl. zu bereits emittierten Anleihen einer Landesbank die Kontroverse zwischen *M. Gruson*, Zum

Art. 87 EG-Vertrag

funden. Darin hatte die Kommission »zweckdienliche Maßnahmen« vorgeschlagen, um das Garantiesystem für öffentlich-rechtliche Banken mit den beihilferechtlichen Vorschriften des EGV in Einklang zu bringen. Danach wird die Gewährträgerhaftung abgeschafft. Die Anstaltslast wird durch normale Beziehungen zwischen den öffentlich-rechtlichen Eigentümern und den betreffenden Kreditinstituten abgelöst. Am 18.7.2001 bestehende Verbindlichkeiten werden bis zum Fälligkeitstermin durch die Gewährträgerhaftung abgedeckt. Während der bis 18.7.2005 laufenden Übergangsfrist können die Anstaltslast und die Gewährträgerhaftung in ihrer herkömmlichen Form beibehalten werden. Jede bei Ablauf der Übergangsfrist bestehende Verbindlichkeit, die nach dem 18.7.2001 entstanden ist, fällt weiterhin unter die Gewährträgerhaftung, sofern der Fälligkeitstermin nicht über den 31.12.2015 hinausgeht.

- **Vermietung**,[162] **Verpachtung** oder **Verkauf**[163] von **staatlichen Gebäuden oder Grundstücken** unter Marktpreis,[164] sonstige kostenlose oder verbilligte staatliche Leistungen[165] sowie die **kostenlose Erschließung von Grundstücken** für Unternehmen[166].

Der langjährige Streit um die beihilfenrechtliche Beurteilung – insbesondere Art. 87 Abs. 1 und Abs. 3 lit. d), Art. 86 Abs. 2 – der **Finanzierungssysteme des öffentlich-**

Fortsetzung von Fußnote 161

Fortbestehen von Anstaltslast und Gewährträgerhaftung zur Sicherung der Anleihen von Landesbanken, EuZW, 1997, S. 357; ders., Noch einmal zum Fortbestehen von Anstaltslast und Gewährträgerhaftung für die Sicherung von Anleihen von Landesbanken; EuZW 1997, S. 429 und C. Koenig/C. Sander, Zur Beihilfenaufsicht über Anstaltslast und Gewährträgerhaftung nach Art. 93, EuZW 1997, S. 363. Der durch den Vertrag von Amsterdam eingefügte Art. 16 hat die Streitfrage nicht geklärt. Dem Vertrag von Amsterdam ist zudem folgende Erklärung zur Schlußakte beigefügt: »*Die Konferenz nimmt die Auffassung der Kommission zur Kenntnis, daß die bestehenden Wettbewerbsregeln der Gemeinschaft es zulassen, Dienstleistungen von allgemeinem wirtschaftlichen Interesse, die die in Deutschland bestehenden öffentlich-rechtlichen Kreditinstitute erfüllen, sowie ihnen zum Ausgleich für die mit diesen Leistungen verbundenen Lasten gewährte Vergünstigungen voll zu berücksichtigen. Dabei bleibt es der Organisation dieses Mitgliedstaats überlassen, auf welche Weise er insoweit den Gebietskörperschaften die Erfüllung ihrer Aufgabe ermöglicht, in ihren Regionen eine flächendeckende und leistungsfähige Finanzinfrastruktur zur Verfügung zu stellen. Diese Vergünstigungen dürfen die Wettbewerbsbedingungen nicht in einem Ausmaß beeinträchtigen, das über das zur Erfüllung der besonderen Aufgaben erforderliche Maß hinausgeht und zugleich dem Interesse der Gemeinschaft entgegenwirkt*«.

162 Entscheidung der Kommission vom 11.2.1987, ABl.EG 1987 Nr. L 295/25, 27.
163 Kommission, 22. Bericht über die Wettbewerbspolitik 1992, 1993, Ziff. 345 und 408; 23. Bericht über die Wettbewerbspolitik 1993, 1994, Ziff. 393.
164 Vgl. dazu Mitteilung der Kommission betreffend Elemente staatlicher Beihilfe bei Verkäufen von Bauten oder Grundstücken durch die öffentliche Hand, ABl.EG 1997 Nr. C 209/3.
165 Z.B. nicht kostendeckende Energiepreise, Kommission, 15. Bericht über die Wettbewerbspolitik 1985, 1986, Ziff. 182; EuGH, Verb. Rs. 67, 68 und 70/85, Slg. 1988, 219, Rn. 28 (van der Kooy); Rs. C-39/94, Slg. 1996, I-3547, Rn. 59 (SFEI/La Poste); vgl. aber auch EuGH, Rs. C-56/93, Slg. 1996, I-723, Rn. 10 (Belgien/Kommission), wo ein Vorzugstarif für Gas »durch unternehmerische Gründe objektiv gerechtfertigt« war.
166 Dazu U. Soltész, Öffentliche Finanzierung von Infrastruktur- und Erschließungsmaßnahmen und das EG-Beihilfenrecht, EuZW 2001, S. 107 ff. Ausführlich zur Aufsichtspraxis der Kommission gegenüber nationalen Infrastrukturmaßnahmen, Modlich (Fn. 45), S. 174 ff. und schon Kommission, 8. Bericht über die Wettbewerbspolitik 1978, 1979, Ziff. 224.

rechtlichen Rundfunks[167] in verschiedenen Mitgliedstaaten,[168] der durch eine nicht immer kohärente Aufsichtspraxis der Kommission begleitet wurde,[169] muß nach dem PreussenElektra-Urteil des EuGH zumindest hinsichtlich des deutschen und systematisch vergleichbarer Rundfunkgebührensysteme als entschieden gelten. Schon der Tatbestand des Art. 87 Abs. 1 ist mangels staatlicher Zurechenbarkeit der Finanzmittel nicht erfüllt.[170]

C. Art. 87 Abs. 2

I. Allgemeines

Art. 87 Abs. 2 enthält drei Ausnahmetatbestände für von Abs. 1 erfaßte Beihilfen.[171] 19
Sind die Tatbestandsvoraussetzungen einer der drei Ausnahmebestimmungen erfüllt, muß die Kommission die Beihilfe genehmigen. Nach der Rechtsprechung des EuGH ist der Kommission bei der Anwendung der Legalausnahmen[172] des Art. 87 Abs. 2 kein Ermessen einzuräumen.[173] Ob der Kommission bei der Auslegung der wertausfüllungsbedürftigen Tatbestandsmerkmale in Art. 87 Abs. 2 lit. a)–c), insbesondere hinsichtlich des wirtschaftliche Wertungen erfordernden lit. c), tatsächlich keinerlei eigener Spielraum zuzubilligen ist, ist jedoch zweifelhaft.[174] Auf die Anerkennung eines solchen Spielraums deutet auch das EuG im Urteil Sachsen und Volkswagen hin, wenn es formuliert, dass nichts vorgetragen worden sei,»was den Schluss zuließe, dass die Kommission die Grenzen ihres Beurteilungsspielraums mit der Feststellung überschritten hätte, dass die streitigen Beihilfen nicht den Tatbestand des Art. 92 II lit. c EGV erfüllten«.[175]

---

167 Durch den Amsterdamer Vertrag wurde dem EGV ein Protokoll bezüglich der Finanzierung des öffentlich-rechtlichen Rundfunks durch die Mitgliedstaaten beigefügt. Der Text lautet: »*Die Bestimmungen dieses Vertrages berühren nicht die Befugnis der Mitgliedstaaten, den öffentlich-rechtlichen Rundfunk zu finanzieren, sofern die Finanzierung der Rundfunkanstalten den öffentlich-rechtlichen Aufgaben, wie sie von den Mitgliedstaaten den Anstalten übertragen, festgelegt und ausgestaltet wurden, dient und die Handels- und Wettbewerbsbedingungen in der Gemeinschaft nicht in einem Ausmaß beeinträchtigt, das dem gemeinsamen Interesse zuwiderläuft, wobei den Erfordernissen der Erfüllung der öffentlich-rechtlichen Aufgaben Rechnung zu tragen ist*«.
168 Vgl. nur *T. Oppermann*, Deutsche Rundfunkgebühren und europäisches Beihilferecht, 1997, S. 33 ff.; *P. Selmer/H. Gersdorf*, Die Finanzierung des Rundfunks in der Bundesrepublik Deutschland auf dem Prüfstand des EG-Behilferegimes, 1994, S. 23 ff.
169 Zu dieser Praxis *C. König/J. Kühling*, How to cut a long story: Das PreussenElektra-Urteil des EuGH und die EG-Beihilfenkontrolle über das deutsche Rundfunkgebührensystem, ZUM 2001, S. 537 (537 f.).
170 Vgl. zu diesen Konsequenzen des Urteils *C. König/J. Kühling (Fn. 169)*, S. 537 ff.
171 Unzutreffend ist die Annahme, Art. 87 Abs. 2 sei lediglich deklaratorischer Natur und »erlaube« nur von Art. 87 Abs. 1 ohnehin nicht erfaßte Beihilfen, vgl. zum Streitstand *Rengeling* (Fn. 47), S. 33 f. m.w.N. in Fn. 50; *Hoischen* (Fn. 54), S. 72 ff., der bezüglich der Kompensation von Schäden und Nachteilen (lit. b) und lit. c) eine wettbewerbsverfälschende Wirkung unzutreffend ablehnt, indem er nicht auf den Zeitpunkt der Beihilfenvergabe, sondern auf die Zeit vor Schadens- bzw. Nachteilseintritt abstellt.
172 Vgl. zu dieser gängigen Formulierung *Rengeling* (Fn. 47), S. 34; *W. Hakenberg/F. Erlbacher* (Fn. 82), S. 213; *F. Rawlinson*, in: Lenz, EGV, Art. 87, Rn. 22.
173 EuGH, Rs. 730/79, Slg. 1980, 2671, Rn. 17 (Philip Morris/Kommission); dem wird zumeist gefolgt, *Hoischen* (Fn. 54), S. 74; *G. von Wallenberg*, in: Grabitz/Hilf, EU, Art. 92, Rn. 37; *B. Bär-Bouyssière*, in: Schwarze, EU-Kommentar, Art. 87 Rn. 46; *F. Rawlinson*, in: Lenz, EGV, Art. 87, Rn. 22.
174 Zweifelnd auch *F.-H. Wenig*, in: GTE, EWGV, Art. 92, Rn. 39; vgl. generell zu den administrativen Entscheidungsspielräumen der Kommission Rn. 24 ff.
175 EuG, verb. Rs. T-132/96 u. T-143/96, II-3663, Rn. 148 (Sachsen und Volkswagen/Kommission).

II. Art. 87 Abs. 2 lit. a)

20 Abs. 2 lit. a) betrifft Beihilfen, die **Verbrauchern** gewährt werden,[176] wenn sie durch Begünstigung bestimmter Unternehmen oder Produktionszweige als Beihilfen im Sinne von Abs. 1 zu qualifizieren sind.[177] Die Anwendung dieser Ausnahmebestimmung setzt voraus, daß nur eine **bestimmte Gruppe** (»einzelne«), nicht aber alle Verbraucher begünstigt werden.[178] Es muß sich um Endverbraucher handeln. Der für die Anwendung von Abs. 2 lit. a) notwendige **soziale Charakter** der Beihilfe muß sich aus dem Begünstigtenkreis (bedürftige Personen) erschließen. Das in der Norm verankerte **Diskriminierungsverbot** bezieht sich nur auf die Warenherkunft[179], verbietet dagegen eine unterschiedliche Behandlung von miteinander im Wettbewerb stehenden Produkten nicht.[180] Abs. 2 lit. a) ist insbesondere auf Lebensmittel-, Heizmittel- und Kleidungsbeihilfen zugeschnitten. Die praktische Relevanz der Norm ist indes gering.[181]

III. Art. 87 Abs. 2 lit. b)

21 Die Ausnahmevorschrift erfaßt Beihilfen zur Beseitigung der **unmittelbaren Schäden**[182] von Naturkatastrophen, wie schweren Unwettern, schweren Überschwemmungen und Erdbeben.[183] Zu den sonstigen außergewöhnlichen Ereignissen zählen Kriege, schwere innere Unruhen, Bergwerks- und Industrieunfälle größeren Ausmaßes und Terroranschläge, nicht aber plötzliche wirtschaftliche Turbulenzen.[184]

IV. Art. 87 Abs. 2 lit. c)

22 Zu den bestimmten von der Teilung Deutschlands betroffenen Gebieten zählten vor der Wiedervereinigung insbesondere das Zonenrandgebiet, Berlin (West) und das Saarland. Wenn Abs. 2 lit. c) auch in den ersten Jahren nach der Wiedervereinigung noch auf diese Gebiete in den **alten Bundesländern** anwendbar gewesen sein mag und die Kommission die Norm im Einzelfall (bis Ende 1995) für anwendbar gehalten hat,[185] ist dies heute abzulehnen. Der Kausalzusammenhang zwischen Teilung und Nachteil dürfte sich kaum

---

176 Ob auch Zuwendungen an Unternehmen, bei denen die begünstigende Wirkung beim Verbraucher eintreten soll, erfaßt sind, ist umstritten, vgl. dazu W. *Mederer,* in: GTE, EU-/EGV, Art. 92, Rn. 52 mit Fn. 175.
177 Vgl. zum Zusammenhang von Art. 87 Abs. 1 und Abs. 2 lit. a) C. *Koenig*/C. *Sander,* Die verbrauchervermittelte Unternehmensbegünstigung auf dem Prüfstand des EG-Beihilfenrechts, EuR 2000, S. 743 (748 f.).
178 Vgl. dazu auch W. *Mederer,* in: GTE, EU-/EGV, Art. 92, Rn. 54.
179 Art. 87 Abs. 2 lit. a) ist auch auf Dienstleistungen anwendbar, F.-H. *Wenig,* in: GTE, EWGV, Art. 92, Rn. 30.
180 Vgl. zur Begründung und mit instruktivem Beispiel Kommission, 24. Bericht über die Wettbewerbspolitik 1994, 1995, Ziff. 354.
181 Vgl. dazu W. *Mederer,* in: GTE, EU-EGV, Art. 92, Rn. 56.
182 Entscheidung der Kommission vom 25.7.1990, ABl.EG 1991 Nr. L 86/23, 25.
183 Vgl. Entscheidung der Kommission vom 25.7.1990, ABl.EG 1991 Nr. L 86/23; Kommission, 24. Bericht über die Wettbewerbspolitik 1994, 1995, Ziff. 354 und Anhang II. E., S. 531; 8. Bericht über die Wettbewerbspolitik 1978, 1979, Ziff. 164; W. *Mederer,* in: GTE, EU-/EGV, Art. 92, Rn. 58.
184 G. *von Wallenberg,* in: Grabitz/Hilf, EU, Art. 92, Rn. 39; W. *Mederer,* in: GTE, EU-/EGV, Art. 92, Rn. 59.
185 Vgl. zu einer bayrischen Beihilfe Kommission, 24. Bericht über die Wettbewerbspolitik 1994, 1995, Anhang II. E., S. 532.

mehr als dominanter Faktor für wirtschaftliche Schwierigkeiten in den alten Bundesländern darstellen lassen.

Beihilfen in den **neuen Bundesländern**[186] beurteilte die Kommission in der Vergangenheit zumeist nach Maßgabe von Art. 87 Abs. 3 lit. a) oder lit. c),[187] wenn sie auch in Einzelfällen Art. 87 Abs. 2 lit c) herangezogen hat.[188] Jedenfalls seit 1996 soll eine Heranziehung von Art. 87 Abs. 2 lit. c) nur noch in Ausnahmefällen in Betracht kommen.[189] Nunmehr hat die Kommission sogar vorgetragen, die Vorschrift sei nach der Herstellung der Einheit Deutschlands gegenstandslos geworden.[190] Das EuG hat im Urteil Sachsen und Volkswagen[191] demgegenüber zwar anerkannt, daß Art. 87 Abs. 2 lit. c) mit der Herstellung der Einheit Deutschlands nicht außer Kraft getreten sei und dies zutreffend darauf gestützt, daß die Norm im Maastrichter und Amsterdamer Vertrag aufrechterhalten – hinzuzufügen wäre heute der Vertrag von Nizza – und eine entsprechende Norm in das EWR-Abkommen aufgenommen wurde.[192] Indes müsse die Norm wegen ihres Charakters als Ausnahmebestimmung eng ausgelegt werden, woraus das EuG Folgendes ableitet. Da sich der Ausdruck »Teilung Deutschlands« historisch auf die Errichtung der Trennungslinie zwischen der Ostzone und den Westzonen im Jahr 1948 beziehe, seien die »durch die Teilung verursachten wirtschaftlichen Nachteile« i. S. v. Art. 87 Abs. 2 lit. c) nur diejenigen wirtschaftlichen Nachteile, die die Isolierung aufgrund der Errichtung und Aufrechterhaltung dieser Grenze verursacht hätten. Die unterschiedliche wirtschaftliche Entwicklung in den alten und neuen Bundesländern sei aber nicht in erster Linie durch die Teilung Deutschlands verursacht worden, sondern beruhe auf den unterschiedlichen politisch-wirtschaftlichen Systemen mit der Folge, daß die Kommission die eng auszulegende Ausnahmevorschrift des Art. 87 Abs. 2 lit. c) zu Recht unangewendet gelassen habe.[193] Der EuGH ist dieser Argumentation im Urteil zu § 52 Abs. 8 EStG nahezu wortgleich gefolgt.[194] Diese »enge Auslegung« führt aber de facto doch zum Außerkrafttreten des Art. 87 Abs. 2 lit. c), da kaum Fälle vorstellbar sind, die unter diese Kautelen subsumierbar sind.[195]

---

186 Grundlegend K. *Vogt*, Rechtsprobleme der europäischen Beihilfenaufsicht: Anwendbarkeit des Art. 92 Abs. 2 lit. c EGV auf Beihilfen zugunsten von Unternehmen in den neuen Bundesländern und die Entscheidungen der Kommission im Beihilfenaufsichtsverfahren, Diss. Köln 1999.
187 Vgl. zur Praxis bis Mitte 1994, G. *Schütterle*, Die Rechtsgrundlage für Beihilfen zur Überwindung der wirtschaftlichen Folgen der Teilung Deutschlands, EuZW 1994, S. 715 (716 f.).
188 Vgl. zu einer den Potsdamer Platz in Berlin betreffenden Entscheidung ABl.EG 1992 Nr. L 263/15.
189 Grundsätzlich will die Kommission Art. 87 Abs. 3 lit. a) anwenden, 24. Bericht über die Wettbewerbspolitik 1994, 1995, Ziff. 354.
190 Vgl. dazu EuG, verb. Rs. T-132/96 u.T-143/96, II-3663, Rn. 131 (Sachsen und Volkswagen/ Kommission).
191 Dazu M. *Pechstein*, Die EuG-Entscheidung zu Beihilfen der Freistaats Sachsen für Volkswagen, VIZ 2000, S. 388 ff.
192 EuG, verb. Rs. T-132/96 u.T-143/96, II-3663, Rn. 131 (Sachsen und Volkswagen/Kommission). Gegen eine völlige Bedeutungslosigkeit der Norm spricht weiter, daß sie in den Entwurfsfassungen zum Maastrichter Vertrag und zum EWR-Abkommen ursprünglich fehlte, dazu *Schütterle*, S. 716.
193 EuG, verb. Rs. T-132/96 u.T-143/96, II-3663, Rn. 132 ff. (Sachsen und Volkswagen/Kommission).
194 EuGH, Rs. C-156/98, Urt. v. 19.9.2000, Rn. 47 ff. (Deutschland/Kommission) = EuZW 2000, S. 723.
195 So auch die Schlussfolgerungen von W. *Hakenberg/F. Erlbacher* (Fn. 82), S. 215; S. *Wernicke*, Urteilsanmerkung zur verb. Rs. T-132/96 u. T-143/96, EuZW 2000, S. 127 (128). Kritisch zu einem solchen Bedeutungsverlust E. *Kruse*, Ist die »Teilungsklausel« als Rechtsgrundlage für Beihilfen zum Ausgleich teilungsbedingter Nachteile obsolet?: Gültigkeit und Tragweite des Art. 92 II lit. c EGV, EuZW 1998, S. 229 ff.; S. *Wernicke*, ebenda, S. 127; restriktiv dagegen E. *Staebe/O. Wittern*, Sachsen probt den Aufstand, Jura 1998, S. 91 (96). Vgl. zu einem differenzierten Vorschlag zur Anwendung von Abs. 2 lit. c) in den neuen Bundesländern P. *Schütterle* (Fn. 187), S. 717.

D. Art. 87 Abs. 3

I. Allgemeines

1. Die Normstruktur von Art. 87 Abs. 3

24 Vorbehaltlich von Abs. 3 lit. e) setzt eine Freistellung von Beihilfen nach Abs. 3 ein zweistufiges Prüfungsverfahren voraus. Nur wenn die tatbestandlichen Voraussetzungen einer der Ausnahmebestimmungen nach lit. a)–d) erfüllt sind, darf die Kommission ihr Rechtsfolgeermessen betätigen.

25 Unbestritten verfügt die Kommission bei der Anwendung von Art. 87 Abs. 3 über einen weiten Ermessensspielraum.[196] Die bloße Klassifizierung als Ermessensnorm verdeutlicht aber noch nicht, welche kontrollfesten Entscheidungsspielräume der Kommission bei der Auslegung und Anwendung dieser Vorschrift einzuräumen sind. Die in lit. a)–d) genannten Ziele sind nämlich durch Tatbestandsmerkmale umschrieben, die soziale und wirtschaftliche Wertungen erforderlich machen. Art. 87 Abs. 3 enthält also einerseits auf der Tatbestandsseite **wertausfüllungsbedürftige Rechtsbegriffe** und ist andererseits eine **Kann-Vorschrift**.

2. Administrative Entscheidungsspielräume im Anwendungsbereich des EGV

26 Administrative Entscheidungsspielräume werden in den deutschen Übersetzungen der Urteile der Gemeinschaftsgerichtsbarkeit mit Begriffen, wie Ermessensbefugnis,[197] Ermessen,[198] Beurteilungsbefugnis[199] oder Beurteilungsspielraum[200] umschrieben. Diese Begrifflichkeit darf nicht darüber hinwegtäuschen, daß der Gerichtshof der aus dem deutschen Verwaltungsrecht bekannten strengen Trennung von unbestimmtem Rechtsbegriff auf der Tatbestandsseite und Ermessen auf der Rechtsfolgenseite einer Norm nicht folgt. Der Gerichtshof behandelt die Verwendung (mindestens graduell) offener Rechtsbegriffe auf der Tatbestandsseite einer Norm (unbestimmte Rechtsbegriffe im Sinne des deutschen Verwaltungsrechts) sowie die Einräumung von Entscheidungsspielräumen auf der Rechtsfolgenseite einer Norm (Ermessen im Sinne des deutschen Verwaltungsrechts) **rechtsdogmatisch als einheitliches Phänomen**.[201] Bezüglich des Um-

---

196 EuGH, Rs. C-156/98, Urt. v. 19.9.2000, Rn. 67 (Deutschland/Kommission) = EuZW 2000, S. 723; Rs. 730/79, Slg. 1980, 2671, Rn. 17 (Philip Morris/Kommission); Rs. 74/76, Slg. 1977, 557, Rn. 11/12 (Iannelli/Meroni); Rs. C-301/87, Slg. 1990, I-307, Rn. 15 (Frankreich/Kommission); Rs. C-39/94, Slg. 1996, I-3547, Rn. 36 (SFEI/La Poste); Rs. C-355/95 P, Slg. 1997, I-2549, Rn. 26 (Textilwerke Deggendorf/Kommission); EuG, verb. Rs. T-132/96 u.T-143/96, II-3663, Rn. 169 (Sachsen und Volkswagen/Kommission); Stellungnahme der Kommission der Rs. 37/79, Sitzungsbericht, Slg. 1980, 2671, 2678 (Philip Morris/Kommission); *Schwarze* (Fn. 41), S. 372 und 374; *Hoischen* (Fn. 54), S. 74; *F.-H. Wenig*, in: GTE, EWGV, Art. 92, Rn. 40.
197 EuGH, Verb. Rs. 94 und 96/63, Slg. 1964, 645, 671 (Bernusset/Kommission).
198 EuGH, Rs. C-156/98, Urt. v. 19.9.2000, Rn. 67 (Deutschland/Kommission) = EuZW 2000, S. 723; Rs. 730/79, Slg. 1980, 2671, Rn. 17 (Philip Morris/Kommission); Rs. 255/84, Slg. 1987, 1861, Rn. 42 (Nachi Fujikoshi/Rat); EuG, verb. Rs. T-132/96 u.T-143/96, II-3663, Rn. 169 (Sachsen und Volkswagen/Kommission).
199 EuGH, Verb. Rs. 279, 280, 285 und 286/84, Slg. 1987, 1069, Rn. 14 (Rau u.a./Kommission).
200 EuGH, Rs. 144/82, Slg. 1983, 2421, Rn. 27 (Armelle Detti/Gerichtshof).
201 EuGH, Rs. 183/84, Slg. 1985, 3351, Rn. 23 f. (Rheingold); vgl. dazu die Anm. von *C. H. Ule*, DVBl. 1986, S. 93; sowie eingehend *T. v. Danwitz*, Verwaltungsrechtliches System und Europäische Integration, 1996, S. 328 f.

fangs administrativer Entscheidungsspielräume und der damit korrespondierenden richterlichen Kontrolldichte differenziert der Gerichtshof vielmehr nach der Eigenart der betroffenen Verwaltungsmaterie.[202] Insbesondere bei einer (primär) der Exekutive aufgetragenen Bewertung komplexer wirtschaftlicher und sozialer Sachverhalte nimmt der Gerichtshof seinen Prüfungsumfang weit zurück.[203]

3. Entscheidungsspielräume der Kommission bei der Anwendung von Art. 87 Abs. 3 lit. a)–d)

Das EuG hat den Umfang des der Kommission zustehenden weiten Beurteilungsspielraums bei der Anwendung des Art. 87 Abs. 3 unter Rekurs auf die damit verbundene Würdigung komplexer wirtschaftlicher und sozialer Gegebenheiten dahingehend konkretisiert, daß die gerichtliche Kontrolle sich auf die Prüfung eines Ermessensmißbrauchs sowie darauf beschränkt, ob die Verfahrensvorschriften eingehalten, der Sachverhalt zutreffend festgestellt und nicht offensichtlich fehlerhaft gewürdigt wurde. Insbesondere dürfe die Gemeinschaftsgerichtsbarkeit die wirtschaftliche Beurteilung des Urhebers der Entscheidung nicht durch seine eigene Beurteilung ersetzen.[204] Auch der Gerichtshof anerkennt die Existenz von Beurteilungsspielräumen bei der Anwendung von Art. 87 Abs. 3 in ständiger Rechtsprechung und zwar im Hinblick auf die Rechtsfolgen-[205] wie auch die Tatbestandsseite[206] der Norm. Allerdings will der Gerichtshof deren Umfang wohl in mehrerlei Hinsicht enger ziehen als das EuG. So verlangt der EuGH, dass die Kommission ihre wirtschaftlichen Wertungen einer Beihilfenvergabe auf ausreichend **profunde tatsächliche** Erkenntnisse stützen können muß.[207] Wenn sie insoweit im Vorprüfverfahren auf ernsthafte Schwierigkeiten[208] stößt oder gar ernsthafte

27

---

202 Vgl. dazu die umfangreichen Nachweise aus der Rechtsprechung des Gerichtshofs bei *Schwarze* (Fn. 41), S. 287 ff. sowie *W. A. Adam*, Die Kontrolldichtekonzeption des EuGH und deutscher Gerichte, 1993; *I. van Bael*, Discretionary powers of the Commission and their legal control in trade and antitrust matters, in: J. Schwarze (Hrsg.), Discretionary powers of the Member States in the field of economic policies and their limits under the EEC Treaty, 1988, S. 173 ff.; *U. Everling*, Beweiswürdigung durch die Kommission in Wettbewerbssachen, WuW 1989, S. 877 ff.; *J. Schwarze*, Die gerichtliche Kontrolle der europäischen Wirtschaftsverwaltung, in: Schwarze/Schmidt-Aßmann (Hrsg.), Das Ausmaß der gerichtlichen Kontrolle im Wirtschaftsverwaltungs- und Umweltrecht, 1992, S. 203 ff.
203 Vgl. EuGH, EuGH, Rs. C-156/98, Urt. v. 19.9.2000, Rn. 67 (Deutschland/Kommission) = EuZW 2000, S. 723; Rs. 55/75, Slg. 1976, 19, Rn. 8 (Balkan-Import-Export); Rs. 29/77, Slg. 1977, 1835, Rn. 19/20 (Roquette Frères); Rs. 98/78, Slg. 1979, 69, Rn. 5 (Racke); Rs. C-269/90, Slg. 1991, I-5469, Rn. 13 (TU München); EuG, verb. Rs. T-126/96 u. T-127/96, Slg. 1998, II-3437, Rn. 81 (BFM u. EFIM/Kommission); weitere Nachweise bei *Schwarze* (Fn. 41), S. 283 f.
204 EuG, Rs. T-110, Slg. 1999, II- 2881, Rn. 46 (Kneissl Dachstein/Kommission); verb. Rs. T-371/94 u. T-394/94, Slg. 1998, II-2405, Rn. 79 (British Airways u.a./Kommission).
205 Vgl. insoweit EuGH, Verb. Rs. 62 und 72/87, Slg. 1988, 1573, Rn. 21 (Exécutif régional Wallon/Kommission).
206 EuGH, Verb. Rs. 62 und 72/87, Slg. 1988, 1573, Rn. 34 (Exécutif régional Wallon/Kommission), dort für lit. c) und lit. b). Dies sollte auf die unbestimmten Rechtsbegriffe in den übrigen Ausnahmevorschriften übertragbar sein.
207 EuGH, Rs. C-204/97, Urt. v. 3.5.2001, Rn. 35 (Portugal/Kommission) = EuZW 2001, S. 404. Vgl. ausführlich zur Überprüfung von Tatsachenfeststellungen *R. Rausch*, Die Kontrolle von Tatsachenfeststellungen und -würdigungen durch den Gerichtshof der Europäischen Gemeinschaften, 1994.
208 EuGH, Rs. C-198/91, Slg. 1993, I-2487, Rn. 29 (Cook/Kommission); Rs. 84/82, Slg. 1984, 1451, Rn. 13 (Deutschland/Kommission). Instruktiv zur Konkretisierung von »ernsthaften Schwierigkeiten« EuG, Rs. T-46/97, Slg. 2000, II-2125, Rn. 88 ff. (SIC/Kommission); Rs. T-73/98, Urt. v. 15.3.2001, Rn. 39 ff. (Société chimique Prayon-Rupel SA/Kommission) = EuZW 2001, S. 503.

Art. 87 EG-Vertrag

Anhaltspunkte gegen eine Vereinbarkeit der Beihilfe mit dem EGV sprechen,[209] muß sie das Verfahren nach Art. 88 Abs. 2 einleiten. Weitere vom EuGH aufgestellte Restriktionen des der Kommission zustehenden Spielraums bei der Anwendung von Art. 87 Abs. 3 werden im Folgenden insoweit systematisiert (und erläutert), als sie der Tatbestands- und Rechtsfolgenseite der Norm zugeordnet werden.

a) Tatbestandsseite von Abs. 3 lit. a)–d)

28 Im Hinblick auf die **Tatbestandsseite** muß die Beihilfengewährung der Verwirklichung eines der in den Ausnahmebestimmungen von Abs. 3 lit. a) – d) genannten Ziele dienen (**Zielverwirklichung**) sowie **notwendig** im Sinne einer Kausalbeziehung sein, um eines dieser Ziele zu fördern.[210] Bei der Anwendung der wertausfüllungsbedürftigen Merkmale in Abs. 3 lit. a)–d) verfügt die Kommission zwar über einen weiten Ermessensspielraum, das Ermessen ist neben der Verpflichtung zur Berücksichtigung des jeweiligen Wortlauts aber auch dadurch gebunden, daß es nach Maßgabe sozialer und wirtschaftlicher **Wertungen** auszuüben ist, die auf die **Gemeinschaft als Ganzes** zu beziehen sind.[211] Dementsprechend muß die Kommission bei der Subsumtion unter die Tatbestandsmerkmale des Art. 87 Abs. 3 alle aus gemeinschaftsrechtlicher Perspektive im Kontext der konkreten Ausnahmebestimmung **wesentlichen rechtlichen Gesichtspunkte heranziehen**.[212] Welche Gesichtspunkte aus gemeinschaftsrechtlicher Perspektive wesentlich sind, hängt maßgeblich von der Formulierung der jeweiligen Ausnahmebestimmung ab. Je offener ein Gesetzesbegriff (z.B. wichtige Vorhaben von gemeinsamem europäischen Interesse in lit. b) 1. Alt.), desto umfangreicher sind die bereits auf Tatbestandsseite einzubeziehenden Gesichtspunkte. Die Kommission muß aber nicht in jedem Einzelfall auf alle im Kontext einer Norm wesentlichen rechtlichen Gesichtspunkte eingehen. Eine solche Verpflichtung besteht nur insoweit, als im konkreten Einzelfall mit dieser Verpflichtung korrespondierende tatsächliche Umstände erkennbar sind.[213] Im Hinblick auf die **Gewichtung der in die Abwägung einzustellenden Gesichtspunkte und das Abwägungsergebnis** verbleibt der Kommission bei der Gewichtung der verschiedenen Gesichtspunkte ein weitreichender Entscheidungsspielraum. Allerdings hat der Gerichtshof gefordert, daß die von der Kommission angestellten Erwägungen »in sich schlüssig« sind[214] bzw. nicht »offensichtlich irrig oder mit einem Ermessensmißbrauch behaftet sind«.[215] Es bestehen allerdings keine

---

209 EuGH, Rs. C-204/97, Urt. v. 3.5.2001, Rn. 33 (Portugal/Kommission) = EuZW 2001, S. 404.
210 EuGH, Rs. 730/79, Slg. 1980, 2671, Rn. 16 f. (Philip Morris/Kommission). Dem wird allgemein gefolgt, *Caspari* (Fn. 41), S. 81; *F.-H. Wenig*, in: GTE, EWGV, Art. 92, Rn. 43; Entscheidung der Kommission vom 27.6.1984, ABl.EG 1984 Nr. L 276/37, 38.
211 EuGH, Rs. C-156/98, Urt. v. 19.9.2000, Rn 68 (Deutschland/Kommission) = EuZW 2000, S. 723; Rs. 730/79, Slg 1980, 2671, Rn. 24 (Philipp Morris(Kommission); Rs. C-303/88, Slg. 1991, I-1433, Rn. 34 (Italien/Kommission); Verb. Rs. C-278, 279 und 280/92, Slg. 1994, I-4103, Rn. 51 (Spanien/Kommission).
212 EuGH, Rs. 47/69, Slg. 1970, 487, Rn. 7/8 (Frankreich/Kommission); ähnlich Verb. Rs. 296 und 318/82, Slg. 1985, 809, Rn. 25 (Niederlande und Leeuwarder Papierwarenfabriek/Kommission). Letztere Entscheidung bezog sich zwar auf Art. 253 EGV, die Fehlerhaftigkeit der Begründung beruhte aber darauf, daß nicht erkennbar war, ob die Kommission »alle wesentlichen Gesichtspunkte tatsächlicher und rechtlicher Art geprüft« hatte, »deren Berücksichtigung zur Anwendung dieser Ausnahmebestimmung hätte führen können«. Die zitierten Urteilspassagen beziehen sich zwar sämtlich auf lit. c) von Art. 87 Abs. 3, sind aber auf die übrigen Ausnahmebestimmungen wegen der Allgemeinheit der Formulierungen und weil kein Grund ersichtlich ist, bei der Anwendung der Ausnahmebestimmungen diesbezüglich unterschiedliche Anforderungen zu stellen, übertragbar.
213 Vgl. auch EuGH, Rs C-367/95 P, Slg. 1998, I-1719, Rn. 64 (Kommission/Sytraval).
214 EuGH, Verb. Rs. C-278, 279 und 280/92, Slg. 1994, I-4103, Rn. 51 (Spanien/Kommission).
215 EuGH, Rs. C-169/95, Slg. 1997, I-135, Rn. 34 (Spanien/Kommission); Rs. 57/72, Slg. 1973, 321, Rn. 14 (Westzucker); vgl. auch Rs. C-56/93, Slg. 1996, I-723, Rn. 11 (Belgien/Kommission); Rs. C-174/87, Slg. 1992, I-1335, Rn. 68 (Ricok/Rat); Rs. C-225/91, Slg. 1993, I-3202, Rn. 25 (Matra/Kommission).

Bedenken, diese Abwägungsvorgänge in Form von Gemeinschaftsrahmen, Mitteilungen oder Leitlinien zu typisieren (dazu schon Art. 87 Rn. 1b).

b) Rechtsfolgenseite

Die Darlegungen bzgl. der Ermessensbindung auf der Tatbestandsseite gelten, soweit die entsprechenden Erwägungen nicht bereits dort erfolgt sind – das hängt von den Anforderungen der jeweiligen Ausnahmebestimmung ab –[216], auch für die Ausübung des der Kommission auf der **Rechtsfolgenseite** von Abs. 3 eingeräumten Ermessens. Es hat sich insbesondere auch an Wertungen zu orientieren, die sich auf die Gemeinschaft als Ganzes beziehen.[217]

c) Die Bedeutung des Wettbewerbsprinzips

Bei der Anwendung der wertausfüllungsbedürftigen Tatbestandsmerkmale des Abs. 3 sowie der im Rahmen der Ermessensausübung erforderlichen Interessenabwägung hat die Kommission zu berücksichtigen, daß **Art. 3 lit. g) die Errichtung eines Systems unverfälschten Wettbewerbs postuliert**. Die Kommission ist aber trotz der grundsätzlichen marktwirtschaftlichen Verfaßtheit der Gemeinschaft nicht verpflichtet, diesem Prinzip einen Vorrang vor anderen Vertragszielen einzuräumen. Dies folgt insbesondere aus dem fundamentalen Charakter von Art. 2, in dessen Licht auch die in Art. 3 niedergelegten Vorgaben interpretiert werden müssen.[218] Die mit dem Inkrafttreten der EEA und des Maastrichter Vertrages verbundene Ausweitung des gemeinschaftlichen Zielkatalogs und die insbesondere mit der EEA verbundene Ausweitung der dirigistischen Befugnisse der Gemeinschaft sind ein zusätzlicher Beleg dafür, daß dem Wettbewerb auch im Rahmen der Beihilfenaufsicht **kein Vorrang** vor anderen Gemeinschaftszielen einzuräumen ist.[219] Auch die vielfach zu findende Formulierung, wonach Art. 87 Abs. 3 als Ausnahmevorschrift streng auszulegen ist,[220] vermag methodisch nicht zu überzeugen. Das Verständnis einer Norm kann nicht aus ihrer formalen Stellung in einer Regel-Ausnahme-Konstruktion gewonnen werden, sie erschließt sich vielmehr unter Heranziehung materieller Kriterien.[221]

Auch wenn bei Anwendung des Art. 87 Abs. 3 also kein Vorrang des Wettbewerbs gegenüber anderen Gemeinschaftszielen anzuerkennen ist, ist dem EuG doch zu wider-

---

216 Bei der Anwendung von Abs. 3 lit. b) verbleibt m.E. kein Raum mehr für eine weitere Abwägung auf der Rechtsfolgenseite; vgl. zu diesem Normverständnis bei ähnlichen Konstellationen (»öffentliche Belange«) im deutschen Verwaltungsrecht BVerwGE 18, 247, 251; 15, 207, 211.
217 EuGH, Rs. C-169/95, Slg. 1997, I-135, Rn. 18 (Spanien/Kommission); Rs. C-355/95 P, Slg. 1997, I-2549, Rn. 26 (Textilwerke Deggendorf/Kommission); vgl. auch Rs. 78/76, Slg. 1977, 595, Rn. 9 (Steinike und Weinlig), wonach bei der Entscheidung über die Vereinbarkeit einer Beihilfe »vielschichtige und raschen Veränderungen unterliegende wirtschaftliche Gegebenheiten zu berücksichtigen und zu bewerten« sind.
218 Ähnlich *F.-H. Wenig*, in: GTE, EWGV, Art. 92, Rn. 41; *Grabitz* (Fn. 50), S. 100 ff.; den Vorrang des Wettbewerbs betonend dagegen *Börner* (Fn. 26), S. 142 ff. Vgl. ausführlicher zum Verhältnis von Wettbewerb und staatlicher Intervention im Kontext von Art. 87 Abs. 3 *Cremer* (Fn. 44), S. 113 ff.
219 So bzgl. der EEA auch *T. Oppermann*, Europäische Wirtschaftsverfassung nach der Einheitlichen Europäischen Akte, in: Zuleeg/Müller-Graff (Hrsg.), Staat und Wirtschaft in der EG, 1987, S. 53 (53 ff.); ihm folgend *V. Götz*, Verfassungsschranken interventionistischer Regulierung nach europäischem Gemeinschaftsrecht im Vergleich mit dem Grundgesetz, JZ 1989, S. 1021 (1021). Kritisch zur Verfolgung allgemeinpolitischer, vor allem industriepolitischer Ziele im Rahmen der Anwendung von Art. 87 Abs. 3 dagegen *C. König/J. Kühling* (Fn. 25), S. 519.
220 EuG, verb. Rs. T-132/96 u.T-143/96, II-3663, Rn. 167 (Sachsen und Volkswagen/Kommission); GA *F. Capotorti*, Schlußantr. zu EuGH, Rs. 730/79, Slg. 1980, 2701 (Philip Morris/Kommission); *F.-H. Wenig*, in: GTE, EWGV, Art. 92, Rn. 41.
221 Vgl. dazu ausführlicher *Cremer* (Fn. 44), S. 118.

sprechen, wenn es bei der Prüfung einer Umstrukturierungsbeihilfe ein Vorgehen der Kommission bestätigt, wonach die etwaigen Auswirkungen einer Beihilfe auf Konkurrenzunternehmen nicht berücksichtigt werden müssen, wenn das begünstigte Unternehmen auf einem oligopolistischen Markt agiert und die Aufrechterhaltung einer wettbewerbsfähigen Struktur des betroffenen Marktes als notwendig angesehen wird.[222] Selbstverständlich darf die Struktur des betroffenen Marktes (als auch wettbewerblicher Gesichtspunkt) in die Bewertung der Beihilfe nach Art. 87 Abs. 3 eingehen, was ggf. auch schwerwiegende Auswirkungen der Beihilfe auf die Konkurrenzunternehmen zu »kompensieren« vermag; nicht aber darf die Situation der Konkurrenten von vornerein gänzlich ausgeblendet werden. Damit wird kein Vorrang des Wettbewerbs, sondern lediglich seine Berücksichtigung eingefordert. Insofern verdient es Zustimmung, wenn die Gemeinschaftsgerichtsbarkeit die Kommission dazu verpflichtet, bei der Beurteilung von Regionalbeihilfen auch deren sektorielle Auswirkungen abzuschätzen und einzubeziehen. Es gelte zu verhindern, daß durch die Beihilfemaßnahme auf Gemeinschaftsebene ein sektorielles Problem entsteht, das schwerer wiegt als das ursprüngliche regionale Problem.[223] Daran anschließend ist zu fordern, daß in der Beihilfenaufsichtspraxis in größerem Umfang als bisher Berücksichtigung findet, welche Auswirkungen eine konkrete Beihilfen bzw. ein Beihilfenprogramm auf die Wettbewerbsposition konkurrierender Unternehmen und auch Standorte hat. Letzteres ist z.B. dann von Gewicht, wenn eine Beihilfe, und gar eine Regionalbeihilfe, dazu führt, daß Unternehmen ihren Standort aus einer Problemregion in eine andere, eben die Förderungsregion verlagern.[224]

II. Die einzelnen Ausnahmetatbestände

1. Abs. 3 lit. a)

31 Diese Ausnahmebestimmung, die bis zur zweiten Erweiterung der Gemeinschaft nur geringe Bedeutung hatte, erfaßt Gebiete, die **gemessen am Gemeinschaftsniveau** in sozioökonomischer Hinsicht benachteiligt sind.[225] Es muß sich – auch in Abgrenzung zu Abs. 3 lit. c) – um **erheblich unterentwickelte Gebiete** handeln.[226] Die Kommission hat in mehreren Mitteilungen ihre Methode zur Anwendung von Art. 92 Abs. 3 lit. a) auf Regionalbeihilfen[227] und im März 1998 Leitlinien für staatliche Beihilfen mit regionaler

---

222 EuG, Rs. T-123/97, Slg. 1999, II-2925, Rn. 92 ff. (Salomon/Kommission); vgl. auch EuG, Rs. T-110/97, Slg. 1999, II-2881, Rn. 60 und 97 (Kneissl/Kommission).
223 EuG, verb. Rs. T-126/96 u. T-127/96, Slg. 1998, II-3437, Rn. 101 ff. (BFM u. EFIM/Kommission); vgl. auch EuG, verb. Rs. T-132/96 u.T-143/96, II-3663, Rn. 280 (Sachsen und Volkswagen/Kommission).
224 Näher dazu C. König/J. Kühling (Fn. 25), S. 518, 521.
225 EuGH, Rs. 730/79, Slg. 1980, 2701, Rn. 25 (Philip Morris/Kommission); Rs. 248/84, Slg. 1987, 4013, Rn. 19 (Deutschland/Kommission).
226 Vgl. zum Verhältnis der beiden Ausnahmebestimmungen zueinander EuGH, Rs. C-169/95, Slg. 1997, I-135, Rn. 15 ff. (Spanien/Kommission); vgl. auch K. H. Rolfes, Regionale Wirtschaftsförderung und EWG-Vertrag, 1991, S. 145 ff.
227 Erstmals 1988, Mitteilung der Kommission an die Mitgliedstaaten über die Methode zur Anwendung von Art. 92 Abs. 3 lit. a) und c) auf Regionalbeihilfen, ABl.EG 1988 Nr. C 212/2; Mitteilung der Kommission an die Mitgliedstaaten über die Methode zur Anwendung von Art. 92 Abs. 3 lit. a) EG-Vertrag auf Regionalbeihilfen, ABl.EG 1990 Nr. C 163/6; Mitteilung der Kommission an die Mitgliedstaaten und andere Betroffene über eine Änderung des Abschnitts II in der Mitteilung der Kommission über die Methode zur Anwendung von Art. 92 Abs. 3 lit. a) und c) auf Regionalbeihilfen, ABl.EG 1994 Nr. C 364/8. Vgl. zu weiteren einschlägigen Dokumenten Kommission, Wettbewerbsrecht in den Europäischen Gemeinschaften – Bd. II A, Wettbewerbsregeln für staatliche Beihilfen, Brüssel-Luxemburg, 1995, S. 207 ff.

Zielsetzung (vgl. hinsichtlich Abs. 3 lit. a) insbesondere Ziff. 3.5.)[228] veröffentlicht, welcher unbefristet gilt, aber nach fünfjähriger Anwendung überprüft werden soll. Danach werden als Fördergebiete im Sinne von Abs. 3 lit. a) Regionen eingestuft[229], in denen das Bruttosozialprodukt pro Kopf der Bevölkerung gemessen an Kaufkraftstandards weniger als 75% des Gemeinschaftsdurchschnitts erreicht.[230] Wird einem Unternehmen in einem Gebiet, das diesen Anforderungen genügt, eine Beihilfe gewährt, ist diese allerdings nicht automatisch freizustellen; die Auswirkung auf die relevanten Märkte in der gesamten Gemeinschaft dürfen bzw. müssen von der Kommission berücksichtigt werden. Das gilt trotz des Fehlens der nur in Abs. 3 lit. c) ausdrücklich genannten Einschränkung, wonach eine Beihilfe »die Handelsbedingungen nicht in einer Weise verändern (darf), die dem gemeinsamen Interesse zuwiderläuft«.[231] 1998 hat die Kommission einen Multisektoralen Regionalhilferahmen für große Investitionsvorhaben verabschiedet[232], der freilich nach seiner Ziff. 4.1. nur für einen Versuchszeitraum von drei Jahren bis zum 31.8.2001 in Kraft war. Dieser Gemeinschaftsrahmen verfolgt das Ziel, die höchstzulässigen Beihilfeintensitäten regionaler Investitionsbeihilfen bei Großvorhaben zu begrenzen.[233] Anwendbar war er auf Investitionsbeihilfen in allen Wirtschaftszweigen mit Ausnahme derjenigen, für die gemeinschaftliche Sondervorschriften für staatliche Beihilfen erlassen worden sind (Ziff. 1.3., dazu auch Rn. 36). Auch auf horizontale Beihilfen wie F&E-Beihilfen, Umweltschutzbeihilfen und R&U-Beihilfen findet er keine Anwendung (Ziff. 1.4.).

2. Abs. 3 lit. b)

a) 1. Alt.

Abs. 3 lit. b) 1. Alt. hat durch die Rechtsprechung bisher nur vage Konturen verliehen bekommen. Als wichtiges Vorhaben von gemeinsamem europäischen Interesse akzeptiert der EuGH jedenfalls von mehreren Mitgliedstaaten getragene Programme zur Bekämpfung einer gemeinsamen Gefahr wie der Umweltverschmutzung.[234] Die **Beteiligung mehrerer Mitgliedstaaten** mag zwar ein Indiz dafür sein, daß eine geförderte Maßnahme nicht nur im einzelstaatlichen Interesse, sondern im Gemeinschaftsinteresse liegt; notwendige Voraussetzung für die Anwendung von Abs. 3 lit. b) 1. Alt. sollte die Transnationalität aber nicht sein. Entscheidend ist vielmehr die **materielle Zielsetzung eines Vorhabens**. Insoweit ist anhand der gemeinschaftsrechtlichen Zielvorgaben – insbesondere den Art. 2 und 3 – zu fragen, ob das Vorhaben per saldo (unter Berücksichtigung der Nachteile) im besonderen Interesse der Gemeinschaft liegt.[235]

32

---

228 ABl.EG 1998 Nr.C 74/9. Vgl. auch den Entwurf einer Mitteilung der Kommission an die Mitgliedstaaten über die Regionalpolitik und die Wettbewerbspolitik – Die Konzentration und Kohärenz dieser Politikbereiche verstärken, ABl.EG 1998 C 90/3.
229 Vgl. dazu die Veröffentlichung der Kommission über Nationale Fördergebietsbevölkerungshöchstgrenzen im Rahmen der Anwendung der Ausnahmebestimmungen des Art. 92 Abs. 3 Buchstaben a) und c) EG-Vertrag für den Zeitraum 2000 bis 2006, ABL.EG 1999 Nr. C 16/4.
230 Es handelt sich derzeit in Deutschland um die neuen Bundesländer, vgl. Anlage B des dem Bundesaußenminister zugeleiteten Vorschlags der Kommission für Leitlinien im Bereich staatlicher Beihilfen mit regionaler Zielsetzung, SG(98) D/1570.
231 EuGH, Rs. C-169/95, Slg. 1997, I-135, Rn. 16 f. (Spanien/Kommission).
232 ABl.EG 1998 Nr. c 107/5.
233 Vgl. zu Einzelheiten *W. Mederer*, in: GTE, EU-/EGV, Art. 92, Rn. 181 ff.
234 EuGH, Verb. Rs. 62 und 72/87, Slg. 1988, 1573, Rn. 22 (Exécutif régional Wallon/Kommission); vgl. eingehender zur Interpretation dieser Passage *Cremer* (Fn. 44), S. 143 f.; vgl. zur Nichtanwendung von Abs. 3 lit. b) 1. Alt. seitens der Kommission auch EuGH, Rs. 730/79, Slg. 1980, 2701, Rn. 25 (Philip Morris/Kommission).
235 Dabei kann sowohl die *Summe* der Gemeinschaftsziele, zu denen eine Förderung beiträgt, als auch ein hoch anzusiedelnder Beitrag zur Verwirklichung *eines* Gemeinschaftsziels die besondere Förderungswirkung begründen, vgl. zu Einzelheiten *Cremer* (Fn. 44), S. 144 ff.

33 In der Vergangenheit hat die Kommission die Vorschrift auf Energieeinsparungs-[236] und Umweltschutzmaßnahmen[237] sowie auf den Flugzeugbau[238] angewandt. Zentraler Anwendungsbereich der Norm sind aber (transnationale) **Forschungs- und Entwicklungs-Beihilfen**,[239] wenn die Kommission auch insoweit ganz überwiegend Abs. 3 lit. c) heranzieht. Die Unterscheidung von lit. b) 1. Alt. und lit. c) ist von Bedeutung, weil bei der Anwendung von lit. b) 1. Alt. grundsätzlich höhere Beihilfeintensitäten zulässig sind.[240]

b) 2. Alt.

34 Diese Ausnahmebestimmung erfaßt nur erhebliche allgemeine wirtschaftliche Störungen, die die gesamte Wirtschaft oder jedenfalls mehrere Regionen oder Wirtschaftszweige eines Mitgliedstaats betreffen.[241] Sie wird von der Kommission nur sehr vorsichtig angewandt.[242]

3. Abs. 3 lit. c)

a) Allgemeines

35 Bei Abs. 3 lit. c)[243] handelt es sich um die am häufigsten angewandte Ausnahmebestimmung innerhalb der Abs. 2 und 3. Nach ihrem Wortlaut erfaßt die Norm sektorale (»gewisse Wirtschaftszweige«) und regionale Beihilfen (»gewisse Wirtschaftsgebiete«). In der Praxis fungiert Abs. 3 lit. c) zudem als Auffangtatbestand für horizontale (allgemeine) Beihilfen und Beihilfenprogramme.[244] Die Kommission hat in den bereits erwähnten **Gemeinschaftsrahmen, Leitlinien und Mitteilungen** sowie den **Durchführungsverordnungen für de-minimis-Beihilfen, Ausbildungsbeihilfen und Beihilfen für KMU** Kriterien veröffentlicht bzw. verabschiedet, nach denen verschiedene sektorale, regionale und horizontale Beihilfen zu beurteilen sind. Insbesondere enthalten sie Aussagen zu den jeweils höchstzulässigen Beihilfeintensitäten. Sachlich unterfallen viele Beihilfen mehreren dieser generellen Akte. Die Kommission hat diese deshalb insofern aufeinander abgestimmt, als sie in den Leitlinien, Gemeinschaftsrahmen und Mitteilungen Vorrangregeln aufgestellt hat bzw. bei Vorliegen mehrerer privilegierender Umstände eine Erhöhung[245] der grundsätzlich zulässigen Beihilfeintensität zuläßt. Gegen die Zulässigkeit und Ver-

---

236 Entscheidung der Kommission vom 15.12.1981, ABl.EG 1982 Nr. L 37/29.
237 Kommission, 16. Bericht über die Wettbewerbspolitik 1986, 1987, Ziff. 259.
238 Vgl. dazu *F.-H. Wenig*, in: GTE, EWGV, Art. 92, Rn. 52.
239 Vgl. die Nachweise bei *Cremer* (Fn. 44), S. 81 f. sowie Ziff. 5.11 des Gemeinschaftsrahmens für staatliche F&E-Beihilfen, ABl.EG 1996 Nr. C 45/5.
240 Gem. Ziff. 5.11 des Gemeinschaftsrahmens für staatliche F&E-Beihilfen im Grundsatz bis zu 50% für die sog. vorwettbewerbliche Entwicklung und bis zu 75% für die industrielle Forschung, vgl. ausführlicher *Cremer* (Fn66), S. 385 f.
241 EuG, verb. Rs. T-132/96 u.T-143/96, II-3663, Rn. 166 ff. (Sachsen und Volkswagen/Kommission); *F.-H. Wenig*, in: GTE, EWGV, Art. 92, Rn. 60; *G. von Wallenberg*, in: Grabitz/Hilf, EU, Art. 92, Rn. 51.
242 Nach der Erdölkrise – soweit ersichtlich – nur auf Griechenland in den Jahren 1987 und 1991, vgl. Kommission, 17. Bericht über die Wettbewerbspolitik 1987, 1988, Ziff. 186; 21. Bericht über die Wettbewerbspolitik 1991, 1992, Ziff. 251; vgl. auch EuGH, Rs. 730/79, Slg. 1980, 2701, Rn. 25 (Philip Morris/Kommission).
243 Die bisherige 2. Alt. von Abs. 3 lit. c) (Beihilfen für den Schiffbau, soweit sie am 1.1.1957 besstanden), die schon vorher ohne Bedeutung war, wurde durch den Amsterdamer Vertrag ersatzlos gestrichen.
244 Vgl. zur grundsätzlichen Rechtmäßigkeit dieser Praxis *F.-H. Wenig*, in: GTE, EWGV, Art. 92, Rn. 63. Wegen der mit horizontalen Beihilfen verbundenen geringeren Selektivität der Förderung sind die Auswirkungen auf den Wettbewerb zudem geringer als bei anderen Beihilfen.
245 Vgl. dazu exemplarisch für F&E-Beihilfen unten Rn. 38.

bindlichkeit der in den Leitlinien, Gemeinschaftsrahmen und Mitteilungen niedergelegten Grundsätze, durch welche die Kommission ihre Ermessensausübung bindet, bestehen keine grundsätzlichen gemeinschaftsrechtlichen Bedenken, soweit sie inhaltlich mit höherangigem Gemeinschaftsrecht (Primärrecht und Verordnungen gem. Art. 89 sowie auf deren Grundlage erlassene Durchführungsverordnungen) im Einklang stehen (dazu Art. 87 Rn. 1b) Diese Vorgaben entbinden jedoch nicht von der Prüfung, ob eine Beihilfe eine im Gemeinschaftsinteresse liegende Entwicklung fördert[246], zur Zielerreichung **notwendig** ist[247] und die Handelsbedingungen nicht in einer Weise verändert, die dem gemeinsamen Interesse zuwiderläuft.[248] Im folgenden wird ein Überblick über die Durchführungsverordnungen und die wichtigsten Leitlinien, Gemeinschaftsrahmen und Mitteilungen gegeben.

b) Sektorale Beihilfen
Sektorale Beihilfen sind Zuwendungen, die Unternehmen aus bestimmten Wirtschaftszweigen gezielt gewährt werden. Existieren derzeit auch verschiedene sektorspezifische Regeln über die Anwendung der Beihilfevorschriften, verfolgt die Kommission doch zunehmend das ordnungspolitisch motivierte Ziel ihre Beihilfenaufsichtspraxis auf alle Wirtschaftszweige einheitlich anzuwenden. So hebt sie in Ziff. 2 der Leitlinien für staatliche Beihilfen mit regionaler Zielsetzung[249] die Verpflichtung zur intersektorialen Neutralität hervor. Erläutert hat die Kommission ihre grundsätzlich ablehnende Haltung zur sektorspezifischen Regelungen und zur Bevorzugung einer horizontalen Perspektive in einer Mitteilung über die Industriepolitik aus dem Jahre 1990. Zudem hat sie 1994 die Einführung eines horizontalen Gemeinschaftsrahmen für staatliche Beihilfen zugunsten großer Investitionsvorhaben in sämtlichen Wirtschaftszweigen und das damit einhergehende Ziel der Abschaffung sektorspezifischer Regelungen angekündigt. Verabschiedet wurde aber 1998 für eine Probezeit von drei Jahren bis zum 31.8.2001 lediglich ein multisektoraler Regionalbeihilferahmen für große Investitionsvorhaben, während dessen Geltung zudem bestehende besondere Vorschriften für die Eisen- und Stahlindustrie, Schiffbau, Kfz-Industrie, Kunstfaser, Verkehr, Kohle, Landwirtschaft und Fischerei weiter anwendbar waren (vgl. dazu auch Rn. 31). Demzufolge gelten nach wie vor verschiedene sektorspezifische Sonderregelungen.[250] Für den **Schiffbau** hat der Rat zunächst mehrere Richtlinien[251] und sodann Verordnungen[252] erlassen. Für die **Kunstfaserindustrie** wurde angesichts der strukturellen Probleme der Branche bereits 1977 ein Beihilfekodex ver-

36

---

246 Vgl. dazu auch F.-H. Wenig, in: GTE, EWGV, Art. 92, Rn. 64.
247 Vgl. dazu auch Rn. 27.
248 Vgl. zu diesem letzten insbesondere für Rettungsbeihilfen bedeutenden Kriterium F.-H. Wenig, in: GTE, EWGV, Art. 92, Rn. 65.
249 ABl.EG 1998 Nr. C 74/9.
250 Für den Bereich der Textilindustrie sind die Regelungen seit Längerem ausgelaufen bzw. vom EuGH für unwirksam erklärt worden, dazu W. Mederer, in: GTE, EU-/EGV, Art. 92, Rn. 180; B. Bär-Bouyssière, in: Schwarze, EU-Kommentar, Art. 87 Rn. 82. Die Kommission hatte erstmals 1971 in einer Mitteilung an die Mitgliedstaaten allgemeine Grundsätze bekanntgegeben, nach denen sie Beihilfen in der Textilindustrie beurteilt, vgl. Erster Bericht über die Wettbewerbspolitik 1971, 1972, Ziff. 171.
251 Richtlinie Nr. 93/115/EG des Rates über Beihilfen für den Schiffbau, ABl.EG 1993 Nr. L 326/62, verlängert durch RL 94/73/EG, ABl.EG 1994 Nr. L 351/10; vgl. zu den vorangegangenen RL G. von Wallenberg, in: Grabitz/Hilf, EU, Art. 92, Rn. 86.
252 Verordnungen des Rates über Beihilfen für den Schiffbau: VO (EG) Nr. 3094/95 vom 22.12.1995, ABl.EG 1995 Nr. L 332/1; VO (EG) Nr. 1904/96 vom 27.9.1996, ABl.EG 1996 Nr. L 251/5; VO (EG) Nr. 2600/97 vom 19.12.1997, ABl.EG 1997 Nr. L 351/18 sowie die derzeit und bis Ende 2003 geltenden VO (EG) Nr. 1540/98 vom 29.6.1998, ABl.EG 1998 Nr. L 202/1. Vgl. zudem die VO (EG) Nr. 1013/97 des Rates vom 2.7.1997 über Beihilfen für bestimmten Werften, die zur Zeit umstrukturiert werden.

abschiedet, der mehrfach verlängert bzw. erneuert wurde. Der letzte Beihilfekodex für die Kunstfaserindustrie stammt aus dem Jahre 1996[253] und wurde 1999 unter Einbeziehung des multisektoralen Regionalbeihilferahmens für große Investitionsvorhaben bis zum 31.8.2001 verlängert. Dieser Beihilfekodex galt – anders als die meisten anderen Gemeinschaftsrahmen, Leitlinien und Mitteilungen – nicht nur für neue, sondern auch für bestehende Beihilfen. Für die **Kfz-Industrie** hat die Kommission erstmals 1989 einen Gemeinschaftsrahmen veröffentlicht[254] und diesen in der Folge verlängert und geändert.[255] Der letzte anwendbare Gemeinschaftsrahmen für staatliche Beihilfen in der Kfz-Industrie[256] galt seit dem 1.1.1998 für einen Zeitraum von drei Jahren. Für den **Landwirtschaftssektor**, in dem die Art. 87 f. nur gelten, soweit Verordnungen des Rates dies vorsehen (dazu Art. 36, insbesondere Rn. 9 ff.), hat die Kommission einen Gemeinschaftsrahmen für staatliche Beihilfen[257] verabschiedet, der für neue Beihilfen ab dem 1.1.2000 gilt. Bestehende Beihilfen sollen an diesen angepaßt werden. Für F&E-Beihilfen im Agrarbereich gilt der Gemeinschaftsrahmen für F&E-Beihilfen, der teils privilegierende Sonderregelungen für den Agrarsektor enthält (vgl. Art. 87 Rn. 39). Zudem hat die Kommission 1996 eine Mitteilung betreffend staatliche Beihilfen für kurzfristige Kredite in der Landwirtschaft verabschiedet.[258] Die Zulässigkeit von Werbung für bestimmte landwirtschaftliche Produkte richtet sich nach dem hierfür erlassenen Gemeinschaftsrahmen von 1987.[259] Auch für den **Fischereisektor**, in dem die Art. 87 f. ebenfalls nur gelten, soweit VO des Rates dies vorsehen, hat die Kommission einen Gemeinschaftsrahmen verabschiedet.[260] Unbefristet geltende Leitlinien existieren weiter für die den Art. 87 f. unterfallenden Bereiche des **Luftverkehrs**[261] und des **Seeverkehrs**[262] (vgl. zum Eisenbahn-, Straßen- und Binnenschiffahrtsverkehr die Kommentierung zu den Art. 73, 76 und 78). Für **nicht unter den EGKSV fallende Stahlbereiche** hat die Kommission ebenfalls eine Rahmenregelung[263] verabschiedet (vgl. im übrigen bezüglich Kohle und Stahl Rn. 4). Anknüpfend an die Richtlinie 96/92/EG des EP und des Rates vom 19.12.1996 betreffend gemeinsame Vorschriften für den Elektrizitätsbinnenmarkt hat die Kommission am 26.7.2001 für den Bereich der **Stromwirtschaft** eine Mitteilung über die Methode für die Analyse staatlicher Beihilfen in Verbindung mit verlorenen Kosten[264] verabschiedet.

c) **Regionalbeihilfen**

37 Abs. 3 lit. c) kommt auch für eine Genehmigung von Beihilfen für Unternehmen in unterentwickelten Gebieten in Betracht, wobei die wirtschaftlichen Schwierigkeiten weniger gravierend sein müssen als bei der Anwendung von Abs. 3 lit. a).[265] Folgerichtig ist

---

253 ABl.EG 1996 Nr. C 94/11; vgl. zur Entwicklung der Beihilfekodices in diesem Sektor G. *von Wallenberg*, in: Grabitz/Hilf, EU, Art. 92, Rn. 69.
254 ABl.EG 1989 Nr. C 123/3.
255 ABl.EG 1991 Nr. C 81/4; ABl.EG 1993 Nr. C 36/17 (vgl. zu dieser Verlängerung des Gemeinschaftsrahmens EuGH, Rs. C-135/93, Slg. 1995, I-1651, Rn. 32 ff. (Spanien/Kommission)); ABl.EG 1995 Nr. C 284/3.
256 ABl.EG 1997 Nr. C 279/1.
257 ABl.EG 2000 Nr. C 28/2.
258 ABl.EG 1996 Nr. C 44/3.
259 ABl.EG 1987 Nr. C 302/6.
260 ABl.EG 1997 Nr. C 100/12
261 Leitlinien zur Anwendung der Art. 92 und 93 des EGV sowie des Art. 61 EWR-Abkommen auf staatliche Beihilfen im Luftverkehr, ABl.EG 1994 Nr. C/5.
262 Leitlinien der Gemeinschaft für staatliche Beihilfen im Seeverkehr, ABl.EG 1997 Nr. C 205/5.
263 ABl.EG 1988 Nr. C 320/3.
264 Abrufbar im Internet unter http://europa.eu.int./comm/competition/index_de.html.
265 Auf Fördergebiete i.S. der Freistellungsvoraussetzung des Buchstaben a) entfielen Anfang 1998 22,7% der Gemeinschaftsbevölkerung gegenüber 24,0% der Fördergebiete im Rahmen der Ausnahmebestimmung des Buchstaben c), vgl. Ziff. 3.3., dort Fn. 11 der Leitlinien für staatliche Beihilfen mit regionaler Zielsetzung, ABl.EG 1998 Nr. C 74/9.

zulässige Förderungshöchstintensität bei Anwendung des Abs. 3 lit. c) niedriger als bei Anwendung von Abs. 3 lit. a). Die Kommission hat in **Leitlinien für staatliche Beihilfen mit regionaler Zielsetzung** (insbesondere Ziff. 3.6. bis 3.10.5.)[266] Kriterien zur Anwendung von Abs. 3 lit. c) auf Regionalbeihilfen niedergelegt. Die Förderungswürdigkeit eines Gebiets beurteilt sich nach seinem Bruttoinlandsprodukt pro Kopf und seiner strukturellen Arbeitslosigkeit. Die ermittelten Ergebnisse werden zum jeweiligen nationalen Niveau und zum Gemeinschaftsniveau in Bezug gesetzt. Die regionale Abweichung bezüglich des Einkommens muß mindestens 15% unter, die strukturelle Arbeitslosigkeit mindestens 10% über dem Landesdurchschnitt liegen. Je besser die Lage eines Mitgliedstaats im Vergleich zum Gemeinschaftsniveau ist, desto größer muß die Abweichung in der Region gemessen am nationalen Durchschnitt sein, um die Beihilfengewährung zu rechtfertigen. Dementsprechende Schwellenwerte hat die Kommission für sämtliche Mitgliedstaaten festgelegt und paßt sie jährlich an. Einzelbeihilfen im Rahmen eines genehmigten Regionalförderprogramms müssen die Mitgliedstaaten nur in Ausnahmefällen (sog. »sensible Sektoren«) notifizieren.[267] 1998 hat die Kommission einen Multisektoralen Regionalhilferahmen für große Investitionsvorhaben verabschiedet[268], der freilich nach seiner Ziff. 4.1. nur für einen Versuchszeitraum von drei Jahren bis zum 31.8.2001 in Kraft war (dazu auch Art. 87 Rn. 31).

d) Horizontale Beihilfen
aa) Umweltschutzbeihilfen
Am 3.2.2001 hat die Kommission einen neuen **Gemeinschaftsrahmen für staatliche Umweltschutzbeihilfen** im Amtsblatt veröffentlicht[269], der an diesem Tage in Kraft trat und bis Ende 2007 gilt.[270] Damit wurde der zweimal verlängerte Gemeinschaftsrahmen aus dem Jahre 1994[271] ersetzt. Nach dem neuen Gemeinschaftsrahmen[272] können Investitionsbeihilfen, die KMU in die Lage versetzen, neue verbindliche Gemeinschaftsnormen einzuhalten, in den ersten drei Jahre nach Annahme der neuen Gemeinschaftsnormen mit bis zu 15% der Bruttokosten genehmigt werden (Ziff. 28). Bis zu 30% der Bruttokosten können staatlicherseits für Investitionen übernommen werden, die zu einer Übererfüllung des umweltrechtlich Vorgeschriebenen führen oder die dazu dienen, nationalen Normen gerecht zu werden, die strenger als die geltenden Gemeinschaftsnormen sind (Ziff. 29). Für Investitionen im Energiesektor enthält der Gemeinschaftsrahmen Sonderregelungen (Ziff. 30–32).[273] Zudem gewährt er Zuschläge für Unternehmen in

38

---

266 ABl.EG 1998 Nr. C 74/9; vgl. zu den vorher angewandten Grundsätzen Mitteilung über die Methode zur Anwendung von Art. 92 Abs. 3 lit. a) und c) auf Regionalbeihilfen, ABl.EG 1988 Nr. C 212/2; Grundsätze zur Beurteilung von Regionalbeihilfen, ABl.EG 1979 Nr. C 31/9; 14. Bericht über die Wettbewerbspolitik 1984, 1985, Ziff. 278. Vgl. auch die Veröffentlichung der Kommission über Nationale Fördergebietsbevölkerungshöchstgrenzen im Rahmen der Anwendung des Art. 92 Abs. 3 Buchstaben a) und c) EG-Vertrag für den Zeitraum 2000 bis 2006, ABl.EG 1999 Nr. C 16/4.
267 EuGH, Rs. C-47/91, Slg. 1992, I-4115, Rn. 26 (Italien/Kommission); Rs. C-313/90, Slg. 1993, I-1125, Rn. 25 (CIRFS/Kommission).
268 ABl.EG 1998 Nr. c 107/5.
269 ABl.EG 2001 Nr. C 37/3. Vgl. zum neuen Gemeinschafsrahmen *M. S. Rydelski*, EuZW 2001, S. 458 ff.; *G. Apfelstedt*, ZNER 2001, S. 236 ff.
270 Zif. 89 des Gemeinschaftsrahmens.
271 ABl.EG 1994 Nr. C 72/3 und zu den Verlängerungen ABL.EG 2000 Nr. C 14/8; ABl.EG 2000 Nr. C 184/25; kritisch dazu *R. Quick*, Der Gemeinschaftsrahmen für staatliche Umweltschutzbeihilfen, EuZW 1994, S. 620 ff. Der vorher gültige erste Gemeinschaftsrahmen stammt aus dem Jahre 1974.
272 Vgl. zum Anwendungsbereich Ziff. 7 des Gemeinschaftsrahmens.
273 Vgl. zur Förderung erneuerbarer Energie und zur Kraft-Wärme-Kopplung, *W. Heller*, atw 2001, S. 131 ff.; zu Energieeinsparinvestitionen schon Kommission, 22. Bericht über die Wettbewerbspolitik 1992, 1993, Ziff. 451 ff.; 23. Bericht über die Wettbewerbspolitik 1993, 1994, Ziff. 384.

Fördergebieten (Ziff. 33 f.) und KMU (Ziff. 35). Schließlich enthält er Regelungen für Betriebsbeihilfen für die Abfallwirtschaft und für Energieeinsparungen (Ziff. 42 ff.).[274]

bb) F&E-Beihilfen

39 Die Kommission nimmt »seit jeher gegenüber staatlichen Beihilfen für Forschung und Entwicklung eine **befürwortende Haltung**« ein.[275] Zumeist wendet die Kommission Abs. 3 lit. c) auf Forschungs- und Entwicklungs-Beihilfen an (vgl. zur Anwendung von Art. 87 Abs. 3 lit. b) 1. Alt. auf Forschungs- und Entwicklungs-Beihilfen, Rn. 32). Grundlage dieser Praxis ist derzeit der zweite aus dem Jahre 1996 stammende **Gemeinschaftsrahmen für staatliche Forschungs- und Entwicklungs-Beihilfen**,[276] (hinsichtlich des Agrarsektors) geändert im Jahre 1998[277], der bezüglich der höchstzulässigen Beihilfeintensitäten für F&E-Beihilfen großzügiger ist als sein Vorgänger aus dem Jahre 1986[278]. Diese Entwicklung ist wohl auf die im Vergleich zum ersten Gemeinschaftsrahmen großzügigeren Regeln im WTO-Subventionskodex[279] zurückzuführen.[280] **Zentrales Kriterium** für die Bemessung der höchst zulässigen Beihilfeintensität ist die **Marktnähe bzw. -ferne** des Forschungsvorhabens.[281] Insoweit unterscheidet der Gemeinschaftsrahmen Grundlagenforschung, industrielle Forschung und die sog. vorwettbewerbliche Entwicklung.[282] Soweit die Grundlagenforschung Art. 87 Abs. 1 überhaupt unterfällt,[283] kommt nach der allerdings mißverständlichen[284] Formulierung in Ziff. 5.2. Abs. 2 des Gemeinschaftsrahmens eine Beihilfeintensität von bis zu 100% in Betracht. Vorbehaltlich privilegierender Umstände im Einzelfall[285] ist bei der Anwendung von Abs. 3 lit. c)[286] für die industrielle Forschung gem. Ziff. 5.3. des Gemeinschaftsrahmens eine Bruttobeihilfenintensität von 50% und für die sog. vorwettbewerbliche Entwicklung gem. Ziff. 5.5. von 25% zulässig.[287] Die Kumulierung von bei Vorliegen mehrerer privilegierender Umstände (Ziff. 5.10.1 bis 5.10.4) zulässigen Zuschläge darf eine Bruttobeihilfenintensität von 75% im Bereich der industriellen Forschung und von 50% für die vorwettbewerbliche Entwicklung nicht überschreiten. Nach Ziff. 5.14 des Gemeinschaftsrahmens, welche durch die Änderung von 1998[288] in diesen eingefügt wurde,

---

274 Vgl. zur Kumulierung von Beihilfen verschiedener Herkunft Ziff. 74 des Gemeinschaftsrahmens.
275 Ziff. 1.9. des Gemeinschaftsrahmens für staatliche F&E-Beihilfen, ABl.EG 1996 Nr. C 45/5; vgl. auch Kommission, Die Forschungspolitik der Europäischen Gemeinschaft, 1980; dies., Politik der industriellen Innovation – Leitlinien für eine Gemeinschaftsstrategie, KOM (81) 620 endg.; dies., Vademecum der EG-Forschungsförderung, 1987.
276 ABl.EG 1996 Nr. C 45/5.
277 ABl.EG 1998 Nr. C 48/2.
278 ABl.EG 1986 Nr. C 83/2, vgl. zu den wesentlichen Unterschieden *Cremer* (Fn. 66), S. 386.
279 Danach sind 75% Brutto für die industrielle Forschung und 50 % Brutto für die sog. vorwettbewerbliche Entwicklung zulässig.
280 Vgl. zu diesem Einfluß Kommission, 24. Bericht über die Wettbewerbspolitik 1994, 1995, Ziff. 383 sowie Ziff. 1.11. des Gemeinschaftsrahmens für staatliche F.u.E.-Beihilfen aus dem Jahre 1996.
281 Vgl. zu weiteren additiv zu berücksichtigenden Kriterien *Cremer* (Fn. 66), S. 386 f.
282 Vgl. zu den Definitionen der verschiedenen Forschungsstufen Anh. I des Gemeinschaftsrahmens.
283 Mangels Bestimmbarkeit eines relevanten Marktes ist dies bei der Grundlagenforschung m. E. nie der Fall, vgl. ausführlich *Cremer* (Fn. 44), S. 56 ff.
284 Vgl. dazu *Cremer* (Fn. 66), S. 381 und 385.
285 Z.B. Zuschläge von 10 % für KMU (Ziff. 5.10.1) oder für Forschungsprojekte in einem Art. 87 Abs. 3 lit. a)-Gebiet (Ziff. 5.10.2).
286 Vgl. zu den zulässigen Beihilfeintensitäten bei Anwendung von Abs. 3 lit. b) 1. Alt., Rn. 32 mit Fn.178.
287 Vgl. zur Pflicht, F&E-Beihilfen zu notifizieren, Ziff. 4 des Gemeinschaftsrahmens.
288 ABl.EG 1998 Nr. C 48/2.

kann für F&E-Beihilfen im Agrarsektor unter den dort genannten Voraussetzungen eine Beihilfeintensität von 100% zugelassen werden. Gem. Ziff. 9 des Gemeinschaftsrahmens wird die Kommission die Anwendung des unbefristet geltenden Gemeinschaftsrahmen nach fünf Jahren (Anfang 2001) überprüfen. Eine dementsprechende Veröffentlichung steht derzeit noch aus.

cc) KMU-Beihilfen

Im Jahre 1992 hat die Kommission den ersten und im Jahre 1996 den zweiten Gemeinschaftsrahmen für staatliche Beihilfen an kleine und mittlere Unternehmen (KMU) verabschiedet.[289] Nunmehr hat die Kommission am 12.1.2001 die bereits erwähnte **Durchführungsverordnung zur Anwendung der Art. 87 und 88 EGV auf staatliche Beihilfen an KMU (KMU-Verordnung)**[290] verabschiedet,[291] die gem. Art. 10 KMU-Verordnung bis zum 31.12.2006 gilt. Die Verordnung ist auf Beihilfen für KMU[292] in allen Wirtschaftsbereichen anwendbar. Dies gilt freilich unbeschadet besonderer Verordnungen oder Richtlinien der Gemeinschaft über die Gewährung staatlicher Beihilfen in bestimmten Wirtschaftszweigen, gleich ob diese restriktiver oder weniger restriktiv sind. Nach Art. 3 Abs. 1 der KMU-Verordnung sind Beihilfen, die alle Voraussetzungen der KMU-Verordnung erfüllen, nach Art. 87 Abs. 3 mit dem Gemeinsamen Markt vereinbar und unterliegen nicht der Anmeldungspflicht des Art. 88 Abs. 3. Die Mitgliedstaaten müssen KMU-Beihilfen gem. Art. 9 Abs. 1 KMU-Verordnung der Kommission lediglich binnen 20 Arbeitstagen nach Erlaß einer Beihilferegelung oder Gewährung einer Einzelbeihilfe mitteilen. Um die materiellen Freistellungsvoraussetzungen der KMU-Verordnung zu erfüllen, dürfen insbesondere bestimmte höchstzulässige Beihilfeintensitäten nicht überschritten werden. Dabei differenziert die KMU-Verordnung hinsichtlich der Art der Beihilfe sowie zwischen kleinen und mittleren Unternehmen. Für Investitionen in Sachanlagen und in immaterielle Anlagewerte ist maximal eine Bruttobeihilfeintensität von 15 % für kleine Unternehmen und von 7,5 % für mittlere Unternehmen zulässig (Art. 4 Abs. 2), wobei bei Art. 87 Abs. 3 lit. c)-Gebieten ein Zuschlag von weiteren 10 % und bei Art. 87 Abs. 3 lit. a)-Gebieten von weiteren 15 % zulässig ist (Art. 4 Abs. 3). Bei Beihilfen für Beratung und sonstige Unternehmensdienstleistungen darf die Bruttobeihilfe gem. Art. 5 KMU-Verordnung 50 % der (Mehr)kosten nicht übersteigen. Art. 6 KMU-Verordnung enthält Sonderregelungen für Einzelbeihilfen zu Gunsten größerer Vorhaben und Art. 8 KMU-Verordnung eine Regelung über die Kumulierung.

dd) Rettungs- und Umstrukturierungsbeihilfen

Die Kommission hat ihre erstmals 1979 dokumentierte Politik gegenüber Rettungs- und Umstrukturierungsbeihilfen[293] in **Leitlinien für die Beurteilung von staatlichen Beihilfen zur Rettung und Umstrukturierung von Unternehmen in Schwierigkeiten** aus den Jahren 1994 und 1997 (Sonderregelungen für die Landwirtschaft) revidiert und aktualisiert.[294] Diese wurden im Juli 1999 durch neue Leitlinien[295] mit einer Laufzeit von fünf Jahren, die

---

289 ABl.EG 1992 Nr. C 213/2; ABl.EG 1996 Nr. C 213/4.
290 ABl.EG 2001 Nr. L 10/33.
291 Vgl. dazu auch C. König/J. Kühling, Beihilfen an kleine und mittlere Unternehmen (KMU) unter Berücksichtigung der geplanten EG-Verordnung für KMU, EuZW 2000, DVBl. 2000, S. 1025 ff.; A. Bartosch (Fn. 12), insbesondere S. 924 f.
292 Vgl. zur Definition von KMU Empfehlung der Kommission vom 3.4.1996, ABl.EG 1996 Nr. L 107/4; übernommen in der KMU-Verordnung, Anhang I. Vgl. zu weiteren Begriffsbestimmungen Art. 2 KMU-Verordnung.
293 Kommission, 8. Bericht über die Wettbewerbspolitik 1978, 1979, Ziff. 27 f., gebilligt durch den EuGH, Rs. C-303/88, Slg. 1991, I-1433, Rn. 37 (Italien/Kommission); Rs. C-305/89, Slg. 1991, I-1603, Rn. 35 (Italien/Kommission).
294 ABl.EG 1994 Nr. C 368/12; ABl.EG 1997 Nr. C 283/2.
295 ABl.EG 1999 Nr. C 288/1.

die Landwirtschaft miteinbeziehen (Rn. 70 ff.), ersetzt. Sie unterwerfen R&U-Beihilfen nunmehr einer (noch) strengeren Kontrolle. Die Leitlinien gelten grundsätzlich für alle Wirtschaftszweige, mit Ausnahme derjenigen, die unter den EGKSV fallen; sektorielle Regelungen für Unternehmen in Schwierigkeiten bleiben davon indes unberührt (Rn. 12).[296] Abgesehen von Beihilfen i.S.v. Art. 87 Abs. 2 lit. b),[297] die von den Leitlinien nicht erfaßt werden, kommt für die Genehmigung von R&U-Beihilfen nur Art. 87 Abs. 3 lit. c) in Betracht (Rn. 20). Dabei trägt die Kommission regionalen Erwägungen Rechnung, wenn Unternehmen begünstigt werden, die sich in Fördergebieten befinden (Rn. 20, 53 f.). Auch KMU erhalten R&U-Beihilfen unter erleichterten Voraussetzungen (Rn. 55 und 64 ff.). Für die einzelnen Voraussetzungen, unter denen Rettungsbeihilfen genehmigt werden, sei auf den Abschnitt 3.1 des Gemeinschaftsrahmens (Rn. 23 ff.) und für Umstrukturierungsbeihilfen auf den Abschnitt 3.2 des Gemeinschaftsrahmens (Rn. 28 ff.)[298] verwiesen.

ee) Ausfuhrbeihilfen

42 Beihilfen für **Exporte in andere Mitgliedstaaten** sind nicht genehmigungsfähig und werden von der Kommission konsequent verfolgt und unterbunden.[299] Nicht als Ausfuhrbeihilfen zu qualifizieren sind Beihilfen für die Teilnahme an Messen sowie für Studien und Beratungsmaßnahmen, die zur Produkteinführung erforderlich sind; soweit sie KMU gewährt werden, sind sie nach Maßgabe von Art. 5 der de-minimis-Verordnung Nr. 70/2001[300] genehmigungsfähig. **Außenausfuhrbeihilfen** dürfen zunächst den Grundsätzen der gemeinsamen Handelspolitik und internationalen Rechtsvorschriften[301] nicht widersprechen. Daneben ist Art. 87 anwendbar, wobei insoweit vor allem zu prüfen ist, ob die Beihilfe mittelbar auch wettbewerbsverfälschende Auswirkungen auf den innergemeinschaftlichen Handel hat.[302] Freilich hat die Kommission Außenausfuhrbeihilfen bislang selten beanstandet.[303] Die in der Vergangenheit großzügige Haltung gegenüber Exportkreditversicherungen hat die Kommission mittlerweile indes revidiert[304] und ihre Position in einer Mitteilung zur Anwendung der Art. 92 und 93 EGV auf kurzfristige **Exportkreditversicherungen**[305] niedergelegt.

ff) Ausbildungsbeihilfen

42 a 1998 hat die Kommission einen Gemeinschaftsrahmen für Ausbildungsbeihilfen[306] und im Januar 2001 die bereits erwähnte **Durchführungsverordnung für die Anwendung der**

---

296 Etwa Schiffbau, Kfz-Industrie und Luftverkehr.
297 Vgl. zur Anwendbarkeit von Art. 87 auf R&U-Beihilfen Rn. 13 ff. der Leitlinien.
298 Vgl zu Umstrukturierungsbeihilfen EuG, Rs. T-110/97, Slg. 1999, II-2881 (Kneissl/Kommission); Rs. T-123/97, Slg. 1999, II-2925 (Salomon/Kommission) sowie die Nachweise zu Kommissions- und Gerichtsentscheidungen bei *B. Bär-Bouyssière*, in: Schwarze, EU-Kommentar, Art. 87 Rn. 102.
299 EuGH, Rs. 6 u. 11/69, Slg. 1969, 523, 540 (Frankreich/Kommission); weitere Nachweise aus der Kommissionspraxis bei *W. Mederer*, in: GTE, EU-/EGV, Art. 92, Rn. 203; *G. von Wallenberg*, in: Grabitz/Hilf, EU, Art. 92, Rn. 78.
300 ABl.EG 2001 Nr. L 10/33.
301 Zu nennen ist vor allem das Übereinkommen über Subventionen und Ausgleichsmaßnahmen im Rahmen der Uruguay-Runde des GATT, ABl.EG 1994 Nr. L 336/156; instruktiv *S. Ohlhoff*, Verbotene Beihilfen nach dem Subventionsabkommen der WTO im Lichte aktueller Rechtsprechung, EuZW 2000, S. 645 ff.
302 Vgl. EuGH, Rs. C-142/87, Slg. 1990, I-959, Rn. 40 (Belgien/Kommission).
303 Näher dazu *W. Mederer*, in: GTE, EU-/EGV, Art. 92, Rn. 204; *F.-H. Wenig*, in: GTE, EWGV, Art. 92, Rn. 76.
304 Kommission, 22. Bericht über die Wettbewerbspolitik 1992, 1993, Ziff. 3.39.; 23. Bericht über die Wettbewerbspolitik 1993, 1994, Ziff. 382; vgl. dazu auch EuGH, Rs. C-63/89, Slg. 1991, I-1799, Rn. 24 (Assurances du Crédit und Cobac/Rat und Kommission).
305 ABl.EG 1997 Nr. C 281/4.
306 ABl.EG 1998 Nr. C 343/10.

Art. 87 und 88 EGV auf Ausbildungsbeihilfen (Ausbildungsverordnung)[307] verabschiedet, die gem. Art. 8 Ausbildungsverordnung bis zum 31.12.2006 gilt. Die Verordnung gilt gem. Art. 1 für Ausbildungsbeihilfen in allen Wirtschaftsbereichen. Nach Art. 3 Ausbildungsverordnung sind Beihilfen, die alle Voraussetzungen der Ausbildungsverordnung erfüllen, nach Art. 87 Abs. 3 mit dem Gemeinsamen Markt vereinbar und unterliegen nicht der **Anmeldungspflicht des Art. 88 Abs. 3**, wobei die Norm hinsichtlich der zu erfüllenden Voraussetzungen zwischen außerhalb von Beihilferegelungen gewährten Einzelbeihilfen und Beihilferegelungen differenziert. Die Mitgliedstaaten müssen Ausbildungsbeihilfen gem. Art. 7 Abs. 1 Ausbildungsverordnung der Kommission lediglich binnen 20 Arbeitstagen nach Erlaß einer Beihilferegelung oder Gewährung einer Einzelbeihilfe mitteilen. Um die materiellen Freistellungsvoraussetzungen der KMU-Verordnung zu erfüllen, dürfen insbesondere bestimmte höchstzulässige Beihilfeintensitäten nicht überschritten werden. Dabei differenziert die Ausbildungsverordnung zwischen »spezifischen Ausbildungsmaßnahmen« und »allgemeinen Ausbildungsmaßnahmen«[308] sowie zwischen KMU[309] und Großunternehmen. Nach Art. 4 Abs. 2 Ausbildungsverordnung darf die Beihilfeintensität für **spezifische Ausbildungsmaßnahmen** bei Großunternehmen 25% und bei KMU 35% der beihilfefähigen Kosten (vgl. dazu Art. 4 Abs. 7 Ausbildungsverordnung) nicht überschreiten. Für Unternehmen in Fördergebieten i.S.v. Art. 87 Abs. 3 lit. c) ist ein Aufschlag von 5% und für Unternehmen in Fördergebieten i.S.v. Art. 87 Abs. 3 lit. a) ein Aufschlag von 10% zulässig. Für **allgemeine Ausbildungsmaßnahmen** darf die Beihilfeintensität nach Art. 4 Abs. 3 Ausbildungsverordnung bei Großunternehmen 50% und bei KMU 70% der beihilfefähigen Kosten nicht überschreiten.[310] Auch diesbezüglich ist für Unternehmen in Fördergebieten ein Zuschlag von 5% bzw. 10% zulässig. Die zulässigen Beihilfehöchstintensitäten nach Art. 4 Abs. 2 und 3 erhöhen sich um 10%, wenn eine Ausbildungsbeihilfe zugunsten von **benachteiligten Arbeitnehmern** gewährt wird. Für den Bereich des Seeverkehrs enthält Art. 4 Abs. 6 Ausbildungsverordnung eine Sonderregelung, die unter den dort genannten Voraussetzungen eine Beihilfeintensität von 100% erlaubt. Gem. Art. 5 Ausbildungsverordnung gilt die Freistellung nicht für Beihilfen, deren Höhe für ein einzelnes Ausbildungsvorhaben eines Unternehmens 1 Mio. EUR übersteigt. Art. 6 Ausbildungsverordnung regelt die Kumulierung von Beihilfen.

gg) Beschäftigungsbeihilfen

Im Dezember 1995 hat die Kommission Leitlinien über Beschäftigungsbeihilfen verabschiedet,[311] die Grundsätze über die Anwendung der Beihilfevorschriften auf Maßnahmen enthalten, welche finanzielle Anreize für die Beschäftigung setzen. Nach Ziff. 30 der Leitlinien legt die Kommission fünf Jahre nach deren Inkrafttreten einen Bericht über deren Anwendung vor. Im Anschluß an diesen am 21.12.2000 vorgelegten Bericht[312] hat die Kommission mitgeteilt, daß sie Beschäftigungsbeihilfen solange gem. den Leitlinien von 1995 würdigen wird, bis neue Leitlinien oder eine Freistellungsverord-

42 b

---

307 ABl.EG 2001 Nr. L 10/20; vgl. dazu auch *Bartosch* (Fn. 12), insbesondere S. 925.
308 Vgl. zu den Begriffen »spezifische Ausbildungsmaßnahmen« und »allgemeine Ausbildungsmaßnahmen« Art. 2 lit. d) und e) Ausbildungsverordnung; in Art. 2 Ausbildungsverordnung auch zu weiteren Begriffsbestimmungen.
309 Vgl. zur Definition von KMU Empfehlung der Kommission vom 3.4.1996, ABl.EG 1996 Nr. L 107/4; übernommen in der Ausbildungsverordnung, Anhang I.
310 Bei Beihilfen für Ausbildungsmaßnahmen, die sowohl spezifische als auch allgemein verwertbare Qualifikationen vermitteln, bestimmt sich die Beihilfehöchstintensität gem. Art. 4 Abs. 5 S. 1 Ausbildungsverordnung nach Art. 4 Abs. 2 Ausbildungsverordnung. Gleiches gilt gem. Art. 4 Abs. 5 S. 2 Ausbildungsverordnung bei unüberwindbaren Abgrenzungsproblemen.
311 ABl. 1995 Nr. C 334/4.
312 Abrufbar im Internet unter http://europa.eu.int/comm/competition/index_de.html.

nung für Beschäftigungsbeihilfen in Kraft treten.[313] Hinsichtlich des Anwendungsbereichs der Leitlinien stellen diese in Ziff. 5 klar, daß viele beschäftigungspolitische Maßnahmen schon Art. 87 Abs. 1 nicht unterfallen, namentlich Beihilfen an Einzelpersonen, die nicht bestimmte Unternehmen oder bestimmte Produktionszweige begünstigen, Beihilfen, die den Handel zwischen den Mitgliedstaaten nicht beeinträchtigen, sowie »allgemeine Maßnahmen (Einzelheiten in den Ziff. 6 bis 9). Gem. Ziff. 10 der Leitlinien sind Maßnahmen im Zusammenhang mit Investitionsvorhaben keine Beschäftigungsbeihilfen. In ihren allgemeinen Bemerkungen (Ziff. 11 bis 13) weist die Kommission angesichts der mit Vergabe von Beschäftigungsbeihilfen verbundenen Gefahren für den Wettbewerb und einer möglichen bloßen Verlagerung der Probleme auf die Notwendigkeit einer strikten Kontrolle solcher Beihilfen hin, nimmt aber andererseits gegenüber genuinen Beschäftigungsbeihilfen eine grundsätzlich positive Haltung ein.[314] Letzteres gilt insbesondere, wenn diese der Eingliederung schwer in den Arbeitsmarkt zu integrierender Personen dienen. Die Kommission unterscheidet zwischen Beihilfen für die Schaffung von Arbeitsplätzen und Beihilfen für die Erhaltung von Arbeitsplätzen (Ziff. 15 ff.). **Beihilfen für die Schaffung neuer Arbeitsplätze** sind vor allem dann mit dem Gemeinsamen Markt vereinbar, wenn sie KMU oder Unternehmen in Fördergebieten begünstigen. Jenseits dessen sind Beihilfen für schwer vermittelbare Arbeitskräfte auch dann zulässig, wenn sie nicht zur Netto-Schaffung von neuen Arbeitsplätzen führen. Dabei überprüft die Kommission, ob der geförderte Arbeitsplatz hinreichend dauerhaft ist. Die Beihilfe selbst muß in Höhe und Dauer angemessen sein. Besonders wohlwollend beurteilt die Kommission die Schaffung beihilfebegünstigter Arbeitsplätze, wenn damit eine berufliche Bildung oder Umschulung des Arbeitnehmers einhergeht (Ziff. 21 5. Spiegelstrich). Beihilfen zur Arbeitsplatzschaffung, welche gezielt Produktionsbereiche mit Überkapazitäten oder in Krisenlagen fördern, beurteilt die Kommission grundsätzlich skeptisch (Ziff. 23 Abs. 1, 2). Dagegen beurteilt sie Beihilfen zur Schaffung von Arbeitsplätzen besonders positiv, wenn sie Marktnischen oder Teilmärkte mit besonderem Beschäftigungswachstumspotential betreffen (Ziff. 23 Abs. 3). **Beihilfen zur Erhaltung von Arbeitsplätzen** können nach Ziff. 22 Abs. 1, 2 der Leitlinien nur genehmigt werden, wenn die Bedingungen von Art. 87 Abs. 2 lit. b) erfüllt sind (Naturkatastrophen etc.) sowie in Fördergebieten i.S.v. Art. 87 Abs. 3 lit. a). Beschäftigungsbeihilfen im Zusammenhang mit Umstrukturierungsmaßnahmen werden nach den entsprechenden Leitlinien beurteilt (Ziff. 22 Abs. 3). Neue Beihilfen i.S. dieser Leitlinien müssen nach Art. 88 Abs. 3 notifiziert werden, werden wegen ihre Dringlichkeit (gegenwärtige Beschäftigungskrise) aber in einem beschleunigten Verfahren geprüft (vgl. zu Einzelheiten Ziff. 26).

hh) Betriebsbeihilfen

42 c Betriebsbeihilfen unterfallen grundsätzlich nicht dem Anwendungsbereich des Art. 87 Abs. 3.[315] Lediglich in den Förderregionen des Art. 87 Abs. 3 lit. a) können sie im Ausnahmefall gewährt werden, wenn die Beihilfe geeignet ist, zu einer dauerhaften und ausgeglichenen wirtschaftlichen Entwicklung beizutragen.[316]

ii) Sonstige Beihilferegelungen

42 d Des weiteren hat die Kommission Mitteilungen zu staatlichen Beihilfen und Risikokapital,[317] über die Anwendung der Beihilfevorschriften im Bereich der direkten Unternehmensbesteuerung,[318] über die Anwendung der Art. 87 und 88 EGV auf staatliche Bei-

---

313 ABl.EG 2000 Nr. C 371/5.
314 So auch Ziff. 3 a.E. der Leitlinien.
315 EuGH, Rs. C-288/96, Slg. 2000, I-8237, Rn. 90 (Deutschland/Kommission).
316 EuGH, Rs. C-156/98, Urt. v. 19.9.2000, Rn. 68 (Deutschland/Kommission) = EuZW 2000, S. 723.
317 ABl.EG 2001, Nr. C 235/3.
318 ABl.EG 1998 Nr. C 384/3.

hilfen in Form von Haftungsverpflichtungen und Bürgschaften,[319] betreffend Elemente staatlicher Beihilfe bei Verkäufen von Bauten oder Grundstücken durch die öffentliche Hand,[320] über Leistungen der Daseinsvorsorge in Europa,[321] einen Gemeinschaftsrahmen für staatliche Beihilfen an Unternehmen in benachteiligten Stadtgebieten[322] und Leitlinien zur Überwachung von Beihilfen und der Verringerung von Arbeitskosten[323] verabschiedet.

4. Abs. 3 lit. d)

Abs. 3 lit. d) wurde gemeinsam mit Art. 151 (Art. 128 a.F. EGV), der die Aufgaben und Zielsetzungen der Gemeinschaft im Bereich der Kultur[324] beschreibt, durch den Vertrag von Maastricht in den EGV eingefügt. Die Kommission hatte schon vorher unter Anwendung von Abs. 3 lit. c) oder b) gegenüber **Kulturbeihilfen** eine **positive Haltung** eingenommen[325], sofern die Förderung Staatsangehörige anderer Mitgliedstaaten nicht diskriminierte.[326] Durch die Einfügung von lit. d) wurden die Freistellungsvoraussetzungen bezüglich Kulturbeihilfen jedenfalls nicht verschärft.[327] Gegenteiliges ist auch der Genehmigungspraxis der Kommission nicht zu entnehmen.[328] Bzgl. der Finanzierung des **öffentlich-rechtlichen Rundfunks** ist eine Anwendung von lit. d) nach dem Preussen-Elektra-Urteils zumindest weitgehend nicht mehr erforderlich, weil bereits der Tatbestand des Art. 87 Abs. 1 nicht erfüllt ist (vgl. dazu Rn. 18). Zudem ist im Bereich der Kulturförderung nach der Anwendbarkeit von Art. 86 Abs. 2 zu fragen, den die Kommission in der Vergangenheit z.b. im Zusammenhang mit einer Finanzierung des öffentlich-rechtlichen Rundfunks mehrfach für einschlägig gehalten hat.[329] In der Entscheidung CELF hat die Kommission entgegen dem Petitum Frankreichs allerdings die Anwendbarkeit von Art. 86 Abs. 2 dahinstehen lassen, weil sie Art. 87 Abs. 3 lit. d) für anwendbar hielt.[330] Der EuGH hat diese Vorgehensweise bestätigt, weil selbst im Falle einer Anwendbarkeit von Art. 86 Abs. 2 die Anmeldepflicht nach Art. 88 Abs. 3 S. 3 nicht entfalle.[331]

43

---

319 ABl.EG 2000 Nr. 71/1.
320 ABl.EG Nr. C 209/3; vgl. auch *C.König/J. Kühling*, Grundstücksveräußerungen der öffentlichen Hand, planerischer Wandel und EG-Beihilfenrecht, NZBau 2001, S. 409 ff.
321 ABl.EG 2000 Nr. C 17/4.
322 ABl.EG 1997 Nr. C 146/8; dazu W. *Mederer*, in: GTE, EU-/EGV, Art. 92, Rn. 176.
323 ABl.EG 1997 Nr. C 1/10; dazu *B. Bär-Bouyssière*, in: Schwarze, EU-Kommentar, Art. 87 Rn. 110.
324 Vgl. zum Begriff Kultur Art. 151 Rn. 2; Kommission, 28. Bericht über die Wettbewerbspolitik 1998, 1999, Ziff. 275; EuGH, Rs. C-32/98, Slg. 2000, I (Frankreich/Kommission).
325 Vgl. zur Abhängigkeit des Kulturbereichs von staatlicher Subventionierung *G. Ress*, Kultur und europäischer Binnenmarkt, 1991, S. 24.
326 Kommission, 9. Bericht über die Wettbewerbspolitik 1979, 1980, Ziff. 239; 22. Bericht über die Wettbewerbspolitik 1992, 1993, Ziff. 441–444; 23. Bericht über die Wettbewerbspolitik 1993, 1994, Ziff. 172–174 u. 543 f.
327 *F. Rawlinson*, in: Lenz, EGV, Art. 87, Rn. 33, sieht im Vergleich zum vorher (vor allem) einschlägigen lit. c) bezüglich der Freistellungsvoraussetzungen keinen Unterschied, während *G. von Wallenberg*, in: Grabitz/Hilf, EU, Art. 92, Rn. 84 b, in lit. d) gar erleichterte Anforderungen ausmacht. Vgl. zur Auslegung auch W. *Mederer*, in: GTE, EU-/EGV, Art. 92, Rn. 209.
328 Zu vier Anwendungsfällen der Art. 87 Abs. 3 lit. d) vgl. Kommission, 28. Bericht über die Wettbewerbspolitik 1998, 1999, Ziff. 274 f.; vgl. auch *C. König/J. Kühling*, Mitgliedstaatliche Kulturförderung und gemeinschaftliche Beihilfekontrolle durch die EG-Kommission, EuZW 2000, S. 197 ff.
329 Vgl. dazu *König/Kühling* (Fn. 169), S. 538.
330 Dazu Kommission, 28. Bericht über die Wettbewerbspolitik 1998, 1999, Ziff. 275 und EuGH, Rs. C-332, Slg. 2000, I-4849, Rn. 23 (Frankreich/Kommission).
331 EuGH, Rs. C-332, Slg. 2000, I-4849, Rn. 31 ff. (Frankreich/Kommission).

5. Abs. 3 lit. e)

44 U.a. auf Grundlage von Abs. 3 lit. d) wurden – wie bereits ausgeführt –[332] seit 1969 Richtlinien und seit 1996 Verordnungen über Beihilfen für den **Schiffbau** erlassen. Weitere Anwendungsfälle hat es bislang nicht gegeben.

E. Gemeinschaftsbeihilfen

45 Die Art. 87 ff. sind nach ihrem eindeutigen Wortlaut auf die Vergabe von Gemeinschaftsbeihilfen nicht anwendbar. Der Verbotstatbestand des Art. 87 Abs. 1 setzt eine aus staatlichen Mitteln gewährte Zuwendung voraus. Dennoch unterliegt auch die Gemeinschaft bei der Vergabe eigener Beihilfen wettbewerbsrechtlichen Bindungen.[333] Gemeinschaftsbeihilfen sind am Grundsatz des freien Wettbewerbs zu messen. Die Beihilfen müssen notwendig sein, um zur Erreichung eines Gemeinschaftsziels beizutragen. Zudem müssen die mit einer Gemeinschaftsbeihilfe verfolgten Ziele mit dem Grundsatz des freien Wettbewerbs abgewogen werden, wobei auch die übrigen Gemeinschaftsziele (insbesondere das komplexe Zielgemenge der Art. 2 und 3) Berücksichtigung finden dürfen. Insoweit ist den Gemeinschaftsorganen ein weitreichender Entscheidungsspielraum einzuräumen, der über den im Rahmen ihrer Aufsichtsbefugnisse nach Art. 87 f. bestehenden Spielraum hinausgeht.[334] An den Grundsätzen des freien Waren- und Dienstleistungsverkehrs sind Gemeinschaftsbeihilfen dagegen nicht zu messen. Zwar sind die Freiverkehrsregeln grundsätzlich auch von der Gemeinschaft zu beachten,[335] bei der Vergabe von Gemeinschaftsbeihilfen kommt eine solche Bindung aus Spezialitätsgesichtspunkten dagegen nicht in Betracht.[336]

F. Verhältnis der Art. 87 f. zu anderen Vertragsvorschriften

46 Im folgenden wird das Verhältnis der Art. 87 f. zu den Art. 28 ff., 49 ff. und 12 erörtert.[337]

47 Aus der *Dassonville*-Rechtsprechung des Gerichtshofs[338] folgt zwanglos, daß die Vergabe staatlicher Beihilfen eine von Art. 28 erfaßte Beschränkung des freien Warenverkehrs

---

332 Vgl. dazu Fn. 251 und 252.
333 Dies wird auch in der Literatur überwiegend angenommen, wobei Reichweite und Intensität je nach Begründungsansatz differieren, vgl. *Caspari* (Fn. 41), S. 79 f.; *F.-H. Wenig*, in: GTE, EWGV, Vorbem. Art. 92–94, Rn. 4; *J. Thiesing*, in: GBTE, EWGV, 3. Aufl. 1983, Vorbem. Art. 92–94, Rn. 13. Vgl. zur Bindung der Gemeinschaftsorgane an das Wettbewerbsprinzip auch EuGH, Rs. 249/85, Slg. 1987, 2345, Rn. 16 (Albako).
334 Vgl. im einzelnen *Cremer* (Fn. 44), S. 190 ff.
335 Zur Bindung der Gemeinschaft an die Grundfreiheiten, EuGH, Rs. 37/83, Slg. 1984, 1229, Rn. 18 ff. (Rewe); Rs. 15/83, Slg. 1984, 2171, Rn. 15 ff. (Denkavit); Rs. 240/83, Slg. 1985, 531, Rn. 9 ff. (ADBHU); *E.-J. Mestmäcker*, FS-von der Groeben, 1987, S. 9 (18); *V. Götz* (Fn. 219), S. 1023 f.; *W.-H. Roth*, Die Harmonisierung des Dienstleistungsrechts in der EWG, EuR 1987, S. 7 (9 ff.).
336 Vgl. zur Begründung *Cremer* (Fn. 44), S. 195 f.
337 Vgl. zur Abgrenzung der Art. 87 f. zu weiteren Vertragsvorschriften die Kommentierungen zu Art. 31, 36, 44 Abs. 3 lit. h), Art. 90, Art. 96 f., Art. 132 f. und Art. 296 Abs. 1 lit. b).
338 Danach ist eine Maßnahme gleicher Wirkung im Sinne von Art. 28 »jede Handelsregelung (staatliche Maßnahme) der Mitgliedstaaten, die geeignet ist, im innergemeinschaftlichen Handel unmittelbar oder mittelbar, tatsächlich oder potentiell zu behindern«. EuGH, Rs. 8/84, Slg. 1974, 837, Rn. 5 (Dassonville); seitdem ständige Rechtsprechung, vgl. nur EuGH, Rs. 193/

darstellt.[339] Dieser Befund wirft die Frage auf, in welchem Konkurrenzverhältnis die Art. 28 ff. zu den Art. 87 f. stehen.[340] Die Rechtsprechung des Gerichtshofs zum Verhältnis von Art. 28 zu den Art. 87 f. war seit dem ersten einschlägigen Urteil Ianelli aus dem Jahre 1977[341] starken Schwankungen unterworfen. Der Gerichtshof hat seine Ausführungen aus dem Jahre 1977 in den nachfolgenden Urteilen[342] mehrfach modifiziert oder zumindest anders akzentuiert, ohne daß damit die wünschenswerte Klarheit erreicht worden wäre.[343] Die Ausführungen des Gerichtshofs lassen sich dahin zusammenfassen, daß der Gerichtshof nicht jede staatliche Maßnahme, die als Beihilfe im Sinne von Art. 87 zu qualifizieren ist, an Art. 28 mißt, obwohl diese unter Zugrundelegung der *Dassonville*-Formel begrifflich dem Verbotstatbestand des Art. 28 unterfallen müßte. Lediglich in Konstellationen, in denen die Qualifizierung einer staatlichen Maßnahme als Beihilfe im Sinne von Art. 87 rechtliche Probleme aufwirft – in den Worten des EuGH nur »**möglicherweise als Beihilfe im Sinne von Art. 92 (Art. 87) betrachtet werden kann**«[344] – konzentriert sich der Gerichtshof auf **Art. 28 als vorrangigen (und damit alleinigen) Prüfungsmaßstab**. Die Rechtsprechung des Gerichtshofs vermag nicht zu überzeugen.[345] Der Gerichtshof hat im Urteil Ianelli selbst zutreffend darauf hingewiesen, daß es sich **wegen der in Art. 87 f. geregelten Zuständigkeitsverteilung** verbiete, »Beihilfen als solche« an den Art. 28 ff. zu messen[346]. Gestört wäre bei einer Anwendung des Art. 28 auf die Vergabe mitgliedstaatlicher Beihilfen aber nicht nur das Zuständigkeitsgefüge des EGV. Auch die in den Regeln über die Beihilfenaufsicht enthaltenen **materiell-rechtlichen Vorgaben** – insbesondere die Ausnahmeregelung in Art. 87 Abs. 3 – fänden bei einem Anwendungsvorrang des Art. 28 keine Berücksichtigung. Art. 30 (ex-Art. 36) sowie die zwingenden Erfordernisse i.S. der *Cassis*-Rechtsprechung erlauben jedenfalls keine Rechtfertigung von einfuhrbeschränkenden Maßnahmen aus wirtschaftlichen Gründen.[347] Art. 87 Abs. 3 verdeutlicht demgegenüber, daß Beihilfen auch aufgrund (z.B. regionaler oder branchenspezifischer) wirtschaftspolitischer Gesichtspunkte gerechtfertigt werden können.[348] Aus den genannten Gründen ergibt sich

---

Fortsetzung von Fußnote 338

80, Slg. 1981, 3019, Rn. 18 (Kommission/Italien); Rs. C-21/88, Slg. 1990, I-889, Rn. 8 (Du Pont de Nemours Italiana); die mit der *Keck*-Rechtsprechung, EuGH, Verb. Rs. C-267/91 und 268/91, Slg. 1993, I-6097, Rn. 16 (Keck), verbundene Einschränkung des Anwendungsbereichs der *Dassonville*-Formel ist für die Vergabe von Beihilfen ohne Bedeutung.

339 Vgl. ausführlicher W. *Cremer*, Das Verhältnis der Beihilferegeln gem. Art. 92 f. EGV zur Warenverkehrsfreiheit, EuR 1996, S. 225 (225 f.).
340 Vgl. zu den sachlichen Gründen, die eine Abgrenzung notwendig machen, *Cremer* (Fn. 339), S. 227.
341 EuGH, Rs. 74/76, Slg. 1977, 557 (Iannelli/Meroni).
342 Vgl. neben dem Urteil *Iannelli* (Fn. 341), dort Rn. 9/10 bis 17; EuGH, Rs. 249/81, Slg. 1982, 4005, Rn. 16 ff. (Kommission/Irland); Rs. 18/84, Slg. 1985, 1339, Rn. 13 (Kommission/Frankreich); Rs. 103/84, Slg. 1986, 1759, Rn. 19 bis 25; Rs. C-21/88, Slg. 1990, I-889, Rn. 19 bis 22 (Du Pont de Nemours Italiana); Rs. C-263/85, Slg. 1991, I-2457, 2. Leitsatz (Kommission/Italien); vgl. im einzelnen zu dieser Rechtsprechung *Cremer* (Fn. 339), S. 227 ff.
343 Mit dieser Einschätzung auch P. *Oliver*, Free Movement of Goods in the European Community, 1996, S. 85.
344 EuGH, Rs. 18/84, Slg. 1985, 1339, Rn. 13 (Kommission/Frankreich); Rs. 103/84, Slg. 1986, 1759, Rn. 19; Rs. C-21/88, Slg. 1990, I-889, Rn. 20 (Du Pont de Nemours Italiana); Rs. C-263/85, Slg. 1991, I-2457, 2. Leitsatz (Kommission/ Italien).
345 Ausführlicher dazu Cremer (Fn. 339), S. 233 ff. Vgl. zu den Stellungnahmen in der Literatur *Oliver* (Fn. 343), S. 84 ff.; H. *Ullrich*, Einzelstaatliche Förderung industrieller Forschung und Entwicklung zwischen Binnenmarkt und Technologiegemeinschaft, EWS 1991, S. 1 (5 ff.).
346 EuGH, Rs. 74/76, Slg. 1977, 557, Rn. 11/12 (Iannelli/Meroni).
347 Vgl. nur EuGH, Rs. 95/81, Slg. 1982, 2187, Rn. 27 (Kommission/Irland); Rs. 103/84, Slg. 1986, 1759, Rn. 22 m.w.N.
348 Vgl. ausführlicher *Cremer* (Fn. 44), S. 235 f.

ein **Anwendungsvorrang (lex specialis) der Beihilfenaufsichtsregeln** vor den Regeln über den freien Warenverkehr.[349]

48 Angesichts der Konvergenz von Warenverkehrsfreiheit und Dienstleistungsfreiheit, die ebenfalls nicht lediglich ein Diskriminierungs-, sondern auch ein Beschränkungsverbot enthält,[350] sind die Ergebnisse zum Verhältnis von Warenverkehrsfreiheit zu Beihilfenaufsichtsregeln auf das Verhältnis der Art. 49 ff. zu den Art. 87 f. übertragbar.

49 Ob das allgemeine Diskriminierungsverbot des Art. 12 neben Art. 87 anwendbar ist, ist umstritten.[351] Da Einigkeit besteht, daß eine Beihilfenregelung, die gegen Art. 12 verstößt, unter keine der Ausnahmeregelungen nach Art. 87 Abs. 2 und 3 fällt,[352] sind diese Differenzen indes ohne materiell-rechtliche Bedeutung. Die Beihilfenaufsichtsregeln sind wegen der in den Art. 87 f. geregelten Zuständigkeitsverteilung dennoch lex specialis gegenüber dem (unmittelbar anwendbaren) Art. 12.

---

349 Vgl. auch *Martin/Stehmann* (Fn. 345), S. 229; *D. H. Scheuing,* Les aides financières publiques aux entreprises privées en droit français et européen, 1974, S. 289.
350 Vgl. dazu Art. 49, Rn. 38 ff.
351 Vgl. zu Nachweisen zum Meinungsstreit *G. von Wallenberg,* in: Grabitz/Hilf, EU, Art. 92, Rn. 88.
352 Vgl. dazu Kommission, 22. Bericht über die Wettbewerbspolitik 1992, 1993, Ziff. 442.

Art. 88 (ex-Art. 93)

(1) Die Kommission überprüft fortlaufend in Zusammenarbeit mit den Mitgliedstaaten die in diesen bestehenden Beihilferegelungen. Sie schlägt ihnen die zweckdienlichen Maßnahmen vor, welche die fortschreitende Entwicklung und das Funktionieren des Gemeinsamen Marktes erfordern.[2 ff.]

(2) Stellt die Kommission fest, nachdem sie den Beteiligten eine Frist zur Äußerung gesetzt hat, daß eine von einem Staat oder aus staatlichen Mitteln gewährte Beihilfe mit dem Gemeinsamen Markt nach Artikel 87 unvereinbar ist oder daß sie mißbräuchlich angewandt wird, so entscheidet sie, daß der betreffende Staat sie binnen einer von ihr bestimmten Frist aufzuheben oder umzugestalten hat.[13 ff.]

Kommt der betreffende Staat dieser Entscheidung innerhalb der festgesetzten Frist nicht nach, so kann die Kommission oder jeder betroffene Staat in Abweichung von den Artikeln 226 und 227 den Gerichtshof unmittelbar anrufen.[19]

Der Rat kann einstimmig auf Antrag eines Mitgliedstaats entscheiden, daß eine von diesem Staat gewährte oder geplante Beihilfe in Abweichung von Artikel 87 oder von den nach Artikel 89 erlassenen Verordnungen als mit dem Gemeinsamen Markt vereinbar gilt, wenn außergewöhnliche Umstände eine solche Entscheidung rechtfertigen. Hat die Kommission bezüglich dieser Beihilfe das in Unterabsatz 1 dieses Absatzes vorgesehene Verfahren bereits eingeleitet, so bewirkt der Antrag des betreffenden Staates an den Rat die Aussetzung dieses Verfahrens, bis der Rat sich geäußert hat.[20]

Äußert sich der Rat nicht binnen drei Monaten nach Antragstellung, so entscheidet die Kommission.[20]

(3) Die Kommission wird von jeder beabsichtigten Einführung oder Umgestaltung von Beihilfen so rechtzeitig unterrichtet, daß sie sich dazu äußern kann.[7 f.] Ist sie der Auffassung, daß ein derartiges Vorhaben nach Artikel 87 mit dem Gemeinsamen Markt unvereinbar ist, so leitet sie unverzüglich das in Absatz 2 vorgesehene Verfahren ein.[6] Der betreffende Mitgliedstaat darf die beabsichtigte Maßnahme nicht durchführen, bevor die Kommission eine abschließende Entscheidung erlassen hat.[10 f.]

Inhaltsübersicht:

A. Überblick	1
B. Die fortlaufende Überprüfung bestehender Beihilfen gem. Abs. 1	2
I. Begriff der »bestehenden Beihilferegelungen«	3
II. Fortlaufende Überprüfung	4
C. Notifizierung und Vorprüfverfahren bezüglich neuer Beihilfen gem. Abs. 3	7
I. Notifizierungspflicht	7
II. Vorprüfverfahren	9
III. Sperrwirkung	10
IV. Rechtsfolgen einer Mißachtung der Sperrwirkung	11
V. Klagemöglichkeiten gegen eine Unbedenklichkeitsentscheidung der Kommission im Vorprüfverfahren	12
D. Das Hauptprüfverfahren bei neuen und bestehenden Beihilfen gem. Art. 88 Abs. 2	13
I. Bedeutung und Anwendungsbereich	13
II. Verfahrensablauf	15
III. Abschluß des Hauptprüfverfahrens durch eine Entscheidung der Kommission	16
IV. Klagemöglichkeiten gegen Entscheidungen der Kommission im Hauptprüfverfahren	17
1. Unvereinbarkeits- bzw. Umgestaltungs- oder Aufhebungsentscheidung	17
2. Vereinbarkeitsentscheidung	18

V. Anrufung des Gerichtshofs bei Nichtbeachtung der Entscheidung durch den Mitgliedstaat nach Abs. 2 S. 2	19
VI. Entscheidung des Rates gem. Abs. 2 S. 3 und 4	20
E. Rückforderung gemeinschaftsrechtswidrig gewährter Beihilfen	21
I. Materiell gemeinschaftsrechtswidrige Beihilfen	21
II. Formell gemeinschaftsrechtswidrige Beihilfen	27

A. Überblick

1 Art. 88 regelt das Verfahren, in dem die Vereinbarkeit oder Unvereinbarkeit staatlicher Beihilfen mit Art. 87 festgestellt wird. Die Beihilfenaufsicht obliegt vorbehaltlich von Abs. 2 UAbs. 3 der Kommission. **Art. 88 unterscheidet zwischen bestehenden Beihilfen** (Abs. 1, 2), die einer fortlaufenden Kontrolle auf ihre Vereinbarkeit mit dem Gemeinsamen Markt ausgesetzt sind, **sowie neuen Beihilfen** (Abs. 3), die vor ihrer Durchführung angemeldet werden und eine Präventivkontrolle passieren müssen. Nachdem die Interpretation der fragmentarischen Regelung des Verfahrens in Art. 88 lange Zeit der rechtsfortbildenden Rechtsprechung der Gemeinschaftsgerichte zugewiesen war, hat der Rat im Jahre 1999 die bereits erwähnte Verordnung (EG) Nr. 659/1999 über besondere Vorschriften für die Anwendung des Art. 93 (jetzt Art. 88)[1] erlassen. Diese Beihilfenverfahrensverordnung kodifiziert zwar im wesentlichen die vorangegangene Judikatur der Gemeinschaftsgerichte, setzt sich aber in einzelnen Regelungen dazu in Widerspruch. Auf diese Kollisionen wird unter Anknüpfung an die bereits entwickelten Grundsätze zur Auslegung von Art. 89 (vgl. Art. 87 Rn. 1a) an den einschlägigen Stellen der Kommentierung eingegangen.

B. Die fortlaufende Überprüfung bestehender Beihilfen gem. Abs. 1

2 Gem. Abs. 1 ist die Kommission verpflichtet, bestehende Beihilfen fortlaufend zu überprüfen.[2]

I. Begriff der »bestehenden Beihilferegelungen«

3 Die Qualifizierung einer Beihilfe als »bestehende« oder »neue« steht nicht im Ermessen der Kommission, sondern obliegt der uneingeschränkten Überprüfung durch die Gemeinschaftsgerichtsbarkeit.[3] »Bestehende Beihilferegelungen« (Altbeihilfen) sind zunächst Beihilfenprogramme, die **vor Inkrafttreten des EWGV** am 1.1.1958 eingeführt waren,[4] oder Einzelbeihilfen, die einem Unternehmen vor diesem Zeitpunkt zugesagt worden waren. Für neue Mitgliedstaaten gilt der **Tag des Beitritts**, für die neuen Bundesländer der 3.10.1990 als Stichtag – vgl. auch Art. 1 lit. c i) Beihilfenverfahrensver-

---

1 ABl.EG 1999 Nr. L 83/1.
2 Vgl. zu Klagemöglichkeiten bei einem Untätigbleiben der Kommission nach Aufforderung eines Mitgliedstaats EuGH, Rs. 84/82, Slg. 1984, 1451, Rn. 23 (Deutschland/Kommission).
3 EuGH, C-295/97, Slg. 1999, I-3735, Rn. 47 f. (Piaggio/Ifitalia), der insoweit formuliert, daß die Entscheidung nicht von der »subjektiven Einschätzung« der Kommission abhängt. Weil die Kommission im konkreten Fall bereits 14 Jahre über die Beurteilung des Beihilfenprogramms »nachgedacht« hatte, hätte unter Geltung der Beihilfenverfahrensverordnung weiter geprüft werden müssen, ob die auf Grundlage des Programms ausgezahlten Einzelbeihilfen nicht gem. Art. 1 lit. c iv) i.V.m. Art. 15 Abs. 3 Beihilfenverfahrensverordnung als bestehende einzustufen sind.
4 EuGH, Rs. C-44/93, Slg. 1994, I-3829, Rn. 28 ff. (Namurs-Les assurances du crédit SA/Office national du ducroire und Belgien).

ordnung. Zu den »bestehenden Beihilferegelungen« zählen weiter gem. Art. 88 Abs. 3 Satz 1 notifizierte Beihilfen und Beihilfenprogramme, die von **der Kommission** im Vorprüf- oder Hauptprüfverfahren (Art. 88 Abs. 2) oder vom Rat genehmigt worden sind – vgl. auch Art. 1 lit. c ii) Beihilfenverfahrensverordnung –[5] oder gegenüber denen die Kommission trotz Notifizierung innerhalb von zwei Monaten keine Stellung genommen hat und die der betreffende Mitgliedstaat der Kommission vor Durchführung der Beihilfe und nach Ablauf der **Zweimonatsfrist** angezeigt hat.[6] Eine Verlängerung dieser Frist im Einzelfall ohne Zustimmung des betroffenen Mitgliedstaats hat der EuGH in einem Urteil vom 15.2.2001, auf das die Beihilfenverfahrensordnung noch nicht anwendbar war, nachdrücklich abgelehnt.[7] Diese strikte Haltung ist deshalb von besonderem Interesse, weil Art. 1 lit. c iii) i.V.m. Art. 4 Abs. 6 Beihilfenverfahrensverordnung der Kommission nach der Anzeige eine weitere **Bearbeitungsfrist von 15 Arbeitstagen** einräumt. Ob diese Verlängerung der Frist entsprechend den hier entwickelten Grundsätzen zum Umfang der durch Art. 89 begründeten Befugnisse des Rats (vgl. Art. 87 Rn. 1) mit dem Primärrecht vereinbar ist, bereitet deshalb besondere Schwierigkeiten, weil die Kommission hinsichtlich der Qualifizierung einer Beihilfe als bestehende (oder neue) über keinen Ermessensspielraum verfügt; es sich vielmehr um einen voll überprüfbaren Rechtsbegriff handelt.[8] Die gem. Art. 89 1. Alt. bestehende Befugnis zum Erlaß zweckdienlicher *Durchführungsregeln* reicht folglich nicht aus, um diesen primärrechtlichen Rechtsbegriff zu modifizieren. Prima facie scheint auch die dem Rat in Art. 89 2. Alt. zugewiesene Befugnis insoweit keine taugliche Ermächtigungsgrundlage, weil bestehende Beihilfen nicht in Art. 88 Abs. 3, sondern in Art. 88 Abs. 1, 2 geregelt sind. Indes besteht im vorliegenden Kontext ein untrennbarer Zusammenhang zwischen bestehenden und neuen Beihilfen, weil die Einordnung nur davon abhängt, welche Bedingungen im Verfahren nach Art. 88 Abs. 3 gelten. Gerade zur konstitutiven Festlegung solcher »Bedingungen« aber ermächtigt Art. 89 2. Alt. den Rat. Dieser untrennbare Zusammenhang wird auch dadurch deutlich, daß es schlechterdings unsinnig wäre, dem Rat zwar die Kompetenz zur Festlegung der Verfahrensdauer des Vorprüfverfahrens zuzuerkennen, davon aber die Qualifizierung der Beihilfe als bestehende oder neue abzukoppeln. Nach allem verstößt Art. 1 lit. c iii) i.V.m. Art. 4 Abs. 6 Beihilfenverfahrensverordnung nicht gegen Primärrecht. Bestehende Beihilfen sind gem. Art. 1 lit. c iv) i.V.m. Art. 15 Abs. 3 Beihilfenverfahrensverordnung weiter solche, die die Kommission nach ihrer Gewährung zehn Jahre nicht zurückgefordert hat. Schließlich gelten Beihilfen gem. Art. 1 lit. c v) S. 1 Beihilfenverfahrensverordnung als bestehende Beihilfen, wenn sie zu dem Zeitpunkt als sie eingeführt wurden, keine Beihilfen waren und später **aufgrund der Entwicklung des Gemeinsamen Marktes zu Beihilfen wurden**, ohne daß sie eine Änderung durch den betreffenden Mitgliedstaat erfahren haben. Indes sieht Art. 1 lit. c v) S. 2 Beihilfenverfahrensverordnung vor, daß Maßnahmen, die im Anschluß an die Liberalisierung einer Tätigkeit durch gemeinschaftliche Rechtsvorschriften zu Beihilfen werden, daß derartige Maßnahmen nach dem für die Liberalisierung festgelegten Termin »nicht als bestehende Beihilfen« gelten. Das EuG hat in einem Urteil vom Juni 2000[9] indes genau umgekehrt entschieden, wobei die erst im April 1999 in Kraft getretene Beihilfenverfahren-VO freilich auf die betroffenen Sachverhalte nicht anwendbar war. Dabei argumentiert

---

5   EuGH, Rs. 84/82, Slg. 1984, 1451, Rn. 12 (Deutschland/Kommission).
6   EuGH, Rs. 120/73, Slg. 1973, 1471, Rn. 4 ff. (Lorenz/Deutschland); Rs. C-312/90, Slg. 1992, I-4117, Rn. 18 (Spanien/Kommission).
7   EuGH, Rs. C-99/98, Urt. v. 15.2.2001, Rn. 72 ff. (Österreich/Kommission) = EuZW 2001, S. 174; dazu auch die Anmerkung von *T. Lübbig*, EuZW 2001, S. 179 f.; *E. Kruse*, Säumnis der Europäischen Kommission bei der Beihilfenkontrolle und die Rechtsfolgen, NVwZ 2001, S. 612 ff.
8   Vgl. dazu soeben Fn. 3.
9   EuG, Rs. T-298/97 u.a., Slg. 2000, II-2319 (Alzetto Mauro u.a./Kommission).

das EuG, daß die Liberalisierungsmaßnahmen nicht den staatlichen Behörden, sondern den Gemeinschaftsinstitutionen zuzurechnen sind und daher keine »Umgestaltung von Beihilfen« (Art. 88 Abs. 3 S. 1) vorliege.[10] Folgt man dieser überzeugenden Argumentation bleibt die Frage nach der Gemeinschaftsrechtswidrigkeit von Art. 1 lit. c v) S. 2 Beihilfenverfahrensverordnung. Sie ist zu bejahen, weil es sich – wie soeben ausgeführt – beim Begriff »bestehende Beihilfe« um einen voll überprüfbaren primärrechtlichen Rechtsbegriff handelt und die gem. 89 1. Alt. bestehende Befugnis zum Erlass zweckdienlicher Durchführungsregeln nicht dazu taugt, diesen zu modifizieren. Auch besteht insoweit – anders als bei Art. 1 lit. c iii) i.V.m. Art. 4 Abs. 6 Beihilfenverfahrensverordnung – kein Zusammenhang zum Verfahren nach Art. 88 Abs. 3, so daß auch eine Befugnis des Rates nach Art. 89 2. Alt. ausscheidet.

3 a Neue Beihilfen – der EGV spricht in Art. 88 Abs. 3 S. 1 von »jeder beabsichtigten Einführung oder Umgestaltung von Beihilfen« – sind gem. Art. 1 lit. c Beihilfenverfahrensverordnung alle Beihilfen, die keine bestehenden Beihilfen sind, einschließlich Änderungen bestehender Beihilfen. Voraussetzung für die Qualifizierung einer Maßnahme als umgestaltete oder geänderte Beihilfe (z.B. Erhöhung der Beihilfeintensität, Verlängerung der Geltungsdauer,[11] Veränderung des Begünstigtenkreises) ist eine Änderung der von der Kommission nicht beanstandeten ursprünglichen Förderungsbestimmungen.[12]

II. Fortlaufende Überprüfung

4 Art. 88 Abs. 1 soll gewährleisten, daß Beihilferegelungen **jederzeit mit dem Gemeinsamen Markt vereinbar** sind und nicht mißbräuchlich angewendet werden. Deshalb überprüft die Kommission auch solche Beihilfen fortlaufend – und ordnet gegebenenfalls im Verfahren nach Abs. 2 ihre Umgestaltung oder Aufhebung an –, die sie ursprünglich für mit dem Gemeinsamen Markt vereinbar erklärt hatte oder die bei Inkrafttreten des EWGV bzw. zur Zeit des Beitritts eines Mitgliedsstaats bereits bestanden. So mag sich die Wettbewerbsposition eines Begünstigten oder die wirtschaftliche Situation in einem Fördergebiet (Regionalbeihilfen) verbessert oder die Marktstruktur in einem von der Beihilfegewährung betroffenen Sektor geändert haben.

5 Anknüpfend an die **Pflicht der Mitgliedstaaten zur Zusammenarbeit** gem. Art. 88 Abs. 1 holt die Kommission bei diesen alle erforderlichen Auskünfte ein (Art. 17 Abs. 1 Beihilfenverfahrensordnung). Zudem hat die Kommission ein Inventar über alle in den Mitgliedstaaten bestehenden Beihilfenprogramme erstellt, fordert systematisch Berichte über deren Durchführung von den Mitgliedstaaten an und überprüft auf dieser Grundlage ausgewählte Programme.[13]

6 Gelangt die Kommission zu der vorläufigen Auffassung, daß eine bestehende Beihilfenregelung umgestaltet oder aufgehoben werden muß, unterrichtet sie gem. Art. 17 Abs. 2 Beihilfenverfahrensordnung den betreffenden Mitgliedstaat davon und gibt ihm Gelegenheit zur Stellungnahme innerhalb einer Frist von einem Monat. Die Kommission kann die Frist in ordnungsgemäß begründeten Fällen verlängern. Gelangt die Kommis-

---

10 EuG, Rs. T-298/97 u.a., Slg. 2000, II-2319, Rn. 141 ff. (Alzetto Mauro u.a./Kommission).
11 Vgl. zur Verlängerung des Geltungszeitraums einer Beihilfenregelung EuGH, Rs. 70/72, Slg. 1973, 813 (Kommission/Deutschland).
12 EuGH, Rs. C-44/93, Slg. 1994, I-3829, Rn. 28 (Namurs-Les assurances du crédit SA/Office national du ducroire und Belgien); vgl. zur Umgestaltung von Beihilfen auch EuGH, Verb. Rs. 91 und 127/83, Slg. 1984, 3435, Rn. 17 f. (Heiniken/Inspekteur der Vinnootschapsbelasting).
13 Vgl. auch F. *Rawlinson*, in: Lenz, EGV, Art. 88, Rn. 3 m.w.N.

sion aufgrund der von dem Mitgliedstaat übermittelten Auskünfte zu dem Schluß, daß die bestehende Beihilfenregelung mit dem Gemeinsamen Markt nicht oder nicht mehr vereinbar ist, schlägt sie diesem nach Art. 18 Beihilfenverfahrensordnung **zweckdienliche Maßnahmen** vor. Kommt der Mitgliedstaat dieser Empfehlung nicht nach, muß die Kommission gem. Art. 19 Abs. 2 Beihilfenverfahrensordnung das Verfahren nach Art. 88 Abs. 2 einleiten.[14] Weder die Stellungnahme noch die Verfahrenseinleitung kann die Kommission mit dem Verlangen verbinden, weitere Beihilfezahlungen auszusetzen. Ein Durchführungsverbot i.S.v. Art. 88 Abs. 3 S. 3 (sog. Sperrwirkung) besteht erst, wenn die Kommission die Unvereinbarkeit mit dem Gemeinsamen Markt festgestellt bzw. eine Umgestaltungs- oder Aufhebungsentscheidung erlassen hat (vgl. zur Sperrwirkung bei neuen und umgestalteten Beihilfen Art. 88 Rn. 10 f. und 15).[15]

C. Notifizierung und Vorprüfverfahren bezüglich neuer Beihilfen gem. Abs. 3

I. Notifizierungspflicht

Nach Art. 88 Abs. 3 S. 1 EG, Art. 2 Abs. 1 Beihilfenverfahrensverordnung müssen die Mitgliedstaaten die **beabsichtigte Einführung und Umgestaltung von Beihilfen** (neue Beihilfen)[16] bei der Kommission rechtzeitig anmelden. Dazu übermittelt der betreffende Mitgliedstaat gem. Art. 2 Abs. 2 Beihilfenverfahrensverordnung der Kommission alle sachdienlichen Auskünfte, damit diese eine abschließende Entscheidung erlassen kann (»vollständige Anmeldung«). Mit dieser Präventivkontrolle soll der gemeinschaftsrechtswidrigen Bewilligung und Auszahlung neuer Beihilfen durch die Mitgliedstaaten vorgebeugt werden. 7

Die Notifizierungspflicht gilt für sämtliche Maßnahmen, die dem Beihilfebegriff unterfallen, also auch für solche, die keine Wettbewerbsverfälschung verursachen, keinen Einfluß auf den Inhalt gemeinschaftlichen Handels haben oder Art. 87 Abs. 2 unterfallen.[17] Darüber hinaus soll die Notifizierungspflicht nach einer Mitteilung der Kommission über öffentliche Unternehmen[18] auch für Kapitalzuführungen gelten, bei denen der 8

---

14 Nach der Rechtsprechung besteht bei neuen Beihilfen eine Pflicht zur Verfahrenseröffnung gem. Art. 88 Abs. 2, wenn die Kommission die Überzeugung von der Unvereinbarkeit der Beihilfe mit dem Gemeinsamen Markt gewonnen hat bzw. sich dafür ernsthafte Anhaltspunkte ergeben oder wenn sich bei der Ermittlung der Vereinbarkeit von neuen Beihilfen mit dem Gemeinsamen Markt ernsthafte Schwierigkeiten ergeben, EuGH, Rs. 84/82, Slg. 1984, 1451, Rn. 13 (Deutschland/Kommission); Rs. C-312/90, Slg. 1992, I-4117, Rn. 16 (Spanien/Kommission); Rs. C-198/91, Slg. 1993, I-2487, Rn. 29 (Cook/Kommission); Rs. C-225/91, Slg. 1993, I-3203, Rn. 33 (Matra/Kommission); Rs. C-204/97, Urt. v. 3.5.2001, Rn. 30 ff. (Portugal/Kommission) = EuZW 2001, S. 404 mit Anmerkung *J. Herrmann/C. von Donat*, EuZW 2001, S. 407 f. Instruktiv zur Konkretisierung von »ernsthaften Schwierigkeiten« auch EuG, Rs. T-46/97, Slg. 2000, II-2125, Rn. 88 ff. (SIC/Kommission); Rs. T-73/98, Urt. v. 15.3.2001, Rn. 39 ff. (Société chimique Prayon-Rupel SA/Kommission) = EuZW 2001, S. 503. Die Kommission überträgt diese Grundsätze auf *bestehende* Beihilfen, 24. Bericht über die Wettbewerbspolitik 1994, 1995, Ziff. 89.
15 EuGH, Rs. C-47/91, Slg. 1992, I-4145, Rn. 25 (Italien/Kommission); Rs. C-387/92, Slg. 1994, I-877, Rn. 20 (Banco de Crédito Industrial SA/Ayuntamiento de Valencia); Rs. C-312/90, Slg. 1992, I-4117, Rn. 17 (Spanien/Kommission).
16 Vgl. zur Abgrenzung zu bestehenden Beihilfen Rn. 3 und 3a.
17 Vgl. zum Beihilfenbegriff Art. 87, Rn. 8 und Rn. 10.
18 ABl.EG 1993 Nr. C 307/3, Ziff. 33. Das ist angesichts des Wortlauts von Art. 88 Abs. 3 zweifelhaft, soweit solchen Maßnahmen die Beihilfeeigenschaft fehlt. Eine Anmeldung sollte angesichts des Rückförderungsrisikos in solchen Konstellationen aber auch im Interesse der die Beihilfenvergabe beabsichtigenden staatlichen Stelle liegen.

Beihilfecharakter vermutet werden kann. Von der Notifizierungspflicht nicht erfaßt sind Beihilfen, die der de-minimis-Verordnung[19] (dazu Art. 87, Rn. 15), KMU-Verordnung[20] (dazu Art. 87, Rn. 40) oder der Ausbildungsverordnung[21] (dazu Art. 87, Rn. 42a) unterfallen, sowie Einzelbeihilfen, die im Rahmen eines von der Kommission nicht beanstandeten Beihilfeprogramms gewährt werden, sofern dies von der Kommission nicht im Einzelfall oder generell für bestimmte Sektoren[22] bestimmt wurde.

II. Vorprüfverfahren

9 Nach einer vollständigen Notifizierung im Sinne von Art. 4 Abs. 5 und Art. 5 Beihilfenverfahrensverordnung wird der Kommission vom EuGH für die Vorprüfung[23] ein **Zeitraum von zwei Monaten** eingeräumt[24] (vgl. zur Verlängerung der Frist durch die Beihilfenverfahrensverordnung Art. 88 Rn. 3 und Rn. 10). Das Vorprüfverfahren dient dazu, der Kommission eine **erste Meinungsbildung** über die teilweise oder vollständige Vereinbarkeit der angemeldeten Beihilfen mit dem Vertrag zu ermöglichen.[25] Die Kommission ist in diesem Verfahrensabschnitt nicht verpflichtet, den von der Beihilfengewährung Betroffenen Gelegenheit zur Stellungnahme zu geben.[26] Das Vorprüfverfahren wird durch die Einleitung des Hauptprüfverfahrens nach Art. 88 Abs. 2 oder durch eine Vereinbarkeitsentscheidung der Kommission[27] abgeschlossen (vgl. auch Art. 4 Abs. 2–4 Beihilfenverfahrensverordnung).

III. Sperrwirkung

10 Über den Wortlaut des Art. 88 Abs. 3 S. 3 hinausgehend darf ein Mitgliedstaat auch **während des Vorprüfungsverfahrens eine beabsichtigte Beihilfe nicht gewähren**.[28] Diese Sperrwirkung (»Durchführungsverbot« gem. Art. 3 Beihilfenverfahrensverordnung)

---

19 ABl.EG 2001 Nr. L 10/30.
20 ABl.EG 2001 Nr. L 10/33.
21 ABl.EG 2001 Nr. L 10/20.
22 Z.B. in den Schiffbau- und Stahlbeihilfecodices.
23 Vgl. zum Prüfungsumfang bei im Rahmen von nicht beanstandeten Beihilfenprogrammen gewährten Einzelbeihilfen EuG, Rs. T-435/93, Slg. 1995, II-1281, Rn. 105 (ASPEC/ Kommission).
24 EuGH, Rs. 120/73, Slg. 1973, 1471, Rn. 4 (Lorenz/Deutschland); Rs. 84/82, Slg. 1984, 1451, Rn. 14 (Deutschland/Kommission); Rs. C-39/94, Slg. 1996, I-3547, Rn. 38 (SFEI/La Poste); Rs. C-99/98, Urt. v. 15.2.2001, Rn. 32, 72 ff. (Österreich/Kommission) = EuZW 2001, S. 174. Vgl. zur Fristverlängerung bei unvollständig angemeldeten Beihilfen auch EuGH, Rs. C-301/87, Slg. 1990, I-307, Rn. 27 (Frankreich/Kommission) und zur 20-Tage-Frist bezüglich bestimmter KMU-Beihilfen Art. 87, Rn. 15.
25 EuGH, Rs. 84/82, Slg. 1984, 1451, Rn. 11 f. (Deutschland/Kommission); Rs. C-198/91, Slg. 1993, I-2487, Rn. 22 (Cook/Kommission); Rs. C-99/98, Urt. v. 15.2.2001, Rn. 32, 72 ff. (Österreich/Kommission) = EuZW 2001, S. 174.
26 EuGH, Rs. 84/82, Slg. 1984, 1451, Rn. 13 (Deutschland/Kommission); Rs. C-367/95 P, Slg. 1998, I-1719, Rn. 58 f. (Kommission/ Sytraval). Die Beihilfenverfahrensverordnung hat sich dem durch den »Nichtregelung« angeschlossen. Vgl. generell zu ungeschriebenen Anhörungsrechten Betroffener Art. 230, Rn. 73.
27 Vgl. dazu, daß es sich um eine Entscheidung i.S.v. Art. 249 Abs. 4 handelt, W. *Cremer*, Forschungssubventionen im Lichte des EGV, 1995, S. 206 ff. m.w.N. Vom Entscheidungscharakter der Unbedenklichkeitsmitteilung geht ohne Begründung auch der EuGH aus, Rs. C-225/91, Slg. 1993, I-3203, Rn. 17 (Matra/Kommission); Rs. C-198/91, Slg. 1993, I-2487, Rn. 23 (Cook/ Kommission).
28 EuGH, Rs. 120/73, Slg. 1973, 1471, Rn. 4 (Lorenz/Deutschland); Rs. 310/85, Slg. 1985, 1315, Rn. 35 (Deufil); Rs. C-39/94, Slg. 1996, I-3547, Rn. 38 (SFEI/La Poste); Rs. C-47/91, Slg. 1992, I-4145, Rn. 24 (Italien/Kommission); Verb. Rs. 67, 68 und 70/85 R, Slg. 1985, 1315, Rn. 35 (van der Kooy/Kommission).

wird erst beseitigt, wenn die Kommission die Beihilfe im Vorprüfverfahren für mit dem Gemeinsamen Markt vereinbar erklärt oder die Beihilfe als genehmigt gilt. Letzteres ist nach der bisherigen Rechtsprechung des Gerichtshofs dann der Fall, wenn die Kommission nach der vollständigen Anmeldung (dazu Art. 4 Abs. 5 und Art. 5 Beihilfenverfahrensverordnung) der Beihilfe zwei Monate nicht reagiert und der Mitgliedstaat der Kommission die Durchführung der beabsichtigten Maßnahme anzeigt.[29] Zwar greift Art. 4 Abs. 6 S. 1 Beihilfenververfahrens-VO diese Rechtsprechung auf, wenn es heißt, dass die Beihilfe als genehmigt gilt, wenn die Kommission innerhalb der Zweimonatsfrist keine das Vorprüfverfahren abschließende Entscheidung erlassen hat. Indes verlangt Art. 4 Abs. 6 S. 2 Beihilfenverfahrens-VO von dem betreffenden Mitgliedstaat, bevor er die betreffende Beihilfe gewährt, nicht nur, daß er die Kommission davon vorher in Kenntnis setzt, sondern zudem, daß die Kommission innerhalb von 15 Arbeitstagen nach Erhalt dieser Benachrichtigung keine Entscheidung trifft. Zwar wird die Annahme der Kommission, wonach diese **Reaktionsfrist** mit der bisherigen Rechtsprechung des Gerichtshof kompatibel oder gar in ihr angelegt ist,[30] durch ein Urteil des EuGH vom 15.2.2001 eindeutig zurückgewiesen;[31] indes hat der Rat seine Befugnisse aus Art. 89 unter Zugrundelegung der hier entwickelten Kriterien (vgl. Art. 87 Rn. 1a und Art. 88 Rn. 3) nicht überschritten.[32]

IV. Rechtsfolgen einer Mißachtung der Sperrwirkung

Eine entgegen der Sperrwirkung – während des Vorprüfverfahrens oder bei unterlassener Notifizierung – gewährte **Beihilfe ist gemeinschaftsrechtswidrig**. Ein solcher Mangel wird auch nicht dadurch geheilt, daß die Kommission letztendlich die materielle Vereinbarkeit der Beihilfe mit dem Gemeinsamen Markt im Beihilfeaufsichtsverfahren feststellt.[33] Allerdings darf die Kommission eine Beihilfe nicht allein deshalb endgültig zurückfordern, weil sie von dieser nicht entsprechend Art. 88 Abs. 3 EGV unterrichtet worden ist bzw. noch keine abschließende positive Entscheidung ergangen ist. Nach bisheriger Rechtsprechung des Gerichtshofs durfte die Kommission dem Mitgliedstaat in solchen Konstellationen lediglich vorläufig aufgeben, ggf. noch ausstehende weitere Zahlungen auszusetzen (»**Aussetzungsanordnung**«),[34] was durch Art. 11 Abs. 1 Beihilfeverfahrens-VO bestätigt wird. Weitergehende Befugnisse hat der EuGH nationalen Gerichten eingeräumt, wenn die Konkurrenten eines Beihilfeempfängers – die sich auf

11

---

29 Vgl. zu letzterem EuGH, Rs. C-99/98, Urt. v. 15.2.2001, Rn. 32, 72 ff. (Österreich/Kommission) = EuZW 2001, S. 174; Rs. C-39/94, Slg. 1996, I-3547, Rn. 38 (SFEI/La Poste); Rs. 171/83 R, Slg. 1983, 2621, Rn. 13 f. (Kommission/Frankreich); Rs. 120/73, Slg. 1973, 1471, Rn. 4 (Lorenz/Deutschland).
30 Kommission (Hrsg.), Wettbewerbsrecht in den Europäischen Gemeinschaften, Bd. II A, Wettbewerbsregeln für staatliche Beihilfen, 1995, S. 49, Fn. 3; dazu auch *A. Sinnaeve*, Die neue Verfahrensordnung in Beihilfensachen, EuZW 1999, S. 270 (272); *dies.*, Der Kommissionsvorschlag zu einer Verfahrensordnung in Beihilfesachen, EuZW 1998, S. 268 (269).
31 EuGH, Rs. C-99/98, Urt. v. 15.2.2001, Rn. 32, 72 ff. (Österreich/Kommission) = EuZW 2001, S. 174.
32 Gewisse Zweifel dagegen bei *E. Kruse*, Bemerkungen zur gemeinschaftlichen Verfahrensordnung für die Beihilfenkontrolle, NVwZ 1999, 1049 (1052).
33 EuGH, Rs. C-354/90, Slg. 1991, I-5505, Rn. 16 f. (Fédération nationale du commerce extérieur des produits alimentaires).
34 EuGH, Rs. C-39/94, Slg. 1996, I-3547, Rn. 43 (SFEI/La Poste); Rs. C-301/87, Slg. 1990, I-307, Rn. 19–22 (Frankreich/Kommission); Rs. C-354/90, Slg. 1991, I-5505, Rn. 13 (Fédération nationale du commerce extérieur des produits alimentaires). Wenn der Mitgliedstaat die Zahlung der Beihilfe nicht einstellt, kann die Kommission analog Art. 88 Abs. 2 UAbs. 2 unmittelbar den Gerichtshof anrufen, um die Vertragsverletzung feststellen zu lassen, EuGH, Rs. C-301/87, Slg. 1990, I-307, Rn. 23 (Frankreich/Kommission); aufgenommen, auch für die »Rückforderungsanordnung«, in Art. 12 Beihilfenverfahrensverordnung.

den unmittelbar anwendbaren Art. 88 Abs. 3 S. 3 berufen können – sich gegen eine Beihilfengewährung wenden, die vor einer abschließenden positiven Entscheidung durch die Kommission von einem Mitgliedstaat ausgezahlt worden ist.[35] Nach der Rechtsprechung des Gerichtshofs muß das angerufene nationale Gericht in diesen Konstellationen in der Regel die einstweilige Rückzahlung der Subvention anordnen.[36] Demgegenüber sieht Art. 11 Abs. 2 Beihilfenverfahrensverordnung nunmehr auch eine Befugnis der Kommission vor, eine Entscheidung zu erlassen, mit der dem Mitgliedstaat aufgegeben wird, alle rechtswidrigen Beihilfen einstweilig zurückzufordern, bis die Kommission eine abschließende Entscheidung über die Vereinbarkeit der Beihilfe mit dem Gemeinsamen Markt erlassen hat. Allerdings setzt der Erlaß einer solchen »**Rückforderungsanordnung**« gem. Art. 11 Abs. 2 Beihilfenverfahrensverordnung voraus, daß hinsichtlich des Beihilfecharakters der betroffenen Maßnahme nach geltender Praxis keinerlei Zweifel bestehen, ein Tätigwerden dringend geboten ist und ein nicht wiedergutzumachender Schaden für einen Konkurrenten zu befürchten ist. In der Literatur werden indes Zweifel geäußert, ob der Rat mit dieser Regelung nicht die ihm gem. Art. 89 eingeräumten Befugnisse überschritten hat, weil er eine aus dem Primärrecht des Art. 88 Abs. 2, 3 gewonnene Rechtserkenntnis (des EuGH) zu suspendieren beansprucht.[37] Demgegenüber meine ich, dass Art. 11 Abs. 2 Beihilfenverfahrensverordnung entsprechend den oben skizzierten Grundsätzen (Art. 87, Rn. 1a) das Primärrecht nicht verletzt, weil der EGV und insbesondere Art. 88 Abs. 3 keine ausdrückliche Regelung darüber trifft, welche Befugnisse der Kommission zur einstweiligen Regelung eines gegen Art. 88 Abs. 3 Satz 3 verstoßenden Zustands zukommen.[38] Abschließend sei noch darauf hingewiesen, daß die Kommission in einer Bekanntmachung vom 23.11.1995 über die Zusammenarbeit zwischen Kommission und den Gerichten der Mitgliedstaaten im Bereich der staatlichen Beihilfen[39] die nationalen Gerichte dazu aufgerufen hat, mit ihr Verbindung aufzunehmen, wenn sie bei der Anwendung von Art. 88 Abs. 3 auf Schwierigkeiten stoßen.

V. Klagemöglichkeiten gegen eine Unbedenklichkeitsentscheidung der Kommission im Vorprüfverfahren

12 Erklärt die Kommission eine Beihilfe im Vorprüfverfahren für mit dem Gemeinsamen Markt vereinbar (Unbedenklichkeitsentscheidung), können die anderen Mitgliedstaaten

---

35 EuGH, Rs. 120/73, Slg. 1973, 1471, Rn. 8 (Lorenz/Deutschland); Verb. Rs. 149/91 und 150/91, Slg. 1992, I-3899, Rn. 26 (Sanders Adour SnC/Directeur des services fiscaux); Rs. C-354/90, Slg. 1991, I-5505, Rn. 11 (Fédération nationale du commerce extérieur des produits alimentaires); Rs. C-39/94, Slg. 1996, I-3547, Rn. 39 (SFEI/La Poste); *J.P. Schneider*, Konkurrentenklagen als Instrumente der europäischen Beihilfenaufsicht, DVBl. 1996, S. 1301 (1306); M. *Pechstein*, Anmerkung zu BFH, Urt. v. 12.3.98 – V R 17/93, EuZW 1998, S. 671 (672); *W. Cremer*, Der praktische Fall: Rechtsschutz des Konkurrenten gegen gemeinschaftsrechtswidrige Beihilfen, Verwaltungsrundschau 1999, S. 58 (59 f.); *T. Lampert*, Dezentrale Beihilfenaufsicht durch Konkurrentenklagen, EWS 2001, S. 357, 362); *U. Soltész*, Der Rechtsschutz des Konkurrenten gegen gemeinschaftsrechtswidrige Beihilfen, EuZW 2001, 202 (204) m.w.N.
36 EuGH, Rs. C-39/94, Slg. 1996, I-3547, Rn. 40 ff. (SFEI/La Poste) und insbesondere Rn. 68; Rs. C-354/90, Slg. 1991, I-5505, Rn. 12 (Fédération nationale du commerce extérieur des produits alimentaires). Näher zu den Rechtsschutzmöglichkeiten der Konkurrenten vor nationalen Gerichten *Cremer* (Fn. 35), S. 59 ff.; *Lampert* (Fn. 35), S. 359 ff.; *U. Soltész (Fn. 35)*, S. 204 ff.
37 *E. Kruse*, Bemerkungen zur gemeinschaftlichen Verfahrensordnung für die Beihilfenkontrolle, NVwZ 1999, 1049 (1054).
38 Vgl. auch *A. Sinnaeve*, Die neue Verfahrensordnung in Beihilfesachen, EuZW 1999, S. 270 (273); *dies.*, Der Kommissionsvorschlag zu einer Verfahrensordnung in Beihilfesachen, EuZW 1998, S. 268 (270).
39 ABl.EG 1995 Nr. C 312/8.

und der Rat dagegen gem. **Art. 230 Abs. 2**[40] und die Konkurrenten des Beihilfebegünstigten nach Maßgabe des **Art. 230 Abs. 4**[41] Klage erheben (vgl. Art. 87, Rn. 50). Gem. Art. 26 Abs. 1 Satz 1 Beihilfenverfahrensverordnung werden Zusammenfassungen der Unbedenklichkeitsentscheidungen entsprechend einer seit 1992 bestehenden Praxis im **ABl. C veröffentlicht.**[42] Gem. Art. 26 Abs. 1 Satz 1 Beihilfenverfahrensverordnung wird in diesen Zusammenfassungen darauf hingewiesen, daß eine Kopie der Entscheidung in ihrer/ihren verbindlichen Sprachfassung/en erhältlich ist.

D. Das Hauptprüfverfahren bei neuen und bestehenden Beihilfen gem. Art. 88 Abs. 2

I. Bedeutung und Anwendungsbereich

Bei **bestehenden Beihilfen** leitet die Kommission das Verfahren nach Art. 88 Abs. 2 ein, 13 wenn ein Mitgliedstaat einer Empfehlung zur Aufhebung oder Umgestaltung im Sinne von Abs. 1 nicht nachkommt oder wenn sie der Auffassung ist, daß eine Beihilfe mißbräuchlich angewandt wird (vgl. auch Art. 88 Rn. 6, Fn. 14).

Gem. Abs. 3 Satz 2 muß die Kommission das Verfahren nach Abs. 2 gegenüber **neuen** 14 **Beihilfen** einleiten, wenn sie nach Abschluß des Vorprüfverfahrens der Auffassung ist, daß das Vorhaben mit dem Gemeinsamen Markt unvereinbar ist. Nach der Rechtsprechung der Gemeinschaftsgerichte besteht diese Pflicht freilich schon dann, wenn sich **ernsthafte Anhaltspunkte für eine Unvereinbarkeit** ergeben oder wenn die Kommission im Rahmen des Vorprüfverfahrens auf **ernsthafte Schwierigkeiten bei der Sachverhaltsfeststellung** stößt (dazu bereits Art. 88 Rn. 6, Fn. 14). Eine positive Entscheidung im Vorprüfverfahren dürfe die Kommission nur erlassen, wenn sie im Rahmen dieser ersten Prüfung die Überzeugung gewinnt, daß das Vorhaben vertragskonform ist.[43] Wohl ohne sachliche Differenz stellt Art. 4 Abs. 3, 4 Beihilfenverfahrensverordnung darauf ab, ob sich im Vorprüfverfahren **Anlaß zu Bedenken** ergeben oder nicht. Angegriffen werden kann die Entscheidung, das Verfahren einzuleiten, vor der Gemeinschaftsgerichtsbarkeit nur, soweit die Klage darauf gerichtet ist, daß eine Beihilfe als bestehende zu behandeln ist, die Kommission aber in der Annahme, es handele sich um eine neue Beihilfe, die Aussetzung der Beihilfevergabe bis zu einer abschließenden Entscheidung angeordnet hat. Ausdrücklich anerkannt hat der EuGH ein solches Klagerecht bislang auch nur für den die Beihilfe vergebenden Mitgliedstaat.[44]

---

40 Vgl. zu einem Verfahren, in dem ein Mitgliedstaat von diesem Klagerecht Gebrauch gemacht hat, EuGH, Rs. 84/82, Slg. 1984, 1451, Rn. 13 (Deutschland/Kommission).
41 Vgl. dazu EuGH, Rs. C-225/91, Slg. 1993, I-3203, Rn. 14–19 (Matra/Kommission); Rs. C-198/91, Slg. 1993, I-2487, Rn. 22–26 (Cook/Kommission); Rs. C-313/90, Slg. 1993, I-1125, Rn. 23–30 (CIRFS/Kommission); *R. Polley*, Die Konkurrentenklage im Europäischen Beihilfenrecht, EuZW 1996, S. 300 (302 f.); *A. Sinnaeve*, Der Konkurrent im Beihilfeverfahren nach der neuesten EuGH-Rechtsprechung, EuZW 1995, S. 172 (174 f.); *G. Schohe/M. Hoenike*, Die Rechtsprechung von EuGH und EuG zu staatlichen Beihilfen in den Jahren 1996 und 1997, EuZW 1997, S. 741 (745 f.); *W. Hakenberg/E. Tremmel*, Die Rechtsprechung des EuGH auf dem Gebiet der staatlichen Beihilfen im Jahre 1996, EWS 1997, S. 217 (223 f.) und generell zum insoweit vor allem problematischen individuellen Betroffensein Art. 230, Rn. 50 ff.
42 Vgl. Kommission, 22. Bericht über die Wettbewerbspolitik 1992, 1993, Ziff. 356, Fn. 2.
43 EuGH, Rs. C-204/97, Urt. v. 3.5.2001, Rn. 33 (Portugal/Kommission) = EuZW 2001, S. 404; Rs. C-367/95 P, Slg. 1998, I-1719 Rn. 39 (Kommission/Sytraval); Rs. C-294/90, Slg. 1992, I-493, Rn. 13 f. (British Aerospace und Rover/Kommission).
44 EuGH, Rs. C-312/90, Slg. 1992, I-4117, Rn. 19 ff. (Spanien/Kommission); Rs. C-47/91, Slg. 1992, I-4145, Rn. 26 ff. (Italien/Kommission).

II. Verfahrensablauf

15 Eingeleitet wird das Hauptprüfverfahren durch Zuleitung der nach Maßgabe von Art. 6 Abs. 1 S. 1 Beihilfeverfahrensverordnung zu begründenden Eröffnungsentscheidung an den die Beihilfe vergebenden Mitgliedstaat mit der eine **Aufforderung zur Stellungnahme** verbunden ist. Dabei setzt die Kommission gem. Art. 6 Abs. 1 S. 2, 3 Beihilfenverfahrensverordnung eine Äußerungsfrist von »normalerweise höchstens einem Monat«, die von der Kommission in ordnungsgemäß begründeten Fällen verlängert werden kann.[45] Zudem wird die Entscheidung nach Maßgabe von Art. 26 Abs. 2 Beihilfeverfahrensverordnung im ABl. C veröffentlicht, wodurch den anderen »Beteiligten« (vgl. Art. 88 Abs. 2 UAbs. 1) unter Fristsetzung ebenfalls Gelegenheit gegeben wird, sich innerhalb der gesetzten Frist von »normalerweise« einem Monat zu äußern (vgl. auch insoweit Art. 6 Abs. 1 Satz 2, 3 Beihilfenverfahrensverordnung). Zu den (anderen) **Beteiligten** zählen neben dem beihilfebegünstigten Unternehmen die anderen Mitgliedstaaten sowie alle von der Beihilfe potentiell Betroffenen, insbesondere konkurrierende Unternehmen und die in ihren Interessen berührten Berufsverbände[46] (vgl. auch Art. 1 lit. h) Beihilfeverfahrensverordnung). Eine direkte Benachrichtigung der (anderen) Beteiligten i.S.v. Art. 88 Abs. 2 UAbs. 1 ist nach der Rechtsprechung des EuGH nicht erforderlich.[47] Mit der Einleitung des Hauptprüfverfahrens wird die bereits während des Vorprüfverfahrens bestehende Sperrwirkung (vgl. Rn. 10) hinsichtlich neuer Beihilfen verlängert.[48]

III. Abschluß des Hauptprüfverfahrens durch eine Entscheidung der Kommission

16 Die Kommission beendet das Hauptprüfverfahren entweder mit einer Untersagung der Beihilfe bzw. bei einer bestehenden Beihilfe mit einer Aufhebungs- oder Umgestaltungsanordnung oder mit einer Vereinbarkeitsentscheidung (vgl. zu Einzelheiten Art. 7 Beihilfenverfahrensverordnung). Sie bemüht sich gem. Art. 7 Abs. 6 Beihilfenverfahrensverordnung eine Entscheidung möglichst 18 Monate nach Eröffnung des Prüfungsverfahrens zu erlassen, wobei die Kommission die Frist im Einvernehmen mit dem betroffenen Mitgliedstaat verlängern kann. Ist die Frist abgelaufen, erläßt die Kommission gem. Art. 7 Abs. 7 S. 1 Beihilfenverfahrensverordnung auf Wunsch des betreffenden Mitgliedstaats innerhalb von zwei Monaten auf der Grundlage der verfügbaren Informationen eine Entscheidung. Reichen die ihr vorgelegten Informationen nicht aus, um die Vereinbarkeit festzustellen, erläßt die Kommission gem. Art. 7 Abs. 7 Satz 1 Beihilfenverfahrensverordnung »gegebenenfalls (?) eine Negativentscheidung«. Jede das Hauptverfahren abschließende Entscheidung muß begründet[49] und im ABl. der EG veröffentlicht werden (vgl. auch Art. 26 Abs. 3 Beihilfenverfahrensverordnung).

---

45 Die gesetzte Frist betrug auch in der Vergangenheit zumeist einen Monat.
46 EuGH, Rs. 323/82, Slg. 1984, 3809, Rn. 16 (Intermills/Kommission); Rs. C-367/95 P, Rn. 41 (Kommission/Sytraval); Rs. C-198/91, Slg. 1993, I-2487, Rn. 24 (Cook/Kommission).
47 EuGH, Rs. 323/82, Slg. 1984, 3809, Rn. 17 (Intermills/Kommission).
48 Vgl. nur EuGH, Rs. C-367/95 P, Slg. 1998, I-1719, Rn. 37 (Kommission/Sytraval). Vgl. zu den Rechtsfolgen bei Verstoß gegen das Durchführungsverbot (Sperrwirkung) bereits oben Rn. 11. Dieselben Rechtsfolgen treten ein, wenn ein Mitgliedstaat nach Einleitung des Hauptprüfverfahrens und vor einer positiven Entscheidung der Kommission die Beihilfe bewilligt bzw. auszahlt.
49 EuGH, Rs. 323/82, Slg. 1984, 3809, Rn. 23 ff. (Intermills/Kommission); Verb. Rs. 295 und 318/82, 13.3.1985, Slg. 1985, 809, Rn. 22 ff. (Leeuwarder Papierwarenfabriek/Kommission); Rs. C-367/95 P, Slg. 1998, I-1719, Rn. 63 ff. (Kommission/Sytraval).

IV. Klagemöglichkeiten gegen Entscheidungen der Kommission im Hauptprüfverfahren

1. Unvereinbarkeits- bzw. Umgestaltungs- oder Aufhebungsentscheidung

Ergeht im Rahmen der fortlaufenden Überprüfung bestehender Beihilfen gem. Art. 88 Abs. 1, 2 oder bei der präventiven Kontrolle neuer oder umgestalteter Beihilfen nach Art. 88 Abs. 3 i.V.m. Abs. 2 eine Unvereinbarkeits- bzw. Umgestaltungs- oder Aufhebungsentscheidung der Kommission, so können die Mitgliedstaaten und der Rat gem. Art. 230 Abs. 2 Anfechtungsklage zum EuGH erheben. Neben diesen ist auch das Unternehmen, das durch die beabsichtigte Beihilfe begünstigt worden wäre, obwohl es nicht Adressat der Entscheidung ist, gem. Art. 230 Abs. 4 klagebefugt. Es ist **als potentielle Empfängerin** unmittelbar und individuell von der Entscheidung betroffen.[50] Letzteres gilt allerdings nur dann, wenn die Gewährung einer Einzelbeihilfe versagt wird; bei Beihilfesystemen bzw. Förderungsprogrammen fehlt es einzelnen Unternehmen an der Klagebefugnis.[51]

17

2. Vereinbarkeitsentscheidung

Wird das Hauptprüfverfahren nach Art. 88 Abs. 2 gegenüber neuen oder umgestalteten Beihilfen mit einer Vereinbarkeitsentscheidung der Kommission abgeschlossen, können die Mitgliedstaaten und der Rat gegen diese gem. Art. 230 Abs. 2 Klage erheben.[52] Die **Konkurrenten des Beihilfebegünstigten** – denen die Kommission, soweit sie sich am Verfahren beteiligt haben, die Vereinbarkeitsentscheidung mitteilt – können gegen die Vereinbarkeitsentscheidung der Kommission nach Maßgabe des Art. 230 Abs. 4 vorgehen. Nachdem der EuGH insoweit lange Zeit eine sehr restriktive Position verfolgte, nahm die Gemeinschaftsgerichtsbarkeit beginnend mit dem Urteil in der Rs. COFAZ aus dem Jahre 1993 sukzessive eine großzügigere Haltung ein,[53] die freilich in jüngerer Zeit wieder relativiert wurde[54] (näher dazu Art. 230 Rn. 49 ff., insbesondere Rn. 50).

18

V. Anrufung des Gerichtshofs bei Nichtbeachtung der Entscheidung durch den Mitgliedstaat nach Abs. 2 S. 2

Kommt der Mitgliedstaat, an den die Entscheidung gerichtet ist, dieser innerhalb der gesetzten Frist nicht nach, können die Kommission und jeder durch die Nichtbeachtung

19

---

50 EuGH, Rs. 730/79, Slg. 1980, 2671, Rn. 5 (Philip Morris/Kommission); Verb. Rs. 296 und 318/82, Slg. 1985, 809, Rn. 13; Rs. 323/84, Slg. 1984, 3809, Rn. 5 (Intermills/Kommission).
51 Vgl. dazu auch *G. Leibrock*, Der Rechtsschutz im Beihilfeaufsichtsverfahren des EWG-Vertrages, EuR 1990, S. 20 (24 f.); dort auch zur Unterscheidung zwischen Beihilferegelung und Einzelbeihilfe.
52 Vgl. dazu *Cremer* (Fn. 27), S. 201.
53 EuGH, Rs. 169/84, Slg. 1986, 391, Rn. 23 f. (COFAZ/Kommission); vgl. auch schon EuGH, Rs. 67, 68 und 70/85, Slg. 1988, 219, Rn. 21 f. (Van der Kooy/Kommission) und nachfolgend EuG, Verb. Rs. T-447–449/93, Slg. 1995, II-1971, Rn. 35–38 (AITEC/Kommission); Rs. T-49/93, Slg. 1995, II-2501, Rn. 34–38 (SIDE/Kommission); *Sinnaeve* (Fn. 41), S. 172 f.; *Polley* (Fn. 41), S. 301 f.
54 EuGH, Rs. C-106/98 P, Slg. 2000-I-3659, Rn. 41 (Comité d'entreprise de la Société française de production/Kommission).Vgl. auch EuG, Rs. T-189/97, Slg. 1998, II-335, Rn. 44 (Comité d'enterprise de la société française de production/Kommision); EuG, Rs. T-86/96, Slg. 1999, II-179,

betroffene Mitgliedstaat den EuGH gem. Abs. 2 Satz 2 in Abweichung von den Art. 226 f. unmittelbar anrufen.[55]

VI. Entscheidung des Rates gem. Abs. 2 S. 3 und 4

20 Auf Antrag des betreffenden Mitgliedstaats kann der Rat in außergewöhnlichen Fällen Beihilfen in Abweichung von Art. 87 und den nach Art. 89 erlassenen Verordnungen für mit dem Gemeinsamen Markt vereinbar erklären. Ein bereits gem. Art. 88 Abs. 2 von der Kommission eingeleitetes Hauptprüfverfahren wird durch einen Antrag des Mitgliedstaats ausgesetzt. Äußert sich der Rat binnen drei Monaten nach Antragstellung nicht, fällt die Entscheidungsbefugnis gem. Abs. 2 S. 4 an die Kommission zurück. Der Rat hat von der Befugnis des Abs. 3 S. 2 insbesondere im Landwirtschaftsbereich Gebrauch gemacht.[56]

E. Rückforderung gemeinschaftsrechtswidrig gewährter Beihilfen

I. Materiell gemeinschaftsrechtswidrige Beihilfen

21 Hat die Kommission die endgültige Unvereinbarkeit einer staatlichen Beihilfe mit dem Gemeinsamen Markt (materielle Gemeinschaftsrechtswidrigkeit) festgestellt und ist die Beihilfe entgegen Art. 88 Abs. 3 S. 3 bereits ausgezahlt (vgl. dazu Rn. 10 f. und 15), kann und muß die Kommission gegenüber dem Mitgliedstaat gleichzeitig verlangen, die Beihilfe von den begünstigten Unternehmen[57] zurückzufordern.[58] Diese den Mitgliedstaaten aufzuerlegende **Verpflichtung zur Rückforderung** ordnet die Kommission bereits seit langem in ständiger Praxis an.[59] Sie dient der Wiederherstellung des früheren gemeinschaftsrechtsmäßigen Zustands.[60] Des weiteren auferlegt die Kommission den Mitgliedstaaten, für den Zeitraum zwischen Auszahlung der Beihilfe und ihrer tatsächlichen Rückzahlung Zinsen von dem begünstigten Unternehmen zu erheben.[61] Die Rückforderungspflicht unter Einschluss von **Zinsen** wird durch Art. 14 Abs. 1, 2 Beihilfenverfahrensverordnung bestätigt. Dabei werden die Zinsen gem. Art. 14 Abs. 2 Bei-

---

Fortsetzung von Fußnote 54
Rn. 47 ff. (Arbeitsgemeinschaft Deutscher Luftfahrt-Unternehmen u. Hapag-Lloyd/Kommission); vgl. zu letztgenanntem Urteil die Anmerkung von C. *Nowak*/H. P. *Nehl*, EuZW 1999, S. 350 f. sowie insgesamt zu den restriktiven Tendenzen im Beihilfenaufsichtsrecht m.w.N. H.-G. *Kamann*, Gerichtlicher und verfahrensrechtlicher Individualrechtsschutz im gemeinschaftlichen Beihilfenkontrollrecht aus der Sicht der Praxis, in: C. Nowak/W. Cremer (Hrsg.), Individualrechtsschutz in der EG und der WTO, im Erscheinen.

55 Vgl. aus der Rechtsprechung EuGH, Rs. C-5/89, Slg. 1990, I-3437 (Kommission/Deutschland); Rs. 213/85, Slg. 1988, 281, Rn. 7 (Kommission/Niederlande).
56 Vgl. nur Kommission, 22. Bericht über die Wettbewerbspolitik 1992, 1993, Ziff. 502; Entscheidung des Rates Nr. 87/375/EWG, ABl.EG 1987 Nr. L 200/17; Entscheidung des Rates Nr. 85/213/EWG, ABl.EG 1985 Nr. L 96/34.
57 Vgl. zur Adressierung des Rücknahmebescheids bei (Teil)veräußerung des begünstigten Unternehmens C. *König*, Bestimmung des passivlegitimierten Adressaten einer Beihilfenrückforderung nach der Veräußerung eines begünstigten Unternehmens, EuZW 2001, S. 37 ff.; ders., Determining the Adressee of a Decision Ordering the Recovery of State Aid after the Sale of Substantial Assets of the Undertaking in Receipt of Aid, ECLR 2001, S. 238 ff.
58 Vgl. erstmals EuGH, Rs. 70/72, Slg. 1973, 813, Rn. 13 (Kommission/Deutschland); seitdem ständige Rechtsprechung, Rs. C-169/95, Slg. 1997, I-135, Rn. 47 (Spanien/Kommission); Rs. C-24/95, Slg. 1997, I-1591, Rn. 22 (Alcan).
59 Soweit ersichtlich erstmals mit der Entscheidung Nr. 82/312/EWG vom 10.3.1982, ABl.EG 1982 Nr. L 138/18.
60 EuGH, Rs. C-169/95, Slg. 1997, I-135, Rn. 47 (Spanien/Kommission); Rs. C-24/95, Slg. 1997, I-1591, Rn. 22 (Alcan); Rs. C-348/93, Slg. 1995, I-673, Rn. 26 (Kommission/Italien).
61 Vgl. nur EuGH, Rs. C-169/95, Slg. 1997, I-135, Rn. 47 (Spanien/Kommission).

hilfenverfahrensverordnung nach einem von der Kommission festzulegenden angemessenen Satz berechnet[62] und sind von dem Zeitpunkt, ab dem die rechtswidrige Beihilfe dem Empfänger zur Verfügung stand, bis zur tatsächlichen Rückzahlung zahlbar. Im Ausnahmefall, namentlich für die Zeit nach Eröffnung eines Konkursverfahrens, kann die Pflicht zur Zahlung von Zinsen freilich entfallen.[63] Für die Befugnis der Kommission zur Rückforderung gilt gem. Art. 15 Abs. 1, 2 Beihilfenverfahrensverordnung eine Frist von 10 Jahren ab Gewährung der Beihilfe.

Ungeachtet dieser prinzipiell akzeptierten Verpflichtung der Mitgliedstaaten zur Rückabwicklung gemeinschaftsrechtswidrig gewährter Beihilfen hatten nationale Gerichte[64] und die Gemeinschaftsgerichtsbarkeit[65] sich in jüngerer Zeit mit verschiedenen Facetten der Problematik zu befassen, und auch im Schrifttum[66] wurde der Thematik große Beachtung geschenkt. Die Rückabwicklung gemeinschaftsrechtswidriger Beihilfen erfolgt mangels einschlägigem europäischen Verwaltungsrecht nach Maßgabe des nationalen Rechts,[67] wobei dessen Anwendung nach der Rechtsprechung des Gerichtshofs die gemeinschaftsrechtlich vorgeschriebene **Rückforderung nicht praktisch unmöglich** machen darf und das **Interesse der Gemeinschaft in vollem Umfang berücksichtigen muß**.[68] Dem Vorbringen beihilfegewährender Mitgliedstaaten und begünstigter Unternehmen, wonach einer Rückforderung nach nationalem Recht der Vertrauensschutz des Begünstigten,[69] der Wegfall der Bereicherung[70] und/oder abgelaufene Rückforderungsfristen[71] entgegenstünden, ist die Gemeinschaftsgerichtsbarkeit nicht gefolgt. Zwar widerspreche es nicht der Rechtsordnung der Gemeinschaft, wenn das nationale Recht im Rahmen der Rückfor-

22

---

62 Das EuG hat die Praxis der Kommission, bei der Zinshöhe auf den periodisch von ihr selbst veröffentlichten Referenzzinssatz Bezug zu nehmen, bestätigt, Rs. T-158/96, Slg. 1999, II-3927, Rn. 148 ff. (Bolzano/Kommission).
63 EuGH, Rs. C-480/98, Urt. v. 12.10.2000, Rn. 38 (Spanien/Kommission) = EuZW 2000, S. 730 ff.
64 Vgl. zur deutschen Verwaltungsgerichtsbarkeit BVerwGE 74, 357 (360 ff.); 92, 81 (83 ff.); OVG Münster, NVwZ 1993, 79 (80 f.); OVG Koblenz, EuZW 1992, 349 (350 ff.).
65 Vgl. nur EuGH, Rs. C-280/95, Slg. 1998, I-259, Rn. 13 ff. (Kommission/Italien); Rs. C-24/95, Slg. 1997, I-1591, Rn. 21 ff. (Alcan) sowie die in den nachfolgenden Fußnoten zitierte Rechtsprechung.
66 *D. H. Scheuing*, Europäisierung des Verwaltungsrechts, Die Verwaltung 34 (2001); S. 107 ff.; *J. Suerbaum*, Die Europäisierung des nationalen Verwaltungsverfahrensrechts am Beispiel der Rückabwicklung gemeinschaftsrechtswidriger staatlicher Beihilfen, VerwArch 91 (2000), S. 169 ff.; *R. Scholz*, Zum Verhältnis von europäischem Gemeinschaftsrecht und nationalem Verwaltungsverfahrensrecht, DÖV 1998, S. 261; *W. Kahl*, Die Rückabwicklung europarechtswidriger Beihilfen, JA 1996, S. 857; *A. Sinnaeve*, Die Rückforderung gemeinschaftsrechtswidriger nationaler Beihilfen, 1997 passim; *C.-M. Happe*, Rückforderung von Zuwendungen nach negativer Kommissionsentscheidung im Beihilfeverfahren, NVwZ 1998, S. 26; *K.-P. Sommermann*, Europäisches Verwaltungsrecht oder Europäisierung des Verwaltungsrechts?, DVBl. 1996, S. 889 (892 ff.); *C. D. Classen*, Anmerkung zu EuGH, Rs. C-24/95, Alcan, JZ 1997, S. 724; *E. Pache*, Rechtsfragen der Aufhebung gemeinschaftsrechtswidriger nationaler Beihilfebescheide, NVwZ 1994, S. 318; *T. Jestaedt*, Das Rückzahlungsrisiko bei »formell rechtswidrigen« Beihilfen, EuZW 1993, S. 49; *J. Kokott*, Nationales Subventionsrecht im Schatten der EG – das Beispiel der Rückforderung von Subventionen, DVBl. 1993, S. 1235; *Beckmann*, Die Rückforderung gemeinschaftsrechtswidriger staatlicher Beihilfen, 1996, passim; *H.-J. Priess*, Recovery of illegal state aid: an overview of recent developments in the case law, CMLRev. 1996, S. 69; *T. S. Richter*, Rückforderung gemeinschaftswidriger Subventionen zu § 48 VwVfG, DÖV 1995, S. 846.
67 Vgl. zu den Rechtsfolgen beihilferechtswidriger Verwaltungsverträge *B. Remmert*, Nichtigkeit von Verwaltungsverträgen wegen Verstoßes gegen das EG-Beihilfenrecht, EuR 2000, S. 469 ff.
68 EuGH, Rs. C-5/89, Slg. 1990, I-3437, Rn. 12 (Kommission/Deutschland); Rs. 94/87, Slg. 1989, I-175, Rn. 12 (Kommission/Deutschland); Rs. C-142/87, Slg. 1990, I-959, Rn. 61 (Belgien/Kommission); Rs. C-24/95, Slg. 1997, I-1591, Rn. 24 (Alcan).
69 Vgl. insoweit zum deutschen Recht § 48 Abs. 2 VwVfG.
70 Vgl. insoweit zum deutschen Recht § 49 a Abs. 2 VwVfG.
71 Vgl. insoweit zum deutschen Recht § 48 Abs. 4 VwVfG.

derung das berechtigte Vertrauen und die Rechtssicherheit schütze – vielmehr handele es sich insoweit um auch im Gemeinschaftsrecht anerkannte Grundsätze –[72], jedoch könne ein begünstigtes Unternehmen nur auf den Bestand der Beihilfe vertrauen, wenn das in Art. 88 vorgesehene Verfahren eingehalten worden sei. Einem sorgfältigen Gewerbetreibenden – ohne daß für KMU eine Ausnahme gelte –[73] sei es regelmäßig möglich, sich über die Einhaltung des Verfahrens Gewißheit zu verschaffen.[74] Die Kommission habe in einer Mitteilung im Amtsblatt der EG aus dem Jahre 1983[75] potentielle Empfänger von staatlichen Beihilfen des weiteren darüber unterrichtet, daß sie bei mißbräuchlich gewährten Beihilfen damit rechnen müßten, diese gegebenenfalls zurückzahlen zu müssen.[76] Gegen eine Rückforderung könne ein Mitgliedstaat nur geltend machen, daß es **völlig unmöglich sei, die Rückforderungsentscheidung durchzuführen.**[77]

23 Während die nationalen Gerichte und das Schrifttum der Gemeinschaftsgerichtsbarkeit insoweit weitgehend folgen, als der **Vertrauensschutz des Begünstigten und der Bereicherungseinwand** gemeinschaftsrechtlich überformt sind,[78] hat die vom EuGH im Urteil Alcan[79] judizierte **Verdrängung einer nationalen Ausschlußfrist** zur Rückforderung im Schrifttum ein unterschiedliches Echo und teils gar heftige Ablehnung erfahren.[80] Insoweit wird das Urteil Alcan als eine Entscheidung contra legem qualifiziert und demgemäß eine Beachtenspflicht seitens der Staatsorgane betroffener Mitgliedstaaten sowie anderer Gemeinschaftsorgane verneint.[81] Der Forderung, diese Entscheidung zu korrigieren,[82] ist das BVerfG indes nicht gefolgt.[83]

---

72 Vgl. auch Art. 14 Abs. 1 S. 2 Beihilfenverfahrensverordnung.
73 EuG, Rs. T-55/99, Urt. v. 29.9.2000, Rn. 119, 126 (CETM/Kommission).
74 EuGH, Rs. C-5/89, Slg. 1990, I-3437, Rn. 13 f. (Kommission/Deutschland); Rs. C-169/95, Slg. 1997, I-135, Rn. 51 (Spanien/Kommission); Rs. C-24/95, Slg. 1997, I-1591, Rn. 25 (Alcan); vgl. im letztgenannten Urteil auch im einzelnen zur Bedeutung einer nationalen Ausschlußfrist (Rn. 35–37), zum Einwand des Wegfalls der Bereicherung (Rn. 49 f.) und zum Grundsatz von Treu und Glauben (Rn. 41 f.); kritisch zur Vergewisserungspflicht *T. von Danwitz*, Verwaltungsrechtliches System und europäische Integration, 1996, S. 285.
75 ABl.EG 1983 Nr. C 318/3.
76 Vgl. nur EuGH, Rs. C-5/89, Slg. 1990, I-3437, Rn. 15 (Kommission/Deutschland).
77 EuGH, Rs. C-404/97, Slg. 2000, I-4897, Rn. 39 (Kommission/Italien); Rs. C-280/95, Slg. 1998, I-259, Rn. 13 (Kommission/Italien); Rs. C-348/93, Slg. 1995, I-673, Rn. 16 (Kommission/Italien).
78 *U. Fastenrath*, Anmerkung zum Urteil des OVG Münster vom 26.11.1991, JZ 1992, S. 1082 (1083); *Classen* (Fn. 66), S. 724; *M. Pagenkopf*, Zum Einfluß des Gemeinschaftsrechts auf nationales Wirtschaftsverwaltungsrecht – Versuch einer praktischen Einführung, NVwZ 1993, S. 216 (219); BVerwGE 92, 81 (83 ff.); OVG Münster, NVwZ 1993, 79 (80 f.); *Pache* (Fn. 66), S. 323 f., damit wird mit Blick auf das einschlägige deutsche Recht die Schutzwürdigkeit des Vertrauens teils wegen grober Fahrlässigkeit im Sinne von § 48 Abs. 2 Satz 3 Nr. 3 VwVfG abgelehnt und teils die positive Regelvermutung des § 48 Abs. 2 Satz 2 VwVfG gemeinschaftsrechtskonform interpretiert.
79 Rs. C-24/95, Slg. 1997, I-1591, Rn. 35–37 (Alcan); vgl. auch schon EuG, Verb. Rs. T-244/93 und T-486/93, Slg. 1995, II-2265, Rn. 73 (Textilwerke Deggendorf/Kommission).
80 *Classen* (Fn. 66), S. 725 f.; eine besonders heftige Kritik stammt von *Scholz* (Fn. 66), S. 262 ff.; und bereits vor dem Urteil Alcan *Kahl* (Fn. 66), S. 859; OVG Koblenz, EuZW 1992, S. 349 (351 f.); anders *S. Kadelbach*, Allgemeines Verwaltungsrecht unter europäischem Einfluß, 1999, S. 481. Vgl. zu weiteren Anmerkungen zum Urteil Alcan *G. M. Berrisch*, EuR 1997, S. 155; *M. Hoenike*, EuZW 1997, S. 279.
81 *Scholz* (Fn. 66), S. 265 f.
82 *Scholz* (Fn. 66), S. 267 f.
83 BVerfG, Beschl. v. 17.2.2000, – 2 BvR 1210/98 – Alcan, EuZW 2000, S. 445 ff. mit Anmerkung *M. Vögler*. Grundlegender zur Kontrolle gemeinschaftsrechtlicher Rechtsakte durch das BVerfG *G. Nicolaysen*, Der Streit zwischen dem deutschen Bundesverfassungsgericht und dem Europäischen Gerichtshof, EuR 2000, S. 495 ff.; *G. Nicolaysen/C. Nowak*, Teilrückzug des BVerfG aus der Kontrolle der Rechtmäßigkeit gemeinschaftlicher Rechtsakte: Neuere Entwicklungen und Perspektiven, NJW 2001, S. 1233 ff. Zur verfassungsgerichtsähnlichen Verantwortung des EuG im Beihilfenrecht *P. F. Nemitz*, 10 Jahre Gericht Erster Instanz der Europäischen Gemeinschaften, DÖV 2000, S. 437 ff.

Die vom EuGH judizierte prinzipielle Unbeachtlichkeit nationaler Ausschlußfristen bei 24
einer gemeinschaftsrechtlich geforderten Rückforderung staatlicher Beihilfen bietet die
alleinige Gewähr zur Durchsetzung des materiellen Gemeinschaftsrechts. Dabei ist im
vorliegenden Zusammenhang von besonderer Bedeutung, daß die Beihilfenvergabe nach
der Wertung der Art. 87 Abs. 1 und 88 Abs. 3 S. 3 nicht nur dem unverfälschten Wettbewerb als Institution, sondern auch dem **Schutz der Wettbewerber des Beihilfebegünstigten** dient. Das Gemeinschaftsrecht verlangt folglich die Rückgängigmachung eines
drittbelastenden Verwaltungsakts. Die Vereitelung der Rückgängigmachung dieses drittbelastenden staatlichen Verhaltens durch bewußtes Untätigbleiben der zuständigen
staatlichen Stelle ist gerade angesichts des in den Art. 87 f. verankerten Schutzes der
Wettbewerber eine schwerlich zu akzeptierende Konsequenz. Dennoch begegnet das Urteil Alcan, unabhängig von der nationalrechtlichen Perspektive, durchgreifenden gemeinschaftsrechtlichen Bedenken. So ist das Rechtsstaatsprinzip nach der Rechtsprechung des EuGH als allgemeiner Rechtsgrundsatz des Gemeinschaftsrechts anerkannt
(vgl. dazu Art. 220, Rn. 30), wonach insbesondere der **Vorbehalt des Gesetzes** verlangt,
daß »Eingriffe der öffentlichen Gewalt in die Sphäre der privaten Betätigung jeder –
natürlichen oder juristischen – Person einer Rechtsgrundlage [bedürfen], und [...] aus
den gesetzlich vorgesehenen Gründen gerechtfertigt sein« müssen.[84] Soll dieses Bekenntnis nicht bloße Floskel bleiben, muß der den Kern des Rechtsstaatsprinzips bildende
Grundsatz vom Vorbehalt des Gesetzes vom Gerichtshof auch bei seiner praktischen Anwendung im Einzelfall Beachtung finden. Der in der Rücknahme liegende Eingriff in die
Rechtsposition des Begünstigten – so die im Alcan-Urteil judizierte Pflicht Deutschlands
– kann aber auf **keine ausreichend bestimmte Ermächtigungsgrundlage** gestützt werden.
Die gemeinschaftsrechtlichen Anknüpfungspunkte des Art. 88 Abs. 3 S. 3 bzw. die Unvereinbarkeitsentscheidung der Kommission sind wegen ihrer Adressierung an die Mitgliedstaaten unzureichend,[85] und die eigentlich einschlägige nationalrechtliche Ermächtigungsgrundlage des § 48 Abs. 1 S. 1 VwVfG ist wegen des eindeutigen Wortlauts von
§ 48 Abs. 4 S. 1 VwVfG[86] – vorbehaltlich eines kollusiven Zusammenwirkens der zuständigen staatlichen Stelle und des Beihilfebegünstigten, was freilich i.d.R. schwer zu
beweisen sein wird – in ihrer Anwendung gesperrt. Für eine **restriktive Auslegung von
§ 48 Abs. 4 Satz 1 VwVfG** zur Herstellung von Konformität mit höherrangigem
Recht[87] besteht deshalb **kein Spielraum**. Diesen Befund, einschließlich der nationalrechtlichen Implikationen muß auch das Gemeinschaftsrecht, respektive der Gerichtshof bei
der Durchsetzung des Gemeinschaftsrechts respektieren, um gemeinschaftsrechtliche
Fundamentalprinzipien wie den Schutz der Grundrechte i.V.m. dem Rechtsstaatsprinzip
nicht durch Nichtbeachtung im Einzelfall zu diskreditieren – und somit die grundsätzliche Akzeptanz des Anwendungsvorrangs des Gemeinschaftsrechts zu gefährden. Das
Defizit einer fehlenden Ermächtigungsgrundlage hat Art. 14 Abs. 1 Satz 1 Beihilfenverfahrensverordnung nicht beseitigt, denn auch diese Norm enthält lediglich eine Ermächtigung der Kommission, den betreffenden Mitgliedstaat zur Rückforderung zu verpflichten.

Der Durchsetzung der mitgliedstaatlichen Rückforderungspflicht diente auch die Ent- 25
scheidung der Kommission im Fall Textilwerke Deggendorf. Die Kommission hatte die
Auszahlung einer Beihilfe, die isoliert betrachtet mit dem Gemeinschaftsrecht vereinbar

---

84 EuGH, Verb. Rs. 46/87, 227/88, Slg. 1989, 2859, Rn. 19 (Hoechst).
85 Vgl. dazu auch *Classen* (Fn. 66), S. 725 f.
86 Die Norm lautet: *Erhält die Behörde von Tatsachen Kenntnis, welche die Rücknahme eines rechtswidrigen Verwaltungsaktes rechtfertigen, so ist die Rücknahme nur innerhalb eines Jahres seit dem Zeitpunkt der Kenntnisnahme zulässig.* Diese Frist war im Fall Alcan unstreitig abgelaufen.
87 Das gilt sowohl für das Gemeinschaftsrecht als auch für höherrangiges nationales Recht.

war, untersagt, weil demselben Unternehmen in der Vergangenheit eine gemeinschaftsrechtswidrige Beihilfe gewährt wurde, die entgegen einer Aufforderung der Kommission von dem Unternehmen (noch) nicht zurückgezahlt worden war. EuG und EuGH haben die Kommissionsentscheidung bestätigt.[88]

26 Für eine Haftung eines Beihilfebegünstigten, der eine Beihilfe verwandt hat, ohne sich über die ordnungsgemäße Durchführung des Verfahrens nach Art. 88 Abs. 3 vergewissert zu haben, sieht der EuGH im Gemeinschaftsrecht keine Grundlage. Eine solche Haftung komme lediglich nach Maßgabe des nationalen Rechts in Betracht, wobei der Grundsatz der Nichtdiskriminierung zu beachten sei.[89] Ob ein geschädigter Wirtschaftsteilnehmer sich gegenüber einem eine Beihilfe entgegen Art. 88 Abs. 3 S. 3 vergebenen Mitgliedstaat auf einen gemeinschaftsrechtlich fundierten Schadensersatzanspruch stützen kann, wenn die Kommission später auch die materielle Unvereinbarkeit der Beihilfe feststellt, hat die Gemeinschaftsgerichtsbarkeit – soweit ersichtlich – noch nicht entschieden. Dafür sprechen angesichts der mit dem Francovich-Urteil eingeleiteten Rechtsprechung[90] indes gute Gründe. Ungeklärt ist auch, ob die Konkurrenten eines Beihilfebegünstigten einen durch Versäumnisse der Kommission im Rahmen der Beihilfenaufsichtspraxis verursachten Schaden im Wege einer Schadensersatzklage geltend machen können.[91]

II. Formell gemeinschaftsrechtswidrige Beihilfen

27 Eine Befugnis (und Pflicht) der Kommission zur endgültigen Rückforderung einer Beihilfe besteht nur, wenn eine gewährte Beihilfe von der Kommission (endgültig) für mit dem Gemeinsamen Markt unvereinbar erklärt wurde. Gegenüber »lediglich« formell (wegen Verstoßes gegen Art. 88 Abs. 3 S. 3) rechtswidrigen Beihilfen kann die Kommission nach bisheriger Rechtsprechung nur verlangen, gegebenenfalls noch ausstehende weitere Beihilfezahlungen auszusetzen. Darüber hinausgehend sieht Art. 11 Abs. 2 Beihilfenverfahrensverordnung nunmehr auch eine Befugnis der Kommission vor, eine Entscheidung zu erlassen, mit der dem Mitgliedstaat aufgegeben wird, alle rechtswidrigen Beihilfen einstweilig zurückzufordern, bis die Kommission eine abschließende Entscheidung über die Vereinbarkeit der Beihilfe mit dem Gemeinsamen Markt erlassen hat. Die nationalen Gerichte waren dazu bereits nach bisheriger Rechtsprechung berechtigt und in der Regel auch verpflichtet, wenn ein klagender Konkurrent dies in einem nationalen Gerichtsverfahren begehrt (ausführlicher zum Ganzen Art. 88, Rn. 11).

---

88 EuG, Verb. Rs. T-244/93 und T-486/93, Slg. 1995, II-2265, Rn. 56 und 59 (Textilwerke Deggendorf/Kommission); EuGH, Rs. C-355/95 P, Slg. 1997, I-2549, Rn. 26–28 (Textilwerke Deggendorf/Kommission).
89 EuGH, Rs. C-39/94, Slg. 1996, I-3547, Rn. 73–76 (SFEI/La Poste).
90 Vgl. dazu und zur Weiterentwicklung der Rechtsprechung Art. 215, Rn. 28 f.
91 EuG, Rs. T-230/95, Slg. 1999, II-123, Rn. 29 ff. (BAI/Kommission) beantwortet diese Frage nicht.

Art. 89 (ex-Art. 94)

Der Rat kann auf Vorschlag der Kommission und nach Anhörung des Europäischen Parlaments mit qualifizierter Mehrheit alle zweckdienlichen Durchführungsverordnungen zu den Artikeln 87 und 88 erlassen und insbesondere die Bedingungen für die Anwendung des Artikels 88 Absatz 3 sowie diejenigen Arten von Beihilfen festlegen, die von diesem Verfahren ausgenommen sind.

Art. 89 gibt dem Rat die Möglichkeit, über den Einzelfall hinausgehend die Durchführung der Art. 87 und 88 sowie die Bedingungen zur Anwendung von Art. 88 Abs. 3 generell zu regeln. Die Vorschrift, in die durch den Vertrag von Maastricht die Verpflichtung zur Anhörung des Parlaments aufgenommen wurde, hat bis 1998 kaum praktische Bedeutung erlangt. Ausschließlich auf Art. 89 gestützte Verordnungen existierten bis zu diesem Zeitpunkt nicht. Nur im Verkehrsbereich (Art. 94 i.V.m. den Art. 75 und 77 a.F.)[1], und für Schiffbaubeihilfen (Art. 94 i.V.m. Art. 92 Abs. 3 lit. c) und 113 a.F.)[2] hat der Rat Verordnungen u.a. auf Art. 89 gestützt. In den Jahren 1998 und 1999 hat der Rat dann aber – wie bereits ausgeführt (Art. 87, Rn. 1a) – zwei Verordnungen von weitreichender Bedeutung auf Grundlage von Art. 89 verabschiedet; zunächst die Verordnung (EG) Nr. 994/98 vom 7.5.1998 über die Anwendung der Art. 92 und 93 EGV (jetzt Art. 87 f.) auf bestimmte Gruppen horizontaler Beihilfen.[3] Diese Verordnung ermächtigt die Kommission zum Erlaß von Gruppenfreistellungsverordnungen für bestimmte, typischerweise beihilfenrechtlich unproblematische Arten staatlicher Zuwendungen. Auf Grundlage dieser Ermächtigung hat die Kommission am 12.1.2001 drei Gruppenfreistellungsverordnungen (Beihilfen für KMU,[4] Ausbildungsbeihilfen[5] und de-minimis-Beihilfen[6]) verabschiedet. Des weiteren hat der Rat am 22.3.1999 die Verordnung (EG) Nr. 659/99 über besondere Vorschriften für die Anwendung von Art. 93 EGV (jetzt Art. 88) verabschiedet (Beihilfenverfahrensverordnung).[7] 1

Die Einzelheiten dieser Ratsverordnungen und Durchführungsverordnungen der Kommission wurden an den jeweils einschlägigen Stellen der Kommentierungen zu Art. 87 und 88 geschildert. Darauf muß hier nicht nochmals eingegangen werden. Gleiches gilt für die Frage nach deren Vereinbarkeit mit dem primären Gemeinschaftsrecht. Die primärrechtlichen Vorgaben, denen die Ermächtigung nach Art. 89 verpflichtet ist und mithin die Auslegung von Art. 89, wurden in ihren Grundzügen in Art. 87 Rn. 1a dargestellt. Daran anknüpfend wurden die einzelnen problematischen Regelungen der Ratsverordnungen und der Durchführungsverordnungen der Kommission wiederum an den jeweils einschlägigen Stellen der Kommentierungen zu Art. 87 und 88 diskutiert. 2

---

1 Vgl. im einzelnen zu den Verordnungen *G. von Wallenberg*, in: Grabitz/Hilf, EU, Art. 94, Rn. 8.
2 Vgl. *W. Mederer*, in: GTE, EU-/EGV, Art. 94, Rn. 5.
3 ABl.EG 1998 Nr. L 142/1.
4 Verordnung (EG) Nr. 70/2001, ABl.EG 2001 Nr. L 10/33.
5 Verordnung (EG) Nr. 68/2001, ABl.EG 2001 Nr. L 10/20.
6 Verordnung (EG) Nr. 69/2001, ABl.EG 2001 Nr. L 10/30.
7 ABl.EG 1999 Nr. L 83/1.

Kapitel 2
Steuerliche Vorschriften

Art. 90 (ex-Art. 95)

Die Mitgliedstaaten[8] erheben auf Waren[9] aus anderen Mitgliedstaaten[9] weder unmittelbar noch mittelbar höhere inländische Abgaben[10] gleich welcher Art[10], als gleichartige[12] inländische Waren unmittelbar oder mittelbar zu tragen haben[13].

Die Mitgliedstaaten[9] erheben auf Waren aus anderen Mitgliedstaaten keine inländischen Abgaben, die geeignet sind, andere Produktionen mittelbar zu schützen[16 f.].

Inhaltsübersicht:

I. Steuerliche Vorschriften des EGV	1
II. Grundsatzfragen	5
1. Steuerliche Diskriminierung	5
2. Verhältnis Diskriminierungsverbote – Harmonisierungsgebote	7
3. Anwendungsbereich	8
a) Adressaten	8
b) Gemeinschaftswaren	9
c) Regelungsgegenstand: die betroffenen Abgaben	10
d) Rechtsfolgen	11
III. Diskriminierungsverbot nach Abs. 1	12
1. Rechtsprechung des Gerichtshofs	12
2. Schrifttum	16
3. Stellungnahme	17
IV. Protektionsverbot nach Abs. 2	18
V. Abgrenzung zu anderen Vorschriften des Vertrags	21

I. Steuerliche Vorschriften des EGV

1 Steuerliche Vorschriften stellen nur einen **Teil der Finanzvorschriften** des Vertrags[1] dar: neben den Art. 90 bis 93 sind hier Art. 58 Abs. 1 lit. a, 95 Abs. 2, 175 Abs. 2 Spstr. 1, 293 Spstr. 2 aufzuführen[2]. Daneben ist die Anwendung allgemeiner, d.h. nicht explizit steuerbezogener Vorschriften der Verträge auf Steuerfragen im Blick zu behalten[3]. Mangels eigener substantieller Besteuerungskompetenzen der Gemeinschaft[4] handelt es sich bei den steuerlichen Vorschriften ganz überwiegend um Regelungen in Bezug auf mitgliedstaatliche Abgaben oder um innergemeinschaftliche Verfahrensnormen.

2 Der Bereich des Steuerrechts gehört zu den souveränitätssensiblen staatlichen Agenden[5].

---

1 Hier sind vorrangig die haushaltsrechtlichen Normen der Art. 268 bis 280 zu nennen; s. Art. 268, Rn. 1.
2 S. auch R. *Voß*, in: Hb.EUWirtR, Abschnitt J, Rn. 12 ff.
3 Z.B. von Art. 94 oder 96.
4 Art. 268, Rn. 3 ff., 8.
5 Dazu statt vieler: *K. Vogel/C. Waldhoff*, Vorbemerkungen vor Art. 104a–115, Rn. 642 ff., in: Dolzer/Vogel (Hrsg.), Bonner Kommentar zum Grundgesetz, Loseblattsammlung, Stand: 96. Lieferung Mai 2001 (= *dies.*, Grundlagen des Finanzverfassungsrechts, 1999, Rn. 642 ff.); *Ipsen*, EG-Recht, S. 705. S. ferner: *Bleckmann*, Europarecht, Rn. 1984; *K. Bahlmann*, Zum Einfluß des Europäischen Rechts auf das nationale Steuerrecht, EuR 1985, S. 43; *S. Schröer-Schallenberg*, Diskriminierung im Bereich der Verbrauchsteuern, in: Birk (Hrsg.), Handbuch des europäischen Steuer- und Abgabenrechts, 1995, Rn. 37: »Zwischen der nationalen Steuerautonomie der einzelnen Mitgliedstaaten und dem Funktionieren des gemeinsamen Marktes besteht ein Spannungsverhältnis.«

Diese Erfahrung zeigt sich in der Zurückhaltung des EGV[6]: Zentrale Bereiche wie die Harmonisierung direkter Steuern sind gar nicht explizit normiert; im übrigen bestehen weitgehend Einstimmigkeitserfordernisse und sonstige verfahrensrechtliche Restriktionen[7]. Für den steuerlichen Bereich ist daher von einer **Teilintegration** gesprochen worden[8], den steuerpolitischen Maßnahmen der Gemeinschaft komme vorrangig »Hilfs- und **Ergänzungsfunktion** im Hinblick auf die Verwirklichung der übrigen Vertragspolitiken« zu[9].

Der Vertrag von Amsterdam hat Abs. 3 a.F., der seinerzeit für bereits bestehende innerstaatliche Abgaben Übergangsfristen normierte[10], wegen Funktionslosigkeit gestrichen[11]. Auch Art. 97 a.F., der die inzwischen nicht mehr erhobene kumulative Mehrphasenumsatzsteuer[12] betraf[13], konnte aufgehoben werden[14]. 3

Die **Konzeption der europäischen Integration in Bezug auf Steuern** ist Teil der Ausrichtung des Vertrags auf den Gemeinsamen Markt bzw. den Binnenmarkt[15]. **Diskriminierungsverbote und Steuerharmonisierung** sind die – sich gegenseitig ergänzenden[16] – Instrumentarien zur Durchsetzung dieser Marktidee im steuerlichen Bereich[17]. 4

II. Grundsatzfragen

1. Steuerliche Diskriminierung

Diskriminierung bedeutet zunächst Ungleichbehandlung (Benachteiligung) auf Grund bestimmter Merkmale[18]; Diskriminierungsverbote sind gesetzliche oder vertragliche Bestimmungen, die eine derartige Behandlung untersagen. Art. 90 ist eine für bestimmte Arten von Abgaben geltende Konkretisierung des allgemeinen gemeinschaftsrechtlichen Diskriminierungsverbots in Art. 12 Abs. 1[19]. Um den freien Warenverkehr zu ge- 5

---

6 *Bahlmann* (Fn. 5), S. 44.
7 S. Art. 93, 95 Abs. 2.
8 *Nicolaysen*, Europarecht II, S. 96.
9 *Oppermann*, Europarecht, Rn. 1153, Hervorhebung im Original; ähnlich auch: *Schröer-Schallenberg* (Fn. 5), Rn. 37; *C. Stumpf*, Neuere Entwicklungen zu Diskriminierungsverbot und Harmonisierungsgebot im europäischen Mehrwertsteuerrecht, EuZW 1991, S. 719.
10 S. nur *R. Wägenbaur*, Die Beseitigung steuerlicher Diskriminierungen im innergemeinschaftlichen Warenverkehr, RIW/AWD 1980, S. 123; zur Bedeutungslosigkeit des alten Abs. 3 s. EuGH, verb. Rs. 142 und 143/80, Slg. 1981, 1413, Rn. 24–27 (Amministrazione delle Finanze dello Stato/Essevi S.p.A. und Salengo).
11 Art. 6 I Nr. 52 des Vertrags von Amsterdam.
12 Zu den verschiedenen Umsatzsteuersystemen s. *K. Tipke/J. Lang*, Steuerrecht, 16. Aufl. 1998, S. 605 ff.
13 *Wägenbaur* (Fn. 10), S. 123.
14 Art. 6 I Nr. 53 des Vertrags von Amsterdam.
15 *Wägenbaur* (Fn. 10), S. 122; *W. Kahl*, Art. 14, Rn. 6 ff.
16 Rn. 7.
17 S. *Wägenbaur* (Fn. 10), S. 122; *Schröer-Schallenberg* (Fn. 5), Rn. 4.
18 *W. Kewenig*, Der Grundsatz der Nichtdiskriminierung im Völkerrecht der internationalen Wirtschafts-Beziehungen, Bd. 1: Der Begriff der Diskriminierung, 1972, S. 24 ff. Den Bezug zum Gleichheitssatz herausstellend: *Schröer-Schallenberg* (Fn. 5), Rn. 1.
19 *Wägenbaur* (Fn. 10), S. 127; *H. M. Wolffgang*, in: Lenz, EGV, Art. 90, Rn. 2; *T. Trautwein*, Das gemeinschaftsrechtliche Verbot diskriminierender und protektionistischer Abgaben nach Art. 95 EGV, JA 1996, S. 813 f.; *J. Wohlfahrt*, Steuerliche Diskriminierung im Gemeinsamen Markt, in: Schwarze (Hrsg.), Das Wirtschaftsrecht des Gemeinsamen Marktes in der aktuellen Rechtsentwicklung, 1983, S. 142.

währleisten sollen »Steuergrenzen«, als deren Folge ausländische Waren höher belastet werden, vermieden werden[20]. Ziel ist also die Herstellung **steuerlicher Wettbewerbsneutralität im Binnenmarkt**[21]. Damit stellen die Art. 90 bis 92 eine notwendige Ergänzung der Art. 25 und 28 ff. dar[22]. Kernstück ist dabei Art. 90[23].

6 Die steuerbezogenen Diskriminierungsverbote basieren auf **internationalen Rechtsakten**[24], die ihrerseits vom sog. **Bestimmungslandprinzip** ausgehen[25]. Dieses Prinzip fordert die Erstattung der warenbezogenen Steuern bei der Ausfuhr aus dem Ursprungsland und ermöglicht eine steuerliche Neubelastung im Bestimmungsland; damit wird zwar die Finanzautonomie der Mitgliedstaaten geschont, die notwendig werdenden Grenzkontrollen strapazieren jedoch das Konzept des Gemeinsamen Marktes/Binnenmarktes[26].

2. Verhältnis Diskriminierungsverbote – Harmonisierungsgebote

7 Diskriminierungsverbote und Harmonisierungsgebote im steuerlichen Bereich sind zwei prinzipiell selbständige Instrumentarien des Vertrags, die nebeneinander die steuerliche Konzeption der Gemeinschaft verwirklichen sollen[27]. Die unterschiedliche Wirkungsweise erhellt aus den jeweils angeordneten Rechtsfolgen: die Diskriminierungsverbote galten – mit gewissen Einschränkungen[28] – ab Errichtung der Gemeinschaft unmittelbar[29] und unbedingt. Die über das Rechtsinstitut der Richtlinie nur mittelbar sich entfaltenden Harmonisierungsgebote sind Teilelement eines langwierigen, von politischen Unwägbarkeiten abhängigen, noch in der Durchführung befindlichen Prozesses. Die Verbindung zwischen diesen prinzipiell selbständigen Rechtsinstrumentarien stellt die Geltung der Diskriminierungsverbote schon vor Abschluß der Harmonisierung[30] und

---

20 *Trautwein* (Fn. 19), S. 813.
21 A. *Beermann*, Zölle und Verbrauchsteuern im EG-Binnenmarkt, Steuerberaterkongreßreport 1991, S. 365; *Bleckmann*, Europarecht, Rn. 1990; *Oppermann*, Europarecht, Rn. 1159; M. *Dauses*, Hb.EUWirtR, Abschnitt C.I, Rn. 33 f. Differenzierend: *Nicolaysen*, Europarecht II, S. 98.
22 S. auch EuGH, Rs. 168/78, Slg. 1980, 347, Rn. 4 (Kommission/Frankreich: »Branntwein«); Rs. 169/78, Slg. 1980, 385, Rn. 4 (Kommission/Italien: »Branntwein«); Rs. 171/78, Slg. 1980, 447, Rn. 4 (Kommission/Dänemark: »Branntwein«); Rs. 21/79, Slg. 1980, 1, Rn. 15 (Kommission/Italien). *Beermann* (Fn. 21), S. 366; *Nicolaysen*, Europarecht II, S. 96 f.
23 H.-W. *Arndt*, Steuerliches Diskriminierungsverbot und nichtharmonisierte Umsatzsteuer – zur Beschränkung des steuerlichen Erfindungsrechts der Mitgliedstaaten durch EG-Gemeinschaftsrecht, DStR 1989, S. 471; R. *Voß*, Hb.EUWirtR, Abschnitt J, Rn. 42: Sonderstellung innerhalb der steuerlichen Vorschriften wegen unmittelbarer Anwendbarkeit.
24 Art. III Abs. 2 GATT 1947 (zu Rechtscharakter und Struktur des GATT s. Art. 23, Rn. 13); Art. XII Abs. 2 GATT 1947; Art. XII Abs. 4 GATT 1947; OEEC-Ratsbeschluß vom 14.1.1955, BAnz. Nr. 26, 3.2.1955, i.d.F. des Beschlusses vom 21.7.1959, BAnz. Nr. 192 vom 7.10.1959.
25 S. dazu ausführlicher Art. 93, Rn. 10 sowie *Bleckmann*, Europarecht, Rn. 1989 f. Ferner: *Ipsen*, EG-Recht, S. 707; *Nicolaysen*, Europarecht II, S. 99.
26 *Bleckmann*, Europarecht, Rn. 1988 f. Art. 93, Rn. 10.
27 EuGH, Rs. 171/78, Slg. 1980, 385, Rn. 20 (Kommission/Italien: Branntwein); Rs. 193/80, Slg. 1981, 3019, Rn. 17 (Kommission/Italien); *Wägenbaur* (Fn. 10), S. 123 f. S. auch *dens.*, in: Grabitz/Hilf, EU, vor Art. 95, Rn. 2; *Bleckmann*, Europarecht, Rn. 1987; insgesamt kritisch zu den Nichtgestimmtheiten A. *Hagen*, Die Harmonisierung der indirekten Steuern in Europa, 2000.
28 S. die aufgehobenen Art. 95 Abs. 3, 97 a.F.; dazu Rn. 3 und *Wägenbaur* (Fn. 10), S. 123.
29 Rn. 11.
30 EuGH, Rs. 15/81, Slg. 1982, 1409, Rn. 38 (Schul BV/Inspecteur der Invoerrechten en Accijnzen); M. *Dauses*, Hb.EUWirtR, Abschnitt C.I, Rn. 36; *Schröer-Schallenberg* (Fn. 5), Rn. 5; C. *Ohler*, Die fiskalische Integration in der Europäischen Gemeinschaft, 1997, S. 98; *Stumpf* (Fn. 9), S. 719.

die Bindung der Gemeinschaft bei ihren Harmonisierungsprojekten an die Diskriminierungsverbote dar: Die Steuerharmonisierung darf nicht zu Durchbrechungen der Diskriminierungsverbote führen[31].

3. Anwendungsbereich

a) Adressaten
Der Wortlaut der Norm weist »die Mitgliedstaaten« als Adressaten aus. Der Gerichtshof hat auch die Gemeinschaftsorgane als Adressaten bestimmt[32]. 8

b) Gemeinschaftswaren
Die auf den Warenverkehr innerhalb der Gemeinschaft zugeschnittene[33] und »eine Ergänzung zum Abbau zollrechtlicher Vorschriften« darstellende[34] Vorschrift betrifft nicht die Grenzüberschreitung von Dienstleistungen oder Kapital, wohl aber die Benutzung importierter Waren in der Form des Leasing[35]. Der **Warenbezug** wird vom Gerichtshof großzügig ausgelegt; Abgaben auf den grenzüberschreitenden Straßenverkehr weisen zumindest einen mittelbaren Bezug zu den transportierten Waren auf[36]. Erfaßt sind nur sog. Gemeinschaftswaren. Dies sind solche, die aus den Mitgliedstaaten stammen (ursprüngliche Gemeinschaftswaren). Die Waren haben keinen Statuswechsel durchlaufen, da sie entweder vollständig im Zollgebiet gewonnen oder hergestellt wurden oder aus im freien Verkehr befindlichen Drittlandswaren zusammengesetzt wurden[37]. Gleichgestellt sind Waren, die zwar aus Ländern außerhalb der Gemeinschaft stammen, sich jedoch im freien Verkehr befinden[38]. 9

c) Regelungsgegenstand: die betroffenen Abgaben
Es werden Abgaben im weitesten Sinne erfaßt, d.h. auch Gebühren und Beiträge[39], unabhängig von ihrer Bezeichnung[40], und unabhängig davon, ob die Erträge in den allgemeinen Staatshaushalt fließen oder als »Sonderabgabe« davon getrennt verwaltet werden[41]. Dies erhellt aus der Formulierung »Abgaben gleich welcher Art«[42]. Entscheidender Gesichtspunkt ist der **Warenbezug der Abgaben**[43]; die Besteuerung von Kapital ist somit nicht erfaßt[44]. Eine analoge Anwendung auf Dienstleistungen[45] ist abzulehnen[46]. 10

---

31 EuGH, Rs. 15/81, Slg. 1982, 1409, Rn. 31 ff., 38 (Schul/BV/Inspecteur der Invoerrechten en Accijnzen); *Wägenbaur* (Fn. 10), S. 125; *Schröer-Schallenberg* (Fn. 5), Rn. 6, 17.
32 EuGH, Rs. 15/81, Slg. 1982, 1409, Rn. 42 (Schul/BV/Inspecteur der Invoerrechten en Accijnzen); s. bereits Rn. 7 am Ende sowie *Wohlfahrt* (Fn. 19), S. 143.
33 *M. Reicherts*, in: GTE, EWGV, Art. 95, Rn. 3; *Schröer-Schallenberg* (Fn. 5), Rn. 19.
34 EuGH, Rs. 24/68, Slg. 1969, 193, Rn. 4/5 (Kommission/Italien) und ständige Rechtsprechung. S. auch *H.M. Wolffgang*, in: Lenz, EGV, Art. 90, Rn. 3.
35 EuGH, Rs. 252/86, Slg. 1988, 1343, Rn. 25 f. (Bergandi/Directeur général des impôts).
36 EuGH, Rs. 20/76, Slg. 1977, 247, Rn. 16 (Schöttle & Söhne OHG/Finanzamt Freudenstadt); *Stumpf* (Fn. 9), S. 713 f.
37 S. auch Art. 4 Nr. 7; 23 ZK und die Kommentierung zu Art. 23, Rn. 18.
38 S. Art. 24 und die dortige Kommentierung.
39 EuGH, Rs. 78/76, Slg. 1977, 595, Rn. 27 f., 30 (Steinicke und Weinling/Bundesrepublik Deutschland).
40 *R. Voß*, in: Grabitz/Hilf, EU, Art. 90, Rn. 20 f.; *Ohler* (Fn. 30), S. 106.
41 EuGH, Rs. 74/76, Slg. 1977, 557, Rn. 18 f. (Iannelli & Volpi S.p.A./Meroni).
42 *H. M. Wolffgang*, in: Lenz, EGV, Art. 90, Rn. 16.
43 Rn. 9. *B. Balke*, Steuerliche Gestaltungsfreiheit der Mitgliedstaaten und freier Warenverkehr im Europäischen Binnenmarkt, 1998, S. 22 ff.; *Ohler* (Fn. 30), S. 106 f.; *W. Schön*, Der freie Warenverkehr, die Steuerhoheit der Mitgliedstaaten und der Systemgedanke im europäischen Steuerrecht, EuK 2001, S. 341 (342 f.).
44 EuGH, Rs. 267/86, Slg. 1988, 4769, Rn. 25 (Van Eycke/ASPA).
45 So *Stumpf* (Fn. 9), S. 714.
46 *Balke* (Fn. 43), S. 24 f. S. auch Rn. 9 mit Fn. 35.

Aus Art. 92 ergibt sich, daß nur indirekte Steuern und Abgaben erfaßt werden. Nicht betroffen sind nichtabgabenrechtliche Belastungen[47].

d) Rechtsfolgen

11 Für die Verbotsadressaten[48] wird ein primär-gemeinschaftsrechtliches Diskriminierungsverbot aufgerichtet; zugunsten der Gemeinschaftsbürger entfaltet die Norm – auch deren Abs. 2[49] – **unmittelbare Wirkung**, alle gegen sie verstoßenden innerstaatlichen Rechtsakte dürfen gegenüber Gemeinschaftsbürgern nicht angewendet werden[50]. Zu Unrecht erhobene Abgaben sind diskriminierungsfrei nach mitgliedstaatlichem Recht zu erstatten[51].

III. Diskriminierungsverbot nach Abs. 1

1. Rechtsprechung des Gerichtshofs

12 Vergleichsmaßstab zur Feststellung einer Diskriminierung sind »gleichartige« inländische Waren. Der Gerichtshof hat zunächst eine formale Bestimmung der »**Gleichartigkeit**« anhand der gemeinschafts-zollrechtlichen Klassifizierung von Waren vorgenommen[52]. Dieser formale Ansatz wurde durch Rückgriff auf die Verbrauchergewohnheit materiell aufgeladen: Entscheidend soll nun sein, ob die Waren »in den Augen der Verbraucher die gleichen Eigenschaften haben und denselben Bedürfnissen dienen«[53]. Ergänzend sind die Kriterien heranzuziehen, ob es sich um dieselbe »Gattung« handelt und ob bestimmte Merkmale der Waren, insbesondere die verwendeten Rohstoffe übereinstimmen[54]. Die Bestimmung der »Gleichartigkeit« ist also durch eine aus **formellen (objektiven) und materiellen (subjektiven)** Kriterien bestehende **Gesamtbetrachtung** vorzunehmen[55].

---

47 EuGH, verb. Rs. 2 und 3/62, Slg. 1962, 867 (884) (Kommission/Luxemburg, Belgien: »Lebkuchen«); Rs. 45/75, Slg. 1976, 181, Rn. 14 ff. (Rewe/Hauptzollamt Landau); s. auch *M. Dauses*, HB EUWirtR, Abschnitt C.I, Rn. 44.
48 Rn. 8.
49 EuGH, Rs. 27/67, Slg. 1968, 334 (348 f.) (Fink-Frucht GmbH/Hauptzollamt München Landsbergerstraße).
50 EuGH, Rs. 57/65, Slg. 1966, 258 (265 f.) (Lütticke GmbH/Hauptzollamt Saarlouis); Rs. 28/67, Slg. 1968, 216 (232) (Molkereizentrale Westfalen-Lippe GmbH/Hauptzollamt Paderborn); Rs. 34/67, Slg. 1968, 363 (373) (Lück/Hauptzollamt Köln-Rheinau). Zur mitgliedstaatlichen Reaktion auf diese Entscheidungen s. *M. Reicherts*, in: GTE, EWGV, Art. 95, Rn. 23; *H. Kuch*, Artikel 95 des EWG-Vertrages in der Rechtsprechung des Bundesfinanzhofs und des Gerichtshofs der Europäischen Gemeinschaften, Diss. jur. München 1974.
51 EuGH, Rs. 68/79, Slg. 1980, 501, Rn. 17 ff. (Just/Ministerium für Steuerwesen); Rs. 104/86, Slg. 1988, 1799, Rn. 6 (Kommission/Italien); Rs. 240/87, Slg. 1988, 3513, Rn. 12 (Deville/Administration des Impôts); Rs. C-228/96, (Aprile Srl); Rs. C-260/96, (Spac SpA). Zu den beiden zuletzt genannten Entscheidungen s. die Anm. in SWI 1998, S. 542 und 1999, S. 91.
52 EuGH, Rs. 27/67, Slg. 1968, 334, 347: Gleichartigkeit sei dann zu bejahen, »wenn Waren normalerweise steuerrechtlich, zollrechtlich oder statistisch ... unter die gleiche Bezeichnung einzuordnen sind«. Jetzt ausführlich *Schön* (Fn. 43), S. 343 ff.
53 EuGH, Rs. 168/78, Slg. 1980, 347, Rn. 5 (Kommission/Frankreich); Rs. 169/78, Slg. 1980, 385, Rn. 5 (Kommission/Italien: Branntwein); Rs. 171/78, Slg. 1980, 447, Rn. 5 (Kommission/Dänemark: Branntwein); s. schon zuvor Rs. 45/75, Slg. 1976, 181, Rn. 12 (Rewe/Hauptzollamt Landau).
54 EuGH, Rs. 168/78, 169/78, 171/78, alle vom Slg. 1980, 347, 385 und 447, jeweils Rn. 11 (Branntwein).
55 S. auch EuGH, Rs. 106/84, Slg. 1986, 833, Rn. 12 (Kommission/Dänemark: »Obstwein«); Rs. 243/84, Slg. 1986, 875, Rn. 11 (Walker/Ministeriet for Skatter og Afgifter: »likörweinartiger Obstwein«); Rs. 184/85, Slg. 1987, 2013, Rn. 9 (Kommission/Italien: »Bananen«); Rs. 193/85, Slg. 1987, 2085, Rn. 17 (Cooperativa Co-Frutta/Amministrazione delle finanze: »Bananen«); Rs. C-367 bis 377/93, Slg. 1995, I-2229, Rn. 27 (Roders BV u.a./Inspecteur der Invoerrechten en Accijnzen).

Nach ständiger Rechtsprechung ist sowohl die **formelle (offene/direkte/rechtliche)**, wie 13
auch die **materielle (versteckte/indirekte/tatsächliche)** Diskriminierung von dem Diskriminierungsverbot des Abs. 1 erfaßt[56]. Bei der formellen Diskriminierung werden eingeführte Waren mit einer höheren Abgabenlast belegt. Praktisch größere Bedeutung besitzt die materielle, versteckte Diskriminierung. Die unterschiedliche Abgabenbelastung kann sich aus dem Steuersatz oder aus der Durchführung der Abgabenerhebung ergeben[57]; vorrangig kommen jedoch unterschiedliche Abgabenbemessungsgrundlagen hinsichtlich einheimischer und importierter Waren als Ursache für eine versteckte Diskriminierung in Betracht[58]. Auch können unterschiedlich ausgestaltete Abgabenbefreiungstatbestände die Diskriminierung hervorrufen[59]. Die Inländerdiskriminierung wird demgegenüber nicht verboten[60]. Die Doppelbesteuerung eingeführter Waren wirkt allenfalls dann diskriminierend, wenn dies auf Grund eines bereits – wenn auch nur unvollkommen – gemeinschaftsrechtlich harmonisierten Steuersystems erfolgt[61].

Eine in sich nicht völlig konsistente Rechtsprechungslinie billigt die Berücksichtigung bestimmter Lenkungszwecke bei mitgliedstaatlichen Abgabensystemen mit differenzierender – zumeist progressiver – Ausgestaltung, wenn die Einteilung in Steuergruppen an-

---

56 EuGH, Rs. 77/69, Slg. 1970, 237, Rn. 1 ff. (Kommission/Belgien); Rs. 54/72, Slg. 1973, 193, Rn. 5 ff. (FOR/VKS); Rs. 125/75, Slg. 1976, 1079, Rn. 3 f. (Bobie Getränkevertrieb GmbH/Hauptzollamt Aachen-Nord); Rs. 20/76, Slg. 1977, 247, Rn. 12 ff. (Schöttle&Söhne OHG/Finanzamt Freudenstadt); Rs. 74/76, Slg. 1977, 557, Rn. 20 f. (Iannelli&Volpi S.p.A./Merino); Rs. 55/79, Slg. 1980, 481, Rn. 8 ff. (Kommission/Irland); verb. Rs. 142/80 und 143/80, Slg. 1981, 1413, Rn. 21 ff. (Amministrazione delle Finanze dello Stato/Essevi S.p.A. und Salengo); Rs. 15/81, Slg. 1982, 1409, Rn. 31 ff. (Schul BV/Inspecteur der Invoerrechten en Accijnzen); Rs. 252/86, Slg. 1988, 1343, Rn. 24 ff. (Bergandi/Directeur général des impôts); Rs. 257/86, Slg. 1988, 3249, Rn. 1 ff. (Kommission/Italien); Rs. C-47/88, Slg. 1990, I-4509, Rn. 9 (Kommission/Dänemark: »Kraftfahrzeuge«). Nicht ganz überzeugend zur terminologischen Frage: *M. Wasmeier*, Umweltabgaben und Europarecht, 1995, S. 129 f.
57 EuGH, Rs. 45/75, Slg. 1976, 181, Rn. 15 (Rewe/Hauptzollamt Landau) und Rs. 125/75, Slg. 1976, 1079, Rn. 3 ff. (Bobie Getränkevertrieb GmbH/Hauptzollamt Aachen-Nord): pauschale Besteuerung des eingeführten Produkts, progressive (oder degressive) Besteuerung des inländischen Produkts; Rs. 106/84, Slg. 1986, 833, Rn. 19 (Kommission/Dänemark: Obstwein); Rs. 257/86, Slg. 1988, 3249, Rn. 16 (Kommission/Italien); Rs. 196/85, Slg. 1987, 1597, Rn. 4 ff. (Kommission/Frankreich: »süße Weine«); aus der neueren Rechtsprechung EuGH, Rs. C-375/95, Slg. 1997, I-5990 (Kommission/Griechenland: Besteuerung von Kraftfahrzeugen); Rs. C-421/97, Slg. 1999, I-3656 (Tarantik/Direction des services fiscaux de Seine-et-Marne); Rs. C-228/98, EWS 2000, S. 459; Rs. C-265/99, 15.3.2001, n.n.i.Slg. Der Einwand, die an sich diskriminierende Regelung werde selten oder nie angewendet, kann die Diskriminierung nicht ausschließen: EuGH, Rs. 55/79, Slg. 1980, 481, Rn. 9 (Kommission/Irland); Rs. 257/86, Slg. 1988, 3249, Rn. 11 (Kommission/Italien).
58 EuGH, Rs. 77/69, Slg. 1970, 237, Rn. 1 ff. (Kommission/Belgien); Rs. 54/72, Slg. 1973, 193, Rn. 2 ff. (FOR/VKS); Rs. 74/76, Slg. 1977, 557, Rn. 20 f. (Iannelli&Volpi S.p.A./Meroni); Rs. C-47/88, Slg. 1990, I-4509, Rn. 15 ff. (Kommission/Dänemark: Kraftfahrzeuge); Rs. C-213/96, Slg. 1998, I- 1801, Rn. 31 ff. (Outokumpu); Rs. C-68/96, Slg. 1998, I-3797, Rn. 10 ff. (Grundig Italiana Spa/Ministero delle Finanze); Rs. C-393/98, HFR 2001, 512.
59 EuGH, Rs. 20/76, Slg. 1977, 247, Rn. 21 (Schöttle&Söhne OHG/Finanzamt Freudenstadt); Rs. 55/79, Slg. 1980, 481, Rn. 8 f. (Kommission/Irland); verb. Rs. 142 und 143/80, Slg. 1981, 1413, Rn. 21 ff. (Amministrazione delle Finanze dello Stato/Essevi S.p.A. und Salengo).
60 EuGH, Rs. 86/78, Slg. 1979, 897, Rn. 33 (SA des Grandes Distilleries Peureux/Directeur des services fiscaux).
61 EuGH, Rs. 15/81, Slg. 1982, 1409, Rn. 23 (Schul BV/Inspecteur der Invoerrechten en Accijnzen); Rs. 47/84, Slg. 1985, 1491, Rn. 1 (Staatssecretaris van Financien/Schul); Rs. 39/85, Slg. 1986, 259, Rn. 5 ff. (Bergeres-Becque/Chef de services interrégional des douanes); Rs. 299/86, Slg. 1988, 1213, Rn. 10 ff. (Drexl). Für den Fall einer Doppelbesteuerung bei nicht-harmonisierten Steuern wurde keine Diskriminierung festgestellt: EuGH, Rs. 142/77, Slg. 1978, 1543, Rn. 33/36 (Statens Kontrol med aedle Metaller/Lassen und Kjerulf).

hand objektiver Kriterien erfolgt, die Lenkungszwecke in ihrer wirtschafts- und sozialpolitischen Ausrichtung nicht den Zielen des EGV widerstreiten und keine diskriminierenden oder protektionistischen Wirkungen entfaltet werden[62].

14 Der Gerichtshof hat Art. 90 **nicht** als über ein Diskriminierungsverbot hinausreichendes **Beschränkungsverbot** interpretiert, welches allgemein den freien Warenverkehr in der Gemeinschaft zu behindern verbietet. Gelegenheit, sich zu diesem Problem zu äußern, boten Fälle, in denen eine inländische Vergleichsproduktion fehlte[63].

15 Über den Wortlaut der Vorschrift hinaus, der nur die **Einfuhr von Waren** erfaßt, gilt die Bestimmung auch bei Diskriminierungen im Rahmen der **Ausfuhr**[64].

2. Schrifttum

16 Die Rechtsprechung des Gerichtshofs hat in der Literatur weitgehend Zustimmung gefunden[65]. Die formale Bestimmung der »Gleichartigkeit« von Waren durch den Gerichtshof hat sich nicht zuletzt durch die Kritik im Schrifttum an diesem Ansatz[66] hin zur ergänzenden Berücksichtigung subjektiver Kriterien[67] gewandelt. Vereinzelt ist eine ausweitende, den Wortlaut sprengende Auslegung der Vorschrift als **Beschränkungsverbot** hinsichtlich des freien Warenverkehrs in der Gemeinschaft gefordert worden[68].

3. Stellungnahme

17 Eine extensive Auslegung als Beschränkungsverbot verkennt die Unterschiede im Vergleich zu anderen, den freien Warenverkehr sichernden Bestimmungen (Art. 23, 25, 28)[69]. Diese Vorschriften gehen über reine Diskriminierungsverbote hinaus. Ein Vergleich mit innerstaatlichen Regelungen ist nicht möglich oder wird nicht verlangt. Die

---

62 EuGH, Rs. 148/77, Slg. 1978, 1787 (Hansen jun. & Balke GmbH&Co/Hauptzollamt Flensburg); verb. Rs. 142 und 143/80, Slg. 1986, 833 (Kommission/Dänemark: Obstwein); Rs. 319/81, Slg. 1983, 601 (Kommission/Italien); Rs. 106/84 (Fn. 55); Rs. 112/84, Slg. 1985, 1367 (Humblot/Directeur des services fiscaux); Rs. 200/85, Slg. 1986, 3953 (Kommission/Italien); Rs. 433/85, Slg. 1987, 3521 (Feldain/Directeur des services fiscaux); Rs. 76, 86 bis 89 und 149/87, Slg. 1988, 2397 (Seguela, Lachkor u.a./Administration des impôts); Rs. C-132/88, Slg. 1990, I-1567 (Kommission/Griechenland). S. ausführlich: *Balke* (Fn. 43), S. 87 ff., 109 ff.
63 Die Rechtsprechung war nicht immer völlig einheitlich, im Ergebnis wurde die Anwendbarkeit von Art. 90 jedoch stets verneint: EuGH, Rs. 31/67, Slg. 1968, 352 (360 f.) (Stier/Hauptzollamt Hamburg Ericus; Rs. C-47/88, Slg. 1990, I-4509, Rn. 9 f. (Kommission/Dänemark: Kraftfahrzeuge); Rs. C-132/88, Slg. 1990, I-1567, Rn. 17 (Kommission/Griechenland).
64 EuGH, Rs. 27/74, Slg. 1974, 1037, Rn. 9 (Demag AG/Finanzamt Duisburg-Süd). Eine mögliche Doppelbesteuerung muß jedoch nicht berücksichtigt werden: EuGH, Rs. 142/77, Slg. 1978, 1543, Rn. 36 (Statens Kontrol med aedle Metaller/Lassen und Kjerulf).
65 S. nur: *Wägenbaur* (Fn. 10), S. 135.
66 *R. Wägenbaur*, Das Verbot steuerlicher Diskriminierung nach dem EWG-Vertrag im Lichte der Rechtsprechung des Gerichtshofs, EuR 1969, S. 20. Zustimmend: *Ohler* (Fn. 30), S. 101 ff.
67 Rn. 12.
68 *Wohlfahrt* (Fn. 19), S. 157 f.; *R. Barents*, Artikel 95 en de gemeenschappelijke markt, S.E.W. 1983, S. 438 ff. Ähnlich auch die Argumentation der Kommission in Rs. C-47/88, Slg. 1990, I-4509 (Kommission/Dänemark: Kraftfahrzeuge) und in Rs. C-302/88, Slg. 1990, I-4625 (Hennen Olie BV/Stichting Interim und Niederlande).
69 *Ohler* (Fn. 30), S. 98; *Oppermann*, Europarecht, Rn. 1169 mit der Einschränkung, daß auf Grund des Übermaßverbots zumindest Abgaben außerordentlicher Höhe auch ohne diskriminierende Wirkung verboten sein könnten.

größere Zurückhaltung der hiesigen Norm berücksichtigt die Souveränitätsvorbehalte der Mitgliedstaaten im steuerlichen Bereich[70].

IV. Protektionsverbot nach Abs. 2

Über die Diskriminierung gleichartiger Waren hinaus[71] verbietet Abs. 2 inländische Abgaben, die möglicherweise inländische Produkte mittelbar schützen. Dies setzt – jenseits einer Gleichartigkeit der Waren – zumindest ein (wenn auch nur mittelbares) Wettbewerbsverhältnis zwischen importierten und inländischen Waren voraus[72]. Es reicht die Möglichkeit einer wettbewerblichen Situation aus, der Wettbewerb muß nicht im einzelnen nachgewiesen werden[73]; zudem soll es genügen, wenn das ausländische Produkt eine Alternative zu (anderen) inländischen Produkten darstellt[74]. Neben das **Wettbewerbsverhältnis** tritt somit ein **Substitutionsverhältnis**. Letzteres grenzt sich von der für die Anwendung von Abs. 1 geforderten »Gleichartigkeit« dadurch ab, daß die Funktionen der Produkte aus Sicht des Verbrauchers nicht in jeder, sondern nur in bestimmter Hinsicht gleich sein müssen[75]. 18

Der **Schutz der inländischen Produktion** ist schon durch die höhere Abgabenbelastung ausländischer Erzeugnisse indiziert[76], zumindest wenn dadurch das Verbraucherverhalten zugunsten einheimischer Erzeugnisse beeinflußt wird[77]. Eine entsprechende Wirkung ergibt sich, wenn die höher belasteten Waren überwiegend eingeführt werden[78]. Die Schutzwirkung muß – zumindest bei erheblichen Belastungsunterschieden – nicht im einzelnen nachgewiesen werden, es reicht ihre durch Anhaltspunkte verfestigte Möglichkeit oder Wahrscheinlichkeit aus[79]. 19

Abs. 1 und Abs. 2 stehen in einem **Ergänzungsverhältnis** zueinander[80]: mögliche Lücken, die Abs. 1 offenläßt, sollen durch die **Auffangvorschrift** des Abs. 2 geschlossen werden[81]. Es ist in der Praxis daher stets mit der Prüfung von Abs. 1 zu beginnen. 20

---

70 *Balke* (Fn. 43), S. 60 ff.; Bsp. für die Verneinung einer diskriminierenden Wirkung FG Hamburg, ZfZ 2000, 132 (deutsche Bierbesteuerung; nicht rechtskräftig) mit ausführlicher Begründung.
71 S. Rn. 12 f.
72 EuGH, Rs. 27/67, Slg. 1968, 334, 347. *Schön* (Fn. 43), S. 347 ff.
73 EuGH, Rs. 184/85 , Slg. 1987, 2013, Rn. 11 (Kommission/Italien: Bananen).
74 EuGH, Rs. 168/78, Slg. 1980, 347, Rn. 12, 38 ff. (Kommission/Frankreich: Branntwein); Rs. 169/78, Slg. 1980, 385, Rn. 32 ff. (Kommission/Italien: Branntwein); Rs. 171/78, Slg. 1980, 447, Rn. 34 f. (Kommission/Dänemark: Branntwein); Rs. 216/81, Slg. 1982, 2701, Rn. 9 (COGIS/Staatliche Finanzverwaltung); Rs. 319/81, Slg. 1983, 601, Rn. 16 (Kommission/Italien: »Branntwein«); Rs. 184/85, Slg. 1987, 2013, Rn. 11 (Kommission/Italien: Bananen); Rs. C-230/89, Slg. 1991, I-1909, Rn. 8 (Kommission/Griechenland); Rs. C-367/93 bis 377/93, Slg. 1995, I-2229, Rn. 38 (Roders BV u.a./Inspecteur der Invoerrechten en Accijnzen).
75 *Balke* (Fn. 43), S. 46.
76 EuGH, Rs. 168/78, Slg. 1980, 347, Rn. 41 (Kommission/Frankreich: Branntwein); Rs. 169/78, Slg. 1980, 385, Rn. 41 (Kommission/Italien: Branntwein); Rs. 184/85, Slg. 1987, 2013, Rn. 13, 15 (Kommission/Italien: Bananen); Rs. 193/85, Slg. 1987, 2085, Rn. 22 (Cooperativa Co-Frutta/Amministrazione delle finanze: Bananen).
77 EuGH, Rs. 356/85, Slg. 1987, 3299, Rn. 12 ff. (Kommission/Belgien).
78 EuGH, Rs. 216/81, Slg. 1982, 2701, Rn. 11 (COGIS/Staatliche Finanzverwaltung); Rs. 319/81, Slg. 1983, 601, Rn. 17 (Kommission/Italien: Branntwein).
79 EuGH, Rs. 170/78, Slg. 1980, 417, Rn. 10, 21 ff. (Kommission/Vereinigtes Königreich: Besteuerung von Wein).
80 *R. Voß*, in: Grabitz/Hilf, EU, Art. 90, Rn.38 f.; *M. Reicherts*, in: GTE, EWGV, Art. 95, Rn. 43; *Balke* (Fn. 43), S. 130 ff.
81 *H. M. Wolffgang*, in: Lenz, EGV, Art. 90, Rn. 24.

V. Abgrenzung zu anderen Vorschriften des Vertrags

21 Zur Abgrenzung zu den **Abgaben zollgleicher Wirkung** gem. Art. 25 siehe die dortigen Ausführungen[82].

22 Die Rechtsprechung des Gerichtshofs zur Abgrenzung von Art. 31 (**Handelsmonopole**) ist nicht ganz eindeutig: Zum Teil werden beide Normen nebeneinander angewendet[83], in anderen Entscheidungen wird Art. 90 Vorrang eingeräumt[84]. Art. 31 ist dann speziell, wenn das Monopol die steuerliche Regelung zwingend nach sich zieht[85]. Gegenüber **Art. 28** geht Art. 90 als speziellere Norm vor[86].

23 Die Vorschriften hinsichtlich **staatlicher Beihilfen**, Art. 87 ff., sind grundsätzlich neben den steuerlichen Vorschriften anwendbar, Maßnahmen sind ggf. unter beiden Aspekten zu überprüfen. Der Gerichtshof verzichtet jedoch auf eine Prüfung anhand von Art. 87, wenn ein Verstoß gegen Art. 90 festgestellt werden konnte[87].

---

[82] Rn. 11. *Schön* (Fn. 43), S. 218 ff.
[83] EuGH, Rs. 45/75, Slg. 1976, 181, Rn. 18 ff. (Rewe/Hauptzollamt Landau).
[84] EuGH, Rs. 148/77, Slg. 1978, 1787, Rn. 14 (Hansen jun.&Balke GmbH&Co/Hauptzollamt Flensburg); Rs. 86/78, Slg. 1979, 897, Rn. 37 (SA des Grandes Distilleries Peureux/Directeuer des service fiscaux); Rs. 120/78, Slg. 1979, 649, Rn. 7 (Rewe-Zentral-AG/Bundesmonopolverwaltung für Branntwein).
[85] EuGH, Rs. 120/78, Slg. 1979, 649, Rn. 7 (Rewe-Zentral AG/Bundesmonopolverwaltung für Branntwein); Rs. 91/78, Slg. 1979, 935, Rn. 8 (Hansen GmbH & Co/Hauptzollamt Flensburg). Zu Unstimmigkeiten dieser Rechtsprechung im Detail s. *Schröer-Schallenberg* (Fn. 5), Rn. 10.
[86] EuGH, Rs. 27/67, Slg. 1968, 334, 346 (Fink-Frucht GmbH/Hauptzollamt München Landsbergerstraße); Rs. 74/76, Slg. 1977, 557, Rn. 9/10 (Iannelli&Volpi S.p.A./Meroni); Rs. 252/86, Slg. 1988, 1343, Rn. 33 (Bergandi/Directeur général des impôts); Rs. 45/87, Slg. 1988, 4958, Rn. 16 (Kommission/Irland); Rs.C-47/88, Slg.1990, I-4509, Rn.12 f. (Kommission/Dänemark: Kraftfahrzeuge). Differenzierende Interpretation dieser Rechtsprechung bei *Balke* (Fn. 43), S. 188 ff.
[87] EuGH, Rs. 148/77, Slg. 1978, 1787, Rn. 14 (Hansen jun.&Balke GmbH&Co/Hauptzollamt Flensburg). S. insgesamt dazu: *H. Ehring*, Zur Abgrenzung des Beihilfeverbots vom Verbot der zollgleichen Abgaben und der inländischen Abgaben, welche die Einfuhr höher belasten als die inländische Erzeugung, EuR 1974, S. 108.

Art. 91 (ex-Art. 96)

Werden Waren[1] in das Hoheitsgebiet eines Mitgliedstaats ausgeführt[1], so darf[3] die Rückvergütung für inländische Abgaben nicht höher sein als die auf die ausgeführten Waren mittelbar oder unmittelbar[2] erhobenen inländischen Abgaben.

Die Vorschrift soll vor vollständiger Verwirklichung der Harmonisierung im gemeinschaftlichen Steuerrecht[1] steuerliche Wettbewerbsgleichheit beim Export von Waren[2] innerhalb der Gemeinschaft herstellen[3]. Der Export in Drittländer wird nicht erfaßt[4]. Es bestehen enge Berührungspunkte zu dem Beihilfeverbot des Art. 87[5]; eine Umgehung dieser Norm soll durch hiesige Bestimmung erschwert werden[6]. In der Sache wird der umgekehrte Fall von Art. 90 erfaßt: letzterer erfaßt die steuerliche **Diskriminierung** bei der Einfuhr (und Ausfuhr) von Waren, hiesige Norm verbietet – ausnahmslos – versteckte steuerliche **Subventionierungen** bei deren Ausfuhr in andere Mitgliedstaaten[7]. Art. 90 betrifft demgemäß Verzerrungen auf dem **einheimischen** Markt eines Mitgliedstaats, Art. 91 betrifft die **Märkte anderer Mitgliedstaaten**[8]. »Aus Artikel 96 [a.F.] geht hervor, daß die Mitgliedstaaten Rückvergütungen nur unter bestimmten Bedingungen gewähren dürfen: Einmal müssen diese Abgaben die Ware selbst belasten, zum anderen dürfen die Rückvergütungen nicht höher als die genannten Abgaben sein.«[9] Damit wird eine Obergrenze der rechtlich möglichen Erstattung fixiert, grundsätzlich[10] jedoch keine Pflicht zur Erstattung[11]. 1

Nach der **zentralen Entscheidung des Gerichtshofs** vom 1.12.1965[12] »bezeichnet das Wort ›unmittelbar‹ diejenigen Abgaben, die die Fertigware belasten, das Wort ›mittelbar‹ diejenigen Abgaben, mit denen auf den einzelnen Fertigungsstufen die für die Herstellung der Ware verwendeten Rohstoffe oder Halbfertigerzeugnisse belastet sind«. Erfaßt werden somit nur **indirekte Steuern**, Gebühren oder sonstige Abgaben, die die Ware selbst, nicht jedoch den Produktionsprozeß oder das produzierende Unternehmen treffen[13]. **Direkte Steuern** sind damit von der Vorschrift überhaupt nicht erfaßt, Rückvergütungen stehen hier unter dem Vorbehalt des Art. 92. Daß die ausgeführten Waren im Bestimmungsland im Ergebnis höher besteuert werden als entsprechende dortige inländische Waren ist nicht Regelungsproblem hiesiger Vorschrift[14]. 2

Die Rechtswirkung der Norm entspricht derjenigen von Art. 90[15]: Adressaten sind die Mitgliedstaaten; auf Grund der **unmittelbaren Wirkung** kann sich auch jeder Gemein- 3

---

1 Art. 93, Rn. 13 ff. für die Umsatzsteuer.
2 Art. 90, Rn. 9.
3 S. auch *H.M. Wolffgang*, in: Lenz, EGV, Art. 91, Rn. 1; *Bleckmann*, Europarecht, Rn. 2005; *Nicolaysen*, Europarecht II, S. 104.
4 *F. Klein/H.M. Wolffgang*, in: Lenz, EGV, Art. 96, Rn. 3.
5 S. zur Abgrenzung: *H. Ehring*, Zur Abgrenzung des Beihilfeverbots vom Verbot der zollgleichen Abgaben und der inländischen Abgaben, welche die Einfuhr höher belasten als die inländische Erzeugung, EuR 1974, S. 110.
6 *H. Wolffgang*, in: Lenz, EGV, Art. 91, Rn. 2; *M. Reicherts*, in: GTE, EWGV, Art. 96, Rn. 1.
7 *Geiger*, EGV, Art. 96, Rn. 1; *H. M. Wolffgang*, in: Lenz, EGV, Art. 91, Rn. 1.
8 *M. Reicherts*, in: GTE, Art. 96, Rn. 4; *Bleckmann*, Europarecht, Rn. 2005.
9 EuGH, Rs. 45/64, Slg. 1965, 1125, 1139.
10 Anderes kann sich aus (sekundärem) Gemeinschaftsrecht ergeben; s. dazu am Bsp. der Umsatzsteuer: *M. Reicherts*, in: GTE, EWGV, Art. 96, Rn. 2 f.
11 *R. Voß*, in: Grabitz/Hilf, EU, Art. 91, Rn. 7; *Bleckmann*, Europarecht, Rn. 2006.
12 EuGH, Rs. 45/64, Slg. 1965, 1125, 1138 f.
13 Ebd.
14 *Geiger*, EGV, Art. 91, Rn. 3.
15 Art. 90, Rn. 11.

schaftsbürger auf die Vorschrift berufen[16]. Pauschalerstattungen sind nur dann zulässig, wenn der Mitgliedstaat nachweist, daß in jedem Fall die Grenzen der Vorschrift eingehalten werden[17].

---

16 *Geiger*, EGV, Art. 91, Rn. 1; *Bleckmann*, Europarecht, Rn. 2005.
17 EuGH, Rs. 45/64, Slg. 1965, 1125, 1139.

Art. 92 (ex-Art. 98)

Für Abgaben außer Umsatzsteuern, Verbrauchsabgaben und sonstigen indirekten Steuern[1] sind Entlastungen und Rückvergütungen bei der Ausfuhr nach anderen Mitgliedstaaten sowie Ausgleichsabgaben bei der Einfuhr aus den Mitgliedstaaten nur zulässig, soweit der Rat sie vorher mit qualifizierter Mehrheit[2] auf Vorschlag der Kommission[2] für eine begrenzte Frist[2] genehmigt[2] hat.

Die in der Praxis bedeutungslose Vorschrift ergänzt die Art. 90 und 91: beide beziehen sich nur auf indirekte Abgaben[1]; für beide in diesen Normen erfaßten Situationen – Abgabenerhebung bei der Einfuhr; Erstattung bei der Ausfuhr – werden die Regelungen für sonstige Abgaben, d.h. letztlich für **direkte Steuern und Abgaben** getroffen. Gemeint sind faktorbezogene Abgaben, die sich ökonomisch nicht auf konkrete Waren »umrechnen« lassen. Im Gegensatz zu den Art. 90, 91 ist hier eine Durchbrechung möglich. 1

Da entsprechende Maßnahmen den Grundintentionen des Vertrags widersprechen würden, ordnet der Vertrag ein **Verbot mit Befreiungsmöglichkeit** an. Die Verfahrenshürden – Vorschlag der Kommission[2]; Beschluß des Rates mit qualifizierter Mehrheit, Art. 205 Abs. 2; Befristung – deuten auf die Unerwünschtheit entsprechender Maßnahmen hin. Dem korrespondiert, daß **bisher keine entsprechende Genehmigung erteilt wurde**. 2

---

1   Art. 90, Rn. 10; Art. 91, Rn. 2.
2   Nach R. *Wägenbaur*, in: Grabitz/Hilf, EU, Art. 98, Rn. 6, sei es »systemimmanent«, daß auch die Mitgliedstaaten antragsberechtigt seien, »da nicht zu erwarten ist, daß die Kommission von sich aus die Initiative zu einem Vorschlag ergreifen wird«. Diese Ansicht ist nicht zwingend und abzulehnen; durch die besonders einschneidenden Verfahrensanforderungen soll vielmehr insgesamt die Unerwünschtheit entsprechender Genehmigungen zum Ausdruck gebracht werden.

Christian Waldhoff

Art. 93 (ex-Art. 99)

Der Rat[6] erläßt auf Vorschlag der Kommission[6] und nach Anhörung des Europäischen Parlaments und des Wirtschafts- und Sozialausschusses[6] einstimmig[6] die Bestimmungen[6] zur Harmonisierung[2] der Rechtsvorschriften über die Umsatzsteuern[9 ff.], die Verbrauchsabgaben[16 ff.] und sonstige indirekte Steuern[16 ff.], soweit diese Harmonisierung für die Errichtung und das Funktionieren des Binnenmarkts innerhalb der in Artikel 14 gesetzten Frist notwendig[7] ist.

Inhaltsübersicht:

I. Konzeption der gemeinschaftsrechtlichen Steuerharmonisierung	1
1. Ziele der Steuerharmonisierung	1
2. Betroffene Steuerarten	4
3. Mittel, Verfahren und Voraussetzungen der Steuerharmonisierung	5
4. Verhältnis zu anderen steuerlichen Bestimmungen des Vertrags	8
II. Harmonisierung der Umsatzsteuer	9
1. Prinzipien grenzüberschreitender indirekter Besteuerung	9
a) Bestimmungslandprinzip	10
b) Ursprungslandprinzip	11
2. Entwicklung der Umsatzsteuerharmonisierung	13
III. Harmonisierung der sonstigen Verbrauchsteuern	16
IV. Harmonisierung der direkten Steuern	19
V. Grenzen der Steuerharmonisierung	25

I. Konzeption der gemeinschaftsrechtlichen Steuerharmonisierung

1. Ziele der Steuerharmonisierung

1 Steuerharmonisierung ist nicht Selbstzweck, sie ist in die »Hilfs- und Ergänzungsfunktion«[1] der gesamten Steuerpolitik der Gemeinschaft in Bezug auf die ausdrücklich im Vertrag geregelten Politiken einzuordnen[2]. Das doppelte Ziel[3] der Steuerharmonisierung erschließt sich aus Wortlaut und systematischer Stellung der Harmonisierungsvorschriften im Vertrag. Primäres Harmonisierungsziel ist die Verwirklichung **steuerlicher Wettbewerbsgleichheit** im gemeinsamen Markt/Binnenmarkt[4]. Hinzu tritt die **Unterstützung** der im Vertrag normierten **wirtschaftlichen Grundfreiheiten**[5]. Anknüpfungspunkt für die Ermächtigung zur Harmonisierung ist das **Konzept des Gemeinsamen Marktes** bzw. des **Binnenmarktes**[6]. Die Mittel der Steuerharmonisierung[7] führen zu **Eingriffen in die fiskalische Souveränität der Mitgliedstaaten**[8]: Die Steuergesetzgebungshoheit wird

---

1 S. Art. 90, Rn. 2 mit Fn. 9.
2 *H. v. d. Groeben*, Die Bedeutung der Steuerangleichung für die europäische Integration, 1968, S. 4.
3 *v.d.Groeben* (Fn. 2), S. 4.
4 *M. Mick*, Die Steuerkonzeption der Europäischen Union, 1995, S. 57 und öfters; *ders.*, Steuerharmonisierung und Gemeinsamer Markt, in: Birk (Hrsg.), Handbuch des europäischen Steuerrechts, 1995, § 24, Rn. 3 ff.; *C. Ohler*, Die fiskalische Integration in der Europäischen Gemeinschaft, 1997, S. 174.
5 *v.d.Groeben* (Fn. 2), S. 8 ff.; *Mick*, Steuerkonzeption (Fn. 4), Rn. 8 ff.
6 *Mick*, Steuerkonzeption (Fn. 4), S. 23. S. genauer Rn. 7.
7 Rn. 5.
8 *Ipsen*, EG-Recht, S. 704 f.; *K. Vogel/C. Waldhoff*, Vorbem. z. Art. 104a–115, Rn. 664, in: Dolzer/Vogel (Hrsg.), Bonner Kommentar zum Grundgesetz, Loseblattsammlung, Stand: 96. Lieferung Mai 2001 (= *dies.*, Grundlagen des Finanzverfassungsrechts, 1999, Rn. 664); *K. Vogel*, Harmonisierung des Internationalen Steuerrechts als Alternative zur Harmonisierung des (materiellen) Körperschaftsteuerrechts, StuW 1993, S. 383.

nachhaltig betroffen; die Steuerertragshoheit kann unmittelbar durch Ertragsumverteilungen im Gefolge von Steuerharmonisierungen[9] oder mittelbar (faktisch) durch eine Umverteilung zwischen direkten und indirekten Steuern in den mitgliedstaatlichen Haushalten beeinflußt werden; die Steuerrechtsprechungshoheit erfährt Ingerenzen durch Vorabentscheidungsmonopole des EuGH[10]; lediglich die Steuerverwaltungshoheit bleibt weitgehend unberührt[11].

Harmonisierung bedeutet nicht Vereinheitlichung, sondern **Angleichung**[12]. Dem mitgliedstaatlichen Steuergesetzgeber können Freiräume verbleiben, sei es, daß einzelne Steuerarten nicht harmonisiert werden, sei es, daß Freiräume bewußt offen gehalten werden[13]. Davon unberührt bleibt, daß im Einzelfall durch Harmonisierungsrichtlinien auch bis in das Detail Vorgaben für den mitgliedstaatlichen Gesetzgeber aufgestellt werden können[14]. Seit der Umgestaltung der Vorschrift durch die EEA handelt es sich um einen Harmonisierungsauftrag[15]. 2

Es sind **faktische Vorwirkungen** auf Steuersysteme von Nicht-Mitgliedstaaten zu beobachten[16]. Innergemeinschaftlich wird ein Phänomen sog. **stiller Harmonisierung** festgestellt: die freiwillige Annäherung mitgliedstaatlicher Steuersysteme in Teilbereichen. Wirksamkeit und Chancen dieses »Verfahrens« sind unklar und umstritten[17]. 3

2. Betroffene Steuerarten

Die Vorschrift beschränkt ihre Regelung auf **indirekte Steuern**. Neben der aufgeführten 4 Umsatzsteuer und den Verbrauchsabgaben fallen unter »sonstige indirekte Steuern« beispielsweise Kapitalverkehr-, Beförderungs- oder Versicherungssteuern. Anders als die Art. 25 und 90 verwendet die Norm nicht den Begriff der »Abgabe«. Es ist daher noch

---

9 Rn. 12 sowie *Mick*, Steuerkonzeption (Fn. 4), Rn. 2.
10 *C.O. Lenz/G. Grill*, Zum Verhältnis zwischen dem Bundesfinanzhof und dem Gerichtshof der Europäischen Gemeinschaften, FS Franz Klein, 1994, S. 103; *W. Birkenfeld*, Rechtsprechung des Europäischen Gerichtshofs in Umsatzsteuerfragen, UR 1997, S. 241; *ders.*, Der Einfluß des Gemeinschaftsrechts auf die Rechtsverwirklichung im Steuerrecht, StuW 1998, S. 72 f.; *W. Dann*, Die Beeinflussung des deutschen Umsatzsteuerrechts durch die Rechtsprechung des Gerichtshofs der Europäischen Gemeinschaften (EuGH), FS Flick, 1997, S. 401; *H. Nieskens/H. J. Tehler*, Die Sechste Mehrwertsteuerrichtlinie: Überrecht, Widerrecht oder Interpretationshilfe? BB 1997, S. 2134; *T. Bieg*, Der Gerichtshof der Europäischen Gemeinschaften und sein Einfluß auf das deutsche Steuerrecht, 1997.
11 Zu den Finanz(teil-)hoheiten allgemein s. *Vogel/Waldhoff* (Fn. 8), Rn. 42 ff.
12 *Oppermann*, Europarecht, Rn. 1175; *Mick*, Steuerkonzeption (Fn. 4), Rn. 16; *E. Klein*, Der Einfluß des Europarechts auf das deutsche Steuerrecht, in: Lehner (Hrsg.), Steuerrecht im Europäischen Binnenmarkt, 1996, S. 24; abweichend wohl *H. M. Wolffgang*, in: Lenz, EGV, Art. 93, Rn. 3. Zu den Alternativen der Vollharmonisierung und des Abbaus von Steuerhindernissen s. *F. Stockmann*, Möglichkeiten und Grenzen der Steuerharmonisierung in der Europäischen Gemeinschaft, FR 1996, S. 694 ff.
13 *Mick*, Steuerkonzeption (Fn. 2), Rn. 18; *Ohler* (Fn. 4), S. 200 f.
14 S. allgemein: *Oppermann*, Europarecht, Rn. 551; auf die Steuerharmonisierung bezogen: *Ohler* (Fn. 4), S. 173.
15 *H. M. Wolffgang*, in: Lenz, EGV, Art. 93, Rn. 8.
16 So in der Schweiz, die ein »eurokompatibles Mehrwertsteuerrecht« eingeführt hat, s. m.w.N. *Birkenfeld*, Rechtsverwirklichung im Steuerrecht (Fn. 10), S. 60 mit Fn. 56.
17 *R. Voß*, Steuern, in: Hb.EUWirtR, Abschnitt J, Rn. 74; *M. Mick*, Besteuerungssysteme im europäischen Binnenmarkt, in: Birk (Hrsg.), Handbuch des europäischen Steuer- und Abgabenrechts, 1995, § 25, Rn. 28 ff.; *O. Thömmes*, Harmonization of enterprise taxation in the EC, intertax 1990, S. 209.

im einzelnen zu klären, unter welchen Voraussetzungen auch produkt-/warenbezogene Gebühren oder Beiträge erfaßt werden[18]. Entsprechendes gilt für Sonderabgaben[19].

3. Mittel, Verfahren und Voraussetzungen der Steuerharmonisierung

5 Art. 93 benennt nicht explizit die Rechtsakte, die auf ihn gestützt werden können, so daß grundsätzlich alle in Art. 249 aufgelisteten Handlungsformen in Betracht zu ziehen sind. Im Vordergrund der Praxis steht zur Zeit die Richtlinie[20]. Für die Harmonisierung direkter Steuern gem. Art. 94 ist nur die Richtlinie als Harmonisierungsinstrument vorgesehen.

6 Der Rat entscheidet einstimmig, nachdem die Kommission ihr Vorschlagsrecht ausgeübt hat und Parlament sowie Wirtschafts- und Sozialausschuß angehört worden sind. Das **Einstimmigkeitserfordernis** ist Ausdruck des Souveränitätsvorbehalts hinsichtlich Finanzfragen, der sich durch den gesamten Vertrag zieht.

Entsprechendes gilt auch für die Harmonisierung direkter Steuern auf der Grundlage von Art. 94. Das Verfahren nach Art. 95 ist nach dessen Abs. 2 für Steuern ausgeschlossen.

7 **Inhaltliche Anforderungen** ergeben sich aus den Formulierungen der Bestimmung selbst sowie aus allgemeinen Überlegungen zur Harmonisierung.

Die Harmonisierung ist nur zulässig, soweit sie »**für die Errichtung und das Funktionieren des Binnenmarkts**« notwendig ist. Die angefügte Fristbestimmung ist heute funktionslos. Die ursprüngliche Textfassung vor Inkrafttreten der EEA nahm noch den »Gemeinsamen Markt« in Bezug. Es sind keine durchschlagenden Argumente ersichtlich, daß sich durch die Neufassung der Anwendungsbereich und die Voraussetzungen der Norm verengt haben könnten[21]. Die heutige Formulierung verdeutlicht die dienende Funktion der Steuerharmonisierung[22] und verweist zugleich auf den gemeinschaftsrechtlichen Grundsatz der Verhältnismäßigkeit[23].

Für die indirekten Steuern enthält die Norm eine abschließende Regelung. Ein Rückgriff auf Art. 94 ist nicht möglich und nach der hier vertretenen Interpretation der Ausrichtung der Harmonisierung auf den Binnenmarkt auch nicht erforderlich[24].

---

18 Dagegen: *R. Voß*, in: Grabitz/Hilf, EU, Art. 93, Rn. 8; *M. Wasmeier*, Umweltabgaben und Europarecht, 1995, S. 39; *Ohler* (Fn. 4), S. 192. Dafür: *H. M. Wolffgang*, in: Lenz, EGV, Art. 93, Rn. 8.
19 *Ohler* (Fn. 4), S. 193 f., str.
20 *v. d. Groeben* (Fn. 2), S. 5; *A. Mennel/J. Förster*, Allgemeiner Teil: Probleme der Steuerharmonisierung, Rn. 76, in: dies. (Hrsg.), Steuern in Europa, Amerika und Asien, Loseblattsammlung, Stand: April 1996; *Mick*, Steuerkonzeption (Fn. 4), Rn. 33; *R. Voß*, Steuerrecht, in: Hb.EU-WirtR, Abschnitt J, Rn. 62.
21 A.A. *Ohler* (Fn. 4), S. 198 f., der allerdings auch die Harmonisierung indirekter Steuern hilfsweise auf Art. 94 stützen möchte.
22 Rn. 1. *G. Ress*, Überlegungen zur Zulässigkeit und zu den Grenzen europäischer Steuerrechtsharmonisierung, in: Die Europäische Wirtschaftsgemeinschaft auf dem Weg zum einheitlichen Binnenmarkt und zur Steuergemeinschaft, 1988, S. 22 f.
23 Rn. 25. *Klein* (Fn. 12), S. 23.
24 A.A. *Ohler* (Fn. 4), S. 202, 205, der allerdings auch Art. 93 enger faßt, s. Fn. 21.

Noch nicht abschließend geklärt ist die Frage, ob der Begriff »Harmonisierung« bereits bestehende mitgliedstaatliche Steuern voraussetzt[25].

Stützt sich die steuerliche Harmonisierung auch noch auf andere Ermächtigungsgrundlagen des Vertrages, da sie neben oder vor dem fiskalischen auch noch andere Zwecke zu verwirklichen sucht (des Umweltschutzes; der Verkehrspolitik; ganz allgemein Lenkungszwecke), so müssen die Anforderungen der »strengeren« Norm bzw. beider primärrechtlicher Ermächtigungen erfüllt werden[26].

4. Verhältnis zu anderen finanzrechtlichen Bestimmungen des Vertrags

Zum Verhältnis zu den steuerlichen Diskriminierungsverboten siehe die dortige Kommentierung[27]. Die Harmonisierung der Bemessungsgrundlage der Umsatzsteuer[28] diente zugleich als Basis für das Eigenmittelsystem der Gemeinschaft in Bezug auf die Mehrwertsteuer-Eigenmittel[29]. 8

II. Harmonisierung der Umsatzsteuer[30]

1. Prinzipien grenzüberschreitender indirekter Besteuerung[31]

Theoretisch sind vier Besteuerungsmöglichkeiten von Exportvorgängen, d.h. grenzüberschreitenden Warenlieferungen denkbar: Die Besteuerung im Ursprungsland 9

---

25 So: *Mick*, Steuerkonzeption (Fn. 4), S. 65 ff.; *Klein* (Fn. 12), S. 26; dagegen: *Ohler* (Fn. 4), S. 195 ff.
26 EuGH, Rs. C-300/89, Slg. 1991, I-2867 (Kommission/Rat: »Titandioxid«).
27 Art. 90, Rn. 4, 7. Zu den zahlreichen Berührungspunkten zwischen (Umsatz-)Steuerrecht und Zollrecht der Gemeinschaft R. *Henke*, Verzahnung und Nebeneinander von Zoll- und Steuerrecht, in: Europäisches Forum für Außenwirtschaft, Verbrauchsteuern und Zoll e.V., 5 Jahre Binnenmarkt – Eine Zwischenbilanz, 1999, S. 80; *M. Langer*, Umsatzsteuer bei Zollverfahren in der EU, ebd., S. 97.
28 Rn. 13.
29 Art. 269, Rn. 7.
30 Gesamtdarstellungen zur Umsatzsteuerharmonisierung: L. *Woerner* (Hrsg.), Umsatzsteuer in nationaler und europäischer Sicht, 1990; B. *Meyding*, Umsatzbesteuerung und Europäischer Binnenmarkt, 1991; W. *Birkenfeld/C. Forst*, Das Umsatzsteuerrecht im Europäischen Binnenmarkt, 2. Aufl. 1994; W. *Birkenfeld*, Umsatzbesteuerung im Binnenmarkt, 2. Aufl. 1995; M. *Tumpel*, Mehrwertsteuer im innergemeinschaftlichen Warenverkehr, 1997. Aus wirtschaftswissenschaftlicher Sicht: W. *Hahn*, Steuerpolitische Willensbildung in der Europäischen Gemeinschaft. Das Beispiel der Umsatzsteuer-Harmonisierung, 1988; K.D. *Haase*, Die Umsatzsteuer im Europäischen Binnenmarkt, 1996; H. *Fehr/W. Wiegard*, Quantitative Aspekte einer Harmonisierung der Umsatzsteuern in der EG, in: Hansmeyer (Hrsg.), Ausgewählte Probleme der EG-Finanzen, 1992, S. 11. Aus politikwissenschaftlicher Sicht: S. *Mette*, Europäischer Binnenmarkt und Mehrwertsteuerharmonisierung. Entscheidungsprozesse in der Europäischen Gemeinschaft, 1994. S. ferner: A.P. *Lier* (ed.), Tax and Legal Aspects of EC Harmonisation, 1993, S. 79 ff.; A. J. *Easson*, Taxation in the European Community, 1993, S. 84 ff.; W. H. *Wacker*, Stand und Entwicklungsperspektiven der europäischen Umsatzsteuer, FS-Offerhaus, 1999, S. 969; A. *Hagen/W. Reiß*, Die Zukunft der Umsatzsteuer als EG-Steuer? UR 2000, S. 106; Vergleich zum Mercosur bei C. M. *Royg Arriola*, Die Mehrwertsteuerharmonisierung in internationalen Integrationsräumen, 2001; zur unübersehbaren Rechtsprechung s. zuletzt W. *Birkenfeld*, Der Einfluß des Gemeinschaftsrechts auf die Rechtsprechung zur Umsatzsteuer, FS-Offerhaus, 1999, S. 133; F. *Huschens*, Neue Mehrwertsteuerverfahren vor dem EuGH, RIW 2000, S. 100.
31 Grundlegend: D. *Biehl*, Ausfuhrland-Prinzip, Einfuhrland-Prinzip und Gemeinsamer-Markt-Prinzip. Ein Beitrag zur Theorie der Steuerharmonisierung, 1969; s. ferner: G. v. *Wallis*, Ursprungsland- und Bestimmungslandprinzip im Umsatzsteuersystem für den EG-Markt, EWS

(= Herkunfts-/Exportland) *und* im Bestimmungsland (=Importland) mit der Folge der Doppelbesteuerung; die Besteuerung nur im Ursprungsland (sog. **Ursprungslandprinzip**); die Besteuerung nur im Bestimmungsland (sog. **Bestimmungslandprinzip**); Steuerfreiheit im Ursprungs- und im Bestimmungsland[32]. Die Doppelbesteuerung würde eingeführte Waren im Sinne von Art. 90 diskriminieren; die Möglichkeit der Steuerfreiheit bleibt theoretisch.

a) Bestimmungslandprinzip

10 Nach dem Bestimmungslandprinzip erfolgt die indirekte Besteuerung der eingeführten Waren im Bestimmungsland nach dem jeweiligen mitgliedstaatlichen Steuerrecht. Etwaige im Ursprungsland gezahlte indirekte Steuern werden an der Grenze bei der Ausfuhr erstattet (**Grenzausgleichsverfahren**). Das Prinzip stellt die vom internationalen Wirtschaftsrecht anerkannte Regel-Besteuerung grenzüberschreitender Warenströme dar[33]. Durch die Gleichstellung mit einheimischen Waren im Bestimmungsland wird – idealerweise – Wettbewerbsneutralität gewährleistet. Die Steuersouveränität der Mitgliedstaaten wird geschont, da keine Angleichung der Steuersätze notwendig ist. Eine Ertragsumverteilung zwischen den beteiligten Staaten ist nicht erforderlich, da – der Idee der Verbrauchsteuer folgend – die Besteuerung im »Verbrauchsland« erfolgt. Der entscheidende Nachteil ist die Erforderlichkeit von Grenzkontrollen zur Durchführung des Grenzausgleichsverfahrens: Die dadurch hervorgerufenen »**Steuergrenzen**« widersprechen der Binnenmarktkonzeption.

b) Ursprungslandprinzip

11 Im vereinfachten Idealfall eines einstufigen grenzüberschreitenden Besteuerungsvorgangs (Herstellung ausschließlich im Ursprungsland; Lieferung in das Bestimmungsland) bedeutet das Ursprungslandprinzip, daß lediglich das Land, in dem die Ware hergestellt oder gewonnen wurde, ein Besteuerungsrecht besitzt. Probleme treten in den (praktisch wichtigen) Fällen auf, in denen sowohl im Ursprungsland, als auch im Bestimmungsland steuerpflichtige Tatbestände verwirklicht werden. Die Durchführung des Ursprungslandprinzips kann hier durch zwei Verfahren gesichert werden. Bei dem **Verfahren des Vorabumsatzabzugs** besteuert jedes Land die auf seinem Gebiet erzielte Wertschöpfung: das Ursprungsland besteuert den Produktions- oder Handelsvorgang mit seinem mitgliedstaatlichen Steuersatz; das Bestimmungsland besteuert die anschließend in seinem Hoheitsbereich hinzugefügte Wertschöpfung (z.B. Weiterverarbeitung). Die Gesamtsteuerbelastung ergibt sich aus der Summe der mitgliedstaatlich erhobenen Einzelsteuerbelastungen. Je nach Ursprungsland können im Bestimmungsland so bei unterschiedlichen Steuersätzen je Ursprungsland unterschiedliche Gesamtsteuerbelastungen bei gleiche Waren auftreten. Bei dem **Verfahren des grenzüberschreitenden Vorsteuerabzugs** findet die Belastung im Bestimmungsland nach dem dort geltenden Steuersatz statt; für die im Ursprungsland gezahlte Steuer gewährt das Bestimmungsland einen grenzüberschreitenden Vorsteuerabzug.

12 Indirekte Steuern sind in aller Regel als **Verbrauchsteuern** konzipiert, d.h. auf Überwälzung von einem Steuerschuldner (z.B. dem Letztverkäufer) auf den Steuerträger (z.B.

Fortsetzung von Fußnote 31
1990, S. 256; *P. Hilpold*, Neuere Tendenzen in der europäischen Mehrwertbesteuerung. Ursprungslandprinzip vs. Bestimmungslandprinzip, EWS 1992, S. 337; *S. Mehlhardt*, Die Umsatzbesteuerung im Ursprungsland – Bestandsaufnahme und Bewertung, SWI 1997, S. 4; *R. Walkenhorst*, Ursprungsland- und Bestimmungslandprinzip, StuSt. 1997, S. 11; *C. Kuntze*, Die Kompetenzen der Europäischen Gemeinschaft auf dem Gebiet des Steuerrechts, 1999, S. 111.

[32] *M. Mick*, Besteuerungssysteme im Europäischen Binnenmarkt, in: Birk (Hrsg.), Handbuch des europäischen Steuer- und Abgabenrechts, 1995, § 25, Rn. 1 f.

[33] Art. 90, Rn. 6 m.w.N.

den Verbraucher) angelegt[34]. Findet die Besteuerung ausschließlich im Ursprungsland statt, fließen die Steuererträge demnach nicht dem Land des Verbrauchs zu. Entsprechende Probleme treten auch bei den oben beschriebenen mehrstufigen grenzüberschreitenden Besteuerungsvorgängen auf. Das Ursprungslandprinzip erfordert somit **Korrekturen bei der Steuerertragsaufteilung** zwischen den an dem grenzüberschreitenden Warenfluß beteiligten Staaten. Dem Vorteil des Ursprungslandprinzips – Wegfall von »Steuergrenzen« – steht der Nachteil gegenüber, daß ein komplizierter Mechanismus zur Korrektur der Ertragsverteilung erforderlich wird.

2. Entwicklung der Umsatzsteuerharmonisierung

Theoretische Vorarbeit der Steuerharmonisierung durch die Gemeinschaft stellte der **Neumark-Bericht**, der für die Umsatzsteuer die Einführung einer Allphasen-Netto-Umsatzsteuer mit Vorumsatzabzugsverfahren[35] empfahl, dar[36]. 13

Seit 1967 wurden vom Rat eine Reihe von Umsatzsteuer-Harmonisierungsrichtlinien erlassen (die wichtigen RL sind fett hervorgehoben)[37]:
1. **Umsatzsteuer-RL 67/227/EWG vom 11.4.1967**[38]: Einführung eines gemeinsamen Mehrwertsteuersystems mit Vorsteuerabzug;
2. **Umsatzsteuer-RL 67/228/EWG vom 11.4.1967**[39]: Struktur und Anwendungsmodalitäten der mitgliedstaatlichen Umsatzsteuergesetze;
3. bis 5. Umsatzsteuer-RL[40]: Fristverlängerungen zur Umsetzung der 1. Umsatzsteuer-RL;
6. **Umsatzsteuer-RL 77/388/EWG vom 17.5.1977**[41]: Harmonisierung der Bemessungsgrundlage;
8. Umsatzsteuer-RL 79/1072/EWG vom 6.12.1979[42]: Erstattung von Vorsteuern in anderen Mitgliedstaaten;
9. Umsatzsteuer-RL 78/583/EWG vom 26.6.1978[43]: Fristverlängerung zur 6. Umsatzsteuer-RL;

---

34 *H. Söhn*, Die Umsatzsteuer als indirekte, allgemeine Verbrauchsteuer, StuW 1996, S. 165; kritisch: *H.W. Kruse*, Lehrbuch des Steuerrechts, Bd. I, 1991, S. 75 f.
35 Rn. 11.
36 Unter Vorsitz des deutschen Finanzwissenschaftlers Fritz Neumark; Kommission der Europäischen Wirtschaftsgemeinschaft, Bericht des Steuer- und Finanzausschusses, Europäische Wirtschaftsgemeinschaft, 1962.
37 In Anlehnung an *O. Thömmes*, Steuerrecht, in: Lenz (Hrsg.), EG-Handbuch Recht im Binnenmarkt, 2. Aufl. 1994, S. 639 f. Dort, S. 640 ff., auch Zusammenstellung der nicht verwirklichten Umsatzsteuer-RL. Zu den Diskussionen über neuere Richtlinienvorschläge *H. Zehetner*, Vorsteuererstattung im Binnenmarkt, ÖStZ 1998, S. 458; EuZW 1999, S. 546; *M. Vellen*, Richtlinie im Hinblick auf das für Telekommunikationsdienstleistungen anwendbare Mehrwertsteuersystem, UR 1999, S. 349; *W. Widmann*, Was nun Herr Bolkestein?, UR 2001, S. 14; *M. Vellen*, Richtlinienvorschlag zur Vereinfachung, Modernisierung und Harmonisierung der mehrwertsteuerlichen Anforderungen an die Rechnungsstellung, UR 2001, S. 185.
38 ABl.EG 1967, Nr. L 71/1301.
39 ABl.EG 1967, Nr. L 71/1303.
40 69/463/EWG vom 9.12.1969, ABl.EG 1969, Nr. L 320/34; 71/401/EWG vom 20.12.1971, ABl.EG 1971 Nr. L 283/41; 72/250/EWG vom 4.7.1972, ABl.EG 1972, Nr. L 162/18.
41 ABl.EG 1977, Nr. L 145/1; zuletzt geändert durch RL 99/85 vom 22.10.1999, ABl.EG 1999, Nr. L 277/34; dazu M. *Vellen*, Ermäßigter Mehrwertsteuersatz auf arbeitsintensive Dienstleistungen, UR 1999, S. 229; *M. Langer*, Ermäßigter Mehrwertsteuersatz auf arbeitsintensive Dienstleistungen, DB 1999, S. 2379.
42 ABl.EG 1979, Nr. L 331/11.
43 ABl.EG 1978, Nr. L 194/16.

10. Umsatzsteuer-RL 84/386/EWG vom 31.7.1984[44]: Leistungsort bei der Vermietung beweglicher körperlicher Gegenstände;
11. Umsatzsteuer-RL 80/368/EWG vom 26.3.1980[45]: Ausschluß der französischen überseeischen Gebiete von der 6. Umsatzsteuer-RL;
13. Umsatzsteuer-RL 86/560/EWG vom 17.11.1986[46]: Erstattung an nicht im Gebiet der Gemeinschaft ansässige Steuerpflichtige;
15. Umsatzsteuer-RL 83/648/EWG vom 19.12.1983[47]: Fristverlängerung hinsichtlich der Einführung der Mehrwertsteuer in Griechenland;
17. Umsatzsteuer-RL 85/362/EWG vom 16.7.1985[48]: Befreiung für die vorübergehende Einfuhr anderer Gegenstände als Beförderungsmittel;
18. Umsatzsteuer-RL 89/465/EWG vom 18.7.1989[49]: Modifizierung der 6. Umsatzsteuer-RL hinsichtlich Übergangsregelungen und Befreiungen;
20. Umsatzsteuer-RL 85/361/EWG vom 16.7.1985[50]: Ausnahmeregelungen für die Landwirtschaft;
21. Umsatzsteuer-RL 86/247/EWG vom 16.6.1986[51]: weitere Fristverlängerung für Griechenland;

Richtlinie 91/680/EWG vom 16.12.1991[52]: sog. »Ergänzungsrichtlinie«: Übergangsregime zur Beseitigung von »Steuergrenzen«;

Richtlinie 92/77/EWG vom 19.10.1992[53]: Mindeststeuersatz 15 % ab 1993;

Richtlinie 92/111/EWG vom 14.12.1992[54]: sog. »Vereinfachungsrichtlinie«.

Als Verordnung wurde erlassen:

VO (EWG) Nr. 218/92 des Rates vom 27.1.1992[55] zur Verbesserung der Zusammenarbeit der Steuerbehörden der Mitgliedstaaten bei der Erfassung und Kontrolle der Umsatzsteuer zur Vermeidung von Steuerausfällen.

Die ersten beiden Harmonisierungsrichtlinien suchten zunächst das Bestimmungslandprinzip durchzusetzen um Wettbewerbsneutralität im Gemeinsamen Markt zu erreichen. Langfristiges Ziel der Umsatzsteuerharmonisierung war jedoch immer das auch die »Steuergrenzen« beseitigende Ursprungslandprinzip. Die ehrgeizigen Pläne der Kommission aus dem Jahre 1987, die auch eine strikte Harmonisierung der Steuersätze vorsahen, konnten die Hürde der Einstimmigkeit im Rat nicht überwinden. Nach langwierigen Verhandlungen wurde zum 1.1.1993 das heute noch geltende **Übergangsregime der Umsatzbesteuerung im Binnenmarkt** geschaffen[56].

14 Dieses verwirklicht für grenzüberschreitende gewerbliche Lieferungen ein **modifiziertes Bestimmungslandprinzip**. Für den Privatverbrauch liegt ihm ein – mit Ausnahmen durchsetztes – Ursprungslandprinzip zu Grunde. Das Bestimmungslandprinzip ist bei den gewerblichen Umsatzsteuer-Tatbeständen dahingehend modifiziert, daß die

---

44 ABl.EG 1984, Nr. L 208/58.
45 ABl.EG 1980, Nr. L 90/41.
46 ABl.EG 1986, Nr. L 326/40.
47 ABl.EG 1983, Nr. L 360/5.
48 ABl.EG 1985, Nr. L 192/20.
49 ABl.EG 1989, Nr. L 226/21.
50 ABl.EG 1985, Nr. L 192/18.
51 ABl.EG 1986, Nr. L 164/27.
52 ABl.EG 1991, Nr. L 376/1.
53 ABl.EG 1992, Nr. L 316/47.
54 ABl.EG 1992, Nr. L 384/47.
55 ABl.EG 1992, Nr. L 24/1.
56 *Thömmes* (Fn. 37), S. 650 ff.; *Mick*, Steuerkonzeption (Fn. 4), Rn. 19 ff.

»Steuergrenzen« – vereinfacht gesprochen – von den Staatsgrenzen entkoppelt und zu den Unternehmen in das jeweilige Landesinnere »verlegt« werden. Diesen entsteht dadurch ein beachtlicher Verwaltungsaufwand; staatlicherseits sind komplizierte Kontrollmechanismen erforderlich. Das System ist in hohem Maße betrugsanfällig.

Dem Binnenmarkt-Konzept war das System von Anfang an wenig förderlich[57]. Praktikabilitätsdefizite wiesen und weisen auf Reformbedarf hin. Die deutschen Bemühungen zielten schon immer auf eine Verwirklichung des Ursprungslandprinzips[58]. Auch die Kommission, die die Schwächen der Übergangsregelung inzwischen eingesteht, verfolgt dieses Ziel weiter[59]. Mit dem FISCALIS-Programm der Kommission[60] liegen erste konkrete Vorschläge inzwischen dem Rat vor[61]. 15

III. Harmonisierung der sonstigen Verbrauchsteuern[62]

Die »Verbrauchsabgaben« sind im Wortlaut der Norm ausdrücklich hervorgehoben. Die Harmonisierungsbemühungen der Gemeinschaft haben sich im wesentlichen auf die 16

---

57 *Thömmes* (Fn. 37); *H. Zitzelsberger*, Zukunftsperspektiven für die Mehrwertsteuer, FS Flick, 1997, S. 145 f.
58 S. nur *Gutachten der Ursprungslandkommission*, Ausarbeitung der endgültigen Regelung für die Umsatzbesteuerung des innergemeinschaftlichen Waren- und Dienstleistungsverkehrs und für ein funktionstüchtiges Clearing-Verfahren, 1994.
59 Dok. KOM 328 (96) endg. vom 10.7.1996: Ein gemeinsames Mehrwertsteuersystem – ein Programm für den Binnenmarkt. S. dazu: Entschluß des Parlaments vom 10.6.1997, UR 1997, S. 384; *W. Reiß*, Thesen zur Umsatzbesteuerung im europäischen Binnenmarkt, UR 1997, S. 22; *S. Mette*, Der Vorschlag der Kommission für ein gemeinsames Mehrwertsteuersystem, UVR 1997, S. 2; *A. Schlienkamp*, Vorstellungen der Europäischen Kommission für ein endgültiges Mehrwertsteuersystem nach dem Ursprungslandprinzip, UR 1996, S. 326; *D. Dziadkowski*, Das endgültige Mehrwertsteuersystem im Binnenmarkt – eine Utopie? StuW 1997, S. 147.
60 Dok. KOM 175 (97) endg. vom 23.4.1997.
61 *A. Schlienkamp*, Erste Vorschläge der EG-Kommission für ein endgültiges Mehrwertsteuersystem nach dem Ursprungslandprinzip, UR 1997, S. 365; betont kritisch und pessimistisch: *Dziadkowski* (Fn. 59). Im Rahmen der Verwirklichung dieses Konzepts und des Aktionsprogramms SLIM (Simpler Legislation for the Internal Market) hat die Kommission am 17.6.1998 zwei Vorschläge für Rechtsakte vorgelegt (ABl.EG 1998, Nr. C 219/16 und 20): RL-Vorschlag für ein grenzüberschreitendes Vorsteuerabzugsverfahren; VO-Vorschlag über Kontroll- und Erstattungsmaßnahmen und über die Verwaltungszusammenarbeit; s. dazu *M. Vellen*, UR 1998, S. 402; *M. Langer*, DB 1998, S. 1784; *W. Widmann*, DStR 1998, S. 1580; *A. Wiedow*, Umsatzsteuer-Kongreß-Bericht, 1998, S. 17.
62 *A. Beermann*, Zölle und Verbrauchsteuern im EG-Binnenmarkt, Steuerberaterkongreßreport 1991, S. 369 ff.; *H. Jatzke*, Aktueller Stand und Perspektiven der Verbrauchsteuerharmonisierung, ZfZ 1995, S. 278; *ders.*, Das System des deutschen Vebrauchsteuerrechts unter Berücksichtigung der Ergebnisse der Verbrauchsteuerharmonisierung, in der Europäischen Union, 1997; *ders.*, Die besonderen Verbrauchsteuern im Binnenmarkt, in: Europäisches Forum für Außenwirtschaft, Verbrauchsteuern und Zoll e.V. (Hrsg.), 5 Jahre Binnenmarkt – Eine Zwischenbilanz, 1999, S. 108; *P. Takacs*, Das Steuerrecht der Europäischen Union, 1998, S. 447 ff.; *M. Peters/ M. Bongartz/S. Schröer-Schallenberg*, Verbrauchsteuerrecht, 2000, S. 5 ff.; *A. Hagen*, Die Harmonisierung der indirekten Steuern in Europa, 2000, S. 161 ff. Zur Verbrauchsteuerharmonisierung in historischer Perspektive: *Hesse*, Die Harmonisierung der Verbrauchsteuern im deutschen Zollverein und im Deutschen Reich – ein Rückblick, ZfZ 1962, S. 289.

Art. 93 EG-Vertrag

Besteuerungsbereiche »Mineralöl«[63], »Alkohol«[64] und »Tabak« konzentriert[65]. Nach dem Scheitern ehrgeiziger Pläne der Kommission zur Verbrauchsteuerharmonisierung 1987[66] ist die Harmonisierung auf einer niedrigeren Vereinheitlichungsstufe durchgeführt worden[67]. Vor allem für die Steuersätze wurden nur Mindesthöhen vorgeschrieben, so daß in diesem psychologisch wie wirtschaftlich wichtigen Bereich die mitgliedstaatlichen Besonderheiten zur Sicherung der Finanzsouveränität zum Teil erhalten blieben. Die sekundärrechtliche Grundlage für die Harmonisierung bildet ein Richtlinienpaket aus dem Jahre 1992: die **Systemrichtlinie**[68] und die sie ergänzende Änderungsrichtlinie[69] und diese Richtlinien begleitende Verordnungen haben vor allem das Beförderungssystem von der Steuer betroffener Waren im Binnenmarkt geregelt; für die verbrauchsteuerpflichtigen Waren wurden durch Strukturrichtlinien diese genau umgrenzt und Steuerbefreiungen geregelt[70]. Ein weiteres Bündel von Richtlinien zur Annäherung der Steuersätze einzelner Verbrauchsteuern[71] ergänzte diese Rechtsakte.

17 Kern dieser Regelungen ist die Anwendung des **Bestimmungslandprinzips**[72], d.h. die Besteuerung erfolgt im Bestimmungsland nach den dort geltenden Rechtsnormen. Der grenzüberschreitende Warenverkehr ist als steuerlich überwachtes Verfahren ausgestaltet. Von Ausnahmen abgesehen gilt für den nichtkommerziellen innergemeinschaftli-

---

63 S. *S. Soyk*, Mineralölsteuerrecht, 1996, S. 14 ff.; *K. Kleiner*, Die Mineralölsteuer nach der Harmonisierung: Stand und Ziele für eine Weiterentwicklung, ZfZ 1995, S. 284; zur Steuerbefreiung von Flugbenzin EuGH, Rs. C-346/97, Slg. 1999 I-3419 (Braathens Sverige AB) mit Anm. *Jatzke*, ZfZ 1999, S. 393; zu einem speziellen Problem jenseits der Harmonisierung *W. Frenz*, Das Ineinandergreifen von nationalem Steuerrecht und gemeinschaftlichem Beihilfeverbot am Beispiel einer partiellen Befreiung von der Mineralölsteuer, DStR 2000, S. 137.
64 *J. Sedemund*, Wettbewerbsneutralität als Verfassungsgebot bei der Steuerharmonisierung für alkoholische Getränke, EuZW 1991, S. 658; *I. Crawford/Z. Smith/S. Tanner*, Alcohol Taxes, Tax Revenues an the Single European Market, Fiscal Studies 1999, S. 287; EuGH, Rs. C-166/98, IStR 1999, S. 501; EuGH, Rs. C-434/97, EWS 2000, S. 175; instruktiv zum Zusammengreifen von Diskriminierungsverbot des Art. 90 und den Harmonisierungsmaßnahmen FG Hamburg, ZfZ 2000, 132 (deutsche Bierbesteuerung; nicht rechtskräftig).
65 S. zu den Bemühungen im Bereich der Wein-Besteuerung: *M. Grünberg*, Die Weinsteuer und ihre Harmonisierung in den Europäischen Gemeinschaften, 1992.
66 S. zur Entwicklung: *S. Schröer-Schallenberg*, Harmonisierung der sonstigen Verbrauchsteuern, in: Birk (Hrsg.), Handbuch des europäischen Steuer- und Abgabenrechts, 1995, § 27, Rn. 5 ff.
67 Kritisch: *H. Treu*, Kein Fortschritt bei der Harmonisierung der Verbrauchsteuern, ZfZ 1996, S. 356.
68 92/12/EWG des Rates vom 25.2.1992 über das allgemeine System, den Besitz, die Beförderung und die Kontrolle verbrauchsteuerpflichtiger Waren, ABl.EG 1992, Nr. L 74/1.
69 92/108/EWG des Rates vom 14.12.1992 zur Änderung der Richtlinie 92/12/EWG des Rates über das allgemeine System, den Besitz, die Beförderung und die Kontrolle verbrauchsteuerpflichtiger Waren, ABl.EG 1992, Nr. L 390/124.
70 Struktur-RL Alkohol: 92/83/EWG des Rates vom 19.10.1992, ABl.EG 1992, Nr. L 316/21; Struktur-RL Mineralöl: 92/81/EWG des Rates vom 19.10.1992, ABl.EG 1992 Nr. L 316/12; dazu die Entscheidung 92/510/EWG vom 19.10.1992, die es den Mitgliedstaaten ermöglicht, bestimmte ermäßigte Steuersätze auf Mineralöle beizubehalten, ABl.EG 1992, Nr. L 316/16; RL zu den anderen Verbrauchsteuern: 72/464/EWG vom 19.12.1972, ABl.EG 1972, Nr. L 302/1; 79/32/EWG vom 18.12.1978, ABl.EG 1979, Nr. L 10/8; Struktur-RL Tabak: 92/78/EWG vom 19.10. 1992, ABl.EG 1992, Nr. L 316/10.
71 RL 92/82/EWG des Rates vom 19.10.1992 zur Annäherung der Verbrauchsteuersätze auf Mineralöl, ABl.EG 1992, Nr. L 316/19; RL 92/84/EWG des Rates vom 19.10.1992 über die Annäherung der Verbrauchsteuersätze auf Alkohol und alkoholische Getränke, ABl.EG 1992, Nr. L 316/29; RL 92/79/EWG des Rates vom 10.10.1992 zur Annäherung der Verbrauchsteuern auf Zigaretten, ABl.EG 1992, Nr. L 316/8; RL 92/80/EWG des Rates vom 19.10.1992 zur Annäherung der Verbrauchsteuern auf andere Tabakwaren als Zigaretten, ABl.EG 1992, Nr. L 316/9.
72 Rn. 10. Zu Sonderfällen s. *J.-A. Jarsombeck*, Das verborgene Ursprungslandprinzip im harmonisierten Verbrauchsteuerrecht, ZfZ 1998, S. 158.

chen Warenverkehr, der durch Mengenbeschränkungen von gewerblichen Vorgängen abgegrenzt wird, das Ursprungslandprinzip: es findet keine erneute Besteuerung im Bestimmungsland statt. Weitere Besonderheiten gelten für den Versandhandel. Der bis zum 30.6.1999 auf Grund von Art. 28 der Systemrichtlinie[73] übergangsweise noch zugelassene, in der Sache systemwidrige Tax-free-Handel, sollte – entgegen anders orientierten politischen Pressionen – dringend beseitigt werden.

In Deutschland wurden die gemeinschaftsrechtlichen Vorgaben durch das **Verbrauchsteuer-Binnenmarktgesetz** vom 21.12.1992[74] umgesetzt, das zugleich eine Reihe von Bagatell-Verbrauchsteuern abschaffte[75]. 18

IV. Harmonisierung der direkten Steuern[76]

Die Richtlinie des Rates über das gemeinsame Steuersystem der Mutter- und Tochtergesellschaften verschiedener Mitgliedstaaten vom 23.7.1990 (»**Mutter-Tochter-Richt-** 19

---

73 Fn. 68. Zu dem »Duty-Free«-Problem s. auch EuGH, Rs. C-408/95, Slg. 1997, I-6315 (Eurotunnel SA u. a./Sea France); zur weiteren Rechtsentwicklung s. ABl.EG 1998, Nr. C 174/16 sowie EuZW 1998, S. 739; EuZW 1999, S. 195; ferner allgemein *P. Lutz*, Duty-free-shops im Gemeinsamen Markt, NJW 1982, S. 488.
74 BGBl. I S. 2150.
75 *D. Müller*, Struktur, Entwicklung und Begriff der Verbrauchsteuern, 1996; *H. Jatzke*, Das System des deutschen Verbrauchsteuerrechts unter Berücksichtigung der Ergebnisse der Verbrauchsteuerharmonisierung in der Europäischen Union, 1997; *Institut Finanzen und Steuern*, Das neue Verbrauchsteuerrecht, 1994; *Bundesstelle Außenhandelsinformation*, Gemeinschaftlich geregelte Verbrauchsteuern und Verwaltungsverfahren, 1995.
76 S. *F. C. Zeitler/R. Jüptner*, Europäische Steuerharmonisierung und direkte Steuern, Beilage 17, DB 1988; *E. Zack*, EG-Steuerrecht: die Unternehmensbesteuerung in der Gemeinschaft. Empfehlungen des Ruding-Ausschusses, 1992; *J. Förster*, Die Harmonisierung der direkten Steuern in den Europäischen Gemeinschaften, FS Bleckmann, 1993, S. 77; *dies.*, Die direkten Steuern in den europäischen Gemeinschaften, in: Birk (Hrsg.), Handbuch des europäischen Steuer- und Abgabenrechts, 1995, § 28; *dies.*, Die Bedeutung der direkten Steuern für den Binnenmarkt, in: Birk (Hrsg.), Handbuch des europäischen Steuer- und Abgabenrechts, 1995, § 29; *Maßbaum u.a.*, Die deutsche Unternehmensbesteuerung im europäischen Binnenmarkt, 1994; *U.G Richter*, Harmonisierung der Einkommensbesteuerung privater Finanzanlagen in der Europäischen Union, RIW 1995, S. 485; *K. M. Weide*, Harmonisierung der Unternehmenssteuern in der EG, 1996; *A. Rädler*, Eine Europareform für den Steuerstandort Deutschland, StuW 1996, S. 252; *J. M. Mössner*, Einwirkungen des Gemeinschaftsrechts auf die direkten Steuern, in Rengeling (Hrsg.), Europäisierung des Rechts, 1996, S. 113; *C. Ohler*, Mehr Mut zur Steuerpolitik in Europa. Möglichkeiten und Grenzen der Harmonisierung direkter Steuern, EuZW 1997, S. 370; *O. H. Jacobs*, Ist die zinskorrigierte Besteuerung ein Ansatz zur Harmonisierung der Unternehmensbesteuerung in Europa? FS Debatin, 1997, S. 207; *A. Tsourouflis*, Die Harmonisierung der Körperschaftsteuer in der EU, 1997; *J. Hey*, Harmonisierung der Unternehmensbesteuerung in Europa, 1997; *A. Raupach*, »Gemeinschaftsweite Unternehmensbesteuerung, die den Anforderungen des Binnenmarktes gerecht wird« – Flucht aus dem Chaos in eine Utopie? GS Knobbe-Keuk, 1997, S. 675; *A. Riecker*, Körperschaftsbesteuerung in der Europäischen Union und das US-amerikanische Modell der Unitary Taxation, 1997; *S. Cnossen/L. Bovenberg*, Company Tax Harmonization in the European Union, in: Blejer/Ter-Minassian (ed.), Macroeconomic Dimensions of Public Finance, 1997, S. 164; *K. Vogel/C. Waldhoff* (Fn. 8), Rn. 667 f.; *N. Dautzenberg*, Unternehmensbesteuerung im EG-Binnenmarkt, 2 Bde., 1997; *A. Sapusek*, Ökonomische und juristische Analyse der Steuerharmonisierung in der Europäischen Union, 1997; *G. Saß*, »Europa 2000« – Perspektiven für die Integration der direkten Steuern, DB 1998, S. 34; *J. Lang*, Besteuerung in Europa zwischen Harmonisierung und Differenzierung, in: Baur/Watrin, Recht und Wirtschaft in der Europäischen Union, 1998, S. 75;

linie«)[77] beeinflußt und verändert auf einem wichtigen Teilgebiet die internationale Aufteilung der Besteuerung unter den Staaten, die bisher teils durch die Grenznormen des innerstaatlichen Rechts, teils durch die Verteilungsnormen der Doppelbesteuerungsabkommen geregelt war[78]. Die Richtlinie befreit die von einer Tochtergesellschaft ausgeschütteten Gewinne vom Quellensteuerabzug im Sitzstaat der Tochtergesellschaft, wenn die Mutter- an der Tochtergesellschaft einen Anteil von wenigstens 25% besitzt. Darüber hinaus verpflichtet sie für diesen Fall den Sitzstaat der Muttergesellschaft, entweder die ausgeschütteten Gewinne von der Besteuerung freizustellen oder die von der Tochtergesellschaft gezahlte Körperschaftsteuer auf die Muttergesellschaft anteilig anzurechnen (sog. »indirekte Anrechnung«).

20 Die Richtlinie des Rates über das gemeinsame Steuersystem für Fusionen, Spaltungen, die Einbringung von Unternehmensteilen und den Austausch von Anteilen, die Gesellschaften verschiedener Mitgliedstaaten betreffen vom 23.7.1990 (»**Fusionsrichtlinie**«)[79] verbietet in den von ihr bezeichneten Fällen einer Umwandlung von Unternehmen in solche anderer Organisationsform die Besteuerung der stillen Reserven, Rückstellungen und Rücklagen unter der Voraussetzung, daß das die Vermögenswerte übernehmende Unternehmen diese fortführt; sie gestattet auch die Fortführung von Verlustvorträgen. Dadurch werden Behinderungen grenzüberschreitender Umwandlungen beseitigt[80].

21 Als multilaterales Abkommen auf der Grundlage von Art. 293 ist das Übereinkommen über die Beseitigung der Doppelbesteuerung[81] im Falle von Gewinnberichti-

---

Fortsetzung von Fußnote 76

    K. *Mackscheidt,* Besteuerung in Europa, ebd. S. 100; M. *Lehner,* Wettbewerb der Steuersysteme im Spiegel europäischer und US-amerikanischer Steuerpolitik, StuW 1998, S. 159; P. *Takacs* (Fn. 62), S. 361; P. *Warneke,* Fehlende Harmonisierung der Besteuerungsgrundlagen von Unternehmen in der Europäischen Union; FS Fischer, 1999, S. 299; C. *Kuntze* (Fn. 31), S. 198; A.J. *Jiménez Martin,* Towards Corporate Tax Harmonization in the European Community, 1999; S. *Bond/L. Chennels/M. P. Devereux/M. Gammie/E. Troup,* Corporate Tax Harmonisation in Europe, 2000; H. *Winner,* Unternehmensbesteuerung in Europa, 2000; H.-J. *Selling,* Steuerharmonisierung im europäischen Binnenmarkt, IStR 2000, S. 417; G. *Laule,* Die Harmonisierung des europäischen Steuerrechts, IStR 2001, S. 297.

77 90/435/EWG, ABl.EG 1990, Nr. L 225/6.
78 J. *Förster,* Harmonisierung der Unternehmensbesteuerung, in: Birk (Hrsg.), Handbuch des europäischen Steuer- und Abgabenrechts, 1995, § 30, Rn. 118 ff.; W. *Haarmann/M. Schüppen,* Die Entscheidung des EuGH vom 17.10.1996 zur Mutter-/Tochter-Richtlinie – ein »historisches Ereignis« wirft Schatten, DB 1996, S. 2569; J. *Meerpohl,* Die Mutter-/Tochter-Richtlinie der Europäischen Gemeinschaft und ihre Umsetzung in das Recht der Mitgliedstaaten, 1998.
79 90/434/EWG, ABl.EG 1990, Nr. L 22/1.
80 A. *Schollmeier,* Harmonisierung der Unternehmensbesteuerung, in: Birk (Hrsg.), Handbuch des europäischen Steuer- und Abgabenrechts, 1995, § 30, Rn. 2 ff.; *ders.,* Zweifelsfragen bei der Umsetzung der Fusionsrichtlinie in deutsches Recht, FS Bleckmann, 1993, S. 305.
81 Zur Doppelbesteuerungsproblematik insgesamt: K. *Vogel/M. Lehner,* DBA-Kommentar, 4. Aufl. 2002; auf die gemeinschaftsrechtliche Problematik bezogen: EuGH, Rs. C-336/96, Slg. 1998, 2793 (Gilly); M. *Lehner,* Auswirkungen der Steuerharmonisierung auf das Recht der Doppelsteuerungsabkommen, in: Birk/Ehlers (Hrsg.), Rechtsfragen des europäischen Steuer-, Außenwirtschafts- und Zollrechts, 1994, S. 18; M. *Lehner/T.B. Scherer,* Die Beseitigung der Doppelbesteuerung innerhalb der Gemeinschaft, in: Birk (Hrsg.), Handbuch des europäischen Steuer- und Abgabenrechts, 1995, § 31; W. *Gassner/M. Lang/W. Lechner* (Hrsg.), Doppelbesteuerungsabkommen und EU-Recht, 1999; P. *Farmer,* EC Law and Double Taxation Treaties, 1999; V. *Heydt,* Das Verbot der Doppelbesteuerung – ein rechtsverbindlicher Bestandteil des Binnenmarktes, EuZW 2000, S. 33; M. *Lang/J. Schuch,* Europe on its way to a Multilateral Tax Treaty, EC-Tax-Review 2000, S. 39; R. *Klapdar,* Effiziente Steuerordnung durch ein europäisches Musterabkommen? 2000; M. *Lehner,* Der Einfluß des Europarechts auf die Doppelbesteuerungsabkommen, IStR 2001, S. 329.

gungen zwischen verbundenen Unternehmen (»**Schiedsübereinkommen**«)[82] ergangen[83].

Auf verfahrensrechtlichem Gebiet ist die Richtlinie des Rates über die gegenseitige 22
Amtshilfe im Bereich der direkten Steuern vom 19.12.1977 (»**Amtshilferichtlinie**«)[84] zu
erwähnen.

Gescheitert oder noch nicht verwirklicht sind Richtlinien zur Körperschaftsteuer, zur Be- 23
steuerung von Investmenteinrichtungen, zur Grenzgänger-Problematik, zu den steuerlichen Verlusten, zur steuerlichen Gewinnermittlung und zur **Zinsbesteuerung** (RL-Vorschlag vom 20.5.1998), der allerdings 1999 an der fehlenden Zustimmung Großbritanniens und Luxemburgs scheiterte[85].

Die Erfolge bei der Harmonisierung der direkten Steuern stellen sich somit als sehr be- 24
grenzt dar. Die Harmonisierungspolitik der Kommission ist auch in diesem Sachbereich
von der Angleichung zum begrenzten Wettbewerb der Steuersysteme fortgeschritten.
Zur Ermittlung noch bestehender Wettbewerbsverzerrungen hat eine Expertenkommission unter Vorsitz des ehemaligen niederländischen Finanzministers Onno Ruding am
18.3.1992 seinen Bericht vorgelegt (sog. »**Ruding-Bericht**«)[86].

V. Grenzen der Steuerharmonisierung

Bei den gemeinschaftsrechtlichen Grenzen der Steuerharmonisierung können solche, die 25
durch die **Anforderungen der Harmonisierungsvorschriften selbst** gezogen werden[87]
von **allgemeinen gemeinschaftsrechtlichen Vorgaben** unterschieden werden. Zu letzteren
gehören die Diskriminierungsverbote[88], die gemeinschaftsrechtlichen **Grundrechte**[89] sowie das **Subsidiaritätsprinzip** des Art. 5 Abs. 2[90] und der **Grundsatz der Erforderlich-**

---

82 90/436/EWG, ABl.EG 1990, Nr. L 225/10.
83 *Förster* (Fn. 78), Rn. 160 ff. m.w.N.
84 77/799/EWG, ABl.EG 1977, Nr. L 336/15.
85 KOM (1998) 295 endg., ABl.EG 1998, Nr. C 212/13; zur Zinsbesteuerungsproblematik in der
   EG insgesamt *D. Kischel*, IWB Nr. 20 v. 28.10.1998, S. 1017; *B. Nickel*, Richtlinienvorschlag
   zur effektiven Besteuerung von Zinserträgen, EuZW 1998, S. 868; *A. Nachreiner*, Der Vorschlag
   für eine EU-Richtlinie zur Besteuerung von Zinserträgen und die Auswirkungen im Falle seiner
   Umsetzung, DStZ 1999, S. 486; *E. Fleißig*, Die Harmonisierung der Zinsbesteuerung in der EU,
   2000; *W. Bernhard* Harmonisierung der steuerlichen Erfassung von Zinserträgen in Europa,
   DB 2001, S. 664; *H.-J. Krause,* Harmonisierung der Zinsbesteuerung in Europa, 2001.
86 Commission of the European Communities, Report on the Committee of Independent Experts
   on Company Taxation, 1992. Kurzfassung in deutscher Sprache: Die Schlußfolgerungen und
   Empfehlungen des Ruding-Ausschusses, DB Beilage 5/1992.
87 Rn. 7.
88 Art. 90, Rn. 7.
89 *A. Steichen*, Der Gleichheitssatz im Europäischen Steuerrecht, FS Debatin, 1997, S. 417;
   D. Birk, Besteuerungsgleichheit in der Europäischen Union, in: Lehner (Hrsg.), Steuerrecht im
   Europäischen Binnenmarkt, 1996, S. 63; *C. David*, Le Principe de Proportionnalité en Droit Fiscal Communautaire et Français, FS Tipke, 1995, S. 511; *Ohler* (Fn. 4), S. 220 ff.
90 Verfehlt ist die Einschränkung der Kommission, das Subsidiaritätsprinzip gelte hier nicht, da
   steuerliche Maßnahmen immer die Grundfreiheiten des Marktes und damit den Binnenmarkt berühren könnten und somit in die »ausschließliche Zuständigkeit der Gemeinschaft« fallen sollen,
   KOM (94) 533 endg., S. 4; ähnlich schon *R. Voß*, Europäisches und nationales Steuerrecht,
   StuW 1993, S. 161. Zutreffend dagegen *Klein* (Fn. 12), S. 23 f.: entscheidend sei nicht der Bezug
   zum Binnenmarkt, sondern die Kompetenzzuweisung für das jeweilige Sachgebiet; das Sachgebiet »Steuerrecht« sei jedoch gerade nicht der Gemeinschaft exklusiv zugewiesen. S. auch *Kuntze*
   (Fn. 31), S. 227.

keit/Verhältnismäßigkeit, Art. 5 Abs. 3[91]. Aus Art. 10 folgt auch für den Bereich der Steuerharmonisierung die Verpflichtung zur loyalen Zusammenarbeit mit den Mitgliedstaaten, auf deren berechtigte Interessen Rücksicht zu nehmen ist[92].

26 Von den rechtlichen Schranken ist die Frage der **politischen Wünschbarkeit** und der **ökonomischen Gebotenheit** zunehmender Steuerharmonisierung zu trennen[93]. Die Harmonisierung der indirekten Steuern folgt dabei aus der gemeinschaftsrechtlichen Marktidee; bei der Harmonisierung direkter Steuern zeigen Beispiele wie die Schweiz und die USA, daß unterschiedliche direkte Steuern einem Gemeinsamen Markt nicht prinzipiell im Wege stehen müssen[94]. Im deutschen Bundesstaat geht die Diskussion zur Zeit eher in die Richtung auf eine größere Steuerautonomie der Länder[95]. Insgesamt betrachtet mag ein Steuerwettbewerb[96] bei der direkten Besteuerung auf europäischer Ebene – »faire« Bedingungen vorausgesetzt[97] – ein institutionelles Widerlager gegen zu expansive Steuerpolitiken der einzelnen Mitgliedstaaten in diesem Bereich bieten: Im konstitutionellen Nationalstaat des 19. Jahrhunderts bildeten die das Bürgertum repräsentierenden Volksvertretungen gegenüber der monarchischen Exekutive auch und gerade in Steuer-

---

91 S. auch *H. M. Wolffgang*, in: Lenz, EGV, Art. 93, Rn. 10.
92 Zur Kritik am Ruding-Bericht m.w.N.: *Vogel/Waldhoff* (Fn. 8), Rn. 669.
93 *Vogel* (Fn. 8); *Stockmann* (Fn. 12), S. 697 f.
94 Zur Schweiz: *C. Waldhoff*, Verfassungsrechtliche Vorgaben für die Steuergesetzgebung im Vergleich Deutschland–Schweiz, 1997, S. 83 ff. Zu den USA: *Vogel/Waldhoff* (Fn. 8), Rn. 698 ff.
95 *Waldhoff* (Fn. 94), S. 95 ff.; *Vogel/Waldhoff* (Fn. 8), Rn. 265; *C. Waldhoff*, Die Reform der bundesstaatlichen Finanzverfassung im gestuften Verfahren, ZG 2000, S. 193.
96 Dazu etwa *G. Larbig*, Perspektiven des europäischen Steuerwettbewerbs, Wirtschaftsdienst 1998, S. 743; *J. A. M. Klaver/J. M. Timmermans*, EU taxation: policy competition or policy coordination? ec-Tax-Review 1999, S. 185; *C. Randzio-Plath*, Steuerpolitik in der Union: keine Reklame für den Binnenmarkt, Wirtschaftsdienst 1999, S. 665; *O. H. Jacobs*, Corporation Income Tax Systems in the European Union – An Analysis of their Effects on Competition and Reform Proposals, Intertax 1999, S. 264; *F. Bolkestein*, Taxation and competition: the realization of the Internal Market, ec-Tax-Review 2000, S. 78; *W. Schön*, Der Wettbewerb der europäischen Steuerordnungen als Rechtsproblem, in: Pelka (Hrsg.), Europa- und verfassungsrechtliche Grenzen der Unternehmensbesteuerung, 2000, S. 191; *ders.*, Tax competition in Europe – the legal perspective, ec-Tax-Review 2000, S. 90; *F. Vanistendael*, Fiscal support measures and harmful tax competition, ec-Tax-Review 2000, S. 152; *J. Wieland*, Steuerwettbewerb in Europa, EuR 2001, S. 119.
97 Vgl. Entschließung des Rates und der im Rat vereinigten Vertreter der Regierungen der Mitgliedstaaten vom 1. Dezember 1997 über einen Verhaltenskodex für die Unternehmensbesteuerung, Abl.EG 1998 Nr. C 2 = IStR, Beihefter 1/1998; (dritter und vorläufig letzter) Bericht der Gruppe »Verhaltenskodex« (sog. Primarolo-Bericht) an den ECOFIN-Rat vom 29.11.1999; zu diesen Bemühungen *C. Kok*, Final report of the Code of Conduct group on business taxation, European Taxation 2000, S. 13; zu den Bemühungen, als schädlich identifizierten Steuerwettbewerb einzugrenzen allgemein: *A. Rainer*, The E.C. Code of Conduct for Business Taxation, European Union Focus 1998, S. 13; *E. Osterweil*, OECD Report on Harmful Tax Competition and European Union Code of Conduct Compared, European Taxation 1999, S. 198; *T. Rosembuj*, Harmful Tax Competition, Intertax 1999, S. 316; *B. Runge*, Schädlicher Steuerwettbewerb in der Europäischen Union und in den OECD-Ländern, FS Rädler, 1999, S. 559; *R. Voß*, Die Grenzen des Steuerwettbewerbs in der EU, ZEuS 1999, S. 335; *C. Pinto*, EC State Aid Rules and Tax Incentives: A U-Turn in Commission Policy? European Taxation 1999, S. 295; *ders.*, EU und OECD to Fight Harmful Tax Competitions, Intertax 1998, S. 386; *H. Hamaekers*, Tackling Harmful Tax Competition, European Taxation 2000, S. 398; *F. Parly*, The code of Conduct and the Fight against Harmful Tax Competition, European Taxation 2000, S. 406; *B. Hendricks*, A View on Tax Harmonization and the Code of Conduct, European Taxation 2000, S. 413; *M. J. Ellis*, The Code of Conduct in 2000, European Taxation 2000, S. 414; *J.E. MacLachlan/D. Chmiel*, The Drive against »Harmful« Tax Competition; European Union Focus BNA 2000, S. 3; *D. Eimermann*, OECD-Arbeiten zum schädlichen Steuerwettbewerb – ein Zwischenstand, IStR 2001, S. 81.

fragen den begrenzenden Gegenpol; im demokratisch-parlamentarischen Verfassungsstaat mit seiner politischen Interessengleichheit von Legislative und Exekutive waren die Bedingungen für eine derartige institutionelle Balancierung teilweise entfallen. Ein funktionierender Steuerwettbewerb auf europäischer Ebene vermag hier vielleicht eine Ersatzfunktion zu erfüllen. Die Probleme liegen darin, harmonisierungsbedürftige Teilelemente der Systeme direkter Steuern herauszuarbeiten. Diese liegen eher im Bereich der Bemessungsgrundlage, als der Steuersätze, da andernfalls das Wettbewerbselement nicht mehr zum Tragen käme. Der Ruding-Bericht ist hier in manchen Details angreifbar und dürfte noch nicht das letzte Wort sein.

Kapitel 3
Angleichung der Rechtsvorschriften

Art. 94 (ex-Art. 100)

Der Rat erläßt einstimmig auf Vorschlag der Kommission und nach Anhörung des Europäischen Parlaments und des Wirtschafts- und Sozialausschusses[12] Richtlinien[11] für die Angleichung[1 ff.] derjenigen Rechts- und Verwaltungsvorschriften der Mitgliedstaaten[6 f.], die sich unmittelbar auf die Errichtung oder das Funktionieren des Gemeinsamen Marktes auswirken[8 ff.].

Inhaltsübersicht:

A. Grundsatzfragen	1
I. Begrifflichkeit	1
II. Funktion	2
III. Sonstige Rechtsangleichungskompetenzen	3
IV. Methoden	4
V. Rechtsfolgen	5
B. Materielle Voraussetzungen	6
I. Rechts- und Verwaltungsvorschriften	6
II. Unmittelbare Auswirkung auf den Gemeinsamen Markt, Erforderlichkeit, Subsidiarität	8
III. Richtlinie als Handlungsform	11
C. Formelle Voraussetzungen	12
D. Abgrenzung zu anderen Kompetenzen	13
E. Rechtspraxis	14
F. Ausblick	16

A. Grundsatzfragen

I. Begrifflichkeit

1 Unter »**Rechtsangleichung**« ist die sachbezogene Annäherung nationaler Rechtsvorschriften an einen gemeinschaftsrechtlich vorgegebenen Standard zu verstehen, deren Hauptfall in der Beseitigung nationaler Rechtsunterschiede besteht[1]. Die z.T. anderslautenden Begriffe, wie »Koordinierung« (Art. 44 Abs. 3 lit. g, Art. 46 Abs. 2, Art. 47 Abs. 2) oder »Harmonisierung« (Art. 93, Art. 150 Abs. 4, Art. 152 Abs. 4 UAbs. 1 lit. c), sind synonym zu verstehen[2]. Die Rechtsangleichung ist nicht gleichzusetzen mit **Rechtsvereinheitlichung** (Unitarisierung)[3].

II. Funktion

2 »Erlauben die Grundfreiheiten eine Art ›statische Harmonisierung‹ marktrelevanter nationaler Vorschriften, die jedoch nur punktuell und korrigierend ansetzen und kaum mehr als einen Mindeststandard an Diskriminierungsschutz und Inländergleichbehandlung ga-

---

1 Vgl. *Geiger*, EUV/EGV, Art. 94, Rn. 4; *E. Klein*, in: HK-EUV, Art. 100, Rn. 1 sowie die ausführliche Definition bei *H.-C. Taschner*, in: GTE, EU-/EGV, Art. 100, Rn. 4.
2 Vgl. *N. Lochner*, Was bedeuten die Begriffe Harmonisierung, Koordinierung und gemeinsame Politik in den Europäischen Verträgen?, ZgStW 1962, S. 35; zust. *B. Langeheine*, in: Grabitz/Hilf, EU, Art. 100, Rn. 8; *R. Lukes*, in: Hb.EUWirtR, B. II Rn. 78; a.A. *U. Everling*, in: W/E/G/S, EWG, Art. 100, Rn. 4.
3 Vgl. *C. Eiden*, Die Rechtsangleichung gemäß Art. 100 des EWG-Vertrages, 1984, S. 15; *Ipsen*, EG-Recht, S. 693 f.; *Reiner Schmidt*, Öffentliches Wirtschaftsrecht, AT, 1990, S. 267.

rantieren kann, sollen solche mitgliedstaatliche Normen, die wegen ihrer Unterschiedlichkeit die Entwicklung oder das Funktionieren des Gemeinsamen Marktes gefährden, im Wege ›aktiver‹ Rechtsangleichung generell und vorbeugend entschärft werden«[4]. Die Rechtsangleichung ist **funktional** zu verstehen. Sie ist kein Selbstzweck, sondern **Mittel zum Zweck der Integration** (vgl. Art. 3 Abs. 1 lit. h)[5]. Nach dem EuGH ist sie darauf gerichtet, die sich aus der Unterschiedlichkeit nationaler Vorschriften »ergebenden Hindernisse aller Art zu mildern«[6]. Dabei haben die Rechtsetzungsorgane jedoch stets zugleich die Rechtspflicht zur Herstellung eines **hohen Schutzniveaus** in den Bereichen **Umweltschutz** (Art. 6 i.V.m. Art. 95 Abs. 3, Art. 174 Abs. 2 UAbs. 1 S. 1), **Gesundheitsschutz** (Art. 152 Abs. 1) und **Verbraucherschutz** (Art. 153 Abs. 1 i.V.m. Abs. 2) zu beachten[7]. Aus Art. 94 ergibt sich keine Verpflichtung auf ein bestimmtes Ausmaß der Angleichung. Der EG-Gesetzgeber ist auch befugt, **schrittweise** vorzugehen[8].

III. Sonstige Rechtsangleichungskompetenzen

Art. 94 ist die »Rechtsangleichungs-Grundnorm« *(Thomas Oppermann)*[9]. Es gibt daneben eine Reihe von **speziellen, sektoral begrenzten Kompetenzvorschriften**, welche explizit oder implizit eine Rechtsangleichungsbefugnis einschließen. Hierzu rechnen Art. 37, Art. 40, Art. 44, Art. 46 Abs. 2 (ggf. i.V.m. Art. 55), Art. 47 Abs. 2 (ggf. i.V.m. Art. 55), Art. 52, Art. 57 Abs. 2, Art. 61 i.V.m. Art. 62, 63, 65, 66 und 67, Art. 71, Art. 75 Abs. 1, Art. 93, Art. 132 Abs. 1, Art. 133 Abs. 1, Art. 135, Art. 137 Abs. 2 und 3, Art. 141 Abs. 3, Art. 152 Abs. 4 lit. a und b, Art. 153 Abs. 3 lit. b i.V.m. Abs. 4, Art. 156, Art. 175 Abs. 1 und 2. Daneben gibt es die **allgemeinen, nur funktional begrenzten** Rechtsangleichungskompetenzen, zu denen neben dem Art. 94 auch die Art. 95–97 rechnen (zur Abgrenzung s. Rn. 13). In einer Reihe von Politikbereichen ist eine **Rechtsangleichung** explizit **ausgeschlossen** (vgl. Art. 129, Art. 149 Abs. 4, Art. 150 Abs. 4, Art. 151 Abs. 5, Art. 152 Abs. 4 lit. c).

3

IV. Methoden

Insbesondere anhand des Kriteriums der **Harmonisierungsintensität** lassen sich **vier Methoden der Rechtsangleichung** unterscheiden[10]. Die intensivsten Formen sind die **abso-**

4

---

4 *Reiner Schmidt* (Fn. 3), S. 267; vgl. auch *H. v. der Groeben*, Die Politik der Europäischen Kommission auf dem Gebiet der Rechtsangleichung, NJW 1970, S. 359 (360 f.); *Ipsen*, EG-Recht, S. 687; *B. Langeheine*, in: Grabitz/Hilf, EU, Art. 100, Rn. 4 f. sowie eingehend *F. Marx*, Funktion und Grenzen der Rechtsangleichung nach Art. 100 EWG-Vertrag, 1976; *W. Schmeder*, Die Rechtsangleichung als Integrationsmittel der EG, 1978.
5 So auch *P. Leleux*, Le rapprochement des législations dans la Communauté Economique Européenne, C.D.E. 1968, S. 129 (130 f.); *R. Kovar*, in: Constantinesco/Jacqué/ders./Simon, TCE, Art. 100, Rn. 1, 6; *I. E. Schwartz*, Zur Konzeption der Rechtsangleichung in der Europäischen Wirtschaftsgemeinschaft, in: FS-Hallstein, 1966, S. 474 (486); *K. Zweigert*, Grundsatzfragen der europäischen Rechtsangleichung, ihrer Schöpfung und Sicherung, FS-Dölle, Bd. II, 1963, S. 401 (404).
6 EuGH, Rs. 193/80, Slg. 1981, 3019, Rn. 17 (Kommission/Italien).
7 *Herrnfeld*, in: Schwarze, EU-Kommentar, Art. 94, Rn. 38; *P.-C. Müller-Graff*, Umweltschutz und Grundfreiheiten, in: Rengeling (Hrsg.), EUDUR I, 1998, § 10 Rn. 93 ff. (95), 102.
8 EuGH, Rs. C-193/94, Slg. 1996, I-929, Rn. 27 (Skanavi und Chryssanthakopoulos); Rs. C-233/94, Slg. 1997, I-2405, Rn. 43 (Deutschland/Parlament und Rat).
9 *Oppermann*, Europarecht, Rn. 1209.
10 *R. Streinz*, Mindestharmonisierung im Binnenmarkt, in: Everling/Roth (Hrsg.), Mindestharmonisierung im Europäischen Binnenmarkt, 1997, S. 9 (18 f.). Ferner *Herrnfeld*, in: Schwarze, EU-Kommentar, Art. 94, Rn. 42 ff., Art. 95, Rn. 39; *P. Oliver*, Free movement of goods in the European Community, 3. Aufl., London 1996, S. 375 ff.; *Schmeder* (Fn. 4), S. 13 ff.; *P. J. Slot*, Harmonisation, ELRev. 21 (1996), S. 378 (382 ff.); *E. Steindorff*, EG-Vertrag und Privatrecht, 1996, S. 412 ff.

Art. 94 EG-Vertrag

lute Angleichung und die **Totalangleichung**, die den Mitgliedstaaten den Erlaß abweichender Vorschriften in keinem Fall (absolute Angleichung) oder nur auf der Basis von Schutzklauseln (Totalangleichung) gestatten. Daneben gibt es die Möglichkeit einer **Teilangleichung** mit den Varianten der optionellen und der fakultativen Angleichung. Bei der **optionellen Angleichung** sind die Mitgliedstaaten verpflichtet, die Einfuhr von Produkten zuzulassen, welche den gemeinschaftsrechtlichen Vorgaben entsprechen, ihnen ist es aber freigestellt, für das Inverkehrbringen von auf ihrem Hoheitsgebiet erzeugten Waren in ihrem Staat andere Vorschriften aufrechtzuerhalten oder zu schaffen[11]. Bei der **fakultativen Angleichung** können sich die Produzenten und Händler wahlweise entweder am Standard der Vorschriften des EG-Rechts oder am Standard der Vorschriften des Importstaats orientieren. Diese Wahlmöglichkeit kann für alle oder nur für Importprodukte eröffnet werden (Kombination mit optioneller Angleichung). Im übrigen besteht noch die Form der **Mindestangleichung**,[12] bei der lediglich Minimalstandards aufgestellt werden, wobei es den Mitgliedstaaten freigestellt ist, strengere Vorschriften zu erlassen (»Wettbewerb der Rechtsordnungen«)[13].

4 a Die Rechtsangleichung (in Form der Mindestangleichung) ist häufig kombiniert mit dem ergänzenden **Konzept der gegenseitigen Anerkennung**[14]. Dieses zielt darauf, die handelsbeeinträchtigende Wirkung von unterschiedlichen Standards basierend auf dem Prinzip wechselseitigen Vertrauens und gegenseitiger Kooperation zu beseitigen, ohne sie zu harmonisieren. Primärrechtlich verankert war das Anerkennungskonzept in dem früheren **Art. 100b a.F.** (vgl. daneben noch **Art. 47 Abs. 1**). Art. 100b a. F. wurde mit dem Vertrag von Amsterdam gestrichen, da er in der Praxis als »toter Buchstabe« galt[15] und die Kommission den Standpunkt vertrat, daß es im Hinblick auf die Cassis de Dijon-Doktrin des EuGH (s. Art. 28, Rn. 20 ff.) keinen Bedarf an spezifischen Maßnahmen zur Durchsetzung des Prinzips der gegenseitigen Anerkennung gebe, sondern das Augenmerk stattdessen auf den Aspekt der reziproken Information, die Schaffung wirksamer Instrumente gegen das Abweichen der Mitgliedstaaten von bereits bestehenden Grundsätzen der gegenseitigen Anerkennung sowie auf die Harmonisierung der durch zwingende Erfordernisse oder aufgrund von Art. 30 gerechtfertigten nationalen Sonderregelungen gelegt werden müsse. Daher wurde mit der Entscheidung 3052/95/EG des Rates und des Europäischen Parlaments vom 13.12.1995[16] ein »Verfahren der gegenseitigen Unterrichtung über einzelstaatliche Maßnahmen, die vom Grundsatz des freien Waren-

---

11 Vgl. EuGH, Rs. 211/81, Slg. 1982, 4547, Rn. 24 ff. (Kommission/Dänemark); *BBPS*, EU, S. 393 f.; zum Ganzen auch *J. Currall*, Some aspects of the relation between Articles 30–36 and Article 100 of the EEC Treaty, with a closer look at optional harmonisation, Y.E.L. 4 (1984), S. 169.
12 Vgl. hierzu *M. Dougan*, Minimum harmonization and the internal market, CMLRev. 37 (2000), S. 853; *W. Schön*, Mindestharmonisierung im europäischen Gesellschaftsrecht, ZHR 160 (1996), S. 221; zu den Vor- und Nachteilen der Mindestharmonisierung abgewogen *Streinz* (Fn. 10), S. 21 ff., 26 ff., 31 f.
13 Dazu *M. Dreher*, Wettbewerb oder Vereinheitlichung der Rechtsordnungen in Europa?, JZ 1999, S. 105.
14 Dazu *Streinz*, Europarecht, Rn. 973 ff.; *Volkmar Götz*, Der Grundsatz der gegenseitigen Anerkennung im europäischen Binnenmarkt, FS-Jaenicke, 1988, S. 763 ff.
15 Vgl. *C.-D. Ehlermann*, Ökonomische Aspekte des Subsidiaritätsprinzips, Int. 1995, S. 11 (13); *Streinz*, Europarecht, Rn. 975. In der Praxis wurde stattdessen häufig der Weg über sog. Gleichwertigkeitsklauseln im innerstaatlichen Recht (in Deutschland z. B. in den Verordnungen nach § 11 Gerätesicherheitsgesetz) gewählt; vgl. *R. v. Borries/M. Petschke*, Gleichwertigkeitsklauseln als Instrument zur Gewährleistung des freien Warenverkehrs in der Europäischen Gemeinschaft, DVBl. 1996, S. 1343.
16 ABl.EG 1995 Nr. L 321/1.

verkehrs in der Gemeinschaft abweichen«, eingeführt. Danach sollen die von den Mitgliedstaaten mitgeteilten Hindernisse für den freien Warenverkehr im wesentlichen entweder durch Rechtsangleichung oder durch Vertragsverletzungsverfahren (Art. 226) behoben werden.

V. Rechtsfolgen

Die Rechtsangleichungsrichtlinien sind gem. Art. 249 Abs. 3 in nationales Recht **umzu-** 5
setzen. Aus Art. 94 folgt aber, wie sich indirekt aus Art. 97 ergibt, grundsätzlich **keine Stillhaltepflicht** vor der Verabschiedung einer Richtlinie[17]. Auch Art. 10 Abs. 2 ändert hieran grundsätzlich nichts (s. Art. 10, Rn. 20). Ein Stillhaltegebot kann sich aber aus Sekundärrecht ergeben[18]. Haben die Richtlinien eine absolute oder totale Harmonisierung (s. Rn. 4) vorgenommen, so entfalten sie eine (grundsätzliche) **Sperrwirkung** (»preemtion«) für die Mitgliedstaaten.

B. Materielle Voraussetzungen

I. Rechts- und Verwaltungsvorschriften

Angeglichen werden können »Rechts- und Verwaltungsvorschriften der Mitgliedstaa- 6
ten«. Hierunter fallen alle von hoheitlichen Stellen erlassenen oder jedenfalls mit hoheitlicher Autorität versehenen abstrakt-generellen Regeln. Unter **Rechtsvorschriften** versteht man alle staatlichen Gesetze im materiellen Sinn, aber auch Gewohnheitsrecht[19] und – in den Common Law-Ländern – Präjudizrechtsprechung[20]. **Verwaltungsvorschriften** sind abstrakt-generelle Anweisungen, die eine vorgesetzte Behörde gegenüber einem nachgeordneten Funktionsträger erläßt. Umstritten ist, ob auch eine Verwaltungspraxis, die nicht auf Verwaltungsvorschriften beruht, angeglichen werden kann. Dies ist aus Gründen des effet utile von Art. 94 zu bejahen[21]. Private Normen, z.B. VDI-Richtlinien oder DIN-Vorschriften, werden hingegen nur dann von Art. 94 erfaßt, wenn der Staat sich diese »zu eigen gemacht hat«, etwa durch textuelle Inkorporation in ein Gesetz oder durch Inbezugnahme in einer staatlichen Bestimmung (z.B. normativer Verweis auf die »anerkannten Regeln der Technik«)[22].

Es ist nicht Voraussetzung, daß in allen Mitgliedstaaten bereits einschlägige Rechts- oder 7
Verwaltungsvorschriften existieren. Die Rechtsangleichungskompetenz des Art. 94 greift – im Gegenteil – bereits dann ein, wenn nur in **einem Mitgliedstaat** angleichungsbedürftige Rechts- oder Verwaltungsvorschriften bestehen[23]. Die anzugleichenden Vorschriften müssen nicht unterschiedlich sein. Eine Rechtsangleichung ist auch bei **materieller Gleichartigkeit** der vorhandenen nationalen Normen möglich, sofern diese auf-

---

17 Vgl. *E. Klein*, in: HK-EUV, Art. 100, Rn. 24; *H.-C. Taschner*, in: GTE, EU-/EGV, Art. 100, Rn. 22 f.; *P. VerLoren van Themaat*, in: Smit/Herzog (Hrsg.), EC-Law, Bd. 3, Art. 100, Anm. 13.
18 Vgl. z.B. Art. 9 RL 98/34/EG, ABl.EG 1998 Nr. L 204/37.
19 A.A. *R. Kovar*, in: Constantinesco/Jacqué/ders./Simon, TCE, Art. 100, Rn. 5.
20 Vgl. *Eiden* (Fn. 3), S. 16 f.; *E. Klein*, in: HK-EUV, Art. 100, Rn. 5; *B. Langeheine*, in: Grabitz/Hilf, Art. 100, Rn. 16.
21 Wie hier *C. Eiden*, in: Bleckmann, Europarecht, Rn. 2107; *E. Klein*, in: HK-EUV, Art. 100, Rn. 6.
22 Vgl. *Schmeder* (Fn. 4), S. 86 ff.
23 Vgl. statt aller *H.-C. Taschner*, in: GTE, EU-/EGV, Art. 100, Rn. 32.

grund ihres Inhalts den Gemeinsamen Markt beeinträchtigen[24]. Fraglich ist, ob eine Rechtsangleichungsmaßnahme auch zulässig ist, wenn es in dem betreffenden Sachbereich an jeglichen Rechts- und Verwaltungsvorschriften in den Mitgliedstaaten fehlt (**präventive Rechtsangleichung**)[25]. Dagegen könnten ein Umkehrschluß aus Art. 96 und 97 sowie der Wortlaut von Art. 94 sprechen. Der EuGH vertritt jedoch hinsichtlich des Begriffs der Rechtsangleichung eine extensive Position, wie sich aus einem Urteil ergibt, in dem er es für rechtmäßig erklärte, eine Verordnung, die »einer heterogenen Entwicklung der nationalen Rechtsvorschriften *vorbeugen*«[26] soll, auf Art. 95 zu stützen. Das Entstehen der Hindernisse muß jedoch »wahrscheinlich sein und die fragliche Maßnahme ihre Vermeidung bezwecken«[27]. Auch teleologische Erwägungen stützen eine extensive Sichtweise. Durch eine gemeinschaftsweite Regelungslücke kann das ordnungsgemäße Funktionieren des Gemeinsamen Marktes mindestens ebenso beeinträchtigt werden wie durch eine positive Regelung. Es wäre formalistisch, wollte man die Regelungskompetenz der Gemeinschaft solange »auf Eis legen« bis ein Mitgliedstaat irgendeine Regelung erlassen hat.

II. Unmittelbare Auswirkung auf den Gemeinsamen Markt, Erforderlichkeit, Subsidiarität

8 Voraussetzung für eine Rechtsangleichung nach Art. 94 ist ferner eine unmittelbare Auswirkung auf die Errichtung oder das Funktionieren des **Gemeinsamen Marktes** (zum Begriff des Gemeinsamen Marktes s. Art. 14, Rn. 7 ff.). In »**flankierenden Politikbereichen**«, etwa der Sozial-, der Verbraucherschutz-, der Gesundheits- oder der Umweltschutzpolitik[28], gilt Art. 94 nur, wenn ein **hinreichender sachlicher Bezug** zum Gemeinsamen Markt gegeben ist[29].

9 Die Anforderungen an das Kriterium der »**unmittelbaren Auswirkung**« sind umstritten. Der Gerichtshof läßt hierfür die Geeignetheit zur Beeinträchtigung des Gemeinsamen Marktes ausreichen[30]. Das Schrifttum ist gespalten. Teilweise wird angenommen, eine

---

24 Vgl. *B. Langeheine*, in: Grabitz/Hilf, EU, Art. 100, Rn. 10 f.; *H.-C. Taschner*, in: GTE, EU-/EGV, Art. 100, Rn. 3; *T. W. Vogelaar*, The approximation of the laws of Member States under the Treaty of Rome, CMLRev. 12 (1975), S. 211 (213 ff.); a.A. *M. Seidel*, Ziele und Ausmaß der Rechtsangleichung in der EWG – Zur britischen Auffassung, EuR 1979, S. 171 (177); *I. Seidl-Hohenveldern*, KSE, Bd. 11 (1971), S. 170 (173 f.).
25 Bejahend die h.M.; vgl. *G. Close*, Harmonisation of laws: use or abuse of the powers under the EEC Treaty?, ELRev. 3 (1978), S. 461 (462); *Eiden* (Fn. 3), S. 18 f.; *E. Klein*, in: HK-EUV, Art. 100, Rn. 7; *Herrnfeld*, in: Schwarze, EU-Kommentar, Art. 94, Rn. 9; *A. Meier*, Risikosteuerung im Lebensmittel- und Gentechnikrecht, 2000, S. 58; *Oppermann*, Europarecht, Rn. 1207, 1211; *H.-C. Taschner*, in: GTE, EU-/EGV, Art. 100, Rn. 33; a.A. *X. Debrouex*, Le choix de la base juridique dans l'action environnementale de l'Union Européenne, CDE 1995, S. 383 (385); *R. Lukes*, in: Hb.EUWirtR, B. II Rn. 81; *J. Scherer/S. Heselhaus*, Hb.EU-WirtR, O Rn. 84; *J. M. Thiel*, Umweltrechtliche Kompetenzen in der Europäischen Union, 1995, S. 139; einschränkend *B. Langeheine*, in: Grabitz/Hilf, EU, Art. 100, Rn. 21 ff.; differ. *E. Klein*, HK-EUV, Art. 100a, Rn. 4 (bejahend für Art. 94 und verneinend für Art. 95).
26 EuGH, Rs. C-350/92, Slg. 1995, I-1985, Rn. 35 (Spanien/Rat); Rs. C-377/98, 9.10.2001, EuZW 2001, S. 691, Rn. 15 ff. (Niederlande/Parlament und Rat).
27 EuGH, Rs. C-376/98, 5.10.2000, NJW 2000, 3701, Rn. 86 (Deutschland/Parlament und Rat).
28 Vgl. aus dem Bereich der Sozialpolitik EuGH, Rs. 11/81, Slg. 1982, 2133, Rn. 2 (Kommission/Italien); aus dem Bereich der Umweltpolitik EuGH, Rs. 91/79, Slg. 1980, 1099, Rn. 8 (Detergentien).
29 Ähnlich *E. Klein*, in: HK-EU, Art. 100, Rn. 10 ff.; *B. Langeheine*, in: Grabitz/Hilf, EU, Art. 100, Rn. 27 ff.; *D. Vignes*, in: De Cockborne u.a. (Hrsg.), Commentaire Mégret. Le droit de la CEE, Bd. 5, 2. Aufl., Brüssel, 1992, S. 310 f.
30 EuGH, Rs. 33/76, Slg. 1976, 1989, Rn. 5 (Rewe).

unmittelbare Auswirkung sei schon dann gegeben, wenn die nationalen Regeln dem Gemeinsamen Markt nicht förderlich sind[31]. Die überwiegende Meinung verlangt demgegenüber zu Recht einen von den nationalen Vorschriften ausgehenden negativen (störenden) Effekt[32]. Für diesen »Effekt« wird man auf die **Intensität** und **Sachnähe** der Auswirkung abzustellen haben[33] und eine **spürbare, potentielle** oder **tatsächliche** sowie **kausale** (Äquivalenztheorie) **negative Auswirkung** im Sinne einer **Funktionsstörung** fordern müssen[34]. Dabei verfügen die EG-Organe über eine – gerichtlich nur beschränkt überprüfbare – **Einschätzungsprärogative**.

Hinzukommen muß die **Erforderlichkeit** der Rechtsangleichung für die Errichtung oder 10 das Funktionieren des Gemeinsamen Marktes (vgl. Art. 3 Abs. 1 lit. h)[35]. Hierbei handelt es sich um eine Spezialausprägung von Art. 5 Abs. 2 und 3. Schließlich müssen die Voraussetzungen des **Subsidiaritätsprinzips** (Art. 5 Abs. 2) beachtet werden (vgl. auch Ziff. 5 und 7 des Protokolls über die Anwendung der Grundsätze der Subsidiarität und der Verhältnismäßigkeit von 1997)[36].

III. Richtlinie als Handlungsform

Als einzige Handlungsform für die Rechtsangleichung auf der Basis von Art. 94 steht 11 das Instrument der **Richtlinie** (Art. 249 Abs. 3) zur Verfügung. Auch hierin äußert sich das Wesen der Rechtsangleichung (s. Rn. 2), das – idealiter – eine »Einheit in der Vielfalt« anstrebt (zur Praxis s. Rn. 15).

C. Formelle Voraussetzungen

Die Rechtsangleichungsrichtlinien nach Art. 94 müssen vom Rat auf Vorschlag der 12 Kommission (vgl. auch Art. 192 Abs. 2) mit **Einstimmigkeit** beschlossen werden. Das **Europäische Parlament** und der **Wirtschafts- und Sozialausschuß** sind – seit dem Inkrafttreten des EUV am 1.11.1993 – generell **anzuhören**. Ein Verstoß gegen die Anhörungspflicht führt zur Nichtigkeit der Richtlinie[37]. Diese Verfahrensvoraussetzungen gelten grundsätzlich auch bei der **nachträglichen Änderung von Rechtsangleichungsrichtlinien**. In der Praxis ist es jedoch aus Gründen der Verfahrensökonomie verbreitet, daß der Rat sich in der Richtlinie, in der alle zentralen Fragen geregelt werden, selbst ermächtigt, spätere Änderungen ohne grundlegende Bedeutung mit qualifizierter Mehrheit zu beschließen. Außerdem greift man mitunter zu einem besonderen Ausschußver-

---

31 H.-C. *Taschner*, in: GTE, EU-/EGV, Art. 100, Rn. 35; zustimmend *Geiger*, EUV/EGV, Art. 94, Rn. 9.
32 U. *Everling*, in: W/E/G/S, EWG, Art. 100, Rn. 1; E. *Klein*, in: HK-EU, Art. 100, Rn. 13; B. *Langeheine*, in: Grabitz/Hilf, EU, Art. 100, Rn. 32.
33 E. *Klein*, in: HK-EU, Art. 100, Rn. 13; B. *Langeheine*, in: Grabitz/Hilf, EU, Art. 100, Rn. 33.
34 Ähnlich C. *Eiden*, in: Bleckmann, Europarecht, Rn. 2119; *Herrnfeld*, in: Schwarze, EU-Kommentar, Art. 94, Rn. 13 ff.; M. *Röttinger*, in: Lenz, EGV, Art. 94, Rn. 12.
35 Vgl. E. *Klein*, in: HK-EU, Art. 100, Rn. 14, 18; H.-C. *Taschner*, in: GTE, EU-/EGV, Art. 100, Rn. 16, 38; a.A. C. *Eiden*, in: Bleckmann, Europarecht, Rn. 2116 ff.
36 R. v. *Borries*, Kompetenzverteilung und Kompetenzausübung, in: Rengeling (Hrsg.), EUDUR I, 1998, § 25, Rn. 52, 65; *Herrnfeld*, in: Schwarze, EU-Kommentar, Art. 94, Rn. 18; a.A. *Taschner*, in: GTE, EU-/EGV, Art. 100, Rn. 17; s. auch Art. 95, Rn. 7.
37 EuGH, Rs. 138/79, Slg. 1980, 3333, Rn. 32 ff. (Roquette Frères).

fahren, um bestimmte Detailregelungen flexibler an den technischen Fortschritt anpassen zu können[38].

D. Abgrenzung zu anderen Kompetenzen

13 Grundsätzlich tritt Art. 94 gegenüber speziellen Rechtsangleichungskompetenzen (s. Rn. 3) zurück, sofern diese den betreffenden Bereich abschließend regeln sollen, wie beispielsweise Art. 37[39], Art. 40, Art. 44 (insbes. Abs. 2 lit. g), Art. 46 Abs. 2, Art. 47, Art. 52, Art. 55 i.V.m. Art. 46 Abs. 2 bzw. Art. 47, Art. 57 Abs. 2, Art. 71, Art. 93 und Art. 133. Auch im Verhältnis zu Art. 95–97 ist Art. 94 lex generalis. Neben Art. 28 ist Art. 94 gleichzeitig anwendbar, da beide Normen auf unterschiedliche Ziele gerichtet sind.

E. Rechtspraxis

14 Die Rechtspraxis zu Art. 94 (bzw. Art. 100 a.F.) ist kaum überschaubar und hier nicht referierbar[40]. Sie erfaßt – ebenso wie die Legislativtätigkeit auf der Basis von Art. 95 – ein **sehr weites Feld von Rechtsmaterien**[41] aus den Bereichen des **öffentlichen Rechts**, des **Privatrechts**[42], aber auch des **Strafrechts** (einschließlich der jeweiligen Nebengebiete und prozessualen Bezüge)[43]. Das Schwergewicht liegt auf Maßnahmen zur Angleichung der technischen Hindernisse für den freien Warenverkehr.

15 In der Praxis wird das Instrument der Rechtsangleichung, entgegen der theoretischen Begriffsbestimmung (s. Rn. 1), auch eingesetzt, um neue, bislang noch in keinem Mitgliedstaat vorhandene Lösungen zu kreieren (Rechtsangleichung als **Rechtsneuschöp-**

---

38 Vgl. Entschl. des Rates v. 28.5.1969 über die Anpassung von Richtlinien zur Beseitigung der technischen Hemmnisse im Warenverkehr, die sich aus Unterschieden in den Rechts- und Verwaltungsvorschriften der Mitgliedstaaten ergeben, an den technischen Fortschritt, ABl.EG 1969 Nr. C 76/8; zum Ganzen B. *Langeheine*, in: Grabitz/Hilf, EU, Art. 100, Rn. 51 f.
39 Vgl. EuGH, Rs. 68/86, Slg. 1988, 855, Rn. 15 (Vereinigtes Königreich/Rat); Rs. 131/86, Slg. 1988, 905, Rn. 20 (Vereinigtes Königreich/Rat).
40 Vgl. die Überblicke bei R. *Lukes*, in: Hb.EUWirtR., B. II Rn. 104 f.; *Oppermann*, Europarecht, Rn. 1235 ff.
41 Vgl. Kommission, Gemeinschaftliche Maßnahmen zur Rechtsangleichung (1958 bis 1971), Bull.EG, Beilage 9/72, S. 3; Kommission, Gemeinschaftliche Maßnahmen zur Rechtsangleichung (1972 bis 1974), Bull.EG, Beilage 3/75, S. 3 sowie *Schweitzer/Hummer*, Europarecht, S. 383 f.
42 Vgl. *J. Basedow*, Über Privatrechtsvereinheitlichung und Marktintegration, FS-Mestmäcker, 1995, S. 347; *B. Großfeld/K. Bilda*, Europäische Rechtsangleichung, ZfRV 1992, S. 421 (422 ff.); *P. Hommelhoff*, Zivilrecht unter dem Einfluß europäischer Rechtsangleichung, AcP 192 (1992), S. 71; *K. J. Hopt*, Harmonisierung im europäischen Gesellschaftsrecht, ZGR 1992, S. 265; *U. Hübner/A. Matusche-Beckmann*, Auswirkungen des Gemeinschaftsrechts auf das Versicherungsrecht, EuZW 1995, S. 263; *P.-C. Müller-Graff* (Hrsg.), Gemeinsames Privatrecht in der Europäischen Gemeinschaft, 1993; *ders.*, Privatrecht und Europäisches Gemeinschaftsrecht, 2. Aufl., 1991; *I. E. Schwartz*, Perspektive der Angleichung des Privatrechts in der Europäischen Gemeinschaft, ZEuP 2 (1994), S. 559; *J. Taupitz*, Europäische Privatrechtsvereinheitlichung heute und morgen, 1993.
43 Frühzeitig *H. Johannes*, Das Strafrecht im Bereich der Europäischen Gemeinschaften, EuR 1968, S. 63 (65 ff.).

fung)[44] sowie um **detaillierte** und **sehr dichte** materielle Regelungen zu erlassen[45]. Damit verschwimmen de facto nicht selten die Grenzen zwischen Rechtsangleichung und Rechtsvereinheitlichung[46].

F. Ausblick

Art. 94 hat auf dem Weg zur Etablierung eines Gemeinsamen Marktes (s. den früheren, mit dem Vertrag von Amsterdam gestrichenen, Art. 7) wichtige Dienste geleistet[47]. Mit dem Inkrafttreten der EEA am 1.7.1987, speziell der Art. 95 ex 100a, Art. 137 ex 118 und Art. 175 ex 130s, mit denen Art. 94 ex 100 aufgrund des Einstimmigkeitsprinzips und der Beschränkung der Handlungsformen auf die Richtlinie unter dem Aspekt der Integrationsdynamik nicht mithalten kann, hat er erheblich an praktischer Bedeutung eingebüßt. Man muß sich jedoch davor hüten, das Konsensprinzip in Art. 94 einseitig negativ zu bewerten. Gerade in Art. 94 kommt eine effektive Operationalisierung der Grundsätze der Subsidiarität (Art. 5 Abs. 2) und der Erforderlichkeit (Art. 3 Abs. 1 lit. h, Art. 5 Abs. 3) zum Ausdruck. Insofern behält Art. 94 für besonders »souveränitäts-sensible« Angleichungsfragen[48], etwa im Grenzbereich von Kultur und Dienstleistungsfreiheit, seine Legitimität und seine ergänzende Funktion, auch wenn die Entwicklung insgesamt in Richtung Mehrheitsprinzip gehen muß.

16

---

44 *Ipsen*, EG-Recht, S. 694; *E. Röhling*, Überbetriebliche technische Normen als nichttarifäre Handelshemmnisse im Gemeinsamen Markt, 1972, S. 58 ff.; *Schweitzer/Hummer*, Europarecht, S. 376; a.A. *Seidl-Hohenveldern* (Fn. 24), S. 177.
45 Vgl. nur *U. Everling*, Möglichkeiten und Grenzen der Rechtsangleichung in der Europäischen Gemeinschaft, FS-Reimer Schmidt, 1976, S. 165 (175); *Ipsen*, EG-Recht, S. 696; *B. Langeheine*, in: Grabitz/Hilf, EU, Art. 100, Rn. 1, 14, 38.
46 Siehe *E. Klein*, in: HK-EUV, Art. 100, Rn. 2, 19 f.; *Zweigert* (Fn. 5), S. 412 f.
47 Ausführlich *Herrnfeld*, in: Schwarze, EU-Kommentar, Art. 94, Rn. 27 ff.
48 Allg. zur Rechtsangleichung als einem »permanenten Prozeß von ›Souveränitätspreisgaben‹« *Ipsen*, EG-Recht, S. 699.

Art. 95 (ex-Art. 100a)

(1) Soweit in diesem Vertrag nichts anderes bestimmt ist[5, 46 ff.], gilt abweichend von Artikel 94[5] für die Verwirklichung der Ziele des Artikels 14[4] die nachstehende Regelung. Der Rat erläßt gemäß dem Verfahren des Artikels 251 und nach Anhörung des Wirtschafts- und Sozialausschusses die Maßnahmen zur Angleichung[8] der Rechts- und Verwaltungsvorschriften der Mitgliedstaaten[9], welche die Errichtung und das Funktionieren des Binnenmarktes[10 ff.] zum Gegenstand haben.

(2) Absatz 1 gilt nicht für die Bestimmungen über die Steuern, die Bestimmungen über die Freizügigkeit und die Bestimmungen über die Rechte und Interessen der Arbeitnehmer[6].

(3) Die Kommission geht in ihren Vorschlägen nach Absatz 1 in den Bereichen Gesundheit, Sicherheit, Umweltschutz[46 ff.] und Verbraucherschutz[17] von einem hohen Schutzniveau[16] aus und berücksichtigt dabei insbesondere alle auf wissenschaftliche Ergebnisse gestützten Entwicklungen[16]. Im Rahmen ihrer jeweiligen Befugnisse streben das Europäische Parlament und der Rat dieses Ziel ebenfalls an[14 ff.].

(4) Hält es ein Mitgliedstaat[27 f.], wenn der Rat oder die Kommission eine Harmonisierungsmaßnahme[23 f.] erlassen hat, für erforderlich[32], einzelstaatliche Bestimmungen beizubehalten, die durch wichtige Erfordernisse im Sinne des Artikels 30 oder in bezug auf den Schutz der Arbeitsumwelt oder den Umweltschutz gerechtfertigt sind[25], so teilt er diese Bestimmungen sowie die Gründe für ihre Beibehaltung der Kommission mit[35].

(5) Unbeschadet des Absatzes 4 teilt ein Mitgliedstaat[27 f.], der es nach dem Erlaß einer Harmonisierungsmaßnahme[23 f.] durch den Rat oder die Kommission für erforderlich[23] hält, auf neue wissenschaftliche Erkenntnisse[31a] gestützte einzelstaatliche Bestimmungen zum Schutz der Umwelt oder der Arbeitsumwelt aufgrund eines spezifischen Problems[31b] für diesen Mitgliedstaat, das sich nach dem Erlaß der Harmonisierungsmaßnahme ergibt[31c], einzuführen[29 ff.], die in Aussicht genommenen Bestimmungen sowie die Gründe für ihre Einführung der Kommission mit[35].

(6) Die Kommission beschließt binnen sechs Monaten nach den Mitteilungen nach den Absätzen 4 und 5, die betreffenden einzelstaatlichen Bestimmungen zu billigen oder abzulehnen[36 ff.], nachdem sie geprüft hat, ob sie ein Mittel zur willkürlichen Diskriminierung[33] und eine verschleierte Beschränkung des Handels[33] zwischen den Mitgliedstaaten darstellen und ob sie das Funktionieren des Binnenmarktes behindern[34].
Trifft die Kommission innerhalb dieses Zeitraums keine Entscheidung, so gelten die in den Absätzen 4 und 5 genannten einzelstaatlichen Bestimmungen als gebilligt.
Die Kommission kann, sofern dies aufgrund des schwierigen Sachverhalts gerechtfertigt ist und keine Gefahr für die menschliche Gesundheit besteht, dem betreffenden Mitgliedstaat mitteilen, daß der in diesem Absatz genannte Zeitraum gegebenenfalls um einen weiteren Zeitraum von bis zu sechs Monaten verlängert wird.

(7) Wird es einem Mitgliedstaat nach Absatz 6 gestattet, von der Harmonisierungsmaßnahme abweichende einzelstaatliche Bestimmungen beizubehalten oder einzuführen, so prüft die Kommission unverzüglich, ob sie eine Anpassung dieser Maßnahme vorschlägt[19].

(8) Wirft ein Mitgliedstaat in einem Bereich, der zuvor bereits Gegenstand von Harmonisierungsmaßnahmen war, ein spezielles Gesundheitsproblem auf, so teilt er dies der

Kommission mit, die dann umgehend prüft, ob sie dem Rat entsprechende Maßnahmen vorschlägt[19].

(9) In Abweichung von dem Verfahren der Artikel 226 und 227 kann die Kommission oder ein Mitgliedstaat den Gerichtshof unmittelbar anrufen, wenn die Kommission oder der Staat der Auffassung ist, daß ein anderer Mitgliedstaat die in diesem Artikel vorgesehenen Befugnisse mißbraucht[40].

(10) Die vorgenannten Harmonisierungsmaßnahmen sind in geeigneten Fällen mit einer Schutzklausel verbunden, welche die Mitgliedstaaten ermächtigt, aus einem oder mehreren der in Artikel 30 genannten nichtwirtschaftlichen Gründe vorläufige Maßnahmen zu treffen, die einem gemeinschaftlichen Kontrollverfahren unterliegen[43 ff].

Inhaltsübersicht:

A.	Grundsatzfragen	1
	I. Entstehungsgeschichtlicher Hintergrund	1
	II. Funktion	4
	III. Anwendungsbereich	5
	IV. Konkurrierende Kompetenz	7
B.	Rechtsangleichung nach Abs. 1	8
	I. Materielle Voraussetzungen	8
	1. Angleichung	8
	2. Rechts- und Verwaltungsvorschriften der Mitgliedstaaten	9
	3. Errichtung und Funktionieren des Binnenmarktes	10
	4. Spürbarkeit der Wettbewerbsverzerrung	10c
	5. Verhältnismäßigkeit, Subsidiarität	11
	6. Handlungsformen	12
	II. Formelle Voraussetzungen	13
C.	Schutzniveauklausel (Abs. 3) und Revisionsklauseln (Abs. 7 und 8)	14
	I. Schutzniveauklausel (Abs. 3)	14
	II. Revisionsklauseln (Abs. 7 und 8)	19
D.	Schutzergänzungsklauseln (Abs. 4–6, 9)	20
	I. Allgemeines	20
	II. Materielle Voraussetzungen	23
	1. Harmonisierungsmaßnahme nach Abs. 1	23
	2. Rechtfertigungsgründe	25
	3. Abweichung nach oben	26
	4. Kreis der anwendungsbefugten Mitgliedstaaten	27
	5. Beibehalten und Einführen strengerer einzelstaatlicher Bestimmungen	29
	6. Neue wissenschaftliche Erkenntnisse, Spezifizität und Nachträglichkeit des Problems	31
	7. Verhältnismäßigkeit	32
	8. Kein Mittel zur willkürlichen Diskriminierung, keine verschleierte Handelsbeschränkung, keine Behinderung des Funktionierens des Binnenmarktes	33
	III. Formelle Voraussetzungen	35
	1. Mitteilung (Abs. 4 und 5)	35
	2. Billigung (Abs. 6)	36
	a) Allgemeines	36
	b) Rechtsnatur	37
	c) Rechtsschutz	39
	IV. Gerichtliche Kontrolle (Abs. 9)	40
	V. Darlegungs- und Beweislast	41
	VI. Praxis	42
E.	Schutzklauseln (Abs. 10)	43
F.	Kompetenzabgrenzungen	46
	I. Verhältnis zu Art. 175	46

Art. 95 EG-Vertrag

    1. Position des EuGH   46
    2. Schrifttum   51
    3. Stellungnahme   52
  II. Verhältnis zu sonstigen Kompetenzgrundlagen   54
G. Rechtspolitische Perspektiven   55

A. Grundsatzfragen

I. Entstehungsgeschichtlicher Hintergrund

1   Art. 95 wurde (als Art. 100a) durch Art. 18 EEA mit Wirkung zum 1.7.1987 in den Vertrag eingefügt. Er bildete die wichtigste Neuerung der EEA[1], mit deren Hilfe die strukturellen Schwächen des Art. 94 (Einstimmigkeitsprinzip, alleinige Handlungsform der Richtlinie) beseitigt, der eingetretene Stillstand der Integration überwunden und dem Ziel des europäischen Binnenmarktes **neue Dynamik und Flexibilität**[2] verliehen werden sollte (s. Art. 14, Rn. 1). Zugleich sollte mit dem über das Konzept des Gemeinsamen Marktes hinausgehenden Konzept des Binnenmarktes (s. Art. 14, Rn. 6 ff.) eine **Intensivierung** und **Vertiefung der Integration** eingeleitet und mit dem Verfahren der Mitentscheidung eine **Demokratisierung** des Entscheidungsprozesses herbeigeführt werden[3].

2   Ein wesentlicher Impuls zur Einführung des Art. 95 sowie des früheren, mit dem Vertrag von Amsterdam gestrichenen, Art. 100b ging von dem im Jahre 1985 vorgelegten **Weißbuch der Kommission** zur Vollendung des Binnenmarktes[4] aus (s. Art. 14, Rn. 2). Vorbereitend wirkte auch die vom Rat gleichfalls im Jahre 1985 beschlossene »**neue Strategie**« auf dem Gebiet der technischen Harmonisierung und Normung[5]. Danach soll basierend auf der Cassis de Dijon-Rechtsprechung des EuGH (s. Art. 28, Rn. 20 ff.)[6] verstärkt auf das Prinzip der gegenseitigen Anerkennung gesetzt werden. Harmonisiert werden sollen nur noch die allgemeinen Sicherheitsanforderungen, die sich in bezug auf sämtliche Produkte einer bestimmten Kategorie stellen (horizontale Harmonisierung), nicht hingegen, abgesehen vom Gesundheitsschutz, produktspezifische Fragen (vertikale Harmonisierung). Die Regelung letzterer wird privaten europäischen Normungsorganisationen (CEN, CENELEC, ETSI) übertragen[7]. Des weiteren ist die Rechtsangleichung

---

1   Ebenso *A. Mattera*, Le marché unique européen, Paris, 2. Aufl. (1990), S. 167.
2   Vgl. statt vieler *C.-D. Ehlermann*, La réalisation du marché unique et les institutions, R.M.C. 1990, S. 103 (103).
3   Vgl. GA *A. Saggio*, Schlußantr. zu EuGH, Rs. C-127/97, Slg. 1998, I-6005, Ziff. 19 (Burstein); *B. Langeheine*, in: Grabitz/Hilf, EU, Art. 100a, Rn. 2, 7.
4   KOM (85) 310 endg.
5   Vgl. Mitteilung der Kommission an Rat und EP v. 31.1.1985, »Technische Harmonisierung und Normung: eine neue Konzeption«, KOM (85) 19 endg.; Entschließung des Rates v. 7.5.1985 über eine »Neue Konzeption auf dem Gebiet der technischen Harmonisierung und der Normung«, ABl.EG 1985 Nr. C 136/1; erläuternd *H. C. Röhl*, Akkreditierung und Zertifizierung im Produktsicherheitsrecht, 2000, S. 4 ff.; *R. Streinz*, Mindestharmonisierung im Binnenmarkt, in: Everling/Roth (Hrsg.), Mindestharmonisierung im Europäischen Binnenmarkt, 1997, S. 9 (10 ff.).
6   Siehe auch die Mitteilung der Kommission über die Auswirkungen des Urteils des EuGH, Rs. 120/78 (Cassis de Dijon), ABl.EG 1980 Nr. C 256/2; dazu *Herrnfeld*, in: Schwarze, EU-Kommentar, Art. 94 Rn. 24 ff.
7   Vgl. KOM (85) 310 endg., Rn. 68 f.; dazu *A. Furrer/V. Bölscher*, Technische Normen im Spannungsfeld zwischen Umweltschutz und freien Binnenmarkt, ZUR 1998, S. 3; *J. Jörissen*, Produktbezogener Umweltschutz und technische Normen, 1997; *R. Rönck*, Technische Normen als Gestaltungsmittel des europäischen Gemeinschaftsrechts, 1995; *M. Schulte*, Materielle Regelungen: Umweltnormung, in: Rengeling (Hrsg.), EUDUR I, 1998, § 17; *T. Zubke-von Thünen*, Technische Normung in Europa, 1999.

auf die unverzichtbar zu beseitigenden Handelshindernisse zu beschränken. Dies sind die aufgrund von Art. 30 bzw. aufgrund »zwingender Erfordernisse« gerechtfertigten nationalen Regelungen (obligatorische Harmonisierung). Schlagwortartig läßt sich das Gesamtkonzept als »**Kernangleichung statt Detailangleichung**« umschreiben[8].

Die Interpretation von Art. 100a a.F. litt insgesamt darunter, daß diese Bestimmung im Rahmen der Regierungskonferenz zur EEA erst »in letzter Minute« unter erheblichem redaktionellem Zeitdruck zustande kam[9], was zu sprachlicher Inkonsistenz und mangelnder Präzision geführt hatte[10]. Nachdem sich der Vertrag von Maastricht dem Problem nicht angenommen hatte, stand eine **Überarbeitung des Art. 100a a.F.**, allen voran der Abs. 3 und 4, auf der Tagesordnung der **Regierungskonferenz 1996/97**[11]. Zunächst sah es so aus, als würde der Versuch einer Entwirrung des Abs. 4 a.F. scheitern[12]. Der dem **Europäischen Rat von Dublin** (Dezember 1996) von der irischen Ratspräsidentschaft vorgelegte »**Allgemeine Rahmen für einen Entwurf zur Revision der Verträge**« vom 5.12.1996 spiegelte dann aber doch den grundsätzlichen Konsens wider, die sich auf die Umwelt beziehenden Binnenmarktbestimmungen zu verstärken, klarer zu fassen und zu straffen, ohne die Grundsätze des Binnenmarktes aufzuweichen[13]. Einigkeit bestand insbesondere darüber, den Rat und das Europäische Parlament als Adressaten der Schutzniveauklausel des Abs. 3 aufzunehmen, die Worte »mit qualifizierter Mehrheit« in Abs. 4 UAbs. 1 zu streichen und die Bestätigung der Kommission nach Abs. 4 UAbs. 1 an eine Frist von grundsätzlich sechs Monaten zu knüpfen. Die beiden zentralen noch offenen Punkte betrafen die Zulässigkeit des Einführens strengerer einzelstaatlicher Bestimmungen (Stichwort: »Anwenden« i.S.v. Abs. 4 UAbs. 1 a.F.) sowie die Rechtsnatur der Bestätigung durch die Kommission[14]. Diese konnten erst durch die Staats- und Regierungschefs in **Amsterdam** (Juni 1997) geklärt werden[15]. Im Rahmen der **Regierungskonferenz von Nizza** (Dezember 2000) ist Art. 95 unberührt geblieben.

II. Funktion

Wie der Verweis auf Art. 14 in Abs. 1 S. 1 sowie die Bezugnahme auf »die Errichtung und das Funktionieren des Binnenmarktes« in Abs. 1 S. 2 zeigen, dient Art. 95 der **funktionalen Rechtsangleichung**. Er ist Mittel zum Zweck der Verwirklichung des **Binnenmarktes**. Ohne Art. 95 wäre das Ziel des Binnenmarktes nicht bis zum 31.12.1992 weit-

---

8 W. *Pühs*, Der Vollzug von Gemeinschaftsrecht, 1997, S. 59.
9 Zur Entstehungsgeschichte von Art. 100a a. F.: *C.-D. Ehlermann*, The internal market following the Single European Act, CMLRev. 24 (1987), S. 361 (381); *J. De Ruyt*, L'Acte Unique Européen, 2. Aufl., Brüssel, 1989, S. 167 f.; *J.W. De Zwaan*, The Single European Act: Conclusion of a unique document, CMLRev. 23 (1986), S. 747.
10 Vgl. krit. *B. Langeheine*, in: Grabitz/Hilf, EU, Art. 100a, Rn. 6; *J. O. Møller*, Binnenmarkt und Umweltschutz, EA 1987, S. 497 (498 ff.); *P. Pescatore*, Die »Einheitliche Europäische Akte«. Eine ernste Gefahr für den Gemeinsamen Markt, EuR 1986, S. 153 (159 f.).
11 Vgl. bereits Abschlußbericht der Reflexionsgruppe v. 5.12.1995, SN 520/1/95 REV 1, Punkt 63 (mit dem Plädoyer für eine Ausweitung der Befugnisse nach Abs. 4 a.F.).
12 Schlußfolgerungen des Europäischen Rates von Florenz v. 21./22.6.1996, CONF/3860/1/96/ REV 1, Punkt VI. 3.
13 Konferenz der Vertreter der Regierungen der Mitgliedstaaten, »Die Europäische Union heute und morgen«. Allgemeiner Rahmen für einen Entwurf zur Revision der Verträge v. 5.12.1996 (fortan: Dubliner-Entwurf), CONF/2500/96, S. D 30 (Kapitel 6, I. 4. Punkt).
14 Dubliner-Entwurf v. 5.12.1996 (Fn. 13), S. D 32 f.
15 Ambivalentes Urteil zum redaktionellen Resultat bei *S. Albin/S. Bär*, Nationale Alleingänge nach dem Vertrag von Amsterdam, NuR 1999, S. 185 (186).

gehend erreicht worden (s. Art. 14, Rn. 24 f.)[16]. Die von ihm **erfaßten Regelungsmaterien** sind weit gestreut (s. Art. 94, Rn. 14). Da es sich bei dem Ziel des europäischen Binnenmarktes um ein rechtliches **Dauermandat** handelt, bei dem nicht nur die terminbezogene »Errichtung«, sondern auch das fortwährende »Funktionieren« (Abs. 1 S. 2) gewährleistet werden soll (s. Art. 14, Rn. 26 ff.), kann die Bezugnahme auf Art. 14 nicht dahingehend verstanden werden, daß Art. 95 nach dem **31.12.1992** außer Kraft getreten ist[17] (vgl. auch den früheren Art. 100b Abs. 2).

III. Anwendungsbereich

5   Abs. 1 S. 1 enthält eine Subsidiaritätsklausel (»soweit in diesem Vertrag nichts anderes bestimmt ist«). Art. 95 ist somit nur eine **Generalrechtsangleichungskompetenz**, die gegenüber spezielleren Vorschriften zurücktritt. Zu den **besonderen Angleichungsnormen** zählen Art. 40, Art. 44, Art. 46 Abs. 2, Art. 47 Abs. 2, Art. 55 i.V.m. Art. 46 Abs. 2, Art. 47 Abs. 2, Art. 57 Abs. 2, Art. 65 i.V.m. Art. 67 und Art. 93 (zu Konkurrenzfragen s. Rn. 46 ff.). Zugleich macht die Fassung des Abs. 1 S. 1 (»abweichend von Art. 94«) deutlich, daß Art. 95 dem Art. 94 vorgeht. Art. 94 verkörpert die lex generalis absoluta, Art. 95 ist lex generalis relativa und die anderen Sondernormen bilden leges speciales[18]. Über Art. 153 Abs. 3 lit. a kommt Art. 95 im Bereich der Verbraucherschutzpolitik zur Anwendung.

6   Abs. 2 enthält **drei** wichtige **Bereichsausnahmen**. Danach gilt Abs. 1 – aus Souveränitätsvorbehalten einzelner Mitgliedstaaten (Sicherung des Einstimmigkeitsprinzips)[19] – *nicht* für Bestimmungen über **Steuern** (**indirekte Steuern:** Art. 93, s. Art. 93, Rn. 1 ff., **direkte Steuern:** Art. 94, s. Art. 93, Rn. 19 ff.; **Umweltabgaben:** Art. 175 Abs. 2[20]), die **Freizügigkeit**[21] (Art. 18 Abs. 2, Art. 39, 40, 44, 46, 47, 49, 52, 55, Art. 67 i.V.m. Art. 62, daneben Art. 94, 308) sowie »die **Rechte und Interessen der Arbeitnehmer**« (Art. 42, Art. 137 Abs. 2 und 3). Besonders[22] umstritten ist die Auslegung der zuletzt genannten Bereichsausnahme. Richtigerweise wird man hierunter arbeits- und sozialrechtliche Regelungen, wie etwa Teilzeitarbeit, Erziehungsurlaub, aber auch Fragen der Mitbestimmung zu subsumieren haben[23]. Dagegen werden Aspekte des Schutzes der Sicher-

---

16   So auch *C.-D. Ehlermann*, Ökonomische Aspekte des Subsidiaritätsprinzips: Harmonisierung versus Wettbewerb der Systeme, Int. 1995, S. 11 (14).
17   Ganz h.M.; vgl. nur *M. A. Dauses*, Die rechtliche Dimension des Binnenmarktes, EuZW 1990, S. 8 (11); *U. Everling*, Die rechtliche Gestaltung des EG-Binnenmarktes, in: Beihefte der Konjunkturpolitik, H. 36, 1990, S. 75 (85); *H.-J. Glaesner*, Bemerkungen zur Interpretation von Art. 100a EWGV, in: Ress (Hrsg.), Rechtsprobleme der Rechtsangleichung, 1988, S. 35 (46); *C. Gulmann*, The Single European Act – Some remarks from a Danish perspective, CMLRev. 24 (1987), S. 31 (36 f.).
18   Vgl. *M. Röttinger*, in: Lenz, EGV, Art. 95, Rn. 3.
19   Diese wurden im Rahmen der Regierungskonferenz 1996/97 von Seiten des Vereinigten Königreichs erneuert; vgl. den im Dubliner-Entwurf v. 5.12.1996 (Fn. 13), S. D 82, enthaltenen, im Amsterdam Vertrag jedoch nicht wiederzufindenden, Vorschlag G bezüglich einer Klarstellung der Bedeutung des Begriffs »Bestimmung« in Abs. 2, wonach die Abstimmung mit qualifizierter Mehrheit nicht für die dort genannten Maßnahmen gelten dürfe.
20   *F. Kirchhof*, in: Rengeling (Hrsg.), EUDUR I, 1998, § 38, Rn. 55 ff. m.w.N.
21   Vgl. auch die der Schlußakte zur EEA beigefügte »Politische Erklärung der Regierungen der Mitgliedstaaten zur Freizügigkeit«, ABl.EG 1986 Nr. L 169/26.
22   Vgl. allg. zu den Auslegungsfragen betreffend die Bereichsausnahmen *A. Bardenhewer/ J. Pipkorn*, in: GTE, EU-/EGV, Art. 100a, Rn. 53 ff.; *S. Crosby*, The Single Market and the rule of law, ELRev. 16 (1991), S. 451 (452 ff.); *D. Vignes*, in: De Cockborne u.a. (Hrsg.), Commentaire Mégret. Le droit de la CEE, Bd. 5, 2. Aufl., Brüssel, 1992, S. 316 f.
23   Vgl. *E. Klein*, in: HK-EUV, Art. 100a, Rn. 5; *B. Langeheine*, in: Grabitz/Hilf, EU, Art. 100a, Rn. 31.

heit und Gesundheit von Arbeitnehmern (»Arbeitsumwelt« i.S.v. Abs. 4 und Art. 136 ff.) nicht erfaßt. Unter dem Strich verbleibt für Art. 95 im Kern vor allem der Bereich des **freien Warenverkehrs** (Art. 28 ff.)[24].

IV. Konkurrierende Kompetenz

Zum Teil wird Art. 95 als ausschließliche Kompetenz (s. Art. 5, Rn. 18 ff.) der EG behandelt[25]. Dies hätte zur Konsequenz, daß das – nur für konkurrierende Kompetenzen (s. Art. 5, Rn. 32) geltende – Subsidiaritätsprinzip des Art. 5 Abs. 2 nicht gelten würde. Diese Ansicht ist jedoch abzulehnen (s. auch Art. 5, Rn. 24; Art. 93, Rn. 25)[26]. Es entspricht dem Wesen der Rechtsangleichung (s. Art. 94, Rn. 1), keine abschließende und vollständige Uniformität anzustreben, sondern lediglich die rechtlich oder tatsächlich gewichtigsten Hindernisse für den Binnenmarkt durch eine Annäherung der nationalen Rechtsordnungen abzubauen (vgl. Art. 3 Abs. 1 lit. h). Der Binnenmarkt ist, wie die Legaldurchbrechungen in Abs. 4 und 5 sowie Art. 15 belegen, nicht nur faktisch, sondern auch rechtlich stets ein imperfekter[27]. Auch der Erlaß von Sekundärrecht kann aus einer konkurrierenden Kompetenz keine ausschließliche machen. Allenfalls kann eine Sperrwirkung der Gemeinschaftsregelung eintreten (s. dazu Art. 10, Rn. 20; Art. 94, Rn. 5). Hierbei geht es jedoch um eine vom Begriff der ausschließlichen Zuständigkeit zu trennende eigenständige Kategorie (s. Art. 5, Rn. 28 ff.)[28].

7

B. Rechtsangleichung nach Abs. 1

I. Materielle Voraussetzungen

1. Angleichung

Hinsichtlich des **Begriffs** sowie der verschiedenen **Methoden** der Angleichung kann auf die Ausführungen zu Art. 94 (s. Art. 94, Rn. 1, 4) verwiesen werden. Der Begriff »Maß-

8

---

24 Vgl. *B. Langeheine*, in: Grabitz/Hilf, EU, Art. 100a, Rn. 19, 47.
25 Vgl. GA N. *Fennelly*, Schlußantr. zu EuGH, Rs. C-376/98, 5.10.2000, EuZW 2000, S. 694, Ziff. 131 ff., 142, 145 (Deutschland/Parlament und Rat); Kommission, Mitteilung an den Rat und das Europäische Parlament, Dok. SEK (92) 1990 endg. v. 27.10.1992, Anh. Ziff. II 2; aus der Lit. vor allem *I.E. Schwartz*, Subsidiarität und EG-Kompetenzen, AfP 1993, S. 409 (413 ff.); *ders.*, EG-Kompetenzen für den Binnenmarkt: Exklusiv oder konkurrierend/subsidiär?, FS-Everling, Bd. II, 1995, S. 1331 (1340); ebenso *Ehlermann* (Fn. 16), S. 18 f.; *P.-C. Müller-Graff*, Binnenmarktauftrag und Subsidiaritätsprinzip?, ZHR 195 (1995), S. 34 (66 ff.); *P. Pescatore*, Mit der Subsidiarität leben, FS-Everling, Bd. II, 1995, S. 1071 (1084); *Taschner*, in: GTE, EU-/EGV, Art. 100, Rn. 17.
26 Vgl. *J. F. Baur*, Wirtschaftliche Integration durch Recht, durch Gemeinschaftsrecht, FS-Friauf, 1996, S. 3 (10 f.); *R. v. Borries*, Kompetenzverteilung und Kompetenzausübung, in: Rengeling (Hrsg.), EUDUR I, 1998, § 25, Rn. 52, 65; *C. Calliess*, Nach dem »Tabakwerbung-Urteil« des EuGH: Binnenmarkt und gemeinschaftsrechtliche Kompetenzverfassung im neuen Licht, JURA 2001, S. 311 (316 f.); *V. Götz*, Urteilsanmerkung, JZ 2001, S. 34 (36); *H.D. Jarass*, Die Kompetenzverteilung zwischen der Europäischen Gemeinschaft und den Mitgliedstaaten, AöR 121 (1996), S. 173 (191); *P.M. Schmidhuber/G. Hitzler*, Binnenmarkt und Subsidiarität, EuZW 1993, S. 8 (9); *T. Stein*, Subsidiarität als Rechtsprinzip, in: Merten (Hrsg.), Die Subsidiarität Europas, 1993, S. 23 (33 f.).
27 Vgl. zutreffend *M. Rohe*, Binnenmarkt oder Interessenverband, RabelsZ 61 (1997), S. 1 (30 ff. und passim) im Anschluß an *E. Steindorff*, Unvollkommener Binnenmarkt, ZHR 158 (1994), S. 149.
28 Überzeugend *Jarass* (Fn. 26), S. 186 f. m.w.N. auch auf die Gegenansicht.

nahmen zur Angleichung« ist weit auszulegen. Der Gemeinschaftsgesetzgeber ist nicht auf den Erlaß von Richtlinien (Rahmenrichtlinien, aber auch detaillierte Richtlinien) beschränkt, sondern kann auch Verordnungen, Entscheidungen, Empfehlungen und sonstige Handlungsformen wählen[29]. Auf Art. 95 gestützte Richtliniennormen können eine unmittelbare Wirkung in den nationalen Rechtsordnungen entfalten, wenn die allgemeinen Voraussetzungen hierfür erfüllt sind[30]. Umfaßt vom Begriff der »Maßnahmen zur Angleichung« ist auch die Befugnis, Maßnahmen hinsichtlich eines bestimmten Produkts oder einer bestimmten Produktkategorie und ggf. auch Einzelmaßnahmen hinsichtlich dieser Produkte vorzuschreiben[31].

2. Rechts- und Verwaltungsvorschriften der Mitgliedstaaten

9   Gegenstand der Angleichung sind (auch nicht existente; s. Art. 94, Rn. 7) »Rechts- und Verwaltungsvorschriften« (zu den Begriffen s. Art. 94, Rn. 6).

3. Errichtung und Funktionieren des Binnenmarktes

10 Nach dem Wortlaut des Abs. 1 S. 2 müssen die Rechts- und Verwaltungsvorschriften »die Errichtung und das Funktionieren des Binnenmarktes zum Gegenstand haben«. Dies ist irreführend. In Wirklichkeit kann es nur darum gehen, daß die Rechtsangleichungsmaßnahmen der Gemeinschaft die Errichtung oder das Funktionieren des Binnenmarktes zum Gegenstand haben. Dabei wird man, in Anbetracht der im Vergleich mit Art. 94 extensiveren Fassung, eine **substantielle** und **konkrete Auswirkung**, sei es **unmittelbarer** oder **mittelbarer Art**,[32] genügen lassen können. Wie Art. 94 so kann auch Art. 95 zur **präventiven** Angleichung eingesetzt werden, »um der Entstehung neuer Hindernisse für den Handel infolge einer heterogenen Entwicklung der nationalen Rechtsvorschriften vorzubeugen. Das Entstehen solcher Hindernisse muß jedoch wahrscheinlich sein und die fragliche Maßnahme ihre Vermeidung bezwecken«[33]. Falls es das Funktionieren des Binnenmarktes erfordert, rechtfertigt Art. 95 auch den Erlaß von Maßnahmen, die die Beziehungen zwischen den Mitgliedstaaten und Drittstaaten regeln[34].

10 a Maßnahmen auf der Basis von Abs. 1 sind durch ihre **transversale Dimension** gekennzeichnet[35]. Dies bedeutet: Da die Kompetenzzuweisung **final** bzw. **funktional** ausgerichtet ist, können auch Maßnahmen in **flankierenden** Bereichen (z.B. Kultur, Gesundheitsschutz, Verwaltungsorganisation und -verfahren[36]) erfaßt werden, wenn sie nach Inhalt und Ziel tatsächlich (nicht nur in den Erwägungsgründen vorgegeben) darauf gerichtet sind, die Errichtung und das Funktionieren des Binnenmarktes zu **verbessern**[37]. Die bloße Feststellung von Unterschieden zwischen den nationalen Vorschriften und die

---

29 GA *A. Saggio*, Schlußantr. zu EuGH, Rs. C-319/97, Slg. 1999, I-3143, Ziff. 14 (Kortas).
30 EuGH, Rs. C-319/97, Slg. 1999, I-3143, Rn. 20 ff. (23) (Kortas).
31 EuGH, Rs. C-359/92, Slg. 1994, I-3681, Rn. 21 ff. (37) (Deutschland/Rat).
32 GA *F. G. Jacobs*, Schlußantr. zu EuGH, Rs. C-350/92, Slg. 1995, I-1985, Ziff. 45 (Spanien/Rat).
33 EuGH, Rs. C-376/98, 5.10.2000, NJW 2000, 3701, Rn. 85 (Deutschland/Parlament und Rat).
34 EuGH, Rs. C-355/96, Slg. 1998, I-4799, Rn. 21 ff. (28) (Silhouette International Schmied).
35 GA *Saggio*, Schlußantr. zu EuGH, Rs. C-319/97, Slg. 1999, I-3143, Rn. 22 (Kortas).
36 Vgl. *W. Kahl*, Hat die EG die Kompetenz zur Regelung des Allgemeinen Verwaltungsrechts?, NVwZ 1996, S. 865 (867).
37 Ausführlich hierzu *H.-G. Kamann*, Viel Rauch um nichts? – Gesundheitsschutz im Rahmen der Binnenmarktharmonisierung gemäß Artikel 95 EGV nach dem »Tabakwerbeurteil« des EuGH, ZEuS 2001, S. 23.

abstrakte Gefahr von Beeinträchtigungen der Grundfreiheiten oder die Möglichkeit von Wettbewerbsverzerrungen genügen hierfür nicht[38].

Ausgenommen sind binnenmarktneutrale, binnenmarktbehindernde und ganz binnenmarktperiphere Regelungen[39]. Unter die zweite Kategorie fällt etwa die **RL 98/43/EG** vom 6.7.1998 zur Angleichung der Rechts- und Verwaltungsvorschriften der Mitgliedstaaten über Werbung und Sponsoring zu Gunsten von Tabakerzeugnissen[40]. Hauptgegenstand dieser, auf Art. 100a (jetzt Art. 95), Art. 57 Abs. 2 (jetzt Art. 47 Abs. 2) und Art. 66 (jetzt Art. 55) gestützten Richtlinie ist ein umfassendes, gemeinschaftsweites Verbot aller Arten von Werbung für Tabakprodukte. Diese Richtlinie hat nicht »tatsächlich den Zweck (...), die Voraussetzungen für die Errichtung und das Funktionieren des Binnenmarktes zu verbessern«[41] (positiver Binnenmarkteffekt), ein Ziel, das sich für den EuGH aus einer Zusammenschau von Art. 3 Abs. 1 lit. c, Art. 14 und Art. 2 ergibt, sondern will – aus gesundheitspolitischen Motiven – einen freien Handel gerade verhindern (negativer Binnenmarkteffekt). Art. 129 Abs. 4 (jetzt Art. 152 Abs. 4 UAbs. 1 lit. c) beschränkt die EG aber bei der Verbesserung der menschlichen Gesundheit allgemein auf Fördermaßnahmen und Empfehlungen und schließt Harmonisierungen aus. In einem solchen Fall kann nicht Art. 95 als Rechtsgrundlage herangezogen werden, um diesen ausdrücklichen Ausschluß zu umgehen. Dies wäre rechtsmißbräuchlich[42]. Zu Recht wurde daher die Abstützung auf Art. 95 für vertragswidrig erklärt[43].

10 b

4. Spürbarkeit der Wettbewerbsverzerrung

Die Wettbewerbsverzerrungen, auf deren Beseitigung der Rechtsakt zielt, müssen spürbar (nicht geringfügig) sein. Andernfalls wären der Zuständigkeit des Gemeinschaftsgesetzgebers »praktisch keine Grenzen gezogen«, was mit dem Grundsatz der begrenzten Einzelermächtigung (Art. 5 Abs. 1) nicht zu vereinbaren wäre[44].

10 c

---

38 EuGH, Rs. C-376/98, 5.10.2000, NJW 2000, 3701, Rn. 84 (Deutschland/Parlament und Rat).
39 Weitergehend *Jarass* (Fn. 26), S. 178, der nur die beiden ersten Fallgruppen ausschließen will.
40 ABl.EG 1998 Nr. L 213/9.
41 EuGH, Rs. C-376/98, 5.10.2000, NJW 2000, 3701, Rn. 83 ff. (85) (Deutschland/Parlament und Rat).
42 EuGH, Rs. C-376/98, 5.10.2000, NJW 2000, 3701, Rn. 79 (Deutschland/Parlament und Rat).
43 *Calliess* (Fn. 26), S. 314 f.; *Herrnfeld*, in: Schwarze, EU-Kommentar, Art. 95, Rn. 8, 11; H.-G. *Kamann*/W. *Schroeder*, EG-Kompetenzen am Scheideweg, Europa Blätter 1999, S. 83 (89 ff.); I. E. *Schwartz*, EG-Kompetenz für das Verbot der Tabakwerbung, AfP 1998, S. 553 (557); B. *Wägenbaur*, Das gemeinschaftsweite Verbot der Tabakwerbung, EuZW 1999, S. 144 (147 f.); a.A. (für Anwendbarkeit von Art. 95) G. *Nolte*, Die Kompetenzgrundlage der Europäischen Gemeinschaft zum Erlaß eines weitreichenden Tabakwerbeverbots, NJW 2000, S. 1144 (1146 f.); R. *Wägenbaur*, Werberecht und Werbeverbote, EuZW 1995, S. 431 (434). Vgl. auch B. *Wägenbaur*, Binnenmarkt und Gesundheitsschutz – eine schwierige Kohabitation, EuZW 2000, S. 549; M. *Hilf*/K. *Frahm*, Nichtigerklärung der Richtlinie zum Tabakwerbeverbot: Das letzte Wort?, RIW 2001, S. 128 sowie zuletzt RL 2001/37/EG zur Angleichung der Rechts- und Verwaltungsvorschriften der Mitgliedstaaten über die Herstellung, die Aufmachung und den Verkauf von Tabakerzeugnissen, ABl.EG 2001 Nr. L 134/26 (gestützt auf »den EGV, insbesondere auf die Art. 95 und 133 EGV«); dazu W. *Schroeder*, Vom Brüsseler Kampf gegen den Tabakrauch – 2. Teil, EuZW 2001, S. 489.
44 EuGH, Rs. C-376/98, 5.10.2000, NJW 2000, 3701, Rn. 106 f. (Deutschland/Parlament und Rat); A. *Epiney*, Neuere Rechtsprechung des EuGH in den Bereichen institutionelles Recht, allgemeines Verwaltungsrecht, Grundfreiheiten, Umwelt- und Gleichstellungsrecht, NVwZ 2001, S. 524 (525).

5. Verhältnismäßigkeit, Subsidiarität

11 Anders als bei Art. 94 (s. Art. 94, Rn. 10) wird bei Art. 95 im Schrifttum zum Teil keine Erforderlichkeit verlangt, sondern die »binnenmarktbezogene Nützlichkeit der Maßnahme«[45] für ausreichend erachtet. Dies widerspricht jedoch dem Art. 5 und Abs. 3. Rechtsangleichungsmaßnahmen nach Art. 95 müssen ebenfalls **verhältnismäßig**, d.h. **geeignet, erforderlich** und **angemessen,** sein[46]. Sie müssen überdies, da es sich um eine konkurrierende Kompetenz handelt (s. Rn. 7), dem **Subsidiaritätsprinzip** (Art. 5 Abs. 2) entsprechen.

6. Handlungsformen

12 An Handlungsformen steht das ganze Tableau des **Art. 249** zur Verfügung. Was die Auswahl der Handlungsform anbelangt, so kommt den am Rechtsetzungsverfahren beteiligten Organen grundsätzlich ein weiter Ermessensspielraum zu[47].

II. Formelle Voraussetzungen

13 Das Vorschlagsrecht für Maßnahmen der Rechtsangleichung obliegt der **Kommission** (s. Art. 94, Rn. 12). Diese hat dabei von einem hohen Umweltschutzniveau auszugehen (Abs. 3, s. Rn. 14 ff.). Für die Beteiligung des **Europäischen Parlaments** gilt das Verfahren der Mitentscheidung nach Art. 251. Der **Wirtschafts- und Sozialausschuß** ist anzuhören, der Ausschuß der Regionen nicht. Der **Rat** entscheidet im Rahmen von Art. 95 grundsätzlich mit qualifizierter Mehrheit (vgl. Art. 205 Abs. 2). Eine Berufung auf den sog. **Luxemburger Kompromiß** ist ausgeschlossen, da es zahlreiche abschließende Regelungen gibt (Art. 15, Art. 95 Abs. 4, 5 und 10, Art. 137 Abs. 5, Art. 152 Abs. 4 lit. a, Art. 153 Abs. 5, Art. 174 Abs. 2 UAbs. 2, Art. 176), um wichtigen nationalen Interessen Genüge zu tun[48]. Soweit der Kommission Durchführungsbefugnisse übertragen werden, ist grundsätzlich die Zusammenarbeit mit einem sog. »**Beratenden Ausschuß**« vorgesehen[49].

C. Schutzniveauklausel (Abs. 3) und Revisionsklauseln (Abs. 7 und 8)

I. Schutzniveauklausel (Abs. 3)

14 Nach Abs. 3 S. 1 geht die Kommission bei ihren Vorschlägen nach Abs. 1 in den Bereichen **Gesundheit, Sicherheit, Umweltschutz** und **Verbraucherschutz** von einem **hohen Schutzniveau** aus. Nach dem durch den Vertrag von Amsterdam neu eingefügten Satz 2 streben das Europäische Parlament und der Rat im Rahmen ihrer jeweiligen Befugnisse dieses Ziel ebenfalls an. Hinter der Schutzniveauklausel des Abs. 3 steht die Sorge ein-

---

45 E. *Klein*, HK-EU, Art. 100a, Rn. 7.
46 *Herrnfeld*, in: Schwarze, EU-Kommentar, Art. 95, Rn. 25 f., 29.
47 Vgl. aber Erklärung der EEA-Regierungskonferenz zu Art. 100a, ABl.EG 1987 Nr. L 169/24, wonach die Kommission der Richtlinie im Zweifel den Vorzug gibt. In diesem Sinne jetzt auch allg. Punkt 6 Satz 3 des Subsidiaritätsprotokolls (Protokoll Nr. 21 zum Amsterdamer Vertrag 1997).
48 Wie hier *U. Everling*, Probleme der Rechtsangleichung zur Verwirklichung des europäischen Binnenmarktes, FS-Steindorff, 1990, S. 1155 (1165); *B. Langeheine*, in: Grabitz/Hilf, EU, Art. 100a, Rn. 38; *De Ruyt* (Fn. 9), S. 175.
49 ABl.EG 1987 Nr. L 169/24.

zelner Mitgliedstaaten[50], es werde aufgrund der Mehrheitsabstimmung im Rat zu einer Absenkung ihrer progressiveren nationalen Schutzstandards auf den »mittleren gemeinsamen Nenner« kommen[51]. Abs. 3 war zunächst »einzigartig« im Vertrag. Mit dem EU-Vertrag vom 1.11.1993 wurden auch in den Bereichen der Gesundheits- (Art. 152 Abs. 1 ex 129 Abs. 1), Verbraucher- (Art. 153 Abs. 1 ex 129a Abs. 1) und Umweltschutzpolitik (Art. 174 Abs. 2 UAbs. 1 S. 1 ex 130r Abs. 2 UAbs. 1 S. 1) entsprechende Bestimmungen aufgenommen. Abs. 3 konkretisiert als Spezialausprägung zum einen den **Art. 2** (»hohes Maß an Umweltschutz und an Verbesserung der Qualität der Umwelt«)[52] und zum anderen die Querschnittsklauseln der **Art. 6**, **Art. 152 Abs. 1 UAbs. 1** und **Art. 153 Abs. 2**.

Bei der Schutzniveauklausel handelt es sich um eine **Rechtspflicht**[53]. Abs. 3 S. 2 stellt klar, was nach umstrittener, aber richtiger Auffassung bereits zuvor galt[54], daß nämlich nicht nur die Kommission, sondern auch das Europäische Parlament und der Rat an die Schutzniveauklausel gebunden sind; eine Rechtspflicht, die sich bereits aus Art. 2 ergibt. Der Wortlaut »streben an« kann dabei nicht dahingehend interpretiert werden, daß sich der Rat und das Parlament damit begnügen können, sich (ggf. auch vergeblich) um ein hohes Schutzniveau zu bemühen (prozedurales Verständnis). Hiermit soll vielmehr (genauso wie mit der Formulierung »zielt...ab« in Art. 174 Abs. 2 UAbs. 1 S. 1) lediglich zum Ausdruck gebracht werden, daß es sich bei dem Umweltschutz nur um *ein* Ziel des Vertrages handelt, das mit sonstigen, insbesondere ökonomischen und sozialen Zielen im Sinne praktischer Konkordanz zur größtmöglichen Wirkung gebracht werden muß. Diese Mehrdimensionalität der Ziele ist auch von der Kommission zu beachten (vgl. Art. 15, Art. 174 Abs. 2 UAbs. 1 S. 1, Abs. 3 3. und 4. Spstr.). Soweit es die sonstigen Vertragsziele zulassen, ist Abs. 3 S. 2 aber ergebnisbezogen zu verstehen (resultatives Verständnis). Der letztendlich *verabschiedete* Rechtsakt hat *tatsächlich* ein hohes Schutzniveau zu beinhalten.

15

»Hohes Schutzniveau« ist – ebenso wie bei Art. 176 – nicht gleichbedeutend mit dem »höchsten« (faktischen oder potentiellen) Schutzniveau innerhalb der EU. Dies ergibt sich nach Ansicht des EuGH bereits aus der Existenz von Schutzklauseln und Schutzverstärkungsklauseln[55], welche verdeutlichen, daß es sich auf der EG-Ebene nur um eine Mindestharmonisierung handelt. »Hohes« Schutzniveau darf aber auch nicht als das arithmetische Mittel (»kleinster gemeinsamer Nenner«) aufgefaßt werden, sondern muß unter Berücksichtigung der wirtschaftlichen Vertretbarkeit für ökonomisch schwächere Staaten (s. Art. 15) über dem gemeinschaftlichen Durchschnitt liegen[56]. Insbesondere

16

---

50 Insbesondere Deutschlands und Dänemarks. Zum – gescheiterten – Vorschlag Deutschlands, ein »selektives« bzw. »qualifiziertes« Veto einzuführen, vgl. *De Ruyt* (Fn. 9), S. 170; *D. Simon*, in: Constantinesco/Jacqué/Kovar/ders., TCE, Art. 100a, Rn. 10.
51 Vgl. *J.-P. Jacqué*, L'Acte unique européen, R.T.D.E. 1986, S. 575 (598); *W. Kahl*, Umweltprinzip und Gemeinschaftsrecht, 1993, S. 37 f.; *B. Langeheine*, Rechtsangleichung unter Art. 100a EWGV, EuR 1988, S. 235 (242); *D. Waelbroeck*, L'harmonisation des règles et normes techniques dans la CEE, C.D.E. 1988, S. 243 (269).
52 Ebenso *M. Schröder*, NuR 1998, S. 1 (3).
53 Vgl. *Kahl* (Fn. 51), S. 95 m.w.N.
54 Vgl. *I. Pernice*, Auswirkungen des europäischen Binnenmarktes auf das Umweltrecht, NVwZ 1990, S. 201 (206); *D. H. Scheuing*, Umweltschutz auf der Grundlage der Einheitlichen Europäischen Akte, EuR 1989, S. 152 (179); a.A. *R. Breuer*, Die internationale Orientierung von Umwelt- und Technikstandards im deutschen und europäischen Recht, Jb.UTR 9 (1989), S. 43 (91); *T. Schröer*, Mehr Demokratie statt umweltpolitischer Subsidiarität, EuR 1991, S. 356 (363).
55 EuGH, Rs. C-233/94, Slg. 1997, I-2405, Rn. 48 (Deutschland/Parlament und Rat); Rs. C-284/95, Slg. 1998, I-4301, Rn. 49 (Safety Hi-Tech); Rs. C-341/95, Slg. 1998, I-4355, Rn. 47 (Bettati).
56 Ähnlich – bezogen auf Art. 152 Abs. 1 UAbs. 1 – *B. Schmidt am Busch*, in: Grabitz/Hilf, EU, Art. 152, Rn. 45.

sind dabei – seit dem Vertrag von Amsterdam – »**alle auf wissenschaftliche Ergebnisse gestützten neuen Entwicklungen**« zu berücksichtigen. Mit dieser Vorgabe wird – als Ausfluß des **Vorsorgeprinzips** (Art. 174 Abs. 2 UAbs. 1 S. 2) – ein progressiv-dynamisches Element in die Schutzniveauklausel inkorporiert, das die Anbindung des gemeinschaftlich zugrunde gelegten Schutzniveaus an den aktuellen Stand der Wissenschaft und damit Innovationsoffenheit und Flexibilität sicherstellen soll (vgl. auch Art. 174 Abs. 3 1. Spstr.). Die Regulierungsanforderungen werden damit tendenziell weiter erhöht. Es müssen hinsichtlich der Erkenntnis der vorsorgebedürftigen Risiken und der ihnen eigenen Bedingungs- und Wirkungszusammenhänge alle neuen wissenschaftlichen Informationen zugrunde gelegt werden, die innerhalb der EU verfügbar sind und die, über das wissenschaftliche Diskussionsstadium hinaus, bereits zu einigermaßen gesicherten wissenschaftlichen Erkenntnissen (»Ergebnisse«!) geführt haben[57]. Generell verfügen die EG-Organe dabei über einen gerichtlich nur beschränkt überprüfbaren Beurteilungsspielraum. Der EuGH kann die Beurteilung des Gemeinschaftsgesetzgebers nicht durch eine eigene ersetzen, sondern nur prüfen, ob die Entscheidung offensichtlich fehlerhaft oder ob sie unangemessen ist[58]. Der Rechtsetzer hat den Vorschlag bzw. den Rechtsakt unter dem Gesichtspunkt des Abs. 3 zu begründen (Art. 253), um eine gerichtliche Kontrolle zu ermöglichen[59].

17   Der Begriff des »**Umweltschutzes**« entspricht dem der Art. 174 ff. (s. Art. 174, Rn. 8). Der Begriff der »**Gesundheit**« ist mit dem gleichlautenden Begriff des Art. 30 S. 1 identisch (s. Art. 30, Rn. 36). Für den **Verbraucherschutz** kann auf Art. 153 verwiesen werden (s. Art. 153, Rn. 1 ff.). Der Begriff »**Sicherheit**« (engl.: »safety«, nicht »security«) meint nicht die öffentliche Sicherheit i.S.d. Art. 30, 46, sondern bezieht sich auf die technische Sicherheit von Produkten, Produktionseinrichtungen und Dienstleistungen[60].

18   Weitere qualitative Vorgaben für die Harmonisierungsaktivitäten der Gemeinschaft auf der Grundlage von Art. 95 enthält das, auf Vorschläge Großbritanniens und Deutschlands zurückgehende[61], **Tierschutz-Protokoll** des Amsterdamer Vertrags, wonach »den Erfordernissen des Wohlergehens der Tiere in vollem Umfang Rechnung« zu tragen und »die Rechts- und Verwaltungsvorschriften und Gepflogenheiten der Mitgliedstaaten insbesondere in bezug auf religiöse Riten, kulturelle Traditionen und das regionale Erbe« zu berücksichtigen sind. Schließlich ist die von der Regierungskonferenz von Amsterdam angenommene »**Erklärung zu Personen mit einer Behinderung**« anzuführen. Danach haben, als Ausfluß des neuen Art. 13, die Organe der Gemeinschaft bei der Ausarbeitung von Maßnahmen nach Art. 95 den Bedürfnissen von Personen mit einer Behinderung Rechnung zu tragen.

II. Revisionsklauseln (Abs. 7 und 8)

19   Die Abs. 7 und 8 verbinden die Billigung einer nationalen Schutzergänzung durch die Kommission bzw. die Mitteilung eines gesundheitspolitischen Problems durch einen Mitgliedstaat mit der Pflicht der Kommission zu prüfen, ob eine Anpassung der gemein-

---

57   Vgl. *Schröder* (Fn. 52), S. 3: »Anpassungs- und Aktualisierungspflicht auf der Grundlage des jeweiligen Standes von Wissenschaft und Technik«.
58   Vgl. allg. EuGH, Rs. C-84/94, Slg. 1996, I-5755, Rn. 57 f. (Vereinigtes Königreich/Rat); Rs. C-233/94, Slg. 1997, I-2405, Rn. 55 f. (Deutschland/Parlament und Rat); *B. Langeheine*, in: Grabitz/Hilf, EU, Art. 100a, Rn. 55; *Kahl* (Fn. 51), S. 111 ff. m.w.N.
59   Ebenso *A. Bardenhewer/J. Pipkorn*, in: GTE, EU-/EGV, Art. 100a, Rn. 75; *P.-C. Müller-Graff*, Die Rechtsangleichung zur Verwirklichung des Binnenmarktes, EuR 1989, S. 107 (136).
60   Vgl. *Pescatore* (Fn. 10), S. 160.
61   Vgl. Dubliner-Entwurf v. 5.12.1996 (Fn. 13), S. D 82 (Vorschlag E.).

schaftlichen Maßnahme in diesem Bereich vorzuschlagen ist. Die Tatsache, daß ein Mitgliedstaat zu einem »nationalen Alleingang« ansetzt, wird somit kraft vertraglicher Anordnung zum zwingenden Anlaß für eine Revision der Tauglichkeit geltender EG-Schutzniveaus und für eine legislative Vorbereitung der Nachbesserung suboptimaler gemeinschaftsrechtlicher Normen genommen. Es läßt sich deshalb von **Revisionsklauseln** sprechen, welche Spezialausprägungen des Abs. 3 verkörpern[62]. Nach Abs. 3 ist die Kommission zwar ohnehin verpflichtet, in regelmäßigen Abständen zu überprüfen, ob die geltenden EG-Rechtsakte noch dem gegenwärtigen wissenschaftlichen Stand entsprechen, und verneinendenfalls neue Vorschläge vorzulegen. Da sie jedoch in der Praxis überfordert wäre, alle Bereiche des Umwelt- und Gesundheitsrechts gleichzeitig und flächendeckend im Auge zu behalten, kommt den Abs. 7 und 8 eine Anstoß- und Indizfunktion zu. Sie weisen auf Bereiche hin, in denen eine nationale Nachbesserung nach der Einschätzung einzelner Mitgliedstaaten notwendig ist und folglich aus umwelt- wie aus binnenmarktpolitischen Gründen für die Gemeinschaft insgesamt angezeigt sein könnte. Gleichzeitig sind die Abs. 7 und 8 Ausdruck des **funktional-arbeitsteiligen** Ansatzes in der europäischen Umweltpolitik. Dahinter verbirgt sich die Abkehr von einem defensiv-negativen Verständnis nationaler Abweichungsoptionen und die Hinwendung zu einer Strategie der Indienstnahme individueller Experimente und Innovationen im Interesse einer Rechtsetzung als **permanentem kooperativem Lern-, Korrektur- und Optimierungsprozeß**. Gemeinschaftsregelungen zum Schutz wichtiger Rechtsgüter sind folglich stets »Regelungen auf Zeit«. Das nationale und das europäische Recht sind für einen wichtigen Bereich nicht länger zwei getrennte, sondern zwei miteinander verbundene »kommunizierende« Ebenen, die sich wechselseitig influenzieren und steuern sollen[63].

D. Schutzergänzungsklauseln (Abs. 4–6, 9)

I. Allgemeines

Der bisherige, durch eine »unklare Redaktionstechnik«[64] gekennzeichnete, Abs. 4 wurde mit dem Vertrag von Amsterdam durch die neu gefaßten, detaillierteren und zahlreiche Streitfragen ausräumenden Abs. 4 bis 9 ersetzt. Die **Abs. 4 und 5** treten an die Stelle von Abs. 4 UAbs. 1 a.F. und enthalten sog. **Schutzergänzungs-** bzw. **Schutzverstärkungsklauseln**[65] (»opting out-clauses«). Sie sind – ebenso wie Abs. 3 (s. Rn. 14 ff.) – Ausdruck der Sorge einiger Mitgliedstaaten, die Angleichung auf der Basis des Mehrheitsprinzips könne in praxi zu einer »Harmonisierung mit dem Rasenmäher«[66] führen[67]. Systematisch handelt es sich um Korrelatnormen zu Art. 15 und Einzelausprägungen des verfassungsrechtlichen Umweltprinzips. Zugleich geht es um Durchbrechungen der sonstigen, von einer abschließenden Harmonisierung ausgehenden Sperrwirkung

20

---

62 Dem folgend A. *Meier*, Risikosteuerung im Lebensmittel- und Gentechnikrecht, 2000, S. 63; J. *Scherer/S. Heselhaus*, Hb.EU-WirtR, O Rn. 118. Allg. zur Bedeutung einer angemessenen Revisionsoffenheit des Rechts W. *Hoffmann-Riem*, Verwaltungsrechtsreform – Ansätze am Beispiel des Umweltschutzes, in: ders./Schmidt-Aßmann/Schuppert (Hrsg.), Reform des Allgemeinen Verwaltungsrechts, 1993, S. 115 (171 ff.).
63 *Albin/Bär* (Fn. 15), S. 191 f., sprechen von einer »Schutzverstärkungsspirale«.
64 GA *Saggio*, Schlußantr. zu EuGH, Rs. C-127/97, Slg. 1998, I-6005, Ziff. 21 (Burstein).
65 Begriffsprägend *Scheuing* (Fn. 54), S. 167 ff. Zur stark divergierenden Begrifflichkeit vgl. *Kahl* (Fn. 51), S. 41 (42 m. Anm. 249); unpräzise GA *Tesauro*, Schlußantr. zu EuGH, Rs. C-41/93, Slg. 1994, I-1829, Ziff. 7 (Frankreich/Kommission) (»Schutzklausel«).
66 K. *Hailbronner*, Der nationale Alleingang im EG-Binnenmarkt, 1989, S. 24.
67 Vgl. GA *Saggio*, Schlußantr. zu EuGH, Rs. C-127/97, Slg. 1998, I-6005, Ziff. 19 (Burstein); *ders.*, Schlußantr. zu EuGH, Rs. C-319/97, Slg. 1999, I-3143, Rn. 17 (Kortas); *De Ruyt* (Fn. 9), S. 170.

(s. Art. 28, Rn. 24; Art. 94, Rn. 5)[68]. An die Stelle des bisher in Abs. 4 UAbs. 2 geregelten **Bestätigungsverfahrens** tritt die Regelung des **Abs. 6**. Die **Revisionsklauseln** der **Abs. 7 und 8** (s. Rn. 19) stellen gegenüber Art. 100a a.F. ein Novum dar. **Abs. 9** (bisher Abs. 4 UAbs. 3) betrifft die **gerichtliche Kontrolle**.

21 Neben diesen Derogationsmöglichkeiten *einzelner* Mitgliedstaaten auf der Basis von Schutzklauseln und Schutzergänzungsklauseln besteht seit dem Vertrag von Amsterdam die Möglichkeit zur **verstärkten Zusammenarbeit** mehrerer Mitgliedstaaten auf der Grundlage der sog. **Flexibilisierungsklausel** des **Art. 11** (s. Art. 11, Rn. 1 ff.). Dabei sind jedoch eine Reihe formeller wie materieller Voraussetzungen zu beachten, insbesondere das Verbot, Gemeinschaftspolitiken, -aktionen und -programme zu beeinträchtigen, das Diskriminierungsverbot sowie das Verbot von Handelsbeeinträchtigungen und Wettbewerbsverzerrungen (Art. 11 Abs. 1 lit. b und e).

22 Im Hintergrund der Abs. 4 und 5 steht der **Grundsatz der abgestuften Integration** (s. Art. 15, Rn. 1) bzw. eines »**Europas der drei Geschwindigkeiten**«[69]. Dieses Konzept wurde anfänglich in der Literatur ob seiner desintegrativen Effekte gescholten[70], was im Kern unberechtigt war[71]. Die Abs. 4 und 5 fügen sich vielmehr in den erreichten Besitzstand, insbesondere in die Art. 28 ff. und 94[72], ein. Die vorliegenden praktischen Erfahrungen sind nicht dazu angetan, die geäußerten Befürchtungen zu bestätigen[73], sondern unterstreichen – im Gegenteil – die Funktionsfähigkeit eines ökologisch und sozial qualifizierten Binnenmarktes (s. Art. 14, Rn. 23), welcher sich anschickt, zum globalen Muster für internationale Handelsregime wie die NAFTA oder die WTO zu werden[74]. Von den Diversifizierungsbefugnissen der Abs. 4 und 5 kann in Anbetracht allgemein steigender Flexibilitäts-, Revisions- und Innovationsbedarfe im Recht[75] eine positiv zu bewertende **Impuls-, Disziplinierungs-, Akzeptanz-, Transparenz-** und **Föderalisierungsfunktion** ausgehen[76].

22 a Nach der traditionellen, noch immer herrschenden Auffassung sind Art. 100a Abs. 4 und 5 als **Ausnahmeregelungen** (vergleichbar dem Art. 30)[77] **eng auszulegen** und ist ihre Anwendbarkeit in formeller wie in materieller Hinsicht **strengen Bedingungen** zu un-

---

68 Vgl. statt vieler *Reiner Schmidt*, Einführung in das Umweltrecht, 5. Aufl. (1999), § 8, Rn. 32 m.w.N.
69 Vgl. *M. Dougan*, Minimum harmonization and the internal market, CMLRev. 37 (2000), S. 853 (859 ff., 884 f.); *A. Epiney/A. Furrer*, Umweltschutz nach Maastricht, EuR 1992, S. 369 (405, 407).
70 Vgl. insbesondere *Pescatore* (Fn. 10), S. 153 ff.; *ders.*, Some critical remarks on the »Single European Act«, CMLRev. 24 (1987), S. 9 (12, 15, 17 f.); ähnlich *B. Börner*, Die Einheitliche Europäische Akte, FS-Universität zu Köln, 1988, S. 639 (642); *H.P. Ipsen*, Vier Glossen zur Einheitlichen Europäischen Akte, in: FS-Partsch, 1989, S. 327 (341); *H.R. Krämer*, Rechtliche Aspekte und Probleme der Vollendung des EG-Binnenmarktes, 1987, S. 67 ff.; *D. Simon*, in: Constantinesco/Jacqué/Kovar/ders., TCE, Art. 100a, Rn. 12. Zusammenfassung des Meinungsspektrums bei *Kahl* (Fn. 51), S. 264 ff. m.w.N.
71 Vgl. *Vignes* (Fn. 22), S. 324, 328.
72 Dies ergibt sich insbes. aus Art. 14 Abs. 1 (»unbeschadet der sonstigen Bestimmungen dieses Vertrags«).
73 Wie hier *P. J. Slot*, Harmonisation, ELRev. 21 (1996), S. 378 (390).
74 Vgl. dazu *R. Schmidt/W. Kahl*, Umweltschutz und Handel, in: Rengeling (Hrsg.), EUDUR II, 1998, § 90.
75 Siehe die Beiträge in: *W. Hoffmann-Riem/E. Schmidt-Aßmann* (Hrsg.), Innovation und Flexibilität des Verwaltungshandelns, 1994.
76 Vgl. *Kahl* (Fn. 51), S. 268 ff.; zum Ganzen auch *C. Calliess*, Subsidiaritäts- und Solidaritätsprinzip in der Europäischen Union, 2. Aufl. (1999), S. 213 ff. und passim (»progressive Subsidiarität«); *F. W. Scharpf*, Mehrebenenpolitik im vollendeten Binnenmarkt, StwStp 4 (1994), S. 475.
77 EuGH, Rs. 46/76, Slg. 1977, 5 (Bauhuis), st. Rspr.

terwerfen, da hiermit grundlegende Prinzipien der Integration (Binnenmarkt, Einheit des Gemeinschaftsrechts) durchbrochen werden[78]. Aufgrund dieser anders gelagerten ratio unterscheiden sich Art. 95 Abs. 4 und 5 grundlegend von Art. 176. Die größeren Befugnisse der Mitgliedstaaten im Rahmen von Art. 176 rechtfertigen sich daraus, »daß die von dem Mitgliedstaat erlassene strengere Maßnahme jedenfalls ... am selben Ziel der Gemeinschaftsregelung ausgerichtet ist, das in diesem Fall nicht die Verwirklichung des Binnenmarktes, sondern der Schutz der Umwelt ist«[79]. Dagegen entsprechen Abs. 4 und 5 der Notwendigkeit, **entgegengesetzte Interessen** abzuwägen[80], wobei von der – bezogen auf die Gesamt-EU – noch immer vorherrschenden, wenngleich zweifelhaften und daher von der in einzelnen Staaten (z.B. Deutschland, Österreich, Dänemark) vordringenden Ansicht in der Literatur zu Recht abgelehnten, Auffassung den **Interessen der Ökonomie** zumindest unausgesprochen ein Vorrang eingeräumt wird.

II. Materielle Voraussetzungen

1. Harmonisierungsmaßnahme nach Abs. 1

Es muß eine auf der Basis von Abs. 1 ergangene Angleichungsmaßnahme vorliegen. Die Abs. 4 und 5 greifen jedoch auch bei Rechtsakten ein, die vor dem Inkrafttreten der EEA auf der Grundlage der Vorläufernorm des Art. 94 erlassen wurden[81]. Auf Angleichungskompetenzen außerhalb des Art. 95, etwa auf Rechtsakte, welche auf Art. 37, 71 oder 133 gestützt wurden, kann Abs. 4 *unmittelbar* nicht zur Anwendung kommen[82]. Daher gelten die Abs. 4 und 5 bei einer Doppelabstützung auch nur für den Teil des Rechtsakts, der in den Anwendungsbereich des Art. 95 fällt[83]. Denkbar erscheint es jedoch, im Wege der Gesamtanalogie (Art. 30, Art. 95 Abs. 4 und 5, Art. 137 Abs. 5, Art. 152 Abs. 4 lit. a, Art. 176) für den Bereich des Umwelt- und Gesundheitsschutzes (arg. e Art. 6, Art. 152 Abs. 1) eine **allgemeine Supplementierungsregel** dergestalt anzunehmen, daß auch in Politikbereichen ohne geschriebenen nationalen Regelungsvorbehalt eine nationale Schutzverstärkung auf der Basis der hier herausgeschälten, generalisierungsfähigen formellen und materiellen Kriterien (s. Rn. 23 ff., 35 ff.) zulässig ist[84].

23

---

78 GA *Saggio*, Schlußantr. zu EuGH, Rs. C-127/97, Slg. 1998, I-6005, Ziff. 22 (Burstein); *ders.*, Schlußantr. zu EuGH, Rs. C-319/97, Slg. 1999, I-3143, Ziff. 23 f. (Kortas); *Slot* (Fn. 73), S. 392.
79 GA *Saggio*, Schlußantr. zu EuGH, Rs. C-127/97, Slg. 1998, I-6005, Ziff. 24 (Burstein); *ders.*, Schlußantr. zu EuGH, Rs. C-319/97, Slg. 1999, I-3143, Ziff. 26 (Kortas). Tendenziell ähnlich *Slot* (Fn. 73), S. 392.
80 GA *Saggio*, Schlußantr. zu EuGH, Rs. C-319/97, Slg. 1999, I-3143, Ziff. 24, 27 (Kortas).
81 Vgl. *A. Epiney*, Umweltrecht in der Europäischen Union, 1997, S. 123; *A. Middeke*, Nationaler Umweltschutz im Binnenmarkt, 1994, S. 254 f.; *C. E. Palme*, Nationale Umweltpolitik in der Europäischen Gemeinschaft, 1992, S. 96 f.; *T. Schröer*, Die Kompetenzverteilung zwischen der Europäischen Wirtschaftsgemeinschaft und ihren Mitgliedstaaten auf dem Gebiet des Umweltschutzes, 1992, S. 228; a.A. *Mattera* (Fn. 1), S. 173.
82 H.M.; vgl. nur *Epiney* (Fn. 81), S. 123; *H.-J. Glaesner*, Die Einheitliche Europäische Akte, EuR 1986, S. 119 (134); *D. Simon*, in: Constantinesco/Jacqué/Kovar/ders., TCE, Art. 100a, Rn. 13.
83 *A. Bardenhewer/J. Pipkorn*, in: GTE, EU-/EGV, Art. 100a, Rn. 99.
84 Vgl. *Kahl* (Fn. 51), S. 257 ff.; i. Erg. ähnlich *W. Frenz*, Europäisches Umweltrecht, 1997, Rn. 682; *P. Gilsdorf*, Die Grenzen der gemeinsamen Handelspolitik, in: Ress/Will (Hrsg.), Vorträge, Reden und Berichte aus dem Europa-Institut der Universität des Saarlands, Nr. 125, 1988, S. 11, 24 ff.; *I. Pernice*, Kompetenzordnung und Handlungsbefugnisse der Europäischen Gemeinschaft auf dem Gebiet des Umwelt- und Technikrechts, Die Verwaltung 1989, S. 1 (15). Von der h.M. wird dies bislang abgelehnt; vgl. nur *A. Epiney/T. M. J. Möllers*, Freier Warenverkehr und nationaler Umweltschutz, 1992, S. 60 ff.; *L. Krämer*, L'environnement et le marché unique européen, Revue du Marché Unique Européen 1993, S. 45 (59); *B. Langeheine*, in: Grabitz/Hilf, EU, Art. 100a, Rn. 59.

24 Der Vertrag von Amsterdam hat eine Klarstellung dahingehend gebracht, daß die Harmonisierungsmaßnahme sowohl durch den **Rat** als auch durch die **Kommission**[85] erlassen worden sein kann. Nichts anderes gilt im Rahmen der Schutzklauselbefugnis des Abs. 10 (s. Rn. 43 ff.). Konsequent wird man die Abs. 4, 5 und 10 auch im Rahmen von **Durchführungsmaßnahmen** der Kommission gem. Art. 202 3. Spstr. zu bejahen haben[86]. Andernfalls hätte es der Rat in der Hand, über die nationalen Schutzergänzungsmöglichkeiten der Mitgliedstaaten zu disponieren.

2. Rechtfertigungsgründe

25 Als Rechtfertigungsgrund für das **Beibehalten** nationaler Sonderregeln kommen »**wichtige Erfordernisse** im Sinne des Artikels 30« (diese entsprechen den »zwingenden Erfordernissen« im Sinne der Cassis de Dijon-Doktrin; s. Art. 28, Rn. 20 ff.) oder der **Schutz der Arbeitsumwelt** und der **Umweltschutz** (zum Begriff s. Art. 174, Rn. 8) in Betracht (Abs. 4). Dagegen scheiden andere, nicht ausdrücklich genannte Rechtfertigungsgründe, insbesondere der Verbraucherschutz und die Lauterkeit des Handelsverkehrs, aus[87]. Die nachträgliche **Einführung** strengerer nationaler Vorschriften ist dagegen nur zum Schutz der **Umwelt** oder der **Arbeitsumwelt** zulässig. Die in Art. 30 S. 1 genannten Rechtfertigungsgründe gelten hier nicht (Abs. 5), worin eine »bemerkenswerte Privilegierung«[88] ökologischer Belange zum Ausdruck kommt.

3. Abweichung nach oben

26 Die Abs. 4 und 5 erlauben ausschließlich eine **Schutzerhöhung**, keine Absenkung gemeinschaftlicher Standards[89]. Nur diese Auslegung entspricht der Entstehungsgeschichte (s. Rn. 1 ff.), der Systematik des Vertrages sowie dem Sinn und Zweck der Ermöglichung eines optimalen, kooperativ-arbeitsteiligen Rechtsgüterschutzes.

4. Kreis der anwendungsbefugten Mitgliedstaaten

27 Die bisherige Streitfrage, ob die Befugnis zur nationalen Schutzergänzung auch dann eingreift, wenn der Rat eine Harmonisierungsmaßnahme **einstimmig** beschlossen hat[90],

---

85 Vgl. bereits den Dubliner-Entwurf v. 5.12.1996 (Fn. 13), S. D 32.
86 Wie hier *U. Becker*, Der Gestaltungsspielraum der EG-Mitgliedstaaten im Spannungsfeld zwischen Umweltschutz und freiem Warenverkehr, 1991, S. 107; *Gulmann* (Fn. 17), S. 38; *R. Hayder*, Neue Wege der europäischen Rechtsangleichung?, RabelsZ 1989, S. 622 (679); *A. Middeke*, Nationale Alleingänge, in: Rengeling (Hrsg.), EUDUR I, 1998, § 32, Rn. 11; *Møller* (Fn. 10), S. 504; a.A. *Ehlermann* (Fn. 9), S. 390; *Glaesner* (Fn. 17), S. 43 f.; *E. Klein*, in: HK-EU, Art. 100a, Rn. 13; vermittelnd *A. Bardenhewer/J. Pipkorn*, in: GTE, EU-/EGV, Art. 100a, Rn. 105 f.; *B. Langeheine*, in: Grabitz/Hilf, EU, Art. 100a, Rn. 60; *Müller-Graff* (Fn. 59), S. 144 f.
87 Vgl. GA *Saggio*, Schlußantr. zu EuGH, Rs. C-127/97, Slg. 1998, I-6005, Ziff. 22 (Burstein); GA *Tesauro*, Schlußantr. zu EuGH, Rs. C-41/93, Slg. 1994, I-1829, Ziff. 4 (Frankreich/Kommission); *B. Langeheine*, in: Grabitz/Hilf, EU, Art. 100a, Rn. 71.
88 *Schröder* (Fn. 52), S. 3.
89 Ganz h.M.; vgl. nur GA *Tesauro*, Schlußantr. zu EuGH, Rs. C-41/93, Slg. 1994, I-1829, Ziff. 4 (Frankreich/Kommission); *A. Bardenhewer/J. Pipkorn*, in: GTE, EU-/EGV, Art. 100a, Rn. 117; *Middeke* (Fn. 81), S. 77 f.
90 Zum (früheren) Meinungsstand *K. Hailbronner*, Der »nationale Alleingang« im Gemeinschaftsrecht am Beispiel der Abgasstandards für Pkw, EuGRZ 1989, S. 101 (117 f.); *Kahl* (Fn. 51), S. 229 ff.; *Middeke* (Fn. 86), § 32, Rn. 12 f.; *Schröer* (Fn. 81), S. 229 ff. (231); vgl. auch GA *Saggio*, Rs. C-319/97, Slg. 1999, I-3143, Ziff. 19 (Kortas).

hat sich mit dem Inkrafttreten des Vertrags von Amsterdam erledigt, da in Abs. 4 und 5 die in Abs. 4 a.F. enthaltenen Worte »mit qualifizierter Mehrheit« nicht mehr aufgenommen wurden[91].

Damit ist nunmehr auch geklärt, daß sich auch derjenige Mitgliedstaaten auf Abs. 4 und 5 berufen kann, der der EG-Harmonisierungsmaßnahme **zugestimmt** hat[92]. Die Derogationsmöglichkeit gilt zudem ungeachtet dessen, ob sich ein Mitgliedstaat im Rat der Stimme enthalten oder einen Protokollvermerk veranlaßt hat, in dem er sich die spätere Berufung auf Abs. 4 oder 5 vorbehalten hat. 28

Auf Abs. 4 und 5 kann sich auch ein Mitgliedstaat berufen, der im Zeitpunkt des Erlasses der Harmonisierungsmaßnahme noch nicht Mitglied der EU war, sondern dieser erst später beigetreten ist[93]. 28 a

5. Beibehalten und Einführen strengerer einzelstaatlicher Bestimmungen

Bisherige Rechtslage

Das umstrittenste Problem bildete **bis zum 1.5.1999** die Auslegung des Wortes »**anzuwenden**« (engl.: »apply«, franz.: »appliquer«) in Art. 100a Abs. 4 UAbs. 1 a.F. Fraglich war, ob damit nur das Beibehalten bereits bestehender nationaler Normen gemeint war oder auch das nachträgliche Einführen schärferer Bestimmungen. Eine ausdrückliche Stellungnahme des EuGH zu diesem Problem gab es nicht. Sowohl seine Ausführungen als auch die seines Generalanwalts Tesauro im PCP-Urteil wiesen jedoch tendenziell auf ein enges Verständnis von Abs. 4 UAbs. 1 a.F. und des Begriffs »anwenden« hin[94]. Die überwiegende Ansicht im Schrifttum legte Abs. 4 UAbs. 1 a.F. hingegen weit aus[95]. 29

Art. 95 enthält dagegen nunmehr ein **zweispuriges System** von Schutzverstärkungsbefugnissen, das mit Wirkung zum 1.5.1999 an die Stelle des Abs. 4 a.F. getreten ist: **Abs. 4** betrifft dabei die **Beibehaltung** strengerer einzelstaatlicher Bestimmungen und übernimmt hierfür nahezu komplett die bisherige Formulierung von Abs. 4 UAbs. 1 a.F., lediglich ergänzt um die Änderung, daß der Mitgliedstaat der Kommission auch die Gründe für den »nationalen Alleingang« mitzuteilen hat (s. Rn. 35). Die **Einführung** strengerer einzelstaatlicher Bestimmungen ist fortan separat in **Abs. 5** geregelt. **Maßgeblicher Zeitpunkt** ist dabei der Erlaß des Rechtsakts durch Rat und Europäisches Parlament, genauer gesagt der hierfür i.S.v. Art. 251 Abs. 2-5 im Einzelfall notwendige abschließende Akt bzw. die abschließenden Akte, nicht das Inkrafttreten (Art. 254 Abs. 1 S. 2) oder der Ablauf der Umsetzungsfrist[96]. Hierfür spricht der Wortlaut von Abs. 4 und 5, der vom »Erlaß« der Harmonisierungsmaßnahme spricht, ein Begriff der als terminus technicus klar besetzt ist und auch von Art. 251 verwandt wird. Die gegenteiligen Ansichten sind als mit dem Wortlaut des Vertrages unvereinbar abzulehnen. Sie 30

---

91 Vgl. Dubliner-Entwurf v. 5.12.1996 (Fn. 13), S. D 32; *Albin/Bär* (Fn. 15), S. 186; *Schröder* (Fn. 52), S. 3.
92 Zum kontroversen Meinungsstand hinsichtlich der Rechtslage vor dem 1.5.1999 stellv. *Middeke* (Fn. 81), S. 262 ff.
93 EuGH, Rs. C-319/97, Slg. 1999, I-3143, Rn. 19 (Kortas).
94 EuGH, Rs. C-41/93, Slg. 1994, I-1829, Rn. 26 (Frankreich/Kommission).
95 Ausführlich *Kahl* (Fn. 51), S. 225 ff. (230 ff.); *Middeke* (Fn. 86), § 32, Rn. 14 f. m.w.N.
96 Vgl. *Frenz* (Fn. 84), Rn. 647 f.; *Reiner Schmidt* (Fn. 68), § 8 Rn. 43; a.A. (Ablauf der Umsetzungsfrist) *Herrnfeld*, in: Schwarze, EU-Kommentar, Art. 95, Rn. 56.

sind zudem in sich widersprüchlich, wenn für die Frage der Neuheit des spezifischen Problems bzw. der Erkenntnisse i.S.v. Abs. 5 (s. Rn. 31a, 31c) doch wieder auf den Abschluß des Gemeinschaftsgesetzgebungsverfahrens abgestellt wird[97]. Von einem »Beibehalten« kann gesprochen werden, wenn eine schon vor diesem Zeitpunkt gültige nationale Regelung unverändert oder nur geringfügig verändert (d.h. ohne in ihrem Regelungskern berührt zu werden) fortgilt, also nicht aufgehoben wird. Ein »**Einführen**« liegt vor beim Erlaß (Verabschiedung) eines völlig neuen Gesetzes, aber auch bei der wesentlichen (strukturellen) Novellierung eines alten Gesetzes.

6. Neue wissenschaftliche Erkenntnisse, Spezifizität und Nachträglichkeit des Problems

31 Nach dem dualen Schutzverstärkungssystem des Amsterdamer Vertrages gilt: Die *Einführung* schärferer nationaler Bestimmungen unterliegt gegenüber der Beibehaltung einer Reihe von **einschränkenden Voraussetzungen**, in denen sich das Bestreben nach einer Begrenzung der »nationalen Alleingänge« im Interesse der Rechtseinheit und der Sicherung der Funktionsfähigkeit des Binnenmarktes als eines fundamentalen Zieles der EU widerspiegelt[98].

31 a Die einzelstaatlichen Bestimmungen müssen »**auf neue wissenschaftliche Erkenntnisse gestützt**« sein. Die Verwendung des Begriffs »Erkenntnisse« in der deutschen Fassung, die Entstehungsgeschichte der Vorschrift und der Bezug zum Vorsorgeprinzip (Art. 174 Abs. 2 UAbs. 1 S. 2) sprechen dafür, daß kein Beweis für Kausalitäten erbracht werden muß[99]. Die Erkenntnisse müssen nicht unumstritten sein; im Einzelfall können fundierte Zweifel, ob das gemeinschaftsrechtlich vorgesehene Schutzniveau (noch) ausreicht, genügen[100]. Die Erkenntnisse müssen objektiv vorliegen und nicht nur nach der subjektiven Meinung des Mitgliedstaates. Daß sie »neu« sein müssen, bedeutet, daß die Erkenntnisse erst nach dem Erlaß der Harmonisierungsmaßnahme bekannt geworden sind.

31 b Es muß sich um ein »**spezifisches Problem**« des derogationswilligen Mitgliedstaates handeln. Dies verlangt nicht, daß das Problem »nur« in diesem Mitgliedstaat auftritt. Andernfalls würde die Verpflichtung der Kommission nach Abs. 7, eine Überprüfung der Gemeinschaftsmaßnahme vorzunehmen, wenn einem Mitgliedstaat die Einführung neuer Bestimmungen gestattet worden ist, wenig Sinn machen[101]. Ausgeschlossen sind aber »Alleingänge« in Fällen, in denen ein Problem allgemeiner, sprich EU-weiter Natur ist. Die Spezifität des Problems ist weit auszulegen. Sie kann aus wirtschaftlichen, geographischen, geologischen, sozialen oder sonstigen Umständen (z.B. ausgeprägte ökologische Sensibilisierung und bestimmtes Kaufverhalten der nationalen bzw. regionalen Verbraucher) in dem Mitgliedstaat resultieren[102]. So hat die Kommission etwa im Falle der strengeren nationalen PCP-Vorschriften in Deutschland die besonders hohe Vorbelastung aufgrund des früheren intensiven Einsatzes des Giftstoffes und in Dänemark die

---

97 So aber *Herrnfeld*, in: Schwarze, EU-Kommentar, Art. 95, Rn. 64.
98 *Schröder* (Fn. 52), S. 3.
99 *Albin/Bär* (Fn. 15), S. 187 f., die auch auf die z.T. abweichenden sprachlichen Fassungen hinweisen.
100 *Albin/Bär* (Fn. 15), S. 188; *Herrnfeld*, in: Schwarze, EU-Kommentar, Art. 95, Rn. 63; *C. Thun-Hohenstein*, Der Vertrag von Amsterdam, 1997, S. 87.
101 *Albin/Bär* (Fn. 15), S. 189; *Thun-Hohenstein* (Fn. 100), S. 87.
102 *Albin/Bär* (Fn. 15), S. 189. Siehe auch Entsch. der Kommission v. 26.10.1999, ABl.EG 1999 Nr. L 329/25, Rn. 61 ff.

besondere Empfindlichkeit der Boden- und Grundwasserverhältnisse der Sache nach als spezifische Probleme anerkannt[103].

Des weiteren darf sich das Problem, auf das der Mitgliedstaat mit der Schutzverstärkung reagieren möchte, erst »**nach dem Erlaß der Harmonisierungsmaßnahme**« ergeben haben. Dies schließt nicht aus, daß das Problem bereits im Zeitpunkt des Erlasses der Harmonisierungsmaßnahme latent vorhanden war. Es kann schon vorher entstanden sein, sofern etwa das Vorhandensein des Problems bzw. die Dimensionen des Problems erst nachträglich evident geworden sind[104]. 31 c

7. Verhältnismäßigkeit

Die nationale Schutzverstärkung muß **verhältnismäßig i.w.S.** sein[105]. Der gemeinschaftsrechtliche Verhältnismäßigkeitsgrundsatz (Art. 5 Abs. 3) ist dreistufig aufgebaut (s. Art. 5, Rn. 45 ff.; Art. 30, Rn. 51 ff.)[106]. Danach muß die nationale Schutzmaßnahme **geeignet, erforderlich und verhältnismäßig i.e.s.** (angemessen, zumutbar) sein. Die Mitgliedstaaten verfügen hierbei über einen weiten Beurteilungsspielraum, insbesondere hinsichtlich der Erforderlichkeit. Es ist grundsätzlich ihre Sache, unter Berücksichtigung der Zielsetzung des Art. 14 zu bestimmen, in welchem Umfang sie den Schutz der nichtökonomischen Ziele der Abs. 4 und 5 gewährleisten wollen (**Grundsatz der autonomen nationalen Risikobewertung**)[107]. Im Rahmen der Verhältnismäßigkeit i.e.S. ist der ökonomischen Eingriffsintensität einerseits der ex ante zu erwartende nichtökonomische Schutzgewinn andererseits im Wege der Güterabwägung gegenüberzustellen (praktische Konkordanz)[108]. 32

8. Kein Mittel zur willkürlichen Diskriminierung, keine verschleierte Handelsbeschränkung, keine Behinderung des Funktionierens des Binnenmarktes

Aus der primär verfahrensrechtlichen Bestimmung des Abs. 6 (s. unten Rn. 36 ff.) kann indirekt entnommen werden, daß die nationale Schutzergänzungsvorschrift **materiell kein Mittel zur willkürlichen Diskriminierung** und **keine verschleierte Handelsbeschränkung** darstellen darf. Insoweit kann auf die Ausführungen zu **Art. 30 S. 2** (s. Art. 30, Rn. 47 ff.) verwiesen werden. 33

Das – mit dem Vertrag von Amsterdam zusätzlich eingefügte – Erfordernis der **Nicht-Behinderung des Funktionierens des Binnenmarktes**[109] ist zugleich überflüssig, zu eng und 34

---

103 Entsch. 94/783/EG v. 14.9.1994, ABl.EG 1994 Nr. L 316/43; Entsch. 96/221/EG v. 26.2.1996, ABl.EG 1996 Nr. L 68/32.
104 *Albin/Bär* (Fn. 15), S. 189; *Scherer/Heselhaus*, in: Hb.EU-WirtR, O Rn. 127.
105 Vgl. *B. Langeheine*, in: Grabitz/Hilf, EU, Art. 100a, Rn. 73; *Reiner Schmidt* (Fn. 68), § 8, Rn. 39.
106 Vgl. statt aller *J. Schwarze*, Europäisches Verwaltungsrecht, Bd. II, 1988, S. 831 ff.
107 Vgl. EuGH, Rs. C-375/90, Slg. 1993, I-2055, Rn. 19 (Kommission/Griechenland); Rs. C-42/90, Slg. 1990, I-4863, Rn. 11 (Bellon); *Epiney/Möllers* (Fn. 84), S. 67 ff.; *Hailbronner* (Fn. 90), S. 118; zu eng *H.D. Jarass*, Binnenmarktrichtlinien und Umweltschutzrichtlinien, EuZW 1991, S. 530 (533).
108 Ausführlich hierzu *Kahl* (Fn. 51), S. 204 ff.; *Middeke* (Fn. 81), S. 198 ff.
109 Zur Entstehungsgeschichte vgl. Dubliner-Entwurf v. 5.12.1996 (Fn. 13), S. D 30 (Kapitel 6, I., Punkt 4), S. D 33 (Bemerkung 3.).

– in der gewählten absoluten Formulierung – sachlich verfehlt. Überflüssig oder, positiv gewendet, rein deklaratorisch ist es deshalb, weil damit nichts anderes zum Ausdruck gebracht wird, als daß – im Sinne der Einheit der Verfassung – zwischen den nichtökonomischen Zielen und dem Binnenmarktziel abzuwägen ist (praktische Konkordanz); ein Aspekt, der jedoch bereits aus dem allgemeinen Verhältnismäßigkeitsgrundsatz des Art. 5 Abs. 3 folgt und der in Abs. 4 und 5 (»erforderlich«, »gerechtfertigt«) bereits hinreichende Spezialausprägungen erfahren hat (s. Rn. 32)[110]. Zu eng ist das Erfordernis, weil das Binnenmarktziel nur *einen* kollidierenden Belang darstellt, die Umweltschutzpolitik aber sich in den Vertrag *insgesamt* einfügen muß (vgl. konsequent Art. 176: »mit diesem Vertrag vereinbar«). Jedenfalls in der konkreten Form verfehlt ist das Erfordernis, weil nahezu jeder »nationale Alleingang« wesensimmanent zu einer »Behinderung« des Funktionierens des Binnenmarktes führt und solche Eingriffe im Grundsatz gerade in Kauf genommen werden sollen. Abs. 6 a.E. ist damit verfassungskonform so zu interpretieren, daß er nur unverhältnismäßige Eingriffe in sonstige Vertragsbestimmungen, insbesondere das Funktionieren des Binnenmarktes, ausschließt. Die Kommission arbeitet hierfür im Falle von bestehenden Schutzverstärkungsmaßnahmen vor allem mit Marktstudien. Im Falle der Neueinführung strengerer nationaler Vorschriften stützt die Kommission ihr Urteil primär auf die vom Mitgliedstaat beigebrachten wissenschaftlichen Beweise sowie auf eine eigene Prognose der voraussichtlichen Wirkungen des Alleingangs[111].

III. Formelle Voraussetzungen

1. Mitteilung (Abs. 4 und 5)

35 Der Mitgliedstaat, der verschärfte nationale Bestimmungen anwenden will, hat diese **Bestimmungen** und die **Gründe** für ihre Beibehaltung bzw. Einführung der Kommission mitzuteilen[112] (Abs. 4 und 5 a.E.). Diese Notifizierungspflicht konkretisiert den Art. 10 (s. Art. 10, Rn. 29) und stellt eine zwingend zu beachtende Wirksamkeitsvoraussetzung für die nationale Schutzergänzungsmaßnahme dar. Die Notifizierung muß wegen Art. 10 so früh wie möglich und jedenfalls so rechtzeitig vor Ablauf der Umsetzungsfrist der Gemeinschaftsmaßnahme erfolgen, daß die Kommission ihre Entscheidung zumutbarerweise innerhalb der in Abs. 6 vorgesehenen Fristen treffen kann[113]. Eine Stillhalte-Verpflichtung folgt aus Abs. 4 und 5 nicht, auch nicht i.V.m. Art. 10 Abs. 2 (s. Art. 10, Rn. 20; Art. 94, Rn. 5)[114].

2. Billigung (Abs. 6)

a) **Allgemeines**
36 Nach **Abs. 6 UAbs. 1** beschließt die Kommission nach der Mitteilung durch den Mitgliedstaat, die einzelstaatlichen Bestimmungen zu **billigen** (Abs. 7 spricht synonym von

---

110 Vgl. auch *G. v. Calster*, Green Unilateralism: The European Commission and the Environmental Guarantee in Article 95 EC, EELR 2000, S. 232 (234 ff.).
111 *v. Calster* (Fn. 110), S. 236.
112 Der Zusatz »unverzüglich«, der noch im Dubliner-Entwurf (Fn. 13), S. D 32, enthalten war, wurde im Amsterdamer Vertrag nicht übernommen.
113 EuGH, Rs. C-319/97, Slg. 1999, I-3143, Rn. 35 (Kortas).
114 Vgl. *Hailbronner* (Fn. 90), S. 119 f.; *Middeke* (Fn. 81), S. 278 ff. (288).

»gestatten«) oder **abzulehnen**. Bis zum 1.5.1999 war gleichbedeutend von einer »Bestätigung« die Rede (Abs. 4 UAbs. 2 a.F.)[115]. Abs. 6 räumt der Kommission ein **umfassendes Prüfungsrecht** ein[116]. Die Billigung bzw. Ablehnung ist eine **Entscheidung** i.S.d. Art. 249 Abs. 4 (vgl. Abs. 4 UAbs. 2), die gem. Art. 253 zu **begründen** ist. Sie ist an eine **Frist von grundsätzlich sechs Monaten** gebunden (Abs. 6 UAbs. 1). Die Frist beginnt ab dem Zugang der Mitteilung bei der Kommission zu laufen. **Ausnahmsweise** kann die Frist aufgrund des schwierigen Sachverhalts und sofern keine Gefahr für die menschliche Gesundheit besteht auf **bis zu zwölf Monate** verlängert werden (**Abs. 6 UAbs. 3**). Trifft die Kommission innerhalb dieses Zeitraums (gemeint ist die Frist nach Abs. 4 UAbs. 1 und 3) keine Entscheidung, so gelten die einzelstaatlichen Bestimmungen kraft gesetzlicher Fiktion als gebilligt (**Abs. 6 UAbs. 2**). Dies stellt eine wesentliche Änderung gegenüber der alten Rechtslage dar, nach der keine Frist galt und die Kommission nur aufgrund von Art. 10 verpflichtet war »zügig (zu) handeln und die ihr vorgelegten nationalen Vorschriften so schnell wie möglich (zu) prüfen«[117]. Als letzter Zeitpunkt, bis zu dem die Kommission ihrer Verpflichtung zur Entscheidung nachgekommen sein mußte, wurde der Zeitpunkt genannt, zu dem die Richtlinie umgesetzt sein mußte[118]. Ein Verstoß gegen diese Kooperationspflicht durch die Kommission stellte zwar eine vertragswidrige Untätigkeit dar[119], blieb in der Sache jedoch folgenlos[120]. Das Fehlen einer Entscheidungsfrist im Rahmen von Art. 100a Abs. 4 a.F. hatte sich in der Praxis wiederholt als problematisch erwiesen, so etwa bei der Genehmigung der strengeren PCP-Vorschriften Deutschlands, Dänemarks und der Niederlande, welche von der Kommission erst 16 Monate nach der Meldung oder sogar erst mehrere Jahre nach Ablauf der Umsetzungsfrist erfolgte[121].

b) Rechtsnatur
Für die Bestätigung gem. **Abs. 4 UAbs. 2 a.F.** hat der EuGH[122] festgestellt, daß diese **Wirksamkeitsvoraussetzung** für die Anwendung verschärfter nationaler Vorschriften ist, ihr mithin eine **konstitutive** Wirkung im Sinne eines Genehmigungsvorbehalts zukommt. Zur Begründung hat der Gerichtshof auf die Bedeutung der Ziele des Binnenmarktes und der Rechtsangleichung verwiesen, welche andernfalls nicht hinreichend gesichert werden könnten. Daneben wurde mit der Parallele zu Art. 88 Abs. 3 argumentiert[123]. Schließlich sei aufgrund von Abs. 3 bereits auf der EG-Ebene die hinreichende

37

---

115 So auch noch der Dubliner-Entwurf v. 5.12.1996 (Fn. 13), S. D 32.
116 Vgl. EuGH, Rs. C-319/97, Slg. 1999, I-3143, Rn. 26 (Kortas); Rs. C-41/93, Slg. 1994, I-1829, Rn. 27 (Frankreich/Kommission); *Ehlermann* (Fn. 9), S. 396; *N. Forwood/M. Clough*, The Single European Act and Free Movement, ELRev. 1986, S. 383 (402); *De Ruyt* (Fn. 9), S. 174; a.A. *S. Schmitz*, Die Europäische Union als Umweltunion, 1996, S. 240.
117 EuGH, Rs. C-319/97, Slg. 1999, I-3143, Rn. 34 (Kortas).
118 GA *Saggio*, Schlußantr. zu EuGH, Rs. C-127/97, Slg. 1998, I-6005, Ziff. 26 (Burstein).
119 Hiergegen war die Untätigkeitsklage (Art. 232), erforderlichenfalls ein Antrag auf einstweiligen Rechtsschutz (Art. 243) statthaft; vgl. EuGH, Rs. C-319/97, Slg. 1999, I-3143, Rn. 37 (Kortas); GA *Saggio*, Schlußantr. zu EuGH, Rs. C-127/97, Slg. 1998, I-6005, Ziff. 27 (Burstein); *ders.*, Schlußantr. zu EuGH, Rs. C-319/97, Slg. 1999, I-3143, Ziff. 31 (Kortas).
120 EuGH, Rs. C-319/97, Slg. 1999, I-3143, Rn. 36, 38 (Kortas); GA *Saggio*, Schlußantr. zu EuGH, Rs. C-127/97, Slg. 1998, I-6005, Ziff. 26 (Burstein).
121 *J. Gundel*, Die Neuordnung der Rechtsangleichung durch den Vertrag von Amsterdam – Neue Voraussetzungen für den »nationalen Alleingang«, JuS 1999, S. 1171 (1175) m.w.N.
122 EuGH, Rs. C-41/93, Slg. 1994, I-1829, Rn. 28 ff. (Frankreich/Kommission); Rs. C-319/97, Slg. 1999, I-3143, Rn. 26 ff. (28) (Kortas); GA *Saggio*, Schlußantr. zu EuGH, Rs. C-127/97, Slg. 1998, I-6005, Ziff. 23 (Burstein) (»conditio sine qua non«); *ders.*, Rs. C-319/97, Slg. 1999, I-3143, Ziff. 24 (Kortas).
123 GA *Saggio*, Schlußantr. zu EuGH, Rs. C-127/97, Slg. 1998, I-6005, Ziff. 23 (Burstein); *ders.*, Schlußantr. zu EuGH, Rs. C-319/97, Slg. 1999, I-3143, Ziff. 25 (Kortas).

Berücksichtigung der Erfordernisse des Umweltschutzes gewährleistet[124]. In der Literatur blieb die Frage heftig umstritten[125].

38 Für die **neugefaßten** Schutzergänzungsklauseln des Amsterdamer Vertrages wird, soweit ersichtlich, allgemein davon ausgegangen, daß die Billigung durch die Kommission stets eine **konstitutive** Bedeutung entfaltet[126]. Hierfür spricht der klare Wortlaut von Abs. 6 UAbs. 1 (»zu billigen oder abzulehnen«) und UAbs. 2 (»Entscheidung«). Bis zur Entscheidung der Kommission ist die fragliche Gemeinschaftsmaßnahme – den Ablauf einer etwaigen Umsetzungsfrist vorausgesetzt – uneingeschränkt anwendbar[127] und sind die Mitgliedstaaten gemeinschaftsrechtlich verpflichtet, die Anwendung bestehender, abweichender nationaler Regelungen auszusetzen sowie auf die Inkraftsetzung kollidierender neuer Bestimmungen zu verzichten[128]. Auch das Eintreten einer etwaigen **unmittelbaren Wirkung** von Richtlinienbestimmungen wird nicht gehindert. Die Bestätigung wirkt grundsätzlich nicht rückwirkend, sondern nur ex nunc, es sei denn in der Begründung ist etwas anderes angegeben und es liegen ausnahmsweise sachliche Gründe für eine Rückwirkung vor[129].

c) Rechtsschutz
39 Gegen die Ablehnung i.S.v. Abs. 6 kann der Mitgliedstaat, der die strengeren einzelstaatlichen Bestimmungen beibehalten bzw. einführen will, nach Art. 230 Abs. 1 **Nichtigkeitsklage** erheben. Gegen die Billigung i.S.v. Abs. 6 können die übrigen Mitgliedstaaten ihrerseits im Wege der Nichtigkeitsklage vorgehen. Eine erfolgreiche Nichtigkeitsklage beseitigt die Rechtsgültigkeit der Bestätigung mit Wirkung ex tunc. Davon unberührt bleibt die – auch gleichzeitig mögliche – Einleitung eines beschleunigten **Vertragsverletzungsverfahrens** nach Art. 95 Abs. 9 i.V.m. Art. 226 f.[130] Schließlich kommt eine Vorlage an den EuGH (Art. 234) in Betracht, wenn in einem nationalen Verfahren zweifelhaft ist, ob der Mitgliedstaat zur Anwendung bestimmter nationaler Vorschriften berechtigt war.

IV. Gerichtliche Kontrolle (Abs. 9)

40 Abs. 9 sieht im Interesse des **Beschleunigungsgrundsatzes** »in Abweichung von dem Verfahren der Artikel 226 und 227« die Befugnis der Kommission und der Mitgliedstaaten zu einem **verkürzten Vertragsverletzungsverfahren** vor. Konkret entfällt die Einräumung der Gelegenheit zur Äußerung an den beklagten Mitgliedstaat (Art. 226 Abs. 1, Art. 227 Abs. 3), der Erlaß einer mit Gründen versehenen Stellungnahme durch die

---

124 GA *Saggio*, Schlußantr. zu EuGH, Rs. C-127/97, Slg. 1998, I-6005, Ziff. 24 (Burstein); ders., Schlußantr. zu EuGH, Rs. C-319/97, Slg. 1999, I-3143, Ziff. 24 (Kortas).
125 Für eine konstitutive Wirkung: *Ehlermann* (Fn. 9), S. 397 f.; *Frenz* (Fn. 84), Rn. 654; B. *Langeheine*, in: Grabitz/Hilf, EU, Art. 100a, Rn. 83; *Middeke* (Fn. 86), § 32, Rn. 35; für eine nur deklaratorische Wirkung: *Epiney/Möllers* (Fn. 84), S. 57; *Hailbronner* (Fn. 90), S. 120 f.; *Jarass* (Fn. 107), S. 533; E. *Klein*, in: HK-EU, Art. 100a, Rn. 17; *Middeke* (Fn. 81), S. 291 ff. (293 ff.).
126 Vgl. GA *Saggio*, Schlußantr. zu EuGH, Rs. C-319/97, Slg. 1999, I-3143, Ziff. 29 in Fn. 20 a.E. (Kortas); *Dougan* (Fn. 69), S. 880; *Geiger*, EUV/EGV, Art. 95, Rn. 14; *Herrnfeld*, in: Schwarze, EU-Kommentar, Art. 95, Rn. 67; A. *Meier* (Fn. 62), S. 62 f.; *Streinz*, Europarecht, Rn. 969; die teilw. abw. Auffassung des Verf. in der 1. Aufl. dieses Kommentars wird aufgegeben.
127 EuGH, Rs. C-319/97, Slg. 1999, I-3143, Rn. 36 (Kortas).
128 EuGH, Rs. C-319/97, Slg. 1999, I-3143, Rn. 28 (Kortas).
129 GA *Saggio*, Schlußantr. zu EuGH, Rs. C-127/97, Slg. 1998, I-6005, Ziff. 30 (Burstein).
130 Vgl. P. *Oliver*, Free movement of goods in the European Community, 3. Aufl., London 1996, S. 367.

Kommission (Art. 226 Abs. 1, Art. 227 Abs. 3) und – für den Fall eines Verfahrens nach Art. 227 – die Pflicht des klagenden Mitgliedstaats, zunächst die Kommission mit der Angelegenheit zu befassen (Art. 227 Abs. 2). Die sonstigen, nicht auf das Vorverfahren bezogenen Zulässigkeitsvoraussetzungen der Art. 226 f. sind hingegen zu beachten. Ein **Mißbrauchstatbestand** i.S.d. Abs. 9 liegt entweder in einem Verstoß gegen die o.g. materiellen (Rn. 23 ff.) oder formellen (Rn. 35 ff.) Voraussetzungen i.S.d. Abs. 4–6. Abs. 9 ist auch auf Fallgestaltungen nach **Abs. 10** (s. Rn. 43 ff.) anwendbar[131].

V. Darlegungs- und Beweislast

Im **Bestätigungsverfahren** des Abs. 6 (s. Rn. 36 ff.) trifft die Darlegungs- und Beweislast 41 den Mitgliedstaat, wie sich aus der Pflicht zur Angabe der Gründe für die nationale Schutzverstärkung gem. Abs. 4 und Abs. 5 a.E. ergibt. Die Kommission muß, wie der EuGH im PCP-Urteil ausgeführt hat, zu der Überzeugung gelangen können, daß alle Voraussetzungen des Abs. 4 oder 5 erfüllt sind. Mit anderen Worten: Es besteht eine Vermutung für die Unzulässigkeit der Schutzverstärkungsmaßnahme, die der Mitgliedstaat auszuräumen hat[132]. Auch im **gerichtlichen Verfahren** vor dem EuGH (Abs. 9) obliegt die Darlegungs- und Beweislast nach h.M. dem Mitgliedstaat, der die strengeren Vorschriften einführen bzw. beibehalten möchte[133].

VI. Praxis

In der Rechtswirklichkeit spielte **Abs. 4 a.F.** – entgegen den anfänglichen Befürchtungen 42 im Schrifttum (s. Rn. 22) – in den ersten vier Jahren nach seinem Inkrafttreten am 1.7.1987 keine Rolle. Die nachfolgende Praxis hat jedoch gezeigt, daß immer mehr Mitgliedstaaten von der opting out-Klausel Gebrauch machen (werden). Dies gilt insbesondere für die seit dem 1.1.1995 der EU angehörenden Mitgliedstaaten Finnland, Österreich und Schweden[134]. Der spektakulärste Anwendungsfall[135] betraf die Anwendung strengerer Pentachlorphenol (PCP)-Werte in Deutschland in Abweichung von der RL 91/173/EWG[136]. Hier hat der EuGH die Entscheidung der Kommission, mit der diese die Bestätigung zur deutschen **PCP-Verbotsverordnung** von 1989[137] verweigert hatte[138],

---

131 Vgl. *Breuer* (Fn. 54), S. 98; *De Ruyt* (Fn. 9), S. 173; *Kahl* (Fn. 51), S. 54; *Schröer* (Fn. 81), S. 257; a.A. *A. Bardenhewer/J. Pipkorn*, in: GTE, EU-/EGV, Art. 100a, Rn. 83.
132 Vgl. EuGH, Rs. 41/93, Slg. 1994, I-1829, Rn. 27 (Frankreich/Kommission); GA *Tesauro*, Schlußantr. zu EuGH, Rs. C-41/93, Slg. 1994, I-1829, Ziff. 7 (Frankreich/Kommission); *Middeke* (Fn. 81), S. 296 ff.; *Müller-Graff* (Fn. 59), S. 146 f.; a.A. *F. Montag*, Umweltschutz, freier Warenverkehr und Einheitliche Europäische Akte, RIW 1987, S. 935 (942); *Pescatore* (Fn. 10), S. 158.
133 Vgl. GA *F. G. Jacobs*, Schlußantr. zu EuGH, Rs. C-128/89, Slg. 1990, I-3239, Ziff. 18 ff. (Kommission/Italien); *U. Everling*, Der Binnenmarkt nach der Rechtsprechung des Gerichtshofs der Europäischen Gemeinschaften, in: Lukes (Hrsg.), Ein EWG-Binnenmarkt für Elektrizität – Realität oder Utopie, 1988, S. 132 (145); *Forwood/Clough* (Fn. 116), S. 387.
134 *A. Bardenhewer/J. Pipkorn*, in: GTE, EU-/EGV, Art. 100a, Rn. 92.
135 Zusammenstellung der bisherigen Anwendungsfälle von Art. 100a Abs. 4 a.F. bei *A. Bardenhewer/J. Pipkorn*, in: GTE, EU-/EGV, Art. 100a, Rn. 94 ff. m.w.N.; vgl. auch *Albin/Bär* (Fn. 15), S. 186 m. Fn. 14 (11 Verfahren bis Ende 1998).
136 RL 91/173/EWG des Rates v. 21.3.1991 zur Änderung der RL 76/769/EWG, ABl.EG 1991 Nr. L 85/34.
137 BGBl. 1989 I, S. 2235.
138 Entsch. v. 2.12.1992, KOM (92) 776 endg.

wegen eines Begründungsmangels aufgehoben[139]. In sämtlichen Verfahren auf der Basis des alten Abs. 4 ging es um mitgliedstaatliche Vorschriften, die zum Zeitpunkt des Erlasses der Harmonisierungsmaßnahme bereits in Kraft waren.

42 a   Auch von den **neuen Schutzverstärkungsklauseln** der Abs. 4 und 5 ist bislang in einer sehr begrenzten Zahl von Fällen Gebrauch gemacht worden[140]. Zu einer nennenswerten Beeinträchtigung des Binnenmarktes ist es nicht gekommen.

E. Schutzklauseln (Abs. 10)

43 In geeigneten Fällen können nach Abs. 10, der den früheren Abs. 5 wortgleich übernimmt und eine seit vielen Jahren bestehende Praxis festschreibt[141], die Harmonisierungsmaßnahmen mit einer **Schutzklausel** (engl.: safeguard clause; franz.: clause de sauvegarde)[142] verbunden werden, die die Mitgliedstaaten ermächtigt, aus einem oder mehreren der in **Art. 30** genannten Gründe **vorläufige** Maßnahmen zu treffen, die einem **gemeinschaftlichen Kontrollverfahren** unterliegen. Schutzklauseln sind eng auszulegen[143]. Sie sollen die Mitgliedstaaten primär befähigen, »Notfällen zu begegnen«[144].

44 Auch **umweltschutzpolitisch** motivierte Schutzklauseln können – entgegen der auf den Wortlaut und auf einen Umkehrschluß zu Abs. 4 und 5 abhebenden h.M.[145] – auf Abs. 10 gestützt werden. Zur Begründung dieses Ergebnisses bieten sich zwei Wege an: Entweder man verortet die »zwingenden Erfordernisse« i.S.d. der Cassis de Dijon-Doktrin, zu denen der Umweltschutz unstreitig rechnet (s. Art. 28, Rn. 22)[146], entgegen dem EuGH dogmatisch überzeugender als zusätzliche Rechtfertigungsgründe in Art. 30 S. 1[147] oder aber man geht von einer planwidrigen, im Wege der Analogie zu schließenden Regelungslücke des Abs. 10 und einer Vergleichbarkeit der Sachverhalte (insbesondere zwischen dem Gesundheitsschutz und dem Umweltschutz) aus[148].

---

139 EuGH, Rs. C-41/93, Slg. 1994, I-1829, Rn. 31 ff. (Frankreich/Kommission). Zur zweiten, nicht mehr angegriffenen, Genehmigung der Kommission, vgl. Entsch. 94/783/EG, ABl.EG 1994 Nr. L 316/43.
140 Nach *v. Calster* (Fn. 110), S. 233 f. (m.w.N. in Fn. 11), hatte die Kommission bislang in sieben Fällen über Schutzergänzungen auf der Basis von Art. 95 zu befinden. Dabei ergingen in zwei Fällen negative, in fünf Fällen positive Entscheidungen. Vgl. auch *ders.*, Export restrictions – a watershed for Article 30, ELRev. 2000, S. 335 (339 ff.) m.w.N.
141 Vgl. GA *G. Tesauro*, Schlußantr. zu EuGH, Rs. C-359/92, Slg. 1994, I-3681, Ziff. 20 (Deutschland/Rat).
142 Zur Typologie der Schutzklauseln *A. Weber*, Schutznormen und Wirtschaftsintegration, 1982.
143 Vgl. EuGH, Rs. 11/82, Slg. 1985, 207, Rn. 26 (Piraiki-Patraiki/Kommission).
144 GA *Tesauro*, Schlußantr. zu EuGH, Rs. C-359/92, Slg. 1994, I-3681, Ziff. 23 (Deutschland/Rat).
145 *Forwood/Clough* (Fn. 116), S. 398; *Frenz* (Fn. 84), Rn. 660; *Herrnfeld*, in: Schwarze, EU-Kommentar, Art. 95, Rn. 44; *B. Langeheine*, in: Grabitz/Hilf, EU, Art. 100a, Rn. 83; *Pernice* (Fn. 54), S. 208; *D. Vandermeersch*, The Single European Act and the Environmental Policy of the European Economic Community, ELRev. 1987, S. 407 (427).
146 Vgl. nur EuGH, Rs. 302/86, Slg. 1988, 4607, Rn. 9 (Kommission/Dänemark).
147 Vgl. *Kahl* (Fn. 51), S. 181 ff. m.z.w.N. Interessanterweise findet sich auch in den Schlußfolgerungen des Europäischen Rates von Florenz (Juni 1996) der Vorschlag, den Umweltschutz in Art. 30 ex 36 aufzunehmen, siehe CONF/3860/1/96 REV 1, Punkt VI. 3; ebenso Abschlußbericht der Reflexionsgruppe v. 5.12.1995, SN 520/1/95 REV 1, Punkt 63. Dieser Vorschlag wurde jedoch im Vertrag von Amsterdam und auch später im Vertrag von Nizza nicht aufgegriffen.
148 Ebenso *Geiger*, EUV/EGV, Art. 95, Rn. 8; *Middeke* (Fn. 81), S. 315 f.; *Scherer/Heselhaus*, in: Hb.EU-WirtR, O Rn. 137; ähnlich *M.H. Adamek*, EG-Richtlinien im Umweltrecht, 1997, S. 242 m. Anm. 109, die ein »Hineinwirken« des Art. 174 Abs. 2 UAbs. 2 in Art. 95 Abs. 1 annimmt.

Abs. 10 entfaltet **keine Ausschlußwirkung** gegenüber der Möglichkeit des »nationalen Alleingangs« gem. Abs. 4 oder 5. Beide Optionen bestehen nebeneinander[149]. Beruft sich ein Mitgliedstaat auf Abs. 4 oder 5, obgleich der zugrundeliegende Rechtsakt der EG eine Schutzklausel i.S.v. Abs. 10 enthält, so liegt hierin kein rechtsmißbräuchliches Verhalten[150].

45

F. Kompetenzabgrenzungen

I. Verhältnis zu Art. 175

1. Position des EuGH

Die Abgrenzung zwischen verschiedenen möglichen Rechtsgrundlagen hat zwar durch den Ausbau des Mitentscheidungsverfahrens (Art. 251) und den Übergang zur Abstimmung mit qualifizierter Mehrheit einiges an praktischer Relevanz verloren (aktuell bleiben die Fälle des Art. 175 Abs. 2!), sie ist aber, wie vor allem ein Blick auf die Frage des Vorhandenseins, aber auch auf die unterschiedlich strengen Voraussetzungen von Schutzklauseln und Schutzergänzungsklauseln lehrt[151], weiterhin von erheblicher praktischer, ergebnisbezogener Bedeutung[152]. Zur Abgrenzung von Kompetenzen im EG-Vertrag liegt mittlerweile eine reichhaltige Kasuistik vor[153]. Nach dem *abstrakten* Ansatz des EuGH muß sich die Wahl der Rechtsgrundlage auf **objektive, gerichtlich nachprüfbare Umstände** gründen, zu denen das Ziel und der Inhalt des Rechtsakts rechnen[154]. Bei der konkreten Durchführung der Abgrenzung stellt der Gerichtshof entscheidend oder gar ausschließlich auf den (subjektiven) »**Hauptzweck**« der Maßnahme ab[155], deutlich nachrangig und nur ergänzend zieht er z.T. die – wohl objektiv zu verstehenden –

46

---

149 Vgl. *A. Bardenhewer/J. Pipkorn*, in: GTE, EU-/EGV, Art. 100a, Rn. 127; *Hailbronner* (Fn. 90), S. 113; *Jacqué* (Fn. 51), S. 599 f.; *Kahl* (Fn. 51), S. 242 ff.; *Middeke* (Fn. 81), S. 330 f.; a.A. *G. Dannecker/I. Appel*, Auswirkungen der Vollendung des Europäischen Binnenmarktes auf den Schutz der Gesundheit und der Umwelt, ZVglRWiss 89 (1990), S. 127 (133); *Glaesner* (Fn. 82), S. 134; *De Ruyt* (Fn. 9), S. 171.
150 So aber *G. Meier*, Einheitliche Europäische Akte und freier Warenverkehr, NJW 1987, S. 537 (540).
151 Vgl. z.B. den weiten Art. 176 einerseits und den restriktiven Art. 95 Abs. 5 und Abs. 6 andererseits.
152 Wie hier *Dougan* (Fn. 69), S. 865, 882 f.; *L. Krämer*, E.C. Treaty and Environmental Law, 3. Aufl., London 1998, S. 86 f., 110, 114.
153 Vgl. die Zusammenstellung bei *S. Breier*, Der Streit um die richtige Rechtsgrundlage in der Rechtsprechung des Europäischen Gerichtshofs, EuR 1995, S. 46 (47 ff.); *W. Kahl*, Der EuGH als »Motor des europäischen Umweltschutzes«?, ThürVBl. 1994, S. 225 (227 ff.); *Schmitz* (Fn. 116), S. 97 ff.
154 EuGH, Rs. 45/86, Slg. 1987, 1493, Rn. 11 (Kommission/Rat); Rs. C-300/89, Slg. 1991, I-2867, Rn. 10 (Kommission/Rat); Rs. C-155/91, Slg. 1993, I-939, Rn. 7 (Kommission/Rat); Rs. C-271/94, Slg. 1996, I-1689, Rn. 14 (Parlament/Rat); Verb. Rs. C-164/97 u. C-165/97, Slg. 1999, I-1139, Rn. 12 (Parlament/Rat); Rs. C-209/97, Slg. 1999, I-8067, Rn. 13 (Kommission/Rat); *M. Ruffert*, Kontinuität oder Kehrtwende im Streit um die gemeinschaftsrechtlichen Umweltschutzkompetenzen?, Jura 1994, S. 635 (638).
155 Vgl. EuGH, Rs. C-155/91, Slg. 1993, I-939, Rn. 20 (Kommission/Rat); Rs. C-84/94, Slg. 1996, I-5755, Rn. 21 (Vereinigtes Königreich/Rat); Rs. C-377/98, 9.10.2001, EuZW 2001, S. 691, Rn. 27 f. (Niederlande/Parlament und Rat); GA *F.G. Jacobs*, Schlußantr. zu EuGH, Rs. C-187/93, Slg. 1994, I-2857, Ziff. 43 ff. (47) (Europäisches Parlament/Rat); GA *P. Léger*, Schlußantr. zu EuGH, Rs. C-84/94, Slg. 1996, I-5755, Ziff. 72 f. (Vereinigtes Königreich/Rat); vgl. auch *C. Calliess*, Urteilsanmerkung, EuZW 1996, S. 757 (758); *L. Krämer*, Die Rechtsprechung des Gerichtshofs der Europäischen Gemeinschaften zum Umweltrecht 1992 bis 1994, EuGRZ 1995, S. 45 (52).

»Wirkungen«[156] einer Maßnahme heran. Maßgeblich sind in jedem Fall die **im Zeitpunkt des Erlasses des Rechtsaktes** geltenden Vorschriften des Vertrages. Später eingetretene oder bevorstehende Vertragsänderungen bleiben unberücksichtigt[157].

47 Wie sich aus Art. 95 Abs. 3 ff. sowie Art. 6 ergibt, kann Art. 95 auch für den Erlaß von Umweltschutzmaßnahmen herangezogen werden. Anders formuliert: Nicht jeder noch so geringe Ökologiebezug reicht aus, um eine Maßnahme den Art. 174 ff. zuzuweisen. Umgekehrt gilt: Der Umstand, daß die Errichtung oder das Funktionieren des Binnenmarktes nebenbei betroffen sind, reicht für eine Anwendung von Art. 95 nicht aus[158]. Auch gibt es keine pauschale »Rechtsnachfolge« dergestalt, daß Richtlinien, die vor der EEA auf Art. 94 ex 100 gestützt wurden, bei Änderungen nach dem 1.7.1987 automatisch auf Art. 95 ex 100a zu gründen wären. Der EuGH geht auch bei der Scheidung des Anwendungsbereichs von Art. 95 und 175 von den genannten (s. Rn. 46) allgemeinen Kriterien aus und hält beide Normen grundsätzlich für nebeneinander anwendbar.

48 Der EuGH untersucht die Rechtsakte danach, wo der **Regelungsschwerpunkt** liegt. Liegt er im Bereich des Binnenmarktes und werden nur **nebenbei** bzw. **implizit** Umweltschutzfragen geregelt, so ist Art. 95 heranzuziehen[159]. Geht es dagegen **ausschließlich** bzw. **hauptsächlich** um Fragen des Art. 174 und ist der Binnenmarkt nur **beiläufig** bzw. **mittelbar** betroffen, ist auf Art. 175 zurückzugreifen[160].

48 a Geht es primär darum, ein System unverfälschten Wettbewerbs durch Angleichung nationaler **produktions- und anlagenbezogener Vorschriften** zu gewährleisten, so gebührt Art. 95 der Vorzug (z.B. Titandioxid-Richtlinie). Das Gleiche gilt, wenn bestimmte **Produktnormen** zu dem Hauptzweck erlassen werden, daß die Waren im Binnenmarkt frei zirkulieren können (Produktnormen mit positivem Binnenmarkteffekt). Hieraus folgt jedoch kein absoluter Vorrang des Art. 95 und damit – umgekehrt – auch keine Marginalisierung von Art. 175[161]. Zielt ein Rechtsakt nämlich darauf ab, nationale Sonderregelungen zum Schutz bestimmter sozio-ökologischer Belange gerade zuzulassen, so handelt es sich kategorial zwar gleichfalls um Produktnormen, hier ist aber der Binnenmarkt nur »nebenbei« objektiv tangiert, gleichsam als Kehrseite von primär nichtökonomisch motivierten Regelungen. Für derartige Produktnormen mit negativem Binnenmarkteffekt wählt der EuGH Art. 175 als Rechtsgrundlage[162].

---

156 EuGH, Rs. C-70/88, Slg. 1991, I-4529, Rn. 17 (Parlament/Rat); Rs. C-155/91, Slg. 1993, I-939, Rn. 20 (Kommission/Rat).
157 EuGH, Rs. C-269/97, 4.4.2000, Tätigkeitsbericht Nr. 12/2000, S. 1 (2) (Kommission/Rat).
158 EuGH, Rs. C-209/97, Slg. 1999, I-8067, Rn. 15 m.w.N. (Kommission/Rat).
159 So EuGH, Rs. C-300/89, Slg. 1991, I-2867, Rn. 22 ff. (Kommission/Rat); GA *Saggio*, Schlußantr. zu EuGH, Rs. C-127/97, Slg. 1998, I-6005, Ziff. 22 (Burstein); *ders.*, Schlußantr. zu EuGH, Rs. C-319/97, Slg. 1999, I-3143, Ziff. 22 (Kortas).
160 EuGH, Rs. C-155/91, Slg. 1993, I-939, Rn. 19 (Kommission/Rat); Rs. C-187/93, Slg. 1994, I-2857, Rn. 20 ff. (Europäisches Parlament/Rat); Verb. Rs. C-164/97 und C-165/97, Slg. 1999, I-1139, Rn. 14, 16 (Parlament/Rat).
161 A.A. U. *Everling*, Abgrenzung der Rechtsangleichung zur Verwirklichung des Binnenmarktes nach Art. 100a EWGV durch den Gerichtshof, EuR 1991, S. 179 (181); M. *Nettesheim*, Das Umweltrecht der Europäischen Gemeinschaften, Jura 1994, S. 337 (339).
162 EuGH, Rs. C-155/91, Slg. 1993, I-939, Rn. 19 (Kommission/Rat); Rs. C-187/93, Slg. 1994, I-2857, Rn. 20 ff. (Europäisches Parlament/Rat); GA A. *La Pergola*, Schlußantr. zu EuGH, Rs. C-271/94, Slg. 1996, I-1689, Ziff. 14 (Parlament/Rat); krit. *Kahl* (Fn. 153), S. 228 ff.; L. *Krämer* (Fn. 152), S. 112 ff. (115).

Relativ unproblematisch sind die **genuinen Umweltschutzvorschriften**[163] (z.B. Fragen   49
des allgemeinen Umweltschutzes wie Umweltinformation, Umweltschutzorganisation,
Öko-Audit). Sie sind regelmäßig dem Art. 175 zuzuordnen. Ebenso werden **medienbezogene Regelungen,** die weder produkt- noch anlagenbezogen den Schutz von Wasser, Luft oder Boden betreffen, bei Art. 175 zu verorten sein.

Als schwierig erweisen sich die Fälle, in denen eine **Gleichgewichtigkeit** der Sachkomplexe   50
»Binnenmarkt« und »Umweltschutz« zu konstatieren ist (bifinale bzw. bigegenständliche Maßnahmen), wie dies bei produktions- und anlagenbezogenen Vorschriften, aber auch bei Produktvorschriften häufig der Fall ist. Läßt sich anhand der Kriterien der o.g. Schwerpunkttheorie des EuGH keine Zuordnung durchführen, so sind die Gemeinschaftsorgane grundsätzlich verpflichtet, Rechtsakte mit echtem Mischcharakter auf der Grundlage beider einschlägigen Kompetenzgrundlagen zu erlassen[164]. Allerdings verwirft der EuGH eine solche **Doppelabstützung** zu Recht bei unterschiedlich ausgestalteten Verfahren[165], insbesondere bei unterschiedlichen Beteiligungsrechten des Europäischen Parlaments[166]. In diesem Fall (und nur in diesem Fall)[167] ist die »demokratiefreundlichere«, also das Europäische Parlament stärker beteiligende, Rechtsgrundlage zu wählen[168]. Auch die unterschiedlich ausgestalteten Beschlußverfahren im Rat sowie Differenzen in Sachen Schutzverstärkungsklauseln verhindern eine Doppelabstützung[169].

2. Schrifttum

In der Literatur herrscht eine bunte Meinungsvielfalt[170]. Z.T. wird Art. 95 als lex spe-   51
cialis[171] angesehen, z.T. – gerade umgekehrt – Art. 175 als vorrangige, den Art. 95 verdrängende Vorschrift eingestuft[172]. Ein erheblicher Teil des Schrifttums folgt der vom

---

163 Der EuGH, Verb. Rs. C-164/97 und C-165/97, Slg. 1999, I-1139, Rn. 15 (Parlament/Rat), spricht von »spezifischen Maßnahmen im Umweltbereich«.
164 EuGH, Rs. 165/87, Slg. 1988, 5545, Rn. 6 ff. (Kommission/Rat); Verb. Rs. C-164/97 und C-165/97, Slg. 1999, I-1139, Rn. 14 (Parlament/Rat).
165 EuGH, Rs. 68/86, Slg. 1988, 855, Rn. 6 (Vereinigtes Königreich/Rat); Rs. 131/86, Slg. 1988, 905, Rn. 11 (Vereinigtes Königreich/Rat); Rs. C-131/87, Slg. 1989, 3743, Rn. 8 (Kommission/Rat); Verb. Rs. C-164/97 und C-165/97, Slg. 1999, I-1139, Rn. 14 (Parlament/Rat); *Epiney* (Fn. 81), S. 62 ff.
166 EuGH, Rs. C-300/89, Slg. 1991, I-2867, Rn. 17 ff. (Kommission/Rat); zust. *A. Epiney*, Gemeinschaftsrechtlicher Umweltschutz und Verwirklichung des Binnenmarktes – »Harmonisierung« auch der Rechtsgrundlagen?, JZ 1992, S. 564 (568 f.); *M. Nettesheim*, Horizontale Kompetenzkonflikte in der EG, EuR 1993, S. 243 (256); *Middeke* (Fn. 81), S. 225 ff. (228); *D.H. Scheuing*, Der Rechtsgrundlagenstreit vor dem Gerichtshof – Ein Plädoyer, in: FS-Börner, 1992, S. 377; a.A. *Everling* (Fn. 161), S. 181; *S. Heselhaus*, Emanzipation der Umweltpolitik nach Art. 175 I EG-Vertrag (ex-Art. 130s I EGV), NVwZ 1999, S. 1190 (1191 ff.); allg. *P. Karpenstein*, Doppelte Rechtsgrundlagen im Gemeinschaftsrecht, in: Ress (Hrsg.), Rechtsprobleme der Rechtsangleichung, 1988, S. 55. Für die Möglichkeit einer Doppelabstützung im Verhältnis von Art. 151 und Art. 157 trotz unterschiedlicher Beteiligungsformen des Parlaments nunmehr aber EuGH, Rs. C-42/97, Slg. 1999, I-869, Rn. 36 ff. (Parlament/Rat).
167 Vgl. EuGH, Rs. C-269/97, 4.4.2000, Tätigkeitsbericht Nr. 12/2000, S. 1 (2) (Kommission/Rat).
168 *C. Calliess*, Urteilsanmerkung, ZUR 1999, S. 224 (226).
169 *L. Krämer* (Fn. 152), S. 86 f.; a.A. *Heselhaus* (Fn. 166), S. 1191 ff.
170 Vgl. die eingehenden Darstellungen bei *Epiney* (Fn. 81), S. 62 ff.; *Middeke* (Fn. 81), S. 239 ff.; *Ruffert* (Fn. 154); *Schröer* (Fn. 81), S. 105 ff. m.z.w.N.
171 So *A. Bardenhewer/J. Pipkorn*, in: GTE, EU-/EGV, Art. 100a, Rn. 51; *J. Henke*, EuGH und Umweltschutz, 1992, S. 91; *Pernice* (Fn. 84), S. 32; *Scheuing* (Fn. 54), S. 186; *Streinz*, Europarecht, Rn. 960.
172 So etwa *Glaesner* (Fn. 17), S. 52; *Schröer* (Fn. 81), S. 117 ff.; *J.M. Thiel*, Umweltrechtliche Kompetenzen in der Europäischen Union, 1995, S. 149 ff.

EuGH praktizierten Abgrenzungsmethode[173], wobei die Begrifflichkeit z.T. schwankt und einmal auf den »Schwerpunkt« (»Gravitationszentrum«)[174], einmal auf die »(objektive) Sachnähe«[175] und wieder ein anderes Mal auf die »Intensität«[176] oder die »Wirkung«[177] abgestellt wird. Zum Teil wird der Rechtsprechung des EuGH nur eingeschränkt (für produktions- und anlagenbezogene Regelungen) zugestimmt, während Produktregeln (insbesondere Vorschriften über die Abfallentsorgung) – der Linie der Europäischen Kommission folgend – in toto oder jedenfalls primär dem Art. 95 zugeordnet werden[178].

3. Stellungnahme

52 Zwischen Art. 175 und Art. 95 besteht kein Spezialitätsverhältnis. Beide Normen stehen gleichrangig nebeneinander[179]. Abzugrenzen ist auf der **ersten Stufe** anhand des **Schwerpunkts** einer Maßnahme. Dieser ist – entgegen der zu einseitig subjektiv ausgerichteten Praxis des EuGH und Teilen der Literatur[180] – durch eine **gemischt subjektiv-objektive Methode**[181] zu ermitteln, bei der die Ziele gleichberechtigt neben dem tatsächlichen Regelungsgegenstand (Inhalt) Berücksichtigung finden. Nur dadurch kann ausgeschlossen werden, daß der Rat die Entscheidung über die richtige Rechtsgrundlage manipulativ, d.h. durch das »Hineinschreiben« entsprechender Ziele in die Begründungserwägungen, politisch steuern kann[182], eine Gefahr, die durch die Tabakwerbeverbot-RL (s. Rn. 10a) plastisch vor Augen geführt wurde.

53 Gelangt man auf dieser Eingangsstufe, was bei Produkt- und Produktionsregeln nicht selten der Fall sein wird, zu keinem eindeutigen Ergebnis, müssen auf einer **zweiten Stu-**

---

173 Vgl. *Frenz* (Fn. 84), Rn. 94 ff.; *S. Breier*, Umweltschutz in der Europäischen Gemeinschaft, NuR 1993, S. 457 (458); *Epiney* (Fn. 81), S. 64 ff., 75 ff.; *E. Grabitz/M. Nettesheim*, in: Grabitz/Hilf, EU, Art. 130s, Rn. 39 f.; *Middeke* (Fn. 81), S. 773, 776 f.; *Nettesheim* (Fn. 166), S. 259; *Ruffert* (Fn. 154), S. 638 ff.
174 Vgl. *Adamek* (Fn. 148), S. 328 f.; *Breuer* (Fn. 54), S. 89; *Epiney* (Fn. 81), S. 72; *Scherer/Heselhaus*, in: Hb.EU-WirtR, O Rn. 88.
175 *L. Krämer*, Die Einheitliche Europäische Akte und der Umweltschutz, in: Rengeling (Hrsg.), Europäisches Umweltrecht und europäische Umweltpolitik, 1988, S. 137 (158 f.); *A. Middeke*, Der Kompetenznormenkonflikt umweltrelevanter Gemeinschaftsakte im Binnenmarkt – zugleich Anmerkung zum Urteil des EuGH vom 17.3.1993 in der Rs. C-155/91, DVBl. 1993, S. 769 (776); widersprüchlich *E. Grabitz/M. Nettesheim*, in: Grabitz/Hilf, EU, Art. 130s, Rn. 28 und 37.
176 *Schröer* (Fn. 81), S. 128 ff.
177 *Epiney* (Fn. 166), S. 567 f.; *dies./Möllers* (Fn. 84), S. 15 f.; *Schröer* (Fn. 54), S. 366.
178 Vgl. *Everling* (Fn. 48), S. 1168 ff.; *D. Geradin*, Trade and Environmental Protection, Y.E.L. 13 (1993), S. 151 (167, 186); *Henke* (Fn. 171), S. 84 f.; *L. Krämer* (Fn. 175), S. 159; differ. *E. Grabitz/M. Nettesheim*, in: Grabitz/Hilf, EU, Art. 130s, Rn. 38 ff. (»Binnenmarktproduktnormen« und »Umweltproduktnormen«).
179 Ebenso *Calliess* (Fn. 168), S. 225; *Epiney* (Fn. 81), S. 67 ff.; *E. Grabitz/M. Nettesheim*, in: Grabitz/Hilf, EU, Art. 130s, Rn. 23 ff.; *Reiner Schmidt*, Neuere höchstrichterliche Rechtsprechung zum Umweltrecht, JZ 1995, S. 545 (546); zur Begründung ausführlich *Kahl* (Fn. 51), S. 303 ff.
180 Siehe etwa *H.-J. Glaesner*, Umwelt als Gegenstand einer Gemeinschaftspolitik, NuR 1988, S. 166 (169); *Vandermeersch* (Fn. 145), S. 419; *A. Vorwerk*, Die umweltpolitischen Kompetenzen der Europäischen Gemeinschaft und ihrer Mitgliedstaaten nach Inkrafttreten der EEA, 1990, S. 92 ff.
181 Unverständlich die Feststellung *Breiers* (Fn. 153), S. 50, der EuGH gehe von einer »reinen objektiven Betrachtungsweise aus«; ähnlich *Middeke* (Fn. 175), S. 775.
182 Zu dieser Gefahr vgl. *Breier* (Fn. 153), S. 52; *Kahl* (Fn. 153), S. 229; *L. Krämer* (Fn. 152), S. 87 ff. (89), 111 ff.; *Ruffert* (Fn. 154), S. 640.

fe[183] materielle Verfassungsprinzipien (Demokratieprinzip[184], Integrationsprinzip, Umweltprinzip) für die Abgrenzung nutzbar gemacht werden[185]. Hierbei kommt dem »Grundsatz des bestmöglichen Umweltschutzes« (**Umweltprinzip**) eine besondere Bedeutung zu, ergibt sich hieraus doch eine in dubio-Regel zugunsten der Vorschrift, die – bei einer bilanzierenden Betrachtung – einen effektiveren Umweltschutz bewirkt (Bilanzierungstheorie)[186]. Diese Vorgehensweise hat den Vorteil, zum einen gegenüber der z.T. willkürliche, jedenfalls aber häufig kaum vorhersehbare, Ergebnisse produzierenden Abgrenzungsmethode des EuGH[187] ein Mehr an Rechtssicherheit zu generieren[188] und zum anderen fundamentalen Leit- und Strukturprinzipien des europäischen Verfassungsrechts durch die Instrumentalisierung als Maßstäbe der Kompetenzabgrenzung[189] zu einem erhöhten effet utile zu verhelfen. Legt man den hier vertretenen Ansatz zugrunde, so verdient aufgrund der nach der h.M. im Vergleich zu Art. 176 deutlich engeren Schutzverstärkungsklauseln des Art. 95 Abs. 4 ff. auf der zweiten Stufe Art. 175 den Vorzug. Dies gilt aber nur für den »Normalfall« des Art. 175 Abs. 1, nicht für die in Art. 175 Abs. 2 aufgeführten Sachbereiche, da Art. 95 Abs. 1 in dieser Relation infolge des durchgängigen Prinzips der Abstimmung mit qualifizierter Mehrheit sowie der ausnahmslosen Geltung des Mitentscheidungsverfahrens im Regelfall[190] die höhere Integrationsdynamik und Umweltschutzfreundlichkeit aufweist sowie dem Demokratieprinzip stärker Rechnung trägt, was bei bilanzierender (primär auf die »EU-Umwelt«, nicht auf die »nationalen Umwelten« abstellender) Betrachtung das Plus des Art. 175 Abs. 2 i.V.m. Art. 176 in Sachen Schutzverstärkungspotential überwiegt[191].

---

183 Dies übersehen *Epiney* (Fn. 81), S. 65 ff. und ihr folgend *Scherer/Heselhaus*, in: Hb.EU-WirtR, O Rn. 81. Die hier vertretene Ansicht ist – entgegen Epiney und Scherer/Heselhaus – keine »allgemeine Vorrangregel« und auch nicht »eindimensional«, sondern eine Gewichtungsregel mit kompetenzrechtlicher Ausstrahlungswirkung im Einzelfall und unter Beachtung der grds. Offenheit der Güterabwägung (praktische Konkordanz).
184 Vgl. EuGH, Rs. C-300/89, Slg. 1991, I-2867, Rn. 18 ff. (Kommission/Rat); ähnlich GA *Léger*, Schlußantr. zu EuGH, Rs. C-84/94, Slg. 1996, I-5755, Ziff. 62 (Vereinigtes Königreich/Rat).
185 A.A. die h.M.; vgl. *Adamek* (Fn. 148), S. 321 ff.; *Epiney* (Fn. 81), S. 66; *Nettesheim* (Fn. 166), S. 258; *Ruffert* (Fn. 154), S. 642; *M. Schröder*, Umweltschutz als Gemeinschaftsziel und Grundsätze des Umweltschutzes, in: Rengeling, EUDUR I, 1998, § 9, Rn. 62 f. (66).
186 Vgl. ausf. *Kahl* (Fn. 51), S. 283 ff.; ähnlich *B. Schmidt am Busch*, Neue Ansätze zur Steuerung von Risiken beim Inverkehrbringen biotechnischer Lebensmittel, ZLR 2001, S. 479 (485 ff.); *Schröer* (Fn. 81), S. 133 ff.; im Ansatz ähnlich, wenngleich nicht ganz deutlich und unter alleiniger Abstellung auf die unterschiedlichen Befugnisse zum nationalen Alleingang *Scherer/Heselhaus*, Hb.EU-WirtR, O Rn. 36, 45, 81, 137; vgl. auch *Dougan* (Fn. 69), S. 882 f.
187 Daß die in sich wenig konsistente Methode des EuGH zu großen Abgrenzungsschwierigkeiten führt, wird allgemein so gesehen; vgl. nur *Dougan* (Fn. 69), S. 882; *Epiney/Furrer* (Fn. 69), S. 397; *Nettesheim* (Fn. 166), S. 250 f.; *B. Schmidt am Busch*, in: Grabitz/Hilf, EU, Art. 152, Rn. 57. Die h.M. nimmt dies jedoch billigend in Kauf.
188 A.A. *Epiney* (Fn. 81), S. 66 (vgl. aber auch ebd., S. 72).
189 Die Bilanzierungstheorie wirkt dabei nicht kompetenzbegründend, sondern nur kompetenzabschichtend; fehlgehend daher *Frenz* (Fn. 84), Rn. 101.
190 Eine Ausnahme gilt bezüglich Art. 175 Abs. 2. 1. Spstr. (steuerliche Vorschriften). Hier ergibt sich aufgrund von Art. 95 Abs. 2 i.Erg. keine sachliche Differenz, bleibt es somit beim Vorrang von Art. 175.
191 Gleichsinnig im Ausgangspunkt, jedoch anders im Ergebnis *L. Krämer* (Fn. 152), S. 115, der bei Art. 174 ff. wegen des Verweises auf Art. 176 eine »tendency towards lower Community standards« beobachtet, weshalb eine Abstützung auf Art. 175 »from an environmental point of view, counterproductive« sei.

II. Verhältnis zu sonstigen Kompetenzgrundlagen

54 **Art. 94** tritt in den durch Art. 95 erfaßten Materien als subsidiär zurück (vgl. Abs. 1: »abweichend von Artikel 94«)[192]. Dies gilt auch für die Angleichung von Wettbewerbsbedingungen. Soweit – und sei es nur teilweise – Bereichsausnahmen des Abs. 2 eingreifen (s. oben Rn. 6), bleibt Art. 94 aber allein oder zur Doppelabstützung anwendbar. Die Abgrenzung zu **Art. 133** gestaltet sich ähnlich wie die zu Art. 175 (s. Rn. 46 ff.). Geht es im Schwerpunkt bzw. »spezifisch« um die Regelung von Handelsströmen, so ist der Rechtsakt auf Art. 133 zu stützen. Steht jedoch die Harmonisierung nationaler Vorschriften gegenüber Drittstaaten im Vordergrund, gehen die Art. 95 und 94 vor[193]. Das Gleiche gilt für das Verhältnis von Art. 95 zu **Art. 37**[194], **Art. 137**[195] und **Art. 152 Abs. 4 lit. a, b**. Auch hier liegt ein Nebeneinander vor und ist folglich anhand von Gegenstand und Ziel der Regelungsschwerpunkt zu ermitteln. Verdrängt wird Art. 95 von den speziellen Harmonisierungskompetenzen (s. Rn. 6) sowie von **Art. 71, 80**[196]**, 156 EGV**[197] und **Art. 31 EAGV**[198]. Art. 308 tritt als subsidiäre Auffangnorm hinter Art. 95 zurück[199].

G. Rechtspolitische Perspektiven

55 Zum tatsächlichen **Stand der Verwirklichung** des Binnenmarktes sowie zur zukünftigen Aufgabe der **Sicherung, Verwaltung** und **Fortentwicklung des Binnenmarktes** s. Art. 14, Rn. 24 f., 26 ff.

---

192 Vgl. EuGH, Rs. C-350/92, Slg. 1995, I-1985, Rn. 40 (Spanien/Rat); *B. Langeheine*, in: Grabitz/Hilf, EU, Art. 100a, Rn. 93; a.A. *E. Steindorff*, Gemeinsamer Markt als Binnenmarkt, ZHR 150 (1986), S. 687 (701).
193 Vgl. EuGH, G. 2/92, Slg. 1995, I-521, Rn. 18 ff., 29 ff. (OECD); *Schmidt/Kahl* (Fn. 74), Rn. 54 ff. (64).
194 EuGH, Rs. C-269/97, 4.4.2000, Tätigkeitsbericht Nr. 12/2000, S. 1 (Kommission/Rat); *Epiney* (Fn. 44), S. 526; a.A. (Spezialität von Art. 37) noch *Becker* (Fn. 86), S. 100; *R. Mögele*, Die gemeinschaftliche Agrarkompetenz nach Amsterdam, ZeuS 2000, S. 79 (81 f., 91); *Thiel* (Fn. 172), S. 144 ff.; *Vorwerk* (Fn. 180), S. 81.
195 EuGH, Rs. C-84/94, Slg. 1996, I-5755, Rn. 21 f., 45 (Vereinigtes Königreich/Rat); GA *Léger*, Schlußantr. zu EuGH, Rs. C-84/94, Slg. 1996, I-5755, Ziff. 68 ff. (Vereinigtes Königreich/Rat); *Herrnfeld*, in: Schwarze, EU-Kommentar, Art. 95, Rn. 19; a.A. *Bardenhewer/J. Pipkorn*, in: GTE, EU-/EGV, Art. 100a, Rn. 52 (Spezialität von Art. 95).
196 *Schmitz* (Fn. 116), S. 112; *Thiel* (Fn. 172), S. 146 f. m.w.N.
197 EuGH, Rs. C-271/94, Slg. 1996, I-1689, Rn. 33, 35 (Parlament/Rat); GA *La Pergola*, Schlußantr. zu EuGH, Rs. C-271/94, Slg. 1996, I-1689, Ziff. 14 (Parlament/Rat).
198 Vgl. EuGH, Rs. C-70/88, Slg. 1991, I-4529, Rn. 17 f. (Parlament/Rat); *A. Bardenhewer/ J. Pipkorn*, in: GTE, EU-/EGV, Art. 100a, Rn. 49; *Ruffert* (Fn. 154), S. 639.
199 EuGH, Rs. 350/92, Slg. 1995, I-1985, Rn. 40 (Spanien/Rat).

Art. 96 (ex-Art. 101)

Stellt die Kommission fest, daß vorhandene Unterschiede in den Rechts- und Verwaltungsvorschriften der Mitgliedstaaten[2] die Wettbewerbsbedingungen auf dem Gemeinsamen Markt verfälschen[3] und dadurch eine Verzerrung hervorrufen[4 f.], die zu beseitigen ist[6], so tritt sie mit den betreffenden Mitgliedstaaten in Beratungen ein[7].

Führen diese Beratungen nicht zur Beseitigung dieser Verzerrung, so erläßt der Rat mit qualifizierter Mehrheit auf Vorschlag der Kommission die erforderlichen Richtlinien[7]. Die Kommission und der Rat können alle sonstigen, in diesem Vertrag vorgesehenen zweckdienlichen Maßnahmen treffen[8].

Inhaltsübersicht:

I. Einordnung	1
II. Voraussetzungen	2
1. Unterschiede zwischen Rechts- und Verwaltungsvorschriften	2
2. Verfälschung der Wettbewerbsbedingungen	3
3. Wettbewerbsverzerrung	4
4. Beseitigungsbedürfnis	6
III. Verfahren	7
IV. Verhältnis zu anderen Vorschriften	8
V. Rechtspraxis	9

I. Einordnung

Art. 96, gedacht als »flexibles Instrument für das Krisenmanagement bei schwerwiegenden Funktionsstörungen des Gemeinsamen Marktes«[1], steht im Kontext der Art. 3 Abs. 1 lit. g und h. Im Gegensatz zu den Art. 94 und 95 dient er nicht der systematischen, sondern der **punktuellen** Rechtsangleichung auf der Basis eines **vereinfachten Verfahrens** (s. Rn. 7). Im Gegensatz zu den, auch präventiv einsetzbaren, Art. 94 und 95, ist Art. 96 ein Instrument der rein repressiven **Rechtsangleichung**[2] (s. Rn. 2).   **1**

II. Voraussetzungen

1. Unterschiede zwischen Rechts- und Verwaltungsvorschriften

Der Begriff der »Rechts- und Verwaltungsvorschriften« entspricht dem des Art. 94 (s. Art. 94, Rn. 6 f.). Art. 96 ist jedoch insofern enger, als er inhaltlich **unterschiedliche** und bereits **vorhandene** Rechtsnormen verlangt[3].   **2**

2. Verfälschung der Wettbewerbsbedingungen

Das Kriterium der Wettbewerbsverfälschung taucht im Vertrag an verschiedenen Stellen auf (vgl. z.B. Art. 3 Abs. 1 lit. g, Art. 81 Abs. 1, Art. 87 Abs. 1, Art. 298 Abs. 1). Stets   **3**

---

1 A. *Bardenhewer/J. Pipkorn*, in: GTE, EU-/EGV, Art. 101, Rn. 1.
2 Vgl. B. *Langeheine*, in: Grabitz/Hilf, EU, Art. 101, Rn. 1; M. *Röttinger*, in: Lenz, EGV, Art. 96, Rn. 3.
3 Vgl. *Geiger*, EUV/EGV, Art. 96, Rn. 2.

ist Voraussetzung, daß eine staatliche Beeinflussung der Wettbewerbsbedingungen im Gemeinsamen Markt vorliegt, durch die einzelne Wirtschaftszweige oder Unternehmen gegenüber ihren Konkurrenten bevorzugt oder benachteiligt werden[4]. Der Nachweis einer Kostendifferenz ist nicht erforderlich.

3. Wettbewerbsverzerrung

4 Die Verzerrung ist eine zusätzliche Qualifizierung der Wettbewerbsverfälschung. Die Anforderungen an das Vorliegen einer »Wettbewerbsverzerrung« sind umstritten und bis heute unklar. Überwiegend[5] wird auf das Vorliegen einer »**spezifischen Wettbewerbsverzerrung**« i.S.d. Spaak-Berichts von 1956[6] abgestellt. Danach ist Voraussetzung, daß die Wettbewerbsverzerrung nicht »allgemeiner« Art ist (wie z.B. Steuern oder Sozialabgaben). Mit anderen Worten: Es muß ein Industriezweig mehr oder weniger belastet sein als der Durchschnitt der Gesamtwirtschaft des eigenen Landes und es darf in keinem anderen Mitgliedstaat eine entsprechende Mehr- oder Wenigerbelastung des gleichen Industriezweigs bestehen[7]. Für die Bestimmung der »Spezifität« wird von der heute h.M. nicht mehr nur das Kriterium der **Kostenbelastung** herangezogen, sondern **jede** – auch kostenunabhängige – **Belastung** (z.B. Werbeverbote oder -beschränkungen) berücksichtigt[8].

5 In der Tat liegt es im Funktionsinteresse des Gemeinsamen Marktes, von einem **weiten Begriffsverständnis** auszugehen. Danach kennzeichnet der Begriff der Verzerrung »wettbewerbsverfälschende Rechtsunterschiede, die einerseits keinen – vertraglich verbotenen – diskriminierenden Charakter haben und andererseits auch nicht lediglich zu allgemeinen Ungleichbehandlungen überall in der EG führen, sondern die bestimmte Wirtschaftszweige in bestimmten Mitgliedstaaten so erheblich bevorteilen oder benachteiligen, daß das Funktionsinteresse des Gemeinsamen Marktes ein rasches Einschreiten, gegebenenfalls auch im Vorgriff auf Maßnahmen der allgemeinen Rechtsangleichung, gebietet«[9].

4. Beseitigungsbedürfnis

6 Es muß sich um eine Verzerrung handeln, »die zu beseitigen ist« (Abs. 1). Auch hierfür sind Kostenunterschiede keine conditio sine qua non. Die Beseitigungsbedürftigkeit ist

---

4 Vgl. *E. Klein*, in: HK-EU, Art. 101, Rn. 2; *B. Langeheine*, in: Grabitz/Hilf, EU, Art. 101, Rn. 5.
5 Vgl. *B. Aubin*, Zum Aufbau des Tatbestands in Artikel 101 des Vertrags zur Gründung der Europäischen Wirtschaftsgemeinschaft, FS-Riese, 1964, S. 245 (251 f.); *U. Everling*, in: W/E/G/S, EWGV, Vorbem. 1 vor Art. 100; *D. Simon*, in: Constantinesco/Jacqué/Kovar/ders., TCE, Art. 101, Rn. 4; ebenso Europäische Kommission, Antwort auf die schriftliche Anfrage Nr. 360/80 des Abg. Muntingh, ABl.EG 1980 Nr. C 283/1; a.A. *H. Mesenberg*, Zur Frage des Abbaus von Wettbewerbsverfälschungen und -verzerrungen in den EWG-Staaten, BB 1961, S. 141 (141 f.); *M. Röttinger*, in: Lenz, EGV, Art. 96, Rn. 5.
6 Regierungsausschuß eingesetzt von der Konferenz von Messina – Bericht der Delegationsleiter an die Außenminister v. 21.4.1956, S. 64 ff.
7 *U. Everling*, Zur Funktion der Rechtsangleichung in der Europäischen Gemeinschaft, LA-Pescatore, 1987, S. 227 (228).
8 Vgl. *E. Klein*, in: HK-EU, Art. 101, Rn. 3; *B. Langeheine*, in: Grabitz/Hilf, EU, Art. 101, Rn. 7 ff. (9); *E.-J. Mestmäcker*, Europäisches Wettbewerbsrecht, 1974, § 5 I 4; *K. Zweigert*, Grundsatzfragen zur Europäischen Rechtsangleichung, ihrer Schöpfung und Sicherung, FS-Dölle, Bd. 2, 1963, S. 401 (410); vgl. auch Kommission, Antwort auf die schr. Anfrage Nr. 2226/80 des Abg. Muntingh, ABl.EG 1983 Nr. C 257/1 (2).
9 *A. Bardenhewer/J. Pipkorn*, in: GTE, EU-/EGV, Art. 101, Rn. 11 ff. (13).

vielmehr immer dann zu bejahen, wenn eine besonders gravierende (nachhaltige, erhebliche) Verzerrung vorliegt[10].

III. Verfahren

Das Verfahren beginnt mit der auf die Wettbewerbsverzerrung bezogenen Feststellung der Kommission. Daran schließt sich die Beratungsphase zwischen der Kommission und den betroffenen Mitgliedstaaten an (Abs. 1). Führt diese zu keiner Beseitigung der Wettbewerbsverzerrung, unterbreitet die Kommission einen Vorschlag, auf dessen Grundlage der Rat (ohne obligatorische Beteiligung des Europäischen Parlaments und des Wirtschafts- und Sozialausschusses) mit qualifizierter Mehrheit (Art. 205 Abs. 2) entscheidet (Abs. 2 S. 1). Nach überwiegender Ansicht kann der Rat dabei nur Harmonisierungs-Richtlinien (keine Schutzmaßnahmen-Richtlinien) erlassen[11]. Kommission und Rat verfügen dabei über einen Einschätzungsspielraum, der der gerichtlichen Nachprüfung zugänglich ist.

7

IV. Verhältnis zu anderen Vorschriften

Neben dem Art. 96 bleiben alle sonstigen Vorschriften des Vertrages anwendbar, die zur Behebung von Wettbewerbsverzerrungen herangezogen werden können (Abs. 2 S. 2). Dabei tritt Art. 96 grundsätzlich als **subsidiär** zurück, wenn die Wettbewerbsverfälschung wegen eines Verstoßes gegen andere Vertragsvorschriften bzw. gegen Sekundärrecht verfolgt und beseitigt werden kann[12]. Vorrangig sind etwa die Art. 28 ff., 87 ff. und 93. Eine Rechtsangleichung nach Art. 94 und 95 ist neben Art. 96 möglich.

8

V. Rechtspraxis

In der Rechtspraxis ist Art. 96 ohne Bedeutung geblieben. Bislang wurde keine Richtlinie auf seiner Grundlage erlassen[13]. Dies wird in der Literatur auf die nur punktuelle Reaktionsmöglichkeit (s. Rn. 1), auf die Schwierigkeit der begrifflichen Bestimmung einer »Wettbewerbsverzerrung« (s. Rn. 4) sowie auf die fehlenden Beteiligungsrechte des Europäischen Parlaments (s. Rn. 7) zurückgeführt[14]. In der Praxis wurden bzw. werden daher die Art. 94 f. den Art. 96 f. vorgezogen.

9

---

10 Vgl. A. Bardenhewer/J. Pipkorn, in: GTE, EU-/EGV, Art. 101, Rn. 16; U. Everling, in: W/E/G/S, EWGV, Art. 101, Anm. 2; Geiger, EUV/EGV, Art. 96, Rn. 2; Mesenberg (Fn. 5), S. 143.
11 Vgl. A. Bardenhewer/J. Pipkorn, in: GTE, EU-/EGV, Art. 101, Rn. 19; E. Klein, in: HK-EU, Art. 101, Rn. 5.
12 Vgl. B. Langeheine, in: Grabitz/Hilf, EU, Art. 101, Rn. 17.
13 Herrnfeld, in: Schwarze, EU-Kommentar, Art. 96/97, Rn. 1 f.; D. Simon, in: Constantinesco/Jacqué/Kovar/ders., TCE, Art. 101, Rn. 1.
14 Vgl. A. Bardenhewer/J. Pipkorn, in: GTE, EU-/EGV, Art. 101, Rn. 1; E. Klein, in: HK-EU, Art. 101, Rn. 1; vgl. allg. auch P. Collins/M. Hutchings, Articles 101 and 102 of the EEC Treaty: Completing the internal market, ELRev. 1986, S. 191 (195 ff.).

Art. 97 (ex-Art. 102)

(1) Ist zu befürchten, daß der Erlaß oder die Änderung einer Rechts- oder Verwaltungsvorschrift eine Verzerrung im Sinne des Artikels 96 verursacht, so setzt sich der Mitgliedstaat, der diese Maßnahme beabsichtigt, mit der Kommission ins Benehmen. Diese empfiehlt nach Beratung mit den Mitgliedstaaten den beteiligten Staaten die zur Vermeidung dieser Verzerrung geeigneten Maßnahmen.

(2) Kommt der Staat, der innerstaatliche Vorschriften erlassen oder ändern will, der an ihn gerichteten Empfehlung der Kommission nicht nach, so kann nicht gemäß Artikel 96 verlangt werden, daß die anderen Mitgliedstaaten ihre innerstaatlichen Vorschriften ändern, um die Verzerrung zu beseitigen. Verursacht ein Mitgliedstaat, der die Empfehlungen der Kommission außer acht läßt, eine Verzerrung lediglich zu seinem eigenen Nachteil, so findet Artikel 96 keine Anwendung.

Inhaltsübersicht:

I. Hintergrund	1
II. Voraussetzungen	2
III. Rechtsfolgen	3
1. Konsultationsverfahren	3
2. Erlaß von Richtlinien	4
IV. Rechtspraxis	7

I. Hintergrund

1 Art. 97 verleiht der Kommission eine **Präventivbefugnis** im Interesse der Vermeidung von Wettbewerbsverzerrungen. Die Vorschrift »soll verhindern, daß die Unterschiede noch vergrößert werden, die unter dem Gesichtspunkt der Vertragsziele zwischen den innerstaatlichen Rechtsordnungen bestehen«[1]. Zu diesem Zweck sieht Art. 97 insbesondere eine Unterrichtungspflicht des Mitgliedstaats, der eine potentiell wettbewerbsverzerrende Maßnahme beabsichtigt, sowie die Kompetenz der Kommission zur Empfehlung von (punktuellen) Rechtsangleichungsmaßnahmen vor. Hierin liegt zugleich eine Konkretisierung von Art. 10. Art. 97 hat **keine unmittelbare Wirkung**[2].

II. Voraussetzungen

2 Voraussetzung ist zunächst eine zu befürchtende »**Verzerrung im Sinne des Artikels 96**« (Abs. 1 S. 1, s. Art. 96, Rn. 4 f.). Der Verweis auf Art. 96 wird allgemein weit ausgelegt. Er erstreckt sich auch auf das Erfordernis einer **Wettbewerbsverfälschung** (s. Art. 96, Rn. 3). Ferner muß die Verzerrung eine Folge der Verfälschung sein. Die Verzerrung muß darüber hinaus »**zu beseitigen**« sein (s. Art. 96, Rn. 6). Schließlich muß zwischen der Verzerrung und den Unterschieden in den Rechts- und Verwaltungsvorschriften der Mitgliedstaaten eine Kausalität bestehen. Abweichend von Art. 96 geht es hierbei um **drohende (potentielle)** Rechtsunterschiede und Verzerrungen, nicht um bereits eingetretene (s. Rn. 1)[3].

---

1 EuGH, Rs. 6/64, Slg. 1964, 1254 (1271) (Costa/ENEL).
2 EuGH, Rs. 6/64, Slg. 1964, 1254 (1271 f.) (Costa/ENEL).
3 Vgl. M. Röttinger, in: Lenz, EGV, Art. 97, Rn. 3.

III. Rechtsfolgen

1. Konsultationsverfahren

In erster Linie hat der Mitgliedstaat, der eine Rechtsänderung plant, bei welcher »auch 3 nur entfernt«[4] die Gefahr einer Wettbewerbsverzerrung besteht, die Kommission so umfassend und rechtzeitig zu **unterrichten**, daß diese prüfen kann, ob eine Verzerrung tatsächlich verursacht werden kann (Abs. 1 S. 1, s. auch Art. 10, Rn. 29)[5]. Gelangt die Kommission zu der Auffassung, daß die geplante Rechtsänderung mit hinreichender Wahrscheinlichkeit eine Wettbewerbsverzerrung hervorrufen wird, **empfiehlt** (Art. 249 Abs. 5) sie nach Beratung mit allen Mitgliedstaaten die **zur Vermeidung der Verzerrung geeigneten Maßnahmen** (Abs. 1 S. 2). Hierbei handelt es sich um Maßnahmen der **Rechtsangleichung**.

2. Erlaß von Richtlinien

Kommt der Mitgliedstaat, der die verzerrende Rechtsänderung plant, der Empfehlung 4 nicht nach und tritt die Verzerrung tatsächlich ein, können die anderen Mitgliedstaaten nicht gem. **Art. 96** verpflichtet werden, ihre innerstaatlichen Vorschriften zu ändern, um die Verzerrung zu beseitigen (Abs. 2 S. 1). Nur der Mitgliedstaat, der die Verzerrung hervorgerufen hat, kann auf der Basis von Art. 96 angehalten werden, die Rechtsänderung rückgängig zu machen (Ausnahme: Abs. 2 S. 2, sog. Verzerrung zu eigenen Lasten). Davon unberührt bleibt eine Harmonisierung nach Art. 94, 95 oder speziellen Angleichungskompetenzen[6].

Kommt der Mitgliedstaat der an ihn gerichteten Empfehlung zwar nach, tritt aber 5 gleichwohl eine Verzerrung ein, so findet Art. 96 dagegen uneingeschränkt Anwendung (argumentum e contrario aus Abs. 2 S. 1)[7]. Das Gleiche gilt, wenn eine Verzerrung eintritt, die Kommission aber keine Empfehlung abgegeben hat, weil sie die Eintrittswahrscheinlichkeit der Verzerrung falsch beurteilt hatte. Auch hier kann in vollem Umfang auf Art. 96 zurückgegriffen werden[8].

Umstritten ist die Fallgruppe, daß ein Mitgliedstaat es versäumt hat, die Kommission 6 von einer geplanten Rechtsänderung zu unterrichten und eine Verzerrung eintritt. Hier wird z.T. vertreten, Abs. 2 S. 2 entsprechend anzuwenden[9]. Dem ist nicht zuzustimmen, da es an einer planwidrigen Lücke, jedenfalls aber an einer Vergleichbarkeit der Sachverhalte fehlt. Abs. 2 S. 2 ist entscheidend durch das Element der eingehenden Prüfung und (prognostischen) Würdigung der Rechtsänderung durch die Kommission gekennzeichnet. Daran fehlt es im Falle der Nichtkonsultation der Kommission gerade. Art. 96 ist somit allgemein anwendbar. Dessen ungeachtet kann der säumige Mitgliedstaat nach

---

4 EuGH, Rs. 6/64, Slg. 1964, 1254 (1271) (Costa/ENEL).
5 Vgl. EuGH, Verb. Rs. 181 u. 229/78, Slg. 1979, 2063, Rn. 10 (van Paassen).
6 Vgl. *A. Bardenhewer/J. Pipkorn*, in: GTE, EU-/EGV, Art. 102, Rn. 6.
7 *A. Bardenhewer/J. Pipkorn*, in: GTE, EU-/EGV, Art. 102, Rn. 9; *U. Everling*, in: W/E/G/S, EWG, Art. 102, Anm. 4.
8 *U. Everling*, in: W/E/G/S, EWG, Art. 102, Anm. 4; *B. Langeheine*, in: Grabitz/Hilf, EU, Art. 102, Rn. 7.
9 Vgl. *U. Everling*, in: W/E/G/S, EWG, Art. 102, Anm. 5; *M. Röttinger*, in: Lenz, EGV, Art. 97, Rn. 10.

Art. 226 ff. verklagt werden[10] und kann die Kommission von sich aus das Verfahren des Art. 97 einleiten, wenn sie von den geplanten Rechtsänderungen erfährt[11].

IV. Rechtspraxis

7   Art. 97 ist – wie Art. 96 (s. Art. 96, Rn. 9) – praktisch von sehr geringer Bedeutung geblieben[12]. Auch hier spielt als Grund die unklare Tatbestandslage (»Wettbewerbsverzerrung« i.S.d. Art. 96) eine Rolle. Des weiteren nimmt die Bedeutung von Art. 97 in dem Maße ab, in dem Stillhaltepflichten aus unmittelbar anwendbaren Grundfreiheitsvorschriften abgeleitet oder in gesonderten Vereinbarungen begründet werden[13].

---

10 So überzeugend A. *Bardenhewer/J. Pipkorn*, in: GTE, EU-/EGV, Art. 102, Rn. 10; B. *Langeheine*, in: Grabitz/Hilf, EU, Art. 102, Rn. 8.
11 Vgl. B. *Langeheine*, in: Grabitz/Hilf, EU, Art. 102, Rn. 3.
12 Vgl. die Beispielsfälle bei A. *Bardenhewer/J. Pipkorn*, in: GTE, EU-/EGV, Art. 102, Rn. 11 ff.; siehe auch *Herrnfeld*, in: Schwarze, EU-Kommentar, Art. 96/97, Rn. 4.
13 A. *Bardenhewer/J. Pipkorn*, in: GTE, EU-/EGV, Art. 102, Rn. 11; B. *Langeheine*, in: Grabitz/Hilf, EU, Art. 102, Rn. 10.

Titel VII
(ex-Titel VI)
Die Wirtschafts- und Währungspolitik

Kapitel 1
Die Wirtschaftspolitik

Art. 98 (ex-Art. 102a)

Die Mitgliedstaaten richten ihre[1] Wirtschaftspolitik[3] so aus, daß sie im Rahmen der in Artikel 99 Absatz 2 genannten Grundzüge zur Verwirklichung der Ziele der Gemeinschaft im Sinne des Artikels 2 beitragen. Die Mitgliedstaaten und die Gemeinschaft handeln im Einklang mit dem Grundsatz einer offenen Marktwirtschaft mit freiem Wettbewerb, wodurch ein effizienter Einsatz der Ressourcen gefördert wird,[4] und halten sich dabei an die in Artikel 4 genannten Grundsätze.[5]

Inhaltsübersicht:
A. Wirtschafts- und Währungsunion (WWU) 1
B. Wirtschaftspolitik 3
C. Grundsätze 4

A. Wirtschafts- und Währungsunion (WWU)

Der EUV hat einen neuen, eigenen Titel zur Wirtschafts- und Währungspolitik in den EGV eingefügt. Seine Vorschriften stehen in engem Zusammenhang mit der WWU. Vorgesehen ist eine nahezu vollständige Vergemeinschaftung der Geld- und Währungspolitik. Die **Wirtschaftspolitik verbleibt** jedoch **in der Zuständigkeit der Mitgliedstaaten**.[1] Satz 1 erkennt insofern mit der Wendung »ihre Wirtschaftspolitik« die Zuständigkeit der Mitgliedstaaten an,[2] verpflichtet sie aber gleichzeitig, ihre Wirtschaftspolitik auf die Verwirklichung der Gemeinschaftsziele auszurichten. 1

Eine **Wirtschaftsunion** im Sinne einer einheitlichen von der Gemeinschaft betriebenen Wirtschaftspolitik[3] ist demnach **nicht vorgesehen**. Streng genommen zielen die Vorschriften des EGV deshalb nicht auf eine Wirtschafts- und Währungsunion, sondern nur auf eine Währungsunion. Wegen des engen tatsächlichen Zusammenhangs mit der Währungspolitik ist eine **Koordinierung** der einzelstaatlichen Wirtschaftspolitik einschließlich der Finanzpolitik aber von besonderer Bedeutung. Das soll wohl in dem Ausdruck »Wirtschaftsunion« zum Ausdruck kommen.[4] 2

---

1 Vgl. *D. Blumenwitz/B. Schöbener*, Stabilitätspakt für Europa, 1997, S. 68 ff.; *H. J. Hahn*, Der Vertrag von Maastricht als völkerrechtliche Übereinkunft und Verfassung, 1992, S. 77; *J. Pipkorn*, Legal Arrangements in the Treaty of Maastricht for the Effectiveness of the Economic and Monetary Union, CMLRev. 1994, S. 263 (268).
2 Vgl. *R. Bandilla*, in: Grabitz/Hilf, EU, Art. 102a, Rn. 1; *D. Hattenberger*, in: Schwarze, EU-Kommentar, Art. 98 EGV, Rn. 4.
3 *A. Bleckmann/S. U. Pieper*, in: Bleckmann, Europarecht, Rn. 2440.
4 Zum Begriff Wirtschaftsunion im EGV vgl. auch *G. Nicolaysen*, Europarecht II, 1996, S. 336 f.

B. Wirtschaftspolitik

3 Der Begriff »Wirtschaftspolitik« bezieht sich wie in Art. 4 auf die allgemeine, **bereichsübergreifende Wirtschaftspolitik** (s. Art. 4, Rn. 1 ff.).[5] Sie soll zur Verwirklichung der in Artikel 2 als »Aufgabe« bezeichneten Ziele der Gemeinschaft beitragen.[6] Den Rahmen für eine solche Wirtschaftspolitik bilden die »Grundzüge der Wirtschaftspolitik«, deren Erstellung Art. 99 Abs. 2 regelt. Diese Grundzüge legen, wie bereits Art. 4 Abs. 1 erwähnt (s. Art. 4, Rn. 6), gemeinsame wirtschaftspolitische Ziele fest und enthalten Strategien zur Umsetzung dieser Zielvorstellungen.

C. Grundsätze

4 Satz 2 verpflichtet nicht nur die Mitgliedstaaten, sondern auch die Gemeinschaft auf ein wirtschaftspolitisches Handeln im Einklang mit dem Grundsatz einer offenen **Marktwirtschaft mit freiem Wettbewerb**. Die Vertragsparteien bringen ihre Überzeugung zum Ausdruck, daß dadurch ein effizienter Einsatz der Ressourcen gefördert wird. Gleichzeitig wird man diese Bemerkung zum Ressourceneinsatz auch als Auftrag verstehen können.[7]

5 Bei ihrem wirtschaftspolitischen Handeln halten sich die Mitgliedstaaten »an die in Artikel 4 genannten Grundsätze«. Da Satz 2 den Grundsatz einer offenen Marktwirtschaft mit freiem Wettbewerb zuvor bereits ausdrücklich erwähnt hat, kann sich diese Verpflichtung nur noch auf die in Art. 4 Abs. 3 aufgezählten »**richtungsweisenden Grundsätze**« stabile Preise, gesunde öffentliche Finanzen und monetäre Rahmenbedingungen sowie eine dauerhaft finanzierbare Zahlungsbilanz beziehen. Sie gelten nicht nur im Bereich der Währungspolitik, sondern geben auch darüber hinaus die Richtung für die allgemeine Wirtschaftspolitik vor.[8]

---

5 Vgl. auch W. *Schill*, in: Lenz, EGV, Art. 100, Rn. 1; *F. v. Estorff/B. Molitor*, in: GTE, EGV, Art. 102a, Rn. 2.
6 Ausführlich zu den Zielen der Gemeinschaft im Zusammenhang mit der Wirtschaftspolitik M. *Schulze-Steinen*, Rechtsfragen zur Wirtschaftsunion, 1998, S. 89 ff.
7 Ähnlich D. *Hattenberger*, in: Schwarze, EU-Kommentar, Art. 98 EGV, Rn. 7. Nach *R. Bandilla* in: Grabitz/Hilf, EU, Art. 102a, Rn. 1, soll es sich nur um eine Erläuterung des Begriffs »offene Marktwirtschaft« handeln.
8 Vgl. *R. Bandilla*, in: Grabitz/Hilf, EU, Art. 102a, Rn. 5.

Art. 99 (ex-Art. 103)

(1) Die Mitgliedstaaten betrachten ihre Wirtschaftspolitik als eine Angelegenheit von gemeinsamem Interesse und koordinieren sie im Rat nach Maßgabe des Artikels 98.[1]

(2) Der Rat erstellt mit qualifizierter Mehrheit auf Empfehlung der Kommission einen Entwurf für die Grundzüge der Wirtschaftspolitik der Mitgliedstaaten und der Gemeinschaft und erstattet dem Europäischen Rat hierüber Bericht.[3 ff.]

Der Europäische Rat erörtert auf der Grundlage dieses Berichtes des Rates eine Schlußfolgerung zu den Grundzügen der Wirtschaftspolitik der Mitgliedstaaten und der Gemeinschaft.[4 f.]

Auf der Grundlage dieser Schlußfolgerung verabschiedet der Rat mit qualifizierter Mehrheit eine Empfehlung, in der diese Grundzüge dargelegt werden.[6 f.] Der Rat unterrichtet das Europäische Parlament über seine Empfehlung.[8 f.]

(3) Um eine engere Koordinierung der Wirtschaftspolitik und eine dauerhafte Konvergenz der Wirtschaftsleistungen der Mitgliedstaaten zu gewährleisten, überwacht der Rat anhand von Berichten der Kommission[13] die wirtschaftliche Entwicklung in jedem Mitgliedstaat und in der Gemeinschaft sowie die Vereinbarkeit der Wirtschaftspolitik mit den in Absatz 2 genannten Grundzügen und nimmt in regelmäßigen Abständen eine Gesamtbewertung vor.[10 ff.]

Zum Zwecke dieser multilateralen Überwachung übermitteln die Mitgliedstaaten der Kommission Angaben zu wichtigen einzelstaatlichen Maßnahmen auf dem Gebiet ihrer Wirtschaftspolitik sowie weitere von ihnen für erforderlich erachtete Angaben.[13]

(4) Wird im Rahmen des Verfahrens nach Absatz 3 festgestellt, daß die Wirtschaftspolitik eines Mitgliedstaats nicht mit den in Absatz 2 genannten Grundzügen vereinbar ist oder das ordnungsgemäße Funktionieren der Wirtschafts- und Währungsunion zu gefährden droht,[14] so kann der Rat mit qualifizierter Mehrheit auf Empfehlung der Kommission die erforderlichen Empfehlungen an den betreffenden Mitgliedstaat richten. Der Rat kann mit qualifizierter Mehrheit auf Vorschlag der Kommission beschließen, seine Empfehlungen zu veröffentlichen.[15 ff.]

Der Präsident des Rates und die Kommission erstatten dem Europäischen Parlament über die Ergebnisse der multilateralen Überwachung Bericht. Der Präsident des Rates kann ersucht werden, vor dem zuständigen Ausschuß des Europäischen Parlaments zu erscheinen, wenn der Rat seine Empfehlungen veröffentlicht hat.[18]

(5) Der Rat kann nach dem Verfahren des Artikels 252 die Einzelheiten des Verfahrens der multilateralen Überwachung im Sinne der Absätze 3 und 4 festlegen.[19 ff.]

Inhaltsübersicht:

A. Koordinierung der Wirtschaftspolitik	1
B. Grundzüge der Wirtschaftspolitik	2
I. EWGV und EGV	2
II. Verfahren	3
III. Beteiligung des Europäischen Parlaments	8
C. Überwachung der wirtschaftlichen Entwicklung	10
D. Sanktionen	14
E. Justitiabilität	16
F. Beteiligung des Parlaments	18
G. Rechtsetzungsbefugnisse	19

Ulrich Häde

A. Koordinierung der Wirtschaftspolitik

1 Der frühere Art. 103 Abs. 1 EWGV bezog sich auf die **Konjunkturpolitik**, also auf kurz- und mittelfristige Maßnahmen.[1] Abs. 1 in der durch den EUV geänderten Fassung erweitert den Anwendungsbereich und nennt als Angelegenheit von gemeinsamem Interesse[2] **nun allgemein die Wirtschaftspolitik**.[3] Konsequenz des gemeinsamen Interesses ist die Koordinierung[4] der Wirtschaftspolitiken der Mitgliedstaaten nach Maßgabe des Art. 98. Die Pflicht der Mitgliedstaaten zur Koordinierung ihrer Wirtschaftspolitik bezieht sich vor allem auf die in Abs. 3 und 4 geregelten Verfahren, kann aber auch darüber hinausgehen.[5]

B. Grundzüge der Wirtschaftspolitik

I. EWGV und EGV

2 Der **EWG-Vertrag** sah in seinen Art. 103 ff. bereits Ansätze für eine Koordinierung der Wirtschaftspolitik in Form einer Zusammenarbeit zwischen den zuständigen Verwaltungsstellen und den Zentralbanken (Art. 105 Abs. 1 UAbs. 1 EWGV) vor.[6] Die Kommission konnte dem Rat allerdings nur Empfehlungen zur Herbeiführung dieser Zusammenarbeit unterbreiten (Art. 105 Abs. 1 UAbs. 2 EWGV). In seiner durch den Maastrichter Vertrag revidierten Fassung geht der EG-Vertrag deutlich darüber hinaus. In Form von »**Grundzügen der Wirtschaftspolitik** der Mitgliedstaaten und der Gemeinschaft« sieht er nun auch inhaltliche Vorgaben vor. Diesen Grundzügen kommt eine **Schlüsselstellung** im Rahmen des Koordinierungsprozesses zu.

II. Verfahren

3 Die Erstellung der Grundzüge folgt dem Verfahren des Abs. 2. Nach dem Wortlaut der Vorschrift steht am Anfang eine Empfehlung, die die Kommission dem Rat unterbreitet, der – wie fast stets im Zusammenhang mit der WWU – in der Zusammensetzung der Wirtschafts- und Finanzminister zusammentritt.[7] In der Praxis geht dem wohl ein Vorentwurf der Kommission für diese Empfehlung voraus.[8] Erst nachdem der Rat diesen Vorentwurf auf der Grundlage eines Berichts des Währungsausschusses (Art. 114 Abs. 1 UAbs. 2, 3. Spstr.) diskutiert hat, veröffentlicht die Kommission die (überarbeitete) Empfehlung. Auf der Basis der Empfehlung der Kommission erstellt der Rat einen Entwurf der Grundzüge. Darüber erstattet er dann dem Europäischen Rat Bericht.

---

1 Vgl. *G. Nicolaysen*, Europarecht II, 1996, S. 322.
2 Zu diesem Begriff vgl. *M. Schulze-Steinen*, Rechtsfragen zur Wirtschaftsunion, 1998, S. 186 ff.
3 Auf Abgrenzungsschwierigkeiten zwischen beiden Begriffen weist *R. Smits*, in: HER, Art. 103 EWGV, Rn. 11, hin.
4 Zum Begriff der Koordinierung *Schulze-Steinen* (Fn. 2), S. 134 ff.
5 Vgl. *Schulze-Steinen* (Fn. 2), S. 192 ff., der von einem eigenen Regelungsgehalt der Koordinierungsverpflichtung aus Abs. 1 ausgeht.
6 Zur Wirtschaftspolitik unter der Geltung des EWGV *K. Bünger/B. Molitor*, in: GTE, EWGV, 4. Aufl., 1991, Vorbem. zu den Art. 102a bis 109, Rn. 25 ff.; *Schulze-Steinen* (Fn. 2), S. 52 ff.
7 Vgl. die der Schlußakte zum EUV beigefügte »Erklärung zum Dritten Teil Titel III und IV des Vertrags zur Gründung der Europäischen Gemeinschaft«.
8 Ausführlich zum Ablauf *R. Petschnigg*, Die wirtschaftspolitische Koordinierung in der Europäischen Wirtschafts- und Währungsunion, Berichte und Studien der Oesterreichischen Nationalbank, Heft 3/1994, S. 85 f.; *Schulze-Steinen* (Fn. 2), S. 141 ff.

Hier verläßt das Verfahren den Rahmen der EG. Der **Europäische Rat**, der sich aus den   4
Staats- und Regierungschefs der Mitgliedstaaten sowie dem Präsidenten der Kommission zusammensetzt (Art. 4 Abs. 2 Satz 1 EUV), ist kein Organ der EG (s. Art. 4 EUV, Rn. 9 ff.). Nach Art. 4 Abs. 1 EUV gibt er der Union die für ihre Entwicklung erforderlichen Impulse und legt die allgemeinen politischen Zielvorstellungen fest. Um solche Zielvorstellungen im Hinblick auf die Wirtschaftspolitik geht es auch bei der Festlegung der Grundzüge.[9]

Dem Europäischen Rat sind allerdings keine Befugnisse zum Erlaß von Rechtsakten ver-   5
liehen.[10] Deshalb entscheidet er nicht selbst über die endgültige Form der Grundzüge. Er erörtert jedoch auf der Grundlage des Ratsberichts eine **Schlußfolgerung** dazu. Auch wenn dieser Schlußfolgerung die **Rechtsverbindlichkeit fehlt**,[11] ist ihre politische Verbindlichkeit doch sehr hoch.[12] Der Rat, der auf der Grundlage dieser Schlußfolgerung anschließend die Grundzüge förmlich festlegt, ist deshalb zwar nicht rechtlich an die Vorgaben des Europäischen Rates gebunden. Er wird dennoch nicht wesentlich davon abweichen können.

Die endgültige Fixierung der Grundzüge erfolgt in Form einer **Empfehlung** des Rates, al-   6
so als **unverbindlicher Rechtsakt** (Art. 249 Abs. 5). Die so erstellten Grundzüge legen die in Art. 4 erwähnten gemeinsamen Ziele der Mitgliedstaaten und der Gemeinschaft auf dem Gebiet der Wirtschaftspolitik fest. Zugleich geben sie den Rahmen für die wirtschaftspolitische Koordinierung vor.

Seit Inkrafttreten des EUV hat der Rat in jedem Jahr eine Empfehlung zu den Grundzü-   7
gen der Wirtschaftspolitik der Mitgliedstaaten und der Gemeinschaft erlassen. Die erste erging bereits am 22.12.1993[13], die weiteren am 11.7.1994, 10.7.1995, 8.7.1996, 7.7.1997, 6.7.1998, 12.7.1999, sowie am 19.6.2000.[14]

III. Beteiligung des Europäischen Parlaments

Eine Mitwirkung des Europäischen Parlaments im Verfahren nach Abs. 2 ist nicht vor-   8
gesehen. Der Rat unterrichtet das Parlament lediglich über die bereits verabschiedete Empfehlung. Im Hinblick darauf, daß die Grundzüge die wesentlichen Vorgaben für das künftige wirtschaftspolitische Verhalten der Mitgliedstaaten und der Gemeinschaft enthalten, ist das zumindest aus der Sicht des Parlaments unbefriedigend.[15] In einer Ent-

---

9 Vgl. *H. Kortz*, Die Entscheidung über den Übergang in die Endstufe der Wirtschafts- und Währungsunion, 1996, S. 55.
10 Vgl. *Nicolaysen* (Fn. 1), S. 339. Vgl. auch *J.-V. Louis*, in: MWLVD, CEE, Bd. 6, S. 29; *B. Martenczuk*, Der Europäische Rat und die Wirtschafts- und Währungsunion, EuR 1998, S. 151 (156 f.).
11 A.A. *C. Koenig/M. Pechstein*, Die Europäische Union, 1995, Kap. 4, Rn. 18, und wohl auch *M. Seidel*, Die Verfassung der Europäischen Wirtschafts- und Währungsunion als Wirtschaftsunion, Vorträge, Reden und Berichte aus dem Europa-Institut Nr. 348, 1996, S. 18.
12 Vgl. *Schulze-Steinen* (Fn. 2), S. 150.
13 Empfehlung 94/7, ABl.EG 1994 Nr. L 7/9.
14 Empfehlung 94/480, ABl.EG 1994 Nr. L 200/38, mit der Empfehlung der Kommission und weiteren Anlagen auch veröffentlicht in Europäische Kommission, Europäische Wirtschaft 58, 1994; Empfehlung 95/326, ABl.EG 1995 Nr. L 191/24, Europäische Wirtschaft 60, 1995; Empfehlung 96/481, ABl.EG 1996 Nr. L 179/46; Europäische Wirtschaft 62, 1996; 97/479, ABl.EG 1997 Nr. L 209/12; 98/454, ABl.EG 1998 Nr. L 200/34; 99/570, ABl.EG 1999 Nr. L 217/34; 2000/517, ABl.EG 2000 Nr. L 210/1.
15 Vgl. dazu *J. Pipkorn*, Legal Arrangements in the Treaty of Maastricht for the Effectiveness of the Economic and Monetary Union, CMLRev. 1994, S. 263 (273).

schließung vom 16.2.1995[16] hat es denn auch gefordert, schon zu Textentwürfen der Kommission konsultiert zu werden. Um in angemessener Weise in das Verfahren zur Koordinierung der Wirtschaftspolitik eingebunden zu werden, strebt es darüber hinaus eine interinstitutionelle Vereinbarung an.[17]

9   Zu beachten ist allerdings, daß es hier um die Koordinierung der gerade nicht vergemeinschafteten allgemeinen Wirtschaftspolitik geht. Die Einschaltung des Europäischen Rates erscheint insoweit eher als multilaterale Komponente.[18] Die in Abs. 3 geregelte Aufsicht über die Beachtung der Grundzüge trägt wohl nicht zufällig die Bezeichnung »**multilaterale Überwachung**«. Das unterstreicht auch die Tatsache, daß letztlich der ECOFIN-Rat entscheidet, der zwar Gemeinschaftsorgan ist, aber doch stärker als die sonst allgemein nach Art. 211 für die Überwachung der Einhaltung des Vertrags zuständige Kommission die Mitgliedstaaten repräsentiert.[19] Die Nichtbeteiligung des Europäischen Parlaments wird vor diesem Hintergrund verständlicher.

C. Überwachung der wirtschaftlichen Entwicklung

10 Abs. 3 läßt es nicht bei der Formulierung inhaltlicher Vorgaben für die Wirtschaftspolitik bewenden. Er sieht ein **Überwachungsverfahren** vor, die multilaterale Überwachung. Eine Überwachung mit gleicher Bezeichnung hatte der Rat zuvor schon durch seine **Konvergenzentscheidung von 1990**[20] auf der Grundlage der Art. 103 und 145 EWGV eingeführt. Diese Entscheidung ist bisher nicht aufgehoben worden und folglich weiterhin anwendbar.[21]

11 Die frühere multilaterale Überwachung erfolgte auf der Basis von Berichten der Kommission, zu denen auch ein Jahresbericht zur Untersuchung der wirtschaftlichen Gesamtlage gehörte. Dieser **Jahreswirtschaftsbericht** wurde letztlich vom Rat verabschiedet. Einen solchen Jahreswirtschaftsbericht sieht Art. 99 nicht mehr vor; er wird jedoch nach einer entsprechenden Aufforderung durch den Rat weiterhin von der Kommission erstellt und jeweils im März veröffentlicht.[22]

12 Das zuständige Organ für die multilaterale Überwachung nach Abs. 3 ist der Rat. Nach Art. 114 Abs. 1 UAbs. 2, 3. Spstr. wirkt der Beratende Währungsausschuß an der Vorbereitung mit.[23] Die Überwachung bezieht sich zum einen allgemein auf die wirtschaftliche Entwicklung in jedem Mitgliedstaat und in der Gemeinschaft.[24] Zum anderen kontrolliert sie die Vereinbarkeit der Wirtschaftspolitik mit den vom Rat festge-

---

16 Europäisches Parlament, Entschließung zur Unterrichtung und Konsultation des Europäischen Parlaments hinsichtlich der Artikel 103, 103a, 104, 104a, 104b und 104c des EG-Vertrags, ABl.EG 1995 Nr. C 89/144.
17 Ebd., Nr. 7.
18 Ähnlich *Schulze-Steinen* (Fn. 2), S. 149 ff.
19 Vgl. *Nicolaysen* (Fn. 1), S. 342.
20 Entscheidung des Rates 90/141/EWG vom 12.3.1990 zur Erreichung einer schrittweisen Konvergenz der Politiken und der wirtschaftlichen Ergebnisse während der ersten Stufe der Wirtschafts- und Währungsunion, ABl.EG 1990 Nr. L 78/23. Vgl. auch die frühere Entscheidung 74/120/EWG vom 18.2.1974, ABl.EG 1974 Nr. L 63/16. Zur Entwicklung *Schulze-Steinen* (Fn. 2), S. 54 ff.; *R. Smits*, in: GTE, EWGV, 4. Aufl., 1991, Art. 103, Rn. 53 ff.
21 Vgl. *R. Bandilla*, in: Grabitz/Hilf, EU, Art. 103, Rn. 11; *Schulze-Steinen* (Fn. 2), S. 140, 169. Differenzierend *D. Hattenberger*, in: Schwarze, EU-Kommentar, Art. 99 EGV, Rn. 11.
22 Vgl. *Petschnigg* (Fn. 8), S. 86. Jahreswirtschaftsbericht 1999, KOM (1999) 7 endg.
23 Vgl. dazu *Schulze-Steinen* (Fn. 2), S. 144 f.
24 Näher dazu *Schulze-Steinen* (Fn. 2), S. 169 ff.

legten Grundzügen. In regelmäßigen Abständen nimmt der Rat eine **Gesamtbewertung** vor.

Der Rat handelt auf der Grundlage von Berichten der Kommission. Abs. 3 UAbs. 2 verpflichtet die Mitgliedstaaten, die entsprechenden Informationen zu übermitteln. Ausdrücklich erwähnt sind insoweit Angaben zu wichtigen einzelstaatlichen Maßnahmen auf dem Gebiet der Wirtschaftspolitik. Darüber hinaus übermitteln die Mitgliedstaaten »weitere von ihnen für erforderlich erachtete Angaben«. Der Formulierung nach kommt es insoweit auf die Einschätzung der Mitgliedstaaten an. Die Vorschrift stellt jedoch keine Grundlage dar, um der Kommission Informationen zu verweigern, die sie für ihre Tätigkeit benötigt. Das ergibt sich nicht zuletzt schon aus Art. 10 Abs. 1 Satz 2, der die Mitgliedstaaten verpflichtet, den Gemeinschaftsorganen die Erfüllung ihrer Aufgaben zu erleichtern.[25] 13

D. Sanktionen

Die multilaterale Überwachung verfolgt nach Abs. 3 das Ziel, eine engere Koordinierung der Wirtschaftspolitik und eine dauerhafte Konvergenz (Annäherung) der Wirtschaftsleistungen der Mitgliedstaaten zu gewährleisten. Abs. 4 sieht **begrenzte Handlungsmöglichkeiten der Gemeinschaft** für den Fall vor, daß die Wirtschaftspolitik eines Mitgliedstaats diesem Ziel nicht gerecht wird. Eine Zielverfehlung wird insbesondere erkennbar, wenn die Wirtschaftspolitik eines Mitgliedstaats nicht mit den vom Rat festgelegten Grundzügen vereinbar ist. Abs. 4 nennt außerdem den Fall, daß das ordnungsgemäße Funktionieren der WWU aufgrund der mitgliedstaatlichen Wirtschaftspolitik gefährdet erscheint. Eine solche Gefährdung ist vor allem dann anzunehmen, wenn die Wirtschaftspolitik der Mitgliedstaaten das Erreichen des für die Währungspolitik vorrangigen Ziels der Preisstabilität (s. Art. 4, Rn. 32 ff.) in Frage stellt. 14

Als erste Reaktion kann der Rat die erforderlichen **Empfehlungen** an den betreffenden Mitgliedstaat richten. Als schärfere Maßnahme kommt die **Veröffentlichung** der Empfehlungen in Betracht, von der eine gewisse »Prangerwirkung« ausgehen mag.[26] Mehr kann der Rat dann nicht tun; hier enden seine Möglichkeiten. Den wohl **ersten Anwendungsfall** von Abs. 4 bildete die Empfehlung des Rates vom 12.2.2001 mit dem Ziel, in **Irland** die mangelnde Übereinstimmung mit den Grundzügen der Wirtschaftspolitik zu beenden.[27] 15

E. Justitiabilität

Eine weitergehende Durchsetzbarkeit der Empfehlungen der Rates, etwa durch ein Vertragsverletzungsverfahren (Art. 226, 227), wäre mit dem unverbindlichen Charakter solcher Rechtsakte nicht vereinbar.[28] Allerdings wird man davon ausgehen können, daß die Kommission oder ein anderer Mitgliedstaat ein **Vertragsverletzungsverfahren einleiten** können, wenn der betreffende Mitgliedstaat gegen seine in Art. 98 verankerte Pflicht zur Mitwirkung an der Koordinierung der Wirtschaftspolitik verstößt. 16

---

25 Vgl. *Schulze-Steinen* (Fn. 2), S. 172. R. *Bandilla*, in: Grabitz/Hilf, EU, Art. 103, Rn. 13, verweist insofern auf Art. 213. Vgl. auch R. *Smits*, The European Central Bank, 1997, S. 72.
26 Vgl. *J.-V. Louis*, MWLVD, CEE, Bd. 6, S. 31.
27 ABl.EG 2001 Nr. L 69/22. S. auch die kritischen Bemerkungen in der Stellungnahme des Rates vom 12.2.2001 zur Fortschreibung 2000 des Stabilitätsprogramms Irlands 2001–2003, ABl.EG 2001 Nr. L 77/7.
28 Ebenso R. *Bandilla*, in: Grabitz/Hilf, EU, Art. 103, Rn. 7; *Schulze-Steinen* (Fn. 2), S. 177.

17 Das gilt jedoch **nicht im Zusammenhang mit dem haushaltspolitischen Verhalten** eines Mitgliedstaats; denn Art. 104 enthält insoweit Sonderregelungen. Dessen Abs. 10 macht deutlich, daß es mit den in Art. 104 Abs. 11 vorgesehenen Sanktionen sein Bewenden haben soll. Da ein solcher ausdrücklicher Ausschluß von Vertragsverletzungsverfahren in Art. 99 fehlt, beide Vorschriften aber gemeinsam durch den EUV wesentlich verändert oder neu eingefügt wurden, wird deutlich, daß hinsichtlich der Wirtschaftspolitik im übrigen ein Verfahren vor dem EuGH zulässig bleibt.[29]

F. Beteiligung des Parlaments

18 In das Verfahren der multilateralen Überwachung ist das Europäische Parlament nicht mit einbezogen. Abs. 4 UAbs. 2 verpflichtet den Präsidenten des Rates und die Kommission nur, dem Parlament über die Ergebnisse der Überwachung Bericht zu erstatten. Darüber hinaus kann der Ratspräsident ersucht werden, vor dem zuständigen Parlamentsausschuß zu erscheinen. Dies gilt allerdings nur, wenn der Rat seine Empfehlungen veröffentlicht hat. Auch insoweit fordert das Parlament in seiner Entschließung vom 16.2.1995[30] eine stärkere Beteiligung.

G. Rechtsetzungsbefugnisse

19 Abs. 5 ermächtigt den Rat, die Einzelheiten des Verfahrens der multilateralen Überwachung festzulegen. Eine Verpflichtung dazu besteht nicht. Erläßt der Rat entsprechende Vorschriften, ergehen diese im Verfahren der Zusammenarbeit mit dem Parlament nach Art. 252.

20 Im Rahmen des **Stabilitäts- und Wachstumspakts** (s. dazu Art. 104, Rn. 88 ff.) hat der Rat auf der Grundlage von Abs. 5 die Verordnung (EG) Nr. 1466/97 vom 7.7.1997 über den Ausbau der haushaltspolitischen Überwachung und der Überwachung und Koordinierung der Wirtschaftspolitiken[31] erlassen.[32] Ihre Vorschriften verknüpfen in sinnvoller Weise die Koordinierung und multilaterale Überwachung der allgemeinen Wirtschaftspolitik mit der Aufsicht über die Haushaltsdisziplin nach Art. 104.

21 Die VO unterscheidet zwischen den Mitgliedstaaten, die die einheitliche Währung einführen (»teilnehmende Mitgliedstaaten«), und jenen, die das nicht tun (»nicht teilnehmende Mitgliedstaaten«). Die teilnehmenden Mitgliedstaaten legen die zur regelmäßigen multilateralen Überwachung nach Abs. 3 erforderlichen Angaben erstmals zum 1.3.1999 und dann alljährlich in Form eines Stabilitätsprogramms vor (Art. 3 Abs. 1, Art. 4 der VO). Diese **Stabilitätsprogramme** sollen dem Rat eine Gesamtbewertung der Wirtschaftspolitik ermöglichen. Darüber hinaus enthalten sie insbesondere Angaben, die sich auf den Teilbereich der Haushaltspolitik beziehen und die Voraussetzungen für frühzeitige Reaktionen auf Fehlentwicklungen, insbesondere auf das Entstehen eines übermäßigen Defizits, schaffen. Die Empfehlungen, zu denen Abs. 4 den Rat ermäch-

---

29 Ähnlich A. *Bleckmann*, Wirtschaftslenkung und Europäische Wirtschafts- und Währungsunion, Vorträge, Reden und Berichte aus dem Europa-Institut Nr. 258, 1992, S. 9; W.-H. *Roth*, Der rechtliche Rahmen der Wirtschafts- und Währungsunion, EuR, Beiheft 1/1994, S. 45 (75); *Schulze-Steinen* (Fn. 2), S. 177. Zurückhaltender A. *Weber*, Die Wirtschafts- und Währungsunion nach dem Maastricht-Urteil des BVerfG, JZ 1994, S. 53 (54).
30 Fn. 16.
31 ABl.EG 1997 Nr. L 209/1.
32 Vgl. dazu *Schulze-Steinen* (Fn. 2), S. 178 ff.

tigt, lassen sich insoweit als eine Art **Frühwarnsystem**[33] einsetzen (s.u. Art. 104, Rn. 93).[34]

Die nicht teilnehmenden Mitgliedstaaten legen ihre Angaben in Form von **Konver-** 22
genzprogrammen vor. Die darin enthaltenen Informationen sollen neben der Überwachung der Wirtschaftspolitik und speziell der Haushaltspolitik die Kontrolle ihrer weiteren Annäherung an die teilnehmenden Mitgliedstaaten ermöglichen.[35]

Diese Überwachung verfolgt einerseits das Ziel, daß allen Mitgliedstaaten der Beitritt 23 zur Währungsunion gelingt. Darüber hinaus gilt es zu vermeiden, daß sich nicht teilnehmende Mitgliedstaaten durch eine stabilitätswidrige Politik **Wettbewerbsvorteile** verschaffen. Nach Art. 10 Abs. 1 UAbs. 2 der VO geht es deshalb auch darum »zu gewährleisten, daß diese Politik auf Stabilität und folglich auf die Vermeidung von Verzerrungen der realen Wechselkurse und von übermäßigen Schwankungen der nominalen Wechselkurse abzielt« (s. auch Art. 124, Rn. 2).

---

33 Vgl. den 5. Erwägungsgrund der VO 1466/97.
34 Vgl. die Stellungnahmen des Rates vom 27.11.2000 zu den aktualisierten Stabilitätsprogrammen Deutschlands und Finnlands für 2000-2004, ABl.EG 2000 Nr. C 374 3 f. Zu den Stabilitätsprogrammen der anderen Mitgliedstaaten s. die Stellungnahmen des Rates vom 12.2.2001, ABl.EG 2001 Nr. C 77/1 ff., sowie vom 12.03.2001, ABl.EG 2001 Nr. C 109/1 ff.
35 Vgl. die Stellungnahmen des Rates vom 12.02.2001 zu den Konvergenzprogrammen Dänemarks und Großbritanniens, ABl.EG 2001 Nr. C 77/2 und 4.

Art. 100 EG-Vertrag

Art. 100 (ex-Art. 103a)

(1) Der Rat kann auf Vorschlag der Kommission unbeschadet der sonstigen in diesem Vertrag vorgesehenen Verfahren mit qualifizierter Mehrheit über die der Wirtschaftslage[1] angemessenen Maßnahmen entscheiden, insbesondere falls gravierende Schwierigkeiten in der Versorgung mit bestimmten Waren auftreten.[1 f.]

(2) Ist ein Mitgliedstaat aufgrund von Naturkatastrophen oder außergewöhnlichen Ereignissen, die sich seiner Kontrolle entziehen, von Schwierigkeiten betroffen oder von gravierenden Schwierigkeiten ernstlich bedroht,[4] so kann der Rat mit qualifizierter Mehrheit auf Vorschlag der Kommission beschließen,[9 ff.] dem betreffenden Mitgliedstaat unter bestimmten Bedingungen[8] einen finanziellen Beistand der Gemeinschaft zu gewähren.[5 f.] Der Präsident des Rates unterrichtet das Europäische Parlament über den Beschluß.[12]

Amsterdamer Fassung:

(1) Der Rat kann auf Vorschlag der Kommission unbeschadet der sonstigen in diesem Vertrag vorgesehenen Verfahren einstimmig über die der Wirtschaftslage angemessenen Maßnahmen entscheiden, insbesondere falls gravierende Schwierigkeiten in der Versorgung mit bestimmten Waren auftreten.

(2) Ist ein Mitgliedstaat aufgrund außergewöhnlicher Ereignisse, die sich seiner Kontrolle entziehen, von Schwierigkeiten betroffen oder von gravierenden Schwierigkeiten ernstlich bedroht, so kann der Rat einstimmig auf Vorschlag der Kommission beschließen, dem betreffenden Mitgliedstaat unter bestimmten Bedingungen einen finanziellen Beistand der Gemeinschaft zu gewähren. Sind die gravierenden Schwierigkeiten auf Naturkatastrophen zurückzuführen, so beschließt der Rat mit qualifizierter Mehrheit. Der Präsident des Rates unterrichtet das Europäische Parlament über den Beschluß.

Inhaltsübersicht:

A. Maßnahmen nach Abs. 1	1
B. Finanzieller Beistand	3
I. Geltung ab der dritten Stufe	3
II. Voraussetzungen und Inhalt des Beistands	4
III. Verfahren	9

A. Maßnahmen nach Abs. 1

1 Im Zusammenhang mit der in Art. 103 Abs. 1 EWGV begründeten Verpflichtung der Mitgliedstaaten, ihre **Konjunkturpolitik** als Angelegenheit von gemeinsamem Interesse zu betrachten, ermächtigte Art. 103 Abs. 2 EWGV den Rat, auf Vorschlag der Kommission einstimmig über die der Lage entsprechenden Maßnahmen zu entscheiden. Abs. 1 übernimmt die Formulierung des Art. 103 Abs. 2 EWGV fast wörtlich. Statt »Lage« heißt es nun aber »Wirtschaftslage«. Darüber hinaus ergibt sich aus dem Zusammenhang, daß sich die Maßnahmen nicht mehr nur auf die Konjunkturpolitik, sondern **allgemein auf die Wirtschaftspolitik** beziehen können.[1]

2 Solche Maßnahmen, die in Form der in Art. 249 EGV erwähnten Rechtsakte ergehen können,[2] dürfen insbesondere ergriffen werden, »falls gravierende Schwierigkeiten in

---

1 Vgl. R. *Bandilla*, in: Grabitz/Hilf, EU, Art. 103a, Rn. 2; D. *Hattenberger*, in: Schwarze, EU-Kommentar, Art. 100 EGV, Rn. 3.
2 Vgl. R. *Bandilla*, in: Grabitz/Hilf, EU, Art. 103a, Rn. 5, mit dem Hinweis auf die entsprechende Praxis des Rates auf der Grundlage von Art. 103 Abs. 2 EWGV; EuGH, Rs. 5/73, 24.10.1973, Slg. 1973, 1091, Rn. 16 ff. (Balkan-Import-Export/Hauptzollamt Berlin-Packhof).

der Versorgung mit bestimmten Waren auftreten«. Diese Beifügung in Abs. 1 entspricht im wesentlichen dem Inhalt des früheren Art. 103 Abs. 4 EWGV. Die Verwendung des Begriffs »insbesondere« bedeutet allerdings nicht, daß **Versorgungsschwierigkeiten** nun als der Hauptanwendungsfall gelten sollen, handelt es sich doch nur um einen **Unterfall der möglichen Wirtschaftsprobleme**.³

B. Finanzieller Beistand

I. Geltung ab der dritten Stufe

Bis zum Beginn der dritten Stufe der WWU galt Art. 119, der einen gegenseitigen Beistand im Falle von **Zahlungsbilanzschwierigkeiten** einzelner Mitgliedstaaten vorsah. Für jene Mitgliedstaaten, die an der dritten Stufe teilnehmen und eine einheitliche Währung einführten, endete die Geltungsdauer dieser Vorschrift (Art. 119 Abs. 4). Mangels eigener Währung haben sie keine gesonderte Zahlungsbilanz und deshalb insoweit auch keine Schwierigkeiten mehr (s. Art. 119, Rn. 1). An die Stelle des gemeinsamen Beistands ist seit dem Beginn der dritten Stufe (Art. 116 Abs. 3 UAbs. 2) der **finanzielle Beistand** getreten, den Abs. 2 vorsieht.

3

II. Voraussetzungen und Inhalt des Beistands

Voraussetzungen für diesen finanziellen Beistand sind Schwierigkeiten, von denen ein Mitgliedstaat bereits akut betroffen ist, oder gravierende Schwierigkeiten, von denen er ernstlich bedroht ist. Ursache dieser Schwierigkeiten müssen außergewöhnliche Ereignisse sein, die sich der Kontrolle des betreffenden Mitgliedstaats entziehen. In den Wirtschaftswissenschaften spricht man insoweit von **Schocks**.⁴

4

Beim Vorliegen dieser Voraussetzungen kann dem Mitgliedstaat ein finanzieller Beistand gewährt werden. Ob die Probleme selbst verursacht sind oder nicht, spielt für die Möglichkeit des Beistands keine Rolle.⁵ Abs. 2 bestimmt nicht näher, in welcher Form dieser Beistand zu gewähren ist. Denkbar sind deshalb **alle möglichen Formen finanzieller Hilfeleistung**, also z.B. Darlehen oder auch verlorene Zuschüsse. Ebensowenig wie Art. 119 kann Abs. 2 allerdings zur Finanzierung solcher finanzieller Hilfe durch die Begebung von **Anleihen** durch die Gemeinschaft selbst ermächtigen.⁶ Eine entsprechende Kompetenz steht der Gemeinschaft nicht zu (s. Art. 119, Rn. 12).

5

Der finanzielle Beistand wird ausdrücklich als ein solcher der Gemeinschaft bezeichnet. Abs. 2 deckt deshalb nur finanzielle Unterstützung, die zu Lasten des Gemeinschaftshaushalts geht. Während der gegenseitige Beistand nach Art. 119 Abs. 2 lit. c) u.a.

6

---

3 So schon *R. Smits*, in: HER, Art. 103 EWGV, Rn. 43 ff. Vgl. auch *R. Bandilla*, in: Grabitz/Hilf, EU, Art. 103a, Rn. 6; *B. Smulders*, in: GTE, EGV, Art. 103a, Rn. 20.
4 Vgl. nur *G. Aschinger*, Ist die Währungsunion realisierbar?, in: Zohlnhöfer (Hrsg.), Europa auf dem Wege zur Politischen Union?, 1996, S. 49 (51); *C. Nerlich*, Zur wirtschaftlichen Stabilität in einer Währungsunion unter Bedingungen realer Schocks, 1996, S. 9 ff.; *F. Paller*, Will Asymmetric Shocks Pose a Serious Problem in EMU?, in: Oesterreichische Nationalbank, Working Paper 23, 1996.
5 Vgl. *R. Bandilla*, in: Grabitz/Hilf, EU, Art. 103a, Rn. 8.
6 Vgl. aber *J.-V. Louis*, MWLVD, CEE, Bd. 6, S. 33.

durch die Bereitstellung von Krediten seitens anderer Mitgliedstaaten erfolgen kann, ermöglicht Abs. 2 **keine Hilfsmaßnahmen der anderen Mitgliedstaaten**.[7]

7 Forderungen nach einem variablen Einsatz des finanziellen Beistandes im Sinne eines **Finanzkraftausgleichs** mögen zu erwarten sein.[8] Eine Grundlage für einen Finanzausgleich, wie ihn in Deutschland Art. 107 Abs. 2 GG vorsieht, kann diese Vorschrift aber nicht darstellen.[9]

8 Die Gewährung des finanziellen Beistandes erfolgt »**unter bestimmten Bedingungen**«. Mit dem Beistand können also Bedingungen hinsichtlich der Verwendung oder wohl ebenso im Hinblick auf Maßnahmen verbunden sein, die der betreffende Mitgliedstaat ergreifen soll, um die Schwierigkeiten zu beheben oder abzuwenden. Diese Möglichkeit kann insbesondere dann von Bedeutung sein, wenn sich die Schwierigkeiten auf eine verfehlte Wirtschaftspolitik dieses Mitgliedstaats zurückführen lassen. Einem solchen Mitgliedstaat kann aufgegeben werden, seine Politik zu korrigieren.

III. Verfahren

9 Den finanziellen Beistand gewährt der Rat auf Vorschlag der Kommission. Satz 1 sah bisher vor, daß der Beschluß des Rates einstimmig ergehen mußte. Nur für den Sonderfall, daß die Schwierigkeiten auf **Naturkatastrophen** zurückzuführen sind, sollte nach Satz 2 ein Beschluß mit qualifizierter Mehrheit (Art. 205 Abs. 2) ausreichen. Der **Vertrag von Nizza** streicht das Einstimmigkeitserfordernis. Mit seinem Inkrafttreten reicht generell die qualifizierte Mehrheit.

10 Die Entscheidung, ob überhaupt Beistand geleistet werden soll, und welche Mittel er dazu einsetzen will, steht im **Ermessen des Rates**. Dieses Ermessen bezieht sich grundsätzlich auch auf die Frage, unter welchen Bedingungen der Beistand gewährt wird. Abs. 2 stellt jedoch **keine Rechtsgrundlage für ungebundene Finanztransfers** der Gemeinschaft an einzelne Mitgliedstaaten dar. Der Beistand darf darum nicht ganz ohne die Beifügung bestimmter Bedingungen, insbesondere ohne **Zweckbindung** gewährt werden.

11 Diese Einschränkung ergibt sich insbesondere aufgrund der **Notwendigkeit, Abs. 2** vor dem Hintergrund des in Art. 103 Abs. 1 angeordneten Haftungsausschlusses **eng auszulegen**. Der finanzielle Beistand darf nämlich im Ergebnis nicht zu einer Haftung der Gemeinschaft oder anderer Mitgliedstaaten für den betroffenen Mitgliedstaat führen (s. Art. 103, Rn. 7).[10] In der Praxis bot bisher das Einstimmigkeitserfordernis den größeren Schutz gegen einen Mißbrauch dieses Instruments. Mit dem Wegfall des Einstim-

---

7 Ebenso *D. Hattenberger*, in: Schwarze, EU-Kommentar, Art. 100 EGV, Rn. 7.
8 Vgl. *K. P. Follak*, Monetary Union: A Complement to the Single European Market or a new Dimension to International Personality?, Australian International Law News 1992, S. 14 (34); *H. J. Hahn*, Geld und Währung – Elemente europäischer und universeller Ordnung, Bitburger Gespräche, Jahrbuch 1992, S. 13 (26).
9 *H. J. Hahn*, Von der Europäischen Zahlungsunion zur Europäischen Währungsunion, in: Böhm/Lindauer (Hrsg.), Europäischer Geist – Europäische Verantwortung, 1993, S. 203 (217 f.); *M. Seidel*, Probleme der Währungsordnung der Europäischen Union, FS-Vieregge, 1995, S. 793 (797).
10 Vgl. *U. Häde*, Finanzausgleich, 1996, S. 546. Anders allerdings *R. Bandilla*, in: Grabitz/Hilf, EU, Art. 103a, Rn. 7, der den Beistand als »Gegengewicht zu Art. 104b« bezeichnet. S. auch *B. Smulders*, in: GTE, EGV, Art. 103a, Rn. 27.

migkeitserfordernisses gibt es diese sinnvolle Hürde nicht mehr. Der Weg zu einer »Transferunion« ist damit zwar noch nicht gebahnt, aber ein kleines Stück weiter vorbereitet.[11] Die in Nizza angenommene Erklärung zu Art. 100, die u.a. auf den Haftungsausschluß des Art. 103 verweist, dürfte sich entsprechenden Bestrebungen kaum erfolgreich entgegenhalten lassen.

Das Europäische **Parlament** ist am Verfahren zur Gewährung des finanziellen Beistands 12 nicht beteiligt. Satz 3 verpflichtet den Präsidenten des Rates nur, das Parlament über seinen Beschluß zu unterrichten.

---

11 S. dazu U. *Häde*, Der Vertrag von Nizza und die Wirtschafts- und Währungsunion, EWS 2001, S. 97 (100 ff.). Vgl. zur vorherigen Rechtslage A. *Honrath,* Umfang und Grenzen der Freiheit des Kapitalverkehrs, 1998, S. 169.

Art. 101 (ex-Art. 104)

(1) Überziehungs- oder andere Kreditfazilitäten[9 f.] bei der EZB oder den Zentralbanken[14] der Mitgliedstaaten (im folgenden als »nationale Zentralbanken« bezeichnet) für Organe oder Einrichtungen der Gemeinschaft, Zentralregierungen, regionale oder lokale Gebietskörperschaften oder andere öffentlich-rechtliche Körperschaften, sonstige Einrichtungen des öffentlichen Rechts oder öffentliche Unternehmen der Mitgliedstaaten[14 f.] sind ebenso verboten wie der unmittelbare Erwerb von Schuldtiteln[12] von diesen durch die EZB oder die nationalen Zentralbanken.[1 ff.]

(2) Die Bestimmungen des Absatzes 1 gelten nicht für Kreditinstitute in öffentlichem Eigentum; diese werden von der jeweiligen nationalen Zentralbank und der EZB, was die Bereitstellung von Zentralbankgeld betrifft, wie private Kreditinstitute behandelt.

Inhaltsübersicht:

A. Zweck der Verbote in Art. 101–103	1
B. Verbot des direkten Zentralbankkredits	9
I. Begriffsbestimmungen	9
II. Ausnahmen	10
C. Verbot unmittelbaren Erwerbs von Schuldtiteln	12
D. Adressaten	14

A. Zweck der Verbote in Art. 101–103

1 Art. 101 verbietet mit unmittelbarer Wirkung[1] die **monetäre Haushaltsfinanzierung** und setzt die Mitgliedstaaten dadurch den Marktkräften aus.[2] Die Zentralbanken dürfen der Gemeinschaft oder den Mitgliedstaaten weder direkt Kredite gewähren noch deren Schuldtitel unmittelbar erwerben. Insbesondere die Mitgliedstaaten können sich deshalb nicht mehr (günstig) über ihre Zentralbank finanzieren.

2 Um sie auch im übrigen den anderen Marktteilnehmern gleichzustellen, ergänzt Art. 102 dieses Verbot und untersagt es der Gemeinschaft und den Mitgliedstaaten, den Kapitalmärkten auf andere Weise, nämlich durch bevorrechtigten Zugang zu Finanzinstituten, auszuweichen.[3] Art. 103 schließt außerdem die Haftung der Gemeinschaft und der anderen Mitgliedstaaten für die Verbindlichkeiten eines Mitgliedstaats aus. Diese Vorschrift soll die **Mitgliedstaaten** auch hinsichtlich der Bewertung ihrer Bonität **den Kapitalmärkten aussetzen.**[4]

3 Alle diese Verbote gelten seit dem Beginn der zweiten Stufe der WWU am 1.1.1994 (Art. 116 Abs. 3 UAbs. 1). Sie stellen eine Reaktion dar auf die Aufspaltung der Zustän-

---

1 Vgl. *R. Bandilla*, in: Grabitz/Hilf, EU, Art. 104, Rn. 2; *D. Hattenberger*, in: Schwarze, EU-Kommentar, Art. 101 EGV, Rn. 1 a.E.
2 *A. Aspetsberger/E. Gnan/F. Pauer/A. Schubert*, Auf dem Wege zur Wirtschafts- und Währungsunion, in: Röttinger/Weyringer (Hrsg.), Handbuch der europäischen Integration, 2. Aufl., 1996, S. 370 (398); *E. Gnan*, in: GTE, EGV, Art. 104, Rn. 2; *J.-V. Louis*, MWLVD, CEE, Bd. 6, S. 35; *R. Smits*, The European Central Bank, 1997, S. 74.
3 Vgl. *G. Morgenthaler*, Der Euro – zwischen Integrationsdynamik und Geldwertstabilität, JuS 1997, S. 673 (680).
4 Vgl. *P. Bofinger*, Disziplinierung der öffentlichen Haushalte durch den Markt – nicht durch starre Regeln oder Bürokraten, Wirtschaftsdienst 1997, S. 12 (14); *M. Schulze-Steinen*, Rechtsfragen zur Wirtschaftsunion, 1998, S. 203.

digkeiten für die vergemeinschaftete Währungspolitik einerseits und die den Mitgliedstaaten vorbehaltene Finanz- und Haushaltspolitik andererseits.

Die Maastrichter Vertragsparteien gingen von einem **negativen Einfluß unsolider Haushaltspolitik auf die Währungspolitik** und auf die dort vorrangig zu beachtende Preisstabilität aus.[5] Je höher die Verschuldung eines Staates ist, um so größer kann sein Inflationsinteresse sein.[6] Unsolides Finanzgebaren öffentlicher Haushalte führt außerdem normalerweise zu Reaktionen der Kapitalmärkte in Form von Zinsaufschlägen.[7] 4

Die Verbote der Art. 101 bis 103 sollen bewirken, daß jeder Mitgliedstaat das Risiko eigenen Fehlverhaltens weiterhin und auch nach Einführung einer einheitlichen Währung selbst tragen muß.[8] Da alle Schlupflöcher verstopft sind, die den Mitgliedstaaten zu einer von den Kapitalmärkten unabhängigen Kreditversorgung verhelfen könnten, müssen haushaltspolitisch undisziplinierte Länder mit einer **Verteuerung ihrer Refinanzierungsmöglichkeiten** rechnen. Die Vorschriften unterstützen somit tendenziell eine solide Haushaltspolitik.[9] 5

Zweck des Verbots aus Abs. 1 ist es darüber hinaus, daß die nationalen Zentralbanken bei ihrem Übergang zur dritten Stufe der WWU über handelbare und den Marktbedingungen entsprechende Forderungen verfügen. Nach dem 3. Erwägungsgrund der VO 3603/93[10] soll dadurch die Geldpolitik des ESZB »den gewünschten Spielraum erhalten und ein normaler Beitrag der einzelnen an der Währungsunion teilnehmenden nationalen Zentralbanken zu den unter ihnen aufzuteilenden monetären Einkünften ermöglicht werden«. 6

Sind die Zusammenhänge zwischen Haushaltspolitik und Preisstabilität allgemein auch umstritten, besteht jedenfalls insoweit weitgehend Einigkeit in den Wirtschaftswissenschaften darüber, daß die Möglichkeit des Staates, sich direkt bei der Zentralbank zu refinanzieren, inflationsfördernd wirkt.[11] Art. 101 beugt dem vor und **sichert** zugleich die **Unabhängigkeit der EZB** und der nationalen Zentralbanken, indem er eine monetäre Haushaltsfinanzierung mit Zentralbankkrediten von vornherein ausschließt.[12] Eine solche strikte Untersagung **schützt die Zentralbanken vor politischem Druck.** 7

---

5 Vgl. *U. Häde/U. Hartmann*, Monetäre Integration in Europa und Privatisierung in Deutschland, EWS 1994, S. 409 (412); *H. Tietmeyer*, Staatsschulden und Geldwertstabilität im grenzüberschreitenden Vergleich, in: Hahn (Hrsg.), Geldwertstabilität und Staatsschulden, 1993, S. 69 ff.
6 Vgl. *F. Heinemann*, Bailout- und Bonitätseffekte in der Wirtschafts- und Währungsunion, ZWS 115 (1995), S. 605.
7 Vgl. *J. Priewe*, Verschuldungsregeln in der Europäischen Währungsunion, WSI Mitteilungen 1997, S. 365 (368).
8 Vgl. *E. Gnan/A. Schubert*, Was bringt die zweite Stufe der Europäischen Wirtschafts- und Währungsunion, ÖBA 1994, S. 47 (51); *G. Morgenthaler* (Fn. 3), S. 680; *J. Pipkorn*, Legal Arrangements in the Treaty of Maastricht for the Effectiveness of the Economic and Monetary Union, CMLRev. 1994, S. 263 (275).
9 Vgl. *G. Nicolaysen*, Europarecht II, 1996, S. 347.
10 Verordnung (EG) Nr. 3603/93 des Rates vom 13.12.1993 zur Festlegung der Begriffsbestimmungen für die Anwendung der in Artikel 104 und 104b Abs. 1 des Vertrages vorgesehenen Verbote, ABl.EG 1993 Nr. L 332/1.
11 Vgl. dazu *Priewe* (Fn. 7), S. 367; *Schulze-Steinen* (Fn. 4), S. 75 m.w.N. Vgl. auch *W. Höfling*, Staatsschuldenrecht, 1993, S. 433 ff.
12 Vgl. *E. Gnan*, in: GTE, EGV, Art. 104, Rn. 6 ff.; *W.-H. Roth*, Der rechtliche Rahmen der Wirtschafts- und Währungsunion, EuR, Beiheft 1/ 1994, S. 45 (50); *I. Pernice*, in: Dreier (Hrsg.), Grundgesetz, Band III, 2000, Art. 88, Rn. 31; *R. Stadler*, Der rechtliche Handlungsspielraum des Europäischen Systems der Zentralbanken, 1996, S. 209; *B. Wahlig*, Die Unabhängigkeit der nationalen Zentralbanken als institutionelles Kriterium für den Eintritt in die dritte Stufe der europäischen Währungsunion, FS-Hahn, 1997, S. 265 (271).

8 Abs. 1 gilt zwar auch für **Organe und Einrichtungen der Gemeinschaft.** Hier hat das Verbot aber wohl eher die Zielrichtung, den Mitgliedstaaten die Kontrolle über die der Gemeinschaft zur Verfügung stehenden Finanzmittel zu erhalten.

B. Verbot des direkten Zentralbankkredits

I. Begriffsbestimmungen

9 Abs. 1 erläßt ein Verbot der Finanzierung öffentlicher Haushalte der Gemeinschaft und der Mitgliedstaaten durch die EZB und die nationalen Zentralbanken. Verboten sind alle Arten von Krediten, also auch **Überziehungskredite.** Nähere Bestimmungen enthält insoweit die auf der Grundlage der Ermächtigung in Art. 103 Abs. 2 erlassene **VO (EG) Nr. 3603/93.**[13] Sie definiert den Begriff »Überziehungsfazilität« in Art. 1 Abs. 1 lit. a) als »jede Bereitstellung von Mitteln zugunsten des öffentlichen Sektors, deren Verbuchung einen Negativsaldo ergibt oder ergeben könnte«. Eine »andere Kreditfazilität« ist nach lit. b) grundsätzlich jede andere bestehende Forderung, »jede Finanzierung von Verbindlichkeiten des öffentlichen Sektors gegenüber Dritten« und »jede Transaktion mit dem öffentlichen Sektor, die zu einer Forderung an diesen führt oder führen könnte«.

II. Ausnahmen

10 Nach Art. 4 der VO gilt eine Ausnahme vom Verbot der Kreditgewährung durch die Zentralbanken für **innerhalb eines Tages gewährte, nicht verlängerbare Kredite.** Solche Kredite können nämlich zur Gewährleistung eines ordnungsgemäßen Funktionierens der Zahlungssysteme nützlich sein.[14] Sie sind durch den Zahlungsverkehr veranlaßt und erfüllen keine Finanzierungsfunktion. In Deutschland wurde deshalb § 20 BBankG, der früher weitergehende Überziehungskredite vorsah, entsprechend geändert.[15] Auch andere Mitgliedstaaten haben ihr nationales Recht angepaßt.[16]

11 Art. 5 der VO läßt die **Gutschrift eines Schecks** vor Einzug der Schecksumme zu. Art. 6 der VO erlaubt Gutschriften für Bestände der Zentralbanken an vom öffentlichen Sektor ausgegebenen **Münzen,** sofern diese Bestände weniger als 10% des Münzumlaufs ausmachen. Weitere Ausnahmen für das Vereinigte Königreich[17] und Portugal[18] finden sich in Protokollen, die die Schlußakte des EUV dem EGV beigefügt hat.

---

13 S.o. Fn. 10. Zur Behandlung einzelner Kreditformen vgl. *E. Gnan,* in: GTE, EGV, Art. 104, Rn. 27 ff.
14 So der 10. Erwägungsgrund zur VO 3602/93.
15 Vgl. das Gesetz zur Änderung von Vorschriften über die Deutsche Bundesbank vom 8.7.1994, BGBl. I, 1465. Dazu *U. Häde,* Das Gesetz zur Änderung von Vorschriften über die Deutsche Bundesbank, NJW 1994, S. 3214.
16 Vgl. *E. Gnan/A. Schubert,* Vertragsbestimmungen und Sekundärgesetzgebung zur Gewährleistung der Budgetdisziplin, Berichte und Studien der Oesterreichischen Nationalbank, 2/1994, S. 68;
17 Nr. 11 des Protokolls (Nr. 25) über einige Bestimmungen betreffend das Vereinigte Königreich Großbritannien und Nordirland.
18 Vgl. das Protokoll (Nr. 23) betreffend Portugal.

C. Verbot unmittelbaren Erwerbs von Schuldtiteln

Verboten ist nicht nur die direkte Gewährung von Krediten, sondern ebenso der unmittelbare Erwerb von Schuldtiteln öffentlicher Stellen durch die Zentralbanken. Damit wird deutlich gemacht, daß jede Form der Finanzierung der öffentlichen Haushalte durch die EZB und die nationalen Zentralbanken ausgeschlossen sein soll. Unmittelbar ist der Erwerb nur, wenn die Zentralbank Schuldtitel direkt vom öffentlichen Emittenten übernimmt. Der **mittelbare Erwerb** an den Kapitalmärkten bleibt deshalb **zulässig**. Die Beschränkung des Verbots auf den unmittelbaren Erwerb ermöglicht es den Zentralbanken, eine **Offenmarktpolitik** (s. dazu Art. 105, Rn. 12) ohne größere Begrenzungen zu betreiben.[19]

12

Nach Art. 2 Abs. 1 der VO 3603/93 gilt darüber hinaus ein durch die Zentralbank eines Mitgliedstaats getätigter Erwerb von handelbaren Schuldtiteln eines anderen Mitgliedstaats dann nicht als unmittelbarer Erwerb, wenn er nur zum Zwecke der **Währungsreservenverwaltung** vorgenommen wird.

13

D. Adressaten

Auf der Gläubigerseite betrifft das Verbot die EZB und die nationalen Zentralbanken. Art. 8 der VO 3603/93 stellt klar, daß sie nicht auch als Schuldner betroffen sind. Die Aufzählung der als Schuldner von Zentralbankkrediten ausgeschlossenen Stellen macht die Absicht deutlich, eine **Finanzierung der öffentlichen Haushalte auch nicht »durch die Hintertür«** zuzulassen. Das Verbot gilt deshalb hinsichtlich der Mitgliedstaaten nicht nur für Zentralregierungen sowie regionale und lokale Gebietskörperschaften, sondern auch für andere öffentlich-rechtliche Körperschaften, sonstige Einrichtungen des öffentlichen Rechts und selbst für öffentliche Unternehmen.

14

Nähere Bestimmungen enthält auch insoweit die VO 3603/93. Für die in Art. 101 genannten Stellen der Gemeinschaft und der Mitgliedstaaten verwendet sie die Bezeichnung »**öffentlicher Sektor**«. Art. 8 der VO definiert den Begriff des öffentlichen Unternehmens in deutlicher Anlehnung an die Transparenz-Richtlinie.[20]

15

---

19 Vgl. *H. J. Hahn/J. Siebelt*, in: Hb.EUWirtR, Abschnitt F.I, Rn. 68; *W. Schill*, in: Lenz, EGV, Art. 104, Rn. 2.

20 Richtlinie 80/723/EWG über die Transparenz der finanziellen Beziehungen zwischen den Mitgliedstaaten und den öffentlichen Unternehmen vom 25.6.1980, ABl.EG 1980 Nr. L 198/35, geändert durch Richtlinie 85/413/EWG vom 24.7.1985, ABl.EG 1985 Nr. L 229/20. Dazu *U. Häde/U. Hartmann*, Monetäre Integration in Europa und Privatisierung in Deutschland, EWS 1994, S. 409 (412).

Art. 102 (ex-Art. 104a)

(1) Maßnahmen,[2 f.] die nicht aus aufsichtsrechtlichen Gründen[3] getroffen werden und einen bevorrechtigten Zugang der Organe und Einrichtungen der Gemeinschaft, der Zentralregierungen, der regionalen oder lokalen Gebietskörperschaften oder anderen öffentlich-rechtlichen Körperschaften, sonstiger Einrichtungen des öffentlichen Rechts oder öffentlicher Unternehmen[4] der Mitgliedstaaten zu den Finanzinstituten[5 f.] schaffen, sind verboten.[1 ff.]

(2) Der Rat legt vor dem 1. Januar 1994 nach dem Verfahren des Artikels 252 die Begriffsbestimmungen für die Anwendung des in Absatz 1 vorgesehenen Verbots fest.

Inhaltsübersicht:

A. Allgemeines	1
B. Maßnahmen	2
C. Öffentliche Unternehmen	4
D. Finanzinstitute	5

A. Allgemeines

1 Die Vorschrift ergänzt Art. 101 und untersagt es der Gemeinschaft und den Mitgliedstaaten, den Kapitalmärkten auf andere Weise auszuweichen. Sie verbietet deshalb alle Maßnahmen, die öffentlichen Stellen einen bevorrechtigten Zugang zu den Finanzinstituten schaffen, und stellt sie damit den anderen **Marktteilnehmern** gleich.[1] Der erste Erwägungsgrund der Verordnung (EG) Nr. 3604/93 des Rates vom 13.12.1993 zur Festlegung der Begriffsbestimmungen für die Anwendung des Verbots des bevorrechtigten Zugangs gemäß Artikel 104a des Vertrags[2] bestätigt, daß dieses Verbot dazu beitragen soll, »den öffentlichen Sektor bei seinen Finanzierungsgeschäften der Disziplin der Marktmechanismen zu unterwerfen« und damit die **Haushaltsdisziplin zu stärken**.[3] Auch dieses Verbot ist seit dem 1.1.1994 unmittelbar anwendbar.[4]

B. Maßnahmen

2 Maßnahmen, die einen bevorrechtigten Zugang schaffen, zielen darauf ab, Finanzinstitute durch Zwang, Steuer- oder sonstige finanzielle Vergünstigungen dazu zu bringen, Forderungen gegenüber der Gemeinschaft oder dem öffentlichen Sektor der Mitgliedstaaten zu erwerben oder zu halten.[5]

3 Eine grundsätzliche Ausnahme von dem Verbot gilt schon nach dem Wortlaut des Abs. 1 für Maßnahmen, die aus **aufsichtsrechtlichen Gründen** getroffen werden; eine Definiti-

---

1 Vgl. R. *Bandilla*, in: Grabitz/Hilf, EU, Art. 104a, Rn. 1; *F. Keereman*, in: GTE, EGV, Art. 104a, Rn. 1; R. *Smits*, The European Central Bank: Institutional Aspects, I.C.L.Q. 45 (1996), S. 319 (321).
2 ABl.EG 1993 Nr. L 332/4.
3 Vgl. auch *W.-H. Roth*, Der rechtliche Rahmen der Wirtschafts- und Währungsunion, EuR, Beiheft 1/1994, S. 45 (71).
4 Vgl. R. *Bandilla*, in: Grabitz/Hilf, EU, Art. 104a, Rn. 2; *D. Hattenberger*, in: Schwarze, EU-Kommentar, Art. 102, Rn. 2.
5 Näher dazu *F. Keereman*, in: GTE, EGV, Art. 104a, Rn. 3 ff.

on enthält Art. 2 der VO.[6] Art. 1 Abs. 2 der VO nennt weitere Ausnahmen, z.B. im Zusammenhang mit dem sozialen Wohnungsbau oder der Beseitigung von Katastrophenschäden.

C. Öffentliche Unternehmen

In ihrem Art. 3 Abs. 1 definiert die VO 3604/93 den Begriff des öffentlichen Unternehmens ebenso wie Art. 8 Abs. 1 der zu Art. 101 und 103 erlassenen Verordnung 3603/93[7]. Auch hier gilt also ein Begriff des öffentlichen Unternehmens, der sich an den der **Transparenzrichtlinie** anlehnt. Die Zentralbanken gehören ausdrücklich nicht zum öffentlichen Sektor. Damit wird u.a. vermieden, daß Mindestreservebestimmungen unabsichtlich verboten werden.[8]   4

D. Finanzinstitute

Art. 4 der VO klärt den **Begriff der** »**Finanzinstitute**«. Sein Abs. 1 nennt in den ersten fünf Spiegelstrichen Unternehmensarten, die in anderen Rechtsakten der Gemeinschaft definiert sind. Es handelt sich um Kreditinstitute i.S.v. Art. 1, 1. Spstr. RL 77/780/EWG[9], Versicherungsunternehmen i.S.v. Art. 1 lit. a RL 92/49/EWG[10], Versicherungsunternehmen i.S.v. Art. 1 lit. a RL 92/96/EWG[11], Organismen für gemeinsame Anlagen in Wertpapieren i.S.v. Art. 1 Abs. 2 RL 85/611/EWG[12] sowie Wertpapierfirmen i.S.v. Art. 1 Nr. 2 RL 93/22/EWG[13].   5

Um diese Aufzählung zu komplettieren, enthält Art. 4 Abs. 1, 6. Spstr. der VO 3604/93 zusätzlich eine **Auffangnorm**. Finanzinstitute i.S.v. Art. 102 sind danach auch »sonstige Unternehmen oder Einrichtungen, deren Tätigkeit derjenigen der unter den vorstehenden Gedankenstrichen genannten Unternehmen entspricht, oder deren Haupttätigkeit im Erwerb von Finanzanlagen oder der Umwandlung von Finanzforderungen besteht«. Der zweite Absatz nimmt dann insbesondere die **Zentralbanken** sowie die Finanzdienste der noch nicht privatisierten **Post** vom Begriff der Finanzinstitute aus.[14]   6

---

6 S. auch *F. Keereman*, in: GTE, EGV, Art. 104a, Rn. 10 ff.
7 ABl.EG 1993 Nr. L 332/1.
8 So *E. Gnan/A. Schubert*, Vertragsbestimmungen und Sekundärgesetzgebung zur Gewährleistung der Budgetdisziplin, Berichte und Studien der Oesterreichischen Nationalbank, 2/1994, S. 68 (71).
9 ABl.EG 1977 Nr. L 322/30.
10 ABl.EG 1992 Nr. L 228/1.
11 ABl.EG 1992 Nr. L 360/1.
12 ABl.EG 1985 Nr. L 375/3.
13 ABl.EG 1993 Nr. L 141/27.
14 Eine dagegen erhobene Nichtigkeitsklage wurde als unzulässig abgewiesen, vgl. EuG, Rs. T-116/94, 11.1.1995, Slg. 1995, II-1 (Cassa nazionale di previdenza ed assistenza a favore degli avvocati e procuratori/Rat).

Art. 103 EG-Vertrag

Art. 103 (ex-Art. 104b)

(1) Die Gemeinschaft haftet[3] nicht für die Verbindlichkeiten der Zentralregierungen, der regionalen oder lokalen Gebietskörperschaften oder anderen öffentlich-rechtlichen Körperschaften, sonstiger Einrichtungen des öffentlichen Rechts oder öffentlicher Unternehmen von Mitgliedstaaten und tritt nicht für derartige Verbindlichkeiten ein;[1 ff.] dies gilt unbeschadet der gegenseitigen finanziellen Garantien für die gemeinsame Durchführung eines bestimmten Vorhabens.[3] Ein Mitgliedstaat haftet nicht für die Verbindlichkeiten der Zentralregierungen, der regionalen oder lokalen Gebietskörperschaften oder anderen öffentlich-rechtlichen Körperschaften, sonstiger Einrichtungen des öffentlichen Rechts oder öffentlicher Unternehmen eines anderen Mitgliedstaats und tritt nicht für derartige Verbindlichkeiten ein;[1 ff.] dies gilt unbeschadet der gegenseitigen finanziellen Garantien für die gemeinsame Durchführung eines bestimmten Vorhabens.

(2) Der Rat kann erforderlichenfalls nach dem Verfahren des Artikels 252 Definitionen für die Anwendung der in Artikel 101 und in diesem Artikel vorgesehenen Verbote näher bestimmen.[2]

Inhaltsübersicht:
A. Art. 103 als »no bail out-Klausel« 1
B. Art. 103 und Art. 100 Abs. 2 6

A. Art. 103 als »no bail out-Klausel«

1 Die Absicht, jeden Mitgliedstaat für die Folgen seiner Finanzpolitik selbst aufkommen zu lassen und auf diese Weise einen **Anreiz zu solidem Haushaltsverhalten** zu geben, läßt sich nur dann umsetzen, wenn ihre Verwirklichung glaubwürdig erscheint.[1] Jeder Anschein, daß andere Mitgliedstaaten oder die Gemeinschaft für einen Mitgliedstaat eintreten würden, der Haushaltsprobleme hat, könnte diese **Glaubwürdigkeit** erschüttern. Je wahrscheinlicher ein solidarisches Verhalten der anderen Mitgliedstaaten oder der Gemeinschaft wäre, um so weniger hätte der betroffene Mitgliedstaat die sonst übliche **Reaktion der Kapitalmärkte** in Form von Zinsaufschlägen zu fürchten. Es käme dann aber statt dessen tendenziell zu einer allgemeinen, allerdings geringeren Anhebung des Zinsniveaus.[2]

2 Um das auszuschließen, enthält Abs. 1 einen umfassenden **Haftungsausschluß** (sog. »no bail out-Klausel«).[3] Die Vorschrift gilt seit dem 1.1.1994 (Art. 116 Abs. 3 UAbs. 1) und ist unmittelbar anwendbar.[4] Für die Schulden eines Mitgliedstaats dürfen weder die Gemeinschaft noch die anderen Mitgliedstaaten haften oder eintreten. Zur Beschreibung des öffentlichen Sektors der Mitgliedstaaten verwendet die Vorschrift die gleichen Begriffe wie in Art. 101 Abs. 1. Wie dort hielt der Rat eine nähere Begriffsbestimmung auf

---

1 Vgl. dazu E. *Gnan*, in: GTE, EGV, Art. 104b, Rn. 5 ff.; U. *Häde*, Finanzausgleich, 1996, S. 545; S. *Hamacher/W. Klein*, Finanz- und geldpolitische Implikationen der Vollendung des europäischen Binnenmarktes und der Schaffung der Wirtschafts- und Währungsunion, in: Gröner/Schüller (Hrsg.), Die europäische Integration als ordnungspolitische Aufgabe, 1993, S. 173 (183).
2 Vgl. F. *Heinemann*, Bailout- und Bonitätseffekte in der Wirtschafts- und Währungsunion, ZWS 115 (1995), S. 605 (606).
3 Vgl. J.-V. *Louis*, MWLVD, CEE, Bd. 6, S. 39.
4 Vgl. R. *Bandilla*, in: Grabitz/Hilf, EU, Art. 104b, Rn. 2; D. *Hattenberger*, in: Schwarze, EU-Kommentar, Art. 103, Rn. 1.

der Grundlage der Ermächtigung in Abs. 2 nur hinsichtlich der öffentlichen Unternehmen für erforderlich. Eine entsprechende Definition findet sich in der Verordnung Nr. 3603/93.[5]

Die beiden Begriffe »haften« und »eintreten« sollen **alle Formen des Einstehenmüssens** für die Verbindlichkeit eines Mitgliedstaats ausschließen. Eine Ausnahme gilt nur für den Fall gegenseitiger finanzieller Garantien bei gemeinsam durchgeführten Einzelvorhaben.[6] 3

Auch wenn die Gemeinschaft inzwischen schon deutliche **föderale Züge** trägt, weicht die Rechtslage insoweit klar von der im Bundesstaat Deutschland ab. Im Verhältnis zwischen Bund und Ländern gilt nach der Rechtsprechung des Bundesverfassungsgerichts ein Einstehenmüssen füreinander auch und gerade in einer **Haushaltsnotlage**.[7] Abs. 1 schließt demgegenüber die Hilfe der Gemeinschaft und der anderen Mitgliedstaaten in der Haushaltsnotlage eines Mitgliedstaats grundsätzlich aus.[8] 4

Eine **Haftung der Mitgliedstaaten für Verpflichtungen der Gemeinschaft** ist nicht Gegenstand des Abs. 1.[9] Ein Ausschluß der Haftung für die Gemeinschaft wäre auch mit den völkerrechtlichen Regeln über das Einstehen der Mitgliedstaaten für internationale Organisationen nicht zu vereinbaren.[10] 5

B. Art. 103 und Art. 100 Abs. 2

Die **Glaubwürdigkeit des Haftungsausschlusses** hängt nicht zuletzt vom noch nicht geklärten Verhältnis zwischen Art. 103 und dem in Art. 100 Abs. 2 vorgesehenen **finanziellen Beistand** ab. Wenn es möglich wäre, den Haftungsausschluß durch die Gewährung eines solchen Beistands zu umgehen, wäre es mit der erforderlichen Glaubwürdigkeit nicht weit her.[11] Art. 100 Abs. 2 beschränkt den finanziellen Beistand nicht auf unverschuldete Probleme. Auch **selbst verursachte Schuldenkrisen** könnten deshalb zu einem solchen Beistand führen.[12] 6

Art. 100 Abs. 2 läßt sich jedoch nicht unabhängig von Art. 103 EGV interpretieren und **muß eng ausgelegt werden**. Er ermächtigt deshalb nicht zu Maßnahmen, die einer Haf- 7

---

5 Verordnung (EG) Nr. 3603/93 des Rates vom 13.12.1993 zur Festlegung der Begriffsbestimmungen für die Anwendung der in Artikel 104 und 104b Abs. 1 des Vertrages vorgesehenen Verbote, ABl.EG 1993 Nr. L 332/1. S. dazu Art. 101, Rn. 15.
6 Vgl. *E. Gnan*, in: GTE, EGV, Art. 104b, Rn. 22 ff.
7 BVerfGE 86, 148 (263). Dazu u.a. *U. Häde*, Solidarität im Bundesstaat, DÖV 1993, S. 461 (467 f.).
8 Vgl. *P. Fischer/H. Köck*, Europarecht, 3. Aufl., 1997, S. 632; *H. J. Hahn/J. Siebelt*, in: Hb.EU-WirtR, Abschnitt F.I, Rn. 65; *M. Seidel*, Die Verfassung der Europäischen Wirtschafts- und Währungsunion als Wirtschaftsunion, Vorträge, Reden und Berichte aus dem Europa-Institut Nr. 348, 1996, S. 15 f.
9 Vgl. *R. Bandilla*, in: Grabitz/Hilf, EU, Art. 104b, Rn. 3.
10 Zur Haftung von Mitgliedstaaten für internationale Organisationen vgl. nur *M. Herdegen*, Internationales Wirtschaftsrecht, 2. Aufl., 1995, § 3, Rn. 21, und zuletzt *M. Wenckstern*, Die Haftung der Mitgliedstaaten für internationale Organisationen, RabelsZ 61 (1997), S. 93 m.w.N.
11 Dazu *Heinemann* (Fn. 2), S. 609 f.; *N. Horn*, Rechtliche und institutionelle Aspekte der Europäischen Währungsunion im politischen und wirtschaftlichen Kontext, ZBB 1997, S. 314 (319); *C.-H. Schlag*, Die Budgetpolitik in der EWU, Wirtschaftsdienst 2000, S. 112 (113).
12 Vgl. *R. Bandilla*, in: Grabitz/Hilf, EU, Art. 103a, Rn. 8; *F. Heinemann*, Die Finanzverfassung und Kompetenzausstattung der Europäischen Union nach Maastricht, 1995, S. 160.

tung für Mitgliedstaaten gleichkämen (s. Art. 100, Rn. 11).[13] Ein **Finanzausgleich**, wie er zum Teil gefordert wird,[14] wäre erst recht **nicht zulässig**.[15] Dennoch wird man aus dem Haftungsausschluß nicht die **Konkursfähigkeit** der Mitgliedstaaten folgern können.[16] Gerade vor dem Hintergrund von umfangreichen Hilfen des IWF und der Staatengemeinschaft für Staaten in Südamerika und Asien, aber auch für Rußland und die Türkei ist es jedenfalls **politisch kaum vorstellbar**, daß die Gemeinschaft die Insolvenz eines Mitgliedstaats und alle damit verbundenen Folgen gerade für die Währungsunion hinnehmen würde.[17]

---

13 *H. J. Hahn/J. Siebelt*, in: Hb.EUWirtR, Abschnitt F.I, Rn. 65.
14 *G. Aschinger*, Probleme auf dem Weg zum Euro, Wirtschaftsdienst 1997, S. 580 (581); *J. Sixt*, Euro – Notwendigkeit oder Bedrohung? Teil II, DZWir 1997, S. 474 (479); *E. Steindorff*, Währungsunion, Beitritt, Finanzausgleich und Maastricht II, EuZW 1996, S. 6 (7 f.); *G. Zeitel*, Europäische Währungsunion und zwischenstaatlicher Finanzausgleich, FS-Pohmer, 1990, S. 343 (355). Ähnlich auch schon *U. Scheuner*, Verfassungsprobleme der Wirtschafts- und Währungsunion, Integration 1971, S. 145 (154).
15 Vgl. *U. Häde*, Währungsunion und Finanzausgleich, in: Hahn (Hrsg.), Das Währungswesen in der europäischen Integration, 1996, S. 153 (168). Ausführlicher ders. (Fn. 1), S. 541 ff. S. auch *U. Palm*, Preisstabilität in der Europäischen Wirtschafts- und Währungsunion, 2000, S. 177.
16 So aber *G. Morgenthaler*, Der Euro – zwischen Integrationsdynamik und Geldwertstabilität, JuS 1997, S. 673 (680); *Seidel* (Fn. 8), S. 17. Vgl. auch *R. Stadler*, Der rechtliche Handlungsspielraum des Europäischen Systems der Zentralbanken, 1996, S. 210. Zum Entgegenstehen bankenaufsichtsrechtlicher Vorschriften *P. Bofinger*, Disziplinierung der öffentlichen Haushalte durch den Markt – nicht durch starre Regeln oder Bürokraten, Wirtschaftsdienst 1997, S. 12 (14).
17 Vgl. *N. Berthold*, Der Weg zur Europäischen Währungsunion – Eine Gratwanderung, Finanzierung – Leasing – Factoring (FLF) 1996, S. 221 (225); *P. Bofinger*, Die Krise der europäischen Währungsintegration: Ursachen und Lösungsansätze, Wirtschaftsdienst 1996, S. 30 (35); *B. Gaude*, Europäische Währungsunion und finanzpolitische Konvergenz, Arbeitspapier Nr. 25 des Schwerpunktes Finanzwissenschaft/Betriebswirtschaftliche Steuerlehre, Universität Trier, 1992, S. 12; *D. Löhr*, Chancen und Risiken der Europäischen Währungsunion unter besonderer Berücksichtigung des Arbeitsmarktes, WSI Mitteilungen 1997, S. 320 (325); *N. Horn*, The Institutional and Legal Framework for the European Monetary Union (EMU), in: ders. (Hrsg.), German Banking Law and Practice in International Perspective, 1999, S. 14 (27); *M. Seidel*, Probleme der Währungsordnung der Europäischen Union, FS-Vieregge, 1995, S. 793 (797 f.).

Art. 104 (ex-Art. 104c)

(1) Die Mitgliedstaaten vermeiden übermäßige öffentliche Defizite.[8 ff.]

(2) Die Kommission überwacht[16] die Entwicklung der Haushaltslage und der Höhe des öffentlichen Schuldenstands in den Mitgliedstaaten im Hinblick auf die Feststellung schwerwiegender Fehler.[30 ff.] Insbesondere prüft sie die Einhaltung der Haushaltsdisziplin anhand von zwei Kriterien,[17 ff.] nämlich daran,
a) ob das Verhältnis des geplanten oder tatsächlichen öffentlichen Defizits zum Bruttoinlandsprodukt einen bestimmten Referenzwert überschreitet, es sei denn, daß
  – entweder das Verhältnis erheblich und laufend zurückgegangen ist und einen Wert in der Nähe des Referenzwerts erreicht hat[21 f.]
  – oder der Referenzwert nur ausnahmsweise und vorübergehend überschritten wird und das Verhältnis in der Nähe des Referenzwerts bleibt,[23 ff., 96 f.]
b) ob das Verhältnis des öffentlichen Schuldenstands zum Bruttoinlandsprodukt einen bestimmten Referenzwert überschreitet, es sei denn, daß das Verhältnis hinreichend rückläufig ist und sich rasch genug dem Referenzwert nähert.[27 ff.]

Die Referenzwerte werden in einem diesem Vertrag beigefügten Protokoll über das Verfahren bei einem übermäßigen Defizit im einzelnen festgelegt.[17]

(3) Erfüllt ein Mitgliedstaat keines oder nur eines dieser Kriterien, so erstellt die Kommission einen Bericht.[36 ff.] In diesem Bericht wird berücksichtigt, ob das öffentliche Defizit die öffentlichen Ausgaben für Investitionen übertrifft;[40] berücksichtigt werden ferner alle sonstigen einschlägigen Faktoren, einschließlich der mittelfristigen Wirtschafts- und Haushaltslage des Mitgliedstaats.[37 ff.]

Die Kommission kann ferner einen Bericht erstellen, wenn sie ungeachtet der Erfüllung der Kriterien der Auffassung ist, daß in einem Mitgliedstaat die Gefahr eines übermäßigen Defizits besteht.[36]

(4) Der Ausschuß nach Artikel 114 gibt eine Stellungnahme zu dem Bericht der Kommission ab.[42]

(5) Ist die Kommission der Auffassung, daß in einem Mitgliedstaat ein übermäßiges Defizit besteht oder sich ergeben könnte, so legt sie dem Rat eine Stellungnahme vor.[42]

(6) Der Rat entscheidet mit qualifizierter Mehrheit[44] auf Empfehlung der Kommission und unter Berücksichtigung der Bemerkungen, die der betreffende Mitgliedstaat gegebenenfalls abzugeben wünscht, nach Prüfung der Gesamtlage, ob ein übermäßiges Defizit besteht.[43 ff.]

(7) Wird nach Absatz 6 ein übermäßiges Defizit festgestellt, so richtet der Rat an den betreffenden Mitgliedstaat Empfehlungen mit dem Ziel, dieser Lage innerhalb einer bestimmten Frist abzuhelfen.[50 ff.] Vorbehaltlich des Absatzes 8 werden diese Empfehlungen nicht veröffentlicht.

(8) Stellt der Rat fest, daß seine Empfehlungen innerhalb der gesetzten Frist keine wirksamen Maßnahmen ausgelöst haben, so kann er seine Empfehlungen veröffentlichen.[51]

(9) Falls ein Mitgliedstaat den Empfehlungen des Rates weiterhin nicht Folge leistet, kann der Rat beschließen, den Mitgliedstaat mit der Maßgabe in Verzug zu setzen, in-

nerhalb einer bestimmten Frist Maßnahmen für den nach Auffassung des Rates zur Sanierung erforderlichen Defizitabbau zu treffen.[53]

Der Rat kann in diesem Fall den betreffenden Mitgliedstaat ersuchen, nach einem konkreten Zeitplan Berichte vorzulegen, um die Anpassungsbemühungen des Mitgliedstaats überprüfen zu können.

(10) Das Recht auf Klageerhebung nach den Artikeln 226 und 227 kann im Rahmen der Absätze 1 bis 9 dieses Artikels nicht ausgeübt werden.[65 f.]

(11) Solange ein Mitgliedstaat einen Beschluß nach Absatz 9 nicht befolgt, kann der Rat beschließen, eine oder mehrere der nachstehenden Maßnahmen anzuwenden oder gegebenenfalls zu verschärfen,[54 ff.] nämlich
– von dem betreffenden Mitgliedstaat verlangen, vor der Emission von Schuldverschreibungen und sonstigen Wertpapieren vom Rat näher zu bezeichnende zusätzliche Angaben zu veröffentlichen,[55]
– die Europäische Investitionsbank ersuchen, ihre Darlehenspolitik gegenüber dem Mitgliedstaat zu überprüfen,[56]
– von dem Mitgliedstaat verlangen, eine unverzinsliche Einlage in angemessener Höhe bei der Gemeinschaft zu hinterlegen, bis das übermäßige Defizit nach Ansicht des Rates korrigiert worden ist,[57]
– Geldbußen in angemessener Höhe verhängen.[58, 99 ff.]

Der Präsident des Rates unterrichtet das Europäische Parlament von den Beschlüssen.

(12) Der Rat hebt einige oder sämtliche Entscheidungen nach den Absätzen 6 bis 9 und 11 so weit auf, wie das übermäßige Defizit in dem betreffenden Mitgliedstaat nach Ansicht des Rates korrigiert worden ist. Hat der Rat zuvor Empfehlungen veröffentlicht, so stellt er, sobald die Entscheidung nach Absatz 8 aufgehoben worden ist, in einer öffentlichen Erklärung fest, daß in dem betreffenden Mitgliedstaat kein übermäßiges Defizit mehr besteht.[61 f.]

(13) Die Beschlußfassung des Rates nach den Absätzen 7 bis 9 sowie 11 und 12 erfolgt auf Empfehlung der Kommission mit einer Mehrheit von zwei Dritteln der gemäß Artikel 205 Absatz 2 gewogenen Stimmen der Mitgliedstaaten mit Ausnahme der Stimmen des Vertreters des betroffenen Mitgliedstaats.[67 ff.]

(14) Weitere Bestimmungen über die Durchführung des in diesem Artikel beschriebenen Verfahrens sind in dem diesem Vertrag beigefügten Protokoll über das Verfahren bei einem übermäßigen Defizit enthalten.[71 ff.]

Der Rat verabschiedet einstimmig auf Vorschlag der Kommission und nach Anhörung des Europäischen Parlaments sowie der EZB die geeigneten Bestimmungen, die sodann das genannte Protokoll ablösen.[77 ff., 88 ff.]

Der Rat beschließt vorbehaltlich der sonstigen Bestimmungen dieses Absatzes vor dem 1. Januar 1994 mit qualifizierter Mehrheit auf Vorschlag der Kommission und nach Anhörung des Europäischen Parlaments nähere Einzelheiten und Begriffsbestimmungen für die Durchführung des genannten Protokolls.[85 ff.]

Inhaltsübersicht:

A. Grundsätzliches	1
I. Stabilitätsorientierung	1
1. Zweck der Regelung	1
2. Preisstabilität als Auslegungsmaxime	3
II. Dauerhaftigkeit	5
B. Gebot der Vermeidung übermäßiger öffentlicher Defizite (Abs. 1)	8
I. Anwendungsbereich	8
II. Das »übermäßige öffentliche Defizit«	12
C. Das Verfahren zur Überwachung der Haushaltsdisziplin	16
I. Vorprüfung	16
1. Die Haushaltskriterien	17
2. Ausnahmen beim Defizitkriterium	21
a) Erheblicher und laufender Rückgang	21
b) Ausnahmsweise und vorübergehende Überschreitung	23
3. Ausnahmen beim Schuldenstandskriterium	27
II. Funktion des Abs. 2	30
III. Berichterstellung	36
IV. Weiteres Verfahren	42
V. Entscheidung des Rates	43
1. Grundlagen der Entscheidung	43
2. Wirkung der Entscheidung	48
D. Sanktionen	49
I. Vor Beginn der dritten Stufe	50
II. Nach Beginn der dritten Stufe	53
1. Verzug	53
2. Maßnahmen	54
3. Vollstreckung	59
4. Aufhebung der Ratsentscheidungen	61
III. Aussetzung der Finanzierung aus dem Kohäsionsfonds	63
IV. Rechtsschutz	65
V. Beschlußfassung	67
E. Das Protokoll über das Verfahren bei einem übermäßigen Defizit	71
I. Inhalt	71
II. Innerstaatliche Umsetzung	72
1. Pflicht der Mitgliedstaaten	72
2. Deutschland	74
3. Österreich	75
F. Rechtsetzungsbefugnisse	77
I. Vorschriften zur Ablösung des Protokolls	77
II. Einzelheiten und Begriffsbestimmungen	85
G. Der Stabilitäts- und Wachstumspakt	88
I. Der Vorschlag des Bundesfinanzministeriums	88
II. Festlegungen des Europäischen Rates von Amsterdam	91
1. Die Entschließung des Europäischen Rates	92
2. Die Verordnung 1466/97	93
3. Die Verordnung 1467/97	94
a) Beschleunigung	95
b) Begriffsklärung	96
c) Sanktionen	99

A. Grundsätzliches

I. Stabilitätsorientierung

1. Zweck der Regelung

1 Die Art. 101 bis 103 unterstützen eine solide Haushaltspolitik indirekt, indem sie Verschuldungsanreize nehmen (s. Art. 101, Rn. 5). Art. 104 zielt demgegenüber direkt auf die Haushaltspolitik der Mitgliedstaaten in Form der **Schuldenpolitik**. In den Wirtschaftswissenschaften ist umstritten, ob eine **Kontrolle und Reglementierung der Finanzpolitik** im Hinblick auf die Währungsunion notwendig und sinnvoll ist oder ob man diese Aufgabe nicht besser den Märkten überlassen sollte.[1]

2 Die Vertragsparteien des EUV haben jedoch entschieden, eine **gemeinschaftsrechtliche Haushaltsdisziplin** einzuführen. Sie gingen davon aus, daß eine unsolide Haushaltspolitik die geplante Währungsunion und insbesondere deren **Stabilitätsorientierung** gefährden kann.[2] Darüber hinaus beugt die angeordnete Haushaltsdisziplin in Ergänzung zu Art. 103 (s. Art. 103, Rn. 7) Forderungen von Mitgliedstaaten in Haushaltsnotlagen nach **Finanztransfers** vor.[3] Schließlich könnten überschuldete Mitgliedstaaten für eine weniger stabilitätsorientierte Geldpolitik eintreten. Eine Gefahr für die Preisstabilität ginge davon zwar nur dann aus, wenn die Entscheidungsträger des ESZB solchen Ansinnen nachgäben.[4] Praktizierte Haushaltsdisziplin läßt eine derartige Situation aber gar nicht erst entstehen.

2. Preisstabilität als Auslegungsmaxime

3 Die Preisstabilität gilt eigentlich nur im Bereich der Währungspolitik als vorrangiges Ziel; für die allgemeine Wirtschaftspolitik stellt sie ein Ziel unter vielen dar (s. Art. 4, Rn. 36). Art. 104 enthält zwar Regelungen, die sich auf die Haushaltspolitik beziehen, also auf einen Teilbereich der allgemeinen Wirtschaftspolitik. Er zielt jedoch speziell auf die **Beseitigung der Gefahren**, die von **einer unsoliden Haushaltspolitik** auf die stabilitätsorientierte Währungspolitik ausgehen. Die Vorschrift steht demnach in einem **engen Zusammenhang mit der Währungsunion**. Eine noch deutlichere Verbindung stellt Art. 121 Abs. 1 Satz 3, 2. Spstr. her. Danach entscheidet der Ratsbeschluß nach Abs. 6

---

1 Vgl. dazu und zu den theoretischen Grundlagen *S. Hamacher/W. Klein*, Finanz- und geldpolitische Implikationen der Vollendung des europäischen Binnenmarktes und der Schaffung der Wirtschafts- und Währungsunion, in: Gröner/Schüller (Hrsg.), Die europäische Integration als ordnungspolitische Aufgabe, 1993, S. 173 (187); *U. Palm*, Preisstabilität in der Europäischen Wirtschafts- und Währungsunion, 2000, S. 135; *M. Schulze-Steinen*, Rechtsfragen zur Wirtschaftsunion, 1998, S. 70 ff.; *R. Schweickert*, Die finanzpolitischen Beitrittsbedingungen zur EWU – effizient, notwendig, hinreichend, relevant?, Wirtschaftsdienst 1996, S. 529.
2 Vgl. *R. Bandilla*, in: Grabitz/Hilf, EU, Art. 104c, Rn. 1; *U. Hartmann*, Europäische Union und die Budgetautonomie der deutschen Länder, 1994, S. 53 f. Zu verschiedenen ökonomischen Begründungen für Fiskalkriterien vgl. *F. Breuss*, Wozu fiskalische Tragfähigkeit in der Wirtschafts- und Währungsunion der Europäischen Union, Forschungsinstitut für Europafragen an der Wirtschaftsuniversität Wien, Forschungsbericht 9904, Mai 1999, S. 6 ff.
3 *H. Sandte*, Möglichkeiten zur Auslegung der Fiskalkriterien für den EWU-Beitritt, Wirtschaftsdienst 1996, S. 637 (638).
4 Vgl. *P. Bofinger*, Disziplinierung der öffentlichen Haushalte durch den Markt – nicht durch starre Regeln oder Bürokraten, Wirtschaftsdienst 1997, S. 12 (13); *R. Vaubel*, Kein Pakt für Preisstabilität, Wirtschaftsdienst 1997, S. 10 (11).

hinsichtlich des Bestehens eines übermäßigen Defizits mit über die Chancen der Mitgliedstaaten zur **Teilnahme an der dritten Stufe der WWU** (s. Art. 121, Rn. 9 ff.). Die Vorschriften über die Haushaltsdisziplin sind darum von der Währungsunion nicht zu trennen.

Das führt zu dem **Ergebnis**, daß das Ziel der **Preisstabilität auch im Rahmen des Art. 104 ein wesentliches Auslegungskriterium** darstellt. Hier gilt ebenfalls, daß im Zweifel die Auslegung vorzuziehen ist, die der Preisstabilität dient. Diese Folgerung bedeutet nicht, daß stets der allerstrengsten Auslegungsmöglichkeit der Vorzug zu geben wäre. Es geht vielmehr um eine ökonomisch begründete und sinnvolle Anwendung der Kriterien des Abs. 2 und der zusätzlichen Gesichtspunkte des Abs. 3. Eine **am Stabilitätsziel orientierte Interpretation** verbietet es jedoch, politische Zweckmäßigkeitserwägungen an die Stelle ökonomischer Argumente treten zu lassen. Für Ermessens- und Beurteilungsspielräume muß das gleiche gelten. Von ihnen darf nur in einer Weise Gebrauch gemacht werden, die dem Ziel der Preisstabilität dient. 4

II. Dauerhaftigkeit

Eine **Währungsunion** ist ein auf Dauer angelegter, sehr **enger Zusammenschluß**. Zu den wesentlichen Voraussetzungen, die ein Mitgliedstaat erfüllen muß, um sich für die Teilnahme an der dritten Stufe der WWU zu qualifizieren, gehört deshalb das Erreichen eines hohen Grades an **dauerhafter Konvergenz** (Art. 121 Abs. 1). Die Maastrichter Vertragsparteien gingen davon aus, daß eine dauerhafte Annäherung der wichtigsten Elemente der Wirtschaftspolitik unabdingbare Voraussetzung für eine funktionierende, nämlich stabilitätswahrende Währungsunion ist. 5

Maßstab für dauerhafte Konvergenz sind die vier **Konvergenzkriterien des Art. 121 Abs. 1**. Das zweite Kriterium fordert »eine auf Dauer tragbare Finanzlage der öffentlichen Hand, ersichtlich aus einer öffentlichen Haushaltslage ohne übermäßiges Defizit im Sinne des Artikels 104 Absatz 6«. Belegt somit das Fehlen einer Ratsentscheidung nach Abs. 6 im Rahmen des Art. 121 Abs. 1 eine auf Dauer tragbare Finanzlage eines Mitgliedstaats, so läßt sich umgekehrt daraus schließen, daß die **Haushaltsdisziplin** des Art. 104 ihrerseits **auf Dauerhaftigkeit angelegt** sein muß.[5] Die Entscheidungen im Rahmen des Art. 104 haben deshalb stets das hier nicht ausdrücklich erwähnte Element der Dauerhaftigkeit mit einzubeziehen. 6

Insoweit macht es keinen Unterschied, ob die Beurteilung der Haushaltspolitik von Mitgliedstaaten vor deren Eintritt in das Euro-Währungsgebiet erfolgt oder ob sie danach stattfindet. Neben der Preisstabilität oder – anders ausgedrückt – als ein **wesentliches Element von Preisstabilität** ist somit bei der Auslegung von Begriffen oder der Überprüfung von Entscheidungen die **Dauerhaftigkeit der Haushaltsdisziplin** maßgeblich zu berücksichtigen. Gerade die zahlreichen Versuche, durch kurzfristig wirksame oder einmalige Aktionen die wirkliche Lage der öffentlichen Haushalte zu verschleiern,[6] können dem Gebot der Dauerhaftigkeit nicht genügen. 7

---

5 Vgl. auch *Schulze-Steinen* (Fn. 1), S. 204 ff., 263.
6 Vgl. *D. Dickertmann*, Neubewertung der Goldbestände der Deutschen Bundesbank im Zielkonflikt, Wirtschaftsdienst 1997, S. 390; Deutsche Bundesbank, Neubewertung der Gold- und Devisenreserven, Monatsbericht Juni 1997, S. 5; Gemeinschaft zum Schutz der deutschen Sparer, Die öffentlichen Haushalte müssen dauerhaft tragfähig sein, Presseartikel Nr. 9/1998, S. 5.

B. Gebot der Vermeidung übermäßiger öffentlicher Defizite (Abs. 1)

I. Anwendungsbereich

8   Abs. 1 EGV verpflichtet die Mitgliedstaaten, »übermäßige öffentliche Defizite« zu vermeiden.[7] Diese **Rechtspflicht** obliegt ihnen allerdings erst seit dem Beginn der dritten Stufe der WWU am 1.1.1999 (Art. 116 Abs. 3 UAbs. 2). In der vorhergehenden zweiten Stufe galt Art. 116 Abs. 4 EGV, wonach die Mitgliedstaaten (nur) bemüht waren, übermäßige öffentliche Defizite zu vermeiden.

9   Nach dem Beginn der dritten Stufe verpflichtet Abs. 1 **grundsätzlich alle Mitgliedstaaten**, also auch jene, die die Qualifikation nicht geschafft haben und die Art. 122 Abs. 1 Satz 2 als »**Mitgliedstaaten, für die eine Ausnahmeregelung gilt**«, bezeichnet. Das ergibt sich aus Art. 122 Abs. 3, der die Vorschriften aufzählt, die für diese Mitgliedstaaten nicht gelten, dabei Abs. 1 aber nicht erwähnt.

10 Eine **Ausnahme** gilt allerdings **für das Vereinigte Königreich**, solange es von seinem Sonderrecht Gebrauch macht, nicht an der Endstufe der WWU teilzunehmen (s. Art. 122, Rn. 28). Nach Nr. 5 Satz 1 des dem EGV beigefügten Protokolls (Nr. 25) über einige Bestimmungen betreffend das Vereinigte Königreich Großbritannien und Nordirland finden dann die Abs. 1, 9 und 11 auf Großbritannien keine Anwendung.

11 **Dänemark** hat zwar ebenfalls das Recht, nicht an der dritten Stufe teilzunehmen (s. Art. 122, Rn. 26). Nach Nr. 2 des Protokolls (Nr. 26) über einige Bestimmungen betreffend Dänemark gelten für dieses Land jedoch, wenn es seine Nichtteilnahme notifiziert, die Bestimmungen für Mitgliedstaaten mit Ausnahmeregelung.

II. Das »übermäßige öffentliche Defizit«

12 Abs. 1 bestimmt nicht selbst, was unter einem übermäßigen öffentlichen Defizit zu verstehen ist. **Definitionen** der Begriffe »öffentlich« und »Defizit« in Art. 2 des dem EGV beigefügten Protokolls (Nr. 20) über das Verfahren bei einem übermäßigen Defizit[8] führen zu dem Ergebnis, daß »übermäßige öffentliche Defizite« i.S.v. Abs. 1 gleichzusetzen wären mit übermäßigen Finanzierungsdefiziten des Staatssektors.[9] Dann würde sich die Verpflichtung allein darauf beziehen, zu hohe Finanzierungsdefizite zu vermeiden.

13 Abs. 6 verwendet den Begriff des übermäßigen Defizits; daß auch er nur öffentliche Defizite meint, versteht sich hier aber von selbst. Der Rat befindet nach Abs. 6 darüber, ob in einem Mitgliedstaat ein übermäßiges (öffentliches) Defizit besteht. Aus Abs. 2 ergibt sich, daß **Finanzierungsdefizit und Schuldenstand** wesentliche Kriterien dafür sind. Die Entscheidung nach Abs. 6 erfolgt aber »nach Prüfung der Gesamtlage«, bezieht also noch weitere Wirtschaftsdaten mit ein. Geht es somit um eine **Gesamtbeurteilung der Haushaltsdisziplin eines Mitgliedstats**, kann das Finanzierungsdefizit insofern nur ein

---

7   Vgl. *A. Bleckmann*, Der Vertrag über die Europäische Union, DVBl. 1992, S. 335 (340); *H. J. Hahn*, Der Vertrag von Maastricht als völkerrechtliche Übereinkunft und Verfassung, 1992, S. 55, die Art. 104c EGV als staatenverpflichtendes Gemeinschaftsrecht bezeichnen; *D. Hattenberger*, in: Schwarze, EU-Kommentar, Art. 104 EGV, Rn. 10.
8   Schlußakte des Vertrages über die Europäische Union, II Nr. 5, BGBl. II 1992, 1309.
9   So *Hartmann* (Fn. 2), S. 69 ff.

– wenn auch sehr wichtiges – Kriterium sein.[10] Der **Begriff** des übermäßigen (öffentlichen) Defizits in Abs. 6 entspricht somit **nicht den Definitionen im Protokoll**.

Es erscheint nur begrenzt sinnvoll, in Abs. 1 eine **Rechtspflicht der Mitgliedstaaten** allein zur Vermeidung von übermäßigen Finanzierungsdefiziten zu verankern, in Abs. 6 dann aber ein Urteil über die Haushaltspolitik insgesamt zu fällen und erst daran die in den Abs. 7 ff. vorgesehenen Sanktionen (s.u. Rn. 49 ff.) zu knüpfen. Sinn des Art. 104 ist es, eine auf Dauer tragbare Finanzlage der öffentlichen Hand sicherzustellen, um die auf Preisstabilität ausgerichtete **Währungsunion** auch **an der haushaltspolitischen Flanke abzusichern**. Eine Beschränkung des Begriffs »übermäßiges öffentliches Defizit« auf ein zu hohes Finanzierungsdefizit erscheint darum jedenfalls dann nicht akzeptabel, wenn damit nur das Überschreiten des Referenzwertes von 3%[11] gemeint ist.[12] Vorzuziehen ist eine **Auslegung des Abs. 1**, die die Mitgliedstaaten zu einer Haushaltspolitik verpflichtet, die auf eine dauerhaft tragbare Finanzlage gerichtet ist und damit einer Entscheidung des Rates nach Abs. 6 vorbeugt.[13]

14

Dem wird jedoch die angeblich eindeutige Begriffsbestimmung in Art. 2 des Protokolls entgegengehalten.[14] Abzustellen sei deshalb doch auf das Finanzierungsdefizit, allerdings nicht allein auf den Referenzwert. Ein öffentliches Defizit und somit auch ein Finanzierungsdefizit soll dann übermäßig sein, »wenn seine Höhe in Anbetracht der wirtschaftlichen Gesamtsituation des Staates und der Zielsetzung des Art. 104c, eine stabilitätswidrig expansive Haushaltspolitik zu vermeiden und die nachhaltige Finanzierbarkeit der öffentlichen Haushalte bei einer Schuldenquote von höchstens 60% zu sichern, als unverhältnismäßig erscheint«.[15] Dieser Ansicht wird man sich (nur) im Ergebnis weitgehend anschließen können; denn die Definition enthält die wesentlichen Aspekte, die auch bei der Entscheidung nach Abs. 6 zu berücksichtigen sind, bezieht also doch andere Gesichtspunkte als das Finanzierungsdefizit mit ein.

15

C. Das Verfahren zur Überwachung der Haushaltsdisziplin

I. Vorprüfung

Abs. 2 führte mit Wirkung seit dem Beginn der zweiten Stufe am 1.1.1994 (Art. 116 Abs. 3 UAbs. 1) ein Verfahren zur Überwachung der Haushaltspolitik in den Mitgliedstaaten ein. Gegenstand dieser Überwachung durch die Kommission ist die Entwicklung der Haushaltslage und der Höhe des Schuldenstands im Hinblick auf die **Feststellung schwerwiegender Fehler**. Dieses Verfahren kann zu einer Entscheidung des Rates nach Abs. 6 führen, die das Bestehen eines übermäßigen Defizits feststellt. Ziel der Überwachung ist es, dem Entstehen »übermäßiger Defizite« einzelner Mitgliedstaaten vorzubeugen, die zu einer **auf Dauer nicht tragbaren Finanzlage** führen und dadurch die Sta-

16

---

10 *U. Häde/U. Hartmann*, Monetäre Integration in Europa und Privatisierung in Deutschland, EWS 1994, S. 409 (414 f.); *Schulze-Steinen* (Fn. 1), S. 264.
11 Vgl. *Hartmann* (Fn. 2), S. 70 f.
12 Im Ergebnis ebenso *Schulze-Steinen* (Fn. 1), S. 240 f.
13 Ebenso *H. Kortz*, Die Entscheidung über den Übergang in die Endstufe der Wirtschafts- und Währungsunion, 1996, S. 102, und wohl ebenso *A. Italianer*, in: GTE, EGV, Art. 104c, Rn. 22; *Palm* (Fn. 1), S. 151 ff. Vgl. dazu auch *Häde/Hartmann* (Fn. 10), S. 415 ff., mit ausführlicher Darstellung unterschiedlicher Auslegungen.
14 So *Schulze-Steinen* (Fn. 1), S. 239 f., der allerdings den Begriff »Defizit« in Abs. 6 dann abweichend von Art. 2, 2. Spstr. des Protokolls definiert (S. 264).
15 *Schulze-Steinen* (Fn. 1), S. 243.

bilitätsorientierung der WWU gefährden. Der Begriff »schwerwiegende Fehler« meint denn wohl auch ein Verhalten, das die Haushaltsdisziplin vor allem – aber nicht nur – im Hinblick auf Finanzierungsdefizit und Gesamtschuldenstand deutlich verletzt.[16]

1. Die Haushaltskriterien

17 Wichtige Anhaltspunkte für die Einhaltung der geforderten Haushaltsdisziplin der Mitgliedstaaten sind die nach Abs. 2 UAbs. 2 in dem dem EGV beigefügten **Protokoll** (Nr. 20) über das Verfahren bei einem übermäßigen Defizit festgelegten **Referenzwerte für das öffentliche Finanzierungsdefizit und den Schuldenstand**. Art. 1 des Protokolls legt den Referenzwert für das Verhältnis zwischen dem geplanten oder tatsächlichen Defizit des Staatssektors und dem Bruttoinlandsprodukt des geprüften Mitgliedstaats zu Marktpreisen (BIP)[17] auf **3%** fest. Für das Verhältnis zwischen dem öffentlichen Schuldenstand und dem BIP gilt ein Referenzwert von **60%**.

18 Der Sinn und die Notwendigkeit einer solchen **Festlegung von Referenzwerten** war – wie das Überwachungsverfahren überhaupt – nicht unumstritten;[18] durchgesetzt hat sich aber letztlich die Ansicht, die darin eine Möglichkeit sieht, der Gefährdung der Preisstabilität aufgrund einer fehlerhaften Haushaltspolitik einen Riegel vorzuschieben.[19] Die konkreten Referenzwerte sind aus **wirtschaftswissenschaftlicher Sicht** nicht zwingend, sondern eher **willkürlich** festgesetzt.[20] Sie orientieren sich am **Gemeinschaftsdurchschnitt** zur Zeit der Verhandlungen über den EUV.[21]

19 Diese **Referenzwerte** gelten **nicht** als **Grenzwerte** in dem Sinne, daß ihr Überschreiten in jedem Fall zu einer negativen Beurteilung führen muß.[22] Abs. 2 sieht ausdrücklich einen

---

16 Vgl. *W.-H. Roth*, Der rechtliche Rahmen der Wirtschafts- und Währungsunion, EuR, Beiheft 1/ 1994, S. 45 (76 f.).
17 Art. 2 der aufgrund der Ermächtigung in Abs. 14 UAbs. 3 erlassenen VO 2605/93 definiert das Bruttoinlandsprodukt als Bruttoinlandsprodukt zu Marktpreisen »gemäß der Definition des Art. 2 der RL 89/139/EWG, Euratom«. Zur mangelnden Klarheit des Begriffs *Schulze-Steinen* (Fn. 1), S. 211 f., 305.
18 Kritisch z.B. *B. Eichengreen*, Fiscal Policy and EMU, in: ders./Frieden (Hrsg.), The Political Economy of European Monetary Union, 1994, S. 167; *C. Fuest*, Budgetdefizite in einer Europäischen Währungsunion: Bedarf es gemeinsamer Verschuldungsregeln?, ZfW 1993, S. 123; *T. Gäckle*, Die Begrenzung von Budgetdefiziten in einer Europäischen Währungsunion, Wirtschaftsdienst 1992, S. 264; *J. Priewe*, Verschuldungsregeln in der Europäischen Währungsunion, WSI Mitteilungen 1997, S. 365 (369 ff.).
19 Vgl. *E. Gnan/A. Schubert*, Vertragsbestimmungen und Sekundärgesetzgebung zur Gewährleistung der Budgetdisziplin, Berichte und Studien der Oesterreichischen Nationalbank, 2/1994, S. 68 (69); *H. Matthes*, Adäquate Regeln für die Fiskalpolitik der EG-Länder?, Wirtschaftsdienst 1992, S. 409 (410 ff.).
20 Vgl. nur *Eichengreen* (Fn. 18), S. 174 f.; *P. de Grauwe*, Alternative Strategies towards Monetary Union in Europe, Vorträge, Reden und Berichte aus dem Europa-Institut Nr. 326, 1994, S. 33; *R. H. Hasse*, Konvergenzkriterien des Maastricht-Vertrages: Können sie Glaubwürdigkeit erzeugen?, 1993, 7 f.; dens., The Political Economy of the Convergence Criteria – The Gap between Needs and Reality of Economic Policy Convergence, Aujourd'hui l'ECU Nr. 53 (1994), S. 8 (10); *C.-C. Hedrich*, Die Kritik an den Maastrichter Beschlüssen über die Europäische Währungsunion, Jahrbuch für Sozialwissenschaft 45 (1994), 68 (78 f.); *H.-J. Krupp*, Europäische Union und Zukunft der Mark, Presseartikel Nr. 48 vom 8.7.1994, S. 3 (7).
21 Vgl. *H. Hesse*, Neues auf dem Weg zur Europäischen Wirtschafts- und Währungsunion, Presseartikel 16/1998, S. 11 (13); *Matthes* (Fn. 19), S. 409 f.; *W. Schönfelder/E. Thiel*, Ein Markt – Eine Währung, 2. Aufl., 1996, S. 151.
22 *Hartmann* (Fn. 2), S. 61; *H. Kortz*, Die Konvergenzkriterien des EGV, RIW 1997, S. 357 (361); *Sandte* (Fn. 3), S. 639.

gewissen Spielraum vor. Die **Referenzwerte sind also nicht identisch mit den Kriterien für die Einhaltung der Haushaltsdisziplin.**[23] Eine Überschreitung der Referenzwerte muß deshalb nicht unbedingt einen Verstoß gegen die Haushaltsdisziplin darstellen.

Die Formulierung »es sei denn« läßt auf eine Art **Regel-Ausnahme-Verhältnis** schließen.[24] Dies jedenfalls in dem Sinne, daß ein Unterschreiten der Referenzwerte die Erfüllung der Kriterien belegt, während ein Überschreiten die weitere Prüfung erforderlich macht, ob eine der genannten Situationen vorliegt.[25] In der wirtschaftswissenschaftlichen Literatur wird diese Regelung zum Teil als Hinweis auf den Unterschied zwischen **strukturellen und konjunkturellen Defiziten** verstanden.[26] Die praktische Abgrenzung zwischen beiden begegnet aber wohl größeren Schwierigkeiten.[27] 20

2. Ausnahmen beim Defizitkriterium

a) Erheblicher und laufender Rückgang

Nach lit. a), 1. Spstr. liegt ein Verstoß gegen die Haushaltsdisziplin hinsichtlich des Finanzierungsdefizits dann nicht vor, wenn es **erheblich und laufend** zurückgegangen ist und das Verhältnis zwischen Defizit und BIP einen Wert in der **Nähe des Referenzwertes** erreicht hat. Beide Voraussetzungen müssen demnach **kumulativ** vorliegen. Diese Ausnahme trägt der Tatsache Rechnung, daß sich ein bisher hohes Finanzierungsdefizit auch bei einem **Übergang zu disziplinierter Haushaltspolitik** nicht sofort beseitigen läßt. Sie bezieht sich demnach vor allem auf Mitgliedstaaten, die die gemeinsame Währung noch nicht eingeführt haben.[28] 21

Eine deutliche und ausdauernde Tendenz allein reicht jedoch noch nicht aus. Hinzukommen muß darüber hinaus das **Erreichen eines Wertes in der Nähe des Referenzwertes**. Der Begriff »in der Nähe« bleibt ebenso ungenau wie die Wendung »erheblich und laufend«.[29] Die Kommission und später der Rat haben insoweit einen gewissen **Beurteilungsspielraum**.[30] Er wird jedoch dadurch eingeschränkt, daß der Wert »in der Nähe« **für alle Mitgliedstaaten der gleiche** sein muß. Ob der konkrete Wert bereits die Nähe des Referenzwertes erreicht hat, hängt nämlich nicht davon ab, wie hoch er vorher war. Es geht also nicht um eine Relation. 22

b) Ausnahmsweise und vorübergehende Überschreitung

Eine weitere Ausnahme sieht lit. a), 2. Spstr. für den Fall vor, daß ein Mitgliedstaat den Referenzwert für das Finanzierungsdefizit nur ausnahmsweise und vorübergehend überschreitet und das Verhältnis zwischen Defizit und BIP **in der Nähe des Referenzwertes** bleibt. Eine Überschreitung »ausnahmsweise« setzt voraus, daß ein **triftiger Grund** für das höhere Defizit vorliegt. 23

---

23 Vgl. dazu *Schulze-Steinen* (Fn. 1), S. 215 f., wonach sich die Kriterien jeweils aus Referenzwert und Referenzbereich zusammensetzen.
24 R. *Bandilla*, in: Grabitz/Hilf, EU, Art. 104c, Rn. 9.
25 Ähnlich *Schulze-Steinen* (Fn. 1), S. 215, der jedoch aus systematischen Gründen die Bezeichnung als Regel-Ausnahme-Verhältnis ablehnt.
26 Vgl. P. *Brandner*/L. *Diebalek*/H. *Schuberth*, Strukturelle Budgetdefizite in Österreich, Berichte und Studien der Oesterreichischen Nationalbank 3/1997, S. 114.
27 Vgl. G. *Ziebarth*, Methodik und Technik der Bestimmung struktureller Budgetdefizite, Volkswirtschaftliche Forschungsgruppe der Deutschen Bundesbank, Diskussionspapier 2/1995.
28 Vgl. A. *Italianer*, in: GTE, EGV, Art. 104c, Rn. 36.
29 F.-C. *Zeitler*, Die Europäische Währungsunion als Stabilitätsgemeinschaft, WM 1995, S. 1609 (1610), will diese Wendung nur auf die erstmalige Annäherung an den Referenzwert beziehen.
30 Vgl. die Bedenken bei *Kortz* (Fn. 13), S. 102 f.

24 Art. 2 Abs. 1 der im Rahmen des **Stabilitäts- und Wachstumspaktes** erlassenen Verordnung (EG) Nr. 1467/97 des Rates vom 7.7.1997 über die Beschleunigung und Klärung des Verfahrens bei einem übermäßigen Defizit[31] fordert insoweit »ein **außergewöhnliches Ereignis**, das sich der Kontrolle des betreffenden Mitgliedstaats entzieht und die Finanzlage erheblich beeinträchtigt, oder einen erheblichen Wirtschaftsabschwung« (näher dazu s.u. Rn. 96 ff.). Darüber hinaus mag auch ein Ereignis wie die Herstellung der deutschen Einheit ein Überschreiten des Referenzwertes rechtfertigen können.[32] Ob die über viele Jahre haushaltswirksam bleibenden **Kosten der Wiedervereinigung** allerdings mit den Begriffen »ausnahmsweise« und vor allem »vorübergehend« beschrieben werden können, erscheint eher zweifelhaft.

25 »**Vorübergehend**« ist die Überschreitung nur dann, wenn die zukünftige Einhaltung des Referenzwertes zumindest absehbar ist. Ein auf längere Zeit vorhersehbares **Pendeln um den Referenzwert** dürfte die Voraussetzungen dieser Ausnahme nicht erfüllen. Art. 2 Abs. 2 der VO 1467/97 definiert »vorübergehend« in der Weise, daß die Haushaltsvorausschätzungen »darauf hindeuten, daß das Defizit unter den Referenzwert sinken wird, wenn das außergewöhnliche Ereignis nicht mehr vorliegt oder der schwerwiegende Wirtschaftsabschwung beendet ist«.

26 Das geplante oder tatsächliche Defizit muß außerdem stets **in der Nähe des Referenzwertes** bleiben. Eine sehr deutliche Entfernung von diesem Wert kann selbst dann nicht als Einhaltung der Haushaltsdisziplin beurteilt werden, wenn sie nur ausnahmsweise und vorübergehend auftritt.[33]

3. Ausnahmen beim Schuldenstandskriterium

27 Hinsichtlich des Schuldenstands sieht Abs. 2 Satz 2 lit. b) ebenfalls eine Ausnahmeregelung vor. Sie greift ein, wenn der Referenzwert von 60% zwar überschritten ist, das Verhältnis von Schuldenstand und BIP aber »**hinreichend rückläufig** ist und sich rasch genug dem Referenzwert nähert«. Mitgliedstaaten mit hohem Schuldenstand können diese Situation auch bei solider Haushaltspolitik nicht von heute auf morgen ändern. Die Vorschrift trägt dem Rechnung und fordert in solchen Fällen nur eine **deutliche und anhaltende Bewegung von oben nach unten**.[34]

28 Die Begriffe »hinreichend« und »rasch genug« lassen genügend **Spielraum, um die jeweilige Situation eines Mitgliedstaats berücksichtigen zu können**. Anders als beim Defizit ist nicht erforderlich, daß bereits ein Wert in der Nähe des Referenzwertes erreicht wurde. So galt dem Rat die Haushaltsdisziplin in **Irland** trotz eines Schuldenstands von

---

31 ABl.EG 1997 Nr. L 209/6.
32 Vgl. *Kortz* (Fn. 13), S. 103.
33 Zur Begriffsauslegung vgl. auch die am 26.9.1996 vom Wirtschafts- und Sozialausschuß verabschiedete Stellungnahme zum Thema »Die Auswirkungen der Wirtschafts- und Währungsunion: wirtschaftliche und soziale Aspekte der Konvergenz und Sensibilisierung für die einheitliche Währung«, ABl.EG 1997 Nr. C 30/73. *Zeitler* (Fn. 29), S. 1610, meint, eine »ausnahmsweise und vorübergehende« Überschreitung könne »nur im Fall starker ökonomischer Schocks, nicht aber aus konjunkturellen Gründen toleriert werden«.
34 Vgl. *Roth* (Fn. 16), S. 76. *Zeitler* (Fn. 29), S. 1610, fordert, daß sich der Schuldenstand binnen weniger Jahre dem Referenzwert nähert, »wobei der jährliche Rückgang um so stärker sein muß, je höher die Ausgangsquote ist«.

etwa 90% des BIP als akzeptabel, weil dieser Mitgliedstaat auf einen deutlichen und anhaltenden Rückgang verweisen konnte.[35]

Lag das Verhältnis zwischen Schuldenstand und BIP in einem Mitgliedstaat bereits bei oder unter dem Referenzwert, so gilt nach dem Wortlaut der Vorschrift für ein **späteres Überschreiten des Referenzwertes** selbst dann keine Ausnahme, wenn es nur ausnahmsweise und vorübergehend erfolgt. Lit. b) sieht eine Verteidigungsmöglichkeit im Sinne des in lit. a), 2. Spstr. geregelten Falles nämlich nicht vor. Das erscheint etwas **zu streng**. 29

II. Funktion des Abs. 2

Die öffentliche Diskussion gerade in Deutschland bezieht sich vornehmlich auf die Kriterien des Abs. 2 und insofern vor allem auf die beiden Referenzwerte. Schon die dort genannten Spielräume oder Referenzbereiche[36] gelten manchen als tendenziell stabilitätsgefährdend.[37] Den Regelungen des EGV wird die **Forderung nach einer strikten Auslegung** aber nicht gerecht.[38] Eine **Entscheidung darüber**, ob ein Mitgliedstaat die Haushaltsdisziplin verletzt und damit mittelbar die Stabilität der einheitlichen Währung gefährdet, läßt **sich nicht allein auf der Grundlage von zwei Referenzwerten** treffen. 30

Den Abschluß des Verfahrens zur Überwachung der Haushaltsdisziplin bildet der **Beschluß des Rates nach Abs. 6** darüber, ob ein übermäßiges Defizit vorliegt. Der Rat beurteilt, ob die Finanzlage eines Mitgliedstaats im Sinne des Art. 121 Abs. 1 auf Dauer tragbar erscheint. Sein Beschluß ergeht nach **Prüfung der Gesamtlage**, setzt also eine umfassende Analyse komplexer wirtschaftspolitischer Sachverhalte und eine Prognose der künftigen Entwicklung voraus. 31

Das vorhergehende Verfahren zur Überwachung der Haushaltsdisziplin teilt sich in **mehrere Abschnitte**. Den ersten regelt Abs. 2. Hier geht es nur um die Frage, ob die Mitgliedstaaten die beiden Haushaltskriterien einhalten. Daß Abs. 2 Satz 2 formuliert, die Kommission prüfe die Einhaltung der Haushaltsdisziplin »insbesondere« anhand der zwei **Kriterien Finanzierungsdefizit und Schuldenstand**, bedeutet nicht, daß bereits hier weitere Wirtschaftsdaten mit einbezogen werden müssen. 32

Schon an dieser Stelle den **Wirkungszusammenhang zwischen beiden Kriterien** und das Wachstum des BIP zu berücksichtigen, ergäbe zwar durchaus Sinn. Setzt man nämlich ein – derzeit allerdings eher unrealistisches[39] – nominales Wachstum des Bruttoinlandsprodukts von 5% voraus, wird sich der vorher deutlich höhere Schuldenstand eines Landes mit einer Defizitquote von 3% langfristig 60% des BIP annähern.[40] Ein Defizit von mehr als 3% wäre bei einem Mitgliedstaat mit geringem Schuldenstand und hohem 33

---

35 Vgl. *D. Blumenwitz/B. Schöbener*, Stabilitätspakt für Europa, 1997, S. 2. Kritisch dazu G. *Becker-Neetz*, Rechtliche Probleme im Zusammenhang mit der Europäischen Währungsunion, EWS 1996, S. 369 (374).
36 So die Terminologie von *Schulze-Steinen* (Fn. 1), S. 215.
37 Vgl. nur B. *Gaude*, Europäische Währungsunion und finanzpolitische Konvergenz, Arbeitspapier Nr. 25 des Schwerpunktes Finanzwissenschaft/Betriebswirtschaftliche Steuerlehre, Universität Trier, 1992, S. 3; M. *Kuschnick*, Die Währungsunion und der Stabilitätspakt von Amsterdam, DZWir 1997, S. 315 (318).
38 Vgl. *Sandte* (Fn. 3), S. 638.
39 Vgl. *Schulze-Steinen* (Fn. 1), S. 305.
40 Vgl. *Schulze-Steinen* (Fn. 1), S. 214; Wissenschaftlicher Beirat beim Bundesministerium für Wirtschaft, Gutachten: Ordnungspolitische Orientierung für die Europäische Union, 1994, S. 74, Ziffer 86.

Wachstum also ganz anders zu beurteilen als bei einem Mitgliedstaat mit sehr hohem Schuldenstand und geringem Wachstum. Konsequenz eines solchen Vorgehens wäre eine jeweils **einzelfallbezogene Prüfung**. Die in Abs. 2 Satz 2 Buchst. a) und b) genannten unbestimmten Rechtsbegriffe ließen sich ebenfalls nur im Einzelfall, nicht aber allgemein definieren.[41]

34 Damit würde dieser **erste Verfahrensabschnitt** aber überfrachtet. Er hat die **Funktion einer ersten Vorprüfung**. Insoweit erscheint es sinnvoll, Referenzwerte festzusetzen, an denen sich auch die interessierte Öffentlichkeit orientieren kann. Sie tragen dem berechtigten Interesse an **Transparenz** Rechnung. Die erwähnten Spielräume, die ein Überschreiten der Referenzwerte rechtfertigen können, verhindern demgegenüber ein allzu schematisches Vorgehen. In gewissen Grenzen lassen sie auch hier schon die Berücksichtigung einzelfallspezifischer Aspekte zu (s.o. Rn. 27).[42]

35 Die Einbeziehung insbesondere der **Wechselbeziehungen zwischen den Kriterien**[43] und des Wachstums schon an dieser Stelle würden dazu führen, daß von Mitgliedstaaten mit hohem Schuldenstand ein deutliches Unterschreiten des Referenzwertes für das Defizit zu fordern wäre. Das mag an sich durchaus sinnvoll sein, wäre aber mit dem Wortlaut des Abs. 2 nicht mehr zu vereinbaren, der eine getrennte Prüfung beider Kriterien vorschreibt. Die gut nachvollziehbare Skepsis gegenüber schematischem Vorgehen gerade bei komplexen wirtschaftspolitischen Zusammenhängen[44] sollte nicht dazu führen, eine **für alle Mitgliedstaaten im wesentlichen gleiche Eingangsprüfung** abzulehnen.

III. Berichterstellung

36 Abs. 3 regelt den nächsten Abschnitt des Überwachungsverfahrens und knüpft dabei an das Ergebnis der Prüfung nach Abs. 2 an. Sein Wortlaut bestätigt, daß **jedes Kriterium gesondert zu prüfen** ist. Er verpflichtet die Kommission, einen Bericht zu erstellen, wenn ein Mitgliedstaat auch nur eines der Kriterien nicht erfüllt.[45] Maßgeblich sind also nicht die Referenzwerte allein. Greifen die in Abs. 2 geregelten **Ausnahmen** ein, bleibt ein Überschreiten dieser Werte unschädlich.[46] Die Kommission ist darüber hinaus berechtigt, einen solchen Bericht zu erstellen, wenn sie von der **Gefahr eines übermäßigen Defizits** ausgeht, obwohl der Mitgliedstaat beide Kriterien – jedenfalls derzeit noch – erfüllt.

37 Nach Abs. 3 UAbs. 1 Satz 2 müssen in diesem Bericht **alle einschlägigen Faktoren**, einschließlich der mittelfristigen Wirtschafts- und Haushaltslage des geprüften Mitgliedstaats berücksichtigt werden.[47] Erst an dieser Stelle kommt es demnach zu einer **umfassenden Prüfung der Haushaltsdisziplin** unter allen maßgeblichen Gesichtspunkten. Hier sind auch die Wechselwirkungen zwischen Schuldenstand, Finanzierungsdefizit und Wirtschaftswachstum zu berücksichtigen.

---

41 Ausführlich im Sinne dieser Sichtweise *Schulze-Steinen* (Fn. 1), S. 217 ff.
42 Vgl. *Hartmann* (Fn. 2), S. 60.
43 Zu solchen Interdependenzen aus wirtschaftswissenschaftlicher Sicht *L. Bünning*, Die Konvergenzkriterien des Maastricht-Vertrages, 1997, S. 94 ff.
44 Vgl. *Schulze-Steinen* (Fn. 1), S. 231.
45 Vgl. *Roth* (Fn. 16), S. 77.
46 Vgl. *R. Petschnigg*, Die wirtschaftspolitische Koordinierung in der Europäischen Wirtschafts- und Währungsunion, Berichte und Studien der Oesterreichischen Nationalbank, Heft 3/1994, S. 90.
47 Vgl. etwa das Modell von *Sandte* (Fn. 3), S. 644 f.

Die Kriterien des Abs. 2 haben demgegenüber nur die **Funktion von Indikatoren**. Ihre **38** Verletzung verpflichtet zu eingehender und wegen des zu erstellenden Berichts formalisierter Prüfung der Gesamtlage. Ihre Erfüllung stellt ein solches Vorgehen in das pflichtgemäße **Ermessen der Kommission**. Erst Abs. 3 trägt damit dem berechtigten Anliegen einer Einbeziehung weiterer wirtschaftspolitischer Aspekte Rechnung. Hier kommt es zur erforderlichen **Relativierung der** trotz der in Abs. 2 vorgesehenen Spielräume **recht starren Haushaltskriterien** und zur **Einzelfallprüfung**, die z.B. Struktur und Zusammensetzung von Defizit und Schuldenstand oder die Besonderheiten des jeweiligen Sozialversicherungssystems eines Mitgliedstaats mit einbezieht. Die Verletzung der Kriterien stellt insoweit ein Indiz für einen Verstoß gegen die Haushaltsdisziplin dar, keinesfalls jedoch einen Beweis. Die Berücksichtigung der sonstigen einschlägigen Faktoren kann diesen Beweis führen oder aber die Vermutung widerlegen.

Im Rahmen eines Berichts nach Abs. 3 UAbs. 1 Satz 1 mögen die sonstigen einschlägigen Faktoren insbesondere zur **Rechtfertigung einer Kriterienverfehlung** dienen können.[48] In einem Bericht nach Abs. 3 UAbs. 2 wird die Kommission mit ihnen tendenziell das Bestehen der Gefahr eines übermäßigen Defizits trotz Erfüllung der Kriterien belegen wollen. Das führt aber nicht zu grundsätzlichen Unterschieden zwischen solchen Berichten. Abs. 3 UAbs. 1 Satz 2 bezieht sich auf beide Berichte. Die Ausgangslage mag verschieden sein; die Berichte sollen aber stets umfassend **alle Faktoren berücksichtigen**, die den Mitgliedstaat im Hinblick auf seine Haushaltsdisziplin belasten oder entlasten. **39**

Abs. 3 nennt in diesem Zusammenhang ausdrücklich die Relation zwischen Defizit und **40** Ausgaben für Investitionen. Hier ist die »**goldene Regel**« angesprochen, die Art. 115 Abs. 1 Satz 2 GG für das deutsche Haushaltsverfassungsrecht formuliert. Man wird daraus folgern können, daß auch im Rahmen der gemeinschaftsrechtlichen Haushaltsdisziplin ein Finanzierungsdefizit eher tolerabel ist, wenn die Summe der Krediteinnahmen die Ausgaben für Investitionen nicht übersteigt.[49] In einem solchen Fall muß ein Defizit, das den Referenzwert übersteigt, nicht allein deswegen als schwerwiegender Fehler angesehen werden. Im Rahmen des Gemeinschaftsrechts hat diese Regel allerdings nur die **Funktion eines Faktors unter vielen**;[50] die Tatsache, daß die Ausgaben für Investitionen das Defizit übersteigen, führt deshalb nicht zwingend zu einem positiven Urteil über die Haushaltsdisziplin.

Hätte die Kommission bei der Prüfung nach Abs. 2 bereits das Recht oder gar die **41** Pflicht, weitere Aspekte mit einzubeziehen, bliebe die Frage der Erfüllung der Kriterien in weitaus größerem Maße unklar als bei einem relativ einfach strukturierten Vorgehen. Die hier vertretene Auslegung von Abs. 2 und 3 macht die **Vorprüfung nach Abs. 2 transparenter** und für eine breitere Öffentlichkeit nachvollziehbar. Das ermöglicht eine recht weitgehende Kontrolle darüber, ob die Kriterien des Abs. 2 verletzt sind und somit eine Berichtspflicht der Kommission besteht. Das verringert die vielfach beschworene **Gefahr der unzulässigen Einbeziehung sachfremder politischer Argumente**.[51]

IV. Weiteres Verfahren

Das weitere Verfahren enthält **zusätzliche Sicherungen**. Als Korrektiv und Ergänzung **42** dient zunächst die in Abs. 4 vorgeschriebene Stellungnahme des Ausschusses nach

---

48 Vgl. *R. Bandilla*, in: Grabitz/Hilf, EU, Art. 104c, Rn. 11; *J.-V. Louis*, MWLVD, CEE, Bd. 6, S. 47.
49 *Kortz* (Fn. 22), S. 362.
50 Vgl. *Schulze-Steinen* (Fn. 1), S. 225: »Hilfskriterium«.
51 Vgl. dazu *Schulze-Steinen* (Fn. 1), S. 247.

Art. 114 zum Bericht der Kommission.[52] Seit dem Beginn der dritten Stufe der WWU handelt es sich um den **Wirtschafts- und Finanzausschuß** (Art. 114 Abs. 2). Abs. 5 sieht vor, daß die Kommission erst nach Berücksichtigung dieser Stellungnahme entscheidet, ob aus ihrer Sicht in einem Mitgliedstaat ein übermäßiges Defizit besteht oder droht. Bejaht sie dies, so legt sie ihrerseits dem Rat der Wirtschafts- und Finanzminister eine Stellungnahme vor, bei der es sich wohl im wesentlichen um eine fortentwickelte Fassung des Berichts nach Abs. 3 handeln wird. Erst mit dieser Stellungnahme und der Empfehlung an den Rat ergeht die **politische Entscheidung**, ein Verfahren zur Feststellung eines übermäßigen Defizits gegen einen Mitgliedstaat einzuleiten.[53]

V. Entscheidung des Rates

1. Grundlagen der Entscheidung

43 Die endgültige Beurteilung der Haushaltssituation eines Mitgliedstaats obliegt nach Abs. 6 dem **ECOFIN-Rat**, dem Rat in der Zusammensetzung der Wirtschafts- und Finanzminister. Der Rat beschließt auf Empfehlung der Kommission. Ergreift die Kommission insoweit nicht selbst die Initiative, kann sie der Rat oder auch ein Mitgliedstaat nach Art. 115 dazu auffordern.

44 Der Rat trifft seine Entscheidung, bei der **alle Mitgliedstaaten** – auch der betroffene – **stimmberechtigt** sind, mit der qualifizierten Mehrheit des Art. 205 Abs. 2. Der betreffende Mitgliedstaat erhält zuvor die Gelegenheit, Bemerkungen abzugeben, die vom Rat berücksichtigt werden müssen. Gegenstand der Entscheidung ist die Frage, ob in diesem Mitgliedstaat ein **übermäßiges Defizit** besteht. Der Rat hat bereits mehrfach derartige Entscheidungen getroffen und auch wieder aufgehoben.[54]

45 Maßgeblich für das Urteil des Rates über die Haushaltsdisziplin sind nicht allein die Kriterien Finanzierungsdefizit und Schuldenstand. Ihnen kommt zwar eine bedeutende Rolle zu; die sonstigen einschlägigen Faktoren können die Entscheidung des Rates aber in die eine oder die andere Richtung beeinflussen. Die **Forderungen nach strikter Auslegung** der Kriterien **können sich** daher, soweit sie allein auf die Referenzwerte oder die Haushaltskriterien des Abs. 2 abstellen, **nicht auf ökonomische Notwendigkeiten stützen**. Das Ergebnis einer **Prüfung der Gesamtlage** wird einer breiten Öffentlichkeit u.U. sehr viel schwerer zu vermitteln sein. Das entbindet die Akteure aber nicht von der Pflicht, auch diese Entscheidung nachvollziehbar zu begründen.

46 Wer sicherstellen will, daß nur stabilitätsorientierte Mitgliedstaaten mit disziplinierter Fiskalpolitik an der dritten Stufe der Währungsunion teilnehmen, sollte deshalb nicht bei der Forderung nach strikter Anwendung der Kriterien stehenbleiben. Nur eine sinnvolle und anhand zahlreicher weiterer objektiver Wirtschaftsdaten vorgenommene

---

52 Näher dazu *A. Italianer*, in: GTE, EGV, Art. 104c, Rn. 46 ff.; *Schulze-Steinen* (Fn. 1), S. 247 ff.
53 So *R. Bandilla*, in: Grabitz/Hilf, EU, Art. 104c, Rn. 13.
54 Vgl. die Entscheidungen des Rates zur Aufhebung früherer Entscheidungen über das Vorliegen eines übermäßigen Defizits vom 30.6.1997, ABl.EG 1997 Nr. L 177/23–24 (Niederlande, Finnland), sowie vom 1.5.1998, ABl.EG 1998 Nr. L 139/9–20 (Belgien, Deutschland, Österreich, Frankreich, Italien, Spanien, Portugal, Schweden, Vereinigtes Königreich). Vgl. auch *R. Bandilla*, in: Grabitz/Hilf, EU, Art. 104c, Rn. 16; *Schulze-Steinen* (Fn. 1), S. 233.

Relativierung der Kriterien führt zu dem angestrebten **Ziel**,[55] das darin besteht, **Gefahren für die Stabilität der Währung**, die von einer unsoliden Haushaltspolitik ausgehen können, **zu bannen**.[56]

Die Entscheidung des Rates befindet darüber, ob ein **übermäßiges Defizit** besteht. Wie bereits festgestellt (s.o. Rn. 13.), entspricht der Begriff des übermäßigen Defizits i.s.v. Abs. 6 nicht den Definitionen in Art. 2 des Protokolls Nr. 20. Dem **Finanzierungsdefizit** kommt zwar eine besondere Rolle zu, weil es die aktuellen haushaltspolitischen Entscheidungen eines Mitgliedstaats zum Ausdruck bringt und den künftigen Schuldenstand mitbestimmt. Das übermäßige Defizit i.S.v. Abs. 6 ist dennoch nicht gleichzusetzen mit einem übermäßigen Finanzierungsdefizit, dessen Verhältnis zum BIP das erste Haushaltskriterium des Abs. 2 verletzt. Der **Rat prüft die Gesamtlage**. Sollen die vorhergehenden Regelungen nicht sinnlos sein, wird auch er neben Finanzierungsdefizit und Schuldenstand **alle sonstigen einschlägigen Faktoren** berücksichtigen müssen.[57]

47

2. Wirkung der Entscheidung

Die Entscheidung nach Abs. 6 wirkt nicht nur deklaratorisch, sondern **konstitutiv**.[58] Sie ist Voraussetzung für weitere Konsequenzen nach Abs. 7 bis 11. Darüber hinaus indiziert das Fehlen einer solchen Ratsentscheidung die **Einhaltung eines der Konvergenzkriterien** des Art. 121 Abs. 1 (s. dazu Art. 121, Rn. 9), die über die Teilnahme an der dritten Stufe der WWU mitentscheiden.[59]

48

D. Sanktionen

Mit der Entscheidung nach Abs. 6 sind die Möglichkeiten der Gemeinschaft zur Einflußnahme auf die Haushaltspolitik ihrer Mitgliedstaaten nicht beendet. Die Abs. 7 bis 11 regeln die möglichen Konsequenzen, die ein Fehlverhalten für den betreffenden Mitgliedstaat haben kann.

49

I. Vor Beginn der dritten Stufe

Sobald und solange ein Mitgliedstaat ein übermäßiges Defizit aufweist, kann der Rat **Empfehlungen** an ihn richten (Abs. 7). Inhalt dieser Empfehlungen dürften wirtschafts- oder haushaltspolitische Maßnahmen und Vorkehrungen sein, die dem übermäßigen Defizit entgegenwirken. Als möglicher Gegenstand kommen Maßnahmen zum Abbau eines Finanzierungsdefizits oder eines bestimmten Schuldenstandes bis hin zu solchen Maßnahmen in Betracht, die das Verhältnis des Finanzierungsdefizits zu den Anlageinvestitionen betreffen.[60] Die Empfehlungen können – wie sich Abs. 3 EGV entnehmen läßt – auch sonstige wirtschaftspolitische Maßnahmen umfassen.

50

---

55 *U. Häde*, Finanzausgleich, 1996, S. 532 f.
56 Vgl. *A. Italianer*, in: GTE, EGV, Art. 104c, Rn. 51; *Schulze-Steinen* (Fn. 1), S. 234.
57 *Hartmann* (Fn. 2), S. 67; *Schulze-Steinen* (Fn. 1), S. 262 ff.
58 *R. Bandilla*, in: Grabitz/Hilf, EU, Art. 104c, Rn. 15; *U. Häde*, Die Europäische Wirtschafts- und Währungsunion, EuZW 1991, S. 171 (176); *Hartmann* (Fn. 2), S. 62; *D. Hattenberger*, in: Schwarze, EU-Kommentar, Art. 104 EGV, Rn. 30; *Schulze-Steinen* (Fn. 1), S. 251.
59 Vgl. *Häde/Hartmann* (Fn. 10), S. 414.
60 Vgl. auch *Hartmann* (Fn. 2), S. 73; *Schulze-Steinen* (Fn. 1), S. 269 ff. Zurückhaltender *R. Bandilla*, in: Grabitz/Hilf, EU, Art. 104c, Rn. 17.

51 Die Empfehlungen werden von den Gemeinschaftsorganen **grundsätzlich nicht publiziert**. Die betreffenden Mitgliedstaaten sind aber nicht gehindert, die an sie gerichteten Empfehlungen selbst zu veröffentlichen.[61] Leitet ein Mitgliedstaat, der Adressat solcher Empfehlungen ist, keine wirksamen Maßnahmen gegen das übermäßige Defizit ein, kann der Rat seine Empfehlungen – wohl im **Amtsblatt der Gemeinschaft**[62] – veröffentlichen. Mehr als eine Art »**Prangerwirkung**« läßt sich dadurch jedoch nicht erzielen.[63]

52 Weitergehende Einwirkungsmöglichkeiten auf Mitgliedstaaten mit Ausnahmeregelung hat die Gemeinschaft nicht. Die Empfehlungen des Rates sind **unverbindliche Rechtsakte** (Art. 249 Abs. 5). Die gerichtliche Durchsetzbarkeit von dennoch verbleibenden Vertragspflichten der Mitgliedstaaten ist durch Abs. 10 ausgeschlossen, der bestimmt, daß Vertragsverletzungsverfahren im Rahmen der Abs. 1 bis 9 nicht möglich sind. Eine indirekte, aber dennoch sehr **wirksame Sanktion** kann allerdings der **Ausschluß vom Euro-Währungsgebiet** darstellen (s.o. Rn. 48 und Art. 121, Rn. 9).[64]

II. Nach Beginn der dritten Stufe

1. Verzug

53 Seit dem Beginn der dritten Stufe gelten die Abs. 9 und 11 (Art. 116 Abs. 3 UAbs. 2). Dies allerdings nur für die **Mitgliedstaaten, die an der WWU teilnehmen** (Art. 122 Abs. 3 Satz 1). Gegenüber diesen Mitgliedstaaten stehen dem Rat dann sehr viel **weitergehende Möglichkeiten** zur Verfügung. Kommt ein solcher Mitgliedstaat den Empfehlungen auch nach deren Veröffentlichung nicht nach, kann ihn der Rat **in Verzug setzen**. Dazu legt er eine bestimmte Frist fest, innerhalb derer der Mitgliedstaat Maßnahmen für den Defizitabbau zu treffen hat (Abs. 9 UAbs. 1). Um die Bemühungen des Mitgliedstaats überprüfen zu können, kann der Rat von ihm periodisch zu erstattende **Berichte** verlangen (Abs. 9 UAbs. 2). Als Rechtsform für das Handeln des Rates kommen vor allem **Entscheidungen**, daneben möglicherweise aber auch **Richtlinien** in Betracht.[65]

2. Maßnahmen

54 Wenn und solange ein Mitgliedstaat diesen inhaltlichen Vorgaben nicht nachkommt, kann der Rat auf die **Sanktionen des Abs. 11** zurückgreifen. Der Rat trifft also eine **Ermessensentscheidung**, die zum einen die Frage betrifft, ob er überhaupt Sanktionen verhängen will. Darüber hinaus bezieht sich dieses Ermessen darauf, welche der Maßnahmen er allein oder in Kombination anwendet. Schließlich kann er einmal verhängte Sanktionen verschärfen. Entscheidet sich der Rat für Sanktionen, stehen ihm grundsätzlich nur die in Abs. 11 abschließend aufgezählten Maßnahmen zur Verfügung.[66] Sie sind wohl ihrer vermuteten Schärfe nach angeordnet.

---

61 Vgl. die Nachweise bei *Schulze-Steinen* (Fn. 1), S. 269.
62 *Schulze-Steinen* (Fn. 1), S. 270.
63 R. *Bandilla*, in: Grabitz/Hilf, EU, Art. 104c, Rn. 18; *Häde* (Fn. 58), S. 176; A. *Italianer*, in: GTE, EGV, Art. 104c, Rn. 62.
64 Vgl. R. *Bandilla*, in: Grabitz/Hilf, EU, Art. 104c, Rn. 21 f.; *Kortz* (Fn. 13), S. 97; *Roth* (Fn. 16), S. 77.
65 Ebenso D. *Hattenberger*, in: Schwarze, EU-Kommentar, Art. 104 EGV, Rn. 38. Vgl. auch R. *Bandilla*, in: Grabitz/Hilf, EU, Art. 104c, Rn. 24 (nur Entscheidungen); *Hartmann* (Fn. 2), S. 73 f. (nur Richtlinien). Näher dazu *Schulze-Steinen* (Fn. 1), S. 271 ff.
66 Vgl. R. *Bandilla*, in: Grabitz/Hilf, EU, Art. 104c, Rn. 32; *J.-V. Louis*, MWLVD, CEE, Bd. 6, S. 49.

Bei diesen Maßnahmen handelt es sich zunächst um das Verlangen, daß der betreffende 55
Mitgliedstaat bei Wertpapieremissionen zusätzliche Angaben veröffentlicht. Diese Angaben, die vom Rat näher zu bezeichnen sind, werden sich vor allem auf die Haushaltslage dieses Mitgliedstaats beziehen. Ihre Publikation dürfte zu **Reaktionen der Kapitalmärkte** führen, insbesondere zu Zinsaufschlägen für den betreffenden Mitgliedstaat.[67]

Als zweite Maßnahme nennt Abs. 11, 2. Spstr. das an die **Europäische Investitionsbank** 56
gerichtete Ersuchen, ihre Darlehenspolitik gegenüber dem jeweiligen Mitgliedstaat zu überprüfen. Obwohl die Gemeinschaftsorgane nicht die Befugnis haben, die EIB zu einem reservierteren Verhalten gegenüber diesem Mitgliedstaat zu verpflichten,[68] dürfte ein solches Ersuchen praktisch doch nicht ohne Resonanz bleiben. Im Ergebnis werden sich die **Finanzierungsmöglichkeiten verschlechtern.**

Auf der dritten Stufe der möglichen Sanktionen steht die **Hinterlegung einer unverzins-** 57
lichen Einlage in angemessener Höhe bei der Gemeinschaft. Als Verschärfung kommt schließlich die Verhängung einer **Geldbuße** in angemessener Höhe in Betracht. Technisch ließe sie sich am einfachsten durch die vollständige oder teilweise Aufhebung der Rückzahlbarkeit der hinterlegten Einlage erreichen.

Im Gegensatz zu den inhaltlichen Vorgaben nach den Abs. 7 bis 9 EGV stellen die Sanktionen 58
des Abs. 11 **Druckmittel gegenüber einem Mitgliedstaat** dar, der auf seiner unsoliden Haushaltspolitik beharrt und damit die Preisstabilität im Euro-Währungsgebiet gefährdet. Fraglich bleibt allerdings, ob sich **Geldbußen**, verhängt gegen einen ohnehin zu hoch verschuldeten Staat, als geeignetes Mittel zur Erzwingung von Haushaltsdisziplin erweisen werden.[69] Die wesentliche Funktion dieser Sanktionen dürfte ohnehin darin bestehen, übermäßigen Haushaltsdefiziten aufgrund ihrer **Abschreckungswirkung** vorzubeugen.

3. Vollstreckung

Problematisch ist auch die **Durchsetzung der Sanktionen**.[70] Entscheidungen des Rates, 59
die eine Zahlung auferlegen, stellen grundsätzlich vollstreckbare Titel dar. Eine **Vollstreckung** gegen Mitgliedstaaten **muß** aber **ausscheiden;**[71] Art. 256 Abs. 1 legt das ausdrücklich fest. Da die Vollstreckung nach innerstaatlichen Vorschriften und von den Behörden der Mitgliedstaaten durchgeführt wird (Art. 256 Abs. 2), müßten die Mitgliedstaaten ansonsten gegen sich selbst vollstrecken.

Ein **Vertragsverletzungsverfahren** nach den Art. 226, 227 gegen einen Mitgliedstaat, der 60
sich z.B. weigert, eine Einlage zu hinterlegen, dürfte zwar zulässig sein (s.u. Rn. 65). Es führte aber nur zu einem **Feststellungsurteil**. Selbst wenn man dessen Vollstreckung für grundsätzlich möglich hielte,[72] müßte sie aber wieder an Art. 256 Abs. 1 scheitern. Das

---

67 Vgl. *A. Italianer*, in: GTE, EGV, Art. 104c, Rn. 74; *Petschnigg* (Fn. 46), S. 91; *Schulze-Steinen* (Fn. 1), S. 278.
68 Vgl. *R. Bandilla*, in: Grabitz/Hilf, EU, Art. 104c, Rn. 29.
69 Vgl. *Häde* (Fn. 55), S. 545 m.w.N.; *C. Koenig/M. Pechstein*, Die Europäische Union, 1995, Kap. 7, Rn. 16; *Schulze-Steinen* (Fn. 1), S. 278.
70 Vgl. *R. H. Hasse*, Alternativen zum Stabilitätspakt von Dublin, Wirtschaftsdienst 1997, S. 15 (18).
71 So auch *S. Heidig*, Die Verhängung von Zwangsgeldern nach Art. 228 Abs. 2 EGV, EuR 2000, S. 872 (789 ff.). Mißverständlich insoweit noch *Häde/Hartmann* (Fn. 10), S. 415.
72 Vgl. *Schulze-Steinen* (Fn. 1), S. 281 f.

ist mißlich, weil die Befugnis zur Verhängung von Geldbußen ohne gleichzeitige Möglichkeit zu deren Realisierung wirkungslos bleiben könnte. Auch gegen die Zulässigkeit einer **Aufrechnung** mit Forderungen des betroffenen Mitgliedstaats gegen die Gemeinschaft bestehen Bedenken,[73] weil sie das Vollstreckungsverbot umgehen würde. Zulässig sein dürfte aber die **Umwandlung einer unverzinslichen Einlage in eine Geldbuße**. Eine Vollstreckung erübrigt sich dann.[74]

4. Aufhebung der Ratsentscheidungen

61 Die Ratsentscheidungen nach den Abs. 6 bis 9 und 11 sind aufzuheben, soweit das übermäßige Defizit korrigiert wurde. Die Formulierung des Abs. 12 gibt dem Rat insoweit die **Möglichkeit zu abgestuften Reaktionen**. Es gibt kein »alles oder nichts«. Sobald der Mitgliedstaat den Empfehlungen des Rates Folge leistet und wirksame Maßnahmen zur Beseitigung des übermäßigen Defizits ergreift, wird es angebracht sein, etwa verhängte Sanktionen ganz oder teilweise aufzuheben. Eine vollständige Befolgung des Ratsbeschlusses nach Abs. 9 muß gemäß den einleitenden Worten des Abs. 11 zur vollständigen Rücknahme der Sanktionen führen.[75] Eine verhängte Geldbuße kann im Gegensatz zu einer unverzinslichen Einlage aber nicht wieder zurückgezahlt werden. Das ergibt sich nicht zuletzt aus dem Vergleich der Formulierungen in Abs. 11, 3. und 4. Spstr.

62 Besteht das übermäßige Defizit nicht mehr, wird der Rat zuletzt auch seine **Entscheidung nach Abs. 6 aufheben**. Damit ist für den betreffenden Mitgliedstaat im Hinblick auf Art. 121 Abs. 1 der Weg wieder frei zur Teilnahme an der dritten Stufe der WWU. Hat der Rat im Laufe des Verfahrens Empfehlungen an einen Mitgliedstaat nach Abs. 8 veröffentlicht, so stellt er nicht nur intern, sondern öffentlich – im **Amtsblatt** – fest, daß das übermäßige Defizit nicht mehr besteht (Abs. 12 Satz 2).[76]

III. Aussetzung der Finanzierung aus dem Kohäsionsfonds

63 Im Hinblick auf die Mitgliedstaaten **Griechenland, Irland, Spanien und Portugal** besitzt die Gemeinschaft ein zusätzliches Instrument, um haushaltspolitisches Wohlverhalten abzusichern.[77] Nur diese Mitgliedstaaten sind Begünstigte des Kohäsionsfonds. Stellt der Rat fest, daß sie ein übermäßiges Defizit aufweisen, so wird nach Art. 6 der Verordnung (EG) Nr. 1164/94 des Rates vom 16.5.1994 zur Errichtung des Kohäsionsfonds[78] die Finanzierung von Vorhaben aus dem Kohäsionsfonds in diesen Staaten ausgesetzt. Diese Aussetzung erfolgt allerdings nicht sofort, sondern grundsätzlich nur, wenn die Entscheidung nach Abs. 6 nicht binnen einer bestimmten Frist wieder aufgehoben wird. In der Praxis wurde es insofern schon als ausreichend angesehen, wenn der betreffende Mitgliedstaat ein vom Rat gesetztes **Zwischenziel** erreichte (z.B. Griechenland 1995 das Defizitziel von 10,7%), obwohl die Ratsentscheidung nach Abs. 6 weiterbestand.[79]

---

73 A.A. *Blumenwitz/Schöbener* (Fn. 35), S. 39 ff., und wohl auch *Hartmann* (Fn. 2), S. 77.
74 *Palm* (Fn. 1), S. 168.
75 Vgl. *Schulze-Steinen* (Fn. 1), S. 268.
76 Vgl. *R. Bandilla*, in: Grabitz/Hilf, EU, Art. 104c, Rn. 36.
77 Vgl. dazu *Blumenwitz/Schöbener* (Fn. 35), S. 38 f. Skeptisch hinsichtlich der Wirksamkeit *Schulze-Steinen* (Fn. 1), S. 284 ff.; aus wirtschaftswissenschaftlicher Sicht *B. Wasmayr*, Kohäsionspolitik der EU in der Europäischen Wirtschafts- und Währungsunion, 1997, S. 198 ff.
78 ABl.EG 1994 Nr. L 130/1. Vgl. *G. Nicolaysen*, Europarecht II, 1996, S. 346, 353.
79 Vgl. die Antwort der Kommission vom 25.6.1996 auf die schriftliche Anfrage E-0847/96 eines Abgeordneten, ABl.EG 1996 Nr. C 345/9 f.

Die noch in Vertragsentwürfen vorgesehene Alternative, haushaltspolitisch undiszipli- 64
nierten Mitgliedstaaten Mittel aus den **Strukturfonds** der Gemeinschaft zu sperren,[80]
wurde vor allem wegen des Widerstands der betroffenen Mitgliedstaaten nicht geltendes
Recht.[81]

IV. Rechtsschutz

Das Verhalten eines Mitgliedstaats, gegen den der Rat Sanktionen verhängt, verstößt zu- 65
mindest gegen seine **Rechtspflicht** aus Abs. 1, übermäßige Defizite zu vermeiden. Auf eine solche Vertragsverletzung kann die Gemeinschaft jedoch nicht anders als mit den in
Art. 104 vorgesehenen Maßnahmen reagieren. Abs. 10 schließt ein Vertragsverletzungsverfahren insoweit ausdrücklich aus. Auch darin mag die im Bereich der Währungsunion eher **schwache Stellung der Kommission** zum Ausdruck kommen.[82] Dafür, daß nach
dem Ablauf der Frist des Abs. 9 ein Vertragsverletzungsverfahren zulässig sein soll,[83]
gibt Abs. 10 keine Anhaltspunkte. Ein **Vorgehen** nach den Art. 226 und 227 **wegen Verstößen gegen die Haushaltsdisziplin ist generell ausgeschlossen**. Ein Vertragsverletzungsverfahren ist aber statthaft, wenn sich ein Mitgliedstaat weigert, den Sanktionsbeschlüssen nach Abs. 11 nachzukommen.[84] Abs. 10 erwähnt Abs. 11 nämlich gerade nicht.

Die Vorschrift bezieht sich außerdem nicht auf **andere Verfahren** vor dem Gerichtshof. 66
Deshalb können die Organe der Gemeinschaft oder die Mitgliedstaaten mit der **Untätigkeitsklage** nach Art. 232 Abs. 1 gegen Kommission oder Rat vorgehen, solange diese
sich weigern, in Art. 104 vorgesehene Maßnahmen gegenüber einem Mitgliedstaat zu
ergreifen.[85] Deren Ermessen steht insoweit einer gerichtlichen Nachprüfung nicht im
Wege. Ebenso kann sich der betreffende Mitgliedstaat mit der **Nichtigkeitsklage**
(Art. 230) gegen verbindliche Beschlüsse der Gemeinschaftsorgane wenden.[86] Der Mitgliedstaat kann also insbesondere die Ratsentscheidungen nach den Abs. 6, 8, 9 und 11
gerichtlich angreifen.[87]

---

80 So Art. 104b Abs. 10, 5. Spstr. des Vertragsentwurfs der niederländischen Präsidentschaft vom 28.10.1991, abgedruckt bei *H. Krägenau/W. Wetter*, Europäische Wirtschafts- und Währungsunion, 1993, Dok. 47, S. 224 ff. Der von der Bundesregierung vorgelegte Vorschlag einer Änderung des EWGV vom 15.2.1991, *Krägenau/Wetter*, a.a.O., Dok. 58, S. 331 ff., sah in Art. 105b Abs. 3 allgemein die Möglichkeit vor, »bestimmte Zuwendungen an den Mitgliedstaat aus Mitteln der Gemeinschaft auszusetzen«.
81 *Häde* (Fn. 58), S. 177. Vgl. dazu auch *Blumenwitz/Schöbener* (Fn. 35), S. 39.
82 Vgl. *J.-V. Louis*, Perspectives of the EMU after Maastricht, in: Stuyck (Hrsg.), Financial and Monetary Integration in the European Economic Community, 1993, S. 1 (8).
83 So *M. Seidel*, Die Verfassung der Europäischen Wirtschafts- und Währungsunion als Wirtschaftsunion, Vorträge, Reden und Berichte aus dem Europa-Institut Nr. 348, 1996, S. 20 f.
84 Vgl. *A. Bleckmann*, Wirtschaftslenkung und Europäische Wirtschafts- und Währungsunion, Vorträge, Reden und Berichte aus dem Europa-Institut Nr. 258, 1992, S. 10; *Blumenwitz/Schöbener* (Fn. 35), S. 41 ff.; *Hartmann* (Fn. 2), S. 75; *A. Italianer*, in: GTE, EGV, Art. 104c, Rn. 86. A.A. *R. Bandilla*, in: Grabitz/Hilf, EU, Art. 104c, Rn. 34.
85 Vgl. *J. Pipkorn*, Der rechtliche Rahmen der Wirtschafts- und Währungsunion, EuR, Beiheft 1/1994, S. 85 (92); *Roth* (Fn. 16), S. 77, Fn. 99. A.A. *R. Bandilla*, in: Grabitz/Hilf, EU, Art. 104c, Rn. 34.
86 Vgl. *R. Bandilla*, in: Grabitz/Hilf, EU, Art. 104c, Rn. 34; *Bleckmann* (Fn. 7), S. 340; *Häde/Hartmann* (Fn. 10), S. 415; *Hahn* (Fn. 7), S. 78 f.; *Schulze-Steinen* (Fn. 8), S. 282; *A. Weber*, Die Wirtschafts- und Währungsunion nach dem Maastricht-Urteil des BVerfG, JZ 1994, S. 53 (54).
87 Vgl. *A. Italianer*, in: GTE, EGV, Art. 104c, Rn. 84. Für eine Beschränkung auf Abs. 11 *A. Middeke/P. Szczekalla*, Änderungen im europäischen Rechtsschutzsystem, JZ 1993, S. 284 (289).

V. Beschlußfassung

67 Abs. 13 regelt die Beschlußfassung nach den Abs. 7 bis 9, 11 und 12. Sie erfolgt stets auf **Empfehlung der Kommission**. Unterläßt die Kommission eine solche Initiative, kann der Rat oder ein Mitgliedstaat die Kommission nach Art. 115 Satz 1 ersuchen, tätig zu werden.

68 Als besonderes Erfordernis nennt Abs. 13 eine **Mehrheit von zwei Dritteln** der gemäß Art. 205 Abs. 2 gewogenen Stimmen. Der jeweils **betroffene Mitgliedstaat** ist allerdings – anders als bei einem Beschluß nach Abs. 6 – nicht stimmberechtigt. Bei den Beschlüssen nach den Abs. 7 und 8 können ansonsten alle Mitgliedstaaten mitstimmen. Das gilt auch nach dem Beginn der dritten Stufe.[88]

69 An Abstimmungen über Beschlüsse nach den Abs. 9 und 11 dürfen außerdem jene **Mitgliedstaaten** nicht teilnehmen, **für die eine Ausnahmeregelung gilt**, die also nicht an der WWU teilnehmen. Nach Art. 122 Abs. 5 ruht nämlich das Stimmrecht dieser Mitgliedstaaten bei Beschlüssen des Rates nach den in Art. 122 Abs. 3 genannten Artikeln. Zu den dort erwähnten Vorschriften gehört u.a. Art. 104 Abs. 9 und 11.

70 Fraglich erscheint in diesem Zusammenhang, ob die **Mitgliedstaaten mit Ausnahmeregelung** bei Beschlüssen nach Abs. 12 stimmberechtigt sind, bei denen es um die Aufhebung von Beschlüssen nach den Abs. 6 bis 9 und 11 geht. Mitstimmen dürfen sie jedenfalls über die Aufhebung von Beschlüssen, die sie mitfassen konnten, also solchen nach den Abs. 6 bis 8. Soweit es um die Aufhebung von Beschlüssen nach den Abs. 9 und 11 geht, wird man ein **Stimmrecht verneinen** müssen.[89] Hier handelt es sich um einen Bereich, den die Mitgliedstaaten, die an der dritten Stufe teilnehmen, alleine bestimmen sollten. Art. 122 Abs. 5 ist deshalb **analog anzuwenden**. Es wäre ein Wertungswiderspruch, wollte man die Mitgliedstaaten mit Ausnahmeregelung von der Beschlußfassung über die Verhängung von Sanktionen ausschließen, ihnen dann aber bei der Entscheidung über deren Aufhebung das Stimmrecht geben.

E. Das Protokoll über das Verfahren bei einem übermäßigen Defizit

I. Inhalt

71 Abs. 2 UAbs. 2 und Abs. 14 UAbs. 1 verweisen auf das Protokoll über das Verfahren bei einem übermäßigen Defizit, das dem EGV nach der Zählung des Amsterdamer Vertrags als Nr. 20 beigefügt ist. Es enthält in seinem Art. 1 die **Festlegung der Referenzwerte für Finanzierungsdefizit und Schuldenstand**. Darüber hinaus finden sich dort Bestimmungen über die Durchführung des in Art. 104 beschriebenen Verfahrens. So definiert Art. 2 die Begriffe »öffentlich«, »Defizit«, »Investitionen« und »Schuldenstand«. Art. 3 befaßt sich mit der innerstaatlichen Umsetzung und Mitteilungspflichten. Art. 4 stellt schließlich klar, daß die Kommission die erforderlichen statistischen Daten zur Verfügung stellt.

---

[88] Näher dazu *R. Bandilla*, in: Grabitz/Hilf, EU, Art. 104c, Rn. 37; *Schulze-Steinen* (Fn. 1), S. 266 f.
[89] Ebenso *R. Bandilla*, in: Grabitz/Hilf, EU, Art. 104c, Rn. 36. A.A. *D. Hattenberger*, in: Schwarze, EU-Kommentar, Art. 104 EGV, Rn. 50.

II. Innerstaatliche Umsetzung

1. Pflicht der Mitgliedstaaten

Innerstaatlich geht Art. 104 dem nationalen Recht vor. Das gilt auch für Art. 115 GG, 72
der die Kreditaufnahme des Bundes regelt. Insoweit führt Art. 104 materiell zu einer
Verfassungsänderung ohne ausdrückliche Änderung des Wortlauts.[90] Der **Vorrang des
Gemeinschaftsrechts** schafft allerdings kein Verfahren zur Umsetzung gemeinschaftsrechtlicher Vorgaben. Um die Wirksamkeit des Verfahrens nach Art. 104 zu gewährleisten, bestimmt Art. 3 des Protokolls deshalb, daß die Regierungen der Mitgliedstaaten
in diesem Rahmen für die **Defizite des Staatssektors** verantwortlich sind. Art. 2, 1. Spstr.
definiert den Begriff »öffentlich« als »zum Staat, d.h. zum Zentralstaat (Zentralregierung), zu regionalen oder lokalen Gebietskörperschaften oder Sozialversicherungseinrichtungen gehörig, mit Ausnahme von kommerziellen Transaktionen, im Sinne des
Europäischen Systems volkswirtschaftlicher Gesamtrechnungen« (zum ESVG s.u.
Rn. 86).

Wie auch sonst ist also der **Mitgliedstaat für** das gemeinschaftsrechtskonforme Verhal- 73
ten seiner **Untergliederungen verantwortlich**.[91] Das Gemeinschaftsrecht enthält für die
innerstaatliche Umsetzung allerdings keine Bestimmungen. Art. 3 Satz 2 des Protokolls
verweist deshalb auf die **Pflicht der Mitgliedstaaten** zu »gewährleisten, daß die innerstaatlichen Verfahren im Haushaltsbereich sie in die Lage versetzen, ihre sich aus diesem
Vertrag ergebenden Verpflichtungen in diesem Bereich zu erfüllen«. Diese Verpflichtung
ergibt sich zwar bereits aus Art. 10 EGV. Gerade im Hinblick auf die nicht zentralistisch
organisierten Mitgliedstaaten, allen voran die Bundesrepublik Deutschland, erschien
diese zusätzliche Bestätigung für den Haushaltsbereich aber notwendig.

2. Deutschland

Die Bestimmungen über die gemeinschaftsrechtliche Haushaltsdisziplin erfordern dort, 74
wo in Mitgliedstaaten mehrere staatliche Ebenen bestehen, zumindest **verbindliche Regelungen** über die jeweiligen **Anteile an Finanzierungsdefizit und Schuldenstand, die
Einwirkungsmöglichkeiten der Zentralregierung** auf die anderen Ebenen sowie die **Verteilung der Lasten** aus eventuell verhängten Sanktionen.[92] In Deutschland haben sich
Bund und Länder bisher nicht darüber einigen können.[93] Die verfassungsrechtliche

---

90 Vgl. *U. Häde*, Gesamtwirtschaftliches Gleichgewicht und europäische Haushaltsdisziplin, JZ 1997, S. 269 (274); *R. Schmidt*, Kompendium Öffentliches Wirtschaftsrecht, 1998, § 4, Rn. 7. *L. Müller*, Verfassungsrechtliche Fußnoten zum Maastrichter Vertrag über eine Wirtschafts- und Währungsunion, DVBl. 1992, S. 1250 (1252), meint, daß eine Verfassungsänderung erforderlich wäre. Vgl. auch *R. Masera*, Haushalt und Verfassung, Presseartikel 64/1995, S. 1 (4), der fordert, daß die Verpflichtungen des Art. 104c in jedem Mitgliedstaat Verfassungsrang haben sollten.
91 Vgl. nur *Oppermann*, Europarecht, Rn. 182.
92 Vgl. *Häde* (Fn. 90), S. 271; *H.-G. Henneke*, Die Gewährleistungspflicht der EU-Mitgliedstaaten zur Einhaltung der Haushaltsdisziplin, ZG 1996, S. 299 (308); *M. Seidel*, Deutsche Verfassung und Europa, Bitburger Gespräche, Jahrbuch 1995/I, 1995, S. 97 (101).
93 Vgl. dazu BMF, Verfassungsrechtliche Aspekte der innerstaatlichen Umsetzung der Maastrichtkriterien, Dokumentation 5/96, Dezember 1996.

Situation ist noch nicht geklärt.[94] Nach der hier vertretenen Ansicht[95] würde es **Art. 109 Abs. 4 GG**[96] erlauben, einfachgesetzliche bundesrechtliche Vorschriften über eine verbindliche **Aufteilung des zulässigen Defizits** zu erlassen.[97] Die Verteilung von Sanktionslasten, insbesondere von Geldbußen, würde demgegenüber eine **Verfassungsänderung** erfordern.[98]

3. Österreich

75 In Österreich kam es 1999 zum Abschluß zweier **Vereinbarungen der Gebietskörperschaften**,[99] die die einschlägigen Fragen regeln.[100] Es handelt sich zum einen um die Vereinbarung zwischen dem Bund, den Ländern und den Gemeinden über einen Konsultationsmechanismus und einen künftigen Stabilitätspakt der Gebietskörperschaften,[101] die am 15.1.1999 in Kraft trat. Sie regelt, daß die Pflicht, Kosten zu tragen, die durch neue gesetzgeberische Maßnahmen entstehen, grundsätzlich die rechtsetzende Körperschaft trifft.

76 Zum anderen handelt es sich um die Vereinbarung zwischen dem Bund, den Ländern und den Gemeinden betreffend die Koordination der Haushaltsführung von Bund, Ländern und Gemeinden (**Österreichischer Stabilitätspakt**).[102] Sie sieht eine Aufteilung der Defizitquoten des Bundes einerseits und der Länder und Gemeinden andererseits im **Verhältnis 90 : 10** vor. **Die Sanktionslasten** trägt grundsätzlich der **Verursacher**.

---

94 Vgl. dazu *U. Hartmann*, Ein nationaler Stabilitätspakt zwischen Bund und Ländern, FS-Hahn, 1997, S. 161; dens. (Fn. 2), S. 81 ff.; *Henneke* (Fn. 92), S. 307 ff.; *W. Höfling*, Verfassungsrechtliche und gemeinschaftsrechtliche Zentralfragen der Staatsverschuldung, StWuStP 6 (1995), S. 421 (439 ff.); *H. Siekmann*, in: Sachs (Hrsg.), GG, 2. Aufl., 1999, Art. 109, Rn. 50 ff.; *K. Stern*, Die Konvergenzkriterien des Vertrags von Maastricht und ihre Umsetzung in der bundesstaatlichen Finanzverfassung, FS-Everling, 1995, S. 1469. Vgl. auch das Gutachten des Wissenschaftlichen Beirats beim Bundesministerium der Finanzen, Zur Bedeutung der Maastricht-Kriterien für die Verschuldensgrenzen von Bund und Ländern, BMF-Schriftenreihe Heft 54, 1994; *L. Schemmel*, Defizitbegrenzung im Bundesstaat, 1997.
95 Skeptischer noch *U. Häde*, Einführung in das Haushaltsverfassungsrecht (Art. 109–115 GG); JA 1994, S. 80 (82); *ders./Hartmann* (Fn. 10), S. 418.
96 Für eine Regelungsbefugnis auf der Grundlage von Art. 109 Abs. 3 GG *Hartmann* (Fn. 94), S. 165 ff.; *W. Heun*, in: Dreier (Hrsg.), GG-Kommentar, Band III, 2000, Art. 109, Rn. 8.
97 Ausführlich *Häde* (Fn. 90), S. 269. A.A. aus der Sicht der Länder *P. J. Glauben*, Innerstaatliche Regelung zur Einhaltung der Verschuldungskriterien für die Währungsunion, ZG 1997, S. 233 (236 f.).
98 Ebenso *Hartmann* (Fn. 94), S. 174.
99 Da Art. 15a des Bundes-Verfassungsgesetzes bisher nur Vereinbarungen zwischen Bund und Ländern zuläßt, bedurfte die Beteiligung der Gemeinden einer eigenen verfassungsrechtlichen Grundlage. Diese schuf das Bundesverfassungsgesetz über Ermächtigungen des Österreichischen Gemeindebundes und des Österreichischen Städtebundes, BGBl. I, Nr. 61/1998.
100 Vgl. dazu *E. Thöni/S. Garbislander*, Konsultationsmechanismus und Stabilitätspakt im Bundesstaat, Wirtschaftsdienst 1999, 442; *Heinz Schäffer*, Konsultationsmechanismus und innerstaatlicher Stabilitätspakt, ZÖR 56 (2001), S. 145. Zu vorhergehenden Übereinkünften s. die Vorauflage.
101 BGBl. I, Nr. 35/1999.
102 BGBl. I Nr. 101/1999.

F. Rechtsetzungsbefugnisse

I. Vorschriften zur Ablösung des Protokolls

Abs. 14 UAbs. 2 ermächtigt den Rat, geeignete Bestimmungen zu verabschieden, die dann das Protokoll ablösen. Die Vorschrift ist – wie sich aus der Nichterwähnung in Art. 116 Abs. 3 ergibt – **seit** dem Inkrafttreten des EUV am **1.11.1993 anwendbar.** Die Tatsache, daß eine Anhörung der EZB vorgesehen ist, muß nicht zu einem anderen Ergebnis führen.[103] Vor der Errichtung der EZB nahm nämlich nach Art. 117 Abs. 8 das EWI beratende Funktionen dieser Art wahr.[104] 77

Da die Protokolle die Rechtsqualität des Vertrages teilen,[105] handelt es sich insoweit um eine **Sonderform der Vertragsänderung.** Das Protokoll (Nr. 21) über die Konvergenzkriterien läßt sich nach dessen Art. 6 in ähnlicher Weise ablösen. Dort bezieht sich die Ermächtigung des Rates zwar darauf, zur Festlegung von Einzelheiten geeignete Vorschriften zu erlassen, »die dann an die Stelle dieses Protokolls treten«. Beide Vorschriften weisen aber so deutliche Parallelen auf, daß der unterschiedliche Wortlaut nicht daran hindert, von einer gemeinsamen Bedeutung auszugehen. 78

Wie das Protokoll Nr. 21 enthält das Protokoll Nr. 20 **Definitionen und Verfahrensvorschriften,** die in anderen Bereichen üblicherweise auf der Stufe des Sekundärrechts ergehen. Die (**vorläufige**) **Ansiedlung** dieser Regelungen **im Primärrecht** diente wohl vor allem dazu, im EUV eine Gesamtregelung zu schaffen. Gegen die Beibehaltung dieses Zustandes spricht die Schwerfälligkeit des Vertragsänderungsverfahrens nach Art. 48 EUV. Zur Modifikation von Verfahrens- und Durchführungsvorschriften erscheint das Erfordernis der Vertragsänderung eher unangemessen. 79

Die Ermächtigung ist allerdings nicht so zu verstehen, daß der Rat ein neues Protokoll an die Stelle des bisherigen setzen oder einzelne Bestimmungen ändern dürfte. Das Gemeinschaftsorgan Rat hätte dann die Möglichkeit, Primärrecht zu schaffen. Das würde einen **Systembruch** darstellen, den der Vertrag an anderer Stelle allerdings erlaubt. Art. 107 Abs. 5 gestattet dem Rat nämlich die Änderung einzelner Vorschriften der ESZB-Satzung. Der deutlich voneinander abweichende Wortlaut der beiden Bestimmungen läßt aber den Schluß zu, daß UAbs. 2 den Rat nur ermächtigt, das **Protokoll durch Sekundärrecht abzulösen.**[106] 80

Als ein Minus ist in dieser Ermächtigung auch die Befugnis enthalten, nur **einzelne Bestimmungen** des Protokolls durch sekundärrechtliche Vorschriften zu **ersetzen.** Darüber hinaus wird man es auch für zulässig halten können, wenn der Rat – wie im Zusammenhang mit dem **Stabilitäts- und Wachstumspakt** (s.u. Rn. 88 ff.) geschehen – das Protokoll bestehen läßt und auf der Grundlage des Abs. 14 UAbs. 2 zusätzliche Vorschriften 81

---

103 Vgl. aber *Kortz* (Fn. 13), S. 113.
104 Vgl. *Blumenwitz/Schöbener* (Fn. 35), S. 18 ff.; *U. Wölker,* Zum Übergang in die dritte Stufe der Wirtschafts- und Währungsunion, EuR 1996, S. 320 (323).
105 Nach Art. 311 EGV sind die Protokolle, die Ziff. II S. 2 der Schlußakte des EUV dem EGV beifügt, Bestandteil des EGV. Vgl. auch *H. J. Hahn/J. Siebelt,* in: Hb.EUWirtR, Abschnitt F.I, Rn. 67 Fn. 266. Einschränkend allerdings *M. Sideek,* A Critical Interpretation of the EMU Convergence Rules, LIEI 1997, S. 1 (4 ff.).
106 Ebenso *Blumenwitz/Schöbener* (Fn. 35), S. 17; *Schulze-Steinen* (Fn. 1), S. 292, und wohl auch *D. Hattenberger,* in: Schwarze, EU-Kommentar, Art. 104 EGV, Rn. 53. Anders *A. Italianer,* in: GTE, EGV, Art. 104c, Rn. 88; *R. Smits,* The European Central Bank, 1997, S. 80, 88.

erläßt.[107] Andernfalls könnte der Rat nahezu denselben Zustand herbeiführen, indem er die Vorschriften des Protokolls wörtlich in einen neuen, nun allerdings sekundärrechtlichen Rechtsakt einfügt.

82 Die Ermächtigung erschöpft sich nicht in einem einmaligen Gebrauchmachen, sondern läßt **künftige Modifikationen und Ergänzungen** zu. Stets bilden die Bestimmungen des Vertrages, speziell Art. 104, auch bei solchen Änderungen die inhaltliche Grenze.[108]

83 Beschlüsse nach Abs. 14 UAbs. 2 kann der Rat nur einstimmig fassen. Das trägt der besonderen Bedeutung der Materie und der Tatsache Rechnung, daß mit dem Protokoll Primärrecht ganz oder teilweise aufgehoben wird. Die Entscheidungen ergehen auf Vorschlag der Kommission und nach Anhörung des Europäischen Parlaments sowie der EZB. Vor Beginn der dritten Stufe trat insoweit das Europäische Währungsinstitut an die Stelle der EZB (Art. 117 Abs. 8). Das **Einstimmigkeitserfordernis** bleibt auch nach vollständiger Ablösung des Protokolls durch Sekundärrecht bestehen und gilt ebenso für jede Änderung der getroffenen Regelungen. Der Übergang zu Mehrheitsentscheidungen wäre nur im Wege der Vertragsänderung möglich.

84 Die notwendige Zustimmung aller Mitglieder des Rates stellt außerdem die wesentliche Hürde für ein mögliches Aufweichen der Kriterien dar.[109] Darüber hinaus mag sich aus dem **Stabilitätsziel** (s. Art. 4, Rn. 32) auch eine materielle Grenze für Änderungen insbesondere der Referenzwerte ableiten lassen.[110]

II. Einzelheiten und Begriffsbestimmungen

85 UAbs. 3 ermächtigt und verpflichtet den Rat, vor dem 1.1.1994, also zum Beginn der zweiten Stufe, nähere Einzelheiten und Begriffsbestimmungen für die Durchführung des Protokolls über das Verfahren bei einem übermäßigen Defizit zu beschließen. Das weite Verständnis der Befugnisse aus UAbs. 2 (s.o. Rn. 81) läßt diese Ermächtigung im Ergebnis als einen **Unterfall** jener erscheinen. Die unterschiedlichen Mehrheitserfordernisse sprechen für einen relativ **engen Anwendungsbereich** des UAbs. 3 und gegen einen erheblichen Beurteilungsspielraum der Gemeinschaftsorgane bei der Wahl der Rechtsgrundlage.[111] Das gilt insbesondere für den Begriff »nähere Einzelheiten«. Zulässig sind auf dieser Grundlage **nur Konkretisierungen**, nicht aber Änderungen der Bestimmungen des Protokolls oder des an seine Stelle getretenen Sekundärrechts.

86 Auf der Grundlage von UAbs. 3 erging die Verordnung (EG) Nr. 3605/93 des Rates vom 22.11.1993 über die Anwendung des dem Vertrag zur Gründung der Europäischen Gemeinschaft beigefügten Protokolls über das Verfahren bei einem übermäßigen Defizit.[112] Die VO bestimmt Begriffe gemäß dem **Europäischen System volkswirtschaftlicher**

---

107 Anders *Blumenwitz/Schöbener* (Fn. 35), S. 20 ff. Kritisch auch *Smits* (Fn. 106), S. 89 f.
108 So schon *U. Häde*, Ein Stabilitätspakt für Europa?, EuZW 1996, S. 138 (140); *J.-V. Louis*, MWLVD, CEE, Bd. 6, S. 45. Ebenso *R. Bandilla*, in: Grabitz/Hilf, EU, Art. 104c, Rn. 38.
109 Zu weitergehenden Folgerungen des Bundesverfassungsgerichts vgl. BVerfGE 89, 155 (202).
110 Sehr weitgehend *Kortz* (Fn. 22), S. 361, der nur rein technische Ergänzungen zulassen will.
111 Insoweit anders *Blumenwitz/Schöbener* (Fn. 35), S. 21.
112 ABl.EG 1993 Nr. L 332/7. Geändert durch Verordnung (EG) Nr. 475/2000 vom 28.2.2000, ABl.EG 2000 Nr. L 58/1.

Gesamtrechnungen (ESVG) und bezieht sich auf die Schlüsselnummern in dessen zweiter Auflage.[113] Seit September 1999 ist das ESVG 1995 maßgeblich.[114]

Die Zeitangabe (»vor dem 1. Januar 1994«) gilt allein für das erstmalige Gebrauchmachen.[115] Die **Ermächtigung zur Rechtsetzung** ist damit **nicht erloschen**.[116] Seinem Wortlaut nach setzt Abs. 14 UAbs. 3 voraus, daß der Rat Bestimmungen zur Durchführung des Protokolls erläßt. Das würde bedeuten, daß diese Kompetenz mit der vollständigen Ablösung des Protokolls durch Sekundärrecht auf der Grundlage des UAbs. 2 erlischt.[117] Auch künftig dürfte aber ein Bedürfnis nach entsprechenden Regelungen bestehen. Es spricht deshalb einiges für eine Auslegung dieser Vorschrift, die die **Regelungsbefugnis nicht vom Bestand des Protokolls abhängig** macht.[118] Geht man davon aus, daß UAbs. 2 auch zu Regelungen i.S.v. UAbs. 3 ermächtigt (s.o. Rn. 85), bliebe ansonsten nur die Möglichkeit, Einzelheiten und Begriffsbestimmungen durch einen einstimmigen Ratsbeschluß festzulegen. 87

G. Der Stabilitäts- und Wachstumspakt

I. Der Vorschlag des Bundesfinanzministeriums

Eine auf **Dauer tragbare Finanzlage** der öffentlichen Hand, ersichtlich aus einer öffentlichen Haushaltslage ohne übermäßiges Defizit i.S. des Abs. 6, gehört nach Art. 121 Abs. 1 Satz 3, 2. Spstr. zu den Kriterien, die mit über die Qualifikation eines Mitgliedstaats für die Teilnahme an der dritten Stufe der WWU entscheiden. Die Tatsache, daß die Einhaltung dieses Kriteriums im Vorfeld der Festlegung der Teilnehmerstaaten im Mittelpunkt der öffentlichen Diskussion stand, belegt, welche starke Disziplinierungswirkung der **drohende Ausschluß von der Teilnahme an der dritten Stufe** erzeugt.[119] 88

Es besteht allerdings die Befürchtung, daß die Haushaltsdisziplin leiden könnte, wenn ein Mitgliedstaat diese Hürde erst einmal überwunden hat. Ein nachträglicher **Ausschluß eines Mitgliedstaats**, der sich nicht mehr an die Vorgaben des EGV hält, ist nicht vorgesehen.[120] Das in Art. 104 geregelte Verfahren wurde insbesondere von deutscher Seite als zu langwierig angesehen.[121] Es gibt zudem Zweifel am politischen Willen, Sank- 89

---

113 Statistisches Amt der Europäischen Gemeinschaften, Europäisches System Volkswirtschaftlicher Gesamtrechnungen – ESVG, 2. Aufl., 1978.
114 Vgl. Art. 8 Abs. 2 der Verordnung (EG) Nr. 2223/96 des Rates vom 25.6.1996 zum Europäischen System Volkswirtschaftlicher Gesamtrechnungen auf nationaler und regionaler Ebene in der Europäischen Gemeinschaft, ABl.EG 1996 Nr. L 310/1. Dazu *Schulze-Steinen* (Fn. 1), S. 209. S. auch die Verordnung (EG) Nr. 1500/2000 der Kommission vom 10.7.2000 zur Durchführung der Verordnung (EG) Nr. 2223/96 des Rates im Hinblick auf die Ausgaben und Einnahmen des Staates, ABl.EG 2000 Nr. L 172/3.
115 Vgl. *R. Bandilla*, in: Grabitz/Hilf, EU, Art. 104c, Rn. 39; *Blumenwitz/Schöbener* (Fn. 35), S. 17, Fn. 21.
116 *A. Italianer*, in: GTE, EGV, Art. 104c, Rn. 88.
117 Vgl. aber *Hartmann* (Fn. 2), S. 56, und *Schulze-Steinen* (Fn. 1), S. 208, die beide vom Erlaß von Durchführungsvorschriften vor Ablösung des Protokolls ausgehen.
118 Ausführlich dazu *Blumenwitz/Schöbener* (Fn. 35), S. 22 f.
119 Vgl. *H. J. Hahn*, Der Stabilitätspakt für die Europäische Währungsunion, JZ 1997, S. 1133; *Kuschnick* (Fn. 37), S. 317.
120 Vgl. *P. Kirchhof*, Die Mitwirkung Deutschlands an der Wirtschafts- und Währungsunion, FS-Franz Klein, 1994, S. 61 (72); *Masera* (Fn. 90), S. 4.
121 Vgl. *Blumenwitz/Schöbener* (Fn. 35), S. 15; *P. Callies*, Der Stabilitäts- und Wachstumspakt – ein Pakt für mehr Glaubwürdigkeit?, Wirtschaftsdienst 1997, S. 153 (154); *Häde* (Fn. 90), S. 270.

tionen zu verhängen.[122] Der deutsche Finanzminister hat deshalb im Herbst 1995 Vorschläge für einen »**Stabilitätspakt**« vorgelegt, der die vertraglichen Regelungen konkretisieren, ergänzen und modifizieren sollte.[123]

90 Zu den wichtigsten Anliegen gehörte ein **automatisches Einsetzen der Sanktionen** des Abs. 11. Das hätte allerdings die Entscheidungsrechte des Rates aus Art. 104 beeinträchtigt und war deshalb auf der Grundlage von Abs. 14 **nicht realisierbar**.[124] Die ursprüngliche Absicht, den »Stabilitätspakt« durch völkerrechtliche Verträge zwischen den Mitgliedstaaten umzusetzen, wäre ebenfalls mit zahlreichen Problemen behaftet gewesen[125] und wurde zugunsten einer gemeinschaftsrechtlichen Lösung fallen gelassen.

II. Festlegungen des Europäischen Rates von Amsterdam

91 Der vom Europäischen Rat auf seiner Tagung in Amsterdam am 16./17.6.1997 beschlossene **Stabilitäts- und Wachstumspakt** besteht aus einer »**Entschließung** des Europäischen Rates über den Stabilitäts- und Wachstumspakt«[126] und **zwei** später vom Rat der Wirtschafts- und Finanzminister erlassenen **Verordnungen**, nämlich der Verordnung (EG) Nr. 1466/97 des Rates vom 7.7.1997 über den Ausbau der haushaltspolitischen Überwachung und der Überwachung und Koordinierung der Wirtschaftspolitiken[127] sowie der Verordnung (EG) Nr. 1467/97 des Rates vom 7.7.1997 über die Beschleunigung und Klärung des Verfahrens bei einem übermäßigen Defizit.[128]

1. Die Entschließung des Europäischen Rates

92 Die Entschließung des Europäischen Rates enthält nicht rechtlich, wohl aber **politisch verbindliche Verpflichtungen** der Mitgliedstaaten, der Kommission und des Rates.[129]

---

122 Vgl. *Zeitler* (Fn. 29), S. 1611.
123 Bundesministerium der Finanzen, Stabilitätspakt für Europa – Finanzpolitik in der dritten Stufe der WWU, Pressemitteilung vom 10.11.1995, abgedruckt in: Deutsche Bundesbank, Auszüge aus Presseartikeln Nr. 77/1995, S. 6 ff., sowie in: Internationale Politik 6/1996, S. 64 ff. Ausführlich dazu *Blumenwitz/Schöbener* (Fn. 35), S. 4 ff.; *Häde* (Fn. 108), S. 138 ff.; *H. Lesch*, Finanzpolitische Disziplin in einer Währungsunion – Ein »Stabilitätspakt für Europa«?, 1996, S. 20 ff. Aus wirtschaftswissenschaftlicher Sicht *M. Sutter*, Der Stabilitäts- und Wachstumspakt in der Europäischen Währungsunion, 2000.
124 Vgl. *U. Häde*, Rechtliche Aspekte der Europäischen Währungsunion, in: Heinemann/Schröder (Hrsg.), Europäische Währungsunion und Kapitalmärkte, 1997, S. 46 (51); dens. (Fn. 108), S. 140. Ebenso *R. Bandilla*, in: Grabitz/Hilf, EU, Art. 104c, Rn. 32, 41; *Hahn* (Fn. 119), S. 1135; *U. Hartmann*, Öffentliche Finanzpolitik in der EU, EuZW 1996, S. 133 (136); *Schulze-Steinen* (Fn. 1), S. 292 ff.; *Smits* (Fn. 106), S. 85. A.A. *Blumenwitz/Schöbener* (Fn. 35), S. 90 f.
125 Näher dazu *Häde* (Fn. 108), S. 140 ff.; *Smits* (Fn. 106), S. 85. Vgl. aber auch *Blumenwitz/Schöbener* (Fn. 35), S. 54 ff. Allgemein dazu *M. Kort*, Zur europarechtlichen Zulässigkeit von Abkommen der Mitgliedstaaten untereinander, JZ 1997, S. 640.
126 ABl.EG 1997 Nr. C 236/1. Zur Vorgeschichte *F. Amtenbrink/J. De Haan/O. Sleijpen*, Stability and Growth Pact, EBLR 1997, S. 202 ff.; *Hahn* (Fn. 119), S. 1136 f.
127 ABl.EG 1997 Nr. L 209/1.
128 Fn. 31. Vgl. dazu *H. J. Hahn*, The Stability Pact for European Monetary Union, CMLRev. 35 (1998), S. 77 ff.
129 Zur Verbindlichkeit *Blumenwitz/Schöbener* (Fn. 35), S. 11, 52; *Hahn* (Fn. 119), S. 1135 f.; *D. Hattenberger*, in: Schwarze, EU-Kommentar, Art. 104 EGV, Rn. 9; *B. Martenczuk*, Der Europäische Rat und die Wirtschafts- und Währungsunion, EuR 1998, S. 151 (164 f.). Vgl. auch *Kuschnick* (Fn. 37), S. 321.

Die Mitgliedstaaten verpflichten sich u.a. auf das **mittelfristige Haushaltsziel** eines nahezu ausgeglichenen oder einen Überschuß aufweisenden Haushalts. Die zahlreichen weiteren Verpflichtungen sollen vor allem dazu dienen, die von Art. 104 eröffneten **Ermessens- und Entscheidungsspielräume** der drei Beteiligten möglichst einzuengen und das Verfahren transparent und rational zu gestalten. Die deutsche Seite war insoweit bestrebt, so nah wie möglich an den nicht erreichbaren Automatismus heranzukommen.[130]

2. Die Verordnung 1466/97

Die auf der Grundlage von Art. 99 Abs. 5 erlassene VO 1466/97 knüpft dann eine sehr sinnvolle Verbindung zwischen Art. 99 und Art. 104. Die VO instrumentalisiert die Koordinierung und Überwachung der allgemeinen Wirtschaftspolitik nach Art. 99 für Zwecke der Haushaltsdisziplin, indem sie in deren Rahmen ein **Frühwarnsystem** für den Bereich der Haushaltspolitik installiert. Die an der Währungsunion teilnehmenden Mitgliedstaaten müssen ihre zum Zwecke der multilateralen Überwachung aufgrund des Art. 99 Abs. 3 UAbs. 2 geschuldeten Angaben jährlich in Form von **Stabilitätsprogrammen** vorlegen (s. Art. 99 Rn. 21). Stellt der Rat ein erhebliches Abweichen von dem mittelfristigen Haushaltsziel fest, richtet er als frühzeitige Warnung eine Empfehlung gemäß Art. 99 Abs. 4 an den betreffenden Mitgliedstaat, die notwendigen Anpassungsmaßnahmen zu ergreifen. Bleibt eine adäquate Reaktion aus, folgt eine **weitere Empfehlung**, umgehend Korrekturmaßnahmen zu ergreifen (Art. 6 Abs. 2 und 3 der VO 1466/97). 93

3. Die Verordnung 1467/97

Auf diese Weise vorbereitet, schließt sich für einen Mitgliedstaat mit mangelnder Haushaltsdisziplin das Verfahren nach Art. 104 an. Die zulässigerweise (s.o. Rn. 81) auf der Grundlage von Abs. 14 UAbs. 2 erlassene VO 1467/97 soll den in Art. 104 und dem Protokoll über das Verfahren bei einem übermäßigen Defizit vorgesehenen **Ablauf beschleunigen und klären**. 94

a) Beschleunigung
Für die Beschleunigung soll die Vorgabe sorgen, daß vom Tag der Mitteilung der Haushaltsdaten bis zum Beschluß über die Verhängung von Sanktionen nicht mehr als **zehn Monate** vergehen.[131] Dazu dient die Festlegung zeitlicher Ziele für die zahlreichen Verfahrensschritte. Hinzukommen muß allerdings das **Wohlverhalten der Beteiligten**, zu dem sie nach der Entschließung des Europäischen Rates verpflichtet sind. Erst im Ernstfall wird sich erweisen, was diese politischen Verpflichtungen wert sind. 95

b) Begriffsklärung
Zur Klärung trägt einmal Art. 2 der VO bei. Danach gilt der Referenzwert für das Finanzierungsdefizit grundsätzlich nur dann »als ausnahmsweise und vorübergehend überschritten« i.S.v. Abs. 2 lit. a), zweiter Spstr., »wenn dies auf ein **außergewöhnliches Ereignis**, das sich der Kontrolle des betreffenden Mitgliedstaats entzieht und die staatliche Finanzlage erheblich beeinträchtigt, oder auf einen **schwerwiegenden Wirtschaftsabschwung** zurückzuführen ist«. 96

---

130 Vgl. *T. Waigel*, Die Europäische Währungsunion – ein Prüfstein für Europa, Sparkasse 1997, S. 5: »Quasiautomatik«.
131 So der 15. Erwägungsgrund sowie Art. 7 der VO.

97 Entgegen diesem Wortlaut von Art. 2 Abs. 1 UAbs. 1 der VO 1467/97 definiert er wohl nur das **Merkmal »ausnahmsweise«**. Als vorübergehende Überschreitung bezeichnet dann UAbs. 2 den Fall, daß »die Haushaltsvorausschätzungen der Kommission darauf hindeuten, daß das Defizit unter den Referenzwert sinken wird, wenn das außergewöhnliche Ereignis nicht mehr vorliegt oder der schwerwiegende Wirtschaftsabschwung beendet ist«. Nach Art. 2 Abs. 2 der VO gilt der Referenzwert regelmäßig »nur dann aufgrund eines schweren Wirtschaftsabschwungs als ausnahmsweise überschritten, wenn das reale BIP innerhalb eines Jahres um **mindestens 2%** zurückgegangen ist«. Insbesondere ein jäher Abschwung oder ein sehr starker Produktionsrückgang können allerdings nach Art. 2 Abs. 3 der VO Gründe dafür sein, eine Ausnahme auch bei einem Wert unter 2% anzunehmen.

98 In der **Selbstverpflichtung der Mitgliedstaaten** im Rahmen der Entschließung des Europäischen Rates vom 17.6.1997 ist unter Nr. 7 gar nur noch von einem Rückgang des realen BIP um mindestens 0,75% die Rede.[132] Die Verpflichtung der Mitgliedstaaten bezieht sich auch nur darauf, sich »in der Regel« bei einem geringeren Rückgang nicht auf Art. 2 Abs. 3 der VO zu berufen. Zumindest an dieser Stelle wird deutlich, daß auch die Regelungen des Stabilitäts- und Wachstumspakts teilweise recht kompliziert sind[133] und **deutliche Entscheidungsspielräume** eröffnen.[134]

c) Sanktionen

99 Der Klärung dienen außerdem die Bestimmungen zu den Sanktionen. Art. 11 der VO bestimmt, daß »in der Regel eine unverzinsliche Einlage verlangt« wird. Die in der Liste des Abs. 11 zuvor genannten Sanktionen sollen diese Maßnahme nur ergänzen. Das wird man für zulässig halten können, auch wenn die dortige Aufzählung zunächst den Eindruck abgestufter, aufeinander aufbauender Sanktionen erweckt.[135] Eine **strenge Verhältnismäßigkeitsprüfung** dürfte hier im Verhältnis zwischen der Gemeinschaft und den Mitgliedstaaten **nicht angebracht** sein.

100 Eine Einlage soll regelmäßig nach zwei Jahren in eine Geldbuße umgewandelt werden, wenn das übermäßige Defizit immer noch besteht (Art. 13 VO 1467/97). Hinsichtlich der **Einlagen** und eventuellen **Geldbußen** bestimmt Art. 12 der VO, daß sie sich im ersten Jahr aus einer festen Komponente in Höhe von 0,2% des jeweiligen BIP und einer variablen Komponente zusammensetzen. Die variable Komponente beträgt ein Zehntel der Differenz zwischen dem als Prozentsatz des BIP ausgedrückten Finanzierungsdefizits und dem Referenzwert (3%). Ein Defizit von beispielsweise 4% des BIP führt demnach zu einer Einlage von 0,3% des BIP. In den Folgejahren entfällt die feste Komponente; eine erneute Einlage berechnet sich also nur noch nach der variablen Komponente. In jedem Jahr darf die Einlage eine **Obergrenze von 0,5% des BIP** nicht überschreiten. Ein Defizit von mehr als 6% bleibt somit im ersten Jahr ohne weitere Folgen;[136] ab dem zweiten Jahr gilt dies wohl erst für ein Defizit von mehr als 8%.

---

132 Dazu H. *Siebert*, Stabilitätspakt – Die Geldpolitik in der Währungsunion ent-politisieren, Wirtschaftsdienst 1997, S. 8 (9).
133 *Schulze-Steinen* (Fn. 1), S. 290.
134 Vgl. *Kuschnick*, (Fn. 37), S. 321; P. *Maillet*, Le pacte de stabilité et de croissance: Portée et limites du compromis de Dublin?, RMC 1997, S. 5 (12): »... les règles qui ont été adoptées contiennent une appréciable dose de souplesse«.
135 Vgl. A. *Italianer*, in: GTE, EGV, Art. 104c, Rn. 73; *Schulze-Steinen* (Fn. 1), S. 269. S. auch R. *Bandilla*, in: Grabitz/Hilf, EU, Art. 104c, Rn. 28.
136 Vgl. *Hahn* (Fn. 119), S. 1140; *Callies* (Fn. 121), S. 154.

Im Vorschlag der Kommission für die Verordnung 1467/97[137] war vorgesehen, die Erträge aus Sanktionen (Zinsen auf Einlagen sowie Geldbußen) dem Gesamthaushalt der Europäischen Gemeinschaften zufließen zu lassen (Art. 12 des Vorschlags). Art. 16 Satz 2 VO 1467/97 bestimmt nun allerdings, daß diese Erträge sonstige Einnahmen gemäß Art. 269 darstellen und **unter den Mitgliedstaaten**, die an der Währungsunion teilnehmen und kein übermäßiges Defizit aufweisen, »im Verhältnis zu ihrem Anteil am gesamten BSP der in Betracht kommenden Mitgliedstaaten **aufgeteilt**« werden.

101

Da jede Einnahme der Gemeinschaft, die nicht zu den Eigenmitteln i.S.v. Art. 269 Abs. 1 gehört, automatisch eine sonstige Einnahme darstellt,[138] ist die Einordnung als »sonstige Einnahmen« rechtlich unproblematisch. Zwingende Folge ist allerdings die Zuweisung an den Gemeinschaftshaushalt. Die Aufteilung solcher Einnahmen unter den anderen Mitgliedstaaten ist deshalb **haushaltsrechtlich problematisch**.[139] Sie kann nur im Wege entsprechender Ausgaben der Gemeinschaft erfolgen. **Ungebundene Finanztransfers** von der Gemeinschaft an die Mitgliedstaaten sind nach geltendem Haushaltsrecht aber nicht zulässig.

102

---

137 Dok. KOM (96) endg. vom 16.10.1996.
138 Näher dazu *Häde* (Fn. 55), S. 458 ff.
139 Ausführlich dazu M. *Lienemeyer*, Die Sanktionen des Stabilitätspaktes und ihre Vereinnahmung, EWS 1997, S. 257 (260 ff.). Vgl. auch *Hahn* (Fn. 119), 1997, S. 1141.

Kapitel 2
Die Währungspolitik

Art. 105 (ex-Art. 105)

(1) Das vorrangige Ziel des ESZB ist es, die Preisstabilität zu gewährleisten.[3] Soweit dies ohne Beeinträchtigung des Zieles der Preisstabilität möglich ist, unterstützt das ESZB die allgemeine Wirtschaftspolitik in der Gemeinschaft,[3] um zur Verwirklichung der in Artikel 2 festgelegten Ziele der Gemeinschaft beizutragen.[4] Das ESZB handelt im Einklang mit dem Grundsatz einer offenen Marktwirtschaft mit freiem Wettbewerb, wodurch ein effizienter Einsatz der Ressourcen gefördert wird, und hält sich dabei an die in Artikel 4 genannten Grundsätze.[5]

(2) Die grundlegenden Aufgaben des ESZB bestehen darin,
- die Geldpolitik der Gemeinschaft festzulegen[7 ff.] und auszuführen[22 ff.],
- Devisengeschäfte im Einklang mit Artikel 111 durchzuführen,[28 f.]
- die offiziellen Währungsreserven der Mitgliedstaaten zu halten und zu verwalten,[30 ff.]
- das reibungslose Funktionieren der Zahlungssysteme zu fördern.[33]

(3) Absatz 2 dritter Gedankenstrich berührt nicht die Haltung und Verwaltung von Arbeitsguthaben in Fremdwährungen durch die Regierungen der Mitgliedstaaten.[32]

(4) Die EZB wird gehört[35 ff.]
- zu allen Vorschlägen für Rechtsakte der Gemeinschaft im Zuständigkeitsbereich der EZB,
- von den nationalen Behörden zu allen Entwürfen für Rechtsvorschriften im Zuständigkeitsbereich der EZB, und zwar innerhalb der Grenzen und unter den Bedingungen, die der Rat nach dem Verfahren des Artikels 107 Absatz 6 festlegt.[35]

Die EZB kann gegenüber den zuständigen Organen und Einrichtungen der Gemeinschaft und gegenüber den nationalen Behörden Stellungnahmen zu in ihren Zuständigkeitsbereich fallenden Fragen abgeben.[36]

(5) Das ESZB trägt zur reibungslosen Durchführung der von den zuständigen Behörden auf dem Gebiet der Aufsicht über die Kreditinstitute und der Stabilität des Finanzsystems ergriffenen Maßnahmen bei.[38]

(6) Der Rat kann durch einstimmigen Beschluß auf Vorschlag der Kommission nach Anhörung der EZB und nach Zustimmung des Europäischen Parlaments der EZB besondere Aufgaben im Zusammenhang mit der Aufsicht über Kreditinstitute und sonstige Finanzinstitute mit Ausnahme von Versicherungsunternehmen übertragen.[39]

Inhaltsübersicht:

A. Allgemeines	1
B. Ziele des ESZB	2
C. Aufgaben des ESZB	6
I. Geldpolitik	7
1. Festlegung der Geldpolitik	7
a) Geldpolitische Strategie	11
b) Geldpolitische Instrumente	12
aa) Offenmarktpolitik	12
bb) Ständige Fazilitäten	16
cc) Mindestreserve	17

2. Entscheidungen des EZB-Rates 18
  3. Entscheidungen des Rates 20
  4. Ausführung der Geldpolitik 22
 II. Devisengeschäfte 29
III. Verwaltung der Währungsreserven 31
 IV. Zahlungsverkehr 34
D. Anhörungsrechte 35
E. Aufsicht über Kredit- und Finanzinstitute 39

A. Allgemeines

Die Art. 105 ff. enthalten Vorschriften, die seit dem Eintritt in die dritte Stufe der WWU 1 gelten. In den Art. 105 bis 111 finden sich die **Regelungen zur Kompetenzverteilung** im Hinblick auf die Währungspolitik. Art. 112 bis 114 befassen sich dann mit den **institutionellen Bestimmungen**. Art. 115 kommt insoweit eine Sonderstellung zu, als er sich auf einzelne Bestimmungen aller vier Kapitel dieses Titels VI im dritten Teil des EGV bezieht.

B. Ziele des ESZB

Art. 4 Abs. 2 bezeichnet die **Preisstabilität** allgemein **als vorrangiges Ziel** der Geld- und 2 Wechselkurspolitik. Es geht demnach um die Kaufkraft, den Binnenwert des Euro (zum Begriff der Preisstabilität Art. 4 Rn. 32 ff.). Abs. 1 Satz 1 wiederholt diese Zielsetzung nun hinsichtlich des ESZB, der Sammelbezeichnung für EZB und nationale Zentralbanken, die Träger der einheitlichen Geldpolitik sind. Die Verpflichtung auf Preisstabilität bindet die EZB und die nationalen Zentralbanken auch rechtlich. Preisstabilität läßt sich aber schon wegen der Meßungenauigkeiten nicht gleichsetzen mit 0% Inflation.[1] Daher ist es rechtlich nicht zu beanstanden, daß der EZB-Rat Preisstabilität als »Anstieg des Harmonisierten Verbraucherpreisindex (HVPI) für das Euro-Währungsgebiet von **unter 2%** gegenüber dem Vorjahr« definiert.[2]

Satz 2 verpflichtet das ESZB zur **Unterstützung der allgemeinen Wirtschaftspolitik** in 3 der Gemeinschaft. Die Geldpolitik soll demnach eine dienende Funktion haben und zur Verwirklichung der in Art. 2 bezeichneten Gemeinschaftsziele beitragen. Die Wendung »in der Gemeinschaft« weist noch einmal darauf hin, daß die Zuständigkeit für die allgemeine Wirtschaftspolitik weitgehend bei den Mitgliedstaaten verblieben ist (s. Art. 98, Rn. 1).

Die Pflicht zur Unterstützung der allgemeinen Wirtschaftspolitik gilt allerdings nur, so- 4 weit dies **ohne Beeinträchtigung** des Ziels **der Preisstabilität** möglich ist. Wegen seiner Bindung an das vorrangige Ziel der Preisstabilität muß und darf das ESZB der Sicherung des Geldwertes Priorität einräumen.[3]

Satz 3 stellt fest, daß für die Tätigkeit des ESZB jene Grundsätze gelten, auf die bereits 5 Art. 4 die Mitgliedstaaten und die Gemeinschaft verpflichtet. Der Grundsatz der offenen

---

1 Vgl. *U. Palm*, Preisstabilität in der Europäischen Wirtschafts- und Währungsunion, 2000, S. 29.
2 EZB, Monatsbericht Januar 1999, Die stabilitätsorientierte geldpolitische Strategie des Eurosystems, S. 43 (51).
3 *R. Stadler*, Der rechtliche Handlungsspielraum des Europäischen Systems der Zentralbanken, 1996, S. 105 ff. Vgl. auch *J. Endler*, Europäische Zentralbank und Preisstabilität, 1998, S. 151 ff.; *M. Herdegen*, Price Stability and Budgetary Restraints in the Economic and Monetary Union, CMLRev. 35 (1998), S. 9 (15 ff.).

Marktwirtschaft mit freiem Wettbewerb führt zu einem relativen **Vorrang marktkonformer Steuerungsmittel**.[4]

C. Aufgaben des ESZB

6   Abs. 2 nennt **vier grundlegende Aufgaben des ESZB**. Es handelt sich um die Festlegung und Ausführung der gemeinschaftlichen Geldpolitik, das Durchführen von Devisengeschäften, die Verwaltung der offiziellen Währungsreserven der Mitgliedstaaten sowie die Förderung des reibungslosen Funktionierens der Zahlungssysteme.

I. Geldpolitik

1. Festlegung der Geldpolitik

7   Während der zweiten Stufe der WWU gehörte nach Art. 117 Abs. 2, 2. Spstr. die Koordinierung der Geldpolitiken der Mitgliedstaaten zu den Aufgaben des Europäischen Währungsinstituts (EWI). Die Zuständigkeit für die Geldpolitik verblieb während dieser Zwischenstufe noch bei den nationalen Stellen, insbesondere den nationalen Zentralbanken (Art. 3.1 EWI-Satzung). Mit dem Beginn der dritten Stufe ging sie jedoch von den Mitgliedstaaten, die die einheitliche Währung einführten, vollständig auf die Gemeinschaft über.[5] Träger dieser Zuständigkeit sind seither die **EZB und die nationalen Zentralbanken**, gemeinsam bezeichnet als ESZB.[6] Die zentrale Aufgabe des ESZB ist es, die Geldpolitik der Gemeinschaft festzulegen und auszuführen.[7]

8   Den nationalen Zentralbanken steht ein im Laufe der Zeit gewachsenes geldpolitisches Instrumentarium zur Verfügung, das von Mitgliedstaat zu Mitgliedstaat unterschiedlich ist. Das ESZB beginnt seine Tätigkeit ganz neu. Wegen der **unterschiedlichen Traditionen und Strategien der nationalen Zentralbanken** muß es seine eigene Geldpolitik erst entwickeln und festlegen.

9   Einen **rechtlichen Rahmen** für das geldpolitische Arsenal gibt Kapitel IV der ESZB-Satzung vor. Dessen Art. 17 erlaubt die Eröffnung von Konten und die Hereinnahme von Sicherheiten. Art. 18 betrifft Offenmarkt- und Kreditgeschäfte. EZB und nationale Zentralbanken können demnach auf den Finanzmärkten aktiv werden und Kreditgeschäfte tätigen. Art. 19 sieht als Option vor, daß Kreditinstitute zum Halten von Mindestreserven verpflichtet werden.

10 Art. 117 Abs. 3, 1. Spstr. gab dem EWI die Aufgabe, »die Instrumente und Verfahren zu entwickeln, die zur Durchführung einer einheitlichen Geld- und Währungspolitik in der dritten Stufe erforderlich sind«. Im Rahmen dieser Vorbereitungsarbeiten legte das **Europäische Währungsinstitut** zwei **Berichte** mit dem Titel »Die einheitliche Geldpolitik in Stufe 3« vor. Die im Januar 1997 veröffentlichte erste Ausarbeitung steht unter dem

---

4   Vgl. *Stadler* (Fn. 3), S. 109, 207. Noch strenger *H. Goetze*, Die Tätigkeit der nationalen Zentralbanken in der Wirtschafts- und Währungsunion, 1999, S. 93.
5   Vgl. *M. Weber*, Die Kompetenzverteilung im Europäischen System der Zentralbanken bei der Festlegung und Durchführung der Geldpolitik, 1995, S. 109.
6   Vgl. dazu *D. Studt*, Rechtsfragen einer europäischen Zentralbank, 1993, S. 253.
7   Vgl. dazu *A. Lamfalussy*, Geldpolitik in der dritten Stufe der Wirtschafts- und Währungsunion, in: Randzio-Plath (Hrsg.), Der Euro – mehr als ein Symbol, 1996, S. 99 ff.; *R. Smits*, The European Central Bank, 1997, S. 223 ff.; *M. Weber* (Fn. 5), S. 107 ff.

Untertitel »Festlegung des Handlungsrahmens«. Im zweiten, im September 1997 vorgelegten Bericht geht es um »Allgemeine Regelungen für die geldpolitischen Instrumente und Verfahren des ESZB«. Die EZB hat auf dieser Grundlage ihr Konzept beschlossen. Die geldpolitischen Instrumente und Verfahren legte sie zuletzt im Anhang zu einer an die nationalen Zentralbanken gerichteten **Leitlinie vom 31.8.2000** fest.[8]

a) Geldpolitische Strategie
Die Geldpolitik kann das Preisniveau zwar nicht unmittelbar beeinflussen; sie wirkt aber mittelbar über ihren Einfluß auf das Zinsniveau auf die Preise ein. Hinsichtlich der geldpolitischen Strategie, der Art und Weise, in der eine Zentralbank das gewünschte Zinsniveau bestimmt,[9] gibt es im Bereich der Europäischen Gemeinschaften derzeit im wesentlichen zwei miteinander konkurrierende Konzepte.[10] Es handelt sich zum einen um die u.a. von Großbritannien gewählte **Inflationssteuerung**[11] **und zum anderen um die von der Bundesbank bevorzugte Geldmengensteuerung.**[12] Das ESZB hat sich für die quantitative Definition von Preisstabilität entschieden, will der Geldmenge aber eine herausragende Rolle einräumen.[13]

11

b) Geldpolitische Instrumente
aa) Offenmarktpolitik
Schon wegen der Verpflichtung auf den Grundsatz einer offenen Marktwirtschaft mit freiem Wettbewerb stellen die Offenmarktgeschäfte das **wichtigste geldpolitische Instrument** des ESZB dar.[14] Ziele der Offenmarktpolitik sind es, Zinssätze und Liquidität zu steuern sowie Signale im Hinblick auf den geldpolitischen Kurs zu geben.

12

Die Deutsche Bundesbank bezeichnete mit dem **Begriff der Offenmarktpolitik** früher nur »den Kauf und Verkauf von Wertpapieren durch die Zentralbank für eigene Rechnung am offenen Markt«.[15] Unter Refinanzierungspolitik verstand sie demgegenüber »die Kreditgewährung des Bundesbank an die Kreditinstitute im Wege des Ankaufs von Wechseln (Rediskontkredit) und der Beleihung von Wertpapieren (Lombardkredit)«.[16] Die EZB weicht von diesen Definitionen ab und bezieht die **Refinanzierungspolitik** mit in den Begriff der Offenmarktpolitik ein, soweit es sich um Geschäfte handelt, die auf

13

---

8 EZB, Die einheitliche Geldpolitik in Stufe 3, September 1998, sowie Leitlinie der Europäischen Zentralbank vom 31.8.2000 uber geldpolitische Instrumente und Verfahren des Eurosystems, ABl.EG 2000 Nr. L 310/1.
9 Vgl. *Lamfalussy* (Fn. 7), S. 99; Deutsche Bundesbank, Geldpolitische Strategie und Instrumentarium des Europäischen Systems der Zentralbanken, Informationsbrief zur WWU, Nr. 4, 1997, S. 3.
10 Vgl. *O. Issing*, Bedingungen für stabiles Geld in Deutschland und Europa, Presseartikel 6/1996, S. 16 (17 ff.); *P. Moutot*, The Operating Framework for Monetary Policy in Stage Three, in: Heinemann/Schröder (Hrsg.), Europäische Währungsunion und Kapitalmärkte, 1997, S. 132 (133 f.); *R. Ohr*, Monetäre Steuerungsprobleme in einer Europäischen Währungsunion, in: Zohlnhöfer (Hrsg.), Europa auf dem Wege zur Politischen Union?, 1996, S. 75 (76 ff.).
11 Vgl. dazu *H. Ettl*, Die Umsetzung der Strategie des direkten Inflationsziels in Großbritannien, Schweden und Finnland, Berichte und Studien der Oesterreichischen Nationalbank 4/1996, S. 63.
12 Vgl. *S. Kümpel*, Das währungspolitische Instrumentarium der Deutschen Bundesbank aus rechtlicher Sicht, WM Sonderbeilage 1/1992, S. 4 ff.; *T. Weikart*, Währungsrecht im Wandel, Kredit und Kapital 1993, S. 608 (618 ff.). S. auch Deutsche Bundesbank, Geldpolitische Strategien in den Ländern der Europäischen Union, Monatsbericht Januar 1998, S. 33.
13 Vgl. EZB, Monatsbericht Januar 1999, S. 43 (51). Zu dieser »Zwei-Säulen-Strategie« vgl. *E. Gnan/A. Schubert*, Zwei Jahre Europäische Zentralbank, ÖBA 2000, S. 591 (592 ff.).
14 Vgl. *P. Moutot*, The Monetary Framework for the European Monetary Union, List Forum 23 (1997), S. 232 (237); *Stadler* (Fn. 3), S. 207.
15 Deutsche Bundesbank, Die Geldpolitik der Bundesbank, Oktober 1995, S. 110.
16 Ebd., S. 100. Vgl. dazu *Stadler* (Fn. 3), S. 200 ff.

Initiative der Zentralbank zustande kommen. In ihren allgemeinen Regelungen stellt sie vier **Formen** von so verstandenen Offenmarktgeschäften vor.[17]

14 Das **Hauptrefinanzierungsinstrument** und die **längerfristigen Refinanzierungsgeschäfte** dienen der vorübergehenden Bereitstellung von Liquidität für die Kreditinstitute. **Feinsteuerungsoperationen** in Form definitiver Käufe oder Verkäufe, als Devisenswapgeschäfte oder durch die Hereinnahme von Termineinlagen sollen Liquidität bereitstellen oder abschöpfen.[18] Ziel der **strukturellen Operationen** ist demgegenüber die Anpassung der strukturellen Liquiditätsposition des Finanzsektors gegenüber dem ESZB. Instrumente sind hier die Emission von Schuldverschreibungen, befristete Transaktionen sowie definitive Käufe oder Verkäufe.

15 **Kreditgeschäfte** schließen die Zentralbanken nur ab, wenn die Kreditnehmer ausreichende Sicherheiten stellen (Art. 18.1, 2. Spiegelstrich ESZB-Satzung). In diesem Zusammenhang eröffnet sich ein gewisser **Entscheidungsspielraum für die nationalen Zentralbanken**. Die einschlägige Leitlinie der EZB unterscheidet hier zwischen **zwei Kategorien von Sicherheiten**.[19] Zur ersten gehören jene, die von der EZB zentral festgelegt wurden. Die Sicherheiten der Kategorie 2 können die nationalen Zentralbanken selbst bestimmen. Dabei berücksichtigen sie die in ihrem Geschäftsgebiet traditionell akzeptierten Sicherheiten. Auf diese Weise behalten etwa in Deutschland **Handelswechsel** ihre Bedeutung bei der Refinanzierung, obwohl es einen speziellen Rediskontkredit nicht mehr gibt. Kritische Stimmen in der Literatur befürchten, daß die Sicherheiten der zweiten Kategorie sich als nicht sicher genug erweisen und deshalb ein **Risiko für die Währungsstabilität** darstellen könnten.[20] Ob das tatsächlich so ist, wäre zu prüfen. Aus rechtlicher Sicht stehen der EZB jedenfalls die nötigen Instrumente zur Verfügung, um solche Risiken zu vermeiden.[21] Die in Art. 18.2 ESZB-Satzung vorgesehene Befugnis der EZB, allgemeine Grundsätze festzulegen, sowie die generelle Ermächtigung, den nationalen Zentralbanken Weisungen zu erteilen (Art. 12.1 UAbs. 2 ESZB-Satzung), erlauben es, die Anforderungen, denen Sicherheiten genügen müssen, verbindlich festzulegen.

bb) Ständige Fazilitäten

16 Neben den Offenmarktgeschäften, die auf Initiative der Zentralbank zustande kommen, sieht der Bericht der EZB vor, daß dem ESZB im Bereich der Refinanzierungspolitik zwei **ständige Kreditmöglichkeiten** zur Verfügung stehen, deren Inanspruchnahme von den Geschäftspartnern ausgehen soll. Die **Spitzenrefinanzierungsfazilität** bietet über Nacht, also für nur einen Geschäftstag, Liquidität gegen Sicherheiten an. Der dafür verlangte Zinssatz wird regelmäßig die Obergrenze des Tagesgeldsatzes am Geldmarkt bilden. Die vorgesehene **Einlagefazilität** verschafft den Kreditinstituten demgegenüber die Gelegenheit, Guthaben über Nacht bei den nationalen Zentralbanken anzulegen. Ihr Zinssatz wird normalerweise die Untergrenze des Tagesgeldsatzes markieren.[22]

cc) Mindestreserve

17 Als letztes geldpolitisches Instrument nennt der Bericht der EZB die Mindestreserve.[23] Er trägt damit Art. 19.1 ESZB-Satzung Rechnung, der vorsieht, daß die EZB von in den

---

17 Fn. 8, S. 13 ff.
18 Vgl. *Gnan/Schubert* (Fn. 13), S. 594, mit dem Hinweis darauf, daß 1999 keine solche Feinsteuerungsoperation stattfand und 2000 nur eine.
19 Fn. 8, S. 32 ff.
20 Vgl. *M. Seidel*, Konstitutionelle Schwächen der Währungsunion, EuR 2000, S. 861 (869 f.).
21 Das bezweifelt *Seidel* (Fn. 20), S. 869 ff.
22 Fn. 8, S. 18 ff. Vgl. auch *Moutot* (Fn. 14), S. 237 f.
23 Vgl. *U. Häde*, Erwartungen an den Euro, in: Kröger/Schindhelm (Hrsg.), Der Euro kommt, 1998, S. 31 (43 f.); *Stadler* (Fn. 3), S. 202 ff.; *Smits* (Fn. 7), S. 275 ff.

Mitgliedstaaten niedergelassenen Kreditinstituten die Unterhaltung von Mindestreserven auf Konten bei der EZB und den nationalen Zentralbanken verlangen kann. Der Zwang, Einlagen zu unterhalten, wirkt sich auf die Liquidität der Kreditinstitute aus.[24] Auf diese Weise erhält die Zentralbank ein Steuerungsinstrument, mit dem sie die Geldmarktzinsen beeinflussen kann.

2. Entscheidungen des EZB-Rates

Die Entscheidung über die **Anwendung dieser Instrumente** trifft weitgehend die EZB. Sie stellt **allgemeine Grundsätze** sowohl für ihre eigenen Offenmarkt- und Kreditgeschäfte auf als auch für die der nationalen Zentralbanken. Der EZB-Rat legt nach Art. 12.1 UAbs. 1 ESZB-Satzung die Geldpolitik der Gemeinschaft fest. Dazu gehören Entscheidungen in bezug auf geldpolitische **Zwischenziele**, also die geldpolitische Strategie, genauso aber über **Leitzinssätze** und die Bereitstellung von Zentralbankgeld. 18

Nach Art. 19.1 Satz 2 der ESZB-Satzung obliegt es dem EZB-Rat außerdem, durch Verordnungen die **Einzelheiten der Mindestreservepflicht** festzulegen.[25] Die nähere Ausgestaltung obliegt dann nach Art. 19.1 ESZB-Satzung dem EZB-Rat.[26] Darüber hinaus ermächtigt Art. 20 Abs. 1 ESZB-Satzung den EZB-Rat, mit Zweidrittelmehrheit über **sonstige geldpolitische Instrumente** zu entscheiden. 19

3. Entscheidungen des Rates

Der EZB-Rat entscheidet allerdings nicht allein. Vielmehr steckt der ECOFIN-Rat durch seine Beschlüsse einen **Rahmen** sowohl für die **Mindestreservepolitik** (Art. 19.2 ESZB-Satzung) als auch für sonstige geldpolitische Instrumente ab, die **Verpflichtungen für Dritte** mit sich bringen (Art. 20 Abs. 2 ESZB-Satzung). Der Rat beschließt hier nach dem Verfahren des Art. 107 Abs. 6 und unmittelbar nach dem 1.7.1998 (Art. 123 Abs. 1 UAbs. 1, 1. Spstr.). 20

Die **Einflußnahmemöglichkeiten des Rates** reichen sogar noch weiter. Er kann wichtige Bestimmungen der ESZB-Satzung, u.a. einige über die geldpolitischen Instrumente, nach dem Verfahren des Art. 107 Abs. 5 ändern. Gegen den Willen der EZB kann er allerdings nur einstimmig auf Vorschlag der Kommission und mit Zustimmung des Europäischen Parlaments beschließen. 21

---

24 Vgl. K. *Knappe*, Das geldpolitische Instrumentarium des Europäischen Systems der Zentralbanken (ESZB), in: Heinemann/Schröder (Fn. 10), S. 143 (152 f.); R. *Schmidt*, öffentliches Wirtschaftsrecht, Allgemeiner Teil, 1990, S. 374.
25 Verordnung (EG) Nr. 2531/98 des Rates vom 23.11.1998 über die Auferlegung einer Mindestreservepflicht durch die EZB, ABl.EG 1998 Nr. L 318/1.
26 Verordnung (EG) Nr. 2818/98 der EZB vom 1.12.1998 über die Auferlegung einer Mindestreservepflicht, ABl.EG 1998 Nr. L 356, geändert durch Verordnung (EG) Nr. 1921/200 der EZB vom 31.8.2000, ABl.EG 2000 Nr. L 229/34. Übergangsbestimmungen für die Auferlegung einer Mindestreservepflicht nach der Einführung des Euro in Griechenland enthält die Verordnung (EG) Nr. 2548/2000 der EZB vom 2.11.2000, ABl.EG 2000 Nr. L 291/28. S. auch die Mitteilung der EZB über die Verhängung von Sanktionen aufgrund von Verletzungen der Mindestreservepflicht, ABl.EG 2000 Nr. C 39/3.

4. Ausführung der Geldpolitik

22 Die Ausführung der Geldpolitik ist **Aufgabe des Direktoriums**. Es handelt gemäß den Leitlinien und Entscheidungen des EZB-Rates (Art. 12.1 UAbs. 2 ESZB-Satzung). Der Vollzug der Geldpolitik ist dennoch keine Aufgabe allein der Zentrale. Das Direktorium kann die **nationalen Zentralbanken** einsetzen und tut dies in der Praxis auch.[27] Sie handeln dann gemäß den Leitlinien[28] des EZB-Rates und den Weisungen[29] des Direktoriums (Art. 14.3, 12.1 UAbs. 2 Satz 2 ESZB-Satzung). Die Voraussetzungen dafür schaffen die Art. 17 ff. ESZB-Satzung, die durchweg auch die nationalen Zentralbanken zum Einsatz der geld- und währungspolitischen Instrumente ermächtigen.

23 Fraglich erscheint in diesem Zusammenhang, ob die nationalen Zentralbanken einen **Anspruch auf Einbeziehung** haben oder ob ihre Inanspruchnahme vollständig im Ermessen der EZB-Leitungsorgane steht. Das Subsidiaritätsprinzip des Art. 5 Abs. 2 kann insoweit keine Lösung bieten. Obwohl mit den nationalen Zentralbanken Einrichtungen der Mitgliedstaaten mitwirken, handelt es sich bei der Geldpolitik doch insgesamt um eine **ausschließliche Zuständigkeit der Gemeinschaft** (s.o. Art. 5 Rn. 26). Schon deshalb kommt das allgemeine Subsidiaritätsprinzip hier nicht zur Anwendung.[30]

24 Allerdings bestimmt Art. 12.1 UAbs. 3 ESZB-Satzung, daß die EZB »die nationalen Zentralbanken zur Durchführung von Geschäften, die zu den Aufgaben des ESZB gehören, in Anspruch nimmt, soweit dies möglich und sachgerecht erscheint«.[31] Aus dieser Vorschrift, die manche als **spezielle Ausprägung des Subsidiaritätsprinzips** verstehen,[32] könnte sich eine Verpflichtung der EZB ergeben, die nationalen Zentralbanken mit der Ausführung der Geldpolitik zu betrauen, soweit nicht die zentrale Erledigung erforderlich ist.[33] Konsequenterweise müßte eine solche Pflicht zumindest in begrenztem Umfang **justitiabel** sein.[34] Da Handlungen und Unterlassungen der EZB grundsätzlich mit der Nichtigkeitsklage nach Art. 230 bzw. der Untätigkeitsklage nach Art. 232 überprüfbar sind, stünden auch die nötigen Instrumente dafür zur Verfügung.

25 Auch wenn es sinnvoll erscheint, die nationalen Zentralbanken so weit wie möglich einzubeziehen, sprechen doch **gewichtige Gründe gegen einen gerichtlich durchsetzbaren**

---

27 Vgl. *Häde* (Fn. 23), S. 40.
28 Ausführlich dazu *M. Weber* (Fn. 5), S. 148 ff.
29 Dazu *M. Weber* (Fn. 5), S. 168 ff.
30 Vgl. *Goetze* (Fn. 4), S. 90; *H. J. Hahn*, Der Vertrag von Maastricht als völkerrechtliche Übereinkunft und Verfassung, 1992, S. 41 f.; *Stadler* (Fn. 3), S. 157 f. Anders *G. Galahn*, Die Deutsche Bundesbank im Prozeß der europäischen Währungsintegration, 1996, S. 227; *F.-C. Zeitler*, Die Währungs- und Geldpolitik in einer künftigen Europäischen Währungsunion, Sparkasse 1995, S. 356 (357); ders., Die Zentralbanken in der europäischen Integration, in: Hahn (Hrsg.), Das Währungswesen in der europäischen Integration, 1996, S. 129 (137 f.).
31 Zu den Möglichkeiten der nationalen Zentralbanken vgl. *M. Potacs*, Europäische Zentralbankverfassung und Oesterreichische Nationalbank, in: Griller (Hrsg.), Auf dem Weg zur Europäischen Wirtschafts- und Währungsunion?, Wien 1993, S. 33 (38 ff.).
32 Vgl. *Stadler* (Fn. 3), S. 158 f.; *M. Weber* (Fn. 5), S. 128 ff. S. auch *A. Weber*, Die Wirtschafts- und Währungsunion nach dem Maastricht-Urteil des BVerfG, JZ 1994, S. 53 (59). Gegen ein Abstellen auf Subsidiarität wegen der Notwendigkeit einer einheitlichen Geldpolitik *J.-V. Louis*, The Project of a European Central Bank, in: Stuyck (Hrsg.), Financial and Monetary Integration in the European Economic Community, 1993, S. 13 (22).
33 So *A. Aspetsberger/A. Schubert*, Möglichkeiten und Grenzen der Subsidiarität in einer Europäischen Währungsunion, Berichte und Studien der Oesterreichischen Nationalbank 2/1993, S. 110 (113).
34 *M. Weber* (Fn. 5), S. 140 ff.

Anspruch auf Aufgabenzuteilung.³⁵ Art. 12.1 UAbs. 3 ESZB-Satzung gilt nur »unbeschadet dieses Artikels«. Schon daraus mag zu schließen sein, daß diese Regelung den Entscheidungsspielraum von EZB-Rat und Direktorium nicht einschränken soll.

Darüber hinaus sieht die **Sondervorschrift** des Art. 237 lit. d) über Streitigkeiten innerhalb des ESZB allein eine Aufsichtsklage der EZB gegen die nationalen Zentralbanken³⁶ vor. 26

Klagemöglichkeiten der nationalen Zentralbanken gegen die EZB lassen sich deshalb nur aus den allgemeinen Vorschriften über die Zuständigkeiten des EuGH ableiten. Diese dürften aber nur dann zur Verfügung stehen, wenn Gegenstand des Streits Kompetenzen einer nationalen Zentralbank außerhalb des ESZB sind (s.u. Rn. 38). Interne Weisungen und damit auch die interne Zuständigkeitsverteilung sind demgegenüber **nicht justitiabel**.³⁷ Ein gerichtlich durchsetzbarer Anspruch auf Beteiligung an der Geldpolitik ist daher abzulehnen.³⁸ 27

Die **nationalen Zentralbanken** können ihre Einbeziehung aber im EZB-Rat durchsetzen. Das Zahlenverhältnis zwischen den höchstens sechs Direktoriumsmitgliedern und den derzeit zwölf Präsidenten der nationalen Zentralbanken sichert letzteren ein **deutliches Stimmenübergewicht** und damit entsprechenden Einfluß.³⁹ 28

II. Devisengeschäfte

Zu den weiteren Aufgaben des ESZB gehört die Durchführung von Devisengeschäften, im wesentlichen also der **An- und Verkauf von Fremdwährungen**. Aus Art. 111 Abs. 1 ergibt sich die Kompetenz des Rates, förmliche Vereinbarungen über ein **Wechselkurssystem für den Euro** gegenüber Drittlandswährungen abzuschließen. Für Festlegung, Änderung und Aufgabe der Euro-Leitkurse im Rahmen eines solchen Systems ist ebenfalls der Rat zuständig. Diese Regelungen binden auch das ESZB,⁴⁰ das seine Devisengeschäfte gemäß Abs. 2, 2. Spstr. im Einklang mit Art. 111 zu tätigen hat. 29

Aufgrund ihrer Zuständigkeit für Devisengeschäfte obliegt die **Durchführung der Wechselkurspolitik** aber allein der EZB und den nationalen Zentralbanken.⁴¹ Sofern und solange es ein Festkurssystem nicht gibt, hat die EZB einen **sehr weiten Spielraum**. Sie berücksichtigt zwar die allgemeinen Orientierungen für die Wechselkurspolitik, die der Rat hinsichtlich jener Währungen aufstellen kann, gegenüber denen kein Wechselkurs- 30

---

35 Vgl. auch *P. M. Schmidhuber*, Die europäische Währung – Voraussetzungen der Einheitswährung, Presseartikel 6/1996, S. 8 (12); *Stadler* (Fn. 1), S. 158; *S. Weinbörner*, Die Stellung der Europäischen Zentralbank (EZB) und der nationalen Zentralbanken in der Wirtschafts- und Währungsunion nach dem Vertrag von Maastricht, 1998, S. 395 f.
36 Zur Passivlegitimation der nationalen Zentralbanken vgl. *C. Koenig*, Institutionelle Überlegungen zum Aufgabenzuwachs beim Europäischen Gerichtshof in der Währungsunion, EuZW 1993, S. 661 (663); *M. Potacs*, Nationale Zentralbanken in der Wirtschafts- und Währungsunion, EuR 1993, S. 23 (38); *R. Smits*, The European Central Bank: Institutional Aspects, I.C.L.Q. 45 (1996), S. 319 (330).
37 So *Potacs* (Fn. 36), S. 38 ff., in Anlehnung an die beamtenrechtliche Unterscheidung in Grund- und Betriebsverhältnis. Ebenso *Koenig* (Fn. 36), S. 665 f.
38 Im Ergebnis ebenso *B. Zimmermann*, Die nationalen Zentralbanken als Bestandteile des Europäischen Systems der Zentralbanken, Diss. Würzburg, 2000, S. 104 f.
39 Vgl. *Stadler* (Fn. 3), S. 129. Relativierend *W. Heun*, Die Europäische Zentralbank in der Europäischen Währungsunion, JZ 1998, S. 866 (868).
40 *I. Pernice*, in: Grabitz/Hilf, EU, Art. 105, Rn. 14.
41 Vgl. *Louis* (Fn. 32), S. 18.

system vereinbart wurde. Im **Konfliktfall** geht nach Art. 111 Art. 2 Satz 2 aber das Ziel, die **Preisstabilität** zu gewährleisten, diesen allgemeinen Orientierungen vor (s. Art. 111, Rn. 11).

III. Verwaltung der Währungsreserven

31 Die dritte der grundlegenden Aufgaben des ESZB besteht im **Halten und Verwalten der offiziellen Währungsreserven** der Mitgliedstaaten. Nähere Regelungen dazu enthalten die Art. 30 und 31 ESZB-Satzung. Nach Art. 30.1 statten die Zentralbanken der Mitgliedstaaten, die an der dritten Stufe der WWU teilnehmen, die EZB mit Währungsreserven bis zu einem Gegenwert von 50 Mrd. ECU aus. Die EZB kann die **Einzahlung weiterer Währungsreserven** fordern, ist dabei allerdings an Grenzen und Bedingungen gebunden, die der Rat vorgibt (Art. 30.4).

32 Das Halten und Verwalten der Währungsreserven ist **Aufgabe des ESZB**, also nicht nur der EZB. Soweit es um die Verwaltung der der EZB übertragenen Reserven geht, kann und wird sie die nationalen Zentralbanken damit betrauen. Das ergibt sich aus Art. 9.2 und 12.1 UAbs. 3 ESZB-Satzung sowie aus einer **Leitlinie der EZB** vom 3.2.2000.[42] Geschäfte mit den Währungsreserven, die nicht auf die EZB übergehen, sondern den nationalen Zentralbanken verbleiben, regelt **Art. 31 ESZB-Satzung**. Um die Übereinstimmung mit der Wechselkurs- und Währungspolitik der Gemeinschaft zu wahren, bedürfen Transaktionen damit oberhalb eines vom EZB-Rat zu bestimmenden Betrags der Zustimmung der EZB (Art. 31.2).

33 Abs. 3 stellt klar, daß die Zuständigkeit des ESZB für die offiziellen Währungsreserven den Regierungen der Mitgliedstaaten das Halten und Verwalten von **Arbeitsguthaben in Fremdwährungen** nicht verbietet.

IV. Zahlungsverkehr

34 Das ESZB fördert schließlich das reibungslose Funktionieren der Zahlungssysteme.[43] Das EWI hat dazu ein System mit der Bezeichnung **TARGET** entwickelt, das die Umsetzung der Geldpolitik und die **Abwicklung grenzüberschreitender Großzahlungen** ermöglichen soll.[44] In diesen Zusammenhang gehören darüber hinaus Anpassung und Weiterentwicklung der bestehenden **Wertpapierabwicklungssysteme**.[45]

---

[42] Leitlinie der EZB vom 3.2.2000 über die Verwaltung von Währungsreserven der EZB durch die nationalen Zentralbanken sowie über die Rechtsdokumentation bei Geschäften mit den Währungsreserven der EZB, ABl. EG 2000 Nr. L 207/24, geändert durch die Leitlinie der EZB vom 21.6.2001, ABl.EG 2001 Nr. L 190/26.

[43] Zu den bisherigen Zahlungsverkehrssystemen vgl. European Monetary Institute, Payment Systems in the European Union, April 1996.

[44] S. dazu die Leitlinie der EZB vom 26.4.2001 über ein transnationales automatisches Echtzeit-Brutto-Expreß-Zahlungsverkehrssystem (Target), ABl.EG 2001 Nr. L 140/72; *K. M. Löber*, Das neue TARGET-System der Europäischen Zentralbank, in: Hadding/Nobbe (Hrsg.), Bankrecht 2000, 2000, S. 25.

[45] Vgl. dazu EWI, First Progress Report on the TARGET (Trans-European Automated Real-time Gross settlement Express Transfer) project, August 1996; Deutsche Bundesbank, Stand der Vorarbeiten für das WWU-weite Echtzeit-Brutto-Zahlungssystem TARGET, Informationsbrief zur WWU, Nr. 8, Juli 1997, S. 5; *R. Habacht*, Der österreichische Zahlungsverkehr in Vorbereitung auf die Wirtschafts- und Währungsunion und TARGET, Berichte und Studien der Oesterreichischen Nationalbank 4/1995, S. 47. Vgl. außerdem EWI, Jahresbericht 1996, 1997, S. 79; EWI, EU securities settlement systems – Issues related to Stage Three of EMU, Februar 1997.

D. Anhörungsrechte

Abs. 4 UAbs. 1 begründet Anhörungsrechte der EZB und entsprechende Pflichten der Gemeinschaftsorgane und der Mitgliedstaaten. Es soll sichergestellt sein, daß die EZB frühzeitig von allen Vorschlägen und Entwürfen für Rechtsakte der Gemeinschaft und Rechtsvorschriften der Mitgliedstaaten, die ihren Zuständigkeitsbereich berühren, erfährt und zu ihnen Stellung nehmen kann. Art. 4 ESZB-Satzung wiederholt diese Bestimmung unter der Überschrift »Beratende Funktion«. 35

Die Ermächtigung des Rates, **Grenzen und Bedingungen** dieses Anhörungsrechts nach dem Verfahren des Art. 107 Abs. 6 (Art. 42 ESZB-Satzung) festzulegen, bezieht sich aufgrund seiner Stellung im Text nur auf die Anhörung durch Behörden der Mitgliedstaaten.[46] 36

Die EZB ist nicht darauf angewiesen, daß die Gemeinschaftsorgane oder Behörden der Mitgliedstaaten sie förmlich anhören. Selbst dann, wenn ihr keine Vorschläge oder Entwürfe vorliegen, kann sie nach Abs. 4 UAbs. 2 gegenüber Stellen der Gemeinschaft oder der Mitgliedstaaten **Stellungnahmen zu thematisch einschlägigen Fragen** abgeben. Abs. 4 sichert damit insgesamt den Einfluß der EZB auf alle Vorgänge, die in ihren Zuständigkeitsbereich fallen. 37

Ein **Verstoß** von Gemeinschaftsorganen gegen Abs. 4 dürfte eine **Verletzung wesentlicher Formvorschriften** darstellen. Zur Wahrung ihrer Beteiligungsrechte kann die EZB nach Art. 230 Abs. 3 gegen entsprechende Rechtsakte mit der Nichtigkeitsklage vorgehen. Unterläßt ein Mitgliedstaat die erforderliche Beteiligung der EZB, begeht er einen **Vertragsverstoß** i.S.v. Art. 226. 38

E. Aufsicht über Kredit- und Finanzinstitute

Abs. 5 verpflichtet das ESZB, die zuständigen nationalen Behörden im Bereich der Kreditwesenaufsicht und der Aufsicht über sonstige Finanzinstitute zu unterstützen. Eigene Kompetenzen verleiht die Vorschrift dem ESZB nicht. Allerdings kann die EZB den Rat, die Kommission und die zuständigen Behörden der Mitgliedstaaten nach Art. 25.1 ESZB-Satzung in diesem Zusammenhang beraten und von diesen konsultiert werden. Die nationalen Zentralbanken können außerdem in eigener Verantwortung, also **außerhalb des Rahmens des ESZB**, andere als in der ESZB-Satzung erwähnte Aufgaben wahrnehmen (Art. 14.4 ESZB-Satzung). Sie können deshalb u.a. bereits bestehende Kompetenzen im Bereich der Kreditwesenaufsicht beibehalten oder neue übernehmen.[47] 39

Durch einen einstimmigen Beschluß kann der Rat auch der EZB selbst **Aufsichtsaufgaben** übertragen (Abs. 6). Es muß sich jedoch um »besondere« Aufgaben handeln. Die **generelle Übertragung** der Aufsicht wäre deshalb von dieser Ermächtigung **nicht gedeckt**.[48] Die besonderen Aufgaben müssen sich zudem auf die Aufsicht über Kredit- und sonstige Finanzinstitute mit Ausnahme von Versicherungsunternehmen beziehen. Man wird davon ausgehen können, daß Abs. 6 mit dem Begriff »Finanzinstitute« dasselbe 40

---

46 Entscheidung des Rates vom 29.6.1998, ABl.EG 1998 Nr. L 189/42.
47 Vgl. *Potacs* (Fn. 36), S. 38; *Smits* (Fn. 36), S. 332.
48 Vgl. *Smits* (Fn. 7), S. 356. Kritisch R. M. *Lastra*, The Independence of the European System of Central Banks, H.I.L.J. 33 (1992), S. 475 (513). R. J. *Goebel*, European Economic and Monetary Union: Will the EMU ever fly?, Columbia Journal of European Law 4 (1998), S. 249 (280), rechnet damit, daß der Rat von dieser Ermächtigung zunächst noch keinen Gebrauch macht.

meint wie Art. 102. Die Definition ergibt sich dann aus Art. 4 der nach Art. 102 Abs. 2 erlassenen Verordnung 3604/93[49] (s. Art. 102 Rn. 1). Sie umfaßt - nimmt man die Versicherungsunternehmen aus - zusätzlich zu den Kreditinstituten Organismen für gemeinsame Anlagen in Wertpapieren, Wertpapierfirmen sowie sonstige Unternehmen oder Einrichtungen, deren Tätigkeit diesen Unternehmen entspricht oder deren Haupttätigkeit im Erwerb von Finanzanlagen oder in der Umwandlung von Finanzforderungen besteht.

---

49 Verordnung (EG) Nr. 3604/93 des Rates vom 13.12.1993 zur Festlegung der Begriffsbestimmungen für die Anwendung des Verbots des bevorrechtigten Zugangs gemäß Artikel 104a des Vertrags, ABl.EG 1993 Nr. L 332/4.

Art. 106 (ex-Art. 105a)

(1) Die EZB hat das ausschließliche Recht, die Ausgabe von Banknoten innerhalb der Gemeinschaft zu genehmigen.[4 ff.] Die EZB und die nationalen Zentralbanken sind zur Ausgabe von Banknoten berechtigt. Die von der EZB und den nationalen Zentralbanken ausgegebenen Banknoten sind die einzigen Banknoten, die in der Gemeinschaft als gesetzliches Zahlungsmittel gelten.

(2) Die Mitgliedstaaten[2] haben das Recht zur Ausgabe von Münzen, wobei der Umfang dieser Ausgabe der Genehmigung durch die EZB bedarf.[7 ff.] Der Rat kann nach dem Verfahren des Artikels 252 und nach Anhörung der EZB Maßnahmen erlassen, um die Stückelung und die technischen Merkmale aller für den Umlauf bestimmten Münzen so weit zu harmonisieren, wie dies für deren reibungslosen Umlauf innerhalb der Gemeinschaft erforderlich ist.[9 ff.]

Inhaltsübersicht:
A. Geldzeichen 1
B. Banknoten 4
C. Münzen 7

A. Geldzeichen

Die Vorschrift regelt die **Ausgabe von Geldzeichen** (Banknoten und Münzen). Trotz des Vordringens bargeldloser Zahlungsarten wie Scheck, Überweisung, Zahlung mit Karten oder »cyber money« spielt das **Bargeld** im Zahlungsverkehr nach wie vor eine besondere Rolle. Neben diesem ökonomischen Aspekt kommt der **Symbolik** eine große Bedeutung zu. Die Ausgabe von Geldzeichen der einheitlichen Euro-Währung hat deshalb auch eine wichtige **integrationspolitische Bedeutung**. 1

Art. 106 gilt ab dem Beginn der dritten Stufe der WWU (Art. 116 Abs. 3 UAbs. 2). Der Ausdruck Mitgliedstaaten bezeichnet nach Art. 122 Abs. 4 nur jene Mitgliedstaaten, die an der dritten Stufe teilnehmen und für die deshalb keine Ausnahmeregelung gilt. 2

Das **Szenario** für die Ausgabe einheitlicher Geldzeichen hat der Europäische Rat auf seiner Tagung in Madrid am 15./16.12.1995 beschlossen (s. Art. 123, Rn. 29). Auch nach dem Beginn der dritten Stufe am 1.1.1999 blieben die nationalen Geldzeichen vorübergehend gültig. Die nationalen Währungseinheiten galten allerdings nicht mehr als eigenständige Währungen, sondern als nichtdezimale Untereinheiten des Euro. Die nationalen Geldzeichen behielten die Eigenschaft als **gesetzliches Zahlungsmittel**; dies jedoch nur in ihrem bisherigen Gültigkeitsgebiet.[1] Die Euro-Banknoten und -Münzen wurden zum **1.1.2002** in Umlauf gebracht und sollten nach längstens sechs weiteren Monaten die nationalen ersetzen. Die Mitgliedstaaten haben diese Übergangszeit zulässigerweise verkürzt.[2] In Deutschland sieht das DM-Beendigungsgesetz einen juristischen »Big Bang« vor. Mit Ablauf des 31.12.2001 verloren alle bisherigen Geldzeichen ihre Eigenschaft als gesetzliches Zahlungsmittel. Seit dem 1.1.2002 ist der Euro neues und alleiniges gesetzliches Zahlungsmittel. Eine gemeinsame Erklärung der Spitzenverbände des 3

---

1 So Art. 9 VO (EG) Nr. 974/98 des Rates vom 3.5.1998 über die Einführung des Euro, ABl.EG 1998 Nr. L 139/1.
2 Art. 15 Abs. 1 der Verordnung über die Einführung des Euro (Fn. 1). Zu den Plänen der einzelnen Mitgliedstaaten vgl. W. *Kilb*, Die Euro-Bargeldeinführung und die Glättung von Signalbeträgen, EuZW 2000, S. 709 (712 ff.).

Handels und anderer Wirtschaftsbereiche sowie der Kreditwirtschaft stellte allerdings sicher, daß die DM-Geldzeichen noch bis 28.02.2002 angenommen wurden.[3]

3 a Banknoten, die auf die durch den Euro ersetzten nationalen Währungen lauten, müssen von den Zentralbanken der teilnehmenden Mitgliedstaaten zu ihrer jeweiligen Parität umgetauscht werden (Art. 52 ESZB-Satzung). Eine **Leitlinie der EZB** vom 20.7.2000[4] soll diesen Umtausch auch für eine gewisse Zeitspanne (1.1.-31.3.2002) nach dem Ende der Übergangszeit sicherstellen. Eine weit größere Herausforderung stellt die **rechtzeitige Versorgung mit den neuen Banknoten und Münzen** dar.[5] Um diese Aufgabe bewältigen zu können, regelt eine Leitlinie der EZB vom 10.1.2001[6] u.a. die vorzeitige Abgabe an Kreditinstitute.

3 b Die Einführung der neuen Banknoten und Münzen muß begleitet sein von erheblichen Anstrengungen zum **Schutz vor Geldfälschungen**. Rechtsetzungskompetenzen im Bereich des Strafrechts hat die Gemeinschaft zwar nicht. Im Rahmen der polizeilichen und justitiellen **Zusammenarbeit in Strafsachen** gibt es jedoch Möglichkeiten zur Koordinierung. So sieht Art. 31 Buchstabe e) EUV die schrittweise Annahme von Maßnahmen zur Festlegung von Mindestvorschriften über die Tatbestandsmerkmale strafbarer Handlungen vor. Und Art. 34 Abs. 2 Buchstabe b) EUV erlaubt Rahmenbeschlüsse des Rates zur Angleichung von Rechtsvorschriften. Auf dieser Grundlage hat der Rat am 29.5.2000 einen **Rahmenbeschluß** über die Verstärkung des mit strafrechtlichen und anderen Sanktionen bewehrten Schutzes gegen Geldfälschung im Hinblick auf die Einführung des Euro erlassen.[7] Neben weiteren Maßnahmen hält die Kommission auch eine Verordnung des Rates über den Schutz des Euro vor Fälschungen, gestützt auf Art. 123 Abs. 4 Satz 3 sowie Art. 308 EGV, für notwendig.[8]

B. Banknoten

4 Abs. 1 Satz 2 verleiht nicht nur der EZB, sondern auch den nationalen Zentralbanken das Recht zur Emission von Banknoten. Damit behalten die Zentralbanken der Mitgliedstaaten dieses Privileg; sie entscheiden jedoch nicht mehr selbständig. Die EZB hat zwar kein Emissionsmonopol für Banknoten; ihr kommt aber das **ausschließliche Recht zur Genehmigung der Banknotenausgabe** zu (Abs. 1 Satz 1). Mit dem Beginn der dritten Stufe ging insoweit die Verfügungsbefugnis der Mitgliedstaaten und ihrer Zentralbanken auf die EZB über.

5 Da die Geldzeichen der Mitgliedstaaten erst am 1.1.2002 den einheitlichen Euro-Banknoten wichen, bezog sich das Genehmigungsrecht der EZB bis dahin auf die Banknoten

---

3 Vgl. *H. J. Hahn/U. Häde*, in: Dolzer (Hrsg.), Bonner Kommentar zum Grundgesetz, Art. 88 (Bearbeitung Dezember 1999) Rn. 501 ff.; *Kilb*, EuZW 2000, S. 709 (711).
4 Leitlinie der EZB vom 20.7.2000 über die Anwendung von Artikel 52 der Satzung des Europäischen Systems der Zentralbanken und der Europäischen Zentralbank nach dem Ende der Übergangszeit, ABl.EG 2000 Nr. L 55/66.
5 Vgl. dazu etwa *H. Franzen*, Probleme bei der Euro-Bargeldeinführung, WM 2001, S. 349; *K. Wächter*, Hürden bei der Euro-Bargeldeinführung, WM 2001, S. 242.
6 Leitlinie der EZB vom 10.1.2001 über bestimmte Vorschriften für die Euro-Bargeldumstellung im Jahr 2002, ABl.EG 2001 Nr. L 55/80.
7 ABl.EG 2000 Nr. L 140/1. S. auch die Leitlinie der EZB vom 26.8.1998 über bestimmte Vorschriften für Euro-Banknoten in der geänderten Fassung vom 26.8.1999, ABl.EG 1999 Nr. L 258/32, die sich auf die Geltendmachung des Urheberrechts, den Umtausch beschädigter Banknoten, das Falschgeld-Analysezentrum sowie auf den Einzug von Banknoten bezieht.
8 Vgl. den Vorschlag der Kommission, KOM (2000) 492 endgültig vom 26.7.2000.

in nationaler Währung.⁹ Seit Beginn der dritten Stufe hat auch die EZB das Recht zur Ausgabe von Banknoten. Es ist jedoch nicht vorgesehen, daß sie Banknoten ausgibt, die auf die nationalen Währungseinheiten lauten. Vielmehr hat sie die nationalen Zentralbanken in einer Leitlinie vom 22.4.1999 allgemein »ermächtigt, während der Übergangszeit die Ausgabe der nationalen Banknoten gemäß den nationalen Gepflogenheiten fortzusetzen«.¹⁰ Von ihrem Emissionsrecht wird die EZB deshalb erst Gebrauch machen, wenn sie nach dieser Übergangszeit gemeinsam mit den nationalen Zentralbanken Euro-Banknoten in Umlauf setzt.¹¹

Ausgegeben werden Euro-Banknoten mit den Nennwerten von 5, 10, 20, 50, 100, 200 und 500 Euro. Sie tragen Motive (Fenster, Tore, Brücken), die unter dem Thema »Zeitalter und Stile in Europa« stehen. Entworfen hat sie der Grafiker der Banknotendruckerei der Oesterreichischen Nationalbank, **Robert Kalina**. Die Aufgabe, die technischen Vorarbeiten für die künftigen Banknoten zu überwachen, kam nach Art. 117 Abs. 3, 5. Spstr. dem Europäischen Währungsinstitut (EWI) zu. Die Entwürfe wurden deshalb am 3.12.1996 im Rahmen eines Gestaltungswettbewerbs vom Rat des EWI ausgewählt.¹² Die endgültige Entscheidung blieb jedoch nach Abs. 1 dem EZB-Rat vorbehalten. Nach Art. 16 Abs. 2 ESZB-Satzung berücksichtigt die EZB soweit wie möglich die Gepflogenheiten der Mitgliedstaaten bei der Ausgabe und der Gestaltung von Banknoten. 6

C. Münzen

Abs. 2 beläßt den Mitgliedstaaten das Recht zur Ausgabe von Münzen und damit auch den Münzgewinn.¹³ Welche Stelle innerstaatlich zuständig ist, bestimmen die Mitgliedstaaten. Die EZB darf nicht selber Münzen ausgeben; sie behält jedoch aufgrund ihrer **Kompetenz zur Genehmigung des Umfangs** der Ausgabe die Kontrolle über die Menge des in Verkehr gebrachten Bargelds. Von dieser Befugnis hat sie zuletzt durch ihre Entscheidung vom 20.12.2001 über die Genehmigung des Umfangs der Ausgabe von Münzen im Jahr 2002¹⁴ Gebrauch gemacht. Diese Entscheidung legt die Kontingente für die Ausgabe von Umlauf- und Sammlermünzen der einzelnen Mitgliedstaaten auf bestimmte Beträge fest. Die Spannweite reicht von 100 Mio. Euro für Luxemburg bis 7,513 Mrd. Euro für Deutschland. 7

Die **Gestaltung der Münzen** ist grundsätzlich Sache der Mitgliedstaaten. Die Münzen werden deshalb von Land zu Land unterschiedlich aussehen. Das war ohnehin bis Ende 2001 der Fall, weil während der dann endenden Übergangszeit die bisherigen Geldzeichen gesetzliche Zahlungsmittel blieben. Um den Übergang zum Euro zu erleichtern und 8

---

9 Vgl. auch *M. Potacs*, Europäische Zentralbankverfassung und Oesterreichische Nationalbank, in: Griller (Hrsg.), Auf dem Weg zur Europäischen Wirtschafts- und Währungsunion?, Wien 1993, S. 33 (38); dens., in: Schwarze, EU-Kommentar, Art. 106 EGV, Rn. 1; *R. Smits*, The European Central Bank, 1997, S. 206.
10 Art. 1 Abs. 1 der Leitlinie der EZB vom 22.4.1999 über die Ermächtigung zur Ausgabe nationaler Banknoten während der Übergangszeit, ABl.EG 2001 Nr. L 55/71.
11 Art. 10 Satz 1 der Verordnung über die Einführung des Euro (Fn. 1). S. auch den Beschluß der EZB vom 6.12.2001 über die Ausgabe von Euro-Banknoten, ABl.EG 2001 Nr. L 337/52.
12 Vgl. EWI, Jahresbericht 1996, April 1997, S. 81 f. S. auch den Beschluß der EZB vom 7.7.1998, über die Stückelung, Spezifikation und Reproduktion sowie den Umtausch und den Einzug von Euro-Banknoten, ABl.EG 1999 Nr. L 8/36, sowie den Beschluß zur Änderung dieses Beschlusses vom 26.8.1999, ABl.EG 1999 Nr. L 258/29.
13 *H. J. Hahn/J. Siebelt*, in: Hb.EUWirtR, Abschnitt F.I, Rn. 72, Fn. 287.
14 ABl.EG 2001 Nr. L 344/89.

Verwirrung zu vermeiden, empfahl die Kommission den Mitgliedstaaten, während der Übergangszeit, also bis zum 31.12.2001, keine auf Euro lautenden Sammlermünzen herauszugeben und private Euro-Prägungen zu untersagen.[15]

9 Hinsichtlich der künftigen Euro-Münzen ermächtigt Abs. 2 Satz 2 den Rat zur **Harmonisierung** hinsichtlich Stückelung und technischer Merkmale, um den reibungslosen Umlauf der Münzen in der Gemeinschaft zu sichern. Die Verordnung (EG) Nr. 975/98 des Rates vom 3.5.1998 über die Stückelungen und technischen Merkmale der Euro-Münzen[16], die am 1.1.1999 in Kraft getreten ist, sieht auf der Basis eines Vorschlags der EG-Münzdirektoren ein **einheitliches europäisches Münzsystem** mit Euro-Münzen in den Stückelungen von 1, 2, 5, 10, 20 und 50 Cent sowie 1 und 2 Euro vor. Diese Münzen werden **gesetzliche Zahlungsmittel in allen teilnehmenden Mitgliedstaaten** sein. Mit Ausnahme der ausgebenden Behörde und bestimmter besonders verpflichteter Personen soll aber niemand verpflichtet sein, mehr als 50 Münzen bei einer einzelnen Zahlung anzunehmen.[17]

10 Trotz dieser im Interesse eines reibungslosen Zahlungsverkehrs begrüßenswerten Einheitlichkeit werden die Euro-Münzen der einzelnen Mitgliedstaaten dennoch voneinander abweichen. Während nämlich die jeweilige Vorderseite einheitlich gestaltet sein wird, erscheinen auf den Rückseiten **nationale Symbole** des jeweiligen Mitgliedstaats.

11 Neben den zum Umlauf bestimmten Münzen kann es auch weiterhin landesspezifisch gestaltete **Sonder- oder Gedenkmünzen** zu bestimmten Anlässen geben. Abs. 2 Satz 1 steht dem nicht entgegen.[18] Die EZB bezieht ihre Genehmigung des Umfangs der Münzausgabe denn auch ausdrücklich auf die »Ausgabe von Münzen, die für den Umlauf bestimmt sind, und die Ausgabe von nicht für den Umlauf bestimmten Sammlermünzen«.[19]

12 Die Ermächtigung zu harmonisierenden Maßnahmen nach Abs. 2 Satz 2 bezieht sich nur auf **Münzen, die für den Umlauf bestimmt sind**. Das ist bei **Sondermünzen** normalerweise nicht der Fall. Unklar erscheint, ob solche auf Euro lautende Sondermünzen einzelner Mitgliedstaaten im gesamten Währungsgebiet gesetzliche Zahlungsmittel sein werden. Art. 11 Satz 2 der Verordnung über die Einführung des Euro[20] sieht vor, daß die Münzen, den Bezeichnungen und technischen Merkmalen entsprechen, die der Rat nach Art. 106 Abs. 2 Satz 2 festgelegt hat, »als einzige in allen diesen Mitgliedstaaten die Eigenschaft eines gesetzlichen Zahlungsmittels« haben. Streng genommen könnte das bedeuten, daß Sondermünzen, die dem nicht entsprechen, überhaupt nicht oder nur im jeweiligen Ausgabeland angenommen werden müssen. Das **Fehlen der Eigenschaft eines gesetzlichen Zahlungsmittels** (»Zwangsgeld«) ändert allerdings nichts an der Einordnung solcher Münzen als Geld.[21] Es könnte dann aber jeder Gläubiger selbst entscheiden, ob er solche Münzen als Erfüllung einer Geldschuld annehmen will.

---

15 Empfehlung der Kommission vom 13.1.1999 zu Sammlermünzen, Medaillen und Marken, ABl.EG 1999 Nr. L 29/61.
16 ABl.EG 1998 Nr. L 139/6, s. auch die Mitteilung der Kommission, Die optischen Merkmale der Euro-Münzen, ABl.EG 2001 Nr. C 373/1.
17 Art. 11 Satz 3 der Verordnung über die Einführung des Euro (Fn. 1).
18 Vgl. *U. Häde*, Die Europäische Wirtschafts- und Währungsunion und ihr Bargeld, WM 1993, S. 2031 (2039).
19 Art. 1 der Entscheidung vom 20.12.2001 (Fn. 14).
20 Fn. 1.
21 Vgl. *U. Häde*, Geldzeichen im Recht der Bundesrepublik Deutschland, 1991, S. 28 m.w.N. A.A. *Staudinger-K. Schmidt*, BGB, 13. Bearbeitung 1997, Vorbem. zu §§ 244 ff., Rn. A 24.

Art. 107 (ex-Art. 106)

(1) Das ESZB[1 f.] besteht aus der EZB[3 ff.] und den nationalen Zentralbanken.[6 ff.]

(2) Die EZB besitzt Rechtspersönlichkeit.[3 f.]

(3) Das ESZB wird von den Beschlußorganen der EZB, nämlich dem EZB-Rat und dem Direktorium, geleitet.[5]

(4) Die Satzung des ESZB ist in einem diesem Vertrag beigefügten Protokoll festgelegt.[11 f.]

(5) Der Rat kann die Artikel 5.1, 5.2, 5.3, 17, 18, 19.1, 22, 23, 24, 26, 32.2, 32.3, 32.4, 32.6, 33.1a und 36 der Satzung des ESZB entweder mit qualifizierter Mehrheit auf Empfehlung der EZB nach Anhörung der Kommission oder einstimmig auf Vorschlag der Kommission nach Anhörung der EZB ändern.[12 f.] Die Zustimmung des Europäischen Parlaments ist dabei jeweils erforderlich.

(6) Der Rat erläßt mit qualifizierter Mehrheit entweder auf Vorschlag der Kommission und nach Anhörung des Europäischen Parlaments und der EZB oder auf Empfehlung der EZB und nach Anhörung des Europäischen Parlaments und der Kommission die in den Artikeln 4, 5.4, 19.2, 20, 28.1, 29.2, 30.4 und 34.3 der Satzung des ESZB genannten Bestimmungen.[16 f.]

Inhaltsübersicht:

A. ESZB und EZB   1
B. Die Europäische Zentralbank   3
C. ESZB und nationale Zentralbanken   6
D. Die Satzung des ESZB   11
E. Erlaß von Ausführungsbestimmungen   16

A. ESZB und EZB

ESZB und EZB wurden unmittelbar nach der Ernennung des EZB-Direktoriums mit Wirkung vom 1.6.1998 errichtet, also etwas früher als in Art. 123 Abs. 1 vorgesehen. ESZB und EZB sind trotz ihrer Unabhängigkeit **Gemeinschaftseinrichtungen**.[1] Ausweislich des Art. 7 Abs. 1 zählen ESZB und EZB zwar nicht zu den Organen der Gemeinschaft.[2] Ihre Erwähnung in dem durch den Unionsvertrag neu eingefügten Art. 8 deutet jedoch auf eine **organähnliche Stellung** hin.[3]   1

---

1 Ebenso R. *Smits*, The European Central Bank, 1997, S. 93; R. *Stadler*, Der rechtliche Handlungsspielraum des Europäischen Systems der Zentralbanken, 1996, S. 94 ff.; S. *Weinbörner*, Die Stellung der Europäischen Zentralbank (EZB) und der nationalen Zentralbanken in der Wirtschafts- und Währungsunion nach dem Vertrag von Maastricht, 1998, S. 387. Vgl. aber auch H. J. *Hahn*, Der Vertrag von Maastricht als völkerrechtliche Übereinkunft und Verfassung, 1992, S. 42, 73; I. *Pernice*, Das Ende der währungspolitischen Souveränität Deutschlands und das Maastricht-Urteil des BVerfG, FS-Everling, 1995, S. 1057 (1059).
2 Ebenso I. *Pernice*, in: Grabitz/Hilf, EU, Art. 4a, Rn. 1; B. *Zimmermann*, Die nationalen Zentralbanken als Bestandteile des Europäischen Systems der Zentralbanken, Diss. Würzburg, 2000, S. 10. Anders A. *Bleckmann*, Der Vertrag über die Europäische Union, DVBl. 1992, S. 335 (341); M. *Seidel*, Probleme der Verfassung der Europäischen Gemeinschaft als Wirtschafts- und Währungsunion, FS-Börner, 1992, S. 417 (425).
3 Vgl. nur A. *Decker*, Die Organe der Europäischen Gemeinschaften und der Europäischen Union, JuS 1995, S. 883 (884); A. *Hatje*, in: Schwarze, EU-Kommentar, Art. 8, Rn. 2; U. *Häde*, Finanzausgleich, 1996, S. 338; B. *Smulders*, in: GTE, EGV, Art. 4a, Rn. 3.

2 Das **ESZB** als solches ist ein Gebilde[4], das sich von seinem Aufbau her – wenn überhaupt – eher mit dem US-amerikanischen Federal Reserve System oder der früheren Bank deutscher Länder vergleichen läßt als mit der Deutschen Bundesbank.[5] Es besteht aus der EZB mit Sitz in Frankfurt am Main[6] und den nationalen Zentralbanken. Im Ergebnis stellt es kaum mehr dar als eine **Sammelbezeichnung** dieser Bestandteile.[7] Daß Abs. 2 die EZB mit Rechtspersönlichkeit ausstattet, nicht aber das ESZB, erscheint deshalb sinnvoll. Diesem gemeinsamen »Dach« Rechtspersönlichkeit zu verleihen, hätte zu Komplikationen führen können und war deshalb nicht angebracht.[8]

B. Die Europäische Zentralbank

3 Nähere Bestimmungen zur Ausgestaltung der **Rechtspersönlichkeit** der EZB enthält Art. 9.1 ESZB-Satzung. Danach besitzt die EZB in jedem Mitgliedstaat die weitestgehende **Rechts- und Geschäftsfähigkeit**, die juristischen Personen nach dessen Rechtsvorschriften zuerkannt ist. Die EZB kann insbesondere bewegliches und unbewegliches Vermögen erwerben und veräußern sowie vor Gericht stehen.

4 Insoweit ähnelt die EZB der **Europäischen Investitionsbank** (EIB), der Art. 266 Abs. 1 ebenfalls Rechtspersönlichkeit zuspricht.[9] Ein durch den EUV neu eingefügter Art. 9 rückt auch die EIB in die Nähe der Gemeinschaftsorgane.[10] Hinsichtlich der **Klagemöglichkeiten** bleibt sie jedoch deutlich hinter der EZB zurück (näher zur Stellung der EIB s. Art. 9 Rn. 2). So unterstreichen die Art. 230, 232, 233, 234 die organähnliche Stellung der EZB.

5 Abs. 3 nennt als **Beschlußorgane der EZB** den EZB-Rat und das Direktorium. Die erstmalige Ernennung der Mitglieder des Direktoriums regeln Art. 123 Abs. 1, 2. Spstr. und Art. 50 ESZB-Satzung. Ansonsten finden sich Vorschriften über die Zusammensetzung

---

4 Vgl. *Seidel* (Fn. 2), S. 423: »Konglomerat«. S. auch *J.-V. Louis*, Perspectives of the EMU after Maastricht, in: Stuyck (Hrsg.), Financial and Monetary Integration in the European Economic Community, 1993, S. 1 (6), mit Verweis auf den vom Ausschuß der Zentralbankpräsidenten 1990 erstellten Entwurf eines Statuts: »The system is neither an institution nor an organ; it is a set of rules«.
5 *L. Gleske*, Organisation, Status und Aufgaben der zweistufigen Zentralbanksysteme in den Vereinigten Staaten von Amerika, in der Bundesrepublik Deutschland, in der künftigen Europäischen Währungsunion, FS-Hahn, 1997, S. 123 (135); *H. J. Hahn/J. Siebelt*, in: Hb.EUWirtR, Abschnitt F.I, Rn. 73. Ausführlich *C. Walter*, Das Federal Reserve System, die Deutsche Bundesbank und das Europäische System der Zentralbanken/die Europäische Zentralbank im Vergleich, 1994; *W. Heun*, Die Zentralbank in den USA, StWuStP 9 (1998), S. 241 ff.
6 Zur Sitzfestlegung auf der Grundlage von Art. 37 ESZB-Satzung: Europäischer Rat, Sondertagung in Brüssel am 29.10.1993, Schlußfolgerungen des Vorsitzes, Bulletin der Bundesregierung Nr. 99/1993, S. 1110. Vgl. dazu *Stadler* (Fn. 1), S. 166. Vgl. auch das Abkommen vom 18.9.1998 zwischen der Regierung der Bundesrepublik Deutschland und der EZB über den Sitz der EZB, BGBl. 1998 II S. 2996.
7 *F. Brosius-Gersdorf*, Deutsche Bundesbank und Demokratieprinzip, 1997, S. 283: »Dachverband«; *R. Senti*, Das Europäische System der Zentralbanken – Institutionelle Grundlagen, in: Senti/Büsch (Hrsg.), Schweizer Franken oder Euro, 1999, S. 35 (37); *R. Smits*, The European Central Bank: Institutional Aspects, I.C.L.Q. 45 (1996), S. 319 (326). Vgl. auch *Stadler* (Fn. 1), S. 90, wo vom ESZB als »synthetischer Begriffsbezeichnung« die Rede ist. *Seidel* (Fn. 2), S. 427, versteht demgegenüber das ESZB als Organ.
8 Vgl. *Hahn* (Fn. 1), S. 69.
9 Vgl. *M. Weber*, Die Kompetenzverteilung im Europäischen System der Zentralbanken bei der Festlegung und Durchführung der Geldpolitik, 1995, S. 51 f.
10 Vgl. *A. Glaesner*, in: Schwarze, EU-Kommentar, Art. 266, Rn. 2.

der beiden Gremien in Art. 112 sowie in den Art. 10 f. ESZB-Satzung. Die Beschlußorgane der EZB leiten nach Abs. 3 nicht allein die EZB, sondern auch das ESZB.

C. ESZB und nationale Zentralbanken

Die nationalen Zentralbanken gehören dem ESZB an. Diese Zuordnung gilt zunächst einmal uneingeschränkt. Sie schließt deshalb auch die Zentralbanken jener Mitgliedstaaten ein, für die nach Art. 122 Abs. 1 eine **Ausnahmeregelung** gilt, weil sie sich nicht für die dritte Stufe qualifizieren konnten.[11] Art. 122 Abs. 4, der jene Vorschriften aufzählt, in denen sich der Ausdruck »Mitgliedstaaten« nur auf Mitgliedstaaten ohne Ausnahmeregelung bezieht, erwähnt Art. 107 nämlich nicht. Aus den einschlägigen Protokollen Nr. 25 und 26, die die **Sonderstellung Dänemarks und Großbritanniens** regeln, ergibt sich, daß auch die Zentralbanken dieser beiden Mitgliedstaaten zum ESZB gehören.

Zwischen der **Stellung der Zentralbanken** jener Mitgliedstaaten, die an der dritten Stufe der WWU teilnehmen, und der jener, die (noch) nicht teilnehmen, bestehen dennoch **große Unterschiede**. Die nationalen Zentralbanken der Teilnehmerstaaten sind, wie es Art. 14.3 ESZB-Satzung ausdrückt, **integraler Bestandteil des ESZB**. Sie handeln gemäß den Leitlinien und Weisungen der EZB, sind ihr also nachgeordnet.

Diese Einordnung in den Rahmen des ESZB verändert ihre bisherige Stellung in dem jeweiligen Mitgliedstaat.[12] Trotzdem sind und bleiben die nationalen Zentralbanken aber **weiterhin Einrichtungen der Mitgliedstaaten** und nicht der Gemeinschaft.[13] Wie Art. 109 belegt, bleibt die Regelungsbefugnis der Mitgliedstaaten im Hinblick auf ihre Zentralbanken grundsätzlich erhalten, wird allerdings sehr stark durch gemeinschaftsrechtliche Vorgaben eingeschränkt (s. Art. 109, Rn. 2).

Das Leitungsgremium der EZB, der EZB-Rat, kann die nationalen Zentralbanken außerdem im **Streitfall** nicht durch ESZB-interne Maßnahmen zur Erfüllung ihrer Verpflichtungen zwingen. Er hat statt dessen nach Art. 237 lit. d die Möglichkeit, eine renitente nationale Zentralbank vor dem EuGH zu verklagen.[14] Gerade dieses Verfahren, in dem der Rat der EZB die Befugnisse besitzt, die der Kommission im Rahmen des Vertragsverletzungsverfahrens in Art. 226 gegenüber den Mitgliedstaaten eingeräumt werden, belegt die **Zuordnung der nationalen Zentralbanken zu den Mitgliedstaaten**.

---

11 Vgl. *J.-V. Louis*, L'Union économique et monétaire, CDE 1992, S. 251 (298); *Stadler* (Fn. 1), S. 98; *M. Weber* (Fn. 9), S. 49.
12 Das betont *M. Seidel*, Probleme der Verfassung der Europäischen Gemeinschaft als Wirtschafts- und Währungsunion, FS-Börner, 1992, S. 417 (425, 429); ders., »Braucht die Europäische Union eine einheitliche Währung? Kommt der Euro wirklich?«, FS-Reich, 1997, S. 373 (380).
13 Vgl. *Hahn* (Fn. 1), S. 68; dens./*J. Siebelt*, in: Hb.EUWirtR, Abschnitt F.I, Rn. 73; *M. Weber*, Das Europäische System der Zentralbanken, WM 1998, S. 1465 (1472); *Weinbörner* (Fn. 1), S. 388 f.; *M. Potacs*, Nationale Zentralbanken in der Wirtschafts- und Währungsunion, EuR 1993, S. 23; *M. Weber* (Fn. 9), S. 53 ff.; *Zimmermann* (Fn. 2), S. 10 f., 139. Anders *M. Seidel*, Probleme der Währungsordnung der Europäischen Union, FS-Vieregge, 1995, S. 793 (810). Vgl. auch *A. Weber*, Die Wirtschafts- und Währungsunion nach dem Maastricht-Urteil des BVerfG, JZ 1994, S. 53 (59): »grundsätzlich aus der mitgliedstaatlichen Organisationsstruktur herausgelöst«.
14 Vgl. dazu *C. Koenig*, Institutionelle Überlegungen zum Aufgabenzuwachs beim Europäischen Gerichtshof in der Währungsunion, EuZW 1993, S. 661 (663); *Potacs* (Fn. 13), S. 38 ff.

Art. 107 EG-Vertrag

10 Die Zentralbanken der **Mitgliedstaaten mit Ausnahmeregelung** behalten demgegenüber ihre währungspolitischen Befugnisse nach innerstaatlichem Recht (Art. 43.2 ESZB-Satzung).

D. Die Satzung des ESZB

11 Abs. 4 weist auf die Satzung des ESZB hin, die die Schlußakte des EUV dem EGV als **Protokoll** (Nr. 18) beigefügt hat. Nach Art. 311 sind solche Protokolle Bestandteil des Vertrags. Damit gehören alle diese Regelungen über das ESZB zum **Primärrecht**. Diese im Vergleich mit Staaten einzigartige Situation geht wohl nicht zuletzt auf eine Anregung des **Ausschusses der Zentralbankpräsidenten** zurück, deren Entwurf eines Statuts als Vorlage für die Satzung diente. Den Gouverneuren lag daran, das Statut im Primärrecht zu verankern.[15] Im Vergleich mit einer ähnlich ausführlichen Regelung im Vertrag selbst stellt das Beifügen der Satzung als Protokoll eine übersichtlichere Lösung dar.[16]

12 Als Primärrecht läßt sich die Satzung grundsätzlich nur nach Art. 48 EUV ändern. Von dieser Regel sehen der Vertrag und die Protokolle selbst aber zahlreiche Ausnahmen vor. Abs. 5 enthält eine solche **Ausnahmebestimmung** und läßt die Änderung von Vorschriften der ESZB-Satzung in einem wesentlich **vereinfachten Verfahren** zu. Es entscheidet der Rat mit Zustimmung des Europäischen Parlaments. Ergeht der Beschluß auf Empfehlung der EZB, für die ein einstimmiges Votum des EZB-Rates erforderlich ist (Art. 41.2 ESZB-Satzung), reicht im Rat die qualifizierte Mehrheit des Art. 205 Abs. 2 aus. Entscheidet der Rat demgegenüber auf Vorschlag der Kommission und einer nur auf die Anhörung beschränkten Mitwirkung der EZB, ist Einstimmigkeit erforderlich. Im Rat sind die Vertreter aller Mitgliedstaaten, also auch solcher mit Ausnahmeregelung, stimmberechtigt.

13 Abs. 5 enthält einen Katalog der auf diese Weise änderbaren Vorschriften der ESZB-Satzung. Die **Aufzählung ist abschließend,** da für die Änderung anderer Bestimmungen der Satzung Art. 48 EUV gilt.

14 Im einzelnen handelt es sich um folgende Bestimmungen: Art. 5.1, 5.2 und 5.3 (Erhebung statistischer Daten durch EZB und nationale Zentralbanken); Art. 17 (Kontenführung durch EZB und nationale Zentralbanken); Art. 18 (Rahmenregelung für Offenmarkt- und Kreditgeschäfte); Art. 19.1 (Möglichkeit der Erhebung einer Mindestreserve); Art. 22 (Gewährleistung von Verrechnungs- und Zahlungssystemen); Art. 23 (Geschäfte von EZB und nationalen Zentralbanken mit Drittländern und internationalen Organisationen); Art. 24 (Beteiligung an der Aufsicht über Finanzinstitute); Art. 26 (Jahresabschlüsse von EZB und nationalen Zentralbanken). Die Art. 32.2, 32.3, 32.4 und 32.6 betreffen die Verteilung der Einkünfte aus der Geldpolitik des ESZB; Art. 33.1a regelt die Verteilung von Gewinnen[17] und Verlusten der EZB; Art. 36 bezieht sich schließlich auf das Dienstrecht für das Personal der EZB.

15 Die geänderten Satzungsbestimmungen behalten ihren **Status als Primärrecht.** Anders als z.B. Art. 104 Abs. 14 UAbs. 2 (s. Art. 104, Rn. 80) ermächtigt Abs. 5 nämlich nicht

---

15 Vgl. J.-V. *Louis,* The Project of a European Central Bank, in: Stuyck (Hrsg.), Financial and Monetary Integration in the European Economic Community, 1993, S. 13 (16).
16 *Senti* (Fn. 7), S. 36.
17 Zu möglichen Nachteilen für Deutschland *H.-W. Sinn/H. Feist,* Gewinne der EZB gerecht verteilen, EU-Magazin 12/1997, S. 20; *E. Welteke,* Auf dem Weg zur Europäischen Währungsunion: Aspekte der Umsetzung, Sparkasse 1997, S. 53 (58).

zur Ablösung der Satzung durch Sekundärrecht. Der Rat ist somit ausnahmsweise befugt, Primärrecht zu schaffen.

E. Erlaß von Ausführungsbestimmungen

Einige Vorschriften der ESZB-Satzung sehen den Erlaß von Ausführungsbestimmungen vor. Diese ergehen im Verfahren des Abs. 6, das in Art. 42 ESZB-Satzung noch einmal in gleicher Weise geregelt ist. Zur Normsetzung befugt ist der **Rat in der Zusammensetzung der Wirtschafts- und Finanzminister**.[18] Ergeht sein Beschluß auf Empfehlung der EZB, reicht die einfache Mehrheit aus (Art. 205 Abs. 1). Entscheidet der Rat demgegenüber auf Vorschlag der Kommission und nach Anhörung der EZB, ist die qualifizierte Mehrheit des Art. 205 Abs. 2 erforderlich. Das Europäische Parlament ist stets nur anzuhören.   16

Die möglichen Ausführungsbestimmungen betreffen im einzelnen: Festlegung von Grenzen und Bedingungen für die Anhörung der EZB bei Normsetzung durch die Mitgliedstaaten (Art. 4);[19] Festlegung des Kreises der bei statistischen Erhebungen berichtspflichtigen Personen sowie Bestimmungen über den Datenschutz (Art. 5.4);[20] Eckpunkte für die Erhebung von Mindestreserven (Art. 19.2);[21] Rahmenvorschriften für geldpolitische Instrumente, die Verpflichtungen für Dritte mit sich bringen (Art. 20); Grenzen und Bedingungen für Kapitalerhöhungen der EZB (Art. 28.1);[22] Regelungen im Zusammenhang mit der Zeichnung des Kapitals der EZB (Art. 29.2)[23]; Festlegung von Grenzen und Bedingungen für das Einfordern zusätzlicher Währungsreserven (Art. 30.4); Rahmenvorschriften für Sanktionen, die die EZB gegenüber Unternehmen verhängen kann (Art. 34.3).[24]   17

---

18 Vgl. die der Schlußakte des EUV beigefügte Erklärung zum Dritten Teil Titel III und VI des Vertrages zur Gründung der Europäischen Gemeinschaft, die festlegt, daß der Rat im Zusammenhang der Wirtschafts- und Währungsunion grundsätzlich in der Zusammensetzung der Wirtschafts- und Finanzminister zusammentritt.
19 Entscheidung des Rates vom 29.6.1998 über die Anhörung der EZB durch die nationalen Behörden zu Entwürfen für Rechtsvorschriften, ABl.EG 1998 Nr. L 189/42.
20 Verordnung (EG) Nr. 2533 des Rates vom 23.11.1998 über die Erfassung statistischer Daten durch die EZB, ABl.EG 1998 Nr. L 318/8.
21 Verordnung (EG) Nr. 2531 des Rates vom 23.11.1998 über die Auferlegung einer Mindestreservepflicht durch die EZB, ABl.EG 1998 Nr. L 318/1.
22 Verordnung (EG) Nr. 1009/2000 des Rates vom 8.5.2000 über Kapitalerhöhungen der Europäischen Zentralbank, ABl.EG 2000 Nr. L 115/1.
23 Beschluß des Rates vom 5.6.1998 über die zur Festlegung des Schlüssels für die Zeichnung des Kapitals der EZB benötigten statistischen Daten, ABl.EG 1998 Nr. L 171/33.
24 Verordnung (EG) Nr. 2532/98 des Rates vom 23.11.1998 über das Recht der EZB, Sanktionen zu verhängen, ABl.EG 1998 Nr. L 318/4.

Art. 108 (ex-Art. 107)

Bei der Wahrnehmung der ihnen durch diesen Vertrag und die Satzung des ESZB übertragenen Befugnisse, Aufgaben und Pflichten[9, 13] darf weder die EZB noch eine nationale Zentralbank[9, 17] noch ein Mitglied ihrer Beschlußorgane[1, 12 ff.] Weisungen von Organen oder Einrichtungen der Gemeinschaft, Regierungen der Mitgliedstaaten oder anderen Stellen[8] einholen oder entgegennehmen.[1 ff.] Die Organe und Einrichtungen der Gemeinschaft sowie die Regierungen der Mitgliedstaaten verpflichten sich, diesen Grundsatz zu beachten und nicht zu versuchen, die Mitglieder der Beschlußorgane der EZB oder der nationalen Zentralbanken bei der Wahrnehmung ihrer Aufgaben zu beeinflussen.[6 f.]

Inhaltsübersicht:

A. Rechtliche Absicherung der Unabhängigkeit	1
B. Materielle Unabhängigkeit	6
C. Persönliche Unabhängigkeit	12
I. Mitglieder des Direktoriums	14
II. Präsidenten der nationalen Zentralbanken	17
D. Unabhängigkeit und Demokratieprinzip	18

A. Rechtliche Absicherung der Unabhängigkeit

1 Die Vorschrift stattet die Bestandteile des ESZB mit Unabhängigkeit aus. Insofern liegt ein Vergleich mit der Stellung der Richter und Generalanwälte am EuGH, der Richter am Gericht erster Instanz und der Mitglieder des Rechnungshofs nahe, deren Unabhängigkeit ebenfalls garantiert ist.[1] Während **Richter und Mitglieder von Rechnungshöfen** allerdings aufgrund der Art ihrer Aufgabe unabhängig sein müssen, liegt das bei Einrichtungen und Entscheidungsträgern in einem **Teilbereich der Wirtschaftspolitik** nicht auf der Hand.

2 Die **Unabhängigkeit** der EZB war denn auch **umstritten**.[2] Letztlich haben sich im Rahmen der Regierungskonferenz zur Wirtschafts- und Währungsunion jedoch die Vertreter jener Auffassung durchgesetzt, die für eine von den Gemeinschaftsorganen und Regierungen unabhängige Zentralbank als Garant der und **Bedingung für Preisstabilität** eintraten.[3] Insbesondere von deutscher Seite war die Unabhängigkeit der EZB nach dem **Vorbild der Bundesbank** immer wieder gefordert worden.[4]

---

1 Vgl. Art. 222 Abs. 2, 223 Abs. 1, 225 Abs. 3, 247 Abs. 4.
2 Vgl. dazu *F. Bilger*, Der Stand der Vorbereitungen zur Schaffung der Europäischen Währungsunion aus der Sicht Frankreichs, List Forum 23 (1997), S. 215 (221); *W. Schönfelder/E. Thiel*, Ein Markt – Eine Währung, 2. Aufl., 1996, S. 127 f.
3 Vgl. *J.-V. Louis*, The Project of a European Central Bank, in: Stuyck (Hrsg.), Financial and Monetary Integration in the European Economic Community, 1993, S. 13 (20): »Independence is a condition for price stability.«
4 Vgl. dazu nur *H. J. Hahn/J. Siebelt*, Zur Autonomie einer künftigen Europäischen Zentralbank, DÖV 1989, S. 233 (234 m.w.N. in Fn. 9a); *D. Studt*, Rechtsfragen einer europäischen Zentralbank, 1993, S. 248; *A. Woll*, Die Unabhängigkeit der Europäischen Zentralbank: Dogma oder Notwendigkeit?, in: M. Weber (Hrsg.), Europa auf dem Weg zur Währungsunion, 1991, S. 157 ff.

Vor allem **französische Vorschläge** und Stellungnahmen offenbaren gelegentlich ein abweichendes Verständnis von Zentralbankautonomie,[5] das auch im Zusammenhang mit der 1988 beschlossenen Errichtung eines deutsch-französischen Wirtschafts- und Finanzrates deutlich wurde.[6] 3

Die Vorschrift, der Art. 7 ESZB-Satzung entspricht, schreibt in umfassender Weise die Weisungsunabhängigkeit der EZB und der nationalen Zentralbanken fest und sichert sie damit rechtlich ab.[7] Im **Vergleich mit der Deutschen Bundesbank**, deren Unabhängigkeit nach h.M. nur auf der einfachgesetzlichen Regelung des § 12 Satz 2 BBankG beruht,[8] ist die Autonomie des ESZB wegen ihrer Verankerung im Primärrecht, das sich nur im schwerfälligen Verfahren des Art. 48 EUV ändern läßt, sogar **deutlich besser abgesichert**.[9] Eine zusätzliche Verstärkung bewirkt **Art. 88 Satz 2 GG**, der im Ergebnis die dauerhafte Unabhängigkeit des ESZB fordert und Deutschland hindern würde, einer wesentlichen Einschränkung dieser Autonomie zuzustimmen.[10] 4

Die Unabhängigkeit kann allerdings nicht absolut sein.[11] Abgesehen davon, daß stets faktische Wechselbeziehungen zwischen den Zentralbanken und ihren Entscheidungsträgern sowie den Organen der Gemeinschaft und den Mitgliedstaaten bestehen, gibt es auch **rechtliche Beschränkungen dieser Autonomie**. Insbesondere findet die Unabhängigkeit des ESZB ihre Grenzen an den Schranken der Gerichte. Die Art. 230, 232 und 5

---

5 Vgl. *Bilger* (Fn. 2), S. 221; *J. Sixt*, Euro – Notwendigkeit oder Bedrohung? Teil II, DZWir 1997, S. 474 (479); *J. Starbatty*, Es geht um die stabilitätspolitischen Regeln, Wirtschaftsdienst 1997, S. 439 (441 f.); *W. Steuer*, Gibt es eine europäische Stabilitätskultur?, Wirtschaftsdienst 1997, S. 86 (91 ff.). S. auch *J.-P. Duprat*, The Independence of the Banque de France: Constitutional and European Aspects, Public Law, Spring 1995, S. 133 ff.
6 Vgl. dazu *J. Siebelt*, Der deutsch-französische Wirtschafts- und Finanzrat und der Verhaltensspielraum der Deutschen Bundesbank, DVBl. 1988, S. 672.
7 Vgl. *D. Janzen*, Der neue Artikel 88 Satz 2 des Grundgesetzes, 1996, S. 150; *G. Nicolaysen*, Europarecht II, 1996, S. 389.
8 So u.a. *L. Eckert*, Verfassungsrecht und Autonomie der Deutschen Bundesbank, ÖBA 1990, S. 415 (420 ff.); *U. Häde/U. Hartmann*, Bundesbank und Europäische Zentralbank, VR 1991, S. 404 (406); *H. J. Hahn*, Währungsrecht, 1990, § 18, Rn. 18 ff.; *ders./U. Häde*, in: Dolzer (Hrsg.), Bonner Kommentar zum Grundgesetz, Art. 88 (Dezember 1999), Rn. 244; *J. Siebelt*, Der juristische Verhaltensspielraum der Zentralbank, 1988, S. 102, 214; *K. Stern*, Staatsrecht Band II, 1980, S. 494 f. Anders z.B. *C.-T. Samm*, Die Stellung der Deutschen Bundesbank im Verfassungsgefüge, 1967, S. 188 ff.; *ders.*, Die Unabhängigkeit der Deutschen Bundesbank – Verfassungsauftrag oder Chance?, in: Hahn (Hrsg.), Geldverfassung und Ordnungspolitik, 1989, S. 143 ff.; *D. Studt*, Rechtsfragen einer europäischen Zentralbank, S. 82 ff., unter Berufung auf eine Bemerkung des Bundesverfassungsgerichts, BVerfGE 62, 169 (181 f.).
9 Vgl. *T. Oppermann/C. D. Classen*, Die EG vor der Europäischen Union, NJW 1993, S. 5 (9 f.); *J. Pipkorn*, Der rechtliche Rahmen der Wirtschafts- und Währungsunion, EuR, Beiheft 1/1994, S. 85 (87); *J. Schwarze*, Das Staatsrecht in Europa, JZ 1993, S. 585 (587); *T. Weikart*, Die Änderung des Bundesbank-Artikels im Grundgesetz im Hinblick auf den Vertrag von Maastricht, NVwZ 1993, S. 834 (840).
10 Näher dazu *Hahn/Häde* (Fn. 8), Art. 88, Rn. 314. Ebenso *A. Weber*, WWU und Euro – Bedeutungen für die Rechtsordnungen der Mitgliedstaaten, in: Pauger (Hrsg.), Start in die Wirtschafts- und Währungsunion – Euro für Juristen, 2. Fakultätstag der Rechtswissenschaftlichen Fakultät Graz, 1999, 2. S. 29 (42). S. auch *I. Pernice*, in: Dreier (Hrsg.), Grundgesetz, Band III, 2000, Art. 88, Rn. 18.
11 Vgl. *G. Galahn*, Die Deutsche Bundesbank im Prozeß der europäischen Währungsintegration, 1996, S. 140.

234 sehen deshalb Klagemöglichkeiten auch gegen die EZB vor.[12] Die **gerichtliche Kontrolle** der Rechmäßigkeit von Akten der Zentralbank läßt sich als unverzichtbares Element der Rechtsstaatlichkeit verstehen.[13] Zu erwähnen ist darüber hinaus Art. 113 Abs. 1, der dem Präsidenten des Rates und einem Mitglied der Kommission die Teilnahme an den Sitzungen des EZB-Rates gestattet. Art. 113 Abs. 3 sieht Berichtspflichten der EZB vor.[14]

B. Materielle Unabhängigkeit

6 Satz 1 richtet sich an die Zentralbanken sowie die Mitglieder ihrer Beschlußorgane. Einbezogen sind auch die Beschlußorgane der nationalen Zentralbanken. Ihnen ist sowohl die Entgegennahme als auch das Einholen von Weisungen untersagt. Satz 2 wendet sich an die Organe und Einrichtungen der Gemeinschaft sowie die Regierungen der Mitgliedstaaten und verpflichtet sie, die Weisungsunabhängigkeit zu beachten und **keinen Beeinflussungsversuch** zu unternehmen.[15]

7 Die beiden Sätze schreiben die **funktionelle** sowie die **materielle**[16] oder **institutionelle**[17] Unabhängigkeit der Zentralbanken fest. Sie unterscheiden sich insofern, als nur Satz 1 ausdrücklich auch die Entgegennahme von Weisungen anderer Stellen verbietet. Man wird davon ausgehen können, daß die Wendung »Organe und Einrichtungen der Gemeinschaft« **sämtliche Stellen aus dem Bereich der EG** einschließt. Darüber hinaus dürfte sie auch alle Institutionen der anderen Gemeinschaften sowie der Europäischen Union einbeziehen. Daraus und aus der Reihenfolge der Aufzählung läßt sich schließen, daß es sich bei den **anderen Stellen** um solche in den Mitgliedstaaten oder in Drittstaaten handeln muß.

8 Satz 1 ist deshalb so zu verstehen, daß die Zentralbanken weder von Institutionen der Gemeinschaft noch von solchen der Mitgliedstaaten oder von Drittstaaten Weisungen entgegennehmen oder einholen dürfen. Andere Stellen i.S.v. Satz 1 sind auch die **Beschlußorgane der nationalen Zentralbanken**.[18] Wären sie das nicht, könnte beispielsweise der Zentralbankrat der Deutschen Bundesbank dem Bundesbankpräsidenten Weisungen hinsichtlich seines Verhaltens als Mitglied des EZB-Rates (Art. 112 Abs. 1)

---

12 Ausführlich zu Klagen gegen die EZB und die Haftung der EZB *H. J. Hahn/U. Häde*, Die Zentralbank vor Gericht, ZHR 165 (2001), S. 30 ff. S. außerdem *H.-D. Hoppe*, Der Rechtsschutz gegen Akte der Währungspolitik, Diss. Würzburg 1994; *I. Baur*, Die Haftung der Europäischen Zentralbank, Diss. Würzburg, 2000.
13 *Hahn/Häde* (Fn. 12), S 40; *J.-V. Louis*, Perspectives of the EMU after Maastricht, in: Stuyck (Hrsg.), Financial and Monetary Integration in the European Economic Community, 1993, S. 1 (9).
14 Näher dazu *H. J. Hahn*, Rechenschaftspflicht der Europäischen Zentralbank, in: FS-Schiedermair, 2001, S. 749.
15 Zur Reichweite dieses Verbots *R. Stadler*, Der rechtliche Handlungsspielraum des Europäischen Systems der Zentralbanken, 1996, S. 123 ff.
16 Vgl. *C. Walter*, Das Federal Reserve System, die Deutsche Bundesbank und das Europäische System der Zentralbanken/die Europäische Zentralbank im Vergleich, 1994, S. 213.
17 So *Galahn* (Fn. 11), S. 141; *B. Wahlig*, Die Unabhängigkeit der nationalen Zentralbanken als institutionelles Kriterium für den Eintritt in die dritte Stufe der europäischen Währungsunion, FS-Hahn, 1997, S. 265 (268).
18 Vgl. *P. M. Schmidhuber*, Die europäische Währung – Voraussetzungen der Einheitswährung, Presseartikel 6/1996, S. 8 (11); *Wahlig* (Fn. 17), S. 270. Anders *F.-C. Zeitler*, Die Europäische Währungsunion als Stabilitätsgemeinschaft, WM 1995, S. 1609 (1614). Differenzierend *M. Herdegen*, in Maunz/Dürig (Hrsg.), GG, Art. 88 (Bearbeitung Juni 1998), Rn. 51.

erteilen. Satz 1 soll jedoch die Weisungsunabhängigkeit der Mitglieder der Beschlußorgane der EZB umfassend garantieren und läßt deshalb eine derartige Einflußnahme nicht zu. Die Weisungsfreiheit gilt allerdings **nicht im Innenverhältnis** zwischen der EZB und den nationalen Zentralbanken bei der Erfüllung der geldpolitischen Aufgaben.

Die Unabhängigkeit der EZB und der nationalen Zentralbanken bezieht sich nach Satz 1 sachlich auf die durch den EGV und die ESZB-Satzung übertragenen Zuständigkeiten. Diese Eingrenzung findet sich in Satz 2 zwar nicht, gilt aber dort ebenfalls. Es ist kein Grund ersichtlich, den **sachlichen Anwendungsbereich** der beiden Sätze unterschiedlich zu gestalten. Die Unabhängigkeit bezieht sich demnach auf alle ausdrücklich durch Vertrag oder Satzung übertragenen Aufgaben. 9

Im Rahmen der Gemeinschaft folgt aus dem Unabhängigkeitsgebot, daß es unzulässig wäre, Gremien mit dem Ziel zu bilden, die Geldpolitik des ESZB zu beeinflussen.[19] Die bis in die jüngste Zeit wiederholten französischen Pläne für eine Art »**Europäische Wirtschaftsregierung**«[20] können problematisch sein und haben sich bisher zu Recht nicht durchsetzen können.[21] Statt dessen kam es zur **Bildung der Euro-11-Gruppe**,[22] die mit dem Beitritt Griechenlands zur Euro-Gruppe wurde. In ihr treffen sich die Wirtschafts- und Finanzminister der an der Währungsunion teilnehmenden Mitgliedstaaten in informellem Rahmen, »um Fragen zu erörtern, die im Zusammenhang mit ihrer gemeinsam getragenen besonderen Verantwortung für die gemeinsame Währung stehen«.[23] Auch sie darf die Unabhängigkeit des ESZB nicht in Frage stellen.[24] Darüber hinaus kann sie keine Kompetenzen ausüben, die das Primärrecht dem Rat als Gemeinschaftsorgan übertragen hat. Um im Vorfeld aufgetretene **Zweifel an der Funktion dieses informellen Gremiums**[25] auszuräumen, betonte der Europäische Rat, daß in allen Fällen, in denen Beschlüsse zu fassen seien, der ECOFIN-Rat zuständig sei und bleibe.[26] 9 a

Die Vorschrift umfaßt auch die **finanzielle Unabhängigkeit** des ESZB.[27] Deshalb ist der 9 b

---

19 S. dazu *Hahn/Häde* (Fn. 8), Art. 88 Rdnr. 533.
20 S. dazu *Glomb*, in: Caesar/Scharrer (Hg.), Die Europäische Wirtschafts- und Währungsunion, 1998, S. 15 (16 f.). Sehr kritisch dazu Gemeinschaft zum Schutz der deutschen Sparer, Auffassungsdivergenzen gefährden den Erfolg der Währungsunion, Mitteilungen und Kommentare zur Geldwertstabilität 2/1997.
21 Vgl. *Herdegen*, CMLRev. 35 (1998), 9 (15 f.); *Kobabe*, Zentralbanken in Osteuropa, 1999, S. 69; *Selmayr*, in: Simma/Schulte (Hg.), Völker- und Europarecht, S. 125 (149).
22 Näher dazu *Cullen*, Die flexiblen Briten, S. 23 ff.; *Schönfelder/Thiel*, Integration 1998, 69 (73 ff.); *R. Weiland*, Der Euro im institutionellen Spannungsfeld, Wirtschaftsdienst 2000, S. 565 (568). Die Bezeichnung »Gruppe« statt »Rat« soll den informellen Charakter dieses Forums unterstreichen, vgl. *Glomb*, in: Caesar/Scharrer (Hg.), Die Europäische Wirtschafts- und Währungsunion, S. 15 (17).
23 Vgl. Ziffer 6 Abs. 3 der Entschließung des Europäischen Rates vom 13.12.1997 über die wirtschaftspolitische Koordinierung in der dritten Stufe der WWU und zu den Artikeln 109 und 109b des EG-Vertrags, ABl.EG 1998 Nr. C 35/1.
24 Skeptisch *Brentford*, I.C.L.Q. 47 (1998), 75 (87).
25 Vgl. *Büschgen*, WM 1999, 929 (931): »informelles fiskalpolitisches Koordinationsgremium«.
26 Entschließung des Europäischen Rates vom 13.12.1997, a.a.O., Ziffer 6 Abs. 5. S. auch *Duijm*, Wirtschaftsdienst 1998, 661.
27 Vgl. dazu *Galahn* (Fn. 11), S. 142; *Wahlig* (Fn. 17), S. 271; *Walter* (Fn. 16), S. 215. S. auch *P. Brentford*, Constitutional Aspects of the Independence of the European Central Bank, I.C.L.Q. 47 (1998), S. 75 (88 ff.). Zu ökonomischen Kriterien *R. Mittendorfer*, Wie unabhängig ist das Europäische System der Zentralbanken?, ÖBA 1994, S. 777 (778); ders., Wirtschafts- und Währungsunion und Föderalismus, Wien/New York 1994, S. 278 ff.

Art. 108 EG-Vertrag

Rechnungshof der Gemeinschaft auf eine Prüfung der Effizienz der Verwaltung der EZB beschränkt.[28] Art. 27.2 ESZB-Satzung, der insoweit eine Ausnahme von der umfassenden **Prüfungskompetenz des Rechnungshofs** aus Art. 248 EGV vorsieht, dürfte auch als Richtschnur dienen können, um die Grenzen zu bestimmen, die für die Prüfung der nationalen Zentralbanken durch nationale Instanzen gelten. Der im Entwurf des Bundesfinanzministeriums für ein 7. **Bundesbankgesetz-Änderungsgesetz** (Stand 6.4.2001) in § 26 Abs. 4 BBankG n.F. vorgesehene Beschluß des Bundestages über die Entlastung des künftigen Vorstands der Bundesbank wäre daher wohl ein klarer **Eingriff in die Unabhängigkeit der Bundesbank** gewesen. Der abgeschwächte Gesetzentwurf der Bundesregierung vom 1.6.2001[29] sieht zwar immer noch eine nicht auf Aufgaben außerhalb des ESZB beschränkte Prüfung durch den Bundesrechnungshof sowie Empfehlungen des Bundestages für Verbesserungen der Effizienz bei der Bundesbank vor, dürfte den Anforderungen des Gemeinschaftsrechts aber schon eher entsprechen.

10 Nicht erfaßt sind jene Zuständigkeiten, die der EZB und den nationalen Zentralbanken zusätzlich übertragen werden können. Dazu gehören insbesondere Aufgaben der EZB im Zusammenhang mit der **Aufsicht über Kredit- und sonstige Finanzinstitute** (Art. 105 Abs. 6). Die Unabhängigkeit der EZB soll vor allem eine Einflußnahme auf deren zentrale Zuständigkeit, die Geldpolitik, ausschließen. Im Bereich der Aufsicht ist eine solche Unabhängigkeit demgegenüber nicht erforderlich und wohl auch nicht gewollt.[30]

11 Die nationalen Zentralbanken können **außerhalb des Rahmens der ESZB** zusätzliche Aufgaben wahrnehmen (Art. 14.4 ESZB-Satzung). In diesem bisher nicht näher konkretisierten Bereich möglicher Zuständigkeiten **gilt die Weisungsunabhängigkeit** ebenfalls **nicht**. Dieses Ergebnis wird durch den Vergleich mit der Deutschen Bundesbank bestätigt, deren Unabhängigkeit Vorbild für jene der EZB ist. Die in § 12 Satz 2 BBankG verankerte Unabhängigkeit der Bundesbank gilt ebenfalls nur hinsichtlich der durch das BBankG eingeräumten Befugnisse. Darüber hinaus erfüllt die Bundesbank Aufgaben etwa im Bereich der Kreditwesenaufsicht und des Außenwirtschaftsverkehrs, die von der Weisungsunabhängigkeit nicht erfaßt werden.[31]

C. Persönliche Unabhängigkeit

12 Neben der materiellen Unabhängigkeit kommt vor allem der persönlichen Unabhängigkeit der Entscheidungsträger eine wichtige, **ergänzende Funktion** zu. Das vorrangige Ziel der Preisstabilität kann mit anderen Zielen der Gemeinschaft und der Mitgliedstaaten kollidieren. Die persönliche Stellung der Mitglieder der EZB-Beschlußorgane muß deshalb so gefestigt sein, daß die Ausübung von **Pressionen** jeglicher Art soweit wie möglich **ausgeschlossen** werden kann.

13 Darüber hinaus hätte es die zumindest theoretische Möglichkeit gegeben, dem ESZB auch personelle Unabhängigkeit durch das Recht einzuräumen, die Mitglieder der Beschluß-

---

28 Vgl. dazu den Bericht des Rechnungshofs über die Prüfung der Effizienz der Verwaltung der EZB im Haushaltsjahr 1999, ABl.EG. 2001 Nr. C 47/1.
29 BR-Drs. 400/01. Die Vorentwürfe finden bzw. fanden sich auf der Homepage der Bundesbank im Internet (www.bundesbank.de).
30 Vgl. E. *Gnan*/H. *Wittelsberger*, in: GTE, EGV, Art. 107, Rn. 55.
31 Näher dazu L. *Gramlich*, Bundesbankgesetz – Währungsgesetz – Münzgesetz, Kommentar, 1988, § 12 BBankG, Rn. 17; U. *Häde*, Bankenaufsicht und Grundgesetz, JZ 2001, S. 105 (113); *Hahn* (Fn. 8), § 18 Rn. 2.

organe selbst zu bestimmen. So weit wollte man aber nicht gehen. Die Direktoriumsmitglieder werden statt dessen nach Art. 112 Abs. 2 Buchst. b) einvernehmlich von den Regierungen der Mitgliedstaaten ernannt. Die Bestimmung der Präsidenten der nationalen Zentralbanken obliegt nach wie vor den jeweiligen innerstaatlichen Instanzen.

I. Mitglieder des Direktoriums

Der persönlichen Unabhängigkeit dient zum einen die Festlegung einer einzigen Amtszeit mit einer Dauer von **acht Jahren** für die Mitglieder des Direktoriums in Art. 112 Abs. 2 Buchst. b) UAbs. 2. Ob diese Zeitspanne ausreichend lang bemessen ist, um die Unabhängigkeit zu sichern, ist umstritten.[32]   14

Eindeutig sind die rechtlichen Vorgaben insoweit, als eine **Verkürzung der achtjährigen Amtszeit nicht zulässig** ist. Die Teilung dieser Zeit auf zwei Kandidaten wäre deshalb nicht möglich. Ein Direktoriumsmitglied könnte zwar zurücktreten; die vorherige Verabredung eines solchen vorzeitigen Ausscheidens wäre aber unverbindlich. Auch der zweite Kandidat müßte für acht Jahre ernannt werden. Selbst wenn sich formal ein Weg finden ließe, würde eine Verkürzung der Amtszeit durch politische Absprachen einen Verstoß gegen den Sinn der Regelung darstellen.[33] Unzulässig wäre auch eine zweite Amtszeit in anderer Funktion.   15

Weitere Regelungen, die auch die persönliche Unabhängigkeit betreffen, enthält Art. 11.1 UAbs. 2 ESZB-Satzung. Er bestimmt, daß die Direktoriumsmitglieder hauptamtlich tätig sind und grundsätzlich keiner anderen Beschäftigung nachgehen dürfen. Die in Art. 11.3 angesprochenen Verträge über die Beschäftigungsbedingungen müssen deshalb u.a. die **finanziellen Voraussetzungen** für die persönliche Unabhängigkeit schaffen.[34] Die Sicherheit des Beschäftigungsverhältnisses und damit die persönliche Unabhängigkeit betrifft schließlich Art. 11.4 ESZB-Satzung, der die vorzeitige **Abberufung** sehr restriktiv regelt.   16

II. Präsidenten der nationalen Zentralbanken

Für die Präsidenten der nationalen Zentralbanken gilt eine **Mindestamtszeit von fünf Jahren; Wiederernennung ist nicht ausgeschlossen**. Die vorzeitige Abberufung ist ähnlich restriktiv geregelt wie die von Direktoriumsmitgliedern (Art. 14.2 ESZB-Satzung). Gerade die Bestimmung über die Amtszeit beinhaltet ein deutlich höheres **Gefährdungspotential**.[35] Wegen der kürzeren Vertragsdauer und der Hoffnung auf Wiederernennung oder anderweitige Verwendung im öffentlichen Dienst läßt sich hier jedenfalls die Möglichkeit einer Anfälligkeit gegenüber mit dem Amt nicht zu vereinbarenden Wünschen des Mitgliedstaats noch weniger ausschließen als bei den Mitgliedern des Direktoriums.[36]   17

---

32 Vgl. *Stadler* (Fn. 15), S. 146 ff.
33 Vgl. *J. W. Gaddum*, Die Zukunft des Finanzplatzes Deutschland in einer europäischen Währungsunion, Presseartikel Nr. 9/1998, S. 1 f.; *U. Häde*, JZ 1998, S. 1088 (1092 f.).
34 *R. M. Lastra*, The Independence of the European System of Central Banks, H.I.L.J. 33 (1992), S. 475 (486).
35 Vgl. *C. Koenig/M. Pechstein*, Die Europäische Union, 1995, Kap. 7, Rn. 26; *Walter* (Fn. 16), S. 214.
36 Vgl. *R. Jochimsen*, Die Europäische Wirtschafts- und Währungsunion, in: Zohlnhöfer (Hrsg.), Europa auf dem Wege zur Politischen Union?, 1996, S. 9 (24 f.); *Sixt* (Fn. 5), S. 478; *Streinz*, Europarecht, Rn. 901. Differenzierend *A. Bleckmann*, Wirtschaftslenkung und Europäische Wirtschafts- und Währungsunion, Vorträge, Reden und Berichte aus dem Europa-Institut Nr. 258, 1992, S. 13.

D. Unabhängigkeit und Demokratieprinzip

18 Die Unabhängigkeit der Zentralbank mag im Hinblick auf das Demokratieprinzip schon innerstaatlich auf **Bedenken** stoßen können,[37] obwohl der deutsche Bundesgesetzgeber sie hätte abschaffen können. Die Übertragung der Zuständigkeit für die Geldpolitik auf eine Einrichtung der EG, die sowohl gegenüber den Mitgliedstaaten als auch gegenüber der Gemeinschaft von Weisungen unabhängig ist, kann diese Vorbehalte noch verstärken.[38] In der Literatur wurde und wird denn auch zum Teil vertreten, das **Demokratiedefizit** in der EG lasse eine weitere Übertragung von Hoheitsrechten im Bereich des Währungswesens nicht zu.[39]

19 Demgegenüber hat das Bundesverfassungsgericht jedenfalls aus der Sicht des deutschen Verfassungsrechts zu Recht festgestellt, daß **Art. 88 Satz 2 GG**, der ausdrücklich die Übertragung der Aufgaben und Befugnisse der Deutschen Bundesbank (nur) auf eine unabhängige Europäische Zentralbank zuläßt, eine mit Art. 79 Abs. 3 GG vereinbare **Modifikation des Demokratieprinzips** darstellt.[40]

20 Auch das **gemeinschaftsrechtliche Demokratieprinzip** ist nicht verletzt. Es erschöpft sich in den Vorschriften des EGV, die eine Beteiligung des Europäischen Parlaments vorsehen. Weitergehende konkrete Rechtsfolgen lassen sich aus ihm generell nicht und deshalb auch nicht im Hinblick auf die Stellung des ESZB ableiten.[41]

---

37 Vgl. dazu *Hahn* (Fn. 8), § 18 Rn. 21 m.w.N.
38 Vgl. *Nicolaysen* (Fn. 7), S. 389; *K. A. Schachtschneider*, Das Maastricht-Urteil – Die neue Verfassungslage der Europäischen Gemeinschaft, Recht und Politik, März 1994, S. 1 (9); *L. B. Weber*, Die Umsetzung der Bestimmungen über die Europäische Währungsunion in das deutsche Verfassungsrecht, 2000, S. 385.
39 Vgl. *L. Gormley/J. de Haan*, The democratic deficit of the European Central Bank, European Law Review 21 (1996), S. 95; *L. Gramlich*, Europäische Zentralbank und Art. 24 Abs. 1 GG, 1979, S. 96 ff.; dens., Rechtliche Hürden auf dem Weg zu einer Europäischen Zentralbank, Kreditwesen 1985, S. 355. S. auch *C. Waigel*, Die Unabhängigkeit der Europäischen Zentralbank, 1999.
40 BVerfGE 89, 155 (208). Zustimmend *I. Pernice*, Das Ende der währungspolitischen Souveränität Deutschlands und das Maastricht-Urteil des BVerfG, FS-Everling, 1995, S. 1057 (1068). Vgl. dazu auch *T. Weikart*, Der Vertrag von Maastricht und das Grundgesetz, RiA 1993, S. 1 (10), sowie zuletzt *F. Brosius-Gersdorf*, Deutsche Bundesbank und Demokratieprinzip, 1997, S. 344 ff., 383 ff.
41 Vgl. *U. Häde*, Finanzausgleich, 1996, S. 365 f.

Art. 109 (ex-Art. 108)

Jeder Mitgliedstaat stellt sicher, daß spätestens zum Zeitpunkt der Errichtung des ESZB[1] seine innerstaatlichen Rechtsvorschriften einschließlich der Satzung seiner Zentralbank mit diesem Vertrag sowie mit der Satzung des ESZB im Einklang stehen.[2 f.]

Die Vorschrift verpflichtet die Mitgliedstaaten – soweit erforderlich – zur **Anpassung ihres nationalen Rechts**. Die entsprechenden Maßnahmen mußten bis zur Errichtung des ESZB am 1.6.1998 erfolgt sein. Dies galt grundsätzlich für alle Mitgliedstaaten, selbst für jene, für die eine Ausnahmeregelung gilt.[1] Eine **Sonderstellung** nimmt **Großbritannien** ein, solange es sich gegen die Teilnahme an der dritten Stufe der WWU entscheidet. Nach Nr. 5 des Protokolls über einige Bestimmungen betreffend das Vereinigte Königreich Großbritannien und Nordirland gilt Art. 109 dann nicht. **Staaten, die der Gemeinschaft** künftig beitreten, müssen ihr Recht – falls die jeweilige Beitrittsakte keine abweichende Regelung enthält – bereits entsprechend angepaßt haben. 1

Sachlich bezieht sich die Anpassungspflicht zum einen auf die Vorschriften, die die **Stellung der jeweiligen Zentralbank** regeln. Das betrifft zunächst deren Unabhängigkeit.[2] Insofern verpflichtete auch Art. 116 Abs. 5 die Mitgliedstaaten noch einmal, das Verfahren einzuleiten, mit dem die **Unabhängigkeit der Zentralbank** herbeigeführt wird. Neben der Weisungsunabhängigkeit gehört dazu insbesondere die Festlegung der Amtszeit des Zentralbankpräsidenten auf mindestens fünf Jahre (Art. 14.2 ESZB-Satzung). In Deutschland wurde das **Bundesbankgesetz** durch Gesetz vom 22.12.1997[3] entsprechend geändert. 2

Die Anpassungspflicht gilt darüber hinaus für alle sonstigen Regelungen des EGV im Zusammenhang mit der WWU und der ESZB-Satzung. So sind etwa die Verbote der Art. 101 bis 103 und die Pflichten aus Art. 104, die bereits seit dem 1.1.1994 unmittelbar gelten, in nationales Recht umzusetzen.[4] 3

---

1 Vgl. *M. Potacs*, in: Schwarze, EU-Kommentar, Art. 109 EGV, Rn. 2.
2 Vgl. die Darstellung der einzelnen Zentralbanken bei *G. Galahn*, Die Deutsche Bundesbank im Prozeß der europäischen Währungsintegration, 1996, S. 143 ff.; *S. Weinbörner*, Die Stellung der Europäischen Zentralbank (EZB) und der nationalen Zentralbanken in der Wirtschafts- und Währungsunion nach dem Vertrag von Maastricht, 1998, S. 157 ff.
3 Sechstes Gesetz zur Änderung des Gesetzes über die Deutsche Bundesbank, BGBl. I, S. 3274. Dazu Deutsche Bundesbank, Änderung des Gesetzes über die Deutsche Bundesbank für die Stufe 3 der Europäischen Wirtschafts- und Währungsunion, Monatsbericht Januar 1998, S. 325. Österreich hat sein Nationalbankgesetz ebenfalls angepaßt; vgl. die Novelle zum NBG vom 24.4.1998, BGBl. 1998 I Nr. 60. S. auch Oesterreichische Nationalbank, Geschäftsbericht 1997, 1998, S. 57 ff.
4 Vgl. *L. Gramlich*, Neu- und Fehlentwicklungen im Währungs- und Bankrecht?, Die Verwaltung 27 (1994), S. 361 (363 f.). Eine eingehende Prüfung der Vereinbarkeit der innerstaatlichen Rechtsvorschriften mit dem EGV ist enthalten in: Europäisches Währungsinstitut, Konvergenzbericht, März 1998, S. 303 ff., abgedruckt auch in BT-Drs. 13/10250 als Anlage 4, S. 241 ff.

Art. 110 EG-Vertrag

Art. 110 (ex-Art. 108a)

(1) Zur Erfüllung der dem ESZB übertragenen Aufgaben werden von der EZB gemäß diesem Vertrag und unter den in der Satzung des ESZB vorgesehenen Bedingungen
- Verordnungen erlassen, insoweit dies für die Erfüllung der in Artikel 3.1 erster Gedankenstrich, Artikel 19.1, Artikel 22 oder Artikel 25.2 der Satzung des ESZB festgelegten Aufgaben erforderlich ist; sie erläßt Verordnungen ferner in den Fällen, die in den Rechtsakten des Rates nach Artikel 107 Absatz 6 vorgesehen werden,[3 f.]
- Entscheidungen erlassen, die zur Erfüllung der dem ESZB nach diesem Vertrag und der Satzung des ESZB übertragenen Aufgaben erforderlich sind,[5]
- Empfehlungen und Stellungnahmen abgegeben.[2]

(2) Die Verordnung hat allgemeine Geltung. Sie ist in allen ihren Teilen verbindlich und gilt unmittelbar in jedem Mitgliedstaat.[8]
Die Empfehlungen und Stellungnahmen sind nicht verbindlich.
Die Entscheidung ist in allen ihren Teilen für diejenigen verbindlich, an die sie gerichtet ist.
Die Artikel 253 bis 256 des Vertrags gelten für die Verordnungen und Entscheidungen der EZB.
Die EZB kann die Veröffentlichung ihrer Entscheidungen, Empfehlungen und Stellungnahmen beschließen.[6]

(3) Innerhalb der Grenzen und unter den Bedingungen, die der Rat nach dem Verfahren des Artikels 107 Absatz 6 festlegt, ist die EZB befugt, Unternehmen bei Nichteinhaltung der Verpflichtungen, die sich aus ihren Verordnungen und Entscheidungen ergeben, mit Geldbußen oder in regelmäßigen Abständen zu zahlenden Zwangsgeldern zu belegen.[9]

Inhaltsübersicht:

A. Handlungsmöglichkeiten der EZB	1
B. Organzuständigkeit	7
C. Räumlicher Geltungsbereich	8
D. Sanktionen gegen Unternehmen	9

A. Handlungsmöglichkeiten der EZB

1 Abs. 1 verleiht der EZB Befugnisse, die – mit Ausnahme der Richtlinie[1] – die ganze Palette der in **Art. 249** aufgezählten Handlungsmöglichkeiten einschließt.[2] Bisher konnten nur der Rat – allein oder zusammen mit dem Europäischen Parlament – und die Kommission verbindliche Rechtsakte erlassen. Nach ihrer Errichtung wird auch die EZB – anders als noch das EWI – das Recht dazu haben.[3] Das unterstreicht ihre **organähnliche Stellung** (s. Art. 107, Rn. 1).[4]

2 Abs. 1 begrenzt die Befugnis der EZB in mehrfacher Hinsicht. Alle dort aufgezählten Handlungsformen stehen ihr **nur zur Erfüllung der dem ESZB übertragenen Aufgaben**

---

1 Vgl. W. *Schill*, in: Lenz, EGV, Art. 110, Rn. 1.
2 R. *Stadler*, Der rechtliche Handlungsspielraum des Europäischen Systems der Zentralbanken, 1996, S. 213. Vgl. auch R. *Smits*, The European Central Bank, 1997, S. 102 ff.
3 Vgl. U. *Häde*, Finanzausgleich, 1996, S. 378.
4 Zu den Zusammenhängen mit der Unabhängigkeit R. M. *Lastra*, The Independence of the European System of Central Banks, H.I.L.J. 33 (1992), S. 475 (493).

zur Verfügung. Hinsichtlich der unverbindlichen Rechtsakte, der **Empfehlungen** und **Stellungnahmen** (3. Spstr.), handelt es sich insoweit um die einzige Einschränkung.

Allgemeinverbindliche **Verordnungen** darf die EZB demgegenüber nur in den ausdrücklich genannten Fällen erlassen. Abs. 1, 1. Spstr. zählt die einschlägigen Bereiche abschließend auf. Der Erlaß von Verordnungen ist demnach zulässig, soweit dies für die Erfüllung der Aufgabe, die Geldpolitik der Gemeinschaft festzulegen und auszuführen (Art. 3.1, 1. Spstr. ESZB-Satzung), erforderlich ist. Aus Art. 105 Abs. 1 Satz 2, der das ESZB auf den **Grundsatz einer offenen Marktwirtschaft** verpflichtet, mag sich darüber hinaus eine zusätzliche Hürde für nicht marktkonforme Maßnahmen ergeben.[5] 3

Art. 19.1 ESZB-Satzung nennt Verordnungen über die Berechnung und Bestimmung des Mindestreservesolls; Art. 22 erwähnt Verordnungen, die erlassen werden, um effiziente und zuverlässige Verrechnungs- und Zahlungssysteme innerhalb der Gemeinschaft und im Verkehr mit Drittstaaten zu gewährleisten. EZB-Verordnungen können darüber hinaus im Bereich der Aufsicht über Kredit- und Finanzinstitute ergehen, falls der EZB in diesem Bereich besondere Aufgaben übertragen werden (Art. 25.2 ESZB-Satzung). Schließlich kann der Rat die EZB in den von ihm nach Art. 107 Abs. 6 erlassenen Rechtsakten zur Rechtsetzung durch Verordnungen ermächtigen.[6] 4

Die Befugnis, **Entscheidungen** zu erlassen, die nur für denjenigen verbindlich sind, an den sie gerichtet sind (Art. 2 UAbs. 3), hat die EZB generell, soweit sie zur Erfüllung der Aufgaben des ESZB erforderlich sind. 5

Die Definitionen des Abs. 2 in den UAbs. 1 bis 3 entsprechen denen in Art. 249 Abs. 2, 4 und 5. UAbs. 4 verweist sinnvollerweise auf die **Art. 253 bis 256**, die die Regelungen über die Begründung, die Veröffentlichung oder Bekanntgabe, das Inkrafttreten der verbindlichen Rechtsakte sowie über die Zwangsvollstreckung aus ihnen enthalten.[7] Diese Vorschriften sind allerdings weitgehend nur sinngemäß anwendbar, beziehen sich direkt doch nur auf Rechtsakte von Rat und Kommission. Aus Art. 254 Abs. 2 Satz 1 ergibt sich, daß Verordnungen stets veröffentlicht werden. Hinsichtlich der sonstigen Rechtsakte, die die EZB erlassen kann, regelt Art. 254 die **Veröffentlichung** nicht. Abs. 2 UAbs. 5 macht ihre Veröffentlichung von einem gesonderten Beschluß der EZB abhängig. 6

B. Organzuständigkeit

Der Erlaß von Rechtsakten fällt regelmäßig in den **Zuständigkeitsbereich des EZB-Rates**. Ausdrücklich ergibt sich das nur aus Art. 19.1 Satz 2 ESZB-Satzung hinsichtlich der dort erwähnten Verordnungen. Ansonsten kann man darauf aus der in Art. 12 ESZB-Satzung geregelten **Aufgabenverteilung zwischen EZB-Rat und Direktorium** schließen. Nach Art. 12.1 UAbs. 2 Satz 3 ESZB-Satzung können dem Direktorium durch Beschluß des EZB-Rates allerdings bestimmte Befugnisse übertragen werden. Der EZB-Rat entscheidet bei der Rechtsetzung mit Stimmenmehrheit (Art. 10.2 UAbs. 2 ESZB-Satzung). 7

---

5 Vgl. *H. J. Hahn/J. Siebelt*, in: Hb.EUWirtR, Abschnitt F.I, Rn. 71.
6 Vgl. dazu *H. J. Hahn*, Der Vertrag von Maastricht als völkerrechtliche Übereinkunft und Verfassung, 1992, S. 88 f.
7 Vgl. *Stadler* (Fn. 2), S. 213 f.

C. Räumlicher Geltungsbereich

8 Die Vorschrift gilt nicht für **Mitgliedstaaten mit Ausnahmeregelung** (Art. 122 Abs. 3). Der Begriff »Mitgliedstaat« in Abs. 2 UAbs. 1 Satz 2 meint deshalb nur die **teilnehmenden Mitgliedstaaten** (Art. 122 Abs. 4). Die Geltung der vom EZB-Rat erlassenen Verordnungen erstreckt sich somit nur auf die Mitgliedstaaten, die an der dritten Stufe der Wirtschafts- und Währungsunion teilnehmen (Art. 34.2 UAbs. 1 i.V.m. Art. 43.3 ESZB-Satzung).

D. Sanktionen gegen Unternehmen

9 Abs. 3 sieht die bemerkenswerte Befugnis der EZB vor, Unternehmen bei Pflichtverstößen mit **finanziellen Sanktionen** zu belegen.[8] Da Abs. 2 UAbs. 4 Art. 256 für anwendbar erklärt, stellen entsprechende Entscheidungen der EZB vollstreckbare Titel dar.[9] Der Rat legt die Grenzen und Bedingungen für die Wahrnehmung dieser Kompetenz nach dem Verfahren des Art. 107 Abs. 6 fest. Die Vertreter der **Mitgliedstaaten mit Ausnahmeregelung** sind im Rat nicht stimmberechtigt (Art. 122 Abs. 5 i.V.m. Abs. 3). Auf der Basis von Abs. 3 erließ der Rat am 23.11.1998 die Verordnung (EG) Nr. 2532 über das Recht der Europäischen Zentralbank, Sanktionen zu verhängen.[10] Diesen Rahmen füllte die EZB durch ihre Verordnung (EG) Nr. 2157/1999 vom 23.9.1999.[11]

10 Nach diesen Verordnungen können sowohl das EZB-Direktorium als auch die nationalen Zentralbanken **Übertretungsverfahren** einleiten. Die **Entscheidung über Sanktionen** trifft demgegenüber allein das Direktorium. Gegen die abschließende Entscheidung kann das betroffene Unternehmen Nichtigkeitsklage vor dem Gericht erster Instanz erheben.[12] Welcher **Rechtsschutz** gegen – möglicherweise grundrechtsrelevante – Verfahrenshandlungen der nationalen Zentralbanken besteht, ist noch nicht geklärt. Nach einer Ansicht sollen solche Handlungen der EZB zuzurechnen sein. Entsprechende Klagen wären dann vor dem Gericht erster Instanz gegen die EZB zu erheben.[13]

---

8 Vgl. *J. M. F. Martín/P. G. Texieira*, The imposition of regulatory sanctions by the European Central Bank, E.L.Rev. 2000, S. 1.
9 Vgl. *Stadler* (Fn. 2), S. 214.
10 ABl.EG 1998 Nr. L 318/4.
11 ABl.EG 1999 Nr. L 264/21.
12 Vgl. *H. J. Hahn/U. Häde*, Die Zentralbank vor Gericht, ZHR 165 (2001), S. 30 (54).
13 Vgl. *Martín/Texieira* (Fn. 8), S. 398 ff.

Art. 111 (ex-Art. 109)

(1) Abweichend von Artikel 300[3] kann der Rat[7] einstimmig auf Empfehlung der EZB oder der Kommission und nach Anhörung der EZB in dem Bemühen, zu einem mit dem Ziel der Preisstabilität im Einklang stehenden Konsens zu gelangen,[9] nach Anhörung des Europäischen Parlaments gemäß den in Absatz 3 für die Festlegung von Modalitäten vorgesehenen Verfahren förmliche Vereinbarungen[6] über ein Wechselkurssystem[4 f.] für die ECU[4] gegenüber Drittlandswährungen[4] treffen.[1 ff.] Der Rat kann mit qualifizierter Mehrheit auf Empfehlung der EZB oder der Kommission und nach Anhörung der EZB in dem Bemühen, zu einem mit dem Ziel der Preisstabilität im Einklang stehenden Konsens zu gelangen, die ECU-Leitkurse innerhalb des Wechselkurssystems festlegen, ändern oder aufgeben. Der Präsident des Rates unterrichtet das Europäische Parlament von der Festlegung, Änderung oder Aufgabe der ECU-Leitkurse.

(2) Besteht gegenüber einer oder mehreren Drittlandswährungen kein Wechselkurssystem nach Absatz 1, so kann der Rat mit qualifizierter Mehrheit entweder auf Empfehlung der Kommission und nach Anhörung der EZB oder auf Empfehlung der EZB allgemeine Orientierungen für die Wechselkurspolitik gegenüber diesen Währungen aufstellen.[10 ff.] Diese allgemeinen Orientierungen dürfen das vorrangige Ziel des ESZB, die Preisstabilität zu gewährleisten, nicht beeinträchtigen.[11]

(3) Wenn von der Gemeinschaft mit einem oder mehreren Staaten oder internationalen Organisationen Vereinbarungen im Zusammenhang mit Währungsfragen oder Devisenregelungen auszuhandeln sind, beschließt der Rat abweichend von Artikel 300 mit qualifizierter Mehrheit auf Empfehlung der Kommission und nach Anhörung der EZB die Modalitäten für die Aushandlung und den Abschluß solcher Vereinbarungen.[14 f.] Mit diesen Modalitäten wird gewährleistet, daß die Gemeinschaft einen einheitlichen Standpunkt vertritt. Die Kommission wird an den Verhandlungen in vollem Umfang beteiligt. Die nach diesem Absatz getroffenen Vereinbarungen sind für die Organe der Gemeinschaft, die EZB und die Mitgliedstaaten verbindlich.

(4) Vorbehaltlich des Absatzes 1 befindet der Rat mit qualifizierter Mehrheit auf Vorschlag der Kommission und nach Anhörung der EZB über den Standpunkt der Gemeinschaft auf internationaler Ebene zu Fragen, die von besonderer Bedeutung für die Wirtschafts- und Währungsunion sind, sowie über ihre Vertretung unter Einhaltung der in den Artikeln 99 und 105 vorgesehenen Zuständigkeitsverteilung.[16 ff.]

(5) Die Mitgliedstaaten haben das Recht, unbeschadet der Gemeinschaftszuständigkeit und der Gemeinschaftsvereinbarungen über die Wirtschafts- und Währungsunion in internationalen Gremien Verhandlungen zu führen und internationale Vereinbarungen zu treffen.[19 f.]

Amsterdamer Fassung des Abs. 4:

Vorbehaltlich des Absatzes 1 befindet der Rat auf Vorschlag der Kommission und nach Anhörung der EZB mit qualifizierter Mehrheit über den Standpunkt der Gemeinschaft auf internationaler Ebene zu Fragen, die von besonderer Bedeutung für die Wirtschafts- und Währungsunion sind, sowie einstimmig über ihre Vertretung unter Einbehaltung der in den Artikeln 99 und 105 vorgesehenen Zuständigkeitsverteilung.

Art. 111 EG-Vertrag

Inhaltsübersicht:
A. Allgemeines 1
B. Förmliche Wechselkursvereinbarungen mit Drittstaaten 4
 I. Fixkurssystem 4
 II. Förmliche Vereinbarung 6
 III. Verfahren 7
 IV. Wirkung 8
C. Allgemeine Orientierungen für die Wechselkurspolitik 10
D. Vereinbarungen im Zusammenhang mit Währungsfragen oder Devisenregelungen 14
E. Standpunkt und Vertretung der Gemeinschaft auf internationaler Ebene 16
F. Rechte der Mitgliedstaaten 19

A. Allgemeines

1 Die Vorschrift, die seit dem Beginn der dritten Stufe der WWU gilt (Art. 116 Abs. 3 UAbs. 2), regelt die Kompetenzen im Bereich der Währungsaußenbeziehungen. Die Zuständigkeit für die Geldpolitik, quasi die **Währungsinnenpolitik**, haben die Vertragsparteien dem ESZB übertragen. Bei der Wechselkurspolitik, den Beziehungen zwischen der Euro-Währung und den Währungen von Drittstaaten, spielt der Rat eine wichtige Rolle. Diese Regelung war und ist umstritten.[1] Man mag sie bedauern[2] oder kritisieren;[3] die starke Beteiligung der Politik entspricht jedoch der ganz überwiegenden Praxis der Mitgliedstaaten. So war in Deutschland nicht die Bundesbank, sondern die Bundesregierung für die **Währungsaußenpolitik** zuständig,[4] wenngleich die Bundesbank stets mit einbezogen wurde.[5] Darüber hinaus ist zu beachten, daß die Kompetenz des Rates durch die **kompromißhafte Formulierung** des Art. 111 nicht uneingeschränkt ist, sondern der EZB einen deutlichen Spielraum läßt.[6]

2 Die Vorschrift gilt für die **Mitgliedstaaten mit Ausnahmeregelung** nicht. Ihre Vertreter sind bei Entscheidungen im Rat nicht stimmberechtigt. Die erwähnten Vereinbarungen betreffen auch nur die Mitgliedstaaten mit Euro-Währung (Art. 122 Abs. 3 bis 5).

---

1 Vgl. dazu R. *Mittendorfer*, Wie unabhängig ist das Europäische System der Zentralbanken?, ÖBA 1994, S. 777 (779 f.); R. *Stadler*, Der rechtliche Handlungsspielraum des Europäischen Systems der Zentralbanken, 1996, S. 170 ff. m. zahlreichen Nachweisen.
2 Vgl. H. J. *Hahn*, Der Vertrag von Maastricht als völkerrechtliche Übereinkunft und Verfassung, 1992, S. 76.
3 So z.B. R. H. *Hasse*, Europäische Zentralbank, Aus Politik und Zeitgeschichte, B 7–8/92, S. 23 (28 f.); R. *Jochimsen*, Die Europäische Wirtschafts- und Währungsunion, in: Zohlnhöfer (Hrsg.), Europa auf dem Wege zur Politischen Union?, 1996, S. 9 (25); H. *Kesting*, Die währungspolitischen Beschlüsse von Maastricht, ÖBA 1992, S. 899 (905 f.). Vgl. auch Gemeinschaft zum Schutz der deutschen Sparer, Mitteilungen und Kommentare zur Geldwertstabilität, 10.1.1998, Bedenkliche Bestrebungen für Einbindung der Europäischen Zentralbank, abgedruckt in: Presseartikel 4/1998, S. 16.
4 Vgl. F. *von Estorff/B. Molitor*, in: GTE, EGV, Art. 3a, Rn. 27; H. *Geiger*, Das Währungsrecht im Binnenmarkt der Europäischen Union, 1996, S. 148; G. *Nicolaysen*, Europarecht II, 1996, S. 392; W. *Schill*, in: Lenz, EGV, Art. 111, Rn. 1.
5 Vgl. L. *Gleske*, Organisation, Status und Aufgaben der zweistufigen Zentralbanksysteme in den Vereinigten Staaten von Amerika, in der Bundesrepublik Deutschland, in der künftigen Europäischen Währungsunion, FS-Hahn, 1997, S. 123 (133); H. J. *Hahn*, Währungsrecht, 1990, § 15.
6 Vgl. H. J. *Hahn*, Der Weg zur Europäischen Währungsunion, BayVBl. 1996, S. 353 (357); R. M. *Lastra*, The Independence of the European System of Central Banks, H.I.L.J. 33 (1992), S. 475 (514); G. *Nicolaysen*, Rechtsfragen der Währungsunion, 1993, S. 30.

Das Verfahren bei Abkommen mit dritten Staaten oder internationalen Organisationen 3
regelt generell **Art. 300**. Art. 111 enthält insoweit Sonderregelungen und weicht damit
von den Vorschriften des Art. 300 ab.

B. Förmliche Wechselkursvereinbarungen mit Drittstaaten

I. Fixkurssystem

Abs. 1 ermächtigt den Rat zum Abschluß förmlicher Vereinbarungen mit Drittstaaten, 4
die sich auf ein Wechselkurssystem beziehen, das die ECU mit Drittlandswährungen
verbindet. Mit »ECU« ist die einheitliche Währung gemeint, die inzwischen den Namen Euro trägt (s. Art. 4, Rn. 31). Der Begriff »**Drittlandswährungen**« bezieht sich nur
auf Währungen von **Staaten außerhalb der EG**. Abs. 1 bietet demnach keine Rechtsgrundlage zur Regelung der Beziehungen zwischen dem Euro-Währungsgebiet und den
Währungen der nicht teilnehmenden Mitgliedstaaten.[7]

Das Ergebnis einer Vereinbarung wäre ein System fester Wechselkurse.[8] Ein solches 5
Fixkurssystem hätte vor allem das Ziel, Wechselkursschwankungen zu vermeiden oder
jedenfalls in einem bestimmten Rahmen zu halten. Satz 2 erwähnt deshalb die Festlegung, Änderung und Aufgabe von Leitkursen. **Leitkurse** dienen meist dazu zu bestimmen, wann die Vertragsparteien oder deren Zentralbanken zur Kursstützung durch
Interventionen an den Finanzmärkten verpflichtet sein sollen.

II. Förmliche Vereinbarung

Nach der Erklärung zu Art. 111 des Vertrags zur Gründung der Europäischen Gemein- 6
schaft, die der Schlußakte des EUV beigefügt ist, soll mit der Verwendung des Begriffs
»förmliche Vereinbarung« **keine neue Kategorie internationaler Übereinkünfte** im Sinne des Gemeinschaftsrechts geschaffen werden.[9] Die Bezeichnung dient wohl nur dazu,
förmliche völkerrechtliche Übereinkommen von informellen Absprachen zwischen Regierungen oder Zentralbanken abzugrenzen.

III. Verfahren

Die Initiative zum Abschluß einer solchen Vereinbarung kann von der EZB oder der 7
Kommission ausgehen.[10] Das Europäische Parlament ist nur anzuhören. Im Vorfeld der
Vertragsverhandlungen legt der Rat nach Abs. 3 den einheitlichen Standpunkt der Gemeinschaft fest. Die Entscheidung über den endgültigen Abschluß der Vereinbarung

---

7 Vgl. U. *Häde*, Währungsintegration mit abgestufter Geschwindigkeit, FS-Hahn, 1997, S. 141
(154 f.); B. *Martenczuk*, Der Europäische Rat und die Wirtschafts- und Währungsunion, EuR
1998, S. 151 (172); R. *Smits*, in: GTE, EGV, Art. 109m, Rn. 35.
8 Z. *Bognar*, Europäische Währungsintegration und Außenwirtschaftsbeziehungen, 1997, S. 357;
W. *Schill*, in: Lenz, EGV, Art. 111, Rn. 2.
9 Vgl. dazu J. *Pipkorn*, Legal Arrangements in the Treaty of Maastricht for the Effectiveness of the
Economic and Monetary Union, CMLRev. 31 (1994), S. 263 (285); R. *Smits,* The European
Central Bank, 1997, S. 386 f.
10 Vgl. J. *Usher*, Variable Geometry or Concentric Circles: Patterns for the European Union,
I.C.L.Q. 46 (1997), S. 243 (256).

muß dann einstimmig fallen. Dieses Erfordernis sichert – wie schon z.B. in Art. 107 Abs. 5 – die Interessen der EZB. Darüber hinaus ist das **Einstimmigkeitserfordernis** hier aber auch ein Indiz dafür, daß Fragen berührt sind, hinsichtlich derer kein Mitgliedstaat eine Entscheidung gegen seinen Willen akzeptieren möchte. Für Beschlüsse über die Leitkurse des Euro im Rahmen einer bereits abgeschlossenen Vereinbarung reicht demgegenüber die qualifizierte Mehrheit aus.

IV. Wirkung

8 Die **Ausführung der Wechselkurspolitik** ist nach Art. 105 Art. 2, 2. Spstr. grundsätzlich **Sache des ESZB**. Art. 105 Abs. 2 gibt ihm dazu das nötige Instrumentarium (s. Art. 105, Rn. 28).[11] Förmliche Vereinbarungen sind auch für das ESZB verbindlich.[12] Insoweit besteht theoretisch durchaus die **Gefahr einer negativen Beeinflussung der Geldpolitik**; eine Einigung auf ein solches System erscheint derzeit allerdings kaum wahrscheinlich.[13]

9 Allerdings ist auch der Rat verpflichtet, sich um einen mit dem **Ziel der Preisstabilität** im Einklang stehenden Konsens mit der EZB zu bemühen. Ein Wechselkurssystem dient zwar nicht allein der Geldwertstabilität, sondern der Stabilisierung des Außenwerts der Währung[14] und den damit verbundenen wirtschaftspolitischen Vorteilen. Die Wechselkurspolitik kann jedoch nicht ohne Auswirkungen auf den Binnenwert der Währung bleiben.[15] Der **Bemühenspflicht** des Rates kommt deshalb im Hinblick darauf, daß Art. 4 Abs. 2 auch der Wechselkurspolitik das vorrangige Ziel der Preisstabilität vorgibt, einer **Verpflichtung auf die Preisstabilität** sehr nahe[16].

C. Allgemeine Orientierungen für die Wechselkurspolitik

10 Abs. 2 ermächtigt den Rat, mit qualifizierter Mehrheit allgemeine Orientierungen für die Wechselkurspolitik hinsichtlich solcher Währungen aufzustellen, denen gegenüber kein Wechselkurssystem nach Abs. 1 vereinbart wurde.[17] Gemeint sein dürften **Zielvorgaben** für die Entwicklung der jeweiligen Paritäten.

---

11 Vgl. *K. Pesendorfer*, Der Außenwert des Euro – Bedeutungswandel der Wechselkurspolitik, Berichte und Studien der Oesterreichischen Nationalbank 4/1997, S. 66 (74); *W. Schill*, in: Lenz, EGV, Art. 111, Rn. 4; *Stadler* (Fn. 1), S. 172.
12 Vgl. *I. Pernice*, in: Grabitz/Hilf, EU, Art. 105, Rn. 14.
13 Vgl. Deutsche Bundesbank, Wirtschaftspolitische Koordinierung, Wechselkurspolitik und Außenvertretung in der Endstufe der Wirtschafts- und Währungsunion, Informationsbrief zur WWU Nr. 10, Februar 1998, S. 13 (16); *L. Gleske*, Über einige institutionelle Aspekte der Europäischen Währungsunion, FS-Semmler, 1993, S. 895 (904); *I. Pernice*, in: Grabitz/Hilf, EU, Art. 105, Rn. 14; *Pesendorfer* (Fn. 11), S. 77.
14 Zur Unterscheidung zwischen Binnen- und Außenwert vgl. *Hahn* (Fn. 5), Währungsrecht § 16, Rn. 5 f.; *Staudinger-K. Schmidt*, BGB, 13. Bearbeitung 1997, Vorbem. zu §§ 244 ff., Rn. D 11; *T. Weikart*, Geldwert und Eigentumsgarantie, 1993, S. 63.
15 Vgl. *H. Siebert*, Ein Stabilitätspakt für die Europäische Währungsunion, Wirtschaftsdienst 1997, S. 7 (9).
16 *Stadler* (Fn. 1), S. 178 f. Vgl. auch *Nicolaysen* (Fn. 4), S. 392; *Smits* (Fn. 9), S. 390.
17 Näher dazu *H. J. Hahn*, Die Einflußnahme der Europäischen Währungsunion auf Wechselkurse im Spiegel diesbezüglicher Zuständigkeiten, FS-Oppermann, 2001, S. 609. Kritisch *H.-D. Smeets*, Monetäre Integration: Vom EWS zur Währungsunion, in: Gröner/Schüller (Hrsg.), Die europäische Integration als ordnungspolitische Aufgabe, 1993, S. 97 (130). S. auch *M. Selmayr*, Darf die EZB den Wechselkurs des Euro stützen?, EuBl. 2000, S. 209.

Während förmliche Vereinbarungen nach Abs. 1 auch das ESZB binden,[18] hat hier nach Abs. 2 Satz 2 das Ziel der Preisstabilität Vorrang.[19] Die allgemeinen Orientierungen müssen deshalb von vornherein so formuliert sein, daß sie die **Preisstabilität** nicht beeinträchtigen. Kommt es dennoch zum Konflikt, geht für das ESZB bei der Ausführung der Wechselkurspolitik die Preisstabilität vor. 11

Das Aufstellen der allgemeinen Orientierungen erfolgt entweder auf Empfehlung der Kommission und nach Anhörung der EZB oder auf Empfehlung der EZB. Neben der Kommission hat also auch hier die EZB ein **Initiativrecht**. 12

Der **Europäische Rat von Luxemburg** hat am 13. 12. 1997 in einer **Entschließung** festgehalten, daß allgemeine Orientierungen nur »unter außergewöhnlichen Umständen, beispielsweise im Falle eindeutiger Wechselkursverzerrungen« aufgestellt werden sollen.[20] 13

D. Vereinbarungen im Zusammenhang mit Währungsfragen oder Devisenregelungen

Abs. 3 regelt das **Vorgehen beim Aushandeln von Vereinbarungen** der Gemeinschaft mit Drittstaaten oder internationalen Organisationen im Zusammenhang mit Währungsfragen oder Devisenregelungen.[21] Abweichend von Art. 300 liegt die **Verhandlungskompetenz beim Rat** und nicht bei der Kommission. Die Kommission ist allerdings an den Verhandlungen in vollem Umfang zu beteiligen. Darüber hinaus können z.b. der Ratspräsident oder der EZB-Präsident mit der Verhandlungsführung beauftragt werden.[22] 14

Die **Modalitäten für die Aushandlung** dieser Vereinbarungen beschließt der Rat mit qualifizierter Mehrheit auf Empfehlung der Kommission und nach Anhörung der EZB. Die Einigung auf solche Modalitäten soll gewährleisten, daß die Gemeinschaft einen **einheitlichen Standpunkt** vertritt, unabhängig davon, ob Rat, Kommission oder EZB mit den Verhandlungen betraut sind.[23] Vereinbarungen nach Abs. 3 binden sowohl die Organe der Gemeinschaft als auch die EZB und die Mitgliedstaaten. 15

---

18 *I. Pernice*, in: Grabitz/Hilf, EU, Art. 105, Rn. 14.
19 Vgl. *E. Gnan/A. Schubert*, Zwei Jahre Europäische Zentralbank, ÖBA 2000, S. 591 (602); *Nicolaysen* (Fn. 6), S. 30; *R. Smits*, The European Central Bank: Institutional Aspects, I.C.L.Q. 45 (1996), S. 319 (333).
20 Nr. 8 der Entschließung des Europäischen Rates über die wirtschaftspolitische Koordinierung in der dritten Stufe der WWU und zu den Artikeln 109 und 109b des EG-Vertrags, ABl.EG 1998 Nr. C 35/1. Ausführlich dazu Deutsche Bundesbank (Fn. 13), S. 13 ff.
21 Vgl. etwa die Entscheidung des Rates vom 23.11.1998 über Wechselkursfragen in Zusammenhang mit dem CFA-Franc und dem Komoren-Franc, ABl.EG 1998 Nr. L 320/58. Dazu *J. Lebullenger*, La protection externe de la zone euro, RTD eur. 34 (1998), S. 459 (464). Vgl. auch die Entscheidungen zum Kap-Verde-Escudo, ABl.EG 1998 Nr. L 358/11, sowie zu Monaco, San Marino und Vatikanstadt, ABl.EG 1999 Nr. L 30/31 ff.
22 *J. Pipkorn*, Der rechtliche Rahmen der Wirtschafts- und Währungsunion, EuR, Beiheft 1/1994, S. 85 (88).
23 Vgl. *Smits* (Fn. 9), S. 404; *Stadler* (Fn. 1), S. 174.

E. Standpunkt und Vertretung der Gemeinschaft auf internationaler Ebene

16 Die Abs. 4 und 5 beschränken sich nicht mehr auf die Wechselkurspolitik.[24] Abs. 4 ermächtigt den Rat, auf Vorschlag der Kommission und nach Anhörung der EZB mit qualifizierter Mehrheit den Standpunkt festzulegen, den die Gemeinschaft auf internationaler Ebene zu Fragen einnimmt, die von besonderer Bedeutung für die Wirtschafts- und Währungsunion sind. Gemeint sind **internationale Kontakte**, die nicht auf ein Aushandeln von Vereinbarungen gerichtet sind;[25] insbesondere also die **Mitarbeit in internationalen Organisationen**,[26] darüber hinaus aber auch bilaterale Kontakte der EU zu Drittstaaten.[27]

17 Abs. 4 sieht auch eine Entscheidung darüber vor, wer die Gemeinschaft in diesen Bereichen vertritt. Hinsichtlich des Abschlusses förmlicher Vereinbarungen über ein Wechselkurssystem geht Abs. 1 allerdings als speziellere Regelung vor. Über die Vertretung entschied der Rat nach Abs. 4 bisher einstimmig. Der **Vertrag von Nizza** erleichtert die Voraussetzungen und läßt die qualifizierte Mehrheit genügen.[28] Eine in Nizza angenommene **Erklärung** dazu hält allerdings fest, daß die Konferenz übereingekommen sei, »dass die Verfahren so beschaffen sein müssen, dass sich alle Mitgliedstaaten des Euro-Währungsgebiets an jeder Phase der Vorbereitung zur Festlegung des Standpunkts der Gemeinschaft auf internationaler Ebene in Bezug auf Fragen, die von besonderer Bedeutung für die Wirtschafts- und Währungsunion sind, in vollem Umfang beteiligen können.«

18 Der Verweis auf **Art. 99**, der die wirtschaftspolitische Koordinierung und Überwachung regelt, erinnert daran, daß die allgemeine Wirtschaftspolitik nach wie vor in der Zuständigkeit der Mitgliedstaaten verbleibt.[29] In der Gemeinschaft sind Rat und Kommission die insoweit zuständigen Organe. Zu beachten sind außerdem die in **Art. 105** genannten Zuständigkeiten des ESZB im Bereich geldpolitischer Fragen. Darüber hinaus eröffnet Art. 6 ESZB-Satzung für die EZB und die nationalen Zentralbanken die Möglichkeit, sich im Bereich der internationalen Zusammenarbeit zu betätigen.[30]

F. Rechte der Mitgliedstaaten

19 Obwohl die Währungshoheit auf die Gemeinschaft übergeht, verlieren die Mitgliedstaaten nicht sämtliche Zuständigkeiten in diesem Bereich. Sie behalten ihre **völkerrechtlichen Handlungsbefugnisse** auch nach Beginn der dritten Stufe.[31] Abs. 5 bestätigt insoweit das Recht der Mitgliedstaaten, in internationalen Gremien Verhandlungen zu führen und internationale Vereinbarungen zu treffen. Gleichzeitig weist er jedoch auf

---

24 Vgl. *Pipkorn* (Fn. 22), S. 88.
25 *Stadler* (Fn. 1), S. 174.
26 Nach *M. Potacs*, Nationale Zentralbanken in der Wirtschafts- und Währungsunion, EuR 1993, S. 23 (36), bezieht sich Abs. 4 allein darauf.
27 Vgl. Nr. 9 der Entschließung des Europäischen Rates vom 13.12.1997 (Fn. 20).
28 Vgl. *U. Häde*, Der Vertrag von Nizza und die Wirtschafts- und Währungsunion, EWS 2001, S. 97 (100).
29 Vgl. Deutsche Bundesbank (Fn. 13), S. 17.
30 Vgl. *Smits* (Fn. 9), S. 420 ff.; *Stadler* (Fn. 1), S. 175.
31 *Smits* (Fn. 9), S. 417 ff. Anders *D. Blumenwitz/B. Schöbener*, Stabilitätspakt für Europa, 1997, S. 69, wonach Abs. 5 die Vertragsschlußkompetenz erst begründe.

die ansonsten bestehende Gemeinschaftszuständigkeit im Bereich der Währungspolitik und die Gemeinschaftsvereinbarungen hin, die durch das Handeln der Mitgliedstaaten nicht eingeschränkt werden dürfen, ihrerseits aber den Handlungsspielraum der Mitgliedstaaten stark eingrenzen.[32]

Dem **Internationalen Währungsfonds** gehören satzungsgemäß nur die Mitgliedstaaten an, nicht aber die Gemeinschaft.[33] Der Europäische Rat von Luxemburg hat insoweit beschlossen, die »Mitgliedstaaten sollten sich in ihrer Eigenschaft als Mitglieder des IWF bemühen, zu pragmatischen Vereinbarungen zu gelangen, die die Durchführung der IWF-Überwachung und die Darlegung des Gemeinschaftsstandpunktes, einschließlich des ESZB-Standpunkts, in den IWF-Gremien erleichtern«.[34] 20

Der Europäische Rat hat auf seiner Tagung am 11./12. 12. 1998 in Wien einen Bericht des Rates über die Außenvertretung der Gemeinschaft gebilligt. Danach soll der Präsident des ECOFIN-Rates bzw. der Präsident der Euro-11-Gruppe für die Gemeinschaft an den Tagungen der G7 teilnehmen. Die EZB soll im Direktorium des IWF **Beobachterstatus** erhalten. Den Standpunkt der Gemeinschaft soll dort der Mitgliedstaat vortragen, der die Präsidentschaft in der **Euro-Gruppe** innehat. In beiden Foren soll die Kommission unterstützend tätig werden.[35] 21

---

32 Vgl. *Hahn* (Fn. 2), S. 77.
33 Dazu *Lastra* (Fn. 6), S. 516; *J.-V. Louis*, Union monétaire européenne et Fonds monétaire international, FS-Hahn, 1997, S. 210 (207). Vgl. auch *Bognar* (Fn. 8), S. 373 ff.
34 Nr. 10 der Entschließung des Europäischen Rates vom 13.12.1997 (Fn. 19). Vgl. auch *K. G. Deutsch*, Außenvertretung und äußere Währungspolitik der EWU, Deutsche Bank Research, EWU-Monitor Nr. 64 v. 13.1.1999; *Lebullenger* (Fn. 21), S. 468 ff.
35 Europäischer Rat in Wien, 11./12.12.1998, Schlußfolgerungen des Vorsitzes, Bull. BReg. Nr. 7 v. 17.2.1999, S. 69 (71, 83).

Kapitel 3
Institutionelle Bestimmungen

Art. 112 (ex-Art. 109a)

(1) Der EZB-Rat[1 ff.] besteht aus den Mitgliedern des Direktoriums der EZB und den Präsidenten der nationalen Zentralbanken.[16 f.]

(2) a) Das Direktorium besteht aus dem Präsidenten, dem Vizepräsidenten und vier[12] weiteren Mitgliedern.[4 ff.]

b) Der Präsident,[11] der Vizepräsident und die weiteren Mitglieder des Direktoriums werden von den Regierungen der Mitgliedstaaten auf der Ebene der Staats- und Regierungschefs[4] auf Empfehlung des Rates, der hierzu das Europäische Parlament und den EZB-Rat anhört, aus dem Kreis der in Währungs- oder Bankfragen anerkannten und erfahrenen Persönlichkeiten[5] einvernehmlich ausgewählt und ernannt.

Ihre Amtszeit beträgt acht Jahre; Wiederernennung ist nicht zulässig.[7, 14]
Nur Staatsangehörige der Mitgliedstaaten können Mitglieder des Direktoriums werden.[6]

Inhaltsübersicht:

A. Der EZB-Rat	1
B. Das Direktorium	4
I. Zusammensetzung, Amtszeit, Aufgaben	4
II. Sonderregeln für die erstmalige Ernennung	10
C. Die Präsidenten der nationalen Zentralbanken	16

A. Der EZB-Rat

1 Der EZB-Rat ist neben dem Direktorium eines der beiden Beschlußorgane der EZB, die gemeinsam das ESZB leiten (Art. 107 Abs. 3).[1] Er besteht aus den Mitgliedern des Direktoriums sowie den Präsidenten der Zentralbanken **nur der teilnehmenden Mitgliedstaaten** (Art. 43.4 i.V.m. Art. 10.1 ESZB-Satzung). Nähere Angaben finden sich in der ESZB-Satzung, die dem EGV als Protokoll beigefügt und deshalb nach Art. 311 dem Primärrecht zuzuordnen ist (s. Art. 311, Rn. 2). Deren Art. 12 enthält Bestimmungen über die Aufgaben der beiden Beschlußorgane und ihr Verhältnis zueinander. Als **oberstes Gremium des ESZB** erläßt der EZB-Rat die Leitlinien und Entscheidungen, die notwendig sind, um die Erfüllung der dem ESZB übertragenen Aufgaben zu gewährleisten. Er ist es auch, der die Geldpolitik der Gemeinschaft festlegt und Leitlinien für deren Ausführung erläßt. Der EZB-Rat ist darüber hinaus zuständig, wenn die EZB zu Vorschlägen oder Entwürfen Stellung nimmt[2].

2 Die in gewisser Weise **übergeordnete Stellung des EZB-Rates** wird auch daran deutlich, daß er dem Direktorium bestimmte Befugnisse übertragen kann (Art. 12.1 UAbs. 2 Satz 3 ESZB-Satzung). Eine direkte Hierarchie zwischen den beiden Beschlußorganen

---

1 Solange es Mitgliedstaaten gibt, die nicht an der dritten Stufe der Währungsunion teilnehmen, existiert nach Art. 123 Abs. 3 als drittes Beschlußorgan der Erweitere Rat (s. Art. 123 Rn. 12).
2 Näher zu den Kompetenzen *M. Weber*, Die Kompetenzverteilung im Europäischen System der Zentralbanken bei der Festlegung und Durchführung der Geldpolitik, 1995, S. 77 ff. Vgl. auch *W. Heun*, Die Europäische Zentralbank in der Europäischen Währungsunion, JZ 1998, S. 866 (868).

besteht allerdings nicht, da die Mitglieder des Direktoriums dem EZB-Rat angehören. Den Vorsitz in beiden Gremien führt der **Präsident der EZB** (Art. 13.1 ESZB-Satzung).

Art. 10 ESZB-Satzung regelt gremieninterne Fragen wie Stimmberechtigung und Stellvertretung. Nach Art. 10.2 UAbs. 2 Satz 2 beschließt der EZB-Rat, der mindestens zehnmal im Jahr zusammentritt (Art. 10.5), grundsätzlich mit einfacher Mehrheit. Jedes Mitglied hat eine Stimme. Eine **Stimmengewichtung** nach den Anteilen der nationalen Zentralbanken am Kapital der EZB erfolgt nur, wenn es um das Kapital (Art. 28, 29), die Übertragung von Währungsreserven (Art. 30) oder um die Verteilung von Einkünften, Gewinnen und Verlusten (Art. 32, 33, 51) geht. Weitergehende Regelungen über die interne Organisation der EZB und ihrer Beschlußorgane sind einer Geschäftsordnung vorbehalten (Art. 12.3 ESZB-Satzung).[3] 3

Der geplante **Beitritt zahlreicher neuer Mitgliedstaaten** in die Gemeinschaft wird mittel- und langfristig auch zu einem deutlichen Anwachsen der Zahl der Länder führen, die an der Währungsunion teilnehmen. Eine deutlich erhöhte Zahl von Präsidenten nationaler Zentralbanken im EZB-Rat könnte zum einen die **Funktionsfähigkeit** dieses Gremiums gefährden und zum anderen das Kräfteverhältnis im EZB Rat zu Gunsten von Mitgliedern verändern, die stärker nationale Interessen vertreten. 3 a

Die Regierungskonferenz, die den **Vertrag von Nizza** vorbereitete, konnte sich dennoch nur zu einer kleinen Lösung durchringen. Deshalb kam es zu keiner Änderung von Abs. 1 und damit der Zusammensetzung des EZB-Rats. Allerdings ermächtigt ein neuer Art. 10.6 ESZB-Satzung den Rat in der Zusammensetzung der Staats- und Regierungschefs, Art. 10.2 ESZB-Satzung auf Empfehlung der EZB oder der Kommission zu ändern. Das ermöglicht die **Modifikationen bei der Stimmberechtigung und -gewichtung.** Alle Präsidenten der nationalen Zentralbanken werden daher auch künftig dem EZB-Rat angehören. Es wäre aber möglich zu bestimmen, daß einige Teilnehmer nur gemeinsam oder durch einen Vertreter abstimmen können. Damit ließen sich mehrere (kleine) Staaten hinsichtlich der Stimmberechtigung zusammenfassen.[4] Einer solchen Entscheidung müssen allerdings alle Mitgliedstaaten zustimmen. Der neue Art. 10.6 ESZB-Satzung verlangt nämlich die **Ratifizierung** eines entsprechenden Ratsbeschlusses und stellt damit eine hohe Hürde auf. 3 b

B. Das Direktorium

I. Zusammensetzung, Amtszeit, Aufgaben

Dem Direktorium des EZB gehören nach Abs. 2 lit. a) der Präsident, der Vizepräsident sowie vier weitere Mitglieder an. An ihrer Ernennung sind der ECOFIN-Rat, das Europäische Parlament sowie der EZB-Rat beteiligt. Die Entscheidung trifft letztlich aber kein Organ der Gemeinschaft oder der Europäischen Union; sie obliegt statt dessen den **Regierungen der Mitgliedstaaten auf der Ebene der Staats- und Regierungschefs** (Art. 50 ESZB-Satzung). Anders als im Europäischen Rat wirkt deshalb der Kommissionspräsident nicht mit. 4

---

3 Geschäftsordnung der Europäischen Zentralbank in der geänderten Fassung, vom 22.4.1999, ABl.EG 1999 Nr. L 125/34. Erneute Änderung durch Beschluß vom 7.10.1999, ABl.EG 1999 Nr. L 314/32. S. auch den Beschluß der EZB vom 12.10.1999 hinsichtlich der Geschäftsordnung des Direktoriums der EZB, ABl.EG 1999 Nr. L 314/34.
4 Näher dazu *U. Häde*, Der Vertrag von Nizza und die Wirtschafts- und Währungsunion, EWS 2001, S. 97 (99).

5 Die Kandidaten sind aus dem Kreis der in Währungs- und Bankfragen anerkannten und erfahrenen Persönlichkeiten auszuwählen[5]. Weder diese Wendung noch die vorgeschriebene Einvernehmlichkeit können Fehlbesetzungen ausschließen. Die Entscheidung dürfte insoweit **nicht justitiabel sein**; sie muß nur die öffentliche Meinung fürchten.[6]

6 Zu Direktoriumsmitgliedern können nur Staatsangehörige von Mitgliedstaaten ernannt werden. Da Bürger der nichtteilnehmenden Mitgliedstaaten ausgeschlossen sind (Art. 122 Abs. 4 i.V.m. Art. 112 Abs. 2 lit. b), kommen **nur Staatsangehörige der teilnehmenden Mitgliedstaaten** in Betracht.

7 Die Mitglieder des Direktoriums dürfen nur eine **einzige Amtszeit von acht Jahren** absolvieren (Abs. 2 lit. b UAbs. 2). Ein Wechsel innerhalb des Direktoriums nach Ablauf der Amtszeit wäre unzulässig. Ihre Entfernung aus dem Amt setzt eine Entscheidung des EuGH voraus und ist nur dann möglich, wenn sie die Voraussetzungen für die Ausübung des Amtes nicht mehr erfüllen oder eine schwere Verfehlung begangen haben (Art. 11.4 ESZB-Satzung). Diese Regelungen sollen die Unabhängigkeit der EZB auf der personellen Seite absichern (s. Art. 108, Rn. 17).[7]

8 Während der EZB-Rat die **wesentlichen Entscheidungen** trifft und die Leitlinien der Arbeit des ESZB festlegt, führt das Direktorium die **laufenden Geschäfte** (Art. 11.6 ESZB-Satzung).[8] Insbesondere führt es die Geldpolitik gemäß den Leitlinien und Entscheidungen des EZB-Rates aus. Es nimmt außerdem jene Befugnisse wahr, die ihm der EZB-Rat nach Art. 12.1 UAbs. 2 Satz 3 ESZB-Satzung überträgt.

9 Gegenüber den nationalen Zentralbanken ist das Direktorium weisungsbefugt (s. Art. 107, Rn. 7).[9] Dem Direktorium obliegt schließlich auch die Vorbereitungen der Sitzungen des EZB-Rates. Nähere Regelungen über das Direktorium enthält Art. 11 ESZB-Satzung.

II. Sonderregeln für die erstmalige Ernennung

10 Für die erstmalige Ernennung von Direktoriumsmitgliedern galten die **Sonderregelungen** des Art. 50 ESZB-Satzung. Sie erfolgte auf Empfehlung des ECOFIN-Rates und nach Anhörung des Europäischen Parlaments sowie des EWI-Rates durch einen einvernehmlichen gefaßten Beschluß der Regierungen der Mitgliedstaaten auf der Ebene der Staats- und Regierungschefs.

11 Der erste EZB-Präsident wurde – wie alle künftigen – für eine Amtszeit von acht Jahren ernannt. Eine Verkürzung – etwa durch vorher vereinbarte **Aufteilung der Amtszeit** auf zwei verschiedene Kandidaten – ist **nicht zulässig** (s. auch Art. 108, Rn. 15).[10] Abweichend von der sonst allgemein auf acht Jahre festgelegten Amtszeit (s.o. Rn. 7) wurde der Vizepräsident für nur vier Jahre ernannt.

---

5 Zu diesen Kriterien R. *Stadler*, Der rechtliche Handlungsspielraum des Europäischen Systems der Zentralbanken, 1996, S. 137 f. Vgl. auch G. *Nicolaysen*, Europarecht II, 1996, S. 388.
6 Einschränkend *Stadler* (Fn. 5), S. 140 f.
7 M. *Weber* (Fn. 2), S. 67 f.
8 Zur Kompetenzverteilung *Stadler* (Fn. 5), S. 153 ff.
9 Ausführlich dazu M. *Weber* (Fn. 2), S. 168 ff.
10 Vgl. U. *Häde*, Erwartungen an den Euro, in: Kröger/Schindhelm (Hrsg.), Der Euro kommt, 1998, S. 31 (36).

Für die übrigen Mitglieder des ersten Direktoriums gilt eine Amtszeit zwischen fünf und acht Jahren. Sinn dieser **Staffelung** ist es zu vermeiden, daß das gesamte Direktorium nach dem Ablauf der einmaligen Amtszeit gemeinsam ausscheidet.[11] Art. 50 ESZB-Satzung gewährleistet somit eine gewisse **personelle Kontinuität** der Arbeit in den Leitungsgremien des ESZB.

Die Staats- und Regierungschefs der teilnehmenden Mitgliedstaaten haben am **26. Mai 1998** über die Besetzung des EZB-Direktoriums entschieden.[12] Auf der Grundlage einer Empfehlung des ECOFIN-Rates[13] ernannten sie den vorherigen EWI-Präsidenten, den Niederländer **Wim Duisenberg**, mit Wirkung vom 1.6.1998 zum ersten Präsidenten der EZB. Vizepräsident wurde Christian Noyer (Frankreich, vier Jahre). Weitere Mitglieder des Direktoriums sind seither Otmar Issing (Deutschland, acht Jahre), Tommaso Padoa Schioppa (Italien, sieben Jahre), Eugenio Domingo Solans (Spanien, sechs Jahre) und Sirkka Hämäläinen (Finnland, fünf Jahre).

Die Staats- und Regierungschefs ernannten den Präsidenten ausdrücklich für eine Amtszeit von acht Jahren. Die Ernennung erfolgte jedoch erst, nachdem Duisenberg in einer **mündlichen Erklärung**[14] vor den Staats- und Regierungschefs mitgeteilt hatte, daß er in Anbetracht seines Alters nicht die volle Amtszeit ableisten möchte. Er betonte zwar die Freiwilligkeit dieses Entschlusses. Die Entscheidung über das Ob und das Wann seines Rücktritts werde ebenfalls allein seine Entscheidung sein. Trotzdem wies er darauf hin, er wolle zumindest solange im Amt bleiben, »bis die Übergangsmaßnahmen für die Einführung der Euro-Banknoten und -Münzen und die Einziehung der nationalen Banknoten und Münzen gemäß den Vereinbarungen von Madrid abgeschlossen sind«. Im Februar 2002 hat Duisenberg sein Ausscheiden zum 9.7.2003 angekündigt.

Hintergrund dieses seltsam anmutenden Vorgehens war das Beharren Frankreichs auf einem von ihm benannten Gegenkandidaten. Erst die **Bereitschaft** Duisenbergs **zum vorzeitigen Rücktritt** führte zum Einvernehmen.[15] Diese Verknüpfung ist mit dem Gemeinschaftsrecht nicht vereinbar. Es handelt sich um den Versuch, einem offensichtlichen **Rechtsverstoß** eine Form zu geben, die den Anschein der Rechtmäßigkeit wahrt.[16]

---

11 Vgl. *U. Häde*, Die Europäische Wirtschafts- und Währungsunion, EuZW 1992, S. 171 (174).
12 Vgl. Einvernehmlich gefaßter Beschluß der Regierungen der Mitgliedstaaten, die die Einführung der einheitlichen Währung beschließen, auf der Ebene der Staats- und Regierungschefs vom 26.5.1998 zur Ernennung des Präsidenten, des Vizepräsidenten und der weiteren Mitglieder des Direktoriums der Europäischen Zentralbank, ABl.EG 1998 Nr. L 154/33.
13 Empfehlung des Rates vom 3.5.1998 zur Ernennung des Präsidenten, des Vizepräsidenten und der weiteren Mitglieder des Direktoriums der Europäischen Zentralbank, ABl.EG 1998 Nr. L 139/36.
14 Deutsche Übersetzung in: Internationale Politik 6/1998, S. 106.
15 Vgl. *M. Kurm-Engels*, Frankreich feilscht bis zum Schluß, Handelsblatt vom 21.6.2001, S. 2.
16 Näher dazu *U. Häde*, Zur Rechtmäßigkeit der Entscheidungen über die Europäische Wirtschafts- und Währungsunion, JZ 1998, S. 1088 (1092 f.). Kritisch auch *O. Hillenbrand*, Europa als Wirtschafts- und Währungsunion, in: Weidenfeld (Hrsg.), Europa-Handbuch, 1999, S. 498 (515); *A. Weber*, WWU und Euro – Bedeutungen für die Rechtsordnungen der Mitgliedstaaten, in: Pauger (Hrsg.), Start in die Wirtschafts- und Währungsunion – Euro für Juristen, Fakultätstag der Rechtswissenschaftlichen Fakultät Graz, 1999, 2. S. 29 (43).

C. Die Präsidenten der nationalen Zentralbanken

16 Neben den Mitgliedern des Direktoriums gehören dem EZB-Rat die Präsidenten der Zentralbanken der teilnehmenden Mitgliedstaaten an. Ihre Stellung als **Mitglieder einer Gemeinschaftsinstitution** aber zugleich **Leiter von Einrichtungen der Mitgliedstaaten** ähnelt in gewisser Weise der der Vertreter der Mitgliedstaaten im Rat. Anders als diese sind die Zentralbankpräsidenten jedoch von Weisungen unabhängig. Ihre rechtliche Position bestimmt grundsätzlich das jeweilige nationale Recht.[17]

17 Das Gemeinschaftsrecht enthält aber wichtige Vorgaben. So muß ihre Amtszeit nach Art. 14.2 Satz 1 ESZB-Satzung mindestens fünf Jahre betragen. Eine gemeinschaftsrechtliche Obergrenze oder Wiederernennungssperre gibt es insoweit nicht. Die Entlassung aus dem Amt ist nur bei Wegfall der Voraussetzungen oder im Falle einer schweren Verfehlung zulässig. Gegen eine entsprechende innerstaatliche Entscheidung können der betroffene Präsident und auch der EZB-Rat den Gerichtshof anrufen (Art. 14.2 Satz 3 ESZB-Satzung).

---

17 Vgl. *M. Weber* (Fn. 2), S. 59 ff.

Art. 113 (ex-Art. 109b)

(1) Der Präsident des Rates und ein Mitglied der Kommission können ohne Stimmrecht an den Sitzungen des EZB-Rates teilnehmen.[3 ff.]
Der Präsident des Rates kann dem EZB-Rat einen Antrag zur Beratung vorlegen.

(2) Der Präsident der EZB wird zur Teilnahme an den Tagungen des Rates eingeladen, wenn dieser Fragen im Zusammenhang mit den Zielen und Aufgaben des ESZB erörtert.[5]

(3) Die EZB unterbreitet dem Europäischen Parlament, dem Rat und der Kommission sowie auch dem Europäischen Rat einen Jahresbericht über die Tätigkeit des ESZB und die Geld- und Währungspolitik im vergangenen und im laufenden Jahr.[6] Der Präsident der EZB legt den Bericht dem Rat und dem Europäischen Parlament vor, das auf dieser Grundlage eine allgemeine Aussprache durchführen kann.[7]
Der Präsident der EZB und die anderen Mitglieder des Direktoriums können auf Ersuchen des Europäischen Parlaments oder auf ihre Initiative hin von den zuständigen Ausschüssen des Europäischen Parlaments gehört werden.[8 f.]

Inhaltsübersicht:

A. Allgemeines	1
B. EZB und Rat/Kommission	3
C. Berichtspflichten	6
D. EZB und Parlament	7
E. Verhältnis zu Stellen der Mitgliedstaaten	10

A. Allgemeines

Das **Europäische Parlament** wird vor der Ernennung der Direktoriumsmitglieder nur angehört. An der Rechtsetzung durch die EZB ist das Parlament überhaupt nicht beteiligt. Die persönliche und sachliche Unabhängigkeit enthebt die Mitglieder der EZB-Beschlußorgane und das ESZB als Ganzes der Einflußnahme sowohl des Europäischen Parlaments als auch der nationalen Parlamente.[1]

Die Vorschrift korrigiert das nicht, formalisiert jedoch die **Beziehungen zwischen der EZB und den Gemeinschaftsorganen** Rat, Kommission und Parlament.[2] Sie verbietet darüber hinausgehende Kontakte auf informeller Ebene nicht. Die festgeschriebenen Rechte und Pflichten markieren aber die **Obergrenze des Zulässigen** im Hinblick auf das Beeinflussungsverbot des Art. 108 Satz 2.

B. EZB und Rat/Kommission

Die Aussprachen in den Sitzungen des EZB-Rates sind vertraulich. Veröffentlicht werden kann allenfalls das Ergebnis der Beratungen (Art. 10.4 ESZB-Satzung). Das Recht des Präsidenten des ECOFIN-Rates und eines Kommissionsmitglieds zur Teilnahme an

---

1 Ausführlich zu den damit verbundenen Problemen F. *Amtenbrink*, The Democratic Accountability of Central Banks, 1999.
2 Vgl. dazu Nr. 12 der Entschließung des Europäischen Rates vom 13.12.1997 über die wirtschaftspolitische Koordinierung in der dritten Stufe der WWU und zu den Artikeln 109 und 109b des EG-Vertrags, ABl.EG 1998, Nr. C 35/1.

den Sitzungen, das eine vorherige Information über die Tagesordnung einschließt,[3] erlaubt einen tiefen **Einblick in die Meinungsbildung** im EZB-Rat. Die beiden Externen haben zwar kein Stimmrecht, wohl aber ein Rederecht. Dem Ratspräsidenten räumt Abs. 1 UAbs. 2 sogar ein Antragsrecht ein.

4 Die zulässige Einflußnahme entspricht insoweit den Möglichkeiten, die das Bundesbankgesetz der Bundesregierung im Zentralbankrat der Bundesbank gewährt. Das aufschiebende Veto des § 13 Abs. 2 Satz 2 BBankG, das es der Bundesregierung bis zur **Änderung des Bundesbankgesetzes**[4] im Dezember 1997 erlaubte, eine Aussetzung der Beschlußfassung bis zu zwei Wochen zu verlangen, kennt das Gemeinschaftsrecht im Verhältnis zwischen EZB-Rat und Gemeinschaftsorganen nicht.[5]

5 Abs. 2 ermöglicht es dem EZB-Präsidenten, seinerseits an Tagungen des ECOFIN-Rates teilzunehmen. Die Einladung dazu muß ergehen,[6] dies allerdings nur dann, wenn dort Fragen erörtert werden, die Ziele und Aufgaben des ESZB betreffen. Zur Teilnahme ist der EZB-Präsident grundsätzlich nicht verpflichtet.

C. Berichtspflichten

6 Abs. 3 verpflichtet die EZB, einen **Jahresbericht** vorzulegen. Adressaten sind die Gemeinschaftsorgane Parlament, Rat und Kommission. Der Bericht wird außerdem dem Europäischen Rat unterbreitet. Dem Rat und dem Parlament legt der EZB-Präsident diesen Bericht persönlich vor. Zusätzliche Berichtspflichten ergeben sich aus Art. 15 ESZB-Satzung. Danach erstellt und veröffentlicht die EZB **mindestens vierteljährliche Tätigkeitsberichte** sowie wöchentlich einen **konsolidierten Ausweis**. Alle Berichte und Ausweise sind für Interessenten kostenlos erhältlich (Art. 15.4 ESZB-Satzung).

D. EZB und Parlament

7 Die Beziehungen zwischen der EZB und dem Europäischen Parlament beschränken sich nicht auf die Vorlage des Jahresberichts durch den EZB-Präsidenten.[7] Das Parlament hat die Möglichkeit, auf der Grundlage dieses Berichts eine **allgemeine Aussprache** durchzuführen. Zumindest einmal im Jahr kann deshalb die Arbeit des ESZB ausführlich im Plenum zur Sprache kommen. In diesem Zusammenhang steht Art. 108 Satz 2 Stellungnahmen und Resolutionen des Parlaments nicht entgegen, die Entscheidungen der EZB-Beschlußorgane kritisieren. Das Verbot der Einflußnahme enthebt die EZB nicht parlamentarischer Kritik.

8 Das Parlament hat darüber hinaus das Recht, den EZB-Präsidenten oder die anderen Direktoriumsmitglieder in den zuständigen Ausschüssen anzuhören. Damit korrespon-

---

3 R. *Stadler*, Der rechtliche Handlungsspielraum des Europäischen Systems der Zentralbanken, 1996, S. 160
4 Sechstes Gesetz zur Änderung des Gesetzes über die Deutsche Bundesbank vom 22.12.1997, BGBl. I, S. 3274, Art. 1 Nr. 8.
5 Dazu R. *Smits*, The European Central Bank, 1997, S. 171. *Stadler* (Fn. 3), S. 161.
6 Vgl. *Stadler* (Fn. 3), S. 162.
7 Zu den Kontakten zwischen ESB und Parlament vgl. H. J. *Hahn*, Rechenschaftspflicht der Europäischen Zentralbank, in: FS-Schiedermair, 2001, S. 749 (765 ff.); P. *Magnette*, Towards »Accountable Independence«? Parliamentary Controls of the European Central Bank and the Rise of a New Democratic Model, ELR 6 (2000), S. 326.

diert – allerdings nur im Rahmen vernünftiger Terminplanung – deren Pflicht zum Erscheinen und zur Stellungnahme. Die Mitglieder des Direktoriums haben ihrerseits das Recht, auf eigene Initiative hin gehört zu werden.

Abs. 3 regelt die Möglichkeiten des Parlaments, sich mit dem ESZB zu befassen, nicht abschließend. Es kann sich auch unabhängig von dem Bericht der EZB mit einschlägigen Themen befassen und (rechtlich unverbindliche) Beschlüsse fassen. Die Einsetzung eines **Untersuchungsausschusses** nach Art. 193 erscheint ebenso möglich wie die Beschäftigung mit währungspolitischen Fragen aufgrund von **Petitionen** nach Art. 194.[8]

E. Verhältnis zu Stellen der Mitgliedstaaten

Die Vorschrift regelt nur die Beziehungen zu den Gemeinschaftsorganen. Mitgliedern der EZB-Beschlußorgane können von den Mitgliedstaaten keine entsprechenden Pflichten auferlegt werden. Das nationale Recht kann jedoch das Verhältnis zwischen dem Mitgliedstaat und seiner nationalen Zentralbank regeln. Insoweit kann die bisherige **deutsche Rechtslage**, die keine organisierten Kontakte zwischen Bundesbank und Bundestag vorsieht,[9] nicht als Maßstab für das gemeinschaftsrechtlich Erlaubte dienen. Deshalb wäre es auch hierzulande zulässig, ähnliche Teilnahmerechte, Berichtspflichten und Anhörungsrechte vorzusehen. Die Grenze bildet Art. 108; die Unabhängigkeit der nationalen Zentralbank und ihrer Beschlußorgane muß stets gewahrt bleiben.

In seinem **Konvergenzbericht vom März 1998** hat das EWI versucht, diese Grenze näher zu bestimmen. Als unzulässig bezeichnet es das Recht, Weisungen zu erteilen; das Recht, Entscheidungen zu genehmigen, auszusetzen, aufzuheben und aufzuschieben; das Recht, Entscheidungen aus rechtlichen Gründen zu zensieren; das Recht, in Beschlußorganen einer nationalen Zentralbank mit Stimmrecht vertreten zu sein, sowie das Recht, bei Entscheidungen vorab konsultiert zu werden. Der **Dialog zwischen den nationalen Zentralbanken und den politischen Instanzen** des betreffenden Mitgliedstaats sei demgegenüber mit Gemeinschaftsrecht vereinbar, solange die Unabhängigkeit gewahrt bleibe.[10]

---

8 Vgl. *T. Weikart*, Der Vertrag von Maastricht und das Grundgesetz, RiA 1993, S. 1 (10).
9 Vgl. *J.-V. Louis*, The Project of a European Central Bank, in: Stuyck (Hrsg.), Financial and Monetary Integration in the European Economic Community, 1993, S. 13 (24).
10 EWI, Konvergenzbericht, März 1998, S. 308 ff. Vgl. auch *M. Herdegen*, in Maunz/Dürig (Hrsg.), GG, Art. 88 (Bearbeitung Juni 1998), Rn. 58.

Art. 114 EG-Vertrag

Art. 114 (ex-Art. 109c)

(1) Um die Koordinierung der Politiken der Mitgliedstaaten in dem für das Funktionieren des Binnenmarkts erforderlichen Umfang zu fördern, wird ein Beratender Währungsausschuß eingesetzt.[1 ff.]
Dieser hat die Aufgabe,[3 ff.]
- die Währungs- und Finanzlage der Mitgliedstaaten und der Gemeinschaft sowie den allgemeinen Zahlungsverkehr der Mitgliedstaaten zu beobachten und dem Rat und der Kommission regelmäßig darüber Bericht zu erstatten;
- auf Ersuchen des Rates oder der Kommission oder von sich aus Stellungnahmen an diese Organe abzugeben;
- unbeschadet des Artikels 207 an der Vorbereitung der in Artikel 59, Artikel 60, Artikel 99 Absätze 2, 3, 4 und 5, Artikel 100, Artikel 102, Artikel 103, Artikel 104, Artikel 116 Absatz 2, Artikel 117 Absatz 6, Artikel 119, Artikel 120, Artikel 121 Absatz 2 sowie Artikel 122 Absatz 1 genannten Arbeiten des Rates mitzuwirken;
- mindestens einmal jährlich die Lage hinsichtlich des Kapitalverkehrs und der Freiheit des Zahlungsverkehrs, wie sie sich aus der Anwendung dieses Vertrags und der Maßnahmen des Rates ergeben, zu prüfen; die Prüfung erstreckt sich auf alle Maßnahmen im Zusammenhang mit dem Kapital- und Zahlungsverkehr; der Ausschuß erstattet der Kommission und dem Rat Bericht über das Ergebnis dieser Prüfung.
Jeder Mitgliedstaat sowie die Kommission ernennen zwei Mitglieder des Währungsausschusses.

(2) Mit Beginn der dritten Stufe wird ein Wirtschafts- und Finanzausschuß eingesetzt.[7]
Der in Absatz 1 vorgesehene Währungsausschuß wird aufgelöst.
Der Wirtschafts- und Finanzausschuß hat die Aufgabe,[7 f.]
- auf Ersuchen des Rates oder der Kommission oder von sich aus Stellungnahmen an diese Organe abzugeben;
- die Wirtschafts- und Finanzlage der Mitgliedstaaten und der Gemeinschaft zu beobachten und dem Rat und der Kommission regelmäßig darüber Bericht zu erstatten, insbesondere über die finanziellen Beziehungen zu dritten Ländern und internationalen Einrichtungen;
- unbeschadet des Artikels 207 an der Vorbereitung der in Artikel 59, Artikel 60, Artikel 99 Absätze 2, 3, 4 und 5, Artikel 100, Artikel 102, Artikel 103, Artikel 104, Artikel 105 Absatz 6, Artikel 106 Absatz 2, Artikel 107 Absätze 5 und 6, Artikel 111, Artikel 119, Artikel 120 Absätze 2 und 3, Artikel 122 Absatz 2, Artikel 123 Absätze 4 und 5 genannten Arbeiten des Rates mitzuwirken und die sonstigen ihm vom Rat übertragenen Beratungsaufgaben und vorbereitenden Arbeiten auszuführen;
- mindestens einmal jährlich die Lage hinsichtlich des Kapitalverkehrs und der Freiheit des Zahlungsverkehrs, wie sie sich aus der Anwendung dieses Vertrags und der Maßnahmen des Rates ergeben, zu prüfen; die Prüfung erstreckt sich auf alle Maßnahmen im Zusammenhang mit dem Kapital- und Zahlungsverkehr; der Ausschuß erstattet der Kommission und dem Rat Bericht über das Ergebnis dieser Prüfung.
Jeder Mitgliedstaat sowie die Kommission und die EZB ernennen jeweils höchstens zwei Mitglieder des Ausschusses.

(3) Der Rat legt mit qualifizierter Mehrheit auf Vorschlag der Kommission und nach Anhörung der EZB und des in diesem Artikel genannten Ausschusses im einzelnen fest, wie sich der Wirtschafts- und Finanzausschuß zusammensetzt. Der Präsident des Rates unterrichtet das Europäische Parlament über diesen Beschluß.

(4) Sofern und solange es Mitgliedstaaten gibt, für die eine Ausnahmeregelung nach den Artikeln 122 und 123 gilt, hat der Ausschuß zusätzlich zu den in Absatz 2 beschriebenen Aufgaben die Währungs- und Finanzlage sowie den allgemeinen Zahlungsverkehr der betreffenden Mitgliedstaaten zu beobachten und dem Rat und der Kommission regelmäßig darüber Bericht zu erstatten.

Inhaltsübersicht:
A. Der Beratende Währungsausschuß 1
B. Der Wirtschafts- und Finanzausschuß 7

A. Der Beratende Währungsausschuß

Die Einsetzung des Beratenden Währungsausschusses ist bereits 1958 auf der Grundlage des Art. 105 Abs. 2 EWGV erfolgt[1]. Der Ausschuß setzt sich zusammen aus jeweils zwei von der Kommission und jedem Mitgliedstaat ernannten Mitgliedern. Es handelt sich um ein **Gremium der Fachleute**, das nicht durch Entscheidungskompetenzen, sondern allein durch Expertenwissen Einfluß gewinnen kann. Auftrag dieses Ausschusses ist es, die Koordinierung der Politiken der Mitgliedstaaten zu fördern. Das gilt allerdings nicht allgemein, sondern nur in dem für das Funktionieren des Binnenmarkts erforderlichen Umfang. 1

Die Tatsache, daß sich die entsprechenden Regelungen in einem gemeinsamen Kapitel des Vertrags mit jenen über den EZB-Rat befinden, stellt vielleicht eine **Verlegenheitslösung** dar, keinesfalls aber einen Hinweis auf eine Art Gleichrangigkeit der beiden Gremien.[2] 2

Die Aufgaben des Beratenden Währungsausschusses erschöpften sich früher in jenen, die Abs. 1 UAbs. 1 und UAbs. 2, 1. und 2. Spstr. nennen. Zum einen geht es darum, die Währungs- und Finanzlage der Mitgliedstaaten und der Gemeinschaft sowie den allgemeinen Zahlungsverkehr der Mitgliedstaaten zu beobachten und dem Rat und der Kommission regelmäßig darüber **Bericht zu erstatten**. 3

Die zweite traditionelle Aufgabe besteht in der Abgabe von Stellungnahmen auf Ersuchen von Rat oder Kommission oder auf eigene Initiative. Gegenstand dieser **Stellungnahmen** kann die Währungs- und Finanzpolitik im weitesten Sinne sein. 4

Der EUV hat dem Ausschuß zusätzliche Aufgaben übertragen. So wirkt er nach Abs. 1 UAbs. 2, 3. Spstr. an zahlreichen Arbeiten des Rates im Zusammenhang mit dem Kapital- und Zahlungsverkehr sowie der WWU mit. Wie die Vorschrift betont, ändern diese Aufgaben aber nichts an der in Art. 207 verankerten Zuständigkeit der **Ständigen Vertreter** der Mitgliedstaaten für die Vorbereitung der Arbeiten des Rates. 5

Als weitere neue Aufgabe nennt Art. 1 UAbs. 2, 4. Spstr. die Erstattung eines jährlichen Berichts an Rat und Kommission auf der Grundlage einer Prüfung der Lage hinsichtlich des Kapitalverkehrs und der Freiheit des Zahlungsverkehrs. 6

---

1 S. die Satzung des Ausschusses, ABl.EG 1958, Nr. 17/390. Vgl. dazu C. *Köster*, Das Recht der europäischen Währungspolitiken, 1990, S. 40 ff.
2 Vgl. W. *Schill*, in: Lenz, EGV, Art. 115, Rn. 4.

B. Der Wirtschafts- und Finanzausschuß

7 Mit dem Beginn der dritten Stufe der WWU trat gemäß Abs. 2 ein Wirtschafts- und Finanzausschuß an die Stelle des Beratenden Währungsausschusses. Er setzt sich zusammen aus jeweils höchstens zwei von der Kommission, der EZB und jedem Mitgliedstaat ernannten Mitgliedern. Seine Aufgaben ähneln denen seines Vorgängers, sind aber – wie schon sein Name ausdrückt – weiter gefaßt. Beobachtete der Beratende Währungsausschuß die **Währungs- und Finanzlage**, so erstreckt sich die entsprechende Aufgabe des Wirtschafts- und Finanzausschusses auf die **Wirtschafts- und Finanzlage**. Besonders erwähnt sind insoweit die finanziellen Beziehungen zu dritten Ländern und internationalen Einrichtungen. In gleichem Maße dürfte sich die Aufgabe, Stellungnahmen abzugeben, erweitert haben.

8 Die Liste jener Arbeiten des Rates, an denen der Ausschuß mitwirken soll, ist nun an die nach Eintritt der Gemeinschaft in die dritte Stufe veränderte Situation angepaßt. Die Aufgabe, die Lage des Kapitalverkehrs und die Freiheit des Zahlungsverkehrs zu prüfen und darüber Bericht zu erstatten, bleibt unverändert.

9 Mit Beschluß vom 31. 12. 1998 hat der Rat die Satzung des Wirtschafts- und Finanzausschusses angenommen.[3] Kurz zuvor hat er auf der Grundlage von Abs. 3 die Zusammensetzung des Ausschusses näher geregelt.[4] Danach ernennen die Mitgliedstaaten, die Kommission und die EZB jeweils zwei Mitglieder »aus einem Kreis von Personen mit herausragender Sachkunde im Wirtschafts- und Finanzbereich«. Die von den Mitgliedstaaten ernannten Mitglieder werden »aus den Reihen hoher Beamter der Regierung und der nationalen Zentralbank ausgewählt«.

---

3 Beschluß des Rates vom 31.12.1998 über die Satzung des Wirtschafts- und Finanzausschusses, ABl.EG 1999 Nr. L 5/71.
4 Beschluß des Rates vom 21.12.1998 über die Einzelheiten der Zusammensetzung des Wirtschafts- und Finanzausschusses, ABl.EG 1998 Nr. L 358/109.

Art. 115 (ex-Art. 109d)

Bei Fragen, die in den Geltungsbereich von Artikel 99 Absatz 4, Artikel 104 mit Ausnahme von Absatz 14, Artikel 111, Artikel 121, Artikel 122 und Artikel 123 Absätze 4 und 5 fallen,[5] kann der Rat oder ein Mitgliedstaat die Kommission ersuchen, je nach Zweckmäßigkeit eine Empfehlung oder einen Vorschlag zu unterbreiten.[1 ff.] Die Kommission prüft dieses Ersuchen und unterbreitet dem Rat umgehend ihre Schlußfolgerungen.[3]

Zu den wesentlichen Kompetenzen der Kommission gehört ihr meist monopolartiges Initiativrecht im Zusammenhang mit der Tätigkeit des Rates. Ohne ihren Vorschlag oder ihre Empfehlung können viele Ratsentscheidungen nicht ergehen. Das theoretische Blockadepotential ist deshalb erheblich.[1] Art. 115 sieht nun zumindest ein förmliches Verfahren vor, das es dem Rat und den Mitgliedstaaten erlaubt, die Kommission offiziell zur Vorlage einer Empfehlung oder eines Vorschlags im Hinblick auf bestimmte Entscheidungen und Rechtsakte des Rates aufzufordern. 1

Art. 208, der dem Rat ein allgemeines Recht zu Aufforderungen an die Kommission gibt, tritt hinter dieser spezielleren Vorschrift zurück. Unklar bleibt allerdings, ob die Vorschrift die Anwendung des Art. 208 im Bereich der Wirtschafts- und Währungsunion nicht sogar völlig ausschließt. Wollte man die Erwähnung des Rates hier nicht für überflüssig halten, dürfte sich jedenfalls ein solcher Ausschluß für den ausdrücklich erwähnten Art. 104 Abs. 14 ergeben. 2

Die Kommission ist zwar nicht verpflichtet, dem Ersuchen des Rates nachzukommen; sie muß es jedoch prüfen und ihr Verhalten umgehend gegenüber dem Rat rechtfertigen.[2] Soweit die Kommission durch ihr Verhalten Vertragspflichten verletzt, schließt diese Regelung eine Untätigkeitsklage nach Art. 232 nicht aus.[3] 3

Die Entschließung über den Stabilitäts- und Wachstumspakt,[4] die der Europäische Rat am 17.6.1997 in Amsterdam verabschiedet hat, belegt, daß die vorhandenen Instrumente nicht als ausreichend angesehen werden. Im Hinblick auf die Haushaltsdisziplin des Art. 104 enthält diese Entschließung politische Leitlinien, die Mitgliedstaaten, Kommission und Rat zu bestimmten Verhaltensweisen verpflichten sollen. Sie betreffen u.a. auch die Ausübung des Initiativrechts der Kommission.[5] Diese Leitlinien mögen ein – hoffentlich wirksames – Mittel sein, um die Effizienz des Verfahrens nach Art. 104 zu steigern. Rechtlich verbindlich sind sie jedoch nicht (s. Art. 104, Rn. 92). 4

Die erwähnten Vorschriften betreffen Empfehlungen an einen Mitgliedstaat, dessen Wirtschaftspolitik nicht mit den vom Rat erstellten Grundzügen vereinbar ist (Art. 99 Absatz 4); Maßnahmen im Zusammenhang der Haushaltsdisziplin mit Ausnahme bestimmter Rechtsakte (Art. 104); Vereinbarungen und Währungsabkommen (Art. 111); den Übergang zur dritten Stufe der WWU (Art. 121); Ausnahmeregelungen für Mit- 5

---

1 J.-V. Louis, Perspectives of the EMU after Maastricht, in: Stuyck (Hrsg.), Financial and Monetary Integration in the European Economic Community, 1993, S. 1 (8), sieht in dieser Vorschrift einen Ausdruck mangelnden Vertrauens einiger Mitgliedstaaten zur Kommission.
2 Vgl. M. Potacs, in: Schwarze, EU-Kommentar, Art. 115 EGV, Rn. 1; B. Smulders, in: GTE, EGV, Art. 109d, Rn. 1.
3 Zur umstrittenen Frage der Verpflichtung der Kommission im Rahmen des Art. 208 vgl. M. Schweitzer, in: Grabitz/Hilf, EU, Art. 152, Rn. 3.
4 ABl.EG 1997 Nr. C 236/1.
5 Vgl. M. Schulze-Steinen, Rechtsfragen zur Wirtschaftsunion, 1998, S. 257.

gliedstaaten, die noch nicht an der dritten Stufe teilnehmen können (Art. 122); die endgültige Fixierung der Wechselkurse, sonstige Maßnahmen zur Einführung der einheitlichen Währung sowie Maßnahmen im Zusammenhang mit dem späteren Eintritt von Mitgliedstaaten (Art. 123 Abs. 4 und 5).

Kapitel 4
Übergangsbestimmungen

Art. 116 (ex-Art. 109e)

(1) Die zweite Stufe für die Verwirklichung der Wirtschafts- und Währungsunion beginnt am 1. Januar 1994.[1, 5]

(2) Vor diesem Zeitpunkt wird
a) jeder Mitgliedstaat
  – soweit erforderlich, geeignete Maßnahmen erlassen, um die Beachtung der Verbote sicherzustellen, die in Artikel 56 sowie Artikel 101 und Artikel 102 Absatz 1 niedergelegt sind;[3]
  – erforderlichenfalls im Hinblick auf die unter Buchstabe b vorgesehene Bewertung mehrjährige Programme festlegen, die die für die Verwirklichung der Wirtschafts- und Währungsunion notwendige dauerhafte Konvergenz, insbesondere hinsichtlich der Preisstabilität und gesunder öffentlicher Finanzen, gewährleisten sollen;[4]
b) der Rat auf der Grundlage eines Berichtes der Kommission die Fortschritte bei der Konvergenz im Wirtschafts- und Währungsbereich, insbesondere hinsichtlich der Preisstabilität und gesunder öffentlicher Finanzen, sowie bei der Umsetzung der gemeinschaftlichen Rechtsvorschriften über den Binnenmarkt bewerten.[4]

(3) Artikel 101, Artikel 102 Absatz 1, Artikel 103 Absatz 1 und Artikel 104 mit Ausnahme der Absätze 1, 9, 11 und 14 gelten ab Beginn der zweiten Stufe. Artikel 100 Absatz 2, Artikel 104 Absätze 1, 9 und 11, Artikel 105, Artikel 106, Artikel 108, Artikel 111, Artikel 112, Artikel 113 und Artikel 114 Absätze 2 und 4 gelten ab Beginn der dritten Stufe.[8]

(4) In der zweiten Stufe sind die Mitgliedstaaten bemüht, übermäßige öffentliche Defizite zu vermeiden.[6]

(5) In der zweiten Stufe leitet jeder Mitgliedstaat, soweit angezeigt, nach Artikel 109 das Verfahren ein, mit dem die Unabhängigkeit seiner Zentralbank herbeigeführt wird.[7]

Inhaltsübersicht:

A. Die erste Stufe	1
B. Die zweite Stufe	5
C. Geltung anderer Vorschriften	8

A. Die erste Stufe

Die Art. 116 ff. regeln den Übergang zur zweiten und zur dritten Stufe der WWU. Der Stufenplan ist damit nur unvollständig im EGV wiedergegeben. Den Beginn der ersten Stufe legte schon der Europäische Rat in Madrid am 26./27.6.1989 auf den **1.7.1990** fest[1] (zur Vorgeschichte s. Art. 4, Rn. 20 ff.).   1

---

1 Tagung des Europäischen Rates in Madrid am 26./27.6.1989, Schlußfolgerungen des Vorsitzes, unter B. Wirtschafts- und Währungsunion, *H. Krägenau/W. Wetter*, Europäische Wirtschafts- und Währungsunion, 1993, Dok. 29, S. 157. Vgl. dazu *J. Siebelt*, Auf dem Wege zur Europäischen Währungsunion, in: Siedentopf (Hrsg.), Europäische Integration und nationalstaatliche Verwaltung, 1991, S. 43 (60).

2   Der EGV wiederholt diese Festsetzung für den Start der ersten Stufe der Währungsunion nicht, sondern geht stillschweigend davon aus[2]. Das wohl wichtigste Ereignis der ersten Stufe war die **Festschreibung des ECU-Währungskorbes** gemäß Art. 118 Abs. 1. Weitere Vorschriften, die schon seit dem Inkrafttreten des EUV gelten, haben bereits vorher bestehende Regelungen modifiziert oder dienten der Vorbereitung der zweiten Stufe.[3]

3   Abs. 2 enthält Verpflichtungen der Mitgliedstaaten, die bis zum Ende der ersten Stufe zu erfüllen waren. Lit. a, 1. Spstr. nennt insoweit den Erlaß geeigneter Maßnahmen, um die Beachtung der Verbote von Beschränkungen des Kapital- und Zahlungsverkehrs (Art. 56), der Gewährung von Zentralbankkrediten an Gemeinschaft und Mitgliedstaaten (Art. 101) sowie des bevorrechtigten Zugangs zu Finanzinstituten (Art. 102 Abs. 1) sicherzustellen. Diese Maßnahmen mußten nicht zwingend in der Änderung entgegenstehenden nationalen Rechts bestehen. Eine entsprechende **Rechtsanpassung** schreibt Art. 109 nämlich erst bis zum Zeitpunkt der Errichtung des ESZB vor. Ausreichend war es deshalb, die tatsächliche Beachtung der Verbote sicherzustellen.

4   Abs. 2 lit. a, 2. Spstr. schrieb außerdem die Vorlage mehrjähriger Konvergenzprogramme vor. Diese Programme der Mitgliedstaaten waren eine wichtige Grundlage des von Abs. 2 lit. b vorgesehenen Berichts der Kommission, der es dem Rat ermöglichen sollte, die Konvergenzfortschritte sowie die Fortschritte hinsichtlich der Umsetzung der gemeinschaftsrechtlichen Vorschriften über den Binnenmarkt zu bewerten.[4]

B. Die zweite Stufe

5   Abs. 1 legt den Beginn der zweiten Stufe auf den **1.1.1994** fest. Mit dieser Terminierung folgten die Vertragsparteien einer Entscheidung, die der Europäische Rat bereits auf einer Sondertagung am 27./28.10.1990 in Rom gefaßt hatte.[5] Der Eintritt in diese zweite Stufe erfolgte automatisch durch bloßen Zeitablauf.[6] Obwohl gerade die Bundesbank zuvor gefordert hatte, den »Übergang in eine weitere Stufe (sei es in eine etwaige Übergangsstufe oder in die Endstufe) nicht von bestimmten Zeitplänen, sondern ausschließlich von der Erfüllung vorher festgelegter wirtschaftlicher und wirtschaftspolitischer Voraussetzungen abhängig«[7] zu machen, waren sachliche Voraussetzungen nicht zu erfüllen.[8] Wie die erste diente die zweite Stufe vor allem der **Vorbereitung des Übergangs zur einheitlichen europäischen Währung,** der erst mit dem Beginn der dritten Stufe, der Endstufe, am 1.1.1999 erfolgt ist.

---

2   H. J. *Hahn,* Der Vertrag von Maastricht als völkerrechtliche Übereinkunft und Verfassung, 1992, S. 42; A. *Weber,* Die Wirtschafts- und Währungsunion nach dem Maastricht-Urteil des BVerfG, JZ 1994, S. 53 (54).
3   Vgl. R. *Stadler,* Der rechtliche Handlungsspielraum des Europäischen Systems der Zentralbanken, 1996, S. 63 ff.
4   Vgl. dazu R. *Bandilla,* in: Grabitz/Hilf, EU, Art. 109e, Rn. 4.
5   Vgl. Schlußfolgerungen des Vorsitzes, Bull.EG 1990, 1333 (1334).
6   Deutsche Bundesbank, Stellungnahme der Deutschen Bundesbank zur Errichtung einer Wirtschafts- und Währungsunion in Europa, Monatsbericht Oktober 1990, S. 41 (45).
7   U. *Hartmann,* Europäische Union und die Budgetautonomie der deutschen Länder, 1994, S. 36; A. Weber (Fn. 2), S. 55.
8   U. *Hartmann,* Europäische Union und die Budgetautonomie der deutschen Länder, 1994, S. 36; A. Weber, Fn. 2), S. 55.

Im Hinblick darauf, daß die Rechtspflicht der Mitgliedstaaten aus Art. 104 Abs. 1, 6
übermäßige öffentliche Defizite zu vermeiden, erst mit dem Beginn der dritten Stufe
eintrat, legte Abs. 4 den Mitgliedstaaten während der zweiten Stufe (nur) eine **Bemühenspflicht** auf.

Abs. 5 verpflichtete die Mitgliedstaaten außerdem, in der zweiten Stufe das Verfahren 7
zu der nach Art. 109 vorgeschriebenen **Rechtsanpassung** einzuleiten, um die
Unabhängigkeit der jeweiligen Zentralbank herbeizuführen. Diese zusätzliche Mahnung wäre eigentlich nicht nötig gewesen, läßt sich doch die Verpflichtung aus Art. 109
ohnehin nur während der zweiten Stufe erfüllen.

C. Geltung anderer Vorschriften

Abs. 3 legt die Gültigkeit einer Reihe von Bestimmungen ab dem Beginn der zweiten 8
Stufe (UAbs. 1) oder der dritten Stufe (UAbs. 2) fest. Vorschriften des Titels zur Wirtschafts- und Währungspolitik, die hier nicht erwähnt werden, gelten seit dem Inkrafttreten des EUV am 1.11.1993. Das betrifft demnach die Art. 98, 99, 100 Abs. 1, 102
Abs. 2, 103 Abs. 2, 104 Abs. 14, 107, 109, 110, 114 Abs. 1 und 3 sowie 116 bis 124.

Art. 117 (ex-Art. 109f)

(1) Zu Beginn der zweiten Stufe wird ein Europäisches Währungsinstitut (im folgenden als »EWI« bezeichnet) errichtet[1] und nimmt seine Tätigkeit[2] auf; es besitzt Rechtspersönlichkeit und wird von einem Rat geleitet und verwaltet[6]; dieser besteht aus einem Präsidenten und den Präsidenten der nationalen Zentralbanken, von denen einer zum Vizepräsidenten bestellt wird.
Der Präsident wird von den Regierungen der Mitgliedstaaten auf der Ebene der Staats- und Regierungschefs auf Empfehlung des Rates des EWI und nach Anhörung des Europäischen Parlaments und des Rates einvernehmlich ernannt[6 f.]. Der Präsident wird aus dem Kreis der in Währungs- oder Bankfragen anerkannten und erfahrenen Persönlichkeiten ausgewählt. Nur Staatsangehörige der Mitgliedstaaten können Präsident des EWI sein. Der Rat des EWI ernennt den Vizepräsidenten.
Die Satzung des EWI ist in einem diesem Vertrag beigefügten Protokoll festgelegt[8].

(2) Das EWI hat die Aufgabe[9],
- die Zusammenarbeit zwischen den nationalen Zentralbanken zu verstärken;
- die Koordinierung der Geldpolitiken der Mitgliedstaaten mit dem Ziel zu verstärken, die Preisstabilität aufrechtzuerhalten;
- das Funktionieren des Europäischen Währungssystems zu überwachen;
- Konsultationen zu Fragen durchzuführen, die in die Zuständigkeit der nationalen Zentralbanken fallen und die Stabilität der Finanzinstitute und -märkte berühren;
- die Aufgaben des Europäischen Fonds für währungspolitische Zusammenarbeit, der aufgelöst wird, zu übernehmen; die Einzelheiten der Auflösung werden in der Satzung des EWI festgelegt;
- die Verwendung der ECU zu erleichtern und deren Entwicklung einschließlich des reibungslosen Funktionierens des ECU-Verrechnungssystems zu überwachen.

(3) Bei der Vorbereitung der dritten Stufe hat das EWI die Aufgabe[10 ff.],
- die Instrumente und Verfahren zu entwickeln, die zur Durchführung einer einheitlichen Geld- und Währungspolitik in der dritten Stufe erforderlich sind[10];
- bei Bedarf die Harmonisierung der Bestimmungen und Gepflogenheiten auf dem Gebiet der Erhebung, Zusammenstellung und Weitergabe statistischer Daten in seinem Zuständigkeitsbereich zu fördern;
- die Regeln für die Geschäfte der nationalen Zentralbanken im Rahmen des ESZB auszuarbeiten;
- die Effizienz des grenzüberschreitenden Zahlungsverkehrs zu fördern;
- die technischen Vorarbeiten für die ECU-Banknoten zu überwachen.
Das EWI legt bis zum 31. Dezember 1996 in regulatorischer, organisatorischer und logistischer Hinsicht den Rahmen fest, den das ESZB zur Erfüllung seiner Aufgaben in der dritten Stufe benötigt.[11] Dieser wird der EZB zum Zeitpunkt ihrer Errichtung zur Beschlußfassung unterbreitet.

(4) Das EWI kann mit der Mehrheit von zwei Dritteln der Mitglieder seines Rates
- Stellungnahmen oder Empfehlungen zu der allgemeinen Orientierung der Geld- und der Wechselkurspolitik der einzelnen Mitgliedstaaten sowie zu deren diesbezüglichen Maßnahmen abgeben[13];
- den Regierungen und dem Rat Stellungnahmen oder Empfehlungen zu Maßnahmen unterbreiten, die die interne oder externe Währungssituation in der Gemeinschaft und insbesondere das Funktionieren des Europäischen Währungssystems beeinflussen könnten;
- den Währungsbehörden der Mitgliedstaaten Empfehlungen zur Durchführung ihrer Währungspolitik geben.

(5) Das EWI kann einstimmig beschließen, seine Stellungnahmen und Empfehlungen zu veröffentlichen[13].

(6) Das EWI wird vom Rat zu allen Vorschlägen für Rechtsakte der Gemeinschaft in seinem Zuständigkeitsbereich angehört.

Innerhalb der Grenzen und unter den Bedingungen, die der Rat mit qualifizierter Mehrheit auf Vorschlag der Kommission und nach Anhörung des Europäischen Parlaments und des EWI festlegt, wird das EWI von den Behörden der Mitgliedstaaten zu allen Entwürfen für Rechtsvorschriften in seinem Zuständigkeitsbereich angehört[14].

(7) Der Rat kann auf Vorschlag der Kommission und nach Anhörung des Europäischen Parlaments und des EWI diesem durch einstimmigen Beschluß weitere Aufgaben im Rahmen der Vorbereitung der dritten Stufe übertragen[12].

(8) In den Fällen, in denen dieser Vertrag eine beratende Funktion für die EZB vorsieht, ist vor der Errichtung der EZB unter dieser das EWI zu verstehen[15 f.].

(9) Für die Dauer der zweiten Stufe bezeichnet der Ausdruck »EZB« in den Artikeln 230, 232, 233, 234, 237 und 288 das EWI.

Inhaltsübersicht:

A.	Errichtung des Europäischen Währungsinstituts	1
B.	Struktur des EWI	4
C.	Aufgaben	9
D.	Liquidation	11

A. Errichtung des Europäischen Währungsinstituts

Die Errichtung des Europäischen Währungsinstituts (EWI) stellte die **wesentliche institutionelle Neuerung** der zweiten Stufe dar[1]. Der Delors-Bericht (dazu s. Art. 4, Rn. 28) hatte vorgeschlagen, in dieser Stufe schon ein Europäisches Zentralbanksystem zu errichten[2]. Davon nahmen die Parteien des EUV aber bewußt Abstand[3]. Gerade die Deutsche Bundesbank hatte gewarnt, die Schaffung eines solchen Systems bereits zu diesem Zeitpunkt könnte eine **kompetenzrechtliche Grauzone** entstehen lassen[4]. Die

1

---

1 Vgl. *R. Stadler*, Der rechtliche Handlungsspielraum des Europäischen Systems der Zentralbanken, 1996, S. 69.
2 Bericht zur Wirtschafts- und Währungsunion in der EG, vorgelegt vom Ausschuß zur Prüfung der Wirtschafts- und Währungsunion am 12.4.1989, Ziffer 57. Abgedruckt bei *H. Krägenau/ W. Wetter*, Europäische Wirtschafts- und Währungsunion, 1993, Dok. 28, S. 146 ff., sowie in EA 1989, S. D 283 ff. Vgl. *E. Gnan/A. Schubert*, Was bringt die zweite Stufe der Europäischen Wirtschafts- und Währungsunion?, ÖBA 1994, S. 47 (48); *H. J. Hahn/U. Häde*, Europa im Wartestand: Bemerkungen zur Währungsunion, FS-Everling, 1995, S. 381 (383).
3 *B. Wahlig*, Rechtliche Fragen zur Errichtung einer Europäischen Währungsunion, in: Gramlich/ Weber/Zehetner (Hrsg.), Auf dem Wege zur Europäischen Währungsunion, 1992, S. 37 (41). Vgl. auch *J.-V. Louis*, A Legal and Institutional Approach for Building a Monetary Union, CML-Rev. 35 (1998), S. 33 (35 ff.).
4 Deutsche Bundesbank, Monatsbericht Februar 1992, S. 45 (54); *J. W. Gaddum*, Europäische Währungsunion – Aus der Sicht der Deutschen Bundesbank, Kreditwesen 1992, S. 46 (48); *H. Tietmeyer*, Deutsche Geldpolitik im internationalen Zusammenhang, Sparkasse 1994, S. 6 (9); ders., Europäische Währungsunion, Bitburger Gespräche, Jahrbuch 1991/1, 1991, S. 37 (47).

Art. 117 EG-Vertrag

Errichtung des EWI als eine Art Vorläufer der für die Endstufe geplanten EZB stellte einen **Kompromiß** dar zwischen dem völligen Verzicht auf institutionelle Änderungen und der Errichtung des Zentralbanksystems schon zu diesem Zeitpunkt[5].

2 Die befürchtete Grauzone sollte dadurch vermieden werden, daß die **Währungshoheit** während der zweiten Stufe vollständig bei den Mitgliedstaaten verblieb[6]. Das ergab sich aus Art. 3.1 der EWI-Satzung, der festschrieb, daß das EWI seine Aufgaben »unbeschadet der Verantwortlichkeit der für die Geldpolitik in den einzelnen Mitgliedstaaten zuständigen Behörden« erfüllte.

3 Art. 13 EWI-Satzung sah vor, daß die Entscheidung über den Sitz des EWI bis Ende 1992 fallen sollte. Da man sich nicht so bald einigen konnte, beschlossen die Staats- und Regierungschefs erst während der Sitzung des Europäischen Rates in Brüssel am 29.10.1993, daß das EWI seinen **Sitz in Frankfurt am Main** haben sollte[7].

B. Struktur des EWI

4 Bereits 1964 wurde auf der Grundlage des Art. 105 Abs. 1 Satz 2 EWGV ein »**Ausschuß der Präsidenten der Zentralbanken** der Mitgliedstaaten der Europäischen Wirtschaftsgemeinschaft« geschaffen[8]. In 102a Abs. 2 Satz 2 EWGV erfolgte 1987 eine zusätzliche primärrechtliche Verankerung[9]. An die Stelle dieses Ausschusses, der aufgelöst wurde[10], trat das EWI. Das EWI übernahm außerdem nach Art. 1.3 EWI-Satzung auch Aktiva und Passiva des ebenfalls aufgelösten **Europäischen Fonds für währungspolitische Zusammenarbeit** (EFWZ).

5 Mitglieder des EWI waren die Zentralbanken aller Mitgliedstaaten einschließlich des Luxemburgischen Währungsinstituts (Art. 1.2 EWI-Satzung). Abs. 1 UAbs. 1 erkannte dem EWI **Rechtspersönlichkeit** zu; näheres dazu regelte Art. 14 EWI-Satzung.

---

5 So *P. Bofinger*, Das EWI – eine Bauruine?, WiSt 1994, S. 53; *K. Habermeier/H. Ungerer*, A Single Currency for the European Community, Finance & Development, September 1992, S. 26 (29); *A. Kees*, Maastricht – Vorentscheidung für eine europäische Währung, in: Gramlich/Weber/Zehetner (Fn. 3), S. 19 (21); *J.-V. Louis*, Perspectives of the EMU after Maastricht, in: Stuyck (Hrsg.), Financial and Monetary Integration in the European Economic Community, 1993, S. 1 (5); *F. Snyder*, EMU – Metaphor for European Union?, Institutions, Rules, Types of Regulation, in: Dehousse (Hrsg.), Europe after Maastricht, 1994, S. 63 (74).

6 *H. Hauser*, Die Ergebnisse von Maastricht zur Schaffung einer Wirtschafts- und Währungsunion, Aussenwirtschaft 47 (1992), S. 151 (153); *L. O. Michaelis*, Der Weg zur Währungsunion nach dem Vertrag von Maastricht, JA 1996, S. 987 (989); *H. Nietschke*, Die Währungsunion – eine Gefahr für die Stabilität der Währung?, in: Seidl-Hohenveldern/Schrötter (Hrsg.), Vereinte Nationen, Menschenrechte und Sicherheitspolitik – Völkerrechtliche Fragen zu internationalen Konfliktbegrenzungen, 1994, S. 197 (223).

7 Schlußfolgerungen des Vorsitzes, Anlage II, Bull.EG 10/1993, S. 12. *N. Van Tuong*, L'Institut monétaire européen, RDS 1994, S. 259, versteht diese Entscheidung als Kompensation für den absehbaren Verlust der Deutschen Mark.

8 Näher dazu *C. Köster*, Das Recht der europäischen Währungspolitiken, 1990, S. 37 ff.; *R. Smits*, in: GTE, EWGV, 4. Aufl., 1991, Art. 105, Rn. 24 ff.

9 Vgl. *D. Bankier*, Der Ausschuß der EG-Notenbankgouverneure, Berichte und Studien der Oesterreichischen Nationalbank, Heft 3/1993, S. 53; *H. J. Hahn/J. Siebelt*, Zur Autonomie einer künftigen Europäischen Zentralbank, DÖV 1989, S. 233 (237); dies., in: Hb.EUWirtR, Abschnitt F.I, Rn. 8.

10 Art. 117 (109f) Abs. 1 UAbs. 4 EGV in der ursprünglichen Fassung. Dieser UAbs. wurde durch Abschnitt I Nr. 56 lit. b) des Vertrags von Amsterdam als hinfällig gewordene Bestimmung gestrichen.

Das einzige Beschlußorgan des EWI war der Rat, der aus den Zentralbankpräsidenten 6
aller Mitgliedstaaten bestand. Hinzu kam ein **hauptamtlicher EWI-Präsident**, der – anders als der Vizepräsident – nicht gleichzeitig Präsident einer nationalen Zentralbank war. Er mußte Staatsangehöriger eines Mitgliedstaats sein und wurde – wie der Präsident der EZB gemäß Art. 112 Abs. 2 lit. b) – nicht von einem Gemeinschaftsorgan, sondern von den Regierungen der Mitgliedstaaten auf der Ebene der Staats- und Regierungschefs ausgewählt und einvernehmlich ernannt[11].

Seine Ernennung erfolgte beim ersten Mal aufgrund einer Empfehlung des Ausschusses 7
der Zentralbankpräsidenten, später des EWI-Rates. Für die Ernennung des Vizepräsidenten war der Rat des EWI zuständig (Art. 1 UAbs. 2 Satz 4). Präsident und Vizepräsident wurden für eine Amtszeit von drei Jahren ernannt (Art. 9.2 EWI-Satzung). Eine wiederholte Ernennung war nicht ausgeschlossen.

Nähere Bestimmungen zur Verwaltung des EWI und zum EWI-Rat fanden sich in der 8
Satzung des Europäischen Währungsinstituts, die dem EGV als Protokoll Nr. 19 beigefügt ist.[12]

C. Aufgaben

Die Abs. 2 und 3 legte die Aufgaben des EWI fest. Abs. 2 nennt zunächst die Verstär- 9
kung der Zusammenarbeit zwischen den nationalen Zentralbanken und der Koordinierung der Geldpolitiken der Mitgliedstaaten. Hinzu kamen die Überwachung des Funktionierens des EWS sowie das Durchführen von Konsultationen im Hinblick auf die Stabilität der Finanzinstitute- und -märkte. Das EWI übernahm außerdem die Aufgaben des bisherigen institutionellen Kerns des Europäischen Währungssystems[13], des EFWZ. Abs. 2 erwähnt nach dem 6. Spstr. schließlich die Aufgabe, die Verwendung der ECU zu erleichtern und deren Entwicklung zu überwachen.

Abs. 3 nennt die Aufgaben des EWI bei der Vorbereitung der dritten Stufe der WWU. 10
Besonders wichtig war hier die **Entwicklung der Instrumente und Verfahren**, die zur Durchführung einer einheitlichen Geld- und Währungspolitik in der dritten Stufe erforderlich sind (1. Spstr.)[14]. Im Rahmen dieser Vorbereitungsarbeiten legte das Europäische Währungsinstitut 1997 zwei Berichte mit dem Titel »Die einheitliche Geldpolitik in Stufe 3« vor (näher dazu s. Art. 105., Rn. 7 ff.)[15]. Die Entscheidungen über Strategie und Instrumentarium der Geldpolitik traf dann aber der EZB-Rat.

D. Liquidation

Unmittelbar nach der Errichtung der EZB zum 1.6.1998 wurde das EWI auf der 11
Grundlage von Art. 123 Abs. 2 liquidiert.

---

11 Vgl. »Von den Regierungen der Mitgliedstaaten der Europäischen Gemeinschaft auf der Ebene der Staats- und Regierungschefs einvernehmlich gefaßter Beschluß« vom 11.12.1993 zur Ernennung des Präsidenten des Europäischen Währungsinstituts, ABl.EG 1993, Nr. L 319/53. Vgl. auch die folgenden Beschlüsse vom 12.12.1996, ABl.EG 1996 Nr. L 335/46 und 47.
12 Vgl. dazu die Kommentierung von *H. K. Scheller*, in: GTE, EGV, nach Art. 109 f.
13 So *H. J. Hahn/J. Siebelt*, in: Hb.EUWirtR, Abschnitt F.I, Rn. 18.
14 *B. Goos*, Das EWI – Aufgaben und Perspektiven, WM 1996, S. 1293.
15 EWI, Die einheitliche Geldpolitik in Stufe 3, Festlegung des Handlungsrahmens, Januar 1997, und Allgemeine Regelungen für die geldpolitischen Instrumente und Verfahren des ESZB, September 1997.

Art. 118 (ex-Art. 109g)

Die Zusammensetzung des ECU-Währungskorbs[2 ff.] wird nicht geändert[4].
Mit Beginn der dritten Stufe wird der Wert der ECU[1, 5 ff.] nach Artikel 123 Absatz 4 unwiderruflich festgesetzt[9 ff.].

Inhaltsübersicht:

A. Der ECU-Währungskorb	1
B. Funktionen der ECU	5
C. Die unwiderrufliche Festsetzung	9

A. Der ECU-Währungskorb

1 Auf der Grundlage verschiedener Rechtsakte der Gemeinschaft und der Mitgliedstaaten[1] (s. Art. 124, Rn. 4) trat am 13.3.1979 das **Europäische Währungssystem (EWS)** in Kraft. Zentraler Punkt des EWS sollte die Europäische Währungseinheit (European Curreny Unit, ECU) sein[2]. Zu Beginn des EWS war sie nach Wert und Zusammensetzung identisch mit der 1974 eingeführten und von ihr abgelösten[3] Europäischen Recheneinheit (ERE).

2 Die ECU war keine eigenständige Währung, sondern eine **abstrakte Werteinheit**[4]. Sie setzte sich als Währungskorb aus Anteilen der Währungen der Mitgliedstaaten zusammen und war definiert als Summe der Beträge dieser Währungsanteile. Ursprünglich war festgelegt, die Zusammensetzung des Währungskorbes alle fünf Jahre zu überprüfen und gegebenenfalls zu ändern[5]. Durch solche Änderungen in den Jahren 1979, 1984 und 1989 konnten Anteile von Währungen neuer Mitgliedstaaten (Griechenland, Spanien, Portugal) aufgenommen werden[6]. Zugleich war es auf diese Weise möglich, Wertverschiebungen durch Veränderungen der Wechselkurse der beteiligten Währungen Rechnung zu tragen.

3 Die letzte Änderung erfolgte durch die **Verordnung (EWG) Nr. 1971/89** des Rates vom 19. 6. 1989[7]. Seither setzt sich die ECU aus den folgenden Währungsanteilen zusammen[8]: 0,6242 DM (30,1%), 1,332 FF (19%), 0,08784 UKL (13%), 151,8 LIT (10,15%), 0,2198 HFL (9,4%), 3,301 BFR (7,6%), 0,130 LFR (0,3%), 6,885 PTA (5,3%), 0,1976 DKR (2,45%), 0,008552 IRL (1,1%), 1,440 DRA (0,8%) und 1,393 ESC (0,8%).

---

1 Näher dazu *H. J. Hahn*, Das Europäische Währungssystem, EuR 1979, S. 337 (338 f.); ders., Währungsrecht, 1990, S. 181 ff.; ders./*J. Siebelt*, in: Hb.EUWirtR, Abschnitt F.I, Rn. 13 f.
2 Vgl. die Entschließung des Europäischen Rates vom 5.12.1978 über die Errichtung des Europäischen Währungssystems (EWS) und damit zusammenhängende Fragen, Abschnitt A Nr. 2.1., abgedruckt u.a. in EA 1979, S. D 124.
3 Vgl. Art. 1 der Verordnung (EWG) Nr. 3180/78 des Rates vom 18.12.1978 zur Änderung des Wertes der vom Europäischen Fonds für währungspolitische Zusammenarbeit verwendeten Rechnungseinheit, ABl.EG 1978 Nr. L 379/1.
4 Vgl. *S. Bürger*, Überlegungen zur Verwendung von Rechnungseinheiten nach deutschem Geld- und Währungsrecht, FS-Werner, 1984, S. 67 (71); *Staudinger-K. Schmidt*, BGB, 13. Bearbeitung, 1997, Vorbem. zu §§ 244 ff., Rn. 4 f.
5 So Ziffer 2.3 der Entschließung des Europäischen Rates vom 5.12.1978 (Fn. 2).
6 Vgl. den Überblick in: Deutsche Bundesbank, Devisenkursstatistik, Mai 1993, S. 79 ff.
7 ABl.EG 1989 Nr. L 189/1.
8 Vgl. die Mitteilung der Kommission, Neue Zusammensetzung der Ecu, ABl.EG 1989 Nr. C 241/1.

Mit dem Inkrafttreten des EUV am 1.11.1993 wurde diese **Zusammensetzung** durch 4
Abs. 1 **festgeschrieben**. Davon versprach man sich eine Stabilisierung und »Härtung«
der ECU[9]. Änderungen waren danach nicht mehr möglich. Neu beigetretene Staaten
konnten zwar am Wechselkursmechanismus des EWS teilnehmen, der Währungskorb
erfuhr jedoch keine Erweiterung durch Anteile ihrer Währungen. Die VO 3180/78
wurde deshalb durch die »Verordnung (EG) Nr. 3320/94 des Rates vom 22.12.1994
zur Kodifizierung der geltenden Rechtsvorschriften der Gemeinschaft zur Definition
der Ecu nach Inkrafttreten des Vertrages über die Europäische Union«[10] aufgehoben.

B. Funktionen der ECU

Im EWS fand die ECU in verschiedener Weise Verwendung[11]. Sie diente als Bezugsgrö- 5
ße für den Wechselkursmechanismus, als Grundlage für einen Abweichungsindikator,
als Rechengröße für Operationen im Interventions- und im Kreditmechanismus sowie
als Instrument für den Saldenausgleich zwischen den Währungsbehörden der Gemeinschaft[12].

Diese offiziellen ECU wurden früher vom **Europäischen Fonds für währungspolitische** 6
Zusammenarbeit (EFWZ) gegen Hinterlegung von Gold und Dollarreserven geschaffen[13]. Am 1.1.1994 übernahm das EWI die Aufgaben des EFWZ (Art. 117 Abs. 2,
5. Spstr.)[14]. Im Rahmen der Gemeinschaften und auch darüber hinaus fand die ECU
außerdem als Recheneinheit Verwendung[15].

Als Schöpfung privatrechtlicher Verträge entstand daneben die »**private**« ECU. So gab 7
es (oder gibt es u.U. noch) ECU-Anleihen, ECU-Schuldverschreibungen oder ECU-
Schecks[16]. Verbindlichkeiten in ECU bezogen sich nicht zwangsläufig, aber in der Regel
auf die Definition der offiziellen ECU. Das jeweilige nationale Recht der Mitgliedstaaten behandelte die ECU unterschiedlich. In einigen Mitgliedstaaten hatte sie den Status
einer **Fremdwährung**. In Deutschland galt sie nicht als Währung, sondern nur als **Recheneinheit**[17]. Die Deutsche Bundesbank behandelte ECU-Forderungen deshalb grund-

---

9 Vgl. *R. Bandilla*, in: Grabitz/Hilf, EU, Art. 109g, Rn. 4; *J. Siebelt*, Echo: Das Europäische Währungssystem, JuS 1994, S. 448.
10 ABl.EG 1994 Nr. L 350/27; ihrerseits inzwischen mit Wirkung vom 1.1.1999 aufgehoben durch Art. 2 Abs. 2 der VO (EG) Nr. 1103/97 des Rates vom 17.6.1997 über bestimmte Vorschriften im Zusammenhang mit der Einführung des Euro, ABl.EG 1997 Nr. L 162/1.
11 Näher dazu und zur Funktionsweise des EWS C. *Köster*, Das Recht der europäischen Währungspolitiken, 1990, S. 6 ff.; ders., Institutionelle Veränderungen auf dem Weg zu einer Europäischen Wirtschafts- und Währungsunion, in: Peter/Rhein (Hrsg.), Wirtschaft und Recht, 1989, S. 35 (43 ff.); *H. Lesch*, Europa auf dem Weg zur Währungsunion: Ursachen und Lehren der EWS-Krise, 1994, S. 8 ff.
12 Abschnitt A Nr. 2.2 der Entschließung des Europäischen Rates vom 5.12.1978 (Fn. 2).
13 Ebd, Nr. 3.8. Vgl. auch *J. Siebelt*, Deutsches Devisenrecht 1914, 1958, 1989 – Von der Zwangswirtschaft zur ordnungspolitischen Rahmenregelung, in: Hahn (Hrsg.), Geldverfassung und Ordnungspolitik, 1989, S. 225 (286).
14 Vgl. dazu EWI, Jahresbericht 1997, 1998, S. 89.
15 Art. 1 des Beschlusses des Rates (80/11/EWG, EURATOM, EGKS) vom 16.12.1980 zur Änderung der Haushaltsordnung vom 27.12.1979 hinsichtlich der Verwendung der ECU im Gesamthaushaltsplan der Europäischen Gemeinschaften, ABl.EG 1980 Nr. L 345/23. Vgl. auch *J. Siebelt/U. Häde*, Die ECU im deutschen Recht, NJW 1992, S. 10.
16 Näher dazu *Siebelt* (Fn. 13), S. 287 ff. Vgl. auch *K. Schmidt*, ECU-Schecks und ECU-Wechsel, ZHR 159 (1995), S. 96.
17 Vgl. *L. Gramlich*, Die ECU – Fremdwährung in der Bundesrepublik Deutschland, Vorträge, Reden und Berichte aus dem Europa-Institut Nr. 138, 1988, S. 19.

sätzlich als **indexierte DM-Verbindlichkeiten**[18]. In der Praxis näherte sich die Stellung der ECU jedoch auch hierzulande der einer Fremdwährung deutlich an; ihrer Verwendung standen allerdings spezielle Hindernisse im Wege[19].

8 Insbesondere die Kommission versuchte lange Zeit, die **Verwendung der privaten ECU** – gewissermaßen zur Vorbereitung der geplanten ECU-Währung – zu forcieren und Hindernisse zu beseitigen[20]. Art. 117 Abs. 2, 6. Spstr. zählte es noch zu den Aufgaben des EWI, »die Verwendung der ECU zu erleichtern und deren Entwicklung einschließlich des reibungslosen Funktionierens des ECU-Verrechnungssystems zu überwachen«. Die Begeisterung für die ECU ließ jedoch spätestens mit der Entscheidung, die neue Währung »Euro« zu nennen (s. Art. 4, Rn. 31), deutlich nach. Im Vordergrund stand deshalb nicht mehr die Beseitigung von Verwendungshindernissen, sondern die Überwachung des von der ECU Banking Association (EBA) betriebenen Verrechnungs- und Saldenausgleichssystems für private ECU[21].

C. Die unwiderrufliche Festsetzung

9 Unveränderbar festgelegt wurde nur die **Zusammensetzung des Währungskorbs**, nicht aber der **Wert der ECU**; denn Wechselkursverschiebungen zwischen den beteiligten Währungen waren nach wie vor möglich[22]. So war die ECU am 20.9.1989 noch 2,07361 DM wert. Am 11. 11. 1997 betrug ihr Wert demgegenüber nur noch 1,97235 DM[23]. Eine unwiderrufliche Festsetzung des Wertes der ECU erfolgte erst zum Beginn der dritten Stufe der WWU am 1.1.1999 nach Art. 123 Abs. 4, worauf Abs. 2 hinweist.

10 Nachdem der Europäische Rat von Madrid der künftigen Währung den Namen »Euro« gegeben hatte, wurde auch durch die geänderte Bezeichnung deutlich, daß nicht die Währungskorb-ECU zur eigenständigen und dann einheitlichen Währung der teilnehmenden Mitgliedstaaten werden würde. Seit der Festlegung der Bezeichnung »Euro« für die neue Währung in Art. 2 der **Verordnung 974/98** (s. dazu Art. 123 Rn. 36 ff.) ist diese Entscheidung auch rechtsverbindlich.[24] Den offiziellen ECU-Währungskorb gibt es daher seit dem 1.1.1999 nicht mehr[25]. Seine Funktionen hat im **Wechselkursmechanismus II**, der die Beziehungen der Währung der teilnehmenden zu

---

18 *J. Siebelt*, Die ECU, JuS 1996, S. 6 (8). Vgl. auch Deutsche Bundesbank, Mitteilung Nr. 1002/90, Eingehung von Verbindlichkeiten, die in der Europäischen Währungseinheit ECU oder dem Sonderziehungsrecht des Internationalen Währungsfonds (SZR) ausgedrückt sind, vom 5.1.1990, BAnz. Nr. 3/1990, S. 54.
19 Vgl. dazu *Häde/Siebelt* (Fn. 15), S. 13 ff.
20 In diesem Zusammenhang steht das Weißbuch der Kommission mit dem Titel »Beseitigung der rechtlichen Hindernisse für die Verwendung des Ecu« vom 23.12.1992, Dok. SEK (92) 2472 endg. Dazu *U. Häde/L. Eckert*, Rechtliche Hindernisse für die Verwendung der ECU, EuZW 1993, S. 628.
21 Dazu EWI (Fn. 14), S. 80. Zum Verrechnungssystem vgl. auch *M. Lelart*, L'ECU, monnaie de règlement, RMC 1988, 526 (528 ff.); *Siebelt* (Fn. 18), S. 7 f.
22 Deutsche Bundesbank, Die zweite Stufe der Europäischen Wirtschafts- und Währungsunion, Monatsbericht Januar 1994, S. 25 (31); *Siebelt* (Fn. 18), S. 6.
23 Mitteilung der Kommission vom 11.11.1997, ABl.EG 1997 Nr. C 342/1.
24 Eine Individualklage gegen die neue Bezeichnung wies das Gericht erster Instanz mangels individueller Betroffenheit des Klägers als unzulässig ab; vgl. EuG, Rs. T-207/97, 12.3.1998, Slg. 1998, II-509 Rn. 25 Berthu/Rat).
25 Vgl. *R. Bandilla*, in: Grabitz/Hilf, EU, Art. 109g, Rn. 7; *Siebelt* (Fn. 18), S. 9. Dazu auch *U. Häde*, Währungsintegration mit abgestufter Geschwindigkeit, FS-Hahn, 1997, S. 141 (152 f.).

den Währungen der nicht teilnehmenden Mitgliedstaaten regelt (s. Art. 124, Rn. 9), der Euro übernommen.

Auch ohne den Namenswechsel hätte die einheitliche Währung aber **keine bloße Fortsetzung der alten ECU** darstellen können[26]. Zwischen der abstrakten Wert- und Rechnungseinheit einerseits sowie der anvisierten eigenständigen Währung bestand von vornherein ein deutlicher **qualitativer Unterschied**[27]. 11

---

26 H *Booysen*, A Future Currency ECU, JWT 28 (6/1994), S. 83 (95).
27 U. *Häde*, Die Europäische Wirtschafts- und Währungsunion und ihr Bargeld, WM 1993, S. 2031 (2035).

Art. 119 (ex-Art. 109h)

(1) Ist ein Mitgliedstaat[1 f.] hinsichtlich seiner Zahlungsbilanz von Schwierigkeiten[1 ff.] betroffen oder ernstlich bedroht, die sich entweder aus einem Ungleichgewicht seiner Gesamtzahlungsbilanz[3] oder aus der Art der ihm zur Verfügung stehenden Devisen ergeben, und sind diese Schwierigkeiten geeignet, insbesondere das Funktionieren des Gemeinsamen Marktes oder die schrittweise Verwirklichung der gemeinsamen Handelspolitik zu gefährden[6], so prüft die Kommission unverzüglich die Lage dieses Staates sowie die Maßnahmen[7], die er getroffen hat oder unter Einsatz aller ihm zur Verfügung stehenden Mittel nach diesem Vertrag treffen kann. Die Kommission gibt die Maßnahmen an, die sie dem betreffenden Staat empfiehlt.
Erweisen sich die von einem Mitgliedstaat ergriffenen und die von der Kommission angeregten Maßnahmen als unzureichend, die aufgetretenen oder drohenden Schwierigkeiten zu beheben, so empfiehlt die Kommission dem Rat nach Anhörung des in Artikel 114 bezeichneten Ausschusses einen gegenseitigen Beistand und die dafür geeigneten Methoden[8 ff.].
Die Kommission unterrichtet den Rat regelmäßig über die Lage und ihre Entwicklung.

(2) Der Rat gewährt den gegenseitigen Beistand mit qualifizierter Mehrheit; er erläßt Richtlinien oder Entscheidungen, welche die Bedingungen und Einzelheiten hierfür festlegen[10 ff.]. Der gegenseitige Beistand kann insbesondere[11] erfolgen
a) durch ein abgestimmtes Vorgehen bei anderen internationalen Organisationen, an die sich die Mitgliedstaaten wenden können;
b) durch Maßnahmen, die notwendig sind, um Verlagerungen von Handelsströmen zu vermeiden, falls der in Schwierigkeiten befindliche Staat mengenmäßige Beschränkungen gegenüber dritten Ländern beibehält oder wieder einführt;
c) durch Bereitstellung von Krediten in begrenzter Höhe seitens anderer Mitgliedstaaten; hierzu ist ihr Einverständnis erforderlich.

(3) Stimmt der Rat dem von der Kommission empfohlenen gegenseitigen Beistand nicht zu oder sind der gewährte Beistand und die getroffenen Maßnahmen unzureichend, so ermächtigt die Kommission den in Schwierigkeiten befindlichen Staat, Schutzmaßnahmen zu treffen, deren Bedingungen und Einzelheiten sie festlegt[13 ff.].
Der Rat kann mit qualifizierter Mehrheit diese Ermächtigung aufheben und die Bedingungen und Einzelheiten ändern.

(4) Unbeschadet des Artikels 122 Absatz 6 endet die Geltungsdauer dieses Artikels zum Zeitpunkt des Beginns der dritten Stufe[1].

Inhaltsübersicht:

A. Zahlungsbilanzschwierigkeiten	1
B. Vertragskonforme Maßnahmen	6
C. Gegenseitiger Beistand	8
D. Schutzmaßnahmen	13

A. Zahlungsbilanzschwierigkeiten

1 Die Art. 119 und 120 sehen Verfahren zur Behebung von Zahlungsbilanzproblemen vor. Sie übernehmen weitgehend den Inhalt der Art. 108 und 109 EWGV. Ausweislich des jeweiligen Abs. 4 gelten diese Vorschriften grundsätzlich nur bis zum Beginn der dritten Stufe der WWU. Seither gibt es nur noch eine **gemeinsame Zahlungsbilanz** der

Mitgliedstaaten, die das Euro-Währungsgebiet bilden, jedoch keine Zahlungsbilanzen der einzelnen Mitgliedstaaten[1].

Etwas anderes gilt allerdings für die nicht teilnehmenden Mitgliedstaaten. Sie verfügen weiterhin über eigene Währungen und somit auch über eigene Zahlungsbilanzen. Nach Art. 122 Abs. 6 finden die Art. 119 und 120 deshalb weiterhin auf die **Mitgliedstaaten mit Ausnahmeregelung** (zu diesem Begriff Art. 122, Rn. 1) Anwendung. Gleiches gilt aufgrund Nr. 6 des Protokolls Nr. 25 für Großbritannien und Nr. 2 des Protokolls Nr. 26 i.V.m. Art. 122 Abs. 6 für Dänemark. 2

Art. 119 betrifft den Fall von Zahlungsbilanzschwierigkeiten; Art. 120 bezieht sich auf Zahlungsbilanzkrisen[2]. In den Wirtschaftswissenschaften versteht man unter **Zahlungsbilanz** die systematische Aufzeichnung aller wirtschaftlichen Transaktionen, die in einem bestimmten Zeitraum zwischen Inländern und Ausländern stattgefunden haben[3]. Die **Gesamtzahlungsbilanz** setzt sich aus verschiedenen Teilbilanzen (insbesondere Leistungsbilanz, Kapitalbilanz und Devisenbilanz) zusammen. Anzustreben ist, daß insgesamt die Zahlungsströme vom Inland in das Ausland und umgekehrt ausgeglichen sind. 3

Zahlungsbilanzschwierigkeiten liegen vor, wenn dieses **außenwirtschaftliche Gleichgewicht**[4] dauerhaft und wesentlich gestört ist. In Ländern mit einem anhaltenden Defizit kommt es zu einem Devisenabfluß, der ihre internationale Zahlungsfähigkeit gefährdet[5]. Gerade solche Schwierigkeiten im Bereich der Devisenbilanz stehen nach Wortlaut und Sinn von Abs. 1 im Vordergrund des hier geregelten Verfahrens[6]. 4

Art. 119 sieht eine abgestufte Folge von Gegenmaßnahmen vor, die mit vertragskonformen Maßnahmen des betroffenen Mitgliedstaats beginnen (Abs. 1), im gegenseitigen Beistand nach Abs. 2 bestehen können und als letztes Mittel vorsehen, den Mitgliedstaat zu von den Vorschriften des EGV abweichenden Schutzmaßnahmen zu ermächtigen (Abs. 3). Treten **Zahlungsbilanzschwierigkeiten** so plötzlich auf, daß dem davon betroffenen Mitgliedstaat ein Vorgehen nach Art. 119 nicht zuzumuten ist, liegt eine **Zahlungsbilanzkrise** vor, in der er nach Art. 120 sofort Schutzmaßnahmen ergreifen kann[7]. Art. 120 regelt damit einen speziellen Fall von Zahlungsbilanzschwierigkeiten. 5

B. Vertragskonforme Maßnahmen

Das Beheben von Zahlungsbilanzschwierigkeiten ist grundsätzlich Sache der Mitgliedstaaten selbst. Eine Zuständigkeit der Gemeinschaft besteht erst dann, wenn bereits eingetretene oder ernstlich drohende Probleme geeignet erscheinen, das Funktionieren des Gemeinsamen Marktes oder die schrittweise Verwirklichung der gemeinsamen Handelspolitik zu gefährden. Es muß also ein **Gemeinschaftsbezug** vorliegen, der we- 6

---

1 Vgl. *H. R. Krämer/R. Bandilla*, in: Grabitz/Hilf, EU, Art. 109h, Rn. 1.
2 Zur Abgrenzung vgl. *K.-D. Horn*, Zahlungsbilanz-Schwierigkeiten und Zahlungsbilanz-Krise nach dem EWG-Vertrag, EuR 1969, S. 37.
3 Vgl. nur *H.-J. Jarchow/P. Rühmann*, Monetäre Außenwirtschaft, I. Monetäre Außenwirtschaftstheorie, 3. Aufl., 1991, S. 15.
4 Vgl. § 1 Stabilitätsgesetz vom 8.6.1967, BGBl. I S. 582.
5 Vgl. *G. Dieckenheuer*, Internationale Wirtschaftsbeziehungen, 3. Aufl., 1995, S. 25; *J. Miller*, Die Europäische Union der zwei Geschwindigkeiten, 1996, S. 95.
6 *H. R. Krämer/R. Bandilla*, in: Grabitz/Hilf, EU, Art. 109h, Rn. 4, 8.
7 Vgl. *M. Zuleeg/J. Amphoux*, in: HER, Art. 108 und 109, Rn. 56.

gen der engen Verflechtung der Mitgliedstaaten bei ernsthaften Zahlungsbilanzschwierigkeiten eines Mitgliedstaats normalerweise zu bejahen sein dürfte[8].

7 In einem solchen Fall untersucht die Kommission von Amts wegen die Lage des betroffenen Mitgliedstaats und prüft, welche **vertragskonformen Maßnahmen**[9] in Betracht kommen könnten. Im Wege einer – nach Art. 249 Abs. 5 unverbindlichen – Empfehlung weist sie den Mitgliedstaat auf mögliche zusätzliche Maßnahmen hin (Abs. 1 UAbs. 1).

C. Gegenseitiger Beistand

8 Wenn sich die Zahlungsbilanzschwierigkeiten nicht durch eigene **vertragskonforme Maßnahmen des Mitgliedstaats** beheben oder abwenden lassen, empfiehlt die Kommission dem Rat nach Anhörung des Ausschusses nach Art. 114 **externe Hilfsmaßnahmen** (Abs. 1 UAbs. 2). Ist schon bei der Prüfung nach UAbs. 1 erkennbar, daß keine geeigneten (zusätzlichen) Maßnahmen des Mitgliedstaats zur Verfügung stehen, kann die Kommission sofort einen solchen gegenseitigen Beistand empfehlen.

9 Das gleiche soll in dringenden Fällen gelten[10]. Dieser weiteren Einschränkung wird man aber nur zustimmen können, soweit der gegenseitige Beistand die Lage besser und schneller stabilisieren kann als etwaige Zusatzmaßnahmen des Mitgliedstaats.

10 Der Rat entscheidet über die Gewährung des gegenseitigen Beistands mit qualifizierter Mehrheit und in Form von Richtlinien oder Entscheidungen. Mögliche **Formen des Beistands** zählt Abs. 2 auf. Das abgestimmte Verhalten bei anderen internationalen Organisationen (lit. a) oder Maßnahmen nach lit. b), um die Verlagerung von Handelsströmen zu vermeiden, dürften zu den weniger gebräuchlicheren Arten der Hilfe gehören. Im Vordergrund stand deshalb zumindest bis Mitte der 70er Jahre die Bereitstellung von **Krediten durch andere Mitgliedstaaten**[11], also ein **einseitiger Beistand**.

11 Wegen der nicht abschließenden Aufzählung ist auch die **Darlehensvergabe durch die Gemeinschaft** selbst nicht ausgeschlossen[12]. Seit 1975 hat sich diese Form der Hilfe zur Hauptform des gegenseitigen Beistands entwickelt. Entsprechende Maßnahmen hat der Rat durch auf Art. 308 EWGV gestützte Verordnungen erlassen.

12 Wenn man auch die Darlehensvergabe an die Mitgliedstaaten für zulässig halten kann, gilt dies jedoch nicht für die in der Praxis übliche Beschaffung der notwendigen Finanzmittel über von der Gemeinschaft begebene **Anleihen**[13]. Für diese und andere Gemein-

---

8 *H. R. Krämer/R. Bandilla*, in: Grabitz/Hilf, EU, Art. 109h, Rn. 9.
9 Vgl. *M. Potacs*, in: Schwarze, EU-Kommentar, Art. 119 EGV, Rn. 3; *M. Zuleeg/J. Amphoux/B. Smulders*, in: GTE, EGV, Art. 109h und 109i, Rn. 24.
10 *H. R. Krämer/R. Bandilla*, in: Grabitz/Hilf, EU, Art. 109h, Rn. 14.
11 Näher dazu *H. R. Krämer/R. Bandilla*, in: Grabitz/Hilf, EU, Art. 109h, Rn. 20; *M. Zuleeg/J. Amphoux*, in: HER, Art. 108 und 109, Rn. 38.
12 *A.A. R. Scheibe*, Die Anleihekompetenzen der Gemeinschaftsorgane nach dem EWG-Vertrag, 1988, S. 373 f.
13 Vgl. die Verordnung (EWG) Nr. 397/75 des Rates vom 17.2.1975 über Gemeinschaftsanleihen, ABl.EG 1975 Nr. L 46/1, sowie die Verordnung (EWG) Nr. 1969/88 des Rates vom 24.6.1988 zur Einführung eines einheitlichen Systems des mittelfristigen Beistands zur Stützung der Zahlungsbilanzen der Mitgliedstaaten, ABl.EG 1988 Nr. L 178/1.

schaftsanleihen findet sich im EGV **keine Rechtsgrundlage**; das Vorgehen des Rates widerspricht insoweit dem Gemeinschaftsrecht[14].

D. Schutzmaßnahmen

Lehnt der Rat eine von der Kommission empfohlene Beistandsmaßnahme ab oder erweist diese sich ebenso wie die vertragskonformen Maßnahmen des von Zahlungsbilanzschwierigkeiten betroffenen Mitgliedstaats als unzureichend, kann die Kommission ihn zu genau bezeichneten Schutzmaßnahmen ermächtigen (Abs. 3). Nach einer Ansicht soll die Kommission die ersten Stufen auslassen dürfen, wenn deren Erfolglosigkeit von vornherein absehbar ist[15]. Das erscheint aber problematisch, weil damit die Entscheidungsbefugnisse des Rates wenigstens zum Teil umgangen werden[16]. Der Rat kann die Ermächtigung allerdings aufheben. Somit bleibt ihm immerhin noch diese Möglichkeit der nachträglichen Einflußnahme. 13

Anders als die Maßnahmen nach Abs. 1 UAbs. 1 handelt es sich bei diesen Schutzmaßnahmen um solche, die von den Bestimmungen des Gemeinschaftsrechts abweichen. Bei der Festlegung der Bedingungen und Einzelheiten wird die Kommission deshalb vor allem darauf achten, die **negativen Auswirkungen auf den Gemeinsamen Markt** so gering wie möglich zu halten. 14

Auch die **Kreditmechanismen im Rahmen des** 1979 errichteten Europäischen Währungssystems (**EWS**) (s. Art. 124, Rn. 7) enthielten zahlungsbilanzstützende Elemente. Möglicherweise ist es darauf zurückzuführen, daß Schutzmaßnahmen seither nicht mehr erforderlich gewesen sind[17]. 15

---

14 Ausführlich dazu *U. Häde*, Finanzausgleich, 1996, S. 463 ff.
15 *H. R. Krämer/R. Bandilla*, in: Grabitz/Hilf, EU, Art. 109h, Rn. 26.
16 Vgl. *M. Zuleeg/J. Amphoux/B. Smulders*, in: GTE, EGV, Art. 109h und 109i, Rn. 41.
17 *H. R. Krämer/R. Bandilla*, in: Grabitz/Hilf, EU, Art. 109h, Rn. 20, 32. Vgl. auch *A. Honrath*, Umfang und Grenzen der Freiheit des Kapitalverkehrs, 1998, S. 161 f.

Art. 120 EG-Vertrag

Art. 120 (ex-Art. 109i)

(1) Gerät ein Mitgliedstaat in eine plötzliche Zahlungsbilanzkrise und wird eine Entscheidung im Sinne des Artikels 119 Absatz 2 nicht unverzüglich getroffen[2], so kann der betreffende Staat vorsorglich die erforderlichen Schutzmaßnahmen ergreifen[1]. Sie dürfen nur ein Mindestmaß an Störungen im Funktionieren des Gemeinsamen Marktes hervorrufen und nicht über das zur Behebung der plötzlich aufgetretenen Schwierigkeiten unbedingt erforderliche Ausmaß hinausgehen[3].

(2) Die Kommission und die anderen Mitgliedstaaten werden über die Schutzmaßnahmen spätestens bei deren Inkrafttreten unterrichtet. Die Kommission kann dem Rat den gegenseitigen Beistand nach Artikel 119 empfehlen.

(3) Nach Stellungnahme der Kommission und nach Anhörung des in Artikel 114 bezeichneten Ausschusses kann der Rat mit qualifizierter Mehrheit entscheiden, daß der betreffende Staat diese Schutzmaßnahmen zu ändern, auszusetzen oder aufzuheben hat.

(4) Unbeschadet des Artikels 122 Absatz 6 endet die Geltungsdauer dieses Artikels zum Zeitpunkt des Beginns der dritten Stufe.

1 Abs. 1 erlaubt einem von einer plötzlichen Zahlungsbilanzkrise (s. Art. 119, Rn. 3) betroffenen Mitgliedstaat, sofort geeignete Schutzmaßnahmen zu treffen, die ohne diese Ermächtigung nicht vertragskonform wären. Dieses »**Notstandsrecht**«[1] setzt allerdings voraus, daß die Entscheidung nach Art. 119 Abs. 2 über die Gewährung eines gegenseitigen Beistands nicht oder nicht rechtzeitig ergeht. Hinzukommen muß – selbstverständlich –, daß geeignete vertragskonforme Maßnahmen des Mitgliedstaats nicht zur Verfügung stehen. Zulässig bleiben die Schutzmaßnahmen nur dann, wenn der Mitgliedstaat die Kommission und die anderen Mitgliedstaaten spätestens bei deren Inkrafttreten davon unterrichtet[2].

2 **Rechtfertigungsgrund** für die Schutzmaßnahmen ist das derzeitige Fehlen einer geeigneten Beistandsmaßnahme, nicht aber deren Nutzlosigkeit[3]. Hält die Kommission den gegenseitigen Beistand für hilfreich, so empfiehlt sie ihn dem Rat. Abs. 2 Satz 2 führt auf diese Weise zurück in die geregelten Bahnen des Art. 119[4]. Der Rat kann statt über den Beistand auch nach Abs. 3 über die Änderung, Aussetzung oder Aufhebung der getroffenen Schutzmaßnahmen entscheiden.

3 Auch ohne solche Einflußnahme dürfen die Schutzmaßnahmen **keine vermeidbaren Störungen** hervorrufen. Erlaubt sind außerdem nur solche Schutzmaßnahmen, die zur Behebung der plötzlich aufgetretenen Zahlungsbilanzschwierigkeiten unbedingt erforderlich sind. Für Maßnahmen, die nicht auf die Behebung der plötzlichen Krise, sondern auf die Überwindung der generellen Zahlungsbilanzschwierigkeiten zielen, ist auf Art. 119 zurückzugreifen[5].

---

1 H. R. Krämer/R. Bandilla, in: Grabitz/Hilf, EU, Art. 109i, Rn. 1.
2 Vgl. EuGH, Verb. Rs. 6 und 11/69, 10.12.1969, Slg. 1969, 523, Rn. 28 ff. (Kommission/Frankreich).
3 Vgl. M. Zuleeg/J. Amphoux/B. Smulders, in: GTE, EGV, Art. 109h und 109i, Rn. 59.
4 Vgl. M. Zuleeg/J. Amphoux, in: HER, Art. 108 und 109, Rn. 64 ff.
5 H. R. Krämer/R. Bandilla, in: Grabitz/Hilf, EU, Art. 109i, Rn. 9. Vgl. auch A. Honrath, Umfang und Grenzen der Freiheit des Kapitalverkehrs, 1998, S. 193 ff.

Art. 121 (ex-Art. 109j)

(1) Die Kommission und das EWI berichten dem Rat, inwieweit die Mitgliedstaaten bei der Verwirklichung der Wirtschafts- und Währungsunion ihren Verpflichtungen bereits nachgekommen sind[1 ff.]. In ihren Berichten wird auch die Frage geprüft, inwieweit die innerstaatlichen Rechtsvorschriften der einzelnen Mitgliedstaaten einschließlich der Satzung der jeweiligen nationalen Zentralbank mit Artikel 108 und Artikel 109 dieses Vertrags sowie der Satzung des ESZB vereinbar sind[3]. Ferner wird darin geprüft, ob ein hoher Grad an dauerhafter Konvergenz erreicht ist[4]; Maßstab hierfür ist, ob die einzelnen Mitgliedstaaten folgende Kriterien erfüllen[5 ff.]:
– Erreichung eines hohen Grades an Preisstabilität[6 ff.], ersichtlich aus einer Inflationsrate, die der Inflationsrate jener – höchstens drei[8] – Mitgliedstaaten nahe kommt, die auf dem Gebiet der Preisstabilität das beste Ergebnis erzielt haben;
– eine auf Dauer tragbare Finanzlage der öffentlichen Hand, ersichtlich aus einer öffentlichen Haushaltslage ohne übermäßiges Defizit im Sinne des Artikels 104 Absatz 6[9 ff.];
– Einhaltung der normalen Bandbreiten[15] des Wechselkursmechanismus des Europäischen Währungssystems seit mindestens zwei Jahren[17 ff.] ohne Abwertung gegenüber der Währung eines anderen Mitgliedstaats[13 ff.];
– Dauerhaftigkeit der von dem Mitgliedstaat erreichten Konvergenz und seiner Teilnahme am Wechselkursmechanismus des Europäischen Währungssystems, die im Niveau der langfristigen Zinssätze zum Ausdruck kommt[24].
Die vier Kriterien in diesem Absatz sowie die jeweils erforderliche Dauer ihrer Einhaltung sind in einem diesem Vertrag beigefügten Protokoll[9] näher festgelegt. Die Berichte der Kommission und des EWI berücksichtigen auch die Entwicklung der ECU, die Ergebnisse bei der Integration der Märkte, den Stand und die Entwicklung der Leistungsbilanzen, die Entwicklung bei den Lohnstückkosten und andere Preisindizes.

(2) Der Rat beurteilt auf der Grundlage dieser Berichte auf Empfehlung der Kommission mit qualifizierter Mehrheit,
– ob die einzelnen Mitgliedstaaten die notwendigen Voraussetzungen für die Einführung einer einheitlichen Währung erfüllen,
– ob eine Mehrheit der Mitgliedstaaten die notwendigen Voraussetzungen für die Einführung einer einheitlichen Währung erfüllt,
und empfiehlt seine Feststellungen dem Rat, der in der Zusammensetzung der Staats- und Regierungschefs[26 f.] tagt. Das Europäische Parlament wird angehört und leitet seine Stellungnahme dem Rat in der Zusammensetzung der Staats- und Regierungschefs zu[28 f.].

(3) Unter gebührender Berücksichtigung der Berichte nach Absatz 1 sowie der Stellungnahme des Europäischen Parlaments nach Absatz 2 verfährt der Rat, der in der Zusammensetzung der Staats- und Regierungschefs tagt, spätestens am 31. Dezember 1996 mit qualifizierter Mehrheit wie folgt:
– er entscheidet auf der Grundlage der in Absatz 2 genannten Empfehlungen des Rates, ob eine Mehrheit der Mitgliedstaaten die notwendigen Voraussetzungen für die Einführung einer einheitlichen Währung erfüllt;
– er entscheidet, ob es für die Gemeinschaft zweckmäßig ist, in die dritte Stufe einzutreten;
sofern dies der Fall ist[30],
– bestimmt er den Zeitpunkt für den Beginn der dritten Stufe[30].

(4) Ist bis Ende 1997 der Zeitpunkt für den Beginn der dritten Stufe nicht festgelegt worden, so beginnt die dritte Stufe am 1. Januar 1999[40 ff.]. Vor dem 1. Juli 1998 bestä-

tigt der Rat,[31 ff.] der in der Zusammensetzung der Staats- und Regierungschefs tagt, nach einer Wiederholung des in den Absätzen 1 und 2 – mit Ausnahme von Absatz 2 zweiter Gedankenstrich – vorgesehenen Verfahrens unter Berücksichtigung[34] der Berichte nach Absatz 1 sowie der Stellungnahme des Europäischen Parlaments mit qualifizierter Mehrheit auf der Grundlage der Empfehlungen des Rates nach Absatz 2, welche Mitgliedstaaten die notwendigen Voraussetzungen[36 ff.] für die Einführung einer einheitlichen Währung erfüllen.

Inhaltsübersicht:

A. Die Berichte von Kommission und EZB	1
B. Die Konvergenzkriterien	4
I. Niedrige Inflationsrate	5
II. Auf Dauer tragbare Finanzlage der öffentlichen Hand	8
III. Einhaltung der normalen Bandbreiten des EWS	12
1. Die »normalen« Bandbreiten	12
2. Teilnahme am Wechselkursmechanismus	16
a) Teilnahme als Bedingung	16
b) Folgeprobleme	19
IV. Niveau der langfristigen Zinssätze	22
V. Stabilitätsziel als Auslegungsgrundsatz	23
C. Die Entscheidung vom 3. Mai 1998	24
D. Die Entscheidungsverfahren	30

A. Die Berichte von Kommission und EZB

1   Die Vorschrift bezieht sich direkt nur auf die erstmalige Entscheidung darüber, welche Mitgliedstaaten die notwendigen Voraussetzungen für die Einführung der einheitlichen Währung erfüllen. Diese Entscheidung hat der Rat am 3.5.1998 getroffen (s.u. Rn. 24). Damit haben sich die Abs. 2–4 erledigt. Abs. 1 behält demgegenüber seine Bedeutung. Denn Art. 122 Abs. 2, der die Grundlage für die Einführung des Euro in weiteren Mitgliedstaaten bildet, verweist auf das in Abs. 1 geregelte Verfahren. Jeder der Mitgliedstaaten wird daher nach wie vor daran gemessen, ob er die in Abs. 1 genannten Kriterien erfüllt.

2   Die wesentliche Grundlage der Ratsentscheidung nach Art. 122 Abs. 2 über die Mitgliedstaaten, die die einheitliche Währung einführen, bilden demnach zwei Berichte, die die Kommission und die EZB zum gleichen Gegenstand, aber unabhängig voneinander erstellen. Die Berichte beurteilen, ob und inwieweit die Mitgliedstaaten ihren Verpflichtungen auf dem Weg zur WWU nachgekommen sind. Abs. 1 teilt den **Pflichtinhalt** der Berichte in drei Gruppen ein. Hinsichtlich der beiden ersten Gruppen bestehen Prüfaufträge. Die dritte Gruppe ist (nur) zu berücksichtigen.

3   Der erste Prüfauftrag bezieht sich auf die **Anpassung der nationalen Rechtsvorschriften**. Hier geht es um die Erfüllung der in Art. 109 zusammengefaßten Pflicht der Mitgliedstaaten, ihr Recht im Zusammenhang mit der WWU dem Gemeinschaftsrecht anzupassen. Zu erwähnen sind insbesondere die Entlassung der Zentralbank in die Unabhängigkeit[1] sowie das Umsetzen der Verbote aus den Art. 101 bis 104. Der zweite Prüfauftrag betrifft die Frage, ob ein **hoher Grad an dauerhafter Konvergenz** erreicht ist. Maßstab dafür sind die vier Konvergenzkriterien, näher definiert im »Protokoll über

---

1   Dazu B. *Wahlig*, Die Unabhängigkeit der nationalen Zentralbanken als institutionelles Kriterium für den Eintritt in die dritte Stufe der europäischen Währungsunion, FS-Hahn, 1997, S. 265.

die Konvergenzkriterien nach Artikel 121 des Vertrages zur Gründung der Europäischen Gemeinschaft«, das dem EGV als Nr. 21 beigefügt ist. Zu berücksichtigen sind in den Berichten außerdem weitere ökonomische Daten, die Abs. 1 UAbs. 2 Satz 2 nicht abschließend aufzählt.

B. Die Konvergenzkriterien

Wesentlich für die Qualifikation eines Mitgliedstaats für die Einführung der einheitlichen Währung sind die vier Konvergenzkriterien des Abs. 1 UAbs. 1 Satz 3. Der Regelungsaufwand, den die Maastrichter Vertragsparteien in Abs. 1 und dem Protokoll über die Konvergenzkriterien getrieben haben, unterstreicht deren herausgehobene Position. Inhaltlich zielen die Kriterien auf **wirtschaftliche Annäherung auf hohem Niveau** als Voraussetzung einer auf Preisstabilität angelegten Währungsunion. Die **zentrale Bedeutung der Preisstabilität** für das ganze Projekt WWU ließe es auch rechtlich nicht zu, einem Mitgliedstaat die Einführung der einheitlichen Währung zu gestatten, der die Konvergenzkriterien eklatant verletzt[2]. 4

I. Niedrige Inflationsrate

Das erste Kriterium betrifft die Preisstabilität selbst. Reif für eine stabilitätsorientierte Währungsunion ist nur ein Mitgliedstaat, der bereits vorher einen an niedrigen Inflationsraten erkennbaren **hohen Grad an Preisstabilität** erreicht hat. Art. 1 des Protokolls über die Konvergenzkriterien konkretisiert dieses erste Kriterium dahin, daß ein Mitgliedstaat eine anhaltende Preisstabilität und eine während des letzten Jahres vor der Prüfung gemessene durchschnittliche Inflationsrate aufweisen muß, die um nicht mehr als 1,5% über der Inflationsrate der höchstens drei Mitgliedstaaten liegt, die hier das beste Ergebnis erreicht haben. 5

Die Vertragsparteien haben somit **keine absolute Grenze** festgelegt. Sie definieren den hohen Grad an Preisstabilität nur im Vergleich der Mitgliedstaaten untereinander. Es besteht demnach die – allerdings eher theoretische – Gefahr, daß sehr hohe Inflationsraten als akzeptabel gelten, weil die drei besten Mitgliedstaaten ebenfalls hohe Werte aufweisen[3]. Ob die zusätzliche Forderung nach anhaltender Preisstabilität in Art. 1 des Protokolls dem wirksam entgegenwirken könnte, bleibt fraglich. 6

Weder der Vertrag noch das Protokoll beantworten außerdem die Frage nach der **Vergleichsbasis** hinreichend exakt[4]. Die Formulierung »höchstens drei« ließe es sowohl zu, allein das Ergebnis des erfolgreichsten Mitgliedstaats als Ausgangspunkt zu wählen als 7

---

2 Ähnlich *R. Stadler*, Der rechtliche Handlungsspielraum des Europäischen Systems der Zentralbanken, 1996, S. 81. Vgl. auch *H. Kortz*, Die Entscheidung über den Übergang in die Endstufe der Wirtschafts- und Währungsunion, 1996, 158; *W. H. Roth*, Der rechtliche Rahmen der Wirtschafts- und Währungsunion, EuR, Beiheft 1/1994, S. 45 (55).
3 Vgl. nur *G. Aschinger*, Ist die Währungsunion realisierbar?, in: Zohlnhöfer (Hrsg.), Europa auf dem Wege zur Politischen Union?, 1996, S. 49 (59); *R. Jochimsen*, Die Europäische Wirtschafts- und Währungsunion, ebd., S. 9 (24); *P. J. Tettinger*, Weg frei für die Europäische Währungsunion?, RIW Beilage 3 zu Heft 12/1992, S. 4.
4 Das kritisieren z.B. *T. Straubhaar/C. Schmidt*, Der Weg zur Europäischen Währungsunion zwischen ökonomischer Kritik, rechtlicher Verbindlichkeit und politischer Realität, in: Zohlnhöfer (Fn. 3), S. 89 (94 f.).

auch den Durchschnitt der drei besten Mitgliedstaaten.[5] Hier räumen die Vorschriften einen gewissen Spielraum ein, dessen Nutzung allerdings dem **Stabilitätsziel** nicht zuwiderlaufen darf. Die Werte von drei Mitgliedstaaten dürfen deshalb nur herangezogen werden, wenn sie relativ nah beieinander liegen[6].

II. Auf Dauer tragbare Finanzlage der öffentlichen Hand

8 Mit dem zweiten Konvergenzkriterium bringen die Vertragsparteien zum Ausdruck, daß sie einen engen Zusammenhang zwischen der **Haushaltspolitik** und der Währungspolitik sehen. Die geforderte auf Dauer tragbare Haushaltslage der öffentlichen Hand wird nach Abs. 1 Satz 3, 2. Spstr. ersichtlich aus einer öffentlichen Haushaltslage ohne übermäßiges Defizit i.S.v. **Art. 104 Abs. 6**. Nach Art. 2 des Protokolls über die Konvergenzkriterien kommt es insoweit auf das Fehlen eines entsprechenden Ratsbeschlusses an. Damit wird deutlich, daß dieser Entscheidung des Rates **konstitutive Wirkung** sowohl im Rahmen des Art. 104 (s. Art. 104, Rn. 48) insbesondere im Hinblick auf den dort vorgesehenen Sanktionsmechanismus zukommt als auch hinsichtlich der hier geprüften Konvergenzkriterien[7]. Über das Bestehen eines übermäßigen Defizits entscheiden somit nicht Kommission oder EZB, sondern der ECOFIN-Rat.

9 Diese Konstruktion, die die **Beurteilungskompetenz** hinsichtlich der Haushaltslage eines Mitgliedstaats in einer Hand bündelt, erscheint durchaus sinnvoll. Art. 121 nutzt das bereits anderwärts mit erheblichem Aufwand ermittelte Ergebnis. Wäre die Erfüllung des zweiten Konvergenzkriteriums aber nicht von materiellen Erwägungen, sondern allein vom Fehlen des Ratsbeschlusses nach Art. 104 Abs. 6 abhängig, könnte einem Mitgliedstaat die Einführung der einheitlichen Währung durch das Verhindern eines solchen Beschlusses ermöglicht werden, selbst wenn dessen Verstoß gegen die Haushaltsdisziplin offensichtlich ist[8].

10 Wollte eine Mehrheit im Rat aber zu einer solchen Notlösung greifen, beginge das Gemeinschaftsorgan Rat einen **Vertragsverstoß**, den der EuGH im Verfahren nach Art. 230 (wenn der Rat das Bestehen eines übermäßigen Defizits verneint) oder nach Art. 232 (wenn der Rat eine Entscheidung unterläßt) feststellen könnte[9].

11 Nicht zuletzt wegen des mit einer Klage verbundenen Zeitaufwands wäre außerdem zu erwägen, dem Rat in der Zusammensetzung der Staats- und Regierungschefs ein **eigenständiges Prüfungsrecht** hinsichtlich des Vorliegens der materiellen Voraussetzungen

---

5 Vgl. *G. Galahn*, Die Deutsche Bundesbank im Prozeß der europäischen Währungsintegration, 1996, S. 149 f.
6 Ähnlich *G. Becker-Neetz*, Rechtliche Probleme im Zusammenhang mit der Europäischen Währungsunion, EWS 1996, S. 369 (374). Vgl. auch *H. Kortz*, Die Konvergenzkriterien des EGV, RIW 1997, S. 357 (359), der eine Orientierung am »best performer« fordert.
7 Vgl. *R. Bandilla*, in: Grabitz/Hilf, EU, Art. 109j, Rn. 17; *U. Häde*, Gesamtwirtschaftliches Gleichgewicht und europäische Haushaltsdisziplin, JZ 1997, S. 269 (270); *U. Hartmann*, Europäische Union und Budgetautonomie der deutschen Länder, 1994, S. 63; *J.-V. Louis*, MWLVD, CEE, Bd. 6, S. 138; *M. Schulze-Steinen*, Rechtsfragen zur Wirtschaftsunion, 1998, S. 251, 264.
8 Vgl. *K. von Laun*, Zum Vertrag über die Europäische Union, ZfV 43 (1994), S. 69 (71); *Roth* (Fn. 2), S. 57. Zu strategischem Abstimmungsverhalten vgl. *T. Gäckle*, Die Begrenzung von Budgetdefiziten in einer Europäischen Währungsunion, Wirtschaftsdienst 1992, S. 264 (269).
9 Anders *M. Seidel*, Probleme der Währungsordnung der Europäischen Union, FS-Vieregge, 1995, S. 793 (803).

dieses Kriteriums zuzubilligen[10]. Jedenfalls dann, wenn die Entscheidung des Rates offensichtlich nicht den Vorgaben des Art. 104 Abs. 6 entspricht oder aus sachwidrigen Gründen unterblieben ist, kann dieses Verhalten die Staats- und Regierungschefs nicht binden[11].

III. Einhaltung der normalen Bandbreiten des EWS

1. Die »normalen« Bandbreiten

Das dritte Konvergenzkriterium verlangt die Einhaltung der normalen Bandbreiten des Wechselkursmechanismus des EWS seit mindestens zwei Jahren ohne Abwertung gegenüber der Währung eines anderen Mitgliedstaats. Nach Art. 3 des Protokolls über die Konvergenzkriterien bedeutet diese Voraussetzung, daß die normalen Bandbreiten während der letzten zwei Jahre vor der Prüfung ohne starke Spannungen eingehalten worden sind. Eine Abwertung des bilateralen Leitkurses der eigenen Währung gegenüber einer anderen Währung ist nach Art. 3 des Protokolls nur dann unschädlich, wenn der Anstoß dazu von einem anderen Mitgliedstaat ausging. 12

Als der Vertrag von Maastricht am 7.2.1992 unterzeichnet wurde, betrugen die **normalen Bandbreiten** 2,25% nach oben oder unten. Für einige Mitgliedstaaten galt ausnahmsweise ein Wert von 6%. 1992 und 1993 kam es dann zu Turbulenzen, die im August 1993 zur Erweiterung der Bandbreiten auf **15%** und damit faktisch zu deren weitgehenden Aufgabe führten (s. auch Art. 124, Rn. 8)[12]. 13

Unklar ist seither, welches nun die »normalen Bandbreiten« sind[13]. Nach einer verbreiteten Ansicht war auf den Wert abzustellen, der Interventionspflichten im EWS auslöste[14]. Denkbar wäre es auch, die Entscheidung darüber weitgehend der Entscheidung des Rates zu überlassen[15]. Das würde dieses Konvergenzkriterium jedoch entwerten; denn Schwankungen von bis zu 15% lassen sich nicht mehr als Wechselkursstabilität bezeichnen[16]. Eine **Auslegung auf der Grundlage des** im Vertrag mehr- 14

---

10 Für ein solches Prüfungsrecht *Becker-Neetz* (Fn. 6), S. 373; *H. Kortz*, Inhalt und rechtliche Relevanz der Konvergenzkriterien, in: Rill/Griller (Hrsg.), Rechtsfragen der Europäischen Wirtschafts- und Währungsunion, 1998, S. 61 (68).
11 Vgl. *A. Bothe/K. Bünger/F. v. Estorff*, in: GTE, EGV, Art. 109j, Rn. 15; *Roth* (Fn. 2), S. 58. *M. Potacs*, in: Schwarze, EU-Kommentar, Art. 121 EGV, Rn. 5, will das allenfalls »bei ganz besonders gravierenden Fehleinschätzungen« erwägen.
12 Dazu *H. Lesch*, Europa auf dem Weg zur Währungsunion – Ursachen und Lehren der EWS-Krise, 1994, S. 45 ff.; *H. Geiger*, Das Währungsrecht im Binnenmarkt der Europäischen Union, 1996, S. 61 ff.
13 Dazu DIW, Die Maastrichter Konvergenzkriterien aus deutscher Sicht, Wochenbericht 1995, S. 591 (593 f.); *H.-J. Krupp*, Europäische Union und Zukunft der Mark, Presseartikel Nr. 48 vom 8.7.1994, S. 3 (7); *T. W. Wessely*, Diskussionsbericht, EuR, Beiheft 1/1994, S. 97 (99).
14 Vgl. *N. Thygesen*, Towards Monetary Union in Europe – Reforms of the EMS in the Perspective of the Monetary Union, JCMSt. 31 (1993), S. 447 (471). Ähnlich *A. Aspetsberger/E. Gnan/ F. Pauer/A. Schubert*, Neue Wege zur Wirtschafts- und Währungsunion, in: Röttinger/ Weyringer (Hrsg.), Handbuch der europäischen Integration, 2. Aufl., 1996, S. 370 (410).
15 In diese Richtung *R. Bandilla*, in: Grabitz/Hilf, EU, Art. 109j, Rn. 20 ff.
16 Vgl. *Becker-Neetz* (Fn. 6), S. 375; *P.-C. Müller-Graff*, Euro, Bundesverfassungsgericht und Gerichtshof der Europäischen Gemeinschaften – Währungsstabilität und richterliche Kontrolle, Integration 1998, S. 86 (90).

fach bekräftigten **Stabilitätsziels**[17] (s. Art. 4, Rn. 35) wird deshalb zu dem Ergebnis kommen, daß Abs. 1 die **ursprünglichen, schmalen Bandbreiten** von 2,25% meinte[18].

15 Hält man diese Auslegung für zwingend und von der Ersetzung des EWS durch den **Wechselkursmechanismus II** (s. Art. 124, Rn. 9) für unabhängig, so ist dieses Kriterium weiter anwendbar[19].

2. Teilnahme am Wechselkursmechanismus

a) Teilnahme als Bedingung

16 Abs. 1 Satz 3, 3. Spstr. verlangt seinem Wortlaut nach nur die Einhaltung der Bandbreiten, verpflichtet aber nicht ausdrücklich zur Teilnahme am Wechselkursmechanismus. In Art. 3 des Konvergenzprotokolls ist aber von dem »**Kriterium der Teilnahme am Wechselkursmechanismus**« die Rede. Ein Hinweis darauf findet sich außerdem im Zusammenhang mit dem 4. Konvergenzkriterium, das das Zinsniveau betrifft.

17 Mit der offiziellen Einbindung einer Währung in den Wechselkursmechanismus ist die Verpflichtung zu Interventionen verbunden, wenn die fixierten Grenzwerte erreicht sind (s. Art. 124, Rn. 7). Die Märkte können die **Glaubwürdigkeit** der eingegangenen Verpflichtungen überprüfen. Das Einhalten der festgelegten Bandbreiten dürfte somit für eine solche Währung ungleich schwieriger sein als für eine Währung, die außerhalb des Wechselkursmechanismus steht und sich quasi inoffiziell um Wechselkursstabilität bemüht.

18 Bei den Konvergenzkriterien geht es um eine **Prüfung unter gleichen Bedingungen**. Das tatsächliche Einhalten der normalen Bandbreiten reicht deshalb nicht aus. Es gehört vielmehr zu den Grundvoraussetzungen für die Erfüllung des dritten Konvergenzkriteriums, daß der betreffende Mitgliedstaat seit mindestens zwei Jahren am Wechselkursmechanismus teilnimmt[20].

b) Folgeprobleme

19 Das Gemeinschaftsrecht gibt in den Art. 121 und 122 deutlich zu erkennen, daß es nach der Ratifizierung des Vertrags über die Europäische Union nicht mehr im Belieben der Mitgliedstaaten steht, ob sie an der Währungsunion teilnehmen wollen oder nicht. Gehört die Teilnahme am Wechselkursmechanismus zu den Konvergenzkriterien, dann öffnet sich dadurch für Mitgliedstaaten, die nicht an der Währungsunion teilnehmen wollen, obwohl sie könnten, eine **Hintertür**.[21]

---

17 Vgl. *A. Bothe/K. Bünger/F. v. Estorff*, in: GTE, EGV, Art. 109j, Rn. 27; *F.-C. Zeitler*, Die Europäischen Währungsunion als Stabilitätsgemeinschaft, WM 1995, S. 1609.
18 *G. Aschinger*, Probleme auf dem Weg zum Euro, Wirtschaftsdienst 1997, S. 580 (583); *Galahn* (Fn. 5), S. 151; *U. Häde*, Finanzausgleich, 1996, S. 527; *H. J. Hahn*, The European Monetary Institute's Annual Report, CMLRev. 32 (1995), S. 1079 (1088); *Kortz* (Fn. 10), S. 78; *M. Potacs*, in: Schwarze, EU-Kommentar, Art. 121 EGV, Rn. 4; *Roth* (Fn. 2), S. 58; *P. J. Tettinger*, Das Schicksal der Deutschen Mark, FS-Stern, 1997, S. 1376 (1370); *A. Weber*, Die Wirtschafts- und Währungsunion nach dem Maastricht-Urteil des BVerfG, JZ 1994, S. 53 (56). Im Ergebnis ebenso *Geiger*, EGV, Art. 109j, Rn. 20.
19 Für Nichtanwendbarkeit *J. Pipkorn*, Der rechtliche Rahmen der Wirtschafts- und Währungsunion, EuR, Beiheft 1/1994, S. 85 (92).
20 Vgl. nur *A. Bothe/K. Bünger/F. v. Estorff*, in: GTE, EGV, Art. 109j, Rn. 24; *R. Smits*, The European Central Bank, 1997, S. 126; *F.-C. Zeitler*, Verantwortung für Stabilität – auf dem Wege zur Europäischen Währungsunion, DStZ 1996, S. 289 (290).
21 Vgl. *J. A. Usher*, Legal Background of the Euro, S.E.W. 1999, S. 12 (15).

Gibt es nämlich selbst für einen ökonomisch reifen Mitgliedstaat keine Pflicht zur Teilnahme am Wechselkursmechanismus, kommt damit zumindest im Ergebnis das allgemeine **Recht zum opting-out** wieder zum Vorschein, das die Entwürfe zum Vertrag über die Europäische Union zunächst noch vorsahen[22]. In Maastricht ist diese Klausel aber bewußt gestrichen worden[23]. Um einen Widerspruch dazu zu vermeiden, könnte man erwägen, die Mitgliedstaaten, die die ökonomischen Voraussetzungen erfüllen, für verpflichtet zu halten, am Wechselkursmechanismus teilzunehmen[24].

20

Die Praxis scheint aber dazu zu neigen, einen Mitgliedstaat, der partout nicht will, nicht in die Währungsunion zu zwingen. Das ist politisch sicher vernünftig. Es entspricht der realistischen Sichtweise des Bundesverfassungsgerichts, das in seinem Maastricht-Urteil ausgeführt hat, auch der Vollzug geltender Verträge sei auf die Kooperationsbereitschaft der Mitgliedstaaten angewiesen. Die Währungsunion lasse sich nur bei stetiger und ernsthafter Vollzugsbereitschaft aller Mitgliedstaaten verwirklichen[25]. Eine Pflicht **zum Eintritt in die dritte Stufe** besteht deshalb wohl nur für die Mitgliedstaaten, die nicht nur die materiellen Voraussetzungen erfüllen, sondern auch am Wechselkursmechanismus teilnehmen.

21

IV. Niveau der langfristigen Zinssätze

Das vierte Kriterium knüpft am Niveau der langfristigen Zinssätze an. Der **durchschnittliche Nominalzinssatz** darf im Verlauf des Jahres vor der Prüfung den entsprechenden Satz höchstens drei anderer Mitgliedstaaten nicht um mehr als 2% übersteigen. Zum Vergleich herangezogen werden nach Art. 4 des Protokolls über die Konvergenzkriterien nicht die Mitgliedstaaten mit den niedrigsten Zinsen, sondern erneut jene, die auf dem Gebiet der Preisstabilität das beste Ergebnis erzielt haben. Dies gilt selbst dann, wenn diese Staaten – aus welchen Gründen auch immer – bei den langfristigen Zinssätzen nicht an der Spitze liegen sollten.

22

V. Stabilitätsziel als Auslegungsgrundsatz

Bei der Anwendung der vier Konvergenzkriterien, die aus ökonomischer Sicht vielfach kritisiert werden[26], bestehen deutliche **Auslegungs- und Beurteilungsspielräume**. Sie werden eingegrenzt von dem der WWU vorgegebenen **Stabilitätsziel**, das insoweit als

23

---

22 So z.B. Art. 8f Abs. 3 des von der Bundesregierung vorgelegten Vorschlags einer Änderung des Vertrags zur Gründung der Europäischen Wirtschaftsgemeinschaft, 25.2.1991, abgedruckt bei *H. Krägenau/W. Wetter*, Europäische Wirtschafts- und Währungsunion, 1993, Dok. 56, S. 331 ff.
23 Vgl. zum Verhandlungsverlauf *R. Corbett*, The Treaty of Maastricht, 1993, S. 41 f. *J.-V. Louis*, Perspectives of the EMU after Maastricht, in: Stuyck (Hrsg.), Financial and Monetary Integration in the European Economic Community, 1993, S. 1 (4), bezeichnet das als eine der größten Leistungen der Maastrichter Konferenz.
24 *U. Häde*, Währungsintegration mit abgestufter Geschwindigkeit, FS-Hahn, 1997, S. 141 (157).
25 BVerfGE 89, 155 (201).
26 Vgl. nur *P. de Grauwe*, Monetary union and convergence economics, European Economic Review 40 (1996), S. 1091; *R. H. Hasse*, Konvergenzkriterien des Maastricht-Vertrages: Können sie Glaubwürdigkeit erzeugen?, Institut für Wirtschaftspolitik der Universität der Bundeswehr Hamburg, Diskussionsbeiträge zur Wirtschaftspolitik Nr. 32, 1993; *T. Straubhaar/C. Schmidt* (Fn. 4), S. 93.

Auslegungskriterium heranzuziehen ist[27] (s. Art. 4, Rn. 35). Die parallele Erstellung von Berichten sowohl durch die Kommission als auch die EZB mag darüber hinaus in gewisser Weise als Korrektiv dienen können. Tendenziell wird man annehmen können, daß die Kommission gerade im Hinblick auf die integrationspolitische Bedeutung einer Währungsunion eher zu einer großzügigeren Sichtweise neigt als die im EZB-Rat versammelten Zentralbankpräsidenten und Direktoriumsmitglieder.

C. Die Entscheidung vom 3. Mai 1998

24 Die **Staats- und Regierungschefs** haben die in Abs. 4 vorgesehene Auswahl der Teilnehmerstaaten am 3. Mai 1998 in Brüssel getroffen.[28] Ihre Entscheidung erging auf der Grundlage von Berichten des EWI[29] und der Kommission[30], Stellungnahmen des Europäischen Parlaments sowie der Empfehlung des ECOFIN-Rates[31]. Der Rat hat allen Mitgliedstaaten außer Griechenland und Schweden die Erfüllung dieser Voraussetzungen bestätigt. Dänemark und Großbritannien hatten schon vorher ihre Nichtteilnahme erklärt (s. dazu Art. 122, Rn. 26 und 29). Daher begann die dritte Stufe der WWU am 1.1.1999 mit elf Mitgliedstaaten.

25 Im Vorfeld der Entscheidung wurden **Zweifel an der Qualifikation Belgiens und Italiens** geäußert. In beiden Mitgliedstaaten erreicht die Staatsverschuldung mehr als das Doppelte des Referenzwertes von 60% des BIP. Trotzdem hat der ECOFIN-Rat am 1. Mai 1998 seine früheren Entscheidungen über das Bestehen eines übermäßigen Defizits in diesen beiden Staaten aufgehoben.[32] Davon, daß das Verhältnis zwischen Schuldenstand und BIP »hinreichend rückläufig ist und sich rasch genug dem Referenzwert nähert«, wie es Art. 104 Abs. 2 Satz 2 Buchst. b) fordert, kann aber nicht die Rede sein.[33] Sonstige einschlägige Kriterien i.S.d. Art. 104 Abs. 3, die trotzdem die Feststellung einer auf Dauer tragbaren Finanzlage zulassen könnten, sind nicht ersichtlich.

26 Die **Aufnahme Belgiens und Italiens** läßt sich deshalb nur als **politisch motiviert** verstehen. Möglicherweise war der Eintritt in die Währungsunion mit elf Staaten tatsächlich »stabilitätspolitisch vertretbar«, wie die Deutsche Bundesbank trotz großer Bedenken urteilte[34]. Abs. 4 eröffnet rechtlich aber nicht die Möglichkeit zwischen der potentiellen Schwächung der einheitlichen Währung aufgrund der instabilen Haushaltslage in

---

27 Vgl. *A. Bothe/K. Bünger/F. v. Estorff*, in: GTE, EGV, Art. 109j, Rn. 3; *U. Palm*, Preisstabilität in der Europäischen Wirtschafts- und Währungsunion, 2000, S. 32 f.
28 Entscheidung des Rates vom 3.5.1998 gemäß Artikel 109j Absatz 4 des Vertrags, ABl.EG 1998 Nr. L 139/30.
29 Europäisches Währungsinstitut, Konvergenzbericht, Nach Artikel 109j des Vertrags zur Gründung der Europäischen Gemeinschaft vorgeschriebener Bericht, März 1998.
30 European Commission, Convergence Report 1998, prepared in accordance with Article 109j(1) of the Treaty, 25 March 1998.
31 Empfehlung des Rates vom 1.5.1998 gemäß Artikel 109j Absatz 2 des Vertrags, ABl.EG 1998 Nr. L 139/21.
32 ABl.EG 1998 Nr. L 139/9 und 15.
33 Berechnungen führen zu der Annahme, daß beide Länder 14 bis 19 Jahre brauchen werden, um den Schuldenstand auf 60% des BIP zu senken. Für Griechenland wurde eine Dauer von etwa 10 Jahren errechnet.; vgl. *F. Breuss*, Wozu fiskalische Tragfähigkeit in der Wirtschafts- und Währungsunion der Europäischen Union, Forschungsinstitut für Europafragen an der Wirtschaftsuniversität Wien, Forschungsbericht 9904, Mai 1999, S. 20, 39.
34 Deutsche Bundesbank, Stellungnahme des Zentralbankrates zur Konvergenzlage in der Europäischen Union im Hinblick auf die dritte Stufe der Wirtschafts- und Währungsunion, in: dies., Monatsbericht April 1998, S. 39.

Belgien und Italien einerseits und den politischen und ökonomischen Nachteilen eines vorläufigen Ausschlusses der beiden Mitgliedstaaten aus der Währungsunion andererseits abzuwägen. Vielmehr verlangt er für jeden einzelnen Mitgliedstaat die Prüfung, ob die notwendigen Voraussetzungen erfüllt sind.[35] Belgien und Italien scheinen diese Voraussetzungen nicht zu erfüllen. Der Rat in der Zusammensetzung der Staats- und Regierungschefs hätte die offensichtlich fehlerhafte Aufhebung der Entscheidungen über das Bestehen eines übermäßigen Defizits nicht zur Grundlage seines Beschlusses machen dürfen (s.o. Rn. 11). Deshalb **verstößt die Entscheidung vom 3. 5. 1998 gegen Gemeinschaftsrecht.**

Griechenland konnte sich 1998 nicht qualifizieren, weil es noch keines der Konvergenzkriterien erfüllte. 2000 erstellten EZB und Kommission erneut Konvergenzberichte[36]. Griechenland erfüllte die sonstigen Voraussetzungen, verfehlte allerdings erneut den Referenzwert für den Schuldenstand ganz erheblich (ca. 104%). Die EZB wies daher darauf hin, daß »nach wie vor Anlaß zur Sorge [besteht], ob das Verhältnis des öffentlichen Schuldenstands zum BIP ›hinreichend rückläufig ist und sich rasch genug dem Referenzwert nähert‹ und ob bereits eine auf Dauer tragbare Finanzlage erreicht wurde.«[37] Dennoch beschloß der Rat auf der Grundlage von Art. 122 Abs. 2, daß Griechenland nun die Voraussetzungen für die Einführung der einheitlichen Währung erfülle.[38] Griechenland nimmt daher seit 1.1.2001 an der Währungsunion teil. 27

Schweden konnte die Konvergenzprüfung weder 1998 noch 2000 bestehen. Zum einen fehlt es an der rechtlichen Konvergenz. Schweden hat seine innerstaatlichen Rechtsvorschriften noch nicht ausreichend angepaßt. Darüber hinaus erfüllt es das Wechselkurskriterium vor allem deshalb nicht, weil es bisher nicht bereit war, am Wechselkursmechanismus teilzunehmen. Der Ausschluß Schwedens entspricht deshalb den gemeinschaftsrechtlichen Vorgaben. 28

Gemessen an den drei anderen Konvergenzkriterien bestehen ansonsten allerdings **keine ökonomischen Hindernisse** für die Teilnahme Schwedens. Die Qualifikation dieses Mitgliedstaats scheitert allein an Voraussetzungen, deren Erfüllung von seinem eigenen Willen abhängt.[39] Insbesondere aus Art. 109 und dem Protokoll über den Übergang zur dritten Stufe der Wirtschafts- und Währungsunion ergibt sich die Pflicht der Mitgliedstaaten, die Vorbereitungen zum Eintritt in die dritte Stufe rechtzeitig abzuschließen. Das **bewußte Nichterfüllen der notwendigen Voraussetzungen** für die Einführung der einheitlichen Währung stellt einen **Vertragsverstoß** dar.[40] 29

---

35 Vgl. *A. Bothe/K. Bünger/F. v. Estorff*, in: GTE, EGV, Art. 109j, Rn. 35; *Palm* (Fn. 27), S. 75.
36 EZB, Konvergenzbericht 2000; Kommission der Europäischen Gemeinschaften, Konvergenzbericht 2000, KOM (2000) 277 endgültig, vom 3.5.2000.
37 EZB (Fn. 36), S. 3.
38 Entscheidung des Rates vom 19.6.2000 gemäß Artikel 122 Absatz 2 des Vertrages über die Einführung der Einheitswährung durch Griechenland am 1. Januar 2001, ABl.EG 2000 Nr. L 167/19.
39 Ebenso *B. Martenczuk*, Die differenzierte Integration nach dem Vertrag von Amsterdam, ZEuS 1998, S. 447 (459).
40 Näher dazu *U. Häde*, Zur Rechtmäßigkeit der Entscheidungen über die Europäische Wirtschafts- und Währungsunion, JZ 1998, S. 1088.

D. Die Entscheidungsverfahren

30 Mit der Entscheidung vom 3. Mai 1998 sind die Abs. 2–4 obsolet geworden. Zu den einschlägigen Rechtsfragen s. die Vorauflage, Rn. 25 ff. Künftige Entscheidungen über die Einführung des Euro in weiteren Mitgliedstaaten ergehen auf der Grundlage von Art. 122 Abs. 2 EGV.

Art. 122 (ex-Art. 109k)

(1) Falls der Zeitpunkt nach Artikel 121 Absatz 3 bestimmt wurde, entscheidet der Rat auf der Grundlage der in Artikel 121 Absatz 2 genannten Empfehlungen mit qualifizierter Mehrheit auf Empfehlung der Kommission, ob – und gegebenenfalls welchen – Mitgliedstaaten eine Ausnahmeregelung im Sinne des Absatzes 3 gewährt wird[2]. Die betreffenden Mitgliedstaaten werden in diesem Vertrag als »Mitgliedstaaten, für die eine Ausnahmeregelung gilt« bezeichnet[1].
Falls der Rat nach Artikel 121 Absatz 4 bestätigt hat, welche Mitgliedstaaten die notwendigen Voraussetzungen für die Einführung einer einheitlichen Währung erfüllen, wird den Mitgliedstaaten, die die Voraussetzungen nicht erfüllen, eine Ausnahmeregelung im Sinne des Absatzes 3 gewährt[2]. Die betreffenden Mitgliedstaaten werden in diesem Vertrag ebenfalls als »Mitgliedstaaten, für die eine Ausnahmeregelung gilt« bezeichnet.

(2) Mindestens einmal alle zwei Jahre bzw. auf Antrag eines Mitgliedstaats, für den eine Ausnahmeregelung gilt, berichten die Kommission und die EZB dem Rat nach dem Verfahren des Artikels 121 Absatz 14. Der Rat[5] entscheidet nach Anhörung des Europäischen Parlaments und nach Aussprache im Rat, der in der Zusammensetzung der Staats- und Regierungschefs[6] tagt, auf Vorschlag der Kommission mit qualifizierter Mehrheit, welche der Mitgliedstaaten, für die eine Ausnahmeregelung gilt, die auf den Kriterien des Artikels 121 Absatz 1 beruhenden Voraussetzungen[7 ff.] erfüllen, und hebt die Ausnahmeregelungen der betreffenden Mitgliedstaaten auf[3].

(3) Eine Ausnahmeregelung nach Absatz 1 hat zur Folge[19 ff.], daß die nachstehenden Artikel für den betreffenden Mitgliedstaat nicht gelten: Artikel 104 Absätze 9 und 11, Artikel 105 Absätze 1, 2, 3 und 5, Artikel 106, Artikel 110, Artikel 111 sowie Artikel 112 Absatz 2 Buchstabe b[20]. Der Ausschluß des betreffenden Mitgliedstaats und seiner Zentralbank von den Rechten und Verpflichtungen im Rahmen des ESZB wird in Kapitel IX der Satzung des ESZB geregelt[21].

(4) In Artikel 105 Absätze 1, 2 und 3, Artikel 106, Artikel 110, Artikel 111 sowie Artikel 112 Absatz 2 Buchstabe b bezeichnet der Ausdruck »Mitgliedstaaten« die Mitgliedstaaten, für die keine Ausnahmeregelung gilt.[22]

(5) Das Stimmrecht der Mitgliedstaaten, für die eine Ausnahmeregelung gilt, ruht bei Beschlüssen des Rates gemäß den in Absatz 3 genannten Artikeln[23 f.]. In diesem Fall gelten abweichend von Artikel 205 und Artikel 250 Absatz 1 zwei Drittel der gemäß Artikel 205 Absatz 2 gewogenen Stimmen der Vertreter der Mitgliedstaaten, für die keine Ausnahmeregelung gilt, als qualifizierte Mehrheit; ist für die Änderung eines Rechtsakts Einstimmigkeit vorgeschrieben, so ist die Einstimmigkeit dieser Mitgliedstaaten erforderlich.

(6) Artikel 119 und Artikel 120 finden weiterhin auf Mitgliedstaaten Anwendung, für die eine Ausnahmeregelung gilt[25].

Inhaltsübersicht:

A. Mitgliedstaaten mit Ausnahmeregelung	1
I. Gewährung der Ausnahmeregelung	1
II. Verfahren zur Aufnahme in die Währungsunion	3
III. Inhaltliche Voraussetzungen	6
1. Bedeutung der Konvergenzkriterien	6
2. Grundsatz der Gleichbehandlung	8

3. Die einzelnen Konvergenzkriterien	11
a) Haushaltskriterien	11
b) Inflations- und Zinskriterium	12
c) Wechselkurskriterium	15
d) Einvernehmliche Verschärfung der Eintrittsbedingungen	18
4. Rechtliche Konvergenz	19
5. Justitiabilität	20
IV. Status der Mitgliedstaaten mit Ausnahmeregelung	22
B. Sonderregelungen für Dänemark	28
C. Sonderregelungen für Großbritannien	30
D. Beitritt neuer Mitgliedstaaten	35
I. Der Weg in die Währungsunion	35
II. Keine einseitige Einführung des Euro	38
E. Austritt aus der Währungsunion?	40

A. Mitgliedstaaten mit Ausnahmeregelung

I. Gewährung der Ausnahmeregelung

1 Der EGV sieht den Eintritt nicht einzelner Mitgliedstaaten, sondern der (ganzen) Gemeinschaft in die dritte Stufe der Wirtschafts- und Währungsunion vor[1]. Er geht davon aus, daß grundsätzlich alle Mitgliedstaaten die einheitliche Währung einführen. Dies allerdings nur, wenn sie die notwendigen Voraussetzungen dafür erfüllen. Die Euro-Währung können und müssen jene Mitgliedstaaten nicht einführen, die diese Voraussetzungen nicht erfüllen. Ihnen wird nach Abs. 1 eine Ausnahmeregelung gewährt. Im EGV werden sie deshalb als »Mitgliedstaaten, für die eine Ausnahmeregelung gilt« bezeichnet.

2 Abs. 1 UAbs. 1 hat sich erledigt. Das gleiche gilt für UAbs. 2 Satz 1, soweit er sich auf die Situation einer Entscheidung nach Art. 121 Abs. 4 bezieht. Er dürfte allerdings stets dann zumindest analog anwendbar sein, wenn neue Mitgliedstaaten der Gemeinschaft beitreten (s.u. Rn. 35 ff.).

II. Verfahren zur Aufnahme in die Währungsunion

3 Mitgliedstaaten, die beim Beginn der dritten Stufe die notwendigen Voraussetzungen nicht erfüllten oder der Gemeinschaft neu beitreten, sind nach dem Verständnis des EGV nicht dauerhaft von der Teilnahme an der Währungsunion ausgeschlossen[2]. Das **Ziel bleibt die Einführung einer einheitlichen Währung für alle Mitgliedstaaten**[3] (s. Art. 4, Rn. 11 ff.). Vor der Erreichung dieses Zieles hat der EGV jedoch die Erfüllung der Voraussetzungen des Art. 121 Abs. 1 gesetzt. Die Mitgliedstaaten mit Ausnahmeregelung rücken deshalb nicht automatisch nach einer gewissen Wartezeit vor. Erst wenn die Ausnahmeregelung für einen Mitgliedstaat aufgehoben wird, tritt er in das

---

[1] Vgl. *G. Nicolaysen*, Europarecht II, 1996, S. 384; *U. Wölker*, The Continuity of Contracts in the Transition to the Third Stage of Economic and Monetary Union, CMLRev. 33 (1996), S. 1117 (1128).

[2] Vgl. *J. Usher*, Variable Geometry or Concentric Circles: Patterns for the European Union, I.C.L.Q. 46 (1997), S. 243 (255).

[3] Vgl. *R. Bandilla*, in: Grabitz/Hilf, EU, Art. 109k, Rn. 5.

Euro-Währungsgebiet ein; theoretisch auch gegen seinen Willen[4]. Den Übergang regelt Art. 123 Abs. 5 (s. Art. 123, Rn. 36 f.).

Abs. 2 legt das Verfahren fest, das zur Aufhebung der Ausnahmeregelungen führen soll. In periodischen Abständen von **zwei Jahren** erstatten Kommission und EZB nach dem Verfahren des Art. 121 Abs. 1 Bericht darüber, ob die Mitgliedstaaten, die sich bisher nicht qualifizieren konnten, ihren Verpflichtungen bei der Verwirklichung der WWU nachgekommen sind. Die **Entscheidung** trifft nun allerdings nicht der Rat in der Zusammensetzung der Staats- und Regierungschefs, sondern der **ECOFIN-Rat**[5], und zwar mit qualifizierter Mehrheit. An dieser Entscheidung sind alle Mitgliedstaaten beteiligt, also auch jene, über deren Teilnahme zu beschließen ist, sowie Dänemark und Großbritannien, die dem Euro-Währungsgebiet bisher aus eigenem Entschluß fernbleiben[6]. Den ersten Anwendungsfall von Abs. 2 stellte die Aufhebung der Ausnahmeregelung für Griechenland durch die Ratsentscheidung vom 19.6.2000 dar[7] (s. dazu Art. 121 Rn. 27). 4

Der ECOFIN-Rat entscheidet nach Anhörung des Europäischen Parlaments. Seinem Beschluß geht zudem eine **Aussprache** im Rat, der in der Zusammensetzung der **Staats- und Regierungschefs** tagt, voraus. Rechtlich sind mit dem Begriff der Aussprache keinerlei Entscheidungskompetenzen verbunden; politisch kommt der Meinung der Staats- und Regierungschefs aber eine maßgebliche Bedeutung zu. Es hätte näher gelegen, wie in Art. 99 Abs. 2 UAbs. 2 eine Erörterung im Europäischen Rat vorzusehen. Die Beteiligung des höherrangig besetzten Rates als bloßes Beratungsgremium gehört zu den Ungereimtheiten, die sich wohl auf mangelnde Harmonisierung bei der endgültigen Festlegung des Wortlauts des EUV zurückführen lassen. 5

III. Inhaltliche Voraussetzungen

1. Bedeutung der Konvergenzkriterien

Der Rat entscheidet nach Abs. 2, welche der Mitgliedstaaten mit Ausnahmeregelung die auf den Kriterien des Art. 121 Abs. 1 beruhenden Voraussetzungen erfüllen. Wie schon bei der Entscheidung vom 3.5.1998 auf der Grundlage von Art. 121 Abs. 4 EGV (s. dazu Art. 121, Rn. 24) bilden die vier **Konvergenzkriterien** folglich zusammen mit der Pflicht, die erforderlichen Rechtsanpassungen vorzunehmen, den **Kern der notwendigen Voraussetzungen**. Bei der Entscheidung des Rates geht es demnach nicht um politische Zweckmäßigkeitserwägungen, sondern darum, ob der betreffende Mitgliedstaat die notwendigen Voraussetzungen für die Einführung des Euro erfüllt. Daraus folgt 6

---

4 R. Bandilla, in: Grabitz/Hilf, EU, Art. 109k, Rn. 11; A. Weber, Die Währungsunion – Modell für ein Europa mehrerer Geschwindigkeiten, FS-Hahn, 1997, S. 273 (278).
5 Ebenso R. Bandilla, in: Grabitz/Hilf, EU, Art. 109k, Rn. 8; Nicolaysen (Fn. 1), S. 384. Anders H. Kortz, Die Entscheidung über den Übergang in die Endstufe der Wirtschafts- und Währungsunion, 1996, S. 191 f., der – entgegen dem Wortlaut – den Staats- und Regierungschefs die Entscheidungskompetenz zuweist.
6 Vgl. R. Bandilla, in: Grabitz/Hilf, EU, Art. 109k, Rn. 8.
7 Entscheidung des Rates vom 19.6.2000 gemäß Artikel 122 Absatz 2 des Vertrages über die Einführung der Einheitswährung durch Griechenland am 1. Januar 2001, ABl.EG 2000 Nr. L 167/19.

eine rechtliche Bindung des Rates an diese Bedingungen.[8] Die sonst in Art. 121 Abs. 1 genannten weiteren Daten, die berücksichtigt werden sollen, können nur zusätzliche Anhaltspunkte liefern, nicht aber die Verfehlung der Konvergenzkriterien rechtfertigen[9].

7 Das **Fehlen einer notwendigen Voraussetzung** läßt einen Mitgliedstaat gerade nicht als reif für eine Währungsunion erscheinen[10]. Alle Auslegungs- und Entscheidungsspielräume sind zudem im Hinblick auf das vorrangige Ziel der **Preisstabilität** auszufüllen[11]. Die Vertragsbestimmungen bringen zum Ausdruck, daß ein deutlicher Zusammenhang zwischen der Stabilitätsorientierung der geplanten Währungsunion und dem bereits vorher erreichten hohen Grad an Konvergenz besteht. Vor dem Hintergrund des Stabilitätsziels wird man die **Konvergenzkriterien** deshalb als **Mindestvoraussetzungen** verstehen müssen[12].

2. Grundsatz der Gleichbehandlung

8 Gegenstand der Entscheidung ist die Aufhebung der Ausnahmeregelungen. Da es erneut wesentlich darauf ankommt, ob die betreffenden Mitgliedstaaten die Konvergenzkriterien des Art. 121 Abs. 1 erfüllen, bleiben die **Eintrittsvoraussetzungen** grundsätzlich **die gleichen**.[13] Der Europäische Rat hat demgemäß schon während seiner Tagung am 15./16. 12. 1995 in Madrid festgestellt, es sei »dem Erfordernis des Vertrags zu entsprechen, daß die Mitgliedstaaten, die dem Euro-Gebiet nach 1999 beitreten, dies unter den gleichen Bedingungen tun können, die 1998 für die von Beginn an dazu gehörenden Mitgliedstaaten gelten«[14]. Damit mag gemeint sein, daß Art. 122 Abs. 2 auf die gleichen Voraussetzungen abstellt, die schon bei der Entscheidung nach Art. 121 Abs. 4 galten.

9 Hier kommt aber auch ein im Gemeinschaftsrecht angelegter allgemeiner **Grundsatz der Gleichheit**[15] und der **Gleichbehandlung aller Mitgliedstaaten** zum Ausdruck. Er würde eine willkürliche Veränderung der Eintrittsbedingungen verbieten. Alle Mit-

---

8 Im Ergebnis ebenso BVerfGE 89, 155 (203); *G. Becker-Neetz*, Rechtliche Probleme im Zusammenhang mit der Europäischen Währungsunion, EWS 1996, S. 369 (376); *Kortz* (Fn. 5), S. 164; *U. Palm*, Preisstabilität in der Europäischen Wirtschafts- und Währungsunion, 2000, S. 77 f.; *W. H. Roth*, Der rechtliche Rahmen der Wirtschafts- und Währungsunion, EuR, Beiheft 1/1994, S. 45 (55 f).. *A. A. Emmerich-Fritsche*, Wie verbindlich sind die Konvergenzkriterien?, EWS 1996, S. 77 (81); *R. Jochimsen*, Revisionskonferenz 1996: Wirtschafts- und währungspolitische Anforderungen an »Maastricht II«, StWuStP 6 (1995), 533 (541).
9 Vgl. *A. Bothe/K. Bünger/F. v. Estorff*, in: GTE, EGV, Art. 109j, Rn. 35 ff.; *Kortz* (Fn. 5), S. 164 f.; *P.-C. Müller-Graff*, Euro, Bundesverfassungsgericht und Gerichtshof der Europäischen Gemeinschaften – Währungsstabilität und richterliche Kontrolle, Integration 1998, S. 86 (91).
10 Vgl. *H. J. Hahn*, Der Weg zur Europäischen Währungsunion, BayVBl. 1996, S. 353 (354).
11 Vgl. *N. Horn*, Währungsunion als Instrument der Integration?, FS-Mestmäcker, 1996, S. 381 (389).
12 Vgl. *D. Janzen*, Der neue Artikel 88 Satz 2 des Grundgesetzes, 1996, S. 166.
13 Vgl. *H. Goetze*, Die Tätigkeit der nationalen Zentralbanken in der Wirtschafts- und Währungsunion, 1999, S. 52; *Kortz* (Fn. 5), S. 193.
14 Europäischer Rat von Madrid, Schlußfolgerungen des Vorsitzes, Bull.EG 12/1995, S. 9 (11, Ziffer 1.6).
15 Zum völkerrechtlichen Grundsatz der souveränen Gleichheit der Staaten vgl. *P. Fischer/ H. F. Köck*, Völkerrecht, 4. Aufl., 1994, S. 10. Vgl. auch *Oppermann*, Europarecht, Rn. 1858; EuGH, Rs 39/72, 7.2.1973, Slg. 1973, 101, Rn. 24 (Kommission/Italien); Rs. 128/78, 7.2.1979, Slg. 1979, 419, Rn. 12 (Kommission/Großbritannien): »Gleichheit der Mitgliedstaaten vor dem Gemeinschaftsrecht«.

gliedstaaten müssen die gleichen Chancen haben, an der Währungsunion teilzunehmen[16]. Daraus folgt, daß nicht nur formal die gleichen Voraussetzungen gelten müssen, sondern auch inhaltlich (s. aber u. Rn. 14).

Das bedeutet, daß die im Mai 1998 bei der ersten Entscheidung zugrunde gelegte Auslegung und Anwendung der Konvergenzkriterien zur Basis auch künftiger Entscheidungen über den Beitritt weiterer Mitgliedstaaten wird. Die **erste Entscheidung setzt verbindliche Maßstäbe**. Die Anwendung eines strengeren Maßstabs auf Mitgliedstaaten mit Ausnahmeregelung ist grundsätzlich ebenso unzulässig wie die nachträgliche »Aufweichung« der Kriterien. Soweit sich allerdings die Rahmenbedingungen durch die erstmalige Einführung des Euro sowie die Errichtung des neuen Wechselkursmechanismus geändert haben, ist dem in angemessener Weise Rechnung zu tragen. Auch darf es **keine Gleichbehandlung im Unrecht** geben. Rechtsverstöße müssen deshalb nicht wiederholt werden. 10

3. Die einzelnen Konvergenzkriterien

a) Haushaltskriterien

Hinsichtlich der Haushaltskriterien bedeutet Gleichbehandlung insbesondere, daß Fortschritte der teilnehmenden Mitgliedstaaten bei der Haushaltskonsolidierung nicht dazu führen dürfen, daß an Finanzierungsdefizit und Schuldenstand später beitretender Mitgliedstaaten strengere Anforderungen gestellt werden. Es kommt insofern allerdings nicht allein auf die Referenzwerte für Defizit und Schuldenstand an. Im Rahmen des Art. 104 geht es um eine **Prüfung der Gesamtlage** (s. Art. 104, Rn. 37). Gleichbehandlung kann nur gefordert werden, wenn auch insoweit im wesentlichen gleiche Sachverhalte zu beurteilen sind. 11

b) Inflations- und Zinskriterium

Innerhalb des Euro-Währungsgebietes dürften sich **Inflationsraten** und Zinssätze immer weiter annähern. Das erste und das vierte Konvergenzkriterium werden aber durch den Eintritt der Gemeinschaft in die dritte Stufe nicht obsolet[17]. Wie sich im Rahmen eines Staates regionale Inflationsraten feststellen lassen, wird es genauso möglich sein, auch nach dem Beginn der dritten Stufe gesonderte Werte für die teilnehmenden Mitgliedstaaten zu ermitteln. Fraglich erscheint insoweit aber, wie Art. 1 des Protokolls über die Konvergenzkriterien auszulegen ist, wonach auf die (höchsten) drei Mitgliedstaaten abzustellen ist, die auf dem Gebiet der Preisstabilität das beste Ergebnis erzielt haben. Sind die drei besten aus dem Kreis der Teilnehmerstaaten zu wählen, oder ist auf alle EG-Mitgliedstaaten abzustellen? Die 2000 erstellten **Konvergenzberichte** von EZB und Kommission entscheiden sich beide für die zweite Auslegung und zählen Schweden zum Kreis der Referenzländer, obwohl dieser Mitgliedstaat den Euro noch nicht eingeführt hat.[18] Praktische und möglicherweise ungünstige Auswirkungen hätte diese Vorgehensweise aber wohl ohnehin nur in besonderen Situationen.[19] Als **Auslegungsmaxime** wird daher stets das vorrangige Ziel der **Preisstabilität** zu beachten sein. 12

---

16 Vgl. *H. J. Hahn*, Zum Geltungsbereich der Europäischen Währungsunion, JZ 1993, S. 481 (483). S. auch Kommission der Europäischen Gemeinschaften, Konvergenzbericht 2000, KOM (2000) 277 endgültig vom 3.5.2000, S. 8, 54.
17 Vgl. *Kortz* (Fn. 5), S. 194 f.
18 Vgl. EZB, Konvergenzbericht 2000, S. 9; Kommission (Fn. 16), S. 16.
19 Vgl. Kommission (Fn. 16), S. 54 ff.

Art. 122 EG-Vertrag

13 Auch hinsichtlich der **Zinssätze** sind Unterschiede möglich. Werden nämlich die in Art. 101 bis 103 enthaltenen Verbote strikt eingehalten, sind die Mitgliedstaaten auf eine Finanzierung an den Kapitalmärkten angewiesen. Bonitätsunterschiede zwischen den teilnehmenden Mitgliedstaaten können dann zu unterschiedlichen Zinssätzen führen[20].

14 Da es sich insoweit um relative Kriterien handelt, können sich die in absoluten Zahlen ausgedrückten Eintrittsbedingungen ändern. Es erfolgt **keine Festschreibung der relativen Eintrittsbedingungen** von Anfang Mai 1998. Die Prüfung, ob sich Inflationsraten und Zinssätze der Beitrittskandidaten den aktuellen Werten der preisstabilsten Teilnehmerstaaten ausreichend angenähert haben, findet immer wieder neu statt.

c) Wechselkurskriterium

15 Das Wechselkurskriterium setzt das Vorhandensein eines Währungssystems mit einem Wechselkursmechanismus und die Festlegung von Bandbreiten voraus[21]. Der vorgesehene »WKM II« erfüllt diese Voraussetzungen (s. Art. 124, Rn. 9 ff.). Abzustellen ist allerdings auch hier nicht auf die festgelegten Bandbreiten, deren Erreichen mit Interventionspflichten verbunden ist. Eine stabilitätsorientierte Auslegung, die außerdem die Chancengleichheit aller Mitgliedstaaten sichert, muß hier – wie schon im Rahmen des Art. 121 Abs. 1 (s. Art. 121, Rn. 15) – zu dem Ergebnis kommen, daß maßgeblich nach wie vor die früheren **engen Bandbreiten** von 2,25% sein sollten[22]. Eine allzu strenge Fixierung auf diesen Wert dürfte aber gerade im Hinblick darauf, daß das WKM II 15% als maßgeblich festlegt, nicht zu fordern sein.

16 Die mindestens zweijährige **Teilnahme am Wechselkursmechanismus** gehört mit zu den Voraussetzungen des dritten Konvergenzkriteriums (s. Art. 121, Rn. 17). Zeiten der erfolgreichen Teilnahme am EWS sind insoweit anzurechnen.[23] Ihm Rahmen ihrer 2000 durchgeführten Konvergenzprüfung ging die Kommission pragmatischer vor. In formaler Hinsicht forderte sie die Teilnahme am WKM II nur im Zeitpunkt der Bewertung. Zwar sollte die betreffende Währung seit mindestens zwei Jahren an den Wechselkursmechanismen teilgenommen haben. Ihrer Ansicht nach kann aber auch Wechselkursstabilität außerhalb von EWS und WKM II Berücksichtigung finden.[24] Das erscheint zu großzügig, falls im Extremfall auch eine eintägige Teilnahme am WKM II ausreichen sollte. Sinnvoll angewandt dürfte diese Methode allerdings keinen Schaden verursachen.

17 Hinsichtlich der inhaltlichen Voraussetzungen legen sich weder EZB noch Kommission streng auf die früheren engen Bandbreiten von 2,25% fest.[25] Ob die 2000 tatsächlich verwendete Methode aus ökonomischer Sicht angemessen war, mögen Fachleute entscheiden. Aus rechtlicher Sicht trägt eine etwas großzügigere, grundsätzlich aber immer noch an den engen Bandbreiten orientierte Auslegung den Anforderungen des Gemeinschaftsrechts wohl Rechnung.

---

20 Vgl. *J. Priewe*, Verschuldungsregeln in der Europäischen Währungsunion, WSI Mitteilungen 1997, S. 365 (368).
21 *B. Duijm*, Auf dem Weg zum EWS II, List Forum 23 (1997), S. 10 (12); *U. Häde*, Währungsintegration mit abgestufter Geschwindigkeit, FS-Hahn, 1997, S. 141 (151); *R. Smits*, in: GTE, EGV, Art. 109m, Rn. 25.
22 Vgl. *U. Häde*, Finanzausgleich, 1996, S. 527. Für eine Neubestimmung der normalen Bandbreiten *Kortz* (Fn. 5), S. 199.
23 Ebenso EZB (Fn. 18), S. 13.
24 Kommission (Fn. 16), S. 72.
25 EZB (Fn. 18), S. 12 f.; Kommission (Fn. 16), S. 68 ff.

d) Einvernehmliche Verschärfung der Eintrittsbedingungen

Im Rahmen der Entscheidung nach Abs. 2 gelten somit grundsätzlich die gleichen Voraussetzungen wie nach Art. 121 Abs. 4. Die Vertragspartner haben sich allerdings eine Möglichkeit zur einvernehmlichen Änderung der Eintrittsbedingungen in die Währungsunion offen gehalten. Der Rat kann nach Art. 6 des Protokolls über die Konvergenzkriterien sowohl diese Kriterien als auch nach Art. 104 Abs. 14 UAbs. 2 die Haushaltskriterien ändern. In beiden Fällen kann aber kein Mitgliedstaat überstimmt werden, da die Beschlüsse **einstimmig** ergehen müssen.

4. Rechtliche Konvergenz

Neben den Konvergenzkriterien nennt Art. 121 Abs. 1 weitere Voraussetzungen; er verlangt insbesondere die in Art. 109 vorgeschriebene **Anpassung des nationalen Rechts**[26]. Im Vordergrund steht hier die rechtliche Absicherung der Unabhängigkeit der jeweiligen nationalen Zentralbank[27]. Auch hinsichtlich dieser rechtlichen Konvergenz gelten für alle Mitgliedstaaten die gleichen Voraussetzungen. Streng genommen ist diese Verpflichtung allerdings unabhängig von der Einführung der Euro-Währung, weil Art. 109 verlangt, daß die Rechtsanpassung spätestens zum Zeitpunkt der Errichtung des ESZB (1.6.1998) erfolgt ist. Eine Ausnahme gilt allein für Großbritannien (s.u. Rn. 32)[28].

5. Justitiabilität

Die Entscheidung des Rates ergeht mit qualifizierter Mehrheit, theoretisch also auch gegen den Willen des betreffenden Mitgliedstaats. Damit wird deutlich, daß den Mitgliedstaaten **kein Wahlrecht** zusteht[29]. Allerdings gibt es rechtlich keine Möglichkeit und ist es praktisch kaum vorstellbar, den Beitritt eines Mitgliedstaats zum Euro-Währungsgebiet zu erzwingen[30]. Ein Mitgliedstaat, der sich unberechtigt weigert, begeht aber eine **Vertragsverletzung**, die der EuGH im Verfahren nach Art. 226, 227 feststellen kann.

Der Beschluß des Rates nach Abs. 2 hat weitreichende Folgen für den betreffenden Mitgliedstaat. Selbst wenn dem Rat ein gewisser Entscheidungsspielraum eröffnet ist, handelt es sich bei der Prüfung, ob ein Mitgliedstaat die notwendigen Voraussetzungen für die Einführung des Euro erfüllt, doch um eine **von rechtlichen Vorgaben geprägte**

---

26 Näher dazu Deutsche Bundesbank, Zur rechtlichen Konvergenz in den Mitgliedstaaten der Europäischen Gemeinschaft, Informationsbrief zur WWU Nr. 10, Februar 1998, S. 3.
27 Dazu *B. Wahlig*, Die Unabhängigkeit der nationalen Zentralbanken als institutionelles Kriterium für den Eintritt in die dritte Stufe der europäischen Währungsunion, FS-Hahn, 1997, S. 265.
28 Vgl. Nr. 5 des Protokolls Nr. 25.
29 Vgl. *A. Bothe/K. Bünger/F. v. Estorff*, in: GTE, EGV, Art. 109j, Rn. 50 ff.; *B. Kempen*, Die europäische Währungsunion und der Streit um die Geltung des Gemeinschaftsrechts, AVR 35 (1997), S. 273 (292); *M. Potacs*, in: Schwarze, EU-Kommentar, Art. 122 EGV, Rn. 2; *M. Seidel*, »Braucht die Europäische Union eine einheitliche Währung? Kommt der Euro wirklich?«, FS-Reich, 1997, S. 373 (386); *S. Mohamed*, A critical interpretation of the EMU convergence rules, L.I.E.I. 1997, S. 1 (12 f.); *J. Sixt*, Euro –Notwendigkeit oder Bedrohung?, DZWir 1997, S. 428 (430).
30 Vgl. *N. Horn*, Rechtliche und institutionelle Aspekte der Europäischen Währungsunion im politischen und wirtschaftlichen Kontext, ZBB 1997, S. 314 (317); *K.-W. Knauth*, Maastricht und die Europäische Wirtschafts- und Währungsunion, Versicherungswirtschaft 1992, S. 1132 (1136).

Maßnahme. Der Beschluß ist deshalb grundsätzlich **justitiabel**[31]. Über seine Rechtmäßigkeit entscheidet der EuGH nach Art. 230[32].

IV. Status der Mitgliedstaaten mit Ausnahmeregelung

22 Mitgliedstaaten mit Ausnahmeregelung haben im Zusammenhang der WWU einen besonderen Status. Ihre Zentralbanken gehören zwar dem ESZB an (s. Art. 107, Rn. 6). Diese Mitgliedstaaten und deren Zentralbanken **behalten** jedoch **die bisherigen währungspolitischen Befugnisse** nach ihrem innerstaatlichen Recht (Art. 43.2 ESZB-Satzung).

23 Wesentliche **Vorschriften** dieses Titels des EGV **gelten** deshalb für diese Mitgliedstaaten **nicht** (Abs. 3). Im einzelnen handelt es sich um Art. 104 Abs. 9 und 11 (Sanktionen bei Verstoß gegen die Haushaltsdisziplin); Art. 105 Abs. 1, 2, 3 und 5 (Ausschluß der Kompetenzen des ESZB im Hinblick auf diese Mitgliedstaaten mit Ausnahme der Anhörung der EZB bei Entwürfen zu Rechtsvorschriften); Art. 106 (Ausgabe von Banknoten und Münzen); Art. 110 (Handlungsbefugnisse der EZB); Art. 111 (Abschluß von Vereinbarungen zu Währungsfragen mit Drittstaaten) sowie Art. 112 Abs. 2 lit. b (Ernennung des EZB-Direktoriums). Darüber hinaus regelt das Kapitel IX der ESZB-Satzung, insbesondere Art. 43, den Ausschluß dieser Mitgliedstaaten und ihrer Zentralbanken von den Rechten und Pflichten im Rahmen des ESZB.

24 Von der Zugehörigkeit zum ESZB bleibt materiell vor allem übrig, daß auch die Mitgliedstaaten mit Ausnahmeregelung in den Schlüssel für die **Zeichnung des Kapitals** der EZB einbezogen werden. Sie erhalten deshalb nach Art. 29.1 einen gewissen Gewichtsanteil zugewiesen. Zur Einzahlung des von ihnen gezeichneten Kapitals kommt es während der Geltung der Ausnahmeregelung allerdings nicht, es sei denn, daß der Erweiterte Rat der EZB (s. dazu Art. 123, Rn. 10) die Zahlung eines Mindestprozentsatzes beschließt.

25 Abs. 4 nennt jene Vorschriften, in denen der Ausdruck »Mitgliedstaaten« vorerst nur die an der WWU teilnehmenden Mitgliedstaaten bezeichnet. Besonders erwähnenswert ist in diesem Zusammenhang, daß Staatsangehörige der Mitgliedstaaten mit Ausnahmeregelung nicht Mitglieder des EZB-Direktoriums werden können (Art. 112 Abs. 2 lit. b).

26 Abs. 5 ordnet das **Ruhen des Stimmrechts** der Vertreter der Mitgliedstaaten mit Ausnahmeregelung bei den Ratsbeschlüssen an, zu denen die in Abs. 3 erwähnten Vorschriften ermächtigen. Dies führt zu Modifizierungen insbesondere bei der Berechnung der qualifizierten Mehrheit[33]. Dennoch handelt es sich nach wie vor um das Gemeinschaftsorgan Rat. Seine Entscheidungen stellen solche der Gemeinschaft dar, nicht nur Beschlüsse der teilnehmenden Mitgliedstaaten. Begrenzt ist allein der Anwendungsbereich dieser Rechtsakte[34]. Da ausdrücklich nur ihr Stimmrecht ruht,

---

31 Ebenso *M. Seidel*, Probleme der Währungsordnung der Europäischen Union, FS-Vieregge, 1995, S. 793 (807). Vgl. aber auch *Kempen* (Fn. 29), S. 293: »weitgehend EuGH-frei«.
32 Vgl. *R. von Borries/W. Glomb*, Beck-Ratgeber Euro-Währung, 1997, S. 62 f.; *G. Morgenthaler*, Der Euro – zwischen Integrationsdynamik und Geldwertstabilität, JuS 1997, S. 673 (679); *Müller-Graff* (Fn. 9), S. 92 ff.; *G. Ress*, Der Übergang zur dritten Stufe, in Rill/Griller (Hrsg.), Rechtsfragen der Europäischen Währungsunion, 1998, S. 155 (181).
33 Dazu *R. Bandilla*, in: Grabitz/Hilf, EU, Art. 109k, Rn. 19.
34 *R. Bandilla*, in: Grabitz/Hilf, EU, Art. 109k, Rn. 14.

ließe sich ein **Ausschluß** der nicht teilnehmenden Mitgliedstaaten **von den Beratungen im Rat** mit dem Wortlaut des Abs. 5 nicht vereinbaren[35]. Die erklärte Absicht der voraussichtlichen Teilnehmerstaaten, in einem gesonderten Gremium allein beraten zu wollen, erschien damit rechtlich problematisch. Der Europäische Rat von Luxemburg hat insoweit in einer Entschließung vom 13. 12. 1997 die vorrangige Stellung des ECOFIN-Rates bekräftigt. Die Minister der dem Euro-Währungsgebiet angehörenden Staaten sollen sich aber in **informellem Rahmen** treffen können, »um Fragen zu erörtern, die im Zusammenhang mit ihrer gemeinsam getragenen besonderen Verantwortung für die gemeinsame Währung stehen«[36]. Die Kommission und gegebenenfalls die EZB sollen zu diesen Treffen der **Euro-Gruppe** (s. dazu Art. 108 Rn. 9a) eingeladen werden.

Die Art. 119 und 120 betreffen das Verfahren bei **Zahlungsbilanzschwierigkeiten und -krisen**. Die Geltungsdauer beider Vorschriften endet nach ihrem jeweiligen Abs. 4 mit dem Beginn der dritten Stufe. Mit dem Wegfall der nationalen Währungen entfällt auch die Möglichkeit von Zahlungsbilanzproblemen. Das gilt jedoch nur für die Mitgliedstaaten, die die einheitliche Währung einführen. Solange es Mitgliedstaaten mit Ausnahmeregelung gibt, gelten die Art. 119 und 120 für diese Mitgliedstaaten weiter (Abs. 6). 27

B. Sonderregelungen für Dänemark

Das »Protokoll über einige Bestimmungen betreffend Dänemark« gewährt diesem Mitgliedstaat das Recht, einseitig zu erklären, ob er an der dritten Stufe teilnehmen will oder nicht. Diese Sonderregelung nimmt – wie es der zweite Erwägungsgrund des Protokolls ausdrückt – Rücksicht darauf, daß »die dänische Verfassung Bestimmungen enthält, die vor der Teilnahme Dänemarks an der dritten Stufe der Wirtschafts- und Währungsunion eine Volksabstimmung erfordern könnten«. 28

Dänemark hat seine **Nichtteilnahme** an der Währungsunion **bereits 1992 definitiv erklärt**[37]. Es gilt deshalb die Freistellung nach Nr. 2 des Protokolls. Rechtliche Folge ist, daß alle eine Ausnahmeregelung betreffenden Artikel und Bestimmungen des EG-Vertrags und der ESZB-Satzung auf Dänemark Anwendung finden. In einem Referendum am 28.9.2000 hat sich die dänische Bevölkerung bei 53,1% Nein- und 46,9% Ja-Stimmen erneut gegen die Einführung des Euro entschieden.[38] 29

---

35 So wohl auch *A. Weber* (Fn. 4), S. 279.
36 Nr. 6 der Entschließung des Europäischen Rates über die wirtschaftspolitische Koordinierung in der dritten Stufe der WWU und zu den Artikeln 109 und 109b des EG-Vertrags, ABl.EG 1998 Nr. C 35/1. Kritisch *P. Brentford*, Constitutional Aspects of the Independence of the European Central Bank, I.C.L.Q. 47 (1998), S. 75 (86 f.).
37 ABl.EG 1992 Nr. C 348, S. 2 unter Abschnitt B Abs. 1. Vgl. dazu *D. Blumenwitz*, Ein Vertrag wird gebrochen, Die Welt vom 15.12.1992, S. 6; *C. Goybet*, L'Europe après le référendum danois, RMC 1993, S. 389; *D. Howarth*, The Compromise on Denmark and the Treaty on European Union: A Legal and Political Analysis, CMLRev. 31 (1994), S. 765 ff.; *O. Schmuck*, Der Gipfel von Edinburgh: Erleichterung nach einem europapolitisch schwierigen Jahr, Integration 1993, S. 33, 35 f.; *G. Schuster*, Der Sonderstatus Dänemarks im Vertrag über die Europäische Union, EuZW 1993, S. 177; *C. Tomuschat*, Der Änderungsvertrag von Edinburgh, Handelsblatt vom 5.1.1993, S. 2.
38 Vgl. EuBl. 2000, S. 198.

C. Sonderregelungen für Großbritannien

30 Das »Protokoll über einige Bestimmungen betreffend das Vereinigte Königreich Großbritannien und Nordirland« enthält deutlich umfangreichere Bestimmungen[39]. Die Vertragsparteien geben darin der Erkenntnis Ausdruck, »daß das Vereinigte Königreich nicht gezwungen oder verpflichtet ist, ohne einen gesonderten Beschluß seiner Regierung und seines Parlaments in die dritte Stufe der Wirtschafts- und Währungsunion einzutreten«. Das Protokoll legt fest, daß sich Großbritannien vor der Auswahlentscheidung des Rates nach Art. 121 Abs. 4 entscheiden muß, ob es in diesen Prozeß mit einbezogen werden möchte.

31 Seine Absicht, zur dritten Stufe überzugehen, konnte das Vereinigte Königreich vor dem 1.1.1998 notifizieren. Damit hätte es sich in den Kreis der übrigen Mitgliedstaaten eingereiht. Seine Teilnahme an der Endstufe der Währungsunion wäre dann abhängig gewesen von der auf die Konvergenzkriterien gestützten Entscheidung des Rates nach Art. 121 Abs. 4. Beim Verfehlen der Voraussetzungen hätte es zu den Mitgliedstaaten, für die eine Ausnahmeregelung gilt, gehört[40].

32 Teilt Großbritannien dagegen – wie inzwischen geschehen[41] – seine Absicht mit, nicht an der Währungsunion teilzunehmen, gelten die Nrn. 3 bis 9 des erwähnten Protokolls. Sie stellen den Inselstaat von allen Folgen der Währungsunion frei. Anders als Dänemark wird Großbritannien durch das Gebrauchmachen von der Ausstiegsklausel **nicht den Mitgliedstaaten mit Ausnahmeregelung gleichgestellt.** Zwar finden sich alle Vorschriften, die nach Abs. 3 für jene Mitgliedstaaten nicht gelten, auch in der Negativliste in Nr. 5 des Protokolls wieder. Die Sonderregelungen für Großbritannien gehen aber darüber hinaus[42]. Sowohl die Liste der Vertragsvorschriften, die keine Anwendung finden (Nr. 5 des Protokolls), als auch die der Bestimmungen aus der ESZB-Satzung, die nicht gelten sollen (Nr. 8 des Protokolls), sind länger als die entsprechenden Aufzählungen in Abs. 3 und in Art. 43.1 ESZB-Satzung.

33 Der Status des Vereinigten Königreichs ähnelt deshalb eher dem der Mitgliedstaaten vor dem Beginn der dritten Stufe[43]. So gilt die Pflicht aus Art. 104 Abs. 1, übermäßige öffentliche Defizite zu vermeiden, für Großbritannien nicht. Es bleibt gemäß Nr. 6 des Protokolls statt dessen bei der Regelung des Art. 116 Abs. 4, der für die zweite Stufe nur das Bemühen um Haushaltsdisziplin verlangt. Art. 105 Abs. 4, der der EZB ein Anhörungsrecht sowie die Befugnis verleiht, Stellungnahmen gegenüber nationalen Behörden abzugeben, gilt im Verhältnis zum Vereinigten Königreich ebenfalls nicht.

---

39 Zu Gründen aus wirtschaftswissenschaftlicher Sicht, die gegen eine Teilnahme Großbritanniens an der Währungsunion sprechen, P. *Nölling*, Großbritanniens Geldordnung im Konflikt mit der Europäischen Währungsunion, 1997. Vgl. auch C. *Barr*, Großbritannien: Der lange Weg zur EWU, in: Deutsche Bank Research, EWU-Monitor Nr. 53 vom 30.7.1998.
40 Vgl. T. C. *Hartley*, Constitutional and Institutional Aspects of the Maastricht Agreement, I.C.L.Q. 42 (1993), S. 213 (233).
41 Vgl. die Stellungnahme des britischen Schatzkanzlers Brown, EMU Statement: Chancellor sets out his criteria for entry, Financial Times, 18.10.1997, S. 12, und dazu T. *Gruber/R. Ohr*, Der britische Weg zur Währungsunion – ein konstruktives »opting later«, Wirtschaftsdienst 1997, S. 728.
42 Vgl. R. *Stadler*, Der rechtliche Handlungsspielraum des Europäischen Systems der Zentralbanken, 1996, S. 78; A. *Weber* (Fn. 4), S. 276.
43 *Häde* (Fn. 21), S. 147. Ebenso M. *Herdegen*, Europarecht, 1997, Rn. 253.

Auch die Art. 108 und 109, die alle anderen Mitgliedstaaten, selbst die mit Ausnahme- 34
regelung, verpflichten, die innerstaatlichen Rechtsvorschriften anzupassen, insbesondere der nationalen Zentralbank Unabhängigkeit zu gewähren, gelten nicht. Die **Bank von England darf** also **weisungsabhängig bleiben**. Die Möglichkeit zum Ausstieg geht sogar so weit, daß Art. 4 Abs. 2, der die Währungsunion als Ziel der Gemeinschaft konkretisiert, für Großbritannien nicht verbindlich ist.

D. Beitritt neuer Mitgliedstaaten

I. Der Weg in die Währungsunion

Die laufen Beitrittsverhandlungen mit zahlreichen mittel- und ost- sowie einigen südeu- 35
ropäischen Staaten werden relativ bald zu einer wesentlichen Erweiterung der Gemeinschaft führen. Zu den derzeit 15 Mitgliedstaaten könnten mittel- oder langfristig zwölf oder mehr weitere hinzukommen. Jeder neue Mitgliedstaat wird den u.a. in Art. 3 EUV erwähnten gemeinschaftlichen Besitzstand und damit insbesondere das geltende Gemeinschaftsrecht übernehmen. Zu diesem Besitzstand gehören auch die primär- und sekundärrechtlichen Vorschriften über die Wirtschafts- und Währungsunion.[44] Für neue Mitgliedstaaten gilt daher in gleicher Weise das Ziel, den Euro als einheitliche Währung einzuführen.

Auszugehen ist von der Annahme, daß die Beitrittsverträge **keine Sonderregelungen** 36
enthalten, die sich auf die WWU beziehen. Für die Einführung des Euro in den neuen Mitgliedstaaten gelten daher die allgemeinen Vorschriften. Hält man daran fest, daß die **zweijährige Teilnahme am Wechselkursmechanismus** Teilnahmebedingung für die Währungsunion ist, kann ein neu hinzukommender Mitgliedstaat das Wechselkurskriterium nicht sofort erfüllen.[45] Darüber hinaus werden wohl fast alle Beitrittskandidaten zunächst noch Probleme mit den anderen Konvergenzkriterien haben.[46] Auf der Grundlage von Abs. 1 UAbs. 2 wird neuen Mitgliedstaaten daher **im Zeitpunkt des Beitritts** zur Gemeinschaft **automatisch eine Ausnahmeregelung gewährt**.[47]

Vor diesem Hintergrund erhält Abs. 2 eine ganz neue Bedeutung. Neue Mitgliedstaaten 37
können den Euro nämlich nur dann einführen, wenn der Rat auf dieser Basis entscheidet, daß sie die notwendigen Voraussetzungen und insoweit vor allem die **Konvergenzkriterien** des Art. 121 Abs. 1 EGV erfüllen. Die Konvergenzkriterien sind damit keine Bedingungen für den Beitritt zur Gemeinschaft,[48] sie bilden aber den Kern der notwendigen Voraussetzungen für die Einführung des Euro. Einen anderen Weg in die Währungsunion kennt das geltende Gemeinschaftsrecht nicht. Abs. 2, aber auch die weiteren Absätze der Vorschrift, werden deshalb noch länger das Verhältnis zwischen Mitgliedstaaten innerhalb und außerhalb des Euro-Währungsgebiets regeln müssen.

---

44 Vgl. Kommission der Europäischen Gemeinschaften, Strategiepapier zur Erweiterung, Berichte über die Fortschritte jedes Bewerberlandes auf dem Weg zum Beitritt vom 8.11.2000, KOM (2000) 700 endgültig, S. 28.
45 Vgl. dazu *B. Böttcher/S. Kern*, EU-Beitrittskandidaten auf dem Weg zur EWU, in: Deutsche Bank Research, Monitor EU-Erweiterung, Nr. 1, September 2000, S. 15 ff.
46 Dazu *J. Conrad*, Monetäre Konvergenz: Weiterhin nicht geradlinig, in: Deutsche Bank Research, Monitor EU-Erweiterung, Nr. 2, Dezember 2000, S. 26 ff.
47 Vgl. *R. Bandilla*, in: Grabitz/Hilf, EU, Art. 109k, Rn. 4; *J.-V. Louis*, MWLVD, CEE, Bd. 6, S. 149.
48 Kommission (Fn. 44), S. 28.

II. Keine einseitige Einführung des Euro

38 In manchen der Beitrittskandidaten soll es **Bestrebungen** gegeben haben oder noch geben, den Euro einseitig als Währung einzuführen. Die Währungshoheit bringt es mit sich, daß ein Staat grundsätzlich nicht gehindert ist, die Währung eines anderen Staates als eigene Währung einzuführen. Mit dieser Entscheidung begibt er sich allerdings fast aller Einflußmöglichkeiten, denn über die Geld- und Währungspolitik bestimmt der fremde Staat. So kann auch ein Staat, der den Euro einseitig als Währung einführt, die Geldpolitik im Euro-Währungsgebiet nicht direkt beeinflussen. Seine Zentralbank gehört nämlich dem ESZB (noch) nicht an und ist im EZB-Rat nicht vertreten. Da dieser Staat nicht zum Euro-Währungsgebiet gehört, bezieht sich die Geld- und Währungspolitik der Gemeinschaft auch nicht auf sein Gebiet.

39 Art. 10 verpflichtet die Mitgliedstaaten zur Vertragstreue. Nach seinem Abs. 2 unterlassen die Mitgliedstaaten »alle Maßnahmen, welche die Verwirklichung der Ziele dieses Vertrags gefährden könnten.« Der Vertrag regelt die Einführung des Euro abschließend. Die Vertragsparteien haben in Maastricht mit dem Vertrag über die Europäische Union entschieden, daß der Einführung der einheitlichen Währung eine Konvergenzprüfung vorausgehen muß. Der Vertrag folgt daher nicht dem monetaristischen Konzept, daß sich Konvergenz von der vorherigen Einführung der einheitlichen Währung versprach. **Dauerhafte Konvergenz ist** vielmehr **Vorbedingung.** Das **einseitige Einführen des Euro** vor dem Erreichen des Konvergenzziels widerspricht daher dem Konzept des Vertrags. Mitgliedstaaten ist es daher **gemeinschaftsrechtlich verwehrt,** den Euro abweichend von Vorschriften des Vertrags durch einseitiges Handeln einzuführen.

E. Austritt aus der Währungsunion?

40 Der Vertrag sieht keine Möglichkeit zum Ausscheiden aus der Währungsunion vor. Nach der Einführung der einheitlichen Währung ist die (erneute) Gewährung einer Ausnahmeregelung nicht mehr möglich[49]. Im Protokoll über den Übergang zur dritten Stufe der Wirtschafts- und Währungsunion erklären die Vertragsparteien mit der Unterzeichnung des Maastrichter Vertrags ausdrücklich die **Unumkehrbarkeit** dieses Schrittes. Wer sofort oder später in die dritte Stufe eintritt, hat – jedenfalls nach Gemeinschaftsrecht – keine Möglichkeit zum Wiederaustritt[50]. Das **Bundesverfassungsgericht** sieht den Rückzug aus der Währungsunion oder sogar der Gemeinschaft allerdings als ultima ratio an, wenn der Stabilitätskurs nicht eingehalten wird[51].

41 Auch für Großbritannien und Dänemark gilt, daß eine **Entscheidung für die Währungsunion endgültig** ist. Die einschlägigen Protokolle bestimmen nämlich, daß ihre Sonder-

---

49 *Häde* (Fn. 21), S. 158 f.
50 Vgl. *H. Beise,* Verfassungshürden vor der Europäischen Währungsunion, BB 1992, S. 645 (646).
51 BVerfGE 89, 155 (204). Vgl. auch *Kempen* (Fn. 29), S. 282 ff.; *P. Kirchhof,* Die Mitwirkung Deutschlands an der Wirtschafts- und Währungsunion, FS Franz Klein, 1994, S. 61 (81). Zu Ausstiegsszenarien vgl. auch *M. Herdegen,* Die Währungsunion als dauerhafte Rechtsgemeinschaft, in: Deutsche Bank Research, EWU-Monitor, Nr. 52 v. 22.6.1998, und dazu *H. C. Hafke,* »Opting-out« als Phantasie, Börsenzeitung vom 25.7.1998, S. 1. S. außerdem *J. Endler,* Europäische Zentralbank und Preisstabilität, 1998, S. 533 ff.; *M. Herdegen,* in Maunz/Dürig (Hrsg.), GG, Art. 88 (Bearbeitung Juni 1998), Rn. 25 f.; *D. Meyer,* Währungsdesintegration – Szenarien eines Ausstiegs aus der Europäischen Währungsunion, Universität der Bundeswehr Hamburg, Institut für Wirtschaftspolitik, Diskussionsbeiträge zur Wirtschaftspolitik Nr. 100, 1999.

regelungen dann nicht mehr anwendbar sind[52]. Ein Hin und Her in beide Richtungen ist damit ausgeschlossen.

Den Ausschluß eines Mitgliedstaats, der gegen die festgelegten Regeln verstößt, sieht der Vertrag ebenfalls nicht vor. Die Wechselkurse werden nach Art. 123 Abs. 4 EGV unwiderruflich festgelegt. Die Währungsunion ist demnach auf Dauer angelegt. 42

---

[52] Nr. 10 S. 5 des Protokolls für Großbritannien; Nr. 5 des Protokolls für Dänemark.

Art. 123 (ex-Art. 109l)

(1) Unmittelbar nach dem gemäß Artikel 121 Absatz 3 gefaßten Beschluß über den Zeitpunkt für den Beginn der dritten Stufe bzw. unmittelbar nach dem 1. Juli 1998[1 f.]
- verabschiedet der Rat die in Artikel 107 Absatz 6 genannten Bestimmungen[3];
- ernennen die Regierungen der Mitgliedstaaten, für die keine Ausnahmeregelung gilt, nach dem Verfahren des Artikels 50 der Satzung des ESZB den Präsidenten, den Vizepräsidenten und die weiteren Mitglieder des Direktoriums der EZB[4]. Bestehen für Mitgliedstaaten Ausnahmeregelungen, so kann sich das Direktorium aus weniger Mitgliedern als in Artikel 11.1 der Satzung des ESZB vorgesehen zusammensetzen; auf keinen Fall darf es jedoch aus weniger als 4 Mitgliedern bestehen[5].

Unmittelbar nach Ernennung des Direktoriums werden das ESZB und die EZB errichtet[6] und von diesen Vorkehrungen für die Aufnahme ihrer vollen Tätigkeit im Sinne dieses Vertrags und der Satzung des ESZB getroffen[7]. Sie nehmen ihre Befugnisse ab dem ersten Tag der dritten Stufe in vollem Umfang wahr.

(2) Unmittelbar nach Errichtung der EZB übernimmt diese erforderlichenfalls die Aufgaben des EWI. Dieses wird nach Errichtung der EZB liquidiert; die entsprechenden Einzelheiten der Liquidation werden in der Satzung des EWI geregelt[8 f.].

(3) Sofern und solange es Mitgliedstaaten gibt, für die eine Ausnahmeregelung gilt, wird unbeschadet des Artikels 107 Absatz 3 der in Artikel 45 der Satzung des ESZB bezeichnete Erweiterte Rat der EZB als drittes Beschlußorgan der EZB errichtet[10 ff.].

(4) Am ersten Tag[13 f.] der dritten Stufe nimmt der Rat aufgrund eines einstimmigen[19] Beschlusses der Mitgliedstaaten[16], für die keine Ausnahmeregelung gilt, auf Vorschlag der Kommission[17] und nach Anhörung der EZB die Umrechnungskurse, auf die ihre Währungen unwiderruflich festgelegt werden, sowie die unwiderruflich festen Kurse, zu denen diese Währungen durch die ECU[20] ersetzt werden, an[15 ff.] und wird die ECU zu einer eigenständigen Währung. Diese Maßnahme ändert als solche nicht den Außenwert der ECU[22]. Der Rat trifft auf Vorschlag der Kommission und nach Anhörung der EZB mit qualifizierter Mehrheit der genannten Mitgliedstaaten[26 f.] alle sonstigen Maßnahmen, die für die rasche Einführung der ECU als einheitlicher Währung dieser Mitgliedstaaten erforderlich sind[24 ff.]. Artikel 122 Absatz 5 Satz 2 findet Anwendung.

(5) Wird nach dem Verfahren des Artikels 122 Absatz 2 beschlossen, eine Ausnahmeregelung aufzuheben, so legt der Rat aufgrund eines einstimmigen Beschlusses der Mitgliedstaaten, für die keine Ausnahmeregelung gilt, und des betreffenden Mitgliedstaats auf Vorschlag der Kommission und nach Anhörung der EZB den Kurs, zu dem dessen Währung durch die ECU ersetzt wird, fest und ergreift die sonstigen erforderlichen Maßnahmen zur Einführung der ECU als einheitliche Währung in dem betreffenden Mitgliedstaat[39 f.].

Amsterdamer Fassung des Abs. 4:

Am ersten Tag der dritten Stufe nimmt der Rat aufgrund eines einstimmigen Beschlusses der Mitgliedstaaten, für die keine Ausnahmeregelung gilt, auf Vorschlag der Kommission und nach Anhörung der EZB die Umrechnungskurse, auf die ihre Währungen unwiderruflich festgelegt werden, sowie die unwiderruflich festen Kurse, zu denen diese Währungen durch die ECU ersetzt werden, an und wird die ECU zu einer eigenständigen Währung. Diese Maßnahme ändert als solche nicht den Außenwert der ECU. Der Rat trifft ferner nach dem gleichen Verfahren alle sonstigen Maßnahmen, die für die rasche Einführung der ECU als einheitlicher Währung dieser Mitgliedstaaten erforderlich sind.

Inhaltsübersicht:

A. Der Auftakt zur dritten Stufe ... 1
  I. Verabschiedung der Bestimmungen nach Art. 107 Abs. 6 ... 2
  II. Ernennung des EZB-Direktoriums ... 3
  III. Errichtung von ESZB und EZB ... 5
  IV. Liquidation des EWI ... 7
  V. Der Erweiterte Rat der EZB ... 8
B. Der Beginn der dritten Stufe ... 13
  I. Entstehung der einheitlichen Währung ... 13
    1. Festlegung der Wechselkurse ... 13
    2. Verfahren ... 14
    3. ECU und Euro ... 16
  II. Sonstige Maßnahmen ... 20
    1. Währungsrecht der Gemeinschaft ... 20
      a) Gemeinschaft und Mitgliedstaaten ... 20
      b) Verfahren ... 23
      c) Euro und Drittstaaten ... 24
    2. Das Übergangsszenario ... 25
    3. Die Euro-Verordnungen ... 27
      a) VO 1103/97 ... 27
      b) Die Verordnung Nr. 974/98 über die Einführung des Euro ... 31
C. Aufnahme neuer Teilnehmer ... 36

A. Der Auftakt zur dritten Stufe

Abs. 1 regelt zwei Alternativen, deren erste nicht zur Anwendung gelangte. Daher waren unmittelbar nach dem 1.7.1998 die erwähnten Maßnahmen durchzuführen. Sinn und Zweck dieser Festlegung war es, für die unbedingt erforderlichen Vorbereitungen einen Zeitrahmen von sechs Monaten zu schaffen. Die geringfügige Ausdehnung dieses Rahmens durch ein Vorverlegen des Termins auf den 1.6.1998 war deshalb rechtlich nicht zu beanstanden.

I. Verabschiedung der Bestimmungen nach Art. 107 Abs. 6

Zu den ersten Maßnahmen gehörte die Verabschiedung jener Bestimmungen durch den Rat der Wirtschafts- und Finanzminister, die Art. 107 Abs. 6 vorsieht. Sie legten den Rahmen für das Tätigwerden des ESZB in bestimmten Bereichen fest (s. Art. 107, Rn. 17). Der Rat entschied insoweit in vollständiger Besetzung, also unter Beteiligung auch der Vertreter der Mitgliedstaaten, die noch nicht an der Währungsunion teilnehmen.[1]

II. Ernennung des EZB-Direktoriums

Das bedeutsamste Ereignis dieser Auftaktphase zur dritten Stufe war die Errichtung von ESZB und EZB. Ihr ging die Ernennung des Direktoriums der EZB voraus, die dem in **Art. 50 ESZB-Satzung** vorgesehenen Verfahren folgte.

Zu ernennen waren neben dem Präsidenten und dem Vizepräsidenten der EZB grundsätzlich vier weitere Direktoriumsmitglieder. Die Staats- und Regierungschefs

---

1 Ebenso R. *Bandilla*, in: Grabitz/Hilf, EU, Art. 109l, Rn. 10.

hätten aber beschließen können, diese Zahl bis auf zwei zu reduzieren. Voraussetzung dafür war das Bestehen von Ausnahmeregelungen für einige Mitgliedstaaten. Ein solches Vorgehen wäre möglicherweise sinnvoll gewesen, falls zunächst nur wenige Mitgliedstaaten den Euro eingeführt hätten. Auf diese Weise hätte dann eine ausgewogene Zusammensetzung des EZB-Rates gewährleistet werden können. Nachdem aber elf Mitgliedstaaten teilnahmen, kam es nicht zu dieser Reduzierung. Damit hat sich Abs. 1 UAbs. 1, 2. Spstr. erledigt. Eine spätere Verminderung der Zahl der Direktoriumsmitglieder dürfte nicht zulässig sein.

III. Errichtung von ESZB und EZB

5 Unmittelbar nach der Ernennung der Mitglieder des Direktoriums folgte nach Abs. 1 UAbs. 2 die Errichtung von ESZB und EZB. Da das ESZB nach Art. 107 Abs. 1 aus der EZB und den nationalen Zentralbanken besteht, kam es bereits zu diesem Zeitpunkt zur Eingliederung der nationalen Zentralbanken in das Zentralbanksystem der Gemeinschaft. Bis zum Beginn der dritten Stufe am 1.1.1999 behielten die Mitgliedstaaten und ihre Zentralbanken jedoch noch die bisherigen Kompetenzen[2].

6 Auch ansonsten trafen ESZB und EZB in dieser Phase nur die Vorkehrungen für die Aufnahme ihrer vollen Tätigkeit. Ihre Befugnisse konnten sie erst ab dem ersten Tag der dritten Stufe in vollem Umfang wahrnehmen. Vorher standen der EZB im wesentlichen nur die Kompetenzen des EWI zu[3].

IV. Liquidation des EWI

7 An die Stelle des nur für die zweite Stufe errichteten EWI trat die EZB. Abs. 2 Satz 2 bestimmt, daß die EZB erforderlichenfalls die Aufgaben des EWI übernimmt. Gemeint sind wohl in erster Linie die Aufgaben des EWI im Zusammenhang mit dem Europäischen Währungssystem (s. dazu Art. 124, Rn. 3 ff.). Das EWI wurde aufgelöst. Die Einzelheiten der Liquidation regelt Art. 23 EWI-Satzung.

V. Der Erweiterte Rat der EZB

8 Gemäß Art. 117 Abs. 1 UAbs. 1 gehörten dem Rat des EWI während der zweiten Stufe der Wirtschafts- und Währungsunion alle Präsidenten der nationalen Zentralbanken an. Sie setzten dort die frühere Zusammenarbeit im Rahmen des Ausschusses der Präsidenten der Zentralbanken fort, der mit Beginn der zweiten Stufe aufgelöst wurde. Da dem EZB-Rat in der dritten Stufe nur die Notenbankpräsidenten der Teilnehmerstaaten angehören (s. Art. 112, Rn. 1), endete diese Kooperation.

9 Zwar dürfen die Mitgliedstaaten mit Ausnahmeregelung nicht über die gemeinsame Geld- und Währungspolitik der Teilnehmerstaaten mitentscheiden. Eine allzu strikte

---

[2] Zu den Zentralbanken der Mitgliedstaaten im einzelnen vgl. *D. Studt*, Rechtsfragen einer europäischen Zentralbank, 1993, S. 76 ff.; *S. Weinbörner,* Die Stellung der Europäischen Zentralbank (EZB) und der nationalen Zentralbanken in der Wirtschafts- und Währungsunion nach dem Vertrag von Maastricht, 1998, S. 157 ff.

[3] Vgl. *W. Schill*, in: Lenz, EGV, Art. 123, Rn. 2; *R. Smits*, The European Central Bank, 1997, S. 128 f.

Trennung erschiene jedoch nicht sinnvoll. Ziel ist es doch, daß langfristig alle Mitgliedstaaten an der Währungsunion teilnehmen können (s. Art. 4, Rn. 11 ff.). Insofern besteht erheblicher **Koordinierungsbedarf**.

Abs. 3 sieht deshalb als gemeinsames Gremium den Erweiterten Rat der EZB vor.[4] Ihm gehören der Präsident und der Vizepräsident der EZB sowie die **Präsidenten aller nationalen Zentralbanken** innerhalb der Gemeinschaft an. Dieses dritte Beschlußorgan der EZB institutionalisiert zum einen den Informationsaustausch[5]. So unterrichtet der Präsident der EZB den Erweiterten Rat über die Beschlüsse des EZB-Rates (Art. 47.4 ESZB-Satzung). 10

Darüber hinaus hat das Gremium die Verantwortlichkeiten, die Art. 47 ESZB-Satzung abschließend[6] regelt. Danach nimmt der Erweiterte Rat zum einen die Aufgaben wahr, die die EZB nach Art. 44 der Satzung von dem gemäß Abs. 2 schon aufgelösten EWI übernommen hat. Es handelt sich um jene Koordinierungsaufgaben, die in der dritten Stufe noch erfüllt werden müssen, solange nicht alle Mitgliedstaaten teilnehmen. Der Erweiterte Rat berät bei den Vorbereitungen für die Aufhebung von Ausnahmeregelungen. Außerdem trägt er gemäß Art. 47.3 ESZB-Satzung zu den Vorarbeiten bei, die erforderlich sind, um die Währungen der Mitgliedstaaten, die dem Euro-Währungsgebiet später beitreten, in das einheitliche Währungsgebiet zu integrieren. 11

Wenn alle Mitgliedstaaten den Euro eingeführt haben, hört der Erweiterte Rat zu existieren auf.[7] Nach dem Beitritt neuer Mitgliedstaaten wäre er allerdings zu reaktivieren, bis auch sie die Voraussetzungen für die Einführung der einheitlichen Währung erfüllen. 12

B. Der Beginn der dritten Stufe

I. Entstehung der einheitlichen Währung

1. Festlegung der Wechselkurse

Auf der Grundlage von Art. 121 Abs. 4 Satz 1 begann die dritte Stufe am 1.1.1999. Für diesen Tag sah Abs. 4 wichtige Entscheidungen des Rates vor. Er bestimmte zunächst die Umrechnungskurse, auf die die Währungen der teilnehmenden Mitgliedstaaten unwiderruflich festgelegt wurden[8]. Zugleich entschied er über die unwiderruflich festen Kurse, zu denen der Euro die nationalen Währungen ersetzte. Damit wurde der Euro 13

---

4 Vgl. die Geschäftsordnung des Erweiterten Rates der Europäischen Zentralbank vom 1.9.1998, ABl.EG 1999 Nr. L 75/36.
5 Vgl. Deutsche Bundesbank, Die zweite Stufe der Europäischen Wirtschafts- und Währungsunion, Monatsbericht Januar 1994, S. 25 (27).
6 Vgl. Art. 45.3 ESZB-Satzung.
7 Vgl. R. *Senti*, Das Europäische System der Zentralbanken – Institutionelle Grundlagen, in: Senti/Büsch (Hrsg.), Schweizer Franken oder Euro, 1999, S. 35 (42).
8 Verordnung (EG) Nr. 2866/98 des Rates vom 31.12.1998 über die Umrechnungskurse zwischen dem Euro und den Währungen der Mitgliedstaaten, die den Euro einführen, ABl.EG 1998 Nr. L 359/1. Zu Methode und Kriterien vgl. V. *Clausen/M. Wilms*, Probleme des Übergangs zur EWU, in: Heinemann/Schröder (Hrsg.), Europäische Währungsunion und Kapitalmärkte, 1997, S. 11 (15 ff.); H. *Lehment*, Wie sollen die Wechselkurse in der Europäischen Währungsunion festgelegt werden?, Weltwirtschaft 1996, S. 61; D. *Schefold*. Die Europäischen Verordnungen über die Einführung des Euro, WM Sonderbeilage 4/1996, S. 12 f.

zu einer eigenständigen Währung. Dieser Vorgang führte zu einem Währungswechsel der teilnehmenden Mitgliedstaaten in Form einer **Währungsumstellung,** jedoch **nicht** zu einer **Währungsreform**[9]. Wertverluste durften damit grundsätzlich nicht verbunden sein.

2. Verfahren

14 Die Annahme der Wechselkurse erfolgte durch den ECOFIN-Rat. Der Rat entschied einstimmig. Stimmberechtigt waren nur die Vertreter der teilnehmenden Mitgliedstaaten.[10]

15 Die wegen des Einstimmigkeitserfordernisses erwogene theoretische Gefahr, Mitgliedstaaten könnten den Beginn der Währungsunion durch eine Verweigerungshaltung bei der Festlegung der Wechselkurse verhindern,[11] realisierte sich nicht. Eine solche **Blockade** hätte auch einen **Vertragsverstoß** dargestellt[12]. Eine Verknüpfung der Beschlüsse über die teilnehmenden Mitgliedstaaten und die Wechselkurse wäre nicht zulässig gewesen[13]. Die teilnehmenden Mitgliedstaaten waren verpflichtet, **angemessene Wechselkurse** zu akzeptieren[14]. Ein zu Unrecht widerstrebender Mitgliedstaat hätte sich notfalls auf Initiative der Kommission oder eines anderen Mitgliedstaates gemäß Art. 226, 227 EGV vor dem EuGH verantworten müssen[15]. Gleiches wird künftig für die Festlegung von Wechselkursen auf der Grundlage von Abs. 5 beim Beitritt weiterer Mitgliedstaaten zu gelten haben.

---

9 R. *von Borries/W. Glomb,* Beck-Ratgeber Euro-Währung, 1997, S. 69; *H. C. Hafke,* Währungsrechtliche Fragen auf dem Wege zur Europäischen Währungsunion, Vorträge, Reden und Bericht aus dem Europa-Institut Nr. 358, 1997, S. 18; *F.-C. Zeitler,* Verantwortung für Stabilität – auf dem Wege zur Europäischen Währungsunion, DStZ 1996, S. 289 (292 f.).
10 So *R. Bandilla,* in: Grabitz/Hilf, EU, Art. 109l, Rn. 14. Vgl. auch *H. J. Hahn,* Das Entstehen der Europawährung – Szenarien ihrer Einführung, JZ 1996, 321 (322). Zu Auslegungsproblemen aufgrund der undeutlichen Formulierung der deutschen Fassung vgl. die Vorauflage, Rn. 15 ff.
11 *H. J. Hahn,* Von der Europäischen Zahlungsunion zur Europäischen Währungsunion, in: Böhm/Lindauer (Hrsg.), Europäischer Geist – Europäische Verantwortung, 1993, S. 203 (215); ders., Geld und Währung – Elemente europäischer und universeller Ordnung, in: Bitburger Gespräche Jahrbuch 1992, 1992, S. 13 (24). Vgl. auch *J. Pipkorn,* Legal Arrangements in the Treaty of Maastricht for the Effectiveness of the Economic and Monetary Union, CMLRev. 31 (1994), S. 263 (290); *G. Meier,* Die Europäische Währungsunion als Stabilitätsgemeinschaft und das Grundgesetz, NJW 1996, S. 1027 (1028).
12 *U. Häde,* Finanzausgleich, 1996, S. 526. Ebenso *H. J. Hahn,* Der Weg zur Europäischen Währungsunion, BayVBl. 1996, S. 353 (354); *J. Kokott,* Deutschland im Rahmen der Europäischen Union – zum Vertrag von Maastricht, AöR 119 (1994), S. 207 (229); *A. Emmerich-Fritsche,* Wie verbindlich sind die Konvergenzkriterien?, EWS 1996, S. 77 (84); *M. Seidel,* Probleme der Währungsordnung der Europäischen Union, FS-Vieregge, 1995, S. 793 (808 f.).
13 *U. Häde,* Die Europäische Wirtschafts- und Währungsunion und ihr Bargeld, WM 1993, S. 2031 (2034); *W. H. Roth,* Der rechtliche Rahmen der Wirtschafts- und Währungsunion, EuR, Beiheft 1/1994, S. 45 (61); *Smits* (Fn. 3), S. 134.
14 Vgl. *Seidel* (Fn. 12), S. 809.
15 *R. Vaubel,* Die zweite Stufe auf dem Weg zur Europäischen Wirtschafts- und Währungsunion: Konsequenzen aus den Maastrichter Währungsbeschlüssen, in: Griller (Hrsg.), Auf dem Weg zur Europäischen Wirtschafts- und Währungsunion?, Wien 1993, S. 65 (75).

3. ECU und Euro

Schon bevor der Europäische Rat von Madrid Ende 1995 klarstellte, daß die Buchstabenfolge »ECU« in Abs. 4 Satz 1 nur als Platzhalter für den Namen der künftigen Währung zu verstehen sei (s. Art. 4, Rn. 31), stand fest, daß die Korb-ECU nicht identisch sein konnte mit dieser Währung (s. Art. 118, Rn. 11). Das folgt nicht allein aus der unterschiedlichen rechtlichen Qualität einer Recheneinheit und einer Währung, sondern ergibt sich auch aus den Unterschieden hinsichtlich der beteiligten Mitgliedstaaten. 16

Die ECU setzte sich aus Anteilen der Währungen jener zwölf Mitgliedstaaten zusammen, die im Zeitpunkt des Inkrafttretens des EUV am 1.11.1993 die Gemeinschaft bildeten. Wegen der Festschreibung der Zusammensetzung des Währungskorbes nach Art. 118 Satz 1 waren die Währungen der später beigetretenen Mitgliedstaaten Finnland, Österreich und Schweden nicht vertreten. Dem Euro-Währungsgebiet gehören aber Mitgliedstaaten aus beiden Gruppen an. Daraus ergibt sich zwangsläufig ein **Wertunterschied zwischen der ECU und dem Euro**[16] und die Prognose einer Entwicklung des Euro, die von der abweichen dürfte, die der nicht fortgeführte Währungskorb genommen hätte[17]. 17

Dennoch stellt Abs. 4 Satz 2 eine Verbindung zwischen beiden her. Die Festlegung der Wechselkurse zwischen den Währungen der teilnehmenden Mitgliedstaaten und dem Euro durfte als solche den Außenwert der ECU nicht verändern. Im Zusammenhang mit Art. 118 Satz 2 ergab sich daraus, daß der **Anfangswert des Euro derselbe** sein mußte **wie der Wert der Rechnungseinheit ECU zum gleichen Zeitpunkt**. Offizielle ECU und Euro standen deshalb zueinander im Verhältnis 1 : 1[18]. 18

Demgegenüber enthält das Primärrecht der Gemeinschaft keine Vorgaben für das Verhältnis zwischen der durch privatrechtliche Verträge geschaffenen »**privaten**« ECU und dem Euro[19]. Da die Gemeinschaft lange Zeit die private Verwendung der ECU massiv gefördert hat[20], obwohl die Qualitätsunterschiede zwischen dem Währungskorb und einer Währung bekannt waren, mag sich aus dieser Schaffung eines Vertrauenstatbestandes eine allerdings eher **moralische Verpflichtung zu einer Übergangsregelung** ergeben[21]. 19

---

16 Vgl. *D. R. R. Dunnett*, Some Legal Principles Applicable to the Transition to the Single Currency, CMLRev. 33 (1996), S. 1133 (1154); *O. Sandrock*, Der Euro und sein Einfluß auf nationale und internationale privatrechtliche Verträge, RIW Beilage 3 zu Heft 8/1997, S. 10 f.; *K. Weber/P. Rennpferdt*, in: GTE, EGV, Art. 109l, Rn. 57.
17 Vgl. *S. Steuer*, Europäische Wirtschafts- und Währungsunion – Kontinuität von Verträgen unter Berücksichtigung der Besonderheiten der außerbörslichen Finanztermingeschäfte, FS-Claussen, 1997, S. 527 (534); *F.-C. Zeitler*, Die Zentralbanken in der europäischen Integration, in: Hahn (Hrsg.), Das Währungswesen in der europäischen Integration, 1996, S. 129 (144 f.).
18 Vgl. *U. Wölker*, The Continuity of Contracts in the Transition to the Third Stage of Economic and Monetary Union, CMLRev. 33 (1996), S. 1117 (1119 ff.).
19 Vgl. *Staudinger-K. Schmidt*, BGB, 13. Bearbeitung, 1997, Vorbem. zu §§ 244 ff., Rn. F 77.; *Schefold* (Fn. 8), S. 9 f.
20 Vgl. nur das Weißbuch der Kommission für den Europäischen Rat »Beseitigung der rechtlichen Hindernisse für die Verwendung des Ecu« vom 23.12.1992, SEK (92) 2472 endg. Dazu *U. Häde/ L. Eckert*, Rechtliche Hindernisse für die Verwendung der ECU, EuZW 1993, S. 628.
21 Vgl. *U. Häde*, Rechtliche Aspekte der Europäischen Währungsunion, in: Heinemann/Schröder (Fn. 8), S. 46 (54 f.).

II. Sonstige Maßnahmen

1. Währungsrecht der Gemeinschaft

a) Gemeinschaft und Mitgliedstaaten

20 Nach Abs. 4 Satz 3 trifft der Rat alle sonstigen Maßnahmen, die für die rasche Einführung des Euro als einheitliche Währung der teilnehmenden Mitgliedstaaten erforderlich sind. Die Vorschrift ermächtigt somit zu allen nötigen **währungsrechtlichen Rechtsakten**, nicht jedoch zu den den Mitgliedstaaten vorbehaltenen **Regelungen des Zivilrechts**[22]. Allerdings erscheint es nicht erforderlich, die Grenze insoweit zu eng zu ziehen. Abgesehen davon, daß die Abgrenzung nach den Traditionen der Mitgliedstaaten unterschiedlich ausfallen könnte,[23] muß die Gemeinschaft in der Lage sein, alle Regelungen zu treffen, die einheitlich in allen Mitgliedstaaten gelten müssen[24].

21 Obwohl Wortlaut und Zusammenhang der Vorschrift eine andere Deutung zulassen oder sogar nahe legen mögen, erschöpft sich die Ermächtigung aus Abs. 4 Satz 3 nicht durch einmaliges Gebrauchmachen. Eine ausdrückliche zeitliche Beschränkung fehlt. Und mangels anderer Kompetenzzuweisungen wäre ansonsten nur auf die Lückenbüßer-Vorschrift des Art. 308 abzustellen wäre. Das spricht dafür, daß die Vorschrift eine **dauerhafte Rechtsgrundlage** für Regelungen darstellt, die die einheitliche Währung betreffen.[25]

22 Den Mitgliedstaaten verbleiben demgegenüber alle Detailregelungen und die Anpassung aller direkt oder indirekt mit der neuen einheitlichen Währung nicht mehr zu vereinbarenden Normen[26]. Die Einführung des Euro hat Auswirkungen in den verschiedensten Rechtsgebieten[27]; der **Regelungsbedarf** war und ist enorm[28].

---

22 *Sandrock* (Fn. 16), S. 11; *K. Schmidt* (Fn. 19), Rn. F 81; *J. Sixt*, Euro – Notwendigkeit oder Bedrohung? Teil I, DZWir 1997, S. 428 (435); *K. Weber/P. Rennpferdt*, in: GTE, EGV, Art. 109l, Rn. 51.
23 Vgl. *P. M. Schmidhuber*, Die europäische Währung – Voraussetzungen der Einheitswährung, Presseartikel 6/1996, S. 8 (14 f.).
24 Vgl. *Schefold* (Fn. 8), S. 5.
25 *U. Häde*, Der Vertrag von Nizza und die Wirtschafts- und Währungsunion, EWS 2001S. 97 (100).
26 Vgl. dazu das Gesetz zur Einführung des Euro (Euro-Einführungsgesetz – EuroEG) vom 9.6.1998, BGBl. I S. 1242, das Zweite Euro-Einführungsgesetz (Sozial- und Steuerverwaltung) vom 24.3.1999, BGBl. I S. 385; das Dritte Euro-Einführungsgesetz (Währungsrecht, Bargeld) vom 16.12.1999, BGBl. I S. 2402; die Verordnung über die Umstellung der Mindesthöhe der Versicherungssummen in der Pflichtversicherung für Kraftfahrzeughalter auf Euro vom 22.10. 2000, BGBl. I S. 1484; das Steuer-Euroglättungsgesetz- StEuglG – vom 19.12.2000, BGBl. I S. 1790; das Gesetz zur Änderung des Versicherungsaufsichtsgesetzes, [...] sowie zur Umstellung von Vorschriften vom 21.12.2000, BGBl. I S. 1857; das 4. Euro-Einführungsgesetz (Sozial- und Arbeitsrecht) vom 21.12.2000, BGBl. I S. 1983. Grundlagen für diese Gesetzgebung bildeten die Berichte des Arbeitsstabs EWWU, BT-Drs. 13/7727 und 13/10251. In Österreich wurden u.a. erlassen das Bundesgesetz BGBl. I Nr. 60/1998, das 1. Euro-Justiz-Begleitgesetz, BGBl. I Nr. 125/1998, sowie das 1. Euro-Finanzbegleitgesetz, BGBl. I Nr. 126/1998.
27 Vgl. *H. Hartenfels*, Euro – Bankrechtliche Aspekte am Morgen der Währungsunion, WM-Sonderbeilage 1/1999, sowie die Beiträge in *D. Kröger/M. Schindhelm*, Der Euro kommt, 1998, und in NJW 1998, S. 3145 ff. Zu Österreich *C. Nowotny*, Zivilrechtliche Fragen der Einführung des Euro, in Rill/Griller (Hrsg.), Rechtsfragen der Europäischen Wirtschafts- und Währungsunion, 1998, S. 127
28 Vgl. *K. Schmidt* (Fn. 19), Rn. F. 84 ff.; *J. Sixt*, Euro – Notwendigkeit oder Bedrohung? Teil II, DZWir 1997, S. 474 ff.; *Zeitler* (Fn. 9), S. 293. S. auch *B. Kampmann*, Kommunen im Vorfeld

b) Verfahren

Die Verabschiedung des Währungsrechts der Gemeinschaft konnte bisher nur einstimmig erfolgen. Der **Vertrag von Nizza** ändert dies. Der Rat beschließt nun mit qualifizierter Mehrheit;[29] stimmberechtigt sind dort nur die Mitgliedstaaten ohne Ausnahmeregelung (s. o. Rn. 15 ff.). Diese Änderung belegt, daß auch die Mitgliedstaaten und die Gemeinschaftsorgane von der weiteren Anwendbarkeit der Vorschrift ausgehen. 23

c) Euro und Drittstaaten

Da es zu einer Änderung des Währungsstatuts[30] kam, waren nicht nur die Mitgliedstaaten betroffen. Soweit das Recht von Drittstaaten Anwendung findet, **fallen Währungsstatut und Vertragsstatut (Schuldstatut)** auseinander.[31] Damit sind rechtliche Unsicherheiten über die Anerkennung der neuen gemeinschaftsrechtlichen Regelungen in Drittstaaten verbunden.[32] Von besonderer Bedeutung ist insoweit das Recht einiger US-amerikanischer Staaten,[33] insbesondere das von New York. Dort hat man deshalb versucht, Zweifel infolge der Währungsunion durch eigene gesetzliche Regelungen auszuräumen[34]. 24

2. Das Übergangsszenario

Die neue Gemeinschaftswährung stand für eine Übergangszeit nur auf dem Papier. Schon technisch wäre es nicht möglich gewesen, die nötigen Mengen von Banknoten und Münzen in der Zeit zwischen der Entscheidung der EZB nach Art. 106 Abs. 1 und dem Beginn der dritten Stufe herzustellen. Der Europäische Rat von Madrid hat deshalb auf seiner Sitzung am 15./16.12.1995 das Szenario für die schrittweise Einführung der einheitlichen Euro-Währung festgelegt[35]. 25

Danach wurde der Euro am 1.1.1999 zur eigenständigen Währung und trat an die Stelle der **nationalen Währungen** der Teilnehmerstaaten. Zunächst fanden diese zwar weiter Verwendung, nicht jedoch als selbständige Währungen, sondern nur noch als nichtdezimale Untereinheiten des Euro[36]. Euro-Bargeld wurde spätestens am 1.1.2002 26

Fortsetzung von Fußnote 28

der Europäischen Wirtschafts- und Währungsunion, ZG 1997, S. 166; *W. Kilb*, Die Euro-Bargeldeinführung und die Glättung von Signalbeträgen, EuZW 2000, S. 709 (715 f.); *L. Sander/ B. Gehrmann*, Der Euro in den Kommunen, Gemeindehaushalt 1997, S. 86.

29 Vgl. *Häde* (Fn. 21), S. 100.
30 Dazu *Sandrock* (Fn. 16), S. 6. Näher zum Begriff *H. J. Hahn*, Währungsrecht, 1990, § 26, Rn. 1 ff.; *D. Martiny*, in: Münchener Kommentar zum BGB, Bd. 10, 3. Aufl., 1998, Nach Art. 34, Rn. 4 ff.
31 Einen rechtsvergleichenden Überblick über die Folgen gibt *Sandrock* (Fn. 16), S. 13.
32 Vgl. *Sixt* (Fn. 22), S. 435; *Wölker* (Fn. 18), S. 1129. S. auch *S. Schwirz*, Der Euro, internationale Verträge und Finanzderivate, S. 38 ff.
33 Dazu *M. Gruson*, Altwährungsforderungen vor US-Gerichten nach Einführung des Euro, WM 1997, S. 699.
34 Dazu *M.-T. Hahn*, Europäische Währungsumstellung und Vertragskontinuität, 1999, S. 123 ff.; *N. Horn*, Rechtliche und institutionelle Aspekte der Europäischen Währungsunion im politischen und wirtschaftlichen Kontext, ZBB 1997, S. 314 (322).
35 Schlußfolgerungen des Vorsitzes, Teil B, Anhang 1, Bull.EG 12/1996, S. 27 ff. Von der Kommission auch veröffentlicht in ABl.EG 1996 Nr. C 22/2. Vgl. auch *R. von Borries/R. Repplinger-Hach*, Auf dem Weg zur »Euro-Verordnung«, NJW 1996, S. 3111; *Schefold* (Fn. 8), S. 3 f.; Deutsche Bundesbank, Die Übergangsstufen zum Euro, Informationsbrief zur WWU Nr. 1, 1996, S. 15.
36 Vgl. *R. Bandilla*, in: Grabitz/Hilf, EU, Art. 109l, Rn. 16; *Hafke* (Fn. 9), S. 9. *P. Maystadt*, Le statut juridique de l'euro, C.D.E. 1998, S. 253 (257).

in Umlauf gebracht werden. Spätestens sechs Monate danach sollte die Einführung der einheitlichen Währung mit der vollständigen Ersetzung der Landeswährungen durch den Euro und die Außerkurssetzung der auf diese Währungen lautenden Banknoten und Münzen vollendet werden[37]. In Deutschland gab es zwar aus rechtlicher Sicht keinen Parallelumlauf der alten und der neuen Geldzeichen. Praktisch war aber sichergestellt, daß Handel und Banken D-Mark-Banknoten und -Münzen noch bis Ende Februar 2002 annahmen (s. Art. 106, Rn. 3).

3. Die Euro-Verordnungen

a) VO 1103/97

27 Zwei Rechtsakte des Rates setzen die Vorgaben des Europäischen Rates in Gemeinschaftsrecht um[38]. Da Abs. 4 Satz 3 als Rechtsgrundlage noch nicht zur Verfügung stand, man den Erlaß gewisser Vorschriften aber aus Gründen der Rechtssicherheit für erforderlich hielt[39], erging die Verordnung (EG) Nr. 1103/97 des Rates vom 17. 6. 1997 über bestimmte Vorschriften im Zusammenhang mit der Einführung des Euro[40] auf der Grundlage von **Art. 235 (jetzt: Art. 308)**. Das erscheint aus der Sicht der Praxis durchaus sinnvoll, ist **rechtlich** aber **nicht ganz zweifelsfrei**,[41] waren doch die erforderlichen Befugnisse im Vertrag zwar vorgesehen, allerdings noch nicht verfügbar.

28 Nicht zuletzt im Hinblick auf diese Zweifel ist es wichtig, daß die VO 1103/97 nur die zur Herstellung von Rechtssicherheit unerläßlichen Regelungen enthält. Ihr Art. 2 bestimmt, daß ab dem 1.1.1999 jede Bezugnahme auf die ECU im Sinne des Art. 109g (jetzt: Art. 118) und in der Definition der VO 3320/94 (s. dazu Art. 118, Rn. 4) durch eine Bezugnahme auf den Euro zum Kurs 1 : 1 ersetzt wird. Dort, wo Vorschriften oder privatrechtliche Verträge keine solche Definition enthalten, wird eine entsprechende **Bezugnahme (widerlegbar) vermutet**. Auf diese Weise klärt die VO rechtzeitig und verbindlich das Schicksal bestehender ECU-Verbindlichkeiten[42].

29 Art. 3 der VO 1103/97 legt grundsätzlich fest, daß die Einführung des Euro weder eine Veränderung von Bestimmungen in Rechtsinstrumenten oder eine Schuldbefreiung bewirkt noch die Nichterfüllung von Verpflichtungen oder einseitige Änderungen rechtfertigt. Damit soll die Berufung auf den **Wegfall der Geschäftsgrundlage** oder ähnliche Rechtsinstitute ausgeschlossen werden. Da es sich bei der Einführung der Euro-Währung nicht um eine Währungsreform, sondern nur um eine Währungsumstellung handelt, dürfte sich dies bereits aus dem jeweiligen nationalen Recht ergeben. Insoweit scheint die Vorschrift nur deklaratorischen Charakter zu haben[43].

---

37 Vgl. zu dieser Übergangsphase *P. Manin*, Les conditions juridiques du passage à la troisième phase de l'Union monétaire, FS-Hahn, 1997, S. 215 (224 f.).
38 Zur Vorgeschichte *Schefold* (Fn. 8), S. 3.
39 Vgl. *Sandrock* (Fn. 16), S. 5.
40 ABl.EG 1997 Nr. L 162/1.
41 Zu Schranken der Anwendbarkeit von Art. 308 vgl. *Häde* (Fn. 12), S. 353 ff.; dens./A. *Puttler*, Zur Abgrenzung des Art. 235 EGV von der Vertragsänderung, EuZW 1997, S. 13.
42 Näher dazu *R. Fischer/T. Klanten*, Langfristige Bankverträge und die Euro-Währung, ZBB 1996, S. 1 (7 ff.); *Hafke* (Fn. 9), S. 19 ff.; *L. Malferrari*, Le statut juridique de l'euro, C.D.E. 1998, S. 508 (518 ff.); *Schefold* (Fn. 8), S. 10;
43 Vgl. *R. von Borries/R. Repplinger-Hach*, Rechtsfragen der Einführung der Europawährung, EuZW 1996, S. 492 (495); *Dunnett* (Fn. 16), S. 1160; *Sixt* (Fn. 26), S. 435; *P. Troberg*, Auf dem Weg zum Europäischen Währungsrecht, ÖBA 1997, S. 85 (88); *P. Weber/P. Rennpferdt*, in: GTE, Art. 109l Rn. 63.

Die Unterschiede zwischen den Rechtsordnungen der Mitgliedstaaten sprechen aller- 30
dings dafür, dieser gemeinschaftsrechtlichen Regelung der Vertragskontinuität eine
konstitutive Wirkung beizumessen[44]. Art. 3 kann freilich nur einen Grundsatz aufstellen; nach seinem Satz 2 gehen Parteivereinbarungen vor. In besonderen Fällen läßt
sich ein Anspruch z.b. auf Vertragsanpassung deshalb nicht ausschließen[45]. Die weiteren Bestimmungen der VO 1103/97 enthalten Umrechnungs- und Rundungsvorschriften[46].

b) Die Verordnung Nr. 974/98 über die Einführung des Euro
Den zweiten Rechtsakt, die Verordnung (EG) Nr. 974/98 des Rates über die Einfüh- 31
rung des Euro, hat der Rat am 3.5.1998 beschlossen.[47] Er erging auf der Grundlage
von Abs. 4 Satz 3 und konnte deshalb frühestens nach der Entscheidung über die Teilnehmerstaaten erlassen werden.

Die Verordnung regelt – nach Begriffsbestimmungen in Art. 1 – die Ersetzung der Wäh- 32
rungen der teilnehmenden Mitgliedstaaten durch den Euro. Nach Art. 2 ist der Euro,
unterteilt in 100 Cent, seit dem 1.1.1999 die Währung dieser Mitgliedstaaten. Die
Art. 5 bis 9 enthalten Übergangsbestimmungen für den Zeitraum vom Beginn der dritten Stufe bis zum 31.12.2001. Während dieser Übergangszeit waren die **nationalen
Währungseinheiten** nur noch **nichtdezimale Unterteilungen des Euro**[48] und nicht mehr
eigenständige Währungen. Diese Regelung ist nicht zwingend; vor der Einführung des
Euro-Bargeldes hätten die nationalen Währungen auch parallel zum Euro weiterbestehen können[49].

Unbeschadet der Ablösung der nationalen Währungen durch den Euro **galt grundsätz-** 33
lich das nationale Währungsrecht weiter. Solange es noch keine auf Euro lautenden
Münzen oder Banknoten gab, erfolgten Barzahlungen mit den vorhandenen Geldzeichen. Banknoten und Münzen hatten weiterhin die Eigenschaft eines gesetzlichen Zahlungsmittels nur in ihrem bisherigen Gültigkeitsgebiet (Art. 9 der VO)[50]. Der **Euro**
konnte allerdings im **bargeldlosen Zahlungsverkehr** verwendet werden[51]. Schuldner
konnten selbst entscheiden, ob sie in Euro oder einer der nationalen Währungen zahlen
wollten (Art. 8 Abs. 3 der VO).[52] Die Verordnung folgte damit weitgehend den

---

44 Vgl. *M. Eberhartinger*, Ausgewählte Rechtsfragen zu den Euro-Verordnungen, ZfV 1998, S. 771 (775); *R. Fischer/T. Klanten*, Die Euro-Verordnungen – gesetzlicher Rahmen für die einheitliche Währung, Sparkasse 1997, S. 35 (37); *Schefold* (Fn. 8), S. 14.
45 Vgl. *von Borries/Repplinger-Hach* (Fn. 35), S. 3113; *Horn* (Fn. 34), S. 322 ff. Im Hinblick auf Finanztermingeschäfte *Steuer* (Fn. 17), S. 542 ff.
46 Dazu *Troberg* (Fn. 43), S. 90 f.; Deutsche Bundesbank, Umrechnungs- und Rundungsregelungen im Euro-Währungsraum, Informationsbrief zur WWU Nr. 5, 1997, S. 21.
47 ABl.EG 1998 Nr. L 139/1. Die ebenfalls auf der Grundlage von Art. 123 Abs. 4 Satz 3 erlassene Entscheidung des Rates vom 31.12.1998 über die Währungsregelungen in den französischen Gebieten St. Pierre und Miquelon und Mayotte, ABl.EG 1999 Nr. L 30/29, sanktioniert die Einführung des Euro auch in diesen nicht zur Gemeinschaft gehörenden französischen Gebieten, vgl. dazu *Kraußkopf/Steven*, EuZW 1999, S. 650; *Hafke*, ZEuS 2000, S. 25.
48 *von Borries/Repplinger-Hach* (Fn. 43), S. 493, bezeichnen das als »Fiktion«.
49 Vgl. *Häde* (Fn. 13), S. 2036; *B. Wahlig*, Rechtliche Fragen zur Errichtung einer Europäischen Währungsunion, in: Gramlich/Weber/Zehetner (Hrsg.), Auf dem Wege zur Europäischen Währungsunion, 1992, S. 37 (44). Zu den verschieden Optionen *C.-T. Samm*, »Geld« und »Währung« – begrifflich und mit Blick auf den Vertrag von Maastricht, FS-Hahn, 1997, S. 227 (240 f.); *Schefold* (Fn. 8), S. 11; *Steuer* (Fn. 17), S. 537 f.
50 Dazu *T. Klanten*, Zahlung mit Euro, NJW 1998, S. 3152 (3153); *U. H. Schneider*, Die Vereinbarung und die Erfüllung von Geldschulden in Euro, DB 1996, S. 2477 (2479).
51 Vgl. *Fischer/Klanten* (Fn. 44), S. 36; *Schefold* (Fn. 8), S. 8 f.
52 Näher dazu *Schneider* (Fn. 50), S. 2481 f.

Art. 123 EG-Vertrag

Grundsätzen »no compulsion, no prohibition«[53]. Die teilnehmenden Mitgliedstaaten konnten aber eine weitergehende Verwendung des Euro vorsehen.

34 Nach der Übergangszeit erfolgte die Ausgabe von Euro-Banknoten durch die EZB und die nationalen Zentralbanken sowie von Euro-Münzen durch die Mitgliedstaaten (s. Art. 106, Rn. 3). Die bisherigen Geldzeichen wurden spätestens nach sechs Monaten außer Kurs gesetzt (Art. 15 der VO). Die Mitgliedstaaten durften diese Frist jedoch verkürzen (s. Art. 106, Rn. 3).

35 Die Verordnung regelt nicht alle Fragen im Zusammenhang mit der Einführung des Euro. So bleibt etwa offen, ob Banken Umtauschentgelte erheben können oder ob während der Übergangszeit eine doppelte Preisauszeichnung erfolgen sollte. Die Kommission hat u. a. dazu unverbindliche Empfehlungen erlassen, die den Banken z. B. ein weitgehendes Absehen von der Entgelterhebung für Umstellungsleistungen nahelegen.[54]

C. Aufnahme neuer Teilnehmer

36 Nach Art. 122 Abs. 2 hebt der Rat eine Ausnahmeregelung auf, wenn sich nach einer erneuten Prüfung herausstellt, daß der betreffende Mitgliedstaat die in Art. 121 genannten **notwendigen Voraussetzungen** für die Einführung der einheitlichen Währung erfüllt. Die zur Eingliederung solcher Nachzügler nötigen Regelungen trifft der Rat dann auf der Grundlage des Abs. 5. Erforderlich ist zum einen die **endgültige Fixierung des Wechselkurses** der nationalen Währung zum Euro. Darüber hinaus beschließt der Rat über alle sonstigen (Übergangs-) Maßnahmen, die sich als notwendig erweisen. So hat er am 27.11.2000 die Verordnung 974/98 auf der Grundlage von Abs. 5 geändert, um **Griechenland** in deren Anwendungsbereich einzubeziehen.[55] Aufgrund einer Modifizierung von Verordnung 1103/97 (s.o. Rn. 32 ff.) durch die Verordnung Nr. 2595/2000[56] sind die dortigen Regeln über die Festlegung von Umrechnungskursen nun auch im Falle des Beitritts weiterer Mitgliedstaaten anwendbar. Das auf der Grundlage von Abs. 4 Satz 3 beschlossene **Währungsrecht der Gemeinschaft** gilt für neue Mitgliedstaaten ohne ausdrückliche Regelung, sobald die Ausnahmeregelung aufgehoben ist[57]. Daher dürfte der Anwendungsbereich von Abs. 5 eher klein bleiben.

37 **Stimmberechtigt** sind im Rat nur die Vertreter der bereits teilnehmenden Mitgliedstaaten sowie (jeweils) der Vertreter des Mitgliedstaats, dessen Ausnahmeregelung aufgehoben wurde[58]. Die Entscheidung ergeht auf Vorschlag der Kommission und nach Anhörung der EZB; eine Beteiligung des Parlaments ist nicht vorgesehen. Beschlüsse nach Abs. 5 werden einstimmig getroffen. Eine **Blockadehaltung** kann aber unzulässig sein

---

53 Vgl. *J. Dierdorf*, Neugestaltung der Währungsverfassung, NJW 1998, S. 3145 (3146); *K. Schmidt* (Fn. 19), Rn. F 80; *T. Waigel*, Ein verbindlicher Rahmen für den Euro, WM 1997, S. 1322.
54 Vgl. Empfehlung der Kommission vom 23.4.1998 zu Bankentgelten im Zusammenhang mit der Umstellung auf den Euro, ABl.EG 1998 Nr. L 130/22; Empfehlung der Kommission vom 23.4.1998 zur doppelten Angabe von Preisen und sonstigen Geldbeträgen, ABl.EG 1998 Nr. L 130/26; Empfehlung der Kommission vom 23.4.1998 zu Dialog, laufender Beobachtung und Information zur Erleichterung des Übergangs zum Euro, ABl.EG 1998 Nr. L 130/29.
55 Verordnung (EG) Nr. 2596/2000 des Rates vom 27.11.2000 zur Änderung der Verordnung (EG) Nr. 974/98 über die Einführung des Euro, ABl.EG 2000 Nr. L 300/2.
56 Verordnung (EG) Nr. 2595/2000 des Rates vom 27.11.2000, ABl.EG 2000 Nr. L 300/1.
57 Vgl. *R. Bandilla*, in: Grabitz/Hilf, EU, Art. 109k, Rn. 11 und Art. 109l, Rn. 23.
58 Vgl. *P. Weber/P. Rennpferdt*, in: GTE, Art. 109l Rn. 148. Anders *R. Bandilla*, in: Grabitz/Hilf, EU, Art. 109l, Rn. 24.

(s.o. Rn. 15). Auch wenn der Wortlaut insoweit nicht völlig eindeutig ist, dürfte sich das **Einstimmigkeitserfordernis** auch auf Beschlüsse über die sonstigen erforderlichen Maßnahmen beziehen. Es ist kaum wahrscheinlich, daß die Vertragsparteien, die in Abs. 4 die Einstimmigkeit festschrieben, hier Entscheidungen mit einfacher Mehrheit ausreichen lassen wollten. Da der Vertrag von Nizza Abs. 5 nicht ändert, sind hier weiterhin einstimmige Beschlüsse erforderlich.

# Art. 124 EG-Vertrag

Art. 124 (ex-Art. 109m)

(1) Bis zum Beginn der dritten Stufe behandelt jeder Mitgliedstaat seine Wechselkurspolitik als eine Angelegenheit von gemeinsamem Interesse[1 ff.]. Er berücksichtigt dabei die Erfahrungen, die bei der Zusammenarbeit im Rahmen des Europäischen Währungssystems (EWS) und bei der Entwicklung der ECU gesammelt worden sind, und respektiert die bestehenden Zuständigkeiten[3 ff.].

(2) Mit Beginn der dritten Stufe sind die Bestimmungen des Absatzes 1 auf die Wechselkurspolitik eines Mitgliedstaats, für den eine Ausnahmeregelung gilt, für die Dauer dieser Ausnahmeregelung sinngemäß anzuwenden[1].

Inhaltsübersicht:

A. Wechselkurspolitik als Angelegenheit von gemeinsamem Interesse	1
B. Das Europäische Währungssystem	3
C. Verhältnis von Ins und Outs: WKM II	9

A. Wechselkurspolitik als Angelegenheit von gemeinsamem Interesse

1 Zum Beginn der dritten Stufe der WWU ging mit der Zuständigkeit für die Währungspolitik auch jene für die Wechselkurspolitik auf die Gemeinschaft über. Die wesentlichen Regelungen dazu enthält Art. 111. Bis dahin waren alle Mitgliedstaaten verpflichtet, die Wechselkurspolitik – wie schon zuvor nach Art. 107 EWGV – als Angelegenheit von gemeinsamem Interesse zu behandeln. Für die Mitgliedstaaten, die die einheitliche Währung noch nicht einführen, ordnet Abs. 2 die sinngemäße Weiteranwendung von Abs. 1 an. Seit dem 1.1.1999 ist Abs. 1 demnach nur noch für **Mitgliedstaaten mit Ausnahmeregelung** relevant.

2 Zur Behandlung als Angelegenheit von gemeinsamem Interesse gehören die gegenseitige Information über das beabsichtige Vorgehen, der Meinungsaustausch über die Wechselkurspolitik von Mitgliedstaaten im Rat oder anderen Gremien der Gemeinschaft und insgesamt die **Pflicht zur Rücksichtnahme** auf die berechtigten Belange der Partner[1]. Als Teil der Wirtschaftspolitik ist darüber hinaus auch die **Wechselkurspolitik Gegenstand der wirtschaftspolitischen Koordinierung** und Überwachung nach Art. 99. Ziel einer Zusammenarbeit in diesem Bereich muß es sein zu verhindern, daß sich Mitgliedstaaten durch unangemessene Wechselkurse Wettbewerbsvorteile verschaffen (s. auch Art. 99, Rn. 23)[2].

B. Das Europäische Währungssystem

3 In Abs. 1 Satz 2 haben die Vertragsparteien – abgesehen von den beiden einleitenden Worten – den Wortlaut des Art. 102a Abs. 1 Satz 2 EWGV übernommen. Die genaue

---

1 Vgl. *R. Bandilla*, in: Grabitz/Hilf, EU, Art. 109m, Rn. 2; *R. Smits*, in: GTE, EWGV, 4. Aufl., 1991, Art. 107, Rn. 5 ff.
2 Vgl. dazu *R. Dahrendorf*, »Drinnen« und »draußen«, Finanz und Wirtschaft vom 24.1.1996, abgedruckt in: Presseartikel Nr. 6/1996, S. 23; *B. Duijm/B. Herz*, Das EWS II – ein Europäisches System à la Bretton Woods?, Wirtschaftsdienst 1996, S. 233; *H. J. Krupp*, Die Wechselkursbeziehungen der Länder der Europäischen Währungsunion zu den Nichtteilnehmerländern und künftigen Beitrittsländern, in: Randzio-Plath (Hrsg.), Der Euro – mehr als ein Symbol, 1996, S. 113 (114).

EG-Vertrag Art. 124

Bedeutung der früheren Vorschrift war nicht recht klar. Sie enthielt jedoch die erste und bis zum Inkrafttreten des EUV **einzige primärrechtliche Erwähnung des EWS und der ECU**.

Das EWS beruhte ansonsten nämlich auf einer Reihe **unterschiedlicher Rechtsakte**[3]. 4
Die Basis bildete ein Beschluß des Europäischen Rates auf seiner Tagung in Bremen am 6./7. 7. 1978[4]. Es folgten die Entschließung des Europäischen Rates vom 5.12.1978 über die Errichtung des Europäischen Währungssystems und damit zusammenhängende Fragen, das Abkommen zwischen den Zentralbanken der Mitgliedstaaten der Europäischen Wirtschaftsgemeinschaft über die Funktionsweise des Europäischen Währungssystems vom 13. 3. 1979[5], die Verordnung zur Änderung des Wertes der vom Europäischen Fonds für währungspolitische Zusammenarbeit verwendeten Rechnungseinheit[6] sowie die Verordnung des Rates über das Europäische Währungssystem[7]. Erforderlich war außerdem die Änderung des Abkommens vom 9. 2. 1970 zur Errichtung eines Systems des kurzfristigen Währungsbeistands unter den Zentralbanken der Mitgliedstaaten der Europäischen Wirtschaftsgemeinschaft[8].

Im Hinblick auf diese **Vielfalt der Rechtsgrundlagen** und deren **nicht immer zweifelsfreie** 5
Unbedenklichkeit[9] ließ sich der Verweis auf das Respektieren der bestehenden Zuständigkeiten als primärrechtliche Anerkennung und Verankerung des bis dahin Erreichten verstehen[10].

Wesentliche Elemente des EWS, das ein nach Art. IV Abschnitt 2b (ii) IWF-Übereinkommen statthaftes regionales Festkurssystem darstellte[11], waren der **Wechselkursmechanismus** und der **Kreditmechanismus**. Jede Währung hatte einen auf die Korbwährungseinheit ECU bezogenen Leitkurs. Die der ECU eigentlich zugedachte zen- 6

---

3 Vgl. nur *H. J. Hahn*, Währungsrecht 1990, § 13, Rn. 13; *G. Galahn*, Die Deutsche Bundesbank im Prozeß der europäischen Währungsintegration, 1996, S. 36 f.
4 Ziffer I. 2. der Schlußfolgerungen der Präsidentschaft, EA 1978, S. D 457 (D 458).
5 Abkommen vom 13.3.1979 zwischen den Zentralbanken der Mitgliedstaaten der Europäischen Wirtschaftsgemeinschaft über die Funktionsweise des Europäischen Währungssystem, *H. Krägenau/W. Wetter*, Europäische Wirtschafts- und Währungsunion, 1993, Dok. 16, S. 124 ff. Zu dessen Einordnung *H. J. Hahn/J. Siebelt*, in: Hb.EUWirtR, Abschnitt F.I, Rn. 28; *C. Köster*, Institutionelle Veränderungen auf dem Weg zu einer Europäischen Wirtschafts- und Währungsunion, in: Peter/Rhein (Hrsg.), Wirtschaft und Recht, 1989, S. 35 (57 ff.); *J. Siebelt*, Echo: Das Europäische Währungssystem, JuS 1994, S. 448.
6 VO (EWG) Nr. 3180/78 vom 18.12.1978, ABl.EG 1978, Nr. L 379/1.
7 VO (EWG) Nr. 3181/78 vom 18.12.1978, ABl.EG 1978, Nr. L 379/2.
8 Die Texte sind abgedruckt u.a. in: Ausschuß der Präsidenten der Zentralbanken der Mitgliedstaaten der Europäischen Wirtschaftsgemeinschaft/Europäischer Fonds für währungspolitische Zusammenarbeit, Textsammlung zum Europäischen Währungssystem, 1985 mit Nachtrag 1987, S. 9 ff., bei *Krägenau/Wetter* (Fn. 5), als Dok. 12 ff., sowie bei *H.-E. Scharrer/ W. Wessels* (Hrsg.), Das Europäische Währungssystem, 1983, S. 521 ff.
9 *H. Geiger*, Das Währungsrecht im Binnenmarkt der Europäischen Union, 1996, S. 32; *D. Studt*, Rechtsfragen einer europäischen Zentralbank, 1993, S. 20 ff. Vgl. auch *U. Wellen*, Rechtliche Bedeutung informeller Währungsabsprachen, 1997, S. 95 ff.
10 Vgl. *H. J. Hahn*, Vom europäischen Währungssystem zur europäischen Währungsunion, 1990, S. 15; *M. Herdegen*, Internationales Wirtschaftsrecht, 2. Aufl., 1995, S. 225; *J.-V. Louis*, in: HER, Art. 102a, Rn. 21; *J. Siebelt*, Der juristische Verhaltensspielraum der Zentralbank, 1988, S. 129 f.; dens., Auf dem Wege zur europäischen Währungsunion, in: Siedentopf (Hrsg.), Europäische Integration und nationalstaatliche Verwaltung, 1991, S. 43 (57). Anders *C. Köster*, Das Recht der europäischen Währungspolitiken, 1990, S. 147 ff.
11 Vgl. *H. J. Hahn*, Das Europäische Währungssystem – Fixkursverbund oder Auftakt zur Europäischen Währungsunion?, ÖBA 1989, S. 123; dens. (Fn. 3), § 13, Rn. 12.

trale Stellung konnte diese allerdings nicht ausfüllen. Aus den jeweiligen ECU-Leitkursen der beteiligten Währungen ergab sich ein **Gitter bilateraler Wechselkurse**. Maßgeblich wurde dieses System bilateraler Paritäten[12]. Die stärkste Währung, die **Deutsche Mark**, übernahm die Funktion einer **Ankerwährung**[13].

7 Ursprünglich durfte jede Währung nur in **Bandbreiten** von 2,25% nach oben oder unten schwanken. Für einige Mitgliedstaaten galten vorübergehend Bandbreiten von +/– 6%[14]. Anpassungen der Leitkurse waren im gegenseitigen Einvernehmen möglich. Beim Erreichen der durch die Bandbreiten bestimmten Grenzen (Interventionspunkte) bestand für die beteiligten Zentralbanken eine grundsätzlich unbeschränkte **Interventionspflicht**. Die Versorgung der Zentralbanken mit den dafür erforderlichen Mitteln sicherte der Kreditmechanismus, ein System verschiedener Kreditfazilitäten[15].

8 Nach Jahren relativer Stabilität[16] kam es 1992/1993 zu einer Krise des EWS, die zum Ausscheiden der italienischen Lira und des britischen Pfunds aus dem Wechselkursmechanismus im September 1992 und zur **Erweiterung der Bandbreiten** auf +/– 15% im August 1993 führten[17]. Seit dem Beitritt Griechenlands zum 16. 3. 1998 beteiligten sich am Wechselkursmechanismus die Währungen aller Mitgliedstaaten mit Ausnahme jener von Großbritannien und Schweden.

C. Verhältnis von Ins und Outs: WKM II

9 Mit dem Beginn der dritten Stufe der WWU ist das EWS durch einen neuen Wechselkursmechanismus (WKM II) abgelöst worden.[18] Den politischen Rahmen dafür legte der Europäische Rat in seiner Entschließung über die Einführung eines Wechselkursmechanismus in der dritten Stufe der Wirtschafts- und Währungsunion vom 16. 6. 1997[19] fest. Die **Korbwährungseinheit ECU wurde abgeschafft**. Im Rahmen des WKM II erfolgt

---

12 Dazu *L. Gleske*, Institutionelle Fragen des Europäischen Währungssystems, in: Gramlich/Weber/Zehetner (Hrsg.), Auf dem Wege zur Europäischen Währungsunion, 1992, S. 99 (106 ff.); *H.-D. Smeets*, Monetäre Integration: Vom EWS zur Währungsunion, in: Gröner/Schüller (Hrsg.), Die europäische Integration als ordnungspolitische Aufgabe, 1993, S. 97 (106).
13 Dazu *Geiger* (Fn. 9), S. 50 ff.
14 Vgl. *Hahn* (Fn. 3), § 13, Rn. 21; *R. Smits*, in: GTE, EGV, Art. 109m, Rn. 11.
15 Ausführlich zur Funktionsweise des EWS *Hahn* (Fn. 3), § 13, Rn. 17 ff.; *R. Hellmann*, Das Europäische Währungssystem, 1979; *H. Lesch*, Europa auf dem Weg zur Währungsunion – Ursachen und Lehren der EWS-Krise, 1994, S. 8 ff.; *N. Kleinheyer*, Die Weiterentwicklung des Europäischen Währungssystems, 1987, S. 48 ff.; *Studt* (Fn. 9), S. 27 ff.
16 Vgl. *A. Aspetsberger/E. Gnan/F. Pauer/A. Schubert*, Auf dem Wege zur Wirtschafts- und Währungsunion, in: Röttinger/Weyringer (Hrsg.), Handbuch der europäischen Integration, 2. Aufl., 1996, S. 370 (383 f.); *H. J. Hahn/J. Siebelt*, in: Hb.EUWirtR, Abschnitt F.I, Rn. 21. S. auch Deutsche Bundesbank, Wechselkursentwicklung im Europäischen Währungssystem, Monatsbericht November 1989, S. 30.
17 Vgl. die Chronologien bei *Lesch* (Fn. 15), S. 45 ff., und *G. Meyer*, Vom Europäischen Währungssystem zur Wirtschafts- und Währungsunion 1979–1999, 1995, S. 18 ff. S. auch *P. Nölling*, Großbritanniens Geldordnung im Konflikt mit der Europäischen Währungsunion, 1997, S. 33 ff.
18 S. dazu *J. Schiemann*, The New European Exchange Rate Mechanism: Currency Conventions for Ins, Pre-Ins and Outs, Universität der Bundeswehr Hamburg, Institut für Wirtschaftspolitik, Diskussionsbeiträge zur Wirtschaftspolitik Nr. 95, 1998.
19 ABl.EG 1997 Nr. C 236/5.

eine Anbindung der Währungen der nicht teilnehmenden Mitgliedstaaten an den Euro, der als **Anker des Systems** fungiert[20].

Das neue Währungssystem übernimmt viele Elemente des alten, so einen Wechselkurs- 10 mechanismus mit Leitkursen und den weiten Bandbreiten von +/– 15 %, einen Interventionsmechanismus und eine Kreditfazilität der sehr kurzfristigen Finanzierung. Rechtsgrundlage des WKM II kann nicht Art. 111 sein, der nur für die Wechselkursbeziehungen zu Drittstaaten gilt (s. Art. 111, Rn. 4). In Betracht kommt deshalb im wesentlichen nur Art. 308. Man hat sich jedoch für eine Regelung durch ein **Abkommen** »zwischen der EZB und den nationalen Zentralbanken der nicht dem Euro-Währungsgebiet angehörenden Mitgliedstaaten über die Funktionsweise eines Wechselkursmechanismus in der dritten Stufe der Wirtschafts- und Währungsunion«[21], also eine Art völkerrechtliche Vereinbarung, entschieden.

Spürbar ist das Bemühen, die Fehler des EWS nicht zu wiederholen[22]. So sollen etwaige 11 **Leitkursanpassungen** rechtzeitig erfolgen. Deshalb hat die EZB das Recht, ein vertrauliches Verfahren zur Überprüfung der Leitkurse einzuleiten. Waren die beteiligten Zentralbanken früher – jedenfalls rechtlich[23] – zu unbegrenzten Interventionen verpflichtet, sind EZB und die Zentralbanken der anderen beteiligten Mitgliedstaaten im WKM II berechtigt, **Interventionen auszusetzen,** falls diese dem vorrangigen Ziel der Preisstabilität zuwiderlaufen[24].

Die Existenz des neuen Systems ist die Voraussetzung für die weitere Anwendbarkeit des 12 dritten der in Art. 121 Abs. 1 genannten Konvergenzkriterien[25]. Dieses Kriterium fordert allerdings auch die mindestens zweijährige Teilnahme am Wechselkursmechanismus. Die **Beteiligung am WKM II** ist für die Mitgliedstaaten, die die einheitliche Währung noch nicht einführen, **freiwillig.** Im Ergebnis führt das dazu, daß unwillige Mitgliedstaaten ein Instrument in der Hand haben, um auf sehr einfache Weise ihre Teilnahme an der Währungsunion wegen Nichterfüllung der Konvergenzkriterien zu verhindern (näher dazu Art. 121, Rn. 17 ff.). Das Beispiel Schwedens belegt das.

Seit Griechenland zum 1.1.2001 den Euro einführte, nimmt nur noch **Dänemark** am 13 Wechselkursmechanismus teil. Trotzdem wird ein **Wechselkursmechanismus auf längere Sicht erforderlich** sein. Selbst wenn es nämlich allen derzeitigen Mitgliedstaaten gelingen sollte, den Euro eines Tages einzuführen, endete damit nicht die Zeit der abgestuften Währungsintegration. Die Erweiterungspläne lassen erwarten, daß bald neue Mitglied-

---

20 Vgl. *J.-V. Louis,* A Legal and Institutional Approach for Building a Monetary Union, CMLRev. 35 (1998), S. 33 (70 ff.). *E. Welteke,* Auf dem Weg zur Europäischen Währungsunion: Aspekte der Umsetzung, Sparkasse 1997, S. 53 (54).
21 Vom 1.9.1998, ABl.EG 1998 Nr. C 345/6. Geändert mit Wirkung vom 1.1.2000 durch Abkommen vom 14.9.2000, ABl.EG 2000 Nr. C 362/11, das der Einführung des Euro in Griechenland Rechnung trägt. Vgl. auch *U. Häde,* Währungsintegration mit abgestufter Geschwindigkeit, FS-Hahn, 1997, S. 141 (154 ff.); *R. Smits,* The European Central Bank, 1997, S. 466 ff.
22 Vgl. *H.-J. Jarchow,* Zum Post-EWS-System, Wirtschaftsdienst 1996, S. 526 (528); *Krupp* (Fn. 2), S. 115; *C. Randzio-Plath,* A New Exchange Rate Mechanism for the Euro Age, Intereconomics 1996, S 277 (280).
23 Vgl. *Köster* (Fn. 10), S. 12. Zu Einschränkungen vgl. aber *J. Starbatty,* Es geht um die stabilitätspolitischen Regeln, Wirtschaftsdienst 1997, S. 439 (441).
24 Vgl. *R. von Borries/W. Glomb,* Beck-Ratgeber Euro-Währung, 1997, S. 139; *B. Duijm,* Auf dem Weg zum EWS II, List Forum 23 (1997), S. 10 (22).
25 *Häde* (Fn. 21), S. 151 f.

staaten vor der Tür zur Währungsunion stehen werden.[26] Auch für sie gelten grundsätzlich die Konvergenzkriterien, deren eines die zweijährige erfolgreiche Teilnahme am Wechselkursmechanismus verlangt (s. dazu Art. 122 Rn. 16).

---

26 Dazu P. *Backé*, Die Europäische Währungsunion und die Länder Mittel- und Osteuropas, Berichte und Studien der Oesterreichischen Nationalbank 1/1997, S. 77; R. *Hellmann*, Vor dem Ost-Tor zu Euroland, EU-Magazin 12/1997, S. 18; *Krupp* (Fn. 2), S. 118 ff.; C. *Randzio-Plath*, Europäische Währungsunion – Erosionsvehikel oder Gestaltungsfaktor?, WSI Mitteilungen 1997, S. 328 (335).

Titel VIII
(ex-Titel VIa)
Beschäftigung

Art. 125 (ex-Art. 109n)

Die Mitgliedstaaten und die Gemeinschaft arbeiten nach diesem Titel auf die Entwicklung einer koordinierten Beschäftigungsstrategie und insbesondere auf die Förderung der Qualifizierung, Ausbildung und Anpassungsfähigkeit der Arbeitnehmer sowie der Fähigkeit der Arbeitsmärkte hin[3 ff.], auf die Erfordernisse des wirtschaftlichen Wandels zu reagieren, um die Ziele[8 ff.] des Artikels 2 des Vertrags über die Europäische Union und des Artikels 2 des vorliegenden Vertrags zu erreichen.

Inhaltsübersicht:

I. Allgemeines	1
II. Überblick über die gemeinschaftsrechtliche Beschäftigungspolitik	3
1. Verteilung der Kompetenzen zwischen den Mitgliedstaaten und der Gemeinschaft	3
2. Gegenstand	6
3. Ziele	8
4. Inhaltliches Konzept	9
III. Verhältnis zu anderen Politiken	12

I. Allgemeines

Der durch den Vertrag von Amsterdam neu eingefügte[1] und im Vertrag von Nizza unverändert gebliebene Titel über die Beschäftigungspolitik (zum Begriff näher Rn. 6 f.) ist das typische Produkt eines **politischen** Kompromisses der Mitgliedstaaten, was sich an Länge und Unübersichtlichkeit der Regelung, der blumigen Sprache sowie dem relativ geringen, zudem nicht immer eindeutig bestimmbaren substantiellen Gehalt zeigt. In zahlreichen Punkten lehnt sich die Normierung der Beschäftigungs- an das Modell der Wirtschaftspolitik an. Die Art. 125 ff. weisen der Gemeinschaft und den Mitgliedstaaten Rechte und Pflichten zu, doch wird die Beschäftigungspolitik maßgeblich von dem politischen Willen der Mitgliedstaaten geprägt.   1

Keineswegs alles, was in den Art. 125 ff. normiert ist, ist neu. Die Gemeinschaft hat sich etwa über den Europäischen Sozialfonds (Art. 146 ff.) seit langem im Bereich der Beschäftigungspolitik engagiert[2], eine der Aufgaben der Europäischen Investitionsbank ist nach Art. 267 Abs. 1 lit. b) die Schaffung neuer Arbeitsmöglichkeiten, und auch Sozial-, Wirtschafts- und Industriepolitik sowie in Art. 71 Abs. 2 die Verkehrspolitik haben zum Teil erhebliche Berührungspunkte mit Fragen der Beschäftigungspolitik[3]. Es   2

---

1 Zur Vorgeschichte vgl. U. *Runggaldier*, Der neue Beschäftigungstitel des EG-Vertrages und die Übernahme des »Sozialabkommens« in den EG-Vertrag, in: W. Hummer (Hrsg.), Die Europäische Union nach dem Vertrag von Amsterdam, 1998, S. 197 (198 f.); C. *Roth*, Beschäftigung, in: J. Bergmann/C. Lenz (Hrsg.), Der Amsterdamer Vertrag, 1998, Rn. 4 ff.
2 Vgl. auch G. *Boudot*, in: P. Léger (Hrsg.), Commentaire article par article des traités UE et CE, 2000, Art. 125, Rn. 12.
3 Vgl. W. *Mäder*, Europäische Arbeitsmarktpolitik – Rechtlicher Rahmen des EG-Vertrages, Teil 1 ZFSH/SGB 1997, S. 3 (10 ff.), Teil 2 ZFSH/SGB 1997, 71 ff.; auch C. *Langenfeld/B. Jansen*, in: Grabitz/Hilf, EU, Art. 118, Rn. 10 ff.; G. *Lyon-Caen/A. Lyon-Caen*, Droit social international et européen, 7. Aufl. 1991, Rn. 216 ff., 323 ff.; M. *Freedland*, Employment Policy, FS-Lord Wedderburn, 1996, S. 275 ff.; *Kreßel*, in: Schwarze (Hrsg.), EU-Kommentar, Art. 125, Rn. 2.

wäre jedoch vorschnell, die Art. 125 ff. als bedeutungslos abzutun. Die bloße Existenz eines eigenen Titels zur Beschäftigungspolitik im EGV setzt – im übrigen alles andere als unproblematische – inhaltliche Akzente (Rn. 10 ff.). Die Art. 125 ff. enthalten darüber hinaus Ansatzpunkte für eine Stärkung der Rolle der Gemeinschaft in politischer und auch in rechtlicher Hinsicht, die ausgebaut werden und bereits jetzt dazu führen könnten, daß die Verantwortlichkeit für eine Beschäftigungspolitik in weit größerem Maße auf die Gemeinschaft übergegangen ist, als es auf den ersten Blick den Anschein hat und als es von den Gegnern einer solchen Politik gewollt war.

II. Überblick über die gemeinschaftsrechtliche Beschäftigungspolitik

1. Verteilung der Kompetenzen zwischen den Mitgliedstaaten und der Gemeinschaft

3   Die unmittelbare Kompetenz für die Beschäftigungspolitik verbleibt in jeglicher Hinsicht bei den **Mitgliedstaaten**, was sich aus zahlreichen Formulierungen in den Art. 125 ff. (vgl. Art. 126 Rn. 1, Art. 127 Rn. 1, Art. 128 Rn. 4) und dem Gesamtzusammenhang des Titels ergibt[4]. Die Mitgliedstaaten bestimmen im Grundsatz nach wie vor allein über die inhaltliche Ausrichtung ihrer Beschäftigungspolitik sowie darüber, ob sie überhaupt ein aktives staatliches Tätigwerden wünschen oder ob sie die Sicherung eines hohen Beschäftigungsniveaus den Marktkräften überlassen: auch eine Laisser-faire Politik ohne aktives staatliches Eingreifen ist eine mögliche Form der Beschäftigungspolitik.

4   Die Art. 125 ff. räumen der Gemeinschaft indes gewisse Kompetenzen ein und erlegen den Mitgliedstaaten bestimmte Pflichten auf, was mittelbar durchaus Einfluß auf die Freiheit der Mitgliedstaaten bei der Festlegung ihrer Beschäftigungspolitik hat. Insoweit von einer Parallelzuständigkeit von Gemeinschaft und Mitgliedstaaten zu sprechen, wäre irreführend, weil nicht annähernd eine Gleichwertigkeit der Kompetenzen gegeben ist. Die Einbindung der Beschäftigungspolitik der Mitgliedstaaten an die Ziele der Art. 2 EUV und EGV sowie die Pflicht zur Abstimmung nach Art. 128 bewirken jedoch eine gewisse, zumindest politische **Gemeinschaftsdisziplin**[5].

5   Die der **Gemeinschaft** zugewiesenen Handlungsmöglichkeiten sind auf zwei unterschiedlichen Ebenen angesiedelt. Die inhaltlich weitergehende bietet Art. 128, der die Abstimmung der mitgliedstaatlichen Beschäftigungspolitiken regelt, bei der u.a. Leitlinien festgelegt werden, welche die Mitgliedstaaten in ihrer Beschäftigungspolitik berücksichtigen. Art. 128 enthält damit einen Ansatz für eine inhaltliche Kompetenz der Gemeinschaft in der Beschäftigungspolitik. Art. 129 räumt dem Rat zudem eine in inhaltlicher Sicht erheblich beschränkte Möglichkeit zum Ergreifen eigener beschäftigungspolitischer Maßnahmen ein. In beiden Fällen bleiben die Mitgliedstaaten zusätzlich über ihre Vertreter im Rat (Art. 203) maßgeblich beteiligt, wodurch sie die Herrschaft über die Beschäftigungspolitik auch dort nicht ganz aus den Händen geben, wo Kompetenzen auf die Gemeinschaft übergegangen sind. Allerdings stehen auch der Kommission im Bereich der Beschäftigung gewisse Möglichkeiten nach Art. 140 zu.

---

4   Vgl. auch *H.-D. Steinmeyer*, Der Vertrag von Amsterdam und seine Bedeutung für das Arbeits- und Sozialrecht, RdA 2001, S. 10 (21); ferner *Boudot* (Fn. 2), Art. 126, Rn. 6.
5   Zum Begriff bei Art. 99, vgl. *R. Bandilla*, in: Grabitz/Hilf, EU, Art. 102a, Rn. 1, Art. 103, Rn. 1–3. *C. Thun-Hohenstein*, Der Vertrag von Amsterdam, 1997, S. 82, *Runggaldier* (Fn. 1), S. 201 und *Roth* (Fn. 1), Rn. 51, sprechen von Koordination.

Die Harmonisierung der mitgliedstaatlichen Rechte ist schlechthin ausgeschlossen, Art. 129 Abs. 2 (Art. 129 Rn. 2 ff.).

2. Gegenstand

Der **Gegenstand** der Beschäftigungspolitik wird nicht näher definiert. Sein Inhalt ist in zweierlei Hinsicht problematisch: sachliche Tragweite und Urheber der Beschäftigungspolitik. Daß maßgeblicher Teil dieses Titels und Grund für seine Aufnahme in den Vertrag der Versuch ist, bestehende Arbeitslosigkeit zu bekämpfen und das Entstehen weiterer Arbeitslosigkeit zu verhindern, liegt auf der Hand. Nicht ohne weiteres deutlich wird indes, ob sich die **sachliche** Tragweite der Beschäftigungspolitik auf das Erreichen oder die Sicherung eines hohen Beschäftigungsniveaus beschränkt, also nur das »Ob« einer Beschäftigung betrifft, oder ob sie auch andere, mit dem »Wie« der Beschäftigung zusammenhängende Fragen umfaßt. Für letzteres ließen sich die mit den Art. 125 ff. verfolgten Ziele anführen (Rn. 8), für eine Beschränkung auf das Erreichen eines hohen Beschäftigungsniveaus hingegen die darauf beschränkte Querschnittsklausel des Art. 127 Abs. 2 sowie – letztlich entscheidend – die inhaltliche Fragen des Arbeitsrechts betreffende und damit insoweit speziellere und vorgehende Regelung der Sozialpolitik in den Art. 136 ff. Dennoch ist der Gegenstand der Beschäftigungspolitik damit weit, da kaum eine andere Politik Beschäftigungsfragen unberührt beläßt. 6

Die Art. 125 ff. erfassen nur eine **staatliche** Beschäftigungspolitik, nicht aber entsprechende betriebliche oder tarifliche Maßnahmen. Insoweit können weitergehende Kompetenzen der Gemeinschaft bestehen, vgl. Art. 137 Rn. 21. Die Abgrenzung kann im Einzelfall problematisch sein, etwa bei staatlichen Anreizen oder einer staatlichen Initiative für eine betriebliche oder tarifliche Beschäftigungspolitik. Um die engen Beschränkungen der Art. 125 ff. nicht zu unterlaufen, ist im Zweifel vom Vorliegen einer staatlichen Maßnahme auszugehen. 7

3. Ziele

Die **Ziele** der Beschäftigungspolitik werden nach Art. 125 über die Bezugnahme auf die Ziele von Art. 2 EUV und Art. 2 EGV definiert. Art. 125 ähnelt insoweit Art. 98, der die Ziele der Wirtschaftspolitik bestimmt. Art. 125 bezieht sich ausdrücklich auf »die« Ziele der beiden genannten Vorschriften, von denen ein hohes Beschäftigungsniveau nur eines und keineswegs ein übergeordnetes ist. Andere Ziele der beiden in übrigen nicht übereinstimmenden Art. 2 EUV und Art. 2 EGV beeinflussen die sachliche Tragweite der Art. 125 ff. und setzen auch inhaltliche Akzente. Eine Beschäftigungspolitik, die auch zur Verwirklichung des Binnenmarktes, zu einer nachhaltigen Entwicklung des Wirtschaftslebens, einem beständigen, nichtinflationären Wachstum, einem hohen Grad an Wettbewerbsfähigkeit und einem hohen Maß an Umweltschutz beitragen muß, ist etwas anderes als eine nur auf Erreichung eines hohen Beschäftigungsgrades gerichtete Politik. Durch die Bezugnahme auf Art. 2 EUV und vor allem Art. 2 EGV wird die Beschäftigungspolitik daher in das Gesamtgefüge der Gemeinschaftspolitiken eingebettet und, da zahlreiche der in Art. 2 EGV genannten Ziele wirtschaftspolitischer Natur sind, wirtschaftspolitischen Grundsätzen letztlich in weitem Maße untergeordnet[6]. In den Bestimmungen zur Wirtschaftspolitik findet sich kein direkter Vorbehalt zugunsten der Beschäftigungspolitik, allerdings verweist Art. 98 ebenfalls auf Art. 2 8

---

6 Vgl. aber *Thun-Hohenstein* (Fn. 5), S. 81.

EGV, so daß die Wirtschaftspolitik ihrerseits zur Verwirklichung des dort aufgeführten hohen Beschäftigungsniveaus beitragen muß.

4. Inhaltliches Konzept

9 Ein eigentliches **inhaltliches Konzept** der Beschäftigungspolitik statuieren die Art. 125 ff. nicht[7]. Es werden aber einige Eckpfeiler gesetzt. Die Beschäftigungspolitik besteht nach Art. 125 in einer Beschäftigungsstrategie sowie der Förderung der Qualifizierung, Ausbildung und Anpassungsfähigkeit der Arbeitnehmer und der Fähigkeit der Arbeitsmärkte, auf wirtschaftlichen Wandel zu reagieren. Wie auch andere sich mit der Beschäftigung befassende Vertragsbestimmungen hebt Art. 125 die besondere Bedeutung der Ausbildung hervor. Es wird indes nicht klar, ob die Beschäftigungsstrategie der Oberbegriff ist, der durch die anderen genannten Aspekte ausgefüllt wird, oder ob es sich um verschiedene Facetten einer gemeinschaftlichen Beschäftigungspolitik handelt. Da die Aufzählung nicht abschließend ist, erschöpft sich die Beschäftigungspolitik indes ohnehin nicht in den genannten Ansatzpunkten, so daß die Frage nicht von großer Bedeutung ist.

10 Die Existenz eines eigenen Titels zur Beschäftigungspolitik **neben** der **Wirtschaftspolitik** läßt den Schluß zu, daß der Vertrag von der Vorstellung geprägt ist, daß beide sich nicht decken müssen. Das Festlegen des Vertrags auf eine solche Annahme wäre fragwürdig, weil es sich dabei nur um eines der in Wissenschaft und Politik diskutierten Modelle handelt. Allerdings wird die Beschäftigungspolitik wirtschaftspolitischen Zielen weitgehend untergeordnet (Rn. 8) und zudem wird mit der Wirtschaftspolitik Einklang verlangt (Art. 126 Rn. 2, Art. 128 Rn. 4), so daß im Ergebnis der Ansatzpunkt der Art. 125 ff. verwässert wird und auch kein erheblicher Widerspruch zum nach wie vor wirtschaftspolitischen Verständnis der Sozialpolitik (Art. 136 Rn. 6) besteht.

11 Einige Formulierungen in den Art. 125, 126 Abs. 2 und 127 Abs. 1 könnten dahingehend verstanden werden, daß die gemeinschaftsrechtliche Beschäftigungspolitik von dem Modell einer interventionistischen mitgliedstaatlichen Politik ausgeht. Die Vorstellung **staatlicher Intervention** als Basis einer Beschäftigungspolitik fügt sich in das Bild ein, das durch das Nebeneinander von Wirtschafts- und Beschäftigungspolitik gesetzt wird. In inhaltlicher Sicht wäre eine dahingehende Aussage des Vertrags wiederum fragwürdig, weil sie von vornherein die Möglichkeit einschränkte oder ausschlösse, die Schaffung und Sicherung von Arbeitsplätzen den Marktkräften zu überlassen. Es wäre indes nicht überzeugend anzunehmen, daß die Art. 125 ff. eine so weitgehende inhaltliche Festlegung treffen, die auch mit der grundsätzlichen Zuweisung der Kompetenz für die Beschäftigungspolitik an die Mitgliedstaaten nicht vereinbar wäre.

III. Verhältnis zu anderen Politiken

12 Die Beschäftigungspolitik hat mannigfaltige Berührungspunkte mit anderen Politiken, was vor allem dann die Frage nach der **Abgrenzung** aufwirft, wenn die Kompetenzen der Gemeinschaft nach der anderen Politik von denen der Art. 125 ff. abweichen. Zur Abgrenzung von der Sozialpolitik allgemein, vgl. oben Rn. 6. Zur Abgrenzung zu Art. 137, vgl. dort Rn. 16, zu Art. 140, vgl. dort Rn. 7. Zur Abgrenzung vom Europäi-

---

7 Vgl. auch *Kreßel*, in: Schwarze (Hrsg.), EU-Kommentar, Art. 125, Rn. 18; *MünchArbR/Birk* § 19, Rn. 72.

schen Sozialfonds, vgl. Art. 146 Rn. 3. Überschneidungen mit der Berufsbildungspolitik des Art. 150 sind weniger brisant, weil dort die Kompetenzen der Gemeinschaft ähnlich begrenzt sind (Art. 150 Rn. 7 f.). Mit der Wirtschaftspolitik wird Einklang verlangt, Art. 126 Rn. 2, 128 Rn. 4, zudem ist die Beschäftigungspolitik ohnehin weitgehend wirtschaftspolitischen Zielen untergeordnet (Rn. 8). Das Verhältnis zu anderen Politiken betrifft schließlich die Querschnittsklausel des Art. 127 Abs. 2 (dort Rn. 3).

Art. 126 (ex-Art. 109o)

(1) Die Mitgliedstaaten tragen durch ihre Beschäftigungspolitik im Einklang mit den nach Artikel 99 Absatz 2 verabschiedeten Grundzügen der Wirtschaftspolitik[2] der Mitgliedstaaten und der Gemeinschaft zur Erreichung der in Artikel 125 genannten Ziele bei.

(2) Die Mitgliedstaaten betrachten die Förderung der Beschäftigung als Angelegenheit von gemeinsamem Interesse und stimmen ihre diesbezüglichen Tätigkeiten nach Maßgabe des Artikels 128 im Rat aufeinander ab, wobei die einzelstaatlichen Gepflogenheiten in bezug auf die Verantwortung der Sozialpartner[4] berücksichtigt werden.

1 Art. 126 ist **programmatischer** Natur und umschreibt Haltung und Pflichten der Mitgliedstaaten in Bezug auf die Beschäftigungspolitik. Konkretisiert wird er durch Art. 128. Art. 126 ist eine der Bestimmungen aus dem Titel zur Beschäftigungspolitik, die klarstellen, daß die Kompetenz für die Beschäftigungspolitik bei den Mitgliedstaaten verbleibt (vgl. Art. 125 Rn. 3).

2 Art. 126 Abs. 1 verlangt Einklang mit der gemeinschaftlichen **Wirtschaftspolitik**. Art. 126 Abs. 1 bezieht auch in anderen sprachlichen Fassungen den Einklang auf das Beitragen der Mitgliedstaaten zum Erreichen der Ziele des Art. 125. Seinem Wortlaut nach verlangt Art. 126 Abs. 1 damit keinen Einklang der mitgliedstaatlichen Beschäftigungspolitik mit der gemeinschaftlichen Wirtschaftspolitik. Zweifelhaft ist indes, wie sich beides voneinander trennen lassen kann, ob also der Beitrag der Mitgliedstaaten zum Erreichen der Ziele des Art. 125 im Einklang mit der gemeinschaftlichen Wirtschaftspolitik stehen kann, ohne daß die mitgliedstaatliche Beschäftigungspolitik selbst mit ihr in Einklang steht. In praktischer Hinsicht wird die Problematik entschärft, weil die gemeinschaftliche Wirtschaftspolitik nur Eckpfeiler setzt, die zwar weiter gehen als die der Beschäftigungspolitik, dennoch aber den Mitgliedstaaten breiten Raum für die Gestaltung ihrer Beschäftigungspolitik lassen. Wegen der tatsächlichen Verzahnung von Wirtschafts- und Beschäftigungspolitik hat sich in diesen Rahmen aber die mitgliedstaatliche Beschäftigungspolitik einzufügen[1].

3 Art. 126 Abs. 2 entspricht im Ansatz Art. 99 Abs. 1, enthält aber Abweichungen. Ob zwischen der Koordinierung der Wirtschaftspolitik des Art. 99 Abs. 1 und der **Abstimmung** der Beschäftigungspolitik nach Art. 126 Abs. 2 ein sachlicher Unterschied besteht, ist zweifelhaft. Abweichungen ergeben sich indes daraus, daß die Koordinierung und Abstimmung in den Art. 98 und 128 unterschiedlich konkretisiert werden.

4 Art. 126 Abs. 2 enthält einen Vorbehalt zugunsten der Verantwortung der **Sozialpartner**. Gemeint sind, wie der Zusammenhang mit den einzelstaatlichen Gepflogenheiten ergibt, die mitgliedstaatlichen Sozialpartner (allgemein zum Sozialpartnerbegriff Art. 138 Rn. 6 ff.). Aus der Perspektive der Mitgliedstaaten handelt es sich hierbei um einen begrüßenswerten Umstand, aus der Sicht der Gemeinschaft wäre es hingegen ein erstaunliches Unikum, wenn der Durchführung oder Umsetzung einer Gemeinschaftspolitik mitgliedstaatliche Besonderheiten entgegengehalten werden können[2]. Der Vor-

---

1 Vgl. auch U. *Runggaldier,* Der neue Beschäftigungstitel des EG-Vertrages und die Übernahme des »Sozialabkommens« in den EG-Vertrag, in: Hummer (Hrsg.), Die Europäische Union nach dem Vertrag von Amsterdam, 1998, S. 201.
2 Näher Art. 10 Rn. 19 ff. Aus dem Bereich der Sozialpolitik (Entgeltgleichheitsgebot des Art. 141) einen Vorrang der innerstaatlichen Tarifautonomie ablehnend EuGH, Rs. C-184/89, Slg. 1991, I-297, Rn. 20 (Nimz).

behalt ist daher eng zu verstehen und ermöglicht es den Mitgliedstaaten nicht, sich der Abstimmung der Beschäftigungspolitiken mit Verweis auf die Gepflogenheiten der Sozialpartner zu entziehen. Vielmehr wird Art. 126 Abs. 2 genügt, wenn diese Gepflogenheiten in den Abstimmungsprozeß miteinbezogen werden, Art. 126 Abs. 2 verlangt nicht, daß diese Einwände durchschlagen[3]. Ob indes aus Art. 126 Abs. 2 umgekehrt eine Pflicht der Sozialpartner abgeleitet werden kann, ebenso wie die Mitgliedstaaten im Sinne des Abs. 1 auf die Interessen der anderen Mitgliedstaaten und der Gemeinschaft Rücksicht zu nehmen, ist angesichts des Wortlauts, der auf einen Vorbehalt zugunsten und nicht zu Lasten der Sozialpartner hinweist, zweifelhaft.[4]

---

[3] Im Ergebnis in diese Richtung wohl auch *Kreßel*, in: Schwarze (Hrsg.), EU-Kommentar, Art. 126, Rn. 4.
[4] So aber *Runggaldier* (Fn. 1), S. 202.

Art. 127 EG-Vertrag

Art. 127 (ex-Art. 109p)

(1) Die Gemeinschaft trägt zu einem hohen Beschäftigungsniveau bei, indem sie die Zusammenarbeit zwischen den Mitgliedstaaten fördert und deren Maßnahmen in diesem Bereich unterstützt und erforderlichenfalls ergänzt. Hierbei wird die Zuständigkeit der Mitgliedstaaten beachtet[1 f.].

(2) Das Ziel eines hohen Beschäftigungsniveaus wird bei der Festlegung und Durchführung der Gemeinschaftspolitiken und -maßnahmen berücksichtigt[3 f.].

1 Art. 127 Abs. 1 ist **programmatischer** Natur[1] und stellt das Gegenstück zu Art. 126 dar, indem er die Möglichkeiten der Beschäftigungspolitik aus der Perspektive der Gemeinschaft bei gleichzeitiger Bekräftigung der Zuständigkeit der Mitgliedstaaten für diese Politik umschreibt. Die Gemeinschaft ist grundsätzlich auf Förderung der Zusammenarbeit der Mitgliedstaaten sowie darauf beschränkt, deren Maßnahmen zu unterstützen.

2 In den letzten Worten von Art. 127 Abs. 1 S. 1 findet sich die programmatische, keine Ermächtigungsgrundlage darstellende Grundlage für ein **begrenztes** eigenes **Tätigwerden der Gemeinschaft**. Ein eigenes Tätigwerden der Gemeinschaft ist danach auf eine Ergänzung der mitgliedstaatlichen Maßnahmen beschränkt und muß erforderlich sein. Wie das Merkmal der Erforderlichkeit zu verstehen ist, bleibt zweifelhaft. Es könnte einerseits als Einschränkung der der Gemeinschaft zustehenden Möglichkeiten angesehen werden, weil es das Ergreifen eigener Maßnahmen nicht in ihr Belieben stellt. Andererseits könnte es auch als Handlungsauftrag verstanden werden: Führt die Beschäftigungspolitik der Mitgliedstaaten nicht zu einem hohen Beschäftigungsniveau, wäre die Gemeinschaft zum Handeln verpflichtet. Beide Sichtweisen setzen indes voraus, daß Art. 127 Abs. 1 justiziable Voraussetzungen aufstellt, womit aber die Tragweite dieser programmatischen Umschreibung überspannt wäre. Art. 127 Abs. 1 betont daher auch insoweit lediglich die starke Begrenzung der der Gemeinschaft zustehenden Möglichkeiten in der Beschäftigungspolitik. Rechtlich verbindlich wird dieser Programmsatz erst in den Art. 128 f. konkretisiert.

3 Die **Querschnittsklausel** des Art. 127 Abs. 2 verpflichtet, das Ziel eines hohen Beschäftigungsniveaus bei Festlegung und Durchführung der Gemeinschaftspolitiken und -maßnahmen zu berücksichtigen. Art. 127 Abs. 2 ist in zweifacher Hinsicht schwächer formuliert als die Querschnittsklausel der Umweltpolitik: Anders als Art. 6 verlangt Art. 127 Abs. 2 lediglich eine Berücksichtigung und statuiert nicht eine Pflicht zum Einbezug. Zudem ist das hohe Beschäftigungsniveau nur als Ziel zu berücksichtigen, während Art. 6 den Einbezug der Erfordernisse des Umweltschutzes selbst verlangt. Art. 127 Abs. 2 ist insoweit mit der Querschnittsklausel der Entwicklungszusammenarbeit in Art. 178 vergleichbar (dort Rn. 1). Die im Rahmen des Art. 6 angestellten Überlegungen zur **Justiziabilität** der umweltrechtlichen Querschnittsklausel (Art. 6 Rn. 22 f.) lassen sich auf Art. 127 Abs. 2 nicht übertragen. Selbst wenn man die Einhaltung des Art. 127 Abs. 2 grundsätzlich für justiziabel hält, wofür einiges spricht, und dieser Bestimmung nicht nur einen programmatischen Charakter zuweist, lassen sich aus der Pflicht nur zur Berücksichtigung eines bloßen Zieles kaum konkrete materielle Anforderungen an die Gestaltung anderer Gemeinschaftspolitiken ableiten. Zudem ist die Frage, ob eine Maßnahme zum Erreichen eines hohen Beschäftigungsniveaus beitragen wird, maßgeblich eine der Einschätzung. Die Justiziabilität

---

1 Wohl auch G. *Boudot*, in: P. Léger (Hrsg.), Commentaire article par article des traités UE et CE, 2000, Art. 127, Rn. 14.

ist daher auf den formellen Aspekt beschränkt, ob in dem Verfahren zur Festlegung oder Durchführung einer Gemeinschaftspolitik oder -maßnahme das Ziel des Art. 127 Abs. 2 beachtet worden ist.

Das Ziel des hohen Beschäftigungsniveaus ist eines der **Gemeinschaft als ganzes**, es greift 4 nicht, wenn es um den Erhalt von Arbeitsplätzen in nur einzelnen Mitgliedstaaten auf Kosten der Arbeitsplätze in anderen Mitgliedstaaten geht. Die Beschränkung der Dienstleistungsfreiheit der genau dieses im Ergebnis bewirkenden Entsenderichtlinie[2] (vgl. Art. 136 Rn. 16) kann daher nicht mit Verweis auf Art. 127 Abs. 2 gerechtfertigt werden. Einseitige Maßnahmen eines Mitgliedstaats (zur Abschottung des eigenen Arbeitsmarktes z. B. durch die vor Erlaß der Entsenderichtlinie in einigen Mitgliedstaaten existierenden vergleichbaren Regelungen; Bevorzugung inländischer Unternehmen bei staatlichen Investitionen) können wie auch die Gewährung von nicht mit Art. 87 zu vereinbarenden Beihilfen zum Zwecke der Beschäftigungsförderung schon deshalb nicht unter Berufung auf Art. 127 Abs. 2 gerechtfertigt werden, weil bei solchen Maßnahmen das erforderliche Handeln der Gemeinschaft fehlt.[3]

---

2 Richtlinie 96/71/EG v. 16. 12. 1996 über die Entsendung von Arbeitnehmern im Rahmen der Erbringung von Dienstleistungen, ABl.EG 1997, Nr. L 18/1.
3 Nur im Ergebnis zutreffend daher *U. Runggaldier*, Der neue Beschäftigungstitel des EG-Vertrages und die Übernahme des »Sozialabkommens« in den EG-Vertrag, in: W. Hummer (Hrsg.), Die Europäische Union nach dem Vertrag von Amsterdam, 1998, S. 201.

Art. 128 EG-Vertrag

Art. 128 (ex-Art. 109q)

(1) Anhand eines gemeinsamen Jahresberichts[2] des Rates und der Kommission prüft der Europäische Rat jährlich die Beschäftigungslage in der Gemeinschaft und nimmt hierzu Schlußfolgerungen an.

(2) Anhand der Schlußfolgerungen des Europäischen Rates legt der Rat auf Vorschlag der Kommission und nach Anhörung des Europäischen Parlaments, des Wirtschafts- und Sozialausschusses, der Ausschusses der Regionen und des in Artikel 130 genannten Beschäftigungsausschusses jährlich mit qualifizierter Mehrheit Leitlinien[4 ff.] fest, welche die Mitgliedstaaten in ihrer Beschäftigungspolitik berücksichtigen[6]. Diese Leitlinien müssen mit den nach Artikel 99 Absatz 2 verabschiedeten Grundzügen in Einklang stehen.

(3) Jeder Mitgliedstaat übermittelt dem Rat und der Kommission jährlich einen Bericht[7] über die wichtigsten Maßnahmen, die er zur Durchführung seiner Beschäftigungspolitik im Lichte der beschäftigungspolitischen Leitlinien nach Absatz 2 getroffen hat.

(4) Anhand der in Absatz 3 genannten Berichte und nach Stellungnahme des Beschäftigungsausschusses unterzieht der Rat die Durchführung der Beschäftigungspolitik der Mitgliedstaaten im Lichte der beschäftigungspolitischen Leitlinien jährlich einer Prüfung[8]. Der Rat kann dabei auf Empfehlung der Kommission mit qualifizierter Mehrheit Empfehlungen[8] an die Mitgliedstaaten richten, wenn er dies aufgrund der Ergebnisse dieser Prüfung für angebracht hält.

(5) Auf der Grundlage der Ergebnisse der genannten Prüfung erstellen der Rat und die Kommission einen gemeinsamen Jahresbericht[2] für den Europäischen Rat über die Beschäftigungslage in der Gemeinschaft und über die Umsetzung der beschäftigungspolitischen Leitlinien.

Inhaltsübersicht:

I. Allgemeines	1
II. Die Leitlinienkompetenz des Rates	4

I. Allgemeines

1 Art. 128, der sich an die Regelung zur Wirtschaftspolitik in Art. 99 anlehnt, konkretisiert die in Art. 126 programmatisch aufgeführte Pflicht der Mitgliedstaaten, ihre Beschäftigungspolitik abzustimmen. Indes geht Art. 128 über eine bloße Abstimmung hinaus und enthält Ansätze für eine eigene inhaltliche Kompetenz der Gemeinschaft in der Beschäftigungspolitik, die dem Rat zugewiesen ist.

2 Art. 128 gliedert sich in die Art. 128 Abs. 1 und 5 einerseits, die Anfang und Ende des Abstimmungsprozesses setzen und einen gemeinsamen von Rat und Kommission zu erstellenden **Jahresbericht** über die Beschäftigungslage in der Gemeinschaft betreffen. Art. 128 Abs. 1 und 5 sind zwar insoweit nicht deckungsgleich, als Art. 128 Abs. 1 einen Jahresbericht erwähnt, anhand dessen die Beschäftigungslage zu prüfen sei, und Art. 128 Abs. 5 auf einen Jahresbericht über die Beschäftigungslage und über die Umsetzung der beschäftigungspolitischen Leitlinien abstellt. Doch ist nicht ersichtlich, welcher andere, von Kommission und Rat gemeinsam erstellte Bericht als der nach Abs. 5

Grundlage der Prüfung gemäß Abs. 1 sein könnte. Wenngleich damit Art. 128 in einen Zirkelschluß führt – Art. 128 Abs. 1 setzt das Verfahren aufgrund des Berichts nach Abs. 5 in Gang, das wiederum im Bericht nach Abs. 5 mündet - wird man davon ausgehen müssen, daß Art. 128 Abs. 1 und 5 denselben Bericht betreffen. Aus diesem Zirkelschluß hat sich die Gemeinschaft durch den EU-Beschäftigungsgipfel, der am 20–21. November 1997 in Luxemburg stattgefunden hat, befreit: in seiner Folge wurden – absprachegemäß vor Inkrafttreten des Vertrags von Amsterdam – die ersten Leitlinien für beschäftigungspolitische Maßnahmen der Mitgliedstaaten verabschiedet[1].

Art. 128 sieht – wie insgesamt mit Ausnahme des Art. 129 die Beschäftigungspolitik – eine nur geringe Beteiligung des **Parlaments** vor. Es ist lediglich bei der Erstellung der Leitlinien nach Art. 128 Abs. 2 anzuhören, ansonsten aber im Rahmen des Art. 128 nicht beteiligt. Befriedigend und verständlich ist diese auch bei der Sozialpolitik im Rahmen der die Sozialpartner betreffenden Regelung der Art. 138 f. zu verzeichnende Zurückstellung des Parlaments nicht (vgl. Art. 139 Rn. 28). 3

II. Die Leitlinienkompetenz des Rates

Die Abs. 2 bis 4 betreffen die Leitlinienkompetenz des Rates. Ausgangspunkt ist der Jahresbericht (Rn. 2), anhand dessen der Rat jährlich Schlußfolgerungen annimmt. Die Leitlinien werden nach dem Verfahren des Art. 128 Abs. 2 festgelegt. Von Bedeutung ist vor allem der **Leitlinienbegriff**. Die gemeinsame Außen- und Sicherheitspolitik der Art. 11 ff. EUV, bei der auch die Kompetenz grundsätzlich bei den Mitgliedstaaten verbleibt, stellt in Art. 13 Abs. 1 EUV auf Grundsätze und allgemeine Leitlinien, die Wirtschaftspolitik in Art. 99 Abs. 2 auf Grundzüge ab. Auch andere sprachliche Fassungen legen Unterschiede zwischen diesen Begriffen nahe, die im Vergleich von Wirtschafts- und Beschäftigungspolitik auf eine weiterreichende Kompetenz der Gemeinschaft bei der Beschäftigungspolitik deuten[2], doch ist fraglich, wie solche subtilen Abweichungen juristisch gefaßt werden können. Gemeinsam ist diesen Begriffen und damit auch der Leitlinie, daß ihnen sowohl hinsichtlich der möglichen inhaltlichen Tiefe als auch des Detailliertheitsgrades enge Grenzen gesetzt sind. Über Leitlinien können nicht mehr als Eckpfeiler allgemeiner Art festgehalten werden, die den Mitgliedstaaten die Freiheit belassen, über ihre eigene Beschäftigungspolitik zu bestimmen und sie zu gestalten. Dementsprechend allgemein und in der Sache unverbindlich gehalten sind auch die bisherigen Leitlinien. Die in den Leitlinien bis 2001[3] beibehaltenen Schwerpunkte sind: Verbesserung der Beschäftigungsfähigkeit, Entwicklung des Unternehmergeistes, Förderung der Anpassungsfähigkeit der Unternehmen und ihrer Arbeitnehmer, Stärkung der Maßnahmen für Chancengleichheit, die jeweils durch zudem unverbindlich gehaltene Allgemeinplätze näher umschrieben werden. Am konkretesten ist die Bekämpfung der Jugendarbeitslosigkeit gefaßt, doch enthält auch sie Ausnahmen. Die Leitlinien müssen mit den wirtschaftspolitischen Grundzügen i.S.v. Art. 99 Abs. 2 in Einklang stehen. 4

---

1 Die beschäftigungspolitischen Leitlinien für 1998, Luxemburg 1998. Ihre Grundlage bildet das Dokument Nr. 13200/97 des Rates.
2 Vgl. etwa broad guidelines (Art. 99 Abs. 2) und guidelines (Art. 128 Abs. 2); grandes orientations (Art. 99 Abs. 2) und lignes directives (Art. 128 Abs. 2); indirizzi di massima (Art. 99 Abs. 2) und orientamenti (Art. 128 Abs. 2); orientações gerais (Art. 99 Abs. 2) und orientações (Art. 128 Abs. 2); globale richtsnoeren (Art. 99 Abs. 2) und richtsnoeren (Art. 128 Abs. 2); orientaciones generales (Art. 99 Abs. 2) und orientaciones (Art. 128 Abs. 2).
3 http://europa.eu.int/comm/employment_social/empl&esf/Emplpack/De/guidelines_de.pdf.

5 Art. 128 Abs. 2 schweigt – abgesehen von den sich durch den Begriff der Leitlinien ergebenden Vorgaben – zum möglichen **Inhalt** der Leitlinien. Er ist durch den Gegenstand der Beschäftigungspolitik eingegrenzt und damit weit (Art. 125 Rn. 6 f.). Infolge der engen Verzahnung der Beschäftigungspolitik mit anderen Politiken können in den Leitlinien auch andere Bereiche – insbesondere Wirtschafts-, Sozial- und Bildungspolitik – als Werkzeuge der Beschäftigungspolitik angesprochen werden. Aus dem Nebeneinander der verschiedenen gemeinschaftlichen Regelungsbereiche mit teilweise unterschiedlichen Gemeinschaftskompetenzen etwas anderes zu folgern, würde dem politischen Charakter der Leitlinien nicht gerecht.

6 Problematisch ist der **Verbindlichkeitsgrad** der Leitlinien. Nach dem Wortlaut des Art. 128 Abs. 2 sind sie von den Mitgliedstaaten lediglich zu berücksichtigen, woraus sich jedenfalls keine Umsetzungspflicht herleiten läßt. Ob aus der Berücksichtigungspflicht eine Pflicht zur Einhaltung der Leitlinienvorgaben abgeleitet werden kann, ist ebenfalls zweifelhaft[4]: Art. 128 Abs. 4 sieht nur vor, daß die Gemeinschaft Empfehlungen aussprechen kann (Rn. 8). An das Nichteinhalten einer Verpflichtung aber lediglich die Sanktion einer unverbindlichen Empfehlung zu knüpfen, wäre sinnwidrig[5]. Art. 128 Abs. 4 ist daher eine weitere Stütze für die Annahme, daß die Leitlinien letztlich nicht verbindlich sind[6]. Die Berücksichtigungspflicht ist damit nur sehr schwach ausgeprägt. In praktischer Sicht war die Frage bisher von nur geringer Bedeutung, da die beschäftigungspolitischen Leitlinien in der Sache weitestgehend unverbindlich gefaßt sind und es damit bereits vermeiden, die Frage nach dem Verbindlichkeitsgrad aufzuwerfen (Rn. 4). Sollten die Leitlinien in Zukunft indes mit einem weitergehenden Verbindlichkeitsgrad versehen werden, handelt es sich dabei nur um eine politische[7], nicht aber um eine rechtliche Steigerung des Verbindlichkeitsgrades.

7 Nach Art. 128 Abs. 3 trifft jeden Mitgliedstaat eine dem Rat und der Kommission gegenüber bestehende **Berichtspflicht**, die die wichtigsten Maßnahmen umfaßt, die er zur Durchführung seiner Beschäftigungspolitik getroffen hat. Trotz der auf ein aktives staatliches Tätigwerden hindeutenden Formulierungen besteht keine Pflicht zu einer staatlichen Interventionspolitik (Art. 125 Rn. 12). Diese Pflicht der Mitgliedstaaten findet in der Wirtschaftspolitik in Art. 99 Abs. 3 UAbs. 2 ihr Pendant. Sie setzt den Rat in die Lage, seine Rechte nach Art. 128 Abs. 4 auszuüben.

8 Art. 128 Abs. 4 legt die Handlungsmöglichkeiten des Rates gegenüber den Mitgliedstaaten fest. Sein rechtlicher Gehalt ist gering, da er allenfalls zum Aussprechen unverbindlicher **Empfehlungen** ermächtigt. Die politische Bedeutung einer Empfehlung an einen Mitgliedstaat könnte weitaus höher sein. An dem Verfahren sind der Beschäftigungsausschuß nach Art. 130 und die Kommission beteiligt, wiederum nicht das Parla-

---

4 Vgl. auch *Kreßel*, in: Schwarze (Hrsg.), EU-Kommentar, Art. 128, Rn. 27.
5 Vgl. auch zu den Grundzügen der Wirtschaftspolitik, *R. Bandilla*, in: Grabitz/Hilf, EU, Art. 103, Rn. 16.
6 Vgl. auch zu den Grundzügen der Wirtschaftspolitik, Art. 99, Rn. 5; *R. Bandilla*, in: Grabitz/Hilf, EU, Art. 103, Rn. 14, 16; im Ergebnis wie hier *U. Runggaldier*, Der neue Beschäftigungstitel des EG-Vertrages und die Übernahme des »Sozialabkommens« in den EG-Vertrag, in: W. Hummer (Hrsg.), Die Europäische Union nach dem Vertrag von Amsterdam, 1998, S. 203; anders wohl *Thun-Hohenstein*, Der Vertrag von Amsterdam, 1997, S. 83; differenzierend *G. Boudot*, in: P. Léger (Hrsg.), Commentaire article par article des traités UE et CE, 2000, Art. 128, Rn. 18 f.
7 Allgemein zur politischen Bedeutung der Beschäftigungspolitik, *H.-D. Steinmeyer*, Der Vertrag von Amsterdam und seine Bedeutung für das Arbeits- und Sozialrecht, RdA 2001, S. 10 (22); vgl. auch im Rahmen der Wirtschaftspolitik Art. 99, Rn. 5; *R. Bandilla*, in: Grabitz/Hilf, EU, Art. 103, Rn. 14.

ment (Rn. 3), aber auch nicht der Wirtschafts- und Sozialausschuß. Entschieden wird mit qualifizierter Mehrheit, wodurch verhindert wird, daß Art. 128 Abs. 5 in der Bedeutungslosigkeit versinkt. Anders als bei Art. 99 Abs. 4 ist der Maßstab der Prüfung nicht präzise umschrieben. Ob das Prüfrecht des Rates sich darauf beschränkt, ob der Mitgliedstaat die Leitlinien berücksichtigt hat, oder ob er befugt ist, die mitgliedstaatliche Beschäftigungspolitik insgesamt einer Prüfung und Bewertung zu unterziehen, läßt sich aus dem Wortlaut nicht eindeutig erschließen. Ein umfassendes Recht des Rates zur Überprüfung der Beschäftigungspolitik der Mitgliedstaaten wäre aber nicht mit der Systematik des Art. 128 und dem allgemeinen Ansatz der Art. 125 ff. vereinbar, die Kompetenz für die Beschäftigungspolitik bei den Mitgliedstaaten zu belassen. Das Initiativrecht für den Ausspruch von Empfehlungen liegt bei der Kommission.

Art. 129 (ex-Art. 109r)

Der Rat kann gemäß dem Verfahren des Artikels 251 und nach Anhörung des Wirtschafts- und Sozialausschusses sowie des Ausschusses der Regionen Anreizmaßnahmen zur Förderung der Zusammenarbeit zwischen den Mitgliedstaaten und zur Unterstützung ihrer Beschäftigungsmaßnahmen durch Initiativen beschließen, die darauf abzielen, den Austausch von Informationen und bewährten Verfahren zu entwickeln, vergleichende Analysen und Gutachten bereitzustellen sowie innovative Ansätze zu fördern und Erfahrungen zu bewerten, und zwar insbesondere durch den Rückgriff auf Pilotvorhaben[5 f.].

Diese Maßnahmen schließen keinerlei Harmonisierung der Rechts- und Verwaltungsvorschriften der Mitgliedstaaten ein[2 ff.].

Inhaltsübersicht:

I. Das Harmonisierungsverbot des Art. 129 Abs. 2	2
II. Die Handlungsmöglichkeiten des Rates nach Art. 129 Abs. 1	5

1 Art. 129 Abs. 1 weist dem Rat eine inhaltlich sehr eingeschränkte Möglichkeit zu, im Rahmen der Beschäftigungspolitik über die Leitlinienkompetenz des Art. 128 hinaus Maßnahmen zu ergreifen[1].

I. Das Harmonisierungsverbot des Art. 129 Abs. 2

2 Die Möglichkeit zur Harmonisierung der mitgliedstaatlichen Rechte ist nach Art. 129 Abs. 2 schlechthin ausgeschlossen. Das Harmonisierungsverbot ist **inhaltlich** definiert (»Diese Maßnahmen«) und umfaßt eine Harmonisierung aufgrund aller möglichen Ermächtigungsgrundlagen des EGV. Es darf daher nicht durch Stützen beschäftigungspolitischer Maßnahmen auf außerhalb der Art. 125 ff. liegende Ermächtigungsgrundlagen umgangen werden (Art. 137 Rn. 16, Art. 146 Rn. 3). Es nimmt der Gemeinschaft auch die Möglichkeit der inhaltlichen Gestaltung der Beschäftigungspolitik, sie ist vielmehr auf die eng begrenzten Möglichkeiten des Art. 129 Abs. 1 beschränkt.

3 Der Begriff der Harmonisierung ist **nicht formell** in dem Sinne zu verstehen, daß er nur die Angleichung bestehender mitgliedstaatlicher Regelungen erfaßt. Vielmehr greift das Verbot wegen der an den Erlaß von Harmonisierungsakten geknüpften Folgen (Sperrwirkung, richtlinienkonforme Auslegung, vgl. Art. 249 Rn. 44, Rn. 106 ff.) unabhängig davon, ob mitgliedstaatliche Regelungen bereits existieren. Gerade im Bereich der Beschäftigungspolitik kann das Fehlen von Regelungen Ausdruck der Beschäftigungspolitik sein (laisser-faire).

4 Problematisch und weitgehend ungeklärt ist die zum Teil als **mittelbare Harmonisierung** bezeichnete Frage, ob die Gemeinschaft die Vergabe von Fördermitteln i.S.d. Art. 129 Abs. 1 von einer bestimmten inhaltlichen Ausgestaltung der mitgliedstaatlichen Beschäftigungspolitik oder gar seines Rechts abhängig machen kann. Es wäre nicht überzeugend, das Harmonisierungsverbot über einen Anreiz zu einer bestimmten Ausgestaltung des mitgliedstaatlichen Rechts, der je nach finanzieller Ausstattung der

---

1 Enger *U. Runggaldier,* Der neue Beschäftigungstitel des EG-Vertrages und die Übernahme des »Sozialabkommens« in den EG-Vertrag, in: W. Hummer (Hrsg.), Die Europäische Union nach dem Vertrag von Amsterdam, 1998, S. 204.

Gemeinschaft zu einem Druck werden könnte, zu unterlaufen. Auch die allgemeine Möglichkeit der Gemeinschaft, mittels finanzieller Anreize auf die Inhalte der mitgliedstaatlichen Beschäftigungspolitik Einfluß zu nehmen, ist begrenzt, was sich aus der grundsätzlichen Verteilung der Kompetenzen im Bereich der Beschäftigungspolitik ergibt und durch den Begriff des Pilotvorhabens in Art. 129 Abs. 1 (Rn. 5) bestätigt wird.

II. Die Handlungsmöglichkeiten des Rates nach Art. 129 Abs. 1

Die Sprache des Art. 129 Abs. 1 ist hochtragend und blumig, der Satzbau, die grammatikalischen und stilistischen Bezüge sind komplex und teilweise zweideutig, was beides das Verstehen der Bestimmung erschwert. In Teilen stimmt sie mit Art. 137 Abs. 2 lit a) überein. Versucht man, den materiellen Gehalt der Ermächtigungsgrundlage zu ermitteln, so folgt wohl aus dem Satzbau, daß der Rat einerseits die **Zusammenarbeit** zwischen den Mitgliedstaaten fördern kann und andererseits die Möglichkeit hat, die **Beschäftigungsmaßnahmen** der Mitgliedstaaten zu unterstützen. Zur Durchführung beider Alternativen kann der Rat Anreizmaßnahmen durch Initiativen ergreifen, deren mögliche Ziele dem Wortlaut nach abschließend weiter konkretisiert werden. Von den genannten Zielen betreffen der Austausch von Informationen, das Erstellen vergleichender Analysen und Gutachten sowie die Bewertung von Erfahrungen die Förderung der Zusammenarbeit der Mitgliedstaaten. Grundlage auch für das Ergreifen von eigenen Maßnahmen zur Beschäftigungsförderung könnte die Förderung innovativer Ansätze sein. Ob die Entwicklung bewährter Verfahren die Zusammenarbeit der Mitgliedstaaten oder die Unterstützung der Beschäftigungsmaßnahmen betrifft, bleibt unklar, wenngleich einiges für die erstgenannte Lösung spricht. Als Durchführungsmittel stehen – dem Satzbau nach für alle Ziele – insbesondere Pilotvorhaben zur Verfügung, was allerdings bei der Förderung der Zusammenarbeit der Mitgliedstaaten nur wenig Sinn ergibt. Der Begriff des Pilotvorhabens gestattet es der Gemeinschaft einerseits, neue Wege zu gehen, doch setzt er insoweit Grenzen, als einem Pilotvorhaben inhärent ist, daß es nur vereinzelt durchgeführt werden kann und **Modell-** bzw. **Versuchs**charakter hat. Letzteres wird durch eine zu dieser Vorschrift verabschiedete Erklärung bestärkt, nach der Beschlüsse über Anreizmaßnahmen folgende Angaben enthalten sollen: (1) die Gründe für die Maßnahme auf der Grundlage einer objektiven Beurteilung ihrer Notwendigkeit und des Vorhandenseins eines zusätzlichen Nutzens auf Gemeinschaftsebene; (2) ihre Geltungsdauer, die fünf Jahre nicht überschreiten sollte und (3) die Obergrenze für die Finanzierung, die zudem den Anreizcharakter der Maßnahme widerspiegeln soll. Nach einer weiteren Erklärung sind die Mittel dem allgemeinen Haushalt der Gemeinschaft zu entnehmen.

Zusammenfassend läßt sich feststellen, daß die Möglichkeiten des Art. 129 Abs. 1 inhaltlich nicht über das hinausgehen, was der Gemeinschaft über den **Europäischen Sozialfonds** ohnehin möglich ist (vgl. die Kommentierung der Art. 146–148) und über den die Handlungsmöglichkeiten der Gemeinschaft nach Art. 129 abgewickelt werden könnten. Die Wege zur Förderung der Zusammenarbeit der Mitgliedstaaten gehen ihrerseits nicht weiter als das der Kommission nach Art. 140 Gestattete. Die Vorschrift bringt daher nichts Neues[2].

---

2 Zur sehr begrenzten inhaltlichen Bedeutung auch *Kreßel*, in: Schwarze (Hrsg.), EU-Kommentar, Art. 129, Rn. 2.

Art. 130 (ex-Art. 109s)

Der Rat setzt nach Anhörung des Europäischen Parlaments einen Beschäftigungsausschuß mit beratender Funktion zur Förderung der Koordinierung der Beschäftigungs- und Arbeitsmarktpolitik der Mitgliedstaaten ein. Der Ausschuß hat folgende Aufgaben:
- Er verfolgt die Beschäftigungslage und die Beschäftigungspolitik in den Mitgliedstaaten und der Gemeinschaft;
- er gibt unbeschadet des Artikels 207 auf Ersuchen des Rates oder der Kommission oder von sich aus Stellungnahmen ab und trägt zur Vorbereitung der in Artikel 128 genannten Beratungen des Rates bei.

Bei der Erfüllung seines Auftrags hört der Ausschuß die Sozialpartner.
Jeder Mitgliedstaat und die Kommission entsenden zwei Mitglieder in den Ausschuß.

1 Art. 130 betrifft einen neu geschaffenen[1] Beschäftigungsausschuß, der bei der Förderung der Koordinierung der Beschäftigungspolitik der Mitgliedstaaten beratende Funktion hat. Seine Aufgabe bei der Gestaltung der gemeinschaftlichen Beschäftigungspolitik ist daher beschränkt. Er ist dort nicht eingeschaltet, wo die Tätigkeit der Gemeinschaft über eine Koordinierung hinausgeht, und wird daher bei Art. 129 und auch im Rahmen des Europäischen Sozialfonds nicht beteiligt.

2 Die Einzelheiten hinsichtlich seiner Zusammensetzung und seiner Aufgaben ergeben sich aus dem Wortlaut der Bestimmung. Bei der Erfüllung seines Auftrags hat er nach Art. 130 Abs. 2 die Sozialpartner zu hören. Es ist unklar, ob damit die mitgliedstaatlichen oder die Sozialpartner auf Gemeinschaftsebene gemeint sind (zum Sozialpartnerbegriff Art. 138 Rn. 6 ff.). Für beides ließen sich Gründe aufführen. Aus der systematischen Überlegung heraus, daß mitgliedstaatliche Institutionen i.d.R. an gemeinschaftlichen Verfahren nicht beteiligt werden, und aufgrund der Undurchführbarkeit einer Anhörung der mitgliedstaatlichen Sozialpartner ist es überzeugender, Art. 130 Abs. 2 auf die Sozialpartner auf Gemeinschaftsebene zu beschränken.

---

1 Vgl. aber den bereits 1970 eingesetzen Ständigen Ausschuß für Beschäftigungsfragen, Beschluß des Rates 70/532/EWG v. 14. 12. 1970 zur Einsetzung des Ständigen Ausschusses für Beschäftigungsfragen der Europäischen Gemeinschaften, ABl.EG 1970 Nr. L 273/25, geändert durch Beschluß des Rates 75/62/EWG v. 20.1.1975, ABl.EG Nr. L 21/17, in dem Rat, Kommission und Sozialpartner vertreten waren. Dieser Ausschuß wurde durch Beschluß 1999/207/EG des Rates v. 9.3.1999, ABl.EG 1999, Nr. L 72/33, reformiert. Der Ausschuß muß nunmehr den wirtschaftlichen und sozialen Zielen der Gemeinschaft, wie sie in den beschäftigungspolitischen Leitlinien und in den Grundzügen der Wirtschaftpolitik zum Ausdruck kommen, Rechnung tragen.

Titel IX
(ex-Titel VII)
Gemeinsame Handelspolitik

Art. 131 (ex-Art. 110)

Durch die Schaffung einer Zollunion beabsichtigen die Mitgliedstaaten, im gemeinsamen Interesse zur harmonischen Entwicklung des Welthandels[3], zur schrittweisen Beseitigung der Beschränkungen im internationalen Handelsverkehr und zum Abbau der Zollschranken beizutragen.[1 ff.]
Bei der gemeinsamen Handelspolitik werden die günstigen Auswirkungen berücksichtigt, welche die Abschaffung der Zölle zwischen den Mitgliedstaaten auf die Steigerung der Wettbewerbsfähigkeit der Unternehmen dieser Staaten haben kann.[3]

Inhaltsübersicht:

A.	Die gemeinsame Handelspolitik der Gemeinschaft	1
B.	Die Orientierung auf den Freihandel	3
C.	Programmsatz oder rechtliche Vorgabe?	4

A. Die gemeinsame Handelspolitik der Gemeinschaft[1]

Die Europäische Gemeinschaft ist zusammen mit Japan und den Vereinigten Staaten eine der drei großen Wirtschaftsmächte[2]. Ihr Wohlstand steht und fällt mit der **Offenheit** ausländischer **Märkte** für Gemeinschaftsprodukte, einerseits, und der Zugriffsmöglichkeit der Gemeinschaftsverbraucher (einschließlich der weiterverarbeitenden Industrien) auf Einfuhrware aus Drittstaaten, andererseits[3]. Die Gemeinschaft wird schließlich durch einen Gemeinsamen Markt gekennzeichnet, der jedenfalls im Hinblick auf den Warenverkehr weitgehend die Vorgabe des Art. 14, ein Raum ohne Binnengrenzen zu sein, verwirklicht hat[4].

1

---

1 Für eine Definition des Begriffs vgl. die Kommentierung zu Art. 133.
2 Mit denen sie zusammen sie die sogenannte *Triade*, eine informelle Gruppe der wichtigsten Handelsmächte im Rahmen der WTO, bildet.
3 Die Gemeinschaft ist mit einem Anteil von jeweils 20% am weltweiten Ex- und Import vor den USA und Japan der größte Exporteur von Waren und gemeinsam mit den USA der größte Importeur. Umfangreiches statistisches Material zur Rolle der Gemeinschaft im Welthandel und zu den Volumina von Ein- und Ausfuhren finden sich in den Berichten des im Rahmen der WTO für die vier größten Handelsmächte im Zweijahresturnus vorgenommenen Trade Policy Review Mechanism (vgl. die grundlegende Einführung bei *P. Mavroidis*, Surveillance Schemes: The GATT's New Trade Policy Review Mechanism, Mich. JIL 13 (1992), 374 ff.). Der letzte Bericht über die Gemeinschaft ist 2000 erschienen und unter <http://www.wto.org/english/tratop_e/tpr_e/tp_rep_e.htm> vom *server* der WTO (www.wto.org) abrufbar. Ebenfalls umfangreiches Material bei der zuständigen Generaldirektion Handel der Kommission <http://europa.eu.int/comm/trade/wto_overview/legis.htm>.
4 Vgl. hierzu die Kommentierung zu Art. 14 und 28 ff.; hinsichtlich des Zusammenhangs zwischen Binnenmarkt und effektiver gemeinsamer Handelspolitik siehe insbesondere *J. Bourgeois*, in GTE, EGV, Vorbemerkung zu den Artikeln 110 bis 115, Rn. 13; *H. G. Krenzler*, Einleitung zum EG-Außenwirtschaftsrecht, in: *Grabitz/Hilf*, EU II, E 1, Rn. 31; *J. Bourgeois*, in: GTE, EU-/EGV, Art. 113, Rn. 4 f.; *P. J. G. Kapteyn/P. VerLoren van Themaat*, Introduction to the Law of the European Communities – From Maastricht to Amsterdam, 3rd ed., 1998, S. 1290 ff.; *R. Streinz*, Europarecht, Rn. 947 ff.; *Herdegen*, Europarecht, Rn. 272 ff.

2 Bereits diese drei schlagwortartig genannten Gründe veranschaulichen die Bedeutung der Außenhandelspolitik für die Gemeinschaft und ihre Mitgliedstaaten[5]. Ziel dieser Politik ist zunächst die Schaffung und Sicherung von für die Gemeinschaft günstigen äußeren Rahmenbedingungen für die Exportwirtschaft der Gemeinschaft sowie der auf Einfuhren angewiesenen Gemeinschaftsunternehmen und -verbraucher[6]. Angesichts der **Verwobenheit des Internationalen Handels mit anderen außenpolitischen Aspekten** – erwähnt seien insbesondere die Beziehungen zu den Entwicklungsländern sowie zur Außen- und Sicherheitspolitik der EU und ihrer Mitgliedstaaten[7] – erfaßt das Außenhandelsregime der Gemeinschaft zwangsläufig auch solche Handelsmaßnahmen, die nicht lediglich auf (unmittelbare) Handelsvorteile zielen, sondern langfristige Interessen der Gemeinschaft etwa durch Handelsrestriktionen oder durch für Drittländer privilegierende Regelungen zu verwirklichen trachten[8]. All dies erfordert ein **geschlossenes Auftreten nach außen**[9], um das wirtschaftliche Gewicht der Gemeinschaft zum Tragen kommen zu lassen. Ein möglichst einheitliches Regime für Ein- und Ausfuhren ist nicht zuletzt deshalb erforderlich, weil ansonsten über den Umweg des Außenhandels das **Funktionieren des Gemeinsamen Marktes** beeinträchtigt werden könnte[10]. Der Binnenmarkt als Raum ohne Grenzen bedarf als notwendiges Korrelat einer für das gesamte Wirtschaftsgebiet der Gemeinschaft geltenden, einheitlichen Außenhandelspolitik[11].

Unbeschadet aller politischen und – im folgenden zu erörternden – rechtlichen Streitfragen, ob Art. 131–134, die Praxis des Rats, die Rechtsprechung des Gerichtshofes und der Vertrag von Amsterdam der Gemeinschaft im Zusammenhang mit den »neuen« Themen der internationalen Handelspolitik (etwa Dienstleistungen, geistiges Eigentum, Direktinvestitionen, Wettbewerbspolitik, sowie Handel und Umwelt) in wünschenswertem Umfang Handlungsmöglichkeiten einräumen, kann festgehalten werden, daß die Gemeinschaft jedenfalls bis einschließlich des erfolgreichen Abschlusses der Uruguay-Runde des GATT auf der Grundlage der Art. 131 ff. und der Praxis

---

5 Eingehend *J. Bourgeois*, in GTE, EGV, Vorbemerkung zu den Artikeln 110 bis 115, Rn. 10 ff.; *G. Nicolaysen*, Europarecht II, 476 ff.; *E. Grabitz/A. v. Bogdandy/M. Nettesheim*, Europäisches Außenwirtschaftsrecht, 1994, 9 ff., 72 ff.; *T. Oppermann*, Europarecht, Rn. 1730 ff.; *C. Vedder*, in: Grabitz/Hilf, EU, vor Art. 110. Rn. 1; *R. Bierwagen*, in: *Smit/Herzog*, Law of the E.C., § 110.01. f.; *R. Geiger*, EGV, Art. 110, Rn. 1 f.; *C. Schmitter*, in: *Constantinesco/Kovar/Simon*, TUE, Art. 113, para. 1; *R. Arnold*, in: Hb.EUWirtR, K.I., Rn. 2 ff.; *Ipsen*, EG-Recht, 46/2; *S. Pieper*, in: Bleckmann, Europarecht, Rn. 1421; *Schweitzer/Hummer*, Europarecht, Rn. 1492 ff.; *Streinz*, Europarecht, Rn. 617 ff.; BBPS, Rn. 1226 ff.
6 Der Begriff internationaler Handel, Außenhandel etc. schließt den grenzüberschreitenden Handel innerhalb der Gemeinschaft *nicht* ein. Eine grundlegende Funktion der Gemeinschaft ist es bekanntlich – vgl. die Kommentierung zu Art. 14 –, trotz der weiteren Existenz politischer Grenzen für die Gemeinschaftsbürger und -unternehmen einen einheitlichen Wirtschaftsraum zu bilden.
7 Dazu unten Art. 133 Rn. 52 und Rn. 188 ff.
8 Dies entspricht der Rspr. des EuGH; vgl. bspw. EuGH, Rs. C-70/94, 17.10.1995, Slg. 1995, I-3218 (Werner); EuGH, Rs. 45/86, 26.3.1987, Slg. 1987, 1493 (Kommission/Rat – APS I).
9 Vgl. die Beiträge in *A. Dashwood/C. Hillion* (Hrsg.). The General Law of EC External Relations, 2000; siehe auch *I. MacLeod/I.D. Henry/S. Hyett*, The External Relations of the European Communities, Oxford 1996, 66, 145. Aus der Rechtsprechung siehe Beschluß 1/78, 4.11.1978, Slg. 1978, 2151, Rn. 34 bis 36 (Naturkautschuk-Übereinkommen); Gutachten 2/91, 19.3.1993, Slg. 1993, I-106, Rn. 36 (ILO-Übereinkommen); Gutachten 1/94, 15.11.1994, Slg. 1994, I-5267, Rn. 108.
10 Siehe hierzu *A. v. Bogdandy*, in: Grabitz/v. Bogdandy/Nettesheim (Fn. 5), 14 f., m.w.N.
11 Vgl. die Kommentierung zu Art. 134 und den dort besprochenen Zusammenhang zwischen der Einführung des Binnenmarktes und der damit einhergehenden Beendigung nationaler Alleingänge auf der Grundlage von Art. 134; vgl. auch *R. Bierwagen*, in: *Smit/Herzog*, Law of the E.C., § 115.01.

der Gemeinschaftsorgane in der Lage war, die Interessen der Gemeinschaft effektiv zu vertreten[12]. Um so mehr muß der nunmehr geäußerten Befürchtung nachgegangen werden, die neuere Rechtsprechung des Gerichtshofes[13] und die Zurückweisung der Wünsche der Kommission nach der Anpassung der zentralen Norm des Art. 133[14] erschwere (oder verunmögliche gar) zukünftige Erfolge der Gemeinschaft bei der Wahrnehmung der außenhandelspolitischen Interessen der Gemeinschaft.

B. Die Orientierung auf den Freihandel

An die Spitze der Regelungen über eine gemeinsame Handelspolitik hatte bereits der Vertrag von Rom eine (bis heute unveränderte) Vorschrift gestellt, mit der die Gemeinschaft dem Ziel verpflichtet wird, sich in das seinerzeit (d.h.: 1957) erst im Ansatz vorhandene Welthandelssystem einzufügen und zu seiner Entwicklung beizutragen.[15] Auch Satz 2 legt die zuständigen Organe auf eine dynamische Vorgehensweise fest: die zu erwartenden wirtschaftlichen Erfolge der Gemeinschaft sind bei der Definition ihrer Rolle innerhalb der Welthandelsordnung zu berücksichtigen. Die späteren Vertragsänderungen, auch die Verträge von Amsterdam und Nizza, haben an dem Bekenntnis zu einer liberalen Außenhandelspolitik nichts geändert[16]. Indem der nunmehrige Artikel 131 gleichsam die Präambel des GATT[17] paraphrasiert, stellt er auch den Bezug

3

---

12 Die Gemeinschaft war seit Ende der Übergangszeit der unbestrittene Vertreter der Mitgliedstaaten im GATT; als Frankreich im GATT-Council der Position der Gemeinschaft widersprach, wurde die Angelegenheit vom Vorsitzenden des Rates von der Tagesordnung genommen, bis Frankreich seine Position der bisherigen Praxis angepaßt hatte. Vgl. GATT Doc. C/M/222, 10 ff, 16. Dazu *E. U. Petersmann*, Die EWG als GATT-Mitglied – Rechtskonflikte zwischen GATT-Recht und Europäischem Gemeinschaftsrecht, in: *M. Hilf/E. U. Petersmann* (Hrsg.), GATT und die Europäische Gemeinschaft, 1986, S. 119 ff.
13 Seit dem Gutachten 1/94, (Fn. 9).
14 Die Kommission hatte sowohl im Hinblick auf den Vertrag von Maastricht als auch auf den Vertrag von Amsterdam verschiedene Änderungsvorschläge unterbreitet, die (vor Gutachten 1/94) ihre Lesart des aus Art. 133 fließenden Kompetenzen der Gemeinschaft außer Streit stellen sollte, bzw. nach der Verkündung des Gutachtens 1/94 diese Rechtsprechung revidieren sollte, mit der Folge, daß – verkürzt gesprochen – die Gemeinschaft jedenfalls für sämtliche im Rahmen der WTO behandelten Gegenstände alleine kompetent sei. Diesem Wunsch wurde jeweils nicht gefolgt. Vgl. dazu: *H.G. Krenzler/H. da Fonseca-Wollheim*, Die Reichweite der gemeinsamen Handelspolitik nach dem Vertrag von Amsterdam – eine Debatte ohne Ende?, EuR 1998, S. 223 ff.; *M. Hilf/E. Pache*, Der Vertrag von Amsterdam, NJW 1998, S. 705 ff.; *C. Herrmann*, CCP after Nice: Sisyphus would have done a better job, CML Rev. 2002 (im Erscheinen).
15 Indem Art. 131 ausdrücklich betont, die Mitgliedstaaten schüfen mit dem EG-Vertrag eine *Zollunion*, sollte 1957 wohl auch gegenüber den GATT-VERTRAGSPARTEIEN dokumentiert werden, daß man die Voraussetzungen des GATT erfüllt habe und erfüllen wolle. Bekanntlich gestattet Art. XXIV GATT Abweichungen von der Verpflichtung, sämtliche Vertragsparteien die jeweils beste Behandlung einzuräumen (Meistbegünstigungsgrundsatz, Art. I) nur dann, wenn die Vorzugsbehandlung im Rahmen besonders enger wirtschaftlicher Kooperationsformen, unter anderem Zollunionen, erfolgt. Zu Art. XXIV nach wie vor grundlegend *H. Steinberger*, GATT und regionale Wirtschaftszusammenschlüsse, 1963.
16 *R. Bierwagen*, in: Smit/Herzog, § 110.03; *T. Oppermann*, Europarecht, Rn. 1733 ff.; *Th. Flory*, Art. 110, Anm. 1, in: Constantinesco/Jacqué/Kovar/Simon, TCE; *C. Vedder*, in: Grabitz/Hilf, EU, Art. 110, Rn. 2 ff.. Siehe auch die Formulierung der Präambel, derzufolge die gemeinsame Handelspolitik »zur fortschreitenden Beseitigung der Beschränkungen im internationalen Handelsverkehr« beitragen soll, sowie Art. 27.
17 Das General Agreement on Tariffs and Trade trägt seit Abschluß der Uruguay-Runde technisch den Zusatz »1994«, der im folgenden indes nicht genannt werden wird. Hintergrund dieser ungewöhnlichen Umfirmierung ist, daß für den Fall, daß zum Ende der Uruguay-Runde nicht sämtliche bisherigen Vertragsparteien des 1947 geschlossenen GATT (»GATT 1947«) den WTO-

Art. 131 EG-Vertrag

zu jenem globalen Vertragswerk her, das – mit vielerlei Modifikationen – bis heute der rechtliche Rahmen **für den internationalen Handel geblieben ist.** Art. 131 kommt damit für die **Auslegung** der folgenden Bestimmungen Bedeutung zu.[18]

C. Programmsatz oder rechtliche Vorgabe?

4 Fraglich ist, inwieweit dieses Bekenntnis[19] bloße Absichtserklärung ist, oder vielmehr eine echte vertragliche Verpflichtung enthält. Es versteht sich, daß Art. 131 im Verhältnis zu Drittstaaten keinerlei rechtliche Verpflichtung begründen kann[20]: der von den Vertragsparteien des EG-Vertrages geschlossene Vertrag begründet für Drittstaaten weder Rechte noch Pflichten. Gegenüber den Organen der Gemeinschaft, den Mitgliedstaaten und den Unionsbürgern besteht jedoch eine andere Ausgangslage: der Gerichtshof geht in ständiger Rechtsprechung davon aus, daß Art. 131 eine für die Gemeinschaftsorgane rechtlich verbindliche Vorgabe enthält, von der nur dann abgewichen werden darf, wenn hierfür rechtfertigende Gründe vorliegen. So formuliert der Gerichtshof beispielsweise, der heutige Art. 131 sei »nicht dahin zu verstehen, daß er der Gemeinschaft vertraglich *jegliche* Maßnahme verbietet, die den Handel mit Drittländern beeinträchtigen könnte, wenn eine solche Maßnahme ... erforderlich ist und sie ihre Rechtfertigung in Vorschriften des Gemeinschaftsrecht findet«[21].

5 Allerdings kennt das Gemeinschaftsrecht zahlreiche, miteinander nicht selten in einem Spannungsverhältnis stehende Zielsetzungen, wie sich bereits anhand der Lektüre der

---

Fortsetzung von Fußnote 17
  Vertrag (einschließlich z.b. des mit dem GATT 1947 wortgleichen GATT 1994, GATS und TRIPS-Abkommen) ratifiziert hätten, die Vertragsparteien des WTO-Vertrages das bisherige GATT gekündigt hatten. Damit wäre vermieden worden, daß die zu den Liberalisierungen der Uruguay-Runde nicht bereiten Staaten über Art. I GATT 1947 (Meistbegünstigungsgrundsatz) in den Genuß der für sie günstigen neuen Regelungen gekommen wären, ohne hierfür die entsprechenden Lasten zu übernehmen. Hierzu ist es indes nicht gekommen: Sämtliche Vertragsparteien des GATT 1947 haben den WTO-Vertrag ratifiziert und sind damit Vertragsparteien des GATT 1994 geworden, das damit das GATT 1947 vollständig abgelöst hat; vgl. zu diesem Bereich *G. Marceau*, Transition from GATT to WTO – A most pragmatic operation, JWT 29 (1995), S. 147 ff.
18 *R. Bierwagen*, in: *Smit/Herzog*, Commercial Policy-Preliminary Observations on Articles 110–116, § 4; vgl. bspw. EuGH, Rs. 45/86, (Fn. 8).
19 *T. Müller-Ibold*, in: Lenz, EGV, Art. 131, Rn. 1; *C. Vedder*, in: Grabitz/Hilf, EU, Art. 110, Rn. 1; *A. Reuter*, Außenwirtschafts- und Exportkontrollrecht Deutschland/Europäische Union, 1995, Rn. 123 (»Ausrichtung der EU auf Freiheit des Wirtschaftsverkehrs«).
20 Ganz h.M.; vgl. für viele *T. Oppermann*, Europarecht, Rn. 1733 ff.; *A. Reuter* (Fn. 18), Rn. 124, *R. Arnold*, Hb. EUWirtR, K. I., Rn. 22–24; *T. Müller-Ibold*, in: Lenz, EGV, Art. 131, Rn. 2 ff.; *W. Müller-Huschke*, in: Schwarze, EU-Kommentar, Art. 131, Rn. 1 ff., jeweils mit umfangreichen weiteren Nachweisen.
21 EuGH, Rs. 112/80, 5.5.1981, Slg. 1981, 1095, Rn. 44 (Dürbeck/HZA Frankfurt-Flughafen), Hervorhebungen nur hier; EuGH, Rs. 9/73, 24.10.1973, 113 (Schlüter/HZA Lörrach); Rs. 154/73, 15.1.1974, Slg. 1974, 19 (Becher/HZA Emden); siehe auch EuGH, Rs. 263/87, 11.5.1989, Slg. 1989, 1081, Rn. 19: »Diese Verpflichtung würde die Kommission mißachten, wenn sie den Vorteil der für den italienischen Grana Padano festgesetzten höheren Erstattung auf in anderen Teilen der Gemeinschaft hergestellten Käse des Typs Grana erstrecken würde ... Sie würde es ermöglichen, diese Käse unter dem Weltmarktpreis zu verkaufen, was Reaktionen der Handelspartner der Gemeinschaft hervorrufen könnte . Ein derartiger Erstattungssatz könnte deshalb die Verwirklichung eines der in Artikel 110 EWG-Vertrag genannten Ziele der gemeinsamen Handelspolitik, nämlich die harmonische Entwicklung des Welthandels, gefährden.« Weitere Nachweise der Rspr. bei *R. Bierwagen*, in: *Smit/Herzog*, Law of the E.C, § 110.05.

Art. 2 und 3 erschließt. Angesichts des großen Ermessensspielraums, den der Gerichtshof den Gemeinschaftsorganen in (außen-)wirtschaftlichen Angelegenheiten zukommen läßt[22], verwundert es deshalb nicht, daß er bislang in keiner Entscheidung eine Verletzung der in Art. 131 enthaltenen Verpflichtung annahm oder ernsthaft in Betracht zog[23].

Im Ergebnis ist die Position des Gerichtshofes plausibel und wird auch von der Literatur weitgehend geteilt[24]: Hätte die Bejahung einer liberalen Außenhandelspolitik lediglich Befürchtungen dritter Staaten auszuräumen sollen, wäre allenfalls eine dementsprechende Passage in der Präambel angebracht gewesen. Die dezidierte Aussage des Art. 131 kann deswegen **nicht als bloße Absichtserklärung** ohne rechtliche Bindungswirkung verstanden werden[25] 5 Allerdings wird eine Verletzung dieser Vorschriften nicht nur wegen der oben genannten Gründe, sondern auch angesichts der wenig präzisen Formulierungen[26] nur »in krassen Ausnahmefällen«[27] anzunehmen sein. Denkbares Beispiel wäre die völlige Außerachtlassung der Ziele des Art. 110 bei der Verfolgung anderer Politiken, etwa der von Marktordnungen[28] im Rahmen der GAP[29]. 6

---

22 Vgl. Rs. 5/73, 24.10.1973, Slg. 1973, 1091 (Balkan Import-Export/HZA Berlin-Packhof); demzufolge hat der Rat »weite Ermessensbefugnis«.
23 Vgl. EuGH, Rs. 112/80, 5.5.1981, Slg. 1981, 1095, Rn. 17 ff. (Dürbeck/HZA Frankfurt-Flughafen); Rs. 245/81, 15.7.1982, Slg. 1982, 2745, 2757 Rn. 24 ff. (Edeka Zentrale/Deutschland).
24 T. Müller-Ibold, in: Lenz, EGV, Art. 131, Rn. 2; J. Bourgeois, in GTE, EGV, Art. 110, Rn. 8; R. Bierwagen, in: Smit/Herzog, Law of the E.C, § 110.02.; a.A. C. Vedder, in: Grabitz/Hilf, EU, Art. 110 Rn. 1: »nicht rechtliche Verpflichtung, sondern ... bloße Absichtserklärung...« sowie W. Müller-Huschke, in: Schwarze, EU-Kommentar, Art. 131, Rn. 3, jeweils m.w.N.
25 So bereits Everling in WEGS, Art. 110, unter 1; siehe nunmehr Krenzler (Fn. 4), Rn. 91.
26 R. Bierwagen, in: Smit/Herzog, Law of the E.C, § 110.02.; J. Bourgeois, in GTE, EGV, Vorbemerkung zu den Artikeln 110 bis 115, Rn. 1.
27 Everling (Fn. 25).
28 Dementsprechend wird in den Marktordnungen stets auf Art. 131 hingewiesen; vgl. bspw. Verordnung (EG) Nr. 104/2000 des Rates vom 17. Dezember 1999 über die gemeinsame Marktorganisation für Erzeugnisse der Fischerei und der Aquakultur, ABl. EG. 2000 L 17/22; Verordnung (EG) Nr. 1493/1999 des Rates vom 17. Mai 1999 über die gemeinsame Marktorganisation für Wein, ABl. EG. 1999 L 179/1; Verordnung (EG) Nr. 1255/1999 des Rates vom 17. Mai 1999 über die gemeinsame Marktorganisation Für Milch und Milcherzeugnisse, ABl. EG. 1999 L 160/48.
29 R. Bierwagen, in: Smit/Herzog, Law of the E.C, § 110.02.

Art. 132 (ex-Art. 112)

(1) Unbeschadet der von den Mitgliedstaaten im Rahmen anderer internationaler Organisationen eingegangenen Verpflichtungen[5 ff.] werden die Systeme der von den Mitgliedstaaten für die Ausfuhr nach dritten Ländern gewährten Beihilfen schrittweise vereinheitlicht,[1, 7 ff.] soweit dies erforderlich ist, um eine Verfälschung des Wettbewerbs zwischen den Unternehmen der Gemeinschaft zu vermeiden.

Auf Vorschlag der Kommission erläßt der Rat die hierzu erforderlichen Richtlinien mit qualifizierter Mehrheit.

(2) Die vorstehenden Bestimmungen gelten nicht für die Rückvergütung von Zöllen oder Abgaben gleicher Wirkung sowie von indirekten Abgaben, einschließlich der Umsatzsteuer, der Verbrauchsabgaben und der sonstigen indirekten Steuern bei der Ausfuhr einer Ware eines Mitgliedstaats nach einem dritten Land, soweit derartige Rückvergütungen nicht höher sind als die Belastungen, welche die ausgeführten Waren unmittelbar oder mittelbar treffen.[1a]

Inhaltsübersicht:

A. Überblick	1
B. Begriff der Ausfuhrbeihilfe	2
C. Regelungen auf internationaler Ebene	5
I. WTO	5
II. OECD-Übereinkommen über Leitlinien für öffentlich unterstützte Exportkredite	6
D. Sekundärrecht	7
I. Ausfuhrkredite	8
II. Kreditversicherungen	9
III. Ausfuhrbeihilfen im Rahmen der Gemeinsamen Agrarpolitik	10

A. Überblick

1 Art. 132 fordert die Harmonisierung der nationalen Ausfuhrbeihilfesysteme und regelt damit einen wichtigen Teilbereich der Ausfuhrpolitik[1]; diese stellt einen integralen Bestandteil der Handelspolitik der EG dar[2]. Art. 132 verdrängt somit nicht Art. 133, sondern stellt eine Konkretisierung des in der letztgenannten Vorschrift enthaltenen Pro-

---

1 *J. Bourgeois*, in: GTE, EU-/EGV, Art. 112, Rn. 1 weist zutreffend darauf hin, daß das Gegenstück des die Ausfuhrpolitik regelnden Art. 132 der frühere Art. 111 war, der die schrittweise Vereinheitlichung der autonomen Handelsregimes und der Handelsabkommen festlegte.
2 So ausdrücklich EuGH, Gutachten 1/75 (»lokale Kosten«), 11.11.1975, Slg. 1975, 1355, 1362–1364: »Die gemeinsame Handelspolitik und insbesondere die Ausfuhrpolitik umfaßt notwendigerweise die Ausfuhrbeihilferegelungen (...) Solche Maßnahmen sind in der Praxis eine wichtiger Bestandteil der Handelspolitik, ein Begriff, der den gleichen Inhalt hat, ob er nun auf die internationale Beteiligung eines Staates oder auf die Gemeinschaft angewendet wird. (...) [Es wäre mit Art. 133] offensichtlich unvereinbar, wenn sich die Mitgliedstaaten unter Berufung auf eine parallele Zuständigkeit einen Freiraum [für autonome Regelungen] vorbehalten würden«. Nach dieser – mittlerweile allgemeinen – Ansicht stellt Art. 132 gegenüber Art. 133 keine verdrängende Norm dar. Dem EuGH folgend *J. Bourgeois*, in: GTE, EU-/EGV, Art. 112, Rn. 1; *C. Vedder*, in Grabitz/Hilf, EU, Art. 112, Rn. 2; *T. Müller-Ibold*, in: Lenz, EGV, Art. 132, Rn. 1; *R. Bierwagen*, in: *Smit/Herzog*, Law of the E.C, § 112.01; *A. Reuter*, Außenwirtschafts- und Exportkontrollrecht Deutschland/Europäische Union, 1995, Rn. 235 ff.; *P. J. G. Kapteyn/P. VerLoren van Themaat*, Introduction to the Law of the European Communities – From Maastricht to Amsterdam, 3rd ed., 1998, 1277, 1299; *Oppermann*, Europarecht, Rn. 1766.

gramms dar³. Aus diesem Grund kann die Gemeinschaft auf der Grundlage des nunmehrigen Art. 133 Sekundärrecht erlassen, das die mitgliedstaatliche Ausfuhrförderung regelt und koordiniert⁴. Zweck der Vorschrift ist es, **Wettbewerbsverzerrungen zwischen Gemeinschaftsunternehmen auf Drittmärkten zu vermeiden, die in der unterschiedlichen Leistungsfähigkeit oder -willigkeit des jeweiligen Heimatlandes liegen**⁵.

Die Regelung des Abs. 2⁶, derzufolge die **Rückvergütung von Zöllen und indirekten** 1 a **Steuern nicht als Beihilfen** gilt, soweit diese die ursprünglichen Belastungen nicht übertreffen, ist seit der Harmonisierung der Erstattungsvoraussetzungen⁷ von indirekten Steuern weitgehend gegenstandslos⁸.

B. Begriff der Ausfuhrbeihilfe

Der **Begriff der Beihilfe** entspricht dem der Art. 87 ff. (s. Art. 87, Rn. 7 ff.)⁹ Danach 2 liegt eine Beihilfe vor, wenn eine Regierung einem Gemeinschaftsunternehmen¹⁰ im Hinblick auf die Ausfuhr in Drittstaaten finanzielle oder wirtschaftliche Vorteile gewährt, die die öffentlichen Mittel tatsächlich oder möglicherweise belasten oder einen Verlust für sie bedeuten und bei denen von den betreffenden Empfängern nichts oder weniger als marktüblich verlangt wird¹¹.

---

3 Neben dem EuGH, a.a.O., und den in der obigen Fn. Genannten vgl. auch *S. Pieper*, in: *Bleckmann*, Europarecht, Rn. 1431; *G. Nicolaysen*, Europarecht II, 501; *Schweitzer/Hummer*, Europarecht, Rn. 1507; *W. Müller-Huschke*, in: Schwarze, EU-Kommentar, Art. 132, Rn. 3.
4 Vgl. z.B. neuestens die RL 98/29/EG des Rates vom 7.5.1998 zur Harmonisierung der wichtigsten Bestimmungen über die Exportkreditversicherung zur Deckung mittel- und langfristiger Geschäfte, ABl.EG 1998 Nr. L 148/22 vom 19.5.1998; VO (EWG) 599/91 des Rates vom 5.3.1991 über eine Kreditbürgschaft für die Ausfuhr von Agrarerzeugnissen und Nahrungsmitteln aus der Gemeinschaft in die Sowjetunion (ABl.EG 1991 L 67/21); die letztgenannte VO wurde auch auf Art. 235 a.F. gestützt. Siehe auch die VO EG/3094/95 des Rates vom 22.12.1995 über Beihilfen für den Schiffbau, ABl.EG 1995 L 332/1, die auf die nunmehrigen Art. 87 ff. und den nunmehrigen Art. 133 gestützt wird; siehe bereits die Richtlinie 81/363/EWG des Rates vom 28.4.1981 betreffend die Beihilfen für den Schiffbau, ABl.EG 1981 L 137/39.
5 *C. Vedder*, in: Grabitz/Hilf, EU, Art. 112, Rn. 5; *T. Müller-Ibold*, in: Lenz, EGV, Art. 132, Rn. 3.
6 Siehe die vergleichbare Regelung in Art. 91 hinsichtlich der innergemeinschaftlichen Ausfuhr.
7 Vgl. Art. 93 und dessen Kommentierung *supra*.
8 *T. Müller-Ibold*, in: Lenz, EGV, Art. 132 Rn. 2; *W. Müller-Huschke*, in: Schwarze, EU-Kommentar, Art. 132, Rn. 4, jeweils m.w.N.
9 Zur Praxis der Mitgliedstaaten vgl. EuGH Rs. 57/86, 7.6.1988, Slg. 1988, 2855 (Griechenland/Kommission); EuGH, Rs. C-142/87; 21.3.1990; Slg. 1990, I-959, (Belgien/Kommission); *C. Vedder*, in: Grabitz/Hilf, EU, Art. 112, Rn. 3.
10 Allgemeine Vergünstigungen, die nicht spezifisch an das Unternehmen geleistet werden, stellen keine Beihilfe dar. Wenn beispielsweise ein Mitgliedstaat relativ mehr Mittel für die Ingenieurausbildung aufwendet als die anderen Mitgliedstaaten, stellt dies mangels Spezifizität keine Beihilfe dar; vgl. *J. Bourgeois*, in: GTE, EU-/EGV, Art. 112, Rn. 2; andere Beispiele bei *W. Müller-Huschke*, in: Schwarze, EU-Kommentar, Art. 132, Rn. 5. Vgl. auch Art. 1 und 2 des WTO-Subventionsübereinkommens; dazu näher unten, Rn. 5 ff..
11 Vgl. EuGH, Rs. 30/59, 23.2.1961; Slg. 1961, 1, Rn. 19 (Steenkolenmijnen/Hohe Behörde); EuGH, Rs. 173/73, 2.7.1974, Slg. 1974, 709 (Italien/Kommission); EuGH Rs. 730/79, 17.9.1980, Slg. 1980, 2671 (Philip Morris/Kommission); EuGH, Rs. C-387/92, 15.3.1994, Slg. 1994, I-877, Rn. 11 ff. (Banco de Crédito/Valencia); EuGH, Verb. Rs. C-72-73/91, 17.3.1993, Slg. 1993, I-887, Rn. 14 ff. (Neptun/Seebetriebsrat). Siehe auch Mitteilung der Kommission an die Mitgliedstaaten nach Artikel 93 Absatz 1 EG-Vertrag zur Anwendung der Artikel 92

Da nach dem insoweit eindeutigen Wortlaut nur *Beihilfe*systeme vereinheitlicht werden sollen, stellt Art. 132 keine tragfähige Kompetenzgrundlage für Verbote (oder auch nur Koordinierung) sonstiger nationaler Exportförderungsmaßnahmen dar, wie etwa mitgliedstaatlicher Handelsmissionen oder sonstiger staatlicher Einrichtungen[12].

3 Daß dem Begriff der Beihilfe in Art. 132 und Art. 87 der gleiche Bedeutungsinhalt zukommt, beantwortet noch nicht, in welchem **Verhältnis die beiden Vorschriften** stehen. Ausgehend vom Wortlaut des Art. 87, demzufolge den Handel zwischen den Mitgliedstaaten beeinträchtigende staatliche Beihilfen verboten sind, *soweit [der] Vertrag nicht etwas anderes bestimmt*, wird die Ansicht vertreten, Art. 132 sei eine solche abweichende Bestimmung. Art. 132 würde dieser Ansicht nach Ausfuhrbeihilfen hinsichtlich ihrer Außenwirkung regulieren, im Hinblick auf ihre Wirkung im Gemeinsamen Markt indes eine Ausnahmeregelung darstellen, wie dies etwa für Art. 87 Abs. 2 und 3, 36, 73, 86 Abs. 2 und 296 angenommen wird[13]. Anders als die genannten Vorschriften beschränkt sich Art. 132 indes darauf, die schrittweise Vereinheitlichung des Ausfuhrbeihilfensysteme der Mitgliedstaaten vorzuschreiben.

4 Hieraus auf den Regelungsinhalt zu schließen, Beihilfen dieser Art seien hinsichtlich ihrer schädlichen Wirkung auf den innergemeinschaftlichen Handel von der ansonsten geltenden Behandlung ausgeschlossen, ist weder mit dem Wortlaut der beiden angesprochenen Vorschriften noch mit ihrer Funktion vereinbar, Wettbewerbsverzerrungen innerhalb des Gemeinsamen Marktes durch mitgliedstaatliche Beihilfen zu verhindern[14]. Durch die Ausfuhrförderung erhalten die begünstigten Betriebe zwar zunächst lediglich einen Vorteil auf Drittmärkten. Angesichts der engen Verflechtungen des Gemeinsamen Marktes mit dem Weltmarkt und der relativen Stärkung des geförderten Gemeinschaftsunternehmens sind **Auswirkungen auf den innergemeinschaftliche Handel jedoch ohne weiteres denkbar**[15]. Dieser Ansicht folgend, hat die Kommission bislang die Auffassung vertreten, daß Beihilfen für die Ausfuhr dem Maßstab des Beihilfe-

---

Fortsetzung von Fußnote 11
 und 93 auf die kurzfristige Exportkreditversicherung (97/C 281/03), ABl.EG 1997 C 281/4, insb. 7 f.; vgl. für alle bereits *U. Everling*, in: Wohlfarth/Everling/Glaesner/ Sprung, Die Europäische Wirtschaftsgemeinschaft, Kommentar zum Vertrag, 1960, Art. 112, Rn. 2; *G. v. Wallenberg*, in: Grabitz/Hilf, EGV, Art. 92, Rn. 3 ff.; *M. Herdegen*, Europarecht, Rn. 366 f.; *A. Bleckmann/ T. Koch*, in: Bleckmann, Europarecht, Rn. 2051 ff.
12 In diesem Sinne wohl auch *J. Bourgeois*, in: GTE, EU-/EGV, Art. 112, Rn. 2; *P. J. G. Kapteyn/ P. VerLoren van Themaat* (Fn. 2), 1299.
13 *D. Scheuing*, Les aides financières publiques, Paris, 1974, 284; *C. Vedder*, in Grabitz/Hilf, EU, Art. 112, Rn. 8; *T. Oppermann*, Europarecht, Rn. 1766; vgl. die weiteren Nachweise bei *J. Bourgeois*, in: GTE, EU-/EGV, Art. 112, Rn. 3.
14 So auch mit eingehender Begründung *R. Bierwagen*, in: Smit/Herzog, Law of the E.C, § 112.02; *J. Bourgeois*, in: GTE, EU-/EGV, Art. 112, Rn. 3; *Reuter* (Fn. 2), Rn. 237 ff.; *A. v. Bogdandy*, in: Grabitz/v.Bogdandy/Nettesheim, Europäisches Außenwirtschaftsrecht 43 f.; *Nicolaysen* (Fn. 1), 501; *G. v. Wallenberg*, in: Grabitz/Hilf, EU, Art. 92, – Rn. 97 m.w.N.; *P. J. G. Kapteyn/P. VerLoren van Themaat* (Fn. 2), S. 1299; *BBPS*, S. 554; *W. Müller-Huschke*, in: Schwarze, EU-Kommentar, Art. 132, Rn. 10.
15 Sehr pointiert der XXVI. Bericht über die Wettbewerbspolitik, COM(97) 628 final, Ziff. 224; siehe auch EuGH Rs. 57/86, 7.6.1988, Slg. 1988, 2855, 2870 ff. (Griechenland/Kommission).

rechts (Art. 87 ff.) genügen müssen[16]. Die Praxis der Kommission wird vom EuGH gutgeheißen[17].

C. Regelungen auf internationaler Ebene

I. WTO

Die Gemeinschaft ist Vertragspartei des WTO-Abkommens, dessen integraler Bestandteil das **Subventionsübereinkommen**[18] ist. Das Übereinkommen unterteilt Subventionen in drei Kategorien: uneingeschränkt zulässige Subventionen, verbotene Subventionen sowie bedingt zulässige Subventionen, gegen die andere Mitgliedstaaten vorgehen dürfen, sofern sie durch die Beihilfengewährung in ihren Interessen beeinträchtigt werden[19]9. Beihilfen, deren Gewährung rechtlich oder tatsächlich von der Ausfuhr abhängt (Exportbeihilfen), sind verboten. Wer als Vertragspartei verbotene Beihilfen gewährt oder beibehält, handelt völkerrechtswidrig[20]. Dem Abkommen ist eine Beispielliste von Ausfuhrsubventionen beigefügt, die nach Ansicht der Vertragschließenden Parteien unter das absolute Verbot der Ausfuhrsubventionen fallen[21]. Interessant ist in diesem Zusammenhang, daß die weit verbreitete Praxis der industrialisierten Staaten, durch staatliche Mittel besonders günstige **Ausfuhrkredite** zur Verfügung zu stellen, jedenfalls insoweit konkludent von dem Verbot der Ausfuhrbeihilfe ausgenommen ist, als die Kreditzinsen für die Unternehmen nicht unterhalb der Gestehungskosten des

5

---

16 Vgl. beispielsweise Entscheidung der Kommission 82/47/EWG vom 16.12.1981 über ein Beihilfevorhaben der britischen Regierung zugunsten der Ausfuhr von zwei Schiffen nach Panama, ABl.EG 1982 L 20/43, unter III. der Gründe. Eine eingehende Darstellung der bisherigen Praxis der Kommission findet sich in der Mitteilung der Kommission an die Mitgliedstaaten nach Artikel 93 Absatz 1 EG-Vertrag zur Anwendung der Artikel 92 und 93 auf die kurzfristige Exportkreditversicherung (97/C 281/03), ABl.EG 1997 C 281/4 ff; Entscheidung 87/418/EWG vom 4.2.1987; ABl.EG 1987 L 227/45 (Tubemeuse) weitere Nachweise bei *J. Bourgeois*, in: GTE, EU-/EGV, Art. 112, Fn 10–12.
17 Rs. C-142/87, 21.3.1990, Slg. 1990, I-959, Rn. 32 (Belgien/Kommission) sowie die Ausführungen des GA *Tesauro* in dieser Sache, a.a.O., I-1000; Rs. C-44/93, 9.8.1994, Slg. 1994, I-3829, Rn. 30 (Assurances de Credit/OND und Belgien); siehe auch EuGH Rs. C-63/89, 18.4.1991, Slg. 1991, I-1799 (Assurances de Crédit und Cobac/Rat und Kommission). In diesem Sinne auch *T. Müller-Ibold*, in: Lenz, EGV, Art. 132, Rn. 6; *J. Bourgeois*, in: GTE, EU-/EGV, Art. 112, Rn. 3.
18 Übereinkommen über Subventionen und Ausgleichsmaßnahmen, abgedruckt u. a. in ABl.EG 1994 L 336/156 und in GATT Secretariat (ed.), The Results of the Uruguay Round of Multilateral Trade Negotiations, Geneva 1994, 264 ff.; dazu *V. Götz*, in: Hb. EUWirtR H. III., Rn. 5 ff.
19 In Anlehnung an eine von den USA bei der Tokio-Runde eingeführte Terminologie werden diese drei Kategorien nach den Farben einer Straßenampel als »red-light subsidies«, »yellow-light subsidies« und »green-light subsidies« bezeichnet; vgl. *M. Doane*, Green light subsidies: technology policy in international trade, in: Syracuse journal of international law and commerce 21 (1995), S. 155 ff.; *G. Horlick/P. Clarke*, The 1994 WTO Subsidies Agreement, World Competition 17 (1994), S. 41 ff.
20 Zu den Folgen vgl. *M. Hahn*, Das neue Regime der Beihilfenkontrollen in der WTO, in: Klein/Meng/Rode (Hrsg.), Die neue Welthandelsordnung der WTO, Amsterdam 1998, S. 97 ff., 112 ff.
21 Subventionsübereinkommen, Anhang I (»BEISPIELLISTE VON AUSFUHRSUBVENTIONEN«), ABl.EG 1994 L 336/176 f.

Staates liegen[22]. Nach den Regeln des Subventionsübereinkommens wäre diese Praxis an sich zumindest als eine zu Gegenmaßnahmen berechtigende Beihilfe anzusehen, weil üblicherweise auf den Effekt bei dem Begünstigten, nicht auf die Kosten des Staates abgestellt wird (Art. 1.1 (a) (1) (ii) Beihilfe-Abkommen). Angesichts der in Fn. 21 wiedergegebenen Definition der verbotenen Ausfuhrkreditvergabe wird man die hiervon nicht ausdrücklich erfaßten Praktiken als von den Vertragsparteien erlaubt anzusehen haben. Die WTO-Mitgliedstaaten, die Vertragsparteien des OECD-Übereinkommens über Leitlinien für öffentlich unterstützte Exportkredite sind[23], werden freigestellt.[24] Exportkreditversicherungsprogramme sind ebenfalls nur dann verboten, wenn ihre Entgeltsätze zur Deckung der langfristigen Kosten und Verluste nicht ausreichen[25].

II. OECD-Übereinkommen über Leitlinien für öffentlich unterstützte Exportkredite

6 Auf langjährige Beschäftigung der OEEC/OECD mit Ausfuhrförderungsmaßnahmen[26] zurückgreifend, führte der G-7 Gipfel in Rambouillet 1976 erstmals zur Vereinbarung eines »Konsenses« betreffend Mindeststandards für Exportkredite zwischen OECD-Mitgliedstaaten. Dieser Konsens wurde durch das erstmals 1978 geschlossene Ausfuhrkredit-Übereinkommen abgelöst, an dem zunächst 20 Staaten teilnahmen[27]. Das Übereinkommen wird seither periodisch reformiert und enthält nunmehr deutlich weitgehendere Beschränkungen als das Übereinkommen von 1978. Die derzeit gültige Fassung trat zum 1.4.1999 in Kraft[28].

---

22 Gemäß lit. k) der in Fn. 21 zitierten Liste handelt es sich nur dann um (verbotene) Subventionen, wenn die »Gewährung von Ausfuhrkrediten durch den Staat (oder von ihm kontrollierte und/ oder ihm unterstellte Sondereinrichtungen) zu Sätzen erfolgt, die unter jenen liegen, die er selbst zahlen muß, um sich die dafür aufgewandten Mittel zu verschaffen (oder zahlen müßte, wenn er internationale Kapitalmärkte in Anspruch nähme, um Gelder derselben Fälligkeit und denselben Kreditbedingungen und in derselben Währung wie der Ausfuhrkredit zu erhalten) ...«.
23 OECD Arrangements on Guidelines for Officially Supported Export Credits; zahlreiche Nachweise, einschließlich des Textes des Abkommens unter http://www.oecd.org; siehe auch die OECD-Publikation The Export Credit Arrangement 1978/1998: Achievements and Challenges, Paris 1998.
24 Subventionsübereinkommen (Fn. 21), Anhang I, lit. k): »Ist jedoch ein Mitglied Vertragspartei einer internationalen Verpflichtung auf dem Gebiet der öffentlichen Ausfuhrkredite, an der am 1. Januar 1979 mindestens zwölf der ursprünglichen Mitglieder beteiligt waren (oder einer Nachfolgeverpflichtung, welche diese ursprünglichen Mitglieder eingegangen sind), oder wendet ein Mitglied in der Praxis die Zinssatzbestimmungen dieser Verpflichtung an, so gilt eine bei Ausfuhrkrediten angewandte Praxis, die mit den betreffenden Bestimmungen im Einklang steht, nicht als durch dieses Übereinkommen verbotene Ausfuhrsubvention«. Am OECD-Arrangement beteiligt sind: Australien, die Gemeinschaft und ihre Mitgliedstaaten, Japan, Kanada, Südkorea, Neuseeland, Norwegen, die Schweiz und die Vereinigten Staaten. Anfänglich waren 20 Mitgliedstaaten der OECD beteiligt.
25 Vgl. Art. 3 Abs. 1 Buchstabe a) i.V.m. Anhang I Buchstabe j des Übereinkommens: »Bereitstellung von Programmen für Ausfuhrkreditbürgschaften oder -versicherungen, von Versicherungs- oder Bürgschaftsprogrammen zum Schutz vor Preissteigerungen bei für die Ausfuhr bestimmten Waren oder von Programmen zur Abdeckung von Währungsrisiken durch den Staat (oder von ihm kontrollierte Sondereinrichtungen) zu Prämiensätzen, die nicht ausreichen, um langfristig die Betriebskosten und -verluste der Programme zu decken«.
26 Nachweise bei H. J. Hahn/A. Weber, Die OECD, Organisation für wirtschaftliche Zusammenarbeit und Entwicklung, 1976, S. 226 (228).
27 The Export Credit Arrangement 1978/1998: Achievements and Challenges, Paris 1998.
28 Es wurde am 20. Juni 1997 von den Teilnehmern (»participants«) verabschiedet; vgl. Jahresbericht der Kommission für das Jahr 1997, Rn. 782; In der Bundesrepublik galt das neue System seit dem 1.10.1998; vgl. Jahresbericht der Hermes AG für das Jahr 1997, S. 45.

Das Übereinkommen, das sich selbst als »Gentlemen's Agreement« bezeichnet[29], ist kein rechtlich bindender OECD-Beschluß. Inwieweit dem Arrangement **völkerrechtliche Bindungswirkung** beizumessen ist, kann hier nicht abschließend behandelt werden[30]. Der verklausulierte Text der in Fn. 24 wiedergegebenen Passage des Subventionsübereinkommens deutet an, daß in den Außen- und Wirtschaftsministerien der Vertragsparteien unterschiedliche Ansichten vertreten werden.

D. Sekundärrecht

Trotz des ausdrücklichen Auftrags an den Gemeinschaftsgesetzgeber ist das Ergebnis bis heute als **karg** zu bezeichnen. Nach wie vor liegt die Ausfuhrförderung durch finanzielle Vergünstigungen **weitgehend in den Händen der Mitgliedstaaten**. Weitergehende Bemühungen scheiterten am mangelnden Einigungswillen der Mitgliedstaaten, die sich durch nationale Exportförderung anscheinend nach wie vor Vorteile für die heimischen Industrien versprechen[31]. 7

Das Hauptaugenmerk der Gemeinschaftsregeln gilt dem Schutz der **Integrität des innergemeinschaftlichen Handels**, die durch nationale Ausfuhrförderungssysteme im Einzelfall durchaus bedroht sein kann, etwa indem die Inanspruchnahme von Halbfertigprodukten aus anderen Mitgliedstaaten behindert wird. Des weiteren werden den Versicherern (in der Bundesrepublik Deutschland der Hermes-Versicherung) Zusammenarbeitsverpflichtungen auferlegt[32].

In den wenigen Fällen, in denen sich die Gemeinschaft zu eigenen Finanzierungsmaßnahmen entschließen konnte, wurde neben Art. 133 Art. 308 als Grundlage herangezogen[33].

---

29 Vgl. Introduction, Arrangement on Guidelines for Officially supported Export Credits <http://www.oecd.org/ech/act.xcred.arrangement/anglais/introduction.en-htm>.
30 Zu Beginn des Arrangements heißt es: »The participants agree to respect and to apply the terms of the Arrangement«.
31 *P. J. G. Kapteyn/P. VerLoren van Themaat* (Fn. 2): »Myriad proposals from the Commission have been resoundingly buried by the Council«; eingehend *R. Bierwagen*, in: *Smit/Herzog*, Law of the E.C, § 110.04.
32 Entscheidung des Rates vom 10.12.1982 über die Regelung, die auf dem Gebiet der Ausfuhrgarantien und -bürgschaften und der Ausfuhrfinanzierung auf bestimmte Zulieferungen aus anderen Mitgliedstaaten oder aus Nichtmitgliedsländern der Europäischen Gemeinschaft Anwendung findet, ABl.EG 1982 L 357/20; Richtlinie 84/568 des Rates vom 27.11.1984 betreffend die gegenseitigen Verpflichtungen der Ausfuhrkredit-Versicherungsinstitutionen der Mitgliedstaaten, die für Rechnung oder mit Unterstützung des Staates handeln, oder der Behörden, die anstelle solcher Institutionen handeln, im Falle der Mitversicherung für ein Geschäft, das eine oder mehrere Zulieferungen aus einem oder mehreren Mitgliedstaaten der Europäischen Gemeinschaft umfaßt; ABl.EG 1984 L 314/24.
33 Die Kommission hat nunmehr verschiedene Programme aufgelegt, mit denen Exportförderung im weitesten Sinne (einschließlich Direktinvestitionen) gefördert werden sollen; vgl. http://europa.eu.int/comm/sg/aides/de/p4.htm, wo sich eine aktuelle Auflistung der Fördermöglichkeiten findet. Siehe auch VO (EWG) 599/91 des Rates vom 5.3.1991 über eine Kreditbürgschaft für die Ausfuhr von Agrarerzeugnissen und Nahrungsmittel der Gemeinschaft in die Sowjetunion (ABl.EG 1991 L 67/21); VO (EWG) Nr. 2150/91 der Kommission vom 19. Juli 1991 über die Bedingungen für den Abschluß eines Bürgschaftsvertrags mit einem Bankenkonsortium betreffend eine Kreditbürgschaft für die Ausfuhr von Agrarerzeugnissen und Nahrungsmitteln in die Sowjetunion, ABl.EG 1991 L 200/12; VO (EWG) Nr. 3426/91 der Kommission vom 26. November 1991 mit Durchführungsbestimmungen bezüglich der Kreditbürgschaft in Höhe von 500 Millionen ECU für die Ausfuhr von Agrarerzeugnissen und Nahrungsmitteln nach der Sowjetunion, ABl.EG 1991 L 325/7.

I. Ausfuhrkredite

8 Das OECD-Übereinkommen wird vom Rat regelmäßig in Gemeinschaftsrecht umgesetzt. Damit werden die materiellen Regeln (ungeachtet ihrer völkerrechtlichen Verbindlichkeit) für die Mitgliedstaaten kraft Gemeinschaftsrechts verbindlich[34]. Gleiches gilt für speziellere OECD-Abkommen[35]. So ist beispielsweise auf der Grundlage von Art. 112 eine Richtlinie über Exportbeihilfen im Schiffbau beschlossen worden[36].

II. Kreditversicherungen

9 Neben Ausfuhrkrediten (deren Zinssatz nach WTO-Recht nicht unter dem Satz liegen darf, den der Staat zu bezahlen hätte) sind Exportversicherungen (die nach WTO-Recht zu einem lediglich die Kosten deckenden Prämiensatz angeboten werden dürfen) eines der bevorzugten Instrumente nationaler Außenhandelsförderung. Nach fachmännischer Einschätzung sind 1/4 bis 2/5 der Gemeinschaftsexporte von der Bereitstellung einer Exportkreditversicherung abhängig[37]. Trotz (oder wegen) dieser außerordentlichen ökonomischen Bedeutung ist es im Rahmen der Gemeinschaft bislang nicht zu funktionierenden sekundärrechtlichen Vorgaben gekommen, obwohl der Rat bereits 1960 einen Arbeitskreis zur Koordinierung der Politiken auf dem Gebiet der Ausfuhrkredite einsetzte[38]. Dieses Gremium ist bis heute aktiv und wirkt insbesondere an den Verhandlungen im Rahmen der OECD mit[39]. 1970 ergingen zwei Richtlinien über die Einführung einer gemeinsamen Kreditversicherungspolice für mittel- und langfristige Ausfuhrgeschäfte mit öffentlichen und privaten Käufern[40]; daneben existiert eine RL, mit der die Konditionen für das politische Risiko kurzfristiger Kredite koordiniert werden sollten.[41] Diese RL wurden indes nicht umgesetzt[42] und stehen nach Ansicht der

---

34 Vgl. jüngstens Entscheidung des Rates vom 3. März 1997 zur Änderung der Entscheidung vom 4. April 1978 über die Anwendung bestimmter Leitlinien auf dem Gebiet öffentlich unterstützter Exportkredite, ABl.EG 1997 L 69/19; Entscheidung des Rates vom 24. Juli 1997 zur Änderung des OECD-Übereinkommens über Leitlinien für öffentlich unterstützte Exportkredite, ABl.EG 1997 L 216/77. Siehe zuvor Entscheidung des Rates vom 14. Dezember 1992 zur Verlängerung der Entscheidung vom 4. April 1978 über die Anwendung bestimmter Leitlinien auf dem Gebiet öffentlich unterstützter Exportkredite, ABl.EG 1993 L 44/1.
35 Vgl. VO (EG) Nr. 3094/95 des Rates vom 22.12.1995 über Beihilfen für den Schiffbau, ABl.EG 1995 L 332/1.
36 Die in ABl.EG 1969 L 209/25 veröffentlichte VO wurde zusätzlich auf Art. 87 gestützt. Indes wurde die Nachfolgerichtlinie nicht auf Art. 132, sondern auf Art. 133 gestützt; siehe VO 3094/95, ABl.EG 1995 L 332/1, deren Geltung aufgrund von VO 2600/97, ABl.EG 1997 L 351/18 31.12.1998 aufgeschoben wurde.
37 *J. Bourgeois*, in: GTE, EU-/EGV, Art. 112, Rn. 14.
38 Beschluß des Rates vom 27.9.1960 über die Einsetzung eines Arbeitskreises zur Koordinierung der Politik auf dem Gebiet der Kreditversicherung, der Bürgschaften und der Finanzkredite, ABl.EG 1960 1339/60; Neufassung vom 27.7.1976, ABl.EG 1976 L 223/25. Siehe auch Entscheidung des Rates vom 3.12.1973 (73/391/EWG) über die Verfahren für Konsultationen und Notifizierungen auf dem Gebiet der Kreditversicherung, der Bürgschaften und der Finanzkredite, ABl.EG 1973 L 346/1; nach der eingehend begründeten Ansicht von *J. Bourgeois*, in: GTE, EU-/EGV, Art. 112, Rn. 11 können beide Beschlüsse nicht zum Gemeinschaftsrecht im engeren Sinne gezählt werden.
39 Kommission (97) 264 endg., Begründung des Vorschlags für eine Richtlinie zur Harmonisierung der wichtigsten Bestimmungen über die Exportkreditversicherung zur Deckung mittel- und langfristiger Geschäfte.
40 Nachweise in KOM(97) 264 endg.
41 Richtlinie des Rates vom 1.2.1971 über die Harmonisierung der wesentlichen Bestimmungen auf dem Gebiet der Deckung von kurzfristigen Ausfuhrgeschäften (politische Risiken) mit öffentlichen oder privaten Käufern (71/86/EWG), ABl.EG 1971 L 36/14.
42 Zu den Hintergründen *J. Bourgeois*, in: GTE, EU-/EGV, Art. 112, Rn. 12.

Kommission »nur auf dem Papier«[43]. Des weiteren existiert ein Beschluß des Rates über die Grundsätze für die Versicherung von Zulieferungen aus anderen Mitgliedstaaten[44], sowie zwei Ratsbeschlüsse, die ursprünglich aus dem Jahre 1965 stammen und 1976 neu gefaßt wurden[45]. Nach verschiedenen gescheiterten Versuchen[46] führte ein erneuter Anlauf der Kommission[47] 1998 zu einer Richtlinie zur Harmonisierung der wichtigsten Bestimmungen über die Exportkreditversicherung zur Deckung mittel- und langfristiger Geschäfte[48].

III. Ausfuhrbeihilfen im Rahmen der Gemeinsamen Agrarpolitik

Die Gemeinschaft betreibt eine umfassende und kostenintensive Ausfuhrsubventionspolitik, zu deren Abbau sie sich im WTO-Abkommen verpflichtet hat. Unbeschadet dessen beläuft sich derzeit der Aufwand für die GAP auf 47% des Gemeinschaftshaushalts[49]. Diese Beihilfen sind Teil der hier nicht weiter zu kommentierenden GAP und beruhen auf zwei Grundkoordinaten: einmal der Garantie eines in der Regel über dem Weltmarktpreis liegenden Gemeinschaftspreises, gekoppelt mit einer Abnahmegarantie für die Produzenten einerseits sowie der Abschottung des Agrarmarktes durch Hochschleusung des Preises von Agrarimporten und der Subventionierung von Exporten auf (oder unter) Weltmarktpreise. Die Ergebnisse dieser Politik erlauben ihre Fortführung nicht[50]. Darüber hinaus verstoßen zahlreiche Instrumente der GAP gegen die völkerrechtlichen Verpflichtungen der Gemeinschaft[51].

10

---

43 So die ungewöhnlich pointierte Einschätzung der Kommission KOM(97) 264 endg., Begründung des Vorschlags für eine Richtlinie zur Harmonisierung der wichtigsten Bestimmungen über die Exportkreditversicherung zur Deckung mittel- und langfristiger Geschäfte.
44 Beschluß des Rates vom 16.12.1970 über die Regelungen, die auf dem Gebiet der Ausfuhrgarantien und -bürgschaften und der Ausfuhrgarantien auf bestimmte Zulieferungen aus anderen Mitgliedsländern oder aus Nichtmitgliedsländern der Europäischen Gemeinschaften Anwendung finden (70/552/EWG), ABl.EG 1970 L 284/59.
45 Entscheidung des Rates vom 27.12.1976 zur Änderung der Entscheidung 73/391/EWG über die Verfahren für Konsultationen und Notifizierungen auf dem Gebiet der Kreditversicherung, der Bürgschaften und der Finanzkredite (76/641/EWG), ABl.EG 1976 L 223/25.
46 Nachweise bei *J. Bourgeois*, in: GTE, EU-/EGV, Art. 112, Rn. 12 f.
47 KOM(97) 264 endg.
48 Richtlinie 98/29/EG des Rates vom 7. Mai 1998 zur Harmonisierung der wichtigsten Bestimmungen über die Exportkreditversicherung zur Deckung mittel- und langfristiger Geschäfte, ABl.EG 1998 L 148/22; dazu *W. Müller-Huschke*, in: Schwarze, EU-Kommentar, Art. 133, Rn. 198. Siehe nunmehr auch die Entscheidung des Rates vom 22. Dezember 2000 (2001/77/EG) über die Anwendung der Grundsätze eines Rahmenübereinkommens über die Projektfinanzierung auf dem Gebiet der öffentlich unterstützten Exportkredite, ABl.EG 2001/32/55 – 59.
49 Vgl. Gesamthaushaltsplan der EU für das Haushaltsjahr 1997, ABl.EG 1997 L 44/1.
50 *J. Bourgeois*, in: GTE, EU-/EGV, Art. 112, Rn. 8 meint, daß die Erstattungsmechanismen zwar mit Art. 132/133 vereinbar seien, nicht aber mit Art. 34 Abs. 2 Satz 1, demzufolge lediglich »gemeinsame Einrichtungen zur Stabilisierung der Ein- oder Ausfuhr« zulässig seien.
51 So beispielsweise die berüchtigt gewordenen Bananenmarktordnung. Vgl. dazu *U. Everling*, Will Europe Slip on Bananas? – The Banana Judgement of the Court of Justice and National Courts, CMLRev 33 (1996), S. 401 ff., sowie *M. Hahn/G. Schuster*, Zum Verstoß von gemeinschaftlichem Sekundärrecht gegen das GATT. Die gemeinsame Marktorganisation für Bananen vor dem EuGH, EuR 1993, S. 261 ff.; jeweils m.w.N.; die Leitentscheidung des EuGH ist Rs. 280/93, 5.10.1994, Slg. 1994, I-4973 (Deutschland/Rat). Zum Überblick über den Verfahrensgang vor dem WTO Dispute Settlement Body vgl. auch *M. Salas/J.H. Jackson*, Procedural Overview of the WTO EC-Banana Dispute, JIEL 3 (2000), S. 145 ff.; die zwischenzeitliche Einigung zwischen den USA und Kolumbien, einerseits, und der EG, andererseits, ist dokumentiert unter <http://europa.eu.int/comm/trade/miti/dispute/bana.htm> und <http://europa.eu.int/comm/trade/miti/dispute/bana_ecu.htm>.

Art. 133 (ex-Art. 113)

(1) Die gemeinsame Handelspolitik[1 ff., 4 ff.] wird nach einheitlichen Grundsätzen[4 ff.] gestaltet; dies gilt insbesondere[5 ff.] für die Änderung von Zollsätzen[127 ff.], den Abschluß von Zoll- und Handelsabkommen[145 ff.], die Vereinheitlichung der Liberalisierungsmaßnahmen, die Ausfuhrpolitik[136 ff.] und die handelspolitischen Schutzmaßnahmen, zum Beispiel im Fall von Dumping und Subventionen[130 ff.].

(2) Die Kommission unterbreitet dem Rat Vorschläge für die Durchführung der gemeinsamen Handelspolitik.[56 ff.]

(3) Sind mit einem oder mehreren Staaten oder internationalen Organisationen Abkommen auszuhandeln, so legt die Kommission dem Rat Empfehlungen vor, dieser ermächtigt die Kommission zur Einleitung der erforderlichen Verhandlungen[58 ff.]. Es ist Sache des Rates und der Kommission, dafür zu sorgen, daß die ausgehandelten Abkommen mit den internen Politiken und Vorschriften der Gemeinschaft vereinbar sind.[61 ff.]
Die Kommission führt diese Verhandlungen im Benehmen mit einem zu ihrer Unterstützung vom Rat bestellten besonderen Ausschuß nach Maßgabe der Richtlinien, die ihr der Rat erteilen kann[59]. Die Kommission erstattet dem besonderen Ausschuß regelmäßig Bericht über den Stand der Verhandlungen.[59 f.]
Die einschlägigen Bestimmungen des Artikels 300 finden Anwendung.

(4) Bei der Ausübung der ihm in diesem Artikel übertragenen Befugnisse beschließt der Rat mit qualifizierter Mehrheit.[57 f.]

(5) Die Absätze 1 bis 4 gelten unbeschadet des Absatzes 6 auch für die Aushandlung und den Abschluß von Abkommen betreffend den Handel mit Dienstleistungen und Handelsaspekte des geistigen Eigentums, soweit diese Abkommen nicht von den genannten Absätzen erfaßt sind.[68 ff., 71 ff.]
Abweichend von Absatz 4 beschließt der Rat einstimmig über die Aushandlung und den Abschluß von Abkommen in einem der Bereiche des Unterabsatzes 1, wenn solche Abkommen Bestimmungen enthalten, bei denen für die Annahme interner Vorschriften Einstimmigkeit erforderlich ist[95], oder wenn ein derartiges Abkommen einen Bereich betrifft, in dem die Gemeinschaft bei der Annahme interner Vorschriften ihre Zuständigkeiten nach diesem Vertrag noch nicht ausgeübt hat.[96 f.]
Der Rat beschließt einstimmig über die Aushandlung und den Abschluß eines Abkommens horizontaler Art, soweit dieses Abkommen auch den vorstehenden Unterabsatz 1 oder Absatz 6 Unterabsatz 2 betrifft.[98 ff.]
Dieser Absatz berührt nicht das Recht der Mitgliedstaaten, mit dritten Ländern oder mit internationalen Organisationen Abkommen beizubehalten und zu schließen, soweit diese Abkommen mit den gemeinschaftlichen Rechtsvorschriften und anderen einschlägigen internationalen Abkommen in Einklang stehen.[102 ff.]

(6) Ein Abkommen kann vom Rat nicht geschlossen werden, wenn es Bestimmungen enthält, die die internen Zuständigkeiten der Gemeinschaft überschreiten würden, insbesondere dadurch, daß sie eine Harmonisierung der Rechts- oder Verwaltungsvorschriften der Mitgliedstaaten in einem Bereich zur Folge hätten, in dem dieser Vertrag eine solche Harmonisierung ausschließt.[110 ff.]
Abweichend von Absatz 5 Unterabsatz 1 fallen in dieser Hinsicht Abkommen im Bereich des Handels mit kulturellen und audiovisuellen Dienstleistungen[79 ff.], Dienstleistungen im Bereich Bildung[78] sowie in den Bereichen Soziales und Gesundheitswesen[78] in die gemischte Zuständigkeit[77] der Gemeinschaft und ihrer Mitgliedstaaten. Zur Aushandlung solcher Abkommen ist daher außer einem Beschluß der Gemeinschaft gemäß

den einschlägigen Bestimmungen des Artikels 300 auch die einvernehmliche Zustimmung der Mitgliedstaaten erforderlich[77 ff.]. Die so ausgehandelten Abkommen werden gemeinsam von der Gemeinschaft und den Mitgliedstaaten geschlossen.[77] Die Aushandlung und der Abschluß internationaler Abkommen im Verkehrsbereich fallen weiterhin unter Titel V und Artikel 300.[50, 113]

(7) Unbeschadet des Absatzes 6 Unterabsatz 1 kann der Rat auf Vorschlag der Kommission und nach Anhörung des Europäischen Parlaments durch einstimmigen Beschluß die Anwendung der Absätze 1 bis 4 auf internationale Verhandlungen und Abkommen über geistiges Eigentum ausdehnen, soweit sie durch Absatz 5 nicht erfaßt sind.[114 ff.]

Amsterdamer Fassung:

(1) Die gemeinsame Handelspolitik wird nach einheitlichen Grundsätzen gestaltet; dies gilt insbesondere für die Änderung von Zollsätzen, den Abschluß von Zoll- und Handelsabkommen, die Vereinheitlichung der Liberalisierungsmaßnahmen, die Ausfuhrpolitik und die handelspolitischen Schutzmaßnahmen, zum Beispiel im Fall von Dumping und Subventionen.

(2) Die Kommission unterbreitet dem Rat Vorschläge für die Durchführung der gemeinsamen Handelspolitik.

(3) Sind mit einem oder mehreren Staaten oder internationalen Organisationen Abkommen auszuhandeln, so legt die Kommission dem Rat Empfehlungen vor; dieser ermächtigt die Kommission zur Einleitung der erforderlichen Verhandlungen.

Die Kommission führt diese Verhandlungen im Benehmen mit einem zu ihrer Unterstützung vom Rat bestellten besonderen Ausschuß nach Maßgabe der Richtlinien, die ihr der Rat erteilen kann.

Die einschlägigen Bestimmungen des Artikels 300 finden Anwendung.

(4) Bei der Ausübung der ihm in diesem Artikel übertragenen Befugnisse beschließt der Rat mit qualifizierter Mehrheit.

(5) Der Rat kann auf Vorschlag der Kommission und nach Anhörung des Europäischen Parlaments durch einstimmigen Beschluß die Anwendung der Absätze 1 bis 4 auf internationale Verhandlungen und Übereinkünfte über Dienstleistungen und Rechte des geistigen Eigentums ausdehnen, soweit sie durch diese Absätze nicht erfaßt sind.

Inhaltsübersicht:

A.	Einführung	1
B.	»Gemeinsame Handelspolitik« gemäß Abs. 1	4
	I. Der ausschließliche Charakter der Gemeinschaftszuständigkeit	5
	II. Die gemeinsame Handelspolitik als Teil der Außenkompetenzen der Gemeinschaft	12
	1. Ausschließliche Außenvertretungskompetenzen der Gemeinschaft in außenwirtschaftlichen Angelegenheiten	13
	2. Die Zunahme paralleler Zuständigkeit von Mitgliedstaaten und Gemeinschaft in Verträgen mit handelspolitischem Inhalt	15
	III. Verbleibende Zuständigkeiten der Mitgliedstaaten?	17
	IV. Handelspolitik	21
	1. Der (unumstrittene) Kernbereich: der grenzüberschreitende Handel mit Waren	21
	2. Rechtsprechung des Gerichtshofs vor Gutachten 1/94	28
	3. Die Aussage des Gutachtens 1/94 zum Regelungsgehalt des Art. 133 Abs. 1	30
	4. Die Folgen der restriktiven Interpretation des Abs. 1	33
	5. Die Reaktion der Vertragsparteien des EGV auf die Rechtsprechung 1/94	41
	V. Zu welchen Maßnahmen berechtigt Abs. 1?	45
	1. Finale oder instrumentale Theorie?	45
	2. Instrumente der gemeinsamen Handelspolitik	47
	VI. Exkurs: Sonstige Regelungsgegenstände	47a
	1. Direktinvestitionen	48
	2. Wettbewerbspolitik	49

	3. Transportdienstleistungen und Verkehrsfragen	50
	4. Zahlungsverkehr	51
	5. Exportförderung	51a
	6. Embargo- und Boykottmaßnahmen	52
	7. Regelungen über Niederlassungsfreiheit und Freizügigkeit	54
	8. Verhältnis zu Art. 26	55
C.	Verfahrensregelungen bei der Durchführung der gemeinsamen Handelspolitik nach Abs. 1	56
D.	Die Erweiterung der Außenkompetenz der Gemeinschaft durch den Vertrag von Nizza	68
	I. Überblick und Entstehungsgeschichte	68
	II. Die Außenzuständigkeit der Gemeinschaft für den Handel mit Dienstleistungen und Handelsaspekte geistigen Eigentums, Abs. 5 UAbs. 1	71
	1. Handelsaspekte geistigen Eigentums	73
	2. Dienstleistungen	76
	III. Gemischte Zuständigkeit für einen *numerus clausus* benannter Dienstleistungsformen, Abs. 6 UAbs. 2	77
	1. Grundsatz	77
	2. Im einzelnen: Kulturelle und audiovisuelle Dienstleistungen	79
	a) Überblick	79
	b) Auslegung des Abs. 6 UAbs. 2	80
	IV. Einstimmige Entscheidung des Rates bei Einstimmigkeitsanforderungen für entsprechende interne Gesetzgebung sowie bei nicht vollständiger Ausnutzung der internen Kompetenzen, Abs. 5 UAbs. 2	94
	V. Einstimmige Entscheidung des Rates bei bestimmten horizontalen Abkommen	98
	VI. Das Recht der Mitgliedstaaten, in den von Abs. 5 UAbs. 1–3 geregelten Bereiche eigene Vertragsaktivitäten zu entfalten, soweit damit nicht gegen sonstiges Gemeinschaftsrecht und Völkervertragsrecht verstoßen wird	102
	1. Verstoß gegen geschriebene Kompetenzen der Gemeinschaft	104
	2. Verstoß gegen ungeschriebene Kompetenzen der Gemeinschaft	105
	3. Verstoß gegen von der Gemeinschaft geschlossene völkerrechtliche Verträge	109
	VII. Die »Logik des Parallelität« gemäß Abs. 6 UAbs. 1, 2	110
	VIII. Autonome Vertragsänderung nach Abs. 7	114
E.	Würdigung und Ausblick	119
	I. Die Probleme des *status quo*	119
	II. Art. 133 Abs. 5 bis 7 als weitgehend unbrauchbarer Ansatz zur Wiederherstellung der einheitlichen Außenvertretung	122
	III. Übergangslösungen für die nächste WTO-Runde	125
F.	Die autonome Handelspolitik (Überblick)	126
	I. Zollrecht	127
	II. Schutz der Gemeinschaftsindustrien vor Dumping und ausländischen Subventionen	130
	1. Abwehr von Dumping	131
	2. Abwehr von Subventionen	134
	3. Rechtsschutz	135
	III. Ausfuhr- und Einfuhrregelung	136
	1. Grundsatz	136
	2. Ausnahmen	137
	IV. Die sekundärrechtliche Verbindung Privater zum WTO-Streitbeilegungsverfahren	141
	V. Marktzugang zu Drittmärkten	144
G.	Vertragliche Regelungen der Handelspolitik (Überblick)	145
	I. WTO/GATT	146
	1. Regelungen des WTO-Abkommens	146
	a) Das Dach der den Welthandel regelnden Verträge – die WTO	146
	b) Die organisatorische Struktur der WTO	147
	c) Die materiellen Verpflichtungen der WTO-Mitglieder	148
	aa) Die materiellen Regelungen des GATT im Überblick	149
	bb) GATS- und TRIPS-Abkommen	154
	cc) Streitbeilegung	157
	dd) Sonstige WTO-Abkommen	159
	2. Rolle der EG in der WTO	161
	3. Status der WTO-Verträge im Gemeinschaftsrecht	162

a) GATT-/WTO-Recht als mittelbarer Maßstab für sekundäres Gemeinschaftsrecht 164
b) Der Ausschluß des GATT-/WTO-Rechts als unmittelbarer Maßstab für sekundäres Gemeinschaftsrecht 166
 aa) Entwicklung der Rechtsprechung zum GATT 1947 167
 bb) Weiterführung der Rechtsprechung zu den WTO-Übereinkünften 169
c) Bewertung 174
II. Assoziationsabkommen 188
III. Beziehungen mit den GUS-Staaten 189
IV. Beziehungen mit den Staaten Mittel- und Südamerikas 190
V. Verträge mit anderen Staaten und Staatengruppen 191
VI. Rohstoffabkommen 192

A. Einführung

Art. 133 ist die für die gemeinsame Handelspolitik **zentrale Vertragsbestimmung**. Sie begründet indes keine auch nur annähernd umfassende Außenwirtschaftskompetenz der Gemeinschaft (dazu unten Rn. 12 ff.). Vielmehr gewähren die verschiedenen (voneinander scharf zu scheidenden) Kompetenztitel des **Art. 133** der Gemeinschaft lediglich die **Befugnis zur Regelung eines** — wenngleich wesentlichen — **Teils** der Rahmenbedingungen, die für den Import und Export von Waren, Dienstleistungen und Kapital von und nach dem Gemeinsamen Markt gelten.[1] Wichtige Fragen **des Außenwirtschafts- und internationalen Handelsrechts**, wie beispielsweise der Investitionsschutz, die Verkehrspolitik oder die **interne** Regelungskompetenz betreffend den internationalen Dienstleistungshandel, werden von Art. 133 nicht der Gemeinschaft zugewiesen. 1

Für Art. 133 gilt – erst recht seit der Ergänzung der ursprünglichen vier Absätze um die Absätze 5 bis 7 in den Revisionsverträgen von Amsterdam und Nizza – uneingeschränkt die Beurteilung eines Teilnehmers an den grundlegenden Verhandlungen von *Val Duchesse*, der Abschnitt gehöre zu den **wenig glücklich abgefaßt**en Teilen des Vertrages[2]. So wirft der zentrale Abs. 1, der das Tatbestandsmerkmal »gemeinsame Handelspolitik« enthält und an Beispielen veranschaulicht, jedenfalls bei zweitem Hinsehen mehr Fragen auf, als der Wortlaut beantwortet. Einige dieser Unklarheiten können heute als geklärt gelten, andere sind indes hinzugetreten[3]. Die Absätze 2 bis 4 regeln das bei der Durchführung der gemeinsamen Handelspolitik i.S.d. Abs. 1 einzuhaltende Verfahren und zugleich die Kompetenzverteilung zwischen den Gemeinschaftsorganen. 2

---

1 *H. G. Krenzler*, Einleitung zum EG-Außenwirtschaftsrecht, in: *Grabitz/Hilf*, EU II, E 1, Rn. 31; *J. Bourgeois*, in: GTE, EU-/EGV, Art. 113, Rn. 4 f.; *A. v. Bogdandy*, in: Grabitz/v. Bogdandy/Nettesheim, Europäisches Außenwirtschaftsrecht, 1994, S. 14 f., m.w.N.
2 *U. Everling*, Die Gemeinsame Handelspolitik, in: Les relations extérieures de la Communauté européenne unifiée, Actes du troisième Colloque sur la Fusion des Communautés européennes, Liège 1969, S. 187, 201; *J. Bourgeois*, in: GTE, EU-/EGV, Art. 113, Rn. 1.
3 Vor allem mit dem Gutachten 1/94 des Gerichtshofes vom 15.11.1994 über die Zuständigkeit der Gemeinschaft für den Abschluß völkerrechtlicher Abkommen auf dem Gebiet der Dienstleistungen und des Schutzes geistigen Eigentums, Slg. 1994, I-5267 (im folgenden: Gutachten 1/94), aber auch bereits im Gutachten 1/91, 14.12.1991, Slg. 1991, I-6079, (»EWR I«) und sodann in Gutachten 2/92, 24.3.1995, Slg. 1995, I-521, Rn. 18 ff. (Beschluß des Rates der OECD über die Inländerbehandlung) hat der EuGH seine bisherige Rspr. deutlich restriktiver interpretiert, als dies zuvor von Kommission und weiten Teilen der europarechtlichen Literatur angenommen worden war.

3 Die durch den **Vertrag von Nizza** eingefügten **Absätze 5 bis 7** schließlich stellen eine Reaktion auf den Mißstand dar, daß die Gemeinschaft seit Abschluß der Uruguay-Runde[4] und aufgrund der restriktiven Auslegung des Abs. 1 durch den Gerichtshof im Rahmen der Welthandelsorganisation vielfach nicht mehr alleine außenvertretungsbefugt ist, sondern nur gemeinsam mit den Mitgliedstaaten die Interessen der Gemeinschaft nach außen wahrnehmen kann. Nunmehr ist die Gemeinschaft **in Angelegenheiten des internationalen Dienstleistungshandels** und der **handelsbezogenen Aspekte des geistigen Eigentums** (wie schon während der Uruguay-Runde) **außenvertretungsbefugt**, sofern nicht eine der zahlreichen Rückausnahmen das Gegenteil anordnet.[5]

B. »Gemeinsame Handelspolitik« gemäß Abs. 1

4 **Zentrales Tatbestandsmerkmal** des ersten Absatzes, und der gesamten Bestimmung ist der Begriff »**gemeinsame Handelspolitik**«. Beide Bestandteile des hier zu besprechenden Tatbestandsmerkmals bedürfen der Erläuterung. Während der erste zu der Frage Anlaß gibt, inwieweit Abs. 1 eine Kompetenz *der Gemeinschaft* begründet, wirft der zweite die Frage nach dem sachlichen Gegenstand der in Art. 133 Abs. 1 eingeräumten Kompetenz auf.

I. Der ausschließliche Charakter der Gemeinschaftszuständigkeit

5 Bereits die grundlegende Frage nach der Qualität der Gemeinschaftszuständigkeit kann nicht ohne weiteres dem Wortlaut (»Die gemeinsame Handelspolitik wird nach einheitlichen Grundsätzen gestaltet«) entnommen werden, sondern muß unter Berücksichtigung des systematischen Zusammenhangs sowie von Sinn und Zweck der Vorschrift ermittelt werden[6]: Wohl deutet der Begriff der *gemeinsamen* Handelspolitik auf eine einheitliche, der Gemeinschaft übertragene, Kompetenz hin, wie dies etwa für die gemeinsame Agrarpolitik oder die gemeinsame Verkehrspolitik nie bestritten wurde. Im Unterschied zu den genannten Tätigkeitsbereichen der Gemeinschaft bleibt der **Wortlaut** der normativen Grundlage indes durchaus für ein Verständnis **offen**, das die gemeinsame Handelspolitik lediglich als eine Koordinierung der mitgliedstaatlichen Außenhandelspolitik begreift: Da nach Art. 133 Abs. 1 nur die Grundsätze vereinheitlicht

---

4 Die Uruguay-Runde ist die letzte Verhandlungsrunde im Rahmen des GATT-Systems gewesen; ihre Bezeichnung ist eine Reminiszenz an das Gastland des Eröffnungsverhandlungen, die in *Punta del Este* stattfanden. Die Schlußakte der Uruguay-Runde wurde 1994 in Marrakesch unterzeichnet; zu Ablauf und Ergebnissen der Uruguay-Runde vgl. *T. Oppermann/J. Molsberger* (Hrsg.), A New GATT for the Nineties and Europe '92, 1991; *E.-U. Petersmann/M. Hilf* (Hrsg.), The New GATT Round of Multilateral Trade Negotiations, 1991, jeweils mit Beiträgen aus Wissenschaft und Praxis; *J. Croome*, Reshaping the World Trading System – A History of the Uruguay Round, Genf 1995.
5 Vgl. unten, Rn. 71 ff., sowie die grundlegenden Bestandsaufnahmen und Analysen von *H. G. Krenzler/C. Pitschas*, Fortschritt oder Stagnation? Die gemeinsame Handelspolitik nach Nizza, Europarecht 36 (2001), 442 ff. und *Chr. Herrmann*, Vom mißlungenen Versuch der Neufassung der gemeinsamen Handelspolitik durch den Vertrag von Nizza, EuZW 2001, 269 ff.
6 Der EuGH betont in st. Rspr., bei der Auslegung einer Vertragsvorschrift seien nicht nur der Wortlaut, sondern auch ihr Zusammenhang und die Ziele zu berücksichtigen, die mit der Regelung, zu der sie gehört, verfolgt werden. Vgl. EuGH, Rs. 292/82, 17.11.1983, Slg. 1983, 3781, Rn. 12 (E. Merck/HZA Hamburg-Jonas); Rs. 337/82, 21.2.1984, Slg. 1984, 1051, Rn. 10 (St. Nikolaus Brennerei/HZA Krefeld)); C-70/94, 17.10.1995, Slg. 1995, I-3218, Rn. 21 (Werner).

sind, bleibt – so läßt sich schlüssig argumentieren – die Vollziehung im einzelnen der Kompetenz der Mitgliedstaaten überlassen[7].

Der Gerichtshof nimmt seit seiner ersten einschlägigen Entscheidung im Jahre 1973 an, daß die in Abs. 1 der Gemeinschaft zugewiesene Kompetenz eine ausschließliche (vgl. Art. 5, Rn. 18 ff.) ist[8]. Bereits aus der differenzierten Festlegung der »Voraussetzungen für den Abschluß von Abkommen auf dem Gebiet der Handelspolitik« gehe hervor, daß eine parallele Zuständigkeit der Mitgliedstaaten und der Gemeinschaft im Bereich der gemeinsamen Handelspolitik ausgeschlossen sei.[9] Sämtliche Gemeinschaftsorgane, die Mitgliedstaaten[10] sowie das Schriftum teilen diese Ansicht.[11] 6

Vor allem die Funktion der gemeinsamen Handelspolitik im System der Politiken der Gemeinschaft[12] spricht dafür, die **gemeinsame Handelspolitik als eine einheitliche, der Gemeinschaft zur Ausübung übertragene Politik** zu verstehen. Der vom Vertrag geschaffene Raum ohne Binnengrenzen ist nicht nur für die Bürger und Unternehmer der Gemeinschaft ein relevantes Datum. Vielmehr ist er auch für die wirtschaftlichen Akteure der Nicht-Mitgliedstaaten (»Drittstaaten«) von erheblicher Bedeutung. So kommen beispielsweise gemäß Art. 24 auch Waren aus Drittländern in den Genuß der Warenverkehrsfreiheit, sobald sie legal die Außengrenze der Gemeinschaft überquert haben[13]. Ein solcher **Gemeinsamer Markt verlangt nach einer einheitlichen**, zentralisierten **Außenhandelspolitik**, die »auf das Funktionieren des Gemeinsamen Marktes hin und zum Schutz des Gesamtinteresses der Gemeinschaft konzipiert [ist]. ... Mit die- 7

---

7 So etwa (kurz nach Inkrafttreten der Römischen Verträge) U. *Everling*, in: Wohlfarth/Everling/Glaesner/Sprung, Die Europäische Wirtschaftsgemeinschaft – Kommentar zum Vertrag, 1960, Art. 113, Rn. 3; siehe auch P. *Gilsdorf*, Die Gemeinsame Handelspolitik — eine ausschließliche Kompetenz der Gemeinschaft? ZfV 1996, 793.
8 St. Rspr. vgl. EuGH, Rs. 8/73, 12.7.1973, Slg. 1973, 897, Rn. 3 (Hauptzollamt Bremerhaven/Massey-Ferguson); Rs. 41/76, 15.12.1976, Slg. 1976, 1921, Rn. 31, 37 (Donckerwolcke/Procureur de la République); vgl. zuletzt Gutachten 1/94, (Fn. 3), Rn. 22 ff.
9 EuGH, Gutachten 1/75, 11.11.1975, Slg. 1975, 1355, S. 1364 (OECD-Gutachten).
10 Auch der Rat geht bei streitigen Verfahren vor dem EuGH ohne weiteres davon aus, daß Art. 133 eine ausschließliche Zuständigkeit der Gemeinschaft begründet; umstritten ist jeweils lediglich der Umfang dieser Kompetenz. Vgl. beispw. die Stellungnahme des Rates in der Rs. 45/86, 26.3.1987, Slg. 1987, 1493, 1499 (Kommission/Rat »APS I«).
11 Vgl. nur, jeweils mit weiteren Nachweisen, M. *Herdegen*, Europarecht, Rn. 356; S. *Pieper*, in: Bleckmann, Rn. 1427; A. v. *Bogdandy*/M. *Nettesheim*, Strukturen des gemeinschaftlichen Außenhandelsrechts, EuZW 1993, S. 466; G. *Nicolaysen*, Autonome Handelspolitik der Europäischen Wirtschaftsgemeinschaft, in: Festschrift für H.-J. Schlochauer, 855 ff.; *BBPS*, Rn. 1241; K. *Hailbronner*, in: HK-EUV, Art. 113, Rn. 2; J. *Bourgeois*, in: GTE, EU-/EGV, Art. 113, Rn. 28 ff.; C. *Vedder*, in: Grabitz/Hilf, EU, Art. 133, Rn. 8 ff.; T. *Müller-Ibold*, in: Lenz, EGV, Art. 133, Rn. 1 f.; G. *Nicolaysen*, Europarecht II, 1996, 486 f.; W. *Müller-Huschke*, in: Schwarze, EU-Kommentar, Vorb. zu Art. 131 – Art. 134, Rn. 9 f.; R. *Streinz*, Europarecht, Rn. 624 ff.; einschränkend (»Kern der Gemeinsamen Handelspolitik«) *Oppermann*, Europarecht, Rn. 1741 ff.
12 In diesem (Dritten) Teil des Vertrages (»Die Politiken der Gemeinschaft«) ist die gemeinsame Handelspolitik eingeordnet. Siehe zu diesem systematischen Gesichtspunkt T. *Oppermann*, Europarecht, Rn. 624 ff.; R. *Bierwagen*, in: Smit/Herzog, Law of the EC, § 113.01., siehe auch F. *Montag*, Die Außendimensionen des Binnenmarktes, EuZW 1990, S. 112 ff.
13 Das ist gemäß Art. 24 der Fall, wenn die Einfuhrförmlichkeiten des Mitgliedstaates erfüllt sind, in dem die Ware in die Gemeinschaft gelangt, die vorgeschriebenen Zölle und Abgaben gleicher Wirkung erhoben und nicht ganz oder teilweise rückvergütet worden sind; siehe hierzu EuGH, Rs. 135/79, 3.6.1980, Slg. 1980, 1713 (Gedelfi Großeinkauf/HZA Hamburg-Jonas) sowie Rs. 37 – 38/73, 13.12.1973, Slg. 1973, 1609, Rn. 15, 21 (Sociaal Fonds voor de Diamantarbeiders/Indiamex), in denen der Gerichtshof die Bedeutung der gleichen Behandlung von Drittlandsprodukten in der gesamten Gemeinschaft betont. Aus der Literatur vgl. A. v. *Bogdandy*, in: Grabitz/v. Bogdandy/Nettesheim, Europäisches Außenwirtschaftsrecht, 1994, S. 14 f., m.w.N.

ser Konzeption wäre es ganz offensichtlich unvereinbar, wenn sich die Mitgliedstaaten unter Berufung auf eine parallele Zuständigkeit einen Freiraum vorbehalten könnten, um in den Außenbeziehungen die gesonderte Befriedigung ihrer Eigeninteressen zu suchen, auf die Gefahr hin, einen wirksamen Schutz der Gesamtinteressen der Gemeinschaft zu hintertreiben«[14].

8   Die Einordnung der »gemeinsamen Handelspolitik« i.S.v. Abs. 1 als ausschließliche Kompetenz der Gemeinschaft wird schließlich durch die Existenz der **Ausnahmevorschrift des Art.** 134 bestätigt, derzufolge die Mitgliedstaaten nur ausnahmsweise von der gemeinsamen Handelspolitik abweichen dürfen.[15]

9   Sofern ein **Vertrag unterschiedliche Bestimmungen** enthält, von denen einzelne für sich genommen **nicht handelspolitischer Natur** sind, ist die rechtliche Einordnung »in Ansehung seines wesentlichen Gegenstandes [vorzunehmen] ... und nicht anhand einzelner Bestimmungen, die alles in allem den Charakter von Neben- und Hilfsbestimmungen haben«[16]. Sofern eine **eindeutige Zuordnung** eines Abkommens zur Handelspolitik nicht möglich ist, kann der Vertrag von der Gemeinschaft nur gemeinsam mit den Mitgliedstaaten als sogenannter gemischter Vertrag geschlossen werden[17].

10 Handelspolitische Abkommen, bei denen **Finanzierungsinstrumente und damit erhebliche Belastungen** (und Risiken) für die Mitgliedstaaten vereinbart werden, fallen deshalb nicht unter den Kompetenztitel des Art. 133 Abs. 1[18], während Kosten, welche die Mitgliedstaaten für den (bloßen) Unterhalt einer internationalen Organisation treffen, als akzessorisch anzusehen sind[19].

11 Allerdings muß angesichts des seit 1995 eingetretenen (und unter Rn. 30 ff. im einzelnen zu kommentierenden) **Auseinanderfallens des gemeinschaftsrechtlichen Aussagegehalts des Begriffes »Handelspolitik«** von seiner Bedeutung im Wirtschaftsvölkerrecht bereits hier betont werden, daß die Ausschließlichkeit der gemeinschaftlichen Zuständigkeit sich auf die in Abs. 1 gewährten Kompetenzen beschränkt. Aufgrund der be-

---

14 EuGH, Gutachten 1/75, 11.11.1975, Slg. 1975, 1355, S. 1363 f. (OECD-Gutachten).
15 Vgl. EuGH, Rs. 29/75, 8.4.1976, Slg. 1976, 431, Rn. 6 (Kaufhof/Kommission); EuGH, Rs. 71/76, 15.12.1976, Slg. 1976, 1921, Rn. 24/29 (Donckerwolcke/Procureur de la République); die Kommentierung des Art. 134. Vgl. auch GA Slynn, Rs. 174/84, 18.2.1986, Slg. 1986, 559, 586, Rn. 30 (Bulk Oil/Sun International) und *W. Müller-Huschke*, in: Schwarze, EU-Kommentar, Vorb. zu Art. 131–Art. 134, Rn. 9.
16 EuGH, Beschluß 1/78, 4.11.1978, Slg. 1979, 2871, Rn. 56 ff. (Naturkautschuk-Abkommen).
17 Dazu unten Rn. 15 ff.
18 Beispiele hierfür sind die für frühere Rohstoffabkommen typischen *buffer-stock*-Systeme. In diesem Falle geht der Gerichtshof von der gemeinsamen Zuständigkeit von Mitgliedstaaten und Gemeinschaft aus; demzufolge ist das fragliche Abkommen als gemischtes Abkommen zu schließen. EuGH, Beschluß 1/78, 4.11.1978, Slg. 1979, 2871, Rn. 52 ff. (Naturkautschuk-Abkommen); neuere Rohstoffabkommen verfügen – nicht zuletzt aufgrund der Erfahrungen im Zusammenhang mit dem Zusammenbruch des Zinnrats im Oktober 1985 – nicht mehr über diesen Mechanismus; vgl. dazu *L. Gramlich*, Intergouvernementale Rohstoffabkommen im Zwielicht – Lehren aus dem Zinn-Debakel, VRÜ (20) 1987, S. 486 ff.; *H.-M. Pelikahn*, Internationale Rohstoffabkommen – Neuere Entwicklungen, AVR 26 (1988), S. 67 ff.; *R. Bierwagen*, in: Smit/Herzog (Fn. 12), § 113.08.[4].
19 So auch Gutachten 1/94 (Fn. 3), Rn. 21: »Da es sich um eine internationale Organisation handelt, die nur über einen Verwaltungshaushalt und nicht über ein Instrument für finanzielles Handeln verfügt, kann allein die Übernahme der Ausgaben der WTO durch die Mitgliedstaaten keinesfalls deren Beteiligung am Abschluß des Abkommens rechtfertigen«; aus der Literatur vgl. *P. J. G. Kapteyn/P. VerLoren van Themaat*, Introduction to the Law of the European Communities – From Maastricht to Amsterdam, 3rd ed., 1998, S. 1282.

schränkten Reichweite des Abs. 1 und der »Anreicherung« von wichtigen Handelsabkommen mit nicht in die Kompetenz der Gemeinschaft fallende Klauseln – beispielsweise über den politischen Dialog – ist der **gemischte Vertrag und die geteilte Kompetenz zwischen Mitgliedstaaten und Gemeinschaft** in der **Realität der Außenwirtschaftsbeziehungen** der Gemeinschaft eher der Regelfall denn die Ausnahme geworden[20].

II. Die gemeinsame Handelspolitik als Teil der Außenkompetenzen der Gemeinschaft

Die »**gemeinsame Handelspolitik**« nach Abs. 1 ist eine der wenigen ausdrücklichen Außenvertretungskompetenzen der Gemeinschaft[21]. Da sie, wie sogleich im einzelnen darzulegen sein wird, **keineswegs unbegrenzt** ist, stellt sich bei einem wirtschaftsvölkerrechtlichen Vertrag, der nicht vollständig von einem der Kompetenztitel des Art. 133 erfaßt wird, die Frage, ob und inwieweit die Gemeinschaft dennoch zuständig ist, und insbesondere, ob sie alleine oder nur gemeinsam mit ihren Mitgliedstaaten den Vertrag abschließen kann. 12

1. Ausschließliche Außenvertretungskompetenzen der Gemeinschaft in außenwirtschaftlichen Angelegenheiten

Neben der in Art. 133 Abs. 1 genannten Außenvertretungskompetenzen gibt es einige wenige andere **ausdrückliche Vertragskompetenzen**, die eine ausschließliche Kompetenz der Gemeinschaft für völkerrechtliche Vereinbarungen begründen. Zu denken ist neben Art. 310[22] vor allem an die relativ junge Kompetenz nach Art. 111.[23] 13

Eine **ausschließliche Außenkompetenz** kann der Gemeinschaft sodann stillschweigend zuwachsen, sofern die Mitgliedstaaten die ihnen an sich zustehende Vertragsschlußkompetenz verlieren, was nach der **AETR-Rspr.** stets dann der Fall ist, wenn durch völkerrechtliche Verpflichtungen der Mitgliedstaaten die (internen) gemeinschaftlichen Rechtsnormen in ihrer Wirkung beeinträchtigt werden würden[24]. In der Literatur ist hierfür – in Anlehnung an das amerikanische Verfassungsrecht – der Begriff der *preemption* geprägt worden[25]: Sobald die Gemeinschaft einen Regelungsbereich (intern) 14

---

20 Siehe unten Rn. 15 ff.; 33 ff.
21 Vgl. EuGH, Rs. 22/70, 31.3.1971, Slg. 1971, 263 (Kommission/Rat – AETR).
22 Vgl. die Kommentierung zu Art. 310; einschränkend *P. Gilsdorf*, Die Außenkompetenzen der EG im Wandel — eine kritische Auseinandersetzung mit Praxis und Rechtsprechung, EuR 1996, S. 145, 151 f.
23 Vgl. die Kommentierung zu Art. 111.
24 Vgl. EuGH Gutachten 1/76, 26.4.1977, Slg. 1977, 741, Rn. 4 (Stillegungsfonds), demzufolge sich die »Befugnis, die Gemeinschaft gegenüber Drittstaaten zu verpflichten ... stillschweigend aus den die interne Zuständigkeit begründenden Bestimmungen des Vertrages [ergibt], sofern die Beteiligung der Gemeinschaft an der völkerrechtlichen Vereinbarung ... notwendig ist, um eines der Ziele der Gemeinschaft zu erreichen.«; siehe auch *O. Dörr*, Die Entwicklung der ungeschriebenen Außenkompetenzen der EG, EuZW 1996, S. 39, sowie Art. 300, Rn. 5 ff.
25 Grundlegend *M. Waelbroeck*, The Emerging Doctrine of Community Preemption: Consent and Re-delegation, in: T. Sandelow/E. Stein (Hrsg.), Courts and Free Markets: Perspectives from the United States and Europe, Bd. II, 548 ff.; *E. D. Cross*, Pre-emption of Member-State Law in The European Economic Community: A Framework for Analysis, CMLR. 29 (1992), S. 447.

»besetzt«[26] hat, verlieren die Mitgliedstaaten ihre Außenkompetenz an die Gemeinschaft[27]. Das Gutachten 1/94 des Gerichtshofes definiert den Anwendungsbereich für **ungeschriebene ausschließliche Kompetenzen**[28] der Gemeinschaft in außenwirtschaftlichen Angelegenheiten durchaus restriktiv: »Nur in dem Maße, wie gemeinsame Vorschriften auf interner Ebene erlassen werden, wird die externe Zuständigkeit der Gemeinschaft zu einer ausschließlichen«[29]. Es reicht danach nicht aus, daß ein regelungsfähiger wirtschaftsrechtlicher Bereich, wie etwa die Verkehrspolitik, weitgehend von Gemeinschaftsrecht reguliert worden ist; **erforderlich** soll die *vollständige* **Erfassung** eines Regelungsbereiches durch Gemeinschaftsrecht sein[30]. Der Gerichtshof verlangt dabei die Identität der Regelungsgegenstände des (internen) Gemeinschaftsrechts und des in Frage stehenden völkerrechtlichen Vertrags; die bloße Kompetenz zum Erlaß internen Rechts reicht für eine erfolgreiche Okkupation eines Regelungsgegenstandes nicht aus. So ist es »ausgeschlossen, daß eine Zuständigkeit für die Harmonisierung auf interner Ebene, die nicht in einem bestimmten Bereich ausgeübt worden ist, dazu führen kann, zugunsten der Gemeinschaft eine ausschließliche externe Zuständigkeit in diesem Bereich zu schaffen«[31].

2. Die Zunahme paralleler Zuständigkeit von Mitgliedstaaten und Gemeinschaft in Verträgen mit handelspolitischem Inhalt

15 Sofern die **Gemeinschaft nicht alleine** für den Abschluß eines Vertrages mit (auch) handelspolitischem Inhalt zuständig ist, ist sie **nur gemeinsam mit den Mitgliedstaaten kompetent**. Die Gemeinschaft und ihre Mitgliedstaaten haben seit dem Ende der Übergangszeit eine Fülle solcher »gemischter Abkommen« geschlossen[32]. Seit dem

---

26 Dieses Bild wählt P. *Gilsdorf* (Fn. 22), S. 147.
27 Dabei hat der Gerichtshof in einer jüngeren Entscheidung festgehalten, daß diese Kompetenz stets dann zum Tragen kommen muß, wenn von den Mitgliedstaaten geschlossene Verträge »Rechtsnormen ... beeinträchtigen oder in ihrer Tragweite ändern« könnten. Gutachten 2/91 vom 19.3.1993, Slg. 1993, I-1061, Rn. 9 (ILO-Abkommen); siehe auch Rs. 3, 4 und 6/76, 14.7.1976, Slg. 1976, 1279, Rn. 44 (Kramer).
28 Vgl. dazu im einzelnen M. *Hilf*, Ungeschriebene EG-Kompetenzen im Außenwirtschaftsrecht, ZfV 1997, S. 293.
29 Gutachten 1/94, (Fn. 3) Rn. 77; siehe auch Gutachten 2/92, 24.3.1995, Slg. 1995, I-521, Rn. 31, das dieser Argumentation folgt. Der dritte Beschluß des Rates über die Inländerbehandlung führte ein Verfahren ein, wonach der OECD alle von den Mitgliedern erlassenen Maßnahmen, mit denen das Gebot der Inländer(gleich)behandlung durchbrochen wird, der OECD zu notifizieren sind.
30 Eine Kompetenz der Gemeinschaft zum Vertragsabschluß besteht nach Gutachten 1/94 (Fn. 3), Rn. 77 nicht, sofern »noch nicht *alle* [den fraglichen Regelungsbereich] betreffende Fragen durch gemeinsame Vorschriften geregelt« sind; Hervorhebung nur hier. In EuGH, Rs. 22/70, 31.3.1971, Slg. 1971, 263, Rn. 22, 28 hatte der EuGH demgegenüber großzügiger formuliert, die Mitgliedstaaten könnten »außerhalb des Rahmens der Gemeinschaftsorgane keine Verpflichtungen eingehen..., welche Gemeinschaftsrechtsnormen, die zur Verwirklichung der Vertragsziele ergangen sind, beeinträchtigen oder in ihrer Tragweite ändern können.« Der Erlaß von Gemeinschaftsrecht ziehe »zwangsläufig die Zuständigkeit der Gemeinschaft für alle Abkommen mit dritten Staaten nach sich..., welche das [in diesen Bestimmungen] geregelte Sachgebiet betreffen.«
31 Gutachten 1/94 (Fn. 3), Rn. 88.
32 Vgl. Gutachten 2/91 vom 19.3.1993, Slg. 1993, I-1064, Rn. 13, 39 (ILO-Abkommen),; Beschluß 1/78, 4.11.1978, Slg. 1979, 2871, Rn. 60 (»Naturkautschuk«). Vgl. dazu *D. O'Keefe/ H. Schermers* (Hrsg.), Mixed Agreements, 1983; *R. Arnold*, Der Abschluß gemischter Verträge durch die Europäische Gemeinschaften, ArchVR 19 (1981), S. 419; *U. Everling*, Das Recht der internationalen Wirtschaftsbeziehungen der EG, EuR 1985, S. 75; *I. MacLeod/I.D. Henry/ S. Hyett*, The External Relations of the European Communities, Oxford 1996, S. 142 ff.

Gutachten 1/94 ist der Abschluß **gemischter Verträge** jedoch auch **im Rahmen der WTO der normative Regelfall** geworden³³. Die im Vertrag von Nizza vorgenommenen Änderungen korrigieren dies nur zum Teil. Zwar weist Abs. 5 UAbs. 1 Dienstleistungen und Handelsaspekte des geistigen Eigentums der Gemeinschaft als (Außen-)Kompetenz zu; indes führen Abs. 5 UAbs. 4 und Abs. 6 UAbs. 1, 2 **ausdrücklich die gemischte Zuständigkeit** für bestimmte Sachverhalte ein.³⁴

Die **Vertragspraxis außerhalb der WTO** zeigt die gleichen Tendenzen: Wichtige handelspolitische Verträge der Gemeinschaft können vor allem wegen der nicht vollständigen Erfassung der Dienstleistungen durch Abs. 1 nicht von der Gemeinschaft alleine geschlossen werden.³⁵ Zudem werden sie auf Veranlassung der Mitgliedstaaten um Regelungsgegenstände angereichert, die von der ausschließlichen Vertragskompetenz der Gemeinschaft nicht erfaßt werden³⁶. So wurden beispielsweise die Europa-Abkommen mit Staaten Ost-Mittel-Europas um die Vereinbarung eines politischen Dialogs ergänzt, und so dem exklusiven Zugriff der Gemeinschaft entzogen³⁷. Ähnlich liegen die Dinge bei der neuen Generation der Abkommen mit den Mittelmeerländern³⁸, dem Handelsabkommen mit Süd-Afrika³⁹ sowie dem Freihandelsabkommen mit Mexiko⁴⁰. 16

---

33 *T. Stein*, Der gemischte Vertrag im Recht der Außenbeziehungen der Europäischen Wirtschaftsgemeinschaft (1986); *R. Arnold*, Der Abschluß gemischter Verträge durch die Europäischen Gemeinschaften, AVR 19 (1980/81), S. 419 ff.; *D. O'Keeffe/H. Schermers* (Hrsg.), Mixed Agreements, 1983; *A Rosas*; The European Union and Mixed Agreements in: *A. Dashwood/ C. Hillion* (Hrsg.) . The General Law of EC External Relations, 2000, S. 200 ff.; *R. Geiger*, Vertragsschlußkompetenzen der Europäischen Gemeinschaft und auswärtige Gewalt der Mitgliedstaaten, JZ 1995, S. 973 ff.; siehe auch *J. Dutheil de la Rochère*, L' ère des compétences partagées: à propos de l' étendue des competences extérieures de la Communauté Euopéenn, RMC 1995, S. 390 ff.; *J. Bourgeois/J. Dewost/M. Gaiffe* (Hrsg.), La Communauté européenne et les accords mixtes, 1997; *N. A. Neuwahl*, Shared Powers or Combined Incompetence? More on Mixity, CMLR. 33 (1996), S. 667 ff.
34 Wobei Abs. 5 UAbs. 3 dieser Regelung besondere Tragweite verleiht; siehe dazu unten Rn. 98 ff.
35 Vgl. EuGH, Rs. C-360/93, 7.3.1996, Slg. 1996, I-1195, Rn. 30 (EP/Rat). Danach kann eine Vereinbarung zwischen der EG und den USA, die die öffentliche Vergabe u.a. von Bau-Dienstleistungen erfaßt, nicht auf Art. 133 gestützt werden, mit der Folge, daß diese Vorschrift als alleinige Grundlage des Vertrages ausscheidet.
36 Siehe auch Art. 310, Rn. 38, 41 f., *P. Gilsdorf* (Fn. 22), S. 163; *H.G. Krenzler/H. da Fonseca-Wollheim*, Die Reichweite der gemeinsamen Handelspolitik nach dem Vertrag von Amsterdam – eine Debatte ohne Ende?, EuR 1998, S. 223 (229).
37 Vgl. *colorandi causa* Europa-Abkommen zur Gründung einer Assoziation zwischen den Europäischen Gemeinschaften und ihren Mitgliedstaaten einerseits und der Republik Lettland andererseits, ABl.EG 1998 L 26/3; Europa-Abkommen zur Gründung einer Assoziation zwischen den Europäischen Gemeinschaften und ihren Mitgliedstaaten einerseits und der Tschechischen Republik andererseits, ABl.EG 1994 L 360/2; Europa-Abkommen zur Gründung einer Assoziation zwischen den Europäischen Gemeinschaften und ihren Mitgliedstaaten einerseits und der Slowakischen Republik andererseits, ABl.EG 1994 L 359/2 und unten Rn. 188.
38 Europa-Mittelmeer-Abkommen zur Gründung einer Assoziation zwischen den Europäischen Gemeinschaften und ihren Mitgliedstaaten einerseits und dem Königreich Marokko andererseits, ABl.EG 2000 L 70/2; Europa-Mittelmeer-Abkommen zur Gründung einer Assoziation zwischen den Europäischen Gemeinschaften und ihren Mitgliedstaaten einerseits und dem Staat Israel andererseits, ABl.EG 2000 L 147/1.
39 Abkommen über Handel, Entwicklung und Zusammenarbeit zwischen der Europäischen Gemeinschaft und ihren Mitgliedstaaten einerseits und der Republik Südafrika andererseits, ABl.EG 1999 L 311/2.
40 Abkommen über wirtschaftliche Partnerschaft, politische Koordinierung und Zusammenarbeit zwischen der Europäischen Gemeinschaft und ihren Mitgliedstaaten einerseits und den Vereinigten mexikanischen Staaten andererseits, ABl.EG 2000 L 276/45.

III. Verbleibende Zuständigkeiten der Mitgliedstaaten?

17 Die ausschließliche Zuweisung der Kompetenz für einen bestimmten Regelungsgegenstand an die Gemeinschaft zieht den Verlust der diesbezüglichen Kompetenz der Mitgliedstaaten nach sich[41]. Demzufolge sind **Maßnahmen der Mitgliedstaaten** auf dem Gebiet der gemeinsamen Handelspolitik i.S.v. Art. 133 Abs. 1 **grundsätzlich nicht** mehr **zulässig**[42].

18 Auch sofern die Kompetenz der Gemeinschaft nach Abs. 1 grundsätzlich gegeben ist, können indes eine Reihe von **Ausnahmetatbeständen eingreifen**. Zum einen beläßt der Vertrag den Mitgliedstaaten ausnahmsweise, beispielsweise in **Art. 296**, die Befugnis, handelspolitische Maßnahmen zu ergreifen. Sodann kann die Gemeinschaft Mitgliedstaaten zu handelspolitischen Maßnahmen ermächtigen[43]; **an Form und Inhalt der Ermächtigung** wird man wegen des hier drohenden Eingriffs in die Kompetenzstruktur des Vertrages **hohe Anforderungen stellen müssen**[44].

19 Des weiteren können es die Umstände erfordern, daß die Mitgliedstaaten für die Gemeinschaft auftreten *(actio pro Communitate)*[45]. Solch eine Situation ergab sich in der Vergangenheit im Verhältnis zu Staaten, welche die Völkerrechtsfähigkeit der Gemein-

---

41 Im Zusammenhang mit der von ihnen favorisierten weiten Auslegung des Art. 133 (dazu sogleich unter D.) haben einige Autoren vor Erlaß des Gutachtens 1/94 (Fn. 3) die These vertreten, die ausschließliche Kompetenz der Gemeinschaft erfasse lediglich die herkömmlichen Bereiche der gemeinsamen Handelspolitik (insb. den Warenhandel), während im Hinblick auf die ins Auge gefaßten »neuen« Regelungsgegenstände die grundsätzlich bejahte Kompetenz nach Art. 133 nicht ausschließlich sein sollte; vgl. *P. Gilsdorf*, Grenzen der Gemeinsamen Handelspolitik, Veröffentlichungen des Europa-Instituts der Universität des Saarlandes des Saarlandes Nr. 125, 1988; *C. Timmermans*, Common Commercial Policy (Article 113) and the International Trade in Services, in: Du droit international au droit de l' integration – Liber Amicorum P. Pescatore, 1987, S. 675 ff.; *T. Oppermann*, Europarecht, Rn. 1741 ff., der ausdrücklich zwischen einem »Kern der gemeinsamen Handelspolitik« und dessen Peripherie unterscheidet; in diesem Sinne auch *P. Mengozzi*, Trade in Services and Commercial Policy, in: Maresceau (Hrsg.), The EC's Commercial Policy after 1992 – The Legal Dimension, 1993, S. 223 ff. Nuanciert hierzu *J. Bourgeois*, in: GTE, EU-/EGV, Art. 113, Rn. 31.
42 Dieses Verbot betrifft u.a. Abgaben gleicher Wirkung, mengenmäßige Beschränkungen und Maßnahmen gleicher Wirkung (EuGH, Rs. 267-269/81, 16.3.1983, Slg. 1983, 801 (Amministrazione delle finanze dello Stato/Società Petrolifera Italiana und Michelin Italia); vgl. auch EuGH, Rs. C-83/94, 17.10.1995, Slg. 1995, I-3231, Rn. 9–12 (Leifer); Rs. C-70/94, 17.10.1995, Slg. 1995, I-3218, Rn. 9–12 (Werner); Rs. C-124/95, 14.1.1997, Slg. 1997, I-81 (The Queen, ex parte: Centro-Com Srl/HM Treasury und Bank of England). Siehe auch *J. Bourgeois*, in: GTE, EU-/EGV, Art. 113, Rn. 31 ff.; dort auch zu einzelnen Durchbrechungen in der Praxis.
43 EuGH, Rs. 41/76, 15.12.1976, Slg. 1976, 1921, Rn. 32 (Donckerwolcke/Procureur de la République) und Rs. 174/84, 18.2.1986, Slg. 1986, 559, 586, Rn. 31 (Bulk Oil/Sun International). Vgl. auch Art. 8 Abs. 2, 3 der VO (EWG) Nr. 2603/69 des Rates zur Festlegung einer gemeinsamen Ausfuhrregelung, ABl. 1969 L 324/25 zuletzt geändert durch die VO (EWG) des Rates Nr. 3918/91 des Rates, ABl.EG 1991 L 372/31; Art. 24 Abs. 2 der VO (EG) Nr. 3285/94 v. 22.12.1994 über die gemeinsame Einfuhrregelung und zur Aufhebung der VO (EG) Nr. 518/94, ABl.EG 1994 L 349/53.
44 Vgl. bspw. Art. 19 Abs. 2 und 21 Abs. 2 der VO 259/93 zur Überwachung und Kontrolle der Verbringung von Abfällen in der, in die und aus der Europäischen Gemeinschaft, ABl.EGEG 1993 L 30/1. Dort werden die Mitgliedstaaten unter bestimmten Bedingungen ermächtigt, bilaterale Abkommen zu schließen.
45 Vgl. Gutachten 2/91 vom 19.3.1993, Slg. 1993, I-1064, Rn. 5 (ILO-Abkommen), wo der Gerichtshof anerkennt, daß die Kompetenz der Gemeinschaft durch das Medium der Mitgliedstaaten verwirklicht wird.

schaft nicht anerkannten. Diese Konstellation ist heute historisch geworden; Hauptanwendungsfall waren die Beziehungen zur UdSSR bis 1988[46]. Nach wie vor existieren jedoch eine Reihe von Internationalen Organisationen, deren Gründungsverträge keine Beteiligung einer anderen Internationalen Organisation vorsehen; ein prominentes Beispiel sind die Vereinten Nationen[47].

Schließlich gibt es eine Reihe bilateraler **Abkommen der Mitgliedstaaten**, die erstmals 20 vor Ablauf der Übergangszeit – also vor dem 1. Januar 1970 – geschlossen worden waren, aber seit dieser Zeit mit Zustimmung der Gemeinschaft stillschweigend verlängert worden sind[48]. Dabei gehen die diesbezüglichen Autorisierungen des Rates ausnahmslos davon aus, daß die jeweiligen bilateralen Beziehungen zwischen den Mitgliedstaaten und ihren Vertragspartnern kein Hindernis für die gemeinsame Handelspolitik darstellen[49].

IV. Handelspolitik

1. Der (unumstrittene) Kernbereich: der grenzüberschreitende Handel mit Waren

Der **Begriff der Handelspolitik** wird im **Vertragstext** selbst **nicht definiert**. Der Wortlaut 21 des Art. 133 gibt indes einen ersten Fingerzeig. Die **beispielhaft** (»insbesondere«) ge-

---

46 *P. J. G. Kapteyn/P. VerLoren van Themaat*, Introduction to the Law of the European Communities – From Maastricht to Amsterdam, 3rd ed., 1998, 1323 f.
47 Zur Umsetzung eines UN-Embargos vgl. EuGH, Rs. C-124/95, 14.1.1997, Slg. 1997, I-81 (The Queen, ex parte: Centro-Com Srl/HM Treasury und Bank of England). Vgl. aus der Literatur *S. Bohr*, Sanctions by the United Nations Security Council and the European Community, EJIL 1993, S. 256 ff. m.w.N.; *P. Sturma*, La Participation de la Communauté européenne à des »sanctions internationales«, RMC 1993, S. 250 ff.
48 Vgl. die Entscheidung des Rates vom 2. Juni 1997 (97/351/EG) zur [Sammel-] Genehmigung der stillschweigenden Verlängerung oder der Aufrechterhaltung der Bestimmungen von Freundschafts-, Handels- und Schiffahrtsverträgen sowie Handelsabkommen zwischen den Mitgliedstaaten und dritten Ländern, deren Gegenstand unter die gemeinsame Handelspolitik fällt, ABl.EG 1997 L 151/24, derzufolge der weiteren stillschweigenden Vertragsverlängerung der dort aufgelisteten Verträge für weitere vier Jahre nichts entgegensteht. Vgl. bereits Entscheidung des Ministerrates zur Vereinheitlichung der Laufzeit von Handelsabkommen mit dritten Ländern, ABl.EG 1961 Nr. 1274/61; Entscheidung des Rates 69/494/EWG vom 16.12.1969 über die schrittweise Vereinheitlichung der Abkommen über die Handelsbeziehungen zwischen dritten Ländern und über die Aushandlung der gemeinschaftlichen Abkommen, ABl.EG 1969 L 326/39; Entscheidung des Rates 92/487, ABl.EG 1992 L 292/27. Nach wie vor existieren aber auch Einzelmächtigungen, vgl. aus jüngerer Zeit Entscheidung des Rates 2001/347/EG vom 24. April 2001 zur Ermächtigung des Königreichs Spanien, das Abkommen mit der Republik Südafrika über die wechselseitigen Fischereibeziehungen bis zum 7. März 2002 zu verlängern, ABl.EG 2001 L 123/24.
49 1993 drohte die Kommission an, dem Rat nicht die Verlängerung der FCN-Verträge vieler Mitgliedstaaten mit den USA vorzuschlagen und erklärte sich hierzu erst bereit (ABl.EG 1993 L 317/61), nachdem die Mitgliedstaaten erklärt hatten, sie würden die darin enthaltene Inländerklausel in einer mit dem Gemeinschaftsrecht vereinbaren Weise auslegen. Hintergrund dieser Weigerung war die deutsche Position, aufgrund des Freundschaftsvertrages mit den USA diese bei öffentlichen Beschaffungen nicht im Verhältnis zu Gemeinschaftsanbietern diskriminieren zu dürfen. Vgl. hierzu *G. Schuster/P.-T. Stoll*, Gemeinschaftskompetenz und Altverträge mit Drittstaaten – Die internationale und europäische Regelung der öffentlichen Beschaffung der deutsch-amerikanische Freundschaftsvertrag, RIW 1996, S. 89 ff.

nannten handelspolitischen Maßnahmen[50] verfügen über zwei Charakteristika: sie beziehen sich zum ersten ausnahmslos auf den Handel mit Waren[51]. Zugleich stellen die »Änderung von Zollsätzen, [der] Abschluß von Zoll- und Handelsabkommen, die Vereinheitlichung der Liberalisierungsmaßnahmen, die Ausfuhrpolitik und die handelspolitischen Schutzmaßnahmen, zum Beispiel im Fall von Dumping und Subventionen« die wesentlichen **Regelungsgegenstände des zum Zeitpunkt der Abfassung des Art. 133 geltenden multilateralen Wirtschaftsvölkerrechts** dar[52].

22 Der im Grunde seit 1957 unumstrittene Kernbereich **der Handelspolitik** im Sinne des Abs. 1 als die Summe der Maßnahmen zur Beeinflussung der Handelsströme oder des Handelsvolumens[53] hatte vor dem Hintergrund der Realitäten des internationalen Handels und des auf Waren reduzierten Interesses des multilateralen Handelsrechts, namentlich des Allgemeinen Zoll- und Handelsabkommens (GATT 1947), stets diese (lange Zeit einzig relevante[54]) Art des grenzüberschreitenden Handels im Auge. Der **Gerichtshof** bestätigt in **ständiger Rspr.**, daß die Gemeinschaft hierfür gemäß Artikel 133 sowohl nach außen (für den Abschluß von bi- und multilateralen Übereinkünften über den Warenverkehr) als auch nach innen (durch entsprechende Gemeinschaftsgesetzgebung[55]) zuständig sei.

23 Dabei hat der Gerichtshof die auf Waren bezogene handelspolitische Kompetenz **nicht** auf dem **Stand von 1957** versteinern lassen, sondern insoweit auch neuere Aspekte der Waren betreffenden internationalen Handelspolitik als von der Gemeinschaftskompetenz umfaßt angesehen[56]. So erstreckt sich die Zuständigkeit der Gemeinschaft extern

---

50 Daß es sich hierbei lediglich um Beispiele handelt und nicht etwa um eine abschließende Auflistung möglicher handelspolitischer Maßnahmen ist angesichts des Wortlauts der Vorschrift (»insbesondere«) unbestritten; vgl. EuGH, Beschluß 1/78 (Fn. 15), Rn. 45 (»nicht abschließende Aufzählung«); EuGH, Gutachten 1/75 (Fn. 10), 1362; *S. Pieper* in: *Bleckmann*, Europarecht, Rn. 1425; *J. Bourgeois*, in: GTE, EU-/EGV, Art. 113, Rn. 2; *R. Bierwagen*, in: *Smit/Herzog* (Fn. 12), Preliminary Observations on Articles 110–116, § 5; *Grabitz/Hilf*, Art. 133, Rn. 24 ff., jeweils m.w.N.
51 Ware ist nach EuGH, Rs. C-2/90, 9.7.1992, 1992, I-4431, Rn. 23 jeder körperliche Gegenstand, der Objekt von Handelsgeschäften sein kann; damit können etwa auch Abfälle unter den Warenbegriff fallen.
52 Vgl. auch Beschluß 1/78 zum Internationalen Naturkautschuk-Übereinkommen, 4.11.1978, Slg. 1979, 2871, Rn. 50; danach ist der Zweck der gemeinsamen Handelspolitik »die Durchführung einer gemeinsamen Politik auf dem Gebiet der internationalen Wirtschaftsbeziehungen«. Hiervon waren indes stets die im Rahmen des IWF geregelten internationalen Finanzbeziehungen ausgenommen, für die weiterhin ausschließlich die Mitgliedstaaten kompetent sein sollten.
53 Diese restriktive finalistische Definition des Rates gehört nach allgemeiner Meinung jedenfalls zur »gemeinsame Handelspolitik« nach Abs. 1; die weitergehende instrumentale Theorie faßt weitere Bereiche hinzu; vgl. eingehend unten Rn. 45 ff. sowie *T. Müller-Ibold*, in: Lenz, EGV, Art. 133, Rn. 4 ff.; *J. Bourgeois*, in: GTE, EU-/EGV, Art. 113, Rn. 3 ff.
54 Dienstleistungen sind – sieht man von den Römischen Verträgen und einigen Freihandelsabkommen ab – erst mit dem GATS zum Gegenstand multilateraler Handelsverträge geworden. Vgl. *H.-D. Smeets/G. Hofner/A. Knorr*, A Multilateral Framework of Principles and Rules for Trade in Services, in: *T. Oppermann/J. Molsberger*, A New GATT for the Nineties and Europe '92, 1991, 191 f.; *G. Sacerdoti*, The International Regulation of Services: Basic Concepts and Standards of Treatment, in: *G. Sacerdoti (Hrsg.)*, Liberalization of Services and Intellectual Property in the Uruguay-Round of GATT, 1990, 26, 28 f.
55 Bspw. neben den klassischen Grenzmaßnahmen sowie Ein- und Ausfuhrpolitiken auch Erzeugungs- und Kennzeichnungsregelungen; vgl. *R. Bierwagen*, in: *Smit/Herzog* (Fn. 12), Preliminary Observations on Articles 110–116, § 5.
56 Gutachten 1/94 (Fn. 3), Rn. 22 ff.

auf den Abschluß des Übereinkommens über technische Handelshemmnisse[57] und intern auf Erzeugungs-, Vermarktungs- und Kennzeichnungsregeln[58]. Art. 133 findet des weiteren – trotz der Regelung der Art. 37 ff. – auf **landwirtschaftliche Erzeugnisse**[59] **sowie auf die zollrechtlichen Aspekte der EURATOM**-Erzeugnisse[60] und der **EGKS**-Erzeugnisse[61] Anwendung. Hinsichtlich der letztgenannten Warengruppe sind die Mit-

---

57 Agreement on Technical Barriers to Trade (TBT), abgedruckt u.a. bei *GATT Secretariat* (ed.), The Results of the Uruguay Round of Multilateral Trade Negotiations – The Legal Text, Geneva 1994; siehe auch ABl.EG 1994 L 336, 1 ff. Hierzu führt der Gerichtshof im Gutachten 1/94 (Fn. 3), Rn. 33, aus: »Das Übereinkommen über technische Handelshemmnisse ist als unter die gemeinsame Handelspolitik fallend anzusehen, da seine Bestimmungen nur verhindern sollen, daß technische Vorschriften und Normen sowie Verfahren zur Bewertung der Übereinstimmung mit technischen Vorschriften und Normen unnötige Hemmnisse für den internationalen Handel schaffen«.
58 Eingehend *J. Bourgeois*, in: GTE, EU-/EGV, Art. 113, Rn. 22.
59 Im Gutachten 1/94 (Fn. 3), Rn. 29 führt der Gerichtshof aus, der Zweck des im Rahmen der Marrakesch-Abkommen geschlossenen Abkommens über landwirtschaftliche Produkte sei es, ein faires und marktorientiertes Agrarhandelssystem einzuführen. »Daß die im Rahmen dieses Abkommens eingegangenen Verpflichtungen den Erlaß interner Durchführungsmaßnahmen auf der Basis von Artikel 43 (= nunmehriger Art. 37) einschließen, hindert nicht, daß die internationalen Verpflichtungen selbst gemäß Artikel 113 (= nunmehriger Art. 133) allein übernommen werden können.« Diese Frage ist deshalb von Interesse, weil im Hinblick auf die Gemeinsame Agrarpolitik das EP über ausgeprägtere Beteiligungsrechte verfügt als im Hinblick auf die gemeinsame Handelspolitik. Siehe dazu die Hinweise zur Praxis bei *J. Bourgeois*, in: GTE, EU-/EGV, Art. 113, Rn. 12. Soweit keine handelspolitischen Abkommen in Rede stehen, sind indes die agrarpolitischen Vorschriften des Vertrages die einschlägige Kompetenzgrundlage für das Handeln der Gemeinschaft. Siehe zum ganzen auch *P. Demaret*, La politique commerciale: perspectives d' évolution et faiblesses présentes, in: Schwarze/Schermers (Hrsg.), Structure and Dimensions of European Community Policy, 1988, S. 69 ff., 84; *C. Vedder*, in: Grabitz/Hilf, EU, Art. 133, Rn. 29; *A. v. Bogdandy*, in: Grabitz/v. Bogdandy/Nettesheim (Fn. 1), S. 27.
60 Vgl. Gutachten 1/94 (Fn. 3), Rn. 24: »da der Euratom-Vertrag keine Bestimmungen über den Außenhandel enthält, steht [im Lichte des Wortlauts des Art. 232 EG-Vertrag] einer Erstreckung der gemäß Artikel 113 EG-Vertrag geschlossenen Abkommen auf den internationalen Handel mit Euratom-Erzeugnissen nichts entgegen.« Dazu auch BBPS, Rn. 1229; *J. Bourgeois*, in: GTE, EU-/EGV, Art. 113, Rn. 14; *C. Vedder*, in: Grabitz/Hilf, EU, Art. 133, Rn. 31; *T. Müller-Ibold*, in: Lenz, EGV, Art. 133, Rn. 5; *W. Müller-Huschke*, in: Schwarze, EU-Kommentar, Art. 133, Rn. 7.
61 Vgl. zu dieser hier nicht weiter zu vertiefenden Frage Art. 71 EGKS-Vertrag, demzufolge die Kompetenzen der Mitgliedstaaten in Angelegenheiten der Handelspolitik grundsätzlich durch diesen Vertrag nicht berührt werden, sowie Art. 305 ex 232. In Gutachten 1/94, Slg. 1994, I-5267, Rn. 26 führt der Gerichtshof aus: »Artikel 71 ... kann ... eine Zuständigkeit der Mitgliedstaaten nur für Abkommen begründen, die spezifisch EGKS-Erzeugnisse betreffen. Dagegen ist die Gemeinschaft allein zuständig für den Abschluß .... eines Abkommens, das alle Arten von Waren einschließt, selbst wenn dazu auch EGKS-Erzeugnisse gehören.« Die Literatur war sich bislang darin einig, daß Art. 71 EGKS-Vertrag aufgrund der Regelung über die gemeinsame Handelspolitik im EG Vertrag weitgehend obsolet geworden war. Daraus sind unterschiedliche Schlußfolgerungen gezogen worden. Vgl. einerseits *K. Carstens*, Die Errichtung des Gemeinsamen Marktes in der Europäischen Wirtschaftsgemeinschaft, Atomgemeinschaft und Gemeinschaft für Kohle und Stahl, ZaöRV 18 (1958), 459, 520; *Petersmann*, in: GTE, EGV, Art. 232, Rn. 12 f.; andere vertreten die Ansicht, daß innerhalb des EGKS-Vertragsregimes eine Lösung gesucht werden müsse. Vgl. die Nachweise bei *C. D. Ehlermann*, The Scope of Article 113 of the EEC Treaty, in: Études de Droit des Communautés Européennes – Mélanges offerts à Pierre-Henri Teitgen, Paris 1984, S. 145, 163 f. sowie bei *C. Vedder*, in: Grabitz/Hilf, EU, Art. 133, Rn. 32 ff.; *J. Bourgeois*, in: GTE, EGV, Art. 113, Rn. 13.

gliedstaaten nur dann für Abkommen zuständig, wenn sie sich spezifisch auf EGKS-Erzeugnisse beziehen[62].

24 Auch die in Art. 296 Abs. 1 aufgeführten Waren (**Waffen, Munition, Kriegsmaterial**) fallen angesichts des eindeutigen Ausnahmecharakters dieser Bestimmungen unter die gemeinsame Handelspolitik[63]. Gemäß Art. 296 Abs. 2 ex 223 Abs. 2 beschloß der Rat am 15.4.1958 eine Liste von Waren, auf die Art. 296 Abs. 1 lit. b Anwendung findet[64]. Die Behandlung von **Waren mit doppeltem Verwendungszweck** ist durch eine auf Art. 133 gestützte Verordnung auf eine neue Grundlage gestellt worden[65].

25 Da Art. 133 Abs. 1 eine Norm ist, die der Gemeinschaft (zu Lasten der Kompetenzausstattung der Mitgliedstaaten) bestimmte Zuständigkeiten zuweist, stellt sich mit besonderer Schärfe die **Frage, ob der Begriff der Handelspolitik weit genug** ist, um neben dem herkömmlichen internationalen Handel mit Waren sämtliche Sachverhalte zu erfassen, die den grenzüberschreitenden Verkehr mit Waren, Dienstleistungen und Kapital betreffen, wie dies beispielsweise innerhalb des Vertragsnetzes der Welthandelsorganisation (WTO) geschieht.

26 Bekanntlich haben die Vertragsparteien der WTO bei Abschluß der Uruguay-Runde neue Regelungsgegenstände durch zum GATT parallele Abkommen geregelt, etwa im Allgemeinen Abkommen über den **Dienstleistungshandel** (im folgenden: GATS[66]) oder dem Abkommen über die **handelsbezogenen Aspekte der Rechte an geistigem Eigentum** einschließlich des Handels mit nachgeahmten Waren (im folgenden: TRIPS-Abkommen[67]). Andere Gegenstände – zu nennen sind insbesondere **Direktinvestitionen**[68], **internationale Wettbewerbsregeln**[69], der Zusammenhang zwischen internationalem Han-

---

62 Gutachten 1/94, Slg. 1994, I-5267; vgl. bereits EuGH, Gutachten1/75, 11.11.1975, Slg. 1975, 1355, 1365 (»lokale Kosten«/OECD-Abkommen): »[Es] erscheint ... ausgeschlossen, daß ... [Artikel 71 EGKS-Vertrag] den Artikeln 13 und 114 EWG-Vertrag ihre Wirksamkeit nimmt und die Zuständigkeit der Gemeinschaft zur Aushandlung und zum Abschluß internationaler Abkommen auf dem Gebiet der gemeinsamen Handelspolitik beschneiden kann.« In diesem Sinne bereits *Ehlermann*, Mélanges Teitgen (Fn. 61), 168, mit eingehender Analyse der Praxis von Mitgliedstaaten, Rat und Kommission bis zum Jahr 1983.
63 Vgl. auch EuGH, Rs. 222/84, 15.5.1986; Slg. 1986, 1651 (Johnston/Chief Constable); aus der Literatur vgl. O. *Lhoest*, La production et le commerce des armes, et l'article 223 du traité instituant la Communauté Européene, RBDI 1993, S. 176 ff., 183; *P. Gilsdorf*, in: GTE, EU-/EGV, Art. 223, Rdnr. 3; *T. Marauhn*, Strategische Ausfuhrbeschränkungen gegen Drittstaaten im Lichte des Gemeinschaftsrechts. Zur Kompetenzverteilung zwischen Gemeinschaft und Mitgliedstaaten, ZaöRV 54 (1994), S. 779 ff., (795 ff.); siehe zu Waffenembargos *Vedder*, in: *Grabitz/Hilf*, Art. 133 Rn. 64.
64 Diese Liste ist bislang nicht geändert und nicht veröffentlicht worden; vgl. *J. Bourgeois*, in: GTE, EU-/EGV, Art. 113, Rn. 15; sie ist dennoch bekannt und wird besprochen u.a. bei *P. Gilsdorf/ P. J. Kuijper*, in: GTE, EU-/EGV, Art. 223, Rdnr. 3, 10 f.; *Lhoest* (Fn. 63), 184 ff.
65 Siehe Verordnung (EG) Nr. 1334/2000 des Rates vom 22. Juni 2000 über eine Gemeinschaftsregelung für die Kontrolle der Ausfuhr von Gütern und Technologien mit doppeltem Verwendungszweck, ABl. EG 2000 L 159/1 und Rn. 52 f. m.w.N.
66 Das Akronym GATS steht für *General Agreement on Trade in Services*. Es ist u.a. veröffentlicht in *GATT Secretariat* (ed.), The Results of the Uruguay Round of Multilateral Trade Negotiations – The Legal Text, Geneva 1994; siehe auch ABl.EG 1994 L 336/1.
67 Das Akronym TRIPS steht für das *Agreement on Trade-Related Aspects of Intellectual Property Rights*; es findet sich u.a. in den oben genannten Fundstellen.
68 Siehe hierzu die Informationen der Generaldirektion Handel unter <http://europa.eu.int/comm/trade/miti/invest/1806ti.htm>.
69 *E. -U. Petersmann*, The international competition policy of the EC and the need for an EC initiative for a »Plurilateral Agreement on Competition and Trade« in the WTO, in F. G. Snyder (Hrsg.), Constitutional Dimensions of European Economic Integration, 1996, S. 289 ff.

del einerseits und der Beachtung von völkerrechtlich verbindlichen Mindeststandards im Zusammenhang mit dem Schutz natürlicher Ressourcen und sozialer Rechte *(Trade and Environment, Trade and Social/Labour Rights*[70]) – sollen in der nächsten WTO-Runde *(Doha-Round)* Verhandlungsgegenstand werden und dürften auf mittlere Sicht ebenfalls Gegenstand von unter dem Dach der WTO geschlossenen multilateralen Übereinkünften werden[71].

Für eine Lesart des Abs. 1, die der Gemeinschaft die exklusive Kompetenz für diese Gegenstände zuweisen würde, spricht neben dem Wortlaut der Norm vor allem die **der früheren Rechtsprechung** des Gerichtshofes zur »gemeinsamen Handelspolitik« nach Abs. 1 zugrundeliegende Konzeption der gemeinsamen Handelspolitik (dazu sogleich 2.). Indes ist nunmehr aufgrund der Abs. 5 bis 7 eindeutig, daß nach dem Willen der Vertragsparteien des Gemeinschaftsvertrages der Begriff der »**Handelspolitik**« in Abs. 1 **keine Verweisung auf die Regelungsgegenstände des** — früher im GATT und nunmehr im WTO-Vertrag angelegten — »**Welthandelsrechts**« darstellt und auch nicht alle untrennbar mit dem Warenhandel verbundene Regelungsgegenstände erfassen soll. Diese Aussage der Abs. 5 bis 7 ist allerdings ohne die Kenntnis der sie vorbereitenden Rechtsprechung nicht verständlich, weswegen sie hier in der gebotenen Kürze vorgestellt werden soll (dazu sogleich 3.)[72]. 27

2. Rechtsprechung des Gerichtshofs vor Gutachten 1/94

In den ersten beiden Jahrzehnten nach Ablauf der Übergangszeit entwickelte der Gerichtshof ein durchaus **weites Verständnis des Tatbestandsmerkmals gemeinsame Handelspolitik**. So hält er Ende der 70er Jahre fest, dem Begriff der Handelspolitik komme kein unabänderlicher Inhalt zu; vielmehr bleibe er für Anpassungen an die Veränderungen des internationalen Wirtschaftslebens offen. Deswegen dürfe das Tatbestandsmerkmal *Handelspolitik* »nicht in einer Weise ausgelegt werden, die dazu führen würde, die gemeinsame Handelspolitik auf den Gebrauch der Instrumente zu beschränken, deren Wirkung ausschließlich auf die herkömmlichen Aspekte des Außenhandels gerichtet ist und weiterentwickelte Mechanismen ... ausschließen [würde]. Eine so verstandene ›Handelspolitik‹ wäre dazu verurteilt, bedeutungslos zu werden«[73]. In einer früheren Stellungnahme hatte der Gerichtshof betont, der Begriff der Handelspolitik habe »den 28

---

70 Zum Zusammenhang zwischen Sozialstandards und Handel vgl. *T. Cottier/A. Caplazi*, Labour Standards and World Trade Law: Interfacing Legitimate Concerns, in: Geiser/Schmid/Walter-Busch (Hrsg.): Entwicklung und Krisen der Arbeit in der Schweiz im 20. Jahrhundert, 1998, S. 470 ff.; *H.-V. Lempp*, Sozialdumping – eine unangemessene Handelspraktik? Extraterritoriale Arbeitnehmerrechte im Recht der Vereinigten Staaten. Eine Untersuchung im Lichte des GATT 1994 und des Völkergewohnheitsrechts, 1995. Die Aktivitäten der WTO im Bereich Handel und Umwelt sind kaum noch zu erfassen; hervorzuheben ist die Arbeit des *Committee on Trade and Environment*, dessen teilweise hervorragenden Arbeitsdokumente vom Server der WTO <www.wto.org> erhältlich sind.
71 Vgl. die Zusammenfassung der EG-Positionen für die kommende WTO-Runde unter <http://europa.eu.int/comm/trade/2000_round/index_en.htm>.
72 Nuanciert *R. Bierwagen*, in: *Smit/Herzog* (Fn. 12), Preliminary Observations on Articles 110–116, § 5 (»in line with previous case law«).
73 Beschluß 1/78 zum Internationalen Naturkautschuk-Übereinkommen, 4.11.1978, Slg. 1979, 2871, Rn. 44. Dort führt der Gerichtshof, a.a.O., Rn. 45 aus, die »Frage der Außenhandelsbeziehungen [sei] in einer offenen Perspektive zu regeln...[,was] sich auch dem Umstand entnehmen [läßt], daß die in Artikel 113 enthaltene Aufzählung der Gegenstände der Handelspolitik ... als eine nicht abschließende Aufzählung gedacht ist«. Vgl. auch Rs. 8/73, 12.7.1973, Slg. 1973, 897, Rn. 3 f. (HZA Bremerhaven/Massey-Ferguson).

gleichen Inhalt ..., ob er nun auf die internationale Betätigung eines Staates oder der Gemeinschaft angewendet wird«[74]. Weil der »Vertrag den möglichen Fortentwicklungen [der internationalen Handelsbeziehungen] Rechnung«[75] trage und es »nach Artikel [131 ex-Art.]110 eines der Ziele der gemeinsamen **Handelspolitik** [sei], ›zur harmonischen Entwicklung des Welthandels ... beizutragen‹, was voraussetzt, daß sich diese Politik einem möglichen **Auffassungswandel in der Völkergemeinschaft** anpaßt«[76], fallen auch **Präferenzregeln zugunsten der Entwicklungsländer** unter den Titel der gemeinsamen Handelspolitik[77]. Auf der Basis dieser Rechtsprechung würde es naheliegen, Abs. 1 sämtliche Bereiche erfassen zu lassen, die zum jeweiligen Zeitpunkt von der Staatengemeinschaft als dem Bereich der Handelspolitik zugehörig angesehen werden.

29 Diese **dynamische Sicht** der Dinge liegt gerade angesichts des **Wortlauts** des Art. 133 Abs. 1 nahe, der mit den gewählten Beispielen (»insbesondere«) *sämtliche* zum Zeitpunkt der Vertragsgestaltung *wesentlichen* Gegenstände des handelsbezogenen Wirtschaftsvölkerrechts erfaßte, mithin jene Gegenstände, die **1957** im Rahmen von GATT[78] und OECD geregelt oder verhandelt wurden. Zum jetzigen Zeitpunkt (2001) gehören hierzu nach Ansicht der über 140 Mitgliedstaaten der WTO die in der Schlußakte von Marrakesch geregelten Gegenstände, insbesondere der Warenhandel (GATT), der Handel mit Dienstleistungen (GATS) sowie die mit dem Warenhandel akzessorisch verbundenen Regelungen über den Schutz geistigen Eigentums (TRIPS-Abkommen)[79]. Einer solchen Sicht der Dinge, die von der Kommission im Hinblick auf Abs. 1 bis zum Gutachten 1/94 vertreten werden konnte[80], ist vom Gerichtshof eine **eindeutige Absage erteilt worden.**

3. Die Aussage des Gutachtens 1/94 zum Regelungsgehalt des Art. 133 Abs. 1

30 In **Gutachten 1/94** hatte der Gerichtshof die Frage zu beantworten, ob die Gemeinschaft die *alleinige* Zuständigkeit zum Abschluß der Schlußakte von Marrakesch hatte. Das hätte vorausgesetzt, daß ihr nach Abs. 1 die Kompetenz für die materiellen Verpflichtungen zugekommen wäre, die in den multilateralen Handelsverträgen enthalten sind: Die Kommission hatte dazu die Ansicht vertreten, der Gemeinschaft stünde nach Abs. 1 die Außenkompetenz für den Warenhandel (GATT 1994), den internationalen Dienstleistungshandel (GATS) sowie die handelsbezogenen Aspekte des geistigen Eigentums (TRIPS-Abkommen) zu, weswegen sie auch für den im WTO-Vertrag und dem Streitbeilegungsabkommen (DSU) niedergelegten institutionellen Rahmen zuständig sei. Der Gerichtshof folgte der Kommission hinsichtlich der ausschließlichen Kompetenz für den Warenhandel.[81] Im Hinblick auf die materiellen Verpflichtungen in

---

74 EuGH, Gutachten 1/75, 11.11.1975, Slg. 1975, 1355, 1362 (OECD-Gutachten).
75 EuGH, Rs. 45/86, 26.3.1987, Slg. 1987, 1493, Rn. 19 (Kommission/Rat – *APS I*)
76 EuGH, (Fn. 75), Rn. 19.
77 EuGH, (Fn. 75), Rn. 19.
78 Die verschiedenen GATT-Runden, deren letzte zu dem Abschluß der Marrakesch-Abkommen geführt hat, waren in Artikel XXVIII *bis* GATT als Mandat an die Vertragsparteien angelegt.
79 Zu weiteren Verträgen siehe unten Rn. 159 f.
80 Vgl. den Sachbericht in Slg. 1994; I-5267; in diesem Sinne auch weite Teile der Literatur vor Gutachten 1/94. Vgl. *Ch. Bail*, Das Profil einer neuen Welthandelsordnung – Was bringt die Uruguay-Runde? Teil 2, EuZW 1990, 465, 470 f.; *A. v. Bogdandy*, in: Grabitz/v. Bogdandy/Nettesheim (Fn. 1), S. 29 f.
81 Gutachten 1/94, (Fn. 3), Rz. 27.

GATS und TRIPS nahm er nur für Randbereiche eine Kompetenz der Gemeinschaft an. Deswegen sei der **WTO-Vertrag** insgesamt als **gemischtes Abkommen** abzuschließen.

Der Gerichtshof nimmt im Gutachten 1/94 nicht formell Abschied von dem weiten Verständnis des Tatbestandsmerkmals »gemeinsame Handelspolitik«, das der unter *1.* skizzierten Rechtsprechung zugrunde liegt. Der Gerichtshof bestätigt sogar ausdrücklich den »offene[n] Charakter der gemeinsamen Handelspolitik im Sinne des Vertrages«, der es beispielsweise ausschlösse, »den Dienstleistungsverkehr *von vornherein und grundsätzlich* vom Anwendungsbereich des Artikels 113 [a.F. = 133 n.F.] auszuschließen«[82]. Von den im GATS vorgesehenen Erbringungsweisen für Dienstleistungen sei indes ausschließlich »die **grenzüberschreitende Erbringung**, die keinen Grenzübertritt von Personen erfordert« **von Abs. 1 erfaßt** und zwar deswegen, weil sie »dem Warenverkehr nicht unähnlich [sei], der zweifellos unter die gemeinsame Handelspolitik« falle.[83] Es gebe demnach keinen Grund, eine solche Dienstleistung vom Begriff der gemeinsamen Handelspolitik auszuschließen[84]. Die übrigen Erbringungsweisen seien indes mit grenzüberschreitenden Ortsveränderungen von Dienstleistungserbringern oder Dienstleistungsempfänger verbunden. Für solche Szenarien habe der Vertrag eigene, von der gemeinsamen Handelspolitik geschiedene, Politiken vorgesehen. Artikel 3 unterscheide die unter Buchstabe b) genannte gemeinsame Handelspolitik von den unter Buchstabe d) aufgeführten Maßnahmen hinsichtlich der Einreise und des Personenverkehrs. Da es der Gerichtshof ablehnte, den untrennbaren Zusammenhang der materiellen Verpflichtungen aus den verschiedenen Verträgen[85] als hinreichenden Grund für eine Erweiterung der Kompetenz nach Abs. 1 anzusehen, kam er zu dem Ergebnis: »Folglich fallen die Erbringungsweisen für **Dienstleistungen**, die im Rahmen des GATS als ›**Auslandserbringung**‹, ›**gewerbliche Niederlassung**‹ und ›**Niederlassung natürlicher Personen**‹ bezeichnet werden, **nicht unter die gemeinsame Handelspolitik**«[86]. Damit fällt ein wesentlicher Teil der Kompetenz, den Handel mit Dienstleistungen zu regulieren, nicht unter die »gemeinsame Handelspolitik« nach Abs. 1.[87]

31

In Bezug auf das **TRIPS** folgt der EuGH der gleichen Argumentation. Lediglich soweit dieses Abkommen Regelungen vorsieht, die sich als **herkömmliche Grenzbehandlung von Waren** verstehen lassen[88], erkennt der Gerichtshof eine auf Art. 133 Abs. 1 gestützte Vertragsschlußkompetenz der Gemeinschaft an. Im übrigen behandle das TRIPS-Abkommen Rechtsfragen, die zwar »unweigerlich Auswirkungen auf den Han-

32

---

82 Gutachten 1/94, (Fn. 3), Rn. 41; Hervorhebungen nur hier.
83 Gutachten 1/94, (Fn. 3), Rn. 43, 44.
84 M. Hilf, The ECJ's Opinion 1/94 on the WTO – No Surprise, but Wise?, EJIL 6 (1995), S. 245, 252 weist in seiner Analyse des Gutachtens darauf hin, daß unter diese Erbringungsweise besonders wichtige und zukunftsträchtige Arten der Dienstleistungserbringung fallen (z.B. Telekommunikation, Versicherungen, audiovisuelle Medien).
85 *Single undertaking approach* gem. Art. II Abs. 2 WTO-Vertrag.
86 Gutachten 1/94 (Fn. 3), Rn. 47; dementsprechend war der auf Art. 133 gestützte Abschluß eines mit den USA geschlossenen Abkommens über öffentliches Beschaffungswesen, das auch Dienstleistungen einbezog, »nach dem gegenwärtigen Stand des Gemeinschaftsrechts« kompetenzwidrig – EuGH, Rs. C - 360/94, 7.3.1996, Slg. 1996, I-1195, Rn. 29 (Parlament/Rat).
87 Gutachten 1/94, (Fn. 3), Rn. 36 ff. Vgl. dazu *M. Hilf*, EG-Außenkompetenzen in Grenzen: das Gutachten des EuGH zur Welthandelsorganisation, EuZW 1995, 7, sowie *ders.* (Fn. 84), 252.
88 Vgl. Teil III, Abschnitt 4 TRIPS-Abkommen, der die Durchsetzung der Rechte an geistigem Eigentum betrifft und Grenzmaßnahmen zum Schutz gegen nachgemachte Waren vorsieht. Dieser Regelungsgegenstand war zuvor von der VO (EWG) Nr. 3842/86 des Rates vom 1.12.1986 über »Maßnahmen zum Verbot der Überführung nachgeahmter Waren in den zollrechtlich freien Verkehr (ABl.EG 1986 L 357/1) geregelt gewesen, die auf Artikel 133 ex-Art. 113 gestützt war.

del«[89] mit Waren hätten[90]. Indes: Diese Regelungen beträfen »nicht spezifisch den internationalen Warenaustausch, sie betreffen vielmehr den Binnenhandel im gleichen Maße wie den internationalen Handel, wenn nicht stärker als diesen«[91].

4. Die Folgen der restriktiven Interpretation des Abs. 1

33 Auf der Grundlage der vom Gerichtshof vorgenommenen Auslegung des Tatbestandsmerkmals »gemeinsame Handelspolitik« kommt der **Gemeinschaft für weite Teile der neueren Regelungsgegenstände des Wirtschaftsvölkerrechts nach Abs. 1 keine Außenkompetenz** zu; inwieweit dies durch die in Nizza angefügten Abs. 5 bis 7 geändert wurde, wird weiter unten zu beleuchten sein.[92] Die unmittelbaren Folge dieser für die Kommission überraschenden Erkenntnis war, daß der WTO-Vertrag als gemischtes Abkommen geschlossen wurde. Vor allem aber treten seither im Rahmen der WTO die Gemeinschaft und ihre 15 Mitgliedstaaten in allen Angelegenheiten gemeinsam auf, sofern nicht ausschließlich der Warenhandel, die Dienstleistungsbringung ohne Grenzübertritt der beteiligten Wirtschaftssubjekte oder schließlich Grenzmaßnahmen gegen nachgeahmte Waren betroffen sind. Wie die Entscheidung des EuGH zum Vertrag zwischen der EG und den USA zum Öffentlichen Auftragswesen zeigt, ist es indes **kaum möglich, die verschiedenen Dienstleistungserbringungsweisen** oder auch sonstige Regelungsmaterien in modernen Handelsverträgen **stets scharf getrennt zu halten.**[93]

34 Das Gutachten 1/94 läßt indes offen, wie zu verhindern sei, daß die **gemeinsame Außenvertretung durch 15 Staaten und die Kommission** nicht zur **Kakophonie** gerate. Der Gerichtshof beschränkt sich in sonst selten gepflegter Zurückhaltung darauf, aus der »**Notwendigkeit einer geschlossenen Außenvertretung der Gemeinschaft**« eine Pflicht zur (wechselseitigen) Zusammenarbeit zu statuieren, ohne allerdings die Modalitäten dieser Zusammenarbeit festzuschreiben. Die bisherigen Erfahrungen waren nicht ermutigend. Die Gemeinschaft spricht mit bis zu 16 Stimmen, die Mitgliedstaaten und die Kommission kommen ihren wechselseitigen Loyalitäts- und Fürsorgeverpflichtungen nicht immer nach.

35 Das **Gutachten 1/94** ist als Ausdruck der sich seit den siebziger Jahren gewandelten Zeiten gedeutet worden: Der Gerichtshof habe sich von der weitgehend bedingungslosen Unterstützung der zentralistischen Kräfte – insbesondere der Kommission – gelöst. Als Gründe hierfür werden die zwischenzeitliche Stärke und Vitalität der Gemeinschaft angeführt, die der ständigen Fürsorge durch den Gerichtshof nicht mehr bedürfe. Zum anderen wird die neu erwachte Europa-Skepsis vieler Mitgliedstaaten genannt, die auf dem Gebiet der Außenvertretung besonders ausgeprägt zu sein scheint[94] und im Zu-

---

89 Gutachten 1/94 (Fn. 3), Rn. 57.
90 Vgl. die Nachweise der Literatur vor Gutachten 1/94 bei *J. Bourgeois*, in: GTE, EU-/EGV, Art. 113, Rn. 27.
91 Gutachten 1/94 (Fn. 3), Rn. 57; kritische Besprechung bei *J. Bourgeois*, The EC in the WTO and Advisory Opinion 1/94 – an Echternach Procession, CMLR. 32 (1995), S. 764.
92 Siehe unten Rn. 68 ff.
93 Vgl. EuGH, Rs. C-360/93, 7.3.1996, Slg. 1996, I-1195, Rn. 25 ff.; dazu *C. Pitschas*, Die völkerrechtliche Verantwortlichkeit der Europäischen Gemeinschaft und ihrer Mitgliedstaaten. Zugleich ein Beitrag zu den völkerrechtlichen Kompetenzen der Gemeinschaft, 2001, S. 226 f.
94 Die nationalen Exekutiven wissen seit langem, wie man durch die europäische Rechtsetzung und den Abschluß internationaler Abkommen die interne Machtarchitektur der jeweiligen nationalen Verfassungen manipuliert, und schätzen es nicht, im Verhältnis zur Kommission diese Erfahrung unter umgekehrten Vorzeichen machen zu müssen. Vgl. etwa die Beiträge zur Rechtslage in Europa und den nordamerikanischen Demokratien in: *S. Riesenfeld/F. Abbott* (eds.), The Parliamentary Participation in the Making and Operation of Treaties, 1994.

sammenhang mit dem Abschluß der Uruguay-Runde einen vorläufigen Höhepunkt fand[95]. Der Gerichtshof habe durch eine Besänftigungspolitik gegenüber den Mitgliedstaaten langfristig der europäischen Sache dienen wollen[96].

Indes sprechen – trotz der bei EuGH-Entscheidungen üblich kargen Argumentation, die beim Gutachtenverfahren nicht durch einen Schlußantrag des Generalanwalts aufgefangen wird – auch durchgreifende rechtliche Gründe dafür, das vom Gerichtshof entwickelte Ergebnis zu halten. Denn zwar müßte auf der Grundlage der unter 1. wiedergegebenen Rechtsprechung die gemeinsame Handelspolitik sämtliche gegenwärtigen Regelungsgegenstände der Welthandelsorganisation (und wohl auch die für die unmittelbare Zukunft erwogenen) Verhandlungsgegenstände umfassen, zumal der **unauflösbare Zusammenhang sämtlicher Vertragsverpflichtungen der Marrakesch-Abkommen** (»single undertaking approach«) geradezu eine *raison d'être* der WTO ist[97]. In jedem Falle haben die Mitglieder der WTO die in GATS, TRIPS und den anderen WTO-Abkommen geregelten Materien als taugliche Gegenstände multilateraler Handelsübereinkommen (*Multilateral Trade Agreements*[98]) definiert. Wenn der Begriff der Handelspolitik tatsächlich »den gleichen Inhalt [hätte, gleichgültig], ob er nun auf die internationale Betätigung eines Staates oder der Gemeinschaft angewendet wird«[99], ließe sich die Kompetenz der Gemeinschaft aus Art. 133 Abs. 1 nicht ernsthaft bestreiten. Zu dem gleichen Ergebnis gelangte man mit der Argumentation, der durch den single-undertaking-approach hergestellte Zusammenhang zwischen dem Regelungskomplex »Warenhandel« und den »neuen« Regelungsgegenständen der WTO reiche aus, diese an sich nicht von Art. 133 Abs. 1 erfaßten Regelungsbereiche »kraft Sachzusammenhangs« unter den Kompetenztitel der gemeinsamen Handelspolitik zu ziehen[100]. 36

Würde man indes diesen Argumentationen folgen, würde dies die im Vertrag niedergelegte Kompetenzverteilung zwischen Gemeinschaft und Mitgliedstaaten, sowie zwischen Rat, Kommission und Parlament auf mittlere Sicht obsolet werden lassen. Auch wenn manche Vorstellungen von der konstitutionellen Funktion der WTO der Entwicklung vorgreifen[101], so kann doch davon ausgegangen werden, daß **Regelungsbreite und Regelungstiefe** der im Rahmen des **WTO-Systems** geschlossenen Verträge weiter zunehmen werden. Damit werden alsbald Bereiche (Investitionsschutz, Umwelt, Sozialstandards, Wettbewerbsrecht) erfaßt sein, die im **EG-Vertrag durchaus differenziert zwischen Mitgliedstaaten und Gemeinschaft und**, soweit die Gemeinschaft betroffen 37

---

95 P. *Kuijper*, The Conclusion and Implementation of the Uruguay Round Results by the European Community, EJIL 6 (1995), S. 222–224.
96 In diesem Sinne wohl M. *Hilf* (Fn. 84), S. 245 ff.
97 Dies kommt besonders deutlich in dem in Art. II Abs. 2 WTO-Vertrag zum Ausdruck kommenden *single-undertaking approach*, sowie in der in Art. 22 Abs. 3, 4 WTO-Streitbeilegungsabkommen normierten Befugnis zur sog. *cross retaliation* zum Ausdruck. Danach hat ein in seinen Rechten aus einem bestimmten Vertrag verletztes WTO-Mitglied bei Zwangsmaßnahmen zunächst die Suspension von Verpflichtungen zu erwägen, die in dem ursprünglich verletzten Vertrag enthalten sind. Sofern sich solche Maßnahmen allerdings als nicht effektiv herausstellen, kann der in seinen WTO-Rechten verletzte Staat jede Verpflichtung aus einem WTO-Vertrag suspendieren. Vgl. im einzelnen M. *Hahn*, Die Suspension von GATT-Verpflichtungen als Repressalie, 1996, S. 269 ff.
98 Art. II Abs. 2 WTO-Vertrag.
99 EuGH, Gutachten 1/75 (Fn. 10), 1362 f.
100 Zur Argumentation auf Grundlage des Sachzusammenhangs vgl. J. *Bourgeois*, in: GTE, EU-/EGV, Art. 113, Rn. 10 f.
101 T. *Cottier*, A Theory of Direct Effect in Global Law, in: A. v. Bogdandy/P. Mavroidis/Y. Meny (Hrsg.), European Integration and International Coordination. Studies in honour of Claus-Dieter Ehlermann, 2002 (im Erscheinen), Text nach Fn. 24.

ist, zwischen den Gemeinschaftsorganen verteilt sind[102]. Zu beachten ist in diesem Zusammenhang auch, daß die Kommission bereits vor dem Gutachten 1/94 vorgeschlagen hatte, die Kompetenzen der Gemeinschaft nach Art. 133 Abs. 1 zu erweitern, was von den Vertragsparteien des EG-Vertrages verweigert worden war[103].

38 Zwar erteilt der Gerichtshof einem apriorischen Ausschluß der neuen Regelungsgegenstände der WTO aus dem Begriff der gemeinsamen Handelspolitik eine Absage. Unbeschadet dessen nimmt er – unter Berufung auf die für nicht-herkömmliche handelspolitische Regelungsgegenstände geltenden Spezialregelungen des EG-Vertrages – in der Sache Abschied von der früheren Aussage, der Begriff der Handelspolitik habe »den gleichen Inhalt..., ob er nun auf die internationale Betätigung eines Staates oder die der Gemeinschaft angewendet wird«[104]. Denn die Schlußakte von Marrakesch und das darin enthaltene Vertragsbündel verdeutlichen, daß die Staatengemeinschaft den Begriff der Handelspolitik weiter auslegt als der Gerichtshof den gemeinschaftsrechtlichen Begriff gemeinsame Handelspolitik im Sinne des Abs. 1. »Handelspolitik« i.S.d. Abs. 1 hat (entgegen der früheren Rechtsprechung des Gerichtshofes) seit dem Gutachten 1/94 nicht mehr zwangsläufig die gleiche Bedeutung wie im geltenden Wirtschaftsvölkerrecht.

39 Vielmehr erfaßt nach der Rechtsprechung des Gerichtshofes »gemeinsame Handelspolitik« nach Abs. 1 nur die Maßnahmen der Gemeinschaft, die den Waren-Handelsverkehr mit dritten Staaten regeln, sowie zusätzlich solche Maßnahmen, deren Hauptzweck in der Beeinflussung der Warenhandelsströme oder des Warenhandelsvolumens liegen. Andere Erscheinungsformen des grenzüberschreitenden Wirtschaftsverkehrs (wie beispielsweise Dienstleistungen oder geistiges Eigentum) werden nur dann erfaßt, wenn sie als wirtschaftliche Transaktionen dem Warenhandel ähnlich oder hierzu streng akzessorisch sind[105]. Die nunmehr zum Regelfall gewordene parallele Zuständigkeit von Gemeinschaft und Mitgliedstaaten in der WTO führt zu schwer erträglichen Verhältnissen, die auch von den neu eingefügten Abs. 5 bis 7 nicht zufriedenstellend bereinigt werden[106].

40 Durch die vom Gerichtshof eingenommene Position war unbeschadet der Frage, ob eine Alternative dogmatisch sauber zu begründen gewesen wäre, die Konstellation einge-

---

102 Es verwundert deshalb nicht, daß sich das Parlament, das im Verhältnis zu den Mitgliedstaaten und Rat regelmäßig der Kommission beitritt, im Verfahren 1/94 von dieser Praxis abwich; vgl. Gutachten 1/94 (Fn. 3). Die Stimmen in der Literatur, die, ausgehend vom Begriff der gemeinsame Handelspolitik, die neuen Regelungsgegenstände unter Art. 133 Abs. 1 fassen wollten, setzten sich mit dem skizzierten systematischen Argument eher beiläufig auseinander; siehe beispielsweise K. Hailbronner, HK-EUV, Art. 113, Rn. 28, der berechtigterweise auf die zunehmende Bedeutung des Dienstleistungssektors in den internationalen Handelsbeziehungen aufmerksam macht; A. v. Bogdandy, in: Grabitz/v. Bogdandy/Nettesheim (Fn. 1), S. 13 f.
103 Vgl. R. Bierwagen, in: Smit/Herzog (Fn. 12), Preliminary Observations on Articles 110–116, § 4 m.w.N.; siehe auch die Angaben in der Stellungnahme des Vereinigten Königreiches, Gutachten 1/94, I-5306. Siehe auch M. Maresceau: The Concept of »Common Commercial Policy« and the Difficult Road to Maastricht, in: M. Maresceau (ed.), The European Commercial Policy after 1992: The Legal Dimension, Dordrecht 1993, S. 6 ff.
104 EuGH, Gutachten 1/75, 11.11.1975, Slg. 1975, 1355, S. 1362 (OECD-Gutachten).
105 So war von je her anerkannt, daß bloß warenakzessorische Dienstleistungen (z.B. Montage der Ware »Chemische Fabrik«, Software für Ware »Großrechner«) vom Begriff der gemeinsamen Handelspolitik mit umfaßt sind.
106 Die in Amsterdam (abgelehnten) Wünsche der Kommission finden sich in dem die Regierungskonferenz 1996 vorbereitenden Bericht der Kommission an die Reflexionsgruppe, Luxemburg 1995, S. 57–60; die Vorschläge für Nizza, die ein nämliches Los erlitten, sind in dem Kommissions-Dokument »CIG-Argumentaire sur l'Article 133« enthalten.

treten, die der Gerichtshof in einer seiner ersten Entscheidungen als argumentum ad absurdum verwendet hatte, um die alleinige Zuständigkeit der Gemeinschaft für die gemeinsame Handelspolitik zu begründen. Der Gerichtshof hatte seinerzeit ausgeführt, eine »**parallele Zuständigkeit der Mitgliedstaaten und der Gemeinschaft** ... würde bedeuten, daß die Mitgliedstaaten in den Beziehungen mit Drittländern eine der Absichten der Gemeinschaft zuwiderlaufende Haltung einnehmen könnten; damit würde das institutionelle Zusammenspiel verfälscht, das Vertrauensverhältnis innerhalb der Gemeinschaft erschüttert und die Gemeinschaft gehindert, ihre Aufgabe zum Schutz des gemeinsamen Interesses zu erfüllen«[107].

5. Die Reaktion der Vertragsparteien des EGV auf die Rechtsprechung 1/94

Der im **Gutachten 1/94** entwickelten Auslegung des Abs. 1 konnte mit guten Gründen 41 widersprochen und die Entscheidung als falsche Interpretation des Primärtextes charakterisiert werden.[108] Die **Vertragsparteien des EG-Vertrages** haben indes erkennbar die in diesem Gutachten vorgenommene Kompetenzverteilung der WTO-Regelungsgegenstände zwischen Gemeinschaft und Mitgliedstaaten **in das Primärrecht rezipiert**. Man mag diese Entscheidung mit guten rechtspolitischen Gründen bedauern. Indes geht es aufgrund der Entscheidung der Herren der Verträge seit dem Vertrag von Amsterdam nicht mehr um die Frage, ob die restriktive Auslegung des Gutachtens 1/94 eine juristisch zutreffende Auslegung des Abs. 1 sei oder nicht. Der Vertrag mißt nunmehr dem Abs. 1 die enge Bedeutung bei, die ihm das Gutachten 1/94 zuerkennen wollte.

Der **Vertrag von Amsterdam** fügte den ersten vier Absätzen einen Abs. 5 (im folgenden 42 Abs. 5 a.F.) an, der folgenden Wortlaut hatte:

»Der Rat kann auf Vorschlag der Kommission und nach Anhörung des Europäischen Parlaments durch einstimmigen Beschluß die Anwendung der Absätze 1 bis 4 auf internationale Verhandlungen und Übereinkünfte über Dienstleistungen und Rechte des geistigen Eigentums ausdehnen, soweit sie durch diese Absätze nicht erfaßt sind.«

Indem der Vertrag anordnete, daß die Abs. 1 bis 4 durch einstimmigen Ratsbeschluß 43 auf »internationale Verhandlungen und Übereinkünfte über Dienstleistungen und Rechte des geistigen Eigentums« ausgedehnt werden könnten, war vor dem Hintergrund der Entstehungsgeschichte **klar gestellt**, daß diese Bereiche nicht vom Tatbestandsmerkmal »Handelspolitik« im Sinne des Abs. 1 umfaßt werden.[109] Zugleich eröffnete Abs. 5 a.F. die Möglichkeit, die für die Gemeinschaft und ihre Mitgliedstaaten

---

107 EuGH, Gutachten 1/75, 11.11.1975, Slg. 1975, 1355, S. 1363 f. (OECD-Gutachten).
108 *P. Pescatore*, Opinion 1/94 on »Conclusion« of the WTO Agreement: Is there an Escape from a Programmed Disaster?, CMLR 36 (1999), S. 387 ff.; *J. Bourgeois*, The EC in the WTO and Advisory Opinion 1/94: an Echternach Procession, CMLR. 32 (1995), S. 764; *M. Hilf* (Fn. 84); *A. Maunu*, The implied external competence of the European Community after the ECJ Opinion 1/94 – towards coherence or diversity? Legal Issues of European Integration 1995/2, S. 115 ff.; siehe auch *N. Emiliou*, The death of exclusive competence? European Law Review 1996 S. 294 ff.; *T. Flory/F. Martin*, Remarques à propos des avis 1/94 et 2/92 de la Cour de justice des Communautés européennes au regard de l'évolution de la notion de politique commercial commune, CDE 32 (1996), 379 ff.
109 Eingehend zum früheren Abs. 5 die Vorauflage.

schädliche Doppelvertretung im Rahmen der WTO zu überwinden. Indes wurde die eingeräumte Befugnis zur autonomen Vertragsänderung nicht genutzt; ganz offensichtlich sah die Kommission für einen entsprechenden Vorschlag ihrerseits keinerlei Aussicht auf Erfolg.

44 Der Vertrag von Nizza ordnet nunmehr durch **Abs. 5 n.F.** an, daß die **Regeln der Abs. 1 bis 4** dem Grunde nach auf die Aushandlung und den Abschluß von Abkommen betreffend den Handel mit Dienstleistungen und Handelsaspekte des geistigen Eigentums gelten; auf die zahlreichen wesentlichen Einschränkungen wird weiter unten einzugehen sein. Damit wird zwar »die gemeinsame Handelspolitik« der Gemeinschaft — *nota bene* nur nach außen hin[110] — durchaus um diese Bereiche erweitert. Indes wird die Position des **Gutachtens 1/94** perpetuiert, derzufolge das Tatbestandsmerkmal »gemeinsame Handelspolitik« *in Abs.* 1 gerade die in Abs. 5 (teilweise) vergemeinschafteten Außenkompetenzen nicht umfasse. Wäre es anders, müßte Abs. 5 als Einschränkung der Kompetenz nach Abs. 1 gelesen werden, während er doch eindeutig eine (wenn auch höchst unvollkommene) Erweiterung der Außenkompetenz der Gemeinschaft darstellt.[111]

V. Zu welchen Maßnahmen berechtigt Abs. 1?

1. Finale oder instrumentale Theorie?

45 Angesichts der soeben dargestellten grundlegenden Schwierigkeiten mit der Bestimmung des Inhalts der gemeinsamen Handelspolitik im Sinne von Abs. 1, rückt die ältere Streitfrage, ob bei der Prüfung des Kompetenztitels des Abs. 1 die finale oder instrumentale Theorie zugrunde zu legen sei, in den Hintergrund. Nach der **finalen Theorie** liegt eine von Art. 133 gedeckte Maßnahme (nur) dann vor, wenn – wie dies für die in Art. 133 Abs. 1 genannten Beispiele zutrifft – mit ihr das Ziel verfolgt wird, Handelsvolumina und -ströme zu beeinflussen. Dem steht die **instrumentale Theorie** gegenüber, derzufolge jeglicher Einsatz handelspolitischer Instrumente von Art. 133 gedeckt ist. Je nachdem, welcher dieser beiden Positionen gefolgt wird, erweitert oder reduziert sich – typischerweise[112] – die Kompetenz der Gemeinschaft und insbesondere das Gewicht der Kommission. Es überrascht deswegen nicht, daß letztere zu den frühen Protagonisten der instrumentalen Theorie zu zählen ist[113], während der Rat der finalen Theorie anhängt[114].

---

110 Im Gegensatz zu dem Vorschlag der Kommission, wurde für die im nunmehrigen Abs. 5 angesprochenen Bereiche nicht etwa auch die Befugnis zur autonomen Handelspolitik gewährt; vgl. das von der französischen Präsidentschaft vorgelegte *Document de Synthèse* v. 3.11.2000, CONFER 4790/00, S. 23 und das neunseitige Papier der Kommission *CIG – Argumentaire sur l'Article 133*.
111 *H. Krenzler/C. Pitschas* (Fn. 5), S. 450 ff.; *C. Herrmann* (Fn. 5), S. 271 f.
112 *P. J. G. Kapteyn/P. VerLoren van Themaat*, Introduction to the Law of the European Communities – From Maastricht to Amsterdam, 3rd ed., 1998, 1275 ff. weisen darauf hin, daß Kommission und Rat stets ihre ohnehin nicht sehr weit voneinander abweichenden Positionen tauschen, wenn die jeweils andere Theorie ausnahmsweise die eigene Position stärkt. Siehe auch *Streinz*, Europarecht, Rn. 630; *P. Gilsdorf* (Fn. 41), S. 5 ff.; *J. Bourgeois*, in: GTE, EU-/EGV, Art. 113, Rn. 3.
113 Vgl. die Stellungnahme der Kommission im Rahmen des dem Beschluß des Gerichtshofes 1/78 (Fn. 15) vorausgehenden Verfahrens, Slg. 1979, 2871, 2884; siehe auch die Stellungnahme der Kommission im Verfahren der Rs. 45/86, 6.3.1987, Slg. 1987, 1493, 1498.
114 Vgl. die Stellungnahme des Rates im Rahmen des dem Beschluß des Gerichtshofes 1/78 (Naturkautschuk) vorausgehenden Verfahrens, Slg. 1979, 2871, 2887 ff.

Der **EuGH** hat sich bislang nicht ausdrücklich auf eine Definition festgelegt[115], wenn- 46
gleich seine – im Hinblick auf den Warenhandel – **weite Auslegung** des Begriffes in der
Sache weitgehend der instrumentalen Sicht der Dinge folgt[116]. Maßgeblich beeinflußt
von einer Studie des seinerzeitigen Generaldirektors des Juristischen Dienstes der Kommission[117], hat sich im **Schrifttum** eine Position durchgesetzt, die scheinbar die instrumentale und die finale Theorie versöhnt. Danach umfaßt der Begriff Handelspolitik alle (nicht anderweitig geregelten) Maßnahmen, die den Handelsverkehr mit Drittstaaten
offen und spezifisch regeln, sowie zusätzlich solche Maßnahmen, deren Hauptzweck in
der Beeinflussung der Handelsströme oder des Handelsvolumens liegt[118]. In der Sache
rundet diese Ansicht, ebenso wie die Rechtsprechung des Gerichtshofes, die instrumentale Theorie der Kommission lediglich ab[119]. Eine solche pragmatische Herangehensweise entspricht dem offenen Charakter des Begriffs *gemeinsame Handelspolitik*: Jede
Form der Handelspolitik stellt letztlich den Versuch dar, mit bestimmten Instrumenten
die allgemeine Wohlfahrt der Bürger der Gemeinschaft zu fördern oder bestimmte andere Ziele (z.B. Förderung von Entwicklungsländern, Einflußnahme zugunsten von
Menschenrechten) zu erreichen, die zumeist mit dem erstgenannten Ziel verknüpft
sind[120]. »Somit kann eine Maßnahme, die die Verhinderung oder Beschränkung der
Ausfuhr bestimmter Güter ... bewirkt, dem Bereich der gemeinsamen Handelspolitik
nicht mit der Begründung entzogen werden, daß mit ihr [bestimmte] Zwecke verfolgt
würden«[121].

---

115 Vgl. *T. Müller-Ibold*, in: *Lenz*, EGV, Art. 131, Rn. 4.
116 So sieht der EuGH, Rs. C-62/88, 29.3.1990, Slg. 1990, I-1527, Rn. 16 (Griechenland/Rat –
 Tschernobyl) im Hinblick auf eine dem Gesundheitsschutz dienende Beschränkung der Einfuhr
 bestimmter Lebensmittel in die Gemeinschaft ohne weiteres Art. 133 als tragfähige Kompetenzgrundlage an, da die streitgegenständliche VO »den Handel zwischen der Gemeinschaft und
 Drittländern zum Gegenstand [hat]; damit gehört sie zur gemeinsamen Handelspolitik«. Vgl.
 auch EuGH, Rs. 37–38/73, 13.12.1973, Slg. 1973, 1609, Rn. 16; Rs. 8/73, 12.7.1973,
 Slg. 1973, 897, Rn. 4 (HZA Bremerhaven/Massey-Ferguson); Rs. 41/76, 15.12.1976,
 Slg. 1976, 1921, Rn. 32 (Donckerwolcke/Procureur de la République); Rs. 174/84, 18.2.1986,
 Slg. 1986, 559, Rn. 31 (Bulk Oil/Sun International); EuGH, Gutachten 1/75, 11.11.1975,
 Slg. 1975, 1355, S. 1362 (OECD-Gutachten); Beschluß 1/78 zum Internationalen Naturkautschuk-Übereinkommen, 4.11.1978, Slg. 1979, 2871, Rn. 45; Rs. 59/84, 5.3.1986,
 Slg. 1986, 887 (Tezi Textiel/Kommission).
117 *C.D. Ehlermann*, The Scope of Article 113 of the EEC Treaty, *in*: Études de Droit des Communautés Européennes – Mélanges offerts à Pierre-Henri Teitgen, Paris 1984, S. 145 ff.
118 *T. Müller-Ibold*, in: Lenz, EGV, Vorbemerkung zu Art. 131, Rn. 4; *J. Bourgeois*, in: GTE, EU/
 EGV, Art. 113, Rn. 5, 6 mit umfangreichen weiteren Nachweisen; *C. Vedder*, in: Grabitz/Hilf,
 EU, Art. 133, Rn. 40 ff., 47.
119 Vgl. EuGH, Rs. C-83/94, 17.10.1995, Slg. 1995, I-3231, I-3244 (Leifer), Rn. 9: »Die
 Durchführung einer ... gemeinsamen Handelspolitik *verbietet eine einschränkende Auslegung
 dieses Begriffs*, damit es wegen der Unterschiede, die andernfalls in bestimmten Bereichen der
 Wirtschaftsbeziehungen zu den Drittländern fortbestehen würden, nicht zu Störungen im innergemeinschaftlichen Handel kommt.« (Hervorhebung nur hier); ebenso EuGH, Rs. C-70/94,
 17.10.1995, Slg. 1995, I-3218, Rn. 9–12 (Werner). Siehe auch *Ehlermann* (Fn. 61), S. 145 ff.;
 P. Gilsdorf, Portée et délimitation des competences communautaires en matière de politique
 commerciale, RMC 1989, S. 195 ff.
120 Die Förderung von Entwicklungsländern etwa geschieht regelmäßig nicht nur aus Solidarität
 oder Mitgefühl mit weniger begünstigten Menschen. Sie dient zugleich (und unter anderem) der
 Verhinderung von Wanderbewegungen, dem Erhalt außenpolitischer Einflußzonen, der Sicherung von Absatzmärkten und der Schaffung zukünftiger Handelspartner. Motivationsbündel
 dieser Art lassen sich nahezu bei jeder handelspolitischen Maßnahme erkennen.
121 EuGH, Rs. C-70/94, 17.10.1995, Slg. 1995, I-3218, Rn. 10 (Werner); in der streitgegenständlichen Sache handelte es sich um außen- und sicherheitspolitische Zwecke, zum Ganzen auch
 Streinz, Europarecht, Rn. 630.

2. Instrumente der gemeinsamen Handelspolitik

47 Der Wortlaut des Art. 133 Abs. 1 gibt mittelbar zu erkennen, daß der Gemeinschaft zwei **Arten von Instrumenten** zur Verwirklichung der gemeinsamen Handelspolitik zur Verfügung stehen[122]. Wie sich aus dem in Abs. 1 genannten Beispiel und dem in Abs. 3 aufgeführten Entscheidungsmodus ergibt, hat die Gemeinschaft zum einen die Kompetenz, mit einem oder mehreren Staaten oder internationalen Organisationen **Abkommen** auszuhandeln und abzuschließen.[123] Zum anderen – auch dies ergibt sich aus den in Abs. 1 genannten Beispielen – steht der Gemeinschaft die Möglichkeit offen, ihre **eigene Gesetzgebung zur Steuerung des Handels** einzusetzen. Solche nicht-kontraktuellen Rechtsakte werden als *autonome handelspolitische Regelungen* bezeichnet[124]. Unbeschadet dessen hat die ständig zunehmende Regelungsdichte des internationalen Wirtschaftsrechts die Bereiche, in denen die Gemeinschaft tatsächlich frei von verbindlichen völkerrechtlichen Vorgaben agieren könnte, drastisch eingeschränkt. In diesem Zusammenhang ist zu beachten, daß von der Gemeinschaft geschlossene völkerrechtliche Verträge als integraler Bestandteil des Gemeinschaftsrechts anzusehen[125] und »für die Organe der Gemeinschaft und die Mitgliedstaaten verbindlich« sind[126].

VI. Exkurs: Sonstige Regelungsgegenstände

47a Aus dem Vorhergesagten ergibt sich bereits weitgehend, daß die folgenden Regelungsmaterien, denen ausnahmslos hohe wirtschaftliche und handelspolitische Bedeutung zukommt, nicht von Abs. 1 erfaßt werden.

1. Direktinvestitionen

48 Angesichts der speziellen Regelung des Art. 57 Abs. 2, vor allem aber aufgrund der ausdrücklichen Zurückweisung eines entsprechenden Vorschlags der Kommission[127]

---

122 Vgl. *R. Bierwagen*, in: *Smit/Herzog* (Fn. 12), Preliminary Observations on Articles 110–116, § 2. *Streinz*, Europarecht, Rn. 637 ff.
123 Die auch in der deutschsprachigen Literatur gerne als *konventionelle Maßnahmen* der Handelspolitik bezeichnet werden (Convention=Abkommen, Übereinkommen); vgl. *J. Bourgeois*, in: GTE, EU-/EGV, Art. 113, Rn. 40; *W. Müller-Huschke*, in: Schwarze, EU-Kommentar, Art. 133, Rn. 1–7.
124 *C. Vedder*, in: Grabitz/Hilf, EU, Art. 133, Rn. 47, 69 f.; *T. Oppermann*, Europarecht, Rn. 1757 ff.; *R. Streinz*, Europarecht, Rn. 638 ff.
125 EuGH, Rs. 21–24/72, 12.12.1972, Slg. 1972, 1219 (International Fruit); Rs. 181/73, 30.4.1974, Slg. 1974, 449, Rn. 3–5 (Haegeman/Belgien); EuGH, Rs. C-207/91, 1.7.1993, Slg. 1993, I-3723 (Eurim Pharm/BGA).
126 Siehe im Hinblick auf die Konsequenzen für die Auslegung von Sekundärrecht EuGH, Rs. 69/89, 7.5.1991, Slg. 1991, I-2069, Rn. 28 ff. (Nakajima/Rat). Dies schließt allerdings nicht aus, daß einem Begriff in einem völkerrechtlichen Abkommen der Gemeinschaft angesichts der unterschiedlichen Intensität der Rechtsbeziehung ein anderer Bedeutungsinhalt zukommt, als dies im Gemeinschaftsrecht der Fall wäre; vgl. EuGH, Rs. C-312/91, 1.7.1993, Slg. 1993, I-3751, Rn. 17 (Metalsa); Gutachten 1/91 (Fn. 3), Rn. 13 ff.; Rs. 104/81, 26.10.1982, Slg. 1982, 3641, Rn. 30 f. (HZA Mainz/Kupferberg).
127 Der Vorschlag der Kommission für einen neuen Abs. 1 lautete wie folgt (Änderungsvorschlag hervorgehoben): »La politique commerciale commune est fondée sur des principes uniformes, notamment en ce qui concerne les modifications tarifaires, la conclusion d'accords tarifaires et commerciaux relatifs aux échanges de marchandises et services, **aux investissements et aux droits de propriété intellectuelle**, l'uniformisation des mesures de libération, la politique d'exportation, ainsi que les mesures de défense commerciale, dont celles à prendre en cas de dumping et de subventions.«

auf der Regierungskonferenz von Nizza, steht auf der Grundlage des Gutachtens 1/94 fest, daß Art. 133 den zunehmend wichtigen und auf WTO-Ebene von der Gemeinschaft thematisierten[128] Bereich der Direktinvestitionen nicht erfaßt[129]. Dies schafft nicht zuletzt deshalb eine mißliche Situation, weil Direktinvestitionen aus einer Reihe von Gründen in bestimmten wichtigen Teilbereichen des internationalen Handels an die Seite des Warenhandels getreten sind[130].

2. Wettbewerbspolitik

Eine Reihe von der Gemeinschaft geschlossene Handelsabkommen enthält zwar Regelungen über Wettbewerbspolitik; indes handelt es sich dabei jeweils um akzessorische Bestimmungen[131]. Gerichtshof und Rat gehen davon aus, daß Abkommen über die Wettbewerbspolitik auf die Wettbewerbsvorschriften des Vertrages zu stützen sind[132]. Dem ist aus systematischen Gründen beizupflichten[133]. 49

3. Transportdienstleistungen und Verkehrsfragen

Transportdienstleistungen und Verkehrsfragen werden in Art. 70 ff. gesondert geregelt und fielen nach ganz h.M., der sich das Gutachten 1/94 anschloß,[134] bereits vor der Nizzaer Regierungskonferenz nicht unter Art. 133 Abs. 1[135]. Diese Rechtsansicht wird 50

---

128 Vgl. <http://europa.eu.int/comm/trade/2000_round/index_en.htm>.
129 Der Begriff »Handel« impliziert zwar ein synallagmatisches Verhältnis, das bei Direktinvestitionen, Niederlassungen und Personenverkehr nicht gegeben sein mag, wie *A. v. Bogdandy*, in: Grabitz/v. Bogdandy/Nettesheim (Fn. 1), S. 31 f. zutreffend bemerkt; siehe auch *C. Vedder*, in Grabitz/Hilf, EU, Art. 133, Rn. 37 m.N. Indes wäre vor Gutachten 1/94 auf der Grundlage der vom EuGH hervorgehobenen Parallelität des Inhalts des Begriffs »Handelspolitik« in der internationalen und der gemeinschaftlichen Sphäre durchaus auch eine Erfassung dieser Regelungsgegenstände durch Art. 133 schlüssig darstellbar gewesen; vgl. hierzu Art. 18 Abs. 2 des mit Israel geschlossenen Handelsabkommens (ABl.EG 1975 L 136/3), das auf der Grundlage von Art. 133 geschlossen wurde; das Nachfolgeabkommen ist ein gemischtes Abkommen, das am 20.11.1995 unterzeichnet wurde. Vgl. auch *P. Demaret*, La politique commerciale: perspectives d'évolution et faiblesses présentes, in: Schwarze/Schermers (Hrsg.), Structure and Dimensions of European Community Policy, 1988, S. 69 (80).
130 Einer der vielen Gründe ist die Sorge der Exporteure vor handelspolitischen Schutzmaßnahmen. Eines der bekanntesten Beispiele sind die Produktionsstätten japanischer Pkw-Hersteller in der EG und den USA. Der *Annual Report 1996* der Welthandelsorganisation behandelt das Thema als *Special Topic: Trade and Foreign Investment*. Vgl. die Mitteilung der Kommission, Weltweite Harmonisierung der Bestimmungen über Direktinvestitionen KOM(95) 42 endg.
131 *I. MacLeod/I.D. Henry/S. Hyett*, The External Relations of the European Communities, Oxford 1996, S. 271 f.
132 Gutachten 1/92, 10.4.1992, Slg. 1992, I-2821, Rn. 40 (EWR-II); Rs. C-327/91, 9.8.1994, Slg. 1994, I-3641 (Frankreich/Kommission).
133 Vgl. auch *J. Bourgeois*, in: GTE, EU-/EGV, Vorbemerkung Rn. 8; Art. 113, Rn. 24.
134 Dabei kann sich der Gerichtshof auf seine AETR-Rechtsprechung zurückziehen. Dort hatte der Gerichtshof ausgeführt, daß sich die Vertragsabschlußkompetenz der Gemeinschaft eben gerade »nicht nur aus einer ausdrücklichen Erteilung durch den Vertrag wie der in Artikel 113...[ergeben könne], sondern ... auch aus anderen Vertragsbestimmungen«, etwa denen über die Verkehrspolitik; vgl. EuGH, Rs. 22/70, 31.3.1971, Slg. 1971, 263, Rn. 16 (Kommission/Rat – AETR).
135 EuGH, Rs. 22/70, 31.3.1971, Slg. 1971, 263, Rn. 73 (Kommission/Rat – AETR); EuGH, Gutachten 1/76, 26.4.1977, Slg. 1977, 741, 755, Rn. 1 (»Stillegungsfonds«). Dennoch hat offenbar die Kommission Luftverkehrsvereinbarungen auf Art. 133 gestützt; vgl. *T. Müller-Ibold*, in: Lenz, EGV, Art. 133, Rn. 8 unter Berufung auf KOM(90) 17 endg.; siehe auch *J. Goh*, External Relations in Community Air Transport: A Policy Analysis, European Public Law 2 (1996), S. 453 (465 ff.).

nunmehr durch Abs. 6 UAbs. 3 vom Primärrecht ausdrücklich rezipiert.[136] Damit ist auch nur die Anwendbarkeit der Abs. 1 bis 4 auf Abkommen des Verkehrsbereiches ausgeschlossen.

4. Zahlungsverkehr

51 Wegen des engen Sachzusammenhangs mit dem Warenverkehr wird der darauf bezogene Zahlungsverkehr als von Art. 133 erfaßt angesehen[137].

5. Exportförderung

51 a Die zumeist auf Art. 133 gestützen Maßnahmen der Gemeinschaft zur Exportförderung werden bei Art. 132, Rn. 7 ff. besprochen.

6. Embargo- und Boykottmaßnahmen

52 Die Frage nach der Kompetenz der Gemeinschaft, außen- und sicherheitspolitische Maßnahmen durchzuführen, war vor dem Maastrichter Vertrag heftig umstritten[138]. Art. 301 greift die bis zum Maastrichter Vertrag praktizierte Übung auf; danach trifft der Rat auf Vorschlag der Kommission die »erforderlichen Sofortmaßnahmen«, um zuvor im Rahmen der GASP beschlossene wirtschaftliche Zwangsmaßnahmen zu implementieren. Im Rahmen ihres Anwendungsbereiches geht diese Vorschrift der Regelung des Art. 133 als lex specialis vor[139]. Situationsbedingt notwendige und politisch motivierte Suspensionen wirtschaftlicher Beziehungen sind danach auf der Grundlage von Art. 301 vorzunehmen[140].

---

136 Siehe unten Rn. 113.
137 So etwa *Geiger*, EGV, Art. 133, Rn. 2; *Streinz*, Europarecht, Rn. 629; *J. Bourgeois*, in: GTE, EU-/EGV, Art. 113, Rn. 21; *T. Müller-Ibold*, in: Lenz, EGV, Art. 133, Rn. 9; *C. Vedder*, in: Grabitz/Hilf, EU, Art. 133, Rn. 36; *A. v. Bogdandy*, in: Grabitz/v. Bogdandy/Nettesheim (Fn. 1), S. 26. Siehe indes die durchaus unterschiedlichen Stellungnahmen der Mitgliedstaaten im Verfahren *Centro-Com*: Während Italien die Anwendbarkeit von Art. 133 auf den Zahlungsverkehr bejaht, lehnt das Vereinigte Königreich dies uneingeschränkt ab. Generalanwalt und Gerichtshof vermeiden eine generalisierbare Stellungnahme und beschränken sich auf die konkrete Prüfung, ob die Unterbindung des Zahlungsverkehrs eine handelspolitische Maßnahme der EG in ihrer Effektivität behindert; EuGH, Rs. C-124/95, 14.1.1997, Slg. 1997, I-81, Rn. 23 ff. (The Queen, ex parte: Centro-Com Srl/HM Treasury und Bank of England).
138 Grundlegend zur Rechtslage vor dem Vertrag von Maastricht *W. Meng*, Die Kompetenz der EWG zur Verhängung von Wirtschaftssanktionen gegen Drittländer, ZaöRV 42 (1982), S. 784, m.w.N.
139 Vgl. zu den im einzelnen höchst umstrittenen Abgrenzungsfragen die Kommentierung des Art. 301 durch *H. J. Cremer*, insb. Rn. 1 und 16 ff., sowie *H.-K. Ress*, Das Handelsembargo, 2000, S. 175 ff.; *T. Stein*, Außenpolitisch motivierte (Wirtschafts-) Sanktionen der Europäischen Union – nach wie vor eine rechtliche Grauzone?, in: Beyerlin/Bothe/Hofmann/Petersmann (Hrsg.), Recht zwischen Umbruch und Bewahrung – FS-Bernhardt, 1995, S. 1129 ff.; *Kapteyn/VerLoren Van Themaat* (Fn. 19), 1320 f. mit Nachweisen der gegenteiligen Ansicht; *Schweitzer/Hummer*, Europarecht, Rn. 1494; *C. Schmitter*, Art. 228A, in: Constantinesco/Kovar/Simon, TUE, S. 757 ff.; *Gilsdorf/Knijper*, in: GTE, Art. 228a, Rn. 3 ff.; *Vedder*, in: Grabitz/Hilf, EU, Art. 133, Rn. 64 ff.
140 Vgl. aus jüngerer Zeit die VO (EG) Nr. 1901/98 des Rates v. 7.9.1998 betreffend ein Flugverbot zwischen der Bundesrepublik Jugoslawien und der Europäischen Gemeinschaft für jugoslawische Fluggesellschaften, ABl.EG 1998 L 248/1, sowie VO (EG) Nr. 926/98 des Rates v. 27.4.1998 über die Einschränkung bestimmter wirtschaftlicher Beziehungen zur Bundesrepublik Jugoslawien, ABl.EG 1998 L 130/1, die auf Art. 301 (letztere zusätzlich für Maßnahmen

Hingegen bleibt Art. 133 für außen- und sicherheitspolitisch motivierte Dauermaß- 53
nahmen eine tragfähige Kompetenzgrundlage: Die im Jahr 2000 verabschiedete neue
Dual-use-Verordnung der Gemeinschaft ist alleine auf Art. 133 Abs. 1 gestützt worden.[141]

7. Regelungen über Niederlassungsfreiheit und Freizügigkeit

Insoweit kann auf die weiter oben skizzierte Position des EuGH in Gutachten 1/94 ver- 54
wiesen werden, die vom Schrifttum geteilt wird[142].

8. Verhältnis zu Art. 26

Art. 133 ist die einschlägige Kompetenzgrundlage für die vertraglichen Änderungen 55
von Zöllen (etwa im Rahmen des GATT)[143]. Autonome Zolländerungen können nur
dann auf Art. 133, und nicht auf Art. 26, gestützt werden, wenn ihr Hauptzweck darin
besteht, Handelsvolumen und Handelsströme mit Drittstaaten zu beeinflussen[144].

Fortsetzung von Fußnote 140
    auf dem Gebiet des Zahlungs- und Kapitalverkehrs auf Art. 60) gestützt waren. Die Frage, ob
    Art. 133 auch für situationsbedingte außen- und sicherheitspolitische Maßnahmen dann (wieder) als tragfähige Rechtsgrundlage in Frage kommt, wenn ein GASP-Beschluß nicht vorliegt,
    wird höchst unterschiedlich beantwortet. Vgl. hierzu in diesem Kommentar, *H. J. Cremer*,
    Art. 301, Rn. 16, einerseits, *H. K. Ress*, Das Handelsembargo, 2000, S. 182 f., andererseits, jeweils mit eingehenden Nachweisen.
141 Siehe Verordnung (EG) Nr. 1334/2000 des Rates vom 22. Juni 2000 über eine Gemeinschaftsregelung für die Kontrolle der Ausfuhr von Gütern und Technologien mit doppeltem Verwendungszweck, ABl. EG 2000 L 159/1.
Sie löst das bisherige »integrierte System« (so der erste Erwägungsgrund der VO (EG) Nr. 837/95 des Rates vom 10. April 1995 zur Änderung der VO (EG) Nr. 3381/94 über eine Gemeinschaftsregelung der Ausfuhrkontrolle von Gütern mit doppeltem Verwendungszweck, ABl.EG 1995 L 90/1) ab, das *sowohl* auf VO (EG) Nr. 3381/94 vom 19.12.1994 über eine Gemeinschaftsregelung der Ausfuhrkontrolle von Gütern mit doppeltem Verwendungszweck, ABl.EG 1994 L 367/1 *als auch* den Beschluß 94/942/GASP des Rates vom 19.12.1994 über die vom Rat gemäß Artikel J.3 des Vertrages über die Europäische Union angenommene gemeinsame Aktion zur Ausfuhrkontrolle von Gütern mit doppeltem Verwendungszweck, ABl.EG 1994 L 367/8 gestützt war. Zur neuen Rechtslage *U. Karpenstein*, Dual-use-Verordnung, in: Grabitz/Hilf, EU II, Außenwirtschaftsrecht, E 16; *H. Rieck*, Zur Weiterentwicklung der EG-Dual-use-Verordnung, RIW 1999, S. 115 ff; *H. Hohmann*, Handel mit Dual-Use-Gütern im Binnenmarkt: Konflikte zwischen nationalen Kontrollen und europäischer Warenverkehrsfreiheit EWS 2000, S. 52 ff.; Hauptneuerung des neuen dual-use Regimes ist die in Art. 6 und Anhang II vorgesehene »Allgemeine Ausfuhrgenehmigung«, aufgrund derer der Handel mit 10 Staaten (Australien, Japan, Kanada, Neuseeland, Norwegen, Polen, Schweiz, Tschechische Republik, Ungarn, und den Vereinigten Staaten) deutlich vereinfacht wird.
Zur alten, für das Verständnis nach wie vor wesentlichen, Rechtslage siehe für alle *T. Jestaedt/ N. v. Behr*, Die EG-Verordnung zur Harmonisierung der Exportkontrollen von zivil und militärisch verwendbaren Gütern, EuZW 1995, 137 ff.; *H.-M. Wolffgang*, Europäisches Exportkontrollrecht, DVBl. 1996, 277 ff.; *P. Koutrakos*, Export of Dual-use Goods Under the Law of the European Union, ELRev 23 (1998), 235 ff.
142 So etwa *T. Müller-Ibold*, in: Lenz, EGV, Art. 133, Rn. 8; *C. Vedder*, in Grabitz/Hilf, EU, Art. 133, Rn. 37.
143 Vgl. z.B. *J. Bourgeois*, in: GTE, EU-/EGV, Art. 113, Rn. 16.
144 Vgl. *J. Bourgeois*, in: GTE, EU-/EGV, Art. 113, Rn. 16; der Zollkodex der Gemeinschaften (VO 2913/92 des Rates, ABl.EG 1992 L 302/1) stützt sich auf Artikel 26, 95 und 133; eingehend *W. Müller-Huschke*, in: Schwarze, EU-Kommentar, Art. 133, Rn. 9 f.

C. Verfahrensregelungen bei der Durchführung der gemeinsamen Handelspolitik nach Abs. 1

56 In seinen **Abs. 2 bis 4 regelt Art.** 133 das von den Organen **bei der** Verwirklichung der gemeinsamen **Handelspolitik zu beachtende Verfahren.** Die Vorschriften sind, bis auf die in Nizza angefügten Passagen, weitgehend aus sich heraus verständlich.[145]

57 **Abs.** 2 weist der **Kommission** das Vorschlagsrecht für die Durchführung der gemeinsamen Handelspolitik zu. Dem Rat (und damit den Mitgliedstaaten) kommt bei der Entwicklung auch dieses Zweigs des Gemeinschaftsrechts das letzte Wort zu. Der **Rat** entscheidet gemäß **Abs.** 4 **mit qualifizierter Mehrheit,** wenngleich in der Praxis der Konsens vorherrscht[146]. Das **Parlament** muß außer in den in Art. 300 Abs. 3 UAbs. 2 angesprochenen Sonderfällen nur fakultativ angehört werden; indes geschieht dies bei wichtigen handelspolitischen Maßnahmen ausnahmslos[147]. Der Vorschlag der Kommission, dem Parlament ein Recht auf regelmäßige Information über den Stand von Vertragsverhandlungen mit Drittstaaten einzuräumen[148], wurde von der Vertragskonferenz in Nizza nicht aufgegriffen.

58 **Abs.** 3 legt das **Verfahren** fest, das die Gemeinschaftsorgane **bei Vertragsschlüssen** auf dem Gebiet der gemeinsamen Handelspolitik einzuhalten haben. Danach empfiehlt die Kommission dem Rat, ob Vertragsverhandlungen aufzunehmen sind. Dieser erteilt der Kommission ein **Verhandlungsmandat** (Abs. 3 Satz 1 und 2 a.E.), dessen Vorgaben (Richtlinien) im Einzelfall durchaus eng gefaßt sein können[149]. Die Kommission führt die Verhandlungen, allerdings im Benehmen mit (in consultation with) einem der Kommission zur Seite gestellten Ausschuß. Einfluß und Gewicht des mit den jeweiligen nationalen Spitzenbeamten besetzten »Artikel-133-Ausschusses« sind erheblich[150]. Ihm kommt die Aufgabe zu, die Einhaltung der Vorgaben des Rates und die Koordination zwischen der die Verhandlungen führenden Kommission und dem letztlich entscheidenden Rat sicherzustellen.

59 Der durch den **Vertrag von Nizza** neu eingefügte Satz 2 des zweiten Unterabsatzes, demzufolge die Kommission dem »133er-Ausschuß« **regelmäßig Bericht** über den Stand der Verhandlungen zu erteilen habe, veranschaulicht eindrücklich, wie sehr die Präsidentschaft darauf bedacht war, Alleingänge der Kommission in jedem Falle zu vermeiden. Nach der bisherigen Rechtslage waren die Verhandlungen über neue Verträge

---

145 Zum ganzen *Streinz,* Europarecht, Rn. 648 ff.; *W. Müller-Huschke,* in: Schwarze, EU-Kommentar, Art. 133, Rn. 2, 235 ff., jeweils m.w.N.
146 *R. Bierwagen,* in: Smit/Herzog (Fn. 12), § 113.03; aus *politischen* Gründen hielt die Kommission bereits vor der überraschenden Stellungnahme des EuGH in Gutachten 1/94 den Abschluß der auf der Basis von Art. 113 abzuschließenden Marrakesch-Abkommen den Konsens für erforderlich. Siehe *Kuijper* (Fn. 95) sowie Gutachten 1/94, Slg. 1994 (Fn. 3), I-5286. Zum Verfahren siehe auch *Wyatt/Dashwood,* EC-Law 49.
147 Grundlage sind die Beschlüsse des Stuttgarter Gipfels und das frühere *Luns-Westerterp*-Verfahren; vgl. *P. Gilsdorf,* Die Außenkompetenzen der EG im Wandel — eine kritische Auseinandersetzung mit Praxis und Rechtsprechung, EuR 1996, S. 151 ff.; *W. Nicoll,* Les procédures Luns-Westerterp, RMC 1986, S. 475 ff.
148 »La Commission informe régulièrement le Parlement européen du déroulement des négociations.« Quelle: CIG – Argumentaire sur l'Article 133.
149 *R. Bierwagen,* in: *Smit/Herzog* (Fn. 12), Preliminary Observations on Articles 110–116, § 7.
150 Der »133er-Ausschuß« tritt monatlich mit den jeweiligen Spitzenbeamten, wöchentlich auf der Ebene der Stellvertreter zusammen. Am Sitz der WTO finden ebenfalls finden wöchentliche Sitzungen statt, ebenso *ad hoc* an jedem beliebigen Verhandlungsort (*sur place*).

im Rahmen der vom Rat vorgegebenen Richtlinien »**im Benehmen**« mit dem Ausschuß zu führen. Der Gedanke, daß die Verpflichtung zur Herstellung dieses Benehmens nicht zugleich die Rechtspflicht zur wechselseitigen Kommunikation nach sich zöge, war bislang nicht erwogen worden. Die in allzu vielen Einzelfällen zu beobachtende Geheimdiplomatie der Kommission muß die Ursache für die rechtstechnisch und rechtsästhetisch unbefriedigende Redundanz sein, der indes eine politische Signalwirkung nicht abgehen wird. Es bleibt jedoch festzuhalten, daß die **Veränderung des Wortlauts den status quo ante unberührt läßt**.

In der Vergangenheit wurde die Kommission bei besonders wichtigen Verhandlungen von den Ausschußmitgliedern, bzw. von dem Repräsentanten der Ratspräsidentschaft begleitet[151]. Kommen die Vertragsverhandlungen zu einem positiven Ergebnis, wird das Dokument von der Kommission paraphiert und sodann dem Rat vorgelegt, der entweder das Verhandlungsergebnis akzeptiert oder es verwirft. Der »**Artikel-133-Ausschuß**« stellt sicher, daß Kommission und Rat trotz ihrer unterschiedlichen Kompetenzen nach außen **koordiniert auftreten** und die Kommission nur solche Verträge aushandelt, die vom Rat getragen werden können. 60

Fraglich ist, inwieweit die **Änderung des ersten Unterabsatzes des Absatzes 3** durch den Vertrag von Nizza das interne Vertragsschließungsverfahren der Gemeinschaft beeinflußt. Nach Abs. 3 UAbs. 1 Satz 2 ist es **nunmehr »Sache des Rates und der Kommission, dafür zu sorgen, daß die ausgehandelten Abkommen mit den internen Politiken und Vorschriften der Gemeinschaft vereinbar sind«**. 61

Dem Wortlaut nach läßt sich diese Vorschrift durchaus so verstehen, daß Rat und Kommission sicherzustellen haben, daß das Ergebnis von Vertragsverhandlungen – der noch nicht bindende Vertrag – mit dem jeweiligen *status quo* der Gemeinschaftsgesetzgebung übereinstimmen. Sofern das – gegebenenfalls nach erfolglosem Gesetzgebungsverfahren – nicht zu erzielen wäre, müßte nach dieser Lesart die Ratifikation des Vertrages unterbleiben, da andernfalls die von der neu eingefügten Passage geforderte Sicherstellung der Vereinbarkeit von (neuer) vertraglicher Verpflichtung und *status quo* der Gemeinschaftsgesetzgebung nicht gewährleistet wäre. Ein solches Verständnis würde ein *Leitmotiv* der Nizzaer Änderungen des Artikel 133, die Anbindung der Außenkompetenzen der Gemeinschaft an die internen Rechtssetzungsbefugnisse der Gemeinschaft und ihre aktuelle Ausnutzung optimal verwirklichen[152]. 62

Die bislang vorliegende Literatur weist diese Sicht der Dinge mit dem Argument zurück, sie würde zur »**außenwirtschaftsrechtliche[n] und politische[n] Lähmung**« der Gemeinschaft führen und könne deswegen unmöglich gewollt sein.[153] **Vielmehr** seien in der Änderung **Reminiszenzen an das in Art. 7 Abs. 1 UAbs. 2** verankerte Prinzip der begrenzten Einzelermächtigung zu erkennen, das der Gemeinschaft bekanntlich kompetentielle Grenzen insbesondere im Verhältnis zu den Mitgliedstaaten setzt und das in Ansehung von Verträgen in Art. 300 Abs. 6 eine verfahrensrechtliche Absicherung erhalten hat. Die Neuregelung stelle lediglich eine deklaratorische Erinnerung an dieses, für das Gemeinschaftsrecht so grundlegende, Prinzip dar.[154] 63

---

151 Nachweis u.a. bei *Kapteyn/VerLoren van Themaat* (Fn. 19), 1282.
152 Die Kommission nennt dies die Logik des Parallelismus; vgl. <http://europa.eu.int/comm/trade/faqs/rev133_de.htm>.
153 So die Formulierung von *H. Krenzler/C. Pitschas* (Fn. 5), Text nach Fn. 32; vgl. im gleichen Sinne *C. Herrmann* (Fn. 5), S. 274.
154 Zum ganzen *C. Pitschas* (Fn. 93), S. 115 ff.

64 Weitergehend wird vom Juristischen Dienst des Rates die Ansicht vertreten, Abs. 3 UAbs. 1 Satz 2 begründe eine *eigene* **Rechtspflicht**, etwaige entgegenstehende **Gemeinschaftsgesetzgebung zu ändern**, eine Rechtspflicht, der die in Abs. 3 UAbs. 1 angesprochenen Adressaten angesichts der Rolle des Parlaments nicht immer werden entsprechen können.[155] Die Gemeinschaftsbürger würden aufgrund einer solchen Pflicht — unterstellt, sie könnte implementiert werden — durch erhöhte Transparenz der Gemeinschaftsrechtsordnung begünstigt. Denn nach der Rechtsprechung des Gerichtshofes käme dem wirksamen Vertrag regelmäßig Vorrang gegenüber nicht vereinbarer Gemeinschaftsgesetzgebung zu. Eine vorbeugende Anpassung nach Abs. 3 UAbs. 1 Satz 2 würde sicher stellen, daß keine solche, nicht immer ohne weiteres erkennbaren, Kollisionsfälle aufträten.

65 Es kann nicht ausgeschlossen werden, daß die erstgenannte Auslegung von Abs. 3 UAbs. 1 Satz 2 dem Willen einiger der in Nizza zusammengekommenen Vertragsparteien entspricht. In der Sache läuft diese Position auf die Marginalisierung der internen Rechtssetzungskompetenz aus Abs. 1 hinaus, womit eine »**Gleichschaltung**« mit den Abs. 5 bis 7 herbeigeführt würde, die ja ausdrücklich nur die Vertragskompetenz gewähren[156]. Angesichts der Tragweite einer solchen Lesart kommt der diesbezügliche Regelungswille **nicht mit der Eindeutigkeit zum Ausdruck, die wegen der damit verbundenen Konsequenz, die Vertragsfähigkeit der Gemeinschaft weitgehend zu beenden**, geboten wäre. Art. 300 und 133 setzen, neben anderen Vorschriften, die völkerrechtliche Aktionsfähigkeit der Gemeinschaft voraus. Soll diese abgeschafft werden, muß solche Änderung der Grundlagen der Gemeinschaftsverfassung zweifelsfrei zum Ausdruck kommen. Das ist nicht geschehen.

66 Richtigerweise wird man deshalb in Abs. 3 UAbs. 1 Satz 2 zunächst eine Verpflichtung von Rat und Kommission sehen müssen, den Vertrag mit dem *status quo* des geltenden Gemeinschaftsrechts abzugleichen. Das ist seit jeher in der Praxis eine Selbstverständlichkeit, weil eine solche Bestandsaufnahme für die eigene Verhandlungsführung und die spätere *bona fide* Vertragserfüllung sowie die Vermeidung der völkerrechtlichen Verantwortlichkeit Voraussetzung ist.

67 Darüber hinaus wird in Abs. 3 UAbs. 1 Satz 2 eine rechtliche Verpflichtung der angesprochenen Organe zu sehen sein, das Ihrige zu unternehmen, um die Gemeinschaftsgesetzgebung an die völkervertragliche Lage heranzuführen. Geschuldet kann jedoch nur die Bemühung sein, nicht etwa die Herbeiführung des Erfolgs, weil die beiden Organe das gemeinschaftsrechtliche Gesetzgebungsverfahren nicht abschließend kontrollieren.

---

155 Das Gutachten wird zitiert bei *H. Krenzler/C. Pitschas* (Fn. 5), S. 449.
156 Siehe unten Rn. 73 ff.

D. Die Erweiterung der Außenkompetenz der Gemeinschaft durch den Vertrag von Nizza

I. Überblick und Entstehungsgeschichte

Nach dem durch den Vertrag von Nizza eingefügten **Absatz 5** hat die Gemeinschaft dem Grunde nach die **Außenkompetenz** für die Verhandlung und den Abschluß von Verträgen betreffende den Handel mit **Dienstleistungen** und den **Handelsaspekten des geistigen Eigentums**, soweit nicht bereits Abs. 1 diesbezüglich (Teil-)Kompetenzen verleiht. Absatz 5 gewährt indes nicht die Kompetenz für autonome Regelungen der Handelspolitik; zudem sehen Abs. 5 UAbs. 4 und Abs. 6 UAbs. 1, 2 parallele Zuständigkeiten der Mitgliedstaaten vor. 68

Im Außenverhältnis stimmt damit die handelspolitische Kompetenz der EG gemäß Art. 133 grundsätzlich wieder mit den (derzeitigen) Regelungsgegenständen **des multilateralen Welthandelsrechts** überein, wenngleich eine Fülle von Ausnahmen diese grundsätzliche Kongruenz relativiert. 69

Der auf der Regierungskonferenz von Nizza vorgelegte **Vorschlag der Kommission** hatte demgegenüber eine weitgehend **uneingeschränkte Übereinstimmung** der **Gemeinschaftskompetenzen mit den Regelungsgegenständen der WTO** angestrebt. Danach wäre der Wortlaut des Absatzes 1 dahingehend geändert worden, daß die dortige Beispielsliste (»die Änderung von Zollsätzen den Abschluß von Zoll- und Handelsabkommen, die Vereinheitlichung der Liberalisierungsmaßnahmen, die Ausfuhrpolitik und die handelspolitischen Schutzmaßnahmen, zum Beispiel im Fall von Dumping und Subventionen.«) um die ausdrückliche Erwähnung der Befugnis zum Abschluß von Abkommen über den Handel mit Dienstleistungen, den Schutz geistigen Eigentums und den Schutz von Investitionen ergänzt worden wäre.[157] Durch die Aufnahme des letztgenannten Punktes wäre die Gemeinschaft bereits für einen von ihr selbst massiv betriebenen Verhandlungsgegenstand im Rahmen der im Herbst 2001 begonnenen ersten WTO-Verhandlungsrunde gerüstet gewesen.[158] Demgegenüber war vor allem die Präsidentschaft darauf aus, die Kompetenzen so auszugestalten, daß den Mitgliedstaaten direkt (bei gemischter Zuständigkeit) oder indirekt (bei Einstimmigkeitsregel für Ratsentscheidungen) ein Veto-Recht zukommt. Dieses Ziel der französischen Diplomatie wurde weitgehend verwirklicht.[159] 70

---

157 Der Kommissions-Vorschlag für den neuen Abs. 1 lautete:»La politique commerciale commune est fondée sur des principes uniformes, notamment en ce qui concerne les modifications tarifaires, la conclusion d'accords tarifaires et commerciaux relatifs aux échanges de marchandises et services, aux investissements et aux droits de propriété intellectuelle, l'uniformisation des mesures de libération, la politique d'exportation, ainsi que les mesures de défense commerciale, dont celles à prendre en cas de dumping et de subventions«; die Änderungsvorschläge sind hervorgehoben.
158 Vgl. die Nachweise der Verhandlungsposition der Gemeinschaft unter <http://europa.eu.int/comm/trade/2000_round/index_en.htm>.
159 Eingehend zur Verhandlungsgeschichte C. *Hermann*,CCP after Nice: Sisyhus would have done a better job, CMLR 2002, (im Erscheinen).

II. Die Außenzuständigkeit der Gemeinschaft für den Handel mit Dienstleistungen und Handelsaspekte geistigen Eigentums, Abs. 5 UAbs. 1

71 Nach Abs. 5 UAbs. 1 gelten die Absätze 1 bis 4 auch für die Aushandlung und den Abschluß von Abkommen betreffend den **Handel mit Dienstleistungen und Handelsaspekte des geistigen Eigentums**, soweit diese Abkommen nicht bereits von den genannten Absätzen erfaßt sind *und* keine der in Abs. 5 und 6 enthaltenen Ausnahmen eingreifen. Die erste Einschränkung nimmt erkennbar auf die vom Gutachten 1/94 vertretene Sicht der Dinge Bezug, derzufolge sowohl bei Dienstleistungen als auch bei den Handelsaspekten des geistigen Eigentums wichtige Teile von der ausschließlichen Kompetenz der Gemeinschaft nach Abs. 1 erfaßt werden.[160]

72 Dem Grunde nach beendet Abs. 5 UAbs. 1 damit die – insbesondere im Rahmen der WTO – unglückliche und auch den Handelspartnern schwer vermittelbare Situation, daß die Gemeinschaft und ihre Mitgliedstaaten bei Verhandlung und Abschluß von Verträgen über den Dienstleistungshandel und Handelsaspekte des geistigen Eigentums nur gemeinsam handlungsbefugt sind. Abs. 5 UAbs. 1 verweist allerdings nur im Hinblick auf die Außenkompetenz auf die Abs. 1 bis 4. Während die Gemeinschaft also die ausschließliche Kompetenz nach außen und nach innen für die in von Abs. 1 erfaßten Regelungsmaterien besitzt (**Waren, die grenzüberschreitende Erbringung von Dienstleistungen, die keinen Grenzübertritt** von Personen **erfordert**, sowie der **Schutz gegen nachgeahmte Waren an den Außengrenzen**), besitzt sie für die restlichen Erbringungsweisen von Dienstleistungen sowie die sonstigen Handelsaspekte des geistigen Eigentums nur die Kompetenz für die Aushandlung und den Abschluß völkerrechtlicher Verträge, die zudem gemäß Abs. 5 UAbs. 4 und Abs. 6 UAbs. 1, 2 nicht ausschließlich ist.

1. Handelsaspekte geistigen Eigentums

73 Nach Abs. 5 UAbs. 1 fallen nunmehr sämtliche Handelsaspekte geistigen Eigentums in die Außenkompetenz der Gemeinschaft. Allerdings ist mit Blick auf Abs. 7 zu beachten, daß die Gemeinschaft derzeit keineswegs die Kompetenz hat, *sämtliche* Aspekte des geistigen Eigentuns nach außen hin wahrzunehmen; lediglich die Aspekte des geistigen Eigentums, die sich als handelsbezogen darstellen, werden in Abs. 5 UAbs. 1 der Gemeinschaft zur Wahrnehmung nach außen hin übertragen.

74 Was im einzelnen handelsbezogene Aspekte geistigen Eigentums sind, läßt sich nur mit Blick auf das TRIPS-Abkommen bestimmen. Allerdings kann nach der Logik des Gutachtens 1/94 nicht davon ausgegangen werden, daß es sich hier um eine dynamische Verweisung im eigentlichen Sinne des Worte handelt. Die in Bezug auf die in Abs. 1 geregelte »klassische« Handelspolitik vom Gerichtshof vorgenommene Charakterisierung als »dynamisch« hat sich im Gutachten 1/94 als eine *façon de parler* erwiesen.[161] Auch wenn man in Bezug auf Abs. 5 UAbs. 1 im gleichen Sinne dynamisch interpretieren wollte, wäre dies eine Dynamik, die sich nur entwickeln dürfte, bis sie Kompetenzbereiche erreicht, die zum Zeitpunkt der Vertragsänderungen von Nizza im Vertrag

---

160 Siehe oben Rn. 30–32.
161 Siehe einerseits Gutachten 1/78, Slg. 1979, 2871, Rz. 45; andererseits die Argumentation im Gutachten 1/94 (Fn. 3), Rn. 47, 71, derzufolge der Zusammenhang der »neuen« Regelungsgegenstände mit dem Warenhandel gemäß Art. II Abs. 2 WTO-Vertrag nicht ausreicht, um sie unter Abs. 1 zu fassen.

anderweitig geregelt waren. So würde die »Anreicherung« des TRIPS-Abkommens um Regelungsgegenstände, die derzeit ausschließlich im Rahmen der WIPO behandelt werden, nach der Logik des Gutachtens 1/94 mit Blick auf den Erhalt eines eigenen Regelungsbereich des Abs. 7 eine Abkoppelung der gemeinschaftsrechtlichen Bedeutung der »Handelsaspekte geistigen Eigentums« von dem Bedeutungsgehalt dieses Wortes im WTO-System nach sich ziehen.

Derzeit sind jedoch die Begriffe im Gemeinschaftsrecht (Abs. 5 UAbs. 1) und im WTO-Recht (TRIPS-Abkommen) deckungsgleich und umfassen unter anderem[162] die Urheberrechte und verwandte Schutzrechte, Marken, geographische Angaben, gewerbliche Muster und Modelle, Patente und die Architektur (layout-design, Topographie) von integrierten Schaltkreisen. 75

2. Dienstleistungen

Aufgrund von Abs. 5 UAbs. 1 besitzt die Gemeinschaft nunmehr die **Außenkompetenz für sämtliche** der in Art. 1 Abs. 2 GATS genannten **Erbringungsformen von Dienstleistungen**[163]: Nach der im Gutachten 1/94 geäußerten Rechtsauffassung, die vom Vertragstext rezipiert worden ist[164], erfaßte **bereits bislang Abs. 1 »die grenzüberschreitende Erbringung**, die keinen Grenzübertritt von Personen erfordert«, weil sie »dem Warenverkehr nicht unähnlich« sei.[165, 166] **Nach Abs. 5 UAbs. 1 besitzt die Gemeinschaft nunmehr die Kompetenz für** die drei anderen Erbringungsformen ›**Auslandserbringung**‹, ›**gewerbliche Niederlassung**‹ und ›**Niederlassung natürlicher Personen**‹, die der Gerichtshof als nicht von Abs. 1 erfaßt ansah.[167] Auch bezüglich der in Abs. 5 UAbs. 1 genannten Dienstleistungen wird lediglich in Ansehung von Vertragsverhandlungen und Vertragsschlüssen die Geltung der Abs. 1 bis 4 angeordnet. Autonome handelspolitische Maßnahmen darf die Gemeinschaft bezüglich der in Abs. 5 UAbs. 1 genannten Regelungsmaterien nicht treffen. 76

III. Gemischte Zuständigkeit für einen numerus clausus benannter Dienstleistungsformen, Abs. 6 UAbs. 2

1. Grundsatz

Allerdings werden einige Dienstleistungsformen von dem Verweis auf die Abs. 1 bis 4 (und damit insbesondere von der Entscheidung durch qualifizierte Mehrheit) in Abs. 6 77

---

162 So auch H. *Krenzler/C. Pitschas* (Fn. 5), S. 451; *C. Herrmann* (Fn. 5), S. 271 f.
163 Es handelt sich um die vier Modi grenzüberschreitende Dienstleistungserbringung ohne Personenbewegung (nach Gutachten 1/94 von Abs. 1 erfaßt), Auslandserbringung der Dienstleistung, gewerbliche Niederlassung und Niederlassung natürlicher Personen.
164 Siehe oben Rn. 30 ff.
165 Gutachten 1/94, (Fn. 3), Rn. 43, 44.
166 *M. Hilf* (Fn. 84), S. 252 weist in seiner Analyse des Gutachtens darauf hin, daß unter diese Erbringungsweise besonders wichtige und zukunftsträchtige Arten der Dienstleistungserbringung fallen (z.B. Telekommunikation, Versicherungen, audiovisuelle Medien).
167 Gutachten 1/94 (Fn. 3), Rn. 47; dementsprechend war der auf Art. 133 gestützte Abschluß eines mit den USA geschlossenen Abkommens über öffentliches Beschaffungswesen, das auch Dienstleistungen einbezog, »nach dem gegenwärtigen Stand des Gemeinschaftsrechts« kompetenzwidrig – EuGH, Rs. C - 360/94, 7.3.1996, Slg. 1996, I-1195, Rn. 29 (Parlament/Rat).

UAbs. 2 Satz 1 ausgenommen. Der Handel mit **kulturellen und audiovisuellen Dienstleistungen, Dienstleistungen** im Bereich **Bildung** sowie in den Bereichen **Soziales und Gesundheitswesen** wird der Gemeinschaft als gemischte Zuständigkeit übertragen. Das bedeutet, daß die **Gemeinschaft** in diesen Bereichen nur gemeinsam mit *sämtlichen* **Mitgliedstaaten** völkerrechtliche Verpflichtungen eingehen kann. In den von Abs. 6 UAbs. 2 erfaßten Konstellationen steht folglich jedem Mitgliedstaat ein faktisches Veto-Recht gegen von der Gemeinschaft angestrebte Vertragsschlüsse zu, wie Abs. 6 UAbs. 2 Sätze 2 und 3 verdeutlichen.

78 Die in Abs. 6 UAbs. 2 Satz 1 verwendeten Begriffe werden nicht näher definiert. Hinsichtlich der Tatbestandsmerkmale »Bereich Bildung« sowie den »Bereichen Soziales und Gesundheitswesen« wird man zur Konkretisierung auf die Vorschriften des Vertrages zurückgreifen können.[168]

2. Im einzelnen: Kulturelle und audiovisuelle Dienstleistungen

a) Überblick

79 Mit der Herausnahme des **Handels mit kulturellen und audiovisuellen Dienstleistungen** aus der (partiellen) Anwendbarkeit der Absätze 1 bis 4 schafft Abs. 6 UAbs. 2 eine »exception culturelle« zu Lasten der Außenkompetenz der Gemeinschaft.[169] Indes muß bei der Bestimmung der Tragweite dieser Ausnahmevorschrift beachtet werden, daß zahlreiche Produkte der »Programm-Industrie« **Waren** sind und seit jeher dem Regime des Warenhandels unterliegen, mithin unter die gemeinsame **Handelspolitik** nach **Abs. 1** bzw. unter das GATT fallen.[170] Andere wichtige audiovisuelle Produkte stellen Dienstleistungen dar, die nicht mit Grenzübertritten von Personen verbunden sind und damit ebenfalls Abs. 1 unterliegen. In diesen Fällen liegt die alleinige Kompetenz für die handelspolitische Regelung dieser Materie bei der Gemeinschaft, da Abs. 6 lediglich beansprucht, Kompetenzregeln für die »neuen Gegenstände« der Handelspolitik, die durch Abs. 5 in die (Außen-)Kompetenz der Gemeinschaft fallen, zu modifizieren; demgegenüber erhebt **Abs. 6 UAbs. 2** keinen Regelungsanspruch im Hinblick auf die »klassische« gemeinsame **Handelspolitik** gemäß der Abs. 1 bis 4.

b) Auslegung des Abs. 6 UAbs. 2

80 Der Vertrag definiert weder den Begriff der kulturellen und audiovisuellen Dienstleistungen, noch nennt er Beispiele, wie dies im Zusammenhang mit der rechtlichen Regelung von Dienstleistungen nicht selten geschieht.[171]

---

168 Vgl. Art. 137, Art. 152 Abs. 4 und 5, Art. 149 Abs. 4.
169 Dazu *M. Hahn*, Eine kulturelle Bereichsausnahme im Recht der WTO?, ZaöRV 56 (1996), S. 315 ff.; *G. Sander*, »Cultural exception« in der WTO – eine Bereichsausnahme für audiovisuelle Medien?, in: A. Dittmann (Hrsg.), Der Rundfunkbegriff im Wandel der Medien, 1997, S. 177 ff.; *J. Kim*, The viability of screen quotas in Korea: the cultural exception under the international trade regime, Korean Journal of International and Comparative Law 26 (1998), S. 199 ff.; *F. Dehousse/F. Havelange*, Aspects audiovisuels des accords du GATT – exception ou spécificité culturelle?, in C. Doutrelepont (Hrsg.), L´europe et les enjeux du GATT dans le domaine de l´audiovisuel, 1994, S. 99 ff.
170 Vgl. *Chr. Tietje*, Medien, Telekommunikation und Informationstechnologie, in: Grabitz/Hilf, EU II, Außenwirtschaftsrecht, E 27, Rn. 19 ff.; 66 ff.; *T. Cottier*, Die völkerrechtlichen Rahmenbedingungen der Filmförderung in der neuen Welthandelsorganisation WTO-GATT, ZUM Sonderheft 1994, 749 ff..
171 Das *Canada – United States Free Trade Agreement*, ILM 27 (1988), 281 ff., 362 nennt in Annex 1408 die vom Freihandelsabkommen erfaßten Dienstleistungen, ohne eine abstrakte Definition zu versuchen.

Allerdings findet sich die Reihung der Adjektive »künstlerisch« und »audiovisuell« 81
auch in Art. 151 Abs. 2: danach fördert die Gemeinschaft subsidiär zu den Mitgliedstaaten »künstlerisches und literarisches Schaffen, einschließlich im audiovisuellen Bereich«. »Kulturell« ist danach der Oberbegriff, »audiovisuell« die nähere Spezifikation. Im gleichen Sinne definiert die UNESCO »cultural industries« umfassend als »industries that combine the creation, production and commercialisation of contents which are intangible and cultural in nature. These contents are typically protected by copyright.«[172]

Vor dem Hintergrund dieser Formulierungen, sowie der auf der Grundlage der nach 82
dieser Bestimmung ergangenen sekundären Rechtsakte umfassen kulturelle Dienstleistungen nicht nur Manifestationen der Hochkultur, sondern auch solche der populären Kultur[173]: Damit zählt jegliche Musik- und Theaterdarbietung, jeder Vortrag, aber auch zahlreiche handwerkliche Betätigungen (Schnitzen, Töpfern, wohl auch die Bemühungen eines *haute cuisine*-Kochs und eines Couturiers) zu den kulturellen Dienstleistungen.

Audiovisuelle Dienstleistungen umfassen alle Dienstleistungen, die einen Bezug zu ei- 83
nem audiovisuellen Speichermedium haben: Die Tätigkeit der unmittelbar für den Betrachter »audiovisuell« erlebbaren Akteure fällt ebenso darunter, wie die Dienstleistungen der im Hintergrund an der Schaffung eines audiovisuellen Produkts Beteiligten.

Dabei kommt dem audiovisuellen Bereich eine gesteigerte wirtschaftliche und politi- 84
sche Bedeutung zu. Während etwa audiovisuelle Produkten einen erheblichen Anteil des amerikanischen Exports ausmachen,[174] fürchten viele Staaten, darunter in exponierter Weise Frankreich, durch die übergroße Präsenz amerikanischer Produkte in Kinos, Fernseh- und Radioprogrammen eine Beeinträchtigung ihrer kulturelle Identität. An der französischen Forderung nach Einführung einer *exception culturelle* drohte am Ende die Uruguay-Runde zu scheitern. Hauptstreitpunkt war seinerzeit die Behandlung audiovisueller Industrien und ihrer Produkte.[175]

---

172 Vgl. etwa die dem *Israel-United States Free Trade Agreement* v. 22. April 1985, ILM 24 (1985), 653, 679 beigefügte Beispielsliste.
173 Vgl. Beschluß Nr. 508/2000/EG des Europäischen Parlaments und des Rates vom 14. Februar 2000 über das Programm »Kultur 2000«, ABl.EG 2000 L63/1; Beschluß des Rates 2000/821/ EG vom 20. Dezember 2000 zur Durchführung eines Programms zur Förderung von Entwicklung, Vertrieb und Öffentlichkeitsarbeit hinsichtlich europäischer audiovisueller Werke ABl.EG 2000 L 336/82; Gemeinsamer Standpunkt (EG) Nr. 26/1999 vom 28. Juni 1999, vom Rat festgelegt gemäß dem Verfahren des Artikels 251 des Vertrags zur Gründung der Europäischen Gemeinschaft im Hinblick auf den Erlaß eines Beschlusses des Europäischen Parlaments und des Rates über ein einheitliches Finanzierungs- und Planungsinstrument für die kulturelle Zusammenarbeit (Programm «Kultur 2000»), ABl.EG 1999 C 232/25.
Auch die Richtlinie 89/552/EWG des Rates vom 3. Oktober 1989 zur Koordinierung bestimmter Rechts- und Verwaltungsvorschriften der Mitgliedstaaten über die Ausübung der Fernsehtätigkeit («Televison sans frontières»), ABl.EG 1989 L 298/23, zuletzt geändert durch Richtlinie 97/36/EG des Europäischen Parlaments und des Rates vom 30. Juni 1997, ABl.EG 1997 L 202/60 ordnet audiovisuelle Programme in die Kultur ein (»...eigenständige kulturelle Entwicklungen in den Mitgliedstaaten und die Bewahrung der kulturellen Vielfalt in der Gemeinschaft bleiben deshalb wie bisher möglich...«).
174 Vgl. dazu *J. Grant*, Jurassic Trade dispute: The Exclusion of the Audiovisual Sector from GATT, Indiana Law Journal 70 (1995), 1333, 1335 m.w.N.
175 Vgl. die in dem Beitrag *Culture and Trade: Cola v. Zola*, The Economist, 16.10.1993, 78 wiedergegebenen Äußerungen prominenter französischer Politiker.

85 Der audiovisuelle Bereich war während der Uruguay-Runde insgesamt im Rahmen der Verhandlungsgruppe für Dienstleistungen behandelt worden[176]. Auch die (nicht bindende) Erklärung über Dienstleistungen, die dem US-israelischen Freihandelsabkommen beigefügt ist, bezeichnet motion pictures (ohne weitere Spezifikation) als Dienstleistungen[177]. Das deutsche Außenwirtschaftsgesetz[178] erfaßt in seinem Abschnitt Dienstleistungsverkehr sowohl den Erwerb von Vorführungs- und Senderechten an audiovisuelle Werken als auch die Herstellung von audiovisuellen Werken, ohne nach Fernseh- oder Filmproduktionen zu unterscheiden[179].

86 Dennoch fällt der weitaus größere Teil der wirtschaftlichen Transaktionen, die man umgangssprachlich als »Handel mit kulturellen und audiovisuellen Dienstleistungen« bezeichnen könnte, schon deshalb nicht unter Abs. 6 UAbs. 2, sondern unter Abs. 1, weil sie Warenhandel darstellen. So ist unbestritten, daß **Bücher** und **Tonträger** aller Art (z.B. **Schallplatten, CDs**) Waren sind und damit a priori von der gemeinsamen Handelspolitik des Abs. 1 erfaßt werden.[180]. Gleiches gilt beispielsweise für das Kleid des Couturiers. Auch die Manifestationen sonstiger künstlerischer Dienstleistungen – Fotos, Bilder, Parfums, Töpferei-Produkte, Kunsthandwerk aller Art – sind Waren und kommen gerade nicht als Dienstleistungen in den Handel.

87 Nichts anderes gilt herkömmlicherweise für den (Spiel-) Film – die auf Zelluloid oder auf andere Träger fixierte Bild- und Tonsequenz.[181]. Dies ergibt sich unmittelbar aus dem Wortlaut des **GATT, das in Art. III Abs. 10 und Art. IV** bestimmt, daß die Anwendung von Quoten in Lichtspielhäusern (sog. screen quotas) auf legal eingeführte Filme — und mithin die Diskriminierung ausländischer *Waren* – ausnahmsweise keine Ver-

---

176 Audiovisuelle Produkte wurden während der Uruguay-Runde im Rahmen der »Audio-Visual Sector Working Group«, einer Untergliederung der Dienstleistungsverhandlungsgruppe GNS (»Group of Negotiations on Services«) verhandelt; zur Verhandlungsgeschichte *Shao W. Ming Shao*, Is There No Business Like Show Business? Free trade and Cultural Protectionism, Yale Journal of International Law 20 (1995), 105, 113; *J. Filipek,* »Culture Quotas«: The Trade Controversy over the European Community´s Broadcasting Directive, Stanford Journal of International Law, 28 (1992), 324, 343;
177 »[S]ervices encompass, but are not limited to, transportation; travel and tourism services; communications; banking services; insurance; other financial activities; professional services, such as consulting in construction, engineering, accounting, medicine, education, and law, and the providing of other professional services such as management consulting; computer services; motion pictures; advertising«; Ziffer 1 der Declaration on Trade in Service, die dem *Israel-United States Free Trade Agreement* v. 22. April 1985, ILM 24 (1985), 653, 679 beigefügt ist.
178 Vom 28.4.1961 (BGBl. 1961 I 481, 495, 1555), zuletzt geändert durch Artikel 13 des Gesetzes vom 9. Juni 1998, BGBl. I S. 1242, 1254.
179 § 17 AWG: »Rechtsgeschäfte über 1. den Erwerb von Vorführungs- und Senderechten an audiovisuelle Werken von Gebietsfremden, wen die Werke zur Vorführung oder Verbreitung im Wirtschaftsgebiet bestimmt sind und 2. die Herstellung von audiovisuellen Werken in Gemeinschaftsproduktionen mit Gebietsfremden können beschränkt werden, um der Filmwirtschaft des Wirtschaftsgebiets ausreichende Auswertungsmöglichkeiten auf dem inneren Markt zu erhalten. Die Beschränkungen sind nur zulässig, wenn ohne sie ein erheblicher Schaden für die Filmwirtschaft eintritt oder einzutreten droht und wenn dieser Schaden im Interesse der Allgemeinheit abgewendet werden muß.«
180 EuGH 30.4.1974, Rs. 155/73 (Sacchi), Slg. 1974, 409, 432 Ziff. 1 des Tenors; siehe auch Grünbuch über die Errichtung des Gemeinsamen Marktes für den Rundfunk, insbesondere über Satellit und Kabel — *Fernsehen ohne Grenzen* — KOM (84) 300 endg., Brüssel, 1984, 105.
181 *T. Cottier,* Die völkerrechtlichen Rahmenbedingungen der Filmförderung in der neuen Welthandelsorganisation WTO-GATT, ZUM Sonderheft 1994, 749–759, 750. In diesem Sinne auch die Rspr. des EuGH, EuGH v. 30.4.1974, Rs. 155/73 (Sacchi), Slg. 1974, 409, 410 ff.

letzung des Gebots zur Inländergleichbehandlung darstellt[182]. Der Umkehrschluß zeigt, daß das GATT ohne diese ausdrückliche Ausnahmeklausel screen quotas als vertragswidrig einordnen würde. Der EuGH schließt sich dieser Sicht der Dinge an, wenn er feststellt, daß Filme und Tonträger Waren im Sinne des E(W)GV darstellen[183]. Diese Rechtslage stimmt mit dem herkömmlichen Verständnis überein, demzufolge sichtbare und faßbare Wirtschaftsgüter Waren darstellen. Andererseits werden heute Filme und Fernsehprogramme meist nicht dergestalt vermarktet, daß schlicht Eigentum an der Zelluloid-Rolle oder der bespielten Video-Kassette verschafft werden soll. Schwerpunkt der wirtschaftlichen Transaktion ist vielmehr regelmäßig der Ankauf von Vorführungs- und Senderechten.

Die wegen dieser Veränderungen im WTO-Recht durchaus umstrittene Frage, ob und unter welchen Voraussetzungen sie als Ware oder Dienstleistung angesehen werden müssen[184], ist jedoch für die hier vorzunehmende Abgrenzung weitgehend irrelevant. Auch soweit die **Vorführung eines Film (oder die Lizenz,** einen bestimmten Film gewerblich zu zeigen, dessen physische Manifestation lediglich leihweise und zu treuen Händen überlassen wird), die Veranstaltung von Fernsehsendungen oder die **Übertragung von Musik** durch Äther und Leitungen keine Waren, sondern **Dienstleistungen** darstellen, fallen sie ohne weiteres unter die »gemeinsame Handelspolitik« nach Abs. 1: Nach dem für die neuen Abs. 5 bis 7 grundlegenden Gutachten 1/94 sind solche Dienstleistungen, die ohne Grenzüberschreitung von Leistungserbringer und Leistungsempfänger getätigt werden, der Handelspolitik im Sinne des Abs. 1 zuzurechnen. Das aber ist bei den soeben angesprochenen, wirtschaftlich besonders bedeutsamen audiovisuellen Produkten der Fall.

88

Soweit wirtschaftliche Transaktionen unter die »gemeinsame Handelspolitik« nach Abs. 1 fallen, sind die sie (exklusiv, vgl. Rn. 91) betreffenden Verträge dem Zugriff **Veto-Regel des Abs. 6 UAbs. 2** entzogen. Dies ergibt sich aus zwei Gesichtspunkten.

89

---

182 Zur Entstehungsgeschichte dieser Norm vgl. *W.A. Brown*, The United States and the Restoration of World Trade: An Analysis and Appraisal of the ITO Charter and the General Agreement on Tariffs and Trade, 1950, 110 f.
183 Dem EuGH, a.a.O., erschien diese Frage in der Entscheidung Sacchi nur wenige Zeilen wert. Allerdings hat der Gerichtshof in der Entscheidung Coditel II (Urteil v. 6.10.1982, Rs. 262/81, Slg. 1982, 3381, 3400 f. (Rn. 11)) in einer die Anwendbarkeit von Artikel 85 EWGV auf Filmverleih-Verträge betreffenden Entscheidung erklärt: »anders als [bei Bücher und Schallplatten] gehört der Film unabhängig davon, ob er im Kino oder im Fernsehen öffentlich ausgestrahlt wird, zu der Gruppe der ... künstlerischen Werke, ... deren Vertrieb in den Bereich des Dienstleistungsverkehrs fällt«. In der späteren Entscheidung Cinétheque (Urteil v. 11.7.1985, Rs. 60 u. 61/84, Slg. 1985, 2618) findet der Gerichtshof auf Vorschlag von Generalanwalt Sir Gordon Slynn wieder zur der Sacchi vertretenen Linie zurück: »Das Filmwerk gehört zu der Gruppe der künstlerische Werke, die der Öffentlichkeit entweder unmittelbar wie bei der Ausstrahlung des Films im Fernsehen oder seiner Vorführung im Filmtheater oder mittelbar in Form von materiellen Trägern wie Videokassetten zugänglich gemacht werden können. ... Arbeiten zur Herstellung von Videokassetten [können] nicht als »Dienstleistungen« im Sinne des EWG-Vertrages qualifiziert werden..., da die Leistungen des Herstellers derartiger Erzeugnisse unmittelbar zur Herstellung eines körperlichen Gegenstandes führen, der im übrigen in den Gemeinsamen Zolltarif eingereiht ist...«
184 Bei dieser Frage geht es vielfach darum, ob das liberale GATT-Recht oder vielmehr das deutlich restriktivere GATS-Recht Anwendung finden soll. Instruktiv die Stellungnahme von *B. Richardson*, Vice President, Trade & Federal Affairs, Motion Picture Association of America, »Impediments to digital trade« vor dem Handelsausschuß des US-amerikanischen Repräsentantenhauses am 22.5.2001, abrufbar unter <http://www.mpaa.org/legislation/index.htm>; siehe auch *Chr. Tietje* (Fn. 170), Rn. 54 ff.

90 **Zum ersten** bezieht sich der Wortlaut des Abs. 6 UAbs. 2 ausdrücklich (»in dieser Hinsicht«) auf die Regelung des Abs. 6 UAbs. 1, demzufolge ein Abkommen vom Rat nicht (alleine) geschlossen werden könne, sofern es Bestimmungen enthalte, welche die internen Zuständigkeiten der Gemeinschaften überschreite. Das aber wäre gerade nicht der Fall, wenn eine Kompetenz nach Abs. 1 vorläge, da diese Vorschrift nicht nur die externe, sondern vielmehr gerade auch (im Unterschied zu Abs. 5) die interne Kompetenz einräumt. **Zum anderen** weist Abs. 6 UAbs. 2 ausdrücklich darauf hin, von der Bestimmung des Abs. 5 abweichen zu wollen und gibt so erneut zu erkennen, daß er lediglich in Anspruch nimmt, für die in Nizza neu hinzugekommenen Regelungsgegenstände zusätzliche Modifikationen vorzunehmen.

91 Der Anwendungsbereich der Tatbestandsmerkmale »audiovisuelle Dienstleistungen« und »kulturelle Dienstleistungen« in Abs. 6 UAbs. 2 erfaßt somit lediglich solche Dienstleistungen, die auf Seiten von Dienstleister oder von Seiten des Dienstleistungsempfänger die Grenzüberschreitung voraussetzen, sowie die Niederlassung im Ausland. Damit kommt der neuen exception culturelle des Abs. 6 UAbs. 2 eine geringere Tragweite zu, als dies auf den ersten Blick scheinen mag, wenngleich sie durch **Abs. 5 UAbs. 3**[185] das Potential hat, zum »**Trojanischen Pferd**« zu werden: jeder breiter angelegte Handelsvertrag, der auch von Abs. 6 UAbs. 2 erfaßte Sachverhalte regelt, wird danach für die Zwecke der Gemeinschaftskompetenz zum gemischten Vertrag.

92 Als **Beispiele für »kulturelle Dienstleistungen«**, welche Abs. 6 UAbs. 2 unterliegen, kommen in den Sinn: Die Errichtung von Filialbetrieben von Theatern; Auslandsreisen von Kulturschaffenden, um die Nachfrage der Liebhaber ihrer Werke im Ausland zu befriedigen, sowie die Reisen der Kulturinteressierten zu Aufführungen besagter Kulturschaffenden.

93 Der **Handel mit »audiovisuellen Dienstleistungen«**, der Abs. 6 UAbs. 2 unterliegt, umfaßt alle Dienstleistungen »die im Rahmen des GATS als ›Auslandserbringung‹, ›gewerbliche Niederlassung‹ und ›Niederlassung natürlicher Personen‹ bezeichnet werden [und damit] ... nicht unter die gemeinsame Handelspolitik« fallen.[186] Wenn beispielsweise die – hochgradig integrierten – amerikanischen Studios in ihren eigenen Lichtspieltheatern die weltweite Kundschaft mit ihren eigenen Produktionen versorgen möchte, so handelt es sich hier durchaus um audiovisuelle Dienstleistungen, die unter Abs. 6 UAbs. 2 fallen. Gleiches gilt für die Niederlassung von Fernsehsendern. Auch die Angebote von Filmstudios und den verschiedenen spezialisierten Dienstleistern »rund um den Film« (*special effects,* Computeranimation, Filmmusik, Bereitstellung von Studios und Drehorten) stellen derartige grenzüberschreitende Dienstleistungen dar, die nicht unter die gemeinsame Handelspolitik nach Abs. 1 fallen.

---

185 Dazu unten Rn. 98 ff.
186 Gutachten 1/94 (Fn. 3), Rn. 47; dementsprechend war der auf Art. 133 gestützte Abschluß eines mit den USA geschlossenen Abkommens über öffentliches Beschaffungswesen, das auch Dienstleistungen einbezog, »nach dem gegenwärtigen Stand des Gemeinschaftsrechts« kompetenzwidrig – EuGH, Rs. C-360/94, 7.3.1996, Slg. 1996, I-1195, Rn. 29 (Parlament/Rat).

IV. Einstimmige Entscheidung des Rates bei Einstimmigkeitsanforderungen für entsprechende interne Gesetzgebung sowie bei nicht vollständiger Ausnutzung der internen Kompetenzen, Abs. 5 UAbs. 2

Auch wenn die den Regelungsgegenstand eines (zukünftigen) Abkommens bildenden Dienstleistungen nicht von dem numerus clausus des Abs. 6 UAbs. 2 erfaßt werden, führen die Nizzaer Ergänzungen des Art. 133 für eine Vielzahl von Außenvertretungskonstellationen die besonders souveränitätsschonende Abstimmungsregel der Einstimmigkeit ein, was wiederum ein faktisches Veto-Recht jedes einzelnen Mitgliedstaates nach sich zieht. 94

Nach Abs. 5 UAbs. 2 ist das zunächst dann der Fall, wenn das fragliche Abkommen Bestimmungen enthält, bei denen für die Annahme interner Vorschriften Einstimmigkeit erforderlich ist. Wenngleich diese Bestimmung ein Grundanliegen der gesamten Nizzaer Veränderungen des Art. 133 zum Ausdruck bringt[187], erscheint der Anwendungsbereich dieser Vorschrift eher eng: Die Musterung der in Frage kommenden Vorschriften ergibt, daß für alle praktischen Zwecke lediglich zwei Vorschriften durch diese Inbezugnahme eine gewisse Bedeutung zukommen könnte. Nach Art. 57 Abs. 2 entscheidet der Rat einstimmig, sofern die Liberalisierung des Kapitalverkehrs mit Drittstaaten neue Beschränkungen nach sich zieht.[188] Des weiteren sieht Art. 47 Abs. 2 einstimmige Entscheidungen des Rates für den Fall vor, daß die gesetzlichen Grundsätze der nationalen Berufsordnungen hinsichtlich der Zugangsbedingungen natürlicher Personen zum Beruf geändert werden müssen. 95

Sodann verlangt Abs. 5 UAbs. 2 Einstimmigkeit des Ratsbeschlusses für den Fall, daß das fragliche Abkommen »einen Bereich betrifft, in dem die Gemeinschaft bei der Annahme interner Vorschriften ihre Zuständigkeiten nach diesem Vertrag noch nicht ausgeübt hat.« Die gewählte Formulierung erinnert stark an die AETR-Rechtsprechung, die der Gerichtshof im Gutachten 1/94 — wenn auch in einer die Rechte der Mitgliedstaaten eher schonenden Auslegung — bestätigt hat.[189] Danach erwirbt die Gemeinschaft stillschweigend die ausschließliche Außenkompetenz für eine Regelungsmaterie, sofern die Gemeinschaft diese Materie intern vollständig harmonisiert hat. Ratio dieser in den frühen siebziger Jahren des vergangenen Jahrhunderts entwickelten Position ist die überzeugende Sicht, daß nicht über die »Hintertür« der auswärtigen Beziehungen der intern erreichte acquis ausgehebelt werden dürfe.[190] Wäre diese Formulierung tatsächlich als »umgekehrte AETR-Rechtsprechung« gemeint[191], hätte dies zur Folge, daß die Regel des Abs. 5 UAbs. 1 — die hier näher analysierte Regel des Abs. 5 UAbs. 2 eine Ausnahme sein soll — keinerlei Bedeutung mehr hätte:[192] Denn weder im Bereich Dienstleistungen, noch im Bereich geistigen Eigentums kann, bis auf gewisse Randbereiche[193], von einer vollständigen Harmonisierung ausgegangen werden. Das hätte zur Folge, daß nachgerade in sämtlichen von Abs. 5 erfaßten Bereichen de facto der Grundsatz der einstimmigen Entscheidung gelten würde. 96

---

187 Vgl. *H. Krenzler/C. Pitschas* (Fn. 5), S. 458 ff.
188 Dazu die Kommentierung von *J. Bröhmer*, Art. 57.
189 Gutachten 1/94 (Fn. 3), Rz. 77, 96, 103.
190 Gutachten 1/94 (Fn. 3), Rz. 77; vgl. EuGH, Rs. 22/70, 31.3.1971, Slg. 1971, 263 (Kommission/Rat – AETR).
191 Dies wird in verschiedenen Mitgliedstaaten angenommen.
192 *H. Krenzler/C. Pitschas* (Fn. 5), S. 453 f.
193 Etwa im Bereich des Markenrechts; dazu *H. Krenzler/C. Pitschas* (Fn. 5), S. 453.

97 Die Lesart von Abs. 5 UAbs. 2 als »*AETR paradox*« würde damit den *effet utile* der in Abs. 5 UAbs. 1 verfügten Gemeinschaftskompetenz der Gemeinschaft so weitgehend reduzieren, daß einer solchen Auslegung nur dann ernsthaft der Vorzug eingeräumt werden darf, wenn ein anderes Verständnis schlechterdings nicht mehr möglich ist. Dem ist aber nicht so: der Wortlaut (»Bereich ..., in dem die Gemeinschaft ... ihre Zuständigkeiten ... noch nicht ausgeübt hat«) läßt sich durchaus so verstehen, daß die Ausnahmevorschrift des Abs. 5 UAbs. 2 nur dann zum Tragen kommen soll, wenn die Gemeinschaft *keinerlei* Gesetzgebung erlassen hat.[194] Sofern also die Gemeinschaft ihre internen Zuständigkeiten bezüglich einer von Abs. 5 UAbs. 1 erfaßten Regelungsmaterie überhaupt, wenn auch nur punktuell, genutzt hat, greift die zur Einstimmigkeit verpflichtende Ausnahmeregel des Abs. 5 UAbs. 2 nicht.[195]

V. Einstimmige Entscheidung des Rates bei bestimmten horizontalen Abkommen

98 Nach Abs. 5 UAbs. 3 beschließt der Rat einstimmig über die Aushandlung und den Abschluß eines Abkommens horizontaler Art, soweit dieses Abkommen Bereiche regelt, die von den soeben kommentierten Ausnahmen des Abs. 5 UAbs. 2 oder des Abs. 6 UAbs. 2 erfaßt werden.

99 Der **Begriff des horizontalen Abkommens** ist zwar dem Gemeinschaftsrecht bislang unbekannt gewesen: er meint indes seinem herkömmlichen Gebrauch im Wirtschaftsvölkerrecht nach Abkommen, die eine Vielzahl von nebeneinander stehenden wirtschaftlichen Sachverhalten regeln: Prototypisches Beispiel ist die Schlußakte von Marrakesch, die eine Reihe von (grundsätzlich gleichrangigen) Regelungsgegenständen betrifft, und in den verschiedenen multilateralen Handelsabkommen (GATT, GATS, TRIPS-Abkommen) – die integrale Bestandteile des Gesamtvertrages bilden – regelt. Die systematische Auslegung bestätigt diesen Gehalt: Abs. 5 UAbs. 3 nimmt sowohl auf Abs. 5 UAbs. 2 bezug (der den Handel mit Dienstleistungen und Handelsaspekte geistigen Eigentums betrifft), als auch auf Abs. 6 UAbs. 2 (der besondere Dienstleistungen betrifft): Horizontale Abkommen müssen deswegen auch aus systematischen Gründen Abkommen sein, die nicht nur einen der angesprochenen Regelungsbereiche betreffen, sondern daneben auch andere, nicht von den in Bezug genommenen Vorschriften geregelte Materien enthalten: andernfalls wäre die Vorschrift des Abs. 5 UAbs. 3 überflüssig, da Abkommen, die nur eine der in Abs. 5 UAbs. 2 und Abs. 6 UAbs. 2 genannten Regelungsmaterien betreffen, bereits aufgrund dieser Vorschriften unter das Einstimmigkeitsprinzip bzw. die gemische Zuständigkeit von Mitgliedstaaten und Gemeinschaft fallen.[196]

100 Fällt ein völkerrechtlicher Vertrag unter die Regelung des Abs. 5 UAbs. 3, dann bedarf es für die Verhandlungsaufnahme und den Abschluß eines einstimmigen Ratsbeschlusses. Davon werden – entsprechend der Logik des Gutachtens 1/94 – auch Waren, Dienstleistungen und Handelsaspekte geistigen Eigentums betroffen, die von Abs. 1 erfaßt werden.

---

194 In diesem Sinne auch das von *H. Krenzler/C. Pitschas* (Fn. 5), in Fußnote 46 zitierte Papier der finnischen Vertreter bei der Regierungskonferenz; siehe auch den englischen und französichen Wortlaut dieser Bestimmung.
195 In diesem Sinne *H. Krenzler/C. Pitschas* (Fn. 5), S. 453 f. und *C. Herrmann* (Fn. 5), S. 273.
196 Vgl. *C. Herrmann* (Fn. 5), S. 273 und *H. Krenzler/C. Pitschas* (Fn. 5), S. 453 f.

Die letztgenannte Vorschrift läßt auf geradezu bedrückende Weise das Niveau deutlich 101
werden, auf das sich die verantwortlichen Kreise in Nizza begeben haben. Einerseits
wurde alles getan, um faktisch oder rechtlich jedem Mitgliedstaat ein Vetorecht bei Au-
ßenhandelsverträgen einzuräumen. Andererseits wurde damit zugleich ein erheblicher
Anreiz für die Kommission gesetzt, Mittel und Wege zu ersinnen, doch den herkömmlichen Entscheidungsmodus der qualifizierten Mehrheit zum Tragen kommen zu lassen.
Wie soll beispielsweise zu Beginn einer großen Verhandlungsrunde feststehen, ob auch
der nach dieser Kommentierung ohnehin eher schmale Anwendungsbereich des Abs. 6
UAbs. 2 einschlägig sein wird? Wie ist zu verfahren, wenn die Kommission nach innen
und außen erklärt, sie wolle keinen Vertrag aushandeln, der Regelungsbereiche betreffe, die in Abs. 6 UAbs. 2 angesprochen werden? Reicht das aus, um jedenfalls für die
Aufnahme der Verhandlungen die qualifizierte Mehrheit ausreichen zu lassen?

VI. Das Recht der Mitgliedstaaten, in den von Abs. 5 UAbs. 1–3 geregelten Bereichen eigene Vertragsaktivitäten zu entfalten, soweit damit nicht gegen sonstiges Gemeinschaftsrecht und Völkervertragsrecht verstoßen wird

Die geradezu grotesk eingeschränkte Übertragung der Außenkompetenz für Dienstlei- 102
stungen und Handelsaspekte des geistigen Eigentums, die nicht bereits durch Abs. 1 erfaßt werden, wäre nach der Logik der für die Aufnahme dieser Vorschriften verantwortlichen Akteure unvollkommen, wenn nicht auch den Mitgliedstaaten ausdrücklich
das Recht eingeräumt worden wäre, für diese Materien Verträge mit Drittstaaten zu
schließen.

Diese Regelung bedeutet jedoch keineswegs, daß die Mitgliedstaaten über sämtliche 103
Dienstleistungen und Handelsaspekte geistigen Eigentums Verträge schließen können,
ohne daß dies als vertragsrechtswidriges Verhalten vor dem EuGH gerügt werden
könnte: Vielmehr sind Verträge gemäß Abs. 5 UAbs. 4 nur rechtmäßig, sofern sie nicht
gegen geschriebene Außenkompetenzen der Gemeinschaft oder gegen die der Gemeinschaft stillschweigend zugefallenen ausschließlichen Außenkompetenzen der Gemeinschaft verstoßen.

1. Verstoß gegen geschriebene Kompetenzen der Gemeinschaft

Während Waren ohnehin grundsätzlich der parallelen Regelung durch Verträge der 104
Mitgliedstaaten entzogen sind, erfaßt nach der für Abs. 1 maßgeblichen Interpretation
durch den Gerichtshof die »klassische« gemeinsame Handelspolitik sowohl eine (von
vier) im GATS genannten Erbringungsweisen für Dienstleistungen, als auch die Grenzbehandlung von Waren im Zusammenhang mit dem Schutz geistigen Eigentums. Nur
sofern die Mitgliedstaaten ihre vertragliche Beziehung mit Drittstaaten auf Materien
beschränken, die nicht von Abs. 1 erfaßt werden – beispielsweise auf die drei von Abs.
1 nicht erfaßten Erbringungsweisen von Dienstleistungen –, verstößt ihr Verhalten
nicht gegen die ausschließliche Kompetenz der Gemeinschaft nach Abs. 1. Regelmäßig
ist es aber für Drittstaaten uninteressant, einen Dienstleistungen betreffende Vertrags-
regelung abzuschließen, bei der eine wesentliche Erbringungsform ausgeschlossen ist.
Das heißt indes nicht, daß nicht sehr spezielle vertragliche Regelungen über bestimmte
Erbringungsweisen von Dienstleistungen für einzelne Mitgliedstaaten und ihre Handelspartner interessant sein mögen: Ein Beispiel wären Regelungen zwischen den Mitgliedstaaten, die über leistungsfähige Finanzdienstleister verfügen und Drittstaaten, mit

dem Ziel die Niederlassung dieser Finanzdienstleister im Drittland zu erleichtern (soweit eine solche vertragliche Regelung nicht in die sogleich zu besprechende zweite Kategorie fällt). Gerade dieses hypothetische Beispiel zeigt aber auch, wie fehlgeleitet der in Abs. 5 UAbs. 4 zum Ausdruck kommende Glaube ist. Um bei dem gewählten Beispiel zu bleiben: die Bemühungen Frankreichs, Deutschlands, der Niederlande und vor allem des Vereinigten Königreiches um verbesserte Marktzugangschancen ihrer weltweit operierenden Finanzdienstleister auf Wachstumsmärkten wie Indien und China werden nur dann Erfolg zeitigen, wenn den dortigen Produkten und Industrien im Gegenzug Handelsvorteile eingeräumt werden: das aber ist nur unter Beteiligung der Gemeinschaft möglich. Der Weg über eigene Verträge der Mitgliedstaaten verlagert die notwendige interne Abklärung in die Sphäre der internationalen Beziehungen. Während die Gemeinschaft in monetären Fragen nunmehr, wenn nicht eine gemeinsame, so doch über eine überschaubare Anzahl von Telefonnummern verfügt, ist in früher zum Hausgut der Gemeinschaft gehörenden zentralen Bereichen der Handelspolitik das Nebeneinander aller interessierten Akteure getreten: gerade wer die internationalen Handelsbeziehungen gerne mit Begriffen der Offiziersausbildung charakterisiert,[197] müßte diese Art der handelsstrategischen Verhaltensweise als sub-optimal empfinden.

2. Verstoß gegen ungeschriebene Kompetenzen der Gemeinschaft

105 Nach der AETR Doktrin fällt der Gemeinschaft die Außenkompetenz für jene Bereiche zu, in der sie ihre internen Kompetenzen vollständig genutzt hat, beispielsweise zu einer vollständigen Harmonisierung gelangt ist.[198]

106 Fraglich ist, ob auch solche ungeschriebene Kompetenzen der Gemeinschaft eine Sperre gegen Verträge der Mitgliedstaaten gemäß Abs. 5 UAbs. 4 darstellen. Nach diesem Satz steht es den Mitgliedstaaten frei, mit dritten Ländern oder mit internationalen Organisationen Abkommen beizubehalten und zu schließen, »soweit diese Abkommen mit den gemeinschaftlichen Rechtsvorschriften« nicht in Widerspruch stehen.

107 Eine am **Wortlaut orientierte Auslegung** könnte zu dem Schluß kommen, die AETR-Doktrin spiegele sich nicht in den »gemeinschaftlichen Rechtsvorschriften« und stelle deswegen keine (potentielle) Sperre für Verträge der Mitgliedstaaten nach Abs. 5 UAbs. 4 dar. Die **ausdrückliche Festschreibung verbleibender Kompetenzen der Mitgliedstaaten bei gleichzeitigem Fehlen einer Erklärung zur AETR-Doktrin** würde damit so verstanden werden müssen, daß die Entstehung von Ausschließlichkeit auf Basis der *implied powers* Lehre für die unter Abs. 5 fallenden Bereiche gänzlich ausgeschlossen wäre. Es steht zu befürchten, daß diese Lesart möglicherweise die subjektive Seite wichtiger Akteure in Nizza akkurat trifft.[199] Dennoch besteht die begründete Hoffnung, daß der EuGH dieser Sicht der Dinge die Gefolgschaft verweigert.

108 Denn die sogenannte AETR-Doktrin stellt lediglich die sachangemessene Auslegung

---

197 In der französischen Literatur wird auffällig oft von der *guerre commerciale* (auch in Zusammenhängen, die mit wirtschaftlichen Zwangsmaßnahmen nichts zu tun haben) gesprochen; vgl. beispielsweise G. *Burdeau*, Les Engagements d' Autolimitation et l' Évolution du Commerce International, AFDI XXXVII (1991), S. 748 ff. Auch die französischen Zeitungen verwenden den Begriff der guerre commerciale mit großer Selbstverständlichkeit; vgl. <http://www.lemonde.fr/article/0,5987,3244-5818-197722-VT,00.html>. Darüber hinaus existiert eine Ecole de Guerre Economique <http://www.ege.eslsca.fr/fr/ege/index.htm>.
198 Vgl. im einzelnen die Kommentierung zu Art. 300.
199 Siehe hierzu nuanciert *C. Herrmann* (Fn. 5), S. 272; *ders.* (Fn. 159).

der Kompetenzvorschriften des Vertrages dar. Aus dem Sinn und Zweck der die (internen) Gemeinschaftszuständigkeiten begründenden Kompetenzvorschriften folgt, daß bei erschöpfender Ausnutzung des vom Vertrag angelegten Integrationsprogramms die Auswärtigen Beziehungen nicht der Hebel sein dürfen, um von dem erreichten Stand der Integration Abstriche zu machen. Damit ist die als AETR-Doktrin bekannte Auslegung des Vertrages unter das Tatbestandsmerkmal »gemeinschaftliche Rechtsvorschrift« im Sinne des Abs. 5 UAbs. 4 zu fassen und übt gegen diesbezügliche Verträge der Mitgliedstaaten Sperrwirkung aus. Dies wird durch den französischen und englischen Wortlaut der Vorschrift bestätigt: Dort heißt es statt »gemeinschaftliche Rechtsvorschrift« sehr viel weiter »droit communautaire« bzw. »Community law«.

3. Verstoß gegen von der Gemeinschaft geschlossenen völkerrechtliche Verträge

Schließlich dürfen die Mitgliedstaaten gemäß Abs. 5 UAbs. 4 Verträge mit Drittstaaten nur unter der Bedingung schließen, daß diese Verträge »mit ... anderen einschlägigen internationalen Abkommen in Einklang stehen«. Auch bei dieser letzten Alternative des Abs. 5 UAbs. 4 ist der Wortlaut schief und mißverständlich. Bei den von Abs. 5 UAbs. 4 als Maßstab genannten »anderen Abkommen« werden nicht die Vertragspartner genannt. Unbeschadet der sehr speziellen Umstände der Nizzaer Konferenz sollte jedoch der Vertragstext als die einen Sinn enthaltende Verfassungsurkunde der Gemeinschaft interpretiert werden. Deswegen muß davon ausgegangen werden, daß Abs. 5 UAbs. 4 die Mitgliedstaaten nicht etwa daran erinnern möchte, daß sie nicht gegen *selbst* gegenüber *anderen* Drittstaaten eingegangene vertragliche Verpflichtungen verstoßen sollen.[200] Da die vorherige Alternative für die Verträge der Mitgliedstaaten vorschreibt, daß sie nicht gegen Gemeinschaftsrecht *stricto sensu* verstoßen sollen, liegt der Schluß nahe, daß die zweite Alternative des Abs. 5 UAbs. 4 den Mitgliedstaaten vorschreibt, die Integrität der gemeinschaftlichen Außenverpflichtungen nicht zu tangieren. Zwar sollen nationale Sonderwege möglich sein, diese dürfen jedoch nicht gegen das Gemeinschaftsrecht verstoßen.

109

VII. Die »Logik des Parallelität«[201] gemäß Abs. 6 UAbs. 1, 2

Abs. 6 UAbs. 1 lautet:

110

> Ein Abkommen kann vom Rat nicht geschlossen werden, wenn es Bestimmungen enthält, die die internen Zuständigkeiten der Gemeinschaft überschreiten würden, insbesondere dadurch, daß sie eine Harmonisierung der Rechts- oder Verwaltungsvorschriften der Mitgliedstaaten in einem Bereich zur Folge hätten, in dem dieser Vertrag eine solche Harmonisierung ausschließt.

Diese Aussage stellt eine Wiederholung des bereits in Abs. 3 UAbs. 1 Satz 2 festgehaltenen Konformitätsgebotes dar[202]. Dabei ist der Adressat dieses Verbots zwar deutlich erkennbar, indes vom Vertragswortlaut nicht präzise bestimmt: Da es, wie Abs. 6 UAbs. 2[203] eindeutig klarstellt, um die Vertragsbeziehungen der Gemeinschaft und ih-

111

---

200 Vgl. *H. Krenzler/C. Pitschas* (Fn. 5), S. 454 f.
201 So die Formulierung der Kommission, <http://europa.eu.int/comm/trade/faqs/rev133_de.htm>.
202 So auch *H. Krenzler/C. Pitschas* (Fn. 5), S. 456 ff.; *C. Herrmann* (Fn. 5), S. 272.
203 Dazu oben Rn. 79 ff.

rer Auswirkungen auf die Mitgliedstaaten ging, ist wohl das Tatbestandsmerkmal »Rat« als »Gemeinschaft ohne Mitwirkung der Mitgliedstaaten« zu lesen.[204] Die zusätzliche Qualifikation (»ohne Mitwirkung der Mitgliedstaaten«) ergibt sich ebenfalls aus Abs. 6 UAbs. 2, der gerade klarstellt, daß in Fällen, in denen der Vertrag die Harmonisierung der mitgliedstaatlichen Rechtsordnungen ausschließt, ein gemischter Vertrag möglich ist. Eine andere schlüssige Argumentation, die zu keinem anderen Ergebnis führt, geht davon aus, daß das Tatbestandsmerkmal »Rat« als »Rat alleine«, d.h. ohne Mitwirkung der Mitgliedstaaten gelesen werden sollte.[205]

112 Im gleichen Sinne entzieht der weiter oben eingehend untersuchte Abs. 6 UAbs. 2 bestimmte Bereiche, bei denen gemäß den Artikeln 150 Abs. 4, 151 Abs. 4 lit. c) und 152 keine Harmonisierung vorgenommen werden darf, der Außenkompetenz der Gemeinschaft gemäß Abs. 5 UAbs. 1.

113 Abs. 6 UAbs. 3, auf den bereits weiter oben hingewiesen worden war, rezipiert die von der h.M. und Gutachten 1/94 vertretene Auffassung, derzufolge internationale Abkommen im Verkehrsbereich nicht auf der Grundlage des Art. 133, sondern vielmehr nach Titel V und Art. 300 auszuhandeln und abzuschließen seien.[206]

VIII. Autonome Vertragsänderung nach Abs. 7

114 Art. 133 Abs. 7 ermöglicht es dem Rat[207], durch einstimmigen Beschluß die Anwendung der Absätze 1 bis 4 auf internationale Verhandlungen und Übereinkünfte über geistiges Eigentum ausdehnen, soweit sie nicht bereits durch die Kompetenz der Gemeinschaft nach Art. 133 Abs. 5 erfaßt sind. In der schlechten Tradition des Art. 133 ist der **Wortlaut** dieses neuen Absatzes **mehrdeutig**.

115 Seinem Wortlaut nach bezieht sich die durch den Ratsbeschluß *sui generis*[208] erfolgende Ausdehnung des Anwendungsbereiches auf völkerrechtliche Übereinkünfte und internationale Verhandlungen. Damit stellt sich zunächst die Frage, ob das Tatbestandsmerkmal »und« (zwischen Verhandlungen und Übereinkünften) als ein logisches »oder« zu lesen ist, oder vielmehr den Gesamtkomplex Übereinkünfte einschließlich der (besonders wichtigen) Verhandlungsphase beschreibt.

116 Nach der Lesart der Bundesregierung traf das erstgenannte Verständnis auf den Abs. 5 a.F. zu, nach dessen Vorbild der nunmehrige Abs. 7 gestaltet ist. Art. 133 Abs. 5 a.F. sollte es nach dieser Ansicht ermöglichen, daß »die *Verhandlungs*kompetenz der Kommission von Fall zu Fall auch auf die in der gemischten Sachzuständigkeit von Gemeinschaft und Mitgliedstaaten liegenden Bereiche Dienstleistungen und geistiges Eigentum ausgedehnt werden«[209]. Aus der wiedergegebenen Passage geht ein weiteres, vom Wortlaut nicht mehr ohne weiteres getragenes Verständnis hervor: Die durch den Beschluß des Rates herbeigeführte *Ausdehnung*[210] der »Anwendung der Absätze 1 bis 4« beschriebe nicht etwa eine bestimmte, durch den Vertrag selbst festgelegte Rechtsfolge

---

204 So auch C. *Herrmann* (Fn. 5), S. 272
205 H. *Krenzler/C. Pitschas* (Fn. 5), S. 456 ff.
206 Siehe oben Rn. 50 und Gutachten 1/94, Slg. 1994, I-5267, Rz. 48 ff.
207 Vorausgesetzt, die Kommission schlägt dies vor und das Europäische Parlament wird angehört.
208 Dieser Beschluß wird nicht von dem Kanon der normalen Rechtsakte der Gemeinschaftsorgane erfaßt.
209 BR-Drs. 784/97 v. 17.10.1997, 155.
210 Der Vertragstext verwendet das Verb.

(Ausdehnung des Anwendungsbereichs der Absätze 5 auf Übereinkommen über Dienstleistungen und geistiges Eigentum), sondern eröffnete dem Rat nicht nur hinsichtlich des »Ob«, sondern auch hinsichtlich des »Wie« der Ausdehnung völlige Freiheit.

Trotz der Beachtung, die Äußerungen der Bundesregierung in diesem Zusammenhang beanspruchen können, begegnet diese Sicht der Dinge durchgreifenden Bedenken: Bereits nach dem Wortlaut der Norm spricht die Verwendung des Begriffs ausdehnen (*étendre, extend*) für eine auf Dauer angelegte Erweiterung des Kompetenztitels des Abs. 7; auch legt es der Wortlaut nahe, die Verbindung zwischen Verhandlungen über geistiges Eigentums und den an deren Ende stehenden Abschluß als Verknüpfung zu verstehen, wie es dem primären Aussagegehalt des Wortes »und« entspricht. 117

Vor allem aber spricht der Zusammenhang, in dem Abs. 7 steht, gegen eine bloße Ermächtigung der Kommission zur Führung von Verhandlungen oder zu einer nur bedingten oder befristeten Erweiterung der Außenkompetenz der Gemeinschaft[211]. Abs. 7 stellt eine Reaktion auf das Gutachten 1/94 des Gerichtshofes dar. In dieser Entscheidung hat der Gerichtshof **ausdrücklich** erklärt, die Organe der Gemeinschaft, mithin in diesem Fall der Rat, könnten durch einstimmigen Beschluß der Gemeinschaft eine ausschließliche externe Zuständigkeit zuerkennen. Erst recht könnte der Rat anlaßbezogene und befristete Verhandlungsermächtigungen an die Kommission aussprechen.[212] Wenn genau dies die Aussage des Abs. 7 wäre, würde er lediglich wiederholen, was die Geschäftsgrundlage der in Amsterdam und Nizza vorgenommenen Vertragsänderungen – das Gutachten 1/94 – bereits auf der Grundlage des »alten Rechts« als möglich angesehen hatte. Daß Abs. 7 lediglich eine bisherige Optionen des Rates ausdrücklich festhalten, zugleich damit aber andere[213] im Umkehrschluß ausschließen sollte, ist angesichts der Vorgeschichte[214] keine überzeugende Interpretation. Es erscheint vielmehr naheliegend, daß Abs. 7 dem Rat bei Bedarf die Möglichkeit eröffnet, geistiges Eigentum uneingeschränkt in die gemeinsame Handelspolitik der Gemeinschaft zu integrieren. 118

E. Würdigung und Ausblick

I. Die Probleme des status quo

In den letzten Jahren nahmen die Konstellationen, in denen die Gemeinschaft, vertreten durch die Kommission, mit ausschließlicher Kompetenz »die Gemeinschaft« nach außen vertreten konnte und durfte stetig ab: der Grund hierfür war einerseits das Auseinanderfallen von »gemeinsamer Handelspolitik« nach Abs. 1 und den Regelungsgegenständen des WTO-Rechts, andererseits die gezielte Herbeiführung von gemischter Zu- 119

---

211 In diesem Sinne wohl auch die Analyse des EP, http://www.europarl.eu.int/dg7/treaty/analysis/de/section3.htm; danach stellt Abs. 5 a.F. ein Verfahren dar, um letztendlich zur Erweiterung des Anwendungsbereiches von Artikel 113 EGV auf die Bereiche Dienstleistungen und geistiges Eigentum zu kommen.
212 Vgl. Rn. 125 ff.
213 Beispielsweise für andere, neue Verhandlungsgegenstände ein Verhandlungsmandat zu erteilen oder eine Abschlußkompetenz auszusprechen, etwa für im Rahmen der nächsten WTO-Verhandlungsrunden auszuhandelnde Verträge über Wettbewerbsfragen, Investitionen oder Sozialsstandards.
214 Die von *Krenzler/da Fonseca-Wollheim* (Fn. 36), S. 234 ff. eingehend und engagiert aus der Perspektive der Kommission dargestellt wird.

ständigkeit bei wichtigen bi- und multilateralen Handelsabkommen.[215] Damit ist die Gemeinschaft schleichend aus der ihr der Natur der Sache nach zufallenden Rolle für die Handelspolitik der Gemeinschaft verdrängt worden: Ein Raum ohne Binnengrenzen, der ein Drittel des Welthandels generiert, spricht mit seinen Handelspartnern potentiell mit 16 Stimmen. Im Verhältnis zu Staaten, die in vielerlei Hinsicht von der Gemeinschaft und ihren Mitgliedstaaten abhängig sind, mag dies nicht mehr als ein protokollarisches Ärgernis sein. Im Verhältnis zu OECD-Staaten wirkt sich dieses Selbstschwächung ungünstig auf die europäische Verhandlungsposition aus und mindert damit auf Sicht die Vorteile, die den Bürgern und Wirtschaftssubjekten der Gemeinschafts aus dem Freihandel erwachsen können.

120 Die wichtigste rechtliche Folgen der *mixité artificielle* bei wichtigeren handelspolitischen Abkommen ist die *Renaissance* des Einstimmigkeitsprinzips[216]. Sie führt dazu, daß eine der drei größten Handelsmächte der Welt bei entsprechenden innenpolitischen Drücken in einem einzelnen Mitgliedstaat in zentralen Bereichen ihrer Außenhandelspolitik nicht mehr verhandlungsfähig sein wird. Auch wer mit dem Gerichtshof die Verdrängung der Mitgliedstaaten durch eine expansive Interpretation des Art. 133 Abs. 1 mit Blick auf die Machtarchitektur des Vertrages ablehnt, kann dem umgekehrten Phänomen, der »Balkanisierung« der (wenigen) ausschließlichen Außenvertretungskompetenzen der Gemeinschaft nicht zustimmen. Das bedeutet keineswegs, daß den auswärtigen Handelsinteressen der Mitgliedstaaten nicht gesteigerte Bedeutung zukommen muß. Die Außenhandelspolitik der Gemeinschaft stellt nicht nur ein funktionales Pendant zum Gemeinsamen Markt dar und muß deswegen zentralisiert sein. Sie ist auch ein wesentlicher Teil der Auswärtigen Politik, sogar der Auswärtigen Kulturpolitik, wie die Diskussionen um die *exception culturelle* zeigen. Diese besondere Interessenlage der Mitgliedstaaten ist nicht nur in der Art und Weise zu berücksichtigen, wie die Kommission ihre Geschäfte führt und die Mitgliedstaaten einbindet; sie muß darüber hinaus im Vertragsrecht zum Ausdruck kommen. De lege ferenda lassen sich eine ganze Reihe von Regelungsmodellen denken, die diesem gesteigertem Interesse Rechnung tragen, ohne durch das Einstimmigkeitsprinzip die Gemeinschaft maximal zu schwächen. Dabei ist allerdings zu berücksichtigen, daß die Gemeinschaft auf mittlerer Sicht über 20 Mitgliedstaaten haben wird. Eine »extra-qualifizierte« Mehrheit für bestimmte Bereiche, die besonders geeignet sind, die nationalen Souveränitätsbereiche zu berühren, wird damit zusätzliche Probleme schaffen.

121 Die für die Gemeinschaft derzeit schwierige Lage wird durch die Einführung einer »extra-qualifizierten« Mehrheit ebensowenig aufgelöst werden, wie dies durch die Renaissance des Einstimmigkeitsprinzip geschehen ist. Vielmehr erscheint im Hinblick auf das WTO-Vertragsrechts ein Zeitpunkt gekommen, in stärkerem Maße das Verhältnis von Marktzutritt und Achtung nationaler Souveränität neu zu kalibrieren. Der *aims and effects* Test, den ein WTO-Panel lancierte, war ein wichtiger erster Schritt in diese Richtung.[217] Wenngleich er vom WTO-Appellate Body nicht übernommen wurde[218], bleibt

---

215 *H. Krenzler/C. Pitschas* (Fn. 5), S. 450 ff.
216 Siehe auch *N. Emiliou*, The Death of exclusive competence, ELRev. 21 (1996), S. 309; *N.A. Neuwahl*, Shared Powers or Combined Incompetence? More on Mixity, CMLR. 33 (1996), S. 667 ff.; siehe nunmehr auch *A. Dashwood*, E.C. External relations Provisions Post-Amsterdam, in: A. Dashwood/C. Hillion (Hrsg.) The General Law of EC External Relations, 2000, S. 111 ff.
217 Panel Report on *United States – Measures Affecting Alcoholic and Malt Beverages*, adopted on 19 June 1992, DS23/R, BISD 39S/206, 276, unter Ziff. 5.71 – 5.72 der Gründe.
218 Siehe etwa den Bericht des Appelate Body in der Sache *Japan – Taxes on Alcoholic Beverages*, WT/DS8/AB/R, <http://www.wto.org/english/tratop_e/dispu_e/alcohpr.wp5>.

festzuhalten, daß das Recht der WTO und des GATT hinreichende Anknüpfungspunkte für die stärkere Rücksichtnahme auf kulturelle und andere Anliegen vorsieht, als dies derzeit aus der Rechtsprechung des Appellate Body erkennbar ist.
Des weiteren scheinen manche Regelungen der Schlußakte der Uruguay-Runde einen größeren Harmonisierungsdruck auszuüben, als dies bei der äußerst heterogenen Zusammensetzung der WTO für viele Mitgliedstaaten akzeptabel erscheint. Eine gewisse Rücknahme der Regelungsdichte bei zukünftigen Vereinbarungen würde insoweit der (über-) großen Nervosität mancher EG-Mitgliedstaaten den Anlaß entziehen.

II. Art. 133 Abs. 5 bis 7 als weitgehend unbrauchbarer Ansatz zur Wiederherstellung der einheitlichen Außenvertretung

Die in Nizza angefügten Absätze 5 bis 7 tragen nicht dazu bei, die Selbstbehinderung der Gemeinschaft zu beenden. Sofern es die Kommission im Rahmen der WTO nicht systematisch darauf anlegt, Blockademöglichkeiten durch einzelne Mitgliedstaaten zu umgehen, indem sie die wesentlichen Handelspartner dazu bringt, nur noch Verträge zu verhandeln und zu schließen, die gemäß Abs. 1 unter die ausschließliche Kompetenz der Gemeinschaft fallen, wird sie sich allzu häufig aufgrund der neuen Einstimmigkeitserfordernisse bzw. aufgrund der durch Abs. 5 UAbs. 3 zunehmenden Situationen gemischter Zuständigkeiten in einer ungünstigen Verhandlungsposition wiederfinden. Dies ist nicht frei von einer gewissen historischen Ironie: Unbeschadet der formalen Nicht-Mitgliedschaft der Gemeinschaft nahm sie im GATT-System, vertreten durch die Kommission, ab den 60er Jahren des vergangenen Jahrhunderts die Rechte der EG-Mitgliedstaaten wahr[219]. Ungeachtet verschiedener kritikwürdiger Punkte sind die Gemeinschaft und ihre Mitgliedstaaten mit dieser einheitlichen Außenvertretung im Rahmen des GATT gut gefahren. Dabei ist zu berücksichtigen, daß bereits vor dem Gutachten 1/94 (ungeachtet der niedrigeren *rechtlichen* Hürde der qualifizierten Mehrheit) von Seiten der Kommission meist der Versuch unternommen wurde, den Konsens der Mitgliedstaaten herbeizuführen, was die Beziehungen zu Drittstaaten ohnehin nicht einfacher gestaltete.

Die durchaus bescheiden gewordenen Vorschläge der Kommission vor der Nizzaer Regierungskonferenz sind dort, auf Betreiben der Präsidentschaft, abgelehnt worden. Die nunmehrigen Regelungen machen den gemischten Vertrag und das Einstimmigkeitsprinzip zum auch rechtlichen Normalfall. Dieser Zustand ist von der Wirklichkeit wichtiger wirtschaftsvölkerrechtlicher Verhandlungen so weit entfernt, daß die Realität eigene – vom Vertragstext nur noch mittelbar gesteuerte – Entwicklungen sehen wird, die maßgeblich von politischen und persönlichen Einflußsphären geprägt sein werden. Dies ist nicht im wohlverstandenen Interesse der Mitgliedstaaten und der Gemeinschaft. Die nächste Regierungskonferenz wird – zum Schrecken der Kommentatoren – sich erneut mit Art. 133, bzw. mit dem gesamten Kapitel der Handelspolitik beschäftigen müssen. Die dann zu findende Lösung kann nur darin bestehen, die schwierige Abstimmung zwischen Gemeinschaft und ihren Mitgliedstaaten intern durchzuführen und nach außen hin der Gemeinschaft die für die Wahrnehmung der europäischen Interessen notwendige einheitliche Außenvertretung zu überlassen.

---

219 Siehe zu den gescheiterten Versuchen Frankreichs, seine von der Gemeinschaftsposition abweichende Haltung im GATT-Rat durchzusetzen GATT Doc. C/M/222, 10 ff., 16; in EuGH, Rs. 21–24/72, 12.12.1972, Slg. 1972, 1219 (International Fruit), para. 10 f. hat der Gerichtshof diese Praxis ausdrücklich gebilligt.

124 Für die Zwecke der nächsten WTO-Runde steht der Gemeinschaft und den Mitgliedstaaten bereits jetzt die Möglichkeit offen, die Gemeinschaft verhandlungsfähig zu machen.

III. Übergangslösungen für die nächste WTO-Runde

125 Das Gutachten 1/94 gibt einen doppelten Hinweis, wie die Außenvertretungsprobleme der Gemeinschaft im Rahmen der WTO gelöst werden könnten. *Einmal* erwirbt die Gemeinschaft trotz der restriktiven Interpretation der AETR-Rspr. weiterhin die ausschließliche externe Kompetenz, sofern die Gemeinschaft in ihre internen Rechtssetzungsakte Klauseln über die Behandlung der Angehörigen von Drittstaaten aufgenommen hat[220]. Sodann hat die Gemeinschaft die Möglichkeit, durch einen Beschluß nach Art. 308 – mithin bei Zustimmung sämtlicher Mitgliedstaaten – die ausschließliche externe Zuständigkeit zu erwerben: »Hat die Gemeinschaft ... ihren Organen ausdrücklich eine Zuständigkeit für Verhandlungen mit Drittstaaten übertragen, so erwirbt sie eine ausschließliche externe Zuständigkeit nach Maßgabe des von diesen Rechtsakten erfaßten Bereichs«[221]. Wegen der Rechtsgrundlage des Art. 308 hätte der Rat (und damit die Mitgliedstaaten) die Möglichkeit, der Gemeinschaft die Vertragsschlußkompetenz (oder auch nur die Verhandlungskompetenz) anlaßbezogen (etwa für eine WTO-Verhandlungsrunde) oder (nach Art der amerikanischen *fast-track-legislation*) auf Zeit zu erteilen[222].

F. Die autonome Handelspolitik (Überblick)[223]

126 Als autonome handelspolitische Maßnahmen werden Rechtsakte der Gemeinschaft verstanden, die zu ihrer Gültigkeit keiner Beteiligung eines anderen Rechtssubjekts bedürfen. Es handelt sich dabei **im wesentlichen um die Umsetzung völkerrechtlicher Verträge oder um handelspolitische Maßnahmen**, die unabhängig von völkerrechtlichen Vorgaben vom Gemeinschaftsgesetzgeber gewünscht werden. In der Sache wird die autonome Handelspolitik **traditionell** in Anlehnung an Kategorien des GATT-Rechts **in tarifäre und nicht-tarifäre Maßnahmen eingeteilt**[224].

---

220 Gutachten 1/94 (Fn. 3), Rn. 95.
221 Hierzu kritisch *R. Geiger* (Fn. 33), S. 980.
222 *Gilsdorf* (Fn. 22), S. 156, der darauf aufmerksam macht, daß auf der Grundlage des Gutachtens 1/94 die Gemeinschaft mittels eines (einstimmigen) Beschlusses des Rats nach Art. 235 die ungeteilte Kompetenz für den Abschluß des WTO-Abkommens erlangt hätte.
223 Die Darstellung und Analyse der von der Gemeinschaft betriebenen autonomen Handelspolitik sprengt (mittlerweile) nicht nur den von einem Handkommentar gesetzten Rahmen: Den aktuellsten Gesamtüberblick verschafft derzeit *H. G. Krenzler* (Hrsg.), »Außenwirtschaftsrecht«. Dieses grundlegende Sammelwerk ist als integrale Ergänzung zu *Grabitz/Hilf* konzipiert. Erste Überblicke verschaffen *J. Bourgeois* in: GTE, EU-/EGV, Art. 113; *R. Arnold*, Hb. EUWirtR, K I. (Grundlagen); *F. H. Wenig*, Hb. EUWirtR, K II (Antidumping- und Antisubventionsrecht); *W. Hummer*, Hb.EUWirtR, K III. (EG-EFTA); *Grabitz/v. Bogdandy/Nettesheim*, Europäisches Außenwirtschaftsrecht, 1994, sowie *A. Reuter*, Außenwirtschafts- und Exportkontrollrecht Deutschland/Europäische Union, 1995.
Die folgenden Anmerkungen zur autonomen, und zur konventionellen (sogleich unter Rn. 145 ff.) gemeinsamen Handelspolitik erheben demgemäß weder Anspruch auf Vollständigkeit, noch können sie mehr sein, als erste Hinweise auf die Grundstrukturen der vorgestellten Rechtsgebiete.
224 So beispielsweise *T. Müller-Ibold*, in: Lenz, EGV, Art. 133, Rn. 14; *W. Müller-Huschke*, in: Schwarze, EU-Kommentar, Art. 133, Rn. 8.

I. Zollrecht

Obgleich das materielle **Zollrecht der Gemeinschaft** auf der Grundlage von **Art. 26, 27 EGV** festgelegt wird[225], wird es nochmals ausdrücklich in Art. 133 erwähnt. Aus diesem Grunde sind lediglich folgende Erläuterungen angebracht: Grundlage des autonomen Zollrechts ist der von der Gemeinschaft gemäß Art. 26 unter Berücksichtigung der in Art. 27 festgesetzten Zielsetzungen zu erlassende **Gemeinsame Zolltarif (GZT)**[226], **der fortlaufend aktualisiert wird**[227]. Er enthält für bestimmte (z.T. außerordentlich eng gefaßte) Warengruppen und Herkunftsländer den jeweiligen Zollsatz. Zu beachten ist, daß die Gemeinschaft sich auf der Grundlage von Art. II GATT gegenüber den WTO-Mitgliedern dazu verpflichtet hat, bezüglich bestimmter Waren die ausgehandelten **Zollhöchstsätze** nicht zu überschreiten (sog. *tariff-bindings*); ein Verstoß hiergegen würde materiell die völkerrechtliche Verantwortlichkeit der Gemeinschaft, prozedural die Einleitung eines WTO-Streitschlichtungsverfahrens auslösen. Der Zollwert der Ware und andere in der Praxis außerordentlich wichtige Details ergeben sich aus dem sog. Zollkodex[228], der das zuvor **zersplitterte Verfahrensrecht konsolidiert** hat. 127

In diesem Zusammenhang ist auf die besondere Bedeutung der zollrechtlichen Ursprungsregelungen *(rules of origin)* hinzuweisen, die sich für den diesen Bereich nur gelegentlich Aufsuchenden nicht ohne weiteres erschließt. Sie finden sich in Art. 22–26 des Zollkodex[229]; besonders günstige (»präferentielle«) Handelsregeln, etwa zugunsten von Entwicklungsländern, sind vielfach deutlich strenger[230]. 128

---

225 Siehe die dortige Kommentierung.
226 Vgl. Verordnung (EWG) Nr. 2658/87 des Rates vom 23. Juli 1987 über die zolltarifliche und statistische Nomenklatur sowie den Gemeinsamen Zolltarif, ABl. EG Nr. L 256/1, zuletzt geändert durch die Verordnung (EG) Nr. 1229/2001 der Kommission, Abl. EG Nr. L 168/5; vgl. dazu W. *Müller-Huschke*, in: Schwarze, EU-Kommentar, Art. 133, Rn. 9 f..
227 Gem. Art. 12 der VO (EWG) Nr. 2658/87 des Rates über die zolltarrifliche und statistische Nomenklatur sowie den Gemeinsamen Zolltarif (ABl.EG 1987 L 256/1) veröffentlicht die Kommission jedes Jahr die vollständige Fassung des aktuellen Zolltarifs.
228 Verordnung (EWG) Nr. 2913/92 des Rates zur Festlegung des Zollkodex der Gemeinschaften ABl.EG 1992 L 302/1 (zuletzt geändert durch Verordnung (EG) Nr. 2700/2000 des Europäischen Parlaments und des Rates vom 16. November 2000, ABl. EG 2000 Nr. L 311/17) und Durchführungsverordnung VO 2454/93 (ABl.EG 1993 Nr. L 253/1). Die Durchführungsverordnung ersetzte etwa 75 Verordnungen. Die letzte Änderung findet sich in der Verordnung (EG) Nr. 993/2001 der Kommission vom 4. Mai 2001 zur Änderung der Verordnung (EWG) Nr. 2454/93 mit Durchführungsvorschriften zu der Verordnung (EWG) Nr. 2913/92 des Rates zur Festlegung des Zollkodex der Gemeinschaften, ABL. EG 2001 Nr. L 141/1.
229 Vgl. Art. 24 Zollkodex: »Eine Ware an deren Herstellung zwei oder mehrere Länder beteiligt waren, ist Ursprungsware des Landes, in dem sie der letzten wesentlichen und wirtschaftlich gerechtfertigten Be- oder Verarbeitung unterzogen worden ist, die in einem dazu eingerichteten Unternehmen vorgenommen worden ist und zur Herstellung eines neuen Erzeugnisses geführt hat oder eine bedeutende Herstellungsstufe darstellt.« Dazu *Lasok/Bridge*, EC-Law, S. 414 ff.
230 Mit Ausnahme der Vereinigten Staaten, Japans und einiger anderer Staaten sind nach Mitteilung der Kommission über die Verwaltung der Zollpräferenzregelungen, KOM(97) 402 endg., 7 »alle Länder der Welt ... Begünstigte einer Zollpräferenzregelung der Gemeinschaft«; ein Überblick findet sich in <http://europa.eu.int/eur-lex/de/lif/reg/de_register_02203020.html>; vgl. Verordnung (EG) Nr. 2820/98 des Rates vom 21. Dezember 1998 über ein Mehrjahresschema allgemeiner Zollpräferenzen für den Zeitraum 1. Juli 1999 bis 31. Dezember 2001, ABl. EG 1998 L 357/1 sowie *colorandi causa* Verordnung (EG) Nr. 2820/98 über ein über ein Mehrjahresschema allgemeiner Zollpräferenzen für den Zeitraum 1. Juli 1999 bis 31. Dezem-

129 Die Bedeutung der Ursprungsregeln ergibt sich daraus, daß Zölle jeder Art (einschließlich der gegen Dumping und fremde Beihilfen gerichteten Ausgleichszölle) sowie sonstige handelspolitische Maßnahmen zum Schutz der Gemeinschaftsindustrien regelmäßig an das Herkunftsland der Ware anknüpfen. Sofern ein Endprodukt aus verschiedenen, in unterschiedlichen Staaten gefertigten Teilen besteht oder in verschiedenen Herstellungsphasen bereits während seiner Entstehung Staatsgrenzen überquert hat, ist die Bestimmung des Herkunftslandes im zollrechtlichen Sinne erst aufgrund der Anwendung der Ursprungsregeln möglich. Da Ursprungsregeln vielfach als verdeckte Handelshemmnisse eingesetzt worden sind[231], haben sich die Mitgliedstaaten der WTO zur Beachtung bestimmter Grundregeln verpflichtet[232].

II. Schutz der Gemeinschaftsindustrien vor Dumping und ausländischen Subventionen

130 Die Gemeinschaft schützt ihre heimischen Industrien vor solchen Einfuhren, denen aufgrund **unfairer Handelspraktiken** ein Wettbewerbsvorteil zukommt[233]. Als unfaire Handelspraktiken in diesem Sinne werden vor allem **Dumping (private Preisdiskrimi-**

Fortsetzung von Fußnote 230
ber 2001 zwecks Ausweitung der Zollbefreiung ohne mengenmäßige Beschränkungen auf Waren mit Ursprung in den am wenigsten entwickelten Gebieten, ABl. EG 2001 L 60/1; siehe nunmehr den instruktiven Vorschlag für eine Verordnung des Rates über ein Schema allgemeiner Zollpräferenzen für den Zeitraum vom 1. Januar 2002 bis 31. Dezember 2004, KOM/2001/0293 endg., siehe *R. Bierwagen*, in: Smit/Herzog (Fn. 12), § 113.06.

231 Falls ein Produkt in Land A und B hergestellt wird, kann der wirtschaftliche Erfolg des Produkts auf dem Gemeinschaftsmarkt davon abhängen, welches der beiden Länder als Ursprungsort gilt. Land A mag aufgrund von präferentiellen Sonderregeln (Freihandelsabkommen, APS, Assoziationsabkommen) einen Zollsatz für das fragliche Produkt in Höhe von 0% beanspruchen können, während Land B einen Zoll von 15% hinnehmen muß.

232 Übereinkommen über Ursprungsregeln, ABl.EG 1994 L 336/144; aus der Literatur vgl. *H. J. Prieß/R. Pethke*, The pan-European rules of origin: the beginning of a new era in European free trade, CMLR 34 (1997), S. 773 ff.; *P. G. Nell*, WTO negotiations on the harmonization of rules of origin: A first critical appraisal, JWT 33 (1999), S. 45 ff.; *N. Komuro*, Pan European rules of origin, Revue des Affaires Européenes 7 (1997), S. 324 ff.; *J. A. LaNasa III*, Rules of origin and the Uruguay Round's effectiveness in harmonizing and regulating them, AJIL 90 (1996), S. 625 ff.; *E. Vermulst* (Hrsg.), Rules of origin in international trade : a comparative study, 1994; *S Inama*, A comparative analysis of the generalized system of preferences and non-preferential rules of origin in the light of the Uruguay Round Agreement : is it a possible avenue for harmonization or further differentiation? JWT 29 (1995), S. 77 ff.

233 Der Begriff der unfairen Handelspraktiken ist im Gemeinschaftsrecht – anders als im Recht der USA und dem WTO-Recht – zwar kein normativer Begriff, auch die Gemeinschaft sieht jedoch in Dumping und bestimmten ausländischen Subventionen unfaire Praktiken, vgl. *Achtzehnter Jahresbericht* der Kommission an das Europäische Parlament über die Antidumping- und Antisubventionsmaßnahmen der Gemeinschaft (1999), KOM(20000) 440 endg.
Die Literatur zum Antidumping- und Antisubventionsrecht ist kaum noch zu überblicken. In deutscher Sprache geben einen guten Überblick *Reuter* (Fn. 152), S. 159 ff.; *Nettesheim*, in: Grabitz/v. Bogdandy/Nettesheim (Fn. 1), S. 197 ff.; *F. H. Wenig* in: Dauses, HbEGWirtR, K II. Siehe auch *Pierre Didier*, WTO trade instruments in EU law: commercial policy instruments: dumping, subsidies, safeguards, public procurement, 1999; *W. Müller/N. Khan/ H.-A. Neumann*, EC anti-dumping law: a commentary on regulation 384/96, Chichester, 1998; *C. Stanbrook/P. Bentley*, Dumping and subsidies: the law and procedures governing the imposition of anti-dumping and countervailing duties in the European Community, 3. ed., London 1996; *I. van Bael/J.-F. Bellis*, Anti-Dumping and other Trade Protection Laws of the EC, 3rd ed., Bicester 1996. Tiefschürfend auch die Kommentierung von *J. Bourgeois*, in: GTE, EGV, Art. 113, Rn. 86 ff.

nierung) und bestimmte ausländische **Subventionen** angesehen, die es den Ausführern von Drittstaaten gestattet, zu günstigeren Preisen anzubieten, als dies den Gemeinschaftsindustrien für vergleichbare Waren möglich ist[234]. Entgegen verschiedener Ansichten, denen zufolge die auf diese Weise günstigeren Einfuhren per Saldo für das Importland uneingeschränkt günstig seien (Thank-you-note-approach) oder mit den Mitteln des nationalen Wettbewerbsrechts bewältigt werden sollten[235], haben sämtliche großen Handelsmächte zum Schutz ihrer heimischen Industrien besondere Regelungen getroffen[236]. Mit dem Abschluß des WTO-Vertrages sind beide Rechtsgebiete auf völkerrechtlicher Ebene neu geregelt worden[237]. Um den dort aufgestellten Anforderungen Rechnung zu tragen, hat die Gemeinschaft neue Grundverordnungen (im folgenden: GrundVO) erlassen[238].

1. Abwehr von Dumping

Dumping wird als Preisdiskriminierung zwischen nationalen Märkten definiert. Nach dem Antidumpingrecht der Gemeinschaft[239] liegt Dumping vor, wenn eine Ware in der Gemeinschaft unter ihrem »Normalwert« verkauft wird; diese Differenz wird als

131

---

234 Gegen andere als unfair angesehene Maßnahmen wendet sich die unter Rn. 141 besprochene VO 3286/94, ABl.EG 1994 L 349/71.
235 Vgl. R. *Bierwagen*, GATT Article VI and the protectionist bias in anti-dumping laws, Deventer 1990; siehe auch neuerdings B. *Hoekman/P. Mavroidis*, Dumping, antidumping and antitrust, in: JWT 30 (1996), S. 27 ff.
236 Vgl. R. *Behboodi*, Industrial subsidies and friction in world trade: trade policy or trade politics?, 1994; A. *Bleckmann*, Subventionsprobleme des GATT und der EG. Ordnungsrahmen für das Recht der Subventionen – Internationaler Teil, RabelsZ 48 (1984), S. 419 ff.; M. *Doane*, Green light subsidies: technology policy in international trade, in: Syracuse journal of international law and commerce 21 (1995), S. 155 ff.; M. *Nettesheim*, Ziele des Antidumping- und Antisubventionsrechts (1994); S. *Spradlin*, The aircraft subsidies dispute in the GATT's Uruguay Round, in: The Journal of air law and commerce 60 (1995), S. 1191 ff.; A. *Sykes*, Countervailing Duty Law: An Economic Critique, Columbia Law Review 89 (1989), 199 ff.
237 Dazu unten und K. *Steele* (Hrsg.), Anti-dumping under the WTO: a comparative review, London 1996; T. *Collins-Williams/G. Salembier*, International disciplines on subsidies: the GATT, the WTO and the future agenda, JWT 30 (1996), S. 5 ff.; G. *Horlick/P. Clarke*, The 1994 WTO Subsidies Agreement, World Competition 17 (1994), S. 41 ff.
238 Die Bezeichnung »Grund«-VO rührt daher, daß die einzelnen Ausgleichszölle ebenfalls durch Verordnungen verhängt werden. Zu den hieraus folgenden Problemen für die Klagebefugnis von interessierten Gemeinschaftsunternehmen vgl. EuGH, Rs. C-133 und 150/87, 14.3.1990, Slg. 1990, I-719, insb. Rn. 14 ff. (Nashua Corp./Kommission); Rs. C-358/89, 16.5.1991, Slg. 1991, I-2501, sowie zusammenfassend m.w.N. H. *Schermers/D. Waelbroeck*, Judicial Protection in the European Communities, 5. Aufl., 1992, § 419. Vgl. *colorandi causa* VO (EG) Nr. 2039/98 des Rates v. 24.9.1998 zur Änderung der Verordnungen (EG) Nr. 1890/97 und (EG) Nr. 1891/97 zur Einführung endgültiger Antidumping- und Ausgleichszölle auf die Einfuhren von gezüchtetem Atlantischen Lachs mit Ursprung in Norwegen, ABl.EG 1998 L 263/3.
239 Die AD-GrundVO ist nunmehr VO (EG) Nr. 384/96 des Rates v. 22.12.1996 über den Schutz gegen gedumpte Einfuhren aus nicht zur Europäischen Gemeinschaft gehörenden Ländern, ABl.EG 1996 L 56/1, zuletzt geändert durch VO (EG) Nr. 2238/2000 des Rates v. 9.10.2000, ABl.EG 2000 L 257/2; aus der Lit. vgl. R. M. *Bierwagen*, Die neue Antidumpinggrundverordnung nach dem Abschluß der Uruguay-Runde, EuZW 1995, 231 ff.; W. *Müller*, Das neue Antidumpingrecht der EG, EWS 1995, S. 146 ff.; W. *Müller-Huschke*, in: Schwarze, EU-Kommentar, Art. 133, Rn. 54 ff.

Art. 133 EG-Vertrag

Dumpingspanne oder Dumpingmarge bezeichnet.[240] Als **Normalwert** gilt in der Regel der tatsächliche Verkaufspreis auf dem Inlandsmarkt des Ausfuhrlandes. Sind die Verkäufe auf dem Inlandsmarkt jedoch wegen zu geringer Verkaufsmengen nicht repräsentativ, so kann der Normalwert auf einer anderen Grundlage ermittelt werden, beispielsweise anhand der Preise anderer Verkäufer auf dem Inlandsmarkt. Dumping wird nicht zuletzt deshalb als »unfair« angesehen, weil es auf Dauer für den Hersteller nur dann wirtschaftlich sinnvoll ist, wenn sein **Heimatmarkt gegenüber Re-Importen abgeschottet ist.**

132 Voraussetzung für die Verhängung eines Antidumping-Zolls (im folgenden: AD-Zoll) ist neben dem Vorliegen von **Dumping**[241] die **kausale Schädigung**[242] eines Wirtschaftszweigs der Gemeinschaft, der gleichartige Waren herstellt[243]. Des weiteren muß die

---

Fortsetzung von Fußnote 239

Wichtige Informationen zum AD-Recht (und auch zum Antisubventionsrecht) der Gemeinschaft finden sich in den jährlichen Jahresberichten der Kommission an das EP, zuletzt: *Achtzehnter Jahresbericht,* KOM (2000) 440 endgültig. Vgl. im Hinblick auf EGKS Waren Entscheidung Nr. 435/2001/EGKS der Kommission vom 2. März 2001 zur Änderung der Entscheidung Nr. 2277/96/EGKS über den Schutz gegen gedumpte Einfuhren aus nicht zur Europäischen Gemeinschaft für Kohle und Stahl gehörenden Ländern, ABl. 2001L 63/14. Siehe auch VO (EG) Nr. 385/96 des Rates v. 29.1.1996 über den Schutz gegen schädigende Preisgestaltung im Schiffbau, ABl. 1996 L 56/21, die derzeit suspendiert ist, vgl.< http:/77europa.eu.int/comm/trade/policy/vessels/index_en.htm>; vgl. dazu *R. Bierwagen,* in: *Smit/Herzog* (Fn. 12), § 113.05.[2].

Einen hervorragenden ersten Einblick in die Praxis der Gemeinschaftsorgane geben die in EJIL veröffentlichten Praxisberichte *Commercial Defence Actions and Other International Trade Developments in the European Communities,* die sämtlich unter <http://www.ejil.org> elektronisch frei zugänglich sind; vgl. zuletzt *B. Driessen/M. Bordalba,* Commercial Defence Actions and Other International Trade Developments in the European Communities XV, EJIL 10 (1999), S. 461 ff.. Die theoretischen Grundlagen des Antidumpingrechts werden eingehend und eingängig dargelegt von *R. Bierwagen* (Fn. 235); *ders.* widmet in seiner Kommentierung in *Smit/Herzog* dem Rechtsgebiet besondere Aufmerksamkeit.

Aus der neueren Literatur *K. Steele* (Hrsg.), Anti-dumping under the WTO: a comparative review, 1996; *S. Farr,* EU anti-dumping law: pursuing and defending investigations, 1998; *Kai-Uwe Bandtel,* Dumping in der Seeschiffahrt – Gegenmaßnahmen im Recht der EU und der USA, 1999; *D. Palmeter,* A commentary on the WTO Anti-dumping Code, JWT 30 (1996), S. 43 ff.; *E. Sheehan,* The refund and review procedures under EC anti-dumping law, World Competition 20 (1996), S. 125 ff.; *U. M. Gassner,* Procedural rights in EC ant-dumping proceedings, World Competition 19 (1996), S. 19 ff.; *P. Van der Schueren,* New anti-dumping rules and practice: wide discretion held on a tight leash?, CMLR 33 (1996), S. 271 ff.; *B. Hoekman/P. Mavroidis,* Dumping, antidumping and antitrust, JWT 30 (1996), S. 27 ff.; *E. Vermulst/N. Komuro,* Anti-dumping disputes in the GATT/WTO, JWT 31 (1997), S. 5 ff.; *M. Sánchez Rydelski,* Individual treatment in EC anti-dumping cases concerning state-trading countries, EuZW 1997, S. 138 ff.; *E. Vermulst/B. Driessen,* New battle lines in the anti-dumping war: recent movements on the European front, JWT 31 (1997), S. 135 ff.; *M. Sánchez Rydelski,* The Community's new anti-dumping practice towards China and Russia, EuZW 1998, S. 586 ff.; *J. H. J. Bourgeois,* WTO dispute settlement in the field of anti-dumping law, JIEL 1 (1998), S. 259 ff.; *T. Schoenbaum,* An assessment of the antidumping laws after the Uruguay Round reforms, in: JöR 45 (1997), S. 137 ff.

240 Der Preisvergleich gem. Art. 2 Abs. 10 AD-GrundVO muß für den gleichen Zeitraum erfolgen; siehe *T. Müller-Ibold,* in: Lenz, EGV, Art. 133, Rn. 19 m.w.M.
241 Im einzelnen definiert in den 12 Absätzen des Art. 3.
242 Vgl. Art. 3 AD-GrundVO.
243 Art. 4 AD-GrundVO.

Verhängung eines AD-Zolls im **Interesse der Gemeinschaft** liegen[244]. In Umsetzung der Verpflichtungen der Gemeinschaft aus dem einschlägigen WTO-Abkommen[245] legt die AD-GrundVO ein **detailliertes Verfahren** fest, das zum einen die Effektivität des Schutzes der Gemeinschaftsindustrien sichern und anderseits die unfaire Behinderung der in die Gemeinschaft exportierenden ausländischen Wirtschaftssubjekte verhindern soll[246]. Grundsätzlich leitet die Kommission eine Untersuchung nur dann ein, wenn ein **Wirtschaftszweig der Gemeinschaft** einen entsprechenden Antrag unterstützt. Dies wird unwiderleglich vermutet, wenn der Antrag von Gemeinschaftsherstellern unterstützt wird, deren Produktion mehr als 50% der Gesamtproduktion ausmacht. Eine Untersuchung wird nicht eingeleitet, wenn auf die Gemeinschaftshersteller, die den Antrag unterstützen, weniger als 25% der Gesamtproduktion der gleichartigen Ware entfällt[247]. Knappe zeitliche Vorgaben[248], Verfahrensrechte und der Zugang zu dem Gericht erster Instanz sowie ggf. zum EuGH sollen die Rechte der Drittlandsunternehmen sichern. Umgekehrt soll der Schutz der Gemeinschaftsindustrien dadurch gesichert werden, daß für maximal 6 Monate[249] bereits vor Abschluß des jeweiligen Verfahrens ein vorläufiger Ausgleichszoll verhängt werden kann, sofern nach dem Stand der Sachaufklärung bestimmte Einfuhren gedumpt sind[250].

Die **Höhe des AD-Zolls** wird durch die Höhe der Dumping-Marge begrenzt: nicht der komparative Vorteil der Drittlandsware soll ausgeglichen werden, sondern die Dumpingspanne. Da die Verhängung von Ausgleichszoll dem Schutz der Gemeinschaftsindustrien dient, ist nur der Ausgleichszoll zulässig, der zur Verwirklichung des Schutzzwecks notwendig ist; das gilt auch dann, wenn damit die Dumpingspanne nicht vollständig abgeschöpft wird[251]. Art. 13 der AD-GrundVO widmet sich der möglichen **Umgehung von Ausgleichszollmaßnahmen**. Als Umgehung gilt dabei eine Veränderung des Handelsgefüges zwischen den Drittländern und der Gemeinschaft, die sich aus einer Praxis, einem Fertigungsprozeß oder einer Arbeit ergibt, für die es außer der Einführung des Zolls keine hinreichende Rechtfertigung gibt[252]. Hauptanwendungsfall 133

---

244 Art. 21; vgl. *R. M. MacLean/R. J. Eccles*, A change of style not substance: the Community's new approach towards the Community interest test in anti-dumping and anti-subsidy law, CMLR 36 (1999), S. 123 ff.
245 Übereinkommen zur Durchführung des Artikels VI des Allgemeinen Zoll- und Handelsabkommens 1994, abgedruckt u.a. in ABl.EG 1994 L 336/103.
246 Siehe Art. 5 der AD-GrundVO; so darf die Kommission das Verfahren nur einleiten, wenn die vorliegenden Beweismittel *prima facie* die Feststellung von Dumping und kausaler Schädigung erlauben; vgl. EuGH, Rs. C-245/95P, 16.3.1998, Slg. 1998, I-401, Rn. 38.
247 Art. 5 Abs. 4 der AD-GrundVO.
248 Vgl. Art. 5 Abs 9, Art. 7 Abs. 1 sowie 6 Abs. 9.
249 Guter Überblick bei *T. Müller-Ibold*, in: Lenz, EGV, Art. 133, Rn. 25 ff sowie *W. Müller-Huschke*, in: Schwarze, EU-Kommentar, Art. 133, Rn. 90 ff.
250 Art. 14 GrundVO, demzufolge Ausgleichszölle auszusetzen sind, sofern ein Schutzbedarf für die Gemeinschaftsindustrien nicht mehr besteht, ist praktisch weitgehend irrelevant.
251 Vgl. Art. 7 Abs. 2, Art. 9 Abs. 4.
252 So ging beispielsweise in einem von der Kommission entschiedenen Fall nach Verhängung von AD-Zöllen auf Fahrräder aus der Volksrepublik China die Einfuhr von Fahrrädern um 98% zurück, während die Einfuhr von Fahrrad-Rahmen um 135% zunahm. Da die Kommission der Ansicht war, daß es keine anderen Gründe für diese Entwicklung gab als die Umgehung des AD-Zolls und im Falle der eingeführten Waren die Wertschöpfung in der EG unter dem Mindestwert von 25% lag, wurde der für vollständige Räder geltende Zoll auf die wesentlichen Einzelkomponenten (Rahmen, Schaltung, Gabeln, Räder, Lenker Gangschaltungen und Bremsen) ausgeweitet. Vgl. ABl.EG 1997 L 16; siehe auch die Verfahren betreffend elektronische Waagen aus Japan ABl.EG 1997 L 141/57; sowie betreffend Polyesterspinnfasern aus Belarus, ABl.EG 1997 L 141; siehe auch die Zusammenstellung im 18. Jahresbericht (Fn. 233), S. 60 ff.

Art. 133 EG-Vertrag

für die Vorgängervorschrift waren sogenannte »**Schraubenzieher-Fabriken**«[253]. Hauptanwendungsfall sind nunmehr sogenannte trans-shipments, mit denen die Festsetzung eines abweichenden Herkunftslandes und damit günstigere Einfuhrbedingungen erreicht werden sollen.

2. Abwehr von Subventionen[254]

134 Subventionen sind **finanzielle Beihilfen eines Drittlandes**, durch die den in die Gemeinschaft einführenden Wirtschaftssubjekten konkret *(spezifisch)* ein Vorteil gewährt wird. Ausgenommen hiervon sind Subventionen, die nach dem einschlägigen WTO-Abkommen von vornherein als erlaubt angesehen werden *(green light subsidies)*; dabei handelt es sich beispielsweise um Beihilfen für Forschung und Entwicklung und andere (auch im internen Gemeinschaftsrecht) privilegierte Zwecke. Sofern aufgrund dieser wirtschaftlichen Begünstigung die Drittlandsware zu einem Preis verkauft werden kann, der die Gemeinschaftshersteller gleichartiger (konkurrierender) Waren in bedeutender Weise schädigt, können Ausgleichszölle verhängt werden. Voraussetzung hierfür ist wiederum ein entsprechendes Interesse der Gemeinschaft. Das der Verhängung von Ausgleichszöllen vorgeschaltete Verfahren ist ähnlich gestaltet wie bei AD-Ausgleichszöllen[255].

3. Rechtsschutz

135 Der Gerichtshof erkennt im Zusammenhang mit **AD- und Antisubventionsverfahren** das in den Grundverordnungen eingeräumte außerordentlich **weite Ermessen der Kommission**[256] an. Er beschränkt sich weitgehend auf die Überprüfung der Einhaltung des Verfahrens[257], die nachvollziehbare Begründung und (selbstverständlich) offensichtli-

---

253 Vgl. zum Rechtszustand vor Abschluß der Uruguay-Runde *M. Hahn,* »Assembly-Dumping« im Recht der EWG und der USA, RIW 1991, S. 739 ff.
254 Die Anti-Subventions-GrundVO ist nunmehr VO (EG) Nr. 2026/97 des Rates v. 6.10.1997 über den Schutz gegen subventionierte Einfuhren aus nicht zur Europäischen Gemeinschaft gehörenden Ländern, ABl.EG 1997 L 288/1. Von zentraler Bedeutung für die Praxis sind die von der Kommission erlassenen »Leitlinien für die Berechnung der Höhe von Subventionen in Ausgleichszolluntersuchungen«, ABl.EG 1998 C 394/6.
255 Vgl. mit umfangreichen Nachweisen neuerdings *M. Lukas,* Antisubventionsrecht, in: Grabitz/Hilf, EU II, Außenwirtschaftsrecht, E.7, sowie *M. Sánchez Rydelski,* Das handelspolitische Schutzinstrument der Antisubventions-Verordnung in: EuZW 1996, S. 423 ff.; *P. Schütterle,* Die Beihilfenkontrolle der Europäischen Kommission im Spannungsfeld zwischen Recht und Politik, EuZW 1995, S. 391 ff.; *P. Didier,* Le Code anti-subventions du cycle de l'Uruguay et sa transposition dans la Communauté, CDE 31 (1995), S. 679 ff.; *P. Waer/E. Vermulst,* EC anti-subsidy law and practice after the Uruguay Round: A wolf in sheep's clothing?, JWT 33 (1999), S. 19 ff.; *K. Adamantopoulos/M. J. Pereyra-Friedrichsen,* EU anti-subsidy law: pursuing and defending complaints, 2000.
256 Eine aktuelle und umfangreiche Darstellung findet sich bei *Grabitz/Hilf,* EU II, Außenwirtschaftsrecht, E. 19: *G. M. Berrisch/H. G. Kamann,* Rechtsschutz gegen handelspolitische Schutzmaßnahmen, Rn. 12 ff.; aus der Rspr. vgl. EuG, Rs. T-118/96, 17.7.1998, Slg. 1998, II-2991, Rn. 67 (Thai Bicycle/Rat); EuGH, Rs. 175/87, 10.3.1992, Slg. 1992, I-1409, Rn. 62 (Matsushita/Rat); siehe auch *T. Müller-Ibold,* in: Lenz, EGV, Art. 133, Rn. 21 ff.
257 *R. M. Bierwagen,* Entwicklungen im Verfahrensrecht bei der Anwendung außenhandelsrechtlicher Instrumente der EG, RabelsZ 58 (1994), S. 667 ff.; vgl. aus der Rspr. EuGH, Rs. 191/82, 4.10.1983, Slg. 1983, 2913 (FEDIOL/Kommission).

che Ermessensfehler, sowie *detournement* oder *abus de pouvoir*[258]. Angesichts dieser Standards verwundert die hohe Mißerfolgsquote der Rechtsschutzsuchenden wenig[259].

III. Ausfuhr- und Einfuhrregelung

1. Grundsatz

Das Exportregime der Gemeinschaft ist seit langem durch seine grundsätzliche Liberalität gekennzeichnet[260]. Das aufgrund der Schlußakte der Uruguay-Runde[261] geänderte Einfuhrregime[262] geht nunmehr ebenfalls von der **grundsätzlich unbeschränkten Einfuhr** gewerblich-industrieller Produkte aus; insbesondere soll auf mengenmäßige Beschränkungen (Kontingente, Quoten etc.) verzichtet werden[263]. 136

2. Ausnahmen

Von diesen Grundsätzen bestehen eine **Fülle von Ausnahmen**, die für manche Importeure und Exporteure der Gemeinschaft der Regelfall sein werden.[264] Einem be- 137

---

258 Siehe die Zusammenfassung des EuG, Rs. T-164/94, 28.9.1995, Slg. 1995, II-2681, Rn. 67 (Ferchimex/Rat): »Nach ständiger Rechtsprechung des Gerichtshofes darf der Gemeinschaftsrichter in den Gemeinschaftsbehörden vorbehaltenen Beurteilungen nicht eingreifen, sondern hat seine Nachprüfung darauf zu beschränken, ob die Verfahrensvorschriften eingehalten worden sind, ob der Sachverhalt ... zutreffend festgestellt worden ist und ob keine offensichtlich fehlerhafte Würdigung des Sachverhalts und kein Ermessensmißbrauch vorliegen.«
Umfangreiche Nachweise der Rspr. des EuGH bei *R. Bierwagen*, in: Smit/Herzog (Fn. 12), § 113.05 und *G. M. Berrisch/H. G. Kamann*, Rechtsschutz gegen handelspolitische Schutzmaßnahmen (Fn. 256), Rn. 12 ff.; siehe zu den Grenzen des Ermessens EuGH, Rs. 70/87, 22.6.1989, Slg. 1989, 1781 (Fediol/Kommission – *Fediol III*).
259 1999 obsiegten die Gemeinschaftsorgane in *sämtlichen* einschlägigen Rechtssachen, die Gerichtshof und Gericht erster Instanz zu entscheiden hatten; 1996 hatte immerhin *eine* Klägerin einen Teilerfolg verbuchen können; Rs. C-99/94, 28.3.1996, Slg. 1996, I-1791 (Birkenbeul GmbH/HZA Koblenz).
260 VO (EWG) Nr. 2603/69 des Rates zur Festlegung einer gemeinsamen Ausfuhrregelung, ABl.EG 1969 L 324/25 zuletzt geändert durch die VO (EWG) des Rates Nr. 3918/91 des Rates, ABl.EG 1991 L 372/31.
261 Vgl. in diesem Zusammenhang insb. das Übereinkommens über Schutzmaßnahmen, abgedruckt u.a. in ABl.EG 1994 L 336/184.
262 VO (EG) Nr. 3285/94 v. 22.12.1994 über die gemeinsame Einfuhrregelung und zur Aufhebung der VO (EG) Nr. 518/94, ABl.EG 1994 L 349/53, zuletzt geändert durch Verordnung (EG) Nr. 2474/2000 des Rates vom 8. November 2000, ABl.EG 2000 L 286/1.
263 So ausdrücklich der siebte Erwägungsgrund der VO (EG) Nr. 3285/94. Das hielt die Gemeinschaft nicht davon ab, etwa mit Japan Einfuhrkontingente für PKWs in den *Elements of consensus* <http://europa.eu.int/comm/trade/goods/auto/legis.htm> festzuschreiben; die darauf gestützten Überwachungs- und Kontrollmaßnahmen wurden zu Beginn des Jahres 2000 beendet; vgl. in diesem Zusammenhang die Analyse von *P. Mavroidis*, Les Pratiques Restrictives du Commerce: La question de la Répartition des Compétences entre la Communauté Européenne et ses États Membres dans le Cadre de L'Organisation Mondiale du Commerce, AFDI XLII (1996), 864 ff. Vgl. allgemein *P. J. G. Kapteyn/P. VerLoren van Themaat* (Fn. 29), S. 1295.
264 Die besonders wichtigen sektoriellen Handelsbeschränkungen für Stahl und Textilien werden bei Grabitz/Hilf, EU II, Außenwirtschaftsrecht, E 11 und E 12 von *P. Berz* eingehend dargestellt und analysiert. Einen hilfreichen ersten Überblick bietet *W. Müller-Huschke*, in: Schwarze, EU-Kommentar, Art. 133, Rn. 11 ff.; siehe auch die nach Branchen untergliederte Website der Generaldirektion Handel <http://europa.eu.int/comm/trade/misc/sitemap.htm>; bei den dortigen Bewertungen ist indes stets die Funktion dieser Äußerungen zu mit zu berücksichtigen.

sonderen Ein- und Ausfuhrregime unterliegen zunächst eine Vielzahl politisch besonders sensibler Produkte. Hierzu gehören unter anderem Kulturgüter[265], Waren mit doppeltem Verwendungszweck[266], Abfälle[267], Chemikalien[268] und Textilien[269].

138 Des weiteren gelten für eine Vielzahl von Ausnahmesituationen besondere Einfuhrregelungen[270]. Einfuhren aus der Volksrepublik China unterliegen einem besonderen Re-

---

265 VO 3911/92 des Rates v. 9.12.1992 über die Ausfuhr von Kulturgütern, ABl.EG 1992 L 395/1, zuletzt geändert durch Verordnung (EG) Nr. 974/2001 des Rates vom 14. Mai 2001 ABl.EG 2001 L 137/10; siehe auch die VO (EWG) Nr. 752/93 v. 30.3.1993 der Kommission zur Durchführung der VO 3911/92, ABl.EG 1993 L 77/24, zuletzt geändert durch Verordnung (EG) Nr. 1526/98 der Kommission vom 16. Juli 1998 ABl.EG 1998 L 201/47; siehe dazu R. *Mussgnug*, Überlegungen zur Umsetzung der neuen EG-Vorschriften über den Verkehr mit Kulturgütern, in: Recht zwischen Umbruch und Bewahrung, FS Bernhardt, S. 1225.
266 Siehe Verordnung (EG) Nr. 1334/2000 des Rates vom 22. Juni 2000 über eine Gemeinschaftsregelung für die Kontrolle der Ausfuhr von Gütern und Technologien mit doppeltem Verwendungszweck, ABl.EG 2000 L 159/1; dazu U. *Karpenstein*, Dual-use-Verordnung, in: Grabitz/Hilf, EU II, Außenwirtschaftsrecht, E 16 mit umfangreichen weiteren Nachweisen und oben bei Rn. 53.
267 Vgl. beispielsweise Art. 14 der VO Nr. 259/93 des Rates v. 1.2.1993 zur Überwachung und Kontrolle der Verbringung von Abfällen in der, in die und aus der Europäischen Gemeinschaft, ABl.EG 1993 L 30/1; vgl. dazu die Änderungen der Anhänge durch die Kommission in der Entscheidung der Kommission 1999/816/EG vom 24. November 1999 zur Anpassung der Anhänge II, III, IV und V der Verordnung (EWG) Nr. 259/93 ABl. EG 1999 L 316/45; Art. 11 der Richtlinie 92/3/EURATOM des Rates vom 3.2.1992 zur Überwachung und Kontrolle der Verbringung radioaktiver Abfälle von einem Mitgliedstaat in einen anderen, in die Gemeinschaft und aus der Gemeinschaft, ABl.EG 1992 L 35/24.
268 VO (EWG) Nr. 2455/92 des Rates v. 23.7.1992 betreffend die Ausfuhr und Einfuhr bestimmter gefährlicher Chemikalien, ABl.EG 1992 L 251/13, zuletzt geändert durch Verordnung (EG) Nr. 2247/98 der kommission vom 13. Oktober 1998 ABl. EG 1998 L 282/12
269 Guter Überblick bei *Kapteyn/VerLoren van Themaat* (Fn. 29), S. 1296 und bei Grabitz/Hilf, EU II, Außenwirtschaftsrecht, E 11 (*P. Berz*).
Siehe auch das (WTO-) Übereinkommen über Textilwaren und Bekleidung, ABl.EG 1994 L 336/50; danach soll bis zum Jahr 2005 für Textilien bestehenden Möglichkeiten zur mengenmäßigen Beschränkung auslaufen. Zum jetzigen Rechtszustand vgl. u.a. VO (EWG) Nr. 3030/93 des Rates v. 12.10.1993 über die gemeinsame Einfuhrregelung für bestimmte Textilwaren mit Ursprung in Drittländern, ABl.EG 1993 L 275/1, zuletzt geändert durch Verordnung (EG) Nr. 391/2001 des Rates vom 26. Februar 2001, ABl.EG 2001 L 58/3; VO (EG) Nr. 519/94 des Rates v. 7.3.1994 über die gemeinsame Regelung der Einfuhren aus bestimmten Drittländern und zur Aufhebung der VO (EWG) Nrn. 176/82, 1766/82 und 3420/83, ABl.EG 1994 L 67/89, letzte Änderung in ABl.EG 1998 L 159/1; VO Nr. 2315/96 des Rates v. 25.11.1996 über die gemäß Artikel 1 Absatz 7 der VO (EWG) Nr. 3030/93 am 1. Januar 1998 in das GATT 1994 einzubeziehenden Textil- und Bekleidungswaren und zur Änderung des Anhangs X der VO (EWG) Nr. 3030/93 und des Anhangs II der VO (EG) Nr. 3285/94; VO (EG) Nr. 517/94 des Rates v. 7.3.1994 über die gemeinsame Regelung der Einfuhren von Textilwaren aus bestimmten Drittländern, die nicht unter bilaterale Abkommen, Protokolle, andere Vereinbarungen oder spezifische Einfuhrregeln fallen, ABl.EG 1994 L 67/1, zuletzt geändert durch Verordnung (EG) Nr. 2878/2000 der Kommission vom 28. Dezember 2000, ABl.EG 2000 L 333/60; zahlreiche Textilabkommen der Gemeinschaft finden sich unter <http://europa.eu.int/eur-lex/lif/reg/de_register_114060.html>
270 Vgl. Art. 6 der VO (EWG) Nr. 2603/69: »Um einer durch einen Mangel an lebenswichtigen Gütern bedingten Krisenlage ... entgegenzuwirken, kann ... die Ausfuhr ... von der Vorlage einer Ausfuhrgenehmigung abhängig« gemacht werden. Vgl. bspw. VO (EWG) Nr. 2219/89 des Rates v. 18.7.1989 über besondere Bedingungen für die Ausfuhr von Nahrungsmitteln und Futtermitteln im Falle eines nuklearen Unfalls oder einer anderen radiologischen Notstandssituation, ABl.EG 1989 L 211/4.

gime[271] ebenso landwirtschaftliche Produkte[272], die durch eine Vielzahl von speziellen Verordnungen variiert werden[273]. Auf Waren, die nicht in den Genuß der freien Ein- und Ausfuhr kommen, finden spezielle Verfahren Anwendung[274].

Der grundsätzliche Verzicht auf Kontingente und andere mengenmäßige Beschränkungen[275] bedeutet indes nicht, daß die Gemeinschaft nicht weiterhin über die Möglichkei- 139

---

271 Vgl. Anhänge II und III der VO Nr. 519/94 (ABl.EG 1994 L 67/89) über die gemeinsame Regelung der Einfuhren aus bestimmten Drittländern (= Staatshandelsländern), zuletzt geändert durch VO 1138/98, ABl.EG 1998 L 159/1; vgl. *colorandi causa* Verordnung (EG) Nr. 1355/2000 der Kommission vom 26. Juni 2000 über die Verwaltung der mengenmäßigen Kontingente für bestimmte Waren mit Ursprung in der Volksrepublik China im Jahr 2001, *ABl. EG 2000 L 155/31;* zu den Hintergründen der China-Politik der EG vgl. den instruktiven Bericht von *R. Morawitz,* Die neueste Entwicklung der Handelspolitik der Europäischen Union als Folge der Vollendung des Binnenmarktes, in: FS-Everling, 1995, S. 885, 898 ff.
272 Vgl. u.a. VO 3290/94 des Rates v. 22.12.1994 über erforderliche Anpassungen und Übergangsmaßnahmen im Agrarsektor zur Anwendung der im Rahmen der multilateralen Handelsverhandlungen der Uruguay-Runde geschlossenen Übereinkünfte, ABl. 1994 L 349/105, zuletzt geändert durch VO 1340/98 des Rates v. 24.6.1998, ABl. 1998 L 184/1; einschlägig sind des weiteren eine Vielzahl von speziellen Marktordnungen, die unter <http://europa.eu.int/eur-lex/de/lif/ind/de_analytical_index_03.html> aufgefunden werden können. Bekanntlich hat die Bananen-Marktordnung eine traurige Berühmtheit erlangt hat. Vgl. dazu die glänzende Analyse bei *U. Everling,* Will Europe Slip on Bananas? — The Banana Judgement of the Court of Justice and National Courts, CMLR 33 (1996), 401 ff., sowie *M. Hahn/G. Schuster,* Zum Verstoß von gemeinschaftlichem Sekundärrecht gegen das GATT. Die gemeinsame Marktorganisation für Bananen vor dem EuGH, EuR 1993, 261 ff.; *M. Hahn/G. Schuster,* Le Droit des États Membres de se prévaloir en Justice d'un Accord liant la Communauté, RGDIP 99 (1995), 367 ff., *H.-D. Kuschel,* Wie geht es weiter mit der Bananenmarktordnung?, EuZW 1996, S. 645 ff.; *ders.,* Auch die revidierte Bananenmarktordnung ist nicht WTO-konform, EuZW 1999, S. 74 ff.; *T. Jürgensen,* Die Entscheidung der WTO zur reformierten GMO Bananen, EuR 1999, S. 370 ff.; *G. Meier,* WTO-Revisionsentscheidung zur EG-Bananenmarktordnung, EuZW 1997, S. 719 ff.; *ders.,* Bananas IV: der Bericht des WTO-Panels vom 12.4.1999, EuZW 1999, S. 428 ff.. Zum Überblick über den Verfahrensgang vor dem WTO Dispute Stettlement Body vgl. auch *M. Salas/ J. H. Jackson,* Procedural Overview of the WTO EC-Banana Dispute, JIEL 3 (2000), S. 145 ff.; die zwischenzeitliche Einigung zwischen den USA und Kolumbien, einerseits, und der EG, andererseits, ist dokumentiert unter <http://europa.eu.int/comm/trade/miti/dispute/bana.htm> und <http://europa.eu.int/comm/trade/miti/dispute/bana_ecu.htm>. Siehe auch *Patterson,* The US-EU Agreement to Resolve the Banana Dispute, ASIL Insight, April 2001 <http://www.asil.org/insigh69>.
Die Leitentscheidung des EuGH ist Rs. 280/93, 5.10.1994, Slg. 1994, I-4973 (Deutschland/Rat); vgl. aus den ausnahmslos kritischen WTO-Beurteilungen die Entscheidung des WTO Appellate Body, WTO-Doc. WT/DS27/AB/R v. 9.9.1997.
273 Vgl. bspw. VO (EG) Nr. 1980/98 der Kommission v. 17.9.1998 zur Eröffnung und Verwaltung von Gemeinschaftszollkontingenten und Zollplafonds sowie zur Einführung einer gemeinschaftlichen Überwachung von Referenzmengen für bestimmte landwirtschaftliche Waren mit Ursprung in den Staaten in Afrika, im karibischen Raum und im Pazifischen Ozean (AKP), ABl. 1998 L 256/3.
274 VO (EG) Nr. 520/94 des Rates vom 7.3.1994 zur Festlegung eines Verfahrens der gemeinschaftlichen Verwaltung mengenmäßiger Kontingente, ABl.EG 1994 Nr. L 66/1, geändert durch: VO (EG) Nr. 138/96 des Rates vom 22.1. 1996, ABl.EG 1996 Nr. L 21/6; siehe dazu VO (EG) Nr. 738/94 der Kommission vom 30.3.1994 zur Festlegung von Durchführungsvorschriften zu der VO (EG) Nr. 520/94 des Rates zur Festlegung eines Verfahrens der gemeinschaftlichen Verwaltung mengenmäßiger Kontingente, ABl.EG 1994 L 87/47, zuletzt geändert VO (EG) Nr. 983/96 der Kommission vom 31.5.1996, ABl. EG 1996 L 131/47.
275 Zum Auslaufen des zwischen Japan und der EG geschlossenen Selbstbeschränkungsabkommens vgl. <http://europa.eu.int/comm/trade/goods/auto/legis.htm>; es war zuvor von der Gemeinschaft nicht veröffentlicht worden; in dem von der Kommission herausgegeben *Annotated Summary of Agreements linking the Communities with Non-Member States* (IA/278/97) wird

ten verfügt, Überwachungs- und Schutzmaßnahmen (z.B. mengenmäßige Beschränkungen hinsichtlich von Einfuhren) zu ergreifen[276]. Gegenüber WTO-Mitgliedern dürfen Schutzmaßnahmen nur verhängt werden, sofern die betreffende Ware in derart erhöhten Mengen und unter derartigen Bedingungen in die Gemeinschaft eingeführt wird, daß den Gemeinschaftsherstellern gleichartiger oder unmittelbar konkurrierender Waren eine bedeutende Schädigung entsteht oder zu entstehen droht[277]. Vor Anwendung einer Schutzmaßnahme ist eine Untersuchung durchzuführen; der Kommission verbleibt die Möglichkeit, in Eilfällen vorläufige Maßnahmen zu treffen. Die VO regelt die Einleitung einer Untersuchung, die erforderlichen Kontrollen und Überprüfungen, den Zugang der Ausfuhrländer und der betroffenen Parteien zu den eingegangenen Informationen und die Anhörung der betroffenen Parteien sowie deren Möglichkeit zur Stellungnahme.

140 Wenn die **Schutzmaßnahmen in Form eines Kontingents** getroffen werden, darf dessen Höhe in der Regel nicht unter dem Durchschnitt der Einfuhren in einem repräsentativen Zeitraum von mindestens drei Jahren liegen[278]. Sofern die Gefährdung für die Gemeinschaftsindustrien noch nicht eingetreten ist (bzw. in qualifizierter Form droht) kann die Einfuhr solcher Waren überwacht werden. In Frage kommen die **vorherige Überwachung** sowie – als milderer Eingriff – die **nachträgliche Überwachung**. Im Fall von gemeinschaftlichen Überwachungsmaßnahmen ist die Abfertigung der betreffenden Waren zum freien Verkehr von der Vorlage eines Einfuhrdokuments abhängig. Die Einfuhr- und Ausfuhrverordnungen gestatten den Mitgliedstaaten unter engen Voraussetzungen nationale Maßnahmen[279]. Eine besonders wichtige Ausnahme ist die Zulässigkeit der Im- und Exportbeschränkungen, die von zwischen der Gemeinschaft und Drittländern geschlossenen Verträgen vorgesehen werden, wie dies etwa für das Washingtoner Artenschutzabkommen[280] oder das Basler Übereinkommen[281] der Fall ist.

Fortsetzung von Fußnote 275
die Gemeinsame Erklärung Japans und der EG vom 18.7.1991 als »equivalent to ›soft law‹« bezeichnet. Weiter heißt es (Hervorhebungen nur hier): »... it may be noted that the bulk of significant trade is governed by *arrangements* concluded between the two sides, *of an individual and temporary nature.*« Hilfreich T. *Flory*, Commerce (Chronique de Droit International Economique), AFDI XXXVII (1991), S. 689–694 und G. *Burdeau*, Les Engagements d' Autolimitation et l' Évolution du Commerce International, AFDI XXXVII (1991), S. 748 ff.
276 Die Voraussetzungen für Überwachungsmaßnahmen sind in Art. 11 ff. der VO 3285/94 geregelt; Schutzmaßnahmen werden in den Art. 16 ff. geregelt. Diese Rechtssicherheit schaffenden Vorschriften stellen die Umsetzung der entsprechenden Verpflichtungen aus dem Übereinkommen über Schutzmaßnahmen ABl.EG 1994 L 336/184, dar.
277 Die Begriffe »bedeutende Schädigung«, »Gefahr einer bedeutenden Schädigung« und »Gemeinschaftshersteller« werden im einzelnen definiert und genauere Kriterien für die Feststellung der Schädigung festgelegt.
278 Falls das Kontingent auf die Lieferländer aufgeteilt wird, kann der Anteil jedes Landes im Einvernehmen mit diesen Ländern oder unter Berücksichtigung der Einfuhren in einem repräsentativen Zeitraum festgesetzt werden.
279 Vgl. Art. 24 Abs. 2 der VO Nr. 3285; Art. 8 der VO Nr. 2603/69.
280 Übereinkommen vom 3.3.1973 über den Internationalen Handel mit gefährdeten Arten freilebender Tiere und Pflanzen, BGBl. 1975 II 773; siehe VO (EG) 338/97 des Rates vom 9.12.1996 über den Schutz von Exemplaren wildlebender Tier- und Pflanzenarten durch Überwachung des Handels, ABl.EG 1997 L 61/1, zuletzt geändert durch Verordnung (EG) Nr. 2724/2000 der Kommission vom 30. November 2000, ABl.EG 2000 L 320/1.
281 Mit Beschluß 93/98/EWG des Rates (ABl.EG 1993 L 39/1) nahm die Gemeinschaft das Übereinkommen zur Kontrolle der grenzüberschreitenden Verbringung gefährlicher Abfälle und ihrer Entsorgung an. Vgl. Verordnung (EG) Nr. 120/97 des Rates vom 20. Januar 1997 zur

IV. Die sekundärrechtliche Verbindung Privater zum WTO-Streitbeilegungsverfahren

Das als Reaktion auf die amerikanische Handelsgesetzgebung geschaffene *Neue Handelspolitische Instrument*[282] wurde zum Abschluß der Uruguay-Runde von der VO 3286/94 abgelöst[283]. Die in der englischsprachigen Literatur griffig *Trade Barrier Regulation* (im folgenden TBR) genannte Verordnung stellt eine für die Gemeinschaftsindustrie außerordentlich interessante Brücke zwischen dem Letztbegünstigten der WTO-Abkommen (dem privaten Wirtschaftssubjekt), und dem zwischenstaatlichen Streitbeilegungsverfahren im Rahmen der WTO dar.[284] Ziel der TBR ist es, gegen Handelshemmnisse vorzugehen, die sich entweder auf dem Gemeinschaftsmarkt oder auf einem Drittlandsmarkt auswirken und damit Unternehmen der Gemeinschaft schädigen[285]. Neben den Mitgliedstaaten sind sowohl einzelne Unternehmen als auch Vereinigungen, »die im Namen eines Wirtschaftszweigs«[286] auftreten, befugt, einen Antrag an die Kommission zu stellen, um diese ggf. zu veranlassen, wirtschaftliche Zwangsmaßnahmen zu ergreifen. Im Zusammenhang mit WTO-Verpflichtungen richtet sich der Antrag zunächst auf die Einleitung des WTO-Streitbeilegungsverfahrens[287]. Wie bei Antidumping- und Antisubventionsrecht muß die Aktivität der Kommission auf internationaler Ebene im »Interesse der Gemeinschaft« erforderlich sein[288]; dies eröffnet der Kommission erhebliche Ermessensspielräume.

141

Fortsetzung von Fußnote 281
Änderung der Verordnung (EWG) Nr. 259/93 zur Überwachung und Kontrolle der Verbringung von Abfällen in der, in die und aus der Europäischen Gemeinschaft, ABl.EG 1997 L 22/14.
282 VO 2641/84 des Rates v. 17.9.1984 zur Stärkung der gemeinsamen Handelspolitik und insbesondere des Schutzes gegen unerlaubte Handelspraktiken, ABl.EG 1984 L 252/1; siehe *P. C. Mavroidis*, Handelspolitische Abwehrmechanismen der EWG und der USA und ihre Vereinbarkeit mit den GATT-Regeln. Eine rechtsvergleichende Analyse der Verordnung 2641/84 (EWG) und »Section 301« des »Omnibus Trade and Competitiveness Act« von 1988 (USA), 1993, sowie *M. Hilf/R. Rolf*, Das neue Instrument der EG, RIW 1985, S. 297 ff. Darstellung der Praxis zu VO 2641/84 bei *R. Bierwagen*, in: Smit/Herzog (Fn. 12), § 113.05.[1].
283 VO (EG) Nr. 3286/94 des Rates vom 22.12.1994 zur Festlegung der Verfahren der Gemeinschaft im Bereich der gemeinsamen Handelspolitik zur Ausübung der Rechte der Gemeinschaft nach internationalen Handelsregeln, insbesondere den im Rahmen der Welthandelsorganisation vereinbarten Regeln, ABl.EG 1994 L 349/71; geändert durch VO Nr. 356/95 des Rates, ABl.EG 1995 L 41/3.
284 Vgl. aus der Literatur *G. M. Berrisch/H.-G. Kamann*, Handelshemmnis-VO (EG) 3286/94, in: Grabitz/Hilf, EU II, Außenwirtschaftsrecht, E 9; *diess.*, Die Handelshemmnis-Verordnung, EuZW 1999, S. 101 ff.; *S. Ohlhoff/H. Schloemann*, Durchsetzung internationaler Handelsregeln durch Unternehmen und Verbände, RIW 1999, S. 649 ff.; *M. C. E. J. Bronckers*, Private Participation in the Enforcement of WTO Law: New EC Trade Barrier Regulation, CMLR 33 (1996), S. 299 ff.; *J. C. van Eeckhaute*, Private Complaints against Foreign Unfair Trade Practices, JWT 33 (1999), S. 199 ff; *R. M. Mac Lean*, The European Community's Trade barrier regulation takes Shape, JWT 33 (1999), S. 69 ff.; *H. J. Prieß/C. Pitschas*, Die Abwehr unlauterer Handelspraktiken (Trade Barriers Regulation), EWS 2000, S. 185 ff.
285 Vgl. im einzelnen Art. 1; die angreifbaren Handelshemmnisse beschränken sich keineswegs auf die Nichtbeachtung von Verpflichtungen aus WTO-Abkommen; indes gilt den aus der Verletzung solcher Verpflichtungen erwachsenden Handelshemmnissen das Hauptaugenmerk der VO; vgl. etwa Art. 2 Abs. 2.
286 Art. 4 und Art. 3.
287 Der Grund hierfür ist, daß nach richtigem Verständnis des WTO-Streitbeilegungsabkommens die Ergreifung wirtschaftlicher Zwangsmaßnahmen erst nach erfolgreichem Abschluß eines Streitbeilegungsverfahrens zulässig ist; vgl. Art. 12 Abs. 2 der TBR.
288 Art. 12 Abs. 1.

142 Seit ihrem Bestehen ist diese Zugriffsmöglichkeit für Private zunehmend genutzt worden[289]; eine Reihe von Verfahren sind im Sinne der Gemeinschaftsindustrien zum Abschluß gekommen.[290] Dabei haben manche Handelspartner der Gemeinschaft aufgrund des durch das Untersuchungsverfahren erzeugten politischen Druck die belastenden Praktiken abgestellt; in anderen Fällen ist das WTO-Streitbeilegungsverfahren aktiviert worden.

143 Die Gemeinschaftsunternehmen und ihre Rechtsberater haben ganz offenkundig die deutlich günstigere Ausgangslage zur Kenntnis genommen. Das WTO-Streitbeilegungsverfahren garantiert Resultate[291]. Es legt diese Garantien ausdrücklich fest, so daß die Gemeinschaftsunternehmen und ihre Rechtsbeistände ihre Chancen überprüfen können, ohne durch die früher im Zusammenhang mit dem GATT-Streitbeilegungsverfahren verbleibenden Ungewißheiten von einer Nutzung der mittelbaren Zugangsmöglichkeit zum WTO-Streitbeilegungsverfahren abgehalten zu werden[292]. Das WTO-Streitbeilegungsverfahren gewinnt auf diese Weise auch für Private einen nicht gering zu achtenden Stellenwert[293].

V. Marktzugang zu Drittmärkten

144 Mit Beschluß des Rates vom 24.9.1998[294] hat sich die Gemeinschaft dem Vorschlag der Kommission angeschlossen, eine systematischere, kohärentere und vorausschauendere Marktöffnungsstrategie zu entwickeln[295]. Die Kommission wurde ermächtigt, Handelshemmnisse für Gemeinschaftsunternehmen zu ermitteln und zu beseitigen[296].

---

289 Eine ständig aktualisierte Fallübersicht findet sich unter <http://europa.eu.int/comm/trade/policy/traderegul/cases.htm>; des weiteren enthält der jährliche Antidumping-Bericht der Kommission nunmehr einen Abschnitt über die Verfahren nach der TBR; vgl. etwa KOM (2000) 440 endgültig, S. 125 ff.
Vgl. die instruktiven Veröffentlichungen der Kommission zur Einleitung eines Untersuchungsverfahrens, z.B betreffend die Beibehaltung bestimmter Handelspraktiken durch Chile betreffend den Versand oder den Umschlag von Schwertfisch in chilenischen Häfen, ABl. EG 1998 C 215/2, oder zur Aussetzung bzw. Einstellung des Verfahresn, z.B. den Beschluß der Kommission vom 21. Mai 2001 zur Aussetzung betreffend von Brasilien beibehaltene Handelspraktiken in Bezug auf die Einfuhren von Textilwaren und Sorbitol, ABl.EG 2001 L 153/30.
290 Vgl. auch *N. McNelis*, The European Union Trade Barriers Regulation: a More Effective Instrument., JIEL 1 (1998), S. 149, 153.
291 Überblick bei *Hahn* (Fn. 97), 254 ff.
292 Vgl. aus der Literatur *P. C. Mavroidis*, Legal Means To Protect Private Parties' Interests in the WTO: The Case of the EC New Trade Barriers Regulation, JIEL 1 (1998), S. 407 ff.
293 Sollte dies tatsächlich eintreten, würde dies eine bemerkenswerte Parallele zur Rolle der Privaten bei der Ausformung des Gemeinschaftsrechts bedeuten: Private, nicht etwa die Kommission oder ein anderer privilegierter Kläger, haben die Entwicklung des Gemeinschaftsrechts durch den Gerichtshof am intensivsten gefördert, wie sich ohne weiteres aus der Bedeutung der aufgrund von Art. 234 – Vorlagen veranlaßten EuGH-Rechtsprechung ergibt.
294 Beschluß des Rates vom 24.9.1998 über die Durchführung von Maßnahmen betreffend die Marktzugangsstrategie der Gemeinschaft durch die Kommission, ABl.EG 1998 L 265/31.
295 Ausgangspunkt war der Vorstoß von Sir Leon Brittan, der in Dokument KOM 96/53 vom 14.2.1996 seinen Niederschlag fand und in dem implizit massive Kritik an der ungenügenden Ausnutzung der Handlungsmöglichkeiten der Gemeinschaft geübt wurde; vgl. Gesamtbericht 1996, Rn. 721 f.
296 Vgl. im einzelnen Art. 1. Art. 3; danach wird ein beratender Ausschuß der Repräsentanten der Mitgliedstaaten eingerichtet, dessen Stellungnahmen mit einfacher Mehrheit beschlossen werden und von der Kommission »soweit wie möglich ... berücksichtigt« werden.

G. Vertragliche Regelungen der Handelspolitik (Überblick)

Allein die *Auflistung* der von der Gemeinschaft geschlossenen handelspolitischen Abkommen füllt ohne weiteres ein Buch[297]. Im folgenden sollen lediglich einige der wichtigeren Abkommen der Gemeinschaft genannt werden, die von der Gemeinschaft auf der Grundlage von Art. 133 geschlossen wurden[298]; lediglich das WTO-Abkommen wird skizziert. 145

I. WTO/GATT

1. Regelungen des WTO-Abkommens

a) Das Dach der den Welthandel regelnden Verträge – die WTO
Die Schlußakte der Uruguay-Runde (im folgenden: UR-Schlußakte) konsolidiert durch die Gründung der *Welthandelsorganisation (World Trade Organization, WTO)* die bisherige institutionelle Praxis der GATT-Vertragsparteien. Daneben wird durch die Einbeziehung von Dienstleistungen und von mit dem grenzüberschreitenden Warenverkehr zusammenhängenden Problemen des geistigen Eigentums das bisherige GATT um zukunftsträchtige Bereiche erweitert[299]. Rechtliche Grundlage dieser Reformen ist ein sich aus **26 Abkommen sowie 22 »Gemeinsamen Erklärungen«** der zuständigen Minister zusammensetzendes Vertragswerk. Die wichtigsten sind der Gründungsvertrag der Welthandelsorganisation (im folgenden: WTO-Vertrag), das GATT 1994, das GATS, das TRIPS und die Vereinbarung über Regeln und Verfahren zur Beilegung von Streitigkeiten (im folgenden: WTO-Streitbeilegungsabkommen). Gemäß Ziffer 1 der UR-Schlußakte bilden diese Dokumente »an integral part of this Final Act«. Durch diese Verknüpfung aller Vereinbarungen zu einem Paket sollte die »à-la-carte« Herangehensweise, die nach dem Ende der Tokio-Runde vielfach praktiziert worden war, verhindert werden[300]; aus diesem Grunde wird im folgenden von in diesem Vertragspaket enthal- 146

---

297 Zu nennen ist die außerordentlich hilfreiche Publikation der Kommission *Annotated Summary of Agreeements Linking the Communities with Non-Member Countries*, Doc. No. IA/278/97-EN, Stand: 31. Mai 1997, die allerdings auch sonstige Abkommen auflistet; vgl. auch die Auflistung bei *W. Rawlinson/M. Cornwell-Kelly*, European Community Law, 2. Aufl. 1994, S. 75–104.
298 Die kostenlosen Datenbank-Angebote der Gemeinschaft werden in dieser Beziehung immer umfangreicher. Unter http://europa.eu.int/eur.lex.de finden sich viele aktuelle und zahlreiche ältere Abkommen der Gemeinschaft.
299 Überblick bei *H. Hauser/K.-U. Schanz*, Das neue GATT – Die Welthandelsordnung nach Abschluß der Uruguay-Runde (1995); *B. Jansen*, Die neue Welthandelsorganisation (WTO), EuZW 1994, S. 333 ff.
300 Durch das Inkrafttreten der UR-Schlußakte am 1. Januar 1995 war das bisherige GATT keineswegs automatisch erloschen. Während des Jahres 1995 existierten zwei GATT-Verträge nebeneinander: Als GATT 1994 galt das bisherige GATT – mitsamt *acquis* (Annex 1A des WTO Abkommens) – und unter Wegfall des *Protocol of Provisional Application* – als integraler Bestandteil der UR-Schlußakte. Daneben blieb das bisherige GATT als *GATT 1947* bis auf weiteres bestehen. Wie sich aus Art. II:4 des WTO-Vertrages ergibt, sind die beiden GATT-Verträge rechtlich nicht identisch, so daß keine automatische Ablösung erfolgte. Hintergrund dieser Regelung war, daß die zur Ratifikation der UR-Schlußakte entschlossenen Vertragsparteien in der Lage waren, das »alte« GATT zu kündigen, um auf diese Weise die Staaten, die nicht bereit waren, die möglichen Härten zunehmender Handelsliberalisierung zu tragen, nicht über Art. I GATT in den Genuß der Vorteile der Uruguay-Runde kommen zu lassen. Nach der Entscheidung der CONTRACTING PARTIES vom 8. Dezember 1994 (GATT Doc. GW/13) kam es nicht zu einem solchen Schritt; das GATT 1947 blieb für eine Übergangszeit

tenen vertraglichen Bestimmungen als »WTO-Bestimmungen« gesprochen[301]. Das GATT 1994 bleibt aber das Herzstück der durch die UR-Schlußakte begründeten »neuen Welthandelsordnung« auch wenn es als bloßer »Anhang« des WTO-Vertrages scheinbar an Rang eingebüßt hat[302].

b) Die organisatorische Struktur der WTO

147 Nach Art. II:1 des WTO-Vertrages bildet die **WTO den institutionellen Rahmen** für die Wahrnehmung der Handelsbeziehungen zwischen ihren Mitgliedern gemäß den im Anhang beigefügten Übereinkommen. Weiterhin soll die WTO als Forum für Verhandlungen die Weiterentwicklung der von den beigefügten Verträgen geregelten Handelsbeziehungen ermöglichen und die Implementierung dieser Verträge erleichtern[303]. Aussagen zu den materiellen Beziehungen zwischen den Partnern der UR-Schlußakte enthält der WTO-Vertrag jedoch nicht. Oberstes beschlußfassendes Gremium der WTO ist die Vollversammlung der zuständigen Minister der Mitgliedstaaten, die *Ministerial Conference*[304]. In der Zeit zwischen den mindestens alle zwei Jahre stattfindenden Sitzungen der Ministerial Conference nimmt ein *General Council* deren Funktionen wahr. Zusammensetzung und Abstimmungsregelungen entsprechen der bisherigen Praxis hinsichtlich des GATT-*Council*: Jeder Mitgliedstaat ist vertreten, Entscheidungen sollen im Konsens herbeigeführt werden, soweit dies nicht möglich ist, gilt – vorbehaltlich vorrangiger Spezialregeln – das Mehrheitsprinzip. Dem *General Council* kommt auch die Funktion als oberstes Streitbeilegungsorgan (*Dispute Settlement Body*, im folgenden *DSB*) zu. Neu ist die Einrichtung dreier spezieller Gremien, die unterhalb des *General Council* angesiedelt sind und sich jeweils einem der drei »Sektoren« (Warenhandel, Dienstleistungen, Rechtsfragen des geistigen Eigentums) widmen.

c) Die materiellen Verpflichtungen der WTO-Mitglieder

148 Die materiellen Verpflichtungen der WTO-Mitglieder richten sich ausschließlich nach den in den Annexen 1A-1C des WTO-Vertrages aufgelisteten Verträgen. Die in Annex 1A enthaltenen Verträge beziehen sich sämtlich auf den grenzüberschreitenden Handel mit Waren. Dreh- und Angelpunkt des diesbezüglichen vertraglichen Regimes bleibt das GATT 1994; dessen Verpflichtungen im einzelnen in den beigefügten Übereinkommen konkretisiert werden[305]. Im folgenden soll ein Überblick über die materiellen Regeln der drei wichtigsten WTO-Abkommen gegeben werden. Auf die Darstellung der anderen multilateralen und plurilateralen Übereinkünfte muß trotz ihrer teilweise außerordentlichen Bedeutung (etwa: Agrarhandel, ziviler Flugzeugbau) verzichtet werden.

aa) Die materiellen Regelungen des GATT im Überblick

149 Zwar waren die Vertragsparteien des GATT nicht bereit, zur Ermöglichung von uneingeschränktem internationalen Wettbewerb einen *einheitlichen*, sämtliche Vertrags-

---

Fortsetzung von Fußnote 300

neben der WTO bestehen und wurde am 31.12.1995 vollständig von ihr abgelöst; vgl. zu diesem Bereich G. *Marceau*, Transition from GATT to WTO – A most pragmatic operation, JWT 29 (1995), S. 147 ff.

301 So im übrigen auch die Praxis der Gemeinschaft; vgl. die TBR.
302 Überblick bei M. *Herdegen*, Internationales Wirtschaftsrecht, 3. Aufl., 2002, § 7; *P. T. Stoll*: Die WTO: Neue Welthandelsorganisation, neue Welthandelsordnung. Ergebnisse der Uruguay-Runde des GATT, ZaöRV 54 (1994), S. 241 ff.
303 Art. III WTO-Vertrag.
304 Art. IV:1 WTO-Vertrag.
305 Beispielsweise Art. XIX GATT im Übereinkommen über Schutzmaßnahmen; Art.VI GATT im AD-Übereinkommen usf.

parteien umfassenden, Markt zu schaffen.[306] Das **Verbot der Diskriminierung** schafft jedoch erste Voraussetzungen für einen solchen freien Wettbewerb. So gestattet die **Meistbegünstigungsklausel** (Art. I GATT) ungehinderten Wettbewerb zwischen *ausländischen* Produkten im Importland. Denn danach muß eine Vertragspartei alle Vorteile, die sie einer ausländischen oder für das Ausland bestimmten Ware gewährt, unverzüglich und bedingungslos für alle gleichartigen Waren gewähren, die aus den Gebieten der GATT-Vertragsparteien stammen oder für diese bestimmt sind[307]. Art. III GATT geht über diese Verpflichtung, ausländische Produkte *untereinander* gleich zu behandeln, hinaus. Mit der »Zulassung« des ausländischen Produkts in den nationalen Markt dürfen ausländische Produkte nicht schlechter als im Inland hergestellte Waren behandelt werden. Diese **Gleichstellung von inländischen und ausländischen** Waren führt aber nur dann zu gleichen Wettbewerbsbedingungen, wenn der Importstaat keine Zutrittsschranken errichtet, was das GATT nicht grundsätzlich verbietet. Allerdings verpflichten Art. II und XI die Vertragsparteien, solche **Zutrittsschranken grundsätzlich nur in Form von Zöllen** zu errichten; die solchermaßen geschaffenen Marktzugangshürden sind bezifferbar, transparent und damit für die beteiligten Wirtschaftskreise kalkulierbar. Hinzu kommt, daß das GATT, obgleich es kein Verbot »unangemessen hoher« Zölle enthält, sowohl tatsächlich als auch normativ auf die Senkung der Zollsätze zielt[308]. In den bislang acht Zollsenkungsrunden konnten die Vertragsparteien diese Selbstverpflichtung weitgehend umsetzen. Der durchschnittliche Zollsatz liegt nach Abschluß der Uruguay-Runde deutlich unter 5%. In dieser Höhe stellen Zölle keine ernsthaften Handelsschranken mehr dar[309].

Die importierenden Staaten (und ihre Unternehmen) trifft aber nicht die Verpflichtung, jeden Wettbewerbsvorteil ausländischer Produkte hinzunehmen. **Nach Art. VI und XVI GATT sind die Staaten nur gehalten,** »fairen« Handel zu dulden. Als »unfair« gilt das durch staatliche Subventionen oder durch das Anbieten unter dem Heimatpreis ermöglichte billigere Angebot, sofern die heimischen Industrien durch diesen Wettbewerbsvorteil einen Schaden erleiden[310]. Dieser Vorteil kann durch **AD- und Anti-Subventionszölle**[311] **abgeschöpft werden.** Wiederum wird deutlich, daß es den vertragsschließenden Parteien keineswegs um den Erhalt von weltweitem Wettbewerb und freiem Handel als solchem ging; denn Verdrängungswettbewerb könnte ohne weiteres mit dem Instrumentarium der nationalen Wettbewerbs- und Kartellgesetze verhindert werden. Vielmehr liegt diesem Regelwerk das **Verständnis von miteinander im Wettbewerb stehenden Wirtschaftsmächten** zugrunde, die keine Importpreise akzeptieren, welche für die heimischen Industrien bedrohlich sein könnten[312].

150

306 So auch *A. v. Bogdandy*, Rechtsgleichheit, Rechtssicherheit und Subsidiarität im transnationalen Wirtschaftsrecht, EuZW 2001, 357, 363 f.
307 Vgl. im einzelnen Art. I Abs. 1 GATT. Die Meistbegünstigungsklausel gewährleistet also beispielsweise, daß gleichartige Produkte aus den WTO-Mitgliedstaaten *A* und *B* beim Zutritt zu dem Markt der Vertragspartei *X* gleich behandelt werden.
308 Dieser prozeßhaft angelegte Auftrag zur kontinuierlichen Zollsenkung war ursprünglich in Art. 17 der Havanna-Charta enthalten. Im GATT hat er Niederschlag in der Präambel und seit 1957 in Art. XXVIII *bis* gefunden. Vgl. *K. W. Dam*, The GATT. Law and International Economic Organisation, 1970, 53.
309 *J. Jackson*, The World Trading System 2nd ed., Cambridge (Mass.) 1997, S. 139 ff.
310 Vgl. *Jackson* (Fn. 309), S. 217 ff.; *M. Nettesheim*, Ziele des Antidumping- und Antisubventionsrechts. Eine Darstellung am Beispiel des Rechts der USA mit Bezügen zum Recht der Europäischen Gemeinschaften, München 1994, S. 86 ff. und *Bierwagen* (Fn. 235), S. 7–19.
311 Vgl. dazu *M. Hahn*, Das neue Regime der Beihilfenkontrolle in der WTO, in: Klein/Meng/Rode (Hrsg.), Die Neue Welthandelsordnung der WTO, Amsterdam 1998, S. 97 ff. (112 ff.).
312 *Bierwagen* (Fn. 168), S. 21 ff.; *E. U. Petersmann*, GATT Dispute Settlement Proceedings in the Field of Anti-Dumping Law, CMLR. 28 (1991), S. 69 ff.

Art. 133 EG-Vertrag

151 Eine der wesentlichsten **Funktionen des GATT** ist die Schaffung von **Rechtssicherheit und Transparenz der Zutrittsregeln**[313]. Neben der grundsätzlichen Reduzierung handelsbeschränkender Maßnahmen auf das Instrument des Außenzolls ist in diesem Zusammenhang die in Art. X enthaltene Verpflichtung der Vertragsparteien von besonderer Bedeutung, derzufolge alle staatlichen Maßnahmen, die zwischenstaatlichen Handel im weitesten Sinne betreffen, unverzüglich in einer Weise zu veröffentlichen sind, die ausländischen Regierungen und den am Handelsverkehr Beteiligten die effektive Kenntnisnahme gestattet[314].

152 Die ganz überwiegende Mehrheit der **Ausnahmebestimmungen** des GATT dient dem **Erhalt des** im GATT und den verschiedenen Zollzugeständnissen niedergelegten **Gleichgewichts** der wechselseitig eingeräumten Vorteile[315]. So gestattet etwa Art. XXVIII die Anpassung und sogar die Rücknahme von Zollkonzessionen, wenn eine Vertragspartei dies für günstig erachtet. Die am häufigsten angewandte Ausnahme findet sich in Art. XIX. Danach kann eine Vertragspartei nicht nur ihre hinsichtlich einer bestimmten Warengruppe eingegangenen Zollzugeständnisse, sondern jede GATT-Verpflichtung auf Zeit ganz oder teilweise aufheben, sofern diese Verpflichtungen und damit zusammenhängende »nicht vorhersehbare Entwicklungen« eine so umfängliche Einfuhr von Gütern dieser Warengruppe verursacht haben, daß die heimische Industrie Schaden erleidet[316]. Eine Reihe weiterer Ausnahmen dieser Art ermöglicht den Vertragsparteien, sich von den eingegangenen Verpflichtungen zu lösen, sofern unvorhergesehene und besonders gravierende wirtschaftliche Probleme eine Vertragserfüllung unzumutbar erscheinen lassen würden[317]. Eine weitere Gruppe von Ausnahmen nehmen von vornherein bestimmte Vertragsparteien oder Regionen von der vollen Geltung des GATT aus[318]. Zwei Ausnahmeregelungen dienen in besonderer Weise dem Schutz der politischen Souveränität der Vertragsparteien: Art. XX sichert den Vertragsparteien die **Respektierung eines Kernbereiches innerstaatlicher Hoheitsausübung** zu. Danach darf die Anwendung des GATT beispielsweise nicht zu einer Verhinderung einzelstaatlicher Maßnahmen zum Schutz der öffentlichen Sittlichkeit, zum Schutz von Leben und Gesundheit von Menschen, Tieren und Pflanzen führen[319]. Art. XXI schließlich ge-

---

313 E. U. *Petersmann*, Constitutional Functions and Constitutional Problems of International Economic Law, 1991, S. 222 ff.
314 Von dieser Veröffentlichungspflicht werden gemäß Art. X Abs. 1 Akte der Exekutive, der Legislative und der Gerichte erfaßt.
315 Überblick bei *J. Jackson*, World Trade and the Law of GATT, 1969, S. 535 ff.; W. *Benedek*, Die Rechtsordnung des GATT aus völkerrechtlicher Sicht, 1990, S. 160–184.
316 Dazu M. *Bronckers*, Selective Safeguard Measures in Multilateral Trade Relations, 1985. Vgl. nunmehr das außerordentlich wichtige Übereinkommen über Schutzmaßnahmen, das beispielsweise in Art. 11 lit. b) Selbstbeschränkungsabkommen jeder Art nunmehr ausdrücklich verbietet; nuanciert *P. Mavroidis*, Les Pratiques Restrictives du Commerce: La question de la Répartition des Compétences entre la Communauté Européenne et ses États Membres dans le Cadre de L' Organisation Mondiale du Commerce, AFDI XLII (1996), S. 864 ff.
317 Dazu *Jackson* (Fn. 315), S. 696 ff. und *L. Boisson de Chazournes*, Les contre-mesures das les relations internationales économiques, Paris 1992, 73. Vgl. im einzelnen Art. XII: 4 (c) (ii); XII: 4 (d), XVIII: 7 (b), XVIII: 12 (c) (ii), XVIII: 12 (d), XVIII: 12 (e), XVIII: 16, XVIII: 22.
318 Vgl. Art. XXIV GATT und die hierzu getroffene *Vereinbarung zur Auslegung des Artikels XXIV des Allgemeinen Zoll- und Handelsabkommens 1994*, ABl.EG 1994 L 336/16; vgl. auch Art. XXXV:1 GATT, der von Art. XIII WTO-Vertrag überlagert wird. Siehe auch zum alten Rechtszustand Ziff. 1 des *Protocol of Provisional Application*, abgedruckt bei Meng/Kunig/Lau (Hrsg.), International Economic Law, Basic Documents, 1989, 489.
319 Vgl. im einzelnen Art. XX.

währt den Vertragsparteien in »sicherheitsrelevanten« Konstellationen unter bestimmten Voraussetzungen Befreiung von der Bindung durch das GATT[320].

Sämtliche Entscheidungen der CONTRACTING PARTIES zum »alten« GATT 1947 sowie alle bisherigen Zollkonzessionen, Beitrittsprotokolle und »waiver«, die am Tag des Inkrafttretens des WTO-Vertrages gelten, sind nunmehr formell Bestandteil des GATT 1994[321]. Dem GATT 1994 sind sieben Understandings beigefügt, mit denen Streitfragen im Zusammenhang mit der Auslegung und Anwendung der Art. II:1(b), XII, XVII, XVIII:B, XXIV, XXV, XXVIII und XXXV geklärt werden sollen[322]. Außer den praktisch besonders bedeutsamen Abkommen über landwirtschaftliche Produkte und Textilien finden sich vor allem die meisten der Tokyo-Round-Agreements in modifizierter Form wieder.[323] 153

bb) GATS- und TRIPS-Abkommen

Mit dem Inkrafttreten der UR-Schlußakte sind zwei zunehmend wichtig gewordene wirtschaftliche Sachverhalte Gegenstand multilateraler Handelsverträge geworden: Das **GATS überträgt die Grundsätze des GATT auf den Bereich der Dienstleistungen.**[324] Wegen der vielfältigen Probleme im Zusammenhang mit der grenzüberschreitenden Erbringung von Diensten – beispielhaft sei die auch den EuGH beschäftigende Migration der Dienstleistungserbringer genannt – und aufgrund der Tatsache, daß die meisten nationalen Märkte für wirtschaftlich besonders wichtige Dienstleistungssektoren auch heute noch stark abgeschottet sind, geht das GATS **keinesfalls so weit wie das GATT.** Zwar übernimmt es die grundlegenden Verpflichtungen des GATT wie etwa **Meistbegünstigung** (Art. II GATS) und das Gebot der Inländergleichbehandlung (Art. XVII GATS). 154

Diese grundsätzlichen Verpflichtungen werden jedoch **in sehr viel stärkerem Maße als im GATT** zum Gegenstand von **Ausnahmeregelungen** gemacht. So können ausländische Dienstleistungserbringer auf der Grundlage des GATS nicht ohne weiteres in jedem vertragsschließenden Staat ihre Dienste anbieten, sondern nur dann, wenn ein Staat sich in eigens auszuhandelnden Zugeständnissen den Marktzugang gestattet 155

---

320 Vgl. dazu M. *Hahn*, Vital Interests and the Law of GATT, Mich. JIL 12 (1991), S. 558 ff.; H. *Schloemann/S. Ohlhoff*, Constitutionalization and dispute settlement in the WTO: national security as an issue of competence, AJIL 93 (1999), S. 424 ff.
321 Vgl. auch Fn. 228.
322 The Results of the Uruguay Round (Fn. 58), 23–38.
323 Da allerdings alle in den Annexen 1–3 aufgeführten Verträge integraler Bestandteil des WTO-Vertrages sind, besteht die am Ende der Tokio-Runde vielfach genutzte Möglichkeit der selektiven Ratifikation nicht mehr. Die Ausrichtung der in Annex 1A enthaltenen multilateralen Handelsverträge auf das GATT bestätigen dieses Abkommen in seiner Rolle als das zentrale Regelwerk des grenzüberschreitenden Warenverkehrs.
324 Aus der Literatur vgl., jeweils m.w.N.: A. *Sapir*, The General Agreement on Trade in Services: from 1994 to the year 2000, JWT 33 (1999), S. 51 ff. W. *Zdouc*, WTO dispute settlement practice relating to the GATS, JIEL 2 (1999), S. 295 ff.; A. *Mattoo*, National treatment in the GATS: corner-stone or Pandora's box?, JWT 31 (1997), S. 107 ff.; H. *Baumann*, Die Dienstleistungsfreiheit auf dem Gebiet der audiovisuellen Medien im Rahmen des GATS im Spannungsfeld von Marktfreiheit und kultureller Selbstbestimmung der Staaten der Europäischen Union, 1998; M. *Koehler*, Das Allgemeine Übereinkommen über den Handel mit Dienstleistungen (GATS): Rahmenregelung zur Liberalisierung des internationalen Dienstleistungsverkehrs unter besonderer Berücksichtigung des grenzüberschreitenden Personenverkehrs von Dienstleistungsanbietern, 1999; J. *Lang*, The first five years of the WTO: General Agreement on Trade in Services, Law and policy in international business 31 (2000), S. 801 ff.; D. *Barth*, (1994), Das Allgemeine Übereinkommen über den internationalen Dienstleistungshandel (GATS), EuZW, S. 455 ff.

hat³²⁵. Die Ähnlichkeit mit der Regelungsstruktur des GATT ist aber auch in diesem Punkt nicht zu übersehen. Was hier zukünftig spezifische Zugeständnisse hinsichtlich von Marktzugang sein sollen, sind dort die Zollzugeständnisse, die jeweils in den dem Hauptvertrag beigefügten *schedules* aufgelistet werden.

156 Mit dem als Annex 1C dem WTO-Vertrag beigefügten **TRIPS** werden erstmals die wichtigsten Grundsätze des GATT auf den Bereich des Schutzes geistigen Eigentums übertragen. Wenngleich die nähere Analyse dieses wegen seiner vielfältigen Bezüge zu anderen internationalen Abkommen zum **Schutz geistigen Eigentums** besonders interessanten Vertrages eine intensivere Beschäftigung rechtfertigen würde³²⁶, reicht es für die hiesigen Zwecke aus, darauf hinzuweisen, daß ein Hauptanliegen auch bei diesem Vertrag – parallel zu GATT und GATS – in der **gegenseitigen Einräumung von Meistbegünstigung** (Art. 4 TRIPS-Abkommen) und **Inländergleichbehandlung** (Art. 3 TRIPS-Abkommen) hinsichtlich des Schutzes geistigen Eigentums besteht. Vor allem aber legt der Vertrag vergleichsweise **hohe Mindeststandards für den Schutz geistigen Eigentums** fest und hat dadurch einen **erheblichen Harmonisierungsdruck** auf zahlreiche nationale Rechtsordnungen ausgelöst.³²⁷

cc) Streitbeilegung
157 Das WTO-Streitbeilegungsverfahren ist eine **Fortentwicklung des bisherigen GATT-Streitbeilegungsverfahrens**³²⁸. Wie im Streitbeilegungsabkommen des GATT 1947 sollen Parteien ihre Differenzen **möglichst durch** »Conciliation« klären³²⁹. Gelingt dies nicht, kann jedes WTO-Mitglied bei Verletzungen seiner Rechte aus einem der Abkommen der UR-Schlußakte Beschwerde beim als *DSB* tagenden *General Council*³³⁰ einreichen, der daraufhin ein *Panel* beauftragen wird, den Fall tatsächlich und rechtlich

---

325 Vgl. Art. XVI ff. GATS.
326 Aus der Lit. vergl. etwa A. *Staehelin*, Das TRIPs-Abkommen: Immaterialgüterrechte im Licht der globalisierten Handelspolitik, 2. A.; 1999; *D. Gervais*, The TRIPS agreement: drafting history and analysis, 1998; *D. Kröger*, Das TRIPS-Abkommen im Rahmen der neuen Welthandelsorganisation, in: Die EU und ihre Mitgliedstaaten im internationalen Wirtschaftsverkehr, Arbeitskreis für Europarecht an der Univ. Osnabrück (Hrsg.), 1998, S. 169 ff.; *T. Einhorn*, The impact of the WTO Agreement on TRIPs (Trade Related Aspects of Intellectual Property Rights) on EC law: a challenge to regionalism, CMLR 35 (1998), S. 1069 ff.; *M. Geuze/ H. Wagner*, WTO dispute settlement practice relating to the TRIPS Agreement, JIEL 2 (1999), S. 347 ff.; *P. T. Stoll*, Technologietransfer, Internationalisierungs- und Nationalisierungstendenzen, 1994; *F. Abbott*, The WTO TRIPs Agreement and global economic development, Chicago-Kent Law Review 72 (1996), S. 385 ff.; *ders.*, The enduring enigma of TRIPS: a challenge for the world econonic system, JIEL 1 (1998), S. 497 ff.
327 Vgl. Teil II des Abkommens.
328 Der Zusammenhang zwischen bisherigem Streitbeilegungsverfahren und der Rechtslage nach Abschluß der Uruguay-Runde wird insbesondere durch die Generalrezeptionsklausel des Art. 3 Abs. 1 WTO-Streitbeilegungsabkommen deutlich: »Die Mitglieder bekräftigen die Einhaltung der Grundsätze über die Streitbeilegung, die bisher aufgrund der Art. XXII und XXIII des GATT 1947 angewendet und hierin weiterentwickelt und abgeändert wurden. Das Streitbeilegungssystem der WTO ist ein zentrales Element zur Schaffung von Sicherheit und Vorhersehbarkeit im multilateralen Handelssystem. Die Mitglieder erkennen an, daß es dazu dient, die Rechte und Pflichten der Mitglieder aus den unter der Vereinbarung fallenden Übereinkommen zu bewahren und die geltenden Bestimmungen dieser Übereinkommen im Einklang mit den herkömmlichen Regeln der Auslegung des Völkerrechts zu klären. ...«.
329 Art. 4 WTO-Streitbeilegungsabkommen.
330 Art. IV:3 WTO-Vertrag.

aufzuarbeiten[331]. Dabei wird ein für die internationale Gerichtsbarkeit außerordentlich **knapper zeitlicher Rahmen** gesteckt. Der mit einem konkreten Entscheidungsvorschlag schließende Bericht des *Panels*[332] bedarf der Annahme durch den *DSB*, um Rechtswirkung zu entfalten[333]. Ist eine Partei mit den Schlußfolgerungen des *Panels* nicht einverstanden, kann sie eine Überprüfung der *rechtlichen* Schlußfolgerungen des *Panels* durch ein Berufungsgremium (*Standing Appellate Body*, im folgenden *SAB)* vornehmen lassen[334]. Das *SAB* setzt sich – anders als die *Panels*, die wie bisher in jedem Verfahren jeweils unterschiedlich besetzt sind – aus sieben ständigen Mitgliedern zusammen, deren einmal verlängerbare Amtsperiode vier Jahre beträgt[335]. Wenngleich auch das *SAB* nicht etwa Letztentscheider ist, sondern lediglich über die Kompetenz verfügt, dem *DSB* Vorschläge zu unterbreiten[336], spielt es bereits nach knapp vier Jahren Rechtsprechungstätigkeit eine **herausragende Rolle**[337].

Das neue Streitbeilegungsabkommen führt einen in dieser Form im internationalen Vertragsrecht **einmaligen Abstimmungsmodus** ein: Nur wenn unter den *DSB*-Mitgliedern Konsens darüber besteht, daß der Panelbericht *nicht* angenommen werden soll, darf der DSB dem Bericht des Panels bzw. des *SAB* die Annahme verweigern (»**Negativer Konsens**«)[338]. Für die **Nichtannahme** eines Panel- oder SAB-Berichts wird damit eine hohe Hürde aufgebaut. Sofern eine unterlegene Partei ihrer Verpflichtung zur Abstellung des WTO-rechtswidrigen Verhaltens nicht nachkommt, kann die obsiegende Streitpartei von dem Rechtsbrecher entweder **Ausgleich** (»**compensation**«) für durch die Regelverletzung entstandene Nachteile verlangen[339] **oder Beugezwang** einsetzen, indem Verpflichtungen suspendiert werden. Hierzu bedarf es zwar der Genehmigung durch den *DSB*[340], *worauf jedoch ein Rechtsanspruch besteht*[341]. Dabei steht der ihr

158

---

331 Anders als im früheren GATT-Verfahren ist ausdrücklich festgelegt, daß die Einrichtung eines Panels nur im Konsens aller Mitglieder des DSB abgelehnt werden darf; Art. 2 Abs. 4, Fn. 1 WTO-Streitbeilegungsabkommen. Hingewiesen sei auf die Besonderheit einer *Interim Review Stage* in der das Panel den Parteien seine vorläufige Rechtsauffassung mitteilt und ihnen Gelegenheit zur Stellungnahme gibt; Art. 15 WTO-Streitbeilegungsabkommen.
332 Art. 19 WTO-Streitbeilegungsabkommen; siehe sogleich Rn. 158.
333 Art. 16 Abs. 4 WTO-Streitbeilegungsabkommen; während ein Panel und der Appellate Body nach Art. 19 Abs. 1 WTO-Streitbeilegungsabkommen lediglich *recommendations* aussprechen können, bleiben die Entscheidungen des DSB gemäß Art. 21 Abs. 1 WTO-Streitbeilegungsabkommen »recommendations or rulings«, übernehmen mithin die von Art. XXIII GATT geprägte Terminologie.
334 Art. 16 Abs. 4 i.V.m Art. 17 Abs. 6 WTO-Streitbeilegungsabkommen.
335 Art. 17 Abs. 1, 2 WTO-Streitbeilegungsabkommen.
336 Art. 19 Abs. 1 WTO-Streitbeilegungsabkommen.
337 Die bereits ausgesprochen umfangreiche WTO-Rechtsprechung ist vollständig vom *server* der Organisation (www.wto.int) abrufbar; nunmehr erscheint auch eine amtliche Sammlung *WTO Dispute Settlement Reports*.
338 Art. 17 Abs. 14 WTO-Streitbeilegungsabkommen: »Ein Bericht des Berufungsgremiums wird vom DSB angenommen und von den Streitparteien bedingungslos übernommen, sofern das DSB nicht innerhalb von dreißig Tagen nach Verteilung des Berichts an die Mitglieder durch Konsens beschließt, den Bericht des Berufungsgremiums nicht anzunehmen. Dieses Annahmeverfahren läßt das Recht der Mitglieder auf Äußerung ihrer Auffassungen über einen Bericht des Berufungsgremiums unberührt.«; die inhaltlich gleiche Regelung für die (erstinstanzlichen) *Panelreports* findet sich in Art. 16 Abs. 4 WTO-Streitbeilegungsabkommen. Im Sinne des WTO-Streitbeilegungsabkommens besteht Konsens, wenn kein anwesendes Mitglied förmlich Einspruch gegen eine vorgeschlagene Entscheidung einlegt, Art. 2 Abs. 4 WTO-Streitbeilegungsabkommen.
339 Schadensersatz bleibt aber, entsprechend bisheriger GATT-Praxis, freiwillig; vgl. Art. 22 Abs. 1 WTO-Streitbeilegungsabkommen.
340 Vgl. Art. 22 Abs. 2 WTO-Streitbeilegungsabkommen.
341 Vgl. Art. 22 Abs. 6 und Art. 21 Abs. 4 WTO-Streitbeilegungsabkommen.

Art. 133 EG-Vertrag

Recht durchsetzenden Partei das Mittel der *cross-retaliation* zur Verfügung: Sie ist – beispielsweise bei Verletzung ihrer Rechte aus Art. III GATT – nicht etwa darauf verwiesen, selbst Art. III (oder eine andere Vorschrift des) GATT zu suspendieren; vielmehr kann sie eine beliebige WTO-Bestimmung (beispielsweise aus dem GATS oder dem TRIPS) suspendieren[342]. Es gilt dabei ein strenger Verhältnismäßigkeitsgrundsatz[343].

dd) Sonstige WTO-Abkommen

159 Neben GATT, GATS, TRIPS und dem WTO-Streitbeilegungsabkommen enthält das **WTO-Abkommen eine Reihe sonstiger Abkommen**, von denen hier nur die wichtigsten genannt werden können: Das Übereinkommen über die **Landwirtschaft**[344]; das Übereinkommen über die Anwendung **gesundheitspolizeilicher** und **pflanzenschutzrechtlicher Maßnahmen**, das Übereinkommen über **Textilwaren** und Bekleidung, das Übereinkommen über **technische Handelshemmnisse**, das Übereinkommen über **handelsbezogene Investitionsmaßnahmen**, das Übereinkommen zur Durchführung des Artikels VI des Allgemeinen Zoll- und Handelsabkommens 1994, das Übereinkommen zur Durchführung des Artikels VII des Allgemeinen Zoll- und Handelsabkommens 1994, das Übereinkommen über Kontrollen vor dem Versand, das Übereinkommen über **Ursprungsregeln**, das Übereinkommen über Einfuhrlizenzverfahren, das Übereinkommen über Subventionen und Ausgleichsmaßnahmen, das Übereinkommen über **Schutzmaßnahmen**, der vertragliche Mechanismus zur Überprüfung der Handelspolitik.

160 **Sämtliche Übereinkommen** sind gemäß Art. II Abs. 2 **integraler Bestandteil des WTO-Vertrages**. Mithin sind sie für sämtliche Mitgliedstaaten der WTO verbindlich und bilden ein **Einheit**, die aufgrund der dargestellten Möglichkeit der *cross-retaliation* keineswegs bloß virtuell ist. Lediglich die folgenden vier Abkommen weisen als Vertragsparteien lediglich eine Teilmenge der WTO-Mitgliedstaaten auf, was angesichts der Regelungsmaterien auch nicht weiter verwundert: das Übereinkommen über das **öffentliche Beschaffungswesen**, die **Internationale Übereinkunft** über **Milcherzeugnisse**, die Übereinkunft über **Rindfleisch**, sowie das Abkommen über den Handel mit zivilen **Luftfahrzeugen**[345].

---

342 Gemäß Art. 22 Absatz 3 und 4 sind folgende Grundsätze zu beachten: »Der allgemeine Grundsatz lautet, daß die beschwerdeführende Partei zunächst versuchen soll, Zugeständnisse oder sonstige Pflichten hinsichtlich desselben Sektors/derselben Sektoren wie des-/derjenigen auszusetzen, in dem/denen das Panel oder das Berufungsgremium einen Verstoß ... festgestellt hat; ist diese Partei der Auffassung, daß [dies] ... nicht möglich oder wirksam ist, ... so kann sie versuchen, Zugeständnisse oder sonstige Pflichten in anderen Sektoren unter demselben Übereinkommen auszusetzen; ist diese Partei der Auffassung, daß [auch dies] ... nicht möglich oder wirksam ist, ... und daß die Umstände ernst genug sind, so kann sie versuchen, Zugeständnisse oder sonstige Pflichten aus einem anderen unter die Vereinbarung fallenden Übereinkommen auszusetzen.«
343 Art. 22 Abs. 4, 8 WTO-Streitbeilegungsabkommen.
344 ABl.EG 1994 L 336/22; auch die anderen genannten Abkommen sind sämtlich in dieser Ausgabe des ABl.EG sowie in *GATT Secretariat* (ed.), The Results of the Uruguay Round of Multilateral Trade Negotiations – The Legal Texts, Geneva 1994, veröffentlicht.
345 Die beiden Agrarprodukte betreffende Abkommen sind zwischenzeitlich außer Kraft getreten. Vgl. auch Zweite Protokoll zum Allgemeinen Übereinkommen über den Handel mit Dienstleistungen – Beschluß des Ausschusses für den Handel mit Finanzdienstleistungen über die Annahme des Zweiten Protokolls zum Allgemeinen Übereinkommen über den Handel mit Dienstleistungen, ABl.EG 1996 L 167/25; Dritte Protokoll zum Allgemeinen Übereinkommen über den Handel mit Dienstleistungen – Beschluß des Rates für den Handel mit Dienstleistungen über die Verpflichtungen in bezug auf den grenzüberschreitenden Verkehr natürlicher Personen, ABl.EG 1996 L 167/43; Übereinkommen über den Handel mit Waren der Infor-

2. Rolle der EG in der WTO

Bereits vor Abschluß der Marrakesch-Abkommen durch die Gemeinschaft war sie in die Verpflichtungen der Mitgliedstaaten im GATT eingetreten. Seit der sog. »Dillon-Runde« (1960–1961) nahm sie in *eigenem* Namen die meisten GATT-Rechte und Pflichten wahr. Lediglich im Zusammenhang mit Budgetangelegenheiten traten die Mitgliedstaaten in eigenem Namen auf[346]. Versuche einzelner Mitgliedstaaten der EG, insbesondere Frankreichs, seine von der Position der zuständigen Organe der EWG abweichende eigene Stellungnahmen als Vertragspartei im Rahmen des GATT-Rats durchzusetzen, scheiterten in der Vergangenheit[347]. Die nunmehrige Situation der EG ist bereits oben in anderem Zusammenhang skizziert worden. Die **Gemeinschaft wurde formal Vertragspartei der UR-Schlußakte und ist Mitglied der WTO**; indes konnte sie den Vertrag lediglich gemeinsam mit den Mitgliedstaaten abschließen.

161

3. Status der WTO-Verträge im Gemeinschaftsrecht

Unbestrittenermaßen hatte **bereits die EWG** die Verpflichtungen der Mitgliedstaaten aus dem GATT 1947 übernommen und war selbst **an das GATT gebunden**, soweit ihre Kompetenzen reichten[348]. Das GATT war damit bereits vor Abschluß des WTO-Vertrags ein integraler Bestandteil der Gemeinschaftsrechtsordnung[349], stand im Range zwischen dem EGV und dem auf seiner Grundlage erlassenen Sekundärrecht[350] und war damit — auf der Grundlage der Rechtsprechung des Gerichtshofes zur innerge-

162

Fortsetzung von Fußnote 345
    mationstechnologie – Umsetzung der Erklärung zum weltweiten Handel mit Waren der Informationstechnologie (WTO), ABl.EG 1997 L 155/3; Viertes Protokoll zum Allgemeinen Übereinkommen über den Handel mit Dienstleistungen, ABl.EG 1997 L 347/45; Fünftes Protokoll zum Allgemeinen Übereinkommen über den Handel mit Dienstleistungen – Beschluß des Ausschusses für den Handel mit Finanzdienstleistungen über die Annahme des Fünften Protokolls zum Allgemeinen Übereinkommen über den Handel mit Finanzdienstleistungen, ABl.EG 1999 L 20/40.

346 Im nachhinein wissen nunmehr alle Beteiligten, daß diese Praxis einen Verstoß gegen Art. 133 darstellte, wie der Gerichtshof in Gutachten 1/94 erläutert hat.

347 Vgl. GATT Doc. C/M/222, 10 ff., 16. Dazu *E. U. Petersmann*, Die EWG als GATT-Mitglied – Rechtskonflikte zwischen GATT-Recht und Europäischem Gemeinschaftsrecht, in: M. Hilf/ E. U. Petersmann (Hrsg.), GATT und die Europäische Gemeinschaft, 1986, S. 119 ff. Vgl. *dens.* in: GTE, EU-/EGV, Art. 234 Rn. 2, 14.

348 Jedenfalls seit dem 1.7.1968, als der Gemeinsame Zolltarif in Kraft trat. Grundlegend EuGH, Rs. 21–24/72, 12.12.1972, Slg. 1972, 1219 (International Fruit); EuGH, Rs. 267–269/81, 16.3.1983, Slg. 1983, 801 (Amministrazione delle finanze dello Stato/Società Petrolifera Italiana und Michelin Italia). Vgl. zur Entwicklung *W. Schroeder/M. Selmayr*, die EG, das GATT und die Vollzugslehre, JZ 1998, S. 334; *M. Herdegen*, Internationales Wirtschaftsrecht, 3. A, 2002.

349 So ausdrücklich GA *van Gerven* in EuGH, Rs. 70/87, 22.6.1989, Slg. 1989, 1781, 1807 (Fediol III); allgemein EuGH, Rs. 181/73, 30.4.1974, Slg. 1974, 449, Rn. 2/6 (Haegeman/Belgien). Ob man den seinerzeitigen (nunmehrigen Art. 300) Art. 228 Abs. 2 für unmittelbar oder analog anwendbar hielt, spielte letztlich keine Rolle. Für eine entsprechende Geltung von Art. 228 EWGV auch GA *Mayras* in: EuGH, Rs. 21–24/72 (Fn. 276), 1239 und die Stellungnahme der Kommission, ebenda, 1225; *E.-U. Petersmann*, in: GTE, EU-/EGV, Art. 234, Rn.15.
Siehe zum ganzen *A. v. Bogdandy/T. Makatsch*, Kollision, Koexistenz oder Kooperation, EuZW 2000, S. 261 ff.; *A. Ott*, GATT und WTO im Gemeinschaftsrecht, 1997, S. 24 ff.

350 GA *Lenz* in EuGH, Rs. 69/89, 7.5.1991 Slg. 1991, I-2069, I-2127, Rz. 53 (Nakajima); *E. U. Petersmann*, Application of GATT by the Court of Justice of the European Communities, CMLR. 20 (1983), S. 397, 401 m.w.N.; *A. Bleckmann*, Die unmittelbare Anwendbarkeit der

Art. 133 EG-Vertrag

meinschaftlichen Wirkung völkerrechtlicher Verträge[351] – grundsätzlich geeignet, entgegenstehendes Sekundärrecht unwirksam werden zu lassen[352].

163 Inwieweit Vorschriften des GATT-/WTO-Rechts geeignet sind, unmittelbar als Maßstab für die Rechtmäßigkeit für sekundäres Gemeinschaftsrecht zu dienen, ist eine in der Literatur und Rechtsprechung umstrittene Frage.[353] Die Position des Gerichtshofes ist in den letzten drei Dekaden im wesentlichen unverändert geblieben, so daß im Rahmen eines Handkommentars die folgenden Bemerkungen genügen müssen.

a) GATT-/WTO-Recht als mittelbarer Maßstab für sekundäres Gemeinschaftsrecht

164 Schon die ersten Entscheidungen des EuGH mit GATT-Bezug hatten anerkannt, daß **Gemeinschaftsrecht, insbesondere Zollrecht, GATT-konform auszulegen** sei, wenn die **Gemeinschaftsnorm einen Hinweis auf das GATT** enthält[354]. Nach der Rspr. des EuGH können sich Gemeinschaftsbürger *in diesem Fall* »vor dem Gerichtshof ... **auf die Bestimmungen des GATT berufen** ..., um feststellen zu lassen, ob ein Verhalten ... eine unerlaubte Handelspraktik im Sinne dieser Verordnung (VO Nr. 2641/84) dar-

---

Fortsetzung von Fußnote 350

Freihandelsabkommen mit den EFTA-Staaten im Rechtsraum der EWG, in: Koppensteiner (Hrsg.), Rechtsfragen der Freihandelabkommen der Europäischen Wirtschaftsgemeinschaft mit den EFTA-Staaten, 1987, S. 85, 109.

351 Dazu unten Art. 300; siehe auch *G. Behr*, Agreements Concluded by the Community and Their Possible Direct Effect: From *International Fruit Company* to *Kupferberg*, CMLR 35 (1983), S. 65 ff.

352 Der EuGH hat indes bislang keine entsprechende Feststellung getroffen. Vgl. EuGH, Rs. 70/87, 22.6.1989, Slg. 1989, 1781 (Fediol/Kommission – Fediol III); EuGH, Rs. 69/89, 7.5.1991, Slg. 1991, I-2069 (Nakajima/Rat); Rs. C-105/90, 13.2.1992, Slg. 1992, I-677 (Goldstar & Co./Kommission).

353 Die Literatur zu dieser Frage ist kaum noch überschaubar vgl. für alle: *E. U. Petersmann*, Application of GATT by the Court of Justice of the European Communities, CMLR. 20 (1983), S. 397, 401 m.w.N.; *ders.*, Darf die EG das Völkerrecht ignorieren?, EuZW 1997, S. 325 ff; *M. Hahn/G. Schuster*, Zum Verstoß von gemeinschaftlichem Sekundärrecht gegen das GATT. Die gemeinsame Marktorganisation für Bananen vor dem EuGH, EuR 1993, S. 261 ff.; *M. Hahn/G. Schuster*, Le Droit des États Membres de se prévaloir en Justice d'un Accord liant la Communauté, RGDIP 99 (1995), S. 367 ff.; *K. J. Kuilwijk*, The European Court of Justice and the GATT Dillemma: Public Interest versus Individual Rights?, 1996; *J. Berkey*, The European Court of Justice and Direct Effect for the GATT: A Question worth revisiting, EJIL 1998, S. 626 ff.; *T. Cottier*, Dispute Settlement in the World Trade Organization: Characteristics and Structural Implications for the European Union, CMLR 35 (1998), S. 325 ff.; *P. Eeckhout*, The Domestic Legal Status of the WTO Agreement: Interconnecting Legal systems, CMLR 34 (1997), S. 11 ff.; *M. Hilf*, The Role of National Courts in International Trade Relations, MJIL 18 (1997), S. 321 ff.; *A. Ott*, The friction between GATT/WTO law and EC law: some critical remarks on the case law of the ECJ, in: W. Heere (Hrsg.), International law and The Hague's 750th anniversary, 1999, S. 323 ff.; *G. Zonnekeyn*, The Status of WTO Law in the EC Legal Order: The final curtain?, JWT 34 (2000), S. 111 ff..

354 Vgl. EuGH, Rs. 14/69, 15.10.1969, Slg. 1969, 349, 357 *(Markus & Walsh/HZA Hamburg-Jonas)*, in der die streitgegenständliche VO ausdrücklich auf das GATT verwies und damit, so der EuGH, auch auf eine Fußnote der EWG zu einer Tarifliste; siehe auch EuGH, Rs. 92/71, 26.4.1972, Slg. 1972, 231, Rn 6 f. (Interfood/HZA Hamburg-Ericus): »Da der Gemeinsame Zolltarif Gegenstand von Abkommen zwischen der Gemeinschaft und ihren GATT-Handelspartnern war, können die jenen Abkommen zugrundeliegenden Prinzipien ein nützliches Hilfsmittel für die Auslegung der ... Tarifierungsvorschriften bilden.« Einschränkend wiederum EuGH, Rs. 9/73, 24.10.1973, Slg. 1973, 1135, Rn. 31 ff. (Schlüter/HZA Lörrach).

stellt. Denn die Bestimmungen des GATT sind Bestandteil der Regeln des Völkerrechts, auf die Artikel 2 Absatz 1 der genannten Verordnung verweist«.[355]

Der Gerichtshof hat diese Rechtsprechung im Hinblick auf die WTO-Abkommen beibehalten. Nach Abschluß des WTO-Abkommens durch die EG gilt erst recht: Verweist ein Sekundärrechtsakt der EG ausdrücklich oder stillschweigend[356] auf WTO-Bestimmungen, kann ein privater Kläger mit Aussicht auf Erfolg die in Bezug genommenen Vorschriften eines WTO-Übereinkommens als Maßstab postulieren; ein relevanter Verweis kann sich bereits aus einer Begründungserwägung ergeben. Innerhalb des »in dieser Weise festgelegten rechtlichen Rahmen[s]« können Einzelne geltend machen, die Gemeinschaft habe mit einem Rechtsakt GATT-Recht »verletzt«[357]: es ist dann »Sache des Gerichtshofes, die Rechtmäßigkeit der fraglichen Gemeinschaftshandlung anhand der Vorschriften der WTO zu prüfen.«[358] Darüber hinaus gebietet es der Grundsatz der **WTO-konformen Auslegung**[359], daß – wie bereits früher beim GATT[360] – immer dann, wenn das Gemeinschaftsrecht Auslegungs- und Ermessensspielräume beläßt, der Erfüllung der gemeinschaftlichen Verpflichtungen aus den WTO-Übereinkünfte Rech-

165

---

355 EuGH, Rs. 70/87, 22.6.1989, Slg. 1989, 1781, Rn. 19 f. (Fediol/Kommission – Fediol III); siehe hierzu GA *van Gerven*, ebenda, 1805 f.; ganz in demselben Sinne prüfte der EuGH in der *Nakajima*-Entscheidung eine Verordnung anhand des AD-Kodex des GATT, da diese Verordnung »nach ihrer zweiten und dritten Begründungserwägung in Übereinstimmung mit den bestehenden internationalen Verpflichtungen festgelegt worden sei, »insbesondere denjenigen, die sich aus Artikel VI des GATT und aus dem Antidumping-Kodex ergeben«. Folglich sei zu prüfen, ob der Rat »den in dieser Weise festgelegten rechtlichen Rahmen überschritten« habe (EuGH, Rs. 69/89, 7.5.1991, Slg. 1991, I-2069, Rn. 32 ff. (Nakajima/Rat). GA *Lenz* mißt der Tatsache, daß sich die Verordnung »in weiten Teilen eng an den Wortlaut des Kodex anlehne« zusätzlich Bedeutung bei, ebenda, I-2128.
356 GA *van Gerven* läßt einen stillschweigenden Verweis genügen, vgl. EuGH, Rs. 70/87, 22.6.1989, Slg. 1989, 1781, 1805 (Fediol/Kommission – Fediol III).
357 So die Formulierung in EuGH, Rs. 69/89, 7.5.1991, Slg. 1991, I-2069, Rn. 32 (Nakajima/Rat). Die Geltendmachung einer Verletzung setzt zwar voraus, daß man sich auf den geltend gemachten Rechtsgrund berufen kann. Soweit aber eine Anrufung von GATT-Recht nur dazu dient, zweideutiges Gemeinschaftsrecht GATT-konform auszulegen, bedarf nach Ansicht des EuGH keiner Prüfung einer GATT-*Verletzung*. Nach Ansicht von GA *van Gerven* gilt, »daß jede internationale oder ausländische Vorschrift, die unmittelbar anwendbar ist oder durch Umsetzung anwendbar gemacht wird, ... innerhalb dieser Rechtsordnung *ipso facto* eine bestimmte unmittelbare Wirkung erlangt, in dem Sinn, daß einzelne sie in jedem Fall als Auslegungsmaßstab heranziehen können, *aber auch, wie ich glaube, als Maßstab für die Gültigkeit von Rechtsvorschriften oder -handlungen niederen Ranges*«; EuGH, Rs. 70/87, 22.6.1989, Slg. 1989, 1781, 1806, Fußn. 8 (Fediol/Kommission – Fediol III), Hervorhebung nur hier.
358 EuGH, Rs. C-149/96, 23.11.1999, Slg. 1999, I-8395, Rn. 49 (Portugal/Rat) unter ausdrücklichem Hinweis auf die Entscheidungen *Nakajima* und *Fediol III*.
359 Hierzu neuerdings U. *Fink*, Die WTO-konforme Auslegung des europäischen Gemeinschaftsrechts, AVR 2002 (im Erscheinen) eingehend bereits M. *Hahn/G. Schuster* (Fn. 353), EuR 1993, 261 ff..
360 Siehe die Nachweise bei Fn. 357 sowie EuGH, Rs. 92/71, 26.4.1972, Slg. 1972, 231, 243 f. (Interfood/HZA Hamburg-Ericus): Obwohl nach einer zusätzlichen Vorschrift Nr. 2 zu Kapitel 20 des Gemeinsamen Zolltarifs der EWG Aprikosen als »Früchte mit Zusatz von Zucker« galten, wenn ihr Zuckergehalt einen bestimmte Vomhundertsatz übersteigt, legte der EuGH die einschlägige Tarifstelle anhand der Verhandlungsgeschichte im Rahmen des GATT so aus, daß es auf den Zuckergehalt einschließlich des Naturzuckers der Früchte ankomme, »ohne Rücksicht darauf, ob ihnen Zucker zugesetzt worden ist oder nicht«. Der Wortlaut des Sekundärrechtsakts mußte dem, was im GATT-Rahmen gewollt war, weichen.

nung getragen wird.³⁶¹ Angesichts der anhaltenden Weigerung des EuGH, die WTO-Übereinkünfte als Maßstab sekundären Gemeinschaftsrechts heran zu ziehen (sogleich Rn. 166), wird diese Rechtsprechung für die interessierten Gemeinschaftsunternehmen und ihre Rechtsberater weiter an Bedeutung zunehmen.

b) Der Ausschluß des GATT-/WTO-Rechts als unmittelbarer Maßstab für sekundäres Gemeinschaftsrecht

166 Die EG ist an die Bestimmungen der von ihr abgeschlossenen WTO-Übereinkommen gebunden³⁶². Unbestritten war auch ihre Bindung an das GATT 1947, soweit die Gemeinschaft früher von den Mitgliedstaaten im Anwendungsbereich des GATT ausgeübte Befugnisse übernommen hatte³⁶³. Diese Bindung entsprach der in Art. 300 Abs. 7 bekräftigten Bindung an völkerrechtliche Verträge, die die Gemeinschaft selbst abgeschlossen hat³⁶⁴. Die WTO-Übereinkommen sind damit, wie früher das GATT 1947³⁶⁵, eine »par-

---

361 »Ist nämlich eine Bestimmung des abgeleiteten Gemeinschaftsrechts auslegungsbedürftig, so ist sie nach Möglichkeit so auszulegen, daß sie mit den Vorschriften des Vertrages vereinbar ist. .... In gleicher Weise gebietet es der Vorrang der von der Gemeinschaft geschlossenen völkerrechtlichen Verträge vor den Bestimmungen des abgeleiteten Gemeinschaftsrechts, diese nach Möglichkeit in Übereinstimmung mit diesen Verträgen auszulegen«; so EuGH Rs. C-61/94, 10.9.1996, Slg. 1996, I-3989, Rn. 52 (Kommission/Bundesrepublik Deutschland — Internationale Übereinkunft über Milcherzeugnisse). Vgl. auch EuGH Rs. C-70/94. 17.10.1995, Slg. 1995, I-3189 (Fritz Werner Industrie-Ausrüstungen GmbH gegen Bundesrepublik Deutschland); EuGH, Rs. C-83/94, 17.10.1995, Slg. 1995, I-3231, Rn. 24 (Peter Leifer u.a.); EuGH, Rs. C-53/96, 16.6.1998, Slg. 1998, I-3603, Rn. 28 (Hermès International ./. FHT Marketing Choice BV); EuGH, verb Rs. C-300/98 und 392/98, 14.12.2000, (Parfums Christian Dior)) Slg. 2000, I-11307). Hierzu *Fink* (Fn. 359) sowie *A. v. Bogdandy*, Rechtsgleichheit, Rechtssicherheit und Subsidiarität im transnationalen Wirtschaftsrecht, EuZW 2001, 357, 361; *ders.*, Case C-53/96, Hermes International v. FHT Marketing Choice BV, CMLR 36 (1999), S. 663.
362 Zum Verhältnis völkerrechtlicher Verträge zum Gemeinschaftsrecht vgl. vor allem *J. Rideau*, Les Accord internationaux dans la jurisprudence de la Cour de Justice des Communautés européennes, RGDIP 94 (1990), S. 289; *P. Pescatore*, Die Rechtsprechung des Europäischen Gerichtshofs zur innergemeinschaftlichen Wirkung völkerrechtlicher Abkommen, in FS Mosler, 1983, S. 661; *G. Behr*, Agreements Concluded by the Community and their Possible Direct Effect: From International Fruit Company to Kupferberg, CMLR 20 (1983), S. 35; *K. Meessen*, The Application of Rules of Public International Law Within Community Law, CMLR 13 (1976), S. 485 ff.; *J.-P. Pietri*, La valeur juridique des accords liant la Communauté économique européenne, RTDE 12 (1976), S. 51 et 194; *V. Constantinesco/D. Simon*, Quelques problèmes des relations extérieures des Communautés européennes, RTDE 11 (1975), S. 433; *H. Schermers*, Community Law and International Law, CMLR 12 (1975), S. 77; *Kovar*, Les Accords liant les Communautés européennes et l'ordre juridique communautaire: A propos d'une jurisprudence récente de la Cour de Justice, RMC 17 (1974), S. 345.
363 EuGH, Rs. 21 – 24/72, 12.12.1972, Slg. 1972, 1219, 1228 (International Fruit); EuGH, Rs. 9/73, 24.10.1973, Slg. 1973, 1135, 1157 (Schlüter/HZA Lörrach); EuGH, Rs. 38/75, 19.11.1975, Slg. 1975, 1439, 1449 (Nederlandse Spoorwegen); EuGH, Rs. 266/81, 16.3.1983, Slg. 1983, 731, 776 (SIOT/Ministero delle finanze); EuGH, Rs. 267–269/81, 16.3.1983, Slg. 1983, 801, 829 (Amministrazione delle finanze dello Stato/Società Petrolifera Italiana und Michelin Italia); EuGH, Rs. 69/89, 7.5.1991, Slg. 1991, I-2069, 2178 Rn. 28 ff. (Nakajima/Rat).
364 Vgl. Generalanwalt Mayras EuGH, Rs. 21–24/72, 12.12.1972, Slg. 1972, 1219, 1239 (International Fruit) und die Kommission, ibid., S. 1225; *E. U. Petersmann*, Application of GATT by the Court of Justice of the European Communities, CMLR 20 (1983), S. 397; *M. Hahn/G. Schuster*, Zum Verstoß von gemeinschaftlichem Sekundärrecht gegen das GATT, EuR 1993, S. 261, 271.
365 Vgl. diese Gleichstellung in EuGH, Rs. 267–269/81, 16.3.1983, Slg. 1983, 801, 828 (Amministrazione delle finanze dello Stato/Società Petrolifera Italiana und Michelin Italia).

tie intégrante de l'ordre juridique communautaire«[366]. Dabei pflegt der Gerichtshof zwei Wirkungen des völkerrechtlichen Vertrages als »partie intégrante« zu unterscheiden. Die erste Wirkung bezieht sich auf seine Zuständigkeit zur Auslegung und Anwendung derartiger Verträge, wenn er feststellt, »dans le cadre de cet ordre juridique, la Cour est dès lors compétente pour statuer ... sur l' interpretation de cet accord«[367]. Die »**Justiziabilität**« eines Vertrages gilt gleichermaßen für die Verfahren nach Art. 234 und nach Art. 230[368]. Von dieser Wirkung hat der Gerichtshof die Frage getrennt, ob die Norm eines völkerrechtlichen Vertrages, um deren Anwendung es geht, »de nature à engendrer pour les justiciables de la Communauté, le droit de s'en prévaloir en justice«[369] ist. Diese und ähnliche Formulierungen in späteren Entscheidungen[370] haben dazu gedient, eine zusätzliche Hürde für natürliche und juristische Personen des Privatrechts aufzubauen, die sich auf das GATT oder andere völkerrechtliche Verträge, an die die Gemeinschaft gebunden ist, berufen wollten.

aa) Entwicklung der Rechtsprechung zum GATT 1947
Unbeschadet der mittelbaren Wirkung des GATT-Rechts hat der EuGH die **zweite Teilfrage** zur »unmittelbaren Anwendbarkeit« im Hinblick auf Private verneint und ihnen die **unmittelbare Berufung auf das GATT** verweigert: Textbausteinmäßig wurde seit *International Fruit* hierfür als Argument vorgetragen: Aufgrund der großen Geschmeidigkeit[371] und Flexibilität[372] des GATT, insbesondere seiner Vorschriften über Abweichungen von den allgemeinen Regeln, über Maßnahmen bei außergewöhnlichen **Schwierigkeiten** und über die Regelung von Meinungsverschiedenheiten, sei es nicht geeignet, unmittelbar angewandt zu werden. Als weitere Argumente[373] führte der Gerichtshof an, dem Streitschlichtungsmechanismus des GATT solle nicht vorgegriffen werden[374] und

167

---

366 So im Hinblick auf sonstige nach Art. 300 geschlossene Verträge. Rs. 181/73, 30.4.1974, Slg. 1974, 449, 459, Rn. 2/6 (Haegeman/Belgien); Rs. 104/81, 26.10.1982, Slg. 1982, 3641, 3662, Rn. 11, 13 (HZA Mainz/Kupferberg); Generalanwalt van Gerven in EuGH, Rs. 70/87, 22.6.1989, Slg. 1989, 1781, 1797, 1807 (Fediol/Kommission – Fediol III).
367 Rs. 181/73, 30.4.1974, Slg. 1974, 449, 460 Rn. 2/6 (Haegeman/Belgien); ganz ähnlich EuGH, Rs. 267-269/81, 16.3.1983, Slg. 1983, 801, 828 (Amministrazione delle finanze dello Stato/Società Petrolifera Italiana und Michelin Italia).
368 EuGH, Rs. 70/87, 22.6.1989, Slg. 1989, 1781, 1831, Rn. 21 (Fediol/Kommission – Fediol III): »die Regeln des GATT im Hinblick auf einen bestimmten Fall auszulegen und anzuwenden«; EuGH, Rs. 69/89, 7.5.1991, Slg. 1991, I-2069, 2178, Rn. 31 (Nakajima/Rat).
369 EuGH, Rs. 21–24/72, 12.12.1972, Slg. 1972, 1219, 1227 (International Fruit).
370 EuGH, Rs. 9/73, 24.10.1973, Slg. 1973, 1135, 1157, Rn. 31 ff. (Schlüter/HZA Lörrach); EuGH, Rs. 266/81, 16.3.1983, Slg. 1983, 731, 780 (SIOT/Ministero delle finanze); außerhalb des GATT EuGH, Rs. 87/75, 5.2. 1976, Slg. 1976, S. 129, 140 (Bresciani).
371 EuGH, Rs. 21–24/72, 12.12.1972, Slg. 1972, 1219, 1228 (International Fruit); EuGH, Rs. 9/73, 24.10.1973, Slg. 1973, 1135, 1157 (Schlüter/HZA Lörrach); EuGH, Rs. 266/81, 16.3.1983, Slg. 1983, 731, 780 (SIOT/Ministero delle finanze).
372 EuGH, Rs. 267–269/81, 16.3.1983, Slg. 1983, 801, 830 (Amministrazione delle finanze dello Stato/SPI und SAMI).
373 Vgl. im einzelnen *Petersmann* (Fn. 350), S. 401; *Hahn/Schuster* (Fn. 272), EuR 1993, S. 274 ff. m.w.N.
374 So ausdrücklich GA *Mayras* in: EuGH, Rs. 21–24/72, 12.12.1972, Slg. 1972, 1219, 1240 (International Fruit), demzufolge »die durch das GATT vorgesehenen Verfahren für die Beilegung von im Zusammenhang mit seiner Anwendung aufgetretenen Meinungsverschiedenheiten den Begriff der unmittelbaren Wirkung ausschließen«; weiter ebenda 1241.

der individuelle Zugriff Einzelner auf GATT-Recht greife dem **Reziprozitätsprinzip** und dem **Verhandlungscharakter** des GATT[375] vor[376].

168 **1994 erweiterte der EuGH seine Rechtsprechung auf Mitgliedstaaten.** Wie bei Privaten werde der Gerichtshof **auf Antrag von Mitgliedstaaten Gemeinschaftsrecht nur dann am Maßstab des GATT-Rechts prüfen, wenn** »**die Gemeinschaft eine bestimmte, im Rahmen des GATT übernommene Verpflichtung erfüllen wollte** oder wenn die Gemeinschaftshandlung ausdrücklich auf spezielle Bestimmungen dieses Abkommens verweist«[377].

bb) **Weiterführung der Rechtsprechung zu den WTO-Übereinkünften**
169 Bei der Ratifikation der WTO-Übereinkommen hatten sich Rat und Kommission dahingehend positioniert, daß diese völkerrechtlichen Verträge den einzigartigen Sonderstatus des GATT 1947 als **nicht justiziable** *und* dem einzelnen keinerlei Rechte einräumende Texte übernehmen sollten: »Das Übereinkommen zur Errichtung der Welthandelsorganisation ist nicht so angelegt, daß es unmittelbar vor den Rechtsprechungsorganen der Gemeinschaft und der Mitgliedstaaten angeführt werden kann«[378].

170 Es versteht sich, daß ein solcher Ratsbeschluß nicht geeignet war, die nur vom EuGH zu entscheidende Frage beantwortet, ob die – oder jedenfalls einige der – **WTO-Bestimmungen nunmehr den unbedingten Charakter haben, den der Gerichtshof einst beim GATT 1947 vermißte.**[379] Der von der Kommission angeführte Grund trüge nach der sonstigen Rechtsprechung des Gerichtshofes nicht[380]: Er hat entschieden, daß mangeln-

---

375 EuGH, Rs. 267-269/81, 16.3.1983, Slg. 1983, 801, 830 (Amministrazione delle finanze dello Stato/Società Petrolifera Italiana und Michelin Italia) »Dem GATT liege das Prinzip von Verhandlungen auf der Grundlage der Gegenseitigkeit und zum gemeinsamen Nutzen zugrunde ...«); weniger deutlich bereits in EuGH, Rs. 21–24/72, 12.12.1972, Slg. 1972, 1219, 1229 (International Fruit).
376 So ausdrücklich GA *Reischl* in Slg. 1983, 731, 791: »würde für die Gemeinschaft etwas anderes angenommen, liefe dies (...) darauf hinaus, daß die Verhandlungsmöglichkeiten der Gemeinschaft beeinträchtigt und die übrigen Vertragspartner in gewisser Weise begünstigt würden.«
377 EuGH, Rs. C-280/93, 5.10.1994, Slg. 1994, I-4973, Rn. 111; eingehende Kritik unten Rn. 174 ff.
378 ABl.EG 1994 L 336/2; in KOM(94) 143 endg. begründete die Kommission ihren Vorschlag wie folgt: »Im übrigen kommt es darauf an auszuschließen, daß die Bestimmungen des WTO-Abkommens und seiner Anhänge eine direkte Wirkung haben, dergestalt, daß sie von natürlichen oder juristischen Personen des privaten Rechts bei den Gerichten ihrer Länder in Anspruch genommen werden können. Bereits jetzt ist bekannt, daß die Vereinigten Staaten ebenso wie eine ganze Reihe unserer Handelspartner eine solche Wirkung ausdrücklich ausschließen. Ohne einen entsprechenden ausdrücklichen Ausschluß in dem Rechtsakt der Gemeinschaft über die Annahme der Ergebnisse könnte es zu einem erheblichen Ungleichgewicht bei der tatsächlichen Umsetzung der Verpflichtungen der Gemeinschaft einerseits und der genannten Drittländer andererseits kommen.« Allerdings wählten Kommission und Rat später eine veränderte Formulierung: So hieß es im Beschluß des Rates vom 14.12.1998 über die Ergebnisse der Verhandlungen der Welthandelsorganisation über Finanzdienstleistungen, ABl.EG 1999 L 20/4: »Angesichts des Wesens der [WTO-Übereinkommens] ... und der Protokolle zum [GATS] ... ist eine unmittelbare Berufung auf sie vor den Gerichten der Gemeinschaft oder der Mitgliedstaaten *nicht wahrscheinlich*«.
379 *A. v. Bogdandy*, Rechtsgleichheit, Rechtssicherheit und Subsidiarität im transnationalen Wirtschaftsrecht, EuZW 2001, S. 357, 361; *P. Eeckhout* (Fn. 353), CMLR 34 (1997), S. 11, 38 m.w.N.; a.A. *C. Tomuschat*, in: GTE, EU-/EGV, Art. 228, Rn. 64 ff.; *P. Lee/B. Kennedy*, The Potential Direct Effect of GATT 1994 in European Community law, JWT 30 (1996), S. 67, 87 ff.
380 Allerdings wäre eine Argumentation vorstellbar, derzufolge die Erklärung der internen Nichtanwendbarkeit durch die EG und die USA bei der Auslegung der auszulegenden völkerrechtlichen Bestimmungen zu berücksichtigen sind; vgl. Art. 31 WVK, insbesondere Abs. 3 lit b).

de Reziprozität bei der Anerkennung interner Wirkungen eines Abkommens durch andere Vertragsparteien nicht geeignet ist, den Status des Vertrages in der Gemeinschaftsrechtsordnung zu determinieren[381]. In diesem Sinne hatte Generalanwalt *Tesauro* überzeugend dargelegt, daß eine Anwendung der bisherigen Rechtsprechung zum GATT auf das GATT 1994 und die anderen im Rahmen des WTO-Abkommens geschlossenen Verträge durchgreifenden Bedenken begegnet.[382]

Dennoch hat der Gerichtshof seine bisherige Rechtsprechung zur Rechtswirkung des GATT 1947 **im Hinblick auf die WTO-Abkommen** in der Entscheidung Portugal/Rat ausdrücklich **aufrecht erhalten**[383]: Die WTO-Übereinkünfte gehören danach »wegen ihrer Natur und ihrer Struktur grundsätzlich nicht zu den Vorschriften, an denen der Gerichtshof die Rechtmäßigkeit von Handlungen der Gemeinschaftsorgane mißt.«

170 a

Der Gerichtshof nennt hierfür **zwei Gründe**. Den ersten Grund entwickelt er auf den Rn. 36 bis 41 seiner Entscheidung: Zwar unterschieden sich die WTO-Übereinkünfte aufgrund der strengeren Schutzregelungen und des DSU erheblich vom GATT 1947. Gleichwohl bleibe **im WTO-System** der **hohe Rang der** (nicht an rechtliche Vorgaben gebundenen diplomatischen) **Verhandlung erhalten**. Zwar sehe Art. 3 Ab. 7 WTO-Streitbeilegungsabkommen grundsätzlich die Rücknahme von WTO-widrigen Maßnahmen vor. Diese grundsätzliche Aussage werde indes durch die weitere Ausgestaltung des Verfahrens relativiert. So könne, wenn die sofortige Rücknahme der Maßnahmen praktisch nicht möglich sei, vorübergehend bis zur Rücknahme der betreffenden Maßnahme auf Schadensersatzleistungen zurückgegriffen werden. Gemäß Art. 22 Abs. 2 WTO-Streitbeilegungsabkommen[384] komme die Entschädigung nur vorübergehend zum Tragen, falls die Entscheidungen des *Dispute Settlement Body* (DSB) nicht rechtzeitig umgesetzt würden. Doch sehe Art. 22 Abs. 2 WTO-Streitbeilegungsabkommen vor, daß ein Mitglied, das seiner Pflicht zur Beachtung der rechtskräftigen DSB-Entscheidungen nicht innerhalb eines angemessenen Zeitraums nachkomme, auf Aufforderung hin Verhandlungen mit jeder beschwerdeführenden Partei aufnehmen müsse, um eine einvernehmlich Entschädigung festzulegen.

171

---

381 EuGH, Rs. 104/82, 26.10.1982, Slg. 1982, 3641, Rn. 18; vgl auch Schlußantrag des Generalanwalts Gulman in der Rs. 280/93, 5.10.1994, Slg. 1994, I-4973 (Deutschland/Rat), Rn. 142.
382 »Letztlich bin ich der Auffassung, daß sich die Lage im Vergleich zum GATT 1947 geändert hat und daß die Einwände, die der Gerichtshof bisher erhoben hat, gegenüber dem WTO-Kontext als überwunden anzusehen sind... Unter diesem Blickwinkel müßte daher die Einhaltung der WTO-Übereinkommen, darunter des TRIPS, von nun an von den einzelnen vor Gericht geltend gemacht werden können, wohlgemerkt nur bei den Bestimmungen, die dafür in Frage kommen.« Der eingehend argumentierende Schlußantrag des Generalanwalts findet sich in der Entscheidung des EuGH, Rs. C-53/96, 16.6.1998, Slg. 1998, I-3603 (Hermès International/ FHT Marketing Choice BV); das Zitat findet sich unter Ziff. 30 des Schlußantrags. Der Gerichtshof folgte dem Generalanwalt insoweit, als er sich für zuständig hielt, auf die Vorlagefrage des niederländischen Gerichts hin Art. 50 TRIPS auszulegen. Die hier interessierende Frage, ob die bisherige Rechtsprechung auf die WTO-Abkommen übertragen werde, ließ er ausdrücklich unbeantwortet (Rn. 35). Vgl. hierzu *Astrid Epiney*, Zur Stellung des Völkerrechts in der EU, EuZW 1999, S. 5 ff., m.w.N.
383 EuGH, Rs. C-149/96, 23.11.1999, Slg. 1999, I-8395, (Portugal/Rat), Rn. 47.
384 Art. 22 Abs. 2 *Satz 1* des WTO-Streitbeilegungsabkommen lautet in der authentischen Fassung wie folgt: »If the Member concerned fails to bring the measure found to be inconsistent with a covered agreement into compliance therewith or otherwise comply with the recommendations and rulings within the reasonable period of time determined pursuant to paragraph 3 of Article 21, such Member shall, if so requested, and no later than the expiry of the reasonable period of time, enter into negotiations with any party having invoked the dispute settlement procedures, with a view to developing mutually acceptable compensation.«

172 Ohne daß der Gerichtshof die vertrauten Schlüsselworte »Geschmeidigkeit«[385] und »Flexibilität«[386] verwendet, ist klar, daß der Gerichtshof genau diese Einordnung wieder bemüht, mit der Folge, daß insoweit eine Abweichung von der früheren Rechtsprechung nicht angebracht erscheinen soll. Der Gerichtshof verschweigt allerdings bei seiner drei Absätze umfassenden Evaluierung des Art. 22 WTO-Streitbeilegungsabkommen, daß gemäß Art. 22 Abs. 2 *Satz 2* im Falle der nicht-einvernehmlichen Einigung »in letzter Minute« die obsiegende Partei die nach dem WTO-Streitbeilegungsabkommen vorgesehenen Durchsetzungsmaßnahmen einleiten kann.[387]

173 Der zweite Begründungsstrang ist wesentlich gewichtiger: Der Gerichtshof greift die ebenfalls für das GATT getroffene Einordnung der WTO-Übereinkommen als eines Vertragsnetzes auf, das in besonders ausgeprägter Art und Weise »auf der Grundlage der Gegenseitigkeit und zum gemeinsamen Nutzen« operiere. Ohne dies ausdrücklich auszusprechen, geht der Gerichtshof erkennbar davon aus, daß dieser Befund, zusammen mit der in der WTO-Rechtsordnung in der Tat ausgeprägten Tendenz zur Bevorzugung einvernehmlicher Lösungen – die durchaus vom vertraglichen Normal-Programm abweichen können – dazu führt, daß den für die Führung der Auswärtigen Beziehung der Gemeinschaft zuständigen Organe ein Maximum an Bewegungsspielraum verbleiben müsse, damit die Gemeinschaft *ihren* Nutzen aus dem WTO-System ziehen könne. In diesem Zusammenhang weist der Gerichtshof darauf hin, daß einige der wichtigsten Handelspartner der Gemeinschaft die unmittelbare Anwendbarkeit der WTO-Übereinkommen ausdrücklich ausgeschlossen haben.[388] Die Selbstbindung der Gemeinschaft würde sie durch die autonome – vertraglich nicht geschuldete – unmittelbare Anwendbarkeit der WTO-Übereinkommen gegenüber diesen Handelspartnern schwächen:

»[Der] Mangel an Gegenseitigkeit auf Seiten der Handelspartner der Gemeinschaft bei der Anwendung der WTO-Übereinkünfte, die auf dem »Prinzip der Gegenseitigkeit zum gemeinsamen Nutzen« beruhen ... [kann] zu einem Ungleichgewicht führen. Hätte der Gemeinschaftsrichter unmittelbar die Aufgabe, die Vereinbarkeit des Gemeinschaftsrechts mit diesen Regelungen zu gewährleisten, so würde den Legislativ- und Exekutivorganen der Gemeinschaft der Spielraum genommen, über den die entsprechenden Organe der Handelspartner der Gemeinschaft verfügen.«[389]

Ein der Entscheidung wesentlich stützender Gesichtspunkt kommt dabei in der deutschen Übersetzung der Entscheidung nicht recht zum Ausdruck: Während es in der oben wiedergegebenen Passage heißt, daß der »Mangel an Gegenseitigkeit ... zu einem

---

385 EuGH, Rs. 21–24/72, 12.12.1972, Slg. 1972, 1219, 1228 (International Fruit); EuGH, Rs. 9/73, 24.10.1973, Slg. 1973, 1135, 1157 (Schlüter/HZA Lörrach); EuGH, Rs. 266/81, 16.3.1983, Slg. 1983, 731, 780 (SIOT/Ministero delle finanze).
386 EuGH, Rs. 21–24/72, 12.12.1972, Slg. 1972, 1219 (International Fruit); EuGH, Rs. 267–269/81, 16.3.1983, Slg. 1983, 801 (Amministrazione delle finanze dello Stato/Società Petrolifera Italiana und Michelin Italia).
387 Art. 22 Abs. 2 *Satz 2* des WTO-Streitbeilegungsabkommens lautet in der authentischen Fassung wie folgt: »If no satisfactory compensation has been agreed within 20 days after the date of expiry of the reasonable period of time, any party having invoked the dispute settlement procedures may request authorization from the DSB to suspend the application to the Member concerned of concessions or other obligations under the covered agreements.«
388 Vgl. eingehend *T. Cottier/K. Schefer*, The relationship between World Trade organization law, national and regional law, JIEL 1 (1998), S. 83 ff.; vgl. zur US-amerikanischen Rechtslage den *1994 Uruguay Round Agreements Act*, 19 USC § 3511, Pub. L. No. 104–305 (1996), § 102; vgl. auch *J. H. Jackson*, Status of Treaties in Domestic Legal Systems: A Policy Analysis, in: J. H. Jackson (Hrsg.), The Jurisprudence of GATT and the WTO, 2000, S. 328 ff.
389 EuGH, Rs. C-149/96, 23.11.1999, Slg. 1999, I-8395, (Portugal/Rat), Rn. 45 f.

Ungleichgewicht führen« könne, heißt es in der Beratungssprache »risque d'aboutir à un déséquilibre *dans l'application des règles* de l'OMC«.[390]

c) Bewertung
Obgleich sich für die Position des Gerichtshofes durchaus Unterstützung finden läßt[391], ist die Entscheidung des Gerichtshofes in der **Literatur** indes weitgehend auf durch Resignation gedämpfte Ablehnung gestoßen[392]: Der Gerichtshof hatte durch den Wechsel von GATT 1947 zum WTO-System die Gelegenheit, seine bisherige Rechtsprechung zur innergemeinschaftlichen Wirkung des multilateralen Handelsrechts den neuen Gegebenheiten anzupassen. Verschiedene Generalanwälte[393] und die überwiegende Literatur[394] hatten die entsprechenden Argumente vorgestellt. Es kann nicht davon ausge-

174

---

390 Im Englischen lautet Rn. 45: »However, the lack of reciprocity in that regard on the part of the Community's trading partners, in relation to the WTO agreements which are based on »reciprocal and mutually advantageous arrangements« ... may lead to *disuniform application* of the WTO rules.«
391 Zu nennen sind insbesondere *A. v. Bogdandy*, Rechtsgleichheit, Rechtssicherheit und Subsidiarität im transnationalen Wirtschaftsrecht, EuZW 2001, S. 357 ff.; *T. Tridimas*, The WTO and OECD Opinions, in The General Law of EC External relations (Fn. 33), S. 48 ff.; *P. Kuijper*, The New WTO Dispute Settlement System. The Impact on the European Community, JWT 29 (1995/6), S. 49 ff.; *C. Timmermanns*, L'Uruguay Round: sa mise en oeuvre par la Communauté européenne, RMUE 1994/4, S. 175, 178 ff.; *J. Sack*, Von der Geschlossenheit und den Spannungsfeldern in einer Weltordnung des Rechts, EuZW 1997, S. 650 ff.; *ders.*, Noch einmal: GATT/WTO und europäisches Rechtsschutzsystem, EUZW 1997, S. 688 ff.; *J. Berkey*, The European Court of Justisce and Direct Effect for the GATT: A Question worth Revisiting, EJIL 9 (1998), S. 626 ff.; *F. Castillo de la Torre*, The Status of GATT in EC Law, Revisited, JWT (1995/1), S. 53, 64 ff.
392 *G. M. Berrisch/H.-G. Kamann*, WTO-Recht im Gemeinschaftsrecht – (k)eine Kehrtwende des EuGH: Anmerkungen zum EuGH-Urteil vom 23.11.1999 – Rs. C-149/96, Portugal/Rat, EWS 2000, S. 89 ff., *S. Griller*, Judicial enforceability of WTO law in the European Union. Annotation to Case C-149/96, Portugal v. Council, JIEL 3 (2000), S. 441 ff.; *M.Hilf/F. Schorkopf*, Kompetenz des Gerichtshofes zur Prüfung von Vorschriften der WTO – Anmerkung zum Urteil des EuGH vom 23.11.1999, Portugal/Rat, Rs. C-149/96, EuR 2000, S. 74 ff.; *A. Desmedt*, European Court of Justice on the Effect of WTO Agreements in the EC Legal Order, Legal Issues of Economic Integration 27 (2000), S. 93 ff.; *G. A. Zonnekeyn*, The status of WTO law in the Community legal order: some comments in the light of the Portuguese Textiles case, ELR 25 (2000), 293 ff.; *A. Cebada Romero*, El efecto de los acuerdos OMC: la sentencia de 23 de noviembre de 1999 (Portugal c. Consejo, C-149/96) o la obstinación del TJCE, Revista de Derecho Comunitario Europeo 4 (2000), S. 171 ff.; *F. Berrod*, La Cour de justice refuse l'invocabilité des accords OMC: essai de régulation de la mondialisation. A propos de l'arrêt de la Cour de justice du 23 novembre 1999, Portugal c/ Conseil (accords textiles avec le Pakistan et l'Inde, aff. C-149/96, Rec. S. I-8395, Revue trimestrielle de droit européen 36 (2000), S. 419 ff.
393 Generalanwalt *Saggio* hatte in EuGH, Rs. C-149/96, 23.11.1999, Slg. 1999, I-8395, unter Rn. 23 f. die Ansicht vertreten, daß unbeschadet des seiner Ansicht nach fehlenden judiziellen Charakters des WTO-Streitbeilegungsverfahrens es Sache des Gerichtshofes sei, auf Antrag eines Mitgliedstaates sekundäres Gemeinschaftsrecht am Maßstab der WTO-Übereinkommen zu messen; siehe auch Generalanwalt *Tesauro* in der Entscheidung der Rs. C-53/96, 16.6.1998, Slg. 1998, I-3603 (Hermès International/FHT Marketing Choice BV); Ziff. 30 des Schlußantrags.
394 Vgl. für alle die *Vorauflage*, Rn. 69 ff.; *M. Hahn/G. Schuster* (Fn. 272), RGDIP 99 (1995), S. 367 ff.; *T. Cottier* (Fn. 272), CMLR 35 (1998), S. 325, 369 ff.; *U. Everling*, Will Europe Slip on Bananas? – The Banana Judgement of the Court of Justice and National Courts, CMLR 33 (1996), S. 401, 421 ff., *A. Weber/F. Moos*, Rechtswirkungen von WTO-Streitbeilegungsentscheidungen im Gemeinschaftsrecht, EuZW 1999, S. 229 ff.; *G. Zonnekeyn*, The Legal Status of WTO Panel Reports in the EC Legal Order, JIEL 2 (1999), S. 713 ff.; *P. Lee/B. Kennedy*, The Potential Direct Effect of GATT 1994 in European Community law, JWT 30 (1996), S. 67 ff.

gangen werden, daß sich der Gerichtshof in Bälde von seiner nunmehrigen Grundsatzentscheidung abwendet. Für alle praktischen Zwecke handelt es sich auf Sicht um eine *causa finita*.

175 Eine gewichtige, nicht vom Gerichtshof, sondern in der Literatur entwickelte, Argumentation unterstützt die Linie des Gerichtshofes mit dem Hinweis darauf, daß die Ablehnung des WTO-Rechts als unmittelbarer Maßstab des Sekundärrechts die Rechtssicherheit und Rechtsgleichheit (sowie die Subsidiarität) der dem Gemeinschaftsrecht Unterworfenen besser verwirkliche als dies durch die »unmittelbare Anwendung« geleistet würde.[395]

176 Das WTO-Recht sei nicht nur äußerst kompliziert, sondern, für die Adressaten in der Gemeinschaft auch nicht in der Muttersprache verfügbar. All dies führe dazu, daß die aus dem WTO-Recht erwachsenden Rechte und Pflichten nicht einfach erkennbar seien.

Da es an einem Art. 234 vergleichbaren Aufsichtsverfahren mangele, würde die WTO-vertraglich nicht geschuldete unmittelbare Anwendung dazu führen, daß die Gemeinschaftsangehörigen im Vergleich zu den Drittstaatsangehörigen ungleich behandelt würden. Die dann auftretenden Fälle der »EG-Inländer-Diskriminierung« seien, anders als die Fälle der Inländerdiskriminierung in den Mitgliedstaaten der Gemeinschaft, nicht hinnehmbar, weil die Diskriminierung nicht etwa durch das Zusammenstoßen zweier Rechtsordnungen auftrete, sondern die autonome, völkerrechtlich nicht geschuldete unmittelbare Anwendung des WTO-Rechts in der gleichen Rechtsordnung wurzele, die dem Inländer ein bestimmtes Verhalten verbiete. Diese Art der Ungleichbehandlung löse sich nur bei völliger Harmonisierung des Gemeinschaftsrechts mit dem WTO-Recht auf, was weder demokratietheoretisch gewollt sein könne, noch in der Kompetenz des Gerichtshofes liege.

177 Der hier nur skizzierten Position kommt das Verdienst zu, erstmals das vom Gerichtshof postulierte Ergebnis auf eine tragfähige argumentative Grundlage gestellt zu haben. Dennoch bleiben Bedenken: Inwiefern den Wirtschaftssubjekten der WTO-Rechtsordnung schwerer verständlich sein sollte als etwa das Gemeinschaftsrecht, ist nicht ohne weiteres einsichtig. Das ernst zu nehmende Sprachenproblem existiert in allen multilingualen Rechtssystemen. Bei Abschluß dieser Kommentierung lagen wichtige, für das Verständnis zentraler EuGH-Entscheidungen unverzichtbare Schlußanträge des Generalanwalts nicht in deutscher Sprache vor, obwohl sie für die Orientierung der deutschsprachigen Gemeinschaftsangehörigen von außerordentlicher Bedeutung sind.

178 Zentrales Argument für die Ablehnung der »unmittelbaren Anwendbarkeit« ist die These, die unmittelbare Anwendung des WTO-Rechts entziehe es der Kontrolle durch den Gemeinschaftsgesetzgeber und erhalte dadurch einen konstitutionellen Rang, der ihm nicht gebühre. Dieses Argument trifft allerdings, was kein Gegenargument ist, im Prinzip auf jeden Vertrag im Gemeinschaftsrecht zu, der vom Gerichtshof als unmittelbar anwendbar stricto sensu angesehen wird. Weil diese Folge so schwer akzeptabel ist, neigen die Gerichte von Rechtsordnungen, die völkerrechtlichen Verträgen einen Rang oberhalb der einfachen Gesetzgebung einräumen dazu, mit Argumentationstopoi wie der »Nicht-Geeignetheit als Maßstab« die praktischen Konsequenzen der prinzipiellen Völker(-vertrags)rechtsfreundlichkeit gering zu halten.[396]

---

395 A. v. *Bogdandy*, Rechtsgleichheit, Rechtssicherheit und Subsidiarität im transnationalen Wirtschaftsrecht, EuZW 2001, S. 357 ff.
396 Instruktiv hierzu *J. Jackson* (Fn. 387).

Wenngleich nach alledem – aus demokratietheoretischen und verhandlungstakti- 179
schen[397] Gesichtspunkten – schlüssig vertreten werden kann, daß Bestimmungen der
WTO-Übereinkünfte innerhalb der Gemeinschaftsrechtsordnung keine »unmittelbare
Anwendbarkeit« im eigentlichen Sinne des Wortes genießen sollen[398], so ist doch, insbesondere im Hinblick auf die völkerrechtliche Haftung der Mitgliedstaaten[399], die Position kaum nachvollziehbar, der Gerichtshof dürfe auf Antrag der Mitgliedstaaten
nicht prüfen, ob und inwieweit sich die Gemeinschaft an die Verpflichtungen der
WTO-Übereinkünfte gehalten habe.[400]

Die Bejahung der prinzipiellen Geeignetheit der WTO-Übereinkommen als Maßstab 180
des sekundären Gemeinschaftsrechts würde keineswegs dazu führen, daß die zuständigen Organe der Gemeinschaft die ihnen nach dem multilateralen Handelsrecht zustehenden Optionen nicht wahrnehmen könnten. Denn ob ein Verstoß gegen eine solche
Norm mit Wirkung für das Gemeinschaftsrecht festgestellt werden kann, hängt von ihrer Justiziabilität ab[401]. Diese wiederum ist im *Einzelfall* und nicht anhand einer pauschalisierenden Gesamtbeurteilung des Vertrages, dem sie entstammt, zu bestimmen.
Die Frage der Justiziabilität einer Norm ist eine Frage des Maßes, keine Frage des Ob
ihrer Anwendbarkeit. Daher darf diese Prüfung auch nicht mit derjenigen verwechselt
werden, die bei der Berufung von Individuen auf völkerrechtliche Normen nach ihrer
unmittelbaren Anwendbarkeit, ihres Charakters als »self executing norm«, fragt. Wenn
sich – wie hier – der Mitgliedstaat Portugal auf eine nach Art. 300 Abs. 7 verbindliche
Norm des Völkerrechts berufen, kommt es nicht darauf an, daß die Norm »unmittelbar anwendbar« ist[402]: Die Kriterien der Justiziabilität sind nur teilidentisch mit denen
der Prüfung der unmittelbaren Anwendbarkeit. Dazu gehört, daß die Norm hinreichend bestimmt ist und der Gemeinschaft keinen wesentlichen Spielraum bei der
Durchführung läßt. Desweiteren ist denkbar, daß bestimmte Normen, etwa die Voraussetzungen in Schutzklauseln, auf außen- oder sicherheitspolitische Wertungen verweisen, die den Gemeinschaftsorganen vorbehalten bleiben müssen und somit grundsätzlich nicht justiziabel sind. Denkbar wäre in solchen Fällen eine Überprüfung auf Willkür und darauf, ob die objektiven Voraussetzungen für die Eröffnung der politischen
Wertungskompetenz vorliegen.

---

397 Darauf stellt *Kuijper* (Fn. 391), insb. S. 64, ab: »negotiators...from countries with direct effect, whose hands are tied by the interpretation of their courts.« Siehe zu dieser Argumentation Rn. 180 a.E.
398 Daß diese Position mit der sonstigen Rechtsprechung des Gerichtshofes zur innergemeinschaftlichen Wirkung völkerrechtlicher Verträge unvereinbar ist wird von *A. v. Bogdandy*, Rechtsgleichheit, Rechtssicherheit und Subsidiarität im transnationalen Wirtschaftsrecht, EuZW 2001, 357, 365 gesehen; diesbezüglich fordert der Autor eine Änderung der Rechtsprechung.
399 Vgl. *Hahn/Schuster* (Fn. 272), RGDiP 99 (1995) S. 374; *C. Ehlermann*, Die innergemeinschaftliche Anwendung der Regeln des GATT in der Praxis der EG, in: M. Hilf/E. U. Petersmann, (Hrsg.) GATT und die Europäische Gemeinschaft, 1986, S. 203, 221. Zur Haftungsfrage aus völkerrechtlicher Sicht auch bereits *R. Bernhardt*, Die Europäische Gemeinschaft als neuer Rechtsträger im Geflecht der traditionellen zwischenstaatlichen Beziehungen, EuR 1983, S. 199, 210 ff..
400 Vgl. im einzelnen, jeweils m.N. *U. Everling*, Will Europe Slip on Bananas? – The Banana Judgement of the Court of Justice and National Courts, CMLR. 33 (1996), S. 190, dort auch Hinweise auf die Reaktionen deutscher Gerichte, *Hahn/Schuster* (Fn. 272), RGDIP 99 (1995), 368 ff., *E. U. Petersmann*, Darf die EG das Völkerrecht ignorieren?, EuZW 1997, S. 325 sowie *W. Meng*, Gedanken zur Frage unmittelbarer Anwendung von WTO-Recht in der EG, in: Beyerlin/Bothe/Hofmann/Petersmann (Hrsg.), Recht zwischen Umbruch und Bewahrung – FS-Bernhardt, S. 1063 ff.
401 So auch *C. Ehlermann* (Fn. 399), S. 222.
402 *M. Hahn/G. Schuster* (Fn. 272), 261, 281.

Art. 133 EG-Vertrag

181 Der tragende Grund für den Ausschluß der »unmittelbaren Anwendbarkeit« des GATT 1947 lag darin, daß Einzelne dann, wenn sie eine Rechtsstellung anstreben, die ihnen das sekundäre Gemeinschaftsrecht nicht gewährt, eine gesteigerte Verpflichtung trifft, darzulegen, weshalb ihnen die begehrte Rechtsstellung dennoch zusteht. Dies können sie nur, indem sie auf eine die beklagte Körperschaft bindende Norm verweisen, die so präzise ist, daß das Festhalten an dem *status quo* seitens der Körperschaft widersprüchlich und rechtsmißbräuchlich erscheint. Ob dieser Eindruck hervorgerufen wird, bestimmt sich jeweils nach den Standards der Rechtsordnung des angerufenen Gerichts. Eine rechtsstaatliche Ordnung wie die der EG ist dabei hohen Maßstäben verpflichtet. Die bezeichnete besondere Darlegungslast trifft die einzelnen, weil sie im eigenen Interesse tätig werden[403]. Art. 230 Abs. 4 entspricht dieser Sicht, indem er für den einzelnen fordert, er müsse bei der Klage gegen Rechtsnormen seine individuelle und unmittelbare Betroffenheit darlegen.

182 Die Stellung der Mitgliedstaaten ist hingegen eine völlig andere. Art. 230 Abs. 2 EG-Vertrag gibt ihnen die nicht weiter qualifizierte Befugnis, die Handlungen der Gemeinschaft anhand des Vertrages oder einer bei seiner Durchführung anzuwendenden Rechtsnorm durch den Gerichtshof überprüfen zu lassen. Die Vorschriften des GATT 1947 und der WTO-Übereinkommen sind gem. Art. 300 Abs. 7 für die Gemeinschaftsorgane verbindlich und Ausdruck der gemeinschaftlichen Außenhandelspolitik[404]. Damit sind sie bei der Durchführung des Vertrages anzuwendende Rechtsnormen, die im Rang unterhalb des Vertrages aber oberhalb des Sekundärrechts[405] stehen. Mit dieser Feststellung verträgt sich nicht, Mitgliedstaaten insoweit nur mit Einschränkungen für berechtigt zu halten, sich auf völkerrechtliche Verträge, an die die Gemeinschaft gebunden ist, zu berufen[406].

183 Dafür spricht zunächst der Wortlaut des Art. 230 Abs. 2, der, anders als die qualifizierten Klagevoraussetzungen des Art. 230 Abs. 4, die Mitgliedstaaten ermächtigt, durch Klage beim Gerichtshof eine objektive Rechtskontrolle einzuleiten. Die völkerrechtlichen Verträge der Gemeinschaft sind Bestandteil der objektiven Gemeinschaftsrechtsordnung.

184 Die Mitgliedstaaten sind des weiteren, ebenso wie die Gemeinschaftsorgane, privilegierte Kläger. Art. 230 Abs. 2 ist das rechtsstaatliche Gegengewicht zum demokratischen Mehrheitsprinzip im Rat. Es ist das einzige Instrument der Mitgliedstaaten, sich gemeinschaftsrechtswidriger Rechtsakte der Gemeinschaftsorgane zu erwehren. Jede

---

403 Das schließt nicht aus, daß man ihr Tätigwerden außerdem auch noch unter bestimmten Umständen als für die Gemeinschaft nützlich ansieht, wie etwa bei der Frage der unmittelbaren Anwendbarkeit von nicht fristgemäß umgesetzten Richtlinienbestimmungen, um Druck auf die säumigen Mitgliedstaaten auszuüben; vgl. dazu C. *Langenfeld*, Zur Direktwirkung von EG-Richtlinien, DÖV 1992, S. 955, 958 mit zahlreichen Nachweisen zur Rechtsprechung des Gerichtshofs. In Bezug auf die Durchsetzung völkerrechtlicher Verpflichtungen innerhalb der Gemeinschaft ist dieses Argument aber bisher vom Gerichtshof nicht betont worden.
404 Dazu T. *Cottier*, A Theory of Direct Effect in Global Law, in: A. v. Bogdandy/P. Mavroidis/Y. Meny (Hrsg.), European Integration and International Coordination. Studies in honour of Claus-Dieter Ehlermann, 2002, im Erscheinen, Text nach Fn. 24.
405 Vgl. hierzu Generalanwalt Lenz in der Rs. 69/89, 7.5.1991, Slg. 1991, I-2069, 2127, Rn. 53; C. *Tomuschat*, in: GTE, EU-/EGV, Art. 228, Rn. 63 ff. mit Nachweisen aus der Rechtsprechung.
406 U. *Everling* (Fn. 272), CMLR 33 (1996), 401 ff; C. *Ehlermann*, Die innergemeinschaftliche Anwendung der Regeln des GATT in der Praxis der EG, in Hilf/Petersmann (Fn. 399), S. 203, 220 ff.; A. v. *Bogdandy*, Rechtsgleichheit, Rechtssicherheit und Subsidiarität im transnationalen Wirtschaftsrecht, EuZW 2001, 357, 365.

Einschränkung der Klagemöglichkeiten der Mitgliedstaaten verändert das institutionelle Gleichgewicht innerhalb der Gemeinschaft, auf das der Gerichtshof ansonsten zu Recht so großen Wert legt[407]. Die Mitgliedstaaten nehmen durch die Klage gegen allgemeine Rechtsakte nach Art. 230 Abs. 2 ein objektives Interesse wahr, das darin besteht, einer Aushöhlung des Vertrages und sonstigen höherrangigen Rechts durch rangniederes Gemeinschaftsrecht entgegenzuwirken: Für völkerrechtliche Verträge der Gemeinschaft ordnet Art. 300 Abs. 7 die Rechtsbindung der Gemeinschaft ausdrücklich an. **Die Einschränkung der Klagemöglichkeit der Mitgliedstaaten schwächt diese Rechtsbindung.**

Der Gerichtshof hat die besondere Art der Interessenwahrnehmung durch die Mitgliedstaaten in den Fällen *Kupferberg* und *Demirel* ausdrücklich hervorgehoben und insoweit sogar von einer Verpflichtung der Mitgliedstaaten gegenüber der Gemeinschaft gesprochen.[408] 185

Die Fälle *Kupferberg* und *Demirel* zeigen, daß es dabei nicht darauf ankommt, in wessen Zuständigkeit die gerügte Materie fällt. Ging es in *Kupferberg* um eine Materie der einzelstaatlichen Kompetenz, handelte es sich bei *Demirel* gerade um eine Materie, die in die gemeinschaftliche Kompetenz fiel. Wenn die Mitgliedstaaten geradezu aufgerufen sind, die Einhaltung völkerrechtlicher Verträge durch die Gemeinschaftsorgane sicherzustellen, verträgt sich damit eine Einschränkung ihrer Klagebefugnis durch eine gesonderte Prüfung, ob sie sich auf den Vertrag auch berufen können, nicht. Die Sichtweise des Gerichtshofes in diesen Fällen entspringt der vorausschauenden Skepsis gegenüber der Annahme, daß sich Rat und Kommission, die sowohl bei dem Abschluß völkerrechtlicher Verträge als auch bei dem Erlaß von Sekundärrecht aufeinander angewiesen sind, dazu entschließen könnten, einen einmal verabschiedeten Rechtsakt, der gegen den völkerrechtlichen Vertrag verstößt, vor dem Gerichtshof anzugreifen. Die Klagemöglichkeit der Mitgliedstaaten schließt eine Lücke der Rechtmäßigkeitskontrolle, die für ein ansonsten zu bejahendes Insichgeschäft kennzeichnend wäre. All dies veranschaulicht die eminente verfassungsrechtliche Funktion der uneingeschränkten Klagemöglichkeit der Mitgliedstaaten nach Art. 230 Abs. 2 EG-Vertrag im System der »checks and balances« der Gemeinschaft. 186

Art. 300 Abs. 7 EG-Vertrag liefert ein zusätzliches Argument für die hier vertretene Ansicht. Er bindet nicht nur die Gemeinschaftsorgane, sondern auch die Mitgliedstaaten an die Gemeinschaftsverträge, damit deren einheitliche Anwendung sichergestellt wird. Die Kommission kann die Rechtstreue der Mitgliedstaaten nach Art. 169 EG-Vertrag gerichtlich erzwingen, ohne eine gesonderte Befugnis zur Berufung auf den Vertrag nachweisen zu müssen. Entgegen der Ansicht des EuGH muß jeder Mitgliedstaat spiegelbildlich über Art. 230 Abs. 2 erzwingen können, daß sich die gleichermaßen gebundenen Gemeinschaftsorgane an den Vertrag halten. Diese Schlußfolgerung gilt in ganz besonderem Maße angesichts des Umstandes, daß die WTO-Übereinkommen von der Gemeinschaft und den Mitgliedstaaten gemeinsam abgeschlossen wurden, mit der Folge, daß auch die Mitgliedstaaten selbst Vertragsparteien sind. Dadurch besteht die erhöhte Gefahr, daß die Mitgliedstaaten durch vertragswidrige Sekundärrechtsakte der Gemeinschaft unmittelbar völkerrechtlich haftbar werden. Deswegen muß sich ein Mitgliedstaat in vollem Umfang auf die gemeinsame Bindung (Art. 300 Abs. 7 EG-Vertrag) in dem Verfahren nach Art. 230 Abs. 2 EG-Vertrag auf den Vertrag berufen können, um das vertragswidrige Verhalten der Gemeinschaft und damit seine potentielle 187

---

407 Vgl. nur EuGH, Rs. C-70/88, 22.5.1990, Slg. 1990, S. I-2041, 2072 ff. (Tschernobyl).
408 EuGH, Rs. 12/86, 30.9.1987, Slg. 1987, S. 3719, 3751 (Demirel); siehe auch Rs. 104/81, 26.10.1982, Slg. 1982, 3641, 3662, Rn. 13 ff. (HZA Mainz/Kupferberg).

Art. 133 EG-Vertrag

Haftung abzuwehren, so wie die Gemeinschaft dies im umgekehrten Falle auch nach Art. 169 EG-Vertrag könnte. Wenn der Gerichtshof in Zukunft tatsächlich die Einhaltung des WTO-Recht durch die Mitgliedstaaten überprüfen wollte, würde die Gewaltenarchitektur des Vertrages vollends auf den Kopf gestellt.[409] Dies ist unter dem Gesichtspunkt der Einheitlichkeit der Rechtsanwendung gewiß schlüssig, **degradiert aber die Mitgliedstaaten im Rahmen** der Außenbeziehungen der Gemeinschaft **in einer mit dem Vertrag nicht mehr vereinbaren Weise.**[410]

II. Assoziationsabkommen

188 Assoziationsabkommen betreffen zwar den Außenhandel der Gemeinschaft, haben jedoch eine spezielle vertragliche Grundlage (Art. 310), die ihre weitere Behandlung an dieser Stelle erübrigt. Als Beispiele seien das Abkommen über den EuropäischenWirtschaftsraum[411], das Assoziationsabkommen mit der PLO[412], Malta[413] und der Türkei[414], die neuen Europa-Abkommen mit den Staaten Ost- und Mitteleuropas[415], das

---

409 A. v. *Bogdandy*, Rechtsgleichheit, Rechtssicherheit und Subsidiarität im transnationalen Wirtschaftsrecht, EuZW 2001, 357, 361 weist auf Formulierungen des EuGH hin, die in diesem Sinne verstanden werden können.
410 Zum ganzen siehe auch den Beitrag von *S. Griller* (Fn. 392) JIEL 3 (2000), 441, 467–472.
411 Abkommen über den Europäischen Wirtschaftsraum, ABl.EG 1994 L 1/3, das nur noch für Island, Liechtenstein und Norwegen gilt. Im Verhältnis zur Schweiz gilt wegen der Ablehnung des EWR-Vertrages durch das Schweizervolk nach wie vor Abkommen zwischen der Europäischen Wirtschaftsgemeinschaft und der schweizerischen Eidgenossenschaft vom 22.7.1972, ABl.EG 1972 L 300/189; zuletzt geändert durch Beschluß Nr. 1/2001 des Gemischten Ausschusses EG-Schweiz vom 24.1.2001, ABl.EG 2001 L 51/40.
412 Europa-Mittelmeer-Interimsassoziationsabkommen über Handel und Zusammenarbeit zwischen der Europäischen Gemeinschaft einerseits und der Palästinensischen Befreiungsorganisation (PLO) zugunsten der Palästinensischen Behörde für das Westjordanland und den Gaza-Streifen andererseits, ABl.EG 1997 L 187/3.
413 Der Europäische Rat von Cannes etabliert im Juni 1995 einen neuen Ansatz, der eine stufenweite regionale Wirtschaftsintegration nebst abgestimmten Beihilfen der Gemeinschaft zur wirtschaftlichen Entwicklung. Die Gemeinschaft und die zwölf beteiligten Mitgliedstaaten (Ägypten, Algerien, Israel, Jordanien, Libanon, Malta, Marokko, Palästina, Syrien, Türkei, Tunesien, Zypern) einigten sich in der Gipfelkonferenz von Barcelona auf eine gemeinsame Erklärung zu den Prinzipien und den Zielsetzungen der neuen Partnerschaft, deren vielfältigen Kooperationsmechanismen den stufenweisen Weg zu einer für das Jahr 2010 ins Auge gefaßten Freihandelszone bereiten sollen; Text in Bull. 11 – 95. Beschluß des Rates 2001/516/EG vom 22. Mai 2001 zur Unterzeichnung und vorläufigen Anwendung des Zusatzprotokolls zum Abkommen zur Gründung einer Assoziation zwischen der Europäischen Wirtschaftsgemeinschaft und der Republik Malta im Hinblick auf die Beteiligung Maltas am Fünften Rahmenprogramm der Europäischen Gemeinschaft für Forschung, technologische Entwicklung und Demonstration (1998-2002), Abl.EG 2001 L 186/34.
414 Der Text des Abkommens über den Europäischen Wirtschaftsraum findet sich in ABl.EG 1994 L 1/1. Der Text des Abkommens zur Gründung einer Assoziation zwischen der Europäischen Wirtschaftsgemeinschaft und der Republik Türkei ist abgedruckt in ABl.EG 1964, 217/3687. Eine Reihe ergänzender Abkommen sind indes auf der Grundlage von Art. 133 geschlossen worden; vgl. *Annotated Summary of Agreements linking the Communities with Non-Member States* (IA/278/97), S. 66 ff.
415 Europa-Abkommen zur Gründung einer Assoziation zwischen den Europäischen Gemeinschaften und ihren Mitgliedstaaten einerseits und der Republik Lettland andererseits, ABl.EG 1998 L 26/3; Europa-Abkommen zur Gründung einer Assoziation zwischen den Europäischen Gemeinschaften und ihren Mitgliedstaaten einerseits und der Tschechischen Republik andererseits, ABl.EG 1994 L 360/2; Europa-Abkommen zur Gründung einer Assoziation zwischen den Europäischen Gemeinschaften und ihren Mitgliedstaaten einerseits und der Slowaki-

Abkommen mit den AKP-Staaten[416] sowie das Freihandelsabkommen mit Mexiko[417] genannt.

III. Beziehungen mit den GUS-Staaten

Unter anderem auf der Basis von Art. 133 haben die Gemeinschaft und ihre Mitgliedstaaten mit einer Reihe von Nachfolgestaaten der Sowjetunion sogenannte Partnerschaftsabkommen geschlossen[418]. Deutlicher als in den oben erwähnten Europaabkommen halten diese Verträge als Geschäftsgrundlage die Achtung freiheitlich-demokratischer Grundsätze fest und nehmen die KSZE-Schlußakte[419] sowie die Charta von Paris[420] in Bezug[421]. Die Verträge richten einen politischen Dialog zwischen den Vertragsparteien ein. In ihren operativen Teilen regeln sie Warenhandel, den Handel mit Dienstleistungen, die Niederlassungsbedingungen für Gesellschaften, den Kapitalverkehr, Fragen des Wettbewerbsrechts sowie des Schutzes geistigen Eigentums. Soweit die Vertragspartner (noch) nicht Mitglied der WTO sind, kommt der Zusicherung der Meistbegünstigung durch die Gemeinschaft und ihre Mitgliedstaaten besondere Bedeutung zu. Dabei sind sowohl die innergemeinschaftlichen Beziehungen als auch der Handel zwischen den GUS-Staaten keine Referenzgrößen. Die Vertragsparteien verpflichten

189

Fortsetzung von Fußnote 415
   schen Republik andererseits, ABl.EG 1994 L 359/2; Europa-Abkommen zur Gründung einer Assoziation zwischen den Europäischen Gemeinschaften und ihren Mitgliedstaaten einerseits und der Republik Bulgarien andererseits, ABl.EG 1994 L 358/3; Europa-Abkommen zur Gründung einer Assoziation zwischen den Europäischen Gemeinschaften und ihren Mitgliedstaaten einerseits und Rumänien andererseits, ABl.EG 1994 L 357/2; Europa-Abkommen zur Gründung einer Assoziation zwischen den Europäischen Gemeinschaften und ihren Mitgliedstaaten einerseits und der Republik Polen andererseits, ABl.EG 1993 L 348/2. Eine Liste aller Freihandelsabkommen findet sich in <http://europa.eu.int/comm/trade/pdf/ecrtagr.pdf>
416 Partnerschaftsabkommen zwischen den Mitgliedern der Gruppe der Staaten in Afrika, im Karibischen Raum und im Pazifischen Ozean einerseits und der Europäischen Gemeinschaft und ihren Mitgliedstaaten andererseits, unterzeichnet in Cotonou am 23. Juni 2000, ABl.EG 2000 L 317/3.
417 Abkommen über wirtschaftliche Partnerschaft, politische Koordinierung und Zusammenarbeit zwischen der Europäischen Gemeinschaft und ihren Mitgliedstaaten einerseits und den Vereinigten mexikanischen Staaten andererseits, ABl.EG 2000 L 276/45.
418 Abkommen über Partnerschaft und Zusammenarbeit zur Gründung einer Partnerschaft zwischen den Europäischen Gemeinschaften und ihren Mitgliedstaaten einerseits und der Russischen Föderation andererseits, ABl.EG 1997 L 327/3; Abkommen über Partnerschaft und Zusammenarbeit zwischen den Europäischen Gemeinschaften und ihren Mitgliedstaaten einerseits und der Ukraine, ABl.EG 1998 L 49/3; Abkommen über Partnerschaft und Zusammenarbeit zwischen den Europäischen Gemeinschaften und ihren Mitgliedstaaten einerseits und der Republik Moldau andererseits, ABl.EG 1998 L 181/3; die bereits 1995 und 1996 geschlossenen Abkommen mit Azerbaidschan, Belarus, Georgien, Kasachstan, Kirgistan und Usbekistan sind noch nicht in Kraft, werden aber teilweise schon provisorisch angewandt. Vgl. *Annotated Summary of Agreements linking the Communities with Non-Member States* (IA/278/97). Die zwischenzeitlich geschlossenen Interim-Abkommen konnten zügig auf der Basis von Art. 133 geschlossen werden, was erneut die weiter oben erläuterte unglückliche Entwicklung hin zu gemischten Verträgen beleuchtet. Interessante Informationen auch im Jahresbericht des TACIS-Programms, KOM(98) 416 endg.
419 ILM (14) 1975, 1292.
420 ILM (30) 1991, 190.
421 Artikel 2: »Die Achtung der Grundsätze der Demokratie und der Menschenrechte, wie sie insbesondere in der Schlußakte von Helsinki und in der Pariser Charta für ein neues Europa definiert sind, sind die Grundlage der Innen- und der Außenpolitik der Vertragsparteien und wesentlicher Bestandteil der Partnerschaft und dieses Abkommens.«

sich, die laufenden Zahlungen zwischen den Gebietsansässigen der Gemeinschaft und des jeweiligen Partnerlandes in frei konvertierbarer Währung zu genehmigen, die im Zusammenhang mit dem Warenverkehr, dem Dienstleistungsverkehr oder der Freizügigkeit gemäß diesem Abkommen geleistet werden. Der freie Kapitalverkehr zwischen den Gebietsansässigen der Gemeinschaft und des jeweiligen Partnerlandes wird gewährleistet für Direktinvestitionen in Gesellschaften, die gemäß den Rechtsvorschriften des Aufnahmelands gegründet wurden, und für Direktinvestitionen sowie für den Transfer dieser Investitionen, einschließlich Entschädigungsleistungen für Maßnahmen wie Enteignung, Verstaatlichung oder Maßnahmen gleicher Wirkung, und daraus resultierender Gewinne ins Ausland. Daneben sind seit dem Zusammenbruch der Sowjetunion eine Vielzahl von spezielleren Verträgen mit den GUS-Staaten geschlossen worden[422].

IV. Beziehungen mit den Staaten Mittel- und Südamerikas

190 Angesichts der Dichte der Beziehungen, die die Gemeinschaft und ihre Mitgliedstaaten mit ihren unmittelbaren Nachbarn unterhält – was nicht zuletzt im Abschluß von Assoziationsabkommen zum Ausdruck kommt – kommt Art. 133 in den letzten Jahren vor allem bei in der Praxis wichtigen Interims-Abkommen[423] und Verträgen mit entfernteren Nachbarn der Gemeinschaft als Kompetenzgrundlage zum Zuge. So ist etwa das Rahmenabkommen über die Zusammenarbeit zwischen der EG und dem Vertrag von Cartagena und seinen Mitgliedsländern (Bolivien, Kolumbien, Ecuador, Peru und Venezuela) *auch* auf der Basis von Art. 133 geschlossen worden[424]. Die Neigung der Mitgliedstaaten, die Gemeinschaft nicht mehr alleine wichtige handelspolitische Abkommen schließen zu lassen, erfaßt indes nunmehr auch Süd- und Mittelamerika: Die neue Generation von Handelsverträgen werden als gemischte Verträge geschlossen[425].

V. Verträge mit anderen Staaten und Staatengruppen

191 Die EG hat mit über 90 Staaten und zahlreichen Staatengruppen und Internationalen Organisationen u.a. auf Art. 133 gestützte Verträge abgeschlossen. Erwähnt sei der Kooperationsvertrag mit Kanada[426], in dem erstmals ausdrücklich das Recht der Mitgliedstaaten festgehalten wird, bilaterale Kooperationsabkommen abzuschließen. Diese

---

422 Vgl. bspw. Beschluß des Rates (98/491/EG) vom 20. Juli 1998 über den Abschluß des am 28. März 1998 paraphierten Abkommens zwischen der Europäischen Gemeinschaft und der Russischen Föderation über den Handel mit Textilwaren, ABl.EG 1998 L 222/1.
423 Beschluß des Rates 98/504/EG vom 29.6.1998 über den Abschluß des Interimsabkommens über Handel und handelsbezogene Fragen zwischen der Europäischen Gemeinschaft einerseits und den Vereinigten Mexikanischen Staaten andererseits ABl.EG 1998 L 226/24.
424 Beschluß des Rates vom 7. April 1998 (98/278/EG), ABl.EG 1998 L 127/10.
425 Vgl. prototypisch das Rahmenabkommen über die Zusammenarbeit zur Vorbereitung einer politischen und wirtschaftlichen Assoziation zwischen der Europäischen Gemeinschaft und ihren Mitgliedstaaten einerseits und der Republik Chile andererseits, ABl.EG 1999 L 42/47; siehe des weiteren Abkommen über wirtschaftliche Partnerschaft, politische Koordinierung und Zusammenarbeit zwischen der Europäischen Gemeinschaft und ihren Mitgliedstaaten einerseits und den Vereinigten mexikanischen Staaten andererseits, ABl.EG 2000 L 276/45 und das Interregionale Rahmenabkommen über die Zusammenarbeit zwischen der Europäischen Gemeinschaft und ihren Mitgliedstaaten einerseits und dem Mercado Común del Sur und seinen Teilnehmerstaaten andererseits, ABl.EG 1996 L 69/4.
426 Rahmenabkommen über handelspolitische und wirtschaftliche Zusammenarbeit zwischen den Europäischen Gemeinschaften und Kanada, ABl.EG 1976 L 260/2.

nunmehr als Canada Clause[427] berühmt gewordenen Bestimmung ist zu einem normalen Bestandteil neuerer Kooperationsverträge geworden[428]. Besondere Bedeutung haben selbstverständlich die Verträge mit der befreundeten Großmacht USA, die zugleich ein bedeutender Handelspartner ist; zahlreiche neue Abkommen mit den USA weisen eine bemerkenswerte Regelungsdichte auf[429]. Andere bedeutende Handelspartner in Asien (China, Indien, Taiwan, Hongkong, Südkorea, Singapur, Malaysia) sind ebenfalls über zahlreiche Verträge mit der Gemeinschaft verbunden.[430]

VI. Rohstoffabkommen

Die Gemeinschaft ist Vertragspartei zahlreicher multilateraler Rohstoffabkommen.[431] Beispielhaft seien die Abkommen über Jute[432], Kaffee[433], Kakao[434], Kupfer[435], Naturkautschuk[436], Nickel[437], Olivenöl[438], Tropenholz[439], Weizen[440], Zucker[441] und Zinn[442] genannt.

192

---

427 Art. III Abs. 4: »Unbeschadet der einschlägigen Bestimmungen der Verträge zur Gründung der Gemeinschaften werden durch dieses Abkommen und alle auf seiner Grundlage getroffenen Maßnahmen in keiner Weise die Befugnisse der Mitgliedstaaten der Gemeinschaften berührt, im Bereich der wirtschaftlichen Zusammenarbeit mit Kanada bilateral tätig zu werden und gegebenenfalls neue Abkommen über wirtschaftliche Zusammenarbeit mit Kanada zu schließen.«
428 Vgl. das Rahmenabkommen zur Zusammenarbeit zwischen der Europäischen Wirtschaftsgemeinschaft und der Föderativen Republik Brasilien, ABl.EG 1982 L 281/2.
429 Abkommen zwischen den Europäischen Gemeinschaften und der Regierung der Vereinigten Staaten von Amerika über die Anwendung der »Positive Comity«-Grundsätze bei der Durchsetzung ihrer Wettbewerbsregeln, ABl.EG 1998 L 173/28; Abkommen zwischen der Europäischen Gemeinschaft und den Vereinigten Staaten von Amerika über gesundheitspolizeiliche Maßnahmen zum Schutz der Gesundheit von Mensch und Tier im Handel mit lebenden Tieren und Tierprodukten, ABl.EG 1998 L 118/3; Abkommen zwischen der Europäischen Gemeinschaft und den Vereinigten Staaten von Amerika über die gegenseitige Anerkennung, ABl.EG 1999 L 31/3.
430 Die Verträge der Gemeinschaft sind zwischenzeitlich elektronisch exzellent erschlossen, vgl. <http://europa.eu.int/eur-lex/de/lif/ind/de_analytical_index_11.html>.
431 Übereinkommen zur Gründung des Gemeinsamen Fonds für Rohstoffe, ABl.EG 1990 L 182/2.
432 Internationales Übereinkommen von 1989 über Jute und Juteerzeugnisse, ABl.EG 1991 L 29/4.
433 Internationales Kaffee-Übereinkommen von 1994, ABl.EG 1994 L 222/4; siehe auch Beschluß des Rates 1999/803/EG vom 23. November 1999 zur Annahme der Verlängerung des Internationalen Kaffee-Übereinkommens von 1994 im Namen der Europäischen Gemeinschaft, ABl.EG 1999 L 313/8.
434 Internationales Kakao-Übereinkommen von 1993, ABl.EG 1994 L 52/26.
435 Beschluß des Rates 91/179/EWG vom 25. März 1991 über die Annahme der Satzung der Internationalen Studiengruppe für Kupfer, ABl.EG 1991 L 89/39.
436 Internationales Naturkautschuk-Übereinkommen von 1995, ABl.EG 1996 L 324/2; siehe auch Beschluß des Rates 96/704/EG vom 22. November 1996 über die vorläufige Anwendung des Internationalen Naturkautschuk- Abkommens von 1995 durch die Gemeinschaft, ABl.EG 1996 L 324/1.
437 Beschluß des Rates 91/537/EWG vom 14. Oktober 1991 über die Annahme der Regelung über das Mandat der Internationalen Studiengruppe für Nickel, ABl.EG 1991 L 293/23.
438 Internationales Übereinkommen von 1986 über Olivenöl und Tafeloliven, ABl.EG 1987 L 214/2.
439 Internationales Tropenholz-Übereinkommen von 1994, ABl.EG 1996 L 208/4.
440 Internationale Getreide-Übereinkunft von 1995 – Getreidehandels-Übereinkommen von 1995, ABl.EG 1996 L 21/49.
441 ABl.EG 1998 L 7/28.
442 Beschluß des Rates 91/178/EWG vom 25. März 1991 über die Annahme der Satzung der Internationalen Studiengruppe für Zinn, ABl.EG 1991 L 89/33.

Art. 134 (ex-Art. 115)

Um sicherzustellen, daß die Durchführung der von den Mitgliedstaaten[7 ff.] im Einklang mit diesem Vertrag[9] getroffenen handelspolitischen Maßnahmen[5] nicht durch Verlagerungen von Handelsströmen verhindert wird[11], oder wenn Unterschiede zwischen diesen Maßnahmen zu wirtschaftlichen Schwierigkeiten in einem oder mehreren Staaten führen[12], empfiehlt[14] die Kommission die Methoden für die erforderliche Zusammenarbeit der Mitgliedstaaten. Genügt dies nicht[14], so kann sie die Mitgliedstaaten ermächtigen, die notwendigen Schutzmaßnahmen zu treffen, deren Bedingungen und Einzelheiten sie festlegt.

Im Dringlichkeitsfall[18] ersuchen die Mitgliedstaaten die Kommission, die umgehend entscheidet, um die Ermächtigung, selbst die erforderlichen Maßnahmen zu treffen, und setzen sodann die anderen Mitgliedstaaten davon in Kenntnis. Die Kommission kann jederzeit entscheiden, daß die betreffenden Mitgliedstaaten diese Maßnahmen zu ändern oder aufzuheben haben.

Es sind mit Vorrang solche Maßnahmen zu wählen, die das Funktionieren des Gemeinsamen Marktes am wenigsten stören.[14, 16]

Inhaltsübersicht:

A. Überblick	1
B. Tatbestand	5
I. Überblick	5
II. Handelspolitische Maßnahmen	6
1. Begriff der handelspolitischen Maßnahme	6
2. Von den Mitgliedstaaten in Einklang mit dem EGV getroffene Maßnahmen	7
III. Zwei Handlungsalternativen	10
1. Verkehrsverlagerungen	11
2. Wirtschaftliche Schwierigkeiten	12
3. Überschneidungen zwischen beiden Alternativen	13
IV. Maßnahmen auf der Grundlage von Art. 134 EGV	14
1. Überblick	14
2. Art der zu verhängenden Maßnahmen	16
C. Verhältnis zu anderen Schutzklauseln	17
D. Dringlichkeitsfall	18
E. Rechtsschutz	19

A. Überblick

1 Die **Mitgliedstaaten** dürfen im Verhältnis zu Drittstaaten nur **ausnahmsweise** ein von der Gemeinschaft (und den anderen Mitgliedstaaten) **abweichendes handelspolitisches Regime** aufweisen[1]. In den (wenigen zulässigen) Fällen wird der damit gewünschte

---

1 Vgl. EuGH, Rs. 41/76, 15.12.1976, Slg. 1976, 1921, Rn. 31/37 (Donckerwolcke/Procureur de la République). Unterschiedliche handelspolitische Beschränkungen ergeben sich bspw. aus Kontingenten (etwa aufgrund von Selbstbeschränkungsabkommen), Einfuhrverboten oder einseitigen Liberalisierungen (bspw. das frühere deutsche Bananenregime); zu beachten ist allerdings, daß sich zum einen der gemeinschaftsrechtliche Spielraum für nationale Besonderheiten deutlich verringert hat; vgl. die Kommentierung zu Art. 133. Zum anderen sind sog. Selbstbeschränkungs-abkommen (und die euphemistischen Bezeichnungen »voluntary restraint agreements« (VRA), »orderly market arrangements« (OMA) etc.) seit dem Abschluß der Uruguay-Runde weitgehend verboten; vgl. Art. 11 Abs. 1 Buchstabe (b) des Übereinkommen über Schutzmaßnahmen, ABl.EG 1994 L 336/184, ebenfalls abgedruckt in: GATT Secretariat (ed.), The Results of the Uruguay Round of Multilateral Trade Negotiations, Geneva 1994, 315 ff.

Effekt (z.B. Schutz eines mitgliedstaatlichen Wirtschaftszweigs durch mengenmäßige Beschränkungen der Importe aus Drittstaaten[2]) indes durch die Warenverkehrsfreiheit im Gemeinsamen Markt zunichte gemacht werden. Denn der **Binnenmarkt** umfaßt einen Raum ohne Binnengrenzen, in dem der freie Verkehr von Waren gewährleistet ist. Auch **Waren aus Drittländern kommen in den Genuß der Warenverkehrsfreiheit**, sobald sie legal die Außengrenze der Gemeinschaft überquert haben[3]. Um die *zulässige* »Regionalisierung« des Außenwirtschaftsregimes der Gemeinschaft überhaupt zu ermöglichen, richtet der Vertrag in Art. 134 ein Verfahren ein, das Abweichungen von der in Art. 28 begründeten Freiheit des Warenverkehrs gestatten soll, ohne die Integrität des Binnenmarktes nachhaltig zu gefährden[4]. Dabei wird der Kommission die Wahrung des Gemeinschaftsinteresses übertragen: Nur sie kann (in der Praxis nur auf Antrag eines Mitgliedstaates hin[5]) die Mitgliedstaaten – bei Vorliegen der in Art. 134 genannten Voraussetzungen – ermächtigen, in die Freiheit des innergemeinschaftlichen Warenverkehrs einzugreifen. Dabei kommt der **Kommission** sowohl auf der Tatbestandsseite[6] als auch auf der Rechtsfolgenseite Ermessen zu[7].

---

2 Vgl. beispielsweise die Mitteilung der Kommission gemäß Art. 115 des EWG-Vertrages (84/C 192/07) mit der auf eine Ermächtigung der Benelux-Staaten hingewiesen wird, Mäntel, Umhänge und Jacken mit Ursprung in Jugoslawien, die sich in den übrigen Mitgliedstaaten im freien Verkehr befinden, von der Gemeinschaftsbehandlung auszuschließen, ABl. 1984 C 192/4; Entscheidung der Kommission 90/453 vom 12.3.1990 zur Ermächtigung der Französischen Republik Parkas, Anoraks, Windjacken und dergleichen, die sich in den übrigen Mitgliedstaaten im freien Verkehr befinden, von der Gemeinschaftsbehandlung gemäß Artikel 115 des EWG-Vertrages auszuschließen, ABl. 1990 C 65/11.
3 Das ist gemäß Art. 24 Abs. 2 der Fall, wenn die Einfuhrförmlichkeiten des Mitgliedstaates erfüllt sind, in dem die Ware in die Gemeinschaft gelangt, die vorgeschriebenen Zölle und Abgaben gleicher Wirkung erhoben und nicht ganz oder teilweise rückvergütet worden sind; siehe hierzu auch *R. Bierwagen*, in: Smit/Herzog, Law of the EC, Preliminary Observations on Articles 110–116, § 1; siehe auch *Schweitzer/Hummer*, Europarecht, Rn. 1508.
4 Artikel 134 ist eine von mehreren Ausnahmevorschriften (vgl. beispw. Art. 30, 99, 100, 119, 296, 297 aufgrund derer von Art. 28 EGV abgewichen werden kann. Vgl. allgemein zu Schutzklauseln die grundlegende Monographie von *A. Weber*, Schutznormen und Wirtschaftsintegration; speziell zu Artikel 134 ex 115 vgl. *C. Vedder*, in: Grabitz/Hilf, EU, Art. 115, Rn. 2 f.; *A. Weber*, Die Bedeutung des Art. 115 EWGV für die Freiheit des Warenverkehrs, EuR 1979, S. 30, 44 f.; siehe auch *Geiger*, EGV, Art. 134, Rn. 1. Vgl. zu Art. 134 des weiteren: *M. Lux*, Ausschluß von der Gemeinschaftsbehandlung bei Wegeinfuhren (Art. 115 EWGV), EuR 1979, S. 359, 360; *H. Kretschmer*, Beschränkungen des innergemeinschaftlichen Warenverkehrs nach der Kommissionsentscheidung 80/47/EWG, EuR 1981, S. 63, 79, 64; *T. Oppermann*, Die Schutzklausel des Artikels 115 des EWG-Vertrages, AWD (nunmehr RIW) 1964, S. 97. *M. Lejeune*, Un droit des temps de crise: les clauses de sauvegarde de la CEE, Brüssel 1975; *K. Winkel*, Die Grundsätze des freien Warenverkehrs im Verhältnis zu Drittländern, NJW 1977, 1992 ff.; *P. Vogelenzang*, Two Aspects of Article 115 E.E.C Treaty: Its use to buttress Community-Set Sub-Quotas, and the Commission's Monitoring System, CMLRev 18 (1981), 169; *Ch. Reich*, La Politique commerciale commune de la C.E.E. et le controle de l'utilisation de la clause de sauvegarde de l'article 115 du traite C.E.E., RTDE 1978, 33; *C. Nème*, 1992 et la clause de l'article 115: à quand une politique commerciale commune, RMC 1988, 578; *E. D. Benke*, Die Anwendung des Artikel 115 EWG-Vertrag nach dem Ablauf der Übergangszeit, NJW 1973, 2134; *C. Schmitter*, Art. 115, in: Constantinesco/Kovar/Simon, TUE, 291 ff.
5 Siehe Art. 2 Abs. 4, Art. 3 Abs. 4 der Entscheidung der Kommission vom 22.7.1987 betreffend Überwachungs- und Schutzmaßnahmen, zu denen die Mitgliedstaaten nach Artikel 115 des EWG-Vertrages ermächtigt werden können (87/433/EWG), ABl.EG 1987 L 238/26. Dazu *R. Bierwagen*, in: Smit/Herzog, Law of the EC, § 115.05.
6 Vgl. dazu *Weber* (Fn. 4), EuR 1979, S. 30, (38).
7 EuGH, Rs. 29/75, 8.4.1976, Slg. 1976, 431, Rn. 6 (Kaufhof/Kommission); *Weber* (Fn. 4), EuR 1979, S. 38 (42); *C. Vedder*, in: Grabitz/Hilf, EU, Art. 115, Rn. 24. Deutlich zu weitgehend, weil auf jegliche rechtliche Kontrolle der Argumente der Kommission verzichtend EuG, Rs. T-571/93, 14.9.1995, Slg. 1995, II-2379, Rn. 48 ff. (Lefebvre Freres et Soeurs).

Art. 134 EG-Vertrag

2   Vor **Vollendung des Binnenmarktes im Jahre 1992** waren die Hauptanwendungsfälle des Art. 134 Konstellationen, in denen zwischen einzelnen Mitgliedstaaten im Verhältnis zu Drittstaaten mengenmäßige Einfuhrbeschränkungen galten[8]. Um Verkehrsverlagerungen zu vermeiden, aufgrund derer diese Einfuhrbeschränkungen ins Leere gegangen wären, gestattete die Kommission diesen Mitgliedstaaten Einschränkungen des innergemeinschaftlichen Handels[9].

3   Erstaunlicherweise ist Art. 134 auch vom Vertrag von Nizza nicht abgeschafft worden[10]. Dennoch ist die Vorschrift im Zuge der ständigen Vereinheitlichung des EG-Außenhandelsrechts **weitgehend obsolet** geworden: Der 1992 vollendete Binnenmarkt verlangt eine einheitliche gemeinsame Außenhandelspolitik und läßt damit der Vorschrift des Artikel 134 einen außerordentlich eingeschränkten Anwendungsbereich[11]. Dies spiegelt auch die **Praxis seit 1992** wider: offenbar stellen die Mitgliedstaaten nur mehr vereinzelt Anträge auf Genehmigung von Eingriffen in den innergemeinschaftlichen Handel; seit 1992 wird **lediglich eine stattgebende Entscheidung** der Kommission be-

---

8   Beispielsweise aufgrund von bilateral geschlossenen Selbstbeschränkungsverpflichtungen im Hinblick auf den Export von Automobilen, wie sie beispielsweise zwischen Italien und Japan bestanden. Vgl. zu diesem Komplex P. *Mavroidis*, Les Pratiques Restrictives du Commerce: La question de la Répartition des Compétences entre la Communauté Européenne et ses États Membres dans le Cadre de L' Organisation Mondiale du Commerce, AFDI XLII (1996), S. 864 ff.; G. *Burdeau*, Les Engagements d´ Autolimitation et l' Évolution du Commerce International, AFDI XXXVII (1991), 748 ff.

9   J. *Bourgeois*, in: GTE, EU/EGV, Art. 115, Rn. 6; C. *Vedder*, in: Grabitz/Hilf, EU, Art. 115, Rn. 5. Hauptanwendungsfall waren zuletzt Bananen: Die Bananen aus den AKP-Staaten waren von Zöllen und mengenmässigen Beschränkungen befreit. Die zolltarifliche Regelung für die AKP-Bananen reichte jedoch wegen des großen Preisunterschieds zu den Bananen aus der Dollarzone nicht aus, um den Absatz der AKP-Bananen in der Gemeinschaft zu gewährleisten. Dieser Absatz wurde dadurch gewährleistet, daß nationale mengenmässige Beschränkungen gegenüber unmittelbaren Einfuhren aus anderen Drittländern aus den AKP-Staaten beibehalten wurden und gegenüber mittelbaren Einfuhren gleichen Ursprungs Maßnahmen gemäß Artikel 115 EG-Vertrag getroffen wurden. In den Mitgliedstaaten bestanden dabei gänzlich unterschiedliche Marktordnungssysteme. Frankreich, Spanien, Griechenland und Portugal wandten Systeme an, die von nationalen Marktorganisationen bis zur völligen Abschottung des Marktes reichten. Von 1988 an griffen Frankreich, Griechenland, das Vereinigte Königreich und Italien auf Artikel 134 des Vertrages zurück, um entweder ihre nationale Produktion und den Einfuhren aus den AKP-Staaten zu schützen, die herkömmlicherweise Lieferanten dieser Mitgliedstaaten waren. Belgien, Dänemark, Irland, Luxemburg und die Niederlande wandten keine besonderen beschränkenden Maßnahmen gegenüber den Einfuhren von Bananen aus der Dollarzone an, für die der im Rahmen des GATT konsolidierte Zollsatz von 20 % gegenüber Drittländern entrichtet wurde. Die Bundesrepublik Deutschland, der wichtigste Importeur der Gemeinschaft, wandte ebenfalls keine mengenmässigen Beschränkungen an und verfügte aufgrund des Protokolls über das Zollkontingent für die Einfuhr von Bananen im Anhang des dem EG-Vertrag beigefügten Durchführungsabkommens über die Assoziierung der überseeischen Länder und Hoheitsgebiete mit der Gemeinschaft über ein zollfreies Kontingent. Sie führte ausschließlich Bananen aus lateinamerikanischen Ländern ein; vgl. EuG, Rs. T-571/93, 14.9.1995, Slg. 1995, II-2379, Rn. 7 ff. (Lefebvre Freres et Soeurs).

10 Der zuvor in Abs. 2 zu findende Zusatz »während der Übergangszeit« war bereits zuvor ersatzlos gestrichen worden; Abs. 1 S. 2 wandelte sich von einer *Soll*- zu einer *Kann*-Vorschrift (»wenn Unterschiede zwischen diesen Maßnahmen zu wirtschaftlichen Schwierigkeiten in einem oder mehreren Staaten führen ... *kann* sie die Mitgliedstaaten ermächtigen, die notwendigen Schutzmaßnahmen zu treffen, deren Bedingungen und Einzelheiten sie festlegt«). Vgl. C. *Schmitter*, in: Constantinesco/Kovar/Simon, TUE, Art. 115, Rn. 14 ff.

11 Siehe auch P. *Eeckhout*, The European Internal Market and International Trade: A Legal Analysis, Oxford 1994, S. 170–185; I. *MacLeod*/I.D. *Henry*/S. *Hyett*, The External Relations of the European Communities, Oxford 1996, 267 f.; R. *Bierwagen*, in: Smit/Herzog, Law of the EC, § 115.01.

EG-Vertrag Art. 134

richtet[12]. Noch 1989 wurden der Kommission über 161 Anträge vorgelegt, von denen lediglich 42 abgelehnt wurden[13].

Als **Ausnahme** zu einer der Grundfreiheiten ist die Vorschrift des Artikel 134 eng auszulegen[14]. Abweichungen vom freien Warenverkehr sind danach nur insoweit zulässig, als dies im Hinblick auf die Bedeutung der eingeschränkten Freiheit und durch die Ziele der Ausnahmevorschrift gerechtfertigt ist und gerechtfertigt bleibt[15]: Dies bedeutet, daß **bei der Autorisierung** von Schutzmaßnahmen nach Art. 134 der erreichte **Stand der Integration zu berücksichtigen** ist[16]. Die skizzierte Praxis seit 1992 und die von der Kommission vorgenommene Konkretisierungen der Anwendungsvoraussetzungen tragen diesem Erfordernis Rechnung[17]. 4

B. Tatbestand

I. Überblick

Nach Artikel 134 kann die Kommission entweder **Empfehlungen** erlassen oder Mitgliedstaaten zu **Eingriffen in die Freiheit des innergemeinschaftlichen Warenverkehrs** autorisieren. Voraussetzung ist, daß zwei, dem Wortlaut nach in einem Alternativverhält- 5

---

12 Offenbar hat die Kommission Frankreich am 5. Mai 1993 Schutzmaßnahmen gegenüber sog. Dollarbananen im Hinblick auf die Verpflichtungen aus dem Lomé-Abkommen genehmigt; diese Entscheidung ist nicht veröffentlicht. Sie wird von *C. Schmitter*, in: Constantinesco/Kovar/ Simon, TUE, Art. 115, Rn. 9 ff., *J. Bourgeois*, in: GTE, EU-/EGV, Art. 115, Rn. 29 und *T. Müller-Ibold*, in: Lenz, EGV, Art. 115 Rn. 2 berichtet. Interessanterweise findet sich im Gesamtbericht der Kommission für das Jahr 1993 kein Hinweis auf diese stattgebende Entscheidung, wohl aber ein Hinweis auf zwei ablehnende Entscheidungen (27. Gesamtbericht für das Jahr 1993, Rn. 873); im darauffolgenden 28. Gesamtbericht (Rn. 1019) erklärt die Kommission, daß keine Maßnahmen aufgrund von Art. 115 eingeführt wurden.
13 *J. Bourgeois*, in: GTE, EU-/EGV, Art. 115, Rn. 28.
14 EuGH, Rs. 59/84, 5.3.1986, Slg. 1986, 887, Rn. 57 ff. (Tezi Textiel/Kommission); EuGH, Rs. 62/70, 23.11.1971, Slg. 1971, 897, Rn. 14 (Werner Bock/Kommission); EuGH, Rs. 29/75, 8.4.1976, Slg. 1976, 431, Rn. 6 (Kaufhof/Kommission); EuGH, Rs. 71/76, 15.12.1976, Slg. 1976, 1921, Rn. 24/29 (Donckerwolcke/Procureur de la République); siehe auch EuGH, Rs. 52/77, 30.11.1977, Slg. 1977, 2261 (Cayrol/Rivoira). Siehe auch *C. Vedder*, in: Grabitz/Hilf, EU, Art. 115, Rn. 1, 29; *J. Bourgeois*, in: GTE, EU-/EGV, Art. 115, Rn. 4, 18; *Geiger*, EGV, Art. 134, Rn. 6 f.; dem Gebot der restriktiven Auslegung trägt auch die Entscheidung 87/433 (Fn. 5) Rechnung.
15 So ausdrücklich der EuGH zu Art. 36 EWGV Rs. 35/76, 15.12.1976, Slg. 1976, 1871, Rn. 23/ 24 (Simmenthal); Rs. 153/78, 12.7.1979, Slg. 1979, 2555, Rn. 5 (Kommission/Deutschland – »Fleischzubereitungen«). Siehe auch den 8. Erwägungsgrund der Entscheidung 87/433 (Fn. 5), sowie *R. Bierwagen*, in: Smit/Herzog, Law of the EC, § 115. 03–04.
16 Vgl. *A. Reuter*, Außenwirtschafts- und Exportkontrollrecht Deutschland/Europäische Union, 1995, Rn. 84, m.w.N.; *P. J. G. Kapteyn/P. VerLoren van Themaat*, Introduction to the Law of the European Communities – From Maastricht to Amsterdam, 3rd ed., 1998, 1292.
17 Vgl. die allgemeinen Entscheidungen der Kommission, in denen sie den Mitgliedstaaten mitteilt, unter welchen Voraussetzungen aus ihrer Sicht Genehmigungen von Schutzmaßnahmen überhaupt in Frage kommen: Entscheidung der Kommission vom 12.5.1971 mit der die Mitgliedstaaten ermächtigt werden, Sicherungsmaßnahmen bei der Einfuhr bestimmter aus dritten Ländern stammender und in einem anderen Mitgliedstaat im freien Verkehr befindlicher Waren zu treffen (71/202/EWG), ABl.EG 1971 L 121/26; Entscheidung der Kommission vom 20.12.1979 betreffend Überwachungs- und Schutzmaßnahmen, zu denen die Mitgliedstaaten bei de Einfuhr bestimmter aus dritten Ländern stammender und in einem anderen Mitgliedstaat im freien Verkehr befindlicher Waren ermächtigt werden können (80/47/EWG), ABl.EG 1980 L 16/ 14 (Berichtigung in ABl.EG 1980 L 89/22); zuletzt Entscheidung der Kommission vom 22.7.1987 87/433 (Fn. 5), Berichtigungen in ABl.EG 1988 L 277/43 und ABl.EG 1989 L 36/23.

nis stehende, Konstellationen vorliegen: entweder wird die Durchführung von (EGV-konformen) nationalen handelspolitischen Maßnahmen durch Verkehrsverlagerung verhindert; oder die Unterschiede zwischen (EGV-konformen) nationalen Außenhandelsregimes führen zu wirtschaftlichen Schwierigkeiten in mindestens einem Mitgliedstaat.

II. Handelspolitische Maßnahmen

1. Begriff der handelspolitischen Maßnahme

6 Voraussetzung für beide Tatbestandsalternativen des Art. 134 ist zunächst das Vorliegen handelspolitischer Maßnahmen. Der Begriff der handelspolitischen Maßnahmen bestimmt sich aufgrund der systematischen Stellung des Art. 134 nach dem in Art. 133 näher definierten Begriff der Handelspolitik[18]. Der Begriff wird also gemeinschaftsrechtlich determiniert und nicht etwa durch das Recht eines Mitgliedstaates[19]. In der praktischen Anwendung ging es bislang nahezu ausnahmslos um Einfuhrkontingente[20], während Zölle und Abgaben gleicher Wirkung wegen der insoweit eingetretenen Vergemeinschaftung (vgl. neben dem die Höhe der Zölle festlegenden GZT nunmehr auch den das Verfahrensrecht[21] vereinheitlichenden Zollkodex[22]) keine Rolle spielen können[23].

2. Von den Mitgliedstaaten in Einklang mit dem EGV getroffene Maßnahmen

7 Nach dem Wortlaut des Art. 134 muß die in Frage stehende handelspolitische Maßnahme von einem Mitgliedstaat »getroffen« worden sein. Damit werden jedenfalls **Maßnahmen der Mitgliedstaaten** von Art. 134 erfaßt[24]. Eine (regelmäßig erforderliche) vorherige Ermächtigung der Gemeinschaftsorgane[25] ändert nichts daran, daß in diesem Fall die handelspolitische Maßnahme unmittelbar dem handelnden Staat zuzurechnen

---

18 J. *Bourgeois*, in: GTE, EU-/EGV, Art. 115, Rn. 5; *Reuter* (Fn. 16), Rn. 89; C. *Vedder*, in: Grabitz/Hilf, EU, Art. 115, Rn. 5 f.; C. *Schmitter*, in: Constantinesco/Kovar/Simon, TUE, Art. 115, Rn. 3 f.; *Müller/Ibold*, in: Lenz, EGV, Art. 134, Rn. 5.
19 Dabei gelten für die Handelspolitik der Gemeinschaft und für die mitgliedstaatlichen Maßnahmen die gleichen Standards. EuGH, Gutachten 1/75, 11.11.1976, Slg. 1975, 1355, 1362 (»Lokale Kosten«).
20 Vgl. C. *Schmitter*, in: Constantinesco/Kovar/Simon, TUE, Art. 115, Rn. 3, 7 ff.; P. J. G. *Kapteyn*/ P. *VerLoren van Themaat* (Fn. 16), 1292.
21 Zur Streitfrage, inwieweit zollverfahrensrechtliche Behinderungen eine handelspolitische Maßnahme darstellen oder vielmehr nur mit dem Mittel der Rechtsangleichung in ihren Auswirkungen mit Art. 115 bekämpft werden können vgl. *Reuter* (Fn. 16), Rn. 89; C. *Vedder*, in: Grabitz/Hilf, EU, Art. 115, Rn. 10; *Lux* (Fn. 4), EuR 1979, 363, 368; *Weber* (Fn. 4), EuR 1979, 30, 31; R. *Bierwagen*, in: Smit/Herzog, Law of the EC, § 115.02.
22 Verordnung (EWG) Nr. 2913/92 des Rates vom 12.10.1992 zur Festlegung des Zollkodex der Gemeinschaften, ABl.EG 1992 L 302/1.
23 Vgl. aber EuGH, Rs. 148/77, 10.10.1978, Slg. 1978, 1787, Rn. 21 ff. (H. Hansen jun./HZA Flensburg).
24 Siehe aber G. *Schmidt*, Anmerkung zu EuGH, Rs. 41/76, (Donckerwolcke/Procureur de la République), EuR 1977, 263, (267 f.); siehe auch E. D. *Benke*, Die Anwendung des Art. 115 EWG-Vertrag nach Ablauf der Übergangszeit, NJW 1973, S. 2134, (2138).
25 Vgl. bspw. EuGH, Rs. 41/76, Fn. 14), Rn. 31/37, Rs. 174/84, 18.2.1986, Slg. 1986, 559, Rn. 35 f. (Bulk Oil/Sun International).

ist[26]. Weitere Anwendungsfälle lassen sich im Zusammenhang mit Altabkommen der Mitgliedstaaten denken[27].

Entgegen diesem Wortlaut geht indes das ganz überwiegende Schrifttum[28], sowie die 8
Praxis der Gemeinschaftsorgane[29] davon aus, daß es regelmäßig nicht etwa auf den Rechtsgrund der handelspolitischen Maßnahme ankommt (Gemeinschaftsrecht oder nationales Recht), sondern darauf, ob zwischen den von den Mitgliedstaaten gegenüber Drittländern angewandten Handelsregeln Unterschiede bestehen, die darauf zurückzuführen sind, daß die gemeinsame Handelspolitik in dem fraglichen Bereich noch nicht vollständig vereinheitlicht ist[30]. Der Gerichtshof folgt diesem Ansatz: Zweck des Art. 134 sei es, Verkehrsverlagerungen oder wirtschaftliche Schwierigkeiten zu vermeiden, die auf die (entgegen dem Grundsatz des Art. 133) **mangelnde Einheitlichkeit** der gemeinsamen Handelspolitik zurück zu führen seien. Demgegenüber stelle Art. 134 nicht auf die Kompetenzverteilung zwischen Gemeinschaft und Mitgliedstaaten ab[31]. Allerdings stelle Art. 134 dann keine tragfähige Grundlage für einen Eingriff in die Freiheit des innergemeinschaftlichen Warenverkehrs dar, wenn eine die Mitgliedstaaten unterschiedlich behandelnde Gemeinschaftsmaßnahme gerade Ausdruck gemeinsamer Handelspolitik im Sinne von Art. 133 sei. Das soll der Fall sein, wenn ohne die Unterschiede zwischen den Mitgliedstaaten zulassende EG-Regelung eine einheitliche Handelspolitik im Sinne des Art. 133 EGV bestünde[32]. Dabei folgte der EuGH entgegen dem Antrag des GA und verschiedener Literaturstimmen der Ansicht der Kommission, eine solche Einheitlichkeit in einem Fall zu verneinen, in dem die unterschiedlichen Länderquoten in dem von der Gemeinschaft geschlossenen Vertrag mit dem Drittland enthalten gewesen waren. Indes hätten nach Ansicht des Gerichtshofes die in einer VO umgesetzten völkervertraglichen Verpflichtung der Gemeinschaft nicht zu einer völligen Vereinheitlichung geführt; vielmehr rührten einige Unterschiede aus mitgliedstaatlichen Maßnahmen, die diese in gemeinschaftsrechtsgemäßer Weise erlassen hätten[33].

In jedem Falle ist zu beachten, daß von der Kommission autorisierte Schutzmaßnahmen 9

---

26 *J. Bourgeois*, in: GTE, EU-/EGV, Art. 115, Rn. 5 m.w.N.; *C. Vedder*, in: Grabitz/Hilf, EU, Art. 115, Rn. 5 f.; *T. Müller-Ibold*, in: Lenz, EGV, Art. 134, Rn. 5; *Reuter* (Fn. 16), Rn. 90.
27 Vgl. hierzu die Kommentierung zu Art. 133.
28 *C. Vedder*, in: Grabitz/Hilf, EU, Art. 115, Rn. 7 m.w. N.; *A. Vollbrecht*, Warenverkehrslenkung nach dem Außenwirtschaftsgesetz im Rahmen des Europäischen Gemeinschaftsrechts, 1988, 141 f.; *Reuter* (Fn. 16), 39; *J. Bourgeois*, in: GTE, EU-/EGV, Art. 115, Rn. 14 m.w.N.; *Lux* (Fn. 4), S. 381 ff.
29 Vgl. die Entscheidungen der Kommission (Fn. 17) sowie EuGH, Rs. 59/84, 5.3.1986, Slg. 1986, 887, Rn. 57 ff. (Tezi Textiel/Kommission); EuGH, Rs. 242/84, 5.3.1986, Slg. 1986, 935, Rn. 31 ff. (Tezi Textiel/Wirtschaftsminister) entgegen dem Schlußantrag von GA *VerLoren van Themaat*, Slg. 1986, 887, 890 ff.
30 Antwort der Kommission vom 18.1.1979 auf eine Anfrage, ABl.EG 1979 C 45/21; vgl. auch Entscheidung 87/433 der Kommission (Fn. 5); *Oppermann*, Europarecht, Rn. 1767 ff.
31 *J. Bourgeois*, in: GTE, EU-/EGV, Art. 115, Rn. 5 ff.; *Reuter* (Fn. 16), Rn. 91 ff.
32 In der Entscheidung EuGH, Rs. 242/84, 5.3.1986, Slg. 1986, 935, Rn. 38 ff. (Tezi/Wirtschaftsminister) ging es um die VO 3589/82 zur vorläufigen Durchführung des 2. Multifaserabkommens (ABl.EG 1982 L 374/106), die die mitgliedstaatlichen Kontingentanteile selbst festsetzte; siehe auch EuGH, Rs. 59/84, 5.3.1986, Slg. 1986, 887, Rn. 38 (Tezi Textiel/Kommission). Siehe auch Art. 5 der Entscheidung 87/433 (Fn. 5).
33 EuGH, Rs. 59/84, 5.3.1986, Slg. 1986, 887, Rn. 38 (Tezi Textiel/Kommission); EuGH, Rs. 242/84, 5.3.1986, Slg. 1986, 993, Rn. 38 (Tezi/Wirtschaftsminister); in diesem Sinne auch *J. Bourgeois*, in: GTE, EU-/EGV, Art. 115, Rn. 9; a.A. *Lux* (Fn. 4), S. 383; siehe auch *R. Bierwagen*, in: Smit/Herzog, Law of the EC, § 115.08.

nach Art. 134 EGV nur dann in Betracht kommen können, wenn die in Frage stehenden nationalen Handelspolitiken nicht gegen das Gemeinschaftsrecht verstoßen[34].

III. Zwei Handlungsalternativen

10   Art. 134 nennt zwei alternative Voraussetzungen für das Tätigwerden der Kommission.

1. Verkehrsverlagerungen

11   Erstes von Art. 134 angesprochenes Szenario ist die Verhinderung der Implementierung der mitgliedstaatlichen handelspolitischen Maßnahmen aufgrund von **Verlagerungen von Handelsströmen**. Damit bezeichnet der Vertrag die Ein- oder Ausfuhr aus oder in Drittländer über einen anderen Mitgliedstaat unter Änderung eines bestehenden Handelsstroms[35]. Zwischen den Verkehrsverlagerungen und der (drohenden) Verhinderung der Durchführung der handelspolitischen Maßnahmen muß eine **Kausalbeziehung** bestehen[36].
Fraglich ist, ob der Begriff der Verkehrsverlagerung auch Fälle erfaßt, in denen die im anderen Mitgliedstaat eingeführte Ware dort durch gleichartige Waren **ersetzt oder vermischt oder verarbeitet** wird (um erst dann in das handelspolitische Maßnahmen verhängende Land eingeführt zu werden). Dies ist umstritten[37]. Richtigerweise wird man Art. 134, dem Ausnahmecharakter dieser Norm Rechnung tragend, eng auszulegen haben[38]. Ist eine Ware nach allgemeinen Ursprungsregeln eine Gemeinschaftsware, ist Art. 134 nicht die geeignete Grundlage, um den mit Verkehrsverlagerungen regelmäßig einhergehenden wirtschaftlichen Schwierigkeiten zu begegnen[39].

2. Wirtschaftliche Schwierigkeiten

12   Nach der zweiten Handlungsalternative des Art. 134 kann die Kommission zwischen den Mitgliedstaaten koordinieren oder nationale Schutzmaßnahmen genehmigen, wenn die Unterschiede zwischen den Handelspolitiken zu wirtschaftlichen Schwierigkeiten in einem oder mehreren Staaten führen. Bei der Auslegung des **Begriffs der wirtschaftlichen Schwierigkeit** ist wiederum dem Ausnahmecharakter der Norm Rechnung zu tragen, indem lediglich schwerwiegende wirtschaftliche Beeinträchtigungen geeignet sein können,

---

34 Allg. M.; vgl. EuGH, Rs. 41/76, 15.12.1976, Slg. 1976, 1921, 31/37 (Donckerwolcke/Procureur de la République); EuGH, Rs. 29/75, 8.4.1976, Slg. 1976, 431, Rn. 6 (Kaufhof/Kommission).
35 *J. Bourgeois*, in: GTE, EU-/EGV, Art. 115, Rn. 12; *U. Everling*, in: Wohlfarth/Everling/Glaesner/Sprung, Die Europäische Wirtschaftsgemeinschaft, Kommentar zum Vertrag, 1960, Art. 115, Anm. 1; *Lux* (Fn. 4), EuR 1979, 359, 362; *Weber* (Fn. 4), S. 32.
36 EuGH, Rs. 62/70, 23.11.1971, Slg. 1971, 897, Rn. 15 (Werner Bock/Kommission); eingehend *Reuter* (Fn. 16), Rn. 94; *Weber* (Fn. 4), S. 38.
37 Vgl. *J. Bourgeois*, in: GTE, EU-/EGV, Art. 115, Rn. 28; *C. Vedder*, in: Grabitz/Hilf, EU, Art. 115, Rn. 19; *Reuter* (Fn. 16), Rn. 95, *R. Bierwagen*, in: Smit/Herzog, Law of the EC, § 115.04; *C. Schmitter*, in: Constantinesco/Kovar/Simon, TUE, Art. 115, Rn. 7 ff., 19 ff., jeweils m.w.N.
38 In diesem Sinne auch die Entscheidung 87/433 der Kommission (Fn. 5), die eine seit 1971 bestehende Praxis fortsetzt; vgl. Entscheidung vom 12.5.1971, ABl.EG 1971 L 121/26. Aus der Literatur vgl. im einzelnen *C. Vedder*, in: Grabitz/Hilf, EU, Art. 115, Rn. 19 f.; *J. Bourgeois*, in: GTE, EU-/EGV, Art. 115, Rn. 21.
39 Siehe unten 3.; Reuter (Fn. 16), Rn. 95; *J. Bourgeois*, in: GTE, EU-/EGV, Art. 115, Rn. 12 ff.

zu Maßnahmen nach Art. 134 zu berechtigen[40]. Ähnlich wie im Antidumping- und Antisubventionsrecht ist das **Maß der Einwirkung auf den betroffenen Wirtschaftszweig der Gemeinschaft** – etwa im Hinblick auf Kapazitätsauslastung, Gewinnsituation, Preisentwicklungen oder Beschäftigungssituation – maßgeblich[41].
Wie sich aus Wortlaut sowie Sinn und Zweck der Norm ergibt, ist **Kausalität** zwischen der Existenz unterschiedlicher Handelsregimes und den wirtschaftlichen Schäden erforderlich[42].

3. Überschneidungen zwischen beiden Alternativen[42]

Die unter 1. und 2. vorgestellten Tatbestandsalternativen überlappen sich in der Praxis[43]: Warenströme zwischen der Gemeinschaft und Drittländern verlagern sich innerhalb der Gemeinschaft nachgerade zwangsläufig, sofern sich die Außenhandelsregimes einzelner Mitgliedstaaten voneinander unterscheiden. Wirtschaftliche Schwierigkeiten des den Außenhandel behindernden Mitgliedstaates sind die regelmäßige Folge[44]. In diesem Sinne hat die Kommission in der ihrer Praxis zugrunde liegenden Entscheidung ausgeführt: »Maßnahmen gemäß Art. 115 ...[können] nur noch dann genehmigt werden (...), wenn die erwähnten Verkehrsverlagerungen zu wirtschaftlichen Schwierigkeiten führen...«[45]; dies bedeutet, daß wirtschaftliche Schwierigkeiten entgegen dem Wortlaut der Norm bei beiden Tatbestandsalternativen vorliegen müssen, damit die Kommission auf der Grundlage des (nunmehrigen) Art. 134 tätig wird. Angesichts der Art. 134 der Kommission ausdrücklich eingeräumten Befugnis, die Bedingungen für die notwendigen Schutzmaßnahmen festzulegen, dürfte diese Konkretisierung zulässig sein[46].
Die Kommission sieht wirtschaftliche Schwierigkeiten nur dann nicht als Voraussetzung für die Genehmigung von Schutzmaßnahmen an, wenn »die Wirksamkeit von durch die Mitgliedstaaten in Ausführung internationaler Verpflichtungen der Gemeinschaft angewandter handelspolitischer Maßnahmen in Frage« stehen[47].

---

40 EuGH, Rs. 62/70, 23.11.1971, Slg. 1971, 897, Rn. 14 f. (Werner Bock/Kommission); EuGH, Rs. 29/75, 8.4.1976, Slg. 1976, 431, Rn. 6 (Kaufhof/Kommission); so auch die Entscheidung 87/433 der Kommission (Fn. 5).
41 Allg. Meinung; vgl. C. *Vedder*, in: Grabitz/Hilf, EU, Art. 115, Rn. 21; *J. Bourgeois*, in: GTE, EU-/EGV, Art. 115, Rn. 14; *R. Bierwagen*, in: Smit/Herzog, Law of the EC, § 115.04.
42 *J. Bourgeois*, in: GTE, EU-/EGV, Art. 115, Rn. 17, 21; EuGH, Rs. 62/70, 23.11.1971, Slg. 1971, 897, Rn. 15 (Werner Bock/Kommission); Reuter (Fn. 16), Rn. 99 mit Nachweisen der Rspr. und der Lit.; dabei neigt nach Ansicht von GA *VerLoren van Themaat* der Gerichtshof allzu leichtfertig dazu, die Existenz einer Kausalitätsbeziehung zu bejahen; vgl. Slg. 1986, 912 f. und die Entscheidung des Gerichtshofes, EuGH, Rs. 59/84, 5.3.1986, Slg. 1986, 887, Rn. 61 bis 66 (Tezi Textiel/Kommission).
43 *J. Bourgeois*, in: GTE, EU-/EGV, Art. 115, Rn. 11; *Oppermann* (Fn. 4), S. 98; *Weber* (Fn. 4), S. 36, jeweils m.w.N.
44 Vgl. EuGH, Rs. 59/84, 5.3.1986, Slg. 1986, 887, Rn. 31 ff. (Tezi Textiel/Kommission);. EuGH, Rs. 41/76, 15.12.1976, Slg. 1976, 1921, Rn. 24/25 (Donckerwolcke/Procureur de la République); in diesem Sinne auch *Geiger*, EGV, Art. 134, Rn. 6; *Weber* (Fn. 4), S. 36; *J. Bourgeois*, in: GTE, EU-/EGV, Art. 115, Rn. 11; C. *Vedder*, in: Grabitz/Hilf, EU, Art. 115, Rn. 5.
45 Entscheidung der Kommission 87/433 (Fn. 5) – 7. Erwägungsgrund, sowie Art. 3.
46 Der EuGH betont in den in Fn. 44 angegebenen Entscheidungen, daß Art. 115 eng auszulegen sei; dem trägt das sekundärrechtlich aufgestellte Gebot der wirtschaftlichen Schwierigkeiten auch bei Verkehrsverlagerungen Rechnung. Siehe weiter *J. Bourgeois*, in: GTE, EU-/EGV, Art. 115, Rn. 14.
47 Entscheidung der Kommission 87/433 (Fn. 5), 7. Erwägungsgrund; hierzu *Reuter* (Fn. 16), Rn. 97.

IV. Maßnahmen auf der Grundlage von Art. 134 EGV

1. Überblick

14 Sind die Voraussetzungen nach Artikel 134 erfüllt, kann die Kommission zunächst die Methoden für die erforderliche Zusammenarbeit der Mitgliedstaaten **empfehlen**[48]; diese (erste) Option war in der Praxis weitgehend bedeutungslos[49]. Sofern solche Empfehlungen nicht genügen, kann die Kommission die Mitgliedstaaten ermächtigen, die notwendigen **Schutzmaßnahmen** zu treffen. Der Wortlaut des Artikel verpflichtet die Kommission in doppelter Weise dazu, das im Hinblick auf die Beeinträchtigung des freien Warenverkehrs **mildeste Mittel** zu ergreifen: das primäre Mittel der Wahl sind Empfehlungen für die erforderliche Zusammenarbeit zwischen den Staaten. Nur wenn dies nicht genügt[50], darf die Kommission – subsidiär – mitgliedstaatliche **Schutzmaßnahmen** genehmigen[51]. Ganz allgemein gebietet Absatz 3, den Zweck von Art. 134 nur mittels des jeweils mildesten Eingriffs in die Warenverkehrsfreiheit zu verfolgen. Damit bekräftigt Abs. 3 die Stellung des Art. 134 als eng auszulegende Ausnahme von einer der Grundfreiheiten des Gemeinschaftsrechts. Demgemäß stellt die Rspr. zu Recht hohe Anforderungen an die Verhältnismäßigkeit und Notwendigkeit der zu genehmigenden Schutzmaßnahmen[52].

15 Allerdings ist die Kommission keineswegs gehalten, ein ihrer Ansicht nach offensichtlich untaugliches Mittel zu wählen. Sofern die Kommission im Rahmen des ihr zustehenden – nach der Rechtsprechung des EuGH weiten, aber keineswegs schrankenlosen[53] – Ermessens annimmt, daß für die Abstellung der wirtschaftlichen Schwierigkeiten Schutzmaßnahmen erforderlich sind, können diese ohne vorherigen Einsatz des milderen, aber untauglichen Instruments, genehmigt werden[54].

2. Art der zu verhängenden Maßnahmen

16 Ziel der zu genehmigenden Maßnahmen ist es, die nationalstaatliche handelspolitische Maßnahme nicht durch die Freiheiten des Gemeinsamen Marktes ins Leere gehen zu las-

---

48 Vgl. dazu *Everling*, in WEGS, Art. 115, Rn. 4; *C. Vedder*, in: Grabitz/Hilf, EU, Art. 115, Rn. 22; *R. Bierwagen*, in: Smit/Herzog, Law of the EC, § 115.05.
49 *J. Bourgeois*, in: GTE, EU-/EGV, Art. 115, Rn. 1; *R. Bierwagen*, in: Smit/Herzog, Law of the E.C, § 115.05.
50 Der EuGH bejaht die Nichtvereinbarkeit mit Art. 115, sofern Schutzmaßnahmen autorisiert werden, wenn die fraglichen Mengen nicht geeignet sind, wirtschaftliche Schäden zu verursachen, vgl. EuGH, Rs. 29/75, 8.4.1976, Slg. 1976, 431, Rn. 6 (Kaufhof/Kommission) und Rs. 62/70, 23.11.1971, Slg. 1971, 887, Rn. 14 f. (Werner Bock/Kommission).
51 In diesem Sinne auch GA de Lamothe, Rs. 62/70, 23.11.1971, Slg. 1971, 911, 917 (Werner Bock/Kommission), der indes die Nichtbeachtung des grundsätzlichen Rangfolgeverhältnisses rechtlich folgenlos lasen will; *C. Vedder*, in: Grabitz/Hilf, EU, Art. 115, Rn. 22; anders *Reuter* (Fn. 16), Rn. 102; siehe auch *R. Bierwagen*, in: Smit/Herzog, Law of the E.C, § 115.05.
52 EuGH Rs. 62/70, 23.11.1971, Slg. 1971, 887, Rn. 14 (Werner Bock/Kommission); EuGH, Rs. 29/75, 8.4.1976, Slg. 1976, 431, Rn. 6 (Kaufhof/Kommission).
53 EuGH, Rs. 29/75, 8.4.1976, Slg. 1976, 431 (Kaufhof/Kommission); in dieser Entscheidung, wie auch in Rs. 62/70, 23.11.1971, Slg. 1971, 887 (Werner Bock/Kommission) bejahte der EuGH eine Ermessensüberschreitung für den Fall, daß die Kommission zu Schutzmaßnahmen ermächtigt, die schwebende Einfuhranträge einbezieht, ohne daß zuvor überprüft worden wäre, ob die Mengen signifikant waren. Die Entscheidung der Kommission 87/433 (Fn. 5) trägt dieser Rechtsprechung Rechnung, vgl. Art. 2 Abs. 2, Art. 3 Abs. 4.
54 Vgl. auch *C. Vedder*, in: Grabitz/Hilf, EU, Art. 115, Rn. 23 ff.; *Weber* (Fn. 4), S. 42 f.

sen[55]. Die von der Kommission autorisierten Schutzmaßnahmen bestanden regelmäßig darin, die gegenüber dem Drittland angewandten außenwirtschaftsrechtlichen Instrumentarien auf den Warenverkehr mit dem zur Umgehung genutzten Mitgliedstaat zu erstrecken[56]. Entsprechend dem in Art. Art. 134 Abs. 3 festgehaltenen Gebot hat die Kommission, zeitlich versetzt zur Rechtsprechung des EuGH, den möglichen Anwendungsbereich des Artikel 115 laufend enger gefaßt[57]. Die Entscheidung der Kommission vom 22.7.1987 hält in enger Anlehnung an das Verständnis des (nunmehrigen) Art. 134 als Ausnahmevorschrift fest, daß Schutzmaßnahmen nur ergriffen werden dürfen, sofern »der **Ernst der Lage** dies gebietet«[58].

Falls wirtschaftliche Schwierigkeiten sich (lediglich) als Möglichkeit abzeichnen, wird die Kommission entsprechend dem Gebot des Abs. 3 und dem Charakter des Art. 134 als eng auszulegende Ausnahmevorschrift beispielsweise zunächst lediglich das mildere Mittel der Überwachung der Wareneinfuhren im Binnenverkehr genehmigen[59].

C. Verhältnis zu anderen Schutzklauseln

Art. 134 ist einschlägig, wenn der Grund für die wirtschaftlichen Schwierigkeiten (die das Festhalten am Vertrag unzumutbar machen) im Auseinanderfallen von gemeinsamer Handelspolitik und nationalen Außenhandelspolitiken liegt. In allen anderen Fällen greifen die speziellen sonstigen Schutzklauseln[60]. 17

D. Dringlichkeitsfall

Abs. 2 regelt die einzuhaltende Vorgehensweise im Eilfall. Zwar ergeben sich in der Sache keine Besonderheiten, indes würde die in Abs. 2 ermöglichte generelle Vollmacht – mit Vetorecht der Kommission – den Mitgliedstaaten eine deutlich stärkere Stellung einräumen[61]. 18

---

55 *J. Bourgeois*, in: GTE, EU-/EGV, Art. 115, Rn. 13; EuGH Rs. 62/70, 23.11.1971, Slg. 1971, 887, Rn. 15 (Werner Bock/Kommission); *R. Bierwagen*, in: Smit/Herzog, Law of the EC, § 115.05.
56 Vgl. Entscheidung C (88) 1311 der Kommission v. 30.6.1988, ABl. EG 1988 Nr. C 177/12; Entscheidung der Kommission vom 19.7.1983, ABl.EG 1983 L 218/14; *C. Vedder*, in: Grabitz/Hilf, EU, Art. 115, Rn. 22 ff.; *Reuter* (Fn. 16), Rn. 106 ff.
57 Vgl. die in Fn. 17 genannten Entscheidungen sowie *R. Bierwagen*, in: Smit/Herzog, Law of the EC, § 115.01. ff.
58 Art. 3 Abs. 2 der Entscheidung 87/433 der Kommission (Fn. 5); dabei unterlag die Kommission in EuG, Rs. T-571/93, 14.9.1995, Slg. 1995, II-2379, Rn. 48 ff. (Lefebvre Frères et Soeurs) einer Rechtsverweigerung gegenüber den betroffenen Gemeinschaftsunternehmen grenzenden großzügigen Kontrolle durch den EuG.
59 Um damit keine unverhältnismäßigen Schutzmaßnahmen zu ermöglichen, hält Art. 2 in Abs. 1 und 3 der Entscheidung 87/433 (Fn. 5) im einzelnen das Verfahren für die zu erteilenden Einfuhrdokumente fest; in diesem Zusammenhang darf der Einfuhrstaat vom Importeur Angaben über den Ursprung der einzuführenden Ware verlangen, Art. 2 Abs. 5 Entscheidung 87/433; siehe auch EuGH, Rs. 212/88, 26.10.1989, Slg. 1989, 3526 (Levy).
60 *Reuter* (Fn. 16), Rn. 111, *T. Müller-Ibold*, in: Lenz, EGV, Art. 134 Rn. 4; *Weber* (Fn. 4), S. 44, jeweils m.w.N.
61 Vgl. Art. 3 Abs. 6, 7 der Entscheidung 87/433 (Fn. 5), in denen sich die Kommission verpflichtet, innerhalb 5 Werktagen einen Antrag nach Art. 134 zu bescheiden. Umgekehrt werden die Mitgliedstaaten verpflichtet, unverzüglich sämtliche Mitgliedstaaten und interessierte Private zu informieren. Die heutigen Kommunikationsmöglichkeiten lassen ein 1957 nachvollziehbares Bedürfnis für eigene Maßnahmen der Mitgliedstaaten fraglich erscheinen.

E. Rechtsschutz

19 Die Ermächtigung der Mitgliedstaaten, Schutzmaßnahmen zu erlassen, ist grundsätzlich nur an den betroffenen Mitgliedstaat gerichtet. Die einführenden Unternehmen werden dadurch nach der Rspr. des EuGH nicht »unmittelbar und individuell« i.S.v. Art. 230 Abs. 2 betroffen, so daß entsprechende Anträge ohne Erfolg bleiben mußten[62]. Die von Eingriffen in den freien Warenverkehr betroffenen Unternehmen werden regelmäßig nach Art. 234 den EuGH zu erreichen suchen. In den Fällen, in denen nationale Behörden die Genehmigung der Kommission bereits umgesetzt hatten, hat der EuGH implizit die nach Art. 230 Abs. 2 erforderliche Unmittelbarkeit bejaht und die Klagen gegen die Kommissionsakte als zulässig angesehen[63]. Sofern die Genehmigung von Schutzmaßnahmen ausnahmsweise auch rückwirkend bereits gestellte Einfuhranträge betrifft, erkennt die Rspr. ausnahmsweise eine direkte Betroffenheit der importierenden Unternehmen an[64].

20 Zwar ist die Kommission nach der oben dargestellten Rechtsprechung gehalten, bei einem Antrag eines Mitgliedstaats nach Artikel 134 zu prüfen, ob die zur Rechtfertigung der Schutzmaßnahmen vorgebrachten Argumente eine Abweichung vom Vertrag gerechtfertigt erscheinen lassen[65] Indes anerkennt der Gerichtshof bei der Beurteilung eines komplexen wirtschaftlichen Sachverhalts einen weiten Ermessensspielraum der Kommission. Bei der Kontrolle der Rechtmäßigkeit der Ausübung dieser Befugnisse der Kommission beschränkt er sich auf die Prüfung, ob der Behörde ein offensichtlicher Irrtum oder Ermessensmißbrauch unterlaufen ist oder ob sie die Grenzen ihres Ermessensspielraums offensichtlich überschritten hat.[66] In der Praxis führt dies zu schwer zu rechtfertigenden Kontrollausfällen.[67]

---

62 EuGH, Rs. 231/82, 14.7.1983, Slg. 1983, 2559, Rn. 8 ff. (Spijker Kwasten/Kommission); EuGH Rs. 191/88, 15.3.1989, Slg. 1989, 793, Rn. 18 (Co-Frutta/Kommission); siehe auch R. *Bierwagen,* in Smit/Herzog, Law of the EC, § 115.05.
63 EuGH, Rs. 29/75, 8.4.1976, Slg. 1976, 431, Rn. 3 (Kaufhof/Kommission); EuGH, Rs. 59/84, 5.3.1986, Slg. 1986, 887, Rn. 9 ff. (Tezi Textiel/Kommission).
64 EuGH Rs. 62/70, 23.11.1971, Slg. 1971, 887, Rn. 2 ff. (Werner Bock/Kommission); EuGH, Rs. 1/84-R, 1.2.1984, Slg. 1984, 423, Rn. 5 ff. (Ilford/Kommission).
65 Vgl. nur EuGH, Rs. 29/75, 8.2.1976, Slg. 1976, 431 (Kaufhof/Kommission).
66 EuGH, Rs. 55/75, 22.1.1976, Slg. 1976, 19 (Balkan-Import-Export); EuGH, Rs. 29/77, 20.10.1977, Slg. 1977, 1835 (Roquette Frères); EuGH, Rs. 138/79, 29.10.1980, Slg. 1980, 3333 (Roquette Frères/Rat).
67 EuG, Rs. T-571/93, 14.9.1995, Slg. 1995, II-2379, Rn. 48 ff. (Lefebvre Freres et Soeurs); zum Ganzen siehe *Müller-Jenschke,* in Schwarz, EU-Abkommen, Art. 134, Rn. 19 f.

Titel X
(ex-Titel VIIa)
Zusammenarbeit im Zollwesen

Art. 135 (ex-Art. 116)

Der Rat[6] trifft im Rahmen des Geltungsbereichs dieses Vertrags[4] gemäß dem Verfahren des Artikels 251[6] Maßnahmen zum Ausbau[3] der Zusammenarbeit[4] im Zollwesen zwischen den Mitgliedstaaten[5] sowie zwischen den Mitgliedstaaten und der Kommission[5]. Die Anwendung des Strafrechts der Mitgliedstaaten und ihre Strafrechtspflege bleiben von diesen Maßnahmen unberührt[1, 4].

Die neu eingefügte Vorschrift besaß im EGV in der Fassung des Vertrags von Maastricht keine Entsprechung. Der Vertrag über die Europäische Union (Maastricht-Vertrag) enthielt in seinem Titel VI (Bestimmungen über die Zusammenarbeit in den Bereichen Justiz und Inneres)[1] mit Art. K.1 Nr. 8 eine dem Wortlaut nach ähnliche Norm. Systematische Stellung und Formulierung dieser Vorschrift verdeutlichten ihren Bedeutungsgehalt und ihren Anwendungsbereich: **Art. K.1 Nr. 8 EUV a.F.** gehörte zur sog. »Dritten Säule« der Union und betraf damit die intergouvernementale Zusammenarbeit in den genannten Bereichen. Das bedeutete, daß die Mitgliedstaaten Träger der aufgeführten Politikbereiche und damit auch der »Zusammenarbeit im Zollwesen« waren[2]. Die »Zusammenarbeit im Zollwesen« war auch nicht unter den gemeinschaftsfähigen Sachbereichen in der Evolutivklausel des Art. K.9 EUV a.F. aufgeführt, sollte unter der Rechtslage nach dem Maastricht-Vertrag also noch nicht in die Kompetenz der Gemeinschaft überführt werden können[3]. Inhaltlich ging es bei Art. K.1 Nr. 8 EUV a.F. um **Rechtshilfe bei der justiziellen Verfolgung bzw. Ahndung von Straftaten im Zollbereich.** 1

Die »Dritte Säule« der Union nahm die bereits zuvor praktizierte intergouvernementale Zusammenarbeit im Justiz- und Innenbereich auf und wollte sie institutionell weiterentwickeln[4]. Im Zollbereich konnte hier die **Arbeitsgruppe »Gegenseitige Amtshilfe 92«** (GAM '92) genannt werden, die im Zusammenwirken mit der Kommission die Zusammenarbeit und den Informationsaustausch zwischen den Zolldienststellen der Mitgliedstaaten untereinander und mit der Gemeinschaft angesichts der Herausforderungen des Binnenmarkts vorrangig an den Außengrenzen der Gemeinschaft intensivieren sollte[5]. 2

---

1 S. dazu insgesamt: *T. Akmann*, Die Zusammenarbeit in den Bereichen Justiz und Inneres als »3. Säule« des Maastrichter Unionsvertrags, JA 1994, S. 49; *H.G. Fischer*, Die Zusammenarbeit in den Bereichen Justiz und Inneres – die »3. Säule« des Vertrags über die Europäische Union, EuZW 1994, S. 747; *U. Di Fabio*, Die »Dritte Säule« der Union, DÖV 1997, S. 89. Zur Entwicklung der Zusammenarbeit im Zollwesen s. *U. Wewel*, Schutz der Union durch Zusammenarbeit im Zollwesen, ZfZ 1995, S. 226; *ders.*, in: Müller-Graff (Hrsg.), Europäische Zusammenarbeit in den Bereichen Justiz und Inneres, 1996, S. 117; *L. Harings*, Grenzüberschreitende Zusammenarbeit der Polizei- und Zollverwaltungen und Rechtsschutz in Deutschland, 1998, S. 96; *ders.*, Fragen des Rechtsschutzes im Zusammenhang mit der internationalen Zollfahndung, in: Baldur/Soiné (Hrsg.), Rechtsprobleme der internationalen polizeilichen Zusammenarbeit, 1999, S. 167.
2 S. *Akmann* (Fn. 1), S. 53; zur Vorgeschichte und zur Verwaltungspraxis vor Inkrafttreten der Bestimmung auch *M. Lux*, in: Lenz, EGV, Art. 135, Rn. 2 ff.; *R. Voß*, in: Grabitz/Hilf, EU, Art. 135, Rn. 1 f., 5.
3 S. *Akmann* (Fn. 1), S. 53.
4 *Fischer* (Fn. 1), S. 748; *ders.*, Europarecht, 2. Aufl. 1997, § 14, Rn. 69; *Di Fabio* (Fn. 1), S. 94.
5 *R. Rupprecht/M. Hellenthal*, Programm für eine Europäische Gemeinschaft der Inneren Sicherheit, in: dies. (Hrsg.), Innere Sicherheit im Europäischen Binnenmarkt, 1992, S. 160 f.; *K.-P. Nanz*, Der »3. Pfeiler der Europäischen Union«: Zusammenarbeit in der Innen- und Justizpolitik, integration 1992, S. 129 und S. 137; *Akmann* (Fn. 1), S. 51; *Fischer* (Fn. 1), S. 748; *Harings* (Fn. 1), S. 105.

Christian Waldhoff

Art. 135 EG-Vertrag

Rechtsgrundlage für diese nicht vergemeinschaftete Zusammenarbeit im Zollwesen ist (noch) das Übereinkommen zwischen Belgien, der Bundesrepublik Deutschland, Frankreich, Italien, Luxemburg und den Niederlanden über die gegenseitige Unterstützung ihrer Zollverwaltungen (sog. Neapel I Abkommen)[6]. An die Stelle dieses Abkommens soll das Übereinkommen aufgrund von Artikel K.3 des Vertrags über die Europäische Union über gegenseitige Amtshilfe und Zusammenarbeit der Zollverwaltungen vom 18.12.1997 (sog. Neapel II Abkommen)[7] treten. Ebenfalls im institutionellen Rahmen der »Dritten Säule« der Union wurde das Übereinkommen aufgrund von Artikel K.3 des Vertrags über die Europäische Union über den Einsatz der Informationstechnologie im Zollbereich geschlossen, das den **Aufbau eines Zollinformationssystems (ZIS)** vorsieht[8]. Die Zollverwaltungen spielen auch eine Rolle bei der Bekämpfung von organisierter Kriminalität und Drogenhandel[9].

3   Innerhalb der »**Ersten Säule der Union**« existierten auch bisher schon Rechtsakte der Gemeinschaft über die Zusammenarbeit im Zollwesen, die allerdings nicht die Rechts-, sondern die **Amtshilfe** und damit nicht den justiziell-strafrechtlichen, sondern den verwaltungs(verfahrens-)rechtlichen Bereich betrafen. Dies wird in der Verwendung des Wortes »Ausbau« (der Zusammenarbeit) in hiesiger Vorschrift berücksichtigt. Die VO (EWG) Nr. 1468 vom 19.5.1981 betreffend die gegenseitige Unterstützung der Verwaltungsbehörden der Mitgliedstaaten und die Zusammenarbeit dieser Behörden mit der Kommission, um die ordnungsgemäße Anwendung der Zoll- und der Agrarregelung zu gewährleisten[10] wurde inzwischen durch die **VO (EWG) Nr. 515 vom 13.3.1997** ersetzt[11]. Diese Verordnungen stützten sich, sofern sie Fragen der Agrarpolitik betrafen, auf Art. 43 EGV a.F., für die zollrelevanten Bestimmungen mußte auf Art. 100a EGV a.F. oder auf die problematische Kompetenzgrundlage des Art. 235 EGV a.F. zurückgegriffen werden[12]. Von den weiteren Rechtsakten ist das gemeinschaftliche Aktionsprogramm zur beruflichen Aus- und Fortbildung der Zollbediensteten der einzelstaatlichen Verwaltungen (**MATTHAEUS-Programm**) hervorzuheben[13]. Durch gemeinsame Aus- und Fortbildungsprogramme soll eine einheitliche Anwendung des Gemeinschaftsrechts bei der Warenein- und -ausfuhr an den Außengrenzen der Gemeinschaft erreicht, den Zollbeamten soll die Gemeinschaftsdimension ihrer Tätigkeit bewußt gemacht werden. Übergeordneter Rahmen war das zunächst bis zum 31.12.2000 befristete **Aktionsprogramm für das Zollwesen in der Gemeinschaft (»Zoll 2000«) vom 19.12.1996**[14].

---

6   Vom 7.9.1967, ratifiziert durch Gesetz vom 14.1.1969, BGBl. II S. 65. Diesem Abkommen sind inzwischen alle Mitgliedstaaten außer Schweden, Finnland und Österreich beigetreten; in Österreich läuft das Ratifikationsverfahren. *Harings* (Fn. 1), S. 98 f.
7   ABl.EG 1998, C 24/1. *Harings* (Fn. 1), S. 99, 105 ff.
8   ABl.EG 1995, Nr. C 316/33. Zum Inkrafttreten desselben ebd. S. 58. *Wewel*, ZfZ 1995 (Fn. 1), S. 226 ff.; *Harings* (Fn. 1), S. 100 ff.
9   S. nur: Entschließung des Rates vom 14.10.1996 zur Festlegung der Prioritäten für die Zusammenarbeit im Bereich Justiz und Inneres für den Zeitraum vom 1.7.1996 bis zum 30.6.1998, ABl.EG 1996, Nr. C 319/1; Entschließung des Rates vom 29.11.1996 über Vereinbarungen zwischen den Polizei- und den Zollbehörden bei der Drogenbekämpfung, ABl.EG 1996, Nr. C 375/1; gemeinsame Maßnahme vom 29.11.1996, ABl.EG 1996, Nr. L 322/3; gemeinsame Maßnahme vom 9.6.1997, ABl.EG 1997, Nr. L 159/1. S. dazu *Harings* (Fn. 1), S. 98.
10 ABl.EG 1981, Nr. L 144/1.
11 Verordnung ... über die gegenseitige Amtshilfe zwischen Verwaltungsbehörden der Mitgliedstaaten und die Zusammenarbeit dieser Behörden mit der Kommission im Hinblick auf die ordnungsgemäße Anwendung der Zoll- und Agrarregelung, ABl.EG 1997, Nr. L 82/1.
12 Zur Rechtsgrundlage einer Verordnung zur Zollamtshilfe EuGH, Rs. C-209/97, Slg. 1999, I-8078 (Kommission/Rat).
13 ABl.EG 1991, Nr. L 187/41; 1993, Nr. L 16/13.
14 ABl.EG 1997, Nr. L 33/24 mit Durchführungszwischenbericht vom 24.7.1998, Dok. KOM (1998) 471 endg. S. auch Art. 23, Rn. 21. *Wewel*, ZfZ 1995 (Fn. 1), S. 229: Grundstein für eine europäische Zollverwaltung; *R. Beußel*, Zoll 2000 – Fortschritte Richtung Europa, ZfZ 1999, S. 290.

Die eingefügte Vorschrift schafft eine **ausdrückliche Kompetenzgrundlage für Rechts- 4 akte der »Ersten Säule«**. Dies wird durch die Formulierung »im Rahmen des Geltungsbereichs dieses Vertrags« verdeutlicht. Die Vorschrift ist im Gesamtzusammenhang der Zusammenarbeit mitgliedstaatlicher Verwaltungen im Rahmen des Binnenmarktes zu sehen[15]. Angesichts des hohen Integrationsstands der Zollunion[16] ist die jetzt erfolgte Positivierung zu begrüßen, da der Rückgriff auf Art. 235 EGV a.F. dogmatisch problematisch und politisch belastet und andernfalls der Bezug zum Funktionieren des Binnenmarkts gem. Art. 100a EGV a.F. Voraussetzung für eine Regelung war[17]. Der Bereich der Strafrechtspflege – und damit der Rechtshilfe – bleibt weiterhin den Mitgliedstaaten vorbehalten, so daß die **Zweispurigkeit der Zusammenarbeit im Zollwesen** nicht vollständig beseitigt ist[18], ein intergouvernementaler Bereich weiterhin erhalten bleibt[19]. Dies wird auch durch die neugefaßten **Art. 29 und 30 EUV** deutlich, die neben der Polizei und anderen Stellen die Zollbehörden ausdrücklich erwähnen. Mit der **Positivierung der Zusammenarbeit** im EGV, der über die »präintegrative« Intensität, die mit dem Rechtsbegriff der Zusammenarbeit in der Dritten Säule des alten EUV erreicht werden konnte[20], hinausreicht[21], können Vollzugslücken, die die im Normenbestand sehr weitreichende Integration der Zollunion gelassen hatte[22], unter Beachtung des **verbleibenden Strafrechtsvorbehalts** zugunsten der Mitgliedstaaten geschlossen werden. »Es ist erstaunlich, daß nachdem die Zollunion der EG-Mitgliedstaaten seit fast dreißig Jahren existiert, erst im Jahre 1997 die Zollzusammenarbeit geregelt wird«[23].

Die zu beschließenden Maßnahmen zum Ausbau der Zusammenarbeit im Zollwesen ha- 5 ben eine doppelte Richtung: **horizontal** zwischen den einzelnen Mitgliedstaaten und **vertikal** zwischen den Mitgliedstaaten und der Kommission. Dies war in der »GAM '92« bereits vorgezeichnet[24].

Die neu positivierte Zusammenarbeit im Zollwesen wird **verfahrensrechtlich** unter das 6 **Mitentscheidungsverfahren** gem. Art. 251 gestellt[25]. Dies impliziert qualifizierte Mehrheitsentscheidungen im Rat.

Formen der Zusammenarbeit auf dem Gebiet des Zollwesens, die nicht von der 7 Bestimmung erfaßt werden, sind die **multilaterale Zusammenarbeit der Gemeinschaft**

---

15 *Fischer* (Fn. 4), § 11, Rn. 11 ff.
16 Art. 23, Rn. 8.
17 M. *Piepenschneider*, Der Vertrag von Amsterdam, 3. Aufl. 1998, S. 57, Fn. 266. Vgl. zuvor schon P.-C. *Müller-Graff*, Europäische Zusammenarbeit in den Bereichen Justiz und Inneres, in: ders. (Hrsg.), Europäische Zusammenarbeit in den Bereichen Justiz und Inneres, 1996, S. 18; vgl. auch EuGH, Rs. C-209/97 (Fn. 12).
18 Dies wird deutlich herausgestellt in Gliederungspunkt I. viii. des erläuternden Berichts über das Übereinkommen aufgrund von Artikel K.3 des Vertrags über die Europäische Union über die gegenseitige Amtshilfe und Zusammenarbeit der Zollverwaltungen vom 28.5.1998, ABl.EG 1998, Nr. C 189/1: »Die Zusammenarbeit im Zollwesen im Rahmen des Vertrags zur Gründung der Europäischen Gemeinschaft betrifft die ordnungsgemäße Anwendung der Rechtsvorschriften für gemeinschaftliche Zoll- und Agrarangelegenheiten. Die Zusammenarbeit im Zollwesen nach Titel VI des Vertrags über die Europäische Union betrifft die Strafverfolgung bei Zuwiderhandlungen gegen Zollvorschriften...«
19 *Piepenschneider* (Fn. 17), S. 33 und S. 56 mit Fn. 265; M. *Lux*, in: Lenz, EGV, Art. 135, Rn. 5; *Geiger*, EGV, Art. 135, Rn. 2.
20 Dazu: *Di Fabio* (Fn. 1), S. 91.
21 Zu den Formen der »Zusammenarbeit« in der »Ersten Säule« s. auch *Fischer* (Fn. 4), § 11, Rn. 11 ff.
22 Art. 23, Rn. 21. T. *Kienle*, Sonstige Bereiche der Gemeinschaftspolitik, in: Bergmann/Lenz (Hrsg.), Der Amsterdamer Vertrag, 1998, S. 183.
23 *Piepenschneider* (Fn. 17), S. 57. Ähnlich auch *Müller-Graff* (Fn. 16), S. 18.
24 Rn. 2.
25 M. *Lux*, in: Lenz, EGV, Art. 135, Rn. 24.

selbst[26], sog. gemischte Abkommen der Gemeinschaft und ihrer Mitgliedstaaten mit Drittstaaten[25], bilaterale Abkommen einzelner Mitgliedstaaten mit einem Drittstaat[26] sowie bilaterale Abkommen der Gemeinschaft mit einem Drittstaat[27, 28, 29].

---

26 Art. 23, Rn. 12 f. *Wewel*, ZfZ 1995 (Fn. 1), S. 231.
27 *M. Lux*, in: Lenz, EGV, Art. 135, Rn. 18. Hierunter fallen Abkommen über Partnerschaft und Zusammenarbeit zwischen den Europäischen Gemeinschaften sowie ihren Mitgliedstaaten einerseits und einzelnen Drittstaaten andererseits, die regelmäßig einen Artikel über die Zusammenarbeit im Zollwesen enthalten sowie mit einem »Protokoll über Amtshilfe im Zollbereich« ausgestattet sind: Kirgisistan, BGBl. 1997 II S. 246; Ukraine, BGBl. 1997 II S. 268; Weißrußland, BGBl. 1997 II S. 296; Rußland, BGBl. 1997 II S. 846; vor allem sind hier jedoch die gemischten Assoziierungsabkommen zu nennen, für die hinsichtlich der Zusammenarbeit im Zollbereich entsprechendes gilt: Polen, BGBl. 1993 II S. 1316; Ungarn, BGBl. 1993 II S. 1472; Bulgarien, BGBl. 1994 II S. 2753; Rumänien, BGBl. 1994 II S. 2957; Slowakei, BGBl. 1994 II S. 3126; Tschechien, BGBl. 1994 II S. 3320; Estland, BGBl. 1996 II S. 1666; Lettland, BGBl. 1996 II S. 1879; Litauen, BGBl. 1996 II S. 2186; Slowenien, BGBl. 1997 II S. 1855. *Wewel*, ZfZ 1995 (Fn. 1), S. 230 f. m.w. N.
28 S. bspw. Vertrag zwischen der Bundesrepublik Deutschland und den Vereinigten Staaten von Amerika vom 23.8.1973, BGBl. 1975 II S. 446; Ungarn, BGBl. 1993 II S. 115; Rußland, BGBl. 1994 II S. 1052; Tschechien, BGBl. 1996 II S. 1067; *Wewel*, ZfZ 1995 (Fn. 1), S. 230.
29 Hier sind beispielsweise Abkommen mit den USA (ABl.EG 1997, Nr. L 222/16), mit Norwegen (ABl.EG 1997, Nr. L 105/13) oder mit der Schweiz (ABl.EG 1997, Nr. L 169/77) zu erwähnen.

Titel XI
(ex-Titel VIII)
Sozialpolitik, allgemeine und berufliche Bildung und Jugend

Kapitel 1
Sozialvorschriften

Art. 136 (ex-Art. 117)

Die Gemeinschaft und die Mitgliedstaaten verfolgen eingedenk der sozialen Grundrechte, wie sie in der am 18. Oktober 1961 in Turin unterzeichneten Europäischen Sozialcharta und in der Gemeinschaftscharta der sozialen Grundrechte der Arbeitnehmer von 1989 festgelegt sind[33 ff.], folgende Ziele[29 ff.]: die Förderung der Beschäftigung, die Verbesserung der Lebens- und Arbeitsbedingungen, um dadurch auf dem Wege des Fortschritts ihre Angleichung zu ermöglichen, einen angemessenen sozialen Schutz, den sozialen Dialog, die Entwicklung des Arbeitskräftepotentials im Hinblick auf ein dauerhaft hohes Beschäftigungsniveau und die Bekämpfung von Ausgrenzungen.

Zu diesem Zweck führen die Gemeinschaft und die Mitgliedstaaten Maßnahmen durch, die der Vielfalt der einzelstaatlichen Gepflogenheiten, insbesondere in den vertraglichen Beziehungen, sowie der Notwendigkeit, die Wettbewerbsfähigkeit der Wirtschaft der Gemeinschaft zu erhalten, Rechnung tragen[31 f.].

Sie sind der Auffassung, daß sich eine solche Entwicklung sowohl aus dem eine Abstimmung der Sozialordnungen begünstigenden Wirken des Gemeinsamen Marktes als auch aus den in diesem Vertrag vorgesehenen Verfahren sowie aus der Angleichung ihrer Rechts- und Verwaltungsvorschriften ergeben wird[31 f.].

Inhaltsübersicht:

A. Die Sozialpolitik im System des Gemeinschaftsrechts	1
I. Allgemeines	1
II. Überblick über die Sozialpolitik	4
III. Konzept und Stellung der Sozialpolitik im Vertragsgefüge	6
1. Konzept	6
2. Das Verhältnis zu anderen Politiken	8
a) Allgemeines	8
b) Das Verhältnis insbesondere zu den Grundfreiheiten	12
aa) Berührungspunkte	12
bb) Sozialpolitische Belange zur Rechtfertigung von Grundfreiheitsbeschränkungen	15
cc) Weitergehender Einfluß?	17a
IV. Die Realisierung der Ziele der europäischen Sozialpolitik	19
1. Die Verteilung der Kompetenzen zwischen Mitgliedstaaten und Gemeinschaft und die Umsetzung der Handlungsmöglichkeiten in der Sozialpolitik	19
2. Die Instrumente zur Realisierung der Sozialpolitik	22
V. Das Verhältnis zu ILO Konventionen und zu Pflichten aus der Europäischen Sozialcharta	26
B. Art. 136	27
I. Der ausgleichende Charakter von Art. 136	27
II. Rechtsnatur	28
III. Die Ziele des Art. 136 Abs. 1	29
IV. Die Verwirklichung der Ziele	31
V. Die Bedeutung der sozialen Grundrechte	33

Art. 136 EG-Vertrag

A. Die Sozialpolitik im System des Gemeinschaftsrechts

I. Allgemeines

1 Das 1. Kapitel von Titel XI ist den Sozialvorschriften gewidmet, der – wie es sich aus der Überschrift des Titel XI ergibt – sog. Sozialpolitik. Die Sozialpolitik des EGV betrifft schwerpunktmäßig das **Arbeitsrecht**, nicht das Sozialrecht, welches als Recht der sozialen Sicherheit oder des sozialen Schutzes bezeichnet und allerdings auch vereinzelt in diesem Kapitel erwähnt wird. Die europarechtliche Sozialpolitik erfaßt daher beide Bereiche.

2 Das Kapitel über die Sozialpolitik ist nicht die einzige vertragliche **Quelle europäischen Arbeitsrechts**. Zu nennen ist hier vor allem noch Art. 39. Vor Inkrafttreten des Vertrags von Amsterdam beschlossene Harmonisierungsakte auf dem Gebiet des Arbeitsrechts wurden mangels entsprechender Ermächtigungsgrundlagen im Kapitel über die Sozialpolitik auf die Art. 94, 95 und 308 gestützt, die noch immer heftig diskutierte koordinierende Entsenderichtlinie[1] auf Art. 55 i.V.m. 47 Abs. 2. Ferner haben Art. 33 Abs. 1 lit. b), Art. 150 ebenso wie Teile der Kapitel über die Beschäftigungspolitik und den europäischen Sozialfonds Berührungspunkte mit der Sozialpolitik. Außerhalb der Art. 136 ff. ist vor allem Art. 42 Grundlage sozialrechtlicher (Koordinierungs-) Vorschriften.

3 Die Urfassung des EGV enthielt einen nur sehr schwach ausgeprägten Zuständigkeits- und Ermächtigungsgehalt[2] im Bereich der Sozialpolitik. Nachdem sich die Tätigkeit der Gemeinschaft auf dem Gebiet des europäischen Arbeitsrechts über einen längeren Zeitraum hin nur auf die Freizügigkeit beschränkte[3], erwachte die eigentliche Sozialpolitik erst 1974 zu Leben. Ausgangspunkt war das ehrgeizige, zum Teil gar nicht oder mit erheblicher Zeitverzögerung umgesetzte sozialpolitische Aktionsprogramm vom 21. 1. 1974[4], das sowohl inhaltliche Akzente setzte als auch der Vorgehensweise der Gemeinschaft geprägt hat, indem es keine Rücksicht auf seine rechtliche Durchsetzbarkeit nahm[5]. Es wurden im folgenden Wege gesucht, seinen Inhalt auch ohne entsprechende primärrechtliche Grundlagen in den Bestimmungen zur Sozialpolitik zu verwirklichen. Zum Teil war dieses in rechtlich zumindest nachvollziehbarer Weise möglich, doch ist letztlich eine nicht unerhebliche Schieflage zwischen Primär- und Sekundärrecht entstanden, die mitunter erst durch die jüngsten Vertragsänderungen behoben worden ist[6]. Ein weiteres Ergebnis dieser Vorgehensweise ist, daß die konzeptuelle Entwicklung auch allgemeiner Institute oder Prinzipien des europäischen Arbeitsrechts häufig im **Sekundärrecht** vollzogen wurde, was zu einem aus dogmatischer Sicht nicht immer überzeugenden Verhältnis von Primär- und Sekundärrecht geführt hat (vgl. etwa Art. 141 Rn. 6, 9 ff.). In materieller Hinsicht schließlich liegen die Schwerpunkte des europäischen Arbeitsrechts nach wie vor im Sekundärrecht.

---

1 Richtlinie 96/71/EG v. 16. 12. 1996 über die Entsendung von Arbeitnehmern im Rahmen der Erbringung von Dienstleistungen, ABl.EG 1997, Nr. L 18/1. Zum Inhalt Art. 52 Rn. 22.
2 Statt vieler *Ipsen*, EG-Recht, S. 932.
3 *W. Däubler*, Völkerrecht und Europarecht in der Rechtsprechung der Arbeitsgerichte, FS-Deutscher Arbeitsgerichtsverband, 1994, S. 619 (638), spricht von Dornröschenschlaf.
4 ABl.EG 1974 Nr. C 13/1.
5 *G. Schnorr*, Entwicklungstendenzen des Europäischen Gemeinschaftsrechts auf arbeitsrechtlichem Gebiet, RdA 1981, S. 329 (347).
6 Vgl. auch *M. Heinze*, Der Einfluß der europäischen Integration auf die Sozialpolitik, in: D. Döring/R. Hauser (Hrsg.), Soziale Sicherheit in Gefahr, 1995, S. 183 (188).

II. Überblick über die Sozialpolitik

Der Vertrag von Amsterdam hat einerseits zu einer erheblichen **Ausweitung** der Vorschriften über die Sozialpolitik geführt, die im wesentlichen auf der Einarbeitung des SozAbk in den Vertrag beruht. Sucht man andererseits nach neuen, nicht bereits im SozAbk enthaltenen Anstößen, so fällt die Bilanz bescheidener aus[7]. Durch den Vertrag von Nizza sind nur Art. 137, 139 und 144 geändert worden.

Aus der Perspektive einer europarechtlichen Verfassungslehre ist Kernstück der Regelung Art. 141, der neben dem Entgeltgleichheitsgebot nunmehr auch Grundlage eines allgemeinen Grundsatzes des Verbots der Diskriminierung wegen des Geschlechts im Bereich der Sozialpolitik ist (Art. 141 Rn. 75 ff.). Mit den Art. 137 Abs. 2 lit. b), Art. 139 Abs. 2 und Art. 141 Abs. 3 enthält das Kapitel über die Sozialpolitik umfassende Ermächtigungsgrundlagen, die inhaltlich auch höchst umstrittene Materien wie vor allem die Mitbestimmung in Art. 137 Abs. 1 lit. f) aufführen. Aus inhaltlicher Sicht ist weiterhin die Bedeutung der Funktion der Sozialpartner auf Gemeinschaftsebene von Gewicht. Erwähnenswert ist ferner das ausdrückliche Aufführen der Europäischen Sozialcharta in Art. 136 Abs. 1, andererseits aber das Fehlen eines Verweises auf die Charta der Grundrechte der Europäischen Union. Das Primärrecht bietet nunmehr eine **feste Basis** auch für die künftige Entwicklung des europäischen Arbeitsrechts.

III. Konzept und Stellung der Sozialpolitik im Vertragsgefüge

1. Konzept

Trotz der Aufwertung der Sozialpolitik durch den Vertrag von Amsterdam ist das allgemeine Konzept der Sozialpolitik nach wie vor im Grundsatz ein **wettbewerbspolitisches**. Die Vorstellung ist, daß eine erfolgreiche Wirtschaftspolitik sich positiv auf die soziale Integration auswirkt[8]. Dieses traditionelle Verständnis befindet sich zwar in einer Phase der Entwicklung und die Gewichte haben sich bereits im Vertrag von Amsterdam zugunsten der Sozialpolitik verschoben: Gehandelt werden kann nicht nur, wenn es die Wettbewerbspolitik erfordert, sondern auch aus allein sozialpolitischen Erwägungen heraus, soweit wettbewerbspolitischen Überlegungen dabei Rechnung getragen wird. Indes fehlt den Art. 136 ff. ein inhaltliches Konzept. Es werden weite Bereiche des Arbeitsrechts aufgeführt, doch enthält der Vertrag kein sozialpolitisches Programm, und er gibt so gut wie keine inhaltlichen Vorgaben, ob, wie und wann von den Ermächtigungsgrundlagen Gebrauch zu machen ist. Die wenigen im Vertrag enthaltenen inhaltlichen Anhaltspunkte unterstellen wie Art. 136 Abs. 2 u. 3 das Handeln wettbewerbspolitischen Überlegungen. Die wenngleich beträchtliche Zunahme der die Sozialpolitik betreffenden Bestimmungen im EGV führt mangels sozialpolitischen Konzeptes daher nicht zu einer Lösung dieser Politik aus ihrer Einbettung in die Wettbewerbspolitik[9].

Dieses Verständnis der Sozialpolitik ist einer allgemeinen Bewertung kaum zugänglich, entscheidend ist vielmehr, welche praktischen Konsequenzen aus diesem Konzept der

---

7 Vgl. auch *H. Buchner*, Die Sozialvorschriften des EG-Vertrages in der Fassung des Amsterdamer Vertrages, FS-Söllner, 2000, S. 175.
8 Statt vieler *MünchArbR/Birk* § 18, Rn. 5; anders zur Rechtslage nach Amsterdam wohl *R. Langer*, Sozialpolitik, in: J. Bergmann/C. Lenz (Hrsg.), Der Amsterdamer Vertrag, 1998, Rn. 9.
9 A.A. *R. Rebhahn*, in: Schwarze (Hrsg.), EU-Kommentar, Art. 136, Rn. 5; *J. Joussen*, Die Stellung europäischer Sozialpolitik nach dem Vertrag von Amsterdam, ZIAS 2000, S. 191 (199 ff.).

Sozialpolitik zu ziehen sind. Sie sind so oder so gering[10]. Eine andere Bewertung des Rangs der Sozialpolitik ändert vor allem nichts daran, daß den Art. 136 ff. ein inhaltliches Konzept fehlt. Ein (auch in der Gegenwart nicht bedeutungslos gewordener) Vorteil des wettbewerbspolitischen Verständnisses der Sozialpolitik war, daß die Gemeinschaft trotz fehlender Kompetenzen im Kapitel über die Sozialpolitik überhaupt handeln konnte, was mitunter vergessen wird.

2. Das Verhältnis zu anderen Politiken

a) Allgemeines

8 Die Gestaltung anderer gemeinschaftsrechtlicher Politiken (Beschäftigungspolitik, Wettbewerbspolitik, Industriepolitik, Verkehrspolitik, Umweltpolitik, Handelspolitik, aber auch die Grundfreiheiten, das Beihilfe- und das Kartellrecht) kann sich auf die Sozialpolitik auswirken. Umgekehrt kann sich auch die Sozialpolitik auf andere Bereiche auswirken oder sich die weitergehende Frage stellen, ob sozialpolitische Belange bei der Gestaltung anderer Gebiete aktiv zu berücksichtigen sind. In allen diesen Fällen besteht das Problem, wie die berührten Politiken **in Einklang zu bringen** sind und welche von ihnen sich durchsetzt. Der Vertrag spricht das Verhältnis der verschiedenen Politiken bei der Umweltpolitik, Art. 6, der Beschäftigungspolitik, Art. 127 Abs. 2, und der Entwicklungszusammenarbeit, Art. 178, in sog. Querschnittsklauseln an. Eine entsprechende allgemeine Regelung fehlt für die Sozialpolitik, hingegen wird vereinzelt die Berücksichtigung der sozialen Entwicklung vorgeschrieben, vgl. Art. 174 Abs. 3 4. Spstr. Das Verhältnis der Politiken ist – abgesehen von der Diskussion um die umweltrechtliche Querschnittsklausel – ein bisher allgemein und besonders hinsichtlich der Sozialpolitik weder in der Rechtsprechung des EuGH noch in der Literatur geklärtes Problem. Versucht man, erste Ansatzpunkte[11] für eine Lösung herauszuarbeiten, ist es angesichts der Vielschichtigkeit des Problems geboten, es in verschiedene Einzelfragen aufzuteilen: (1) Wirkt sich ein anderer Bereich auf die Sozialpolitik aus oder berührt umgekehrt die Anwendung der Sozialpolitik andere Politiken; (2) die Art der Auswirkung und (3) der Gesichtspunkt der gemeinschaftsinternen Entscheidung des Interessenkonflikts. Zur Frage des Verhältnisses verschiedener Politiken und der Zuständigkeitsabgrenzung zwischen Gemeinschaft und Mitgliedstaaten vgl. Rn. 18a. Zur Frage, inwieweit Tarifverträge Art. 81 unterliegen, dort Rn. 1.

9 Zu (1): Auswirkungen auf die Sozialpolitik sind nur dann problematisch, wenn sie beschränkender Art sind. Inwieweit der Einfluß der Sozialpolitik auf andere Bereiche hinzunehmen ist, ist aus deren Sicht zu beurteilen. Die Frage, ob eine aktive Pflicht zur Berücksichtigung der Sozialpolitik bei der Gestaltung anderer Gebiete verlangt wird, könnte angesichts der fehlenden Querschnittsklausel in den Art. 136 ff. auf die ausdrücklich geregelten Einzelfälle beschränkt werden. Allerdings setzt diese Argumentation eine nicht unbedingt gegebene Geschlossenheit der Regelung des EGV voraus[12].

10 Zu (2): Die Art der **Auswirkung** auf die Sozialpolitik kann zum einen den Handlungsspielraum bei der Gestaltung der Sozialpolitik einengen, Abweichungen von bestehenden sozialpolitischen Maßnahmen beinhalten oder deren Umsetzung beeinträchtigen

---

10 *Joussen* (Fn. 9), S. 199 ff. etwa nennt keine konkreten Folgen aus seinem Verständnis der Gleichwertigkeit der Sozialpolitik.
11 Andere Aspekte sprechen etwa R. *Nielsen/E. Szyszczak*, The Social Dimension of the European Union, 3. Aufl. 1997, S. 220 ff., sowie M. *Coen*, in: A. Bleckmann, Europarecht, Rn. 2622, an.
12 Warum z.B. die Entwicklungszusammenarbeit als ein vergleichsweise untergeordnetes Gebiet mit einer solchen Klausel versehen ist, die Sozialpolitik indes nicht, ist nicht ohne weiteres ersichtlich.

und sie kann schließlich den einzelnen Arbeitnehmer betreffen. Die letztgenannte Alternative dürfte die häufigste sein, während die beiden erstgenannten relativ selten vorkommen. Ob aber die Betroffenheit des Arbeitnehmers als solche ausreicht, um – wie es häufig geschieht – von einer Beeinträchtigung der Sozialpolitik zu sprechen, ist zweifelhaft, da ihm nur durch den kaum andere Politiken berührenden Art. 141 Abs. 1 unmittelbare Rechte zufließen. Eine Betroffenheit Einzelner könnte allenfalls dann als Beeinträchtigung der Sozialpolitik in Betracht gezogen werden, wenn aufgrund ihres massiven Auftretens das Verbesserungsziel des Art. 136 Abs. 1 tangiert wird oder wenn soziale Grundrechte verletzt werden; letzteres ist schon wegen der schwachen Natur der Bezugnahme in Art. 136 Abs. 1 (Rn. 33 ff.) zweifelhaft, und auch die Behauptung eines Verstoßes gegen das Verbesserungsziel steht wegen dessen programmatischen Charakters (Rn. 28) nicht auf sicheren dogmatischen Füßen. Eine Abweichung von bestehenden Maßnahmen oder die Beeinträchtigung ihrer Umsetzung ist nach den allgemeinen Regeln über das Verhältnis von Regelungen des Gemeinschaftsrechts zu beurteilen. Die erstgenannte Situation schließlich stellt den eigentlichen Konfliktfall dar, für dessen Klärung Lösungsmodelle noch zu entwickeln sind. Der generelle Vorrang eines Gebiets läßt sich nicht überzeugend begründen[13]: Das wettbewerbspolitische Verständnis der Sozialpolitik führt nicht dazu, daß sie allgemein bei Interessenkonflikten zurückstehen muß.

Zu (3): Es stellt sich die Frage, ob die Gemeinschaft als Einheit handelnd bei dem Erlaß von Maßnahmen den Interessenkonflikt intern nicht bereits abschließend entschieden hat. Eine solche **Einheit** besteht indes alleine angesichts der unterschiedlichen Verfahren (Art. 250, 251 sowie die zahlreichen Bestimmungen zu den erforderlichen Mehrheitsverhältnissen in den jeweiligen Ermächtigungsgrundlagen) mit der jeweils unterschiedlichen Beteiligung von Gemeinschaftsorganen und sonstigen Institutionen **nicht**, so daß dieser an sich naheliegende Weg zur Lösung von Konflikten nicht in Betracht kommt. 11

b) Das Verhältnis insbesondere zu den Grundfreiheiten
aa) Berührungspunkte
Das Verhältnis der Sozialpolitik[14] zu den Grundfreiheiten hat verschiedene Facetten. Zum einen kann fraglich sein, inwieweit **arbeitsrechtliche** Schutznormen (Verbot der Sonntagsarbeit, Nachtbackverbot) **Beschränkungen** der Grundfreiheiten darstellen können. Hierbei handelt es sich nach dem neueren und zutreffenden Ansatz des EuGH um einen Konflikt zwischen Herkunftsland- und Bestimmungslandprinzip, der nach den aufgrund der Keck Rechtsprechung des EuGH allgemein für die Grundfreiheiten insoweit entwickelten Regeln zu lösen ist (näher Art. 28 Rn. 27), und nicht um eine Frage des inhaltlichen Verhältnisses von Sozialpolitik und Grundfreiheiten[15]. Entscheidend ist, ob der Tatbestand der Grundfreiheit überhaupt berührt ist. 12

Auf der anderen Seite kann aber auch in Frage stehen, ob sozialpolitische Gesichtspunkte die **Beschränkung** der Ausübung von Grundfreiheiten **rechtfertigen** können. Diese Frage stellt sich in unterschiedlichen Konstellationen. Zum einen kann die Ausübung der Grundfreiheiten soziale Belange berühren. Die Grundfreiheiten eröffnen den Marktteilnehmern nämlich die Möglichkeit der Ausnutzung komparativer Wettbewerbsvortei- 13

---
13 Vgl. auch *H. D. Jarass*, Elemente einer Dogmatik der Grundfreiheiten, EuR 1995, S. 202 (226).
14 Also schwerpunktmäßig des Arbeitsrechts. Das Verhältnis des Sozialrechts, also insbesondere der Koordination der mitgliedstaatlichen Sozialversicherungssysteme mit den Grundfreiheiten, wird hier nicht behandelt. Zur hier behandelten Problematik auch *Nielsen/Szyszczak* (Fn. 11), S. 222 ff.
15 Anders etwa noch *U. Preis*, Entwicklungslinien in der Rechtsprechung des EuGH zum Arbeitsrecht, ZIP 1995, S. 891 (906).

Art. 136 EG-Vertrag

le, was bei Warenverkehrs-, Niederlassungs- und Dienstleistungsfreiheit erhebliche Auswirkungen auf Arbeitnehmer und Arbeitsmarkt nehmen kann. Insoweit besteht durchaus ein gewollter innergemeinschaftlicher Wettbewerb der Arbeitsbedingungen, Lohn- und Lohnnebenkosten[16]. Obwohl sich dieses auch bei Art. 28 (Import von Konkurrenzwaren, die aufgrund eines niedrigeren Niveaus der Arbeitsbedingungen zu geringeren Kosten hergestellt werden) und Art. 43 (Verlegung oder Gründung in Mitgliedstaat mit niedrigerem Niveau der Arbeitsbedingungen) auswirken kann, ist es bisher vor allem bei der Dienstleistungsfreiheit im Zusammenhang mit der **Entsendeproblematik**[17] zum rechtlichen Problem erklärt worden. Der Unterschied ist entgegen mancher Stimme in der Literatur[18] aber nur ein tatsächlicher, da im Rahmen der Dienstleistungsfreiheit der Dienstleistungserbringer seine Arbeitnehmer mitbringen darf und daher die zu unterschiedlichen Arbeitsbedingungen Arbeitenden zum Teil nebeneinander stehend identische Tätigkeiten verrichten, während bei den anderen beiden Grundfreiheiten vergleichbare unmittelbare Konflikte nicht entstehen (Niederlassungsfreiheit) oder nicht augenfällig sind (Warenverkehrsfreiheit)[19]. Das erklärt die Heftigkeit der Reaktionen, rechtfertigt aber nicht eine unterschiedliche dogmatische Behandlung möglicher Beschränkungen der Grundfreiheiten der Dienstleistungsfreiheit einer- und der Warenverkehrs- und Niederlassungsfreiheit andererseits.

14   Als zweite Gruppe, in der fraglich ist, ob sozialpolitische Gesichtspunkte die Beschränkung der Ausübung von Grundfreiheiten rechtfertigen können, kommen demgegenüber Situationen in Betracht, in denen nicht die Ausübung der Grundfreiheiten soziale Belange berührt, sondern in denen umgekehrt die Wahrnehmung von Rechten, die dem Bereich der Sozialpolitik zuzuordnen sind, die Ausübung von Grundfreiheiten beschränkt (**Arbeitskampf**) und der Mitgliedstaat keine Maßnahmen trifft, damit die Ausübung der Grundfreiheiten nicht durch den Arbeitskampf beeinträchtigt wird. Nur dann liegt das

---

16 Dazu ausführlich C. *Windbichler*, Arbeitsrecht und Wettbewerb in der europäischen Wirtschaftsverfassung, RdA 1992, S. 74 (81 ff.); vgl. auch H. *Buchner*, Das deutsche Arbeits- und Sozialrecht unter dem Einfluß der Europäischen Gemeinschaft, VSSR 1992, S. 1 (3 ff.); E. *Eichenhofer*, Binnenmarkt und social dumping, in: D.H. Scheuing/G.C. Schwarz/M. Wollenschläger (Hrsg.); Europäisches Unternehmensrecht, 2001, S. 43 (47 f.).
17 Zur Entsendeproblematik aus der zahlreichen Literatur hier nur W. *Däubler*, Der Richtlinienvorschlag zur Entsendung von Arbeitnehmern, EuZW 1993, S. 370; M. *Löwisch*, Der Entwurf einer Entsende-Richtlinie in rechtlicher Sicht, FS-Zeuner, 1994, S. 91; R. *Birk*, Entsende-Richtlinie und Konzern, ZIAS 1995, S. 481; E. *Eichenhofer*, Arbeitsbedingungen bei Entsendung von Arbeitnehmern, ZIAS 1996, S. 55; M. *Franzen*, »Gleicher Lohn für gleiche Arbeit am gleichen Ort«?, DZWir 1996, S. 89; A. *Junker/J. Wichmann*, Das Arbeitnehmer-Entsendegesetz – Doch ein Verstoß gegen Europäisches Recht?, NZA 1996, S. 505; P. *Hanau*, Das Arbeitnehmer-Entsendegesetz, NJW 1996, S. 1369; M.-A. *Moreau*, Le détachement des travailleurs effectuant une prestation de services dans l'Union européenne, Clunet 1996, S. 889; F. *Königs*, Rechtsfragen des Arbeitnehmer-Entsendegesetzes und der EG-Entsenderichtlinie, DB 1997, S. 225; S. *Krebber*, Die Vereinbarkeit von Entsenderichtlinie und Arbeitnehmer-Entsendegesetz mit der Dienstleistungsfreiheit und Freizügigkeit des EGV, Jahrbuch Junger Zivilrechtswissenschaftler 1997, 1998, S. 129 m.w.N.; H. *Reichold*, Arbeitsrechtsstandards als »Aufenthaltsmodalitäten«, ZEuP 1998, S. 434 (455 f.); P. *Winkler v. Mohrenfels*, Abschluß des Arbeitsvertrages und anwendbares Recht, in: H. Oetker/U. Preis (Hrsg.), Europäisches Arbeits- und Sozialrecht, B 3000, Rn. 113 ff.; J. *Wichmann*, Dienstleistungsfreiheit und grenzüberschreitende Entsendung von Arbeitnehmern, 1998; Vorlagebeschluß des ArbG Wiesbaden, NZA-RR 1998, 217.
18 *Franzen* (Fn. 17), S. 95; vgl. auch D. *Schiek*, Europäisches Arbeitsrecht, 1997, S. 127; allgemein zur aktiven Dienstleistung so auch C. *Weber*, Die Dienstleistungsfreiheit nach den Art. 59 ff. EGV – einheitliche Schranken für alle Formen der Dienstleistung?, EWS 1995, S. 292 (295 f.).
19 Richtig H. *Buchner*, Die Rolle des Europäischen Gerichtshofs bei der Entwicklung des Arbeitsrechts, ZfA 1993, S. 279 (310).

erforderliche staatliche Handeln vor[20]. Da diese Handlungspflicht nicht ohne weiteres besteht[21], wird das Problem schon auf der Tatbestandsebene entschärft.

bb) Sozialpolitische Belange zur Rechtfertigung von Grundfreiheitsbeschränkungen
Beschränkungen von Grundfreiheiten können und müssen durch Gründe des Allgemeininteresses **gerechtfertigt** werden. Als solche kommen auch arbeitsrechtliche Erwägungen in Betracht. Insoweit fließen sozialpolitische Aspekte von vornherein in die Beurteilung, ob ein bestimmtes Verhalten von den Grundfreiheiten geschützt wird, mit ein. Einen allgemeinen Vorrang der Ausübung der Grundfreiheiten gibt es dementsprechend ebensowenig wie einen allgemeinen Vorrang sozialpolitischer Belange. 15

In der ersten Fallgruppe (Ausübung der Grundfreiheit berührt soziale Belange), die bisher vor allem im Zusammenhang mit Entsendefällen relevant geworden ist, sind der Berücksichtigung sozialpolitischer Aspekte als Allgemeininteresse unter zwei Gesichtspunkten Grenzen gesetzt. Zum einen sind nach der Rechtsprechung des EuGH und der ganz überwiegenden europarechtlichen Literatur zu Recht die Ziele **wirtschaftlicher** Art schlechthin zur Rechtfertigung ausgeschlossen[22]. Darunter fallen etwa der Schutz von Arbeitsplätzen und die Wahrung des Arbeitsfriedens, doch stellt sich der EuGH auf den nicht ohne weiteres überzeugenden Standpunkt, daß nicht die Absicht des Gesetzgebers in der Gesetzesbegründung ausschlaggebend dafür ist, ob wirtschaftliche Ziele vorliegen[23]. An dieser Sichtweise ändert die Querschnittsklausel des Art. 127 Abs. 2 nichts (Art. 127 Rn. 4). Auch im Kern nichtwirtschaftliche Gründe wie z.B. die Tarifautonomie können im Einzelfall wirtschaftliche Gründe nur umformulieren[24]. Zweitens ist das Verbot der **Doppelbelastung** bedeutsam, das dann greift, wenn Arbeitnehmer in ihrem Ursprungsmitgliedstaat »den gleichen oder einen im wesentlichen vergleichbaren Schutz genießen«[25]. Ob das Doppelbelastungsverbot modal in dem Sinne zu verstehen ist, daß es ausreicht, daß bereits in dem Ursprungsland eine entsprechende Verpflichtung bestand, oder ob es nur greift, wenn und soweit die jeweiligen Verpflichtungen sich in ihrer Höhe entsprechen, ist vom EuGH unterschiedlich beurteilt worden. In einem früheren Urteil hat er sich für ein modales[26], in einer der jüngsten Entscheidungen jedoch für ein 16

---

20 EuGH, Rs. C-265/95, Slg. 1997, I-6959, Rn. 30 ff. (Kommission/Frankreich); dazu *G. Orlandini*, Libertà di circolazione delle merci: Un limite »comunitario« al conflitto sindacale, Giornale di Diritto del Lavoro e di Relazioni Industriali 1999, S. 623 (630 ff.).
21 EuGH, Rs. C-265/95, Slg. 1997, I-6959, Rn. 30 ff. (Kommission/Frankreich); *Orlandini* (Fn. 20), S. 630 ff.; in der deutschen Literatur dies in ein Konzept der Schutzpflichten münzend *P. Szczekalla*, Grundfreiheitliche Schutzpflichten, DVBl. 1998, S. 219 (221 ff.); *T. Meurer*, Verpflichtung der Mitgliedstaaten zum Schutz des freien Warenverkehrs, EWS 1998, S. 196 (198 ff.).
22 Aus jüngerer Zeit EuGH, Rs. C-398/95, Slg. 1997, I-3091, Rn. 23 (SETTG); *W.-H. Roth*, in: Hb.EGWirtR, EI, Rn. 119 m. w. Nw. aus der Rechtsprechung des EuGH in Fn. 304; *Eichenhofer* (Fn. 17), S. 61 f.; *Krebber* (Fn. 17), S. 145 f.; allgemein a.A. *N. Reich*, Die Freiheit des Dienstleistungsverkehrs als Grundfreiheit, ZHR 153 (1989), S. 571 (583). Abweichend und spezifisch auf die Entsendung bezogen, *Hanau* (Fn. 17), S. 1372; *Franzen* (Fn. 17), S. 95 f.; *Moreau* (Fn. 17), S. 905.
23 EuGH, verb. Rs. C-49/98 u.a., n.n.i.Slg., Rn. 39 f. (Finalarte); Rs. C-164/99, n.n.i.Slg., Rn. 27 f. (Portugaia Construções). Zur Wahrung des Arbeitsfriedens als wirtschaftlicher Grund, weil die Beendigung oder Vermeidung eines Tarifkonfliktes der Verhinderung negativer Auswirkungen auf einen Wirtschaftszweig dient, so EuGH, Rs. C-398/95, Slg. 1997, I-3091, Rn. 22 f. (SETTG).
24 So bei der Entsendeproblematik, vgl. *Krebber* (Fn. 17), S. 146.
25 EuGH, Rs. C-272/94, Slg. 1996, I-1905, Rn. 17 (Michel Guiot).
26 So EuGH, Rs. C-272/94, Slg. 1996, I-1905, Rn. 17 (Michel Guiot); verb. Rs. C-369/96 u. C-376/96, Slg. 1999, I-8453, Rn. 48–51 (Arblade); aus der Literatur *S. Krebber*, Die Anwendung des eigenen Arbeitsrechts auf vorübergehend aus einem anderen Mitgliedstaat entsandte Arbeitnehmer, ZEuP 2001, S. 358 (373 f.).

materielles Verständnis entschieden[27]. Das allgemeine formale Verständnis der Grundfreiheiten[28] und die Kongruenz mit der allgemeinen Rechtsprechung zum Verbot der Doppelbelastung sprechen jedoch für ersteres. So verstanden verstößt auch die Entsenderichtlinie gegen Art. 49[29]. Frühere Aussagen des EuGH, daß es das Gemeinschaftsrecht den Mitgliedstaaten nicht verwehre, ihre Rechtsvorschriften oder Tarifverträge auf alle Personen auszudehnen, die in ihrem Hoheitsgebiet auch nur vorübergehend eine unselbständige Erwerbstätigkeit ausüben, wurden obiter dictum getroffen[30] und daher nicht in die allgemeinen Grundsätze zur Einschränkungen der Dienstleistungsfreiheit eingebettet. In den seither ergangenen Urteilen, in dem die Anwendung eigenen Rechts auf vorübergehend entsandte Arbeitnehmer an Art. 49 zu messen war, hat der EuGH demgegenüber auch seine allgemeinen Regeln zur Rechtfertigung von Beschränkungen angewandt. Im Ergebnis tut sich das Gericht schwer damit, entsprechende mitgliedstaatliche Regelungen für gemeinschaftskonform zu erklären[31].

17 Ob die Wahrnehmung von Rechten, die dem Bereich der Sozialpolitik zuzuordnen sind, eine Beschränkung der Grundfreiheiten durch das Nichteingreifen des Mitgliedstaats rechtfertigen kann, ist weitgehend ungeklärt. Eine Rechtfertigung kommt unter dem hier untersuchten Gesichtspunkt[32] überhaupt nur in Betracht, wenn die Ausübung rechtmäßig ist, also etwa die nach mitgliedstaatlichem Recht zulässigen Grenzen eines Arbeitskampfes nicht überschritten werden[33] und die Beschränkung auf diese rechtmäßige Ausübung und nicht etwa unrechtmäßige Begleiterscheinungen zurückzuführen ist. Beides ist etwa im Fall der französischen Fernfahrerstreiks zweifelhaft. Ferner ist erforderlich, daß der Mitgliedstaat nicht eingreift, um das in Frage stehende Recht (z.B. das Arbeitskampfrecht) zu wahren, und nicht, weil ihm die Auswirkungen auf die ausländische Konkurrenz willkommen sind[34]. Auch wenn diese Voraussetzungen erfüllt sind, ist ein allgemeiner Vorrang des Arbeitnehmer- bzw. Koalitionsrechts nicht überzeugend. Vielmehr sind an die Rechtfertigung die üblichen Voraussetzungen zu stellen, so daß insbesondere eine Verhältnismäßigkeitsprüfung erforderlich ist und auch der Ausschluß wirtschaftlicher Gründe greifen könnte, wenn der Arbeitskampf sich gegen die Konkurrenz aus anderen Mitgliedstaaten richtet. Eine allgemeine Zuordnung des Arbeits-

---

27 EuGH, verb. Rs. C-49/98 u.a., n.n.i.Slg., Rn. 44 (Finalarte); Rs. C-164/99, n.n.i.Slg., Rn. 14 f.; in diese Richtung bereits EuGH, Rs. C-165/98, n.n.i.Slg., Rn. 19 ff. (Mazzoleni); unklar insoweit Rs. C-164/99, n.n.i.Slg., Rn. 28 ff. (Portugaia Construções); aus der Literatur *D. Lanove*, Die Anwendung nationaler branchenspezifischer Sozialverfahren bei Entsendung, in: K. Wiesehügel/ K.-H. Sahl (Hrsg.), Die Sozialkassen der Bauwirtschaft und die Entsendung innerhalb der Europäischen Union, 1998, S. 27 (37).
28 Grundlegend *M. Hoffmann*, Die Grundfreiheiten des EG-Vertrags als koordinationsrechtliche und gleichheitsrechtliche Abwehrrechte, 2000, S. 52, 71 f., 72 f. mit Nachweisen zu abweichenden Ansichten.
29 *Krebber* (Fn. 17), S. 151 f. Der EuGH hat dazu bisher nicht Stellung genommen, vgl. EuGH verb. Rs. C-49/98 u.a., n.n.i.Slg., Rn. 25 f. (Finalarte); Rs. C-164/99, n.n.i.Slg., Rn. 14 f. (Portugaia Construções). Nachweise zur hM, die die Entsenderichtlinie mit Art. 49 für vereinbar hält, in Fn. 22. Wie die hM auch Art. 52 Rn. 23.
30 EuGH, verb. Rs. 62/8 und 63/81, Slg. 1982, 223, Rn. 14 (Seco/EVI); Rs. C-113/89, Slg. 1990, I-1417, Rn. 18 (Rush Portuguesa); Rs. C-43/93, Slg. 1994, I-3803, Rn. 23 (Vander Elst).
31 EuGH, Rs. C-272/94, Slg. 1996, I-1905, Rn. 10 ff. (Michel Guiot); verb. Rs. C-369/96 u. C-376/ 96, Slg. 1999, I-8453, Rn. 33 ff. (Arblade); Rs. C-165/98, n.n.i.Slg., Rn. 19 ff. (Mazzoleni); verb. Rs. C-49/98 u.a., n.n.i.Slg., Rn. 28 ff. (Finalarte); Rs. C-164/99, n.n.i.Slg., Rn. 16 ff. (Portugaia Construções).
32 Ansonsten greifen die allgemeinen Grundsätze, vgl. EuGH, Rs. C-265/95, Slg. 1997, I-6959, Rn. 30 ff. (Kommission/Frankreich); aus der Literatur *Orlandini* (Fn. 20), S. 627 ff.
33 Vgl. auch *W. Däubler*, Die Koalitionsfreiheit im EG-Recht, FS-Hanau, 1999, S. 489 (500).
34 EuGH, Rs. C-265/95, Slg. 1997, I-6959, Rn. 61 f. (Kommission/Frankreich).

kampfes in die Kategorie des wirtschaftlichen Grundes[35] überzeugt auf der anderen Seite nicht. Besteht daher kein Zusammenhang zwischen dem Grund für den **Arbeitskampf** und der Beeinträchtigung der Grundfreiheiten, ist eine **Rechtfertigung** möglich.

cc) **Weitergehender Einfluß?**

Ob andere Politiken die Anwendung der Grundfreiheiten über das Maß hinaus einschränkend beeinflussen können, in dem sie als Beschränkungen rechtfertigende Gründe des Allgemeininteresses ohnehin einfließen, ist bei fehlender Querschnittsklausel weitgehend ungeklärt. Ist das wahrgenommene Recht durch ein **internationales Menschenrechtsübereinkommen** garantiert, wie es vor allem beim Arbeitskampf der Fall sein kann, ergeben sich kaum Besonderheiten, obwohl es nicht mehr alleine um eine Frage des Verhältnisses von Gemeinschafts- und mitgliedstaatlichem Recht geht. Hat der Mitgliedstaat ein ILO-Übereinkommen, den Internationalen Pakt über wirtschaftliche, soziale und kulturelle Rechte oder den Internationalen Pakt über bürgerliche und politische Rechte ratifiziert, gelten die Ausführungen bei Rn. 26[36]. Anders stellt es sich bei der Europäischen Sozialcharta dar, weil das Primärrecht in Art. 136 selbst auf sie verweist und es sich damit um einen Konflikt auf der **Ebene des Primärrechts** handelt. Allerdings ist der jetzige Verweis nicht stark genug, um einen etwaigen Vorrang gegenüber den Grundfreiheiten zu begründen. Entsprechendes gilt für die Gemeinschaftscharta der Sozialen Grundrechte der Arbeitnehmer, die zudem rechtlich unverbindlich ist. Aus dem letztgenannten Grund vermag auch die Charta der Grundrechte der Europäischen Union derzeit das Verhältnis Grundfreiheit/Ausübung eines in ihr garantierten Rechts nicht zu beeinflussen[37].

17 a

Vereinzelt finden sich in der älteren Rechtsprechung Hinweise darauf, daß Wertungen der Art. 136 ff. in die Bestimmung der inhaltlichen Tragweite der Grundfreiheiten mit einfließen können[38]. Die Bedeutung dieser Art der Beeinflussung der Grundfreiheiten durch die Sozialpolitik ist unklar geblieben, und es kann wegen der im Grundsatz wirtschaftspolitischen Ausrichtung der Sozialpolitik bezweifelt werden, ob ein solcher die Dogmatik der Grundfreiheiten umgehender Einfluß anerkannt werden soll.

18

Bei den die Grundfreiheiten einschränkenden sozialpolitischen Regelungen handelt es sich häufig um solche der Mitgliedstaaten. Das Verhältnis Grundfreiheiten/Sozialpolitik über das Verhältnis Gemeinschaft/Mitgliedstaaten aber in dem Sinne zu lösen, daß Grundfreiheitsträger sozialpolitischen Regelungen der **Mitgliedstaaten** schon deshalb unterworfen werden können, weil diese infolge ihrer grundsätzlichen **Zuständigkeit** für die Sozialpolitik das Recht dazu unmittelbar aus dem Vertrag ableiten[39], übersieht gänzlich, daß die Mitgliedstaaten an die Grundfreiheiten gebunden sind und ist daher ein geradezu befremdlicher Ansatz.

18 a

---

35 Die allgemein gehaltenen Formulierungen in EuGH, Rs. C-398/95 Slg. 1997, I-3091, Rn. 23 f. (SETTG) könnten so ausgelegt werden, was indes nicht überzeugt, wenn man sie in den Gesamtkontext des Falles stellt.

36 Zum Verhältnis zum Internationalen Pakt über bürgerliche und politische Rechte, vgl. auch EuGH Rs. C-249/96, Slg. 1998, I-621, Rn. 43 ff. (Grant).

37 Anders schon jetzt aber *Däubler* (Fn. 33), S. 500.

38 EuGH, Rs. 167/73, Slg. 1974, 359, Rn. 45/47 (Kommission/Französische Republik), wonach sich Art. 48 a.F. unter Berufung auf Art. 117 a.F. nicht auf einen Schutz der ausländischen Arbeitnehmer beschränke, sondern auch bezwecke, Inländer vor den Nachteilen zu bewahren, die sich daraus ergeben können, daß Angehörige anderer Mitgliedstaaten ungünstigere Arbeitsbedingungen annehmen.

39 So Schlußantr. GA *J. Mischo* Ziff. 219 f. iVm Ziff. 40 ff., 147 f., Rs. C-49/98 u.a., n.n.i.Slg., in der es auch um die Vereinbarkeit von Entsenderichtlinie mit Art. 49 geht.

IV. Die Realisierung der Ziele der europäischen Sozialpolitik

1. Die Verteilung der Kompetenzen zwischen Mitgliedstaaten und Gemeinschaft und die Umsetzung der Handlungsmöglichkeiten in der Sozialpolitik

19 Durch den Vertrag von Amsterdam sind die Kompetenzen im Bereich der Sozialpolitik erheblich zugunsten der Gemeinschaft verschoben worden. Der Katalog des Art. 137 Abs. 1 umfaßt mit Ausnahme des Arbeitsentgelts, des Koalitionsrechts sowie des Streik- und Aussperrungsrechts beinahe das gesamte Arbeitsrecht, auch das Sozialrecht ist aufgeführt. Andererseits enthält das Kapitel über die Sozialpolitik keine Angaben dazu, inwieweit und wann von den Ermächtigungsgrundlagen Gebrauch zu machen ist (Rn. 6). Zudem ist die Harmonisierung nach Art. 137 Abs. 2 lit. b) auf eine Förderung der unterstützenden und ergänzenden Tätigkeit der Gemeinschaft beschränkt (Art. 137 Rn. 3).

20 Ausmaß und Art der möglichen Umsetzung in diesem Rahmen nun rechtlich verbindlich und abschließend anhand des **Subsidiaritätsprinzips** bestimmen zu wollen, überfordert dieses Institut[40]: Die Umsetzung der eingeräumten Möglichkeiten ist eine Frage der inhaltlichen Gestaltung und insoweit nicht nur der Kompetenzverteilung zwischen Gemeinschaft und Mitgliedstaaten. Auch die inhaltliche Gestaltung alleine an dem Subsidiaritätsprinzip zu messen, würde es der Gemeinschaft im Ergebnis verwehren, inhaltliche sozialpolitische Akzente zu setzen. Das Subsidiaritätsprinzip ist zu allgemein und unbestimmt, um solch weitreichende Folgen tragen zu können. Wie von den Ermächtigungsgrundlagen Gebrauch zu machen ist, ist im Rahmen des Art. 137 daher zum einen durch die Beschränkung auf eine Förderung der unterstützenden und ergänzenden Tätigkeit der Gemeinschaft bestimmt (dort Rn. 3) und bleibt darüber hinaus im wesentlichen eine politische Entscheidung der Mitgliedstaaten und der beteiligten Gemeinschaftsorgane, bei der Überlegungen der Subsidiarität lediglich mit zu beachten sind.

21 Die nicht unerhebliche Ausweitung der Gemeinschaftskompetenzen wirft die Frage nach einer möglichen **Sperrwirkung von Ermächtigungsgrundlagen** auch für die Sozialpolitik auf (allgemein dazu Art. 5 Rn. 28 ff.; 10 Rn. 35 ff.). Sie ist angesichts der weiten Fassung der Ermächtigungsgrundlagen einer- und – etwa anders als bei Art. 95 – des gänzlich fehlenden Umsetzungskonzepts und -auftrags andererseits abzulehnen. Die bloße Möglichkeit der Handlung der Gemeinschaft schließt eine Betätigung der Mitgliedstaaten auf den einschlägigen Gebieten infolgedessen nicht aus.

2. Die Instrumente zur Realisierung der Sozialpolitik

22 Das nach wie vor wichtigste Instrument zur Realisierung der europäischen Sozialpolitik[41] ist die **Rechtsangleichung**. Infolge des weitgehenden Fehlens sozialpolitischer Kompetenzen der Gemeinschaft war in der Vergangenheit vor allem fraglich, inwieweit Rechtsangleichung im Bereich des Arbeitsrechts auf andere Ermächtigungsgrundlagen gestützt werden konnte. In Betracht kamen vor allem die Vorläufer der Art. 94 und 308, arbeitsrechtliche Begleit- oder Ergänzungsregelungen wurden auf die Vorgänger der Art. 37, Art. 44 Abs. 3 lit. g) und Art. 71 gestützt[42].

---

40 Vgl. aber *Heinze* (Fn. 6), S. 190 ff.; *ders.*, in: W. Leinemann (Hrsg.), Kasseler Handbuch zum Arbeitsrecht, 1997, § 11, Rn. 22 ff.
41 Zur Verwirklichung der europäischen Sozialpolitik eingehend *Windbichler* (Fn. 16), S. 80 ff.
42 *MünchArbR/Birk*, § 18, Rn. 57.

Nun stellt sich die Frage, inwieweit sozialpolitische Rechtsangleichung **neben** den speziellen Ermächtigungsgrundlagen des Kapitels über die Sozialpolitik noch auf andere Rechtsgrundlagen gestützt werden kann. Von Bedeutung ist dies für Verfahren, Mehrheitsverhältnisse und nicht zuletzt in inhaltlicher Hinsicht, da Art. 137, 141 nicht das gesamte Arbeitsrecht umfassen und Art. 137 die Tiefe der Harmonisierung begrenzt (dort Rn. 3). Wie bei Überschneidungen bei der vor Amsterdam maßgeblichen Rechtslage[43] wird man nicht von einer Spezialität der Sozialpolitik ausgehen können, so daß arbeitsrechtliche Rechtsangleichung ihre Grundlage auch in **Art. 94** finden kann, was sich im übrigen auch aus Art. 95 Abs. 2 ergibt[44]. Auch Art. 308 kann einschlägig sein, allerdings nur unter sehr engen Voraussetzungen (Art. 308 Rn. 10 ff.). Begleit- oder Ergänzungsregelungen arbeitsrechtlicher Natur können weiterhin auf die in der vorigen Rn. genannten, der Gestaltung anderer Politiken dienenden Ermächtigungsgrundlagen gestützt werden. Die Wahl der einschlägigen Ermächtigungsgrundlage erfolgt nach den allgemeinen Grundsätzen (Art. 95 Rn. 46 ff.)[45]. 23

Europäische Sozialpolitik kann nunmehr auch über den **sozialen Dialog** gestaltet und realisiert werden (vgl. im einzelnen die Kommentierung der Art. 138 f.). 24

Daneben fördert die Kommission nach Maßgabe des Art. 140 die **Zusammenarbeit** der Mitgliedstaaten. In eine ähnliche Richtung zielt auch der durch den Vertrag von Nizza ausgebaute Art. 137 Abs. 2 lit. a) sowie in gewisser Weise auch die Neufassung von Art. 144. Das Instrument der Zusammenarbeit wird durch den Vertrag von Nizza daher gestärkt. Ob es möglich ist, auf diesem Wege unterhalb der Harmonisierungsebene ein tatsächliches Übereinstimmen zwischen den Mitgliedstaaten herbeizuführen, ist zweifelhaft (vgl. auch Art. 137 Rn. 31). Eine solche **Konvergenz** ist jedenfalls im Verhältnis zur Harmonisierung nicht vorrangig. 24 a

Die Möglichkeit der **Koordinierung**, also der Ab- und vor allem Bestimmung der räumlichen Geltungsbereiche der mitgliedstaatlichen Rechte ist für das Sozialrecht in Art. 42 angesprochen. Für das Arbeitsrecht existiert keine spezielle Regelung in den Art. 136 ff.[46], allerdings ist die Frage seit Amsterdam allgemein in Art. 65 lit. b) erwähnt (dort Rn. 8). Das internationale Arbeitsrecht ist aber bereits jetzt erheblichem europäischen Einfluß ausgesetzt: Das 1980 zwischen den damaligen Mitgliedstaaten vereinbarte Römische Übereinkommen über das auf vertragliche Schuldverhältnisse anzuwendende Recht (EVÜ)[47] trifft in seinem Art. 6 die Grundregel zur Anknüpfung des Arbeitsverhältnisstatuts, die durch die Möglichkeit der Sonderanknüpfung gemäß Art. 7 ergänzt wird[48]. Wenn es sich dabei auch weder formell noch materiell um Gemeinschaftsrecht 25

---

43 Vgl. *Konzen,* Der europäische Einfluß auf das deutsche Arbeitsrecht nach dem Vertrag über die Europäische Union, EuZW 1995, S. 39 (41). Vgl. aber *M. Heinze,* Europäische Einflüsse auf das nationale Arbeitsrecht, RdA 1994, S. 1 (9 f.).
44 *U. Runggaldier,* Der neue Beschäftigungstitel des EG-Vertrages und die Übernahme des »Sozialabkommens« in den EG-Vertrag, in: W. Hummer (Hrsg.), Die Europäische Union nach dem Vertrag von Amsterdam, 1998, S. 197 (210): auch für die nach Art. 137 Abs. 6 ausgeschlossenen Bereiche besteht daher insoweit eine Regelungsbefugnis; *MünchArbR/Birk,* § 18, Rn. 59; a.A. *Heinze* (Fn. 6), S. 209.
45 Aus dem Bereich des Arbeitsrechts: EuGH, Rs. C-84/94 Slg. 1996, I-5755, Rn. 25 ff. (Vereinigtes Königreich/Rat).
46 *M. Franzen,* Rechtsangleichung der Europäischen Union im Arbeitsrecht, ZEuP 1995, S. 796 (823).
47 ABl.EG 1980 Nr. L 266/6.
48 Zu den Art. 6, 7 EVÜ vgl. statt vieler *MünchArbR/Birk,* § 20; M. Franzen, Internationales Arbeitsrecht, AR-Blattei SD 920, Stand: 1993; *P. Winkler v. Mohrenfels,* Abschluß des Arbeitsvertrages und anwendbares Recht, in: H. Oetker/U. Preis (Hrsg.), Europäisches Arbeits- und Sozialrecht, B 3000, Stand 1998, sowie die Kommentierungen zu den deutschen Umsetzungsbestimmungen, Art. 30 und 34 EGBGB, durch *MünchKomm/Martiny* und *Soergel/von Hoffmann.*

handelt, stellt das EVÜ doch eine gemeinschaftsnahe Regelung dar, die nach Inkrafttreten zweier Protokolle auch vom EuGH ausgelegt werden soll[49]. Zudem nehmen gemeinschaftsrechtliche Regelungen allgemein zunehmenden Einfluß auf das internationale Arbeitsrecht. An erster Stelle ist die Entsenderichtlinie zu nennen, die die Mitgliedstaaten in den erfaßten Entsendesituationen zur Anwendung eines näher definierten harten Kerns arbeitsrechtlicher Bestimmungen auf entsandte Arbeitnehmer verpflichtet[50]. Über ihren Anwendungsbereich hinaus könnte diese RL für das internationale Arbeitsrecht insoweit bedeutsam sein, als ihre Definition eines harten Kerns von Arbeitsbedingungen zur Konkretisierung der im Rahmen von Art. 7 EVÜ sonderanzuknüpfenden Bestimmungen herangezogen werden könnte[51]. Einmal abgesehen von ohnehin bestehenden systematischen Bedenken wäre dieser Ansatz auch deshalb kaum überzeugend, weil der Katalog der Vorschriften aufgrund der Besonderheiten der Entsendesituation (vor allem: lediglich vorübergehender Aufenthalt in einem anderen Mitgliedstaat) definiert wurde[52]. Gemeinschaftsrechtliche Kollisionsregeln finden sich zudem vereinzelt in Richtlinien. Darüber hinaus erheben Richtlinien selbst einen ausdrücklichen oder ungeschriebenen räumlichen Geltungsanspruch, der Einfluß auf die Anwendung des mitgliedstaatlichen Kollisionsrechts nimmt, was besonders im Arbeitsrecht bedeutsam ist[53].

V. Das Verhältnis zu ILO Konventionen und zu Pflichten aus der Europäischen Sozialcharta

26 Alle Mitgliedstaaten sind Mitglied der ILO, ebenso sind sie in unterschiedlichem Maße durch die Pflichten der Europäischen Sozialcharta gebunden. Die EU selbst kann nicht Mitglied werden[54]. Aus der doppelten Bindung der Mitgliedstaaten können sich Konflikte hinsichtlich der Kompetenzverteilung zwischen EU und der Wirkung der Mitgliedstaaten in der ILO[55] sowie in inhaltlicher Hinsicht ergeben, wenn Europarecht[56] – und

---

49 Erstes und zweites Brüsseler Protokoll betreffend die Auslegung des am 19. Juni 1980 in Rom zur Unterzeichnung aufgelegten Übereinkommens über das auf vertragliche Schuldverhältnisse anzuwendende Recht durch den Gerichtshof der Europäischen Gemeinschaften v. 19. 12. 1988, ABl.EG 1989, Nr. L 48/1 und Nr. L 48/17.
50 Fn. 1. Zur RL auch, Rn. 13, 16.
51 So *Trib. Trav. Liège* v. 19.9.1997, Chr. D. S. – Soc. Kron 1999, S. 563 (566).
52 *R. Birk*, Arbeitsrecht und internationales Privatrecht, RdA 1999, S. 13 (17); kritisch auch *S. Krebber*, Die Bedeutung von Entsenderichtlinie und Arbeitnehmer-Entsendegesetz für das Arbeitskollisionsrecht, IPRax 2001, S. 22 (28).
53 Vgl. etwa Art. 10 Abs. 1 der Richtlinie 94/45 über die Einsetzung eines Europäischen Betriebsrats v. 22.9.1994, ABl.EG 1994, Nr. L 254/64, nach dem auf die Mitglieder der nach der Richtlinie einzurichtenden Arbeitnehmervertretungen der besondere Kündigungsschutz für Arbeitnehmervertreter des Landes anwendbar ist, in dem sie beschäftigt sind. Zum allgemeinen Geltungsanspruch von Richtlinien vgl. *S. Krebber*, Internationales Privatrecht des Kündigungsschutzes bei Arbeitsverhältnissen, 1997, S. 195 ff., 320 ff.; *ders.*, Die volle Wirksamkeit von Richtlinien in länderübergreifenden Sachverhalten: der räumliche Geltungsanspruch von Richtlinien und seine Bedeutung für das internationale Privatrecht, ZVglRWiss 97 (1998), S. 124 (132 ff.) jeweils m. Nw. auch zur abweichenden Meinung.
54 Vgl. *G. Muhr*, Kompetenzkonflikt zwischen der Normensetzung der Internationalen Arbeitsorganisation (IAO) und der Rechtsetzung der Europäischen Gemeinschaft (EG), in: Bundesministerium für Arbeit und Sozialordnung/Bundesvereinigung der Deutschen Arbeitgeberverbände/ Deutscher Gewerkschaftsbund (Hrsg.), Weltfriede durch soziale Gerechtigkeit, 1994, S. 204 (206); ausführlich zum Mitwirkungsverlangen der Kommission in der ILO ebendort S. 206 ff.
55 Was insbesondere wegen der Dreigliedrigkeit der ILO ein nicht einfach zu lösendes Problem ist, vgl. *G. Muhr*, Die Internationale Arbeitsorganisation, ArbRGegw 29 (1992), S. 87 (114 mit Fn. 50).
56 Vgl. vor allem den Konflikt des Nachtarbeitsverbots des ILO-Übereinkommens Nr. 89 v. 9. 7. 1948 über die Nachtarbeit der Frauen im Gewerbe mit der RL 76/207/EWG v. 9. 2. 1976 zur Verwirklichung des Grundsatzes der Gleichberechtigung von beiden Geschlechtern hinsicht-

Inhalt der ILO Konventionen und der Europäischen Sozialcharta nicht übereinstimmen. Sie sind nach allgemeinen Grundsätzen zu lösen (Art. 307 Rn. 2 ff.), die allerdings sowohl in ihren Ansätzen als auch in ihren Auswirkungen im Einzelfall nicht befriedigend sind.

B. Art. 136
I. Der ausgleichende Charakter von Art. 136

Art. 136 benennt in Konkretisierung der Präambel und des Tätigkeitskatalogs die **Ziele** der Sozialpolitik und einige **allgemeine Grundsätze**, die bei ihrer Verwirklichung durch die Mitgliedstaaten und die Gemeinschaft zu beachten sind. Der frühere Art. 117 wurde durch den Vertrag von Amsterdam wesentlich geändert, doch ist die Neufassung, die nicht in einer Übernahme von Art. 1 SozAbk besteht, sowohl in inhaltlicher als auch in redaktioneller Hinsicht nicht ganz geglückt. Er stellt eine **Kompromißformel** dar, in der zum Nachteil der inhaltlichen Klarheit versucht wurde, den verschiedenen Polen ausreichend Rechnung zu tragen. Hierdurch wird die Aussage verwässert. Der Wortlaut schwankt zwischen: der genuin sozialpolitischen und der wirtschaftspolitischen Ausrichtung der Sozialpolitik; damit verbunden dem sozialpolitischen Fortschritts- und Verbesserungsgedanken einer- und der Wettbewerbsfähigkeit der Wirtschaft der Gemeinschaft andererseits; der Verwirklichung der Ziele des Art. 136 durch das Funktionieren des gemeinsamen Marktes oder durch Harmonisierung; der Zuweisung der Verwirklichung der Sozialpolitik an die Gemeinschaft oder an die Mitgliedstaaten. Wie diese Positionen zu vereinbaren sind, wird in Art. 136 offengelassen. 27

II. Rechtsnatur

Art. 117 (a.F.) hatte nach Auffassung des EuGH[57], der zu Recht die ganz überwiegende Literatur zustimmte[58], **programmatischen** Charakter. Hieran und auch an der fehlenden Justiziabilität hat die Reform nichts geändert, was aus dem narrativen Stil, der allgemeinen Formulierung der Ziele und der Wege zu ihrer Verwirklichung sowie den fehlenden Anhaltspunkten zum Verhältnis zwischen den verschiedenen, in Art. 136 verankerten Positionen folgt[59]. 28

Fortsetzung von Fußnote 56
  lich des Zugangs zur Beschäftigung, zur Berufsbildung und zum beruflichen Aufstieg sowie in bezug auf die Arbeitsbedingungen, ABl.EG 1976 Nr. L 39/40: EuGH, Rs. C-345/89, Slg. 1991, I-4047 (Stoeckel), Sitzungsbericht S. I-4052 f. sowie Schlußantr. GA G. *Tesauro* Ziff. 3 f., 11; Rs. C-158/91, 2.8.1993, Slg. 1993, I-4287, Rn. 3 f., 10 ff. (Levy); Rs. C-13/93, 3. 2. 1994, Slg. 1994, I-371, Rn. 14 ff. (Minne). Berührt sein können auch die Grundfreiheiten, vgl. EuGH, Rs. 110 u. 111/78, Slg. 1979, 35, Rn. 31 ff. (van Wesemael).
57 EuGH, Rs. 149/77, Slg. 1978, 1365, Rn. 19/23 (Defrenne III).
58 U. *Preis*/W. *Bütefisch*, Arbeitsrecht als Gegenstand des Gemeinschaftsrechts – das europäische Arbeitsrecht, in: H. Oetker/U. Preis (Hrsg.), Europäisches Arbeits- und Sozialrecht, B 1100, Rn. 38; W. *Balze*, Die sozialpolitischen Kompetenzen der Europäischen Union, 1994, S. 40. Teilweise abweichend etwa B. *Veit*, Die Kompetenzen der Europäischen Gemeinschaften (EG) auf dem Gebiet des Arbeitsrechts, ZTR 1990, S. 56 (59 f.): verbindliche Zielbestimmung.
59 Vgl. auch *Buchner* (Fn. 7), S. 177, Der Vertrag von Amsterdam hat einerseits zu einer erheblichen Ausweitung der Vorschriften über die Sozialpolitik geführt, die im wesentlichen auf der Einarbeitung des SozA in den Vertrag beruht. Sucht man andererseits nicht nur, was bereits im SozAbk enthaltenen Anstößen, so fällt die Bilanz bescheidener aus. Durch den Vertrag von Nizza sind nur Art. 137, 139 und 144 geändert worden.), S. 177; H.-D. *Steinmeyer*, Der Vertrag von Amsterdam und seine Bedeutung für das Arbeits- und Sozialrecht, RdA 2001, S. 10 (12).

III. Die Ziele des Art. 136 Abs. 1

29 Art. 136 Abs. 1 nennt **sechs** gleichberechtigte **Ziele** der Sozialpolitik, während Art. 117 (a.F.) lediglich auf die Verbesserung der Lebens- und Arbeitsbedingungen der Arbeitskräfte[60] abstellte. Die Zunahme der Ziele führt nicht zu einer Zunahme der Verständlichkeit. Problematisch ist, ob die Herausnahme des Bezugspunkts der Arbeitskräfte eine Ausrichtung der Art. 136 ff. auch auf andere gesellschaftspolitische Bereiche bewirkt, die in einem nur noch mittelbaren oder keinem Zusammenhang mit der Lage der Arbeitskräfte stehen. Dafür könnte das Aufführen der Bekämpfung von Ausgrenzungen als eines der Ziele angeführt werden, was durch die Neufassung des Art. 137 durch den Vertrag von Nizza bestätigt wird (Art. 137 Rn. 9b). Anders als noch in der Voraufl. zur Vertragfassung nach Amsterdam vertreten, ist unter dem Regime von Nizza kein enger **Zusammenhang** mit der Lage der **Arbeitskräfte** zu verlangen, es sei denn dieses Erfordernis folgt zwingend aus dem Wortlaut.

30 Die **Förderung der Beschäftigung** auch im Kapitel über die Sozialpolitik zu nennen, macht deutlich, daß dieses Ziel nicht lediglich den Art. 125 ff. überlassen werden soll. Allerdings ergeben sich hieraus Abgrenzungsfragen (Art. 125 Rn. 7, Art. 137 Rn. 16). **Die Verbesserung der Lebens- und Arbeitsbedingungen**, um dadurch auf dem Wege des Fortschritts ihre Angleichung zu ermöglichen, bringt die Notwendigkeit der Schaffung eines einheitlichen Wirtschaftsraums zum Ausdruck. Man kann daher fragen, ob nicht die Angleichung, die nicht im Sinne einer Rechts-, sondern einer tatsächlichen Angleichung zu verstehen ist, eher als die Verbesserung vorrangiges Ziel ist. Was unter einem angemessenen **sozialen Schutz** zu verstehen ist, läßt sich aus Punkt 11 der Gemeinschaftscharta der sozialen Grundrechte etwas näher erschließen: es geht um sozialrechtliche Leistungen, die im Zusammenhang mit dem Berufsleben stehen. Die Einzelheiten, etwa die erforderliche Nähe zum Berufsleben, bleiben allerdings unklar (Art. 137 Rn. 12). Weiteres Ziel ist, glaubt man dem Wortlaut von Art. 137 Abs. 1, der **soziale Dialog** als solcher. Es fehlt der grammatikalische Bezug zu einem der Ziele der Tätigkeit (Verbesserung, Förderung usw.). Ohne einen solchen Bezug bleibt die Bedeutung im Dunkeln, da es einen entsprechenden Dialog in der einen oder anderen Form in allen Mitgliedstaaten und auch auf Gemeinschaftsebene gibt. Das Abstellen auf die **Entwicklung des Arbeitskräftepotentials** im Hinblick auf ein dauerhaftes hohes Beschäftigungsniveau deutet auf Aus- und Weiterbildung hin, für die in den Art. 149 f. eine eigene vertragliche Grundlage existiert, so daß auch insoweit Abgrenzungsfragen aufgeworfen werden (Art. 137 Rn. 21, Art. 149 Rn. 5). Zur Bedeutung und Tragweite der **Bekämpfung von Ausgrenzungen**[61] vgl. Art. 137 Rn. 9b. Der Plural in der Formulierung deutet darauf hin, daß insoweit alle Arten von Ausgrenzung gemeint sind, also auch solche aufgrund der Rasse oder des Alters ebenso wie die gesellschaftliche Ausgrenzung z.B. von Arbeitslosen.

IV. Die Verwirklichung der Ziele

31 Allgemeine Aussagen zur Verwirklichung der Ziele finden sich in Art. 136 Abs. 2 u. 3. Abs. 2 wurde neu eingefügt, wodurch die Regelung insgesamt an Prägnanz und der 3. Abs. seinen grammatikalischen Bezugspunkt verloren hat. Aus den beiden Absätzen lassen sich **drei** Wege destillieren: (1) Maßnahmen durch die Gemeinschaft, die auch in

---

60 Zum Begriff statt vieler *B. Schulte*, in: GTE, EU-/EG-Vertrag, Art. 117, Rn. 21.
61 Zur bisherigen Betätigung der Gemeinschaft auf diesem Feld, vgl. *C. Langenfeld/B. Jansen*, in: Grabitz/Hilf, EU, Art. 118, Rn. 48 ff.

der Angleichung der Rechts- und Verwaltungsvorschriften bestehen können; (2) Maßnahmen durch die Mitgliedstaaten und (3) das eine Abstimmung begünstigende Wirken des Gemeinsamen Marktes. (1) und (2) sind nach Art. 136 Abs. 2 zudem an die Achtung der einzelstaatlichen Gepflogenheiten, insbesondere in den vertraglichen Beziehungen – gemeint ist der in (tarif)vertraglichen Beziehungen mündende soziale Dialog auf mitgliedstaatlicher Ebene – und dem Erhalt der Wettbewerbsfähigkeit der Gemeinschaft gebunden[62]. Greifbare inhaltliche Vorgaben oder Angaben zur inhaltlichen Ausrichtung der Sozialpolitik sieht der Vertrag indes nicht vor.

Hinsichtlich der überwiegenden Anzahl der Ziele wird eine Förderung oder Verbesserung verlangt. Soweit die Verwirklichung dieser Ziele die Arbeitsbedingungen berührt, folgt daraus jedoch **nicht** in jedem Einzelfall zwingend die Notwendigkeit der **Verbesserung der Arbeitsbedingungen**. Zum Teil ergibt sich dieses aus den Zielvorstellungen selbst: die Beschäftigung wird nach Auffassung vieler durch eine Verbesserung der Arbeitsbedingungen gerade konterkariert. Auch die Verbesserung der Lebens- und Arbeitsbedingungen zum Zwecke ihrer Angleichung kann nicht im Sinne eines generellen Verbesserungsgebots verstanden werden, weil sich dann die Angleichung nicht verwirklichen läßt. Allgemeine Grenze einer Verbesserung ist darüber hinaus die in Art. 136 Abs. 2 verankerte Pflicht, die Wettbewerbsfähigkeit der Wirtschaft der Gemeinschaft zu erhalten. 32

V. Die Bedeutung der sozialen Grundrechte

Die Sozialpolitik wird nach Art. 136 Abs. 1 eingedenk der sozialen Grundrechte, wie sie in der Europäischen Sozialcharta von 1961 und in der Gemeinschaftscharta der sozialen Grundrechte von 1989[63] festgelegt sind, verfolgt. Beide Instrumente werden auch in der Präambel des EUV genannt. Die Formulierung in Art. 136 Abs. 1 und auch in der Präambel legt nahe, daß sämtliche in den beiden Instrumenten enthaltenen Bestimmungen materiell soziale Grundrechte darstellen, was alles andere als geklärt und überaus problematisch ist. Zudem ist es fragwürdig, die rechtlich verbindliche Europäische Sozialcharta und die mit einer solchen Verbindlichkeit nicht ausgestattete Gemeinschaftscharta[64] auf eine Stufe zu stellen. Nicht geglückt ist es ferner, in einem Atemzug zwei Instrumente zu nennen, weil diese voneinander abweichen. Trotz der Überarbeitung durch den Vertrag von Nizza nicht genannt ist die Charta der Grundrechte der Europäischen Uni- 33

---

62 Vgl. dazu *H. Buchner*, Die sozialpolitische Entwicklung der Europäischen Gemeinschaft im Spannungsfeld von hoheitlicher Regelung und tarifautonomer Gestaltung, RdA 1993, S. 193 (195).
63 Dazu hier nur *B. v. Maydell*, Die europäische Charta sozialer Grundrechte, in: ders. (Hrsg.), Soziale Rechte in der EG, 1990, S. 122 (136 ff.); *Buchner* (Fn. 16), S. 20 ff.
64 Besonders plastisch *H. Konzen*, Die Entwicklung des europäischen Arbeitsrechts, in: D. Dörr/M. Dreher (Hrsg.), Europa als Rechtsgemeinschaft, 1997, S. 53 (59): feierliche Presseerklärung; vgl. ferner *R. Birk*, Gemeinschaftsrecht und nationales Arbeitsrecht, GewArch 1990, S. 305 (314); *MünchArbR/Birk* § 18, Rn. 81; *e. Maydell* (Fn. 53), S. 146; *O. Wlotzke*, EG-Binnenmarkt und Arbeitsrechtsordnung – Eine Orientierung, NZA 1990, S. 417 (421); *W. Däubler*, Soziale Grundrechte in der EG? – Erste Schritte nach Straßburg, in: W. Weigenfeld (Hrsg.), Der Schutz der Grundrechte in der Europäischen Gemeinschaft, 1992, S. 27; *M. Blank*, Europäische Kollektivverträge und Sozialer Dialog, FS-Gnade, 1992, S. 649 (653); *P. Watson*, Social Policy after Maastricht, CMLRev 30 (1993), S. 481 (485); *A. Wisskirchen*, Der soziale Dialog in der Europäischen Gemeinschaft, FS-Deutscher Arbeitsgerichtsverband, 1994, S. 653 (657); *C. Koenig*, Die Europäische Sozialunion als Bewährungsprobe der supranationalen Gerichtsbarkeit, EuR 1994, S. 175 (180); *B. Schulte*, in: GTE, EU-/EG-Vertrag, Vorb. zu Art. 117–127, Rn. 45; *R. Blanpain/M. Schmidt/U. Schweibert*, Europäisches Arbeitsrecht, 2. Aufl. 1996, Rn. 198;

on[65]. Allerdings lehnt sich diese Charta in den für die Sozialpolitik maßgeblichen Rechten nicht selten an die Europäische Sozialcharta[66] und die Gemeinschaftscharta[67] an.

34 Die Formulierung des Bezugs schließt aus, daß die sozialen Grundrechte unmittelbar gelten[68]. Was genau aber unter »eingedenk« zu verstehen ist, bleibt unklar. Fraglich ist insbesondere, ob ein etwaiger Verstoß gegen diese Grundrechte vor dem EuGH justiziabel ist oder ob lediglich verlangt wird, daß man sie berücksichtigt. Man wird ersteres angesichts der in anderen sprachlichen Fassungen noch schwächeren Bezugsformel[69] und der insgesamt nicht justiziablen Natur des Art. 136 ablehnen müssen[70]. Die Bezugnahme ist daher vor allem Grundstein für zukünftige Entwicklungen.

35 Allerdings geben Europäische Sozialcharta und Gemeinschaftscharta wichtige **Auslegungshilfen** bei der Bedeutung arbeitsrechtlicher Begriffe auf Gemeinschaftsebene (vgl. etwa Art. 137 Rn. 9)[71].

36 Zudem bedeutet dieses nicht, daß die Gemeinschaft in der Sozialpolitik derzeit ohne Grundrechtsbezug handeln kann. Angesichts des unverbindlichen Charakters der Bezugnahme in Art. 136 Abs. 1 verdrängt diese nicht als spezielle Regelung Art. 6 EUV. Über **Art. 6 EUV** müssen daher auch bei der Gestaltung der Sozialpolitik die Grundrechte geachtet werden. Wenn zwar die EMRK keine umfassenden sozialen Grundrechte normiert, setzt doch die gemeinsame Verfassungstradition der Mitgliedstaaten insoweit einen Mindeststandard.

Fortsetzung von Fußnote 64
M. *Heinze*, Die Gemeinschaftscharta der sozialen Grundrechte der Arbeitnehmer und die Vertragsrevision des Unionsvertrages 1996, FS-Wlotzke, 1996, S. 669 (671). Anders *ders.*, in: W. Leinemann (Hrsg.), Kasseler Handbuch zum Arbeitsrecht, 1997, § 11, Rn. 6: rechtsverbindliche Bewertungsnorm; anders auch K. *Hailbronner*, in: HK-EUV. Art. 117, Rn. 6: den Mitgliedstaaten gegenüber rechtlich bindend.
65 ABl.EG 2000, Nr. C 364/1.
66 Art. 25 an Art. 23 der revidierten ESC; Art. 26 an Art. 15 ESC sowie Art. 23 der revidierten ESC; Art. 27 an Art. 21 der revidierten ESC; Art. 28 an Art. 6 ESC; Art. 29 an Art. 1 Abs. 1 ESC; Art. 30 an Art. 24 der revidierten ESC; Art. 31 an Art. 3 ESC und Art. 26 der revidierten ESC; Art. 32 an Art. 7 ESCM Art. 33 an Art. 8, 16 ESC und Art. 27 der revidierten ESC; Art. 34 an Art. 12, 13 Abs. 4 ESC und Art. 30 f. der revidierten ESC; Art. 35 an Art. 11 ESC.
67 Art. 25 an Nr. 24 f.; Art. 26 an Nr. 26; Art. 27 an Nr. 17 f.; Art. 28 an Nr. 12–14; Art. 29 an Nr. 13; Art. 31 an Nr. 18 an Nr. 19; Art. 32 an Nr. 20–23; Art. 34 an Nr. 2, 10.
68 Vgl. auch *MünchArbR/Birk* § 19, Rn. 434; U. *Preis/M. Gotthardt*, Arbeitsrecht als Gegenstand des Gemeinschaftsrechts – das Europäische Arbeitsrecht, in: H. Oetker/U. Preis (Hrsg.), Europäisches Arbeits- und Sozialrecht, B 1100, Rn. 4.
69 Conscients des droits sociaux, having in mind fundamental social rights, teniendo presentes, tenuti presenti, tendo presentes.
70 Wie hier R. *Rebhahn*, in: Schwarze (Hrsg.), EU-Kommentar, Art. 136, Rn. 11; zu weitgehend U. *Zachert*, Auf dem Weg zu europäischen Arbeitnehmergrundrechten?, NZA 2000, S. 621 (622 f.).
71 Was aber nicht neu ist, vgl. nur M. *Zuleeg*, Der Schutz sozialer Rechte in der Rechtsordnung der Europäischen Gemeinschaft, EuGRZ 1992, S. 329.

Art. 137 (ex-Art. 118)

(1) Zur Verwirklichung der Ziele des Artikels 136 unterstützt und ergänzt[3] die Gemeinschaft die Tätigkeit der Mitgliedstaaten auf folgenden Gebieten:
a) Verbesserung insbesondere der Arbeitsumwelt zum Schutz der Gesundheit und der Sicherheit der Arbeitnehmer[18],
b) Arbeitsbedingungen[19],
c) soziale Sicherheit und sozialer Schutz der Arbeitnehmer[12],
d) Schutz der Arbeitnehmer bei Beendigung des Arbeitsvertrags[13],
e) Unterrichtung und Anhörung der Arbeitnehmer[20],
f) Vertretung und kollektive Wahrnehmung der Arbeitnehmer- und Arbeitgeberinteressen, einschließlich der Mitbestimmung, vorbaltlich des Absatzes 5[14],
g) Beschäftigungsbedingungen der Staatsangehörigen dritter Länder, die sich rechtmäßig im Gebiet der Gemeinschaft aufhalten[15],
h) berufliche Eingliederung der aus dem Arbeitsmarkt ausgegrenzten Personen, unbeschadet des Artikels 150[21],
i) Chancengleichheit von Männern und Frauen auf dem Arbeitsmarkt und Gleichbehandlung am Arbeitsplatz[22],
j) Bekämpfung der sozialen Ausgrenzung[9b],
k) Modernisierung der Systeme des sozialen Schutzes, unbeschadet des Buchstabens c[9c].

(2) Zu diesem Zweck kann der Rat
a) unter Ausschluß jeglicher Harmonisierung der Rechts- und Verwaltungsvorschriften der Mitgliedstaaten Maßnahmen annehmen, die dazu bestimmt sind, die Zusammenarbeit zwischen den Mitgliedstaaten durch Initiativen zu fördern, die die Verbesserung des Wissensstandes, die Entwicklung des Austausches von Informationen und bewährten Verfahren, die Förderung innovativer Ansätze und die Bewertung von Erfahrungen zum Ziel haben[31];
b) in den in Absatz 1 Buchstaben a bis i[9a ff.] genannten Bereichen unter Berücksichtigung der in den einzelnen Mitgliedstaaten bestehenden Bedingungen und technischen Regelungen durch Richtlinien[23] Mindestvorschriften[24] erlassen, die schrittweise anzuwenden[25] sind. Diese Richtlinien sollen keine verwaltungsmäßigen, finanziellen oder rechtlichen Auflagen vorschreiben, die der Gründung und Entwicklung von kleinen und mittleren Unternehmen entgegenstehen[26].

Der Rat beschließt gemäß dem Verfahren des Artikels 251 nach Anhörung des Wirtschafts- und Sozialausschusses sowie des Ausschusses der Regionen, außer in den in Absatz 1 Buchstaben c, d, f und g genannten Bereichen, in denen er einstimmig auf Vorschlag der Kommission nach Anhörung des Europäischen Parlaments und der genannten Ausschüsse beschließt. Der Rat kann einstimmig auf Vorschlag der Kommission nach Anhörung des Europäischen Parlaments beschließen, dass das Verfahren des Artikels 251 auf Absatz 1 Buchstaben d, f und g angewandt wird.

(3) Ein Mitgliedstaat kann den Sozialpartnern auf deren gemeinsamen Antrag die Durchführung von aufgrund des Absatzes 2 angenommenen Richtlinien übertragen.

In diesem Fall vergewissert sich der Mitgliedstaat, daß die Sozialpartner spätestens zu dem Zeitpunkt, zu dem eine Richtlinie nach Artikel 249 umgesetzt sein muß, im Wege einer Vereinbarung die erforderlichen Vorkehrungen getroffen haben; dabei hat der Mitgliedstaat alle erforderlichen Maßnahmen zu treffen, um jederzeit gewährleisten zu können, daß die durch diese Richtlinie vorgeschriebenen Ergebnisse erzielt werden[27 ff.].

# Art. 137 EG-Vertrag

(4) Die aufgrund dieses Artikels erlassenen Bestimmungen berühren nicht die anerkannte Befugnis der Mitgliedstaaten, die Grundprinzipien ihres Systems der sozialen Sicherheit festzulegen, und dürfen das finanzielle Gleichgewicht dieser Systeme nicht erheblich beeinträchtigen[12]; hindern die Mitgliedstaaten nicht daran, strengere Schutzmaßnahmen beizubehalten oder zu treffen, die mit diesem Vertrag vereinbar sind[24].

(5) Dieser Artikel gilt nicht für das Arbeitsentgelt[8], das Koalitionsrecht, das Streikrecht sowie das Aussperrungsrecht[9].

Amsterdamer Fassung:

(1) Zur Verwirklichung der Ziele des Artikels 136 unterstützt und ergänzt die Gemeinschaft die Tätigkeit der Mitgliedstaaten auf folgenden Gebieten:
— *Verbesserung insbesondere der Arbeitsumwelt zum Schutz der Gesundheit und der Sicherheit der Arbeitnehmer,*
— *Arbeitsbedingungen,*
— *Unterrichtung und Anhörung der Arbeitnehmer,*
— *berufliche Eingliederung der aus dem Arbeitsmarkt ausgegrenzten Personen, unbeschadet des Artikels 150,*
— *Chancengleichheit von Männern und Frauen auf dem Arbeitsmarkt und Gleichbehandlung am Arbeitsplatz.*

(2) Zu diesem Zweck kann der Rat unter Berücksichtigung der in den einzelnen Mitgliedstaaten bestehenden Bedingungen und technischen Regelungen durch Richtlinien Mindestvorschriften erlassen, die schrittweise anzuwenden sind. Diese Richtlinien sollen keine verwaltungsmäßigen, finanziellen oder rechtlichen Auflagen vorschreiben, die der Gründung und Entwicklung von kleinen und mittleren Unternehmen entgegenstehen.

Der Rat beschließt gemäß dem Verfahren des Artikels 251 nach Anhörung des Wirtschafts- und Sozialausschusses sowie des Ausschusses der Regionen.

Der Rat kann zur Bekämpfung sozialer Ausgrenzung gemäß diesem Verfahren Maßnahmen annehmen, die dazu bestimmt sind, die Zusammenarbeit zwischen den Mitgliedstaaten durch Initiativen zu fördern, die die Verbesserung des Wissensstandes, die Entwicklung des Austausches von Informationen und bewährten Verfahren, die Förderung innovativer Ansätze und die Bewertung von Erfahrungen zum Ziel haben.

(3) In folgenden Bereichen beschließt der Rat dagegen einstimmig auf Vorschlag der Kommission nach Anhörung des Europäischen Parlaments und des Wirtschafts- und Sozialausschusses sowie des Ausschusses der Regionen:
— *soziale Sicherheit und sozialer Schutz der Arbeitnehmer,*
— *Schutz der Arbeitnehmer bei Beendigung des Arbeitsvertrags,*
— *Vertretung und kollektive Wahrnehmung der Arbeitnehmer- und Arbeitgeberinteressen, einschließlich der Mitbestimmung, vorbehaltlich des Absatzes 6,*
— *Beschäftigungsbedingungen der Staatsangehörigen dritter Länder, die sich rechtmäßig im Gebiet der Gemeinschaft aufhalten,*
— *finanzielle Beiträge zur Förderung der Beschäftigung und zur Schaffung von Arbeitsplätzen, und zwar unbeschadet der Bestimmungen über den Sozialfonds.*

(4) Ein Mitgliedstaat kann den Sozialpartnern auf deren gemeinsamen Antrag die Durchführung von aufgrund der Absätze 2 und 3 angenommenen Richtlinien übertragen.

In diesem Fall vergewissert sich der Mitgliedstaat, daß die Sozialpartner spätestens zu dem Zeitpunkt, zu dem eine Richtlinie nach Artikel 249 umgesetzt sein muß, im Weg einer Vereinbarung die erforderlichen Vorkehrungen getroffen haben; dabei hat der Mitgliedstaat alle erforderlichen Maßnahmen zu treffen, um jederzeit gewährleisten zu können, daß die durch diese Richtlinie vorgeschriebenen Ergebnisse erzielt werden.

(5) Die aufgrund dieses Artikels erlassenen Bestimmungen hindern die Mitgliedstaaten nicht daran, strengere Schutzmaßnahmen beizubehalten oder zu treffen, die mit diesem Vertrag vereinbar sind.

(6) Dieser Artikel gilt nicht für das Arbeitsentgelt, das Koalitionsrecht, das Streikrecht sowie das Aussperrungsrecht.

Inhaltsübersicht:

A. Allgemeines	1
B. Verhältnis der beiden Handlungsmöglichkeiten	2a
C. Die Ermächtigungsgrundlage zum Erlaß von Richtlinien	3
I. Die Zielrichtung der nach Art. 137 Abs. 2 lit. b) möglichen Harmonisierung	3
II. Die erfaßten Materien	4
1. Verhältnis der vier Gruppen von Materien	4
2. Die schlechthin gem. Art. 137 Abs. 5 ausgeschlossenen Gebiete	7
3. Die einer Rechtsangleichung nicht zugänglichen Bereiche: Art. 137 Abs. 1 lit. j) und k)	9a
4. Der Katalog des Art. 137 Abs. 1 lit. a) bis i)	10
a) Die Art. 137 Abs. 1 lit. c), d), f) und g)	11
b) Die Art. 137 Abs. 1 lit. a), b), e), h) und i)	17
III. Die Anforderungen an die erlassenen Richtlinien	23
IV. Die Übertragung der Durchführung der Richtlinien auf die Sozialpartner	27
D. Die Förderung der Zusammenarbeit der Mitgliedstaaten	31

A. Allgemeines

Art. 137 ist die bedeutendste Ermächtigungsgrundlage zum Erlaß von Richtlinien im Kapitel über die Sozialpolitik. Die Bestimmung lehnt sich an Art. 2 SozAbk an und ersetzt Art. 118a (a.F.). Art. 137 ist durch den Vertrag von Nizza leicht geändert und redaktionell überarbeitet worden, was die Verständlichkeit der Bestimmung aber nicht verbessert, weil anders als in der alten Fassung die Materien nicht mehr nach dem bei der Harmonisierung einschlägigen Gesetzgebungsverfahren geordnet sind; hierunter leidet auch die Lesbarkeit der Kommentierung. Auch jetzt noch hat man bei Art. 137 den Eindruck, als habe es bei den Befürwortern der Erweiterung der Gemeinschaftskompetenzen in der Sozialpolitik ebenso wie bei ihren Gegnern den Wunsch gegeben, den Inhalt der Vorschrift in einer möglichst unübersichtlichen Regelung zu verstecken. Die inhaltliche Tragweite der Bestimmung läßt sich teilweise nur wie vor nur schwer bestimmen. Art. 137 besteht aus **zwei Teilen**: (1) der **Ermächtigungsgrundlage** zum Erlaß von **Richtlinien** in Abs. 2 lit. b) iVm Abs. 1 lit. a) bis lit. i), die zusammen mit Abs. 5, den Anforderungen an die erlassenen Richtlinien in Abs. 2 lit. b) u. Abs. 4 und der Möglichkeit der Übertragung der Durchführung der Richtlinien auf die Sozialpartner in Abs. 3 gelesen werden müssen, sowie (2) der Grundlage für **Maßnahmen zur Förderung der Zusammenarbeit** der Mitgliedstaaten in Abs. 2 lit. a). 1

Den Anwendungsbereich von Art. 137 allgemein auf Regelungen für Arbeitnehmer zu begrenzen[1], ist angesichts Art. 137 Abs. 1 lit. g) bis k) zu eng. Inwieweit **arbeitnehmerähnliche** Personen unter die Art. 137 Abs. 1 lit. a) bis f), die allesamt auf Arbeitnehmer, Arbeitsbedingungen oder Arbeitsvertrag abstellen, subsumiert werden können, ist unklar. Einen eigenen Begriff der arbeitnehmerähnlichen Person kennt das Europarecht bisher nicht. Je nach Materie ist ihr Einbezug sinnvoll; dies gilt insbesondere für das Arbeitsschutzrecht[2]. Gegen einen Einbezug spricht jedoch, daß dessen Grenzen ohne ein eigenständiges europarechtliches Konzept der arbeitnehmerähnlichen Person und ohne normativen Anhaltspunkt kaum zu ziehen sind[3]. Ein gangbarer Mittelweg wäre es, eine 1a

---

1 So R. *Rebhahn*, in: Schwarze (Hrsg.), EU-Kommentar, Art. 136, Rn. 2, 18, Art. 137, Rn. 2.
2 Vgl. W. *Däubler*, Arbeitnehmerähnliche Personen im Arbeits-, Sozial- und EG-Recht, ZIAS 2000, S. 327 (335); zu den Niederlanden T. *Jaspers*, Quasi-Employee, Quasi-self-employees: More than just a name, ZIAS 2000, S. 233 (243).
3 Was auch die Ausführungen von R. *Rebhahn*, in: Schwarze (Hrsg.), EU-Kommentar, Art. 136, Rn. 22, verdeutlichen.

Erstreckung des nach Art. 137 verabschiedeten Sekundärrechts auf arbeitnehmerähnliche Personen zu gestatten, aber eine ausdrückliche Regelung in den entsprechenden RLen dafür zu verlangen. Vgl. auch Art. 141 Rn. 17.

2 Liest man den Katalog des Art. 137 Abs. 1, hat man den Eindruck, daß – selbst bei Berücksichtigung des Art. 137 Abs. 5 – die Kompetenz für weite Teile des Arbeits-, Arbeitsförderungs- und Sozialrechts auf die Gemeinschaft übergegangen ist[4]. In seinen einleitenden Worten stellt Art. 137 Abs. 1 indes klar, daß die Aufgabe der Gemeinschaft im Bereich des Art. 137 auf eine **Unterstützung der Mitgliedstaaten** und eine Ergänzung ihrer Tätigkeit beschränkt ist. Die primäre Zuständigkeit verbleibt daher bei den Mitgliedstaaten. Dies gilt auch für die Harmonisierung (Rn. 3).

B. Verhältnis der beiden Handlungsmöglichkeiten

2 a In Art. 137 Abs. 2 wird in lit. a) zuerst die Förderung der Zusammenarbeit der Mitgliedstaaten genannt und erst im Anschluß daran die Harmonisierung durch Richtlinien. Hieraus ergibt sich indes **kein** genereller **Vorrang** der Förderung der Zusammenarbeit der Mitgliedstaaten vor der Rechtsangleichung. Die Handlungsmöglichkeiten stehen, soweit sie im konkreten Fall beide anwendbar sind, alternativ zur Verfügung.

C. Die Ermächtigungsgrundlage zum Erlaß von Richtlinien

I. Die Zielrichtung der nach Art. 137 Abs. 2 lit. b) möglichen Harmonisierung

3 Art. 137 verlangt eine bestimmte Zielrichtung der Harmonisierung, die sich etwas versteckt aus der Verknüpfung von Abs. 2 mit Abs. 1 (»Zu diesem Zweck kann..«) ergibt[5]. Die Harmonisierung kann demnach nur erfolgen, um die **unterstützende** und ergänzende **Tätigkeit der Gemeinschaft** nach Abs. 1 (Rn. 2) zu fördern[6]. Die Verknüpfung des Abs. 2 auf die in Abs. 1 ebenfalls genannte Verwirklichung der Ziele des Art. 136 zu beschränken, wäre eine vom Wortlaut nicht getragene Verkürzung des Bezuges, da dieser den gesamten Eingangssatz des Abs. 1. umfaßt. Die Verbindung der Harmonisierung mit der ergänzenden und unterstützenden Tätigkeit der Gemeinschaft nimmt ihr die Möglichkeit, die genannten Bereiche tiefgreifend anzugleichen[7]. Eine weitergehende Rechtsangleichung kann auf andere Ermächtigungsgrundlagen gestützt werden (s. Art. 136 Rn. 23)[8].

---

4 Vgl. auch M. *Heinze*, Der Einfluß der europäischen Integration auf die Sozialpolitik, in: D. Döring/R. Hauser (Hrsg.), Soziale Sicherheit in Gefahr, 1995, S. 183 (190). Anders weitgehend die Bewertung von T. G. *Arl*, Sozialpolitik nach Maastricht, 1997, S. 179, 180, 182, 183, 187 ff.
5 So im Ergebnis auch *Arl* (Fn. 4), S. 176.
6 Im Ergebnis so auch H. *Buchner*, Die sozialpolitische Entwicklung der Europäischen Gemeinschaft im Spannungsfeld von hoheitlicher Regelung und tarifautonomer Gestaltung, RdA 1993, S. 193 (195 f.); H.-D. *Steinmeyer*, Das europäische Sozialrecht nach Maastricht, VSSR 1996, S. 49 (61); A. *Kliemann*, Die europäische Sozialintegration nach Maastricht, 1997, S. 98 f.
7 Differenzierend R. *Rebhahn*, in: Schwarze (Hrsg.), EU-Kommentar, Art. 136, Rn. 14.
8 Zu allgemein daher M. *Weiss*, Die Bedeutung von Maastricht für die EG-Sozialpolitik, FS-Gnade, 1992, S. 583 (587), nach dem das Einstimmigkeitserfordernis des Art. 94 für die Harmonisierung der Arbeitsbedingungen wegen Art. 2 SozAbk entfällt.

II. Die erfaßten Materien

1. Verhältnis der vier Gruppen von Materien

Welche Materien aus dem Bereich der Sozialpolitik erfaßt sind, bestimmen Art. 137 Abs. 1 lit. a) bis i) und Abs. 5 abschließend[9]. In den in Art. 137 Abs. 1 lit. c), d), f) und g) genannten Bereichen muß der Rat grundsätzlich einstimmig beschließen (1. Gruppe), während bei Art. 137 Abs. 1 lit. a), b), e), h) und i) (2. Gruppe) das Verfahren nach Art. 251 maßgeblich ist. Nach Art. 137 Abs. 2 lit. b) ist der Weg der Harmonisierung nicht eröffnet für die in Art. 137 Abs. 1 lit. j) und k) genannten Gebiete (3. Gruppe). Art. 137 Abs. 5 schließlich nennt drei Bereiche des Arbeitsrechts, die von Art. 137 schlechthin ausgeschlossen sind (4. Gruppe). Das Verhältnis der vier Gruppen von Materien ist verzwickt, da die verschiedenen Gebiete sich teilweise decken. Davon ausgehend, daß in den Gebieten des Abs. 5 jegliche Tätigkeit der Gemeinschaft ausgeschlossen ist, bei Abs. 1 lit. j) und k) die Rechtsangleichung ausgeschlossen ist, sie bei Abs. 1 lit. c), d), f) und g) erschwert möglich und schließlich gemäß Abs. 1 lit. a), b), e), h) und i) am weitesten ist, sind in einem ersten Schritt die **sensibleren Bereiche einzugrenzen**, also zuerst der Inhalt von Art. 137 Abs. 5[10] und Abs. 1 lit. j) und k), anschließend der des Abs. 3 und erst zuletzt der von Abs. 1 zu bestimmen. Dieses Vorgehen entspricht im wesentlichen auch dem Spezialitätsverhältnis der aufgeführten Bereiche, soweit sie sich decken.

Nach diesem Grundverständnis des Verhältnisses ist auch zu bestimmen, welcher Absatz maßgeblich ist, wenn eine ins Auge gefaßte Gemeinschaftsmaßnahme **mehrere Bereiche berührt**. Die Maßnahme wird nicht in ihrer Gesamtheit einem Absatz zugeordnet, so daß weder ausschlaggebend ist, wo der Schwerpunkt der Maßnahme liegt[11], noch wird Art. 139 Abs. 2 UAbs. 2 analog herangezogen[12]. Vielmehr ist die Gesamtregelung grundsätzlich in ihre einzelnen Bestandteile zu zerlegen und für sie die jeweils einschlägige Regelung in Art. 137 maßgeblich. Läßt sich die Regelung nicht aufteilen, ist die strengere Bestimmung anzuwenden[13], da ansonsten die Kautelen zur Sicherung der mitgliedstaatlichen Kompetenzen unterlaufen würden.

Unklar ist, ob bei der Konkretisierung der Gebiete ein enger oder ein weiter **Maßstab** zugrundezulegen ist. Jede zusätzliche Handlungsmöglichkeit der Gemeinschaft ist in der Sozialpolitik ein Zugeständnis der Mitgliedstaaten. Wenngleich es aus diesem Grunde nicht unproblematisch ist, ist es jedoch wahrscheinlich, daß der EuGH in Anwendung seines Verständnisses der vollen Wirksamkeit von Gemeinschaftsrecht die Ausnahmen so auslegen wird, daß eine möglichst breite Basis für die Ermächtigungsgrundlage des Abs. 2 lit. b) entsteht.

---

9 Diese Frage diskutierend *Weiss* (Fn. 8), S. 588 f.
10 A.A. *R. Rebhahn*, in: Schwarze (Hrsg.), EU-Kommentar, Art. 137, Rn. 7.
11 So aber *R. Blanpain/M. Schmidt/U. Schweibert*, Europäisches Arbeitsrecht, 2. Aufl. 1996, Rn. 130; *R. Rebhahn*, in: Schwarze (Hrsg.), EU-Kommentar, Art. 137, Rn. 8.
12 Vgl. aber *H.-D. Steinmeyer*, Der Vertrag von Amsterdam und seine Bedeutung für das Arbeits- und Sozialrecht, RdA 2001, S. 10 (18).
13 *MünchArbR/Birk* § 18, Rn. 51; so allgemein *W. Balze*, Die sozialpolitischen Kompetenzen der Europäischen Union, 1994, S. 265; noch anders *Steinmeyer* (Fn. 12), S. 18.

2. Die schlechthin gem. Art. 137 Abs. 5 ausgeschlossenen Gebiete

7   Art. 137 Abs. 5 nennt als schlechthin ausgeschlossene Bereiche das Arbeitsentgelt, das Koalitionsrecht, das Streik- und das Aussperrungsrecht. Diese Begriffe haben in den mitgliedstaatlichen Rechtsordnungen zwar einen gemeinsamen Kern, doch können die Verständnisse im Detail erheblich voneinander abweichen. Nur eine **autonome Auslegung** vermag daher Einheitlichkeit zu gewährleisten. Art. 137 Abs. 5 ist andererseits ein Zugeständnis an die Mitgliedstaaten, so daß es nicht ohne Konsequenz wäre, deren jeweiliges Verständnis zugrundezulegen. Zudem birgt die autonome Begriffsbildung die Gefahr, daß die Harmonisierung eine Regelung betrifft, die im Recht eines Mitgliedstaats zu den ausgeschlossenen Bereichen gehört oder in einem untrennbaren Sachzusammenhang mit einer ausgeschlossenen Materie steht. Kennt ein Mitgliedstaat etwa ein Streikrecht der betrieblichen Arbeitnehmervertretung, hat eine die Ebene der betrieblichen Beziehungen betreffende Harmonisierung Auswirkungen auf das Arbeitskampfrecht dieses Staates insgesamt. Beide Positionen ließen sich in Einklang bringen, indem sich die autonome Auslegung an dem weitestgehenden mitgliedstaatlichen Verständnis der Ausnahmebereiche orientiert. Ob der EuGH diesen Weg gehen wird, ist aber zweifelhaft (Rn. 6).

8   Der Begriff des **Arbeitsentgelts**, auf den auch Art. 141 Abs. 2 abstellt, ist gemeinschaftsrechtlich dort detailliert definiert worden (Art. 141 Rn. 23 ff.). Es wäre konsequent, dieses Verständnis für Art. 137 Abs. 5 zu übernehmen, doch steht hinter der weiten Definition im Rahmen des Entgeltgleichheitsgebots der Wille des EuGH, dem Gemeinschaftsrecht einen möglichst breiten Anwendungsbereich zu sichern. Da das Arbeitsentgelt in Art. 137 Abs. 5 die Möglichkeiten der Gemeinschaft aber eingrenzt, ist nicht auszuschließen, daß der EuGH hier den Begriff eng auslegt und auf das eigentliche Gehalt oder den Lohn beschränkt. Es stehen sich insoweit begriffliche Dogmatik und das Prinzip des effet utile gegenüber. Allerdings wäre es nicht überzeugend, die Bedeutung von Begriffen ausschließlich dem letztgenannten Prinzip unterzuordnen. Nur eine begriffliche Dogmatik vermag den Art. 136 ff. die erforderliche innere Konsistenz zu verleihen. Dem Arbeitsentgelt kommt daher dieselbe Bedeutung zu wie bei Art. 141 Abs. 1 u. 2[14], was die Tragweite der Ermächtigungsgrundlagen des Art. 137 erheblich einschränkt. Die Herausnahme des Arbeitsentgelts entzieht den bedeutendsten Wettbewerbsparameter einer möglichen Harmonisierung. Die Gemeinschaft versucht, in nicht überzeugender Weise den innergemeinschaftlichen Wettbewerb der Arbeitsbedingungen und insbesondere des Arbeitsentgelts über die Entsenderichtlinie[15] auf der Ebene der Koordinierung[16] anzugehen (näher Art. 136 Rn. 13, 16).

9   Hinsichtlich des **Koalitions-**, des **Streik-** und des **Aussperrungsrechts** fehlt es an einer vergleichbar präzisen gemeinschaftsrechtlichen Begriffsbildung. Sie werden aber in Nr. 11 u. 13 der Gemeinschaftscharta der sozialen Grundrechte der Arbeitnehmer sowie in Art. 5, 6 Nr. 4 der Europäischen Sozialcharta genannt. Der Inhalt, der ihnen in den Charten zukommt, ist zwar nicht bindend, aber eine Hilfestellung bei der Auslegung der Be-

---

14   Ohne Begründung so auch *Blanpain/Schmidt/Schweibert* (Fn. 11), Rn. 151; *E. Kampmeyer*, Protokoll und Abkommen über die Sozialpolitik der Europäischen Union, 1998, S. 70; a.A. *Münch-ArbR/Birk* § 18, Rn. 36; im Ergebnis auch *R. Rebhahn*, in: Schwarze (Hrsg.), EU-Kommentar, Art. 137, Rn. 23.
15   Richtlinie 96/71/EG v. 16. 12. 1996 über die Entsendung von Arbeitnehmern im Rahmen der Erbringung von Dienstleistungen, ABl.EG 1997, Nr. L 18/1.
16   *S. Krebber*, Die Vereinbarkeit von Entsenderichtlinie und Arbeitnehmer-Entsendegesetz mit der Dienstleistungsfreiheit und Freizügigkeit des EGV, Jahrbuch Junger Zivilrechtswissenschaftler 1997, 1998, S. 129 (132 ff., 134 f.).

griffe[17] (Art. 136 Rn. 35). Ausgeschlossen ist das Arbeitskampfrecht – auch soweit es den nicht gewerkschaftlich organisierten Streik betrifft[18] – sowie das Recht, das die Begründung, Auflösung von und Mitgliedschaft in Koalitionen betrifft. Problematisch ist indes, inwieweit auch das **Tarifvertragsrecht** umfaßt ist. In Gemeinschafts- und Sozialcharta wird es als eigenes Recht genannt, doch ist es zumindest im Grundsatz Bestandteil des Koalitionsrechts und insoweit auch durch Art. 5 der Sozialcharta umfaßt[19]. Zudem hat es erhebliche Berührungspunkte mit dem Arbeitskampfrecht. Daher ist auch das Tarifvertragsrecht von Art. 137 ausgeschlossen[20], der Vertrag enthält mithin keine Ermächtigungsgrundlage für die Schaffung eines europäischen Tarifvertragsrechts[21]. Zu gewerkschaftlichen Rechten auf Betriebsebene, vgl. Rn. 14. Zur Bedeutung von Art. 137 Abs. 5 für den gemeinschaftsrechtlichen sozialen Dialog, vgl. Art. 139 Rn. 3, 8, 10.

3. Die einer Rechtsangleichung nicht zugänglichen Bereiche: Art. 137 Abs. 1 lit. j) und k)

Einer Rechtsangleichung nicht zugänglich sind nach Art. 137 Abs. 2 lit. b) die Bekämpfung der sozialen Ausgrenzung und die Modernisierung der Systeme des sozialen Schutzes. Damit beugt Art. 137 dem Übergang von weitreichenden **sozialrechtlichen** Kompetenzen auf die Gemeinschaft vor. Obwohl der Titel über die Sozialpolitik grundsätzlich auch das Sozialrecht einschließt, liegt der Schwerpunkt im Bereich der Harmonisierung deutlich im Arbeitsrecht.

9 a

Der Begriff der **sozialen Ausgrenzung** ist im Kern relativ präzise zu umschreiben, in seiner gesamten Tragweite einer allgemein anerkannten Definition aber kaum zugänglich[22]. In der Ungleichheitsforschung wird darunter die Ausschließung von Personen und Personengruppen aus Kernbereichen sozialer Teilhabe (zB: Arbeit, Wohnen, Gesundheit, soziale Integration) verstanden[23]. Soziale Ausgrenzung hängt mit Armut zusammen[24], aber es wäre eine Verkürzung, beide gleichzusetzen[25]. Art. 137 Abs. 1 lit. j) präzisiert nicht, welche Bereiche sozialer Teilhabe erfaßt werden. Es ist insoweit zwischen der Sperrwirkung und der Ermächtigungsgrundlage des Art. 137 Abs. 2 lit. a) zu unterscheiden. Den soziologischen Begriff der sozialen Ausgrenzung für die Bestimmung der Tragweite der **Sperrwirkung** unbesehen zu übernehmen, würde zu Unstimmigkeiten innerhalb der Gesamtregelung dieses Artikels führen: Auch der Kündigungsschutz ist im sozialwissenschaftlichen Sinn eine Maßnahme zur Bekämpfung der sozialen Ausgrenzung aus dem Bereich Arbeit mit der Folge, daß eine Harmonisierung an sich nicht statthaft wäre, während Art. 137 Abs. 1 lit. d) iVm Abs. 2 lit. b) sie gerade ermöglicht. Ent-

9 b

---

17 Vgl. zur Sozialcharta *D. Gomien/D. Harris/L. Zwaak*, Law and Practice of the European Convention on Human Rights and the European Social Charter, Straßburg 1996, S. 390 ff.
18 So wohl auch *Blanpain/Schmidt/Schweibert* (Fn. 11), Rn. 153.
19 *D. Gomien/D. Harris/L. Zwaak* (Fn. 17), S. 390.
20 Zustimmend *MünchArbR/Birk* § 19, Rn. 435; ebenso *U. Preis/M. Gotthardt*, Arbeitsrecht als Gegenstand des Gemeinschaftsrechts – das Europäische Arbeitsrecht, in: H. Oetker/U. Preis (Hrsg.), Europäisches Arbeits- und Sozialrecht, B 1100, Rn. 43; a.A. *Blanpain/Schmidt/Schweibert* (Fn. 11), Rn. 146; *R. Rebhahn*, in: Schwarze (Hrsg.), EU-Kommentar, Art. 137, Rn. 19.
21 So aber *MünchArbR/Löwisch/Rieble* § 242, Rn. 65, § 254, Rn. 22.
22 Vgl. auch Europäische Kommission (Hrsg.), European Social Statistics – Income, Poverty and Social Exclusion, 2000, S. 33.
23 *G. Room*, Poverty and Social Exclusion: The New European Agenda for Policy and Research, in: Ders. (Hrsg.), Beyond the Treshold – The Measurement and Analysis of Social Exclusion, 1995, S. 1 (6 f.).
24 Europäische Kommission (Fn. 22), S. 33.
25 Vgl. *E.-U. Huster*, Armut in Europa, 1996, S. 54 ff.; zweifelnd aber *Room* (Fn. 23), S. 3 ff.

sprechendes gilt für Art. 137 Abs. 1 lit. h)²⁶. Die Sperrwirkung der sozialen Ausgrenzung iSd Art. 137 Abs. 1 lit. j) erfaßt daher keinen der Bereiche, der in den lit. a) bis i) genannt ist, obwohl es anders als bei lit. k) an einem ausdrücklichen Vorbehalt fehlt. Wegen der Breite des Begriffes würde die gegenteilige Meinung zu einer zu weitgehenden Entkernung der Bereiche führen, in denen eine Harmonisierung möglich sein soll. Weil in lit. c) mit der sozialen Sicherheit und dem sozialen Schutz der Arbeitnehmer wesentliche Felder der Bekämpfung der sozialen Ausgrenzung genannt sind, ist die Bedeutung der Sperrwirkung gering und betrifft nur solche Kernbereiche sozialer Teilhabe, die in keinem Zusammenhang mit einer – auch früheren – Arbeitnehmereigenschaft stehen. Für die **Ermächtigungsgrundlage** des Art. 137 Abs. 2 lit. a) bedeutet das Zusammenspiel mit den übrigen Buchstaben zum einen ebenfalls, daß der Vertrag keinen Zusammenhang zwischen der sozialen Ausgrenzung und dem Arbeitsleben voraussetzt (anders zur früheren Fassung des Art. 137 Voraufl. Rn. 31). Das enge Verständnis der sozialen Ausgrenzung für die Sperrwirkung ist zum anderen für die Ermächtigungsgrundlage des Art. 137 Abs. 2 lit. a) aus sozialwissenschaftlicher Sicht weitgehend folgenlos, weil die der Gemeinschaft gestatteten Maßnahmen nunmehr alle in Abs. 1 aufgeführten Bereiche betreffen können, so daß auch die Facetten der sozialen Ausgrenzung im soziologischen Sinn umfaßt sind, die für die Sperrwirkung von lit. j) aufgrund der inneren Systematik des Art. 137 herausfallen: entsprechende Maßnahmen können also insbesondere auf lit. c), h) gestützt werden. Nicht erfaßt ist allerdings die Beschäftigungspolitik, für die allein Art. 129 einschlägig ist (vgl. auch Rn. 21).

9 c   Nicht einer Harmonisierung zugänglich ist auch die Modernisierung der **Systeme des sozialen Schutzes**. Die Sperrwirkung ist ausdrücklich unter den Vorbehalt des lit. c) gestellt, umfaßt also nicht die soziale Sicherheit und den sozialen Schutz der **Arbeitnehmer**. Wie eng der Bezug zur Arbeitnehmereigenschaft sein muß, um nicht der Sperrwirkung zu unterliegen, ist unklar (vgl. Rn. 12). Zudem betrifft die Sperrwirkung lediglich eine Harmonisierung nach Art. 137 Abs. 2 lit. b) und nicht eine Rechtsangleichung aufgrund anderer Ermächtigungsgrundlagen. Unter den bisherigen Fassungen des Vertrages wie auch jetzt noch ist eine Rechtsangleichung im Bereich des Sozialrechts daher gemäß Art. 94 möglich²⁷, es fehlte und fehlt aber der politische Wille.

4. Der Katalog des Art. 137 Abs. 1 lit. a) bis i)

10   Ein **inhaltliches Konzept** läßt sich dem der Harmonisierung zugänglichen Katalog **nicht** entnehmen. Es handelt sich vielmehr um eine durch politische Kompromisse bestimmte Aneinanderreihung und Formulierung von Bereichen, die – mit einzelnen Ausnahmen – weder aufeinander noch mit anderen Vertragsbestimmungen abgestimmt sind und deren Inhalt sich vielfach nur schwer erschließen läßt. Ein näheres Hinschauen beantwortet Fragen nur selten, überwiegend wirft es weitere auf. Vom EuGH ist bisher nur die Tragweite des Art. 137 Abs. 1 lit. a) geklärt (Rn. 18). Durch den Vertrag von Nizza wurde nur der frühere Art. 137 Abs. 3 5. Spstr. (finanzielle Beiträge zur Förderung der Beschäf-

---

26 J. *Berghman*, Social Exclusion in Europe: Policy Context and Analytical Framework, in: G. *Room* (Hrsg.), Beyond the Treshold – The Measurement and Analysis of Social Exclusion, 1995, S. 10 (12) zum Vorläufer im SozAbk.
27 Vgl. auch *MünchArbR/Birk* § 18, Rn. 46; dieses gänzlich ablehnend aber E. *Eichenhofer*, Umbau des Sozialstaats und Europarecht, VSSR 1997, S. 71 (80). Gegen *Eichenhofers* Auffassung spricht, daß nicht nur Sozialkosten, die nicht zwingend durch die Ausgestaltung des Sozialrechts bedingt sind, sondern auch das Sozialrecht als solches Auswirkungen auf den Binnenmarkt haben kann (z.B. unterschiedliche Altersgrenzen in der Rentenversicherung, unterschiedliche Voraussetzungen für sonstige sozialversicherungsrechtliche Ansprüche usw.).

tigung und zur Schaffung von Arbeitsplätzen) ersatzlos gestrichen, ansonsten der Katalog keinen Änderungen unterworfen.

a) **Die Art. 137 Abs. 1 lit. c), d), f) und g)**

In Art. 137 Abs. 1 lit. c) muß der muß der Rat stets **einstimmig** entscheiden, bei den Buchstaben d), f) und g) grundsätzlich. In den drei letztgenannten Bereichen kann der Rat nach Art. 137 lit. b) UAbs. 2 aber auf Vorschlag der Kommission und nach Anhörung der Parlaments einstimmig beschließen, daß das Verfahren des Art. 251 Anwendung findet. 11

Die **soziale Sicherheit** und der soziale Schutz der Arbeitnehmer betreffen das Sozialrecht[28], ein Gebiet, in dem die Gemeinschaft bisher weitgehend auf die Koordinierung der nationalen Systeme beschränkt war (Art. 42). Die sachliche Tragweite der Kompetenzgrundlage hängt davon ab, wie eng der Zusammenhang des sozialen Schutzes mit der Arbeitnehmereigenschaft (Arbeitslosengeld, -hilfe, Sozialhilfe ehemaliger Arbeitnehmer)[29] und welcher Natur dieser Zusammenhang sein muß (Mutterschutz, Unfall-, Kranken-, Pflegeversicherung). Es spricht vieles für einen Gleichlauf mit Art. 42[30]. Art. 137 Abs. 4 UAbs. 1 stellt klar, daß die erlassenen Bestimmungen nicht die Befugnis der Mitgliedstaaten berühren, die **Grundprinzipien** ihres Systems der sozialen Sicherheit festzulegen. Dies ergibt sich allerdings bereits aus der allgemeinen Beschränkung der Harmonisierung auf eine Förderung der unterstützenden und ergänzenden Tätigkeit der Gemeinschaft (Rn. 3). Das Verbot der erheblichen Beeinträchtigung des **finanziellen Gleichgewichts** setzt der möglichen Harmonisierung eine weitere Grenze, die nicht mit der erstgenannten Schranke gleichgesetzt werden kann, weil sie alleine an finanzielle Auswirkungen anknüpft und unabhängig von der Tiefe der Harmonisierung greift. Die Voraussetzungen freilich sind allgemein gehalten und einer rechtlich fundierten Konkretisierung kaum zugänglich. Das finanzielle Gleichgewicht ist sprachlich etwas anderes als die Finanzierung. Der Sache nach geht es aber um die Auswirkungen auf die Finanzierung der Systeme der sozialen Sicherheit und nicht um die Austarierung der jeweiligen Finanzstruktur. Das Kriterium der Erheblichkeit stellt klar, daß keine Kostenneutralität verlangt wird. Nach oben allerdings ist die Grenze zwischen Unerheblichkeit und Erheblichkeit völlig unklar. 12

Der **Schutz der Arbeitnehmer bei Beendigung des Arbeitsvertrags** erfaßt alle Beendigungsgründe, die nicht zu einem besonderen Kündigungsschutz bestimmter Arbeitnehmergruppen oder aus bestimmten Gründen zu zählen sind. Der besondere Kündigungsschutz ist regelmäßig Bestandteil eines umfassenderen Schutzes, der seinem Schwerpunkt nach unter ein anderes der genannten Gebiete (z.B. Mutterschutz als Teil der Arbeitssicherheit) fällt oder keinem der in Art. 137 genannten Bereiche zugeordnet werden kann[31]. Der Begriff der Beendigung ist weit und umfaßt neben dem allgemeinen Kündigungsschutz Aufhebungsverträge, Kündigungsfristen, einen eventuellen Schutz beim Ablauf befristeter Arbeitsverhältnisse sowie einen möglichen Schutz bei der Beendigung durch den Arbeitnehmer (Abfindungen). 13

Die **Vertretung** und kollektive Wahrnehmung der Arbeitnehmer- und Arbeitgeberinteressen einschließlich der **Mitbestimmung** wird überflüssigerweise – wohl zur Klarstellung 14

---

28 Vgl. auch *Steinmeyer* (Fn. 6), S. 60; *Eichenhofer* (Fn. 27), S. 79.
29 Vgl. auch O. Schulz, Maastricht und die Grundlagen einer europäischen Sozialpolitik, 1996, S. 98.
30 Für ein weites Verständnis i.S.d. Art. 42 auch *Balze* (Fn. 13), S. 258; *Kampmeyer* (Fn. 14), S. 63.
31 Auch den besonderen Kündigungsschutz diesem Spstr. zuordnend hingegen *Blanpain/Schmidt/Schweibert* (Fn. 6), Rn. 143; *Preis/Gotthardt* (Fn. 20), Rn. 42; wohl auch *Kampmeyer* (Fn. 13), S. 65; differenzierend *R. Rebhahn*, in: Schwarze (Hrsg.), EU-Kommentar, Art. 137, Rn. 17.

– ausdrücklich unter den Vorbehalt des Abs. 5 gestellt. Die Reichweite dieser Worte, unter die man das gesamte kollektive Arbeitsrecht subsumieren könnte, wird in der Tat wesentlich durch Abs. 5 bestimmt, der ihr das Koalitions-, Tarifvertrags- und Arbeitskampfrecht entzieht (Rn. 9)[32]. Kontrastiert man die Formulierung zudem mit Art. 137 Abs. 1 lit. e) (Rn. 20), bleibt im wesentlichen – im Gegensatz zur bloßen Mitwirkung - die betriebliche Mitbestimmung[33] sowie die Mitbestimmung in Unternehmensorganen. Problematisch ist die Einordnung gewerkschaftlicher Betätigung auf Betriebsebene, wie es sie in manchen europäischen Rechtsordnungen gibt[34]. Nach dem hier vertretenen Verständnis des Art. 137 Abs. 5 (Rn. 4 ff.) liegt es nahe, diesen Bereich Art. 137 Abs. 5 zuzuordnen, weil es sich um ein wesentliches Betätigungsfeld der Gewerkschaften in jenen Mitgliedstaaten handelt und daher das Koalitionsrecht berührt ist. Eine funktionale Betrachtung sowie der Umstand, daß die betriebliche Betätigung von Gewerkschaften anders als das Arbeitskampfrecht nicht in Art. 137 Abs. 5 ausdrücklich aufgeführt ist, sprechen hingegen und letztlich entscheidend für eine Zuordnung zu Art. 137 Abs. 1 lit. f)[35]. Zum Tarifvertragsrecht Rn. 9.

15 Erfaßt sind die **Beschäftigungsbedingungen** der **Staatsangehörigen aus Drittländern**, die sich rechtmäßig im Gemeinschaftsgebiet aufhalten. Die Arbeitsbedingungen als nicht erfaßt anzusehen, ist angesichts der Weite des Begriffs zu eng[36]. Lit. g) betrifft vielmehr sowohl den Zugang zur Beschäftigung als auch die arbeitsrechtlichen und sonstigen (in erster Linie ausländerrechtlichen) Bedingungen unter denen die Beschäftigung ausgeübt werden kann. Eine solche Regelung kann den Schutz dieser Arbeitnehmer bezwecken, aber auch einen wettbewerbspolitischen Hintergrund haben. Die Nichtanwendbarkeit auf das Arbeitsentgelt nimmt ihr aber den Einfluß auf den wesentlichen Wettbewerbsparameter. Da auf die Beschäftigungsbedingungen als solche abgestellt wird, besteht keine Grundlage für die Verabschiedung arbeitskollisionsrechtlicher Regelungen wie etwa der Entsenderichtlinie[37]. Die Festlegung materieller Beschäftigungsbedingungen macht indes das Kollisionsrecht insoweit überflüssig.

16 Hinsichtlich finanzieller Beiträge zur Förderung der Beschäftigung und zur Schaffung von Arbeitsplätzen besteht unter dem Regime des Vertrags von Nizza **keine** Kompetenz mehr.

b) Die Art. 137 Abs. 1 lit. a), b), e), h) und i)

17 In den in Art. 137 Abs. 1 lit. a), b), e), h) und i) genannten Fällen beschließt der Rat nach **Art. 251**.

18 Der erste Buchstabe betrifft die **Arbeitssicherheit**, das Gebiet, in dem die Gemeinschaft die bisher größte Anzahl von arbeitsrechtlich relevanten Richtlinien erlassen hat[38]. Grundlage war zuletzt Art. 118a (a.F.), der zum Teil in Art. 137 aufgegangen ist. Die Richtlinien betreffen den Gesundheitsschutz (technischer Arbeitsschutz), den besonderen Schutz bestimmter Arbeitnehmer und den Arbeitszeitschutz (sozialer Arbeitsschutz). Sie

---

32 Anders *Balze* (Fn. 13), S. 259.
33 *Buchner* (Fn. 6), S. 197. Vgl. auch *Arl* (Fn. 4), S. 185.
34 Vgl. hier nur die délégués syndicaux des französischen Arbeitsrechts, Art. L. 412-11 ff. Code du Travail.
35 Ohne Begründung auch *Blanpain/Schmidt/Schweibert* (Fn. 11), Rn. 145.
36 So aber *MünchArbR/Birk* § 18, Rn. 49.
37 Fn. 15. Die RL betrifft auch Angehörige aus Drittstaaten.
38 Eingehend R. *Wank*/U. *Börgmann*, Deutsches und europäisches Arbeitsschutzrecht, 1992; A. *Bücker*/K. *Feldhoff*/W. *Kothe*, Vom Arbeitsschutz zur Arbeitsumwelt – Europäische Herausforderung für das deutsche Arbeitsrecht, 1994.

im einzelnen aufzuführen, ist schon aus Raumgründen nicht möglich[39]. Zur Tragweite dieser Ermächtigungsgrundlage hat der EuGH in dem Urteil zur Rechtsgrundlage der Arbeitszeitrichtlinie[40] Stellung genommen. Der Begriff der Gesundheit (vgl. auch Art. 152 Rn. 4) sei in Anlehnung an die Präambel der Satzung der Weltgesundheitsorganisation weit auszulegen und umfasse den Zustand des vollständigen körperlichen, geistigen und sozialen Wohlbefindens und keinesfalls nur das Freisein von Krankheiten und Gebrechen[41]. Es ist methodisch in mehrfacher Hinsicht zweifelhaft, eine programmatische und naturgemäß sehr weite Formulierung aus einer Präambel der Satzung einer internationalen Organisation, der die Mitgliedstaaten angehören, der Auslegung einer Ermächtigungsgrundlage des EGV zugrundezulegen. Auch inhaltlich überzeugen die Ausführungen des EuGH nicht, da sich unter diese Definition weite Teile des Arbeitsrechts fassen ließen[42]. Trotzdem ist dem Urteil im Ergebnis zuzustimmen, da der Wortlaut nichts für die vom klagenden Vereinigten Königreich behauptete Beschränkung des Art. 137 Abs. 1 lit. a) auf den Schutz vor körperlichen Gefahren hergibt[43].

Mit dem pauschalen Verweis auf die **Arbeitsbedingungen** stellt lit. b) das am weitesten 19 gefaßte Gebiet dar[44], dessen Bedeutung aber durch den Ausschluß des Arbeitsentgelts, Art. 137 Abs. 5, sowie dadurch gemindert wird, daß auch Arbeitsbedingungen, die unter einen anderen in den Katalogen genannten Bereich fallen, nicht erfaßt werden. Die Konturen des Begriffes der Arbeitsbedingungen sind in vielfacher Hinsicht unklar[45]: fraglich ist, ob ihm derselbe (und weite) Inhalt zu geben ist wie bei Art. 39 Abs. 2 und Art. 7 Abs. 4 VO 1612/68 (dazu näher Art. 39 Rn. 8 ff.), ob es einen Unterschied zu den Beschäftigungsbedingungen i.S.d. Art. 137 lit. g) gibt und ferner etwa ob Rechte und Pflichten der Arbeitnehmer umfaßt sind, die ihre Grundlage im öffentlichen Arbeitsrecht finden[46]. Dagegen könnte sprechen, daß das öffentliche Arbeitsrecht weitgehend unter den weit verstandenen Begriff des Arbeitsschutzes fallen wird[47]. Fraglich ist auch, ob die Bestimmung nur den Inhalt der Arbeitsbedingungen oder auch die Umstände ihrer Vereinbarung, Änderung oder ihren Erhalt etwa beim Betriebsübergang erfaßt.

Die **Unterrichtung** und **Anhörung** der Arbeitnehmer schließt die Mitbestimmung aus, für 20 die Art. 137 Abs. 1 lit. f) einschlägig ist[48]. Die Ebene der Unterrichtung und Anhörung bleibt ebenso offen wie ihre institutionelle Einbettung, soweit nicht das ausgeschlossene Koalitionsrecht berührt wird. Art. 137 Abs. 1 lit. e) deckt daher auch die Errichtung neuer

---

39 Es sei daher verwiesen auf die Zusammenstellung in *H. Oetker/U.Preis*, Technisches Arbeitsschutzrecht der Europäischen Gemeinschaften – Rechtsvorschriften –; vgl. auch *MünchArbR/Birk* § 19, Rn. 396 ff.; *B. Schulte*, in: GTE, EU-/EG-Vertrag, Vorb. zu Art. 117-127, Rn. 127; *Wank/Börgmann* (Fn. 38), S. 87 ff.; *Bücker/Feldhoff/Kothe* (Fn. 38), Rn. 245 ff.
40 RL 93/104/EG v. 23. 11. 1993 über bestimmte Aspekte der Arbeitszeitgestaltung, ABl.EG 1993, Nr. L 307/18.
41 EuGH, Rs. C-84/94, Slg. 1996, I-5755, Rn. 15 (Vereinigtes Königreich/Rat).
42 Worauf auch *E. Ellis*, Anm. zu EuGH, Rs. C-84/94, CMLRev. 34 (1997), S. 1048 (1059 f.) hinweist.
43 Zur Argumentation des Vereinigten Königreichs, vgl. EuGH, Rs. C-84/94, Slg. 1996, I-5755, Rn. 13 (Vereinigtes Königreich/Rat). Ausführlich zur Tragweite dieser Ermächtigungsgrundlage *Bücker/Feldhoff/Kothe* (Fn. 38), Rn. 224 ff.; *Balze* (Fn. 13), S. 78 ff.; vgl. auch *MünchArbR/Birk* § 18, Rn. 40.
44 *Buchner* (Fn. 6), S. 196; *Weiss* (Fn. 8), S. 587; *Arl* (Fn. 4), S. 178.
45 *MünchArbR/Birk* § 18, Rn. 41: nichtssagend; vgl. auch *Buchner* (Fn. 6), S. 196; *Balze* (Fn. 13), S. 262; *Kampmeyer* (Fn. 14), s. 55 f.; *R. Wank*, Arbeitsrecht nach Maastricht, RdA 1995, 10 (19).
46 So wohl *Blanpain/Schmidt/Schweibert* (Fn. 11), Rn. 134.
47 Vgl. aber *Weiss* (Fn. 8), S. 587.
48 Vgl. auch *Balze* (Fn. 13), S. 260.

Vertretungen, soweit ihre Rechte keine Mitbestimmung umfassen[49]. Auf Art. 2 Abs. 2 i.V.m. Abs. 1 3. Spstr. des SozProt wurde zu Recht die RL 94/45/EG[50] gestützt[51].

21 Lit. h) (**berufliche Eingliederung der aus dem Arbeitsmarkt ausgegrenzten Personen**) stellt ein – allerdings nicht klar umgrenztes[52] – Ziel auf und konkretisiert nicht die Art seiner Verwirklichung. Er bietet mithin grundsätzlich eine Grundlage für alle Regelungen, die dieses Ziel verfolgen. Versucht man, Art. 137 Abs. 1 lit. h) mit den Art. 125 ff. in Einklang zu bringen, ist er nur auf nichtstaatliche, betriebliche oder sonstige Maßnahmen beschränkt, wobei die Abgrenzung schwierig sein kann (Art. 125 Rn. 7). Nicht überzeugend ist es, über die Hintertür des Art. 137 Abs. 1 lit. h) die mehrfach abgesicherte Grundlage der Beschäftigungspolitik der Art. 125 ff. aus den Angeln zu heben, die die Kompetenz alleine bei den Mitgliedstaaten beläßt[53]. Hinsichtlich der beruflichen Bildung stellt Art. 137 Abs. 1 lit. h) einerseits klar, daß er unbeschadet, also neben Art. 150 steht. Soweit die berufliche Bildung daher der Eingliederung der aus dem Arbeitsmarkt ausgegrenzten Personen dient, greift das Harmonisierungsverbot des Art. 150 Abs. 4 nicht[54]. Dennoch darf auch insoweit nicht das Harmonisierungsverbot des Art. 129 S. 2 unterlaufen werden, so daß eine Harmonisierung nur Maßnahmen der beruflichen Bildung betreffen könnte, die nicht Teil einer staatlichen Beschäftigungspolitik sind.

22 Zur **Chancengleichheit von Männern und Frauen** auf dem Arbeitsmarkt und der Gleichbehandlung am Arbeitsplatz vgl. Art. 141 Rn. 97.

III. Die Anforderungen an die erlassenen Richtlinien

23 Art. 137 Abs. 2 lit. b) ermächtigt nur zum Erlaß von Richtlinien[55]. An alle so erlassenen Richtlinien stellt diese Vorschrift zudem bestimmte Anforderungen.

24 Es können nur **Mindestvorschriften** erlassen werden[56]. Nach Auffassung des EuGH bestimmt Art. 137 Abs. 4 UAbs. 2 abschließend, was darunter zu verstehen ist: Die Mitgliedstaaten können – auch durch Eingehen völkerrechtlicher Verpflichtungen z.B. im Rahmen der ILO[57] – weitergehende Maßnahmen treffen, als sie das Gemeinschaftsrecht vorsieht[58], soweit diese mit dem Gemeinschaftsrecht vereinbar sind[59].

---

49 So auch C. *Langenfeld*, in: Grabitz/Hilf, EU, Art. 2 Nach Art. 122, Rn. 4; ähnlich *Blanpain/ Schmidt/Schweibert* (Fn. 11), Rn. 138; a.A. *Weiss* (Fn. 8), S. 588.
50 V. 22. 9. 1994 über die Einsetzung eines Europäischen Betriebsrats oder die Schaffung eines Verfahrens zur Unterrichtung und Anhörung der Arbeitnehmer in gemeinschaftsweit operierenden Unternehmen und Unternehmensgruppen, ABl.EG 1994, Nr. L. 254/64.
51 *MünchArbR/Birk* § 18, Rn. 42 mit Fn. 38; zweifelnd *R. Rebhahn*, in: Schwarze (Hrsg.), EU-Kommentar, Art. 137, Rn. 13.
52 Vgl. auch *Buchner* (Fn. 6), S. 196; *Kampmeyer* (Fn. 14), S. 58.
53 Nicht mehr haltbar daher *Arl* (Fn. 4), S. 180.
54 A.A. *Buchner* (Fn. 6), S. 196. Wohl auch C. *Langenfeld*, in: Grabitz/Hilf, EU, Art. 2 Nach Art. 122, Rn. 5; *Steinmeyer* (Fn. 12), S. 15.
55 Unzutreffend P. *Watson*, Social Policy after Maastricht, CMLRev 30 (1993), S. 481 (502).
56 Zur früheren Praxis, in der ebenfalls häufig nur Mindestvorschriften erlassen wurden, vgl. M. *Heinze*, Europarecht im Spannungsverhältnis zum nationalen Arbeitsrecht, ZfA 1992, S. 331 (356).
57 EuGH, Gutachten 2/91, Slg. 1993, I-1061, Rn. 18 (Übereinkommen Nr. 170 der ILO).
58 EuGH, Rs. C-84/94, Slg. 1996, I-5755, Rn. 17, 56 (Vereinigtes Königreich/Rat). Vgl. auch U. *Preis/W. Bütefisch*, Arbeitsrecht als Gegenstand des Gemeinschaftsrechts – die europäische Arbeitsrecht, in: H. Oetker/U. Preis (Hrsg.), Europäisches Arbeits- und Sozialrecht, B 1100, Rn. 45, 54; C. *Langenfeld/B. Jansen*, in: Grabitz/Hilf, EU, Art. 118a, Rn. 8.
59 Dazu K. *Hailbronner*, in: HK-EUV. Art. 118a, Rn. 8. Im übrigen zu dieser Voraussetzung näher Art. 176, Rn. 9 ff.

Die übrigen Voraussetzungen des Art. 137 Abs. 2 lit. b) – Beachtung der bestehenden 25
Bedingungen und technischen Regelungen sowie das Gebot der **schrittweisen** Anwendung – dienen einerseits dem Schutz wirtschaftlich schwächerer Mitgliedstaaten und Regionen, die vor den Folgen einer an ihrem Schutzniveau gemessenen zu schnellen Harmonisierung geschützt werden sollen. Die genannten Voraussetzungen darauf zu beschränken[60], stellt indes eine Verkürzung dar: Sie **gelten allgemein**. Daraus folgt zum einen die Notwendigkeit von Übergangsvorschriften, die je nach Mitgliedstaat unterschiedlich lang sein und auch innerhalb eines Mitgliedstaats etwa in Hinblick auf wirtschaftlich besonders schwache Regionen differenzieren können. Die inhaltlichen Konzepte dürfen sich zudem nicht gänzlich von den in den Mitgliedstaaten existierenden Regelungen unterscheiden. Notfalls sind alternativ unterschiedliche Modelle anzubieten. Da im Vergleich zu Art. 118a (a.F.), auf den Art. 137 Abs. 2 lit. b) zurückgeht, der Passus »bei gleichzeitigem Fortschritt« fehlt, ist nunmehr auch die Möglichkeit gegeben, ein **bestehendes** – auch relativ niedriges – Niveau als Mindeststandard zu übernehmen.

Art. 137 Abs. 2 lit. b) S. 2 ist programmatischer Natur[61], dessen Ausfüllung grundsätz- 26
lich dem Gemeinschaftsgesetzgeber obliegt, zudem ist er als Sollvorschrift formuliert. Ein **subjektives Recht** der kleinen und mittleren Unternehmen scheidet entgegen der Auffassung des EuG[62] daher aus[63]. Denkbar ist jedoch eine Mißbrauchskontrolle des Beurteilungsspielraums in Verfahren nach Art. 230 Abs. 2[64]. Der Schutz der kleinen und mittleren Unternehmen – der Begriff ist im übrigen nicht definiert – läßt sich durch eine bestimmte inhaltliche Ausgestaltung erreichen, er kann aber auch in der Ausnahme solcher Unternehmen von den Pflichten oder durch eine an der Größe des Unternehmens orientierte Abstufung der Pflichten realisiert werden. Unter Art. 118a (a.F.) bestand Einigkeit, daß trotz der Schutzklausel allen Arbeitnehmern ein Mindestmaß an Gesundheitsschutz und Sicherheit zu gewähren sei[65]. Diese Überlegung greift auch im Rahmen des Art. 137, ist aber auf die übrigen in dieser Bestimmung angesprochenen Rechtsgebiete nicht ohne weiteres übertragbar[66]. Wo die Linie verläuft, ist noch ungeklärt. Ein denkbarer Ansatz ist, in den Bereichen, in denen fehlender Arbeitnehmerschutz Grundrechtspositionen berührt (neben der Sicherheit etwa auch die Gleichbehandlung), auch in Kleinbetrieben ein Mindestmaß an Schutz zu verlangen. Eine Ausweitung dieses Mindestschutzerfordernisses auch auf soziale Grundrechte bürge, wie immer man diese definiert, indes die Gefahr in sich, Art. 137 Abs. lit. b) S. 2 auszuhöhlen.

---

60 In diese Richtung auch C. *Langenfeld/B. Jansen*, in: Grabitz/Hilf, EU, Art. 118a, Rn. 10.
61 Vgl. *Buchner* (Fn. 6), S. 194; *Balze* (Fn. 13), S. 111; C. *Langenfeld/B. Jansen*, in: Grabitz/Hilf, EU, Art. 118a, Rn. 11; C. *Langenfeld*, in: Grabitz/Hilf, EU, Art. 2 Nach Art. 122, Rn. 10; auch *Kampmeyer* (Fn. 14), S. 62; a.A. *MünchArbR/Birk* § 18, Rn. 53.
62 EuG, Rs. T-135/96, Slg. 1998, II-2335, Rn. 80 (UEAPME/Rat).
63 Vgl. auch *Balze* (Fn. 13), S. 111; a.A. R. *Rebhahn*, in: Schwarze (Hrsg.), EU-Kommentar, Art. 137, Rn. 40.
64 Skeptisch hinsichtlich der Bedeutung von Art. 137 Abs. 2 UAbs. 1 S. 2 *Buchner* (Fn. 6), S. 197.
65 Statt vieler *Buchner* (Fn. 6), S. 194; B. *Willms*, in: GTE, EWGV, Art. 118a, Rn. 51. Dies wurde auf deutsche Veranlassung auch in einer Erklärung festgehalten.
66 So ist es etwa europarechtlich zulässig, Kleinbetriebe vom Kündigungsschutz auszunehmen, vgl. EuGH, Rs. C-189/91, Slg. 1993, I-6185, Rn. 34 (Kirsammer-Hack). Die auch unter dem Regime von Amsterdam geltende, in Fn. 65 erwähnte Erklärung wurde auf die anderen Gebiete auch nicht ausgeweitet.

IV. Die Übertragung der Durchführung der Richtlinien auf die Sozialpartner

27 Seit langem ist durch den EuGH anerkannt, daß die Mitgliedstaaten die Verwirklichung der Ziele einer arbeitsrechtlichen Richtlinie den mitgliedstaatlichen (Art. 138 Rn. 7) Sozialpartnern überlassen können[67], die Verantwortung für die Umsetzung aber bei ihnen verbleibt[68]. Einige jüngere Richtlinien sehen diese Möglichkeit auch ausdrücklich vor[69]. Im Vergleich zu der bisherigen Rechtslage bringt Art. 137 Abs. 3, der auf Art. 2 Abs. 4 SozAbk zurückgeht, demnach **kaum etwas Neues**[70]. Fraglich ist wegen des Antragserfordernisses (Rn. 29) indes, ob Art. 137 Abs. 3 die frühere Rechtsprechung ersetzt, ob beide Alternativen nebeneinander bestehen oder ob sein Anwendungsbereich auf Richtlinien beschränkt ist, die auf Art. 137 gestützt wurden. Aus systematischer Sicht wäre es am überzeugendsten, in Art. 137 Abs. 3 nunmehr die allgemeine Grundlage für die Umsetzung arbeitsrechtlich relevanter Richtlinien durch die mitgliedstaatlichen Sozialpartner zu sehen. Es ist kein sachlicher Grund dafür ersichtlich, warum je nach Ermächtigungsgrundlage insoweit unterschiedliche Voraussetzungen gelten sollen. Auch bei Richtlinien, die nicht auf Art. 137 gestützt sind (z.b. solche zur Umsetzung einer Vereinbarung der europäischen Sozialpartner oder solche nach Art. 94), kommt eine Umsetzung durch die mitgliedstaatlichen Sozialpartner daher nur nach Maßgabe des Art. 137 Abs. 3 in Betracht.

28 Es bleibt, wie es Art. 137 Abs. 3 UAbs. 2 etwas umständlich, mißverständlich und angesichts von Art. 10 nur deklaratorisch[71] ausdrückt, bei der **Verantwortlichkeit des Mitgliedstaats** für die Umsetzung der Richtlinie gegenüber der Gemeinschaft. Es wäre auch alleine der Mitgliedstaat, der sich gegebenenfalls einem Schadensersatzanspruch wegen nicht erfolgter oder nicht richtlinienkonformer Umsetzung ausgesetzt sähe (Art. 288 Rn. 28 ff.).

29 Abweichend von der bisherigen Handhabung kommt eine Durchführung durch die Sozialpartner nur in Betracht, wenn diese einen dahingehenden gemeinsamen **Antrag** beim Mitgliedstaat stellen. Praktisch wirkt sich diese Voraussetzung schon deshalb kaum aus,

---

67 EuGH, Rs. 143/83, Slg. 1985, 427, Rn. 8 (Kommission/Dänemark); Rs. 235/84, Slg. 1986, 2291, Rn. 20 (Kommission/Italien); weiteres Beispiel bei *C. Docksey/J.-C. Séché*, in: GTE, EU-/EG-Vertrag, nach Art. 122 Protokoll(Nr. 14), Rn. 158.
68 Zusätzlich zu den beiden in der vorigen Fn. genannten Urteilen, vgl. EuGH, Rs. 312/86, Slg. 1988, 6315, Rn. 22 (Kommission/Frankreich).
69 Vgl. Art. 17 Abs. 1 lit. a) RL 94/33/EG v. 22. 6. 1994 über den Jugendarbeitsschutz, ABl.EG 1994, Nr. L 216/12; Art. 2 Abs. 1 RL 92/56/EWG v. 24. 6. 1992 zur Änderung der RL 75/129/EWG zur Angleichung der Rechtsvorschriften der Mitgliedstaaten über Massenentlassungen, ABl.EG 1992, Nr. L 245/2; Art. 14 Abs. 1 RL 92/85/EWG v. 19. 10. 1992 über die Durchführung von Maßnahmen zur Verbesserung der Sicherheit und des Gesundheitsschutzes von schwangeren Arbeitnehmerinnen, Wöchnerinnen und stillenden Arbeitnehmerinnen am Arbeitsplatz, ABl.EG 1992, Nr. L 348/1; Art. 9 Abs. 1 RL 91/533/EWG v. 14.10.1991 über die Pflicht des Arbeitgebers zur Unterrichtung des Arbeitnehmers über die für seinen Arbeitsvertrag oder sein Arbeitsverhältnis geltenden Bedingungen, ABl.EG 1991, Nr. L. 288/32.
70 Vgl. auch *Buchner* (Fn. 6), S. 202; *Watson* (Fn. 55), S. 505; *A. Höland*, Partnerschaftliche Setzung und Durchführung von Recht in der Europäischen Gemeinschaft, ZIAS 1995, S. 425 (436–439); *B. Bödding*, Die europarechtlichen Instrumentarien der Sozialpartner, 1997, S. 146 f.; *M. Heinze*, Die Rechtsgrundlagen des sozialen Dialogs auf Gemeinschaftsebene, ZfA 1997, S. 505 (511); *B. Bercusson*, European Labour Law, 1996, S. 121 ff., 126; *Balze* (Fn. 13), S. 268; *Kliemann* (Fn. 6), S. 117 f.; *P. Davies*, The European Court of Justice, National Courts and the Member States, FS-Lord Wedderburn, 1996, S. 95 (121).
71 Vgl. auch *Watson* (Fn. 55), S. 506; wohl anders, aber, da Art. 10 verkennend nicht überzeugend, *Höland* (Fn. 70), S. 439.

weil eine Umsetzung durch Sozialpartner gegen deren Willen ohnehin nicht möglich ist. Von Bedeutung könnte dieses Erfordernis nur sein, wenn ein betroffener Sozialpartner sich an der Umsetzung nicht beteiligen möchte, seine Mitwirkung aufgrund des mitgliedstaatlichen Tarifrechts aber auch nicht zwingend erforderlich ist[72]. Denkbar ist auch, daß bestimmte Sozialpartner die Umsetzung monopolisieren und damit andere mitgliedstaatliche Sozialpartner ausbooten wollen. Art. 137 Abs. 3 fordert nicht mehr als den Antrag der Sozialpartner, deren Mitwirkung zur gemeinschaftsrechtskonformen Umsetzung notwendig ist. Die Vorschrift soll nicht anderen die Möglichkeit eröffnen, eine Umsetzung zu blockieren. Fraglich ist, ob das Antragserfordernis die Berufung eines Mitgliedstaats auf den Umstand ausschließen soll, daß er zur Umsetzung nicht tätig werden müsse, weil die Frage bereits tarifvertraglich geregelt sei. Da auch bei der Umsetzung durch den Mitgliedstaat ein Tätigwerden nicht erforderlich ist, wenn sein Recht den Anforderungen der Richtlinie genügt (Art. 249, Rn. 51), wird man Art. 137 Abs. 3 eine so weitreichende Anforderung indes nicht entnehmen können. Fehlt der Antrag, ist die Umsetzung aber erfolgt, ist dies angesichts der tatsächlichen Mitwirkung der Sozialpartner daher unschädlich.

Die Durchführung einer Richtlinie durch die Sozialpartner ist nur möglich, wenn sie aufgrund des mitgliedstaatlichen Rechts in der Lage sind, diese den Anforderungen des Art. 249 entsprechend zu gewährleisten (dort Rn. 43 ff.). Art. 137 Abs. 3 ist demnach weitaus strenger als Art. 33 der Europäischen Sozialcharta, der die Möglichkeit der Erfüllung der aufgrund der ESC bestehenden Pflichten durch Kollektivverträge vorsieht[73]. Die rechtlich unverbindlichen collective bargaining agreements des englischen Rechts genügen den Anforderungen ebensowenig wie Kollektivverträge, die keine normative Wirkung haben[74]. Eine Durchführung durch die Sozialpartner kommt auch dann grundsätzlich nicht in Betracht, wenn diese wie z.B. in Deutschland aufgrund ihrer Organisation keine flächendeckende und einheitliche Umsetzung bewirken können[75]. Erforderlich wäre in diesen Fällen eine staatliche Mitwirkung (Allgemeinverbindlichkeitserklärung) und die Zusammenarbeit aller Verbände[76]. Art. 137 Abs. 3 bietet im übrigen nur eine **Möglichkeit**, die Mitgliedstaaten sind nicht verpflichtet, diesen Weg der Durchführung zu wählen[77] oder gar zu fördern[78].

30

---

72 Dies übersieht *B. Teyssié*, La négotiation collective et la norme communautaire après l'entrée en vigueur de l'Accord européen sur la politique sociale, JCP 1994, éd. E., Teil I, Nr. 352, S. 215, Rn. 5.
73 Unzutreffend daher *Blanpain/Schmidt/Schweibert* (Fn. 11), Rn. 165; Mitteilung der Kommission über die Anwendung des Protokolls über die Sozialpolitik an den Rat und an das Europäische Parlament v. 14.12.1993, KOM (93) 600 endg., S. 5 (nicht im ABl.EG veröffentlicht, vgl. im übrigen das Abkürzungsverzeichnis).
74 Vgl. auch *Watson* (Fn. 55), S. 506; *Blanpain/Schmidt/Schweibert* (Fn. 11), Rn. 162, 164. Eine auch in Italien problematische Frage, vgl. EuGH Rs. 235/84, Slg. 1986, 2291, Rn. 21 (Kommission/Italien). Die Übertragung der Durchführung der Richtlinie 94/45/EG (Fn. 50) an die Sozialpartner in Italien, vgl. hier nur *F. Guarriello*, Il ruolo della contrattazione collettiva nell'attuazione della direttiva, in: M. De Luca (Hrsg.), I comitati aziendali europei, 1996, S. 56 ff., wird daher den Anforderungen an der Art der Umsetzung nicht gerecht.
75 EuGH, Rs. 235/84, Slg. 1986, 2291, Rn. 21 (Kommission/Italien); *MünchArbR/Birk* § 18, Rn. 100; *Buchner* (Fn. 6), S. 202; *A. Wisskirchen*, Der soziale Dialog in der Europäischen Gemeinschaft, FS-Deutscher Arbeitsgerichtsverband, 1994, S. 653 (673); *H. Konzen*, Der europäische Einfluß auf das deutsche Arbeitsrecht nach dem Vertrag über die Europäische Union, EuZW 1995, S. 39 (47); vgl. auch *A. Röthel*, Europäische Rechtsetzung im sozialen Dialog, NZA 2000, S. 65 (67).
76 *Buchner* (Fn. 6), S. 202. Skeptisch *Wisskirchen* (Fn. 75), S. 673 in Fn. 47; *C. W. Hergenröder*, Tarifvertrag XV, Internationales Tarifvertragsrecht, AR-Blattei SD 1550.15, Rn. 25.
77 *Konzen* (Fn. 75), S. 47.
78 Im Ergebnis so auch *Konzen* (Fn. 75), S. 47. Vgl. auch Mitteilung der Kommission KOM (93) 600 endg. (Fn. 73), S. 17 f.

D. Die Förderung der Zusammenarbeit der Mitgliedstaaten

31 Eine Förderung der Zusammenarbeit der Mitgliedstaaten sah zuerst Art. 137 Abs. 2 UAbs. 3 in der Fassung von Amsterdam nur zur Bekämpfung der sozialen Ausgrenzung vor[79]. Der Vertrag von Nizza hat diese Möglichkeit nunmehr in **Art. 137 Abs. 2 lit. a)** auf alle in Art. 137 Abs. 1 genannten Bereiche ausgeweitet. Die präzise inhaltliche Tragweite bleibt jedoch im Dunkeln, die Formulierungen entsprechen zum Teil denen des Art. 129 (dort Rn. 5). Es kann nur die Zusammenarbeit gefördert werden, und auch insoweit sind die Möglichkeiten im Vergleich etwa zu Art. 140 stark begrenzt. Sie betreffen im wesentlichen den Informationsaustausch[80]. Ermächtigt wird anders als bei Art. 140 der Rat, was die Tragweite noch weiter einschränkt. Auch dadurch wird die Parallele zu Art. 129 deutlich. Ob so unterhalb der Harmonisierungsebene eine tatsächliche Konvergenz zwischen den Mitgliedstaaten herbeigeführt werden kann, ist zweifelhaft (s. auch Art. 136 Rn. 24a, Art. 140 Rn. 3). Die blumigen Formulierungen dienen vermutlich vor allem dem Zweck, die geringe Bedeutung zu verstecken. Es handelt sich um eine der politischen Kompromißformeln, die den Vertrag überlasten. Trotz des ohnehin engen primärrechtlichen Korsetts wurde in einer Erklärung zusätzlich noch festgelegt, daß Ausgaben für die nach dieser Bestimmung möglichen Maßnahmen dem allgemeinen Gemeinschaftshaushalt zu entnehmen sind.

32 Art. 137 Abs. 1 hat programmatischen Charakter. Seine inhaltliche Aussage besteht darin, zu betonen, daß Art 137 Abs. 1 keine gänzliche Übertragung der Kompetenzen in der Sozialpolitik auf die Mitgliedstaaten bewirkt (Rn. 2). Die Grundlage für die Förderung der Zusammenarbeit der Mitgliedstaaten ist in Art. 137 Abs. 2 lit. a) sowie in Art. 140 zu finden, dessen Aufgabenkatalog weit gefaßt ist und sich auf die in Art. 137 genannten Bereiche erstreckt.

---

79 Zur Betätigung der Gemeinschaft auf diesem Feld vor Amsterdam, vgl. C. *Langenfeld/B. Jansen*, in: Grabitz/Hilf, EU, Art. 118, Rn. 48 ff. Ein Versuch der Kommission, in diesem Bereich tätig zu werden, wurde zuletzt durch den EuGH gestoppt, vgl. EuGH, Rs. C-106/96, Slg. 1998, I-2729 (Vereinigtes Königreich/Kommission), in der auch auf frühere Aktionen des Rates in diesem Zusammenhang hingewiesen wird; eine Kompetenzgrundlage für derartige Maßnahmen in Art. 137 sehend R. *Langer*, Sozialpolitik, in: J. Bergmann/C. Lenz (Hrsg.), Der Amsterdamer Vertrag, 1998, Rn. 24.
80 Ähnliche Formulierungen gab es bisher vereinzelt in Empfehlungen. Vgl. Empfehlung 92/441/EWG des Rates v. 24.6.1992 über gemeinsame Kriterien für ausreichende Zuwendungen und Leistungen im Rahmen der Systeme der sozialen Sicherung, ABl.EG 1992, Nr. L 245/46; 92/442/EWG v. 27.7.1992 über die Annäherung der Ziele und der Politiken im Bereich des sozialen Schutzes, ABl.EG 1992, Nr. L 245/49.

Art. 138 (ex-Art. 118a)

(1) Die Kommission hat die Aufgabe, die Anhörung der Sozialpartner auf Gemeinschaftsebene[6 ff.] zu fördern, und erläßt alle zweckdienlichen Maßnahmen, um den Dialog zwischen den Sozialpartnern zu erleichtern, wobei sie für Ausgewogenheit bei der Unterstützung der Parteien sorgt.[26]

(2) Zu diesem Zweck hört die Kommission vor Unterbreitung von Vorschlägen im Bereich der Sozialpolitik die Sozialpartner zu der Frage, wie eine Gemeinschaftsaktion gegebenenfalls ausgerichtet werden sollte.[27 ff.]

(3) Hält die Kommission nach dieser Anhörung eine Gemeinschaftsmaßnahme für zweckmäßig, so hört sie die Sozialpartner zum Inhalt des in Aussicht genommenen Vorschlags. Die Sozialpartner übermitteln der Kommission eine Stellungnahme oder gegebenenfalls eine Empfehlung.[27 ff.]

(4) Bei dieser Anhörung können die Sozialpartner der Kommission mitteilen, daß sie den Prozeß nach Artikel 139 in Gang setzen wollen. Die Dauer des Verfahrens darf höchstens neun Monate betragen, sofern die betroffenen Sozialpartner und die Kommission nicht gemeinsam eine Verlängerung beschließen.[34 ff.]

Inhaltsübersicht:

I. Förmlicher und informeller sozialer Dialog	1
II. Die rechtliche Konkretisierung des Begriffs der Sozialpartner auf Gemeinschaftsebene für den förmlichen sozialen Dialog	4
1. Allgemeines zur Auslegung der Art. 138 f.	4
2. Abgrenzung zu mitgliedstaatlichen Sozialpartnern	6
3. Die Anforderungen an den Sozialpartner auf Gemeinschaftsebene	10
a) Die Kompetenz zur rechtlichen Konkretisierung	11
b) Ansätze zu einer rechtlichen Konkretisierung	12
c) Die von der Kommission gestellten Anforderungen und die bisher anerkannten Sozialpartner	19
d) Eine europarechtliche Koalitionsfreiheit?	22
e) Prozessuales	23
III. Die Förderung der Anhörung der Sozialpartner auf Gemeinschaftsebene	26
IV. Das Anhörungsverfahren der Art. 138 Abs. 2 und 3	27
V. Das Ingangsetzen des Prozesses nach Art. 139	34

I. Förmlicher und informeller sozialer Dialog

Der Begriff des sozialen Dialogs ist in sachlicher Hinsicht und bezüglich der möglichen Beteiligten **weit**: Er bezieht sich grundsätzlich auf jede Form des Kontaktes zwischen Arbeitnehmern, Arbeitgebern und anderen Betroffenen, die soziale Fragen zum Inhalt hat. Er ist damit keineswegs auf Tarifverhandlungen beschränkt. Allerdings ist zu differenzieren: 1

Die Art. 138 f., die den Art. 3 f. SozAbk entsprechen und Art. 118b (a.F.) ersetzen, bilden die Grundlage des **förmlichen** sozialen Dialogs im primären Gemeinschaftsrecht. Den Sozialpartnern werden durch Art. 138 bestimmte Anhörungsrechte zugestanden, Art. 138 Abs. 4 und Art. 139 eröffnen ihnen die Möglichkeit, Vereinbarungen abzuschließen, zu deren Durchführung bestimmte Verfahren vorgesehen werden. 2

Im Vergleich zu Art. 118b (a.F.) oder der Diskussion zum sozialen Dialog vor dem Maastrichter Vertrag führt diese Verrechtlichung der Art. 138 f. zu einer Einengung des so- 3 zialen Dialogs. Man wird den Art. 138 f. nicht unterstellen können, den sozialen Dialog monopolisieren zu wollen; angesichts ihrer beschränkten Möglichkeiten würden sie dem weiten Begriff des sozialen Dialogs auch nicht gerecht. Neben dem formellen sozialen Dialog der Art. 138 f. ist daher ein vertraglich nicht näher geregelter **informeller** sozialer Dialog statthaft. In dessen Rahmen sind Kontakte zwischen solchen Sozialpartnern möglich, denen die Rechte der Art. 138, 139 Abs. 1 nicht zustehen; es sind auch Vereinbarungen denkbar, die aber nicht nach Art. 139 Abs. 2 durchgeführt werden können.

II. Die rechtliche Konkretisierung des Begriffs der Sozialpartner auf Gemeinschaftsebene für den förmlichen sozialen Dialog

1. Allgemeines zur Auslegung der Art. 138 f.

4 Die Bedeutung der entscheidenden Begriffe ist angesichts fehlender Definitionen oder Präzisierungen im Vertrag größtenteils unklar. Der EuGH hat bisher nicht Stellung genommen, in der Literatur herrscht Uneinigkeit, zum Teil auch begriffliche Ungenauigkeit. Der Vertrag trifft jedoch mittelbar eine Einengung der möglichen Bandbreite der **Auslegung** der jeweiligen Begriffe, die mitunter übersehen wird: Das Einräumen weitreichender Rechte im Rahmen des Gesetzgebungsverfahrens an die Sozialpartner zwingt dazu, bei der Auslegung dieses Begriffs allgemeine Grundsätze und systematische Prinzipien des Europarechts zu beachten. Das Vorsehen eines bestimmten Ergebnisses des sozialen Dialogs sowie von Wegen zur Durchsetzung des Erreichten legt es nahe, den Inhalt der insoweit maßgeblichen Begriffe daran zu orientieren, was als Ergebnis möglich und in der vorgesehenen Weise durchgesetzt werden kann.

5 Anhörung und Abschluß solcher Vereinbarungen, die durch Ratsbeschluß umgesetzt werden sollen, sind nicht zwingend miteinander verzahnt (Art. 139 Rn. 1). Die Vereinbarungen, die nach den Gepflogenheiten der Mitgliedstaaten umgesetzt werden sollen, müssen nicht denen entsprechen, die durch Ratsbeschluß durchsetzbar sind (Art. 139 Rn. 25). Der förmliche soziale Dialog stellt daher **kein in sich geschlossenes** rechtliches Institut dar, sondern ist ein deskriptiver Begriff für verschiedene Erscheinungsformen der Einbindung der Sozialpartner in die Gestaltung der europäischen Sozialpolitik, die im Detail auch abweichenden Regeln folgen können.

2. Abgrenzung zu mitgliedstaatlichen Sozialpartnern

6 Der Begriff des Sozialpartners findet sich seit langem im Gemeinschaftsrecht. Er bezeichnet zum einen mitgliedstaatliche Sozialpartner[1]. Im Rahmen eines anfangs ohne vertragliche Grundlage von der Kommission 1985 eingeleiteten sozialen Dialogs (Val Duchesse[2]) wurde der Begriff verwandt, um die daran beteiligten europäischen Arbeitgeber- und Gewerkschaftsverbände zu bezeichnen[3].

---

1 So bereits die Entscheidung 65/271/EWG v. 13. 5. 1965, ABl.EG 1965 Nr. 88, S. 1500.
2 Dazu hier nur Mitteilung der Kommission zur Entwicklung des sozialen Dialogs auf Gemeinschaftsebene v. 18.9.1996, KOM (96) 448 endg., S. 3, 23 (nicht im ABl.EG veröffentlicht, vgl. im übrigen das Abkürzungsverzeichnis). Zu früheren, auf Veranlassung des EGB 1978 eingestellten Versuchen vgl. A. *Wisskirchen*, Der soziale Dialog in der Europäischen Gemeinschaft, FS-Deutscher Arbeitsgerichtsverband, 1994, S. 653 (662); vgl. auch R. *Schwarze*, Sozialer Dialog im Gemeinschaftsrecht, in: H. Oetker/U. Preis (Hrsg.), Europäisches Arbeits- und Sozialrecht, B 8100, Rn 4.
3 Vgl. etwa Bull.EG 1-1985, Ziff. 2.4.19., S. 68.

In das primäre Gemeinschaftsrecht wurden die Sozialpartner, ohne definiert zu werden, 7
erst durch den Vertrag von Maastricht eingeführt. Nunmehr wird im Kapitel über die
Sozialpolitik[4] auf sie in den Art. 137 Abs. 3, 138 Abs. 1–4, 139 Abs. 1 u. 2, 144 Abs. 2
Bezug genommen; Art. 140 Abs. 1 7. Spstr. stellt auf Kollektivverhandlungen zwischen
Arbeitgebern und Arbeitnehmern ab. Wenn die Sozialpartner in die Ausführung und
Umsetzung von Gemeinschaftsrecht eingespannt werden, sind die **mitgliedstaatlichen**
Sozialpartner gemeint, da diese Möglichkeiten derzeit nur ihnen zusteht[5]. In anderem
Zusammenhang geht es um Sozialpartner auf **Gemeinschaftsebene**, denen dort gewisse
Rechte zufließen. Ob diese Sozialpartner sich zwingend von den Mitgliedstaatlichen unterscheiden oder ob der Bezug auf die Gemeinschaftsebene nur die Ebene der Aktivität
bezeichnet, ist aus dem Wortlaut nicht ohne weiteres ersichtlich.

Daß die Sozialpartner auf Gemeinschaftsebene **nicht identisch** mit den Mitgliedstaatli- 8
chen sind[6], ergibt sich indes zum einen daraus, daß die Sozialpartner auf Gemeinschaftsebene über das Anhörungsverfahren in Art. 138 Abs. 2 u. 3 und in noch größerem Maße nach Art. 139 in das gemeinschaftsrechtliche Rechtsetzungsverfahren einbezogen sind[7]. An keiner Stelle im EGV werden an diesem förmlich unmittelbar[8] mitgliedstaatliche Institutionen beteiligt[9]. Ein Einbezug auch nationaler Sozialpartner könnte
zudem dazu führen, daß zwischen einer Gewerkschaft und einem Arbeitgeberverband
eines Mitgliedstaats Vereinbarungen i.S.d. Art. 139 Abs. 1 getroffen würden, was zum
einen dem Grundsatz zuwiderliefe, daß das Europarecht nur einen einzigen Mitgliedstaat betreffende Vorgänge nur ausnahmsweise erfaßt. Auch wäre es widersinnig, an eine rein nationale Vereinbarung die Folgen des Art. 139 Abs. 2 zu knüpfen. Angesichts
der Vielzahl mitgliedstaatlicher Sozialpartner wäre ihre förmliche Beteiligung schließlich
praktisch kaum durchführbar. Mitgliedstaatliche Sozialpartner können sich daher nur
an einem informellen sozialen Dialog beteiligen.

Art. 138 Abs. 1–4, Art. 139 Abs. 1 und Art. 144 Abs. 2 beziehen sich infolgedessen 9
auf die Sozialpartner auf Gemeinschaftsebene[10], Art. 137 Abs. 3[11] und Art. 139

---

4 Der Begriff der Sozialpartner wird auch in Art. 126 Abs. 2 und Art. 130 Abs. 2 erwähnt.
5 Vgl. auch M. *Heinze*, Die Rechtsgrundlagen des sozialen Dialogs auf Gemeinschaftsebene, ZfA 1997, S. 505 (511); W. *Balze*, Die sozialpolitischen Kompetenzen der Europäischen Union, 1994, S. 267 f.
6 Vgl. auch B. *Teyssié*, La négotiation collective et la norme communautaire après l'entrée en vigueur de l'Accord européen sur la politique sociale, JCP 1994, éd. E., Teil I, Nr. 352, S. 215, Rn. 21, 29; Mitteilung der Kommission über die Anwendung des Protokolls über die Sozialpolitik an den Rat und an das Europäische Parlament v. 14.12.1993, KOM (93) 600 endg., S. 13 (nicht im ABl.EG veröffentlicht, vgl. im übrigen das Abkürzungsverzeichnis); V. *Schildein*, Der Soziale Dialog, 2000, S. 34 f. Nw. zu Gegenstimmen in Fn. 10.
7 Zustimmend H.-D. *Steinmeyer*, Der Vertrag von Amsterdam und seine Bedeutung für das Arbeits- und Sozialrecht, RdA 2001, S. 10 (20).
8 Eine mittelbare Beteiligung mitgliedstaatlicher Institutionen erfolgt etwa über den Wirtschafts- und Sozialausschuß (Art. 257).
9 Ein freiwilliger Einbezug auch mitgliedstaatlicher Sozialpartner etwa durch Anhörung, wie ihn die Kommission als Möglichkeit in Mitteilung der Kommission, KOM (96) 448 endg. (Fn. 2), S. 3 erwähnt, werden nicht entgegengehalten werden.
10 A.A. B. *Bödding*, Die europarechtlichen Instrumentarien der Sozialpartner, 1997, S. 89; B. *Bercusson*, European Labour Law, 1996, S. 543; *Schwarze* (Fn. 2), Rn. 19. Die Zulassung nationaler Verbände als Streithelfer in dem von der UEAPME angestrengten Verfahren zur Nichtigerklärung bzw. Teilnichtigerklärung der RL 96/34/EG v. 3. 6. 1996 zu der von UNICE, CEEP und EGB geschlossenen Rahmenvereinbarung über Elternurlaub durch EuG, Rs. T-135/96, Slg. 1998, II-2335, Rn. 8 f. (UEAPME/Rat), steht der hier vertretenen Auffassung nicht entgegen, da die Zulassung als Streithelfer gemäß Art. 37 Abs. 2 der Satzung des Gerichtshofes nicht mit dem Sozialpartnerbegriff der Art. 138 f. zusammenhängt.
11 Nw. in Fn. 5; auch E. *Eichenhofer*, Sozialrecht der Europäischen Union, 2001, Rn. 45.

Abs. 2[12] auf die mitgliedstaatlichen Sozialpartner. Art. 140 Abs. 1 7. Spstr. bezieht sich schließlich auf die Kollektivverhandlungen auf mitgliedstaatlicher Ebene.

3. Die Anforderungen an den Sozialpartner auf Gemeinschaftsebene

10 Aus der förmlichen Beteiligung der Sozialpartner an dem Verfahren der Gemeinschaft zum Erlaß von Maßnahmen folgt die Notwendigkeit der weiteren **rechtlichen Konkretisierung** des Sozialpartnerbegriffs, da sich zwangsläufig die Frage stellt, wer in den Genuß dieser Rechte kommen kann. Aus der fehlenden vertraglichen Definition zu schließen, daß keine Anforderungen an die Anerkennung als Sozialpartner gestellt sind, überzeugt nicht[13].

a) Die Kompetenz zur rechtlichen Konkretisierung
11 Der Vertrag trifft keine Aussage dazu, wem die Kompetenz zukommt, den Begriff des Sozialpartners zu definieren oder wer die Entscheidung darüber zu treffen hat, ob ein Sozialpartner im Einzelfall beteiligt werden muß. Da das Gemeinschaftsrecht ein Gewaltenteilungsprinzip im engeren Sinne und damit auch eine Wesentlichkeitstheorie nicht kennt, hat trotz der Bedeutung der Ausarbeitung der rechtlichen Anforderungen an den Sozialpartnerbegriff kein Organ die Prärogative. Die Frage nach der Kompetenz wird formell gelöst: Rat und Parlament können nur tätig werden, soweit dies der Vertrag vorsieht (vgl. Art. 192, 250 ff.). Über die Konkretisierung des Begriffs der Sozialpartner ebenso wie über deren Zulassung zum Verfahren im Einzelfall hat daher die **Kommission** zu entscheiden[14]. Zur Konkretisierung kann sie – wie auch geschehen[15] – gemäß Art. 211 2. Spstr. Empfehlungen und Stellungnahmen (Art. 211 Rn. 8) erlassen. Die Entscheidung über die Zulassung wird durch **EuG** und **EuGH** überprüft[16] (Rn. 23 ff.), dem damit letztlich die Konkretisierung des Sozialpartnerbegriffs zufällt[17].

b) Ansätze zu einer rechtlichen Konkretisierung
12 Welche Anforderungen an die Anerkennung eines Sozialpartners zu stellen sind, ist bisher vom EuGH nicht angesprochen worden und auch in der Literatur nicht abschließend geklärt. Das EuG stellt bestimmte Voraussetzungen an einen Sozialpartner, wenn eine von ihm mit abgeschlossene Vereinbarung durch Kommission und Rat durch Ratsbeschluß durchgesetzt werden soll (Rn. 15). Die folgenden Ausführungen müssen sich auf einige Ansätze beschränken. Sowohl in rechtlicher als auch in tatsächlicher Hinsicht steht die Entwicklung erst an ihrem Anfang. Es wäre daher problematisch, den derzeitigen Stand durch überzogene Anforderungen einzufrieren[18], wozu in mancher Hinsicht der Standpunkt der Kommission (Rn. 19 ff.) neigt.

---

12 Dies verkennend *H. Buchner*, Die sozialpolitische Entwicklung der Europäischen Gemeinschaft im Spannungsfeld von hoheitlicher Regelung und tarifautonomer Gestaltung, RdA 1993, S. 193 (200 f., 202); ebenso *O. Deinert*, Der europäische Kollektivvertrag, 1999, S. 196 f., 443; richtig hingegen *R. Kowanz*, Europäische Kollektivvertragsordnung, 1999, S. 121.
13 Vgl. auch *H. Konzen*, Der europäische Einfluß auf das deutsche Arbeitsrecht nach dem Vertrag über die Europäische Union, EuZW 1995, S. 39 (46); *A. Höland*, Partnerschaftliche Setzung von Recht in der Europäischen Gemeinschaft, ZIAS 1995, S. 425 (447 f.). In diese Richtung aber (allerdings vor dem Hintergrund des Art. 118b a.F.) *W. Däubler*, Tarifvertragsrecht, 3. Aufl. 1993, Rn. 1734.
14 *A. A. G. Schnorr*, Kollektivverträge in einem integrierten Europa, DRdA 1994, S. 193 (195): nur EuGH.
15 Mitteilung der Kommission KOM (93) 600 endg. (Fn. 6), S. 12–14.
16 *Höland* (Fn. 13), S. 448.
17 Von einem »Monopol der Zulassung« der Kommission zu sprechen, so *B. Keller*, Europäische Arbeits- und Sozialpolitik, 1997, S. 86, ist daher nicht zutreffend.
18 Anders *Schnorr* (Fn. 14), S. 195: Beschränkung auf die Sozialpartner, die sich zum Zeitpunkt der Paraphierung der Maastrichter Verträge »faktisch und effektiv« am sozialen Dialog beteiligt haben. Auch *Schnorr* gesteht die Möglichkeit von Änderungen ein.

Im Rahmen des förmlichen sozialen Dialogs kommt den Sozialpartnern die Möglichkeit 13
zu, die gemeinschaftsrechtliche Sozialpolitik entscheidend mitzugestalten. Diese Aufgabe fällt in den Mitgliedstaaten in erster Linie **Koalitionen**, nicht aber betrieblichen Vertretungen zu. Letztere scheiden daher von vornherein aus[19]; sie können allenfalls an dem informellen sozialen Dialog teilnehmen. Problematisch ist die Einordnung von industriepolitischen Interessenverbänden. Soweit diese – wie Gewerkschaften in Deutschland und allgemein Koalitionen in zahlreichen Mitgliedstaaten – auch sozialpolitische Interessen vertreten, steht ihrer Anerkennung nichts entgegen. Beschränken sie sich indes ausschließlich auf die Wahrnehmung wirtschafts- oder industriepolitischer Interessen, fehlt ihnen jedenfalls die Legitimation, Vereinbarungen i.S.d. Art. 139 zu schließen (Rn. 17). Wohlfahrts- oder kirchliche Verbände können am förmlichen sozialen Dialog nicht teilnehmen[20].

In den mitgliedstaatlichen Rechtsordnungen bestehen beträchtliche Unterschiede bei 14
den Anforderungen an Koalitionen sowie der Anerkennung der Tariffähigkeit[21]. Als Methode zur Bildung eines auf diesen Verständnissen beruhenden europarechtlichen Begriffs bliebe nur der unbefriedigende Weg, den kleinsten gemeinsamen Nenner zu finden. Denkbar ist aber nach Art. 136 Abs. 1 der Rückgriff auf die **Europäische Sozialcharta** von 1961 (Art. 5[22]) und die Gemeinschaftscharta der sozialen Grundrechte von 1989 (Nr. 11) und gemäß Art. 6 Abs. 2 EUV auf die Europäische Menschenrechtskonvention (Art. 11 Abs. 1, nur Gewerkschaften betreffend[23]). Zudem haben alle Mitgliedstaaten die ILO Konvention Nr. 87 v. 9.7.1948 ratifiziert[24], die auch bei der Auslegung von Art. 11 Abs. 1 EMRK und Art. 5 ESC eine Rolle gespielt hat. Anderseits geht es im Rahmen der Art. 138 f. nicht um die Ausarbeitung eines allgemeinen europarechtlichen Koalitionsbegriffs, sondern nur um die Frage, welche Sozialpartner in den Genuß der Rechte und Möglichkeiten dieser Vorschriften kommen. Da es sich weder bei der Anhörung nach Art. 138 noch bei dem Prozeß des Art. 139 um charakteristische Rechte von Koalitionen handelt, können die Anforderungen an den **Rechten** und **Möglichkeiten** der **Art. 138 f.** ausgerichtet werden[25], auch wenn diese im Einzelfall enger sind als die genannten internationalen Instrumente.

---

19 So auch *Bödding* (Fn. 2), S. 91; *Schwarze* (Fn. 2), Rn. 16; *Schildein* (Fn. 6), S. 35. Anders (allerdings vor dem Hintergrund des Art. 118b a.F.) *Däubler* (Fn. 13), Rn. 1734.
20 Fragend, wenngleich nicht zwischen förmlichem und informellem sozialen Dialog unterscheidend, *R. Pitschas*, Die soziale Dimension der Europäischen Gemeinschaft, DÖV 1992, S. 277 (283).
21 Vgl. zu den Gewerkschaften die Länderberichte auf der Grundlage des von *K. Hailbronner/ E. Klein/T. Stein* ausgearbeiteten Fragebogens in: H. Mosler/R. Bernhardt (Hrsg.), Die Koalitionsfreiheit des Arbeitnehmers, 1980, Bd. 1, S. 1 ff., 37 ff.; s. auch *R. Birk*, Die Tarifautonomie in rechtsvergleichender Sicht, RdA 1995, S. 71 (72 ff.). Aus diesem Grunde können nicht die deutschen Anforderungen übernommen werden, in diese Richtung aber *Schwarze* (Fn. 17), Rn. 17.
22 Vgl. etwa *D. Gomien/D. Harris/L. Zwaak*, Law and Practice of the European Convention on Human Rights and the European Social Charter, Straßburg 1996, S. 390 f.; *H.-E. Kitz*, Die Koalitionsfreiheit der Arbeitnehmer nach der Europäischen Menschenrechtskommission und der Europäischen Sozialcharta, in: H. Mosler/R. Bernhardt (Hrsg.), Die Koalitionsfreiheit des Arbeitnehmers, 1980, Bd. 2, S. 1073 (1085 ff.).
23 Dazu hier nur *D. Gomien/D. Harris/L. Zwaak* (Fn. 22), S. 307 ff.; *H.-E. Kitz* (Fn. 22), S. 1075 ff.
24 BGBl. 1956 II, S. 2072; zum Ratifikationsstand vgl. Fundstellennachweis B, BGBl. II 2000, S. 298 f. Vgl. *G. v. Potobsky*, The Freedom of the Worker to Organize According to the Principles and Standards of the International Labour Organization, in: H. Mosler/R. Bernhardt (Hrsg.), Die Koalitionsfreiheit des Arbeitnehmers, 1980, Bd. 2, S. 1119 ff.; *W. Däubler*, Die Koalitionsfreiheit im EG-Recht, FS-Hanau, 1999, S. 489 (494 ff.).
25 Vgl. auch *Buchner* (Fn. 12), S. 203.

15 Sowohl förmliche Beteiligung am Gesetzgebungsverfahren als auch die Möglichkeit der Durchsetzung erzielter Vereinbarungen über den Rat setzen die **Repräsentativität** des jeweiligen Sozialpartners für Arbeitnehmer und Unternehmer voraus[26]. Das EuG verlangt die Repräsentativität der Sozialpartner als Voraussetzung der Durchsetzung einer Vereinbarung nach Art. 139 Abs. 2 durch Ratsbeschluß als Ausgleich für die fehlende Beteiligung des Parlaments[27] (dazu Art. 139 Rn. 25, 28). Hinsichtlich des erforderlichen Grades und auch ihrer geographischen Verteilung fehlen Anhaltspunkte. Man wird jedenfalls nicht nur eine Präsenz, sondern auch eine Repräsentativität in mehreren Mitgliedstaaten verlangen müssen, da ansonsten das erforderliche grenzüberschreitende Element fehlt[28].

16 Offen ist auch, wie weit die Repräsentativität in organisatorischer Hinsicht reichen muß, ob also nur branchenübergreifende Verbände in Betracht kommen oder ob die Sozialpartner auch eine sektor- oder berufsspezifische **Struktur** aufweisen können. Problematisch ist das vor allem hinsichtlich der vom Rat umzusetzenden Beschlüsse, da insoweit eine in sektorieller oder gar beruflicher Hinsicht beschränkte Umsetzung kaum möglich ist (Art. 139 Rn. 14). Dies ist insoweit eine Frage des Sozialpartnerbegriffs, als ein nur branchen- oder unternehmensspezifischer Verband sich an branchenübergreifenden Vereinbarungen allenfalls beteiligen kann, und das auch nur, wenn sämtliche Branchen vertreten sind. Mittelbar besteht daher ein Anreiz, möglichst umfassende, branchenübergreifende Sozialpartner zu bilden[29].

17 Ungeklärt ist weiter, inwieweit die Sozialpartner ein **tarifpolitisches Mandat** haben müssen. Bei UNICE, CEEP und EGB ist das bisher nicht der Fall[30], obwohl Änderungen eingetreten sind. Jedenfalls soweit es um den Abschluß von Vereinbarungen geht, wird man ein Mandat zu solchen Vereinbarungen verlangen müssen[31], da es andernfalls an der Legitimation des Sozialpartners fehlt, von Art. 139 Gebrauch zu machen.

18 Ob es sich um eine Gewerkschaft oder einen Arbeitgeberverband oder vielmehr einen Verband der Verbände handelt, ist unerheblich; es ist kein Grund dafür ersichtlich, den Sozialpartnerbegriff auf Verbände von Verbänden zu beschränken. Die Beteiligung genuiner europäischer Gewerkschaften und Arbeitgeberverbände ist daher möglich.

c) **Die von der Kommission gestellten Anforderungen und die bisher anerkannten Sozialpartner**

19 Die von der Kommission beschlossenen Anforderungen[32] entsprechen den vorgenannten Punkten überwiegend, doch beschränkt die Kommission den Sozialpartnerbegriff auf Verbände von Verbänden, die aus etablierten mitgliedstaatlichen Mitgliedern beste-

---

26 *Konzen* (Fn. 13), S. 46; vgl. auch *Buchner* (Fn. 12), S. 202 f.; *G. Britz/M. Schmidt*, Die institutionalisierte Mitwirkung der Sozialpartner an der Rechtsetzung der Euopäischen Gemeinschaft, EuR 1999, S. 467 (494 ff.); a.A. *Bödding* (Fn. 10), S. 87.
27 EuG, Rs. T-135/96, Slg. 1998, II-2335, Rn. 85 ff. (UEAPME/Rat).
28 Ob »interregionale Gewerkschaftsräte«, vgl. *A. Lenze*, Dimensionen der europäischen Sozialpolitik zwischen Maastricht und Regierungskonferenz 1996, NZS 1996, S. 313 (320 m. Fn. 66), unter den europäischen Sozialpartnerbegriff fallen, ist daher zweifelhaft.
29 Vgl. auch *Schnorr* (Fn. 14), S. 195.
30 *K. Piazolo*, Der Soziale Dialog nach dem Abkommen über die Sozialpolitik und dem Vertrag von Amsterdam, 1999, S. 51 f., 53, 56; nur zum EGB, vgl. *W. Buschak/V. Kallenbach*, The European Trades Union Confederation, in: *W. Lecher/H.-W. Platzer* (Hrsg.), European Union – European Industrial Relations?, 1998, S. 169 (174); *Kowanz* (Fn. 12), S. 35 mit Fn. 60.
31 Zutreffend *Schnorr* (Fn. 14), S. 195. Vgl. auch *R. Blanpain/M. Schmidt/U. Schweibert*, Europäisches Arbeitsrecht, 2. Aufl. 1996, Rn. 512, 514.
32 Mitteilung der Kommission KOM (93) 600 endg. (Fn. 6), S. 2, 13.

hen sollen. Die Anforderungen formuliert sie für das Anhörungsverfahren. Sie verlangt, daß (1) die Organisationen branchenübergreifend, sektor- oder berufsgruppenspezifisch sind und über eine Struktur auf europäischer Ebene verfügen; (2) daß sie aus Verbänden bestehen, die in ihrem Land integraler und anerkannter Bestandteil des Systems der Arbeitsbeziehungen sind, Vereinbarungen aushandeln können und so weit wie möglich alle Mitgliedstaaten vertreten und (3) über die geeigneten Strukturen verfügen, um effektiv an dem Anhörungsprozeß teilnehmen zu können[33].

Von der **Kommission** wurden mit Stand 9/1996 anerkannt[34]: Union der Industrie- und Arbeitgeberverbände (UNICE), Europäischer Zentralverband der Öffentlichen Wirtschaft (CEEP), Europäischer Gewerkschaftsbund (EGB), Europäische Union des Handwerks und der Klein- und Mittelbetriebe (UEAPME), Europäischer Verband der Führungskräfte (CEC), Euro-Führungskräfte, Vereinigung der europäischen Industrie- und Handelskammern (EUROCHAMBRES), Eurocommerce, Ausschuß der berufsständischen landwirtschaftlichen Organisationen der EG (COPA), Allgemeiner Ausschuß des ländlichen Genossenschaftswesens der EWG (COGECA), EUROPECHE, Europäischer Genossenschaftlicher Versicherungsverband (AECI), Internationaler Verband der Versicherungs- und Rückversicherungs-Vermittler (BIPAR), Europäisches Komitee der Versicherungen (CEA), Banking Federation of the European Community, Sparkassenvereinigung der EWG, Vereinigung der Genossenschaftsbanken der EG, Zentralverband der europäischen Holzindustrie (CEI), Ausschuß des Hotel- und Gaststättengewerbes in der EG (HOTREC), Verband der europäischen Bauwirtschaft (FIEC), Verband europäischer Regional-Luftverkehrsgesellschaften (ERA), Airports Council International – European Region (ACI Europe), Association des Transports aériens à la demande, Association of European Community Airlines (ACEI), Verband europäischer Luftverkehrsgesellschaften (AEA), Europäische Schiffer Organisation (ESO), Internationale Binnenschiffahrts-Union (IBU), European Community Shipowners' Association (ECSA), Community of European Railways (CCFE), Internationale Straßentransportunion (IRU). An sektoriellen Vereinbarungen aus dem Bereich der See- und Luftfahrt (Rn. 21) sind jedoch weitere Sozialpartner beteiligt, was darauf schließen läßt, daß diese Liste nicht abschließend ist.

Die Auflistung macht deutlich, daß sich die Entwicklung des Sozialpartnerwesens auf Gemeinschaftsebene erst in den Anfängen befindet. Zudem scheint es, als tendiere die Entwicklung nicht zum Aufbau eines europäischen Gewerkschafts- und Arbeitgeberbandswesens, viele der anerkannten Sozialpartner sind vielmehr sektorielle industriepolitische **Interessenverbände**. Anders stellt es sich für die wichtigsten drei eingangs genannten Verbände dar, die **UNICE** als Dachverband der nationalen Arbeitgeberorganisationen, die **CEEP**, als europäischer Verband der öffentlichen Unternehmen und der **EGB** als der Dachverband der nationalen Gewerkschaften, die damit zumindest Dachverbände nationaler Gewerkschaften und Arbeitgeberverbände sind. Mit ihnen führte die Kommission den informellen sozialen Dialog[35], von ihnen stammen die Vereinbarungen über den Elternurlaub[36], über soziale Mindeststandards für Teilzeitarbeitskräf-

---

33 Zu den Vorstellungen des Europäischen Parlaments, vgl. Punkt J.1. der Entschließung v. 3.5.1994 zur Anwendung des Protokolls über die Sozialpolitik, abgedruckt in BT-Drucks. 12/7796, S. 3. Zur Repräsentativität vgl. die Stellungnahme des Wirtschafts- und Sozialausschusses zur Mitteilung der Kommission (96) 448 endg. (Fn. 2), ABl.EG 1997, Nr. C 89/27, S. 28.
34 Mitteilung der Kommission, KOM (96) 448 endg. (Fn. 2), S. 32; die Liste weicht nur geringfügig von der des Jahres 1993, Mitteilung der Kommission, KOM (93) 600 endg. (Fn. 2), S. 20 f., ab; vgl. auch *Blanpain/Schmidt/Schweibert* (Fn. 31), Rn. 95–111.
35 Nachweis in Fn. 3.
36 Rahmenvereinbarung der europäischen Sozialpartner (UNICE, CEEP, EGB) v. 14.12.1995 über den Elternurlaub, ABl.EG 1996, Nr. C 145/6.

te[37] sowie über befristete Arbeitsverträge[38]. Bisher liegen zwei sektorielle Vereinbarungen über die Regelung der Arbeitszeit von Seeleuten[39] und über die Arbeitsorganisation für das fliegende Personal der Luftfahrt vor, die von Sozialpartnern dieses Sektors abgeschlossen wurden[40].

d) Eine europarechtliche Koalitionsfreiheit?

22 In der Literatur wird zum Teil die Existenz eines Gemeinschaftsgrundrechts auf Koalitionsfreiheit bejaht[41]. Zutreffend an dieser Auffassung ist beim derzeitigen Stand des Gemeinschaftsrechts, daß es keinen numerus clausus der Sozialpartner gibt und alle Sozialpartner, die den Anforderungen genügen, zum förmlichen sozialen Dialog zuzulassen sind[42]. Ob darin nun ein Gemeinschaftsgrundrecht, dessen Konturen im übrigen auch noch zu präzisieren wären, liegt oder nicht, ist zweifelhaft[43]. Aus dem Recht einer Institution zur Zulassung zu einem gemeinschaftsrechtlichen Rechtsetzungsverfahren folgt nicht zwingend ein Grundrecht auf Bildung einer solchen, die mit bestimmten wiederum grundrechtlich geschützten Rechten ausgestattet ist.

e) Prozessuales

23 Die Art. 138 f. weisen den Sozialpartnern auf Gemeinschaftsebene Rechte zu, ohne die Frage ihrer prozessualen Durchsetzung anzusprechen. Daher ist die allgemeine Bestimmung des **Art. 230** maßgeblich, eine Durchsetzung vor nationalen Gerichten scheidet angesichts des europarechtlichen Zusammenhangs aus. Sozialpartner auf Gemeinschaftsebene sind nicht privilegierte Kläger i.S.d. Art. 230 Abs. 2 u. 3, so daß grundsätzlich Art. 230 Abs. 4 einschlägig ist (vgl. im einzelnen die Kommentierung dort Rn. 23 ff.)[44]. Gleichzeitig fließen ihnen aber – anders als üblicherweise natürlichen und juristischen Personen – unmittelbar durch das primäre Gemeinschaftsrecht bestimmte Rechte zu. Es ist daher geboten, bei der Beurteilung der prozessualen Fragen auch Grundsätze der Art. 230 Abs. 2 u. 3 heranzuziehen (im einzelnen dort Rn. 3 ff., insbesondere Rn. 4 mit Fn. 7). Entsprechendes gilt für Untätigkeitsklagen nach Art. 232.

24 Die Sozialpartner sind unabhängig von ihrem rechtlichen Status als juristische Personen parteifähig[45]. **Klagegegenstand** können die den Sozialpartnern durch die Art. 138 f. zu-

---

37 Rahmenvereinbarung der europäischen Sozialpartner (UNICE, CEEP, EGB) v. 6.6.1997 über Teilzeitarbeit, ABl.EG 1998, Nr. L 14/12.
38 Rahmenvereinbarung der europäischen Sozialpartner (UNICE, CEEP, EGB) über befristete Arbeitsverträge, ABl.EG 1999, Nr. L 175/43.
39 Vereinbarung des Verbandes der Reeder in der Europäischen Gemeinschaft (ECSA) und dem Verband der Verkehrsgewerkschaften in der Europäischen Union (FST) über die Regelung der Arbeitszeit von Seeleuten, ABl.EG 1999, Nr. L 167/33.
40 Europäische Vereinbarung von der Vereinigung Europäischer Fluggesellschaften (AEA), der Europäischen Transportarbeiter-Föderation (ETF), der European Cockpit Association (ECA), der European Regions Airline Association (ERA) und der International Air Carrier Association (IACA) über die Arbeitszeitorganisation für das fliegende Personal der Zivilluftfahrt, ABl.EG 2000, Nr. L 302/57.
41 *Schnorr* (Fn. 14), S. 194; *Deinert* (Fn. 12), S. 435. Vgl. aber *Buchner* (Fn. 12), S. 199; *MünchArbR/Löwisch/Rieble* § 242, Rn. 64. Ein solches fordernd *M. Blank*, Europäische Kollektivverträge und Sozialer Dialog, FS-Gnade, 1992, S. 649 (656 ff.).
42 Einschränkend aber EuG, Rs. T-135/96, Slg. 1998, II-2335, Rn. 82 (UEAPME/Rat).
43 Ausführlich zu dieser Frage GA *F. Jacobs*, Schlußantr. zu EuGH, Rs. C-67/96, Slg. 1999, I-5751, Ziff. 131 ff. (Albany).
44 Vgl. auch EuG, Rs. T-135/96, Slg. 1998, II-2335, Rn. 62 (UEAPME/Rat).
45 Vgl. auch EuGH, Rs. 175/73, Slg. 1974, 917, Rn. 9/13 (Gewerkschaftsbund/Rat); Rs. 18/74, Slg. 1974, 933, Rn. 5/9 (Allgemeine Gewerkschaft/Kommission), die beide Gewerkschaften der Bediensteten von EU-Organen betreffen.

gewiesenen Rechte sein. Die **Klagebefugnis** besteht, wenn die Klage auf die Wahrung dieser eigenen Rechte abzielt oder in Anlehnung an die Haltung der Rechtsprechung von EuG und EuGH zur individuellen Betroffenheit im Rahmen des Art. 230 Abs. 4 (dort Rn. 51) die Rechtmäßigkeit der Beteiligung eines anderen Sozialpartners gerügt werden soll.

Zulässig sind daher z.B. Klagen, die die Anerkennung als Sozialpartner oder die Anhörung betreffen[46] (vgl. aber Rn. 33), auch insoweit eingereichte »Konkurrentenklagen«, **nicht** hingegen Klagen, die sich auf eine unzureichende Beteiligung durch die anderen Sozialpartner bei den Verhandlungen einer Vereinbarung oder gar gegen den Inhalt einer solchen richten, weil hierbei nicht Rechte betroffen sind, die den Sozialpartnern aus dem EGV zufließen, sondern allein die Durchführung des förmlichen sozialen Dialogs zwischen den verschiedenen Sozialpartnern betroffen ist, die vom Vertrag naturgemäß nicht weiter geregelt wird (vgl. auch Art. 139 Rn. 7). In Einzelfällen könnte insoweit aber eine Verletzung der Neutralitätsverpflichtung der Kommission des Art. 138 Abs. 1 (Rn. 26) gerügt werden. Unzulässig sind ferner Klagen, die aus zivilrechtlichen Gründen die Wirksamkeit einer Vereinbarung angreifen. Zur materiellen Seite, vgl. Rn. 33 und Art. 139 Rn. 5, 7. Das mit der von der UEAPME eingereichten Klage zur Nichtig- bzw. Teilnichtigerklärung der RL 96/34/EG befaßte EuG hat vergleichbare Gesichtspunkte geprüft: ein Recht auf Teilnahme an den Verhandlungen hat es zum einen abgelehnt. Das EuG stellt weiter darauf ab, daß Kommission und Rat eine Vereinbarung durch Ratsbeschluß nur solcher Sozialpartner durchsetzen dürften, die »im Hinblick auf deren Inhalt insgesamt hinreichend repräsentativ« seien. Fehle diese sog. Gesamtrepräsentativität und werde die Vereinbarung dennoch durch Ratsbeschluß durchgesetzt, hätten angehörte, aber an der Vereinbarung nicht beteiligte Sozialpartner, deren Beteiligung zur Herstellung dieser Gesamtrepräsentativität aber notwendig gewesen wäre, ein Klagerecht[47]. Die genauen Voraussetzungen, die Bedeutung und die Tragweite dieser Überlegung werden nicht ganz klar. Die Auffassung des EuG überzeugt insoweit jedoch bereits materiell nicht (dazu Art. 139 Rn. 25), so daß die Basis für dieses Klagerecht entfällt.

III. Die Förderung der Anhörung der Sozialpartner auf Gemeinschaftsebene

Art. 138 Abs. 1 bringt das etwas paternalistische Konzept des gemeinschaftsrechtlichen 26 sozialen Dialogs unter Aufsicht oder zumindest auf Initiative der Kommission zum Ausdruck[48]. Art. 138 Abs. 1 hat indes mit Ausnahme der Neutralitätsverpflichtung nur **programmatischen** Charakter[49], was insbesondere aus seiner weiten Formulierung folgt. Er enthält daher keine Ermächtigungsgrundlage, sondern bringt lediglich die gehobene Stellung zum Ausdruck, die dem sozialen Dialog bei der Gestaltung der gemeinschaftsrechtlichen Sozialpolitik eingeräumt wird. Er bezieht sich sowohl auf den förmlichen als auch den informellen sozialen Dialog und damit nicht lediglich auf das Anhörungsverfahren nach Art. 138 Abs. 2 und 3[50]. Mißverständlich ist der letzte Teil dieser Bestimmung formuliert, der darauf zu beschränken ist, daß er die Kommission zur **Neutralität** verpflichtet[51], ihr nicht aber eine Grundlage zur aktiven (und etwa finanziellen) Unter-

---

46 Anders *R. Rebhahn*, in: Schwarze (Hrsg.), EU-Kommentar, Art. 138, Rn. 8.
47 EuG, Rs. T-135/96, Slg. 1998, II-2335, Rn. 78, 90 (UEAPME/Rat).
48 Vgl. aber *Wisskirchen* (Fn. 2), S. 662 f.
49 *U. Preis/W. Bütefisch*, Arbeitsrecht als Gegenstand des Gemeinschaftsrechts – das europäische Arbeitsrecht, in: H. Oetker/U. Preis (Hrsg.), Europäisches Arbeits- und Sozialrecht, B 1100, Rn. 47; ebenso *K. W. Hergenröder*, Europäische Aspekte des Arbeitskampfrechts, in: H. Oetker/U. Preis (Hrsg.), Europäisches Arbeits- und Sozialrecht, B 8400, Rn. 4.
50 Vgl. auch Mitteilung der Kommission, KOM (96) 448 endg. (Fn. 2), S. 4.
51 Vgl. auch *M. Roccella/T. Treu*, Diritto Del Lavoro Della Comunità Europea, 2. Aufl. 1995, S. 382.

stützung der Sozialpartner zuweist[52]. Die Folgen einer solchen Unterstützung widersprächen der Vorstellung eines Dialogs und würden ihn zu einem Handlungsinstrument der Kommission verkommen lassen.

IV. Das Anhörungsverfahren der Art. 138 Abs. 2 und 3

27 Das Anhörungsverfahren sieht eine **weitreichende** Beteiligung der Sozialpartner, also von Interessenvertretungen vor, die in anderen Bereichen des Gemeinschaftsrechts kein Pendant findet. Allerdings ist es auf Anhörungsrechte beschränkt und kennt weder eine Bindung der Kommission[53] noch sonstwelche Mitbestimmungsmöglichkeiten; diese sieht erst Art. 138 Abs. 4 vor. Es ist **zweigliedrig** gestaltet. Das damit sehr aufwendige Verfahren trägt das Potential in sich, die Verwirklichung der Sozialpolitik zeitlich nicht unerheblich zu verzögern.

28 In einem ersten Schritt besteht eine Anhörungspflicht der Kommission, bevor sie einen Vorschlag im Bereich der Sozialpolitik unterbreitet. Art. 138 regelt nicht, wann die Kommission einen Vorschlag unterbreiten kann[54], dieses richtet sich nach den ihr im Bereich der Sozialpolitik zugewiesenen Kompetenzen. Die Formulierung (Gemeinschaftsaktion) ist weit gefaßt[55] und nicht auf eine bestimmte gemeinschaftsrechtliche Handlungsform beschränkt. Die **Anhörungspflicht** ist aber auf das gemeinschaftsrechtliche Rechtsetzungsverfahren zugeschnitten. Sie greift nur, wenn die Kommission darauf beschränkt ist, einen Vorschlag zu unterbreiten, und nicht unmittelbar entscheiden oder sonstwie (z.B. rechtsunverbindlich: Stellungnahmen, Mitteilungen) tätig werden kann. Zudem ist erforderlich, daß der Vorschlag von der Kommission kommt, ihr also das Initiativrecht zusteht[56]. Voraussetzung der Anhörungspflicht ist weiter, daß die geplante Aktion inhaltliche und nicht nur Verfahrensfragen betrifft, da den Sozialpartnern insoweit keine fachliche Kompetenz zukommt. Art. 138 Abs. 2 räumt den Sozialpartnern das Recht ein, sich zur Ausrichtung einer möglichen Gemeinschaftsaktion zu äußern, was sowohl inhaltliche als auch formelle Aspekte umfaßt. Eine Betroffenheit der anzuhörenden Sozialpartner durch den Vorschlag ist nicht verlangt. Hält die Kommission nach (nicht aufgrund) dieser Anhörung eine Gemeinschaftsmaßnahme für zweckmäßig, besteht eine weitere Anhörungspflicht nur noch zum Inhalt des in Aussicht genommenen Vorschlags[57]. Neben Art. 138 besteht kein allgemeines Recht der Sozialpartner, angehört zu werden. Allerdings liegt darin kein Hinderungsgrund, daß die Kommission oder andere gemeinschaftsrechtliche Organe die Sozialpartner auch außerhalb des Art. 138 anhören.

---

52 Anders (auch hinsichtlich finanzieller Hilfen) *Teyssié* (Fn. 6), Rn. 18; *E. Kampmeyer,* Protokoll und Abkommen über die Sozialpolitik der Europäischen Union, 1998, S. 86.
53 *Buchner* (Fn. 12), S. 200; *Konzen* (Fn. 13), S. 46; *Heinze* (Fn. 5), S. 514.
54 Anders *B. Bercusson,* The Dynamic of European Labour Law after Maastricht, Industrial L.J. 1994, S. 1 (25 f.).
55 Vgl. auch *Heinze* (Fn. 5), S. 512 f.
56 Was indes regelmäßig der Fall ist, vgl. Art. 251 f.
57 Zum Ablauf bei der Verabschiedung der RL 94/45/EG v. 22. 9. 1994 über die Einsetzung eines Europäischen Betriebsrats oder die Schaffung eines Verfahrens zur Unterrichtung und Anhörung der Arbeitnehmer in gemeinschaftsweit operierenden Unternehmen und Unternehmensgruppen, ABl.EG 1994, Nr. L. 254/64, vgl. Mitteilung der Kommission, KOM (96) 448 endg. (Fn. 2), S. 27; *W. Kolvenbach,* Vom Europäischen Betriebsrat zum europäischen Ausschuß, RdA 1994, 279 (281 f.); *B. Sandmann,* Das Gesetz über Europäische Betriebsräte, AR-Blattei SD 695, Rn. 7; vgl. auch *P. Mozet,* Beteiligung der Arbeitnehmer auf europäischer Ebene, ZEuP 1995, 552 (557). Zur RL 96/34/EG v. 3. 6. 1996 zu der von UNICE, CEEP und EGB geschlossenen Rahmenvereinbarung über Elternurlaub, ABl.EG 1996 Nr. L 145/4, vgl. Mitteilung der Kommission, KOM (96) 448 endg. (Fn. 2), S. 27 f.

Unklar ist, ob das Anhörungsrecht voraussetzt, daß die **Rechtsgrundlage** der anvisierten 29
Maßnahme aus dem Kapitel über die Sozialpolitik stammt[58], oder ob entscheidend ist,
daß die Maßnahme inhaltlich Fragen der Sozialpolitik berührt. In letzterem Falle bestünde das Anhörungsrecht auch, wenn die Maßnahmen auf die allgemeinen Ermächtigungsgrundlagen des EGV (Art. 136 Rn. 23) gestützt würden. Für die zweitgenannte Alternative spricht die weite Fassung des Art. 138 Abs. 2, für die erstgenannte hingegen
letztlich entscheidend die Verzahnung des Anhörungsverfahrens mit Art. 139: Es ist
kaum vorstellbar, daß die Rechte der Sozialpartner nach der letztgenannten Vorschrift
auch greifen, wenn es sich um Maßnahmen zur Gewährleistung des Funktionierens des
Gemeinsamen Marktes handelt. Für den Mittelweg, daß in solchen Fällen zwar das Anhörungsrecht, nicht aber die Möglichkeit des Ingangsetzens des Verfahrens nach
Art. 139 besteht, findet sich im Vertragstext kein Anhaltspunkt.

Die Anhörungspflichten sind wie folgt in das gemeinschaftsrechtliche Gesetzgebungs- 30
verfahren eingebettet: sie sind **vor** das **Initiativrecht** der Kommission geschaltet, was
mittelbar aus Art. 138 Abs. 2 u. 3 folgt. Das Anhörungsrecht ist in sachlicher und zeitlicher Hinsicht auf diesen Punkt des gemeinschaftsrechtlichen Gesetzgebungsverfahrens
beschränkt und besteht anläßlich keines anderen oder weiteren Schrittes der Verfahren
der Art. 251 f. Auch bei Art. 192 Abs. 2 besteht die Anhörungspflicht also erst, wenn
die Kommission aufgrund der Aufforderung durch das Parlament einen Vorschlag unterbreitet.

Zweifelhaft ist, inwieweit das Anhörungsverfahren besteht, wenn die Kommission 31
nach Scheitern eines Verfahrens nach Art. 139 oder wegen Weigerung der Durchführung der Vereinbarung durch Ratsbeschluß (Art. 139 Rn. 26) einen **erneuten Vorschlag**
unterbreitet. Ein formelles, nur an das Vorliegen eines Vorschlags anknüpfendes Verständnis der Anhörungspflicht könnte eine Blockade der gesetzgeberischen Tätigkeit
von Kommission und Rat bewirken und überzeugt daher nicht[59]. Entscheidend ist, ob
sich der neue Vorschlag mit einem früheren deckt[60]. Ist das auch in Teilen nicht der
Fall, läßt der Wortlaut der Art. 138 Abs. 2 u. 3 keinen Raum, die Anhörungspflicht zu
verneinen.

Art. 138 Abs. 2 u. 3 geben anders als Art. 138 Abs. 4 keinen **zeitlichen Rahmen** für die 32
Dauer des Anhörungsverfahrens. Um den Sinn der Anhörung nicht zu unterlaufen, ist
den angehörten Sozialpartnern ein angemessener Zeitraum für eine Reaktion einzuräumen[61].

Ungeklärt ist, welche Konsequenz die **Verletzung** des Anhörungsrechts hat (zur prozes- 33
sualen Seite Rn. 23 ff.). Die zum Teil allgemein vertretene Nichtigkeit des auf der
Grundlage des Vorschlags verabschiedeten Rechtsakts[62] überzeugt in denjenigen Fällen,

---

58 Noch enger *Teyssié* (Fn. 6), Rn. 28: nur wenn Art. 2 SozAbk (nunmehr Art. 137) Ermächtigungsgrundlage ist; weiter als hier (auch andere Ermächtigungsgrundlagen) *R. Wank*, Arbeitsrecht nach Maastricht, RdA 1995, 10 (19); *Schwarze* (Fn. 2), Rn. 13, 62.
59 Zweifelnd auch *M. Weiss*, Die Bedeutung von Maastricht für die EG-Sozialpolitik, FS-Gnade, 1992, S. 583 (594).
60 Vgl. auch *Heinze* (Fn. 5), S. 515.
61 Zur Praxis, vgl. Mitteilung der Kommission KOM (93) 600 endg. (Fn. 6), S. 2 f., 12. Zur Handhabung bei der Verabschiedung der RL 94/45/EG (Fn. 57), vgl. *Kolvenbach* (Fn. 57), S. 281. Allgemein dazu *O. Schulz*, Maastricht und die Grundlagen einer europäischen Sozialpolitik, 1996, S. 104 f.
62 *Bödding* (Fn. 10), S. 131 f., 134; *A. Kliemann*, Die europäische Sozialintegration nach Maastricht, 1997, S. 121; *M. Heinze*, in: W. Leinemann (Hrsg.), Kasseler Handbuch zum Arbeitsrecht, 1997, § 11, Rn. 142; *ders.* (Fn. 5), S. 513; noch anders *Schwarze* (Fn. 2), Rn. 87.

in denen nur die Anhörung bestimmter Sozialpartner verletzt wurde und sich an die im übrigen erfolgte Anhörung ein Verfahren nach Art. 139 anschließt, nicht, weil die Teilnahme an diesem Verfahren nicht auf diejenigen Sozialpartner beschränkt ist, die zuvor angehört wurden und damit das Verfahren des Art. 139 eine weit über die Anhörung hinausgehende Möglichkeit der Beeinflussung der gemeinschaftlichen Maßnahme gibt.

V. Das Ingangsetzen des Prozesses nach Art. 139

34 Die den Sozialpartnern nach Art. 138 Abs. 4 eingeräumte Möglichkeit, das Verfahren des Art. 139 in Gang zu setzen, also auf den Abschluß einer Vereinbarung hinzuwirken, verdeutlicht die ihnen nach dem Vertrag bei der Gestaltung der Sozialpolitik eingeräumte herausragende Rolle. Art. 138 Abs. 4 eröffnet den Sozialpartnern den Weg, ein gemeinschaftsrechtliches Gesetzgebungsverfahren zu unterbrechen und die Ausarbeitung der Gemeinschaftsmaßnahme an sich zu ziehen. Die Kommission kann während der vorgegebenen Zeitspanne keine förmlichen Schritte zur Einleitung eines Rechtsetzungsverfahrens in der betroffenen Materie veranlassen, da ansonsten die Regelung unterlaufen wird[63]. Ein allgemeiner Vorrang des sozialen Dialogs vor Regelungen durch den Gemeinschaftsgesetzgeber[64], der auch späteren Änderungen einer Vereinbarung durch den Gemeinschaftsgesetzgeber entgegenstünde[65], ist mangels entsprechender vertraglicher Grundlage abzulehnen. Obwohl sich Art. 138 Abs. 4 allgemein auf Art. 139 und somit auf vertragliche Beziehungen und Vereinbarungen bezieht, kommt wegen dieses Bezuges zum gemeinschaftsrechtlichen Gesetzgebungsverfahren Art. 138 Abs. 4 nur in Betracht, wenn die Sozialpartner den Abschluß einer Vereinbarung anstreben, die durch **Ratsbeschluß** gemäß Art. 139 Abs. 2 umgesetzt werden kann (Art. 139 Rn. 25).

35 Eine Zustimmung der **Kommission** ist hierfür nicht erforderlich[66], ihre Bedeutung für die Gestaltung der Sozialpolitik ist damit nicht unerheblich beschnitten, soweit die Sozialpartner von der Möglichkeit des Art. 138 Abs. 4 Gebrauch machen. Obwohl die Kommission nicht verpflichtet ist, einer durch die Sozialpartner getroffenen Vereinbarung zur Durchsetzung zu verhelfen (Art. 139 Rn. 26), muß sie sich mit ihr inhaltlich auseinandersetzen und eine Ablehnung rechtfertigen, was ihren Handlungsspielraum politisch beeinflußt. Schließlich haben es die Sozialpartner in der Hand, über Art. 138 Abs. 4 über die Mitwirkung des Europäischen **Parlaments** zu entscheiden, da diese nach Art. 139 Abs. 2 nicht erforderlich ist. Ob es bezweckt war, die Rolle der Kommission derart zu beschränken und Raum für taktische Überlegungen hinsichtlich der Beteiligten zu schaffen, erscheint zweifelhaft. Art. 138 Abs. 4 ist insoweit nicht ausreichend durchdacht, und es bleibt abzuwarten, ob nicht der EuGH etwa unter Rückgriff auf die Figur des institutionellen Gleichgewichts Korrekturen vornehmen wird (vgl. auch Art. 139 Rn. 28).

36 Die Möglichkeit des Art 138 Abs. 4 besteht dem Wortlaut nach im Rahmen eines Anhörungsverfahrens nach Art. 138 Abs. 3, nicht bereits bei der ersten Anhörungsstufe

---

63 Vgl. auch *Heinze* (Fn. 5), S. 514; anders *Höland* (Fn. 13), S. 431, 441; eine Auswirkung auf die Rechte der Kommission im Rahmen eines Rechtsetzungsverfahrens verneinend *Bercusson* (Fn. 10), S. 542.
64 So *Schwarze* (Fn. 2), Rn. 30.
65 *Piazolo* (Fn. 30), S. 125 f.
66 Für das von ihr behauptete allgemeine Prüfungsrecht, vgl. KOM (96) 448 endg. (Fn. 2), S. 14, läßt sich im Vertrag keine Grundlage finden. Dieses »vorerst« billigend aber *Konzen* (Fn. 13), S. 46.

nach Art. 138 Abs. 2[67]. Ist das Anhörungsverfahren bei einem erneuten Vorschlag der Kommission durchzuführen (Rn. 28), besteht grundsätzlich auch erneut das Recht des Art. 138 Abs. 4. Wegen der Möglichkeit der Blockade durch Zeitverzögerung ist Voraussetzung für Art. 138 Abs. 4 aber, daß die Sozialpartner ernsthaft den Abschluß einer durch Ratsbeschluß durchzusetzenden Vereinbarung anstreben[68].

Nicht geregelt ist, ob Art. 138 Abs. 4 eine Mitteilung aller Sozialpartner voraussetzt, ob sie mehrheitlich oder gar einzeln handeln können oder ob bestimmten Sozialpartnern in diesem Zusammenhang die entscheidende Rolle zukommt[69]. Das Abstellen auf die »betroffenen« Sozialpartner in Art. 138 Abs. 4 S. 2 legt nahe, daß nicht alle Sozialpartner gemeinsam handeln müssen. Doch ist fraglich, worauf die Betroffenheit bezogen ist. Wegen der weitreichenden Folgen für das Gesetzgebungsverfahrens ist die entsprechende Mitteilung jedenfalls durch alle **angehörten** Sozialpartner erforderlich[70]. Hierdurch wird zwar die Bedeutung von Art. 138 Abs. 4 geschwächt, doch hindert dies Sozialpartner, die eine Vereinbarung abgeschlossen haben, nicht, ohne den Mechanismus des Art. 138 Abs. 4 einen entsprechenden Antrag gemäß Art. 139 Abs. 1 UAbs. 1 an die Kommission zu stellen. Zur Abgrenzung von Art. 138 Abs. 4 und Art. 139 vgl. dort Rn. 1. 37

Die **Dauer** des Verfahrens ist auf neun Monate beschränkt. Gemeint ist das Verfahren bis zum Abschluß einer Vereinbarung[71], nicht auch das Durchsetzungsverfahren nach Art. 139 Abs. 2[72]. Sozialpartner und Kommission können eine Verlängerung beschließen; zeitliche Grenzen hinsichtlich deren Dauer bestehen nicht. 38

---

67 Sich nicht festlegend, aber deutlich für das Bestehen der Möglichkeit bereits im Rahmen der Anhörung nach Art. 138 Abs. 2, *Bercusson* (Fn. 10), S. 540 ff.
68 Dieses allgemein für Art. 138 Abs. 4 fordernd, *Heinze* (Fn. 5), S. 515; vgl. auch *Weiss* (Fn. 59), S. 594; *Kliemann* (Fn. 62), S. 123.
69 Vgl. auch *Konzen* (Fn. 13), S. 42.
70 So wurde auch bei der Verabschiedung der RL 94/45/EG (Fn. 57) verfahren, vgl. *Kolvenbach* (Fn. 57) 281. Anders *Schwarze* (Fn. 2), Rn. 74.
71 Vgl. M. *Heinze*, Europarecht im Spannungsverhältnis zum nationalen Arbeitsrecht, ZfA 1992, S. 331 (338); auch *Blanpain/Schmidt/Schweibert* (Fn. 31), Rn. 175.
72 Vgl. aber *Weiss* (Fn. 59), S. 594.

Art. 139 (ex-Art. 118b)

(1) Der Dialog zwischen den Sozialpartnern auf Gemeinschaftsebene kann, falls sie es wünschen, zur Herstellung vertraglicher Beziehungen, einschließlich des Abschlusses von Vereinbarungen, führen.[2 ff.]

(2) Die Durchführung der auf Gemeinschaftsebene geschlossenen Vereinbarungen erfolgt entweder nach den jeweiligen Verfahren und Gepflogenheiten der Sozialpartner und der Mitgliedstaaten oder – in den durch Artikel 137 erfaßten Bereichen – auf gemeinsamen Antrag der Unterzeichnerparteien durch einen Beschluß des Rates auf Vorschlag der Kommission.[18 ff.]

Der Rat beschließt mit qualifizierter Mehrheit, sofern nicht die betreffende Vereinbarung eine oder mehrere Bestimmungen betreffend einen der Bereiche enthält, für die nach Artikel 137 Absatz 2 Einstimmigkeit erforderlich ist. In diesem Fall beschließt der Rat einstimmig.

Amsterdamer Fassung des Abs. 2 UAbs. 2:

Sofern nicht die betreffende Vereinbarung eine oder mehrere Bestimmungen betreffend einen der in Artikel 137 Absatz 3 genannten Bereiche enthält und somit ein einstimmiger Beschluß erforderlich ist, beschließt der Rat mit qualifizierter Mehrheit.

Inhaltsübersicht:

I. Abgrenzung zu Art. 138 Abs. 4	1
II. Begriff der vertraglichen Beziehung und der Vereinbarung	2
III. Der Abschluß von Vereinbarungen	5
1. Zustandekommen und Bestand von Vereinbarungen	5
2. Das Erzwingen von Verhandlungen und des Abschlusses von Vereinbarungen	8
IV. Inhalt und Geltungsbereich von Vereinbarungen	9
1. Inhalt	10
2. Geltungsbereich	13
V. Die Wirkung der Vereinbarung	16
VI. Die Durchführung der auf Gemeinschaftsebene geschlossenen Vereinbarungen	18
1. Allgemeines	18
2. Durchführung auf nationaler Ebene	20
3. Durchführung durch Beschluß des Rates	25

I. Abgrenzung zu Art. 138 Abs. 4

1 Der Abschluß von Vereinbarungen ist nicht auf die Fälle beschränkt, in denen zuvor ein Anhörungsverfahren stattgefunden hat und die Sozialpartner von der Möglichkeit des Art. 138 Abs. 4 Gebrauch gemacht haben[1]. Art. 139 stellt in Abs. 1 zum einen allgemein auf die Möglichkeit des Abschlusses von Vereinbarungen zwischen den Sozialpartnern ab und stellt keinen Bezug zu Art. 138 Abs. 4 her. Nach der Gegenansicht läge das Initiativrecht für den Abschluß solcher Vereinbarungen, die nach Art. 139 Abs. 2 durchgeführt werden könnten, zudem alleine bei der Kommission, was mit der Vorstellung ei-

---

1 A.A. *R. Birk*, Vereinbarungen der Sozialpartner im Rahmen des Sozialen Dialogs und ihre Durchführung, EuZW 1997, S. 453 (458); auch *A. Lenze*, Dimensionen der europäischen Sozialpolitik zwischen Maastricht und Regierungskonferenz 1996, NZS 1996, S. 313 (317); *T. Gilles*, Das Zustandekommen und die Durchführung von Sozialpartnervereinbarungen im Rahmen des europäischen Sozialen Dialogs, 1999, S. 106; wohl auch *G. Schnorr*, Kollektivverträge in einem integrierten Europa, DRdA 1994, S. 193 (197). Wie hier *M. Heinze*, Die Rechtsgrundlagen

nes sozialen Dialogs nicht vereinbar ist. Art. 138 Abs. 4 eröffnet lediglich die Möglichkeit, auch in den Fällen, in denen auf Initiative der Kommission ein Anhörungsverfahren in Gang gesetzt worden ist, den Weg des Art. 139 zu gehen. Die Sozialpartner können indes, ohne allerdings die Folgen des Art. 138 Abs. 4 für ein Rechtsetzungsverfahren der Gemeinschaftsorgane auszulösen (Art. 138 Rn. 31), Vereinbarungen iSd Art. 139 Abs. 1 mit den Durchsetzungsmöglichkeiten des Art. 139 Abs. 2 abschließen.

II. Begriff der vertraglichen Beziehung und der Vereinbarung

Ergebnis des sozialen Dialogs können nach Art. 139 Abs. 1 vertragliche Beziehungen und Vereinbarungen sein. Art. 139 Abs. 1 übernimmt insoweit Art. 4 Abs. 1 SozAbk; Art. 118b (a.F.) stellte lediglich auf vertragliche Beziehungen ab. Voraussetzung beider ist, daß sie über bloße Stellungnahmen oder gemeinsame Standpunkte hinausgehen. Es fällt indes schwer, einen dogmatischen Unterschied zwischen vertraglichen Beziehungen und Vereinbarungen zu erkennen[2], doch wird deutlich, daß der Vertrag einen voraussetzt: Die vertragliche Beziehung ist der Oberbegriff, nur die Vereinbarung kann nach Art. 139 Abs. 2 durchgesetzt werden[3]. Ob eine Vereinbarung oder eine vertragliche Beziehung vorliegt, hängt von dem durch die Sozialpartner verfolgten Ziel ab: Bringen sie den Willen zum Ausdruck, einen Gegenstand der europäischen Sozialpolitik regeln zu wollen, liegt eine Vereinbarung vor[4]. Ist Ziel der Übereinkunft ein anderes, handelt es sich um eine vertragliche Beziehung.

Der Versuch, die Vereinbarung in die **arbeitsrechtliche Terminologie** einzuordnen und sie mit einem europäischen Tarif- oder Kollektivvertrag gleichzusetzen, ist auch angesichts des Art. 137 Abs. 5[5] irreführend[6]. Zwar bestehen Parallelen, da auch die Vereinbarung sich nicht darauf beschränkt, Rechte und Pflichten ihrer Parteien zu regeln. Zudem ist der Vereinbarungsbegriff weit genug, um europäische Kollektivverträge grund-

---

Fortsetzung von Fußnote 1
  des sozialen Dialogs auf Gemeinschaftsebene, ZfA 1997, S. 505 (515 f.); *B. Teyssié*, La négotiation collective et la norme communautaire après l'entrée en vigueur de l'Accord européen sur la politique sociale, JCP 1994, éd. E., Teil I, Nr. 352, S. 215, Rn. 28; *U. Runggaldier*, Der neue Beschäftigungstitel des EG-Vertrages und die Übernahme des »Sozialabkommens« in den EG-Vertrag, in: W. Hummer (Hrsg.), Die Europäische Union nach dem Vertrag von Amsterdam, 1998, S. 197 (212).
2 *H. Buchner*, Die sozialpolitische Entwicklung der Europäischen Gemeinschaft im Spannungsfeld von hoheitlicher Regelung und tarifautonomer Gestaltung, RdA 1993, S. 193 (200); *Teyssié* (Fn. 1), Rn. 32.
3 Vgl. auch *Birk* (Fn. 1), S. 454.
4 Ähnlich *Birk* (Fn. 1), S. 454; anders *W. Däubler*, Europäische Tarifverträge nach Maastricht, EuZW 1992, S. 329 (333); *Teyssié* (Fn. 1), Rn. 32; *Schnorr* (Fn. 1), S. 196; *C. Langenfeld*, in: Grabitz/Hilf, EU, Art. 4 Abs. 1 Rn. 1.
5 Zutreffend *H. Konzen*, Die Entwicklung des europäischen Arbeitsrechts, in: D. Dörr/M. Dreher (Hrsg.), Europa als Rechtsgemeinschaft, 1997, S. 53 (65); *H. Buchner*, Die Sozialvorschriften des EG-Vertrages in der Fassung des Amsterdamer Vertrages, FS-Söllner, 2000, S. 175 (187).
6 Vgl. auch *M. Blank*, Europäische Kollektivverträge und Sozialer Dialog, FS-Gnade, 1992, S. 649 (655); *W. Däubler*, Tarifvertragsrecht, 3. Aufl. 1993, Rn. 1716, 1728, 1743; *ders.*, Die Koalitionsfreiheit im EG-Recht, FS-Hanau, 1999, S. 489 (496); *H. Konzen*, Der europäische Einfluß auf das deutsche Arbeitsrecht nach dem Vertrag über die Europäische Union, EuZW 1995, S. 39 (47); *A. Wisskirchen*, Der soziale Dialog in der Europäischen Gemeinschaft, FS-Deutscher Arbeitsgerichtsverband, 1994, S. 653 (675 f.); *B. Bödding*, Die europarechtlichen Instrumentarien der Sozialpartner, 1997, S. 40; *E. Kampmeyer*, Protokoll und Abkommen über die Sozialpolitik der Europäischen Union, 1998, S. 88 ff.; *U. Preis/M. Gotthardt*, Arbeitsrecht als Gegenstand des

sätzlich erfassen zu können[7]. Andererseits bestehen hinsichtlich der Parteien des sozialen Dialogs, ihrer Rechte und Pflichten, ihrer Struktur, der Organisation des Dialogs, des Inhalts und der Durchsetzung der Vereinbarungen sowie der möglichen Inhalte erhebliche Unterschiede zu Kollektivvertragssystemen (vgl. aber Rn. 14). Es ist daher kein Zufall, daß eine Bezeichnung gewählt wurde, die auch in anderen sprachlichen Fassungen[8] nicht dem jeweiligen Begriff für Tarif- oder Kollektivverträge entspricht[9].

4 Die Vereinbarung i.S.d. Art. 139 ist nicht gleichzusetzen mit den im Rahmen der Richtlinie über **Europäische Betriebsräte**[10] geschlossenen Vereinbarungen[11]. Letztere beruhen auf einem anderen rechtlichen Regime und folgen dessen Regeln.

III. Der Abschluß von Vereinbarungen

1. Zustandekommen und Bestand von Vereinbarungen

5 Daß die Sozialpartner überhaupt Vereinbarungen abschließen können, folgt aus Art. 139 Abs. 1[12]; da das Recht des Abschlusses von Vereinbarungen nicht auf die Fälle des Art. 138 Abs. 4 beschränkt ist, kommt dieser als Grundlage der entsprechenden Parteiautonomie nicht in Betracht[13]. Über das Zustandekommen und den Bestand von Vereinbarungen enthält der Vertrag beinahe **keine Vorschriften**. Für die durch Ratsbeschluß durchzusetzenden Vereinbarungen verlangt Art. 139 Abs. 1 UAbs. 1 einen Antrag der Unterzeichnerparteien, woraus ein **Schriftformerfordernis** folgt, das sich auf alle Vereinbarungen übertragen läßt[14]. Es ist aber unklar, woraus Regeln über den Abschluß (z.B. Willenserklärungen, ihr Zugang, Stellvertretung, Dissens) und Bestand (z.B. Anfechtung, Wegfall der Geschäftsgrundlage, Kündigung, Befristung) zu entnehmen sind. Zwar wird dabei auftretenden rechtlichen Problemen zum Teil ihre Bedeutung genommen, wenn die Durchführung durch den Rat beantragt ist: Eine Partei, die nicht an die Vereinbarung gebunden zu sein glaubt, wird den entsprechenden Antrag bei der Kommission nicht mittragen. Ist der Antrag bereits gestellt, ist das Umsetzungsverfahren von der Wirksamkeit der Vereinbarung jedenfalls dann zu **abstrahieren,** wenn die Kommission dem Rat einen Vorschlag unterbreitet hat, da dann die Zuständigkeit wieder alleine bei den Gemeinschaftsorganen liegt[15]; das gilt erst recht, wenn bereits eine Durchset-

---

Fortsetzung von Fußnote 6
    Gemeinschaftsrechts – das Europäische Arbeitsrecht, in: H. Oetker/U. Preis (Hrsg.), Europäisches Arbeits- und Sozialrecht, B 1100, Rn. 99. Anders aber *C. E. Hauschka*, Arbeitsrechtliche Rahmenbedingungen des EG-Binnenmarktes 1992, RIW 1990, S. 81 (88 f.); *R. Blanpain/M. Schmidt/U. Schweibert*, Europäisches Arbeitsrecht, 2. Aufl. 1996, Rn. 492 ff.; *M. Coen*, Europäische Gemeinschaft und Tarifautonomie, BB 1992, S. 2068 (2070); *B. Karthaus*, Subsidiarität: Rechtsgrundlage europäischer Tarifverträge, ArbuR 1997, S. 221; insgesamt anders die Zielsetzung von *O. Deinert*, Der europäische Kollektivvertrag, 1999, S. 165 ff., 186 ff. 435 ff. Nur darstellend *C. W. Hergenröder*, Tarifvertrag XV, Internationales Tarifvertragsrecht, AR-Blattei SD 1550.15, Rn. 25.
7 Vgl. auch *Birk* (Fn. 1), S. 454; anders *Blank* (Fn. 6), S. 655.
8 Vgl. bei *Däubler* (Fn. 6), Rn. 1728 m. Fn. 29.
9 Vgl. auch *Blank* (Fn. 6), S. 655.
10 RL 94/45/EG v. 22. 9. 1994 über die Einsetzung eines Europäischen Betriebsrats oder die Schaffung eines Verfahrens zur Unterrichtung und Anhörung der Arbeitnehmer in gemeinschaftsweit operierenden Unternehmen und Unternehmensgruppen, ABl.EG 1994, Nr. L. 254/64.
11 *Schnorr* (Fn. 1), S. 195.
12 Vgl. *Bödding* (Fn. 6), S. 69.
13 So aber *Birk* (Fn. 1), S. 455.
14 Vgl. auch *Birk* (Fn. 1), S. 455 f.; *Bödding* (Fn. 6), S. 93.
15 Anders *Birk* (Fn. 1), S. 459.

zung durch Ratsbeschluß erfolgt ist[16]. Zur Zulässigkeit entsprechender Klagen, vgl. Art. 138 Rn. 25.

Es bleiben indes Fälle, in denen die Frage des Zustandekommens oder des Bestandes einer Vereinbarung erheblich ist. Ein internationales Übereinkommen, dem man die entsprechenden materiellen Regeln entnehmen könnte, existiert ebensowenig[17] wie ein vereinheitlichtes Tarifvertragskollisionsrecht. Es bleiben daher die allesamt unbefriedigenden Wege, ein materielles **Recht** auf Gemeinschaftsebene zu entwickeln, ein mitgliedstaatliches Recht – etwa das Belgiens als Sitz der Kommission sowie der bisher maßgeblichen Sozialpartner[18] – für anwendbar zu erklären, das anwendbare Recht nach dem EVÜ[19] oder nach dem internationalen Tarifvertragsrecht eines Mitgliedstaats[20] zu bestimmen oder entsprechend Art. 288 Abs. 2 auf die allgemeinen Rechtsgrundsätze der Mitgliedstaaten zurückzugreifen[21]. Die erste und die letztgenannte Alternative sind am wenigsten praktikabel[22]. Eine vertragliche Regelung des rechtlichen Rahmens durch die Sozialpartner selbst ist unwahrscheinlich, angesichts der an Vereinbarungen geknüpften weitreichenden Folgen für das gemeinschaftliche Gesetzgebungsverfahren aber auch für die Gemeinschaftsorgane nicht bindend[23].

6

Neben vertragsrechtlichen Voraussetzungen stellt sich die Frage, ob ein wirksames Zustandekommen einer Vereinbarung die Beteiligung bestimmter oder aller Sozialpartner voraussetzt. **Partei** der Vereinbarung kann jeder Sozialpartner auf Gemeinschaftsebene sein (dazu Art. 138 Rn. 6 ff.), der über ein entsprechendes Mandat verfügt (Art. 138 Rn. 17). Vereinbarungen sind nicht nur bilateral, sondern auch zwischen mehreren Sozialpartnern möglich, wobei aber wenigstens jeweils ein Repräsentant des Arbeitgeber- und des Arbeitnehmerlagers beteiligt sein muß. Ob darüberhinaus Voraussetzung ist, daß bestimmte Sozialpartner an den Verhandlungen oder gar an der Vereinbarung beteiligt werden, ist noch ungeklärt (vgl. auch Rn. 25). Bisher liegt eine erste Entscheidung des EuG vor, das eine Beteiligung aller oder bestimmter Sozialpartner grundsätzlich nicht verlangt, jedoch hinsichtlich der durch Ratsbeschluß durchzusetzenden Vereinbarungen die Anforderung der Gesamtrepräsentativität aufstellt[24]. Daß bestimmte Sozialpartner beteiligt werden müssen, steht im Widerspruch zu der Vorstellung eines sozialen Dialogs, zu dessen Wesen die Freiheit gehört, mit einer bestimmten Partei zu verhandeln oder nicht. Es wäre überzeugender, der nicht zu leugnenden Gefahr einer Monopolisierung des formellen sozialen Dialogs durch UNICE, CEEP und EGB anders zu begeg-

7

---

16 Erst dann die Unabhängigkeit von der Vereinbarung bejahend und mit leichter Kritik *A. Höland*, Partnerschaftliche Setzung von Recht in der Europäischen Gemeinschaft, ZIAS 1995, S. 425 (447).
17 Auch nicht im allgemeinen Zivilrecht: Das Übereinkommen der VN über Verträge über den internationalen Warenkauf v. 11.4.1980, BGBl. 1989 II 586, läßt sich nicht analog heranziehen, ihm gehören nicht alle Mitgliedstaaten an, es regelt nur einen Teil der angesprochenen Fragen und seine Regelung ist zum Teil durch kaufrechtliche Besonderheiten geprägt.
18 Vgl. *Konzen* (Fn. 6), S. 47.
19 Römisches Übereinkommen über das auf vertragliche Schuldverhältnisse anzuwendende Recht vom 19. Juni 1980, ABl.EG 1980 Nr. L 266/6; heranzuziehen wären die Art. 3 f., nicht Art. 6.
20 Abgesehen davon, daß die mitgliedstaatlichen Tarifvertragskollisionsrechte vielfach im Dunkeln liegen, wäre auch fraglich, wessen internationales Tarifvertragsrecht einschlägig wäre.
21 Vgl. *Däubler* (Fn. 4), S. 332; *ders.* (Fn. 6), Rn. 1732 jeweils m.w.Nw.
22 Anders hinsichtlich des Rückgriffs auf die allgemeinen Rechtsgrundsätze der Mitgliedstaaten aber *Däubler* (Fn. 6), Rn. 1732.
23 Anders *Birk* (Fn. 1), S. 455.
24 EuG, Rs. T-135/96, 17.6.1998, Slg. 1998, II-2335, Rn. 75 (UEAPME/Rat).

nen[25]. Anders könnte es sich darstellen, wenn ein Sozialpartner deshalb nicht beteiligt worden ist, weil er von der Kommission zu Unrecht nicht anerkannt wird[26]. Stellt sich dieses im nachhinein heraus, gilt allerdings auch hier das unter Rn. 5 Ausgeführte: Die Wirksamkeit der Vereinbarung hat jedenfalls nach Antragstellung keine Auswirkung mehr auf das Durchführungsverfahren. Die Auffassung des EuG zur Gesamtrepräsentativität überzeugt nicht (Rn. 25, 28). Zur Zulässigkeit von Klagen durch Sozialpartner, vgl. Art. 138 Rn. 23 ff.

2. Das Erzwingen von Verhandlungen und des Abschlusses von Vereinbarungen

8 Hinsichtlich des Weges zum Abschluß einer Vereinbarung schweigt der Vertrag. Er besagt nichts über einen Verhandlungsanspruch der Sozialpartner, eine Friedenspflicht oder die Zulässigkeit von Arbeitskampfmaßnahmen. Obwohl Art. 137 Abs. 5 seinen Anwendungsbereich auf Art. 137 beschränkt, folgt aus ihm, daß im Rahmen des sozialen Dialogs **keine Arbeitskämpfe** erfolgen dürfen[27]. Ein Arbeitskampfrecht auf gemeinschaftsrechtlicher Ebene bliebe nämlich nicht ohne die gerade nicht gewollten Folgen für die nationalen Arbeitskampfrechte. Infolgedessen gibt es auch keine Friedenspflicht und keinen Verhandlungsanspruch[28].

IV. Inhalt und Geltungsbereich von Vereinbarungen

9 Die Vereinbarung kann Rechte und Pflichten ihrer Parteien sowie sonstige Regelungen betreffen. In die deutsche Terminologie übertragen entspricht die erste Möglichkeit dem schuldrechtlichen Teil eines Tarifvertrages, während es für die zweite kein terminologisches Pendant gibt, da das deutsche Recht diesen Teil nach seiner Wirkung und nicht nach seinem Inhalt benennt und es eine entsprechende Wirkung auf Gemeinschaftsebene nicht gibt (Rn. 16). Der Geltungsbereich kann in räumlicher Hinsicht gemeinschaftsweit sein oder sich auf bestimmte Mitgliedstaaten beschränken. In fachlicher Hinsicht kommen intersektorielle, auf eine Branche oder gar ein Unternehmen beschränkte Vereinbarungen in Betracht. Zu Inhalt und Geltungsbereich der Vereinbarungen enthält der Vertrag nur sehr geringe Angaben. Mittelbar folgen jedoch aus den **Durchsetzungsmöglichkeiten** einige Vorgaben.

---

25 Indem etwa die neueren Sozialpartner Vereinbarungen abschließen und um Durchführung durch Ratsbeschluß bitten. Die Kommission ist zur Neutralität verpflichtet, Art. 138 Abs. 1 (dort, Rn. 26).
26 Vgl. auch Mitteilung der Kommission zur Entwicklung des sozialen Dialogs auf Gemeinschaftsebene v. 18.9.1996, KOM (96) 448 endg., S. 16 (nicht im ABl.EG veröffentlicht, vgl. im übrigen das Abkürzungsverzeichnis).
27 *Konzen* (Fn. 6), S. 47; *Birk* (Fn. 1), S. 454; *Preis/Gotthardt* (Fn. 6), Rn. 100; C. W. *Hergenröder*, Europäische Aspekte des Arbeitskampfrechts, in: H. Oetker/U. Preis (Hrsg.), Europäisches Arbeits- und Sozialrecht, B 8400, Rn. 55; anders unter bestimmten Voraussetzungen *R. Schwarze*, Sozialer Dialog im Gemeinschaftsrecht, in: H. Oetker/U. Preis (Hrsg.), Europäisches Arbeits- und Sozialrecht, B 8100, Rn. 28. Zur Frage der Rechtmäßigkeit solcher Arbeitskämpfe nach mitgliedstaatlichem Recht, vgl. *MünchArbR/Birk* § 21, Rn. 71; *Hergenröder* (Fn. 8), Rn. 94 ff. zur Rechtmäßigkeit von Kampfmaßnahmen nach deutschem und europäischem Recht, die einen europäischen Tarifvertrag zum Ziel haben; vgl. auch *S. Krebber*, Conflict of Laws in Employment in Europe, Comp. Labor Law & Pol'y Journal 21 (2000), 501 (505 f.).
28 *Birk* (Fn. 1), S. 455.

1. Inhalt

Der mögliche Inhalt des **schuldrechtlichen** Teils der Vereinbarung ist in mehrfacher Hin- 10
sicht durch das primäre Gemeinschaftsrecht beschränkt: Er kann, jedenfalls soweit es um
durch Ratsbeschluß umzusetzende Vereinbarungen geht, nicht die in Art. 138 Abs. 4 und
Art. 139 Abs. 2 vorgesehenen Verfahren gestalten. Ebensowenig ist es möglich, verbindlich den rechtlichen Rahmen der Vereinbarungen zu setzen (Rn. 6). Verhandlungsmodi
können hingegen Gegenstand der Vereinbarung sein, doch sind insoweit durch Art. 137
Abs. 5 Grenzen gesetzt, als den Sozialpartnern nicht der Weg des Arbeitskampfes eröffnet
ist (Rn. 8). Indes können die Sozialpartner andere Mechanismen zur Streitschlichtung, also etwa auch der Auslegung von Vereinbarungen vorsehen. Ebenso wie Aussagen zur zeitlichen Geltung bzw. Kündigungsmöglichkeiten nehmen diese jedoch keinen Einfluß auf
den Umsetzungsakt des Rats (Rn. 5). Durchführungs- und Einwirkungspflicht sind vor
allem bei einer Umsetzung der Vereinbarung nach den Gepflogenheiten der mitgliedstaatlichen Sozialpartner von Bedeutung, da die Umsetzung durch Ratsbeschluß einen gemeinschaftsrechtlichen Durchsetzungsmechanismus in Gang setzt.

Was zulässiger Inhalt einer auf **nationaler Ebene** umzusetzenden Vereinbarung ist, be- 11
stimmt sich darüber hinaus nach den mitgliedstaatlichen Rechten[29]. Die so umzusetzende Vereinbarung ist in ihrem Inhalt freier. Sie muß im Umkehrschluß aus Art. 139 Abs. 2
insbesondere nicht Gebiete betreffen, in denen die Gemeinschaft gemäß Art. 137 zuständig ist[30]. Auch die sonstigen Beschränkungen des Art. 137 greifen grundsätzlich nicht.
Die Ausrichtung des zulässigen Inhalts an den mitgliedstaatlichen Rechten wirft angesichts ihrer beträchtlichen Unterschiede die Frage auf, ob nur solche Regelungen enthalten sein dürfen, die in allen Mitgliedstaaten umsetzbar sind. Für diese Ansicht ließe sich
der durch Einheitlichkeit gekennzeichnete europarechtliche Hintergrund anführen. Andererseits wird diese Art von Vereinbarung durch den nationalen Durchsetzungsmechanismus gerade aus dem Gemeinschaftsrecht weitgehend gelöst, so daß aus europarechtlicher Sicht keine Bedenken gegen Vereinbarungen bestehen, die aufgrund ihres Inhalts
nicht in allen Mitgliedstaaten umgesetzt werden können. Ein Zusammenhang mit dem
Gemeinschaftsrecht besteht aber insoweit, als die Sozialpartner auch von den allgemeinen Regelungssperren im Zusammenhang mit dem Erlaß gemeinschaftsrechtlicher
Rechtsakte betroffen sind[31].

Enger ist der mögliche Inhalt der **durch Ratsbeschluß** umzusetzenden Vereinbarungen. 12
Er kann nicht weitergehen als der Inhalt einer unmittelbar durch die Gemeinschaft getroffenen Regelung. Das betroffene Gebiet muß von **Art. 137 Abs. 1 lit. a) bis i)** erfaßt
sein[32]. Ebenso ist der allgemeine Rahmen der nach Art. 137 möglichen Rechtsangleichung zu beachten (Art. 137 Rn. 3). Art. 137 Abs. 2 lit. b) und Art. 137 Abs. 3 setzten
dem möglichen Inhalt der Vereinbarung weitere Grenzen (vgl. Art. 137 Rn. 23 ff.).

2. Geltungsbereich

Sowohl hinsichtlich des **räumlichen** als auch des fachlichen Geltungsbereichs bestehen 13
Unterschiede zwischen der auf nationaler Ebene und der durch Ratsbeschluß durchzu-

---

29 *Birk* (Fn. 1), S. 456; auch *Schnorr* (Fn. 1), S. 197; anders M. *Roccella*/T. *Treu*, Diritto Del Lavoro Della Comunità Europea, 2. Aufl. 1995, S. 391: Tarifautonomie (ohne nähere Erläuterung); keinen Maßstab nennen *Blanpain/Schmidt/Schweibert* (Fn. 6), Rn. 514 ff.
30 Vgl. auch *Lenze* (Fn. 1), S. 317. Mit umständlicher Begründung auch B. *Bercusson*, European Labour Law, 1996, S. 546 ff.; ähnlich R. *Langer*, Sozialpolitik, in: J. Bergmann/C. Lenz (Hrsg.), Der Amsterdamer Vertrag, 1998, Rn. 31.
31 Enger *Birk* (Fn. 1), S. 458: nur wenn Gemeinschaft eine Regelung bereits getroffen hat.
32 Vgl. auch *Blanpain/Schmidt/Schweibert* (Fn. 6), Rn. 526; s. aber *Roccella/Treu* (Fn. 29), S. 391.

Art. 139 EG-Vertrag

führenden Vereinbarung. Die durch Ratsbeschluß umzusetzende Vereinbarung muß grundsätzlich die gesamte Gemeinschaft umfassen. Ausnahmen sind möglich, weil auch der Rat nicht verpflichtet ist, eine Richtlinie nur gemeinschaftsweit zu erlassen (vgl. Art. 249 Abs. 3, dort Rn. 43), praktisch sind sie jedoch kaum denkbar[33]. Die Möglichkeit, einer auf bestimmte Mitgliedstaaten beschränkten Vereinbarung die erforderliche gemeinschaftsweite Geltung durch den Ratsbeschluß zukommen zu lassen, entfällt angesichts der inhaltlichen Bindung der Gemeinschaftsorgane an die Vereinbarung (Rn. 26 f.)[34]. Die durch die Mitgliedstaaten umzusetzende Vereinbarung kann demgegenüber räumlich beschränkt sein, muß wegen des allgemeinen Erfordernisses des grenzüberschreitenden Elements aber wenigstens zwei Mitgliedstaaten erfassen.

14 Die in der Voraufl. (Rn. 14) vertretene Auffassung, der **fachliche** Geltungsbereich einer durch Ratsbeschluß umzusetzenden Vereinbarung müsse grundsätzlich umfassend sein, wurde durch die Praxis überholt. Mit der Vereinbarung über die Regelung der Arbeitszeit von Seeleuten und der Vereinbarung über die Arbeitszeitorganisation für das fliegende Personal der Zivilluftfahrt wurde erste **sektorielle** Vereinbarungen durch Ratsbeschluß umgesetzt[35]. Ob diese Entwicklung zu begrüßen ist, erscheint zweifelhaft. In ihrem fachlichen Geltungsbereich beschränkte Vereinbarungen vertragen sich nicht mit dem grundsätzlich bestehenden allgemeinen Geltungsanspruch gemeinschaftsrechtlicher Regelungen[36], das europäische Arbeitsrecht droht dadurch zerstückelt und noch unübersichtlicher zu werden. Sektorielle Vereinbarungen zeigen allerdings deutlicher in die Richtung genuiner europäischer Kollektivverträge als sektorübergreifende, weil sie keine europäische Gesetzgebung ersetzen. Keine Bedenken bestehen gegenüber sektoriellen Vereinbarungen, die auf nationaler Ebene umzusetzen sind, weil für diese die an richtlinienvertretende Vereinbarungen gestellten allgemeinen Anforderungen des Gemeinschaftsrechts ganz überwiegend nicht gelten.

15 In **persönlicher** Hinsicht können alle Vereinbarungen nur Arbeitnehmer und Arbeitgeber erfassen. Die Begriffe sind autonom und nicht nach den mitgliedstaatlichen Rechten

---

33 Ähnlich *Blanpain/Schmidt/Schweibert* (Fn. 6), Rn. 525; vgl. auch *Birk* (Fn. 1), S. 456; *Roccella/Treu* (Fn. 29), S. 390.
34 Die Ausdehnung des Geltungsbereichs der RLen über Elternurlaub und Teilzeitarbeit auf das Vereinigte Königreich ist ein Sonderfall. Mit der Ausdehnung wurde dem Wunsch des Vereinigten Königreichs entsprochen, den nach Art. 4 SozAbk erlassenen RLen schon vor Inkrafttreten des Vertrags von Amsterdam beizutreten. Vgl. RL 97/75/EG v. 15.12.1997 zur Änderung und Ausdehnung der RL 96/34 zu der von UNICE, CEEP und EGB geschlossenen Rahmenvereinbarung über Elternurlaub auf das Vereinigte Königreich, ABl. EG 1998 Nr. L 10/24; RL 98/23/EG v. 7.4.1998 zur Ausdehnung der RL 97/81/EG zu der von UNICE, CEEP und EGB geschlossenen Rahmenvereinbarung über Teilzeitarbeit auf das Vereinigte Königreich, ABl.EG 1998, Nr. L 131/10. Ausgedehnt wurde auch die nicht auf einer Vereinbarung beruhende RL über europäische Betriebsräte, ABl.EG 1998 Nr. 10/22.
35 RL 1999/63/EG v. 21.6.1999 zu vom Verband der Reeder in der Europäischen Gemeinschaft (ECSA) und dem Verband der Verkehrsgewerkschaften in der Europäischen Union (FST) getroffenen Vereinbarung über die Regelung der Arbeitszeit von Seeleuten, ABl.EG 1999, Nr. L 167/33; Richtlinie 2000/79/EG v. 27.11.2000 über die Durchführung der von der Vereinigung Europäischer Fluggesellschaften (AEA), der Europäischen Transportarbeiter-Föderation (ETF), der European Cockpit Association (ECA), der European Regions Airline Association (ERA) und der International Air Carrier Association (IACA) geschlossenen Europäischen Vereinbarung über die Arbeitszeitorganisation für das fliegende Personal der Zivilluftfahrt, ABl.EG 2000, Nr. L 302/57.
36 Vgl. auch *Birk* (Fn. 1), S. 456; in diese Richtung auch *M. Weiss*, Die Bedeutung von Maastricht für die EG-Sozialpolitik, FS-Gnade, 1992, S. 583 (592). Anders *Blanpain/Schmidt/Schweibert* (Fn. 6), Rn. 504 ff.; *Bödding* (Fn. 6), S. 95 f., 103 f. Auch Nr. 12 Abs. 2 der Gemeinschaftscharta der sozialen Grundrechte der Arbeitnehmer hält Vereinbarungen »namentlich auf branchenübergreifender und sektorieller Ebene« für zulässig.

zu bestimmen (dazu Art. 141 Rn. 16 f.)³⁷, so daß auch Beamte erfaßt sind. Wird freilich die Umsetzung durch die mitgliedstaatlichen Sozialpartner gewählt, kommt eine Ausdehnung auf Beamte dann nicht in Betracht, wenn deren Arbeitsbedingungen wie in Deutschland nicht durch Tarifverträge geregelt werden. Aus der Beschränkung des persönlichen Anwendungsbereichs auf Arbeitgeber und Arbeitnehmer folgt, daß nicht der gesamte Zuständigkeitskatalog des Art. 137 ausgeschöpft werden kann, da Art. 137 Abs. 1 lit. (soziale Sicherheit) über das Arbeitsrecht hinausgeht.

V. Die Wirkung der Vereinbarung

Eine **normative** Wirkung der Vereinbarung kommt unter dem Regime des Vertrags von Amsterdam nicht in Betracht: Eine normative Wirkung läßt sich als eine Form der Drittwirkung nicht aus allgemeinen Überlegungen ableiten, sondern bedarf einer ausdrücklichen rechtlichen Anordnung³⁸. Eine solche enthält weder der Vertrag, noch ermächtigt er die Gemeinschaftsorgane zum Erlaß einer entsprechenden Regelung. Er sieht vielmehr andere Wege zur Durchsetzung der Vereinbarungen vor, was ein weiteres Argument gegen die Bejahung einer normativen Wirkung ist³⁹. 16

Ob der **schuldrechtliche** Teil der Vereinbarung rechtlich verbindlich ist oder nicht, wird in der Literatur kontrovers diskutiert. Argumente gegen eine Verbindlichkeit sind der fehlende rechtliche Rahmen, das Fehlen eines Rechtsdurchsetzungsmechanismus sowie der Wortlaut (Vereinbarung, nicht Vertrag)⁴⁰. Wie das englische Tarifvertragsrecht zeigt, folgt aus einer fehlenden rechtlichen Verbindlichkeit indes nicht, daß eine Vereinbarung keinerlei Wirkung hat. Die Frage nach der rechtlichen Verbindlichkeit des schuldrechtlichen Teils ist beim derzeitigen Stand des Gemeinschaftsrechts von nur geringer praktischer Bedeutung: Mangels Durchsetzungsmechanismus⁴¹ hängt die Einhaltung der Vereinbarung ohnehin von dem Willen der Parteien ab. Aus rechtlicher Sicht ist es überzeugender, eine im supranationalen Recht wurzelnde rechtliche Verbindlichkeit zu bejahen⁴². 17

VI. Die Durchführung der auf Gemeinschaftsebene geschlossenen Vereinbarungen

1. Allgemeines

Eine Durchsetzung der schuldvertraglichen, also der die Parteien der Vereinbarung treffenden Pflichten nach Art. 139 Abs. 2 kommt nicht in Betracht. Als Regelungsgegenstand 18

---

37 Abweichend *Birk* (Fn. 1), S. 456.
38 Zutreffend *Schnorr* (Fn. 1), S. 196; *Birk* (Fn. 1), S. 456; vgl. auch *Buchner* (Fn. 2), S. 200; *Weiss* (Fn. 36), S. 593; *Däubler* (Fn. 4), S. 329 f.; *ders.*, (Fn. 6), Rn. 1741 ff.; *Bödding* (Fn. 6), S. 70 ff., 76; *O. E. Kempen*, Subsidiaritätsprinzip, europäisches Gemeinschaftsrecht und Tarifautonomie, KritV 1994, S. 13 (46); im Ergebnis auch *Schwarze* (Fn. 27), Rn. 24; *G. Britz/M. Schmidt*, Die institutionalisierte Mitwirkung der Sozialpartner an der Rechtsetzung der Europäischen Gemeinschaft, EuR 1999, S. 467 (475); *Gilles* (Fn. 1), S. 145; zum früheren Art. 118b auch *Deinert* (Fn. 6), S. 183; *R. Kowanz*, Europäische Kollektivvertragsordnung, 1999, S. 111.
39 Vgl. auch *Buchner* (Fn. 2), S. 200; *Schnorr* (Fn. 1), S. 197.
40 Vor allem *Bödding* (Fn. 2), S. 76 ff., 80 f. Nw. zu Befürwortern der Verbindlichkeit in Fn. 41.
41 Für die von *Höland* (Fn. 16), S. 434, allgemein für vertragliche Beziehungen und Vereinbarungen behauptete Zuständigkeit nationaler Gerichte findet sich im Vertrag kein Anhaltspunkt.
42 Zutreffend *Birk* (Fn. 1), S. 456 f.; *Gilles* (Fn. 1), S. 147 ff.; vgl. auch *Däubler* (Fn. 6), Rn. 1729, 1732 und *Höland* (Fn. 16), S. 434 (sich beide allerdings allgemein auf die vertragliche Beziehung und die Vereinbarung beziehend). Für eine Verbindlichkeit aufgrund eines droit commun des obligations *Teyssié* (Fn. 1), Rn. 35.

einer gemeinschaftsrechtlichen Maßnahme scheiden die Rechte und Pflichten der Vereinbarungsparteien aus. Aber auch eine Umsetzung auf nationaler Ebene scheidet aus, da die schuldrechtlichen Rechte und Pflichten der Vereinbarungsparteien sich nicht aus dem supranationalen Zusammenhang lösen und einem oder mehreren Mitgliedstaaten zuordnen lassen. **Gegenstand** der Durchführung kann daher alleine der Teil der Vereinbarung sein, der nicht die Rechte und Pflichten der Vereinbarungsparteien selbst betrifft.

19 Zur Durchführung sieht Art. 139 Abs. 2 UAbs. 1 **zwei Verfahren** vor: die Durchführung auf nationaler Ebene und die durch Ratsbeschluß. Die Durchführung durch den Rat ist ein gemeinschaftsrechtlicher Vorgang, während die Durchführung auf nationaler Ebene alleine nationalen Charakters ist[43]. Die beiden Mechanismen stehen nur auf dem Papier als Alternativen nebeneinander. Da aus der Durchführungsart Anforderungen insbesondere an Inhalt und Geltungsbereich folgen (Rn. 10–14) und in den Fällen des Art. 138 Abs. 4 (Art. 138 Rn. 31) nur eine Durchführung durch Ratsbeschluß möglich ist, besteht häufig keine freie Wahl. Falls beide Wege in Betracht kommen, steht die Entscheidung über die Art der Durchführung den Sozialpartnern zu[44]. Die Gemeinschaftsorgane haben insoweit kein Mitsprache- oder Entscheidungsrecht.

2. Durchführung auf nationaler Ebene

20 Art. 139 Abs. 2 UAbs. 1 sieht für die Durchführung auf nationaler Ebene zwei Möglichkeiten vor: durch die mitgliedstaatlichen Sozialpartner und durch die Mitgliedstaaten selbst. Welcher Weg gewählt wird, können nicht die europäischen Sozialpartner bestimmen, die **Entscheidung** liegt vielmehr in der Hand der Mitgliedstaaten und ihrer Sozialpartner oder ergibt sich aus dem jeweiligen nationalen Recht. Die Wirkung der Durchführung bestimmt sich nach mitgliedstaatlichem, nicht nach Gemeinschaftsrecht[45].

21 Dem Mitgliedstaat und seinen Sozialpartnern steht die Entscheidung über das Ob der Umsetzung ebenso **frei**[46] wie über die Frage, inwieweit der Inhalt der Vereinbarung übernommen wird oder nicht. Das Gemeinschaftsrecht gibt in beiderlei Hinsicht keine Vorgaben. Allerdings ist denkbar, daß mitgliedstaatliche Sozialpartner über ihre Mitgliedschaft in einem europäischen Verband der Verbände insoweit Pflichten übernehmen[47]. Ob diese angesichts eines fehlenden europarechtlichen Rahmens der Verbände rechtlich verbindlich sind, ist zweifelhaft[48].

---

43 Zutreffend *Birk* (Fn. 1), S. 457.
44 Anders *Schnorr* (Fn. 1), S. 194, 197: Art der Umsetzung wird durch Inhalt bestimmt, fällt dieser unter Art. 137, ist durch Ratsbeschluß umzusetzen, andernfalls nach den Gepflogenheiten der Mitgliedstaaten.
45 So auch *Schnorr* (Fn. 1), S. 197 f.; *F. Navarro Nieto*, La negociación colectiva en el Derecho comunitario del trabajo, Rev. Española de Derecho del Trabajo 2000, S. 377 (386), spricht insoweit von »negociación colectiva extra legem«, was allerdings nur auf das Gemeinschaftsrecht bezogen überzeugt.
46 *Konzen* (Fn. 1), S. 43; *Buchner* (Fn. 2), S. 201; *P. Watson*, Social Policy after Maastricht, CML Rev 30 (1993), S. 481 (507); *Heinze* (Fn. 1), S. 516; *Bödding* (Fn. 6), S. 99; *Roccella/Treu* (Fn. 29), S. 384; *Kampmeyer* (Fn. 6), S. 93; *Hergenröder* (Fn. 27), Rn. 48. Dies wird durch eine Erklärung klargestellt, doch ergibt sich die Nichtbindung aus der Natur der Umsetzung durch die Mitgliedstaaten. Abweichend dennoch *B. Bercusson*, The Dynamic of European Labour Law after Maastricht, Industrial L.J. 1994, S. 1 (24); sich nicht festlegend aber *ders.* (Fn. 30), S. 544 f.
47 Vgl. *T. Treu*, European Collective Bargaining Levels and the Competences of the Social Partners, FS-Lord Wedderburn, 1966, S. 169 (172). Von dieser Möglichkeit geht auch *Wisskirchen* (Fn. 6), S. 672 f. aus.
48 Anders wohl *Kempen* (Fn. 38), S. 41.

Ob ein Mitgliedstaat die Durchführung einer Vereinbarung seinen Sozialpartnern unter- 22
sagen oder sie erschweren kann, ist alleine eine Frage des jeweiligen mitgliedstaatlichen
Rechts[49]. Eine andere Ansicht ließe sich mit dem Wortlaut von Art. 139 Abs. 2 UAbs. 2
nicht vereinbaren. Die erheblichen Einflußmöglichkeiten des Mitgliedstaats und auch
seiner Sozialpartner sind im Vergleich zu der mit gemeinschaftsrechtlicher Autorität ausgestatteten Umsetzung durch Ratsbeschluß der Preis für die erhöhte Gestaltungsfreiheit
(Rn. 10–14).

Eine Durchführung durch die **mitgliedstaatlichen Sozialpartner** bedeutet die inhaltliche 23
Übernahme der Vereinbarung in nationale Kollektivverträge[50], so daß in Deutschland
gemäß § 4 Abs. 1 TVG eine normative Wirkung möglich wäre, während eine solche in
England nicht in Betracht käme[51]. In praktischer Hinsicht gewährt diese Durchführungsmethode infolge der Struktur der mitgliedstaatlichen Sozialpartner und Voraussetzungen der nationalen Tarifrechte wie z.b. der Tarifbindung den geringsten Grad einheitlicher Umsetzung.

Wie eine Durchführung durch die **Mitgliedstaaten** gestaltet sein kann, bestimmt sich 24
nach deren Recht. In Betracht kommt die Übernahme durch Gesetz oder Verordnung sowie die Allgemeinverbindlichkeitserklärung eines Tarifvertrages. Denkbar ist aber auch
die Entwicklung besonderer Verfahren zur Umsetzung von Vereinbarungen durch europäische Sozialpartner[52]; ob dieses zulässig ist oder etwa gegen die nationale Tarifautonomie verstößt, richtet sich alleine nach dem Recht des betroffenen Mitgliedstaats.

3. Durchführung durch Beschluß des Rates

Eine Durchführung durch Ratsbeschluß ist nach Art. 139 Abs. 2 UAbs. 1 nur in den Fäl- 25
len möglich, in denen die Gemeinschaft gemäß Art. 137 zuständig ist. Voraussetzung ist
weiterhin ein gemeinsamer **Antrag** der **Unterzeichnerparteien** an die Kommission, die es
damit in der Hand haben, diese Form der Durchführung auszuschließen[53]. Aus dieser
Formulierung folgt weiter, daß Einfluß und die Möglichkeit der Verhinderung dieser
Durchsetzungsart nur denjenigen eröffnet ist, die die Vereinbarung mitunterzeichnen[54].
Da keine Verpflichtung zum Erlaß des Ratsbeschlusses besteht (Rn. 26 f.), ist keine Voraussetzung für diese Art der Durchführung, daß die an dem Zustandekommen der Vereinbarung beteiligten Sozialpartner eine bestimmte Anzahl an Arbeitgebern und Arbeitnehmern vertreten. Das EuG sieht dies anders, um die fehlende Beteiligung des Europäischen Parlaments auszugleichen: Die Wahrung des demokratischen Prinzips mache es
dann erforderlich, daß die »Beteiligung der Völker an diesem Verfahren auf andere Weise sichergestellt werde«[55]. Seien nicht alle zur Herstellung einer sog. Gesamtrepräsentativität (was auch immer genau darunter zu verstehen und wie sie festzustellen sein mag)
erforderlichen Sozialpartner beteiligt, seien Kommission und Rat folglich gehalten, eine

---

49 Anders *Bercusson* (Fn. 46), S. 24.
50 *Roccella/Treu* (Fn. 29), S. 384; *A. Pilati*, Problemi della contrattazione collettiva europea,
RIDL 1992, Teil I, S. 369 (381); und zwar auf allen nach dem nationalen Recht zulässigen Ebenen, vgl. *Teyssié* (Fn. 1), Rn. 37. Unzutreffend *Blank* (Fn. 6), S. 655, der, soweit die auch nach
ihm grundsätzlich Vorrang genießenden nationalen Rechte und Tarifverträge nicht berührt sind,
von einer unmittelbaren Wirkung der Vereinbarung ausgeht.
51 Vgl. auch *Pilati* (Fn. 50), S. 381.
52 *Birk* (Fn. 1), S. 458.
53 Zweifelnd wohl *Weiss* (Fn. 36), S. 594.
54 gl. *Teyssié* (Fn. 1), Rn. 39.
55 EuG, Rs. T-135/96, Slg. 1998, II-2335, Rn. 89 (UEAPME/Rat).

Durchführung durch Ratsbeschluß abzulehnen. Bereits die Prämisse dieser Ansicht vermag nicht zu überzeugen, da eine Beteiligung von Sozialpartnern nicht die fehlende Beteiligung des Europäischen Parlaments zu ersetzen vermag (vgl. auch Rn. 28)[56]. Vom Wortlaut des Vertrages wird die vom EuG entwickelte Anforderung zudem nicht getragen. Schließlich ist eine rigide Ablehnungs**pflicht** in solchen Fällen auch zu weitgehend, da die gegebene oder fehlende Gesamtrepräsentativität nichts dazu aussagt, ob die Regelung rechtlich und politisch sinnvoll ist; ein Ablehnungsrecht (Rn. 26, 27) ist insoweit ausreichend. Wie es die Ausführungen des EuG nur zu deutlich zeigen, fördert diese Anforderung nicht zuletzt die Monopolisierung des sozialen Dialogs durch die drei etablierten Verbände. Sie ist daher abzulehnen[57]. Eine bestimmte Form des Antrags wird nicht verlangt, erforderlich ist aber die gemeinsame Beantragung, was in der Praxis auf einen schriftlichen Antrag hinauslaufen wird[58]. Die Vereinbarung als solche muß bestimmten Anforderungen genügen (Rn. 10–14). Hingegen ist nicht erforderlich, daß der Prozeß des Art. 139 durch eine Mitteilung nach Art. 138 Abs. 4 in Gang gesetzt worden ist (Rn. 1).

26 Als erste wird die **Kommission** befaßt. Ob und inwieweit sie an die Vereinbarung der Sozialpartner gebunden ist, ist umstritten. Das Problem hat zwei Ebenen[59]: Fraglich ist zum einen, ob die Kommission verpflichtet ist, dem Rat stets einen Vorschlag zu unterbreiten, wenn die europäischen Sozialpartner einen entsprechenden Antrag stellen. Dieses ist abzulehnen. Der Antrag an die Kommission setzt ein gemeinschaftsrechtliches Rechtsetzungsverfahren in Gang. Die Kommission kann zu dessen Durchführung nicht durch außenstehende Interessenverbände verpflichtet werden. Die durch rechtliche und politische Erwägungen getragene Entscheidung über das »Ob« steht ihr unbeschränkt zu[60]. Auch die Rolle eines Notars vertrüge sich mit Aufgaben und Stellung der Kommission nicht[61]. Entscheidet sich die Kommission hingegen, dem Rat einen Vorschlag zu unterbreiten, ist sie an die Vereinbarung inhaltlich gebunden[62]. Falls die Kommission mit

---

56 Anders EuG, Rs. T-135/96, Slg. 1998, II-2335, Rn. 90 (UEAPME/Rat); wie hier *Schwarze* (Fn. 27), Rn. 46; *Britz/Schmidt* (Fn. 38), S. 491; *H.-G. Dederer*, Durchführung von Vereinbarungen der europäischen Sozialpartner, RdA 2000, 216 (220 ff.). Kritisch auch *L. Betten*, The Democratic Deficit of Participatory Democracy in Community Social Policy, ELRev. 23 (1998), S. 20 (35 f.); *M.-A. Moreau*, Sur la representativité des partenaires sociaux européens, Dr. Soc. 1999, S. 53 (59). Ähnlich wie hier zur Frage, welche Sozialpartner beteiligt werden müssen, die Stellungnahme des Wirtschafts- und Sozialausschusses zur Mitteilung der Kommission (96) 448 endg. (Fn. 26), ABl.EG 1997, Nr. C 89/27, S. 28.
57 A.A. *R. Rebhahn*, in: Schwarze (Hrsg.), EU-Kommentar, Art. 138, Rn. 6.
58 Ähnlich *Bödding* (Fn. 6), S. 105 f.
59 Anders *Höland* (Fn. 16), S. 442 ff.
60 *Buchner* (Fn. 2), S. 201; *Däubler* (Fn. 6), Rn. 1745; *Schnorr* (Fn. 1), S. 197; *Bödding* (Fn. 6), S. 111; *Wisskirchen* (Fn. 6), S. 672; *J. Gorelli Hernández*, El diálogo social en la Unión Europea: Incidencia en el sistema de fuentes del derecho, Temas Laborales 2000/55, S. 45 (71); so auch die Mitteilung der Kommission über die Anwendung des Protokolls über die Sozialpolitik an den Rat und an das Europäische Parlament v. 14.12.1993, KOM (93) 600 endg., S. 16 f. (nicht im ABl.EG veröffentlicht, vgl. im übrigen das Abkürzungsverzeichnis); auch EuG, Rs. T-135/96, Slg. 1998, II-2335, Rn. 84 (UEAPME/Rat). Anders, im Ergebnis aber ähnlich *Watson* (Fn. 46), S. 507, nach der die Kommission dem Rat die Ablehnung der Umsetzung vorschlagen kann. Anders als hier aber *M. Heinze*, in: W. Leinemann (Hrsg.), Kasseler Handbuch zum Arbeitsrecht, 1997, § 11, Rn. 149; *ders.* (Fn. 1), S. 518; *Teyssié* (Fn. 1), Rn. 40; *A. Kliemann*, Die europäische Sozialintegration nach Maastricht, 1997, S. 134 f.; *K. Piazolo*, Der Soziale Dialog nach dem Abkommen über die Sozialpolitik und dem Vertrag von Amsterdam, 1999, S. 134; *Gilles* (Fn. 1), S. 166; wohl auch *E. A. Whiteford*, Social policy after Maastricht, ELRev. 18 (1993), S. 202 (209 f.).
61 *Birk* (Fn. 1), S. 459.
62 *Buchner* (Fn. 2), S. 202; *Watson* (Fn. 46), S. 507; *Wisskirchen* (Fn. 6), S. 672; *Schnorr* (Fn. 1), S. 197; *Bercusson* (Fn. 03), S. 548; *Schwarze* (Fn. 27), Rn. 54; *Gorelli Hernández* (Fn. 60), S. 71; *Gilles* (Fn. 1), S. 172. Anders aber *Bödding* (Fn. 6), S. 111.

dem Inhalt nicht einverstanden ist, ist sie nicht gehindert, die Weiterführung des Verfahrens abzulehnen und für einen geänderten Vorschlag das allgemeine gemeinschaftsrechtliche Rechtsetzungsverfahren einzuleiten (Art. 138 Abs. 2 u. 3, Art. 251 f.)[63]. Ob punktuelle Änderungen zulässig sind – ein Teil der Vereinbarung ist sachlich nicht von Art. 137 gedeckt –, ist zweifelhaft, da eine Vereinbarung im Zweifel eine Einheit darstellt, deren innere Konsistenz durch das Abtrennen bestimmter Teile zerstört würde[64]. Die Kommission müßte das allgemeine Gesetzgebungsverfahren einleiten. Auch die Möglichkeit, redaktionelle Änderungen vorzunehmen, wird man der Kommission nicht zusprechen können, da begriffliche Ungenauigkeiten[65] das Ergebnis eines Kompromisses sein können[66].

Die letzte Entscheidung obliegt nach Art. 139 Abs. 2 UAbs. 2 dem **Rat**. Hinsichtlich der **Bindung** an die Vereinbarung gilt das zur Kommission Ausgeführte entsprechend: Ob er eine Gemeinschaftsmaßnahme erläßt, steht ihm frei[67], was auch aus der Betonung der erforderlichen Mehrheitsverhältnisse folgt; inhaltlich ist er an sie gebunden[68]. Die im Rat erforderliche Mehrheit statuiert der durch den Vertrag von Nizza nur redaktionell überarbeitete Art. 139 Abs. 2 UAbs. 2: Er entscheidet mit qualifizierter Mehrheit (Art. 205 Abs. 2); falls jedoch nur eine Bestimmung der Vereinbarung einen der Bereiche des Art. 137 Abs. 1 betrifft, für den nach Art. 137 Abs. 3 Einstimmigkeit erforderlich ist, muß auch der Ratsbeschluß einstimmig verabschiedet werden.

27

Eine Beteiligung des **Parlaments** ist (ebensowenig wie die des Wirtschafts- und Sozialausschusses) trotz der Kritik an der entsprechenden Rechtslage unter dem SozAbk[69] auch durch den Vertrag von Amsterdam nicht vorgesehen. Die fehlende Beteiligung des Parlaments ist nicht zu rechtfertigen, weil die Vereinbarung bei einer Durchführung durch Ratsbeschluß zu Gemeinschaftsrecht wird. Sie ist durch die Beteiligung der Sozialpartner entgegen der Auffassung des EuG (vgl. Rn. 25) nicht zu ersetzen, weil die Beteiligung eines Sozialpartners und damit Interessenverbandes mit einer demokratischen Legitimation durch ein Parlament schlechthin nicht gleichgesetzt werden kann[70]; dies gilt umso mehr, als eine so verabschiedete arbeitsrechtliche Regelung Auswirkungen weit über den von den Sozialpartnern repräsentierten Bereich haben kann. Auch die Beteiligung von Kommission und Rat reicht nicht zur demokratischen Legitimation[71]. Insoweit genügt der Hinweis, daß die Umgehung des Parlaments in den allgemeinen

28

---

63 Vgl. *Buchner* (Fn. 2), S. 202; *Schnorr* (Fn. 1), S. 197; hierauf läuft auch die Auffassung von *Bödding* (Fn. 6), S. 111 f. hinaus; s. ferner die Mitteilung der Kommission KOM (93) 600 endg. (Fn. 60), S. 17.
64 Vgl. auch *Buchner* (Fn. 2), S. 202; a.A. *Birk* (Fn. 1), S. 459; *Teyssié* (Fn. 1), Rn. 40.
65 Man lese nur die beiden bisher abgeschlossenen Rahmenvereinbarungen.
66 Anders *Kliemann* (Fn. 60), S. 136 f.
67 *Buchner* (Fn. 2), S. 201; *Watson* (Fn. 46), S. 507; *Däubler* (Fn. 6), Rn. 1745; *Schnorr* (Fn. 1), S. 197; *Heinze* (Fn. 1), S. 519; *Wisskirchen* (Fn. 6), S. 672; *Roccella/Treu* (Fn. 29), S. 388; *Karthaus* (Fn. 6), S. 221 f.; *Teyssié* (Fn. 1), Rn. 41; *R. Wank*, Arbeitsrecht nach Maastricht, RdA 1995, 10 (21). Anders wohl *Whiteford* (Fn. 60), S. 209 f.
68 *Buchner* (Fn. 2), S. 202; *Watson* (Fn. 46), S. 507; *Weiss* (Fn. 36), S. 593; *Schnorr* (Fn. 1), S. 197; *Roccella/Treu* (Fn. 29), S. 388; *Kampmeyer* (Fn. 6), S. 100; *Wank* (Fn. 67), S. 21; im Ergebnis auch *Höland* (Fn. 16), S. 445; *Wisskirchen* (Fn. 6), S. 672; *Navarro Nieto* (Fn. 45), S. 390; Mitteilung der Kommission KOM (93) 600 endg. (Fn. 60), S. 16 f. A.A. *M. Heinze*, in: W. Leinemann (Hrsg.), Kasseler Handbuch zum Arbeitsrecht, 1997, § 11, Rn. 151; *ders.* (Fn. 1), S. 519 f.; *Teyssié* (Fn. 1), Rn. 40; anders wohl auch *Karthaus* (Fn. 6), S. 222.
69 Vgl. etwa *Höland* (Fn. 16), S. 449; eine mögliche Erklärung gibt *Wank* (Fn. 67), S. 21.
70 Oben Fn. 56.
71 In diese Richtung aber *Britz/Schmidt* (Fn. 38), S. 488 ff., 497.

Rechtsetzungsverfahren nicht hingenommen wird[72]. Es ist daher zu hoffen, daß der EuGH diese Mißachtung des Parlaments unter Berufung auf das institutionelle Gleichgewicht nicht hinnehmen wird (s. auch Art. 138 Rn. 32)[73]. Die Kommission unterrichtet derzeit das Parlament freiwillig[74].

29 Art. 139 Abs. 2 stellt auf eine Durchführung durch **Ratsbeschluß** ab, eine Handlungskategorie, die sich in Art. 249 nicht findet. Die romanischen[75] und die englischen[76] Versionen nennen die Entscheidung. Sie gibt als einzelfallbezogene Regelungsform indes nicht die Möglichkeit, einer Regelung normative Wirkung zu verleihen. Der Ratsbeschluß kann daher nicht mit der Entscheidung gleichgesetzt werden[77]. Er stellt auch keine eigene Handlungskategorie des Rates dar[78], da Art. 139 Abs. 2 über deren mögliche Wirkung keinerlei Angaben macht. Die Formulierung ist dahingehend zu verstehen, daß die Handlungsform trotz des Zusammenhangs mit dem nur zum Erlaß von Richtlinien ermächtigenden Art. 137 offengelassen wird[79]. Wie sonst auch stehen zur nicht einzelfallbezogenen verbindlichen Regelung **Richtlinie**[80] **und Verordnung** zur Verfügung[81]. Wenngleich eine Verordnung anders als eine Richtlinie der Vereinbarung zur normativen Wirkung verhülfe, verlangt Art. 139 Abs. 2 keine Umsetzung durch Verordnung[82]. Die Durchführung durch Ratsbeschluß führt die Verwirklichung der Vereinbarung in das gemeinschaftsrechliche Instrumentarium über, das eine Bevorzugung der Verordnung nicht kennt. Die bisherigen Vereinbarungen wurden durch Richtlinien umgesetzt.

30 Die **Wirkung** des Beschlusses hängt von der gewählten gemeinschaftsrechtlichen Handlungsform ab[83]. Sein Charakter als Gemeinschaftsrecht führt zur Zuständigkeit des EuGH nach den allgemeinen Grundsätzen und bestimmt sein Verhältnis zum mitgliedstaatlichen Recht (effet utile, Anwendungsvorrang usw.).

---

72 Weshalb die Auffassung von R. *Schwarze*, Legitimation kraft virtueller Repräsentation – ein gemeinschaftsrechtliches Prinzip, RdA 2001, S. 208 (217), nicht überzeugt.
73 Vgl. etwa die Konstruktion von *Bödding* (Fn. 6), S. 116 f.; vgl. aber EuG, Rs. T-135/96, Slg. 1998, II-2335, Rn. 88 ff. (UEAPME/Rat); *Wank* (Fn. 67), S. 21; *Piazolo* (Fn. 60), S. 158.
74 Mitteilung der Kommission KOM (93) 600 endg. (Fn. 60), S. 15, 17.
75 Décision, decisione, decisión, decisão.
76 Decision.
77 Zutreffend *Birk* (Fn. 1), S. 459; *Wank* (Fn. 67); S. 20. A. A. *Pilati* (Fn. 50), S. 384; R. *Junghanns*, in: Lenz, EGV, Abk. Sozialpolitik, Rn. 9.
78 A.A. noch M. *Heinze*, Europarecht im Spannungsverhältnis zum nationalen Arbeitsrecht, ZfA 1992, 331 (338); widersprüchlich *ders.*, in: W. Leinemann (Hrsg.), Kasseler Handbuch zum Arbeitsrecht, 1997, § 11, Rn. 10 einer- und, Rn. 148 andererseits. Wie hier *ders.* (Fn. 1), S. 517.
79 Vgl. auch *Däubler* (Fn. 6), Rn. 1744; *Roccella/Treu* (Fn. 29), S. 388; *Blanpain/Schmidt/Schweibert* (Fn. 6), Rn. 528; *Höland* (Fn. 16), S. 446; *Bödding* (Fn. 6), S. 122 f.; *Kliemann* (Fn. 60), S. 133. Anders *Buchner* (Fn. 2), S. 201; *Blank* (Fn. 6), S. 656.
80 Vgl. aber *Buchner* (Fn. 2), S. 201 sowie *Wank* (Fn. 67), S. 20, *Blank* (Fn. 6), S. 656: nur Richtlinien.
81 So im Ergebnis auch *Konzen* (Fn. 6), S. 48; *Schwarze* (Fn. 27), Rn. 57; *Kampmeyer* (Fn. 6), S. 96.
82 Vgl. aber *Birk* (Fn. 1), S. 459; eine Normativerklärung ermöglicht Art. 139 Abs. 2 entgegen *Gilles* (Fn. 1), S. 189 f., nicht.
83 Vgl. auch *Schnorr* (Fn. 1), S. 198.

Art. 140 (ex-Art. 118c)

Unbeschadet der sonstigen Bestimmungen dieses Vertrags fördert die Kommission im Hinblick auf die Erreichung der Ziele des Artikels 136 die Zusammenarbeit zwischen den Mitgliedstaaten und erleichtert die Abstimmung ihres Vorgehens in allen unter dieses Kapitel fallenden Bereichen der Sozialpolitik[6 ff.], insbesondere auf dem Gebiet
- der Beschäftigung,
- des Arbeitsrechts und der Arbeitsbedingungen,
- der beruflichen Ausbildung und Fortbildung,
- der sozialen Sicherheit,
- der Verhütung von Berufsunfällen und Berufskrankheiten,
- des Gesundheitsschutzes bei der Arbeit,
- des Koalitionsrechts und der Kollektivverhandlungen zwischen Arbeitgebern und Arbeitnehmern.

Zu diesem Zweck wird die Kommission in enger Verbindung mit den Mitgliedstaaten durch Untersuchungen, Stellungnahmen und die Vorbereitung von Beratungen tätig, gleichviel ob es sich um innerstaatliche oder um internationalen Organisationen gestellte Probleme handelt.[2 ff.]

Vor Abgabe der in diesem Artikel vorgesehenen Stellungnahmen hört die Kommission den Wirtschafts- und Sozialausschuß.

Inhaltsübersicht:

I. Allgemeines	1
II. Handlungsinstrumentarium der Kommission	2
1. Handlungsinstrumentarium	2
2. Verfahrensfragen	5
III. Einzelbereiche	6

I. Allgemeines

Art. 140 entspricht Art. 118 a.F., der Art. 117 a.F. ergänzte[1]. Die beiden wesentlichen inhaltlichen Aussagen von Art. 118 a.F. waren, daß zum einen die Gemeinschaft im Bereich der Sozialpolitik selbst keine Kompetenzen hatte und ihre Rolle auf die Förderung der Zusammenarbeit der Mitgliedstaaten beschränkt war, die Vorschrift aber über das Wort »unbeschadet« klarstellte, daß eine Kompetenz der Gemeinschaft sich aus anderen Vertragsbestimmungen ergeben könnte[2]. Die erste Aussage trifft nicht mehr zu und die zweite läßt sich kaum mehr nur aus Art. 140 ableiten. Seine jetzige Funktion beschränkt sich darauf, der Kommission eine Grundlage zur Förderung der **Zusammenarbeit** der Mitgliedstaaten zu geben. Er hat im wesentlichen wie sein Vorgänger programmatischen Charakter[3] und seine Bedeutung ist gering. 1

---

1 EuGH, Rs. 149/77, Slg. 1978, 1365, Rn. 16/18 (Defrenne III).
2 EuGH, verb. Rs. 281, 283–285 u. 287/85, Slg. 1987, 3203, Rn. 14 (Deutschland, Frankreich, Niederlande, Dänemark, Vereinigtes Königreich/Kommission).
3 EuGH, Rs. 149/77, Slg. 1978, 1365, Rn. 19/23 (Defrenne III); vgl. auch K. *Hailbronner*, Die EG-Sozialpolitik nach Maastricht, GS-Grabitz, 1995, S. 125 (131); C. *Langenfeld/B. Jansen*, in: Grabitz/Hilf, EU, Art. 118, Rn. 1.

II. Handlungsinstrumentarium der Kommission

1. Handlungsinstrumentarium

2   Dem Wortlaut nach ermächtigt Art. 140 die Kommission zur Förderung der Zusammenarbeit der Mitgliedstaaten zu Untersuchungen, Stellungnahmen und der Vorbereitung von Beratungen, die allesamt **rechtsunverbindliche** Handlungsformen darstellen.

3   Die Kommission hat auf Art. 118 a.F. im Jahre 1985 eine (**rechtsverbindliche**) Entscheidung zur Einführung eines Mitteilungs- und Abstimmungsverfahrens über die Wanderungspolitik gegenüber Drittländern gestützt, durch die u.a. sichergestellt werden sollte, daß die Vorhaben der Mitgliedstaaten mit den Politiken der Gemeinschaft in Einklang ständen[4]. Die Befugnis, auf Art. 118 a.F. rechtsverbindliche Akte zu stützen und die Mitgliedstaaten zur Teilnahme an einem Konsultationsverfahren zu verpflichten, wurde vom EuGH unter Berufung auf das effet utile Prinzip im Grundsatz bejaht. Allerdings sei die Zuständigkeit auf Verfahrensfragen beschränkt, so daß weder das Ergebnis eines Verfahrens noch irgendwelche sonstigen inhaltlichen Pflichten vorgeschrieben werden könnten[5]. Die Argumentation mit dem effet utile Prinzip setzt ein Verständnis des Art. 118 a.F. voraus, das sich dem Wortlaut dieser Bestimmung kaum entnehmen läßt[6]. In beinahe allen seinen Wendungen verdeutlicht dieser vielmehr die untergeordnete Rolle, die der Kommission zukommen soll. Daß Art. 118 a.f. ein Papiertiger bleibt, wurde daher in Kauf genommen und kann nicht als Gefahr gewertet werden[7]. Wenngleich dem EuGH insoweit zuzustimmen ist, daß die Gemeinschaft auch dort, wo sie auf eine unterstützende Tätigkeit beschränkt ist, grundsätzlich rechtsverbindliche Akte erlassen kann, überzeugt die Möglichkeit der Kommission, die Mitgliedstaaten auf der Grundlage dieser Vorschrift zur Zusammenarbeit zu verpflichten, im Rahmen des Art. 140 nicht[8]. Als Ermächtigungsgrundlage für solche Verpflichtungen durch den Rat kommt nunmehr Art. 137 Abs. 2 lit. a) in Betracht (dort Rn. 31). Beide Ermächtigungsgrundlagen eignen sich kaum dazu, unterhalb der Harmonisierungsebene eine tatsächliche Konvergenz zwischen den Mitgliedstaaten herbeizuführen (vgl. auch Art. 136 Rn. 24a, Art. 137 Rn. 31).

4   Das Handeln der Kommission unter Art. 140 Abs. 2 kann dem Wortlaut nach die innerstaatliche oder die **Ebene** internationaler Organisationen betreffen. Erstaunlicherweise

---

4   Art. 3 lit. b) Entscheidung 85/381/EWG v. 8.7.1985, ABl.EG 1985 Nr. L 217/25.
5   EuGH, verb. Rs. 281, 283–285 u. 287/85, Slg. 1987, 3203, Rn. 28 ff. (Deutschland, Frankreich, Niederlande, Dänemark, Vereinigtes Königreich/Kommission). Die Entscheidung wurde daraufhin geringfügig geändert, Entscheidung 88/384/EWG v. 14. 7. 1988 zur Einführung eines Mitteilungs- und Abstimmungsverfahrens über die Wanderungspolitik gegenüber Drittländern, ABl.EG 1988 Nr. L 183/35, und es wurde am selben Tag eine weitere (88/383/EWG) über die Verbesserung der Information im Bereich Sicherheit, Arbeitshygiene und Gesundheitsschutz am Arbeitsplatz, ABl.EG 1988 Nr. L 183/34, erlassen.
6   Kritisch daher auch, wenngleich mit zum Teil anderer Begründung, *M. Heinze*, in: W. Leinemann (Hrsg.), Kasseler Handbuch zum Arbeitsrecht, 1997, § 11, Rn. 95.
7   So aber EuGH, verb. Rs. 281, 283–285 u. 287/85, Slg. 1987, 3203, Rn. 29 (Deutschland, Frankreich, Niederlande, Dänemark, Vereinigtes Königreich/Kommission).
8   Zustimmend aber die überwiegende Literatur, vgl. die Anm. zu EuGH, Rs. 281, 283–285 u. 287/ 85 von *K. R. Simmonds*, CMLRev. 25 (1988), S. 177 (200), *E. Decaux*, R.T.D.E. 23 (1987), S. 707 (714), *G. Desolre*, C.D.E. 26 (1990), S. 453 (464); wohl auch *E. Traversa*, Il coordinamento delle politiche migratorie nazionali nei confronti degli stranieri extracomunitari, Riv. dir. eur. 28 (1988), S. 5 (14 ff.); *K. Hailbronner*, in: HK-EUV. Art. 118, Rn. 2. Kritisch aber die Anm. von *T. Hartley*, ELRev. 13 (1988), S. 122 (124). Im Ergebnis wie hier *M. Heinze*, in: W. Leinemann (Hrsg.), Kasseler Handbuch zum Arbeitsrecht, 1997, § 11, Rn. 95; ebenso *U. Preis/ M. Gotthardt*, Arbeitsrecht als Gegenstand des Gemeinschaftsrechts – das Europäische Arbeitsrecht, in: H. Oetker/U. Preis (Hrsg.), Europäisches Arbeits- und Sozialrecht, B 1100, Rn. 39.

wird die gemeinschaftsrechtliche Ebene nicht genannt, was nur ein Versehen darstellen kann. In der Praxis war die Vorbereitung gemeinschaftsrechtlicher Akte auch eines der Hauptanwendungsfelder.

2. Verfahrensfragen

Art. 140 Abs. 3 schreibt die Pflicht zur Anhörung des **Wirtschafts- und Sozialausschusses** vor dem Erlaß von Stellungnahmen vor. Der EuGH versteht Art. 140 Abs. 3 wörtlich und lehnt eine Ausdehnung der Anhörungspflicht auf andere Handlungsformen und vor allem auf den Erlaß der in Rn. 3 genannten Entscheidungen ab, da die Kommission nur mit der Stellungnahme die Durchführung konkreter Maßnahmen vorschlagen könne, während sämtliche anderen Akte nur vorbereitender Natur seien und keine Sachfragen berührten[9]. Eine Pflicht, die **Sozialpartner** gemäß Art. 138 Abs. 2 u. 3 anzuhören, besteht nicht (Art. 138 Rn. 28).

III. Einzelbereiche

Art. 140 Abs. 1 nennt eine Reihe von Gebieten, von denen einige (Arbeitsrecht, soziale Sicherheit) so weit gefaßt sind, daß sie alleine ausreichen würden, um das gesamte Arbeits- und Sozialrecht zu erfassen. Fraglich könnte allenfalls sein, ob die präzisere Formulierung mancher Einzelgebiete zur Folge hat, daß in diesem Zusammenhang nicht genannte Fragen (etwa das Arbeitskampfrecht im 7. Spstr. von Abs. 1) ausgeklammert sind, doch wäre das angesichts der genannten allumfassenden Umschreibungen eine unsichere Übung. Zudem ist die Aufzählung der Einzelbereiche **nicht erschöpfend**[10], so daß die Eingrenzung der einzelnen Bereiche weder von großer theoretischer noch praktischer Bedeutung ist.

Maßgeblich ist daher alleine die Bestimmung der Gebiete, die von Art. 140 nicht umfaßt sein können. Der EuGH verlangt einen Bezug oder eine Zugehörigkeit zu sozialen Fragen, die er bei der Frage der kulturellen Eingliederung von aus Drittländern eingewanderten Bevölkerungsgruppen verneint hat[11]. Dem ist im Grundsatz zuzustimmen, doch kann der Bezug zur Sozialpolitik nicht so weit verstanden werden, wie es manche Passagen des Urteils, die die kulturelle Eingliederung nicht generell ausschließen, andeuten[12]. Das in Frage stehende Gebiet muß daher **unmittelbar** die Sozialpolitik betreffen. Mittelbare Auswirkungen begründen den erforderlichen Bezug nicht, da beinahe sämtliche Politiken solche haben. Zum Verhältnis zu Art. 137 Abs. 2 lit. a) s. Rn. 3. Die Art. 125 ff. gehen in ihrem Anwendungsbereich vor.

Zu den Kollektivverhandlungen zwischen Arbeitgebern und Arbeitnehmern s. Art. 138 Rn. 9.

---

9 EuGH, verb. Rs. 281, 283–285 u. 287/85, Slg. 1987, 3203, Rn. 39 (Deutschland, Frankreich, Niederlande, Dänemark, Vereinigtes Königreich/Kommission).
10 Vgl. auch C. *Langenfeld*/B. *Jansen*, in: Grabitz/Hilf, EU, Art. 118, Rn. 8.
11 EuGH, verb. Rs. 281, 283–285 u. 287/85 Slg. 1987, 3203, Rn. 18 f. (Deutschland, Frankreich, Niederlande, Dänemark, Vereinigtes Königreich/Kommission).
12 EuGH, verb. Rs. 281, 283–285 u. 287/85, Slg. 1987, 3203, Rn. 22, 24 (Deutschland, Frankreich, Niederlande, Dänemark, Vereinigtes Königreich/Kommission).

Art. 141 (ex-Art. 119)

(1) Jeder Mitgliedstaat stellt die Anwendung des Grundsatzes des gleichen Entgelts für Männer und Frauen bei gleicher oder gleichwertiger[57 ff.] Arbeit sicher.[2 ff.]

(2) Unter »Entgelt« im Sinne dieses Artikels sind die üblichen Grund- oder Mindestlöhne und -gehälter sowie alle sonstigen Vergütungen[25 ff.] zu verstehen, die der Arbeitgeber[16] aufgrund des Dienstverhältnisses[29 ff.] dem Arbeitnehmer[17] unmittelbar oder mittelbar[34] in bar oder in Sachleistungen[33] zahlt.[35]
Gleichheit des Arbeitsentgelts[46 ff.] ohne Diskriminierung[36 ff.] aufgrund des Geschlechts bedeutet,
a) daß das Entgelt für eine gleiche nach Akkord bezahlte Arbeit aufgrund der gleichen Maßeinheit festgesetzt wird,
b) daß für eine nach Zeit bezahlte Arbeit das Entgelt bei gleichem Arbeitsplatz gleich ist.

(3) Der Rat beschließt gemäß dem Verfahren des Artikels 251 und nach Anhörung des Wirtschafts- und Sozialausschusses Maßnahmen zur Gewährleistung der Anwendung des Grundsatzes der Chancengleichheit und der Gleichbehandlung[75 ff.] von Männern und Frauen in Arbeits- und Beschäftigungsfragen, einschließlich des Grundsatzes des gleichen Entgelts bei gleicher oder gleichwertiger Arbeit.[96 ff.]

(4) Im Hinblick auf die effektive Gewährleistung der vollen Gleichstellung von Männern und Frauen im Arbeitsleben hindert der Grundsatz der Gleichbehandlung die Mitgliedstaaten nicht daran, zur Erleichterung der Berufstätigkeit des unterrepräsentierten Geschlechts oder zur Verhinderung bzw. zum Ausgleich von Benachteiligungen in der beruflichen Laufbahn spezifische Vergünstigungen beizubehalten oder zu beschließen.[80 ff.]

Inhaltsübersicht:

A. Allgemeines	1
B. Der Grundsatz der Entgeltgleichheit	2
I. Voraussetzungen und Grenzen der unmittelbaren Wirkung	5
1. Allgemeines	5
2. Zeitliche Wirkung	7
II. Verhältnis zum sekundären Gemeinschaftsrecht	9
III. Anwendungsbereich des Grundsatzes der Entgeltgleichheit	15
1. Persönlicher Anwendungsbereich	15
2. Räumlicher Anwendungsbereich	19
3. Definition des Entgelts	23
a) Übliche Grund- oder Mindestlöhne und -gehälter sowie sonstige Vergütungen	24
b) Aufgrund des Arbeitsverhältnisses	29
c) In Bar oder in Sachleistungen	33
d) Unmittelbar oder mittelbar	34
e) Zahlt	35
4. Diskriminierungsverbot	36
a) Arten der Diskriminierung	39
aa) Die Voraussetzungen der unmittelbaren Diskriminierung	40
bb) Die Voraussetzungen der mittelbaren Diskriminierung	42
b) Der sachliche Anknüpfungspunkt der Ungleichbehandlung	46
c) Vergleichsebenen	52
aa) In persönlicher Hinsicht	52
bb) In räumlicher Hinsicht	56
cc) Gleiche und gleichwertige Arbeit	57
5. Rechtfertigung	60
6. Fragen der Beweislast	67

	7. Rechtsfolgen eines Verstoßes	68
	8. Betriebliche Sozialversicherungssysteme und das Entgeltgleichheitsgebot	72
C.	Allgemeines (ungeschriebenes) arbeitsrechtliches Gleichbehandlungsgebot	75
	I. Herleitung	75
	II. Inhalt	77
D.	Die Öffnungsklausel des Art. 141 Abs. 4	80
	I. Sachlicher Anwendungsbereich und Rechtsnatur	80
	II. Voraussetzungen	82
	1. Die Voraussetzungen der Öffnung des Gleichbehandlungsgrundsatzes	83
	2. Die Anforderungen an die spezifischen Vergünstigungen	87
	3. Einzelfälle	94
E.	Die Ermächtigungsgrundlage des Art. 141 Abs. 3	96

A. Allgemeines

Art. 119 a.F. beschränkte sich auf ein Gebot der Entgeltgleichheit für Männer und Frauen bei gleicher Arbeit. Durch den Vertrag von Amsterdam ist die sachliche Tragweite erheblich erweitert worden. Art. 141 enthält drei selbständige Teile, die als gemeinsamen Nenner nicht das gleiche Entgelt, sondern allgemein die **Gleichbehandlung der Geschlechter** im Arbeitsrecht haben. Art. 141 ist damit zur zentralen Bestimmung zur Gleichbehandlung im Arbeitsrecht ausgebaut worden. Art. 141 enthält nunmehr: (1) das Prinzip der Entgeltgleichheit, Abs. 1 u. 2; (2) eine Ermächtigungsgrundlage für Maßnahmen zur Gewährleistung der Anwendung des Grundsatzes der Chancengleichheit und Gleichstellung von Männern und Frauen, Abs. 3, und (3) in Abs. 4 eine an die Mitgliedstaaten gerichtete Öffnungsklausel für bestimmte Maßnahmen der positiven Diskriminierung. Darüber hinaus ist Art. 141 auch Grundlage für die Annahme eines **allgemeinen arbeitsrechtlichen ungeschriebenen Gleichheitsgebots** der Geschlechter. Für Abs. 3 gibt es im früheren SozAbk kein direktes Pendant, Abs. 4 entspricht im wesentlichen Art. 6 Abs. 3 SozAbk. Der Vertrag von Nizza hat Art. 141 nicht berührt.

B. Der Grundsatz der Entgeltgleichheit

Der in Art. 141 Abs. 1 u. 2 normierte Grundsatz der Entgeltgleichheit entspricht im wesentlichen dem früheren Art. 119 a.F., der wiederum vor allem hinsichtlich der Definition des Entgelts auf Art. 1 f. des **Übereinkommens Nr. 100** der ILO zurückgeht[1]. Anders als dieses bezog sich Art. 119 a.F. seinem Wortlaut nach nicht auf gleichwertige, sondern nur auf gleiche Arbeit. Dieser sprachliche Unterschied ist nunmehr aufgehoben. Weitere Änderungen hat der Vertrag von Amsterdam insoweit nicht gebracht.

Art. 119 a.F. war in erster Linie **wettbewerbspolitisch** motiviert[2]. Mehr als historischen Wert hat dieser Umstand indes kaum mehr (vgl. aber Rn. 65), da aus ihm nicht gefolgert wurde, diese Vorschrift eng auszulegen und auf die Verhinderung von Wettbewerbsverfälschungen zu beschränken[3]. Vielmehr wurde Art. 119 a.F. vom EuGH als umfassendes

---

1   Vom 29. Juni 1951, abgedruckt in BGBl. 1956 II, 24. Vgl. GA *A. Duthiellet de Lamothe*, Schlußantr. zu EuGH, Rs. 80/70, Slg. 1971, 445 (456 f.) (Defrenne I).
2   Vgl. GA *A. Duthiellet de Lamothe*, Schlußantr. zu EuGH, Rs. 80/70, Slg. 1971, 445 S. 455 f. (Defrenne I). Aus der Literatur *G. Schnorr*, Das Arbeitsrecht als Gegenstand internationaler Rechtsetzung, 1960, S. 316, sowie statt vieler *C. Langenfeld*, Die Gleichbehandlung von Mann und Frau im Europäischen Gemeinschaftsrecht, 1990, S. 30 ff.
3   Vgl. EuGH, verb. Rs. C-270/97 u. C-271/97, Slg. 2000, I-929, Rn. 57 (Sievers u. Schrage): nur nachgeordnete Bedeutung.

Entgeltgleichheitsgebot verstanden und zur bedeutendsten und folgenreichsten Bestimmung des Kapitels über die Sozialpolitik ausgebaut. Das Gebot der Entgeltgleichheit wird vielfach als Gemeinschaftsgrundrecht bezeichnet[4], woraus alleine sich derzeit freilich kaum konkrete inhaltliche Aussagen ergeben (vgl. aber Art. 6 EUV Rn. 19 ff.).

4 Der Grundsatz der Entgeltgleichheit ist eine der Vertragsbestimmungen, bei deren Auslegung der **EuGH** eine entscheidende Rolle gespielt hat[5]. Gleichzeitig hat er aber auch erhebliche Kritik auf sich gezogen. Über deren Berechtigung kann kein pauschales Urteil getroffen werden. Die Rechtsprechung steht jedenfalls nicht nur in Einzelfällen auf dogmatisch schwachen Pfeilern. Maßgeblich zur Kritik beigetragen haben zudem das notorische Begründungsdefizit und die Besonderheit in den überwiegenden Entscheidungen zu Art. 141, daß der EuGH die Frage der Rechtfertigung häufig dem nationalen Gericht zuweist, so daß letztlich offenbleibt, ob die diskriminierende Regelung nicht gerechtfertigt werden kann. Auf der anderen Seite ist die lauteste Kritik mitunter durch eine nicht überzeugende, ausschließlich nationale und den gemeinschaftsrechtlichen Hintergrund und seine Zwänge gänzlich ausblendende Sichtweise geprägt.

I. Voraussetzungen und Grenzen der unmittelbaren Wirkung

1. Allgemeines

5 Auch in seiner Neufassung durch den Vertrag von Amsterdam richtet sich das Entgeltgleichheitsgebot an die Mitgliedstaaten. Schon früh hat der EuGH entschieden, daß das Entgeltgleichheitsgebot auch im Verhältnis zu einem nichtstaatlichen Arbeitgeber **unmittelbare Wirkung** (dazu allgemein Art. 249 Rn. 11 ff.) habe[6]. Zweifelhaft konnten und können daher allenfalls die **Grenzen** dieser Wirkung sein. So hatte der EuGH ursprünglich die mittelbare Diskriminierung von der unmittelbaren Wirkung ausgenommen, weil Art. 119 a.F. insoweit inhaltlich nicht hinreichend bestimmt sei[7]. Diese Haltung wurde indes früh aufgegeben[8]. Die Rechtsprechung ist insoweit gefestigt und wird in der Literatur unter diesem Aspekt nicht angegriffen[9].

6 Jedoch muß die Frage nach der unmittelbaren Wirkung für die **gleichwertige Arbeit** nach wie vor gestellt werden[10]. Zwar wird darauf hingewiesen, durch den vom EuGH vertretenen Gleichlauf der RL 75/117/EWG[11] und des Entgeltgleichheitsgebots (Rn. 10) sei die gleichwertige Arbeit auch vor der Ergänzung im Vertrag von Amsterdam erfaßt ge-

---

4 Vgl. etwa EuGH, verb. Rs. C-270/97 u. C-271/97, Slg. 2000, I-929, Rn. 56 (Sievers u. Schrage).
5 Beginnend mit EuGH, Rs. 80/70, Slg. 1971, 445 (Defrenne I).
6 EuGH, Rs. 43/75, Slg. 1976, 455, Rn. 4/6 ff. (Defrenne II).
7 EuGH, Rs. 43/75, Slg. 1976, 455, Rn 16/20 (Defrenne II); Rs. 129/79, Slg. 1980, 1275, Rn. 15 (Macarthys/Smith).
8 Ohne Begründung: EuGH, Rs. 96/80, Slg. 1981, 911, Rn. 18 (Jenkins).
9 Vgl. vor allem *E. Steindorff*, Gleichbehandlung von Mann und Frau nach EG-Recht, RdA 1988, S. 129 (132 f.); auch *C. Langenfeld/B. Jansen*, in: Grabitz/Hilf, EU, Art. 119, Rn. 11; *Bieback* (Fn. 9), Art. 141, Rn. 6 ff. Unzutreffend die Bewertung von *G. Wisskirchen*, Mittelbare Diskriminierung von Frauen im Erwerbsleben, 1994, S. 50, die unmittelbare Wirkung bleibe auf eindeutige Fälle der Teilzeitarbeit beschränkt.
10 Vgl. bereits EuGH, Rs. 43/75, Slg. 1976, 455, Rn. 16/20 (Defrenne II) sowie GA *A. Trabucchi* in dieser Rs. auf S. 486; vgl. auch *S. Grundmann*, Europäisches Schuldvertragsrecht, 1999, S. 399. Die unmittelbare Wirkung insoweit bejahend *A. Arnull*, Article 119 and Equal Pay for Work of Equal Value, ELRev. 11 (1986), S. 200 (206 ff.); *MünchArbR/Birk* § 19, Rn. 313.
11 V. 10.2.1975 zur Angleichung der Rechtsvorschriften der Mitgliedstaaten über die Anwendung des Grundsatzes des gleichen Entgelts für Männer und Frauen, ABl.EG 1975 Nr. L 45/19.

wesen, so daß sie auch an der unmittelbaren Wirkung teilgenommen habe. Unabhängig davon, daß diese Ansicht auch vor dem Hintergrund der Ablehnung einer horizontalen Richtlinienwirkung (Art. 249 Rn. 78, 78a) nicht ohne weiteres mit dem Verhältnis zwischen primärem und sekundärem Gemeinschaftsrecht vereinbar ist (Rn. 10), übersieht sie vor allem, daß trotz Art. 1 RL 75/117/EWG ein gemeinschaftsrechtliches Konzept der gleichwertigen Arbeit bisher fehlt[12]. Bedenkt man die fundamentalen Unterschiede des Verständnisses des Konzepts der Gleichwertigkeit in den Mitgliedstaaten (Rn. 57), wird deutlich, daß ein entsprechendes Konzept auch nicht durch Rückgriff auf eine breite gemeinsame Basis der mitgliedstaatlichen Arbeitsrechte entwickelt werden kann, sondern der EuGH rechtsschöpferisch tätig werden müßte[13]. Nimmt man die an die unmittelbare Wirkung gestellten Anforderungen ernst, muß diese für die gleichwertige Arbeit daher **abgelehnt** werden. Es wäre allerdings überraschend, wenn auch der EuGH diese Haltung einnähme. Die Rechtsprechung vermittelt derzeit vielmehr den Eindruck, als überlasse sie die Bewertung der Gleichwertigkeit dem jeweiligen nationalen Recht[14], Äußerungen finden sich nur zu den Verfahren, mit Hilfe derer die Gleichwertigkeit von Arbeit bewertet werden soll. Dieses ist jedoch darauf zurückzuführen, daß dem EuGH bisher in Vorlageverfahren nicht die entsprechenden Fragen gestellt wurden[15]. Es wäre auch mit dem Institut der unmittelbaren Wirkung kaum zu vereinbaren, den Anwendungsbereich der anzuwendenden Bestimmung in einem wesentlichen Punkt durch das mitgliedstaatliche Recht bestimmen zu lassen.

2. Zeitliche Wirkung

Um in bestimmten Fällen eine **Rückwirkung** seiner Urteile zu **vermeiden**, hat der EuGH die zeitliche Wirkung der unmittelbaren Wirkung beschränkt[16]. Praktisch relevant war und ist diese Frage im Bereich der Altersversorgung (Rn. 74). Dogmatisch ist diese Konstruktion zur Beschränkung der zeitlichen Wirkung eines Urteils fragwürdig, da sich ein von den ursprünglichen Umsetzungsstufen des Primärrechts unabhängiges zeitliches Element nur schwer in die Systematik der Voraussetzungen der unmittelbaren Wirkung einordnen läßt[17]. Ebenso problematisch ist der von den Vertragsparteien im Protokoll zu Art. 119 a.F.

7

---

12 Zutreffend *C. Barnard*, EC Employment Law, 1995, Rn. 4.23; vgl. auch *M. Schlachter*, Wege zur Gleichberechtigung, 1993, S. 128 f.; *MünchArbR/Birk* § 19, Rn. 322; *Langenfeld* (Fn. 2), S. 249; *H. Wissmann*, Die rechtliche Bewertung unterschiedlicher Tätigkeiten und das gemeinschaftliche Verbot der mittelbaren Geschlechtsdiskriminierung, FS-Schaub, 1998, S. 793 (795 ff.); ferner *R. Winter*, Gleiches Entgelt für gleichwertige Arbeit, 1998, S. 111 ff.; einen konkreten Maßstab nennt auch *K. Feldhoff*, Der Anspruch auf gleichen Lohn für gleichwertige Arbeit, 1998, S. 109 f., nicht; vgl. auch *G. Thüsing*, Anm. zu BAG v. 10.12.1997, SAE 1999, S. 28 (30); *ders.*, Gleicher Lohn für gleichwertige Arbeit, NZA 2000, S. 570 (571). Anders, aber ohne Begründung *M. Kort*, Zur Gleichbehandlung im deutschen und europäischen Arbeitsrecht, insbesondere beim Arbeitsentgelt teilzeitbeschäftigter Betriebsratsmitglieder, RdA 1997, S. 277 (279).
13 *F. Gamillscheg*, Kollektives Arbeitsrecht, Bd. 1, 1997, S. 677 bezeichnet die Definition der gleichwertigen Arbeit zu Recht als Aufgabe der Zukunft.
14 Vgl. etwa EuGH, Rs. C-127/92, Slg. 1993, I-5535, Rn. 13 ff. (Enderby); Rs. C-236/98, Slg. 2000, I-2189, Rn. 47 f. (Jämställdhetsombudsmannen/Örebro läns landsting); s. auch die Bewertung von *M. Schlachter*, Probleme der mittelbaren Benachteiligung im Anwendungsbereich des Art. 119, NZA 1995, S. 393 (395).
15 Anders *Schlachter* (Fn. 14), S. 395.
16 EuGH, Rs. 43/75, Slg. 1976, 455, Rn. 74/75 (Defrenne II); EuGH, Rs. C-262/88, Slg. 1990, I-1889, Rn. 40 ff. (Barber). Abgelehnt etwa in EuGH, Rs. 69/80, Slg. 1981, 767, Rn. 33 (Worringham).
17 Den EuGH insoweit aber verteidigend *Langenfeld* (Fn. 2), S. 95.

gewählte Weg, die Beschränkung der zeitlichen Wirkung im Bereich der Altersversorgung über die Aufnahme eines zeitlichen Elements in die Definition des Entgelts aufzunehmen. Im Ergebnis ist dem EuGH jedoch zuzustimmen[18], wenngleich hierdurch gerade im Bereich der Altersversorgung keine einfachen Lösungen entstanden sind (Rn. 74).

8 Eine andere Frage ist, ob ein Ausschluß der Rückwirkung durch den EuGH einer Anordnung eben dieser durch das **nationale Recht** entgegensteht. Eine so weitreichende Wirkung des gemeinschaftsrechtlichen Rückwirkungsverbots ist abzulehnen[19], was nunmehr auch der EuGH entschieden hat[20]. Selbst wenn bei einer horizontalen unmittelbaren Wirkung nicht nur mitgliedstaatliche, sondern auch Interessen der beteiligten Privatpersonen vom EuGH berücksichtigt werden, richtet sich die Zulässigkeit einer solchen Rückwirkung alleine nach dem mitgliedstaatlichen Recht[21].

II. Verhältnis zum sekundären Gemeinschaftsrecht

9 Die RL 75/117/EWG[22] betrifft unmittelbar die Entgeltgleichheit; andere die Gleichbehandlung betreffende RLen haben Einfluß auf die Auslegung des Entgeltgleichheitsgebots gehabt oder es stellen sich Abgrenzungsfragen[23]. Die zum Teil auch widersprüchlichen Schlüsse, die der EuGH aus dem **Zusammenspiel** der RLen und der Art. 141 Abs. 1 u. 2 gezogen hat, sind alles andere als ein Ruhmesblatt der Dogmatik eines klaren Verhältnisses zwischen primärem und sekundärem Gemeinschaftsrecht sowie Gemeinschafts- und mitgliedstaatlichem Recht.

10 Eine eigenständige Rolle hat die **RL 75/117/EWG** bisher vor allem in Vertragsverletzungsverfahren gespielt[24]. Auch wenn sie in Vorlagefragen genannt wurde, erfolgte die Antwort mitunter allein unter Bezugnahme auf Art. 141 Abs. 1 u. 2[25]. Der EuGH vertrat früh die Auffassung, daß die RL nur die materielle Tragweite des Art. 119 a.F. in einigen Punkten präzisiere, die konkrete Anwendung des Entgeltgleichheitsprinzips erleichtern solle und in keiner Weise Inhalt oder Tragweite der primärrechtlichen Bestimmung berühre[26]. Der EuGH hat das so definierte Verhältnis dazu benutzt, in

---

18 A.A. *Langenfeld* (Fn. 96), S. 96.
19 Zutreffend insoweit daher der Ansatz des BAG v. 20. 11. 1990, AP Nr. 14 zu § 1 BetrAVG Ablösung unter B.II. der Gründe; v. 7. 3. 1995 AP Nr. 26 zu § 1 BetrAVG Gleichbehandlung unter B.IV. der Gründe.
20 EuGH, Rs, C-50/96, Slg. 2000, I-743, Rn. 50 (Schröder); verb. Rs. C-234/96 u. C-235/96, Slg. 2000, I-799, Rn. 46 ff. (Vick u. Conze); verb. Rs. C-270/97 u. C-271/97, Slg. 2000, I-929, Rn. 48 (Sievers u. Schrage).
21 Zur Rechtlage nach deutschem Recht eingehend *C. Weber*, Rückwirkung und Vertrauensschutz - Die Rechtsprechung des EuGH und des BAG zum Prinzip der Lohngleichheit in der betrieblichen Altersversorgung, Jahrbuch Junger Zivilrechtswissenschaftler 1994, 1995, S. 221 ff.
22 Fn. 1.
23 Zum Inhalt der RLen statt vieler *C. Langenfeld/B. Jansen*, in: Grabitz/Hilf, EU, Art. 119, Rn. 47 ff.
24 Vgl. etwa EuGH, Rs. 61/81, Slg. 1982, 2601 (Kommission/Vereinigtes Königreich); Rs. 143/83, Slg. 1985, 427 (Kommission/Dänemark).
25 EuGH, Rs. 129/79, Slg. 1980, 1275, Rn. 17 (Macarthys/Smith); Rs. 96/80, Slg. 1981, 911, Rn. 19 ff. (Jenkins). Anders Rs. 237/85, Slg. 1986, 2101 (Rummler/Dato Druck); Rs. 109/88, Slg. 1989, 3199 (Danfoss).
26 EuGH, Rs. 43/75, Slg. 1976, 455, Rn. 53/55, 67 (Defrenne II); EuGH, Rs. 69/80; Slg. 1981, 767, Rn. 21 (Worringham); Rs. 96/80, Slg. 1981, 911, Rn. 22 (Jenkins); Rs. 143/83, Slg. 1985, 427, Rn. 2 (Kommission/Dänemark); Rs. 192/85, Slg. 1987, 4753, Rn. 20 (Newstead); Rs. C-262/88; Slg. 1990, I-1889, Rn. 11 (Barber); Verb. Rs. C-399/92 u.a., Slg. 1994, I-5727, Rn. 19 (Helmig).

Art. 119 a.F. zum Teil weitergehende, in der RL enthaltene Prinzipien hineinzulesen (gleichwertige Arbeit, mittelbare Diskriminierung), die zu einer erheblichen Ausweitung des Art. 119 a.F. geführt haben und nach wie vor einige der praktisch besonders relevanten Anwendungsbereiche darstellen. Dogmatisch ist diese Methode sowohl hinsichtlich der an eine unmittelbare Wirkung gestellten Anforderungen, des Verhältnisses von Primär- und Sekundärrecht als auch vor dem Hintergrund des nach wie vor bestehenden Verbots der horizontalen Wirkung von Richtlinien (Art. 249 Rn. 78, 78a) nicht haltbar. Soweit in der Literatur überhaupt Stellung bezogen wird, wird die Position des EuGH überwiegend[27] mit der Bedeutung des Entgeltgleichheitsgebots[28] oder mit seiner ansonsten drohenden Bedeutungslosigkeit verteidigt – beides dogmatisch wiederum kaum überzeugende Ansätze. Man wird sich realistischerweise andererseits dieser gefestigten Rechtsprechung nicht mehr verschließen können. Im Ergebnis sind auch die Mängel in der dogmatischen Konstruktion nicht überzubewerten: Der EuGH hat dem Entgeltgleichheitsgebot einen Inhalt zukommen lassen wollen, den er auch auf anderem Wege (etwa durch Berufung auf Übereinkommen Nr. 100 der ILO) hätte begründen können; die Konstruktion über die RL 75/117/EWG hat insoweit auch einen zufälligen Charakter.

Die allgemeine **Gleichbehandlungsrichtlinie 76/207/EWG**[29] hat mittelbaren Einfluß genommen, indem sie dazu beigetragen hat, die herausragende Bedeutung der Gleichbehandlung auf Gemeinschaftsebene zu begründen und weil sie die mittelbare Diskriminierung in Art. 2 Abs. 1 erstmals ausdrücklich erwähnt. Zudem flankiert die RL 76/207/EWG den auf die Entgeltgleichheit beschränkten Art. 141 Abs. 1 u. 2. Die Abgrenzung Entgelt oder sonstige Arbeitsbedingung ist komplex. Der EuGH stellt darauf ab, ob – auch mittelbar wie über die Einstufung in eine höhere Tarifgruppe[30], die Dauer der Arbeitszeit[31] oder der Betriebszugehörigkeit[32] – die Höhe des Entgelts »quasiautomatisch[33]« betroffen ist, ohne daß andere Arbeitsbedingungen geändert werden[34]. Steht indes eine andere Arbeitsbedingung in Frage, ist grundsätzlich die RL 76/207/EWG ein-

11

---

27 Kritik bei *Langenfeld* (Fn. 2), S. 69, die für eine längere Umsetzungsfrist bei Richtlinienbestimmungen plädiert, deren Inhalt nicht ohne weiteres dem Wortlaut des Art. 119 a.F. zu entnehmen ist, vgl. S. 89 ff. Das Problem des Rückschlusses von RL auf Primärrecht wird damit aber nicht erfaßt und gelöst.
28 *P. K. Meyer*, Auswirkungen des EG-Diskriminierungsverbots von Mann und Frau auf die private und betriebliche Krankheits- und Altersvorsorge in Europa, 1994, S. 133; *J. Currall*, in: GTE, EU-/EG-Vertrag, Art. 119, Rn. 11: im Interesse einer rationalen Anwendung eindeutig wünschenswert. *J. Currall* räumt indes auch ein, daß die Lösung des EuGH dogmatisch nicht voll überzeugt.
29 V. 9.2.1976 zur Verwirklichung des Grundsatzes der Gleichberechtigung von beiden Geschlechtern hinsichtlich des Zugangs zur Beschäftigung, zur Berufsbildung und zum beruflichen Aufstieg sowie in bezug auf die Arbeitsbedingungen, ABl.EG 1976 Nr. L 39/40.
30 EuGH, Rs. C-184/89, Slg. 1991, I-297, Rn. 12 ff. (Nimz); vgl. auch GA *M. Darmon* in dieser Rs., Ziff. 6.
31 Teilzeitbeschäftigte: EuGH, Rs. 170/84, Slg. 1986, 1607, Rn. 24 ff. (Bilka); EuGH, Rs. C-33/89, Slg. 1990, I-2591, Rn. 13 (Kowalska). Vgl. aber Rs. C-236/98, 2000, I-2189, Rn. 59 (Jämställdhetsombudsmannen/Örebro läns landsting).
32 EuGH, Rs. C-184/89, Slg. 1991, I-297, Rn. 12 ff. (Nimz).
33 Abgelehnt in EuGH Rs. C-1/95, Slg. 1997, I-5253, Rn. 23 ff. (Gerster) für die Aufnahme in die Beförderungsliste nach Beamtenrecht, da dadurch nur eine Möglichkeit, nicht aber ein Anspruch auf Beförderung besteht.
34 EuGH, Rs. C-184/89, Slg. 1991, I-297, Rn. 12 ff. (Nimz); vgl. auch GA *M. Darmon* in dieser Rs. Ziff. 5 f.; bestätigt in Rs. C-243/95, Slg. 1998, I-3739, Rn. 20 f. (Hill und Stapleton). Anders, aber zu eng, da auch den quasiautomatischen Bezug zum Lohn ausblendend *S. Grundmann*, Europäisches Schuldvertragsrecht, 1999, S. 393: Lohngleichheit nur in Bezug auf bestehendes Arbeitsverhältnis, alle Fragen des Zugangs und des Aufstiegs nach der RL.

Art. 141 EG-Vertrag

schlägig[35] auch wenn jene Einfluß auf die Entgelthöhe oder -zahlung[36] hat, es sei denn in der Koppelung der Entgelthöhe an diese Arbeitsbedingung liegt eine mittelbare Diskriminierung. Im nationalen Recht zusammenhängend geregelte Fragen können daher in Teilen gemäß Art. 141 und in anderen Teilen nach der RL zu beurteilen sein[37]. S. auch Rn. 25.

12   Die **RL 79/7/EWG**[38] hat zum einen dadurch Einfluß auf die Auslegung des Entgeltgleichheitsgebots genommen, daß der EuGH u.a. mit Art. 7 Abs. 1 lit. a), der den Mitgliedstaaten die Befugnis einräumt, aus dem Anwendungsbereich der RL die Festsetzung des Rentenalters auszuschließen, das Rückwirkungsverbot der Barber Entscheidung begründet hat[39]. Zum anderen hat der EuGH aus dem Umstand, daß die RL nicht verpflichte, Kindererziehungszeiten bei der Berechnung der gesetzlichen Altersrente zu berücksichtigen, geschlossen, daß eine entsprechende Nichtberücksichtigung bei einer von Art. 141 erfaßten Altersversorgung keinen Verstoß gegen das Entgeltgleichheitsgebot darstellt[40]. Daraus, daß die RL die von Art. 141 Abs. 1 u. 2 gerade nicht erfaßten gesetzlichen Sozialversicherungssysteme betrifft, leitet der EuGH anders als bei seiner Rechtsprechung zum Verhältnis Art. 119 a.F. und RL 75/117/EWG keine Erweiterung des Tatbestandes des Entgeltgleichheitsgebots, sondern eine einschränkende Auslegung der zeitlichen Tragweite des Entgeltgleichheitsgebots ab (Rn. 13, 74).

13   Eine geringe Bedeutung für das Entgeltgleichheitsgebot hat die **RL 86/378/EWG**[41]. Sie wird vom EuGH in einem Atemzug mit der RL 79/7/EWG zur Begründung des soeben erwähnten Vertrauenstatbestandes genannt[42] und hat als Grundlage dafür gedient, ihn auf die Hinterbliebenenrente auszudehnen[43]. Ferner wurde aus Art. 2 Abs. 1 RL 86/378/EWG abgeleitet, daß auch Systeme mit Pflichtmitgliedschaft unter Art. 141 fallen können[44]. Die Möglichkeit des Ausschlusses der Festsetzung des Rentenalters entspricht indes in einem wichtigen Punkt nicht dem der RL 79/7/EWG: Art. 9 lit. a) gestattet nämlich nur einen Aufschub, der u.a. an die Verwirklichung des gleichen Rentenalters in den gesetzlichen Systemen geknüpft ist. Trotz der ausdrücklichen Anerkennung der Verknüpfung gesetzlicher und betrieblicher Systeme im sekundären Gemeinschaftsrecht hat der EuGH diesen Aspekt als Rechtfertigung von Diskriminierungen bei der betrieblichen Altersversorgung verworfen (Rn. 72). Den am Ende der vorigen Rn. dargestellten Schritt vollzieht der EuGH hier daher nicht. Dennoch wurde der genannte Aufschub-

---

35 EuGH, Rs. C-167/97, Slg. 1999, I-688, Rn. 37 ff. (Seymour-Smith u. Perez).
36 EuGH, Rs. 19/81, Slg. 1982, 555, Rn. 8 (Burton).
37 Vgl. EuGH, Rs. C-167/97, Slg. 1999, I-688, Rn. 36 ff. (Seymour-Smith u. Perez): Die Entschädigung wegen ungerechtfertigter Entlassung ist an Art. 141, die Voraussetzungen der Wiedereingliederung des Arbeitnehmers an der RL zu messen.
38 V. 19.12.1978 zur schrittweisen Verwirklichung des Grundsatzes der Gleichbehandlung von Männern und Frauen im Bereich der sozialen Sicherheit, ABl.EG 1979 Nr. L 6/24.
39 EuGH, Rs. C-262/88; Slg. 1990, I-1889, Rn. 42 (Barber).
40 EuGH, Rs. C-297/93, Slg. 1994, I-5535, Rn. 27 f. (Grau-Hupka).
41 V. 24.7.1986 zur Verwirklichung des Grundsatzes der Gleichbehandlung von Männern und Frauen bei den betrieblichen Systemen der sozialen Sicherheit, ABl.EG 1986 Nr. L 225/40.
42 EuGH, Rs. C-262/88; Slg. 1990, I-1889, Rn. 42 (Barber); vgl. auch EuGH, Rs. C-128/93, Slg. 1994, I-4583, Rn. 19 f. (Fischer); vgl. auch M. *Schlachter*, Grundsatz des gleichen Entgelts nach Art. 119 EG-Vertrag und der Richtlinie 75/117/EWG, in: H. Oetker/U. Preis (Hrsg.), Europäisches Arbeits- und Sozialrecht, B 4100, Rn. 19.
43 EuGH, Rs. C-200/91, Slg. 1994, I-4389, Rn. 53 f. (Coloroll Pension Trustees) unter Berufung auf Art. 9 lit. b) der RL; vgl. auch Rs. C-147/95, Slg. 1997, I-2057, Rn. 22 (Evrenopoulos); Rs. C-50/99, Slg. 2000, I-4039, Rn. 27 f. (Podesta).
44 EuGH, Rs. C-50/99, Slg. 2000, I-4039, Rn. 31 f. (Podesta).

grund in der revidierten Fassung der RL[45] beibehalten, obwohl die Neufassung vor dem Hintergrund der Rechtsprechung des EuGH erfolgte.

Mit der Gleichstellung von teilzeitbeschäftigten Arbeitnehmern befaßt sich die **RL 97/** **14** **81/EG**[46]. Die der RL zugrundeliegende Rahmenvereinbarung (zu dieser Vorgehensweise Art. 139 Rn. 5 ff.) statuiert ein allgemeines, also nicht auf den Geschlechtervergleich beschränktes Diskriminierungsverbot Teilzeitbeschäftigter (Para. 4 Nr. 1 der RL). Sie weicht in mancher Hinsicht von Art. 141 ab[47], so daß in Zukunft die Frage einer möglichen Beeinflussung der Auslegung des Art. 141 relevant wird, wenn man nicht wie hier einen Gleichlauf des Begriffes des Arbeitsentgelts in Art. 137 Abs. 6 und Art. 141 vertritt (Art. 137 Rn. 8), da dann diese RL keine Entgeltfragen betreffen kann[48].

III. Anwendungsbereich des Grundsatzes der Entgeltgleichheit

1. Persönlicher Anwendungsbereich

Adressat des Entgeltgleichheitsgebots nach Art. 141 Abs. 1 ist der **Mitgliedstaat**, dem **15** damit eine aktive Rolle zugewiesen ist. Im Rahmen der **unmittelbaren Wirkung** ist der Grundsatz der Entgeltgleichheit auf das Verhältnis zwischen Arbeitnehmer und Arbeitgeber beschränkt, was aus der Zugehörigkeit der Vorschrift zum Kapitel über die Sozialpolitik folgt und in der Legaldefinition des Art. 141 Abs. 2 nur bestätigt wird. In dem Verhältnis zwischen Arbeitnehmer und Arbeitgeber begründet Art. 141 Abs. 1 über die unmittelbare Wirkung einen **Entgeltgleichheitsanspruch**, gleichgültig, ob der Arbeitgeber, die Tarifvertragsparteien, betriebliche Partner oder der Mitgliedstaat Urheber der Ungleichbehandlung sind.

Der **Arbeitgeberbegriff** erfaßt alle privaten und öffentlichen[49] Arbeitgeber. Er wird im **16** übrigen mittelbar durch das Feststellen der Arbeitnehmereigenschaft definiert. Der Entgeltgleichheitsanspruch besteht auch gegenüber dem faktischen Arbeitgeber, also wenn die Arbeitsleistung ohne wirksame vertragliche Grundlage erbracht wird. Eine andere Ansicht ließe sich weder mit dem Schutzwreck der Norm noch mit der auf die tatsächliche Zahlung des Arbeitsentgelts abstellenden Definition in Art. 141 Abs. 2 vereinbaren

---

45 RL 96/97/EG v. 20. 12. 1996 zur Änderung der RL 86/378/EWG zur Verwirklichung des Grundsatzes der Gleichbehandlung von Männern und Frauen bei den betrieblichen Systemen der sozialen Sicherheit, ABl.EG 1997 Nr. L 46/20.
46 V. 15.12.1997 zu der von UNICE, CEEP und EGB geschlossenen Rahmenvereinbarung über Teilzeitarbeit, ABl.EG 1998 Nr. L 14/9. Der Geltungsbereich dieser auf der Grundlage des SozAbk verabschiedeten RL wurde auf das Vereinigte Königreich ausgedehnt, vgl. RL 98/23/EG v. 7.4.1998 zur Ausdehnung der RL 97/81/EG zu der von UNICE, CEEP und EGB geschlossenen Rahmenvereinbarung über Teilzeitarbeit auf das Vereinigte Königreich, ABl.EG 1998, Nr. L 131/10.
47 So ist etwa ein Vergleich auch dann möglich, wenn in einem Betrieb kein Vollzeitbeschäftigter vorhanden ist (Para. 3 Nr. 2). Die Ausnahmen zum Diskriminierungsverbot sind weit gefaßt (Para. 3 Nr. 4). Vgl. auch die Möglichkeit des Ausschlusses von Teilzeitbeschäftigten, die nur gelegentlich arbeiten (Para. 2 Nr. 2).
48 Im Ergebnis so auch mit umständlicher Begründung *M. Schmidt*, Die neue EG-Richtlinie zur Teilzeitarbeit, NZ 1998, 576 (578 f.); davon ausgehend, daß die RL auch das Arbeitsentgelt umfaßt hingegen *J. Kreimer-de Fries*, EU-Teilzeitvereinbarung – kein gutes Omen für die Zukunft der europäischen Verhandlungsebenen, ArbuR 1997, S. 314 (315).
49 EuGH, Rs. 43/75, Slg. 1976, 455, Rn. 21/24 (Defrenne II); Rs. C-1/95, Slg. 1997, I-5253, Rn. 18 f. (Gerster); *L. Imbrechts*, L'égalité de traitement de rénumération entre hommes et femmes, R.T.D.E. 22 (1986), S. 231 (236).

Art. 141 EG-Vertrag

(Rn. 35). Darüber hinaus kann fraglich sein, wer Arbeitgeber ist[50]. Hierbei handelt es sich um eine vom mitgliedstaatlichen Gericht zu beantwortende Frage des nationalen Rechts.

17 Wer **Arbeitnehmer** ist, ist nicht definiert und im Rahmen des Art. 141 vom EuGH nicht angesprochen worden. Der Begriff ist in Anlehnung an die zu Art. 39 entwickelten Grundsätze autonom zu bestimmen; auf die Auslegung im Rahmen von Art. 42 kann wegen der dort abweichenden Fragestellung nicht zurückgegriffen werden[51]. Beamte sind damit erfaßt. Eine solche autonome Auslegung trägt zur entscheidenden Abgrenzung insbesondere zur **Selbständigkeit** indes nichts von Substanz bei. Sowohl auf nationaler als auch auf Gemeinschaftsebene fehlt es hierzu an überzeugenden oder zumindest leicht handhabbaren und sicheren Lösungen. Auf Gemeinschaftsebene wird versucht, einzelne die Gleichbehandlung betreffende Rechtsakte (RL 86/613/EWG[52], vgl. auch Art. 2 RL 79/7/EWG[53]) auch auf Selbständige anzuwenden, doch ist eine solche Regelung für die Entgeltgleichheit nicht erfolgt und nicht zu erwarten; sie dürfte auch kaum praktikabel sein. Einen eigenen Begriff der **arbeitnehmerähnlichen Person** kennt das Europarecht bisher nicht. Inwieweit der Arbeitnehmerbegriff des Art. 141 weit genug ist, um auch arbeitnehmerähnliche Personen i.S.d. deutschen Rechts zu erfassen, ist ungeklärt[54]. Wegen der unklaren Grenzen des Einbezugs bei fehlender normativer Grundlage und fehlendem europarechtlichen Konzept ist ein solcher aber abzulehnen. Arbeitnehmerähnliche Personen können indes Gegenstand einer ausdrücklichen Regelung in RLen nach Art. 141 Abs. 3 sein (vgl. auch Art. 137 Rn. 1a). In persönlicher Hinsicht ist der Arbeitnehmerbegriff nicht auf Staatsangehörige eines Mitgliedstaats beschränkt[55].

18 **Leistungsempfänger** muß nicht zwingend der Arbeitnehmer, **Anspruchsverpflichteter** nicht der Arbeitgeber sein, was teilweise aus der Legaldefinition des Entgelts in Art. 141 Abs. 2 folgt. Entscheidend und ausreichend ist, daß der Entgeltanspruch seinen Ursprung im Arbeitsverhältnis findet (»aufgrund des Arbeitsverhältnisses«). Ist der Empfänger des Entgelts naturgemäß ein Dritter und nicht der Arbeitnehmer, kann auch der Dritte sich auf das Gleichheitsgebot berufen (Hinterbliebenenrente)[56]; bedient sich der Arbeitgeber zur Verwaltung und Auszahlung eines Entgeltbestandteils Dritter (**Treuhänder**), trifft auch diese die Pflicht nach Art. 141 Abs. 1[57]; es handelt sich um einen Fall der mittelbaren Zahlung im Sinne von Art. 141 Abs. 2.

---

50 Aus deutscher Sicht seien genannt: mittelbares Arbeitsverhältnis, ARGE, Gesamthafenbetrieb.
51 Richtig *Meyer* (Fn. 28), S. 99 f.
52 V. 11. 12. 1986 zur Verwirklichung des Grundsatzes der Gleichbehandlung von Männern und Frauen, die eine selbständige Erwerbstätigkeit – auch in der Landwirtschaft – ausüben, sowie über den Mutterschutz, ABl.EG 1986 Nr. L 359/56.
53 Fn. 38.
54 So allgemein zum europäischen Arbeitsrecht *W. Däubler*, Arbeitnehmerähnliche Personen im Arbeits-, Sozial- und EG-Recht, ZIAS 2000, S. 327 (335).
55 *Langenfeld* (Fn. 2), S. 45; *J. Currall*, in: GTE, EU-/EG-Vertrag, Art. 119, Rn. 34.
56 EuGH, Rs. C-109/91, Slg. 1993, I-4879, Rn. 12–14 (Ten Oever); Rs. C-200/91, Slg. 1994, I-4389, Rn. 18 (Coloroll Pension Trustees).
57 EuGH, Rs. C-262/88; Slg. 1990, I-1889, Rn. 29 (Barber); Rs. C-128/93, Slg. 1994, I-4583, Rn. 30 f. (Fisscher); Rs. C-200/91, Slg. 1994, I-4389, Rn. 20 ff. (Coloroll Pension Trustees); EuGH, Rs. C-435/93, Slg. 1996, I-5223, Rn. 32 (Dietz); auch dann, wenn der Arbeitnehmer immer noch einen Anspruch gegen seinen Arbeitgeber hat, Rs. C-379/99, n.n.i.Slg., Rn. 28 ff. (Menauer). Kritisch aus deutscher Sicht *W. Blomeyer*, Neue Entscheidungsserie des EuGH zum Europäischen Arbeits- und Betriebsrentenrecht, NZA 1995, S. 49 (51).

2. Räumlicher Anwendungsbereich

Für die Bestimmung des räumlichen Geltungsbereichs muß unterschieden werden, ob es 19
um die den **Mitgliedstaat** als solchen **treffende Pflicht** gemäß Art. 141 Abs. 1 oder die Anknüpfung des Entgeltgleichheitsanspruchs aufgrund der unmittelbaren Wirkung geht.

Die erste Situation, wann also Art. 141 in **grenzüberschreitenden Sachverhalten** räum- 20
lich anwendbar ist, wurde vom EuGH bisher nicht entschieden. Bei Art. 39 Abs. 2 hat der Gerichtshof darauf abgestellt, daß das Arbeitsverhältnis einen hinreichend engen Bezug zum Gemeinschaftsgebiet haben müsse, der auch in einem hinreichend engen Bezug zu dem Recht eines Mitgliedstaates bestehen könne[58]. Diese Überlegungen überzeugen auch für Art. 141.

Die Frage nach der räumlichen Anwendbarkeit des **Anspruchs** aus Art. 141 auch alleine 21
aufgrund eines Bezugs des Sachverhalts zum Unionsgebiet zu beurteilen, stellt eine nicht überzeugende, von völkerrechtlichen Überlegungen geprägte Sichtweise dar, die übersieht, daß es nicht um die Bestimmung des territorialen Geltungsbereichs des EGV geht[59] (dazu Art. 299), sondern zu entscheiden ist, wann dem Arbeitnehmer in einem grenzüberschreitenden Sachverhalt ein Anspruch auf gleiches Entgelt nach Art. 141 zusteht. Über die unmittelbare Anwendung wird dieser Anspruch Bestandteil einer jeden mitgliedstaatlichen Rechtsordnung. Für die räumliche Anwendbarkeit ist daher ausreichend, daß das Recht eines Mitgliedstaates nach Art. 6 EVÜ[60], einem zwischen den Mitgliedstaaten geschlossenen völkerrechtlichen Abkommen, objektives oder subjektives **Arbeitsverhältnisstatut** ist[61].

Nur wenn diese Voraussetzung nicht gegeben ist, stellt sich auch bei der Anknüpfung des 22
Entgeltgleichheitsanspruchs gegenüber dem Arbeitgeber die Frage nach einem ansonsten bestehenden Bezug zur Union, da sich die Anwendbarkeit des im primären Gemeinschaftsrecht fußenden Anspruchs nicht abschließend nach dem von anderen Fragestellungen geprägten internationalen Arbeitsrecht richten kann[62]. Ist aber kein mitgliedstaatliches Recht gemäß Art. 6 EVÜ Arbeitsverhältnisstatut, bleiben nur wenige Konstellationen, in denen sich dennoch ein entsprechender Bezug begründen ließe. Ausreichend sind: ein Arbeitsverhältnis mit einem **in der Union niedergelassenen Arbeitgeber** auch bei gewöhnlichem Arbeitsort in einem Drittstaat; der **tatsächliche Arbeitsort** des Arbeitnehmers in einem Mitgliedstaat. Nicht hingegen alleine die Staatsangehörigkeit des Arbeitnehmers eines Unionsmitgliedstaates oder ein Arbeitsverhältnis mit der Tochtergesellschaft eines in einem Mitgliedstaat niedergelassenen Unternehmens; entsprechendes gilt für eine Zweigniederlassung.

---

58 EuGH, Rs. C-214/94, Slg. 1996, I-2253, Rn. 15 (Boukhalfa). Zu weiteren den hinreichend engen Bezug herstellenden Elementen vgl. die zusammenfassende Aufzählung von GA *P. Léger* Ziff. 46. Weitere Entscheidungen aus dem Bereich der Freizügigkeit: Rs. 36/74, Slg. 1974, 1405, Rn. 28 f. (Walrave/Union cycliste Internationale); Rs. 237/83, Slg. 1984, 3153, Rn. 6 (Prodest/Caisse Primaire d'Assurance Maladie de Paris); Rs. 9/88, Slg. 1989, 2989, Rn. 15 (Lopes de Veiga/Staatssecretaris van Justitie); Rs. C-60/93, Slg. 1994, I-2991, Rn. 14 (Aldewereld).
59 So aber *Meyer* (Fn. 28), S. 100 f.; in diese Richtung auch *J. Currall*, in: GTE, EU-/EG-Vertrag, Art. 119, Rn. 28.
60 Römisches Übereinkommen über das auf vertragliche Schuldverhältnisse anzuwendende Recht vom 19. Juni 1980, ABl.EG 1980 Nr. L 266/6.
61 So auch *R. Rebhahn*, in: Schwarze (Hrsg.), EU-Kommentar, Art. 141, Rn. 5; *Meyer* (Fn. 28), S. 100.
62 Vgl. auch *MünchArbR/Birk* § 19, Rn. 315.

3. Definition des Entgelts

23 Art. 141 Abs. 1 gewährt keinen allgemeinen Gleichbehandlungsanspruch, sondern beschränkt ihn auf gleiches Entgelt[63]. Den damit zentralen Begriff des Entgelts versucht Art. 141 Abs. 2, mit einer auf Art. 1 f. des Übereinkommens Nr. 100 der ILO[64] zurückgehenden Umschreibung weit zu definieren. Die jeweiligen Merkmale legt der EuGH weit aus[65].

a) Übliche Grund- oder Mindestlöhne und -gehälter sowie sonstige Vergütungen

24 Das Merkmal der **üblichen Grund- oder Mindestlöhne und -gehälter** betrifft das in der Gegenleistung zur erbrachten Arbeit liegende eigentliche Arbeitsentgelt.

25 Die **sonstigen Vergütungen** stellen einen Schwerpunkt des Entgeltgleichheitsgebots dar. Die genaue Reichweite des Begriffes der sonstigen Vergütungen ist in der Rechtsprechung des EuGH ebensowenig wie in der Literatur auf europäischer Ebene allgemein geklärt. Von Bedeutung ist weniger die Abgrenzung zum Arbeitsentgelt, weil es im Ergebnis keinen Unterschied macht, eine Leistung der einen oder der anderen Kategorie zuzuordnen. Entscheidend ist die Abgrenzung zu den sonstigen Arbeitsbedingungen, hinsichtlich derer zwar auch ein Gleichbehandlungsanspruch besteht, dieser seine Grundlage aber in der RL 76/207[66] findet. Stellt man auf die Funktion des Arbeitsentgelts als Gegenleistung des Arbeitgebers zu der vom Arbeitnehmer erbrachten Arbeit ab, ist sonstige Vergütung jede geldwerte Leistung, die in einem weit verstandenen Sinne (vgl. auch Rn. 26, 34) eine solche Gegenleistung ist[67] und nicht – was selten der Fall sein wird – ausschließlich aus anderen Motiven (z.B. Erhöhung der Produktivität, Verbesserung der Arbeitsbedingungen und des Arbeitsklimas, Förderung der Gesundheit) erfolgt. Der EuGH bejaht demgegenüber auch dann den Entgeltcharakter, wenn die Vergütung ausschließlich zum Anreiz für zukünftige Dienstleistungen und/oder Betriebstreue gewährt wird[68]. Je weiter die sonstige Vergütung von einer eigentlichen Entgeltzahlung entfernt ist (vgl. Rn. 28), desto problematischer wird diese Haltung. Zur Abgrenzung zur RL 76/207 auch Rn. 11.

26 Vom **EuGH anerkannt** sind: Entgeltfortzahlung im Krankheitsfall[69]; Übergangsgeld[70]; Aufwandsentschädigung während Betriebs-[71] oder Personalratsschulung[72]; Abfindungen und Entschädigungen bei Beendigung des Arbeitsverhältnisses[73]; Leistungen aus be-

---

63 EuGH, Rs. 149/77, Slg. 1978, 1365, Rn. 19/23 (Defrenne III); Rs. 170/84, Slg. 1986, 1607, Rn. 41 (Bilka).
64 Fn. 1.
65 U. Kischel, Zur Dogmatik des Gleichheitssatzes in der Europäischen Union, EuGRZ 1997, S. 1 (2) spricht von einem Heranführen an die äußersten Grenzen des Entgeltbegriffs.
66 Fn. 29.
67 Anders insoweit M. Schlachter, Anm. zu EuGH Rs. 278/93, in: H. Oetker/U. Preis (Hrsg.), Europäisches Arbeits- und Sozialrecht, Art. 119 EGV Nr. 39, S. 18 (19).
68 EuGH, Rs. C-333/97, Slg. 1999, I-7243, Rn. 21 (Lewen).
69 EuGH, Rs. 171/88, Slg. 1989, 2743, Rn. 7 (Rinner-Kühn).
70 EuGH Rs. C-33/89, Slg. 1990, I-2591, Rn. 11 (Kowalska).
71 EuGH, Rs. C-360/90, Slg. 1992, I-3589, Rn. 13 f. (Bötel); Rs. C-457/93, Slg. 1996, I-243, Rn. 22 f. (Lewark). Zur Kritik Fn. 72.
72 EuGH, Rs. C-278/93, Slg. 1996, I-1165, Rn. 20 (Freers und Speckmann). Zur Kritik statt vieler G. Wiese, in: F. Fabricius/A. Kraft/G. Wiese/P. Kreutz/H. Oetker, BetrVG, 6. Aufl. 1998, § 37, Rn. 55 m.w.Nw.; Schlachter (Fn. 42), Rn. 21 f. Die Kritik nur teilweise für berechtigt haltend Kort (Fn. 12) S. 281. Vgl. auch Schlachter (Fn. 67), S. 19.
73 EuGH, Rs. C-262/88; Slg. 1990, I-1889, Rn. 14, 20 (Barber); Rs. C-33/89, Slg. 1990, I-2591, Rn 8 ff. (Kowalska); Rs. C-173/91, Slg. 1993, I-673, Rn. 12 ff. (Kommission/Belgien); Rs. C-167/97, Slg. 1999, I-688, Rn. 28 (Seymour-Smith u. Perez); obiter dictum in Rs. 69/80; Slg. 1981, 767, Rn. 26 (Worringham).

trieblichen Sozialversicherungssystemen (Alters-, Hinterbliebenenrenten, Rn. 29 ff.); Arbeitnehmerbeiträge zu solchen Systemen[74]; Leistungen im Falle der Arbeitslosigkeit[75]; unter bestimmten Voraussetzungen die Beamtenversorgung[76]; Leistungen während[77] und bei Antritt[78] des Mutterschaftsurlaubs; vergünstigte Bahnreisen[79]; Erleichterungen bei Krediten[80]; Weihnachtsgratifikationen[81]. Umfaßt sind daher auch Leistungen, die bei Nichterbringung der Arbeitsleistung das Einkommen sichern sollen[82], insoweit also an die Stelle des Arbeitsentgelts treten, oder solche, die als aufgeschobenes Entgelt erst nach Beendigung des Arbeitsverhältnisses erbracht werden[83].

Unerheblich für die Zuordnung einer Leistung zum Entgeltbegriff ist, daß sie auch durch (zwingende oder freiwillige) Arbeitnehmerbeiträge mitfinanziert wird[84]. Die Haltung des EuGH zu **Arbeitgeberbeiträgen** zu betrieblichen[85] Sozialversicherungssystemen ist nicht ohne weiteres nachvollziehbar. Verbindet man die dazu ergangenen Entscheidungen, müßte maßgeblich sein, ob der Beitrag selbst Entgeltbestandteil ist[86] oder ob er zur Deckung der Kosten der zugesagten Leistungen dienen soll[87], wobei zweifelhaft ist, wie zwischen beiden unterschieden werden kann[88]. Es ist indes fraglich, ob in den beiden Urteilen überhaupt ein Versuch zu sehen ist, eine allgemeine Klärung der Frage herbeizuführen. Hätte der EuGH in den Urteilen zur Verwendung unterschiedlicher versicherungsmathematischer Faktoren auch die Arbeitgeberbeiträge als Entgelt qualifiziert[89], hätte er sein System zu sprengen gedroht. Anders als durch höhere Arbeitgeberbeiträge für die statistisch länger lebenden Frauen ließe sich ein auf Kapitalansammlung beruhendes System kaum finanzieren, das Frauen die gleiche Leistung bei gleichen Arbeit- 27

---

74 EuGH, Rs. C-200/91, Slg. 1994, I-4389, Rn. 80 (Coloroll Pension Trustees); EuGH, Rs. C-152/91, Slg. 1993, I-6935, Rn. 31 (Neath); kritisch *Blomeyer* (Fn. 57), S. 51. Vgl. auch, Rn. 26.
75 EuGH, Rs. C-173/91, Slg. 1993, I-673, Rn 2, 12 ff., 22 (Kommission / Belgien).
76 Zu den Voraussetzungen im einzelnen EuGH, Rs. C-7/93, Slg. 1994, I-4471, Rn. 16 ff., 46 (Beune); Rs. C-366/99, n.n.i.Slg., Rn. 26 ff. (Griesmar); Rs. C-206/00, n.n.i.Slg., Rn. 20 ff. (Mouflin). Zur Schwierigkeit der Einordnung der Beamtenversorgung, vgl. *E. Eichenhofer*, Anm. zur Rs. C-7/93, EuZW 1995, S. 157 (157 f.), der sich auch für eine Subsumtion der deutschen Beamtenversorgung unter den Entgeltbegriff ausspricht; so wohl auch *Bieback* (Fn. 9), Art. 141, Rn. 42. Dagegen aber *Steindorff* (Fn. 9), S. 131 f.
77 EuGH, Rs. C-342/93, Slg. 1996, I-475, Rn. 14 (Gillespie).
78 EuGH, Rs. C-218/98, Slg. 1999, I-5723, Rn. 14 (Abdoulaye).
79 EuGH, Rs. 12/81, Slg. 1982, 359, Rn. 5 ff. (Garland).
80 Obiter dictum in EuGH, Rs. 69/80; Slg. 1981, 767, Rn. 26 (Worringham).
81 EuGH, Rs. C-281/97, Slg. 1999, I-5127, Rn. 17 (Krüger); Rs. C-333/97, Slg. 1999, I-7243, Rn. 21 (Lewen); zu den genauen Voraussetzungen einer Diskrimnierung dort, Rn. 37 ff.
82 EuGH, Rs. C-342/93, Slg. 1996, I-475, Rn. 13 (Gillespie); *Schlachter* (Fn. 42), Rn. 10.
83 EuGH, Rs. C-33/89, Slg. 1990, I-2591, Rn. 10 (Kowalska); Rs. C-109/91, Slg. 1993, I-4879, Rn. 8 (Ten Oever); Rs. C-7/93, Slg. 1994, I-4471, Rn. 21 (Beune).
84 EuGH, Rs. C-200/91, Slg. 1994, I-4389, Rn. 88 (Coloroll Pension Trustees).
85 Beiträge zu gesetzlichen Systemen fallen ohnehin nicht unter den Entgeltbegriff, EuGH, Rs. 23/83, Slg. 1984, 3225, Rn. 12 (Liefting); *Schlachter* (Fn. 42), Rn. 13.
86 EuGH, Rs. 69/80; Slg. 1981, 767, Rn. 15, 17, 24 ff. (Worringham). Vgl. auch *Schlachter* (Fn. 42), S. 126.
87 Vgl. etwa *C. Langenfeld/B. Jansen*, in: Grabitz/Hilf, EU, Art. 119, Rn. 29.
88 Zur Literatur: Gegen einen Einbezug: *Meyer* (Fn. 28), S. 191; *U. Langohr-Plato*, Tendenzen zum Gleichbehandlungsgrundsatz in der betrieblichen Altersversorgung (1), MDR 1994, S. 19 (21). Mischlösungen: *R.-M. Kirschbaum*, Neues zur Gleichberechtigung der Geschlechter bei Betriebspensionen, ZAS 1995, S. 37 (39).
89 Dies ablehnend EuGH, Rs. C-152/91, Slg. 1993, I-6935, Rn. 28 ff., 34 (Neath); Rs. C-200/91, Slg. 1994, I-4389, Rn. 76 ff. (Coloroll Pension Trustees). Anders aber GA *W. van Gerven*, Schlußantr. zu EuGH, Rs. C-109/91, C-110/91, C-152/91 u. C-200/91, Slg. 1993, I-4893, Ziff. 33 ff. (auch eine Rechtfertigung ablehnend). Vgl. auch *K.-D. Borchardt*, Die Rechtsprechung des EuGH auf dem Prüfstand, BetrAVG 1993, S. 1 (5).

nehmerbeiträgen gewährt[90]. Daß aus der Verwendung unterschiedlicher versicherungsmathematischer Faktoren unterschiedlich hohe Leistungen folgen können, hat der EuGH hingenommen[91]. Die Rechtsprechung zur Verwendung unterschiedlicher versicherungsmathematischer Faktoren verdeutlicht, wie problematisch der Ansatz des EuGH zur Entgeltgleichbehandlung in der betrieblichen Altersversorgung ist.

28 Als sonstige Vergütungen kommen unter der in Rn. 25 geschilderten Voraussetzung weiter etwa in Betracht[92]: Werk- oder Dienstwohnung, privat nutzbares Dienstfahrzeug, zur Verfügung gestellte Kindergartenplätze, Sport-/Freizeitangebot. Keine sonstige Vergütung stellen Urlaub[93] und infolgedessen Urlaubsabgeltung dar, wohl aber das Urlaubsentgelt. Ohne Notwendigkeit der Abgrenzung zu anderen Arbeitsbedingungen stellen sonstige Vergütungen dar: Bonus, jede Art von Gratifikation oder sonstiger entgeltlicher Zuwendung, Überstundenzuschläge, Feiertagszuschläge, Schichtzulagen und vergleichbare Leistungen, Investivlöhne.

b) Aufgrund des Arbeitsverhältnisses

29 Dieses Merkmal bedeutet nach Auffassung des EuGH nicht, daß der Entgeltanspruch im Arbeitsverhältnis begründet sein muß[94]. Es ist vielmehr ausreichend, daß er in diesem seinen Ursprung findet, so daß auch gesetzlich[95], tarifvertraglich[96] oder durch Betriebsvereinbarung[97] begründete Ansprüche erfaßt sind. Die Abgrenzung im einzelnen ist nicht unproblematisch und dadurch gekennzeichnet, daß der EuGH das Merkmal großzügig auslegt und bisher nur gegenüber den gesetzlichen Systemen der sozialen Sicherheit Zurückhaltung geübt hat[98]. Mit dem ansonsten weiten Verständnis des Entgeltbegriffs ist diese Zurückhaltung nicht ohne weiteres in Einklang zu bringen[99], und man hat mitunter den Eindruck, als sollten die gesetzlichen Systeme der Sozialversicherung bewußt aus dem Anwendungsbereich des Art. 119 a.F. herausgehalten werden. Andererseits hat der EuGH versucht, diese Ausnahme wiederum möglichst eng zu definieren[100], was zu einer insgesamt nicht immer stringenten Linie von Entscheidungen geführt hat.

30 Vom Entgeltbegriff nicht umfaßt sind unmittelbar durch Gesetz geregelte, keinerlei vertragliche Vereinbarungen innerhalb des Unternehmens oder in dem betroffenen Gewerbezweig zulassende Sozialversicherungssysteme oder -leistungen. Solche Regelungen

---

90 Vgl. auch EuGH, Rs. C-152/91, Slg. 1993, I-6935, Rn. 31 (Neath); *R. Plender*, Equal Pay for Men and Women: Two Recent Decisions of the European Court, AJIL 30 (1982), S. 627 (644 f.); *Schlachter* (Fn. 42), Rn. 17. Diesen Aspekt übersehen wohl *H. Fenwick/T. K. Hervey*, Sex Equality in the Single Market: New Directions for the European Court of Justice, CMLRev 32 (1995), S. 443 (459 f.).
91 EuGH, Rs. C-152/91, Slg. 1993, I-6935, Rn. 33 (Neath); Rs. C-200/91, Slg. 1994, I-4389, Rn. 85 (Coloroll Pension Trustees).
92 Vgl. auch *Barnard* (Fn. 12), Rn. 4.12.
93 GA *M. Darmon*, Schlußantr. zu EuGH, Rs. C-184/89, Slg. 1991, I-297, Ziff. 6 (Nimz).
94 *Barnard* (Fn. 12), Rn. 4.8.
95 Rs. 43/75, Slg. 1976, 455, Rn. 40 (Defrenne II); Rs. C-262/88; Slg. 1990, I-1889, Rn. 17 (Barber). Zweifelnd *Langohr-Plato* (Fn. 88), S. 20.
96 Vgl. etwa EuGH, Rs. C-173/91, Slg. 1993, I-673, Rn. 17 (Kommission/Belgien).
97 Statt vieler *J. Sievers*, Die mittelbare Diskriminierung im Arbeitsrecht, 1997, S. 36.
98 EuGH, Rs. 80/70, Slg. 1971, 445, Rn. 7/12 (Defrenne I).
99 Vgl. auch *C. Koenig*, Die Europäische Sozialunion als Bewährungsprobe der supranationalen Gerichtsbarkeit, EuR 1994, S. 175 (177); s. aber den Begründungsversuch von GA *A. Dutheillet de Lamothe*, Schlußantr. zu EuGH, Rs. 80/70, Slg. 1971, 445, S. 458 (Defrenne I).
100 EuGH, Rs. 23/83, Slg. 1984, 3225 (Liefting); vgl. auch *M. Darmon/J.-G. Huglo*, L'égalité de traitement entre les hommes et les femmes dans la jurisprudence de la Cour de justice des Communautés européennes: un univers en expansion, R.T.D.E. 28 (1992), S. 1 (7 f.).

sicherten den Arbeitnehmern Ansprüche aus gesetzlichen Systemen, an deren Finanzierung Arbeitnehmer, Arbeitgeber und gegebenenfalls die öffentliche Hand in einem Maße beteiligt sind, das weniger vom Dienstverhältnis zwischen Arbeitgeber und Arbeitnehmer als von sozialpolitischen Erwägungen abhänge[101]. Maßgeblich ist danach letztlich alleine die **formale Einordnung** der in Frage stehenden Leistung nach dem jeweiligen nationalen Recht zu einem gesetzlichen Sozialversicherungssystem oder einem betrieblichen. Durch Ausdehnung des Geltungsbereichs eines betrieblichen Systems durch Gesetz auf andere als Arbeitnehmer (Arbeitslose, Erwerbsunfähige, Vorstandsmitglieder, Geschäftsführer), wird dieses System nicht dem Geltungsbereich von Art. 141 entzogen[102].

Das Abstellen des EuGH auf ein **formales Kriterium** bewirkt, daß funktional identische Leistungen je nach ihrer konkreten Ausgestaltung in dem jeweiligen mitgliedstaatlichen Recht als Entgelt zu qualifizieren sein können oder nicht, was zu **zufälligen** Ergebnissen führen kann, eine unter materiellen Gesichtspunkten einheitliche Anwendung des Entgeltgleichheitsgebots verhindert und den Mitgliedstaaten zusammen mit den Arbeitnehmern, Arbeitgebern und Koalitionen bei der Ausgestaltung existierender oder der Einführung neuer Leistungen einen gewissen Spielraum überläßt, das Entgeltgleichheitsgebot zu umgehen[103]. Unberücksichtigt bleiben funktionale Überlegungen ebenso wie eine historische Betrachtungsweise. Daß etwa das frühere Lohnfortzahlungsgesetz in Deutschland eine sozialrechtliche Lösung ersetzt hat, ist genauso unerheblich[104] wie die Funktion eines betrieblichen Systems (ein gesetzliches System ergänzend[105] oder ersetzend[106]), so daß die unterschiedlichsten Arten[107] betrieblicher Systeme unter das Entgeltgleichheitsgebot fallen[108]. Daß die Haltung des EuGH nicht kritiklos hingenommen wird, liegt auf der Hand (dazu näher Rn. 72 ff.). 31

---

101 EuGH, Rs. 80/70, Slg. 1971, 445, Rn. 7/12 (Defrenne I). Seitdem ständige Rspr., vgl. EuGH, Rs. 170/84, Slg. 1986, 1607, Rn. 17 f. (Bilka); Rs. C-262/88; Slg. 1990, I-1889, Rn. 22 (Barber); Rs. C-173/91, Slg. 1993, I-673, Rn. 14 (Kommission / Belgien); Rs. C-109/91, Slg. 1993, I-4879, Rn. 9 f. (Ten Oever); ausführlich in Rs. C-7/93, Slg. 1994, I-4471, Rn. 23 ff. (Beune); *M. Schlachter*, in: Erfurter Kommentar zum Arbeitsrecht, Art. 141 EGV, Rn. 4.
102 EuGH, Rs. C-50/99, Slg. 2000, I-4039, Rn. 34 (Podesta); GA *J. Mischo* in dieser Rs., Ziff. 48 ff.
103 Diese Konsequenz scheint der EuGH hier zu übersehen, obwohl er in anderem Zusammenhang (z.B. bei der Frage, ob nur arbeitsvertragliche oder auch gesetzliche Ansprüche umfaßt sein sollen), auf die Gefahr der formalen Auslegung mit ihren Konsequenzen hinweist, vgl. EuGH, Rs. C-7/93, Slg. 1994, I-4471, Rn. 28, 30 (Beune).
104 EuGH, Rs. 171/88, Slg. 1989, 2743, Rn. 7 (Rinner-Kühn); vgl. auch GA *M. Darmon* in dieser Rs., Ziff. 15. Kritisch *K.-J. Biebach*, Restriktive Prüfung der Diskriminierung wegen des Geschlechts im nationalen Sozialrecht?, SGb 1996, 513 (517).
105 EuGH, Rs. C-173/91, Slg. 1993, I-673, Rn. 20 (Kommission/Belgien); Rs. C-200/91, Slg. 1994, I-4389, Rn. 66 ff. (Coloroll Pension Trustees). Die auf den ersten Blick insoweit anderslautende Ausführung in EuGH, Rs. 192/85, Slg. 1987, 4753, Rn. 15 (Newstead) ist mißverständlich und ein Einzelfall geblieben.
106 EuGH, Rs. C-262/88; Slg. 1990, I-1889, Rn. 27 (Barber) mit Begründungsversuch; Rs. C-7/93, Slg. 1994, I-4471, Rn. 30 (Beune). Zustimmend *E. Eichenhofer*, Gleiches Pensionsalter für Mann und Frau nach EG-Recht?, ZAS 1991, S. 145 (148).
107 Zur deutschen betrieblichen Altersversorgung erstmals EuGH, Rs. 170/84, Slg. 1986, 1607, Rn. 22 (Bilka); vgl. auch EuGH, Rs. C-110/91, Slg. 1993, I-6591, Rn. 9 ff. (Moroni). Zur Hinterbliebenenrente Rs. C-200/91, Slg. 1994, I-4389, Rn. 55 (Coloroll Pension Trustees). Vgl. im übrigen hier nur den Überblick bei *Meyer* (Fn. 28), S. 33 ff.
108 Ähnlich *Meyer* (Fn. 26), S. 167 f. Dieser Umstand wurde bei zahlreichen frühen Prognosen der Auswirkung des Barber Urteils übersehen, vgl. zu Deutschland *Langenfeld* (Fn. 2), S. 241 f. sowie die Darstellung bei *D. Weichmann*, Auswirkungen der Entscheidung des EuGH vom 17. Mai 1990 (Rs. C 262/88 Barber/Guardian Royal Exchange) auf die Altersgrenzen im deutschen Rentenrecht, 1993, S. 96 ff.

32 Zweifel wirft die Zuordnung (gesetzlicher und vertraglicher) Leistungen auf, die zwar der Arbeitgeber im Verhältnis zum Arbeitnehmer erbringt, die jedoch zum Teil oder ganz von gesetzlichen Sozialversicherungsträgern oder vom Staat **rückerstattet** werden. So kann etwa nach deutschem Recht der Arbeitgeber nach der geltenden Regelung der Entgeltfortzahlung im Krankheitsfall unter bestimmten Voraussetzungen Ausgleich für seine Aufwendungen verlangen[109]. Die Entgeltfortzahlung hat der EuGH dennoch ohne jede Begründung unter den Entgeltbegriff gefaßt[110], was jedoch in denjenigen Fällen, in denen ein Anspruch des Arbeitgebers auf Erstattung besteht, abzulehnen ist. Teilweise wird vorgeschlagen, darauf abzustellen, ob der Arbeitgeber zu dieser Erstattung finanziell/organisatorisch beigetragen hat (dann soll Art. 141 greifen), was bei § 10 LFZG bejaht wird[111]. Da es sich bei etwaigen Beiträgen jedoch um solche zu einem gesetzlichen, von Art. 141 nicht erfaßten Sozialversicherungssystem handelt, überzeugt diese Auffassung nicht. Ein weiteres Beispiel ist das Kurzarbeitergeld, das kein Entgelt darstellt[112].

c) In Bar oder in Sachleistungen
33 Im Verhältnis zu den sonstigen Vergütungen (Rn. 25 ff.) hat die Sachleistung keine eigenständige Bedeutung.

d) Unmittelbar oder mittelbar
34 Daß das Entgelt auch mittelbar aufgrund des Arbeitsverhältnisses gezahlt werden kann, ist zum einen eine gewisse Stütze für das weite Verständnis des Bezuges zum Arbeitsverhältnis des EuGH, wenngleich es nicht alle Auswüchse der Rechtsprechung zu tragen vermag. Zudem stellt dieses Merkmal aber klar, daß Entgelt eine Leistung sein kann, die nicht vom Arbeitgeber, sondern von einem Dritten erbracht wird[113]. Die Mittelbarkeit wird insoweit auf die Person des Leistenden bezogen.

e) Zahlt
35 Das Abstellen auf die tatsächliche Zahlung in Art. 141 Abs. 2 stellt klar, daß nicht verlangt wird, daß auf das in Frage stehende Entgelt ein rechtlicher Anspruch besteht. Ausreichend ist, daß der Arbeitgeber es tatsächlich zahlt[114]. In diesem Merkmal findet sich zudem eine weitere Stütze dafür, daß das Entgeltgleichheitsgebot auch gegenüber dem faktischen Arbeitgeber besteht (Rn. 16).

4. Diskriminierungsverbot

36 Art. 141 Abs. 1 u. 2 sind auf ein Diskriminierungsverbot wegen des Geschlechts beschränkt und betreffen daher nicht Ungleichbehandlungen aufgrund der sexuellen Ausrichtung[115], zu deren Bekämpfung RLen nach Art. 13 verabschiedet werden können[116].

---

109 Vgl. die durch das EFZG nicht aufgehobenen §§ 10–19 LFZG.
110 EuGH, Rs. 171/88, Slg. 1989, 2743, Rn. 7 (Rinner-Kühn), nur GA *M. Darmon* hat sich in Ziff. 15 kurz mit der Frage auseinandergesetzt.
111 So *Bieback* (Fn. 9), Art. 141, Rn. 20.
112 So auch *Bieback* (Fn. 9), Art. 141, Rn. 44.
113 Nw. in Fn. 57.
114 EuGH, Rs. 69/80; Slg. 1981, 767, Rn. 16 (Worringham); EuGH, Rs. 12/81, Slg. 1982, 359, Rn. 10 (Garland); Rs. C-173/91, Slg. 1993, I-673, Rn. 17 (Kommission/Belgien); Rs. C-333/97, Slg. 1999, I-7243, Rn. 21 (Lewen); *Meyer* (Fn. 28), S. 163.
115 EuGH, Rs. C-249/96, Slg. 1998, I-621, Rn. 15 ff. (Grant); vgl. auch *Schlachter* (Fn. 42), Rn. 37; *R. Rebhahn*, in: Schwarze (Hrsg.), EU-Kommentar, Art. 141, Rn. 20; *L. Dentici*, L'Eguaglianza fra i sessi nell'Europa di Amsterdam, Il Diritto del Lavoro 2000, Teil I, S. 223 (229 f.); kritisch vor dem Hintergrund der zur RL 76/207 ergangenen Entscheidung in der Rs. C-13/94, Slg. 1996, I-2143 (P.S.), *P.-E. Partsch/M. Pittie/M. Struys*, Chronique semestrielle de droit communautaire, JT 1999, S. 353 (358).
116 Vgl. auch den Hinweis in EuGH, Rs. C-249/96, Slg. 1998, I-621, Rn. 48 (Grant).

Als Diskriminierungsverbot erfaßt Art. 141 Abs. 1 nur die Beseitigung von Ungleichbehandlungen und bietet keine Grundlage dafür, eine ansonsten als ungerecht empfundene Entlohnung anzugreifen oder ein Entgelt in bestimmter Höhe zu verlangen (vgl. auch Rn. 54). Zwar finden sich vereinzelt Ausführungen in der Rechtsprechung des EuGH, die darüber hinausgehen. In dem Urteil Gillespie wird so einerseits das Vorliegen einer Diskriminierung im Verhältnis zwischen der sich in Mutterschaftsurlaub befindlichen Arbeitnehmerin und männlichen Arbeitnehmern verneint, andererseits aber dennoch verlangt, daß die Leistungen während des Mutterschaftsurlaubs nicht so niedrig sein dürften, daß dadurch der Zweck des Mutterschaftsurlaubs gefährdet werde[117]. Der Grundsatz wird ferner wegen eines zum Teil weiten Verständnisses der Vergleichsgruppen (Rn. 52 ff.) verwässert. Letzteres läßt sich noch begründen, wenn man bereit ist, die Prämissen des EuGH zu teilen, ersteres nicht.

Anders als hinsichtlich des Entgeltbegriffes ist der Wortlaut der Art. 141 Abs. 1 u. 2 für 37 die nähere Eingrenzung des Diskriminierungsverbots nicht sehr ergiebig. Nicht erwähnt wird, welche Arten von Diskriminierungen erfaßt sind. Art. 141 Abs. 1 u. 2 enthalten ferner keine Angaben zur Vergleichsgruppenbildung. Gleiches gilt für die Definition des sachlichen Anknüpfungspunkts der Ungleichbehandlung. Schließlich wird auch die Tragweite des gemeinschaftsrechtlichen Konzeptes der gleichwertigen Arbeit nicht konkretisiert.

Die unterschiedlichen Voraussetzungen einer Diskriminierung hat der EuGH insgesamt 38 gesehen weit ausgelegt, was zum Teil gerade in Deutschland auf heftige Kritik gestoßen ist. Die Möglichkeit der Rechtfertigung von Diskriminierungen (Rn. 60 ff.) schwächt die auf den ersten Blick unnachgiebige Haltung des EuGH aber zum Teil erheblich ab, was bei mancher Kritik nicht ausreichend berücksichtigt wird.

a) Arten der Diskriminierung
Nach einer ständigen und im Grundsatz kaum mehr angreifbaren Rechtsprechung des 39 EuGH statuiert Art. 141 Abs. 1 nicht nur ein Verbot der **unmittelbaren**, sondern auch der **mittelbaren** Diskriminierung. Keine weitere selbständige Kategorie stellt hingegen die **versteckte** Diskriminierung dar. Zum Teil wird der Begriff synonym zur mittelbaren Diskriminierung verwandt[118], von anderen wird er als Unterfall der unmittelbaren Diskriminierung definiert, der diejenigen Situationen betrifft, in denen Grund der Unterscheidung das Geschlecht ist, aber äußerlich an ein anderes Merkmal angeknüpft wird[119].

aa) Die Voraussetzungen der unmittelbaren Diskriminierung
Eine unmittelbare Diskriminierung liegt vor, wenn Frauen und Männer **aufgrund** ihres 40 **Geschlechts** unterschiedlich behandelt werden. Hauptanwendungsfall in der Rechtsprechung des EuGH sind abweichende Rentenzugangsalter in Systemen der betrieblichen Altersversorgung. Unmittelbare Diskriminierungen in anderen Bereichen sind in den Arbeitsrechten der Mitgliedstaaten nicht mehr häufig vorzufinden, was auch ein Verdienst des gemeinschaftsrechtlichen Entgeltgleichheitsgebots ist. Allerdings könnte ein weites

---

117 EuGH, Rs. C-342/93, Slg. 1996, I-475, Rn. 17, 20 (Gillespie).
118 EuGH, Rs. 43/75, Slg. 1976, 455, Rn. 16/20 (Defrenne II). Zur verdeckten Diskriminierung als möglichem Unterfall der mittelbaren Diskriminierung, vgl. auch *Wisskirchen* (Fn. 9), S. 72 f.
119 *P. Hanau/U. Preis*, Zur mittelbaren Diskriminierung wegen des Geschlechts, ZfA 1988, S. 177 (181); *H. Wiedemann*, Probleme der Gleichberechtigung im europäischen und deutschen Arbeitsrecht, FS-Frauf, 1996, S. 135 (138); *F. Heither*, Art. 119 EWG-Vertrag und das deutsche Arbeitsrecht, FS-Gnade, 1992, S. 611, (619 in Fn. 32); *Sievers* (Fn. 97), S. 19; *Wisskirchen* (Fn. 9), S. 72.

Verständnis der gleichwertigen Arbeit zu neuen Fällen einer unmittelbaren Diskriminierung führen.

41 Paradoxerweise führt zudem gerade die Anwendung der Art. 141 Abs. 1 u. 2 zu Situationen einer unmittelbaren Diskriminierung: Zum einen bewirkt die Beseitigung einer mittelbaren Diskriminierung, daß die Arbeitnehmer des an sich nicht diskriminierten Geschlechts, die zu denselben Bedingungen wie die mittelbar Diskriminierten arbeiten (z.B. die teilzeitbeschäftigten männlichen Arbeitnehmer), in Folge der Gleichstellung[120] unmittelbar diskriminiert werden[121]. In einem das Rentenalter betreffenden Fall, in dem zur Beseitigung einer Diskriminierung der Männer beim Rentenzugangsalter rückwirkend das Rentenalter der Frauen angehoben wurde, bejahte der EuGH eine Diskriminierung der durch diese Änderung betroffenen Frauen[122]; die nur auf die Rechte der ursprünglich benachteiligten Männer und die Regeln zur Beseitigung dieser Diskriminierung abstellende Begründung vermag dieses Ergebnis indes kaum zu tragen.

bb) Die Voraussetzungen der mittelbaren Diskriminierung

42 Nach einer **gefestigten Rechtsprechung** des EuGH erfassen Art. 141 Abs. 1 u. 2 auch die sog. mittelbare Diskriminierung. Trotz nach wie vor bestehender Ungereimtheiten und Unsicherheiten kann das Konzept einer mittelbaren Diskriminierung als solches auf gemeinschaftsrechtlicher Ebene, wo es auch bei den anderen Diskriminierungsverboten Fuß gefaßt hat[123], kaum mehr in Frage gestellt werden[124]. Im übrigen sollte auch der Kritik der Rechtsprechung zur mittelbaren Diskriminierung das sich erst mit der Berücksichtigung der Rechtfertigungsmöglichkeit formende Gesamtbild zugrundegelegt werden, da manche Spitzen im Ergebnis doch geglättet werden.

43 Eine mittelbare Diskriminierung setzt gerade nicht voraus, daß unmittelbar an das Geschlecht angeknüpft wird, um abweichende Regelungen für Männer und Frauen zu statuieren. Über das Institut der mittelbaren Diskriminierung wird vielmehr versucht, aus bestimmten faktischen Gegebenheiten auf das Vorliegen einer Diskriminierung zu schließen[125]. Vorsatz oder Absicht bezüglich der Diskriminierung ist für die Abgrenzung zwischen unmittelbarer und mittelbarer Diskriminierung unerheblich[126]. Faßt man die zum Entgeltgleichheitsgebot ergangenen Entscheidungen zusammen, werden vom EuGH unter Zustimmung der überwiegenden Literatur[127] folgende **Anforderungen** an

---

120 Also nicht bevor die mittelbare Diskriminierung behoben worden ist; zur Frage auch *Schlachter* (Fn. 67), S. 20.
121 Vgl. etwa W. *Blomeyer*, Der Einfluß der Rechtsprechung des EuGH auf das deutsche Arbeitsrecht, NZA 1994, S. 633 (638); M. *Franzen*, Rechtsangleichung der Europäischen Union im Arbeitsrecht, ZEuP 1995, S. 796 (812); *Schlachter* (Fn. 67), S. 20.
122 EuGH, Rs. C-408/92, Slg. 1994, I-4435, Rn. 2–5, 17 f. (Avdel Systems).
123 Statt vieler hier K.-J. *Bieback*, Die mittelbare Diskriminierung wegen des Geschlechts, 1997, S. 28.
124 Deutlicher Mißmut ist etwa zu spüren bei: H. *Buchner*, Die Rolle des Europäischen Gerichtshofs bei der Entwicklung des Arbeitsrechts, ZfA 1993, S. 279 (321–328); M. *Heinze*, in: W. Leinemann (Hrsg.), Kasseler Handbuch zum Arbeitsrecht, 1997, § 11, Rn. 77; H. *Konzen*, Die Entwicklung des europäischen Arbeitsrechts, in: D. Dörr/M. Dreher (Hrsg.), Europa als Rechtsgemeinschaft, 1997, S. 53 (60 f., 68).
125 Die Figur der mittelbaren Diskrimnierung insgesamt auf eine Beweislastregel reduzierend C. *Blomeyer*, Das Verbot der mittelbaren Diskriminierung gemäß Art. 119 EGV, 1994, S. 117 ff.
126 Anders *Thüsing* (Fn. 12), S. 570; richtig M. *Schlachter*, in: Erfurter Kommentar zum Arbeitsrecht, Art. 141 EGV, Rn. 13 f.
127 Statt vieler hier nur *Bieback* (Fn. 13), S. 25.

eine mittelbare Diskriminierung gestellt: (1) die Regelung knüpft nicht unmittelbar an das Geschlecht an, sondern ist geschlechtsunspezifisch formuliert; (2) sie betrifft erheblich mehr Angehörige eines Geschlechts (Rn. 53) und ist (3) nicht gerechtfertigt (Rn. 60 ff.). Diese Definition findet sich im wesentlichen auch in Art. 2 Abs. 2 der RL 97/80/EG über die Beweislast bei Diskriminierung aufgrund des Geschlechts[128]. Der erste Punkt der Definition, die Abgrenzung zur unmittelbaren Diskriminierung, ist von Bedeutung, wenn man sich der (abzulehnenden) Auffassung anschließt, daß alleine mittelbare Diskriminierungen gerechtfertigt werden können (Rn. 61). Als Regelung kommen sowohl solche des Arbeitgebers, der Tarifvertragsparteien[129] oder der betrieblichen Partner und des Staates[130] in Betracht. Den zweiten Punkt hat der EuGH möglicherweise aufgeweicht, indem er in einer jüngeren Entscheidung ausgeführt hat, daß eine mittelbare Diskriminierung auch vorliegen könnte, wenn ein geringerer, aber über einen langen Zeitraum hinweg fortbestehender und relativ konstanter Abstand zwischen den betroffenen männlichen und weiblichen Arbeitnehmern vorläge[131]. Diese Haltung ist indes abzulehnen, da die Feststellung einer mittelbaren Diskriminierung einen eindeutigen statistischen Nachweis voraussetzt. Die Häufigkeit der Betroffenheit kann nicht durch einen Zeitfaktor ersetzt werden, der nur die Dauer (von welchem Verhältnis der Geschlechter auch immer) belegt. Es sollte indes überlegt werden, ob der Zeitfaktor nicht allgemein als **zusätzliches** Kriterium verlangt werden sollte.

In der Literatur ist umstritten, ob als weitere Voraussetzung zu verlangen ist, daß die 44 nachteilige Wirkung auf der Geschlechterrolle beruht, also nicht mit anderen Gründen erklärt werden kann[132]. Es handelt sich hierbei einerseits um den Versuch, die mittelbare Diskriminierung nicht zu einer rein statistischen Figur verkommen zu lassen; gleichzeitig geht es auch um die Zuweisung von Verantwortlichkeiten, da der einzelne Arbeitgeber nicht wegen gesamtgesellschaftlicher Versäumnisse einem Anspruch ausgesetzt sein soll. Unklar bleibt, wie diese **Kausalitätsprüfung** durchzuführen ist. Der Ansatzpunkt dieser Überlegungen überzeugt zwar, setzt er doch an den Schwächen des Fundaments an, auf dem die mittelbare Diskriminierung steht. Nimmt man die Kausalitätsprüfung ernst, stellt man daher auch über eine Hintertür das Konzept der mittelbaren Diskriminierung insgesamt in Frage, da es diesem gerade immanent ist, faktische Gegebenheiten für sich sprechen zu lassen. Eine Ablehnung der mittelbaren Diskriminierung aber läßt sich auf gemeinschaftsrechtlicher Ebene aus praktischen Erwägungen kaum mehr vertreten. Es überrascht daher nicht, daß der EuGH entsprechende Argumente zurückgewiesen

---

128 V. 15. 12. 1997, ABl.EG 1998 Nr. L 14/6; vgl. auch *M. Schlachter*, Richtlinie über die Beweislast bei Diskriminierungen, RdA 1998, S. 321 (323).
129 EuGH, Rs. C-33/89, Slg. 1990, I-2591, Rn. 12 (Kowalska); Rs. C-184/89, Slg. 1991, I-297, Rn. 11 (Nimz); *Darmon/ Huglo* (Fn. 100), S. 17 f.
130 EuGH, Rs. 171/88, Slg. 1989, 2743, Rn. 7 (Rinner-Kühn): Entgeltfortzahlung; zweifelnd GA *M. Darmon* in seinen Rs., Ziff. 25 ff.; zustimmend *Bieback* (Fn. 123), S. 56.
131 EuGH, Rs. C-167/97, Slg. 1999, I-688, Rn. 61 (Seymour-Smith u. Perez).
132 So *Hanau/Preis* (Fn. 119), S. 188 f.; *C. Blomeyer* (Fn. 125), S. 32 f.; *St. Rating*, Mittelbare Diskriminierung der Frau im Erwerbsleben nach europäischem Gemeinschaftsrecht, 1994, S. 105 f.; *Heither* (Fn. 119), S. 620; *B. Waas*, Zur mittelbaren Diskriminierung von Frauen in der Rechtsprechung von EuGH und deutschen Gerichten, EuR 1994, 97 (99); *Sievers* (Fn. 97), S. 114; *C. Langenfeld/B. Jansen*, in: Grabitz/Hilf, EU, Art. 119, Rn. 17. In diese Richtung auch *Langenfeld* (Fn. 2), S. 215. Ablehnend *Schlachter* (Fn. 14), S. 397; *Wiedemann* (Fn. 119), S. 139 f.; *R. Biermann*, Die Gleichbehandlung von Teilzeitbeschäftigten bei entgeltlichen Ansprüchen, 2000, S. 175; *Bieback* (Fn. 123), S. 88 ff.

hat[133]. Versteht man die vorgeschlagene Kausalitätsprüfung nicht eng, werden andererseits die Grenzen zur Rechtfertigung verwischt[134]. Auch eine differenzierende Betrachtung, die den Mitgliedstaat als Adressat des Entgeltgleichheitsgebots für gesamtgesellschaftliche Erscheinungen verantwortlich macht, hinsichtlich der unmittelbaren Wirkung gegenüber dem einzelnen Arbeitgeber indes eine Kausalitätsprüfung verlangt, stellt letztlich keine überzeugende Lösung dar, da auch infolge der Beseitigung von Ungleichbehandlungen durch den Mitgliedstaat in aller Regel den Arbeitgeber im Ergebnis zusätzliche Ansprüche treffen, sich also insoweit die Verantwortlichkeiten nicht streng trennen lassen. Eine Kausalitätsprüfung ist als weitere Voraussetzung daher auf gemeinschaftsrechtlicher Ebene nicht zu verlangen.

45 Folgende **Fälle** mittelbarer Diskriminierung sind – vorbehaltlich einer **Rechtfertigung** – vom EuGH anerkannt: geringere Stundensätze für Teilzeitbeschäftigte[135]; ihr Ausschluß von Betriebsrenten[136], von der Entgeltfortzahlung im Krankheitsfall[137], von Übergangsgeld bei Beendigung des Arbeitsverhältnisses[138], von Weihnachtsgratifikationen[139]; Einschränkungen für Teilzeitbeschäftigte bei Entgeltfortzahlung während Personal-[140] und Betriebsratsschulungen[141]; Berücksichtigung der Arbeitszeit bei tariflichem Einstufungssystem[142]; Dauer der Betriebszugehörigkeit als Voraussetzung für Bewährungsaufstieg[143]; Lohnzuschläge für Flexibilität, Mobilität, Berufsausbildung[144]; Dauer der Betriebszugehörigkeit[145]. Abgelehnt hat der EuGH demgegenüber, in dem Abstellen auf die Anciennität eine mittelbare Diskriminierung zu sehen[146]. In dieser Allgemeinheit ist diese Ansicht nicht überzeugend[147] und auch nicht mit anderen Urteilen in Einklang zu

---

133 Aus dem Bereich der Gleichbehandlung im Bereich der sozialen Sicherheit vgl. EuGH, Rs. C-229/89, Slg. 1991, I-2205, Rn. 17 f. (Kommission / Belgien). Unzutreffend und irreführend daher die Darstellung der Kriterien der mittelbaren Diskriminierung des EuGH bei C. *Fuchsloch*, Das Verbot der mittelbaren Geschlechterdiskriminierung, 1995, S. 37, die die Formulierung des EuGH »nichts mit einer Diskriminierung aufgrund des Geschlechts zu tun«, die dieser auf etwaige rechtfertigende Faktoren bezieht (EuGH, Rs. 170/84, Slg. 1986, 1607, Rn. 30 f. (Bilka)), auf die Maßnahme selbst bezieht. Insoweit zutreffend hingegen *Sievers* (Fn. 97), S. 112.
134 Vgl. etwa die Argumentation in EuGH, Rs. C-229/89, Slg. 1991, I-2205, Rn. 18 (Kommission/Belgien). Auf die Nähe zur Rechtfertigung weist auch *D. Dungs*, Die Europäisierung des deutschen Arbeitsrechts und der geschlechterspezifische Gleichbehandlungsgrundsatz, 1997, S. 207, hin.
135 EuGH, Rs. 96/80; Slg. 1981, 911, Rn. 13 (Jenkins); zu dieser Frage auch *Schlachter* (Fn. 42), Rn. 41.
136 EuGH, Rs. 170/84, Slg. 1986, 1607, Rn. 24 ff. (Bilka); Rs. C-57/93, Slg. 1994, I-4541, Rn. 17 (Vroege).
137 EuGH, Rs. 171/88, Slg. 1989, 2743, Rn. 16 (Rinner-Kühn).
138 EuGH, Rs. C-33/89, Slg. 1990, I-2591, Rn. 13 (Kowalska).
139 EuGH, Rs. C-281/97, Slg. 1999, I-5127, Rn. 30 (Krüger).
140 EuGH, Rs. C-278/93, Slg. 1996, I-1165, Rn. 20, 22 f. (Freers und Speckmann). Zur Kritik Fn. 72.
141 EuGH, Rs. C-360/90, Slg. 1992, I-3589, Rn. 13 f., 27 (Bötel); Rs. C-457/93, Slg. 1996, I-243 (Lewark). Zur Kritik Fn. 72.
142 EuGH, Rs. 237/85, Slg. 1986, 2101, Rn. 17 (Rummler/Dato Druck).
143 EuGH, Rs. C-184/89, Slg. 1991, I-297, Rn. 15 (Nimz).
144 EuGH, Rs. 109/88, Slg. 1989, 3199, Rn. 17 ff. (Danfoss) unter Bezug auf die RL 75/117 (Fn. 72).
145 EuGH, Rs. C-184/89, Slg. 1991, I-297, Rn. 7 ff. (Nimz).
146 EuGH, Rs. 109/88, Slg. 1989, 3199, Rn. 24 f. (Danfoss) unter Bezug auf die RL 75/117 (Fn. 11); ob in den Ausführungen in Rs. C-184/89, Slg. 1991, I-297, Rn. 14 (Nimz) eine Abkehr von dieser Haltung gesehen werden kann – so *Barnard* (Fn. 12), Rn. 4.38 – ist zweifelhaft.
147 Vgl. auch *N. Colneric*, Neue Entscheidungen des EuGH zur Gleichbehandlung von Männern und Frauen, EuZW 1991, S. 75. Die Ausnahme der Anciennität als leicht diskriminierungsverdächtig bezeichnend *Bieback* (Fn. 123), S. 76. Kritisch auch *Barnard* (Fn. 12), Rn. 4.37. Den EuGH verteidigend *Rating* (Fn. 132), S. 106.

bringen. Als geschlechtsneutrale, tatsächlich aber ein Geschlecht erheblich mehr treffende Differenzierungskriterien kommen allgemein in Betracht[148]: Teilzeitarbeit[149]; diskontinuierliche Beschäftigung; Heim- und Telearbeit; Zweitberufe; Befristung von Arbeitsverträgen[150]; Sonderregelungen für gehobene Angestellte[151]; Verheiratetenzulagen; Sonderregelungen für Überstunden- und Versetzungsbereitschaft.

b) Der sachliche Anknüpfungspunkt der Ungleichbehandlung
Sachlicher Anknüpfungspunkt der Ungleichbehandlung ist die **Entgeltgleichheit**. Die Legaldefinition des Art. 141 Abs. 2 konkretisiert allerdings nur einige den Akkord- und Zeitlohn betreffende Aspekte dieses Begriffs.

46

Denkbar ist zum einen, auf die Gesamtvergütung bei gleicher Anzahl an Stunden abzustellen. Auf der anderen Seite könnte die zu vergleichende Gesamtvergütung aber auch in Verhältnis zu den arbeitsvertraglich geschuldeten Stunden bestimmt werden. Der Unterschied beider Ansatzpunkte zeigt sich bei den Teilzeitbeschäftigten: Die an die arbeitsvertraglich geschuldete Stundenanzahl anknüpfende letztgenannte Alternative würde in denjenigen Fällen, in denen der teilzeitbeschäftigte Arbeitnehmer mehr als die vereinbarte Anzahl an Stunden arbeitet oder einen nach Zeitaufwand bemessenen Anspruch auf Entgelt ohne Arbeitsleistung hat[152], auch **Überstundenzuschläge** in den Vergleich miteinbeziehen. Legt man indes die erstgenannte Vergleichsbasis zugrunde, kommen Überstundenzuschläge erst in Betracht, wenn die vereinbarte Arbeitszeit des Vollzeitbeschäftigten überschritten wird, die damit gewissermaßen ein absolutes Datum setzt[153]. Der EuGH hat sich ohne Begründung und ohne Auseinandersetzung mit der Frage für die zweite Alternative entschieden[154], während etwa die deutsche Literatur zur erstgenannten, relativen Sicht tendierte[155], um dann nach einer Rechtfertigung dieser unterschiedlichen Behandlung zu fragen[156]. Kein überzeugendes Argument zur Stützung des EuGH ist, daß eine Zahlung von Überstundenzuschlägen an Teilzeitbeschäftigte in der Zeitspanne bis zur Vollzeitbeschäftigung zu einer Diskriminierung der Vollzeitbeschäftigten führt[157], da diese Annahme sich nur bei Zugrundelegen des erstgenannten Anknüpfungspunkts[158] oder mit einer unzulässigen Kombination der beiden genannten An-

47

---

148 *Hanau/Preis* (Fn. 119), S. 193 f.; *Bieback* (Fn. 123), S. 76 mit jeweils weiteren Fallgruppen.
149 Dazu allgemein aus jüngerer Zeit B. *Saunders*, Gleiches Entgelt für Teilzeitarbeit, 1997, S. 29 ff.
150 *Hanau/Preis* (Fn. 119), S. 193.
151 *Hanau/Preis* (Fn. 119), S. 196 f.
152 Also z.B. auch in den Fällen der Aufwandsentschädigung bei Betriebsratsschulungen, vgl. U. *Preis*, Entwicklungslinien in der Rechtsprechung des EuGH zum Arbeitsrecht, ZIP 1995, S. 891 (901).
153 Vgl. *P. Hanau/D. Gilberg*, Die Bindungswirkung des EuGH-Urteils vom 15. 12. 1994 zu Überstundenzuschlägen für Teilzeitbeschäftigte, BB 1995, S. 1238; *Schlachter* (Fn. 67), S. 19 f.
154 EuGH, Verb. Rs. C-399/92 u.a., Slg. 1994, I-5727, Rn. 26 (Helmig); Rs. 170/84, Slg. 1986, 1607, Rn. 27 (Bilka); Rs. C-457/93, Slg. 1996, I-243, Rn. 25 (Lewark); vgl. auch Rs. C-360/90, Slg. 1992, I-3589, Rn. 17 (Bötel).
155 Vgl. *P. Schüren*, Überstundenzuschläge für Teilzeitkräfte, NZA 1993, S. 529 (529, 532); *Biermann* (Fn. 132), S. 480; wohl auch *D. Schiek*, Europäisches Arbeitsrecht, 1997, S. 178; s. ferner Fn. 156. Im Ergebnis wie der EuGH aber *A. Jesse*, Nochmals: Überstundenzuschläge nach dem BAT für Teilzeitarbeitnehmer?, ZTR 1994, S. 91 (99); *Sievers* (Fn. 97), S. 89.
156 Vgl. die Darstellung bei *Hanau/Gilberg* (Fn. 153), S. 1238 mit ausführlichen Nw. in Fn. 5 auch zur Gegenmeinung und bei *R. Stückmann*, Überstundenzuschläge für Teilzeitbeschäftigte-Endlich entschieden!?, DB 1995, S. 826 (826 f.); vgl. auch *H. Otto*, Anm. zu BAG v. 20.10.1993, SAE 1994, 310 (313 f.); *H. Wißmann*, Geschlechtsdiskriminierung, EG-Recht und Tarifverträge, ZTR 1994, S. 223 (227); kritisch zur Rechtfertigung *Biermann* (Fn. 132), S. 485 f.
157 So aber *Stückmann* (Fn. 156), S. 828.
158 Vgl. *Hanau/Gilberg* (Fn. 153), S. 1238. Dann ist aber keine Diskriminierung der Teilzeitbeschäftigten gegeben, das Argument führt in einen Zirkelschluß.

knüpfungspunkte der Ungleichbehandlung begründen läßt. Für den EuGH ließe sich aber anführen, daß Art. 141 nur auf die Entgeltgleichheit abstellt und diese nicht in Verhältnis zur vereinbarten Anzahl an Arbeitsstunden setzt, so daß nach der anderen Ansicht ein zusätzliches Tatbestandsmerkmal in den Wortlaut hineingelesen werden müßte. Andererseits ist die Anerkennung einer absoluten Arbeitszeitgrenze für die Gewährung des Überstundenzuschlags mit dem Ansatz der Rechtsprechung zur mittelbaren Diskriminierung Teilzeitbeschäftigter nicht vereinbar[159], da sie darauf beruht, daß Arbeitszeitgrenzen für die Gewährung bestimmter Entgelte nicht anerkannt wurden. Die Haltung des EuGH zu den Überstundenzuschlägen überzeugt daher letztlich nicht und kann nur als Versuch gewertet werden, einem Übergreifen des Entgeltgleichheitsgebots entgegenzutreten. Überzeugender wäre eine Lösung über die Rechtfertigungsebene gewesen[160].

48 Sachlicher Bezugspunkt der Ungleichbehandlung ist die Höhe des Entgelts; allerdings umfaßt Art. 141 auch die Ungleichbehandlung hinsichtlich solcher Umstände, die lediglich mittelbar die Entgelthöhe betreffen, wie z.b. das **Rentenzugangsalter**[161] bei der **betrieblichen Altersversorgung**, das **Alter**, in dem eine **Hinterbliebenenversorgung** beansprucht werden kann[162] oder der **Anschluß**[163] an ein Betriebsrentensystem[164].

49 Verglichen werden nach dem EuGH zu Recht die **jeweiligen Entgeltbestandteile** und nicht das Gesamtentgelt[165], so daß der Arbeitgeber nicht die Nichtgewährung bestimmter Vergünstigungen durch höhere Leistungen bei anderen Bestandteilen ausgleichen kann. Grundgehälter sind damit nur mit solchen und nicht mit Grundgehältern plus Zulagen zu vergleichen[166].

50 Ob das **Brutto-** oder das **Netto**entgelt maßgeblich ist, wurde vom EuGH bisher nicht allgemein entschieden. In seiner Rechtsprechung und in der Literatur wird die Frage zum Teil mißverständlich diskutiert. Außen vor bleiben steuerliche und grundsätzlich Sozialabgaben zu den von Art. 141 nicht erfaßten gesetzlichen Systemen der sozialen Sicherheit[167]. Insoweit ist der Bruttolohn maßgeblich. Bei den sonstigen in diesem Zusammenhang diskutierten Fragen ist die Verwendung der Begriffe Brutto-/Nettolohn hingegen irreführend. Es geht um den Abzug oder die Gewährung von Zuschlägen oder sonstigen Vergütungen, die nicht zum eigentlichen Arbeitsentgelt gehören. Hierbei sind komplexe Konstruktionen möglich[168], die dazu führen, daß nicht alleine das an den Arbeitnehmer ausgezahlte Entgelt verglichen werden kann, sondern die Höhe der Arbeitgeberleistung entscheidend ist, unabhängig davon, ob alle ihre Bestandteile an den Arbeitnehmer ge-

---

159 Besonders plastisch insoweit EuGH, Rs. 171/88, Slg. 1989, 2743, Rn. 10 (Rinner-Kühn); EuGH, Rs. C-33/89, Slg. 1990, I-2591, Rn. 13 (Kowalska). Vgl. auch *Wiedemann* (Fn. 119), S. 144.
160 Aus europarechtlicher Sicht fragwürdig hingegen der Vorschlag von *Hanau/Gilberg* (Fn. 153), S. 1240, die Entscheidung den Tarifvertragsparteien zu überlassen. Dem EuGH folgend *Stückmann* (Fn. 158), S. 828.
161 Vgl. nur EuGH, Rs. C-262/88; Slg. 1990, I-1889, Rn. 32 (Barber).
162 EuGH, Rs. C-50/99, Slg. 2000, I-4039, Rn. 42 ff. (Podesta).
163 Vgl. aus jüngerer Zeit EuGH, Rs. C-435/93, Slg. 1996, I-5223, Rn. 17 (Dietz); Rs. C-246/96, Slg. 1997, I-7153, Rn. 20 ff. (Magorrian & Cunningham).
164 A.A. *Imbrechts* (Fn. 49), S. 234.
165 EuGH, Rs. C-262/88; Slg. 1990, I-1889, Rn. 34 (Barber); Rs. C-381/99, n.n.i.Slg., Rn. 35 (Brunnhofer).
166 EuGH, Rs. C-236/98, Slg. 2000, I-2189, Rn. 43 (Jämställdhetsombudsmannen/Örebro läns landsting).
167 EuGH, Rs. 192/85, Slg. 1987, 4753, Rn. 15 (Newstead). Vgl. aber Rs. 23/83, Slg. 1984, 3225, Rn. 12 (Liefting).
168 Vgl. etwa EuGH, Rs. 69/80; Slg. 1981, 767, Rn. 3 ff. (Worringham); Rs. 23/83, Slg. 1984, 3225 (Liefting); Rs. 192/85, Slg. 1987, 4753, Rn. 3 ff. (Newstead).

zahlt werden oder sie teilweise an Dritte fließen (Versorgungseinrichtung). Voraussetzung ist allerdings, daß die fraglichen zusätzlichen Leistungen ihrerseits als sonstige Vergütungen unter den Entgeltbegriff fallen[169].

Eine Ungleichbehandlung kann dem EuGH nach auch im **Verlust von Rechten** der ursprünglich bevorzugten Arbeitnehmergruppe bestehen, wenn die Beseitigung der Diskriminierung nicht den Anforderungen des EuGH genügt[170]. 51

c) Vergleichsebenen
aa) In persönlicher Hinsicht
Bei der **unmittelbaren Diskriminierung** kann die Vergleichsgruppenbildung in persönlicher Hinsicht Schwierigkeiten aufwerfen, wenn das unterschiedliche Entgelt nicht nur mit dem Geschlecht, sondern mit einem weiteren, aber mit dem Geschlecht zusammenhängenden Umstand begründet wird (z.B.: Arbeitnehmerinnen in Mutterschaftsurlaub oder Arbeitnehmerinnen mit Kindern; die geringere statistische Lebenserwartung der Arbeitnehmer; Wehrdienst; Personenstand). Eine allgemeine Aussage zur Vergleichsgruppenbildung in persönlicher Hinsicht liegt vom EuGH nicht vor[171], seine Haltung ist unklar: Entschieden hat er, daß Frauen im Mutterschaftsurlaub sich in einer besonderen Situation befinden, die nicht mit der eines männlichen (oder weiblichen) Arbeitnehmers gleichgesetzt werden kann[172]. Danach wäre entscheidend, ob der zusätzliche Umstand ohne weiteres Hinzukommen mit dem Geschlecht zusammenhängt oder – wie die Schwangerschaft – diese nicht automatisch aus der Geschlechtszugehörigkeit folgt. Es wäre daher diskriminierend, wenn aufgrund der höheren Lebenserwartung von Frauen von diesen höhere Arbeitnehmerbeiträge zur betrieblichen Altersversorgung verlangt würden oder ihnen bei gleichen Beiträgen eine niedrigere Rentenzahlung zustünde[173]. Allerdings hat der EuGH in zwei Urteilen eine Diskriminierung bejaht, weil verheiratete Frauen waren, auch hat er eine Diskriminierung schwangerer Arbeitnehmerinnen nach Art. 141 Abs. 1 bejaht, die aufgrund ihrer Schwangerschaft krankgeschrieben wurden und geringere Leistungen erhielten als allgemein (männliche und weibliche) krankgeschriebene Arbeitnehmer[174]. Abgelehnt wurde aber die Vergleichbarkeit der Arbeitnehmerkündigung aus wichtigem Grunde einer- und der Kündigung von Arbeitnehmerinnen zur Kindesbetreuung andererseits[175]. Die Entscheidungen sind nicht auf einen gemeinsamen Nenner zu bringen. Überzeugend und auf manche der genannten Fälle übertragbar ist die Haltung des EuGH in einer jüngeren Entscheidung zum Erziehungsurlaub: Er prüft das Vorliegen einer **mittelbaren** Diskriminierung[176]. 52

---

169 EuGH, Rs. 69/80; Slg. 1981, 767, Rn. 24 (Worringham).
170 EuGH, Rs. C-408/92, Slg. 1994, I-4435, Rn. 17 f., 22 Avdel Systems); dazu bereits oben, Rn. 41.
171 Das Kriterium, ob sich die Situationen »ähneln«, so EuGH, Rs. C-249/97, Slg. 1999, I-5295, Rn. 31 (Gruber), hilft nicht weiter.
172 EuGH, Rs. C-342/93, Slg. 1996, I-475, Rn. 17 (Gillespie). Zustimmend *Rating* (Fn. 132), S. 106. A.A. aber *Bieback* (Fn. 123), S. 75 f.
173 Die daraus zwingend folgenden höheren Arbeitgeberbeiträge für Frauen sollen hingegen nicht unter Art. 141 fallen, etwaige – bei vorzeitiger Inanspruchnahme aufgrund der geringeren Anwartschaften – niedrigere Leistungen an Männer werden hingenommen, EuGH, Rs. C-152/91, Slg. 1993, I-6935, Rn. 28 ff., 34 (Neath); Rs. C-200/91, Slg. 1994, I-4389, Rn 72-81 und Rn. 27 (Coloroll Pension Trustees).
174 EuGH, Rs. C-128/93, Slg. 1994, I-4583, Rn. 14 (Fisscher); wiederholt in Rs. C-57/93, Slg. 1994, I-4541, Rn. 17 (Vroege); zustimmend *Kirschbaum* (Fn. 88), S. 39. Zur Diskriminierung Schwangerer Rs. C-66/96, Slg. 1998, I-7327 (Handels- og Kontorfunktionærernes Forbund i Danmark); Rs. C-411/96, Slg. 1998, I-6401 (Boyle).8
175 EuGH, Rs. C-249/97, Slg. 1999, I-5295, Rn. 27 ff. (Gruber).
176 EuGH, Rs. C-333/97, Slg. 1999, I-7243, Rn. 33 ff. (Lewen).

53 Bei der **mittelbaren Diskriminierung** ist darüber hinaus fraglich, wie die Vergleichsgruppen zu bilden sind, in welchen Gruppen das Mißverhältnis vorliegen muß und wie hoch der Anteil der Arbeitnehmer eines Geschlechts sein muß, damit erheblich mehr Angehörige dieses Geschlechts betroffen sind. Eine brauchbare Konkretisierung durch den EuGH fehlt[177]. Es handelt sich um vom nationalen Gericht zu beantwortende Fragen[178], wenngleich damit Vorlagefragen zur näheren Eingrenzung nicht ausgeschlossen sind. Bei der Gruppenbildung geht es um das Problem, ob das Mißverhältnis nur in der benachteiligten[179] oder aber in der benachteiligten und in der bevorzugten Gruppe (also z.b. bei den Teilzeit- und den Vollzeitbeschäftigten)[180] vorliegen muß. Frühere Formulierungen des EuGH tendierten zur ersten Alternative, waren aber nicht eindeutig[181]. Nunmehr hat er zu Recht klargestellt, daß das Mißverhältnis in **beiden Gruppen** vorliegen muß[182]. Das Mißverhältnis muß offensichtlich sein, da es nur dann gerechtfertigt ist, vom Faktischem auf das Vorliegen einer Diskriminierung zu schließen. Ein genaues prozentuales Verhältnis läßt sich mit juristischen Argumenten genauso wenig überzeugend bestimmen wie es sich widerlegen läßt[183]. Problematisch ist zudem, wer in die Gruppen einzubeziehen ist, anhand derer das prozentuale Verhältnis bestimmt wird. Die Vorschläge reichen von einer Einbeziehung aller Arbeitnehmer der verglichenen Gruppen bis hin zu Ausschlüssen[184], die das prozentuale Verhältnis zugunsten des Vorliegens einer Diskriminierung mitunter erheblich verschieben. Letztere Auffassungen sind problematisch, da durch den statistischen Vergleich geprüft werden soll, ob überhaupt eine Diskriminierung vorliegt, und es nicht seine Funktion ist, eine angenommene Ungleichbehandlung nur noch zu belegen[185]. Ausschlüsse bestimmter Arbeitnehmer aus dem Gruppenvergleich sind folglich nur dann gerechtfertigt, wenn die in Frage stehenden Arbeitnehmer völlig untypisch für die Gruppe sind, was nur selten der Fall sein dürfte. Bei

---

177 EuGH, Rs. 96/80; Slg. 1981, 911, Rn. 15 (Jenkins): wenn Gruppe der Teilzeitarbeitnehmer ausschließlich oder überwiegend aus weiblichen Personen besteht; Rs. 170/84, Slg. 1986, 1607, Rn. 29 (Bilka) und Rs. C-360/90, Slg. 1992, I-3589, Rn. 18 (Bötel): erheblich geringerer Prozentsatz Frauen als Männer vollzeitbeschäftigt; Rs. C-33/89, Slg. 1990, I-2591, Rn. 16 (Kowalska) und Rs. C-184/89, Slg. 1991, I-297, Rn. 12 (Nimz): prozentual erheblich weniger Männer als Frauen teilzeitbeschäftigt; Rs. C-57/93, Slg. 1994, I-4541, Rn. 17 (Vroege): – ohne Präzisierung der Bezugsgruppe – wesentlich mehr Frauen als Männer trifft; verb. Rs. C-399/92 u.a., Slg. 1994, I-5727, Rn. 23 (Helmig): – ohne Präzisierung der Bezugsgruppe – erheblich mehr Männer als Frauen betrifft; Rs. C-278/93, Slg. 1996, I-1165, Rn. 22 (Freers und Speckmann): erheblich höherer Prozentsatz von Frauen als von Männern teilzeitbeschäftigt; Rs. C-243/95, Slg. 1998, I-3739, Rn. 24 (Hill und Stapleton): prozentual viel mehr Frauen als Männer benachteiligt; Rs. C-167/97, Slg. 1999, I-688, Rn. 60 (Seymour-Smith u. Perez): erheblich niedrigerer Prozentsatz weiblicher als männlicher Arbeitnehmer; Rs. C-236/98, Slg. 2000, I-2189, Rn. 50 (Jämställdhetsombudsmannen/Örebro läns landsting): wesentlich höherer Anteil der weiblichen Arbeitnehmer.
178 Deutlich EuGH Rs. C-167/97, Slg. 1999, I-688, Rn. 61 (Seymour-Smith u. Perez).
179 *Hanau/Preis* (Fn. 119), S. 187; *H.-M. Pfarr*, Mittelbare Diskriminierung von Frauen, NZA 1986, S. 585 (586); *Wisskirchen* (Fn. 9), S. 85; wohl auch *C. Langenfeld/B. Jansen*, in: Grabitz/Hilf, EU, Art. 119, Rn. 17; *Waas*, (Fn. 132), S. 98.
180 *Schlachter* (Fn. 14), S. 397; *dies.* (Fn. 101), Rn. 15; *Wiedemann* (Fn. 119), S. 140 ff. auch zur Frage der Bestimmung der bevorzugten Gruppe; *Wißmann* (Fn. 156), S. 224. Anders der Ansatz von *Sievers* (Fn. 97), S. 98 ff.
181 Vgl. Fn. 156. Ähnlich die Bewertung von *Sievers* (Fn. 97), S. 92.
182 EuGH, Rs. C-167/97, Slg. 1999, I-688, Rn. 59 (Seymour-Smith u. Perez); so bereits *Wiedemann* (Fn. 119), S. 142 f. u. Voraufl., Rn. 53; vgl. auch *Biermann* (Fn. 132), S. 170.
183 Zu den Vorstellungen in der Literatur, vgl. einerseits *W. Rombach*, Neue Entwicklungen zum Thema der sozialversicherungsfreien Beschäftigung, SGb 1996, 193 (197, 201); andererseits *Bieback* (Fn. 123), S. 88; *ders.* (Fn. 104), S. 516. S. auch *Wißmann* (Fn. 156), S. 224. Ausführlich zu den Methoden *Wisskirchen* (Fn. 9), S. 95 ff.
184 *Bieback* (Fn. 123), S. 85 ff.; *ders* (Fn. 104), S. 515 f.
185 Vgl. auch *Rombach* (Fn. 183), S. 197; im Ergebnis wie hier *Schlachter* (Fn. 42), Rn. 44.

gleichwertiger Arbeit bestehen keine Besonderheiten: Erforderlich ist der statistische Nachweis in Bezug auf alle gleichwertig beschäftigten Arbeitnehmer[186]. Nimmt man eine auch weit verstandene Gleichwertigkeit als Äquivalent der Gleichheit ernst, müssen dieselben Regeln wie bei gleicher Arbeit zugrundegelegt werden. Ein Abweichen davon aufgrund praktischer Schwierigkeiten käme einer Rosinentheorie gleich[187]. Die praktischen Schwierigkeiten sind vielmehr ein weiteres Indiz für das hier vertretene enge Verständnis der Gleichwertigkeit (Rn. 59).

Bei der mittelbaren und unmittelbaren Diskriminierung ist zweifelhaft, ob der Vergleich mit einem **hypothetischen** Arbeitnehmer statthaft ist oder Art. 141 auch dann greifen kann, wenn es wie in manchen Versorgungswerken keinen Arbeitnehmer des anderen Geschlechts gibt. Der EuGH hat beides abgelehnt[188]. In der Literatur wird die Zulässigkeit des Vergleichs mit dem hypothetischen Arbeitnehmer zum Teil befürwortet[189]. Er ist indes **abzulehnen**, da Art. 141 Abs. 1 u. 2 nur einen Gleichbehandlungsanspruch geben, was eine Vergleichsperson voraussetzt. Das Zulassen des Arguments, ein Arbeitnehmer des anderen Geschlechts hätte mehr verdient, würde das Diskriminierungsverbot zu einem Anspruch auf gerechte Bezahlung ausdehnen[190]. Gleiches gilt grundsätzlich auch für Versorgungswerke für Arbeitnehmer nur eines Geschlechts. Richtet der Arbeitgeber indes getrennte Einrichtungen für die Arbeitnehmer unterschiedlichen Geschlechts ein, stellt sich auch die Frage nach der räumlichen Tragweite des Vergleichs (Rn. 56). 54

Wenngleich damit der Vergleich mit dem hypothetischen Arbeitnehmer ausscheidet, ist anderenseits aber **nicht** erforderlich, daß beide Arbeitnehmer **gleichzeitig** bei dem Arbeitgeber beschäftigt sind[191]. Vielmehr ist auch dann ein ausreichende Vergleichsbasis für die Beantwortung der Frage nach dem Vorliegen einer Ungleichbehandlung gegeben, wenn die Vergleichsperson vorher, aber auch nachher die gleiche oder gleichwertige Arbeit verrichtet. Maßstab für die zulässige Zeitspanne ist, ob sich durch den Zeitfaktor so viele Parameter verschoben haben, daß die unterschiedliche Bezahlung Folge anderer Faktoren als des Geschlechts sein kann[192]. 55

bb) In räumlicher Hinsicht
In **räumlicher** Hinsicht stellt sich die Frage, ob der Vergleich betriebs-, unternehmens- oder konzernbezogen (gfs. grenzüberschreitend) durchgeführt wird. Der sich an die Mitgliedstaaten richtende Wortlaut der Art. 141 Abs. 1 u. 2 hilft nicht weiter. Aus dem Er- 56

---

186 A.A. N. *Colneric*, Der Anspruch auf gleichen Lohn für gleichwertige Arbeit und das Verbot der mittelbaren Diskriminierung, FS-Dieterich, 1999, S. 45 (58).
187 Weites Verständnis der Gleichwertigkeit, enges Verständnis der Vergleichsgruppen.
188 EuGH, Rs. 129/79, Slg. 1980, 1275, Rn. 15 (Macarthys/Smith); Rs. C-200/91, Slg. 1994, I-4389, Rn. 100 ff. (Coloroll Pension Trustees). Vgl. auch Fn. 15.
189 *Plender* (Fn. 90), S. 647; *Steindorff* (Fn. 9). S. 132; vgl. auch *Langenfeld* (Fn. 2), S. 254; C. *Langenfeld/B. Jansen*, in: Grabitz/Hilf, EU, Art. 119, Rn. 12.
190 Nw. in Fn. 249. Die Ausführungen in EuGH Rs. C-177/88, Slg. 1990, I-3941, Rn. 17 (Dekker) im Rahmen der RL 76/207 (Fn. 29), nach denen es ohne Belang ist, daß sich kein Mann beworben hat, wenn die Weigerung, eine Frau einzustellen, unmittelbar mit dem Geschlecht zusammenhängt, lassen sich daher auf die Entgeltsituation nicht übertragen. Rs. 129/79, Slg. 1980, 1275, Rn. 15 (Macarthys/Smith) betrifft auch einen Fall der unmittelbaren Diskriminierung. Den Dekker Ansatz auf Art. 141 übertragend aber C. *Langenfeld/B. Jansen*, in: Grabitz/Hilf, EU, Art. 119, Rn. 12. Zu einem »gerechten Entgelt« vgl. Art. 4 der Europäischen Sozialcharta v. 1961 sowie Nr. 5 der Gemeinschaftscharta der sozialen Grundrechte von 1989 und zu letzterem H. *Buchner*, Das deutsche Arbeits- und Sozialrecht unter dem Einfluß der Europäischen Gemeinschaft, VSSR 1992, S. 1 (21 f.). Vgl. auch, Rn. 36.
191 EuGH, Rs. 129/79, Slg. 1980, 1275, Rn. 11, 13 (Macarthys/Smith).
192 EuGH, Rs. 129/79, Slg. 1980, 1275, Rn. 12 (Macarthys/Smith); ähnlich *Langenfeld* (Fn. 2), S. 253.

wähnen des Arbeitgebers in Abs. 2 folgt nicht zwingend eine Aussage zur Vergleichsebene. Die räumliche Vergleichsebene kann erhebliche Auswirkungen haben, wenn man etwa an die Gestaltungsmöglichkeiten durch Personalgesellschaften, die Einrichtung getrennter Versorgungswerke oder auch an die arbeitsorganisatorisch bedingte Verteilung von gleichwertigen Tätigkeiten an unterschiedliche Betriebe denkt, die typischerweise von Arbeitnehmern eines Geschlechts durchgeführt werden. Auf der anderen Seite können aber gerade durch das Verlassen der Betriebsebene Verzerrungen erst herbeigeführt werden, da die Entgelthöhe regional variiert oder durch nur in einem Betrieb vorliegende Gegebenheiten beeinflußt sein kann. Der EuGH hat bisher in einer Entscheidung Stellung bezogen und den Vergleich auf Arbeitnehmer in ein- und demselben Betrieb oder Dienst **beschränkt**[193] – allerdings noch vor dem Hintergrund des beschränkten Verständnisses der unmittelbaren Wirkung (Rn. 5). Die räumliche Vergleichsebene ist zum einen durch den Anwendungsbereich der diskriminierenden Regelung bestimmt. Ist diese gesetzlicher oder tarifvertraglicher Natur, überzeugt es nicht, den Vergleich auf die Betriebsebene zu beschränken und bei Fehlen einer Vergleichsperson des anderen Geschlechts auf dieser Ebene das Entgeltgleichheitsgebot nicht greifen zu lassen[194]. Liegt die Ungleichbehandlung in einer unterschiedlichen Ausgestaltung des Einzelarbeitsvertrags oder in der Anwendbarkeit unterschiedlicher Tarifverträge, ist der Begrenzung auf die Betriebsebene als Grundregel zuzustimmen, doch sind in den eingangs genannten Situationen zur Gewährleistung der vollen Wirksamkeit enge Ausnahmen zuzulassen, wenn ausgeschlossen werden kann, daß die unterschiedliche Entgelthöhe auf die bloße Zugehörigkeit der Vergleichspersonen zu verschiedenen Betrieben oder Unternehmen zurückzuführen ist[195]. Beruht die räumliche Trennung auf Organisationsmaßnahmen des Arbeitgebers, die zu einer Zuteilung der Arbeitnehmer jeweils eines Geschlechts auf nur eine Organisationseinheit führt (getrennte Versorgungswerke für weibliche und männliche Arbeitnehmer, Rn. 54) sind Ausnahmen großzügig zuzulassen, um einen Mißbrauch zu verhindern.

cc) Gleiche und gleichwertige Arbeit

57 Verglichen wird gleiche und – nunmehr auch ausdrücklich[196] – gleichwertige Arbeit. Nach der Rechtsprechung des EuGH liegt **gleiche** Arbeit vor, wenn Arbeitnehmer unter Zugrundelegung einer Gesamtheit von Faktoren (Art der Arbeit, Ausbildungsanforderungen, Arbeitsbedingungen) als in einer vergleichbaren Situation befindlich angesehen werden können[197]. Mithin kann bei unterschiedlicher Berufsausbildung auch dann eine ungleiche Arbeit vorliegen, wenn die betroffenen Arbeitnehmer eine dem Anschein nach identische Tätigkeit ausüben[198], weil die unterschiedliche Ausbildung zu einer unterschiedlichen Art der Ausführung der Tätigkeit führt[199]. Die Haltung des EuGH, diesen Unterschied bereits bei dem Vorliegen der Ungleichbehandlung und nicht erst im Rah-

---

193 EuGH, Rs. 129/79, Slg. 1980, 1275, Rn. 15 (Macarthys/Smith).
194 Vgl. auch M. *Roccella/T. Treu*, Diritto Del Lavoro Della Comunità Europea, 2. Aufl. 1995, S. 247 f.
195 Vgl. auch EuGH, Rs. 129/79, Slg. 1980, 1275, Rn. 12 (Macarthys/Smith). Weiter *Steindorff* (Fn. 9), S. 132; *J. Currall*, in: GTE, EU-/EG-Vertrag, Art. 119, Rn. 137; *Winter* (Fn. 12), S. 137. Offengelassen von *Langenfeld* (Fn. 2), S. 256. Anders C. *Langenfeld/B. Jansen*, in: Grabitz/Hilf, EU, Art. 119, Rn. 41; *Schlachter* (Fn. 12), S. 127.
196 Die frühere Auseinandersetzung um die Frage des Einbezugs gleichwertiger Arbeit hat daher unter dem jetzigen Regime keine Bedeutung mehr. Nw. in Fn. 10.
197 EuGH, Rs. C-309/97, Slg. 1999, I-2865, Rn. 17 (Angestelltenbetriebsrat der Wiener Gebietskrankenkasse).
198 In der Entscheidung EuGH (Fn. 197) einerseits Psychologen und andererseits Ärzte, die alle als Psychotherapeuten arbeiten.
199 EuGH, Rs. C-309/97, Slg. 1999, I-2865, Rn. 20 f. (Angestelltenbetriebsrat der Wiener Gebietskrankenkasse).

men der Rechtfertigung zu beachten[200], überzeugt. Eine konsequente Fortführung dieser Linie deutet auch auf enges Verständnis der Gleichwertigkeit hin[201] (Rn. 59).

Ein materielles gemeinschaftsrechtliches Konzept der **gleichwertigen** Arbeit fehlt bisher (Rn. 6), und es scheint auch beim EuGH eine gewisse Unkenntnis hinsichtlich der potentiellen Tragweite dieses Konzepts zu herrschen[202]. In den Mitgliedstaaten ist das Verständnis der gleichwertigen Arbeit sehr unterschiedlich[203]. Sehr weit ist das Konzept in den Rechtsordnungen des Vereinigten Königreichs[204] und dem Recht Irlands[205], während andererseits dem deutschen Recht ein vergleichsweise enges Verständnis zugrunde zu liegen scheint, dessen Grenzen allerdings noch nicht abschließend geklärt sind[206]. Bisher ist auch unklar, was die Gleichwertigkeit der Arbeit ausmachen und anhand welcher **Kriterien** sie bestimmt werden soll (bei Art. 90: Wettbewerbssituation, dort Rn. 12)[207]. Am engsten wären die Austauschbarkeit der zu vergleichenden Arbeitnehmer sowie die Vergleichbarkeit von Qualifikation des Arbeitnehmers oder der Anforderungen des Arbeitsplatzes, soweit man beide konkret aufschlüsselt und auf einen bestimmten Arbeitsplatz bezieht. Abstrahiert man die beiden letztgenannten Anknüpfungspunkte hingegen, indem man z.b. allgemein darauf abstellt, wie hoch der Anteil körperlicher Arbeit und das Niveau der geistigen Anforderungen oder Geschicklichkeit ist, kann man hingegen auch wie nach englischem Recht zur Vergleichbarkeit einer Köchin und eines Kranführers gelangen[208]. Die Kriterien lassen sich auch kombinieren, was ebenfalls zu einem weiten Verständnis der Gleichwertigkeit führen kann. 58

Je höher der Grad der Abstrahierung und je weiter damit der tatsächliche Unterschied zwischen der verglichenen Arbeit ist, desto größer ist die Wahrscheinlichkeit, daß Abweichungen in der Entgelthöhe auf anderen Gründen als dem Geschlecht beruhen. Die Bejahung der Gleichwertigkeit kann zudem zu einer unmittelbaren Diskriminierung führen[209], ohne daß es dann eines zusätzlichen statistischen Nachweises bedürfte, daß ein Geschlecht erheblich mehr betroffen ist[210]. Folge ist dann eine weitere unmittelbare Diskriminierung der Arbeitnehmer des anderen Geschlechts, die die gleiche Arbeit verrichten: Die einzige Köchin erhält ein geringeres Entgelt als die Kranarbeiter; als Folge der 59

---

200 GA G. *Cosmas*, Schlußantr. zu EuGH, Rs. C-309/97, Slg. 1999, I-2865, Ziff. 32 lit. c) (Angestelltenbetriebsrat der Wiener Gebietskrankenkasse).
201 Nach der Gleichwertigkeit hatte das vorlegende Gericht in der Rs. C-309/97 nicht gefragt; vgl. aber die Ausführungen des EuGH in Rn. 16 iVm 12.
202 In einem Urteil zur Statthaftigkeit des Vergleichs auch mit höherwertiger Arbeit ist nicht ersichtlich, ob das Gericht erkannt hat, daß die Möglichkeit einer solchen Bewertung Konsequenz der Anerkennung gleichwertiger Arbeit ist, vgl. EuGH, Rs. 157/86, Slg. 1988, 673, Rn. 2, 9 ff. (Murphy). Auch bei manchen Ausführungen in der Literatur kann man sich dessen nicht sicher sein, vgl. *Langenfeld* (Fn. 2), S. 55 f.; *J. Currall*, in: GTE, EU-/EG-Vertrag, Art. 119, Rn. 145. Zutreffend hingegen *Schlachter* (Fn. 12), S. 130.
203 *M. Schlachter*, in: Erfurter Kommentar zum Arbeitsrecht, Art. 141 EGV, Rn. 8; vgl. auch den Überblick von *Thüsing* (Fn. 12), S. 573.
204 Statt vieler *M. Malone*, Discrimination Law, 1993, S. 173 f.
205 Hier nur *D. Curtin*, Irish Employment Equality Law, 1989, S. 186 ff.
206 Vgl. BAG v. 23. 8. 1995, AP Nr. 48 zu § 612 BGB unter II 2 c und III 1 b aa der Gründe; *Staudinger/Richardi* § 612, Rn. 54 ff.; *MünchKomm/Schaub* § 612, Rn. 259 ff.; *Schlachter* (Fn. 12), S. 204 ff.; s. auch die Begründung des Entwurfs der Bundesregierung des Arbeitsrechtlichen EG-Anpassungsgesetzes, BT-Drucks. 8/3317, S. 10; sowie die Darstellung bei *Winter* (Fn. 12), S. 248 ff.; vgl. auch *Feldhoff* (Fn. 12), S. 132 ff.; jüngst *Thüsing* (Fn. 12), S. 29 ff.
207 Vgl. auch *Rating* (Fn. 132), S. 26.
208 Vgl. die bei *J. Currall*, in: GTE, EWGV, 4. Aufl. 1991, Art. 119, Rn. 96 m. Fn. 256 erwähnte englische Entscheidung.
209 Zu den Einzelheiten *Colneric* (Fn. 186), S. 49 ff., 54, 55, 57 f.
210 Insoweit zutreffend *Colneric* (Fn. 186), S. 51 f.

Beseitigung werden die 50 männlichen Köche im Vergleich zur Köchin unmittelbar diskriminiert. Ein weites Verständnis der Gleichwertigkeit bewirkt daher tiefe Eingriffe in die Organisationsgewalt des Arbeitgebers und hat Folgen, die weit über die Beseitigung einer Ungleichbehandlung hinausgehen. Die Gleichwertigkeit ist daher eng[211] als Instrument zu verstehen, das verhindern soll, daß die Vergleichbarkeit an unwesentlichen Unterschieden scheitert[212]. Die Tätigkeiten müssen auch ohne die in Rn. 58 genannten Kriterien grundsätzlich vergleichbar sein. Vgl. auch Rn. 57. Möglich[213], aber nicht erforderlich[214] ist, daß die Gleichwertigkeit anhand eines bestimmten formellen (häufig tariflichen) Verfahrens festgestellt worden ist.

5. Rechtfertigung

60 Diskriminierungen wegen des Entgelts können gerechtfertigt werden. Denkbar sind zum einen die Fälle, in denen zwar eine Ungleichbehandlung vorliegt, diese jedoch nicht auf dem Geschlecht beruht, und solche, in denen die Diskriminierung wegen des Geschlechts aus bestimmten Gründen hinzunehmen ist. Im ersten Falle liegt schon **tatbestandlich** keine Diskriminierung wegen des Geschlechts vor, doch sind die Grenzen zur zweiten Situation vor allem bei der mittelbaren Diskriminierung sowohl in theoretischer[215] als auch in tatsächlicher Hinsicht fließend.

61 Bei der mittelbaren Diskriminierung nennt der EuGH die fehlende Rechtfertigung seit jeher als eine ihrer drei Voraussetzungen (Rn. 43), während die Rechtfertigung bei der **unmittelbaren Diskriminierung** im Rahmen des Entgeltgleichheitsgebots erst in der jüngsten Rechtsprechung ausdrücklich anerkannt worden ist[216]. In der Literatur wurde die frühere Zurückhaltung zum Teil als Beleg dafür verstanden, daß die Rechtfertigung einer unmittelbaren Diskriminierung nicht möglich sei[217]. Damit wurde letztlich ein Unterschied in der Schwere des Vorwurfs behauptet, je nachdem ob eine mittelbare oder eine unmittelbare Diskriminierung vorliegt, was nicht zu überzeugen vermag[218]. Ein Unterschied zwischen den beiden Arten von Diskriminierung besteht insoweit, als die mittelbare Ungleichbehandlung statistisch nachgewiesen wird. Die Rechtfertigungsmöglichkeit dient als notwendiges Korrektiv des bloßen statistischen Schlusses, weshalb sie auch in einem Atemzug mit den beiden Voraussetzungen für das Vorliegen einer Diskri-

---

211 Ebenso S. Grundmann, Europäisches Schuldvertragsrecht, 1999, S. 399; R. Rebhahn, in: Schwarze (Hrsg.), EU-Kommentar, Art. 141, Rn. 16.
212 Für ein weites Verständnis, aber ohne weitere Präzisierung Kort (Fn. 12) S. 279; Colneric (Fn. 186), S. 50; zu den möglichen Fallgestaltungen und zur Illustration der Konsequenzen eines weiten Verständnisses vgl. nur BAG AP Nr. 3 zu § 612 BGB Diskriminierung.
213 Art. 1 Abs. 2 RL 75/117 (Fn. 11); GA C. O. Lenz, Schlußantr. zu EuGH, Rs. 109/88, Slg. 1989, 3199, Ziff. 37 (Danfoss); vgl. auch die Begründung des Entwurfs der Bundesregierung des Arbeitsrechtlichen EG-Anpassungsgesetzes (Fn. 206), S. 10.
214 So zur RL 75/117 (Fn. 11) EuGH, Rs. 61/81, Slg. 1982, 2601, Rn. 7 ff. (Kommission/Vereinigtes Königreich).
215 Vgl. etwa C. D. Classen, Wie viele Wege führen zur Gleichberechtigung von Männern und Frauen?, JZ 1996, S. 921 (923 f.), nach dem die Rechtfertigung bei der mittelbaren Diskriminierung Teil des Tatbestandes sein soll. Dagegen zu Recht Schlachter (Fn. 14), S. 398.
216 EuGH, Rs. C-381/99, n.n.i.Slg., Rn. 62 ff. (Brunnhofer). Allerdings kamen die Ausführungen in EuGH, Rs. C-218/98, Slg. 1999, I-5723, Rn. 18 ff. (Abdoulaye) der Prüfung einer Rechtfertigung schon sehr nahe.
217 Classen (Fn. 215), S. 924; Schlachter (Fn. 42), Rn. 39; wohl auch Meyer (Fn. 28), S. 258 f.; Borchardt (Fn. 89), S. 5; auch die RL zur Beweislast bei geschlechtsbedingter Diskriminierung (Fn. 128) erweckt in Art. 2 diesen Eindruck.
218 Die Möglichkeit der Rechtfertigung auch einer unmittelbaren Diskriminierung im Grundsatz bejahend etwa Kischel (Fn. 65), S. 4 f.; C. Langenfeld/B. Jansen, in: Grabitz/Hilf, EU, Art. 119, Rn. 14.

minierung genannt wird. Die Möglichkeit der Rechtfertigung einer unmittelbaren Diskriminierung im Rahmen des Art. 141 abzulehnen, stünde auch im Widerspruch zur Rechtsprechung zu anderen, in RLen geregelten Fällen der Geschlechtsdiskriminierung, in denen ausdrücklich die Möglichkeit der Rechtfertigung unmittelbarer Diskriminierungen anerkannt ist. Zutreffend ist daher allein, daß die Rechtfertigung bei der mittelbaren Diskriminierung von erheblich größerer Bedeutung und die Rechtfertigung einer unmittelbaren Diskriminierung bei Art. 141 praktisch nur in Ausnahmefällen denkbar ist[219]. Erkennt man, anders als hier vertreten, ein weites Verständnis der Gleichwertigkeit der Arbeit an (Rn. 59), wird die Bedeutung der Rechtfertigung unmittelbarer Diskriminierungen steigen[220].

Die Prüfung der Rechtfertigung weist der EuGH grundsätzlich dem **nationalen Gericht** 62 in vollem Umfange zu. Dieses hat zu prüfen, welche Gründe überhaupt in Betracht kommen können und ob die Voraussetzungen für eine Rechtfertigung im Einzelfall erfüllt sind[221]. Allerdings hat diese Haltung den EuGH nicht gehindert, in einer nicht unerheblichen Anzahl von Urteilen selbst in unterschiedlicher Tiefe Stellung zu nehmen[222]. Eine Linie, wann und wie weit er die Rechtfertigung selbst prüft, ist nicht erkennbar[223], so daß aus dem Umstand, daß der EuGH zu einem aufgeführten Rechtfertigungsgrund nicht Stellung genommen hat, nicht auf dessen Durchschlagkraft geschlossen werden kann[224]. Insgesamt gesehen geht die Zuweisung an das nationale Gericht aber bedeutend weiter als bei Verstößen gegen andere Bestimmungen des primären Gemeinschaftsrechts und insbesondere gegen die Grundfreiheiten, was erhebliche Auswirkungen hat und in dem bei Art. 141 Abs. 1 praktizierten Maße nicht aus Art. 234 folgt[225]. Zur Verhältnismäßigkeit fehlen jegliche Vorgaben. Da die Mehrzahl der Diskriminierungsfälle vom Mitgliedstaat zumindest mitverursacht werden, ist es aus praktischer Sicht schließlich nicht unproblematisch, diesem die Beurteilung seiner eigenen Regeln zu überlassen. Auf der anderen Seite haben die mitgliedstaatlichen Gerichte so die Möglichkeit, die teilweise sehr unnachgiebige Haltung des EuGH zu korrigieren[226].

Die **Voraussetzung** einer Rechtfertigung bei einer mittelbaren, durch den Arbeitgeber 63 verursachten Diskriminierung ist nach dem EuGH, daß die Entgeltausgestaltung ei-

---

219 Zutreffend insoweit *Fuchsloch* (Fn. 133), S. 55 f.; vgl. nunmehr Rs. C-381/99, n.n.i.Slg., Rn. 63 ff. (Brunnhofer).
220 Zur möglichen Rechtfertigung *Colneric* (Fn. 186), S. 52 ff.
221 EuGH, Rs. 171/88, Slg. 1989, 2743, Rn. 15 (Rinner-Kühn); EuGH, Rs. C-33/89, Slg. 1990, I-2591, Rn. 15 (Kowalska); Rs. C-457/93, Slg. 1996, I-243, Rn. 32, 38 (Lewark); Rs. C-167/97, Slg. 1999, I-688, Rn. 67 ff. (Seymour-Smith u. Perez).
222 Mitunter in denselben Entscheidungen, in denen der EuGH auch den Grundsatz betont: EuGH, Rs. 171/88, Slg. 1989, 2743, Rn. 13 f. (Rinner-Kühn); Rs. C-184/89, Slg. 1991, I-297, Rn. 14 (Nimz); Rs. C-360/90, Slg. 1992, I-3589, Rn. 26 (Bötel); Rs. C-457/93, Slg. 1996, I-243, Rn. 33 ff. (Lewark); Rs. C-278/93 Slg. 1996, I-1165, Rn. 24 ff. (Freers und Speckmann); Rs. C-243/95, Slg. 1998, I-3739, Rn. 35 ff. (Hill und Stapleton); Rs. C-167/97, Slg. 1999, I-688, Rn. 70 ff. (Seymour-Smith u. Perez).
223 Vgl. auch GA *M. Darmon*, Schlußantr. zu EuGH, Rs. C-184/89, Slg. 1991, I-297, Ziff. 10 f. (Nimz).
224 Ein Beispiel ist EuGH, Rs. C-33/89, Slg. 1990, I-2591, Rn. 14 f. (Kowalska).
225 Anders *Langenfeld* (Fn. 2), S. 216.
226 EuGH, Rs. C-457/93. Slg. 1996, I-243, Rn. 33 ff. (Lewark) und Rs. C-278/93, Slg. 1996, I-1165, Rn. 27 ff. (Freers und Speckmann) scheinen die deutschen Gerichte bei der Frage der möglichen Rechtfertigung des Lohnausfallprinzips geradezu dazu aufzufordern. Vgl. auch *Schlachter* (Fn. 67), S. 21; *Konzen* (Fn. 124), S. 69; *Kort* (Fn. 12) S. 283 f. Die auf der Grundlage der Rs. C-360/90, Slg. 1992, I-3589 (Bötel) gegenteilige Prognose von *Otto*, Anm. zu BAG v. 20.10.1993 (Fn. 156) trifft demnach nicht mehr zu. Allgemein zum erheblichen Spielraum der mitgliedstaatlichen Gerichte im Rahmen der Rechtfertigungsprüfung *Buchner* (Fn. 124), S. 325.

nem wirklichen Bedürfnis des Unternehmens dient und für die Erreichung dieses Ziels geeignet und erforderlich ist[227]. Ist Verursacher der Diskriminierung der Mitgliedstaat, hat das Gericht zum Teil geprüft, ob die gewählten Mittel einem notwendigen Ziel der mitgliedstaatlichen Sozialpolitik dienen[228]. Problematisch ist, ob den Mitgliedstaaten insoweit ein Gestaltungsspielraum zusteht oder sie sich auf strukturelle Überlegungen ihres Rechtssystems berufen können, so daß sie im Ergebnis weitergehende Einschränkungsmöglichkeiten hätten als der einzelne Arbeitgeber. Wenngleich in der Sache einiges dafür sprechen mag[229], richtet sich Art. 141 an die Mitgliedstaaten, so daß es widersprüchlich wäre, den Arbeitgebern gegenüber einen strengeren Maßstab anzulegen. Nicht überzeugend ist es jedenfalls, solche Argumente für das Sozialrecht anzuerkennen[230], sie im Arbeitsrecht und bei Art. 141 hingegen zurückzuweisen. In anderen Entscheidungen hat der EuGH daher auch bei einer staatlichen Ursache auf die Rechtfertigung durch ihrerseits nicht diskriminierende objektive Faktoren abgestellt[231]. Zur unmittelbaren Diskriminierung fehlen Ausführungen im Bereich der Entgeltgleichheit.

64 Es liegt nahe, die Rechtfertigung bei Art. 141 grundsätzlich denselben Grundsätzen folgen zu lassen wie bei den Richtlinien zur Gleichbehandlung im Arbeits- und Sozialrecht. Entscheidend ist daher, daß ein **sachlicher, seinerseits nicht diskriminierender** Grund für die Ungleichbehandlung besteht und daß das mit diesem Grund verfolgte Ziel nicht auf anderem Wege erreicht werden kann. Ein sachlicher Grund, den Arbeitnehmern eines Geschlechts ein geringeres Entgelt zu zahlen, wird allerdings noch seltener bejaht werden können als sachliche Gründe zur Erklärung sonstiger Diskriminierungen im Arbeitsrecht, so daß die Anwendung des allgemeinen Grundsatzes bei Art. 141 nicht häufig zu einer Rechtfertigung führen wird.

65 Einzelfälle[232]: Nach der Rechtsprechung des EuGH kommen grundsätzlich in Betracht: Personalpolitik, weniger Teilzeitkräfte zu beschäftigen[233]; Lohnzuschläge für Flexibilität, Mobilität, Berufsausbildung können gerechtfertigt sein, wenn der Umstand, an den der Arbeitgeber ein höheres Entgelt knüpft, für die Ausführung der Aufgaben des Arbeitnehmers von Bedeutung ist[234]. Vom EuGH abgelehnt wurden der pauschale Verweis auf: geringere Eingliederung und Verbundenheit mit Betrieb von Teilzeitbeschäftigten[235]; schnelleren Gewinn von Fähigkeiten, größeres Erfahrungswissen von Vollzeitbe-

---

227 EuGH, Rs. 170/84, Slg. 1986, 1607, Rn. 36 (Bilka); Rs. 171/88, Slg. 1989, 2743, Rn. 14 (Rinner-Kühn).
228 Vgl. etwa EuGH, Rs. 171/88, Slg. 1989, 2743, Rn. 14 (Rinner-Kühn); Rs. C-278/93, Slg. 1996, I-1165, Rn. 28 (Freers und Speckmann); Rs. C-167/97, Slg. 1999, I-688, Rn. 69 (Seymour-Smith u. Perez).
229 Vgl. aber *Bieback* (Fn. 123), S. 110.
230 EuGH, Rs. C-444/93, Slg. 1995, I-4741, Rn. 25 ff. (Megner u. Scheffel); Rs. C-317/93, Slg. 1995, I-4625, Rn. 29 ff. (Nolte); *K.-J. Bieback*, EG-Sozialrecht: Grundlagen und Geltung sowie die Wirkungen des EG-Gleichbehandlungsrechts auf das nationale Sozialrecht, DRV 1994, S. 20 (33).
231 EuGH, Rs. 171/88, Slg. 1989, 2743, Rn. 12 (Rinner-Kühn); Rs. C-360/90, Slg. 1992, I-3589, Rn. 21 (Bötel). Vgl. auch *E. Eichenhofer*, Anm. zu EuGH, Rs. C-444/93, JZ 1996, S. 414 (415 f.) zu dem »neuen« Ansatz in dieser Rs.
232 Vgl. auch *U. Preis/K. Mallossek*, Überblick über das Recht der Gleichbehandlung von Männern und Frauen im Gemeinschaftsrecht, in: H. Oetker/U. Preis (Hrsg.), Europäisches Arbeits- und Sozialrecht, B 4000, Rn. 71.
233 EuGH, Rs. 170/84, Slg. 1986, 1607, Rn. 37 (Bilka). Ablehnend *Pfarr* (Fn. 179), S. 588 f.
234 EuGH, Rs. 109/88, Slg. 1989, 3199, Rn. 18–25 (Danfoss) unter Bezug auf die RL 75/117 (Fn. 11).
235 EuGH, Rs. 171/88, Slg. 1989, 2743, Rn. 13 f. (Rinner-Kühn).

schäftigten[236]. Unklar ist die Haltung zum Lohnausfallprinzip des deutschen Betriebsverfassungsrechts[237]. Fraglich ist, inwieweit wirtschaftspolitische (z.b. Kostenersparnis) Erwägungen greifen können, die etwa Kleinunternehmen entlasten sollen. Außerhalb des Art. 141 hat der EuGH dieses unter Berufung auf den Vorläufer von Art. 137 Abs. 2 lit. b) anerkannt[238]. Eine Übertragung dieses Gedankens auf das Entgeltgleichheitsgebot ist angesichts des Fehlens einer entsprechenden Regelung in Art. 141 Abs. 1 u. 2 nicht möglich. Zudem sind wirtschaftspolitische Erwägungen nicht auf Arbeitnehmer eines Geschlechts beschränkt, und die Kostenersparnis durch schlechtere Bezahlung der Arbeitnehmer eines Geschlechts widerspricht dem ursprünglichen Zweck des Entgeltgleichheitsgebots.

Soweit eine Ungleichbehandlung in den Anwendungsbereich von **Art. 141 Abs. 4** fällt, kommt eine Rechtfertigung unter den Voraussetzungen dieser Bestimmung (Rn. 82 ff.) in Betracht. 66

6. Fragen der Beweislast

Beweislastfragen stellen sich hinsichtlich des **Vorliegens** einer Diskriminierung und auch bezüglich ihrer Rechtfertigung. Die Beweislast für das Vorliegen einer Diskriminierung liegt grundsätzlich beim Arbeitnehmer, doch ist es ausreichend, daß dieser die Diskriminierung glaubhaft macht, was zu einer Beweislastumkehr führt[239]. In Vertragsverletzungsverfahren gelten die allgemeinen Grundsätze (Art. 226 Rn. 33). Ist das Lohnsystem für den Arbeitnehmer undurchschaubar, hat der Arbeitgeber zu beweisen, daß es nicht diskriminierend ist[240]. Die Beweislast der **Rechtfertigung** liegt in einem Vorlageverfahren beim Arbeitgeber[241], unabhängig davon, ob er oder der Mitgliedstaat die Ursache für die Diskriminierung gesetzt hat, weil ihn letztlich die Folgen der nicht ausreichenden Beweiserbringung treffen; in Vertragsverletzungsverfahren liegt sie beim Mitgliedstaat. Zur Beweislast s. auch die RL 97/80/EG über die Beweislast bei Diskriminierung aufgrund des Geschlechts[242], die die Rechtsprechung im wesentlichen zusammenfaßt. 67

7. Rechtsfolgen eines Verstoßes

Unmittelbare Rechtsfolge der Feststellung eines Verstoßes ist, daß die Arbeitnehmer des benachteiligten Geschlechts einen Anspruch auf das Entgelt gegen ihren Arbeitgeber haben, das dieser dem bevorzugten Geschlecht gewährt[243]. Der Arbeitgeber ist insoweit 68

---

236 EuGH, Rs. C-184/89, Slg. 1991, I-297, Rn. 14 (Nimz); ähnlich bezüglich des job-sharing Rs. C-243/95, Slg. 1998, I-3739, Rn. 38 (Hill und Stapleton).
237 Vgl. einerseits EuGH, Rs. C-360/90, Slg. 1992, I-3589, Rn. 23 ff. (Bötel). und andererseits Rs. C-457/93, Slg. 1996, I-243, Rn. 33 ff. (Lewark) sowie Rs. C-278/93 Slg. 1996, I-1165, Rn. 27 ff. (Freers und Speckmann). S. auch Fn. 226.
238 EuGH, Rs. C-189/91, Slg. 1993, I-6185, Rn. 34 (Kirsammer-Hack).
239 Statt vieler C. Langenfeld/B. Jansen, in: Grabitz/Hilf, EU, Art. 119, Rn. 20.
240 EuGH, Rs. 109/88, Slg. 1989, 3199, Rn. 16 (Danfoss) unter Bezug auf die RL 75/117 (Fn. 11).
241 EuGH, Rs. 170/84, Slg. 1986, 1607, Rn. 31 (Bilka).
242 Nw. in Fn. 128; dazu *Schlachter* (Fn. 128), S. 321 ff.
243 Ständige Rspr. seit EuGH, Rs. 43/75, Slg. 1976, 455, Rn. 14/15 (Defrenne II); vgl. Rs. C-33/89, Slg. 1990, I-2591, Rn. 20 (Kowalska); Rs. C-184/89, Slg. 1991, I-297, Rn. 18 (Nimz); Rs. C-200/91, Slg. 1994, I-4389, Rn. 30, 32 (Coloroll Pension Trustees); Rs. C-408/92, Slg. 1994, I-4435, Rn. 17 (Avdel Systems); EuGH, Rs. C-28/93, Slg. 1994, I-4527, Rn. 15 ff. (Van den Akker). Kritisch *Buchner* (Fn. 124), S. 317 f.; *A. Nicolai*, Rechtsfolgen der Unvereinbarkeit arbeitsrechtlicher Regelungen mit Art. 119 EG-Vertrag, ZfA 1996, S. 481 (485 ff.).

nicht berechtigt, die Gleichbehandlung dadurch herzustellen, daß er das Entgelt des bevorzugten Geschlechts auf das niedrigere Niveau zurückführt. Handelt es sich um eine mittelbare Diskriminierung, ist Folge dieser Form der Gleichstellung, daß die Arbeitnehmer des nicht diskriminierten Geschlechts, die aber zur Gruppe der mittelbar Ungleichbehandelten gehören, ihrerseits nunmehr unmittelbar diskriminiert werden und daher ebenfalls einen Anspruch auf Gewährung des höheren Entgelts haben.

69 Der Anspruch richtet sich auch auf in der **Vergangenheit** liegende Arbeitszeiten, wenn nicht der EuGH die Wirkung des Urteils auf die Zukunft begrenzt (dazu und zum Protokoll zu Art. 141 Rn. 74). Bezüglich der Wirkung innerstaatlicher Fristen hat der EuGH die Grundsätze zur sog. Emmott'schen Fristenhemmung (Art. 249 Rn. 102) auf Art. 141 nicht übertragen und die nationalen Vorschriften für maßgeblich erklärt, soweit diese nicht ungünstiger als für gleichartige, das innerstaatliche Recht betreffende Klagen sind, und sofern sie die Ausübung des Gemeinschaftsrechts nicht praktisch unmöglich machen[244]. Die genaue Bedeutung der letztgenannten Voraussetzungen bleibt freilich nebulös, die Handhabung ist daher unsicher[245]. Es wäre überzeugender gewesen, die in Emmott entwickelten Regeln auf Verstöße gegen primäres Gemeinschaftsrecht zu übertragen und die innerstaatlichen Fristen erst mit der Feststellung des Verstoßes gegen Art. 141 laufen zu lassen[246]. Allgemein dazu und zum Ausnahmecharakter von Emmott Art. 249 Rn. 102 ff.

70 Für die nach der Feststellung des Verstoßes gegen Art. 141 Abs. 1 liegende Zeit ist nach der Rechtsprechung des EuGH danach zu differenzieren, ob der Verursacher der Diskriminierung (Mitgliedstaat, Arbeitgeber, Tarifvertragsparteien, Partner auf betrieblicher Ebene) **Angleichungsmaßnahmen** zur Beseitigung der Diskriminierung getroffen hat. Solange dieses nicht der Fall ist, bleibt es bei der in der vorigen Rn. geschilderten Rechtslage[247]. Trifft der Verursacher der Diskriminierung Maßnahmen zu ihrer Beseitigung, ist er nach dem EuGH hingegen berechtigt, für die Zukunft auch das den Arbeitnehmern eines Geschlechts gewährte höhere Entgelt auf das niedrigere Niveau abzusenken[248]. Diese Haltung überzeugt, weil Art. 141 lediglich eine Ungleichbehandlung untersagt[249].

71 Ist Verursacher der Diskriminierung der Mitgliedstaat, der damit gegen primäres Gemeinschaftsrecht verstößt, sieht sich nach diesen Regeln der Arbeitgeber einem Entgeltzahlungsanspruch ausgesetzt, obwohl er nicht anders kann, als sich an die diskriminie-

---

244 EuGH, Rs. C-128/93, Slg. 1994, I-4583, Rn. 38 ff. (Fisscher); Rs. C-435/93, Slg. 1996, I-5223, Rn. 37 (Dietz); zu Regelungen, die die Ausübung des Gemeinschaftsrechts praktisch unmöglich machen, vgl. Rs. C-246/96, Slg. 1997, I-7153, Rn. 37 (Magorrian & Cunningham); Rs. C-326/96, Slg. 1998, I-7835, Rn. 32 (Levez).
245 Vgl. jüngst EuGH, Rs. C-78/98, n.n.i.Slg., Rn. 34, 36 ff., 64 ff. (Preston u. Fletcher) sowie auch die in Fn. 244 genannten Entscheidungen.
246 Vgl. auch *Darmon/Huglo* (Fn. 100), S. 23 f. Darauf deuten auch einige Ausführungen in der jüngsten Entscheidung zu dieser Frage hin, vgl. Rs. C-246/96, Slg. 1997, I-7153, Rn. 45 (Magorrian & Cunningham), in der allerdings der Ansatz der bisherigen Haltung bestätigt wurde.
247 EuGH, Rs. C-184/89, Slg. 1991, I-297, Rn. 19 (Nimz); Rs. C-7/93, Slg. 1994, I-4471, Rn. 53 (Beune); Rs. C-408/92, Slg. 1994, I-4435, Rn. 28 ff. (Avdel Systems).
248 EuGH, Rs. C-200/91, Slg. 1994, I-4389, Rn. 30 (Coloroll Pension Trustees); Rs. C-408/92, Slg. 1994, I-4435, Rn 25 ff., 17 f. (Avdel Systems); Rs. C-28/93, Slg. 1994, I-4527, Rn. 19. (Van den Akker).
249 So zu Recht EuGH, Rs. C-408/92, Slg. 1994, I-4435, Rn. 21 (Avdel Systems); Rs. C-28/93, Slg. 1994, I-4527, Rn. 19 (Van den Akker). Sehr problematisch vor diesem Hintergrund die Ausführungen zur Höhe des Mutterschaftsgeldes in Rs. C-342/93, Slg. 1996, I-475, Rn. 20 (Gillespie).

rende staatliche Regelung zu halten[250]. Es stellt sich die Frage nach einem **Schadensersatzanspruch** des Arbeitgebers gegen den Staat nach den vom EuGH entwickelten Grundsätzen zur gemeinschaftsrechtlichen Haftung der Mitgliedstaaten. Dieser Anspruch dürfte letztlich daran scheitern, daß Art. 141 nicht den Arbeitgeber schützt und ihm daher kein subjektives Recht gewährt (Art. 288 Rn. 36). Läuft hingegen der Anspruch des benachteiligten Arbeitnehmers wegen Zahlungsunfähigkeit des Arbeitgebers leer, stünde diesem ein Schadensersatzanspruch gegen den Mitgliedstaat zu, soweit er nicht ausreichend durch die RL 80/987/EWG[251] geschützt wird.

8. Betriebliche Sozialversicherungssysteme und das Entgeltgleichheitsgebot

Betriebliche Sozialversicherungssysteme unterfallen nach Auffassung des EuGH dem Entgeltgleichheitsgebot, während die gesetzlichen Systeme der sozialen Sicherheit von Art. 141 nicht erfaßt werden (zur Abgrenzung oben Rn. 29 ff.). Aus deutscher Sicht führt das Zusammenführen beider Ansichten aufgrund der Verzahnung gesetzlicher und betrieblicher Systeme im Bereich der Altersversorgung (§ 6 BetrAVG, aber etwa auch Gesamtversorgungszusage bei der betrieblichen Altersversorgung) zu beinahe unlösbaren Friktionen. Trotz der seit 1971 absehbaren[252] Haltung des EuGH ist es daher auch wahrscheinlich, daß wegen der schwierigen Abstimmung mit den gesetzlichen Systemen in der Praxis nicht alle Ungleichbehandlungen beseitigt sind[253]. Es wäre möglich gewesen, die eigentlichen Leistungen der betrieblichen Systeme der sozialen Sicherheit an den Arbeitnehmer nicht als Entgelt im Sinne von Art. 141 anzusehen[254], doch wäre diese Sicht mit dem ansonsten weiten Entgeltbegriff nur schwer vereinbar[255]. Wünschenswert wäre es aber wegen der nicht nur in Deutschland bestehenden Verzahnung mit den gesetzlichen Systemen gewesen, Art. 141 auf die betrieblichen Systeme bis zur Verwirklichung der Gleichbehandlung in der gesetzlichen Altersversorgung nicht anzuwenden[256]. Der EuGH hat dieses aber abgelehnt[257]. 72

Das geringere Rentenalter für Frauen in den gesetzlichen Systemen wird in Deutschland damit gerechtfertigt, daß es den Ausgleich für ein gesellschaftliches Defizit darstelle[258]. 73

---

250 Vgl. auch *Nicolai* (Fn. 243), S. 488.
251 V. 20. 10. 1980 zur Angleichung der Rechtsvorschriften der Mitgliedstaaten über den Schutz der Arbeitnehmer bei Zahlungsunfähigkeit des Arbeitgebers, ABl.EG 1980 Nr. L 283/23.
252 Durch die Ausführungen in der Defrenne I Entscheidung, daß gesetzliche Altersversicherungssysteme nicht von Art. 119 erfaßt seien, EuGH, Rs. 80/70, Slg. 1971, 445, Rn. 7/12 (Defrenne I). S. vor allem auch GA *A. Dutheillet de Lamothe* in dieser Rs. auf S. 459. So auch *Schlachter* (Fn. 12), S. 125. Vgl. aber *Nicolai* (Fn. 243), S. 488 ff.
253 Allerdings wurde die Problematik über lange Zeit mitunter auch nicht ernst genommen, vgl. die Stellungnahmen bei *Weichmann* (Fn. 108), S. 96.
254 So *M. Heinze*, in: W. Leinemann (Hrsg.), Kasseler Handbuch zum Arbeitsrecht, 1997, § 11, Rn. 69.
255 Auch nach deutschem Recht wird dem Ruhegeld im übrigen Entgeltcharakter zugemessen, vgl. hier statt vieler *H.-P. Steinmeyer*, Betriebliche Altersversorgung und Arbeitsverhältnis, 1991, S. 49 ff., 85 f.
256 Vgl. auch *Langenfeld* (Fn. 2), S. 241. Zur Kritik am EuGH vgl. *Schlachter* (Fn. 12), S. 198 f.; *G. Griebeling*, Aspekte der Gleichbehandlung in Systemen der betrieblichen Altersversorgung aus deutscher und europäischer Sicht, NZA 1996, S. 449 ff.
257 EuGH, Rs. C-262/88; Slg. 1990, I-1889, Rn. 32 (Barber); Rs. C-110/91, Slg. 1993, I-6591, Rn. 18 f., 23 f. (Moroni).
258 BVerfG, BVerfGE 74, 163 (178 ff.). Zu Italien und Österreich, in denen seine solche Rechtfertigung abgelehnt wurde, vgl. *Eichenhofer* (Fn. 106), S. 145.

Ob dieser Gedanke auch zur **Rechtfertigung** auf europarechtlicher Ebene herangezogen werden kann, ist vom EuGH nicht entschieden worden. Die Frage richtet sich nunmehr ausschließlich nach Art. 141 Abs. 4 (Rn. 80 ff.). Danach könnten unterschiedliche Rentenzugangsalter grundsätzlich zulässig sein, doch ist § 6 BetrAVG nicht nach Art. 141 Abs. 4 gerechtfertigt (näher Rn. 94).

74 In der Barber Entscheidung hat der EuGH die Wirkung des Urteils zeitlich insoweit eingeschränkt, als die unmittelbare Wirkung nicht für Rentenansprüche gelte, die auf Beschäftigungszeiten vor dem 17.5.1990 zurückgeführt würden[259]. Diese **zeitliche Begrenzung** ist nunmehr zum einen im Protokoll zu Art. 141[260] festgehalten[261]. In der Praxis führt sie – kombiniert mit den unterschiedlichen Rechtsfolgen je nachdem, ob der Arbeitgeber Angleichungsmaßnahmen getroffen hat oder nicht (Rn. 70) –, zu sehr komplizierten Rechenmodellen[262]. Sachlich betrifft die Beschränkung der zeitlichen Wirkung im Protokoll nur solche Umstände, hinsichtlich derer eine Diskriminierung vernünftigerweise – i.d.R. aufgrund von Ausnahmen in RLen (Rn. 9 ff.) – als zulässig angesehen werden konnte, also etwa nicht die Frage des Anschlusses an ein Versorgungssystem als solche[263]. Allerdings gilt allgemein und neben dem Protokoll noch die in Defrenne II ausgesprochene zeitliche Begrenzung[264] (8.4.1976). Zur Anordnung der Rückwirkung durch das nationale Recht Rn. 8. Bei einem rückwirkenden Anschluß an ein Betriebsrentensystem ist der Arbeitnehmer für den rückliegenden Zeitraum beitragspflichtig[265].

C. Allgemeines (ungeschriebenes) arbeitsrechtliches Gleichbehandlungsgebot

I. Herleitung

75 Art. 141 Abs. 3 und 4 erwähnen einen Grundsatz der Gleichbehandlung, den sie mit unterschiedlichen Formulierungen auf das Arbeitsrecht allgemein beziehen und der insoweit über den Entgeltgleichheitssatz hinausgeht. Sie setzen daher die Existenz eines allgemeinen Gleichbehandlungsanspruchs für das Arbeitsrecht voraus[266]. Einen allgemei-

---

259 Nw. in Fn. 16. Zur Präzisierung vgl. Rs. C-110/91, Slg. 1993, I-6591, Rn. 27 ff. (Moroni); Rs. C-200/91, Slg. 1994, I-4389, Rn. 44 ff., 51 ff., 57 ff., 61 ff. (Coloroll Pension Trustees); Rs. C-408/92, Slg. 1994, I-4435, Rn. 18 ff. (Avdel Systems); Rs. C-109/91, Slg. 1993, I-4879, Rn. 15 ff. (Ten Oever); Rs. C-152/91, Slg. 1993, I-6935, Rn. 12 ff., 18 (Neath) (Ausnahme für diejenigen, die vor diesem Datum Klage erhoben haben) sowie die Nw. in Fn. 263. Aus der Literatur: *Kirschbaum* (Fn. 88), S. 40 ff. sowie der Nw. in Fn. 262. Kritisch zur zeitlichen Beschränkung *Colneric* (Fn. 147), S. 76.
260 Protokoll (Nr. 17) zu Artikel 141 des EGV (1992). Dazu statt vieler *C. Langenfeld/B. Jansen*, in: Grabitz/Hilf, EU, Protokoll zu Art. 119; *Schlachter* (Fn. 42), Rn. 20.
261 EuGH, Rs. C-57/93, Slg. 1994, I-4541, Rn. 35 ff. (Vroege).
262 Vgl. hier nur *R. Höfer*, Die Umsetzung der EuGH-Rechtsprechung zum Lohngleichheitsgebot in der betrieblichen Altersversorgung, BetrAVG 1995, S. 119 (121).
263 EuGH, Rs. C-7/93, Slg. 1994, I-4471, Rn. 60 (Beune); Rs. C-128/93, Slg. 1994, I-4583, Rn. 24 (Fisscher); Rs. C-57/93, Slg. 1994, I-4541, Rn. 27 (Vroege); verb. Rs. C-234/96 u. C-235/96, Slg. 2000, I-799, Rn. 38 ff. (Vick u. Conze); verb. Rs. C-270/97 u. C-271/97, Slg. 2000, I-929, Rn. 39 ff. (Sievers u. Schrage). Zur Abgrenzung, ob es um den Anschluß oder die Zahlung einer Rente geht, vgl. EuGH Rs. C-435/93, Slg. 1996, I-5223, Rn. 23 (Dietz); Rs. C-246/96, Slg. 1997, I-7153, Rn. 33 f. (Magorrian & Cunningham).
264 EuGH, Rs. C-7/93, Slg. 1994, I-4471, Rn. 67 (Beune); Rs. C-246/96, Slg. 1997, I-7153, Rn. 22 (Magorrian & Cunningham).
265 EuGH, Rs. C-128/93, Slg. 1994, I-4583, Rn. 33 ff. (Fisscher); Rs. C-435/93, Slg. 1996, I-5223, Rn. 34 (Dietz).
266 Zustimmend *MünchArbR/Birk* § 19, Rn. 328 f.

nen arbeitsrechtlichen Gleichbehandlungsgrundsatz kennt das primäre Gemeinschaftsrecht aber **nicht ausdrücklich.** Verschiedene Ansätze, die im Detail zu unterschiedlichen Ergebnissen führen können, sind zur Begründung der Existenz eines solchen Prinzips denkbar. Die Verfassungen der Mitgliedstaaten statuieren zwar überwiegend ein Diskriminierungsverbot, bieten aber keine sichere Grundlage für ein umfassendes auch für den Bereich des Arbeitsrechts geltendes, also den privaten Arbeitgeber insbesondere beim Zugang zur Beschäftigung bindendes umfassendes Gleichbehandlungsgebot[267]; auch Art. 14 EMRK ist nicht auf das Arbeitsrecht anwendbar[268], so daß ein allgemeines arbeitsrechtliches Gleichbehandlungsgebot auch nicht über Art. 6 Abs. 2 EUV hergeleitet werden kann. Obwohl aus Art. 1 Nr. 2 der Europäischen Sozialcharta ein allgemeines Diskriminierungsverbot für den Bereich des Arbeitsrechts folgen soll[269], liegt darin schließlich wegen der Natur der Bezugnahme in Art. 136 (dort Rn. 33 f.) ebenfalls keine ausreichende Grundlage. Erst recht gilt dies nach dem derzeitigen Stande des Europarechts für Art. 21 u. 23 der rechtlich unverbindlichen Charta der Grundrechte der Europäischen Union[270], auf die in Art. 136 auch in seiner Fassung nach Nizza noch nicht einmal verwiesen wird (Art. 136 Rn. 33).

Die Regelung der Art. 141 Abs. 3 und 4 unmittelbar auf die RLen zur Gleichbehandlung zu beziehen, würde zu der eigenartigen, dogmatisch wie systematisch kaum überzeugenden Situation führen, den Grundsatz aus dem sekundärem Gemeinschaftsrecht abzuleiten[271], während die Grundlage für die Zulässigkeit von Ausnahmen, Art. 141 Abs. 4, Teil des primären Rechts wäre[272]. Eine auf der Ebene des primären Rechts kohärente Regelung setzt mithin ein **ungeschriebenes** allgemeines arbeitsrechtliches Gleichbehandlungsgebot voraus. Die Annahme eines solchen ungeschriebenen, aber im Primärrecht selbst verankerten arbeitsrechtlichen Gleichbehandlungsgebots ist gegenüber den anderen Herleitungsmöglichkeiten u.a. deshalb vorzugswürdig, weil es das Gebot von anderen rechtlichen Regimen löst und damit eine Entwicklung alleine auf gemeinschaftsrechtlicher Ebene und die Einbettung in die bestehenden europarechtlichen Regelungen ermöglicht. Ob ein solches arbeitsrechtliches Gebot bereits vor Amsterdam existierte[273], spielt keine entscheidende Rolle mehr. Ein etwas bitterer Beigeschmack bleibt, weil es sich fragt, warum ein solches nicht in den Vertrag von Amsterdam aufgenommen worden ist; auch der Umstand, daß die Gleichbehandlung in Art. 3 Abs. 2 i.V.m. Art. 3

76

---

267 Dieser Aspekt wird häufig übersehen, wenn von der Existenz eines allgemeinen Gleichbehandlungsgebotes gesprochen wird (Nw. in Fn. 273).
268 Vgl. nur *D. Gomien/D. Harris/L. Zwaak*, Law and Practice of the European Convention on Human Rights and the European Social Charter, Straßburg 1996, S. 345.
269 *D. Gomien/D. Harris/L. Zwaak* (Fn. 268), S. 383.
270 Abl.EG C 364/1.
271 In diese Richtung aber wohl *K.-J. Bieback*, Diskriminierungs-und Behinderungsverbote im europäischen Arbeits-und Sozialrecht, in: E. Eichenhofer/M. Zuleeg (Hrsg.), Die Rechtsprechung des Europäischen Gerichtshofs zum Arbeits- und Sozialrecht im Streit, 1995, S. 103 (106), wenn er von einem Ausbau des Art. 119 a.F. zu einem umfassenden Gleichbehandlungsrecht durch mehrere Richtlinien spricht.
272 So auch *MünchArbR/Birk* § 19, Rn. 329.
273 Eine Wirkung für das Arbeitsrecht gerade verneinend EuGH, Rs. 149/77, Slg. 1978, 1365, Rn. 33 (Defrenne III); vgl. auch *M. Zuleeg*, Der Schutz sozialer Rechte in der Rechtsordnung der Europäischen Gemeinschaft, EuGRZ 1992, 329 (329 f.); *Kischel* (Fn. 65), S. 7; *M. Heinze*, in: W. Leinemann (Hrsg.), Kasseler Handbuch zum Arbeitsrecht, 1997, § 11, Rn. 65. In diese Richtung aber *I. Pernice*, Grundrechtegehalte im Europäischen Gemeinschaftsrecht, 1979, S. 202; *Langenfeld* (Fn. 2), S. 116 ff.; *D. Feger*, Grundrechtliche Aspekte des Rechts der Europäischen Gemeinschaften auf dem Gebiet der abhängigen Arbeit, RdA 1987, S. 13 (24); *A. Epiney*, Möglichkeiten und Grenzen »positiver Diskriminierung« im europäischen Gemeinschaftsrecht, FS-Schnyder, 1995, S. 205 (212 f.); wohl auch *Meyer* (Fn. 28), S. 412 ff.; *Bieback* (Fn. 271) S. 106 f.; *Kort* (Fn. 12) S. 278.

Art. 141 EG-Vertrag

Abs. 1 lit. j) als bloße Zielvorstellung auch für den Bereich der Sozialpolitik erwähnt wird, ließe sich gegen die Existenz eines solchen Rechts anführen. Doch fehlt dann eine Erklärung für Art. 141 Abs. 3 und 4.

II. Inhalt

77 Zum Inhalt fehlen im Primärrecht weitgehend Anhaltspunkte. Zum einen könnte man daran denken, über die Bezugnahme auf die Europäische Sozialcharta in Art. 136 deren Verständnis des allgemeinen Gleichbehandlungsgebots auf das Primärrecht zu übertragen, was indes aufgrund der schwachen Ausgestaltung der Formulierung der Bezugnahme in Art. 136 (Art. 136 Rn. 34) wiederum nicht überzeugt. Für internationale Übereinkommen[274], auf die Art. 136 im übrigen nicht verweist, gilt dies umso stärker. Es wäre zum anderen möglich, den **Inhalt** der Gleichbehandlungs**richtlinien** in das Primärrecht zu übertragen, wie es beim Entgeltgleichheitsgebot auch geschehen ist (Rn. 10). Auf diese Lösung deutet Art. 141 Abs. 3 hin (vgl. auch Rn. 96 ff.). Im Grundsatz existiert daher nunmehr ein primärrechtliches allgemeines arbeitsrechtliches Gleichbehandlungsgebot, dessen Inhalt und Grenzen durch die existierenden und zu erlassenden Akte des Sekundärrechts definiert werden.

78 Dieser Weg wirft allerdings eine Reihe bisher ungeklärter Fragen auf. So ist insbesondere zweifelhaft, ob jede in den RLen getroffene inhaltliche Aussage Teil des primärrechtlichen Gleichbehandlungsgrundsatzes ist, aus den Richtlinien ein Kern zu destillieren ist, der den primärrechtlichen Grundsatz prägt oder ob der Gleichbehandlungsgrundsatz sich auf die allgemeine Statuierung des Diskriminierungsverbots beschränkt, die abschließende und rechtlich alleine bedeutsame Konkretisierung inklusive des Verhältnisses zum mitgliedstaatlichen Recht aber dem Sekundärrecht vorbehalten ist. Dieses Problem ist zum einen für die Frage von Bedeutung, ob das allgemeine Diskriminierungsverbot **horizontal unmittelbar anwendbar** sein kann[275]. Je mehr von den Richtlinien in das primärrechtliche Gebot gelesen wird, in desto größerem Maße wird der zwischen primärem Recht und Richtlinien bestehende Unterschied bei der horizontalen Wirkung im Bereich der Gleichbehandlung aufgehoben, was nicht überzeugend wäre. Eine inhaltliche Verdichtung des Diskriminierungsverbots auf der primärrechtlichen Ebene könnte ferner Bedeutung für den zulässigen Inhalt des konkretisierenden Sekundärrechts haben[276]. Welche Bedeutung das allgemeine arbeitsrechtliche Diskriminierungsverbot erlangen wird, ist derzeit noch nicht absehbar.

79 Ob das Gleichbehandlungsgebot beim jetzigen Stand überhaupt hinreichend genug bestimmt ist, um eine unmittelbare Anwendbarkeit in Betracht ziehen zu können[277], ist ohnehin zweifelhaft. Der einzelne Arbeitnehmer kann aus dem allgemeinen Diskriminierungsverbot bei der derzeitigen Rechtslage auch **kein subjektives Recht ableiten**.

---

274 Art. 7 des Internationalen Paktes über wirtschaftliche, soziale und kulturelle Rechte v. 19.12.1966, BGBl. 1973 II, 1570; Art. 11 des Übereinkommens zur Beseitigung jeder Form von Diskriminierungen der Frau v. 18.12.1979, BGBl. 1985 II, 647.
275 Dies im Grundsatz bejahend *MünchArbR/Birk* § 19, Rn. 331.
276 In diese Richtung auch *Bieback* (Fn. 9), Art. 141, Rn. 2.
277 Vgl. zur Rechtslage vor Amsterdam *Langenfeld* (Fn. 2), S. 133 f.

D. Die Öffnungsklausel des Art. 141 Abs. 4

I. Sachlicher Anwendungsbereich und Rechtsnatur

Art. 141 Abs. 4 eröffnet den Mitgliedstaaten – nicht der EU – die Möglichkeit, gegen 80
den Grundsatz der Gleichbehandlung zu verstoßen, wenn dieses der Erleichterung der
Berufstätigkeit des unterrepräsentierten Geschlechts dient. Diese Bestimmung geht auf
Art. 6 Abs. 3 des nunmehr in den Vertrag integrierten SozAbk zurück, enthält jedoch
nicht unerhebliche Änderungen: Während Art. 6 Abs. 3 SozAbk ausdrücklich eine Ausnahme zu dem in den übrigen Absätzen jener Bestimmung wiedergegebenen Entgeltgleichheitsgebot darstellte[278], enthält Art. 141 Abs. 4 eine derartige Beschränkung
nicht. Auch aus dem Zusammenhang mit Art. 141 Abs. 3 folgt daher, daß die Öffnungsklausel nicht lediglich Ausnahmen zum Entgeltgleichheitsgebot gestattet, sondern **allgemein** für den Bereich der Sozialpolitik gilt. Außerhalb der Art. 141 Abs. 1 u. 2 wird sich
auch sein wesentlicher Anwendungsbereich finden. Zudem ist Art. 141 Abs. 4 geschlechtsneutral formuliert, wohingegen Art. 6 Abs. 3 SozAbk Maßnahmen nur zugunsten von Frauen zuließ[279]. Inhalt und Tragweite der Bestimmung sind bisher weitestgehend ungeklärt, nur einige Fragen können angesprochen werden. Art. 6 Abs. 3 SozAbk
hat in der Rechtsprechung des EuGH keine Bedeutung erlangt und wurde überwiegend
auch in der Literatur einschränkend ausgelegt[280]. Art. 141 Abs. 4 hat hingegen zumindest das Potential, großen Einfluß auf das Gleichheitsgebot zu nehmen. Der EuGH hat
bisher zu Art. 141 Abs. 4 nur knapp Stellung genommen (Rn. 82, 93).

Art. 141 Abs. 4 als bloße politische Willensäußerung zu qualifizieren und dieser Bestim- 81
mung damit einen rechtlich unverbindlichen Charakter zu verleihen, wird ihr nicht gerecht. Zweifelhaft ist, ob Art. 141 Abs. 4 das Vorliegen einer Diskriminierung bereits
tatbestandlich ausschließt oder einen Rechtfertigungsgrund darstellt. Der Unterschied
ist vor allem tatsächlicher und rechtspolitischer Natur, da Art. 141 Abs. 4 dem einzelnen
Arbeitnehmer kein subjektives Recht auf den Beschluß entsprechender Vergünstigungen
durch den Mitgliedstaat zuspricht. Stellt die Öffnungsklausel einen Rechtfertigungsgrund dar, wird den Maßnahmen des Mitgliedstaats das Stigma einer Diskriminierung
angehängt. In mehreren Entscheidungen hat der EuGH von einer nur dem Anschein
nach vorliegenden Diskriminierung gesprochen[281]. Allerdings sind diese Urteile vor dem
Hintergrund der RL 76/207[282] ergangen, die eine Besserstellung nicht ausdrücklich zuläßt, weshalb auch EuGH relativ eng ausgelegt worden ist und mithin nicht Grundlage so
weitreichender Vergünstigungen sein kann wie Art. 141 Abs. 4[283]. Zudem handelt es
sich um eine wertende Betrachtung, die dem tatsächlichen Hintergrund nicht gerecht
wird: Man kommt nicht umhin, daß durch eine umgekehrte oder positive Diskriminierung eine Ungleichbehandlung der konkret betroffenen Arbeitnehmer des nicht bevor-

---

278 A.A. aber *Epiney* (Fn. 229), S. 229.
279 In einer Erklärung wird jedoch klargestellt, daß Maßnahmen nach Art. 141 Abs. 4 in erster Linie der Verbesserung der Lage der Frauen dienen sollen.
280 Vornehmlich unter Verweis auf sein Verhältnis zum Vertrag, statt aller *C. Langenfeld*, in: Grabitz/Hilf, EU, Art. 6 Nach Art. 122, Rn. 3, was nunmehr überholt ist.
281 EuGH, Rs. 312/86, Slg. 1986, 6315, Rn. 15 (Kommission/Frankreich); Rs. C-450/ 93, Slg. 1995, I-3051, Rn. 18 (Kalanke); Rs. C-409/95, Slg. 1997, I-6363, Rn. 26 (Marschall); Rs. C-158/97, Slg. 2000, I-1875, Rn. 19 (Badeck).
282 Fn. 29.
283 Zu Art. 2 Abs. 4 der RL 76/207 auch *Langenfeld* (Fn. 2), S. 231, 233. Vgl. auch *Franzen* (Fn. 121), S. 803; *E. A. Whiteford*, Social policy after Maastricht, ELRev. 18 (1993), S. 202 (206 f.); *Preis/Mallossek* (Fn. 232), Rn. 112 ff. Anders aber *R. Nielsen/E. Szyszczak*, The Social Dimension of the European Union, 3. Aufl. 1997, S. 171.

zugten Geschlechts geschaffen wird[284]. Art. 141 Abs. 4 ist daher **Rechtfertigungsgrund**[285].

II. Voraussetzungen

82 Art. 141 Abs. 4, der die positive Diskriminierung betrifft[286], ist **zweigliedrig**: zum einen enthält er die Öffnungsklausel zugunsten der Mitgliedstaaten zum Erlaß spezifischer Vergünstigungen für Arbeitnehmer eines Geschlechts. Zum anderen stellt er gewisse Anforderungen an diese Maßnahmen[287]. Die Voraussetzungen beider Elemente müssen jeweils zur Rechtfertigung erfüllt sein. Als Ausnahme zu einem grundlegenden Prinzip des Europarechts ist Art. 141 Abs. 4 **eng** auszulegen. Das Verhältnis zu Art. 2 Abs. 4 der RL 76/207[288] versteht der EuGH zu Recht so, daß Art. 141 Abs. 4 nur zu prüfen ist, wenn eine Maßnahme sich nicht bereits gemäß Art. 2 Abs. 4 der RL rechtfertigen läßt[289]. Der EuGH geht damit davon aus, daß Art. 141 Abs. 4 weitergehende Maßnahmen zulassen kann[290]. Die Grundsätze der Kalanke und Marschall Entscheidungen[291] sind daher, soweit Art. 141 Abs. 4 weitergehende Möglichkeiten eröffnet, überholt. Weitergehende Maßnahmen in diesem Sinne sind insoweit solche der positiven Diskriminierung[292].

1. Die Voraussetzungen der Öffnung des Gleichbehandlungsgrundsatzes

83 Die Öffnungsklausel stellt auf der primärrechtlichen Ebene den Rechtfertigungsgrund für spezifische Vergünstigungen dar, die ansonsten gegen das Entgeltgleichheitsgebot oder das allgemeine arbeitsrechtliche Gleichheitsgebot verstießen. Das Abstellen auf die Effektivität der Gewährleistung der Gleichstellung stellt einerseits klar, daß die vom Mitgliedstaat getroffene Maßnahme grundsätzlich geeignet sein muß, die Gleichbehandlung zu gewährleisten. Art. 141 Abs. 4 enthält eine Öffnung daher nur zugunsten

---

284 EuGH, Rs. C-366/99, n.n.i.Slg., Rn. 26 ff. (Griesmar); vgl. *P. Hanau,* Die umgekehrte Geschlechtsdiskriminierung im Arbeitsleben, FS-Herschel z. 85. Geburtstag, 1982, S. 191 (194 f.). Anders wohl *Bieback* (Fn. 123), S. 37 f.
285 *C. Starck,* Anm. zu EuGH, Rs. C-158/97 (Badeck), JZ 2000, S. 670 (671).
286 Vgl. auch *J.-P. Puissochet,* Die Rechtsprechung des Europäischen Gerichtshofes über die Anwendung des Grundsatzes der Gleichbehandlung von Männern und Frauen, FS-Oppermann, 2001, S. 243 (258).
287 A.A. *MünchArbR/Birk* § 18, Rn. 55, nach dem sich die Zulässigkeit von Maßnahmen der positiven Diskriminierung alleine nach dem Recht der Mitgliedstaaten richtet.
288 Fn. 29.
289 EuGH, Rs. C-158/97, Slg. 2000, I-1875, Rn. 14, 67 (Badeck); Rs. C-407/98, Slg. 2000, I-5539, Rn. 40, 54 (Abrahamsson); zustimmend *Starck* (Fn. 285), S. 671.
290 Vgl. auch *P. Hanau,* Frauenförderung bei Ausschreibung und Besetzung von Arbeitsplätzen im deutschen und europäischen Recht, GS-Lüderitz, 2000, S. 241 (262 f.); ferner *Bieback* (Fn. 9), Art. 141, Rn. 153.
291 Nw. in Fn. 281. Vgl. auch *U. Runggaldier,* Der neue Beschäftigungstitel des EG-Vertrages und die Übernahme des »Sozialabkommens« in den EG-Vertrag, in: W. Hummer (Hrsg.), Die Europäische Union nach dem Vertrag von Amsterdam, 1998, S. 197 (216).
292 Vgl. auch *Hanau* (Fn. 290), S. 262; *H.-D. Steinmeyer,* Der Vertrag von Amsterdam und seine Bedeutung für das Arbeits- und Sozialrecht, RdA 2001, S. 10 (17).

verhältnismäßiger Maßnahmen der positiven Diskriminierung[293], was in jedem Einzelfall vom Mitgliedstaat begründet werden muß und anders als die allgemeine Rechtfertigung (Rn. 62) vom EuGH und nicht vom nationalen Gericht zu prüfen ist. Wegen der ansonsten zum Teil weit gefaßten Merkmale des Art. 141 Abs. 4 kommt der Prüfung der Verhältnismäßigkeit erhebliche Bedeutung zu.

Art. 141 Abs. 4 erkennt die Möglichkeit der **Geeignetheit** von Maßnahmen der umgekehrten Diskriminierung grundsätzlich an. Dem Mitgliedstaat steht daher eine Einschätzungsprärogative zu, die ihre Grenze in der Ungeeignetheit findet. Allerdings ist zweifelhaft, ob die Geeignetheit an dem Ergebnis im Einzelfall, an der Gesamtwirkung der entsprechenden Maßnahmen im Mitgliedstaat oder an der gesamtgesellschaftlichen Langzeitwirkung[294] zu messen ist, ferner ob sie ex ante oder ex post beurteilt wird. 84

Die Öffnungsklausel besteht nur hinsichtlich von Vergünstigungen, die von den **Mitgliedstaaten** beibehalten oder beschlossen werden. Eine Art. 10 entsprechende extensive Auslegung dieses Begriffs (Art. 10 Rn. 14) verbietet sich, weil es hier um eine Ausnahme zu einem grundlegenden Prinzip des Europarechts geht, während Art. 10 die Pflichten der Mitgliedstaaten gegenüber der EU betrifft. Es ist daher auch kein Zufall, daß die Sozialpartner nicht genannt werden: Die Öffnung des arbeitsrechtlichen Gleichheitsgrundsatzes soll eng gehalten werden. Nicht durch Art. 141 Abs. 4 gedeckt sind mithin Vergünstigungen, die von Tarifparteien auf betrieblicher Ebene oder in den Einzelarbeitsverträgen vereinbart werden. Ein Beschluß setzt ein rechtsverbindliches Handeln voraus. Ob es ausreichend ist, daß der Mitgliedstaat eine Grundlage für den Beschluß oder die Vereinbarung solcher Maßnahmen durch andere schafft, ist unklar[295]. Dagegen ließe sich der Wortlaut von Art. 141 Abs. 4 anführen, dafür spricht andererseits das gewichtigere Argument, daß ansonsten weite Bereiche des Arbeitsrechts, die – typischerweise oder zwingend – auf tariflicher, betrieblicher oder einzelvertraglicher Ebene geregelt sind, dem Anwendungsbereich des Art. 141 Abs. 4 entzogen wären. Als Grundlage für den Erlaß entsprechender Maßnahmen reicht indes nicht die allgemeine mitgliedstaatliche Grundlage des Tarif- oder Betriebsverfassungsrechts, weil das einer von Art. 141 Abs. 4 nicht gewollten Öffnung unmittelbar zugunsten der Sozialpartner zu nahe käme. Die Grenzziehung kann im Einzelfall problematisch sein. Zweifelhaft ist ferner die Situationen, in denen sich die mitgliedstaatliche Handlung auf die Regelung des öffentlichen Dienstrechts beschränkt, der Staat also letztlich nur als Arbeitgeber fungiert (Quotenregelung im Beamtenrecht), doch würden, faßte man dieses nicht unter Art. 141 Abs. 4, wesentliche Teile des öffentlichen Dienstes gänzlich von der Öffnungsklausel ausgeschlossen, wofür es keinen überzeugenden sachlichen Grund gibt. Maßnahmen durch Gliedstaaten eines Mitgliedstaats reichen aus, soweit diese Kompetenzen auf dem Gebiet des Arbeitsrechts haben. 85

Art. 141 Abs. 4 räumt den Mitgliedstaaten die Möglichkeit zum Ergreifen entsprechender Maßnahmen ein, verpflichtet sie hierzu indes nicht. Die Öffnungsklausel äußert sich nur zur Zulässigkeit nach europäischem Recht, läßt also die Frage der Rechtmäßigkeit entsprechender Maßnahmen nach dem jeweiligen mitgliedstaatlichen Recht unberührt. 86

---

293 Vgl. auch *C. Langenfeld*, in: Grabitz/Hilf, EU, Art. 6 Nach Art. 122, Rn. 5; *M. Schlachter*, in: Erfurter Kommentar zum Arbeitsrecht, Art. 141 EGV, Rn. 24.
294 Obwohl in den USA seit den 60er Jahren durchgeführt, existieren über die Langzeitwirkung und gesamtgesellschaftliche Effektivität von Maßnahmen der umgekehrten Diskriminierung nur wenige Untersuchungen, vgl. *J. S. Leonard*, The Impact of Affirmative Action on Employment, Journal of Labour Economics 1984, S. 439 (459); *N. D. Uri/J. W. Mixon*, Impact of the Equal Employment Opportunity and Affirmative Action Programs on the Employment of Women in the US, Labour 1991, S. 89 ff.
295 Im Ergebnis ähnlich wie hier *R. Rebbahn*, in: Schwarze (Hrsg.), EU-Kommentar, Art. 141, Rn. 54.

2. Die Anforderungen an die spezifischen Vergünstigungen

87 Eine **Vergünstigung** setzt voraus, daß dem betroffenen Arbeitnehmer etwas Positives zufließt, er also bessergestellt wird. Der Begriff ist damit sehr weit. Art. 141 Abs. 4 geht – zu Recht oder zu Unrecht – davon aus, daß spezifische Vergünstigungen an Arbeitnehmer eines Geschlechts die Gleichbehandlung effektiv gewährleisten können. Die Vergünstigung ist daher nicht auf begleitende Maßnahmen (Schulungen, Hilfen verfahrensrechtlicher Art u.ä.) beschränkt, da diese allein jenes Ziel nicht erreichen können, sondern sie kann sich auch auf die eigentlichen Arbeitsbedingungen und damit den Kern des allgemeinen Gleichheitsgrundsatzes beziehen[296]. Welche Arbeitsbedingungen in Betracht kommen, bestimmt sich daher in Anwendung des Verhältnismäßigkeitsgrundsatzes danach, ob eine Vergünstigung hinsichtlich der in Frage stehenden Arbeitsbedingung geeignet ist (Rn. 84), die in Art. 141 Abs. 4 statuierten Ziele zu erreichen. Ein höheres Entgelt wird nur in Ausnahmefällen gerechtfertigt sein. Nach denselben Grundsätzen richtet sich, inwieweit für die Gewährung derselben Arbeitsbedingungen an Arbeitnehmer eines Geschlechts geringere Anforderungen gestellt werden können.

88 Die Vergünstigung muß **spezifisch** sein, also zum Zwecke der Erleichterung der Berufstätigkeit oder zur Verhinderung bzw. zum Ausgleich von Benachteiligungen in der beruflichen Laufbahn beschlossen werden bzw. worden sein. Nicht ausreichend ist daher, daß eine Vergünstigung auch oder gar rein zufällig entsprechende Auswirkungen hat. Diese Anforderung stellt sicher, daß der Mitgliedstaat sich seiner Handlung und der damit verbundenen Folgen für das durch sie benachteiligte Geschlecht bewußt wird. Zu § 6 BetrAVG s. Rn. 94.

89 Ziel der spezifischen Vergünstigung kann zum einen die **Erleichterung der Berufstätigkeit** des unterrepräsentierten Geschlechts sein. Diese Alternative des Art. 141 Abs. 4 verlangt nicht das Vorliegen konkreter Benachteiligungen[297]. Das Abstellen auf die Erleichterung der Berufstätigkeit setzt darüber hinaus in sachlicher Hinsicht eine weite Grenze hinsichtlich der gedeckten Maßnahmen, die ihre Grenze in der Verhältnismäßigkeit findet. Ähnlich wie bei der mittelbaren Diskriminierung geht der Vertragstext davon aus, daß sich alleine aus statistischen Überlegungen eine Lage ergibt, die grundsätzlich den Beschluß spezifischer Vergünstigungen rechtfertigen kann, was in dieser Allgemeinheit zweifelhaft ist. Es spräche daher einiges dafür, das **Zahlenverhältnis** für die Feststellung der Unterrepräsentiertheit ähnlich wie bei der mittelbaren Diskriminierung zu bestimmen, doch stellt der Text nicht auf einen erheblichen Unterschied ab. Der Grad der erforderlichen Unterrepräsentanz ist daher anhand des Verhältnismäßigkeitsgrundsatzes zu bestimmen: Je höher er ist, desto weitergehende Vergünstigungen, also Eingriffe in den Gleichheitsgrundsatz, können durch Art. 141 Abs. 4 gerechtfertigt sein. Wo die Vergleichsebenen zur Bestimmung der Unterrepräsentanz in persönlicher, sachlicher und räumlicher Hinsicht anzusiedeln sind, ist aus dem Wortlaut nicht ersichtlich. Da es um Maßnahmen des Mitgliedstaates geht, muß diesem ein Tätigwerden auch auf der Makroebene möglich sein. Über den Verhältnismäßigkeitsgrundsatz ist die jeweilige Maßnahme in Bezug zur gewählten Vergleichsebene zu setzen.

90 Darüber hinaus können spezifische Vergünstigungen zur **Verhinderung** bzw. zum **Ausgleich von Benachteiligungen** in der beruflichen Laufbahn beschlossen werden. Diese zweite Alternative setzt an einer unmittelbaren oder mittelbaren Diskriminierung an.

---

[296] Vgl. auch *A. Kliemann*, Die europäische Sozialintegration nach Maastricht, 1997, S. 111.
[297] Ebenso *M. Schlachter*, in: Erfurter Kommentar zum Arbeitsrecht, Art. 141 EGV, Rn. 24.

Zweifelhaft ist, welche Anforderungen an die Wahrscheinlichkeit des Eintretens einer solchen zu stellen sind, wenn die Vergünstigungen zu ihrer Verhinderung getroffen werden. Verlangt man keine konkrete Wahrscheinlichkeit, bestünde die Gefahr der völligen Aushöhlung des Gleichheitsgrundsatzes. Hinsichtlich der Vergleichsebenen gilt das in der vorigen Rn. Ausgeführte.

Beide Alternativen knüpfen an das **Berufsleben** oder die berufliche Laufbahn an, was jedoch anders als möglicherweise nach Auffassung des EuGH[298] nicht eng in dem Sinne verstanden werden kann, daß Vergünstigungen nur die aktive Zeit des Berufslebens betreffen können. Es kann wegen der zu knappen Ausführungen in dem Urteil noch nicht abschließend beurteilt werden, ob der EuGH Maßnahmen, die Vergünstigungen erst im Ruhestand gewähren, tatsächlich schlechthin ausschließen will, weil er auch die fehlende Wirkung der Maßnahme auf das Berufsleben prüft. Entscheidend ist – und insoweit trifft die Auffassung des EuGH zu –, daß die nach dem Berufsleben gewährte Vergünstigung Benachteiligungen während des Berufslebens zu beseitigen hilft. Beide Alternativen sind daher unter dieser Voraussetzung auch auf das Rentenzugangsalter grundsätzlich anwendbar. S. auch Rn. 94. Bei der zweiten Alternative ist sprachlich ungenau, ob die Benachteiligung auf die berufliche Laufbahn bezogen ist oder der Bezug zwischen der beruflichen Laufbahn und der spezifischen Vergünstigung besteht, so daß auch außerhalb der beruflichen Laufbahn erlittene Benachteiligungen erfaßt wären. Da sich allgemeine Lebensnachteile negativ auf die berufliche Laufbahn auswirken können, ist die zweitgenannte Lösung vorzuziehen. 91

Unter Art. 141 Abs. 4 fallen nicht nur neu zu beschließende spezifische Vergünstigungen, sondern auch solche, die **beibehalten** werden. Obwohl diese Bestimmung erst mit dem Vertrag von Amsterdam in Kraft treten wird, kann sie danach grundsätzlich auch zur Rechtfertigung von Vergünstigungen herangezogen werden, die vor ihrem Inkrafttreten beschlossen wurden. 92

Der Verhältnismäßigkeitsgrundsatz entscheidet auch darüber, über welchen **Zeitraum** die Vergünstigungen gewährt werden können, ferner ob und gfs. welche **Ausnahmen** sie für Arbeitnehmer des durch sie benachteiligten Geschlechts vorsehen müssen. Einen automatischen Vorrang des bevorzugten Geschlechts hat der EuGH wie auch im Rahmen der RL 76/207 abgelehnt[299]. 93

3. Einzelfälle

Grundsätzlich können **unterschiedliche Altersgrenzen** in der betrieblichen Altersversorgung unter Art. 141 Abs. 4 fallen[300]. Die deutsche Regelung des § 6 BetrAVG ist indes keine spezifische Vergünstigung i.S.d. Art. 141 Abs. 4. Es handelt sich um eine Bestimmung, die allgemein den Gleichlauf von betrieblicher und gesetzlicher Altersversorgung sicherstellen soll. § 6 BetrAVG ist allein von praktischen und sonstigen sozialpolitischen Erwägungen getragen[301]. Daß aber eine Bestimmung für Art. 141 Abs. 4 ausreicht, die 94

---

298 EuGH, Rs. C-366/99, n.n.i.Slg., Rn. 65 f. (Griesmar).
299 EuGH, Rs. C-407/98, Slg. 2000, I-5539, Rn. 55 (Abrahamsson).
300 Vgl. nur *M. Heinze*, Europarecht im Spannungsverhältnis zum nationalen Arbeitsrecht, ZfA 1992, S. 331 (338 f.); *ders.*, in: W. Leinemann (Hrsg.), Kasseler Handbuch zum Arbeitsrecht, 1997, § 11, Rn. 11; *Borchardt* (Fn. 89), S. 5. S. auch *P. Watson*, Social Policy after Maastricht, CMLRev 30 (1993), S. 481 (499); *Kliemann* (Fn. 296), S. 111 ff. Zweifelnd *P. Hanau*, Anm. zu BAG v. 14.3.1989 u. EuGH Rs. C-262/88, SAE 1992, S. 262 (263).
301 Vgl. hier nur *W. Blomeyer/K. Otto*, BetrAVG, 1984, § 6, Rn. 4; *R. Höffer/St. Reiners/H. Wüst*, BetrAVG, Losebl. Stand Sept. 1995, § 6, Rn. 2489.

den bloßen Gleichlauf mit einem Regime bewirkt, in dem Vergünstigungen gewährt werden, ist abzulehnen, wenn der Gleichlauf nicht zwingend ist: Andere Ansätze im Zusammenspiel zwischen betrieblicher und gesetzlicher Altersversorgung sind denkbar, wie auch die frühere Fassung des § 6 BetrAVG zeigt. Es wäre auch möglich gewesen, bei der betrieblichen Altersversorgung einheitlich das höhere Zugangsalter zu normieren oder die Frage gesetzlich offenzulassen. Eine Rechtfertigung von § 6 BetrAVG nach Art. 141 Abs. 4 ist letztlich **abzulehnen**[302].

95 **Quotenregelungen** lassen sich unter beide Alternativen von Art. 141 Abs. 4 subsumieren, solange sie verhältnismäßig sind. Gerade darin liegen aber zahlreiche, bisher nur sehr unvollständig beantwortete Fragen.

E. Die Ermächtigungsgrundlage des Art. 141 Abs. 3

96 Art. 141 Abs. 3 ermächtigt den Rat, Maßnahmen zur Gewährleistung der Anwendung des allgemeinen und des Entgeltgleichheitsgrundsatzes gemäß dem Verfahren nach Art. 251 zu beschließen.

97 Problematisch ist das **Verhältnis zu Art. 137,** der in Abs. 1 lit. i) i.V.m. Abs. 2 lit. b) den Rat zum Erlaß von Mindestvorschriften durch Richtlinien auf dem Gebiet der Chancengleichheit und der Gleichbehandlung am Arbeitsmarkt und der Gleichbehandlung am Arbeitsplatz ermächtigt[303]. Ein Grund für die Existenz von zwei sprachlich und sachlich nicht aufeinander abgestimmten Ermächtigungsgrundlagen im Vertrag ist nicht ersichtlich, hat die Überabeitung durch die Konferenz von Nizza aber überlebt. Es ist denkbar, die Abgrenzung darin zu sehen, daß Maßnahmen i.S.d. Art. 141 Abs. 3 der sekundärrechtlichen Konkretisierung des allgemeinen Gleichbehandlungsgrundsatzes im Arbeitsrecht dienen (Rn. 77 f.), während Art. 137 Abs. 1 lit. i) für sonstige Maßnahmen der Gleichbehandlung einschlägig ist[304]. In inhaltlicher Hinsicht ist eine derartige Abgrenzung von Maßnahmen zur Förderung der Gleichbehandlung in bedeutsamere und weniger bedeutsame indes kaum durchführbar, schon für den Maßstab, anhand dessen eine solche Abgrenzung vorgenommen werden sollte, fehlen jegliche Vorgaben.

98 Das Verfahren richtet sich bei beiden Ermächtigungsgrundlagen nach Art. 251. Inhaltlich unterscheiden sie sich in vielfacher Hinsicht: Art. 137 Abs. 2 lit. b) bezieht sich nur auf schrittweise anzuwendende Mindestvorschriften durch Richtlinien, an die weitere Anforderungen gestellt werden. Zudem ist der Erlaß von Richtlinien nach Art. 137 Abs. 1 auf eine Förderung der unterstützenden und ergänzenden Tätigkeit der Gemeinschaft beschränkt (Art. 137 Rn. 3). Art. 141 Abs. 3 kennt derlei Einschränkungen nicht. Andererseits bezieht sich Art. 137 Abs. 1 lit. i) ausdrücklich auch auf den Arbeitsmarkt, was für einen breiteren sachlichen Anwendungsbereich sprechen könnte. Schließlich besteht nur hinsichtlich Art. 137 die Möglichkeit der Sozialpartner auf Gemeinschaftsebene, durch Ratsbeschluß gemäß Art. 139 Abs. 2 durchsetzbare Vereinbarun-

---

302 Eine Rechtfertigung vor dem Hintergrund von Art. 6 Abs. 3 SozAbk bezweifelnd *Meyer* (Fn. 28), S. 93 Fn. 157; kritisch auch *Bieback* (Fn. 271) S. 127; ohne Festlegung in die andere Richtung *H.-G. Klein/R. Reichenbach*, Betriebliche Altersversorgung: Besteht Handlungszwang für deutsche Unternehmen aufgrund der neuesten Rechtsprechung des EuGH zum Entgeltbegriff?, DB 1994, S. 1618 (1621); bejahend *G. Griebeling*, Gleichbehandlung und Vertrauensschutz in Europa, FS-Gnade, 1992, S. 597 (609), *ders.*(Fn. 256), S. 452 f.
303 Zur Frage auch *R. Langer*, Sozialpolitik, in: J. Bergmann/C. Lenz (Hrsg.), Der Amsterdamer Vertrag, 1998, Rn. 37 f.
304 Anders *MünchArbR/Birk* § 18, Rn. 44.

gen zu schließen. Welche der beiden Ermächtigungsgrundlagen einschlägig ist, bestimmt sich nach den allgemeinen Grundsätzen (Art. 95 Rn. 46 ff.): Art. 137 Abs. 1 lit. i) i.V.m. Abs. 2 lit. b) ist einschlägig, wenn der Rat per Richtlinie Mindestvorschriften zur Unterstützung der Mitgliedstaaten erläßt, während der Beschluß aller anderen Maßnahmen, also auch von Richtlinien, auf Art. 141 Abs. 3 zu stützen ist.

Zu Art. 13 besteht demgegenüber ein Spezialitätsverhältnis, das von der Gemeinschaft auf die Gleichbehandlung aufgrund des Geschlechts beschränkt wird, während sich andere auf Art. 13 gestützte Richtlinien auch im Arbeitsrecht auswirken können[305]. Demgegenüber kennt die Charta der Grundrechte der Europäischen Union[306] das Nebeneinander eines allgemeinen Nichtdiskriminierungsartikels (Art. 21) einer- und eines speziell die Gleichbehandlung von Männern und Frauen betreffenden Artikels (Art. 23) andererseits. Allein letzterer gilt ausdrücklich für den Bereich der Beschäftigung. Es ist daher zweifelhaft, ob das in der Richtlinienpraxis reflektierte Spezialitätsverständnis überzeugt[307]. 99

Es stellt sich die Frage, ob Art. 141 Abs. 3 eine ausreichende Grundlage für den Beschluß von Maßnahmen der **umgekehrten Diskriminierung** durch die EU ist – Art. 141 Abs. 4 betrifft entsprechende Maßnahmen nur der Mitgliedstaaten. Als Anhaltspunkt dafür ließe sich im Wortlaut anführen, daß Art. 141 Abs. 3 auch auf die Chancengleichheit abstellt. Andererseits dienen die nach dieser Bestimmung verabschiedeten Maßnahmen lediglich der Gewährleistung der **Anwendung** des Gleichheitsgrundsatzes. Sie können ihn folglich nicht erst inhaltlich prägen. Um in Art. 141 Abs. 3 eine entsprechende Ermächtigungsgrundlage zu sehen, müßten daher Maßnahmen der umgekehrten Diskriminierung zum festen Bestand des Gleichheitsgrundsatzes zählen. Dieses läßt sich beim derzeitigen Stand des Europarechts nicht überzeugend begründen. Auch Art. 137 Abs. 1 lit. i) i.V.m. Abs. 2 lit. b) scheidet als Ermächtigungsgrundlage für den Erlaß solcher Maßnahmen durch die EU aus[308]. Zusätzlich zu den für Art. 141 Abs. 3 aufgeführten Gründen ist schwer vorstellbar, wie im Kontext mit Art. 141 Abs. 4 Mindestvorschriften zur umgekehrten Diskriminierung erlassen werden können. 100

---

305 RL 2000/43/EG v. 29.6.2000 zur Anwendung des Gleichbehandlungsgrundsatzes ohne Unterschied der Rasse und der ethnischen Herkunft, ABl.EG 2000 Nr. L 180/22; dazu *B. Waas*, Die neue EG-Richtlinie zum Verbot der Diskriminierung aus rassischen oder ethnischen Gründen im Arbeitsverhältnis, ZIP 2000, 2151 ff.; RL 2000/78/EG v. 27.11.2000 zur Festlegung eines allgemeinen Rahmens für die Verwirklichung der Gleichbehandlung in Beschäftigung und Beruf, ABl.EG 2000 Nr. L 303/16.
306 ABl.EG 2000, Nr. C 364/1.
307 Zustimmend aber *R. Rebhahn*, in: Schwarze (Hrsg.), EU-Kommentar, Art. 141, Rn. 38.
308 A.A. *Epiney* (Fn. 273), S. 222 (zu Art. 2 SozAbk).

Art. 142 (ex-Art. 119a)

Die Mitgliedstaaten sind bestrebt, die bestehende Gleichwertigkeit der Ordnungen über die bezahlte Freizeit beizubehalten.

Art. 142 entspricht Art. 120 a.F. Wie auch Art. 119 a.F. hat er einen wettbewerbspolitischen Hintergrund[1], hat anders als dieser jedoch aufgrund seiner **unverbindlichen**, lediglich auf ein Bestreben abstellenden Fassung nie praktische Bedeutung erlangt[2]. Eine weitere unverbindliche Vorschrift über bezahlte Freizeit findet sich in Nr. 8 der Gemeinschaftscharta der sozialen Grundrechte von 1989. Eine **verbindliche** Regelung über Mindesturlaub enthält Art. 7 der RL 93/104 über bestimmte Aspekte der Arbeitszeitgestaltung[3]. Bemerkenswert an Art. 142 ist daher vor allem, daß diese Bestimmung der Überarbeitung des EGV auch durch den Vertrag von Nizza nicht zum Opfer gefallen ist[4].

---

1 Vgl. statt vieler *Ipsen*, EG-Recht, S. 936.
2 *H. Buchner*, Das deutsche Arbeits- und Sozialrecht unter dem Einfluß der Europäischen Gemeinschaft, VSSR 1992, S. 1 (16). Zum Hintergrund vgl. auch *C. Langenfeld*, Die Gleichbehandlung von Mann und Frau im Europäischen Gemeinschaftsrecht, 1990, S. 36.
3 V. 23.11.1993, ABl.EG 1993, Nr. L 307/18.
4 Zweifelnd auch *R. Langer,* Sozialpolitik, in: J. Bergmann/C. Lenz (Hrsg.), Der Amsterdamer Vertrag, 1998, Rn. 42.

Art. 143 (ex-Art. 120)

Die Kommission erstellt jährlich einen Bericht über den Stand der Verwirklichung der in Artikel 136 genannten Ziele sowie über die demographische Lage in der Gemeinschaft. Sie übermittelt diesen Bericht dem Europäischen Parlament, dem Rat und dem Wirtschafts- und Sozialausschuß.

Das Europäische Parlament kann die Kommission um Berichte zu Einzelproblemen ersuchen, welche die soziale Lage betreffen.

Art. 143 entspricht Art. 7 SozAbk und wurde durch den Vertrag von Amsterdam neu eingefügt. Es wäre gesetzestechnisch überzeugender gewesen, Art. 143 und Art. 145 zusammenzufassen, da beide eine **Berichtspflicht** der Kommission und ein besonderes **Informationsrecht** des Parlaments statuieren. Das Nebeneinander beider Bestimmungen im EGV ergibt keinen Sinn. Ein wesentlicher sachlicher Unterschied ist nicht ersichtlich. Die abweichende Formulierung der zweiten Absätze beider Artikel wirkt geradezu absurd. 1

Die Berichtspflicht der Kommission bezieht sich auf den Stand der Verwirklichung der Ziele des Art. 136, nach Art. 145 betrifft sie die soziale Lage. Ein Unterschied dürfte kaum bestehen, zumal sich die zweiten Absätze beider Bestimmungen auf die soziale Lage beziehen. Art. 143 ist insoweit weiter gefaßt, als der Bericht auch die demographische Lage umfaßt und er nicht wie in Art. 145 lediglich dem Parlament zu übermitteln ist. 2

Art. 144 EG-Vertrag

Art. 144 (ex-Art. 121)

Der Rat setzt nach Anhörung des Europäischen Parlaments einen Ausschuß für Sozialschutz mit beratender Aufgabe ein, um die Zusammenarbeit im Bereich des sozialen Schutzes zwischen den Mitgliedstaaten und mit der Kommission zu fördern. Der Ausschuß hat folgende Aufgaben:
- Er verfolgt die soziale Lage und die Entwicklung der Politiken im Bereich des sozialen Schutzes in den Mitgliedstaaten und der Gemeinschaft;
- er fördert den Austausch von Informationen, Erfahrungen und bewährten Verfahren zwischen den Mitgliedstaaten und mit der Kommission;
- unbeschadet des Artikels 207 arbeitet er auf Ersuchen des Rates oder der Kommission oder von sich aus in seinem Zuständigkeitsbereich Berichte aus, gibt Stellungnahmen ab oder wird auf andere Weise tätig.

Bei der Erfüllung seines Auftrags stellt der Ausschuß geeignete Kontakte zu den Sozialpartnern her.

Jeder Mitgliedstaat und die Kommission ernennen zwei Mitglieder des Ausschusses.

Amsterdamer Fassung:

Nach Anhörung des Wirtschafts- und Sozialausschusses kann der Rat einstimmig der Kommission Aufgaben übertragen, welche die Durchführung gemeinsamer Maßnahmen insbesondere auf dem Gebiet der sozialen Sicherheit der in den Artikeln 39 bis 42 erwähnten aus- oder einwandernden Arbeitskräfte betreffen.

1 Die jetzige, durch den Vertrag von Nizza eingefügte Fassung des Art. 144 betrifft einen neu zu schaffenden Ausschuß für Sozialschutz und ersetzt die frühere, überflüssige Regelung des Art. 144 a.F. (vgl. Voraufl.) in ihrer Gesamtheit.

2 Art. 144 betrifft einen neu zu schaffenden **Ausschuß für Sozialschutz**, dem eine beratende Aufgabe dabei zukommt, die Zusammenarbeit zwischen der Kommission und den Mitgliedstaaten im Bereich des sozialen Schutzes (Art. 137 Rn. 12) zu fördern. Seine Zuständigkeit ist daher begrenzt und nicht auf die gesamte Sozialpolitik bezogen. Zur Förderung der Zusammenarbeit allgemein, vgl. Art. 136 Rn. 24a, Art. 137 Rn. 31 u. Art. 140 Rn. 3.

3 Die Einzelheiten hinsichtlich seiner Zusammensetzung und seiner Aufgaben ergeben sich aus dem Wortlaut der Bestimmung. Das Handlungsinstrumentarium ist aus Art. 130, 137 Abs. 2 lit a), 140, 143, 145 bekannt. Eine besondere gesetzgeberische Leistung liegt in der Ermächtigung, oder in **sonstiger Weise** tätig zu werden. Damit wird dem Ausschuß keine Blankoermächtigung erteilt, vielmehr muß es sich wegen der rein beratenden Funktion des Ausschusses um eine mit den konkret bezeichneten Handlungsmöglichkeiten eng verwandte Tätigkeit handeln.

4 Bei der Erfüllung seines Auftrags hat er nach Art. 144 Abs. 2 geeignete Kontakte zu den **Sozialpartnern** herzustellen. Es ist unklar, ob damit die mitgliedstaatlichen oder die Sozialpartner auf Gemeinschaftsebene gemeint sind (zum Sozialpartnerbegriff Art. 138 Rn. 6 ff.). Für beides ließen sich Gründe aufführen. Aus ähnlichen Überlegungen wie bei Art. 130 (dort Rn. 2) ist es überzeugender, Art. 144 Abs. 2 auf die Sozialpartner auf Gemeinschaftsebene zu beschränken.

Art. 145 (ex-Art. 122)

Der Jahresbericht der Kommission an das Europäische Parlament hat stets ein besonderes Kapitel über die Entwicklung der sozialen Lage in der Gemeinschaft zu enthalten.

Das Europäische Parlament kann die Kommission auffordern, Berichte über besondere, die soziale Lage betreffende Fragen auszuarbeiten.

Vgl. die Anmerkungen zu Art. 143.

Kapitel 2
Der Europäische Sozialfonds

Art. 146 (ex-Art. 123)

Um die Beschäftigungsmöglichkeiten der Arbeitskräfte im Binnenmarkt zu verbessern und damit zur Hebung der Lebenshaltung beizutragen, wird nach Maßgabe der folgenden Bestimmungen ein Europäischer Sozialfonds errichtet, dessen Ziel es ist, innerhalb der Gemeinschaft die berufliche Verwendbarkeit und die örtliche und berufliche Mobilität der Arbeitskräfte zu fördern sowie die Anpassung an die industriellen Wandlungsprozesse und an Veränderungen der Produktionssysteme insbesondere durch berufliche Bildung und Umschulung zu erleichtern.

Inhaltsübersicht:

I. Allgemeines	1
II. Die Vorgaben des Art. 146	2
III. Konkretisierung der Aufgabe und Arbeitsweise des Fonds im sekundären Recht	5

I. Allgemeines

1 Das zweite Kapitel des 11. Titels (Art. 146–148) betrifft den durch Rechtsprechung und Literatur nur wenig erforschten Europäischen Sozialfonds (ESF). Den ESF als zweites Standbein der gemeinschaftlichen Sozialpolitik anzusehen, ist verkürzend[1]. Art. 146 ist **nicht alleine sozialpolitisch** formuliert[2]: Zwar stellt er auf die Hebung der Lebenshaltung sowie die Anpassung an die industriellen Wandlungsprozesse und an Veränderungen der Produktionssysteme ab, auf der anderen Seite erklärt er aber auch die Förderung der örtlichen und beruflichen Mobilität zum Ziel und flankiert insoweit die Arbeitnehmerfreizügigkeit[3]. Der ESF ist daher ein Instrument der Arbeitsmarktpolitik[4], insoweit allerdings nicht auf die Bekämpfung der Arbeitslosigkeit beschränkt. Auch sein Oberziel, die Förderung der Beschäftigungsmöglichkeiten (und nicht nur der Beschäftigung) der Arbeitskräfte, verdeutlicht dies. Mit der Einheitlichen Europäischen Akte ist der ESF 1988 zudem Teil des Strukturfonds geworden[5]. Eine vollständige Unterordnung des ESF in die Strukturpolitik fordert Art. 146, der eine Einbettung in die Kohäsionspolitik nicht zum Ausdruck bringt, nicht. Vielmehr genügt es Art. 159, wenn der ESF auch deren Aufgaben wahrnimmt. Durch entsprechende Ausgestaltung des sekundären Gemeinschaftsrechts ist in der Praxis allerdings eine weitgehende Integration in die **Kohäsionspolitik** der Gemeinschaft erfolgt (allgemein dazu näher Art. 158 Rn. 5 ff., 159 Rn. 1 ff.), und auch inhaltlich orientiert sich der ESF teilweise an deren Prioritäten.

---

1 Vgl. auch *B. Jansen*, in: Grabitz/Hilf, EU, vor Art. 123, Rn. 4.
2 Zutreffend *H. Kairat*, Aufgaben und Arbeitsweise des Europäischen Sozialfonds im Rahmen der Reform der Strukturfonds der Europäischen Gemeinschaft, in: B. v. Maydell/F. E. Schnapp (Hrsg.), Die Auswirkungen des EG – Rechts auf das Arbeits- und Sozialrecht der Bundesrepublik, 1992, S. 12.
3 *E. Eichenhofer*, Sozialrecht der Europäischen Union, 2001, Rn. 381.
4 Zutreffend *Kairat* (Fn. 2), S. 12; *O. Schulz*, in: GTE, EWGV, Vor Art. 123–128, Rn. 5, Art. 123, Rn. 1; *M. Heinze*, in: W. Leinemann (Hrsg.), Kasseler Handbuch zum Arbeitsrecht, 1997, § 11, Rn. 204; *M. Coen*, in: A. Bleckmann, Europarecht, Rn. 2580; *F. Valdés Dal-Ré*, Economic and Social Cohesion and the European Social Fund, FS-Lord Wedderburn, 1996, S. 261 (266); *M. Freedland*, Employment Policy, FS-Lord Wedderburn, 1996, S. 275 (294); vgl. auch *D. Lingenthal*, in: Lenz, EGV, Vorbem. Art. 123–125, Rn. 2.
5 Dazu näher *H. Kaluza*, Der Europäische Sozialfonds, 1998, S. 63 ff.; *Kairat* (Fn. 2), S. 13 ff.

II. Die Vorgaben des Art. 146

Oberziel des ESF ist die Förderung der Beschäftigungsmöglichkeiten im Binnenmarkt, um zur Hebung der Lebenshaltung beizutragen. Der Begriff der Beschäftigungsmöglichkeiten ist weiter als der der bloßen Beschäftigung, der ESF ist daher nicht alleine ein Werkzeug zur Bekämpfung der Arbeitslosigkeit und unterscheidet sich insoweit von der Beschäftigungspolitik der Art. 125 ff. Das Oberziel wird weiter konkretisiert: Der ESF soll (1) die berufliche Verwendbarkeit der Arbeitnehmer und die örtliche und berufliche Mobilität der Arbeitskräfte fördern sowie (2) die Anpassung an die industriellen Wandlungsprozesse und an Veränderungen der Produktionssysteme erleichtern. Für das zweite Unterziel nennt Art. 146 in nicht abschließender Weise die berufliche Bildung und Umschulung als **Mittel**, wie das erste Unterziel erreicht werden soll, läßt der Wortlaut offen. Die primärrechtlichen Vorgaben für die Ausgestaltung des ESF beschränken sich damit auf einige weit gefaßte und dementsprechend unbestimmte Vorgaben. Die Aussage des Art. 146, nach der der ESF »nach Maßgabe der folgenden Bestimmungen« zu errichten ist, ist angesichts der fehlenden konkreten primärrechtlichen Vorgaben weitgehend inhaltslos.

Aus dem Wortlaut ergibt sich ferner nicht eindeutig, ob der ESF eine eigenständige Politik der Gemeinschaft betreiben kann, wie weit diese gfs. gehen könnte oder ob er auf eine Unterstützung der Mitgliedstaaten beschränkt ist. Art. 146 statuiert einerseits keine ausdrückliche Beschränkung des ESF auf eine Unterstützung entsprechender Bemühungen der Mitgliedstaaten, andererseits hat sein Wirkungsbereich aber nicht unerhebliche **Berührungspunkte** mit der **Beschäftigungs-** und der **Bildungspolitik**, die bei ersterer so weit gehen, daß der ESF das Institut zur Umsetzung der der Gemeinschaft zugewiesenen Möglichkeiten werden könnte (Art. 129 Rn. 6). Beide anderen Politiken begrenzen die Tiefe und Art der Gemeinschaftstätigkeit (Art. 125 Rn. 3 ff., 149 Rn. 13 ff., 150 Rn. 7 f.). Um diese Beschränkungen nicht zu unterlaufen – weder Beschäftigungs- noch Bildungspolitik enthalten einen Vorbehalt zugunsten der Art. 146 ff. –, können über den ESF, soweit diese Politiken berührt sind, keine weitergehenden Maßnahmen finanziert werden als sie nach den Art. 125 ff., 149 ff. gestattet sind[6]. Bestehen keine Berührungspunkte, wie es z.B. bei der Förderung der örtlichen Mobilität denkbar ist, könnte der ESF hingegen eine eigenständige Politik betreiben[7]. Zur Regelung der Frage im Sekundärrecht vgl. Rn. 8.

Art. 146 setzt einen **Handlungsrahmen** für den ESF. Aus den unbestimmten und weiten Formulierungen und der zum Teil gänzlich fehlenden Konkretisierung folgt ein weiter Beurteilungsspielraum der Gemeinschaftsorgane hinsichtlich der Konkretisierung der Arbeitsweise des Fonds. Fraglich ist, inwieweit Art. 146 auch einen **Handlungsauftrag** setzt, die Gemeinschaftsorgane also verpflichtet sind, den ESF so auszugestalten, daß sämtliche in Art. 146 genannten Ziele verfolgt werden, oder ob ihnen auch insoweit ein Beurteilungsspielraum zusteht. Diese ungeklärte Frage könnte von Bedeutung sein, weil vor allem die Förderung der örtlichen Mobilität der Arbeitnehmer, die eines der Hauptziele des ESF ist[8], bisher vernachlässigt worden ist. In praktischer Hinsicht indes ist die Antwort im Ergebnis ohne Konsequenzen: Spricht man sich unter Berufung auf den Wortlaut gegen einen Beurteilungsspielraum aus, steht man vor dem Problem, daß die Ziele so weit gefaßt sind, daß es sich kaum begründen lassen wird, daß jedes von ihnen nicht zumindest mitgefördert wird.

---

6 Zu allgemein daher M. *Coen*, in: A. Bleckmann, Europarecht, Rn. 2580.
7 Allgemein gegen die Möglichkeit einer eigenständigen Politik des ESF aber U. *Preis/W. Bütefisch*, Arbeitsrecht als Gegenstand des Gemeinschaftsrechts – das europäische Arbeitsrecht, in: H. Oetker/U. Preis (Hrsg.), Europäisches Arbeits – und Sozialrecht, B 1100, Rn. 48.
8 Vgl. W. *Stabenow*, The European Social Fund, CMLRev. 14 (1977), S. 435 (437).

III. Konkretisierung der Aufgabe und Arbeitsweise des Fonds im sekundären Recht

5 Vor der Reform durch die Einheitliche Europäische Akte war Grundlage zuletzt der Beschluß des Rates vom 17. 10. 1983[9]. **Einschlägig** sind nunmehr die VO (EG) Nr. 1260/1999[10], die allgemein die Strukturfonds betrifft und den Rahmen absteckt und die für den ESF durch die VO (EG) Nr. 1784/1999[11] konkretisiert wird. Die beiden VOen ersetzen das in der Voraufl. (Rn. 5–8) dargestellte System.

6 Der ESF wird im Rahmen der Verwirklichung der **Ziele** Nr. 1 (Förderung der Entwicklung und der strukturellen Anpassung der Regionen mit Entwicklungsrückstand), Nr. 2 (Unterstützung der wirtschaftlichen und sozialen Umstellung der Gebiete mit Strukturproblemen) mit eingesetzt, während er zur Finanzierung des Ziels Nr. 3 (Unterstützung der Anpassung und Modernisierung der Bildungs-, Ausbildungs- und Beschäftigungspolitiken und -systeme) alleine herangezogen wird[12].

7 Die **Aufgaben** des ESF konkretisiert die VO (EG) Nr. 1784/1999 in ihrem Art. 2, der ein breites, häufig ebenso blumig wie unpräzise umschriebenes Spektrum von Maßnahmen der Beschäftigungspolitik (Entwicklung und Förderung aktiver Arbeitsmarktpolitiken, Verhinderung der Langzeitarbeitslosigkeit, Erleichterung der Wiedereingliederung von Langzeitarbeitslosen, berufliche Eingliederung von Jugendlichen und Berufsrückkehrern, Art. 2 Abs. 1 lit. a)), der Förderung der Chancengleichheit für alle (Art. 2 Abs. 1 lit. b)), der allgemeinen und beruflichen Bildung sowie der Beratung im Rahmen beschäftigungspolitischer Maßnahmen und zur Förderung der beruflichen Mobilität (Art. 2 Abs. 1 lit. c)) und der Frauenförderung (Art. 2 Abs. 1 lit. e)) nennt. In Art. 2 Abs. 1 lit. d) findet sich ein Sammelsurium kaum unter einen Hut zu bringender Bereiche, das von der Förderung qualifizierter Arbeitskräfte über die Förderung der Innovation und der Anpassungsfähigkeit bei der Arbeitsorganisation und der Entwicklung des Unternehmergeistes bis hin zur Förderung der Qualifizierung und Verstärkung des Arbeitskräftepotentials in Forschung, Wissenschaft und Technologie reicht. Was mit Arbeitsorganisation (Organisation der Arbeitsabläufe in einem Betrieb, die Arbeitsverwaltung durch Arbeitsämter oder Gewerbeaufsicht, das Koalitionswesen) gemeint ist, bleibt im Dunkeln. Im Vergleich zu Art. 146 stellt die Beschränkung des Sekundärrechts im wesentlichen auf eine Beschäftigungspolitik eine gewisse Verkürzung dar, von der Möglichkeit der Förderung der örtlichen Mobilität als selbständiges Ziel wird kaum Gebrauch gemacht, anders als vor der 1999er Reform (Voraufl. Rn. 7) wird dieser Aspekt aber immerhin erwähnt.

---

9 83/517/EWG, ABl.EG 1983, Nr. L 289/42.
10 VO (EG) Nr. 1260/1999 des Rates v. 21. 6. 1999 mit allgemeinen Bestimmungen über die Strukturfonds, ABl.EG 1999, Nr. L 161/1.
11 VO (EG) Nr. 1784/1999 des Rates v. 12.7.1999 betreffend den Europäischen Sozialfonds, ABl.EG 1999 Nr. L 213/5.
12 Art. 2 Abs. 2 VO (EWG) Nr. 1260/1999. Näher zur früheren Rechtslage *Kairat* (Fn. 2), S. 14 ff.; *S. Conrad*, Der Europäische Sozialfonds, ZfSH/SGB 1994, S. 409 (411 ff.); *J. Falke*, Die Flankierung nationaler Politiken zur Berufsbildung und Beschäftigungsförderung durch den Europäischen Sozialfonds, RdJB 1992, S. 521 (525 ff.). Vgl. auch *G. Lyon-Caen/A. Lyon-Caen*, Droit social international et européen, 7. Aufl. 1991, Rn. 340 ff.; *M. Colina Robledo/J. M. Ramirez Martinez/T. Sala Franco*, Derecho Social Comunitario, 2. Aufl. 1995, S. 246 ff.; *B. Schulte*, in: GTE, EU-/EG-Vertrag, Vorb. zu Art. 117–127, Rn. 121.

Die Tätigkeit der Gemeinschaft beschränkt sich nach Art. 2 Abs. 1 VO (EG) Nr. 1784/ 1999 auf die **Unterstützung mitgliedstaatlicher Maßnahmen**[13]. Die Leistungen des ESF sind finanzieller Natur. Die Mittel entstammen dem allgemeinen Gemeinschaftshaushalt[14]. Es können sowohl Vorhaben der öffentlichen Hand als auch privater Träger gefördert werden.

8

---

13 Vgl. zur identischen Rechtslage vor der Reform der Sekundärrechts im Jahre 1999 auch *Conrad* (Fn. 12), S. 412 f.; *D. Lingenthal*, in: Lenz, EGV, Vorbem. Art. 123–125, Rn. 6.
14 *R. Vollmer*, Der Europäische Sozialfonds am Ende der Übergangszeit, Bundesarbeitsblatt 1969, S. 759 (760); *Stabenow* (Fn. 8), S. 447; *B. Jansen*, in: Grabitz/Hilf, EU, Art. 123, Rn. 2; *O. Schulz*, in: GTE, EWGV, Art. 123, Rn. 1.

Art. 147 (ex-Art. 124)

Die Verwaltung des Fonds obliegt der Kommission.

Die Kommission wird hierbei von einem Ausschuß unterstützt, der aus Vertretern der Regierungen sowie der Arbeitgeber- und der Arbeitnehmerverbände besteht; den Vorsitz führt ein Mitglied der Kommission.

Inhaltsübersicht:
I. Die Verwaltung des Fonds 1
II. Der Ausschuß des Fonds 2

I. Die Verwaltung des Fonds

1 Die Verwaltung des Fonds (Entscheidung über Anträge, finanzielle Abwicklung) obliegt nach Art. 147 **allein** der **Kommission**[1]. Andere gemeinschaftsrechtliche Organe haben insoweit keine Zuständigkeit. Die europäischen Sozialpartner werden nicht beteiligt. Die Verfahren sind in verschiedenen Verordnungen geregelt, die bei Art. 161 Rn. 10 ff. kommentiert werden.

II. Der Ausschuß des Fonds

2 Nach Art. 147 Abs. 2 wird die Kommission bei der Verwaltung des Fonds von einem Ausschuß unterstützt[2]. Die Vorgaben des Art. 147 werden in Art. 49 VO (EG) Nr. 1260/1999[3] konkretisiert: Er besteht neben einem Mitglied der Kommission aus zwei Regierungsvertretern, zwei Vertretern der Arbeitgeber- und der Arbeitnehmerverbände je Mitgliedstaat. Die Mitglieder werden für drei Jahre ernannt, es besteht die Möglichkeit der Mandatserneuerung. Nach Art. 49 Abs. 4 VO (EG) Nr. 1260/1999 gibt der Ausschuß Stellungnahmen insbesondere zu den Entscheidungsentwürfen der Kommission ab, die dazu verpflichtet ist, den Ausschuß darüber in Kenntnis zu setzen, »inwieweit« sie seine Stellungnahmen berücksichtigt hat, Art. 49 Abs. 3 der genannten VO. Anders als die entsprechende Formulierung in Art. 28 Abs. 4 der vor 1999 geltenden VO (EWG) Nr. 2082/93 i.d.F. der VO (EWG) Nr. 4253/88[4] (Voraufl. Rn. 2) stellt dieser Wortlaut klar, daß die Kommission rechtlich nicht an die Stellungnahmen gebunden ist[5].

---

1 Vgl. Entscheidung der Kommission 83/673/EWG v. 22. 12. 1983 über die Verwaltung des Europäischen Sozialfonds, ABl.EG 1983 Nr. L 377/1.
2 Vgl. dazu O. *Schulz*, in: GTE, EWGV, Art. 124, Rn. 5 ff.; *B. Bödding*, Die europarechtlichen Instrumentarien der Sozialpartner, 1997, S. 151 ff.
3 VO (EG) Nr. 1260/1999 des Rates v. 21. 6. 1999 mit allgemeinen Bestimmungen über die Strukturfonds, ABl.EG 1999, Nr. L 161/1.
4 VO (EWG) 2082/93 des Rates v. 20.7.1993 zur Änderung der VO (EWG) 4253/88 zur Durchführung der VO (EWG) Nr. 2052/88 hinsichtlich der Koordinierung der Interventionen der verschiedenen Strukturfonds einerseits und zwischen diesen und den Interventionen der Europäischen Investitionsbank und der sonstigen vorhandenen Finanzinstrumente andererseits, ABl.EG 1993 Nr. L 193/20.
5 Vgl. W. *Stabenow*, The European Social Fund, CMLRev 14 (1977), S. 435 (450); *B. Jansen*, in: Grabitz/Hilf, EU, Art. 124, Rn. 8.

Art. 148 (ex-Art. 125)

Der Rat erläßt gemäß dem Verfahren des Artikels 251 und nach Anhörung des Wirtschafts- und Sozialausschusses sowie des Ausschusses der Regionen die den Europäischen Sozialfonds betreffenden Durchführungsbeschlüsse.

Art. 148 bildet die Rechtsgrundlage für den Erlaß der Durchführungsbestimmungen. Er entspricht Art. 162 Abs. 1 und ist – was Art. 162 Abs. 2 klarstellt – nach wie vor Grundlage der bei Art. 146 Rn. 5 ff. genannten **Verordnungen**, soweit diese den ESF betreffen, obwohl keine von ihnen Art. 148 als Rechtsgrundlage ausdrücklich nennt[1]. 1

Die Durchführungsbestimmungen sind nach dem Verfahren des Art. 251 zu erlassen, was im Vergleich zum früheren Regime, nach dem das Verfahren des Art. 189c a.F. maßgeblich war, eine Stärkung der Rolle des Europäischen Parlaments bewirkt. Die durch den Vertrag von Amsterdam eingefügte Anhörung des Ausschusses der Regionen verdeutlicht die Einbettung des ESF in die Kohäsionspolitik und bewirkt eine Gleichstellung des Verfahrens mit dem des Art. 162 Abs. 1. Die europäischen Sozialpartner sind nicht beteiligt.

---

1 Die VO (EWG) Nr. 2052/88 i.d.F. der VO (EWG) Nr. 2081/93 nennt insbesondere Art. 130d (a.F.), die VO (EWG) Nr. 4253/88 i.d.F. der VO (EWG) Nr. 2082/93 Art. 130e (a.F.) und Art. 153 (a.F.), die VO (EWG) Nr. 4255/88 i.d.F. der VO (EWG) Nr. 2084/93 schließlich Art. 126 f. (a.F.).

Kapitel 3
Allgemeine und berufliche Bildung und Jugend

Art. 149 (ex-Art. 126)

(1) Die Gemeinschaft trägt zur Entwicklung einer qualitativ hochstehenden Bildung dadurch bei, daß sie die Zusammenarbeit zwischen den Mitgliedstaaten fördert und die Tätigkeit der Mitgliedstaaten unter strikter Beachtung der Verantwortung der Mitgliedstaaten für die Lehrinhalte und die Gestaltung des Bildungssystems sowie der Vielfalt ihrer Kulturen und Sprachen erforderlichenfalls unterstützt und ergänzt.[1 ff.]

(2) Die Tätigkeit der Gemeinschaft hat folgende Ziele:[10 ff.]
- Entwicklung der europäischen Dimension im Bildungswesen, insbesondere durch Erlernen und Verbreitung der Sprachen der Mitgliedstaaten;
- Förderung der Mobilität von Lernenden und Lehrenden, auch durch die Förderung der akademischen Anerkennung der Diplome und Studienzeiten;
- Förderung der Zusammenarbeit zwischen den Bildungseinrichtungen;
- Ausbau des Informations- und Erfahrungsaustauschs über gemeinsame Probleme im Rahmen der Bildungssysteme der Mitgliedstaaten;
- Förderung des Ausbaus des Jugendaustauschs und des Austauschs sozialpädagogischer Betreuer;
- Förderung der Entwicklung der Fernlehre.

(3) Die Gemeinschaft und die Mitgliedstaaten fördern die Zusammenarbeit mit dritten Ländern und den für den Bildungsbereich zuständigen internationalen Organisationen, insbesondere dem Europarat.[17]

(4) Als Beitrag zur Verwirklichung der Ziele dieses Artikels erläßt der Rat[13 ff.]
- gemäß dem Verfahren des Artikels 251 und nach Anhörung des Wirtschafts- und Sozialausschusses und des Ausschusses der Regionen Fördermaßnahmen unter Ausschluß jeglicher Harmonisierung der Rechts- und Verwaltungsvorschriften der Mitgliedstaaten;
- mit qualifizierter Mehrheit auf Vorschlag der Kommission Empfehlungen.

Inhaltsübersicht:

I. Allgemeines und Konzept der Art. 149 f.	1
II. Verhältnis zu anderen Bereichen des Europarechts	3
III. Abgrenzung von Art. 149 und Art. 150	7
IV. Ziele der gemeinschaftlichen allgemeinen Bildungspolitik	10
V. Handlungsmöglichkeiten der Gemeinschaft	13
1. Ausschluß jeglicher Harmonisierung	13
2. Verbleibende Möglichkeiten	14
3. Die internationale Dimension der Bildungspolitik	17

I. Allgemeines und Konzept der Art. 149 f.

1 Das dritte und letzte Kapitel des Titel XI befaßt sich mit der allgemeinen und beruflichen Bildung sowie der Jugend. Vor den Änderungen durch den Vertrag von Maastricht kannte der EGV im Bereich der Bildung lediglich den nur sehr begrenzte Möglichkeiten eröffnenden und auf die Berufsausbildung beschränkten damaligen Art. 128. Allerdings wurden – insoweit besteht eine gewisse Parallele zur Entwicklung der Sozialpolitik

(Art. 136 Rn. 3) – eine Reihe den Bereich der Bildung und Berufsausbildung betreffende Maßnahmen der Gemeinschaft auf andere Vertragsbestimmungen gestützt, wodurch eine gewisse Schieflage zwischen den ausdrücklich auf diesem Gebiet erwähnten Kompetenzen und dem Handeln der Gemeinschaft und zudem Unsicherheit über die Möglichkeiten und Grenzen des Gemeinschaftshandelns entstanden[1]. Um beides zu beseitigen, wurden durch den Vertrag von Maastricht die Art. 126 f. a.F. eingefügt[2]. Durch den Vertrag von Amsterdam wurden nur geringfügige Änderungen vorgenommen, durch den Vertrag von Nizza keine. Ob die mit Einfügen dieser Artikel anvisierten Ziele in vollem Umfange erreicht wurden, ist indes zweifelhaft. Die Bildungspolitik berührt zu viele andere Politiken und vor allem auch Grundfreiheiten (Rn. 3 ff.), um von den Art. 149 f. in allen ihren Facetten erfaßt werden zu können. Der Titel dieses Kapitels ist insoweit irreführend, es werden dort nur **Teilaspekte** der erwähnten Materien angesprochen. Auf andere Ermächtigungsgrundlagen gestützte Maßnahmen werden im Bildungsbereich weiterhin eine Rolle spielen (Rn. 3 ff.) und auch die Frage, was der Gemeinschaft auf diesem Gebiet möglich ist, kann durch Art. 149 f. demgemäß nicht abschließend beantwortet werden. Allerdings hat die Normierung der Art. 126 f. a.F. zu einer nachhaltigen Beruhigung in der Auseinandersetzung zur europäischen Bildungspolitik jedenfalls in der Literatur geführt.

Das **Konzept** der Art. 149 f. besteht darin, die Verantwortung für die Ausgestaltung der Bildungspolitik grundsätzlich bei den Mitgliedstaaten zu belassen und die Gemeinschaft auf eine Förderung, Unterstützung und Ergänzung unter Ausschluß jeglicher Harmonisierung zu beschränken[3]. Vor diesem Hintergrund von einer Parallelzuständigkeit der Gemeinschaft und der Mitgliedstaaten zu sprechen[4], ist nicht unzutreffend, aber doch insoweit irreführend, als sicherlich keine Parallelität hinsichtlich der Möglichkeiten besteht, sondern der Gemeinschaft enge Grenzen gesetzt sind. Die Art. 149 f. differenzieren zwischen allgemeiner (Art. 149) und beruflicher Bildung (Art. 150); die Jugend betreffen beide Bestimmungen[5]. 2

II. Verhältnis zu anderen Bereichen des Europarechts

Die Regelung der Art. 149 f. erweckt vor allem über den Titel ihres Kapitels den Eindruck, als umfasse sie den gesamten Bildungsbereich. Tatsächlich aber berührt die Bildungspolitik eine Reihe anderer Politiken, die Grundfreiheiten und sonstige Vertragsbestimmungen in erheblichem Maße, zum Teil liegt – jedenfalls was das grenzüberschreitende europarechtliche Element angeht – dort sogar ihr Schwerpunkt[6]. Dies gilt insbesondere für diejenigen **Grundfreiheiten**[7], bei denen sich Personen von einem Mitgliedstaat in den anderen bewegen, also die Arbeitnehmerfreizügigkeit, die Nieder- 3

---

1 Zur Entwicklung der Bildungspolitik statt vieler *H.-J. Blanke*, in: Grabitz/Hilf, EU, vor Art. 126, 127, Rn. 8 ff.
2 Vgl. *H.-J. Blanke*, Europa auf dem Weg zu einer Bildungs- und Kulturgemeinschaft, 1994, S. 65; auch *F. Fechner*, Einwirkungen des Europarechts auf die nationale Bildungsordnung, in: R. Lassahn/B. Ofenbach (Hrsg.), Bildung in Europa, 1994, S. 17 (24).
3 Vgl. *C. Frazier*, L'Education et l'Union européenne, RMC 1997, S. 476 (484 ff.).
4 *Blanke* (Fn. 2), S. 68; *ders.*, in: Grabitz/Hilf, EU, Art. 126, 127, Rn. 11.
5 A.A. *H.-J. Blanke*, in: Grabitz/Hilf, EU, Art. 126, 127, Rn. 4: nur Art. 126.
6 Vgl. auch den Überblick bei *A. Fürst*, Die bildungspolitischen Kompetenzen der Europäischen Gemeinschaft, 1999, S. 98 ff.
7 Hier wie *H. Hablitzel*, Subsidiaritätsprinzip und Bildungskompetenzen im Vertrag über die Europäische Union, 1994, S. 20, von einem »Umweg« zu sprechen, überzeugt daher nicht. Auch der Begriff der Annexkompetenz, vgl. *Blanke* (Fn. 2), S. 37 f., ist, obwohl systematisch durchaus zutreffend, angesichts der Tragweite der jeweiligen Möglichkeiten irreführend.

lassungs- und die Dienstleistungsfreiheit[8]. In den Anwendungsbereich der genannten Grundfreiheiten fallen sämtliche mit der Bildung zusammenhängende Fragen, die zu ihrer Verwirklichung erforderlich sind. Ausdrücklich im Vertrag angesprochen ist Art. 47 als Ermächtigungsgrundlage für den Erlaß von Richtlinien zur gegenseitigen Anerkennung von Diplomen. Zu nennen sind weiter etwa: Zugang zu Bildungsinstitutionen, Zugang zu Finanzierungshilfen zur Ausbildung (BAFÖG). Rechte und Pflichten der Betroffenen, der Gemeinschaft und der Mitgliedstaaten ergeben sich aus den jeweils anwendbaren Grundfreiheiten und dem sie konkretisierenden Sekundärrecht[9]. Die Beschränkungen der Art. 149 f. sind nicht anwendbar. Die Bestimmung der maßgeblichen Ermächtigungsgrundlage erfolgt nach den allgemeinen Regeln (Art. 95 Rn. 46 ff.). Soweit die Grundfreiheiten einschlägig, die Art. 149 f. aber auch betroffen sind, ergänzen sie die Grundfreiheiten, indem sie der Gemeinschaft die Möglichkeiten auch ihres Handlungsinstrumentariums geben. Die Beschränkungen der Art. 149 f. greifen aber auch in dieser Situation nicht über.

4 Bedeutung hat auch das allgemeine **Diskriminierungsverbot** des Art. 12[10], wenn der Sachverhalt in den Anwendungsbereich des Vertrags fällt. In der Vergangenheit war zur Herstellung dieses Bezugs zum EGV die extensive Auslegung des Berufsausbildungsbegriffs des Art. 128 a.f. erforderlich[11].

5 Berührungspunkte bestehen ferner mit der **Sozial-** und der **Beschäftigungspolitik** sowie vor allem mit dem **Europäischen Sozialfonds** (ESF)[12]. Die Überschneidungen betreffen vor allem (Art. 140 Abs. 1 3. Spstr., Art. 146), aber nicht nur (Art. 125) die berufliche Bildung. Die Frage nach dem Verhältnis ist insbesondere bei dem ESF und der Sozialpolitik von Bedeutung, weniger hingegen bei der Beschäftigungspolitik, da die Kompetenzen der Gemeinschaft dort nicht über diejenigen der Art. 149 f. hinausgehen. Zum Verhältnis zum ESF vgl. Art. 146 Rn. 3. Zur Sozialpolitik, vgl. zum einen Art. 137 Abs. 2 lit. h) (dort Rn. 21), der ausdrücklich statuiert, neben Art. 150 zu bestehen. Soweit im übrigen Überschneidungen und anders als bei Art. 140 weitergehende Kompetenzen als nach den Art. 149 f. denkbar sind, gilt wie im Verhältnis zum ESF, daß die Grenzen der insoweit spezielleren Regelungen der Art. 149 f. und insbesondere das Harmonisierungsverbot nicht unterlaufen werden dürfen[13].

6 Die Bildung betreffen schließlich noch Art. 35 lit. a) aus dem Bereich der Landwirtschaftspolitik sowie Art. 163 Abs. 2 und Art. 164 lit. d), die die Förderung der Forschung betreffen.

---

8 Eingehend *D. Staudenmayer*, Mittelbare Auswirkungen des Gemeinschaftsrechts auf das Bildungswesen, WissR 27 (1994), S. 249 (258 ff.); vgl. auch *M. Schröder*, Europäische Bildungspolitik und bundesstaatliche Ordnung, 1990, S. 22 f., 29 ff.
9 Zur Frage auch *H. Schneider*, in: A. Bleckmann, Europarecht, Rn. 2689 ff.
10 *Schröder* (Fn. 2), S. 25 ff.; *Blanke* (Fn. 2), S. 59 ff.; *Staudenmayer* (Fn. 8), S. 250 ff.
11 Nw. in Fn. 17. Kritisch zur Frage, ob sich der Bezug durch die Art. 149 f. überzeugender herstellen läßt, *B. Wittkowski*, Bildungsrechtliche Folgen des Maastricht-Vertrages aus deutscher Sicht, RdJB 1994, S. 317 (322 ff.).
12 Zu bildungspolitischen Initiativen nach dem ESF, vgl. den Überblick bei *J. E. Feuchthofen*, Die Neuordnung der europäischen Bildungspolitik, RdJB 1994, S. 326 (334 ff.); *P. Hilpold*, Bildung in Europa, 1995, S. 76 ff.
13 Weitergehend wohl *H.-J. Blanke*, in: Grabitz/Hilf, EU, Art. 126, 127, Rn. 53.

III. Abgrenzung von Art. 149 und Art. 150

Über die Abgrenzung von Art. 149 und Art. 150 ist vor allem in der deutschen Literatur 7
Streit entbrannt. Hintergrund sind die dem Wortlaut der Bestimmungen nach gegebenen unterschiedlichen Handlungsmöglichkeiten der Gemeinschaft, zum Teil wird aber auch eine unter der Urfassung des Art. 128 entflammte Auseinandersetzung über die Eingrenzung des Berufsausbildungsbegriffs[14], für den dieser alleine eine Ermächtigungsgrundlage vorsah, unter dem seit Maastricht geltenden Regime weitergeführt. Von deutscher Seite wurden vor allem in der vor-Maastricht Zeit zudem in die Diskussion Aspekte des Verhältnisses von Europarecht und der deutschen bundesstaatlichen Ordnung hineingetragen, die sich in erster Linie im Zusammenhang mit der allgemeinen, weniger hingegen mit der Berufsbildung stellen[15].

Die Diskussion über die Abgrenzung von Art. 149 und Art. 150 wirkt insgesamt überzogen. 8
Die Unterschiede hinsichtlich Natur und Tragweite der jeweils möglichen Gemeinschaftshandlungen sind nicht so erheblich wie zum Teil in der Literatur behauptet, die Verfahren zum Erlaß der Maßnahmen seit Amsterdam identisch. Die praktische **Bedeutung** der Frage, welche der Ermächtigungsgrundlagen einschlägig ist, ist daher vergleichsweise **gering**. Versucht man den sachlichen Geltungsbereich von Art. 149 und Art. 150 zu bestimmen, ist es angebracht, die Auseinandersetzung nicht mit den in der vorigen Rn. aufgeführten Faktoren zu belasten. Der Wortlaut des Art. 150 gebietet es auch, eine Zäsur zu der Rechtslage vor Maastricht zu ziehen[16]. Die zweckgerichtete weite (effet utile) Auslegung des Berufsausbildungsbegriffs durch den EuGH aus jener Zeit[17], nach der Art. 128 a.F. jede auf einen bestimmten Beruf vorbereitende Qualifikation und damit auch Schulen und Hochschulen umfaßte, kann der Abgrenzung zwischen Art. 149 und Art. 150 schlechthin nicht zugrundegelegt werden[18]: Berufsausbildung kann nicht mit beruflicher Bildung gleichgesetzt werden[19].

Art. 150 stellt die besondere Regelung für die berufliche Bildung dar, die, wie es sich aus 9
den Zielbestimmungen des Art. 150 Abs. 2 ergibt, die Berufsausbildung (berufliche Erstausbildung), die berufliche Fortbildung (Weiterbildung) und die berufliche Umschulung umfaßt. Art. 149 betrifft hingegen den allgemeinen Bildungsbereich, also das

---

14 Dazu *Schröder* (Fn. 8), S. 32 ff., 43 ff.8
15 *Schröder* (Fn. 8), S. 72.8
16 A. A. *D. Staudenmayer*, Europäische Bildungspolitik, BayVBl. 1995, S. 321 (326); *G. Seidel/ A. Beck*, Rechtliche Aspekte der Bildungspolitik der EG, Jura 1997, S. 393 (397); wohl auch *C. D. Classen*, in: GTE, EU-/EG-Vertrag, Art. 127, Rn. 2. Zweifelnd *J. E. Feuchthofen/ H.-J. Brackmann*, Berufliche Bildung im Maastrichter Unionsvertrag, RdJB 1992, S. 468 (472).
17 Vgl. hier nur EuGH, Rs. 293/83, Slg. 1985, 593 (Gravier); Rs. 242/87, Slg. 1989, 1425 (Erasmus); Rs. 56/88, Slg. 1989, 1615 (Petra). Die Auslegung erfolgte unter Hinweis auf Art. 10 der Europäischen Sozialcharta. Zur Rechtsprechung statt vieler *H. Conrad*, Die Rechtsprechung des Gerichtshofs der Europäischen Gemeinschaften auf dem Gebiet des Bildungswesens, WissR 22 (1989), S. 97 ff.
18 Zutreffend *H.-J. Blanke*, in: Grabitz/Hilf, EU, Art. 126, 127, Rn. 5; *Hablitzel* (Fn. 7), S. 22; *Hilpold* (Fn. 12), S. 116 f.; *Fechner* (Fn. 2), S. 24; vgl. auch *I. Beckedorf/T. Henze*, Neuere Entwicklungen in der Bildungspolitik der Europäischen Gemeinschaft. NVwZ 1993, S. 125 (127); *Schweitzer/Hummer*, Europarecht, Rn. 1638. A. A. *Staudenmayer* (Fn. 16), S. 326. Vgl. auch Erwägungsgrund Nr. 6 des Vorschlags der Kommission für den Beschluß des Aktionsprogramms SOCRATES v. 3.2.1994, ABl.EG 1994, Nr. C 66/3, in dem der Hochschulbereich noch auf Art. 127 a.F. gestützt ist; anders schon der gemeinsame Standpunkt des Rates, ABl.EG 1994, Nr. C 244/51 in Erwägungsgrund Nr. 7.
19 Vgl. auch *Fechner* (Fn. 2), S. 23; *H. Engelhard/H. Müller-Solger*, in: Lenz, EGV, Vorbem. Art. 126 und 127, Rn. 4. A.A. *Seidel/Beck* (Fn. 16), S. 397.

Schul- (Vorschul-, Grundschul- und Sekundarschulbereich) und Hochschulwesen[20]. Das deutsche Berufsschulwesen ist trotz der Dualität und trotz seiner allgemeinbildenden Aufgaben wegen seiner Nähe zur beruflichen Bildung Art. 150 zuzuordnen[21]. Soweit allgemeinbildende Schulen oder Universitäten Aufgaben der beruflichen Weiterbildung wahrnehmen, ist ebenfalls Art. 150 einschlägig, da die Abgrenzung zwischen den beiden Bestimmungen nicht aufgrund formeller Gesichtspunkte erfolgt. Beide Artikel betreffen die Jugend (Rn. 6), so daß auch insoweit maßgeblich ist, ob die berufliche oder die allgemeine Bildung betroffen ist.

IV. Ziele der gemeinschaftlichen allgemeinen Bildungspolitik

10 Die Ziele der gemeinschaftlichen Tätigkeit werden für die allgemeine Bildung **abschließend** in Art. 149 Abs. 2 konkretisiert[22]. Die vor allem vom Europäischen Parlament[23] vertretene Gegenansicht ist angesichts des Wortlauts nicht haltbar. Gemeinsam ist den Zielen, daß sie mit Ausnahme des ersten auf eine Förderung beschränkt sind. Warum gerade bei der europäischen Dimension im Bildungswesen auf eine Entwicklung abgestellt wird, ist nicht ohne weiteres nachvollziehbar, doch können aus dieser Zielbestimmung nicht tiefergehende Rechte der Gemeinschaft hergeleitet werden als bei den anderen genannten Zielen. Was der Gemeinschaft möglich ist, ergibt sich nämlich nicht aus Art. 149 Abs. 2, sondern alleine aus Art. 149 Abs. 3.

11 Das sehr weit gefaßte Ziel der Entwicklung einer **europäischen Dimension** des Bildungswesens umfaßt im Grunde genommen alle anderen genannten Aspekte sowie die sonstigen im EGV aufgeführten Bereiche, die Berührungspunkte mit der Bildungspolitik haben[24]. Es ist unklar, ob es das Oberziel darstellen soll, das durch die anderen Ziele des Art. 149 Abs. 2 konkretisiert wird. Sachlich ließe es sich so verstehen[25], Aufbau und Wortlaut des Abs. 2 sprechen gegen ein solches Verständnis. Die einleitenden Worte von Art. 149 Abs. 2 1. Spstr. können jedenfalls nicht so ausgelegt werden, daß durch sie die Begrenzung durch den abschließenden Charakter der Aufzählung unterlaufen wird.

12 Die einzelnen Zielbestimmungen sind im übrigen weitgehend selbstredend formuliert[26]. Die gemeinschaftliche Bildungspolitik setzt dabei nicht nur an der **Mobilität** (2. und

---

20 Eingehend R. *Dohms*, Die Kompetenz der EG im Bereich der allgemeinen Bildung nach Art. 126 EGV, RdJB 1992, S. 451 (453 ff.); auch *Hablitzel* (Fn. 7), S. 21; *Fechner* (Fn. 2), S. 23; *ders.*, Kultur und Bildung im Europarecht, RdJB 1996, S. 35 (36); *Simm*, in: Schwarze (Hrsg.), EU-Kommentar, Art. 150, Rn. 11; *Fürst* (Fn. 6), S. 267; a.A. *C. D. Classen*, in: GTE, EU-/EG-Vertrag, Art. 127, Rn. 3; weitere Nw. zur Gegenmeinung in Fn. 16 und 18.
21 So allgemein zu berufsbildenden Schulen *Hilpold* (Fn. 12), S. 122; *H. Engelhard/H. Müller-Solger*, in: Lenz, EGV, Art. 127, Rn. 2.
22 *Dohms* (Fn. 20), S. 462; *Blanke* (Fn. 2), S. 69; *Hilpold* (Fn. 12), S. 119; *H. Engelhard/ H. Müller-Solger*, in: Lenz, EGV, Art. 126, Rn. 2; *Seidel/Beck* (Fn. 16), S. 395; *Simm*, in: Schwarze (Hrsg.), EU-Kommentar, Art. 150, Rn. 16; *C. D. Classen*, in: GTE, EU-/EG-Vertrag, Art. 126, Rn. 8.
23 Entschließung A3-0139/92 zur Unterrichtspolitik und Bildung vor dem Hintergrund von 1993, ABl.EG 1992 Nr. C 150/366 (368).
24 Zum Begriff *Schröder* (Fn. 8), S. 57, 43 ff.; *Fechner* (Fn. 2), S. 22 f.
25 Vgl. auch *Beckedorf/Henze* (Fn. 18), S. 128; *H.-J. Blanke*, in: Grabitz/Hilf, EU, Art. 126, 127, Rn. 19: leitbildartig.
26 Vgl. auch *K. Brenner*, Herausforderungen der europäischen Integration an das Bildungswesen und Rolle bildungspolitischer Zusammenarbeit in der EG, in: R. Lasshahn/B. Ofenbach (Hrsg.), Bildung in Europa, 1994, S. 43 (50 ff.). Zu den Zielen näher *H.-J. Blanke*, in: Grabitz/Hilf, EU, Art. 126, 127, Rn. 17 ff.; *C. D. Classen*, in: GTE, EU-/EG-Vertrag, Art. 126, Rn. 9 ff.; auch *Fürst* (Fn. 6), S. 275 ff.

5. Spstr.) und an der **Zusammenarbeit** (3. und 4. Spstr.) an, sondern greift im 1. Spstr. auch einen Bildungs**inhalt** auf und spricht im 6. Spstr. mit der Fernlehre eine eigene Bildungs**methode** an. Ob die Fernlehre grenzüberschreitend sein muß, wird nicht weiter präzisiert. Hintergrund ihrer Erwähnung ist aber, daß die Fernlehre ohne eigentliche Mobilität der Lernenden und Lehrenden grenzüberschreitend in Anspruch genommen werden kann. Die Förderung der akademischen Anerkennung von Diplomen nach Art. 149 Abs. 2 2. Spstr. ist nicht deckungsgleich mit Art. 47[27]. Anders als letzterer, der auf die Aufnahme und Ausübung von Berufen abstellt, betrifft ersterer die akademische Anerkennung. Er betrifft damit schwerpunktmäßig den Zeitraum vor dem Zugang zum Arbeitsmarkt und ergänzt insoweit die Mobilität der Lernenden. Allerdings kann auch die akademische Anerkennung die Berufsaufnahme betreffen, so daß Überschneidungen mit Art. 47 möglich sind.

V. Handlungsmöglichkeiten der Gemeinschaft

1. Ausschluß jeglicher Harmonisierung

Jegliche Harmonisierung ist nach Art. 149 und Art. 150 ausgeschlossen. Es handelt sich um ein umfassendes **Verbot** der **Rechtsangleichung** aufgrund aller denkbaren Ermächtigungsgrundlagen des EGV, soweit diese keinen ausdrücklichen Vorbehalt enthalten oder ein Aspekt der Bildungspolitik betroffen ist, der der Verwirklichung einer Grundfreiheit dient (Rn. 3)[28]. Das Harmonisierungsverbot betrifft Inhalte, nicht die Form der Maßnahme. Der Begriff der Harmonisierung ist nicht einschränkend in dem Sinne zu verstehen, daß er bestehende mitgliedstaatliche Regelungen voraussetzt. Das Angleichungsverbot greift wegen der an Harmonisierungsakten geknüpften Folgen für den Mitgliedstaat (Sperrwirkung, richtlinienkonforme Auslegung) unabhängig davon, ob solche existieren[29]. Das Harmonisierungsverbot betrifft auch die sog. mittelbare Harmonisierung, bei der finanzielle Zusagen an eine bestimmte Ausrichtung des mitgliedstaatlichen Rechts oder seiner Bildungspolitik geknüpft werden (vgl. auch Art. 129 Rn. 4)[30]. 13

2. Verbleibende Möglichkeiten

Neben Empfehlungen ermächtigt Art. 149 Abs. 4 1. Spstr. den Rat zum Erlaß von **Fördermaßnahmen**, während er gemäß Art. 150 nur **Maßnahmen** erlassen kann. Aus der unterschiedlichen Formulierung ist in der Literatur zum Teil gefolgert worden, daß sich Art. 149 nur auf eine eigene, nicht in Art. 249 enthaltene unverbindliche Art des Gemeinschaftsaktes beziehe[31] (Aktionsprogramme), während Art. 150 zu den in Art. 249 erwähnten Formen des Gemeinschaftshandelns ermächtige[32]. Diese formelle **Abgrenzung** überzeugt nicht[33]. Die Beschränkung der Gemeinschaft in den Politiken, in denen 14

---

27 *H. Engelhard/H. Müller-Solger*, in: Lenz, EGV, Art. 126, Rn. 3.
28 Im Ergebnis ähnlich *A. Dittmann/C. Fehrenbacher*, Die bildungsrechtlichen Harmonisierungsverbote (Art. 126 Abs. 4, Art. 127 Abs. 4 EGV) und ihre Bedeutung für die nationale »Bildungshoheit«, RdJB 1992, S. 478 (488 f.); *Hablitzel* (Fn. 7), S. 28.
29 A.A. *H.-J. Blanke*, in: Grabitz/Hilf, EU, Art. 126, 127, Rn. 51.
30 Anders wohl *Blanke* (Fn. 2), S. 74 f.; ders., in: Grabitz/Hilf, EU, Art. 126, 127, Rn. 53; wohl auch *I. Berggreen*, Das Bildungswesen in Europa nach Maastricht, RdJB 1992, S. 436 (442).
31 So *Hilpold* (Fn. 12), S. 122; *H. Engelhard/H. Müller-Solger*, in: Lenz, EGV, Art. 126, Rn. 5.
32 *H. Engelhard/H. Müller-Solger*, in: Lenz, EGV, Art. 127, Rn. 3; *H.-J. Blanke*, in: Grabitz/Hilf, EU, Art. 126, 127, Rn. 10.
33 Im Ergebnis wie hier auch *Dohms* (Fn. 20), S. 464 f.; *Fürst* (Fn. 6), S. 299.

die wesentliche Kompetenz bei den Mitgliedstaaten verbleibt und die EG auf deren Unterstützung oder die Förderung von deren Zusammenarbeit beschränkt ist, ist ebenso wie ein Harmonisierungsverbot inhaltlicher Natur. Nicht anders verhält es sich mit unterschiedlichen Tragweiten von Ermächtigungsgrundlagen im Rahmen solcher Politiken. Daß die Gemeinschaft auch dann, wenn sie auf eine Unterstützung beschränkt ist und die Kompetenz im übrigen bei den Mitgliedstaaten verbleibt, rechtsverbindliche Akte aus dem Instrumentarium des Art. 249 erlassen kann, hat der EuGH zudem im Zusammenhang mit Art. 140 festgestellt (Art. 140 Rn. 3). Auch gemäß Art. 149 Abs. 4 1. Spstr. kann die Gemeinschaft daher grundsätzlich rechtsverbindliche Maßnahmen erlassen[34]. Allerdings darf die darin ausgesprochene Verpflichtung der Mitgliedstaaten nicht die grundsätzliche Kompetenzverteilung zwischen Gemeinschaft und Mitgliedstaaten untergraben.

15 Fördermaßnahmen sind inhaltlich anders als Maßnahmen gänzlich auf **Anreize**[35] oder darauf beschränkt, den Mitgliedstaaten Wege und Lösungen anzubieten[36]. Etwaige verpflichtende Elemente haben sich auf Verfahrensfragen (etwa bei der Verteilung von Geldern) zu beschränken[37]. Der Rat ist hingegen nach Art. 149 Abs. 4 1. Spstr. schlechthin nicht ermächtigt, den Mitgliedstaaten inhaltliche Vorgaben zu machen. Aktionsprogramme in der Form von Finanzierungsprogrammen (unter vielen anderen: ERASMUS, SOKRATES, TEMPUS)[38] werden daher auch in Zukunft das wesentliche Element zur Gestaltung der allgemeinen gemeinschaftlichen Bildungspolitik bleiben[39].

16 Maßgeblich ist das Verfahren gemäß **Art. 251.**

3. Die internationale Dimension der Bildungspolitik

17 Abs. 3 betrifft die internationale Dimension der Bildungspolitik. Er ist in mehrfacher Hinsicht ungenau formuliert. Unklar ist bereits, ob er eine Verpflichtung zur Förderung der internationalen Zusammenarbeit ausspricht[40] oder ob es sich um einen bloßen Programmsatz ohne verpflichtenden Charakter handelt. Vieles spricht für letzteres[41]. Fraglich ist ferner, ob er die Gemeinschaft zu einer selbständigen auswärtigen Bildungspolitik ermächtigt[42] oder ob die allgemeinen Beschränkungen des Art. 149 auch bei Art. 149

---

34 So im Ergebnis auch *C. D. Classen*, in: GTE, EU-/EG-Vertrag, Art. 126, Rn. 22; *Seidel/Beck* (Fn. 16), S. 396; *Staudenmayer* (Fn. 16), S. 327 f.; *H. Schneider*, in: A. Bleckmann, Europarecht, Rn. 2687; *Fürst* (Fn. 16), S. 289.
35 *Dittmann/Fehrenbacher* (Fn. 28), S. 484; *H. Schneider*, in: A. Bleckmann, Europarecht, Rn. 2687.
36 Tendenziell weiter *Staudenmayer* (Fn. 16), S. 326 ff.
37 Ähnlich *Seidel/Beck* (Fn. 16), S. 396. Zum Teil abweichend *H. Engelhard/H. Müller-Solger*, in: Lenz, EGV, Vorbem. Art. 126 und 127, Rn. 5; *Dittmann/Fehrenbacher* (Fn. 28), S. 484. Die Möglichkeit der Verpflichtung gänzlich verneinend *Hablitzel* (Fn. 7), S. 24.
38 Übersichten bei *Seidel/Beck* (Fn. 16), S. 400; *Hilpold* (Fn. 12), S. 56 ff., 124 ff.; *G. Uebersohn*, Europarechtliche Entwicklungen im Bildungsrecht und in der Bildungspolitik, RdJB 1995, S. 100 (101 f.); *Feuchthofen* (Fn. 12), S. 328 ff.; *R. Dubs*, Bildung und Weiterbildung im Hinblick auf ein vereinigtes Europa, in: H. Giger (Hrsg.), Bildungspolitik im Umbruch, 1991, S. 873 (883 f.); *C. D. Classen*, Bildungspolitische Förderprogramme der EG – Eine kritische Untersuchung der vertragsrechtlichen Grundlagen, EuR 1990, S. 10 ff.
39 Vgl. auch *Beckedorf/Henze* (Fn. 18), S. 127 f.
40 So *H.-J. Blanke*, in: Grabitz/Hilf, EU, Art. 126, 127, Rn. 36.
41 A.A. *Simm*, in: Schwarze (Hrsg.), EU-Kommentar, Art. 150, Rn. 21.
42 So *Dohms* (Fn. 20), S. 463; *Blanke* (Fn. 2), S. 71; *ders.*, in: Grabitz/Hilf, EU, Art. 126, 127, Rn. 37, vgl. aber auch Rn. 39.

Abs. 3 greifen. Es wäre nicht überzeugend, die Ziele des Art. 149 Abs. 2 nicht auf die internationale Dimension zu übertragen, da diese nicht weiterreichen kann als die gemeinschaftsinterne Politik[43]. Auch über die Zusammenarbeit mit Drittstaaten könnte mittelbar in die Kompetenzverteilung zwischen Gemeinschaft und Mitgliedstaaten eingegriffen werden[44]. Da die Ziele ganz überwiegend auf eine Förderung der Mitgliedstaaten beschränkt sind, ist die Gemeinschaft im internationalen Bereich auf eine Förderung der mitgliedstaatlichen auswärtigen Bildungspolitik begrenzt.

---

43 Vgl. auch *Hilpold* (Fn. 12), S. 121. Nw. zur Gegenmeinung in Fn. 42.
44 Nicht überzeugend daher H. *Engelhard*/H. *Müller-Solger*, in: Lenz, EGV, Art. 126, Rn. 4.

Art. 150 EG-Vertrag

Art. 150 (ex-Art. 127)

(1) Die Gemeinschaft führt eine Politik der beruflichen Bildung, welche die Maßnahmen der Mitgliedstaaten unter strikter Beachtung der Verantwortung der Mitgliedstaaten für Inhalte und Gestaltung der beruflichen Bildung unterstützt und ergänzt.[1 ff.]

(2) Die Tätigkeit der Gemeinschaft hat folgende Ziele:[4 ff.]
- Erleichterung der Anpassung an die industriellen Wandlungsprozesse, insbesondere durch berufliche Bildung und Umschulung;
- Verbesserung der beruflichen Erstausbildung und Weiterbildung zur Erleichterung der beruflichen Eingliederung und Wiedereingliederung in den Arbeitsmarkt;
- Erleichterung der Aufnahme einer beruflichen Bildung sowie Förderung der Mobilität der Ausbilder und der in beruflicher Bildung befindlichen Personen, insbesondere der Jugendlichen;
- Förderung der Zusammenarbeit in Fragen der beruflichen Bildung zwischen Unterrichtsanstalten und Unternehmen;
- Ausbau des Informations- und Erfahrungsaustauschs über gemeinsame Probleme im Rahmen der Berufsbildungssysteme der Mitgliedstaaten.

(3) Die Gemeinschaft und die Mitgliedstaaten fördern die Zusammenarbeit mit dritten Ländern und den für die berufliche Bildung zuständigen internationalen Organisationen.[10]

(4) Der Rat erläßt gemäß dem Verfahren des Artikels 251 und nach Anhörung des Wirtschafts- und Sozialausschusses sowie des Ausschusses der Regionen Maßnahmen, die zur Verwirklichung der Ziele dieses Artikels beitragen, unter Ausschluß jeglicher Harmonisierung der Rechts- und Verwaltungsvorschriften der Mitgliedstaaten.[7 ff.]

Inhaltsübersicht:
I.	Allgemeines und Abgrenzung zu Grundfreiheiten und anderen Politiken	1
II.	Ziele der gemeinschaftlichen Bildungspolitik	4
III.	Handlungsmöglichkeiten der Gemeinschaft	7

I. Allgemeines und Abgrenzung zu Grundfreiheiten und anderen Politiken

1 Art. 150 ist die besondere Regelung für die **berufliche** Bildungspolitik (zur Abgrenzung zu Art. 149 dort Rn. 7 ff.). Das Konzept entspricht im Grundsatz dem des Art. 149 (dort Rn. 2), doch werden der Gemeinschaft unter Beachtung der grundsätzlichen Zuständigkeit der Mitgliedstaaten in geringem Maße weitergehende Möglichkeiten eingeräumt, was sich aus leichten Abweichungen im Wortlaut des Abs. 1 – es fehlt das Merkmal »erforderlichenfalls« und die Gemeinschaft »führt« eine Politik –, der Zielbestimmungen und vor allem bei Abs. 4 ergibt, der der Gemeinschaft den Erlaß von Maßnahmen und nicht lediglich von Fördermaßnahmen gestattet.

2 Zur Abgrenzung von Art. 149 und zur Bedeutung des Begriffs der beruflichen Bildungspolitik, vgl. Art. 149 Rn. 9.

3 Zur Abgrenzung von Grundfreiheiten und anderen Politiken, insbesondere der Beschäftigungs- und der Sozialpolitik, vgl. Art. 149 Rn. 3 ff. Zum Verhältnis zum ESF vgl. Art. 146 Rn. 3.

II. Ziele der gemeinschaftlichen Bildungspolitik

Die Ziele der gemeinschaftlichen beruflichen Bildungspolitik werden **abschließend** in Art. 150 Abs. 2 konkretisiert[1] (zur Gegenmeinung, vgl. Art. 149 Rn. 10). 4

Nur eines der Ziele[2] (5. Spstr.) setzt an einer Förderung der Zusammenarbeit der Mitgliedstaaten an, während der Wortlaut der anderen den Eindruck erweckt, als könne die Gemeinschaft eine eigenständige Politik führen[3]. Allerdings verbleibt auch bei Art. 150 die grundsätzliche Kompetenz bei den Mitgliedstaaten und die Handlungsmöglichkeiten folgen aus Art. 150 Abs. 4, der wie Art. 149 ein Harmonisierungsverbot enthält. 5

Inhaltlich[4] liegt ein Schwerpunkt bei der Sozial- und insbesondere der Beschäftigungspolitik: Der 1., 2. und zum Teil auch 3. Spstr. sind von der Vorstellung geprägt, daß eine hochwertige berufliche Bildungspolitik maßgeblich zur Verwirklichung der mit diesen Politiken verfolgten Zielen beiträgt. Beim 1. Spstr. deckt sich Art. 150 auch mit dem ESF. Der 3. Spstr. betrifft zudem die Mobilität und die Jugendpolitik. Der 4. Spstr. zielt auf eine Förderung der Zusammenarbeit zwischen Unterrichtsanstalten und den Unternehmen als Arbeitgebern ab, was von Bedeutung vor allem für solche Mitgliedstaaten ist, die über kein duales System verfügen und denen auch ansonsten eine solche Zusammenarbeit fremd ist. 6

III. Handlungsmöglichkeiten der Gemeinschaft

Ein Harmonisierungsverbot besteht auch bei Art. 150 (dazu Art. 149 Rn. 13). 7

Der Rat kann gemäß Art. 150 Abs. 4 **Maßnahmen** erlassen. Im Vergleich zu den Fördermaßnahmen des Art. 149 ist er damit nicht auf bloße Anreize oder das Anbieten von Modellen beschränkt. Das Harmonisierungsverbot und die grundsätzlich bei den Mitgliedstaaten verbleibende Kompetenz setzen den Handlungsmöglichkeiten der Gemeinschaft indes auch bei Art. 150 enge Grenzen[5]. Der Unterschied zu Art. 149 ist daher geringer, als es auf den ersten Blick erscheinen mag. Der Rat kann sich zudem auch bei Art. 150 auf Aktionsprogramme beschränken (FORCE, PETRA, LEONARDO DA 8

---

1 *H.-J. Blanke*, Europa auf dem Weg zu einer Bildungs- und Kulturgemeinschaft, 1994, S. 69; *P. Hilpold*, Bildung in Europa, 1995, S. 123; *H. Engelhard/H. Müller-Solger*, in: Lenz, EGV, Art. 127, Rn. 4; *Simm*, in: Schwarze (Hrsg.), EU-Kommentar, Art. 150, Rn. 16.
2 Zu den Zielen im einzelnen *J. E. Feuchthofen/H.-J. Brackmann*, Berufliche Bildung im Maastrichter Unionsvertrag, RdJB 1992, S. 468 (471).
3 So *R. Dohms*, Die Kompetenz der EG im Bereich der allgemeinen Bildung nach Art. 126 EGV, RdJB 1992, S. 451; *F. Fechner*, Einwirkungen des Europarechts auf die nationale Bildungsordnung, in: R. Lasshahn/B. Ofenbach (Hrsg.), Bildung in Europa, 1994, S. 17 (24); *ders.*, Kultur und Bildung im Maastricht, RdJB 1996, S. 35 (36); *I. Beckedorf/Th. Henze*, Neuere Entwicklungen in der Bildungspolitik der Europäischen Gemeinschaft. NVwZ 1993, S. 125 (127); in dieser Richtung auch *H. Engelhard/H. Müller-Solger*, in: Lenz, EGV, Art. 127, Rn. 3. Anders *J. E. Feuchthofen*, Berufliche Bildung nach Maastricht – Chancen und Risiken für das deutsche System, in: R. Lasshahn/B. Ofenbach (Hrsg.), Bildung in Europa, 1994, S. 73 (77).
4 Zu den Zielen auch *H.-J. Blanke*, in: Grabitz/Hilf, EU, Art. 126, 127, Rn. 32 ff.
5 *A. Dittmann/C. Fehrenbacher*, Die bildungsrechtlichen Harmonisierungsverbote (Art. 126 Abs. 4, Art. 127 Abs. 4 EGV) und ihre Bedeutung für die nationale »Bildungshoheit«, RdJB 1992, S. 478 (484); *J. E. Feuchthofen* (Fn. 3), S. 77; *C. D. Classen*, in: GTE, EU-/EG-Vertrag, Art. 127, Rn. 14. Anders tendenziell wohl *F. Fechner* (Fn. 3), S. 24; *I. Berggreen-Merkel*, Europäische Harmonisierung auf dem Gebiet des Bildungswesens, RdJB 1998, 18 (20).

VINCI)⁶. Soweit sich Art. 150 mit der Tätigkeit des ESF überschneidet, ist fraglich, inwieweit Maßnahmen nach Art. 150 Abs. 4 überhaupt eine selbständige Bedeutung erlangen werden.

9 Einschlägig ist anders als unter Art. 127 a.F. nunmehr auch bei Art. 150 das Verfahren nach **Art. 251**.

10 Zur internationalen Dimension vgl. Art. 149 Rn. 17.

---

6 Übersichten bei G. *Seidel/A. Beck*, Rechtliche Aspekte der Bildungspolitik der EG, Jura 1997, S. 393 (400); *Hilpold* (Fn. 1), S. 56 ff., 124 ff.; G. *Uebersohn*, Europarechtliche Entwicklungen im Bildungsrecht und in der Bildungspolitik, RdJB 1995, S. 100 (101 f.); J. E. *Feuchthofen*, Die Neuordnung der europäischen Bildungspolitik, RdJB 1994, S. 326 (328 ff.); R. *Dubs*, Bildung und Weiterbildung im Hinblick auf ein vereinigtes Europa, in: H. Giger (Hrsg.), Bildungspolitik im Umbruch, 1991, S. 873 (883 f.); C. D. *Classen*, Bildungspolitische Förderprogramme der EG – Eine kritische Untersuchung der vertragsrechtlichen Grundlagen, EuR 1990, S. 10 ff.

Titel XII
(ex-Titel IX)
Kultur

Art. 151 (ex-Art. 128)

(1) Die Gemeinschaft leistet einen Beitrag zur Entfaltung der Kulturen der Mitgliedstaaten unter Wahrung ihrer nationalen und regionalen Vielfalt sowie gleichzeitiger Hervorhebung des gemeinsamen kulturellen Erbes.[2 f.]

(2) Die Gemeinschaft fördert durch ihre Tätigkeit die Zusammenarbeit zwischen den Mitgliedstaaten und unterstützt und ergänzt erforderlichenfalls deren Tätigkeit[4 ff.] in folgenden Bereichen:[7]
- Verbesserung der Kenntnis und Verbreitung der Kultur und Geschichte der europäischen Völker[9],
- Erhaltung und Schutz des kulturellen Erbes von europäischer Bedeutung[9],
- nichtkommerzieller Kulturaustausch[10],
- künstlerisches und literarisches Schaffen, einschließlich im audiovisuellen Bereich[11].

(3) Die Gemeinschaft und die Mitgliedstaaten fördern die Zusammenarbeit mit dritten Ländern und den für den Kulturbereich zuständigen internationalen Organisationen, insbesondere dem Europarat[12 f.].

(4) Die Gemeinschaft trägt bei ihrer Tätigkeit aufgrund anderer Bestimmungen dieses Vertrags den kulturellen Aspekten Rechnung, insbesondere zur Wahrung und Förderung der Vielfalt ihrer Kulturen[14].

(5) Als Beitrag[16] zur Verwirklichung der Ziele dieses Artikels erläßt der Rat
- gemäß dem Verfahren des Artikels 251 und nach Anhörung des Ausschusses der Regionen Fördermaßnahmen[17] unter Ausschluß jeglicher Harmonisierung der Rechts- und Verwaltungsvorschriften der Mitgliedstaaten[18]. Der Rat beschließt im Rahmen des Verfahrens des Artikels 251 einstimmig[20];
- einstimmig[20] auf Vorschlag der Kommission Empfehlungen[19].

Inhaltsübersicht:

I.	Funktion und Genesis der Vorschrift	1
II.	Kultur – Kohäsion – Identität (Abs. 1)	2
	1. Der Kulturbegriff	2
	2. Kulturelle Kohäsion und europäische Identität	3
III.	Förderung – Unterstützung – Ergänzung (Abs. 2)	4
	1. Die Komplementarität der gemeinschaftlichen Aktionen	4
	2. Die Subsidiarität der supranationalen Förderung	6
	3. Tätigkeitsbereiche	7
IV.	Internationale Zusammenarbeit (Abs. 3)	12
V.	Querschnittsklausel (Abs. 4)	14
VI.	Handlungsinstrumente und Verfahren (Abs. 5)	16
	1. Fördermaßnahmen	17
	2. Harmonisierungsverbot	18
	3. Empfehlungen	19
	4. Einstimmigkeit	20
VII.	Konkurrenzen	21
VIII.	Praxis, Aktionen und Förderprogramme	22

I. Funktion und Genesis der Vorschrift

1 Art. 151 erteilt der Gemeinschaft einen **Auftrag zur Kulturförderung auf europäischer Ebene** unter Wahrung des »kulturellen Selbstbestimmungsrechts«[1] der Mitgliedstaaten. Zwar betätigte sich der Rat im kulturellen Bereich bereits seit Mitte der 80er Jahre im Wege der »gemischten Formel«,[2] doch wurde der EG eine Kompetenz auf diesem Sektor erst mit der Ratifizierung des Unions-Vertrages von Maastricht eröffnet. Wiesen die einschlägigen Maßnahmen der Gemeinschaft, gestützt vor allem auf die Waren- und Dienstleistungsfreiheit des Vertrages sowie Art. 235 EWGV (= Art. 308), bis dahin nur eine integrationspolitische Dimension auf, so besitzen sie nunmehr eine kulturpolitische Legitimation.[3] Gemäß Art. 3 lit. q) i.V.m. Abs. 1 und 5 hat die Gemeinschaft jedoch nur »einen Beitrag ... zur Entfaltung des Kulturlebens der Mitgliedstaaten zu leisten«. Bereits hieraus ergibt sich, daß die kulturellen Aktionen der Gemeinschaft nicht darauf gerichtet sein dürfen, die Kulturpolitik der »Vaterländer« zu konterkarieren, zu vereinheitlichen oder gar zu ersetzen. Es bleibt daher bei der Zulässigkeit untereinander divergierender Kulturpolitik der Mitgliedstaaten.[4] Als Ausdruck nationaler Identität i.S.d. Art. 6 Abs. 3 EUV fällt sie auch weiterhin in die primäre Verantwortung der Mitgliedstaaten, was Art. 151 durch eine Vielzahl tatbestandlicher Kautelen – namentlich durch den »unterstützenden« und »ergänzenden« Charakter der Gemeinschaftsmaßnahmen – anerkennt. Mit dem **Konzept der Komplementarität des Gemeinschaftshandelns** erteilen die Vertragsschöpfer zugleich aber auch einem kulturpolitischen Partikularismus der Mitgliedstaaten eine Absage. Diese müssen angesichts ihrer »Mitwirkungspflichten«[5] der Gemeinschaft bei der Wahrnehmung ihrer Aufgaben behilflich sein;[6] eine komplementäre Finanzierungsverpflichtung zu Lasten der Mitgliedstaaten würde der *ratio* des Abs. 1 indes widersprechen.[7]

II. Kultur – Kohäsion – Identität (Abs. 1)

1. Der Kulturbegriff

2 Wie im nationalen Recht so kommt auch im Gemeinschaftsrecht eine **rechtliche Definition der Kultur** der »Quadratur des Kreises« gleich. Denn Kultur wird wegen ihrer Weite zum »juristischen Spiel ohne Grenzen« *(B. Pieroth).*[8] Dem Vertrag selbst ist keine Definition zu entnehmen. Der Begriff erscheint in Art. 151 in unterschiedlichen Verbin-

---

1 Vgl. *I. Hochbaum,* Der Begriff der Kultur im Maastrichter und Amsterdamer Vertrag, BayVBl. 1997, S. 681.
2 Vgl. im einzelnen *H.-J. Blanke,* Europa auf dem Weg zu einer Bildungs- und Kulturgemeinschaft, 1994, S. 92; zu den Aktivitäten der anderen Organe der EG vgl. *dens.,* a.a.O., S. 89 ff.
3 Ähnlich *I. E. Schwartz,* Subsidiarität und EG-Kompetenzen – Der neue Titel »Kultur« – Medienvielfalt und Binnenmarkt, AfP 1993, S. 409 (418); *F. Fechner,* in: GTE, EU-/EGV, Vorb. zu Art. 128, Rn. 10.
4 *Fechner,* a.a.O., Rn. 3; *ders.,* Kultur und Bildung im Europarecht, RdJB 1996, S. 39; *Hochbaum* (Fn. 1), S. 681.
5 Vgl. EuGH, Rs. 242/87, Slg. 1989, I-1451, Rn. 11 (Erasmus) für den Bildungsbereich.
6 Vgl. *Hochbaum* (Fn. 1), S. 683; a.A. *I. Berggreen-Merkel,* Die rechtlichen Aspekte der Kulturpolitik nach dem Maastrichter Vertrag, 1995, S. 16, sowie *J. Sparr,* in: Schwarze, EU, Art. 151 Rn. 26.
7 Im Ergebnis ebenso *Hochbaum* (Fn. 1), a.a.O.
8 Vgl. auch *B. Wemmer,* Die neuen Kulturklauseln des EG-Vertrages, 1996, S. 11 ff.; *K.-P. Sommermann,* Staatsziele und Staatszielbestimmungen, 1997, S. 233 f. m. w. N. in Anm. 686 und 687; *G. Britz,* Kulturelle Rechte und Verfassung, 2000, S. 64 ff.

dungen: So nimmt die Vorschrift auf die »Kultur(en) der Mitgliedstaaten« sowie »der europäischen Völker« ebenso Bezug wie auf das »(gemeinsame) kulturelle Erbe« (Abs. 1 und 2) und die »kulturellen Aspekte« (Abs. 4). Diese Verwendung, noch verstärkt durch die Referenz auf die »nationale und regionale Vielfalt«, legt es nahe, das »Kulturelle« nicht als einen Gemeinschaftsrechtsbegriff anzusehen.[9] Vielmehr **reflektiert dieser Topos das komplexe Gepräge der Kulturen der Mitgliedstaaten** (Literatur, Musik, bildende und darstellende Kunst, Denkmalpflege, Brauchtum, Rundfunk, aber auch industrielle Massenkultur und Alltagskultur), das als Ausdruck nationaler Identität i.S.d. Art. 6 Abs. 3 von der Gemeinschaft – auch in seinen subnationalen Erscheinungsformen – geachtet und geschützt wird. Während hier neben der Wissenschaft und der Kunst auch die Bildung und Wissenschaft in ihren verschiedenen Ausprägungen als wichtigste »Subsysteme« der Kultur genannt werden, ergibt sich für das Europarecht eine eindeutige Ausgrenzung dieser Sektoren (Art. 149, 150; Titel XVIII) aus dem Begriff der Kultur.

2. Kulturelle Kohäsion und europäische Identität

Eine europäische Dimension wird den – vorrechtlich geprägten – nationalen und regionalen Kulturen durch die Verpflichtung der Gemeinschaft eröffnet, zur »Entfaltung« dieses Fundus sowie zur »Hervorhebung des gemeinsamen kulturellen Erbes« beizutragen (Abs. 1). Diese Gemeinsamkeiten bilden das Substrat europäischer Kultur und verleihen ihr einen Wert, der über die Summe der Nationalkulturen hinausreicht.[10] Der »Mehrwert« europäischer Kulturpolitik liegt danach in der Betonung der gemeinsamen geistigen Wurzeln der europäischen Völker. Sie zielt auf die Stärkung »kultureller Kohäsion«[11] durch die Schaffung europäischer Identität. Diese Identität ist gekennzeichnet durch die existentielle Spannungslage von Zusammengehörigkeit und Rivalität, von partieller Gleichartigkeit und fortdauernder Singularität: So begegnen sich die mannigfaltigen Kulturen der Mitgliedstaaten in der Überzeugung von gemeinsamen rechtlichen, politischen sowie geistigen Werten und Prinzipien. Das »symbolische Universum« *(E. Cassirer)* des Abendlandes entstand aus der Verschmelzung des Christentums mit der griechischen Philosophie und dem römischen Recht. In ihrer Gesamtheit bildeten sie die Fermente für die Entwicklung der gemeineuropäischen Verfassungsgrundsätze der repräsentativen Demokratie, der Rechtsstaatlichkeit, der sozialen Gerechtigkeit sowie der Menschenrechte.[12] Im Ergebnis ist das Konzept kultureller Kohäsion durch »immerwährende Identitätsbildung« *(M. Stürmer)* charakteristisch für die Entwicklung der Europäischen Union zu einem »Gemeinwesen«. Es definiert sich nicht länger nur durch die Vertragsziele ökonomischer Prosperität und technologischer Evolution, sondern auch durch einen »Raum kultureller Produktivität und kreativer Innovation«.[13]

3

---

9 Vgl. *Hochbaum* (Fn. 1), S. 641; *Wemmer* (Fn. 8), S. 13 f., überantwortet die Konkretisierung des Kulturbegriffs im Sinne des Gemeinschaftsrechts der »Dezision« der supranationalen Organe, namentlich des Rates.
10 Vgl. *Oppermann*, Europarecht, Rn. 1967.
11 Vgl. *W. Maihofer*, Zur Notwendigkeit einer europäischen Kulturföderation, in: Weidenfeld/Lübbe/Maihofer/Rovan (Hrsg.), Europäische Kultur: das Zukunftsgut des Kontinents, Bertelsmann-Stiftung 1990, S. 69 f.
12 Vgl. das Dokument über die Europäische Identität, Europäischer Rat vom 14.12.1973 in Kopenhagen, in: Auswärtiges Amt (Hrsg.), Europäische Politische Zusammenarbeit, 1984, S. 50; *P. Häberle*, Gemeineuropäisches Verfassungsrecht und »Verfassung« der EG, in: Schwarze (Hrsg.), Verfassungsrecht und Verfassungsgerichtsbarkeit im Zeichen Europas, 1998, S. 11 ff.
13 Vgl. *Maihofer* (Fn. 11), S. 93 f.

III. Förderung – Unterstützung – Ergänzung (Abs. 2)

1. Die Komplementarität der gemeinschaftlichen Aktionen

4   Abs. 2 regelt die **supranationale Förderung der mitgliedstaatlichen Kulturpolitik**, namentlich mit Blick auf eine bi- und multilaterale Kooperation innerhalb der EU. Der Europäische Rat in Edinburgh hat dem Konzept komplementärer Gemeinschaftsmaßnahmen eine allgemeingültige Bedeutung beigemessen, als er erklärte, daß unter Beachtung der Zwecke und Ziele des Vertrages »bei der Wahl der Gemeinschaftsmaßnahmen solche Maßnahmen bevorzugt werden (sollten), mit denen die Zusammenarbeit zwischen den Mitgliedstaaten gefördert wird und die die Maßnahmen der Mitgliedstaaten koordinieren, ergänzen, vervollständigen oder unterstützen«.[14] Die Tatbestandsmerkmale »fördern«, »unterstützen« und »ergänzen« weisen auf die **kooperativen Verfassungsstrukturen im Kulturbereich** hin. Sie konkretisieren unter dem Oberbegriff der »Förderung« die Beitragsleistung der Gemeinschaft, die das Ergebnis der kulturpolitischen Aktivitäten weder bestimmen noch – in Form politischer Leitlinien oder Koordinierungsfunktionen – mitbestimmen darf.[15] Alle gemeinschaftlichen »Hilfestellungen« setzen vielmehr eine eigenverantwortliche Kulturpolitik der Mitgliedstaaten geradezu voraus.[16] Andererseits stellen diese Maßnahmen keinen bloßen Zuschuß dar; die Gemeinschaft kann ihren Beitrag hinsichtlich der Höhe und der Modalitäten der Verwendung in Übereinstimmung mit dem zu erreichenden Ziel und im Rahmen der gegebenen haushaltsrechtlichen Dispositionen selbst festlegen, insbesondere in ein Förderprogramm kleiden (Abs. 5).

5   Teilweise werden die Begriffe des »**Förderns**« sowie des »**Unterstützens**« und »**Ergänzens**« als Synonyme angesehen.[17] Die der Gemeinschaft aufgetragene Förderung der nationalen Zusammenarbeit entspricht dem schon in der Präambel formulierten »Wunsch« der Mitgliedstaaten, »die Solidarität zwischen ihren Völkern unter Achtung ihrer Geschichte, ihrer Kultur und ihrer Tradition zu stärken«. Zu diesem Zweck trifft die EG die Aufgabe, die bi- und multilaterale Kooperation der Mitgliedstaaten zu stimulieren. Die subsidiäre Funktion der Fördermaßnahmen schließt eine direkte oder indirekte Beeinflussung der nationalen Kulturpolitik aus.[18] Auch mit einer Ergebnispflicht ist hiermit unvereinbar. Einen unterstützenden Charakter haben Fördermaßnahmen dann, wenn sie zur Verwirklichung bereits angelaufener oder zumindest geplanter Aktionen der Mitgliedstaaten beitragen. Im Rahmen ergänzender Fördermaßnahmen wird der Gemeinschaft nach teilweiser Ansicht ein »Bereich eigenständiger Aktivitäten außerhalb der nationalen Politikbereiche« eröffnet.[19] Nach anderer Ansicht ist der Gemeinschaft jede »Vervollständigung« der nationalen Kulturpolitik untersagt.[20] Indessen wird man ihr die **Verfolgung eigenständiger Ziele im Rahmen** »**ergänzender**« **Kulturpolitik** zubilligen, soweit sie in einem sachlichen Zusammenhang mit den Aktionen der Mit-

---

14   EA 1993, S.D 10.
15   Vgl. *Hochbaum* (Fn. 1), S. 681.
16   Vgl. M. *Cornu*, Compétences culturelles en Europe et principe de subsidiarité, Brüssel 1993, S. 160; *Hochbaum* (Fn. 1), S. 682; im Grundsatz ebenso *F. Fechner*, in: GTE, EU-/EGV, Art. 128, Rn. 11; ders. (Fn. 4), S. 45.
17   Vgl. *Hochbaum* (Fn. 1), S. 682.
18   Vgl. G. *Ress*, Kultur und europäischer Binnenmarkt, 1991, S. 51; U. *Everling*, Buchpreisbindung im deutschen Sprachraum und Europäisches Gemeinschaftsrecht, 1997, S. 34.
19   Vgl. *F. Fechner*, in: GTE, EU-/EGV, Art. 128, Rn. 12; *Schweitzer/Hummer*, Europarecht, Rn. 1654, sprechen hinsichtlich der unterstützenden und ergänzenden Tätigkeiten von einer »eigenen Kulturpoltik der Gemeinschaft«; zur anhaltenden Kontroverse um die kompetentielle Reichweite des Art. 151 vgl. *F. Fechner*, in: GTE, EU-/EGV, Vorb. zu Art. 128, Rn. 4.
20   *Hochbaum* (Fn. 1), S. 682, unter Verweis auf *Ress* (Fn. 18), S. 51.

gliedstaaten stehen.[21] Eine umfassende und eigenständige Kulturpolitik ist der Gemeinschaft allerdings selbst dann verwehrt, wenn die Mitgliedstaaten ihre Kompetenzen auf diesem Gebiet nur »in unzureichender Weise« wahrnehmen.[22]

2. Die Subsidiarität der supranationalen Förderung

Die Tätigkeit der Gemeinschaft unterstützt und ergänzt erforderlichenfalls die Tätigkeit der Mitgliedstaaten im Rahmen ihrer mitgliedstaatlichen Zusammenarbeit, die auf die Ausgestaltung ihrer kulturellen Ziele und Politiken gerichtet ist. Das **Prinzip der Erforderlichkeit** unterstreicht – ebenso wie in Art. 126 Abs. 1 und 129 Abs. 1 – den **subsidiären Charakter der Tätigkeit der Gemeinschaft**.[23] Das »Protokoll über die Anwendung der Grundsätze der Subsidiarität und der Verhältnismäßigkeit«[24] stellt nunmehr unter Berücksichtigung der Schlußfolgerungen der Europäischen Räte von Birmingham und Edinburgh u.a. Leitlinien für den Erlaß gemeinschaftlicher Maßnahmen (Ziff. 5) sowie für das Initiativrecht der Kommission (Ziff. 9) auf. »Bewährte« gemeinschaftskonforme Regelungen im nationalen Bereich sowie Struktur und Funktionsweise der Rechtssysteme der Mitgliedstaaten müssen hiernach »geachtet« werden (Ziff. 7). Aus dem Gebot subsidiären Handelns läßt sich jedoch nicht ableiten, daß die Gemeinschaft nur auf Antrag der Mitgliedstaaten tätig werden darf; vielmehr ist die Erforderlichkeit anhand des Konzepts des Art. 151 zu ermitteln, ohne daß sich daraus eine Planungshoheit zugunsten der Gemeinschaft ergibt. Sie ist mithin gegeben, wenn die **Zielsetzung des Abs. 1 sowie das Solidaritätsprinzip des Abs. 2 erfüllt** und die entsprechenden Haushaltsmittel vorhanden sind.[25] Über die Notwendigkeit unterstützender und ergänzender Fördermaßnahmen entscheiden bei gemeinschaftsweiten Aktionen die zu einem Grundkonsens zusammengefaßten Wertungen der Mitgliedstaaten.[26] Möglich ist im Lichte des Solidaritätsprinzips indessen auch die Förderung einzelner Mitgliedstaaten, soweit es um kulturelle Angelegenheiten von europäischer Bedeutung geht.[27] Bloße »sinnbildliche« Fördermaßnahmen, für die keine ausreichenden Fördermittel der Gemeinschaft bereitstehen, sind unzulässig.

3. Tätigkeitsbereiche

Die mitgliedstaatliche Zusammenarbeit richtet sich auf verschiedene, weit gefaßte Tätigkeitsbereiche, über deren **abschließenden**[28] **oder bloß beispielhaften**[29] Charakter un-

---

21 So auch *F. Fechner*, in: GTE, EU-/EGV, Art. 128, Rn. 12; ähnlich *H. G. Fischer*, in: Lenz, EGV, Art. 151, Rn. 10; und *G. Ress/J. Ukrow*, in: Grabitz/Hilf, EU, Art. 151, Rn. 43; a.A. *Wemmer* (Fn. 8), S. 80; Hochbaum, (Fn. 1), S. 682 mit Anm. 211; ausdrücklich a.A. auch *J. Sparr*, in: Schwarze, EU, Art. 151 Rn. 13, der die Verfolgung eigenständiger Ziele im Rahmen des Art. 151 Abs. 1 auch dann für zulässig hält, wenn sie konträr zu den Zielen mitgliedstaatlicher Kulturpolitik sind; vgl. aber *dens.*, a.a.O., Rn. 30.
22 So aber *Schweitzer/Hummer*, Europarecht, Rn. 1654.
23 Vgl. auch *J. Sparr*, in: Schwarze, EU, Art. 151 Rn. 24.
24 Protokoll Nr. 7 zum Amsterdamer Vertrag.
25 *F. Fechner*, in: GTE, EU-/EGV, Art. 128, Rn. 13; Hochbaum (Fn. 1), S. 683.
26 Vgl. *Wemmer* (Fn. 8), S. 26.
27 Vgl. *G. Ress*, Die neue Kulturkompetenz der EG, DÖV 1992, S. 949 f.; *Blanke* (Fn. 2), S. 102; *H. G. Fischer*, in: Lenz, EGV, Art. 151, Rn. 6; *F. Fechner*, in: GTE, EGV, Art. 128, Rn. 14; Hochbaum (Fn. 1), S. 681.
28 *Geiger*, EGV, Art. 151, Rn. 5; *Schweitzer/Hummer*, Europarecht, Rn. 1655; *Wemmer* (Fn. 8), S. 83; Hochbaum (Fn. 1), S. 681 m.w.N.; *G. Ress/J. Ukrow*, in: Grabitz/Hilf, EU, Art. 151, Rn. 34; *H. G. Fischer*, in: Lenz, EGV, Art. 151, Rn. 11.
29 *K. Bohr/H. Albert* Die Europäische Union – das Ende der eigenständigen Kulturpolitik der deutschen Bundesländer?, ZRP 1993, S. 61 (64); *F. Fechner*, in: GTE, EU-/EGV, Art. 128, Rn. 15.

terschiedliche Auffassungen vertreten werden. Wortlaut und Systematik der Regelung sprechen eindeutig für eine enumerative Auflistung; folgt man dem *Telos* der Norm, so erscheint es indessen plausibel, die **genannten Bereiche nur** als **Paradigmen** anzusehen und eine Abrundung der unterstützenden und ergänzenden Tätigkeit der Gemeinschaft auf anderen kulturrelevanten Gebieten mit gleichartigem Zuschnitt zuzulassen. Das Subsidiaritätsprinzip gewinnt dann eine besondere Bedeutung. Angesichts der offenen Formulierung der beschriebenen Tätigkeitsbereiche, die sogar den Vorwurf der »Uferlosigkeit«[30] und mangelnder Klarheit[31] provoziert hat, kommt dem Streit indes nur eine geringe Bedeutung zu.[32]

8 – Eine **Verbesserung der Kenntnis und Verbreitung der Kultur und Geschichte der europäischen Völker** gilt als der wohl wichtigste Ansatz, um das partikulare nationalstaatliche Denken der Unionsbürger zu einem europäischen Bewußtsein weiterzuentwickeln. Eine gemeinschaftsgestützte bi- und mulilaterale Kooperation der Mitgliedstaaten ist vor allem gefordert, um auf Expertenebene methodisch-didaktische Konzepte für die Erarbeitung von Ausbildungsliteratur und Informationsprogrammen zu entwickeln, die den ganzheitlichen Blick für die europäische Kultur- und Geisteswissenschaft schärfen. Namentlich Schulbücher sowie Studienliteratur in den Bereichen Geschichte, Staatslehre, Politik- und Gesellschaftswissenschaft bedürfen einer solchen gesamteuropäischen Ausrichtung. Aber auch die Erleichterung des Informationszugangs zu den kulturellen und historischen Daten Europas, Austauschprogramme für Schüler und Erwachsene sowie europäisch inspirierte Museumskonzepte fallen unter das in Abs. 2 Spstr. 1 normierte Lehr- und Informationsprogramm.

9 – **Erhaltung und Schutz des kulturellen Erbes von europäischer Bedeutung** zielen primär auf die materiellen Hinterlassenschaften, sei es in Form des Denkmalschutzes oder des Kulturgüterschutzes. Förderungsgegenstand kann aber auch das immaterielle Erbe sein, namentlich Sprachen, Dialekte, musikalische und tänzerische Traditionen. Voraussetzung für ein Tätigwerden der Gemeinschaft ist allerdings stets die europäische Bedeutung des kulturellen Erbgutes.

10 – **Der nichtkommerzielle Kulturaustausch** umfaßt alle Formen des kulturellen Austauschs zwischen den Mitgliedstaaten. Durch das Erfordernis der mangelnden Kommerzialität sind Förderungen für Projekte ausgeschlossen, durch die ein finanzieller Gewinn erwirtschaftet werden soll.[33]

11 – In Form des **künstlerischen und literarischen Schaffens** wendet sich die Fördertätigkeit dem Werk- und Wirkbereich kultureller Lebensäußerungen, mithin der schöpferischen Tätigkeit zu, die damit ihre nationalen und regionalen Wurzeln nicht verliert, sich jedoch durch stimulierende und protegierende Maßnahmen wirtschaftlicher und rechtlicher Art gemeinschaftsweit unter angenäherten Bedingungen vollzieht. Bedeutsam sind insoweit allerdings bereits die kulturellen »Mitnahmeeffekte« aufgrund von Maßnahmen in anderen Politikbereichen, etwa dem Urheber-, Steuer- und Sozialrecht. Künstlerisches Schaffen kann beispielsweise durch Ausschreibungen und Stipendien animiert werden. Als wichtigste Erscheinungsform der Literatur ist das Buch in besonderem

---

30 *I. Berggreen/I. Hochbaum*, Bildung, Ausbildung und Kultur, in: Borkenhagen/Bruns-Klöss/Memminger/Stein (Hrsg.), Die deutschen Länder in Europa, 1992, S. 58.
31 Vgl. *Hochbaum*, (Fn. 1), mit Verweis auf die Stellungnahme der Kultusministerkonferenz in Fn. 201.
32 *F. Fechner*, in: GTE, EU-/EGV, Art. 128, Rn. 15.
33 Vgl. *Wemmer* (Fn. 8), S. 92 f.; *St. Schmahl*, Die Kulturkompetenz der Europäischen Gemeinschaft, 1996, S. 204.

Maße Gegenstand kulturpolitischer Bemühungen.[34] Umfaßt ist auch der Bereich der Fachliteratur.[35] Als Forum zur Förderung der Einzelkünste wird der **audiovisuelle Bereich** ausdrücklich hervorgehoben. Er umfaßt neben dem Video- und Filmbereich auch den Rundfunk einschließlich des Hörfunks. Da die grenzüberschreitende Sendetätigkeit nach ständiger Rspr. des EuGH unter die Dienstleistungsfreiheit der Art. 49 ff. fällt,[36] sind komplementäre Aktionen der Gemeinschaft zugunsten der umfassend zu verstehenden Kunst im Bereich dieser Medien etwa in Form eines »sponsorship« von Drehbüchern, Hörspielen, Autorenlesungen, musikalischen Wettbewerben, Filmfestivals und kulturell ausgerichteten Hörfunk- und Fernsehkanälen denkbar.

IV. Internationale Zusammenarbeit (Abs. 3)

Abs. 3 betrifft die **Kompetenzverteilung** zwischen Gemeinschaft und Mitgliedstaaten **im** 12 **Bereich der auswärtigen Kulturpolitik**, also im Verhältnis zu Drittstaaten (Bspe.: Lomé III und IV[37]) wie auch zu internationalen Organisationen. Unter ihnen wird – in Konkretisierung des Art. 303 – der **Europarat** hervorgehoben, der als **Wegbereiter einer gesamteuropäischen Kulturpolitik** anzusehen ist.[38] Zur »Förderung« der internationalen »Zusammenarbeit« sind Gemeinschaft und Mitgliedstaaten gleichermaßen berufen. Es handelt sich daher um eine Aufgabe, die von der EG und den Mitgliedstaaten gemeinsam zu gestalten ist, ohne daß es hierzu einer »gesamthänderischen« Wahrnehmung bedarf. Vielmehr ist die **Gemeinschaft** innerhalb des abgestimmten Rahmens ihrer Förderungspolitik **zu einer selbständigen auswärtigen Kulturpolitik befugt**. Insoweit ist die Zusammenarbeit der EG mit den Ländern der EFTA-Staaten und den Staaten Mittel- und Osteuropas von Bedeutung. Beispiele bilden die von der Gemeinschaft geschlossenen Assoziierungsabkommen und die Europäischen Abkommen.[39]

Umstritten ist, ob die EG über eine **eigenständige Vertragsabschlußkompetenz** verfügt. 13 Dies wird teilweise mit dem Hinweis auf das Fehlen einer expliziten Regelung in Abs. 3, wie sie sich etwa in Art. 174 Abs. 4 UAbs. 1 Satz 2 oder Art. 181 Abs. 1 Satz 2 befindet, sowie wegen des mangelnden Regelungscharakters der Handlungsinstrumente des Abs. 5 verneint.[40] Die Gegenansicht geht davon aus, daß die Gemeinschaft zwar keine eigene Vertragsabschlußkompetenz besitzt, eine Außenkompetenz als Annex aktualisierter Innenkompetenz für die beschränkten Ziele des Abs. 2 aber anzuerkennen ist.[41] **Völkerrechtliche Verträge** im Kulturbereich schließt die Gemeinschaft angesichts der fortbestehenden Außenkompetenz der Mitgliedstaaten **in Form »gemischter**

---

34 *Everling* (Fn. 18), S. 28.
35 Vgl. *J. Sparr*, in: Schwarze, EU, Art. 151 Rn. 50.
36 Vgl. grundlegend EuGH, Rs. 155/73, Slg. 1974, 409 (Sacchi); Rs. 52/79, Slg. 1980, 833, Rn. 8 (Debauve). Das »Protokoll über den öffentlich-rechtlichen Rundfunk in den Mitgliedstaaten« (Protokoll Nr. 9 des Amsterdamer Vertrages) anerkennt nunmehr, daß der öffentlich-rechtliche Rundfunk auch mit den »kulturellen Bedürfnissen jeder Gesellschaft verknüpft ist«. Eingehend zur kulturellen Dimension des Fernsehens *Hochbaum* (Fn. 1), S. 652.
37 ABl.EG 1986 Nr. L 86/3 u. ABl.EG 1992 Nr. L 229/3.
38 Vgl. *Blanke* (Fn. 2), S. 87. f.
39 Eine Liste dieser Abkommen findet sich in dem »Arbeitsdokument für die Dienste der Kommission bezüglich des Berichts der Kommission über die Berücksichtigung der kulturellen Aspekte der Tätigkeit der Europäischen Gemeinschaft«, SEK (96) 686 vom 23. 4. 1996, Anhang 2: Kulturelle Außenbeziehungen.
40 Vgl. *Schmahl* (Fn. 33), S. 239.
41 Vgl. *G. Ress/J. Ukrow*, in: Grabitz/Hilf, EU, Art. 151, Rn. 59; *J. Sparr*, in: Schwarze, EU, Art. 151 Rn. 54; *F. Fechner*, in: GTE, EU-/EGV, Art. 128, Rn. 22, lehnt hingegen eine Vertragsabschlußkompetenz der EG wegen der Kompetenzverteilung im Kulturbereich ab.

Abkommen«.⁴² Diese Ansicht erscheint mit Blick auf die Rspr. des EuGH⁴³ sowie das Subsidiaritätsprinzip vorzugswürdig. Die Mitgliedstaaten sind nicht gehindert, weiterhin Kulturabkommen – unter Einschluß eigener Austauschprogramme – zu schließen;⁴⁴ indessen verpflichtet sie der Grundsatz der Gemeinschaftstreue zur Beachtung der von der Gemeinschaft bereits geschlossenen Abkommen.⁴⁵

V. Querschnittsklausel (Abs. 4)

14 Die Querschnittsklausel des Abs. 4, häufig auch als »Kulturverträglichkeitsklausel« bezeichnet, schafft keine neuen Kompetenzen für die Gemeinschaft, beschneidet ihre Zuständigkeiten aber auch nicht im Sinne eines »Kulturvorbehalts«⁴⁶ und stellt erst recht keine eigenständige Rechtsgrundlage dar.⁴⁷ So hat der Gerichtshof entschieden, daß Abs. 4 die Mitgliedstaaten nicht berechtigt, Bestimmungen von Richtlinien nicht umzusetzen oder strengere Regeln als in ihnen vorgesehen festzulegen.⁴⁸ Aus der Regelung folgt vielmehr für alle Politikbereiche der Gemeinschaft das **Gebot der Rücksichtnahme auf die kulturellen Interessen der Mitgliedstaaten**⁴⁹ sowie den **Schutz des gemeinsamen kulturellen Erbes**⁵⁰, die als Entscheidungsfaktoren im supranationalen Willensbildungsprozeß angemessen zu berücksichtigen sind.⁵¹ Darüber hinaus trifft die Gemeinschaft aber auch die **Pflicht, den kulturellen Belangen positiv Rechnung zu tragen**.⁵² Beide Aspekte, also die Respektierung nationaler Interessen sowie die Kulturfreundlichkeit, finden nach der Novellierung des Abs. 4 durch das Amsterdamer Reformwerk nunmehr einen ausdrücklichen Anhaltspunkt im Vertrag. Die Europäische Grundrechtecharta nimmt diese Formulierung in ähnlicher Weise auf.⁵³ Abs. 4 hebt die »Wahrung und Förderung der Vielfalt (der mitgliedstaatlichen) Kulturen« als Leitmotiv und »Querschnittsregel« ausdrücklich hervor. Erforderlich ist daher eine **Güterabwägung** zwischen den

---

42 Vgl. *H.-J. Blanke*, in: Grabitz/Hilf, EU, Art. 126/127, Rn. 37 f. für die entsprechenden Regelungen im Bildungsbereich; *G. Ress/J. Ukrow*, in: Grabitz/Hilf, EU, Art. 151, Rn. 59; *H. G. Fischer*, in: Lenz, EGV, Art. 151, Rn. 12; *Hochbaum* (Fn. 1), S. 683, beschränkt die »gemischte Formel« auf Verträge, die Materien außerhalb des Vertrages betreffen; im Ergebnis auch *Wemmer* (Fn. 8), S. 107 f.
43 Vgl. EuGH, Rs. 22/70, Slg. 1971, 263, Rn. 15/19 (AETR); Verb. Rs. 3, 4 und 6/76, Slg. 1976, 1279, Rn. 12 ff. (Kramer).
44 Vgl. *F. Fechner*, in: GTE, EU-/EGV, Art. 128, Rn. 21; *Hochbaum* (Fn. 1), S. 683.
45 Vgl. *Hochbaum*, a.a.O., S. 654.
46 Vgl. *Schwartz* (Fn. 3), S. 418; ihm folgend *M. Niedobitek*, Die kulturelle Dimension im Vertrag über die Europäische Union, EuR 1995, S. 362 ff. (373); *Schweitzer/Hummer*, Europarecht, Rn. 1656; *Everling* (Fn. 18), S. 32, 34 f. m.w.N. in Anm. 79.
47 Vgl. *Niedobitek* (Fn. 46), a.a.O.
48 EuGH, Rs. C-11/95, Slg. 1996, I-4115, Rn. 49 (Kabelweiterverbreitung); Rs. C-85/94, Slg. 1995, I-2955, Rn. 19 (Piageme).
49 Zur Identität des »kulturellen Aspekte« mit den kulturellen Interessen der Mitgliedstaaten vgl. *Schwartz* (Fn. 3), S. 426; *Hochbaum* (Fn. 1), S. 684; *Everling* (Fn. 18). S. 34.
50 Vgl. *Ress* (Fn. 27) S. 947; *Blanke* (Fn. 2), S. 102 f.; *Wemmer* (Fn. 8), S. 116 f.
51 Gegen jegliche kompetenzbeschränkende Auslegung wenden sich daher zu Recht *Niedobitek* (Fn. 46), S. 374 f., sowie *Everling* (Fn. 18), S. 34 f. Eine Interpretation der Vorschrift, die von der Gemeinschaft eine die mitgliedstaatliche Kulturkompetenz *schützende* Wahrnehmung ihrer sonstigen Zuständigkeiten fordert, behält indessen m.E. ihre Berechtigung; *G. Ress/J. Ukrow*, in: Grabitz/Hilf, EU, Art. 151, Rn. 75 f.; a.A. auch insoweit *Niedobitek* (Fn. 46), S. 374.
52 Vgl. *Niedobitek*, Kultur und Europäisches Gemeinschaftsrecht, 1992, S. 211 f.; *F. Fechner*, in: GTE, EU-/EGV, Art. 128, Rn. 28.
53 Vgl. den dritten Erwägungsgrund der Präambel und Art. 22 der am 7. Dezember 2000 in Nizza von Rat, Parlament und Kommission proklamierten Charta der Grundrechte der Europäischen Union, ABl.EG 2000 Nr. C 364/01.

kulturellen Interessen der Mitgliedstaaten und anderen – in der Regel wirtschaftlichen – Zielen des Vertrages, namentlich den Grundfreiheiten und dem gemeinschaftlichen Wettbewerbsrecht.[54] So kommt der Querschnittsklausel des Art. 151 Abs. 4 etwa bei der wettbewerbsrechtlichen Bewertung der nationalen und transnationalen Buchpreisbindungssysteme durch den Gemeinschaftsgesetzgeber eine besondere Bedeutung zu.[55] Das gemeinsame kulturelle Erbe kann insoweit einem mitgliedstaatlichen Interesse ein zusätzliches Gewicht verleihen. Der Rat darf dabei seine eigenen kulturpolitischen Vorstellungen nicht an die Stelle der von einzelnen Mitgliedstaaten vertretenen Politik setzen. Da die nationalen Auffassungen aber schon wegen der unterschiedlichen Traditionen häufig divergieren, hat er eine ausgleichende Funktion zu erfüllen.[56] Stets ist jedoch die Kulturhoheit der Mitgliedstaaten zu wahren, die als wichtigste Voraussetzung kultureller Einheit in der Vielfalt anzusehen ist.[57] Sofern sich eine Konkurrenz mit anderen Querschnittsklauseln ergibt, hängt der Vorrang kultureller Aspekte davon ab, wie die Schwergewichte der jeweiligen Maßnahme im Hinblick auf Zielsetzung, Inhalt und Wirkung verteilt sind.[58] Eine besondere Ausprägung der Querschnittswirkung findet sich im gemeinschaftlichen Primärrecht namentlich in Art. 87 Abs. 3 lit. d), der es der Kommission ermöglicht, unter bestimmten Umständen mitgliedstaatliche **Kulturbeihilfen** zu gestatten.[59]

Umstritten ist die Frage, inwieweit sich aus der Querschnittsklausel über Art. 253 hinausgehende Anforderungen an die Begründung gemeinschaftlicher Rechtsakte ergeben. Zum Teil wird dies unter Hinweis auf die Effektivität und Justitiabilität des Rücksichtnahmegebotes bejaht, soweit nicht nur eine periphere Beeinträchtigung der kulturellen Kompetenzen der Mitgliedstaaten vorliegt.[60] Die wohl überwiegende Ansicht verneint dies mit Blick auf den Umfang der in den EG-Vertrag aufgenommenen Querschnittsklauseln, die zu einer Überladung der Begründung gemeinschaftlicher Rechtsakte führen könnten.[61] Vorzugswürdig erscheint die letztgenannte Auffassung, da der Vorschrift in verfahrensrechtlicher Hinsicht keine über Art. 253 hinausgehende Anforderungen zu entnehmen sind. Vielmehr hängt der Umfang der Begründungspflicht – nach den Maßgaben des Art. 253[62] – von den Umständen des Einzelfalls ab, wobei dem Gebot der Rücksichtnahme besonderes Gewicht beizumessen ist und die Anforderungen insofern gesteigert sind. 15

---

54 Vgl. hierzu den »Ersten Bericht über die Berücksichtigung der kulturellen Aspekte in der Tätigkeit der Europäischen Gemeinschaft« (KOM [96] 160 endg.); Kommission der Europäischen Gemeinschaften (GD X), The Basis of Community Cultural Action, in: European Community Action in favour of Culture. Cultural Forum of European Union, 29./30. 1. 1998, sub II; aus der Literatur: *Niedobitek* (Fn. 46), S. 374; *Hochbaum* (Fn. 1), S. 684; *Wemmer* (Fn. 8), S. 118 f.; *Everling* (Fn. 18), S. 35 f.; speziell zur Medienpolitik vgl. *J. Schwarze*, Medienfreiheit und Medienvielfalt im Europäischen Gemeinschaftsrecht, ZUM 2000, S. 779 (795 ff.) m.w.N.
55 *H.-J. Blanke/V. Kitz*, Grenzüberschreitende Buchpreisbindung und Europäisches Gemeinschaftsrecht, JZ 2000, S. 118 ff.; weitergehend im Sinne des Nichtvorliegens einer Wettbewerbsbeschränkung bzw. Handelsbeeinträchtigung im Lichte der durch Art. 151 Abs. 4 gebotenen kulturfreundlichen Interpretation *G. Ress/J. Ukrow*, in: Grabitz/Hilf, EU, Art. 151 Rn. 84 f.
56 Zur rechtlichen Überprüfbarkeit vgl. *Niedobitek* (Fn. 52), S. 226 ff.
57 Dies übersieht *Niedobitek* (Fn. 46), S. 374 f.; auch *Schwartz* (Fn. 3), S. 426, versteht den »Kulturaspekt« als »immanente Schranke jeder Kompetenzausübung durch die EG«, stellt sich damit allerdings in Widerspruch zu seinen Ausführungen auf S. 418.
58 Vgl. EuGH, Rs. 300/89, Slg. 1991, I-2867, Rn. 10 (Titandioxyd).
59 Vgl. *Wemmer* (Fn. 8), S. 183 ff.
60 *J. Sparr*, in: Schwarze, EU, Art. 151 Rn. 63.
61 *G. Ress/J. Ukrow*, in: Grabitz/Hilf, EU, Art. 151 Rn. 81.
62 S. Art. 253 Rn. 13 ff.

VI. Handlungsinstrumente und Verfahren (Abs. 5)

16 Die in Abs. 5 normierten Handlungsformen entsprechen – wie in der Parallelregelung des Art. 149 Abs. 4 – dem **komplementären Charakter des Beitrags**, den die Gemeinschaft zur Verwirklichung der Ziele des Abs. 1 leistet.

1. Fördermaßnahmen

17 Die Fördermaßnahmen nach Abs. 5 Spstr. 1 gehören zu den »formal nicht gekennzeichneten Rechtshandlungen«[63] **und** bilden so eine Kategorie sui generis im Katalog der nicht abschließend formulierten Handlungsformen. Sollen diese Handlungen rechtliche Wirkungen entfalten, werden sie in die Form eines **Beschlusses** gekleidet.[64] Dieses Instrument hat sich in der Praxis vor allem bei der Verabschiedung von Förderprogrammen durchgesetzt. Nach den Schlußfolgerungen des Europäischen Rates in Edinburgh bezeichnet der Begriff »Fördermaßnahmen Gemeinschaftsmaßnahmen zur Stärkung der Zusammenarbeit zwischen den Mitgliedstaaten oder zur Unterstützung und Ergänzung ihres Handelns in den betreffenden Bereichen, gegebenenfalls auch die finanzielle Unterstützung von Gemeinschaftsprogrammen oder einzelstaatlicher bzw. gemeinsamer Maßnahmen zur Erreichung der Ziele« dieses Artikels.[65] Die »**Katalysatorrolle**« der Gemeinschaft beschränkt sich demnach nicht auf finanzielle Anreize, auch wenn in der Praxis dieser Form der Förderung im Vergleich zu eher symbolischen Aktivitäten organisatorischer Art eine überragende Bedeutung zukommt.[66] Angesichts der auf bloße Förderung mitgliedstaatlicher Aktivitäten angelegten Rolle der Gemeinschaft im Kulturbereich verbietet Abs. 5 einen Rückgriff auf Gemeinschaftsmaßnahmen mit allgemeinem Regelungscharakter.[67] Das Verfahren des Art. 251 gewährt dem EP auch bei Fördermaßnahmen im Bereich der Kultur ein Mitentscheidungsrecht; zugleich ist der Ausschuß der Regionen (AdR) anzuhören (Abs. 5 Spstr. 1 i.V.m. Art. 265 Abs. 1 erste Variante). Dem AdR kann aus diesem Stellungnahmerecht die Rolle eines föderativen Wächteramtes – vor allem mit Blick auf die Förderung der regionalen Kulturen – zuwachsen.

2. Harmonisierungsverbot

18 Mit der Absage an eine gemeinschaftsrechtlich verfügte Harmonisierung der Rechts- und Verwaltungsvorschriften der Mitgliedstaaten schließt Art. 151 – ebenso wie Art. 149 und 150 – ein zentrales Integrationsinstrument aus. Die **Negativklausel** des Abs. 5 Spstr. 1 **verbietet** der Gemeinschaft im Rahmen der Verwirklichung der in Art. 151 Abs. 2 beschriebenen Vertragsziele einen **Rekurs auf** ihre **allgemeinen Kompetenztitel zur Rechtsangleichung** gem. **Art. 94 und 95 sowie auf die Fülle** spezieller

---

63 Vgl. zu dieser Kategorie *Ipsen*, EG-Recht, S. 462 f.
64 *Oppermann*, Europarecht, Rn. 577 ff.
65 EA 1993, S.D 2 (9 mit Anm. 1).
66 Vgl. *Schwartz* (Fn. 3), S. 417; *J. M. E. Loman/K. J. M. Mortelmans/H. H. G. Post/J. S. Watson*, Culture and Community Law, Deventer 1992, S. 196 ff.
67 Vgl. *H. G. Fischer*, in: Lenz, EGV, Art. 151, Rn. 14; *H.-J. Blanke*, in: Grabitz/Hilf, EU, Art. 126/127, Rn. 40 ff.; *F. Fechner*, in: GTE, EU-/EGV, Art. 128, Rn. 33; *dens.* (Fn. 4), S. 41; a.A. *G. Ress/J. Ukrow*, in: Grabitz/Hilf, EU, Art. 151, Rn. 91 f.; *J. Sparr*, in: Schwarze, EU, Art. 151 Rn. 66, der ein Tätigwerden des Rates in Form ungekennzeichneter Rechtshandlungen, aber auch mittels der in Art. 249 vorgesehenen Rechtsakte als möglich ansieht.

Rechtsangleichungsvorschriften.[68] Geschützt sind aufgrund dieses Verbots alle nationalen Gesetze im formellen und materiellen Sinne, die ungeschriebenen Rechtssätze und das Gewohnheitsrecht, ferner die Satzungen öffentlicher Körperschaften und Anstalten.[69] Da der EG-Vertrag jedoch eine kulturbezogene Bereichsausnahme nicht kennt, können Angleichungsmaßnahmen, die primär nicht kulturrelevant sind, auch in Zukunft auf jene Regelungen gestützt werden.[70] Dies folgt bereits aus der Existenz der Querschnittsklausel des Abs. 4, für die bei abweichender Betrachtung kein Regelungsbedarf bestanden hätte.

3. Empfehlungen

Ergänzt wird das auf **Stimulierung statt** auf **einseitige Dekretierung** gerichtete Handlungsinstrument der »Fördermaßnahme« durch das in Abs. 5 Spstr. 2 verankerte Recht des Rates, auf Vorschlag der Kommission Empfehlungen zu erlassen. Als **unverbindliche Handlungsform** nach Art. 249 Abs. 5 legt sie dem Adressaten ein bestimmtes Verhalten nahe, ohne ihn indes zu binden. Von den Gerichten der Mitgliedstaaten sind die Empfehlungen im Rahmen der Rechtsauslegung allerdings zu beachten.[71]

19

4. Einstimmigkeit

Das in Abs. 5 vorgeschriebene Beschlußfassungsverfahren weist insofern eine Anomalie auf, als es für den Erlaß der Fördermaßnahmen im Rahmen des Mitentscheidungsverfahrens wie auch der Empfehlungen Einstimmigkeit verlangt. Der **Verpflichtung zu solidarischem Verhalten** würde es zuwiderlaufen, wenn der Rat in Anwendung des Art. 251 mit bloßer Mehrheit kulturpolitische Angelegenheiten regeln könnte.[72] So bewirkt das Einstimmigkeitserfordernis einen effektiven Schutz des nationalen und regionalen »Kulturreservats«. Einer grundsätzlichen Verweigerungshaltung oder mangelnder Kooperationsbereitschaft steht die Verpflichtung zur Zusammenarbeit nach Art. 10 entgegen.

20

VII. Konkurrenzen

Art. 151 stellt mit Blick auf das Verhältnis kultureller Kooperation zwischen der EG und den Mitgliedstaaten die **spezialgesetzliche Norm** dar. Der Umstand, daß supranationale Regelungen kulturelle Ziele verfolgen, im Schwerpunkt jedoch andere Politikbereiche betreffen, schließt es angesichts der Querschnittsklausel des Abs. 4 nicht aus, sie auf die entsprechenden Bestimmungen des EG-Vertrages – außerhalb des Art. 151 – zu stützen.[73] Solche »**kulturellen Sekundäreffekte**« sind selbst dann zulässig, wenn die jeweiligen Ordnungsmaßnahmen indirekt Rückwirkungen auf die nationalen Rechtsord-

21

---

68 So im Ergebnis auch *Loman/Mortelmans/Post/Watson* (Fn. 66), S. 198; *H. G. Fischer*, in: Lenz, EGV, Art. 151, Rn. 15; *F. Fechner*, a.a.O., Art. 128, Rn. 31.
69 Vgl. *I. Berggreen-Merkel*, Die rechtlichen Aspekte der Kulturpolitik nach dem Maastrichter Vertrag, 1995, S. 16 f.
70 Vgl. *Wemmer* (Fn. 8), S. 142 f.; *G. Ress/J. Ukrow*, in: Grabitz/Hilf, EU, Art. 151, Rn. 96 ff.
71 EuGH, Rs. 322/88, Slg. 1989, I-4407, Rn. 18 (Grimaldi).
72 Vgl. *Hochbaum* (Fn. 1), S. 682 mit Anm. 218; kritisch *Niodobitek* (Fn. 46), S. 372.
73 *Niedobitek* (Fn. 46), S. 373; *Everling* (Fn. 18), S. 30 f.

nungen zeitigen.⁷⁴ Einschlägig sind insoweit vor allem die Grundfreiheiten sowie die Wettbewerbsregeln des EG-Vertrages. Der Anwendungsbereich der Lückenfüllungsklausel des Art. 308 vermindert sich dadurch, daß infolge der ausdrücklichen vertragsrechtlichen Grundlage in Art. 151 das dort vorausgesetzte Fehlen erforderlicher Befugnisse der Gemeinschaft zu verneinen ist. Erweist sich Art. 151 im Einzelfall als unzureichende Rechtsgrundlage, fordert eine systematische Auslegung, daß eine Maßnahme nur unter Beachtung der dort normierten Schranken nach Art. 308 erlassen werden darf.⁷⁵

VIII. Praxis, Aktionen und Förderprogramme

22 Auf der Grundlage des Art. 151 hat die kulturelle Dimension auf Gemeinschaftsebene inzwischen Gestalt angenommen.⁷⁶ Die Kommission hat ihre Vorstellungen hierüber am 17.4.1996 in ihrem »Ersten Bericht über die Berücksichtigung der kulturellen Aspekte in der Tätigkeit der Europäischen Gemeinschaft« dargelegt.⁷⁷ Der Rat hat seine Leitlinien in der Entschließung vom 20.1.1997 über die Einbeziehung der kulturellen Aspekte in die Tätigkeit der Gemeinschaft skizziert.⁷⁸ Die kulturpolitischen Aktivitäten der EG sind äußerst vielgestaltig. Sie reichen von eher symbolhaften und plakativen Aktionen, wie der Gemeinschaftsaktion »**Europäische Kulturhauptstadt**«⁷⁹, bis zu konkreten Förderprogrammen. **Die wichtigsten Förderprogramme** der Gemeinschaft⁸⁰ zielen auf die **Erhaltung des gemeinsamen kulturellen Erbes**, namentlich im Bereich Buch und Lesen einschließlich Übersetzung (»Ariane«⁸¹), die **Erhaltung des architektonischen**⁸² **und des kulturellen**⁸³ **Erbes** sowie die Unterstützung **künstlerischer und kultureller Aktivitäten**

---

74 Vgl. *Niedobitek* (Fn. 52), S. 213, der es jedoch als zulässig ansieht, daß die Gemeinschaft »*vorrangig* aus kulturpolitischen Gründen« von ihren vertraglichen Kompetenzen Gebrauch macht; *Bohr/Albert* (Fn. 29), S.65; *Hochbaum* (Fn. 1), S. 683 f.; zur schwerpunktmäßigen Betrachtungsweise vgl. A. *Bleckmann*, Chancen und Gefahren der europäischen Integration, JZ 1990, S. 305 f; *Blanke* (Fn. 2), S. 82 f.; *Fechner* (Fn. 4), S. 39.
75 So im Ergebnis auch *F. Fechner*, in: GTE, EU-/EGV, Art. 128, Rn. 12, unter Verweis auf die Schranke des Art. 151 Abs. 5; für den Bildungsbereich vgl. zuvor bereits *E. Klein/A. Haratsch*, Neuere Entwicklungen des Rechts der Europäischen Gemeinschaften, DÖV 1993, S. 795; *Blanke* (Fn. 2), S. 79; *H. W. Fischer*, in: Lenz, EGV, Art. 151, Rn. 15; a.A. *Niedobitek* (Fn. 46), S. 364. *Wemmer* (Fn. 8), S. 147 f. schließt jeden Rückgriff auf Art. 308 im Rahmen der Kulturpolitik der Gemeinschaft aus; so im Grundsatz auch *G. Ress/J. Ukrow*, in: Grabitz/Hilf, EU, Art. 151, Rn. 111.
76 Zur Entwicklung der Kulturpolitik durch die Organe der EG vgl. *Hochbaum* (Fn. 1), S. 644 ff.
77 KOM (96) 160 endg.
78 ABl.EG 1997 Nr. C 36/4 f.
79 Beschluß 1419/1999/EG des Europäischen Parlaments und des Rates vom 25. Mai 1999 über die Einrichtung einer Gemeinschaftsaktion zur Förderung der Veranstaltung »Kulturhauptstadt Europas« für die Jahre 2005 bis 2019, ABl.EG 1999 Nr. L 166/1.
80 Zusammenfassung in den Schlußfolgerungen des Rates vom 17. 6. 1994 zur Erstellung eines gemeinschaftlichen Aktionsplans im Bereich des kulturellen Erbes, ABl.EG 1994 Nr. C 235/1.
81 Beschluß des Rates 2085/97/EG vom 6. 10. 1997 über ein Förderprogramm im Bereich Buch und Lesen einschließlich Übersetzung (Ariane), ABl.EG 1997 Nr. L 291/26.
82 Entschließung der im Rat vereinigten, für Kulturfragen zuständigen Minister vom 13. 11. 1986 über die Erhaltung des europäischen architektonischen Erbes, ABl.EG 1986 Nr. C 320/1; »Unterstützung gemeinschaftlicher Pilotvorhaben zur Erhaltung von Baudenkmälern«, ABl.EG 1991 Nr. C 284/17.
83 Beschluß des Rates 2228/97/EG vom 13. 10. 1997 für ein Aktionsprogramm der Gemeinschaft zur Erhaltung des kulturellen Erbes (Raphael), ABl.EG 1997 Nr. L 305/31; vgl. hierzu auch die Bekanntmachung 98/C 97/08 über die »Aufforderung zur Einreichung von Vorschlägen 1998«, ABl.EG 1998 Nr. C 97/10.

(»Kaleidoskop«[84]).[85] Diese Förderprogramme sind seit dem 01.01.2000 unter dem Dach des Rahmenprogramms zur Kulturförderung »**Kultur 2000**« zusammengefaßt, welches sich als globaler Ansatz der Gemeinschaftsaktionen im kulturellen Bereich zur Verbesserung von Kohärenz und Sichtbarkeit versteht.[86] Das Programm ist als einheitliches Finanzierungs- und Planungsinstrument zur Förderung der kulturellen Zusammenarbeit für den Zeitraum 2000–2004 konzipiert. Förderungswürdig sind Maßnahmen, die in strukturierten mehrjährigen mitgliedstaatlichen Kooperationsvereinbarungen über kulturelle Zusammenarbeit enthalten sind, sowie spezielle kulturelle Veranstaltungen mit europäischer und/oder internationaler Ausstrahlung, aber auch innovative und/oder experimentelle Maßnahmen in der Gemeinschaft und/oder Drittländern.[87] Im Bereich der Medienförderung wurde das im Jahr 2000 ausgelaufene Programm zur Unterstützung der Filmindustrie und der audiovisuellen Industrie (»MEDIA II«[88]) mit Beginn des Jahres 2001 von dem Programm »**MEDIA PLUS**« abgelöst.[89] Die kulturpolitischen Ziele dieses Programms bestehen insbesondere in der Stärkung der Sektoren, die zur Verbesserung des grenzüberschreitenden Umlaufs europäischer Werke beitragen, der Wahrung und Förderung der sprachlichen und kulturellen Vielfalt in Europa sowie der Aufwertung des europäischen Kulturgutes in den Bereichen »Film und audiovisuelle Medien«, insbesondere durch Digitalisierung und Vernetzung.

---

84 Beschluß des Rates 719/96/EG vom 29.3.1996 über ein Programm zur Förderung künstlerischer und kultureller Aktivitäten mit europäischer Dimension (Kaleidoskop), ABl.EG 1996 Nr. L 99/20.
85 Vgl. die umfassende Bewertung aller Aktionen, die auf der Grundlage des Art. 128 durchgeführt wurden, in: Kommission der Europäischen Gemeinschaften (Fn. 54).
86 Beschluß Nr. 508/2000/EG des Europäischen Parlaments und des Rates vom 14.2.2000 über das Programm »Kultur 2000«, ABl.EG 2000 Nr. L 63/1.
87 Vgl. Art. 2 sowie Anhang I »Maßnahmen und Durchführungsmodalitäten des Programms Kultur 2000« des Beschlusses Nr. 508/2000/EG, a.a.O.
88 Beschluß des Rates 95/563/EG vom 10.7.1995 über ein Programm zur Förderung der Projektentwicklung und des Vertriebs europäischer audiovisueller Werke (MEDIA II – Projektentwicklung und Vertrieb), ABl.EG 1995 Nr. L 321/25; Beschluß des Rates 95/564/EG vom 22.12.1995 zur Durchführung eines Fortbildungsprogramms für die Fachkreise der europäischen audiovisuellen Programmindustrie (MEDIA II – Fortbildung), ABl.EG 1995 Nr. L 321/33.
89 Beschluß des Rates 2000/821/EG vom 20.12.2000 zur Durchführung eines Programms zur Förderung von Entwicklung, Vertrieb und Öffentlichkeitsarbeit hinsichtlich europäischer audiovisueller Werke (MEDIA PLUS – Entwicklung, Ver-trieb und Öffentlichkeitsarbeit) (2001–2005), ABl.EG 2000 Nr. L 336/82, berichtigt durch ABl.EG 2001 Nr. L 13/34.

Titel XIII
(ex-Titel X)
Gesundheitswesen

Art. 152 (ex-Art. 129)

(1) Bei der Festlegung und Durchführung aller Gemeinschaftspolitiken und -maßnahmen wird ein hohes Gesundheitsschutzniveau sichergestellt.[22 ff.] Die Tätigkeit der Gemeinschaft ergänzt die Politik der Mitgliedstaaten und ist auf die Verbesserung der Gesundheit[4] der Bevölkerung, die Verhütung von Humankrankheiten und die Beseitigung von Ursachen für die Gefährdung der menschlichen Gesundheit gerichtet.[5] Sie umfaßt die Bekämpfung der weitverbreiteten schweren Krankheiten[6]; dabei werden die Erforschung der Ursachen, der Übertragung und Verhütung dieser Krankheiten[5] sowie die Gesundheitsinformation und -erziehung gefördert.
Die Gemeinschaft ergänzt die Maßnahmen der Mitgliedstaaten zur Verringerung drogenkonsumbedingter Gesundheitsschäden einschließlich der Informations- und Vorbeugungsmaßnahmen.[7]

(2) Die Gemeinschaft fördert die Zusammenarbeit zwischen den Mitgliedstaaten[18] in den in diesem Artikel genannten Bereichen und unterstützt erforderlichenfalls deren Tätigkeit.[17]
Die Mitgliedstaaten koordinieren untereinander im Benehmen mit der Kommission ihre Politiken und Programme in den in Absatz 1 genannten Bereichen.[12] Die Kommission kann in enger Verbindung mit den Mitgliedstaaten alle Initiativen ergreifen, die dieser Koordinierung förderlich sind.[20]

(3) Die Gemeinschaft und die Mitgliedstaaten fördern die Zusammenarbeit mit dritten Ländern und den für das Gesundheitswesen zuständigen internationalen Organisationen.[21]

(4) Der Rat trägt gemäß dem Verfahren des Artikels 251 und nach Anhörung des Wirtschafts- und Sozialausschusses sowie des Ausschusses der Regionen mit folgenden Maßnahmen zur Verwirklichung der Ziele dieses Artikels bei:
a) Maßnahmen zur Festlegung hoher Qualitäts- und Sicherheitsstandards für Organe und Substanzen menschlichen Ursprungs sowie für Blut und Blutderivate; diese Maßnahmen hindern die Mitgliedstaaten nicht daran, strengere Schutzmaßnahmen beizubehalten oder einzuführen;[14]
b) abweichend von Artikel 37 Maßnahmen in den Bereichen Veterinärwesen und Pflanzenschutz, die unmittelbar den Schutz der Bevölkerung zum Ziel haben;[15]
c) Fördermaßnahmen, die den Schutz und die Verbesserung der menschlichen Gesundheit zum Ziel haben, unter Ausschluß jeglicher Harmonisierung der Rechts- und Verwaltungsvorschriften der Mitgliedstaaten.[16 ff.]
Der Rat kann ferner mit qualifizierter Mehrheit auf Vorschlag der Kommission für die in diesem Artikel genannten Zwecke Empfehlungen erlassen.[19]

(5) Bei der Tätigkeit der Gemeinschaft im Bereich der Gesundheit der Bevölkerung wird die Verantwortung der Mitgliedstaaten für die Organisation des Gesundheitswesens und die medizinische Versorgung in vollem Umfang gewahrt.[8] Insbesondere lassen die Maßnahmen nach Absatz 4 Buchstabe a die einzelstaatlichen Regelungen über die Spende oder die medizinische Verwendung von Organen und Blut unberührt.[14]

Inhaltsübersicht:

A. Das Gesundheitswesen als Politik der Gemeinschaft	1
I. Überblick	2
1. Systematische Stellung	2
2. Begriffliches	4
II. Anwendungsbereich von Art. 152	5
B. Aufgabenverteilung zwischen Gemeinschaft und Mitgliedstaaten	9
C. Maßnahmen der EG-Gesundheitsschutzpolitik	13
I. Auf der Grundlage von Art. 152	13
1. Die Aufzählung in Abs. 4	13
a) Maßnahmen nach lit. a)	14
b) Maßnahmen nach lit. b)	15
c) Fördermaßnahmen	16
d) Empfehlungen	19
2. Rechtsgrundlagen außerhalb von Abs. 4	20
a) Koordinierungsmaßnahmen der Kommission (Abs. 2 UAbs. 2 S. 2)	20
b) Förderung der internationalen Zusammenarbeit (Abs. 3)	21
II. Maßnahmen auf der Grundlage von Rechtsgrundlagen außerhalb von Art. 152	22
1. Die Querschnittsklausel	22
2. Die wichtigsten Rechtsgrundlagen außerhalb von Art. 152	25

A. Das Gesundheitswesen als Politik der Gemeinschaft

Der Vertrag von Amsterdam hat die Belange des Gesundheitsschutzes innerhalb der Gemeinschaft gestärkt, ohne jedoch die Verbandskompetenz der EG in diesem Bereich wesentlich zu erweitern. Die Querschnittsklausel wurde schärfer formuliert und vorangestellt (Abs. 1 UAbs. 1), die Ziel- und Aufgabenbeschreibung klarer gefaßt (Abs. 1 UAbs. 2) und die Kompetenz zum Erlaß bestimmter verbindlicher Maßnahmen aus anderen Bereichen nach Art. 152 transferiert (Abs. 4 lit. a) und b)). 1

I. Überblick

1. Systematische Stellung

Das Gesundheitswesen bildet einen eigenen Titel in dem den »Politiken der Gemeinschaft« gewidmeten Dritten Teil des EGV. Es kann daher um seiner selbst willen, nicht nur als Annex zu anderen Materien Gegenstand von Gemeinschaftsmaßnahmen sein.[1] Die der EG hier eingeräumten Kompetenzen sind jedoch begrenzt. Eine autonome Gesundheitspolitik kann die EG nicht betreiben, sie soll sich auf einen »**Beitrag** zur Erreichung eines hohen Gesundheitsschutzniveaus« (Art. 3 Abs. 1 lit. p) beschränken. Die- 2

---

1 Vgl. zur künftigen gesundheitspolitischen Strategie der Gemeinschaft die Mitteilung der Kommission über die Entwicklung der Gemeinschaftspolitik im Bereich der öffentlichen Gesundheit v. 15.4.1998, KOM(1998) 230 endg.; die Mitteilung der Kommission über die gesundheitspolitische Strategie der Europäischen Gemeinschaft v. 16.5.2000, KOM(2000) 285 endg.; sowie den geänderten Vorschlag für einen Beschluß des Europäischen Parlaments und des Rates über ein Aktionsprogramm der Gemeinschaft im Bereich der öffentlichen Gesundheit (2001–2006), KOM(2001) 302 endg. v. 1.6.2001. Danach sollen in Zukunft die folgenden drei Ziele im Mittelpunkt der Gemeinschaftsaktivität stehen: Verbesserung von Informationen und Kenntnissen zur Entwicklung der öffentlichen Gesundheit (Gesundheitsinformationssystem), die Förderung der Fähigkeit, rasch und koordiniert auf Gesundheitsgefahren zu reagieren (Schnellreaktionssystem), die Berücksichtigung der Gesundheitsfaktoren (Faktoren der Lebensführung wie Rauchen, Alkohol, Ernährung, Drogenmißbrauch etc.). Bis zur Verabschiedung des genannten Aktionsprogramms sind die Ende 2000 ausgelaufenen Aktionsprogramme durch Beschluß Nr. 521/2001/EG des EP und des Rats, ABl.EG 2001, Nr. L 79/1, verlängert worden.

sen Beitrag leistet sie einerseits, auf der Basis von Art. 152, zu den Gesundheitspolitiken der Mitgliedstaaten (»**vertikal**«), andererseits, außerhalb von Art. 152, im Zusammenhang mit anderen Gemeinschaftspolitiken (»**horizontal**«). Auf diese Weise hat sich die EG schon vor der Schaffung einer eigenständigen Rechtsgrundlage im Gesundheitsschutz betätigt.[2] Die Bedeutung des Gesundheitsschutzes wird durch die Aufnahme in Art. 35 der Charta der Grundrechte der EU bekräftigt.

3 Es gibt also nicht eine Gesundheitspolitik der EG, sondern Gesundheitspolitiken (der Gemeinschaft und der Mitgliedstaaten) in der EG. Art. 152 hat dabei die Funktion einer Schaltstelle im Dienste des von Art. 3 Abs. 1 lit. p) vorgegebenen Zieles: einerseits ermöglicht er es der EG, Kohärenz unter den mitgliedstaatlichen Gesundheitsschutzpolitiken herzustellen, andererseits verpflichtet er die Gemeinschaft selbst, auf die Kohärenz ihrer gesundheitsrelevanten Maßnahmen zu achten

2. Begriffliches

4 Die Begriffe »Gesundheitswesen«, »Gesundheitsschutz« und »Gesundheit« sind im EGV nicht definiert. Allgemein kann »**Gesundheit**« als »Zustand des vollständigen körperlichen, geistigen und psychisch-seelischen Wohlseins« verstanden werden.[3] »**Gesundheitsschutz**« betont die präventive Wahrung dieses Zustandes[4], und »**Gesundheitswesen**« hat als Übersetzung von »public health« neben der präventiven noch eine sozialmedizinische Komponente und ist auf die Gesamtbevölkerung, nicht auf das einzelne Individuum bezogen[5].

II. Anwendungsbereich von Art. 152

5 Der Anwendungsbereich von Art. 152 umfaßt den **vorbeugenden Schutz der Gesamtbevölkerung vor Krankheiten**, die allgemeine Prävention (Abs. 1 UAbs. 2 und 3). Der Vertrag von Amsterdam hat dabei die Regelungsmaterie in mehrfacher Hinsicht **ausgedehnt**: einerseits in das Vorfeld durch die Einbeziehung der »Verbesserung der Gesundheit der Bevölkerung« und die umfeldbezogene »Beseitigung von Ursachen für die Gefährdung der menschlichen Gesundheit«; andererseits durch den Einstieg in die »Bekämpfung der weitverbreiteten schweren Krankheiten« (Abs. 1 UAbs. 2 S. 2), auch wenn diese vor allem durch Forschung, Information und Erziehung geleistet werden soll. Hinzu kommen ergänzende Maßnahmen der Drogenpolitik. Die Aufzählung in Abs. 1 UAbs. 2 gibt allerdings nur **Prioritäten** vor, ohne das Betätigungsfeld der EG abschließend zu umgrenzen.[6]

---

2 Einen Überblick über gesundheitspolitische Aktivitäten der EG vor und nach dem Vertrag von Maastricht geben *W. Berg*, Gesundheitsschutz als Aufgabe der EU, 1997, S. 79 ff.; *W. Mäder*, Gesundheitspolitische Aktionen der Europäischen Gemeinschaft, ZfSH/SGB 1993, S. 449 (458 ff.); *R. Pitschas*, Inhalt und Reichweite des Mandats der Europäischen Gemeinschaft auf dem Gebiet der Gesundheitspolitik, ZfS 1993, S. 468 (471 ff.); *M. v. Schwanenflügel*, Die Entwicklung der Kompetenzen der Europäischen Union im Gesundheitswesen, 1996, S. 13 ff.; *ders.*, Gesundheit in Europa, EuR 1998, S. 210; sowie die Berichte der Kommission über die Integration der Gesundheitsschutzerfordernisse in die Gemeinschaftspolitik, KOM (95) 196 endg., KOM (96) 407 endg., KOM(98) 34 endg., KOM(1999) 587 endg.
3 So EuGH, C-84/94, 12.11.1996, Slg. 1996, I-5755, Rn. 15 (VK/Rat) unter Bezugnahme auf die Präambel der Weltgesundheitsorganisation; vgl. auch *Berg* (Fn. 2), S. 62; *B. Schmidt am Busch*, in: Grabitz/Hilf, EU, Art. 152, Rn. 6.
4 *Berg* (Fn. 2), S. 62 f.; *B. Schmidt am Busch*, in: Grabitz/Hilf, EU, Art. 152, Rn. 7 f.
5 *Berg* (Fn. 2), S. 63 ff.
6 *Berg* (Fn. 2), S. 457; *B. Schmitt am Busch*, in: Grabitz/Hilf, EU, Art. 152, Rn. 9, 14.

»Weitverbreitet« kann eine Krankheit sowohl nach ihrer geographischen Verbreitung als auch nach der Zahl der Krankheitsfälle sein; die »Schwere« einer Krankheit wird durch ihre Dauer oder ihre Auswirkungen bestimmt. 6

Im Rahmen der Bekämpfung der **Drogenabhängigkeit** ist die EG ist auf ergänzende Präventionsmaßnahmen beschränkt (Abs. 1 UAbs. 3), die allerdings auch Maßnahmen der Nachfragereduzierung einschließen.[7] Die Vorschrift wird durch Art. 29 UAbs. 2 und Art. 31 lit. e) EUV flankiert, die die EU ermächtigen, bestimmte Maßnahmen der polizeilichen und strafrechtlichen Bekämpfung des illegalen Drogenhandels zu ergreifen. 7

Die Organisation des **Gesundheitswesens** und die medizinische Versorgung werden in Abs. 5 ausdrücklich aus dem Anwendungsbereich des Art. 152 ausgenommen. Auch die Systeme der sozialen Absicherung bleiben ausgeklammert. Dementsprechend garantiert auch Art. 35 der Charta der Grundrechte der EU das »Recht auf Zugang zur Gesundheitsvorsorge« nur »nach Maßgabe der einzelstaatlichen Rechtsvorschriften und Gepflogenheiten.« Dennoch können andere Bestimmungen des EGV, wie etwa das allgemeine Diskriminierungsverbot (Art. 12 Abs. 1 EGV) oder die Grundfreiheiten Auswirkungen auf die einzelstaatlichen Gesundheitssysteme haben.[8] 8

B. Aufgabenverteilung zwischen Gemeinschaft und Mitgliedstaaten

In diesem Betätigungsfeld ist die EG **inhaltlich** auf die »Ergänzung« der mitgliedstaatlichen Politiken (Abs. 1 UAbs. 2, 3) und in **organisatorischer** Hinsicht auf die »Förderung« ihrer Zusammenarbeit (Abs. 2 UAbs. 1) beschränkt. Nur bei der »Förderung der internationalen Zusammenarbeit« (Abs. 3) tritt die EG gleichberechtigt an die Seite der Mitgliedstaaten. 9

Die **Mitgliedstaaten** bleiben die »Herren der Gesundheitspolitik«[9]. Die EG darf ihrer Politik nicht zuwiderhandeln.[10] Die schon im Wechselspiel von Grundfreiheiten (Art. 28, 39, 43, 49) und nationalen Schutzpolitiken (Art. 30, Art. 39 Abs. 3, Art. 46 Abs. 1., Art. 55 i.V.m. Art. 46 Abs. 1) angelegte Aufgabenverteilung bleibt im Grundsatz unangetastet und wird auch durch Art. 35 der Charta der Grundrechte der EU nicht verschoben. Die grundsätzliche Unterordnung der gemeinschaftlichen unter die mitgliedstaatlichen Gesundheitsschutzpolitiken ist eine Ausprägung des Subsidiaritätsprinzips (Art. 5).[11] Davon unberührt bleibt die Befugnis der EG, bei der auf Art. 95 gestützten binnenmarktfinalen Harmonisierung der nationalen Schutzpolitiken gemeinschaftliche Gesundheitsstandards zu schaffen (s.u. Rn. 26).[12] 10

Nach Art. 10 Abs. 2 i.V.m Art. 3 Abs. 1 lit. p) haben die Mitgliedstaaten **Rückschritte** zu **unterlassen**, wenn sich diese negativ auf das Gesundheitsschutzniveau in der EG auswirken. Art. 10 verpflichtet sie jedoch nicht, positiv zur Erreichung eines hohen Gesundheitsschutzniveaus in der EG beizutragen. 11

---

7 *B. Schmitt am Busch*, in: Grabitz/Hilf, EU, Art. 152, Rn. 13.
8 So etwa EuGH, Rs. C-120/95, 28.4.1998, Slg. 1998, I-1831, Rn. 39 ff. (Decker) zu Art. 28; Rs. C-158/96, 28.4.1998, Slg. 1998, I-1931, Rn. 41 ff. (Kohll) und Rs. C-157/99, 12.7.2001, Slg. 2001, I-5473 zu Art. 49, 50; Rs. C-411/98, 3.10.2000, Slg. 2000, I-8081, Rn. 47 ff. (Ferlini) zu Art. 12 Abs. 1; vgl. *B. Schmitt am Busch*, in: Grabitz/Hilf, EU, Art. 152, Rn. 18; *European Commission*, The Internal Market and Health Services. Report of the High Level Committee on Health, 17.12.2001, abrufbar unter http://europa.eu.int/comm/health/ph/key_doc/key06_en.pdf.
9 *W. Berg* (Fn. 2), S. 439; *ders.*, in: Schwarze, EU, Art. 152, Rn. 8.
10 *W. Berg*, in: Schwarze, EU, Art. 152, Rn. 8.
11 *M. Belanger*, L'espace sanitaire européen selon le traité de Maastricht, RMC 1993, S. 785 (786 f.); *Berg* (Fn. 2), S. 451 f.; Art. 5, Rn. 53.
12 EuGH, Rs. 376/98, 5.10.2000, Slg. 2000, I-2247, Rn. 78, 88 (Deutschland/EP und Rat).

12 Eine spezielle Ausformung von Art. 10 enthält Art. 152 Abs. 2 UAbs. 2. Er verpflichtet die Mitgliedstaaten, sich untereinander zu **koordinieren**. Sie müssen durch laufende Konsultationen und den Austausch von Informationen auf die Stimmigkeit und Kohärenz ihrer Maßnahmen untereinander hinwirken. Die Kommission ist durch das Benehmenserfordernis und ihre Koordinierungsbefugnis (s.u. Rn. 20) in diesen Konsultationsprozeß und Informationsaustausch eingebunden. »Benehmen« bedeutet, daß die Mitgliedstaaten der Kommission Gelegenheit zur Stellungnahme geben und sich mit ihrer Stellungnahme auseinandersetzen müssen. Sie sind an diese Stellungnahme jedoch nicht gebunden, sondern können aus sachlichen Gründen davon abweichen.[13]

C. Maßnahmen der EG-Gesundheitsschutzpolitik

I. Auf der Grundlage von Art. 152

1. Die Aufzählung in Abs. 4

13 Abs. 4 führt die Betätigungsformen auf, derer sich die EG auf der Basis von Art. 152 bedienen kann. Die in lit. a) und b) benannten sind erst durch den Amsterdamer Vertrag eingefügt worden und eröffnen der EG abweichend von der Grundkonzeption des Art. 152 eine autonome Rechtsetzungsbefugnis in einem begrenzten Bereich. Lit. c) umschreibt die im gesamten Anwendungsbereich des Art. 152 möglichen, in ihrer Tragweite jedoch begrenzten Aktivitäten.

a) **Maßnahmen nach lit. a)**
14 Der Begriff »**Maßnahmen**« eröffnet den Zugriff auf das gesamte Instrumentarium gemeinschaftlicher Handlungsformen einschließlich der in Art. 249 aufgeführten Rechtsakte (Art. 5, Rn. 34). Sachlich dürfen die Maßnahmen nicht auf mitgliedstaatliche Regelungen über die Spende oder die medizinische bzw. therapeutische Verwendung von Organen und Blut übergreifen (Abs. 5 S. 2). Die EG ist auf die Vorgabe »hoher« Mindeststandards für Sicherheit und Qualität beschränkt. So soll eine gleichmäßige qualitativ hochwertige Versorgung im gesamten Gemeinschaftsgebiet gesichert werden.[14] Die spezielle Ermächtigung wurde geschaffen, um die genannten Organe und Substanzen menschlichen Ursprungs nicht der wirtschaftlichen Logik des Binnenmarktes (Art. 95) zu überlassen[15]; der menschliche Körper soll nicht zu Handelszwecken genutzt werden.[16]

---

13 *Berg* (Fn. 2), S. 460; *Mäder* (Fn. 2), S. 457.
14 Vgl. den auf Art. 152 Abs. 4 lit. a) gestützten Vorschlag für eine Richtlinie des Europäischen Parlaments und des Rates zur Festlegung von Qualitäts- und Sicherheitsstandards für die Gewinnung, Testung, Verarbeitung, Lagerung und Verteilung von menschlichem Blut und Blutbestandteilen und zur Änderung der Richtlinie 89/381/EWG des Rates, KOM(2000) 816 endg., ABl.EG 2001 Nr. C-154 E/141; zu weiteren Aktionen der EG auf diesem Gebiet vgl. *Berg* (Fn. 2), S. 275 ff., 348 ff.; *Mäder* (Fn. 2), S. 465.
15 Vgl. *Mäder* (Fn. 2), S. 465; zum Bedarf nach einer eigenständigen Rechtsgrundlage s. Bericht der Kommission über die Integration der Gesundheitsschutzerfordernisse in die Gemeinschaftspolitiken, KOM (95) 196 endg., S. 7.
16 Ähnliche Zwecke, nämlich die Sicherung des Austausches zum Selbstkostenpreis ohne Gewinn verfolgen das Europäische Übereinkommen über den Austausch therapeutischer Substanzen menschlichen Ursprungs vom 15.12.1958 und das Europäische Übereinkommen über den Austausch von Reagenzien zur Blutgruppenbestimmung vom 14.5.1962, denen die EG 1986 beigetreten ist, vgl. Beschluß 86/346/EWG des Rates vom 25.6.1986, ABl.EG 1986 Nr. C 184/1, ABl.EG 1987, Nr. L 37/1 und Beschluß 87/347 des Rates vom 25.6.1986, ABl.EG 1986, Nr. L 207/30; ABl.EG 1987, Nr. L 37/20 vgl. zu beiden Übereinkommen *Berg* (Fn. 2), S. 165 f.; Deutschland ist Mitglied nur des erstgenannten Übereinkommens, vgl. BGBl. II 1962, S. 1442.

b) Maßnahmen nach lit. b)

Schon bislang konnten im Rahmen der Gemeinsamen Agrarpolitik auch Erfordernisse 15
des Gesundheitsschutzes mitberücksichtigt werden.[17] Infolge der BSE-Krise ist die Kompetenz zum Erlaß von Gesundheitsschutzmaßnahmen in den Bereichen **Veterinärwesen und Pflanzenschutz** aus der Landwirtschaftspolitik (Art. 37) herausgelöst und in die Gesundheitsschutzpolitik transferiert worden, allerdings, wie im Falle des Art. 37, beschränkt auf die in Anhang I zum EGV aufgeführten landwirtschaftlichen Erzeugnisse.[18] Das ermöglicht es der EG, auch Maßnahmen (Art. 249) zu erlassen, deren Schwerpunkt nicht im Bereich der Ziele des Art. 33 liegt, sondern die »**unmittelbar** den Schutz der Gesundheit der Bevölkerung zum Ziele haben«, bei denen also der Gesundheitsschutz zumindest eines der Hauptziele ist.[19] Dadurch wird der **landwirtschaftliche Gesundheitsschutz verselbständigt**.[20] Zugleich werden dem EP im Verfahren nach Art. 251 weitere Mitwirkungsmöglichkeiten eröffnet als im Bereich der Landwirtschaftspolitik, wo es weiterhin nur ein Anhörungsrecht hat.

c) Fördermaßnahmen

Die an dritter Stelle genannten »Fördermaßnahmen« können anders als die in a) und b) 16
genannten Maßnahmen im gesamten Anwendungsbereich von Art. 152 ergehen, sofern sie auf den Schutz und die Verbesserung der menschlichen Gesundheit abzielen. Der **Harmonisierungsausschluß** stellt klar, daß auf der Grundlage von lit. c) normative, verbindliche Eingriffe in die von Art. 152 erfaßten Bereiche des Gesundheitswesens der einzelnen Mitgliedstaaten ganz allgemein ausgeschlossen sein sollen. Davon unberührt bleibt jedoch die Möglichkeit, auf anderen Rechtsgrundlagen gesundheitsrelevante Maßnahmen zu erlassen[21]. Wie sich insbesondere aus Abs. 2 UAbs. 1 ergibt, handelt es sich bei »**Fördermaßnahmen**« um Tätigkeiten, mit denen die EG entweder Maßnahmen der Mitgliedstaaten inhaltlich ergänzt oder unterstützt, oder mit denen sie die Zusammenarbeit der Mitgliedstaaten in organisatorischer Hinsicht fördert.[22]

Die **inhaltliche** Ergänzung oder Unterstützung ist nur »erforderlichenfalls«, also subsidi- 17
är, zulässig. Soweit erforderlich, kann sich die EG auf die Unterstützung nur eines einzelnen Mitgliedstaates beschränken.[23] Inhaltlich ergänzende oder unterstützende

---

17 EuGH, Rs. 68/86, 23.2.1988, Slg. 1988, 855, Rn. 12 (VK/Rat); Rs. C-180/96 R, 12.7.1996, Slg. 1996, I-3903, Rn. 63, 93 (VK/Kommission); Rs. C-269/97, 4.4.2000, Slg. 2000, I-2257, Rn. 43, 59 (Kommission/Rat).
18 W. *Berg*, in: Schwarze, EU, Art. 152, Rn. 24.
19 Ähnlich zum Unmittelbarkeitskriterium W. *Berg*, in: Schwarze, EU, Art. 152, Rn. 26; die Entscheidung des EuGH, Rs. C-269/97, 4.4.2000, Slg. 2000, I-2257, Rn. 43, 59 (Kommission/Rat), wonach Art 37 die richtige Rechtsgrundlage auch für Maßnahmen des landwirtschaftlichen Gesundheitsschutzes sei, ist noch auf der Basis des Maastrichter Vertrags entschieden worden, und steht dieser Auslegung daher nicht entgegen; vgl. aber *B. Schmidt am Busch*, in: Grabitz/Hilf, EU, Art. 152, Rn. 51: EG hat die Wahl zwischen Art. 152 und Art. 37.
20 Auf der Grundlage von Abs. 4 lit. b) erlassen wurde u.a. die Verordnung (EG) Nr. 999/2001 des Europäischen Parlaments und des Rates vom 22. Mai 2001 mit Vorschriften zur Verhütung, Kontrolle und Tilgung bestimmter transmissibler spongiformer Enzephalopathien, ABl.EG 2001, Nr. L 147/1. Zu weiteren Maßnahmen der EG in diesem Bereich vgl. z.B. das Weißbuch zur Lebensmittelsicherheit, KOM(1999) 719 endg. v. 12.1.2000. Besonders bedeutsam ist die auf Art. 37, 95, 133 und 152 Abs. 4 lit. b) gestützte Verordnung (EG) Nr. 178/2002 des Europäischen Parlaments und des Rates vom 28.1.2002 zur Festlegung der allgemeinen Grundsätze und Anforderungen des Lebensmittelrechts, zur Errichtung der Europäischen Behörde für Lebensmittelsicherheit und zur Festlegung von Verfahren zur Lebensmittelsicherheit, ABl.EG 2002, Nr. L 31/1.
21 EuGH, Rs. 376/98, 5.10.2000, Slg. 2000, I-2247, Rn. 78, 88 (Deutschland/EP und Rat).
22 Vgl. Europäischer Rat von Edinburgh, Schlußfolgerungen des Vorsitzes, Bull. BReg Nr. 140 v. 28.12.1992, S. 1281 Fn. 1; *Berg* (Fn. 2), S. 438 f.
23 *Berg* (Fn. 2), S. 441.

»Fördermaßnahmen« dürfen nicht als bindende Rechtsakte i.S.v. Art. 249 erlassen werden, da die inhaltliche Gestaltung der Gesundheitsschutzpolitiken den Mitgliedstaaten vorbehalten ist. Allenfalls akzessorische Bindungen, die den Förderungszweck absichern sollen, sind möglich.[24]

18 Bei der **organisatorischen** Förderung der Zusammenarbeit darf die EG von sich aus aktiv werden und auch auf bindende Rechtsakte zurückgreifen, sofern sich diese nicht auf Inhalt und Ergebnis der Zusammenarbeit auswirken.[25]

d) Empfehlungen

19 An sich benötigt der Rat zum Erlaß unverbindlicher (Art. 249 Abs. 5) Empfehlungen keine Rechtsgrundlage.[26] Abs. 4 weicht jedoch von dem allgemeinen Mehrheitserfordernis (Art. 205 Abs. 1) zugunsten der qualifizierten Mehrheit ab und macht den Erlaß von Empfehlungen im Anwendungsbereich von Art. 152 von einer Initiative der Kommission abhängig.

2. Rechtsgrundlagen außerhalb von Abs. 4

a) Koordinierungsmaßnahmen der Kommission (Abs. 2 UAbs. 2 S. 2)

20 Die **Kommission** kann die Gesundheitsschutzpolitiken der Mitgliedstaaten zwar nicht durch bindende Stellungnahmen inhaltlich beeinflussen, sie kann jedoch deren Koordinierung moderieren. Insoweit kann die Kommission auch bindende Rechtsakte erlassen. So kann sie die Mitgliedstaaten zur Weitergabe von Informationen verpflichten, die die konzentrierte Analyse von Problemen und die Vorbereitung gemeinsamer Leitlinien ermöglichen, sie kann ihnen dabei Vorgaben machen, die die Vergleichbarkeit der erhobenen Daten gewährleisten, und sie zur Teilnahme an Konsultationsverfahren verpflichten.[27]

b) Förderung der internationalen Zusammenarbeit (Abs. 3)

21 Die Befugnis der EG zur Förderung der internationalen Zusammenarbeit mit Drittstaaten und internationalen Organisationen[28] erstreckt sich auf den gesamten von Art. 152 erfaßten Bereich. Daß Abs. 3 die EG als Akteur gleichrangig neben den Mitgliedstaaten nennt, läßt darauf schließen, daß ihr auch die konkurrierende **Befugnis zum Abschluß völkerrechtlicher Verträge** übertragen worden ist.[29] Eine Grenze findet die Außenkom-

---

24 H. *Engelhard*, in: Lenz, EGV, Art. 129, Rn. 9; gegen jegliche Bindungen der Mitgliedstaaten *Berg* (Fn. 2), S, 439 f.; *ders.*, in: Schwarze, EU, Art. 152 EGV, Rn. 31.
25 So EuGH Verb. Rs. 281 – 283, 285, 287/85, 9.7.1987, Slg. 1987, 3203, Rn. 28 (Deutschland u.a./Kommission) für Art. 118 EGV a.F. wonach die Kommission die Aufgabe hatte, »eine enge Zusammenarbeit zwischen Mitgliedstaaten in sozialen Fragen zu fördern«, s. auch *Berg* (Fn. 2), S. 440; *ders.*, in: Schwarze, EU, Art. 152 EGV, Rn. 32; *Mäder* (Fn. 2), S. 457.
26 S. *Bleckmann*, Europarecht, Rn. 382; auf dieser Basis erlassen wurde die Empfehlung des Rates zur Begrenzung der Exposition der Bevölkerung gegenüber elektromagnetischen Feldern (0 Hz – 300 GHz) v. 12.7.1999, ABl.EG 1999 Nr. L 199/59.
27 So EuGH verb. Rs. 281 – 283, 285, 287/85, 9.7.1987, Slg. 1987, 3203, Rn. 28 (Deutschland u. a./Kommission) zu Art. 118 EGV a.F.
28 Einen Überblick über die im Gesundheitsschutz tätigen internationalen Organisation und über Ansatzpunkte für eine Zusammenarbeit der EG mit diesen Organisationen gibt W. *Berg*, Internationaler Gesundheitsschutz und der Beitrag der EG, ZfSH/SGB 1996, S. 505 ff., S. 571 ff.; vgl. den Briefwechsel zwischen der Weltgesundheitsorganisation und der Kommission der Europäischen Gemeinschaften über die Konsolidierung und Intensivierung der Zusammenarbeit – Memorandum über den Rahmen und die Regelung der Zusammenarbeit zwischen der Weltgesundheitsorganisation und der Kommission der Europäischen Gemeinschaften, ABl.EG 2001, Nr. C 1/7.
29 B. *Schmitt am Busch*, in: Grabitz/Hilf, EU, Art. 152, Rn. 40. Die EG ist bereits einigen Übereinkommen im Gesundheitsbereich beigetreten, s.o. Fn. 16.

petenz der EG in dem Art. 152 zugrundeliegenden Prinzip, daß die Gemeinschaft die Mitgliedstaaten in der Gestaltung der Politik inhaltlich nicht festlegen darf.

II. Maßnahmen auf der Grundlage von Rechtsgrundlagen außerhalb von Art. 152

1. Die Querschnittsklausel

Die Querschnittsklausel[30] verpflichtet alle Gemeinschaftsorgane, im Rahmen der Verfolgung **anderer Vertragsziele** auch die Erreichung eines hohen Gesundheitsschutzniveaus als »Sekundärziel« anzustreben. Diese Verpflichtung wird durch Art. 35 der Charta der Grundrechte der EU bekräftigt. Die Querschnittsklausel ist durch den Amsterdamer Vertrag Art. 95 Abs. 3 angeglichen worden, der sie für die Rechtsangleichung konkretisiert. 22

Soweit Belange des Gesundheitsschutzes berührt werden, muß diesen im Sinne eines »**Optimierungsgebotes**«[31] unter Berücksichtigung des Standes der technischen Entwicklung und des wirtschaftlich Zumutbaren so weit wie möglich Rechnung getragen werden (»praktische Konkordanz«[32]). Das läßt den Gemeinschaftsorganen einen gewissen Beurteilungs- und Ermessensspielraum, der jedoch überschritten ist, wenn die betreffenden Maßnahmen hinter den erreichten Stand des Gesundheitsschutzes zurückführen. Dann hat die betreffende Maßnahme zu unterbleiben. Insoweit ist die Querschnittsklausel auch justiziabel.[33] In formeller Hinsicht führt das dazu, daß sich die Gemeinschaftsorgane in der Begründung der Rechtsakte mit den berührten Gesundheitsschutzbelangen auseinandersetzen müssen.[34] Auf diese Weise werden alle Gemeinschaftsaktivitäten einer »Gesundheitsverträglichkeitsprüfung«[35] unterworfen. 23

Die Querschnittsklausel darf jedoch nicht dazu führen, daß andere Rechtsgrundlagen herangezogen werden, um den Harmonisierungsausschluß in Art. 152 Abs. 4 lit. c) zu umgehen.[36] Sie rechtfertigt keine Maßnahmen, die aus Gesundheitsschutzerwägungen die Verwirklichung des auf der gewählten Rechtsgrundlage eigentlich anzustrebenden 24

---

30 Querschnittsklauseln finden sich auch in Art. 6, 151 Abs. 4, 153 Abs. 2, 157 Abs. 3 S. 1, 159 Abs. 1 S. 2, 178; vgl. allgemein zur Problematik von Querschnittsklauseln *T. Stein*, Die Querschnittsklausel zwischen Maastricht und Karlsruhe, FS-Everling, 1995, S. 1439; s. auch Art. 6, Rn. 17 f. und *C. Calliess*, Die neue Querschnittsklausel des Art. 6 ex 3 c EGV als Instrument zur Umsetzung des Grundsatzes der nachhaltigen Entwicklung, DVBl. 1998, S. 559 (564 ff.).
31 So *Berg* (Fn. 2), S. 436.
32 S. Art. 6 Rn. 6; Art. 95, Rn. 15.
33 Vgl. *Berg* (Fn. 2), S. 470 ff.; s. auch Art. 6, Rn. 21; ansatzweise in EuGH, Rs. C-180/96 R, 12.7.1996, Slg. 1996, I-3090, Rn. 63, 93 (VK/Kommission).
34 *Berg* (Fn. 2), S. 466 f.; s. auch Art. 6, Rn. 23 und Art. 253, Rn. 6; vgl. die Mitteilung der Kommission über die gesundheitspolitische Strategie der Europäischen Gemeinschaft, KOM(2000) 285 v. 16.5.2000, S. 23 unter 4, wonach u.a. alle Gemeinschaftsmaßnahmen auch im Hinblick auf Gesundheitsschutzerfordernisse begründet werden sollen; vgl. weiter Art. 3 Abs. 1 lit. (a) des geänderten Vorschlags für einen Beschluß des Europäischen Parlaments und des Rates über ein Aktionsprogramm der Gemeinschaft im Bereich der öffentlichen Gesundheit (2001-2006), KOM(2001)302 endg. v. 1.6.2001.
35 So *Pitschas* (Fn. 2), S. 482; W. Berg, in Schwarze, EU, Art. 152, Rn. 10; s. auch Art. 6, Rn. 14; zum »Health Impact Assessment« vgl. *European Commission*, Ensuring a high level of health protection. A practical guide, 17.12.2001, abrufbar unter http://europa.eu.int/comm/health/ph/key_doc/key07_en.pdf.
36 So EuGH, Rs. C-376/98, 5.10.2000, Slg. 2000, I-2247, Rn. 79 (Deutschland/EP, Rat).

Zieles weiter erschweren.[37] Der **EuGH** prüft, ob die Voraussetzungen der jeweiligen Rechtsgrundlage **tatsächlich** erfüllt sind.[38] Das gilt insbesondere im Verhältnis zu Art. 95 (s.u. Rn. 26; Art. 95, Rn. 10).

2. Die wichtigsten Rechtsgrundlagen außerhalb von Art. 152[39]

25 Nach der Rechtsprechung des **EuGH** ist Rechtsgrundlage grundsätzlich nach dem »Hauptzweck« der Maßnahme zu wählen.[40] Wegen des Harmonisierungsverbots in Abs. 4 lit. c) steht allerdings häufig überhaupt nur eine Rechtsgrundlage außerhalb des Gesundheitsschutzes zur Verfügung. Deren Voraussetzungen müssen dann tatsächlich erfüllt sein. Die EG kann diese Beschränkungen auch nicht durch Rückgriff auf **Art. 308** unterlaufen.[41] Die Befugnis der Mitgliedstaaten, untereinander völkerrechtliche Verträge oder Vereinbarungen nach der gemischten Formel als Akte der im Rat vereinigten Regierungsvertreter[42] abzuschließen, bleibt unberührt.

26 Besonders bedeutsam für gesundheitsschutzrelevante Maßnahmen, die primär der Verwirklichung des Binnenmarktes dienen, wird auch weiterhin **Art. 95** sein. Auf dieser Basis kann die Gemeinschaft durch Schaffung gemeinschaftlicher Schutzstandards auf einem hohen Schutzniveau Beschränkungen der Grundfreiheiten ausräumen, die sich aus den einzelstaatlichen Gesundheitsschutzpolitiken ergeben. Der **EuGH** prüft, ob solche Maßnahmen **tatsächlich** den den Zweck haben, die Voraussetzungen für die Errichtung und das Funktionieren des Binnenmarktes zu verbessern. Geht es um die Beseitigung von Wettbewerbsverzerrungen, so müssen diese **spürbar** sein.[43] Sind diese Voraussetzungen erfüllt, so kann daneben auch dem Gesundheitsschutz maßgebende Bedeutung zukommen. Die Mitgliedstaaten behalten eine Schutzverstärkungskompetenz in den Grenzen von Art. 95 Abs. 4 bis 10 (Art. 95, Rn. 20 ff.).

---

37 *J. Basedow*, Zielkonflikte und Zielhierarchien im Vertrag über die Europäische Gemeinschaft, in: FS-Everling, 1995, S. 49 (68); s. auch *Stein* (Fn. 30), S. 1440 f.; Art. 6, Rn. 18.
38 EuGH, Rs. C-376/98, 5.10.2000, Slg. 2000, I-2247, Rn. 84 ff. (Deutschland/EP, Rat) für Art. 95.
39 Vgl. die Übersicht in der Mitteilung der Kommission an den Rat, das Europäische Parlament, den Wirtschafts- und Sozialausschuß und den Ausschuß der Regionen über die gesundheitspolitische Strategie der Europäischen Gemeinschaft, KOM(2000) 285 v. 16.5.2000, S. 19 ff. unter 4.; *Berg* (Fn. 2), S. 477 ff.
40 EuGH, Rs. C-70/88, 4.10.1991, Slg. 1991, S. I-4529, Rn. 17 (EP/Rat); Rs. C-155/91, 17.3.1993, Slg. 1993, I-939, Rn. 16 ff. (Kommission/Rat); Rs. C-187/93, 28.6.1994, Slg. 1994, S. I-2857, Rn. 24 f. (EP/Rat); Rs. C-271/94, 26.3.1996, Slg. 1996, S. I-1705, Rn. 32 (EP/Rat); Rs. C-84/94, 12.11.1996, Slg. 1996, I-5755, Rn. 22, 30 (VK/Rat); verb. Rs. C-164/97 und C-165/97, 25.2.1999, Slg. 1999, I-1139, Rn. 14, 16; s. Art. 95, Rn. 46 ff.; vgl. allg. *M. Franzen*, Privatrechtsangleichung durch die Europäische Gemeinschaft, 1999, S. 110 ff.; speziell zum Gesundheitsschutz *Berg* (Fn. 2), S. 412 ff.
41 Europäischer Rat in Edinburgh, Schlußfolgerungen des Vorsitzes, in: Bulletin der Bundesregierung Nr. 140 vom 28.12.1992, S. 1281, Fn. 1; vgl. auch BVerfGE 89, 155, 194; *Berg* (Fn. 2), S. 514 f.; *B. Schmitt am Busch*, in: Grabitz/Hilf, EU, Art. 152, Rn. 64.
42 Auf diese Weise kamen vor dem Vertrag von Maastricht eine Vielzahl gesundheitsschutzrelevanter Vereinbarungen zustande, vgl. *Berg* (Fn. 2), S. 36; *Mäder* (Fn. 2), S. 454.
43 EuGH, Rs. C-376/98, 5.10.2000, Slg. 2000, I-2247, Rn. 84, 88, 106 (Deutschland/EP, Rat); vgl. dazu die Anm. v. *C. Calliess*, Nach dem »Tabakwerbung-Urteil« des EuGH: Binnenmarkt und gemeinschaftliche Kompetenzverfassung in neuem Licht, Jura 2001, 311; *V. Götz*, JZ 2001, 34; *M. Hilf/K. Frahm*, Nichtigerklärung der Richtlinie zum Tabakwerbeverbot: Das letzte Wort?, RIW 2001, 128; *H.-G. Kamann*, Viel Rauch um nichts? – Gesundheitsschutz im Rahmen der Binnenmarktharmonisierung gemäß Artikel 95 EGV nach dem »Tabakwerbeurteil« des EuGH«, ZEuS 2001, 23; *T. Stein*, Keine Europäische Verbotsgemeinschaft – das Urteil des EuGH über die Tabakwerbeverbot-Richtlinie, EWS 2001, 12.

Auf **Art. 40, 42, 46 Abs. 2, 47, 55 i.V.m. 46 Abs. 2 oder 47** können Richtlinien zur gegenseitigen Anerkennung von Diplomen und Zeugnissen in medizinischen Berufen gestützt werden. 27

Art. 71 Abs. 1 lit. c) (Maßnahmen zur Verbesserung der Verkehrssicherheit, Art. 71, Rn. 19 ff.), **Art. 137, 138** (Gesundheit und Sicherheit von Arbeitnehmern im betrieblichen Umfeld, s. Art. 137, Rn. 18), **Art. 153** (Schutz der Gesundheit von Verbrauchern, s. Art. 153, Rn. 9) und **Art. 174 i.V.m. Art. 175** (Umweltschutzmaßnahmen als Beitrag zum Schutz der menschlichen Gesundheit, Art. 174, Rn. 9) erfassen als *leges speciales* Aspekte des Gesundheitsschutzes in spezifischen Regelungsbereichen. Die Bedeutung von **Art. 37 Abs. 2 UAbs. 3** als Grundlage gesundheitsschutzrelevanter Maßnahmen zur Verwirklichung der Ziele der gemeinsamen Agrarpolitik ist durch die Verlagerung der Kompetenzen zum Erlaß gesundheitsschützender Maßnahmen im Veterinärwesen und im Pflanzenschutz nach Abs. 4 lit. b) reduziert worden (s. o. Rn. 15). 28

Die Forschungspolitik der EG (**Art. 163 ff.**) umfaßt auch die medizinische Forschung. 29

Titel XIV
(ex-Titel XI)
Verbraucherschutz

Art. 153 (ex-Art. 129a)

(1) Zur Förderung der Interessen der Verbraucher[4] und zur Gewährleistung eines hohen Verbraucherschutzniveaus leistet die Gemeinschaft einen Beitrag[10] zum Schutz der Gesundheit, der Sicherheit und der wirtschaftlichen Interessen der Verbraucher sowie zur Förderung ihres Rechtes auf Information, Erziehung und Bildung von Vereinigungen zur Wahrung ihrer Interessen[9].

(2) Den Erfordernissen des Verbraucherschutzes wird bei der Festlegung und Durchführung der anderen Gemeinschaftspolitiken und -maßnahmen Rechnung getragen.[21]

(3) Die Gemeinschaft leistet einen Beitrag zur Erreichung der in Absatz 1 genannten Ziele durch
a) Maßnahmen, die sie im Rahmen der Verwirklichung des Binnenmarkts nach Artikel 95 erläßt;[13 ff.]
b) Maßnahmen zur Unterstützung, Ergänzung und Überwachung der Politik der Mitgliedstaaten.[17 ff.]

(4) Der Rat beschließt gemäß dem Verfahren des Artikels 251 und nach Anhörung des Wirtschafts- und Sozialausschusses die Maßnahmen nach Absatz 3 Buchstabe b.[17]

(5) Die nach Absatz 4 beschlossenen Maßnahmen hindern die einzelnen Mitgliedstaaten nicht daran, strengere Schutzmaßnahmen beizubehalten oder zu ergreifen. Diese Maßnahmen müssen mit diesem Vertrag vereinbar sein. Sie werden der Kommission mitgeteilt.[20]

Inhaltsübersicht:

A. Der Verbraucherschutz als Politik der Gemeinschaft	1
I. Überblick	2
1. Systematische Stellung	2
2. Begriffliches	4
II. Anwendungsbereich von Art. 153	8
B. Aufgabenverteilung zwischen Gemeinschaft und Mitgliedstaaten	10
C. Maßnahmen der EG-Verbraucherschutzpolitik	12
I. Maßnahmen nach Art. 95	13
II. Maßnahmen zur Unterstützung, Ergänzung und Überwachung der Politik der Mitgliedstaaten	17
III. Die Querschnittsklausel	21

A. Der Verbraucherschutz als Politik der Gemeinschaft

1 Die Belange des Verbraucherschutzes in der EG sind durch den Amsterdamer Vertrag mit der Einführung der Querschnittsklausel (Abs. 2) gestärkt worden, ohne daß die Verbandskompetenz der Gemeinschaft in diesem Bereich erweitert worden wäre.[1] Abs. 1

---

1 Vgl. *N. Reich*, Verbraucherpolitik und Verbraucherschutz im Vertrag von Amsterdam, VuR 1999, S. 3; *D. Staudenmayer*, Europäisches Verbraucherschutzrecht nach Amsterdam – Stand und Perspektiven, RIW 1999, S. 733 (734 f.); *J. Stuyck*, European Consumer Law After the Treaty of Amsterdam: Consumer Policy In or Beyond the Internal Market? CMLRev. 2000,

beschreibt den Anwendungsbereich ausführlicher, Abs. 3 lit. b) faßt die Befugnisse der EG für binnenmarktunabhängige Verbraucherschutzmaßnahmen klarer. Art. 38 der Charta der Grundrechte der EU bekräftigt, daß »ein hohes Verbraucherschutzniveau« ganz allgemein durch »die Politiken der Union« sichergestellt wird.

I. Überblick

1. Systematische Stellung

Nach Art. 3 Abs. 1 lit. t) leistet die EG einen »**Beitrag** zur Verbesserung des Verbraucherschutzes«. Dieser Beitrag wird in Art. 153 näher beschrieben und in Abs. 1 auch auf die »Förderung der Interessen der Verbraucher« ausgedehnt. Daß der Verbraucherschutz einen eigenständigen Titel in dem den »Politiken der Gemeinschaft« gewidmeten Dritten Teil des EGV bildet, eröffnet der EG die Möglichkeit, sich dem **Verbraucherschutz als Hauptziel** von Maßnahmen zu widmen. 2

Die der EG zur Verfolgung einer autonomen Verbraucherschutzpolitik in Art. 153 eingeräumten Kompetenzen sind jedoch **begrenzt** und den Verbraucherschutzpolitiken der Mitgliedstaaten **nachgeordnet**. Neben diese begrenzten Kompetenzen tritt nach Abs. 2 die Befugnis und die Pflicht der EG, Belange des Verbraucherschutzes im Zusammenhang mit der Verfolgung anderer Vertragsziele zu berücksichtigen, was durch Art. 38 der Charta der Grundrechte der EU bekräftigt wird. Abs. 3 lit. a) hebt dabei Maßnahmen der Rechtsangleichung nach Art. 95 ausdrücklich als Spezialfall hervor. 3

2. Begriffliches

Obwohl der EGV die **Verbraucher** an mehreren Stellen erwähnt[2], enthält er **keine Definition** und verpflichtet die Gemeinschaft nicht auf eine bestimmte Verbraucherschutzkonzeption.[3] Auch das Sekundärrecht geht nicht von einem einheitlichen Verbraucherbegriff aus, sondern ist im wesentlichen situations- oder problembezogen.[4] Gemeinsamer Nenner ist ein weiter Verbraucherbegriff, der alle Arten von Abnehmern und Nutzern gewerblicher Leistungen zum **privaten** Gebrauch einschließt.[5] »Verbraucher« 4

Fortsetzung von Fußnote 1
  S. 367 (382 ff.); weitergehend *S. Chillon*, Le droit communautaire de la consommation après les traités de Maastricht et d'Amsterdam, 1999, S. 96 ff.
2 Neben Art. 3 Abs. 1 lit. t) noch in Art. 33 Abs. 1 lit. e), Art. 34 Abs. 2 UAbs. 2, Art. 81 Abs. 3, 3. Spstr., Art. 82 lit. b), Art. 87 Abs. 2 lit. a), Art. 153 Abs. 2.
3 *J. Drexl*, Die wirtschaftliche Selbstbestimmung des Verbrauchers, 1998, S. 434.
4 *Drexl* (Fn. 3), S. 434 ff.; *L. Krämer*, EWG-Verbraucherrecht, 1985, S. 17 ff.; *H. Lecheler* in: HbEGWirtR, Abschnitt H. V., Rn. 31 ff.; *F. Maniet*, Compilation annoté du droit européen de la consommation, 1998, S. 15 ff. (auch unter http://europa.eu.int/comm/dgs/health_consumer/library/pub/pub04_fr.html#compil); *N. Reich*, Europäisches Verbraucherrecht, 3. Aufl. 1996, S. 64 f.; kritisch *M. Dreher*, Der Verbraucher – Das Phantom in den opera des europäischen und deutschem Rechts?, JZ 1997, S. 167; *P. Hommelhoff*, Zivilrecht unter dem Einfluß europäischer Rechtsangleichung, AcP 192 (1992), S. 71 (93 f.); *ders.*, Verbraucherschutz im System des deutschen und europäischen Privatrechts, 1996, S. 6 ff.
5 Vgl. etwa EuGH, Rs. C-269/95, 3.7.1997, Slg. 1997, I-3767, Rn. 17 f. (Benincasa/Dentalkit) zum Verbraucherbegriff in Art. 13 EuGVÜ; Rs. C-45/96, 17.3.1998, Slg. 1998, I-1199, Rn. 22 (Bayerische Hypotheken und Wechselbank/Dietzinger) zu Art. 2 der RL 85/577 betreffend den Verbraucherschutz im Falle von außerhalb von Geschäftsräumen geschlossenen Verträgen; vgl. auch *Drexl* (Fn. 3), S. 11 : »jede Person…, die nicht zu beruflichen oder gewerblichen Zwecken im wirtschaftsrelevanten Rechtsverkehr handelt oder sonst – z.B. als Adressat von Werbung – betroffen ist.«

Art. 153 EG-Vertrag

bezeichnet also nicht eine konkret schutzbedürftige Person, sondern eine bestimmte Rolle im Binnenmarkt, die notwendige »andere Seite« des Marktgeschehens.[6]

5 »Verbraucherschutz« ist daher rollenbezogen und hat im wesentlich zwei Zwecke: einerseits soll er Schäden im Zusammenhang mit der privaten Abnahme oder Nutzung von Waren oder Dienstleistungen möglichst verhindern. Andererseits soll er die Voraussetzungen dafür schaffen, daß die Verbraucher ihre Rolle verantwortlich und in wirtschaftlicher Hinsicht vernünftig ausüben können.[7]

6 Einige der auf Art. 95 gestützten Richtlinien[8] und die verbraucherpolitischen Aktionspläne der Kommission[9] heben die Binnenmarktrelevanz des Verbraucherschutzes hervor: Er kann die grenzüberschreitende Nachfrage stimulieren, wenn er für Transparenz sorgt und den Verbrauchern das Vertrauen vermittelt, auch außerhalb ihres Heimatmarktes ein verläßliches Mindestmaß an Schutz vorzufinden. Damit entfaltet er die passive Seite der Waren- und Dienstleistungsfreiheit[10] und schafft die Voraussetzungen dafür, »daß die Verbraucher ihre Schiedsrichterrolle auf dem Markt optimal ausüben können«.[11] Das Verbraucherschutzkonzept der EG ist daher binnenmarktkomplementär.[12]

7 In der Rechtsprechung des EuGH ist der Verbraucherschutz bislang vor allem als »zwingendes Erfordernis«[13] thematisiert worden, das Beschränkungen der Waren- und Dienstleistungsfreiheit durch einzelstaatliche Rechtsvorschriften legitimieren kann. Aufgabe des EuGH war es dabei, die Einhaltung des Verhältnismäßigkeitsprinzips zu kon-

---

6 *Krämer* (Fn. 4), S. 20; *H. Lecheler* in: HbEGWirtR, Abschnitt H.V., Rn. 33; *N. Reich*, Zur Theorie des Europäischen Verbraucherschutzrechts, ZEuP 1994, S. 381 (389); *ders.*, (Fn. 4), S. 65: »passiver Marktbürger«.
7 Ähnlich *M.A. Dauses/M. Sturm*, Rechtliche Grundlagen des Verbraucherschutzes im EU-Binnenmarkt, ZfRV 1996, S. 133 (134 f.); *Reich* (Fn. 4), S. 27; *ders.* (Fn. 6), S. 387; *M. Wolf*, in: Grabitz/Hilf, EU II, A. Verbraucher- und Datenschutzrecht, Rn. 1 ff.
8 Z.B. RL des Rates vom 22.12.1986 zur Angleichung der Rechts- und Verwaltungsvorschriften der Mitgliedstaaten über den Verbraucherkredit (87/102/EWG), ABl.EG 1987, Nr. L 42/48, Erwägungsgründe 3 und 4; RL 93/13/EWG des Rates vom 5.4.1993 über mißbräuchliche Klauseln in Verbraucherverträgen, ABl.EG 1993, Nr. L 95/29, Erwägungsgrund 5; RL des EP und des Rates vom 25.5.1999 zu bestimmten Aspekten des Verbrauchsgüterkaufs und der Garantien für Verbrauchsgüter (1999/44/EG), ABl.EG 1999, Nr. L 171/12, Erwägungsgründe 2 bis 5.
9 Dreijähriger verbraucherpolitischer Aktionsplan für die EWG (1990–1992), KOM (90) 98 endg., S. 3; Zweiter dreijähriger Aktionsplan der Kommission 1993–1995, KOM (93) 378 endg., S. 5 f.; Verbraucherpolitische Prioritäten 1996–1998, KOM (95) 519 endg., S. 2; Verbraucherpolitischer Aktionsplan 1999–2001, KOM (1998) 696 endg., S. 6; so auch das Grünbuch zum Verbraucherschutz in der EU, KOM (2001) 531 endg., S. 3, 11.
10 Zur passiven Dienstleistungsfreiheit vgl. etwa EuGH verb. Rs. 286/82 und 26/83, 31.1.1984, Slg. 1984, 377, Rn. 10, 16 (Luisi und Carbone); Rs. 186/87, 2.2.1989, Slg. 1989, 195, Rn. 15 (Cowan); zur passiven Warenverkehrsfreiheit EuGH Rs. C-362/88, 7.3.1990, Slg. 1990, I-667, Rn. 8 (GB-INNO); s. dazu *P. Behrens*, Die Konvergenz der wirtschaftlichen Freiheiten im europäischen Binnenmarkt, EuR 1992, S. 145 (159 f.); *H. Heiss*, Verbraucherschutz im Binnenmarkt: Art. 129a und die wirtschaftlichen Verbraucherinteressen, ZEuP 1996, S. 625 (641 ff.); vgl. auch *S. Weatherill*, Consumer Policy, in: Craig/de Búrca (Hrsg.), The Evolution of EU Law, 1998, 693 (717 f.).
11 Wirtschafts- und Sozialausschuß, Stellungnahme zum Thema »Verbraucher und Binnenmarkt«, ABl.EG 1993, Nr. C 19/22.
12 S. auch *Heiss* (Fn. 10), S. 626 ff., 641 ff.; *J. C. Wichard*, Gesundheits- und Verbraucherschutz im Vertrag von Maastricht, in: Streit/Vogt, Europa reformieren, 1996, S. 239 (242 f.); etwas kritisch *M. Franzen*, Privatrechtsangleichung durch die Europäische Gemeinschaft, 1999, S. 314 ff.; vgl. auch Überlegungen über eine Neuausrichtung der EU-Verbraucherschutzpolitik das Grünbuch zum Verbraucherschutz in der EU, KOM (2001) 531 endg., S. 11 ff.
13 Grundlegend EuGH Rs. 120/78, 20.2.1979, Slg. 1979, S. 649, Rn. 8 (Cassis de Dijon); s. Art. 28, Rn. 20 ff.

trollieren. Deshalb gab er grundsätzlich Information und Aufklärung gegenüber einschneidenderen Maßnahmen den Vorzug.[14] Ähnliches gilt bei der Auslegung binnenmarktfinalen Gemeinschaftssekundärrechts. Bei der Anwendung von Irreführungsverboten ist dabei auf die »mutmaßliche Erwartung eines **durchschnittlich informierten, aufmerksamen und verständigen Durchschnittsverbrauchers**« abzustellen, um übermäßige Beschränkungen zu vermeiden.[15] Auch das **Schrifttum** geht überwiegend von einem gemeinschaftsrechtlichen Leitbild des »**mündigen Verbrauchers**« aus.[16]

II. Anwendungsbereich von Art. 153

Schon vor der Schaffung einer eigenständigen Rechtsgrundlage im EGV hat die Gemeinschaft auf dem Gebiet des Verbraucherschutzes eine bemerkenswerte Tätigkeit entfaltet.[17] Der EGV hatte diese Aktivitäten durch Art. 129a a.F. im wesentlichen nur legitimiert.[18] Der Amsterdamer Vertrag hat den Anwendungsbereich von Art. 153 über den auf den Erwerb und die Nutzung von Gütern bezogenen Verbraucherschutz im engeren Sinne hinaus um die allgemeine »Förderung der Interessen der Verbraucher« erweitert und damit die Praxis der EG abgesichert.

8

---

14 EuGH, Rs. 362/88, 7.3.1990, Slg. 1990, I-667, Rn. 14 ff. (GB-INNO); C-238/89, 13.12.1990, Slg. 1990, I-4827, Rn. 18 ff. (Pall/Dahlhausen); C-126/91, 18.5.1993, Slg. 1993, I-2361, Rn. 16 ff. (Yves Rocher); Rs. C-315/92, 2.2.1994, Slg. 1994, I-317, Rn. 22 f. (Clinique); Rs. C-470/93, 6.7.1995, Slg. 1995, I-1923, Rn. 24 (Mars).
15 So EuGH, Rs. C-210/96, 16.7.1998, Slg. 1998, I-4657, Rn. 31, 37 (Gut Springenheide und Tusky); Rs. 220/98, 13.1.2000, Slg. 2000, I-117, Rn. 27 (Estée Lauder/Lancaster).
16 S. *Dreher* (Fn. 4), S. 170 ff.; *Drexl* (Fn. 3), S. 53 f., 426, 430 ff.; *P. Groeschke/K. Kiethe*, Die Ubiquität des europäischen Verbraucherleitbildes, WRP 2001, S. 230; *R. Kemper/J. Rosenow*, Der Irreführungsbegriff auf dem Weg nach Europa, WRP 2001, S. 370; *S. Leible*, Anmerkung zu EuGH vom 16.7.1998 (Gut Springenheide und Tusky), EuZW 1998, 528; *A. Martin-Ehlers*, Die Irreführungsverbote des UWG im Spannungsfeld des freien europäischen Warenverkehrs, 1996, S. 82 ff.; *A.H. Meyer*, Das Verbraucherleitbild des Europäischen Gerichtshofes, WRP 1993, S. 215 (221 ff.); *Reich* (Fn. 4), S. 63; *E. Steindorff*, EG-Vertrag und Privatrecht, 1996, S. 195; *W. Tilmann*, Der »verständige Verbraucher«, FS-Piper, 1996, S. 481; *Weatherill* (Fn. 10), S. 699 ff.; kritisch *A. Beater*, Zum Verhältnis von europäischem und nationalem Wettbewerbsrecht, GRUR Int. 2000, S. 963 (972 ff.); *ders.*, Verbraucherschutz und Schutzzweckdenken im Wettbewerbsrecht, 2000, S. 109 ff.; *U. Doepner*, Verbraucherleitbilder zur Auslegung des wettbewerbsrechtlichen Irreführungsverbotes, WRP 1997, S. 999 (1007 ff.); *Franzen* (Fn. 12), S. 519 ff.; *H. Lecheler* in: HbEGWirtR, Abschnitt H.V., Rn. 34 ff.; *Reese*, Das »6-Korn Eier«-Urteil des EuGH – Leitentscheidung für ein Leitbild?, WRP 1998, S. 1035 (1037); *R. Sack*, Das Verbraucherleitbild und das Unternehmerleitbild im europäischen und deutschen Wettbewerbsrecht, WRP 1998, S. 264; *ders.*, Die Präzisierung des Verbraucherleitbildes durch den EuGH, WRP 1999, S. 399.
17 Übersichten bei *Chillon* (Fn. 1), S. 21 ff.; *Drexl* (Fn. 3), S. 44 ff.; *Dauses/Sturm* (Fn. 7), S. 135 ff.; *Krämer* (Fn. 4), S. 71 ff.; *H. Lecheler*, in: HbEGWirtR, Abschnitt H.V., Rn. 1 ff., 44 ff.; *Maniet* (Fn. 4), passim; *N. Reich*, (Fn. 4), S. 301 ff.; *Stuyck* (Fn. 1), S. 377 ff.; *Weatherill* (Fn. 10), S. 694 ff.; *M. Wolf*, in: Grabitz/Hilf, EU II, A. Verbraucher- und Datenschutzrecht; vgl. auch *Europäische Kommission*, Verzeichnis der Gemeinschaftlichen Texte im Bereich der Verbraucherpolitik und des Gesundheitsschutzes, 1999 (auch unter http://europa.eu.int/comm/dgs/health_consumer/library/legislation/leg01_de.pdf). In neueren Mitteilungen der Kommission deutet sich eine Abkehr vom bisher favorisierten problem- und sektorspezifischen Ansatz hin zu einer umfassenderen Harmonisierung an, vgl. etwa Grünbuch zum Verbraucherschutz in der EU, KOM (2001) 531 endg., S. 11 ff.; Mitteilung der Kommission an den Rat und das EP zum Europäischen Vertragsrecht, KOM (2001) 398 endg., S. 14 ff.
18 S. auch *B. Dahl*, Consumer Protection Within the European Union, JCP 1993, S. 345 (351); *Reich* (Fn. 6), S. 386; *K. Tonner*, Die Rolle des Verbraucherrechts bei der Entwicklung eines europäischen Zivilrechts, JZ 1996, S. 533 (538).

9   Die Aufzählung in Abs. 1 deckt sich weitgehend mit den schon im »Programm der EWG für eine Politik zum Schutz und zur Unterrichtung der Verbraucher« von 1975 enthaltenen »fünf fundamentalen Rechten« der Verbraucher.[19] Der »Schutz der Gesundheit« der Verbraucher ist anders als der Gesundheitsschutz i.S.d. Art. 152 rollenbezogen, knüpft also an die aktuelle oder potentielle Nutzung von Waren oder Dienstleistungen durch Verbraucher an und soll nicht die allgemeine Krankheitsprävention erfassen.[20] Zusammen mit dem »Schutz der Sicherheit« umfaßt er die auf den Schutz der Rechtsgüter bezogenen Verbraucherschutzmaßnahmen. Der Schutz der »wirtschaftlichen Interessen« geht darüber hinaus und erfaßt alle Maßnahmen, die die Wahl- und Entscheidungsfreiheit der Verbraucher stärken und sie vor wirtschaftlichen Nachteilen durch den Erwerb schützen sollen.[21] Unter der Förderung der Rechte auf »Information, Erziehung und Bildung von Vereinigungen zur Wahrung ihrer Interessen« sind Aktivitäten zu verstehen, die unabhängig von konkreten Erwerbsvorgängen die Position der privaten Nachfrager und Nutzer von Waren und Dienstleistungen verbessern sollen.[22]

B. Aufgabenverteilung zwischen Gemeinschaft und Mitgliedstaaten

10 Der EGV rechtfertigt keine eigenständige, autonome Verbraucherschutzpolitik der EG sondern beschränkt sie auf einen »Beitrag zur Verbesserung des Verbraucherschutzes«.[23] Dem Verbraucherschutz als Hauptziel darf sie sich nur mit Maßnahmen zur »Unterstützung, Ergänzung und Überwachung der Politik der Mitgliedstaaten« (Abs. 3 lit. b) widmen. Darin setzt sich die im Wechselspiel von Grundfreiheiten (Art. 28, 39, 43, 49) und den »zwingenden Erfordernissen« der Mitgliedstaaten angelegte Aufgabenverteilung fort. Das ist aber auch eine Ausprägung des Subsidiaritätsprinzips (Art. 5, Rn. 34).

11 Aus Art. 10 Abs. 2 ergibt sich, daß die Mitgliedstaaten Maßnahmen unterlassen müssen, die die Verwirklichung des in Art. 3 Abs. 1 lit. t) vorgegebenen Vertragsziels »Verbesserung des Verbraucherschutzes« gefährden würden. Sie sind verpflichtet, Rückschritte zu unterlassen, die das Verbraucherschutzniveau in der EG absenken. Positive Handlungspflichten der Mitgliedstaaten im Bereich des Verbraucherschutzes können aus Art. 10 Abs. 1 jedoch nicht abgeleitet werden[24], weil durch Art. 3 Abs. 1 lit. t) und Art. 153 allein die EG zum Handeln berechtigt und verpflichtet wird. Aus diesem Grund hat es der EuGH abgelehnt, aus der Vorgängerregelung ex-Art. 129a eine unmittelbare Wirkung nicht umgesetzter verbraucherschützender Richtlinien abzuleiten.[25]

---

19 ABl.EG 1975, Nr. C 92/1, Ziffer 3: »a) Recht auf Schutz seiner Gesundheit und Sicherheit, b) Recht auf Schutz seiner wirtschaftlichen Interessen, c) Recht auf Wiedergutmachung erlittenen Schadens, d) Recht auf Unterrichtung und Bildung, e) Recht auf Vertretung (Recht gehört zu werden)«.
20 Ähnlich W. Berg, Gesundheitsschutz als Aufgabe der EU, 1997, S. 504.
21 Nach Heiss (Fn. 10), S. 630 ff. handelt es sich v.a. um die Regulierung von Werbung und Marketing sowie die Verbraucherverträge und das Deliktsrecht, bzw. alle Bereiche, die nicht schon von den in Art. 36 genannten Schutzgütern umfaßt sind; vgl. auch Krämer (Fn. 4), S. 29 ff.
22 Vgl. dazu z.B. Stuyck (Fn. 1), S. 384 ff.
23 S. auch H.-W. Micklitz/N. Reich, Verbraucherschutz im Vertrag über die Europäische Union – Perspektiven für 1993, S. 593, Reich (Fn. 4), S. 40; H. Lecheler in: HbEGWirtR, Abschnitt H.V., Rn. 29 f.; vgl. auch Drexl (Fn. 3), S. 438 ff.: »hohes Schutzniveau« als Optimierung nicht Maximierung des Verbraucherschutzniveaus; anders Chillon (Fn. 1), S. 96: »caractère prioritaire de la protection des consommateurs«.
24 So jedoch Micklitz/Reich (Fn. 23), S. 595; H.-W. Micklitz/S. Weatherill, Consumer Policy in the European Community: Before and After Maastricht, JCP 16 (1993), S. 285 (303, 309 ff.); Reich (Fn. 6), S. 406.
25 S. EuGH Rs. C-192/94, 7.3.1996, Slg. 1996, I-1281, Rn. 18 ff. (El Corte Inglés/Christina Blázques Rivero).

C. Maßnahmen der EG-Verbraucherschutzpolitik

Abs. 3 führt die **Handlungsformen** auf, mit denen die EG ihren »Beitrag« leisten soll. Die erste (lit. a)) verweist auf die Rechtsangleichungskompetenz der EG nach Art. 95, die zweite (lit. b)) stellt der EG die Instrumente zur Verfügung, mit denen sie den Verbraucherschutz als Primärziel anstreben kann. 12

I. Maßnahmen nach Art. 95

Abs. 3 lit. a) wiederholt Selbstverständliches.[26] Auch bei Maßnahmen, deren Hauptziel die Verwirklichung des Binnenmarktes ist, müssen (Art. 95 Abs. 3, Art. 153 Abs. 2) **Verbraucherschutzgesichtspunkte als Sekundärziel** berücksichtigt werden. Art. 95 Abs. 3 verpflichtet dabei alle Gemeinschaftsorgane auf ein **hohes Schutzniveau**. Die EG ist jedoch weder verpflichtet, das höchste in einem bestimmten Mitgliedstaat bestehende Schutzniveau festzuschreiben, noch sich ausnahmslos auf die Vorgabe von Mindeststandards zu beschränken.[27] Hier gelten die allgemeinen Regeln.[28] Rechtsangleichungsmaßnahmen können daher nach der Rspr. des **EuGH** auch zu einer Absenkung des Schutzniveaus in einzelnen Mitgliedstaaten führen, sofern der Verbraucherschutz in der EG im Gesamtergebnis verbessert wird.[29] 13

Der Verweis bedeutet allerdings **nicht**, daß Verbraucherschutzgesichtspunkte zum **Hauptzweck** von Maßnahmen nach Art. 95 werden dürften, oder daß jeder auch noch so geringe Binnenmarktbezug ausreichte.[30] Sonst könnten in letzter Konsequenz auch solche Maßnahmen auf Art. 95 gestützt werden, die die Verwirklichung eines Raumes »ohne Binnengrenzen, in dem der freie Verkehr von Waren, Personen, Dienstleistungen und Kapital ... gewährleistet ist« (Art. 14 Abs. 2), nicht nur nicht fördern, sondern sie sogar erschweren. Abs. 3 lit. a) verlangt »**praktische Konkordanz**«, stattet den Verbraucherschutz jedoch nicht mit Vorrang gegenüber dem Binnenmarktziel aus. Dementsprechend kommt Art. 95 nach der Rspr. des EuGH als Rechtsgrundlage für verbraucherschützende Vorschriften nur dann in Betracht, wenn diese **tatsächlich** den Zweck haben, die Voraussetzungen für die Errichtung und das Funktionieren des Binnenmarktes zu verbessern oder spürbare Wettbewerbsverzerrungen zu beseitigen.[31] 14

»Hauptzweck« der Maßnahmen[32] muß die Verwirklichung der Ziele des Art. 14 sein. Sie müssen daher »tatsächlich« (s.o. Rn. 14) darauf abzielen, entweder den Anbietern die binnenmarktweite Vermarktung ihrer Waren oder Dienstleistungen zu ermög- 15

---

26 Vor dem Amsterdamer Vertrag bestand eine Funktion des Verweises darin, die Verpflichtung auf eine hohes Verbraucherschutzniveau, die Art. 100a Abs. 3 a.F. nur für die Kommission vorsah, auch auf die anderen Gemeinschaftsorgane zu erstrecken, vgl. *Dahl* (Fn. 18), S. 349; *H. Lecheler* in: HbEGWirtR, Abschnitt H.V., Rn. 23 f.; *Micklitz/Reich* (Fn. 23), S. 596; *Micklitz/Weatherill* (Fn. 24), S. 298; mit der Neufassung von Art. 95 Abs. 3 ist die Notwendigkeit dafür entfallen.
27 So jedoch *Micklitz/Reich* (Fn. 23), S. 594 f.; ähnlich *Micklitz/Weatherill* (Fn. 24), S. 301 f.; *Reich* (Fn. 6), S. 398 f.; dagegen überzeugend *Heiss* (Fn. 10), S. 632 ff.
28 S. Art. 95, Rn. 14 ff.
29 S. EuGH Rs. C-233/94, 13.5.97, Slg. 1997, I-2405, Rn. 48 (Deutschland/EP u. Rat).
30 So jedoch offenbar *Micklitz/Reich* (Fn. 23), S. 596 f.; *Micklitz/Weatherill* (Fn. 24), S. 298 f.; s. aber Art. 95, Rn. 10 f.
31 EuGH, Rs. C-376/98, 5.10.2000, Slg. 2000, I-2247, Rn. 84, 88, 106 (Deutschland/EP, Rat); s. auch Art. 95, Rn. 10.
32 Zur Wahl zwischen alternativen Rechtsgrundlagen nach dem »Hauptzweck« oder »Schwerpunkt« der Maßnahme s. EuGH Rs. C-70/88, 4.10.1991, Slg. 1991, S. I-4529, Rn. 17 (EP/Rat); Rs. C-155/91, 17.3.1993, Slg. 1993, I-939, Rn. 16 ff. (Kommission/Rat); Rs. C-187/93,

lichen oder den Verbrauchern die binnenmarktweite Nachfrage (s.o. Rn. 6) zu erleichtern.

16 Indem Art. 153 zur Konkretisierung des »Beitrags« der EG an erster Stelle auf Art. 95 verweist, bekräftigt er, daß das Ziel der Verbesserung des Verbraucherschutzes **primär im Rahmen der Binnenmarktverwirklichung** mitverfolgt werden soll. Der Verbraucherschutz wird auf Gemeinschaftsebene dem Binnenmarktziel zugeordnet[33] und hat sich insoweit auf marktkomplementäre Mittel zu beschränken. Zugleich wird durch den Verweis die Bedeutung des Verbraucherschutzes für das Funktionieren des Binnenmarktes anerkannt.[34]

II. Maßnahmen zur Unterstützung, Ergänzung und Überwachung der Politik der Mitgliedstaaten

17 Abs. 3 lit. b) rechtfertigt **nicht-binnenmarktfinale Maßnahmen der EG**. Der Amsterdamer Vertrag hat hier den unklaren Begriff »spezifische Aktionen« in Art. 129a Abs. 1 lit. b) a.f. durch »Maßnahmen« ersetzt und damit klargestellt, daß die EG auf sämtliche in Art. 249 aufgeführten rechtsverbindlichen Handlungsformen zurückgreifen kann.[35] Diese Maßnahmen werden im Verfahren nach Art. 251 erlassen (Abs. 4).

18 Inhaltlich ist die EG auf die Unterstützung, Ergänzung und (seit dem Amsterdamer Vertrag) die Überwachung der Politik der Mitgliedstaaten beschränkt. Die binnenmarktunabhängige Verbraucherpolitik wird dadurch den **Politiken der Mitgliedstaaten nachgeordnet.**

19 Diese Nachrangigkeit ist allerdings weniger stark ausgeprägt als in Art. 152. Art. 153 enthält kein Harmonisierungsverbot und ermöglicht auch bindende **inhaltliche Eingriffe** in die einzelstaatlichen Politiken, wie die Vorgabe bestimmter Schutzniveaus. Sonst wäre die Schutzverstärkungsklausel in Abs. 5 sinnlos. Maßnahmen zur inhaltlichen Unterstützung, Ergänzung oder Überwachung der mitgliedstaatlichen Verbraucherpolitiken sind von einer selbständigen Gemeinschaftspolitik in der Praxis allerdings kaum (gerichtlich kontrollierbar) abzugrenzen. Die Nachrangigkeit der gemeinschaftlichen Verbraucherpolitik reduziert sich daher in der Praxis auf ein **Verbot, die mitgliedstaatlichen Politiken völlig zu vereinheitlichen.** Die EG muß den Mitgliedstaten Spielraum lassen und darf bei auf lit. b) gestützten Maßnahmen **nur Mindeststandards** vorgeben.

Fortsetzung von Fußnote 32
28.6.1994, Slg 1994, S. I-2857, Rn. 24 f. (EP/Rat); Rs. C-271/94, 26.3.1996, Slg. 1996, S. I-1705, Rn. 32 (EP/Rat); Rs. C-84/94, 12.11.1996, Slg. 1996, I-5755, Rn. 22, 30 (VK/Rat); verb. Rs. C-164/97 und C-165/97, 25.2.1999, Slg. 1999, I-1139, Rn. 14, 16; s. auch Art. 95, Rn. 46 ff.; *Franzen* (Fn. 12), S. 113 ff.

33 *S. J. Basedow*, Zielkonflikte und Zielhierarchien im Vertrag über die Europäische Union, FS-Everling, 1995, S. 49 (67 f.); *Drexl* (Fn. 3), S. 54; kritisch *Chillon* (Fn. 1), S. 293 ff.
34 S. auch *Heiss* (Fn. 10), S. 626 ff., 641 ff.; *Wichard* (Fn. 12), S. 242 f.; s.o. Rn. 6.
35 Das war zuvor unklar, wurde aber überwiegend bejaht, vgl. *Berg* (Fn. 20), S. 503; *Bleckmann*, Europarecht, S. 986, Rn. 2720; *Dahl* (Fn. 18), S. 349 ff.; *Micklitz/Reich* (Fn. 23), S. 597; *Micklitz/Weatherill* (Fn. 24), S. 298 f.; *I. E. Schwartz*, Perspektiven der Angleichung des Privatrechts in der Europäischen Gemeinschaft, ZEuP 1994, S. 559 (571); zurückhaltender *H. Lecheler* in: HbEGWirtR, Abschnitt H.V., Rn. 25 ff.; *Reich* (Fn. 4), S. 40; *Wichard* (Fn. 12), S. 244 f. Einzige auf der Basis von ex-Art. 129a Abs. 1 lit. b) erlassenen RL ist die RL 98/6/EG des Europäischen Parlaments und des Rates vom 16.2.1998 über den Schutz der Verbraucher bei der Angabe der Preise der ihnen angebotenen Erzeugnisse, ABl.EG 1998, Nr. L 80/27.

Die »**Schutzverstärkungsklausel**« in Abs. 5 enthält einen Anwendungsfall der so 20
verstandenen Nachrangigkeit. Dort, wo die EG auf der Basis von lit. b) Schutzmaßnahmen erläßt, darf sie die Mitgliedstaaten nicht an der Beibehaltung strengerer Schutzmaßnahmen hindern, sofern diese mit dem EGV (insbesondere mit Art. 28) vereinbar sind. Diese »Schutzverstärkungsklausel« gilt nicht für Maßnahmen, die die EG zur Verwirklichung des Binnenmarktes auf der Basis von Art. 95 erläßt.[36]

III. Die Querschnittsklausel

Die durch den Amsterdamer Vertrag eingefügte Querschnittsklausel (Abs. 2)[37] ver- 21
pflichtet alle Gemeinschaftsorgane, bei der Verfolgung anderer Vertragsziele den Erfordernissen des Verbraucherschutzes Rechnung zu tragen. Damit bekommt der Verbraucherschutz keinen Vorrang vor anderen Vertragszielen. Abs. 2 begründet keinen »Grundsatz des bestmöglichen Verbraucherschutzes«[38]. Der Verbraucherschutz wird aber zum **abwägungserheblichen Belang**, der mit kollidierenden Belangen in ein Verhältnis »praktischer Konkordanz« zu bringen ist.[39] Jede Gemeinschaftsmaßnahme muß auch im Hinblick auf die Interessen der privaten Nachfrager und Nutzer von Waren und Dienstleistungen gerechtfertigt und begründet (s. Art. 253, Rn. 6) werden.

---

36 S. dazu Art. 95, Rn. 20 ff.
37 De lege ferenda bereits gefordert von *Reich* (Fn. 4), S. 45; *Wichard* (Fn. 12), S. 250 f.; Querschnittsklauseln finden sich auch in Art. 6, 151 Abs. 4, 152 Abs. 1, 157 Abs. 3 S. 1, 159 Abs. 1 S. 2, 178; vgl. allgemein zur Problematik von Querschnittsklauseln, *T. Stein*, Die Querschnittsklausel zwischen Maastricht und Karlsruhe, in: FS-Everling, 1995, S. 1439.
38 So aber *Reich* (Fn. 6), S. 393 ff. auf der Basis des Maastrichter Vertrages.
39 S. Art. 6, Rn. 6; *Chillon* (Fn. 1), S. 107; vgl. dazu den Bericht der Kommission zum »verbraucherpolitischen Aktionsplan 1999–2001« und zum »allgemeinen Rahmen für die Gemeinschaftstätigkeiten zugunsten der Verbraucher 1999–2003«, KOM (2001) 486 endg., S. 20 f.

Titel XV
(ex-Titel XII)
Transeuropäische Netze

Art. 154 (ex-Art. 129b)

(1) Um einen Beitrag zur Verwirklichung der Ziele der Artikel 14 und 158 zu leisten und den Bürgern der Union, den Wirtschaftsbeteiligten sowie den regionalen und lokalen Gebietskörperschaften in vollem Umfang die Vorteile zugute kommen zu lassen, die sich aus der Schaffung eines Raumes ohne Binnengrenzen ergeben, trägt die Gemeinschaft zum Auf- und Ausbau transeuropäischer Netze in den Bereichen der Verkehrs-, Telekommunikations- und Energieinfrastruktur bei.

(2) Die Tätigkeit der Gemeinschaft zielt im Rahmen eines Systems offener und wettbewerbsorientierter Märkte auf die Förderung des Verbunds und der Interoperabilität der einzelstaatlichen Netze sowie des Zugangs zu diesen Netzen ab. Sie trägt insbesondere der Notwendigkeit Rechnung, insulare, eingeschlossene und am Rande gelegene Gebiete mit den zentralen Gebieten der Gemeinschaft zu verbinden.

Inhaltsübersicht:

A. Die Zuständigkeit der EG (Abs. 1)	1
I. Einführung	1
II. Der Gegenstand der Gemeinschaftskompetenz	3
1. Transeuropäische Netze	3
2. Die Bereiche der Gemeinschaftskompetenz	5
a) Verkehrsinfrastruktur	5
b) Telekommunikationsinfrastruktur	6
c) Energieinfrastruktur	7
3. Die Zwecke der Gemeinschaftskompetenz beim Auf- und Ausbau transeuropäischer Netze	8
a) Beitrag zur Verwirklichung des Binnenmarktes	8
b) Beitrag zum wirtschaftlichen und sozialen Zusammenhalt	9
c) Die Begünstigten des Gemeinschaftsbeitrags	10
B. Ziele der Gemeinschaftsaktion (Abs. 2 Satz 1)	11
I. Verbund der einzelstaatlichen Netze	12
II. Interoperabilität der einzelstaatlichen Netze	13
III. Förderung des Zugangs zu den einzelstaatlichen Netzen	14
C. Zu beachtende Rahmenbedingungen	15
I. System offener und wettbewerbsorientierter Märkte (Abs. 2 Satz 1)	15
II. Anbindung geographisch benachteiligter Gebiete (Abs. 2 Satz 2)	16

A. Die Zuständigkeit der EG (Abs. 1)

I. Einführung

1 Die EG erlangt durch Abs. 1 die Befugnis und wird verpflichtet, zum Auf- und Ausbau transeuropäischer Netze in drei Bereichen moderner Infrastruktur beizutragen. Dabei greift die Vorschrift die in Art. 3 Abs. 1 Buchst. o aufgezeigte Aufgabe der EG auf. Die Begründung der neuen Zuständigkeit der EG unterstreicht die Bedeutung transeuropäischer Netze für den Binnenmarkt und für die Integration der Mitgliedstaaten untereinander: Denn ein Binnenmarkt ist ohne einen grenzüberschreitenden Binnen»verkehr« von Produkten und Dienstleistungen i.w.S. nicht denkbar.[1]

---

1 Vgl. auch *Dieter/Grüter*, in: Lenz, EGV, Vorbem. Art. 154–156 Rn. 14; *Schweitzer/Hummer*, Europarecht, S. 489.

Es handelt sich bei der infrastrukturpolitischen Kompetenz der EG allerdings – nach 2
dem klaren Wortlaut (»Beitrag leisten«) – erkennbar nicht um eine ausschließliche Zuständigkeit der EG. Die primäre Verantwortlichkeit für Planung, Bau und Betrieb der Infrastrukturnetze bleibt auf der Ebene der Mitgliedstaaten – sei es, daß Hoheitsträger der Mitgliedstaaten oder Wirtschaftsbeteiligte in den Mitgliedstaaten tätig werden. Die gesamte Tätigkeit der EG im Bereich des Titels XV ist daher am Maßstab des Subsidiaritätsprinzips nach Art. 5 Abs. 2 zu messen.[2] Der Begriff des »Beitrags« unterstreicht im übrigen, daß Titel XV keine Kompetenz für eine eigenständige Infrastruktur- bzw. Energiepolitik der EG eröffnet.[3] Die Möglichkeiten, wie die EG ihren Beitrag leisten kann, sind in Art. 155, das diesbezügliche Rechtsetzungsverfahren in Art. 156 geregelt.

II. Der Gegenstand der Gemeinschaftskompetenz

1. Transeuropäische Netze

Der Begriff »transeuropäisch« indiziert, daß die zu auf- bzw. auszubauenden Netze 3
einen spezifisch grenzübergreifenden Charakter aufweisen sollen: Im Ergebnis ist es der EG daher verwehrt, gestützt auf Titel XV zu Infrastrukturen von nur lokaler oder regionaler Bedeutung beizutragen. Demgegenüber sind von dem Begriff der transeuropäischen Netze auch solche Infrastrukturen erfaßt, die nur die Interessen einzelner Mitgliedstaten berühren.[4] Gleiches gilt für Infrastrukturen, die Mitgliedstaaten mit Drittstaaten verbinden, was sich aus Art. 155 Abs. 3 EGV ergibt.

Art. 129b erstreckt die Anwendung der Vorschriften über transeuropäische Netze auf 4
die »Bereiche der Verkehrs-, Telekommunikations- und Energieinfrastruktur«. Damit sind andere Netze wie z. B. für Bildung oder Ausbildung von der Anwendung der Vorschriften aus Titel XV ausgeschlossen.[5] Die Anwendung ist im übrigen auch für die genannten Bereiche auf den Auf- und Ausbau der jeweiligen Infrastruktur beschränkt. Die Leistungen oder Dienste, die auf den Netzen erbracht werden, werden nach nicht nach den Art. 154 ff., sondern nach den jeweils für die Bereiche des Verkehrs, der Telekommunikation und Energie geltenden Regeln behandelt. Dies gilt z. B. für die Regeln über das Recht auf Zugang der Leistungserbringer zum Netz und für die Abgaben für die Benutzung der Netze.[6]

2. Die Bereiche der Gemeinschaftskompetenz

a) Verkehrsinfrastruktur
Die transnationalen Verkehrsnetze umfassen Verkehrsinfrastrukturen sowie Verkehrs- 5
management-, Ortungs- und Navigationssysteme. Dabei umfaßt die Verkehrsinfrastruktur Straßen-, Eisenbahn- und Binnenwasserstraßennetze, See- und Binnenhäfen, Flughäfen und andere Verkehrsknotenpunkte. Die Verkehrsmanagement-, die Ortungs- und

---

2 Vgl. auch *A. Bleckmann*, Europarecht, Rn. 2730; *J. Erdmenger*, in: HER, Art. 129b Rn. 5.
3 Vgl. auch *Rambow*, in: Lenz, EGV, 1. Aufl., Art. 129b Rn. 5.
4 A.A. zu letzterem *A. Bleckmann*, Europarecht, Rn. 2724, die allerdings das Billigungserfordernis durch einzelne betroffene Mitgliedstaten nach Art. 156 Abs. 2 in seiner Bedeutung für die systematische Auslegung des Begriffs des »transeuropäischen Netzes« verkennen.
5 Vgl. auch *Dieter/Grüter*, in: Lenz, EGV, Art. 154 Rn. 2.
6 Vgl. *A. Frohnmeyer*, in: Grabitz/Hilf, EU, Art. 129b, Rn. 2.

die Navigationssysteme umfassen die technischen, die Datenverarbeitungs- und die Telekommunikationseinrichtungen zur Sicherstellung eines harmonischen Betriebes der Verkehrsnetze und eines effizienten Verkehrsmanagements,[7] namentlich auch Telematik-Systeme.

b) Telekommunikationsinfrastruktur

6 Eine binnenmarkteffektuierende Telekommunikationsinfrastruktur hat neben dem Ausbau des bestehenden Telefonnetzes insbesondere die Einrichtung neuer Satelliten-, Funk- und Kabelnetze zum Gegenstand. Besonderes Gewicht kommt dabei neben dem diensteintegrierenden digitalen Fernmeldenetz ISDN (Integrated Service Digital Network), das neben der Sprache auch Daten und bewegte Bilder durch die Telefonleitung übertragen kann, einer europäischen integrierten Breitband-Kommunikation (die die Möglichkeit bietet, neue Multimediadienste zu übermitteln [z. B. Video-Kommunikation hoher Qualität, Kabelfernsehen]) sowie Mobilkommunikation (Mobiltelefone) und Infrastrukturen für satellitengestützte Telekommunikationen zu.[8]

c) Energieinfrastruktur

7 Die transnationalen Energienetze umfassen Elektrizitätsnetze und Erdgasnetze bzw. Netze zum Transport von flüssigen Brennstoffen.[9]

3. Die Zwecke der Gemeinschaftskompetenz beim Auf- und Ausbau transeuropäischer Netze

a) Beitrag zur Verwirklichung des Binnenmarktes

8 Der Beitrag der EG zum Auf- und Ausbau transeuropäischer Netze soll zunächst der Verwirklichung der Ziele des Art. 14 dienen. Damit knüpft die Vorschrift an die Funktion transeuropäischer Netze als Voraussetzung für das effektive Funktionieren des Binnenmarktes an: Denn ohne den Gebrauch transeuropäischer Netze ist ein freier, unbehinderter und reibungsloser Verkehr von Personen, Waren, Dienstleistungen und Kapital im Gesamtraum der Gemeinschaft nicht vorstellbar.[10] Vom Auf- und Ausbau einer modernen grenzübergreifenden und europaweit angelegten Infrastruktur gehen wiederum Signale zur Verstärkung und Intensivierung einer optimalen Allokation der volkswirtschaftlichen Güter und Dienstleistungen aus. Die EG hat es mithin über ihren Beitrag zur Infrastrukturentwicklung in der Hand, die Integration zu beschleunigen.[11]

b) Beitrag zum wirtschaftlichen und sozialen Zusammenhalt

9 Die Einbeziehung von Art. 158 in Art. 154 Abs. 1 macht – wie Art. 154 Abs. 2 Satz 2 – deutlich, daß es der EG-Politik zu den transeuropäischen Netzen nicht nur darum geht,

---

7 Vgl. Art. 3 der Entscheidung Nr. 1692/96/EG des Europäischen Parlaments und des Rates vom 23.7.1996 über gemeinschaftliche Leitlinien für den Aufbau eines transeuropäischen Verkehrsnetzes (ABl. Nr. L 228/1). Hierzu zählen z.b. das System »RDS-TMC« für die Straße, das Zugleit- und -sicherungssystem für die Schiene (ERTMS), das Seeverkehrsmanagement- und -informationsnetz mit seinen Untersystemen, das Luftverkehrsmanagementnetz mit dem Flugnavigationsplan, der Verkehrsflugregelung und der Flugsicherung.
8 Vgl. *J. Erdmenger*, in: HER, Art. 129b, Rn. 9 f.
9 In das bisherige sekundäre Gemeinschaftsrecht (vgl. Art. 4 der Entscheidung Nr. 1254/96/EG des Europäischen Parlaments und des Rates vom 5.6.1996 über eine Reihe von Leitlinien betreffend die transeuropäischen Netze im Energiebereich (ABl. Nr. L 161/147)) sind Rohrleitungen für flüssige Brennstoffe zwar nicht aufgenommen worden. Sie können je nach ihrem Hauptverwendungszweck auf der Grundlage des Art. 154 sowohl in das Energienetz als auch in das Verkehrsnetz eingegliedert werden; vgl. *A. Frohnmeyer*, in: Grabitz/Hilf, EU, Art. 129b, Rn. 5
10 Vgl. *J. Erdmenger*, in: HER, Art. 129b Rn. 12.
11 Vgl. *A. Frohnmeyer*, in: Grabitz/Hilf, EU, Art. 129b, Rn. 6.

die Vorteile des Binnenmarktes zu maximieren, sondern diese auch bezweckt, benachteiligte Regionen überhaupt erst die Möglichkeit zu schaffen, in nennenswertem Umfang an diesen Vorteilen zu partizipieren.[12] Die Stärkung des wirtschaftlichen und sozialen Zusammenhalts soll nach Art. 158 eine harmonische Entwicklung der Gemeinschaft als Ganzes fördern. Der Auf- und Ausbau der transeuropäischen Netze kann hierzu einen Beitrag leisten, indem die Unterschiede im Entwicklungsstand der verschiedenen Regionen und der Rückstand der am stärksten benachteiligten Gebiete tatsächlich verringert werden.[13]

c) Die Begünstigten des Gemeinschaftsbeitrags

Nach Abs. 1 bezweckt der Gemeinschaftsbeitrag, »den Bürgern der Union, den Wirtschaftsbeteiligten sowie den regionalen und lokalen Gebietskörperschaften« in vollem Umfang die Vorteile zugute kommen zu lassen, die sich aus der Schaffung eines Raumes ohne Binnengrenzen ergeben. Die Unterscheidung zwischen den Bürgern der Union und den Wirtschaftsbeteiligten unterstreicht, daß die EG spätestens nach dem Vertrag von Maastricht nicht mehr ausschließlich auf eine wirtschaftliche Integration hin ausgerichtet ist. Denn die Bewegungsfreiheit der Unionsbürger nach Art. 18 besteht auch dann, wenn der Bürger sie nicht zur Verwirklichung von Grundfreiheiten nutzen möchte. Im übrigen umfaßt der Kreis der »Wirtschaftsbeteiligten« neben den Unionsbürgern auch juristische Personen und am Wirtschaftsleben der EU teilhabende Drittstaatler. Mit den regionalen und lokalen Gebietskörperschaften werden schließlich diejenigen Untergliederungen der Mitgliedstaaten besonders hervorgehoben, die – z.B. im Hinblick auf ihre z.T. bestehende Raumordnungs- bzw. Planungskompetenz oder ihre Eigentümerposition – neben den Mitgliedstaaten als solchen in besonderer Weise von Infrastrukturmaßnahmen berührt sein können.[14]

10

B. Ziele der Gemeinschaftsaktion (Abs. 2 Satz 1)

Art. 154 enthält einen abschließenden Zielkatalog für den Bereich der Politik der transeuropäischen Netze. Es wäre daher gemeinschaftsrechtswidrig, wenn die EG unter Berufung auf Abs. 1 der Vorschrift die durch den Abs. 2 gesetzten Grenzen ihrer Kompetenz auszuweiten und insoweit namentlich gestützt auf Art. 308 Rechtsakte zu erlassen suchte,[15]

11

I. Verbund der einzelstaatlichen Netze

Die Tätigkeit der Gemeinschaft soll auf den Verbund der einzelstaatlichen Systeme hinwirken. Mit dieser Zielsetzung wird namentlich die Schließung von Lücken zwischen den Netzen angesprochen, sei es in Form des Neubaus transnationaler Verbindungen und damit der Beseitigung von sog. »missing links«, sei es in Form des Ausbaus bestehender Verbindungen mit dem Ziel, die Kapazität an die bestehende oder zu erwartende Nachfrage anzupassen und damit Engpässe (sog. »bottle necks«) zu beheben.[16]

12

---

12 Vgl. A. Bleckmann, Europarecht, Rn. 2728.
13 So ist z.B. durch den Auf- und Ausbau von Verkehrsnetzen die Abmilderung von Standortnachteilen, durch den Auf- und Ausbau der Telekommunikationsnetze ein Informationsaustausch »in real time« und durch den Auf- und Ausbau der Energienetze die Lieferung von Elektrizität und Gas überhaupt erst möglich; vgl. A. Frohnmeyer, in: Grabitz/Hilf, EU, Art. 129b, Rn. 7.
14 Vgl. A. Bleckmann, Europarecht, Rn. 2729; J. Erdmenger, in: HER, Art. 129b Rn. 15.
15 Vgl. auch Dieter/Grüter, in: Lenz, EGV, Art. 154 Rn. 2.
16 Vgl. A. Frohnmeyer, in: Grabitz/Hilf, EU, Art. 129b, Rn. 8 f.; J. Erdmenger, in: HER, Art. 129b Rn. 17.

II. Interoperabilität der einzelstaatlichen Netze

13 Eine Folge der früheren ausschließlich nationalen Planung von Infrastrukturvorhaben ist die oftmals fehlende technische oder organisatorische Kompatibilität der Netze (z.B. unterschiedliche Spurweiten bei den Schienennetzen, Spannungsdifferenzen bei der Stromdurchleitung). Das Ziel der Interoperabilität der Netze dient dazu, diese Unterschiede abzubauen bzw. bei neuen technischen Entwicklungen überhaupt nicht entstehen zu lassen und damit die Raumüberwindung zu ermöglichen oder ihre Effektivität zu erhöhen.[17]

III. Förderung des Zugangs zu den einzelstaatlichen Netzen

14 Der Wortlaut der Vorschrift läßt offen, ob mit dem Ziel der Förderung des Zugangs zu den einzelstaatlichen Netzen nur die physische Zugänglichkeit oder auch ein Recht des Benutzers auf Zugang angesprochen wird. Eine systematische Auslegung des Titels XV spricht dafür, daß (nur) die physische Erreichbarkeit der transeuropäischen Netze sichergestellt werden soll.[18] Tatsächlich wurden für das Recht der Benutzer auf Zugang zu den Netzen im Verkehrs- und im Energiebereich schon seit Jahren Regelungen nach den jeweils geltenden spezifischen Vorschriften des Vertrags von der Kommission vorgeschlagen und vom Rat verabschiedet. Dabei geht es nicht darum, Infrastruktur bereitzustellen, sondern um Fragen der Marktordnung und zwar mit dem Ziel, die Diensteerbringung auf dem Netz dem Wettbewerbsprinzip zu unterwerfen. Fragen des Rechts auf Zugang können daher nicht auf der primärgemeinschaftsrechtlichen Grundlage des Titels XV gelöst werden.

C. Zu beachtende Rahmenbedingungen

I. System offener und wettbewerbsorientierter Märkte (Abs. 2 Satz 1)

15 Die Verpflichtung der EG, den Verbund, die Interoperabilität und den Zugang zu den einzelnen europäischen Netzen »im Rahmen eines Systems offener und wettbewerbsorientierter Märkte« zu fördern, stellt eine Rahmenbedingung auf, die auch im Bereich der Industriepolitik der EG (Art. 157 Abs. 1 UA 2) existiert. Diese Rahmenbedingung korrespondiert dem Ziel der Schaffung eines Systems unverfälschten Wettbewerbs gemäß Art. 3 Abs. 1 Buchst. g sowie dem »Grundsatz einer offenen Marktwirtschaft mit freiem Wettbewerb« in den Art. 4 Abs. 1 und Art. 98.[19] Sie dient dazu, daß das planerische Element, das in dem Auf- und Ausbau von Netzen liegt, nicht dazu führen darf, die marktwirtschaftlichen Grundregeln des EG-Vertrages außer Kraft zu setzen. Angesichts der vielfältigen öffentlichen Interessen soll die private Initiative zum Bau, zur Finanzierung (und schließlich auch zum Betrieb) von transeuropäischen Netzen und Vorhaben nicht über Gebühr (z.B. zur Wahrung übergeordneter Interessen wie des Umweltschutzes) behindert, sondern im Gegenteil gefördert und zugleich Interventionismus der EG auf das

---

17 Vgl. A. Bleckmann, Europarecht, Rn. 2732; J. Erdmenger, in: HER, Art. 129b Rn. 18.
18 Vgl. auch A. Bleckmann, Europarecht, Rn. 2732; Schweitzer/Hummer, Europarecht, S. 491 f.; A. Frohnmeyer, in: Grabitz/Hilf, EU, Art. 129b, Rn. 11; J. Erdmenger, in: HER, Art. 129b Rn. 19; Scholz/Langer, 1992, S. 234.
19 Vgl. auch A. Bleckmann, Europarecht, Rn. 2731.

zwingend Erforderliche begrenzt werden.[20] Ein Zwang zur Liberalisierung bzw. Privatisierung von Infrastrukturnetzen ist damit allerdings nicht verknüpft.[21]

II. Anbindung geographisch benachteiligter Gebiete (Abs. 2 Satz 2)

Der in Abs. 2 enthaltene besondere Hinweis auf die »Notwendigkeit, insulare, eingeschlossene und am Rande gelegene Gebiete mit den zentralen Gebieten der Gemeinschaft zu verbinden«, stellt lediglich eine Verdeutlichung des in Abs.1 genannten Ziels nach Art. 158 dar. Unter den eingeschlossenen Gebieten sind solche zu verstehen, die keinen Zugang zum offenen Meer besitzen. Aber der Begriff kommt auch auf Regionen zur Anwendung, die etwa von Hochgebirgen umgeben sind und eines Zugangs zu den Zentren bedürfen.[22] Schließlich erfaßt der Begriff auch Exklaven wie Ceuta und Melilla.[23]

16

---

20 Vgl. auch *A. Frohnmeyer*, in: Grabitz/Hilf, EU, Art. 129b, Rn. 13 ff.; *J. Erdmenger*, in: HER, Art. 129b Rn. 16; *Scholz/Langer*, Europäischer Binnenmarkt und Energiepolitik, 1992, S. 234 f. Die These, daß die Ausrichtung auf den Wettbewerb Interventionismus der EG vorbeugen soll (so *Schweitzer/Hummer*, Europarecht, S. 491), verkennt, daß entsprechende Interventionen gerade auch zur Wahrung von Wettbewerbsverhältnissen geboten sein kann.
21 A.A. offenbar *F. von Burchard*, in: Schwarze (Hg.): EU-Kommentar, Art. 154 Rn. 14
22 Vgl. *A. Frohnmeyer*, in: Grabitz/Hilf, EU, Art. 129b, Rn. 16
23 Vgl. auch *Dieter/Grüter*, in: Lenz, EGV, Art. 154 Rn. 8.

Art. 155 (ex-Art. 129c)

Zur Erreichung der Ziele des Artikels 154 geht die Gemeinschaft wie folgt vor:
- Sie stellt eine Reihe von Leitlinien auf, in denen die Ziele, die Prioritäten und die Grundzüge der im Bereich der transeuropäischen Netze in Betracht gezogenen Aktionen erfaßt werden; in diesen Leitlinien werden Vorhaben von gemeinsamem Interesse ausgewiesen;
- sie führt jede Aktion durch, die sich gegebenenfalls als notwendig erweist, um die Interoperabilität der Netze zu gewährleisten, insbesondere im Bereich der Harmonisierung der technischen Normen;
- sie kann von den Mitgliedstaaten ganz oder teilweise unterstützte Vorhaben von gemeinsamem Interesse, die im Rahmen der Leitlinien gemäß dem ersten Gedankenstrich ausgewiesen sind, insbesondere in Form von Durchführbarkeitsstudien, Anleihebürgschaften oder Zinszuschüssen unterstützen; die Gemeinschaft kann auch über den nach Artikel 161 errichteten Kohäsionsfonds zu spezifischen Verkehrsinfrastrukturvorhaben in den Mitgliedstaaten finanziell beitragen.

Die Gemeinschaft berücksichtigt bei ihren Maßnahmen die potentielle wirtschaftliche Lebensfähigkeit der Vorhaben.

(2) Die Mitgliedstaaten koordinieren untereinander in Verbindung mit der Kommission die einzelstaatlichen Politiken, die sich erheblich auf die Verwirklichung der Ziele des Artikels 154 auswirken können. Die Kommission kann in enger Zusammenarbeit mit den Mitgliedstaaten alle Initiativen ergreifen, die dieser Koordinierung förderlich sind.

(3) Die Gemeinschaft kann beschließen, mit dritten Ländern zur Förderung von Vorhaben von gemeinsamem Interesse sowie zur Sicherstellung der Interoperabilität der Netze zusammenzuarbeiten.

Inhaltsübersicht:

A. Maßnahmen der Gemeinschaft (Abs. 1)	1
I. Erstellung von Leitlinien	3
1. Ziele der in Betracht gezogenen Aktion	5
2. Prioritäten der in Betracht gezogenen Aktion	6
3. Grundzüge der in Betracht gezogenen Aktionen	7
4. Ausweisung von Vorhaben von gemeinsamem Interesse	8
II. Aktionen zur Gewährleistung der Interoperabilität	9
III. Finanzielle Unterstützung	12
IV. Berücksichtigung der potentiellen wirtschaftlichen Lebensfähigkeit der Vorhaben	16
B. Koordinierung der einzelstaatlichen Politiken (Abs. 2)	17
C. Zusammenarbeit der EG mit Drittstaaten (Abs. 3)	19

A. Maßnahmen der Gemeinschaft (Abs. 1)

1 Art. 155 hat zunächst die Maßnahmen zum Inhalt, mit denen die Gemeinschaft die Ziele des Art. 154 umsetzen kann. Der entsprechende Katalog ist, wie der Verzicht auf die Einleitung durch das Wort »insbesondere« verdeutlicht, abschließend.[1] Es handelt sich dabei um
- das Erstellen von Leitlinien
- die Gewährleistung der Interoperabilität
- die finanzielle Unterstützung von Vorhaben von gemeinsamem Interesse

---

1 Vgl. auch *Dieter/Grüter*, in: Lenz, EGV, Art. 155, Rn. 1.

Während die finanzielle Unterstützung von Vorhaben von gemeinsamem Interesse nach 2
dem Wortlaut (»kann«-Vorschrift) in das Ermessen der Gemeinschaft gestellt ist, ist sie
zum Erstellen von Leitlinien und zur Gewährleistung der Interoperabilität verpflichtet.
Dabei besteht allerdings kein Rangverhältnis zwischen dem Erstellen von Leitlinien und
der Gewährleistung von Interoperabilität: Leitlinien können auch dann aufgestellt werden, wenn es an Maßnahmen zur Gewährleistung der Interoperabilität (bislang) fehlt.[2]

I. Erstellung von Leitlinien

Der Begriff der »Leitlinien« erfährt im gesamten Vertrag, in dem er auch im Zusammen- 3
hang mit der Beschäftigungspolitik auftaucht (Art. 128 Abs. 2), keine Definition. Ein
Vergleich der unterschiedlichen, nach Art. 314 in gleicher Weise verbindlichen Sprachfassungen spricht für ein Verständnis des Begriffes als Orientierungsrahmen. Für diese
durch die französische Vertragsbezeichnung »ensemble d'orientations« nahegelegte
Kennzeichnung spricht auch die nachfolgende Praxis, die im Gemeinschaftsrecht als
auslegungsrelevant anerkannt ist:[3] Denn in den zwischenzeitlich verabschiedeten Leitlinien werden diese als »Orientierungsaktion«[4] bzw. als »allgemeiner Bezugsrahmen«[5]
gekennzeichnet. Einer Beschränkung der Leitlinien auf lediglich gemeinschaftliche Aktionen stehen Effizienzaspekte und der Gesamtzusammenhang des Titels XV – der
gerade ein Tätigwerden von Mitgliedstaaten voraussetzt – gegenüber.[6]

Der EG-Vertrag gibt nicht vor, ob Leitlinien querschnittsmäßig und einheitlich für alle 4
drei in Art. 154 Abs. 1 genannten Bereiche oder – was bisherige Praxis ist – für die drei
Bereiche gesondert (mit jeweils unterschiedlichem Inhalt) erlassen werden. Vertraglich
definiert ist aber der Mindestinhalt von Leitlinien: »Ziele«, »Prioritäten« und »Grundzüge« der im Bereich transeuropäischer Netze in Betracht gezogenen Aktionen sowie
»Vorhaben von gemeinsamem Interesse« müssen kumulativ in jeder Leitlinie festgelegt
sein. Fehlt einer dieser Bestandteile, ist die Leitlinie rechtswidrig. Die Mitgliedstaaten
der EU sind rechtlich verpflichtet, sich aller Maßnahmen zu enthalten, die die Erreichung der in den Leitlinien enthaltenen Ziele verhindern oder erschweren.[7]

---

2 Vgl. EuGH, Rs. C-271/94, Slg. 1996, I-1689, Rn. 26 (Parlament/Rat).
3 Vgl. zur Bedeutung der nachfolgenden Praxis *A. Bleckmann*, Die Bindungswirkung der Praxis
  der Organe und der Mitgliedstaaten der EG bei der Auslegung und Lückenfüllung des Europäischen Gemeinschaftsrechts: Die Rolle des Art. 5 EWG-Vertrag, in: Ress/Bieber (Hrsg.): Die Dynamik des Europäischen Gemeinschaftsrechts, Baden-Baden 1987, S. 161 ff.; *E. Klein*,
  Vertragsauslegung und spätere Praxis Internationaler Organisationen, in: aaO., S. 101 ff.
4 Art. 1 der Entscheidung Nr. 1254/96/EG des Europäischen Parlaments und des Rates vom
  5.6.1996 über eine Reihe von Leitlinien betreffend die transeuropäischen Netze im Energiebereich, ABl. Nr. L 161/147.
5 Art. 1 Abs. 2 der Entscheidung Nr. 1692/96/EG des Europäischen Parlaments und des Rates vom
  23.7.1996 über gemeinschaftliche Leitlinien für den Aufbau eines transeuropäischen Verkehrsnetzes, ABl. Nr. L 228/1.
6 Vgl. *A. Bleckmann*, Europarecht, Rn. 2734.
7 Zum Rechtscharakter der Leitlinien vgl. auch *F. von Burchard*, in: Schwarze (Hg.): EU-Kommentar, Art. 155 EGV Rn. 6 f.

Jörg Ukrow

1. Ziele der in Betracht gezogenen Aktion[8]

5 Die allgemeinen zulässigen Ziele einer Gemeinschaftsaktion ergeben sich aus Art. 154. Sektorspezifische Ziele im Rahmen von Leitlinien müssen sich in diese allgemeinen Ziele einfügen, dürfen mit diesen mithin nicht in Widerspruch stehen. Sie müssen sich also auf den Binnenmarkt, den wirtschaftlichen und sozialen Zusammenhalt, die Förderung des Verbunds und der Interoperabilität der einzelstaatlichen Netze und/oder den Zugang zu diesen Netzen beziehen. Sektorspezifische Ziele ergeben sich im übrigen aus den Gemeinschaftspolitiken für die Bereiche Verkehr, Telekommunikation und Energie, d. h. aus den jeweiligen Ansprüchen an die Infrastruktur, die zur Sicherstellung der für die Gemeinschaft notwendigen Dienste auf den Netzen erforderlich ist.[9]

2. Prioritäten der in Betracht gezogenen Aktion

6 Die Formulierung von Art. 155 läßt den Gemeinschaftsorganen einen weitgehenden Ermessensspielraum bei der Festlegung der Prioritäten, soweit die Verfahrensregeln nach Art. 156 beachtet werden.[10] Prioritäten können entweder sachlicher oder zeitlicher Natur sein. In den bisherigen Leitlinien finden sich sowohl sachliche Prioritätssetzungen,[11] die die Entwicklung eines bzw. den Zugang zu einem bestimmten Netz oder zu Teilen des Netzes als vordringlich darstellen, als auch zeitliche Prioritätssetzungen,[12] die einen zeitlichen Rahmen für Etappenziele festlegen. Dabei bestehen auch gegen die Festlegung

---

8 Beim derzeitigen Stand des sekundären Gemeinschaftsrechts finden sich solche Ziele in Art. 3 der Entscheidung Nr. 2717/95/EG des Europäischen Parlaments und des Rates vom 9.11.1995 über Leitlinien für die Entwicklung des EURO-ISDN (diensteintegrierendes digitales Fernmeldenetz) zu einem transeuropäischen Netz (ABl. Nr. L 282/16), Art. 3 der Entscheidung Nr. 1254/96/EG des Europäischen Parlaments und des Rates vom 5.6.1996 über eine Reihe von Leitlinien betreffend die transeuropäischen Netze im Energiebereich, Art. 2 der Entscheidung Nr. 1692/96/EG des Europäischen Parlaments und des Rates vom 23.7.1996 über gemeinschaftliche Leitlinien für den Aufbau eines transeuropäischen Verkehrsnetzes, Art. 2 der Entscheidung Nr. 1336/97/EG des Europäischen Parlaments und des Rates vom 17.6.1997 über Leitlinien für transeuropäische Telekommunikationsnetze ABl.Nr. L 183/12. Art. 1 der Entscheidung Nr. 1719/1999/EG des Europäischen Parlaments und Rates vom 12.7.1999 über Leitlinien einschließlich der Festlegung von Projekten von gemeinsamem Interesse für transeuropäische Netze zum elektronischen Datenaustausch zwischen Verwaltungen (IDA) (ABl.Nr. L 203/1) und Art. 1 des Beschlusses Nr. 1720/1999/EG des Europäischen Parlaments und des Rates vom 12.7.1999 über Aktionen und Maßnahmen zur Gewährleistung der Interoperabilität transeuropäischer Netze für den elektronischen Datenaustausch zwischen Verwaltungen und des Zugangs zu den Netzen (IDA), ABl.Nr. L 203/9.
9 Vgl. A. *Frohnmeyer*, in: Grabitz/Hilf, EU, Art. 129c, Rn. 4.
10 Vgl. A. *Frohnmeyer*, in: Grabitz/Hilf, EU, Art. 129c, Rn. 5.
11 Vgl. Art. 3 der Entscheidung Nr. 2717/95/EG des Europäischen Parlaments und des Rates vom 9.11.1995 über Leitlinien für die Entwicklung des EURO-ISDN (diensteintegrierendes digitales Fernmeldenetz) zu einem transeuropäischen Netz, Art. 4 der Entscheidung Nr. 1254/96/EG des Europäischen Parlaments und des Rates vom 5.6.1996 über eine Reihe von Leitlinien betreffend die transeuropäischen Netze im Energiebereich, Art. 5 der Entscheidung Nr. 1692/96/EG des Europäischen Parlaments und des Rates vom 23.7.1996 über gemeinschaftliche Leitlinien für den Aufbau eines transeuropäischen Verkehrsnetzes, Art. 3 der Entscheidung Nr. 1336/97/EG des Europäischen Parlaments und des Rates vom 17.6.1997 über Leitlinien für transeuropäische Telekommunikationsnetze und Art. 4 der Entscheidung Nr. 1719/1999/EG des Europäischen Parlaments und des Rates vom 12.7.1999 über Leitlinien einschließlich der Festlegung von Projekten von gemeinsamem Interesse für transeuropäische Netze zum elektronischen Datenaustausch zwischen Verwaltungen (IDA).
12 Vgl. Anhang III der Entscheidung Nr. 1692/96/EG des Europäischen Parlaments und des Rates vom 23.7.1996 über gemeinschaftliche Leitlinien für den Aufbau eines transeuropäischen Verkehrsnetzes.

zeitlicher Prioritäten für Vorhaben von gemeinsamem Interesse keine durchgreifenden gemeinschaftsrechtlichen Bedenken: Einige Mitgliedstaaten äußerten Zweifel, ob der Begriff Prioritäten auch zeitliche Vorgaben für nationale Investitionsvorhaben umfaßt, selbst wenn sie in gemeinsamen Interesse liegen. Diese Mitgliedstaaten meinen, daß sie allein ihre zeitlichen Prioritäten festlegen könnten. Sofern die Leitlinien bei der Festlegung zeitlicher Prioritäten dem Vorbehalt der planerischen Reife und der Verfügbarkeit der entsprechenden Finanzmittel angemessen Rechnung tragen, können Mitgliedstaaten verpflichtet werden, bestimmte Vorhaben von gemeinsamem Interesse auch zeitlich vorrangig zu betreiben, d.h. Planung, Bau und Finanzierung eines Netzes im Rahmen des Möglichen zu beschleunigen.[13]

3. Grundzüge der in Betracht gezogenen Aktionen[14]

Die Leitlinien müssen die einzelnen Arbeiten hinsichtlich Umfang und Beschaffenheit 7 umschreiben, die im Hinblick auf den Auf- und Ausbau transeuropäischer Netze erforderlich sind. Diese Definition kann durch Aufstellung von Netzplänen oder »Netzschematas«, also kartographisch, oder aber durch textliche Beschreibung der für das Netz in Aussicht genommenen Verbindungen erfolgen. Auch die Schaffung von für die Entwicklung eines transeuropäischen Netzes günstigeren Rahmenbedingungen kommt als Grundzug der Gemeinschaftsaktion in Betracht.

4. Ausweisung von Vorhaben von gemeinsamem Interesse[15]

Die Identifizierung von Vorhaben von gemeinsamem Interesse bildet den Kern der Leit- 8 linien, weil erst durch die Ausführung dieser Vorhaben die Gemeinschaftsziele erreicht werden.[16] Der Begriff des »gemeinsamen Interesse« ist im Vertrag nicht definiert. Daß

---

13 Vgl. *J. Erdmenger*, in: HER, Art. 129c, Rn. 10, 16 ff.
14 Beim derzeitigen Stand des sekundären Gemeinschaftsrechts finden sich solche Grundzüge in Art. 5 der Entscheidung Nr. 2717/95/EG des Europäischen Parlaments und des Rates vom 9.11.1995 über Leitlinien für die Entwicklung des EURO-ISDN, Art. 5 der Entscheidung Nr. 1254/96/EG des Europäischen Parlaments und des Rates vom 5.6.1996 über eine Reihe von Leitlinien betreffend die transeuropäischen Netze im Energiebereich, Art. 4 der Entscheidung Nr. 1692/96/EG des Europäischen Parlaments und des Rates vom 23.7.1996 über gemeinschaftliche Leitlinien für den Aufbau eines transeuropäischen Verkehrsnetzes, Art. 4 der Entscheidung Nr. 1336/97/EG des Europäischen Parlaments und des Rates vom 17.6.1997 über Leitlinien für transeuropäische Telekommunikationsnetze und Art. 5 der Entscheidung Nr. 1719/1999/EG des Europäischen Parlaments und des Rates vom 12.7.1999 über Leitlinien einschließlich der Festlegung von Projekten von gemeinsamem Interesse für transeuropäische Netze zum elektronischen Datenaustausch zwischen Verwaltungen (IDA).
15 Beim derzeitigen Stand des sekundären Gemeinschaftsrechts findet sich eine solche Ausweisung von Vorhaben von gemeinsamem Interesse in Anhang II der Entscheidung Nr. 2717/95/EG des Europäischen Parlaments und des Rates vom 9.11.1995 über Leitlinien für die Entwicklung des EURO-ISDN, dem Anhang der Entscheidung Nr. 1254/96/EG des Europäischen Parlaments und des Rates vom 5.6.1996 über eine Reihe von Leitlinien betreffend die transeuropäischen Netze im Energiebereich, Art. 7 i.V.m. Anhang II der Entscheidung Nr. 1692/96/EG des Europäischen Parlaments und des Rates vom 23.7.1996 über gemeinschaftliche Leitlinien für den Aufbau eines transeuropäischen Verkehrsnetzes, Anhang II der Entscheidung Nr. 1336/97/EG des Europäischen Parlaments und des Rates vom 17.6.1997 über Leitlinien für transeuropäische Telekommunikationsnetze und dem Anhang der Entscheidung 1719/1999/EG des Europäischen Parlaments und des Rates vom 12.7.1999 über Leitlinien einschließlich der Festlegung von Projekten von gemeinsamem Interesse für transeuropäische Netze zum elektronischen Datenaustausch zwischen Verwaltungen (IDA).
16 Vgl. auch *J. Erdmenger*, in: HER, Art. 129c, Rn. 14; *A. Frohnmeyer*, in: Grabitz/Hilf, EU, Art. 129c, Rn. 7.

dieser Begriff und nicht derjenige des »gemeinschaftliches Interesse« verwendet wird, spricht dafür, daß die Vorhaben nicht nur im Interesse der Gemeinschaft, sondern auch im konkreten Interesse eines oder mehrerer betroffener Mitgliedstaaten sein müssen. Vorhaben von gemeinsamem Interesse müssen nicht stets einen Bezug zu Drittstaaten aufweisen, können aber einen solchen Bezug haben, wie Abs. 3 belegt. Im übrigen ist ein Vorhaben von gemeinsamem Interesse nur ein solches, das sich in die Ziele, Prioritäten und Grundzüge der im Bereich der transeuropäischen Netze in Betracht gezogenen Aktionen einfügt. Solche Vorhaben können schon bei Erstellung der Leitlinien konkret ausgewiesen werden oder (z.B. im Hinblick auf weiteren Konkretisierungsbedarf nach Abschluß einer in der Entwicklung befindlichen technologischen Entwicklung) abstrakt umschrieben werden.[17]

II. Aktionen zur Gewährleistung der Interoperabilität

9 Die Gemeinschaft führt zur Erreichung der Ziele des Art. 154 jede Aktion durch, die sich gegebenenfalls als notwendig erweist, um die Interoperabilität der Netze zu gewährleisten, insbesondere im Bereich der Harmonisierung der technischen Normen. Hinsichtlich der Frage, ob eine solche Aktion sich als notwendig erweist, steht den Gemeinschaftsorganen im Rahmen des Entscheidungsfindungsverfahren nach Art. 156 Satz 1 ein weiter, gerichtlicher Kontrolle durch den EuGH nur in engem Umfang zugänglicher Beurteilungsspielraum zu.

10 Der für das Gemeinschaftsrecht neue Begriff der Interoperabilität führt je nach Netztyp zu verschiedenartigen technischen Erfordernissen. Gemeinsames Merkmal der Interoperabilität der drei Netztypen ist es, daß die Erbringung der grenzüberschreitenden Leistung ohne vermeidbare Behinderung durch verschiedenartige technische Systeme ermöglicht werden soll.[18]

11 So ist z.B. im Bereich des Verkehrs mit der Interoperabilität namentlich das Ziel einer durchgehenden Beförderung von Personen und Gütern über eine Systemgrenze hinweg verbunden: Dies betrifft den möglichst reibungslosen Wechsel über nationale Grenzen wie zwischen einzelnen Verkehrsträgern. Zum Zwecke der Interoperabilität kann zunächst auf die bloße Kompatibilität verschiedener technischer Systeme hingewirkt werden. Dabei sind im Verkehrsbereich auch Maßnahmen im Vorfeld einer kompatiblen Infrastruktur, etwa durch Einsatz von kompatiblen Fahrzeugen denkbar. Eine andere Methode der Herstellung von Interoperabilität ist es, daß die Parameter der Infrastruktur vereinheitlicht werden.[19] Als entsprechende Mittel kommen solche ordnungsrechtlicher, technischer und/oder betrieblicher Art in Betracht. Im Rahmen der Interoperabilität spielen nach dem Wortlaut der Vorschrift Aktionen zur Harmonisierung technischer Normen eine besondere Rolle. Hier kann für die transeuropäischen Netze auf den Methoden aufgebaut werden, die die Gemeinschaft zur Herstellung des freien Warenverkehrs auf dem Gebiet der technischen Vorschriften und Normen entwickelt hat.[20]

---

17 Vgl. A. Frohnmeyer, in: Grabitz/Hilf, EU, Art. 129c, Rn. 7.
18 Nach Art. 2 Buchst. b) der Richtlinie 96/48/EG des Rates vom 23. Juli 1996 über die Interoperabilität des transeuropäischen Hochgeschwindigkeitszuges (ABl. Nr. L 235/6) bezeichnet Interoperabilität »die Tauglichkeit des transeuropäischen Hochgeschwindigkeitsbahnsystems für den sicheren und durchgehenden Verkehr von Hochgeschwindigkeitszügen, die den spezifizierten Leistungskennwerten entsprechen«, vgl. im übrigen auch Art. 6 und 9 des Beschlusses Nr. 1720/1999/EG des Europäischen Parlaments und des Rates vom 12.7.1999 über Aktionen und Maßnahmen zur Gewährleistung der Interoperabilität transeuropäischer Netze für den elektronischen Datenaustausch zwischen Verwaltungen und des Zugangs zu den Netzen (IDA), ABl. Nr. L 203/9.
19 Vgl. A. Frohnmeyer, in: Grabitz/Hilf, EU, Art. 129c, Rn. 9.
20 Vgl. auch J. Erdmenger, in: HER, Art. 129c, Rn. 21.

III. Finanzielle Unterstützung

Die Realisierung von Vorhaben von gemeinsamem Interesse ist nicht zuletzt auch eine 12
Frage der Finanzierung. Da diese Vorhaben ihrer Natur nach meist in den Randgebieten der Mitgliedstaaten liegen, haben sie oftmals aus einzelstaatlicher Sicht nur geringe Priorität. Das gleiche gilt für diejenigen Infrastrukturen, die für den Mitgliedstaat, in dem sie belegen sind, vorwiegend Transitfunktion haben. Vor diesem Hintergrund hatte die Gemeinschaft schon vor Inkrafttreten des Titels XV ersten Aktionen zur finanziellen Unterstützung von Infrastrukturvorhaben unternommen, um entsprechende Defizite auszugleichen.[21]

Eine finanzielle Unterstützung von Vorhaben von gemeinsamem Interesse durch die EG 13
setzt zunächst voraus, daß diese gemäß Art. 155 Abs. 1 1. Gedankenstrich im Rahmen von Leitlinien ausgewiesen sind. Ferner müssen diese Vorhaben »von den Mitgliedstaaten ganz oder teilweise unterstützt« werden. Auch wenn der Wortlaut insoweit mißverständlich ist, bedarf es keiner Unterstützung des betreffenden Vorhabens durch sämtliche Mitgliedstaaten; es genügt eine Unterstützung durch einen Mitgliedstaat. Bis zum Vertrag von Amsterdam war im Hinblick auf den Wortlaut der Norm, der eine Unterstützung der finanziellen Anstrengungen der Mitgliedstaaten »für von ihnen finanzierte Vorhaben von gemeinsamem Interesse« durch die EG vorsah, umstritten, ob dies auch eine Unterstützung von Vorhaben, die von privater Seite finanziert werden, ermöglicht. Die Neufassung sorgt insoweit für Klarheit: Entscheidend ist ausschließlich, ob ein Vorhaben von einem oder mehreren Mitgliedstaaten »ganz oder teilweise unterstützt wird«. Eine solche Unterstützung setzt einen Finanzierungsbeitrag der öffentlichen Hand in einem Mitgliedstaat nicht zwingend voraus.[22]

Absatz 1 3. Gedankenstrich, hebt drei Formen der Unterstützung durch die EG be- 14
sonders hervor: Durchführbarkeitsstudien (namentlich zur technischen und/oder ökonomischen Machbarkeit eines Vorhabens),[23] (Beiträge zu den Prämien für) Anleihebürgschaften (des Europäischen Investitionsfonds oder anderer Finanzinstitutionen)[24] und Zinszuschüsse (für von der Europäischen Investitionsbank oder anderen öffentlichen oder privaten Finanzinstituten gewährte Darlehen).[25] Dieser Katalog ist nach dem Wortlaut der Norm (»insbesondere«) nicht abschließend.[26]

---

21 Vgl. *J. Erdmenger*, in: HER, Art. 129c, Rn. 22.
22 Nach dem inzwischen aufgehobenen Art. 2 Abs. 2 der Verordnung Nr. 2236/95 des Rates über die Grundregeln für die Gewährung von Gemeinschaftszuschüssen für transeuropäische Netze (ABl. Nr. L 228/1) waren nicht nur Vorhaben, die von den Mitgliedstaaten oder von regionalen bzw. lokalen Behörden finanziert werden zuschußfähig, sondern auch Vorhaben, die von Einrichtungen finanziert werden, »welche innerhalb eines administrativen oder gesetzlichen Rahmens tätig sind, der sie öffentlichen Einrichtungen macht, insbesondere von öffentlichen oder privaten Unternehmen, die öffentliche oder im öffentlichen Interesse liegende Dienstleistungen erbringen«.
23 Vgl. hierzu Art. 4 Abs. 1 Buchst. a) der Verordnung Nr. 2236/95.
24 Vgl. hierzu Art. 4 Abs. 1 Buchst. c) der Verordnung Nr. 2236/95.
25 Vgl. hierzu Art. 4 Abs. 1 Buchst. b) der Verordnung Nr. 2236/95.
26 Dementsprechend gestattet die Verordnung Nr. 2236/95 z.B. auch »direkte Subventionen für Investitionen in begründeten Fällen« (Art. 4 Abs. 1 Buchst. d). Für den Zeitraum von 2000 bis 2006 stehen 4.600 Mio. EUR für solche Gemeinschaftszuschüsse zur Verfügung (Art. 18 Abs. 1 der Verordnung). Gemäß Art. 5 Abs. 4 der Verordnung sind die in dieser Verordnung vorgesehenen Finanzmittel nicht generell, sondern nur »grundsätzlich« für (Phasen von) Vorhaben ausgeschlossen, die anderweitig Finanzmittel aus dem EG-Haushalt erhalten. Der Gesamtbetrag des EG-Zuschusses im Rahmen dieser Verordnung darf im übrigen 10% der Investitionssumme für die Vorhaben nicht überschreiten (Art. 5 Abs. 3). Zu Finanzierungsinstrumenten, die der EG für netzbezogene Investitionen zur Verfügung stehen, vgl. *J. Erdmenger*, in: HER, Art. 129c, Rn. 31 ff.; *A. Frohnmeyer*, in: Grabitz/Hilf, EU, Art. 129c, Rn. 13 ff.

Jörg Ukrow

15 Nach Abs. 1 3. Gedankenstrich, 2. Halbsatz kann die EG auch über den nach Art. 161 errichteten Kohäsionsfonds[27] zu spezifischen Verkehrsinfrastrukturvorhaben in den Mitgliedstaaten finanziell beitragen. Damit ist im Umkehrschluß die Finanzierung von Energie- und Telekommunikationsinfrastrukturvorhaben aus Mitteln des Kohäsionsfonds unzulässig. Die Verwendung von Mitteln des Kohäsionsfonds zur Förderung von Vorhaben von gemeinsamem Interesse ist im übrigen ebenfalls auf Vorhaben, die in den Leitlinien ausgewiesen sind, beschränkt.[28]

IV. Berücksichtigung der potentiellen wirtschaftlichen Lebensfähigkeit der Vorhaben

16 Die Pflicht der EG-Organe zur Berücksichtigung der potentiellen wirtschaftlichen Lebensfähigkeit der Vorhaben dient dazu, einer Verschwendung öffentlicher Gelder vorzubeugen.[29] Sie bezieht sich auf die in Leitlinien nach dem 1. Gedankenstrich ausgewiesenen Vorhaben wie auf Aktionen nach dem 2. Spiegelstrich und die Unterstützung von Vorhaben nach dem 3. Spiegelstrich. Für alle diese Vorhaben muß die potentielle volkswirtschaftliche Rentabilität berücksichtigt werden. Für diese Auslegung spricht die Tatsache, daß betriebswirtschaftlich rentable Vorhaben in der Regel ohne Unterstützung der Gemeinschaft verwirklicht werden können.[30] Ausschlaggebend für die potentielle wirtschaftliche Lebensfähigkeit eines Vorhabens ist das positive Ergebnis einer Kosten- und Nutzenanalyse, wobei neben dem finanziellen auch der sozio-ökonomische Nutzen (z.B. von finanziell nur eingeschränkt rentablen Vorhaben zur Verbesserung der Mobilität von Personen, Waren, Dienstleistungen und Kapital) zu berücksichtigen ist.[31]

B. Koordinierung der einzelstaatlichen Politiken (Abs. 2)

17 Das Koordinierungsgebot nach Abs.2 ergänzt die originären EG-Kompetenzen nach Abs. 1 und 3. Da die Zuständigkeit für den Auf- und Ausbau transeuropäischer Netze nach dem System des EG-Vertrages zwischen EG und Mitgliedstaaten geteilt ist, ist es sachgerecht, daß die Mitgliedstaaten für die Abstimmung ihrer nationalen Planungen und die Ausführung grenzüberschreitender Vorhaben auch nachbarschaftlich bilateral oder multilateral zusammenarbeiten und sich koordinieren. Die Verbindung mit der Kommission ist dabei nicht nur deshalb vorteilhaft, weil diese u.a. über mögliche finanzielle Beiträge der Gemeinschaft zu entscheiden hat.[32] Vielmehr spricht auch der enge Zusammenhang, in dem die Erstellung der Netze mit den Politiken steht, die von der Gemeinschaft und den Mitgliedstaaten zur Entwicklung der Dienstleistungen auf den Netzen verfolgt wird, sowie das faktische Initiativmonopol der Kommission für Aktivitäten in diesen EG-Politikbereichen für die Einbeziehung der Kommission in den Koordinierungsmechanismus.[33] Zwar unterliegt die Einhaltung der Koordinierungspflicht von Seiten der Mitgliedstaaten grundsätzlich einer Kontrollmöglichkeit durch den EuGH. Hinsichtlich der Frage, ob sich einzelstaatliche Politiken »erheblich« auf die Verwirklichung der Ziele des Artikels 154 auswirken »können« (es reicht für die Begründung der Koordinierungsverpflichtung der Mitgliedstaaten also eine potentielle

---
27 Verordnung (EG) Nr. 1164/94 vom 16.5.1994, ABl. Nr. L 130/1.
28 Vgl. A. Frohnmeyer, in: Grabitz/Hilf, EU, Art. 129c, Rn. 15.
29 Vgl. A. Bleckmann, Europarecht, Rn. 2737; J. Erdmenger, in: HER, Art. 129c, Rn. 37.
30 Vgl. A. Frohnmeyer, in: Grabitz/Hilf, EU, Art. 129c, Rn. 17.
31 Vgl. auch J. Erdmenger, in: HER, Art. 129c, Rn. 37 ff.
32 Vgl. auch J. Erdmenger, in: HER, Art. 129c, Rn. 40.
33 Vgl. hierzu auch A. Frohnmeyer, in: Grabitz/Hilf, EU, Art. 129c, Rn. 18.

Auswirkung einzelstaatlicher Politiken)[34], kommt den betroffenen Mitgliedstaaten allerdings ein erheblicher Beurteilungsspielraum zu.

Die Kommission besitzt zur Koordinierung der nationalstaatlichen Politiken – »in enger Zusammenarbeit mit den MS« – ein in Abs. 2 ausdrücklich festgelegtes Initiativrecht. Dieses erstreckt sich auch auf die Verwirklichung von Einzelvorhaben.[35] Eine Kompetenz zum Erlaß rechtsverbindlicher Maßnahmen ist mit diesem Initiativrecht – wie sich namentlich aus einer Zusammenschau von Art. 155 mit Art. 156 ergibt (im Unterschied zu Art. 155 Abs. 1 kein Hinweis in Art. 156 auf Rechtsetzungsverfahren für Art. 155 Abs. 2) – nicht verbunden.[36] 18

C. Zusammenarbeit der EG mit Drittstaaten (Abs. 3)

Abs. 3 trägt dem Umstand Rechnung, daß eine isolierte Entwicklung der Infrastruktur innerhalb der EG weder immer möglich noch politisch wünschenswert ist, wie namentlich der Fall der Schweiz, aber auch das Interesse an einer möglichst frühzeitigen »Vernetzung« mit Beitrittskandidaten in Mittel- und Osteuropas sowie im Mittelmeerraum belegt.[37] 19

Soweit die EG mit Drittstaaten i.S. des Abs. 3 zusammenarbeitet, handelt sie im Rahmen einer gemischten Zuständigkeit, muß also insbesondere die unmittelbar betroffenen Mitgliedstaaten in die Zusammenarbeit einbeziehen. Diese sind dabei an die auf Gemeinschaftsebene festgelegten Leitlinien gebunden.[38] Zudem sind die Mitgliedstaaten verpflichtet, im Rahmen ihrer auch weiterhin zulässigen autonomen Zusammenarbeit mit Drittstaaten in Bezug auf transeuropäische Netze keine Vorhaben zu vereinbaren, die mit den zwischen der EG und Drittstaaten vereinbarten Maßnahmen kollidieren.[39] Eine Zusammenarbeit mit dritten Ländern ist im übrigen auch multilateral, d.h. über Kontakte mit entsprechenden internationalen Organisationen, in die Drittstaaten eingebunden sind, möglich. Auf die Zusammenarbeit finden im übrigen die allgemeinen Verfahrensvorschriften (Art. 300, 302) Anwendung. Hinsichtlich des – umfassenden – Umfangs der Zusammenarbeit der EG mit dritten Ländern – zur »Förderung von Vorhaben von gemeinsamem Interesse« bzw. zur »Sicherung der Interoperabilität der Netze« – kann auf die Ausführungen zu Abs. 1 verwiesen werden. 20

---

34 Vgl. *A. Bleckmann*, Europarecht, Rn. 2738.
35 Vgl. hierzu auch *A. Frohnmeyer*, in: Grabitz/Hilf, EU, Art. 129c, Rn. 18; *J. Erdmenger*, in: HER, Art. 129c, Rn. 41.
36 Vgl. *A. Bleckmann*, Europarecht, Rn. 2738.
37 Vgl. auch *A. Frohnmeyer*, in: Grabitz/Hilf, EU, Art. 129c, Rn. 19.
38 Vgl. *A. Frohnmeyer*, in: Grabitz/Hilf, EU, Art. 129c, Rn. 19; *J. Erdmenger*, in: HER, Art. 129c, Rn. 46.
39 Vgl. auch *F. von Burchard*, in: Schwarze (Hg.): EU-Kommentar, Art. 155 EGV Rn. 15.

Art. 156 EG-Vertrag

Art. 156 (ex-Art. 129d)

Die Leitlinien und die übrigen Maßnahmen nach Artikel 155 Absatz 1 werden vom Rat gemäß dem Verfahren des Artikels 251 und nach Anhörung des Wirtschafts- und Sozialausschusses und des Ausschusses der Regionen festgelegt.

Leitlinien und Vorhaben von gemeinsamem Interesse, die das Hoheitsgebiet eines Mitgliedstaats betreffen, bedürfen der Billigung des betroffenen Mitgliedstaats.

Inhaltsübersicht:

A. Festlegung der Leitlinien und sonstigen Maßnahmen nach Art. 155	1
I. Verfahrensbeteiligte	1
II. Doppelte Rechtsgrundlagen	3
III. Rechtsform und Verbindlichkeit der Leitlinien	5
B. Billigung der Leitlinien und der Vorhaben durch betroffene Mitgliedstaaten	7

A. Festlegung der Leitlinien und sonstigen Maßnahmen nach Art. 155

I. Verfahrensbeteiligte

1 Die Leitlinien nach Art. 155 Abs. 1 1. Spiegelstrich und – aufgrund des Vertrages von Amsterdam – auch die sonstigen Maßnahmen nach Art. 155 Abs. 1, d.h. Maßnahmen zur Herstellung der Interoperabilität (2. Spiegelstrich) und Maßnahmen zur Unterstützung von Vorhaben von gemeinsamem Interesse (3. Spiegelstrich) werden
 – auf Vorschlag der Kommission: – nach Anhörung des Wirtschafts- und Sozialausschusses (Art. 257 ff.) und des Ausschusses der Regionen (Art. 263 ff.)
 – vom Europäischen Parlament und vom Rat nach dem Verfahren der Mitentscheidung gemäß Art. 251 festgelegt.

2 Damit werden den i.S. des Art. 154 Abs. 1 Begünstigten ausgeprägte Mitwirkungsmöglichkeiten an den Orientierungen für den Auf- und Ausbau transeuropäischer Netze eröffnet.[1] Diese Möglichkeiten der Einflußnahme werden durch die Beteiligung des Parlaments insbesondere auch nach der Stärkung von dessen Position im Mitentscheidungsverfahren durch den Vertrag von Amsterdam[2] zusätzlich effektuiert. Im Bereich der Politik in Bezug auf transeuropäische Netze ist damit beim derzeitigen Stand der Integrationsentwicklung ein Höchstmaß an demokratischer, regionaler und gesellschaftlicher Rückkopplung des Entscheidungsverfahrens auf EG-Ebene erreicht. Eine Verletzung der Anhörungsrechte des Wirtschafts- und Sozialausschusses bzw. des Ausschusses der Regionen stellt eine Verletzung einer wesentlichen Formvorschrift i.S. des Art. 230 Abs. 2 dar.

II. Doppelte Rechtsgrundlagen

3 Auch nach dem Vertrag von Amsterdam hat die Frage, auf welche Rechtsgrundlage Beschlüsse über Netze und deren Ausrichtung gestützt werden, nichts von ihrer praktischen Bedeutung verloren. Zwar sieht Art. 156 nunmehr einheitlich das Mitentschei-

---

1 Vgl. *J. Erdmenger*, in: HER, Art. 129d, Rn. 2.
2 Vgl. *J. Ukrow*, Die Fortentwicklung des Rechts der Europäischen Union durch den Vertrag von Amsterdam, ZEuS 1998, 163 ff.

dungsverfahren vor, das grundsätzlich auch für Rechtsakte im Bereich der Verkehrspolitik (Art. 71 Abs. 1) bzw. der binnenmarktbezogenen Rechtsangleichung (Art. 95 Abs. 1) Anwendung findet. Indessen sieht Art. 95 Abs. 1 – im Unterschied zu Art. 156 Abs. 1 – keine Anhörung des Ausschusses der Regionen vor. Auch Art. 71 Abs. 2 enthält verfahrensrechtliche Besonderheiten. Da Beschlüsse, die auf eine falsche Rechtsgrundlage gestützt sind, zumindest dann durch den EuGH aufgehoben werden, wenn die verfahrensrechtlichen Regelungen der jeweiligen Rechtsgrundlage sich unterscheiden, ist die Wahl der richtigen Rechtsgrundlage auch weiterhin unabdingbar, um ihren rechtlichen Bestand »gerichtsfest« zu machen.

Festzuhalten ist, daß die weitere Inanspruchnahme bereits bestehender Kompetenzen im Infrastrukturbereich durch den Titel XV seit dem Vertrag von Maastricht nicht ausgeschlossen ist.[3] Im Hinblick auf die erweiterten Anhörungsrechte des Ausschusses der Regionen dürfte in allen Fällen, in denen Art. 156 eine hinreichende Grundlage für die Harmonisierung von technischen Normen von Infrastrukturelementen in den in Art. 154 genannten Bereichen darstellt, nicht Art. 95 Abs. 1 herangezogen werden. 4

III. Rechtsform und Verbindlichkeit der Leitlinien

Die Leitlinien können grundsätzlich in jede Form eines Rechtsaktes gekleidet werden. Eine Beschränkung auf die Form von Richtlinien oder von an die Mitgliedstaaten gerichteten Entscheidungen – als bislang in der Praxis ausschließlicher ausgewählter Rechtsaktstypus[4] – besteht nicht.[5] Denn weder dem Wortlaut der Art. 154 ff. noch dem Verfahren der Mitentscheidung, auf das Abs. 1 verweist, ist zu entnehmen, daß es sich bei Leitlinien um verbindliche Rechtsakte handeln muß.[6] Daß es sich bei »Leitlinien« auch um rechtlich unverbindliche Rechtsakte handeln kann (nicht muß),[7] ergibt sich im übrigen auch aus Art. 128 Abs. 2 EGV. Im übrigen kann auch rechtlich nicht verbindlichen Rechtsakten wie z.B. Empfehlungen, Entschließungen oder Beschlüssen der bei Leitlinien gewünschte politische Lenkungs- und Koordinierungseffekt eigen sein. Umgekehrt kann eine Leitlinie ggf. auch in Form einer Verordnung festgelegt werden, die den Mitgliedstaaten jenseits der nach Art. 155 Abs. 1 1. Spiegelstrich zu treffenden Regelungen politische Freiräume – z.B. in finanzieller Hinsicht – beläßt. 5

Eine positive rechtliche Bindung der Mitgliedstaaten durch die Leitlinien beschränkt sich zunächst auf deren Verpflichtung, auf die Verwirklichung des Netzes und der Vorhaben hinzuwirken. Darüberhinaus besteht die Möglichkeit, den Mitgliedstaaten eine 6

---

3 Vgl. auch *Dieter/Grüter*, in: Lenz, EGV, Vorbem. Art. 155–157, Rn. 5.
4 Vgl. Entscheidung Nr. 2717/95/EG des Europäischen Parlaments und des Rates vom 9.11.1995 über Leitlinien für die Entwicklung des EURO-ISDN (diensteintegrierendes digitales Fernmeldenetz) zu einem transeuropäischen Netz (ABl. Nr. L 282/16), Entscheidung Nr. 1254/96/EG des Europäischen Parlaments und des Rates vom 5.6.1996 über eine Reihe von Leitlinien betreffend die transeuropäischen Netze im Energiebereich, Entscheidung Nr. 1692/96/EG des Parlaments und des Rates vom 23.7.1996 über gemeinschaftliche Leitlinien für den Aufbau eines transeuropäischen Verkehrsnetzes, Entscheidung Nr. 1336/97/EG des Europäischen Parlaments und des Rates vom 17.6.1997 über Leitlinien für transeuropäische Telekommunikationsnetze und Entscheidung Nr. 1719/1999/EG des Europäischen Parlaments und des Rates vom 12.7.1999 über Leitlinien einschließlich der Festlegung von Projekten von gemeinsamem Interesse für transeuropäische Netze zum elektronischen Datenaustausch zwischen Verwaltungen (IDA).
5 So aber *A. Frohnmeyer*, in: Grabitz/Hilf, EU, Art. 129d, Rn. 2.
6 So aber *A. Bleckmann*, Europarecht, Rn. 2734, der verkennt, daß auch eine – rechtlich unverbindliche – Empfehlung ein Rechtsakt i.S. von Art. 251 Abs. 2 ist.
7 So aber *G. Rambow*, in: Lenz, EGV, 1. Aufl., Art. 129c Rn. 2.

Verpflichtung zur Inangriffnahme der erforderlichen Baumaßnahmen innerhalb einer angenommenen Frist aufzuerlegen. Die positive Verpflichtung ist mithin nicht in Richtung auf die Fertigstellung von Vorhaben erfolgsorientiert, sondern in Richtung auf das Bemühen um den entsprechenden Erfolg handlungsorientiert. Eine negative Bindungswirkung der Leitlinien für die Gemeinschaft besteht im übrigen darin, daß diese nur für solche Vorhaben, die konkret oder durch Kriterien in den Leitlinien ausgewiesen sind, einen finanziellen Beitrag leisten darf.[8]

B. Billigung der Leitlinien und der Vorhaben durch betroffene Mitgliedstaaten

7 Satz 2 regelt, daß die Festlegung von Leitlinien und von Vorhaben von gemeinsamem Interesse, die das Hoheitsgebiet eines Mitgliedstaates betreffen, der Billigung dieses Mitgliedstaates bedürfen. Die Regelung berührt die Zuständigkeit der Gemeinschaft zur Festlegung der Leitlinien für Netze und zur Ausweisung der Vorhaben von gemeinsamem Interesse nicht,[9] sondern trifft lediglich eine verfahrensrechtliche Sonderregelung für die Ausübung dieser Zuständigkeit. Diese Sonderregelung ist inhaltlich unbegrenzt, betrifft also nicht nur den Fall, daß Mitgliedstaaten durch Leitlinien oder Vorhaben von gemeinsamem Interesse zu bestimmten Investitionen auf ihrem Hoheitsgebiet verpflichtet werden sollen.[10] Das Prinzip der Mehrheitsentscheidung im Rat erfährt durch Art. 129d Satz 2 eine Durchbrechung. Die Berücksichtigung der Interessen der betroffenen Mitgliedstaaten sollte sinnvollerweise schon vor Vorlage des Kommissionsvorschlags stattfinden; spätestens im Rat muß der betroffene Mitgliedstaat aber seine Rechte geltend machen.[11]

8 Eine Billigung durch einen betroffenen Mitgliedstaat setzt nicht dessen Zustimmung zur Leitlinie oder zum Vorhaben von gemeinsam Interesse voraus. Vielmehr genügt es, daß dieser Mitgliedstaat z.B. durch Stimmenthaltung Leitlinie bzw. Vorhaben nicht widerspricht. In einem solchen Fall kann der Mitgliedstaat nicht nachträglich die Rechtswidrigkeit von Leitlinie oder Vorhaben wegen fehlender Billigung in einem späteren Vertragsverletzungsverfahren wegen Verletzung einer wesentlichen Formvorschrift nach Art. 230 Abs. 2 geltend machen: Die im Rechtsetzungsverfahren erfolgte Billigung bindet den Mitgliedstaat.[12] Eine Zustimmung der evtl. von einer Maßnahme betroffenen Unternehmen (z.B. Energieversorgungsunternehmen oder Inhaber von Telekommunikationsnetzen) ist im übrigen gemeinschaftsrechtlich ebensowenig erforderlich[13] wie eine Zustimmung oder Billigung durch betroffene regionale oder lokale Gebietskörperschaften i.S. des Art. 154 Abs. 1.

---

8 Vgl. A. *Frohnmeyer*, in: Grabitz/Hilf, EU, Art. 129c, Rn. 8.
9 So aber A. *Frohnmeyer*, in: Grabitz/Hilf, EU, Art. 129d, Rn. 3.
10 So aber *J. Erdmenger*, in: HER, Art. 129d, Rn. 3.
11 Vgl. A. *Frohnmeyer*, in: Grabitz/Hilf, EU, Art. 129d, Rn. 4; *J. Erdmenger*, in: HER, Art. 129d, Rn. 3.
12 A.A. G. *Rambow*, in: Lenz, EGV, 1. Aufl., Art. 129d, Rn. 2, der selbst eine Zustimmung des Vertreters der Regierung des Mitgliedstaates bei der Abstimmung als nicht ausreichend erachtet und eine Zustimmung durch den Mitgliedstaat als solchen fordert.
13 Vgl. auch G. *Rambow*, in: Lenz, EGV, 1. Aufl., Art. 129d, Rn. 4.

Titel XVI
(ex-Titel XIII)
Industrie

Art. 157 (ex-Art. 130)

(1) Die Gemeinschaft und die Mitgliedstaaten sorgen dafür,[5, 15] daß die notwendigen Voraussetzungen für die Wettbewerbsfähigkeit der Industrie der Gemeinschaft[6 ff.] gewährleistet sind.
Zu diesem Zweck zielt ihre Tätigkeit entsprechend einem System offener und wettbewerbsorientierter Märkte[22] auf folgendes ab:
– Erleichterung der Anpassung der Industrie an die strukturellen Veränderungen;[9 f.]
– Förderung eines für die Initiative und Weiterentwicklung der Unternehmen in der gesamten Gemeinschaft, insbesondere der kleinen und mittleren Unternehmen, günstigen Umfelds;[11 f.]
– Förderung eines für die Zusammenarbeit zwischen Unternehmen günstigen Umfelds;[13]
– Förderung einer besseren Nutzung des industriellen Potentials der Politik in den Bereichen Innovation, Forschung und technologische Entwicklung.[14]

(2) Die Mitgliedstaaten[15] konsultieren einander in Verbindung mit der Kommission[16] und koordinieren, soweit erforderlich, ihre Maßnahmen. Die Kommission kann alle Initiativen ergreifen, die dieser Koordinierung förderlich sind[16 f.].

(3) Die Gemeinschaft trägt durch die Politik und die Maßnahmen, die sie aufgrund anderer Bestimmungen dieses Vertrags durchführt, zur Erreichung der Ziele des Absatzes 1 bei.[18 ff.] Der Rat kann gemäß dem Verfahren des Artikels 251 und nach Anhörung des Wirtschafts- und Sozialausschusses spezifische Maßnahmen zur Unterstützung der in den Mitgliedstaaten durchgeführten Maßnahmen im Hinblick auf die Verwirklichung der Ziele des Absatzes 1 beschließen.[21]
Dieser Titel bietet keine Grundlage dafür, daß die Gemeinschaft irgendeine Maßnahme einführt, die zu Wettbewerbsverzerrungen führen könnte[22 ff.] oder steuerliche Vorschriften oder Bestimmungen betreffend die Rechte und Interessen der Arbeitnehmer enthält.[25]

Amsterdamer Fassung des Abs. 3:

Die Gemeinschaft trägt durch die Politik und die Maßnahmen, die sie aufgrund anderer Bestimmungen dieses Vertrags durchführt, zur Erreichung der Ziele des Absatzes 1 bei. Der Rat kann auf Vorschlag der Kommission und nach Anhörung des Europäischen Parlaments und des Wirtschafts- und Sozialausschusses einstimmig spezifische Maßnahmen zur Unterstützung der in den Mitgliedstaaten durchgeführten Maßnahmen im Hinblick auf die Verwirklichung der Ziele des Absatzes 1 beschließen.

Dieser Titel bietet keine Grundlage dafür, daß die Gemeinschaft irgendeine Maßnahme einführt, die zu Wettbewerbsverzerrungen führen könnte.

Inhaltsübersicht:

A. Wirtschaftspolitischer Hintergrund und Entwicklung	1
I. Wirtschaftspolitischer Hintergrund	1
II. Entwicklung der Industriepolitik der Gemeinschaft	2
1. Praxis von Kommission und Rat	2
2. Rechtsgrundlagen	4
B. Ziele (Abs. 1)	5
I. Wettbewerbsfähigkeit der Industrie als allgemeines Ziel (Abs. 1 UAbs. 1)	6

II. Vier Einzelziele (Abs. 1 UAbs. 2) 9
　　　　1. Erleichterung der Anpassung der Industrie an die strukturellen Veränderungen 9
　　　　2. Förderung eines weiterentwicklungsfreundlichen Umfelds, insbesondere für KMU 11
　　　　3. Förderung eines kooperationsfreundlichen Umfelds 13
　　　　4. Förderung in den Bereichen der Innovations-, Forschungs- und Technologiepolitik 14
　　C. Konsultationen und Koordination durch die Mitgliedstaaten (Abs. 2) 15
　　　　I. Rolle der Mitgliedstaaten 15
　　　　II. Rolle der Kommission 16
　　D. Kompetenzen der Gemeinschaft (Abs. 3) 18
　　　　I. Querschnittsklausel (Abs. 3 UAbs. 1 S. 1) 18
　　　　II. Spezifische Maßnahmen (Abs. 3 UAbs. 1 S. 2) 21
　　　　III. Schranken der Gemeinschaftskompetenz (Abs. 3 UAbs. 2) 22
　　　　　　1. Wettbewerbsverzerrungen 22
　　　　　　2. Steuer- und arbeitsrechtliche Vorschriften 25
　　E. Bewertung 26

A. Wirtschaftspolitischer Hintergrund und Entwicklung

I. Wirtschaftspolitischer Hintergrund

1　Innerstaatlich verfolgen die Mitgliedstaaten traditionell unterschiedliche industriepolitische Konzepte, weshalb ihre Auffassungen zu Umfang und Adressaten einer gemeinschaftlichen Industriepolitik erheblich differieren[1]. **Betont marktwirtschaftlich orientierte Mitgliedstaaten** unterstreichen die Bedeutung des freien Wettbewerbs. Sie sehen staatliche Eingriffe in das Spiel der Marktkräfte mit Skepsis und akzeptieren grundsätzlich nur horizontale Maßnahmen, d.h. die unterschiedslose Stärkung der Wettbewerbsfähigkeit der gesamten Industrie. **Mitgliedstaaten mit merkantilistischer oder colbertistischer Tradition** bejahen hingegen oftmals den volkswirtschaftlichen Nutzen staatlicher Eingriffe in das Wirtschaftsleben, auch in Form sektoraler Interventionen[2]. Als Kompromißformel beinhaltet Art. 157 Elemente beider Konzepte[3].

II. Entwicklung der Industriepolitik der Gemeinschaft

1. Praxis von Kommission und Rat

2　Begrifflich findet sich die Industriepolitik bereits in einem Geschäftsverteilungsbeschluß der gerade fusionierten Kommission aus dem Jahre 1967[4]. Er ist im Zusammenhang mit dem **Colonna-Memorandum** der Kommission an den Rat vom 18.3.1970[5] zu sehen, demzufolge eine Politik der industriellen Entwicklung für die wirtschaftliche Einigung Europas unabdingbar ist. Es sah in erster Linie die horizontale Verbesserung der indu-

---

1　R. *Hellmann*, Europäische Industriepolitik, 1994, S. 33 ff.; R. *Holzem*, Industriepolitik und Wirtschaftsordnung, 1995, S. 158 f.; *J. Starbatty/U. Vetterlein*, Die Technologiepolitik der EG, 1990, S. 15 ff.
2　Zum Staatenvergleich Hall (Hrsg.), European Industrial Policy, London, 1986; *J. Simons*, Industriepolitik, 1997, S. 9 ff. u. 175 ff.; vgl. auch Bericht zur Position des Bundeskartellamts, EuZW 1991, S. 711.
3　Ausführlich *Hellmann* (Fn. 1), S. 25 f.
4　*U. Everling*, Rechtsfragen einer Industriepolitik im Gemeinsamen Markt, EuR 1968, S. 175.
5　*Kommission der Europäischen Gemeinschaften*, Die Industriepolitik der Gemeinschaft, Brüssel, 1970.

striellen Rahmenbedingungen vor[6]. Dem stimmte der Pariser Gipfel der Regierungschefs am 21.10.1972 im wesentlichen zu[7], woraufhin der Rat am 17.12.1973 ein erstes Programm zur Industriepolitik beschloß[8], das zahlreiche legislative Maßnahmen vorsah.

In der Folge ergriff die Gemeinschaft zahlreiche horizontale und sektorale Maßnahmen, die jedoch z.T. eines übergreifenden Konzepts entbehrten[9]. Ein solches legte die Kommission 1990 vor[10] und mahnte vor dem Hintergrund des sich verschärfenden internationalen Wettbewerbs die strukturelle Anpassung der europäischen Industrie an. Hierin zeichnete sich eine Aufwertung der Industriepolitik ab, von einer oft sektoralen Begleitpolitik des Binnenmarkts[11] zu einer **selbständigen Politik**, die unmittelbar der internationalen Wettbewerbsfähigkeit der europäischen Industrie dienen soll[12]. Dieser Bedeutungswandel wurde durch die Schlußfolgerungen des Europäischen Rats von Kopenhagen[13] und das Weißbuch Wachstum, Wettbewerbsfähigkeit, Beschäftigung der Kommission vom 10.12.1993[14] bestätigt, welche die Förderung der Wettbewerbsfähigkeit zu einem vorrangigen Ziel der Gemeinschaft erhoben. In jüngster Zeit sieht die Kommission ihre Industriepolitik zunehmend als Teil einer **Unternehmenspolitik**, die insbesondere auf die Förderung unternehmerischer Initiative in Wachstumsbereichen zielt.[15]

3

2. Rechtsgrundlagen

Anders als der EAGV in Art. 2 lit. c), 40 ff. und der auslaufende EGKSV in Art. 3 lit. d), f), g), 5 Abs. 2, 46 ff., 54 f. enthielt der **EWGV** ursprünglich keine explizite Rechtsgrundlage für eine gemeinschaftliche Industriepolitik. Statt dessen griff man auf spezielle Ermächtigungen wie Art. 81 ff., 94 (seit der EEA auch Art. 163 ff.) oder auf Art. 308 zurück[16]. Der Vertrag von **Maastricht** fügte Art. 3 Abs. 1 lit. m) und den nur aus Art. 157 bestehenden Titel XVI in den EGV ein. Art. 157 beruht auf einem französischen Vorschlag, der auf Drängen strenger marktwirtschaftlich orientierter Staaten um ein Einstimmigkeitserfordernis und die Schranke der Wettbewerbsverzerrung in Abs. 3 UAbs. 2 ergänzt wurde[17]. Ob sich durch seine Einfügung die industriepolitischen Kompetenzen der Gemeinschaft merklich erweiterten, ist fraglich[18]. In erster Linie erhielt die

4

---

6 Zum wirtschaftspolitischen Hintergrund *BBPS*, S. 492.
7 EA 1972, S. D 506.
8 ABl.EG 1973 Nr. C 117/1.
9 Vgl. *Oppermann*, Europarecht, Rn. 835.
10 Dok. KOM (90) 556 endg.; hierzu *C.-P. Frees*, Das neue industriepolitische Konzept der Europäischen Gemeinschaft, EuR 1991, S. 281 ff.; *E. Steindorff*, Industriepolitik der EG, FS-Deringer, 1993, S. 175 (187 ff.).
11 *P.-C. Müller-Graff*, in: Hb.EGWirtR, Abschnitt A.I, Rn. 109; *Schweitzer/Hummer*, Europarecht, Rn. 1326.
12 So auch *R. Schulte-Braucks*, in: Röttinger/Weyringer (Hrsg.), Handbuch der Europäischen Integration, 2. Auflage, 1996, S. 969 (970).
13 EA 1993, S. D 259 ff.
14 Bull.EG, Beilage 6/93, S. 14 f., 67 ff. u. 77 ff.; siehe auch Dok. KOM (94) 319 endg. sowie die weitgehende Zustimmung des Rats, ABl.EG 1994 Nr. C 343/1.; näher *MWLVD, CEE*, S. 284 ff., 291 ff.
15 Vgl. das Arbeitsprogramm der Kommission für Unternehmenspolitik (2000–2005), Dok. SEC (00) 771 endg., sowie Dok. KOM (00) 256 endg.
16 Vgl. *H. Lecheler*, in: Grabitz/Hilf, EU, Art. 157, Rn. 2; *Schweitzer/Hummer*, Europarecht, Rn. 1676.
17 Zur Genese *Hellmann* (Fn. 1), S. 14 f. u. 183 ff.; *U. Immenga*, Wettbewerbspolitik contra Industriepolitik nach Maastricht, EuZW 1994, S. 14 (17); *Simons* (Fn. 2), S. 234.
18 Ablehnend auch *I. Erberich*, in: Bleckmann, Europarecht, Rn. 2756; *S. Breier*, in: Lenz, EGV, Art. 157, Rn. 2; a.A. *P. Behrens*, Pro und contra Maastricht: Eine Systemveränderung auf dem Prüfstand!, EuZW 1992, S. 521; *U. Immenga*, Die notwendige Diskussion des Vertrages von Maastricht, EuZW 1992, S. 457.

seit längerem geübte industriepolitische Praxis eine explizite vertragliche Grundlage sowie in Abs. 3 UAbs. 2 eine Schranke. Der Vertrag von **Amsterdam** änderte Art. 157 nicht. Der Vertrag von **Nizza** ersetzte in Abs. 3 das Einstimmigkeitserfordernis durch das Mitentscheidungsverfahren und fügte das Verbot des Erlasses steuer- und arbeitsrechtlicher Vorschriften ein.

B. Ziele (Abs. 1)

5 Die Ziele der gemeinschaftlichen Industriepolitik sind keine unverbindlichen Leitlinien sondern **verpflichten** die Gemeinschaft und die Mitgliedstaaten, zu ihrer Erreichung tätig zu werden[19]. Zugleich **begrenzen** die Ziele den Handlungsspielraum der Gemeinschaft, da jede ihrer Maßnahmen und Initiativen bei objektiver Betrachtung eine notwendige Voraussetzung der industriellen Wettbewerbsfähigkeit sein und einem der vier enumerativ aufgezählten Einzelziele dienen muß. Mangels Differenzierungen im Vertrag ist von der Gleichrangigkeit der vier Einzelziele auszugehen[20].

I. Wettbewerbsfähigkeit der Industrie als allgemeines Ziel (Abs. 1 UAbs. 1)

6 Die Förderung der **Wettbewerbsfähigkeit**, die sich nach dem Vertrag von Maastricht als Leitmotiv durch den EGV zieht[21], ist Ziel und Daseinsberechtigung der gemeinschaftlichen Industriepolitik. Nach dem Verständnis der OECD und der Kommission bezeichnet sie die Fähigkeit, unter Bedingungen des internationalen Wettbewerbs den Produktionsfaktoren dauerhaft ein relativ hohes Einkommens- und Beschäftigungsniveau zu sichern[22].

7 Der Begriff **Industrie** bezeichnet im Deutschen nur die gewerbliche Gütererzeugung größeren Maßstabs. Im angelsächsischen Sprachraum umfaßt er hingegen auch den Dienstleistungssektor[23]. Innerhalb der Gemeinschaft wird er oft in diesem weiteren Sinne gebraucht[24] und teilweise auch auf Handwerksbetriebe ausgedehnt.

8 Gemeinschaft und Mitgliedstaaten ergreifen nur solche Maßnahmen, die **notwendige** Voraussetzungen für die Wettbewerbsfähigkeit der gemeinschaftlichen Industrie sind, so daß nur geeignete und erforderliche öffentliche Eingriffe in das freie Spiel der Marktkräfte in Art. 157 eine Grundlage finden[25]. Die Gemeinschaft schafft nur die **Voraussetzungen** der Wettbewerbsfähigkeit, die Herstellung der Wettbewerbsfähigkeit

---

19 Vgl. Dok. KOM (94) 319 endg., S. 11.
20 So auch *S. Breier*, in: Lenz, EGV, Art. 157, Rn. 4.
21 *R. Lane*, New community competences under the Maastricht Treaty, CMLRev. 1993, S. 939 (964); vgl. *A. Jacquemin*, Les enjeux de la compétitivité européenne et la politique industrielle communautaire en matière d'innovation, R.M.C. 1996, S. 175.
22 Dok. KOM (94) 319 endg., S. 15; vgl. auch *H. Lecheler*, in: Grabitz/Hilf, EU, Art. 157, Rn. 18.
23 Vgl. Dichtl/Issing (Hrsg.), Vahlens Großes Wirtschaftslexikon, 2. Aufl., 1996, S. 947; *K.-H. Narjes*, Industriepolitik – eine europäische Aufgabe?, in: Steger (Hrsg.), Industriepolitik, 1993, S. 85.
24 *I. Erberich*, in: Bleckmann, Europarecht, Rn. 2746; anders jedoch z.B. ABl.EG 1994 Nr. C 343/ 1, 7. Spstr.
25 So auch *Hellmann* (Fn. 1), S. 16.

bleibt Aufgabe der Unternehmen.[26] Abs. 1 UAbs. 1 enthält somit das Prinzip der Eigenverantwortlichkeit der Unternehmen für ihr Bestehen im Wettbewerb.

II. Vier Einzelziele (Abs. 1 UAbs. 2)

1. Erleichterung der Anpassung der Industrie an die strukturellen Veränderungen

Unter der **Anpassung der Industrie** ist ihre Selbstanpassung zu verstehen, nicht ihre Umformung durch staatliche Stellen oder die Gemeinschaft. Diese soll nach der deutschen Fassung erleichtert, nach der französischen (*accélérer*) und englischen (*speeding up*) jedoch **beschleunigt** werden[27]. Mit **strukturellen** Veränderungen ist in erster Linie der zunehmende Wettbewerb auf dem Weltmarkt gemeint. 9

Inhaltlich handelt es sich um **sektorale Maßnahmen** der Wirtschaftsstrukturpolitik, die oft die finanzielle Förderung aus Gemeinschaftsfonds beinhalten. Ein Beispiel ist das Mehrjahresprogramm für Unternehmen und unternehmerische Initiative, insbesondere KMU (2001–2005)[28]. Je nachdem, ob bestehende Strukturen geschützt oder neue geschaffen werden sollen, spricht man von defensiven oder offensiven Maßnahmen[29]. Auch nach Meinung der Kommission können sektorale Konzepte »zwar vorübergehend erfolgreich sein, aber sie bergen unvermeidlich die Gefahr einer verschleppten Strukturanpassung«[30]. 10

2. Förderung eines weiterentwicklungsfreundlichen Umfelds, insbesondere für KMU

Das **Umfeld** bezeichnet den rechtlichen, wirtschaftlichen und sozialen Rahmen, in dem die Unternehmen agieren, etwa das Wirtschafts- und Steuerrecht. Dieses Umfeld soll **für die Initiative und Weiterentwicklung günstig** sein, wodurch nochmals die Eigenverantwortlichkeit der Unternehmen betont wird. Die Maßnahmen müssen sich an die **Unternehmen in der gesamten Gemeinschaft** richten, was sektoral oder regional wirkende Maßnahmen ausschließt. Die gemeinschaftliche **Förderung** kann in materieller oder immaterieller Weise erfolgen[31]. Die praktisch bedeutsamste Maßnahme ist in diesem Zusammenhang die Vollendung des Binnenmarkts – eine »industriepolitische Maßnahme par excellence«[32] – sowie die Wirtschafts- und Währungsunion. Von entscheidender Bedeutung sind ferner die Maßnahmen der Gemeinschaft, die das Funktionieren der Märkte sichern sollen, insb. die Wettbewerbs- und die Handelspolitik. 11

Den KMU[33] kommt seit längerem eine Sonderrolle zu, da sie einerseits unter größenspezifischen Nachteilen leiden, etwa Schwierigkeiten bei der Finanzierung größerer Vorha- 12

---

26 Ähnlich Entschließung des Rates zur Stärkung der Wettbewerbsfähigkeit der Gemeinschaftsindustrie vom 21.11.1994, ABl.EG 1994 Nr. C 343/1; nahezu wortgleich Dok. KOM (94) 319 endg., S. 1.
27 Zum Hintergrund dieser Abweichung *Hellmann* (Fn. 1), S. 16 f.
28 ABl.EG 2000 Nr. L 333/84.
29 *Simons* (Fn. 2), S. 81 ff. u. 125 ff.
30 Dok. KOM (90) 556 endg., S. 5; kritisch auch *Immenga* (Fn. 17), S. 16.
31 Beispiele bei *Schulte-Braucks* (Fn. 12), S. 979 ff.
32 Dok. KOM (90), 556 endg., S. 12; so auch schon das Colonna-Memorandum (Fn. 5), S. 123 ff.
33 Definition s. ABl.EG 1994 Nr. C 180/11 und ABl.EG 1996 Nr. C 213/4.

ben und relativ höhere Verwaltungskosten, andererseits jedoch überproportional zur Schaffung von Arbeitsplätzen beitragen[34]. Die Gemeinschaft legt regelmäßig Förderprogramme auf, die diese Nachteile kompensieren sollen[35].

3. Förderung eines kooperationsfreundlichen Umfelds

13 Ein für die Zusammenarbeit **günstiges Umfeld** meint den kooperationsrelevanten Teil des Umfelds i.S.d. 2. Spstr. Unter der **Zusammenarbeit zwischen Unternehmen** sind alle Kooperationen zwischen selbständig bleibenden Unternehmen zu verstehen, nicht jedoch Unternehmensfusionen. Diesen und der Bildung von Kartellen steht zudem der Vorrang des freien Wettbewerbs in Abs. 1 UAbs. 1 und Abs. 3 UAbs. 2 entgegen[36]. Die gemeinschaftliche **Förderung** umfaßt in erster Linie die Information der Unternehmen als horizontale Maßnahme, sei es durch Veranstaltungen wie Kontaktmessen oder Einrichtung von Kontaktstellen wie dem Büro zur Förderung der zwischenbetrieblichen Zusammenarbeit[37]. Auch die Schaffung von Rechtsformen wie der Europäischen Wirtschaftlichen Interessenvereinigung (EWIV)[38] fällt hierunter.

4. Förderung in den Bereichen der Innovations-, Forschungs- und Technologiepolitik

14 Die unklare Formulierung des 4. Spstr. kann erstens bedeuten, daß die Nutzung der Ergebnisse der gemeinschaftlichen Forschungspolitik durch die Industrie zu fördern ist, oder zweitens, daß die Förderung der besseren Nutzung des industriellen Potentials durch die Forschungs- und Technologiepolitik erfolgen soll. Naheliegender ist letztere Bedeutung[39], wodurch lediglich das **erste Ziel** des Art. 163 Abs. 1 **wiederholt** wird[40]. Hierunter fallen u.a. die finanzielle Förderung von Pilotvorhaben der wissenschaftlich-technischen Zusammenarbeit sowie Aktivitäten im Bereich der Normung[41].

C. Konsultationen und Koordination durch die Mitgliedstaaten (Abs. 2)

I. Rolle der Mitgliedstaaten

15 Nach Abs. 1 UAbs. 1 obliegt die Sicherung der industriellen Wettbewerbsfähigkeit sowohl der Gemeinschaft als auch den Mitgliedstaaten. Der scheinbare Widerspruch zu Art. 3 Abs. 1 lit. m), der die Mitgliedstaaten nicht erwähnt, erklärt sich aus seiner Funk-

---

34 Vgl. Dok. KOM (94) 207 endg., S. 1 f.; *Schulte-Braucks* (Fn. 12), S. 970 ff. m.w.N.
35 Siehe oben Rn. 10, vgl. Dok. KOM (01) 98 endg.
36 Vgl. *Hellmann* (Fn. 1), S. 17; skeptisch *Immenga* (Fn. 17), S. 16; zur Fusionskontrolle *Ch. R. Schmidt*, Die »Entwicklung des technischen und wirtschaftlichen Fortschritts«, 1992, S. 83 ff.
37 Näher *Schulte-Braucks* (Fn. 12), S. 987 ff. m.w.N.
38 VO (EWG) 2137/85 vom 25.7.1985, ABl.EG 1985 Nr. L 199/1; zum gemeinschaftlichen Unternehmensrecht s. u.a. Art. 44, Rn. 12 ff.
39 So auch *Hellmann* (Fn. 1), S. 17 f.
40 Siehe Art. 163, Rn. 5.
41 Näher *R. Rönck*, Technische Normen als Gestaltungsmittel der Europäischen Gemeinschaftsrechts, 1995.

tion als Tätigkeitskatalog der Gemeinschaft, nicht auch der Mitgliedstaaten. Die Mitgliedstaaten behalten ihre industriepolitischen Zuständigkeiten[42]. Sie sind jedoch verpflichtet[43], die anderen Mitgliedstaaten sowie die Kommission zu **konsultieren**, d.h. sie über ihre Maßnahmen zu informieren und sich mit ihnen zu beraten. Zur Koordination ihrer Maßnahmen im Sinne einer inhaltlichen Abstimmung mit den Maßnahmen der anderen Mitgliedstaaten sind sie nur verpflichtet, soweit dies erforderlich ist, um negative Auswirkungen auf die industrielle Wettbewerbsfähigkeit der anderen Mitgliedstaaten zu vermeiden oder zu reduzieren.

II. Rolle der Kommission

Der Kommission kommt eine doppelte Rolle zu. Nach **Abs. 2 S. 1** wirkt sie als Katalysator, indem sie Foren und Verfahren schafft, um die Konsultationen unter den Mitgliedstaaten zu ermöglichen. Gemäß **Abs. 2 S. 2** kann sie, insoweit die Koordinierung der mitgliedstaatlichen Industriepolitiken notwendig ist, zu deren Förderung alle Initiativen ergreifen. Dies bedeutet jedoch nicht, daß die Kommission nur als Schlichter zwischen den Mitgliedstaaten vermitteln darf. Vielmehr kann sie eigene Vorschläge unterbreiten und Verfahrensregeln aufstellen. 16

Umstritten ist die **rechtliche Qualität** dieser Initiativen. Die Bezeichnung »alle Initiativen« kann so verstanden werden, daß sie auch rechtsverbindlicher Natur sein können[44]. Hiergegen spricht jedoch die Bedeutung des Begriffs Initiative, der nur den Anstoß zu einem Verfahren meint, an dessen Ende dann eine verbindliche Regelung stehen kann. Zudem bezeichnet der EGV rechtsverbindliche Akte in der Regel als Maßnahmen und regelt das Verfahren ihres Erlasses, was hier nicht der Fall ist[45]. Initiativen der Kommission nach Abs. 2 S. 2 können daher nur unverbindliche Stellungnahmen und Vorschläge sein, was auch der Moderatorenrolle der Kommission im Rahmen der Industriepolitik entspricht. 17

D. Kompetenzen der Gemeinschaft (Abs. 3)

I. Querschnittsklausel (Abs. 3 UAbs. 1 S. 1)

Will die Gemeinschaft das industrielle Umfeld verbessern, so muß sie in den zahlreichen Bereichen tätig werden, die dieses Umfeld bilden. Die Querschnittsklausel[46] des Abs. 3 UAbs. 1 S. 1 verweist die Gemeinschaft hierbei auf diejenigen **Rechtsgrundlagen,** die ihr in den jeweiligen Bereichen zur Verfügung stehen, insbesondere auf das Instrumentarium der Handelspolitik, des Wettbewerbsrechts, der Forschungspolitik, der transeuropäischen Netze sowie der Rechtsangleichung[47]. Daher ist schwer nachzuvollziehen, daß die Kommission hier von einer »kohärenten Rechtsgrundlage« spricht[48]. Umgekehrt 18

---

42 So auch *H. Lecheler,* in: Grabitz/Hilf, EU, Art. 157, Rn. 8; *Nicolaysen,* Europarecht II, S. 358.
43 *Hellmann* (Fn. 1), S. 18; *Schweitzer/Hummer,* Europarecht, Rn. 1688.
44 So *S. Breier,* in: Lenz, EGV, Art. 157, Rn. 11; *W. Müller-Huschke,* in: Schwarze, EU-Kommentar, Art. 157, Rn. 24.
45 So auch *I. Erberich,* in: Bleckmann, Europarecht, Rn. 2758; *Nicolaysen,* Europarecht II, S. 358.
46 Zu dieser Rechtsfigur näher *T. Stein,* Die Querschnittsklausel zwischen Maastricht und Karlsruhe, in: FS-Everling, 1995, S. 1439 (1441 ff.); Art. 6, Rn. 4 ff.
47 Zu Einzelheiten *P. Buigues/A. Sapir,* Community Industrial Policies, in: Nicolaides (Hrsg.), Industrial Policy in the European Community, Dordrecht, 1993, S. 24 ff.
48 Dok. KOM (94) 319 endg., S. 11.

muß die Gemeinschaft bei Maßnahmen in anderen Bereichen, die nicht primär industriepolitisch motiviert sind, die Ziele des Art. 157 Abs. 1 berücksichtigen.

19 Probleme können durch Zielkonflikte zwischen der Industriepolitik und anderen Politiken entstehen, insbesondere der **Wettbewerbspolitik**. Wettbewerbsrechtliche Instrumente wie Fusionskontrolle[49], Kartellaufsicht[50] und Beihilfenkontrolle lassen sich industriepolitisch nutzen. Hierbei bezweckt die Industriepolitik die Steigerung der Wettbewerbsfähigkeit der Industrie auf dem Weltmarkt, wofür die Konzentration und Subvention europäischer Unternehmen förderlich sein kann. Die Wettbewerbspolitik zielt jedoch primär auf die Sicherung des Wettbewerbs im Innern der Gemeinschaft ab[51]. In diesem Spannungsfeld sucht die Kommission die »bestmögliche Kombination zwischen den Erfordernissen des internationalen Wettbewerbs und der Erhaltung ausgewogener Wettbewerbsbedingungen zwischen den Unternehmen auf dem Inlandsmarkt«[52]. Auch für Abs. 3 UAbs. 1 S. 1 gilt jedoch die Schranke des Abs. 3 UAbs. 2.

20 Querschnittsklauseln bergen ferner die Gefahr der **Umgehung der einschlägigen Rechtsgrundlage**, indem eine Maßnahme auf eine Rechtsgrundlage mit geringeren Anforderungen gestützt wird. Zur Bestimmung der einschlägigen Rechtsgrundlage sind nach der Rechtsprechung des EuGH Ziel und Inhalt einer Maßnahme ausschlaggebend, wie sie sich bei objektiver Betrachtung darstellen[53]. Sinnvoller wäre es, in weiterem Sinne nach dem Schwerpunkt der Maßnahme zu fragen, d.h. auch ihre Genese und die Zuständigkeit des sie beschließenden Ministerrats zu bedenken[54].

II. Spezifische Maßnahmen (Abs. 3 UAbs. 1 S. 2)

21 Anders als S. 1 enthält S. 2 eine **selbständige Rechtsgrundlage**, welche die Gemeinschaft zum Treffen von Maßnahmen ermächtigt, d.h. zum Erlaß rechtsverbindlicher Akte. Der inhaltliche Umfang der Kompetenz ergibt sich aus den Zielen und dem Notwendigkeitserfordernis des Abs. 1[55]. Die Gemeinschaft darf mit einer auf Abs. 3 UAbs. 1 S. 2 gestützten Maßnahme auch andere Ziele verfolgen, jedoch müssen die unmittelbaren und vorrangig bezweckten Wirkungen industriepolitischer Natur sein.[56] Zulässig sind nur **spezifische** Maßnahmen, d.h. solche, die sich auf bestimmte industriepolitische Maßnahmen in den Mitgliedstaaten beziehen und diese unterstützen[57]. Da der Vertrag nicht auf Maßnahmen »der« sondern »in den« Mitgliedstaaten abstellt, kann die Gemeinschaft auch an Maßnahmen innerstaatlicher Akteure anknüpfen, etwa von Gebietskör-

---

49 Für die stärkere Beachtung industriepolitischer Belange im Rahmen der Fusionskontrolle plädierte insb. das Europäische Parlament, vgl. ABl.EG 1991 Nr. C 280/140 (de Havilland); vgl. auch *L. Vogel*, Industriepolitik und Wettbewerbsrecht aus französischer Sicht am Beispiel der Fusionskontrolle, RIW 1996, S. 638 ff.
50 Näher *D. Gasse*, Die Bedeutung der Querschnittsklauseln für die Anwendung des Gemeinschaftskartellrechts, 2000, S. 71 ff.
51 Vgl. *E.-J. Mestmäcker*, Fusionskontrolle im Gemeinsamen Markt zwischen Wettbewerbspolitik und Industriepolitik, EuR 1988, S. 349 (356 ff.); *I. Schmidt*, Europäische Industriepolitik – ein Widerspruch zur Wettbewerbsordnung?, WuW 1995, S. 971 (978. ff); *A. Schmidt*, Die Europäische Wettbewerbspolitik nach dem Vertrag von Amsterdam, WuW 1999, S. 133 ff.
52 Dok. KOM (90) 556 endg., S. 8; kritisch *Immenga* (Fn. 17), S. 17 f.
53 EuGH, Rs. C-70/88, Slg. 1991, I-4564, Rn. 9 (Parlament/Rat); näher *S. Breier*, Der Streit um die richtige Rechtsgrundlage in der Rechtsprechung des EuGH, EuR 1995, S. 46.
54 *Stein* (Fn. 46), S. 1452 f.
55 So auch Dok. KOM (94) 319 endg., S. 11.
56 EuGH Rs. C-42/97, Slg. 1999, I-869, Rn. 37 f., 41 f. (Parlament/Rat).
57 *S. Breier*, in: Lenz, EGV, Art. 157, Rn. 13; enger *Hellmann* (Fn. 1), S. 19 f.

perschaften[58] oder Verbänden. Maßnahmen einzelner Unternehmen sind hingegen keine zulässigen Anknüpfungspunkte, da die Unternehmen in erster Linie Adressaten und nicht Akteure der Industriepolitik sind. Spezifische Maßnahmen ergehen oft in Form von Förderprogrammen, können jedoch auch immaterieller Art sein.[59]

III. Schranken der Gemeinschaftskompetenz (Abs. 3 UAbs. 2)

1. Wettbewerbsverzerrungen

Die doppelte Erwähnung der Freiheit des Wettbewerbs in Abs. 1 UAbs. 1 und Abs. 3 UAbs. 2 unterstreicht ihren Vorrang gegenüber dem Ziel der Wettbewerbsfähigkeit, im Gegensatz zu Art. 3 Abs. 1, wo beide Ziele zumindest formal auf derselben Ebene angesiedelt sind[60]. Systematisch betrachtet stellt ihre nochmalige Erwähnung in Abs. 3 UAbs. 2 bei den Kompetenzen der Gemeinschaft klar, daß sie kein weiteres Ziel der Industriepolitik ist, sondern eine sie begrenzende **Schranke**. Daher dürfen der Grundsatz der offenen Marktwirtschaft mit freiem Wettbewerb i.S.d. Art. 4 Abs. 1, 98 und das gemeinschaftliche Wettbewerbsrecht[61] nicht durch industriepolitische Maßnahmen ausgehebelt werden[62]. 22

Eine **Wettbewerbsverzerrung** ist jede Verringerung des Wettbewerbs. Inhaltlich gleicht Abs. 3 UAbs. 2 dem erwähnten Grundsatz der offenen Marktwirtschaft mit freiem Wettbewerb[63], der ja auch im Bereich der Industriepolitik gilt, und ähnelt den »normalen« Wettbewerbsbedingungen« des Art. 5 Abs. 2 3. Spstr. im auslaufenden EGKSV. Nach dem Wortlaut der Schranke sind bereits potentielle Wettbewerbsverzerrungen unzulässig. Viele industriepolitische Maßnahmen, insbesondere solche sektoraler Natur, bringen jedoch notwendigerweise eine Begünstigung einzelner Unternehmen oder Branchen mit sich. Eine vollständig wettbewerbsneutrale Industriepolitik, wie Abs. 3 UAbs. 2 sie dem Wortlaut nach fordert, ist daher kaum vorstellbar. Der Begriff der Wettbewerbsverzerrung ist folglich teleologisch dahingehend zu reduzieren, daß erstens Wettbewerbsverzerrungen auf das zur Zielerreichung notwendige Minimum beschränkt werden müssen und zweitens Wettbewerbsverzerrungen erheblichen Ausmaßes generell unzulässig sind[64]. Diese notwendige Relativierung darf jedoch nicht zu einer Verwässerung der Schranke führen, was dem expliziten Willen der Vertragsparteien zuwider liefe[65]. 23

Die Schranke gilt für gemeinschaftliche Maßnahmen auf der Grundlage des Art. 157, wodurch sie jedenfalls die **spezifischen Maßnahmen** nach Abs. 3 UAbs. 1 S. 2 umfaßt. Umstritten ist, ob die Schranke Ausstrahlungswirkung auf industriepolitische **Maßnahmen nach Abs. 3 UAbs. 1 S. 1** hat, da die Querschnittsklausel ja auf andere Rechtsgrundlagen als Art. 157 Bezug nimmt[66]. Hierfür spricht erstens die Bezugnahme auf 24

---

58 Vgl. Dok. KOM (94) 319 endg., S. 11.
59 Beispiele siehe Rn. 10 ff.
60 *P. Hommelhoff*, Industriepolitik versus Wettbewerbspolitik im Maastricht-Vertrag, in: ders./Kirchhof (Hrsg.), Der Staatenverbund der Europäischen Union, 1994, S. 136.
61 Vgl. insb. den – zur Überarbeitung anstehenden – Gemeinschaftsrahmen für staatliche KMU-Beihilfen, ABl.EG 1996 Nr. C 213/4, sowie die sektoriellen Beihilfevorschriften.
62 *Hellmann* (Fn. 1), S. 20; ähnlich *MWLVD*, CEE, S. 255.
63 *I. Erberich*, in: Bleckmann, Europarecht, Rn. 2756; *Hommelhoff* (Fn. 60), S. 139.
64 Ähnlich *Hommelhoff* (Fn. 60), S. 140, *W. Müller-Huschke*, in: Schwarze, EU-Kommentar, Art. 157, Rn. 31.
65 Vgl. *H. Lecheler*, in: Grabitz/Hilf, EU, Art. 157, Rn. 12 f.
66 Daher ablehnend *W. Cremer*, Forschungssubventionen im Lichte des EGV, 1995, S. 193 f.

»irgendeine Maßnahme« auf der Grundlage des Art. 157. Zweitens bestünde andernfalls die Möglichkeit, für spezifische Maßnahmen die Schranke zu umgehen, indem man sie statt auf Abs. 3 UAbs. 1 S. 2 auf die Querschnittsklausel i.V.m. einer anderen Rechtsgrundlage stützte[67]. Drittens ist die Gemeinschaft nach Art. 4 Abs. 1 und Art. 98 in ihrer gesamten Tätigkeit der offenen Marktwirtschaft mit freiem Wettbewerb verpflichtet[68], so daß die Verneinung der Ausstrahlung auf Abs. 3 UAbs. 1 S. 2 in der Praxis keinen Unterschied machen dürfte. Viertens bestünde andernfalls die Möglichkeit, industriepolitische Ziele in erheblichem Umfang in die Wettbewerbspolitik einfließen zu lassen und diese so an der Sicherung des freien Wettbewerbs zu hindern, was dem Sinn der Schranke erkennbar zuwider läuft. Auch Maßnahmen nach Abs. 3 UAbs. 1 S. 1 unterliegen daher der Schranke des UAbs. 2[69]. Lediglich die **Initiativen nach Abs. 2 S. 1** werden von ihr nicht erfaßt, da sie mangels rechtlicher Verbindlichkeit nicht unmittelbar wettbewerbsverzerrend wirken können.

2. Steuer- und arbeitsrechtliche Vorschriften

25 Auf Drängen insb. der Vertreter des Vereinigten Königreichs fügten die Mitgliedstaaten bei der Vertragsrevision von **Nizza** in Abs. 3 zwei zusätzliche Schranken ein, die als Gegengewicht zum Übergang auf qualifizierte Mehrheitsentscheidungen im Rat dienen sollen. Ihr Ziel ist zu verhindern, daß die Gemeinschaft ihre eng begrenzten Zuständigkeiten bei der Harmonisierung des Steuer- und Arbeitsrechts umgeht, indem sie Rechtsakte stattdessen auf Art. 157 Abs. 3 stützt. Die Schranken untersagen jedoch nur »Vorschriften oder Bestimmungen« des Arbeits- und Steuerrechts, nicht hingegen mittelbare Auswirkungen auf steuerliche Belange oder Interessen von Arbeitnehmern.

E. Bewertung

26 In der Literatur wird bezweifelt, ob die Stärkung der industriellen Wettbewerbsfähigkeit eine Aufgabe der Gemeinschaft ist[70], ob diese hierzu einer expliziten Kompetenz bedarf[71] und ob der interpretatorische Spielraum des Art. 157 nicht eine »**Allerwelts-Industriepolitik**« fordere[72] sowie in Richtung sektoraler und dirigistischer Maßnahmen aktiviert werden könne[73]. Die Kritik gipfelt in der gelegentlich erhobenen Forderung nach der ersatzlosen Streichung des Art. 157. Andere betonen die Lücke, die ohne Art. 157 im Kanon der Gemeinschaftspolitiken bestünde[74], und verweisen auf den Nutzen einer wettbewerbsorientierten horizontalen Industriepolitik[75]. Man-

---

67 So fragend *Stein* (Fn. 46), S. 1443 f., zur Umgehung von Harmonisierungsverboten s. S. 1449 ff.
68 Siehe auch EuGH Rs. 249/85, Slg. 1987, 2360, Rn. 16 (Albako).
69 So im Ergebnis auch *S. Breier*, in: Lenz, EGV, Art. 157, Rn. 16; a.A. *I. Erberich*, in: Bleckmann, Europarecht, Rn. 2760; vgl. W. *Müller-Huschke*, in: Schwarze, EU-Kommentar, Art. 157, Rn. 31.
70 *Immenga* (Fn. 18), S. 457.
71 *Frees* (Fn. 10), S. 287.
72 *Steindorff* (Fn. 10), S. 194.
73 *M. Beise*, EG-Industriepolitik nach Maastricht: Der Europäische Gerichtshof als Hüter der Marktwirtschaft?, in: Scholz (Hrsg.), Deutschland auf dem Weg in die EU, 1994, S. 320 (327); *Schmidt* (Fn. 50), S. 983. ff; *Simons* (Fn. 2), S. 235 f.
74 *MWLVD*, CEE, S. 255.
75 *M. Bangemann*, La politique industrielle européenne: ce qu'elle est, ce qu'elle veut, R.M.C. 1996, S. 154 (155); *S. Micossi*, Nouvelles orientations de la politique industrielle dans l'Union Européenne, R.M.C. 1996, S. 158 (164); *W. Müller-Huschke*, in: Schwarze, EU-Kommentar, Art. 157, Rn. 34.

che bewerten differenzierter[76] und betonen die Bedeutung der Art und Weise der Nutzung des Art. 157[77].

Über das ökonomische Für und Wider einer Industriepolitik an sich sowie einer solchen auf Gemeinschaftsebene ist hier nicht zu entscheiden. Festzuhalten ist jedoch, daß Art. 157 die Industriepolitik aus der kompetenziellen Grauzone des Art. 308 heraus nimmt und auf eine klare Rechtsgrundlage stellt. Zwar sieht Art. 157 seit der Vertragsrevision von Nizza das Mitentscheidungsverfahren vor, verlangt somit anders als Art. 308 keine Einstimmigkeit im Rat mehr. Zugleich begrenzt er jedoch den Handlungsspielraum der Gemeinschaft, insbesondere durch die Schranke der Wettbewerbsverzerrung in Abs. 3 UAbs. 2. Art. 157 hat somit kanalisierende Funktion. Der Gefahr eines übertriebenen Interventionismus, die auch Art. 157 nicht vollständig zu bannen vermag, ist durch die konsequente Beachtung der aufgezeigten Kompetenzgrenzen zu begegnen. 27

---

76 *I. Erberich*, in: Bleckmann, Europarecht, Rn. 2750 f.
77 Vgl. Beschluß des Bundesrats vom 18.12.1992, BR-Drs. 810/92, S. 10; *Hellmann* (Fn. 1), S. 181 f.

Titel XVII
(ex-Titel XIV)
Wirtschaftlicher und sozialer Zusammenhalt

Art. 158 (ex-Art. 130a)

Die Gemeinschaft entwickelt und verfolgt weiterhin ihre Politik zur Stärkung ihres wirtschaftlichen und sozialen Zusammenhalts, um eine harmonische Entwicklung der Gemeinschaft als Ganzes zu fördern[7].

Die Gemeinschaft setzt sich insbesondere zum Ziel, die Unterschiede im Entwicklungsstand der verschiedenen Regionen und den Rückstand der am stärksten benachteiligten Gebiete oder Inseln, einschließlich der ländlichen Gebiete, zu verringern[8].

Inhaltsübersicht:

I. Die Entwicklung einer Politik des wirtschaftlichen und sozialen Zusammenhalts in der Gemeinschaft	1
1. Die Entwicklung bis zur Einheitlichen Europäischen Akte	1
2. Die Verankerung der Kohäsionspolitik sowie der Rechtsgrundlagen für Reformen der Strukturpolitik im Vertrag	5
II. Die strukturpolitische Generalklausel des Art. 158 Abs. 1	7
III. Das Konvergenzziel des Art. 158 Abs. 2	8

I. Die Entwicklung einer Politik des wirtschaftlichen und sozialen Zusammenhalts in der Gemeinschaft

1. Die Entwicklung bis zur Einheitlichen Europäischen Akte

1 Die Stärkung des wirtschaftlichen und sozialen Zusammenhalts – die sogenannte **Kohäsion** – wurde als Politikziel der Gemeinschaft erst mit der EEA und damit verhältnismäßig spät in den Vertrag aufgenommen. Im Gründungsvertrag der EWG fanden sich lediglich erste sozialpolitische und regionalpolitische Ansätze. Mit den Präambelzielen der Sicherung des wirtschaftlichen und sozialen Fortschritts sowie der Verbesserung der Lebens- und Beschäftigungsbedingungen wurde bereits die Richtung der späteren Kohäsionspolitik angedeutet. Der 5. Erwägungsgrund sprach schon das nunmehr in Art. 158 Abs. 2 ausdrücklich verankerte **Konvergenzziel** an (»In dem Bestreben, ihre Volkswirtschaften zu einigen und deren harmonische Entwicklung zu fördern, indem sie den Abstand zwischen einzelnen Gebieten und den Rückstand weniger begünstigter Gebiete verringern«). Eine Angleichung zwischen den weniger entwickelten und den übrigen Regionen der Gemeinschaft erwartete man sich allerdings damals vorrangig vom Wirtschaftswachstum, das durch den Gemeinsamen Markt gesteigert werden sollte[1]. Die Berücksichtigung regionaler Unterschiede bei der Gestaltung der Gemeinschaftspolitiken sahen daher lediglich einige wenige Bestimmungen im EWG-Gründungsvertrag vor[2].

---

1 B. *Beutler*, in: BBPS, S. 503; A. *Giolitti*, Raumforschung und Raumordnung 1983, S. 9; vgl. auch R. *Jochimsen/P. Treuner*, in: v. Urff (Hrsg.), Der Agrarsektor im Integrationsprozeß, 1975, S. 289 (291).
2 Art. 39 Abs. 2a; Art. 49 lit. d; Art. 80 Abs. 2; Art. 92 Abs. 2 lit. c, Abs. 3 lit. a und c EWGV; s. auch das dem EWGV beigefügte Protokoll betreffend Italien und die der Schlußakte beigefügte Gemeinsame Erklärung betreffend Berlin.

EG-Vertrag Art. 158

Neben dem EGKSV[3] enthielt auch der EWGV Finanzierungsinstrumente, die zwar vorrangig sozial- und agrarpolitischen Zielen dienen sollten, zugleich aber regionalfördernde Wirkungen hatten[4]. Bereits der **EWG-Gründungsvertrag** errichtete in Art. 123 zur Verbesserung der Beschäftigungsmöglichkeiten der Arbeitskräfte im Binnenmarkt den **Europäischen Sozialfonds** (ESF; s. Art. 146, Rn. 1). Auf der Grundlage des Art. 40 Abs. 4 EWGV wurde 1962 der **Europäische Ausrichtungs- und Garantiefonds für die Landwirtschaft** (EAGFL; Art. 34, Rn. 43 ff.) geschaffen[5]. Neben der größeren Abteilung Garantie, die für die Finanzierung von Ausfuhrerstattungen und Interventionen zur Regulierung der Agrarmärkte zuständig ist[6], erhielt der Fonds die kleinere Abteilung Ausrichtung zur gemeinschaftlichen Finanzierung der Agrarstrukturpolitik[7]. Dazu kam die in Art. 129 EWGV errichtete **Europäische Investitionsbank**, zu deren Aufgaben von Anfang an auch die Gewährung von Darlehen und Bürgschaften zur Finanzierung der Erschließung von weniger entwickelten Gebieten zählte[8]. 2

Entgegen der ursprünglichen Erwartungen vergrößerten sich die regionalen Disparitäten in der Gemeinschaft im Laufe der 70er Jahre weiter. Dazu trug die **erste Erweiterung** bei, die vor allem durch den Beitritt des Vereinigten Königreichs und Irlands weitere Regionen mit wirtschaftlichen Schwierigkeiten in die Gemeinschaft brachte. Die Abschwächung der Weltwirtschaft mit zunehmender Arbeitslosigkeit verstärkte noch die wirtschaftlichen Unterschiede. Dazu kam eine Intensivierung der eigenen regionalpolitischen Anstrengungen der Mitgliedstaaten (in Deutschland etwa durch Schaffung der Gemeinschaftsaufgabe des Art. 91a Abs. 1 Nr. 2 GG und der Finanzhilfen in Art. 104a Abs. 4 GG)[9]. Als Antwort auf die verstärkten Ungleichgewichte zwischen den Regionen in der Gemeinschaft aber auch als Reaktion auf befürchtete Wettbewerbsbeeinträchtigungen durch nationale Regionalfördermaßnahmen weitete die Gemeinschaft zunächst ihre bestehenden Finanzierungsinstrumente aus. Dazu gehörte die Reform des ESF von 1971 zur verstärkten Bekämpfung von Arbeitslosigkeit und Unterbeschäftigung[10], die 1972 eingeleitete Agrarstrukturreform[11] sowie die Erhöhung der Aufwendungen der Europäischen Investitionsbank für Regionalentwicklungsdarlehen und die Schaffung eines neuen Anleihe- und Darlehensinstruments (Neues Gemeinschaftsinstrument – 3

---

3 Vgl. die sektoral ausgerichteten Fördermöglichkeiten nach Art. 54 bis 56 EGKSV, die in monostrukturierten Gebieten auch regionalbedeutsame Wirkungen erzielten.
4 Zur Bedeutung dieser Finanzierungsinstrumente in der Übergangszeit bis 1969 *P. Wäldchen*, Die Regionalpolitik der Europäischen Gemeinschaften, in: von der Groeben/Boeckh/Thiesing, EWGV, Bd. 1, 2. Aufl. 1974, S. 1486 (1488 ff.).
5 Durch die VO Nr. 25, ABl.EG 1962 S. 991; zum EAGFL und seiner Entwicklung ausführlich *R. Mögele*, Die Behandlung fehlerhafter Ausgaben im Finanzierungssystem der gemeinsamen Agrarpolitik, 1997, S. 21 pp.
6 Art. 1 Abs. 1 und Abs. 2 , Art. 2 ff. VO Nr. 17/64/EWG, ABl.EG 1964 S. 586; Art. 1 Abs. 2, Art. 2, Art. 3 VO (EWG) Nr. 729/70, ABl.EG 1970 Nr. L 94/13; abgelöst durch Art. 1 Abs. 2 VO (EG) Nr. 1258/1999, ABl.EG 1999 Nr. L 160/103.
7 Art. 1 Abs. 1 und Abs. 3, Art. 11 f. VO Nr. 17/64/EWG, ABl.EG 1964 S. 586; Art. 1 Abs. 3, Art. 6 VO (EWG) Nr. 729/70, ABl.EG 1970 Nr. L 94/13; abgelöst durch Art. 1 Abs. 3 VO (EG) Nr. 1258/1999, ABl.EG 1999 Nr. L 160/103.
8 Art. 130 lit. a EWGV; später durch Art. G EUV in Art. 198e lit. a EGV geregelt; nunmehr Art. 267 EGV.
9 Dazu näher *D. Yuill/K. Allen/C. Hull*, in: dies. (Hrsg.), Regionale Wirtschaftsförderung in der EG: Anreize für die gewerbliche Wirtschaft, 1981, S. 299 ff.; vgl. auch *Kommission der EGen*, Eine Regionalpolitik für die Gemeinschaft, 1969, S. 79 ff.
10 Beschluß 71/66/EWG des Rates vom 1.2.1971 über die Reform des ESF, ABl.EG 1971 Nr. L 28/15; VO (EWG) Nr. 2396/71 des Rates vom 8.11.1971, ABl.EG 1971 Nr. L 249/54.
11 Dazu näher *H. Zepperitz*, Die Regionalpolitik der Europäischen Wirtschaftsgemeinschaft der Sechs und der Neun (1958–1980), 1982, S. 102 ff.

NGI)[12]. Wichtigster Schritt auf dem Weg zu einer eigenen Regionalpolitik der Gemeinschaft war jedoch im Jahr 1975 die Errichtung des **Europäischen Fonds für regionale Entwicklung (EFRE)**, die der Rat auf Art. 235 EWGV stützte[13].

4 Mit der **Süderweiterung** (Griechenland 1981, Spanien und Portugal 1986) kamen weitere strukturschwache Gebiete in die Gemeinschaft und verschärften das Problem der regionalen Disparitäten. Gerade auch im Hinblick auf die für 1993 angestrebte Verwirklichung des Binnenmarktes forderten vor allem die wirtschaftlich schwächeren Mitgliedstaaten eine Ausweitung der regionalpolitischen Anstrengungen der Gemeinschaft. Gleichzeitig verhinderten jedoch die unterschiedlichen und wenig aufeinander abgestimmten Interventionsmechanismen der bestehenden Finanzierungsinstrumente einen effektiven Einsatz der EG-Fördermittel. Daher erschien eine umfassende Neugestaltung der gemeinschaftlichen Strukturpolitik erforderlich.

2. Die Verankerung der Kohäsionspolitik sowie der Rechtsgrundlagen für Reformen der Strukturpolitik im Vertrag

5 Vertragsänderungen durch die EEA, später vertieft und ergänzt durch den EUV, schufen die erforderlichen Rechtsgrundlagen für Reformen der gemeinschaftlichen Strukturpolitik. Zugleich wurden die Finanzmittel stark ausgeweitet. Art. 23 EEA fügte 1987 einen neuen Titel V unter der Überschrift »Wirtschaftlicher und sozialer Zusammenhalt« in den Dritten Teil des EWG-Vertrages ein. Die wesentlichen Neuerungen der Art. 130a bis 130e EWGV bestanden in der ausdrücklichen Verankerung einer gemeinschaftlichen Kohäsionspolitik im Vertrag (Art. 130a, jetzt Art. 158), der Schaffung einer eigenen Rechtsgrundlage für den EFRE (Art. 130c, jetzt Art. 160) sowie von Ermächtigungen des Rates zum Erlaß von Regelungen zur Umgestaltung der bestehenden Finanzierungsinstrumente (Art. 130d und 130e, jetzt Art. 161 und 162). Gestützt auf diese Ermächtigungsgrundlagen kam es in den Jahren 1988, 1993 und 1999 zu umfänglichen Reformen mit dem Ziel, die Wirksamkeit der Gemeinschaftsinterventionen zu erhöhen.

6 Der EUV bekräftigte und vertiefte die gemeinschaftliche Kohäsionspolitik. Der durch den Amsterdamer Vertrag nochmals modifizierte Art. 2, 1. Spstr. EUV nennt nunmehr die Stärkung des wirtschaftlichen und sozialen Zusammenhalts neben der Schaffung eines Raumes ohne Binnengrenzen und der Errichtung einer Wirtschafts- und Währungsunion als eines der Mittel, um die Unionsziele der Förderung von Fortschritt und Beschäftigung sowie einer ausgewogenen und nachhaltigen Entwicklung zu erreichen. Ferner wurde mit dem EUV die Förderung des wirtschaftlichen und sozialen Zusammenhalts ausdrücklich im Aufgabenkatalog des Art. 2 EGV verankert und als Tätigkeit der Gemeinschaft in Art. 3 EGV aufgenommen (jetzt in lit. k). Die Mitgliedstaaten fügten dem EGV ein gesondertes »Protokoll über den wirtschaftlichen und sozialen Zusammenhalt« (s. Anhang) an, in dem die Bedeutung des Kohäsionsziels für die umfassende Entwicklung und den dauerhaften Erfolg der Gemeinschaft unterstrichen wurde. In die Schlußakte zum EGV wurde ferner eine »Erklärung zu den Gebieten in äußerster Randlage der Gemeinschaft« aufgenommen. Durch den in Art. 130d EGV (jetzt Art. 161) 1993 neu eingefügten Absatz 2 wurde außerdem die Rechtsgrundlage für die Errichtung des **Kohäsionsfonds** geschaffen, eines zusätzlichen Finanzierungsinstruments, mit dessen Hilfe in den ärmsten Mitgliedstaaten ein weiterer Kohäsionsschub erreicht werden

---

12 Beschluß 78/870/EWG des Rates vom 16.10.1978 zur Ermächtigung der Kommission, Anleihen zur Investitionsförderung in der Gemeinschaft aufzunehmen, ABl.EG 1978 Nr. L 298/9; bestätigt durch die Entscheidung des Rates 82/169/EWG vom 15.3.1982, ABl.EG 1982 Nr. L 78/19.
13 VO (EWG) Nr. 724/75, ABl.EG 1975 Nr. L 73/1.

soll. Der **Amsterdamer Vertrag** brachte neben der Umnumerierung der Vorschriften vor allem kleinere redaktionelle Änderungen. Eine Ausnahme bildete lediglich die Aufnahme eines ausdrücklichen Hinweises auf unterentwickelte Inselregionen in Art. 158 Abs. 2. Dies stand in Zusammenhang mit der der Schlußakte zum Amsterdamer Vertrag beigefügten und von der Regierungskonferenz angenommenen »Erklärung zu den Inselgebieten«, in der die naturbedingten strukturellen Nachteile von Inselgebieten hervorgehoben und besondere Maßnahmen zur besseren Eingliederung dieser Gebiete in den Binnenmarkt befürwortet wurden. Der **Vertrag von Nizza** bringt für den Kohäsionstitel ausschließlich Änderungen im Abstimmungsverfahren; insbesondere ersetzt er bisherige Einstimmigkeitserfordernisse im Rat durch Abstimmungen mit qualifizierter Mehrheit. Ab dem 1. Januar 2007 werden danach grundsätzlich alle Beschlüsse zur Umsetzung der Regelungen über die Strukturfonds und den Kohäsionsfonds im Rat mit qualifizierter Mehrheit statt bisher einstimmig getroffen (Art. 161 Abs. 3)[14]. Aktionen außerhalb der Fonds im Interesse des Kohäsionsziels, die bisher nur einstimmig im Rat beschlossen werden konnten, sind nunmehr im Verfahren der Mitentscheidung nach Art. 251 zu beschließen, also unter verstärkter Beteiligung des Europäischen Parlaments aber erleichterten Mehrheitsanforderungen im Rat (Art. 159 Abs. 3)[15].

II. Die strukturpolitische Generalklausel des Art. 158 Abs. 1

Abs. 1 Hs. 1 enthält die strukturpolitische Generalklausel zur Verwirklichung des in Art. 2 und Art. 3 lit. k angesprochenen **Kohäsionsziels**. Die Politik richtet sich dabei auf eine Verstärkung der Bindungen zwischen den Mitgliedstaaten nicht nur in einem ökonomischen, sondern in einem umfassenden Sinn. Dies ergibt sich zum einen aus den Adjektiven »wirtschaftlich und sozial« und zum anderen aus Abs. 1 Hs. 2, wonach eine harmonische Entwicklung »der Gemeinschaft als Ganzes« gefördert werden soll. Abs. 1 spricht lediglich von einer Politik der Gemeinschaft. Über Art. 159 S. 1 werden aber auch die Mitgliedstaaten auf die gemeinschaftliche Kohäsionspolitik verpflichtet und in ihre Verwirklichung eingebunden. Art. 159 bis 162 konkretisieren die Generalklausel und enthalten die erforderlichen Ermächtigungsgrundlagen für entsprechendes Handeln der Gemeinschaftsorgane. 7

III. Das Konvergenzziel des Art. 158 Abs. 2

Die gemeinschaftliche Kohäsionspolitik zielt insbesondere darauf ab, die Unterschiede im Entwicklungsstand der verschiedenen Regionen und den Rückstand der am stärksten benachteiligten Gebiete zu verringern. Dabei wird auf die potentiell besondere Benachteiligung ländlicher Gebiete und – seit dem Amsterdamer Vertrag (s. oben Rn. 6) – auch von Inselgebieten hingewiesen. Art. 158 Abs. 2 enthält das sogenannte **Konvergenzziel**, ein Teilziel des wirtschaftlichen und sozialen Zusammenhalts[16]. Damit wird die Bedeutung der Regionalpolitik gegenüber anderen Politiken zur Erreichung der Kohäsion, wie etwa einer sektoriell orientierten Strukturpolitik, besonders hervorgehoben und die Regionalpolitik zum Kernstück der Kohäsionspolitik erklärt. Das bedeutendste Finanzierungsinstrument zur Verwirklichung der gemeinschaftlichen Regionalpolitik ist der Europäische Fonds für regionale Entwicklung (EFRE), dessen vertragliche Grundlage Art. 160 liefert. 8

---

14 S. auch Art. 161, Rn. 1.
15 S. näher Art. 159, Rn. 6.
16 Zum Gebrauch der Begriffe Kohäsion und Konvergenz näher W. *Haneklaus*, Regionalpolitik in der Europäischen Gemeinschaft, 1991, S. 38 f.

Art. 159 (ex-Art. 130b)

Die Mitgliedstaaten führen und koordinieren ihre Wirtschaftspolitik in der Weise, daß auch die in Artikel 158 genannten Ziele erreicht werden[2]. Die Festlegung und Durchführung der Politiken und Aktionen der Gemeinschaft sowie die Errichtung des Binnenmarkts berücksichtigen die Ziele des Artikels 158 und tragen zu deren Verwirklichung bei[3]. Die Gemeinschaft unterstützt auch diese Bemühungen durch die Politik, die sie mit Hilfe der Strukturfonds (Europäischer Ausrichtungs- und Garantiefonds für die Landwirtschaft – Abteilung Ausrichtung, Europäischer Sozialfonds, Europäischer Fonds für regionale Entwicklung), der Europäischen Investitionsbank und der sonstigen vorhandenen Finanzierungsinstrumente führt[4].

Die Kommission erstattet dem Europäischen Parlament, dem Rat, dem Wirtschafts- und Sozialausschuß und dem Ausschuß der Regionen alle drei Jahre Bericht über die Fortschritte bei der Verwirklichung des wirtschaftlichen und sozialen Zusammenhalts und über die Art und Weise, in der die in diesem Artikel vorgesehenen Mittel hierzu beigetragen haben. Diesem Bericht werden erforderlichenfalls entsprechende Vorschläge beigefügt[5].

Falls sich spezifische Aktionen außerhalb der Fonds und unbeschadet der im Rahmen der anderen Politiken der Gemeinschaft beschlossenen Maßnahmen als erforderlich erweisen, so können sie vom Rat gemäß dem Verfahren des Artikels 251 nach Anhörung des Wirtschafts- und Sozialausschusses und des Ausschusses der Regionen beschlossen werden[6].

Amsterdamer Fassung des letzten Absatzes:

Falls sich spezifische Aktionen außerhalb der Fonds und unbeschadet der im Rahmen der anderen Politiken der Gemeinschaft beschlossenen Maßnahmen als erforderlich erweisen, so können sie vom Rat auf Vorschlag der Kommission und nach Anhörung des Europäischen Parlaments, des Wirtschafts- und Sozialausschusses und des Ausschusses der Regionen einstimmig beschlossen werden.

Inhaltsübersicht:

I. Verwirklichung von Kohäsions- und Konvergenzziel	1
1. Die Verpflichtung der Mitgliedstaaten zur Ausrichtung und Koordinierung ihrer Wirtschaftspolitik (Art. 159 Abs. 1 S. 1)	2
2. Die Verpflichtung der Gemeinschaft zur Zielberücksichtigung (Art. 159 Abs. 1 S. 2)	3
3. Die kohäsionspolitische Förderkompetenz der Gemeinschaft (Art. 159 Abs. 1 S. 3)	4
II. Kohäsionsbericht (Art. 159 Abs. 2)	5
III. Ermächtigung zu spezifischen Aktionen außerhalb der Fonds (Art. 159 Abs. 3)	6

I. Verwirklichung von Kohäsions- und Konvergenzziel

1 Art. 159 Abs. 1 nennt die Wege, auf denen **Kohäsionsziel** (Art. 158 Abs. 1; s. dort Rn. 7) und **Konvergenzziel** (Art. 158 Abs. 2; s. dort Rn. 8) zu verwirklichen sind. Dabei wendet sich Abs. 1 S. 1 **an die Mitgliedstaaten** und weist ihnen einen Teil der Verantwortung für die Zielerreichung zu, die sie durch die entsprechende Gestaltung ihrer Wirtschaftspolitik einzulösen haben. Abs. 1 S. 2 und S. 3 richtet sich hingegen **an die Gemeinschaft**. Die Verwirklichung des wirtschaftlichen und sozialen Zusammenhalts muß also das Ergebnis von Politiken und Handlungen sowohl der Gemeinschaft als auch der Mitgliedstaaten sein[1]. Die Gemeinschaft trägt nach Abs. 1 S. 2 und S. 3 auf

---

1 EuGH, Rs. C-149/96, Slg. 1999, I- 8425, Rn. 86 (Portugal/Rat).

zwei Arten zur Stärkung des Zusammenhalts bei. Zum einen hat sie die Ziele des Art. 158 bei allen ihren Politiken zu berücksichtigen (Abs. 1 S. 2). Zum anderen erhält sie eine eigene Förderkompetenz (Abs. 1 S. 3).

1. Die Verpflichtung der Mitgliedstaaten zur Ausrichtung und Koordinierung ihrer Wirtschaftspolitik (Art. 159 Abs. 1 S. 1)

Nach Abs. 1 S. 1 führen und koordinieren die Mitgliedstaaten ihre Wirtschaftspolitik im Sinne der Ziele des Art. 158. Die Wirtschaftspolitik der Mitgliedstaaten soll unter anderem auch in den Dienst des Kohäsions- und des Konvergenzziels gestellt werden. Vorgesehen ist lediglich die entsprechende Ausrichtung und Koordinierung der nationalen Wirtschaftspolitik, die im übrigen grundsätzlich im Zuständigkeitsbereich der Mitgliedstaaten verbleibt. Art. 159 Abs. 1 S. 1 ergänzt somit die Verpflichtung der Mitgliedstaaten aus Art. 4 Abs. 1, 98 und 99 Abs. 1 EGV[2]. Für die Koordinierung der mitgliedstaatlichen Politik ist der Rat zuständig (vgl. Art. 99 Abs. 1 EGV). Art. 158 Abs. 1 S. 1 eröffnet der Gemeinschaft, insbesondere der Kommission, **keine Eingriffsmöglichkeit in die mitgliedstaatliche Wirtschaftspolitik** zur Verwirklichung des wirtschaftlichen und sozialen Zusammenhalts. Denn auch Koordinierung bedeutet, daß die Verantwortung für die wirtschaftspolitischen Entscheidungen letztlich bei den Mitgliedstaaten liegt[3]. 2

2. Die Verpflichtung der Gemeinschaft zur Zielberücksichtigung (Art. 159 Abs. 1 S. 2)

Aus Art. 159 Abs. 1 S. 2 ergibt sich eine Verpflichtung der Gemeinschaftsorgane, im Rahmen von Entscheidungen auch in anderen Politikbereichen kohäsionspolitische, insbesondere regionalpolitische, Belange der Gemeinschaft zu ermitteln und in die Abwägung einzustellen. Art. 159 trifft allerdings keine Aussage darüber, welches Gewicht diesen Belangen im Vergleich zu anderen zukommen soll. Art. 158 zielt auf den Zusammenhalt im Dienste einer »harmonischen Entwicklung der Gemeinschaft als Ganzes« ab, macht aber abgesehen von der Hervorhebung der regionalen Konvergenz als einem Teilziel keine genaueren Vorgaben, wie die Kohäsion verwirklicht werden soll. Art. 159 Abs. 1 S. 2 enthält daher **nur eine Pflicht zur Berücksichtigung** kohäsionspolitischer Belange, stellt aber **keinen Vorrang des Kohäsionsziels** gegenüber anderen Vertragszielen auf[4]. Bemühungen im Vorfeld der Schaffung der EEA, das Ziel eines Abbaus regionaler Disparitäten besonders herauszuheben, hatten keinen Erfolg[5]. Aus dem allgemeinen Grundsatz, daß alle Gemeinschaftspolitiken möglichst stimmig und ohne Widersprüche zusammenwirken sollen, läßt sich in Verbindung mit Art. 159 Abs. 1 S. 2 allenfalls ein Auftrag für die Gemeinschaftsorgane zur Schaffung größtmöglicher **Kohärenz** zwischen Kohäsionsziel und anderen Zielen entnehmen. Auch ein solcher Auftrag kann allerdings nicht den **Grundsatz der begrenzten Einzelermächtigung** auflösen. Art. 159 Abs. 1 S. 2 enthält lediglich eine Verpflichtung zur Berücksichtigung von Kohäsions- und Konvergenzziel im Rahmen anderer Politiken, Aktionen und der Errichtung des Binnenmarkts. Hingegen ermächtigt die Vorschrift die Gemeinschaft nicht zur Festlegung solcher Poli- 3

---

2 Vgl. W. *Stabenow*, in: Grabitz/Hilf, EU, Art. 159 Rn. 1.
3 F. v. *Estorff/B. Molitor*, in: GTE, EU-/EGV, Art. 3a Rn. 10; vgl. auch BVerfGE 89, 155 (206), wonach eine Vergemeinschaftung der Wirtschaftspolitik der Mitgliedstaaten eine Vertragsänderung nach Art. N EUV (jetzt Art. 48) erforderte.
4 A. *Glaesner*, Der Grundsatz des wirtschaftlichen und sozialen Zusammenhalts, 1990, S. 25 f.; W. *Haneklaus*, Regionalpolitik in der Europäischen Gemeinschaft, 1991, S. 44 f.; P.-Chr. *Müller-Graff*, in: Hb.EGWirtR, A. I. Rn. 120.
5 Dazu A. *Glaesner* (Fn. 4), S. 26.

tiken, wenn dafür anderweitig im Vertrag keine Rechtsgrundlagen gegeben sind.[6] Die Berücksichtigungspflicht des Art. 159 Abs. 1 S. 2 schafft daher nicht neue Kompetenzen oder verändert den Inhalt von Kompetenzen, die die Gemeinschaft in einem anderen Politikbereich besitzt.

3. Die kohäsionspolitische Förderkompetenz der Gemeinschaft (Art. 159 Abs. 1 S. 3)

4 Art. 159 Abs. 1 S. 3 verleiht der Gemeinschaft die Kompetenz für eine eigene EG-Förderpolitik zur Verwirklichung von Kohäsions- und Konvergenzziel. Die Gemeinschaft kann dafür besondere gemeinschaftliche Finanzierungsinstrumente einsetzen. Dazu gehören insbesondere die Strukturfonds (EAGFL – Abteilung Ausrichtung, ESF und EFRE), die Europäische Investitionsbank und weitere Instrumente. Art. 159 Abs. 1 S. 3 enthält allerdings **keine Rechtsgrundlage für die Schaffung dieser Fonds und sonstigen Finanzierungsinstrumente**, sondern nur die Befugnis, sie zu kohäsionspolitischen Zwecken einzusetzen. Die Rechtsgrundlagen für ihre Errichtung finden sich in anderen Bestimmungen des Vertrages[7]. Art. 161 Abs. 1 und Art. 162 konkretisieren die Förderkompetenz der Gemeinschaft aus Art. 159 Abs. 1 S. 3. Sie enthalten die Ermächtigungen zum Erlaß von Rahmen-, Koordinierungs- und Durchführungsbestimmungen, die es ermöglichen die Fonds und die anderen Finanzierungsinstrumente in den Dienst der Kohäsionspolitik zu stellen.

II. Kohäsionsbericht (Art. 159 Abs. 2)

5 Art. 159 Abs. 2 verpflichtet die Kommission zur regelmäßigen Erstellung eines Berichts über den wirtschaftlichen und sozialen Zusammenhalt im Abstand von drei Jahren[8]. Die Kommission legte bisher zwei Berichte vor, den ersten im Jahr 1996[9], den zweiten im Jahr 2001[10]. Im ersten Kohäsionsbericht zeichnete die Kommission ein überwiegend positives Bild von den Erfolgen der europäischen Kohäsionspolitik[11], das allerdings vom AdR[12] und Stimmen in der Literatur[13] wesentlich kritischer beurteilt wurde. Der zweite

---

6 A.a. wohl *I. Hochbaum*, Kohäsion und Subsidiarität, DÖV 1992, S. 285 (287).
7 S. insbesondere Art. 34 Abs. 3 (Europäischer Ausrichtungs- und Garantiefonds für die Landwirtschaft – EAGFL – Abteilung Ausrichtung); Art. 146 (Europäischer Sozialfonds – ESF); Art. 160 (Europäischer Fonds für regionale Entwicklung – EFRE); Art. 266 (Europäische Investitionsbank); Art. 161 Abs. 2 (Kohäsionsfonds); Art. 37 (Finanzinstrument zur Ausrichtung der Fischerei – FIAF) sowie die Auffangkompetenz des Art. 159 Abs. 3.
8 Zum Inhalt des Berichts s. nunmehr Art. 45 VO (EG) Nr. 1260/99, ABl.EG 1999 Nr. L 161/1 (Strukturfonds-VO).
9 *Europäische Kommission*, Erster Bericht über den wirtschaftlichen und sozialen Zusammenhalt 1996, 1996, S. 8 ff.
10 *Europäische Kommission*, Einheit Europas, Solidarität der Völker, Vielfalt der Regionen – Zweiter Bericht über den wirtschaftlichen und sozialen Zusammenhalt, 2001.
11 *Europäische Kommission*, Erster Kohäsionsbericht (Fn. 9), S. 8 ff.
12 *Ausschuß der Regionen*, Stellungnahme zum Thema »Ansichten der Regionen und Kommunen zur Gestaltung einer europäischen Strukturpolitik nach 1999« vom 19.11.1997, Ziffer 1.3., ABl.EG 1998 Nr. C 64/5.
13 *H.-D. Holtzmann*, Regionalpolitik der Europäischen Union, 1997, S. 161 ff., S. 285 ff., S. 547 ff., *F. Walthes*, Europäischer Finanzausgleich, 1996, S. 76 ff. m. w. N.; *R. W. Waniek*, EG-Regionalpolitik für die Jahre 1994 bis 1999, Wirtschaftsdienst 74 (1994), S. 43, S. 46 ff.; vgl. auch *Th. Wellenhofer*, Der Beitrag der EG-Regionalpolitik zur Verringerung der Einkommensdisparitäten in der Europäischen Union, 1997, S. 174, S. 249; *F. Heinemann*, Die Finanzverfassung und Kompetenzausstattung der Europäischen Union nach Maastricht, 1995, S. 149 f.

Kohäsionsbericht zog nicht nur eine – wiederum weitgehend positive – Bilanz der Politik des wirtschaftlichen und sozialen Zusammenhalts in den früheren Programmperioden. Er erstreckte seine Analyse auch auf eine zukünftig erweiterte Union mit 27 Mitgliedstaaten. Die Kommission prognostizierte im Zuge der Erweiterung eine beträchtliche Verschärfung der ökonomischen und sozialen Disparitäten innerhalb der EU und legte daher als Beitrag zur Diskussion über die Zukunft der Kohäsionspolitik Empfehlungen und einen Fragenkatalog vor[14].

III. Ermächtigung zu spezifischen Aktionen außerhalb der Fonds (Art. 159 Abs. 3)

Auf Art. 159 Abs. 3 können spezifische Aktionen im Interesse der Ziele des Art. 158 gestützt werden, wenn sie zur Zielverwirklichung erforderlich sind und dazu die Förderkompetenzen des Titel XVII und die in anderen Politikbereichen vorgesehenen Gemeinschaftskompetenzen (z.B. nach Art. 37[15]) nicht ausreichen. Art. 159 Abs. 3 enthält eine weit formulierte **Auffangkompetenz**. Bislang schuf das Einstimmigkeitserfordernis, das Abs. 3 für Beschlüsse über solche spezifischen Aktionen im Rat vorsah, einen Ausgleich für die tatbestandliche Weite der Bestimmung. Der **Vertrag von Nizza** ändert allerdings das Entscheidungsverfahren. Es bleibt bei der Anhörung von WSA und AdR; die bislang erforderliche Einstimmigkeit im Rat nach Anhörung des Parlaments wird jedoch durch das Mitentscheidungsverfahren (Art. 251) ersetzt. Damit sind Entscheidungen über die Erforderlichkeit solcher Aktionen auch gegen die Stimmen einzelner Mitgliedstaaten möglich. Die Formulierung »spezifische Aktionen außerhalb der Fonds«, deutet allerdings darauf hin, daß die Auffangkompetenz vor allem zur Schaffung zusätzlicher Finanzierungsinstrumente für eng umgrenzte Bereiche gedacht ist[16].

6

---

14 Europäische Kommission, Zweiter Kohäsionsbericht (Fn. 10), S. XXV ff., S. XXXIX; zu Vorschlägen des AdR für eine Neuausrichtung der EG-Regionalpolitik im Hinblick auf die Erweiterung *Ausschuß der Regionen*, Stellungnahme zum Thema »Die Struktur und die Ziele einer europäischen Regionalpolitik im Zuge von Erweiterung und Globalisierung: Eröffnung der Debatte« vom 15.2.2001, ABl.EG 2001 Nr. C 148/25.
15 Auf Art. 37 (ex Art. 43) wurde beispielsweise das Finanzinstrument zur Ausrichtung der Fischerei (FIAF) gestützt, VO (EWG) Nr. 2080/93, ABl.EG 1993 Nr. L 193/1, nun ersetzt durch VO (EG) Nr. 1263/1999, ABl.EG 1999 Nr. L 161/54.
16 In diesem Sinn auch *W. Stabenow*, in: Grabitz/Hilf, EU, Art. 159 Rn. 5.

Art. 160 (ex-Art. 130c)

Aufgabe des Europäischen Fonds für regionale Entwicklung ist es, durch Beteiligung an der Entwicklung und an der strukturellen Anpassung der rückständigen Gebiete und an der Umstellung der Industriegebiete mit rückläufiger Entwicklung zum Ausgleich der wichtigsten regionalen Ungleichgewichte in der Gemeinschaft beizutragen.

1 Der mit der EEA eingefügte Art. 130c (jetzt Art. 160) bildet die **Rechtsgrundlage für den Europäischen Fonds für regionale Entwicklung (EFRE).** Bei seiner Errichtung im Jahr 1975 stützte der Rat die EFRE-Verordnung mangels anderweitiger Rechtsgrundlage noch auf Art. 235 EWGV (jetzt Art. 308)[1]. Nach seiner Aufgabenstellung trägt der EFRE zum Ausgleich der wichtigsten regionalen Ungleichgewichte der Gemeinschaft bei; er fördert damit unmittelbar die Erreichung des Konvergenzziels (Art. 158 Abs. 2; s. dort Rn. 8). Der EFRE bildet damit das zentrale Finanzierungsinstrument der gemeinschaftlichen Regionalpolitik.

2 Der EFRE wird von der Kommission verwaltet. Er besitzt keine eigene Rechtspersönlichkeit und ist Teil des Haushalts der Gemeinschaft[2]. Nach Art. 160 werden aus den Mitteln des EFRE Maßnahmen zur Entwicklung und strukturellen Anpassung der rückständigen Gemeinschaftsgebiete sowie zur Umstellung der Industriegebiete mit rückläufiger Entwicklung finanziert. Unter welchen Voraussetzungen im einzelnen die Fondsmittel eingesetzt werden, ist in den auf der Grundlage von Art. 161 Abs. 1, Art. 162 Abs. 1 erlassenen Verordnungen geregelt[3].

---

1 VO (EWG) Nr. 724/75, ABl.EG 1975 Nr. L 73/1. Zur Entwicklung der gemeinschaftlichen Kohäsionspolitik s. Art. 158, Rn. 1 ff.
2 R. *Bieber,* in: GTE, EU-/EGV, Art. 199, Rn. 3.
3 VO (EG) Nr. 1260/1999, ABl.EG 1999 Nr. L 161/1 (Strukturfonds-VO); VO (EG) Nr. 1783/1999, ABl.EG 1999 Nr. L 213/1 (EFRE-VO). S. dazu Art. 161, Rn. 1 ff. und Art. 162, Rn. 1.

Art. 161 (ex-Art. 130d)

Unbeschadet des Artikels 162 legt der Rat auf Vorschlag der Kommission und nach Zustimmung des Europäischen Parlaments sowie nach Anhörung des Wirtschafts- und Sozialausschusses und des Ausschusses der Regionen einstimmig die Aufgaben, die vorrangigen Ziele und die Organisation der Strukturfonds fest, was ihre Neuordnung einschließen kann. Nach demselben Verfahren legt der Rat ferner die für die Fonds geltenden allgemeinen Regeln sowie die Bestimmungen fest, die zur Gewährleistung einer wirksamen Arbeitsweise und zur Koordinierung der Fonds sowohl untereinander als auch mit den anderen vorhandenen Finanzierungsinstrumenten erforderlich sind[2 ff.].

Ein vom Rat nach demselben Verfahren errichteter Kohäsionsfonds trägt zu Vorhaben in den Bereichen Umwelt und transeuropäische Netze auf dem Gebiet der Verkehrsinfrastruktur finanziell bei[16].

Der Rat beschließt ab dem 1. Januar 2007 mit qualifizierter Mehrheit auf Vorschlag der Kommission nach Zustimmung des Europäischen Parlaments und nach Anhörung des Wirtschafts- und Sozialausschusses und des Ausschusses der Regionen, falls die ab dem 1. Januar 2007 geltende mehrjährige Finanzielle Vorausschau und die dazugehörige Interinstitutionelle Vereinbarung bis zu diesem Zeitpunkt angenommen sind[1]. Ist dies nicht der Fall, so wird das in diesem Absatz vorgesehene Verfahren ab dem Zeitpunkt ihrer Annahme angewandt.

(Abs. 3 ist eine durch den Vertrag von Nizza eingefügte Bestimmung.)

Inhaltsübersicht:

I. Art. 161 Abs. 1 als grundlegende Ermächtigungsnorm für die Umsetzung der gemeinschaftlichen Förderkompetenz	1
II. Die Strukturfondsreformen von 1988, 1993 und 1999	2
1. Die Rechtsgrundlagen	2
2. Bedeutung der Strukturmittel im Gemeinschaftshaushalt	4
3. Die Konzentration auf vorrangige Ziele und der Einsatz der Fonds	5
4. Weitere Grundsätze der Gemeinschaftsinterventionen, Interventionsformen und Verfahren	10
III. Heranführungsmaßnahmen zur Vorbereitung auf den Beitritt	15
IV. Kohäsionsfonds (Art. 161 Abs. 2)	16

I. Art. 161 Abs. 1 als grundlegende Ermächtigungsnorm für die Umsetzung der gemeinschaftlichen Förderkompetenz

Art. 161 Abs. 1 enthält (zusammen mit Art. 162) die erforderlichen **Ermächtigungsgrundlagen**, um die Strukturfonds[1] und die übrigen vorhandenen Finanzierungsinstrumente zum Zwecke der Kohäsionspolitik einzusetzen. Art. 161 Abs. 1 konkretisiert damit in Verbindung mit Art. 162 die in Art. 159 Abs. 1 S. 3 enthaltene kohäsionspolitische Förderkompetenz der Gemeinschaft. Während Art. 161 Abs. 1 den Rat zu grundlegenden Bestimmungen über Ziele und Organisation der Strukturfonds sowie zur Koordinierung der Fondsinterventionen mit denen der übrigen Finanzierungsinstrumente ermächtigt, kann der Rat nach Art. 162 Durchführungsbestimmungen erlassen (s. Art. 162, Rn. 1). Wegen der Bedeutung der nach Art. 161 Abs. 1 zu treffenden Festlegungen für die Ausgestaltung der gemeinschaftlichen Förderkompetenz sieht Abs. 1   1

---

1 Art. 159 Abs. 1 S. 3.

Adelheid Puttler

hier **Einstimmigkeit** im Rat sowie die Zustimmung des Europäischen Parlaments vor. Für die Durchführungsbestimmungen nach Art. 162 Abs. 1 ist wegen ihrer im Vergleich zu Art. 161 Abs. 1 geringeren Bedeutung lediglich das Verfahren des Art. 251 einzuhalten. Außerdem ist jeweils die Anhörung von WSA und AdR erforderlich. Als Beitrag zur Erweiterungsfähigkeit der Union sollen nach dem durch den Vertrag von Nizza neu eingefügten Abs. 3 ab dem 1. Januar 2007 auch Beschlüsse nach Abs. 1, also auch die grundlegenden Ausrichtungen und Festlegungen der gemeinschaftlichen Förderpolitik, im Rat **nicht mehr einstimmig, sondern mit qualifizierter Mehrheit** getroffen werden können. Abs. 3 macht die Einführung der Abstimmung mit qualifizierter Mehrheit allerdings von einer entsprechenden Übereinkunft der Organe über Finanzplanung und Ausgabendisziplin abhängig, nämlich einer Interinstitutionellen Vereinbarung zwischen Europäischem Parlament, Rat und Kommission, die eine ab 2007 geltende mehrjährige Finanzielle Vorausschau enthält[2].

II. Die Strukturfondsreformen von 1988, 1993 und 1999

1. Die Rechtsgrundlagen

2 Die **erste Neuordnung** der Strukturfonds fand **1988** im Anschluß an den Reformauftrag statt, der mit der Einheitlichen Europäischen Akte in die ursprüngliche Fassung des Art. 130d EWGV[3] aufgenommen worden war. Auf der Grundlage von Art. 130d EWGV (jetzt Art. 161 Abs. 1 EGV) erließ der Rat 1988 die sogenannte **Rahmenverordnung**, die insbesondere die Ziele und Aufgaben der Strukturfonds, die Interventionsformen und die Leitprinzipien der Reform sowie Bestimmungen zur Koordinierung der Strukturfondsinterventionen untereinander und mit den Interventionen der übrigen Finanzierungsinstrumente enthielt[4]. Außerdem verabschiedete er vier Durchführungsverordnungen: die horizontal (d.h. auf alle Finanzierungsinstrumente) wirkende **Koordinierungsverordnung** für das Zusammenwirken der Strukturfonds einerseits und der EIB sowie der sonstigen Finanzierungsinstrumente andererseits[5], sowie drei vertikal wirkende (d.h. jeweils für einen Fonds geltende) **Durchführungsverordnungen** für den EFRE[6], den ESF[7] und den EAGFL – Abteilung Ausrichtung[8]. Nachdem die Rahmenverordnung eine Revisionsklausel enthielt, nach der der Rat die Verordnung binnen fünf Jahren nach ihrem Inkrafttreten zu überprüfen hatte[9], erfolgte **1993 die zweite Strukturfonds-**

---

2 Zum System der Finanziellen Vorausschauen *Europäische Kommission, Generaldirektion Haushalt,* Haushaltsvademekum 2000, 2000, S. 10 f.; s. auch Art. 270, Rn. 4.
3 Art. 130d a. F. EWGV lautete:»Die Kommission unterbreitet dem Rat unmittelbar nach Inkrafttreten der Einheitlichen Europäischen Akte einen Gesamtvorschlag, der darauf abzielt, an der Struktur und den Regeln für die Arbeitsweise der bestehenden Strukturfonds ... die ... gegebenenfalls erforderlichen Änderungen vorzunehmen, um zur Erreichung der Ziele der Artikel 130a und 130c beizutragen, die Effizienz der Fonds zu erhöhen und deren Tätigkeiten sowohl untereinander als auch im Verhältnis zu den Tätigkeiten der vorhandenen Finanzierungsinstrumente zu koordinieren. ...«
4 VO (EWG) Nr. 2052/88, ABl.EG 1988 Nr. L 185/9 (Rahmen-VO).
5 VO (EWG) Nr. 4253/88, ABl.EG 1988 Nr. L 374/1 (Koordinierungs-VO), in Durchführung der Rahmen-VO und gestützt insbesondere auf Art. 130e EWGV.
6 VO (EWG) Nr. 4254/88, ABl.EG 1988 Nr. L 374/15 (EFRE-VO), gestützt insbesondere auf Art. 130e EWGV.
7 VO (EWG) Nr. 4255/88, ABl.EG 1988 Nr. L 374/21 (ESF-VO), gestützt auf Art. 126, 127 EWGV.
8 VO (EWG) Nr. 4256/88, ABl.EG 1988 Nr. L 374/25 (EAGFL-VO), gestützt auf Art. 43 EWGV.
9 Art. 19 VO (EWG) Nr. 2052/88, ABl.EG 1988 Nr. L 185/9.

reform[10], die eine Novellierung dieser Verordnungen brachte[11]. Außerdem wurde – gestützt auf Art. 43 EWGV (jetzt Art. 37) – in einer zusätzlichen Verordnung ein weiteres Finanzierungsinstrument für Strukturmaßnahmen im Bereich der Fischerei (FIAF) geschaffen[12]. Dazu kam die Errichtung des **Kohäsionsfonds**[13]. Der Beitritt Österreichs, Schwedens und Finnlands am 1. Januar 1995 machte darüber hinaus Anpassungen und Ergänzungen erforderlich[14].

Aufgrund der Revisionsklausel in der Rahmenverordnung von 1993 erfolgte **1999 die dritte Strukturfondsreform**. Diese Revision geht auf Reformüberlegungen der Kommission in ihrer »Agenda 2000«[15] zurück und zielt auf eine effizientere Gestaltung und Vereinfachung der Strukturhilfen auch im Hinblick auf eine zukünftige Osterweiterung der Gemeinschaft. Sie umfaßt den Zeitraum 2000–2006 und verlängert damit gegenüber den vorangegangenen Strukturfondsreformen den Planungszeitraum nunmehr auf sieben Jahre. Für eine bessere Transparenz der allgemein für die Strukturfonds geltenden Rechtsvorschriften wurden Rahmenverordnung und Koordinierungsverordnung inhaltlich zusammengefaßt und durch die **Strukturfondsverordnung**[16] ersetzt. Eine Reihe von Verordnungen, vor allem mit **Durchführungsbestimmungen für die einzelnen Fonds**[17], ergänzen die Strukturfondsverordnung und lösen die alten Durchführungsverordnungen ab.

3

2. Bedeutung der Strukturmittel im Gemeinschaftshaushalt

Die Mittel für die Strukturförderung stellen im Haushalt der Gemeinschaft regelmäßig den **zweitgrößten Ausgabenposten** hinter den Ausgaben für die GAP dar[18]. Die Fondsmittel wurden mit den Strukturfondsreformen 1988 und 1993 jeweils erheblich aufgestockt. Im Planungszeitraum 2000 bis 2006 sollen sie nach dem Willen des Rates wieder zurückgehen. Für den 5-Jahreszeitraum 1989 bis 1993 waren für die Strukturfonds insgesamt 60,3 Mrd. ECU vorgesehen[19]. Dazu kamen nach der deutschen Vereinigung für

4

---

10 S. auch das dem EUV beigefügte 15. Protokoll über den wirtschaftlichen und sozialen Zusammenhalt, das eine weitere Reform vorsah. Der Rat erließ die neuen Verordnungen allerdings bereits im Sommer 1993, also noch vor Inkrafttreten des EUV.
11 VO (EWG) Nr. 2081/93, ABl.EG 1993 Nr. L 193/5 (Rahmen-VO); VO (EWG) Nr. 2082/93, ABl.EG 1993 Nr. L 193/20 (Koordinierungs-VO); VO (EWG) Nr. 2083/93, ABl.EG 1993 Nr. L 193/34 (EFRE-VO); VO (EWG) Nr. 2084/93, ABl.EG 1993 Nr. L 193/39 (ESF-VO); VO (EWG) Nr. 2085/93, ABl.EG 1993 Nr. L 193/44 (EAGFL-VO).
12 Finanzinstrument für die Ausrichtung der Fischerei (FIAF): VO (EWG) Nr. 2080/93, ABl.EG 1993 Nr. L 193/1 (FIAF-VO).
13 S. unten bei Rn. 16.
14 Vgl. Art. 52 des Beschlusses des Rates der Europäischen Union (95/1/EG, Euratom, EGKS) vom 1.1.1995 zur Anpassung der Dokumente betreffend den Beitritt neuer Mitgliedstaaten zur Europäischen Union, ABl.EG 1995 Nr. L 1/1.
15 Dok. KOM (97) 2000 endg., abgedruckt auch als BT-Drs. 13/8391.
16 VO (EG) Nr. 1260/1999, ABl.EG 1999 Nr. L 161/1 (Strukturfonds-VO).
17 VO (EG) Nr. 1783/1999, ABl. EG 1999 Nr. L 213/1 (EFRE-VO); VO (EG) Nr. 1784/1999, ABl. EG 1999 Nr. L 213/5 (ESF-VO); VO (EG) Nr. 1263/1999, ABl. EG 1999 Nr. L 161/54 (FIAF-VO); VO (EG) Nr. 1257/1999, ABl. EG 1999 Nr. L 160/80 (EAGFL-VO); s. zu den Rechtsgrundlagen näher Rn. 1, 2.
18 Der Haushaltsplan 2000 weist 44,5% der Verpflichtungsermächtigungen für Agrarausgaben und 35,2% für Strukturmaßnahmen (Interventionen aus den Strukturfonds, FIAF und dem Kohäsionsfonds) aus, *Europäische Kommission, Generaldirektion Haushalt*, Haushaltsvademekum 2000, 2000, S. 81.
19 *Europäische Kommission*, Die Durchführung der Strukturfondsreform in 1993 – Fünfter Jahresbericht, 1995, S. 1, S. 92 ff.

Art. 161 EG-Vertrag

die Zeit von 1991 bis 1993 zusätzlich über 3 Mrd. ECU für die neuen deutschen Länder[20]. Für den 6-jährigen Planungszeitraum 1994 bis 1999 standen für die Strukturfonds 146,2 Mrd. Euro aus dem Haushalt der EG zur Verfügung; im Jahr 1999 machten die Verpflichtungsermächtigungen über ein Drittel der Gesamthaushaltsausstattung aus[21]. Im 7-Jahreszeitraum von **2000 bis 2006** wird für die EU-15 der Gesamtbetrag der Zuwendungen an die **Strukturfonds 195 Mrd. Euro**[22] betragen. Dazu kommen weitere **18 Mrd. Euro für den Kohäsionsfonds**[23]. Bis zum Jahre 2006 wird die Summe der Mittel für die Kohäsionspolitik in den gegenwärtigen 15 EU-Mitgliedstaaten wieder auf 0,31% ihres BIP und damit auf das Niveau von 1992 zurückgeführt[24]. Für die Kohäsionspolitik **für sechs neue Mitgliedstaaten nach deren Beitritt** sind für die Zeit von 2002 bis 2006 zusätzliche Mittel von insgesamt höchstens 39,58 Mrd. Euro vorgesehen[25]. Sie steigern sich jährlich von 3,75 Mrd. Euro im Jahr 2002 bis auf 12,08 Mrd. Euro im Jahr 2006, was schließlich zu einem Gesamtvolumen in Höhe von 0,45% des BIP in der erweiterten EU-21 im Jahr 2006 führen soll; das ist in etwa der gleiche Wert, wie zu Beginn des Förderzeitraums in der EU-15[26].

3. Die Konzentration auf vorrangige Ziele und der Einsatz der Fonds

5   Während Fördermittel der Gemeinschaft in der Zeit vor den Strukturfondsreformen in der Regel nach Quoten[27] und später im Rahmen eines Systems von Spannen mit Ober- und Untergrenzen[28] an die Mitgliedstaaten verteilt wurden, konzentriert sich die Gemeinschaftsförderung seit der ersten Strukturfondsreform auf festgelegte vorrangige Ziele. Diese **sachliche Konzentration der Gemeinschaftsinterventionen** soll zu einer erhöhten Effizienz der gemeinschaftlichen Förderpolitik führen.

6   Die Strukturfondsreformen von 1988 und 1993 sahen sechs, später sieben vorrangige Ziele vor[29]. Die Strukturfondsreform von 1999 faßte sie zu **drei vorrangigen Zielen** zu-

---

20 3 Mrd. ECU gemäß Art. 3 VO (EWG) Nr. 3575/90 vom 4.12.1990, ABl.EG 1990 Nr. L 353/19. Die Mittelzuweisung wurde 1992 um 560 Mio. ECU aufgestockt, *Europäische Kommission*, Die Durchführung der Strukturfondsreform in 1993 – Fünfter Jahresbericht, 1995, S. 39.
21 Zu Preisen des Jahres 1995; *Europäische Kommission*, Finanzbericht 1999, 2001, S. 34.
22 In Preisen von 1999; Europäischer Rat Berlin, 24. und 25. März 1999, Schlußfolgerungen des Vorsitzes, SN 100/99, Ziff. 29; Art. 7 VO (EG) Nr. 1260/1999, ABl.EG 1999 Nr. L 161/1 (Strukturfonds-VO).
23 In Preisen von 1999; Europäischer Rat Berlin, 24. und 25. März 1999, Schlußfolgerungen des Vorsitzes, SN 100/99, Ziff. 52; Art. 1 Ziff. 4 VO (EG) Nr. 1264/99, ABl.EG 1999 Nr. L 161/57.
24 *Europäische Kommission*, Einheit Europas, Solidarität der Völker, Vielfalt der Regionen – Zweiter Bericht über den wirtschaftlichen und sozialen Zusammenhalt, 2001, S. XX.
25 In Preisen von 1999; Europäischer Rat Berlin, 24. und 25. März 1999, Schlußfolgerungen des Vorsitzes, SN 100/99, Ziff. 11; zu den Heranführungsmaßnahmen s. unten Rn. 15.
26 *Europäische Kommission*, Zweiter Kohäsionsbericht (Fn.24), S. XXXVI.
27 Vgl. für die Regionalfördermittel Art. 2 der 1979 geänderten EFRE-VO, VO (EWG) Nr. 214/79, ABl.EG 1979 Nr. L 35/1, wonach der quotierte Teil der EFRE-Mittel 95% des Fondsvolumens betrug.
28 Vgl. für die Regionalfördermittel Art. 4 der EFRE-VO von 1984, VO (EWG) Nr. 1787/84, ABl.EG 1984 Nr. L 169/1. Danach mußten mindestens 88,63% der EFRE-Mittel nach einem festgelegten Verteilerschlüssel an die Mitgliedstaaten weitergereicht werden. Die restlichen 11,37% konnte die Kommission nach einem System von Prioritäten und Verteilungskriterien zuweisen.
29 Zu den ehemaligen Zielen 1, 2, 3, 4, 5a und 5b der Förderperiode 1994–1999 s. Art. 1 VO (EWG) Nr. 2081/93, ABl.EG 1993 Nr. L 193/5 (Rahmen-VO); zum mit dem Beitritt Österreichs, Schweden und Finnlands eingefügten Ziel 6 s. Protokoll Nr. 6 im Anhang der Beitrittsakte in der Fassung von Art. 52 des Beschlusses des Rates der EU (95/1/EG, Euratom, EGKS) vom 1.1.1995, ABl.EG 1995 Nr. L 1/1.

sammen. Das **neue Ziel 1**, dem 69,7% der Strukturfondsmittel[30] zugewiesen sind, soll der Entwicklung und der strukturellen Anpassung von Regionen mit Entwicklungsrückstand dienen. Darunter fallen im wesentlichen die Fördergebiete des ehemaligen Ziels 1 (Entwicklung und strukturelle Anpassung der Regionen mit Entwicklungsrückstand) und des vormaligen Ziels 6 (Förderung der Entwicklung und strukturellen Anpassung von Gebieten mit extrem niedriger Bevölkerungsdichte). Nach dem **neuen Ziel 2** sollen industrielle, ländliche und städtische Gebiete sowie Fischereiregionen mit besonderen Strukturproblemen gefördert werden. Es erhält 11,5% der Mittel[31]. Das neue Ziel 2 faßt die alten Ziel-2-Gebiete (Umstellung der Regionen mit rückläufiger industrieller Entwicklung) und Ziel-5b-Gebiete (Entwicklung und strukturelle Anpassung der ländlichen Gebiete) zusammen und ergänzt sie mit weiteren förderfähigen Regionen. Das **neue Ziel 3** (12,3% der Mittel[32]) befaßt sich mit der Entwicklung der Humanressourcen durch Unterstützung der Anpassung und Modernisierung der Bildungs-, Ausbildungs- und Beschäftigungspolitiken und -systeme und greift die ehemaligen Ziele 3 (Bekämpfung der Arbeitslosigkeit) und 4 (Erleichterung der Anpassung der Arbeitskräfte an den industriellen Wandel) auf. Während die Ziele 1 und 2 sich auf bestimmte geographisch abgegrenzte Teilgebiete beziehen, also regionalpolitisch geprägt sind, ist das Ziel 3 thematisch ausgerichtet. Nach Ziel 3 können grundsätzlich Gebiete in der gesamten Gemeinschaft gefördert werden. Allerdings werden die Ziel-1-Gebiete, die auch unter dem Bildungs- und Beschäftigungsaspekt eine besondere Förderung erfahren, von Ziel 3 ausgenommen[33].

In der Zeit vor den Reformen fanden die **Interventionen der einzelnen Fonds** unabhängig voneinander statt. Um daraus sich ergebende Reibungsverluste und Mehrfachförderungen zu vermeiden, wurde die Tätigkeit der Fonds untereinander und mit den anderen Finanzierungsinstrumenten, vor allem mit der EIB[34], koordiniert. Nicht alle Fonds werden zur Erreichung aller vorrangiger Ziele eingesetzt. Die Förderung der Ziel-1-Gebiete erfolgt aus dem EFRE, dem ESF, dem EAGFL – Abteilung Ausrichtung – und dem FIAF. Die Mittel für das neue Ziel 2 fließen im wesentlichen aus dem EFRE und dem ESF. Das neue Ziel 3 wird aus dem ESF gefördert[35]. 7

Die **Förderkulisse**, also die Gebiete, in die Regionalfördermittel für die neuen Ziele 1 und 2 (ehemals Ziele 1, 2, 5b und 6) fließen, wird von der Gemeinschaft festgelegt. Dazu wurde das Gemeinschaftsterritorium nach administrativ-institutionellen Maßstäben in drei Ebenen unterteilt, den sogenannten NUTS[36]. Für die Bundesrepublik Deutschland 8

---

30 Art. 7 Abs. 2 UAbs. 1 VO (EG) Nr. 1260/1999, ABl.EG 1999 Nr. L 161/1 (Strukturfonds-VO); zur Aufteilung auf die Mitgliedstaaten s. Entscheidung der Kommission 1999/501/EG, ABl.EG 1999 Nr. L 194/49.
31 Art. 7 Abs. 2 UAbs. 2 Strukturfonds-VO (Fn. 30); s. Entscheidung der Kommission 1999/504/ EG, ABl.EG 1999 Nr. L 194/60 zur Aufteilung auf die Mitgliedstaaten.
32 Art. 7 Abs. 2 UAbs. 3 Strukturfonds-VO (Fn. 30); s. Entscheidung der Kommission 1999/505/ EG, ABl.EG 1999 Nr. L 194/63 zur Aufteilung auf die Mitgliedstaaten.
33 Art. 5 Strukturfonds-VO (Fn. 30).
34 Art. 2 Abs. 6 Strukturfonds-VO (Fn. 30).
35 Art. 2 Abs. 2 Strukturfonds-VO (Fn. 30); s. auch Art. 2 Abs. 3 Strukturfonds-VO für weitere Einsatzbereiche von FIAF und EAGFL – Abteilung Ausrichtung.
36 Nomenclature des unités territoriales statistiques (Systematik der Gebietseinheiten für die Statistik) – geographische Einteilung durch Eurostat in Zusammenarbeit mit anderen Kommissionsabteilungen ohne eigene Rechtsgrundlage; s. dazu den Vorschlag der Kommission für eine VO über die Schaffung einer gemeinsamen Klassifikation der Gebietseinheiten für die Statistik vom 14.2.2001, KOM (2001) 83 endgültig; s. ferner *Europäische Kommission*, Regionen – Statistisches Jahrbuch – 1996, 1997, S. X und S. 1 ff.; *J. Recktenwald*, Raumforschung und Raumordnung 1991, 379 (380 f.); *Th. Wiedmann*, Idee und Gestalt der Region in Europa, 1996, S. 24 f.

umfaßt die NUTS-Ebene I die Länder, die NUTS-Ebene II die Regierungsbezirke und die NUTS-Ebene III die Kreise. Unter das neue Ziel 1 fallen Gebiete der NUTS-Ebene II, deren Pro-Kopf-BIP unter 75% des Gemeinschaftsdurchschnitts liegt; die Kommission wurde mit der Erstellung eines entsprechenden Gebietsverzeichnisses betraut[37]. Zu den Ziel-1-Gebieten zählen in Deutschland alle fünf neuen Länder. Ost-Berlin, das bis 1999 als Ziel-1-Gebiet Fördermittel erhielt, bekommt ab 2000 nur noch eine Übergangsunterstützung[38]. Das neue Ziel 2 bezieht sich auf Gebiete der NUTS-Ebene III. Die Kriterien der Strukturfonds-VO für die Ziel-2-Gebiete sind weiter und ausfüllungsbedürftiger als die 75%-Marke der Ziel 1-Gebiete. Für die Förderkulisse legt die Kommission für jeden Mitgliedstaat zunächst eine Bevölkerungshöchstgrenze fest[39]. Auf der Grundlage von Vorschlägen der Mitgliedstaaten und nach Anhörung dreier Beratender Ausschüsse stellt die Kommission schließlich das Verzeichnis der Ziel-2-Gebiete auf[40].

9 Die Strukturfondsreform von 1999 will die **räumliche Konzentration der Mittel** auf die am wenigsten wohlhabenden Mitgliedstaaten und die am stärksten benachteiligten Gebiete verstärken. Während im Förderzeitraum 1994–1999 über die Hälfte der Bevölkerung der EU-15 in Regionalfördergebieten der Gemeinschaft lebte[41], senkte die jüngste Strukturfondsreform den Bevölkerungsanteil, der ab 2000 in den Genuß von Fördermitteln nach den regionalbedeutsamen Zielen 1 und 2 kommt, auf etwa 40%[42]. Ein zu großer Verlust von Fördergebieten in einzelnen Mitgliedstaaten soll allerdings dadurch vermieden werden, daß ein Mitgliedstaat höchstens eine Reduzierung seiner bisherigen Ziel-2- und Ziel-5b-Fördergebietseinwohner um ein Drittel hinnehmen muß[43]. Vorübergehende Unterstützungen für bisherige Förderregionen, die nunmehr aus der neuen Ziel-1- und Ziel-2-Förderung herausfallen, sollen den Übergang erleichtern[44].

4. Weitere Grundsätze der Gemeinschaftsinterventionen, Interventionsformen und Verfahren

10 In der Zeit vor den Strukturfondsreformen wurden die Gemeinschaftsmittel nach Mitgliedstaatsquoten zugeteilt. Die Mitgliedstaaten konnten die Mittel als Finanzausgleichsposten vereinnahmen und damit eigene Strukturförderziele verfolgen. Um sicher-

---

37 Art. 3 Strukturfonds-VO (Fn. 30); Entscheidung 1999/502/EG, ABl.EG 1999 Nr. L 194/53.
38 Nach Art. 6 Abs. 1 Strukturfonds-VO (Fn. 30); Entscheidung 1999/502/EG, Anh. II.
39 Art. 4 Abs. 2 Strukturfonds-VO (Fn. 30); Entscheidung 1999/503/EG, ABl.EG 1999 Nr. L 194/58.
40 Art. 4 Abs. 4 Strukturfonds-VO (Fn. 30) nach Anhörung des Ausschusses für die Entwicklung und Umstellung der Regionen (Art. 48 Abs. 3 lit. a Strukturfonds-VO), des Ausschusses für Agrarstrukturen und Entwicklung des ländlichen Raumes (Art. 50 Abs. 3 lit. a Strukturfonds-VO) und des Ausschusses für Fischerei und Aquakultur (Art. 51 Abs. 3 lit. a Strukturfonds-VO); Ziel-2-Gebiete in Deutschland: Entscheidung 2000/201/EG, ABl.EG 2000 Nr. L 66/29.
41 50,6% der Bevölkerung, davon lebten 25% in den Ziel-1-Gebieten, 16,4% in den Ziel-2-Gebieten, 8,8% in den Ziel-5b-Gebieten, 0,4% in den Ziel-6-Gebieten; Europäische Kommission, Strukturfonds und Kohäsionsfonds 1994–1999 – Verordnungstexte und Erläuterungen, 1996, S. 12 ff.; vgl. auch *Kommission der EGen*, Agenda 2000, Dok. KOM(97) 2000 endg., abgedruckt als BT-Drs. 13/8391, S. 18.
42 Etwa 22% der EU-Bevölkerung leben in den Ziel-1-Gebieten (*L. Jung/H. Hassold*, Die Neuordnung der deutschen und europäischen Regional-/Strukturförderung vor dem Hintergrund der Beihilfenkontrolle und der Agenda 2000, DÖV 2000, 190, 195). Die Ziel-2-Förderung darf maximal 18% der Gemeinschaftsbevölkerung zugute kommen, Art. 4 Abs. 2 Strukturfonds-VO (Fn. 30).
43 Art. 4 Abs. 2 lit. c Strukturfonds-VO (Fn. 30).
44 Art. 6 Strukturfonds-VO (Fn. 30).

zustellen, daß die Mitgliedstaaten die EG-Fördermittel ausschließlich zur Verwirklichung der EG-Kohäsionspolitik einsetzen, wurden bereits mit der ersten Strukturfondsreform die Grundsätze der **Zusätzlichkeit der Mittel** und der **Kofinanzierung** eingeführt. Damit wurden die Mitgliedstaaten veranlaßt, nicht nur die Gemeinschaftsmittel entsprechend zu verwenden, sondern auch einen Teil ihrer eigenen Haushaltsmittel in den Dienst der EG-Kohäsionspolitik zu stellen. Das Prinzip der Zusätzlichkeit der Mittel verlangt von den Mitgliedstaaten, parallel zu einer Erhöhung der Strukturfondsmittel auch ihre eigenen Aufwendungen für Strukturinterventionen möglichst zu steigern und das erhöhte Förderniveau beizubehalten[45]. Die Kommission kontrolliert zu drei Überprüfungsterminen die Einhaltung anhand entsprechender finanzieller Angaben der Mitgliedstaaten[46]. Daneben dienen die Strukturfondsinterventionen in der Regel nicht der vollständigen Finanzierung eines Vorhabens, sondern erfordern eine meist erhebliche Kofinanzierung durch den Mitgliedstaat. Die gemeinschaftlichen Fördersätze liegen zwischen 25% und 75% und können lediglich in Ausnahmefällen darüber hinausgehen[47].

Während in der Zeit vor den Strukturfondsreformen mit Gemeinschaftsmitteln vielfach 11 Einzelprojekte gefördert wurden, gilt seit der ersten Reform von 1988 der **Grundsatz der Programmplanung**. Die Programmplanung wird für einen mehrjährigen Planungszeitraum vorgenommen. Um Gemeinschaftszuschüsse zu erhalten, muß ein Mitgliedstaat ein aufwendiges, mehrstufiges Antragsverfahren durchlaufen mit dem Ziel, Gemeinschaftsförderung im Rahmen eines sogenannten Operationellen Programms (OP) zu erhalten. Das Antragsverfahren umfaßte nach der Reform von 1988 grundsätzlich drei Stufen, kann insbesondere für die Ziele 2 und 3 nunmehr aber auch auf zwei Stufen verkürzt werden[48]. Der Mitgliedstaat hat zunächst nach Zielen getrennt der Kommission Mehrjahrespläne vorzulegen, die sich auf die Programmplanungszeiträume beziehen und in denen der Handlungsbedarf und die wichtigsten Interventionsschwerpunkte dargestellt werden[49]. Auf dieser Grundlage folgen Verhandlungen zwischen Kommission und Mitgliedstaat über die sogenannten gemeinschaftlichen Förderkonzepte (GFK), in denen die Förderschwerpunkte, die finanziellen Mittel, die Interventionsformen und deren Laufzeit bestimmt werden[50]. Die GFK werden schließlich von der Kommission beschlossen und im Amtsblatt veröffentlicht[51]. Die eigentliche Gemeinschaftsförderung erfolgt dann auf der Basis des GFK grundsätzlich im Rahmen von Operationellen Programmen, für die die Mitgliedstaaten entsprechende Beihilfeanträge einreichen müssen[52]. Bei dem verkürzten zweistufigen Antragsverfahren werden GFK und OP in einem einzigen Einheitlichen Programmplanungsdokument (EPPD) zusammengefaßt[53].

Während GFK, OP und EPPD letztlich auf Vorschläge der Mitgliedstaaten zurückgehen, 12 kann die Kommission mit den sogenannten **Gemeinschaftsinitiativen** und den **innovati-**

---

45 Art. 11 Abs. 2 Strukturfonds-VO (Fn. 30).
46 Art. 11 Abs. 3 Strukturfonds-VO (Fn. 30); zum Überprüfungsverfahren im Rahmen von Ziel 1 s. Europäische Kommission, Der neue Programmplanungszeitraum 2000–2006: methodische Arbeitspapiere, Arbeitspapier 5, http://inforegio.cec.eu.int. Ein weiteres Arbeitspapier zur Überprüfung im Rahmen der Ziele 2 und 3 ist in Vorbereitung.
47 Art. 29 Abs. 3 bis 7 Strukturfonds-VO (Fn. 30).
48 Ebenso für Ziel-1-Förderkonzepte, bei denen die Zuwendungen unter 1 Mrd. Euro liegen: Art. 15 Abs. 1 UAbs. 2, 3 Strukturfonds-VO (Fn. 30).
49 Art. 9 lit. b, 15 Abs. 1 und 16 Strukturfonds-VO (Fn. 30); s. auch die Allgemeinen Leitlinien der Kommission nach Art. 10 Abs. 3 Strukturfonds-VO, ABl.EG 1999 Nr. C 267/2.
50 Art. 9 lit. d, 17 Strukturfonds-VO (Fn. 30).
51 Art. 15 Abs. 7 Strukturfonds-VO (Fn. 30).
52 Art. 9 lit. f, 18 Strukturfonds-VO (Fn. 30).
53 Art. 9 lit. g, 19 Strukturfonds-VO (Fn. 30).

ven **Maßnahmen** der Kohäsionspolitik eigene Anstöße geben. Als Beitrag zur weiteren sachlichen Konzentration der Gemeinschaftsförderung wurden allerdings die bisher 13 Gemeinschaftsinitiativen[54] im Förderzeitraum 2000 bis 2006 auf die vier Initiativen Interreg, URBAN, Leader und EQUAL reduziert[55]. Leitlinien der Kommission beschreiben Ziele, Geltungsbereich und Durchführungsbestimmungen für jede Initiative[56]. Für die Gemeinschaftsinitiativen stehen etwas über 5% der Fondsmittel zur Verfügung[57]. Zu den innovativen Maßnahmen, für die weniger als 1% der Fondsmittel vorgesehen sind[58], zählen Studien, Erfahrungsaustausch sowie Pilotprojekte zur Erprobung neuer Wege zur Verwirklichung der Strukturfondsziele[59].

13 Neben **Finanzkontrollen** zur Überprüfung der ordnungsgemäßen Ausführung der von der Gemeinschaft finanzierten Vorhaben[60], soll ein differenziertes **Bewertungs- und Begleitsystem** die wirksame Durchführung der EG-Förderpolitik durch die Mitgliedstaaten sicherstellen. Mit Hilfe von Ex-ante-, Halbzeit- und Ex-post-Bewertungen soll die Effizienz der Strukturinterventionen beurteilt werden[61]. Die Strukturfondsreform 1999 führte neu eine Art »**Wohlverhaltensprämie**« für die Mitgliedstaaten ein. 4% zuvor zurückbehaltener Fondsmittel werden erst einem Mitgliedstaat zugewiesen, wenn die Halbzeitbewertung eine angemessene Leistung der betreffenden Operationellen Programme oder Einheitlichen Programmplanungsdokumente erkennen läßt[62]. Außerdem sieht die Strukturfonds-VO ein aufwendiges, ständiges Begleitverfahren vor. Neben den für die Verwaltung zuständigen mitgliedstaatlichen Behörden überwachen besondere Begleitausschüsse jedes GFK, OP und EPPD bei der Durchführung und erstatten regelmäßig der Kommission Bericht[63].

14 Als Neuerung führte die Reform von 1988 das **Prinzip der Partnerschaft** ein, das auf allen Stufen der Programmplanung und Durchführung sowie der Evaluierung eine enge Abstimmung zwischen Kommission, Mitgliedstaat und den zuständigen Behörden auf nationaler, regionaler und lokaler Ebene fordert. Unter Partnerschaft wird eine enge Konzertierung zwischen der Kommission, dem betreffenden Mitgliedstaat sowie »den Behörden und Stellen, die der Mitgliedstaat im Rahmen seiner einzelstaatlichen Regelungen und seiner einschlägigen Praxis benennt« verstanden[64]. Dazu zählen neben Behörden regionaler, lokaler und anderer Art, die Wirtschafts- und Sozialpartner und sonstige relevante Einrichtungen. Die Mitgliedstaaten haben die Beteiligung der Partner auf allen Stufen der Planung und Durchführung der Programme zu gewährleisten. Durch das Partnerschaftsprinzip bleibt die Kommission nicht auf die Regierung des jeweiligen Mitgliedstaats als alleinigem Ansprechpartner beschränkt, sondern darf auch mit dessen unteren Ebenen in einen Dialog eintreten. Da nicht näher bestimmt ist, in welchem Umfang die Kommission untere Ebenen beteiligt, entscheidet die Kommission im Einzelfall, welches Maß an Partnerschaft sie im Interesse des Gemeinschaftsziels für geboten hält.

---

54 Dazu im einzelnen *Europäische Kommission*, Leitfaden der Gemeinschaftsinitiativen 1994–1999, 1994.
55 Art. 20 Strukturfonds-VO (Fn. 30).
56 Art. 21 Strukturfonds-VO (Fn. 30); Leitlinien: für Interreg III, ABl. EG 2000 Nr. C 143/6; für URBAN II, ABl. EG 2000 Nr. C 141/8; für EQUAL, ABl. EG 2000 Nr. C 127/2; für LEADER+, ABl. EG 2000 Nr. C 139/5.
57 Art. 7 Abs. 6 UAbs. 1 Strukturfonds-VO (Fn. 30).
58 Art. 7 Abs. 6 UAbs. 2 Strukturfonds-VO (Fn. 30).
59 Art. 22 Strukturfonds-VO (Fn. 30).
60 Art. 38, 39 Strukturfonds-VO (Fn. 30).
61 Art. 40 bis 43 Strukturfonds-VO (Fn. 30).
62 Art. 44 Abs. 2 i.V.m. Art. 7 Abs. 5 Strukturfonds-VO (Fn. 30).
63 Art. 34 bis 37 Strukturfonds-VO (Fn. 30).
64 Art. 8 Abs. 1 Strukturfonds-VO (Fn. 30).

Weiterhin ist aber allein der Mitgliedstaat gegenüber der Gemeinschaft berechtigt und verpflichtet, da die Partnerschaft »in völligem Einklang mit den ... institutionellen, rechtlichen und finanziellen Befugnissen der einzelnen Partner« steht[65]. Das **Partnerschaftsprinzip** schafft daher **für untere Ebenen keine zusätzlichen Mitwirkungs- oder Beteiligungsrechte**.

III. Heranführungsmaßnahmen zur Vorbereitung auf den Beitritt

Nach den Beschlüssen des Europäischen Rats von Berlin sind im Zeitraum 2000 bis 2006 insgesamt 21,84 Mrd. Euro für Ausgaben zur Heranführung der zehn mittel- und osteuropäischen Länder vorgesehen, über deren Beitritt zur EU verhandelt wird[66]. Die Förderung erfolgt durch drei Gemeinschaftsinstrumente, das bereits 1989 geschaffene Programm PHARE[67] und die neu errichteten Fonds ISPA und SAPARD[68]. Da es um Förderung vor dem Beitritt geht, also (noch) Drittstaaten betrifft, gehören diese Fonds nicht zur gemeinschaftlichen Kohäsionspolitik des Titels XVII. Sie wurden deshalb auf der Grundlage von Art. 308 (ex-Art. 235) errichtet. Nach erfolgtem Beitritt erhält der betreffende neue Mitgliedstaat besondere Unterstützung im Rahmen der Erweiterung[69]. Auch für Zypern und Malta legte der Rat eine Heranführungsstrategie fest; für den Zeitraum 2000 bis 2004 sind hierfür insgesamt 95 Mio. Euro vorgesehen[70].

15

IV. Kohäsionsfonds (Art. 161 Abs. 2)

Die **Rechtsgrundlage** für die Schaffung eines Kohäsionsfonds ist in dem durch den EUV eingefügten Absatz 2 enthalten. Es ist das gleiche Verfahren wie in Abs. 1 vorgesehen, also im Rat zunächst nur Einstimmigkeit und ab dem 1. Januar 2007 unter den in Abs. 3 vorgesehenen Voraussetzungen auch Entscheidungen mit qualifizierter Mehrheit (s. Rn. 1). Nachdem sich das Inkrafttreten des EUV verzögerte, wurde am 30. März 1993 übergangsweise auf der Grundlage von Art. 235 (jetzt Art. 308) das sogenannte Kohäsions-Finanzierungsinstrument als Vorläufer des Kohäsionsfonds errichtet[71]. Mit Verordnung vom 16. Mai 1994 wurde es schließlich durch den Kohäsionsfonds ersetzt[72]. Der Fonds stellt ein zusätzliches Finanzierungsinstrument dar, mit dessen Hilfe in den ärmsten Mitgliedstaaten ein weiterer Kohäsionsschub bewirkt werden soll. Seine Zielsetzung ist allerdings nicht wie etwa die des EFRE regionalpolitisch. Die Tätigkeit des Kohäsionsfonds soll vielmehr den ärmsten Mitgliedstaaten dabei helfen, die für die Wirtschafts- und Währungsunion geforderten **Konvergenzkriterien** zu erreichen. Daher

16

---

65 Art. 8 Abs. 1 UAbs. 3 Strukturfonds-VO (Fn. 30).
66 Europäischer Rat Berlin, 24. und 25. März 1999, Schlußfolgerungen des Vorsitzes, SN 100/99, Ziff. 8.
67 VO (EWG) Nr. 3906/89, ABl.EG 1989 Nr. L 375/11; zuletzt geändert und als Heranführungsinstrument angepaßt durch Art. 4 VO (EG) Nr. 1266/1999, ABl.EG 1999 Nr. L 161/68.
68 Strukturpolitisches Instrument zur Vorbereitung auf den Beitritt (ISPA): VO (EG) Nr. 1267/1999, ABl.EG 1999 Nr. L 161/73; Instrument für die Förderung der Landwirtschaft und des ländlichen Raumes (SAPARD): VO (EG) Nr. 1268/1999, ABl.EG 1999 Nr. L 161/87; s. zur Koordinierung der Hilfe für die beitrittswilligen Länder die VO (EG) Nr. 1266/1999, ABl.EG 1999 Nr. L 161/68.
69 Zu den für die Kohäsionspolitik vorgesehenen Mitteln s. oben Rn. 4.
70 VO (EG) Nr. 555/2000, ABl.EG 2000 Nr. L 68/3 (ebenfalls gestützt auf Art. 308).
71 VO (EWG) Nr. 792/93, ABl.EG 1993 Nr. L 79/74.
72 VO (EWG) Nr. 1164/94, ABl.EG 1994 Nr. L 130/1; geändert durch VO (EG) Nr. 1264/99, ABl.EG 1999 Nr. L 161/57 und VO (EG) Nr. 1265/99, ABl.EG 1999 Nr. L 161/62.

wurde die Bereitstellung der Gemeinschaftsmittel auch daran gebunden, daß die betreffenden Mitgliedstaaten ein Programm zur Erfüllung der in Art. 104c (jetzt Art. 104) genannten Konvergenzbedingungen vorweisen[73]. Aus den Mitteln des Kohäsionsfonds werden Beiträge der Gemeinschaft für Vorhaben in den Bereichen Umwelt und transeuropäische Verkehrsinfrastrukturnetze in Mitgliedstaaten mit Pro-Kopf-BSP von weniger als 90% des Gemeinschaftsdurchschnitts geleistet[74]. Im Gegensatz zu den Strukturfonds werden aus dem Kohäsionsfonds keine Programme, sondern vorher festgelegte Projekte oder Projektphasen gefördert. Wie bisher interveniert der Fonds auch im Zeitraum 2000 bis 2006 nur in den Mitgliedstaaten **Griechenland, Irland, Spanien und Portugal**. Ihre Förderfähigkeit wird jedoch vor Ende 2003 auf der Grundlage ihres Pro-Kopf-BSP für den Zeitraum 2000 bis 2002 überprüft[75]. An Kohäsionsfondsmitteln sind im Zeitraum 2000 bis 2006 für Verpflichtungen 18 Mrd. Euro vorgesehen, die gekürzt werden können, wenn ein Mitgliedstaat seine Förderungswürdigkeit verliert[76].

---

73 Nach Art. 3 und 7 der VO (EG) Nr. 1466/97, ABl.EG 1997 Nr. L 209/1.
74 Zu den Voraussetzungen s. das dem EUV beigefügte 15. Protokoll über den wirtschaftlichen und sozialen Zusammenhalt sowie Art. 2, 3, 10 VO (EG) Nr. 1164/94, geändert durch VO (EG) Nr. 1264/99.
75 Art. 2 Abs. 4 VO (EG) Nr. 1164/94 in der durch VO (EG) Nr. 1264/99 geänderten Fassung.
76 In Preisen von 1999; Art. 4 Abs. 3 und 5 VO (EG) Nr. 1164/94 in der durch VO (EG) Nr. 1264/99 geänderten Fassung.

Art. 162 (ex-Art. 130e)

Die den Europäischen Fonds für regionale Entwicklung betreffenden Durchführungsbeschlüsse werden vom Rat gemäß dem Verfahren des Artikels 251 und nach Anhörung des Wirtschafts- und Sozialausschusses sowie des Ausschusses der Regionen gefaßt.

Für den Europäischen Ausrichtungs- und Garantiefonds für die Landwirtschaft, Abteilung Ausrichtung, und den Europäischen Sozialfonds sind die Artikel 37 bzw. 148 weiterhin anwendbar.

Art. 162 Abs. 1 liefert zusammen mit Art. 161 Abs. 1 die Rechtsgrundlagen zur Umsetzung der in Art. 159 Abs. 1 S. 3 niedergelegten gemeinschaftlichen Förderkompetenz[1]. Nach Art. 162 Abs. 1 können Durchführungsregelungen zu Art. 160 und – den EFRE betreffend – Ausführungsbestimmungen zur aufgrund von Art. 161 Abs. 1 erlassenen Strukturfondsverordnung beschlossen werden[2]. Die EFRE-Verordnung war somit auf Art. 162 Abs. 1 zu stützen[3]. 1

Art. 162 Abs. 2 stellt klar, daß sich die Rechtsgrundlagen für Durchführungsbestimmungen zu den anderen Strukturfonds (EAGFL-Abteilung Ausrichtung und ESF) in den spezifischen Vertragsbestimmungen für die Agrar- und Sozialpolitik finden, nämlich in Art. 37 und Art. 148. Daher erging die ESF-Verordnung auf der Grundlage von Art. 148[4] und die EAGFL-Verordnung auf der Grundlage von Art. 37 EGV[5]. Gestützt auf Art. 37 wurde 1993 ein weiterer Fonds als Finanzinstrument zur Ausrichtung der Fischerei (FIAF) geschaffen[6]. Er gehört nach der Definition des Art. 159 Abs. 1 S. 3 nicht zu den Strukturfonds, nimmt aber vergleichbare Aufgaben wahr und wird daher in der Strukturfonds-VO auch zu den Strukturfonds im Sinne dieser Verordnung gezählt[7]. 2

---

1 S. dazu die Kommentierung zu Art. 161, Rn. 1.
2 S. dazu die Kommentierung zu Art. 161, Rn. 3.
3 VO (EG) Nr. 1783/1999, ABl.EG 1999 Nr. L 213/1 (EFRE-VO). Sie ersetzt die VO (EWG) Nr. 4254/88, ABl.EG 1988 Nr. L 374/15, i.d.F. der VO (EWG) Nr. 2083/93, ABl.EG 1993 Nr. L 193/34, die noch auf der Vorläuferregelung Art. 130e EWGV beruhte.
4 VO (EG) Nr. 1784/1999, ABl.EG 1999 Nr. L 213/5. Sie bildet die Nachfolgeregelung für die VO (EWG) Nr. 4255/88, ABl.EG 1988 Nr. L 374/21, i.d.F. der VO (EWG) Nr. 2084/93, ABl.EG 1993 Nr. L 193/39.
5 VO (EG) Nr. 1257/1999, ABl.EG 1999 Nr. L 160/80. Sie löst ab die VO (EWG) Nr. 4256/88, ABl.EG 1988 Nr. L 374/25, i.d.F. der VO (EWG) Nr. 2085/93, ABl.EG 1993 Nr. L 193/44.
6 VO (EWG) Nr. 2080/93, ABl.EG 1993 Nr. L 193/1, nun ersetzt durch VO (EG) Nr. 1263/1999, ABl.EG 1999 Nr. L 161/54, s. auch Art. 161, Rn. 2.
7 Art. 2 Abs. 1 VO (EG) Nr. 1260/1999, ABl.EG 1999 Nr. L 161/1 (Strukturfonds-VO).

Titel XVIII
(ex-Titel XV)
Forschung und technologische Entwicklung

Art. 163 (ex-Art. 130f)

(1) Die Gemeinschaft[3] hat zum Ziel[4], die wissenschaftlichen und technologischen Grundlagen der Industrie der Gemeinschaft zu stärken und die Entwicklung ihrer internationalen Wettbewerbsfähigkeit zu fördern[5] sowie alle Forschungsmaßnahmen zu unterstützen, die aufgrund anderer Kapitel dieses Vertrags für erforderlich gehalten werden[6].

(2) In diesem Sinne unterstützt sie in der gesamten Gemeinschaft die Unternehmen – einschließlich der kleinen und mittleren Unternehmen –, die Forschungszentren und die Hochschulen bei ihren Bemühungen auf dem Gebiet der Forschung und technologischen Entwicklung von hoher Qualität[7]; sie fördert ihre Zusammenarbeits-bestrebungen[8], damit die Unternehmen vor allem die Möglichkeiten des Binnenmarkts voll nutzen können, und zwar insbesondere durch Öffnen des einzelstaatlichen öffentlichen Auftragswesens, Festlegung gemeinsamer Normen und Beseitigung der dieser Zusammenarbeit entgegenstehenden rechtlichen und steuerlichen Hindernisse[9].

(3) Alle Maßnahmen der Gemeinschaft aufgrund dieses Vertrags auf dem Gebiet der Forschung und der technologischen Entwicklung, einschließlich der Demonstrationsvorhaben, werden nach Maßgabe dieses Titels beschlossen und durchgeführt[14].

Inhaltsübersicht:

I. Entwicklung der gemeinschaftlichen Forschungspolitik	1
1. Praxis	1
2. Rechtsgrundlagen	2
II. Zuständige Organe und Ausschüsse	3
III. Ziele der gemeinschaftlichen Forschungspolitik (Abs. 1)	4
1. Stärkung der Grundlagen und der Wettbewerbsfähigkeit der Industrie	5
2. Unterstützung aller Forschungsmaßnahmen aufgrund anderer Vertragskapitel	6
IV. Maßnahmen der Gemeinschaft (Abs. 2)	7
1. Unterstützung der Unternehmen, Forschungszentren und Hochschulen	7
2. Förderung von Kooperationen	8
a) Allgemeine Kooperationen	8
b) Kooperationen zur besseren Ausnutzung der Möglichkeiten des Binnenmarkts	9
V. Schranken der Gemeinschaftskompetenz	10
1. Vorrang der Wettbewerbspolitik	10
2. Ethische Grenzen der Forschung	13
VI. Abschließende Wirkung des XVIII. Titels, Nuklear- und Montanforschung (Abs. 3)	14

I. Entwicklung der gemeinschaftlichen Forschungspolitik

1. Praxis

1 Bei ihrer Gründung verfügten die drei Gemeinschaften mit Art. 55 EGKSV, Art. 4 ff. EAGV und Art. 35 lit. a) EWGV nur über sektorielle forschungspolitische Kompetenzen. Der zunehmende internationale Wettbewerb, dem sich die europäische Industrie in der Folgezeit ausgesetzt sah, erforderte nach Ansicht von Kommission und Parlament[1]

---

1 Entschließungen vom 18.10.1966 und 27.11.1967, ABl.EG 1966, S. 3455 und 1967, Nr. 307/6.

jedoch eine allgemeine Forschungspolitik[2]. Ihnen folgend beschlossen die Staats- und Regierungschefs am 20.10.1972 die Koordinierung der nationalen Forschungspolitiken und die Durchführung gemeinsamer Aktionen[3]. Den Grundstein der allgemeinen gemeinschaftlichen Forschungspolitik legte der Rat dann in seiner **Entschließung vom 14.1.1974**[4], welche deren Ziele und Inhalte grundsätzlich festlegte. In der Folge wurden etwa 60 Forschungsprogramme in Spezialbereichen, am 25.7.1983 dann das **Erste Rahmenprogramm**[5] verabschiedet.

2. Rechtsgrundlagen

Obige Maßnahmen wurden meist auf **Art. 308** gestützt, was Präzedenzwirkung für dessen Heranziehung im Rahmen anderer Politiken hatte[6]. Am 25.6.1985 legte die Kommission in ihrem Memorandum für eine Technologiegemeinschaft[7] ein forschungspolitisches Konzept vor, das weitgehend Eingang in die EEA fand. 1986 erhielt die Gemeinschaft mit der Einfügung des **Titels »Forschung und technologische Entwicklung«** durch Art. 24 EEA eine weite forschungspolitische Kompetenz. Bei genauer Betrachtung ist jedoch fraglich, ob sich hierdurch ihr Handlungsspielraum wesentlich erweiterte[8]. Eher wurde Gewachsenes kodifiziert[9] und durch Verfahrensregeln ergänzt. Im Rahmen der Maastrichter Vertragsänderung wurde mit **Art. 3 lit. n)** die Forschungsförderung in den Tätigkeitskatalog der Gemeinschaft aufgenommen und erhielt durch Art. 163 Abs. 1 Hs. 2 ein zweites Ziel. Der Vertrag von **Amsterdam** ersetzte das Einstimmigkeitserfordernis in Art. 166 und 172 durch qualifizierte Mehrheitsentscheidungen. Der Vertrag von **Nizza** änderte Art. 163 bis 173 nicht.

II. Zuständige Organe und Ausschüsse

Das Europäische **Parlament** und der **Rat** wirken auf der Ebene der Programme als Beschlußorgane mit. Der **Kommission** obliegen nach Art. 202 3. Spstr. und Art. 211 4. Spstr. die Initiative sowie der administrative Vollzug.[10] Der **Wirtschafts- und Sozialausschuß** besitzt Anhörungsrechte. Jedes dieser Organe hat auf Forschungspolitik spezialisierte Einheiten gebildet. Das Parlament verfügt über einen Ausschuß für Energie, Forschung und Technologie (CREST), der Rat über die Gruppe Forschung, die Kommission über eine zuständige Generaldirektion und der WSA über eine Fachgruppe Energie, Atomfragen, Forschung.

Daneben hat die Vielzahl der beteiligten Ausschüsse erhebliche Bedeutung. Der 1974 gegründete und 1995 novellierte[11] Ausschuß für Wissenschaftliche und Technische For-

---

2 Zum ökonomischen Hintergrund *H. Klodt*, Grundlagen der Forschungs- und Technologiepolitik, Kieler Arbeitspapiere Nr. 664, 1994.
3 *MWLVD*, CEE, Bd. 8, S. 164 f.
4 ABl.EG 1974 Nr. C 7/2; hierzu *Oppermann*, Europarecht, Rn. 1950.
5 ABl.EG 1983 Nr. C 208/1; hierzu *H.-J. Glaesner*, in: Grabitz/Hilf, EU, vor Art. 130f, Rn. 6.
6 *Constantinesco/Jacqué/Kovar/Simon*, TUE, S. 767.
7 Dok. KOM (85) 350 endg.
8 Ablehnend *Constantinesco/Jacqué/Kovar/Simon*, TUE, S. 768.
9 *J. Elizalde*, Legal aspects of Community Policy on RTD, CMLRev. 1992, S. 309 (314); *E. Schmidt-Aßmann*, Organisationsfragen der europäischen Forschungspolitik, FS-Everling, 1995, S. 1281 (1283).
10 Zum Ausschussverfahren (Komitologie) ausführlich Art. 202, Rn. 12.
11 Entschließung des Rats vom 28.9.1995, ABl.EG 1995 Nr. C 264/4.

schung (**CREST**) besteht aus Vertretern der Mitgliedstaaten und der Kommission. Er dient der Koordinierung der mitgliedstaatlichen Politiken gemäß Art. 165, ferner berät er Rat und Kommission. Daneben gründete die Kommission 1998 das **Europäische Forschungsforum**[12], dessen höchstens 60 Mitglieder sie ad personam ernennt. Diese kommen entweder aus Forschungseinrichtungen in den Mitgliedstaaten oder aus Unternehmen und Verbänden. Erstere Mitglieder arbeiten in einem Gremium für Hochschul- und Wissenschaftsfragen zusammen, letztere Mitglieder bilden ein Gremium für Fragen industrieller Forschung. Das Forschungsforum tritt an die Stelle des früheren Beratenden Ausschusses für Industrielle Forschung und Entwicklung (**IRDAC**)[13] sowie der 1994 nach dem Vorbild der USA und Japans ins Leben gerufenen Europäischen Wissenschafts- und Technologieversammlung (**ESTA**)[14]. Schließlich existiert zu jedem der spezifischen Programme ein **Begleitausschuß**[15].

III. Ziele der gemeinschaftlichen Forschungspolitik (Abs. 1)

4   Der imperative Indikativ in Abs. 1, der mit Maastricht an die Stelle der weicheren Formulierung »setzt sich zum Ziel« trat, drückt den verbindlichen Charakter der in Abs. 1 definierten Ziele aus. Dieser begrenzt i.V.m. Abs. 2 und Art. 164 die Kompetenzen der Gemeinschaft. Zentraler Begriff des XVIII. Titels ist die **Forschung** im Sinne der planmäßigen und zielgerichteten Suche nach neuen Erkenntnissen, sei es anwendungsfern (Grundlagenforschung) oder anwendungsnah (angewandte Forschung)[16]. Daneben steht der Begriff der **Technologie** als der Gesamtheit der technischen Kenntnisse, Fähigkeiten und Möglichkeiten eines Sachgebiets. **Technologische Entwicklung** meint dementsprechend die Erarbeitung oder Verbesserung einer Technologie durch Nutzung der in der Forschung gewonnen Erkenntnisse. Sie schließt mit der Demonstration ab, d.h. der Erstellung praxisnaher Pilotanlagen[17].

1. Stärkung der Grundlagen und der Wettbewerbsfähigkeit der Industrie

5   Das ursprüngliche Ziel gemeinschaftlicher Forschungspolitik ist die Entwicklung der internationalen **Wettbewerbsfähigkeit**[18] der europäischen Industrie. Sie findet sich als ein Leitmotiv der Gemeinschaft auch in Art. 3 lit. m) und 157 Abs. 1 UAbs. 1. Die vorangestellte **Stärkung der wissenschaftlichen und technologischen Grundlagen** ist kein weiteres Ziel, sondern das Mittel zur Zielerreichung[19]. Die Erwähnung der Grundlagen ver-

---

12   ABl.EG 1998 Nr. L 290/61.
13   Beschluß der Kommission vom 29.2.1984, ABl. 1984 Nr. L 66/30.
14   ABl.EG 1994 Nr. L 98/34; hierzu ausführlich *Schmidt-Aßmann* (Fn. 9), S. 1284, 1287 f.; *C. D. Classen*, Forschungsförderung durch die EG und Freiheit der Wissenschaft, WissR 1995, S. 97 (106 f.).
15   S. Art. 166, Rn. 8.
16   Zum Begriffsverständnis der Kommission s. ABl.EG 1986 Nr. C 83/5.
17   Zum Begriff der Pilotanlage EuG, Rs. T-184/97, Slg. 2000, II-3145, Rn. 60 ff. (BP Chemicals Ltd. / Kommission); ferner Gemeinschaftsrahmen für staatliche Forschungs- und Entwicklungsbeihilfen, ABl.EG 1996 Nr. C 45/5, Ziff. 2.2 und Anlage I.
18   Siehe Art. 157, Rn. 6; *R. Rode*, Internationale Wettbewerbsfähigkeit, in: Sturm (Hrsg.), Europäische Forschungs- und Technologiepolitik und die Anforderungen des Subsidiaritätsprinzips, 1996, S. 151 ff.
19   Ähnlich *J. Grunwald*, in: GTE, EU-/EGV, Art. 130f, Rn. 5.

deutlicht, dass nur vorwettbewerbliche[20] Forschung und industrierelevante Bereiche der Grundlagenforschung gefördert werden können. Die Zielgruppe umfasst mit der **Industrie der Gemeinschaft** neben der Industrie im engeren Sinne auch Dienstleistungsunternehmen[21].

2. Unterstützung aller Forschungsmaßnahmen aufgrund anderer Vertragskapitel

Dieses durch die Maastrichter Vertragsänderung eingefügte Ziel pluralisiert die Forschungspolitik dahingehend, daß sie auch anderen Gemeinschaftszielen des Art. 2 zu dienen hat. **Andere Kapitel des Vertrags** sind u.a. die Bereiche Umwelt und Gesundheitswesen. Zur Erreichung der Ziele in diesen Bereichen müssen die Forschungsmaßnahmen **für erforderlich gehalten werden**, was lediglich die Anforderung des Art. 5 Abs. 3 wiederholt. Unterstützbar sind **alle Forschungsmaßnahmen** sowohl der angewandten wie auch der Grundlagenforschung[22] auf allen Fachgebieten.

IV. Maßnahmen der Gemeinschaft (Abs. 2)

1. Unterstützung der Unternehmen, Forschungszentren und Hochschulen

Adressaten der gemeinschaftlichen Maßnahmen sind **Unternehmen, Forschungszentren und Hochschulen**, jeweils im weiten Sinne[23]. Seit Maastricht sind Adressaten **in der gesamten Gemeinschaft** zu fördern, was der regionalpolitischen Nutzung der Forschungsförderung[24] Grenzen setzt. Die Erwähnung der **KMU**[25] unterstreicht deren besondere Förderungsbedürftigkeit aufgrund größenbedingter Nachteile und ihres hohen Innovationspotentials. Die Gemeinschaft soll die Geförderten **bei ihren Bemühungen** unterstützen, was deren Eigeninitiative und Selbstverantwortlichkeit unterstreicht. In der Praxis enthalten die Gemeinschaftsprogramme jedoch weitreichende inhaltliche Vorgaben, was der Initiative der Geförderten Grenzen setzt. Förderbar sind seit Maastricht nur noch Bemühungen **von hoher Qualität**, d.h. solche, die ex ante den Gewinn besonders wertvoller Erkenntnisse erwarten lassen. Die **Unterstützung** durch die Gemeinschaft erfolgt i.d.R. in Form verlorener Zuschüsse.

2. Förderung von Kooperationen

a) Allgemeine Kooperationen

Die Gemeinschaft fördert auch die **Zusammenarbeit** der genannten Einrichtungen in Form gemeinsamer Projekte oder Einrichtungen. Da sie nur die **Bestrebungen** zur Zusammenarbeit unterstützt, müssen die Einrichtungen die Kooperation selbst anstreben.

---

20 Siehe Rn. 12; *Mariën-Dusak* in: Röttinger/Weyringer (Hrsg.), Handbuch der Europäischen Integration, 1996, S. 1009, S. 1015.
21 Zum weiten Industriebegriff s. Art. 157, Rn. 7; vgl. *J. Grunwald*, in: GTE, EU-/EGV, Art. 130f, Rn. 8.
22 Näher *E. Curtius*, in: Lenz, EGV, Art. 163, Rn. 4, 24; *Schmidt-Aßmann* (Fn. 9), S. 1285.
23 *J. Grunwald*, in: GTE, EU-/EGV, Art. 130f, Rn. 13 ff.
24 Hierzu *H. Klodt u.a.*, Forschungspolitik unter EG-Kontrolle, Kieler Studien Nr. 220, 1988, S. 100 ff.
25 Definition s. ABl.EG 1994 Nr. C 180/11; zur Bedeutung der KMU s. Art. 157, Rn. 12 m.w.N.

Die **Förderung** kann materieller oder immaterieller Art sein, letzteres etwa durch Vermittlung geeigneter Kooperationspartner.

b) **Kooperationen zur besseren Ausnutzung der Möglichkeiten des Binnenmarkts**

9 Kooperationen von **Unternehmen** sind nach dem sprachlich etwas ungelenk formulierten[26] Abs. 2 Hs. 2 insbesondere dann zu fördern, wenn die Unternehmen hierdurch die **Möglichkeiten des Binnenmarkts voll nutzen können**, etwa durch Vergrößerung ihres Absatzmarkts. Warum dies nicht auch für **Forschungszentren und Hochschulen** gelten soll, ist trotz deren weniger wirtschaftlichen Ausrichtung schwer einzusehen[27]. Hierzu forciert die Gemeinschaft **insbesondere** die Öffnung des einzelstaatlichen öffentlichen Auftragswesens[28], die Festlegung gemeinsamer Normen[29] sowie die Rechts- und Steuerharmonisierung, was die genannten Tätigkeiten als Regelbeispiele ausweist. Dies kann bedeuten, daß die Gemeinschaft bei Maßnahmen auf diesen Gebieten die Belange der Forschungspolitik zu berücksichtigen hat[30], was in der Wirkung einer Querschnittsklausel ähnelte. Nach anderer Lesart handelt es sich um eine deklaratorische Wiederholung der allgemeinen Binnenmarktmaßnahmen aufgrund anderer Rechtsgrundlagen als des XVIII. Titels[31]. Hierfür spricht die zentrale Rolle des Binnenmarkts in der EEA. Hs. 2 ist daher lediglich als Hinweis auf die positiven forschungspolitischen Nebenwirkungen des Binnenmarkts zu verstehen[32].

V. Schranken der Gemeinschaftskompetenz

1. Vorrang der Wettbewerbspolitik

10 Die Förderung einzelner Unternehmen oder Branchen sowie die Unterstützung von Unternehmenskooperationen im Rahmen der Forschungspolitik führen leicht zu **Konflikten** mit der Wettbewerbspolitik. Hier stehen sich Art. 3 Abs. 1 lit. g), 81 ff. sowie der Grundsatz der offenen Marktwirtschaft mit freiem Wettbewerb in Art. 4 Abs. 1, 98 einerseits und das Ziel der Forschungsförderung in Art. 3 Abs. 1 lit. n), 163 ff. andererseits gegenüber. Anders als Art. 157 Abs. 3 UAbs. 2[33] für die Industriepolitik enthalten die Art. 163 bis 173 kein explizites Verbot der Wettbewerbsverzerrung.

11 Art. 81 Abs. 3 stellt jedoch klar, daß Unternehmensvereinbarungen zur Forschungsförderung[34] nur zulässig sind, wenn sie die Voraussetzungen der einschlägigen Gruppenfreistellungsverordnung[35] oder einer Einzelfreistellung erfüllen. **Art. 87** und der Ge-

---

26 *Constantinesco/Jacqué/Kovar/Simon*, TUE, S. 767; *H. Ullrich*, in: Hb.EGWirtR, Abschnitt N, Rn. 3.
27 So auch *I. Erberich*, in: Bleckmann, Europarecht, Rn. 2791.
28 Näher *J. Grunwald*, in: GTE, EU-/EGV, Art. 130f, Rn. 22 ff.
29 Vgl. *R. Röhck*, Technische Normen als Gestaltungsmittel des Europäischen Gemeinschaftrechts, 1995, S. 70 ff.
30 So *H.-J. Glaesner*, in: Grabitz/Hilf, EU, Art. 130f, Rn. 4.
31 *H. Ullrich*, in: Hb.EGWirtR, Abschnitt N, Rn. 3, Fn. 7.
32 So auch *J. Grunwald*, in: GTE, EU-/EGV, Art. 130f, Rn. 21, 33; *MWLVD, CEE*, Bd. 8, S. 179; ähnlich *I. Erberich*, in: Bleckmann, Europarecht, Rn. 2791.
33 Zur parallelen Problematik und andersartigen Lösung siehe Art. 157, Rn. 22 ff.
34 Hierzu näher *H. Hansen*, Die wettbewerbsrechtliche Beurteilung von Forschungs- und Entwicklungskooperationen zwischen konkurrierenden Unternehmen, WuW 1999, S. 468 ff.
35 VO (EG) Nr. 2659/2000 vom 29.11.2000, ABl.EG 2000 Nr. L 304/7; sie ersetzte am 1.1.2001 die VO (EWG) Nr. 418/85 vom 19.12.1984, ABl.EG 1985 Nr. L 53/5, zuletzt geändert durch VO (EG) Nr. 22361/97, ABl.EG 1997 Nr. L 306/12. Die neue Gruppenfreistellungsverordnung enthält keine sog. »weiße Liste« freigestellter Vertragsbestimmungen mehr, ferner lockert sie einige der Anforderungen an freigestellte Kooperationen. Sie wird ergänzt durch die Leitlinien der Kommission zur Anwendbarkeit von Art. 81 EGV auf Vereinbarungen über horizontale Zusammenarbeit, ABl.EG 2000 Nr. C 3/2.

meinschaftsrahmen für staatliche Forschungs- und Entwicklungsbeihilfen[36] gelten zwar nicht unmittelbar für Beihilfen der Gemeinschaft[37], diese sind jedoch am gemeinschaftsrechtlichen Grundsatz des freien Wettbewerbs[38] zu messen. Falls sie industriepolitisch motiviert sind, ist zudem Art. 157 Abs. 3 UAbs. 2 zu beachten[39]. Da Gemeinschaftsbeihilfen meist nur in Form einer Kofinanzierung erfolgen, legt die Kommission für ihre beihilferechtliche Bewertung meist die Summe nationaler und gemeinschaftlicher Beihilfen zugrunde und prüft das Vorliegen einer Ausnahme nach Art. 87 Abs. 3 lit. b) 1. Alt.

Forschungspolitische Maßnahmen müssen sich somit im wettbewerbsrechtlich zulässigen Rahmen bewegen[40]. Sie sind daher erstens so zu gestalten, daß sich Wettbewerbsverzerrungen auf das zur Zielerreichung erforderliche Minimum beschränken[41]. Je näher ein Vorhaben der kommerziellen Nutzung ist, desto stärker kann seine Förderung den Wettbewerb beeinträchtigen.[42] Daher ist grundsätzlich nur die Förderung von Vorhaben zulässig, die noch keine marktfähigen Produkte hervorbringen. Hierauf weist auch die Formulierung »Grundlagen der Industrie« in Abs. 1 hin. Zweitens sind forschungspolitische und wettbewerbsrechtliche Belange im Einzelfall gegeneinander abzuwägen[43]. 12

2. Ethische Grenzen der Forschung

Die Grundrechtsbindung der Gemeinschaft verpflichtet sie, bei forschungspolitischen Maßnahmen deren Grundrechtsrelevanz zu beachten[44], etwa die Menschenwürde auf dem Gebiet der Biotechnologie[45]. Auch dem Tierschutz ist Rechnung zu tragen[46]. Sekundärrechtlich müssen bei allen Forschungstätigkeiten des fünften Rahmenprogramms ethische Grundprinzipien beachtet werden, einschließlich der Erfordernisse des Wohlergehens der Tiere[47]. 13

---

36 Vgl. Gemeinschaftsrahmen für staatliche Forschungs- und Entwicklungsbeihilfen, ABl.EG 1996 Nr. C 45/5, dessen Überarbeitung ansteht; zu seiner Heranziehung bei der Auslegung anderer forschungspolitischer Gemeinschaftsakte EuG, Rs. T-184/97, Slg. 2000, II-3145, Rn. 64 (BP Chemicals Ltd./Kommission); allgemein *W. Cremer*, Mitgliedstaatliche Forschungsförderung und Gemeinschaftsrecht: Der neue Gemeinschaftsrahmen für staatliche Forschungs- und Entwicklungsbeihilfen, EWS 1996, S. 379.
37 *W. Cremer*, Forschungssubventionen im Lichte des EGV, 1995, S. 190.
38 EuGH, Rs. 249/85, Slg. 1987, 2354, Rn. 16 (Albako).
39 S. Art. 157, Rn. 24; a.A. *Cremer* (Fn. 37), S. 194.
40 So auch *W. Cremer* (Fn. 35), S. 195; *H.-J. Glaesner*, in: Grabitz/Hilf, EU, Art. 130f, Rn. 3; *Mariën-Dusak* (Fn. 20), S. 1015; *H. Ullrich*, in: Hb.EGWirtR, Abschnitt N, Rn. 23.
41 So auch *H. Ullrich*, in: Hb.EGWirtR, Abschnitt N, Rn. 24.
42 EuG, Rs. T-184/97, Slg. 2000, II-3145, Rn. 63 (BP Chemicals Ltd./Kommission), zu Forschungsbeihilfen jüngst Entscheidung der Kommission, C 18/1998, 18.10.2000 (Océ), noch nicht veröffentlicht.
43 Vgl. EuGH, Rs. 249/85, Slg. 1987, 2354, Rn. 16 (Albako).
44 Vgl. den geänderten Vorschlag der Kommission für das Sechste Rahmenprogramm, Dok. KOM (01) 709 endg., S. 13 f.
45 *Elizalde* (Fn. 9), S. 343 f.; *J. Grunwald*, in: GTE, EU-/EGV, Art. 130f, Rn. 68, m.w.N.
46 Vgl. Protokoll zum EGV über den Tierschutz und das Wohlergehen der Tiere, ABl.EG 1997 Nr. C 340/110.
47 ABl.EG 1999 Nr. L 26/1, Art. 7.

VI. Abschließende Wirkung des XVIII. Titels, Nuklear- und Montanforschung (Abs. 3)

14 Seit der Vertragsrevision von Maastricht können (Abs. 1 Hs. 2) und müssen (Abs. 3) alle forschungspolitischen Maßnahmen der Gemeinschaft auf den XVIII. Titel gestützt werden[48]. An die Stelle der alten, an eine Querschnittsklausel erinnernden Regelung trat eine **Konzentrationsklausel**[49], anders als etwa in Art. 157 Abs. 3 UAbs. 1 S. 1. Sie schließt insbesondere den Rückgriff auf Art. 308 aus. Dies gilt nach Art. 305 jedoch nicht für Nuklearforschung[50], für die ausschließlich die Vorschriften des Euratom-Vertrags gelten. Die Montanforschung erfolgt nach Auslaufen des EGKS-Vertrags allein auf der Grundlage des Protokolls über den Forschungsfonds für Kohle und Stahl[51].

---

48 Zur Korrelation beider Bestimmungen *MWLVD*, CEE, Bd. 8, S. 178.
49 So auch *I. Erberich*, in: Bleckmann, Europarecht, Rn. 2792.
50 Zur doppelten Rechtsgrundlage der Rahmenprogramme siehe Art. 166, Rn. 1.
51 ABl.EG 2001 Nr. C 80/67

Art. 164 (ex-Art. 130g)

Zur Erreichung dieser Ziele trifft die Gemeinschaft folgende Maßnahmen, welche die in den Mitgliedstaaten durchgeführten Aktionen ergänzen[1]:
a) Durchführung von Programmen für Forschung, technologische Entwicklung und Demonstration unter Förderung der Zusammenarbeit mit und zwischen Unternehmen, Forschungszentren und Hochschulen[2];
b) Förderung der Zusammenarbeit mit dritten Ländern und internationalen Organisationen auf dem Gebiet der gemeinschaftlichen Forschung, technologischen Entwicklung und Demonstration[3];
c) Verbreitung und Auswertung der Ergebnisse der Tätigkeiten auf dem Gebiet der gemeinschaftlichen Forschung, technologischen Entwicklung und Demonstration[4];
d) Förderung der Ausbildung und der Mobilität der Forscher aus der Gemeinschaft[5].

Inhaltsübersicht:

I. Drei allgemeine Anforderungen an die Gemeinschaftsmaßnahmen	1
II. Vier Typen gemeinschaftlicher Maßnahmen	2

I. Drei allgemeine Anforderungen an die Gemeinschaftsmaßnahmen

Alle Maßnahmen der Gemeinschaft müssen objektiv der Erreichung eines der beiden **Ziele des Art. 163 Abs. 2** dienen. Zweitens sind, wie nach Art. 157 Abs. 3 UAbs. 1 S. 2 und Art. 4 Abs. 1 EAGV, nur **komplementäre Maßnahmen** der Gemeinschaft zulässig. Solche Maßnahmen müssen sich auf die in den Mitgliedstaaten – nicht zwingend von ihnen[1] – durchgeführten Aktionen beziehen und sie ergänzen. Diese Komplementarität deckt sich nicht vollständig mit der Subsidiarität des Art. 5 Abs. 2, die selbstverständlich auch in der Forschungspolitik gilt[2], sondern soll den koordinierenden und zusammenführenden Charakter der Gemeinschaftsmaßnahmen betonen[3]. Das allgemein geltende **Erforderlichkeitsgebot** des Art. 5 Abs. 3 ist als dritte Anforderung mitzulesen. 1

II. Vier Typen gemeinschaftlicher Maßnahmen

In lit. a) werden die Rahmenprogramme (Art. 166 Abs. 1 u. 2), spezifischen Programme (Art. 166 Abs. 3 u. 4) und Zusatzprogramme (Art. 168) der Gemeinschaft angesprochen. Hierbei handelt es sich um vertikale Maßnahmen, da sie sich jeweils auf bestimmte Forschungsbereiche konzentrieren. Die Programme haben die Förderung der Zusammenarbeit »mit« und seit Maastricht auch »zwischen« Unternehmen, Forschungszentren und Hochschulen vorzusehen. 2

Seit Beginn der forschungspolitischen Aktivitäten der Gemeinschaft werden Drittländer und internationale Organisationen selektiv an der Durchführung der Programme beteiligt. Dies ist seit Maastricht in **lit. b)** und Art. 170 explizit vorgesehen ist. In diesem Zu- 2 a

---

1 *MWLVD*, CEE, Bd. 8, S. 177.
2 Hierzu Sturm (Hrsg.), Europäische Forschungs- und Technologiepolitik und die Anforderungen des Subsidiaritätsprinzips, 1996.
3 So auch *I. Erberich*, in: Bleckmann, Europarecht, Rn. 2793; *H.-J. Glaesner*, in: Grabitz/Hilf, EU, Art. 130g, Rn. 1; *J. Grunwald*, in: GTE, EU-/EGV, Art. 130g, Rn. 3; für Subsidiarität hingegen *E. Curtius*, in: Lenz, EGV, Art. 164, Rn. 2; *MWLVD*, CEE, Bd. 8, S. 177; *H. Ullrich*, in: Hb.EG-WirtR, Abschnitt N, Fn. 2 u. 9.

Art. 164 EG-Vertrag

sammenhang sind u.a. die forschungspolitischen Bestimmungen zahlreicher Assoziierungsabkommen zu sehen. Wie bei lit. c und d handelt es sich um horizontale Maßnahmen, da sie sich nicht auf bestimmte Forschungsbereiche beschränken.

3   Zur Verbesserung der kommerziellen Verwertung von Forschungsergebnissen und zur Verringerung von Wettbewerbsverzerrungen durch ungleichen Zugang zu Informationen ist die Verbreitung und Auswertung neuer Erkenntnisse nach **lit. c)** von großer Bedeutung. Die Art. 167 2. Spstr. und 168 Abs. 2 sehen daher sekundärrechtliche Präzisierungen vor.

4   Nach **lit. d)** hat die Gemeinschaft ihre Binnengrenzen für Forscher zu beseitigen, wie es der Binnenmarkt für Arbeitnehmer tat[4]. Da lit. d) nur eine Förderung durch die Gemeinschaft vorsieht, bietet er für Rechtsangleichungen keine ausreichende Grundlage[5]. Zudem sind Programme wie SOKRATES[6] auf Art. 149 zu stützen, da sie in ihrem Schwerpunkt stärker der Bildungs- als der Forschungsförderung dienen.

---

4   L. *Cartou*, L'Union européenne, Paris 1996, Rn. 542; U. *Vorderwülbecke*, in: Schwarze, EU-Kommentar, Art. 164, Rn. 7 f.
5   J. *Grunwald*, in: GTE, EU-/EGV, Art. 130g, Rn. 21.
6   Beschluß 253/2000/EG des Europäischen Parlaments und des Rats vom 24.1.2000, ABl.EG 2000 Nr. L 28/1.

Art. 165 (ex-Art. 130h)

(1) Die Gemeinschaft und die Mitgliedstaaten koordinieren ihre Tätigkeiten auf dem Gebiet der Forschung und der technologischen Entwicklung, um die Kohärenz der einzelstaatlichen Politiken und der Politik der Gemeinschaft sicherzustellen[1].

(2) Die Kommission kann in enger Zusammenarbeit mit den Mitgliedstaaten alle Initiativen ergreifen, die der Koordinierung nach Absatz 1 förderlich sind[2].

Inhaltsübersicht:
I. Koordinierungspflicht (Abs. 1)	1
II. Initiativen der Kommission (Abs. 2)	2

I. Koordinierungspflicht (Abs. 1)

Die Mitgliedstaaten haben der Gemeinschaft eine Kompetenz für Maßnahmen der Forschungs- und Entwicklungspolitik verliehen, ohne jedoch ihre eigenen Zuständigkeiten in diesem Bereich aufzugeben. Daher sind die **Mitgliedstaaten** neben der Gemeinschaft weiterhin für Forschungs- und Entwicklungspolitik zuständig.[1] Ihre Forschungsetats übersteigen die Gemeinschaftsmittel um ein Vielfaches. Abs. 1 verpflichtet sie, die anderen Mitgliedstaaten und die Gemeinschaft über ihre Aktivitäten zu unterrichten und sich mit ihnen abzustimmen[2]. Seit Maastricht treffen diese Informations- und Abstimmungspflichten auch die **Gemeinschaft**. Ziel der Information und Konzertierung ist die Sicherung der Kohärenz der zur Zeit sechzehn Forschungs- und Entwicklungspolitiken, um Doppelarbeit zu vermeiden und Komplementaritäten zu nutzen[3].   1

II. Initiativen der Kommission (Abs. 2)

Die Kommission hat zusätzlich die Aufgabe, durch Ergreifen von Initiativen die Koordinierung der nationalen Forschungspolitiken zu fördern. Dies hat **in enger Zusammenarbeit mit den Mitgliedstaaten** zu erfolgen, was sie einerseits zur Berücksichtigung mitgliedstaatlicher Positionen bei ihren Initiativen verpflichtet, ihr andererseits ein zu Art. 284 spezielleres Informationsrecht einräumt[4]. Wie bei Art. 157 Abs. 2 S. 2 kann es sich der **rechtlichen Qualität** nach nur um unverbindliche Akte handeln[5].   2

---

1 L. *Cartou*, L'Union européenne, Paris 1996, Rn. 543; *H.-J. Glaesner*, in: Grabitz/Hilf, EU, Art. 130h, Rn. 1 f.; vgl. aber *MWLVD*, CEE, Bd. 8, S. 177.
2 Kritisch *E. Schmidt-Aßmann*, Organisationsfragen der europäischen Forschungspolitik, FS-Everling, 1995, S. 1286.
3 Kritisch *J. Starbatty/U. Vetterlein*, Die Technologiepolitik der EG, 1990, S. 107 ff.
4 So auch *I. Erberich*, in: Bleckmann, Europarecht, Rn. 2796; *J. Grunwald*, in: GTE, EU-/EGV, Art. 130h, Rn. 13.
5 Siehe Art. 157, Rn. 17; *J. Elizalde*, Legal aspects of Community Policy on RTD, CMLRev. 1992, S. 316; *H.-J. Glaesner*, in: Grabitz/Hilf, EU, Art. 130h, Rn. 2.

Art. 166 (ex-Art. 130i)

(1) Der Rat stellt gemäß dem Verfahren des Artikels 251 und nach Anhörung des Wirtschafts- und Sozialausschusses ein mehrjähriges Rahmenprogramm auf[1], in dem alle Aktionen der Gemeinschaft zusammengefaßt werden[2].
In dem Rahmenprogramm werden
- die wissenschaftlichen und technologischen Ziele, die mit den Maßnahmen nach Art. 164 erreicht werden sollen, sowie die jeweiligen Prioritäten festgelegt;
- die Grundzüge dieser Maßnahmen angegeben;
- der Gesamthöchstbetrag und die Einzelheiten der finanziellen Beteiligung der Gemeinschaft am Rahmenprogramm sowie die jeweiligen Anteile der vorgesehenen Maßnahmen festgelegt[3].

(2) Das Rahmenprogramm wird je nach Entwicklung der Lage angepaßt oder ergänzt[4].

(3) Die Durchführung des Rahmenprogramms erfolgt durch spezifische Programme, die innerhalb einer jeden Aktion entwickelt werden[6]. In jedem spezifischen Programm werden die Einzelheiten seiner Durchführung, seine Laufzeit und die für notwendig erachteten Mittel festgelegt. Die Summe der in den spezifischen Programmen für notwendig erachteten Beträge darf den für das Rahmenprogramm und für jede Aktion festgesetzten Gesamthöchstbetrag nicht überschreiten[7 f.].

(4) Die spezifischen Programme werden vom Rat mit qualifizierter Mehrheit auf Vorschlag der Kommission und nach Anhörung des Europäischen Parlaments und des Wirtschafts- und Sozialausschusses beschlossen[5].

Inhaltsübersicht:

I. Rahmenprogramme (Abs. 1 u. 2)	1
1. Beschluß und rechtliche Wirkung (Abs. 1 UAbs. 1)	1
2. Funktion und Inhalt (Abs. 1 UAbs. 2)	3
3. Anpassung und Ergänzung des Rahmenprogramms (Abs. 2)	4
II. Spezifische Programme (Abs. 3 u. 4)	5
1. Beschluß und rechtliche Wirkung (Abs. 3 S. 1, Abs. 4)	5
2. Funktion und Inhalt (Abs. 3 S. 2 u. 3)	7

I. Rahmenprogramme (Abs. 1 u. 2)

1. Beschluß und rechtliche Wirkung (Abs. 1 UAbs. 1)

1 Seit der **Amsterdamer Vertragsänderung** beschließt der Rat nicht mehr alleine und einstimmig, sondern im Mitentscheidungsverfahren des Art. 251. Hierdurch hat das vorher nur anzuhörende Parlament an Einfluß auf die Rahmenprogramme gewonnen.[1] Da die Rahmenprogramme auch die Nuklearforschung erfassen, werden sie im Hinblick auf Art. 305 Abs. 2 zusätzlich auf Art. 7 EAGV gestützt[2]. Sie ergehen in Form eines gemeinsamen Beschlusses von Parlament und Rat. Angesichts der unmittelbaren Außenwir-

---

1 Zur Schwächung des Parlaments beim Beschluß der spezifischen Programme siehe unten Rn. 5, vgl. Art. 172, Rn. 1 ff.
2 Siehe den geänderten Vorschlag der Kommission für das sechste Rahmenprogramm, Dok. KOM (01) 709 endg., S. 12 u. 66.

kung, die Rahmenprogramme entfalten, wäre die Verordnung jedoch die passendere Rechtsform[3].

Das Rahmenprogramm umfaßt **alle Aktionen der Gemeinschaft**, ist also für Sekundär- 2 rechtsakte und Maßnahmen auf sekundärrechtlicher Grundlage abschließend[4]. Die Verweise in Art. 167, 168 Abs. 1, 169 und 170 Abs. 1 unterstreichen dies. Eine Ausnahme bildet aufgrund ihrer langfristigen Wirkung die Gründung gemeinsamer Unternehmen nach Art. 171.

2. Funktion und Inhalt (Abs. 1 UAbs. 2)

Aufgrund der weiten Zielvorgaben der Art. 163 und 164 fällt die Entscheidung über den 3 Inhalt der Forschungspolitik erst im Rahmenprogramm. Dieses legt ihre Ziele, die Grundzüge der geplanten Maßnahmen sowie deren Finanzierung mittelfristig fest und bildet so die **erste operative Ebene der Forschungspolitik**. Nach dem Ersten (1984–87)[5], Zweiten (1987–91)[6], Dritten (1990–94)[7], Vierten (1994–98)[8] und Fünften Rahmenprogramm (1998–2002)[9] steht das Sechste Rahmenprogramm (2002–2006)[10] zum Beschluß an. Sein Hauptziel ist die Schaffung eines Europäischen Forschungsraums[11], in den auch Beitrittskandidaten, Mitgliedstaaten des EWR sowie Israel und die Schweiz einbezogen werden. Die Förderung durch die Gemeinschaft soll auf die Bereiche konzentriert werden, in denen ein Europäischer Mehrwert geschaffen werden kann, etwa durch Vernetzung von Einrichtungen in den Mitgliedstaaten.

3. Anpassung und Ergänzung des Rahmenprogramms (Abs. 2)

Abs. 2 weist nicht nur deklaratorisch auf die für Sekundärrechtsakte ohnehin beste- 4 hende Abänderbarkeit hin. Vielmehr begrenzt er Änderungen des Rahmenprogramms auf das durch die Entwicklung erforderliche Maß, was in der Änderung zu begründen ist. Ferner verhindert er die Entstehung schutzwürdigen Vertrauens in seine unveränderte Durchführung[12]. Änderungen erfolgen im Verfahren des Abs. 1 UAbs. 1. Zur Mitte der Laufzeit erfolgt eine Evaluierung und ggf. Änderung der einzelnen Maßnahmen.

---

3 Hierzu näher *J. Grunwald*, in: GTE, EWGV, 4. Aufl., Art. 130q, Rn. 16 f.
4 *MWLVD*, CEE, Bd. 8, S. 202 f.
5 ABl.EG 1983 Nr. C 208/1; Überblick zu den Rahmenprogrammen bei *U. Vorderwülbecke*, in: Schwarze, EU-Kommentar, Art. 163, Rn. 9 ff.
6 ABl.EG 1987 Nr. L 302/1; hierzu *A. Damiani*, Tendances de la recherche en Europe, R.M.C. 1987, S. 371.
7 ABl.EG 1990 Nr. L 117/28.
8 ABl.EG 1994 Nr. L 126/1; hierzu *E. Schmidt-Aßmann*, Organisationsfragen der europäischen Forschungspolitik, FS-Everling, 1995, S. 1281 (1283); *MWLVD*, CEE, Bd. 8, S. 205 ff.; *M. Silvestro*, Le quatrième programm-cadre communautaire, R.M.C. 1994, S. 304 ff.
9 ABl.EG 1999 Nr. L 26/1.
10 Siehe geänderten Vorschlag der Kommission vom 22.11.2001, Dok. KOM (01) 709 endg.
11 Vgl. schon Dok. KOM (00) 6 endg. und Dok. KOM (00) 612 endg.
12 *J. Grunwald*, in: GTE, EU-/EGV, Art. 130i, Rn. 23.

II. Spezifische Programme (Abs. 3 u. 4)

1. Beschluß und rechtliche Wirkung (Abs. 3 S. 1, Abs. 4)

5 Anders als das Rahmenprogramm werden die spezifischen Programme vom Rat mit qualifizierter Mehrheit auf Vorschlag der Kommission beschlossen. Das Europäische Parlament und der Wirtschafts- und Sozialausschuß haben lediglich ein Anhörungsrecht. Vor der Maastrichter Vertragsänderung fand hier das Zusammenarbeitsverfahren zwischen Rat und Parlament Anwendung, was zu erheblichen Verzögerungen führte[13]. Nun kann das Parlament zwar über das Rahmenprogramm die großen Linien der Forschungspolitik mitgestalten, die Umsetzung durch die spezifischen Programme ist ihm jedoch weitestgehend entzogen.

6 Spezifische Programme ergehen in Form einer Entscheidung des Rats. Da sie sich jedoch an eine unbestimmte Zahl von Forschungseinrichtungen wenden, wäre auch hier die Verordnung die passendere Rechtsform[14].

2. Funktion und Inhalt (Abs. 3 S. 2 u. 3)

7 Als **zweite operative Ebene der Forschungspolitik** legen die spezifischen Programme fest, welche konkreten Maßnahmen zur Erreichung der in den einzelnen Aktionsbereichen des Rahmenprogramms definierten Ziele getroffen werden sollen[15]. Der Rat hat hierbei ein Konkretisierungsermessen, ist jedoch nach Abs. 3 S. 3 an die finanziellen Vorgaben des Rahmenprogramms gebunden.

8 Zur administrativen Umsetzung, **dritte operative Ebene der Forschungspolitik**, wird durch Ratsentscheidung zu jedem der spezifischen Programme ein Begleitausschuß eingesetzt, der ein Arbeitsprogramm erstellt. Dieses wird auf dreierlei Weise realisiert. Im Rahmen einer **direkten Aktion** führt die Gemeinschaft Forschungsvorhaben durch die nach Art. 8 EAGV errichtete Gemeinsame Forschungsstelle[16] selbst aus. Bei einer **konzertierten Aktion** trägt die Gemeinschaft nur die Kosten der Koordinierung mehrerer Forschungsprojekte, nicht jedoch die Projektkosten an sich. Der Regelfall ist die **indirekte Aktion** (Vertragsforschung): Nach Aufforderung zur Einreichung von Vorschlägen werden die eingehenden Projektentwürfe extern begutachtet, über ihre Förderung entscheiden dann Begleitausschuß und Kommission in einem der Verfahren des Komitologie-Beschlusses[17]. Hierbei verfügt die Kommission über einen Beurteilungsspielraum, der es ihr ermöglicht, von der Beurteilung externer Sachverständiger abzuweichen[18]. Sie muß ihre Entscheidungen jedoch so ausführlich begründen[19], daß deren

---

13 *J. Elizalde*, Legal aspects of Community Policy on RTD, CMLRev. 1992, S. 309 (315 f.); *MW-LVD*, CEE, Bd. 8, S. 227.
14 *J. Grunwald*, in: GTE, EWGV, 4. Aufl., Art. 130q, Rn. 16 f.
15 Vgl. die geänderten Vorschläge der Kommission für die spezifischen Programme zur Durchführung der sechsten Rahmenprogramms, Dok. KOM (02) 43 endg.
16 Siehe http://www.jrc.cec.eu.int, näher *J. Grunwald*, in: GTE, EU-/EGV, Vorbem. Art. 130f–130q, Rn. 56 ff.
17 Beschluß 1999/468/EG, ABl.EG 1999 Nr. L 184/23.
18 EuG, Rs. T-183/97 R, Slg. 1997, II-1473, Rn 40 ff. (Micheli u.a./Kommission); für eine geringe gerichtliche Kontrolldichte des Beurteilungsspielraums der Kommission EuGH Rs. C-48/96, Slg. 1998, I-2873, Rn. 50 ff. (Windpark Groothusen).
19 EuG, Rs. T-183/97 R, Slg. 1997, II-1473, Rn. 53. (Micheli u.a./Kommission); EuGH Rs. C-269/90, Slg. 1991, I-5269, Rn. 14 (TU München); anders nun Rs. C-48/96, Slg. 1998, I-2873, Rn. 38 (Windpark Groothusen).

Adressaten[20] und die Gemeinschaftsgerichte die Rechtmäßigkeit der Entsdheidungen nachprüfen können. Die Kommission schließt mit den ausgewählten Partnern Forschungsverträge, welche die Projektmodalitäten und das geistige Eigentum an den Ergebnissen[21] regeln. Hierbei wird oft kritisiert, daß die Forscher zu starr an ihren eingereichten Vorschlag gebunden seien.[22] Das Sechste Rahmenprogramm sieht größere Spielräume bei der Realisierung der geförderten Projekte vor.[23]

---

20 Zu den Anforderungen an das Rechtsschutzinteresse der Initiatoren unberücksichtigter Vorhaben EuG, Rs. T-183/97, Slg. 2000, II-0287, Rn. 34 ff. (Micheli u.a./Kommission).
21 Hierzu näher *Elizalde* (Fn. 13), S. 336 ff; *H. Ullrich*, in: Hb.EGWirtR, Abschnitt N, Rn. 18 ff.
22 Vgl. die Schlußfolgerungen der externen Fünfjahresbewertung, Dok. KOM (00) 659 endg.; die mangelnde Effizienz des Verwaltungsverfahrens im Allgemeinen kritisieren u.a. *C. D. Classen*, Forschungsförderung durch die EG und Freiheit der Wissenschaft, WissR 1995, S. 97 (104 ff.); *Schmidt-Aßmann* (Fn. 8), S. 1284 f.; *H.-H. Trute/T. Groß*, Rechtsvergleichende Grundlagen der europäischen Forschungspolitik, WissR 1994, S. 203 (206 f., 234 ff.).
23 Vgl. den geänderten Vorschlag der Kommission, Dok. KOM (01) 709 endg., S. 10 f.

Art. 167 (ex-Art. 130j)

Zur Durchführung des mehrjährigen Rahmenprogramms legt der Rat folgendes fest[1]:
- die Regeln für die Beteiligung der Unternehmen, der Forschungszentren und der Hochschulen[2];
- die Regeln für die Verbreitung der Forschungsergebnisse[3].

Inhaltsübersicht:

I. Allgemeines	1
II. Inhalt der Regeln	2

I. Allgemeines

1 Der Rat beschließt gemäß Art. 172 Abs. 2 S. 1 im Verfahren des Art. 251 und nach Anhörung des Wirtschafts- und Sozialausschusses. Die erlassenen Regeln dienen zur **Durchführung des Rahmenprogramms**, beziehen sich also auf die spezifischen Programme. Für Zusatzprogramme gilt Art. 168 Abs. 2.

II. Inhalt der Regeln

2 Die Regeln für die **Beteiligung der Forschungseinrichtungen**[1] erläßt der Rat auf der Grundlage des 1. Spstr, der durch die Maastrichter Vertragsänderung eingefügt wurde. Diese Regeln differenzieren zwischen Rechtspersonen aus den am Programm beteiligten Mitglieds- oder Drittstaaten, denen die Teilnahme grundsätzlich offen steht, und anderen Rechtspersonen. Bei letzteren findet eine Opportunitätsprüfung statt. Eine Bezuschussung erfolgt grundsätzlich nicht. Die Regeln enthalten ferner Bestimmungen zu Ausschreibung, Auswahlkriterien und Umfang der Förderung.

3 Anders als Art. 12 ff. EAGV enthält der EGV keine Regeln hinsichtlich der **Verbreitung der Ergebnisse**, sondern überträgt ihren Erlaß dem Rat[2]. Sie enthalten Bestimmungen über das geistige Eigentum und den Zugang Dritter. Hierzu legt die Kommission im Ausschußverfahren Durchführungsbestimmungen fest.

4 Inhaltlich stellen beide Regelwerke einen Annex zum jeweiligen Rahmenprogramm dar. Daher ist es für die effiziente Abwicklung eines Rahmenprogramms wichtig, daß beide möglichst zeitgleich mit dem Rahmenprogramm beschlossen werden.[3]

---

1 Geänderter Vorschlag der Kommission vom 10.1.2002, Dok. KOM (01) 822 endg., zum Fünften Rahmenprogramm siehe Beschluß 1999/65/EG, ABl.EG1999 Nr. L 26/46; siehe auch VO (EG) Nr. 996/1999/EG vom 11.5.1999, ABl.EG 1999 Nr. L 122/9; zum Vierten Rahmenprogramm siehe ABl.EG 1994 Nr. L 306/5.
2 Geänderter Vorschlag der Kommission vom 10.1.2002, Dok. KOM (01) 822 endg., zum Fünften Rahmenprogramm siehe Beschluß 1999/65/EG, ABl.EG 1999 Nr. L 26/46; zum Vierten Rahmenprogramm siehe Beschluß vom 15.12.1995, ABl.EG 1994 Nr. L 306/5.
3 *U. Vorderwülbecke*, in: Schwarze, EU-Kommentar, Art. 167, Rn. 3 f.

Art. 168 (ex-Art. 130k)

Bei der Durchführung des mehrjährigen Rahmenprogramms können Zusatzprogramme beschlossen werden[1], an denen nur bestimmte Mitgliedstaaten teilnehmen, die sie vorbehaltlich einer etwaigen Beteiligung der Gemeinschaft auch finanzieren[2].

Der Rat legt die Regeln für die Zusatzprogramme fest, insbesondere hinsichtlich der Verbreitung der Kenntnisse und des Zugangs anderer Mitgliedstaaten[3].

Inhaltsübersicht:
I. Beschluß und Funktion der Zusatzprogramme (Abs. 1)	1
II. Regeln des Rats für Zusatzprogramme (Abs. 2)	3

I. Beschluß und Funktion der Zusatzprogramme (Abs. 1)

Durch ihren Erlaß bei der Durchführung des Rahmenprogramms ähneln die Zusatzprogramme **spezifischen Programmen**[1]. Ihr Teilnehmerkreis umfaßt jedoch nicht alle Mitgliedstaaten. Dennoch sind sie Programme der Gemeinschaft und unterliegen den Bestimmungen des EGV, da sie nach Art. 172 Abs. 2 im Mitentscheidungsverfahren unter Zustimmung aller beteiligten Mitgliedstaaten verabschiedet werden und sich die Gemeinschaft an ihnen finanziell beteiligen kann. Ob Zusatzprogramme einer – zumindest allgemeinen – **Zulassung im Rahmenprogramm bedürfen**[2], ist fraglich. Ihre explizite Regelung im Vertrag spricht eher dagegen. 1

Zusatzprogramme sind ein klassisches Beispiel der **variablen Geometrie** der Integration, da sich nur einige der Mitgliedstaaten zu einer vertieften Integration zusammenfinden. Sie sollen den Vorstoß in Bereiche ermöglichen, die nur für einige Mitgliedstaaten von Interesse sind oder in denen sie besondere Stärken oder Defizite aufweisen. In der Praxis wurde dieses Instrument bislang nicht angewendet. 2

II. Regeln des Rats für Zusatzprogramme (Abs. 2)

Die Regelung der Verbreitung gewonnener Erkenntnisse und der Zugangsmodalitäten erfolgt nach Art. 172 im Verfahren des Art. 251. Anders als bei normalen spezifischen Programmen (Art. 167) müssen jedoch alle beteiligten Mitgliedstaaten zustimmen. Die sektorielle Vertiefung der Integration durch einige Mitgliedstaaten kann folglich nur in dem Rahmen erfolgen, den die qualifizierte Mehrheit aller Mitgliedstaaten festlegt. 3

---

1 Vgl. aber *J. Grunwald*, in: GTE, EU-/EGV, Art. 130k, Rn. 5.
2 So *Constantinesco/Jacqué/Kovar/Simon*, TUE, S. 770 f.

Art. 169 (ex-Art. 130l)

Die Gemeinschaft kann im Einvernehmen mit den betreffenden Mitgliedstaaten bei der Durchführung des mehrjährigen Rahmenprogramms eine Beteiligung an Forschungs- und Entwicklungsprogrammen mehrerer Mitgliedstaaten, einschließlich der Beteiligung an den zu ihrer Durchführung geschaffenen Strukturen, vorsehen.

Inhaltsübersicht

I. Möglichkeiten einer Gemeinschaftsbeteiligung	1
II. Praxis	3

I. Möglichkeiten einer Gemeinschaftsbeteiligung

1 Beteiligungsgegenstand sind Forschungs- und Entwicklungsprogramme öffentlicher oder privatwirtschaftlicher Natur. Insbesondere bei **privatwirtschaftlichen** Programmen sind wettbewerbsrechtliche Vorgaben zu beachten[1]. Die Programme müssen von mehreren Mitgliedstaaten durchgeführt werden. Es kann sich entweder um ein **multilaterales** Programm außerhalb des Gemeinschaftsrahmens wie EUREKA handeln oder um **mehrere gleichgerichtete** Programme auf nationaler Ebene[2].

2 Neben der Beteiligung an den Programmen ist auch die Beteiligung an den zur Durchführung geschaffenen **Strukturen** zulässig, die sich begrifflich mit denen des Art. 171 decken. Die **Beteiligung** der Gemeinschaft kann in Zuschüssen oder Dienstleistungen bestehen. Sie erfolgt bei der Durchführung des Rahmenprogramms, woraus man schließen kann, daß das Rahmenprogramm diese Möglichkeit vorsehen muß[3]. Nach Art. 172 Abs. 2 S. 1 entscheidet der Rat im **Verfahren** des Art. 251 nach Anhörung des Wirtschafts- und Sozialausschusses und im Einvernehmen mit den betreffenden Mitgliedstaaten.

II. Praxis

3 In ihrer Funktion ähnelt die Gemeinschaftsbeteiligung dem Zusatzprogramm; wie dieses wurde sie **bisher nicht genutzt**. Im Zuge des Sechsten Rahmenprogramms beabsichtigt die Kommission, Art. 169 erstmals einzusetzen.[4] Es bleibt abzuwarten, ob das Instrument der Gemeinschaftsbeteiligung seinen Praxistest besteht.

---

1 S. Art. 163, Rn. 10 ff.
2 Weitergehend *J. Grunwald*, in: GTE, EU-/EGV, Art. 130m, Rn. 5.
3 *MWLVD*, CEE, Bd. 8, S. 220.
4 Siehe Vorschlag der Kommission für das Sechste Rahmenprogramm, Dok. KOM (01) 94 endg., S. 15; spezieller Dok. KOM (2001) 282 endgültig vom 30.5.2001.

Art. 170 (ex-Art. 130m)

Die Gemeinschaft kann bei der Durchführung des mehrjährigen Rahmenprogramms eine Zusammenarbeit auf dem Gebiet der gemeinschaftlichen Forschung, technologischen Entwicklung und Demonstration mit dritten Ländern oder internationalen Organisationen vorsehen[1 f.].

Die Einzelheiten dieser Zusammenarbeit können Gegenstand von Abkommen zwischen der Gemeinschaft und den betreffenden dritten Parteien sein, die nach Art. 300 ausgehandelt und geschlossen werden[3].

Inhaltsübersicht:
I. Internationale Forschungskooperation der Gemeinschaft (Abs. 1)   1
II. Spezielle Vertragsschlußkompetenz der Gemeinschaft (Abs. 2)   3

I. Internationale Forschungskooperation der Gemeinschaft (Abs. 1)

Das Feld möglicher Kooperation ist im – weitgehend deklaratorischen[1] – Abs. 1 breit angelegt. Partner können **Drittländer oder internationale Organisationen** sein. Der Verweis auf Art. 300 in Abs. 2 stellt klar, daß es sich um Völkerrechtssubjekte handeln muß. Daher scheiden Nichtregierungsorganisationen und nicht zumindest partiell völkerrechtsfähige Gliedstaaten aus. Mit ihren Partnern kann die Gemeinschaft **zusammenarbeiten**, sei es durch Beteiligung der Partner am gesamten Rahmenprogramm oder an einzelnen Projekten[2]. Für die Schaffung gemeinsamer Strukturen ist Art. 171 zu beachten. Die Kooperation erfolgt **bei der Durchführung des Rahmenprogramms**, muß also hinsichtlich ihres Inhalts und ihrer Finanzierung dort vorgesehen sein[3]. 1

Das auf französische Initiative zurückgehende intergouvernementale Programm **EUREKA** aus dem Jahr 1985 umfaßt die Gemeinschaft, ihre Mitgliedstaaten sowie zahlreiche Drittstaaten. Sein Ziel ist die dezentrale grenzüberschreitende Förderung marktnaher Hochtechnologie[4]. Ihm ähnelt in Ziel und Teilnehmerkreis die bereits am 23.11.1971 gegründete Europäische Zusammenarbeit auf dem Gebiet der wissenschaftlichen und technischen Forschung (**COST**)[5]. Daneben arbeitet die Gemeinschaft mit zahlreichen **internationalen Organisationen** zusammen, u.a. der Europäischen Organisation für kernphysikalische Forschung (**CERN**) und der Europäischen Weltraumorganisation (**ESA**)[6]. 2

II. Spezielle Vertragsschlußkompetenz der Gemeinschaft (Abs. 2)

Der Abschluß der **Abkommen** richtet sich nach Art. 300, so daß es sich um völkerrechtliche Verträge handeln muß. Vor der Maastrichter Vertragsänderung wurde dies durch die Bezeichnung »internationale Abkommen« unterstrichen. Ein Rückgriff auf die 3

---

1 *MWLVD*, CEE, Bd. 8, S. 220 f.
2 Vgl. *L. Cartou*, L'Union européenne, Paris 1996, Rn. 548; *MWLVD*, CEE, Bd. 8, S. 190.
3 *I. Erberich*, in: Bleckmann, Europarecht, Rn. 2798.
4 http://www.eureka.be; näher *I. Mariën-Dusak*, in: Röttinger/Weyringer (Hrsg.), Handbuch der Europäischen Integration, 1996, S. 1009 (1029).
5 http://www.belspo.be/cost; näher *Mariën-Dusak* (Fn. 4), S. 1028; *J. Grunwald*, in: GTE, EU-/EGV, Art. 130m, Rn. 43.
6 http://www.esa.int; näher *Constantinesco/Jacqué/Kovar/Simon*, TUE, S. 768.

Rechtsprechung des EuGH zur Parallelität von Innen- und Außenkompetenzen[7] ist durch die Spezialvorschrift des Abs. 2 nicht mehr erforderlich. Das vor Maastricht notwendige Zusammenarbeitsverfahren wurde durch das **Verfahren des Art. 300** ersetzt. Der vorherige Beschluß eines dahingehenden spezifischen Programms ist nicht erforderlich[8]. Zu beachten sind die eigenen Zuständigkeiten der Kommission nach Art. 202 3. Spstr., 211 4. Spstr. und 300 Abs. 2. **Vertragsparteien** werden die Gemeinschaft und ihre jeweiligen Partner. Mangels entgegenstehender Bestimmung im Vertrag und unter Berücksichtigung des Art. 169 können sich auch Mitgliedstaaten beteiligen, wodurch ein gemischtes Abkommen entsteht. In der Praxis haben sich, was Form und Inhalt der Abkommen betrifft, verschiedene Vertragstypen herausgebildet[9].

---

7 EuGH, Rs. 22/70, Slg. 1971, 263, Rn. 19 (AETR); vgl. *MWLVD*, CEE, Bd. 8, S. 190.
8 *H.-J. Glaesner*, in: Grabitz/Hilf, EU, Art. 130n, Rn. 2.
9 Hierzu ausführlich *J. Grunwald*, in: GTE, EU-/EGV, Art. 130m, Rn. 32 ff.

Art. 171 (ex-Art. 130n)

Die Gemeinschaft kann gemeinsame Unternehmen[2] gründen oder andere Strukturen[3] schaffen, die für die ordnungsgemäße Durchführung der Programme für gemeinschaftliche Forschung, technologische Entwicklung und Demonstration erforderlich sind[1].

Inhaltsübersicht:
I. Allgemeines ... 1
II. Gemeinsame Unternehmen und andere Strukturen ... 2

I. Allgemeines

Die Schaffung juristischer Personen, welche in den Mitgliedstaaten Rechtspersönlichkeit besitzen, ist seit längerem gemeinschaftliche Praxis. Grundlage ist meist Art. 308. Art. 171 stellt insofern eine Spezialvorschrift dar. Seit der Amsterdamer Vertragsänderung beschließt der Rat gemäß Art. 172 Abs. 1 auf Vorschlag der Kommission und nach Anhörung des Parlaments sowie des Wirtschafts- und Sozialausschusses mit qualifizierter Mehrheit, was vorher Einstimmigkeit erforderte. Da es sich um langfristige Maßnahmen handelt, fehlt die in den Art. 168 ff. jeweils enthaltene Bindung an das Rahmenprogramm. Diese müssen **für die ordnungsgemäße Programmdurchführung erforderlich** sein, was lediglich das allgemeine Erforderlichkeitskriterium des Art. 5 Abs. 3 wiederholt. 1

II. Gemeinsame Unternehmen und andere Strukturen

Für das **gemeinsame Unternehmen** des Art. 171 stand dasjenige nach Art. 45 ff. EAGV Pate[1]. Dennoch ist fraglich, ob die Art. 45 ff. EAGV auf gemeinsame Unternehmen nach Art. 171 analog angewandt werden können. Selbst wenn man eine primärrechtliche Regelungslücke im EGV bejaht, spricht die Spezialität des EAGV gegen eine analoge Anwendung[2]. Die rechtliche Ausgestaltung eines gemeinsamen Unternehmens erfolgt daher sekundärrechtlich im Gründungsbeschluß des Rats nach Art. 172. Anders als in Art. 46 Abs. 2 lit. e) EAGV ist die **Beteiligung außergemeinschaftlicher Partner** nicht erwähnt. Berücksichtigt man Art. 170, der sich ja wie Art. 171 auf die Durchführung der Gemeinschaftsprogramme bezieht, dann ist sie dennoch zulässig. 2

Die Möglichkeit zur **Schaffung anderer Strukturen** räumt der Gemeinschaft einen weiten Spielraum ein. Da nicht von Gründung gesprochen wird, kommt auch eine Beteiligung an bestehenden öffentlichen oder privaten Einrichtungen in Betracht. 3

---

1 Vgl. Dok KOM (85) 350 endg., S. 9; *BBPS*, S. 500.
2 So auch *H.-J. Glaesner*, in: Grabitz/Hilf, EU, Art. 130o, Rn. 2; a.A. jedoch *MWLVD*, CEE, Bd. 8, S. 224.

Art. 172 EG-Vertrag

Art. 172 (ex-Art. 130o)

Der Rat legt auf Vorschlag der Kommission und nach Anhörung des Europäischen Parlaments und des Wirtschafts- und Sozialausschusses mit qualifizierter Mehrheit die in Art. 171 vorgesehenen Bestimmungen fest.

Der Rat legt gemäß dem Verfahren des Artikels 251 und nach Anhörung des Wirtschafts- und Sozialausschusses die in den Artikel 167, 168 und 169 vorgesehenen Bestimmungen fest. Für die Verabschiedung der Zusatzprogramme ist die Zustimmung der daran beteiligten Mitgliedstaaten erforderlich.

Inhaltsübersicht

I. Initiative der Kommission	1
II. Beschluß durch Parlament und Rat	2

I. Initiative der Kommission

1 Das Beschlußverfahren beginnt stets mit einem Vorschlag der Kommission. Abs. 1 erwähnt ihr **Initiativmonopol** ausdrücklich, im Fall des Abs. 2 ergibt es sich aus Art. 251 Abs. 2. Bei der Erarbeitung ihrer Vorschläge greift die Kommission insbesondere auf Vorschläge von ESTA und IRDAC (nun des neu geschaffenen Europäischen Forschungsforums) zurück. Ferner berücksichtigt die Kommission bereits in einem frühen Stadium die Interessen der Mitgliedstaaten, die diese in erster Linie über CREST an sie herantragen[1].

II. Beschluß durch Parlament und Rat

2 Die Amsterdamer Vertragsrevision ersetzte in Abs. 1 das Einstimmigkeitserfordernis im Rat für die Gründung Gemeinsamer Unternehmen gemäß Art. 171 durch die qualifizierte Mehrheitsentscheidung. Das Parlament wird nach wie vor lediglich angehört. Die praktisch wichtigeren Beschlüsse nach Abs. 2 treffen Rat und Parlament seit Amsterdam im **Mitentscheidungsverfahren**. Hierdurch hat das Europäische Parlament neben seinem Entscheidungsrecht ein weitreichendes Informationsrecht erworben. Zahlreiche Sekundärrechtsakte sehen regelmäßige Berichte an das Parlament vor. Beide Rechte stärken seinen Einfluß auf die Forschungs- und Technologiepolitik erheblich. Ferner besitzt der Wirtschafts- und Sozialausschuß ein Anhörungsrecht.

---

1 Näher zu den genannten Gremien Art. 163, Rn. 3 f.

Art. 173 (ex-Art. 130p)

Zu Beginn jedes Jahres unterbreitet die Kommission dem Europäischen Parlament und dem Rat einen Bericht. Dieser Bericht erstreckt sich insbesondere auf die Tätigkeiten auf dem Gebiet der Forschung und technologischen Entwicklung und der Verbreitung der Ergebnisse dieser Tätigkeiten während des Vorjahrs sowie auf das Arbeitsprogramm des laufenden Jahres.

Inhaltsübersicht:
I. Ziel der Berichtspflicht 1
II. Inhalt 2

I. Ziel der Berichtspflicht

Die Verpflichtung der Kommission zur jährlichen Vorlage eines forschungspolitischen Tätigkeitsberichts[1] dient der **Transparenz** auf einem Feld der Gemeinschaftstätigkeit, das durch eine Vielzahl von Programmen, Verfahren und Akteuren gekennzeichnet ist. Daher fügte der Vertrag von Maastricht eine besondere forschungspolitische Berichtspflicht in den EGV ein. Diese geht über die allgemeine Berichtspflicht der Kommission nach Art. 212 hinaus und verpflichtet die Kommission, detailliert und regelmäßig über die Aktivitäten der Gemeinschaft auf dem Feld der Forschungs- und Technologiepolitik zu informieren. 1

II. Inhalt

Die Berichte der Kommission erscheinen üblicherweise im dritten Quartal des Kalenderjahres und beinhalten sowohl eine **Rückschau** auf die Aktivitäten der Gemeinschaft im vorherigen Jahr als auch einen **Zwischenbericht** für das laufende Jahr. Adressaten des Berichts sind laut Vertragstext nur das Parlament und die Kommission. Die **Veröffentlichung** des Berichts ist jedoch seit längerem gängige Praxis. 2

---

1 Jahresbericht 1995, Dok. KOM (95) 443 endg.; Jahresbericht 1996, Dok. KOM (96) 437 endg.; Jahresbericht 1997, Dok. KOM (97) 373 endg.; Jahresbericht 1998, Dok. KOM (98) 439 endg.; Jahresbericht 1999, Dok. KOM (99) 284 endg., Jahresbericht 2000, Dok. KOM (00) 842 endg.

Titel XIX
(ex-Titel XVI)
Umwelt

Art. 174 (ex-Art. 130r)

(1) Die Umweltpolitik der Gemeinschaft trägt zur Verfolgung der nachstehenden Ziele[7 ff.] bei:
- Erhaltung und Schutz der Umwelt sowie Verbesserung ihrer Qualität[8];
- Schutz der menschlichen Gesundheit[9];
- umsichtige und rationelle Verwendung der natürlichen Ressourcen[10];
- Förderung von Maßnahmen auf internationaler Ebene zur Bewältigung regionaler oder globaler Umweltprobleme[11].

(2) Die Umweltpolitik der Gemeinschaft zielt unter Berücksichtigung der unterschiedlichen Gegebenheiten in den einzelnen Regionen[21 ff.] der Gemeinschaft auf ein hohes Schutzniveau[13 ff.] ab. Sie beruht auf den Grundsätzen der Vorsorge und Vorbeugung[25 ff.], auf dem Grundsatz, Umweltbeeinträchtigungen mit Vorrang an ihrem Ursprung zu bekämpfen[31 ff.] sowie auf dem Verursacherprinzip[34 ff.]. Im Hinblick hierauf umfassen die den Erfordernissen des Umweltschutzes entsprechenden Harmonisierungsmaßnahmen gegebenenfalls eine Schutzklausel, mit der die Mitgliedstaaten ermächtigt werden, aus nicht wirtschaftlich bedingten umweltpolitischen Gründen vorläufige Maßnahmen zu treffen, die einem gemeinschaftlichen Kontrollverfahren unterliegen[37].

(3) Bei der Erarbeitung ihrer Umweltpolitik berücksichtigt[38 ff.] die Gemeinschaft
- die verfügbaren wissenschaftlichen und technischen Daten[38 f.];
- die Umweltbedingungen in den einzelnen Regionen der Gemeinschaft[40];
- die Vorteile und die Belastung aufgrund des Tätigwerdens bzw. eines Nichttätigwerdens[41];
- die wirtschaftliche und soziale Entwicklung der Gemeinschaft insgesamt sowie die ausgewogene Entwicklung ihrer Regionen[42].

(4) Die Gemeinschaft und die Mitgliedstaaten arbeiten im Rahmen ihrer jeweiligen Befugnisse mit dritten Ländern und den zuständigen internationalen Organisationen zusammen. Die Einzelheiten der Zusammenarbeit der Gemeinschaft können Gegenstand von Abkommen zwischen dieser und den betreffenden dritten Parteien sein, die nach Artikel 300 ausgehandelt und geschlossen werden. Unterabsatz 1 berührt nicht die Zuständigkeit der Mitgliedstaaten, in internationalen Gremien zu verhandeln und internationale Abkommen zu schließen[48 ff.].

Inhaltsübersicht:

A. Allgemeines	1
I. Unionsaufgabe Umweltschutz	1
II. Stellung des Umweltschutzes im Gemeinschaftsrecht	3
1. Gemeinschaftsziel Umweltschutz	3
2. Fortentwicklung zur Umweltunion respektive ökologischen Rechtsgemeinschaft	6
B. Grundsätze der gemeinschaftlichen Umweltpolitik	7
I. Ziele der gemeinschaftlichen Umweltpolitik (Abs. 1)	7
1. Erhaltung, Schutz und Qualitätsverbesserung der Umwelt	8
2. Schutz der menschlichen Gesundheit	9
3. Ressourcenschonung	10
4. Förderung internationalen Umweltschutzes	11

II. Prinzipien der gemeinschaftlichen Umweltpolitik 12
  1. Prinzip des hohen Schutzniveaus (Abs. 2 Satz 1) 13
    a) Begriff 13
    b) Rang des Umweltschutzes 14
    c) Grundsatz bestmöglichen Umweltschutzes und Umweltprinzip 18
    d) Stellungnahme 20
  2. Prinzip der regionalen Differenzierung (Abs. 2 Satz 1) 21
  3. Vorsorge- und Vorbeugeprinzip (Abs. 2 Satz 2) 25
    a) Rechtsprechung 25
    b) Literatur 26
    c) Stellungnahme 28
  4. Ursprungsprinzip 31
  5. Verursacherprinzip 34
  6. Befristete nationale Schutzklauseln (Art. 174 Abs. 2 UAbs. 2) 37
III. Berücksichtigungs- und Abwägungspflichten der Gemeinschaft (Abs. 3) 38
  1. Umweltdaten 38
  2. Regionale Umweltbedingungen 40
  3. Vorteile und Belastungen eines Tätigwerdens 41
  4. Wirtschaftliche, soziale und regionale Belange 42
IV. Verbindlichkeit der Vorgaben des Art. 130r Abs. 1 bis 3 43
  1. Absatz 1 und Absatz 3 43
  2. Absatz 2 46
C. Umweltaußenkompetenzen (Abs. 4) 48

A. Allgemeines

I. Unionsaufgabe Umweltschutz

Angesichts der **grenzüberschreitenden Dimension** von Umweltverschmutzung[1] ist es nur konsequent, daß die EG seit Anfang der siebziger Jahre Schritt für Schritt eine europäische Umweltpolitik entwickelte und es inzwischen kaum einen Bereich des Umweltschutzes mehr gibt, der vom Gemeinschaftsrecht nicht zumindest mitgeprägt wäre, sei es der Gewässerschutz, der Naturschutz, die Sicherung der Luftqualität, die Abfallpolitik oder auch das Umweltverfahrensrecht im Wege der Richtlinien über die Umweltverträglichkeitsprüfung und den freien Zugang zu Umweltinformationen.[2] Überdies kann allein die EG in einem auf **internationalen Wettbewerb** ausgerichteten Wirtschaftssystem die »politische Bremse« lösen, die nationalen Umweltschutz unter dem Stichwort »Wettbewerbsnachteil« blockiert. Im Rahmen des wirtschaftlichen Zusammenwachsens der EG-Mitgliedstaaten kommt es in erheblichem Maße auf die Harmonisierung von Normen an, um **Wettbewerbsstörungen zu vermeiden** und Handelsnachteile zu beseitigen. Denn wo die nationalen Märkte zugunsten eines gemeinsamen Binnenmarktes geöffnet werden, konkurrieren auch die nationalen Wirtschaftsmodelle, die in ganz unterschiedli- 1

---

1 Den derzeit wohl aktuellsten und umfassendsten Überblick über die Umweltsituation in Europa gibt der Bericht der Europäischen Umweltagentur in Kopenhagen: European Environment Agency, *Stanners/Bourdeau* (Hrsg.), Europe's Environment, The Dobris Assessment, Luxemburg 1995, insbesondere S. 27 ff. und S. 513 ff.
2 Zur Entwicklung G. *Ress*, in: Kimminich/v.Lersner/Storm (Hrsg.), Handwörterbuch des Umweltrechts, Bd. I, 1994, Sp. 548 ff.; S. *Schmitz*, Die EU als Umweltunion, 1996, S. 25 ff.; A. *Epiney*, Umweltrecht in der EU, 1997, S. 10 ff. und S. 147 ff.; M. *Schröder*, in: Rengeling (Hrsg.), Handbuch zum europäischen und deutschen Umweltrecht, 1998, § 9 Umweltschutz als Gemeinschaftsziel und Grundsätze des Umweltschutzes, Rn. 1 ff.; W. *Frenz*, Europäisches Umweltrecht, 1997, S. 74 ff.; kritisch R. *Breuer*, Entwicklungen des europäischen Umweltrechts – Ziele, Wege und Irrwege, 1993.

chem Maße ihren im Wettbewerb stehenden Unternehmen **Mindestbedingungen der sozial- und umweltverträglichen Produktion** vorschreiben. Insofern konkurrieren im Binnenmarkt Unternehmen miteinander, die nicht den gleichen Mindestbedingungen unterworfen sind. Belastungen, die in einem nationalen Markt noch durchaus verkraftbar waren, können im europäischen Binnenmarkt zum **existenzbedrohenden Wettbewerbsnachteil** werden. Damit einher geht die Gefahr eines sogenannten »Umweltdumpings«[3]: Sind die in einem Mitgliedstaat mit relativ strengen Umweltschutzvorschriften tätigen Unternehmen mit kostenintensiven Umweltausgaben belastet, so sind aus diesem Grunde **Produktionsverlagerungen** in die Mitgliedstaaten des Binnenmarkts mit vergleichsweise geringen Umweltauflagen zu befürchten.[4] Wenn also die Vorzüge einer **sozial und ökologisch flankierten und entsprechend regulierten Marktwirtschaft** erhalten bleiben sollen, dann müssen die insofern korrespondierenden Politiken der Nationalstaaten insoweit durch die der Gemeinschaft ersetzt, zumindest aber ergänzt werden.[5] Dafür ist eine mit entsprechenden Kompetenzen ausgestattete zentrale Handlungsebene notwendig. Dementsprechend ist der **Kompetenz der EG** zur Verwirklichung des europäischen Binnenmarktes (Art. 14) die Kompetenz zu einer europäischen Umweltpolitik (Art. 174 ff.) gefolgt.

2 Gerade im Umweltschutz kann diese Funktion der EG zusätzliche positive Aspekte in Form eines »**europäischen Mehrwerts**« mit sich bringen. Denn insofern als die grenzüberschreitende Dimension der meisten Umweltprobleme eine internationale Lösung erforderlich macht, kann die Möglichkeit der EG, auf zwischenstaatlicher Ebene in einem institutionalisierten Prozeß, der nicht erst den Abschluß eines völkerrechtlichen Vertrages erfordert, Normen zu setzen, die für alle Mitgliedstaaten bzw. Rechtssubjekte unmittelbar verbindlich sind und damit dem »**Ökosystem EG**« zugute kommen[6], nicht unterschätzt werden. Denn derzeit verfolgen nur einige Mitgliedstaaten der EG eine eigenständige und in sich kohärente Umweltpolitik. Für den Großteil der Mitgliedstaaten besteht Umweltpolitik hingegen allein in der Umsetzung und Durchführung der relevanten EG-Gesetzgebung. Daher stellen Maßnahmen auf EG-Ebene häufig erst sicher, daß Umweltschutz in allen Mitgliedstaaten stattfindet und nicht auf einzelne Mitgliedstaaten beschränkt bleibt.[7]

II. Stellung des Umweltschutzes im Gemeinschaftsrecht

1. Gemeinschaftsziel Umweltschutz

3 Im Laufe der siebziger Jahre entwickelte die EG erste Ansätze einer Umweltpolitik, deren Maßnahmen allerdings noch sektorbezogen und daher wenig kohärent waren, weil sie zuvorderst der Beseitigung von Wettbewerbsverzerrungen im Gemeinsamen Markt dienten. Mangels einer umweltpolitischen Rechtsgrundlage stützten sie sich im wesentlichen auf die Art. 100 und 235 EWGV.[8] Mit der **Einheitlichen Europäischen Akte** vom Februar 1986 und deren Titel Umwelt (Art. 130r-t EWGV) wurde die gemeinschaftliche

---

3 Vgl. dazu L. F. *Neumann*/A. *Pastowski,* in: Jarass/Neumann, Umweltschutz und Europäische Gemeinschaften, 1992, S. 126.
4 G. *Ress,* Umweltrecht und Umweltpolitik der EG nach dem Vertrag über die EU, Vorträge aus dem E.I., Nr. 291, 1992, S. 3 (15 f.).
5 *Ress* (Fn. 4), S. 15 f.; F. *Scharpf,* Regionalisierung des europäischen Raums, Ein Cappenberger Gespräch, 1989, S. 13 ff.
6 Vgl. L. *Krämer,* in: GTE, EWGV, Art. 130r, Rn. 76 (Vorauflage).
7 Dazu auch L. *Krämer,* in: GTE, EWGV, Art. 130r, Rn. 76 (Vorauflage).
8 Hierzu ausführlich *Ress* (Fn. 2), Spalte 548 ff.

Umweltpolitik nicht nur ausdrücklich und selbständig im Vertrag selbst geregelt, sondern sie wurde auch aufgewertet. Rechtspolitisch kommt dies in der vom Europäischen Rat auf seinem Gipfeltreffen in Dublin (Juni 1990) formulierten Erklärung zur Umweltpolitik der EG – **Environmental Imperative** genannt – zum Ausdruck. Wenn auch in juristisch unverbindlicher Weise wird hierin mit deutlichen Worten zu Fortschritten bei der Lösung der drängendsten Umweltprobleme aufgefordert und mit der Bemerkung geschlossen, daß der Mensch der Treuhänder der Natur sei und er daher verpflichtet sei, dieses Erbe zum Nutzen dieser wie auch künftiger Generationen auf vernünftige Weise zu verwalten.[9]

Der Erklärung des Europäischen Rates von Dublin entsprechend hat die EG im Zuge des Vertrages von Amsterdam in Art. 2 die Aufgabe einer **nachhaltigen Entwicklung** des Wirtschaftslebens und eines hohen Maßes an Umweltschutz und Verbesserung der Umweltqualität in ihren Katalog aufgenommen. Damit hat der Grundsatz des Sustainable Development nunmehr ausdrücklich und damit eindeutig in den Vertrag Eingang gefunden[10]. Zuvor hatte bereits das 5. **Umweltaktionsprogramm** der EG[11], dessen englischer Titel »Towards Sustainable Development« lautet, den Grundsatz als konzeptionelle Parallele zu den Dokumenten des UNCED-Erdgipfels von Rio de Janeiro vom Juni 1992[12] in aller Deutlichkeit aufgegriffen, um ihn in der gemeinschaftlichen Umweltpolitik umzusetzen (siehe dazu auch Art. 6, Rn. 13 ff.).[13]

4

Über Art. 2 hinaus ist die Umweltpolitik seit dem Vertrag von Maastricht auch ausdrücklich in den **Zielekatalog** des Art. 3 lit. k) integriert worden. Damit bringt der Vertrag zum Ausdruck, daß der Umweltschutz in bezug auf Selbständigkeit und Gewicht als **gleichrangig** neben die anderen Ziele der EG tritt. In Zusammenschau von Art. 2 und Art. 3 lit. k) ergibt sich, deutlicher als noch unter der EEA, daß der Umweltschutz zu den die EG prägenden oder, wie der EuGH immer wieder betonte, »wesentlichen Zielen der Gemeinschaft«[14] gehört. So betrachtet läßt sich zwar durchaus von einem **Gemeinschaftsziel** Umweltschutz[15] sprechen, allenfalls aber von Ansätzen einer Umweltgemeinschaft oder Umweltunion.[16]

5

---

9 Abgedruckt in EA 1990, S. D 396 (407 ff.).
10 Dazu ausführlich W. *Frenz/H. Unnerstall*, Nachhaltige Entwicklung im Europarecht, 1999, insbes. S. 155 ff., 177; C. *Calliess*, Ökologisierung des EG-Vertrages, in: Baumeister, Wege zum ökologischen Rechtsstaat, 1994, S. 71 (77 f.); N. *Haigh/R. A. Kraemer*, Sustainable Development in den Verträgen der EU, ZUR 1996, S. 239 ff.
11 Dok. KOM (92) 23 endg. vom 3.4.1992, Teil II, abgedruckt in: ABl.EG 1993 Nr. C 138/1; dazu R. *Wägenbaur*, Ein Programm für die Umwelt, EuZW 1993, S. 241.
12 Hierzu ausführlich M. *Ruffert*, Das Umweltvölkerrecht im Spiegel der Erklärung von Rio und der Agenda 21, ZUR 1993, S. 208 (209).
13 Ebenso *Ruffert* (Fn. 12), S. 213; zur Umsetzung: *Europäische Kommission/Allgemeines Beratendes Forum für Umweltfragen*, Stellungnahmen zum Thema Dauerhafte und Umweltgerechte Entwicklung, Luxemburg 1997, S. 7 ff.; dies., Optionen für eine Dauerhafte Entwicklung, Luxemburg 1997, S. 9 ff.
14 So erstmals EuGH, Rs. 240/83, 7.2.1985, Slg. 1985, 531, Rn. 13 und 15 (ADBHU)
15 A. *Epiney/A. Furrer*, Umweltschutz nach Maastricht, Ein Europa der drei Geschwindigkeiten?, EuR 1992, S. 369 (373).
16 Dazu *Ress* (Fn. 4), S. 5 u. 22; *Schröder* (Fn. 2), Rn. 13; *Epiney* (Fn. 2), S. 285 ff.; *Schmitz* (Fn. 2), S. 291 ff.

2. Fortentwicklung zur Umweltunion respektive ökologischen Rechtsgemeinschaft

6 Vor diesem Hintergrund wird – in Anlehnung an die deutsche Debatte um den Umweltstaat[17] – die Fortentwicklung der Gemeinschaft zu einer Umweltunion bzw. ökologischen Rechtsgemeinschaft diskutiert.[18] Um die bestehenden Ansätze zu Strukturen einer echten Umweltunion objektivrechtlich weiterzuentwickeln, müßte in Umsetzung des Grundsatzes der nachhaltigen Entwicklung das **Vorsorgeprinzip** in Art. 174 Abs. 2 S. 2 konkretisiert und über eine **verbindlicher gefaßte Querschnittsklausel** (vgl. Art. 6) – vom EuGH grundsätzlich kontrollierbar – in der Praxis konsequent umgesetzt werden. Erste Schritte in diese Richtung unternimmt die EU insoweit im Rahmen des sog. »Cardiff-Prozesses« (siehe Art. 6, Rn. 15a). Überdies ist ein Ausbau **institutioneller** und verfahrensrechtlicher Absicherungen (z.b. durch eine kompetenzielle Stärkung der Umweltagentur, einen Umweltombudsman, einen Ökologischen Senat bzw. – in Umwandlung des WSA (s. Art. 257 ff.) – einen Ausschuß für nachhaltige Entwicklung notwendig. Im Unterschied zu den objektivrechtlichen sind die subjektivrechtlichen Ansätze im Vertrag – ähnlich dem Verfassungsrecht der Mitgliedstaaten – eher schwach entwickelt.[19] Eine denkbare primärrechtliche Entwicklung ist – insbesondere angesichts der unvermeidbaren Inhaltsleere eines materiellen **Umweltgrundrechts** – nur begrenzt möglich. Mit der Charta der Grundrechte der EU (siehe Art. 6 EUV, Rn. 26a ff.) gibt es jetzt zwar einen geeigneten Anknüpfungspunkt, jedoch wäre von der Formulierung her nur ein »prozedurales Umweltgrundrecht« mit Rechten auf **Information, Partizipation sowie Zugang zum Gericht** praktisch einlösbar.[20] Vor dem Hintergrund des Vollzugsdefizits in der Praxis (s. Art. 175, Rn. 28 ff.), das die beschriebenen objektivrechtlichen Gewährleistungen des Umweltschutzes im Vertrag oftmals leerlaufen läßt, ist – als gangbare Alternative zu einem Umweltgrundrecht – an die gemeinschaftsrechtliche Ermöglichung einer altruistischen **Verbandsklage**[21] zu denken. Lassen sich für die Gemeinschaft auch Konturen eines Umweltverfassungsrechts erkennen, so kann bisher doch nicht davon gesprochen werden, daß sie eine Umweltunion darstellt. Erst eine dahin führende – oben in Ansatzpunkten skizzierte[22] – Weiterentwicklung des gemeinschaftlichen Besitzstandes rechtfertigte es, von Strukturen eines Umweltverfassungsrechts und damit einer Umweltunion zu sprechen.

---

17 Ausführlich dazu C.*Calliess*, Rechtsstaat und Umweltstaat, 2001, S. 30 ff. und 74 ff. m.w.N.
18 Siehe *Ress* (Fn. 4), S. 5 u. 22; *Schröder* (Fn. 2), Rn. 13; *Epiney* (Fn. 2), S. 285 ff.; *Schmitz* (Fn. 2), S. 291 ff.; *Calliess* (Fn.10), S. 71 ff.; eher kritisch H.-W. *Rengeling*, Zum Umweltverfassungsrecht der EU, FS-Heymanns Verlag, 1995, S. 469 ff.
19 Ausführlich M. *Ruffert*, Subjektive Rechte im Umweltrecht der EG, 1996, S. 18 ff.
20 Dazu ausführlich C. *Calliess*, Ansätze zur Subjektivierung von Gemeinwohlbelangen im Völkerrecht – Das Beispiel des Umweltschutzes, ZUR 2000, S. 246 ff. sowie C. *Calliess*, Die Charta der Grundrechte der EU- Fragen der Konzeption, Kompetenz und Verbindlichkeit, EuZW 2001, S. 261 (265 f.) m.w.N.
21 Zu der dahingehenden Entwicklung B. *Wegener*, Ein Silberstreif für die Verbandsklage am Horizont des europäischen Rechts, in: Cremer/Fisahn (Hrsg.), Jenseits der marktregulierten Selbststeuerung – Perspektiven des Umweltrechts, 1997, S. 185; A. *Epiney*, Gemeinschaftsrecht und Verbandsklage, NVwZ 1999, S. 485 ff.; ablehnend zur Verbandsklage auf EG-Ebene EuGH, Rs. C-321/95P, Slg. 1998, I-1651, Rn. 28 f. (Greenpeace); kritisch zu Recht B. W. *Wegener*, ZEuS 1998, S. 183 ff., insbes. 194 ff.; *Krämer* (Fn. 59), EuGRZ 2000, S. 269.
22 Ausführlich *Calliess* (Fn.10), S. 71; Arbeitskreis Europäische Umweltunion (Mitglieder sind die Prof. Binswanger, Funk, Häberle, Kloepfer, Müller, Nutzinger, Pernthaler, Rehbinder, Saladin, Schleicher, R. Schmidt; NuR 1994, S. 346; vgl. zu den Vorschlägen auch *Rengeling* (Fn. 17), S. 469.

B. Grundsätze der gemeinschaftlichen Umweltpolitik

I. Ziele der gemeinschaftlichen Umweltpolitik (Abs. 1)

In Anlehnung an die ersten Umweltaktionsprogramme der EG formuliert Abs. 1 verschiedene, das Gemeinschaftsziel Umweltschutz (s. Rn. 3 ff.) **konkretisierende Ziele** der europäischen Umweltpolitik. Zu ihrer näheren Bestimmung kann auf die EG-Umweltaktionsprogramme[23] – gegenwärtig wird das Sechste ihrer Art vorbereitet – zurückgegriffen werden.[24]

7

1. Erhaltung, Schutz und Qualitätsverbesserung der Umwelt

Der **Begriff der Umwelt** wird an keiner Stelle des Vertrages definiert und damit weder sachlich noch örtlich beschränkt, sondern vielmehr bewußt offen gehalten. Umfaßt sind jedenfalls die in Art. 3 der UVP-Richtlinie[25] genannten Rechtsgüter, also Menschen, Tiere (das »Wohlergehen der Tiere« wird überdies explizit durch Protokoll Nr. 24 zum Maastrichter Vertrages geschützt), Flora, Boden, Wasser, Luft, Klima, Landschaft, Sachgüter und kulturelles Erbe sowie die Wechselwirkungen zwischen diesen Faktoren.[26] Der Begriff der **Erhaltung** zielt im Sinne eines ökologischen Bestandsschutzes auf ein Verschlechterungsverbot, infolgedessen die Umwelt grundsätzlich nicht verbraucht oder zerstört werden darf.[27] Sich hiermit teilweise überschneidend verlangt der **Schutz der Umwelt**, daß mittels geeigneter Maßnahmen der Lenkung und Kontrolle bestehende Umweltbelastungen und -verschmutzungen reduziert und zukünftige vermieden werden.[28] Deutlich wird, daß der Begriff der Erhaltung schutzgutbezogen zu verstehen ist, während derjenige des Schutzes eingriffsbezogen zu interpretieren ist. Das Erfordernis der **Qualitätsverbesserung** weist darauf hin, daß sich die Umweltpolitik nicht auf konservierende Maßnahmen beschränken darf, sondern – auch im Interesse künftiger Generationen – eingetretene Schäden beseitigen und verlorengegangene Umweltqualität restaurieren muß[29] (z.B. Reinigung von Flüssen, Renaturierung von Landschaften).

8

2. Schutz der menschlichen Gesundheit

Mit der expliziten Nennung des **Schutzes der menschlichen Gesundheit** wird ein spezieller Teilaspekt des Umweltschutzes hervorgehoben, der die Beziehung zu Art. 152 herstellt: Wirksamer Umweltschutz ist zugleich auch immer ein Beitrag zu einer anderen Gemeinschaftsaufgabe, dem Gesundheitsschutz (vgl. Art. 152), der so zum legitimen

9

---

23 1. Aktionsprogramm, ABl.EG 1973 Nr. C 112/5; 2. Aktionsprogramm, ABl.EG 1977 Nr. C 139/6; 3. Aktionsprogramm, ABl.EG 1983 Nr. C 46/4; 4. Aktionsprogramm Abl.EG 1987 Nr. C 328/1; 5. Aktionsprogramm, ABl.EG 1993 Nr. C 138/1 überprüft durch Beschluß EP und Rat Nr. 2179/98/EG vom 24.9.1998, ABl.EG 1998, Nr. L 275/1; Vorschlag der Kommission für ein Sechstes Umweltaktionsprogramm, KOM (2001) 31 endg. v. 24.1.2001; dazu S. *Caspari*, Die Umweltpolitik der EG, 1995, S. 65.
24 So auch W. *Kahl*, Umweltprinzip und Gemeinschaftsrecht, 1993, S. 19.
25 Richtlinie 85/337/EWG vom 27.6.1985, ABl.EG 1985 Nr. L 175/40.
26 Ebenso *Schröder* (Fn. 2), Rn. 17; *Kahl* (Fn. 24), S. 14 f.; *Schmitz* (Fn. 2), S. 145; *J. Jahns-Böhm*, in: Schwarze, EU-Kommentar, Art. 175, Rn. 6 f.; vgl. zur Konkretisierung des Begriffs Umwelt auch *Calliess* (Fn. 17), S. 106 ff.
27 *Schröder* (Fn. 2), Rn. 17; *Kahl* (Fn. 24), S. 19.
28 *Kahl* (Fn. 24), S. 19 f.
29 *Kahl* (Fn. 24), S. 20; *Schröder* (Fn. 2), Rn. 17.

Bestandteil der Umweltpolitik wird (siehe auch Rn. 25). Indem von der menschlichen Gesundheit und nicht etwa von der öffentlichen Gesundheit die Rede ist, ist die Umweltpolitik bereits dann gefordert, wenn Gefährdungen des einzelnen – und damit auch besonders empfindlicher (z.B. Kinder) – Menschen bestehen.[30]

3. Ressourcenschonung

10 Als besonders hervorgehobener Teilaspekt der Erhaltung der Umwelt erscheint auch die Vorgabe einer umsichtigen und rationellen Verwendung der natürlichen Ressourcen. Unter Hinweis auf den Bericht des Club of Rome wies bereits das erste Umweltaktionsprogramm der EG auf Probleme im Zusammenhang mit nicht regenerationsfähigen Bodenschätzen hin.[31] Als Schutzgut kommen daher insbesondere jene Naturgüter in Betracht, die durch **Übernutzung langfristig beeinträchtigt werden oder sich erschöpfen können**. Dazu zählen neben Bodenschätzen, Energievorräten und Wasser auch Boden (z.b. Problem der Versiegelung), Fauna und Flora (z.b. Problem der Zerstörung der Wälder) sowie die Luft.[32] Nur schwer läßt sich allerdings der Maßstab bestimmen, der an die umsichtige und rationelle Verwendung der Ressourcen anzulegen ist. Sinnvoll erscheint es, nicht erneuerbare, knappe Ressourcen strengeren Maßnahmen der Vorsorge zu unterwerfen als Ressourcen, die grundsätzlich erneuerbar und in größeren Mengen vorhanden sind. Konkrete Unteraspekte der Ressourcenschonung sind Gebote der **Wiederverwendung** vor weiterem Verbrauch (z.B. Kreislaufwirtschaft) oder Gebote der Sparsamkeit und Schonung. Abs. 1, 3. Spstr. stellt sich vor diesem Hintergrund als konkrete Ausprägung des Grundsatzes der **nachhaltigen Entwicklung** (s. Art. 6, Rn. 13 f.) und damit mittelbar auch des Schutzes künftiger Generationen dar.[33]

4. Förderung internationalen Umweltschutzes

11 Im Hinblick auf die Notwendigkeit eines internationalen Umweltschutzes erscheint es konsequent, wenn Abs. 1, 4. Spstr. die EG – Abs. 5 Satz 1 ergänzend[34] – auf das Ziel der Förderung von Maßnahmen auf internationaler Ebene zur Bewältigung regionaler und globaler Umweltprobleme verpflichtet. Dementsprechend ist die EG z.b. an den Abkommen zum Schutz der Ozonschicht oder zum Klimaschutz maßgeblich beteiligt. Die Bestimmung begründet freilich **keine Erweiterung der EG-Umweltaußenkompetenz**.[35]

---

30 *Schröder* (Fn. 2), Rn. 17; *Schmitz* (Fn. 2), S. 145 f.; *Kahl* (Fn. 24), S. 20.
31 ABl.EG 1973 Nr. C 112/1 (40).
32 *Schröder* (Fn. 2), Rn. 20 f.; *L. Krämer*, in: GTE, EU-/EGV, Art. 130r, Rn. 13; *E. Grabitz/M. Nettesheim*, in: Grabitz/Hilf, EU, Art. 130r, Rn. 24, 27.
33 *Schröder* (Fn. 2), Rn. 20 f.; *Schmitz* (Fn. 2), S. 146; *E. Grabitz/M. Nettesheim*, in: Grabitz/Hilf, EU, Art. 130r, Rn. 26; Frenz (Fn. 2), S. 9.
34 *E. Grabitz/M. Nettesheim*, in: Grabitz/Hilf, EU, Art. 130r, Rn. 103; *Schröder* (Fn. 2), Rn. 22; *S. Breier/H. Vygen*, in: Lenz, EGV, Art. 174, Rn. 9.
35 *Epiney/Furrer* (Fn. 15), S. 382; *Schmitz* (Fn. 2), S. 148; zur Problematik der Umweltaußenkompetenzen *E. Klein/F. Klimms*, Die Kompetenz der EG zum Abschluß umweltrelevanter Verträge, UTR 36 (1996), S. 53; *I. Pernice*, Die EG als Mitglied der Organisationen im System der Vereinten Nationen, Konsequenzen für die Politik von Mitgliedstaaten und Drittstaaten, EuR 1991, S. 273.

II. Prinzipien der gemeinschaftlichen Umweltpolitik

In teilweiser Anlehnung an frühere Aktionsprogramme[36] schreibt Abs. 2 verschiedene umweltpolitische **Handlungsgrundsätze**, von denen einige aus dem nationalen Umweltrecht bekannt sind, fest. 12

1. Prinzip des hohen Schutzniveaus (Abs. 2 Satz 1)

a) Begriff
Dem Begriff des hohen Schutzniveaus[37] in **Art. 95 Abs. 3 korrespondierend** (s. dort Rn. 14 ff.) führte der Vertrag von Maastricht die Verpflichtung der Gemeinschaft auf einen hohen Schutzstandard im Rahmen jeder einzelnen umweltpolitischen Maßnahme – nicht nur der gesamten Politik – ein.[38] 13

b) Rang des Umweltschutzes
Daran schließt sich die Frage an, welchen Rang der Umweltschutz im Verhältnis zu anderen vertraglichen Zielen und Belangen einnimmt. Ausdrückliche Stellungnahmen des **EuGH** gibt es zu dieser Problematik nicht, so daß sich nur aus Einzelfälle betreffenden Urteilen **Rückschlüsse** ziehen lassen. 14

Betrachtet man die Entscheidung *Dänische Pfandflaschen*, in der der Umweltschutz erstmals zur Rechtfertigung von Beschränkungen des freien Warenverkehrs herangezogen wurde, in Zusammenschau mit den nachfolgenden Urteilen *Wallonische Abfälle*, *Leybucht* und *Santona*[39], so läßt sich zumindest eine Tendenz des EuGH erkennen, das **Gewicht** des Umweltschutzes in der **Abwägung** mit sonstigen Vertragszielen zu erhöhen. Im Leybucht-Urteil machte der Gerichtshof deutlich, daß Eingriffe in die besonderen Schutzgebiete nicht generell untersagt sind, sondern dann zulässig sein können, wenn es sich um außerordentliche Gründe des Gemeinwohls (im konkreten Fall: Schutz von Leib und Leben der Menschen vor Überschwemmungsgefahr) handelt, die »Vorrang vor den mit der Richtlinie verfolgten Umweltbelangen haben«. **Wirtschaftliche Erfordernisse** könnten in diesem Zusammenhang keine Berücksichtigung finden. Dementsprechend wies der EuGH in der Santona-Entscheidung das Vorbringen der spanischen Regierung, wonach die in der Vogelschutzrichtlinie festgelegten ökologischen Erfordernisse anderen Interessen, etwa sozialer oder wirtschaftlicher Art, unterzuordnen oder zumindest mit diesen Interessen abzuwägen seien, zurück.[40] 15

Der so beschriebene **relativ hohe Rang** des Umweltschutzes, der bei der Güter- und Interessenabwägung im konkreten Falle »in dubio«[41] insbesondere wirtschaftliche Gründe zurücktreten lassen kann, entfaltet über die Querschnittsklausel des Art. 6 (s. dort 16

---

36 Vgl. Fn. 23.
37 Dazu ausführlich L. *Krämer*, Das »hohe Schutzniveau« für die Umwelt im EGV, industrielle Norm oder politische Vorgabe, ZUR 1997, S. 303; W. *Schroeder*, Die Sicherung eines hohen Schutzniveaus für Gesundheits-, Umwelt- und Verbraucherschutz im europäischen Binnenmarkt, DVBl. 2002, S. 213.
38 A.A. *Krämer* (Fn. 37), S. 303 f.
39 In der genannten Reihenfolge: EuGH, Rs. C-2/90, 9.7.1992, Slg. 1992, I-4431 (Kommission/Belgien); EuGH, Rs. C-57/89, 28.2.1991, Slg. 1991, I-883 (Kommission/Deutschland); EuGH, Rs. C-355/90, 2.8.1993, Slg. 1993, I-4221 (Kommission/Spanien).
40 Bestätigt durch die Lappelbank-Entscheidung, EuGH, Rs. C-44/95, 11.7.1996, Slg. 1996, I-3805 = ZUR 1996, S. 251 mit zustimmender Anmerkung G. *Winter*.
41 W. *Kahl*, Der EuGH als »Motor des europäischen Umweltschutzes«?, ThürVBl. 1994, S. 225 (227); vgl. auch *Calliess* (Fn. 10), S. 83 ff.

Rn. 5 ff.) eine entsprechende Ausstrahlungswirkung auch in andere Politikbereiche der Gemeinschaft.[42]

17 Von einem Teil der Literatur werden die Urteile so gedeutet, daß der EuGH zumindest tendenziell von einem **relativen Vorrang** der Umweltschutzziele ausgehe.[43] Unter Hinweis auf die Querschnitts- oder Integrationsklausel des Art. 6, die die Umweltverträglichkeit zu einem allgemeinen Rechtsgebot erhebe, wird seit jeher die Auffassung vertreten, daß der Umweltschutz im Konfliktfall **grundsätzlich Vorrang** vor anderen Gemeinschaftszielen habe.[44] Demgegenüber wird – unter Berufung auf das Urteil des EuGH in der Rs. *Dänische Pfandflaschen*[45] – von anderer Seite die Meinung vertreten, daß von einer **Gleichrangigkeit** der ökologischen und ökonomischen Zielsetzungen des Vertrages, die im Konfliktfall im Wege **praktischer Konkordanz** aufzulösen sei, ausgegangen werden müsse.[46]

c) **Grundsatz bestmöglichen Umweltschutzes und Umweltprinzip**

18 Durch Auslegung insbesondere der Art. 100a Abs. 3 und Art. 130t EWGV (jetzt Art. 95 und 145) sowie in Zusammenschau mit weiteren umweltrelevanten Vertragsbestimmungen entwickelte die Literatur – im Anschluß an die eher schlagwortartige Begriffsprägung von *M. Zuleeg*[47] – einen Grundsatz des bestmöglichen Umweltschutzes als **Handlungsanweisung für den Gemeinschaftsgesetzgeber sowie als Interpretationsregel** des Gemeinschaftsrechts. In Verbindung mit dem – seit dem Vertrag von Maastricht mit Blick auf Art. 5 gestrichenen – umweltrechtlichen Subsidiaritätsprinzip des Art. 130r Abs. 4 EWGV und Art. 100a Abs. 4 EWGV wurde dieser Grundsatz auch als **Kompetenzregel** zugunsten der Mitgliedstaaten im Sinne einer **Schutzverstärkungsklausel** interpretiert. In der neueren Literatur ist der Grundsatz des bestmöglichen Umweltschutzes vertiefend aufgenommen und fundiert aus dem gemeinschaftsrechtlichen Normenbestand hergeleitet worden.[48] Allgemein gesprochen wird dem Grundsatz eine **vertragliche Gewichtsverlagerung zugunsten des Umweltschutzes**, die Begründung eines relativen Vorrangs (im Zweifel), beigemessen, in dessen Folge die Abwägung eines Zielkonflikts

---

42 Dazu *M. Schröder*, Die steuernde und marktbegrenzende Wirkung umweltschutzrelevanter Prinzipien des EG-Vertrages am Beispiel des Abfallexports, NVwZ 1996, S. 833 (836 f.).
43 Im Ergebnis ebenso *M. Zuleeg*, Umweltschutz in der Rechtsprechung des Europäischen Gerichtshofs, NJW 1993, S. 31 (35); L. *Krämer*, Environmental Protection and Article 30 EEC Treaty, CMLRev. 1993, S. 111 (123); Kahl (Fn. 41), S. 227; ausführlich *ders*. (Fn. 24), S. 166 ff., 170.
44 *D. H. Scheuing*, Umweltschutz auf der Grundlage der EEA, EuR 1989, S. 152 (177, 179); wohl auch Zuleeg (Fn. 43), S. 35 m.w.N.
45 EuGH, Rs. C-302/86, 20. 9. 1988, Slg. 1988, I-4607, Rn. 8 ff. (Kommission/Dänemark).
46 *U. Everling*, Umweltschutz durch Gemeinschaftsrecht in der Rechtsprechung des EuGH, in: Behrens/Koch (Hrsg.), Umweltschutz in der EG, 1991, S. 29 (38 f.); *H.-W. Rengeling/K. Heinz*, Die dänische Pfandflaschenregelung, JuS 1990, S. 613 (615); *E. Grabitz/M. Nettesheim*, in: Grabitz/Hilf, EU, Art. 130r, Rn. 12, 59.
47 Vgl. *M. Zuleeg*, Vorbehaltene Kompetenzen der Mitgliedstaaten der EG auf dem Gebiet des Umweltschutzes, NVwZ 1987, S. 280 (283 f.); ähnlich *Scheuing* (Fn. 44), S. 167, 178 f.; *L. Krämer*, Grundrecht auf Umwelt und Gemeinschaftsrecht, EuGRZ 1988, S. 285 (288); *I. Pernice*, Auswirkungen des europäischen Binnenmarktes auf das Umweltrecht – Gemeinschafts(verfassungs-)rechtliche Grundlagen, NVwZ 1990, S. 201 (206 f.); *K. Hailbronner*, Stand und Perspektiven der EG-Umweltgesetzgebung, in: Calliess/Wegener (Hrsg.), Europäisches Umweltrecht als Chance, 1992, S. 15 (26 ff.).
48 Vgl. etwa *Kahl* (Fn. 24), S. 10 ff. und 55 ff.; *T. Schröer*, Die Kompetenzverteilung zwischen der Europäischen Wirtschaftsgemeinschaft und ihren Mitgliedstaaten auf dem Gebiet des Umweltschutzes, 1992, S. 128 ff.; *A. Vorwerk*, Die umweltpolitischen Kompetenzen der EG und ihrer Mitgliedstaaten nach Inkrafttreten der EEA, S. 33 ff.; siehe auch *B. Wiegand*, Bestmöglicher Umweltschutz als Aufgabe der Europäischen Gemeinschaften, DVBl. 1993, S. 533; *Epiney/Furrer* (Fn. 15), S. 388.

zwischen umweltpolitischen Anliegen und anderen vertraglichen Zielsetzungen bis zu einem gewissen Grad vorweggenommen seien, so daß der Gestaltungsspielraum des Gemeinschaftsgesetzgebers entsprechend eingeschränkt werde.[49] Hieran anknüpfend hat W. *Kahl* den Grundsatz des bestmöglichen Umweltschutzes zu einem Verfassungsprinzip (s. Art. 1 EUV, Rn. 17 ff.) des Gemeinschaftsrechts weiterentwickelt und dem – entsprechend in **Umweltprinzip** umbenannten – Grundsatz in vertiefender Argumentation acht konkrete, systematisch in Regeln zusammengefaßte Ausstrahlungswirkungen zugeschrieben (Handlungs-, Kooperations-, subjektive Rechtsstellungs-, Präferenz-, Abwägungs-, Auslegungs-, Supplementierungs- und Kompetenzregel).[50]

Nur vereinzelt ist der Grundsatz des bestmöglichen Umweltschutzes auf **Kritik** mit der Begründung gestoßen, daß er letztlich nur die dem Vertrag zugrundeliegenden Wertungen formuliere, die sich bereits dem vorhandenen Normenbestand bei konsequenter Anwendung entnehmen ließen.[51] Es werden darüber hinaus aber auch Zweifel an einem relativen Vorrang des Umweltschutzes geltend gemacht, da sich ein solcher nicht mit genügender Sicherheit aus dem Vertrag ableiten lasse.[52]

19

d) **Stellungnahme**
Zur Zurückhaltung gegenüber der Anerkennung eines Grundsatzes des bestmöglichen Umweltschutzes gemahnt die Tatsache, daß dieser – aus welchen Gründen auch immer – **weder im ausländischen Schrifttum noch in der Gemeinschaftspraxis** Anerkennung gefunden hat.[53] Dennoch, gerade in seiner Weiterentwicklung zum Umweltprinzip erfüllt der Grundsatz eine **systematisierende und konzeptionelle Funktion**, indem er das Verständnis der EU als **Umweltgemeinschaft** rechtlich konkretisiert. In der Praxis entscheidend bleibt aber gerade für das von ganz unterschiedlichen Rechtskulturen geprägte Rechtssystem der Gemeinschaft, was im Vertrag geschrieben steht. Demgemäß ergibt sich ein **relativer Vorrang** des Umweltschutzes vielleicht nicht aus einem Grundsatz des bestmöglichen Umweltschutzes; er kann sich jedoch aus ganz **konkreten Normen** des Vertrages (Querschnittsklausel, Vorsorgeprinzip, hohes Schutzniveau), aber auch aus im jeweiligen Anwendungsfalle einschlägigen Normen des Sekundärrechts oder – was häufig vorkommen wird – im Zusammenspiel verschiedener Normen ergeben.

20

2. Prinzip der regionalen Differenzierung (Abs. 2 Satz 1)

In dem durch den Vertrag von Maastricht neuformulierten Abs. 2 heißt es, daß die Umweltpolitik der Gemeinschaft unter Berücksichtigung der unterschiedlichen Gegebenheiten in den einzelnen Regionen auf ein hohes Schutzniveau abzielt. Nach Abs. 3, 2. Spstr. berücksichtigt die Gemeinschaft bei der Erarbeitung ihrer Umweltpolitik die Umweltbedingungen in den einzelnen Regionen der Gemeinschaft. Mit diesen Vorgaben wird der Tatsache Rechnung getragen, daß die **Ausgangsbedingungen** in den Mitgliedstaaten und ihren Regionen in bezug auf ihre ökonomische Entwicklung, ihre geographische Lage, ihre Besiedlungsdichte, die ökologischen Verhältnisse und das Umweltbewußtsein der Bevölkerung **viel zu unterschiedlich** sind, als daß die Umweltprobleme Europas nach einheitlichen Konzepten gelöst werden könnten. Mit jedem Aufsteigen auf eine höhere Regelungsebene werden in der Regel inhomogenere Umwelten gebildet.

21

---

49 So *Epiney* (Fn. 2), S. 111; ähnlich die in Fn. 47 und 48 genannte Literatur.
50 *Kahl* (Fn. 24), S. 92–307.
51 E. *Grabitz/M. Nettesheim*, in: Grabitz/Hilf, EU, Art. 130r, Rn. 56; *Schröder* (Fn. 2), Rn. 66; *Frenz* (Fn. 2), S. 58 f.
52 *Schröder* (Fn. 2), Rn. 66 f.
53 Vgl. *Schröder* (Fn. 2), Rn. 64; E. *Klein*, in: HK-EUV, Art. 130r, Rn. 30; *Schroeder* (Fn. 37), S. 215; vgl. auch EuGH, Rs. C-284/95, Slg. 1998, I-4301, Rn. 49 – Safety High-Tech.

Art. 174 EG-Vertrag

Insofern liegt im Umweltschutz von der Natur des Gegenstandes her das Schwergewicht zunächst einmal eher bei niedrigen Bezugs- und Regelungsebenen.[54]

22 Nicht zufällig erfolgte die Neufassung des Art. 130r Abs. 2 zeitgleich mit der Einfügung des **Subsidiaritätsprinzips** gem. Art. 5, das zumindest tendenziell auch für eine Berücksichtigung der Regionen spricht.[55] Fast alle Regionen in der EG haben schon jetzt Kompetenzen legislativer, zumindest aber administrativer Art im Umweltschutz, die ihnen einen gewissen Einfluß auf die regionale Umweltpolitik ermöglichen.[56] Dies gilt um so mehr, als sich in der Hierarchie der Rechtsquellen die wesentlichen Entscheidungen von oben nach unten verlagern: »Die **inhaltliche Auffüllung der gesetzlichen Tatbestände erfolgt im Vollzug**; der Vollzug selbst wird zur normnachschöpferischen Phase«.[57] Von großer Bedeutung ist in diesem Zusammenhang ferner die **grenzüberschreitende Zusammenarbeit** von Regionen, die immer gerade auch den Umweltschutz mitumfaßt.[58] Dies erklärt sich, wie Siebert ausführt, aus folgender Tatsache: »Except for the case of global or transnational systems...most environmental systems have spatial dimensions smaller than the national state, or define areas that cut across national political boundaries.«[59]

23 Konsequenterweise verfolgt auch das **Fünfte Aktionsprogramm** der EG zur Umweltpolitik[60] einen Ansatz, bei dem alle politischen Handlungsebenen unter dem Begriff der gemeinsamen Verantwortung in einem dynamischen Handlungsverbund zusammengefaßt werden.[61] Wörtlich heißt es: »Das Subsidiaritätsprinzip wird bei der Umsetzung der

---

54 U. *Weinstock*, Nur eine europäische Umwelt? Europäische Umweltpolitik im Spannungsverhältnis von ökologischer Vielfalt und ökonomischer Einheit, in: Grabitz (Hrsg.), Abgestufte Integration, Strasbourg 1984, S. 302.
55 So auch P. *Häberle*, Verfassungsrechtliche Fragen im Prozeß der europäischen Einigung, EuGRZ 1992, S. 429 (434); C. *Calliess*, Das gemeinschaftsrechtliche Subsidiaritätsprinzip (Art. 3b EGV) als »Grundsatz der größtmöglichen Berücksichtigung der Regionen«, AöR 121 (1996), S. 509; K. *Gretschmann*, The Subsidiarity Principle: Who is to Do What in an Integrated Europe, in: Subsidiarité: défi du changement, Institut européen d'Administration Publique, Maastricht 1991, S. 45; in praktischer Hinsicht wird diese Feststellung durch den Fall R. v. London Boroughs Transport Committee, ex parte Freight Transport Association and others, den das britische House of Lords zu entscheiden hatte, verdeutlicht. Es ging dort um ein Nachtfahrverbot der Stadt London für den Schwerlastverkehr, das im Blick auf das umweltrechtliche Subsidiaritätsprinzip in Art. 130r IV EWGV auf seine gemeinschaftsrechtliche Zulässigkeit überprüft wurde, abgedruckt in: J.E.L. 4 1992, S. 121; vgl. dazu auch N. *Emiliou*, An Effective Barrier Against »the Enterprise of Ambition«, ELRev. 1992, S. 383 (394 f.).
56 Vgl. D. H. *Voß*, Regionen und Regionalismus im Recht der Mitgliedstaaten der EG: Strukturelemente einer Europäischen Verfassungsordnung, 1989, S. 92 ff.
57 So E.-H. *Ritter*, Von den Schwierigkeiten des Rechts mit der Ökologie, DÖV 1992, S. 641 (645); J. *Salzwedel*, Risiko im Umweltrecht, NVwZ 1987, S. 276 (278).
58 Zum Ganzen: W. *Lang*, Die normative Qualität grenzüberschreitender Regionen, Zum Begriff der »soft institution«, ArchVR 1989, S. 253, U. *Beyerlin*, Rechtsprobleme der lokalen grenzüberschreitenden Zusammenarbeit, 1988, insbes. S. 19, 26 (Umweltschutz); M. *Niedobitek*, Das Recht der grenzüberschreitenden Verträge, 2001, S. 78 ff. (Umweltschutz).
59 H. *Siebert*, The Regional Dimensions of Environmental Policy in: Siebert/Zimmermann (Hrsg.), Regional Environmental Policy, New York 1980, S. 1.
60 »Für eine dauerhafte und umweltgerechte Entwicklung«, Dok. KOM (92) 23 endg. v. 3. 4. 1992; dazu L. J. *Brinkhorst*, Subsidiarity and European Community Environment Policy, EELR 1993, S. 8 (20 ff.) und *Wägenbaur* (Fn. 11), S. 241.
61 Dazu M. *Ruffert*, Die Gestaltung und Umsetzung des Fünften Umweltaktionsprogrammes der EG als praktisches Beispiel für dezentrale Politikverwirklichung im Sinns des Subsidiaritätsprinzips, in: Scholz (Hrsg.), Deutschland auf dem Weg in die EU: Wieviel Eurozentralsimus – wieviel Subsidiarität, 1994, S. 297 ff., der hierin zutreffend ein Beispiel für dezentrale Politikverwirklichung im Sinne des Subsidiaritätsprinzips sieht; ebenso *Brinkhorst* (Fn. 60), S. 16 ff.

Zielsetzungen und -vorgaben und bei der Durchführung der dazu notwendigen Aktionen durch angemessene nationale, regionale und lokale Bemühungen und Maßnahmen eine wichtige Rolle spielen. In der Praxis sollte es dazu dienen ... die Traditionen und Besonderheiten der verschiedenen Regionen...zu berücksichtigen. ... **Das Programm verbindet das Subsidiaritätsprinzip mit dem umfassenden Konzept der gemeinsamen Verantwortung**; dieses Konzept beinhaltet weniger die Auswahl einer einzigen Ebene ohne Berücksichtigung der anderen als vielmehr eine Mischung der verschiedenen Akteure...auf unterschiedlichen Ebenen zur gleichen Zeit«.[62] An anderer Stelle führt das Fünfte Umweltaktionsprogramm einige Bereiche auf,»in denen lokale und regionale Behörden eine entscheidende Rolle spielen müssen«. Hierzu werden die Raumplanung, die wirtschaftliche Entwicklung, die Infrastruktur, die Überwachung der industriellen Umweltverschmutzung, die Abfallwirtschaft, der Verkehr und die Information der Öffentlichkeit wie auch die Ausbildung gezählt.[63] In seiner Entschließung[64], die das Fünfte Umweltaktionsprogramm verabschiedet, hat der Rat diesen Ansatz der Kommission bekräftigt.

Offen bleibt, ob der in Art. 174 verwendete **Begriff der Regionen rein geographisch** zu verstehen ist und daher nichts mit der politischen Aktionsebene gemein hat.[65] Allein eine systematische Auslegung, die die Art. 263 ff. über den **Ausschuß der Regionen** berücksichtigt, könnte auf die Region als politische Handlungsebene der Gemeinschaft hinweisen. Unabhängig von der Beantwortung dieser Frage ist festzuhalten, daß Abs. 1 Satz 1 nicht nur ein hohes, sondern auch ein **regional ausdifferenziertes Schutzniveau** fordert. In dieser doppelten Vorgabe muß man nicht zwangsläufig ein Spannungsverhältnis sehen. Vielmehr kann eine regionale Differenzierung durchaus dazu beitragen, ein im Ergebnis hohes Schutzniveau zu erreichen, indem ein **gemeinschaftlicher Mindeststandard**, der den regionalen Gegebenheiten Rechnung trägt, auf einem möglichst hohen Schutzniveau gesucht wird, dann aber wiederum die Möglichkeit regionaler Schutzverstärkung eröffnet. Das hierin zum Ausdruck kommende Prinzip der regionalen Differenzierung deckt sich mit dem Gedanken des Subsidiaritätsprinzips nach Art. 5 (s. dort Rn. 56 f.) und der Konzeption der Art. 175 und 176 (s. dort Rn. 6 ff. und Rn. 1 ff.). 24

3. Vorsorge- und Vorbeugeprinzip (Abs. 2 Satz 2)

a) Rechtsprechung

Unter Bezugnahme auf Art. 174 Abs. 2 S. 2 EGV hat sich der EuGH erstmals in zwei, freilich den Gesundheitsschutz betreffenden Urteilen (in denen es um die Rechtmäßigkeit der Entscheidung der Kommission zum Ausfuhrverbot von Rindfleisch aus dem Vereinigten Königreich mit dem Ziel, das Risiko der Übertragung von BSE zu reduzieren, ging) mit dem Vorsorgeprinzip befaßt:»Wenn das Vorliegen und der Umfang von Gefahren für die menschliche Gesundheit ungewiß ist, können die Organe Schutzmaßnahmen treffen, ohne abwarten zu müssen, daß das Vorliegen und die Größe dieser Gefahren klar dargelegt sind. Das bestätigt Art. 130r (heute: Art. 174, Anm. des Verf.) Absatz 1 EG-Vertrag, wonach der Schutz der Gesundheit zu den umweltpolitischen Zielen der Gemeinschaft gehört. Nach Art. 130r Absatz 1 zielt die Umweltpolitik der Gemeinschaft auf ein hohes Schutzniveau ab; sie beruht auf den Grundsätzen der Vor- 25

---

62 Dok. KOM (92) 23 endg. v. 3.4.1992, Zusammenfassung, S. 9 Nr. 32 f. sowie Kapitel 8., S. 80 f., wo ein Schaubild eine mögliche Aufgabenverteilung zu zeigen versucht.
63 Dok. KOM (92) 23 (Fn. 62) Kapitel 3, S. 29.
64 Vom 1.2.1993, ABl.EG 1993 Nr. C 138/1 ff.
65 Dazu *Calliess* (Fn. 55), S. 514 ff.

sorge und Vorbeugung (...)«.[66] Damit scheint der EuGH das Vorsorgeprinzip über die ausdrückliche Regelung für den Umweltschutz hinaus als allgemeines Rechtsprinzip des Gemeinschaftsrechts zu betrachten. Diese Sichtweise liegt auch der Mitteilung der Kommission über die Anwendbarkeit des Vorsorgeprinzips zugrunde. Ausgangspunkt ist für sie die kontroverse Diskussion um die Frage, wann und wie das Vorsorgeprinzip auf europäischer und internationaler Ebene (hier insbesondere im Rahmen der WTO) anzuwenden ist. Im Hinblick hierauf sieht die Kommission das Problem der Entscheidungsträger, die Freiheiten und Rechte von Einzelpersonen, Unternehmen und Verbänden einerseits und die Notwendigkeit einer Verringerung der Gefahr negativer Folgen für die Umwelt und die Gesundheit von Menschen, Tieren und Pflanzen andererseits gegeneinander abzuwägen. Nach Ansicht der Kommission muß diese Abwägungsentscheidung verhältnismäßig, nicht diskriminierend, kohärent und transparent sein. Sie soll deshalb in einem abgestuften Entscheidungsprozeß, in dem eine möglichst umfassende wissenschaftliche Risikobewertung, ein vom Vorsorgeprinzip geprägtes Risikomanagement und die Information über die Risiken unterschieden werden, erfolgen. Konkret formuliert die Kommission in ihrer Mitteilung: »Das Vorsorgeprinzip wird im Vertrag nicht definiert, der seine Anwendung lediglich an einer Stelle – nämlich zum Schutz der Umwelt – vorschreibt. In der Praxis ist sein Anwendungsbereich jedoch wesentlich weiter und zwar insbesondere in den Fällen, in denen aufgrund einer objektiven wissenschaftlichen Bewertung berechtigter Grund für die Besorgnis besteht, daß die möglichen Gefahren für die Umwelt und Gesundheit von Menschen, Tieren oder Pflanzen nicht hinnehmbar oder mit dem hohen Schutzniveau der Gemeinschaft unvereinbar sein können«.[67]

b) Literatur

26 Im Schrifttum hat sich bisher nur in den Grundzügen ein einheitliches Verständnis der Reglung des Vorsorgeprinzips herausgebildet; im einzelnen bleibt vieles umstritten. So insbesondere die Frage, ob und inwiefern sich die **Begriffe der Vorbeugung und Vorsorge** decken. Denn erst mit dem Vertrag von Maastricht wurde dem Vorbeugeprinzip das Vorsorgeprinzip an die Seite gestellt. Hieraus wird von manchen Autoren darauf geschlossen, daß dem Begriff der Vorsorge ein eigenständiger Inhalt zukommen müsse. Vorsorge verlange eine **noch langfristigere Einbeziehung** von Umweltbelangen und reiche damit weiter als Vorbeugung. Insofern als es hinreichend wahrscheinliche, drohende oder konkrete Umweltbeeinträchtigungen vermeiden soll, wird das Vorbeugeprinzip als Sockel des Vorsorgeprinzips, das ihn in Richtung auf **Risikovorsorge** erweitert, verstanden.[68] Demgegenüber betrachten andere Autoren Vorbeugung und Vorsorge als **inhaltlich synonyme** Prinzipien. Beide Begriffe beinhalteten die gleiche Vorgabe, der Begriff der Vorbeugung umfasse den der Vorsorge, so daß letzterem – wie auch die Praxis zeige – nur deklaratorische Bedeutung zukomme.[69]

27 Aber auch über den Inhalt des Vorbeuge- und Vorsorgeprinzips besteht, insofern analog

---

66 EuGH, Rs. 157/96, Slg. 1998, S. I-2211 (2259); Rs. C-180/96, Slg. 1998, S. I-2265 (2298).
67 KOM (2000) 1 endg. vom 2.2.2000, S. 3; dazu *H.-W. Rengeling*, Bedeutung und Anwendbarkeit des Vorsorgeprinzips im europäischen Umweltrecht, DVBl. 2000, S. 1473 ff.; *I. Appel*, Europas Sorge um die Vorsorge, NVwZ 2001, S. 395 ff.
68 *Epiney* (Fn. 2), S. 98 ff; *Schröder* (Fn. 2), Rn. 33 f.; *L. Krämer*, in: GTE, EWGV, Art. 130r, Rn. 30 (Vorauflage).
69 *Kahl* (Fn. 24), S. 21 f.; *H.-W. Rengeling*, Umweltvorsorge und ihre Grenzen im EWG-Recht, 1989, S. 11 ff.; *Schmitz* (Fn. 2), S. 154 f.; *E. Grabitz/M. Nettesheim*, in: Grabitz/Hilf, EU, Art. 130r, Rn. 67; *J. Jahns-Böhm*, in Schwarze, EU-Kommentar, Art. 174, Rn. 18; wohl auch *G. Lübbe-Wolff*, Präventiver Umweltschutz – Auftrag und Grenzen des Vorsorgeprinzips im deutschen und im europäischen Recht, in: Bizer/Koch, Sicherheit, Vielfalt, Solidarität, Baden-Baden 1998, S. 47 (49 ff.) sowie jetzt auch *L. Krämer*, in: GTE, EU-/EGV, Art. 130r, Rn. 21.

zur Diskussion im nationalen Recht, nur dahingehend Übereinstimmung, daß anstelle einer **repressiv-medialen** eine **präventiv-antizipatorische** Umweltpolitik zu verfolgen ist, so daß das Handeln der Gemeinschaft mit dem Ziel, Umweltbeeinträchtigungen erst gar nicht entstehen zu lassen, vorverlagert werden muß. Eine entsprechende Konkretisierung wird vom Schrifttum daher in der Frage gesehen, ob Maßnahmen schon bei Unsicherheiten in der Bewertung umweltrelevanter Tätigkeiten zulässig und geboten sind.[70] Umstritten bleiben aber **Reichweite und Grenzen** insbesondere des Vorsorgeprinzips. Das Spektrum reicht insoweit von einem eher restriktiven, an der klassischen Gefahrenabwehr orientierten Verständnis[71], bis hin zu der Vorgabe, daß das Vorsorgeprinzip zum Handeln gerade bei naturwissenschaftlich ungewissen Kausalverläufen, bei bloßer Besorgnis möglicher Umweltbeeinträchtigungen unterhalb der Gefahrenschwelle, legitimiere und verpflichte und damit – unter Beachtung des Verhältnismäßigkeitsprinzips – auch auf eine Risikovermeidung abziele.[72]

c) **Stellungnahme**

Auch wenn Vorbeuge- und Vorsorgeprinzip inhaltlich eine **gemeinsame Schnittmenge** dergestalt aufweisen, daß umweltschützende Maßnahmen zur Vermeidung von Umweltbeeinträchtigungen frühzeitig ansetzen müssen, deutet doch die Beibehaltung beider Begriffe auch im Vertrag von Amsterdam darauf hin, daß ihnen zumindest teilweise **unterschiedliche Gebote** entspringen müssen. Insofern vermag ein Vergleich der sprachlichen Fassungen des Abs. 2 Satz 2 weiterzuhelfen: Vorbeugung wird in der englischen Fassung als »preventive action«, in der französischen ähnlich als »action préventive« bezeichnet. Dies läßt sich nicht nur im Sinne von Vorbeugung, sondern auch von Verhinderung übersetzen. Vor diesem Hintergrund bietet es sich an, das **Vorbeugeprinzip bezogen auf Gefahrenabwehr** zu verstehen: Gefahren sind demnach grundsätzlich zu verhindern. Insofern steht der Gemeinschaft nur ein relativ enger Beurteilungsspielraum zu, der weniger das Ob als das Wie von Maßnahmen umfaßt. Hingegen ist das **Vorsorgeprinzip bezogen auf Risiken** zu verstehen. Dem Gedanken des französischen Ausdrucks der »précaution« und dem englischen des »precautionary principle« entsprechend geht es insofern um eine vorausschauende Fürsorge.[73] 28

Damit wird ein **Handeln unter Unsicherheit**, wenn auch nicht »ins Blaue hinein«[74] (s. auch Rn. 38 f.), **legitimiert und gefordert**. Der Vorsorgegrundsatz muß daher rechtsverbindliches **Leit- und Strukturprinzip** des europäischen – und mit Blick auf Art. 6 (s. dort Rn. 12) auch des nationalen – Umweltrechts sein.[75] Vorsorge bedeutet dem Wortsinn nach die Schaffung eines Vorrats für die Zukunft durch Verzicht in der Gegenwart: Mit den zunehmend knapp werdenden natürlichen Ressourcen ist gegenwärtig sparsam umzugehen, um sie künftigen Generationen im Interesse ihrer Lebensfähigkeit als Vorrat zu erhalten. Diese, dem Nachhaltigkeitsgrundsatz verwandte (s. Art. 6, Rn. 13 ff.), Res- 29

---

70 *Kahl* (Fn. 24), S. 22; *Epiney* (Fn. 2), S. 98 f.; *Rengeling* (Fn. 69), S. 11 ff.; *Schmitz* (Fn. 2), S. 154 f.; *L. Krämer*, in: GTE, EU-/EGV, Art. 130r, Rn. 22; *E. Grabitz/M. Nettesheim*, in: Grabitz/Hilf, EU, Art. 130r, Rn. 40 f.; *Schröder* (Fn. 2), Rn. 33 f.; grundlegend *R. Wahl/I. Appel*, Prävention und Vorsorge, 1995, S. 72 ff.
71 *Rengeling* (Fn. 69), S. 11 ff.
72 *Epiney* (Fn. 2), S. 98 ff.; *Schröder* (Fn. 2), Rn. 33; ähnlich *Schmitz* (Fn. 2), S. 157 f.; *E. Grabitz/ M. Nettesheim*, in: Grabitz/Hilf, EU, Art. 130r, Rn. 40 f.; ausführlich *Wahl/Appel* (Fn. 70), S. 58 ff.; *Lübbe-Wolff* (Fn. 69), S. 51 ff.; *S. Breyer/H. Vygen*, in: Lenz, EGV, Art. 174, Rn. 13. *J. Jahns-Böhm*, in: Schwarze, EU-Kommentar, Art. 174, Rn. 19; *T. O'Riordan/J. Cameron/A. Jordan*, in: dies., Reinterpreting The Precautionary Principle, London 2001, S. 9 ff.
73 *Epiney* (Fn. 2), S. 99.
74 *F. Ossenbühl*, Vorsorge als Rechtsprinzip im Gesundheits-, Arbeits- und Umweltrecht, NVwZ 1986, S. 161 (166).
75 Ausführlich dazu *C. Calliess*, Rechtsstaat und Umweltstaat, 2001, S. 74 ff., insbesondere S. 179 ff., 197 ff. m.w.N.

sourcenvorsorge erfüllt zugleich den Zweck, Umweltressourcen im Interesse ihrer zukünftigen Nutzung durch Nichtausschöpfung der ökologischen Belastungsgrenzen zu schonen. Hierdurch sollen »Freiräume« in Gestalt »künftiger Lebensräume« für Mensch und Natur sowie in Form von Belastungs- bzw. Belastbarkeitsreserven erhalten werden. Vorsorge ist aber darüberhinaus auf die **Bewältigung von durch Ungewißheit und Unsicherheit definierte Risikosituationen (Risikovorsorge)** angelegt. In Anlehnung an den tradierten Gefahrenbegriff läßt sich das Risiko als Sachlage definieren, in der bei ungehindertem Ablauf eines Geschehens ein Zustand oder ein Verhalten möglicherweise zu einer Beeinträchtigung von Rechtsgütern führt. Entscheidend ist also die Ersetzung der konkreten, hinreichenden Wahrscheinlichkeit durch die reine **Möglichkeit**, die abstrakte Besorgnis, eines Schadenseintritts. Zum Objekt der Risikovorsorge wird solchermaßen statt des Schadens bereits die Gefahr, mit dem Ziel, die Fehleinschätzung einer Gefahr zu vermeiden. Maßgebliche Konsequenz der Erweiterung des klassischen Gefahrenabwehrmodells durch das Vorsorgemodell ist die **Vorverlagerung des zulässigen Eingriffszeitpunkts** für staatliche Maßnahmen. Gewissermaßen wird hier durch das Vorsorgeprinzip – unter Verzicht auf bestimmte, einem Risiko korrelierende Chancen – ein Vorrat an Sicherheit geschaffen.[76]

29 a Mit Blick auf seinen vorstehend skizzierten Inhalt läßt sich das Vorsorgeprinzip in einen **Tatbestand**, der durch die Ermittlung und Bewertung eines Vorsorgeanlasses (Ob-Frage) gekennzeichnet ist, und in eine **Rechtsfolge**, die durch die jeweils zu ergreifende Vorsorgemaßnahme (Wie-Frage), ergänzt um die Bestimmung eines Vorsorgeadressaten, definiert ist, strukturieren.[77] Ziel muß es sein, den Vorsorgeanlaß so zu bestimmen, daß ein Abgleiten der Vorsorge »ins Blaue hinein« vermieden wird. Vor diesem Hintergrund ist zunächst eine umfassende, möglichst erschöpfende Ermittlung aller für den Vorsorgeanlaß (definiert als dem Risikobegriff immanentes abstraktes Besorgnispotential im Sinne eines auch nur theoretischen, jedoch auf wissenschaftliche Plausibilitätsgründe gestützten Anfangsverdachts) maßgeblichen Informationen geboten. Mit anderen Worten geht es hier um **Risikoermittlung**. Diese ist wiederum von der Risikobewertung, also der Bewertung des durch das abstrakte Besorgnispotential gekennzeichneten Vorsorgeanlasses, zu trennen. Während die («objektive«) Risikoermittlung also dem Bereich der Gewinnung von Erkenntnis durch Ausschöpfung aller zugänglichen Erkenntnisquellen zuzuordnen ist, richtet sich die **Risikobewertung** auf die («subjektive«) Abwägung und Gewichtung der ermittelten Tatsachen, Mechanismen, der verbleibenden Erkenntnislücken und Ungewißheiten sowie der Belange der Einzelnen und der Allgemeinheit. Erst auf dieser Grundlage kann bewertet werden, ob dieses Risikopotential noch hingenommen werden darf oder nicht und mit welchen Maßnahmen ihm begegnet werden soll.

30 Im Rahmen eines **Vorsorgeanlasses**, mithin eines abstrakten Besorgnispotentials, oder aber der vielzitierten Situation eines non liquet, in der die bestehende Ungewißheit mit den verfügbaren Untersuchungsmitteln nicht aufgeklärt werden kann, wirkt das Vorsorgeprinzip nach dem **rechtlichen Muster einer widerlegbaren Gefährlichkeitsvermutung**. Um diese Vermutung zu erschüttern, ist der Risikoverursacher gehalten, Tatsachen darzulegen und im Sinne einer begründeten Wahrscheinlichkeit zu beweisen. Denn derjenige, in dessen **Einflußsphäre** die Ungewißheit entstanden ist, hat aufgrund seiner Sachnähe einen Wissensvorsprung, der den Vorgaben des Vorsorgeprinzips entsprechend genutzt werden darf.[78] Freilich dürfen die Anforderungen an die

---

76 *Calliess* (Fn. 75), S. 153 ff., insbesondere S. 176 ff.
77 Ausführlich dazu *Calliess* (Fn. 75), S. 207 ff.
78 Diesem Ansatz korrespondieren zumindest tendenziell auch die jüngst von der EG-Kommission angestellte Überlegungen zum Vorsorgeprinzip, vgl. Mitteilung der *Kommission* über die Anwendbarkeit des Vorsorgeprinzips, KOM (2000) 1 endg. vom 2.2.2000, hier unter 6.4., S. 24; kritisch insoweit *Rengeling* (Fn. 67), S. 1479 f.; a.A. wiederum *Appel* (Fn. 67), S. 396, 398.

Beweislast aus rechtsstaatlichen Gründen (Grundrechte) nicht den Grad eines positiven Beweises der Schädigungsmöglichkeit bzw. -unmöglichkeit erreichen.[79] Vielmehr muß es ausreichend sein, daß Tatsachen ermittelt und angeführt werden, aus denen sich begründete Anzeichen für mögliche Risiken und Gefährdungslagen ergeben. Ist auf diese Weise ein Besorgnisanlaß begründet worden, oder besteht eine Situation des non-liquet, so ist es Sache des Risikoverursachers, die angestellte Hypothese bzw. die Vermutung über bestimmte Ursache-Wirkung-Beziehungen zu widerlegen und den draus hergeleiteten Besorgnisanlaß zu erschüttern. Dabei muß aber auch er nicht den Beweis der Schadensunmöglichkeit erbringen, sondern es genügt, wenn Tatsachen ermittelt und vorgebracht werden, aus denen sich – im Verhältnis zum potentiellen Schaden – eine begründete Wahrscheinlichkeit für die Unmöglichkeit eines Schadenseintritts ergibt.[80]

4. Ursprungsprinzip

In seiner *Entscheidung Wallonische Abfälle* bezog sich der **EuGH** auch auf das Ursprungsprinzip, wonach es Sache jeder Region, Gemeinde oder anderer Gebietskörperschaften sei, die geeigneten Maßnahmen zu treffen, um Aufnahme, Behandlung und Beseitigung ihrer eigenen Abfälle sicherzustellen. Diese seien daher **möglichst nahe am Ort ihrer Entstehung** zu beseitigen mit dem Ziel, ihre Verbringung so weit wie möglich einzuschränken. Nach Ansicht des EuGH entspricht das Ursprungsprinzip daher den **Grundsätzen der Entsorgungsautarkie und Entsorgungsnähe**, wie sie im Baseler Übereinkommen vom 22.3.1989 über die Kontrolle der grenzüberschreitenden Verbringung und der Beseitigung gefährlicher Abfälle aufgestellt werden. Hieraus folgert der EuGH sodann, daß das Verbot der Einfuhr von Abfällen in die Region Wallonien nicht diskriminierend ist. Folglich sei das Verbot mit Blick auf den freien Warenverkehr gem. Art. 28 aufgrund zwingender Erfordernisse des Umweltschutzes gerechtfertigt, wenn die Kapazität der Region zur Ablagerung eingeführter Abfälle nicht ausreiche.[81] Die genannten Grundsätze sind allerdings nicht auf die zur Verwertung bestimmten Abfälle andwendbar.[82] 31

Im **Schrifttum** besteht weitgehend Übereinstimmung darüber, daß es sich beim Ursprungsprinzip – in anderen Amtssprachen als Quellenprinzip bezeichnet – um ein dem Vorbeuge- und Vorsorgeprinzip zwar benachbartes, dennoch aber eigenständiges Prinzip handelt, das der Entstehung und Aufbereitung von Umweltbeeinträchtigungen durch Maßnahmen entgegenwirken soll, die am **Entstehungsort der Beeinträchtigung** ansetzen. Insofern wird zutreffend ausgeführt, daß das Prinzip – in Übereinstimmung mit dem EuGH – geographisch bzw. raumbezogen zu verstehen ist. Es geht also darum, Umweltbelastungen örtlich so nah wie möglich an ihrer Quelle und damit auch möglichst frühzeitig zu begegnen.[83] Insofern ergänzt das Ursprungsprinzip das Vorsorgeprinzip: **Ist entgegen der Intention des Vorsorgeprinzips eine Umweltbeeinträchtigung entstan-** 32

---

79 *E. Rehbinder*, Grenzen und Chancen einer ökologischen Umorientierung des Rechts, 1989, S. 9 f.; *Ritter* (Fn. 57), S. 648 f.; vgl. auch *U. Di Fabio*, Voraussetzungen und Grenzen des umweltrechtlichen Vorsorgeprinzips, FS für Wolfgang Ritter, 1997, S. 807 (820 ff.).
80 Ausführlich zu alledem *Calliess* (Fn. 75), S. 223 ff.
81 EuGH, Rs. C-2/90 (Fn. 67), Rn. 34 ff.; bestätigt durch EuGH, Rs. C-422/92, Slg. 1995, I-1097, Rn. 34 (Kommission/Deutschland).
82 EuGH, Rs. C-203/96, Slg. 1998, I-4075, Rn. 25 ff. (Chemische Afalstoffen Dusseldorp BV u.a.)
83 *Epiney* (Fn. 2), S. 101 f.; *Schröder* (Fn. 2), Rn. 36 f.; *E. Grabitz/M. Nettesheim*, in: Grabitz/Hilf, EU Art. 130r, Rn. 43; *Kahl* (Fn. 24), S. 22 f.; *Schmitz* (Fn. 2), S. 160; *H.-P. Zils*, Die Wertigkeit des Umweltschutzes in Beziehung zu anderen Aufgaben der EG, 1994, S. 23.

den, muß sie (wenigstens) gleich nach dem Entstehen an ihrer Quelle bekämpft werden, um ihre weitere Ausbreitung bzw. ihre Folgen zu verhindern.[84]

33 Versuche, das Ursprungsprinzip als Schutzprinzip zu interpretieren und mit der Gefahrenabwehr gleichzusetzen[85] haben sich mit Blick auf Wortlaut (Ursprung, englisch: source) und Zweck zu Recht nicht durchsetzen können. Ein Meinungsstreit rankt sich allerdings um die Bedeutung der **Vorrangklausel** (»mit Vorrang«): Ihr wird einerseits ein Gewichtungsvorrang gegenüber anderen Belangen[86], andererseits – kaum mit dem Wortlaut vereinbar – eine Verringerung der Verbindlichkeit entnommen.[87] Demgegenüber macht schon eine grammatikalische Auslegung die gedankliche Verbindung zwischen den Worten Vorrang und Ursprung deutlich. Folglich kann es nicht um eine Rangfrage, sondern nur um die Entscheidungsalternative entstehungsnahe oder -ferne(re) Bekämpfung von Umweltbeeinträchtigungen gehen. **Priorität haben dann immer quellenbezogene Maßnahmen.**[88] Letztlich will das Ursprungsprinzip einer alten Kritik am Umweltrecht begegnen: Die »Politik der hohen Schornsteine« und »end-of-the-pipe«-Technologien soll vorrangig durch quellenbezogene Maßnahmen abgelöst werden (z.B. statt PKW mit relativ hohem Kraftstoffverbrauch und Katalysator zuzulassen, könnten PKW mit möglichst geringem Verbrauch gefordert werden).

5. Verursacherprinzip

34 Bereits im Ersten Aktionsprogramm der Gemeinschaft fand sich der Grundsatz, daß der Verursacher die Kosten der Vermeidung und Beseitigung von Umweltbelastungen zu tragen hat. Dieser wurde später durch eine entsprechende Empfehlung des Rates ergänzt. Als **Verursacher wird definiert,** »wer die Umwelt direkt oder indirekt belastet, oder eine Bedingung für die Umweltbelastung setzt«.[89] Der EuGH scheint das Verursacherprinzip als Kostenverteilungsprinzip zu verstehen, wenn er feststellt, daß die Inhaber landwirtschaftlicher Betriebe nach der Richtlinie 91/676/EWG (betreffend den Schutz der Gewässer vor Verunreinigung durch Nitrat aus landwirtschaftlichen Quellen) nicht verpflichtet seien, Belastungen zu tragen, die »mit der Beseitigung einer Verunreinigung verbunden sind, zu der sie nichts beigetragen haben«. Daher würden ihnen keine Kosten auferlegt, die in Anbetracht der Gegebenheiten nicht erforderlich sind. Aus dieser Sicht erscheine das Verursacherprinzip, so der EuGH, als Ausdruck des Verhältnismäßigkeitsgrundsatzes.[90]

35 Nicht zuletzt der Vergleich mit anderen Amtssprachen (französisch: pollueur-payeur, englisch: polluter should pay) bestätigt, daß das gemeinschaftsrechtliche Verursacherprinzip mit EuGH und Schrifttum als **Kostenzurechnungsprinzip,** das durch Internalisierung der externen Kosten zur Verwirklichung des Grundsatzes der **Kostenwahrheit** beitragen soll, zu verstehen ist. Als Gegenpart des Gemeinlastprinzips verlangt

---

84 *Schmitz* (Fn. 2), S. 160; *J. Jahns-Böhm,* in: Schwarze, EU-Kommentar, Art. 174, Rn. 20.
85 So offenbar *M. Burgi,* Das Schutz- und Ursprungsprinzip im europäischen Umweltrecht, NuR 1995, S. 11 (12).
86 *Burgi* (Fn. 84), S. 14; ähnlich *E. Grabitz/M. Nettesheim,* in: Grabitz/Hilf, EU, Art. 130r, Rn. 45; *Epiney* (Fn. 2), S. 102.
87 *Schmitz* (Fn. 2), S. 160; *Zils* (Fn. 82), S. 23.
88 *Schröder* (Fn. 2), Rn. 39.
89 ABl.EG 1973 Nr. C 112/6; ABl.EG 1975 Nr. L 194/1 f.
90 EuGH, Rs. C-293/97, Slg. 1999, I-2603, Rn. 51 f. (Nitrat-RL); dazu die Anmerkung von *S. Delfs,* ZUR 1999, S. 322 ff.

das Verursacherprinzip, daß derjenige, der eine Umweltbeeinträchtigung – ob legal[91] oder illegal – hervorruft, für diese auch zahlen soll.[92] Vor diesem Hintergrund **legitimiert** es nicht nur Maßnahmen, die dem Verursacher in einem unmittelbaren Sinne Kosten auferlegen (etwa Sanierungskosten, Haftungsvorschriften und Fondslösungen), sondern auch umweltrechtlichen Vorgaben, die kostenträchtige Verhaltensänderungen zur Folge haben, sowie Umweltabgaben und marktwirtschaftliche Instrumente. Somit verlangt das Verursacherprinzip nicht, daß der Verursacher **ausschließlich** die Kosten der von ihm verursachten Verschmutzung, sondern mindestens diese Kosten trägt.[93] Die Durchsetzung des Verursacherprinzips wird in der Praxis allerdings oftmals dadurch erschwert, daß Umweltbeeinträchtigungen, etwa im Falle der **Distanz- und Summationsschäden** (z.B. Waldschadensproblematik), auf einer Vielzahl ursächlicher Handlungen beruhen.[94] Zu Recht wird daher eine Interpretation des Verursacherprinzips befürwortet, die aufgrund einer besonderen Verantwortungsnähe zur Umweltbeeinträchtigung homogene Verursachergruppen aufgrund einer **Gruppenverantwortlichkeit** heranzieht[95] und damit entsprechende **Fondslösungen**[96] legitimiert.

Abgesehen davon bestehen konfliktträchtige Querverbindungen zwischen Verursacherprinzip und Beihilferecht: So können nationale Umweltschutzbeihilfen aufgrund des im Februar 2001 neu formulierten **Gemeinschaftsrahmens für staatliche Umweltschutzbeihilfen**[97] nach Art. 87 Abs. 3 (s. dort Rn. 38) zulässig sein.[98] Auf gemeinschaftlicher Ebene können sie sogar durch Art. 175 Abs. 5 (s. dort Rn. 38) geboten sein. Hier ist jeweils ein Ausgleich mit der dem Verursacherprinzip u.a. (siehe Rn. 35) immanenten **marktwirtschaftlichen Lenkungsfunktion** zu suchen, die für Produzenten den Anreiz gibt, Umweltbelastungen zu verringern und weniger umweltbelastende Erzeugnisse und Technologien zu entwickeln.[99] Dementsprechend darf nach dem neuen Gemeinschaftsrahmen eine fehlende Internalisierung der Umweltkosten nicht mehr durch Beihilfen aufgewogen werden. Für Investitionen, die lediglich darauf zielen, die bestehenden oder neuen technischen Gemeinschaftsnormen zu erfüllen, sind Beihilfen nicht berechtigt. Ausnahmen gelten für kleinere und mittlere Unternehmen, Anreize zur Bewirkung eines höheren als des gesetzlich geforderten Umweltschutzniveaus, Altlastensanierungen und Steuernachlässe im Interesse des Umweltschutzes (Ökosteuern). 36

---

91 A.A. noch *L. Krämer*, Das Verursacherprinzip im Gemeinschaftsrecht, EuGRZ 1989, S. 353 (361), der auf die Nichteinhaltung von bestehenden Vorschriften abstellt; wie die h.M *ders.*, in: GTE, EWGV, Art. 130r, Rn. 37 (Vorauflage).
92 *E. Grabitz/M. Nettesheim*, in: Grabitz/Hilf, EU, Art. 130r, Rn. 47 ff.; *Epiney* (Fn. 2), S. 103; *Kahl* (Fn. 24), S. 23 ff.; *Schröder* (Fn. 2), Rn. 40 f.; *T. Purps*, Umweltpolitik und Verursacherprinzip im Europäischen Gemeinschaftsrecht, 1991, S. 41 ff.; *B. Wieberneit*, Europarechtlicher Ordnungsrahmen für Umweltsubventionen, 1997, S. 33 ff.
93 *Delfs* (Fn. 90), S. 323; *Schröder* (Fn. 2), Rn. 41; *E. Grabitz/M. Nettesheim*, in: Grabitz/Hilf, EU, Art. 130r, Rn. 48 f.; ausführlich *M. Wasmaier*, Umweltabgaben und Europarecht, 1995, S. 12 ff.
94 Hierzu *B. Reiter*, Entschädigungslösungen für durch Luftverunreinigungen verursachte Distanz- und Summationsschäden, 1998, S. 19 ff. und 77 ff.
95 *Kahl* (Fn. 24), S. 24 f.; *Schröder* (Fn. 2), Rn. 42.
96 Grundlegend dazu *Reiter* (Fn. 93), S. 189 ff., insbesondere S. 224 ff., wo eine überzeugende Fondskonzeption vorgestellt und auf ihre rechtliche Zulässigkeit überprüft wird.
97 ABl.EG 2001 Nr. C/3-15; zuvor galt ABl.EG 1994 Nr. C 72/3.
98 Ausführlich dazu *B. Wieberneit*, Europarechtlicher Ordnungsrahmen für Umweltsubventionen, 1997, insbes. S. 216 ff.; *L. Krämer*, Die Integrierung umweltpolitischer Erfordernisse in die gemeinschaftliche Wettbewerbspolitik, in: Rengeling, Umweltschutz und andere Politiken der EG, 1993, S. 47 (64 ff., insbesondere 76 ff.).
99 Ausführlich hierzu *Wieberneit* (Fn. 98), S. 50 ff.; *Schmitz* (Fn. 2), S. 164 f.; *Krämer* (Fn. 90), S. 356.

6. Befristete nationale Schutzklauseln (Art. 174 Abs. 2 UAbs. 2)

37 In Übereinstimmung mit dem Gedanken des Subsidiaritätsprinzips gem. Art. 5 und dem der regionalen Differenzierung in Abs. 2 Satz 1 (s. Rn. 21 ff.) erlaubt es Art. 174 Abs. 2 Uabs. 2, im Sekundärrecht Schutzklauseln festzuschreiben, durch die die Mitgliedstaaten ermächtigt werden, primärrechtliche Grundsätze zu derogieren. Voraussetzung ist, daß die **sekundärrechtliche Schutzklausel** sich auf eine der Vorgaben des Abs. 2 Uabs. 1 bezieht (vgl. den Wortlaut: »Im Hinblick hierauf«), nicht wirtschaftliche, sondern ausschließlich umweltpolitische Gründe erfaßt, ein gemeinschaftliches Kontrollverfahren vorsieht und auf die Dauer der Behebung des Ausnahmezustands beschränkt ist. Insofern steht dem Gemeinschaftsgesetzgeber nunmehr ein Mittel zur Verfügung, den Bedürfnissen zur Lösung **regionaler Umweltprobleme** entgegenzukommen. Im Unterschied zu den erwähnten Schutzverstärkungsklauseln der Art. 95 und 176, die fortschrittlicheren Staaten einen weitergehenden Umweltschutz ermöglichen wollen, dient die Schutzklausel der **Abwendung oder Behebung umweltpolitischer Ausnahmesituationen** in einem Mitgliedstaat.[100]

III. Berücksichtigungs- und Abwägungspflichten der Gemeinschaft (Abs. 3)

1. Umweltdaten

38 Diese erste Vorgabe des Abs. 3 ist insbesondere in Verbindung mit dem **Vorsorgeprinzip** zu lesen; beide Norminhalte werden bei systematischer Betrachtung einander zum **gegenseitigen Korrektiv**. Völlig zu Recht konnte sich daher im Schrifttum die ursprünglich mit der Vorgabe verbundene Intention des Vereinigten Königreichs, Maßnahmen des Umweltschutzes nur bei einer zweifelsfrei nachgewiesenen Ursachenkette zu ergreifen[101], nicht durchsetzen. Erforderlich ist allein, daß sich aus **wissenschaftlichen Daten Anhaltspunkte** für eine zu besorgende Umweltbeeinträchtigung ergeben; ein Beweis ist nicht erforderlich.[102] Abs. 3 will verhindern, daß eine Umweltpolitik »ins Blaue hinein« gemacht wird. Das schließt ein, daß die Gemeinschaft bei ihren Maßnahmen auf verfügbare, sprich vorhandene Daten zurückgreift – eigene Untersuchungen muß sie insofern nicht anstellen – und diese in ihrer Gesamtabwägung berücksichtigt. Dem Gedanken des Vorsorgeprinzips entsprechend reduzieren sich aber die Anforderungen an die Umweltdaten mit Blick auf die Größe bzw. den potentiellen Schadensumfang des Risikos; es müssen daher gerade **nicht immer** »ernstzunehmende« Anhaltspunkte für eine Umweltbeeinträchtigung bestehen.[103]

39 Eine insbesondere mit Blick auf Abs. 3 wichtige Entscheidung für die europäische Umweltpolitik wurde mit der EG-Verordnung vom 7. Mai 1990[104] über die Errichtung einer **Europäischen Umweltagentur** und eines europäischen Informations- und Umweltbeobachtungsnetzes getroffen. Diese europäische Umweltbehörde hat zuvorderst die

---

100 Ausführlich *Epiney/Furrer* (Fn. 15), S. 388 ff.
101 D. *Vandermeersch*, The Single European Act and the Environmental Policy of the EEC, ELRev. 12 (1987), S. 407 (420 f.); L. *Krämer*, in: GTE, EWGV, Art. 130r, Rn. 46 (Vorauflage).
102 L. *Krämer*, in: GTE, EU-/EGV, Art. 130r, Rn. 34 (Vorauflage); E. *Grabitz/M. Nettesheim*, in: Grabitz/Hilf, EU, Art. 130r, Rn. 68; *Schröder* (Fn. 2), Rn. 49; *Schmitz* (Fn. 2), S. 172 f.; J. *Jahns-Böhm*, in: Schwarze, EU-Kommentar, Art. 174, Rn. 26.
103 So aber offenbar *Schröder* (Fn. 2), Rn. 49.
104 VO (EWG) Nr. 1210/90, ABl.EG 1990 Nr. L 120/1, geändert durch VO (EG) Nr. 933/1999, ABl.EG 1999 Nr. L 117/1.

Aufgabe, für die Organe der EG und für die Mitgliedstaaten Umweltdaten und andere umweltrelevante Informationen zu sammeln, aufzubereiten und zu analysieren.[105] Auch wenn die Mitgliedstaaten gegenwärtig nicht bereit sind, über die beschlossene Minimallösung hinaus eine mit Exekutivbefugnissen ausgestattete EG-Umweltbehörde[106] zu etablieren, so gewährleisten einheitliche Bewertungskriterien für die nationalen Umweltbehörden immerhin einen gewissen Einfluß der Umweltagentur.[107]

2. Regionale Umweltbedingungen

Die hier zum Ausdruck kommende Berücksichtigungs- und Abwägungspflicht bestätigt und unterstreicht nochmals das **Prinzip der regionalen Differenzierung**[108] in der gemeinschaftlichen Umweltpolitik (s. Rn. 21 ff.).[109] 40

3. Vorteile und Belastungen eines Tätigwerdens

Auch wenn die englische Vertragsfassung dies nahelegt, so geht es bei dieser Vorgabe des Abs. 3 nach allgemeiner Meinung **nicht um die rein ökonomische »cost and benefit«-Analyse** einer jeden umweltpolitischen Maßnahme der EG, sondern um eine alle kurz- mittel- und langfristigen Auswirkungen ökologischer, ökonomischer, finanzieller, sozialer und kultureller Art umfassende **Gesamtfolgenabschätzung**.[110] Problematisch ist, daß der Inhalt sowie vor allem die Art und Weise der Umsetzung dieser komplexen Prüfung offen geblieben sind. Denn weder gibt es etablierte Verfahren für eine solche Gesamtabwägung, noch gibt es überhaupt eine sichere Methode, Umweltschäden zu berechnen.[111] Die auf den ersten Blick naheliegende Überlegung, die Prüfung als besondere Ausprägung des Verhältnismäßigkeitsgrundsatzes zu verstehen[112], dürfte zumeist an der Komplexität der vorzunehmenden Abwägung scheitern.[113] Um so wichtiger ist eine systematische Interpretation, die im Falle von Unsicherheiten und Zweifelsfällen das **Vorsorgeprinzip** als das die Gesamtabwägung entscheidende Korrektiv in die Überlegungen einstellt.[114] 41

---

105 *H. v. Lersner*, Zur Funktion einer wissenschaftlich-technischen Umweltbehörde in Europa, in: Calliess/Wegener (Hrsg.), Europäisches Umweltrecht als Chance, 1992, S. 81.
106 *H.-H. Lindemann/S. Delfs*, Vollzug des Europäischen Umweltrechts, Lösungsansätze zur Überprüfung und Verbesserung, ZUR 1993, S. 256 (261); insofern zurückhaltend: *v. Lersner* (Fn. 104), S. 87 ff.
107 Zum Ganzen vertiefend *W. Kahl*, Stellung und Funktion von Umweltagenturen – eine rechtsvergleichende Typologie, UTR 36, 1996, S. 119 (127 ff.); *A. Epiney*, Die Europäische Umweltagentur: Eine neue Einrichtung der EG und ihre Bedeutung für die Schweiz, URP/DEP 1995, S. 39; *S. Breier*, Die Organisationsgewalt der Gemeinschaft am Beispiel der Errichtung der Europäischen Umweltagentur, NuR 1995, S. 516; *v. Lersner* (Fn. 104); *C. Calliess*, Perspektiven für die Weiterentwicklung der EU zu einer ökologischen Rechtsgemeinschaft, KJ 1994, S. 284 (303 f.).
108 Ähnlich *Schröder* (Fn. 2), Rn. 50; *E. Grabitz/M. Nettesheim*, in: Grabitz/Hilf, EU, Art. 130r, Rn. 69; *Schmitz* (Fn. 2), S. 173 f.
109 Zum praktischen Hintergrund *L. Krämer*, in: GTE, EWGV, Art. 130r, Rn. 47 (Vorauflage).
110 *L. Krämer*, in: GTE, EU-/EGV, Art. 130r, Rn. 36; *E. Grabitz/M. Nettesheim*, in: Grabitz/Hilf, EU, Art. 130r, Rn. 72; *Schröder* (Fn. 2), Rn. 51; *Schmitz* (Fn. 2), S. 174 f.; *J. Jahns-Böhm*, in: Schwarze, EU-Kommentar, Art. 174, Rn. 28.
111 *Schmitz* (Fn. 2), S. 175; kritisch daher auch mit Blick auf die Praxis *L. Krämer*, in: GTE, EU-/EGV, Art. 130r, Rn. 37.
112 So *J. Jans*, European Environmental Law, 1995, S. 34; *Bleckmann/Pieper*, Europarecht, Rn. 1952; *J. Jahns-Böhm*, in: Schwarze, EU-Kommentar, Art. 174, Rn. 28.
113 *Schröder* (Fn. 2), Rn. 51.
114 Ähnlich *L. Krämer*, in: GTE, EU-/EGV, Art. 130r, Rn. 36; *E. Grabitz/M. Nettesheim*, in: Grabitz/Hilf, EU, Art. 130r, Rn. 73; kritisch *Schröder* (Fn. 2), Rn. 51.

4. Wirtschaftliche, soziale und regionale Belange

42 Jene auf Betreiben Griechenlands und Irlands in den Vertrag aufgenommene Vorgabe nimmt das latente Spannungsverhältnis zwischen Ökologie und Ökonomie, zwischen Umweltschutz und wirtschaftlicher Entwicklung, auf, das auch die Rio-Konferenz und den dort ins Zentrum gerückten Kompromißbegriff des »sustainable development« prägte. Aus ihr folgt, daß die **gemeinschaftliche Umweltpolitik auf Konjunkturzyklen und das gesamtwirtschaftliche Gleichgewicht in den Mitgliedstaaten und ihren Regionen Rücksicht** zu nehmen hat und in der Folge ihre wirtschaftliche und soziale Entwicklung nicht durch ein zu hohes Schutzniveau grundsätzlich gefährden darf.[115] Die Intention des Abs. 3, 4. Spstr. geht dahin, jene Länder, die eine **relativ geringere Umweltbelastung** aufweisen, in ihrer wirtschaftlichen Entwicklung nicht durch ein gemeinschaftsweit verbindliches, übermäßig hohes Schutzniveau zu belasten. Damit zielt diese Abwägungsvorgabe auf eine dem Subsidiaritätsprinzip (s. Art. 5) und dem Prinzip der **regionalen Differenzierung** (s. Rn. 21 ff.) entprechende abgestufte Integration bzw. Flexibilität (s. Art. 43 EUV Rn. 1 ff.), die sich durch gemeinschaftsrechtliche Mindeststandards mit mitgliedstaatlicher Schutzverstärkungsmöglichkeit realisieren läßt (s. Art. 175, Rn. 9 ff.).

IV. Verbindlichkeit der Vorgaben des Art. 130r Abs. 1 bis 3

1. Absatz 1 und Absatz 3

43 Bei den in **Abs. 1** genannten Zielen handelt es sich, trotz der Formulierung »beitragen« und trotz ihrer erheblichen Konkretisierungsbedürftigkeit, um **rechtsverbindliche**, gewissermaßen **staatszielähnliche** Aufgabenbeschreibungen der Gemeinschaft.[116] Sie geben nicht nur vor, was unter den Begriff des Umweltschutzes in der Gemeinschaft fällt, sondern sie bestimmen auch, was zum Erreichen des Umweltschutzes getan werden muß und enthalten insofern ein Optimierungsgebot.[117] Infolge ihrer normativen Abstraktheit muß den Organen bei der Verwirklichung allerdings ein breiter Gestaltungsspielraum hinsichtlich ihrer Gewichtung und Akzentuierung zugestanden werden.[118]

44 Demgegenüber wird den Berücksichtigungsgeboten des **Abs. 3** von der überwiegenden Meinung in der Literatur eine eher **geringe rechtliche Bedeutung** zugesprochen. Es handele sich bei ihnen nicht um Rechtsprinzipien, sie enthielten keine rechtlichen Bedingungen für ein Tätigwerden der Gemeinschaft und sie seien eng auszulegen.[119] Nach anderer, auch vom EuGH vertretener Auffassung, wird ihnen eine problem- und einzelfallbezogene Abwägungspflicht entnommen, in deren Folge sie bei der Gestaltung der Umweltpolitik in Rechnung gestellt werden müssen. Mit welchem Ergebnis dies in concreto geschehe, ließe sich aus ihnen allerdings nicht ableiten. Nur »offensichtliche Beurteilungsfehler« seien relevant.[120]

---

115 E. *Grabitz/M. Nettesheim*, in: Grabitz/Hilf, EU, Art. 130r, Rn. 75; *Schröder* (Fn. 2), Rn. 52; L. *Krämer*, in: GTE, EU-/EGV, Art. 130r, Rn. 37; *Schmitz* (Fn. 2), S. 175.
116 *Kahl* (Fn. 24), S. 19; *Schmitz* (Fn. 2), S. 148 ff.; A. *Doyle/T. Carney*, Precaution and Prevention: Giving Effect to Article 130r Without Direct Effect, EELR 1999, S. 44 ff. gehen darüber hinaus von einer von Einzelnen einklagbaren Verpflichtung aus.
117 *Schmitz* (Fn. 2), S. 153; ähnlich *Krämer* (Fn. 47), S. 288 f.
118 E. *Grabitz/M. Nettesheim*, in: Grabitz/Hilf, EU, Art. 130r, Rn. 12; *Schröder* (Fn. 2), Rn. 17.
119 L. *Krämer*, in: GTE, EWGV, Art. 130r, Rn. 45 (Vorauflage); E. *Grabitz/M. Nettesheim*, in: Grabitz/Hilf, EU, Art. 130r, Rn. 65; *Jans* (Fn. 111), S. 32; differenzierend S. *Breier/H. Vygen*, in: Lenz, EGV, Art. 174, Rn. 17; Kahl (Fn. 24), S. 173.
120 EuGH, Rs. 284/95, Slg. 1998, I-4301, Rn. 43 ff. (Safety HiTech Srl); *Schröder* (Fn. 2), Rn. 54.

Angesichts des Wortlauts des Abs. 3 kann – ebenso wie bei Abs. 1 – kein Zweifel daran bestehen, daß es sich um **rechtlich verbindliche Abwägungspflichten** handelt. Andererseits stellen diese in der Tat **keine Rechtsprinzipien oder gar eine Bedingung** für ein gemeinschaftliches Tätigwerden dar. Im Ergebnis räumen daher auch beide Auffassungen dem Gemeinschaftsgesetzgeber zutreffend einen weiten Beurteilungs- und Gestaltungsspielraum ein.

Die Absätze 1 und 2 lösen beide die **Begründungspflicht** (s. Art. 253) aus und unterliegen insofern auch einer gerichtlichen Kontrolle.[121] 45

2. Absatz 2

Darüber hinausgehend, ihrer Bezeichnung als Prinzipien entsprechend, sind die Rechtswirkungen der Vorgaben des Abs. 2. Sie sind als **rechtsverbindliche, tragende und gestaltende Prinzipien** europäischer Umweltpolitik und europäischen Umweltrechts anzusehen.[122] Aufgrund ihrer Abstraktheit bedürfen sie zwar immer einer **problembezogenen Optimierung**. Mag ihr konkreter Inhalt daher im Einzelfall auch nicht einklagbar sein, so entfalten die in ihnen enthaltenen umweltrechtlichen Vorgaben jedoch insofern eine – auch im gerichtlichen Verfahren zu berücksichtigende – bindende Wirkung, als sie im Rahmen von konkreten **Auslegungsproblemen** gemeinschaftliches Primär- und Sekundärrecht beeinflussen können.[123] Darüber hinaus bewirken die Prinzipien aber auch eine Bindungswirkung für den Gemeinschaftsgesetzgeber. Neben einer **Legitimationswirkung** für in ihrem Geiste erlassene umweltpolitische Maßnahmen entfaltet sie einen **Rechtfertigungsdruck**, wenn in einer Maßnahme von ihrem Inhalt – ihrem Prinzipiencharakter entsprechend – ausnahmsweise abgewichen wird.[124] 46

Freilich steht dem Gemeinschaftsgesetzgeber aufgrund ihrer Abstraktheit hinsichtlich des Ob und Wie der Verwirklichung eine konkretisierende und abwägende, mithin politische Gestaltungsbefugnis zu, die eine nur begrenzte gerichtliche Kontrolle zuläßt. Dies gilt um so mehr als im Gesetzgebungsverfahren auch kollidierenden Prinzipien und Belangen Rechnung zu tragen ist.[125] Jener gesetzgeberische Gestaltungsspielraum kann sich jedoch reduzieren, wenn andere vertragliche Vorgaben die Ziele **prozedural oder materiell präzisieren** (z.B. über die Querschnittsklausel oder sich die Organe, etwa in den Aktionsprogrammen, auf bestimmte Maßnahmen festgelegt haben. Zutreffend wird in der Literatur daher ausgeführt, daß sich aus Abs. 2 Satz 2 Regelungselemente und Regelungsstrategien für die **Ausgestaltung und Interpretation** des gemeinschaftlichen und nationalen Abfallrechts sowie Rechtfertigungsgründe, die geeignet sind, marktwirtschaftliche Beschränkungen zu legitimieren, ergeben. Aus der rechtsverbindlichem »Prinzipientrias« resultiert eine **Argumentationslastregel**, dahingehend, daß Sekundärrecht inhaltlich den Gehalt der Prinzipien wiedergeben muß und ein **Abweichen von ihrem Inhalt legitimierungs- und begründungsbedürftig** (s. Art. 253) ist. Konfligieren die Rechtsprinzipien des Abs. 2 Satz 2 mit Grundfreiheiten und Grundrechten, so 47

---

121 *E. Grabitz/M. Nettesheim*, in: Grabitz/Hilf, EU, Art. 130r, Rn. 65; a.A. *L. Krämer*, in: GTE, EU-/EGV, Art. 130r, Rn. 33.
122 *Schröder* (Fn. 2), Rn. 30; *L. Krämer*, in: GTE, EU-/EGV, Art. 130r, Rn. 16 f.; *E. Grabitz/ M. Nettesheim*, in: Grabitz/Hilf, EU, Art. 130r, Rn. 31; *Schmitz* (Fn. 2), S. 167 ff.
123 Instruktiv insofern *Schröder* (Fn. 42), S. 833.
124 *Schmitz* (Fn. 2), S. 167 ff.; *Schröder* (Fn. 2), Rn. 43 ff.; *E. Grabitz/M. Nettesheim*, in: Grabitz/ Hilf, EU, Art. 130r, Rn. 32 ff.
125 *Schröder* (Fn. 2), Rn. 44; *L. Krämer*, in: GTE, EU-/EGV, Art. 130r, Rn. 16 f.; *E. Grabitz/ M. Nettesheim*, in: Grabitz/Hilf, EU, Art. 130r, Rn. 32; *Schmitz* (Fn. 2), S. 167 ff.

unterliegt ihr Inhalt einem Optimierungsgebot, dem innerhalb der Interpretation der Schranken, insbesondere im Rahmen der Verhältnismäßigkeitsprüfung, Rechnung zu tragen ist.[126]

C. Umweltaußenkompetenzen (Abs. 4)

48 In der Literatur wird Abs. 4 zutreffend als **sprachlich und inhaltlich unklare** sowie letztlich überflüssige Regelung, die mißverständliche Selbstverständlichkeiten zum Ausdruck bringt, bezeichnet. Unbestritten ist, daß sie lediglich eine **Aufgabenzuweisung** beinhaltet und die Art der Kompetenzwahrnehmung regelt, ohne – wie die Formulierung in UAbs. 1 Satz 1 »im Rahmen ihrer jeweiligen Befugnisse« deutlich macht – eine Kompetenz zu begründen.[127] **Kompetenznormen** bleiben die im Vertrag jeweils vorgesehenen Rechtsgrundlagen, insbesondere Art. 175 i.V.m. den im Zuge der AETR-Rechtsprechung (s. Art. 300, Rn. 5 f.) entwickelten Außenkompetenzen aus implied powers (s. Art. 5, Rn. 13 ff.) sowie Art. 300.[128]

49 Die Abs. 1, 4. Spstr. entsprechende Aufgabenzuweisung in UAbs. 1 Satz 1 berechtigt und verpflichtet EG und Mitgliedstaaten zur **Zusammenarbeit** mit Drittländern und internationalen Organisationen. Dies trägt, wie die Kommission immer wieder deutlich machte, der Notwendigkeit eines über den gemeinschaftliche Rahmen hinausweisenden **grenzüberschreitenden, globalen Umweltschutzes** sowie der damit korrespondierenden Verantwortung der EG auf internationaler Ebene – z.B. im Klimaschutz – Rechnung.[129] Der Begriff der Zusammenarbeit stellt sich als bloße Konkretisierung des Art. 10 (s. dort Rn. 35 ff.) dar, so daß die Mitgliedstaaten die Arbeit der Gemeinschaft auf internationaler Ebene nicht konterkarieren dürfen, sondern unterstützen müssen.[130]

50 UAbs. 1 Satz 2 konkretisiert den Begriff der Zusammenarbeit für die Gemeinschaft als Befugnis, die Handlungsform des internationalen Vertrags zu gebrauchen. Die Bestimmung ist insofern ebenso deklaratorischer Natur wie der Verweis auf Art. 300 für die Verfahrens- und Geltungsfragen. Denn die Sachkompetenz der EG folgt nach der AETR-Rechtsprechung schon aus Art. 175. Dementsprechend handelt es sich also wiederum nur um eine Positivierung der Rechtsprechung des EuGH.[131]

51 Die Regelung in UAbs. 2 wirft die Frage auf, ob durch sie für die Umweltpolitik die **AETR-Rechtsprechung** außer Kraft gesetzt wird. Im Hinblick hierauf sahen sich bereits die Regierungsvertreter genötigt, in einer **Protokollerklärung** festzustellen, daß die sich aus dem AETR-Urteil ergebenden Grundsätze nicht berührt werden. Dementsprechend kontrovers verlief auch die Diskussion im Schrifttum über die Wirkungen des UAbs. 2.

---

126 *E. Grabitz/M. Nettesheim*, in: Grabitz/Hilf, EU, Art. 130r, Rn. 32; ausführlich mit Blick auf das gemeinschaftliche Abfallverbringungsrecht *Schröder* (Fn. 42), S. 833 ff.
127 *Scheuing* (Fn. 44), S. 173; *Oppermann*, Europarecht, Rn. 2022; *Kahl* (Fn. 24), S. 144; *E. Grabitz/M. Nettesheim*, in: Grabitz/Hilf, EU, Art. 130r, Rn. 102; *S. Breier/H. Vygen*, in: Lenz, EGV, Art. 174, Rn. 22; *J. Jahns-Böhm*, in: Schwarze, EU-Kommentar, Art. 174, Rn. 30.
128 Ausführlich *Klein/Klimms* (Fn. 35), S. 53 ff.
129 Fünftes Umweltaktionsprogramm, Dok. KOM (92) 23 endg. vom 3.4.1992, S. 85 ff. (Fn. 23); Bericht der Kommission der EG für die Konferenz der Vereinten Nationen über Umwelt und Entwicklung, Dok. SEK (91) 2448 endg. vom 20.3.1992, S. 97 ff.; zum Beispiel des Klimaschutzes: *W. Frenz*, Klimaschutz und Instrumentenwahl, NuR 2001, S. 301 (304, und 305 ff.), wo die erwähnte Zusammenarbeit gut deutlich wird.
130 Vgl. aber EuGH, Gutachten 2/00, n.n.i.Slg., EuZW 2002, 113, Rn. 43 f. – Cartagena-Protokoll, mit kritischer Anmerkung von C. Pitschas, S. 117 (119).
131 *Zuleeg* (Fn. 47), S. 283; *Schröer* (Fn. 48), S. 275; *Epiney* (Fn. 2), S. 80; im Ergebnis ebenso *E. Grabitz/M. Nettesheim*, in: Grabitz/Hilf, EU, Art. 130r, Rn. 109.

Da die Norm aber, wie insbesondere eine systematische Auslegung mit Blick auf UAbs. 1 Satz 1 deutlich macht, auf die bestehende Kompetenzverteilung verweist, gelten auch für die Umweltpolitik die allgemeinen Grundsätze über die Außenkompetenzen der Gemeinschaft, wie sie sich im Zuge der bereits mehrfach erwähnten AETR-Rechtsprechung bis hin zum WTO-Gutachen 1/94 entwickelt haben, unverändert weiter.[132] Hat damit aber die in der Literatur geführte Diskussion keinen umweltspezifischen Bezugspunkt mehr, kann auch für die Verteilung der Umweltaußenkompetenzen[133] auf die allgemeinen Grundsätze und deren Wirkungen auf die mitgliedstaatlichen Handlungsspielräume verwiesen werden.[134]

---

132 Im Ergebnis ebenso *Scheuing* (Fn. 44), S. 173; *A. Middeke*, Nationaler Umweltschutz im Binnenmarkt, 1994, S. 369 ff.; *Schröer* (Fn. 48), S. 275 f.; *Epiney* (Fn. 2), S. 80; *E. Grabitz/ M. Nettesheim*, in: Grabitz/Hilf, EU, Art. 130r, Rn. 103; a.A. *L. Krämer*, in: GTE, EU-/EGV, Art. 130r, Rn. 39 ff.
133 Hierzu ausführlich *Klein/Klimms* (Fn. 35), S. 53 ff.
134 Vgl. den Überblick bei *Epiney* (Fn. 2), S. 80 f.; ausführlich *Middeke* (Fn. 131), S. 369 ff.

Art. 175 (ex-Art. 130s)

(1) Der Rat beschließt[3 ff.] gemäß dem Verfahren des Artikels 251 und nach Anhörung des Wirtschafts- und Sozialausschusses sowie des Ausschusses der Regionen über das Tätigwerden der Gemeinschaft[6 ff.] zur Erreichung der in Artikel 174[13 ff.] genannten Ziele[1 ff.].

(2) Abweichend von dem Beschlußverfahren des Absatzes 1 und unbeschadet des Artikels 95 erläßt der Rat auf Vorschlag der Kommission und nach Anhörung des Europäischen Parlaments, des Wirtschafts- und Sozialausschusses sowie des Ausschusses der Regionen einstimmig
a) Vorschriften überwiegend steuerlicher Art[19],
b) Maßnahmen, die
  – die Raumordnung berühren[20];
  – die mengenmäßige Bewirtschaftung der Wasserressourcen berühren oder die Verfügbarkeit dieser Ressourcen mittelbar oder unmittelbar betreffen[21];
  – die Bodennutzung mit Ausnahme der Abfallbewirtschaftung berühren[20];
c) Maßnahmen, welche die Wahl eines Mitgliedstaats zwischen verschiedenen Energiequellen und die allgemeine Struktur seiner Energieversorgung erheblich berühren[21].
Der Rat kann nach dem Verfahren des Unterabsatzes 1 festlegen, in welchen der in diesem Absatz genannten Bereiche mit qualifizierter Mehrheit beschlossen wird[18 ff.].

(3) Der Rat beschließt[35] gemäß dem Verfahren des Artikels 251 und nach Anhörung des Wirtschafts- und Sozialausschusses sowie des Ausschusses der Regionen in anderen Bereichen allgemeine Aktionsprogramme, in denen die vorrangigen Ziele festgelegt werden[22 ff.]. Der Rat legt nach Absatz 1 bzw. Absatz 2 die zur Durchführung dieser Programme erforderlichen Maßnahmen fest[25].

(4) Unbeschadet bestimmter Maßnahmen gemeinschaftlicher Art tragen die Mitgliedstaaten für die Finanzierung[33 ff.] und Durchführung[26 ff.] der Umweltpolitik Sorge.

(5) Sofern eine Maßnahme nach Absatz 1 mit unverhältnismäßig hohen Kosten[35] für die Behörden eines Mitgliedstaats verbunden ist, sieht der Rat unbeschadet des Verursacherprinzips in dem Rechtsakt zur Annahme dieser Maßnahme geeignete Bestimmungen[36 ff.] in folgender Form vor:
– vorübergehende Ausnahmeregelungen und/oder[37]
– eine finanzielle Unterstützung[38] aus dem nach Artikel 161 errichteten Kohäsionsfonds[34 ff.].

Amsterdamer Fassung:

(2) Abweichend von dem Beschlußverfahren des Absatzes 1 und unbeschadet des Artikels 95 erläßt der Rat auf Vorschlag der Kommission und nach Anhörung des Europäischen Parlaments, des Wirtschafts- und Sozialausschusses sowie des Ausschusses der Regionen einstimmig
– Vorschriften überwiegend steuerlicher Art[19],
– Maßnahmen im Bereich der Raumordnung, der Bodennutzung – mit Ausnahme der Abfallbewirtschaftung und allgemeiner Maßnahmen[20] – sowie der Bewirtschaftung der Wasserressourcen[21],
– Maßnahmen, welche die Wahl eines Mitgliedstaats zwischen verschiedenen Energiequellen und die allgemeine Struktur seiner Energieversorgung erheblich berühren[21].
Der Rat kann nach dem Verfahren des Unterabsatzes 1 festlegen, in welchen der in diesem Absatz genannten Bereiche mit qualifizierter Mehrheit beschlossen wird[18 ff.].

EG-Vertrag Art. 175

Inhaltsübersicht:
- A. Überblick — 1
  - I. Allgemeines — 1
  - II. Sekundäres Umweltrecht der Gemeinschaft — 3
- B. Reichweite der umweltrechtlichen Kompetenznorm des Art. 175 Abs. 1 — 6
  - I. Kompetenzausübung nach dem Subsidiaritätsprinzip des Art. 5 — 6
    1. Umweltschutz als zentral und dezentral wahrzunehmende Aufgabe — 6
    2. Die Notwendigkeit von Differenzierung auf Grundlage des Art. 5 — 9
  - II. Abgrenzung zu anderen umweltrelevanten Kompetenznormen — 13
  - III. Die Ausnahmen des Art. 175 Abs. 2 — 18
- C. Art. 175 Abs. 3 als spezielle Kompetenznorm für Umweltaktionsprogramme — 22
  - I. Begriff und Rechtscharakter der Aktionsprogramme — 22
  - II. Die Unterscheidung zwischen Beschluß und Durchführung — 25
- D. Finanzierung und Durchführung — 26
  - I. Vollzug des Umweltrechts — 26
    1. Vollzugspflicht und Vollzugsrecht der Mitgliedstaaten — 26
    2. Vollzugsdefizit — 28
  - II. Finanzierung der Umweltpolitik — 33
- E. Die Verursachung unverhältnismäßig hoher Kosten i.S.d. Abs. 5 — 34
  - I. Allgemeines — 34
  - II. Voraussetzungen — 35
  - III. Rechtsfolgen — 36
    1. Recht auf Differenzierung (Schutzderogationsklausel) — 37
    2. Anspruch auf Subventionen — 38

A. Überblick

I. Allgemeines

Art. 175 Abs. 1 stellt die **Kompetenzgrundlage** für ein Tätigwerden der Gemeinschaft 1 dar, das der Verwirklichung der in Art. 174 genannten Ziele dient. Der **Begriff des Tätigwerdens ist weit zu verstehen** und umfaßt nicht nur die in Art. 249 genannten Rechtsakte, von denen im Bereich der Umweltpolitik speziell der Richtlinie maßgebliche Bedeutung zukommt, sondern auch politische Handlungsinstrumente wie Entschließungen oder Schlußfolgerungen des Rates, mit denen auf bestimmten Gebieten Aktivitäten angestoßen werden, sowie politische Zielsetzungen (z.B. in Form der sog. »Offenen Koordinierung« mit qualitativen Benchmarks).[1] Da Art. 175 Abs. 1 und 2 keine Vorgaben für die Wahl der Erlaßform entnommen werden können, ist die Gemeinschaft hinsichtlich der **Auswahl ihrer Handlungsinstrumente grundsätzlich frei**.[2] Einschränkungen ergeben sich insofern allein aus Art. 5 Abs. 3 (s. dort Rn. 48 ff.).

Soweit das Tätigwerden nicht in die spezifische Organkompetenz – von der etwa allge- 2 meine politische Erklärungen gedeckt sind (s. Art. 7, Rn. 18) – fällt, ersetzt der **Vertrag von Amsterdam** das bisher zur Anwendung kommende Kooperationsverfahren (s. Art. 252) durch das die Beteiligungsrechte des Parlaments im Wege eines echten Vetorechts stärkende **Kodezisionsverfahren** (s. Art. 251). Aus dieser Verweisung folgt, daß Maßnahmen der Umweltpolitik in der Regel nur einer qualifizierten Mehrheit im Rat bedürfen. Allerdings nimmt Abs. 2 aufgrund politischer Erwägungen einige ausdrücklich genannte punktuelle Bereiche, die für die Mitgliedstaaten von besonderer Sensibili-

---

1 S. *Breier/H. Vygen*, in: Lenz, EGV, Art. 175, Rn. 1; W. *Frenz*, Europäisches Umweltrecht, 1997, S. 24 f.
2 A. *Epiney*, Umweltrecht in der EU, 1997, S. 56, die allerdings die Schranke des Art. 5 ex 3b Abs. 3 nicht einbezieht.

Christian Calliess 1833

tät sind, hiervon aus und unterwirft sie einer **einstimmigen** Beschlußfassung im Rat. Die im Vorfeld des Vertrages von Amsterdam diskutierte Abschaffung dieser Ausnahme ist insbesondere am Widerstand von Deutschland und Spanien gescheitert. Insofern behält der Rat seine in Abs. 2 Satz 1 niedergelegte Kompetenz, einstimmig darüber zu entscheiden, ob über einen der aufgeführten Bereiche zukünftig mit Mehrheit entschieden werden soll. Seit dem Vertrag von Maastricht gibt es in Abs. 3 schließlich noch eine zusätzliche Kompetenzgrundlage für den Erlaß der – bisher ohne ausdrückliche Rechtsgrundlage aufgrund einer politischen Entschließung des Rates angenommenen – **Umweltaktionsprogramme**, die nunmehr im Kodezisionsverfahren, also mit Zustimmung des Parlaments sowie qualifizierter Mehrheit im Rat, verabschiedet werden (s. Rn. 22 ff.). Seit dem Vertrag von Amsterdam ist neben der bereits bestehenden Anhörung des Wirtschafts- und Sozialausschusses nunmehr auch eine Anhörung des Ausschusses der Regionen in allen drei Kompetenzgrundlagen vorgesehen. Diese Neuerung korrespondiert dem Prinzip der regionalen Differenzierung (s. Art. 174, Rn. 21 ff.), indem sie dieses nunmehr auch prozedural absichert.

II. Sekundäres Umweltrecht der Gemeinschaft

3 Nachdem das Sekundärumweltrecht der Gemeinschaft, entsprechend den vor Inkrafttreten der EEA in Anspruch genommenen eher wirtschaftsbezogenen Kompetenznormen der Art. 100, 235 EWGV, zunächst einen **eher sektoriellen und nur wenig kohärenten Ansatz** verfolgte[3], läßt sich, etwa seit Ende der achtziger Jahre, eine **Entwicklung zu einer umfassenden, gesamthaften und zumindest tendenziell abgestimmten Konzeption** feststellen.[4] Vorliegend kann allerdings nicht der inzwischen ausgesprochen große Bestand des gemeinschaftlichen Umweltsekundärrechts dargestellt werden. Insofern ist auf die einschlägigen Sammlungen zu verweisen.[5]

---

3 K. *Hailbronner*, Stand und Perspektiven der EG-Umweltgesetzgebung, in: Calliess/Wegener, Europäisches Umweltrecht als Chance, 1992, S. 15 (17); G. *Ress*, Umweltrecht und Umweltpolitik der EG nach dem Vertrag über die EU, Vorträge aus dem Europa-Institut der Universität des Saarlandes, Nr. 291, 1992, S. 3 (5); nachdenklich insofern auch L. *Krämer*, EU, Schutz der Umwelt und Recht, Vorträge aus dem Europa-Institut der Universität des Saarlandes, Nr. 267, 1994, S. 16; zu weitgehend die Kritik von R. *Breuer*, Entwicklungen des europäischen Umweltrechts – Ziele, Wege und Irrwege, 1993, S. 24, 63, der zu Unrecht von »Handlungsmaximen des politischen Aktionismus« spricht; bereits differenzierter *ders*., Zunehmende Vielgestaltigkeit der Instrumente im deutschen und europäischen Umweltrecht – Probleme der Stimmigkeit und des Zusammenwirkens, NVwZ 1997, S. 833.
4 Siehe für einen Überblick *Scherer/Heselhaus*, in: Dauses, Hb.EGWirtR II, O, Rn. 160 ff.; *Frenz* (Fn. 1), S. 74 ff.; *Epiney* (Fn. 2), S. 147 ff.; ferner die ausführlichen Beiträge in : H.-W. *Rengeling* (Hrsg.), in: Handbuch zum europäischen und deutschen Umweltrecht (EUDUR) 1998, Bd. II, zu den aktuellen Entwicklungen etwa L. *Krämer/P. Kromarek*, Europäisches Umweltrecht, Chronik vom 1.10.1991 bis 31.3.1995, ZUR 1995, Beilage Heft 3, S. I (IV ff.); L. *Krämer*, Europäisches Umweltrecht, Chronik vom 1.4.1995 bis 31.12.1997, ZUR 1998, S. 70 ff.; A. *Kaleschke/C. Sobzak*, Die Entwicklung des Europäischen Umweltrechts im Jahre 1998, in: R. Hendler u.a. (Hrsg.), Jahrbuch des Umwelt- und Technikrechts 1999 (UTR 49), S. 493 ff.; C. *Sobzak/S. Wiesendahl*, Die Entwicklung des Europäischen Umweltrechts im Jahre 1999, in: R. Hendler u.a. (Hrsg.), Jahrbuch des Umwelt- und Technikrechts 2000 (UTR 54), S. 481 ff.; desweiteren sei pauschal auf die aktuellen Berichte von *J. Falke*, die seit 1998 regelmäßig in der ZUR erscheinen, verwiesen.
5 P.-C. *Storm/S. Lohse*, EG-Umweltrecht, Loseblattsammlung; L. *Krämer*, Umweltrecht in der EG, Textsammlung, 4. Auflage 2002; vgl. auch den überblickartigen Fundstellennachweis bei *Epiney* (Fn. 2), S. 289 ff.; eine **Darstellung des europäischen Umweltsekundärrechts** findet sich bei den in Fn. 4 genannten Autoren.

Allerdings läßt sich das gemeinschaftliche Umweltrecht vereinfachend in **vier Kategorien** 4
einteilen.[6] Zunächst gibt es **allgemeine Regeln**[7]: Hierzu zählen bereichsübergreifende,
zum Teil prozedural orientierte, die Struktur des europäischen Umweltrechts prägende
Rechtsakte wie die Umweltinformationsrichtlinie, die Richtlinie über die Umweltverträglichkeitsprüfung, die Verordnung über ein gemeinschaftliches Umweltlabel
sowie die Verordnung über die freiwillige Beteiligung von Organisationen an einem Gemeinschaftssystem für das Umweltmanagement und Umweltbetriebsprüfung (vormals
Öko-Audit, seit der Neureglung durch VO Nr. 761/2001 EMAS genannt) oder die anlagenbezogene Richtlinie über die integrierte Vermeidung und Verminderung der Umweltverschmutzung (IVU-Richtlinie). Kennzeichnend sind insofern die Schlagworte der
Umweltvorsorge, des integrierten Umweltschutzes, der Transparenz und der Einbeziehung des Bürgers. Hinzu kommt die Kategorie der medienbezogenen Regelungen[8],
die in erster Linie den Schutz von Luft und Wasser zum Gegenstand haben. Des weiteren
gibt es Regelungen, die einen **Schutz vor bestimmten Tätigkeiten oder Stoffen** verfolgen[9]: Diese setzen nicht bei einem bestimmten Umweltmedium an, sondern wollen – am
Ursprung bzw. Verursacher anknüpfend – die von bestimmten als grundsätzlich umweltgefährdend eingestuften Stoffen oder Tätigkeiten ausgehenden Gefahren bekämpfen. Als vierte Kategorie gibt es schließlich Vorschriften, die der Bewirtschaftung und
dem Schutz von **Umweltressourcen** dienen.[10] Sie schützen nicht unmittelbar vor bestimmten Gefahren, sondern bezwecken – entsprechend dem Gedanken der nachhaltigen Entwicklung – eine Kreislaufwirtschaft, etwa im Abfallrecht, oder aber eine bestimmte Form des Umgangs mit potentiell gefährdeten Umweltgütern im weiteren Sinne,
wie des Klimas, der Erdatmosphäre oder Fauna und Flora.

Die gemeinschaftlichen Regelungen führen mehr und mehr zu einer **Europäisierung des** 5
nationalen Umweltrechts sowie darüber hinaus des Verwaltungsverfahrens- und Verwaltungsorganisationsrechts im Bereich des Umweltrechts. Trotz – oder aber gerade wegen – des nunmehr umfassenden Normenbestandes sind die Regelungsstrategien des
Umweltsekundärrechts unter verschiedenen Gesichtspunkten einer unter anderem
durch die Schlagworte Subsidiarität, Deregulierung, Vereinfachung, Flexibilisierung
oder Entsorgungsautarkie gekennzeichneten **Kontroverse** unterworfen, die auf mitgliedstaatlicher und gemeinschaftlicher Ebene geführt wird.[11]

---

6 *Epiney* (Fn. 2), S. 146.
7 Ausführlich *Epiney* (Fn. 2), S. 147 ff.; *Frenz* (Fn. 1), S. 133 ff.
8 Ausführlich *Epiney* (Fn. 2), S. 219 ff.; *Frenz* (Fn. 1), S. 74 ff.
9 Ausführlich *Epiney* (Fn. 2), S. 248 ff.; *Frenz* (Fn. 1), S. 92 ff.
10 Ausführlich *Epiney* (Fn. 2), S. 259 ff.; *Frenz* (Fn. 1), S. 125 ff.
11 Instruktiv hierzu die Beiträge in: *W. Erbguth* (Hrsg.), Europäisierung des nationalen Umweltrechts: Stand und Perspektiven, 2001, S. 17 ff.; *M. Barth/C. Demmke/G. Ludwig*, Die Europäisierung des nationalen Verwaltungsverfahrens- und Verwaltungsorganisationsrechts im Bereich des Umweltrechts, NuR 2001, S. 133 ff.; zur Kontroverse: *Krämer* (Fn. 3), insbesondere S. 11 ff.; *ders.*, Um eine Umweltpolitik von innen bittend, ZUR 1994, S. 172 (174 ff.); die Beiträge von *Breuer* (Fn. 3); *K. Hansmann*, Schwierigkeiten bei der Umsetzung und Durchführung des europäischen Umweltrechts, NVwZ 1995, S. 320.

B. Reichweite der umweltrechtlichen Kompetenznorm des Art. 175 Abs. 1

I. Kompetenzausübung nach dem Subsidiaritätsprinzip des Art. 5

1. Umweltschutz als zentral und dezentral wahrzunehmende Aufgabe

6   Es darf nicht verkannt werden, daß die zentrale EG-Umweltpolitik neben den beschriebenen Vorteilen (s. Art. 174, Rn. 1 f.) auch Nachteile mit sich bringt, indem sie **nicht zwangsläufig immer die effektivste Lösung** eines Umweltproblems bietet: Denn zum einen findet europäischer Umweltschutz häufig mit großer **zeitlicher Verzögerung** und dann oftmals auf dem kleinsten gemeinsamen Nenner, oder aber – mangels eines Kompromisses – überhaupt nicht statt. Dies ist einem effektiven Umweltschutz hinderlich, wie etwa die langwierige politische Debatte um die Einführung des Katalysators für PKW[12] und die entsprechende juristische Diskussion um den »nationalen Alleingang«[13] deutlich machte. Zum anderen sind die **Ausgangsbedingungen in den Mitgliedstaaten** und ihren Regionen in bezug auf ihre ökonomische Entwicklung, ihre geographische Lage, ihre Besiedlungsdichte, die ökologischen Verhältnisse und das Umweltbewußtsein der Bevölkerung viel zu unterschiedlich, als daß die Umweltprobleme Europas nach einheitlichen Konzepten gelöst werden könnten (s. Art. 174, Rn. 21 ff.).[14] Überdies ist **vor Ort die Detailkenntnis** von Problemen, Bedürfnissen und ökologischen Besonderheiten am größten.[15] Auf der dezentralen Handlungsebene existiert die auf EG-Ebene vielfach vermißte Öffentlichkeit, die in der heutigen hochkomplexen Welt einen unabdingbaren Beitrag zur Qualität von Informationen, zu den darauf basierenden Entscheidungen und damit zur Gouvernanz leisten kann und muß.

7   Ein **Konfliktpotential** zwischen dem Bedarf an zentralen Regelungen – hierfür steht das gemeinschafts (-verfassungs-) rechtliche Solidaritätsprinzip (s. Art. 1 EUV, Rn. 44 ff.) – und den Vorteilen dezentraler Regelungen – hierfür steht das gemeinschafts (-verfassungs-) rechtliche Subsidiaritätsprinzip (s. Art. 5, Rn. 1 ff.) – eröffnet sich nunmehr in den Fällen, in denen die **Handlungsspielräume der dezentralen Ebenen durch den Vorrang des Gemeinschaftsrechts und seine Sperrwirkung** (s. Art. 5, Rn. 28 ff.; Art. 220,

---

12 Vgl. dazu K. *Töpfer* Umweltschutz in Europa: Von der Wirtschafts- zur Umweltgemeinschaft, Vortrag im E.I., campus Nr. 3/88, S. 7 (8 f.); *D. H. Scheuing,* Die EEA als Grundlage umweltrechtlicher Aktivitäten der EG, in: Behrens/Koch (Hrsg.), Umweltschutz in der EG, 1991, S. 46 (54 f.).
13 Zum politischen Hintergrund und der juristischen Problematik ausführlich K. *Hailbronner,* Der »nationale Alleingang« im Gemeinschaftsrecht am Beispiel der Abgasstandards für PKW, EuGRZ 1989, S. 101; vgl. auch ders., (Fn. 3), S. 26 ff.; *D. H. Scheuing,* Umweltschutz auf der Grundlage der EEA, EuR 1989, S. 152 (171 f.); *T. Schröer,* Die Kompetenzverteilung zwischen der Europäischen Wirtschaftsgemeinschaft und ihren Mitgliedstaaten auf dem Gebiet des Umweltschutzes, 1992, S. 229 ff.; *A. Epiney/A. Furrer,* Umweltrecht nach Maastricht, Ein Europa der drei Geschwindigkeiten?, EuR 1992, S. 369 (400 f.).
14 *U. Weinstock,* Nur eine europäische Umwelt? Europäische Umweltpolitik im Spannungsverhältnis von ökologischer Vielfalt und ökonomischer Einheit, in: Grabitz (Hrsg.), Abgestufte Integration, Strasbourg 1983, S. 301 (302).
15 *J. Trittin,* Die Umweltpolitik der Europäischen Gemeinschaften aus der Sicht eines Bundeslandes, in: Calliess/Wegener (Hrsg.), Europäisches Umweltrecht als Chance, 1992, S. 51 (53); *W. Weidenfeld,* Europäische Defizite, europäische Perspektiven – eine Bestandsaufnahme für Morgen, 1988, S. 121.

Rn. 18 ff.) eingeengt werden.[16] Selbst wenn man berücksichtigt, daß Richtlinien der EG oftmals eine »opting-up«-Klausel besitzen, die den Mitgliedstaaten eine **Schutzverstärkung** und somit das Ergreifen weitergehender Maßnahmen erlaubt, bergen sie doch die innenpolitische Gefahr, daß die Länder, die sich aufgrund ihrer wirtschaftlichen Stärke mehr Umweltschutz leisten können und müssen, weil sie die Umwelt auch viel stärker belasten[17], unter Berufung auf den Minimalstandard in Europa und auf ein insofern behauptetes Diskriminierungsverbot unter den nationalen umweltpolitischen Erfordernissen bleiben. Die grundsätzliche Sperrwirkung des Gemeinschaftsrechts wird auf diese Weise, wie z.B. in der langwierigen Debatte um die Einführung des Katalysators für PKW deutlich wurde, zu einer Rechtfertigung, nationale Maßnahmen im Umweltschutz hinauszuzögern.[18]

Jedoch kann dieser – im Rahmen des Art. 5 zu lösende – Konflikt zwischen Subsidiaritäts- und Solidaritätsprinzip (s. dort Rn. 54 ff.) nicht dazu führen, eine Umweltpolitik auf internationaler bzw. europäischer Ebene abzulehnen. Denn zu bedenken ist gleichzeitig, daß die **Globalisierung der Wirtschaft** das Entstehen einer von Wettbewerbsverzerrungen freien, fairen Wirtschaftsordnung fordert, in deren Konsequenz auch die Internationalisierung der die Wirtschaft flankierenden Politiken liegt. Dementsprechend ist der Kompetenz der EG zur Verwirklichung des europäischen Binnenmarktes (Art. 14) die Kompetenz zu einer europäischen Umweltpolitik (Art. 174 ff.) gefolgt.

2. Die Notwendigkeit von Differenzierung auf Grundlage des Art. 5

Vor dem Hintergrund des bereits oben am Beispiel der Umweltpolitik beschriebenen Spannungsverhältnisses zwischen Solidaritäts- und Subsidiaritätsprinzip kann **auf der Grundlage des Art. 5** (s. dort Rn. 4 f.) **ein Modell der differenzierten Kompetenzausübung** im Umweltschutz entwickelt werden, das EG-weite Regelungen ermöglicht und gleichzeitig notwendige nationale und regionale Differenzierungen – allerdings nur im Sinne einer Schutzverstärkung – erlaubt, indem entsprechende Handlungsspielräume für die dezentralen Regelungsebenen verbleiben.[19]

Wenn die EG auf dem Gebiet des Umweltschutzes tätig wird, dann wird zunächst ein positiver Effekt für das »Ökosystem EG« erzielt. Ferner werden Wettbewerbsverzerrungen und die damit einhergehende Gefahr des »Umweltdumping« vermieden. Jedoch darf die EG-Regelung nur einen **Mindeststandard** festsetzen, der es den Mitgliedstaaten (und den Regionen) ermöglicht, unter bestimmten Voraussetzungen notwendige schutzverstärkende Maßnahmen beizubehalten und neu einzuführen. Dies bedeutet, daß sich für das Verhältnis der Gemeinschaft und der Mitgliedstaaten (Regionen) zueinander gerade kein exakt abgegrenzter Kompetenzkatalog, der einzelne Bereiche des Umweltschutzes der einen oder anderen Handlungsebene zuweist, festlegen läßt. Es sind vielmehr grundsätzlich **alle Aktionsebenen gemeinsam im gesamten Spektrum des Umweltschutzes** gefordert.

---

16 Vgl. zu dieser Problematik auch *L. F. Neumann/A. Pastowski* in: Neumann/Jarass, Umweltschutz und Europäische Gemeinschaften, 1992, S. 69 ff.
17 Hierauf weist auch *Ress* (Fn. 3), S. 3 (15) hin.
18 So auch *H. Kolo*, Beispiele für Konfliktzonen zwischen Landespolitik und Gemeinschaftsrecht – Umweltpolitik, in: Kremer (Hrsg.), Die Landesparlamente im Spannungsfeld zwischen europäischer Integration und europäischem Regionalismus, 1988, S. 89 (97).
19 *C. Calliess*, Subsidiaritäts- und Solidaritätsprinzip in der EU, 2. Auflage 1999, S. 213 ff. und 240 ff.

Art. 175 EG-Vertrag

11 Für die Kompetenzabgrenzung läßt sich unter Beachtung des Subsidiaritätsprinzips in einem ersten Schritt daher nur eine generelle Tendenz festlegen. Die EG könnte z.B. ihre Kompetenz ausüben, um
- die allgemeinen umweltpolitischen Rahmenbedingungen festzulegen,
- Kriterien und Mechanismen für eine am Verursacherprinzip orientierte Kostenzurechnung der Umweltverschmutzung zu entwickeln,
- Mindestnormen für umweltrelevante Verfahrensvorschriften festzulegen, wie dies z.B. mit der Richtlinie über die Umweltverträglichkeitsprüfung oder der Richtlinie über den freien Zugang zu Umweltinformationen geschehen ist, und
- Mindestnormen für Emissionen und Produktstandards zu erlassen.

12 Den Mitgliedstaaten (und Regionen) fällt die Aufgabe zu, die Gemeinschaftsvorschriften umzusetzen und anzuwenden. Dabei muß ihnen die Kompetenz zustehen, die europäischen Rahmenvorschriften nach den Bedürfnissen ihrer jeweiligen örtlichen Umweltsituation und den daraus resultierenden Notwendigkeiten durch **regional angepaßte Konzepte im Sinne einer Schutzverstärkung auszufüllen, fortzuentwickeln und zu verschärfen**.[20] Der Integrationsstand wird dabei durch den EG-einheitlichen Mindeststandard gewahrt, der ein allzuweites Auseinanderdriften der Standards und damit spürbare Wettbewerbsverzerrungen im Binnenmarkt verhindert. Überdies ist jede Schutzverstärkung an ein gemeinschaftsrechtliches Verfahren der Mitteilung und Kontrolle gekoppelt (s. Art. 95 Abs. IV-VI; Art. 176), wobei die oben erwähnten Kriterien einzuhalten sind. Es läßt sich bei diesem Ansatz von einer **komplementären Flexibilität** sprechen: Die EG kann in dem beschriebenen Rahmen von ihrer (konkurrierenden) Kompetenz im Bereich des Umweltschutzes Gebrauch machen. Hierin passen sich die Maßnahmen der dezentralen Entscheidungsebenen (komplementär) ein und können je nach den besonderen Gegebenheiten (flexibel) fortentwickelt und verstärkt werden. Der Preis für die hier beschriebene relativ umfassende Umweltkompetenz der EG ist – **quasi kompensatorisch** – deren Beschränkung auf Rahmenregelungen und Mindestnormen. Rechtlich läßt sich jene, der Notwendigkeit von Differenzierung Rechnung tragende Auslegung auf Art. 5, der eine solche progressive Subsidiarität ermöglicht (s. dort Rn. 56), stützen.[21]

II. Abgrenzung zu anderen umweltrelevanten Kompetenznormen

13 Über das Erfordernis des Bestehens einer Kompetenzgrundlage hinaus (s. Art. 5, Rn. 8 ff.) muß ein Rechtsakt auch auf die **richtige Kompetenzgrundlage** gestützt werden, da mit ihrer Wahl auch über den Abstimmungsmodus im Rat (Einstimmigkeit mit »Vetomöglichkeit« oder Mehrheit) sowie die Beteiligungsrechte des EP entschieden

---

20 In diesem Sinne auch *Trittin* (Fn. 15), S. 51 (56); Aspekte des hier beschriebenen Modells klingen für das Verhältnis EG-Mitgliedstaaten an bei W. *Kahl*, Umweltprinzip und Gemeinschaftsrecht: eine Untersuchung zur Rechtsidee des »bestmöglichen Umweltschutzes« im EWG-Vertrag, 1993, S. 257 ff.; *ders.*, Möglichkeiten und Grenzen des Subsidiaritätsprinzips nach Art. 3b EG-Vertrag, AöR 118 (1993), S. 414, (421 ff.), 436 ff.); *B. Wiegand*, Bestmöglicher Umweltschutz als Aufgabe der Europäischen Gemeinschaften, DVBl. 1993, S. 533 (542), *Scheuing* (Fn. 13), S. 167, der von einem »arbeitsteiligen Zusammenwirken« spricht; *G. Schrenk*, Mitgliedstaatliche und gemeinschaftliche Handlungsebene in der europäischen Umweltpolitik, NuR 1990, S. 391 (395); unter dem Aspekt der »Mindestintegration« *E. Rehbinder/R. Stewart*, Environmental Protection Policy, 1985, S. 6 ff.; *C. Hey/J. Jahns-Böhm*, Ökologie und Binnenmarkt, 1989, S. 18; *Schröer* (Fn. 13), S. 91, 260; kontraproduktiv insoweit EuGH, Rs. C-324/99 n.n.i.Slg., EuZW 2002, 89, Rn. 48 – Daimler Chrysler, wo es freilich um den »Export« deutscher Umweltstandards (im Abfallbereich) ging.
21 Siehe hierzu *Calliess* (Fn. 19), insbesondere S. 215 ff., 240 ff.; zustimmend *M. Schröder*, in: H.-W. Rengeling (Hrsg.): Handbuch zum europäischen und deutschen Umweltrecht (EUDUR) 1998, Bd. I, § 9, Rn. 74; *W. Seidel*, Gewässerschutz durch europäisches Gemeinschaftsrecht, 2000, S. 111.

wird. Insoweit hat sich in den 90er Jahren ein heftiger Streit in Reaktion auf die Rechtsprechung des EuGH entwickelt: Insbesondere die umweltrechtliche **Querschnittsklausel** des Art. 6 macht mit Blick auf die Wahl der gemeinschaftlichen Kompetenznorm deutlich, daß umweltschützende Regelungen nicht nur auf die genuine Umweltkompetenz des Art. 175 gestützt werden können, sondern auch in anderen Politikbereichen auf Grundlage der dort vorgesehenen Kompetenzgrundlagen und Rechtsetzungsverfahren in Betracht kommen. Hauptkonfliktfall war die Abgrenzung zur Harmonisierungskompetenz des Art. 95 (siehe dort Rn. 46 ff.).[22]

In der **Literatur** wird hieraus der Schluß gezogen, daß ein Rechtsakt, der Ziele mehrerer **14** Politiken regelt, etwa der Verkehrs- und Umweltpolitik, nicht mehr auf Art. 175 gestützt werden kann. Denn die von der Querschnittsklausel geforderte Integration von Umweltschutzerfordernissen in andere Politiken ermögliche für einen **zieldiffusen Rechtsakt** die Anwendung einer Kompetenznorm, in deren Rahmen dann umweltpolitische Erfordernisse zu berücksichtigen seien.[23] So richtig der in dieser Überlegung enthaltene Grundgedanke ist[24], so sehr muß doch davor **gewarnt werden, die im Vertrag enthaltenen Querschnittsklauseln generell mit kompetentiellen Rechtsfragen zu vermischen.**[25] Ihrem Charakter nach enthalten die Querschnittsklauseln Berücksichtigungsgebote, sind aber – auch wenn argumentative Berührungspunkte bestehen – **keine Normen mit kompetenzregelndem Inhalt.**

Kompetenzfragen sind daher in erster Linie anhand der klassischen Abgrenzungskrite- **15** rien der **Spezialität und Subsidiarität** zu entscheiden. Beispielsweise hat der **EuGH** mit Blick auf eine Verordnung betreffend technischer Maßnahmen zur Erhaltung der Fischbestände Art. 37 in Abgrenzung zu Art. 175 als zutreffende Rechtsgrundlage angesehen.[26] Und mit Blick auf eine Verordnung betreffend die Einfuhrbedingungen für radioaktiv belastete landwirtschaftliche Erzeugnisse aus Drittländern hat der Gerichtshof Art. 133 in Abgrenzung zu Art. 175, 308 EGV und Art. 31 EAGV als richtige Kompetenzgrundlage bezeichnet.[27]

Insofern besteht Einigkeit darüber, daß die **umweltrelevanten sachbezogenen Kompe-** **16** **tenzen** der Gemeinschaft in den Bereichen Fischereierhaltungmaßnahmen gem. Art. 3 lit. d), Art. 32 ff. i.V.m. Anhang II zum EGV und Verkehrspolitik (Art. 71, 80) aufgrund von **Spezialität** Art. 175 vorgehen. Spezieller gegenüber Art. 175 ist in der Regel auch Art. 93 hinsichtlich bestimmter Umweltabgaben[28] und Art. 138 Abs. 2 bezüglich der Arbeitsumwelt.[29] Mit Blick auf die Außenkompetenzen ist schließlich Art. 133 im Bereich der Handelspolitik die sachbezogene speziellere Kompetenz[30], mit Blick auf die

---

22 EuGH, Rs. C-62/88, 29.3.1990, Slg. 1990, I-1527, Rn. 19 (Griechenland/Rat); EuGH, Rs. C-300/89, 11.6.1991, Slg. 1991, I-2867, Rn. 10 ff. (Titandioxid-Richtlinie); einen guten Überblick über die Entwicklung der Rechtsprechung gibt der Beitrag von *M. Ullrich*, Die Wahl der Rechtsgrundlage als Rechtsproblem des Gemeinschaftsrechts, ZEuS 2000, S. 243 ff.
23 *S. Breier*, Der Streit um die richtige Rechtsgrundlage in der Rechtsprechung des EuGH, EuR 1995, S. 46 (51 f.).
24 Vgl. dazu die Beiträge in *H.-W. Rengeling*, Umweltschutz und andere Politiken der EG, 1993, S. 47 ff.
25 Zu den damit verbundenen Problemen ausführlich *T. Stein*, Die Querschnittsklausel zwischen Maastricht und Karlsruhe, FS-Everling Bd. II, 1995, S. 1439 (1444 ff.).
26 EuGH, Rs. C-405/92, 24.11.1993, Slg. 1993, I-6133, Rn. 26 ff. (Mondiet/Armement Islais).
27 EuGH, Rs. C-62/88 (Fn. 23), Rn. 12 ff.
28 Hierzu *Schröer* (Fn. 13), S. 155 ff.; *M. Wasmeier*, Umweltabgaben und Europarecht, 1995, S. 225 sowie *S. Heselhaus*, Abgabenhoheit der EG in der Umweltpolitik, 2001, S. 275 ff.
29 Ausführlich dazu *Epiney* (Fn. 2), S. 61 ff.; *S. Schmitz*, Die EU als Umweltunion, 1996, S. 53 ff., 140.
30 Dazu ausführlich *Schmitz* (Fn. 30), S. 61 ff.; vgl. jetzt aber EuGH, Gutachten 2/00, n.n.i.Slg., EuZW 2002, 113, Rn. 20 ff. – Cartagena-Protokoll: Vorgehensweise wie in Rn. 17 der Kommentierung.

Art. 175 EG-Vertrag

Gesundheitspolitik ist es Art. 152. Die Kompetenzergänzungsklausel des Art. 308 ist gegenüber Art. 175 subsidiär. Spezialität wurde bislang auch für den Bereich der Landwirtschaft (Art. 37 Abs. 2) angenommen. Jedoch konstatierte der EuGH in seinem Urteil zu den Verordnungen über den Schutz des Waldes gegen Luftverschmutzung und Brände, daß keiner der Politiken vor der jeweils anderen Vorrang einzuräumen ist.[31]

17 Die eigentlichen Probleme bereiten die erwähnten **zieldiffusen Rechtsakte**, die Aspekte der Umweltpolitik in einem graduell unterschiedlichem Umfang mitregeln. Doppelabstützungen sind insofern nur die zweitbeste Lösung, da sie – jedenfalls bei unterschiedlichen Entscheidungsverfahren – die Probleme nur verschieben und insofern allenfalls bei gleichen Entscheidungsverfahren in Betracht kommen. Vor diesem Hintergrund sind von Rechtsprechung und Lehre **zusätzliche Abgrenzungskriterien** entwickelt worden. So war lange die Abgrenzung zwischen Maßnahmen der allgemeinen Umweltpolitik auf Grundlage des Art. 175 und binnenmarktbezogenen Maßnahmen auf Grundlage des Art. 95 umstritten. Die insofern von Rechtsprechung und Literatur[32] herausgearbeiteten Abgrenzungskriterien (s. Art. 95, Rn. 46 ff.) haben grundsätzliche Bedeutung und können – wie jetzt auch der EuGH in seinem Urteil zu den Verordnungen über den Schutz des Waldes bestätigt hat[33] – auf die Abgrenzung des Art. 175 zu weiteren umweltrelevanten Kompetenzen unproblematisch übertragen werden.[34] Grundsätzlich **gilt daher:** Ein Rechtsakt, der »spezifisch« bzw. »hauptsächlich« Maßnahmen im Umweltbereich zum Gegenstand und »nur beiläufig« bzw. »mittelbar« Auswirkungen auf andere Politikfelder der Gemeinschaft hat, ist letztlich allein auf Art. 175 zu stützen. Es hat insoweit eine am **objektiv zu ermittelnden Schwerpunkt** – maßgeblicher Anknüpfungspunkt sind dabei materieller Regelungsgehalt bzw. Sachnähe sowie erkennbare Zielsetzungen des Rechtsakts – vorzunehmende Abgrenzung zu erfolgen. Nur bei dennoch zieldiffus bleibenden Rechtsakten, bei denen die genannten Aspekte »gleichermaßen wesentlich« sind, sind die Gemeinschaftsorgane verpflichtet, den Rechtsakt auf der Grundlage der beiden ihre Zuständigkeit begründenden Bestimmungen zu erlassen. Eine solche Doppelabstützung ist jedoch ausgeschlossen, wenn die für die beiden Rechtsgrundlagen jeweils vorgesehen Rechtsetzungsverfahren (insbesondere im Hinblick auf die Beteiligungsrechte des Europäischen Parlaments, aber auch des Ausschusses der Regionen) miteinander unvereinbar sind.

III. Die Ausnahmen des Art. 175 Abs. 2

18 Die **Ausnahme** vom grundsätzlichen Entscheidungsverfahren nach Abs. 1 ist in Übereinstimmung mit EuGH und h.M. im Schrifttum, entsprechend der im Bereich der Verträge geltenden effet-utile Auslegung (s. Art. 220, Rn. 10), **im Zweifel eng** auszu-

---

31 EuGH, Verb. Rs. C-164/97 u. C-165/97, Slg. 1999, I-1139, Rn. 15 (EP/Rat); dazu Anmerkung von *Calliess*, ZUR 1999, S. 224; ferner *Ullrich* (Fn. 22), S. 269 ff.; so schon bisher *Scherer/Heselhaus*, in: Dauses, Hb.EGWirtR II, O, Rn. 93.
32 EuGH, Rs. C-62/88 (Fn. 23), Rn. 13; Rs. C-300/89 (Fn. 23), Rn. 10; Rs. C-155/91, 17.3.1993, Slg. 1993, I-939, Rn. 7 (Kommission/Rat); Rs. C-187/93, 28.6.1994, Slg. 1994, I-2857, Rn. 17 (EP/Rat); *M. Ruffert*, Kontinuität oder Kehrtwende im Streit um die gemeinschaftsrechtlichen Umweltkompetenzen?, Jura 1994, S. 635 (640, 642); *Epiney* (Fn. 2), S. 70 ff.; *S. Breier/H. Vygen*, in: Lenz, EGV, Art. 175, Rn. 4 ff.; ähnlich *W. Kahl*, Der EuGH als »Motor des europäischen Umweltschutzes«?, ThürVBl. 1994, S. 225 (229); krit. *L. Krämer*, Die Rechtsprechung des Gerichtshofs der Europäischen Gemeinschaften zum Umweltrecht 1992 bis 1994, EuGRZ 1995, S. 45 (48).
33 EuGH, Verb. Rs. C-164/97 u. C-165/97 (Fn. 31), Rn. 12 ff.
34 So offenbar auch *Epiney* (Fn. 2), S. 62 ff.; *Kahl* (Fn. 20), S. 274 ff.

legen.³⁵ Gleichwohl erkennt der EuGH dabei an, daß es sich bei den in Abs. 2 genannten Fällen um für die Mitgliedstaaten **sensible Bereiche** handelt, die die Nutzung des Hoheitsgebiets der Mitgliedstaaten betreffen. Ihnen ist gemeinsam, daß die Gemeinschaft für sie außerhalb der Umweltpolitik entweder keine Kompetenz hat, oder im Rat nur mit Einstimmigkeit entschieden werden kann. Nach Abs. 2 Unterabs. 2 kann der Rat einstimmig beschließen, daß in den Ausnahmebereichen statt mit Einstimmigkeit doch mit qualifizierter Mehrheit entschieden werden kann. Praktisch ist diese »kleine Vertragänderung« bislang ohne Bedeutung geblieben; sie ist letztlich eine gutgemeinte, aber angesichts der nationalen Interessen leerlaufende Absichtserklärung.

Unter Vorschriften überwiegend steuerlicher Art sind nicht zuletzt deswegen in Übereinstimmung mit der h.M. im Schrifttum nur **Steuern im engeren Sinne** zu verstehen, so daß alle Abgaben unter Abs. 1 fallen. Für dieses enge Verständnis spricht insbesondere die mit Abs. 2 a) verfolgte Intention der Mitgliedstaaten, Bereiche von besonderer nationaler Sensibilität (wie z.b. der Kern der Haushalts- und Wirtschaftspolitik) unter den Einstimmigkeits- und damit Vetovorbehalt eines jeden Mitgliedstaats zu stellen. Abs. 2 a) entspricht systematisch damit den anderen steuerlichen Regelungen des Vertrags (s. Art. 93 für indirekte und Art. 94 für direkte Steuern sowie Art. 95 Abs. 2). Mit dem Wort »überwiegend« wird darauf hingewiesen, daß der Schwerpunkt der umweltpolitischen Maßnahme auf der Besteuerung liegen muß, so daß z.b. für die steuerliche Förderung abgasarmer PKW Abs. 2 a) nicht gilt.³⁶ Ein damals auf Art. 99 und 130s (heute Art. 93 und 175) gestützter Richtlinienvorschlag (ABl.EG 1992, Nr. C 196/1) zur Einführung einer Steuer auf Kohlendioxidemissionen und Energie scheiterte an der erforderlichen Einstimmigkeit im Rat, da einige Mitgliedstaaten Wettbewerbsnachteile gegenüber den USA und Japan befürchteten und daher ein gemeinsames Vorgehen auf der globalen Ebene verlangten. Mit ihrem neuen, nur auf Art. 93 gestütztem Richtlinienvorschlag zur Restrukturierung der gemeinschaftlichen Rahmenvorschriften zur Besteuerung von Energieerzeugnissen (ABl.EG 1997 Nr. C 139/14) beschränkte sich die Kommission dann auf eine Mindestbesteuerung für Energieerzeugnisse. 19

Bereits mit Blick auf die gemeinschaftliche Kompetenz im Bereich der transeuropäischen Netze gem. Art. 154 wurden Befürchtungen hinsichtlich einer zentralistischen »umfassenden Planungs- und Raumordnungsbefugnis« der Gemeinschaft laut³⁷, die sich in der Ausnahme vom Mehrheitsprinzip nach Abs. 2 b) wiederspiegeln, jedoch damit paradoxerweise auch zur Anerkennung einer – freilich beschränkten (vgl. den Wortlaut »berühren«) Raumordnungskompetenz der EG beitragen.³⁸ Der Begriff der **Raumordnung** bezieht sich auf **raumplanerische Regelungen** des mitgliedstaatlichen Hoheitsgebiets. Er kann z.B. Vorschriften über die Einrichtung von Schutzgebieten für Fauna und Flora auf dem Gebiet eines Mitgliedstaates umfassen.³⁹ Die englische Fassung (»town and country 20

---

35 EuGH, Rs. C-36/98, n.n.i.Slg., Rn. 46 und 49 ff. (Spanien/Rat) = ZUR 2001, S. 271 (272) = EuZW 2001, S. 208 mit kritischer Anmerkung *S. Heselhaus*; ebenso *S. Breier/H. Vygen*, in: Lenz, EGV, Art. 175, Rn. 10; *Epiney* (Fn. 2), S. 57; a.A. *Scherer/Heselhaus*, in: Dauses, Hb.EGWirtR II, O, Rn. 63.
36 *S. Breier/H. Vygen*, in: Lenz, EGV, Art. 175, Rn. 11; *Epiney* (Fn. 2), S. 57; *J. Jahn-Böhm*, in: Schwarze, EU-Kommentar, Art. 175, 13 f.; differenzierend aber i.E. ähnlich *Scherer/Heselhaus*, in: Dauses, Hb.EGWirtR II, O, Rn. 65 f.; a.A. *Wasmeier* (Fn. 29), S. 225.
37 *I. Hochbaum*, Kohäsion und Subsidiarität, DÖV 1992, S. 285 (288).
38 Vgl. etwa den unverbindlichen Bericht »Europa 2000 – Perspektiven der künftigen Raumordnung der Gemeinschaft«, Dok. KOM (91) 452 endg. vom 22.7.1991.
39 Richtlinie 79/409/EWG über die Erhaltung der wildlebenden Vogelarten, ABl.EG 1979 Nr. L 103/1; Richtlinie 92/43/EWG zur Erhaltung der natürlichen Lebensräume sowie der wildlebenden Tiere und Pflanzen, ABl.EG 1992 Nr. L 206/7 (FFH-Richtlinie); zu deren raumplanerischen Wirkungen: *W. Erbguth*, Ausgewiesene und potentielle Schutzgebiete nach FFH- und Vogelschutzrichtlinie, (Rechts-) Wirkungen auf die räumliche Gesamtplanung am Beispiel der Raumordnung, NuR 2000, S. 136.

planning«) macht deutlich, daß neben der Regionalplanung auch die Stadt- und Gemeindeplanung umfaßt sein soll. Hier bestehen dann Überschneidungen zum Begriff der **Bodennutzung**. Dieser bezieht sich auf den spezifischen Aspekt der Begrenzung von Art und Ausmaß der **konkreten Inanspruchnahme** von Boden. Hierunter können beispielsweise umweltrelevante Aspekte der Bauleitplanung fallen.[40] Seit dem **Vertrag von Nizza** genügt es, daß die Maßnahmen die Raumordnung bzw. Bodennutzung **berühren**. Dies führt, entgegen der erwähnten Rechtsprechung des EuGH, zu einer **Ausweitung des Einstimmigkeitserfordernisses** auch auf die Fälle, in denen Wirkungen – und sei es auch nur am Rande – auf die ausgenommenen Bereiche zu gegenwärtigen sind. Die ausgenommenen Bereiche müssen damit nicht mehr wie bisher schwerpunktmäßig von der Maßnahme betroffen sein. Überdies sind im Bereich der Bodennutzung nicht mehr wie bisher **allgemeine Maßnahmen**, also solche von bereichsübergreifendem, die Bodennutzung nicht unmittelbar tangierendem Charakter (z.B. Umweltverträglichkeitsprüfung) durch Abs. 2 ausgeklammert. Letzteres gilt nur noch für die Abfallbewirtschaftung und damit des gesamten Abfallrecht bis hin zur Anlage von Deponien.

21 Der EuGH hat in seinem Urteil in der Rs. C-36/98, Spanien gegen Rat, ausführlich zum Begriff »Bewirtschaftung der Wasserressourcen« Stellung genommen. Nach einem – wenig ergiebigen – Vergleich der Sprachfassungen (nur die französische und die niederländische Fassung bezeichnen die Wassernutzung unter quantitativen im Gegensatz zu qualitativen Gesichtspunkten) kommt er in systematischer und teleologischer Auslegung zu dem Ergebnis, daß »das Hoheitsgebiet und der Boden der Mitgliedstaaten sowie ihre Wasserressourcen ... begrenzte Ressourcen« sind. Folglich erfasse Abs. 2 nur »Maßnahmen zur Regelung der **quantitativen Aspekte** der Nutzung dieser Ressourcen oder, mit anderen Worten, zur Bewirtschaftung begrenzter Ressourcen unter quantitativen Aspekten, **nicht aber** solche Maßnahmen, die die Verbesserung und den Schutz der **Qualität** dieser Ressourcen betreffen«. Nach dem **Vertrag von Nizza** fallen unter die Bewirtschaftung der Wasserressourcen – in **Bestätigung** der vorstehenden Ausführungen des EuGH und der h.M. im Schrifttum[41] – nunmehr explizit (»mengenmäßige Bewirtschaftung« und »Verfügbarkeit dieser Ressourcen«) nur noch solche Maßnahmen, die sich auf die **Wassernutzung in quantitativer Hinsicht** beziehen, so daß Regelungen zur Begrenzung der Schadstoffbelastung, wie sie etwa in der sog. Wasserrahmenrichtlinie (2000/60/EG, ABl.EG Nr. L 327/1 v. 22.12.2000) enthalten sind, von Abs. 1 erfaßt sind.

21 a Mit Abs. 2 c) sollen Maßnahmen, die sich **unmittelbar** auf den politisch hochsensiblen Bereich der **Art und Weise der Energieversorgung** auswirken, der Einstimmigkeit und damit dem nationalen Veto vorbehalten bleiben. Angesichts der Formulierung »erheblich« werden dabei nur finale, die **Grundstruktur** der Energieversorgung berührende Maßnahmen erfaßt. Andererseits ist damit klargestellt, daß Art. 175 die Kompetenz der EG zu umweltpolitischen Maßnahmen begründet, auch wenn sie in erheblichem Umfang in die energiepolitische Handlungsfreiheit der Mitgliedstaaten eingreifen.[42]

---

40 Vgl. etwa das unverbindliche »Grünbuch über die städtische Umwelt«, Dok. KOM (90) 218 endg. vom 6.7.1990; zur Problematik: *H. Bauer*, Europäische Einwirkungen auf das öffentliche Baurecht in Deutschland, in: Erbguth (Hrsg.), Europäisierung des nationalen Umweltrechts: Stand und Perspektiven, 2001, S. 43 ff. (insbes. 46 ff.).
41 EuGH, Rs. C-36/98 (Fn. 35), Rn. 47 ff. (52, 55, 74); *S. Breier/H. Vygen*, in: Lenz, EGV, Art. 175, Rn. 14; *Epiney* (Fn. 2), S. 58; *Scherer/Heselhaus*, in: Dauses, Hb.EGWirtR II, O, Rn. 69.
42 *Epiney* (Fn. 2), S. 57; *I. Pernice*, Umweltschutz und Energiepolitik, in: Rengeling (Fn. 25), S. 105 (110); grundlegend *B. Briche*, Die Elektrizitätswirtschaft in der EU, 1997, S. 23 ff.

C. Art. 175 Abs. 3 als spezielle Kompetenznorm für Umweltaktionsprogramme

I. Begriff und Rechtscharakter der Aktionsprogramme

Der ursprüngliche EWGV von 1957 enthielt keine Regelungen über eine Umweltpolitik. In Reaktion auf eine entsprechende Erklärung der Staats- und Regierungschefs im Jahre 1972 bildete sich seitens der Kommission die **Praxis** heraus, Aktionsprogramme für gemeinschaftliche Maßnahmen auf dem Gebiet des Umweltschutzes auszuarbeiten. In ihnen werden für einen in der Regel vier- bis fünfjährigen Zeitraum abstrakt die **umweltpolitischen Zielsetzungen** samt den zu ergreifenden Maßnahmen auf Gemeinschaftsebene dargelegt. Mittlerweile sind fünf Umweltaktionsprogramme verabschiedet worden. Die Aktionsprogramme wurden vom Rat und den im Rat vereinigten Vertretern der Mitgliedstaaten **zunächst nur zur Kenntnis genommen**, um auf diese Weise jede Art von förmlicher Zustimmung zu vermeiden. Erst mit Blick auf das vierte Umweltaktionsprogramm erklärte der Rat in einer Entschließung im einzelnen, welche Maßnahmen vorrangig aufgegriffen werden sollten, ohne sich damit allerdings in irgendeiner Weise zu verpflichten.[43] Ebenso formulierte der Rat seine allgemeine Zustimmung zum fünften Umweltaktionsprogramm in einer **unverbindlichen Entschließung**.[44] Die insofern gewährleistete rechtliche Unverbindlichkeit läßt die bisherigen Aktionsprogramme in Verbindung mit ihrer inhaltlichen Allgemeinheit daher als **umweltpolitische Absichtserklärungen**[45] erscheinen, die im Bereich der Umweltpolitik eine gewisse Transparenz und Planungssicherheit für die Öffentlichkeit bewirken konnte. Vor diesem Hintergrund erscheint es auch gerechtfertigt, ihnen gewisse Auslegungsdirektiven zu entnehmen (s. Art. 174, Rn. 7). 22

Mit dem durch den **Vertrag von Maastricht** eingeführten Art. 175 Abs. 3 müssen die Aktionsprogramme nunmehr im Kodezisionsverfahren nach Art. 251 und damit durch **förmlichen Rechtsakt** im Rat und unter Mitentscheidung des EP beschlossen werden. Damit erlangt zunächst das Parlament die nicht zu unterschätzende Möglichkeit, auf die gesetzgeberischen Initiativen auf Gemeinschaftsebene Einfluß zu nehmen.[46] Ferner wird durch Abs. 3 zum Ausdruck gebracht, daß die Aktionsprogramme nunmehr in Form eines Rechtsakts verabschiedet werden und in der Folge eine **Bindungswirkung** entfalten. Da sich die Aktionsprogramme nach dem Wortlaut des Abs. 3 aber auf die Festlegung der großen Linien, der Konzeption und der Prioritäten der gemeinschaftlichen Umweltpolitik beschränken müssen, können sie nicht den konkreten Inhalt noch zu erlassender Maßnahmen vorwegnehmen.[47] Sie stellen insofern nur einen **verbindlichen Wegweiser und Rahmen für spätere Rechtsakte** dar.[48] Problematisch ist allerdings die praktische Umsetzung von Aktionsprogrammen in einem Rechtsakt. Damit wird zwar nichts praktisch Unmögliches verlangt[49], jedoch besteht die Gefahr langwieriger Beratungen, wenn Rat und Parlament das vorgeschlagene **Programm Wort für Wort beraten** müssen. Dazu sind beide Organe mit Blick auf die Verbindlichkeit der künftigen Programme aber nun- 23

---

43 ABl.EG 1987, Nr. C 328/1.
44 ABl.EG 1993 Nr. C 138/1; anders jetzt nach der Überprüfung durch Beschluß EP und Rat Nr. 2179/98/EG vom 24.9.1998, ABl.EG 1998, Nr. L 275/1.
45 *Kahl* (Fn. 20), S. 60 f.; *Epiney* (Fn. 2), S. 22; *Krämer* (Fn. 11), S. 172.
46 Dazu ausführlich *Krämer* (Fn. 11), S. 174.
47 *S. Breier/H. Vygen*, in: Lenz, EGV, Art. 175, Rn. 18; *Epiney* (Fn.2), S. 24 f.; *Krämer* (Fn. 11), S. 173.
48 *S. Breier*, Art. 130s Abs. 3 EGV als Rechtsgrundlage für die Verabschiedung von Umweltaktionsprogrammen, ZUR 1995, S. 302 (303); *Epiney* (Fn.2), S. 24 f.
49 Daher die Regelung des Abs. 3 ablehnend *Breier* (Fn. 48), S. 304.

mehr gezwungen. Positiv könnte sich dieser Zwang dahingehend auswirken, daß künftig auf ökologische Worthülsen verzichtet wird, so daß an deren Stelle durchdachte und ernstgemeinte Langzeitstrategien entwickelt werden, die nicht nur dem Bedürfnis der Betroffenen nach **Planungssicherheit**, sondern auch dem Grundsatz der Nachhaltigkeit korrespondieren. Die revidierte, derzeit geltende Fassung des **Fünften Umweltaktionsprogramms** sowie der Vorschlag der Kommission für ein **Sechstes Umweltaktionsprogramm** weisen in diese Richtung: Entsprechend Art. 175 Abs. 3 präsentierte die Kommission die Programme als Beschlußvorschlag, der nunmehr **in Form von Artikeln** die Akzente für die wichtigsten Aspekte in einem insgesamt strafferen und leichter lesbaren Dokument neu zusammenfaßt.[50]

24 Schließlich stellt sich die Frage, ob der Begriff der allgemeinen Aktionsprogramme eng auszulegen ist und damit nur die klassischen Umweltaktionsprogramme erfaßt, oder darüber hinausgehend auch sonstige planende Maßnahmen, wie etwa die sog. **Grün- oder Weißbücher**, erfassen kann. Auch wenn für letzteres Sinn und Zweck der Norm, das Parlament stärker an der Umweltpolitik zu beteiligen, sprechen mögen, so spricht der Wortlaut doch eher für eine enge Auslegung, die auch dem Charakter der Planung als primäre Aufgabe der Exekutive, mithin der Kommission, gerecht wird.

II. Die Unterscheidung zwischen Beschluß und Durchführung

25 Rechtliche Probleme wirft das **zweistufige Verfahren** auf, wonach die Aktionsprogramme nach Abs. 3 angenommen und die konkreten Maßnahmen nach Abs. 1 bzw. Abs. 2 beschlossen werden. Insofern stellt sich die Frage, **ob nicht jeder Rechtsakt, der in Umsetzung** des Aktionsprogramms ergeht, auf Abs. 1 und 2 gestützt werden muß, so daß andere vertragliche Kompetenzgrundlagen – entgegen den oben geschilderten Erkenntnissen (s. Rn. 13 ff.) – gar nicht mehr herangezogen werden können. Dieses Ergebnis würde allerdings nicht nur das gemeinschaftliche System der Kompetenzgrundlagen und damit die horizontale sowie vertikale Kompetenzverteilung in Frage stellen, sondern ließe auch die Funktion der umweltrechtlichen Querschnittsklausel obsolet werden.[51] In der Literatur wird Abs. 3 daher zum Teil als **reine Verfahrensvorschrift** verstanden.[52] Hiergegen sprechen jedoch Wortlaut und systematische Stellung des Abs. 3, der nur als **Kompetenznorm** verstanden werden kann.[53] Mit Blick auf die bestehenden Bedenken kann der Rechtsfolgeverweisung des Abs. 3 dann allerdings nur eine **deklaratorische Bedeutung** zukommen, die deutlich machen soll, daß konkrete Durchführungsmaßnahmen in Umsetzung der Aktionsprogramme erforderlich sind, die aufgrund der jeweils einschlägigen im Vertrag vorgesehenen umweltrelevanten Kompetenzen, wie unter anderem Abs. 1 und 2, ergehen.[54] Die Tatsache, daß die Verträge von Amsterdam und Nizza die unter Zeitdruck in den Vertrag von Maastricht eingefügte[55], systematisch

---

50 Vgl. **Fünftes Umweltaktionsprogramm**, KOM (95) 647 endg. vom 24.1.1996; dazu Gemeinsamer Standpunkt des Rates, ABl.EG 1997 Nr. C 157/12; Beschluß EP und Rat Nr. 2179/98/EG vom 24.9.1998, ABl.EG 1998, Nr. L 275/1; ferner **Sechstes Umweltaktionsprogramm**, KOM (2001) 31 endg. v. 24.1.2001; dazu *R. Wägenbaur*, Ein neues Aktionsprogramm für die Umweltpolitik, EuZW 2001, S. 194.
51 Ausführlich *Epiney* (Fn. 2), S. 23 f.; *Breier* (Fn. 48), S. 303 f.; *J. Jahns-Böhm*, in: Schwarze, EU-Kommentar, Art. 175, Rn. 24.
52 *Epiney* (Fn. 2), S. 23.
53 Ebenso *Breier* (Fn. 48), S. 303; wohl auch *Krämer* (Fn. 11), S. 173 f.
54 Ebenso *Breier* (Fn. 48), S. 304.
55 Hierzu *Breier* (Fn. 48), S. 304, der eine Streichung des Abs. 3 befürwortet.

falsche Regelung unverändert läßt und damit die beschriebenen interpretatorischen Verrenkungen weiterhin erforderlich macht, bleibt unverständlich.

D. Finanzierung und Durchführung

I. Vollzug des Umweltrechts

1. Vollzugspflicht und Vollzugsrecht der Mitgliedstaaten

Aufgrund der Art. 10 (s. dort Rn. 19 ff.) und 249 (s. dort Rn. 16 ff.) sowie des Vorrangs des Gemeinschaftsrechts (s. Art. 220, Rn. 18 ff.) sind die Mitgliedstaaten verpflichtet, die sich aus den gemeinschaftlichen Regeln ergebenden Verpflichtungen zu vollziehen. Der Begriff des Vollzugs umfaßt im Gemeinschaftsrecht nicht nur die **Anwendung des Rechts in der täglichen Verwaltungspraxis**, sondern auch – im Bereich der Richtlinie gem. Art. 249 Abs. 3 – die Umsetzung (s. dort Rn. 46 ff.). Mit Blick auf die Anwendung wiederholt Art. 175 Abs. 4 also nur eine allgemeine Regel, wenn er bestimmt, daß die Mitgliedstaaten für die Durchführung der Umweltpolitik Sorge tragen. Bei EG-Richtlinien ist der Anwendung noch die Umsetzung, das heißt die **Transformation** der europarechtlichen Vorgaben in das nationale Recht der Mitgliedstaaten vorgeschaltet. Nach erfolgter Umsetzung sieht sich die nationale Behörde bei der tatsächlichen Anwendung des übernommenen Rechts mithin einer **Parallelrechtsordnung** gegenüber, die sie verpflichtet, sowohl das in Umsetzung der Richtlinie erlassene nationale Recht als auch die Richtlinie selbst zu beachten.[56]

Abs. 4 ist letztlich vor dem Hintergrund der Subsidiaritätsdebatte im Gemeinschaftsrecht zu verstehen. Er soll den Mitgliedstaaten bzw. mittelbar ihren für den Vollzug zuständigen subnationalen Untergliederungen (z.B. Bundesländern) ein ihnen **ohnehin zustehendes Vollzugsrecht**, um das sie insbesondere im Bereich des Umweltschutzes fürchten[57], explizit verbürgen.

26

27

2. Vollzugsdefizit

Angesichts der Tatsache, daß das gemeinschaftliche Umweltrecht ganz überwiegend in Gestalt von Richtlinien, mithin in einem zweistufigen Rechtsetzungsverfahren (s. Art. 249, Rn. 43 ff.), erlassen wird, gilt es bei dessen **Vollzug zwei Hürden** zu überspringen, die das – auch im nationalen Recht bestehende[58] – Vollzugsdefizit entsprechend erhöhen.
So weist denn auch die **Kommission** unter Berufung auf ihre Statistiken darauf hin, daß im Jahre 1995 20 bis 22 Richtlinien im Umweltbereich nicht umgesetzt waren, 265 vermutliche Verstöße aufgrund von Beschwerden von Bürgern wie auch Petitionen zum und Anfragen vom Parlament und Eigenermittlungen festgestellt wurden, über 600 un-

28

---

56 Dazu V. *Götz*, Europäische Gesetzgebung durch Richtlinien, NJW 1992, S. 1849; *H.-W. Rengeling*, in: ders. (Fn. 4), Bd. I, § 28, Rn. 1 ff.
57 Siehe dazu T. *Goppel*, Die Bedeutung des Subsidiaritätsprinzips, EuZW 1993, S. 367 (369 f.); J. *Jahns-Böhm*, in: Schwarze, EU-Kommentar, Art. 175, Rn. 25; **hilfreich für die Praxis** ist das Buch von C. *Demmke/M. Unfried*, Umweltpolitik zwischen Berlin und Brüssel, Ein Leitfaden für die deutsche Umweltverwaltung, 2000.
58 Dazu G. *Lübbe-Wolff*, Stand und Instrumente der Implementation des Umweltrechts in Deutschland, in: dies. (Hrsg.), Der Vollzug des europäischen Umweltrechts, 1996, S. 77.

Art. 175 EG-Vertrag

erledigte Beschwerde- und Vertragsverletzungsfälle gegen Mitgliedstaaten vorliegen, von denen 85 Fälle beim EuGH anhängig sind.[59]

29 Zu Recht wird das »dunkle Kapitel des Vollzugs« daher als die »Schattenseite der Bilanz zur Verwirklichung des Binnenmarktes« bezeichnet und dessen wettbewerbsverzerrende Dimension hervorgehoben. Wirtschaftlich liege in jeder Nichteinhaltung beschlossener Vorschriften zum Schutz der Umwelt eine Subventionierung der Emittenten.[60] Jenes Vollzugsdefizit reicht von der **verspäteten oder unterlassenen Umsetzung von Richtlinien** über ihre **unvollständige oder unrichtige Umsetzung** bis hin zu einer **unrichtigen Anwendungspraxis**. Inhaltlich erfaßt das Vollzugsdefizit insbesondere Richtlinien, die die Benennung von Habitaten und Schutzmaßnahmen für Habitate, die Genehmigung von Emissionen industrieller Anlagen, die Ableitung von Schadstoffen in Gewässer, das Aufstellen und Durchführen von Sanierungsplänen im Gewässer- und Abfallbereich, die Durchführung von Umweltverträglichkeitsprüfungen, das Einhalten von Qualitätsregelungen im Wasser- und Luftbereich sowie den Vollzug internationaler Übereinkommen, denen die Gemeinschaft beigetreten ist, betreffen.[61]

30 Als **Ursachen** werden genannt: Die wirtschaftlichen Prioritäten in den für den Vollzug verantwortlichen mitgliedstaatlichen Verwaltungen, die begrenzten personellen und finanziellen Ressourcen der Umweltverwaltungen in den Mitgliedstaaten, der oftmals erhebliche finanzielle Aufwand, der infolge des Vollzugs des gemeinschaftlichen Umweltrechts entsteht, die mangelnde Transparenz der Regelsetzung und des Umsetzungsverfahrens, sowie die Tatsache, daß Umweltrecht nicht auf die spezifischen (und damit in der Regel subjektivierten) Interessen einer Personengruppe und ihrer Organisationen abzielt, sondern auf das – allenfalls von vergleichsweise schwach organisierten Umweltverbänden repräsentierte – Allgemeininteresse, das im pluralistischen Wettstreit der Verbände schnell ins Hintertreffen gerät.[62] Hinzu kommen oftmals aber auch **Schwierigkeiten bei der Auslegung** des gemeinschaftlichen Umweltrechts, Probleme beim Zusammenspiel von gemeinschaftsrechtlichen Vorgaben und nationalen (Ausführungs-)bestimmungen, sowie durch die innerstaatliche Kompetenzverteilung verursachte Reibungsverluste.[63]

---

59 Europäische Kommission, Mitteilung an den Rat der EU und an das Parlament über die Durchführung des Umweltrechts in der Gemeinschaft, Dok. KOM (96) 500 vom 22.10.1996, Nr. 5; instruktiv zum latenten Vollzugsdefizit auch der Überblick von L. *Krämer*, Die Rechtsprechung der EG-Gerichte zum Umweltrecht 1992-1994, EuGRZ 1995, S. 45; 1995–1997, EuGRZ 1998, S. 309; 1998 und 1999, EuGRZ 2000, S. 265; P. *Mentzinis*, Die Durchführbarkeit europäischen Umweltrechts: gemeinschaftsrechtliche Ursachen des Vollzugsdefizits im Anlagenzulassungsrecht, 2000, S. 128 ff., der einen Überblick über die einschlägigen Anwendungsberichte der EG-Organe gibt; ferner S. *Albin*, Die Vollzugskontrolle des europäischen Umweltrechts, 1999, S. 73 ff. jeweils m.w.N.
60 I. *Pernice*, Gestaltung und Vollzug des Umweltrechts im europäischen Binnenmarkt – Europäische Impulse und Zwänge für das deutsche Umweltrecht, NVwZ 1990, S. 414 (423); L. *Krämer*, Das Verursacherprinzip im Gemeinschaftsrecht. Zur Auslegung von Art. 130r EWG-Vertrag, EuGRZ 1989, S. 353 (358).
61 Ausführlich mit konkreten Nachweisen L. *Krämer*, Defizite im Vollzug des EG-Umweltrechts und ihre Ursachen, in: Lübbe-Wolff (Hrsg.), Der Vollzug des europäischen Umweltrechts, 1996, S. 7 (14 ff.).
62 *Krämer* (Fn. 61), S. 28 ff.; vgl. dazu auch *Mentzinis* (Fn. 59), S. 193 ff.; *Albin* (Fn. 59), S. 321 ff.
63 Hierzu C. *Demmke*, Die Implementation von EG-Umweltpolitik in den Mitgliedstaaten, 1994, S. 215 ff. und 301 ff.; vgl. dazu auch *Mentzinis* (Fn. 59), S. 193 ff.; *Albin* (Fn. 59), S. 112 ff., 321 ff.; *Hansmann* (Fn. 11), S. 320, insbesondere 323 ff.; *Breuer* (Fn. 3); dagegen zu Recht *Krämer* (Fn. 3).

Neben den bereits etablierten »dezentralen Durchsetzungsmechanismen«[64] Instrumenten zur Bekämpfung des Vollzugsdefizits in Form der richtlinienkonformen Auslegung, der unmittelbaren Wirkung von Richtlinien (s. Art. 249, Rn. 106 ff. und 69 ff.) und der Staatshaftung für nicht oder unzureichend umgesetzte Richtlinien (s. Art. 288, Rn. 28 ff.) wird über weitere Ansätze nachgedacht. Diese umfassen seitens der Kommission – bewußt vage gehaltene – Überlegungen, Unterschiede im Vollzug durch die Festlegung von Leitlinien zu verringern, eine Stelle auf Gemeinschaftsebene mit Überprüfungskompetenzen einzurichten, Minimalkriterien für ein Umweltbeschwerdeverfahren in den Mitgliedstaaten aufzustellen sowie ein Mindestniveau für den **Zugang zu den nationalen Gerichten**, eventuell mittels der Einführung einer **Verbandsklage**[65], zu erreichen.[66] Unabhängig von diesen Neuerungen will die Kommission sicherstellen, daß Umweltschutzvorschriften den Grundsätzen der größtmöglichen Klarheit, Transparenz und Genauigkeit entsprechend formuliert werden, der nationale Umsetzungsakt Sanktionen für den Fall der Verletzung der Richtlinie enthält, eine verstärkte Konsultation und Koordination der betroffenen Akteure erfolgt und eine **Verbesserung der Zusammenarbeit**, insbesondere zwischen Gesetzgeber und Vollzugsbehörden, erreicht wird.[67] Dem korrespondieren Ansätze zu einer verstärkten »Europäisierung des nationalen Verwaltungsverfahrens- und Verwaltungsorganisationsrechts« sowie weitergehende Überlegungen, die sich mit Reformen der gemeinschaftseigenen Vollzugskontrolle und einer Harmonisierung der nationalen Vollzugssysteme befassen.[68]

31

Mit Blick auf das Vollzugsdefizit setzt die EG aber insbesondere auf den interessierten **Bürger als Wächter der Umwelt**. Dementsprechend wollte sie schon in ihrem Fünften Umweltaktionsprogramm[69] alle Verantwortlichen in der Gemeinschaft im Rahmen eines Prinzips der gemeinsamen Verantwortung in ihre Umweltpolitik einbinden. Es wird im Schrifttum insofern zutreffend von einer – dem Subsidiaritätsprinzip (s. Art. 5, Rn. 1 ff.) entsprechenden – **Herabzonung der Überwachungsaufgabe** auf die kleinste soziale Einheit, den betroffenen Bürger, gesprochen. Vor diesem Hintergrund ist nicht nur das Umweltbeschwerdeverfahren zu sehen, sondern auch die Stärkung der Rechte des einzelnen Bürgers im Gemeinschaftsrecht.[70] Auf Grundlage der Urteile des EuGH zur Richtlinie über den Schutz des Grundwassers[71] sowie den Urteilen zu den Richtlinien

32

---

64 Dazu *A. Epiney*, Dezentrale Durchsetzungsmechanismen im gemeinschaftlichen Umweltrecht, ZUR 1996, S. 229; ausführlich *Albin* (Fn. 59), S. 89 ff., 163 ff.
65 Hierzu *B. W. Wegener*, Ein Silberstreif für die Verbandsklage am Horizont des europäischen Rechts, in: Cremer/Fisahn (Hrsg.), Jenseits der marktregulierten Selbststeuerung – Perspektiven des Umweltrechts, 1997, S. 185.; *A. Epiney*, Gemeinschaftsrecht und Verbandsklage, NVwZ 1999, S. 485.
66 Europäische Kommission (Fn. 59), Nr. 24 ff.; ausführlich dazu auch *Albin* (Fn. 59), S. 163 ff. und 237 ff.
67 Europäische Kommission (Fn. 59), Nr. 44 ff.
68 *M. Barth/C.Demmke/G. Ludwig*, Die Europäisierung des nationalen Verwaltungsverfahrens- und Verwaltungsorganisationsrechts im Bereich des Umweltrechts, NuR 2001, S. 133 ff.; *D. Nitschke*, Harmonisierung des nationalen Verwaltungsvollzugs von EG-Umweltrecht, 2000, S. 54 ff. und 130 ff.; *G. Winter*, Kompetenzen der EG im Verwaltungsvollzug, in: Lübbe-Wolff (Hrsg.), Der Vollzug des europäischen Umweltrechts, 1996, S. 107; *E. Pache*, EG-rechtliche Möglichkeiten und Grenzen einer Harmonisierung nationaler Vollzugssysteme, in: Lübbe-Wolff (Hrsg.), Der Vollzug des europäischen Umweltrechts, 1996, S. 177.
69 Dok. KOM (92) 23 endg. vom 3.4.1992, Teil II; dazu *R. Wägenbaur*, Ökologische Wasserqualität und Subsidiarität, EuZW 1993, S. 241.
70 Vgl. dazu *Pernice* (Fn. 60), S. 423; *H. H. Lindemann/S. Delfs*, Vollzug des europäischen Umweltrechts, Lösungsansätze zur Überprüfung und Verbesserung, ZUR 1993, S. 256; *Krämer* (Fn. 11), S. 174 ff.; grundlegend *J. Masing*, Die Mobilisierung des Bürgers für die Durchsetzung des Rechts – Europäische Impulse für eine Revision der Lehre vom subjektiven Recht, 1997; *B. W. Wegener*, Rechte des Einzelnen, 1998, S. 25 ff.; *Albin* (Fn. 59), S. 163 ff. und 213 ff.
71 EuGH, Rs. C-131/88, 28.2.1991, Slg. 1991, I-825, Rn. 6 (Kommission/Deutschland).

über das zulässige Maß der Luftverschmutzung[72] entwickelt sich dementsprechend eine **Vollzugskontrolle durch Klagerechte** vor **mitgliedstaatlichen Gerichten** mittels aus dem Gemeinschaftsrecht abgeleiteter individueller Rechte (s. Art. 249, Rn. 20 f. und 60 ff.). Dem Gerichtshof reichte in den erwähnten Entscheidungen der Hinweis auf das Ziel der Richtlinie, den Schutz der menschlichen Gesundheit, aus. Schon diese pauschalierte Interessen- und Interessentenbeschreibung führte zu der Anerkennung des individualschützenden Charakters auch vorsorgeorientierter Grenzwertbestimmungen. Deutlich wird hieraus, daß die Suche nach Wegen zur Beseitigung des Vollzugsdefizits zum Teil weitreichende Auswirkungen auf das nationale, insbesondere das deutsche, Verwaltungsrecht hat, deren Umfang bisher erst in Ansätzen erkennbar ist.[73]

II. Finanzierung der Umweltpolitik

33 Wenn Abs. 4 den Mitgliedstaaten die Verantwortung für die Finanzierung der Umweltpolitik auferlegt, so entspricht dies nicht nur deren **Verantwortung für den Vollzug**, sondern auch dem **Verursacherprinzip**. Dabei begegnet die Regelung der mitgliedstaatlichen Sorge, daß über eine »Politik des goldenen Zügels« auf die mitgliedstaatlichen Verwaltungskompetenzen eingewirkt wird.[74] Dabei darf allerdings nicht übersehen werden, daß es oftmals gerade die hohen Kosten des Umweltschutzes sind, die einen wesentlichen Grund des Vollzugsdefizits ausmachen. Insofern erscheint es konsequent, wenn Abs. 5 (s. Rn. 34 ff.) eine **Ausnahme** vom Grundsatz mitgliedstaatlicher Finanzierung macht.

E. Die Verursachung unverhältnismäßig hoher Kosten i.S.d. Abs. 5

I. Allgemeines

34 Abs. 5 stellt eine Ausnahmeregelung dar, die einerseits eine Umweltpolitik des kleinsten gemeinsamen Nenners im Interesse eines möglichst hohen Schutzniveaus verhindern will, indem sie Kompromisse im Wege einer **goldenen Brücke** erleichtert. Andererseits soll sie überstimmten Mitgliedstaaten helfen, ein ihre dezentralen Bedürfnisse ignorierendes Konzept zu verhindern, wodurch gleichzeitig ein **programmiertes Vollzugsdefizit**, ein von vornherein absehbares »Leerlaufenlassen« der gemeinschaftlichen Regelung verhindert werden soll.

---

72 EuGH, Rs. 59/89, 30.5.1991, Slg. 1991, I-2607 (Kommission/Deutschland); Rs. C-361/88, 30.5.1991, Slg. 1991, I-2567 (Kommission/Deutschland); dazu ausführlich U. *Everling*, Umsetzung von Umweltrichtlinien durch normkonkretisierende Verwaltungsanweisungen, RIW 1992, S. 379; M. *Zuleeg*, Umweltschutz in der Rechtsprechung des EuGH, NJW 1993, S. 31 (35 ff.).
73 Ausführlich B. *Wegener*, Vollzugskontrolle durch Klagerechte vor mitgliedstaatlichen Gerichten, in: G. Lübbe-Wolff (Hrsg.), Der Vollzug des europäischen Umweltrechts, 1996, S. 145 ff.; grundlegend *ders.* (Fn. 70), S. 80 ff.; M. *Ruffert*, Subjektive Rechte im Umweltrecht der EG, 1996, S. 146 ff.; *Masing* (Fn. 70); F. *Schoch*, Individualrechtsschutz im deutschen Umweltrecht unter dem Einfluß des Gemeinschaftsrechts, NVwZ 1999, S. 457; C. *Calliess*, Rechtsstaat und Umweltstaat, 2001, S. 478 ff., inbes. 482 ff. jeweils m.w.N.; a.A. D. *Triantafyllou*, Zur Europäisierung des subjektiv-öffentlichen Rechts, DÖV 1997, S. 192 (196).
74 Hierzu allgemein *Goppel* (Fn. 57), S. 369.

II. Voraussetzungen

Im Rahmen eines auf Abs. 1 gestützten Rechtsakts kann eine Bestimmung vorgesehen werden, die die Folgen eines erhöhten Umweltstandards für einen oder mehrere Mitgliedstaaten durch eine Ausnahmeregelung und/oder eine finanzielle Unterstützung abmildert. Dies gilt aber nur, wenn die gemeinschaftliche Maßnahme für diese mit **unverhältnismäßig hohen Kosten** verbunden ist. Da sich die Kosten unmittelbar in den öffentlichen Haushalten niederschlagen müssen, sind etwaige Belastungen der **mitgliedstaatlichen Industrie nicht erfaßt**. Dementsprechend unterfallen dem Begriff grundsätzlich auch keine dem Staat nur mittelbar entstehenden Kosten, etwa durch verminderte Steuereinnahmen, Arbeitslosigkeit oder Subventionen, obgleich es hier zu Auslegungsproblemen kommen kann.[75] Mit Blick auf den Ausnahmecharakter des Abs. 5 erscheint insofern eine restriktive Auslegung geboten, so daß jedenfalls über das Kriterium der Unverhältnismäßigkeit nur Kosten erfaßt sind, die den **öffentlichen Haushalt** spürbar und offensichtlich so belasten, daß andere Staatsaufgaben darunter zu leiden haben. Demgegenüber erscheint es zu weitgehend, eine Gefährdung der öffentlichen Sicherheit und Ordnung zur Voraussetzung der Unverhältnismäßigkeit zu machen.[76] Dem Rat steht insofern ein Beurteilungsspielraum zu.

35

III. Rechtsfolgen

Liegen die genannten Voraussetzungen vor, hat der Mitgliedstaat nach dem Wortlaut des Abs. 5 einen **Rechtsanspruch** im Hinblick **auf das Ob** einer Ausnahmeregelung und/oder Finanzhilfe gegen den Rat (und mit Blick auf das Verfahren nach Art. 251 auch gegen das Parlament), der insbesondere bei Mehrheitsentscheidungen seine Bedeutung erlangt. Hinsichtlich des Wie hat er dagegen nur einen **Rechtsanspruch auf fehlerfreie Ermessensausübung**.

36

1. Recht auf Differenzierung (Schutzderogationsklausel)

Unter den genannten Voraussetzungen kann der Rat – nach seinem Ermessen – in dem Rechtsakt eine Ausnahmeregelung für den oder die betreffenden Mitgliedstaaten vorsehen. Diese Ausnahmeregelung kann ein gänzliches oder nur teilweises (etwa im Sinne eines geringeren Schutzniveaus) **Ausscheren** aus der gemeinschaftlichen Regelung vorsehen. Diese Derogation vom gemeinschaftlichen Schutzniveau darf nach dem Wortlaut des Abs. 5, 1. Spstr. aber nur vorübergehend sein, muß also insofern **zeitlich befristet** sein, als der Endtermin von Anfang an bekannt und bestimmt sein muß.[77] Zutreffend wird hierin die Ausprägung eines »Europas der drei Geschwindigkeiten« gesehen[78], eines Gedankens, der sich seit dem Vertrag von Amsterdam in der Flexibilität (s. Art. 255) wiederspiegelt. Dementsprechend läßt sich sagen, daß hier ein Recht des betreffenden Mitgliedstaats auf Differenzierung zum Ausdruck gebracht wird.

37

---

75 *Epiney/Furrer* (Fn. 13), S. 403; *S. Breier/H. Vygen*, in: Lenz, EGV, Art. 175, Rn. 27; *J. Jahn-Böhm*, in: Schwarze, EU-Kommentar, Art. 175, Rn. 35.
76 So aber *Schmitz* (Fn. 30), S. 135.
77 *Epiney/Furrer* (Fn. 13), S. 404; ähnlich *Schmitz* (Fn. 30), S. 135.
78 *Epiney/Furrer* (Fn. 13), S. 405.

2. Anspruch auf Subventionen

38 In Abweichung vom Grundsatz des Abs. 4 sowie ausdrücklicher Ausnahme vom Verursacherprinzip (s. Art. 174, Rn. 34 ff.) kann einem Mitgliedstaat nach Abs. 5, 2 Spstr. kumulativ bzw. muß einem Mitgliedstaat **alternativ** zur Schutzderogationsklausel eine Unterstützung aus dem Kohäsionsfonds (s. Art. 161) gewährt werden. Mit anderen Worten hat ein Mitgliedstaat **bei Verzicht auf eine Ausnahmeregelung einen Anspruch auf Finanztransfers** aus dem Kohäsionsfonds. Insofern werden die Regelungen des Protokolls über den wirtschaftlichen und sozialen Zusammenhalt derogiert.[79] Die Regelung, eingeführt auf den Druck einiger Mitgliedstaaten, die befürchteten, über den Wechsel zum Mehrheitsprinzip zu einer ihre wirtschaftliche Entwicklung hemmenden, ihren ökologischen Erfordernissen nicht gerecht werdenden Umweltpolitik (s. Art. 174, Rn. 1 ff. und 21 ff.) gezwungen zu werden[80], enthält **problematischerweise keine Befristung** und birgt damit die Gefahr, daß die finanziellen Mittel letztlich als reine »Ablaßzahlungen« wirken. Zutreffend wird insofern darauf hingewiesen, daß kein Anreiz besteht, die Umweltsituation zu verbessern, wenn damit gleichzeitig der Grund für die Zahlung der Gelder beseitigt wird.[81] Daher müssen die Finanzhilfen – entsprechend den Prinzipien des Art. 174 Abs. 1 sowie dem Verursacherprinzip – zur **Anpassung an den gemeinschaftlichen Umweltstandard** verwendet werden; die entsprechend befristete Ausnahmeregelung kann insofern den zeitlichen Rahmen vorgeben, innerhalb dessen die Subventionsempfänger ihre Umweltsituation den Vorgaben des gemeinschaftlichen Rechtsakts angepaßt haben müssen.[82]

---

79 Ebenso *Scherer/Heselhaus*, in: Hb.EGWirtR II, O, Rn. 77; a.A. wohl *S. Breier/H. Vygen*, in: Lenz, EGV, Art. 175, Rn. 28.
80 *L. Brinkhorst*, The Road to Maastricht, ELQ 20 (1993), S. 7 (18 f.); *Scherer/Heselhaus*, in: Hb.EGWirtR II, O, Rn. 77.
81 *Epiney/Furrer* (Fn. 13), S. 404 f.; ähnlich *Schmitz* (Fn. 30), S. 135 f.
82 Dies verkennen *Epiney/Furrer* (Fn. 13), S. 405; *Scherer/Heselhaus*, in: Hb.EGWirtR II, O, Rn. 78.

Art. 176 (ex-Art. 130t)

Die Schutzmaßnahmen, die aufgrund des Artikels 175 getroffen werden, hindern die einzelnen Mitgliedstaaten nicht[4 f.] daran, verstärkte Schutzmaßnahmen[1 ff.] beizubehalten oder zu ergreifen[6 ff.]. Die betreffenden Maßnahmen müssen mit diesem Vertrag vereinbar sein[9 ff.]. Sie werden der Kommission notifiziert[14].

Inhaltsübersicht:

I. Einführung	1
II. Voraussetzungen	4
1. Sperrwirkung einer gemeinschaftsrechtlichen Norm	4
2. Art und Weise der Abweichung	6
3. Vereinbarkeit mit dem Vertrag	9
III. Notifizierungspflicht	14

I. Einführung

Art. 176 wird – in Parallele zu Art. 95 Abs. 4 bis 6[1] – seiner Funktion entsprechend treffend als **Schutzverstärkungsklausel**[2] bezeichnet. Die Norm räumt den Mitgliedstaaten einen dem Prinzip der Differenzierung (s. Art. 174, Rn. 21 ff.; Art. 175, Rn. 9 ff.) korrespondierenden Spielraum für ein den jeweiligen ökologischen Gegebenheiten angepaßtes dezentrales »opting up« ein. Trotz vorrangigem und bindendem Gemeinschaftsrecht erhält Art. 176 den Mitgliedstaaten (und ihren Regionen) Handlungsbefugnisse, indem die **Sperrwirkung** von auf Art. 175 gestützten Maßnahmen auf ein **Mindestmaß** beschränkt wird, über das dezentral hinausgegangen werden kann. Damit ermöglicht die Norm eine dem Spannungsverhältnis zwischen Subsidiaritäts- und Solidaritätsprinzip Rechnung tragende Umweltpolitik[3] (s. Art. 5, Rn. 54 ff.; Art. 175, Rn. 6 ff.). Im EGV sind mit Art. 137 Abs. 5 im Bereich der Sozialpolitik und Art. 153 Abs. 5 im Bereich des Verbraucherschutzes verwandte Schutzverstärkungsklauseln enthalten. 1

Der EuGH hatte sich mit Art. 130t bisher nur selten (s. Rn. 10) zu befassen. Dies dürfte 2 in dem bisher vom Einstimmigkeitsprinzip geprägten **konsensualen Vorgehen** auf der Grundlage des Art. 175 begründet sein.

Zutreffend werden in der **Literatur** gegenüber den Nachteilen solchermaßen legitimierter sog. nationaler Alleingänge – treffender spricht man angesichts des beschriebenen Charakters der Norm besser von **nationalen Differenzierungen** – deren Vorteile hervorgehoben.[4] Im Zentrum steht dabei der Gedanke einer **Anstoßfunktion** der Mitgliedstaaten, in denen aufgrund eines größeren Problemdrucks und einer stärker sensibilisierten Wählerschaft Umweltschutzinteressen eine größere Durchsetzungschance haben. Diese Vorreiterstaaten leisten ökologische Pionierdienste, indem eine schutzverstärkende Regelung erprobt wird, die dann **Nachzieheffekte auf Gemeinschaftsebene** auslösen 3

---

1 Zur Abgrenzung der Kompetenzen s. Art. 95, Rn. 46 ff.
2 So etwa *D. Scheuing*, Umweltschutz auf der Grundlage der Einheitlichen Europäischen Akte, EuR 1989, S. 152 (167); *K. Hailbronner*, Stand und Perspektiven der EG-Umweltgesetzgebung, in: Calliess/Wegener, Europäisches Umweltrecht als Chance, 1992, S. 15 (26 f.); *Oppermann*, Europarecht, Rn. 2023; *Schmitz*, Die EU als Umweltunion, 1996, S. 248; ähnlich *W. Kahl*, Umweltprinzip und Gemeinschaftsrecht, 1993, S. 42.
3 Ausführlich dazu *C. Calliess*, Subsidiaritäts- und Solidaritätsprinzip in der EU, 2. Aufl. 1999, S. 185 ff., 213 ff. und 240 ff.
4 Guter Überblick bei *Kahl* (Fn. 2), S. 263 ff.

kann. Bestehendes Umweltgemeinschaftsrecht kann hierdurch ferner einem **dynamisierenden Anpassungsdruck** an den aktuellen Stand der Technik ausgesetzt werden. Die Schutzverstärkungsmöglichkeit erleichtert überdies die Entscheidungsfindung bei den Verhandlungen im Rat, indem die drohende Möglichkeit nationaler Differenzierungen zugunsten eines hohen Schutzniveaus diszipliniert, zumindest aber einem Mitgliedstaat die **Akzeptanz eines Kompromisses** bzw. eines Überstimmtwerdens erleichtert. Nicht zuletzt werden in den Mitgliedstaaten Akzeptanz und Glaubwürdigkeit gemeinschaftlicher Regelungen gefördert.[5]

II. Voraussetzungen

1. Sperrwirkung einer gemeinschaftsrechtlichen Norm

4 Wenn im Schrifttum vereinzelt die Auffassung vertreten wird, daß Art. 176 **nur bestätige**, daß die Mitgliedstaaten Maßnahmen treffen können, soweit das Sekundärrecht keine Sperrwirkung entfalte, die Norm also nur deklaratorische Bedeutung haben könne[6], so werden Wortlaut sowie insbesondere Sinn und Zweck der Regelung verkannt: Denn wo keine Sperrwirkung besteht, bedarf es keiner Schutzverstärkungsmöglichkeit. Voraussetzung für die Anwendung des Art. 176 ist, davon geht auch der **EuGH** im Fall Dusseldorp wie selbstverständlich aus, daß die angestrebte mitgliedstaatliche Regelung auf dem – weit zu verstehenden – Gebiet des Umweltschutzes[7] mit der **Sperrwirkung** eines gemeinschaftlichen Rechtsakts **konfligiert**.[8] Gibt es keinen konfligierenden Sekundärrechtsakt, so ist der Mitgliedstaat im Rahmen der Grundfreiheiten frei, jedes beliebige nationale Recht zu setzen.

5 Der Rechtsakt **muß auf Art. 175** bzw. die vor Inkrafttreten der EEA in Anspruch genommenen Umweltkompetenzen, die Art. 100, 235 EWGV, gestützt worden sein; insoweit ist entscheidend, ob er heute auf Art. 175 zu stützen wäre.[9] Anders als bei Art. 100a Abs. 4 a.F. war bei Art. 130t immer unumstritten, daß sich **jeder Mitgliedstaat**, unabhängig davon, ob er einem Rechtsakt zugestimmt hat und ob dieser einstimmig oder mit Mehrheit erging, auf Art. 130t berufen kann.[10]

---

5 *Kahl* (Fn. 2), S. 267 ff.; *Calliess* (Fn. 3), S. 218 ff.; *E. Grabitz/M. Nettesheim*, in: Grabitz/Hilf, EU, Art. 130t, Rn. 4 jeweils m.w.N.
6 *J. H. Jans*, European Environmental Law, 1995, S. 104 f.; *N. Notaro*, The New Generation Case Law on Trade and Environment, E.L.Rev. 25 (2000), S. 467 (478).
7 Dazu *A. Middeke*, Nationaler Umweltschutz im Binnenmarkt, 1994, S. 335 f.
8 EuGH, Rs. C-203/96, Slg. 1998, I-4075, Rn. 35, 37 ff. (Dusseldorp); kritisch – zu Unrecht (s. Kommentierung) – *Notaro* (Fn. 6); wie hier *H. D. Jarass*, Verstärkter Umweltschutz der Mitgliedstaaten nach Art. 176 EG, NVwZ 2000, S. 529 (530); *G. Winter*, Die Sperrwirkung von Gemeinschaftssekundärrecht für einzelstaatliche Regelungen des Binnenmarktes mit besonderer Berücksichtigung von Art. 130t EGV, DÖV 1998, S. 377 ff. und 380; grundlegend zur Sperrwirkung *A. Furrer*, Die Sperrwirkung des sekundären Gemeinschaftsrechts auf die nationalen Rechtsordnungen, 1994; *E. D. Cross*, Pre-emption of Member State Law in the European Economic Community, CMLRev. 1992, S. 447.
9 *Middeke* (Fn. 7), S. 336 f.; *E. Grabitz/M. Nettesheim*, in: Grabitz/Hilf, EU, Art. 130t, Rn. 8; *Winter* (Fn. 8), S. 380.
10 *Kahl* (Fn. 2), S. 44; *Middeke* (Fn. 7), S. 340; *E. Grabitz/M. Nettesheim*, in: Grabitz/Hilf, EU, Art. 130t, Rn. 12; *Jarass* (Fn. 8), S. 529.

2. Art und Weise der Abweichung

Wie der eindeutige Wortlaut des Art. 176 (»verstärkte«), sein systematisch zu ermittelnder Sinn und Zweck, aber auch die hinter der Norm stehende rechtliche Konstruktion, nach der die Sperrwirkung nur bis zu einem Mindestschutzniveau reicht, deutlich machen, sind nur dezentrale Regelungen eines **optimierenden Inhalts** zulässig. Im Vergleich zu Art. 95 Abs. 4 bis 6 (s. dort Rn. 29 ff.) sind die Modalitäten der Schutzverstärkung unter verfahrensmäßigen Gesichtspunkten unkomplizierter geregelt. Der Begriff des **Beibehaltens** bezieht sich auf jene abweichenden dezentralen Regelungen des Umweltschutzes, die zum Zeitpunkt des Inkrafttretens der gemeinschaftlichen Maßnahme bereits galten, derjenige des **Ergreifens** auf die divergierenden Regelungen, die ein Mitgliedstaat nach Inkrafttreten der gemeinschaftlichen Regelung neu erläßt.

6

Zu Problemen kann allerdings die Frage führen, inwieweit die Mitgliedstaaten an die Vorgaben des der Schutzverstärkung zugrundeliegenden Gemeinschaftsrechtsaktes, insbesondere hinsichtlich der Mittel und Methoden, aber auch der Instrumente gebunden sind.[11] So wird beispielsweise behauptet, daß Gemeinschaftsrecht konkretisierendes mitgliedstaatliches Abfallrecht, das eine Unterscheidung von »Abfällen zur Verwertung« und »Abfällen zur Beseitigung« vornimmt, schon nicht als verstärkte Schutzmaßnahme angesehen werden könne.[12]

7

Gegen eine solche Beschränkung spricht schon der Wortlaut, der nur eine verstärkte Schutzmaßnahme verlangt. Gleichwohl ist systematisch das vom EuGH in st. Rspr. betonte Gebot der einheitlichen Anwendung von EG-(Umwelt-)Recht (s. Art. 220, Rn. 24) zu beachten. Dies insbesondere deshalb, weil die Frage, ob ein völlig anderer Weg zu mehr Umweltschutz führt, in der Regel nicht einfach zu beantworten ist. Jedoch kann hieraus **nicht generell gefolgert werden, daß nur** »systemimmanente« Konkretisierungen erlaubt sind[13] oder, etwas weniger eng, nur Schutzmaßnahmen möglich sind, die nicht allein der Verbesserung desselben Umweltschutzzieles dienen, sondern unter Anwendung des vorgegebenen Instrumentariums strengere Bestimmungen treffen.[14] Hiermit wird jedoch die Reichweite der Sperrwirkung sowie der Sinn und Zweck des Art. 176 verkannt. Erforderlich ist daher eine **Entscheidung im Einzelfall**, die den Prinzipien und Zielen des Art. 174 im Rahmen des jeweiligen Wortlauts der zugrundeliegenden sekundärrechtlichen Gemeinschaftsregelung systematisch Rechnung trägt.[15] Im Ergebnis ist also eine mitgliedstaatliche Schutzverstärkung zulässig, wenn sie **in dieselbe Richtung** wie die Gemeinschaftsregelung zielt, diese in systematisch vergleichbarer Weise weiterführt und dazu beiträgt, den Zielen und Prinzipien des Art. 174 näherzukommen.

8

---

11 Instruktiver Überblick hierzu bei *Middeke* (Fn. 7), S. 342 f.
12 *L. Giesberts*, »Konkurrenz um Abfall«: Rechtsfragen der Abfallverbringung in der EU, NVwZ 1996, S. 949 (950).
13 So aber *Giesberts* (Fn. 12), S. 950; dagegen auch *Jarass* (Fn. 8), S. 530.
14 *Middeke* (Fn. 7), S. 344 f.; ähnlich auch *L. Krämer*, in: GTE, EU-/EGV, Art. 130t, Rn. 8 f.; *Winter* (Fn. 8), S. 381; stark differenzierend *Jarass* (Fn. 8), S. 530.
15 Wie hier *Kahl* (Fn. 2), S. 43; *M. Schröder*, Die steuernde und marktbegrenzende Wirkung umweltschutzrelevanter Prinzipien des EGV am Beispiel des Abfallexportes, NVwZ 1996, S. 833; *W. Frenz*, Europäisches Umweltrecht, 1997, S. 208 f.; im Ergebnis ähnlich *Scherer/Heselhaus*, in: Hb.EGWirtR II, O, Rn. 116; *J. Jahns-Böhm*, in: Schwarze, EU-Kommentar, Art. 176, Rn. 3; *S. Breier/H. Vygen*, in: Lenz, EGV, Art. 176, Rn. 3.

3. Vereinbarkeit mit dem Vertrag

9 Gem. Satz 2 müssen gegenüber einem Rechtsakt der EG schutzverstärkende Maßnahmen der Mitgliedstaaten mit dem Vertrag vereinbar sein. Maßstaß der Vereinbarkeitsprüfung ist nach allgemeiner Meinung das **Primärrecht** des Vertrages. Ein Teil der Literatur zieht überdies allerdings auch das bestehende Sekundärrecht als Maßstab hinzu, da andernfalls das »gesamte Rechtssystem des Vertrages aus den Angeln« gehoben würde.[16] Zu Recht weist demgegenüber die (noch) überwiegende Meinung – zumeist unter Berufung auf den Wortlaut – darauf hin, daß Art. 176 bei diesem Verständnis aufgrund der Vielzahl zu beachtender Regelungen weitgehend leerliefe.[17] Die Gegenmeinung verkennt überdies, daß die Schutzverstärkung ihren Ausgangspunkt im nach Art. 175 erlassenen Sekundärrechtsakt nimmt (s. Rn. 7 f.) und daher an dessen (doch zu vermutender) Widerspruchsfreiheit zum übrigen Sekundärrecht Anteil hat.

10 Umstritten ist aber auch der primärrechtliche **Prüfungsmaßstab**. Der EuGH hat zu dieser Frage nunmehr erstmals Stellung genommen[18]: Im Fall Dusseldorp hat er Art. 34 (jetzt Art. 29) und Art. 36 (jetzt Art. 30) im Rahmen des Art. 130t (jetzt Art. 176) herangezogen und an ihrem Maßstab, mithin der zur Warenverkehrsfreiheit entwickelten Dogmatik (s. Art. 28), überprüft, ob die mitgliedstaatliche Schutzverstärkung gerechtfertigt werden kann und daher mit dem Vertrag vereinbar ist. Ebenso ging der EuGH auch im Fall Aher-Waggon vor, wo er die umweltpolitisch motivierte Schutzverstärkung anhand von Art. 30 (jetzt Art. 28) prüft und für gerechtfertigt hält; freilich verfehlt er hier den dogmatisch erforderlichen Einstieg in die Prüfung über Art. 176. Beide Urteile bestätigen aber die aus den Schlußanträgen von Generalanwalt *Van Gerven*[19] im Fall Gourmetterie abgeleitete Folgerung, daß sich die Prüfung der Vereinbarkeit einer handelshemmenden mitgliedstaatlichen Maßnahme nach Art. 176 auch von einem Alleingang im nicht harmonisierten Bereich (Art. 28) unterscheidet, weil hier wie dort dem Grundsatz der **Verhältnismäßigkeit** maßgebende Bedeutung zukommt.[20] In Übereinstimmung mit dem EuGH steht damit die Ansicht in der Literatur, derzufolge sich die Vereinbarkeitsprüfung insbesondere auf den Grundsatz des freien Warenverkehrs samt den Rechtfertigungsgründen nach Art. 30 bzw. der Cassis-Rechtsprechung (s. Art. 28, Rn. 20 ff.), erstreckt.[21] Demgegenüber soll nach anderer Meinung Satz 2 allein als Verweis auf die **grundlegenden Prinzipien** des Gemeinschaftsrechts wie den Grundsatz der

---

16 L. *Krämer*, in: GTE, EU-/EGV, Art. 130t, Rn. 11; C. E. *Palme*, Nationale Umweltpolitik in der EG, 1992, S. 47; E. *Grabitz/M. Nettesheim*, in: Grabitz/Hilf, EU, Art. 130t, Rn. 14; *Jarass* (Fn. 8), S. 531; *Scherer/Heselhaus*, in: Hb.EGWirtR II, O, Rn. 117.
17 M. *Zuleeg*, Vorbehaltene Kompetenzen der Mitgliedstaaten der EG auf dem Gebiet des Umweltschutzes, NVwZ 1987, S. 280 (284); K. *Hailbronner*, Der nationale Alleingang im Gemeinschaftsrecht am Beispiel der Abgasstandards für PKW, EuGRZ 1989, S. 101 (112); T. *Schröer*, Die Kompetenzverteilung zwischen der EWG und ihren Mitgliedstaaten auf dem Gebiet des Umweltschutzes, 1992, S. 224; *Schmitz* (Fn. 2), S. 250; A. *Epiney*, Umweltrecht in der EU, 1997, S. 126 f.; S. *Breier/H. Vygen*, in: Lenz, EGV, Art. 176, Rn. 8; *Kahl* (Fn. 2), S. 44; differenzierend *Frenz* (Fn. 15), S. 209; im Ergebnis auch *Middeke* (Fn. 7), S. 346 ff.; wohl auch *J. Jahns-Böhm*, in: Schwarze, EU-Kommentar, Art. 176, Rn. 5.
18 EuGH, Rs. C-203/96, Slg. 1998, I-4075, Rn. 35 ff. (Dusseldorp) und EuGH, Rs. C-389/96, Slg. 1998, I-4473, Rn. 16 ff. (Aher-Waggon GmbH).
19 GA W. *Van Gerven*, Schlußantr. zu EuGH, Rs. C-169/89, 23.5.1990, Slg. 1990, I-2143, Ziff. 7. (Gourmetterie Van den Burg).
20 Hierzu ausführlich *Middeke* (Fn. 7), S. 352 f.
21 E. *Grabitz/M. Nettesheim*, in: Grabitz/Hilf, EU, Art. 130t, Rn. 15; *Kahl* (Fn. 2), S. 44; *Winter* (Fn. 8), S. 381; unklar L. *Krämer*, in: GTE, EWGV, Art. 130t, Rn. 11 und 13.

Verhältnismäßigkeit, das allgemeine Diskriminierungsverbot, die Gemeinschaftstreue sowie die Zielsetzungen des Art. 174 zu verstehen sein.[22]

Indem beide Ansichten im Ergebnis auf den Grundsatz der **Verhältnismäßigkeit** 11 abstellen, findet **immer eine Güter- und Interessenabwägung** zwischen den konfligierenden Zielen des Binnenmarkts und des freien Warenverkehrs auf der einen Seite und des Umweltschutzes auf der anderen Seite statt. Ferner gebietet es die Gemeinschaftstreue, alle Vertragsziele bei der Rechtfertigung der Schutzverstärkung zu berücksichtigen[23]. Damit bestehen zwischen beiden Auffassungen letztlich nur geringfügige Unterschiede. Dies gilt um so mehr, als der EuGH im Fall Dusseldorp die Möglichkeit anerkannte, nicht nur unterschiedslose, sondern auch diskriminierende nationale Regelungen durch zwingende Umweltschutzerfordernisse zu rechtfertigen. Es ist im Rahmen von S. 2 also zu prüfen, ob die mitgliedstaatliche Regelung tatsächlich dem Umweltschutz dient und verhältnismäßig ist.[24] Hinsichtlich der im Rahmen der Verhältnismäßigkeitsprüfung vorzunehmenden Güter- und Interessenabwägung zwischen Umweltschutz und freiem Warenverkehr[25] wird in der Literatur allerdings mit guten Gründen **Kritik** geübt: Die Verhältnismäßigkeitsprüfung, die der EuGH im Rahmen der Art. 28 ff. für umweltrelevante nationale Maßnahmen durchführe, nehme den Mitgliedstaaten die Möglichkeit, im Rahmen ihrer verbliebenen Restkompetenz bei handelsrelevanten Regelungen in Bezug auf den Umweltschutz selbst über das von ihnen angestrebte Schutzniveau zu entscheiden. Denn die Mitgliedstaaten hätten sich auf ein vernünftiges und insofern verhältnismäßiges Schutzniveau zu beschränken, das den innergemeinschaftlichen Handel am wenigsten einschränke. Mithin sei es ihnen verwehrt, einen ihren Ausgangsbedingungen entsprechenden optimalen Umweltschutz zu verwirklichen.[26]

Dennoch ist nicht zuletzt dem Wallonien-Urteil[27] eine Tendenz zu entnehmen, dem Um- 12 weltschutz im Verhältnis zum freien Warenverkehr eine **stärkere Stellung** einzuräumen. So stellt der Gerichtshof im Rahmen der Prüfung des Grundsatzes der Verhältnismäßigkeit für die Frage, ob das belgische Importverbot zum Schutz der Umwelt gerechtfertigt ist, auf das Ursprungsprinzip des Art. 174 (s. dort Rn. 31 ff.) ab und macht damit deutlich, daß **Art. 174 Leitlinien für die umweltverträgliche Ausübung der Marktfreiheiten aufstellt, die auch bei der Beurteilung der Zulässigkeit mitgliedstaatlicher Schutzmaßnahmen herangezogen** werden müssen.[28] Nach dem Urteil ist überdies die Diskriminierung anhand der Auswirkungen einer Maßnahme auf die Umwelt zu definieren.

---

22 A. *Epiney*/A. *Furrer*, Umweltschutz nach Maastricht, EuR 1992, S. 369 (402); *Palme* (Fn. 16), S. 47; *Schmitz* (Fn. 2), S. 250 f.; *Middeke* (Fn. 7), S. 353; unklar L. *Krämer*, in: GTE, EWGV, Art. 130t, Rn. 11 und 13.
23 EuGH, Rs. C-2/90, 9.7.1992, Slg. 1992, I-4431, Rn. 34 ff. (Wallonische Abfälle).
24 EuGH, Rs. C-203/96 (Fn. 18), Rn. 40 ff.; zustimmend D. H. *Scheuing*, Regulierung und Marktfreiheit im europäischen Umweltrecht, EuR 2001, S. 1 (6); *Notaro* (Fn. 6), S. 478 f.; ausführlicher Überblick anhand der Rechtsprechung bei T. *Lueder*, Binnenmarkt und Umweltschutz, ZUR 1993, S. 165 (167 ff.); L. *Krämer*, EEC-Treaty and Environmental Protection, London 1990, S. 35 ff.; I. *Pernice*, Auswirkungen des europäischen Binnenmarktes auf das Umweltrecht – Gemeinschafts(verfassungs-)rechtliche Grundlagen, NVwZ 1990, S. 201 (209)..
25 Beispiele bei M. *Zuleeg*, Umweltschutz in der Rechtsprechung des Europäischen Gerichtshofs, NJW 1993, S. 31 (34 f.), sowie *Lueder* (Fn. 23), S. 168 f..
26 So L. *Krämer*, Environmental Protection and Article 30 EEC Treaty, CMLRev. 1993, S. 111 (120 ff.).
27 EuGH, Rs. C-2/90 (Fn. 23), Rn. 30 ff.; dazu P. v. *Wilmowsky*, Abfall und freier Warenverkehr: Bestandsaufnahme nach dem EuGH-Urteil zum wallonischen Einfuhrverbot, EuR 1992, S. 414 ff..
28 Vgl. v. *Wilmowsky* (Fn. 27), S. 414 f.; *Zuleeg* (Fn. 25), S. 34; *Schröder* (Fn. 15), S. 833..

Daher ist nicht jede Ungleichbehandlung der Waren aus anderen Mitgliedstaaten schon eine verbotene Diskriminierung.[29]

13 Zur Frage der **Beweislast** hat der Gerichtshof im Rahmen des freien Warenverkehrs den Grundsatz entwickelt, daß der Beweis für die Erforderlichkeit der einzelstaatlichen Maßnahmen aufgrund einer Umweltgefährdung grundsätzlich dem jeweiligen Mitgliedstaat obliegt.[30] Falls aber das Risiko einer Gefährdung auf der Grundlage der vorhandenen wissenschaftlichen Erkenntnisse **nicht mit Sicherheit** festgestellt werden kann, bleibt den **Mitgliedstaaten ein Beurteilungs- und Gestaltungsspielraum** bezüglich der Frage, welchen Schutzgrad sie ihren Bürgern zukommen lassen wollen.[31] Dieser Ansatz korrespondiert dem in Art. 174 anerkannten Vorsorgeprinzip (s. dort Rn. 25 ff.).

III. Notifizierungspflicht

14 Eine analoge Bestimmung zu Art. 95 Abs. 5 und 6 wurde durch den Vertrag von Maastricht in Art. 176 Satz 3 eingefügt, nach der die Mitgliedstaaten verpflichtet sind, eine Schutzverstärkung der Kommission zu notifizieren. Anders aber als bei Art. 95 (s. dort Rn. 36 ff.) handelt es sich bei der Pflicht nach Satz 3, wie schon dessen Wortlaut im Vergleich zu dem des Art. 95 Abs. 6 (»billigen oder ablehnen«) deutlich macht, um eine bloße Meldepflicht im Nachhinein mit bloß **deklaratorischer** Wirkung. In der Folge ist die fragliche nationale Regelung auch ohne bzw. vor der Notifizierung anwendbar. Ein Verstoß gegen Satz 3 kann jedoch zu einem Vertragsverletzungsverfahren führen.[32] Die Art. 8 ff. der Richtlinie 98/34/EG über ein Informationsverfahren auf dem Gebiet der technischen Normen und technischen Vorschriften, derzufolge Vorschläge über neue Regelungen von der Kommission vorab zu prüfen sind, sind im Anwendungsbereich des als Primärrecht vorrangigen Art. 176 S. 3 nicht anwendbar.[33]

---

29 So *Zuleeg* (Fn. 25), S. 35 unter Berufung auf Rn. 34 des Urteils; ausführlich v. *Wilmowsky* (Fn. 27), S. 415 f.
30 EuGH, Rs. 227/82, 30.11.1983, Slg. 1983, 3883, Rn. 40 (Van Bennekom); Rs. 51/83, 11.7.1984, Slg. 1984, 2793, Rn. 17 (Kommission/Italien); Rs. 304/84, 6.5.1986, Slg. 1986, 1521, Rn. 25 (Muller); Rs. 178/84, 12.3.1987, Slg. 1987, 1227, Rn. 46 (Kommission/Deutschland); ebenso *Middeke* (Fn. 7), S. 356.
31 EuGH, Rs. 53/80, 5.2.1981, Slg. 1981, 409, Rn. 14 (Kaasfabriek Eyssen); Rs. 272/80, 17.12.1981, Slg. 1981, 3277, Rn. 12 (Frans-Nederlandse Maatschappij voor Biologische Producten).
32 *Epiney/Furrer* (Fn. 22), S. 401 f.; *Schmitz* (Fn. 2), S. 252; *Frenz* (Fn. 15), S. 210; *Jarass* (Fn. 8), S. 531.
33 Unklar im Ergebnis *Jarass* (Fn. 8), S. 531 mit Fn. 35.

Titel XX
(ex-Titel XVII)
Entwicklungszusammenarbeit

Art. 177 (ex-Art. 130u)

(1) Die Politik der Gemeinschaft auf dem Gebiet der Entwicklungszusammenarbeit[1 ff.], die eine Ergänzung der entsprechenden Politik der Mitgliedstaaten darstellt[10], fördert
- die nachhaltige wirtschaftliche und soziale Entwicklung[13 ff.] der Entwicklungsländer[11], insbesondere der am meisten benachteiligten[12] Entwicklungsländer;
- die harmonische, schrittweise Eingliederung der Entwicklungsländer in die Weltwirtschaft[15];
- die Bekämpfung der Armut in den Entwicklungsländern[15].

(2) Die Politik der Gemeinschaft in diesem Bereich trägt dazu bei, das allgemeine Ziel einer Fortentwicklung und Festigung der Demokratie und des Rechtsstaats sowie das Ziel der Wahrung der Menschenrechte und Grundfreiheiten zu verfolgen[16 ff.].

(3) Die Gemeinschaft und die Mitgliedstaaten kommen den im Rahmen der Vereinten Nationen und anderer zuständiger internationaler Organisationen gegebenen Zusagen nach und berücksichtigen die in diesem Rahmen gebilligten Zielsetzungen[19 f.].

Inhaltsübersicht:

I. Entwicklungszusammenarbeit	1
1. Handlungsformen der Entwicklungszusammenarbeit	2
2. Instrumente der Entwicklungszusammenarbeit	3
3. Finanzierung der Entwicklungszusammenarbeit	9
4. Verhältnis zur nationalen Entwicklungszusammenarbeit	10
5. Entwicklungsländer	11
II. Ziele der Entwicklungszusammenarbeit	13
1. Wirtschaftliche und soziale Entwicklung, Armutsbekämpfung	13
2. Menschenrechte, Demokratie und Rechtsstaat	16
III. Zusagen an internationale Organisationen	19

I. Entwicklungszusammenarbeit

1 Seit dem Maastrichter Vertrag dienen die Art. 177 ff. – neben Art. 133 und 310 – als Rechtsgrundlage für eine sachlich umfassende, globale Entwicklungszusammenarbeit der Gemeinschaft.[1] Der im Titel XX verwendete Begriff der **Entwicklungszusammenarbeit** gibt der gemeinschaftlichen Entwicklungspolitik weder spezielle Handlungsformen noch konkrete Instrumente vor. Er ist vielmehr offen für sämtliche Maßnahmen, die geeignet sind, die Ziele des Absätzes 1 und 2 zu verfolgen (Rn. 13 ff.).[2]

1. Handlungsformen der Entwicklungszusammenarbeit

2 In der Praxis ist der multilaterale bzw. bilaterale völkerrechtliche Vertrag die wichtigste **Handlungsform** der gemeinschaftlichen Entwicklungszusammenarbeit. Eine Vielzahl

---

1 Zur Entstehungsgeschichte vgl. *J. Cloos/G. Reinesch/D. Vignes/J. Weyland*, Le Traité de Maastricht, 1994, S. 346.
2 EuGH, Rs. C-268/94, Slg. 1996, I-6177, Rn. 37 (Portugal/Rat); GA *A. La Pergola*, Schlußantr. zu EuGH, Rs. C-268/94, a.a.O. Ziff. 17; s. Art. 179 Rn. 2 und Art. 181.

Art. 177 EG-Vertrag

der auf Art. 310 gestützten **Assoziierungsabkommen**[3] (s. dort Rn. 35 ff.) enthalten entwicklungspolitische Inhalte. Das Netz der Entwicklungsassoziation, das vor allem die Staaten in Afrika, im Karibischen Raum und im Pazifischen Ozean (V. AKP-EWG-Abkommen von Cotonou[4]) sowie die Staaten der Mittelmeerregion umspannt, wird durch **Kooperationsabkommen** mit den Staaten Asiens und Lateinamerikas ergänzt[5]. Letztere finden ihre Rechtsgrundlage in Art. 133 i.V.m. Art. 181 und sind im Gegensatz zu den Assoziierungsabkommen weniger institutionell verdichtet (s. Art. 310 Rn. 3 f.). Ferner wird die Gemeinschaft durch Beitritte zu **internationalen Übereinkünften**[6] entwicklungspolitisch tätig, vor allem mit dem Ziel der Stabilisierung der Rohstoffpreise[7]. Die Gemeinschaft hat im Laufe ihres Bestehens zahlreiche Hilfsprogramme entwickelt, die als autonome Instrumente unilateral ohne Verankerung in völkerrechtlichen Abkommen eingesetzt werden, z.b. im Bereich der Ernährungssicherung (s. Rn. 6), der Bevölkerungspolitik[8] und der Handelspräferenzen (s. Rn. 3). Weitere Felder internationaler Entwicklungspolitik erschließt sich die Gemeinschaft über die Zusammenarbeit mit internationalen Organisationen[9] und – auf der Grundlage der Art. 179[10], Art. 302 (s. dort Rn. 4) sowie Art. 274 – mit **Nichtregierungsorganisationen**[11].

2. Instrumente der Entwicklungszusammenarbeit

3 Die Gemeinschaft nutzt die genannten Handlungsformen, um verschiedene **entwicklungspolitische Instrumente** zum Einsatz zu bringen. Im Bereich ihrer **gemeinsamen Handelspolitik** räumt die Gemeinschaft den Entwicklungsländern einseitig begünstigende Handelspräferenzen ein. So gewährt sie vor allem den freien Zugang zum gemeinsamen Markt durch Abschaffung oder Absenkung der Zölle und der mengenmäßigen Beschränkungen. Diese Handelspräferenzen werden bei sog. »sensiblen Gütern« eingeschränkt[12]. Neben vertraglichen Präferenzabsprachen[13] (z.B. Art. 36 Abs. 3 V. AKP-

---

3 Quellennachweise zu den einzelnen Abkommen s. Art. 310 Fn. 110.
4 ABl.EG 2000 Nr. L 317/3 ff., s. Art. 179 Rn. 6 ff.
5 Quellennachweise zu den einzelnen Abkommen s. Art. 181 Fn. 6.
6 Zur Rechtsgrundlage der Beitritte vgl. EuGH, Gutachten 1/78, Slg. 1979, 2871, Rn. 41 ff. (Internationales Naturkautschuk-Übereinkommen).
7 Internationale Getreideübereinkunft von 1995, Getreidehandelsübereinkommen von 1995 und Nahrungsmittelhilfeübereinkommen von 1995, ABl.EG 1996 Nr. L 21/46 f.; Internationales Naturkautschuk-Übereinkommen von 1995, ABl.EG 1996 Nr. L 324/1; Internationales Kaffee-Übereinkommen von 1994, ABl.EG 1994 Nr. L 222/1; Internationales Kakao-Übereinkommen von 1993, ABl.EG 1994 Nr. L 52/25; Internationales Zucker-Übereinkommen von 1992, ABl.EG 1992 Nr. L 379/15; Internationales Übereinkommen über Jute und Juteerzeugnisse von 1989, ABl.EG 1991 Nr. L 29/1; Übereinkommen zur Gründung des Gemeinsamen Fonds für Rohstoffe, ABl.EG 1990 Nr. L 182/1; Übereinkommen über Olivenöl und Tafeloliven von 1986, ABl.EG 1987 Nr. L 214/1, zuletzt geändert durch ABl.EG 1993 Nr. L 298/37; Internationales Tropenholzübereinkommen von 1994, ABl.EG 1996 Nr. L 208/1.
8 VO (EG) Nr. 1484/97 des Rats über die Unterstützung der Entwicklungspolitiken und -programme in den Entwicklungsländern vom 22.7.1997, ABl.EG 1997 Nr. L 202/1.
9 *H. van den Broek*, Ein besonderer Partner, VN 1999, S. 189 ff.
10 VO (EG) Nr. 1658/98 über die Kofinanzierung von Maßnahmen mit in der Entwicklungszusammenarbeit tätigen europäischen Nichtregierungsorganisationen (NRO) in den für die Entwicklungsländer wichtigen Bereichen, ABl.EG 1998 Nr. L 213/1.
11 The Courier 1995 Nr. 156, Dossier NGO, S. 63 ff.; Bericht der Kommission, Dok. KOM (97) 427 endg. vom 1.10.1997; *A. Liebmann*, Leitfaden zur europäischen Entwicklungszusammenarbeit, Wien 1993, S. 81 ff.
12 Vgl. Anhang des V. AKP-Akommens von Cotonou, Protokoll Nr. 4 (Rindfleisch), Nr. 5 (Bananen), ABl.EG 2000 Nr. L 317/267 ff.
13 *J.-G. Huber*, Die präferenziellen Abkommen der EG mit dritten Staaten, 1981, S. 146 ff.

Abkommens von Cotonou i.V.m. Art. 167 ff. des IV. Lomé-Abkommens; Art. 3 Kooperationsabk. Indien) hat die Gemeinschaft ein autonomes **Allgemeines Präferenzsystem (APS)** eingerichtet, das ausgewählte Staaten je nach Ware und Entwicklungsstand ganz oder teilweise von dem Gemeinsamen Außenzoll befreit[14]. Die mit dem APS verbundenen Abweichungen von den GATT-Grundsätzen der Gegenseitigkeit und der allgemeinen Meistbegünstigung rechtfertigt sich aus dem Teil IV des **GATT 1994** (Art. XXXVI Ziff. 8 i.v.m. Anlage I)[15]. Als völkerrechtlich nicht bindendes Instrument ermöglicht das Allgemeine Präferenzsystem eine rasche Anpassung an geänderte Verhältnisse, z.B. als Reaktion auf Menschenrechtsverletzungen[16] oder Wirtschaftswachstum (Art. 6 der VO (EG) Nr. 3281/94[17]).

Die handelspolitischen Beihilfesysteme »**STABEX**« und »**SYSMIN**« des IV. Lomé-Abkommens (Art. 186 ff. und Art. 214 ff. des IV. Lomé-Abkommens[18]) sind im V. AKP-Abkommen von Cotonou durch ein offeneres Unterstützungssystem ersetzt worden. Der finanzielle Ausgleich, den die Gemeinschaft auch weiterhin den AKP-Staaten bei einer preisschwankungsbedingten Minderung der Exporterlöse gewährt, verliert mit Inkrafttreten des Cotonou-Abkommens[19] seinen früheren Automatismus und seine Begrenzung auf konkrete Handelsprodukte (Art. 68 i.v.m. Anhang II, Kapitel 3[20]). 4

Im Rahmen des autonomen Finanzinstruments »**EC Investment Partners**« fördert die Gemeinschaft private Investitionen in den Entwicklungsländern Lateinamerikas, Asiens, des Mittelmeerraums und Südafrikas, vor allem in Form von Joint-ventures zwischen Unternehmen der Gemeinschaft und kleinen und mittleren Unternehmen der begünstigten Entwicklungsländer[21]. Für die AKP-Staaten enthalten die Art. 74 ff. des V. AKP-Abkommens von Cotonou vergleichbare vertragliche Regelungen[22]. 5

Die teils vertraglich vereinbarte, teils autonom geleistete gemeinschaftliche **Nahrungsmittelhilfe** wurde lange als Verwertungsmaßnahme für subventionierte europäische Agrar- 6

---

14 VO (EG) Nr. 2820/98 über ein Mehrjahresschema allgemeiner Zollpräferenzen (1999 bis 2001), ABl.EG 1998 Nr. L 357/1, geändert VO (EG) Nr. 416/2001, ABl.EG 2001 Nr. L 60/43; im Schrifttum: *K. Friedrich*, Allgemeine Zollpräferenzen für Entwicklungsländer, RIW 1995, S. 315 ff.; *P. Hilpold*, Das neue Allgemeine Präferenzschema der EU, EuR 1996, S. 98 ff.
15 ABl.EG 1994 Nr. L 348/1.
16 Vorübergehender Ausschluß Birmas aus dem Allgemeinen Präferenzsystem wegen Zwangsarbeit, VO (EG) Nr. 552/97 des Rates vom 24.3.1997, ABl.EG 1997 Nr. L 85/8; im Schrifttum s.: *B. Brandtner/A. Rosas*, Human Rights and the External Relations of the European Community, EJIL 9 (1998), S. 468 (477 ff.).
17 ABl.EG 1994 Nr. L 348/1.
18 Zum alten System s. *A. Melnik*, Les causes de l'insuffisance des ressources de STABEX pour certaines années d'application, RMC 1992, S. 34 ff.; *N. Wagner/M. Kaiser*, Ökonomie der Entwicklungsländer, 1995, S. 166 ff.; *H. Martin*, Le SYSMIN, instrument de la coopération minière ACP-CEE et la Convention de Lomé IV, RMC 1991, S. 26 ff.; *E. Spittler*, Funktionsanalyse, Wirksamkeit und Alternativen der Sysmin-Regelung in den AKP-EWG-Abkommen vom Lomé, 1994.
19 Auslauf der Übergangsregelung zu STABEX und SYSMIN am 31.12.2000 gem. Art 2 des Beschlusses Nr.1/2000 des AKP-EG-Ministerrates vom 27.7.2000, ABL.EG 2000 Nr. L 195/46.
20 ABl.EG 2000 Nr. L 317/31 i.V.m. Anhang II des V. AKP-Akommens von Cotonou, Finanzierungsbedingungen Kapitel 3, ABl.EG 2000 Nr. L 317/71.
21 VO (EG) Nr. 772/2001 des Europäischen Parlaments und des Rates vom 4. April 2001, ABl.EG 2001 Nr. L 112/1.
22 Weiteranwendung der Art. 263–272 des VI. Lomé-Abkommens gem. Art. 2 des AKP-EG-Ministerratsbeschlusses Nr. 1/2000 (Fn. 19) bis zur Mittelschöpfung, spätestens bis zum Inkrafttreten des Cotonou-Abkommens.

überschüsse kritisiert[23]. Die Verordnung des Rates Nr. 1292/96 statuiert neue politische Vorgaben, z.B. durch die Betonung regionaler Konzepte zur Ernährungssicherung[24].

7 Neben der Nahrungsmittelhilfe leistet die Gemeinschaft **humanitäre Hilfe** und **Katastrophenhilfe**[25]. Soforthilfemaßnahmen für akute Notsituationen können in Rehabilitationsmaßnahmen übergehen[26]. Seit Januar 1993 erfolgt die Abwicklung aller humanitären Maßnahmen der Gemeinschaft durch das European Community Humanitarian Office (ECHO)[27], das etwa 83% der Finanzmittel an weltweit agierende Nichtregierungsorganisationen und internationale Organisationen (insbesondere die Sonderorganisationen der UN und das Internationale Komitee vom Roten Kreuz) weiterleitet[28].

8 Ein weiteres Kernstück der Entwicklungszusammenarbeit ist die Gewährung **finanzieller und technischer Hilfe** in Form von nichtrückzahlbaren Zuschüssen, Darlehen[29] sowie Programmen zur Förderung der Strukturanpassung, des Umweltschutzes[30], der Drogenbekämpfung[31], des Gesundheitswesens[32] und anderer Projekte von regionalem Interesse. Anders als bei den AKP-Staaten (Titel II und III des V. AKP-Abkommens von Cotonou) und Partnerländern des Mittelmeerraums (in den jeweiligen Protokollen über finanzielle und technische Zusammenarbeit[33]) ist die finanzielle und technische Hilfe für die Länder Asiens und Lateinamerikas nicht vertraglich fixiert, sondern wird durch Verordnungen des Rates festgelegt[34].

3. Finanzierung der Entwicklungszusammenarbeit

9 Die Finanzausstattung des V. AKP-Abkommens entstammt primär dem **Europäischen Entwicklungsfonds (EEF)**[35], einem unmittelbar von den Mitgliedstaaten konstituierten Sondervermögen ohne eigene Völkerrechtspersönlichkeit[36], das von Beiträgen der Mit-

---

23 Memorandum der Kommission zur Entwicklungspolitik vom 4.10.1982, Beilage 5/82 zu Bull.EG I-1983, S. 29; *M. Hartmann/P.-M. Schmitz*, Effects of the Common Agricultural Price Policy on the Third World, Journal of International Agriculture 1987, S. 341 ff.; *W. Schug*, Ambivalente, inconsistente y discriminatoria, in: Desarrollo y Cooperación, 1997, S. 28 f.
24 ABl.EG 1996 Nr. L 166/1.
25 VO (EG) Nr. 1257/96 des Rates vom 20. Juni 1996 über humanitäre Hilfe, ABl.EG 1996 Nr. L 163/1.
26 Mitteilung der Kommission, Verknüpfung von Soforthilfe, Rehabilitation und Entwicklung, Dok. KOM (2001), 153 endg. vom 23.4.2001.
27 Vgl. Gesamtbericht EU 1997, S. 309 ff.
28 Vgl. Sonderbericht Nr. 2/97 des Rechnungshofes über die humanitäre Hilfen der Europäischen Union zwischen 1992 und 1995, ABl.EG 1997 Nr. C 143/1.
29 S. Art. 179 Rn. 5.
30 VO (EG) Nr. 722/97 des Rates vom 25.4.1997 über Umweltaktionen in den Entwicklungsländern, ABl.EG 1997 Nr. L 108/1.
31 VO (EG) Nr. 2046/97 des Rates vom 21.10.97 über die Nord-Süd-Zusammenarbeit bei der Bekämpfung von Drogen und Drogenabhängigkeit, ABl.EG 1997 Nr. L 287/1.
32 VO (EG) Nr. 550/97 des Rates vom 24.3.97 über Aktionen zur HIV/Aids-Bekämpfung in Entwicklungsländern, ABl.EG 1997 Nr. L 68/1.
33 VO (EG) Nr. 1488/96 des Rates vom 23.7.1996, ABl.EG 1996 Nr. L 189/1.
34 VO (EWG) Nr. 443/92 des Rates vom 25.2.1992, Abl.EG 1992 Nr. L 52/1.
35 9. EEF, Finanzprotokoll des V. AKP-Abkommens von Cotonou, ABl.EG 2000 Nr. L 317/67; vgl. allgemein zu den Finanzquellen *Liebmann* (Fn. 11), S. 46 ff.
36 *T. Henze*, Aufgaben- und Ausgabenkompetenz der Europäischen Gemeinschaft und ihrer Mitgliedstaaten im Bereich der Entwicklungspolitik, EuR 1995, S. 76 (77); *J. Kranz*, Lomé, le dialogue et l'homme, R.T.D.E. 24 (1988), S. 451 (452, dort Fn. 6); *A. Weber*, in: GTE, EU-/EGV, Art. 238, Rn. 40.

gliedstaaten gespeist (s. Art. 179 Rn. 11) und von der Kommission unter Mitwirkung der Europäischen Investitionsbank und eines Ausschusses der EG-Mitgliedstaaten verwaltet wird[37]. Für die Zusammenarbeit mit den Entwicklungsländern außerhalb des AKP-Abkommens stellt der Gemeinschaftshaushalt Mittel bereit[38]. Je nach Assoziations- bzw. Kooperationsabkommen trägt zudem die **Europäische Investitionsbank (EIB)** mit Eigenmitteln zur Finanzierung der Entwicklungshilfeprojekte bei (s. Art. 179 Rn. 5). Weltweite Lebensmittelhilfe und humanitäre Hilfe werden sowohl aus dem EEF als auch aus dem Gemeinschaftshaushalt bestritten[39].

4. Verhältnis zur nationalen Entwicklungszusammenarbeit

Die Gemeinschaft **ergänzt** die nationale Politik ihrer Mitgliedstaaten auf dem Gebiet der Entwicklungszusammenarbeit, d.h. sie besitzt keine ausschließliche Zuständigkeit und beschränkt folglich nicht die Handlungsfähigkeit der Mitgliedstaaten[40] (s. Art. 180 Rn. 1: **parallele Kompetenz**[41]). 10

5. Entwicklungsländer

Die Gemeinschaft richtet ihre Politik der Entwicklungszusammenarbeit im Rahmen des Titels XX an die **Entwicklungsländer**, ohne diese abschließend zu benennen oder bestimmte Kriterien für ihre Bestimmung festzulegen. Die Entwicklungsländerlisten des Development Assistance Committee (DAC)[42], der Weltbankgruppe[43] und der Generalversammlung der Vereinten Nationen[44] sind für die Gemeinschaft rechtlich nicht verbindlich. 11

Art. 177 hebt im Rahmen seiner Zielvorgaben die **am meisten benachteiligten Entwicklungsländer** als Partner der Entwicklungspolitik der Gemeinschaft hervor. Die Wortwahl weist darauf hin, daß diese nicht mit den »am wenigsten entwickelten Ländern« identisch sein müssen, denen die Gemeinschaft im Rahmen der allgemeinen Handelspolitik bei der Vergabe allgemeiner Zollpräferenzen (APS) Sonderprivilegien einräumt (s. Rn. 3)[45]. Die ständig aktualisierte Länderliste des APS kann allerdings eine Entscheidungshilfe bieten, ohne die Gemeinschaft im Rahmen des Titels XX rechtlich zu binden. Die Gemeinschaft nimmt bei der Qualifizierung als Entwicklungsland i.S.d. Titels XX einen Beurteilungsspielraum in Anspruch, der vor allem für politische Erwägungen offen ist. So betrachtet die Gemeinschaft die **Staaten des östlichen Mitteleuropas** trotz des 12

---

37 Vgl. Internes Abk. über die Finanzierung und Verwaltung der Hilfen der Gemeinschaft im Rahmen des Finanzprotokolls des V. AKP-Abkommens von Cotonou, ABl.EG 2000 Nr. L 317/355.
38 Vgl. Gesamtbericht EU 1997, S. 406 ff., Tabelle 19 Ziff. 4.
39 Sonderbericht des Rechnungshofes Nr. 2/97 (Fn. 28).
40 EuGH, Rs. C-268/94, Slg. 1996, I-6177, Rn. 36 (Portugal/Rat); EuGH Rs. C-316/91, Slg. 1994, I-653, Rn. 26 (Parlament/Rat).
41 S. Art. 5 Rn. 33.
42 OECD, Development Cooperation, DAC-Report 2000, Liste der Entwicklungshilfeempfänger Teil I, abgedr. in. Dok. KOM (2000) 212 endg. vom 26.4.2000, S. 48 f.
43 Weltbank (Hrsg.), World Development Report 1992, S. XI.
44 General Assembly (GA), Resolution 3101 (XXVIII) vom 11.12.1973, bestätigt durch UN-Generalversammlung, Resolution 3374 B (XXX) vom 28.11.1975, vgl. hierzu *J. Betz*, in: Wolfrum (Hrsg.), Handbuch der Vereinten Nationen, 1991, Abschnitt 18, Rn. 8 ff.
45 Vgl. die Liste der am wenigsten entwickelten Staaten in der VO (EG) Nr. 2820/98, ABl.EG 1998 Nr. L 357/1, Anhang IV.

niedrigen Pro-Kopf-Bruttosozialprodukts nicht als Entwicklungsländer, sondern als »Länder, die den Übergang zur Marktwirtschaft anstreben«[46].

II. Ziele der Entwicklungszusammenarbeit

1. Wirtschaftliche und soziale Entwicklung, Armutsbekämpfung

13 Einer **nachhaltigen wirtschaftlichen und sozialen Entwicklung** dienen Maßnahmen zur Wiederherstellung des inneren und äußeren makroökonomischen Gleichgewichts – z.b. in den Bereichen Haushalt, Währung und Verschuldung – sowie Maßnahmen der Förderung lebensfähiger Wirtschaftsstrukturen. Gleichzeitig wird die Bewältigung sozialer (Folge-) Probleme – z.b. Bevölkerungswachstum, Umweltzerstörung, Frauendiskriminierung[47], Defizite im Bildungs- und Gesundheitswesen – von den Zielsetzungen der Absätze 1 und 2 mitumfaßt[48].

14 Die entsprechenden Maßnahmen und Projekte müssen eine **nachhaltige Entwicklung** (»sustainable development«) anstreben. Der Vertrag (s. auch Art. 2 Rn. 15 und Art. 6 Rn. 13 f.) greift mit diesem Kriterium einen Begriff auf, der 1987 durch den Brundtland-Bericht[49] der Weltkommission für Umwelt und Entwicklung (WCED) in die internationale Diskussion eingeführt wurde. Unter Anerkennung der Verflechtung von Umweltschutz und Entwicklung definiert die von der Generalversammlung der Vereinten Nationen eingesetzte Kommission »sustainable development« als Entwicklung, die die Bedürfnisse der Gegenwart befriedigt, ohne zu riskieren, daß künftige Generationen ihre eigenen Bedürfnisse nicht befriedigen können[50]. Die Vertragspraxis der Gemeinschaft weist darauf hin, daß dem Schutz der Umwelt und der natürlichen Ressourcen besondere Bedeutung für eine dauerhafte Entwicklung beigemessen wird (vgl. Art. 32 des V. AKP-Abkommens von Cotonou; Art. 16 Abs. 1 Kooperationsabk. Indien).

15 Die Zielbestimmungen **harmonische Eingliederung in die Weltwirtschaft**[51] und **Bekämpfung der Armut**[52] überschneiden sich mit dem Ziel der wirtschaftlichen und sozialen Entwicklung. Im Hinblick auf die Bekämpfung der Armut treten neben mittel- und langfristigen Projekten gezielte Maßnahmen zur Milderung konkreter Notstandssituationen[53].

2. Menschenrechte, Demokratie und Rechtsstaat

16 Abs. 2 bindet die Entwicklungszusammenarbeit der Gemeinschaft an den Schutz der **Menschenrechte** und an die Entwicklung von **Demokratie** und **Rechtsstaatlichkeit** in

---

46 Vgl. Fundstellenverzeichnis EU Teil I, Nr. 11.40.10.30.
47 VO (EG) Nr. 2836/98 des Rates vom 22.12.1998 über die Berücksichtigung der Geschlechterperspektiven bei der Entwicklungszusammenarbeit, ABl. 1998 Nr. L 354/5.
48 Mitteilung der Kommission über die Ermittlung der prioritären Bereiche für die Koordinierung der Politik der Entwicklungszusammenarbeit, Dok. KOM (93) 123 endg. vom 24.3.1993, S. 3 f.
49 Abgedr. in: V. *Hauff* (Hrsg.), Unsere Gemeinsame Zukunft – der Brundtland-Bericht der Weltkommission für Umwelt und Entwicklung, 1987.
50 *Hauff* (Fn. 49), S. 46; vgl. auch die Definition des Development Assistance Committee (DAC), Development Assistance Manual, 1992 Rn. 110.
51 Vgl. hierzu *A. Hecker*, in: Lenz, EGV, Art. 177, Rn. 8.
52 S. hierzu Doc. KOM (2000) 212 endg. vom 26.4.2000, S. 18 ff.
53 Dok. KOM (93) 123 (Fn. 48), S. 2 und 24; Dok. KOM (2001) 153 (Fn. 26).

den Entwicklungsländern (vgl. Art. 11 Abs. 1 letzter Spstr. EUV; Art. 181a Abs. 1 UAbs. 2)[54].

Obwohl jeder Staat grundsätzlich das Recht zur Gestaltung seines eigenen politischen Systems hat, kann die Gemeinschaft auf die Einhaltung der einschlägigen **Vertragsverpflichtungen** und – darüber hinaus – auf die Einhaltung der Mindeststandards des Völkergewohnheitsrechts (z.b. Internationaler Pakt für bürgerliche und politische Rechte von 1966, Allgemeine Erklärung der Menschenrechte von 1948) hinwirken[55]. Einseitige Bemühungen der EU um die Verwirklichung eines überobligatorischen Menschenrechts- und Demokratiestandards in Drittstaaten sind am völkerrechtlichen Interventionsverbot zu messen, das die Ausübung von politischem und wirtschaftlichem Zwang ab einer bestimmten Intensität verbietet. 17

In Umsetzung des Ratsbeschlusses vom Mai 1995[56] enthalten nunmehr alle Kooperations-, Assoziations- und Freihandelsabkommen der sog. dritten Generation **Menschenrechts- und Demokratieklauseln**. Als wesentliche Vertragsbestandteile ermöglichen sie der Gemeinschaft, nach den Grundsätzen des internationalen Vertragsrechts das Abkommen zu **suspendieren** oder zu **beenden** (s. Art. 300 Rn. 43 f.)[57]. 18

III. Zusagen an internationale Organisationen

Soweit Abs. 3 1. Hs. die Gemeinschaft verpflichtet, ihren **rechtlich bindenden Zusagen** gegenüber internationalen Organisationen nachzukommen, wird lediglich der allgemeine völkerrechtliche Grundsatz **pacta sunt servanda** deklaratorisch aufgegriffen[58]. Im Falle entsprechender völkerrechtlicher Verpflichtungen der Mitgliedstaaten inkorporiert Abs. 3 1. Hs diese in das Gemeinschaftsrecht und begründet bei Nichterfüllung eine Verantwortlichkeit der Mitgliedstaaten gegenüber der Gemeinschaft. Abs. 3 1. Hs. entfaltet darüber hinaus konstitutive Wirkung im Bereich der Zusagen zu Konzepten ohne völ- 19

---

54 EuGH Rs. C-268/94, Slg. 1996, I-6177, Rn. 23 f. (Portugal/Rat); im Schrifttum: *Brandtner/ Rosas* (Fn. 16), S. 473 ff.; W. *Benedek*, Die Bedeutung der Menschenrechte in der Entwicklungszusammenarbeit der Europäischen Union, Journal für Entwicklungspolitik 1994, S. 13 ff.; *F. Hoffmeister*, Menschenrechts- und Demokratieklauseln in den vertraglichen Außenbeziehungen der Europäischen Gemeinschaft, 1998; *I.-E. Hörndler*, Menschenrechte und Entwicklungshilfe, 1996; *E. H. Riedel/M. Will*, Human Rights Clauses in External Agreements of the EC, in: Alston, The EU and Human Rights, Oxford 1999, S. 723 ff.; *Ch. Pippan*, Demokratie durch Völkerrecht? in: FS. Ginther, 1999, S. 473 ff. m.w.N.
55 Vgl. Mitteilung der Kommission über Demokratisierung, Rechtsstaatlichkeit und verantwortungsvolle Staatsführung, Dok. KOM (98) 146 endg. vom 12.3.1998, S. 6 und 23; VO (EG) Nr 975/1999 des Rates vom 29. April 1999 zur Festlegung der Bedingungen für die Durchführung von Maßnahmen auf dem Gebiet der Entwicklungszusammenarbeit, ABl.EG 1999 Nr. L 120/1 (Art. 2); Sonderbericht des Rechnungshofes Nr. 12/2000 über die Verwaltung der EU-Unterstützung zugunsten der Förderung von Menschenrechten und Demokratie in Drittländern, ABl.EG 2000 Nr. C 230/1; Mitteilung der Kommission über die Rolle der Europäischen Union bei der Förderung der Menschenrechte und der Demokratie in Drittländern, Dok. KOM (2001) 252 endg. vom 8.5.2001.
56 Dok. KOM (95) 216 endg. vom 23.5.1995.
57 Vgl. EuGH, Rs. C-268/94, Slg. 1996, I-6177, Rn. 27 (Portugal/Rat); s. auch Art. 2 Abs. 3 VO des Rates Nr. 443/92 (Fn. 34); GA *A. La Pergola*, Schlußantr. zu EuGH Rs. C-268/94, Slg. 1996, I-6177, Ziff. 28: *Pergola* nimmt konkret Bezug auf Art. 60 Ziff. 3 lit. b Wiener Übereinkommen über das Recht der Verträge Internationaler Organisationen von 1986 (I.L.M. 1986, S. 543 ff.).
58 *A. Zimmermann*, in: HER, Art. 130u, Rn. 70.

kerrechtliche Bindewirkung (»**soft law**«)[59]. Ihre Mißachtung durch die Mitgliedstaaten bzw. die Gemeinschaft stellt einen Bruch des Gemeinschaftsrechts dar[60], der aufgrund der Wirkung des Vertrages inter partes allerdings nicht von den betroffenen internationalen Organisationen geltend gemacht werden kann.

20 Die entwicklungspolitischen **Zielsetzungen** internationaler Organisationen - denen nach allgemeinem Völkerrecht keine Außenwirkung zukommt – sind von der Gemeinschaft gleichwohl zu **berücksichtigen**. Die Mitgliedstaaten bzw. die Gemeinschaft haben ihre jeweilige Entwicklungspolitik zum Zwecke der Kohärenz den Entwicklungsstrategien der internationalen Organisationen und Gremien anzunähern,[61] ohne daß Abs. 3 2. Hs. zugleich eine Befolgungspflicht anordnet[62].

---

[59] Vgl. Entschließung des Rates und der im Rat vereinigten Mitgliedstaaten über die Entwicklungszusammenarbeit bis zum Jahr 2000 vom 18.12.1992, abgedruckt in: The Courier, Nr. 137, 1993, S. 8 f. (Nr. 13).
[60] A. *Zimmermann/B. Martenczuk*, in: Schwarze, EU-Kommentar, Art. 177, Rn. 27.
[61] Vgl. die Erklärung des Rates und der Kommission über die Entwicklungspolitik der Europäischen Gemeinschaft vom 10. November 2000 (bisher unveröffentlicht); Dok. KOM (2001) 153 endg. vom 23.4.2001, S. 12.
[62] A. *Zimmermann*, in: HER, Art. 130u, Rn. 73.

Art. 178 (ex-Art. 130v)

Die Gemeinschaft berücksichtigt[1 f.] die Ziele des Artikels 177 bei den von ihr verfolgten Politiken[3 f.], welche die Entwicklungsländer berühren können.

Die Gemeinschaft ist verpflichtet, die entwicklungspolitischen Ziele des Art. 177 Abs. 1 und 2 (s. dort Rn. 13 ff.) im Rahmen ihrer übrigen Politiken (s. Art. 3) zu **berücksichtigen**, d.h. sie zur Herstellung der **inhaltlichen Stimmigkeit** aller Maßnahmen in ihre Entscheidungsprozesse einzubeziehen[1]. Ob und inwieweit die entwicklungspolitischen Ziele in anderen Politikbereichen zu einer konkreten **Rechts- oder Politikänderung** führen, liegt im **nichtjustitiablen politischen Entscheidungsspielraum** des zuständigen Organs[2]. 1

Dieses »**Kohärenzgebot**« (s. auch Art. 3 EUV) verpflichtet **alle Organe der Gemeinschaft**, nicht jedoch die Mitgliedstaaten[3]. 2

Art. 178 bezieht sich auf alle in Art. 3 aufgeführten Politiken der Gemeinschaft soweit sie Bezüge zur Entwicklungspolitik aufweisen (»**Querschnittsklausel**«[4]), wobei faktisch der gemeinsamen Handels- (Art. 3 Abs. 1 lit. b), Agrar- (Art. 3 Abs. 1 lit. e) und Umweltpolitik (Art. 3 Abs. 1 lit. l) besondere Bedeutung zukommt. 3

Art. 3 Abs. 2 EUV verpflichtet die Union zur Achtung der Kohärenz **aller außenpolitischen Maßnahmen** im Rahmen ihrer Außen-, Sicherheits-, Wirtschafts- und Entwicklungspolitik. Soweit sich folglich der Rat mit Fragen der **Gemeinsamen Außen- und Sicherheitspolitik** (GASP, Titel V des EUV) befaßt, hat er – unter Beachtung der Zuständigkeiten nach dem EGV z. B. im Hinblick auf Initiativrechte und Beschlussfassungsmodalitäten[5] – die entwicklungspolitische Zielsetzung des Art. 177 zu berücksichtigen (s. Art. 13 Abs. 3 UAbs. 3 EUV)[6]. 4

---

1 M. Hilf/E. Pache, in: Grabitz/Hilf, EU, Art. C Rn. 9; P.-C. Müller-Graff, Europäische Zusammenarbeit und Gemeinsame Außen- und Sicherheitspolitik, integration 1993, S. 147 (150).
2 R. Lane, New Community Competences under the Maastricht Treaty, CMLRev. 1993, S. 941 (978); G. Schmidt, Zum Verhältnis des neuen Verfassungsrechts der Entwicklungspolitik der Europäischen Union zum Wirtschaftsrecht, RIW 1995, S. 268 (271); ders., Kohärenz und Konflikte des Agrarrechts und des Rechts der Entwicklungszusammenarbeit, Agrarrecht 1997, S. 169 (171); A. Zimmermann, in: HER, Art. 130v, Rn. 2; a.A. A. Hecker, in: Lenz, EGV, Art. 178, Rn. 1.
3 Schmidt (Fn. 2), S. 270; A. Zimmermann, in: HER, Art. 130v, Rn. 2.
4 Mitteilung der Kommission, Dok KOM (2000) 212 endg. vom 26.4.2000; s. im einzelnen z.B. den Aktionsplan zur Erhaltung der biologischen Vielfalt im Rahmen der Wirtschafts- und Entwicklungszusammenarbeit, Dok KOM (2001) 162 endg. vom 27.3.2001.
5 J.-P. Jacqué, in: GTE, EU-/EGV, Art. D, Rn. 10.
6 Vgl. Entschließung des Rates zur Kohärenz der Entwicklungszusammenarbeit der Europäischen Gemeinschaft und ihrer anderen Politiken, Bull.EG 6-1997, Ziff. 1.4.52; im Schrifttum: Schmidt (Fn. 2), S. 270.

Art. 179 (ex-Art. 130w)

(1) Unbeschadet der übrigen Bestimmungen dieses Vertrages erläßt der Rat gemäß dem Verfahren des Artikels 251[1] die zur Verfolgung der Ziele des Artikels 177 erforderlichen Maßnahmen[2]. Diese Maßnahmen können die Form von Mehrjahresprogrammen annehmen[2].

(2) Die Europäische Investitionsbank trägt nach Maßgabe ihrer Satzung zur Durchführung der Maßnahmen im Sinne des Absatzes 1 bei[5].

(3) Dieser Artikel berührt[9 ff.] nicht die Zusammenarbeit mit den Ländern Afrikas, des Karibischen Raumes und des Pazifischen Ozeans im Rahmen des AKP-EG-Abkommens[6 ff.].

Inhaltsübersicht:

I. Art. 179 Abs. 1: Maßnahmen der Entwicklungszusammenarbeit	1
II. Art. 179 Abs. 2: Die Europäische Investitionsbank	5
III. Art. 179 Abs. 3	6
1. Das V. AKP-EG-Partnerschaftsabkommen von Cotonou	6
2. Sonderstatus des AKP-EG-Abkommens	9

I. Art. 179 Abs. 1: Maßnahmen der Entwicklungszusammenarbeit

1 Abs. 1 ist die Kompetenzgrundlage für eine eigene Politik der Gemeinschaft im Bereich der Entwicklungszusammenarbeit[1]. Er bestimmt die Zuständigkeit des Rates als handelndes Organ sowie das einzuschlagende **Beschlußfassungsverfahren**, das dem Parlament ein **Mitentscheidungsrecht** einräumt (s. Art. 251). Der Vertrag von Amsterdam hat damit zu einer Aufwertung der Rolle des Parlaments auf dem Gebiet der Entwicklungszusammenarbeit geführt, nachdem der Vertrag von Maastricht nur das Verfahren der Zusammenarbeit nach Art. 189c a.F. (jetzt Art. 252) verlangte.

2 Der Rat erläßt im Wege des Mitentscheidungsverfahrens nach Art. 251 »**Maßnahmen**« der Entwicklungszusammenarbeit. Der nicht definierte Begriff ist im Kontext der Ziele des Art. 177 weit zu verstehen. Er umfaßt nicht nur Rechtsakte i.S.d. Art. 249[2], sondern auch andere formal nicht gekennzeichnete Handlungsformen mit externer bzw. interner Rechtswirkung oder mit lediglich politischer Verpflichtungswirkung, z.B. Beschlüsse, Entschließungen und (Mehrjahres-) Programme[3]. Auf letztere nimmt Abs. 1 konkret Bezug.

3 Aufgrund der spezielleren Kompetenznormen Art. 181 und 310 fallen unter Abs. 1 keine **völkerrechtlichen Vertragsschlüsse** auf dem Gebiet der Entwicklungszusammenarbeit. Abs. 1 umfaßt damit nur »Maßnahmen«, die entweder autonome Instrumente der Entwicklungszusammenarbeit begründen (s. Art. 177 Rn. 3 ff.) oder die konkrete Bestimmungen völkerrechtlicher Abkommen umsetzen (Durchführungsmaßnahmen)[4].

---

1 GA *A. La Pergola*, Schlußantr. zu EuGH, Rs. C-268/94, Slg. 1996, I-6177, Ziff. 17 (Portugal/Rat).
2 Z.B. VO (EG) Nr. 975/1999 des Rates vom 29. April 1999 zur Festlegung der Bedingungen für die Durchführung von Maßnahmen auf dem Gebiet der Entwicklungszusammenarbeit, ABl.EG 1999 Nr. L 120/1.
3 *A. Zimmermann*, in: HER, Art. 130w, Rn. 10; Vgl. auch *H.-J. Blanke*, in: Grabitz/Hilf, EU, Art. 126, 127, Rn. 42.
4 Vgl. GA *A. La Pergola*, Schlußantr. zu EuGH, Rs. C-268/94, Ziff. 17, Fn. 16 (Portugal/Rat).

Inhaltlich müssen diese Maßnahmen nach ihrem **wesentlichen Gegenstand** den Zielen 4
des Art. 177 dienen[5]. Soweit der materielle Schwerpunkt einer Maßnahmen in anderen
Politikbereichen liegt (z.b. gemeinsame Handelspolitik), hat Abs. 1 den dafür einschlägigen Kompetenzgrundlagen zu weichen (»**unbeschadet der übrigen Bestimmungen**«),
auch wenn die betreffende Maßnahme unmittelbar im Zusammenhang mit der Politik
der Entwicklungszusammenarbeit steht[6].

II. Art. 179 Abs. 2: Die Europäische Investitionsbank

Abs. 2 kodifiziert die seit dem **ersten Abkommen von Jaunde** (1963) bestehende Praxis 5
der EIB, Entwicklungshilfeprojekte nach Maßgabe ihrer Satzung aus Eigenmitteln zu finanzieren (s. Art. 9 und 266 f.)[7]. Die EIB vergibt zinsgünstige **Darlehen** für nationale
und regionale Vorhaben (z.B. mit Inkrafttreten des V. AKP-Abkommens von Cotonou
Art. 4 des Anhang II[8]).

III. Art. 179 Abs. 3

1. Das V. AKP-EG-Partnerschaftsabkommen von Cotonou

Das Kernstück der entwicklungspolitischen Zusammenarbeit der Gemeinschaft mit den 6
AKP-Staaten war bis zum 2. August 2000 das IV. Abkommen von Lomé. Am 23. Juni
2000 haben 76 Staaten des afrikanischen, karibischen und pazifischen Raums einerseits
– zumeist ehemalige Kolonien der EG-Mitgliedstaaten – und die EG und ihre Mitgliedstaaten andererseits das V. **AKP-Partnerschaftsabkommen von Cotonou** als gemischtes
Assoziierungsabkommen[9] für einen Zeitraum von 20 Jahren geschlossen (Ablauf:
1. März 2020). Das neue AKP-EG-Abkommen reformiert die seit Lomé etablierten partnerschaftlichen Strukturen, ohne den acquis in Frage zu stellen. Das Abkommen ist aufgrund der noch ausstehenden Ratifizierung durch die Vertragspartner bzw. Genehmigung durch die EG noch nicht in Kraft (Stand Juli 2001). Es wird allerdings schon jetzt
gemäß des Beschlusses des AKP-EG-Ministerrates Nr. 1/2000 in weiten Teilen vorläufig
angewandt[10].

Das im Gegensatz zum IV. Lomé-Abkommen übersichtliche Vertragswerk von Cotonou 7
statuiert eine umfassende wirtschaftliche, politische und kulturelle Zusammenarbeit
zwischen der Gemeinschaft und den AKP-Staaten[11]. In Pflicht zum politischen Dialog

---

5 EuGH, Rs. C-268/94, Slg. 1996, I-6177, Rn. 39 (Portugal/Rat); im Schrifttum: *A. Zimmermann*, in: HER, Art. 130w, Rn. 9.
6 Vgl. GA *A. Pergola*, Schlußantr. zu EuGH, Rs. C-268/94, Ziff. 21 (Portugal/Rat).
7 *B. Brandtner/C. Pirzio-Biroli*, Die Entwicklungspolitik der EU und die Beziehungen zu den Staaten der Dritten Welt, in: Handbuch der Europäischen Integration, S. 599; *A. Zimmermann*, in: HER, Art. 130w, Rn. 12.
8 Anhang II Kapitel 1 ist von der vorl_ufigen Anwendung nach Art. 1 des Beschlusses des AKP-EG-Ministerrates ausgenommen, ABL.EG 2000 Nr. L 195/46.
9 ABL.EG 2000 Nr. L 317/3 ff.; zum gemischten Assoziierungsabkommen s. Art. 310 Rn. 18, Art. 300 Rn. 25 ff.
10 Beschluss Nr. 1/2000 des AKP-EG-Ministerrates vom 27. Juli 2000 über die Übergangsmaßnahmen für den Zeitraum zwischen dem 2. August 2000 und dem Inkrafttreten des AKP-EG-Partnerschaftsabkommens, ABl.EG 2000 Nr. L. 195/46. Zur Weitergeltung der Regelungen des IV. Lomé-Abkommens über die Investitionsförderung s. Art. 177 Rn. 5 Fn. 22.
11 Zur Organstruktur vgl. Art. 310 Rn. 21 ff.; zum Abkommen und seiner Entstehungsgeschichte s. *B. Martenczuk*, From Lomé to Cotonou, European Foreign Affairs Review 5 (2000), S. 461 ff.

rückt das Individuum mit seinen Menschen- und Bürgerrechten sowie die zwischenstaatliche Konfliktprävention in den Vordergrund der Beziehungen (Art. 6–11 d. Abk.). Die Kooperation selbst konzentriert sich nicht nur auf handelspolitische, wirtschaftliche und soziale Aspekte, sondern auch auf Querschnittsbereiche wie Umwelt, geschlechterspezifische Fragen und den Aufbau institutioneller Strukturen zur Unterstützung von Demokratie und Rechtsstaatlichkeit (Art. 31 ff. d. Abk.). Art. 96 sieht ein Konsultationsverfahren vor, das im Fall der Verletzung der Menschenrechte, demokratischer Grundprinzipien und des Rechtsstaatsprinzips (Art. 9 d. Abk.) durch einen Vertragspartner zu Reaktionsmaßnahmen der anderen Vertragspartner führen kann. Die Suspendierung des Abkommens darf nur ultima ratio sein (Art. 96 Abs. 2 lit. c des Abk.).

8 Die Instrumente der Entwicklungsfinanzierung sind mit Cotonou entschlackt worden, z.B. durch den Wegfall von STABEX und SYSMIN (s. Art 177 Rn. 4). Die Finanzhilfen der EG in einem Gesamtvolumen von 15.200 Mill. EURO (1.3.2000–1.3.2005) werden im wesentlichen aus dem 9. EEF geschöpft (1. Finanzprotokoll[12]), z.T. auch aus Eigenmitteln der EIB als Darlehen bereitgestellt.

2. Sonderstatus des AKP-EG-Abkommens

9 Abs. 3 stellt die historisch gewachsene besondere Rolle der Entwicklungsassoziierung durch die insgesamt vier AKP-E(W)G-Abkommen von Lomé heraus, nunmehr grundlegend reformiert durch das V. AKP-EG-Abkommen von Cotonou[13].

10 Als **lex specialis** befreit Abs. 3 die entwicklungspolitischen Maßnahmen (s. Rn. 2) der Gemeinschaft von den Vorgaben des Abs. 1, soweit diese der **Durchführung** des AKP-EG-Abkommens dienen. Entgegen der im Schrifttum vertretenen Auffassung sichert die Unberührtheitsklausel nicht den historisch begründeten völkerrechtlichen Vertragsschluß mit den AKP-Staaten als **gemischtes Assoziierungsabkommen** (s. Art. 310 Rn. 18, Art. 300 Rn. 25 ff.), z.B. unter dem Gesichtspunkt des anspruchsvollen innergemeinschaftlichen Verfahrens beim Abschluß der Verträge (Art. 300 Abs. 2 und 3: Einstimmigkeit im Rat, Zustimmung des Parlaments)[14]. Im Hinblick auf die Rechtsgrundlage des AKP-EG-Vertragsschlusses läßt sich weder dem Wortlaut des Abs. 3 noch seinem Sinn und Zweck entnehmen, daß mit Abs. 3 eine gemeinschaftsrechtliche Festlegung auf die Rechtsgrundlage des Art. 310 erfolgt wäre, unter Ausschluß des völkerrechtlichen Vertragsschlusses auf Basis der Kompetenznorm Art. 181 (Kooperationsabkommen).

11 Primär soll Abs. 3 sicherstellen, daß der von den Mitgliedstaaten konstituierte und aus den eigenen Haushalten finanzierte **Europäische Entwicklungsfonds** (s. Art. 177 Rn. 9) auch weiterhin außerhalb des Gemeinschaftshaushalts steht[15] und damit der Kontrolle des Parlaments entzogen bleibt (Art. 279)[16]. Der EuGH hat diese Praxis mit dem Hinweis auf die **parallele Kompetenz** (s. Art. 180 Rn. 1) auf dem Gebiet der Entwicklungshilfe abgesegnet und sie zugleich zur Disposition der Gemeinschaft und der Mitgliedstaaten gestellt[17].

---

12 ABl.EG 2000 Nr. L. 317/67; zum EEF s. Art. 177 Rn. 9.
13 Zur historischen Entwicklung vgl. A. *Zimmermann*, in: HER, Art. 130u, Rn. 1 ff.
14 A.A. A. *Hecker*, in: Lenz, EGV, Art. 179, Rn. 2; A. *Zimmermann*, in: HER, Art. 130w, Rn. 17; A. *Zimmermann/B. Martenczuk*, in: Schwarze, EU-Kommentar, Art. 179, Rn. 8.
15 Vgl. Erklärung Nr. 12 der Maastrichter Regierungskonferenz, abgedr. in: GTE Bd. 5, S. 1194.
16 L. *Box/A. Kovlaimah-Gabriel*, Towards Coherence?, in: European Centre for Development Policy Management, Workingpaper No. 21, S. 6; A. *Zimmermann*, in: HER, Art. 130w, Rn. 17.
17 EuGH Rs. C-316/91, Slg. 1994, I-625, Rn. 33 ff. (Parlament/Rat).

Das Verfahren bei der **internen** Festlegung des **Standpunkts der Gemeinschaft** im AKP-EG-Ministerrat, dem verbindlich beschlußfassenden Organ des AKP-EG-Abkommens (Art. 15 d. Abk.), richtet sich seit dem Amsterdamer Vertrag nach Art. 300 Abs. 2 UAbs. 2 (s. dort Rn. 45 ff.). Soweit im Ministerrat Fragen verhandelt werden, die auch oder ausschließlich in die Zuständigkeit der Mitgliedstaaten fallen, gilt Art. 1 des Internen Abkommens vom 18.9.2000[18]: Die interne Abstimmung der Mitgliedstaaten und der Gemeinschaft erfolgt nach Anhörung der Kommission durch **einstimmigen Ratsbeschluß**.

12

Sind die AKP-Staaten **außerhalb** des AKP-EG-Abkommens Adressaten von entwicklungspolitischen Maßnahmen – was Abs. 3 nicht verbietet[19] – bestimmt sich die Zuständigkeit und das Verfahren der Beschlußfassung nach Abs. 1 Satz 1 i.V.m. Art. 251[20]. Der Republik Südafrika räumt das Cotonou-Abkommen einen Sonderstatus ein (Protokoll Nr. 3[21]). Soweit das Cotonou-Abkommen hiernach für Südafrika unanwendbar bleibt, sind die entwicklungspolitischen Maßnahmen der EG, die u.a. zur Durchführung des Südafrika-EG-Kooperationsabkommens[22] notwendig werden, ebenfalls nach Abs. 1 i.V.m. Art. 251 zu beschließen[23].

13

---

18 Internes Abkommen, Abl.EG 2000 Nr. L 317/376; Beschluß zur vorläufigen Anwendung, Abl.EG 2000 Nr. L 317/375.
19 *A. Zimmermann/Martenczuk* (Fn. 14), Rn. 9
20 *A. Zimmermann*, in: HER, Art. 130w, Rn. 17.
21 ABl.EG 2000 Nr. L 317/284.
22 ABl.EG 1999 Nr. L 311/1.
23 VO (EG) Nr. 1726/2000 des Europäischen Parlamentes und des Rates vom 29. Juni 2000 über die Entwicklungszusammenarbeit mit Südafrika, ABl.EG 2000 Nr. L 198/1.

Art. 180 (ex-Art. 130x)

(1) Die Gemeinschaft und die Mitgliedstaaten koordinieren[1 ff.] ihre Politik auf dem Gebiet der Entwicklungszusammenarbeit und stimmen ihre Hilfsprogramme, auch in internationalen Organisationen und auf internationalen Konferenzen[6], ab. Sie können gemeinsame Maßnahmen ergreifen[7 f.]. Die Mitgliedstaaten tragen erforderlichenfalls zur Durchführung der Hilfsprogramme der Gemeinschaft bei[9 f.].

(2) Die Kommission kann alle Initiativen ergreifen, die der in Absatz 1 genannten Koordinierung förderlich sind[11].

Inhaltsübersicht:

I. Art. 180 Abs. 1	1
1. Koordination	1
a) Kompetenzverteilung	1
b) Inhalt und Instrumente der Koordinierung	3
2. Kooperation	7
3. Mitwirkung an Hilfsprogrammen der Gemeinschaft	9
II. Art. 180 Abs. 2: Initiativrecht der Kommission	11

I. Art. 180 Abs. 1

1. Koordination

a) Kompetenzverteilung

1 Die Koordinationspflicht des Abs. 1 verdeutlicht in der Zusammenschau mit Art. 177 (s. dort Rn. 10), daß die Gemeinschaft auf dem Gebiet der Entwicklungszusammenarbeit keine ausschließliche, sondern eine **parallele Kompetenz**[1] besitzt (s. Art. 5 Rn. 33), die gemeinsame Maßnahmen mit den Mitgliedstaaten ermöglicht und das Koordinieren der Aktionen erfordert[2]. Eine ausschließliche Kompetenz der Gemeinschaft besteht nur, soweit entwicklungspolitisch motivierte Maßnahmen nach ihrem wesentlichen Gegenstand in den Bereich der Handels- und Agrarpolitik fallen (s. Art. 179 Rn. 3 f.)[3].

2 Aus der parallelen Kompetenz folgt die Anwendbarkeit des **Subsidiaritätsprinzips** (Art. 5 Abs. 2)[4]. Im Rahmen der Koordination der koexistierenden Entwicklungspolitiken ist daher immer zu prüfen, ob bei überlappendem Tätigwerden die Dimension der globalen Entwicklungspolitik die Mittel einzelner Mitgliedstaaten übersteigt[5].

---

1 GA *A. La Pergola*, Schlußantr. zu EuGH, Rs. C-268/94, Slg. 1996, I-6177, Ziff. 16 (Portugal/Rat): »ohne Rangordnung«; im Schrifttum: *C. Flaesch-Mougin*, Le Traité de Maastricht et les compétences externes de la Communauté européenne, C.D.E. 29 (1993), S. 351 (364); *A. Zimmermann*, in: HER, Art. 130x, Rn. 2.
2 EuGH, Rs. C-268/94, Slg. 1996, I-6177, Rn. 36 (Portugal/Rat); Rs. C-316/91, Slg. 1994, I-625, Rn. 26 f. (Parlament/Rat); im Schrifttum: *T. Henze*, Aufgaben- und Ausgabenkompetenz der Europäischen Gemeinschaft und ihrer Mitgliedstaaten im Bereich der Entwicklungspolitik, EuR 1995, S. 76, 81; *A. Rosas*, Mixed Union – Mixed Agreements, in: Koskenniemi (Hrsg.), International Aspekts of the European Union, Hague/London/Boston 1998, S. 125 (131 f.).
3 *Henze* (Fn. 2), S. 81.
4 Vgl. *G. Schmidt*, Zum Verhältnis des neuen Verfassungsrechts der Entwicklungspolitik der Europäischen Union zum Wirtschaftsrecht, RIW 1995, S. 268 f.
5 Vgl. hierzu Bundesministerium für wirtschaftliche Zusammenarbeit und Entwicklung (Hrsg.), Stellungnahme des Wissenschaftlichen Beirats, in: Entwicklungspolitik BMZ aktuell, Bd. März 1993, S. 3 ff.; *M. Urban*, Die Koordinierung der Entwicklungszusammenarbeit unter EU-Gebern, 1997, S. 84 f.

b) Inhalt und Instrumente der Koordinierung

Vor Einführung des Titels XX beruhte die Koordination zwischen der Gemeinschaft und den Mitgliedstaaten auf einem freiwilligen »à la carte« Konzept[6]. Abs. 1 statuiert nunmehr eine **Koordinierungspflicht** im Sinne eines Gebotes, die nationalen und gemeinschaftlichen Entwicklungspolitiken komplementär zu gestalten[7]. Das Hauptziel dieser Kooperationspflicht ist die Steigerung der **Effizienz** der Entwicklungszusammenarbeit durch Vermeidung von Doppelprojekten und gegenläufigen Maßnahmen[8]. Die Abstimmung der Hilfsprogramme wird in Abs. 1 exemplarisch genannt. 3

Die auf **politischer Ebene** notwendige Koordination erfolgt vor allem ad hoc in den zuständigen Gruppen des Rates oder zwischen Vertretern der Kommission und der Mitgliedstaaten[9]. Bedeutung kann auch das Instrument der Entschließung des Rates und der Vertreter der Regierungen der Mitgliedstaaten erlangen. 4

Der Koordination bedarf es zudem auf **operationeller Ebene**, z.b. durch Informationsaustausch und Kontakte mit den Empfängerländern unter Ausnutzung vorhandener Gremien (z.b. EEF-Ausschuß, ECHO, Verwaltungsausschüsse der Kooperationsabkommen)[10]. 5

Daneben besteht die Verpflichtung zur Koordination auf **internationaler Ebene** in Internationalen Organisationen und auf Internationalen Kongressen, so z.b. in den Institutionen von Bretton Woods (Internationaler Währungsfonds, Weltbank) und auf internationalen Konferenz[11]. Ziel der Koordination zwischen den Mitgliedstaaten und der EG soll es sein, einen gemeinsamen Standpunkt in den internationalen Gremien vertreten zu können.[12] 6

2. Kooperation

Abs. 1 stellt es in das **Ermessen** der Gemeinschaft bzw. der Mitgliedstaaten, im Rahmen ihrer Entwicklungspolitik gemeinsame Maßnahmen zu ergreifen, z.b. durch die gemeinsame Entwicklung, Finanzierung und Verwaltung von Projekten, die den Zielen des Art. 177 dienen (s. dort Rn. 13 ff.). 7

»**Gemeinsame Maßnahmen**« i.S.d. Abs. 1 können sowohl in einem faktischen gemeinsamen Vorgehen als auch im Abschluß gemischter Abkommen mit Drittstaaten bestehen[13]. Das gemeinschaftsinterne Verfahren richtet sich nach den jeweils einschlägigen Vorschriften (Art. 181 Abs. 1 i.V.m. Art. 300). 8

---

6 Dok. KOM (93) 195 endg. vom 10.5.1993, S. 2.
7 *Geiger*, EUV/EGV, Art. 180, Rn. 1.
8 Dok. KOM (2000) 212 endg. vom 26.4.2000, S. 15; Dok. KOM (93) 123 endg. vom 24.3.1993, S. 2; vgl. auch Schmidt, (Fn. 4), S. 269.
9 *J. Wedening*, Horizont 2000, Journal für Entwicklungspolitik 1994, S. 229 (238).
10 Vgl. Mitteilung der Kommission über die Verfahren für die Kooperation zwischen der Gemeinschaft und den Mitgliedstaaten auf politischer und operationeller Ebene vom 10.5.1993, KOM (93) 195 endg.; Schlußfolgerung des Rates zur operativen Koordinierung zwischen der Gemeinschaft und ihren Mitgliedstaaten, Bull.EU 6-1997, Ziff. 1.4.53; kritisch *Urban* (Fn. 5), S. 97 f.
11 Dok. KOM (2001) 211 endg. vom 11.4.2001, S. 30 ff.; im Schrifttum: *K. Focke*, Die entwicklungspolitische Rolle des Europäischen Parlaments, in: Nuscheler/Schmuck (Hrsg.), Die Südpolitik der EG, 1992, S. 59 ff.; *Wedening* (Fn. 9), S. 233.
12 Mitteilung der Kommission, Die Entwicklungspolitik der Europäischen Gemeinschaft, Dok KOM (2000) 212 endg. vom 26.4.2000, S. 15.
13 Vgl. EuGH, Rs. C-316/91, Slg. 1994, I-625, Rn. 34 ff. (Parlament/Rat), zu den gemischten Abkommen s. Art. 300, Rn. 25.

3. Mitwirkung an Hilfsprogrammen der Gemeinschaft

9 Soweit die Gemeinschaft tatsächlich oder finanziell nicht in der Lage ist, die von ihr beschlossenen Hilfsprogramme durchzuführen, sind die Mitgliedstaaten gehalten, zur Durchführung der Maßnahmen beizutragen[14]. Das Kriterium der »Erforderlichkeit« eröffnet weder auf Seiten der Gemeinschaft, noch auf Seiten der Mitgliedstaaten einen einseitigen Ermessensspielraum[15]. Abs. 1 Satz 3 ist vielmehr Ausdruck des Prinzips der **Gemeinschaftstreue** (s. Art. 10 Rn. 6 ff.) und verlangt – in Zusammenschau mit Abs. 1 Satz 1 – eine Abstimmung aller Beteiligten bei der Frage, wer die Hilfsprogramme der Gemeinschaft durchführt.

10 Aus dem Wortlaut des Abs. 1 Satz 3 ergibt sich allerdings, daß die Mitgliedstaaten einen **Entscheidungsspielraum** hinsichtlich des **Umfangs** ihres unterstützenden Beitrags haben (»Die Mitgliedstaaten tragen...bei«).

II. Art. 180 Abs. 2: Initiativrecht der Kommission

11 Die Kommission kann durch **Mitteilungen** über den Status quo bzw. **Konzepte** über künftige Strategien auf eine Verbesserung der oft als defizitär[16] empfundenen Koordination im Bereich der Entwicklungspolitik hinwirken. Das Parlament kann die Kommission auffordern, entsprechende Initiativen zu ergreifen (s. Art. 192 Abs. 2). Eine Verpflichtung der Gemeinschaft oder der Mitgliedstaaten, sich mit der Initiative auseinanderzusetzen, besteht – innerhalb der Grenzen der Organtreue (s. Art. 7 Rn. 21) – nicht; auf keinen Fall ist die Gemeinschaft verpflichtet, eine Initiative der Kommission im Bereich der Entwicklungszusammenarbeit rechtlich umzusetzen[17].

---

14 A. *Zimmermann*, in: HER, Art. 130x, Rn. 6.
15 A. *Zimmermann/B. Martenczuk*, in: Schwarze, EU-Kommentar, Rn. Art. 181 Rn. 4.
16 Vgl. Stellungnahme des Parlaments vom 17.3.1997, ABl.EG. 1997 Nr. 85, S. 178.
17 A. *Zimmermann/B. Martenczuk*, in: Schwarze, EU-Kommentar, Art. 180, Rn. 5.

Art. 181 (ex-Art. 130y)

Die Gemeinschaft2 und die Mitgliedstaaten arbeiten im Rahmen ihrer jeweiligen Befugnisse mit dritten Ländern und den zuständigen internationalen Organisationen zusammen[1]. Die Einzelheiten der Zusammenarbeit der Gemeinschaft können Gegenstand von Abkommen zwischen dieser und den betreffenden dritten Parteien sein, die nach Artikel 300 ausgehandelt und geschlossen werden[3 ff.].

Absatz 1 berührt nicht die Zuständigkeit der Mitgliedstaaten, in internationalen Gremien zu verhandeln und internationale Abkommen zu schließen[5].

1 Abs. 1 Satz 1 statuiert eine rechtliche **Verpflichtung** der Gemeinschaft bzw. ihrer Mitgliedstaaten zur **internationalen Zusammenarbeit** mit dritten Völkerrechtssubjekten im Bereich der Entwicklungspolitik.

2 Art. 304 ist lex specialis für die Zusammenarbeit der **Gemeinschaft** mit der **OECD**. Im Verhältnis zu Art. 302 ist hingegen Abs. 1 Satz 1 lex specialis bei der Zusammenarbeit der **Gemeinschaft** und der **Mitgliedstaaten** mit der **UN** (insb. mit dem United Nations Development Programme, einem Unterorgan der UN), ihren Fachorganisationen (insb. UNIDO) und anderen internationalen Organisationen mit entwicklungspolitischen Zuständigkeiten[1]. Abs. 1 enthält keine Aussage über die gemeinschaftsinterne **Organkompetenz**. In der Praxis ist die Kommission das handelnde Organ, zumal ihre Organkompetenz im Bereich der internationalen **Beziehungspflege** – dem graduellem Minus zur internationalen Zusammenarbeit – durch Art. 302 festgelegt wird. Für ein Engagement anderer EG-Organe – vor allem des Rates – ist Abs. 1 allerdings offen.

3 Abs. 1 Satz 2 räumt der Gemeinschaft eine **Vertragsschlußkompetenz** im Bereich der Entwicklungszusammenarbeit ein. Hinsichtlich des Verfahrens gilt Art. 300. Vertragspartner der Gemeinschaft können **internationale Organisationen, Staaten** und andere **partielle Völkerrechtssubjekte** mit Territorialbezug (»Länder«/»countries«) sein. So hat die Gemeinschaft auf Grundlage des Art. 181 mit der Palästinensischen Befreiungsorganisation ein Interimsassoziationsabkommen abgeschlossen (s. Art. 310: »states«)[2]. Verträge mit **Nichtregierungsorganisationen** fallen nicht in den Anwendungsbereich der Norm (s. Art. 177 Rn. 2).

4 Um als Abkommen i.S.d. Abs. 1 Satz 2 qualifiziert zu werden, muß es in Ansehung seines **wesentlichen Gegenstandes** der Verfolgung der in Art. 177 genannten Ziele dienen[3]. Die Einfügung von **Menschenrechtsklauseln**[4] (s. Art. 177 Rn. 19) und die Regelung besonderer Bereiche der Zusammenarbeit (Energie, Kultur, Drogenbekämpfung etc.) können nach der Rechtsprechung des EuGH auf Grundlage des Abs. 1 Satz 2 erfolgen. Im Falle der Zusammenarbeit in besonderen Bereichen dürfen die Bestimmungen allerdings keine allgemeine Ermächtigung zur Ergreifung von Maßnahmen außerhalb der entwick-

---

1 A. *Zimmermann/B. Martenczuk*, in: Schwarze, EU-Kommentar, Art. 181, Rn. 2; s. Mitteilung der Kommission, Aufbau einer effizienten Partnerschaft mit den Vereinten Nationen in den Bereichen Entwicklung und humanitäre Hilfe, Dok. KOM (2001) 231 endg. vom 2.5.2001.
2 ABl.EG 1997 Nr. L 187/1.
3 EuGH, Rs. 268/94, Slg. 1996, I-6177, Rn. 37 und 39 (Portugal/Rat); vgl. auch Gutachten 1/78, Slg. 1979, 2871, Rn. 56 (Internationales Naturkautschuk-Übereinkommen); Gutachten 1/94, Slg. 1994, I-5267, Rn. 68 (WTO).
4 EuGH, Rs. 268/94, Slg. 1996, I-6177, Rn. 24 ff. (Portugal/Rat).

lungspolitischen Zielsetzung des Art. 177 enthalten[5]. Auf Basis des Abs. 1 Satz 2 sind eine Vielzahl von Kooperationsabkommen mit entwicklungspolitischen Inhalten abgeschlossen worden.[6]

5 Die **Unberührtheitsklausel** des Abs. 2 stellt klar, daß die Mitgliedstaaten im Rahmen ihrer nationalen Entwicklungszusammenarbeit ungeachtet des Abs. 1 die Kompetenz besitzen, ebenfalls völkerrechtliche Verträge auszuhandeln und zu schließen (parallele Kompetenz, s. Art. 180 Rn. 1).

6 Im Sinne der **AETR-Rechtsprechung**[7] (vgl. Erklärung Nr. 10 der Maastrichter Regierungskonferenz[8]) findet die Vertragsschlußkompetenz der Mitgliedstaaten auf dem Gebiet der Entwicklungspolitik dort ihre Grenzen, wo die völkerrechtlichen Verpflichtungen der Mitgliedstaaten interne entwicklungspolitische Gemeinschaftsrechtsnormen beeinträchtigen oder deren Tragweite verändern können[9]. Allein die Gefahr einer Kollision von **entwicklungspolitischen Abkommen** der Gemeinschaft mit solchen der Mitgliedstaaten wird gerade im Hinblick auf Art. 180 nicht zur Begründung einer ausschließlichen Kompetenz der Gemeinschaft führen können[10].

---

5 EuGH, Gutachten 1/78, Slg. 1979, 2871, Rn. 56 (Internationales Naturkautschuk-Übereinkommen); EuGH, Rs. C-268/94, Slg. 1996, I-6177, Rn. 39 (Portugal/Rat).
6 Asien: Kooperationsabk. mit ASEAN-Staaten (Indonesien, Malaysia, Philippinen, Singapur und Thailand) ABl.EG 1980 Nr. L 144/1; China vgl. ABl.EG 1997 Nr. C 158/42; Indien, ABl.EG 1994 Nr. L 223/23; Kambodscha ABl.EG 1999 Nr. L 269/18; Laos ABl.EG 1997 Nr. L 334/15; Macau, ABl.EG 1992 Nr. L 404/26; Mongolei, ABl.EG 1993 Nr. L 41/46; Nepal, ABl.EG 1996 Nr. L 137/14; Pakistan, ABl.EG 1986 Nr. L 108/1; Sri Lanka, ABl.EG 1995 Nr. L 85/32; Vietnam, ABl.EG 1996 Nr. L 136/28; Lateinamerika: multilaterales Abk. mit Costa Rica, El Salvador, Guatemala, Honduras, Nicaragua und Panama, ABl.EG 1986 Nr. L 172/1, vgl. auch ABl.EG 1993 Nr. C 77/30; mit dem Andenpakt und seinen Mitgliedstaaten (Bolivien, Kolumbien, Ecuador, Peru und Venezuela), ABl.EG 1998 Nr. L 127/11; Rahmenabk. mit Mercosur und seinen Teilnehmerstaaten (Argentinien, Brasilien, Paraguay, Uruguay), ABl.EG 1996 Nr. L 69/4; bilaterale Abk. mit Brasilien, ABl.EG 1995 Nr. L 262/53; Chile, ABl.EG 1996 Nr. L 209/5; Mexiko, ABl.EG 2000 Nr. L 276/44; Paraguay, ABl.EG 1992 Nr. L 313/72; Uruguay, ABl.EG 1992 Nr. L 94/1; Mittelmeer: Europa-Mittelmeer-Interimsassoziierungsabk. mit der PLO, ABl.EG 1997 Nr. L 187/1; Afrika: Kooperationsabk. mit Südafrika ABl.EG 1999 Nr. L 311/1.
7 S. Art. 300 Rn. 5 ff.
8 Abgedr. in GTE, EU-/EGV, Bd. 5, S. 1193.
9 EuGH, Rs. 22/70, Slg. 1971, 263, Rn. 21/22; vgl. auch GA. A. *Pergola*, Schlußantr. zu EuGH, Rs. 268/ 94 Slg. 1996, I-6177, Ziff. 18 (Portugal/Rat); im Schrifttum: *C. Tomuschat*, in: GTE, EU-/EGV, Art. 228, Rn. 8; *A. Zimmermann*, in: HER, Art. 130y, Rn. 7.
10 Vgl. *C. Tomuschat*, in: GTE, EU-/EGV, Art. 228, Rn. 8; *Geiger*, EUV/EGV, Art. 181, Rn. 3.

Titel XXI
Wirtschaftliche, finanzielle und technische Zusammenarbeit mit Drittländern

Art. 181a

(1) Unbeschadet der übrigen Bestimmungen dieses Vertrages und insbesondere des Titels XX führt die Gemeinschaft im Rahmen ihrer Zuständigkeiten Maßnahmen der wirtschaftlichen, finanziellen und technischen Zusammenarbeit[2 ff.] mit Drittländern durch.[6] Diese Maßnahmen[5] ergänzen die Maßnahmen der Mitgliedstaaten und stehen im Einklang mit der Entwicklungspolitik der Gemeinschaft.[7]

Die Politik der Gemeinschaft in diesem Bereich trägt dazu bei, das allgemeine Ziel der Fortentwicklung und Festigung der Demokratie und des Rechtsstaats sowie das Ziel der Wahrung der Menschenrechte und Grundfreiheiten zu verfolgen.[3]

(2) Der Rat erläßt auf Vorschlag der Kommission und nach Anhörung des Europäischen Parlaments mit qualifizierter Mehrheit die zur Durchführung des Absatzes 1 erforderlichen Maßnahmen.[8] Der Rat beschließt einstimmig in Bezug auf Assoziierungsabkommen im Sinne des Artikels 310 sowie in Bezug auf Abkommen, die mit Staaten zu schließen sind, die den Beitritt zur Union beantragt haben.[9]

(3) Die Gemeinschaft und die Mitgliedstaaten arbeiten im Rahmen ihrer jeweiligen Zuständigkeiten mit Drittländern und den zuständigen internationalen Organisationen zusammen.[10] Die Einzelheiten der Zusammenarbeit können in Abkommen zwischen dieser und den betreffenden dritten Parteien geregelt werden, die nach Artikel 300 ausgehandelt und geschlossen werden.[11 f.]

Unterabsatz 1 berührt nicht die Zuständigkeit der Mitgliedstaaten, in internationalen Gremien zu verhandeln und internationale Abkommen zu schließen.[12]

Durch den Vertrag von Nizza eingefügte Bestimmung.

Inhaltsübersicht:

I. Zweck der Norm	1
II. Kompetenzinhalt	2
III. Maßnahmen i.S.d. Abs. 1 und deren Durchführung	5
IV. Das Rechtsetzungsverfahren	8
V. Internationale Zusammenarbeit und völkerrechtliche Verträge	10

I. Zweck der Norm

Bis zum Vertrag von Nizza wiesen die Außenkompetenzen der Gemeinschaft eine Lücke auf: Wirtschaftliche, finanzielle und technische Hilfsmaßnahmen der Gemeinschaft für Drittländer, die aus politischen oder ökonomischen Gründen von der Gemeinschaft nicht als »Entwicklungsländer« im Sinne Art. 177 Abs. 1 angesehen werden, konnten nur über die ergänzende Befugnisnorm Art. 308 vom Rat einstimmig beschlossen werden.[1] Dasselbe galt für Maßnahmen zugunsten von Entwicklungsländern, die nach ih-

---

1 Vgl. VO (EG) Nr. 753/96 des Rates vom 22. April 1996 (Wirtschaftshilfe für Bosnien-Herzegowina).

rem wesentlichen Gegenstand nicht den Zielen des Art. 177 dienten (s. dort Rn 13 ff.)[2]. Diese Lücke wurde nunmehr durch Titel XXI geschlossen. Die Mitgliedstaaten haben sich bei der Konzeption des Art. 181a an dem Wortlaut der Art. 179 Abs. 1, Art. 177 Abs. 2, und 181 Abs. 1 orientiert.

II. Kompetenzinhalt

2 Titel XXI ist die Kompetenzgrundlage für wirtschaftliche, finanzielle und technische **Hilfen** der Gemeinschaft im Außenverhältnis,[3] z.B. durch Programme für Mittel- und Osteuropa (z.B. TACIS[4], PHASE[5]) sowie für den Mittelmeerraum (z.B. MEDA[6]).

3 Die Gemeinschaft ist bei der Wahl der durch die Hilfen verfolgten politischen Ziele weitgehend frei; Abs. 2 UAbs. 2 stellt nur exemplarisch das wichtigste Ziel – Förderung von **Menschenrechten, Grundfreiheiten, Demokratie** und **Rechtsstaatlichkeit**[7] – heraus (vgl. auch Art. 11 EUV und Art. 177 Abs. 2), ohne in diesem Punkt abschließend zu sein. Auf Basis des Abs. 1 und Abs. 3 können finanzielle, wirtschaftliche und technische Hilfsmaßnahmen der Gemeinschaft das Ziel des Abs. 1 UAbs. 2 schwerpunktmäßig, als Nebenzweck (Demokratie- und Menschenrechtsklauseln) oder – bei hohem innerstaatlichen Standards des hilfebedürftigen Drittlandes – gar nicht verfolgen. Die Grenze der Zielverwirklichung i.S.d. Abs. 1 UAbs. 2 ist das **völkerrechtliche Interventionsverbot** (s. hierzu Art. 177 Rn. 17).

4 In der Erklärung 10 zum Vertrag von Nizza bekräftigen die Mitgliedstaaten, daß **Zahlungsbilanzhilfen** der Gemeinschaft im Außenverhältnis nicht unter Art. 181a fallen. Derartige Hilfen (z.B. Kredite) werden bei Störungen des außenwirtschaftlichen Gleichgewichts von Drittländern und dadurch bedingten internationalen Zahlungsschwierigkeiten eingesetzt. Eine Kompetenz zum Erbringen von Zahlungsbilanzhilfen im Außenverhältnis kann die Gemeinschaft allerdings aus anderen Normen ableiten, z.B. aus Art. 179 Abs. 1. Der Erklärung Nr. 10, die nicht Vertragsbestandteil ist, kommt im Rahmen der Auslegung des Abs. 1 Bedeutung zu (Art. 311 Rn. 3).

III. Maßnahmen i.S.d. Abs. 1 und deren Durchführung

5 »Maßnahmen« i.S.d. Abs. 1 UAbs. 1 Satz 2 sind gemeinschaftliche Rechtsakte (Art. 249) und andere formal nicht gekennzeichnete Handlungsformen auf sekundärrechtlicher Ebene (s. Art. 179 Rn. 2). Für völkerrechtliche Vertragsschlüsse dient Abs. 3 UAbs. 1 Satz 2 als spezielle Kompetenzgrundlage (Rn 11 f.). Abs. 1 UAbs. 1 Satz 2 ist

---

2 Vgl. VO (EG) Nr. 976/1999 des Rates vom 29. April 1999, ABl.EG 1999 Nr. L 120/8 ff.
3 Vgl. Sonderbericht Nr. 21/2000 über die Verwaltung der Außenhilfe-Programme der Kommission ABl.EG 2001 Nr. C. 57/1. Zu den verschiedenen Hilfen und Programmen so. Fundstellennachweis des geltenden Gemeinschaftsrechts Bd. 1, 11.50.20; in der Literatur: *L. Elles,* Europäische Verwaltungsförderung in Mittel- und Osteuropa, 1997.
4 VO (EWG) Nr. 2157/91, ABl.EG 1991 Nr. L 201/2; s. *H. G. Krenzler,* GTE Bd. 5, Architektur Europas, Rn. 102.
5 VO (EWG) Nr. 3906/89 ABl.EG 1989 Nr. L 375/11, auch Sonderbericht 5/99 ABl.EG 2000 Nr. C 48/1; Jahresbericht Dok. KOM (2000) 183 endg. vom 31.3.2000.
6 VO (EWG) Nr. 1763/92 ABl.EG 1992 Nr. L 181/5; *H. G. Krenzler,* GTE Bd. 5, Architektur Europas, Rn. 123.
7 Vgl. den Sonderbericht des Rechnungshofs Nr. 12/2000 über die Verwaltung der EU-Unterstützung zugunsten der Förderung von Menschenrechten und Demokratie in Drittländern durch die Kommission, ABl.EG 2000 Nr. 230/1.

die **Befugnisnorm** für die wirtschaftliche, finanzielle und technische Hilfe der Gemeinschaft zugunsten anderer (partieller) Völkerrechtssubjekte. Die neue Rechtssetzungskompetenz der Gemeinschaft ist dabei im Verhältnis zu den Mitgliedstaaten eine **parallele Kompetenz** (»ergänzt«).

Abs. 1 UAbs. 1 Satz 1 regelt die **Durchführung** der gemeinschaftlichen Rechtsakte und 6
Programme über die wirtschaftliche, finanzielle und technische Zusammenarbeit mit Drittländern[8]. Konzeptionell etwas unglücklich, beginnt Art. 181a also mit den gemeinschaftlichen Exekutivmaßnahmen.[9] Der allgemeine Grundsatz, daß die Mitgliedstaaten zur Durchführung des Gemeinschaftsrechts zuständig sind, wenn das Gemeinschaftsrecht nichts Abweichendes regelt,[10] soll durch Abs. 1 nicht derogiert werden. Abs. 1 UAbs. 1 Satz 1 bekräftigt vielmehr diese Regel, so daß die Gemeinschaft auch im Rahmen des Titels XXI eine **Durchführungskompetenz** besitzen muß, um »im Rahmen ihrer Zuständigkeiten« Gemeinschaftsmaßnahmen durchzuführen. Diese Kompetenz ist im Bereich der wirtschaftlichen, finanziellen und technischen Zusammenarbeit mit Drittländern gegeben, wenn entweder die konkreten Hilfsprogramme i.S.d. Abs. 1 UAbs. 1 Satz 2 (»Maßnahmen«) Gemeinschaftsorgane mit der Durchführung betrauen, oder wenn anderen gemeinschaftliche Ermächtigungsgrundlagen zur Verfügung stehen – bei finanziellen Auswirkungen der Maßnahme vor allem Art. 274.[11]

Eine Grenze der gemeinschaftlichen Kompetenz zur Ergreifung von Hilfsmaßnahmen 7
liegt in der notwendigen **Kohärenz** mit den gemeinschaftlichen Entwicklungszusammenarbeit (Abs. 1 UAbs. 1 Satz 2). Dieses Gebot erlangt besondere Bedeutung für wirtschaftliche, finanzielle und technische Hilfe, die ratione personae Entwicklungsländern zu Gute kommt, allerdings ratione materiae nicht unter Art. 179 Abs. 1 fällt (s. dort Rn. 4).[12] Im Einzelfall werden die Grenzen zwischen Art. 179 Abs. 1 und Art. 181a Abs. 1 fließend sein, was im Hinblick auf die unterschiedlichen parlamentarischen Mitwirkungsverfahren (s. Rn. 8) Konfliktpotential in sich birgt. Der besondere Verweis des Abs. 1 UAbs. 1 Satz 1 auf Titel XX (»unbeschadet«) rechtfertigt es allerdings, im Zweifelsfall eine Maßnahme der Entwicklungszusammenarbeit anzunehmen.

IV. Das Rechtsetzungsverfahren

Abs. 2 regelt das Verfahren bei der Verabschiedung von Maßnahmen i.S.d. Abs. 1 8
UAbs. 1 Satz 2. Im Gegensatz zur Entwicklungszusammenarbeit (Art. 179 Abs. 1) wird dem Parlament lediglich eine Anhörungsrecht – kein Mitentscheidungsrecht (Art. 251) – zugebilligt. Der Rat beschließt mit **qualifizierter Mehrheit** – eine erhebliche Verfahrenserleichterung im Kontrast zur vormals notwendigen Einstimmigkeit nach Art. 308.

Die Einstimmigkeit wird beibehalten, soweit die Maßnahmen der **Durchführung** von 9
Assoziierungsabkommen dienen (Art. 310). Auf eine Privilegierung des AKP-EG-Partnerschaftsabkommens, wie sie Art. 179 Abs. 3 vorsieht[13], konnte im Rahmen des Titels XXI verzichtet werden, da die Durchführung von Hilfsprogrammen dieses Abkommens

---

8 Zum Kreis der Drittländer s. Kommentierung Art. 181 Rn. 3.
9 EuGH Rs. 16/88 Slg. 1989, 3481, Rn. 11 (Kommission/Rat); Rs. 23/75, Slg. 1975, 1279 Rn. 10/14 (Rey Soda/Cassa Conguaglia Zucchero).
10 *K. Lenaerts*, Regulating the Regulatory Process, ELRev. 18 (1993), S. 23, 27 f.
11 Vgl. EuGH Rs. 16/88, Slg. 1989, 3481, Rn. 10 (Kommission/Rat).
12 S. z.B. VO (EG) Nr. 976/1999 (Fn. 2).
13 S. Art. 179, Rn. 6 ff.

dem Titel XX unterfällt (s. Rn. 7). Einstimmigkeit ist schließlich bei der Durchführung von Abkommen mit Drittstaaten notwendig, die den Beitritt zur Gemeinschaft beantragt haben (Abs. 2 Satz 2).

V. Internationale Zusammenarbeit und völkerrechtliche Verträge

10 Abs. 3 sieht eine Verpflichtung zur Zusammenarbeit mit Drittländern und Internationalen Organisationen vor. Im Hinblick auf die Organkompetenz ist Abs. 3 offen. In der Praxis wird – wie schon vor Einführung des Titels XXI – die **Kommission** das primär handelnde Organ sein (s. Art. 181 Rn. 2). Für die Zusammenarbeit mit dem Europarat und der OECD sind Art. 303, 304 die spezielleren Vorschriften.

11 Abs. 3 UAbs. 1 Satz 2 räumt der Gemeinschaft schließlich eine Kompetenz zum völkerrechtlichen Vertragsschluß mit anderen (partiellen) Völkerrechtssubjekten nach dem Verfahren von Art. 300 ein. Um als Abkommen i.S.d. Abs. 3 UAbs. 1 Satz 2 qualifiziert zu werden, muß der **wesentliche Gegenstand** dieser Abkommen die wirtschaftliche, finanziellen und technischen Hilfe des Vertragspartner oder anderer Drittländer betreffen. Sind die finanziellen, wirtschaftlichen und technischen Hilfsprogramme lediglich Teil eines Assoziierungs-, Kooperations- oder Handelsabkommens, gelten die speziellen Kompetenzvorschriften (Art. 310, 181 und 133).

12 Die Vertragsschlußkompetenz der Gemeinschaft nach Abs. 3 beeinträchtigt nicht die Außenkompetenzen der Mitgliedstaaten (Abs. 3 UAbs. 2). Auch wenn die Mitgliedstaaten davon Abstand genommen haben, in einer Erklärung zum Vertrag von Nizza auf den Bestand der AETR-Rechtsprechung hinzuweisen, sind die vom EuGH aufgestellten Grundsätze zum Umfang der Vertragsschlußkompetenz der Gemeinschaft auch im Rahmen des Art. 181a gültig (s. Art. 181, Rn. 6, Art. 300, Rn. 5 ff.)

Vierter Teil
Die Assoziierung der überseeischen Länder und Hoheitsgebiete

Art. 182 (ex-Art. 131)

Die Mitgliedstaaten kommen überein, die außereuropäischen Länder und Hoheitsgebiete[1 ff.], die mit Dänemark, Frankreich, den Niederlanden und dem Vereinigten Königreich besondere Beziehungen unterhalten[2], der Gemeinschaft zu assoziieren[3]. Diese Länder und Hoheitsgebiete, im folgenden als »Länder und Hoheitsgebiete« bezeichnet, sind in Anhang II zu diesem Vertrag aufgeführt.

Ziel der Assoziierung ist die Förderung der wirtschaftlichen und sozialen Entwicklung der Länder und Hoheitsgebiete und die Herstellung enger Wirtschaftsbeziehungen zwischen ihnen und der gesamten Gemeinschaft[4 ff.].

Entsprechend den in der Präambel dieses Vertrages aufgestellten Grundsätzen soll die Assoziierung in erster Linie den Interessen der Einwohner dieser Länder und Hoheitsgebiete dienen und ihren Wohlstand fördern, um sie der von ihnen erstrebten wirtschaftlichen, sozialen und kulturellen Entwicklung entgegenzuführen[6 f.].

Inhaltsübersicht:

I. Überseeische Länder und Hoheitsgebiete	1
II. Ziele der Assoziierung	4

I. Überseeische Länder und Hoheitsgebiete

Die Art. 182–188 haben im Zuge der **Dekolonialisierung** ihre ursprüngliche Bedeutung 1
verloren. Die 20 außereuropäischen ÜLG (s. Anhang II zum Amsterdamer Vertrag[1]) mit insgesamt rund 900.000 Einwohnern sind zumeist Inseln, die aufgrund besonders ungünstiger geographischer und wirtschaftlicher Bedingungen i.d.R. strukturell weit im Rückstand sind[2]. Die unabhängig gewordenen ÜLG werden i.d.R. im Rahmen des AKP-EG-Abkommens[3] vertraglich mit der Gemeinschaft assoziiert (s. Art 179 Rn. 6 ff.); die Erklärung XVI zum Abkommen von Cotonou ist eine antizipierte Einverständniserklärung der EG, ihrer Mitgliedstaaten und der AKP-Staaten zum Beitritt ehemaliger ÜLG nach Art. 94 d. Abk.[4].

Nach Art. 299 Abs. 3 UAbs. 1 fallen die ÜLG grundsätzlich aus dem **Geltungsbereich** 2
des EGV (s. dort Rn. 9). Sie befinden sich also im Verhältnis zur Gemeinschaft faktisch in der Situation von Drittländern[5]. Da die ÜLG aufgrund der fehlenden Staatsqualität völkerrechtlich nicht handlungsfähig sind, werden sie im internationalen Verkehr –

---

1 Hier abgedr. S. 2585, ohne Nennung der Bermudas: Durchführungsbeschluß 91/482/EG des Rates, geändert durch Beschluß 97/803 EG (Laufzeitverlängerung s. ABl.EG 2001 Nr. L. 58/21) und Anhang III des Protokolls Nr. 1 zum AKP-EG Abkommen von Cotonou, ABl.EG 2000 Nr. L. 317/187.
2 Erklärung Nr. 36 der Konferenz der Vertreter der Regierungen der Mitgliedstaaten zum Vertrag über die Europäische Union.
3 AKP-EG-Partnerschaftsabkommen von Cotonou, ABl.EG 2000 Nr. L 317/1.
4 ABl.EG 2000 Nr. L. 317/320.
5 EuGH, Gutachten 1/94, Slg. 1994, I-5267, Rn. 17 (WTO).

auch gegenüber der Gemeinschaft – von ihren Mutterländern (s. Abs. 1 Satz 1) vertreten[6]. In dieser Funktion agieren die Mutterländer nicht als Mitgliedstaaten der Gemeinschaft und sind damit auch nicht in ihren Außenkompetenzen durch den EGV beschränkt[7].

3 Der vierte Teil des Vertrages statuiert ein **besonderes Assoziierungssystem** (s. Art. 299 Abs. 3 UAbs. 1), das abschließend das Verhältnis der Gemeinschaft zu den ÜLG regelt[8]. Ein Rückgriff auf sonstiges Primär- und Sekundärrecht der EG ist unzulässig, wenn es nicht ausdrücklich den vierten Teil des EG-Vertrages einbezieht.[9] Das Assoziierungsverhältnis der EG mit den ÜLG wird durch den vierten Teil des EG-Vertrag begründet und bedarf keiner weiteren völkerrechtlichen Vereinbarung mit den ÜLG/Mutterländern (sog. **konstitutionelle Assoziierung**)[10]. In Folge der Erklärung Nr. 36 der Konferenz der Vertreter der Regierungen der Mitgliedstaaten zum Amsterdamer Vertrag (s. Art. 187 Rn. 5) hat die Kommission das System der ÜLG-Assoziierung überprüft und Orientierungslinien zu »ÜLG 2000« erarbeitet[11].

II. Ziele der Assoziierung

4 In Anerkennung der Verbundenheit Europas zu den ÜLG (7. Erwägungsgrund der Präambel) dienen Art. 182 ff. primär **entwicklungspolitischen Zielen** (s. Art. 3 Abs. 1 lit. s), wie sie weitestgehend auch in dem AKP-EG-Abkommen verfolgt werden (s. Art. 179 Rn. 6 ff.). Die durch Abs. 2 gebotene **Förderung** der ÜLG schließt allerdings nicht die Verpflichtung der EG ein, sie zu bevorzugen.[12]

5 Neben der wirtschaftlichen und sozialen Entwicklung der ÜLG strebt Abs. 2 die Herstellung **enger Wirtschaftsbeziehungen** an, und zwar über die traditionell engen Bindungen zum Mutterland hinaus zur gesamten Gemeinschaft. Die **Euro-Währung** wird nur auf den französischen ÜLG Saint Pierre et Miquelon und Mayotte eingeführt[13].

6 Mit dem Verweis auf den 7. Erwägungsgrund der Präambel inkorporiert Abs. 3 die Grundsätze und Ziele des **Art. 73 UN-Charta** in das Assoziierungsregime[14]. Neben der ausdrücklich in Abs. 3 aufgegriffenen vorrangigen Bindung an die Interessen der Einwohner und die Förderung ihres Wohlstands verpflichtet sich die Gemeinschaft darüber hinaus zum Schutz der Einwohner, zur Achtung ihrer Kultur (Art. 73 lit. a UN-Charta) und zur **Förderung der Selbstregierung** (Art. 73 lit. b UN-Charta) im Sinne einer unein-

---

6 *U. Everling,* Die Neuregelung des Assoziationsverhältnisses zwischen der Europäischen Wirtschaftsgemeinschaft und den afrikanischen Staaten und Madagaskar sowie den überseeischen Ländern und Hoheitsgebieten, ZaöRV 24 (1964), S. 472 (495).
7 EuGH, Gutachten 1/78, Slg. 1979, 2871, Rn. 62 (Internationales Naturkautschuk Übereinkommen); Gutachten 1/94, Slg. 1994, I-5267, Rn. 17 (WTO).
8 EuGH, Rs. C-260/90, Slg. 1992, I-643, Rn. 10 (Leplat).
9 EUGH Verb. Rs. C-100 und 101/89, Slg. 1990, I-4647, Rn. 18 (Käfer und Procacci); Rs. C-181/97, Slg. 1999, I-483, Rn. 37 (Van der Kooy); Rs. C-106/97, Slg. I-1999, 5983, Rn. 42 (DADI und Dounane-Agenten); in der Literatur *C. de Bernardi,* L'applicabilité du droit international et du droit communautaire dans les territoires d'outre-mer français, 1999, S. 105 ff.
10 *B. Martenczuk/A. Zimmermann,* in: Schwarze, EU-Kommentar, Art. 182, Rn. 7; *Geiger,* EUV/EGV, Art. 182, Rn. 4; *K. Hailbronner,* in: HK-EUV, Art. 138, Rn. 4.
11 Dok. KOM (1999) 163 endg. vom 10.5.1999.
12 EuGH Rs. C-390/95 P, Slg 1999-2, I-769, Rn. 38 (Anitillean Rice Mills/Kommission).
13 VO (EG) ABl. 1999 Nr. L. 30/29.
14 *P. Gilsdorf/A. Zimmermann,* in: GTE, EU-/EGV, Art. 131, Rn. 10 f.; *C. Tietje,* in: Grabitz/Hilf, EU, Art. 131 Rn. 10.

geschränkten Selbstbestimmung der Einwohner[15]. Die **Verwirklichung** der letzten Zielsetzung fällt in den Kompetenzbereich des Mutterlandes.

Die zur Verwirklichung der Ziele zur Verfügung stehenden **Handlungsinstrumente** ergeben sich aus den nachfolgenden Artikeln und den auf Grundlage des Art. 187 gefaßten Durchführungsbeschlüssen (s. dort Rn. 1). 7

---

15 A. *Fastenrath*, in: Simma (Hrsg.), Charta der Vereinten Nationen, 1991, S. 883; P. *Gilsdorf/ A. Zimmermann*, in: HER, Art 131, Rn. 11.

Art. 183 (ex-Art. 132)

Mit der Assoziierung werden folgende Zwecke verfolgt[1]:
1. Die Mitgliedstaaten wenden auf ihren Handelsverkehr mit den Ländern und Hoheitsgebieten das System an, das sie aufgrund dieses Vertrags untereinander anwenden[2].
2. Jedes Land oder Hoheitsgebiet wendet auf seinen Handelsverkehr mit den Mitgliedstaaten und den anderen Ländern und Hoheitsgebieten das System an, das es auf den europäischen Staat anwendet, mit dem es besondere Beziehungen unterhält[3].
3. Die Mitgliedstaaten beteiligen sich an den Investitionen, welche die fortschreitende Entwicklung dieser Länder und Hoheitsgebiete erfordert[4].
4. Bei Ausschreibungen und Lieferungen für Investitionen, die von der Gemeinschaft finanziert werden, steht die Beteiligung zu gleichen Bedingungen allen natürlichen und juristischen Personen offen, welche die Staatsangehörigkeit der Mitgliedstaaten oder der Länder oder Hoheitsgebiete besitzen[5].
5. Soweit aufgrund des Artikels 187 nicht Sonderregelungen getroffen werden, gelten zwischen den Mitgliedstaaten und den Ländern und Hoheitsgebieten für das Niederlassungsrecht ihrer Staatsangehörigen und Gesellschaften die Bestimmungen und Verfahrensregeln des Kapitels Niederlassungsfreiheit, und zwar unter Ausschluß jeder Diskriminierung[6 f.].

1 Art. 183 legt den **grundlegenden Rahmen** fest, der im Verhältnis der Mitgliedstaaten bzw. der Gemeinschaft zu den ÜLG Anwendung finden soll. Zur Sicherstellung des dynamischen und allmählichen Prozesses der Assoziierung der ÜLG wird das Gerüst des Art. 183 durch den aktuellen **Durchführungsbeschluß**[1] des Rates nach Art. 187 ergänzt[2].

2 Nr. 1 verpflichtet die Mitgliedstaaten auf das **Prinzip der Meistbegünstigung**, ohne dabei – nach der Rechtsprechung des EuG/EuGH – das Ziel der Errichtung eines Binnenmarktes nach dem Vorbild des Art. 3 Abs. 1 lit. c zu verfolgen[3]. Da die ÜLG nicht der Gemeinschaft angehören, gibt es im Assoziierungsstadium keinen freien Warenverkehr zwischen den ÜLG und der EG ohne Beschränkungen gem. 183 (s. auch Art. 187 Rn. 4)[4].

3 Nr. 2 schützt die Mitgliedstaaten im Handelsverkehr mit den ÜLG vor einer **Diskriminierung** zugunsten des jeweiligen Mutterlandes.

4 Nr. 3 enthält die Verpflichtung aller Mitgliedstaaten zur **finanziellen Hilfe**. Das wichtigste Finanzinstrument ist der **Europäische Entwicklungsfonds**, dessen Mittel neben den AKP-Staaten (s. Art. 177 Rn. 9) auch den ÜLG zugute kommen[5]. Hinzu treten Eigen-

---

1 Beschluß 91/482/EWG des Rates vom 25.7.1991, ABl.EG 1991 Nr. L 263/1, Halbzeitänderung durch den Beschluß 97/803/EG des Rates vom 24.11.1997, ABl.EG 1997, Nr. L 329/50; Laufzeitverlängerung bis zum 1.12.2001 s. ABl.EG 2001 Nr. L. 58, S. 21.
2 EuGH Rs. C-310/95, Slg. 1997, I-2229, Rn. 40 (Road Air); EuGH Rs. C-390/95 P, Slg. 1999, I-769, Rn. 36 (Antillean Rice Mills/Kommission); EuGHRs. C-17/98, Slg. 2000,I-675, Rn 28 (Emesa Sugar/Aruba).
3 EuG, Verb. Rs. T-480 und 483/93, Slg. 1995, II-2305, Rn. 91 (Antillean Rice Mills/Kommission); EuGH Rs. C-390/95 P, Slg. 1999, I-769, Rn. 37 (Antillean Rice Mills/Kommission).
4 EuGH Rs. C-390/95 P, Slg. 1999, I-769, Rn. 36 (Antillean Rice Mills/Kommission); Rs. C-106/97, Slg. 1999, I-5997, Rn. 38 (DADI und Douane-Agenten); Rs. C-17/98, Slg. 2000, I-675, Rn 29 (Emesa Sugar/Aruba).
5 Art. 3 des Internen Abkommens über die Finanzierung und Verwaltung der Hilfe der Gemeinschaft im Rahmen des Finanzprotokolls zum Abkommen von Cotonou, ABl.EG 2000, Nr. L 317/355.

mittel der **EIB**, die als zinsgünstige Darlehen vergeben werden (Art. 154a des Beschlusses 97/803⁶).

Nr. 4 stellt sicher, daß Unternehmen in den Mitgliedstaaten und den ÜLG bei der Auf- 5
tragsvergabe durch die Gemeinschaft **nicht diskriminiert** werden. Damit soll gerade den Mitgliedstaaten, die keine besonderen Beziehungen zu den ÜLG pflegen, der Markt eröffnet werden.

Die in Nr. 5 geregelte **Niederlassungsfreiheit** (s. Art. 43 ff.) der Angehörigen und Gesell- 6
schaften der ÜLG im Hoheitsgebiet der Mitgliedstaaten und umgekehrt wird durch den Durchführungsbeschluß vom 29.11.1997 (97/803) erstmals umfassend beschränkt⁷. Art. 232 des Beschlusses garantiert bei der Niederlassung und Dienstleistung lediglich eine **nichtdiskriminierende Behandlung**. Die Mitgliedstaaten sich verpflichtet, allen Unternehmen und Angehörigen aus den ÜLG unter den selben Voraussetzungen die Niederlassung in ihrem Hoheitsgebiet zu gewähren; eine Berufung der Betroffenen auf Art. 43 ff. ist ausgeschlossen. Auch die ÜLG sind auf Basis der Gegenseitigkeit (Art. 232 Abs. 3 des Beschlusses) verpflichtet, die Staatsangehörigen und Unternehmen jedes Mitgliedstaates hinsichtlich des Rechts auf Niederlassung gleich zu behandeln, also insbesondere nicht diejenigen des Mutterlandes zu bevorzugen. Ausnahmen müssen der Protektion einheimischer Arbeitsplätze in empfindlichen Bereichen der Wirtschaft dienen (Art. 232 Abs. 2 des Beschlusses). Aus Art. 232 läßt sich keine Pflicht zur **Inländergleichbehandlung** ableiten⁸.

Das Diskriminierungsverbot gilt auch für das Recht auf **Einreise und Aufenthalt**, soweit 7
es der Niederlassung dient⁹.

---

6 Beschluß 97/803/EG (Fn. 1) S. 61.
7 Zur alten Rechtslage: EuGH, Verb. Rs. C-100 und 101/89, Slg. 1990, I-4667, Rn. 17 (Kaefer und Procacci); *P. Gilsdorf/A. Zimmermann*, in: HER, Art. 132, Rn. 5 ff.
8 Vgl. auch EuGH, Verb. Rs. C-100 und 101/89, Slg. 1990, I-4667, Rn. 17 (Kaefer und Procacci); im Schrifttum: *U. Everling*, Die Neuregelung des Assoziationsverhältnisses zwischen der Europäischen Wirtschaftsgemeinschaft und den afrikanischen Staaten und Madagaskar sowie den überseeischen Ländern und Hoheitsgebieten, in: ZaöRV 24 (1964), S. 472 (483 f.) m.w.N.; a.A. *P. Troberg*, in: GTE, EU-/EGV, Art. 52, Rn. 83.
9 EuGH, Verb. Rs. C-100 und 101/89, Slg. 1990, I-4667, Rn. 19 (Kaefer und Procacci).

Art. 184 (ex-Art. 133)

(1) Zölle bei der Einfuhr von Waren aus den Ländern und Hoheitsgebieten in die Mitgliedstaaten sind verboten; dies geschieht nach Maßgabe des in diesem Vertrag vorgesehenen Verbots von Zöllen zwischen den Mitgliedstaaten[1].

(2) In jedem Land und Hoheitsgebiet sind Zölle bei der Einfuhr von Waren aus den Mitgliedstaaten und den anderen Ländern und Hoheitsgebieten nach Maßgabe des Artikels 25 verboten[2].

(3) Die Länder und Hoheitsgebiete können jedoch Zölle erheben, die den Erfordernissen ihrer Entwicklung und Industrialisierung entsprechen oder als Finanzzölle der Finanzierung ihres Haushalts dienen[3].

Die in Unterabsatz 1 genannten Zölle dürfen nicht höher sein als diejenigen, die für die Einfuhr von Waren aus dem Mitgliedstaat gelten, mit dem das entsprechende Land oder Hoheitsgebiet besondere Beziehungen unterhält[3].

(4) Absatz 2 gilt nicht für die Länder und Hoheitsgebiete, die aufgrund besonderer internationaler Verpflichtungen bereits einen nichtdiskriminierenden Zolltarif anwenden[4].

(5) Die Festlegung oder Änderung der Zollsätze für Waren, die in die Länder und Hoheitsgebiete eingeführt werden, darf weder rechtlich noch tatsächlich zu einer mittelbaren oder unmittelbaren Diskriminierung zwischen den Einfuhren aus den einzelnen Mitgliedstaaten führen[3].

1   Seit dem Amsterdamer Vertrag beinhaltet Abs. 1 ein **Verbot** von Zöllen für Waren mit **Ursprung**[1] in den ÜLG. Unter das Verbot fallen auch Abgaben gleicher Wirkung (vgl. Art. 101 des Durchführungsbeschlusses 97/803[2])[3]. Abs. 1 verbietet indes nicht den Erlaß von Schutzklauseln, die der Gemeinschaft im beschränkten Umfang die Reaktion auf Folgen des freien Marktzugangs erlauben (vgl. Art. 187, Rn. 4)[4].

2   Obwohl Abs. 2 den Anschein der grundsätzlichen Gegenseitigkeit des Zollverbotes erweckt, hat die Gemeinschaft – wie im gesamten Bereich der Entwicklungszusammenarbeit – auch gegenüber den ÜLG weitestgehend auf Reziprozität verzichtet.

3   Die ÜLG dürfen jedoch Zölle (Abs. 3) oder mengenmäßige Beschränkungen (Art. 106 Durchführungsbeschluß 91/482/EWG[5]) nur insoweit einführen, als die Maßnahmen dem Zwecke der in Abs. 3 UAbs. 1 genannten Kriterien dienen[6]. Zudem dürfen sie zu keiner Diskriminierung von Mitgliedstaaten führen, insbesondere im Verhältnis zum Mutterland (Abs. 3 UAbs. 2, Abs. 5).

4   Die Ausnahmeregelung des Abs. 4 hat heute keine praktische Bedeutung mehr[7].

---

1   EuGH, Rs. C-310/95, Slg. 1997, I-2229, Rn. 29 ff. und 35 (Road Air).
2   Beschluß 97/803/EG des Rates vom 24.11.1997, ABl.EG 1997 Nr. L 329/50, 58.
3   EuGH, Rs. C-260/90, Slg. 1992, I-643, Rn. 16 (Leplat).
4   EuG, Verb. Rs. T-480 und 483/93, Slg. 1995, II-2305, Rn. 93 f. (Antillean Rice Mill/Kommission).
5   Beschluß 91/482/EWG des Rates vom 25.7.1991, ABl.EG 1991, Nr. L 263/1, 28.
6   EuGH, Rs. C-260/90 Slg. 1992, I-643, Rn. 24 (Leplat).
7   C. *Tietje*, in: Grabitz/Hilf, EU, Art. 133, Rn. 6; vgl. auch R. *Sprung*, in: Wohlfahrt/Everling/Glaesner/Sprung, EWGV, 1960, Art. 133, S. 417 f.

Art. 185 (ex-Art. 134)

Ist die Höhe der Zollsätze, die bei der Einfuhr in ein Land oder Hoheitsgebiet für Waren aus einem dritten Land gelten, bei Anwendung des Artikels 184 Absatz 1 geeignet, Verkehrsverlagerungen zum Nachteil eines Mitgliedstaats hervorzurufen, so kann dieser die Kommission ersuchen, den anderen Mitgliedstaaten die erforderlichen Abhilfemaßnahmen vorzuschlagen[1 f.].

Art. 185 hat seine ursprünglich Bedeutung als **Schutznorm** verloren[1]. Der Gefahr, daß 1
Produkte von Drittländer über die ÜLG in den Gemeinschaftsmarkt gelangen und so von der Zollfreiheit im Verhältnis Gemeinschaft zu den ÜLG profitieren, wird durch **Ursprungsregeln** (Anhang II zum Durchführungsbeschluß 91/482/EWG in der Fassung des Beschlusses 97/803/EG[2]) begegnet.

Da die Regeln des besonderen Assoziierungsregimes mit den ÜLG **abschließend** sind 2
(vgl. Art. 182 Rn. 3), findet der inhaltlich vergleichbare wenn auch im Detail weitergehende Art. 134 mangels ausdrücklichen Verweises auf die ÜLG keine Anwendung[3].

---

1 C. *Tietje*, in: Grabitz/Hilf, EU, Art. 134, Rn. 1 f.; P. *Gilsdorf/A. Zimmermann*, in: HER, Art. 134, Rn. 1.
2 Beschluß 91/482/EWG des Rates vom 25.6.1991, ABl.EG 1991 Nr. L 263/1, Halbzeitänderung durch den Beschluß 97/803/EG des Rates vom 24.11.1997, ABl.EG 1997 Nr. L 329/50; zur Laufzeitverlängerung bis zum 1.12.2001 s. ABl.EG 2001 Nr. L. 58/21.
3 Vgl. EuGH Rs. C-260/90, Slg. 1992, I-643, Rn. 10 (Leplat); im Schrifttum: C. *Tietje*, in: Grabitz/Hilf, EU, Art. 134, Rn. 1; a.A. P. *Gilsdorf/A. Zimmermann*, in: HER, Art. 134, Rn. 2; *Geiger*, EUV/EGV, Art. 134, Rn. 2.; offen B. *Martenczuk/A. Zimmermann*, in: Schwarze, EU-Kommentar, Art. 185 Rn. 2.

Art. 186 (ex-Art. 135)

Vorbehaltlich der Bestimmungen über die Volksgesundheit und die öffentliche Sicherheit und Ordnung wird die Freizügigkeit der Arbeitskräfte aus den Ländern und Hoheitsgebieten in den Mitgliedstaaten und der Arbeitskräfte aus den Mitgliedstaaten in den Ländern und Hoheitsgebieten durch später zu schließende Abkommen geregelt[1 ff.]; diese bedürfen der einstimmigen Billigung aller Mitgliedstaaten.

1 Das Recht auf **Freizügigkeit von Arbeitnehmern** (s. Art. 39 ff.) aus den ÜLG in die Mitgliedstaaten und umgekehrt ist in einem **gesonderten Abkommen zwischen den Mitgliedstaaten** zu regeln, das bis heute nicht geschlossen worden ist. Auch der Durchführungsbeschluß nach Art. 187[1] enthält keine Bestimmungen über die Freizügigkeit.

2 Die Staatsangehörigen der Mitgliedstaaten können sich daher nicht auf Gemeinschaftsrecht (Art. 39 ff.) berufen, um das Recht auf Einreise und Aufenthalt in einem ÜLG zum Zwecke der Beschäftigung als Arbeitnehmer zu verlangen[2].

3 Auch den Einwohnern der ÜLG ist grundsätzlich die Berufung auf Art. 39 ff. verwehrt[3]. Etwas anderes muß allerdings gelten, wenn sie die **Staatsangehörigkeit** ihres Mutterlandes besitzen (alle Einwohner der französischen, niederländischen und dänischen ÜLG sowie der britischen Falklandinseln[4]), und sich ihr Wohnsitz **im räumlichen Anwendungsbereich der Art. 39 ff.** – also außerhalb der ÜLG (s. Art. 299 Abs. 3) – befindet[5]. Nur so wird Art. 186 als Teil eines besonderen in sich geschlossenen Assoziierungssystems (s. Art. 182 Rn. 3) Rechnung getragen und die Vorschrift zugleich mit dem räumlichen und persönlichen Anwendungsbereich des Art. 39 in Einklang gebracht.

4 Es bleibt der **Rechtsordnung des Mutterlandes** überlassen, ihren Staatsangehörigen aus dem ÜLG die **Einreise** in ihr Hoheitsgebiet und den **Aufenthalt** dort zu ermöglichen (nach EG-Recht zulässige Inländerdiskriminierung, s. Art. 39 Rn. 41 ff.[6]) und damit den Anwendungsbereich der Art. 39 ff. zu eröffnen.

---

1 Beschluß 97/803/EG des Rates zur Halbzeitänderung des Beschlusses 91/482/EWG vom 25.7.1991 (ABl.EG 1991 Nr. L 263/1) vom 24.11.1997, ABl.EG 1997 Nr. L 329/50, zur Laufzeitverlängerung bis zum 1.12.2001, s. ABl.EG 2001 Nr. L. 58/21.
2 EuGH, Verb. Rs, C-100 und 101/89, Slg. 1990, I-4667, Rn. 13 (Kaefer und Procacci).
3 Vgl. VO (EWG) Nr. 1612/68 des Rates vom 15.10.1968 über die Freizügigkeit der Arbeitnehmer innerhalb der Gemeinschaft, ABl.EG 1968 Nr. L 257/2, 11 (Art. 42 Abs. 3).
4 P. *Gilsdorf/A. Zimmermann*, in: HER, Art. 135, Fn. 2.
5 A. *Hecker*, in: Lenz, EGV, Art. 186, Rn. 3; P. *Gilsdorf/A. Zimmermann*, in: HER, Art. 135, Rn. 1; a.A. C. *Tietje*, in: Grabitz/Hilf, EU, Art. 135, Rn. 3; A. *Randelzhofer*, in: Grabitz/Hilf, EU, Art. 48 Rn. 12; U. *Wölker*, in: GTE, EU-/EGV, Vorb. zu den Artikeln 48 bis 50, Rn. 50 m.w.N.
6 Vgl. EuGH, Rs. 175/78, Slg. 1979, 1129, Rn. 11 (Saunders); EuGH, Verb. Rs. 35 und 36/82, Slg. 1982, 3723, Rn.15 (Morson und Jhanjan/Niederlande); EuGH, Rs. 180/83, Slg. 1984, 2539, Rn. 15 (Moser/Land Baden-Württemberg).

Art. 187 (ex-Art. 136)

Der Rat legt aufgrund der im Rahmen der Assoziierung der Länder und Hoheitsgebiete an die Gemeinschaft erzielten Ergebnisse[3] und der Grundsätze dieses Vertrages[4] die Bestimmungen über die Einzelheiten und das Verfahren für die Assoziierung der Länder und Hoheitsgebiete an die Gemeinschaft einstimmig fest[1 f.].

Das System der **Durchführungsbeschlüsse**[1] dient der Ausfüllung des durch Art. 182 ff. vorgegebenen Rahmens, und gewährleistet so eine flexible Anpassung des Assoziierungssystems an geänderte Verhältnisse. Einzelnen Bestimmungen der Beschlüsse kann **unmittelbare Wirkung** für den Einzelnen zukommen (vgl. Art. 310, Rn 27 ff.)[2]. Nach der Rechtsprechung des EuGH ist auch ein Gericht aus den ÜLG bei Zweifeln über die Auslegung des Durchführungsbeschlusses zur Vorlage nach Art. 234 berechtigt[3]. 1

Durch den Amsterdamer Vertrag wurde die Vorschrift von dem unklaren Hinweis auf die Geltungsdauer des Beschlusses (»für einen neuen Zeitabschnitt«, Art. 136 Abs. 2 a.F.)[4], befreit. Die jetzige Fassung bestätigt die Rechtsprechung des EuGH zur Auslegung der Vorgängernorm[5]: Der Zeitpunkt des Tätigwerdens und die Geltungsdauer des Durchführungsbeschlusses liegen im **Ermessen** des Rates. 2

Inhaltlich muß der Rat bei der Ausgestaltung des Durchführungsbeschlusses die **erzielten Ergebnisse der Assoziierung** berücksichtigen, um die Assoziierungsregeln immer näher an die Ziele des vierten Teils des EG-Vertrages heranzuführen[6]. 3

Darüber hinaus hat der Rat **allen** im Vertrag genannten **Grundsätzen** Rechnung zu tragen (s. insb. Art. 1–16)[7]. Er ist folglich berechtigt und verpflichtet, im Rahmen des Durchführungsbeschlusses gegenläufige Grundsätze auszugleichen[8] und z.B. zum Schutz der gemeinsamen Agrarpolitik (Art. 3 Abs. 1 lit. e) **Schutzklauseln** zu Lasten des freien Handelsverkehrs mit den ÜLG in den Durchführungsbeschluß aufzunehmen[9]. **Höherrangiges** Gemeinschaftsrecht ist verletzt, wenn die bereits erzielten Assoziationsergebnisse bzw. die Grundsätze der Art. 182 ff. insgesamt durch die Schutzklausel in Frage gestellt werden[10]. Außerdem ist der Rat bei der Auswahl der Schutzmaßnahmen an den Verhältnismäßigkeitsgrundsatz gebunden. Der EuGH ist bei seiner Kontrolle 4

---

1 Beschluß 91/482/EWG des Rates vom 25.7.1991, ABl.EG 1991 Nr. L 263/1, zur Halbzeit geändert durch den Beschluß 97/803/EG des Rates vom 24.11.1997, ABl.EG 1997, Nr. L 329/50; Laufzeitverlängerung bis zum 1.12.2001, ABl.EG 2001 Nr. L. 58/21; zur Rechtsnatur des Beschlusses s. *B. Martenczuk/A. Zimmermann*, in: Schwarze, EU-Kommentar, Art. 187, Rn. 4.
2 EuGH, Verb. Rs. C-100 und 101/89, Slg. 1990, I-4667, Rn. 21 ff. (Kaefer und Procacci).
3 EuGH, Verb. Rs. C-100 und 101/89 Slg. 1990, I-4667, Rn. 6 ff. (Kaefer und Procacci).
4 S. hierzu *C. Tietje*, in: Grabitz/Hilf, EU, Art. 136, Rn. 4.
5 EuGH, Rs. C-310/95, Slg. 1997, I-2229, Rn. 41 (Road Air).
6 EuG, Verb. Rs. T-480 und 483/93, Slg. 1995, II-2305, Rn. 94 (Antillean Rice Mills/Kommission).
7 EuG, Verb. Rs. T-480 und 483/93, Slg. 1995, II-2305, Rn. 93 (Antillean Rice Mills/Kommission).
8 Vgl. auch EuGH, Rs. 5/73, Slg. 1973, 1091, Rn. 29 (Balkan-Import-Export); EuGH, Rs. 37/83, Slg. 1984, 1229, Rn. 18 ff. (Rewe-Zentrale); EuGH, Rs. 195/87, Slg. 1989, 2199, Rn. 21 (Cehave).
9 EuG, Verb. Rs. T-480 und 483/93, Slg. 1995, II-2305, Rn. 94 (Antillean Rice Mills/Kommission), zuletzt Rs. T 44/98 R II, Slg.1999, II-1427, Rn. 93 (Emesa Sugar/Kommission).
10 EuG, Verb. Rs. T-480 und 483/93, Slg. 1995, II-2305, Rn. 94 a.E. (Antillean Rice Mills/Kommission); Rs. T-44/98 R II, Slg. 1999, II-1459, Rn. 100 (Emesa Sugar/Kommission), weitergehend: *C. Tietje*, in: Grabitz/Hilf, EU, Art. 136, Rn. 8 f.

darauf beschränkt, die **Geeignetheit** der Schutzmaßnahme des Rates zur Erreichung des verfolgten Zieles zu überprüfen[11].

5 Die **Konferenz der Vertreter der Regierungen der Mitgliedstaaten** fordert in ihrer Erklärung Nr. 36 zum Amsterdamer Vertrag, das Assoziierungssystem nach Art. 187 bis zum Februar 2000 unter Berücksichtigung konkreter Zielsetzungen zu überprüfen. Da die Erklärung nicht Vertragsbestandteil ist, bindet sie den Rat im Rahmen des Art. 187 nicht. Das Vertragswerk von Nizza sieht keine Änderung des Assoziierungssystems im Rahmen des Primärrechts vor.[12]

---

11 EuGH, Rs. C-17/98, Slg. 2000, I-675, Rn 53 (Emesa Sugar/Aruba), eine weiteren Kontrollmaßstab legt der EuG im Rahmen des einstweiligen Rechtsschutzes an: Rs. T-44/98 R II, Slg. 1999, II-1427, Rn. 96 ff. (Emesa Sugar/Kommission).
12 S. aber die Überlegungen der Kommission zur Frage des künftigen Status der mit der EG Assoziierten ÜLG, Dok. KOM (1999), 163 endg. vom 20.5.1999.

Art. 188 (ex-Art. 136a)

Die Artikel 182 bis 187 sind auf Grönland anwendbar[1 f.], vorbehaltlich der spezifischen Bestimmungen für Grönland in dem Protokoll über die Sonderregelung für Grönland im Anhang zu diesem Vertrag[3 f.].

Die Bevölkerung Grönlands sprach sich in einer Volksabstimmung vom 23.2.1982 gegen einen Verbleib des Landes in der Gemeinschaft aus[1]. Durch die Einfügung des Art. 188 und die Ergänzung der ÜLG-Liste im Anhang II (Änderungsvertrag vom 13.3.1984[2]) erhielt das seit 1979 autonome Gemeinwesen des Königreichs Dänemark[3] den **Status eines ÜLG**. Auf diese Weise wurde Grönland als Teil des Staatsgebiets Dänemarks aus dem Geltungsbereich des Vertrages entlassen (s. Art. 299 Abs. 3 i.V.m. Anhang II des Amsterdamer Vertrages)[4]. 1

Für Grönland gilt damit ausschließlich der **IV. Teil des Vertrages** inklusive des **Durchführungsbeschlusses** nach Art. 187[5]. 2

Als integraler Bestandteil des Vertrages findet zudem das **Protokoll über die Sonderregelung für Grönland**[6] Anwendung. Da die ertragreichen grönländischen Gewässer nicht mehr Teil der Fischereizone der Gemeinschaft sind, knüpft Art. 1 des Protokolls an den freien Marktzugang für Fischereiprodukte aus Grönland die Bedingung des zufriedenstellenden Zugangs zu den grönländischen Fischereizonen[7]. 3

Dieser Zugang wird in dem **Fischereiabkommen** vom 13.3.1984[8] samt dem Protokoll über die Bedingungen der Fischerei[9] geregelt, geschlossen zwischen Dänemark und der örtlichen Regierung Grönlands einerseits und der Gemeinschaft andererseits. Nicht zuletzt wegen der dort geregelten finanziellen Zuwendungen für die Gewährleistung von Fischereirechten partizipiert Grönland nicht an der finanziellen Unterstützung, die die Gemeinschaft den ÜLG gewährt (Art. 153 Abs. 1 lit. a des Durchführungsbeschlusses 91/482/EWG vom 25.7.1991[10]). 4

---

1 G. *Afredsson*, Greenland and the Law of Political Decolonisation, GYIL 25 (1982), S. 290 (292); O. *Johansen/C.-L. Sørensen*, Grönlands Austritt aus der Europäischen Gemeinschaft, EA 1983, S. 399 ff.; H.-R. *Krämer*, Greenland's European Community (EC-)Referendum, GYIL 25 (1982), S. 273 ff.
2 ABl.EG 1985 Nr. L 29/1
3 I. *Foighel*, Home Rule in Greenland, CMLRev. 1980, S. 89 ff.; J.-E. *Harders*, NuR 1990, S. 302 (303).
4 C. *Tietje*, in: Grabitz/Hilf, EU, Art. 136a, Rn. 2.
5 P. *Gilsdorf/A. Zimmermann*, in: HER, Art. 136a, Rn. 4.
6 ABl.EG 1985 Nr. L 29/7.
7 Vgl. hierzu J. *Lefaucheux*, Le nouveau régime des relations entre le Groenland et la Communauté économique européenne, R.M.C. 1985, S. 81 (86 ff.).
8 ABl.EG 1985 Nr. L 29/8, geändert durch ABl.EG 1994 Nr. L 351/16.
9 ABl.EG 1994 Nr. L 351/1.
10 ABl.EG 1991 Nr. L 263/1; Beschluß 97/803/EG des Rates zur Halbzeitänderung, ABl.EG 1997 Nr. L 329/51; Laufzeitverlängerung bis zum 1.12.2001 s. ABl.EG 2001 Nr. L 58/21.

Fünfter Teil
Die Organe der Gemeinschaft

Titel I
Vorschriften über die Organe

Kapitel 1
Die Organe

Abschnitt 1
Das Europäische Parlament

Art. 189 (ex-Art. 137)

Das Europäische Parlament besteht aus Vertretern der Völker der in der Gemeinschaft zusammengeschlossenen Staaten[1 ff.]; es übt die Befugnisse aus, die ihm nach diesem Vertrag zustehen[11 ff.].

Die Anzahl der Mitglieder des Europäischen Parlaments darf siebenhundertzweiunddreißig nicht überschreiten.[25]

Amsterdamer Fassung des Absatzes 2:
Die Anzahl der Mitglieder des Europäischen Parlaments darf 700 nicht überschreiten.

Inhaltsübersicht:

A. Das Europäische Parlament als Vertretung der Völker der Mitgliedstaaten	1
I. Entwicklung von der Versammlung zum Europäischen Parlament	1
II. Funktionen des EP	4
1. Repräsentation der Völker in den Mitgliedstaaten	4
2. Vermittlung demokratischer Legitimation	6
3. Gewaltenbalance in der Union	8
B. Zuständigkeiten des EP	9
C. Befugnisse des EP	11
I. Typen der Befugnisse, Übersicht	11
II. Organbildungs- und -besetzungsbefugnisse	12
III. Rechtsetzungsbefugnisse	13
IV. Kontrollbefugnisse	16
1. Kontrollmaßstab, Kontrollobjekt, Kontrollmaßnahmen	16
2. Informative Kontrollbefugnisse	17
3. Sanktionierende Kontrollbefugnisse	20
V. Konsultationen und Beratungsbefugnisse	21
1. Bedeutung	21
2. Beratungsbefugnis	22
3. Stellungnahmen und Initiativberichte	23
VI. Außenbeziehungen	24
D. Begrenzung der Abgeordnetenzahl	25
E. Entwicklungs- und Reformperspektiven	26

A. Das Europäische Parlament als Vertretung der Völker der Mitgliedstaaten

I. Entwicklung von der Versammlung zum Europäischen Parlament

In den drei Gründungsverträgen (Art. 21 EGKSV, Art. 107 EAGV, Art. 137 EWGV) und dem Abkommen über gemeinsame Organe für die EG vom 25. März 1957[1] wurde das EP als Versammlung bezeichnet. Damit wurde die französische Begrifflichkeit für die Bezeichnung eines Parlaments (assemblée) übernommen, die jedoch in den anderen sprachlichen Fassungen zu Abweichungen von den für das Parlament gewöhnlich benutzten Bezeichnungen führte. Die Umbenennung in Europäisches Parlament erfolgte zunächst sekundärrechtlich durch eine Entschließung vom 30. März 1962[2], die vom EuGH, nicht aber vom Rat und den Mitgliedstaaten für den offiziellen Sprachgebrauch übernommen wurde.[3] Primärrechtlich und damit für den Sprachgebrauch aller Organe und der Mitgliedstaaten verbindlich wurde die Bezeichnung Europäisches Parlament durch Art. 3 Abs. 1 EEA eingeführt. 1

Mit dem Wandel von der Versammlung zum Europäischen Parlament ging ein weitreichender Struktur- und Funktionswandel einher[4], der durch den Übergang von der Versammlung von Repräsentanten der Parlamente der Mitgliedstaaten (sog. Doppelmandat[5]) zur Direktwahl der Abgeordneten[6] und einen kontinuierlichen Zuwachs an Mitwirkungs- und Kontrollbefugnissen[7] gekennzeichnet ist.[8] 2

Die rechtliche Erfassung und Qualifizierung dieser Entwicklung sowie der Organisation und einzelnen Tätigkeiten und Befugnisse des EP hat zur Herausbildung eines europäischen Parlamentsrechts[9] geführt, dessen Grundsätze an das Parlamentsrecht der Mitgliedstaaten anknüpfen, dabei jedoch immer berücksichtigen müssen, daß dem EP in vieler Hinsicht eine andere, durch die Besonderheiten der Struktur einer supranationalen Gemeinschaft bestimmte Stellung und Funktion eignet[10]. Quellen des europäischen Parlamentsrechts sind das primäre und sekundäre Gemeinschaftsrecht[11] einschließlich der interinstitutionellen Vereinbarungen[12]. Hinzu kommen einige Vereinbarungen der Mitgliedstaaten, die sich z.B. auf das Wahlrecht und die innerstaatliche Rechtsstellung der Abgeordneten des EP beziehen.[13] Zum Parlamentsrecht gehören auch die aufgrund des 3

---

1 BGBl. II, S. 1156.
2 ABl.EG 1962, Nr. 31/1045.
3 S. E. Grabitz/T. Läufer, Das Europäische Parlament, 1980, S. 187 ff.; M. Haag/R. Bieber, in: GTE, EGV, Vorbemerkungen zu den Artikeln 137 bis 144, Rn. 5 m.w.N.
4 Detailanalyse bei M. Haag/R.Bieber, in: GTE, EGV, Vorbemerkungen zu den Artikeln 137 bis 144, Rn. 7 ff.
5 S. Ipsen, EG-Recht, S. 323 f.
6 S. Art. 190, Rn. 4 ff.
7 S. unten Rn. 16 ff.
8 Detailanalyse bei W. Wessels, Wird das Europäische Parlament zum Parlament?, in: GS Grabitz, 1995, S. 879 (888 ff.). Siehe auch D. O. Reich, Rechte des Europäischen Parlaments in Gegenwart und Zukunft, 1999, S. 118 ff.
9 S. M. Haag/R.Bieber, in: GTE, EGV, Vorbemerkungen zu den Artikeln 137 bis 144, Rn. 1 f.
10 Dazu A. v. Bogdandy, Supranationaler Föderalismus als Wirklichkeit und Idee einer neuen Herrschaftsform, 1999, S. 56 ff.; M. Kaufmann, Europäische Integration und Demokratieprinzip, 1997, S. 224 ff.
11 M. Haag/R.Bieber, in: GTE, EGV, Vorbemerkungen zu den Artikeln 137 bis 144, Rn. 1.
12 T. Läufer, in: Grabitz/Hilf, EU, Art. 137, Rn. 46 f. Siehe dazu auch Art. 54 GO EP.
13 M. Haag/R.Bieber, in: GTE, EGV, Vorbemerkungen zu den Artikeln 137 bis 144, Rn. 2.

dem EP als Verfassungsorgan zustehenden **Selbstorganisationsrechts**[14] erlassenen Regelungen, wie z.B. die nach Art. 199 erlassene Geschäftsordnung.

II. Funktionen des EP

1. Repräsentation der Völker in den Mitgliedstaaten

4 Das EP besteht aus Vertretern der Völker der in der Gemeinschaft zusammengeschlossenen Staaten und **repräsentiert** diese. Die Repräsentationsfunktion beruht auf dem – durch die europäischen Parteien im Wahlverfahren vermittelten[15] – unabhängigen Mandat der Abgeordneten und deren Wahl durch die Unionsbürger bzw. die Völker in den Mitgliedstaaten.[16] Damit unterscheidet sich das EP vom Rat, in dem die Regierungen der Mitgliedstaaten bzw. deren weisungsabhängige Vertreter versammelt sind.

5 Die gelegentlich geäußerten **Zweifel an der Repräsentationsfunktion** des EP, die darauf gestützt werden, daß es (derzeit noch) an einem europäischen Volk fehlt, das repräsentiert werden könnte[17], verkennen zum einen, daß auch in zahlreichen Staaten kein nach den dabei zugrundegelegten Kriterien homogenes Volk existiert (vgl. nur die kulturellen »Vielvölkerstaaten« Belgien und Spanien) und zum anderen von einer politischen Repräsentation immer dort gesprochen werden kann, wo ein ausreichend homogenes und institutionalisiertes politisches System die **Mindestbedingungen für eine politische Willensbildung** erfüllt, wie es bei der EU der Fall ist.[18] Auch die sog. Marginalitätsthese, nach der es sich beim EP aufgrund seiner im Vergleich zu den nationalen Parlamenten geringeren Kompetenzen um ein Scheinparlament handelt, das keine echte Repräsentation wahrnehmen kann, vermag nicht zu überzeugen.[19] Zur Vermeidung von begrifflichen Doppeldeutigkeiten, die sich aus der engen Verbindung von Volk und Staat in der Demokratietheorie ergeben, ist es vorzuziehen, auf die **Unionsbürger als Legitimationssubjekt** abzustellen.[20]

---

14 S. dazu R. *Bieber*, in: GTE, EGV, Art. 142, Rn. 1 ff.
15 Zur Rolle der Parteien bei der Repräsentation vgl. *P. M. Huber*, Die politischen Parteien als Partizipationsinstrument auf Unionsebene, EuR 1999, S. 579 ff.; V. *Neßler*, Deutsche und Europäische Parteien, EuGRZ 1998, S. 191 (195 ff.); D. *Tsatsos*, Europäische politische Parteien?, EuGRZ 1994, S. 45 (46) und Art. 191, Rn. 1 und 4.
16 V. *Saalfrank*, Funktionen und Befugnisse des Europäischen Parlaments, 1995, S. 109 ff. S. auch *Grabitz/Läufer* (Fn. 3), S. 357 ff.; *Kaufmann* (Fn. 10), S. 246 ff.
17 Dazu F. *Ossenbühl*, Maastricht und das Grundgesetz – eine verfassungsrechtliche Wende?, DVBl. 1993, S. 629 (634); E. *Klein*, Entwicklungsperspektiven für das europäische Parlament, EuR 1987, S. 97 (102 ff.); F. *Scharpf*, Europäisches Demokratiedefizit und deutscher Föderalismus, Staatswissenschaften und Staatspraxis 3 (1992), S. 293 (295 ff.). Vgl. auch *W. v. Simson*, Was bedeutet in einer Europäischen Union »das Volk«?, EuR 1992, S. 1 ff.
18 S. W. *Kluth*, Die demokratische Legitimation der Europäischen Union, 1995, S. 30 ff.; A. *Deringer*, Europäisches Parlament und Maastrichturteil des Bundesverfassungsgerichts, in: FS Everling, Bd. 1, 1995, S. 245 (250 ff.). S. auch die dynamische Deutung bei *Grabitz/Läufer* (Fn.3), S. 369 ff.
19 Dazu *Wessels* (Fn. 8), S. 878 ff.
20 *Kluth* (Fn. 18), S. 42 f.; M. *Zuleeg*, Demokratie in der Europäischen Gemeinschaft, JZ 1993, S. 1069 (1071). S. auch *A. Augustin*, Das Volk der Europäischen Union, 2000, S. 386 ff.

2. Vermittlung demokratischer Legitimation[21]

Als eigenständige Rechts- und Herrschaftsordnung[22] bedarf die EU nach ihrem Selbstverständnis, wie es z.b. in der dritten und fünften Erwägung der Präambel des Unionsvertrages zum Ausdruck kommt, sowie nach dem durch die Verfassungen der Mitgliedstaaten geprägten gemeineuropäischen Verfassungsrecht der demokratischen Legitimation.[23] Diese wird zum einen indirekt über die Mitgliedstaaten vermittelt, indem deren demokratisch legitimierte Parlamente das Primärrecht beschließen, demokratisch legitimierte Vertreter in den Rat entsenden sowie die Mitglieder der Kommission sowie weitere Organwalter der EU nominieren[24]. Sie wird zum anderen unmittelbar und originär durch das direkt gewählte EP begründet. Es handelt sich demnach um eine doppelte Legitimationsbasis.[25]

6

Die Vermittlung demokratischer Legitimation durch das EP erstreckt sich auf die **personelle demokratische Legitimation**[26] seiner eigenen Unterorgane (Ausschüsse etc.) und anderer EU-Organe, an deren Bestellung das EP beteiligt ist (Kommission, Bürgerbeauftragter etc.), als auch auf die **inhaltliche demokratische Legitimation** der Gemeinschaftsakte, an deren Zustandekommen das EP beteiligt ist.

7

3. Gewaltenbalance in der Union

Die Existenz des EP ist schließlich Ausdruck und Element der Gewaltenbalance bzw. des institutionellen Gleichgewichts in der EU und damit dem Grundsatz der Funktionentrennung zuzuordnen.[27] Zugleich wird durch die Zuweisung von Ernennungs-, Rechtsetzungs- und Kontrollbefugnissen an das EP auf europäischer Ebene der durch das gemeineuropäische Verfassungsrecht vorgeprägte Typus des parlamentarischen Regierungssystems verwirklicht.[28]

8

B. Zuständigkeiten des EP

Das EP ist zunächst und hauptsächlich Organ der Europäischen Gemeinschaften und nimmt die Aufgaben wahr, die ihm durch die jeweiligen Verträge zugewiesen werden. Dazu kommen Zuständigkeiten, die durch interinstitutionelle Vereinbarungen[29] mit anderen Organen begründet wurden.

9

---

21 S. auch die Beiträge in W. Steffanie/U. Thaysen (Hrsg.), Demokratie in Europa: Zur Rolle der Parlamente, 1995.
22 *Kluth* (Fn. 18), S. 45 ff.
23 *Kluth* (Fn. 18), S. 67 ff.; *G. Lübbe-Wolff*, Europäisches und nationales Verfassungsrecht, VVDStRL 60 (2001), S. 246 (250 f.); *S. Magiera*, Das Europäische Parlament als Garant demokratischer Legitimation in der Europäischen Union, in: FS Everling, Bd. 1, 1995, S. 789 (790 ff.); *Tsatsos* (Fn. 15), S. 46..
24 Zur demokratischen Legitimation der Exekutive der EU vgl. *V. Epping*, Die demokratische Legitimation der dritten Gewalt der Europäischen Gemeinschaften, in: Der Staat 36 (1997), S. 349 ff.
25 S. BVerfGE 89, 155 (184, 190); *Kluth* (Fn. 18), S. 67 ff.; *Magiera* (Fn. 19), S. 792 ff.
26 Zu den einzelnen Legitimationsformen vgl. *E.-W. Böckenförde*, Demokratie als Verfassungsprinzip, in: Isensee/Kirchhof (Hrsg.), Handbuch des Staatsrechts, Bd. 1, 1987, § 22, Rn. 14 ff.
27 Vgl. EuGH, Rs. C-138/79, Slg. 1980, S. 3333, Rn. 33 (Roquette Frères/Rat); *H. Hahn*, Funktionenteilung im Verfassungsrecht europäischer Organisationen, 1977. S. auch Art. 7, Rn. 8 ff.
28 *Kluth* (Fn. 18), S. 78, 90 ff.
29 Dazu *Grabitz/Läufer* (Fn. 3), S. 157 ff.; *T. Läufer*, Die Organe der EG – Rechtsetzung und Haushaltsverfahren zwischen Kooperation und Konflikt, 1990, S. 207 ff.

10 Nach Art. 5 EUV nimmt das EP zudem Aufgaben im Rahmen dieses Vertrages wahr, fungiert also als Organ der Union. Es handelt sich dabei um einen Fall der Organleihe.[30]

C. Befugnisse des EP

I. Typen der Befugnisse, Übersicht

11 Die verschiedenen Befugnisse des EP lassen sich nur schwer systematisieren. Das hängt damit zusammen, daß sich das EP seine Zuständigkeiten in vielen kleinen Schritten vor allem aus Anlaß von Vertragsänderungen erstritten hat. Da die einzelnen Befugnisse oft im Zusammenhang mit bestimmten (neuen) Zuständigkeiten der Union begründet wurden und deshalb über einen begrenzten Anwendungsbereich verfügen, fehlt es an allgemeinen Bestimmungen. Die Befugnisse müssen vielmehr aus einer Gesamtanalyse des primären und teilweise auch sekundären Gemeinschaftsrechts destilliert werden. Die Formen der Beteiligung des EP an Gemeinschaftsakten wurden durch den Unionsvertrag gesondert in Art. 192 geregelt, der seinerseits auf Art. 251 und 252 verweist.

11 a Um dennoch eine gewisse Übersichtlichkeit herbeizuführen erscheint es jedoch zulässig und angebracht, zwischen verschiedenen **Typen von Befugnissen** zu unterscheiden, auch wenn diese in den Einzelheiten ihrer Ausgestaltung voneinander abweichen. Im Sinne einer solchen Unterscheidung kann von Organbildungs- und -besetzungsbefugnissen, von Rechtsetzungsbefugnissen, von Kontrollbefugnissen sowie von Beratungsbefugnissen gesprochen werden. Diese Befugnisse werden durch die Handlungsformen der Alleinoder Mitentscheidung, die sonstige Mitwirkung (z.B. Änderungs- und Vorschlagsrechte), die Anhörung, die Berichterstattung und die Untersuchung vollzogen.[31]

II. Organbildungs- und -besetzungsbefugnisse

12 Im Rahmen seines Selbstorganisationsrechts steht dem EP ein Organbildungsrecht sowie ein korrespondierendes Besetzungsrecht zu. Es handelt sich im einzelnen um die Wahl des Präsidenten des EP gem. Art. 197 Abs. 1 sowie der übrigen Mitglieder des Präsidiums gem. Art. 15 GO EP; Wahl der Quästoren gem. Art. 16 GO EP; die Bildung und Besetzung der Ausschüsse gem. Art. 150 ff. GO EP. Darüber hinaus stehen dem EP – alleine oder zusammen mit anderen Organen der EU – Organbesetzungsrechte in folgenden Fällen zu: Ernennung des Bürgerbeauftragten gem. Art. 193; Mitwirkung an der Ernennung der Mitglieder des Rechnungshofs gem. Art. 247 Abs. 3; Mitwirkung an der Ernennung der Kommission gem. Art. 214 Abs. 2. In allen diesen Fällen wird dem jeweiligen Organ personelle demokratische Legitimation vermittelt, deren Niveau der Mitwirkungsform des EP entspricht.[32]

III. Rechtsetzungsbefugnisse

13 Neben der auf die Tätigkeit des EP bezogenen Rechtsetzung aufgrund des Selbstorganisationsrechts, die vor allem im Erlaß der Geschäftsordnung gem. Art. 199 Ausdruck findet, ist das EP auch an der auf Außenwirkung abzielenden Rechtsetzung der EU betei-

---

30 S. Art. 5 EUV, Rn. 7.
31 Andere Einteilung bei *T. Läufer*, in: Grabitz/Hilf, EU, Art. 137, Rn. 45. S. auch *D. O. Reich*, Rechte des Europäischen Parlaments in Gegenwart und Zukunft, 1999, S. 105 ff.
32 Zu diesem Aspekt *Epping* (Fn. 24), S. 366 ff.

ligt, deren Verfahren in den Art. 250 bis 252 sowie zahlreichen Einzelbestimmungen geregelt ist.[33] Ein formelles **Gesetzesinitiativrecht** steht dem EP nur in wenigen Ausnahmefällen zu, z.B. nach Art. 190 Abs. 4.[34] Nach Art. 192 Abs. 2 kann das EP jedoch mit der Mehrheit seiner Mitglieder die Kommission auffordern, geeignete Vorschläge zu Fragen zu unterbreiten, die nach seiner Auffassung die Ausarbeitung eines Gemeinschaftsakts zur Durchführung dieses Vertrags erfordern.

Im einzelnen kann zwischen folgenden Beteiligungsformen unterschieden werden: dem Kodezisions- oder Mitentscheidungsverfahren nach Art. 251, dem in einzelnen Vorschriften geregelten Zustimmungsverfahren, dem Verfahren der Zusammenarbeit nach Art. 252 sowie der bloßen Mitwirkung durch Anhörung.[35] Durch die Beteiligung des EP an den Rechtsetzungsakten wird ihnen eine originäre gemeinschaftliche inhaltliche demokratische Legitimation verliehen, die die mittelbare demokratische Legitimation der Rechtsetzung durch den Rat ergänzt. 14

Eine Sonderstellung unter den Rechtsetzungsbefugnissen nimmt die Beteiligung des EP bei der Feststellung des Haushaltsplanes gem. Art. 272 ein.[36] 15

IV. Kontrollbefugnisse

1. Kontrollmaßstab, Kontrollobjekt, Kontrollmaßnahmen

Bei den Kontrollbefugnissen des EP[37], ist nach der Art der Kontrolle bzw. dem Kontrollmaßstab, dem Objekt der Kontrolle sowie den Wirkungen der Kontrolle zu unterscheiden.[38] Als **Kontrollarten** sind die rechtliche und die politische Kontrolle zu nennen. **Kontrollobjekt** können generell die Handlungen der Kommission und der sonstigen Exekutivorgane, Handlungen im Bereich der GASP und der PJZS sowie neuerdings aufgrund der neuen GO EP auch Handlungen des Rates sein.[39] Hinsichtlich der **Wirkungsweise von Kontrollmaßnahmen** kann zwischen informativen und sanktionierenden Kontrollbefugnissen unterschieden werden.[40] 16

2. Informative Kontrollbefugnisse

Die größte praktische Bedeutung kommt den informativen Kontrollbefugnissen zu. Es handelt sich dabei um Frage- und Informationsrechte sowie um Berichtspflichten. Da eine Kontrolle nur auf der Grundlage von ausreichender Information möglich ist, ist die Bedeutung der Informationsrechte nicht zu unterschätzen. Am weitesten geht insoweit das Kontrollrecht durch Untersuchungsausschüsse, das in Art. 193 gesondert geregelt ist. 17

---

33 Übersichten bei *R. Bieber*, Die Einwirkung des Europäischen Parlaments auf die Rechtsetzung in der Europäischen Gemeinschaft, in: J. Schwarze (Hrsg.), Gesetzgebung in der Europäischen Gemeinschaft, 1985, S. 73 f.; *Grabitz/Läufer* (Fn. 3), S. 119 ff.; *Saalfrank* (Fn. 16), S. 191 ff. S. auch *G. Ress*, Das Europäische Parlament als Gesetzgeber, ZEuS 1999, S. 219 ff.
34 Zur geringen Bedeutung des parlamentarischen Gesetzesinitiativrechts nationaler Parlamente vgl. *Wessels* (Fn. 8), S. 891.
35 Vgl. *Kluth* (Fn. 18), S. 71 ff.
36 S. Art. 272, Rn. 9 ff.
37 Übersichten bei *Grabitz/Läufer* (Fn. 3), S. 149 ff. und *J. Schoo*, Kontrollen bei der Durchführung von Gemeinschaftsrecht aus der Sicht des Europäischen Parlaments, in: J. Schwarze (Hrsg.), Gesetzgebung in der Europäischen Gemeinschaft, 1985, S. 97 ff.
38 Grundlegend zur Systematik von Kontrolle *W. Krebs*, Kontrolle in staatlichen Entscheidungsprozessen, 1986, S. 4 ff. und speziell zur parlamentarischen Kontrolle S. 120 ff.
39 *T. Läufer*, in: Grabitz/Hilf, EU, Art. 137, Rn. 33.
40 *M. Haag/R.Bieber*, in: GTE, EGV, Art. 137, Rn. 18.

18 Fragerechte und ihnen korrespondierende Auskunftsverpflichtungen bestehen gem. Art. 197 Abs. 3 i.V.m. Art. 42 GO EP gegenüber der Kommission sowie – nur auf der Grundlage des Art. 42 GO EP i.V.m. interinstitutionellem Recht[41] – gegenüber dem Rat. Hinzu kommt nach Art. 21 Abs. 2 EUV ein Fragerecht gegenüber dem Rat im Bereich der GASP und nach Art. 39 Abs. 3 EUV im Bereich der PJZS.

19 Die Kommission ist zur jährlichen Vorlage von zahlreichen **Berichten** verpflichtet. Von besonderer Bedeutung sind darunter vor allem drei Berichte: der Gesamtbericht der Kommission gem. Art. 143 i.V.m. Art. 45 GO EP; der Sozialbericht gem. Art. 145; die Haushaltsrechnung und Vermögensübersicht gem. Art. 276. Daneben bestehen zahlreiche weitere Berichtspflichten[42], darunter auch solche der Mitgliedstaaten[43].

3. Sanktionierende Kontrollbefugnisse

20 Nur in wenigen Fällen stehen dem EP sanktionierende Kontrollbefugnisse zu. Es handelt sich dabei um den Mißtrauensantrag gegen die Kommission gem. Art. 201 und die Verweigerung der Entlastung der Kommission für die Ausführung des Haushaltsplans gem. Art. 276. Im weiteren Sinne können schließlich die Antragsrechte des EP vor dem EuGH gem. Art. 230 (Nichtigkeitsklage) und Art. 232 (Untätigkeitsklage) als mittelbare sanktionierende Kontrollbefugnisse angesehen werden.[44]

V. Konsultationen und Beratungsbefugnisse

1. Bedeutung

21 Soweit dem EP im Rahmen der Rechtsetzung keine Mitwirkungsbefugnisse zustehen sowie bezüglich der Tätigkeit der anderen Organe, die grundsätzlich ohne Mitwirkung des EP stattfinden, kommt eine Beteiligung des EP durch verschiedene Formen der Konsultation in Betracht.[45] In diesen Fällen kann das EP sich im Rahmen von **Debatten** und **Stellungnahmen** mit der jeweiligen Thematik befassen und durch seine politische und moralische Autorität Einfluß auf die Entscheidungsfindung der anderen Organe nehmen.[46] Die Konsultation des EP dient der Wahrung des institutionellen Gleichgewichts und fördert aufgrund der öffentlichen Verhandlungen des EP die Transparenz der Entscheidungsfindung.

2. Beratungsbefugnis

22 Unter Beratungsbefugnis versteht man das Recht, eine Frage zu erörtern, einen einheitlicher (Mehrheits-) Willen zu bilden und diesen zu äußern.[47] Diese Befugnis steht dem

---

41 Vermerk des Rates für das EP vom 16.10.1973, Bull. EP 34/73 vom 19.10.1973; dazu *M. Haag/ R.Bieber*, in: GTE, EGV, Art. 137, Rn. 20.
42 S. *M. Haag/R.Bieber*, in: GTE, EGV, Art. 137, Rn. 21.
43 Vgl. Art. 12 Abs. 2 DWA.
44 *M. Haag/R. Bieber*, in: GTE, EGV, Art. 137, Rn. 29.
45 Dazu ausführlich *T. Läufer*, in: Grabitz/Hilf, EU, Art. 137, Rn. 7 ff.
46 *T. Läufer*, in: Grabitz/Hilf, EU, Art. 137, Rn. 24.
47 EuGH, Rs. C-230/81, Slg. 1983, 255, Rn. 39 (Luxemburg/Parlament); *M. Haag/R.Bieber*, in: GTE, EGV, Art. 137, Rn. 11.

EP im Rahmen der Gemeinschaftskompetenzen zu, d.h. bezüglich aller Fragen, die die Gemeinschaft betreffen.[48]

3. Stellungnahmen und Initiativberichte

Wird das EP im Rahmen des Erlasses von Gemeinschaftsakten konsultiert oder befaßt es sich mit einzelnen Fragen aufgrund seiner Beratungsbefugnis, so mündet diese Tätigkeit regelmäßig in die Abgabe von Stellungnahmen oder Initiativberichten und -resolutionen[49]. Das nähere dazu regelt Art. 163 GO EP. Diesen Entschließungen des EP kommt keine rechtliche Bindungswirkung zu, d.h. sie besitzen nur empfehlenden Charakter.[50]

23

VI. Außenbeziehungen

Neben der Beteiligung am Abschluß von Verträgen und Abkommen, wie z.b. nach Art. 49 EUV und Art. 300, und ihrer Durchführung[51] nutzt das EP sein Selbstorganisations- und Beratungsrecht auch dazu, Kontakt zu Parlamenten, Regierungen und Staatsoberhäuptern von Drittstaaten zu unterhalten.[52] Hinzu kommen Kontakte zu den Parlamenten der Mitgliedstaaten.[53]

24

D. Begrenzung der Abgeordnetenzahl

Durch den Amsterdamer Vertrag wurde in Unterabsatz 2 eine Begrenzung der Abgeordnetenzahl auf 700 eingefügt. Damit wurde eine bislang auf einem Beschluß des EP[54] beruhende Festlegung in das primäre Gemeinschaftsrecht übernommen. Dadurch soll die Arbeitsfähigkeit des EP auch nach dem Beitritt neuer Mitgliedstaaten gesichert werden. Der Vertrag von Nizza hat die Zahl auf 732 erhöht und außerdem für die Zukunft einen komplizierten Änderungsmechanismus eingeführt, der ab 1.1.2004 wirksam wird.[55] Nach Art. 2 des Protokolls über die Erweiterung der Europäischen Union wird die Gesamtzahl der Abgeordneten der aktuellen 15 Mitgliedstaaten auf 532 reduziert. Während Deutschland weiterhin 99 Sitze behält, wird z.B. die Zahl der Mandate für Frankreich um 15 auf 72 reduziert. Ähnliche Reduktionen treffen andere Mitgliedstaaten. Auf dieser Basis soll dann Schritt für Schritt die Integration der neuen Mitgliedstaaten erfolgen. Liegt die Gesamtzahl der Abgeordneten nach dem Beitritt unterhalb der Höchstgrenze von 732, so erfolgt eine anteilige Korrektur. Andererseits kann die Zahl auch überschritten werden. Die entsprechenden Änderungen soll der Rat beschließen.

25

---

48 EuGH, Rs. C-230/81, Slg. 1983, 255, Rn. 39 (Luxemburg/Parlament).
49 Dazu *T. Läufer*, in: Grabitz/Hilf, EU, Art. 137, Rn. 22 f.
50 *T. Läufer*, in: Grabitz/Hilf, EU, Art. 137, Rn. 24.
51 Dazu *M. Haag/R.Bieber*, in: GTE, EGV, Art. 137, Rn. 38.
52 *M. Haag/R.Bieber*, in: GTE, EGV, Art. 137, Rn. 40, 43.
53 *M. Haag/R.Bieber*, in: GTE, EGV, Art. 137, Rn. 42.
54 Entschließung vom 15.5.1995, ABl.EG 1995, Nr. C 151/56.
55 S. *A. Hatje*, Die institutionelle Reform der Europäischen Union, EuR 2001, S. 143 (151 ff.).

E. Entwicklungs- und Reformperspektiven

26 Das EP ist dasjenige Organ, bei dem seit der Gründung der Gemeinschaften die größte Weiterentwicklung zu beobachten ist.[56] Der Übergang vom Doppelmandat zur Direktwahl sowie der stetige Zuwachs an Befugnissen sind Zeichen einer wachsenden politischen Eigenständigkeit der EU, die in der Stärkung der Stellung des EP ihren institutionell sinnfälligsten Ausdruck findet. Das EP selbst hat seine Reformvorstellungen umfassend zuletzt in einer Entschließung vom 7. April 1992[57] zum Ausdruck gebracht. Darin wird eine stärkere Beteiligung an der Rechtsetzung bei gleichzeitiger Vereinfachung des Verfahrensrechts, stärkere Kontrollrechte gegenüber Kommission und Rat sowie eine volle Mitentscheidung bei Außenverträgen gefordert. Zu erwähnen ist auch der Entwurf einer Verfassung der Europäischen Union durch den Institutionellen Ausschuß des Europäischen Parlaments vom 14. Februar 1994.[58] Im Rahmen der Debatte über eine zukünftige Verfassung der EU wird eine Vielzahl von unterschiedlichen Modellen für die Ausgestaltung des EP und die Fortschreibung seiner Befugnisse diskutiert.

27 Die bereits für die Amsterdamer Revisionskonferenz geplante grundlegende institutionelle Reform[59], durch die die EU auf den Beitritt der ost- und mitteleuropäischen Staaten vorbereitet werden sollte, wurde auch bei der Regierungskonferenz in Nizza nicht verabschiedet und in den sog. Post-Nizza-Prozeß verschoben.[60]

---

56 Detaillierte Übersichten über die Entwicklungsschritte bei *T. Läufer*, in: Grabitz/Hilf, EU, Art. 137, Rn. 48; *Grabitz/Läufer* (Fn. 3), S. 187 ff.
57 ABl.EG Nr. C 125/81.
58 PE 203.601/endg. abgedruckt bei *Kluth* (18), S. 127 ff.
59 *R. Bieber*, Reformen der Institutionen und Verfahren – Amsterdam kein Meisterstück, integration 1997, S. 236 ff.
60 *Hatje* (Fn. 55), S. 181 ff.

Art. 190 (ex-Art. 138)

(1) Die Abgeordneten der Völker der in der Gemeinschaft vereinigten Staaten im Europäischen Parlament werden in allgemeiner unmittelbarer Wahl gewählt.[3]

(2) Die Zahl der in jedem Mitgliedstaat gewählten Abgeordneten wird wie folgt festgesetzt:

Belgien	25
Dänemark	16
Deutschland	99
Griechenland	25
Spanien	64
Frankreich	87
Irland	15
Italien	87
Luxemburg	6
Niederlande	31
Österreich	21
Portugal	25
Finnland	16
Schweden	22
Vereinigtes Königreich	87

Wird dieser Absatz geändert, so muß durch die Zahl der in jedem Mitgliedstaat gewählten Abgeordneten eine angemessene Vertretung der Völker der in der Gemeinschaft zusammengeschlossenen Staaten gewährleistet sein.

(3) Die Abgeordneten werden auf fünf Jahre gewählt.

(4) Das Europäische Parlament arbeitet einen Entwurf für allgemeine unmittelbare Wahlen[9 ff.] nach einem einheitlichen Verfahren in allen Mitgliedstaaten oder im Einklang mit den allen Mitgliedstaaten gemeinsamen Grundsätzen[4 ff.] aus.

Der Rat erläßt nach Zustimmung des Europäischen Parlaments, die mit der Mehrheit seiner Mitglieder erteilt wird, einstimmig die entsprechenden Bestimmungen und empfiehlt sie den Mitgliedstaaten zur Annahme gemäß ihren verfassungsrechtlichen Vorschriften.[4]

(5) Das Europäische Parlament legt nach Anhörung der Kommission und mit Zustimmung des Rates, der mit qualifizierter Mehrheit beschließt, die Regelungen und allgemeinen Bedingungen für die Wahrnehmung der Aufgaben seiner Mitglieder fest.[11 ff.] Alle Vorschriften und Bedingungen, die die Steuerregelungen für die Mitglieder oder ehemaligen Mitglieder betreffen, sind vom Rat einstimmig festzulegen.

Amsterdamer Fassung des Absatzes 5:

(5) Das Europäische Parlament legt nach Anhörung der Kommission und mit Zustimmung des Rates, der einstimmig beschließt, die Regelungen und allgemeinen Bedingungen für die Wahrnehmung der Aufgaben seiner Mitglieder fest.

Die Absätze 1 und 2 wurden durch Art. 14 des nachstehenden Aktes vom 20.9.1976 mit der Konstituierung des ersten direkt gewählten Parlaments aufgehoben. An ihre Stelle sind die Regelungen des Aktes selbst getreten. Durch den Amsterdamer Vertrag wurden die Artikel 1, 2 und 3 Abs. 1 des Direktwahlaktes als Absätze 1 bis 3 in Art. 190 übernommen.

Art. 190 EG-Vertrag

AKT
zur Einführung allgemeiner unmittelbarer Wahlen
der Abgeordneten der Versammlung (DWA)[1]

Art. 1. Die Abgeordneten der Völker der in der Gemeinschaft vereinigten Staaten im Europäischen Parlament werden in allgemeiner, unmittelbarer Wahl gewählt.

Art. 2. Die Zahl der in jedem Mitgliedstaat gewählten Abgeordneten wird wie folgt festgesetzt:

Belgien	25
Dänemark	16
Deutschland	99
Griechenland	25
Spanien	64
Frankreich	87
Irland	15
Italien	87
Luxemburg	6
Niederlande	31
Österreich	21
Portugal	25
Finnland	16
Schweden	22
Vereinigtes Königreich	87

Wird dieser Absatz geändert, so muß durch die Zahl der in jedem Mitgliedstaat gewählten Abgeordneten eine angemessene Vertretung der Völker der in der Gemeinschaft zusammengeschlossenen Staaten gewährleistet sein.

Art. 3. (1) Die Abgeordneten werden auf fünf Jahre gewählt.

(2) Die fünfjährige Wahlperiode beginnt mit der Eröffnung der ersten Sitzung nach jeder Wahl. Sie wird nach Maßgabe von Artikel 10 Absatz 2 verlängert oder verkürzt.

(3) Das Mandat eines Abgeordneten beginnt und endet zu gleicher Zeit wie der in Absatz 2 genannte Zeitraum.

Art. 4. (1) Die Abgeordneten geben ihre Stimmen einzeln und persönlich ab. Sie sind weder an Aufträge noch an Weisungen gebunden.

(2) Die Abgeordneten genießen die Vorrechte und Befreiungen, die nach dem Protokoll über die Vorrechte und Befreiungen der Europäischen Gemeinschaften im Anhang zum Vertrag zur Einsetzung eines gemeinsamen Rates und einer gemeinsamen Kommission der Europäischen Gemeinschaften für die Mitglieder des Europäischen Parlaments gelten.

Art. 5. Die Mitgliedschaft im Europäischen Parlament ist vereinbar mit der Mitgliedschaft im Parlament eines Mitgliedstaates.

Art. 6. (1) Die Mitgliedschaft im Europäischen Parlament ist unvereinbar mit der Eigenschaft als

---

1 ABl.EG 1976 Nr. L 278/1 = BGBl. II 1977, S. 733.

EG-Vertrag Art. 190

- Mitglied der Regierung eines Mitgliedstaates;
- Mitglied der Kommission der Europäischen Gemeinschaften;
- Richter, Generalanwalt oder Kanzler des Gerichtshofs der Europäischen Gemeinschaften;
- Mitglied des Rechnungshofs der Europäischen Gemeinschaften;
- Mitglied des Beratenden Ausschusses der Europäischen Gemeinschaften für Kohle und Stahl oder Mitglied des Wirtschafts- und Sozialausschusses der Europäischen Wirtschaftsgemeinschaft und der Europäischen Atomgemeinschaft;
- Mitglied des Ausschusses der Regionen;
- Mitglied von Ausschüssen und Gremien, die aufgrund der Verträge über die Gründung der Europäischen Gemeinschaft für Kohle und Stahl, der Europäischen Wirtschaftsgemeinschaft und der Europäischen Atomgemeinschaft Mittel der Gemeinschaften verwalten oder eine dauernde unmittelbare Verwaltungsaufgabe wahrnehmen;
- Mitglied des Verwaltungsrats oder des Direktoriums oder Bediensteter der Europäischen Investitionsbank;
- im aktiven Dienst stehender Beamter oder Bediensteter der Institutionen der Europäischen Gemeinschaften oder der ihnen angegliederten fachlichen Gremien.

(2) Ferner kann jeder Mitgliedstaat nach Artikel 7 Absatz 2 innerstaatlich geltende Unvereinbarkeiten festlegen.

(3) Die Abgeordneten des Europäischen Parlaments, auf die im Laufe der in Artikel 3 festgelegten fünfjährigen Wahlperiode die Absätze 1 und 2 Anwendung finden, werden nach Artikel 12 ersetzt.

Art. 7. (1) Das Europäische Parlament arbeitet gemäß Artikel 21 Absatz 3 des Vertrages über die Gründung der Europäischen Gemeinschaft für Kohle und Stahl, Artikel 138 Absatz 3 des Vertrages zur Gründung der Europäischen Wirtschaftsgemeinschaft und Artikel 108 Absatz 3 des Vertrages zur Gründung der Europäischen Atomgemeinschaft den Entwurf eines einheitlichen Wahlverfahrens aus.

(2) Bis zum Inkrafttreten eines einheitlichen Wahlverfahrens und vorbehaltlich der sonstigen Vorschriften dieses Akts bestimmt sich das Wahlverfahren in jedem Mitgliedstaat nach den innerstaatlichen Vorschriften.

Art. 8. Bei der Wahl der Abgeordneten des Europäischen Parlaments kann jeder Wähler nur einmal wählen.

Art. 9. (1) Die Wahl zum Europäischen Parlament findet zu dem von jedem Mitgliedstaat festgelegten Termin statt, der in einen für alle Mitgliedstaaten einheitlichen Zeitraum von Donnerstag morgen bis zu dem unmittelbar nachfolgenden Sonntag fällt.

(2) Mit der Ermittlung des Wahlergebnisses darf erst begonnen werden, wenn die Wahl in dem Mitgliedstaat, dessen Wähler innerhalb des in Absatz 1 genannten Zeitraums als letzte wählen, abgeschlossen ist.

(3) Sollte ein Mitgliedstaat für die Wahl zum Europäischen Parlament eine Wahl in zwei Wahlgängen vorsehen, so muß der erste Wahlgang in den in Absatz 1 genannten Zeitraum fallen.

Art. 10. (1) Der in Artikel 9 Absatz 1 genannte Zeitraum wird für die erste Wahl vom Rat nach Anhörung des Europäischen Parlaments einstimmig näher bestimmt.

(2) Die folgenden Wahlen finden in dem entsprechenden Zeitraum des letzten Jahres der in Artikel 3 genannten fünfjährigen Wahlperiode statt.

Erweist es sich als unmöglich, die Wahlen während dieses Zeitraums in der Gemeinschaft abzuhalten, so setzt der Rat nach Anhörung des Europäischen Parlaments einstimmig einen anderen Zeitraum fest, der frühestens einen Monat vor und spätestens einen Monat nach dem sich aus vorstehendem Unterabsatz ergebenden Zeitraum liegen darf.

(3) Unbeschadet des Artikels 22 des Vertrages über die Gründung der Europäischen Gemeinschaft für Kohle und Stahl, des Artikels 139 des Vertrages zur Gründung der Europäischen Wirtschaftsgemeinschaft und des Artikels 109 des Vertrages zur Gründung der Europäischen Atomgemeinschaft tritt das Europäische Parlament, ohne daß es einer Einberufung bedarf, am ersten Dienstag nach Ablauf eines Monats ab dem Ende des in Artikel 9 Absatz 1 genannten Zeitraums zusammen.

(4) Die Befugnisse des scheidenden Europäischen Parlaments enden mit der ersten Sitzung des neuen Europäischen Parlaments.

Art. 11. Bis zum Inkrafttreten des in Artikel 7 Absatz 1 vorgesehenen einheitlichen Wahlverfahrens prüft das Europäische Parlament die Mandate der Abgeordneten. Zu diesem Zweck nimmt das Europäische Parlament die von den Mitgliedstaaten bekanntgegebenen Wahlergebnisse zur Kenntnis und befindet über die Anfechtungen, die gegebenenfalls auf Grund der Vorschriften dieses Akts – mit Ausnahme der innerstaatlichen Vorschriften, auf die darin verwiesen wird – vorgebracht werden können.

Art. 12. (1) Bis zum Inkrafttreten des nach Artikel 7 Absatz 1 einzuführenden einheitlichen Wahlverfahrens und vorbehaltlich der sonstigen Vorschriften dieses Akts legt jeder Mitgliedstaat für den Fall des Freiwerdens eines Sitzes während der in Artikel 3 genannten fünfjährigen Wahlperiode die geeigneten Verfahren fest, um diesen Sitz für den verbleibenden Zeitraum zu besetzen.

(2) Hat das Freiwerden seine Ursache in den in einem Mitgliedstaat geltenden innerstaatlichen Vorschriften, so unterrichtet dieser Mitgliedstaat das Europäische Parlament hierüber, das davon Kenntnis nimmt.

In allen übrigen Fällen stellt das Europäische Parlament das Freiwerden fest und unterrichtet den Mitgliedstaat hierüber.

Art. 13. Sollte es sich als erforderlich erweisen, Maßnahmen zur Durchführung dieses Aktes zu treffen, so trifft der Rat diese Maßnahmen einstimmig auf Vorschlag des Europäischen Parlaments und nach Anhörung der Kommission, nachdem er sich in einem Konzertierungsausschuß, dem der Rat sowie Abgeordnete des Europäischen Parlaments angehören, um ein Einvernehmen mit dem Europäischen Parlament bemüht hat.

Art. 14. Artikel 21 Absätze 1 und 2 des Vertrages über die Gründung der Europäischen Gemeinschaft für Kohle und Stahl, Artikel 138 Absätze 1 und 2 des Vertrages zur Gründung der Europäischen Wirtschaftsgemeinschaft und Artikel 108 Absätze 1 und 2 des Vertrages zur Gründung der Europäischen Atomgemeinschaft treten an dem Tag außer Kraft, an dem das erste nach Maßgabe dieses Akts gewählte Europäische Parlament gemäß Artikel 10 Absatz 3 zusammentritt.

Art. 15. Dieser Akt ist in dänischer, deutscher, englischer, französischer, irischer, italienischer und niederländischer Sprache abgefaßt, wobei jeder Wortlaut gleichermaßen verbindlich ist.

Die Anhänge I bis III sind Bestandteil dieses Akts.

Eine Erklärung der Regierung der Bundesrepublik Deutschland ist diesem Akt beigefügt.

Art. 16. Die Bestimmungen dieses Akts treten an dem ersten Tag des Monats in Kraft, der auf den Erhalt der letzten in dem Beschluß genannten Mitteilungen folgt.

Geschehen zu Brüssel am zwanzigsten September neunzehnhundertsechsundsiebzig.

(Vom Abdruck der Anhänge wurde abgesehen)

Inhaltsübersicht:

I. Einordnung und Bedeutung der Vorschrift	1
II. Das Wahlrecht zum EP	3
1. Rechtsquellen	3
2. Einordnung und Vertragskonformität des Direktwahlaktes	4
3. Regelungen der Mitgliedstaaten	7
III. Die Wahlrechtsgrundsätze	9
IV. Der Status der Abgeordneten	11
1. Begründung und Unabhängigkeit des Mandats	11
2. Vorrechte und Befreiungen	13
3. Sonstige Regelungen	15

I. Einordnung und Bedeutung der Vorschrift

Art. 190 regelt die Zusammensetzung und die Wahl des EP und steht damit in engem Zusammenhang mit Art. 189 sowie Art. 19 Abs. 2. Die Ausgestaltung des Wahlrechts ist von grundlegender Bedeutung für die demokratische Legitimation des EP und die Legitimationsvermittlung durch das EP für die Tätigkeit der Union.[2] Das gilt vor allem für die Wahlrechtsgleichheit, deren Verwirklichung eine zentrale Bedingung für parlamentarische Repräsentation ist. 1

Trotz dieser großen Bedeutung fehlt es bislang an einem den Anforderungen des Art. 190 Abs. 1 und Abs. 3 entsprechenden für die ganze Union geltenden **einheitlichen Wahlrecht**. Vielmehr wurde aus politischen Gründen bislang nur der in seiner Rechtsnatur und inhaltlichen Vereinbarkeit mit dem Gemeinschaftsrecht umstrittene Akt zur Einführung allgemeiner unmittelbarer Wahlen der Abgeordneten der Versammlung[3] erlassen, der nur Rahmenvorgaben für die Wahl des EP vorsieht und den Mitgliedstaaten erhebliche Gestaltungsspielräume bei der Ausgestaltung des Wahlverfahrens einräumt.[4] Durch den Amsterdamer Vertrag wurden die Anforderungen an die Einheitlichkeit des Wahlverfahrens durch eine Änderung des Abs. 4 UAbs. 1 vermindert, indem auch ein Wahlverfahren eingeführt werden kann, das in Einklang mit den allen Mitgliedstaaten 2

---

2 K. J. *Partsch*, Das Wahlverfahren und sein Einfluß auf die Legitimation des Europäischen Parlaments, EuR 1978, S. 293 ff.
3 S. unten Rn. 4 ff.
4 S. unten Rn. 7 f.

gemeinsamen Grundsätzen steht. Ebenfalls durch den Amsterdamer Vertrag wurde die Regelung des Absatz 4 angefügt, die das EP ermächtigt, die Regelungen und allgemeinen Bedingungen für die Ausübung der Aufgaben der Abgeordneten des EP festzulegen.

II. Das Wahlrecht zum EP

1. Rechtsquellen

3   Das Wahlrecht zum EP wird derzeit im Rahmen der Vorgaben des primären Gemeinschaftsrechts, die sich aus Art. 190 und Art. 19 ergeben, durch den Akt zur Einführung allgemeiner unmittelbarer Wahlen der Abgeordneten der Versammlung vom 20.9.1976[5] (Direktwahlakt – DWA), die auf seiner Grundlage erlassenen ergänzenden Regelungen der Mitgliedstaaten sowie die Richtlinie 93/109/EG des Rates über die Einzelheiten der Ausübung des aktiven und passiven Wahlrechts bei den Wahlen zum Europäischen Parlament im Wohnsitzmitgliedstaat[6] geregelt.

2. Einordnung und Vertragskonformität des Direktwahlaktes

4   Art. 190 Abs. 4 UAbs. 1 sieht vor, daß das EP einen Entwurf für allgemeine unmittelbare Wahlen ausarbeitet und dieser nach UAbs. 2 vom Rat einstimmig erlassen wird. Von diesem Verfahren wurde bislang aus politischen Gründen kein Gebrauch gemacht.[7] Vielmehr wurde abweichend davon 1976 der Direktwahlakt als **gemischter Rechtsakt** durch Rat und Mitgliedstaaten erlassen und von den Mitgliedstaaten ratifiziert.[8]

5   Die **Vertragskonformität** des Direktwahlaktes als solchen sowie einzelner seiner Regelungen ist umstritten. Kritisiert wird vor allem, daß kein einheitliches Wahlverfahren geregelt wird, wie es Art. 190 Abs. 4 fordert und das EP damit seiner Rechtsetzungspflichtung nicht nachgekommen ist.[9] Zudem wird eine Verletzung der Wahlrechtsgleichheit durch einzelne seiner Regelungen gerügt.[10] Indes hat der EuGH eine Untätigkeitsklage unter Verweis auf die vom EP verabschiedeten Entwürfe für eine Regelung nach Art. 190 Abs. 4, die jedoch nicht vom Rat beschlossen wurden, abgewiesen.[11] Im übrigen wird der Direktwahlakt als erster Schritt zur Verwirklichung des in Art. 190 Abs. 4 formulierten Vertragsziels unter Berufung auf das gemeinschaftsrechtliche Stufenprinzip für vertragskonform gehalten.[12] Die in einzelnen Bestimmungen enthaltenen Einschränkungen der Wahlrechtsgleichheit werden unter Hinweis auf die integrations-

---

5   ABl.EG 1976 Nr. L 278/1 = BGBl. II 1977, S. 733.
6   ABl.EG 1993, Nr. L 329/34.
7   Zu den gescheiterten Versuchen vgl. *M. Haag/R.Bieber*, in: GTE, EGV, Art. 138, Rn. 7 f.
8   *M. Hilf*, Völkerrechtliche und gemeinschaftsrechtliche Elemente des Beschlusses vom 20. September 1976 im Lichte des Souveränitätsdenkens in der EG, in: Ress (Hrsg.), Souveränitätsverständnis in den Europäischen Gemeinschaften, 1980, S. 21 ff.; *T. Läufer*, in: Grabitz/Hilf, EU, Art. 137, Rn. 3; *M. Haag/R.Bieber*, in: GTE, EGV, Art. 138, Rn. 6.
9   *Ch. Lenz*, Ein einheitliches Verfahren für die Wahl des Europäischen Parlaments, 1995, insbes. S. 108 ff.
10 *Lenz* (Fn. 9), S. 196 ff. S. auch *P. M. Huber*, Die Rolle des Demokratieprinzips im europäischen Integrationsprozeß, Staatswissenschaften und Staatspraxis, 3 (1992), S. 349 (372); *W. Kluth*, Die demokratische Legitimation der Europäischen Union, 1995, S. 70 f.
11 EuGH, Rs. C-41/92, Slg. 1993, I-3153, Rn. 2 ff. (The Liberal Democrats/Europäisches Parlament). S. auch BVerfGE 89, 155 (186).
12 *T. Läufer*, in: Grabitz/Hilf, EU, Art. 138, Rn. 4.

politischen Besonderheiten der Wahlen zum EP für gerechtfertigt erklärt.[13] Die Rechtmäßigkeit der Wahlen zum EP wird auch nach Ansicht der Kritiker durch eine etwaige Verletzung des EGV durch den Direktwahlakt nicht in Frage gestellt.[14]

Der Direktwahlakt legt die auf die einzelnen Mitgliedstaaten entfallende Abgeordnetenzahl fest (Art. 2 DWA), bestimmt die Wahlperiode (Art. 3 DWA), regelt den Status der Abgeordneten (Art. 4 bis 6 DWA) und ermächtigt die Mitgliedstaaten, bis zum Erlaß einer Regelung über ein einheitliches Wahlverfahren, das Wahlverfahren durch innerstaatliche Vorschriften zu regeln (Art. 7 Abs. 2 DWA). Weitere Bestimmungen betreffen die Ausübung des Wahlrechts (Art. 8 DWA) und den Wahltermin (Art. 9 und 10 DWA). 6

3. Regelungen der Mitgliedstaaten

Die Mitgliedstaaten haben aufgrund der Ermächtigung in Art. 7 Abs. 2 DWA innerstaatliche Regelungen für die Durchführung der Wahlen zum Europäischen Parlament getroffen. Diese Regelungen weichen z.t. erheblich voneinander ab. Das gilt für den Sonderfall Großbritanniens für das Wahlsystem (Mehrheitswahl statt Verhältniswahl), in den übrigen Mitgliedstaaten für die Wahlpflicht, die Sperrklauseln, die Bedingungen der Wahlzulassung (Unterschriftenquorum oder Kaution) und die Größe der Wahlgebiete.[15] 7

In **Deutschland** werden die Einzelheiten des Wahlrechts durch das Gesetz über die Wahl der Abgeordneten des Europäischen Parlaments aus der Bundesrepublik Deutschland (**Europawahlgesetz** – EuWG) vom 16.6.1978[16] und die dazu ergangene **Europawahlordnung** vom 27.7.1988[17] geregelt. Das EuWG geht von einem Verhältniswahlrecht mit Listenwahlvorschlägen aus und sieht eine Sperrklausel von 5%[18] vor.[19] 8

III. Die Wahlrechtsgrundsätze

Aus Art. 190 Abs. 4 UAbs. 1 lassen sich als allgemeine Wahlrechtsgrundsätze, die beim Erlaß von ausführenden Regelungen zu beachten sind, ausdrücklich nur die Grundsätze der **Allgemeinheit** und der **Unmittelbarkeit** der Wahl ableiten. Hinzu kommt die Vorgabe des einheitlichen bzw. mit den gemeinsamen Grundsätzen der Mitgliedstaaten in Einklang stehenden Verfahrens. Als unausgesprochen anerkannte Wahlrechtsgrundsätze werden unter Verweis auf Art. 3 des ersten Zusatzprotokolls zur EMRK darüber hinaus die **freie** und **geheime** Wahl angesehen.[20] 9

Problematisch ist bei der derzeit geltenden Regelung in mehrfacher Hinsicht die Beachtung der Wahlrechtsgleichheit. Sie wird durch Art. 2 DWA insoweit eingeschränkt, als 10

---

13 *Kluth* (Fn. 10), S. 70.
14 *Lenz* (Fn. 9), S. 243.
15 Tabellarische Übersicht bei *T. Läufer*, in: Grabitz/Hilf, EU, Art. 138, Rn. 29. Zu Einzelheiten vgl. auch *M. Haag/R.Bieber*, in: GTE, EGV, Art. 138, Rn. 41 ff.
16 BGBl. I S. 709 in der Neufassung vom 8.3.1994, BGBl. I S. 424.
17 BGBl. I S. 1453 in der Neufassung vom 23.7.1993, BGBl. I S. 1288.
18 Dazu billigend BVerfGE 51, 222; kritisch *D. Murswiek*, Die Verfassungswidrigkeit der 5%-Sperrklausel im Europawahlgesetz, JZ 1979, S. 52 ff.
19 Zu Einzelheiten *E. Böttcher/R. Högner*, Europawahlgesetz, Europawahlordnung, Handkommentar, 4. Aufl., 1994; *M. Borchmann*, Änderungen im deutschen Europawahlrecht, NJW 1994, S. 1522 f.; *E. Grabitz/T. Meyer*, Europawahlgesetz Kommentar, 1979.
20 *M. Haag/R.Bieber*, in: GTE, EGV, Art. 138, Rn. 10.

die Zahl der auf die einzelnen Mitgliedstaaten entfallenden Mandate nicht genau proportional zur Einwohnerzahl festgelegt sind (sog. ponderierter Schlüssel). Diese Abweichung wird integrationspolitisch durch Verweis auf die besondere Interessenlage der kleineren Mitgliedstaaten gerechtfertigt.[21] Das Bundesverfassungsgericht hat in einem Kammerbeschluß anknüpfend an sein Maastricht-Urteil[22] ausgeführt, daß dieser Verteilungsschlüssel dem Charakter der Europäischen Union als einem Verband souveräner Mitgliedstaaten entspricht und nicht gegen den (europäischen) Grundsatz der Gleichheit der Wahl verstößt.[23] Weiter ist fraglich, ob die Zulassung unterschiedlicher Wahlsysteme durch Art. 7 Abs. 2 DWA und die damit verbundenen Unterschiede des Erfolgswerts von Stimmen mit dem Grundsatz der Wahlrechtsgleichheit vereinbar ist. Insoweit bestehen erhebliche Bedenken, zumal diese Regelung auch mit dem Grundsatz der Einheitlichkeit der Wahl in Konflikt steht.[24]

IV. Der Status der Abgeordneten[25]

1. Begründung und Unabhängigkeit des Mandats

11 Der Status der Abgeordneten des EP wird derzeit noch durch den Direktwahlakt und die ergänzenden Regelungen der Mitgliedstaaten, im Falle Deutschlands des Europaabgeordnetengesetzes[26], ausgestaltet. Die in Art. 190 Abs. 5 nunmehr vorgesehene Ermächtigung des EP, die Regelungen und allgemeinen Bedingungen für die Ausübung der Aufgaben der Abgeordneten festzulegen, wurde noch nicht umgesetzt.

12 Aufgrund seiner Wahl in einem der Mitgliedstaaten erhält der Abgeordnete ein Mandat, dessen Dauer gem. Art. 3 Abs. 3 DWA an die fünfjährige Wahlperiode des EP gekoppelt ist. In ihrer so begründeten Rechtsstellung sind die Abgeordneten nach Art. 4 Abs. 1 Satz 2 DWA weder an Aufträge noch an Weisungen gebunden. Es gilt also der Grundsatz des freien Mandats, der auch im Verfassungsrecht der Mitgliedstaaten durchgehend anerkannt ist.[27] Der Grundsatz wird durch § 2 EuAbgG wiederholt. Daß die Abgeordneten nach Art. 4 Abs. 1 Satz 1 DWA ihre Stimmen einzeln und persönlich abgeben, kann als Konkretisierung des freien Mandats verstanden werden. Die Bildung von und die Mitarbeit in Fraktionen[28] ist damit grundsätzlich vereinbar.[29]

---

21 *Kluth* (Fn. 10), S. 70.
22 BVerfGE 89, 155 (181).
23 BVerfG NJW 1995, 2210; dazu *H. H. Rupp*, Wahlrechtsgleichheit bei der Verteilung der Sitze im Europäischen Parlament auf die Mitgliedstaaten, NJW 1995, S. 2210 f.
24 *Lenz* (Fn. 9), S. 196 ff., 243.
25 Umfassend dazu: *R. Fleuter*, Mandat und Status des Abgeordneten im Europäischen Parlament, 1991; s. auch *R. Bieber*, Der Abgeordnetenstatus im Europäischen Parlament, EuR 1981, S. 124 ff.; *F. Welti*, Die soziale Sicherung der Abgeordneten des Deutschen Bundestages, der Landtage und der deutschen Abgeordneten im Europäischen Parlament, 1998.
26 Gesetz über die Rechtsverhältnisse der Mitglieder des Europäischen Parlaments aus der Bundesrepublik Deutschland (Europaabgeordnetengesetz – EuAbgG) v. 6.4.1979, BGBl. I S. 413.
27 Art. 38 Abs. 1 S. 2 GG; Art. 27 franz. Verf.; Art. 67 ital. Verf.; Art. 67 Abs. 2 span. Verf.
28 *J. D. Kurlemann*, Zur Rolle der Fraktionen im Europäischen Parlament, in: GS Sasse, 1981, Bd. 1, S. 269 ff.
29 *M. Haag/R. Bieber*, in: GTE, EGV, Art. 138, Rn. 23.

2. Vorrechte und Befreiungen

Ähnlich wie die Abgeordneten der Parlamente der Mitgliedstaaten genießen die Mitglieder des EP nach Art. 4 Abs. 2 DWA **Vorrechte und Befreiungen**.[30] Sie ergeben sich zum einen aus dem Protokoll über die Vorrechte und Befreiungen der Europäischen Gemeinschaften, das als Anhang des Fusionsvertrages vom 8.4.1965 erlassen wurde.[31] Hinzu treten die Regelungen der Mitgliedstaaten, im Falle Deutschlands u.a. §§ 3 und 4 EuAbgG. 13

Die wichtigsten Vorrechte sind die Gewährleistung von **Indemnität** (Art. 9 des Protokolls und § 5 EuAbgG), von **Immunität** (Art. 10 des Protokolls und § 5 EuAbgG), von Freizügigkeit (Art. 8 des Protokolls) sowie die Einräumung eines **Zeugnisverweigerungsrechts** (§ 6 EuAbgG).[32] 14

3. Sonstige Regelungen

Weitere Regelungen betreffen die Zulässigkeit der gleichzeitigen Mitgliedschaft im EP und im Parlament eines Mitgliedstaates (sog. fakultatives Doppelmandat, Art. 5 DWA), die Unvereinbarkeit des Abgeordnetenstatus mit bestimmten Ämtern in den Gemeinschaften oder Mitgliedstaaten (Art. 6 DWA), die Zahlung einer Entschädigung (§ 9 EuAbgG) und die Einräumung von Freifahrtberechtigungen (§ 10 EuAbgG).[33] 15

---

30 *Fleuter* (Fn. 23), S. 108 ff.
31 ABl.EG 1967, Nr. 152/1.
32 *Fleuter* (Fn. 23), S. 108 ff.
33 *Fleuter* (Fn. 23), S. 117 ff.

# Art. 191 EG-Vertrag

Art. 191 (ex-Art. 138a)

(1) Politische Parteien auf europäischer Ebene[2] sind wichtig als Faktor der Integration in der Union. Sie tragen dazu bei, ein europäisches Bewußtsein herauszubilden und den politischen Willen der Bürger der Union zum Ausdruck zu bringen[4].

(2) Der Rat legt gemäß dem Verfahren des Artikels 251 die Regelungen für die politischen Parteien auf europäischer Ebene[5 f.] und insbesondere die Vorschriften über ihre Finanzierung[7 ff.] fest.

Abs. 2 ist eine durch den Vertrag von Nizza eingefügte Bestimmung.

Inhaltsübersicht:

I. Bedeutung der Vorschrift	1
II. Europäische Parteien	2
1. Begriff	2
2. Aufgaben	4
III. Rechtsetzungsbefugnisse nach Absatz 2	5
1. Allgemeine Vorschriften	5
2. Vorschriften über die Parteienfinanzierung	7

I. Bedeutung der Vorschrift

1 Die für die Europäische Union als eigenständige Rechts- und Herrschaftsordnung unverzichtbare selbständige demokratische Legitimation[1] verlangt nach einer institutionellen Rahmenordnung[2], innerhalb derer sich der **Prozeß der Legitimationsvermittlung** zwischen dem Unionsbürger bzw. den Völkern in den Mitgliedstaaten sowie der Unionsgewalt realisieren kann. Demokratische Repräsentation ist ohne Vermittlungsinstanzen nicht möglich. Sie setzt einen politischen Träger voraus: die politischen Parteien[3]. Der durch den Unionsvertrag eingeführte Art. 191 nimmt dies zur Kenntnis, betont die Bedeutung dieser Vermittlungsfunktion und macht inhaltliche Vorgaben für die Aufgaben der europäischen Parteien. Zudem bildet er eine **rechtliche Rahmenordnung** für weitere Rechtsakte der Union und der Mitgliedstaaten, durch die die Rechtsstellung der europäischen Parteien näher ausgestaltet wird[4]. Die Vorschrift steht zudem in enger Beziehung zu den Regelungen über die Unionsbürgerschaft, da sie auch dazu beitragen soll, eine **europäische Identität** zu stiften[5]. Durch den Vertrag von Nizza wurde Absatz 2 neu angefügt und die umstrittene Frage[6], ob und inwieweit die Vorschrift zur Rechtsetzung ermächtigt, geklärt und inhaltlich konkretisiert.

---

1 S. Art. 189, Rn. 6.
2 S. *W. Kluth*, Die demokratische Legitimation der Europäischen Union, 1995, S. 30 ff.
3 *P. M. Huber*, Die politischen Parteien als Partizipationsinstrument auf Unionsebene, EuR 1999, S. 579 (583 f.); *Kluth* (Fn. 2), S. 62 ff.; *V. Neßler*, Deutsche und europäische Parteien, EuGRZ 1998, S. 191; *D. Tsatsos*, Europäische politische Parteien?, EuGRZ 1994, S. 45. Ausführlich zur Thematik auch *G. Deinzer*, Europäische Parteien: Begriff und Funktion in einem europäischen Integrationsensemble, 1999; *T. D. Papadopoulou*, Politische Parteien auf europäischer Ebene, 1999.
4 *Ch. Lange/Ch. Schütz*, Grundstrukturen des Rechts der europäischen politischen Parteien i.S.d. Art. 138a EGV, EuGRZ 1996, S. 299; *Tsatsos* (Fn. 3), S. 47; zurückhaltender *R. Stentzel*, Der normative Gehalt des Art. 138a EGV – Rechtlicher Grundstein eines europäischen Parteiensystems?, EuR 1997, S. 174 (180 ff.).
5 *T. Läufer*, in: Grabitz/Hilf, EU, Art. 138a Rn.1; *Tsatsos* (Fn. 3), S. 46.
6 *S. S. M. Damm*, Die europäischen politischen Parteien, ZParl 1999, S. 395 (415 f.); *Schoo*, in: Schwarze, EU-Kommentar, Art. 191, Rn. 5.

II. Europäische Parteien

1. Begriff

Art. 191 legt einen **empirischen Begriff** der europäischen Partei zugrunde, knüpft also 2
an die bestehenden, im EP repräsentierten Organisationen an[7]. Dabei handelt es sich
vorwiegend um Zusammenschlüsse von nationalen Parteien gleicher politischer Ausrichtung, die im EP vertreten sind[8]. Entscheidend ist, daß die Absicht besteht, auf politische Entscheidungen im Rahmen der EU Einfluß zu nehmen. Dieses Kriterium kann
durch die regelmäßige Teilnahme an Europawahlen objektiviert werden[9]. Ob darüber
hinaus eine transnationale Organisationsstruktur, d.h. eine Präsenz in mehr als einem
Mitgliedstaat und die Möglichkeit einer individuellen Mitgliedschaft ohne gleichzeitige
Mitgliedschaft in einer nationalen Partei begriffsnotwendige Merkmale sind, ist umstritten[10]. Zwar sprechen die besseren Gründe dafür, den Begriff der europäischen politischen Partei möglichst weit zu fassen und auch reine Dachorganisationen ohne die Möglichkeit individueller Mitgliedschaft unter den Begriff zu subsumieren[11]. Parteien, die
nur in einem Mitgliedstaat vertreten sind, sollten aber nur zugelassen werden, wenn eine
Betätigung in mehreren Mitgliedstaaten zumindest beabsichtigt ist, da sie ansonsten die
wichtige Arbeit der Vor-Integration nicht leisten können, die eine typische und unverzichtbare Aufgabe der Parteien im politischen Prozeß darstellt[12].

Als mögliche **Organisationsmodelle** für europäische Parteien werden ein konföderiertes 3
Modell (Dachorganisationen der nationalen Parteien gleicher programmatischer Ausrichtung), ein föderatives Modell (gleichzeitige und automatische Mitgliedschaft der
Mitglieder nationaler Parteien in einer europäischen Partei) und ein supranationales
Modell (eigenständige europäische Parteimitgliedschaft ohne Vermittlung durch nationale Parteien) diskutiert[13].

2. Aufgaben

Die europäischen Parteien sind dem politischen Prozeß auf der Ebene der Europäischen 4
Union und damit dem **europäischen Gemeinwohl** zugeordnet[14]. Dies wird durch die
Aufgabenumschreibung in Art. 191 dahingehend dreifach konkretisiert, daß sie (1) an
der europäischen Integration mitwirken, (2) dazu beitragen, ein europäisches Bewußtsein herauszubilden und (3) den politischen Willen der Bürger zum Ausdruck bringen.[15]
Diese Aufgabenumschreibung steht der Zulassung integrationsfeindlicher Parteien nicht
entgegen, da auch eine solche Zielsetzung im Rahmen einer freiheitlichen demokratischen Ordnung politisch verfolgt werden darf[16].

---

7 *T. Läufer*, in: Grabitz/Hilf, EU, Art. 138a Rn. 3.
8 Vgl. *T. Jansen*, Zur Entwicklung eines europäischen Parteiensystems, integration 1995, S. 157. (158 f.); *G. Jasmut*, Die politischen Parteien und die europäische Integration, 1995, S. 178 ff.
9 *Lange/Schütz* (Fn. 4), S. 300.
10 Vgl. *R. Bieber*, in: GTE, EGV, Art. 138a, Rn. 8; *T. Läufer*, in: Grabitz/Hilf, EU, Art. 138a, Rn. 4; *Lange/Schütz* (Fn.4). S. 300; *Tsatsos* (Fn. 3), S. 49.
11 *T. Läufer*, in: Grabitz/Hilf, EU, Art. 138a, Rn. 4.
12 *R. Bieber*, in: GTE, EGV, Art. 138a, Rn. 9; *Kluth* (Fn. 2), S. 64; *Stentzel* (Fn. 4), S. 183; *Tsatsos* (Fn. 3), S. 51; a.A. *Lange/Schütz* (Fn. 4), S. 300.
13 *Lange/Schütz* (Fn. 4), S. 302; *Papadopoulou* (Fn. 3), S. 182 ff.; *Tsatsos* (Fn. 3), S. 47.
14 *Tsatsos* (Fn. 3), S. 50.
15 Zu Einzelheiten *Tsatsos* (Fn. 3), S. 48 f.
16 *Lange/Schütz* (Fn. 4), S. 300; *Stentzel* (Fn. 4), S. 185.

III. Rechtsetzungsbefugnisse nach Absatz 2

1. Allgemeine Vorschriften

5 Die Vorschrift entfaltet neben ihrer Funktion als integrationspolitische Zielbestimmung rechtliche Bindungswirkungen nur im Falle der näheren rechtlichen Ausgestaltung des Rechts der europäischen Parteien, z.B. durch Erlaß eines **Parteienstatuts**[17]. Vor der Ergänzung des Absatzes 2 durch den Vertrag von Nizza war aber umstritten, ob Art. 191 – alleine oder in Verbindung mit Art. 308 – zum Erlaß eines solchen Statuts ermächtigt.[18] Dies ist nun im positiven Sinne geklärt. Auf den Erlaß der Vorschriften ist das Verfahren des Art. 251 anzuwenden.

6 Welchen Inhalt ein derartiges Parteienstatut haben kann, läßt ein auf Art. 191 a.F. i.V.m. Art. 308 gestützter Vorschlag der Kommission für eine Verordnung des Rates über die Satzung und die Finanzierung europäischer politischer Parteien erkennen.[19] In Art. 1 wird die europäische politische Partei durch 3 Merkmale bestimmt: Sie muß (1) in der EU niedergelassen sein, (2) im EP eine Fraktion gebildet haben oder dies beabsichtigen, und (3) in ihrem Programm und in ihren Tätigkeiten die im EUV verankerten Grundsätze der Demokratie, der Achtung der Grundrechte sowie der Rechtsstaatlichkeit einhalten. Aus der Begründung geht zudem hervor, daß dabei eine die Integration ablehnende Optik nicht schädlich ist. Wird das Vorliegen dieser Voraussetzungen bestritten, so sieht Art. 2 die Möglichkeit einer Überprüfung durch einen vom EP einzusetzenden unabhängigen Ausschuß hochstehender Persönlichkeiten vor.

2. Vorschriften über die Parteienfinanzierung

7 Ausdrücklich wird die Parteienfinanzierung[20] als Bestandteil der Regelungsbefugnis nach Absatz 2 erwähnt. Zur Klärung der Reichweite dieser Vorschrift hat die Konferenz von Nizza eine Erklärung mit folgendem Wortlaut angenommen: »Die Konferenz erinnert daran, daß Artikel 191 keine Übertragung von Zuständigkeiten auf die Europäische Gemeinschaft zur Folge hat und die Anwendung der einschlägigen einzelstaatlichen Verfassungsbestimmungen nicht berührt. Die Finanzierung der politischen Parteien auf europäischer Ebene aus dem Haushalt der Europäischen Gemeinschaften darf nicht zur unmittelbaren oder mittelbaren Finanzierung der politischen Parteien auf einzelstaatlicher Ebene verwendet werden. Die Bestimmungen über die Finanzierung der politischen Parteien gelten auf ein und derselben Grundlage für alle im Europäischen Parlament vertretenen politischen Kräfte.« Daraus lassen sich im Umkehrschluß Hinweise für die Reichweite und Intention der Regelung ableiten.

8 Die europäischen Parteien werden bislang durch die zugehörigen Fraktionen des EP finanziert, die ihnen Zuschüsse aus ihren Haushaltsmitteln und damit aus dem Haushalt des EP gewähren. Diese Verfahrensweise hat der Rechnungshof in seinem Sonderbericht Nr. 13 vom 28.6.2000[21] mangels Rechtsgrundlage für unrechtmäßig gehalten. Daraufhin wurde die entsprechende Ergänzung des Art. 191 vorgeschlagen. Die zukünftige Regelung der Parteienfinanzierung muß u.a. sicherstellen, daß keine unmittelbare oder mit-

---

17 Dazu *Jansen* (Fn. 7), S. 164; *Lange/Schütz* (Fn. 4), S. 299 ff.
18 Bejahend *Papadopoulou* (Fn. 3), S. 171 ff.; *Tsatsos* (Fn. 3), S. 46; ablehnend *T. Läufer*, in: Grabitz/Hilf, EU, Art. 138a, Rn. 4.
19 Dok. KOM 500PC0898.
20 Überblick bei *Papadopoulou* (Fn. 3), S. 235 ff.
21 ABl.EG 2000, Nr. C 181.

telbare Finanzierung der mitgliedstaatlichen Ebene erfolgt. Das kann nur durch genaue Verwendungsnachweise und entsprechende Kontrollmechanismen geschehen.

Auch zur Frage der Parteienfinanzierung enthält der Verordnungsentwurf der Kommission **konkrete Regelungsvorschläge**. In Art. 3 wird die Finanzierung von einer Mindestverbreitung in mehreren Mitgliedstaaten abhängig gemacht. Art. 4 bestimmt die Ausgaben, die mit den EU-Mitteln finanziert werden dürfen.[22] Art. 5 regelt die Kontrolle der Mittelverwendung und die dafür erforderliche Transparenz der Mittelverwendung durch die Parteien. Die Verteilung der Mittel[23] regelt Art. 6 nach folgendem Muster: Mindestens 25% ihres Haushalts müssen die Parteien aus anderen Quellen bestreiten. 15% des im EU-Haushalt zur Verfügung stehenden Betrages werden den Parteien zu gleichen Teilen als Basisfinanzierung zugewiesen. Die restlichen 85% werden proprotional zur Zahl der gewählten Vertreter im EP zugewiesen. Vor dem Hintergrund der deutschen Erfahrungen[24] wird es nötig sein, darüber hinaus auch Regelungen zu treffen, die die Höhe des Gesamtvolumens begrenzen, das im Haushalt zur Parteienfinanzierung zur Verfügung gestellt wird. Bezüglich der 25% Einnahmen aus anderen Quellen ist auf die mitgliedstaatlichen Vorschriften zur Parteienfinanzierung zurückzugreifen.

9

---

22 Zu dieser Frage auch *Papadopoulou* (Fn. 3), S. 250 ff.
23 Weitere Überlegungen bei *Papadopoulou* (Fn. 3), S. 260 ff.
24 BVerfGE 85, 264 ff.; R. *Schwartmann*, Verfassungsfragen der Allgemeinfinanzierung politischer Parteien, 1995.

Art. 192 (ex-Art. 138b)

Das Europäische Parlament ist an dem Prozeß, der zur Annahme der Gemeinschaftsakte führt, in dem in diesem Vertrag vorgesehenen Umfang durch die Ausübung seiner Befugnisse im Rahmen der Verfahren der Artikel 251 und 252[2 f.] sowie durch die Erteilung seiner Zustimmung[4] oder die Abgabe von Stellungnahmen[5 ff.] beteiligt.

Das Europäische Parlament kann mit der Mehrheit seiner Mitglieder die Kommission auffordern, geeignete Vorschläge zu Fragen zu unterbreiten, die nach seiner Auffassung die Ausarbeitung eines Gemeinschaftsakts zur Durchführung dieses Vertrags erfordern.[9 ff.]

Inhaltsübersicht:

I. Regelungsgegenstand	1
II. Mitwirkung des EP an Gemeinschaftsakten	2
1. Allgemeine Bedeutung	2
2. Zustimmungsverfahren	4
3. Anhörungsverfahren	5
III. Mittelbares Initiativrecht	9

I. Regelungsgegenstand

1 Die durch den Vertrag über die Europäische Union neu in den Vertrag eingeführte Vorschrift ergänzt Art. 189, indem sie die dort nur allgemein angesprochenen Befugnisse des EP für den Bereich der Mitwirkung an Gemeinschaftsakten präzisiert und dem EP ein bislang bereits ohne ausdrückliche rechtliche Grundlage ausgeübtes allgemeines Initiativrecht einräumt.

II. Mitwirkung des EP an Gemeinschaftsakten

1. Allgemeine Bedeutung

2 Die Regelung in Absatz 1 hat in erster Linie einen beschreibenden und klarstellenden Charakter. Sie führt zusammenhängend die verschiedenen Mitwirkungsarten des EP beim Erlaß von Gemeinschaftsakten auf, ohne diese näher zu regeln oder einzelne Mitwirkungsrechte des EP zu begründen. Insoweit ist weiter auf die jeweiligen Regelungen abzustellen.[1]

3 Während das Mitentscheidungsverfahren und das Verfahren der Zusammenarbeit in verfahrensrechtlicher Hinsicht in Art. 251 und 252 ausdrücklich geregelt sind und insoweit auf die Kommentierung dieser Vorschriften verwiesen wird, fehlt es für das Zustimmungsverfahren und das Anhörungsverfahren an vergleichbaren Regelungen. Auf das bei diesen beiden Beteiligungsformen anzuwendende Verfahren ist deshalb an dieser Stelle näher einzugehen.[2]

---

1 S. dazu die Übersicht bei Art. 189, Rn. 11 ff.
2 Allgemein zum Verfahrensrecht *R. Bieber*, Das Verfahrensrecht von Verfassungsorganen, 1992.

2. Zustimmungsverfahren

Das Verfahren der Zustimmung findet bei Beitritts- und Assoziierungsabkommen (Art. 49 EUV und Art. 300 Abs. 3), sowie nach Art. 7, Art. 18, Art. 105 Abs. 6, Art. 107 Abs. 5, Art. 161 sowie Art. 190 Abs. 3 Anwendung. Der Vertrag sieht über den Zustimmungsakt hinausgehende Verfahrensrechte, durch die das EP an der inhaltlichen Gestaltung des jeweiligen Rechtsaktes beteiligt wird, nicht vor. Allerdings kann nach Art. 80 Abs. 3 GO EP in diesen Fällen ein Konzertierungsverfahren[3] durchgeführt werden, wobei jedoch zu beachten ist, daß diese Regelung die anderen Organe nicht bindet. 4

3. Anhörungsverfahren[4]

Das Anhörungs- oder Konsultationsverfahren kann als obligatorisches oder fakultatives ausgestaltet sein. Eine obligatorische Anhörung kann sich aus Vorschriften des primären und sekundären Gemeinschaftsrechts ergeben. In den übrigen Fällen wird das EP z.T. aufgrund von Selbstverpflichtungserklärungen oder interinstitutionellen Vereinbarungen fakultativ angehört.[5] 5

Der Ablauf des Anhörungsverfahrens bestimmt sich nach den Vorschriften der Geschäftsordnung über das Legislativverfahren. Das Verfahren wird durch das förmliche Anhörungsersuchen des Rates eröffnet. Die vorherige informelle Übermittlung der Vorschläge aufgrund einer Selbstverpflichtung ist insoweit unbeachtlich. Gegenstand der Anhörung ist ausschließlich der übermittelte Vorschlagstext. Die Befassung mit dem Vorschlag kann nach Art. 60 GO EP auf einen Ausschuß übertragen werden. Sie endet regelmäßig mit einer **Stellungnahme** – Art. 67 Abs. 2 spricht von **legislativer Entschließung** – durch das Plenum, die in der Form einer Zustimmung, einer Ablehnung oder als Änderungsvorschlag erfolgen kann. Der Präsident des EP übermittelt gem. Art. 67 Abs. 3 GO EP die Stellungnahme dem Rat und der Kommission. Ihre Abgabe durch einen Ausschuß ist problematisch.[6] Trotz der Regelung in Art. 185 GO EP tritt im Falle der Neuwahl des EP keine materielle Diskontinuität ein.[7] 6

Da zwischen der Stellungnahme des EP und der Beschlußfassung durch den Rat mehrere Jahre liegen können und der Rat oder die Kommission in dieser Zeit den Vorschlag ändern oder wesentlich neue Umstände eintreten können, stellt sich die Frage, ob unter diesen Umständen eine **erneute Anhörung** des EP erforderlich ist. Dies wird allgemein bejaht[8] und kommt auch in Art. 71 Abs. 2 GO EP – ohne Rechtsverbindlichkeit für den Rat – zum Ausdruck. Der EuGH[9] hat jedoch folgende Ausnahmen zugelassen: (1) wenn 7

---

3 *B. Beutler*, Rechtsfragen des Konzertierungsverfahrens, in: GS Sasse, 1981, Bd. 1, S. 311 ff.; *T. Läufer*, in: Grabitz/Hilf, EU, Art. 137, Rn. 25 ff.
4 *A. Schaub*, Die Anhörung des Europäischen Parlaments im Rechtsetzungsverfahren der EWG, 1971.
5 *M. Haag*, in: GTE, EGV, Art. 138b, Rn. 8.
6 *M. Haag*, in: GTE, EGV, Art. 138b Rn. 11; GA *G. Reischl*, Schlußantr. zu EuGH, Rs. 138/79, Slg. 1980, 3333, 3375 f. (Roquette Frères/Rat).
7 *M. Haag*, in: GTE, EGV, Art. 138b, Rn. 10.
8 *M. Haag*, in: GTE, EGV, Art. 138b, Rn. 9 m.w.N.; *T. Läufer*, in: Grabitz/Hilf, EU, Art. 137, Rn. 14; *Schaub* (Fn. 4), S. 132 f.
9 EuGH, Rs. C-65/90, Slg. 1992, I-4593, Rn. 16 ff. (Parlament/Rat); Rs. C-280/93, Slg. 1994, I-4973, Rn. 38 (Deutschland/Rat); Rs. C-417/93, Slg. 1995, I-1185, Rn. 9 (Parlament/Rat). S. auch die Zusammenstellung der Rechtsprechung bei GA *F. Mancini*, Schlußantr. zu EuGH, Rs. 20/85, Slg. 1988, 2832, Ziff. 11 (Roviello/LVA Schwaben).

die wesentlichen Punkte der Regelung unberührt bleiben; (2) die Änderung rein technischen Charakter hat; (3) das Parlament einen entsprechenden Änderungswunsch geäußert hat.

8 **Bezüglich der Rechtswirkungen der Anhörung** ist zwischen formellen und materiellen Bindungen zu unterscheiden. Die vertraglich vorgesehenen Anhörungen binden die beteiligten Organe, verpflichten sie also zu ihrer ordnungsgemäßen Durchführung. Da die Regelungen über die Anhörung eine **Konkretisierung des Demokratieprinzips** im Gemeinschaftsrecht darstellen, werden sie vom EuGH als **wesentliche Formvorschriften** i.S.d. Art. 230 qualifiziert.[10] Ihre Verletzung kann folglich im Wege der Nichtigkeitsklage geltend gemacht werden.[11] Eine fakultative Anhörung des EP ist nicht ausreichend, wenn ein Rechtsakt auf der Grundlage einer Vorschrift hätte erlassen werden müssen, die eine obligatorische Anhörung vorsieht.[12] Die Stellungnahme des EP entfaltet **keine inhaltliche Bindungswirkung**.[13] Der Rat darf seinen Standpunkt nicht vor Eingang der Stellungnahme des EP endgültig festgelegt haben, aber mit den Beratungen bereits vorher beginnen.[14]

III. Mittelbares Initiativrecht

9 Nach Absatz 2 kann nun auch das EP, wie der Rat gem. Art. 208, mit der Mehrheit seiner Mitglieder die Kommission zur Vorlage von Vorschlägen zur Ausarbeitung von Gemeinschaftsakten auffordern. Dieses Initiativrecht des EP berührt indes nicht das förmliche Initiativmonopol der Kommission nach Art. 211, 246.[15] Das förmliche Rechtsetzungsverfahren kann durch das EP – außer in den wenigen ausdrücklich geregelten Ausnahmefällen[16] – nicht in Gang gesetzt werden. Es ist deshalb genauer, die in Absatz 2 begründete Befugnis als allgemeines Recht zur Anregung von Rechtsetzungsinitiativen der Kommission[17] oder mittelbares Initiativrecht zu bezeichnen.

10 Das Recht erstreckt sich auf den gesamten Tätigkeitsbereich der drei Gemeinschaften, nicht dagegen auf den Bereich des EUV. Das EP hat die materiellen und formellen Voraussetzungen für einen Vorschlag in Art. 59 GO EP näher geregelt.

11 Die Kommission ist verpflichtet, einen Vorschlag des EP zu prüfen und grundsätzlich auch gehalten, ihm nachzukommen.[18] Ihr steht dabei jedoch ein weiter Ermessensspielraum zu, sowohl in sachlicher als auch in zeitlicher Hinsicht, so daß dem EP nicht die Möglichkeit der klageweisen Durchsetzung zusteht. Ein im März 1995 zwischen EP und

---

10 EuGH, Rs. 138/79, Slg. 1980, 3333, Rn. 33 (Roquette Frères/Rat); Rs. 139/79, Slg. 1980, 3393, Rn. 34 (Maizena/Rat).
11 S. EuGH, Rs. 138/79, Slg. 1980, 3333, Rn. 33 (Roquette Frères/Rat); Rs. 139/79, Slg. 1980, 3393, Rn. 34 (Maizena/Rat) und M. Haag, in: GTE, EGV, Art. 138b, Rn. 12; allgemein zu Thematik Bieber (Fn. 2), S. 340 ff.
12 EuGH, Rs. C-316/91, Slg. 1994, I-625, Rn. 16 (Europäisches Parlament/Rat).
13 Allg. Ansicht M. Haag, in: GTE, EGV, Art. 138b, Rn. 12; T. Läufer, in: Grabitz/Hilf, EU, Art. 137, Rn. 24; a.A. A. Bleckmann, Das Demokratieprinzip im Europäischen Gemeinschaftsrecht, in: ders., Studien zum Europäischen Gemeinschaftsrecht, 1986, S. 169 f.
14 EuGH, Rs. C-417/93, Slg. 1995, I-1185, Rn. 10 f. (Parlament/Rat); M. Haag, in: GTE, EGV, Art. 138b, Rn. 12.
15 S. Art. 211, Rn. 13.
16 S. Art. 189, Rn. 13.
17 M. Haag, in: GTE, EGV, Art. 138b, Rn. 16.
18 M. Haag, in: GTE, EGV, Art. 138b, Rn. 18 m.w.N.; T. Läufer, in: Grabitz/Hilf, EU, Art. 138b, Rn. 5.

Kommission vereinbarter **Verhaltenskodex** sieht vor, daß die Kommission Aufforderungen des EP zur Vorlage von Legislativvorschlägen »soweit irgend möglich« berücksichtigt und eine begründete Stellungnahme abgibt.[19] Das EP hat von seinem Recht bislang nur sehr zurückhaltend Gebrauch gemacht (i.d.R. eine Entschließung pro Jahr).[20]

---

19 ABl.EG 1995, Nr. C 89/69.
20 M. *Haag*, in: GTE, EGV, Art. 138b, Rn. 18 mit Fn. 83 und 84.

Art. 193 (ex-Art. 138c)

Das Europäische Parlament kann bei der Erfüllung seiner Aufgaben[3] auf Antrag eines Viertels seiner Mitglieder die Einsetzung[5] eines nichtständigen Untersuchungsausschusses beschließen, der unbeschadet der Befugnisse, die anderen Organen oder Institutionen durch diesen Vertrag übertragen sind, behauptete Verstöße gegen das Gemeinschaftsrecht oder Mißstände bei der Anwendung desselben prüft[3]; dies gilt nicht, wenn ein Gericht mit den behaupteten Sachverhalten befaßt ist, solange das Gerichtsverfahren nicht abgeschlossen ist.[4]

Mit der Vorlage seines Berichts hört der nichtständige Untersuchungsausschuß auf zu bestehen.[8]

Die Einzelheiten der Ausübung des Untersuchungsrechts werden vom Europäischen Parlament, vom Rat und von der Kommission im gegenseitigen Einvernehmen festgelegt.[7]

Inhaltsübersicht:

I.	Entwicklung und Funktionen des Untersuchungsrechts des EP	1
II.	Einsetzung von Untersuchungsausschüssen	3
III.	Befugnisse und Verfahren von Untersuchungsausschüssen	7

I. Entwicklung und Funktionen des Untersuchungsrechts des EP

1 Bis zur Einfügung des Art. 193 durch Art. G Nr. 41 EUV war das parlamentarische Untersuchungsrecht des EP nur in der Geschäftsordnung geregelt und in seiner rechtlichen Zulässigkeit umstritten.[1] Durch Art. 193 erhält das Untersuchungsrecht eine primärrechtliche Grundlage, die EP, Rat und Kommission zugleich in Absatz 3 ermächtigt, die Einzelheiten des Untersuchungsverfahrens in einer interinstitutionellen Vereinbarung[2] auch mit Außenwirkung zu regeln.[3]

2 Das Untersuchungsrecht dient der Erfüllung der Aufgaben des EP, namentlich der Wahrnehmung seiner **Kontrollaufgaben**.[4] Es gehört zum gemeinsamen Bestand des Verfassungs- und Parlamentsrechts aller Mitgliedstaaten.[5] Art. 193 soll auch das Recht zur Einsetzung von nichtständigen **Enquête-Kommissionen** einschließen, deren Tätigkeit auf politisch bedeutsame Themen im Zuständigkeitsbereich der Union beschränkt sein soll.[6] In der neueren Praxis des EP werden Enquête-Kommissionen jedoch als schlichte nichtständige Ausschüsse und nicht als Untersuchungsausschüsse eingesetzt.

---

1 S. im einzelnen *I. Beckedorf*, Das Untersuchungsrecht des Europäischen Parlaments, 1995, S. 172 ff.; *M. Haag*, in: GTE, EGV, Art. 138c, Rn. 1 f.; *R. Kipke*, Die Untersuchungsausschüsse des Europäischen Parlaments – Rechtsgrundlagen und Verfahrenspraxis, ZParl 1989, S. 488 ff.
2 Beschluß des Europäischen Parlaments, des Rates und der Kommission vom 19.4.1995 über Einzelheiten der Ausübung des Untersuchungsrechts des Europäischen Parlaments, 95/167/EG, ABl.EG Nr. L 113/1. Auch abgedruckt bei *Beckedorf* (Fn. 1), S. 301 ff.
3 *Beckedorf* (Fn. 1), S. 311 ff.
4 *Beckedorf* (Fn. 1), S. 136, 156; *M. Haag*, in: GTE, EGV, Art. 138c, Rn. 3. Zu den Kontrollrechten des EP s. Art. 189, Rn. 16 ff.
5 Nachweise bei *Beckedorf* (Fn. 1), S. 33 ff.
6 *M. Haag*, in: GTE, EGV, Art. 138c, Rn. 3.

II. Einsetzung von Untersuchungsausschüssen

Der mögliche **Untersuchungsgegenstand** ist durch Art. 193 Abs. 1 dreifach beschränkt: 3
(1) auf den Aufgabenbereich des EP[7], (2) auf Verstöße gegen das – primäre und sekundäre[8] – Gemeinschaftsrecht und (3) Mißstände bei der Anwendung des Gemeinschaftsrechts. Es kann dabei sowohl um das Verhalten von Organen und Einrichtungen der Gemeinschaft, der Mitgliedstaaten oder von sonstigen natürlichen und juristischen Personen gehen, die zur Anwendung bzw. Beachtung des Gemeinschaftsrechts verpflichtet sind.[9] Nicht erfaßt sind Tätigkeiten der EU in der zweiten und dritten Säule, wie sich aus Art. 28 und 41 EUV ergibt, die Art. 193 nicht in Bezug nehmen.

Weiter ist die **Sperre der Rechtshängigkeit** zu beachten. Zweck dieser Regelung ist die 4
Wahrung der richterlichen Unabhängigkeit. Sie bezieht sich auf Verfahren vor den Gerichten der Gemeinschaft und der Mitgliedstaaten. Die Gerichtsverfahren müssen sich auf denselben Sachverhalt beziehen.[10] Umstritten war vor diesem Hintergrund die Arbeit des BSE-Untersuchungsausschusses, da vor dem EuGH[11] und dem EuG mehrere Verfahren anhängig waren, die sich mit Teilaspekten der BSE-Problematik beschäftigten.[12] Es muß aber berücksichtigt werden, daß Gerichtsverfahren zu Einzelheiten eines weit gefaßten Untersuchungsthemas keine umfassende Sperrwirkung auslösen dürfen, da ansonsten wichtige Themenfelder gesperrt würden. Es muß ausreichen, daß in diesen Fällen die etwaig betroffenen Personen von einem Aussageverweigerungsrecht Gebrauch machen können. Im konkreten Fall machte der Ausschuß zudem geltend, daß persönliche Haftung und politische Verantwortlichkeit deutlich zu trennen seien. Nur letztere sei Gegenstand des Untersuchungsverfahrens.[13] Die Tätigkeit eines Untersuchungsausschusses löst ihrerseits keine Sperrwirkung für die **Befassung anderer Organe innerhalb ihrer Befugnisse mit dem gleichen Sachverhalt** aus.[14]

Der **Einsetzungsbeschluß** unterliegt einem Quorum von einem Viertel der Mitglieder des 5
EP. Der Beschluß ist nach Art. 151 Abs. 3 Satz 2 GO EP auf Vorschlag der Konferenz der Präsidenten durch das Parlament zu erlassen. Dabei wird gem. Art. 152 GO EP zugleich über die Zusammensetzung des Ausschusses entschieden. Es handelt sich um eine gebundene Entscheidung; bei Vorliegen eines zulässigen Antrags muß der beantragte Untersuchungsausschuß eingesetzt werden. Der Beschluß dient lediglich der formellen Einsetzung des Gremiums, insbesondere der Benennung seiner Mitglieder.[15] Er entfaltet keine Rechtswirkung gegenüber Dritten und kann deshalb nicht mit der Nichtigkeitsklage angegriffen werden.[16]

Das EP hat bislang vom Untersuchungsrecht nur zurückhaltend Gebrauch gemacht 6
und bislang (Stand Juli 2001) zwölf Untersuchungsausschüsse eingesetzt, davon nur

---

7 S. Art. 189, Rn. 11 ff.; *Beckedorf* (Fn. 1), S. 324 f.
8 *Beckedorf* (Fn. 1), S. 319.
9 *Beckedorf* (Fn. 1), S. 324.
10 *Beckedorf* (Fn. 1), S. 325 ff.; M. *Haag*, in: GTE, EGV, Art. 138c, Rn. 8.
11 EuGH, Rs. C-180/96, Slg. 1996, I-3903 (Vereinigtes Königreich/Kommission); Rs. C-180/96, Slg. 1998, I-2265 (Vereinigtes Königreich /Kommission); Rs. 157/96, Slg. 1998, I-2211 (Vereinigtes Königreich /Kommission).
12 Dazu *I. Beckedorf*, Das Untersuchungsrecht des Europäischen Parlaments. Eine erste Bestandsaufnahme nach zwei parlamentarischen Untersuchungen, EuR 1997, S. 237 (239 ff.).
13 *Beckedorf* (Fn. 12), S. 240.
14 M. *Haag*, in: GTE, EGV, Art. 138c, Rn. 10.
15 *Beckedorf* (Fn. 1), S. 339 ff.
16 EuGH, Rs. 78/85, Slg. 1986, 1753, Rn. 11 (Fraktion der Europäischen Rechts / Parlament).

zwei[17] nach Inkrafttreten des Art. 193.[18] Seit Mitte 1997 wurde kein neuer Untersuchungsausschuß mehr eingesetzt. Das hängt auch damit zusammen, daß seither schärfer zwischen Untersuchungsausschüssen und Enquête-Kommissionen unterschieden wird, die jetzt als nichtständige Ausschüsse eingesetzt werden, wie z.b. die Ausschüsse zum sog. Echelon-System (eingesetzt am 5.7.2000) und zur Humangenetik und anderen neuen Technologien in der modernen Medizin (eingesetzt am 13.12.2000).

III. Befugnisse und Verfahren von Untersuchungsausschüssen

7 Die Befugnisse und das Verfahren der Untersuchungsausschüsse sind in Art. 3 der nach Abs. 3 erlassenen interinstitutionellen Vereinbarung[19] und Art. 151 GO EP geregelt. Dort sind insbesondere die Auskunfts- und Mitwirkungspflichten der Organe der Gemeinschaft und der Mitgliedstaaten geregelt. Selbständige Sanktionsrechte sind dort nicht vorgesehen.[20] Praktisch bedeutsam wurde die Frage der Mitwirkungspflicht, als sich das Vereinigte Königreich weigerte, den Landwirtschaftsminister zu einer Anhörung vor dem BSE-Untersuchungsausschuß zu entsenden.[21] Der Untersuchungsausschuß verzichtete aber auf die Durchführung eines Vertragsverletzungsverfahrens.

8 Die Arbeit des Untersuchungsausschusses wird nach Absatz 2 durch die Vorlage des **abschließenden Berichts** an das Plenum des EP **automatisch beendet**. Der Bericht muß nach Art. 151 Abs. 10 GO EP auch die **Minderheitenansichten** darstellen und veröffentlicht werden. Auf Antrag des Untersuchungsausschusses hält das Parlament eine Aussprache über den Bericht auf der auf dessen Vorlage folgenden Tagung ab. Zudem kann dem Parlament ein Entwurf für eine an die Organe und Institutionen der Europäischen Gemeinschaft oder der Mitgliedstaaten gerichtete **Empfehlung** vorgelegt werden. Nach Art. 151 Abs. 1 GO EP wird der sachlich zuständige Ausschuß beauftragt, die **Weiterbehandlung der Ergebnisse** des Untersuchungsausschusses zu überwachen und gegebenenfalls darüber Bericht zu erstatten.

---

17 Beschluß vom 13.12.1995 zum Untersuchungsausschuß zu Zollbetrügereien im Zusammenhang mit dem gemeinschaftlichen Versandverfahren, ABl.EG 1996, Nr. C 7/1 und Nr. C 7/7; abgeschlossen durch Annahme der Entschließung des EP vom 13.3.1997, ABl.EG 1997, Nr. C 115/157. Siehe dazu auch R. *Rack/Ch. Gasser*, Mehr Transparenz und mehr Verantwortlichkeit im Gemeinschaftsrecht, EuZW 1998, S. 421 ff. Beschluß vom 19.7.1996 zum Untersuchungsausschuß zur Prüfung von Rechtsverstößen und Mißständen im Zusammenhang mit BSE, ABl.EG 1996, Nr. C 239/1 und Nr. C 261/132; abgeschlossen durch Annahme der Entschließung des EP vom 12.2.1997, ABl.EG 1997, Nr. C 85/61. Die Arbeit dieses Ausschusses wurde durch einen nichtständigen Ausschuß für die Weiterbehandlung der Empfehlungen zu BSE fortgeführt. Siehe dazu Beschluß vom 23.4.1997, ABl.EG Nr. C 150/9. S. auch *Beckedorf* (Fn. 12).
18 Nachweise bei *Beckedorf* (Fn. 1), S. 221 ff. und *M. Haag*, in: GTE, EGV, Art. 138c, Rn. 13 f.
19 S. Fn. 2.
20 Zu weiteren Einzelheiten vgl. *Beckedorf* (Fn. 1), S. 352 ff.
21 Dazu im einzelnen *Beckedorf* (Fn. 12), S. 242 ff.

Art. 194 (ex-Art. 138d)

Jeder Bürger der Union sowie jede natürliche oder juristische Person mit Wohnort oder satzungsmäßigem Sitz in einem Mitgliedstaat[3] kann allein oder zusammen mit anderen Bürgern oder Personen in Angelegenheiten, die in die Tätigkeitsbereiche der Gemeinschaft fallen[4] und die ihn oder sie unmittelbar betreffen[5], eine Petition[1 f.] an das Europäische Parlament richten[6].

Inhaltsübersicht:
I. Entstehung und Bedeutung des Petitionsrechts 1
II. Antragsberechtigung und Verfahren 3

I. Entstehung und Bedeutung des Petitionsrechts

1 Das Petitionsrecht als Mittel, um außerhalb des formalisierten Rechtswegs berechtigte Beschwerden in eigenen Angelegenheiten gegenüber einem Träger hoheitlicher Gewalt geltend zu machen[1], wurde zunächst nur durch die Geschäftsordnung des EP geregelt. Auch in die Erklärung der Grundrechte und Grundfreiheiten vom 12. April 1989 des EP[2] wurde in Art. 23 das Petitionsrecht aufgenommen. Durch den Unionsvertrag wurde es an zwei Stellen in das primäre Gemeinschaft aufgenommen: konstitutiv in Art. 194 und verweisend in Art. 21 Abs. 1. Die Einzelheiten des Verfahrens sind in Art. 174–176 GO EP geregelt. Die Charta der Grundrechte der Europäischen Union garantiert das Petitionsrecht gegenüber dem EP in Art. 44.

2 Durch das Petitionsrecht soll der freie Zugang[3] zum EP und damit die **Bürgernähe der Union** verbessert werden.[4] Dies wirkt sich zugleich positiv auf die subjektive Rechtsstellung der Unionsbürger aus. Zudem sollen auf diese Weise dem EP Anstöße für allgemeine politische Initiativen und die Wahrnehmung seiner informativen Kontrollfunktionen vermittelt werden.[5] Die Zahl der Petitionen liegt inzwischen jährlich bei über 1000 Eingängen.[6]

II. Antragsberechtigung und Verfahren

3 **Petitionsberechtigt** sind sowohl natürliche als auch juristische Personen. **Natürlichen Personen** steht das Petitionsrecht zu, wenn sie Unionsbürger sind, oder wenn sie als Angehörige von Drittstaaten ihren (faktischen) Wohnsitz in einem Mitgliedstaat haben und sich dort rechtmäßig aufhalten.[7] **Juristische Personen** müssen ihren satzungsmäßigen Sitz in einem Mitgliedstaat haben. Die Petition kann alleine (Individualpetition) oder zusammen mit anderen (Sammelpetition) eingereicht werden.

---

1 Vgl. *J. Burmeister*, Das Petitionsrecht, in: Isensee/Kirchhof (Hrsg.), HdbStR, Bd. II, 1987, § 32, Rn. 4.
2 EuGRZ 1989, 204 ff.
3 Zu dieser Funktion des Petitionsrechts vgl. *Burmeister* (Fn. 1), Rn. 5.
4 Siehe dazu *A. Hamers*, Der Petitionsausschuß des Europäischen Parlaments und der Europäische Bürgerbeauftragte, 1999, S. 60 ff.
5 *M. Haag*, in: GTE, EGV, Art. 138d, Rn. 3; *Hamers* (Fn. 4), S. 61.
6 S. Anlage I des Berichts über die Beratungen des Petitionsausschusses in der Sitzungsperiode 1995–1996, Dok. A4-0191/96 sowie die entsprechenden Berichte der nachfolgenden Sitzungsperioden.
7 *M. Haag*, in: GTE, EGV, Art. 138d, Rn. 6; *T. Läufer*, in: Grabitz/Hilf, EU, Art. 138d, Rn. 3.

Art. 194 EG-Vertrag

4 **Petitionsgegenstand** können nach Art. 194 nur Angelegenheiten sein, die in die Tätigkeitsbereiche der Gemeinschaft fallen. Art. 174 Abs. 1 GO EP erstreckt den Petitionsgegenstand aber auch auf die Tätigkeitsbereiche der zweiten und dritten Säule. Diese Erweiterung ist aufgrund des Selbstorganisationsrechts des EP zulässig, da sich die Zuständigkeiten des EP auch auf diesen Bereich erstrecken.[8]

5 Der Petent muß ein **unmittelbares Interesse** am Gegenstand der Petition haben. Nach Art. 174 Abs. 1 GO EP muß die Angelegenheit den Petenten »unmittelbar betreffen«. Beides ist weniger als ein rechtliches Interesse oder eine Betroffenheit in eigenen Rechten.[9] Liegt diese Voraussetzung vor, so besitzt er einen **subjektiven Anspruch auf Prüfung** der Petition, der allerdings auf die Kenntnisnahme und Befassung durch das EP beschränkt ist und sich nicht auf einen Abhilfeanspruch erstreckt.[10] Bei nicht gerechtfertigter Ablehnung einer Petition durch das EP besteht eine Klagemöglichkeit nach Art. 230.

6 Das **Verfahren** zur Prüfung der Petition ist in Art. 174–176 GO EP geregelt. Soweit eine Mitwirkung anderer Gemeinschaftsorgane oder von Organen und Stellen der Mitgliedstaaten erforderlich ist, ergeben sich **Mitwirkungspflichten** aus der Kooperationspflicht bzw. dem Grundsatz der Gemeinschaftstreue. Zwischen den Gemeinschaftsorganen wurde dazu eine interinstitutionelle Vereinbarung getroffen.[11] Das Verfahren endet nach Art. 175 Abs. 6 GO EP durch einen begründeten Bescheid des Präsidenten des EP. Nach Art. 176 GO EP werden die Petitionen in ein **Register** eingetragen. Die wichtigsten Verfahrensbeschlüsse werden zur Beratung in einer **Plenarsitzung** bekanntgegeben. Der Titel und der zusammengefaßte Wortlaut der in das Register eingetragenen Petitionen sowie zugehörige Stellungnahmen und wichtige Beschlüsse sind gem. Art. 176 Abs. 2 GO EP in einer **Datenbank** öffentlich zugänglich zu machen, sofern der Petent damit einverstanden ist.

---

8 M. *Haag*, in: GTE, EGV, Art. 138d, Rn. 9.
9 M. *Haag*, in: GTE, EGV, Art. 138d, Rn. 10; enger W. *Kaufmann-Bühler*, in: Lenz, EGV, Art. 138d, Rn. 7.
10 M. *Haag*, in: GTE, EGV, Art. 138d, Rn. 5.
11 Interinstitutionelle Vereinbarung vom 12.4.1989, ABl.EG 1989, Nr. C 120/90.

Art. 195 (ex-Art. 138e)

(1) Das Europäische Parlament ernennt einen Bürgerbeauftragten, der befugt ist, Beschwerden von jedem Bürger der Union oder von jeder natürlichen oder juristischen Person mit Wohnort oder satzungsmäßigem Sitz in einem Mitgliedstaat[8] über Mißstände[7] bei der Tätigkeit der Organe oder Institutionen der Gemeinschaft[6], mit Ausnahme des Gerichtshofs und des Gerichts erster Instanz in Ausübung ihrer Rechtsprechungsbefugnisse, entgegenzunehmen.

Der Bürgerbeauftragte führt im Rahmen seines Auftrags von sich aus oder aufgrund von Beschwerden[8], die ihm unmittelbar oder über ein Mitglied des Europäischen Parlaments zugehen[10], Untersuchungen durch, die er für gerechtfertigt hält[6]; dies gilt nicht, wenn die behaupteten Sachverhalte Gegenstand eines Gerichtsverfahrens sind oder waren. Hat der Bürgerbeauftragte einen Mißstand festgestellt, so befaßt er das betreffende Organ, das über eine Frist von drei Monaten verfügt, um ihm seine Stellungnahme zu übermitteln[11]. Der Bürgerbeauftragte legt anschließend dem Europäischen Parlament und dem betreffenden Organ einen Bericht vor. Der Beschwerdeführer wird über das Ergebnis dieser Untersuchung unterrichtet.[11]

Der Bürgerbeauftragte legt dem Europäischen Parlament jährlich einen Bericht über die Ergebnisse seiner Untersuchungen vor.[12]

(2) Der Bürgerbeauftragte wird nach jeder Wahl des Europäischen Parlaments für die Dauer der Wahlperiode ernannt. Wiederernennung ist zulässig.[4]

Der Bürgerbeauftragte kann auf Antrag des Europäischen Parlaments vom Gerichtshof seines Amtes enthoben werden, wenn er die Voraussetzungen für die Ausübung seines Amtes nicht mehr erfüllt oder eine schwere Verfehlung begangen hat.[4]

(3) Der Bürgerbeauftragte übt sein Amt in völliger Unabhängigkeit aus. Er darf bei der Erfüllung seiner Pflichten von keiner Stelle Anweisungen anfordern oder entgegennehmen.[5] Der Bürgerbeauftragte darf während seiner Amtszeit keine andere entgeltliche oder unentgeltliche Berufstätigkeit ausüben.

(4) Das Europäische Parlament legt nach Stellungnahme der Kommission und nach mit qualifizierter Mehrheit erteilter Zustimmung des Rates die Regelungen und allgemeinen Bedingungen für die Ausübung der Aufgaben des Bürgerbeauftragten fest.[3]

Inhaltsübersicht:

I. Entstehung und Bedeutung des Bürgerbeauftragten	1
II. Ernennung, Status und Aufgaben des Bürgerbeauftragten	4
1. Ernennung des Bürgerbeauftragten	4
2. Status des Bürgerbeauftragten	5
3. Aufgabenbereich des Bürgerbeauftragten	6
III. Recht zur Anrufung des Bürgerbeauftragten und Verfahren	8

I. Entstehung und Bedeutung des Bürgerbeauftragten

Mit der Einrichtung eines Bürgerbeauftragten greift Art. 195 eine in 13 von 15 Mitgliedstaaten anzutreffende[1], auf vielfältige historische Vorbilder zurückgehende verfas-

---

1 Übersicht bei *F. Matscher* (Hrsg.), Ombudsmann in Europa – Institutioneller Vergleich, 1994; *R. Strempel*, Ombudsmann für Europa, DÖV 1996, S. 241 ff. Siehe auch die links auf der homepage des Bürgerbeauftragten zu den Bürgerbeauftragten in den Mitgliedstaaten.

sungsrechtliche Institution auf, die ergänzend zu Rechtsschutz und Petitionsrecht die **Transparenz und Bürgernähe** der Gemeinschaftsorgane fördern soll.[2] Die durch den Unionsvertrag auf dänischen Vorschlag eingeführte Institution wurde anders als das Petitionsrecht bislang auf Unionsebene nicht praktiziert. Das EP schwankte zunächst in seiner Beurteilung des Bürgerbeauftragten, weil es seine wesentlichen Funktionen schon durch den Petitionsausschuß erfüllt sah.[3] Nach der Verabschiedung des Unionsvertrages befürwortete es aber die Einführung des Bürgerbeauftragten, weil es aufgrund seiner Bindung an das EP darin eine Möglichkeit zur Stärkung seiner eigenen Kontrollmöglichkeiten erkannte.[4]

2 Ähnlich wie das Petitionsrecht steht der Bürgerbeauftragte in engem Zusammenhang mit der **Unionsbürgerschaft**, wie sich aus dem Verweis in Art. 21 Abs. 2 ergibt. Seine Inanspruchnahme ist aber nicht auf Unionsbürger beschränkt und verfolgt insoweit einen menschenrechtlichen Ansatz. Die Funktionen des Petitionsrechts und des Bürgerbeauftragter überschneiden und ergänzen sich (sog. Parallelmodell).[5]

3 Rechtsstellung und Tätigkeit des Bürgerbeauftragten werden durch Art. 195 sowie die nach Absatz 4 in einem besonderen Verfahren auf Initiative des EP zu erlassenden **Ausführungsbestimmungen** (sog. Statut) geregelt, die zum größeren Teil auch in die Art. 177 ff. GO EP übernommen worden sind.[6] Der Bürgerbeauftragte hat auf der Grundlage des Art. 14 des Statuts Vorschriften über die interne Funktion seines Büros erlassen, die über seine homepage abrufbar sind (http://www.euro-ombudsman.eu.int).

II. Ernennung, Status und Aufgaben des Bürgerbeauftragten

1. Ernennung des Bürgerbeauftragten

4 Der Bürgerbeauftragte wird nach Absatz 2 UAbs. 1 für die **Dauer der Wahlperiode** des EP durch einen mit Mehrheit gefaßten Beschluß ernannt. Eine Wiederernennung ist zulässig; eine **Amtsenthebung** ist nach Absatz 2 UAbs. 2 nur durch den EuGH möglich. Die persönlichen Ernennungsvoraussetzungen ergeben sich aus Art. 6 Abs. 2 des Beschlusses vom 9.3.1994. Das Verfahren für die **Ernennung** ist in Art. 177 GO EP und das für die **Amtsenthebung** in Art. 178 GO EP geregelt.

2. Status des Bürgerbeauftragten

5 Der Bürgerbeauftragte ist ein **unabhängiges und selbständiges monokratisches Nebenorgan** der Gemeinschaften.[7] Er hat seinen Sitz am Sitz des EP und übt sein Amt gem. Absatz 3 in **völliger Unabhängigkeit** aus.[8] Entsprechend darf er bei der Erfüllung seiner Pflichten von keiner Stelle Anweisungen anfordern oder entgegennehmen. Darüber hinaus wird die

---

2 *M. Haag*, in: GTE, EGV, Art. 138e, Rn. 1; *T. Läufer*, in: Grabitz/Hilf, EU, Art. 138e, Rn. 2.
3 Zur Abgrenzung beider Einrichtungen siehe *A. Hamers*, Der Petitionsausschuß des Europäischen Parlaments und der Europäische Bürgerbeauftragte, 1999, S. 234 ff.
4 Entschließung vom 7.4.1992, ABl.EG Nr. C 125/81. Weitere Einzelheiten bei *Hamers* (Fn. 3), S. 131 ff.
5 Siehe *Hamers* (Fn. 3), S. 234 ff.
6 Beschluß des EP vom 9.3.1994, ABl.EG 1994, Nr. L 113/15. Die Zustimmung des Rates erfolgte durch Beschluß vom 7.2.1994, ABl.EG 1994, Nr. L 54/25.
7 *M. Haag*, in: GTE, EGV, Art. 138e, Rn. 4.
8 *M. Haag*, in: GTE, EGV, Art. 138e, Rn. 10.

Unabhängigkeit durch die Personalhoheit, die finanzielle Unabhängigkeit (Einzelplan im Haushalt und Gleichstellung mit einem Richter am EuGH) und die Inkompatibilität und die Anwendung des Protokolls über Vorrechte und Befreiungen gesichert.⁹

3. Aufgabenbereich des Bürgerbeauftragten

Aufgabe des Bürgerbeauftragten ist es, **auf Beschwerde** oder aus **eigener Initiative** Mißstände bei der Tätigkeit der Organe oder Institutionen der Gemeinschaft zu untersuchen. Der Beschwerdegegenstand ist damit enger gefaßt als beim Petitionsausschuß. Möglicher **Beschwerdegegenstand** sind Tätigkeiten der Organe und Institutionen der Gemeinschaft, wobei EuGH und EuG ausgenommen sind, soweit sie rechtsprechend tätig sind; die Verwaltung der Gerichte ist demnach erfaßt. Die Entscheidung des Bürgerbeauftragten, die politischen Tätigkeiten des EP aus seiner Tätigkeit auszuklammern¹⁰, ist im Hinblick auf die politische Unabhängigkeit der Mitglieder des EP gerechtfertigt. Im Zentrum steht demnach die exekutivische Betätigung von Gemeinschaftsorganen. Die Tätigkeitsbereiche der ZIJP werden gem. der Verweisung auf Art. 195 in Art. 41 EUV ebenfalls erfaßt. Die Aktivitäten im Bereich der GASP fallen jedoch mangels Verweisung in Art. 28 EUV nicht in den Zuständigkeitsbereich des Bürgerbeauftragten. Eine Ausnahme besteht in diesem Bereich, soweit es um den Zugang zu Ratsdokumenten geht, die sich auf diesen Bereich beziehen.¹¹ Ausgenommen sind ferner Mißstände bei der Tätigkeit der Gemeinschaftsrecht ausführenden Behörden der Mitgliedstaaten sowie Sachverhalte, die Gegenstand eines Gerichtsverfahrens sind oder waren. 6

Mißstände sind nicht nur rechtswidrige Verhaltensweisen von Gemeinschaftsorganen, sondern auch Verstöße gegen die Grundsätze einer ordnungsgemäßen Verwaltung. Dies wird in der englischen Fassung deutlich, die von »maladministration in the activities of the Community institutions or bodies« spricht. Dazu gehören z.B. Unregelmäßigkeiten und Versäumnisse in der Verwaltung, Machtmißbrauch, Fahrlässigkeit und vermeidbare Verzögerungen.¹² 7

III. Recht zur Anrufung des Bürgerbeauftragten und Verfahren

Das Recht zur Anrufung des Bürgerbeauftragten ist als **subjektives Recht** ausgestaltet. Dies ergibt sich für Unionsbürger insbesondere aus Art. 21 Abs. 2, gilt aber auch für die sonstigen Antragsberechtigten. Das **Beschwerderecht** umfaßt neben dem Recht zur Erhebung der Beschwerde auch ein Recht auf Entgegennahme, prüfende Kenntnisnahme und Information über die Weiterbehandlung der Beschwerde durch den Bürgerbeauftragten. Dagegen besteht kein Anspruch auf Durchführung einer Untersuchung oder auf Abhilfe.¹³ Der Kreis der **Antragsberechtigten** entspricht Art. 194.¹⁴ 8

Anders als Art. 194 verlangt Art. 195 **keine unmittelbare Betroffenheit**. Nach Art. 2 Abs. 4 des Beschlusses vom 9.3.1994 müssen aber vor der Beschwerde die geeigneten administrativen Schritte bei der betroffenen Einrichtung veranlaßt worden sein. Eine 9

---

9 *Hamers* (Fn. 3), S. 153 ff.
10 *Europäischer Bürgerbeauftragter*, Jahresbericht 1997, ABl.EG 1998, Nr. C 380/15.
11 *Europäischer Bürgerbeauftragter*, Jahresbericht 1997, ABl.EG 1998, Nr. C 380/11, 12.
12 S. *Europäischer Bürgerbeauftragter* (Fn. 6), S. 6; *Hamers* (Fn. 3), S. 187 ff.
13 *M. Haag*, in: GTE, EGV, Art. 138e, Rn. 14.
14 S. Art. 194, Rn. 3.

Art. 195 EG-Vertrag

weitere Einschränkung ergibt sich daraus, daß die gleiche Vorschrift eine **Beschwerdefrist** von zwei Jahren seit Kenntnis von dem der Beschwerde zugrunde liegenden Sachverhalt statuiert.

10 An die **Form** der Beschwerde werden keine besonderen Anforderungen gestellt. Es müssen aber der Gegenstand der Beschwerde und die Person des Beschwerdeführers erkennbar sein. Sie können dem Bürgerbeauftragten auch über Mitglieder des EP zugeleitet werden. Auf der homepage des Bürgerbeauftragten wird auch ein **elektronisches Beschwerdeformular** zur Verfügung gestellt.

11 Andere Stellen der Gemeinschaft und der Mitgliedstaaten sind bereits aufgrund des Art. 195 Abs. 1 UAbs. 2 zur **Kooperation** verpflichtet. Diese Mitwirkungspflicht erstreckt sich auf die Erteilung von Auskünften, die Gewährung des Zugangs zu Dokumenten und sonstigen Unterlagen sowie die Erteilung von Aussagegenehmigungen für Bedienstete.[15] Dabei ist auf Geheimhaltungsvorschriften Rücksicht zu nehmen, wobei umstritten ist, ob und wann diese eine Weitergabe von Informationen an den Bürgerbeauftragten hindern, da dieser als Gemeinschaftsorgan ebenfalls zur Geheimhaltung verpflichtet ist.[16] Im Streitfalle kann der Bürgerbeauftragte gem. Art. 3 Abs. 4 des Statuts das EP ersuchen, die Mitwirkung gerichtlich durchsetzen. Ein eigenes Klagerecht besitzt der Bürgerbeauftragte nicht.[17] Stellt der Bürgerbeauftragte einen Mißstand fest, so teilt er dies der betroffenen Institution mit, die verpflichtet ist, innerhalb von drei Monaten dazu eine Stellungnahme zu übermitteln. Diese ist zur Beseitigung des Mißstandes verpflichtet. Der Bürgerbeauftragte legt anschließend dem EP und dem betreffenden Organ einen Bericht vor; der Beschwerdeführer wird über das Ergebnis der Untersuchung unterrichtet.

12 Dem EP legt der Bürgerbeauftragte jährlich einen **Tätigkeitsbericht** vor, der im Amtsblatt veröffentlicht wird[18] und auch über die homepage abrufbar ist. Dazu kommen ebenfalls an das EP adressierte **Sonderberichte** zu Einzelfragen, die in der Regel auf Initiativuntersuchungen des Bürgerbeauftragten beruhen.

---

15 *Hamers* (Fn. 3), S. 209 ff.
16 *Hamers* (Fn. 3), S. 212.
17 *Hamers* (Fn. 3), S. 215 f.
18 S. *Europäischer Bürgerbeauftragter*, Jahresbericht 1995, ABl.EG 1996, Nr. C 234/1 sowie die entsprechenden Berichte der Folgejahre.

Art. 196 (ex-Art. 139)

Das Europäische Parlament hält jährlich eine Sitzungsperiode ab. Es tritt, ohne daß es einer Einberufung bedarf, am zweiten Dienstag des Monats März zusammen.

Das Europäische Parlament kann auf Antrag der Mehrheit seiner Mitglieder sowie auf Antrag des Rates oder der Kommission zu einer außerordentlichen Sitzungsperiode zusammentreten.

Art. 196 Abs. 1 regelt die **Sitzungsperiode** des EP. Darunter versteht man den Zeitraum, in dem Sitzungen zulässigerweise stattfinden können.[1] Die Dauer der Sitzungsperiode wird nicht geregelt. Das EP hat aber in Art. 10 Abs. 1 GO EP eine **jährliche Periode** festgelegt. Innerhalb dieser Zeit finden die einzelnen Sitzungen statt, bei denen zwischen Zeiten effektiver Plenarsitzung, der sog. Tagung, und einzelnen Tagen der Sitzung, den sog. Sitzungstagen, unterschieden wird. An die Sitzungsperiode knüpfen andere Vorschriften mit ihren Rechtsfolgen an, wie z.b. die Immunität der Abgeordneten.[2] 1

Im **Beschluß von Edinburgh**[3] haben die Mitgliedstaaten im Zusammenhang mit der Bestimmung des Sitzes[4] des EP auch festgelegt, daß das EP jährlich zwölf monatlich stattfindende Plenartagungen einschließlich der Haushaltstagung abhält. Diese Regelung durch die Mitgliedstaaten greift nicht unzulässig in das Selbstorganisationsrecht des EP ein.[5] In der Praxis hält das EP jährlich zwölf Tagungen ab und zwar mit Ausnahme des August regelmäßig jeden Monat. Der Sitzungsrhythmus wird maßgeblich durch die Fristvorgaben des Verfahrens der Zusammenarbeit bestimmt. Der jährliche Sitzungskalender wird vom Plenum auf Vorschlag der Konferenz der Präsidenten angenommen. Der in Absatz 2 vorgesehenen Möglichkeit, **außerordentliche Sitzungsperioden** anzuberaumen, kommt angesichts dieser Praxis keine praktische Bedeutung zu. 2

---

1 R. *Bieber*, in: GTE, EGV, Art. 139, Rn. 1.
2 S. EuGH, Rs. 101/63, Slg. 1964, 200 (Wagner/Forhmann); Rs. 149/85, Slg. 1986, 2391 (Wybot/Faure).
3 Beschluß vom 12.12.1992, ABl.EG 1992 Nr. C 341/1.
4 S. Art. 289. Dazu auch F. *Rutschmann*, Sitzbeschwerden in Europa, EuR 1999, S. 664 ff.
5 EuGH, Rs. C-345/95, Slg. 1997, I-5235, Rn. 30 (Französische Republik/Europäisches Parlament).

Art. 197 EG-Vertrag

Art. 197 (ex-Art. 140)

Das Europäische Parlament wählt aus seiner Mitte seinen Präsidenten und sein Präsidium.[2 ff.]

Die Mitglieder der Kommission können an allen Sitzungen teilnehmen und müssen auf ihren Antrag im Namen der Kommission jederzeit gehört werden.[12]

Die Kommission antwortet mündlich oder schriftlich auf die ihr vom Europäischen Parlament oder von dessen Mitgliedern gestellten Fragen.[13]

Der Rat wird nach Maßgabe seiner Geschäftsordnung vom Europäischen Parlament jederzeit gehört.[12]

Inhaltsübersicht:

I. Regelungsgehalt	1
II. Organe des EP	2
1. Plenum	2
2. Präsidium	3
3. Konferenz der Präsidenten	4
4. Ausschüsse	5
5. Generalsekretariat	7
III. Fraktionen	8
IV. Beziehungen des EP zu Rat und Kommission	11

I. Regelungsgehalt

1 Art. 197 regelt in Absatz 1 einzelne Aspekte des internen organisatorischen Aufbaus des EP und in den Absätzen 2 bis 4 die Beziehungen zu Rat und Kommission. In beiden Fällen werden die Einzelheiten durch ausführende Rechtsbestimmungen geregelt. Die interne Organisation wird auf der Grundlage der Ermächtigung in Art. 199 durch die Kapitel IV, V und XX der Geschäftsordnung näher ausgestaltet. Die Beziehungen zu Rat und Kommission sind einerseits durch interinstitutionelle Vereinbarungen, andererseits durch Kapitel VI der Geschäftsordnung näher bestimmt.

1a Die Zusammenfassung dieser Regelungen in einer Vorschrift ist systematisch wenig überzeugend. Näher hätte es gelegen, die Regelung des Absatzes 1 mit Art. 198 und 199 zu einer Vorschrift über die Organisation und das Verfahren des EP zusammenzufassen und Absatz 2 als gesonderte Norm über die Beziehung zu anderen Organen auszugestalten. Angemessen wäre auch die Aufnahme einer Regelung, die zumindest in Grundzügen Status und Aufgaben der Fraktionen einschließlich ihrer Klagerechte regelt.

II. Organe des EP

1. Plenum

2 **Hauptorgan des EP** ist das Plenum, die institutionalisierte Versammlung aller Abgeordneten. Die dem Parlament durch das primäre und sekundäre Gemeinschaftsrecht übertragenen Befugnisse sind grundsätzlich vom Plenum auszuüben. In weiten Bereichen kann indes eine **Delegation**[1] an ein Unterorgan, insbesondere einen Ausschuß, erfolgen.

---

1 H. J. Wolff/O. Bachof, Verwaltungsrecht II, 4. Aufl. 1976, § 72 IV b.

Ob in diesen Fällen die Entscheidungsbefugnis des EP mit der Folge eines jederzeitigen Rückholrechts fortbesteht (sog. unechte Delegation) oder nicht (sog. echte Delegation) ist im Einzelfall zu prüfen.[2]

2. Präsidium

Das EP wählt nach Absatz 1 aus seiner Mitte seinen Präsidenten und sein Präsidium. Das Präsidium besteht gem. Art. 21 Abs. 1 GO EP aus dem **Präsidenten** und den vierzehn **Vizepräsidenten**. Präsidiumsmitglieder mit beratender Stimme sind gem. Art. 21 Abs. 2 GO EP die 5 **Quästoren**[3], die mit Verwaltungs- und Finanzaufgaben befaßt sind, die die Mitglieder des EP direkt betreffen. Die Aufgaben des Präsidiums ergeben sich aus Art. 22 GO EP. Daneben werden dem Präsidenten durch Art. 19 GO EP und den Vizepräsidenten durch Art. 20 GO EP besondere Aufgaben zugewiesen. Bei den Wahlen des Präsidenten, der Vizepräsidenten und der Quästoren soll nach Art. 13 Abs. 3 GO EP insgesamt einer gerechten Verteilung nach Mitgliedstaaten und politischen Richtungen Rechnung getragen werden. Die **Amtsdauer** des Präsidenten, der Vizepräsidenten und der Quästoren beträgt gem. Art. 17 GO EP zweieinhalb Jahre.

3. Konferenz der Präsidenten

Der Konferenz der Präsidenten gehören gem. Art. 23 GO EP der Präsident, die Vorsitzenden der im EP vertretenen Fraktionen sowie zwei weitere Abgeordnete an, die die fraktionslosen Mitglieder vertreten. Letztere besitzen kein Stimmrecht. Die Entscheidungen sollen möglichst im Konsens getroffen werden. Ist dies nicht möglich, so wird unter Berücksichtigung der Fraktionsstärke abgestimmt. Die Aufgaben ergeben sich aus Art. 24 GO EP. Im Vordergrund stehen dabei die **Arbeitsorganisation** des Parlaments (Sitzordnung im Plenarsaal, Zusammensetzung und Kompetenz der Ausschüsse) sowie die Planung der Gesetzgebung. Die Konferenz ist weiterhin zuständig für die Beziehungen zu anderen Organen und Institutionen der Europäischen Union, zu den nationalen Parlamenten der Mitgliedstaaten, zu Drittländern und zu internationalen Institutionen und Organisationen.

Neben der Konferenz der Präsidenten und ihre Arbeit unterstützend sieht die GO EP in Art. 26 eine Konferenz der Vorsitzenden aller ständigen und nichtständigen Ausschüsse sowie in Art. 27 eine Konferenz der Vorsitzenden aller ständigen interparlamentarischen Delegationen vor. Beide haben eine Koordinierungsfunktion und das Recht, der Konferenz der Präsidenten Vorschläge für die Arbeit der Ausschüsse bzw. Delegationen zu machen. Die Konferenz der Ausschußvorsitzenden kann zudem Vorschläge für die Aufstellung der Tagesordnung der Plenartagung unterbreiten.

4. Ausschüsse

Ausschüsse sind Unterorgane, deren wichtigste Aufgabe darin besteht, die Arbeit und Entscheidungen des Plenums vorzubereiten. Sie dienen der Entlastung des Plenums und bilden das Forum für die Zusammenarbeit der Spezialisten für die verschiedenen Politikbereiche aus den einzelnen Fraktionen. In Einzelfällen stehen ihnen nach Maßgabe

---

2 R. *Bieber*, in: GTE, EGV, Art. 140, Rn. 2.
3 S. Art. 16 und 25 GO EP.

des Art. 62 GO EP auch Entscheidungsbefugnisse zu. Es wird zwischen ständigen und nichtständigen Ausschüssen unterschieden. Das Parlament bildet gem. Art. 150 Abs. 1 GO EP **ständige Ausschüsse**, deren Zuständigkeiten in einer Anlage zur Geschäftsordnung (Anlage VI) bestimmt werden. Derzeit existieren einschließlich des Petitionsausschusses 17 ständige Ausschüsse. Daneben können nach Absatz 2 jederzeit **nichtständige Ausschüsse** gebildet werden, deren Zuständigkeiten, Zusammensetzung und Mandatszeit im Einsetzungsbeschluß bestimmt wird. Hinzu kommen die **nichtständigen Untersuchungsausschüsse**.[4] Die Zusammensetzung der Ausschüsse regelt Art. 152 GO EP, der die Beachtung des Proporzprinzips vorsieht.

6 Neben den Ausschüssen bildet das EP gem. Art. 168 GO EP **interparlamentarische Delegationen**, die für die Pflege der Beziehungen zu dritten Staaten zuständig sind. Derzeit existieren für den Bereich Europa eine interparlamentarische Delegation, die für die Schweiz, Island und Norwegen zuständig ist und eine weitere, die für Südosteuropa zuständig ist. Hinzu kommen 14 weitere interparlamentarische Delegationen mit jeweils einem oder mehreren außereuropäischen Staaten. Nach Art. 170 GO EP können zudem **gemischte parlamentarische Ausschüsse** mit den Parlamenten von Staaten gebildet werden, die mit der Gemeinschaft assoziiert sind oder mit denen Beitrittsverhandlungen geführt werden.

5. Generalsekretariat

7 Das Parlament wird gem. Art. 164 GO EP bei seiner Arbeit durch ein Generalsekretariat unterstützt, das selbst kein Organ des EP ist, sondern nur die technisch-administrativen Voraussetzungen für die Arbeit der Organe des EP schafft. Es wird durch einen Generalsekretär geleitet und ist derzeit in 8 Generaldirektionen und einen juristischen Dienst untergliedert. Der größte Teil der ca. 4100 Bediensteten ist im Sprachendienst tätig. Es hat seinen Sitz in Luxemburg, verfügt aber auch über Dienststellen in Brüssel, die vor allem für die Öffentlichkeitsarbeit und die Unterstützung der dort tagenden Ausschüsse zuständig sind.

III. Fraktionen

8 Nicht um ein Organ des EP, sondern um einen mit besonderen eigenen Rechten ausgestatteten **Organteil** handelt es sich bei den Fraktionen.[5] Die Fraktionen im EP stellen Zusammenschlüsse der Abgeordneten dar, die auf eine effektive Gestaltung der parlamentarischen Arbeit ausgerichtet sind.[6] Sie erfüllen eine organisatorische und **integrative Funktion**.[7] Ihre Aufgabe ist es insbesondere, innerhalb des gleichen politischen Spektrums die unterschiedlichen nationalen Interessen vorzufiltern.[8] Die Rechte der **fraktionslosen Abgeordneten** werden in Art. 30 GO EP bestimmt. Die Bedeutung der Fraktionen und ihre Stellung auch gegenüber den nationalen Parteiorganisationen hängt entscheidend von der Bedeutung des EP und seinen politischen Gestaltungs- und Kontroll-

---

4 S. Art. 193.
5 *E. Grabitz/T. Läufer*, Das Europäische Parlament, 1980, S. 80.
6 *S. G. Rutschke*, Die Mitwirkung der Fraktionen bei der parlamentarischen Willensbildung im Europäischen Parlament im Vergleich zu den Parlamenten der Mitgliedstaaten, 1986; *R. Bieber*, in: GTE, EGV, Art. 140, Rn. 14.
7 *Grabitz/Läufer* (Fn. 5), S. 73.
8 *V. Neßler*, Die Fraktionen im Europäischen Parlament, EuR 1997, S. 311.

funktionen ab.⁹ Durch die Stärkung des EP in diesen Bereichen haben auch die Fraktionen und die Fraktionsdisziplin an Bedeutung gewonnen.

Die **Bildung** der Fraktion setzt nach Art. 29 Abs. 1 GO EP eine gemeinsame politische 9 Zugehörigkeit voraus.¹⁰ Sie ist in Absatz 2 an bestimmte Mindestgrößen gebunden, die nach der Herkunftsvielfalt gestaffelt ist. Kommen die Mitglieder aus zwei Mitgliedstaaten, so müssen es mindestens 23 sein. Bei einer Herkunft aus drei Mitgliedstaaten reduziert sich die Mindestzahl auf 18, bei vier und mehr auf 14 Mitglieder. Die Fraktionen sind finanziell, organisatorisch und politisch selbständig¹¹ und zumindest hinsichtlich der ihnen zugewiesenen Rechte im Innenverhältnis **teilrechtsfähig**.¹² Ob sie insoweit auch aktiv legitimiert und vor dem EuGH antragsberechtigt sind, hat der EuGH bislang offengelassen.¹³ Aufgrund ihrer Selbständigkeit kann das Handeln der Fraktionen nicht dem EP zugerechnet und dieses haftbar gemacht werden.¹⁴

Im EP haben die Abgeordneten in der 5. Wahlperiode (1999 bis 2004) folgende 8 Frak- 10 tionen gebildet: (1) Fraktion der Europäischen Volkspartei – 232 Sitze; (2) Fraktion der Sozialdemokratischen Partei Europas – 181 Sitze; (3) Fraktion der Liberalen und Demokratischen Partei Europas – 52 Sitze; (4) Fraktion der Grünen/Freie Europäische Allianz – 46 Sitze; (5) Konföderale Fraktion der Vereinigten Europäischen Linken/Nordische Grüne Linke – 42 Sitze; (6) Fraktion Union für das Europa der Nationen – 21 Sitze; (7) Technische Fraktion der unabhängigen Abgeordneten – 19 Sitze; (8) Fraktion für das Europa der Demokratien und der Unterschiede – 18 Sitze. Hinzu kommen 15 weitere fraktionslose Abgeordnete, so daß sich eine Gesamtzahl von 626 Mitgliedern des EP ergibt.

IV. Beziehungen des EP zu Rat und Kommission

In den Absätzen 2 bis 4 wird ein Teil der Beziehungen des EP zu Rat und Kommission 11 geregelt. Dieses Verhältnis wird in materieller Hinsicht durch den **Grundsatz des institutionellen Gleichgewichts**¹⁵ und die **Pflicht zur loyalen Zusammenarbeit**¹⁶ geprägt. Die Absätze 2 bis 4 betreffen die verfahrensrechtliche Seite und werden durch interinstitutionelle Vereinbarungen¹⁷ sowie spezielle Regelungen im Zusammenhang mit der Rechtsetzung und sonstigen Gemeinschaftsakten ergänzt.

Den Mitgliedern der Kommission wird in Absatz 2 ein **Anwesenheits- und Rederecht** bei 12 den Sitzungen des EP eingeräumt. Dem Rat steht dieses Recht gem. Absatz 4 nach Maßgabe der Geschäftsordnung zu. Art. 37 GO EP räumt dem Rat die gleichen Rechte ein wie der Kommission.

---

9 Skeptisch: *Neßler* (Fn. 8), S. 318 f.
10 Zu einem Grenz- und Streitfall s. EuG, Rs. T-222/99 R, Slg. 1999, II-3397 (Martinez und de Gaulle/Parlament).
11 *Neßler* (Fn. 8), S. 311 f.
12 *T. Läufer*, in Grabitz/Hilf, EU, Art. 140, Rn. 8; *R. Bieber*, in: GTE, EGV, Art. 140, Rn. 14. S. auch EuG, Rs. T-222/99 R, Slg. 1999, II-3397, Rn. 65 ff. (Martinez und de Gaulle/Parlament).
13 EuGH, Rs. 78/85, Slg. 1986, 1754, Rn. 10 f. (Fraktion der Europäischen Rechten/ Europäisches Parlament); *Neßler* (Fn. 8), S. 312.
14 EuGH, Rs. C-201/89, Slg. 1990, I-1183 (Le Pen/Puhl).
15 S. Art. 7, Rn. 8 ff.
16 S. Art. 7, Rn. 22.
17 S. Art. 7, Rn. 20. Übersicht zu den getroffenen Vereinbarungen bei *R. Bieber*, in: GTE, EGV, Art. 140, Rn. 21.

Art. 197 EG-Vertrag

13 Umgekehrt wird in Absatz 3 dem EP und seinen Mitgliedern ein **Fragerecht** gegenüber der Kommission eingeräumt sowie eine Pflicht der Kommission zur mündlichen oder schriftlichen Antwort begründet. Art. 40 bis 42 GO EP regeln dazu das Nähere und erstrecken auch in diesem Fall die Regelung auf den Rat. Für den Rat ist diese Regelung aufgrund einer interinstitutionellen Vereinbarung bindend.[18]

---

18 S. T. *Läufer*, in: Grabitz/Hilf, EU, Art. 140, Rn. 17.

Art. 198 (ex-Art. 141)

Soweit dieser Vertrag nicht etwas anderes bestimmt, beschließt das Europäische Parlament mit der absoluten Mehrheit der abgegebenen Stimmen.

Die Geschäftsordnung legt die Beschlußfähigkeit fest.

Die Vorschrift regelt die **Beschlußfassung** durch das EP und geht dabei von der allgemeinen **Mehrheitsregel** aus. Danach reicht die absolute Mehrheit der abgegebenen Stimmen für die Beschlußfassung aus. Abweichungen in der Form der **qualifizierten Mehrheit** (Mehrheit der gesetzlichen Mitglieder) und der **doppelt qualifizierten Mehrheit** (zwei Drittel Mehrheit der abgegebenen Stimmen und Mehrheit der gesetzlichen Mitglieder) finden sich an zahlreichen Stellen des Vertrages, vor allem im Bereich der Rechtsetzung. Für den internen Bereich können sie auch in der GO EP geregelt werden.

Das **Mehrheitsprinzip** steht in enger Verbindung zum Demokratieprinzip, indem die Herrschaftsausübung nicht an einen einstimmigen und einheitlichen Willen der Bürger bzw. ihrer Repräsentanten, sondern den Mehrheitswillen geknüpft wird.[1] Dadurch wird eine erheblich größere Handlungsfähigkeit erreicht. Voraussetzung für die Anwendung des Mehrheitsprinzips ist allerdings, daß bei den Bürgern die allgemeine Bereitschaft besteht, auch für sie ungünstige bzw. von ihren Repräsentanten nicht gebilligte Entscheidungen zu akzeptieren.[2] Davon ist auszugehen, wenn aus der Sicht der Betroffenen die Vorteile des jeweiligen politischen Systems auch dann überwiegen, wenn nicht die eigene politische Richtung an der Macht ist. Im Falle der EU bedeutet dies, daß die Vorteile der Integration gegenüber der Souveränität der Mitgliedstaaten überwiegen müssen.[3] Während im EP das Mehrheitsprinzip die Regel darstellt und es keinen Fall der Einstimmigkeit gibt, ist dies bei den Entscheidungen des Rates trotz des auch dort gem. Art. 205 Abs. 1 bestehenden Grundsatzes noch nicht der Fall.[4]

Die abweichenden Regelungen, die eine qualifizierte oder doppelt qualifizierte Mehrheit verlangen, dienen einem verstärkten Minderheitenschutz und der Berücksichtigung der besonderen Bedeutung der zur Abstimmung stehenden Fragen, wie z.B. im Falle des Mißtrauensvotums gegen die Kommission gem. Art. 201.

Das **Beschlußverfahren** ist in seinen Einzelheiten in Art. 126 ff. GO EP geregelt. **Abstimmungen** müssen persönlich erfolgen. Es wird grundsätzlich nach Art. 133 GO EP offen, d.h. durch Handzeichen abgestimmt. Ergibt dies kein klares und eindeutiges Bild, so kann gem. Art. 133 Abs. 3 GO EP elektronisch oder durch Aufstehen und Sitzenbleiben abgestimmt werden. Eine namentliche Abstimmung ist in drei Fällen vorgeschrieben und kann im übrigen gem. Art. 134 GO EP auf Antrag von 32 Mitgliedern des EP erfolgen. Art. 136 GO EP sieht vor, daß über Ernennungen geheim abgestimmt wird. Abstimmungen müssen persönlich erfolgen.

---

1 Ch. *Gusy*, Das Mehrheitsprinzip im demokratischen Staat, in: AöR 1981 (106), S. 329 ff.; W. *Heun*, Das Mehrheitsprinzip in der Demokratie, 1983, S. 79 ff.
2 W. *Kluth*, Europa der Bürger oder Europa der Bürokraten?, in: ders. (Hrsg.), Die Europäische Union nach dem Amsterdamer Vertrag, 2000, S. 73 (81).
3 *Kluth* (Fn. 2), S. 81 ff.
4 S. Art. 205 Rn. 2 ff.

Art. 199 EG-Vertrag

Art. 199 (ex-Art. 142)

Das Europäische Parlament gibt sich seine Geschäftsordnung; hierzu sind die Stimmen der Mehrheit seiner Mitglieder erforderlich.

Die Verhandlungsniederschriften des Europäischen Parlaments werden nach den Bestimmungen dieser Geschäftsordnung veröffentlicht.

1 In Ausübung seines **Selbstorganisationsrechts**[1] gibt sich das EP nach Absatz 1 eine Geschäftsordnung.[2] Sie trifft vor allem statusbestimmende, organisatorische und verfahrensrechtliche Regelungen und wird durch 10 Anlagen ergänzt. Treten Zweifel bezüglich der **Anwendung** oder Auslegung der Geschäftsordnung auf, so kann der Präsident die Frage gem. Art. 180 Abs. 1 GO EP zur Prüfung an den zuständigen Ausschuß überweisen. Bei Widerspruch einer Fraktion oder von mindestens 32 Mitgliedern gegen die Auslegung entscheidet das Plenum. Die **Änderung** der Geschäftsordnung regelt Art. 181 GO EP.

2 Kapitel I (Art. 1 bis 9) regelt den **Status der Mitglieder des EP**, insbesondere das freie Mandat, ihre Vorrechte und Befreiungen und soziale Sicherung[3], ihre Immunität sowie Verhaltensregeln. Die Sitzungsperioden werden in **Kapitel II** (Art. 10 und 11), die einzelnen Amtsträger (Alterspräsident, Präsident, Quästoren) in **Kapitel III** (Art. 12 bis 20) geregelt. Ungenau ist die Überschrift »**Organe** des Parlaments« zu **Kapitel IV** (Art. 21 bis 28), da hier nur die Konferenz der Ausschußvorsitzenden und nicht die Ausschüsse selbst aufgeführt sind, die in **Kapitel XX** (Art. 150 bis 167) geregelt sind. Auch der Vermittlungsausschuß (Art. 81) hätte hier aufgeführt werden müssen. Die Stellung der **Fraktionen** regelt Kapitel V (Art. 29 bis 31), die Beziehungen zu den anderen Organen **Kapitel VI** (Art. 32 bis 54). Hier wird auch auf die interinstitutionellen Vereinbarungen eingegangen (Art. 54). Die Beziehungen zu den nationalen Parlamenten einschließlich der Konferenz der Sonderorgane für EU-Angelegenheiten regelt **Kapitel VII** (Art. 55 und 56). Von erheblicher Bedeutung und sehr detailliert geregelt ist im **Kapitel VIII** das **Legislativverfahren** (Art. 57 bis 91). Hier ist u.a. die Verabschiedung eines Jahresgesetzgebungsprogramms, eine besondere Prüfung der Beachtung der Grundrechte, des Subsidiaritätsprinzips, des Grundsatzes der Verhältnismäßigkeit sowie der finanziellen Auswirkungen vorgesehen.[4] Das **Haushaltsverfahren**[5] wird in **Kapitel IX** (Art. 92 bis 94), das Verfahren zur Änderung des EGKS-Vertrags und zur Verabschiedung von Beitrittsverträgen in **Kapitel X** (Art. 95 und 96) ausgestaltet. Kapitel XI (Art. 97 bis 104) enthält Vorschriften über internationale Abkommen, die Außenvertretung der Union sowie die gemeinsame Außen- und Sicherheitspolitik. Das Verfahren im Bereich der polizeilichen und justiziellen Zusammenarbeit wird in **Kapitel XII** (Art. 105 bis 107) geregelt. Die in **Kapitel XIII** (Art. 108) getroffene Regelung zum Verfahren nach Art. 7 EUV muß aufgrund der Neufassung dieser Vorschrift durch den Vertrag von Nizza angeglichen werden. In den **Kapiteln XIV bis XIX** (Art. 109 bis 149) werden Einzelheiten des Arbeitsplans, des Verhandlungsablaufs sowie der Beschlußfassung geregelt. Die Arbeit der in-

---

1 EuGH, Rs. C-314/91, Slg. 1993, I-1093 (Weber/Europäisches Parlament).
2 Geschäftsordnung des Europäischen Parlaments in der Fassung vom Juni 1999 (14. Auflage), ABl.EG 1999, Nr. L 202/1.
3 Dazu F. *Welti*, Die soziale Sicherung der Abgeordneten des Deutschen Bundestags, der Landtage und der deutschen Abgeordneten im Europäischen Parlament, 1998.
4 Allgemein zu den Anforderungen an rationale Gesetzgebung siehe *J. Lücke*, Die Allgemeine Gesetzgebungsordnung, ZG 2001, S. 1 ff.
5 Dazu M. *Rossi*, Europäisches Parlament und Haushaltsverfassungsrecht, 1997.

terparlamentarischen Delegationen wird in **Kapitel XXI** (Art. 168 bis 170), die Offenheit und Transparenz der Arbeit des EP in **Kapitel XXII** (Art. 171 bis 173) geregelt. **Kapitel XXIII** (Art. 174 bis 176) trifft Bestimmungen zu Petitionen, **Kapitel XXIV** (Art. 177 bis 179) zum Bürgerbeauftragten. Die Anwendung und Änderung der Geschäftsordnung wird in **Kapitel XXV**, das Generalsekretariat in **Kapitel XXVI** (Art. 182 bis 194) geregelt. Weitere Einzelheiten der Geschäftsordnung werden in Verbindung mit den korrespondierenden Vorschriften des Vertrages erläutert.

In den Anlagen zur Geschäftsordnungen werden zum Teil ebenfalls bedeutsame Regelungen getroffen. So finden sich in **Anlage I** Bestimmungen zur Transparenz und den finanziellen Interessen der EP-Mitglieder. In **Anlage IV** wird die Prüfung des Haushaltsplans näher geregelt. Die Ausübung des Untersuchungsrechts durch das EP findet in **Anlage VIII** eine nähere Ausgestaltung. Die Ausübung der Aufgaben des Bürgerbeauftragten regelt **Anlage X**.

Absatz 2 begründet ein **Publizitätsgebot** für die Verhandlungen des EP und dient damit der **Transparenz** des Organhandelns.[6] Es handelt sich um eine Forderung des Demokratieprinzips.[7] Die Regelung wird durch Art. 116 GO EP konkretisiert (Zugang zu Plenarsaal und Tribünen) und durch die Anordnung der **Öffentlichkeit der Sitzungen** in Art. 171 Abs. 2 GO EP ergänzt. Eine besondere Regelung über die Medienöffentlichkeit fehlt in der Geschäftsordnung.

---

6   S. Art. 1 EUV, Rn. 34 ff.
7   *I. M. Pernice*, Öffentlichkeit und Medienöffentlichkeit, 2000, S. 28 ff.

Art. 200 EG-Vertrag

Art. 200 (ex-Art. 143)

Das Europäische Parlament erörtert in öffentlicher Sitzung den jährlichen Gesamtbericht, der ihm von der Kommission vorgelegt wird.

1 Die Erörterung des nach Art. 212 vorzulegenden jährlichen Gesamtberichts der Kommission durch das EP ist Bestandteil der **parlamentarischen Kontrolle** der Kommission.[1] Die Bedeutung dieses Kontrollinstruments ist durch die Zunahme der Mitwirkungsbefugnisse des EP sowie die Einführung der Untersuchungsausschüsse in Art. 193 zurückgegangen. Durch die Erörterung des Berichts in öffentlicher Sitzung wird zugleich die **Transparenz** des Handelns der Organe der Union gefördert.[2] Das Verfahren seiner Behandlung durch das EP wird in Art. 45 GO EP näher geregelt.

2 Der **Inhalt des Gesamtberichts** und seine Gliederung sind mit Ausnahme des Art. 145 Abs. 1, der Ausführungen zur Entwicklung der sozialen Lage in der Gemeinschaft vorschreibt, weder durch den Vertrag noch die Geschäftsordnung vorgeschrieben. Er umfaßt die Tätigkeit aller Organe und Einrichtungen der Gemeinschaft und schließt auch die zweite und dritte Säule ein. Der Gesamtbericht wird gem. Art. 45 GO EP nach Eingang vom Plenum an die Ausschüsse überwiesen, die unter Anwendung der bestehenden Verfahren dem Plenum spezifische und grundsätzliche Probleme zur Beratung und Beschlußfassung vorlegen können. Die Debatte im Plenum wird in der Praxis mit der Behandlung des jährlichen Arbeitsprogramms der Kommission verbunden und damit die ex-post mit der ex-ante Kontrolle kombiniert.[3]

3 Neben dem Gesamtbericht sehen die Verträge an zahlreichen weiteren Stellen die Pflicht von anderen Organen und Einrichtungen zur Abgabe von jährlichen oder anlaßbezogenen Berichten an das EP vor (z.B. Art. 22 sowie Art. 4, 21, 39 Abs. 2 EUV).[4] Das Verfahren ihrer Behandlung ist in Art. 46 und 47 GO EP geregelt.

---

1 T. *Läufer*, in: Grabitz/Hilf, EU, Art. 143, Rn. 1.
2 R. *Bieber*, in: GTE, EGV, Art. 143, Rn. 1. Zum Transparenzprinzip s. Art. 1 EUV, Rn. 34 ff.
3 J. *Schoo*, in: Schwarze, EU-Kommentar, Art. 200, Rn. 5.
4 Übersicht bei R. *Bieber*, in: GTE, EGV, Art. 143, Rn. 7 ff.

Art. 201 (ex-Art. 144)

Wird wegen der Tätigkeit der Kommission ein Mißtrauensantrag eingebracht, so darf das Europäische Parlament nicht vor Ablauf von drei Tagen nach seiner Einbringung und nur in offener Abstimmung darüber entscheiden.

Wird der Mißtrauensantrag mit der Mehrheit von zwei Dritteln der abgegebenen Stimmen und mit der Mehrheit der Mitglieder des Europäischen Parlaments angenommen, so müssen die Mitglieder der Kommission geschlossen ihr Amt niederlegen. Sie führen die laufenden Geschäfte bis zur Ernennung ihrer Nachfolger gemäß Artikel 214 weiter. In diesem Fall endet die Amtszeit der als Nachfolger ernannten Mitglieder der Kommission zu dem Zeitpunkt, zu dem die Amtszeit der geschlossen zur Amtsniederlegung verpflichteten Mitglieder der Kommission geendet hätte.

Inhaltsübersicht:
I. Bedeutung und Einordnung der Regelung ... 1
II. Voraussetzungen eines Mißtrauensantrags ... 2
III. Verfahren, Rechtsfolge und bisherige Praxis ... 3

I. Bedeutung und Einordnung der Regelung

Ergänzend zu der – durch den Amsterdamer Vertrag erweiterten – Mitwirkungsbefugnis des EP bei der Einsetzung der Kommission[1] steht ihm nach Art. 201 eine mit Sanktionsbefugnissen versehene politische Kontrollbefugnis zu.[2] Sie konkretisiert das institutionelle Gleichgewicht zwischen Kommission und EP und trägt wesentlich zur Verwirklichung des gemeineuropäischen Verfassungstypus des **parlamentarischen Regierungssystems** auf Gemeinschaftsebene bei.[3] Der Mißtrauensantrag kann sich nur gegen die gesamte Kommission, nicht gegen einzelne Kommissionsmitglieder richten. 1

Das Mißtrauensvotum ist das schärfste Kontrollinstrument, das der Vertrag dem EP gegenüber der Kommission einräumt. Davon zu unterscheiden ist die Amtsenthebung nach Art. 216, die auf Antrag des Rates oder der Kommission durch den EuGH erfolgen muß, sowie der – durch den Vertrag von Nizza neu eingeführten – Rücktrittsaufforderung gegenüber einem einzelnen Kommissionsmitglied durch den Präsidenten der Kommission nach Art. 217 Abs. 4. Nach Art. 276 ist dem EP zudem die Möglichkeit eröffnet, der Kommission die Entlastung für die Haushaltsführung zu verweigern. 1 a

II. Voraussetzungen eines Mißtrauensantrags

In **formeller Hinsicht** regelt Absatz 1 nur das Antragserfordernis als solches. Weitere Einzelheiten werden in Art. 34 GO EP festgelegt. Danach muß der Antrag von mindestens einem Zehntel der Mitglieder des Parlaments gestellt werden und die Bezeichnung »Mißtrauensantrag« tragen. Er ist zu begründen und wird der Kommission übermittelt. 2

---

1 S. Art. 214.
2 R. *Bieber*, Das Parlamentarische Mißtrauensvotum in den Europäischen Gemeinschaften, NJW 1973, S. 405 ff.; E. *Grabitz/T. Läufer*, Das Europäische Parlament, 1980, S. 153; E. *Reister*, Bemerkungen zum ersten parlamentarischen Mißtrauensvotum in den Europäischen Gemeinschaften, ZParl 1973, S. 208 ff.
3 S. W. *Kluth*, Die demokratische Legitimation der Europäischen Union, 1995, S. 93 ff.

Der Antrag kann jederzeit eingebracht werden und steht in keinem Zusammenhang mit dem jährlichen Gesamtbericht der Kommission.[4] **Materiell** muß sich der Antrag gegen die »Tätigkeit der Kommission« schlechthin richten. Da es sich um einen Akt der politischen Kontrolle handelt, ist eine Bezugnahme auf Rechtsverletzungen nicht erforderlich.[5]

III. Verfahren, Rechtsfolge und bisherige Praxis

3 Für das **Beratungsverfahren** ist nach Art. 201 Abs. 1 vor allem die Einhaltung der Drei-Tages-Frist wichtig. Eine Aussprache über den Mißtrauensantrag findet frühestens 24 Stunden nach der Mitteilung an die Mitglieder über den Eingang des Antrags statt. Die **Abstimmung** über den Antrag findet frühestens 48 Stunden nach dem Beginn der Aussprache statt. Sie muß offen und namentlich erfolgen. Sie unterliegt nach Art. 201 Abs. 2 einem doppelten Mehrheitserfordernis.

4 Ist der Antrag erfolgreich, so müssen die Kommissionsmitglieder geschlossen ihr **Amt niederlegen**. Die entlassene Kommission ist nur noch zur kommissarischen Führung der laufenden Geschäfte bis zur Ernennung einer neuen Kommission befugt. Eine Frist ist dafür nicht vorgesehen. Im Interesse der Funktionsfähigkeit sollte dies aber unverzüglich erfolgen. Die Ernennung der neuen Kommission erfolgt nach Art. 214. Ihre **Amtszeit** ist auf die restliche Amtszeit der entlassenen Kommission beschränkt.

5 Von den neun bislang vorgelegten Mißtrauensanträgen war noch keiner erfolgreich. Im Anschluß an den (neunten) Antrag von Abgeordneten aller Fraktionen vom 14.1.1999 wegen der Haushaltsführung der Kommission und der fehlenden Entlastung für das Haushaltsjahr 1996[6], der mit 232 zu 293 Stimmen bei 27 Enthaltungen abgelehnt wurde, trat die Santer-Kommission jedoch geschlossen zurück.[7]

---

4 T. *Läufer*, in: Grabitz/Hilf, EU, Art. 144, Rn. 6.
5 R. *Bieber*, in: GTE, EGV, Art. 144, Rn. 5.
6 ABl.EG 1999, Nr. C 104/106.
7 S. dazu W. *Hummer*/W. *Obwexer*, Der geschlossene Rücktritt der Europäischen Kommission, integration 1999, S. 77 ff.; A. *Ott*, Die Kontrollfunktion des Europäischen Parlaments gegenüber der Europäischen Kommission, ZEuS 1999, S. 231 ff.

Abschnitt 2
Der Rat

Art. 202 (ex-Art. 145)

Zur Verwirklichung der Ziele[2] und nach Maßgabe dieses Vertrags[2]
- sorgt der Rat für die Abstimmung der Wirtschaftspolitik der Mitgliedstaaten;[3]
- besitzt der Rat eine Entscheidungsbefugnis; [1,2]
- überträgt[5,6] der Rat der Kommission in den von ihm angenommenen Rechtsakten[18] die Befugnisse zur Durchführung[8] der Vorschriften, die er erläßt. Der Rat kann bestimmte Modalitäten für die Ausübung dieser Befugnisse festlegen. Er kann sich in spezifischen Fällen außerdem vorbehalten, Durchführungsbefugnisse selbst auszuüben.[5] Die obengenannten Modalitäten müssen den Grundsätzen und Regeln entsprechen, die der Rat auf Vorschlag der Kommission und nach Stellungnahme des Europäischen Parlaments vorher einstimmig festgelegt hat.[12-17]

Inhaltsübersicht:

I. Institutionelle Stellung und Aufgaben	1
II. Übertragung von Durchführungsbefugnissen	5
1. Ermächtigende Normen und Durchführungsbestimmungen	6
2. Grenzen	7
a) Rechtsprechung	7
b) Bewertung	9
3. Ausschußverfahren	12
4. Beteiligung des EP und Transparenz	18

I. Institutionelle Stellung und Aufgaben

Art. 202 beschreibt in allgemeiner Form die Aufgaben des Rates als Gemeinschaftsorgan. Art. 3 und 5 EUV setzen den Rat auch im Bereich der EU als Organ ein. Durch Beschluß vom 8.11.1993 hat sich der Rat daher in »Rat der Europäischen Union« umbenannt.[1] Der Amsterdamer Vertrag hatte die Vorschriften über den Rat nahezu unverändert gelassen, das erhebliche Reformpotential jedoch ausdrücklich anerkannt.[2] Der Vertrag von Nizza hat vor allem die Vorschriften über Mehrheitsbeschlüsse geändert.[3] 1

Art. 202 enthält **Aufgabenbeschreibungen**, keine allgemeine Ermächtigungsgrundlage. Der Rat ist sowohl hinsichtlich des »ob« als auch des »wie« an spezielle Ermächtigungen (»nach Maßgabe dieses Vertrages«) gebunden. Der Begriff »Entscheidungsbefugnis« verweist auf diese speziellen vertraglichen Ermächtigungsgrundlagen, räumt ihm jedoch keine darüber hinausgehende Befugnis ein. Das ist Ausdruck des in 2

---

1 ABl.EG 1993 Nr. L 281/18, berichtigt ABl.EG 1993 Nr. L 285/41; zur Terminologie s. Art. 5 EUV, Rn. 9.
2 Vgl. das Protokoll über die Organe im Hinblick auf die Erweiterung der Europäischen Union und die Erklärung Nr. 30 zu dem Beschluß des Rates vom 13. Juli 1987 im Anhang des Vertrages von Amsterdam.
3 Art. 3 des Protokolls über die Erweiterung der Europäischen Union; vgl. auch Punkt 2 der Erklärung Nr. 20 zur Erweiterung der Europäischen Union über die künftige Stimmengewichtung im Rat, sowie die Erklärung Nr. 21 zur Schwelle für die qualifizierte Mehrheit und zur Zahl der Stimmen für die Sperrminorität in einer erweiterten Union; dazu Art. 205, Rn. 9a.

Art. 5 verankerten **Prinzips der begrenzten Einzelermächtigung**[4]. Die Ziele des EGV ergeben sich aus seiner Präambel, sowie aus Art. 2 und 3, die Ziele des EUV aus der Präambel und aus Art. 2 EUV.

3 Auch der erste Spstr. gewährt dem Rat keine allgemeine Kompetenz zur Koordinierung der Wirtschaftspolitik der Mitgliedstaaten, sondern verweist auf die einschlägigen Vorschriften des EGV (Art. 4, Art. 98 ff.). Die Rolle des Rates gegenüber den Mitgliedstaaten, dem ER und den übrigen Gemeinschaftsorganen wird in Art. 99 abschließend umschrieben.[5]

4 Bei der Ausübung seiner Kompetenzen hat der Rat einen politischen **Ermessensspielraum**, der sich sowohl auf die Analyse des status quo bezieht, als auch auf die Festlegung der Prioritäten und die Art und Tragweite der zu erlassenden Bestimmungen. Dieser Ermessensspielraum ist durch die Erfordernisse des Binnenmarktes sowie eindeutige Vorgaben der Verträge (insbesondere Fristen) begrenzt.[6]

II. Übertragung von Durchführungsbefugnissen

5 Der 3. Spstr. knüpft an Art. 211, 4. Spstr. an, geht darüber jedoch insofern hinaus, als er die Übertragung von Durchführungsbefugnissen auf die Kommission zum Regelfall erklärt. Dieser Grundsatz der **Regeldelegation** wird von Art. 1 des auf der Grundlage von Art. 211, 4. Spstr. erlassenen Komitologiebeschlusses[7] bekräftigt. Durch die Trennung von Exekutiv- und Legislativaufgaben sollen Rat und EP entlastet und das Beschlußfassungsverfahren gestrafft werden. Die **Verpflichtung**[8] des Rates zur Delegation von Durchführungsbefugnissen ist allerdings kaum durchsetzbar. Dem Rat wird ein Ermessensspielraum eingeräumt, der durch die Beschränkung auf »spezifische Fälle« kaum begrenzt ist.[9] Behält er sich in einem konkreten Fall die Durchführung eines Rechtsaktes selbst vor, so trifft ihn jedoch eine **Begründungspflicht**.[10]

1. Ermächtigende Normen und Durchführungsbestimmungen

6 Nach der Rechtsprechung des **EuGH** gelten die Verfahrensvorschriften des EGV nur für die Maßnahmen, die ihre Grundlage unmittelbar im Vertrag selbst finden, die Basisrechtsakte, nicht jedoch für das abgeleitete Recht, das zur Durchführung dieser Maßnahmen dienen soll. Zum Ausgleich dafür, und zur Wahrung des institutionellen Gleich-

---

4 Dazu Art. 5, Rn. 8 ff., Art. 5 EUV, Rn. 3.
5 Vgl. *J. P. Jaqué*, in GTE, EG-/EUV, Art. 145 Rn. 2; *Hix*, in Schwarze, EU, Art. 202, Rn. 5, 8; *M. Schweitzer* in Grabitz/Hilf, EU, Art. 202, Rn. 19.
6 EuGH Rs. 13/83, 22.5.1985, Slg. 1985, 1513, Rn. 50 (EP/Rat); *O. Harnier*, in: GTE, EWGV, Art. 145 Rn. 3; *F. Schorkopf*, Die Untätigkeit des Rates der Europäischen Union im Gesetzgebungsverfahren, EuR 2000, S. 365 (375 ff.).
7 Beschluß des Rates vom 28. Juni 1999 zur Festlegung der Modalitäten für die Ausübung der der Kommission übertragenen Durchführungsbefugnisse (1999/468/EG), ABl.EG 1999 Nr. L 184/23.
8 So *C. Blumann*, Le pouvoir exécutif de la commission à la lumière de Pacte unique européen, R.T.D.E. 24 (1988), S. 23 (30 ff., 40 ff.); *K. St. Clair Bradley*, Comitology and the Law: Through a Glass, Darkly, CMLR 29 (1992), 693 (703, 714 ff.); *C.-D. Ehlermann*, Compétences d'exécution conférées à la commission – la nouveau décision-cadre du conseil, R.M.C. 1988, S. 232 (233).
9 *Blumann*, (Fn. 8), S. 46; *M. Schweitzer*, in: Grabitz/Hilf, EU, Art. 202, Rn. 26.
10 EuGH Rs. 16/88, 24.10.1989, Slg. 1989, 3457, Rn. 10 (Kommission/Rat), so nun auch Art. 1 des neuen Komitologiebeschlusses.

gewichts, müssen in den Basisrechtsakten aber »die **wesentlichen Grundzüge** der zu regelnden Materie« festgelegt werden.[11]

2. Grenzen

a) Rechtsprechung

Wesentlich sind nur solche Bestimmungen, durch die die grundsätzlichen Ausrichtungen 7
der Gemeinschaftspolitik umgesetzt werden.[12] Hinsichtlich der **Bestimmtheit** des ermächtigenden Basisrechtsaktes verlangt der EuGH, daß die Grenzen der Kommission übertragenen Befugnis deutlich angegeben werden.[13] Nach Art. 1 Satz 2 des neuen Komitologiebeschlusses müssen im Basisrechtsakt »die **Hauptbestandteile** der so übertragenen Befugnisse« festgelegt werden. Der EuGH hatte allerdings entgegen einer entsprechenden Verpflichtung in Art. 1 Abs. 1 des Vorgängerbeschlusses[14] entschieden, daß eine **allgemein gefaßte Ermächtigungsgrundlage** ausreiche.[15] Der Komitologiebeschluß könne als Maßnahme des abgeleiteten Rechts keine über die Bestimmungen des Vertrages hinausgehenden Verpflichtungen begründen.

Der Begriff der **Durchführung** ist nicht definiert, nach der Rspr. des EuGH jedoch im 8
Hinblick auf den Gesamtzusammenhang des Vertrages und die Anforderungen der Praxis weit auszulegen.[16] Er erfaßt auch Einzelfallentscheidungen.[17] Der EuGH bestimmt die **Grenzen** der Durchführungskompetenz der Kommission aus den **allgemeinen Hauptzielen** der Ermächtigung.[18] Die Kommission kann im Rahmen einer von der Grundverordnung anerkannten Zielsetzung alle für die Durchführung erforderlichen oder zweckmäßigen Maßnahmen ergreifen, sofern sich diese in das in der Grundverordnung vorgesehene System einfügen, dessen wesentliche Grundzüge nicht antasten und ihren Anwendungsbereich nicht ändern.[19]

---

11 Grundlegend dazu und allgemein zur Rechtmäßigkeit der Ausschußverfahren EuGH Rs. 25/70, 17.12.1970, Slg. 1970, 1161, Rn. 6 ff. (Köster); vgl. Rs. 230/78, 27.9.1979, Slg. 1979, 2748, Rn. 7 (Eridiania); Rs. 46/86, 16.6.1987, Slg. 1992, 5073, Rn. 14 (Romkes); verb. Rs. C-63/90 und C-67/90, 13.10.1992, Slg. 1992, I-5142, Rn. 14 (Portugal und Spanien/Rat); Rs. C-417/93, 10.5.1995, Slg. 1995, I-1185, Rn. 30 (EP/Rat); Rs. C-104/97, 14.10.1999, Slg. 1999, I-6983, Rn. 76 (Atlanta/Kommission u. Rat).
12 EuGH Rs. C-240/90, 27.10.1992, Slg. 1992, I-5383, Rn. 7 f. (Deutschland/Kommission).
13 EuGH Rs. 291/86, 5.7.1988, Slg. 1988, 3679, Rn. 13 (Central Import).
14 Beschluß des Rates vom 13. Juli 1987 zur Festlegung der Modalitäten für die Ausübung der der Kommission übertragenen Durchführungsbefugnisse (87/373/EWG), ABl.EG 1987 Nr. L 197/33.
15 So EuGH Rs. C-240/90, 27.10.1992, Slg. 1992, I-5383, Rn. 11 f. (Deutschland/Kommission); Rs. C 374/96, 16.12.1998, Slg. 1998, I-8385, Rn. 36 (Vorderbrueggen/Hauptzollamt Bielefeld).
16 EuGH Rs. 23/75, 30.10.1975, Slg. 1975, 1279, Rn. 10/14 (Rey Soda); verb. Rs. 279, 280, 285 und 286/84, 11.3.1987, Slg. 1987, 1069, Rn. 14 (Rau); Rs. 22/88, 29.6.1989, Slg. 1989, 2049, Rn. 16 (Vreugdenhil); verb. Rs. C-9/95, C-23/95 und C-156/95, 4.2.1997, Slg. 1997, I-645, Rn. 36 (Belgien und Deutschland/Kommission); Rs. C-159/96, 19.11.1998, Slg. 1998, I-7379, Rn. 40 (Portugal/Kommission).
17 Dazu und zum Verhältnis zu Art. 274 vgl. EuGH Rs. 16/88, 24.10.1989, Slg. 1989, 3482, Rn. 11, 15 ff. (EP/Rat).
18 EuGH Rs. 23/75, 30.10.1975, Slg. 1975, 1279, Rn. 10/14 (Rey Soda); Rs. C-159/96, 19.11.1998, Slg. 1998, I-7379, Rn. 41 (Portugal/Kommission).
19 EuGH Rs. 230/78, 27.9.1979, Slg. 1979, 2748, Rn. 8, 13 (Eridiania); Rs. 22/88, 29.6.1989, Slg. 1989, 2049, Rn. 19, 24 (Vreugdenhil); Rs. 264/86, 24.2.1988, 973, Rn. 20 f. (Frankreich/Kommission); C-303/94, 18.6.1996, Slg. 1996, I-2943, Rn. 23 (EP/Rat); verb. Rs. C-9/95, C-23/95 und C-156/95, 4.2.1997, Slg. 1997, I-645, Rn. 36 (Belgien und Deutschland/Kommission);

b) **Bewertung**

9 Es zeigen sich Ansätze für eine **Normenhierarchie**.[20] Die Basisrechtsakte, die im vertraglich vorgesehenen Verfahren erlassen wurden, sind den Durchführungsvorschriften übergeordnet. Im **Kollisionsfall** gehen sie vor.

10 Der **Rat** kann der Kommission die Durchführungsbefugnisse nicht einseitig sondern nur unter Einhaltung der für den Ermächtigungsakt geltenden Verfahrensvorschriften entziehen. Er **verliert die Regelungskompetenz** durch die Delegation zwar **nicht**, kann sie aber nur im Wege der im Vertrag vorgesehenen Verfahren ausüben, also regelmäßig nur auf Vorschlag der Kommission (Art. 251 Abs. 2, Art. 252 lit. a).[21]

11 Materielles Kriterium der Differenzierung zwischen Ermächtigungsnormen und Durchführungsbestimmungen ist die, nicht näher spezifizierte, »**Wesentlichkeit**« der Regelung.[22] Die Anforderungen an die **Bestimmtheit** der Ermächtigungsnorm sind eher gering. Wenn der EuGH allerdings die Bindung des Rates an den Komitologiebeschluß insoweit noch relativiert (s.o. Rn. 7), setzt er sich in Widerspruch zu Art. 202 Satz 4, der die gesetzgebenden Organe primärrechtlich verpflichtet, die Vorschriften des auf dieser Grundlage erlassenen Beschlusses zu beachten. Anstelle der Bestimmtheitserfordernisse stellt der EuGH die »Hauptziele der Ermächtigung«, letztlich also der **effet utile**, in den Vordergrund. Probleme ergeben sich dann aber im Hinblick auf das Prinzip der begrenzten Einzelermächtigung und das **institutionelle Gleichgewicht**: Während der Rat im Ausschußverfahren seine dominierende Rolle auch beim Erlaß von Durchführungsvorschriften wahrt, ist der Einfluß des EP auf die abgeleitete Rechtsetzung deutlich geringer, obwohl es jedenfalls in Verfahren der Mitentscheidung die Rechtsetzung gleichberechtigt mit dem Rat ausübt. Gerechtfertigt wird das damit, daß beim Erlaß von Durchführungsmaßnahmen vor allem Interessen der Mitgliedstaaten berührt werden, die die Maßnahmen letztlich anzuwenden haben.[23] Das gilt allerdings nur, wenn es sich tatsächlich um Durchführungsmaßnahmen handelt. Zur Wahrung des institutionellen Gleichgewichts und um ein Aushöhlung der vertraglich vorgesehenen Verfahrensformen zu vermeiden, sollten daher die Anforderungen an die Bestimmtheit des Basisrechtsaktes erhöht, und dem EP zumindest ein Kontrollrecht eingeräumt werden.[24]

Fortsetzung von Fußnote 19

Rs. C-159/96, 19.11.1998, Slg. 1998, I-7379, Rn. 41 (Portugal/Kommission); Rs. C 374/96, 16.12.1998, Slg. 1998, I-8385, Rn. 36 (Vorderbrueggen/Hauptzollamt Bielefeld); vgl. zur Sanktionsbewehrung von Durchführungsbestimmungen EuGH Rs. C-240/90, 27.10.1992, Slg. 1992, I-5383, Rn. 7 (Deutschland/Kommission).

20 Vgl. *R. Bieber/I. Salomé*, Hierarchy of Norms in European Law, CMLRev. 33 (1996), S. 907; *Gaudin*, Amsterdam: l'échec de la hierarchie des normes?, R.T.D.E. 1999, S. 1.
21 *H. Schmitt von Sydow*, in: GTE, EG-/EUV, Art. 155, Rn. 74.
22 Vgl. *G. Haibach*, Komitologie nach Amsterdam – Die Übertragung von Rechtssetzungsbefugnissen im Rechtsvergleich, VerwArch 1999, S. 98 (104 f.); *K. Lenaerts/A. Verhoeven*, Towards a Legal Framework for Executive Rule-Making in the EU? The Contribution of the new Comitology Decision, CMLRev 2000, S. 645 (650 ff., 660 ff.).
23 So z.B. *H. Tichy*, Der neue Komitologiebeschluß, ZfRV 2000, 134 (135 f.); ähnlich *Lenaerts/Verhoeven* (Fn. 22), S. 681.
24 So die Tendenz des neuen Komitologiebeschlusses, der in Art. 1 Satz 1 die Festlegung der Hauptbestandteile der übertragenen Befugnisse fordert, und dem EP in Art. 5 Abs. 5 und Art. 8 ein Kontrollrecht einräumt; vgl. *Lenaerts/Verhoeven* (Fn. 22), S. 670, 679 ff., 686.

3. Ausschußverfahren[25]

Auf der Grundlage von Satz 4 hat der Rat den **Komitologiebeschluß**[26] erlassen. Kommission und Rat sind durch Satz 4 primärrechtlich verpflichtet, nicht von den darin geregelten Modalitäten abzuweichen.[27] Ein Verstoß gegen seine Verfahrensregeln kann als Verletzung einer wesentlichen Formvorschrift mit der Nichtigkeitsklage (Art. 230 Abs. 2) angegriffen werden.[28] Allerdings gilt der Beschluß nur für die Ausübung der der Kommission übertragenen Durchführungsbefugnisse, nicht jedoch für Durchführungsbefugnisse, die der Rat »in spezifischen Fällen« selbst ausübt.[29] Art. 2 des Beschlusses gibt einen numerus clausus[30] von drei verschiedenen Ausschußverfahren vor. Art. 6 enthält eine Sonderregelung für die Ermächtigung der Kommission zur Festsetzung von Schutzmaßnahmen[31]. Der Beschluß berührt zunächst nicht die Modalitäten für die Ausübung der vor seinem Inkrafttreten auf die Kommission übertragenen Befugnisse. Nach einer gemeinsamen Erklärung von Rat und Kommission[32] sollen die derzeit geltenden Ausschußverfahren jedoch so bald wie möglich an die neue Regelung angeglichen werden. 12

Die **Auswahl des Verfahrens** liegt grundsätzlich im Ermessen der gesetzgebenden Organe[33], erfolgt also auf Vorschlag der Kommission im Rat unter Mitwirkung des EP. Der Rat kann von dem Kommissionsvorschlag wegen Art. 250 Abs. 1 nur einstimmig abweichen[34]. Der Komitologiebeschluß enthält nun in Art. 2 eine Reihe allgemein formulierter und **unverbindlicher**[35] **Kriterien für die Wahl des Verfahrens**. 13

25 Vgl. dazu O. *Harnier*, in: GTE, EWGV, Art. 145, Rn. 25 ff.; *Hix*, in: Schwarze, EU, Art. 202, Rn. 10 ff.; *J.P. Jacqué*, in: GTE, EG-/EUV, Art. 145, Rn. 16 ff.; *H. Schmitt von Sydow*, in: GTE, EG-/EUV, Art. 155, Rn. 79 ff.; *F. E. Bignami*, The Democratic Deficit in European Community Rulemaking: A Call for Notice and Comment in Comitology, HILJ 1999, S. 451; *C. Blumann*, Le Parlement européen et la comitologie: une complication due à la Conférence intergouvernementale, R.T.D.E. 32 (1996), S. 1; *ders*. (Fn. 8), S. 23; *St. Clair Bradley* (Fn. 8), S. 702 ff.; *ders*., The European Parliament and Comitology: On the Road to Nowhere?, ELJ 1997, S. 230; *Ehlermann* (Fn. 8), S. 232; *C. Engel/C. Borrmann*, Vom Konsens zur Mehrheitsentscheidung, 1991, S. 51 ff.; *Haibach* (Fn. 22), S. 98; *C. Joerges/J. Neyer*, From Intergovernmental Bargaining to Deliberative Political Processes: The Constitutionalisation of Comitology, ELJ 1997, S. 273; *Lenaerts/Verhoeven* (Fn. 22), S. 645; *W. Meng*, Die Neuregelung der EG-Verwaltungsausschüsse. Streit um die »Comitologie«, ZaöRV 48 (1988), S. 208; *J.-D. Nuttens*, La »comitologie« et la conférence intergouvernementale, R.M.C. 1996, S. 314; *C. Reich*, Le Parlement européen et la »comitologie«, R.M.C. 1990, S. 319; *Tichy* (Fn. 23), S. 134.
26 Beschluß des Rates vom 28. Juni 1999 zur Festlegung der Modalitäten für die Ausübung der Kommission übertragenen Durchführungsbefugnisse (1999/468/EG), ABl.EG 1999 Nr. L 184/23; vgl. dazu *Lenaerts/Verhoeven*, (Fn. 22), S. 666 ff.; *C. Mensching*, Der neue Komitologiebeschluß des Rates, EuZW 2000, S. 268; *Tichy* (Fn. 23), S. 134 (mit Informationen zur Entstehungsgeschichte). Der Vorgängerbeschluß 87/373/EWG vom 13. Juli 1987, ABl.EG 1987 Nr. L 197/33 ist durch Art. 9 des neuen Komitologiebeschlusses aufgehoben worden.
27 *Hix*, in: Schwarze, EU, Art. 202, Rn. 18; *Tichy* (Fn. 23), S. 135.
28 *Hix*, in: Schwarze, EU, Art. 202, Rn. 19; *Lenaerts/Verhoeven* (Fn. 22), S. 664, 674; *St. Clair Bradley* (Fn. 8), S. 705 (speziell für die Verletzung der Pflicht zur Anhörung eines beratenden Ausschusses).
29 Kritisch *Lenaerts/Verhoeven* (Fn. 22), S. 671 f.
30 EuGH Rs. 16/88, 24.10.1989, Slg. 1989, 3482, Rn. 13 (EP/Rat) zur entsprechenden Vorschrift in dem Vorgängerbeschluß 87/373/EWG vom 13. Juli 1987, ABl.EG 1987 Nr. L 197/33.
31 S. dazu *Blumann* (Fn. 8), S. 56; *Lenaerts/Verhoeven* (Fn. 22), S. 678 f.
32 ABl.EG 1999 Nr. C 203/1; vgl. die daraufhin von der Kommission am 27.12.2001 vorgelegten Verordnungsvorschläge, KOM (2001) 789 endg.
33 *Blumann* (Fn. 8), S. 48.
34 Zu der Frage, ob eine solche Änderung die erneute Anhörung des Parlaments erfordert, vgl. EuGH Rs. C-417/93, 10.5.1995, Slg. 1995, I-1185, Rn. 25 f. (EP/Rat).
35 So Erwägungsgrund (4) des Komitologiebeschlusses; vgl. *Hix*, in: Schwarze, EU, Art. 202, Rn. 18; vgl. *Lenaerts/Verhoeven* (Fn. 22), S. 668 ff.; *Tichy* (Fn. 23), S. 137 f.

14 Gemeinsam ist allen drei Ausschußverfahren, daß die Kommission die Durchführungsmaßnahmen, die sie erlassen will, zunächst einem Ausschuß vorlegen muß, der sich innerhalb einer von dem vorsitzenden Kommissionsvertreter zu bestimmenden Frist dazu äußern kann. Der Kommissionsvertreter hat kein Stimmrecht. Alle drei Ausschußtypen haben **keine eigene Regelungskompetenz.** Sie dienen einerseits als »Alarmglocke«[36], die dem Rat politische Probleme anzeigen und ihn gegebenenfalls zum Eingreifen veranlassen kann; andererseits unterstützen sie die Kommission, indem sie ihr einen institutionalisierten Zugang zum Sachverstand der zur Durchführung der Rechtsakte verpflichteten Mitgliedstaaten verschaffen.[37] Mit Zustimmung eines solchen Ausschusses kann die Kommission die geplante Maßnahme erlassen. Unterschiede ergeben sich, wenn der Ausschuß entweder keine oder aber eine ablehnende Stellungnahme abgibt. Diese Unterschiede betreffen die Möglichkeiten des Rates, sich selbst in das Verfahren einzuschalten.

15 Das ursprünglich als Grundmodell konzipierte **Beratungsverfahren** (Art. 3 Komitologiebeschluß) soll in allen Fällen angewandt werden, »in denen es als zweckmäßigstens Verfahren angesehen wird« (Art. 2 lit. c Komitologiebeschluß). Die Stellungnahme (einfache Mehrheit nach Art. 205 Abs. 1) eines beratenden Ausschusses muß die Kommission so weit wie möglich berücksichtigen und dem Ausschuß darüber Rechenschaft ablegen.

16 Das **Verwaltungsverfahren** (Art. 4 Komitologiebeschluß) soll zum Erlaß von »Verwaltungsmaßnahmen« herangezogen werden; beispielhaft werden Maßnahmen zur Umsetzung der gemeinsamen Agrar- oder Fischereipolitik oder von anderen Programmen von erheblicher Tragweite für den Haushalt genannt (Art. 2 lit. a Komitologiebeschluß). Ein Verwaltungsausschuß kann nur mit qualifizierter Mehrheit Stellung nehmen (Stimmengewichtung nach Art. 205 Abs. 2 Satz 1, 1. Spstr.). Unabhängig von der Stellungnahme des Ausschusses erläßt die Kommission die geplante Maßnahme grundsätzlich selbst (Art. 4 Abs. 3 Komitologiebeschluß). Nur im Falle einer ablehnenden Stellungnahme muß sie die Maßnahme dem Rat vorlegen. In diesem Fall kann sie die Durchführung der Maßnahme für eine im Basisrechtsakt festzusetzenden Frist von maximal drei Monaten aussetzen, ist dazu jedoch nicht verpflichtet (Art. 4 Abs. 3 Komitologiebeschluß). Der Rat kann die von der Kommission erlassene Durchführungsmaßnahme innerhalb derselben Frist durch eine andere ersetzen, benötigt dafür allerdings eine qualifizierte Mehrheit (Art. 4 Abs. 4 Komitologiebeschluß).

17 Das **Regelungsverfahren** (Art. 5 Komitologiebeschluß), in dessen Rahmen das EP verstärkt einbezogen wird, soll dem Erlaß von Maßnahmen dienen, die entweder von allgemeiner Tragweite sind, oder die bestimmte Vorschriften des Basisrechtsakts selbst abändern (Art. 2 lit. b Komitologiebeschluß); die Abänderungsbefugnis soll sich allerdings nur auf »nicht wesentliche« Bestimmungen des Basisrechtsaktes beziehen. In diesem Verfahren kann die Kommission die Maßnahme nur mit ausdrücklicher Billigung durch einen Regelungsausschuß erlassen, der auch hier mit qualifizierter Mehrheit und Stimmenwägung nach Art. 205 Abs. 2 Satz 1, 1. Spstr. handelt (Art. 5 Abs. 2 Komitologiebeschluß). Gibt der Ausschuß innerhalb der vom vorsitzenden Kommissionsvertreter gesetzten Frist keine oder eine ablehnende Stellungnahme ab, so kann die Kommission die geplanten Durchführungsmaßnahmen dem Rat nur als Vorschlag vorlegen (Art. 5 Abs. 3, 4 Komitologiebeschluß). In diesem Fall muß sie zudem das EP unterrichten, das den Rat informiert, wenn es der Auffassung ist, daß die vorgeschlagenen Durchfüh-

---

36 H. *Schmitt von Sydow*, in: GTE, EG-/EUV, Art. 155, Rn. 76.
37 Nach EuG, Rs. T-188/97, 19.7.1999, Slg. 1999, II-2463, Rn. 62 (Rothmans/Kommission) sind die Ausschüsse daher, zumindest im Hinblick auf die Gemeinschaftsregelung über den Zugang zu Dokumenten, als Teil der Kommission anzusehen.

rungsmaßnahmen vom Basisrechtsakt nicht gedeckt sind (Art. 5 Abs. 5 Komitologiebeschluß). Der Rat kann die vorgeschlagene Maßnahme mit qualifizierter Mehrheit innerhalb einer in dem Basisrechtsakt festzulegenden Frist von höchstens drei Monaten entweder ablehnen oder erlassen (Art. 5 Abs. 6 Komitologiebeschluß). Ist die Frist ohne eine Entscheidung des Rates verstrichen, so erläßt die Kommission die ursprünglich vorgeschlagenen Maßnahmen. Gibt der Rat innerhalb der Frist eine ablehnende Stellungnahme ab, so muß die Kommission ein neues Verfahren in Gang setzen: Sie kann dem Rat entweder den gleichen Vorschlag erneut oder aber einen geänderten Vorschlag vorlegen. Sie kann auch vorschlagen, außerhalb des Ausschußverfahrens, also in den im EGV selbst geregelten Verfahren, einen eigenständigen Rechtsakt, etwa eine Verordnung oder einen Beschluß, zu erlassen (Art. 5 Abs. 6 Komitologiebeschluß). Anders als beim Beratungs- und Verwaltungsverfahren kann es im Regelungsverfahren also zu einer gesetzgeberischen Blockade kommen, sofern der Ausschuß nicht zustimmt, und der Rat die von der Kommission vorgeschlagene Maßnahme fristgerecht mit qualifizierter Mehrheit ablehnt.

4. Beteiligung des EP und Transparenz

Wo das EP, wie im Verfahren der Mitentscheidung nach Art. 251, am Zustandekommen des Basisrechtsaktes beteiligt ist, sollte es auch in den Erlaß der Durchführungsmaßnahmen eingebunden werden. Auch wenn sich der Wortlaut im 3. Spstr. nur auf die vom Rat allein angenommenen Rechtsakte zu beziehen scheint, kann das Ausschußverfahren auch bei Rechtsakten angewendet werden, die im Mitentscheidungsverfahren verabschiedet werden, da nach dem Sprachgebrauch des EGV auch solche Rechtsakte als vom Rat angenommen gelten (vgl. z.B. Art. 95 Abs. 1 Satz 2).[38] Nach seinem Wortlaut scheint Art. 202 3. Spstr allerdings allein den Rat bei sämtlichen Rechtsakten zur Übertragung und Kontrolle von Durchführungsbefugnissen zu ermächtigen. Eine solche Interpretation entspricht aber nicht der gestärkten Rolle des EP im **institutionellen Gleichgewicht**.

18

Der neue Komitologiebeschluß bindet das EP daher stärker als bisher in den Erlaß von Maßnahmen zur Durchführung von Rechtsakten ein, die im **Mitentscheidungsverfahren** nach Art. 251 erlassen wurden. Das EP nimmt dabei eine **Kontrollfunktion** wahr, hat jedoch keine Möglichkeit, den Erlaß bestimmter Durchführungsmaßnahmen eigenständig zu verhindern. Nach Art. 8 des Komitologiebeschlusses kann es im Rahmen aller Ausschußverfahren in einer mit Gründen versehenen Stellungnahme erklären, daß die von der Kommission vorgeschlagenen Durchführungsmaßnahmen über die dem Basisrechtsakt übertragenen Befugnisse hinausgehen würden.[39] Eine Stellungnahme des EP verpflichtet die Kommission allerdings nur zur Überprüfung ihres Entwurfs.[40] Je nach deren Ausgang kann sie das Verfahren mit dem unveränderten Entwurf fortsetzen, den Entwurf abändern oder einen Legislativvorschlag außerhalb des Ausschußverfahrens

19

---

38 *J.P. Jacqué*, in: GTE, EG-/EUV, Art. 145, Rn. 28; *Blumann*, (Fn. 8) S. 6 ff.; *Nuttens*, (Fn. 25) S. 316; *Lenaerts/Verhoeven* (Fn. 22), S. 655 f.
39 Nach der Vereinbarung zwischen dem EP und der Kommission über die Modalitäten der Anwendung des Beschlusses 1999/468/EG des Rates vom 28. Juni 1999 zur Festlegung der Modalitäten für die Ausübung der der Kommission übertragenen Durchführungsbefugnisse, ABl.EG 1999 Nr. L 256/19, Nr. 6 und 7 ist die Stellungnahme vom Plenum innerhalb eines Monats abzugeben; diese Frist kann in dringenden Fällen oder bei Maßnahmen der laufenden Verwaltung abgekürzt werden.
40 Nach Nr. 8 der erwähnten (Fn. 39) Vereinbarung zwischen EP und Kommission unterrichtet das zuständige Mitglied der Kommission das EP oder den zuständigen Ausschuß über die Maßnahmen, die die Kommission aufgrund der Stellungnahme des EP zu treffen beabsichtigt.

vorlegen. Art. 5 Abs. 5 des Komitologiebeschlusses regelt die Stellungnahme des EP speziell im Rahmen des Regelungsverfahrens (s.o. Rn. 17). Als Voraussetzung für die Ausübung des Kontrollrechts verpflichtet Art. 7 Abs. 3 des Komitologiebeschlusses die Kommission, das EP regelmäßig über die Arbeiten der Ausschusse zu unterrichten und ihm relevante Dokumente zu übermitteln.[41]

20 Ein weiteres Ziel des neuen Komitologiebeschlusses ist es, die Ausschußverfahren **transparenter** zu gestalten (Erwägungsgrund 11). Art. 7 Abs. 1 des Komitologiebeschlusses sieht deshalb eine im ABl.EG zu veröffentlichende Standardgeschäftsordnung vor, die als Grundlage für die Geschäftsordnungen der einzelnen Ausschüsse dienen soll. Art. 7 Abs. 2 des Komitologiebeschlusses erstreckt die für die Kommission geltenden Grundsätze und Bedingungen für den Zugang zu Dokumenten auch auf die Ausschüsse[42]. Art. 7 Abs. 4 und 5 des Komitologiebeschlusses verpflichten die Kommission darüber hinaus im ABl.EG eine Liste aller Ausschüsse und, vom Jahr 2000 an, einen Jahresbericht über deren Arbeit zu veröffentlichen und ein öffentlich zugängliches Verzeichnis aller dem EP gemäß Art. 7 Abs. 3 übermittelten Dokumente zu erstellen.

---

41 In Nr. 2 der erwähnten (Fn. 39) Vereinbarung mit dem EP verpflichtet sich die Kommission, dem EP auf Antrag des zuständigen Parlamentsausschusses auch Entwürfe für die Durchführung von Basisrechtsakten zu übermitteln, die nicht im Mitentscheidungsverfahren erlassen wurden, sofern diese »besondere Bedeutung« für das EP haben.
42 Vgl. Art. 255. Nach EuG, Rs. T-188/97, 19.7.1999, Slg. 1999, II-2463, Rn. 62 (Rothmans/Kommission) waren die Ausschüsse bereits unter dem vorigen Komitologiebeschluß im Hinblick auf die Gemeinschaftsregelung über den Zugang zu Dokumenten als Teil der Kommission anzusehen.

Art. 203 (ex-Art. 146)

Der Rat besteht aus je einem Vertreter jedes Mitgliedstaats[2–4] auf Ministerebene[5, 6], der befugt ist, für die Regierung des Mitgliedstaats verbindlich zu handeln.

Der Vorsitz im Rat wird von den Mitgliedstaaten nacheinander für je sechs Monate wahrgenommen; die Reihenfolge wird vom Rat einstimmig beschlossen.[8]

Inhaltsübersicht:
I. Zusammensetzung   2
II. Vorsitz   8

Art. 203 gilt gemäß Art. 28 Abs. 1 und 41 Abs. 1 EUV auch im Bereich der GASP und der PJZS.   1

I. Zusammensetzung

Anders als die anderen Organe besteht der Rat aus **weisungsgebundenen** Vertretern der Mitgliedstaaten. Diese haben eine Doppelfunktion als nationale Vertreter und als Angehörige eines Gemeinschaftsorgans. Die **Kommission** ist im Rat nicht durch ein stimmberechtigtes Mitglied vertreten, ist aber nach Art. 5 Abs. 2 GO Rat[1] zu den Ratssitzungen eingeladen, sofern der Rat nichts anderes beschließt.   2

In ihrer Eigenschaft als **Vertreter ihres Mitgliedstaates** sind die Ratsmitglieder nationalem Recht unterworfen, das ihre Entsendung, ihre Handlungsbefugnis und das Verfahren der innerstaatlichen Willensbildung regelt.[2]   3

Als **Angehörige eines Gemeinschaftsorgans** tragen sie Verantwortung für die Wahrung der Interessen der Gemeinschaft und sind Gemeinschaftsrecht unterworfen. Auch gegen nationales Recht verstoßendes oder **weisungswidriges Abstimmungsverhalten** ist nach Gemeinschaftsrecht gültig.[3]   4

Das entsandte Ratsmitglied muß **Ministerrang** haben und nach innerstaatlichem Recht für die Regierung verbindlich handeln können. Es muß nicht notwendigerweise auch der Zentralregierung angehören. In Deutschland ermöglicht das die Teilnahme von **Ministern der Landesregierungen**.[4]   5

Gegen den Wortlaut werden auch **Staatssekretäre** als vollberechtigte Mitglieder zugelassen, selbst wenn sie, wie in Deutschland (vgl. Art. 62 GG), nicht Mitglieder der Regie-   6

---

1 Beschluß des Rates v. 5.6.2000 (2000/396/EG, EGKS, Euratom), ABl.EG 2000, Nr. L 149/21, geändert durch Beschluß des Rates v. 19.3.2001 (2001/216/EG), ABl.EG 2001 Nr. L 81/30.
2 In Deutschland Art. 65, 23 Abs. 6 GG, § 6 des Gesetzes über die Zusammenarbeit von Bund und Ländern in Angelegenheiten der Europäischen Union vom 12.3.1993 (BGBl. 1993 I S. 313).
3 O. *Harnier* in: GTE, EWGV, Art. 146, Rn. 1; *Hix* in: Schwarze, EU, Art. 203, Rn. 9; zur Bindung der Ratsvertreter an nationales Verfassungsrecht und zur gemeinschaftsrechtlichen Folge von Verstößen vgl. *H.-G. Kamann*, Die Mitwirkung der Parlamente der Mitgliedstaaten an der europäischen Gesetzgebung, 1997, S. 263 ff., 282; *T. Schilling*, Zur Verfassungsbindung des deutschen Vertreters bei der Mitwirkung an der Rechtsetzung im Rate der EU, DVBl. 1997, S. 458.
4 Innerstaatlich geregelt durch Art. 23 Abs. 6 GG, § 6 des Gesetzes über die Zusammenarbeit von Bund und Ländern in Angelegenheiten der Europäischen Union vom 12.3.1993 (BGBl. 1993 I S. 313).

rung sind. Diese Praxis dürfte mittlerweile zu Gewohnheitsrecht erstarkt sein.[5] **Beamte** können an den Beratungen zur Unterstützung des Ratsmitglieds (Art. 4 Abs. 3 GO Rat) oder als sein Vertreter (Art. 3 GO Rat) teilnehmen. Sie sind nicht stimmberechtigt (vgl. aber Art. 206).

7 Der Rat kann in verschiedenen **Formationen** tagen[6]. So können bestimmte Sachfragen gebündelt und von den sachlich dafür zuständigen Ministern verhandelt werden, selbst wenn das in der Praxis nicht immer der Fall ist. Nach Art. 2 Abs. 1 GO Rat[7] beschließt der Rat »Allgemeine Angelegenheiten« über die Liste der Formationen; neue Formationen dürfen nur einberufen werden, wenn der Rat »Allgemeine Angelegenheiten« einen entsprechenden Beschluß gefaßt hat. Derzeit gibt es 16 solcher Fachministerräte.[8] Zwischen den einzelnen Formationen besteht keine rechtliche Hierarchie; es gilt das Prinzip der **Einheit des Rates**[9]. Jede Formation verfügt über alle Befugnisse des Rates. Ein Fachministerrat kann daher auch über Themen beschließen, für die die in ihm versammelten Regierungsvertreter nach nationalem Recht nicht zuständig wären. Nach Art. 2 Abs. 2 GO Rat[10] hat allerdings der Rat »Allgemeine Angelegenheiten« eine übergreifende Koordinierungsfunktion; er bereitet auch die Sitzungen des Europäischen Rates vor.

II. Vorsitz[11]

8 Der Ratsvorsitz, auch Präsident genannt (z.B. Art. 204), vertritt den Rat nach innen und außen und trägt die politische Gesamtverantwortung für die Leitung der Geschäfte[12]. Der Vorsitz **wechselt** alle sechs Monate[13]. Die **Reihenfolge** ist nach der letzten Erweiterung durch Art. 1 Abs. 1 des Beschlusses 95/2/EG, Euratom, EGKS des Rates vom 1. Januar 1995[14] festgelegt worden. Danach wurde der Vorsitz im Rat im ersten Halbjahr 1995 von Frankreich wahrgenommen und darauf in halbjährlichem Wechsel von

---

5 *S. Breier*, in: Lenz, EGV, Art. 203, Rn. 4; *Hix* in: Schwarze, EU, Art. 203, Rn. 7; zweifelnd *M. Schweitzer*, in: Grabitz/Hilf, EU, Art. 203, Rn. 5.
6 Kritisch *J. Wuermeling*, Streicht die Räte und rettet den Rat!, EuR 1996, S. 167 (174).
7 ABl.EG 2000 Nr. L 149/21; so bereits Empfehlung 12 in Anhang III der Schlußfolgerungen des Europäischen Rates (Helsinki, 10./11/12.1999).
8 ABl. EG 2000 Nr. C 174/1, in Umsetzung von Empfehlung 9 in Anhang III der Schlußfolgerungen des Europäischen Rates (Helsinki, 10./11/12.1999), der allerdings eine Höchstzahl von 15 verlangt hatte.
9 So *Hix* in: Schwarze, EU, Art. 203, Rn. 3.
10 Vgl. bereits Empfehlung 2 in Anhang III der Schlußfolgerungen des Europäischen Rates (Helsinki, 10./11/12.1999), wonach der Rat »Allgemeine Angelegenheiten« in die Lage versetzt werden soll, »unionsinterne Querschnittsfragen, einschließlich einer umfassenden Koordinierung der Politiken, effizient zu erledigen«; vgl. auch Punkt 7 der Entschließung des EP zum Entscheidungsprozeß im Rat in einem erweiterten Europa, 11.2.1999, A4-0049/1999, ABl. EG 1999 Nr. C 150/353.
11 *Generalsekretariat, Rat der Europäischen Union*, Handbuch für den Rat, I. Leitfaden für den Vorsitz, 1997; *W. Hummer/W. Obwexer*, Die »EU-Präsidentschaft«, EuR 1999, S. 409; *H. C. Röhl*, Die Beteiligung der Bundesrepublik Deutschland an der Rechtsetzung im Ministerrat der Europäischen Union, EuR 1994, S. 409 (427 ff.); *M. Westlake*, The Council of the European Union, 1996, S. 37 ff.
12 So Punkt 25 der Schlußfolgerungen des Europäischen Rates (Helsinki, 10./11/12.1999), Art. 20 Abs. 2 GO Rat, ABl.EG 2000 Nr. L 149/21; vgl. zu den einzelnen Aufgaben des Vorsitzes *Hummer/Obwexer* (Fn. 11), S. 423 ff.
13 Zu den Aufgaben des Vorsitzes in der GASP s. Art. 18 EUV. Kritik an dem häufigen Wechsel des Vorsitzes z.B. bei *Wuermeling* (Fn. 6), S. 172 f.
14 ABl.EG 1995 Nr. L 1/220; zu den Gründen für diese Reihenfolge vgl. *Hummer/Obwexer* (Fn. 11), S. 419 f.

Spanien, Italien, Irland, den Niederlanden, Luxemburg, dem Vereinigten Königreich, Österreich, Deutschland, Finnland, Portugal, Frankreich, Schweden, Belgien, Spanien, Dänemark und Griechenland. Die Reihenfolge gilt auch für die nachgeordneten Instanzen (Art. 19 Abs. 4 GO Rat) und den ER. Nach Art. 1 Abs. 2 dieses Beschlusses kann der Rat auf Vorschlag der betreffenden Mitgliedstaaten einstimmig beschließen, daß ein Mitgliedstaat den Vorsitz in einer anderen als der sich aus dieser Reihenfolge ergebenden Periode ausübt. Gemäß Art. 20 Abs. 2 GO Rat[15] wird der Vorsitz vom turnusmäßig nächsten Vorsitz unterstützt, der auf Ersuchen und nach Weisungen des amtierenden Vorsitzes handelt. Dadurch soll der amtierende Vorsitz entlastet und die Kontinuität der Arbeit im Rat verbessert werden.

---

15 So bereits Punkt 25 der Schlußfolgerungen des Europäischen Rates (Helsinki, 10./11/12.1999); vgl. auch die Forderungen in Punkten 10–15 der Entschließung des EP zum Entscheidungsprozeß im Rat in einem erweiterten Europa, 11.2.1999, A4-0049/1999, ABl. EG 1999 Nr. C 150/353.

Art. 204 (ex-Art. 147)

Der Rat wird von seinem Präsidenten aus eigenem Entschluß oder auf Antrag eines seiner Mitglieder oder der Kommission einberufen.

1 Art. 204 gilt gemäß Art. 28 Abs. 1 und 41 Abs. 1 EUV auch im Bereich der GASP und der PJZS. Die **Einberufung** des Rates liegt grundsätzlich im **Ermessen der Präsidentschaft**. Auf **Antrag** eines Ratsmitgliedes oder der Kommission ist der Vorsitz zur Einberufung des Rates **verpflichtet**.[1] Nach Art. 1 Abs. 2 der GO Rat teilt der Vorsitz sieben Monate vor Beginn seiner Amtszeit die für die Ratstagungen vorgesehenen Termine mit. Spätestens eine Woche zuvor ist ein Halbjahresprogramm mit vorläufigen Tagesordnungen für die Ratstagungen unter Angabe der geplanten Gesetzgebungsschritte und operativen Entscheidungen festzulegen[2]; der Vorsitz ist nicht verpflichtet, die geplanten Tagungen tatsächlich einzuberufen (Art. 1 Abs. 2 Satz 2 GO Rat).

2 Art. 3 Abs. 1 GO Rat verlangt, daß die vom Vorsitz erstellte **vorläufige Tagesordnung** zusammen mit den dazugehörigen Unterlagen (Art. 3 Abs. 4 GO Rat) spätestens vierzehn Tage vor der Sitzung übersandt wird. Eine Ausnahme gilt gemäß Art. 22 Abs. 2 EUV in der GASP. Der Vorsitz ist verpflichtet, einem Antrag eines Mitgliedstaates oder der Kommission auf Aufnahme von Tagesordnungspunkten nachzukommen, sofern der Antrag (ggf. mit Unterlagen) dem Generalsekretariat mindestens 16 Tage vor Sitzungsbeginn zugegangen ist (Art. 3 Abs. 2 GO Rat). Die Annahme eines Rechtsaktes oder eines gemeinsamen Standpunktes darf, von dringenden Ausnahmen abgesehen, erst nach Ablauf der in Nr. 3 des Protokolls über die Rolle der einzelstaatlichen Parlamente in der EU[3] vorgesehenen sechswöchigen Frist auf die Tagesordnung gesetzt werden (Art. 3 Abs. 3 GO Rat).

3 Die **endgültige Tagesordnung** beschließt der Rat zu Beginn der Sitzung mit einfacher Mehrheit; durch einstimmigen Beschluß kann er weitere, nicht in der vorläufigen Tagesordnung vorgesehene Punkte aufnehmen (Art. 3 Abs. 6 GO Rat). Die Tagesordnung ist in einen Teil A und einen Teil B gegliedert.[4] **Teil A** enthält die Punkte, die der Rat aufgrund der Vorbereitung im AStV oder SAL voraussichtlich ohne Aussprache annehmen kann. A-Punkte können vom Vorsitz auf Antrag eines Ratsmitgliedes, oder wenn sich eine Aussprache doch als erforderlich erweist, von der Tagesordnung abgesetzt werden, etwa um im AStV weiter vorbereitet oder in einer nächsten Sitzung als B-Punkt behandelt zu werden. Der Rat kann aber mit einfacher Mehrheit die Absetzung verhindern (Art. 3 Abs. 8 GO Rat). **Teil B** enthält die Punkte, über die voraussichtlich eine Aussprache geführt werden muß. Bei jedem Punkt wird vermerkt, ob eine Abstimmung durchgeführt werden kann (Art. 3 Abs. 2 Satz 2 GO Rat).

---

1 Wortgleich Art. 1 Abs. 1 GO Rat, ABl.EG 2000 Nr. L 149/1.
2 So auch Empfehlungen 32–34 in Anhang III der Schlußfolgerungen des Europäischen Rates (Helsinki, 10./11/12.1999).
3 Abgedruckt unten in Teil III.
4 Art. 3 Abs. 7 GO Rat, vgl. dazu M. *Mentler,* Der Ausschuß der Ständigen Vertreter bei den Europäischen Gemeinschaften, 1996, S. 112 ff.; H. C. *Röhl,* Die Beteiligung der Bundesrepublik Deutschland an der Rechtssetzung im Ministerrat der Europäischen Union, EuR 1994, S. 409 (425 ff.).

Art. 205 (ex-Art. 148)

(1) Soweit in diesem Vertrag nichts anderes bestimmt ist, beschließt der Rat mit der Mehrheit[2] seiner Mitglieder.

(2) Ist zu einem Beschluß des Rates die qualifizierte Mehrheit[3–6a, 8, 9] erforderlich, so werden die Stimmen der Mitglieder wie folgt gewogen:

Belgien 5
Dänemark 3
Deutschland 10
Griechenland 5
Spanien 8
Frankreich 10
Irland 3
Italien 10
Luxemburg 2
Niederlande 5
Österreich 4
Portugal 5
Finnland 3
Schweden 4
Vereinigtes Königreich 10.

Beschlüsse kommen zustande mit einer Mindeststimmenzahl von
– zweiundsechzig Stimmen in den Fällen, in denen die Beschlüsse nach diesem Vertrag auf Vorschlag der Kommission zu fassen sind[3, 5, 6];
– zweiundsechzig Stimmen, welche die Zustimmung von mindestens zehn Mitgliedern umfassen, in allen anderen Fällen[4].

(3) Die Stimmenthaltung von anwesenden oder vertretenen Mitgliedern steht dem Zustandekommen von Beschlüssen des Rates, zu denen Einstimmigkeit erforderlich ist, nicht entgegen.[7]

Inhaltsübersicht:

I. Allgemeines	1
II. Abstimmung	2
1. Einfache Mehrheit	2
2. Qualifizierte Mehrheit	3
3. Einstimmigkeit	7
III. Luxemburger Kompromiß	8
1. Inhalt	8
2. Rechtliche Beurteilung	9
IV. Geschäftsordnung und Verfahren	10

I. Allgemeines

Die Vorschriften über die Abstimmung im Rat[1] sind durch den Amsterdamer Vertrag nicht geändert worden. Das als Bestandteil dieses Vertrags beschlossene Protokoll über die Organe im Hinblick auf die Erweiterung der Europäischen Union hat jedoch ein ver-

---

1 Vgl. allgemein zu den Entscheidungsverfahren im Rat C. *Engel*/C. *Borrmann*, Vom Konsens zur Mehrheitsentscheidung, 1991; C. *Wilming*, Institutionelle Konsequenzen einer Erweiterung der Europäischen Union. Eine ökonomische Analyse der Entscheidungsverfahren im Ministerrat, 1995, S. 85 ff.

bindliches Junktim zwischen der ersten Erweiterung, der Verkleinerung der Kommission und der Neugewichtung der Stimmen im Rat festgelegt. Der Vertrag von Nizza enthält nun eine Reihe von Neuerungen. Im Bereich der GASP und der PJZS gilt Art. 205 nicht (Art. 28 und 41 EUV); Art. 23 EUV enthält eine Sonderregelung für die GASP, Art. 34 Abs. 3 und 4 sowie Art. 40 Abs. 2 EUV für die PJZS. Darüber hinaus enthalten EUV und EGV noch eine Reihe besonderer Beschlußmodalitäten (vgl. z.B. Art. 7 Abs. 5, Art. 27e UAbs. 2, 40a Abs. 2, 44 Abs. 1 EUV, Art. 104 Abs. 13, Art. 122 Abs. 5)[2], vor allem in Fällen, in denen ein Ratsmitglied nach EUV oder EGV nicht an der Abstimmung teilnehmen kann.

II. Abstimmung

1. Einfache Mehrheit

2 Abs. 1 ist rechtstechnisch der Regelfall, **faktisch** jedoch eine **Auffangvorschrift** für den Fall, daß der Vertrag ausnahmsweise keine Abstimmungsmodalität vorsieht (z.B. Art. 133 Abs. 3 UAbs. 1, Art. 168 Abs. 2, Art. 207 bis 209, Art. 284). Dann ist die Zustimmung einer absoluten Mehrheit der vertraglich vorgesehenen Ratsmitglieder erforderlich, zur Zeit also acht Stimmen. Stimmenthaltung wirkt als Gegenstimme.

2. Qualifizierte Mehrheit[3]

3 Die meisten Kompetenzvorschriften des EGV sehen Beschlußfassung mit qualifizierter Mehrheit vor. Die **Sperrminorität** liegt bei **26 Stimmen**. Da solche Beschlüsse von mindestens 62 Stimmen getragen werden müssen, wirkt sich **Stimmenthaltung** als Gegenstimme aus.

4 Beschließt der Rat ausnahmsweise nicht auf Vorschlag der Kommission (z.B. Art. 80 Abs. 2, Art. 104 Abs. 13, Art. 272 Abs. 3), so ist eine **doppelt qualifizierte Mehrheit** erforderlich: die 62 Stimmen müssen von mindestens zehn Ratsmitgliedern stammen.

5 Der im Zusammenhang mit der letzten Erweiterung entstandene Konflikt über die Beibehaltung der bisherigen Sperrminorität von 23 Stimmen wurde durch Ratsbeschluß vom 29.3.1994 beigelegt (**Kompromiß von Ioannina**)[4]: Die Sperrminorität wurde proportional angehoben und folgendes vereinbart:

---

2 Übersicht bei *Hix*, in Schwarze, EU, Art. 205 EGV, Rn. 13; *M. Schweitzer*, in: Grabitz/Hilf, EU, Art. 205 EGV, Rn. 11 ff.; vgl. auch die Aufstellung in Anhang I der GO Rat, ABl.EG 2000 Nr. L 149/1.

3 *J.-L. Dewost*, Le vote majoritaire, simple modalité de gestion ou enjeu politique essentiel? FS-Pescatore, 1987, S. 167; *M. de l'Écotais*, La pondération des voix au conseil de ministres de la Communauté Européenne, R.M.C. 1996, S. 388, S. 617, R.M.C. 1997, S. 324; *V. Götz*, Mehrheitsbeschlüsse des Rates der Europäischen Union, Agrarrecht 1997, S. 266; *ders.*, Mehrheitsbeschlüsse des Rates der Europäischen Union, FS-Everling, 1995, S. 339; *A. L. Teasdale,* The Politics of Majority Voting in Europe, The Political Quarterly 1996, 101; vgl. zum relativen Gewicht der Mitgliedstaaten bei Mehrheitsabstimmungen *M. O. Hosli*, Coalitions and Power: Effects of Qualified Majority Voting in the Council of the European Union, JCMS 34 (1996), S. 255.

4 ABl.EG 1994 Nr. C 105/1, zum 1.1.1995 angepaßt ABl.EG 1995 Nr. C 1/1, bestätigt durch die dem Vertrag von Amsterdam beigefügte Erklärung Nr. 39 zum Beschluß des Rates vom 29. März 1994; vgl. *de l'Écotais* (Fn. 3), R.M.C. 1997, S. 324; *Teasdale* (Fn. 3), 109 f.

»Falls Mitglieder des Rates, die über insgesamt 23 bis 25 Stimmen verfügen, erklären, daß sie beabsichtigen, sich einem Beschluß des Rates, für den eine qualifizierte Mehrheit erforderlich ist, zu widersetzen, so wird der Rat alles in seiner Macht Stehende tun, um innerhalb einer angemessenen Zeit und unbeschadet der zwingenden Fristen, die durch die Verträge und durch das abgeleitete Recht...vorgeschrieben sind, eine zufriedenstellende Lösung zu finden, die mit mindestens 65 Stimmen angenommen werden kann...«

Der Beschluß hat **Geschäftsordnungsqualität**[5] und begründet eine ergebnisoffene Neuverhandlungspflicht innerhalb des durch die Fristen und Verfahrensvorschriften des EGV und der GO Rat gezogenen Rahmens. Es dürfte sich um eine wesentliche Verfahrensvorschrift im Sinne des Art. 230 Abs. 2 handeln. Auf Verlangen einer einfachen Mehrheit der Ratsmitglieder ist der Ratspräsident allerdings nach Art. 11 Abs. 1 UAbs. 2 GO Rat verpflichtet, die Verhandlungen abzubrechen und eine Abstimmung durchzuführen. 6

Nach Artikel 3 des dem Vertrag von Nizza beigefügten Protokolls über die Erweiterung der Europäischen Union gilt ab dem 1.1.2005 eine **veränderte Stimmgewichtung**. Abs. 2 wird neu gefaßt; die Spanne zwischen kleinen und großen Mitgliedstaaten reicht dann von 4 bis 29 Stimmen. Für eine qualifizierte Mehrheit sind weiterhin 71,3% der Stimmen erforderlich, also 169 von 237 Stimmen. Die Sperrminorität liegt bei 69 Stimmen. Liegt der Abstimmung ein Kommissionsvorschlag zugrunde, so müssen die Stimmen von der Mehrheit der Mitglieder stammen. In den anderen Fällen müssen zwei Drittel der Mitglieder zugestimmt haben. In einem neuen Abs. 4 wird darüber hinaus ein **demographisches Sicherheitsnetz** eingeführt, wonach ein Ratsmitglied beantragen kann, zu überprüfen, ob die qualifizierte Mehrheit mindestens 62 % der EU Gesamtbevölkerung repräsentiert. Ist das nicht der Fall, so kommt der Beschluß nicht zustande.[6] Nr. 2 der Erklärung Nr. 20 zur Erweiterung der Europäischen Union legt die Stimmgewichtung auch hinsichtlich der derzeitigen Bewerberstaaten fest. Für den Fall, daß zum 1.1.2005 noch nicht alle Bewerberstaaten beigetreten sind, enthält die Erklärung Nr. 21 zur Schwelle für die qualifizierte Mehrheit und zur Zahl der Stimmen für die Sperrminorität in einer erweiterten Union nähere Regelungen. 6 a

3. Einstimmigkeit

Ist Beschlußfassung mit Einstimmigkeit vorgesehen[7], so müssen alle Ratsmitglieder anwesend oder vertreten sein. **Stimmenthaltung** wirkt **nicht** als **Gegenstimme** (Abs. 3), so daß ein einstimmiger Beschluß theoretisch mit nur einer Stimme bei vierzehn Enthaltungen zustandekommen kann. 7

---

5 *Geiger*, EGV, Art. 148, Rn. 18.
6 Kritisch gegenüber diesem Erfordernis einer »dreifach qualifizierten Mehrheit« aus Stimmenzahl, Anzahl der Mitgliedstaaten und Bevölkerungsanteil etwa *A. Hatje*, Die institutionelle Reform der Europäischen Union – der Vertrag von Nizza auf dem Prüfstand, EuR 2001, S. 143 (159); *W. Weidenfeld*, Europa nach Nizza, International Politik 2001, S. 1 (2).
7 Vgl. zur Rechtfertigung von Einstimmigkeitserfordernissen *M. Seidel*, Die Einstimmigkeit im EU-Rat – eine leidige, aber nicht dispensable Regel, EuZW 2000, S. 65.

III. Luxemburger Kompromiß[8]

1. Inhalt

8 Frankreich wollte den zum 31.12.1965 in der Landwirtschaftspolitik anstehenden Übergang zu Mehrheitsabstimmungen nicht mitvollziehen und blockierte durch eine »Politik des leeren Stuhls« alle Entscheidungsprozesse. Diese Krise konnte durch den Luxemburger Kompromiß vom 29.1.1966 beigelegt werden:
»I. Stehen bei Beschlüssen, die mit Mehrheit auf Vorschlag der Kommission gefaßt werden können, sehr wichtige Interessen eines oder mehrerer Partner auf dem Spiel, so werden sich die Mitglieder des Rats innerhalb eines angemessenen Zeitraums bemühen, zu Lösungen zu gelangen, die von allen Mitgliedern des Rats unter Wahrung ihrer gegenseitigen Interessen und der Interessen der Gemeinschaft gemäß Artikel 2 des Vertrages angenommen werden können.
II. Hinsichtlich des vorstehenden Absatzes ist die französische Delegation der Auffassung, daß bei sehr wichtigen Interessen die Erörterung fortgesetzt werden muß, bis ein einstimmiges Einvernehmen erzielt worden ist.
III. Die sechs Delegationen stellen fest, daß in der Frage, was geschehen sollte, falls keine vollständige Einigung zustande kommt, weiterhin unterschiedliche Auffassungen bestehen...«[9]

2. Rechtliche Beurteilung[10]

9 Nur die Verhandlungspflicht in Absatz I. hat Geschäftsordnungscharakter. Gerade über den kritischen Punkt, die vetoartige Berufung auf »sehr wichtige Interessen« in Absatz II. gab es keine Einigung, wie Absatz III. ausdrücklich festhält. Ein solches Vetorecht hätte ohnehin als Abweichung von den Beschlußfassungsvorschriften eine Vertragsänderung erfordert. Zu Gewohnheitsrecht ist dieser Punkt wegen des in Absatz III. festgehaltenen und nie aufgegebenen Widerstandes der anderen fünf ursprünglichen Mitgliedstaaten nicht erstarkt. Gerade die ausdrückliche Erwähnung des Dissenses in Absatz III. hat auch das Entstehen eines Vertrauenstatbestandes zugunsten der später beigetretenen Mitgliedstaaten verhindert.[11] Es gibt also **keine gemeinschaftsrechtlich verbindliche Vetobefugnis der Mitgliedstaaten.**[12] Das Anliegen, »sehr wichtige Interessen« wahren zu können, wird durch Ausscherklauseln in den Verträgen wie Art. 23

---

8 *Dewost* (Fn. 3), S. 167, *Engel/Borrmann* (Fn. 1), S. 45; *Götz* (Fn. 3), S. 226; *ders* (Fn. 3), S. 339; *R. Lahr*, Die Legende vom »Luxemburger Kompromiß«, EA 1983, S. 223; *R. Streinz*, Die Luxemburger Vereinbarung, 1984; *ders.*, Europarecht, Rn. 264 ff.; *A. L. Teasdale*, The Life and Death of the Luxembourg Compromise, JCMS 31 (1993), S. 567, *ders.*, The Luxembourg Compromise, in: M. Westlake, The Council of the European Union, 1996, S. 104 ff.; *ders.* (Fn. 3), S. 102 ff.; *M. Vasey*, Decision Making in the Agriculture Council and the »Luxembourg Compromise«, CMLRev. 1988, S. 725.
9 Bull.EG 1966 Nr. 3, S. 8.
10 Überblick bei *Hix*, in Schwarze, EU, Art. 205 EGV, Rn. 8; *M. Schweitzer* in: Grabitz/Hilf, EU, Art. 205 EGV, Rn. 18 ff.; *Streinz* (Fn. 8), S. 33 ff.
11 *Lahr* (Fn. 8), S. 223; a.A. *M. Schweitzer/W. Hummer*, EA 1987, S. 349; vorsichtiger *M. Schweitzer*, in: Grabitz/Hilf, EU, Art. 205 EGV, Rn. 19; *Streinz* (Fn. 8), S. 93 f.; *ders.*, Europarecht, Rn. 265.
12 So auch *Generalsekretariat, Rat der Europäischen Union*, Handbuch für den Rat, II. Erläuterungen zur Geschäftsordnung des Rates, 1996, S. 22; *Götz* (Fn. 3), S. 266; *Hix*, in Schwarze, EU, Art. 205 EGV, Rn. 8; *J. P. Jacqué*, in: GTE, EG-/EUV, Art. 148, Rn. 22. In der Praxis spielt die Luxemburger Vereinbarung kaum noch eine Rolle, so auch *Generalsekretariat, Rat der Europäischen Union*, Handbuch für den Rat, II. Erläuterungen zur Geschäftsordnung des Rates, 1996, S. 22.

Abs. 2 EUV, Art. 95 Abs. 4, Art. 137 Abs. 4, 2. Spstr., Art. 153 Abs. 5 und Art. 176, sowie ganz generell durch die verbliebenen Einstimmigkeitserfordernisse[13] berücksichtigt. Art. 11 Abs. 1 UAbs. 2 GO Rat, wonach auf Verlangen einer einfachen Mehrheit eine Abstimmung durchzuführen ist, kann endlose Bemühungen um einen Konsens und die Obstruktion von Entscheidungsprozessen verhindern.

IV. Geschäftsordnung und Verfahren

Die Modalitäten der Beschlußfassung sind in der Geschäftsordnung des Rates[14] näher geregelt. Die Tagungen des Rates sind **nicht öffentlich** (Art. 5 Abs. 1 GO Rat)[15], ihre Inhalte grundsätzlich geheimzuhalten (Art. 6 Abs. 1 GO Rat). Rat und AStV können jedoch mit qualifizierter Mehrheit beschließen, über die halbjährliche programmatische Orientierungsaussprache (Art. 8 Abs. 1 GO Rat) hinaus noch weitere öffentliche Aussprachen über wichtige Fragen abzuhalten (Art. 6 Abs. 2 GO Rat). Öffentliche Aussprachen werden von den audiovisuellen Medien übertragen (Art. 6 Abs. 3 GO Rat). **Beschlußfähig** ist der Rat, wenn mindestens 8 Ratsmitglieder anwesend sind (Art. 11 Abs. 4 GO Rat). Zur Abstimmung kommt es entweder auf Initiative des Präsidenten, oder wenn sich ein Ratsmitglied oder die Kommission mit Unterstützung einer einfachen Mehrheit dafür aussprechen (Art. 11 Abs. 1 GO Rat). Ein Ratsmitglied kann seine Zustimmung zunächst unter Vorbehalt der Genehmigung durch staatliche Stellen (**ad referendum**) erklären. Strittig ist, ob die Bestätigung noch auf derselben Tagung erklärt werden muß, um die Wirksamkeit des Rechtsaktes herbeizuführen[16], oder ob sie auch später erfolgen kann[17]. Der Rat berät und beschließt nur auf der Grundlage von Schriftstücken, die in allen **Amtssprachen** (Art. 290) vorliegen (Art. 14 GO Rat). Von dieser Regel kann er in dringlichen Fällen einstimmig abweichen.

10

Wenn keine Ratssitzung abgewartet werden kann, können Rechtsakte auch durch **schriftliche Abstimmung** verabschiedet werden (Art. 12 Abs. 1 GO Rat). Voraussetzung ist, auch wenn der zu verabschiedende Rechtsakt selbst durch Mehrheitsbeschluß angenommen werden kann, ein einstimmiger Beschluß des Rates oder des AStV.[18] Auch dieser Beschluß kann im schriftlichen Verfahren eingeholt werden. Hat die Kommission den Rat mit dem betreffenden Rechtsakt befaßt, so muß auch sie der Durchführung des schriftlichen Verfahrens zustimmen (Art. 12 Abs. 2 GO Rat). Im Bereich der GASP kann ein vereinfachtes schriftliches Verfahren (COREU) durchgeführt werden, nach dem ein Vorschlag mangels fristgemäßen Widerspruchs als angenommen gilt (Art. 12 Abs. 4 GO Rat).

11

---

13 Vgl. allgemein zur Rechtfertigung von Einstimmigkeitserfordernissen *Seidel* (Fn. 7), S. 65; vgl. auch den Überblick über die zaghafte Ausweitung von Mehrheitsentscheidungen durch den Vertrag von Nizza bei *Hatje* (Fn. 6), S. 154 ff.
14 Beschluß des Rates v. 5.6.2000 (2000/396/EG, EGKS, Euratom), ABl.EG 2000, Nr. L 149/21, geändert durch Beschluß des Rates v. 19.3.2001 (2001/216/EG), ABl.EG 2001 Nr. L 81/30.
15 Vgl. zur Diskussion um die Öffentlichkeit der Ratssitzungen W. *Kahl*, Das Transparenzdefizit im Rechtsetzungsprozeß der EU, ZG 1996, S. 224 (230 ff.).
16 So *Generalsekretariat, Rat der Europäischen Union*, Handbuch für den Rat, II. Erläuterungen zur Geschäftsordnung des Rates, 1997, S. 20; *Hix*, in: Schwarze, EU, Art. 205 EGV, Rn. 19; *J. P. Jacqué*, in: GTE, EG-/EUV, Art. 148, Rn. 28.
17 So unter Berufung auf Art. 12 Abs. 2 (b) WVRK *M. Schweitzer*, in: Grabitz/Hilf, EU, Art. 205, Rn. 24; vgl. *O. Harnier*, in: GTE, EGV, Art. 148, Rn. 13; *M. Mentler*, Der Ausschuß der Ständigen Vertreter bei den Europäischen Gemeinschaften, 1996, S. 123 f.
18 Wesentliche Formvorschrift im Sinne von Art. 230, s. EuGH Rs. 68/86, 23.2.1988, Slg. 1988, 855, Rn. 49 (VK/Rat).

Art. 206 (ex-Art. 150)

Jedes Mitglied kann sich das Stimmrecht höchstens eines anderen Mitglieds übertragen lassen.

Art. 206 gilt gemäß Art. 28 Abs. 1 und 41 Abs. 1 EUV auch im Bereich der GASP und der PJZS. Ein Mitgliedstaat kann sich zwar bei den Beratungen durch einen Beamten, etwa den Ständigen Vertreter, vertreten lassen (Art. 4 GO Rat). Stimmrecht hat jedoch nur ein Regierungsmitglied im Sinne von Art. 203. Deshalb kann das Stimmrecht formlos auf ein anderes Ratsmitglied übertragen werden (vgl. Art. 11 Abs. 3 GO Rat), das insoweit den Weisungen der übertragenden Regierung unterliegt.[1]

---

1   Str., wie hier *Geiger*, EGV, Art. 150, Rn. 1; a.A. O. *Harnier*, in: GTE, EWGV, Art. 150, Rn. 1.

Art. 207 (ex-Art. 151)

(1) Ein Ausschuß, der sich aus den Ständigen Vertretern der Mitgliedstaaten zusammensetzt[2], hat die Aufgabe, die Arbeiten des Rates vorzubereiten und die ihm vom Rat übertragenen Aufträge auszuführen.[3] Der Ausschuß kann in Fällen, die in der Geschäftsordnung des Rates festgelegt sind, Verfahrensbeschlüsse fassen.[4]

(2) Der Rat wird von einem Generalsekretariat[5] unterstützt, das einem Generalsekretär und Hohen Vertreter für die Gemeinsame Außen- und Sicherheitspolitik untersteht; diesem steht ein Stellvertretender Generalsekretär zur Seite, der für die organisatorische Leitung des Generalsekretariats verantwortlich ist. Der Generalsekretär und der Stellvertretende Generalsekretär werden vom Rat mit qualifizierter Mehrheit ernannt. Der Rat entscheidet über die Organisation des Generalsekretariats.

(3) Der Rat gibt sich eine Geschäftsordnung.[6]
Der Rat legt zur Anwendung des Artikels 255 Absatz 3 in seiner Geschäftsordnung die Bedingungen fest, unter denen die Öffentlichkeit Zugang zu Dokumenten des Rates erhält.[11] Für die Zwecke dieses Absatzes bestimmt der Rat die Fälle, in denen davon auszugehen ist, daß er als Gesetzgeber tätig wird[10], damit in solchen Fällen umfassenderer Zugang zu den Dokumenten gewährt werden kann, gleichzeitig aber die Wirksamkeit des Beschlußfassungsverfahrens gewahrt bleibt. In jedem Fall werden, wenn der Rat als Gesetzgeber tätig wird, die Abstimmungsergebnisse[9] sowie die Erklärungen zur Stimmabgabe und die Protokollerklärungen[8] veröffentlicht.

Amsterdamer Fassung des Abs. 2:

(2) Der Rat wird von einem Generalsekretariat unterstützt, das einem Generalsekretär und Hohen Vertreter für die Gemeinsame Außen- und Sicherheitspolitik untersteht; diesem steht ein Stellvertretender Generalsekretär zur Seite, der für die organisatorische Leitung des Generalsekretariats verantwortlich ist. Der Generalsekretär und der Stellvertretende Generalsekretär werden vom Rat durch einstimmigen Beschluß ernannt.
Der Rat entscheidet über die Organisation des Generalsekretariats.

Inhaltsübersicht:

I. Ausschuß der Ständigen Vertreter	2
1. Zusammensetzung	2
2. Aufgaben und Bedeutung	3
II. Generalsekretariat	5
III. Geschäftsordnung	6
IV. Zugang zu Ratsdokumenten	7
1. Abstimmungsprotokolle und Protokollerklärungen	8
2. Ratsdokumente	11

Art. 207 ist auch in der GASP und der PJZS anwendbar (Art. 28 Abs. 1, Art. 41 Abs. 1 EUV).   1

I. Ausschuß der Ständigen Vertreter

1. Zusammensetzung

Der AStV[1] setzt sich zusammen aus den Leitern der Ständigen Vertretungen der Mit-   2
gliedstaaten bei den Europäischen Gemeinschaften. Sie sind Botschaftern vergleichbar

---

1 Auch COREPER von Comité des représentants permanents. Vgl. *M. Mentler*, Der Ausschuß der Ständigen Vertreter bei den Europäischen Gemeinschaften, 1996; *H. C. Röhl*, Die Beteiligung der Bundesrepublik Deutschland an der Rechtsetzung im Ministerrat der Europäischen Union, EuR 1994, S. 409; *M. Westlake*, The Council of the European Union, 1996, S. 285 ff.

und an die Weisungen ihrer Regierungen gebunden. Der AStV hat zwei Erscheinungsformen: Als **AStV I** tagen die Vertreter der Ständigen Vertreter, als **AStV II** die Ständigen Vertreter selbst. Die Aufgabenverteilung ist nicht festgeschrieben, in der Praxis berät der **AStV II** jedoch die mehr politischen, insbesondere die außenpolitischen Fragen. Dem AStV verwandt ist der Sonderausschuß Landwirtschaft (SAL), der sich aus Beamten der Landwirtschaftsministerien zusammensetzt und die Arbeiten des Landwirtschaftsrates vorbereitet. Alle diese Ausschüsse tagen wöchentlich. Die GO Rat ist entsprechend anwendbar.

2. Aufgaben und Bedeutung

3 Der AStV ist ein **Hilfsorgan des Rates** und im gesamten Bereich seiner Zuständigkeit tätig. Er soll die Tagesordnungspunkte der Ratstagungen vor- und aufbereiten und möglichst schon im Vorfeld der Ratstagung Einvernehmen erzielen, so daß die betreffende Frage als A-Punkt[2] behandelt werden kann (Art. 19 Abs. 1 und 2 GO Rat). Jeder Rechtsakt, jeder Ratsbeschluß muß den AStV passieren, wenn nicht der Rat in dringlichen Fällen einstimmig beschließt, auf diese Vorbereitung zu verzichten (Art. 19 Abs. 2 GO Rat). Zur Vorbereitung seiner Arbeiten kann der AStV zu bestimmten Themen **Ausschüsse** oder **Arbeitsgruppen** einsetzen, die häufig mit Beamten der zuständigen Ministerien besetzt sind. Derzeit gibt es etwa 200 solcher Arbeitsgruppen.[3]

4 Der AStV kann außer in Verfahrens- oder Organisationsangelegenheiten keine eigenen **Beschlüsse** fassen. Über die vom AStV vorbereiteten Punkte beschließt der Rat eigenständig. Er bestätigt nicht nur Beschlüsse, die bereits im AStV gefallen sind.[4] Zumindest bei A-Punkten kommt das in der Praxis allerdings eher einer Fiktion gleich.[5] Der Rat kann sich über ein im AStV erzieltes Einvernehmen – unter Beachtung der GO Rat – hinwegsetzen. In Umsetzung von Satz 2 ermächtigt Art. 19 Abs. 5 GO Rat den AstV, in eigener Kompetenz mit einfacher Mehrheit (Art. 205 Abs. 1) die in dieser Vorschrift abschließend aufgezählten Verfahrensbeschlüsse zu erlassen.

II. Generalsekretariat[6]

5 Das Generalsekretariat wird erst seit dem Vertrag von Maastricht im EGV erwähnt. Es ist der einheitliche Unterbau für die vielfältigen Aufgaben des Rates, schafft Kontinuität über den Wechsel des Vorsitzes hinweg, koordiniert die Arbeiten der verschiedenen Ratsformationen und -ausschüsse und ist damit der ruhende Pol des Rates.[7] Seit dem Amsterdamer Vertrag ist der Generalsekretär des Rates zugleich »Hoher Vertreter für die Gemeinsame Außen und Sicherheitspolitik« (Art. 26 EUV). Die organisatorische Leitung des Generalsekretariats obliegt dem Stellvertreter (Art. 23 Abs. 1 GO Rat).

---

2 Art. 204, Rn. 3.
3 Vgl. die Übersicht in Ratsdok. 9872/00 vom 5.7.2000.
4 EuGH, Rs. C-25/94, 19.3.1996, Slg. 1996, I-1469, Rn. 26 f. (Kommission/Rat).
5 *M.P.C.M. van Schendelen*, ›The Council Decides‹: Does the Council Decide?, JCMS 34 (1996), S. 531 (542 f.).
6 Näher Art. 23 GO Rat; vgl. *A. Egger*, Das Generalsekretariat des Rates der EU, 1994; *M. Westlake*, The Council of the European Union, 1996, S. 321 ff.
7 Zu weiteren Aufgaben vgl. Art. 25, 26 GO Rat; vgl. auch Empfehlung 46 ff. in Anhang III der Schlußfolgerungen des Europäischen Rates (Helsinki, 10./11./12.1999).

III. Geschäftsordnung

Die GO[8] kann vom Rat mit **einfacher Mehrheit** angenommen und geändert werden (Art. 205 Abs. 1). **Änderungen** der GO müssen **förmlich** erfolgen. Ansonsten ist der Rat an die GO gebunden. Stillschweigend darf er sich auch mit größerer Mehrheit nicht über die GO hinwegsetzen, sonst verletzt er eine wesentliche Formvorschrift i.S.v. Art. 230 Abs. 1.[9] **Verletzungen** der GO können **nur Organmitglieder rügen**, nicht Außenstehende.[10]   6

IV. Zugang zu Ratsdokumenten[11]

Abs. 3 Satz 2 ist durch den Amsterdamer Vertrag angefügt worden. Er ist eine Konsequenz aus dem notwendigen Bemühen der Gemeinschaft um mehr **Transparenz und Publizität**.[12] Der Rat ist verpflichtet, die Bedingungen für den Zugang der Öffentlichkeit zu Ratsdokumenten in der Geschäftsordnung zu regeln. In Erfüllung des Auftrags in Art. 255 Abs. 2 ist mittlerweile eine generelle, organübergreifende Regelung in Form einer Verordnung erlassen worden, die ab dem 3.12.2001 gilt.[13] Der **Grundsatz der Geheimhaltung**[14] ist **aufgelockert**, der Zugang der Öffentlichkeit zu Ratsdokumenten, Ratsprotokollen und Protokollerklärungen erleichtert worden. Insbesondere die gesetzgeberische Tätigkeit des Rates soll im Einklang mit den gemeinsamen Verfassungstraditionen der Mitgliedstaaten transparenter werden.   7

1. Abstimmungsprotokolle und Protokollerklärungen

Protokollerklärungen ermöglichen es einer oder mehreren Delegationen, ihre Auffassung über die Reichweite oder die Auslegung einer Vorschrift zum Ausdruck zu bringen und können daher die Verabschiedung eines Rechtsaktes erleichtern, auch wenn Einzelpunkte bis zum Schluß umstritten sind. Rechtlich sind sie grundsätzlich **unverbindlich**, wenn der Inhalt der Erklärung in der fraglichen Bestimmung keinen Ausdruck gefunden hat.[15]   8

---

8 Beschluß des Rates v. 5.6.2000 (2000/396/EG, EGKS, Euratom), ABl.EG 2000, Nr. L 149/21, geändert durch Beschluß des Rates v. 19.3.2001 (2001/216/EG), ABl.EG 2001 Nr. L 81/30.
9 EuGH, Rs. 68/89, 23.2.1988, 855, Rn. 48 f. (VK/Rat).
10 Vgl. EuGH, Rs. C-69/89, 7.5.199 1, Slg. 1991, I-2069, Rn. 49 f. (Nakajima).
11 *M. Dreher*, Transparenz und Publizität bei Ratsentscheidungen, EuZW 1996, S. 487; *J. P. Jacqué*, in: GTE, EG-/EUV, Art. 147 Rn. 16 ff.; *Westlake* (Fn. 1), S. 321 ff.
12 Vgl. die Erklärung Nr. 17 zum Recht auf Zugang zu Informationen in der Schlußakte des Vertrags von Maastricht; Empfehlung 26 ff. in Anhang III der Schlußfolgerungen des Europäischen Rates (Helsinki, 10./11/12.1999). Darstellung der Entwicklung bei EuGH Rs. C-58/94, 30.4.1996, Slg. 1996, I-2169, Rn. 2 ff. (Niederlande/Rat); vgl. weiter *W. Kahl*, Das Transparenzdefizit im Rechtsetzungsprozeß der EU, ZG 1996, S. 224; Art. 1 EUV, Rn. 34 ff.; Art. 255, Rn. 1 ff.
13 Verordnung (EG) Nr. 1049/2001 des EP und des Rates v. 30.5.2001 über den Zugang der Öffentlichkeit zu Dokumenten des EP, des Rates und der Kommission, ABl.EG 2001, Nr. L 145/43; vgl. zur Erforderlichkeit einer organübergreifenden Regelung EuGH Rs. C-58/94, 30.4.1996, Slg. 1996, I-2169, Rn. 2 ff. (Niederlande/Rat); vgl Art. 255, Rn. 5.
14 Art. 5 Abs. 1 GO Rat: Nichtöffentlichkeit der Sitzungen, Art. 6 Abs. 1 GO Rat: Geheimhaltungspflicht hinsichtlich der Beratungen im Rat.
15 EuGH Rs. 143/83, 30.1.1985, Slg. 1985, S. 427, Rn. 13 (Kommission/Dänemark); Rs. 237/84, 15.4.1986, Slg. 1986, S. 1247, Rn. 17 (Kommission/Belgien); Rs. C-292/89, 26.2.1991, Slg. 1991, I-745, Rn. 18 (Antonissen); Rs. C-25/94, 19.3.1996, Slg. 1996, I-1469, Rn. 38 (Kommission/Rat); Rs. C-368/96, 3.12.1998, Slg. 1998, I-7967, Rn. 26 f.; *Dreher* (Fn. 11), S. 489 f.; *M. Herdegen*, Auslegende Erklärungen von Gemeinschaftsorganen und Mitgliedstaaten zu EG-Rechtsakten, ZHR 1991, S. 52; *J. Karl*, Zur Rechtswirkung von Protokollerklärungen in der Europäischen Gemeinschaft, JZ 1991, S. 593; *W. Nicoll*, The Council's use of statements in the

9 Abs. 3 UAbs. 2 S. 3 macht die **Veröffentlichung** der Abstimmungsergebnisse und Protokollerklärungen **bei gesetzgeberischen Arbeiten** des Rates zur **Regel ohne Ausnahme**; eine entsprechende Verpflichtung ist in Art. 9 Abs. 1 UAbs. 1 GO Rat enthalten. Die Veröffentlichung muß nicht im Amtsblatt vorgenommen werden.[16]

10 Eine **Definition gesetzgeberischen Handelns** enthält Art. 7 GO Rat. Danach umfaßt die gesetzgeberische Tätigkeit des Rates den Erlaß von VOn, RLn, Rahmenbeschlüssen oder Entscheidungen, die in oder für die Mitgliedstaaten rechtlich bindend sind. Ausdrücklich ausgenommen sind Beschlüsse über interne Maßnahmen, Verwaltungsakte, Haushaltsmaßnahmen, interinstitutionelle oder internationale Beziehungen. Über die primärrechtliche Veröffentlichungspflicht hinaus verlangt Art. 9 GO Rat die Veröffentlichung der Abstimmungsergebnisse, der Erklärungen zur Stimmabgabe und des Protokolls unter bestimmten Umständen auch in weiteren, einzeln aufgeführten Fällen. Ausdrücklich ausgenommen sind jedoch die Ergebnisse von Abstimmungen über die Annahme vorbereitender Rechtsakte und von Probeabstimmungen.

2. Ratsdokumente[17]

11 Die GO Rat enthält eine Aufforderung, die Bedingungen für den Zugang der Öffentlichkeit zu Ratsdokumenten durch Beschluß (mit einfacher Mehrheit, Art. 205 Abs. 1) zu regeln (Art. 10 GO Rat). Am 6.12.1993 vereinbarten der Rat und die Kommission einen gemeinsamen Verhaltenskodex über den Zugang zu den in ihrem Besitz befindlichen Dokumenten[18], der jedoch nur einen unverbindlichen Rahmen für die von jedem Organ selbst zu erlassenden Vorschriften bildet[19]. In Ausführung dieser Grundsätze erließ der Rat, gestützt auf Abs. 3 und die GO Rat[20] am 20.12.1993 den Beschluß 93/731/EG über den Zugang der Öffentlichkeit zu Ratsdokumenten.[21] Von dem 3.12.2001 an gilt für den Zugang zu Ratsdokumenten die auf der Basis von Art. 255 Abs. 2 erlassene VO (EG) Nr. 1049/2001[22].

Fortsetzung von Fußnote 15
   minutes, in: M. Westlake, The Council of the European Union, 1996, S. 120 ff.; *M. Pechstein*, Die Bedeutung von Protokollerklärungen zu Rechtsakten der EG, EuR 1990, S. 249.
16 Aufstellung der vom Rat angenommenen Rechtsakte mit Abstimmungsergebnissen und Erklärungen zur Stimmabgabe unter http://ue.eu.int/de/acts/index.htm oder http://www.consilium.eu.int/de/acts/index.htm.
17 Vgl. zu Einzelheiten Art. 255, Rn. 6 ff.
18 ABl.EG 1993, Nr. L 340/41; *R. Röger*, Ein neuer Informationsanspruch auf europäischer Ebene: Der Verhaltenskodex vom 6. Dezember 1993 für den Zugang der Öffentlichkeit zu Kommissions- und Ratsdokumenten, DVBl. 1994, S. 1182.
19 EuGH Rs. C-58/94, 30.4.1996, Slg. 1996, I-2169, Rn. 23 ff. (Niederlande/Rat).
20 Vgl. zur Rechtsgrundlage EuGH Rs. C-58/94, 30.4.1996, Slg. 1996, I-2169, Rn. 28 ff. (Niederlande/Rat).
21 ABl.EG 1993, Nr. L 340/43, geändert durch Beschluß 96/705/EG, ABl.EG 1996 Nr. L 325/19 und durch 2000/527/EG, ABl.EG 2000 Nr. L 212/9; gegen den Beschluß 2000/527/EG haben die Niederlande Klage erhoben, Rs. C-369/00; vgl. auch Beschluß 2000/23/EG v. 6.12.1999 zur Verbesserung der Information über die Gesetzgebungstätigkeit des Rates und das öffentliche Register der Ratsdokumente, ABl.EG 2000 Nr. L 9/22, geändert durch Beschluß 2000/527/EG, ABl.EG 2000 Nr. L 212/9; vgl. weiter Beschluß 2001/320/EG v. 9.4.2001 mit dem bestimmte Kategorien von Ratsdokumenten der Öffentlichkeit zugänglich gemacht werden; informativ: *Generalsekretariat des Rates*, Dritter Bericht über die Durchführung des Beschlusses 93/731/EG des Rates über den Zugang der Öffentlichkeit zu Ratsdokumenten (1998-1999), Dok. 13275/00.
22 Verordnung (EG) Nr. 1049/2001 des EP und des Rates v. 30.5.2001 über den Zugang der Öffentlichkeit zu Dokumenten des EP, des Rates und der Kommission, ABl.EG 2001, Nr. L 145/43; vgl. dazu die Kommentierung zu Art. 255.

Art. 208 (ex-Art. 152)

Der Rat kann die Kommission auffordern[3,4], die nach seiner Ansicht zur Verwirklichung der gemeinsamen Ziele[2] geeigneten Untersuchungen vorzunehmen und ihm entsprechende Vorschläge zu unterbreiten.

Die Vorschrift ist auch in der GASP und der PJZS anwendbar (Art. 28 Abs. 1, Art. 41 Abs. 1 EUV). 1

Der Rat kann Rechtsakte im Regelfall nur auf Vorschlag der Kommission beschließen. Ein Gegengewicht im institutionellen Gleichgewicht bildet die Möglichkeit, von der Kommission im Rahmen der Gemeinschafts- und Unionszuständigkeiten zur Verwirklichung der Ziele von EUV (Präambel und Art. 2 EUV) und EGV (Präambel, Art. 2 und 3) mit einfacher Mehrheit (Art. 205 Abs. 1) Untersuchungen oder Vorschläge einzufordern. 2

Die Aufforderung ist **für die Kommission** insoweit **verbindlich**, als die Kommission zu dem betreffenden Gegenstand einen Vorschlag vorlegen oder eine Untersuchung durchführen muß.[1] Das folgt aus dem Grundsatz der Organtreue.[2] Zudem wäre die Bestimmung anderenfalls überflüssig, weil der Rat unverbindliche Anregungen auch ohne besondere Regelung im EGV geben könnte. Die Vorschrift soll Blockaden der Ratsarbeit vorbeugen. Und sie soll es dem Rat ermöglichen, den größeren und mit besonderen Informationsrechten ausgestatteten (Art. 284) Apparat der Kommission zur Unterstützung seiner Arbeit heranzuziehen. 3

Die Aufforderung kann im Wege der **Untätigkeitsklage** (Art. 232) durchgesetzt werden. In der **inhaltlichen Ausgestaltung** des Vorschlags oder der Untersuchung ist die Kommission **frei**. 4

---

1 O. *Harnier*, in: GTE, EG-/EUV, Art. 148, Rn. 4; *Hix*, in Schwarze, EU, Art. 208, Rn. 6; a.A. M. *Schweitzer*, in: Grabitz/Hilf, EU, Art 208, Rn. 3: Ermessen der Kommission, wo Bindung nicht ausdrücklich angeordnet – wie z.B. in Art. 133 Abs. 3 UAbs. 2.
2 Dazu Art. 10, Rn. 56.

Art. 209 (ex-Art. 153)

Der Rat regelt nach Stellungnahme der Kommission die rechtliche Stellung der in diesem Vertrag vorgesehenen Ausschüsse.

1 Der Rat kann die Satzungen der im EGV und – wegen der Verweisung in Art. 28 Abs. 1 und Art. 43 Abs. 1 EUV – auch der im EUV vorgesehenen Ausschüsse erlassen. Das betrifft z.B. das Politische Komitee (Art. 25 EUV), den Koordinierungsausschuß nach Art. 36 EUV, den Verkehrsausschuß (Art. 79), den beratenden Währungsausschuß bzw. den Wirtschafts- und Finanzausschuß (Art. 114), den Beschäftigungsausschuß (Art. 130), den Ausschuß nach Art. 133 Abs. 3 UAbs. 2, den Ausschuß nach Art. 147, den AStV (Art. 207), nicht jedoch den WSA (Art. 260 Abs. 2) und den AdR (Art. 264 Abs. 2), die sich selbst eine GO geben können. Der Rat beschließt mit einfacher Mehrheit (Art. 205 Abs. 1) nach unverbindlicher (Art. 249 Abs. 5) Stellungnahme der Kommission (wesentliche Formvorschrift i.S.v. Art. 230 Abs. 2). Die Ausschüsse können ihre internen Verhältnisse im Rahmen der vom Rat erlassenen Satzung regeln.

2 Nicht in den Verträgen vorgesehene Ausschüsse können auf der Grundlage von Art. 308 oder der Ermächtigungen im Rahmen der einzelnen Politikbereiche eingerichtet werden. Rein organinterne Beratungsgremien kann jedes Organ im Rahmen seiner Organisationsgewalt selbst einrichten.[1]

---

1 Zu den beratenden Ausschüssen, Verwaltungsausschüssen und den Regelungsausschüssen im Rahmen der Komitologie vgl. Art. 202, Rn. 12 ff.

Art. 210 (ex-Art. 154)

Der Rat setzt mit qualifizierter Mehrheit die Gehälter, Vergütungen und Ruhegehälter für den Präsidenten und die Mitglieder der Kommission, für den Präsidenten, die Richter, die Generalanwälte und den Kanzler des Gerichtshofs sowie für die Mitglieder und den Kanzler des Gerichts erster Instanz fest. Er setzt mit derselben Mehrheit alle sonstigen als Entgelt gezahlten Vergütungen fest.

Amsterdamer Fassung:

Der Rat setzt mit qualifizierter Mehrheit die Gehälter, Vergütungen und Ruhegehälter für den Präsidenten und die Mitglieder der Kommission sowie für den Präsidenten, die Richter, die Generalanwälte und den Kanzler des Gerichtshofes fest. Er setzt mit derselben Mehrheit alle sonstigen als Entgelt gezahlten Vergütungen fest.

Die Gehälter, Vergütungen und Ruhegehälter der Mitglieder von Kommission und Gerichtshof hat der Rat durch die VO Nr. 422/67/EWG und 5/57/EURATOM vom 28.7.1967 festgelegt.[1] Die Bedeutung von Satz 2 ist unklar. Teilweise wird er als Ausweitung des Personenkreises auf alle Personen, die in einer Beziehung zur Gemeinschaft stehen, verstanden; nach a.A. weitet er die Regelungskompetenz lediglich über das Gehalt hinaus auf andere Arten von Vergütungen aus.[2] Die Dienstbezüge der Beamten und sonstigen Bediensteten der Gemeinschaft wurden jedenfalls nicht auf der Grundlage dieser Vorschrift, sondern auf Art. 24 Abs. 1 FusV (Art. 283) geregelt. Die Festsetzung muß mit doppelt qualifizierter Mehrheit nach Art. 205 Abs. 2, 2. Spstr. erfolgen.

---

[1] ABl.EG 1967 Nr. 187/1, zuletzt geändert durch Verordnung (EG, EGKS, Euratom) Nr. 2778/98 des Rates vom 17. Dezember 1998, ABl.EG 1998 Nr. L 347/1.

[2] Vgl. *Hix*, EU, Art. 210, Rn. 4 f.; *M. Schweitzer*, in: Grabitz/Hilf, EU, Art. 210, Rn. 4 jeweils m.w.N.

Abschnitt 3
Die Kommission

Art. 211 (ex-Art. 155)

Um das ordnungsgemäße Funktionieren und die Entwicklung des Gemeinsamen Marktes zu gewährleisten, erfüllt die Kommission folgende Aufgaben[1]:
- für die Anwendung dieses Vertrags sowie der von den Organen aufgrund dieses Vertrags getroffenen Bestimmungen Sorge zu tragen;[2 ff.]
- Empfehlungen oder Stellungnahmen auf den in diesem Vertrag bezeichneten Gebieten abzugeben, soweit der Vertrag dies ausdrücklich vorsieht oder soweit sie es für notwendig erachtet;[8]
- nach Maßgabe dieses Vertrags in eigener Zuständigkeit Entscheidungen zu treffen[9 ff.] und am Zustandekommen der Handlungen des Rates und des Europäischen Parlamentes mitzuwirken;[12 ff.]
- die Befugnisse auszuüben, die ihr der Rat zur Durchführung der von ihm erlassenen Vorschriften überträgt.[15]

Inhaltsübersicht:

I. Aufgaben der Kommission	1
II. Kontrolle der Anwendung des Gemeinschaftsrechts	2
III. Abgabe von Empfehlungen und Stellungnahmen	8
IV. Treffen von Entscheidungen	9
V. Mitwirkung am Zustandekommen von Rechtsakten	12
VI. Wahrnehmung von Durchführungsbefugnissen	15

I. Aufgaben der Kommission

1 Art. 211 enthält die **konstitutive Beschreibung der Kommissionsaufgaben**[1], während die Aufgabennormen für die übrigen Organe (Art. 189, 202 und 220) lediglich deklaratorischer Natur sind[2]. Trotz der auf Funktionieren und Entwicklung des Gemeinsamen Marktes beschränkten Formulierung erstrecken sich die in Art. 211 genannten Kommissionsaufgaben auf die gesamte Gemeinschaftstätigkeit[3]. Art. 211 ist konstitutiv, aber nicht exklusiv; weitere Aufgabenzuweisungen sind etwa in den Art. 133, 212, 282 und 302 sowie im Rahmen des Unionsrechts enthalten (s. Art. 27; 28, Rn. 3; 36 EUV)[4]. Außerhalb des Art. 211 gehört beispielsweise der Betrieb von Ständigen Vertretungen zu den Kommissionsaufgaben. Typologisch lassen sich die Aufgaben bald der Tätigkeit des **Regierens**, bald des **Verwaltens** zuordnen[5], wenn auch die Kommission nach dem gegenwärtigen und angestrebten Stand des Gemeinschaftsrechts keine Zentralregierung

---

1 Vgl. allgemein *R. Knöpfle*, Die Kommission der Europäischen Gemeinschaften, integration 1970, S. 81 ff.; *H. Schmitt von Sydow*, Organe der erweiterten Europäischen Gemeinschaften – Die Kommission, 1980.
2 *H. Schmitt von Sydow*, in: GTE, EU-/EGV, Art. 155, Rn. 1.
3 Allg. Meinung, vgl. nur *W. Hummer*, in: Grabitz/Hilf, EU, Art. 155, Rn. 2; *H. Schmitt von Sydow*, in: GTE, EU-/EGV, Art. 155, Rn. 2.
4 Vgl. *W. Hummer*, in: Grabitz/Hilf, EU, Art. 155, Rn. 4; *ders./W. Obwexer*, Die neue »Europäische Kommission« 1995–2000 – Benennung, Investitur und Zusammensetzung, EuR 1995, S. 129.
5 Politische Einteilung der Kommissionsaufgaben bei *H. Schmitt von Sydow*, in: GTE, EU-/EGV, Art. 155, Rn. 3: Hüterin des Gemeinschaftsrechts/Motor der Integration/Entscheidungs- und Ausführungsorgan/Sprecherin, sowie bei *G. Edwards/D. Spence*, The Commission in Perspective, in: dies. (Hrsg.), The European Commission, 2. Aufl., London 1997, S. 1 (4 f.): initiative role/administrative and management role/normative role/mediative role/representative role (nach *D. Coombes*, Politics and Bureaucracy in the EC, London 1970).

von Union und Gemeinschaft ist, sondern im Zusammenwirken mit den mitgliedstaatlichen Regierungen und Verwaltungen ihre Aufgaben wahrnimmt (s. Art. 10, Rn. 23 ff.).

II. Kontrolle der Anwendung des Gemeinschaftsrechts

Als **Hüterin des Gemeinschaftsrechts** ist die Kommission zur Überwachung der Einhaltung des primären und sekundären Gemeinschaftsrechts befugt und verpflichtet. Sie übt mithin die Funktion der direkten **Aufsicht** über Umsetzung und Vollzug des Gemeinschaftsrechts aus. Die im Schrifttum bisweilen geforderte Limitierung dieser Aufsichtstätigkeit auf die »spezifische Verletzung von Gemeinschaftsrecht« unter Ausklammerung des Vollzuges i.e.S.[6] ist abzulehnen. Aus Art. 211, 1. Spstr. läßt sich eine solche Begrenzung nicht entnehmen. Sie wäre angesichts des erheblichen Vollzugsdefizits im Gemeinschaftsrecht kontraproduktiv. Allerdings ist mit Blick auf die Gemeinschaftskompetenz Bestrebungen, den mitgliedstaatlichen Vollzug namentlich im Umweltrecht gemeinschaftsrechtlich zu organisieren, zu koordinieren und zu überwachen[7], mit Skepsis zu begegnen[8]. Die Kommission überwacht auch die Einhaltung der Urteile des EuGH[9]. 2

Zur **Ermittlung** eines Rechtsverstoßes kann die Kommission alle erforderlichen Auskünfte einholen und Nachprüfungen vornehmen, Art. 284 (dort auch zur Ermittlungsbefugnis im einzelnen). Den Mitgliedstaaten obliegen dabei eine allgemeine Informationspflicht aus Art. 10 Abs. 1 sowie spezielle Informationspflichten, die sich aus dem Primärrecht oder einzelnen sekundärrechtlichen Vorschriften ergeben. Besonders bedeutsam ist die in Rechtsangleichungsrichtlinien verankerte Verpflichtung der Mitgliedstaaten, Umsetzungsmaßnahmen zur Überprüfung ihrer Gemeinschaftsrechtskonformität der Kommission anzuzeigen. Für den Binnenmarktbereich gibt es mit der VO 2679/98 ein **Frühwarnsystem** bei Behinderungen des Freien Warenverkehrs[10]. 3

Namentlich in den Bereichen Binnenmarkt und Umweltschutz ist das informelle **Beschwerdeverfahren** bedeutsam[11]. Die Kommission nimmt Beschwerden der Gemeinschaftsbürger über Rechtsverletzungen entgegen, hat sich zur ihrer Bearbeitung verpflichtet und hierzu ein unverbindliches Formular veröffentlicht[12]. Obwohl das Beschwerdeverfahren dem Prinzip der funktionalen Subjektivierung des Gemeinschaftsrechts (Art. 249, Rn. 21) folgend den Bürger in die Aufsicht über die Einhaltung des Gemeinschaftsrechts integriert und ihm entsprechend ein Recht auf Erhebung einer Beschwerde zusteht[13], gibt es keinen Anspruch auf Einleitung von Maßnahmen gem. 4

---

6 So *R. Breuer*, EG-Richtlinien und deutsches Wasserrecht, WiVerw 1990, S. 79 (113 ff.). Vgl. auch *A. Klösters*, Kompetenzen der EG-Kommission im innerstaatlichen Vollzug von Gemeinschaftsrecht, 1994, S. 86 ff.
7 Vgl. die Mitteilung der Kommission über die Durchführung des Umweltrechts der Gemeinschaft vom 25.10.1996, Dok. KOM(96) 500 endg., Ziff. 26 ff.
8 Ausführlich *M. Schröder*, Aktuelle Entwicklungen im europäischen Umweltrecht, NuR 1998, S. 1 (5 f.).
9 S. dazu Art. 228, Rn. 8 ff.
10 VO (EG) Nr. 2679/98 des Rates vom 7.7.1998 über das Funktionieren des Binnenmarktes im Zusammenhang mit dem freien Warenverkehr zwischen den Mitgliedstaaten, ABl.EG 1998 Nr. L 337/8.
11 Vgl. *K. Jorna*, in: Schwarze (Hrsg.), EU-Kommenar, Art. 211, Rn. 5 ff.
12 ABl.EG 1989 Nr. L 26/6.
13 *L. Krämer*, Grundrecht auf Umwelt und Gemeinschaftsrecht, EuGRZ 1988, S. 285 (294); *ders.*, Zur innerstaatlichen Wirkung von Umwelt-Richtlinien der EWG, WiVerw 1990, S. 138 (159); *ders.*, The Individual's Right of Complaint on Environmental Matters in Community Law, in: ders., Focus on European Environmental Law, London 1992, S. 229 (233). S. auch *I. Pernice*, Kompetenzordnung und Handlungsbefugnisse der EG auf dem Gebiet des Umwelt- und Technikrechts, UTR 7, S. 9 (51).

Art. 226 (s. Rn. 6). Die Selbstverpflichtung der Kommission führt lediglich dazu, daß sie sich mit der Beschwerde befassen und nach pflichtgemäßem Ermessen entscheiden muß[14].

5 Die Mehrzahl der festgestellten Verstöße werden durch **Konsultationen** zwischen der Kommission und dem jeweiligen Mitgliedstaat beseitigt[15].

6 Mißlingt dies, beginnt die Kommission mit der Anhörung des Mitgliedstaats im Vertragsverletzungsverfahren, dessen weitere Stufen (begründete Stellungnahme, Klage) eingeleitet werden, wenn auch diese scheitert. Eine Pflicht zum Betreiben des Verfahrens nach Art. 226 besteht nicht; der Kommission steht ein Ermessensspielraum zu[16]. Die Kommission ist nicht befugt, Garantien hinsichtlich der Gemeinschaftsrechtskonformität einer mitgliedstaatlichen (Umsetzungs-)Maßnahme zu geben, und sie kann ein vertragswidriges Verhalten nicht genehmigen[17]. Durch den Maastrichter Vertrag wurde das Vertragsverletzungsverfahren um die Sanktionsmöglichkeit nach Art. 228 Abs. 2 ergänzt (s. Art. 228, Rn. 9 ff.).

7 Befugnisse gegen Privatpersonen bestehen vor allem im Wettbewerbsrecht (s. Art. 83, Rn. 16 ff.).

III. Abgabe von Empfehlungen und Stellungnahmen

8 Die Kommission ist befugt, in Durchbrechung des Prinzips der begrenzten Einzelermächtigung (Art. 5, Rn. 8) Empfehlungen und Stellungnahmen auf dem Gebiet des Gemeinschaftsrechts abzugeben. Diese Aktionsmittel entfalten nicht zu unterschätzende politische Wirkungen[18]. Dennoch ist die Kommission nicht zur vorherigen Anhörung des EP verpflichtet[19].

IV. Treffen von Entscheidungen

9 Die Kommission wird durch den EGV zu einer Fülle von Handlungen im Einzelfall **ausdrücklich** ermächtigt, die nicht immer in Form einer Entscheidung i.S.v. Art. 249 Abs. 4 ergehen. Die wichtigsten Einzelkompetenzen bestehen im Wettbewerbsrecht (s. Art. 83, Rn. 16 ff.), bei der Genehmigung von Beihilfen (s. Art. 88, Rn. 1) sowie der Ermächtigung der Mitgliedstaaten, im »nationalen Alleingang« vom Gemeinschaftsrecht abzuweichen (s. Art. 95, Rn. 36).

10 Darüber hinaus verfügt die Kommission nach der völkerrechtlichen *implied powers*-Lehre über alle Befugnisse, derer sie zur sinnvollen Ergänzung ihrer bestehenden Befugnisse bedarf.

11 Ob es zudem **ungeschriebene Rechtsetzungsbefugnisse** der Kommission bei vertragswidriger Untätigkeit des Rates gibt, wurde Anfang/Mitte der achtziger Jahre diskutiert. Der

---

14 Vgl. auch EuG, Rs. 105/95, Slg. 1997, II-313, Rn. 54 (WWF UK/Kommission) zur Selbstverpflichtung zur Herausgabe von Dokumenten.
15 *H. Schmitt von Sydow*, in: GTE, EU-/EGV, Art. 155, Rn. 20.
16 Allg. Meinung, vgl. *W. Hummer*, in: Grabitz/Hilf, EU, Art. 155, Rn. 27.
17 EuGH, Rsc. C-415/93, Slg. 1995, 4921, Rn. 136 (Bosman); Rs. C-340/96, Slg. 1999, I-2023, Rn. 31 (Kommission/Vereinigtes Königreich).
18 *H. Schmitt von Sydow*, in: GTE, EU-/EGV, Art. 155, Rn. 32.
19 *W. Hummer*, in: Grabitz/Hilf, EU, Art. 155, Rn. 31.

Gerichtshof bestätigte zunächst implizit eine Reihe solcher provisorischer Regelungen[20], zeigte sich aber später zurückhaltender[21]. Im Schrifttum zunächst kontrovers diskutiert[22], ist das Problem mittlerweile angesichts der zunehmenden Bedeutung von Mehrheitsentscheidungen entschärft worden. Sollte es wieder auftreten, so könnte man sich an den Sachwalterkompetenzen der Mitgliedstaaten[23] orientieren, die Anforderungen jedoch lockern, weil es nur um eine Durchbrechung der Organkompetenz, nicht jedoch der Verbandskompetenz geht.

V. Mitwirkung am Zustandekommen von Rechtsakten

Im Rechtssetzungsprozeß wahrt die Kommission die »zentripetalen« Integrationsinteressen durch ihre Vorschläge, während sie nach dem EGKS, der als *traité loi* weit weniger als der spätere EWGV/EGV oder gar der EUV der Ausfüllung bedarf, selbst als zentrales Rechtsetzungsorgan gedacht war. 12

Der Kommission kommt ein **Vorschlagsmonopol** zu (vgl. Art. 250)[24]. Einzige Bindungen sind dabei Fristenbestimmungen sowie die Möglichkeit des Rates, die Kommission zur Abgabe eines Vorschlages aufzufordern[25] (s. Art. 208, Rn. 2 f.). Die Einführung von Initiativrechten anderer Organe wird kontrovers diskutiert[26]. 13

Über konkrete Rechtsetzungsvorschläge hinaus fördert die Kommission die integrativen Gemeinschaftspolitiken durch **Grünbücher** (themenbezogene Diskussionsgrundlagen für beteiligte Kreise), **Weißbücher** (legislative Programme), **Programme** und sonstige **Stellungnahmen** (s.o. Rn. 8). 14

VI. Wahrnehmung von Durchführungsbefugnissen

Art. 211, 4. Spstr. korrespondiert mit Art. 202, 3. Spstr. Der Kommission werden die Befugnisse als eigene zugewiesen; es handelt sich nicht um delegierte Ratsbefugnisse[27]. Eine andere Auslegung wäre unpraktikabel, weil dann die Kommission die gleichen Verfahrensregeln beachten müßte (Anhörung des EP etc.) wie der Rat[28]. Der Begriff der Durchführung ist weit auszulegen[29]. Vgl. zur Befugnisübertragung, insbesondere zu den Ausschußverfahren ausf. Art. 202, Rn. 12 ff. 15

---

20 EuGH, Rs. 84/81, Slg. 1982, 1763 (Staple Dairy Products/Intervention Board for Agricultural Produce).
21 EuGH, Rs. 325/85, Slg. 1987, 5041 (Irland/Kommission).
22 Vgl. *F. Lamoureux*, Les pouvoirs de la Commission en cas de vide juridique du fait de la carence du Conseil, RMC 1984, S. 215; *F. Mercadier-Francisci*, Le vide juridique et ses conséquences institutionnelles, RTDE 30 (1994), S. 579 (593 ff.); *J. Schwarze*, Ungeschriebene Geschäftsführungskompetenzen für die Kommission bei Untätigkeit des Rates?, EuR 1982, S. 133, sowie der Editorial Comment in CMLRev. 18 (1981), S. 267.
23 Vgl. Art. 10, Rn. 38.
24 Vgl. zusammenfassend *P. Gilsdorf*, Die Rolle der Kommission bei der gemeinschaftlichen Rechtsetzung, in: Rüther/Pawlik (Hrsg.), Der Beitrag des Rechts zum europäischen Einigungsprozeß, 1984, S. 91 ff.
25 *W. Hummer*, in: Grabitz/Hilf, EU, Art. 155, Rn. 40; *H. Schmitt von Sydow*, in: GTE, EU-/EGV, Art. 155, Rn. 39.
26 Dazu *H. Schmitt von Sydow*, in: GTE, EU-/EGV, Art. 155, Rn. 56 ff.
27 *H. Schmitt von Sydow*, in: GTE, EU-/EGV, Art. 155, Rn. 75.
28 *W. Hummer*, in: Grabitz/Hilf, EU, Art. 155, Rn. 49.
29 EuGH, Rs. 23/75, Slg. 1975, 1279, Rn. 10/14 (Rey Soda).

Art. 212 (ex-Art. 156)

Die Kommission veröffentlicht jährlich, und zwar spätestens einen Monat vor Beginn der Sitzungsperiode des Europäischen Parlaments, einen Gesamtbericht über die Tätigkeit der Gemeinschaften.

1 Der alljährlich vorgelegte, formal an das Parlament adressierte, jedoch für die Öffentlichkeit gedachte Bericht informiert umfassend über die Tätigkeit der gesamten Gemeinschaft[1]. Erscheinungstermin ist jeweils im Februar. Durch die Vorlage an das Parlament gibt die Kommission Rechenschaft über die Gemeinschaftstätigkeit. Bei der Vorlage im Parlament gibt der Kommissionspräsident eine Art Regierungserklärung ab. Weitere Berichte betreffen die Wettbewerbs- und Agrarpolitik sowie die Kontrolle der Anwendung des Gemeinschaftsrechts und den Stand der Arbeiten zur Vollendung des Binnenmarktes[2].

2 Zusätzlich publiziert die Kommission ein monatliches Bulletin sowie eine Unzahl weiterer Schriften. Zu ihrer Verbreitung verfügt sie über zahlreiche Informationsbüros in den Mitgliedstaaten[3]. Kommissionsdokumente tragen die Bezeichnung »Dok. KOM«, Vorlagen der Kabinette an die Kommission die Bezeichnung »Sek.«. Durch das **Internet** wurde der Informationsfluß noch gesteigert[4].

---

1 Zur Geschichte des Art. 212 s.u. Art. 213, Rn. 1.
2 Aufstellung aller Berichte bei W. *Hummer*, in: Grabitz/Hilf, EU, Art. 156, Rn. 10.
3 W. *Hummer*, in: Grabitz/Hilf, EU, Art. 156, Rn. 14.
4 Die Internet-Adresse der Gemeinschaft lautet: http://europa.eu.int.

Art. 213 (ex-Art. 157)

(1) Die Kommission besteht aus zwanzig Mitgliedern[2 f.], die aufgrund ihrer allgemeinen Befähigung ausgewählt werden und volle Gewähr für ihre Unabhängigkeit bieten müssen[4].

Die Zahl der Mitglieder der Kommission kann vom Rat einstimmig geändert werden.

Nur Staatsangehörige der Mitgliedstaaten können Mitglieder der Kommission sein.[4]

Der Kommission muß mindestens ein Staatsangehöriger jedes Mitgliedstaats angehören, jedoch dürfen nicht mehr als zwei Mitglieder der Kommission dieselbe Staatsangehörigkeit besitzen[2 f.].

(2) Die Mitglieder der Kommission üben ihre Tätigkeit in voller Unabhängigkeit zum allgemeinen Wohl der Gemeinschaft aus.[4]

Sie dürfen bei der Erfüllung ihrer Pflichten Anweisungen von einer Regierung oder einer anderen Stelle weder anfordern noch entgegennehmen. Sie haben jede Handlung zu unterlassen, die mit ihren Aufgaben unvereinbar ist. Jeder Mitgliedstaat verpflichtet sich, diesen Grundsatz zu achten und nicht zu versuchen, die Mitglieder der Kommission bei der Erfüllung ihrer Aufgaben zu beeinflussen.[5]

Die Mitglieder der Kommission dürfen während ihrer Amtszeit keine andere entgeltliche oder unentgeltliche Berufstätigkeit ausüben. Bei der Aufnahme ihrer Tätigkeit übernehmen sie die feierliche Verpflichtung, während der Ausübung und nach Ablauf ihrer Amtstätigkeit die sich aus ihrem Amt ergebenden Pflichten zu erfüllen, insbesondere die Pflicht, bei der Annahme gewisser Tätigkeiten oder Vorteile nach Ablauf dieser Tätigkeit ehrenhaft und zurückhaltend zu sein. Werden diese Pflichten verletzt, so kann der Gerichtshof auf Antrag des Rates oder der Kommission das Mitglied je nach Lage des Falles gemäß Artikel 216 seines Amtes entheben oder ihm seine Ruhegehaltsansprüche oder andere an ihrer Stelle gewährte Vergünstigungen aberkennen.[5a ff.]

Die Hohe Behörde des EGKSV und die Kommission nach EWGV und EAGV wurden 1965 wie auch die übrigen Gemeinschaftsorgane zu einer Institution, der Kommission, **fusioniert**[1]. Zur **Terminologie** Art. 5 EUV, Rn. 9. Hierzu wurden die Vorschriften über die Kommission aus dem EWGV genommen und in einen eigenen Vertrag, den FusV, übertragen. Seit dem Maastrichter Vertrag sind sie wieder Bestandteil des EGV. Der Vertrag von Amsterdam brachte geringfügige, der Vertrag von Nizza weiterreichende Änderungen.

Die gegenwärtige **Anzahl der Mitglieder** der Kommission beträgt zwanzig[2]. Sie ist primärrechtlich fixiert, jedoch durch einstimmigen Ratsbeschluß abänderbar (Abs. 1 UAbs. 2). Jeder Mitgliedstaat stellt mindestens ein Mitglied der Kommission; die Staaten Deutschland, Frankreich, Großbritannien, Italien und Spanien jeweils zwei. Trotz dieser Zuordnung sind die Mitglieder der Kommission keine Vertreter ihres Mitgliedstaates.

---

1 Ausführlich zur historischen Entwicklung W. *Hummer*, in: Grabitz/Hilf, EU, vor Art. 155, Rn. 1 ff.
2 Zur Entwicklung dieser Zahl W. *Hummer*, in: Grabitz/Hilf, EU, Art. 155, Rn. 4.

Art. 213 EG-Vertrag

3   Bei einer **Erweiterung der Union/Gemeinschaft** muß die Arbeitsfähigkeit der Kommission gesichert werden. Die Diskussion über **Reformen** in diese Richtung begann im Vorfeld des Vertrages von Amsterdam[3]. Dort wurde das Problem aufgeschoben und nicht im Sinne einer Reduzierung der Mitgliederzahl und Arbeitsteilung gelöst[4]. Das in **Nizza** vereinbarte »**Protokoll über die Erweiterung der Europäischen Union**« (s. Anhang) enthält zumindest eine Obergrenze für das Prinzip, daß jeder Mitgliedstaat ein Mitglied der Kommission stellt. Wenn – nach 2005 – die Zahl der Mitgliedstaaten die Zahl 27 übersteigt, sieht Art. 4 des Protokolls eine automatische Änderung von Art. 213 ab dem Tag des Amtsantritts der ersten Kommission nach dem Beitritt des siebenundzwanzigsten Mitgliedstaats vor. Mit diesem Zeitpunkt liegt die Zahl der Mitglieder der Kommission unter der Zahl der Mitgliedstaaten, und die Kommissionsmitglieder werden dann auf der Grundlage einer gleichberechtigten Rotation ausgewählt. Es tritt dann außerdem eine Regelung in Kraft, die der Rat einstimmig nach Unterzeichnung des Beitrittsvertrages des siebenundzwanzigsten Mitglieds festlegt. Die Regelung muß die neue Mitgliederzahl und die Einzelheiten der Rotation, d.h. sämtliche Kriterien zur automatischen Festlegung der Zusammensetzung der Kommission enthalten. Für jene Kriterien enthält Art. 4 des Protokolls die Vorgabe einer Gleichbehandlung der Staaten bei Reihenfolge und Dauer der Amtszeiten ihrer Staatsangehörigen (woraus folgen soll, daß die Anzahl der Angehörigen eines Staates in der Kommission diejenige eines anderen Staates niemals um mehr als einen übersteigt) sowie die der geographischen und demographischen Proportionalität jeder einzelnen Kommission. Bis zur Anwendung der Neuregelung wird jeder neu beitretende Staat ein Kommissionsmitglied stellen.

3 a   In der **Bewertung** bleibt die lang erwartete Reformregelung hinter den zu Recht hohen Erwartungen zurück. Sie schöpft das Potential der Reformvorschläge nicht aus. So spielt etwa Einführung von »Junior-Kommissaren« i.S.v. Staatssekretären[5] im Reformprozeß keine Rolle mehr. Nur sehr zaghaft lösen sich die Staats- und Regierungschefs von der Vorstellung, daß jeder Staat in der Kommission repräsentiert sein muß, obwohl es für eine solche Konstellation Präzedenzfälle gibt[6]. Dies basiert auf der grundsätzlichen Fehldeutung der Kommission als Repräsentationsorgan der Mitgliedstaaten[7]. Immerhin ist an anderer Stelle eine effizientere Binnengliederung der Kommission nor-

---

3   Zusammenfassend der Bericht der Reflexionsgruppe zur Regierungskonferenz 1996 vom 5.12.1995, Ziff. 113 (abgedruckt in: *EP* (Hrsg.), Weißbuch zur Regierungskonferenz 1996, Band I, Luxemburg 1996, S. 153 ff.; s. auch die weiteren Dokumente ebda. S. 36 f.; S. 57, 131 und 174 der Anlage I sowie die unterschiedlichen Positionen der Mitgliedstaaten in Band II). S. dazu *J. A. Frowein*, Die Verfassung der EU aus der Sicht der Mitgliedstaaten, EuR 1995, S. 315 (328); *J. J. Hesse*, Institutioneller Wandel in Europa als Bestandssicherung und Konsolidierung, in: Grimm/Hesse/Jochimsen/Scharpf (Hrsg.), Zur Neuordnung der EU, 1996/97, S. 93 (110 ff.); *W. Hummer/W. Obwexer*, Die neue »Europäische Kommission« 1995–2000 – Benennung, Investitur und Zusammensetzung, EuR 1995, S. 129 (140); *J. Lipsius*, The 1996 Intergovernmental Conference, ELR 20 (1995), S. 235 (251 f.); *K. O. Nass*, Eine Institution im Wandel: Die Europäische Kommission, FS-Mestmäcker, 1996, 411 (431 f.); *R. Toulemon*, L'avenir de la Commission européenne, C.D.E. 34 (1998), S. 501. Zu früheren Reformansätzen vgl. *C.-D. Ehlermann*, Das schwierige Geschäft der Kommission, EuR 1981, S. 335 (337 ff.); *H. P. Ipsen*, Die EG-Kommission in der Reformdiskussion, FS-Schlochauer, 1981, S. 813.
4   Kritisch daher *R. Bieber*, Reformen der Institutionen und Verfahren – Amsterdam kein Meisterstück, integration 1997, S. 236 (238 und 240).
5   Vgl. EP, Entschließung vom 20.1.1993, Ziff. 22b, 6. Spstr., ABl.EG 1993 Nr. C 42/124; *U. Fastenrath*, Die Struktur der erweiterten Europäischen Union, EuR-Beih. 1/1994, S. 101 (109 f.); *H. Schmitt von Sydow*, in: GTE, EU-/EGV, Art. 157, Rn. 11. Vorsichtig zustimmend der Bericht der Reflexionsgruppe (Fn. 3), Ziff. 118.
6   *H. Schmitt von Sydow*, in: GTE, EU-/EGV, Art. 157, Rn. 9. S. u. Art. 215, Rn. 1.
7   *J. Mornaer*, Die Kommission nach dem Vertrag von Nizza: ein gestärkter Präsident und ein geschwächtes Organ?, integration 2001, 114 (116).

miert worden (Art. 217), die nach dem Ressortprinzip unter Führung des Präsidenten arbeiten soll.

Die Kommissionsmitglieder – nicht jedoch alle Mitarbeiter der Dienststellen (s.u. Art. 218, Rn. 5 ff.) – müssen **Staatsangehörige der Mitgliedstaaten** sein. Des weiteren müssen sie die **allgemeine Befähigung** für ihr Amt besitzen. Einer bestimmten fachlichen Befähigung (so z.B. Art. 112 Abs. 2 lit. b, 223 Abs. 1, 247 Abs. 2) bedarf es nicht. Die Mitglieder der Kommission sind im Regelfall (Berufs-)Politiker. Die häufig berechtigte Kritik an der Auswahlpraxis läßt sich mit juristischen Kategorien nicht greifen. Schließlich muß die **Unabhängigkeit** der Kommissionsmitglieder gewährleistet sein. Diese zu sichern dienen die Pflichten in Abs. 2. Unabhängigkeit meint hier nicht die institutionelle Unabhängigkeit der Kommission von den Mitgliedstaaten, die sich bereits aus ihrem supranationalen Charakter ergibt[8]. 4

Die Unabhängigkeit der Mitglieder der Kommission gegenüber den Mitgliedstaaten wie gegenüber sonstigen Stellen einschließlich Privater ist ein zentrales Anliegen der Vertragsstaaten (Abs. 1 UAbs. 1, Abs. 2 UAbs. 1). Zur Sicherung der **Unabhängigkeit gegenüber den Mitgliedstaaten** verbietet der Vertrag die Anforderung und Annahme von Anweisungen (Art. 2 UAbs. 2 S. 1), womit ein an die Mitgliedstaaten gerichtetes Verbot der Einflußnahme korrespondiert (Art. 2 UAbs. 2 S. 3). Durch die enge Verbindung zur politischen Führung des jeweiligen Mitgliedstaats besteht in der Praxis gleichwohl eine Grauzone politischer Beeinflussung[9]. Der Unabhängigkeit gegenüber den Mitgliedstaaten dient aber auch das absolute Berufsverbot (Abs. 2 UAbs. 3 S. 1, dazu weiter Rn. 5a), das eine umfassende Inkompatibilität mit jedwedem anderen Amt zur Folge hat. 5

Um die **Unabhängigkeit gegenüber sonstigen Stellen einschließlich Privater** zu sichern, sind Anforderung und Annahme von Anweisungen ebenfalls verboten (Abs. 2 UAbs. 2 S. 1). Während der Amtszeit besteht ein absolutes Berufsverbot (entgeltliche sowie unentgeltliche Tätigkeit; Abs. 2 UAbs. 3 S. 1); nach ihrer Beendigung die Verpflichtung zu Ehrenhaftigkeit und Zurückhaltung bei der Aufnahme von Tätigkeiten und der Annahme von Vorteilen (Abs. 2 UAbs. 3 S. 2). Letztere ist Bestandteil der feierlichen Verpflichtungserklärung bei Amtsantritt. Die Tätigkeit in Lehre und Wissenschaft sowie für politische Organisationen wurde in der Praxis früher stillschweigend gebilligt. Generalklauselartig gebietet schließlich Abs. 2 UAbs. 2 S. 2 das Unterlassen jeder pflichtwidrigen, also vor allem jeder die Unabhängigkeit gefährdenden Handlung. Nach dem gescheiterten Mißtrauensvotum, dem Fall Bangemann und dem geschlossenen Rücktritt der Kommission Anfang 1999 wurden die Amtspflichten in einem **Verhaltenskodex** bekräftigt[10]. Der Verhaltenskodex ist eine Selbstverpflichtung der Kommission, der als Auslegungsrichtlinie zu Art. 213 Abs. 2 herangezogen werden kann[11]. Er bezieht sich auf die Bereiche Nebentätigkeiten (zulässig sind allein unentgeltliche Lehrveranstaltungen über die europäische Integration), finanzielle Interessen und Vermögen, Erwerbstätigkeit des Ehegatten, Kollegialität und Vertraulichkeit, Dienstreisen, Aufwandskosten, Geschenke/Orden/Ehrenzeichen sowie die Zusammensetzung der Kabinette. Zu weiteren Reformen s. Art. 218, Rn. 9. 5 a

---

8 A.A. H. *Schmitt von Sydow*, in: GTE, EU-/EGV, Art. 157, Rn. 22 m.w.N. in Fn. 48.
9 H. *Smit*/P. E. *Herzog*, The Law of the European Economic Community, Vol. 4, New York 1992, Ziff. 157.05.
10 Verfügbar unter: http://www.europa.eu.int/comm/reform/formation/commiss_de.pdf.
11 M. E. *Kurth*, Der Fall Bangemann – ein möglicher Präzedenzfall für Art. 213 II EGV?, ZRP 2000, S. 251 (252). S. auch K. *Jorna*, in: Schwarze (Hrsg.), EU-Kommentar, Art. 213, Rn. 9 a.E.

6 Die Amtspflichten der Mitglieder der Kommission sind am allgemeinen Wohl der Gemeinschaft orientiert. Sie haben jede mit der Aufgabenerfüllung unvereinbare Handlung zu unterlassen (Abs. 2 UAbs. 2 S. 3). Die feierliche Verpflichtung – nicht Vereidigung – auf diese Amtspflichten (Abs. 3 UAbs. 3 S. 2) geschieht in der Praxis vor dem Gerichtshof in Anwesenheit der Justizminister der Mitgliedstaaten[12].

7 Eine Verletzung der unter Rn. 5 f. beschriebenen Pflichten wird durch Amtsenthebung (Art. 216), Verlust der Ruhegehaltsansprüche oder Verlust anderer Vergünstigungen sanktioniert[13]. Dies war bis 1999 in der Praxis nicht vorgekommen. Um so größer waren die Verwerfungen durch die Skandale insbesondere um die Kommissare *Cresson* und *Bangemann* (s. Art. 215, Rn. 2 und Art. 216).

---

12 *H. Schmitt von Sydow*, in: GTE, EU-/EGV, Art. 157, Rn. 21.
13 Auflistung dieser Ansprüche bei *W. Hummer*, in: Grabitz/Hilf, EU, Art. 157, Rn. 26 ff.

Art. 214 (ex-Art. 158)

(1) Die Mitglieder der Kommission werden, gegebenenfalls vorbehaltlich des Artikels 201, nach dem Verfahren des Absatzes 2 für eine Amtszeit von fünf Jahren ernannt.

Wiederernennung ist zulässig.[4]

(2) Der Rat, der in der Zusammensetzung der Staats- und Regierungschefs tagt, benennt mit qualifizierter Mehrheit die Persönlichkeit, die er zum Präsidenten der Kommission zu ernennen beabsichtigt; diese Benennung bedarf der Zustimmung des Europäischen Parlaments.[2]

Der Rat nimmt mit qualifizierter Mehrheit im Einvernehmen mit dem designierten Präsidenten die gemäß den Vorschlägen der einzelnen Mitgliedstaaten erstellte Liste der anderen Persönlichkeiten an, die er zu Mitgliedern der Kommission zu ernennen beabsichtigt.[3]

Der Präsident und die übrigen Mitglieder der Kommission, die auf diese Weise benannt worden sind, stellen sich als Kollegium einem Zustimmungsvotum des Europäischen Parlaments. Nach Zustimmung des Europäischen Parlaments werden der Präsident und die übrigen Mitglieder der Kommission vom Rat mit qualifizierter Mehrheit ernannt.[3]

Amsterdamer Fassung:

...

(2) Die Regierungen der Mitgliedstaaten benennen im gegenseitigen Einvernehmen die Persönlichkeit, die sie zum Präsidenten der Kommission zu ernennen beabsichtigen; diese Benennung bedarf der Zustimmung des Europäischen Parlaments.

Die Regierungen der Mitgliedstaaten benennen im Einvernehmen mit dem designierten Präsidenten die übrigen Persönlichkeiten, die sie zu Mitgliedern der Kommission zu ernennen beabsichtigen.

Der Präsident und die übrigen Mitglieder der Kommission, die auf diese Weise benannt worden sind, stellen sich als Kollegium einem Zustimmungsvotum des Europäischen Parlaments. Nach Zustimmung des Europäischen Parlaments werden der Präsident und die übrigen Mitglieder der Kommission von den Regierungen der Mitgliedstaaten im gegenseitigen Einvernehmen ernannt.

Die Ernennung der Mitglieder der Kommission steht im Spannungsfeld von mitgliedstaatlichen Interessen, Supranationalität und demokratischer Legitimation. Belange der Mitgliedstaaten haben besonderes Gewicht, weil sowohl der Präsident der Kommission als auch die einzelnen Mitglieder vom Rat ernannt werden, der Vertreter der Mitgliedstaaten vereint. Ein supranationales Element tritt seit dem Maastrichter Vertrag in der Rolle des Präsidenten hinzu, der bei der Auswahl seiner »Regierungsmannschaft« mitwirkt. Der Gedanke demokratischer Legitimation wird – ebenfalls seit Maastricht – vom Primärrecht durch die Beteiligung des EP berücksichtigt, das der Ernennung der Kommission zuzustimmen hat. An die Stelle der bloßen Anhörung bei der Bestimmung des Kommissionspräsidenten ist im Amsterdamer Vertrag gleichfalls ein Zustimmungserfordernis getreten. Die Vertragsrevision von Nizza hat die im Rat vereinigten Vertreter der Regierungen der Mitgliedstaaten durch das Gemeinschaftsorgan Rat ersetzt. Durch diese zu begrüßende Änderung wird die Entscheidung aus dem intergouvernementalen Bereich in die Gemeinschaft verlagert, was insbesondere die Übernahme gemeinschaft-

1

licher Entscheidungsverfahren (qualifizierte Mehrheit) ermöglicht[1]. Andererseits ließe sie sich als Gewichtsverlagerung zwischen den Gemeinschaftsorganen deuten, denn nun hat das Organ Rat bei der Besetzung des Organs Kommission den entscheidenden Einfluß. Besser wäre eine noch deutlichere Regelung der Investitur zugunsten des EP gewesen. Im einzelnen ist der Ablauf folgendermaßen[2]:

2   Zunächst erfolgt die Ernennung des Kommissionspräsidenten durch den Rat, der mit qualifizierter Mehrheit entscheidet, mit Zustimmung des EP. In dieser Phase war bislang die Stellung der mitgliedstaatlichen Regierungen besonders stark, was sich beispielsweise im Tauziehen um die Ernennung von *Jacques Santer* zeigte, dem 1994 eine heftige Diskussion um die Kandidaten *Jean Luc Dehaene* und *Ruud Lubbers* vorausgegangen war. Derartige Blockaden sollten durch die Neuregelung des Mehrheitserfordernisses vermieden werden können[3]. Der Kommissionspräsident ist allerdings politisch auf eine breite Basis in den Mitgliedstaaten angewiesen; »Kampfabstimmungen« oder sogar die Anfechtung der Ernennungsentscheidung mit der Nichtigkeitsklage[4] sind problematisch. Das Erfordernis der Zustimmung des EP hat die unmittelbare demokratische Legitimation des Präsidenten zwar gestärkt, wegen der auch nach Nizza fortdauernden Dominanz der mitgliedstaatlichen Regierungen jedoch noch nicht im zu wünschenden Umfang.

3   Bei der anschließenden Ernennung der übrigen Kommissionsmitglieder ist die Rolle des Präsidenten von der »Konsultation« (Maastricht) zum »Einvernehmen« (Amsterdam) aufgewertet worden. Immerhin war in den Vorgängervorschriften des FusV an dieser Stelle vom Präsidenten überhaupt nicht die Rede. Dennoch ist die Bewegung in Richtung einer politischen Führung mit einem »Regierungschef« noch sehr langsam (s. Art. 217, Rn. 2 ff.). Nach Auswahl der übrigen Kommissionsmitglieder bedarf die gesamte neue Kommission der Zustimmung des Rates – jetzt mit qualifizierter Mehrheit – und des EP. Gemäß Art. 33 GO EP müssen sich die Kommissionsmitglieder in einem »Hearing« dem jeweiligen EP-Ausschuß nach ihrer Ressortzuständigkeit stellen. In dieser Weise wurden seit 1995 alle neuen Kommissionsmitglieder vom EP befragt[5]. Art. 33 GO EP ist jedoch primärrechtswidrig, denn auch nach Amsterdam und Nizza sieht Abs. 2 UAbs. 3 vor, daß sich die Kommission »als Kollegium« dem Votum des EP stellt. Die primärrechtliche Regelung ist – entgegen der Praxis von 1995[6] – auch nicht durch Einwilligung der Kommissionsmitglieder abdingbar.

4   Die Amtszeit beträgt fünf Jahre. Wiederernennung ist – unbegrenzt[7] – möglich.

---

1   S. A. *Hatje*, Die institutionelle Reform der EG – der Vertrag von Nizza auf dem Prüfstand, EuR 2001, S. 143 (149).
2   Zum früheren Verfahren im Vergleich mit dem Verfahren seit Amsterdam *W. Hummer/ W. Obwexer*, Die neue »Europäische Kommission« 1995–2000 – Benennung, Investitur und Zusammensetzung, EuR 1995, S. 129 (131 ff.).
3   *J. Monar*, Die Kommission nach dem Vertrag von Nizza: ein gestärkter Präsident und ein geschwächtes Organ?, integration 2001, S. 114 (117), bezeichnet die Regelung als »revolutionär«; s. dort S. 118 auch zu den Folgen.
4   Diese ist jetzt zulässig: *Hatje* (Fn. 1), S. 149.
5   Hierzu *Hummer/Obwexer* (Fn. 2), S. 135 f.; *H. Schmitt von Sydow*, in: GTE, EU-/EGV, Art. 155, Rn. 7 und Art. 158, Rn. 14, sowie ausführlich *A. Maurer*, Das EP und das Investiturverfahren der Kommission – Bilanz eines Experiments, integration 1995, S. 88.
6   *Maurer* (Fn. 5), S. 89.
7   *W. Hummer*, in: Grabitz/Hilf, EU, Art. 158, Rn. 10.

Art. 215 (ex-Art. 159)

Abgesehen von den regelmäßigen Neubesetzungen und von Todesfällen endet das Amt eines Mitglieds der Kommission durch Rücktritt oder Amtsenthebung.

Für das zurückgetretene, seines Amtes enthobene oder verstorbene Mitglied wird für die verbleibende Amtszeit vom Rat mit qualifizierter Mehrheit ein neues Mitglied ernannt. Der Rat kann einstimmig entscheiden, für diese Zeit einen Nachfolger nicht zu ernennen.

Bei Rücktritt, Amtsenthebung oder Tod des Präsidenten wird für die verbleibende Amtszeit ein Nachfolger ernannt. Für die Ersetzung findet das Verfahren des Artikels 214 Absatz 2 Anwendung.

Außer im Falle der Amtsenthebung nach Artikel 216 bleiben die Mitglieder der Kommission bis zur Neubesetzung ihres Sitzes oder bis zu einer Entscheidung des Rates gemäß Absatz 2, keinen Nachfolger zu ernennen, im Amt.

Amsterdamer Fassung:

Abgesehen von den regelmäßigen Neubesetzungen und von Todesfällen endet das Amt eines Mitglieds der Kommission durch Rücktritt oder Amtsenthebung.

Für das ausscheidende Mitglied wird für die verbleibende Amtszeit von den Regierungen der Mitgliedstaaten im gegenseitigen Einvernehmen ein neues Mitglied ernannt. Der Rat kann einstimmig entscheiden, für diese Zeit einen Nachfolger nicht zu ernennen.

Bei Rücktritt, Amtsenthebung oder Tod des Präsidenten wird für die verbleibende Amtszeit ein Nachfolger ernannt. Für die Ersetzung findet das Verfahren des Artikels 214 Absatz 2 Anwendung.

Außer im Fall der Amtsenthebung nach Artikel 216 bleiben die Mitglieder der Kommission bis zur Neubesetzung ihres Sitzes im Amt.

Zu den in Art. 215 genannten Fällen der Beendigung des Amtes tritt noch das erfolgreiche 1 Mißtrauensvotum des EP mit einer Sonderregelung in Art. 201 Abs. 2. Art. 217 Abs. 4 enthält eine besondere Variante des Rücktritts, nämlich nach Aufforderung durch den Präsidenten mit Billigung des Kollegiums. Art. 215 Abs. 2 S. 2 hat Vorrang vor der Staatsangehörigkeitsregelung des Art. 213 Abs. 1 UAbs. 4, so daß kurzfristig ein Mitgliedstaat keinen Staatsangehörigen in der Kommission haben kann[1]. Wegen des Einstimmigkeitserfordernisses können Interessen des nicht berücksichtigten Mitgliedstaates nicht verletzt sein. Im Fall des Abs. 4 ist das betroffene Kommissionsmitglied zum Verbleib in der Kommission nicht nur berechtigt, sondern verpflichtet[2]. Die Vorschrift ist durch die **Revision von Nizza** geringfügig geändert worden; an die Stelle der Regierungen der Mitgliedstaaten ist der Rat getreten, der mit qualifizierter Mehrheit entscheidet.

Auf den **geschlossenen freiwilligen Rücktritt der Kommission** vom 16. März 1999 war 2 die Vorschrift nicht anwendbar. Dies ergibt sich schon aus dem Wortlaut des Abs. 1 sowie daraus, daß über einen solchen Rücktritt eine Investitur ohne Zustimmung des EP (mit Ausnahme des Präsidenten) erreicht würde[3]. Der Rücktritt war streng genommen

---

1 *H. Schmitt von Sydow,* in: GTE, EU-/EGV, Art. 159, Rn. 10; *H. Schramm,* Fragen der ordnungsgemäßen Besetzung der Kommission der EG, RIW 1987, S. 399 (400). A.A. *W. Hummer,* in: Grabitz/Hilf, EU, Art. 155, Rn. 6.
2 *H. Schmitt von Sydow,* in: GTE, EU-/EGV, Art. 159, Rn. 20.
3 *W. Hummer/W. Obwexer,* Der »geschlossene« Rücktritt der Europäischen Kommission, integration 1999, S. 77 (85). A.A. *K. Jorna,* in: Schwarze (Hrsg.), EU-Kommentar, Art. 215, Rn. 5 a.E.

nicht nur eine »Demission« im Sinne einer faktischen Amtsaufgabe[4], sondern eine schwere Verletzung dienstlicher Pflichten. Auch die Regelung nach Absatz 4 konnte keine Anwendung finden, weil kein Ende der Amtszeit i.S.d. Abs. 1 vorlag[5]. Gleichwohl stützte sich die Kommission *Santer* bei der Geschäftsführung bis zur Ernennung einer neuen Kommission auf die Vorläuferbestimmung des Art. 159 Abs. 4 und begrenzte ihre Amtsführung durch Beschluß auf das unbedingt Notwendige[6]. Auch für eine solche Selbstbeschränkung eines ordnungsgemäß legitimierten Organs – zuvor war ein Mißtrauensvotum im Parlament gescheitert – gibt es keine Rechtsgrundlage[7]. Daß eine derart strikte juristische Bewertung in der politischen Praxis nur geringe Wirkungen zeitigt, macht die Auflösung der Krise durch die Staats- und Regierungschefs deutlich, die mit Beschluß vom 15. September 1999 (nach Zustimmung des EP) die Kommission Prodi als Interimskommission einsetzten[8]. **Keinesfalls** dürfen die Vorgänge des Jahres 1999 aber als **Präzedenzfall** für künftige vergleichbare Krisenlagen dienen, zumal auch die Vertragsänderung von Nizza den geschlossenen Rücktritt nicht vorsieht, sondern nur den Rücktritt einzelner Mitglieder (Art. 217 Abs. 4; dort Rn. 6).

---

4 So *Hummer/Obwexer* (Fn. 3, S. 85).
5 *Hummer/Obwexer* (Fn. 3, S. 86).
6 Abgedruckt bei *Hummer/Obwexer* (Fn. 3), S. 86.
7 A.A. *K. Jorna*, in: Schwarze (Hrsg.), EU-Kommentar, Art. 215, Rn. 6.
8 S. *Rodrigues*, La nouvelle Commission Prodi face à ses engagements, RMCUE 1999, S. 678.

Art. 216 (ex-Art. 160)

Jedes Mitglied der Kommission, das die Voraussetzungen für die Ausübung seines Amtes nicht mehr erfüllt oder eine schwere Verfehlung begangen hat, kann auf Antrag des Rates oder der Kommission durch den Gerichtshof seines Amtes enthoben werden.

Die Vorschrift war bis vor kurzem praktisch unbedeutend. Einziger Anwendungsfall ist die Amtsenthebung des Wettbewerbskommissars *Borschette* wegen irreversibler Bewußtlosigkeit im Jahr 1976. Einer erneuten Anwendung der Vorschrift kam der deutsche Kommissar **Martin Bangemann**, der wegen seines Ansinnens, nach seiner Tätigkeit als zuständiger Kommissar für die Telekommunikation zur spanischen Gesellschaft *Telefónica* zu wechseln, 1999 durch ein Gesuch um vorzeitige Entlassung zuvor; der Rat hatte den Antrag bereits gestellt[1]. Auch gegen die Französin **Edith Cresson** wurde kein Amtsenthebungsverfahren durchgeführt. Vielmehr hatte auf Bestreben des EP ein »**Ausschuß unabhängiger Sachverständiger**« auf der Grundlage einer Interorganvereinbarung zwischen Kommission und EP Mißstände im Finanzgebaren einzelner Kommissionsmitglieder festgestellt[2]. Die Kommission trat daraufhin geschlossen zurück (s. Art. 215, Rn. 2). Zu den Skandalfällen s. auch Art. 213, Rn. 9a.

---

1 Rs. C-290/99, ABl.EG 1999, Nr. C314/2.
2 W. *van Gerven*, Ethical and political responsibility of EU Commissioners, CMLREv. 37 (2000), S. 1; W. *Hummer*/W. *Obwexer*, Der »geschlossene« Rücktritt der Europäischen Kommission, integration 1999, S. 77 (80 ff.).

Art. 217 EG-Vertrag

Art. 217 (ex-Art. 161)

(1) Die Kommission übt ihre Tätigkeit unter der politischen Führung ihres Präsidenten aus; dieser entscheidet über ihre interne Organisation, um sicherzustellen, daß ihr Handeln kohärent und effizient ist und auf der Grundlage der Kollegialität beruht.

(2) Die Zuständigkeiten der Kommission werden von ihrem Präsidenten gegliedert und zwischen ihren Mitgliedern aufgeteilt. Der Präsident kann diese Zuständigkeitsverteilung im Laufe der Amtszeit ändern. Die Mitglieder der Kommission üben die ihnen vom Präsidenten übertragenen Aufgaben unter dessen Leitung aus.

(3) Nach Billigung durch das Kollegium ernennt der Präsident unter den Mitgliedern der Kommission Vizepräsidenten.

(4) Ein Mitglied der Kommission erklärt seinen Rücktritt, wenn der Präsident es nach Billigung durch das Kollegium dazu auffordert.

Amsterdamer Fassung:
Die Kommission kann aus ihrer Mitte einen oder zwei Vizepräsidenten ernennen.

1 Art. 217 ist in der aktuellen Fassung durch die **Vertragsrevision von Nizza** entstanden. Bereits die Vorläufernormen des Art. 217 in der Amsterdamer Fassung nannten den Präsidenten und seine Stellung, und jetzt ist die Vorschrift durch die Einbeziehung von Art. 219 Abs. 1 a.F. und weitere signifikante Neuerungen erneut zentral für die Bedeutung des Präsidenten. Die Kommission bleibt zwar auch nach der Revision von Nizza ein **Kollegialorgan** (vgl. Abs. 1 a.E. sowie Abs. 3 und 4: »Kollegium«); näher zum Kollegialprinzip Art. 219, Rn. 1. Jedoch hatte schon die Vertragsänderung von Amsterdam die politische **Funktion des Präsidenten** so weit gestärkt, daß sich seine Befugnisse einer Richtlinienkompetenz, wie sie einem Regierungschef zukommt, annäherte[1]. Allerdings blieb der Präsident *primus inter pares.*

2 Nunmehr sind zur Formulierung, die Kommission übe ihre Tätigkeit unter der **politischen Führung ihres Präsidenten** aus (so schon Art. 219 Abs. 1 i.d.F. von Amsterdam), ausdrücklich normierte Kompetenzen hinzugekommen, welche die teilweise schon in der Praxis politisch starke Stellung des Kommissionspräsidenten rechtlich absichern, verstärken und vertiefen, wobei allerdings wegen der verbleibenden Elemente des Kollegialprinzips (s. Art. 219, Rn. 1) die »politische Führung« hinter der Richtlinienkompetenz deutschen Verständnisses zurückbleibt[2]:

3 Der Präsident ist explizit **Inhaber der Organisationsgewalt** betreffend die interne Organisation der Kommission (Abs. 1). Dabei ist er für kohärentes und effizientes Handeln des Kollegialorgans Kommission verantwortlich.

---

1 Vgl. auch *H. Schmitt von Sydow,* in: GTE, EU-/EGV, Art. 158, Rn. 5. Zurückhaltender R. *Bieber* Reformen der Institutionen und Verfahren, integration 1997, S. 236 (240). S. auch zum Ernennungsverfahren o. Art. 214, Rn. 2.
2 *T. Georgopoulos/S. Lefevre,* La Commission après le traité de Nice: métamorphose ou continuité?, R.T.D.E. 37 (2001), S. 597 (604). Anders die Einschätzung bei *S. Karagiannis,* Le président de la Commission dans le traité d'Amsterdam, CDE 2000, S. 9 (44).

Verstärkt wird die Position des Präsidenten durch die ausdrückliche Verankerung des 4
Ressortprinzips (Abs. 2)³. Bislang oblag die Aufgabenverteilung der Kommission als
Kollegium⁴; allein die GO Kom (Art. 3) sah eine besondere Befugnis des Präsidenten vor.
Die Ressortaufgaben werden nun vom Präsidenten verteilt, wobei sich die Verteilung
während der Amtszeit der Kommission ändern kann. Vor allem aber leitet der Präsident
die Aufgabenerfüllung, ist also wie ein Regierungschef für die Politik der Ressorts verantwortlich. Mit **Leitung und Verantwortung** muß das Recht verbunden sein, den Mitgliedern der Kommission Weisungen zur Aufgabenerfüllung zu erteilen.

Eine Obergrenze für die Anzahl der Vizepräsidenten besteht nach der Neuregelung nicht 5
mehr (Abs. 3).

Die Regelung in Abs. 4 ist eine offensichtliche und dringend notwendige Reaktion auf 6
den Korruptionsskandal in der Kommission Santer des Jahres 1999, als nur ein Amtsenthebungsverfahren oder ein Mißtrauensvotum gegen die gesamte Kommission möglich waren, weil die Bereitschaft zum freiwilligen Rücktritt einzelner Kommissionsmitglieder (insbesondere *Edith Cresson*) fehlte (s. auch Art. 213, Rn. 5a, Art. 215, Rn. 2).
Kommissionspräsident *Prodi* hat von den ihm nominierten Kandidaten eine Verpflichtungserklärung entsprechenden Inhalts verlangt. Nach dem Vertrag von Amsterdam
fehlt einer solchen Erklärung allerdings die rechtliche Wirkung.

---

3   S. bereits die Forderung bei *U. Fastenrath* Die Struktur der erweiterten EU, EuR-Beih. 1/1994,
    S. 101 (109).
4   *W. Hummer,* in: Grabitz/Hilf, EU, Art. 162, Rn. 42.

Art. 218 (ex-Art. 162)

(1) Der Rat und die Kommission ziehen einander zu Rate und regeln einvernehmlich die Art und Weise ihrer Zusammenarbeit.

(2) Die Kommission gibt sich eine Geschäftsordnung, um ihr ordnungsgemäßes Arbeiten und das ihrer Dienststellen nach Maßgabe dieses Vertrags zu gewährleisten. Sie sorgt für die Veröffentlichung dieser Geschäftsordnung.

1 Die **Zusammenarbeit zwischen Rat und Kommission** ist nicht generell, sondern in einer Vielzahl von Einzelbestimmungen geregelt. Hierzu gehören in der jüngeren Vergangenheit verstärkt interinstitutionelle Vereinbarungen (vgl. Art. 7, Rn. 20 f.). Mitglieder der Kommission nehmen an den Ratssitzungen, Kommissionsvertreter an den Sitzungen der Ratsarbeitsgruppen teil.

2 Die **Geschäftsordnung** der Kommission vom 18. September 1999 ist an die Stelle der Geschäftsordnung vom 17. Februar 1993 (93/492/Euratom, EGKS, EWG)[1] getreten, die wiederum die vorläufige Geschäftsordnung vom 6. Juli 1967 abgelöst hatte[2]. Sofern ihre Vorschriften Außenwirkung entfalten, können sich einzelne auf sie berufen[3]. Dies gilt auch für durch Beschluß angenommene Selbstverpflichtungen, z.B. zur Herausgabe von Dokumenten (vgl. Art. 249, Rn. 123; Art. 255, Rn. 5)[4]. sowie für nach außen gerichtete Verhaltenskodices (s.u. Rn. 9).

3 Der Begriff »**Kommission**« hat **zwei Bedeutungen**: Zum einen meint er das aus den Mitgliedern der Kommission bestehende Kollegialorgan, zum anderen die gesamte Behörde. Letztere wird entgegen ihrem praktischen Gewicht im Vertrag nur in Art. 218 Abs. 2 erwähnt (vgl. auch Art. 17 GO Kom).

4 Die gesamte Kommission ist nach dem **Kabinettssystem** vergleichbar einem französischen Ministerium aufgebaut[5]. Um jedes Mitglied ist eine Anzahl Bediensteter als Kabinett gruppiert, die seine Arbeit im Kollegialorgan vorbereiten und koordinieren (Art. 14 GO Kom) und deren Amtszeit an die seinige gekoppelt ist. Die Kabinette sind losgelöst vom übrigen Verwaltungsaufbau. Unregelmäßigkeiten im Kabinettswesen haben zur Einbeziehung in den Verhaltenskodex für Kommissionsmitglieder geführt (dazu Art. 213, Rn. 5a) und einen eigenen Verhaltenskodex für Kommissionsmitglieder und ihre Dienststellen hervorgebracht[6].

5 Die **Dienststellen der Kommission** lassen sich nach den jüngsten Reformen in **vier Gruppen** aufteilen.

---

1 ABl.EG 1993 Nr. L 230/16, geändert durch Beschluß vom 8.3.1995, ABl.EG 1993 Nr. L 97/82.
2 Zu den Vorläuferregelungen W. *Hummer,* in: Grabitz/Hilf, EU, Art. 155, Rn. 9.
3 EuG, Verb. Rs.T-79/89 u.a., Slg. 1992, II-315, Rn. 78 f. (BASF/Kommission). S. die ausführliche Analyse von GA *W. van Gerven,* Schlußantr. zu EuGH, Rs. C-137/92 P, Slg. 1994, I-2555, Ziff. 48 ff. (Kommission/BASF).
4 Beschluß 94/90/EGKS, EG, Euratom der Kommission vom 8.2.1994 über den Zugang der Öffentlichkeit zu den der Kommission vorliegenden Dokumenten, ABl.EG 1994 Nr. L 46/58; EuG, Rs. T-105/95, Slg. 1997, II-313 (WWF UK/Kommission).
5 Vgl. *H. G. Krenzler,* Die Rolle der Kabinette in der Kommission der Europäischen Gemeinschaften, EuR 1974, S. 75; *M. Donelley/E. Ritchie,* The College of Commissioners and their *Cabinets,* in: Edwards/Spence (Hrsg.), The European Commission, 2. Aufl., London 1997, S. 33 (42 ff.).
6 Verfügbar unter: http://www.europa.eu.int/comm/reform/formation/commdep_de.pdf.

Zunächst gibt es Dienststellen, die übergreifend für die gesamte außenwirksame Tä- 5 a
tigkeit der Kommission zuständig sind. Besonders hervorzuheben ist das Generalsekretariat unter Leitung des Generalsekretärs (vgl. Art. 15 GO Kom). Die **allgemeinen Dienste** sind i.e.:
Amt für amtliche Veröffentlichungen
Europäisches Amt für Betrugsbekämpfung (OLAF)
Eurostat
Generalsekretariat
Presse- und Informationsdienst

Kern der Verwaltung in der Kommission sind die **Generaldirektionen**[7], die jeweils von 6
einem Generaldirektor geleitet werden. Jedes Mitglied der Kommission ist – unabhängig vom Kabinettswesen (s. Rn. 4) – nach kommissionsinterner Vereinbarung[8] zuständig für eine oder mehrere wiederum in Direktionen bzw. Abteilungen (direction/directorate) und Referate (unité/unit) gegliederte Generaldirektionen (Art. 17 Abs. 2 GO Kom). Seit 1999 werden die Generaldirektionen nicht mehr numeriert. Auch hierdurch wird die neue viergeteilte Struktur hervorgehoben, denn die in Rn. 5a und 7a beschriebenen Dienste erschienen vorher als unselbständiger Annex zu den Generaldirektionen. Im einzelnen gibt es folgende **politikbezogene Generaldirektionen:**
Beschäftigung und Soziales
Bildung und Kultur
Binnenmarkt
Energie und Verkehr
Fischerei
Forschung
Gemeinsame Forschungsstelle
Gesundheit und Verbraucherschutz
Informationsgesellschaft
Justiz und Inneres
Landwirtschaft
Regionalpolitik
Steuern und Zollunion
Umwelt
Unternehmen
Wettbewerb
Wirtschaft und Finanzen

Eine Reihe weiterer Dienste ist nur z.T. als Generaldirektion bezeichnet und widmet sich 7
den **Außenbeziehungen:**
Amt für humanitäre Hilfe – ECHO
Außenbeziehungen
Entwicklung
Erweiterung
EuropeAid – Amt für Zusammenarbeit
Handel

Zu nennen sind schließlich die **internen Dienste.** Besonders hervorzuheben ist der Juri- 7 a
stische Dienst, der zu allen Entwürfen für Beschlüsse und Rechtsakte sowie sonstigen

---

7 D. *Spence*, Structure, functions and procedures in the Commission, in: Edwards/ders. (Fn. 5), S. 103 (105 f.).
8 H. *Schmitt von Sydow,* in: GTE, EU-/EGV, Art. 159, Rn. 28. Die Zuständigkeiten sind im einzelnen aufgelistet bei W. *Hummer/W. Obwexer,* Die neue »Europäische Kommission« 1995–2000 – Benennung, Investitur und Zusammensetzung, EuR 1995, S. 129 (134).

Art. 218 EG-Vertrag

Vorlagen mit potentieller Rechtswirkung zu hören ist, Art. 19 Abs. 2 S. 2 GO Kom. Ein vergleichbares Anhörungsrecht steht in entsprechenden Fällen den Generaldirektionen Haushalt bzw. Personal und Verwaltung zu (Art. 19 Abs. 2 S. 3 GO Kom).

Finanzkontrolle
Gemeinsamer Dolmetsch- und Konferenzdienst
Haushalt
Juristischer Dienst
Personal und Verwaltung
Übersetzungsdienst

8 Hinzu kommen eine Reihe **nachgeordneter Behörden** (z.B. Umweltagentur)[9], deren Zulässigkeit nicht mehr streitig ist (s. Art. 7, Rn. 25 ff.)[10]. Unterstützt wird die Kommissionsarbeit durch eine Vielzahl von Ausschüssen[11]. Schließlich unterhält die Kommission **Vertretungen in den Mitgliedstaaten** und besetzt die **Außenvertretungen** der Gemeinschaft in Drittstaaten oder bei Internationalen Organisationen mit ihren Bediensteten. Insgesamt beträgt die Anzahl der Mitarbeiter der Kommission unter 20 000. Von einer »Eurokratie« kann in quantitativer Hinsicht keine Rede sein, denn diese Zahl wird von jeder nationalen, teilweise sogar kommunalen Verwaltung überschritten[12].

9 Die Ereignisse von 1999 haben unter Führung des neuen Kommissionspräsidenten Prodi zu intensiven Bemühungen im eine **interne Reform der Kommission** geführt[13]. Das Weißbuch »Die Reform der Kommission« vom 5. April 2000 enthält eine ausführliche Analyse der Situation und einen konkreten Aktionsplan zu den Bereichen »Eine europäische Dienstleistungskultur«, Ressourceneinsatz, Personalpolitik und Finanzkontrolle[14]. In einem »**Kodex für gute Verwaltungspraxis in den Beziehungen der Bediensteten der Europäischen Kommission zur Öffentlichkeit**« vom 17. Oktober 2000 verpflichtet die Kommission sich und ihre Bediensteten zur Einhaltung bestimmter verwaltungspraktischer Standards[15]. Ein Beschwerdebogen ermöglicht den Unionsbürgern, mögliche Verstöße zu rügen[16]. Über die Beschwerdemöglichkeiten zur Kommission (Generalsekretariat) und zum Bürgerbeauftragten (Art. 195) hinaus sind die im Kodex festgeschriebenen Standards weitgehend auch vor dem EuGH justiziabel. Für Grundsätze, die der EuGH bereits in seiner Rechtsprechung als allgemeine Rechtsgrundsätze anerkannt hat (z.B. Verhältnismäßigkeit, Anhörung aller Beteiligten), gilt dies schon deswegen. Aber auch anderen Standards, etwa den Grundsätzen der raschen Beantwortung von Anfragen, sollte die Justiziabilität nicht von vornherein abgesprochen werden. EuGH und EuG haben die Verpflichtung im Kommissionsbeschluß zur Transparenz

---

9 S. dazu Art. 7, Rn. 25. Auflistung bei W. *Hummer,* in: Grabitz/Hilf, EU, Art. 162, Rn. 44.
10 Zur älteren Literatur s. die Nachweise bei *H. Schmitt von Sydow,* in: GTE, EU-/EGV, Art. 162, Rn. 29, Fn. 67. S. außerdem *E. Vos,* Reforming the European Commission: What Role to Play for EU Agencies?, CMLRev. 37 (2000), S. 1113.
11 W. *Hummer,* in: Grabitz/Hilf, EU, Art. 162, Rn. 34 ff.; *H. Schmitt von Sydow,* Organe der erweiterten Europäischen Gemeinschaften – Die Kommission, 1980, S. 131 ff.
12 Vgl. auch *H. Schmitt von Sydow,* in: GTE, EU-/EGV, Art. 155, Rn. 58.
13 *S. Rodrigues,* Quelques réflexions juridiques à propos de la démission de la Commission européenne, RMCUE 1999, S. 572; *ders.,* La nouvelle Commission Prodi face à ses engagements, RMCUE 1999, 678.
14 Dok. KOM(2000) 200endg.
15 Verfügbar unter: http://www.europa.eu.int/comm/secretariat_general/code/docs/code_de.pdf. Der Kodex ist durch Beschluß (2000/633/EG) der Kommission (ABl.EG 2000, Nr. L 267/63) als Anhang in die GO Kom aufgenommen worden (und als solcher auch im ABl.EG abgedruckt). Zum Ganzen *J. Martínez Soria,* Die Kodizes für gute Verwaltungspraxis, EuR 2001, S. 682.
16 Verfügbar unter: http://www.europa.eu.int/comm/secretariat_general/code/docs/formulaire_de.pdf.

(s. Art. 255, Rn. 5, Fn. 21) stets als Berechtigung für die Unionsbürger interpretiert[17]. Die Rechtsprechung läßt sich auf den Kodex für eine gute Verwaltungspraxis übertragen. Hierfür spricht nicht nur ein rechtspolitisches Bedürfnis, sondern auch die klare Absicht der Kommission, eine »gute Verwaltungspraxis« zu schaffen. Praktischen Schwierigkeiten, etwa bei der Festlegung von Fristen zur Erledigung von Anfragen, ist durch Ermessensspielräume zu begegnen[18]. – Insgesamt sind Bemühungen einer transparenteren Gestaltung der Kommissionspolitik offenkundig. Insbesondere sollen dabei die neueren Informationstechniken zum Einsatz kommen.

---

17 St. Rspr. seit EuG, Rs. 105/95, Slg. 1997, II-313, Rn. 55 (WWF UK/Kommission)
18 Differenzierend – unter Rückgriff auf die Rechtsnatur des Kodex – *Martínez Soria* (Fn. 15) S. 702.

Art. 219 (ex-Art. 163)

Die Beschlüsse der Kommission werden mit der Mehrheit der in Artikel 213 bestimmten Anzahl ihrer Mitglieder gefaßt.

Die Kommission kann nur dann wirksam tagen, wenn die in ihrer Geschäftsordnung festgesetzte Anzahl von Mitgliedern anwesend ist.

Amsterdamer Fassung:

Die Kommission übt ihre Tätigkeit unter der politischen Führung ihres Präsidenten aus.

Die Beschlüsse der Kommission werden mit der Mehrheit der in Artikel 213 bestimmten Anzahl ihrer Mitglieder gefaßt.

Die Kommission kann nur dann wirksam tagen, wenn die in ihrer Geschäftsordnung festgesetzte Anzahl von Mitgliedern anwesend ist.

1 Art. 219 verdeutlicht, daß das **Kollegialprinzip**, das neben der Stärkung des Präsidenten (Art. 217), dessen Stellung im gestrichenen Abs. 1 der Vorschrift geregelt war, bestehen geblieben ist (s. auch Art. 1 GO Kom.)[1]. Nach der Rechtsprechung des EuGH bringt das Kollegialprinzip die Gleichheit der Mitglieder bei der Mitwirkung an der Entscheidungsfindung zum Ausdruck und besagt, daß die Entscheidungen der Kommission gemeinsam beraten und von allen Kommissionsmitgliedern politisch verantwortet werden[2]. Trotz der Kompetenzverschiebung zugunsten des Kommissionspräsidenten (Art. 217) bleibt es im Grundsatz bei dieser gemeinsamen Verantwortung, denn die Entscheidungen werden nach wie vor nach dem **Mehrheitsprinzip** getroffen, ohne daß die Entscheidung des Kommissionspräsidenten den Ausschlag gäbe. Das Postulat der »politischen Führung« des Präsidenten erlaubt keine Abweichung hiervon durch Geschäftsordnungsregelung; Führungsanspruch und Mehrheitsprinzip sind gleichrangig[3]. Das Kollegialprinzip entfaltet sich auch zugunsten der von einer Kommissionsentscheidung Betroffenen[4]. Die Anforderungen aus dem Kollegialprinzip sind je nach Art und Auswirkungen des Rechtsakts verschieden[5]. So müssen die Adressaten einer Entscheidung im Wettbewerbsrecht die Gewähr haben, daß verfügender Inhalt und Begründung der Entscheidung von der Kommission insgesamt erlassen worden sind[6]. Zu den Anforderungen des Kollegialprinzips an eine mit Gründen versehene Stellungnahme im Vertragsverletzungsverfahren s. Art. 226, Rn. 23.

2 Die **Sitzungen** der Kommission sind nichtöffentlich und vertraulich. Der Generalsekretär nimmt stets, andere Beamte oder Dritte (z.B. die Regierung eines Mitgliedstaates zu Beginn ihrer Ratspräsidentschaft) in Ausnahmefällen daran teil (vgl. Art. 10 GO Kom). Die Sitzungen werden von den Kabinettschefs vorbereitet, die nicht diskussionsbedürftige Punkte aussondern, über die nur noch abgestimmt werden muß. Sie finden mindestens einmal wöchentlich statt (Art. 5 Abs. 2 GO Kom). Das Kommissionskollegium kann einzelne Projekte in geschlossenen (festgesetzter Teilnehmerkreis) oder offenen

---

1 S. auch *A. Hatje*, Die institutionelle Reform der EG – der Vertrag von Nizza auf dem Prüfstand, EuR 2001, S. 143 (151).
2 EuGH, Rs. 5/85, Slg. 1986, 2585, Rn. 30 (AKZO Chemie/Kommission); Rs. C-137/92 P, Slg. 1994, I-2555, Rn. 62 (Kommission/ BASF)
3 A.A. für Ausnahmesituationen *P. F. Nemitz*, Europäische Kommission: Vom Kollegialprinzip zum Präsidialregime?, EuR 1999, S. 678 (682).
4 EuGH, Rs. C-137/92 P, Slg. 1994, I-2555, Rn. 64 (Kommission/ BASF)
5 EuGH, Rs. C-191/95, Slg. 1998, I-5449, Rn. 41 (Kommission/Deutschland).
6 EuGH, Rs. C-137/92 P, Slg. 1994, I-2555, Rn. 64 ff, (Kommission/ BASF).

(Teilnahmemöglichkeit weiterer Kommissionsmitglieder) **Arbeitsgruppen** vorbereiten (vgl. Art. 3 Abs. 2 GO Kom)[7].

Zur **Beschlußfassung**[8] muß die Kommission beschlußfähig sein, wozu es der Anwesenheit von gegenwärtig elf Mitgliedern bedarf (Art. 7 GO Kom). Ein Mitglied der Kommission kann sich nur bei der Beratung, nicht aber bei der Abstimmung von seinem Kabinettschef vertreten lassen (Art. 10 Abs. 2 S. 1 GO Kom). Einfache Mehrheit der Mitglieder genügt (Art. 8 Abs. 3 GO Kom). Abstimmungen sind gleichwohl selten; Konsens dominiert. Als **vereinfachte Beschlußverfahren** dienen: (1) das schriftliche Verfahren (Art. 12 GO Kom), (2) das Zeichnungsermächtigungsverfahren (Art. 13 GO Kom), bei dem Entscheidungsbefugnisse unter engen Voraussetzungen an ein einzelnes Kommissionsmitglied delegiert werden, das diese Befugnisse wiederum – vom EuGH gebilligt[9] – an Führungsbeamte der Dienststellen subdelegieren kann, sowie (3) das »Sechs-Tage-Verfahren« als Variante des Zeichnungsermächtigungsverfahren, bei dem die Entscheidung des ermächtigten Kommissionsmitgliedes wirksam wird, sofern sich nicht binnen sechs Tagen Widerspruch regt. 3

---

7 *K. Jorna*, in: Schwarze (Hrsg.), EU-Kommentar, Art. 219, Rn. 8 ff.
8 Zusammenfassend *D. Spence*, Structure, functions and procedures in the Commission, in: Edwards/ders. (Hrsg.), The European Commission, 2. Aufl., London 1997, S. 103 (116 ff.).
9 EuGH, Rs. 52/69, Slg. 1972, 787, Rn. 5 (Geigy/Kommission); Rs. 8/72, Slg. 1972, 977, Rn. 11/ 13 (Cementhandelaren/Kommission); Verb. Rs. 43 und 63/82, Slg. 1984, 19, Rn. 14 (VBVB und VBBB/Kommission); Rs. 5/85, Slg. 1986, 2585, Rn. 34 ff. (AKZO Chemie/Kommission); Rs. C-200/89, Slg. 1990, I-3669, Rn. 14 (FUNOC/Kommission). Einschränkend EuG, Verb. Rs.T-79/ 89 u.a., Slg. 1992, II-315, Rn. 57 (BASF/Kommission), sowie EuGH, Rs. C-137/92 P, Slg. 1994, I-2555, Rn. 71 (Kommission/BASF).

Abschnitt 4
Der Gerichtshof*

Art. 220 (ex-Art. 164)

Der Gerichtshof und das Gericht erster Instanz sichern im Rahmen ihrer jeweiligen Zuständigkeiten die Wahrung des Rechts[8 ff.] bei der Auslegung[11 ff.] und Anwendung dieses Vertrags.

Außerdem können dem Gericht erster Instanz nach Maßgabe des Artikels 225a gerichtliche Kammern beigeordnet werden, die in einigen besonderen Bereichen in diesem Vertrag vorgesehene gerichtliche Zuständigkeiten ausüben.[4 ff.]

Amsterdamer Fassung:
Der Gerichtshof sichert die Wahrung des Rechts bei der Auslegung und Anwendung dieses Vertrags.

Inhaltsübersicht:

A. Einführung	1
I. Aufgabe der Gemeinschaftsgerichtsbarkeit	2
II. Garantie der Rechtsgemeinschaft	3
III. Gemeinschaftsgerichtsbarkeit: Gerichtshof, Gericht erster Instanz und gerichtliche Kammern	4
B. Gegenstand und Grenzen der rechtsprechenden Gemeinschaftsgewalt	8
I. Wahrung des Rechts	8
II. Auslegung des Gemeinschaftsrechts	11
III. Rechtsfortbildung und Grenzen der Gemeinschaftsgerichtsbarkeit	16
1. Verbandskompetenz	17
2. Organkompetenzen und Kontrolldichte	18
3. Arbeitsbelastung und Reform der Gemeinschaftsgerichtsbarkeit	20
C. Grundstrukturen und -prinzipien des Gemeinschaftsrechts	21
I. Vorrang	22
II. Unmittelbare Wirkung und gemeinschaftsrechtskonforme Auslegung	26
III. Einheitlichkeit der Anwendung des Gemeinschaftsrechts	28
IV. Effektiver Rechtsschutz	29
V. Institutionelles Gleichgewicht	31
D. Allgemeine Rechtsgrundsätze und materielle Rechtlichkeit	32
I. Gewinnung	33
II. Einzelausprägungen	34

A. Einführung

1 Die den Abschnitt über die Gemeinschaftsgerichtsbarkeit einleitende Norm des Art. 220 bringt dreierlei zum Ausdruck: Sie beschreibt erstens die **Aufgabe der Gemeinschaftsgerichtsbarkeit** im institutionellen Gefüge der Gemeinschaft und im Verhältnis zu den einzelstaatlichen Gerichten. Zweitens enthält sie, mit der weit über den Aufgabenbereich der Gerichtsbarkeit hinausgreifenden Verpflichtung zur »Wahrung des Rechts«, die zentrale **Verbürgung der Rechtlichkeit der Gemeinschaft**. Drittens schließlich skizziert sie den Aufbau der Gemeinschaftsgerichtsbarkeit mit ihren Elementen Gerichtshof, Gericht erster Instanz und gerichtlichen Kammern.

---

* Die homepage der Gemeinschaftsgerichtsbarkeit ist im Internet unter http://europa.eu.int/cj/de/index.htm aufrufbar. Dort finden sich insbesondere die aktuellen Urteile und Schlußanträge im Volltext, Pressemitteilungen und Hinweise auf anstehende Entscheidungen.

I. Aufgabe der Gemeinschaftsgerichtsbarkeit

Den Grundlinien der gemeinsamen Verfassungstraditionen der Mitgliedstaaten folgend, weisen die Art. 220 ff. der Gemeinschaftsgerichtsbarkeit die Rolle einer die Einhaltung des Rechts durch Exekutive und Legislative **kontrollierenden dritten Gewalt** zu. In diesem Rahmen nimmt die Gemeinschaftsgerichtsbarkeit Aufgaben einer **Verfassungsgerichtsbarkeit** der Gemeinschaft ebenso wahr wie – im Wege der Vorabentscheidung nach Art. 234 EGV – Aufgaben einer für Fragen des Gemeinschaftsrechts obersten **Verwaltungs-, Zivil-, Arbeits-, Steuer-, Sozial-** und (eher potentiell denn aktuell) **Strafgerichtsbarkeit**. Ihrer Kontrolle unterworfen sind Maßnahmen der Gemeinschaft und der Mitgliedstaaten. Grenzen dieser Kontrollgewalt ergeben sich nach dem Prinzip der begrenzten Einzelermächtigung gemäß Art. 5 Abs. 1 EGV aus der Beschränkung auf die vertraglich zugewiesenen Befugnisse nach Art. 7 Abs. 1 Satz 2 EGV. Art. 220 begründet weder eine besondere Einzelkompetenz noch eine umfassende Zuständigkeit der Gemeinschaftsgerichtsbarkeit für alle das Gemeinschaftsrecht betreffenden Rechtsstreitigkeiten[1]. Vielmehr bedürfen die Grenzen ihrer Zuständigkeit der näheren Bestimmung zum einen im Verhältnis zur mitgliedstaatlichen Hoheitsgewalt und dabei insbesondere zur mitgliedstaatlichen Gerichtsbarkeit, sowie zum anderen in Abgrenzung zu den den übrigen Gemeinschaftsorganen zugewiesenen Kompetenzen.

2

II. Garantie der Rechtsgemeinschaft

Wie bereits der Wortlaut des Art. 220 verdeutlicht, ist die »Wahrung des Rechts« Verpflichtung nicht allein der Gemeinschaftsgerichtsbarkeit und beschränkt sich die Verpflichtung zur Wahrung des Rechts nicht auf die Einhaltung der Bestimmungen des Vertrages. Vielmehr garantiert die Vorschrift die **Rechtlichkeit**[2] der Gemeinschaft in einem umfassenden Sinne. Gerade aus ihr rechtfertigt sich das Verständnis von der Gemeinschaft als einer »**Rechtsgemeinschaft**«[3]. Art. 220 ist »Schlüssel« der materiellrechtlichen Bindung an die Rechtlichkeit im Sinne der gemeinsamen europäischen Verfassungstra-

3

---

1 H. Krück, in: GTE, EU/EGV, Art. 164, Rn. 1. In der Sache richtig, methodisch aber nicht frei von Bedenken deshalb EuGH, Rs. C-2/88, 13.7.1990, Slg. 1990, I-3365, Rn. 23 ff. (Zwartveld), dazu u. bei Fn. 102. Die weitergehende, gegen die Übertragung des Prinzips der begrenzten Einzelermächtigung auch auf die Gemeinschaftsgerichtsbarkeit und gegen die in der Beschreibung ihrer Tätigkeit als Rechtsprechung im herkömmlichen Sinne liegende Beschränkung ihrer Befugnisse gerichtete Kritik von W. Bernhardt, Verfassungsprinzipien – Verfassungsgerichtsfunktionen – Verfassungsprozeßrecht im EWG-Vertrag, 1987, S. 24 ff. verkennt die Flexibilität des beschriebenen Rahmens und beschwört zugleich die Gefahr herauf, die Rolle der Gemeinschaftsgerichtsbarkeit bei der Entwicklung und Weiterentwicklung des Gemeinschaftsrechts überzubetonen.

2 Ungeachtet der Vorbehalte gegenüber der Staatlichkeit der Gemeinschaft ließe sich insoweit auch von einer Verpflichtung zur »Rechtsstaatlichkeit« sprechen, hierfür M. Tonne, Effektiver Rechtsschutz durch staatliche Gerichte als Forderung des Europäischen Gemeinschaftsrechts, 1997, S. 27; I. Pernice, in: Grabitz/Hilf, EU, Art. 164, Rn. 1. Neutraler M. Zuleeg, in: GTE, EU/EGV, Art. 1, Rn. 47, (»Rechtsprinzip«); vgl. im übrigen auch H. P. Ipsen, Zur Tragfähigkeit der Verfassungsprinzipien der Europäischen Gemeinschaft, in: ders., Europäisches Gemeinschaftsrecht in Einzelstudien, 1984, S. 36.

3 Der Ausdruck wird allgemein W. Hallstein, Die Europäische Gemeinschaft, 1973, S. 31 ff. zugeschrieben. Unterdessen kennzeichnet so auch der EuGH die Gemeinschaft und betont ihre Rechtlichkeit als zentrale Strukturdeterminante, EuGH, Rs. 294/83, 23.4.1986, Slg. 1986, 1339, Rn. 23 (Les Verts); Gutachten 1/91, 14.12.1991, Slg. 1991, I-6079, Rn. 21 (EWR); näher dazu M. Zuleeg, Die Europäische Gemeinschaft als Rechtsgemeinschaft, NJW 1994, S. 545 ff.

ditionen der Mitgliedstaaten[4]. Alle Handlungen der Gemeinschaftsorgane und der Mitgliedstaaten unterliegen danach der Kontrolle am Maßstab des gegenüber dem Recht der Mitgliedstaaten vorrangigen Gemeinschaftsrechts.[5] Bestandteil dieses Rechts sind, wie die Unterscheidung von »Recht« und »Vertrag« in Art. 220 verdeutlicht, nicht allein die ausdrücklich im Vertrag enthaltenen oder die auf seiner Grundlage ergangenen Vorschriften des gemeinschaftlichen Sekundärrechts. Maßstab sind vielmehr auch die aus dem Gedanken der »rule of law« ableitbaren allgemeinen Rechtsgrundsätze.

III. Gemeinschaftsgerichtsbarkeit: Gerichtshof, Gericht erster Instanz und gerichtliche Kammern

4 Die Wahl und der **Gebrauch der Begriffe** »Gerichtshof«, »Gericht erster Instanz« und »gerichtliche Kammern« muß auch und gerade nach der Reform durch den Vertrag von Nizza als verunglückt gelten.

5 Zum einem fehlt dem Begriff des Gerichtshofs die Eindeutigkeit. Er bezeichnet mitunter das sich aus EuGH, EuG und gerichtlichen Kammern zusammensetzende Gesamtorgan der Gemeinschaftsgerichtsbarkeit,[6] regelmäßig aber nur den EuGH.[7] Die Begriffswahl hat bereits zu dem Mißverständnis Anlaß gegeben, bei dem EuG handele es sich nunmehr um ein »autonomes Rechtsprechungsorgan neben dem EuGH«.[8] Trotz des potentiellen Kompetenzzuwachses des Gerichts erster Instanz (EuG) konnte sich aber die von manchen favorisierte Aufwertung des EuG zu einem auch in Art. 7 EGV ausdrücklich als Organ der Gemeinschaft anerkannten autonomen Gericht mit der Regelzuständigkeit für direkte Klagen und die entsprechende Beschränkung des EuGH auf die Rolle eines Obersten Gerichtshofs für quasi-verfassungsrechtliche Fragen nicht durchsetzen.[9]

6 Verfehlt ist zum anderen auch die fortbestehende offizielle Bezeichnung des EuG als »Gericht *erster* Instanz«. Immerhin erlaubt gerade die Vertragsreform die Beiordnung der noch zu schaffenden »gerichtlichen Kammern« und damit die Errichtung einer europäischen »Fachgerichtsbarkeit«, deren Entscheidungen künftig durch das EuG in *zweiter* Instanz kontrolliert werden.

7 Die Gemeinschaftsgerichtsbarkeit kann sich demnach, wenn und soweit die dazu durch die Vertragsrechtsreform von Nizza geschaffenen Möglichkeiten ausgeschöpft werden, zu einem **dreigliedrigen Aufbau** entfalten. Auf unterster Stufe stehen dabei die gerichtli-

---

4 I. *Pernice*, in: Grabitz/Hilf, EU, Art. 164, Rn. 1; mit Hinweis auf das Gesamtsystem des Vertrages in der Bewertung der Norm zurückhaltender H. *Krück*, in: GTE, EWGV, 4. Aufl., 1991, Art. 164, Rn. 4.
5 EuGH, Rs. 294/83 (Fn. 23), Rn. 23.
6 So etwa in Art. 7, in der Abschnittsüberschrift, in Art. 229a, 234, 242, 243, 244 EGV und im Titel des Protokolls über die »Satzung des Gerichtshofs«. Die entsprechende Unklarheit wird durch die Verweisungsnormen der Art. 224 Abs. 6, 225a Abs. 6 nur formaljuristisch aufgehoben.
7 So etwa in den Art. 220, 221, 222, 223, 225a EGV; auch hierbei ließe sich noch unterscheiden zwischen der Bezeichnung lediglich des Spruchkörpers des EuGH und der des Teilorgans unter Einbeziehung von Richtern und Generalanwälten.
8 J. *Sack*, Zur künftigen europäischen Gerichtsbarkeit nach Nizza, EuZW 2001, S. 77, 79; ähnlich aber undeutlicher auch A. *Johnston*, Judicial reform and the treaty of Nice, CML Rev. 38 (2001) S. 499, 503: »a distinct identity as a Community judicial organ under Article 220 EC«; dagegen B. W. *Wegener*, Die Neuordnung der EU-Gerichtsbarkeit durch den Vertrag von Nizza, DVBl. 2001, S. 1258, 1260.
9 Vgl. dazu das Dokument der Konferenz der Vertreter der Regierungen der Mitgliedstaaten, CONFER 4729/00 vom 31.3.2000, http://ue.eu.int/cigdocs/DE/04729d.pdf.

chen Kammern, die für Klagen auf bestimmten Rechtsgebieten, etwa des Dienstrechts oder des europäischen gewerblichen Rechtsschutzes als Fachgerichte zuständig sein werden. Gegen ihre Entscheidungen werden Rechtsmittel zum EuG zulässig sein, dessen Zuständigkeiten im übrigen auch in den Bereich der Vorabentscheidungsverfahren hinein erweitert werden können. Für Rechtsmittel gegen die Entscheidungen des EuG in den diesem verbleibenden und neu übertragenen Rechtssachen bleibt der EuGH nach Maßgabe der Regeln des Vertrages und der Satzung des Gerichtshofs zuständig.[10]

B. Gegenstand und Grenzen der rechtsprechenden Gemeinschaftsgewalt

I. Wahrung des Rechts

»Recht« im Sinne von Art. 220 umfaßt alle verbindlichen Normen einer weitverstandenen Gemeinschaftsrechtsordnung[11]. Dazu zählen die Gründungsverträge in ihren sich aus den Beitritts- und Änderungsverträgen ergebenden Fassungen, das von den Gemeinschaftsorganen auf der Grundlage des vertraglichen Primärrechts geschaffene Sekundärrecht in Gestalt der in Art. 249 EGV vorgesehenen Rechtsakte, die von der Gemeinschaft – oder von den Mitgliedstaaten in Bereichen, die (unterdessen) in die Zuständigkeit der Gemeinschaft fallen – abgeschlossenen völkerrechtlichen Verträge[12] und sonstige für die Gemeinschaft bindende Vereinbarungen. »Recht« in diesem Sinne umfaßt schließlich weitergehend die dem von *P. Pescatore* umschriebenen »fonds commun d'idées d'ordre, de justice et de raison qui sont à la base de la civilisation juridique laquelle appartiennent les Etats membres«[13] zugehörigen allgemeinen Rechtsgrundsätze, sowie das Gemeinschaftsgewohnheitsrecht. 8

Im Rahmen der ihr zugewiesenen Aufgabe der Sicherung der Wahrung des Rechts kontrolliert die Gemeinschaftsgerichtsbarkeit das **Handeln der Gemeinschaftsorgane** vor allem hinsichtlich der Einhaltung der ihnen zugewiesenen Kompetenzen, der Beachtung des Verfahrens und der Vereinbarkeit mit höherrangigem Recht[14]. Daneben obliegt ihr die Kontrolle der Gemeinschaftsrechtskonformität des **Handelns der Mitgliedstaaten** in den Vertragsverletzungsverfahren nach Art. 226 f. EGV und mittelbar im Rahmen des Vorabentscheidungsverfahrens nach Art. 234 EGV. 9

Eine ständig wachsende Bedeutung kommt im Rahmen dieser Kontrollaufgabe der Gewährleistung eines effektiven **Individualrechtsschutz**es zu. Das gemeinschaftliche Rechtsschutzsystem hat in dieser Hinsicht nicht zuletzt dank der Rechtsprechung der Gemeinschaftsgerichtsbarkeit[15] mittlerweile einen im Vergleich zu anderen inter- und supranationalen Zusammenschlüssen einzigartigen qualitativen Standard erreicht, der aufs Ganze gesehen auch im Vergleich zu den Gewährleistungen der Rechtsordnungen 10

---

10 Zu den Einzelheiten der Zuständigkeiten und ihrer Abgrenzung vgl. u. Art. 225 (EuG), 225a (gerichtliche Kammern).
11 So verstanden scheint es nicht erforderlich, den Rechtsbegriff des Art. 220 über das Gemeinschaftsrecht hinaus zu erstrecken, vgl. aber *I. Pernice*, in: Grabitz/Hilf, EU, Art. 164, Rn. 7.
12 Vgl. dazu EuGH, Rs. 181/73, 30.4.1974, Slg. 1974, 449, Rn. 2/6 (Haegemann); Rs. 12/86, 30.9.87, Slg. 1987, 3747, Rn. 7 ff. (Demirel); zum GATT: verb. Rs. 21–24/72, 12.12.1972, Slg. 1972, 1219, 14/18 (International Fruit); Rs. C-280/93, 5.10.1994, Slg. 1994, I-4973, Rn. 103 ff. (Atlanta); näher dazu u. Art. 300.
13 Hier zitiert nach *I. Pernice*, in: Grabitz/Hilf, EU, Art. 164, Rn. 7.
14 Zur Hierarchie der einzelnen Bestandteile der Gemeinschaftsrechtsordnung in ihrem Verhältnis zueinander, vgl. u. Art. 249, Rn. 2 ff.
15 Näher dazu u. Rn. 29.

der Mitgliedstaaten bestehen kann. Im einzelnen wird ein weiterer Ausbau der einschlägigen Rechtsschutzmöglichkeiten, -verfahren und -garantien angesichts der fortschreitend sich intensivierenden Einwirkung des Gemeinschaftsrechts auf die Rechtsstellung der Unionsbürger zukünftig dennoch unabweislich sein[16].

II. Auslegung des Gemeinschaftsrechts

11 In Erfüllung der ihr übertragenen Aufgabe der Auslegung des Gemeinschaftsrechts[17] folgt die Gemeinschaftsgerichtsbarkeit grundsätzlich den aus den nationalen Rechtsordnungen vertrauten Methoden[18]. Die Eigentümlichkeiten des Gemeinschaftsrechts bedingen allerdings nicht unbeträchtliche Abweichungen hinsichtlich der Bedeutung und Gewichtung der unterschiedlichen Interpretationsmittel. So kommt dem **Wortlautargument** wegen der Existenz und prinzipiellen Gleichrangigkeit der verschiedenen Sprachfassungen der auszulegenden Normen eine vergleichsweise eingeschränkte Bedeutung zu. Insbesondere im Bereich des Sekundärrechts weichen die einzelnen Fassungen nicht selten beträchtlich voneinander ab[19]. Dies erklärt sich nur zum Teil aus Übersetzungsfehlern. Im übrigen spiegeln sich hierin unausgeräumte Differenzen unter den im Rechtssetzungsverfahren Beteiligten wieder. Insbesondere die Mitgliedstaaten, die einem gemeinschaftlichen Rechtssetzungsvorhaben ablehnend oder kritisch gegenüberstanden, sorgen mitunter für eine restriktive eigensprachige Abschlußredaktion der Texte. Aufgabe der an der einheitlichen Auslegung und Anwendung des Gemeinschaftsrechts zu orientierenden[20] sprachvergleichenden Auslegung ist es, diese Sonderlösungen zu identifizieren und als solche zu relativieren.[21] Neben dieser sprachvergleichenden Betrachtung des Wortlauts der Vorschriften muß auch bei der Festlegung des maßgeblichen Wortsinns auf gemeinschaftsrechtliche Besonderheiten Rücksicht genommen werden. So ist stets zu fragen, ob der konkret benutzte Begriff bereits gemeinschaftsrechtlich in einem bestimmten Sinne determiniert ist[22]. Darüber hinausgehend hat der EuGH wiederholt betont, daß Begriffe des europäischen Rechts grundsätzlich autonom gemeinschaftsrechtlich auszulegen sind[23]. Nach der Rechtsprechung des BVerfG haben auch

---

16 Näher dazu *L. Allkemper*, Der Rechtsschutz des einzelnen nach dem EG-Vertrag, 1995; *T. von Danwitz*, Die Garantie effektiven Rechtsschutzes im Recht der Europäischen Gemeinschaften, NJW 1993, S. 1108 ff.
17 Näher dazu *I. Pernice*, in: Grabitz/Hilf, EU, Art. 164, Rn. 23 ff.; *M. Nettesheim*, in: Grabitz/Hilf, EU, Art. 4, Rn. 43 ff.; *A. Bleckmann*, Probleme der Auslegung von EG-Richtlinien, RIW 1987, S. 929 ff.; *M. Lutter*, Die Auslegung angeglichenen Rechts, JZ 1992, S. 593, 598 ff.; *T. Oppermann*, Europarecht, 1991, Rn. 577 ff.
18 *I. Pernice*, in: Grabitz/Hilf, EU, Art. 164, Rn. 23.
19 Vgl. zu entsprechenden Schwierigkeiten etwa EuGH, Rs. C-72/95, 24.10.1996, Slg. 1996, I-5403, Rn. 21 ff. (Kraijeveld), wonach es bei Abweichungen nicht auf einen bloß mehrheitlich übereinstimmenden Wortlaut ankommen kann. Näher dazu *B. W. Wegener*, Die UVP-Pflichtigkeit sog. Anhang II-Vorhaben, NVwZ 1997, S. 462, 464 f.
20 Vgl. dazu EuGH, Rs. 19/67, 5.12.1967, Slg. 1967, 462, 473 (Van der Vecht); Rs. 283/81, 6.10.1982, Slg. 1982, 3415, Rn. 18 (Cilfit); Rs. C-219/95 P, Slg. 1997, I-4411, Rn. 12 ff. (Ferriere Nord).
21 *M. Lutter* (Fn. 17), S. 599 spricht insoweit von der »eigentlich gemeinten« Formulierung.
22 *M. Lutter* (Fn. 17), S. 599.
23 EuGH, Rs. 149/79, 17.12.1980, Slg. 1980, 3881, Rn. 19 (Kommission/Belgien); Rs. 135/81, 28.10.1982, Slg. 1982, 3799, Rn. 10 (Agences de voyages/Kommission); Rs. 43/77, 22.11.1977, Slg. 1977, 2175, Rn. 15 ff. (Riva); Rs. 149/79, 17.12.1980, Slg. 1980, 3881, Rn. 12 (Kommission/Belgien); Rs. 157/80, 26.5.1981, Slg. 1981, 1391, Rn. 11 (Rinnkahn); verb. Rs. 115, 116/81, 18.5.1982, Slg. 1982, 1665, Rn. 5 ff. (Adoui); Rs. 64/81, 14.1.1982, Slg. 1982, 13, Rn. 8 (Cormann).

die deutschen Gerichte den Grundsatz der (auch methodisch) autonomen Auslegung des Gemeinschaftsrechts zu beachten.[24]

Der historischen, auf den **Willen der Normgebers** abstellenden Interpretation kommt im Gemeinschaftsrecht nicht die gleiche Bedeutung zu wie im nationalen Recht. Zwar hat der EuGH die Entstehungsgeschichte einer Norm als Auslegungshilfe herangezogen[25], doch trägt dieser Aspekt regelmäßig mehr Züge einer Hilfsbegründung als eines eigenständigen Argumentationsstrangs[26]. Grund hierfür ist der besondere Kompromiß- und Verhandlungscharakter des europäischen Rechtssetzungsprozesses. In seinem Verlauf werden häufig gegenläufige Stellungnahmen der an der Rechtsentstehung maßgeblich beteiligten Gemeinschaftsorgane und der Mitgliedstaaten abgegeben. Diese Auseinandersetzungen erschweren ebenso wie die nicht seltenen einseitigen Erklärungen der im Verhandlungsprozeß unterlegenen Beteiligten die Ermittlung eines ausreichend einheitlichen historischen Willens des Gesetzgebers. Hinweise auf die ursprüngliche Konzeption und die im Laufe des Verfahrens ausgeschiedenen Rechtssetzungsvarianten lassen sich aus den Vorschlägen der Kommission und ihren Änderungen ablesen. Verbunden mit diesen Vorschlägen ist auch eine Begründung, die allerdings in der Ausführlichkeit häufig hinter dem aus dem nationalen Zusammenhang vertrauten zurückbleibt. Zum besseren Verständnis des objektiven Willens des historischen EU-Gesetzgebers kann daneben auf die Stellungnahmen des Europäischen Parlaments zurückgegriffen werden, dem in den letzten Jahren ein zunehmend größerer Einfluß auf die Gemeinschaftsgesetzgebung zugewachsen ist. Zurückhaltung ist demgegenüber angebracht gegenüber den sogenannten Protokollerklärungen des Rates, der Kommission und einzelner Mitgliedstaaten. Sie werden regelmäßig nicht veröffentlicht und zum Teil vertraulich behandelt. Schon deswegen können sie grundsätzlich nicht zur historischen Interpretation herangezogen werden[27]. Hilfreich kann es unter Umständen sein, den besonderen nationalrechtlichen Hintergrund einer EG-Rechtssetzung zu kennen. Nicht selten stehen Regelungen, die sich in einzelnen Mitgliedstaaten bewährt haben, Modell für die gemeinschaftliche Rechtssetzung. Dennoch ist vor einer einfachen Übertragung auch der nationalen Auslegungsergebnisse zu warnen, da die entsprechenden Vorschriften im EG-Rechtssetzungsverfahren regelmäßig einem Prozeß gründlicher »Europäisierung« ausgesetzt sind[28].

Die **systematische Interpretation** des Gemeinschaftsrechts weicht kaum von der aus dem nationalen Recht vertrauten Methodik ab. Auch hier ist die Einbettung der einzelnen Vorschrift in den Gesamtzusammenhang zu berücksichtigen, wobei insbesondere die **Ziele des Vertrages** eine wesentliche Rolle spielen[29].

Angesichts der aufgezeigten Grenzen insbesondere der grammatikalischen und historischen Interpretation des Gemeinschaftsrechts kommt der **teleologischen Auslegung** her-

---

24 BVerfG, 1 BvR 1036/99, 9.1.2001, Abs. 20 f., http://www.bverfg.de/.
25 EuGH, Rs. 158/80, 7.7.1981, Slg. 1981, 1805, Rn. 13 (Rewe); Rs. 246/80, 6.10.1981, Slg. 1981, 2311, Rn. 23 (Broekmeulen).
26 M. *Lutter* (Fn. 17), S. 599 m.N. zur Rspr.
27 Wie hier: M. *Lutter* (Fn. 17), S. 600 f.; I. *Pernice*, in: Grabitz/Hilf, EU, Art. 164, Rn. 33 m.w.N.; zurückhaltend gegenüber einer auf eine nicht veröffentlichte Protokollerklärung des Rates und der Kommission abstellenden Argumentation auch GA A. *La Pergola*, Schlußantr. 15.1.1998 zu EuGH, Rs. C-321/96, Ziff. 18 ff. (Mecklenburg); näher dazu B. W. *Wegener*, in: Schomerus/Schrader/Wegener, Kommentar zum UIG, 1995, Einl., Rn. 16.
28 M. *Lutter* (Fn. 17), S. 601 f.
29 EuGH, Rs. 6/64, Slg. 1964, 1251, 1270 (Costa/ENEL); Rs. 6/72, Slg. 1973, 215, 244 ff. (Continental Can); Rs. C-202/88, Slg. 1991, I-1223, 1269 (Endgeräte); I. *Pernice*, in: Grabitz/Hilf, EU, Art. 164, Rn. 24 f.

ausragende Bedeutung zu[30]. Der EuGH gebraucht dabei den aus der Völkerrechtslehre stammenden Begriff des »**effet utile**«, stellt also auf die praktische Wirksamkeit der jeweiligen Norm ab[31]. Dabei geht es nicht um eine »Vertragsauslegung im Sinne einer größtmöglichen Ausschöpfung der Gemeinschaftsbefugnisse«[32]. Gemeint ist vielmehr eine Auslegung, die den Normcharakter der Bestimmungen des Gemeinschaftsrechts ernst nimmt[33] und die mit diesen Bestimmungen verfolgten Ziele möglichst effektiv zur Geltung zu bringen sucht. Beachtung findet dabei in erster Linie die in der Vorschrift getroffene Grundentscheidung, wohingegen die mit Rücksicht auf andere Interessen vorgesehenen **Ausnahmen** grundsätzlich **eng auszulegen sind**[34]. Besondere Beachtung bei der Ermittlung von Sinn und Zweck einer Vorschrift des Sekundärrechts verdienen die Erwägungsgründe, die Bestandteil des Rechtsaktes sind und in geraffter Form Aufschluß über die Zielorientierung und die Hintergründe des Rechtssetzungsvorhabens geben[35]. Bedeutung gewinnen kann daneben die Wahl der Rechtsgrundlage, soweit sich der jeweilige Rechtsakt als konkretisierter Ausdruck der dort normierten allgemein-politischen Zielsetzungen erweist.

15 Mit Rücksicht auf die schon im Vertrag angelegte[36] Verschränkung und wechselseitige Einflußnahme von Gemeinschaftsrecht einer- und nationalem Recht andererseits erfährt die bisweilen als fünfte Auslegungsmethode[37] bezeichnete **Rechtsvergleichung** besondere Bedeutung. So entwickelt der EuGH etwa seine Rechtsprechung zum Grundrechtsschutz mit Blick auf die allgemeinen Rechtsgrundsätze, die den Rechtsordnungen der Mitgliedstaaten gemeinsam sind. Zurückhaltung übt die Gemeinschaftsgerichtsbarkeit bei der Rechtsvergleichung allerdings gegenüber einer unbesehenen Übertragung mitgliedstaatlicher Lösungen und Begrifflichkeiten auf gemeinschaftsrechtliche Zusammenhänge[38]

III. Rechtsfortbildung und Grenzen der Gemeinschaftsgerichtsbarkeit

16 In besonderer Weise umstritten ist die richterliche **Rechtsfortbildung** durch die Gemeinschaftsgerichtsbarkeit. Auf Kritik stoßen dabei in jüngerer Zeit weniger die grundsätzliche Inanspruchnahme einer entsprechenden Kompetenz[39], sondern deren vermeintli-

---

30 M. *Nettesheim*, in: Grabitz/Hilf, EU, Art. 4, Rn. 55; *I. Pernice*, in: Grabitz/Hilf, EU, Art. 164, Rn. 23; M. *Lutter* (Fn. 17), S. 602; *A. Bleckmann* (Fn. 17), S. 930.
31 Vgl. nur EuGH, Rs. 41/74, 4.12.1974, Slg. 1974, 1337, Rn. 12 (van Duyn); Rs. 51/76, 1.2.1977, Slg. 1977, 113, Rn. 20/29 (Nederlandse Ondernemingen); Rs. 31/87, 20.9.1988, Slg. 1988, 4635, Rn. 11 (Beentjes); Rs. 190/87, 20.9.1988, Slg. 1988, 4689, Rn. 27 (Borken/Moormann); st. Rspr.
32 So aber die Mutmaßung in BVerfGE 89, 155, 210 (Maastricht); hiergegen auch *I. Pernice*, in: Grabitz/Hilf, EU, Art. 164, Rn. 27; *U. Everling*, Zur Begründung der Urteile des Gerichtshofs der Europäischen Gemeinschaften, EuR 1994, S. 127, 128.
33 Unter diesem Blickwinkel kritisch zu dem besonderen Argumentationsaufwand hinsichtlich der unmittelbaren Wirkung der Normen des Gemeinschaftsrechts: *P. Pescatore*, The Doctrine of »Direct Effect«: An Infant Disease of Community Law, ELRev. 1983, S. 155 ff.
34 EuGH, Rs. 222/84, 15.5.1986, Slg. 1986, 1651, Rn. 36 (Johnston); verb. Rs. 2, 3/62, 14.12.1962, Slg. 1962, 867, 881 (Lebkuchen); verb. Rs. 90, 91/63, 13.11.1964, Slg. 1964, 1329, 1347 (Milchpulver); Rs. 41/74 (Fn. 31), Rn. 18/19.
35 *A. Bleckmann* (Fn. 17), S. 932.
36 Vgl. Art. 288 Abs. 2 EGV für die außervertragliche Haftung der Gemeinschaft.
37 *P. Häberle*, Grundrechtsgeltung und Grundrechtsinterpretation im Verfassungsstaat, JZ 1989, S. 913 ff.
38 Vgl. die N. o. in Fn. 23 und näher u. Rn. 33.
39 Anerkennend insoweit bereits BVerfGE 75, 223, 234 ff. (Kloppenburg).

cher Gebrauch »ultra vires«[40]. Im Kern geht es um eine Ergänzung der traditionellen Sicht der Gemeinschaftsgerichtsbarkeit als eines »Integrationsmotors« durch eine stärker die Verpflichtung zur **Wahrung der Kompetenzgrenzen** betonende Sichtweise[41]. Innere Berechtigung gewinnt letzteres Anliegen angesichts der sich beständig ausdehnenden Überformung ehemals rein national geprägter Rechtsgebiete durch das Gemeinschaftsrecht. Dem Gerichtshof als Verfassungsgericht der Gemeinschaft kommt in dieser veränderten historischen Situation die Aufgabe der Wahrung der den Mitgliedstaaten verbliebenen Kompetenzen zu.

1. Verbandskompetenz

Die rechtsprechende Gewalt der Gemeinschaft übt ihre Aufgabe im Rahmen der der Gemeinschaft insgesamt im Verhältnis zu den Mitgliedstaaten zugewiesenen Verbandskompetenzen aus. Deren auch hier gültige Grenzen markieren in erster Linie die vertraglich verankerten **Prinzipien der begrenzten Einzelermächtigung**[42] **und der Subsidiarität**[43]. Grenzen gerade der Gemeinschaftsgerichtsbarkeit sind aber auch im Rechtsschutzsystem der Art. 220 ff. selbst angelegt. So ist sie, wie sich insbesondere aus den Art. 220 und 234 EGV ergibt, **prinzipiell auf die Anwendung und Auslegung des Gemeinschaftsrechts beschränkt.** Grundsätzlich außerhalb der Rechtsprechungskompetenz der Gemeinschaftsgerichtsbarkeit liegt danach das nationale Recht. Der zur Beschreibung dieses Umstandes traditionell gebrauchte Begriff der »**Autonomie**« **des mitgliedstaatlichen Rechts**[44] ist allerdings insofern ungeeignet, als er die erheblichen gegenseitigen Wechselwirkungen und Einflußnahmen im Verhältnis von gemeinschaftlicher und mitgliedstaatlicher Rechtsordnung nicht hinreichend zu erfassen vermag[45]. Weil und soweit gemeinschaftsweit harmonisierte Regeln eines der Durchsetzung materieller Forderungen des Gemeinschaftsrechts dienenden Prozeßrechts fehlen, steht das Gemeinschaftsrecht in struktureller Abhängigkeit von entsprechenden Vorschriften des nationalen Rechts. An die solcherart »in die Pflicht genommenen« nationalen (Prozeß-)Rechte trägt das Gemeinschaftsrecht seinerseits, vor allem durch die auf seine Wahrung verpflichtete Recht-

17

---

40 Vgl. nur die Kritiken von: *W. Dänzer-Vanotti*, Unzulässige Rechtsfortbildung des Europäischen Gerichtshofs, RIW 1992, 733 ff.; *F. Schoch*, in: Schoch/Schmidt-Aßmann/Pietzner, VwGO, § 80, Rn. 270; *R. Scholz*, Zum Verhältnis von europäischem Gemeinschaftsrecht und nationalem Verwaltungsverfahrensrecht, DÖV 1998, S. 261 ff.; die in diesen Beiträgen diskutierte Rechtsprechungspraxis rechtfertigt den erhobenen Vorwurf allerdings nicht.
41 *T. Stein*, Richterrecht wie anderswo auch? Der Gerichtshof der Europäischen Gemeinschaften als »Integrationsmotor«, FS der Juristischen Fakultät Heidelberg, 1994, S. 619; *U. Everling*, Die Zukunft der Europäischen Gerichtsbarkeit in einer erweiterten Europäischen Union, EuR 1997, S. 398 f.
42 Näher dazu o. Art. 5 und Art. 7.
43 Näher dazu o. Art. 5.
44 Vgl. *D. Curtin*, The Decentralised Enforcement of Community Law Rights: Judicial Snakes and Ladders, in: FS O'Higgins, 1992, S. 33, 38; *H.-W. Rengeling*, Europäisches Gemeinschaftsrecht und nationaler Rechtsschutz, in: GS Sasse, 1981, S. 197, 198; *ders.*, Deutsches und Europäisches Verwaltungsrecht – Wechselseitige Einwirkungen, VVDStRL 53 (1994), S. 202, 231; abgeschwächt auch *Editorial Comments*, CMLRev. 1991, S. 711, 715.
45 Mit Blick auf die »zentrale Verkopplungsnorm« des Art. 234 EGV zweifelnd auch *E. Schmidt-Aßmann*, Deutsches und Europäisches Verwaltungsrecht, DVBl. 1993, S. 924, 933; näher zum Ganzen *W. Kahl*, Hat die EG die Kompetenz zur Regelung des Allgemeinen Verwaltungsrechts?, NVwZ 1996, S. 865 ff.; *C. N. Kakouris*, Do the Member States possess judicial procedural »autonomy«?, CMLRev. 1997, S. 1389 ff.; *J. Schwarze*, Konvergenz im Verwaltungsrecht der EU-Mitgliedstaaten, DVBl. 1996, S. 881 ff.; *M. Zuleeg* u. *H.-W. Rengeling*, Deutsches und europäisches Verwaltungsrecht – Wechselseitige Einwirkungen, VVDSStRL (53) 1994; *B. W. Wegener*, Rechte des Einzelnen, 1998, S. 80 ff.

sprechung, die Forderungen der Nichtdiskriminierung[46] und der Effektivität[47] heran. Ein besonderes Anliegen ist der Gemeinschaftsgerichtsbarkeit dabei der effektive Schutz der dem Einzelnen durch das Gemeinschaftsrecht übertragenen Rechte[48]. Die damit einhergehende Tendenz zur **fallweisen Überformung einzelner Institute des einzelstaatlichen Rechts** bringt aus nationaler Sicht Modernisierungschancen[49] ebenso mit sich wie die Gefahr der Zerschlagung bewährter Strukturen[50]. Letztere verpflichtet auch die Gemeinschaftsgerichtsbarkeit zu einer die strukturell notwendigen Eigenheiten der nationalen Rechtsordnungen achtenden abwägenden Zurückhaltung.

2. Organkompetenz und Kontrolldichte

18 Grenzen ihrer Rechtsprechungsbefugnisse muß die Gemeinschaftsgerichtsbarkeit auch im Verhältnis zum Gemeinschaftsgesetzgeber und zu der insbesondere durch die Kommission ausgeübten direkten bzw. zu der den Mitgliedstaaten obliegenden indirekten Gemeinschaftsverwaltung wahren. Grundsätzlich beschränkt sich ihre Tätigkeit auch hinsichtlich des Handelns der anderen Gemeinschaftsorgane auf eine **Kontrolle der Rechtmäßigkeit.** Lediglich in Ausnahmefällen kann ihr insoweit darüber hinaus i.s. des französischen Vorbilds der »compétence de pleine juridiction« die Kontrolle auch der **Zweckmäßigkeit und Billigkeit** der jeweiligen Maßnahme übertragen werden.[51]

19 Allgemeine Aussagen zur **Kontrolldichte** in der Rechtsprechung der Gemeinschaftsgerichtsbarkeit[52] lassen sich nur unter Inkaufnahme beträchtlicher Vergröberungen treffen. Insbesondere der oft zu findende Vorwurf der »Beschränkung der gerichtlichen

---

46 EuGH, Rs. 33/76, 16.12.1976, Slg. 1976, 1989, Rn. 5 (REWE – Landwirtschaftskammer Saarland); Rs. 45/76, 16.12.1976, Slg. 1976, 2043, Rn. 11/18 (Comet); verb. Rs. 205–215/82, 21.9.1983, Slg. 1983, 2633, Rn. 19 (Deutsche Milchkontor); Rs. C-290/91, 27.5.1993, Slg. 1993, I-2981, Rn. 11 f. (Peter).
47 EuGH, Rs. 13/68, 19.12.1968, Slg. 1968, 679, 693 (Salgoil); Rs. 33/76 (Fn. 46), Slg. 1976, 1989, 1998; Rs. 130/79, 12.6.1980, Slg. 1980, 1887, 1900 (Express Dairy); Rs. 179/84, 9.7.1985, Slg. 1985, 2301, Rn. 17 (Bozzetti); Rs. 45/76 (Fn. 46), Rn. 11/18; Rs. 205-215/82 (Fn. 46), Rn. 19; Rs. C-290/91 (Fn. 46); GA J. Mischo, Schlußantr. zu EuGH, Rs. C-208/90, 25.7.1991, Slg. 1991, I-4269, 4288 f. (Emmott); zum Ganzen auch: P. Oliver, Le droit communautaire et les voies de recours nationales, CDE 1992, S. 348 ff.
48 Näher dazu B. W. Wegener (Fn. 45), S. 41 ff., 51 ff.; speziell zur engen Verbindung mit dem Gedanken der effektiven Durchsetzung des Gemeinschaftsrechts: J. Masing, Die Mobilisierung des Bürgers für die Durchsetzung des Rechts – Europäische Impulse für eine Revision der Lehre vom subjektiv-öffentlichen Recht, 1997, S. 50 ff.; U. Everling, Durchführung und Umsetzung des Europäischen Gemeinschaftsrechts im Bereich des Umweltschutzes unter Berücksichtigung der Rechtsprechung des EuGH, NVwZ 1993, S. 209, 215; H.-W. Rengeling (Fn. 44), S. 210.
49 E. Schmidt-Aßmann (Fn. 45), S. 924 ff. Insbesondere zur sog. »normkonkretisierenden Verwaltungsvorschrift«: I. Pernice, Kriterien der normativen Umsetzung von Umweltrichtlinien der EG im Lichte der Rechtsprechung des EuGH, EuR 1994, S. 325 ff.; C. Gusy, Probleme der Verrechtlichung technischer Standards, NVwZ 1995, S. 105, 107 ff.; R. Steinberg, Probleme der Europäisierung des deutschen Umweltrechts, AöR 120 (1995), S. 549, 565 ff.; insbesondere für die Dogmatik des subjektiv-öfentlichen Rechts: B. W. Wegener (Fn. 45), S. 271 ff.; J. Masing (Fn. 48), S. 175 ff.; etwas zurückhaltender auch M. Ruffert, Subjektive Rechte im Umweltrecht der Europäischen Gemeinschaft, 1996, S. 292 ff.
50 T. v. Danwitz, Verwaltungsrechtliches System und Europäische Integration, 1996, S. V; W. Dänzer-Vanotti (Fn. 40), S. 733 ff.; F. Schoch, Die Europäisierung des Allgemeinen Verwaltungsrechts, JZ 1995, S. 109 ff.; R. Breuer, Entwicklungen des europäischen Umweltrechts – Ziele, Wege und Irrwege, 1993.
51 Näher dazu u. Art. 229.
52 Zur Bedeutung und (beschränkten) Maßstäblichkeit der Kontrolldichtekonzeption des EuGH für die Anwendung des Gemeinschaftsrechts durch nationale Gerichte, vgl. E. Pache, Die Kontrolldichte in der Rechtsprechung des Gerichtshofs der Europäischen Gemeinschaften, DVBl. 1998, S. 380, 387.

Kontrolle auf den Evidenzmaßstab«[53] überbetont zumindest tendenziell die verbale Oberfläche der Entscheidungen[54] und ignoriert Unterschiede hinsichtlich der in der Sache ge(währ)leisteten Kontrolle. Mehr Ertrag versprechen einschlägige Untersuchungen zu einzelnen Teilbereichen gemeinschaftlicher Politik und Verwaltung.[55] Hier zeigen sich bereichsweise Variationen des Kontrollstandards[56]. Generell zeigt die Rechtsprechung der Gemeinschaftsgerichtsbarkeit eine im Vergleich zur Kontrolle exekutivischer Entscheidungen größere Zurückhaltung bei der Kontrolle legislativer Rechtsakte.[57] Besondere Anerkennung findet unter dem Einfluß des Prinzips des institutionellen Gleichgewichts zwischen den Gemeinschaftsorganen[58] auch die Eigenständigkeit der direkten Gemeinschaftsverwaltung.[59] Der EuGH hat wiederholt die **Entscheidungsspielräume** betont, die sich für die Kommission angesichts besonders komplexer bzw. unsicherer tatsächlicher Entscheidungssituationen und -grundlagen[60] oder wegen der besonderen

---

53 So ausdrücklich *T. v. Danwitz* (Fn. 50), S. 333, vgl. auch S. 329: »Konzedierung materiell-rechtlicher Beurteilungsspielräume in deutlich größerem Umfange«, ähnlich auch *E. Pache* (Fn. 52), S. 387, nach dessen Einschätzung die gemeinschaftsrechtlich geforderte Kontrolldichte durchweg hinter dem im deutschen Verwaltungsprozeß üblichen zurückbleibt. Differenzierend *G. Bebr*, Development of Judicial Control of the European Communities, 1981, S. 125 ff.; *M. Herdegen/S. Richter*, Die Rechtslage in den Europäischen Gemeinschaften, in: J.A. Frowein (Hrsg.), Die Kontrolldichte bei der gerichtlichen Überprüfung von Handlungen der Verwaltung, 1993, S. 209 ff.; *R. Rausch*, Die Kontrolle von Tatsachenfeststellungen und -würdigungen durch den Gerichtshof der Europäischen Gemeinschaften, 1994.
54 Ansätze entsprechender Zweifel auch für den potentiell kontrollfreieren Bereich grundfreiheitlicher Schutzpflichten der Mitgliedstaaten: *P. Szczekalla*, Grundfreiheitliche Schutzpflichten – eine »neue« Funktion der Grundfreiheiten des Gemeinschaftsrechts, DVBl. 1998, S. 219, 223.
55 *M. Herdegen/S. Richter* (Fn. 53), S. 217 ff.; *W. A. Adam*, Die Kontrolldichtekonzeption des EuGH und deutscher Gerichte, 1993; *I. van Bael*, Discretionary powers of the Commission and their legal control in trade and antitrust matters, in: J. Schwarze (Hrsg.), Discretionary powers of the Member States in the field of economic policies and their limits under the EEC Treaty, 1988, S. 173 ff.; *U. Everling*, Beweiswürdigung durch die Kommission in Wettbewerbssachen, WuW 1989, S. 877 ff.; *J. Schwarze*, Die gerichtliche Kontrolle der europäischen Wirtschaftsverwaltung, in: J. Schwarze/E. Schmidt-Aßmann (Hrsg.), Das Ausmaß der gerichtlichen Kontrolle im Wirtschaftsverwaltungs- und Umweltrecht, 1992, S. 203 ff. Vgl. auch die rechtsvergleichenden Betrachtungen von *E. Schmidt-Aßmann*, Die Kontrolldichte der Verwaltungsgerichte: Verfassungsrechtliche Vorgaben und Perspektiven, DVBl. 1997, S. 281 ff.; *J. Schwarze*, Grundlinien und neuere Entwicklungen des Verwaltungsrechtsschutzes in Frankreich und Deutschland, NVwZ 1996, S. 22 ff.; *M. Brenner*, Allgemeine Prinzipien des verwaltungsgerichtlichen Rechtsschutzes in Europa, DVBl 1998, S. 1, 23 ff.
56 *M. Herdegen/S. Richter* (Fn. 53), S. 225.
57 Vgl. nur die äußerst restriktiven Entscheidungsformeln in EuGH, Rs. 138/78, 21.2.1979, Slg. 1979, 713, Rn. 7 (Stölting); verb. Rs. 83 u. 94/76, 4, 15 u. 40/77, 25.5.1978, Slg. 1978, 1209, Rn. 6 (HNL); die Gestaltungsfreiheit des Gesetzgebers betonen auch Rs. 149/77, 15.6.1978, Slg. 1978, 1365, Rn. 19/23 (Defrenne); Rs. C-331/88, 13.11.1990, Slg. 1990, I-4023, Rn. 14 (Fedesa); Rs. C-280/93, 5.10.1994, Slg. 1994, I-4973, Rn. 89 ff. (Deutschland/Rat – Bananen). Vgl. im übrigen *M. Herdegen/S. Richter* (Fn. 53), S. S. 226 f. Zur gelegentlichen Nähe von legislativer und exekutivischer Tätigkeit der Gemeinschaftsorgane und zur vergleichsweise intensiven rechtlichen Verfaßtheit der gemeinschaftlichen Rechtsetzung vgl. in hier interessierendem Zusammenhang: *M. Brenner*, Der Gestaltungsauftrag der Verwaltung in der Europäischen Union, 1996, S. 370 ff.
58 *M. Brenner* (Fn. 55), S. 25; *G. Bebr* (Fn. 3), S. 125.
59 Vgl. etwa EuGH, Rs. 250/88, 5.10.1988, Slg. 1988, 5683, Rn. 29 (Brother). Zu den durch den EuGH insgesamt noch wenig konturierten Vorgaben hinsichtlich des von den Gerichten der Mitgliedstaaten zu beachtenden Kontrolldichtestandards im Bereich der mittelbaren Gemeinschaftsverwaltung vgl. *T. v. Danwitz* (Fn. 50), S. 326.
60 Vgl. etwa EuGH, Rs. 55/75, 22.1.1976, Slg. 1976, 19, Rn. 8 (Balkan-Import-Export); Rs. 29/77, 20.10.1977, Slg. 1977, 1835, Rn. 19/20 (Roquette Frères); Rs. 98/78, 25.1.1979, Slg. 1979, 69, Rn. 5 (Racke); Rs. C-269/90, 21.11.1991, Slg. 1991, I-5469, Rn. 13 (TU München). Zur Anlehnung der vom EuGH dabei gebrauchten restriktiven Formeln an Art. 33 Abs. 1 Satz 2 EGKS-Vertrag, zu Einschränkungen ihrer Tragweite und zu Gegenbeispielen, *M. Herdegen / S. Richter* (Fn. 53), S. 225.

Dringlichkeit der zu treffenden Entscheidung[61] ergeben können.[62] Die hier spürbar werdende Zurückhaltung scheint der EuGH durch eine strikte **Kontrolle** und durch die Anerkennung der selbständigen Klagbarkeit[63] **der Einhaltung verfahrensrechtlicher Garantien** kompensieren zu wollen.[64] Prinzipiell keine Rolle für die Intensität der gerichtlichen Kontrolle spielt in der Rechtsprechung der Gemeinschaftsgerichtsbarkeit die im deutschen Verwaltungsrecht (noch[65]) grundlegende Unterscheidung zwischen **Beurteilungsspielraum und Ermessen**.[66]

3. Arbeitsbelastung und Reform der Gemeinschaftsgerichtsbarkeit

20 Praktische Grenzen der rechtsprechenden Tätigkeit der Gemeinschaftsgerichtsbarkeit ergeben sich heute bereits aus dem in den letzten Jahren beständig gestiegenen Arbeitsanfall. Die Reformen der letzten Jahre, insbesondere die Einrichtung des Gerichts erster Instanz, haben zwar erhebliche Entlastungen gebracht und damit den Kollaps der Gemeinschaftsgerichtsbarkeit verhindert. Mittelfristig erschienen aber weitere **Reformen** unabdingbar, um angesichts des in den nächsten Jahren zu erwartenden substantiellen Bedeutungszuwachs des Gemeinschaftsrechts weiterhin ein hinreichend effektiver Rechtsschutz zu gewährleisten. An entsprechenden Reformüberlegungen herrschte denn auch vor der jüngsten Regierungskonferenz kein Mangel.[67] Dabei waren, mit Blick auf die noch kaum als

---

61 EuGH, Rs. 43/72, 24.10.1973, Slg. 1973, 1055, Rn. 24 (Merkur).
62 Dazu auch *G. Behr* (Fn. 53), S. 131 ff.; *R. Rausch* (Fn. 53), S. 182 ff., 253 ff.
63 Dazu *B. W. Wegener* (Fn. 45), S. 189 ff.
64 Vgl. etwa EuGH, Rs. C-49/88, 27.6.1991, Slg. 1991, I-3187, Rn. 18 ff. (Al-Jubail), unzureichende Information des Betroffenen; Rs. C-269/90 (Fn. 60), Rn. 14 ff., unzureichende Ermittlung des Sachverhalts, unterbliebene Anhörung und unzureichende Begründung; Rs. C-122/95, 10.3.1998, Slg. 1998, I-973, Rn. 68 ff. (Deutschland/Rat – Bananen) unzureichende Begründung. Die Feststellung der Verfahrensmängel führte jeweils zur Nichtigerklärung der angegriffenen Entscheidungen. Skeptisch zur Leistungsfähigkeit dieser Kompensation: *T. v. Danwitz* (Fn. 50), S. 333 f.
65 Zur relativen Bedeutung der dogmatischen Unterscheidung dieser »Subkategorien eines einheitlichen Begriffs administrativer Gestaltungsmacht«, *T. v. Danwitz* (Fn. 50), S. 331.
66 EuGH, Rs. 183/84, 10.10.1985, Slg. 1985, 3351, Rn. 23 f. (Rheingold); vgl. dazu die Anm. von *C. H. Ule*, DVBl. 1986, S. 93; sowie eingehend *T. v. Danwitz* (Fn. 50), S. 328 f. Vgl. auch *M. Herdegen/S. Richter* (Fn. 53), S. 210 f.; *E. Pache* (Fn. 52), S. 384.
67 Vgl. insbesondere EuGH, Die Zukunft des Gerichtssystems der Europäischen Union, Reflexionspapier v. 28.5.1999, EuZW 1999, S. 750 ff.; Abschlußbericht der von der Kommission eingerichteten Reflexionsgruppe v. 19.1.2000, Sonderbeilage zu NJW und EuZW 2000, eine Zusammenfassung findet sich in EuZW 2000, S. 194 f.; zu den Vorarbeiten auch: *R. Streinz / S. Leible*, EWS 2001, S. 1 ff. Vgl. im übrigen *J.-P. Jacqué / J.H.H. Weiler*, On The Road To European Union – A new Judicial Architecture, CMLRev. 1990, S. 185 ff.; *T. Koopmans*, The Future of the Court of Justice of the European Communities, YEL 1991, S. 15; *A. Bzdera*, L'enfeu politique de la reforme institutionelle de la court de justice de la communauté européenne, RMC 1992, S. 241; *M.A. Dauses*, Empfiehlt es sich, das System des Rechtsschutzes in der Europäischen Gemeinschaft, insbesondere die Aufgaben der Gemeinschaftsgerichte und der nationalen Gerichte, weiterzuentwickeln? Gutachten D zum 60. DJT, 1994; *R. Voß*, Referat zum 60. DJT, Bd. II/1, S. N 25; *J. Sedemund*, Referat zum 60. DJT, 1994, S. N 41; *U. Everling*, Verhdlg. des 60. DJT, 1994, Bd. II/1, S. N 14 ff.; *G. van der Sanden* (Hrsg.), La reforme du système juridictionnel communautaire, 1994; *P.J.G. Kapteyn*, The Court of Justice of the European Communities after the Year 2000, in: FS H.G. Schermers, Bd. II, 1994, S. 135; *L. Allkemper*, Möglichkeiten einer institutionellen Reform des Europäischen Gerichtshofes, ZRP 1994, S. 301 ff.; *W. van Gerven*, The Role and Structure of the European Judiciary now and in the Future, ELRev. 1996, S. 211 ff.; *D. Scorey*, A new Model for the Community's Judicial Architecture in the new Union, ELRev. 1996, S. 224 ff.; *J.L. da Cruz Vilaca*, La nouvelle architecture judiciaire européen et la conférence intergouvernementale, CDE 1996, S. 3 ff.; *A. Arnull*, Underpinning the Communities judicial architecture, ELRev. 1997, S. 1 ff.; *V. Lipp*, Entwicklung und Zukunft der europäischen Gerichtsbarkeit, JZ 1997, S. 326 ff.

hinreichend zu bezeichnende Verankerung der Strukturprinzipien des Gemeinschaftsrechts im Bewußtsein der nationalrechtlich gebildeten europäischen Juristen, die auf eine Begrenzung der Zuständigkeiten der Gemeinschaftsgerichtsbarkeit oder ihres Dialogs mit den nationalen Gerichten gerichteten Vorschläge skeptisch zu beurteilen. Angezeigt erschien mittelfristig eher ein weiterer institutioneller Ausbau der Gemeinschaftsgerichtsbarkeit.[68] Einen wichtigen in seinen Konsequenzen wegen seiner noch ausstehenden Umsetzung erst in Umrissen erkennbaren Schritt in diese Richtung stellt die Neuordnung der Gemeinschaftsgerichtsbarkeit durch den Vertrag von Nizza dar.[69] Insbesondere die mögliche Schaffung einer europäischen Fachgerichtsbarkeit durch die Einrichtung der »gerichtlichen Kammern« nach Art. 225a und die erweiterten Möglichkeiten einer Übertragung von Zuständigkeiten auf das EuG mögen – wenn und soweit sie denn genutzt werden – die erforderliche Entlastung wenigstens für eine Übergangszeit bringen.

C. Grundstrukturen und -prinzipien des Gemeinschaftsrechts

Gestützt auf Art. 220 hat die Gemeinschaftsgerichtsbarkeit im Laufe ihrer bald fünfzigjährigen Rechtsprechungsgeschichte eine Reihe von Grundstrukturen und -prinzipien des Gemeinschaftsrechts herausgearbeitet, von denen im folgenden nur die wesentlichsten angesprochen werden. 21

I. Vorrang

Seit der frühen Grundentscheidung in der Rechtssache Costa/ENEL reklamiert die Gemeinschaftsgerichtsbarkeit für das Gemeinschaftsrecht den **Vorrang vor jeder Norm des nationalen Rechts** der Mitgliedstaaten. Ihre Begründung dieses Vorrangs ist **autonom gemeinschaftsrechtlich**[70]: Im Unterschied zu gewöhnlichen internationalen Verträgen habe der EG-Vertrag eine **eigene Rechtsordnung** geschaffen, die bei seinem Inkrafttreten in die Rechtsordnungen der Mitgliedstaaten aufgenommen worden sei. Durch die Gründung einer Gemeinschaft für unbegrenzte Zeit, die mit eigenen Organen, mit internationaler Handlungsfähigkeit und insbesondere mit echten Hoheitsrechten ausgestattet sei, hätten die Mitgliedstaaten ihre Souveränitätsrechte beschränkt und so einen Rechtskörper geschaffen, der für ihre Angehörigen und sie selbst verbindlich sei. Nach Wortlaut und Geist des Vertrages sei es den Staaten unmöglich, gegen eine von ihnen auf der Grundlage der Gegenseitigkeit angenommene Rechtsordnung nachträglich einseitige Maßnahmen ins Feld zu führen. Die Verpflichtungen, die die Mitgliedstaaten hier eingegangen seien, wären keine unbedingten mehr, sondern nur noch eventuelle, wenn sie durch spätere Gesetzgebungsakte der Signatarstaaten in Frage gestellt werden könnten. Dem vom Vertrag geschaffenen, aus einer **autonomen Rechtsquelle** fließenden Recht könnten wegen dieser seiner Eigenständigkeit keine wie immer gearteten innerstaatlichen Rechtsvorschriften vorgehen, wenn ihm nicht sein Charakter als Gemeinschaftsrecht aberkannt und wenn nicht die Rechtsgrundlage der Gemeinschaft selbst in Frage gestellt werden solle.[71] 22

---

68 So schon die Vorauflage, Art. 220 Rn. 16.
69 Dazu eingehender: *J. Sack,* (o. Fn. 8); *B. W. Wegener,* (o. Fn. 8).
70 Kollisionsregeln des nationalen Verfassungsrechts bestehen in Art. 94 der niederländischen und in Art. 29 Abs. 4 UAbs. 3 der irlländischen Verfassung, die jeweils den Vorrang des Gemeinschaftsrechts normieren. Zur mitgliedstaatlichen Reaktion auf diese Begründung *T. v. Danwitz* (Fn. 50), S. 109 ff.
71 EuGH, Rs. 6/64, 15.7.1964, Slg. 1964, 1251, 1269 f. (Costa/E.N.E.L.); vgl. auch Rs. 11/70, 17.12.1970, Slg. 1970, 1125, Rn. 3 f. (Internationale Handelsgesellschaft); Rs. C-213/89, 19.6.1990, Slg. 1990, I-2433, Rn. 18 ff. (Factortame).

23 Bestimmungen des nationalen Rechts, die dem Gemeinschaftsrecht entgegenstehen, sind nach diesen Grundsätzen zwar nicht nichtig. Gemeinschaftsrecht bricht nicht, wie es der bundesstaatlichen Regel des Art. 31 GG entspräche, das mitgliedstaatliche Recht. Alle staatlichen Stellen, insbesondere Gerichte[72] und Behörden[73], sind aber entsprechend dem sog. »**Anwendungsvorrang**« verpflichtet, den Vorschriften des Gemeinschaftsrechts den Vorrang in jedem konkret zu entscheidenden Fall einzuräumen und gemeinschaftsrechtswidriges nationales Recht außer Anwendung zu lassen. Das Gemeinschaftsrecht ist dabei grundsätzlich von Amts wegen und nicht allein dann heranzuziehen, wenn sich ein Einzelner auf seine Geltung beruft.[74] Ausnahmen gelten insoweit allein dann, wenn die Geltendmachung nach allgemeinen Grundsätzen des nationalen Prozeßrechts, etwa über den Parteiprozeß, erforderlich ist.[75]

24 Der Anwendungsvorrang des Gemeinschaftsrechts ist heute im Ergebnis unumstritten. Namentlich das **BVerfG** stützt ihn aber anders als die Gemeinschaftsgerichtsbarkeit nicht allein auf das Gemeinschaftsrecht, sondern betrachtet den Vorrang des Gemeinschaftsrechts als Ausfluß einer völkervertragsrechtlichen Übertragung originär mitgliedstaatlicher Hoheitsrechte auf die Gemeinschaft.[76] Nur soweit und solange die Gemeinschaft die verfassungsrechtlichen **Grenzen der innerstaatlichen Übertragungsermächtigung** des Art. 23 GG zumindest generell achtet, soll dem in Ausübung dieser derivativen Hoheitsgewalt geschaffenen Recht uneingeschränkter Vorrang zukommen.

25 Unsicher sind allerdings Maßstab und Auslöseschwelle des hier reklamierten **Prüfungsvorbehalts**.[77] Nach der Entscheidungsformel des sog. **Solange II**-Beschlusses, übt das Bundesverfassungsgericht seine Gerichtsbarkeit über die Anwendung von abgeleitetem Gemeinschaftsrecht nicht mehr aus und prüft dieses Recht nicht mehr am Maßstab der Grundrechte des Grundgesetzes, solange die Gemeinschaft einen Schutz der Grundrechte generell gewährleistet, der dem vom Grundgesetz als unabdingbar gebotenen **Grundrechtsschutz** im wesentlichen gleichzuachten ist, zumal den Wesensgehalt der Grundrechte generell verbürgt.[78] Den Gehalt und die Tragweite dieser vergleichsweise restriktiven und eindeutigen Formel hat das Gericht selbst in der Folge wieder verunklart.[79] Zweifel bestehen dabei nicht allein hinsichtlich fortbestehender **Prüfungsvorbehalte außerhalb des Bereichs des eigentlichen Grundrechtsschutzes**. Insbesondere das vom BVerfG in Anspruch genommene **Wächteramt über die Kompetenzausübung** der Euro-

---

72 Zusammenfassend: EuGH, Rs. 106/77, 9.3.1978, Slg. 1978, 629, Rn. 13 ff. (Simmenthal II).
73 EuGH, Rs. 103/88, 22.6.1989, Slg. 1989, 1839, Rn. 28 ff. (Costanzo); Rs. C-431/92, 11.8.1995, Slg. 1995, I-2189, Rn. 37 ff. (Großkrotzenburg).
74 EuGH, verb. Rs. C-87-89/90, 11.7.1991, Slg. 1991, I-3757, Rn. 16 (Verholen); verb. Rs. C-430-431/93, 14.12.1995, Slg. 1995, I-4705, Rn. 15 (van Schijndel).
75 EuGH, verb. Rs. C-430-431/93 (Fn. 74), Rn. 16 ff.
76 BVerfGE 37, 271, 279 ff. (Solange I); 73, 339, 366 ff. (Solange II); 75, 223, 235 ff. (Kloppenburg); 89, 155, 190 (Maastricht); tendenziell anders noch die frühe Entscheidung BVerfGE 22, 293, 295 ff. in der das BVerfG die Gemeinschaft als neue, selbständige und gegenüber der Staatsgewalt der Mitgliedstaaten unabhängige eigene Rechtsordnung und den EWG-Vertrag als Verfassung dieser Gemeinschaft bezeichnet. In der Konsequenz wies das Gericht Verfassungsbeschwerden gegen EG-Verordnungen und gegen die Mitwirkung deutscher Staatsorgane an ihrem Zustandekommen als unzulässig ab.
77 Ebenso *R. Streinz*, Europarecht, 3. Aufl., 1996, Rn. 202.
78 BVerfGE 73, 339, Ls. 2 (Solange II).
79 Vgl. insbesondere BVerfGE 89, 155, 182 ff. (Maastricht); unglücklich auch die Entscheidung BVerfGE 95, 175 ff. (Tabaketikettierung), in der das Gericht die gemeinschaftsrechtliche Vorgabe ignoriert und die Verpflichtung der Tabakindustrie zu Warnhinweisen auf ihren Produkten allein am Maßstab deutscher Grundrechte prüft.

päischen Union[80] kann zum Hebel einer (bei Nachahmung durch die Gerichte anderer Mitgliedstaaten) fünfzehnfach dualen, der Einheitlichkeit der Gemeinschaftsrechtsordnung abträglichen Gerichtskontrolle werden. Die den Gedanken einer prozeduralen Aufgabenteilung zwischen Gemeinschaftsgerichtsbarkeit und BVerfG vernachlässigende[81] Feststellung, kompetenzwidrig gesetztes Gemeinschaftsrecht sei »im deutschen Hoheitsbereich nicht verbindlich« und »die deutschen Staatsorgane wären aus verfassungsrechtlichen Gründen gehindert, diese Rechtsakte in Deutschland anzuwenden«[82], ist dazu angetan, die Entscheidung über die Beachtung des vorrangigen Gemeinschaftsrechts in die Hände des jeweiligen Rechtsanwenders zu legen. An entsprechenden Aufrufen zur Mißachtung etwa von Gerichtsurteilen des EuGH,[83] oder zur Prüfung der Grundgesetzkonformität des Gemeinschaftshandelns durch das BVerfG in jedem Einzelfall,[84] fehlt es denn auch nicht. Die wiederholten Versuche, der Gemeinschaftsgewalt selbst oder dem Mitwirkungshandeln der Bundesregierung beim Entstehen von Gemeinschaftsrecht im Wege der Verfassungsbeschwerde Grenzen zu setzen, waren bislang allerdings ausnahmslos erfolglos.[85] Im Interesse der Rechtsschutzsuchenden wie im Interesse des von ihm selbst betonten Kooperationsverhältnisses mit der europäischen Gerichtsbarkeit sollte das BVerfG überzogenen Erwartungen[86] an den innerstaatlichen verfassungsrechtlichen Rechtsschutz gegenüber dem Gemeinschaftsrecht durch eine Bekräftigung und Ergänzung seiner vormals eindeutigeren und betont restriktiven Formulierung der eigenen Prüfungsvorbehalte entgegentreten.

II. Unmittelbare Wirkung und gemeinschaftsrechtskonforme Auslegung

Zu den Grundstrukturen des Gemeinschaftsrechts gehört seine erst durch die Rechtsprechung der Gemeinschaftsgerichtsbarkeit in ihren Einzelheiten entfaltete unmittelbare Wirkung.[87] Anders als Normen des internationalen Rechts kommt den Vorschriften des

26

---

80 BVerfGE 89, 155, 188 (Maastricht); unter Hinweis auf BVerfGE 58, 1, 30 f. (Eurocontrol I); 75, 223, 242 (Kloppenburg). *P. Kirchhof*, Verkehrspolitik im Lichte des deutschen Verfassungsrechts, DRiZ 1995, S. 253, 259 sieht das BVerfG als Wächter an der Brücke der völkerrechtlichen Zustimmungsgesetze zu den Verträgen über die europäische Integration, die das Gemeinschaftsrecht passieren müsse, um Eingang in die deutsche Rechtsordnung zu finden.
81 Das selbst in der Solange I-Entscheidung enthaltene Erfordernis der vorherigen Anrufung des EuGH findet in BVerfGE 89, 155, 188 (Maastricht) keine Erwähnung mehr.
82 BVerfGE 89, 155, 188 (Maastricht).
83 Vgl. nur die Reaktionen auf die Rechtsprechung des EuGH zum einstweiligen Rechtsschutz gegenüber vermeintlich ungültigem Gemeinschaftsrecht: *F. Schoch*, in: Schoch/Schmidt-Aßmann/Pietzner, VwGO, Art. 80, Rn. 270 »für deutsche Gerichte unverbindlich und unbeachtlich«; *W. Dänzer-Vanotti*, Unzulässige Rechtsfortbildung des Europäischen Gerichtshofs, RIW 1992, S. 733, 739 f. Dazu, daß sich die entsprechende Rechtsprechung im der Gemeinschaft gesetzten Kompetenzrahmen bewegt und Zweifel an ihrer Maßstäblichkeit daher nicht bestehen, u. Art. 242/243, Rn. 29.
84 Dazu *W. Sandner*, Probleme des vorläufigen Rechtsschutzes gegen Gemeinschaftsrecht vor deutschen Gerichten, DVBl. 1998, S. 262, 264 f.
85 Vgl. nur BVerfGE, 80, 74 ff. (Fernsehrichtlinie I); EuZW 1995, 277 (Fernsehrichtlinie II); 89, 155 ff. (Maastricht); EuGRZ 1989, S. 339 ff. (Tabaketikettierung I); E 95, 175 ff. (Tabaketikettierung II); EuZW 1995, 126 (Bananen I); EuZW 1995, 412 (Bananen II); NJW 1995, 2216 (EP); BVerfGE 97, 350 ff. (Währungsunion).
86 In der Vergangenheit hat das BVerfG diese Erwartungen allerdings eher geschürt als gedämpft, vgl. dazu kritisch: *T. Stein*, Etikettierung von Tabakerzeugnissen und Warnhinweise, EuR 1997, S. 169, 170.
87 Grundlegend: EuGH, Rs. 26/62, 5.2.1963, Slg. 1963, 1, 24 f. (van Gend & Loos); zur historischen Bedeutung der Entscheidung, *G. F. Mancini/D. T. Keeling*, Democracy and the European Court of Justice, MLRev. 1994, 175, 183, »the unique judicial contribution to the making of Europe«.

Gemeinschaftsrechts regelmäßig[88] unmittelbare Wirkung in dem Sinne zu, daß sie **Quelle unmittelbarer Berechtigung bzw. Verpflichtung Einzelner** sein können.[89] Vor allem diese unmittelbare, nicht nationalstaatlich mediatisierte Rechtssubjektivität des Einzelnen qualifiziert die Gemeinschaft als Rechtsordnung eigener Art, die sich von ihren völkerrechtlichen Ursprüngen weithin gelöst hat.[90]

27 Konsequenz des Vorrangs des Gemeinschaftsrechts und zugleich eine seiner Wirkungsformen ist das **Gebot der gemeinschaftsrechtskonformen Auslegung**, wie es wiederum vor allem durch die Gemeinschaftsgerichtsbarkeit konkretisiert worden ist.[91] Danach müssen alle Träger öffentlicher Gewalt in den Mitgliedstaaten das nationale Recht bei seiner Anwendung im Lichte des vorrangigen Gemeinschaftsrechts auslegen. Die gemeinschaftsrechtskonforme Auslegung ähnelt damit im Grundsatz der verfassungskonformen Auslegung, wie sie aus dem nationalen Kontext vertraut ist.[92]

III. Einheitlichkeit der Anwendung des Gemeinschaftsrechts

28 Als Organ im Prozeß der europäischen Integration ist die Gemeinschaftsgerichtsbarkeit nach Art. 220 auf die Wahrung der materiellen Einheit des Gemeinschaftsrechts verpflichtet.[93] Die Sorge um die Einheitlichkeit der Anwendung dieses Rechts beherrscht ihre Rechtsprechung.[94] Wesentliches Instrument zur Sicherung dieser Einheitlichkeit ist der mit dem Vorabentscheidungsverfahren nach Art. 234 eröffnete **judizielle Dialog** mit der Gerichtsbarkeit der Mitgliedstaaten. Hier bietet sich der Gemeinschaftsgerichtsbarkeit die Gelegenheit zur verbindlichen Entscheidung der erst in der Rechtsanwendungspraxis sich stellenden Fragen nach Auslegung und Gültigkeit des Gemeinschaftsrechts. Die Entscheidungspraxis der Gemeinschaftsgerichtsbarkeit läßt hierbei zwar eine deutliche Betonung des Gedankens der einheitlichen Anwendung, aber seine Verabsolutierung, erkennen. So hat sie beispielsweise Ausnahmen vom Integrationsprinzip des freien Warenverkehrs zugunsten national abweichender Normsetzung zum Schutz zwingender Erfordernisse etwa des Umwelt- und Verbraucherschutzes zugelassen.[95]

---

88 Ausnahmen sollen nach der Rechtsprechung des EuGH, vgl. nur EuGH, Rs. 152/84, 26.2.1986, Slg. 1986, 723, Rn. 48 (Marshall I); Rs. C-91/92, 14.7.1994, Slg. 1994, I-3325, Rn. 22 ff. (Faccini Dori), vor allem für die Rechtsbegründung durch Richtlinien im Verhältnis zwischen Einzelnen (sog. Horizontalwirkung) gelten, kritisch dazu: *B. W. Wegener* (Fn. 45), S. 233 ff. m.w.N. zum Schrifttum.
89 EuGH, Rs. 8/81, 19.1.1982, Slg. 1982, 53, Rn. 29 (Becker); verb. Rs. C-87-89/90 (Fn. 74), Rn. 16; eingehend zur unmittelbaren Wirkung u. Art. 249, Rn. 17 ff.
90 Vgl. nur EuGH, Gutachten 1/91 (Fn. 3), Rn. 21; näher dazu *B. W. Wegener* (Fn. 45), S. 60 ff.
91 EuGH, Rs. 14/83, 10.4.1984, Slg. 1984, 1891, Rn. 26 (von Colson und Kamann); Rs. C-106/89, 13.11.1990, Slg. 1990, I-4135, Rn. 8 (Marleasing); näher dazu *W. Brechmann*, Die richtlinienkonforme Auslegung, 1994, S. 31 ff. und u. Art. 249, Rn. 106 ff.
92 Zu dieser Parallele und ihren Grenzen eingehender: *H. D. Jarass*, Richtlinienkonforme bzw. EG-rechtskonforme Auslegung nationalen Rechts, EuR 1991, S. 211, 213 ff.; *G. Ress*, Die richtlinienkonforme »Interpretation« innerstaatlichen Rechts, DÖV 1994, S. 489, 491 f.
93 Zur institutionellen Absicherung dieser Funktion der Gemeinschaftsgerichtsbarkeit, vgl. u. Art. 292, Rn. 1.
94 Vgl. dazu EuGH, Rs. 44/79, 13.12.1979, Slg. 1979, 3727, Rn. 14 (Hauer); Rs. 106/77 (Fn. 72), Rn. 14/16; Gutachten 1/91 (Fn. 3), Rn. 21 ff.; Rs. C-228/92, 26.4.1994, Slg. 1994, I-1445, Rn. 20 (Roquette Fréres); Rs. C-125/94, 5.10.1995, Slg. 1995, I-2919, Rn. 34 (Aprile); Rs. C-393/92, 27.4.1994, Slg. 1994, I-1477, Rn. 23 (Almelo); Rs. C-92/91, 27.10.1993, Slg. 1993, I-5383, Rn. 14 (Taillandier); Rs. 118/85, 16.6.1987, Slg. 1987, 2599, Rn. 13 (Kommission/Italien); Rs. 145/79, 15.10.1980, Slg. 1980, 2917, Rn. 11 (Roquette Frères).
95 EuGH, Rs. 302/86, 20.9.1988, Slg. 1988, 4607, Rn. 6 ff. (Dänische Pfandflaschen); Rs. C-2/90, 9.7.1992, Slg. 1992, I-4431, Rn. 22 ff. (Wallonien); hierzu und zu weiteren Ausnahmen o. Art. 28.

IV. Effektiver Rechtsschutz

Weit mehr als das Gebot der Einheitlichkeit der Anwendung des Gemeinschaftsrechts 29
dient der Gemeinschaftsgerichtsbarkeit die Forderung nach einem effektiven Schutz der
durch das Gemeinschaftsrecht begründeten Rechte Einzelner zur Legitimation juristischer »Entdeckungen«[96] und vielfältiger **Einwirkung auf die Rechtsinstitute** auch **des
nationalen (Prozeß-)Rechts.**[97] Der EuGH bezeichnet die Gewähr eines effektiven gerichtlichen Rechtsschutzes in ständiger Rechtsprechung als allgemeinen Rechtsgrundsatz, der den gemeinsamen Verfassungstraditionen der Mitgliedstaaten zugrundeliegt, in
Art. 6 und 13 der EMRK Ausdruck gefunden hat und auf das Gemeinschaftsrecht Anwendung finden muß.[98] Dabei gilt es im Einzelfall abzuwägen, zwischen der Notwendigkeit der Sicherung der gemeinschaftsrechtlich begründeten Individualrechte und gegenläufigen Forderungen, insbesondere nach Rechtssicherheit und der Bewahrung der
Grundstrukturen nationalen Rechts.

Dem Gebot effektiven Rechtsschutzes muß zugleich das durch den EG-Vertrag geschaffene System der direkten Klagen genügen. Wie die Gemeinschaftsgerichtsbarkeit wiederholt betont hat, enthält der EG-Vertrag ein »**umfassendes Rechtsschutzsystem**«[99], in
dem keine der Handlungen der Gemeinschaftsorgane[100] oder der Mitgliedstaaten[101] einer Rechtskontrolle prinzipiell entzogen sein können.[102] In den vertraglichen Regelungen angelegte Rechtsschutzlücken hat der EuGH durch eine ergänzende Auslegung der
einschlägigen Vorschriften vielfach schließen können.[103] In Teilbereichen – vor allem im
Bereich der Direktklagen nicht privilegierter Individualkläger – zeigt die Rechtsprechung des EuGH aber ungeachtet der hieran laut gewordenen **Kritik**[104] noch Zurückhaltung gegenüber einer Abkehr von der selbst entwickelten restriktiven Interpretation

---

96 Vgl. nur EuGH, verb. Rs. C-6, 9/90, 19.11.1991, Slg. 1991, I-5357, Rn. 31 ff. (Francovich).
97 Etwa in EuGH, Rs. 199/82, 9.11.1983, Slg. 1983, 3595, Rn. 12 ff. (San Giorgio); verb. Rs. 331, 376, 378/85, 25.2.1988, Slg. 1988, 1099, Rn. 12 ff. (Bianco); Rs. 222/84 (Fn. 34), Rn. 18 ff.; Rs. 222/86, 15.10.1987, Slg. 1987, 4097, Rn. 14 ff. (Heylens); Rs. C-213/89, 19.6.1990, Slg. 1990, I-2433, Rn. 19 ff. (Factortame); Rs. C-208/90, 25.7.1991, Slg. 1991, I-4269, Rn. 19 ff. (Emmott); Rs. C-312/93, 14.12.1995, Slg. 1995, I-4599, Rn. 15 ff. (Peterbroeck); Rs. C-20/92, 1.7.1993, Slg. 1993, I-3777, Rn. 9 ff. (Hubbert/Hamburger); Rs. C-361/88, 30.5.1991, Slg. 1991, I-2567, Rn. 15 ff. (Schwefeldioxid); vgl. zum Ganzen *B. W. Wegener* (Fn. 45), S. 90 ff.; *M. Tonne* (Fn. 2), S. 205 ff.
98 EuGH, Rs. 222/84 (Fn. 34), Rn. 18; Rs. 222/86 (Fn. 97), Rn. 14; st. Rspr., näher dazu *M. Tonne* (Fn. 2), S. 200 ff.; *L. Allkemper* (Fn. 16), S. 41 ff.
99 EuGH, Rs. 294/83 (Fn. 3), Rn. 23; eingehend dazu *K. Lenaerts*, The legal protection of private parties under the EC Treaty: a coherent and complete system of judicial review?, in: FS G. F. Mancini, Bd. II, Diritto dell'Unione Europea, 1998, S. 591 ff.
100 EuG, Rs. T-186/94, 27.6.1995, Slg. 1995, II-1753, Rn. 23, (Guérin automobiles/Kommission).
101 EuGH, Rs. C-97/91, 3.12.1992, Slg. 1992, I-6313, Rn. 14 (Borelli/Kommission).
102 Vgl. besonders EuGH, Rs. C-2/88 (Fn. 1), Rn. 23 ff., zur Befugnis des EuGH zur Kontrolle von Entscheidungen der Kommission auf Rechtshilfeersuchen eines nationalen Gerichts.
103 So etwa durch Erweiterung der passiven und aktiven Parteifähigkeit des EP im Rahmen der Nichtigkeits- und Untätigkeitsklagen, EuGH, Rs. 294/83 (Fn. 3), Rn. 23 ff.; Rs. C-70/88, 22.5.1990, Slg. 1990, I-2041, Rn. 12 ff., insbes. Rn. 22 (EP/Rat); näher dazu u. Art. 230, Rn. 6; und durch die Anerkennung der Zulässigkeit einstweiliger Anordnungen im Bereich von Feststellungsklagen, Rs. C-68/95 R, 26.11.1996, Slg. 1996, I-6065, Rn. 60 (T. Port), näher dazu u. Art. 242/243, Rn. 9, vgl. auch Rs. C-2/88 (Fn. 2), Rn. 23 ff.
104 *A. Arnull*, Private Applicants and the Action for Annulment under Article 173 of the EC Treaty, CMLRev. 1995, S. 7 ff.; *D. Ehlers*, Die Klagebefugnis nach deutschem, europäischem Gemeinschafts- und U.S.-amerikanischen Recht, VerwArch 1993, 139, 153; *J. C. Moitinho de Almeida*, Le recours en annulation des particuliers, in: FS U. Everling, 1995, S. 849 ff; *G. Vandersanden*, Pour un élargissement du droit des particuliers d'agir en annulation contre

der einschlägigen Zulässigkeitsvoraussetzungen.[105] Der in diesem Zusammenhang wiederholt zu findende Hinweis auf den Rechtsweg zu den nationalen Gerichten[106] und das ihnen eröffnete Vorlageverfahren nach Art. 234[107] offenbart das Bemühen um die Abwehr einer übergroßen Zahl direkter Klagen und das Bestreben, der »Gefahr« der »doppelten Einlegung von Rechtsbehelfen«[108] vorzubeugen. Der entsprechende Ausschluß direkter Klagen[109] kann aber in der Sache nur dann überzeugen, wenn die Möglichkeit innerstaatlichen Rechtsschutzes auch tatsächlich besteht.[110]

V. Institutionelles Gleichgewicht

31 Der in den Gemeinschaftsverträgen enthaltenen Kompetenzverteilung zwischen den Gemeinschaftsorganen entnimmt der EuGH in ständiger Rechtsprechung ein übergeordnetes **Prinzip** des »institutionellen Gleichgewichts« (s. Art. 7, Rn. 8)[111]. Es verlangt, daß eventuelle Verstöße gegen diesen Grundsatz geahndet werden können.[112] In der Konsequenz dieser Argumentation hat der EuGH dem Europäischen Parlament in erweiternder Auslegung der ursprünglich in Art. 173 Abs. 1 EWGV enthaltenen Regelung die aktive Klagebefugnis zum Schutz der diesem durch die Verträge übertragenen Befugnisse zuerkannt.[113] Bedeutung erlangt hat das Prinzip des institutionellen Gleichgewichts darüber hinaus für die Entscheidung über die **Wahl der richtigen Rechtsgrundlage** (s. Art. 95 und Art. 175, Rn. 13 ff.) für das Tätigwerden der Gemeinschaft.[114]

Fortsetzung von Fußnote 104
des actes autres que les décisions qui leur sont adressées, C.D.E. S. 534 ff.; *N. Green/A. Barav,* Damages in the National Courts for Breach of Community Law, YEL 1986, 55, 115 f.; *T. Oppermann,* Europarecht, 1991, Rn. 647; *T. v. Danwitz* (Fn. 16), S. 1115; *B. W. Wegener,* Gemeinwohl und Gemeinschaftsgerichtsbarkeit, ZEuS 1998, S. 183 ff.; *ders.,* Keine Klagebefugnis für Greenpeace und 18 andere, ZUR 1998, S. 131 ff. Die Kritik wird auch von Mitgliedern des EuGH geteilt, vgl. nur *G. F. Mancini/D. T. Keeling* (Fn. 87), S. 188 f.

105 EuGH, Rs. C-321/95 P, 2.4.1998, Slg. 1998, I-1651, Rn. 32 f. (Greenpeace); bestätigt hat der EuGH damit die Fortführung der von ihm selbst entwickelten restriktiven Dogmatik durch das EuG in Rs. T-585/93, 9.8.1995, Slg. 1995, II-2205, Rn. 46 ff. (Greenpeace); Rs. T-219/95 R, 22.12.1995, Slg. 1995, II-3051, Rn. 77 (Danielsson u.a./Kom.).
106 EuGH, Rs. 123/77, 16.3.1978, Slg. 1978, 845, Rn. 13 (UNICME); verb. Rs. 133–136/85, 21.5.1987, Slg. 1987, 2289, Rn. 12 (Berlin-Butter); Rs. C-321/95 P (Fn. 105), Rn. 32 f.; EuG, Rs. T-219/95 R (Fn. 105), Rn. 77; Rs. T-154/94, 22.10.1996, Slg. 1996, II-1377, Rn. 53 (Comité des Salines); vgl. auch *A. Arnull* (Fn. 104), S. 40 ff. m.w.N.
107 Das Argument, das Vorlageermessen der nationalen Gerichte mache eine Eröffnung des direkten Klagewegs zur Gemeinschaftsgerichtsbarkeit erforderlich, weist EuGH, Rs. 97/85, 21.5.1987, Slg. 1987, 2265, Rn. 12 (Deutsche Lebensmittelwerke) zurück.
108 EuGH, verb. Rs. 239, 275/82, 21.2.1984, Slg. 1984, 1005, Rn. 13 (Allied Cooperation).
109 Vgl. dazu auch *K. Lenaerts* (Fn. 99), S. 596 f., mit dem Hinweis auf EuG, Rs. T-99/94, 20.10.1994, Slg. 1994, Rn. 17, (Asocarne); Rs. T-298/94, 7.11.1996, Slg. 1996, Rn. 45 (Roquette Fréres).
110 Zum ganzen eingehend *K. Lenaerts* (Fn. 99), S. 604 ff.; sowie kritisch *B. W. Wegener* (Fn. 45), S. 159 f.
111 Vgl. dazu neben den im folgenden genannten Kernentscheidungen auch EuGH, Rs. 25/70, 17.12.1970, Slg. 1970, 1161, Ls. 1 (Köster); Rs. 138/79, 29.10.1980, Slg. 1980, 3333, Ls. 4 (Roquette Frères – Isoglukose); allgemein zur Kompetenzverteilung zwischen den Organen verb. Rs. 188–190/80, 6.7.1982, Slg. 1982, 2545, Rn. 4 ff. (Transparenz-Richtlinie). Näher dazu *M. Zuleeg,* Die Verfassung der Europäischen Gemeinschaft in der Rechtsprechung des Europäischen Gerichtshofs, BB 1994, S. 581 ff.
112 EuGH, Rs. C-70/88, 22.5.1990, Slg. 1990, I-2041, Rn. 21 f. (Tschernobyl I), Hervorhebung nur hier.
113 Näher dazu und zur nachfolgenden Anpassung der Verträge, u. Art. 230, Rn. 19.
114 EuGH, Rs. C-300/89, 11.6.1991, Slg.-1991, I-2867, Rn. 10 (Titandioxid-Richtlinie), Hervorhebung nur hier.

D. Allgemeine Rechtsgrundsätze und materielle Rechtlichkeit

In der Rechtsprechung der Gemeinschaftsgerichtsbarkeit haben neben den zuvor behandelten Grundstrukturen und -prinzipien des Gemeinschaftsrechts eine Vielzahl sog. »allgemeiner Rechtsgrundsätze«[115] Anerkennung gefunden.[116] Von herausragender Bedeutung ist insbesondere der durch die Gemeinschaftsgerichtsbarkeit unter dieser übergreifenden Bezeichnung entwickelte und gewährleistete **Grundrechtsschutz**.[117] Neben den Grundrechten und grundrechtsgleichen Rechten im engeren Sinne sowie den grundrechtsähnlichen **Verfahrensrechten**[118] sind es die allgemeinen Grundsätze der Rechtlichkeit, die hier als übergeordnete Auslegungs- und Gültigkeitsmaßstäbe in den **Rang** des Verfassungsrechts[119] der Gemeinschaft erhoben werden und die materielle Rechtlichkeit der Gemeinschaft – und im »**Geltungsbereich** des Gemeinschaftsrechts«[120] auch des Handelns der Mitgliedstaaten[121] – verbürgen sollen. 32

I. Gewinnung

Der zentrale Prozeß der Erkenntnis der für die Gemeinschaft verbindlichen materiellen Rechtlichkeitsstandards wird dabei üblicherweise als »**wertende Rechtsvergleichung**«[122] beschrieben. Anknüpfungspunkte der inhaltlichen Konkretisierung sind danach neben dem geschriebenen Gemeinschaftsrecht[123] vor allem die **Verfassungstraditionen der Mitgliedstaaten**. Die Gemeinschaftsgerichtsbarkeit betont in ständiger Rechtsprechung, daß sie bei der Gewährleistung der allgemeinen Rechtsgrundsätze »von den Verfassungstra- 33

---

115 Der Begriff dürfte Art. 288 Abs. 2 EGV entlehnt sein. Zur Verwendung im Völkerrecht: *H. Krück*, in: GTE, EU/EGV, Art. 164, Rn. 23.
116 Ausdrückliche Aussagen zum Geltungsgrund dieser Grundsätze enthält die Rechtsprechung des EuGH nicht; zur Vorzugswürdigkeit der Stützung auf Art. 220: *H. Krück*, in: GTE, EU/EGV, Art. 164, Rn. 25 f.; ebenso *I. Emmert*, Europarecht, 1996, § 12, Rn. 44.
117 Dazu eingehend o. Art. 6 EUV, Rn. 16 ff.; sowie zu Einzelausprägungen im allgemeinen Diskriminierungsgebot, Art. 12, und in den Grundfreiheiten, Art. 28; Art. 39; Art. 43; Art. 49; Art. 56; vgl. auch *I. Pernice*, in: Grabitz/Hilf, EU, Art. 164, Rn. 49 ff.
118 Dazu o. Art. 6 EUV, Rn. 16 ff.
119 Die Frage nach dem Rang der allgemeinen Rechtsgrundsätze in der Gemeinschaftsrechtsordnung wird in der Literatur unterschiedlich beantwortet und ist vom EuGH soweit ersichtlich noch nicht entschieden. Nach seiner Rechtsprechung sind sie jedenfalls Gültigkeitsmaßstab des Sekundärrechts. (Nur) In ihrer Funktion als Rechtsprinzipien haben sie Einfluß auch auf die Auslegung des primären Gemeinschaftsrechts. Zum Ganzen eingehend: *P. Szczecalla*, in: H.-W. Rengeling (Hrsg.), Hb. Umweltrecht, 1998, § 11, Rn. 27 ff.
120 So die Formulierung des EuGH, vgl. nur EuGH, Rs. 12/86, 30.9.1987, Slg. 1987, 3719, Rn. 28 (Demirel); Rs. C-144/95, 13.6.1996, Slg. 1996, I-2909, Rn. 12 (Maurin).
121 Zur potentiellen Maßstäblichkeit der allgemeinen Rechtsgrundsätze des Gemeinschaftsrechts auch für den indirekten Vollzug des europäischen Rechts durch die Mitgliedstaaten, vgl. *Rengeling/Middeke/Gellermann*, Rechtsschutz in der EU, Rn. 969 ff., 978 ff.; *P. Szczekalla*, (Fn. 121), Rn. 37 f. Allgemein zum gemeinschaftsrechtlichen Einfluß auf das im indirekten Vollzug anzuwendende nationale Recht, o. Rn. 21 ff., m.w.N.
122 *H. Kutscher*, Thesen zu den Methoden der Auslegung des Gemeinschaftsrechts, aus der Sicht eines Richters, in: Gerichtshof der europäischen Gemeinschaften: Begegnung von Justiz und Hochschule, 1976, S. I/1, 30 f.; *H. Krück*, in: GTE, EU/EGV, Art. 164, Rn. 25; *I. Pernice*, in: Grabitz/Hilf, EU, Art. 164, Rn. 57 m.w.N.
123 *H. H. Lindemann*, Allgemeine Rechtsgrundsätze und europäischer öffentlicher Dienst, 1986, S. 67; speziell zu den allgemeinen Rechtsgrundsätzen im Verfahren: *K. Lenaerts/J. Vanhamme*, Procedural rights of private parties in the Community administrative process, CMLRev. 1997, S. 531 ff.

ditionen der Mitgliedstaaten auszugehen« habe[124] und deshalb mit diesen Traditionen unvereinbare Maßnahmen nicht als Rechtens anerkennen könne. Ergänzend zieht die Gemeinschaftsgerichtsbarkeit die Gewährleistungen internationaler Verträge, insbesondere der Europäischen Menschenrechtskonvention, heran, an deren Abschluß die Mitgliedstaaten beteiligt waren oder denen sie beigetreten sind. »Wertende Rechtsvergleichung« meint dabei die Suche nach der für den jeweiligen Fall »besten Lösung«. Deren Bestimmung läßt sich allerdings abstrakt-generell kaum hinreichend vorzeichnen. Insbesondere kann sie, sollen nicht gegenläufige Interessen und Spezifika des Gemeinschaftsrechts negligiert werden, nicht in der Übernahme der für den jeweiligen Rechtsschutzsuchenden maximalen Gewährleistung oder eines schematisch ermittelten gemeinsamen Nenners der verschiedenen nationalen Lösungen liegen.[125] Immerhin wird eine in den Mitgliedstaaten übereinstimmende Tradition die Gemeinschaftsgerichtsbarkeit , von denkbaren exzeptionellen Fällen abgesehen, auf eine entsprechende Gewährleistung verpflichten.[126]

II. Einzelausprägungen

34 Zu den zahlreichen in der Rechtsprechung der Gemeinschaftsgerichtsbarkeit anerkannten allgemeinen Rechtsgrundsätzen[127] gehört der **Vorbehalt des Gesetzes**, wonach »Eingriffe der öffentlichen Gewalt in die Sphäre der privaten Betätigung jeder – natürlichen oder juristischen – Person einer Rechtsgrundlage [bedürfen], und [...] aus den gesetzlich vorgesehenen Gründen gerechtfertigt sein« müssen.[128] Für das Strafrecht verfestigt sich dieser Vorbehalt zum Grundsatz **nulla poena sine lege**,[129] den die Gemeinschaftsgerichtsbarkeit mitunter in seinen thematischen Zusammenhang mit dem **Rückwirkungsverbot**[130] und dem Prinzip der **Rechtssicherheit**[131] stellt.[132] Aus letzterem Prinzip folgert die Gemeinschaftsgerichtsbarkeit auf das Gebot der hinreichenden **Bestimmtheit** belastender hoheitlicher Maßnahmen[133] und der mitgliedstaatlichen Umsetzung von Richtlinien.[134] Der Hinweis auf die gebotene Rechtssicherheit dient ihr darüber hinaus zur

---

124 Vgl. nur EuGH, Rs. 4/73, 14.5.1974, Slg. 1974, 491, Rn. 13 (Nold); Gutachten 2/94, 28.3.1996, Slg. 1996, I-1759, Rn. 33; Rs. C-299/95, 29.5.1997, Slg. 1997, I-2629, Rn. 14 (Kremzow).
125 Vgl. auch P. Szczekalla, (Fn. 121), Rn. 24 f.
126 In diesem Sinne auch P. Pescatore, Le recours, dans la jurisprudence de la Cour de justice des Communautés européennes, à des normes déduites de la comparaison des droits des Etats membres, RIDC 1980, S. 337, 353 ff. Weitergehend meint F. Emmert (Fn. 1116), § 12, Rn. 45, schon die Anerkennung eines allgemeinen Rechtsgrundsatzes durch den EuGH setze seine Anerkennung durch die Mehrzahl der Rechtsordnungen der Mitgliedstaaten voraus.
127 Zur Rechtsprechung der Gemeinschaftsgerichtsbarkeit zu den allgemeinen Rechtsgrundsätzen im Rahmen des Dienstrechts der Gemeinschaft vgl. auch u. Art. 236, Rn. 10.
128 EuGH, verb. Rs. 46/87, 227/88, 21.9.1989, Slg. 1989, 2859, Rn. 19 (Hoechst).
129 Vgl. EuGH, Rs. 63/83, 10.7.1984, Slg. 1984, 2689, Rn. 22 (Regina/Kirk); Vgl. ferner Rs. 117/83, 25.9.1984, Slg. 1984, 3291 Rn. 11 (Koenecke) und Rs. C-172/89, 12.12.1990, Slg. 1990, I-4677, Rn. 9 (Vandemoortele), wonach dieser Grundsatz für jede Sanktion gilt, auch wenn sie keinen strafrechtlichen Charakter besitzt.
130 Zur Zulässigkeit und den Voraussetzungen der Rückwirkung anderer als strafrechtlicher Bestimmungen: EuGH, Rs. C-331/88 (Fn. 57), Rn. 6.
131 Vgl. dazu eingehend C. Naómé, La notion de sécurité juridique dans la jurisprudence de la Cour de Justice et du Tribunal de Premiére Instance des Communautés Européennes, Revista di Diritto europeo 1993, S. 223 ff.
132 EuGH, Rs. 80/86, 8.10.1987, Slg. 1987, 3969, Rn. 13 f. (Kolpinghuis Nijmegen).
133 EuGH, Rs. 169/80, 9.7.1981, Slg. 1981, 1931, 1942, Rn. 17 (Gondrand Frères).
134 EuGH, Rs. C-361/88, 30.5.1991, Slg. 1991, I-2567, Rn. 15 (Schwefeldioxid/Schwebstaub); Rs. C-58/89, 17.10.1991, Slg. 1991, I-4983, Rn. 13 (Oberflächenwasser); Rs. C-59/89, 30.5.1991, Slg. 1991, I-2607, Rn. 18 (Blei).

Rechtfertigung möglicher Beschränkungen der zeitlichen Wirkung seiner Entscheidungen.[135] Grenzen findet das Gebot der Rechtssicherheit und die mit ihm in engem Zusammenhang stehende Gewährleistung des **Vertrauensschutzes**[136] dabei konkret bei der Frage nach der Schutzwürdigkeit des Vertrauens, für deren Beurteilung die Gemeinschaftsgerichtsbarkeit – jedenfalls für auf dem gemeinsamen Markt operierende Großunternehmen – ein »engmaschiges Netz vertrauensvernichtender Kriterien geknüpft« hat[137], und abstrakt in dem schon in Art. 230 Abs. 1 EGV zum Ausdruck kommenden Prinzip der **Gesetzmäßigkeit der Verwaltung**. So kann etwa im Fall des Widerrufs bzw. der Rücknahme von Verwaltungsakten »der zweifellos wichtige Grundsatz der Wahrung der Rechtssicherheit nicht absolut, sondern nur in Verbindung mit dem Grundsatz der Gesetzmäßigkeit der Verwaltung Anwendung finden«.[138]

Zentraler Grundsatz der Rechtlichkeit ist schließlich auch im Rahmen der Gemeinschaftsrechtsordnung das Gebot der **Verhältnismäßigkeit** belastender hoheitlicher Maßnahmen. Der EuGH konkretisiert dieses Gebot in deutlicher Anlehnung an die aus dem deutschen Recht vertrauten Formeln[139] dahingehend, daß belastende »Maßnahmen [...] nur rechtmäßig sind, wenn sie zur Erreichung der zulässigerweise mit der fraglichen Regelung verfolgten Ziele geeignet und erforderlich sind. Dabei ist, wenn mehrere geeignete Maßnahmen zur Auswahl stehen, die am wenigsten belastende zu wählen; ferner müssen die auferlegten Belastungen in angemessenem Verhältnis zu den angestrebten Zielen stehen.«[140] Allerdings hält sich der EuGH mit Rücksicht auf den der Legislative etwa im Bereich der Agrarmarktordnung eingeräumten weiten Ermessensspielraum grundsätzlich nur dann für berechtigt, die Rechtswidrigkeit einer Maßnahme festzustellen, wenn diese zur Erreichung des von dem handelnden Organ verfolgten Ziels offensichtlich ungeeignet ist.[141] 35

Das durch den Amsterdamer-Vertrag in einer Teilausprägung in das Primärrecht aufgenommene **Öffentlichkeitsprinzip**[142] hoheitlichen Handelns hat bisher nur im Rahmen der Auslegung der entsprechenden sekundärrechtlichen Vorläuferregelungen Eingang in die Rechtsprechung der Gemeinschaftsgerichtsbarkeit[143] gefunden. 36

---

135 Näher dazu u. Art. 234, Rn. 35.
136 Dazu etwa EuGH, verb. Rs. C-104/89, 37/90, 19.5.1992, Slg. 1992, I-3061, Ls. 2 (Mulder).
137 K.-D. *Borchardt*, in: Lenz, EGV, Art. 234, Rn. 65.
138 EuGH, verb. Rs. 42, 49/59, 22.3.1961, Slg. 1961, 109, 172 (SNUPAT), hier auch zu der Notwendigkeit einer Abwägung der betroffenen öffentlichen und privaten Interessen. Zusammenfassend zu den für die Rückforderung gemeinschaftsrechtswidrig gewährter Beihilfen geltenden Grundsätzen: Rs. C-24/95, 20.3.1997, Slg. 1997, I-1591, Rn. 21 ff. (Alcan), vgl. näher dazu o. Art. 88, Rn. 21 ff.
139 K.-V. *Schiller*, Der Verhältnismäßigkeitsgrundsatz im Europäischen Gemeinschaftsrecht nach der Rechtsprechung des EuGH, RIW 1983, S. 928, 929 spricht insoweit von Inhaltsgleichheit; vgl. auch H. *Kutscher*, Zum Grundsatz der Verhältnismäßigkeit im Recht der Europäischen Gemeinschaften, in: Der Grundsatz der Verhältnismäßigkeit in den europäischen Rechtsordnungen, Deutsch-Französische Juristenkonferenz 1982, 1985, S. 89 ff.
140 EuGH, Rs. 265/87, 11.7.1989, Slg. 1989, 2237, Rn. 4 (Schröder); weiterhin: Rs. 181/84, 24.9.1985, Slg. 1985, 2889, Rn. 20 (Man); Rs. C-331/88 (Fn. 57), Rn. 13; Rs. C-26/90, 16.10.1991, Slg. 1991, 4961 Rn. 12 ff. (Wünsche); EuG, Rs. T-76/89, 10.7.1991, Slg. 1991, II-575, Rn. 78 ff. (ITP/Kommission).
141 EuGH, Rs. 265/87 (Fn. 140), Rn. 4; Rs. C-331/88 (Fn. 57), Rn. 14.
142 Vgl. Art. 255, näher dazu dort, Rn. 1 ff.
143 Vgl. insbesondere EuG, Rs. T-194/94, 19.10.1995, Slg. 1995, II-2765, Rn. 62 ff. (Carvel/Rat); Rs. T-83/96, 19.3.1998, Slg. 1998, II-545, Rn. 24 ff. (van der Wal/Kommission).

Art. 221 (ex-Art. 165)

Der Gerichtshof besteht aus einem Richter je Mitgliedstaat[1].

Der Gerichtshof tagt in Kammern oder als große Kammer entsprechend den hierfür in der Satzung des Gerichtshofs vorgesehenen Regeln[2 f.+5].

Wenn die Satzung es vorsieht, kann der Gerichtshof auch als Plenum tagen[4].

Amsterdamer Fassung:
Der Gerichtshof besteht aus fünfzehn Richtern.
Der Gerichtshof tagt in Vollsitzungen. Er kann jedoch aus seiner Mitte Kammern mit je drei, fünf oder sieben Richtern bilden, die bestimmte vorbereitende Aufgaben erledigen oder bestimmte Gruppen von Rechtssachen entscheiden; hierfür gelten die Vorschriften einer besonderen Regelung.

Der Gerichtshof tagt in Vollsitzungen, wenn ein Mitgliedstaat oder ein Organ der Gemeinschaft als Partei des Verfahrens dies verlangt.

Auf Antrag des Gerichtshofes kann der Rat einstimmig die Zahl der Richter erhöhen und die erforderlichen Anpassungen der Absätze 2 und 3 und des Artikels 223 Absatz 2 vornehmen.

1 Nach der Neufassung des Abs. 1 besteht der EuGH aus – derzeit fünfzehn – **Richtern**, von denen je einer die Staatsangehörigkeit eines der Mitgliedstaaten besitzen muß. Damit wird eine schon bisher geübte Praxis kodifiziert. Zugleich wird gewährleistet, daß auch die Rechtsordnungen der neu beitretenden Staaten künftig durch je einen Richter vertreten sein werden. Der Idee der Repräsentation aller nationalen Rechtsordnungen im Richterkollegium wird so auch künftig Rechnung getragen. Allerdings wird sich die relative Unterrepräsentation der Rechtsordnungen der großen Mitgliedsstaaten weiter verschärfen.

2 Neu geordnet wird die Aufteilung der Spruchkörper des EuGH in einzelne **Kammern**. Nach der rechtlichen Regel des Abs. 2 a.F. tagte der Gerichtshof grundsätzlich in Vollsitzungen. Daneben hatte er die Möglichkeit zur Bildung von Kammern von drei, fünf und sieben Richtern. Nunmehr tagt der Gerichtshof grundsätzlich nur noch in Kammern. Damit wird die schon bisher zu beobachtende Praxis in den Rang der rechtlichen Grundregel erhoben. Während die mit drei und fünf Richtern besetzten Kammern erhalten bleiben, wird die schon in der bisherigen Praxis des Gerichtshofs wenig bedeutende Siebenerkammer abgeschafft. Gestärkt wird die Rolle der Präsidenten der Fünferkammern. Sie werden nach Art. 16 Abs. 1 der Satzung des Gerichtshofs aus der Mitte der Richter auf drei Jahre gewählt. Ihre einmalige Wiederwahl ist zulässig.

3 Eine Sitzung in Vollsitzungen ist künftig grundsätzlich nicht mehr vorgesehen. Ihre Funktion übernimmt die sogenannte »**Große Kammer**«, die mit elf Richtern besetzt wird. Mit der Neuregelung soll die Arbeitsfähigkeit des EuGH auch für die Zeit nach einer Erweiterung der Union gesichert werden. Nach Art. 16 Abs. 2 der Satzung des Gerichtshofs sitzt der Großen Kammer der Präsident des Gerichtshofs vor. Ihr gehören außerdem die Präsidenten der Fünferkammern und weitere nach Maßgabe der Verfahrensordnung ernannte Richter an. Der Gerichtshof tagt nach Art. 16 Abs. 3 der Satzung als Große Kammer, wenn ein am Verfahren beteiligter Mitgliedstaat oder ein am Verfahren beteiligtes Gemeinschaftsorgan dies beantragt.

4 In Vollsitzungen, jetzt »**Plenum**« genannt, tagt der Gerichtshof nach Abs. 3 i. V. m. Art. 16 Abs. 4 und 5 der Satzung nur noch in Amtsenthebungsverfahren oder wenn er selbst zu der Auffassung gelangt, daß eine Rechtssache, mit der er befaßt ist, von so außergewöhnlicher Bedeutung ist, daß sie eine Befassung des Plenums verlangt.

Wegen der zentralen Bedeutung der Kammerentscheidungen muß der **Geschäftsvertei-** 5
lung besondere Aufmerksamkeit zukommen. Gemäß Art. 9 § 3 VerfO-EuGH legt der
Gerichtshof »Kriterien fest, nach denen sich die Verteilung der Rechtssachen auf die
Kammern in der Regel richtet.« Anders als das EuG[1] hat der EuGH keinen entsprechenden Beschluß veröffentlicht. In der Praxis bestimmt der Präsident des Gerichtshofs
anhand wenig präziser interner Regeln nach eigenem Ermessen den für die jeweilige
Rechtssache zuständigen Berichterstatter und damit implizit auch die zuständige Kammer. Eine Kontrolle dieser Entscheidung findet faktisch in der wöchentlichen Verwaltungsversammlung der Richter und Generalanwälte, rechtlich aber allein insoweit statt,
als der Gerichtshof nach Art. 95 VerfO-EuGH auf eine Verweisung an die Kammern
verzichten und die Sache beim Plenum belassen kann[2]. Diese mit den aus dem deutschen Recht bekannten Anforderungen an die **(Vorab-)Bestimmung des gesetzlichen
Richters**[3] unvereinbare Rechtslage und Praxis erscheint auch in gemeinschaftsrechtlicher Betrachtung problematisch[4]. Zwar enthält der EGV keine Art. 101 Abs. 1 Satz 2
GG entsprechende Vorschrift. Auch kennen andere mitgliedstaatliche Rechtsordnungen eine größere Flexibilität bei der gerichtsinternen Geschäftsverteilung. Unbekannt
ist das aus dem rechtsstaatlichen Gebot des gesetzlichen Richters abzuleitende Ideal einer abstrakt-generellen Vorausbestimmung der Besetzung der Richterbank aber auch
hier nur in Ausnahmefällen[5]. Die VerfOen von EuGH und EuG selbst belegen schließlich die Anerkennung einer entsprechenden Zielsetzung auch für die Gemeinschaftsgerichtsbarkeit. Eine Fortentwicklung und vor allem Veröffentlichung der Geschäftsverteilungsplanung erscheint demnach dringend geboten. Daß dabei die Berücksichtigung
von Kriterien des Sachzusammenhangs, der Arbeitsbelastung, der Kenntnis der Verfahrenssprache und des nationalen Rechts nicht ausgeschlossen werden muß, belegt nicht
zuletzt der Verteilungsplan des EuG[6].

---

1   Vgl. u. Art. 224, Rn. 5.
2   Zu weiteren Einzelheiten vgl. G. *Mößlang*, Ist der EuGH als gesetzlicher Richter i.S. des
    Art. 101 I 2 GG in Frage gestellt?, EuZW 1996, S. 69, 70; gegen dessen Schlußfolgerungen mit
    Recht: *J. C. Wichard*, Keine Gefahr für den EuGH!, EuZW 1996, 305 ff.
3   BVerfGE 17, 294, 298 f.; 19, 52, 59 f.; 30, 149, 152; 31, 47, 54; 82, 286, 298 ff.; BVerwGE 50,
    11, 16; BGH, NJW 1994, S. 1735 ff.
4   Wie hier: *P. Szcekalla*, EuZW 1995, S. 671, 672. A.A. *O. Dörr*, in: Sodan/Ziekow, NKVwGO,
    Europäischer Verwaltungsrechtsschutz, Rn. 47; *Rengeling/Middeke/Gellermann*, Rechtsschutz
    in der EU, Rn. 616; *R. Stotz*, Der gesetzliche Richter in Europa, EuZW 1995, S. 749; *P. Grzybek*,
    Prozessuale Grundrechte im Europäischen Gemeinschaftsrecht, 1993, S. 84 ff.; *H. Jung*, Änderungen der Verfahrensordnung des Gerichtshofs der Europäischen Gemeinschaft, EuR 1980,
    S. 372, 377 f.; *J. Schwarze*, in: Schwarze, EU-Kommentar, Art. 221, Rn. 7; zurückhaltend auch
    EuGH, Rs. C-7/94, 4.5.1995, Slg. 1995, I-1031, Rn. 12 ff. (Gaal); vgl. dazu auch die Anm. von
    J. C. Wichard, Prinzip des gesetzlichen Richters im Verfahrensrecht des EuGH?, EuR 1995,
    S. 260 ff.
5   *R. Stotz* (Fn. 4), S. 749.
6   Vgl. nur ABl.EG 2000 Nr. C 259/14 f.

Art. 222 (ex-Art. 166)

Der Gerichtshof wird von acht Generalanwälten unterstützt.[1] Auf Antrag des Gerichtshofs kann der Rat einstimmig die Zahl der Generalanwälte erhöhen.[2]

Der Generalanwalt hat öffentlich in völliger Unparteilichkeit und Unabhängigkeit begründete Schlußanträge[3] zu den Rechtssachen zu stellen, in denen nach der Satzung des Gerichtshofs seine Mitwirkung erforderlich[4] ist.

Amsterdamer Fassung:

Der Gerichtshof wird von acht Generalanwälten unterstützt. Für die Zeit vom 1. Januar 1995 bis zum 6. Oktober 2000 wird jedoch ein neunter Generalanwalt ernannt.

Der Generalanwalt hat in völliger Unparteilichkeit und Unabhängigkeit begründete Schlußanträge zu den dem Gerichtshof unterbreiteten Rechtssachen öffentlich zu stellen, um den Gerichtshof bei der Erfüllung seiner in Artikel 220 bestimmten Aufgabe zu unterstützen.

Auf Antrag des Gerichtshofs kann der Rat einstimmig die Zahl der Generalanwälte erhöhen und die erforderlichen Anpassungen des Artikels 223 Absatz 2 vornehmen.

1 Die vor allem auf französisches Vorbild[1] zurückgehende **Institution des Generalanwalts** sollte die ursprüngliche Eingliedrigkeit der europäischen Gerichtsbarkeit kompensieren. In den Verfahren, die der ausschließlichen Zuständigkeit des EuGH vorbehalten sind, erfüllt sie diese Funktion noch heute. Im übrigen ist der Generalanwalt **Teil des »arbeitsteiligen Prozeßsystems«**[2], das dem EuGH und in Resten auch noch dem EuG eigen ist. Von den acht Generalanwälten entsenden nach einer politischen Absprache Deutschland, Italien, Frankreich, Spanien und Großbritannien jeweils eine Persönlichkeit. Das **Vorschlagsrecht** für die übrigen Positionen steht in alphabetischer Reihenfolge den übrigen Mitgliedstaaten zu.[3]

2 Der Vertrag von Nizza hat – anders als bei der Zahl der Richter – darauf verzichtet, die Bestimmung über die Zahl der Generalanwälte so zu verändern, daß sich mit der Erweiterung der Union um weitere Mitgliedstaaten auch ihre Zahl automatisch erhöht. Allerdings kann der Rat eine solche Erhöhung im vereinfachten Vertragsänderungsverfahren nach Abs. 1 Satz 2 vornehmen.

3 Die Generalanwälte sind den Richtern hinsichtlich ihrer Unabhängigkeit, ihrer Vorrechte, ihrer Amtszeit und ihres protokollarischen Rangs **gleichgestellt**. Ihre Hauptaufgabe besteht in der Erstellung von vorbereitenden, für den EuGH unverbindlichen Gutachten, den sog. **Schlußanträgen**. Gehört werden muß der Generalanwalt darüber hinaus nach der VerfO-EuGH vor einer Reihe prozeßleitender Entscheidungen[4] und vor der Abgabe von Gutachten des Gerichtshofs. Die Schlußanträge sind nach Art. 59 §§ 1, 2 VerfO-EuGH Teil der mündlichen Verhandlung und werden als solche in einem gesonderten Termin mündlich vorgetragen. Den Parteien steht ein Recht auf Erwiderung auf die Schlußanträge nicht zu.[5] Sie werden zusammen mit dem Urteil in der amtlichen Samm-

---

1 Näher dazu und zu vergleichbaren Institutionen in den Mitgliedstaaten und in der internationalen Gerichtsbarkeit: K. Borgsmidt, Der Generalanwalt beim Europäischen Gerichtshof, EuR 1987, S. 162; O. Pichler, Der Generalanwalt beim Gerichtshof der Europäischen Gemeinschaften, 1983, S. 31 ff.
2 H. P. Ipsen, EuR 1966, S. 58, 60.
3 Vgl. Gemeinsame Erklärung Nr. 2 zur Schlußakte v. 24.6.1994, ABl.EG 1994, Nr. C 241/381.
4 Zu den Einzelheiten vgl. H. Krück, in: GTE, EU/EGV, Art. 166, Rn. 11.
5 EuGH, Rs. C-17/98, Beschluß v. 4.2.2000, Slg. 2000, I-665, Rn. 12 f. (Emesa/Aruba).

lung veröffentlicht und geben regelmäßig näheren Aufschluß über die rechtlichen Hintergründe der Entscheidung.

Nach der Neufassung des Abs. 2 haben die Generalanwälte Schlußanträge nicht mehr zu allen beim EuGH anhängigen Rechtssachen, sondern nur noch zu den Rechtssachen zu stellen, in denen nach der Satzung des Gerichtshofs ihre **Mitwirkung erforderlich** ist. Nach Art. 20 Abs. 4 der Satzung gehört die Verlesung der Schlußanträge des Generalanwalts zwar auch jetzt noch zum regelmäßigen Bestandteil des mündlichen Verfahrens vor dem EuGH. Nach Art. 20 Abs. 5 der Satzung kann der Gerichtshof aber – nach Anhörung des Generalanwalts – beschließen, ohne Schlußanträge über Rechtssachen zu entscheiden, die nach seiner Auffassung keine neuen Rechtsfragen aufwerfen. Nicht durchgesetzt haben sich Vorschläge, die die Mitwirkung der Generalanwälte nicht von der Entscheidung des Gerichtshofs, sondern von der der Generalanwälte selbst abhängig machen wollten. Erhalten geblieben ist – entgegen Bestrebungen zu ihrer Abschaffung – die vertraglich vorgeschriebene Öffentlichkeit der Schlußanträge.

Nach Art. 10 § 1 VerfO-EuGH wählt der EuGH auf jeweils ein Jahr einen **Ersten Generalanwalt**. Ihm obliegt nach Art. 62 der Satzung des Gerichtshofs vor allem die Prüfung, ob eine Entscheidung des EuG die »ernste Gefahr einer Beeinträchtigung der Einheit oder der Kohärenz des Gemeinschaftsrechts« in sich birgt. Für diese Fälle des Art. 225 Abs. 2 und 3 EGV kann er dem EuGH vorschlagen, die Entscheidung des EuG zu überprüfen.[6] Im übrigen entscheidet der Erste Generalanwalt über die Zuweisung der Rechtssachen an die Generalanwälte.

---

6 Näher dazu u. Art. 225, Rn. 30.

Art. 223 (ex-Art. 167)

Zu Richtern und Generalanwälten des Gerichtshofs sind Persönlichkeiten auszuwählen,[1] die jede Gewähr für Unabhängigkeit[2 f.] bieten und in ihrem Staat die für die höchsten richterlichen Ämter erforderlichen Voraussetzungen erfüllen oder Juristen von anerkannt hervorragender Befähigung sind; sie werden von den Regierungen der Mitgliedstaaten im gegenseitigen Einvernehmen auf sechs Jahre ernannt.[1]

Alle drei Jahre findet nach Maßgabe der Satzung des Gerichtshofs eine teilweise Neubesetzung der Stellen der Richter und Generalanwälte statt.

Die Richter wählen aus ihrer Mitte den Präsidenten des Gerichtshofs für die Dauer von drei Jahren. Wiederwahl ist zulässig.[4 f.]

Die Wiederernennung ausscheidender Richter und Generalanwälte ist zulässig.

Der Gerichtshof ernennt seinen Kanzler und bestimmt dessen Stellung.[6]

Der Gerichtshof erläßt seine Verfahrensordnung. Sie bedarf der Genehmigung des Rates, der darüber mit qualifizierter Mehrheit entscheidet.[7]

Amsterdamer Fassung:

Zu Richtern und Generalanwälten sind Persönlichkeiten auszuwählen, die jede Gewähr für Unabhängigkeit bieten und in ihrem Staat die für die höchsten richterlichen Ämter erforderlichen Voraussetzungen erfüllen oder Juristen von anerkannt hervorragender Befähigung sind; sie werden von den Regierungen der Mitgliedstaaten im gegenseitigen Einvernehmen auf sechs Jahre ernannt.

Alle drei Jahre findet eine teilweise Neubesetzung der Richterstellen statt. Sie betrifft abwechselnd acht und sieben Richter.

Alle drei Jahre findet eine teilweise Neubesetzung der Stellen der Generalanwälte statt. Sie betrifft jedes Mal vier Generalanwälte.

Die Wiederernennung ausscheidender Richter und Generalanwälte ist zulässig.

Die Richter wählen aus ihrer Mitte den Präsidenten des Gerichtshofs für die Dauer von drei Jahren. Wiederwahl ist zulässig.

Inhaltsübersicht:

I. Qualifikation, Wahl, Amtszeit, Status und Unabhängigkeit der Mitglieder des EuGH	1
II. Präsident des Gerichtshofs	4
III. Kanzler des EuGH	6
IV. Verfahrensordnung	7

I. Qualifikation, Wahl, Amtszeit, Status und Unabhängigkeit der Mitglieder des EuGH

1 Art. 223 Abs. 1 benennt die **ethischen und fachlichen Voraussetzungen,** denen die Richter und Generalanwälte am EuGH genügen müssen. Die **Auswahl** der Richter und Generalanwälte ist in der weitaus größten Zahl der Mitgliedstaaten Gegenstand eines informellen, exekutivischen und wenig transparenten Verfahrens[1], für das gemeinschafts-

---

1 Kritisch dazu *V. Epping,* Die demokratische Legitimation der Dritten Gewalt der Europäischen Gemeinschaften, Der Staat 1997, S. 349, 361 ff.; dessen Argumentation zu folgen sein dürfte, in Deutschland sei wegen Art. 23 Abs. 2 Satz 1 GG und der Notwendigkeit einer demokratischen Legitimation des von deutscher Seite entsandten Richters am EuGH schon *de constitutione lata* eine (bislang fehlende) maßgebliche Beteiligung des Bundestages und des Bundesrates an der Auswahlentscheidung erforderlich.

rechtliche Vorgaben fehlen. Die anschließende einvernehmliche **Ernennung** der Richter und Generalanwälte erfolgt intergouvernemental durch sog. uneigentlichen Ratsbeschluß[2]. Von der Möglichkeit, einen vorgeschlagenen Kandidaten zu verhindern, haben die Mitgliedstaaten bislang soweit ersichtlich noch keinen Gebrauch gemacht.

Art. 223 begrenzt die **Amtszeit** der Richter und Generalanwälte auf sechs Jahre und läßt beim Fehlen einer Altersgrenze zugleich eine auch mehrfache Wiederwahl zu. Der darin liegenden Gefahr für die **Unabhängigkeit** sucht der EuGH durch den Ausschluß der Veröffentlichung der Abstimmungsergebnisse und abweichender Voten jedenfalls für die Richterschaft zu begegnen. Weitergehende Forderungen nach einer Stärkung der Unabhängigkeit durch eine Verlängerung der Amtsperiode und den Ausschluß der Wiederwahl[3] konnten sich bislang nicht durchsetzen. 2

Die **Rechte und Pflichten** der Richter und Generalanwälte bestimmen sich weitestgehend nach der Satzung des Gerichtshofs und der VerfO-EuGH. Beachtung verdienen vor allem die Vorschriften über Immunität und Indemnität (Art. 3 Gerichtshofs-Satzung), über die Unvereinbarkeit von Amt und Berufstätigkeit (Art. 4 Gerichtshofs-Satzung), über die Amtsenthebung (Art. 6 Gerichtshofs-Satzung) und die Regeln zum Ausschluß wegen Befangenheit[4] (Art. 18 Gerichtshofs-Satzung). 3

II. Präsident des Gerichtshofs

Nach jeder turnusgemäßen Neubesetzung des EuGH wählen die Richter in geheimer Abstimmung aus ihrer Mitte den **Präsidenten des Gerichtshofs** auf drei Jahre. Unter seinen zahlreichen Aufgaben sind vor allem die Zuweisung der Rechtssachen auf die Kammern und die Bestimmung der Berichterstatter[5] sowie seine weitreichenden Zuständigkeiten in Verfahren des einstweiligen Rechtsschutzes[6] hervorzuheben. Der Präsident leitet die Verwaltung des EuGH und ist – außer gegenüber den Mitgliedern – oberster Dienstvorgesetzter aller Bediensteten des EuGH. 4

In den Rechtssachen, für deren Entscheidung die Kammern zuständig sind, übt nach Art. 9 § 4 VerfO-EuGH der Kammerpräsident die Befugnisse des Präsidenten des Gerichtshofs aus. 5

---

2 Wie hier: *V. Epping* (Fn. 1), S. 362; unzutreffend *Rengeling/Middeke/Gellermann*, Rechtsschutz in der EU, Rn. 23, die die Entscheidung dem Europäischen Rat zuordnen, in dem jedoch der für die Ernennung der Richter und Generalanwälte unzuständige Kommissionspr_sident nach Art. 4 Abs. 2 EUV Sitz und Stimme hat.
3 Entschließungen des Europäischen Parlaments vom 22.11.1990, ABl.EG 1990 Nr. C 324/231: 12 Jahre; vom 16.9.1993, ABl.EG 1993 Nr. C 268/157: 9 Jahre; und vom 17.5.1995, Dok. PE 190.441, S. 36 f.: 9 Jahre; näher dazu *O. Phillip*, Regierungskonferenz und europäische Gerichtsbarkeit, EuZW 1996, S. 624 f.. Vgl. auch den entsprechenden Beschluß des 60. DJT, Verhdlg. des 60. DJT 1994, Bd. II/1, S. N 61: 12 Jahre; sowie *U. Everling*, Verhdlg. des 60. DJT 1994, Bd. II/2, S. N 152; *M. A. Dauses*, Verhdlg. des 60. DJT 1994, Bd. I, S. D 160 f.; *M. Zuleeg*, Verhdlg. des 60. DJT 1994, Bd. II/2, S. 74 (76).
4 Zur Zulässigkeit eines entsprechenden Parteiantrags vgl. *H. Krück*, in: GTE, EU/EGV, Art. 167, Rn. 9.
5 Näher dazu o. Art. 221, Rn. 5.
6 Näher dazu u. Art. 242/243, Rn. 21 ff.

III. Kanzler des EuGH

6 Abs. 5 verankert ein Stück personeller Verwaltungsautonomie des EuGH im Vertrag. Der Kanzler wird gem. Art. 12 VerfO-EuGH nach dem für die **Wahl** des Präsidenten vorgesehenen Verfahren vom EuGH auf sechs Jahre gewählt. **Wiederwahl** ist zulässig. Der Kanzler leitet die Kanzlei des EuGH und nimmt in dieser Funktion die Aufgaben eines obersten **Urkundsbeamten** wahr. Er ist nach Art. 17 VerfO-EuGH für die Verwaltung des Schriftverkehrs und die Besorgung der Zustellungen zuständig und steht dem EuGH, den Kammern, dem Präsidenten und den übrigen Richtern bei allen Amtshandlungen zur Seite. Die Einzelheiten ergeben sich aus den Art. 10-12, 14 Gerichtshofs-Satzung, Art. 12 ff. VerfO-EuGH und der durch den EuGH erlassenen Dienstanweisung für den Kanzler[7]. Der Kanzler nimmt daneben die **allgemeine Verwaltung** des EuGH einschließlich der Finanzverwaltung im Auftrag des Präsidenten wahr. Er wird in seinen Funktionen als Urkundsbeamter von zwei Hilfskanzlern und in seiner Verwaltungsaufgabe von einem leitenden Verwaltungsbeamten unterstützt.

IV. Verfahrensordnung

7 Die vom EuGH als Rechtsakt in eigener Sache erstmals 1959 erlassene VerfO-EuGH[8] steht als Sekundärrechtsakt sui generis der Gerichtshofs-Satzung im **Rang** nach. Ihr Erlaß wie auch ihre **Änderungen** bedürfen nach Abs. 5 Satz 2 der **Genehmigung** des Rates, der darüber anders als bisher nicht mehr einstimmig, sondern mit qualifizierter Mehrheit entscheidet. **Inhalt**lich regelt die VerfO-EuGH Einzelheiten des Aufbaus des EuGH (Titel I), das Verfahren im ersten Rechtszug (Titel II),[9] die besonderen Verfahrensarten (Titel III), das Verfahren bei Rechtsmitteln gegen Entscheidungen des EuG (Titel IV) und das Verfahren gemäß dem EWR-Abkommen (Titel V). Eine nach Art. 125 VerfO-EuGH erlassene zusätzliche Verfahrensordnung (ZVerfO-EuGH)[10] enthält ergänzende Bestimmungen über Rechtshilfeersuchen, das Armenrecht und über Anzeigen wegen Eidesverletzungen von Zeugen und Sachverständigen.

---

7 ABl.EG 1974 Nr. L 350/33, ABl.EG 1982 Nr. C 39/1; ABl.EG 1986 Nr. C 286/4. Die Dienstanweisung für den Kanzler des EuG findet sich in ABl.EG 1994 Nr. L 78/32; geändert durch ABl.EG 2001 Nr. L 119/2.
8 Text der geltenden Fassung: ABl.EG 2001, C 34 vom 1.2.2001, geändert durch Erlaß v. 3.4.2001, http://europa.eu.int/cj/de/txts/acting/mod.pdf.
9 Zum Verfahren vor dem Gerichtshof näher u. Art. 245.
10 ABl.EG 1974 Nr. L 350/29, zuletzt geändert ABl.EG 1997 Nr. L 103/4.

Art. 224 (ex-Art. 168)

Das Gericht erster Instanz[1 f., 5] besteht aus mindestens einem Richter je Mitgliedstaat.[3] Die Zahl der Richter wird in der Satzung des Gerichtshofs festgelegt. In der Satzung kann vorgesehen werden, daß das Gericht von Generalanwälten unterstützt wird.[4]

Zu Mitgliedern des Gerichts erster Instanz sind Personen auszuwählen, die jede Gewähr für Unabhängigkeit bieten und über die Befähigung zur Ausübung hoher richterlicher Tätigkeiten verfügen.[3]

Sie werden von den Regierungen der Mitgliedstaaten im gegenseitigen Einvernehmen für sechs Jahre ernannt. Alle drei Jahre wird das Gericht teilweise neu besetzt. Die Wiederernennung ausscheidender Mitglieder ist zulässig.[3]

Die Richter wählen aus ihrer Mitte den Präsidenten[6 f.] des Gerichts erster Instanz für die Dauer von drei Jahren. Wiederwahl ist zulässig.

Das Gericht erster Instanz ernennt seinen Kanzler[8] und bestimmt dessen Stellung.

Das Gericht erster Instanz erläßt seine Verfahrensordnung[9] im Einvernehmen mit dem Gerichtshof. Sie bedarf der Genehmigung des Rates, der darüber mit qualifizierter Mehrheit entscheidet.

Soweit die Satzung des Gerichtshofs nichts anderes vorsieht, finden die den Gerichtshof betreffenden Bestimmungen dieses Vertrags auf das Gericht erster Instanz Anwendung.[9]

Amsterdamer Fassung:
Der Gerichtshof ernennt seinen Kanzler und bestimmt dessen Stellung.

Inhaltsübersicht:

I. Errichtung und Organisation des Gerichts erster Instanz	1
II. Die Mitglieder des Gerichts	3
III. Die Spruchkörper des Gerichts	5
IV. Der Präsident des Gerichts	6
V. Der Kanzler des Gerichts	8
VI. Verfahren	9

I. Errichtung und Organisation des Gerichts erster Instanz

Nachdem eine Vertragsänderung durch die Einheitliche Europäische Akte von 1987 die Errichtung eines Gerichts erster Instanz für die drei Europäischen Gemeinschaften möglich gemacht hatte[1], nahm das durch einen eigenen **Errichtungsbeschluß** des Rates[2] ge- 1

---

1 Zur Vorgeschichte: *House of Lords*: Fifth Report of the Select Committee on the European Communities, A European Court of First Instance, 1987/1988; *H. Jung*, Ein erstinstanzliches Gericht für die Europäischen Gemeinschaften, EuGRZ 1989, S. 229 ff.
2 Beschluß 88/591/EGKS, EWG, Euratom vom 24.10.1988 zur Errichtung eines Gerichts erster Instanz der Europäischen Gemeinschaften, ABl.EG 1988 Nr. L 319/1, berichtigt durch ABl.EG 1989 Nr. L 241/4, geändert durch ABl.EG 1993 Nr. L 144/21; ABl.EG 1994 Nr. L 66/29.

schaffene EuG Ende Oktober 1989 seine Arbeit auf[3]. Seitdem war die traditionell durchgängige Einstufigkeit der europäischen Gerichtsbarkeit in Teilbereichen zugunsten eines **zweigliedrigen Instanzenzuges** erweitert. Durch die mit dem Vertrag von Nizza geschaffene Möglichkeit, dem EuG nach Art. 220 Abs. 2, 225a »gerichtliche Kammern« für die Entscheidung von Fällen aus bestimmten Sachbereichen beizuordnen, kann dieser Instanzenzug um eine dritte Stufe ergänzt werden. Erklärtes Ziel dieser Reform war und ist es, die Funktionsfähigkeit der Gemeinschaftsgerichtsbarkeit insgesamt weiterhin zu gewährleisten, den EuGH und das EuG angesichts gestiegener Eingangszahlen zu entlasten, ersterem eine Konzentration auf die für die Wahrung der Rechtseinheit wesentlichen Verfahren zu ermöglichen, die Prüfung komplexer Sachverhalte eigenen Tatsacheninstanzen zuzuweisen und damit insgesamt insbesondere den Rechtsschutz individueller Kläger zu verbessern[4].

2 Nach der Neufassung des Art. 224 ist das EuG dem Gerichtshof nicht länger nurmehr »beigeordnet«. Dennoch bleibt es, wie die unveränderte Fassung des Art. 7 verdeutlicht, **Teil des Gemeinschaftsorgans Gerichtshof**.[5] Seine schon bisher bestehende organisatorische und dienstrechtliche Verselbständigung wird durch die Neufassung allerdings nochmals gestärkt.

II. Die Mitglieder des Gerichts

3 Das EuG besteht aus mindestens einem **Richter** je Mitgliedstaat. Die Zahl der Richter ist in Art. 48 der Satzung des Gerichtshofs derzeit auf die sich aus dieser Regel ableitende Mindestzahl von fünfzehn festgelegt. Sie kann vom Rat durch einstimmigen Beschluß nach Art. 245 Abs. 2 erhöht werden. Für Ernennung, Amtszeit, Unabhängigkeit und Status der Richter des EuG gelten insbesondere nach Art. 47 der Satzung des Gerichtshofs dieselben Regeln wie für die Richter des EuGH[6]. Nach Abs. 2 müssen die Mitglieder des EuG über die Befähigung zur Ausübung *hoher* richterlicher Tätigkeiten verfügen. Anders als in Art. 223 Abs. 1 für die Mitglieder des EuGH wird danach keine Befähigung zur Ausübung höchster richterlicher Ämter verlangt. Andererseits bleibt die dort genannte mögliche alternative Qualifikation als »Juristen von anerkannt hervorragender Befähigung« hier unerwähnt. Zumindest für das deutsche Mitglied des EuG dürfte sich, zumindest solange die einheitliche Juristenausbildung beibehalten wird, aus dieser Differenzierung allerdings kaum ein praktischer Unterschied ergeben.

4 Anders als der EuGH kennt das EuG nach der derzeitigen Fassung der Satzung des Gerichtshofs **keine ständigen Generalanwälte**. Ihre Funktion kann vielmehr nach Art. 49 Abs. 1 der Satzung, Art. 17–19 VerfO-EuG einem Richter übertragen werden, der dann

---

3 Aus der großen Zahl der Publikationen zum EuG seien hier nur genannt: *T. Millett*, The Court of First Instance of the European Communities, 1990; *L. Neville-Brown*, The first five years of the Court of First Instance and appeals to the Court of Justice: Assessment and Statistics, CML-Rev. 1995, S. 743 ff.; *B. Vesterdorf*, The Court of First Instance of the European Communities after Two Full Years in Operation, CMLRev. 1992, S. 897 ff.; *O. Due*, The Court of First Instance, Y.E.L. 1988, S. 1 ff.; *A. Oldland*, Rules of procedure of the court of First Instance, Eur. Comp. L.Rev. 1991, S. 101 ff.; *R. Joliet/W. Vogel*, Le Tribunal de Premiére Instance des Communautés Européennes, RMC 1989, S. 423 ff.; *K. Lenaerts*, Das Gericht erster Instanz der Europäischen Gemeinschaften, EuR 1990, S. 228 ff; *H.-J. Rabe*, Das Gericht erster Instanz der Europäischen Gemeinschaften, NJW 1989, 3041 ff.; *H. Kirschner*, Das Gericht erster Instanz der Europäischen Gemeinschaften, 1995.
4 Vgl. nur: Erwägungsgründe des EuG-EB (Fn. 2).
5 Zu abweichenden Ansichten, vgl. bereits o. Art. 220 Rn. 5.
6 Vgl. dazu Art. 223.

von der nachfolgenden Entscheidung ausgeschlossen ist. Soweit das EuG in Vollsitzungen tagt, wird es notwendig von einem durch den Präsidenten des Gerichts bestellten Generalanwalt unterstützt. Das in Kammern tagende Gericht kann von einem Generalanwalt unterstützt werden, wenn die rechtliche Schwierigkeit oder der tatsächlich komplizierte Streitstoff der Rechtssache dies nach Ansicht des Gerichts gebietet. Die Entscheidung über die Bestellung eines Generalanwalts für eine bestimmte Rechtssache wird auf Antrag der für die Rechtssache zuständigen Kammer vom Plenum des Gerichts getroffen. Von dieser Möglichkeit wird sehr selten Gebrauch gemacht. Abweichend von den für den EuGH geltenden Regeln kann der Generalanwalt beim EuG nach Art. 53 Abs. 3 der Satzung des Gerichtshofs seine Schlußanträge schriftlich stellen.

III. Die Spruchkörper des Gerichts

Das EuG tagt nur in Ausnahmefällen[7] und nach entsprechendem Beschluß in **Vollsitzungen**. In der Regel bleibt die Verhandlung und Entscheidung **Kammern** zu drei bzw. fünf Richtern übertragen. Entsprechend Art. 12 seiner VerfO beschließt und veröffentlicht das EuG jährlich Kriterien für die **Verteilung der Rechtssachen** auf die Kammern[8]. Nach Art. 14, 51 § 2 VerfO-EuG können die mit drei Richtern besetzten Kammern die Entscheidungen von Klagen natürlicher und juristischer Personen auf den Berichterstatter als **Einzelrichter** übertragen, sofern sie sich wegen fehlender Schwierigkeit der aufgeworfenen Tatsachen- und Rechtsfragen, begrenzter Bedeutung der Rechtssache und des Fehlens anderer besonderer Umstände dazu eignen. Die Übertragung auf einen Einzelrichter ist ausgeschlossen bei Rechtssachen, die Fragen der Rechtmäßigkeit von Handlungen mit allgemeiner Geltung aufwerfen, sowie bei Rechtssachen aus den Bereichen des Wettbewerbs-, Fusionskontroll-, Beihilfen- und des Antidumpingrechts. Ausgeschlossen ist die Übertragung auf den Einzelrichter auch bei Klagen gegen die Entscheidungen der Beschwerdekammern des Harmonisierungsamtes für den Binnenmarkt und das Sortenamt. In agrarrechtlichen Streitigkeiten ist die Übertragung nur in solchen Rechtssachen zulässig, die zu einer Serie von Rechtssachen gehören, die den gleichen Gegenstand haben und von denen eine bereits rechtskräftig entschieden ist. Die Entscheidung zur Übertragung trifft die Kammer nach Anhörung der Parteien einstimmig.

IV. Der Präsident des Gerichts

Nach Abs. 4, Art. 7 VerfO-EuG wählen die Richter nach jeder turnusgemäßen Neubesetzung des EuG in geheimer Abstimmung aus ihrer Mitte den **Präsidenten des Gerichts** auf drei Jahre. Wiederwahl ist zulässig. Unter den zahlreichen Aufgaben des Präsidenten sind vor allem die Zuweisung der Rechtssachen auf die Kammern und die Bestimmung der Berichterstatter sowie seine weitreichenden Zuständigkeiten in Verfahren des einstweiligen Rechtsschutzes[9] hervorzuheben. Der Präsident leitet gem. Art. 8 VerfO-EuG die Verwaltung des EuG und ist – außer gegenüber den Mitgliedern – oberster Dienstvorgesetzter aller Bediensteten des EuG.

---

7 Soweit ersichtlich bislang lediglich in den Rs. T-51/89, 10.7.1990, Slg. 1990, II-309 ff. (Tetra-Pak); Rs. T-24/90, 18.9.1992, Slg. 1992, II-2223 ff. (Automec); Rs. T-28/90, 18.9.1992, Slg. 1992, II-2285 (Asia Moto France).
8 Vgl. nur ABl.EG 2000 Nr. C 259/14 f. Zur Frage inwieweit damit dem Grundsatz des gesetzlichen Richters Genüge getan wird, vgl. o. Art. 221, Rn. 5.
9 Näher dazu u. Art. 242/243, Rn. 21 ff.

7 In den Rechtssachen, für deren Entscheidung die Kammern zuständig bzw. die dem Einzelrichter zur Entscheidung übertragen sind, übt nach Art. 16 VerfO-EuG der Kammerpräsident bzw. der Einzelrichter die Befugnisse des Präsidenten des Gerichts aus.

V. Der Kanzler des Gerichts

8 Nach Abs. 5 verfügt das EuG über eine eigene **Kanzlei**. Für die Wahl des Kanzlers, seine Amtsstellung und seine Aufgaben gilt nach Art. 20 ff. VerfO-EuG weithin Gleiches wie für den Kanzler des EuGH.[10] Auch für den Kanzler des EuG gilt eine eigens erlassene Dienstanweisung.[11] Andere Verwaltungsdienststellen des Gemeinschaftsorgans Gerichtshof können gleichermaßen für EuGH und EuG arbeiten. Nach Artikel 52 der Satzung legen der Präsident des EuGH und der Präsident des EuG einvernehmlich fest, in welcher Weise Beamte und sonstige Bedienstete, die dem Gerichtshof beigegeben sind, dem EuG Dienste leisten. Einzelne Beamte oder sonstige Bedienstete unterstehen dem Kanzler des EuG unter Aufsicht seines Präsidenten.

VI. Verfahren

9 Das Verfahren vor dem EuG[12] richtet sich nach den Regelungen des Titels III der **Gerichtshofs-Satzung** und der vom Gericht im Einvernehmen mit dem Gerichtshof erlassenen **Verfahrensordnung**.[13] Die VerfO-EuG folgt im Wesentlichen den Bestimmungen, wie sie für das Verfahren vor dem EuGH gelten. Sie bedarf der Genehmigung des Rates, der darüber nach der Neufassung des Abs. 6 S. 2 nicht mehr einstimmig, sondern mit qualifizierter Mehrheit entscheidet. Die jüngste Änderung dieser VerfO soll mit der Einführung eines sog. »fast track«, der Aufwertung des mündlichen Verfahrens, der Straffung des Schriftwechsels und der Einführung einer einheitlichen pauschalen Entfernungsfrist von zehn Tagen für den Briefwechsel insbesondere der Beschleunigung des Verfahrens dienen.[14] Nach Art. 130 ff. VerfO-EuG gelten besondere Regeln für die Verfahren, in denen das EuG im Anschluß an die Entscheidungen der Beschwerdekammern des Harmonisierungsamtes für den Binnenmarkt und des Sortenamtes tätig wird.

---

10 Vgl. dazu o. Art. 223, Rn. 6.
11 ABl.EG 1994 Nr. L 78/32; geändert durch ABl.EG 2001 Nr. L 119/2.
12 Näher dazu u. Art. 245.
13 VerfO-EuG vom 2. Mai 1991, ABl.EG 1991, Nr. L 136/1, mit Berichtigung ABl.EG 1991, Nr. L 317/34. Eine aktuelle Fassung, die die zwischenzeitlichen Änderungen berücksichtigt, findet sich unter: http://europa.eu.int/cj/de/txts/acting/txt7.pdf. Der Kanzler des EuG hat Ratschläge für die Anwälte und Bevollmächtigten in bezug auf das schriftliche Verfahren vor dem Gericht erster Instanz veröffentlicht, ABl.EG 1994 Nr. C 120/16.
14 Vgl. ABl.EG 2000, Nr. L 322/4.

Art. 225 (ex-Art. 168a)

(1) Das Gericht erster Instanz ist für Entscheidungen im ersten Rechtszug über die in den Artikeln 230, 232, 235, 236 und 238 genannten Klagen zuständig,[3 ff.] mit Ausnahme derjenigen Klagen, die einer gerichtlichen Kammer übertragen werden, und der Klagen, die gemäß der Satzung dem Gerichtshof vorbehalten sind.[4] In der Satzung kann vorgesehen werden, daß das Gericht erster Instanz für andere Kategorien von Klagen zuständig ist.

Gegen die Entscheidungen des Gerichts erster Instanz aufgrund dieses Absatzes kann nach Maßgabe der Bedingungen und innerhalb der Grenzen, die in der Satzung vorgesehen sind, beim Gerichtshof ein auf Rechtsfragen beschränktes Rechtsmittel[7 ff.] eingelegt werden.

(2) Das Gericht erster Instanz ist für Entscheidungen über Rechtsmittel gegen die Entscheidungen der nach Artikel 225 a gebildeten gerichtlichen Kammern zuständig.[5, 23 ff.]

Die Entscheidungen des Gerichts erster Instanz aufgrund dieses Absatzes können nach Maßgabe der Bedingungen und innerhalb der Grenzen, die in der Satzung vorgesehen sind, in Ausnahmefällen vom Gerichtshof überprüft werden, wenn die ernste Gefahr besteht, daß die Einheit oder Kohärenz des Gemeinschaftsrechts berührt wird.[24 f.]

(3) Das Gericht erster Instanz ist in besonderen in der Satzung festgelegten Sachgebieten für Vorabentscheidungen nach Artikel 234 zuständig.[26 ff.]

Wenn das Gericht erster Instanz der Auffassung ist, daß eine Rechtssache eine Grundsatzentscheidung erfordert, die die Einheit oder die Kohärenz des Gemeinschaftsrechts berühren könnte, kann es die Rechtssache zur Entscheidung an den Gerichtshof verweisen.[29]

Die Entscheidungen des Gerichts erster Instanz über Anträge auf Vorabentscheidung können nach Maßgabe der Bedingungen und innerhalb der Grenzen, die in der Satzung vorgesehen sind, in Ausnahmefällen vom Gerichtshof überprüft werden, wenn die ernste Gefahr besteht, daß die Einheit oder die Kohärenz des Gemeinschaftsrechts berührt wird.[30]

Amsterdamer Fassung:

(1) Dem Gerichtshof wird ein Gericht beigeordnet, das für Entscheidungen über einzelne, nach Absatz 2 festgelegte Gruppen von Klagen im ersten Rechtszug zuständig ist und gegen dessen Entscheidungen ein auf Rechtsfragen beschränktes Rechtsmittel beim Gerichtshof nach Maßgabe der Satzung eingelegt werden kann.

Das Gericht erster Instanz ist nicht für Vorabentscheidungen nach Artikel 234 zuständig.

(2) Auf Antrag des Gerichtshofs und nach Anhörung des Europäischen Parlaments und der Kommission legt der Rat einstimmig die Gruppen von Klagen im Sinne des Absatzes 1 und die Zusammensetzung des Gerichts erster Instanz fest und beschließt die Anpassungen und ergänzenden Bestimmungen, die in bezug auf die Satzung des Gerichtshofs notwendig werden. Wenn der Rat nichts anderes beschließt, finden die den Gerichtshof betreffenden Bestimmungen dieses Vertrags und insbesondere die Bestimmungen des Protokolls über die Satzung des Gerichtshofs auf das Gericht erster Instanz Anwendung.

(3) Zu Mitgliedern des Gerichts erster Instanz sind Personen auszuwählen, die jede Gewähr für Unabhängigkeit bieten und über die Befähigung zur Ausübung richterlicher Tätigkeiten verfügen; sie werden von den Regierungen der Mitgliedstaaten im gegenseitigen Einvernehmen für sechs Jahre ernannt. Alle drei Jahre wird das Gericht teilweise neu besetzt. Die Wiederernennung ausscheidender Mitglieder ist zulässig.

(4) Das Gericht erster Instanz erläßt seine Verfahrensordnung im Einvernehmen mit dem Gerichtshof. Sie bedarf der einstimmigen Genehmigung des Rates.

Art. 225 EG-Vertrag

Inhaltsübersicht:

I. Allgemeines	1
II. Direktklagen	3
1. Zuständigkeit	3
2. Rechtsmittel gegen Entscheidungen des EuG	7
III. Zuständigkeit für Rechtsmittel gegen Entscheidungen der gerichtlichen Kammern	23
IV. Zuständigkeit für Vorabentscheidungsverfahren und Überprüfung	26

I. Allgemeines

1 Der durch den Vertrag von Nizza **vollständig neu gefaßte Art.** 225 normiert die Zuständigkeiten des EuG und die Möglichkeiten der Überprüfung seiner Entscheidungen.[1] Neu sind insbesondere die erweiterten Möglichkeiten zur Übertragung von Zuständigkeiten im Bereich der Direktklagen natürlicher und juristischer Personen und die erstmalig eröffnete Möglichkeit einer Zuständigkeitsübertragung auch für Vorabentscheidungsersuchen nach Art. 234. Neu sind auch die Zuständigkeiten des EuG für die Überprüfung der Entscheidungen der nach Art. 220, 225a einzurichtenden und dem EuG beizuordnenden »gerichtlichen Kammern«. Mit diesen gegenüber der bisherigen Rechtslage zu erweiternden Zuständigkeiten und der Beschränkung der Aufgaben auf die Funktion einer Rechtsmittelinstanz für Verfahren auf bestimmten Sachgebieten soll der ständig gestiegenen und weiter steigenden Arbeitsbelastung der Gemeinschaftsgerichtsbarkeit insgesamt und des EuG im besonderen Rechnung getragen werden.[2]

2 Die neue Kompetenzverteilung harrt allerdings noch der **Umsetzung** durch Bestimmungen der Satzung des Gerichtshofs. Die mit dem Vertrag von Nizza neu gefaßte Satzung enthält derzeit **noch keine gegenüber dem bisherigen Zustand veränderte Zuständigkeitsverteilung.** Auf der Regierungskonferenz konnte man sich über mehr als die mit der Reform der vertraglichen Grundlagen angezeigte Richtungsentscheidung nicht verständigen. Die Ausarbeitung entsprechender Vorschläge zu einer Neufassung der jetzt nach Art. 245 Abs. 2 durch einstimmigen Ratsbeschluß zu ändernden Satzung bleibt einstweilen der Kommission und dem Gerichtshof überlassen.

II. Direktklagen

1. Zuständigkeit

3 Nach Abs. 1 ist das EuG für Entscheidungen im ersten Rechtszug über **Nichtigkeits-, Untätigkeits-, Schadensersatz-, Bediensteten-** und solche Klagen zuständig, die sich aufgrund einer Schiedsklausel ergeben.

4 Allerdings bleiben nach Art. 51 der Satzung des Gerichtshofs auch weiterhin diejenigen dieser Klagen der **Zuständigkeit des EuGH** vorbehalten, die von den Mitgliedstaaten, den Gemeinschaftsorganen oder von der Europäischen Zentralbank erhoben werden. Die Zuständigkeiten des EuG im Bereich direkter Klagen sind damit nach derzeitigem

---

1 Der Vertrag von Nizza hat die ehemals im Beschluß des Rates zur Errichtung eines Gerichts erster Instanz der Europäischen Gemeinschaften – Beschluß 88/591/EGKS/EWG/Euratom v. 24.10.1988, ABl.EG, Nr. L 319/1 – normierten Zuständigkeitsregeln aufgehoben. Nicht aufgehoben wurden die Bestimmungen über die Zuständigkeit des EuG nach dem EGKS-Vertrag.
2 Vgl. dazu schon o. Art. 220, Rn. 4 ff.

Stand nur sprachlich neu gefaßt, nicht aber der Sache nach erweitert worden. Hinsichtlich einer Ausweitung der Zuständigkeiten des EuG im Bereich direkter Klagen ist allerdings die Erklärung der Regierungskonferenz zu beachten, mit der der Gerichtshof und die Kommission ersucht werden, so bald wie möglich eine umfassende Überprüfung der Zuständigkeitsverteilung zwischen dem Gerichtshof und dem Gericht erster Instanz, insbesondere in Bezug auf direkte Klagen, vorzunehmen und geeignete Vorschläge vorzulegen, die mit Inkrafttreten des Vertrages von Nizza geprüft werden sollen.[3]

Im übrigen kann sich die erstinstanzliche Zuständigkeit des EuG im Bereich direkter Klagen zukünftig beschränken, wenn und soweit diese **Zuständigkeit** für besondere Sachgebiete einer der neu einzurichtenden »**gerichtlichen Kammern**« nach Art. 225a übertragen werden und das EuG insoweit nurmehr als Rechtsmittelinstanz fungiert. Eine solche Übertragung zeichnet sich insbesondere für dienstrechtliche Klagen und für Klagen im Bereich der gemeinschaftsrechtlichen Vorschriften über den Schutz geistigen Eigentums ab. Noch fehlt es aber an einem entsprechenden Errichtungsbeschluß des Rates. 5

Hält das EuG in einer beim ihm anhängig gemachten Rechtssache den EuGH für zuständig, so verweist es nach Art. 54 Abs. 2 Gerichtshofs-Satzung die Sache an den Gerichtshof. Hält dieser umgekehrt die Zuständigkeit des EuG für gegeben, so verweist er die Sache mit bindender Wirkung an das Gericht erster Instanz (zurück). Sind vor dem EuG und vor dem EuGH Rechtssachen anhängig, die den gleichen Gegenstand haben, die gleiche Auslegungsfrage aufwerfen oder die Gültigkeit desselben Rechtsakts betreffen, so können nach Art. 54 Abs. 3 Gerichtshofs-Satzung entweder das EuG oder der EuGH eines der anhängigen Verfahren bis zu einer Entscheidung des jeweils anderen Gerichts aussetzen. Unter den gleichen Voraussetzungen kann sich das EuG bei Klagen auf Nichtigerklärung eines Rechtsaktes für unzuständig erklären und die Sache so der Entscheidung des EuGH überantworten. Die jeweiligen **Aussetzungs- bzw. Verweisungsentscheidungen** des EuGH haben Vorrang. 6

2. Rechtsmittel gegen Entscheidungen des EuG

Gegen die Endentscheidungen des EuG und gegen die **Entscheidungen**, die über einen Teil des Streitgegenstands ergangen sind oder die einen Zwischenstreit beenden, der eine Einrede der Unzuständigkeit oder Unzulässigkeit zum Gegenstand hat, kann nach Abs. 1 UAbs. 1 i.V.m. Art. 56 Abs. 1 der Satzung ein Rechtsmittel beim EuGH eingelegt werden. Die **Rechtsmittelfrist** beträgt zwei Monate und beginnt mit der Zustellung der angefochtenen Entscheidung.[4] Die Frist verlängert sich nach Art. 81 § 2 VerfO-EuGH um die pauschale Entfernungsfrist von zehn Tagen. Die Frist für die Beantwortung der den Parteien zugestellten Rechtsmittelschrift beträgt nach Art. 115 § 1 VerfO-EuGH wiederum zwei Monate. 7

Die **Rechtsmittelschrift** kann nach Art. 111 § 1 VerfO-EuGH sowohl bei der Kanzlei des EuGH wie bei der des EuG eingereicht werden. 8

Die Rechtsmittelschrift muß die Anträge und die **Rechtsmittelgründe** enthalten. Letztere müssen eine konkrete Rüge bestimmter Urteilspassagen und eine genaue rechtliche Begründung dieser Rüge enthalten. Eine bloße Wiederholung des erstinstanzlichen Rechtsvortrags genügt nicht.[5] Neue Anträge, die über die im ersten Verfahren gestellten hinaus- 9

---

3 Nr. 12 der von der Konferenz angenommenen Erklärungen.
4 Zu weiteren Einzelheiten des Verfahrens, vgl. Art. 110 ff. VerfO-EuGH.
5 EuGH, Rs. C-244/92 P, Slg. 1993, I-2041, Rn. 9 ff. (Kupka-Floridi/WSA); Rs. C-173/95 P, Slg. 1995, I-4905, Rn. 20 (Hogan/Gerichtshof).

gehen, sind nicht zulässig.[6] Da das Rechtsmittel nach Art. 113 § 2 VerfO-EuGH den vor dem EuG verhandelten Streitgegenstand nicht verändern kann, ist die Geltendmachung neuer Angriffs- und Verteidigungsmittel im Rechtsmittelverfahren unzulässig.[7] Im erstinstanzlichen Verfahren präkludierte Klagegründe bleiben ausgeschlossen.[8]

10 Die beim EuGH eingelegten Rechtsmittel sind **auf Rechtsfragen beschränkt**. Eine erneute Tatsachenprüfung wird damit grundsätzlich ausgeschlossen. Der Praxis des EuGH bereitet die Unterscheidung von Rechts- und Tatfragen allerdings erhebliche Schwierigkeiten.[9] So wird die Tatsachenfeststellung des EuG überprüft, wenn und soweit sich ihre Fehlerhaftigkeit bereits aus den Prozeßakten ergibt.[10] Ganz allgemein überprüft der EuGH die auf die Tatsachenfeststellung und -würdigung gestützten rechtlichen Qualifizierungen und Entscheidungen des EuG.[11] Keine Rechtsfrage ist die Beweiswürdigung, sofern die Beweismittel nicht verfälscht werden.[12] Gerügt werden kann dagegen die fehlende oder unzureichende Subsumtion des Sachverhalts unter die Tatbestandsmerkmale einer gemeinschaftsrechtlichen Vorschrift,[13] sowie die fehlende oder widersprüchliche Begründung des angefochtenen Urteils.[14]

11 Rechtsmittel können nach Abs. 1 UAbs. 1 i.V.m. Art. 58 der Satzung nur auf die **Unzuständigkeit** des Gerichts[15], auf einen **Verfahrensfehler**, durch den die Interessen des Rechtsmittelführers beeinträchtigt werden, sowie auf eine **sonstige Verletzung des Gemeinschaftsrechts**[16] durch das EuG gestützt werden. Die Rüge eines Verfahrensfehlers ist nur dann zulässig, wenn die betreffende Verfahrensvorschrift den Interessen des Rechtsmittelführers dient. Dies ist der Fall, wenn sie das rechtliche Gehör sichert oder – wie die Vorschriften über Beweislast und Beweisverfahren[17] – sich unmittelbar auf den Entscheidungsprozeß bezieht. Nicht gerügt werden kann die Verletzung reiner Form- oder Ordnungsvorschriften. Im übrigen muß sich der Verfahrensfehler zum Nachteil des Rechtsmittelführers auf die Entscheidung in der Sache ausgewirkt haben.[18] Unzulässig ist die Rüge eines in erstinstanzlichen Verfahren nicht angegriffenen Verfahrensfehlers[19] und die der bloßen Unzweckmäßigkeit von Verfahrensmaßnahmen des EuG.[20] Gerügt werden kann die Überschreitung einer angemessenen Verfahrensdauer durch das EuG.[21]

---

6 EuGH, Rs. C-283/90 P, Slg. 1991, I-4339, Rn. 9 f. (Vidrányi/Kommission).
7 EuGH, Rs. C-18/91, Slg. 1992, I-3997, Rn. 21 (V/Parlament).
8 EuGH, Rs. C-136/92 P, Slg. 1994, I-1981, Rn. 57 ff. (Kommission/Brazelli Lualdi).
9 Dazu und zum folgenden B. *Wägenbaur*, Die Prüfungskompetenz des EuGH im Rechtsmittelverfahren, EuZW 1995, S. 199 ff.
10 EuGH, Rs. C-136/92 P, Slg. 1994, I-1981, Rn. 48 f. (Kommission/Brazelli Lualdi).
11 EuGH, Rs. C-19/95 P, Slg. 1996, I-4435, Rn. 39 (San Marco Impex/Kommission).
12 EuGH, Rs. C-53/92 P, Slg. 1994, I-667, Rn. 42 (Hilti/Kommission).
13 EuGH, Rs. C-185/95 P, Slg. 1998, I-8417, Rn. 102 ff. (Baustahlgewebe/Kommission).
14 EuGH, Rs. C-283/90 P, Slg. 1991, I-4339, Rn. 21 (Vidrányi/Kommission); Rs. C-401/96 P, Slg. 1998, I-2587, Rn. 53 (Samaco/Kommission).
15 Gerügt werden kann auch die Unzuständigkeit der Gemeinschaftsgerichtsbarkeit als solcher und die rechtsfehlerhafte Verneinung der eigenen Zuständigkeit durch das EuG, wie hier: *J. Schwarze*, in Schwarze (Hrsg.), EU-Kommentar, Art. 225, Rn. 30.
16 Zum Begriff des Gemeinschaftsrechts o. Art. 220, Rn. 8 ff.
17 Dazu: EuGH, Rs. C-19/95 P, Slg. 1996, I-4435, Rn. 40 (San Marco Impex/Kommission).
18 EuGH, Rs. C-173/95 P, Slg. 1995, I-4905, Rn. 13 (Hogan/Gerichtshof).
19 EuGH, Rs. C-244/92 P, Slg. 1993, I-2041, Rn. 15 ff. (Kupka-Floridi/WSA).
20 EuGH, Rs. C-126/90 P, Slg. 1991, I-781, Rn. 6 (Bocos Viciano/Kommission).
21 EuGH, Rs. C-185/95 P, Slg. 1998, I-8417, Rn. 115, 117 ff. (Baustahlgewebe/Kommission); dazu: *V. Schlette*, Der Anspruch auf Rechtsschutz innerhalb angemessener Frist, EuGRZ 1999, S. 369 ff.

Ein Rechtsmittel nur gegen die **Kostenentscheidung** oder gegen die Kostenfestsetzung ist 12
unzulässig. Ein solches Rechtsmittel wird auch dann als unzulässig zurückgewiesen,
wenn sich weitere geltend gemachte Rechtsmittelgründe als unzutreffend erweisen.[22]

Das Rechtsmittel kann von jeder Partei eingelegt werden, die mit ihren Anträgen ganz 13
oder teilweise unterlegen ist. Anderen Streithelfer als Mitgliedstaaten oder Gemeinschaftsorganen kommt eine solche **Rechtsmittelbefugnis** nur dann zu, wenn die Entscheidung des Gerichts sie unmittelbar berührt. Zur Entscheidung über letztere Frage können die von der Gemeinschaftsgerichtsbarkeit zu Art. 230 Abs. 4 entwickelten Maßstäbe herangezogen werden.

Mit Ausnahme von Fällen, die sich auf Streitsachen zwischen den Gemeinschaften und 14
ihren Bediensteten beziehen, können **Rechtsmittel** auch **von den Mitgliedstaaten und den Gemeinschaftsorganen** eingelegt werden, die dem Rechtsstreit vor dem Gericht nicht beigetreten sind.[23]

Nach Art. 57 der Satzung kann binnen zwei Wochen nach Zustellung der ablehnenden 15
Entscheidung ein **Rechtsmittel** auch **gegen** die **Ablehnung eines Antrags auf Zulassung als Streithelfer** eingelegt werden.

Gegen die im Verfahren **einstweiligen Rechtsschutzes** nach Art. 242, 243 oder im Verfahren zur Kontrolle von **Zwangsvollstreckungsmaßnahmen** nach Art. 256 Abs. 4 ergangenen Entscheidungen des EuG können die Parteien binnen zwei Monaten nach Zustellung Rechtsmittel einlegen. Über diese Rechtsmittel entscheidet der Präsident des EuGH nach Maßgabe des Art. 39 der Satzung im abgekürzten Verfahren. 16

Wird gegen eine Entscheidung des EuG ein Rechtsmittel eingelegt, so besteht das Verfahren vor dem EuGH nach Art. 59 der Satzung aus einem schriftlichen und einem mündlichen **Verfahren**. Dabei kann der EuGH nach Anhörung des Generalanwalts und der Parteien ohne mündliches Verfahren entscheiden. 17

Unbeschadet der Möglichkeit gegenteiliger Anträge nach Art. 242, 243 haben Rechtsmittel **keine aufschiebende Wirkung**. 18

Abweichend von Art. 244 werden die Entscheidungen des EuG, in denen eine Verordnung für nichtig erklärt wird, erst nach Zurückweisung des Rechtsmittels oder nach Ablauf der für seine Einlegung vorgesehenen Zweimonatsfrist wirksam. Die Beteiligten können jedoch gemäß Art. 242, 243 beim EuGH die einstweilige Aussetzung der Wirkungen der für nichtig erklärten Verordnung beantragen. Die einschlägige Bestimmung des Art. 60 Abs. 2 Gerichtshofs-Satzung ist nach Sinn und Zweck auf die **Nichtigerklärung** anderer **Normativakte** entsprechend anzuwenden. 19

Offensichtlich unzulässige oder **offensichtlich unbegründete Rechtsmittel** kann der 20
EuGH gemäß Art. 119 VerfO-EuGH nach Anhörung des Generalanwalts ohne mündliche Verhandlung durch zu begründenden Beschluß zurückweisen.[24] Ist das **Rechtsmittel begründet**, so hebt der EuGH die Entscheidung des EuG nach Art. 61 der Satzung auf. Er kann den Rechtsstreit selbst endgültig entscheiden, wenn dieser zur Entscheidung reif

---

22 EuGH, Rs. C-253/94 P, Slg. 1995, I-7, Rn. 12 f. (Roujanski/Rat); Rs. C-264/94 P, Slg. 1994, I-15, Rn. 12 f. (Bonnamy/Rat); Rs. 396/93 P, Slg. 1995, I-2611, Rn. 64 ff. (Henrichs/Kommission).
23 Kritisch zu dieser Regelung: *J. Schwarze*, in Schwarze (Hrsg.), EU-Kommentar, Art. 225, Rn. 28: »schwer verständlich«.
24 Vgl. etwa EuGH, Rs. C-325/94 P, Slg. 1996, I-3727, Rn. 17 ff. (An Taisce und WWF/Kommission).

ist, oder die Sache zur Entscheidung an das EuG zurückverweisen. Im Falle der Zurückverweisung ist das EuG an die rechtliche Beurteilung des EuGH gebunden.

21 Ist das von einem Mitgliedstaat oder einem Gemeinschaftsorgan, die dem Rechtsstreit vor dem Gericht nicht beigetreten sind, eingelegte Rechtsmittel begründet, so kann der Gerichtshof aus Gründen des **Vertrauensschutzes**, diejenigen Wirkungen der aufgehobenen Entscheidung des Gerichts bezeichnen, die für die Parteien des Rechtsstreits als fortgeltend zu betrachten sind.

22 Für die **Kosten des Rechtsmittelverfahrens** gilt Art. 122 VerfO-EuGH.

III. Zuständigkeit für Rechtsmittel gegen Entscheidungen der gerichtlichen Kammern

23 Nach Abs. 2 ist das EuG für Rechtsmittel gegen Entscheidungen der gem. Art. 225a ihm beizuordnenden »gerichtlichen Kammern« zuständig. Noch fehlt es an der Errichtung dieser erstinstanzlich zuständigen Kammern.[25]

24 Abs. 2 UAbs. 2 bestimmt aber schon jetzt, daß die zweitinstanzlichen Entscheidungen des EuG nur in Ausnahmefällen, in denen die ernste Gefahr besteht, daß die Einheit oder die Kohärenz des Gemeinschaftsrechts berührt wird, nach Maßgabe der Satzung in dritter Instanz vom EuGH überprüft werden können. Nach Art. 62 der Satzung kann der Erste Generalanwalt dem Gerichtshof eine solche Überprüfung einer Entscheidung des EuG vorschlagen. Der Vorschlag muß innerhalb eines Monats nach Verkündung der Entscheidung des Gerichts erfolgen. Der Gerichtshof entscheidet innerhalb eines Monats nach Vorlage des Vorschlags durch den Ersten Generalanwalt, ob die Entscheidung zu überprüfen ist oder nicht.

25 Nach einer von der Regierungskonferenz in Nizza angenommenen Erklärung sollen auch die übrigen wesentlichen Regelungen über das Rechtsmittelverfahren in die Satzung des Gerichtshofs aufgenommen werden.

IV. Zuständigkeit für Vorabentscheidungsverfahren und Überprüfung

26 Nach Abs. 3 ist das EuG künftig in besonderen in der Satzung festgelegten Sachgebieten für Vorabentscheidungen nach Art. 234 zuständig. Damit wird erstmals **das Entscheidungsmonopol des EuGH** im Vorabentscheidungsverfahren **relativiert**. Die Mitgliedstaaten tragen damit der im Rahmen der Vorarbeiten zur Vertragsreform bekundeten Einsicht Rechnung, daß der in den letzten Jahren zu beobachtende beständige Anstieg der Zahl dieser Verfahren eine Entlastung des EuGH auch auf diesem Gebiet unausweichlich mache.[26]

---

25 Vgl. dazu u. Art. 225a.
26 Vgl. dafür auch: *U. Everling*, Verhdlg. des 60. DJT 1994, Bd. II/1, S. N 15; *ders.*, Die Zukunft der europäischen Gerichtsbarkeit in einer erweiterten Europäischen Union, EuR 1997, S. 412 ff. Dagegen aber der Bericht des Gerichtshofs über bestimmte Aspekte der Anwendung des Vertrages über die Europäische Union, Tkb. Nr. 15/95, S. 3, Nr. 13 und 14; *A. Arnull*, Refurbishing the Judicial Architecture of the European Community, ICLQ 1994, S. 296 ff.; *P. J. G. Kapteyn*, The Court of Justice of the European Communities after the Year 2000, FS H. G. Schermers, Bd. II, 1994, S. 135, 150.

Die allgemein geteilte Überzeugung von der überragenden Bedeutung des Vorabent- 27
scheidungsverfahrens für die Entwicklung der Rechtsprechung der Gemeinschaftsgerichtsbarkeit und für den europäischen Integrationsprozeß insgesamt brachte und bringt allerdings auch eine gewisse Unsicherheit mit sich, was die konkrete Zuordnung der Verfahren zu den jeweiligen Instanzen angeht. In der neu gefaßten Satzung des Gerichtshofs fehlt es deshalb noch an einer entsprechenden Sachgebietsfestlegung. Die Regierungskonferenz konnte sich insoweit auf nicht mehr verständigen als auf eine Erklärung,[27] mit der der Gerichtshof und die Kommission aufgefordert werden, so bald wie möglich Vorschläge für eine neue Zuständigkeitsverteilung zwischen EuGH und EuG vorzulegen, über die nach dem Inkrafttreten des Vertrages von Nizza durch den Rat entschieden werden soll.

Die im Vorfeld der Regierungskonferenz veröffentlichten Vorstellungen der Kommission 28
und des Gerichtshofs lassen allerdings eine beträchtliche Zurückhaltung hinsichtlich einer solchen Kompetenzverlagerung erkennen. So erachtet die von der Kommission eingesetzte Reflexionsgruppe der Sache nach eine Verlagerung von Vorabentscheidungsersuchen nur für solche Vorlagen für sinnvoll, die besonderen Sachbereichen entstammen, für die zuvor eine eigene »Fachgerichtsbarkeit« der »gerichtlichen Kammern« geschaffen worden sei. Die Verlagerung von Vorabentscheidungsverfahren auf das EuG solle insgesamt die Ausnahme bleiben.[28] Auch der Gerichtshof selbst hat sich skeptisch zu einer möglichen Verlagerung geäußert. Sie müsse mit einer entsprechenden Erhöhung der Zahl der Richter am EuG verbunden sein, da dieses Gericht im Bereich der Direktklagen mit einem beständig wachsenden Zustrom von Klagen konfrontiert und in seiner Arbeitskapazität schon heute überlastet sei.[29]

Auch wenn deshalb die unmittelbare praktische Relevanz der Neuregelung des Abs. 3 29
noch wenig sicher scheint: Soweit eine solche Festlegung einmal erfolgt sein wird, wird sie eine **originäre Erstzuständigkeit des EuG** begründen. Zwar kann das EuG nach Abs. 3 die Vorlage zur erstinstanzlichen Entscheidung an den EuGH verweisen, wenn es der Auffassung ist, daß die Sache eine Grundsatzentscheidung erfordert, die die Einheit oder die Kohärenz des Gemeinschaftsrechts berühren könnte. Die ursprünglich favorisierte umgekehrte Konzeption, nach der der EuGH nach eigener Prüfung die Vorlagefragen von untergeordneter Bedeutung zur Entscheidung an das EuG verweisen sollte,[30] fand aber – ihrer zweifelhaften Funktionsfähigkeit wegen zu Recht – keine Aufnahme in den Vertrag.

Nach Abs. 3 UAbs. 3 können die Entscheidungen des EuG in Vorabentscheidungssa- 30
chen nur in Ausnahmefällen, in denen die ernste Gefahr besteht, daß die Einheit oder die Kohärenz des Gemeinschaftsrechts berührt wird, nach Maßgabe der Satzung **vom EuGH überprüft** werden. Nach Art. 62 der Satzung kann der Erste Generalanwalt dem Gerichtshof eine solche Überprüfung einer Entscheidung des EuG vorschlagen.[31] Nach

---

27 Nr. 12 der von der Konferenz angenommenen Erklärungen.
28 Vgl. Abschlußbericht der von der Kommission eingerichteten Reflexionsgruppe v. 19.1.2000, (II. 2d), S. 8 der Sonderbeilage zu NJW und EuZW 2000, eine Zusammenfassung findet sich in EuZW 2000, S. 194 f.; zu den Vorarbeiten auch: *R. Streinz/S. Leible*, Die Zukunft des Gerichtssystems der Europäischen Gemeinschaften, EWS 2001, S. 1 ff.
29 Vgl. EuGH, Die Zukunft des Gerichtssystems der Europäischen Union, Reflexionspapier v. 28.5.1999, (Kapitel IV, 3 ii), EuZW 1999, S. 750 (755).
30 Vgl. die entsprechenden Formulierungsvorschläge in den Aufzeichnungen des Vorsitzes der Gruppe vom 31.5.2000, CONFER 4747/00, zu finden unter http://ue.eu.int/cigdocs/DE/04747d.pdf.
31 Zu den auch dabei einzuhaltenden Fristen, vgl. bereits o. Rn. 7.

Art. 225 EG-Vertrag

einer von der Regierungskonferenz in Nizza angenommenen Erklärung soll der EuGH die Überprüfung der einschlägigen Entscheidungen des EuG im **Eilverfahren** vornehmen. Damit soll der besonderen Dringlichkeit Rechnung getragen werden, der die zweitinstanzliche Überprüfung der Zwischenstreitentscheidung des EuG zwangsläufig ausgesetzt ist. Ob der EuGH damit allerdings zugleich der für die Überprüfung ja vorausgesetzten Grundsätzlichkeit der Rechtssache gerecht werden kann, bleibt abzuwarten.

Art. 225a

Der Rat kann durch einstimmigen Beschluß auf Vorschlag der Kommission und nach Anhörung des Europäischen Parlaments und des Gerichtshofs oder auf Antrag des Gerichtshofs und nach Anhörung des Europäischen Parlaments und der Kommission gerichtliche Kammern[1] bilden, die für Entscheidungen im ersten Rechtszug über bestimmte Kategorien von Klagen zuständig[5] sind, die in besonderen Sachgebieten[2 ff.] erhoben werden.

In dem Beschluß über die Bildung[5 f.] einer gerichtlichen Kammer werden die Regeln für die Zusammensetzung dieser Kammer und der ihr übertragene Zuständigkeitsbereich festgelegt.

Gegen die Entscheidungen der gerichtlichen Kammern kann vor dem Gericht erster Instanz ein auf Rechtsfragen beschränktes Rechtsmittel oder, wenn der Beschluß über die Bildung der Kammer dies vorsieht, ein auch Sachfragen betreffendes Rechtsmittel eingelegt werden.[10]

Zu Mitgliedern der gerichtlichen Kammern sind Personen auszuwählen, die jede Gewähr für Unabhängigkeit bieten und über die Befähigung zur Ausübung richterlicher Tätigkeiten verfügen. Sie werden einstimmig vom Rat ernannt.[7 f.]

Die gerichtlichen Kammern erlassen ihre Verfahrensordnung im Einvernehmen mit dem Gerichtshof. Diese Verfahrensordnung bedarf der Genehmigung des Rates, der darüber mit qualifizierter Mehrheit entscheidet.[9]

Soweit der Beschluß über die Bildung der gerichtlichen Kammer nichts anderes vorsieht, finden die den Gerichtshof betreffenden Bestimmungen dieses Vertrags und die Satzung des Gerichtshofs auf die gerichtlichen Kammern Anwendung.[9]

Durch den Vertrag von Nizza eingefügte Bestimmung.

Inhaltsübersicht:

I. Die »gerichtlichen Kammern« – Prototypen einer ausdifferenzierten EU-Fachgerichtsbarkeit 1
   1. »Fachgerichtsbarkeit« für dienstrechtliche Streitigkeiten 2
   2. »Fachgerichtsbarkeit« für den Schutz geistigen Eigentums und den Schutz gemeinschaftlicher Titel des gewerblichen Rechtsschutzes 3
II. Errichtungsbeschluß und Zuständigkeit 5
III. Mitglieder der Kammern 7
IV. Verfahren 9
V. Rechtsmittel gegen die Entscheidungen der Kammern 10

I. Die »gerichtlichen Kammern« – Prototypen einer ausdifferenzierten EU-Fachgerichtsbarkeit

Die potentiell weitreichendste Neuerung im Rechtsschutzsystem der Gemeinschaft enthalten die neu in den Vertrag eingefügten Art. 220 Abs. 2 und 225a. Mit ihnen wird die Einrichtung sog. gerichtlicher Kammern ermöglicht, die im ersten Rechtszug für Klagen aus bestimmten Sachgebieten zuständig sein werden. Da diese Kammern nach der ausdrücklichen Regelung des Abs. 4 EGV mit eigens zu diesem Zweck ernannten Richtern besetzt sein sollen, wird hier zumindest de facto der Prototyp einer eigenständigen und nach Sach- bzw. Rechtsgebieten ausdifferenzierten **EU-Fachgerichtsbarkeit** geschaffen. 1

Bemerkenswert ist dabei vor allem die **Offenheit der Ermächtigung**. Ursprünglich von verschiedenen Seiten vorgebrachte Vorstellungen, die Ermächtigung zur Einrichtung der Kammern schon im Vertrag auf bestimmte Bereiche zu beschränken,[1] haben sich nicht durchsetzen können.

1. »Fachgerichtsbarkeit« für dienstrechtliche Streitigkeiten

2 In der von der Regierungskonferenz angenommenen Erklärung Nr. 16 zum Vertrag von Nizza findet sich lediglich der Hinweis auf das nach dem Willen der Mitgliedstaaten zunächst einzurichtende »Fachgericht«. Danach ersucht die Konferenz den Gerichtshof und die Kommission, so bald wie möglich den Entwurf eines Beschlusses über die Bildung einer gerichtlichen Kammer auszuarbeiten, die im ersten Rechtszug für Streitsachen zwischen der Gemeinschaft und ihren Bediensteten zuständig ist.

2. »Fachgerichtsbarkeit« für den Schutz geistigen Eigentums und den Schutz gemeinschaftlicher Titel des gewerblichen Rechtsschutzes

3 Mit dieser »Fachgerichtsbarkeit« für dienstrechtliche Streitigkeiten dürfte es allerdings kaum sein Bewenden haben. Vielmehr verdeutlicht eine dem Vertrag von Nizza angefügte Erklärung Luxemburgs, daß darüber hinaus auch eine räumliche Dezentralisierung der entstehenden EU-Fachgerichtsbarkeit angedacht ist. In der Erklärung sagt die luxemburgische Regierung zu, unbeschadet des Beschlusses vom 8. April 1965 bezüglich des Sitzes künftiger Organe, Einrichtungen und Dienststellen, den Sitz der **Beschwerdekammern des Harmonisierungsamtes für den Binnenmarkt** auch dann nicht zu fordern, wenn diese »gerichtliche Kammern« des EGV werden sollten. Diese Kammern, die über Rechtsstreitigkeiten im Zusammenhang mit der sog. Gemeinschaftsmarke entscheiden, sollen vielmehr auch im Falle einer solchen rechtlichen Aufwertung im spanischen Alicante bleiben.

4 Eine weitere Ausdehnung dürfte die Zuständigkeit der gerichtlichen Kammern im Zuge der absehbaren Schaffung weiterer **gemeinschaftlicher Titel des gewerblichen Rechtsschutzes** erfahren. Nach der Bestimmung des neu in den Vertrag eingefügten **Art. 229a** kann der Rat dem Gerichtshof einstimmig die Zuständigkeit übertragen, über einschlägige Rechtsstreitigkeiten zu entscheiden. Auch wenn die Regierungskonferenz in einer gemeinsamen Erklärung zu Art. 229a betont, daß der Wahl des hierfür zu schaffenden gerichtlichen Rahmens mit der Einfügung dieses Artikels nicht vorgegriffen wird: der Aufbau einer analog der Streitentscheidung in Sachen Gemeinschaftsmarke im Entstehen begriffenen Fachgerichtsbarkeit deutet sich an.[2]

II. Errichtungsbeschluß und Zuständigkeit

5 Nach Abs. 1 f. beschließt der Rat auf Vorschlag der Kommission oder des Gerichtshofs über die Einrichtung gerichtlicher Kammern. Das Europäische Parlament wird – wie

---

1 Vgl. dazu das Dokument der Konferenz der Vertreter der Regierungen der Mitgliedstaaten, CONFER 4729/00 vom 31.3.2000, http://ue.eu.int/cigdocs/DE/04729d.pdf.
2 Nr. 17 der von der Konferenz angenommenen Erklärungen. Vgl. dazu auch schon Vorschläge des Gerichtshofs und des Gerichts für die neuen Rechtsstreitigkeiten über geistiges Eigentum, in: EuZW 1999, S. 756 ff.

auch sonst in Fragen der Organisation der Gemeinschaftsgerichtsbarkeit – in die Entscheidung lediglich durch ein Anhörungsrecht eingebunden. In dem **Errichtungsbeschluß** ist die **Zuständigkeit** der jeweiligen Kammer zu definieren. Ausdrückliche **Grenzen für die Zuständigkeitsübertragung** setzt der Vertrag nicht. Gefordert ist lediglich eine thematische Definition der der Kammer übertragenen Rechtssachen. Die neue Struktur der Gemeinschaftsgerichtsbarkeit ist damit hinsichtlich der Delegation von Rechtsprechungsbefugnissen auf die neu zu schaffende erstinstanzliche EU-Fachgerichtsbarkeit von einer außerordentlichen Flexibilität gekennzeichnet, so daß sich wenigstens theoretisch die - wohl zu verneinende - Frage nach einem durch Ratsbeschluß nicht entziehbaren Kern erstinstanzlicher Zuständigkeit des EuG stellt.[3]

Nach Art. 220 Abs. 2 werden die gerichtlichen Kammern dem EuG »beigeordnet«. Offenbar soll damit eine unselbständige Stellung der Kammern gegenüber diesem Gericht beschrieben werden. Ähnlich wie schon bisher im Verhältnis von EuGH und EuG, in dem die ursprüngliche »Beiordnung« des Gerichts inzwischen entfallen ist, wird allein diese sprachliche Einschränkung die institutionelle Verselbständigung der Kammern auf Dauer kaum verhindern können. 6

III. Mitglieder der Kammern

Zu Mitgliedern der Kammern sind nach Abs. 4 Personen auszuwählen, die jede Gewähr für **Unabhängigkeit** bieten und über die Befähigung zur Ausübung richterlicher Tätigkeiten verfügen. Die Anforderungen an die **Qualifikation** der Mitglieder ist damit gegenüber der an die Richter des EuG zu stellenden sprachlich vermindert, ohne daß damit zumindest für die deutschen Mitglieder ein inhaltlicher Unterschied verbunden wäre.[4] Die Regelung verdeutlicht aber die **personelle Eigenständigkeit der Kammern** gegenüber dem EuG. 7

Die Mitglieder der Kammern werden einstimmig vom Rat ernannt. Der Vertrag verzichtet auf weitere Vorgaben hinsichtlich der zu bestellenden Zahl der Kammermitglieder und ihrer Nationalität. 8

IV. Verfahren

Das Verfahren der Kammern bestimmt sich nach Abs. 5 nach einer eigenen **Verfahrensordnung**. Sie wird von der jeweiligen Kammer im Einvernehmen mit dem Gerichtshof erlassen und bedarf der Genehmigung des Rates, der darüber mit qualifizierter Mehrheit entscheidet. Soweit der Beschluß über die Bildung der gerichtlichen Kammer nichts anderes vorsieht, finden nach Abs. 6 die den Gerichtshof betreffenden Bestimmungen dieses EGV und die Satzung des Gerichtshofs Anwendung. 9

V. Rechtsmittel gegen die Entscheidungen der Kammern

Gegen die Entscheidungen der gerichtlichen Kammern kann nach Abs. 3 vor dem EuG ein auf Rechtsfragen beschränktes Rechtsmittel eingelegt werden. Wenn und soweit der 10

---

3 Dazu *J. Sack*, Zur künftigen europäischen Gerichtsbarkeit nach Nizza, EuZW 2001, S. 77 (79 f.).
4 Vgl. dazu schon o. Art. 224, Rn. 3.

Art. 225a EG-Vertrag

Beschluß über die Bildung der Kammer dies vorsieht, kann sich das Rechtsmittel auch auf Tatsachenfeststellung und -würdigung erstrecken. Die Entscheidung über einen berufungs- oder revisionsrechtlichen Charakter der Rechtsmittelverfahren bleibt damit dem jeweiligen Errichtungsbeschluß vorbehalten.

Art. 226 (ex-Art. 169)

Hat nach Auffassung der Kommission ein Mitgliedstaat gegen eine Verpflichtung aus diesem Vertrag verstoßen, so gibt sie eine mit Gründen versehene Stellungnahme hierzu ab[15 ff.]; sie hat dem Staat zuvor Gelegenheit zur Äußerung zu geben[6 ff.].

Kommt der Staat dieser Stellungnahme innerhalb der von der Kommission gesetzten Frist[24] nicht nach, so kann die Kommission den Gerichtshof anrufen[25 f.].

Inhaltsübersicht:

A. Allgemeines	1
I. Überblick	1
II. Funktion und Bedeutung	2
III. Initiierung des Verfahrens	4
B. Das zweistufige Vorverfahren	5
I. Verfahrenseröffnung durch das Mahnschreiben	6
1. Umfang der Substantiierungspflicht	7
a) EuGH	8
b) Würdigung und Bewertung der Rspr. des EuGH	9
c) Literatur	11
2. Frist	12
3. Gelegenheit zur Äußerung für den betroffenen Mitgliedstaat	14
II. Die mit Gründen versehene Stellungnahme	15
1. Umfang der Substantiierungspflicht und Kontinuitätsgebot	16
a) Grundsätzliches	16
aa) Kontinuitätsgebot: Der Zusammenhang zwischen den an das Mahnschreiben zu stellenden Anforderungen und der mit Gründen versehenen Stellungnahme	16
bb) Anforderungen an die mit Gründen versehene Stellungnahme jenseits des Kontinuitätsgebots	17
b) Sonderfall: Modifizierung oder Verlängerung der inkriminierten Maßnahmen	19
2. Notwendigkeit einer Entscheidung der Kommission als Kollegium	23
3. Sonstiges	24
C. Zulässigkeit der Klage	25
I. Zuständigkeit	25
II. Parteifähigkeit	26
III. Zulässiger Klagegegenstand	27
IV. Ordnungsgemäßes Vorverfahren und Kontinuitätsgebot	29
V. Klagebefugnis und Rechtsschutzinteresse	30
VI. Form und Frist	32
D. Begründetheit der Vertragsverletzungsklage	33
E. Beschleunigung des Verfahrens und einstweilige Anordnungen	35
F. Spezielle Vertragsverletzungsklagen	38
G. Pflicht der Kommission zur Verfahrenseinleitung und zur Klageerhebung	40
I. Pflicht zur Verfahrenseinleitung	40
II. Pflicht zur Klageerhebung	43
H. Rechte des Einzelnen auf Verfahrenseinleitung und Klageerhebung	44

A. Allgemeines

I. Überblick

Art. 226 ermächtigt die Kommission zur Erhebung einer Klage vor dem Gerichtshof mit dem Ziel, eine Verletzung des Gemeinschaftsrechts seitens eines Mitgliedstaates feststellen zu lassen. Der **Klageerhebung muß ein zweistufiges Vorverfahren** (Mahnschreiben, 1 mit Gründen versehene Stellungnahme) **vorausgehen**, das darauf abzielt, den Vorwurf der Vertragsverletzung außergerichtlich auszuräumen. Vor der Eröffnung des (zweistufigen) Vorverfahrens durch die Kommission findet zumeist ein informeller Austausch zwischen Kommission und dem betroffenen Mitgliedstaat, ein rechtlich nicht gebotenes informelles Vorverfahren,[1] statt.

II. Funktion und Bedeutung

2 Das Vertragsverletzungsverfahren nach Art. 226 stellt der Kommission ein wichtiges Instrument zur Verfügung, um die ihr gem. Art. 211 1. Spiegelstrich zugewiesene Aufgabe, für eine **einheitliche Beachtung und Durchsetzung des Gemeinschaftsrechts** Sorge zu tragen, wirksam zu erfüllen. Die Kommission kann im allgemeinen Interesse der Gemeinschaft gegen die **Verletzung objektiven Gemeinschaftsrechts** durch die Mitgliedstaaten einschreiten, ohne daß eine Verletzung eigener Rechte der Kommission oder der Rechte der Gemeinschaftsbürger erforderlich wäre.[2] In der Entscheidung Großkrotzenburg hat der EuGH deshalb zutreffend ausgeführt, daß es bei Nichtanwendung einer Richtlinienbestimmung durch eine zuständige innerstaatliche Behörde auch im Falle versäumter oder unvollständiger Richtlinienumsetzung[3] in diesem **Verfahren objektiver Rechtskontrolle** ausreiche, eine objektive Verpflichtung zur Anwendung der Richtlinienbestimmung – vielfach und anschaulich als objektive unmittelbare Wirkung bezeichnet – im jeweiligen Einzelfall zu bejahen, um einen Gemeinschaftsrechtsverstoß der Behörde festzustellen. Auf die subjektive Berechtigung eines Marktbürgers aus der Richtlinienbestimmung (subjektive unmittelbare Wirkung) kommt es dagegen nicht an.[4]

3 Den zunehmenden Stellenwert des Vertragsverletzungsverfahrens dokumentiert die gegenüber den siebziger Jahren signifikant gestiegene Zahl der Klageerhebungen. Während die Kommission den Gerichtshof bis 1980 in nur insgesamt 116 Fällen angerufen hatte, wurde in den beiden darauffolgenden Jahren bereits annähernd die gleiche Zahl (96) von Vertragsverletzungsklagen erhoben.[5] In den Jahren 1992 bis 1996 schwankte die Zahl zwischen 44 und 96,[6] um in den darauffolgenden Jahren auf 121 bzw. 123 anzusteigen.[7] Mit Gründen versehene Stellungnahmen und vor allem verfahreneröffnende Mahnschreiben werden noch um ein Vielfaches häufiger verschickt.[8] Diese Differenz

---

1 Vgl. dazu *H. Krück*, in: GTE, EU-/EGV, Art. 226, Rn. 12; *P. Karpenstein/U. Karpenstein*, in: Grabitz/Hilf, EU, Art. 226, Rn. 45; *Nicolaysen*, Europarecht I, S. 242.
2 EuGH, Rs. C-431/92, Slg. I-1995, 2189, Rn. 21 (Großkrotzenburg); Rs. C-422/92, Slg. I-1097, Rn. 16 (Kommission/Deutschland); Rs. 167/73, Slg. 1974, 359, Rn. 15 (Kommission/Frankreich); *H. Krück*, in: GTE, EU-/EGV, Art. 169, Rn. 10.
3 Davon zu unterscheiden ist der Gemeinschaftsrechtsverstoß wegen Nicht- oder Falschumsetzung der Richtlinie in innerstaatliches Recht durch die innerstaatlich zuständigen Stellen.
4 EuGH, Rs. C-431/92, Slg. I-1995, 2189, Rn. 26 (Kommission/Deutschland); vgl. dazu *M. Ruffert*, Subjektive Rechte und unmittelbare Wirkung von EG-Umweltrichtlinien, ZUR 1996, S. 235; *C. Calliess*, Zur unmittelbaren Wirkung der EG-Richtlinie über die Umweltverträglichkeitsprüfung und ihrer Umsetzung im deutschen Immissionsschutzrecht, NVwZ 1996, S. 339.
5 Vgl. dazu und zu weiteren Einzelheiten *U. Everling*, Die Mitgliedstaaten der Europäischen Gemeinschaft vor ihrem Gerichtshof, EuR 1983, S. 101 (124).
6 1992: 64; 1993: 44; 1994: 89; 1995: 72; 1996: 92, vgl. auch zur Verteilung der Klageerhebungen auf die einzelnen Mitgliedstaaten: Kommission, Vierzehnter Jahresbericht über die Kontrolle der Anwendung des Gemeinschaftsrechts (1996), KOM (97) 299 endg., S. 136 f.
7 Vgl. *P. Karpenstein/U. Karpenstein*, in: Grabitz/Hilf, EU, Art. 226, Rn. 3.
8 Mahnschreiben in den Jahren 1992–1998: 1217, 1209, 974, 1016, 1142, 1436, 1101; mit Gründen versehene Stellungnahmen in den Jahren 1992–1996: 248, 352, 546, 192, 435, 334, 675; vgl. *P. Karpenstein/U. Karpenstein*, in: Grabitz/Hilf, EU, Art. 226, Rn. 3 sowie Kommission (Fn. 6), S. 136 f., dort auch zur Verteilung auf die einzelnen Mitgliedstaaten.

erklärt sich aus dem Umstand, daß die Mitgliedstaaten die von der Kommission geltend gemachten Verstöße zumeist vor Klageerhebung bzw. Abgabe einer mit Gründen versehenen Stellungnahme abstellen. Die im Vergleich zu der Verfahrenseröffnung geringe Zahl der Klageverfahren und auch schon der mit Gründen versehenen Stellungnahmen zeigt, daß ein zentrales Anliegen des Vorverfahrens, nämlich die »**Anprangerungswirkung**« einer mit Gründen versehenen Stellungnahme und insbesondere einer Klage zu verhindern,[9] aufgeht. Neben dieser mit der »freiwilligen« – ohne Urteil des Gerichtshofs – Abstellung von Vertragsverletzungen verbundenen Schonung mitgliedstaatlicher Souveränität führt das Vorverfahren so zu einer Entlastung des Gerichtshofs.[10] In allen Verfahrensabschnitten betrifft der weit überwiegende Anteil der Vertragsverletzungsrügen die nicht fristgerechte oder fehlerhafte Umsetzung von Richtlinien.[11]

III. Initiierung des Verfahrens

Die Initiative zur Einleitung eines Verfahrens kann von der Kommission selbst ausgehen, mithin **von Amts wegen** erfolgen, wenn die Kommission im Rahmen ihrer allgemeinen Tätigkeiten von einer mitgliedstaatlichen Verletzung des Gemeinschaftsrechts Kenntnis erlangt.[12] Zumeist erfährt die Kommission aber von mitgliedstaatlichen Verletzungen des Gemeinschaftsrechts durch eine Beschwerde natürlicher oder juristischer Personen. Die **Initiative der Gemeinschaftsbürger** ist angesichts der begrenzten personellen Ressourcen der Kommission ein wichtiger Baustein zur tatsächlichen Effektivierung des Vertragsverletzungsverfahrens. Die Kommission hat dieser Einsicht folgend ein Formblatt zur Vereinfachung von Beschwerden erstellt.[13] Die eingegangenen Beschwerden werden beim Generalsekretariat der Kommission in ein Zentralregister eingetragen und erhalten eine Registernummer. Der Beschwerdeführer wird über den Verlauf des Verfahrens fortlaufend unterrichtet. Das Verfahren ist kostenfrei und vertraulich.[14] Die Kommission hat sich so die Philosophie des Gerichtshofs, wonach dem Einzelnen im Rechtsschutzgefüge des Gemeinschaftsrechts nicht nur das Recht zukommt, eigene Rechte durchzusetzen, sondern er auch zur einheitlichen Beachtung und Durchsetzung des Gemeinschaftsrechts beiträgt,[15] durch eine ef-

4

---

9 Vgl. zu diesem Zweck auch *Koenig/Sander,* Einführung in das EG-Prozeßrecht, 1997, Rn. 177; *H. A. H. Audretsch,* Supervision in European Community Law, 2nd edition, Amsterdam u.a., 1986, S. 25; *H. Krück,* in: GTE, EU-/EGV, Art. 169, Rn. 14.
10 Vgl. zur Funktion des Vorverfahrens eingehender *H.-W. Daig,* in: GBTE, EWGV, Art. 169, Rn. 10; *H. Krück,* in: GTE, EU-/EGV, Art. 169, Rn. 14.
11 Vgl. Kommission (Fn. 6), S. 137.
12 Vgl. zu Einzelheiten *K.-D. Borchardt,* in: Lenz, EGV, Art. 226, Rn. 9.
13 Formblatt der Kommission für Beschwerden (89/C 26/07), ABl.EG 1989 Nr. C 26/6; vgl. den Anhang zu dieser Kommentierung.
14 Vgl. dazu und weiteren Einzelheiten *Koenig/Sander* (Fn. 9), Rn. 170; *K.-D. Borchardt,* in: Lenz, EGV, Art. 226, Rn. 10–12; *ders.,* in: Hb.EGWirtR, P.I, Rn. 19.
15 Dieses Bestreben des Gerichtshofs zieht sich nach *U. Everling,* Durchführung und Umsetzung des Europäischen Gemeinschaftsrechts im Bereich des Umweltschutzes unter Berücksichtigung der Rspr. des EuGH, NVwZ 1993, S. 209 (215), »wie ein roter Faden« durch seine Rspr.; vgl. auch *H.-W. Rengeling,* Deutsches und Europäisches Verwaltungsrecht – wechselseitige Einwirkungen, VVDStRL 53 (1994), S. 202 (210); *B. W. Wegener,* Rechte des Einzelnen – Die Interessentenklage im europäischen Umweltrecht, 1998, S. 43 f.; *C. D. Ehlermann,* Ein Plädoyer für die dezentrale Kontrolle der Anwendung des Gemeinschaftsrechts durch die Mitgliedstaaten, Liber amicorum Pescatore, 1987, S. 205; *D. Curtin,* The constitutional structure of the Union: a Europe of bits and pieces, CMLRev. 1993, S. 1, 17; *ders.,* The Province of Government: Delimiting the Direct Effect of Directives in the Commun Law Context, ELRev. 1990, S. 195 (196); sowie sehr frühzeitig *E. Steindorff,* Rechtsschutz und Verfahren im Recht der Europäischen Gemeinschaften, 1964, S. 29; vgl. aus der Rspr. bereits EuGH, Rs. 26/62, Slg. 1963, 1, 26 (van Gend & Loos).

fektive Ausgestaltung der Beschwerdemöglichkeiten in pragmatischer Weise zu eigen gemacht.[16]

B. Das zweistufige Vorverfahren

5 Das Vertragsverletzungsverfahren unterteilt sich in drei Abschnitte.[17] Dem Prozeß vor dem Gerichtshof geht ein verfahrenseröffnendes Mahnschreiben der Kommission voraus, welchem nach einer fakultativen Erwiderung des betroffenen Mitgliedstaats eine mit Gründen versehene Stellungnahme der Kommission folgt, die dem Mitgliedstaat erneut Gelegenheit zur Verteidigung oder Abstellung des gerügten Gemeinschaftsrechtsverstoßes gibt. Die Beseitigung des Vertragsverstoßes durch den Mitgliedstaat während des (ersten oder zweiten Abschnitts) des Vorverfahrens[18] gebietet die Beendigung des gesamten Verfahrens.[19]

I. Verfahrenseröffnung durch das Mahnschreiben

6 Führt das informelle Vorverfahren[20] nicht zu einer Streitbeilegung, eröffnet die Kommission das eigentliche Vorverfahren, indem sie gegenüber der Zentralregierung des betroffenen Mitgliedstaats formell eine Verletzung des Gemeinschaftsrechts beanstandet. Für diese schriftliche Beanstandung hat sich der Begriff »Mahnschreiben« (»lettre de mise en demeure«, »warning letter«) etabliert.[21] Das Mahnschreiben gibt dem Mitgliedstaat, wie von Art. 226 Abs. 1 letzter Hs. gefordert, die Gelegenheit, sich zu dem Vorwurf der Kommission zu äußern.

1. Umfang der Substantiierungspflicht

7 Genaue Angaben über die Ausgestaltung dieser ersten Stufe des Vorverfahrens enthält Art. 226 EGV nicht.

a) EuGH
8 Nach der Rspr. des Gerichtshofs soll das Mahnschreiben den **Gegenstand des Verfahrens eingrenzen** und dem betreffenden Mitgliedstaat die **notwendigen Angaben zur Vorbereitung seiner Verteidigung** an die Hand geben.[22] Des weiteren hat der EuGH die Anforderungen an das Mahnschreiben in Abgrenzung zu der mit Gründen versehenen Stellungnahme entwickelt. An die Genauigkeit des Mahnschreibens seien geringere Anfor-

---

16 Vgl. zur Absicht der Kommission, die Interessen des Einzelnen für die Durchsetzung des Gemeinschaftsrechts fruchtbar zu machen, auch 13. Bericht über die Wettbewerbspolitik (1983), 1984, S. 139 f. und 15. Bericht über die Wettbewerbspolitik (1985), 1986, S. 53 ff.
17 Nach *H. Krück*, in: GTE, EU-/EGV, Art. 169, Rn. 12, existieren vier Abschnitte.
18 Vgl. zur Beseitigung nach Klageerhebung unten Rn. 31.
19 *H. Krück*, in: GTE, EU-/EGV, Art. 169, Rn. 12.
20 Vgl. oben Rn. 1.
21 Vgl. nur EuGH, Rs. 274/83, Slg. 1985, 1077, Rn. 21 (Kommission/Italien); *Nicolaysen*, Europarecht I, S. 242; *H. Krück*, in: GTE, EU-/EGV, Art. 169, Rn. 16; *K. D. Borchardt*, in: Lenz, EGV, Art. 226, Rn. 16.
22 EuGH, Rs. 274/83, Slg. 1985, 1077, Rn. 19 (Kommission/Italien); Rs. 51/83, Slg. 1984, 2793, Rn. 4 (Kommission/Italien); Rs. 211/81, Slg. 1982, 4547, Rn. 8 (Kommission/Dänemark). In der Rs. 211/81 heißt es nicht »soll«, sondern das Mahnschreiben habe »das Ziel«, EuGH, ebenda, Rn. 8.

derungen zu stellen als an die mit Gründen versehene Stellungnahme. Ersteres könne »zwangsläufig nur in einer **ersten knappen Zusammenfassung** der Beanstandungen bestehen«, und die Kommission dürfe in der mit Gründen versehenen Stellungnahme die Vorwürfe näher darlegen, die sie im Mahnschreiben in »allgemeiner Form« erhoben habe.[23]

b) Würdigung und Bewertung der Rspr. des EuGH

Zur Frage, ob bereits das Mahnschreiben eine (ausführliche) **Begründung** enthalten muß, finden sich in der Rspr. des Gerichtshofs zwar keine ausdrücklichen Feststellungen; seine allgemeinen Formulierungen legen aber nahe, daß er dies nicht für rechtlich notwendig hält. Aus seiner Forderung nach der Eingrenzung des Verfahrensgegenstandes folgt lediglich, daß der bekannte Stoff bereits im Mahnschreiben in *tatsächlicher* Hinsicht vollständig auszubreiten ist und eine Erweiterung in späteren Verfahrensstadien nicht in Betracht kommt. Lediglich Präzisierungen sind nachfolgend noch zulässig. Aus dem Postulat, dem Mitgliedstaat die zur Vorbereitung seiner Verteidigung notwendigen Angaben an die Hand zu geben, läßt sich ableiten, daß in rechtlicher Hinsicht jedenfalls die **wesentlichen Erwägungen** mitzuteilen sind. Die Forderung nach Vollständigkeit der rechtlichen Erwägungen im Sinne einer ausführlichen oder gar umfassenden Begründung kann daraus aber nicht abgeleitet werden. Auch die Äußerungen des Gerichtshofs zur mit Gründen versehenen Stellungnahme, wonach diese und die Klage auf die gleichen Gründe und das gleiche Vorbringen gestützt werden müssen,[24] legen es im Umkehrschluß nahe, an die Begründung des Mahnschreibens nicht die gleichen Anforderungen zu stellen. Eine datailierte Begründung zählt demnach nicht zu den unverzichtbaren Rechtmäßigkeitsvoraussetzungen eines Mahnschreibens.[25] Ausreichend ist, daß für den Mitgliedstaat die rechtliche Natur des Vorwurfs unmißverständlich erkennbar wird.[26]

Angesichts der Zweistufigkeit des Vorverfahrens darf in der Tat nicht schon dessen erster Abschnitt mit **überzogenen Begründungsanforderungen** überfrachtet werden.[27] Das Mahnschreiben hat die (unter dem Gesichtspunkt rechtlichen Gehörs nicht gebotene)[28] Funktion, durch Anhörung des betroffenen Mitgliedstaats der Kommission dessen Position nahezubringen, um ggf. aufgrund neuer tatsächlicher Erkenntnisse von einem Weiterbetreiben des Verfahrens abzusehen. Eine ausführliche Begründung ist jedenfalls dann nicht verfahrensökonomisch, wenn der Mitgliedstaat wegen der (evidenten) Gemeinschaftswidrigkeit seines Verhaltens bereits aufgrund des tatsächlichen Vorbringens der Kommission und der Nennung der rechtlichen Bestimmungen zu der Einsicht gelangt, den Gemeinschaftsrechtsverstoß zu beseitigen. Diese verfahrensökonomischen Erwägungen erlangen vor dem Hintergrund der begrenzten Ressourcen der Kommission und ihrer Aufgabenstellung nach Art. 211 auch rechtliches Gewicht. Zudem ist eine ausführliche Begründung der Vorwürfe im Mahnschreiben wegen der Mehrstufigkeit des Vertragsverletzungsverfahrens für eine effektive Verteidigung des betroffenen Mitgliedstaats nicht erforderlich. Dieses Ergebnis läßt sich schließlich auch mit dem Wort-

---

23 EuGH Rs. C-289/94, Slg. 1996, I-4405, Rn. 16 (Kommission/Italien); Rs. 274/83, Slg. 1985, 1077, Rn. 21 (Kommission/Italien); Rs. 74/82, Slg. 1984, 317, Rn. 20 (Kommission/Irland).
24 EuGH, Rs. 166/82, Slg. 1984, 459, Rn. 16 (Kommission/Italien); Rs. C-347/88, Slg. 1990, I-474, Rn. 16 (Kommission/Griechenland); Rs. C-217/88, Slg. 1990, I-2879, Rn. 10 (Kommission/Deutschland); Rs. C-234/91, Slg. 1993, I-6273, Rn. 16 (Kommission/Dänemark); Rs. C-296/92, Slg. 1994, I-1, Rn. 11 (Kommission/Italien).
25 Ähnlich *Audretsch* (Fn. 9), S. 26 f.
26 So auch *P. Karpenstein/U. Karpenstein*, in: Grabitz/Hilf, EU, Art. 226, Rn. 48.
27 So auch *J. Schwarze*, in: Schwarze, EU-Kommentar, Art. 226, Rn. 15.
28 Vgl. dazu *H. Krück*, EU-/EGV, Art. 169, Rn. 14.

laut von Art. 226 EGV stützen, der nur für die zweite Phase des Vorverfahrens eine Begründung (»Gründe«) vorsieht.

c) Literatur

11 Die skizzierte Rspr. steht wohl im Einklang mit dem in der Literatur aufgestellten Forderungskatalog, wonach das Mahnschreiben mindestens folgende Elemente enthalten muß: die Mitteilung der Tatsachen, die nach Auffassung der Kommission die Vertragsverletzung begründen; den Hinweis, daß wegen dieser Tatsachen das Vertragsverletzungsverfahren (mit dem Mahnschreiben selbst) eingeleitet wurde;[29] die Nennung der wesentlichen rechtlichen Gesichtspunkte und die Aufforderung, sich binnen einer bestimmten Frist zu dem Vorwurf zu äußern.[30]

2. Frist

12 Obwohl der Wortlaut des Art. 226 es nicht ausdrücklich anordnet, ist bereits in dem Mahnschreiben eine Frist anzugeben, innerhalb derer sich der Mitgliedstaat äußern kann.[31] Der Mitgliedstaat muß wissen, wann er mit einer mit Gründen versehenen Stellungnahme rechnen muß, um gegebenenfalls – z. B. wegen der Notwendigkeit aufwendiger eigener Recherchen – eine Fristverlängerung beantragen zu können.[32] In der Regel setzt die Kommission eine Frist von zwei Monaten.[33] Die Frist darf grundsätzlich auch kürzer bemessen sein. So hat der EuGH eine Frist von 14 Tagen nicht beanstandet.[34] Sie muß aber **angemessen** sein.[35] Dies folgt aus Art. 226 Abs. 1, wonach dem Mitgliedstaat vor Abgabe der mit Gründen versehenen Stellungnahme Gelegenheit zur Äußerung gegeben werden muß. Diese Äußerungsmöglichkeit ist nur sinnvoll, wenn der Mitgliedstaat über ausreichende Zeit zur Prüfung des Vorwurfs und zur Abgabe einer (auch rechtlichen) Stellungnahme verfügt. Die Angemessenheit der Frist richtet sich deshalb nach den Umständen des Einzelfalls, insbesondere danach, ob und wie lange der Standpunkt der Kommission dem Mitgliedstaat vorher bekannt war.[36]

13 Das Vorbringen der Kommission, eine zu kurz bemessene Frist sei unschädlich, da eine Antwort des Mitgliedstaats auch nach Fristablauf noch berücksichtigt worden wäre, hat

---

29 Mißverständlich insoweit H. Krück, in: GTE, EU-/EGV, Art. 169, Rn. 16, der formuliert, daß das Schreiben die Ankündigung enthalten müsse, daß das Vertragsverletzungsverfahren eingeleitet »werde«.
30 H. Krück, in: GTE, EU-/EGV, Art. 169, Rn. 16; P. Karpenstein/U. Karpenstein, in: Grabitz/Hilf, EU, Art. 226, Rn. 48; je nach den Einzelumständen differenzierend Audretsch (Fn. 9), 26 f.; höhere Anforderungen stellt H.-W. Daig, in: GBTE, EWGV, 3. Aufl., 1983, Art. 169, Rn. 12; der der Position Daigs zumeist zugerechnete W. Däubler, Die Klage der EWG-Kommission gegen einen Mitgliedstaat, NJW 1968, S. 325 (327), verlangt ebenfalls nur die Mitteilung der »wesentlichen rechtlichen Erwägungen«.
31 P. Karpenstein/U. Karpenstein, in: Grabitz/Hilf, EU, Art. 226, Rn. 55; Audretsch (Fn. 9), S. 26; H. Krück, in: GTE, EU-/EGV, Art. 169, Rn 21; a.A. wohl J. Sack, Verstoßverfahren und höchstrichterliche Vertragsverletzungen – eine Klarstellung, EuZW 1991, S. 246 (246 f.).
32 Vgl. auch P. Karpenstein/U. Karpenstein, in: Grabitz/Hilf, EU, Art. 226, Rn. 55; H. Krück, in: GTE, EU-/EGV, Art. 169, Rn. 21.
33 Vgl. P. Karpenstein/U. Karpenstein, in: Grabitz/Hilf, EU, Art. 226, Rn. 55; H. Krück, in: GTE, EU-/EGV, Art. 169, Rn. 21. Nach K. D. Borchardt, in: Lenz, EGV, Art. 226, Rn. 16, eine Frist von einem Monat.
34 EuGH, Rs. 85/85, Slg. 1986, 1149, Rn. 12 (Kommission/Belgien).
35 EuGH, Rs. 293/85, Slg. 1988, 305, Rn. 14 (Kommission/Belgien).
36 EuGH, Rs. 293/85, Slg. 1988, 305, Rn. 14 (Kommission Belgien); Rs. 85/85, Slg. 1986, 1149, Rn. 11 f. (Kommission/Belgien).

der EuGH zurückgewiesen.[37] Andererseits hat er aber trotz einer zu kurz bemessenen Frist (fünf Tage) in einer mit Gründen versehenen Stellungnahme die Klage als zulässig eingestuft, weil die Kommission die ca. drei Monate später eingegangene Antwort des betroffenen Mitgliedstaats abgewartet hatte, bevor sie Klage erhob.[38]

3. Gelegenheit zur Äußerung für den betroffenen Mitgliedstaat

Der betroffene Mitgliedstaat hat das Recht, ist aber nicht verpflichtet, sich zu den im Mahnschreiben erhobenen Vorwürfen zu äußern. Art. 226 begründet als Verfahren objektiver Rechtskontrolle für die Mitgliedstaaten auch **keine Obliegenheit**, die zur Präklusion bestimmter (bekannter) Einwände oder zur Verwirkung führen würde. Allerdings sind die Mitgliedstaaten nach einem Urteil des EuGH gem. Art. 10 gehalten, nach **Treu und Glauben** an den von der Kommission gem. Art. 226 durchgeführten Untersuchungen mitzuwirken und ihr die geforderten Auskünfte zu erteilen.[39] Die Mitgliedstaaten sind aber nur zur Beantwortung konkreter Anfragen verpflichtet, die Kommission darf die Mitgliedstaaten nicht im Wege eines Ausforschungsersuchens aufgrund vager Vermutungen zur Sachverhaltsaufklärung instrumentalisieren. Die Verpflichtung ist ggf. in einem separaten Vertragsverletzungsverfahren geltend zu machen.[40]

14

II. Die mit Gründen versehene Stellungnahme

Bleibt die Kommission nach Ablauf der im Mahnschreiben gesetzten Äußerungsfrist bei der Auffassung, der Mitgliedstaat verstoße gegen Gemeinschaftsrecht, übermittelt sie dem Mitgliedstaat eine mit Gründen versehene Stellungnahme.

15

1. Umfang der Substantiierungspflicht und Kontinuitätsgebot

a) **Grundsätzliches**
aa) **Kontinuitätsgebot: Der Zusammenhang zwischen den an das Mahnschreiben zu stellenden Anforderungen und der mit Gründen versehenen Stellungnahme**
Die an das Mahnschreiben zu stellenden Substantiierungsanforderungen beschreiben zwar auch rechtliche Mindestanforderungen bzgl. des Mahnschreibens selbst – z.B. ist bei Fehlen jeglicher Rechtsausführung bereits das Mahnschreiben gemeinschaftsrechtswidrig –, Bedeutung haben sie aber **wegen des Kontinuitätsgebots** vor allem **für die Rechtmäßigkeit der nachfolgenden Verfahrensschritte** (mit Gründen versehene Stellungnahme und Klageerhebung). Die mit Gründen versehene Stellungnahme darf das Vorbringen aus dem Mahnschreiben lediglich präzisieren, nicht aber um zusätzliche Aspekte ergänzen.[41] So folgt aus der Forderung des EuGH nach Eingrenzung des Verfahrensgegenstandes durch das Mahnschreiben, daß die Vorwürfe in tatsächlicher Hinsicht in späteren Verfahrensstadien nicht erweitert werden dürfen. Neuer Tatsachenvortrag der Kommission ist allerdings dann berücksichtigungsfähig, wenn die Tatsachen erst nach Übermittlung des Mahnschreibens eingetreten sind und sie von »derselben

16

---

37 EuGH, Rs. 74/82, Slg. 1984, 317, Rn. 12 f. (Kommission/Irland).
38 EuGH, Rs. 293/85, Slg. 1988, 305, Rn. 17 (Kommission/Belgien).
39 EuGH, Rs. 192/84, Slg. 1985, 3967, Rn. 19 (Kommission/Griechenland).
40 H. *Krück*, GTE, EU-/EGV, Art. 169, Rn. 22.
41 EuGH, Rs. 124/81, Slg. 1983, 203, Rn. 6 (Kommission/Vereinigtes Königreich); Rs. 166/82, Slg. 1984, 459, Rn. 16 (Kommission/Italien); H. *Krück*, in: GTE, EU-/EGV, Art. 169, Rn. 18.

Art« sind wie die im Mahnschreiben vorgetragenen.[42] Stützen läßt sich diese Position durch eine entsprechende Anwendung des Art. 42 § 2 EuGH-VerfO. Bzgl. des rechtlichen Vorbringens ist zwar eine Präzisierung der Begründung zulässig, neue – im Mahnschreiben nicht genannte – Gesichtspunkte dürfen in der mit Gründen versehenen Stellungnahme aber nicht nachgeschoben werden. Die Unzulässigkeit von Ergänzungen in der mit Gründen versehenen Stellungnahme ist folglich bereits bei der Abfassung des Mahnschreibens zu beachten, um ein Scheitern der Klage wegen unzulässiger Erweiterung des Streitgegenstandes oder zumindest eine Wiederholung der ersten Stufe des Vorverfahrens zu vermeiden.

bb) **Anforderungen an die mit Gründen versehene Stellungnahme jenseits des Kontinuitätsgebots**

17 Die mit Gründen versehene Stellungnahme muß deutlich erkennen lassen, gegen welche Gemeinschaftsbestimmungen der Mitgliedstaat verstoßen haben soll und auf welche Tatsachen und Überlegungen die Kommission ihre Position stützt. Nach dem Wortlaut des Art. 226 ist in dieser zweiten Phase des Vorverfahrens die Stellungnahme der Kommission – im Unterschied zum Mahnschreiben – mit Gründen zu versehen. Der EuGH hat ausgeführt, daß die mit Gründen versehene Stellungnahme nur ausreichend begründet ist, wenn sie »eine **zusammenhängende Darstellung der Gründe** enthält«.[43] Andernfalls würde ein substantielles Formerfordernis des Art. 226 mißachtet.[44] In der Literatur wird ein Verstoß gegen das Begründungsgebot des Art. 226 auch bei in wesentlichen Punkten **unklarer oder widersprüchlicher Begründung** angenommen,[45] doch sind diese Mängel materieller und nicht formeller Natur und betreffen mithin nicht die Zulässigkeit, sondern die Begründetheit der Klage. Ein Verstoß gegen das Begründungsgebot, das mangels Entscheidungsqualität der mit Gründen versehenen Stellungnahme nicht schon aus Art. 253 folgt, liegt dementsprechend nur bei fehlender oder nur fragmentarischer Begründung vor.

18 Ob die Kommission in der mit Gründen versehenen Stellungnahme auf alle von dem Mitgliedstaat in der Antwort auf das Mahnschreiben vorgetragenen Argumente einzugehen hat, hat der Gerichtshof bisher nicht entschieden. Eine dahingehende generelle Pflicht ist abzulehnen, da das »Rechtsgespräch« zwischen Kommission und Mitgliedstaat in rechtlicher Hinsicht lediglich darauf abzielt, sich über die gegenseitigen Rechtspositionen zu informieren und eine Verständigung herbeizuführen. Diesen Zielen dient es nicht, wenn die Kommission gezwungen wird, auf nach ihrer Auffassung **fernliegende rechtliche Erwägungen des Mitgliedstaats** einzugehen. Die rechtliche Würdigung der von Mitgliedstaat und Kommission vorgetragenen Argumente obliegt letztlich dem Gerichtshof.[46]

b) **Sonderfall: Modifizierung oder Verlängerung der inkriminierten Maßnahmen**

19 Kontrovers wird die Frage diskutiert, ob ein erneutes Mahnschreiben erforderlich oder das Verfahren mit einer mit Gründen versehenen Stellungnahme weitergeführt werden darf, falls der betroffene Mitgliedstaat die beanstandete Maßnahme nach Empfang des Mahnschreibens durch eine Neuregelung ersetzt bzw. die Verwaltungspraxis ändert, die geänderten Normen bzw. die geänderte Verwaltungspraxis nach Auffassung der Kommission aber gleichwohl gemeinschaftsrechtswidrig sind.

---

42 Vgl. EuGH, Rs. 113/86, Slg. 1988, 607, Rn. 11 (Kommission/Italien), dort zum Vorbringen von Umständen in der Klageschrift, die nach Abgabe der mit Gründen versehenen Stellungnahme eingetreten sind.
43 EuGH, Rs. 7/61, Slg. 1961, 693, 716 (Kommission/Italien); Rs. 325/82, Slg. 1984, 777, Rn. 8 (Kommission/Deutschland).
44 EuGH, Rs. 325/82, Slg. 1984, 777, Rn. 8 (Kommission/Deutschland).
45 *H. Krück*, in: GTE, EU-/EGV, Art. 169, Rn. 26.
46 Im Ergebnis ebenso *H. Krück*, in: GTE, EU-/EGV, Art. 169, Rn. 25.

Der Gerichtshof hat in einer frühen Entscheidung zum System der Exportrückvergütungen trotz Änderung der Rechtsgrundlage keine erneute Durchführung des Vorverfahrens verlangt, sondern die Klage für zulässig gehalten, da die Vorwürfe der Kommission »mehr die konkrete Anwendung des Systems der Exportrückvergütungen betrafen als die gesetzlichen Vorschriften, die die Rechtsgrundlage des Systems bilden mochten«.[47] Der Stellenwert dieses Urteils wird vor dem Hintergrund der nachfolgenden Rspr. des Gerichtshofs heute nicht einheitlich beurteilt.[48] Der **Gerichtshof** hat nämlich mehrfach unmißverständlich festgestellt, daß bei einer während des Verfahrens eingetretenen Rechtsänderung in dem betroffenen Mitgliedstaat im Grundsatz gilt, daß ein **neues Verfahren einzuleiten** ist,[49] um nicht die in Art. 226 für den betroffenen Mitgliedstaat verbrieften Verteidigungsmöglichkeiten zu schmälern.[50] 20

In der **Literatur** wird überwiegend die Auffassung vertreten, daß ein **neues Mahnschreiben in solchen Fällen nicht erforderlich** sei, in denen der im Mahnschreiben gerügte Verstoß im weiteren Laufe des Verfahrens durch eine in tatsächlicher und rechtlicher Hinsicht gleichgelagerte Regelung ersetzt werde. Würde bei derartigen Fortsetzungs- bzw. Verlängerungsmaßnahmen grundsätzlich auf einer erneuten Verfahrenseinleitung bestanden, führe dies zu einer nicht vertretbaren Verzögerung des Vertragsverletzungsverfahrens, welches mit dessen Zielen nicht zu vereinbaren sei.[51] 21

Der skizzierten Auffassung der Literatur ist zuzustimmen. Eine erneute (erste) Anhörung[52] bei Gleichartigkeit der beanstandeten mitgliedstaatlichen Maßnahme (Verlängerung oder/und geringfügige technische oder inhaltliche Modifikation) dient weder der von Art. 226 intendierten Eröffnung eines Meinungsaustausches zwischen Kommission und betroffenem Mitgliedstaat, noch schmälert eine »Nichtwiederholung« des Vorverfahrens *schützenswerte* Verteidigungsmöglichkeiten des betroffenen Mitgliedstaats.[53] Bei (mehrfachen) minimalen Modifikationen einer im Mahnschreiben gerügten nationalen Norm oder Verwaltungspraxis ließe sich die Berufung des betroffenen Mitgliedstaates auf Einleitung eines erneuten Vorverfahrens zudem als rechtsmißbräuchlich einstufen. 22

2. Notwendigkeit einer Entscheidung der Kommission als Kollegium

In einem beim Gerichtshof anhängigen Vertragsverletzungsverfahren hatte der betroffene Mitgliedstaat gegen die Zulässigkeit der Klage eingewandt, die mit Gründen versehene 23

---

47 EuGH, Rs. 45/64, Slg. 1965, 1125, 1134 (Kommission/Italien).
48 Vgl. *P. Karpenstein/U. Karpenstein*, in: Grabitz/Hilf, EU, Art. 226, Rn. 54, der die Kriterien dieses Urteils durch die nachfolgende Rspr. nicht angegriffen sieht; *H. Krück*, in: GTE, EU-/EGV, Art. 169, Rn. 19, sieht die Bedeutung dieses Urteils durch die nachfolgende Rspr. dagegen tendenziell abgeschwächt.
49 EuGH, Rs. 7/69, Slg. 1970, 111, Rn. 5 (Kommission/Italien); Rs. 124/81, Slg. 1983, 203, Rn. 6 (Kommission/Vereinigtes Königreich); Rs. 166/82, Slg. 1984, 459, Rn. 16 f. (Kommission/Italien); Rs. C-217/88, Slg. 1990, I-2879, Rn. 10 f. (Kommission/Deutschland).
50 Vgl. insbesondere EuGH, Rs. 7/69, Slg. 1970, 111, Rn. 5 (Kommission/Italien).
51 *K. O. Nass*, Anm. zu EuGH, 10.03.1970 – Rs. 7/69, DVBl. 1970, S. 616 (618); *J.-V. Louis*, Ordre public communautaire et intérêts des États dans la procédure en constatation de manquements, in: Miscellanea W. J. Ganshof van der Meersch, 1972, Bd. II, S. 225, 228 ff.; *H. Krück*, in: GTE, EU-/EGV, Art. 169, Rn. 19; GA *P. VerLoren van Themaat*, Schlußantr. zu EuGH, Rs. 309/84, Slg. 1986, 599 (600, 602) (Kommission/Italien).
52 Bei Änderungen nach Abgabe der mit Gründen versehenen Stellungnahme gar die Wiederholung des gesamten Vorverfahrens.
53 Vgl. zum Gesichtspunkt des rechtlichen Gehörs GA *VerLoren van Themaat*, Schlußantr. zur Rs. 309/84, Slg. 1986, 599 (602) (Kommission/Italien); vgl. zu weiteren Gründen *Nass* (Fn. 51), S. 617 f.

Stellungnahme sei nicht von der Kommission als Kollegium beschlossen worden, was eine **Verletzung des Kollegialprinzips** (dazu Art. 219, Rn. 1) darstelle. GA Cosmas schloß sich dieser Auffassung in seinen Schlußanträgen an. Unter Berücksichtigung der Rspr. des Gerichtshofs zum Stellenwert der mit Gründen versehenen Stellungnahme sei eine Ermächtigung des zuständigen Kommissionsmitglieds durch die Kommission zur Abgabe einer mit Gründen versehenen Stellungnahme gemeinschaftswidrig.[54] Der EuGH ist dem nicht gefolgt. Er hat zwar verlangt, daß das Kollegium über den Beschluß der Kommission, eine mit Gründen versehene Stellungnahme abzugeben wie auch eine Vertragsverletzungsklage zu erheben, gemeinschaftlich beraten müsse; dagegen brauche das Kollegium nicht selbst den Wortlaut der Rechtsakte, durch die die Beschlüsse umgesetzt werden, und ihre endgültige Ausgestaltung zu beschließen.[55]

3. Sonstiges

24 Auch in der mit Gründen versehenen Stellungnahme muß die Kommission dem betroffenen Mitgliedstaat eine **präzise Frist** setzen, innerhalb derer der behauptete Vertragsverstoß zu beseitigen ist.[56] Auch diese Frist, die in der Regel zwei Monate beträgt,[57] muß unter Berücksichtigung der Umstände des Einzelfalles **angemessen** sein.[58] Eine Pflicht des betroffenen Mitgliedstaates, auf die mit Gründen versehene Stellungnahme zu antworten, besteht ebenso wie bezüglich des Mahnschreibens nicht.

C. Zulässigkeit der Klage

I. Zuständigkeit

25 Nach der geltenden Zuständigkeitsverteilung ist allein der EuGH für Vertragsverletzungsverfahren nach Art. 226 zuständig.[59]

---

54 GA C. *Cosmas,* Schlußantr. zu EuGH, Rs. C-191/95, Slg. 1998, I-5449, Rn. 13 ff.(Kommission/Deutschland).
55 EuGH, Rs. C-191/95, Slg. 1998, I-5449, Rn 33 ff., insbesondere Rn. 48 (Kommission/Deutschland); bestätigt durch EuGH, Rs. C-272/97, Slg. 1999, I-2175, Rn. 16 ff. (Kommission/Deutschland); Rs. C-198/97, Slg. 1999, I-3257, Rn. 19 f. (Kommission/Deutschland).
56 EuGH, Rs. 85/85 Slg. 1988, 305, Rn. 13 (Kommission/Belgien); *H. Krück,* in: GTE, EU-/EGV, Art. 169, Rn. 32.
57 K. D. *Borchardt,* in: Lenz, EGV, Art. 226, Rn. 18.
58 EuGH, Rs. 85/85, Slg. 1988, 305, Rn. 13 (Kommission/Belgien); *H. Krück,* in: GTE, EU-/EGV, Art. 169, Rn. 32; vgl. zur Heilung zu kurzer Fristen oben Rn. 12 sowie *H. Krück,* in: GTE, EU-/EGV, Art. 169, Rn. 35.
59 Vgl. zur Zuständigkeitsverteilung im einzelnen Art. 225 i.V.m. Art. 3 des Ratsbeschlusses 88/519 zur Errichtung eines Gerichts erster Instanz vom 24.10.1988, ABl.EG Nr. L 319/1, geändert durch Ratsbeschluß 93/350/Euratom, EGKS, EWG vom 8.6.1993, ABl.EG Nr. L 144/21 und Ratsbeschluß 94/149/EGKS, EG vom 15.3.1994, ABl.EG Nr. L 66/29; zur Chronologie der Zuständigkeitserweiterung des EuG auch *Koenig/Sander* (Fn. 9), Rn. 79 ff. Vgl. zu einer umfangreichen, unmittelbar primärrechtlichen Begründung von erstinstanzlichen Zuständigkeiten des EuG durch den Vertrag von Nizza Art. 225 Abs. 1 Uabs. 1 S. 1. Gem. Art. 225 Abs. 1 Uabs. 1 S.2 besteht nunmehr die Möglichkeit, durch Satzung auch eine erstinstanzliche Zuständigkeit des EuG für Klagen nach Art. 226 zu begründen.

II. Parteifähigkeit

Aktiv parteifähig im Klageverfahren des Art. 226 ist die **Kommission als Klägerin**. 26
Passiv parteifähig sind die **Mitgliedstaaten als Beklagte**. Nach Maßgabe des Art. 237
lit. a) ist zudem der Verwaltungsrat der EIB aktiv parteifähig. Gem. Art. 237 lit. d) existiert zudem ein atypisches Vertragsverletzungsverfahren, in dem der Rat der EZB aktiv
und die nationalen Zentralbanken passiv parteifähig sind.[60]

III. Zulässiger Klagegegenstand

Im Vertragsverletzungsverfahren sind **nur staatliche Vertragsverstöße** zulässiger Klage- 27
gegenstand. Als Urheber kommen dabei sämtliche Einrichtungen des betreffenden Mitgliedstaates in Betracht. Dazu zählen Verfassungsorgane ebenso wie (untergeordnete)
Behörden; gerügt werden kann das Verhalten der Zentralgewalt sowie ihrer staatlichen
Untergliederungen. Das Verhalten Privater kann die Kommission im Vertragsverletzungsverfahren gem. Art. 226 grundsätzlich nicht rügen. Anderes gilt, wenn einem Mitgliedstaat entscheidender Einfluß auf das Verhalten Privater zukommt.[61]

Auch Handlungen oder Unterlassungen[62] der von der Zentralregierung unabhängigen 28
Organe (z.B. Parlamente und Gerichte) können im Vertragsverletzungsverfahren angegriffen werden.[63] Dies ist in der Literatur konsentiert,[64] und der Gerichtshof hat es in allgemeiner Form ebenfalls zum Ausdruck gebracht, indem er die Verantwortlichkeit eines
Mitgliedstaates auch bejaht, wenn ein »**verfassungsmäßig unabhängiges Organ**« gehandelt hat.[65] Als Vertragsverletzung mitgliedstaatlicher Gerichte kommt insbesondere
ein Verstoß gegen die Vorlagepflicht nach Art. 234 Abs. 3, bei Verwerfung gemeinschaftsrechtlicher Normen durch unterinstanzliche nationale Gerichte auch gegen
Art. 234 Abs. 2[66] in Betracht.[67] Die Kommission hat auf (vermeintliche) **Vertragsverletzungen durch mitgliedstaatliche Gerichte** bislang sehr zurückhaltend reagiert. Sie hält
den Zugriff auf das Vertragsverletzungsverfahren zwar insoweit für eine zulässige

---

60 Vgl. zu Einzelheiten C. *Koenig*, Institutionelle Überlegungen zum Aufgabenzuwachs beim Europäischen Gerichtshof in der Währungsunion, EuZW 1993, S. 661 (663).
61 Vgl. zur ausnahmsweisen Zurechnung von Handlungen Privater: *Koenig/Sander* (Fn. 9), Rn. 203; *J. Schwarze*, in: Schwarze, Art. 226, Rn. 8.
62 Vgl. zu einer vielbeachteten Verurteilung Frankreichs wegen Unterlassens (Nichteinschreiten gegen Beeinträchtigung des freien Warenverkehrs durch Übergriffe von Privatpersonen) EuGH, Rs. C-265/95, Slg. 1997, I-6959, Rn. 31 f. (Kommission/Frankreich); vgl. dazu die Anmerkung von *J. Schwarze*, EuR 1998, 53 ff.; *T. Meurer*, Verpflichtung der Mitgliedstaaten zum Schutz des freien Warenverkehrs, EWS 1998, 196 ff.
63 Vgl. zum Ganzen *H. Krück*, in: GTE, EU-/EGV, Art. 169, Rn. 4; *Bleckmann*, Europarecht, Rn. 812.
64 Vgl. *Sack* (Fn. 31), S. 246; *G. Meier*, Zur Einwirkung des Gemeinschaftsrechts auf nationales Verfahrensrecht im Falle höchstrichterlicher Vertragsverletzungen, EuZW 1991, S. 11 (11); *G. Nicolaysen*, Vertragsverletzung durch mitgliedstaatliche Gerichte, EuR 1985, S. 368 (368 ff.); *P. Karpenstein/U. Karpenstein*, in: Grabitz/Hilf, EU, Art. 226, Rn. 19 ff.; *H. Krück*, in: GTE, EU-/EGV, Art. 169, Rn. 62.
65 EuGH, Rs. 77/69, Slg. 1970, 237, Rn. 15/16 (Kommission/Belgien); vgl. auch Rs. 52/75, Slg. 1976, 277, Rn. 14 (Kommission/Italien).
66 Vgl. dazu Art. 234, Rn. 20.
67 Nach deutschem Verfassungsrecht kommt zudem ein Verstoß gegen Art. 101 Abs. 1 Satz 2 GG in Betracht, vgl. dazu Art. 234, Rn. 27 und BVerfGE 29, 198 (207); BVerfG, EuR 1972, 51, (54 f.) mit Anm. *H. P. Ipsen*; BVerfG, EuR 1988, 190; kritisch zur Rspr. des BVerfG: *Nicolaysen* (Fn. 64), S. 373 f.; *A. Glaesner*, Die Vorlagepflicht unterinstanzlicher Gerichte im Vorabentscheidungsverfahren, EuR 1990, S. 143 (150); *Meier* (Fn. 64), S. 14 f.

Option,[68] will eine solche Konfrontation aber möglichst vermeiden und erwägt dies nur in Fällen, in denen die Nichtvorlage auf einer »bewußten Haltung« beruht.[69] Dementsprechend leitet sie gegen mitgliedstaatliche Gerichtsentscheidungen selten ein Vertragsverletzungsverfahren ein.[70] In der Regel beschränkt sie sich darauf, ihre Bedenken mit den beteiligten Regierungen zu erörtern[71] sowie die Verwaltungspraxis anzugreifen, die den Gerichtsentscheidungen zugrunde liegt oder aus ihnen folgt.[72] Diese behutsame Praxis der Kommission findet in der Literatur überwiegend Zustimmung.[73]

IV. Ordnungsgemäßes Vorverfahren und Kontinuitätsgebot

29 Die in der Praxis am häufigsten problematische Zulässigkeitsvoraussetzung der Aufsichtsklage war die Einhaltung der bereits dargestellten, an das Vorverfahren zu stellenden Anforderungen. Im Hinblick auf den zulässigen Klagegegenstand ist zudem festzustellen, ob die Kommission in ihrer Klageschrift über den im Vorverfahren eingegrenzten Verfahrensgegenstand hinausgegangen ist, da die Klage nach ständiger Rspr. des EuGH auf die gleichen Gründe und das gleiche Vorbringen gestützt werden muß wie die mit Gründen versehene Stellungnahme.[74]

V. Klagebefugnis und Rechtsschutzinteresse

30 Die Zulässigkeit der Aufsichtsklage hängt nicht von irgendeinem Betroffensein der Kommission ab, da das Vertragsverletzungsverfahren der objektiv-rechtlichen Durchsetzung des Gemeinschaftsrechts dient. Angesichts dessen fordert Art. 226 **weder eine Klagebefugnis oder -berechtigung noch ein subjektives Interesse** der Kommission.[75] Wohl aber fragt sich, ob eine Klage mangels (objektiv verstandenen) Rechtsschutzinteresses[76] unzulässig ist, wenn sich eine **Vertragsverletzung nach Verfahrens-**

---

68 Kommission, Antworten auf die schriftlichen Anfragen der Abgeordneten Westertarp und Dehringer, ABl.EG 1967 Nr. C 270/2 und ABl.EG 1968 Nr. C 71/3.
69 Kommission, Antwort auf die schriftliche Anfrage Nr. 608/78 des Abgeordneten Krieg, ABl.EG 1979 Nr. C 28/8.
70 Vgl. zu einer ausnahmsweisen Verfahrenseinleitung im Fall Pingo – Hähnchen: *Meier* (Fn. 64), S. 11 ff.; *Sack* (Fn. 31), S. 246 f.
71 Vgl. dazu *P. Karpenstein/U. Karpenstein*, in: Grabitz/Hilf, EU, Art. 226, Rn. 24; *C. D. Ehlermann*, Die Verfolgung von Vertragsverletzungen der Mitgliedstaaten durch die Kommission, in: FS-Kutscher, 1981, S. 135, 153; *Sack* (Fn. 31), S. 246.
72 Vgl. zur Kommissionspraxis: *H. Krück*, in: GTE, EU-/EGV, Art. 169, Rn. 64; *Sack* (Fn. 31), S. 247, dort auch zu einem Fall, in dem die Kommission den Vollzug eines Urteils eines französischen Gerichts erfolgreich blockiert hat.
73 Vgl. auch zu den Gründen *P. Karpenstein/U. Karpenstein*, in: Grabitz/Hilf, EU, Art. 226, Rn. 23 ff.; *J. Mertens de Wilmars/I. M. Verougstroete*, Proceedings against member states for failure to fulfill their obligations, CMLRev. 1970, 385 (389); *J. Schwarze*, in: Schwarze, EU-Kommentar, Art. 226, Rn. 7; *H. Krück*, in: GTE, EU-/EGV, Art. 169, Rn. 62 f.; *H.-W. Daig* (Fn. 30), Art. 169, Rn. 33a; für weniger Zurückhaltung votieren *Nicolaysen* (Fn. 64), 370 ff. und *Meier* (Fn. 64), 14 f. Zur Pflicht, ein Vertragsverletzungsverfahren einzuleiten bzw. Klage zu erheben, unten Rn. 40 ff.
74 Vgl. oben Fn. 24.
75 Vgl. EuGH, Rs. C-431/92, I-2189, Rn. 21 (Kommission/Deutschland); Rs. C-422/92, Slg. 1995, I-1097, Rn. 16 (Kommission/Deutschland); Rs. 167/73, Slg. 1974, 359, Rn. 15 (Kommission/Frankreich); *Koenig/Sander* (Fn. 9), Rn. 193 ff.
76 EuGH spricht ebenso wie die überwiegende Literatur von Rechtsschutzinteresse. Der Begriff »Rechtsschutzbedürfnis« wäre vorzugswürdiger, vgl. zu den Gründen *H. Krück*, in: GTE, EU-/EGV, Art. 169, Rn. 42; *Koenig/Sander* (Fn. 9), Rn. 196.

einleitung erledigt hat.[77] Ganz überwiegend wird angenommen, daß eine Klage mangels Rechtsschutzinteresses unzulässig ist, wenn der Vertragsverstoß vor Ablauf der in der mit Gründen versehenen Stellungnahme gesetzten Frist beseitigt wurde.[78] Ebenso unstreitig fehlt es dann nicht am Rechtsschutzinteresse, wenn der Vertragsverstoß im Zeitpunkt der letzten mündlichen Verhandlung noch fortbesteht.[79] Wird der Vertragsverstoß dagegen nach Ablauf der in der mit Gründen versehenen Stellungnahme gesetzten Frist, aber vor der letzten mündlichen Verhandlung abgestellt, bedarf es einer differenzierten Betrachtung.

Der Gerichtshof hat in einem Urteil aus dem Jahre 1961 ausgeführt, daß bereits aus dem Wortlaut des Art. 228 (171 EWGV) folge, daß er auch bei einer **Behebung der Vertragsverletzung nach Klageerhebung** in der Sache zu entscheiden habe.[80] Dagegen hat es der Gerichtshof in einem Urteil aus dem Jahre 1970 bei einem **nach Fristablauf, aber vor Klageerhebung beseitigten Vertragsverstoß** zur Bejahung der Zulässigkeit für notwendig gehalten, daß im konkreten Fall ein »ausreichendes Rechtsschutzinteresse besteht«.[81] Anknüpfend an dieses Urteil läßt sich mittlerweile eine gefestigte Rspr. des EuGH ausmachen. Danach ist der Nachweis eines besonderen Rechtsschutzinteresses stets erforderlich, wenn der Vertragsverstoß nach Ablauf der in der mit Gründen versehenen Stellungnahme gesetzten Frist, aber vor der letzten mündlichen Verhandlung beseitigt würde. Insoweit hat der Gerichtshof drei Fallgruppen – allerdings in unterschiedlicher Deutlichkeit – anerkannt. Die praktisch wichtigste Konstellation betrifft die Erleichterung von möglichen Schadensersatzansprüchen gegen den Mitgliedstaat seitens anderer Mitgliedstaaten, der Gemeinschaft oder Einzelner.[82] Nach dem Urteil in der Rs. 26/69 ist ein ausreichendes Rechtsschutzinteresse zudem dann vorhanden, wenn mit einer Wiederholung des Vertragsverstoßes zu rechnen ist oder wenn die mit dem Vertragsverletzungsverfahren aufgeworfene Rechtsfrage von hoher Bedeutung für das Funktionieren der Gemeinschaft ist.[83] In der Literatur hat diese Rspr. zwar überwiegend Beifall gefunden, bzw. sie wird kritiklos wiedergegeben;[84] mit beachtlichen Gründen ist aber insbesondere

31

---

77 Vgl. zur Praxis der Kommission: *P. Karpenstein/U. Karpenstein*, in: Grabitz/Hilf, EU-/EGV, Art. 226, Rn. 71; *B. C. Ortlepp*, Das Vertragsverletzungsverfahren als Instrument zur Sicherung der Legalität im europäischen Gemeinschaftsrecht, 1987, S. 96 f.
78 *H. Krück,* in: GTE, EU-/EGV, Art. 169, Rn. 13; *K. D. Borchardt,* in: Lenz, Art. 226, Rn. 23; *Koenig/Sander* (Fn. 9), Rn. 198. Vgl. aber die bei *P. Karpenstein/U. Karpenstein,* in: Grabitz/Hilf, EU-/EGV, Art. 226, Rn. 70 angemeldeten Zweifel, ob die Rspr. nicht zukünftig auch in solchen Konstellationen wegen Wiederholungsgefahr oder unter Haftungsgesichtspunkten im Einzelfall ein Rechtsschutzinteresse anerkennen wird.
79 *H. Krück,* in: GTE, EU-/EGV, Art. 169, Rn. 43; *Koenig/Sander* (Fn. 9), Rn. 197, die allerdings zu Unrecht auf die Urteile des EuGH in der Rs. 39/72, Slg. 1973, 101, Rn. 9 und 11 (Kommission/Italien) und der Rs. 69/77, Slg. 1978, 1749, Rn. 7/8 (Kommission/Italien) rekurrieren. Sie sind wenig ergiebig, da die betroffenen Mitgliedstaaten zwar Anstrengungen (in der Rs. 69/77 sukzessive, in der Rs. 39/72 nach Klageerhebung) unternommen hatten, die gerügten Vertragsverstöße zu beseitigen, dies aber aus Sicht des EuGH nicht *vollständig* gelungen war und er das Rechtsschutzinteresse bereits deshalb bejahte.
80 EuGH, Rs. 7/61, Slg. 1961, 693, 715 (Kommission/Italien).
81 EuGH, Rs. 26/69, Slg. 1970, 565, Rn. 9/10 (Kommission/Frankreich).
82 EuGH, Rs. C-353/89, Slg. 1991, I-4096, Rn. 28 (Kommission/Niederlande); Rs. C-59/89, Slg. 1991, I-2607, Rn. 35 (Kommission/Deutschland); Rs. C-361/88, Slg. 1991, I-2567, Rn. 31 (Kommission/Deutschland); Rs. C-263/88, Slg. 1990, I-4611, Rn. 9 (Kommission/Frankreich); Rs. C-287/87, Slg. 1990, I-125, 1. Leitsatz (Kommission/Griechenland), abgekürzte Veröffentlichung; Rs. 309/84, Slg. 1986, 599, Rn. 18 (Kommission/Italien) und bereits Rs. 39/72, Slg. 1973, 101, Rn. 11 (Kommission/Italien).
83 EuGH, Rs. 26/69, Slg. 1970, 565, Rn. 12/13 (Kommission/Frankreich).
84 *Koenig/Sander* (Fn. 9), Rn. 199; *H. Krück,* in: GTE, EU-/EGV, Art. 169, Rn. 42 ff.; *K. D. Borchardt,* in: Lenz, EGV, Art. 226, Rn. 23.

das mit Blick auf möglicherweise nachfolgende Haftungsprozesse begründete besondere Rechtsschutzinteresse kritisiert worden.[85] Schließlich soll es an einem Rechtsschutzinteresse nicht deshalb fehlen, weil über dieselbe Rechtsfrage bereits in einem Vorabentscheidungsverfahren entschieden worden ist.[86]

VI. Form und Frist

32 Die Klageschrift muß den Anforderungen des Art. 19 Abs. 1 Satz 2 EuGH-Satzung sowie des Art. 38 EuGH-VerfO genügen. Gemäß Art. 226 Abs. 2 kann die Klage erst nach Ablauf der in der mit Gründen versehenen Stellungnahme gesetzten Frist erhoben werden. Im übrigen sieht der EGV keine Frist vor, innerhalb derer die Kommission den EuGH anrufen muß. Der betroffene Mitgliedstaat kann nicht darauf vertrauen, daß mit einer Klageerhebung nicht mehr zu rechnen ist und das Verfahren abgeschlossen ist, wenn nach Ablauf der in der mit Gründen versehenen Stellungnahme gesetzten Frist nicht binnen kurzer Zeit die Klageerhebung folgt.[87] Zutreffend wird in der Literatur aber eine Verwirkung des Klagerechts angenommen, wenn die Kommission unangemessen lange untätig bleibt.[88]

D. Begründetheit der Vertragsverletzungsklage

33 Die Klage ist begründet, wenn die von der Kommission behaupteten Tatsachen zutreffen und sich aus diesen Tatsachen ein Verstoß gegen Gemeinschaftsrecht ergibt, der dem beklagten Mitgliedstaat zuzurechnen[89] ist. Das Vorliegen der behaupteten Tatsachen muß die Kommission beweisen.[90] **Prüfungsmaßstab ist das gesamte Gemeinschaftsrecht.** Der Begriff »Verpflichtung aus diesem Vertrag« ist weit auszulegen und erfaßt geschriebenes und ungeschriebenes, primäres und sekundäres Gemeinschaftsrecht, einschließlich der Abkommen, welche die Gemeinschaft mit dritten Staaten oder internationalen Organisationen abgeschlossen hat[91]. Maßgeblicher Zeitpunkt für das Vorliegen einer Vertragsverletzung ist nach mittlerweile gefestigter Rspr. der Ablauf der in der begründeten Stellungnahme gesetzten Frist. Spätere Änderungen des Gemeinschaftsrechts werden ebensowenig berücksichtigt wie nachfolgende Regularisierungen durch den betreffenden Mitgliedstaat.[92]

---

85 Vgl. dazu die grundsätzlichen Erwägungen bei *P. Karpenstein/U. Karpenstein*, in: Grabitz/Hilf, EU, Art. 226, Rn. 28 ff.; *J. Schwarze*, in: Schwarze, EU-Kommentar, Art. 226, Rn. 24.
86 EuGH, Rs. C-301/95, Slg. 1998, I-6135, Rn. 12 ff. (Kommission/Deutschland).
87 EuGH, Rs. C-317/92, Slg. 1994, I-2039, Rn. 4 (Kommission/Deutschland); vgl. auch Rs. 7/68, Slg. 1968, 633, 642 (Kommission/Italien); Rs. 324/82, Slg. 1984, 1861, Rn. 12 (Kommission/Belgien).
88 *Koenig/Sander* (Fn. 9), Rn. 195; *H. Krück*, in GTE, EU-/EGV, Art. 169, Rn. 38 sowie *ders.*, in: GTE, EU-/EGV, Art. 170 Rn. 18.
89 Vgl. dazu oben Rn. 27 f.
90 EuGH, Rs. 31/69, Slg. 1970, 25, Rn. 22 (Kommission/Italien); Rs. 96/81, Slg. 1982, 1791, Rn. 6 (Kommission/Niederlande); vgl. zu einem mangelnden Vortrag der Kommission Rs. 63/85, Slg. 1987, 1733, Rn. 15 (Kommission/Italien); vgl. zu den Voraussetzungen einer Umkehr der Beweislast *J. Schwarze*, in: Schwarze, EU-Kommentar, Art. 226, Rn. 27.
91 EuGH, Rs. 22/70, Slg. 1971, 263, Rn. 15/19 f. (Kommission/Rat); vgl. auch *H. Krück*, in: GTE, EU-/EGV, Art. 169, Rn. 56.
92 Vgl. nur EuGH, Rs. C-61/94, Slg. 1996, I-4006, Rn. 42 (Kommission/Deutschland); Rs. C-316/96, Slg. 1997, I-7231, Rn. 14 (Kommission/Italien); Verb. Rs. C-232/95 und C-233/95, Slg. 1998, I-3343, Rn. 38 (Kommission/Griechenland); Rs. C-355/98, Slg. 2000, I-1221, Rn. 22 (Kommission/Belgien); vgl. zu weiteren Nachweisen aus der Rspr. *P. Karpenstein/U. Karpenstein*, in: Grabitz/Hilf, EU, Art. 226, Rn. 17.

Die **Verteidigungsmöglichkeiten des beklagten Mitgliedstaates** beschränken sich auf das 34
Bestreiten des von der Kommission vorgetragenen Sachverhalts sowie auf die Darlegung ihnen günstiger Rechtsansichten. Dagegen kann sich ein Mitgliedstaat mit Erfolg weder auf interne Probleme bei der Durchführung oder Umsetzung einer Gemeinschaftsnorm, einschließlich verfassungsrechtlicher Hindernisse, berufen,[93] noch die eigene Vertragsbrüchigkeit mit dem vertragswidrigen Verhalten anderer Mitgliedstaaten rechtfertigen.[94] Den Einwand, eine Änderung des innerstaatlichen Rechts sei wegen des ohnehin eingreifenden Anwendungsvorrangs des Gemeinschaftsrechts nicht erforderlich, hat der EuGH ebenfalls zurückgewiesen.[95] Gleiches gilt für den Einwand einer nur geringen Schwere des Verstoßes[96]. Die Verurteilung im Vertragsverletzungsverfahren wird auch nicht dadurch ausgeschlossen, daß der Mitgliedstaat an den durch den Verstoß Geschädigten bereits Schadensersatz geleistet hat[97]. Eine Rechtfertigung kommt nur in Betracht, wenn es dem Mitgliedstaat objektiv unmöglich ist, sich vertragsgemäß zu verhalten.[98]

E. Beschleunigung des Verfahrens und einstweilige Anordnungen

Die Mehrstufigkeit des Vertragsverletzungsverfahrens und das mittlerweile recht lang- 35
wierige Klageverfahren[99] erweisen sich als gravierende Hürden bei der Herstellung gemeinschaftsrechtskonformen Verhaltens der Mitgliedstaaten. Eine **Beschleunigung** des Verfahrens seitens der Kommission ist durch die Bemessung **kurzer Fristen im Vorverfahren**[100] und durch einen Verzicht auf die in Art. 18 EuGH-Satzung eingeräumte **Replik** zu erreichen. Von diesen Möglichkeiten macht die Kommission in dringlichen Fällen auch Gebrauch.[101]

Trotz dieser Beschleunigungsmöglichkeiten besteht wegen der verbleibenden, nicht un- 36
erheblichen Verfahrensdauer bei schwerwiegenden oder kurzlebigen Verstößen das Bedürfnis, den Mitgliedstaaten die Suspendierung der angegriffenen Maßnahmen im Wege einer **einstweiligen Anordnung** aufzugeben. Der EuGH hält solche Anträge nach Klageerhebung auf der Grundlage von Art. 243 offensichtlich für unproblematisch.[102] Zwar prüft der EuGH die **Eilbedürftigkeit** sowie die **Notwendigkeit** der Maßnahmen zur Abwendung irreparabler und schwerer Schäden sehr eingehend;[103] ob es aber im Vertragsverletzungsverfahren überhaupt möglich ist, eine staatliche Maßnahme im

---

93 EuGH, Rs. 77/69, Slg. 1970, 237, Rn. 15/16 (Kommission/Belgien); Rs. 42/80, Slg. 1980, 3635, Rn. 4 (Kommission/Italien); Rs. 215/83, Slg. 1985, 1039, Rn. 25 (Kommission/Belgien); *Rengeling/Middeke/Gellermann,* Rechtsschutz in der EU, Rn. 110; *H. Krück,* in: GTE, EU-/EGV, Art. 169, Rn. 59; *Koenig/Sander* (Fn. 9), Rn. 206.
94 EuGH, Rs. 52/75, Slg. 1976, 277, Rn. 11/13 (Kommission/Italien); Rs. 325/82, Slg. 1984, 777, Rn. 11 (Kommission/Deutschland); Rs. 232/78, Slg. 1979, 2729, Rn. 9 (Kommission/Frankreich).
95 EuGH, Rs. 168/85, Slg. 1986, 2956, Rn. 11 (Kommission/Italien).
96 EuGH, Rs. C-263/96, Slg. 1997, I-7453, Rn. 30 (Kommission/Belgien).
97 EuGH, Rs. C-265/95, Slg. 1997, I-6959, Rn. 59 f. (Kommission/Frankreich).
98 Vgl. EuGH, Rs. 213/85, Slg. 1988, 281, Rn. 22 (Kommission/Niederlande); Rs. C-280/95, Slg. 1998, I-259, Rn. 13 ff. (Kommission/Italien); Rs. C-50/94, Slg. 1996, I-3331, Rn. 39 (Griechenland/Kommission).
99 Vgl. *K. D. Borchardt,* in: Lenz, EGV, Art. 226, Rn. 24.
100 Vgl. zu den rechtlichen Grenzen oben Rn. 12.
101 So *K. D. Borchardt,* in: Lenz, EGV, Art. 226, Rn. 25.
102 Vgl. nur EuGH, Rs. 61/77 R, Slg. 1977, 1411 (Kommission/Irland); Verb. Rs. 31/77 und 53/77 R, Slg. 1977, 921 (Kommission/Großbritannien); Präsident des EuGH, Rs. 293/85 R, Slg. 1985, 3521 (Kommission/Belgien).
103 Generell zu den Voraussetzungen einer Anordnung Art. 242/243, Rn. 5 ff.

Wege der Suspendierung auszusetzen, erörtert der Gerichtshof – soweit ersichtlich – nicht. Als nicht erforderlich abgelehnt, hat der EuGH eine einstweilige Anordnung lediglich, wenn der Vertragsverstoß bereits durch Urteil festgestellt worden war.[104]

37 Diese Rspr. wird in der Literatur[105] zum Teil mit dem Argument kritisiert, der Gerichtshof gehe mit der Anwendung des Art. 243 über die im Hauptverfahren allein mögliche *Feststellung* einer Vertragsverletzung hinaus.[106] Dagegen wiederum wird unter Hinweis auf Art. 228 eingewandt, daß die Pflicht zur Beseitigung nicht erst mit dem abschließenden Urteil, sondern bereits bei Beginn des Vertragsverstoßes entstehe. Deshalb stehe die Verpflichtung eines Mitgliedstaates zur Suspendierung von bei summarischer Prüfung als gemeinschaftsrechtswidrig erkannter Maßnahmen nicht im Widerspruch zu den Zielen und Möglichkeiten des Vertragsverletzungsverfahrens.[107] Diese Argumentation vermag nicht zu überzeugen, da nicht ein Widerspruch mit den Zielen des Vertragsverletzungsverfahrens in Frage steht, sondern die Reichweite der »Eingriffsbefugnisse« des Gerichtshofs. Diese lassen sich unter Rückgriff auf die Ziele des Vertragsverletzungsverfahrens allein kaum begründen, wenn die einschlägige Norm (Art. 226) selbst nur eine Feststellungs-, nicht aber eine Anordnungsbefugnis enthält. Des weiteren wird die Anwendbarkeit von Art. 243 aus der allgemeinen Formulierung der Vorschrift abgeleitet.[108] Zwar wird insoweit dem Wortlaut der Vorschrift Rechnung getragen. Ob damit allein ein Abrücken von dem Grundsatz, wonach der Antrag auf Erlaß einer einstweiligen Anordnung nicht über das Klagebegehren in der Hauptsache hinausgehen darf, jedenfalls für das Vertragsverletzungsverfahren gerechtfertigt werden kann, bleibt fraglich. Bezüglich der **Folgen von Feststellungsurteil und einstweiliger Anordnung** bestehen mangels Vollstreckbarkeit von letzterer hinsichtlich mitgliedstaatlicher Verpflichtungen allerdings **keine wesentlichen Unterschiede**. Dies läßt es akzeptabel erscheinen, den gegenüber der Feststellung weitergehenden Tenor der einstweiligen Anordnung zu akzeptieren. Eine solche Sichtweise kann im übrigen auch an die Rspr. des EuGH anknüpfen. Im Schaffleischfall hat dieser nämlich eine einstweilige Anordnung wegen des insoweit bereits festgestellten Verstoßes für nicht erforderlich gehalten. »Nicht erforderlich« kann die Anordnung aber nur dann sein, wenn die Feststellung die gleichen Wirkungen entfaltet. Der EuGH formuliert dann auch, »daß der Gegenstand [der einstweiligen Anordnung] im wesentlichen dem [Feststellungs]Urteil [...] entspräche«.[109]

F. Spezielle Vertragsverletzungsklagen

38 Abweichend von Art. 226 sieht **Art. 88 Abs. 2** für Verstöße der Mitgliedstaaten im Bereich der staatlichen Beihilfen ein besonderes Verfahren vor. Gemäß Art. 88 Abs. 2 UAbs. 1 erfolgt die Feststellung der Unvereinbarkeit einer Beihilfe mit dem Gemeinsa-

---

104 EuGH, Verb. Rs. 24 und 97/80 R, Slg. 1980, 13, Rn. 19 (Kommission/Frankreich).
105 Vgl. zum Streitstand *M. Kort*, Verstoß eines EG-Mitgliedstaats gegen europäisches Recht: Probleme des Vertragsverletzungsverfahrens gem. Art. 169, DB 1996, S. 1323 (1326).
106 GA *H. Mayras*, Schlußantr. zu EuGH, Rs. 31/77 R und 53/77 R, Slg. 1977, 921 (928, 934 ff.) (Kommission/Großbritannien); vgl. auch *P. Karpenstein/U. Karpenstein*, in: Grabitz/Hilf, EU, Art. 226, Rn. 77, der dem EuGH im Ergebnis (Rn. 79) aber folgt.
107 *P. Karpenstein/U. Karpenstein*, in: Grabitz/Hilf, EU, Art. 226, Rn. 79; *H. Krück*, in: GTE, EU-/EGV, Art. 169, Rn. 50; vgl. auch *R. Wainwright*, Urteilsanmerkung zu den Verb. Rs. 31/77 R und 53/77 R, ELRev. 1977, S. 349 (352 f.).
108 GA *G. Reischl*, Schlußantr. zu EuGH, Rs. 61/77 R, Slg. 1977, 937 (952, 953) (Kommission/Irland); ihm folgend *H.-W. Daig*, in: GBTE, EWGV, 3. Aufl., 1983, Art. 185 und 186, Rn. 11 mit Fn. 12.
109 Vgl. EuGH, Verb. Rs. 24 und 97/80 R, Slg. 1980, 1319, Rn. 19 (Kommission/ Frankreich).

men Markt im Hauptprüfverfahren[110] durch eine Entscheidung, in der die Kommission dem betreffenden Mitgliedstaat die Aufhebung oder Umgestaltung der betreffenden Beihilfe innerhalb einer bestimmten Frist verbindlich vorschreibt. Kommt der Mitgliedstaat dieser Entscheidung innerhalb der festgesetzten Fristen nicht nach, so kann die Kommission (und die anderen Mitgliedstaaten) den EuGH gem. Art. 88 Abs. 2 UAbs. 2 ohne weiteres Vorverfahren anrufen.[111]

Spezielle Vertragsverletzungsklagen sind zudem in **Art. 95 Abs. 9** sowie **Art. 298 Abs. 2** vorgesehen. Mißbraucht ein Mitgliedstaat seine Befugnis, gegenüber Harmonisierungsmaßnahmen im Bereich des Binnenmarkts Bestimmungen mit einem höheren Schutzniveau anzuwenden, oder macht er von den Ausnahmebefugnissen der Art. 296 oder 297 in mißbräuchlicher Weise Gebrauch, kann die Kommission (und jeder Mitgliedstaat) den Gerichtshof ebenfalls ohne weiteres Vorverfahren anrufen. Bei Art. 298 Abs. 2 entscheidet der EuGH unter Ausschluß der Öffentlichkeit.

G. Pflicht der Kommission zur Verfahrenseinleitung und zur Klageerhebung

I. Pflicht zur Verfahrenseinleitung

Der Wortlaut des Art. 226 (und des Art. 211 1. Spiegelstrich) legt nahe, daß die Kommission gegen jedes mitgliedstaatliche Verhalten, welches nach ihrer Auffassung einen Vertragsverstoß darstellt, ein Vertragsverletzungsverfahren einleiten muß. Trotzdem ist in der Literatur umstritten, ob eine solche Pflicht der Kommission besteht. Einig ist man sich mit dem EuGH nur insoweit, als der Kommission bezüglich des Zeitpunkts der Verfahrenseinleitung ein Beurteilungsspielraum einzuräumen ist.[112]

Einige sehen die Kommission bei Vertragsverstößen der Mitgliedstaaten stets verpflichtet, ein Vertragsverletzungsverfahren einzuleiten.[113] Andere wollen eine Ausnahme von der Pflicht für Bagatellfälle und grundlegende institutionelle Konflikte zulassen,[114] und schließlich wird eine Pflicht (angesichts der Vielzahl von Bagatellfällen) generell verneint.[115] Die Rspr. des EuGH bezüglich der Pflicht zur Verfahrenseinleitung war zunächst[116] nicht frei von Unklarheiten. Mittlerweile haben EuGH und EuG jedoch

---

110 Vgl. zum Begriff und zu Einzelheiten Art. 88, Rn. 13 ff.
111 Vgl. zu Einzelheiten *H. Krück,* in: GTE, EU-/EGV, Art. 169, Rn. 68 ff.; vgl. zu einem einschlägigen Urteil EuGH, Rs. C-5/89, Slg. 1990, I-3437 (Kommission/Deutschland).
112 Nachweise zur Rspr. oben in Fn. 87; *H. Krück,* in: GTE, EU-/EGV, Art. 169, Rn. 65.
113 *Ortlepp* (Fn. 77), S. 76; *Däubler* (Fn. 30), S. 329; *Mertens de Wilmars/Veroughstraete* (Fn. 73), S. 403; sogar bzgl. der Klageerhebung eine Pflicht bejahend: *L. J. Constantinesco,* Das Recht der Europäischen Gemeinschaften I, 1977, S. 887; *E. Wohlfarth,* in: Wohlfarth/Everling/Glaesner/Sprung, EWG, 1960, Art. 169, Rn. 3.
114 *H.-W. Daig,* in: GBTE, EWGV, 3. Aufl., 1983, Art. 169, Rn. 53; *H. Krück,* in: GTE, EU-/EGV, Art. 169, Rn. 66; ähnlich *P. Karpenstein/U. Karpenstein,* in: Grabitz/Hilf, EU, Art. 226, Rn. 43; *T. Oppermann/W. Hiermaier,* Zur Einführung: Das Rechtsschutzsystem des EWG-Vertrags, JuS 1980, S. 782 (785), wonach die Rechtsdurchsetzung sorgsam abgewogen werden muß.
115 *Rengeling/Middeke/Gellermann,* Rechtsschutz in der EU, Rn. 88.
116 Vgl. EuGH, Rs. 247/87, Slg. 1989, 291, Rn. 11 f. (Star Fruit/Kommission); Rs. C-87/89, Slg. 1990, I-2005, Rn. 6 f. (Sonito u.a./Kommission).

unmißverständlich klargestellt, daß sie eine **Pflicht der Kommission zur Verfahrenseinleitung ablehnen;**[117] sie habe (auch) insoweit ein Ermessen.[118]

42 Trotz des Wortlauts von Art. 226 ist eine generelle Pflicht zur Verfahrenseinleitung angesichts der begrenzten Ressourcen der Kommission und der notwendigen Prioritätensetzung bereits aus praktischen Gründen sowie wegen der auch im Gemeinschaftsinteresse liegenden Berücksichtigungen des politischen Gesamtkontextes zu verneinen. Der Kommission ist in Übereinstimmung mit dem EuGH ein **Ermessensspielraum** einzuräumen. Das Ermessen der Kommission ist aber kein unbeschränktes, sondern kann sich im Einzelfall zu einer Rechtspflicht verdichten.[119] Gibt es keinerlei Gründe (z.b. bei schwerwiegenden und evidenten Verstößen), das Verfahren nicht einzuleiten, ist die Kommission dazu verpflichtet.

II. Pflicht zur Klageerhebung

43 Eine Pflicht der Kommission zur Klageerhebung wird heute ganz überwiegend abgelehnt.[120] Zwar folgt bereits aus dem Wort »kann« in Art. 226 Abs. 2 ein (noch weitergehendes) **Ermessen** der Kommission als bei der Verfahrenseinleitung; entgegen der h.M. ist auch dieses **nicht schrankenlos** gewährleistet und kann sich im Einzelfall[121] zu einer Rechtspflicht verdichten.[122]

H. Rechte des Einzelnen auf Verfahrenseinleitung und Klageerhebung

44 Ein **einklagbares Recht** auf Verfahrenseinleitung oder Klageerhebung nach Art. 232 Abs. 3 oder Art. 230 Abs. 4 **steht dem Einzelnen nicht zu.**[123] Den Mitgliedstaaten steht ein solches Recht wegen der Existenz von Art. 227 aus Spezialitätsgesichtspunkten ebenfalls nicht zu.[124] Ob Rat und Parlament nach Art. 232 klagebefugt sind, ist angesichts deren geringen Interesses an einer Klageerhebung kaum von praktischer Bedeutung.[125]

---

117 EuGH, Rs. C-72/90, Slg. 1990, I-2181, Rn. 13 (Asia Motor France/Kommission); EuG, Rs. T-47/96, Slg. 1996, II-1559, Rn. 42 (SDDDA/Kommission); vgl. auch schon Rs. 48/65, Slg. 1966, 27, 39 (Lütticke u.a./Kommission), wo von einer Ermächtigung, nicht aber Pflicht der Kommission zur Verfahrenseinleitung gesprochen wird.
118 So ausdrücklich EuG, Rs. T-47/96, Slg. 1996, II-1559, Rn. 42 (SDDDA/Kommission).
119 So auch *Nicolaysen*, Europarecht I, S. 238.
120 EuGH, Rs. 247/87, Slg. 1989, 291, Rn. 12 (Star Fruit/Kommission); Rs. C-87/89, Slg. 1990, I-2005, Rn. 7 (Sonito u.a./Kommission); *Rengeling/Middeke/Gellermann*, Rechtsschutz in der EU, Rn. 88; *H. A. H. Audretsch* (Fn. 9), S. 57; *Martens de Wilmars/Veroughstraete* (Fn. 73), S. 403; a.A. noch *Wohlfarth* (Fn. 113), Art. 169, Rn. 3; *Constantinesco* (Fn. 113), S. 887.
121 Bei schwerwiegenden und evidenten Verstößen.
122 So auch *K. D. Borchardt*, in: Dauses (Hrsg.), Hb.EGWirtR, P I, Rn. 26; wohl auch *Nicolaysen*, Europarecht I, S. 238.
123 EuGH, Rs. 247/87, Slg. 1989, 291, Rn. 11 ff. (Star Fruit/Kommission); EuG, Rs. T-47/96, Slg. 1996, II-1559, Rn. 41 (SDDDA/Kommission); EuGH, Rs. C-196/97 P, Slg. 1998, I-199, Rn. 12 (Intertronic/Kommission); *Ortlepp* (Fn. 77), S. 75 f.; *Rengeling/Middeke/Gellermann*, Rechtsschutz in der EU, Rn. 88; *H. Krück*, in: GTE, EU-/EGV, Art. 169, Rn. 67; vgl. zur Position der Kommission EuGH, Rs. 9/75, Slg. 1975, 1171, 1176 (Meyer-Burckhardt/Kommission).
124 *Ehlermann* (Fn. 71), S. 138; *Däubler* (Fn. 30), S. 330; a.A. *Ortlepp* (Fn. 77), S. 84.
125 Vgl. dazu *Ortlepp* (Fn. 77), S. 83 f.

Anhang zu Art. 226: Formblatt für Beschwerden bei der Kommission[126]
Zwecks angemessener Unterrichtung der Beschwerdeführer veröffentlicht die Kommission nachstehendes Formblatt für die Beschwerden, die bei der Kommission wegen Nichteinhaltung der Rechtsvorschriften der Gemeinschaft eingelegt werden.

Beschwerde bei der Kommission der EG wegen Nichteinhaltung der Rechtsvorschriften der Gemeinschaft (89/C 26/07)

Name der sich beschwerenden Person/Firma (Die Kommission verpflichtet sich, den Grundsatz der Vertraulichkeit bei der Bearbeitung dieses Falles zu wahren):
Staatsangehörigkeit: ....
Anschrift oder Firmensitz: ....
Tätigkeitsbereich: ....

Mitgliedstaat, Betrieb oder Einrichtung, der bzw. die die Rechtsvorschriften der Gemeinschaft nicht eingehalten hat: ....

Beanstandete Tatsache und eventuell sich daraus ergebende Nachteile: ....
Bei nationalen oder gemeinschaftlichen Stellen bereits unternommene Schritte: ....
behördliche Schritte: ....
etwaige gerichtliche Schritte: ....

Unterlagen und Beweisstücke zur Begründung der Beschwerde: ....

(Anmerkungen)
Die Kommission der EG ist als Hüterin der Verträge verpflichtet, für die korrekte Anwendung der Verträge und der von den Gemeinschaftsorganen erlassenen Rechtsakte zu sorgen.

Jede natürliche oder juristische Person kann wegen Praktiken oder Maßnahmen, die ihres Erachtens einer Gemeinschaftsvorschrift zuwiderlaufen, bei der Kommission Beschwerde einlegen.

Die Beschwerde kann mittels dieses Formulars eingereicht und entweder direkt an die Kommission in Brüssel (Kommission der Europäischen Gemeinschaften, Rue de la Loi 200, B-1049 Brüssel) gerichtet oder in einem Presse- und Informationsbüro der Kommission abgegeben werden.

Für den Beschwerdeführer sind folgende Verfahrensgarantien vorgesehen:

Unmittelbar nach Eingang der Beschwerde wird ihm eine Empfangsbestätigung zugesandt.

Der Beschwerdeführer wird über den weiteren Verlauf des Verfahrens unterrichtet, insbes. über die bei den betreffenden nationalen Behörden und Unternehmen unternommenen Schritte.

Der Beschwerdeführer wird von jedem Verstoßverfahren, das die Kommission aufgrund der Beschwerde gegen einen Mitgliedstaat einleitet, sowie von den Verfahren, die sie gegen ein Unternehmen einleitet, in Kenntnis gesetzt. Ggf. wird er auch über jene Verfahren unterrichtet, die im Zusammenhang mit dem Grund der Beschwerde bereits eingeleitet worden sind.

---

[126] ABl. 1989 Nr. C 26/6.

… Art. 227 (ex-Art. 170)

Jeder Mitgliedstaat kann den Gerichtshof anrufen, wenn er der Auffassung ist, daß ein anderer Mitgliedstaat gegen eine Verpflichtung aus diesem Vertrag verstoßen hat.

Bevor ein Mitgliedstaat wegen einer angeblichen Verletzung der Verpflichtungen aus diesem Vertrag gegen einen anderen Staat Klage erhebt, muß er die Kommission damit befassen.

Die Kommission erläßt eine mit Gründen versehene Stellungnahme; sie gibt den beteiligten Staaten zuvor Gelegenheit zu schriftlicher und mündlicher Äußerung in einem kontradiktorischen Verfahren.

Gibt die Kommission binnen drei Monaten nach dem Zeitpunkt, in dem ein entsprechender Antrag gestellt wurde, keine Stellungnahme ab, so kann ungeachtet des Fehlens der Stellungnahme vor dem Gerichtshof geklagt werden.

Inhaltsübersicht:
I. Allgemeines 1
II. Verfahrensablauf 2
III. Das Verhältnis der Klagen gem. Art. 226 und Art. 227 4

I. Allgemeines

1 Art. 227 räumt auch den Mitgliedstaaten die Möglichkeit ein, gegen einen anderen Mitgliedstaat eine Vertragsverletzungsklage vor dem EuGH zu erheben. Von dieser Möglichkeit wird in der Praxis aber nahezu kein Gebrauch gemacht.[1] Die Vertragsverletzungsverfahren nach Art. 226 und Art. 227 gleichen sich in wesentlichen Punkten. Im folgenden werden nur einige Besonderheiten des Verfahrens gem. Art. 227 dargestellt.

II. Verfahrensablauf

2 Nach Art. 227 liegt die Initiative zur Einleitung des Vertragsverletzungsverfahrens bei einem Mitgliedstaat. Dabei muß der Mitgliedstaat vor Klageerhebung zunächst die Kommission mit dem behaupteten Vertragsverstoß befassen. Die Kommission gibt den beteiligten Mitgliedstaaten neben der schriftlichen Anhörung auch Gelegenheit zur mündlichen Äußerung in einem kontradiktorischen Verfahren. Erst nach Abgabe einer daran anschließenden mit Gründen versehenen Stellungnahme der Kommission oder wenn die Kommission nicht binnen drei Monaten nach Befassung eine Stellungnahme abgegeben hat, kann der Mitgliedstaat den EuGH anrufen. Dabei geht die herrschende Meinung davon aus, daß der Mitgliedstaat allenfalls bis zum Ablauf der Dreimonatsfrist ab Befassung der Kommission mit seiner Klage warten muß, nicht bis zum Ablauf einer etwaig späteren in der Stellungnahme der Kommission gesetzten Abhilfepflicht.[2] Das

---

1 Soweit ersichtlich hat der Gerichtshof erst zweimal im Verfahren nach Art. 227 entschieden, EuGH, Rs. 141/78, Slg. 1979, 2923 (Frankreich/Vereinigtes Königreich); Rs. C-388/95, Slg. 2000, I-3123 (Belgien/Spanien). Vgl. auch zu den Hintergründen der geringen praktischen Relevanz des Art. 227 P: Karpenstein/U. Karpenstein, in: Grabitz/Hilf, Art. 227, Rn. 6 f.; H. Krück, in: GTE, EU-/EGV, Art. 170, Rn. 6.
2 P. Karpenstein/U. Karpenstein, in: Grabitz/Hilf, Art. 227, Rn. 14; H. Krück, in: GTE, EU-/EGV, Art. 170, Rn. 17; J. Schwarze, in: Schwarze, EU-Kommentar, Art. 227, Rn. 6; a.A. K. Hailbronner, in: HK-EUV, Art. 170, Rn. 4.

Klagerecht besteht unabhängig von der Auffassung der Kommission über das Vorliegen eines Vertragsverstoßes. Anders als die Kommission sind die Mitgliedstaaten in keinem Fall verpflichtet, das Vertragsverletzungsverfahren einzuleiten oder gar eine Klage zum Gerichtshof zu erheben.[3]

Der rechtlich zulässige Inhalt der mit Gründen versehenen Stellungnahme ist auf solche Verhaltensweisen des beschuldigten Mitgliedstaats begrenzt, mit denen der anschuldigende Staat die Kommission befaßt hat. Will die Kommission die Vorwürfe in tatsächlicher oder rechtlicher Hinsicht erweitern, muß sie selbst ein Verfahren nach Art. 226 EGV einleiten. Andererseits wird das Klagerecht des beschuldigenden Mitgliedstaats durch eine rechtlich fehlerhafte, mit Gründen versehene Stellungnahme der Kommission nicht behindert. Ist die Klage nach Ablauf der Dreimonatsfrist gem. Abs. 4 nämlich auch ohne Stellungnahme der Kommission zulässig, so muß sie erst recht zulässig sein, wenn eine solche Stellungnahme vorliegt, aber Rechtsfehler enthält.[4]

III. Das Verhältnis der Klagen gem. Art. 226 und Art. 227

Die Verfahren nach Art. 226 EGV und Art. 227 EGV stehen selbständig nebeneinander. So ist die Kommission bei Einleitung eines Verfahrens nach Art. 227 EGV nicht gehindert, wegen des gleichen Verstoßes nach Art. 226 EGV vorzugehen. Dies entbindet sie jedoch nicht von der Verpflichtung, die einzelnen, in Art. 226 EGV vorgeschriebenen Verfahrensschritte vollständig durchzuführen.[5]

---

3 *H. Krück*, in: GTE, EU-/EGV, Art. 170, Rn 1.
4 So auch *H. Krück*, in: GTE, EU-/EGV, Art. 170, Rn. 11.
5 Vgl. auch *H. Krück*, in: GTE, EU-/EGV, Art. 170, Rn. 22.

Art. 228 (ex-Art. 171)

(1) Stellt der Gerichtshof fest, daß ein Mitgliedstaat gegen eine Verpflichtung aus diesem Vertrag verstoßen hat, so hat dieser Staat die Maßnahmen zu ergreifen, die sich aus dem Urteil des Gerichtshofes ergeben[1 ff.].

(2) Hat nach Auffassung der Kommission der betreffende Mitgliedstaat diese Maßnahmen nicht ergriffen, so gibt sie, nachdem sie ihm Gelegenheit zur Äußerung gegeben hat, eine mit Gründen versehene Stellungnahme ab, in der sie aufführt, in welchen Punkten der betreffende Mitgliedstaat dem Urteil des Gerichtshofs nicht nachgekommen ist[8].

Hat der betreffende Mitgliedstaat die Maßnahmen, die sich aus dem Urteil des Gerichtshofs ergeben, nicht innerhalb der von der Kommission gesetzten Frist getroffen, so kann die Kommission den Gerichtshof anrufen[8]. Hierbei benennt sie die Höhe des von dem betreffenden Mitgliedstaat zu zahlenden Pauschalbetrags oder Zwangsgelds, die sie den Umständen nach für angemessen hält[9 ff.].

Stellt der Gerichtshof fest, daß der betreffende Mitgliedstaat seinem Urteil nicht nachgekommen ist, so kann er die Zahlung eines Pauschalbetrages oder Zwangsgeldes verhängen[9 ff.].

Dieses Verfahren läßt den Art. 227 unberührt.

Inhaltsübersicht:

I. Klagestattgebendes Urteil	1
1. Rechtsnatur des Urteils	1
2. Rechtswirkung des Urteils	3
II. Klageabweisendes Urteil	7
III. Vertragsverletzungsverfahren wegen Nichtausführung eines klagestattgebenden Urteils und Sanktionen	8

I. Klagestattgebendes Urteil

1. Rechtsnatur des Urteils

1 Bei zulässigen und begründeten Vertragsverletzungsklagen nach den Art. 226 oder 227 stellt der EuGH gem. Art. 228 fest, daß der beklagte Mitgliedstaat gegen eine Verpflichtung aus dem Gemeinschaftsrecht verstoßen hat. Das Urteil ist als **Feststellungsurteil** weder ein Vollstreckungstitel, noch gestaltet es die Rechtslage. Der betreffende Mitgliedstaat ist verpflichtet, den Vertragsverstoß abzustellen, der Gerichtshof darf die vertragswidrige Maßnahme aber weder aufheben noch gegenüber dem vertragsbrüchigen Mitgliedstaat die Verpflichtung aussprechen, den Verstoß zu beseitigen.[1] Dem Gerichts-

---

[1] *H. Krück*, in: GTE, EU-/EGV, Art. 171, Rn. 1; *C Koenig/C. Sander*, Einführung in das EG-Prozeßrecht, 1997, Rn. 207; *K. D. Borchardt*, in: Lenz, EGV, Art. 228, Rn. 3; *D. de Bellescize*, L'article 169 du Traité de Rome et l'efficacité du contrôle communautaire sur les manquements des Etats membres, R.T.D.E. 1977, S. 173 (200); a.A. bzgl. der Befugnis, gegenüber den Mitgliedstaaten eine Beseitigungsverpflichtung auszusprechen: *E. Wohlfarth*, in: Wohlfarth/Everling/Gläsner/Sprung, EWGV, 1960, Art. 171, Rn. 2; vgl. zum EGKSV auch EuGH, Rs. 6/60, Slg. 1960, 1163, 1184 (Humblet/Belgien).

hof ist es dagegen nicht verwehrt, in den Urteilsgründen Hinweise zu geben, wie der Vertragsverstoß beseitigt werden kann.²

Nach den Art. 226 und 227 können auch die **vertragswidrigen Folgen** eines Vertragsverstoßes zum Verfahrensgegenstand gemacht werden. Das Urteil des Gerichtshofs ist dann zwar ebenfalls auf die Feststellung einer Vertragsverletzung beschränkt, aber die daraus resultierende Verpflichtung legt den Mitgliedstaat auf eine ganz konkrete Handlungsweise fest. Ein solcher Antrag ist aber nur sinnvoll und erfolgversprechend, wenn das vertragswidrige Verhalten in einem **bestimmten Unterlassen** besteht. Die Kommission verfolgt diese Praxis im Beihilfeverfahren, indem sie beantragt, die Gemeinschaftswidrigkeit der Nichtrückforderung gemeinschaftsrechtswidriger Beihilfen seitens eines Mitgliedstaats festzustellen.³ 2

2. Rechtswirkung des Urteils

Aus der Feststellung eines Vertragsverstoßes folgt für den verurteilten Mitgliedstaat gem. Art. 228 Abs. 1 die **Pflicht, den Verstoß zu beenden**. Diese Pflicht trifft sämtliche Organe des verurteilten Staates.⁴ Die Pflicht kann – anders als der Wortlaut des Art. 228 nahelegt – nicht nur in einer Handlungspflicht (Änderungs- oder Ausführungspflicht), sondern auch in einer Unterlassenspflicht (z.b. Unterlassen eines Verwaltungsakts) bestehen. 3

Die an der Gesetzgebung beteiligten Stellen müssen entsprechend dem Urteilstenor für mit dem Gemeinschaftsrecht unvereinbar erklärte Normen abändern, annullieren oder notwendige Rechtsnormen verabschieden,⁵ und für Behörden gilt das Gebot, eine für gemeinschaftsrechtswidrig erklärte Praxis abzuändern bzw. eine für mit dem Gemeinschaftsrecht unvereinbar erklärte nationale Norm nicht (mehr) anzuwenden.⁶ Schließlich haben auch die nationalen Gerichte die Pflicht, bei Wahrnehmung ihrer Aufgaben die Beachtung des Urteils sicherzustellen.⁷ 4

Eine **Frist**, innerhalb derer der verurteilte Mitgliedstaat den gemeinschaftswidrigen Zustand zu beseitigen hat, nennt Art. 228 nicht. Es besteht aber Einigkeit, daß die erforderlichen Maßnahmen nach dem Urteil unverzüglich einzuleiten und innerhalb kürzestmöglicher Frist abzuschließen sind.⁸ Die Pflicht zur Nichtanwendung gemeinschaftsrechtswidriger Normen entsteht sofort, d.h. mit dem Erlaß des Urteils. 5

---

2 *P. Karpenstein/U. Karpenstein*, in: Grabitz/Hilf, EU, Art. 228, Rn. 6; *H. Krück*, in: GTE, EU-/EGV, Art. 171, Rn. 1.
3 Vgl. zu Einzelheiten *P. Karpenstein/U. Karpenstein*, in: Grabitz/Hilf, EU, Art. 228, Rn. 7 und Art. 226, Rn. 28 ff.
4 EuGH, Verb. Rs. 314–316/81 und 83/82, Slg. 1982, 4337, Rn. 14 (Procureur de la République/Waterkeyn).
5 EuGH, Verb. Rs. 314–316/81 und 83/82, Slg. 1982, 4337, Rn. 14 (Procureur de la République/Waterkeyn); *H. Krück*, in: GTE, EU-/EGV, Art. 171, Rn. 4.
6 EuGH, Rs. 48/71, Slg. 1972, 529, Rn. 5/10 (Kommission/Frankreich); Verb. Rs. 24 und 97/80 R, Slg. 1980, 1319, Rn. 16; *H. Krück*, in: GTE, EU-/EGV, Art. 171, Rn. 4.
7 EuGH, Verb. Rs. 314–316/81 und 83/82, Slg. 1982, 4337, Rn. 14 (Procureur de la République/Waterkeyn); *P. Karpenstein/U. Karpenstein*, in: Grabitz/Hilf, EU, Art. 228, Rn. 9 f.; *H. Krück*, in: GTE, EU-EGV, Art. 171, Rn. 5.
8 EuGH, Rs. C-387/97, EuR 2000, 768, Rn. 82 (Kommission/Griechenland); Rs. C-328/90, Slg. 1992, I-425, Rn. 6 (Kommission/Griechenland); Rs. 169/87, Slg. 1988, 4093, Rn. 14 (Kommission/Frankreich); Verb. Rs. 227–230/85, Slg. 1988, 1, Rn. 11 (Kommission/Belgien); Rs. 131/84, Slg. 1985, 3531, Rn. 7 (Kommission/Italien); *P. Karpenstein/U. Karpenstein*, in: Grabitz/Hilf, EU, Art. 228, Rn. 10; *H. Krück*, in: GTE, EU-/EGV, Art. 171, Rn. 3.

6 Die bislang skizzierten Pflichten der Mitgliedstaaten aus einem klagestattgebenden Urteil betreffen ex-nunc-Wirkungen der Pflicht aus Art. 228 Abs. 1. Teils wird aus Art. 228 Abs. 1 (»Hat dieser Staat, die Maßnahmen zu ergreifen, die sich aus dem Urteil des Gerichtshofs ergeben«) zudem die Pflicht abgeleitet, die durch den Verstoß ausgelösten Folgen zu beseitigen.[9] Die Ableitung eines solchen selbständigen **Entschädigungs- bzw. Folgenbeseitigungsanspruches** ist mit der h.M. in der Literatur abzulehnen.[10] Auch der EuGH hat die mitgliedstaatliche Haftung für Vertragsverletzungen nicht auf Art. 228 EGV gestützt,[11] obwohl gerade im Urteil Francovich[12] Italien in einem vorausgegangenen Urteil[13] bereits wegen Nichtumsetzung der in Frage stehenden Richtlinie verurteilt worden war. Schadensersatzansprüche gegenüber den Mitgliedstaaten gründen sich mithin nicht auf Art. 228 Abs. 1 und hängen somit auch nicht von einer Verurteilung nach Maßgabe der Art. 226 und 227 ab.[14]

II. Klageabweisendes Urteil

7 Bei klageabweisenden Urteilen ist bezüglich einer erneuten Befassung des Gerichtshofs mit demselben Streitgegenstand (Klageantrag und Klagegrund) zwischen unzulässigen und unbegründeten Klagen zu unterscheiden. Bei Klageabweisung wegen Unzulässigkeit gilt zumindest für den häufigsten Fall einer Unzulässigkeit wegen Mängeln im Vorverfahren, daß der Zulässigkeit einer nochmaligen Anrufung des EuGH nach Durchführung eines erneuten und korrekten Vorverfahrens nichts im Wege steht. Bei Unbegründetheit der Klage ist eine erneute Anrufung des Gerichtshofs wegen desselben Streitgegenstandes nach den Art. 226 und 227 dagegen nur nach Maßgabe des in Art. 41 EuGH-Satzung geregelten Wiederaufnahmeverfahrens möglich.[15]

III. Vertragsverletzungsverfahren wegen Nichtausführung eines klagestattgebenden Urteils und Sanktionen

8 Obwohl die aus einem klagestattgebenden Urteil des EuGH resultierenden Verpflichtungen nicht zwangsweise durchzusetzen sind, waren Urteile, die über einen längeren Zeitraum unausgeführt blieben, bis zu Beginn der achtziger Jahre die seltene Ausnahme. Seitdem ist die Zahl der nicht umgesetzten Urteile von zwei im Jahre 1980 über 30 (1983) auf 86 im Jahre 1990 geklettert. Auf etwa diesem Niveau hat sie sich seitdem stabilisiert. Zu Beginn des Jahres 1997 betrug die Zahl der nicht befolgten Ersturteile 93,[16]

---

9 *E. Millarg*, Anm. zum Urteil des Gerichtshofs in der Rs. 39/72, EuR 1973, 231 (237 f.); *H.-J. Prieß*, Die Haftung der EG-Mitgliedstaaten bei Verstößen gegen das Gemeinschaftsrecht, NVwZ 1993, S. 118 (119 f.); weitere Nachweise bei *P. Karpenstein*, Zur Verpflichtung von Vertragsverstößen der Mitgliedstaaten gegen das Gemeinschaftsrecht, DVBl. 1977, S. 61 (66), mit Fn. 38–42; vgl. zum EGKSV auch EuGH, Rs. 6/60, Slg. 1960, 1163, 1185 f. (Humblet/Belgien).
10 Vgl. auch zu den Gründen und m.w.N.: *P. Karpenstein/U. Karpenstein*, in: Grabitz/Hilf, EU, Art. 228, Rn. 15.
11 Vgl. zu den Begründungselementen des EuGH, Art. 288 Rn. 28 ff.
12 EuGH, Verb. Rs. C-6 und 9/90, Slg. 1991, 5357 (Francovich u.a./Italien).
13 EuGH, Rs. 22/87, Slg. 1989, (Kommission/Italien).
14 So auch ausdrücklich EuGH, Verb. Rs. C-6 und 9/90, Slg. 1991, 5357, Rn. 28–41 (Francovich u.a./Italien).
15 So auch *H. Krück*, in: GTE, EU-/EGV, Art. 171, Rn. 2; *C. Koenig/C. Sander* (Fn. 1), Rn. 208; vgl. ausführlicher zum Wiederaufnahmeverfahren *K. Wolf* in: GTE, EU-/EGV, Art. 41 Satzung des Europäischen Gerichtshofs, Rn. 1 f.
16 Vgl. Agence Europe vom 1.2.1997. Vgl. zu einzelnen, nicht beachteten Urteilen: *B. C. Ortlepp*, Das Vertragsverletzungsverfahren als Instrument zur Sicherung der Legalität im europäischen Gemeinschaftsrecht, 1987, S. 23 ff.

Ende des Jahres 1998 waren es 84.[17] Um der Nichtbeachtung von Urteilen des Gerichtshofs entgegenzuwirken, hat die Kommission zunehmend von der Möglichkeit Gebrauch gemacht, wegen der Verletzung der Pflicht aus Art. 228 Abs. 1 ein zweites Vertragsverletzungsverfahren nach Art. 226 einzuleiten. Die daraufhin ergangenen Zweiturteile konnten allerdings auch nur feststellen, daß der Mitgliedstaat dadurch gegen seine Verpflichtung aus Art. 228 Abs. 1 verstoßen habe, daß er seiner Pflicht zur Beseitigung des bereits festgestellten Vertragsverstoßes nicht nachgekommen sei.[18]

Der durch den Maastrichter Vertrag neu eingefügte Abs. 2 eröffnet dem EuGH nunmehr die Möglichkeit, nicht mehr nur die Nichtbefolgung des ersten Urteils festzustellen, sondern gegen den betreffenden Mitgliedstaat auch die **Zahlung eines Pauschalbetrags oder Zwangsgelds**[19] zu verhängen (sog. »Follow-up-Verfahren«).[20] Einem solchen Urteil des EuGH und der Klageerhebung der Kommission muß aber das in Art. 228 Abs. 2 niedergelegte Verfahren vorausgehen, das im wesentlichen dem Verfahren nach Art. 226 entspricht. Dabei muß die Kommission im ersten Mahnschreiben und in der mit Gründen versehenen Stellungnahme verdeutlichen, ob sie das aus dem ersten Verfahren ergangene Urteil insgesamt oder nur partiell für unausgeführt hält. Auch die Mitgliedstaaten können zwar wegen Nichtbeachtung der Pflicht aus Art. 228 Abs. 1 das Vertragsverletzungsverfahren nach Art. 227 anstrengen, in einem daraufhin ergehenden Feststellungsurteil dürfen aber keine Sanktionen verhängt werden.

9

Die Kriterien, an denen sie sich bei der Beantragung finanzieller Sanktionen durch den EuGH orientiert, hat die Kommission im August 1996 bekanntgegeben[21] und Einzelheiten ihrer Berechnungsmethode im Januar 1997 verabschiedet.[22] Von den beiden in Art. 228 Abs. 2 UAbs. 2 und 3 vorgesehenen Sanktionsmöglichkeiten (Pauschalbetrag oder Zwangsgeld) favorisiert die Kommission das Zwangsgeld, wenn sie auch nicht ausschließt, im Einzelfall die Zahlung eines Pauschalbetrages zu beantragen.[23] Dabei setzt sich das Zwangsgeld aus der Summe der Tagessätze zusammen, »die ein Mitgliedstaat zu zahlen hat, wenn er einem Urteil des Gerichtshofs nicht nachkommt, und zwar gerechnet ab dem Tag, an dem das zweite Urteil des Gerichtshofs dem betreffenden Mitgliedstaat zur Kenntnis gebracht wird, bis zur Beendigung des Verstoßes«. Die Höhe des Zwangsgeldes soll sich an drei Kriterien orientieren, nämlich der Schwere des Verstoßes, seiner Dauer und der zu seiner Verhinderung eines erneuten Verstoßes erforderlichen Abschreckungswirkung.[24] Zugrunde gelegt wird der Berechnung eine einheitliche Basispauschale je Tag von 500 ECU. Je nach Schwere des Verstoßes wird die Pauschale mit mindestens 1 und höchstens 20 multipliziert und je nach Dauer des Verstoßes zusätzlich mit mindestens 1 und höchstens 3 multipliziert. Im Hinblick auf die Angemessenheit und Abschreckungswirkung des Zwangsgeldes wird zudem die auf dem Bruttoinlandsprodukt (BIP) beruhende Zahlungsfähigkeit und die Stimmenzahl des jeweiligen Mit-

10

---

17 16. Jahresbericht der Kommission über die Anwendung des Gemeinschaftsrechts 1998, ABl.EG 1999 Nr. C 354/1. *S. Heidig,* Die Verhängung von Zwangsgeldern nach Art. 228 Abs. 1 EGV, EuR 2000, S. 782 (791) sieht die Nichtbeachtung von Vertragsverletzungsurteilen demgegenüber in Folge von Art. 228 Abs. 2 schon wieder als Ausnahme.
18 Vgl. z.B. EuGH, Rs. 281/83, Slg. 1985, 3397 (Kommission/Italien); Verb. Rs. 24 und 97/80 R, Slg. 1980, 1319 (Kommission/Frankreich); Rs. 391/85, Slg. 1988, 579 (Kommission/Belgien).
19 Vgl. zur umstrittenen Vollstreckbarkeit eines Urteils, welches die Zahlung eines Zwangsgelds oder eines Pauschalbetrags anordnet, Art. 244, Rn. 1.
20 Ausführlich zum Ganzen *S. Heidig,* Die Verhängung von Zwangsgeldern und Pauschalbeträgen gegen die Mitgliedstaaten des EG: Das Sanktionsverfahren nach Art. 228 Abs.2 EGV, 2001.
21 Vgl. ABl.EG 1996 Nr. C 242/6.
22 Vgl. ABl.EG 1997 Nr. C 63/2.
23 ABl.EG 1996 Nr. C 242/6; ABl.EG 1997 Nr. C 63/2.
24 ABl.EG 1996 Nr. C 242/6; ABl.EG 1997 Nr. C 63/2.

Art. 228 EG-Vertrag

gliedstaats im Rat berücksichtigt. Daraus ergibt sich ein für jeden Mitgliedstaat unveränderlicher Faktor, der zwischen 1,0 für Luxemburg und 26,4 für Deutschland schwankt.[25] Die konkrete **Höhe des Tageszwangsgeldes** ergibt sich folglich aus der Multiplikation der Basispauschale mit den Koeffizienten für die Schwere und Dauer des Verstoßes sowie dem unveränderlichen Faktor des betroffenen Mitgliedstaates. Danach reicht die Höhe des Tageszwangsgeldes von minimal 500 ECU für Luxemburg bis maximal 791 293 ECU für Deutschland.

11 Die von der Kommission unterbreitete Berechnungsmethode erscheint im Hinblick auf die grundlegenden Kriterien schlüssig und nachvollziehbar.[26] Entsprechend den Zielsetzungen der Kommission sind die finanziellen Sanktionen nach Unterbreitung der Berechnungsmethode für die Mitgliedstaaten vorhersehbar, und die Berechnungsmethode orientiert sich – wie die Kommission hervorhebt – sowohl am Grundsatz der Verhältnismäßigkeit als auch am Grundsatz der Gleichbehandlung der Mitgliedstaaten.[27] Bedenken bestehen allerdings hinsichtlich der Berücksichtigung der Stimmenzahl eines jeden Mitgliedstaats im Rat entsprechend der Gewichtung in Art. 148.[28] Im Zusammenhang mit den oben erwähnten anhängigen Verfahren wird zudem diskutiert, ob das Kriterium der »**Dauer des Verstoßes**« bei der Bemessung der Höhe des Zwangsgeldes überhaupt Berücksichtigung finden darf. Ob die Rechtsprechung des Gerichtshofs zu Art. 229, wonach die Dauer des Verstoßes bei der Bemessung von Zwangsgeldern gegenüber Einzelnen zu berücksichtigen ist,[29] auf die Überprüfung und Festsetzung von Zwangsgeldern gem. Art. 228 Abs. 2 übertragbar ist, ist wegen des demgegenüber zweifelhaften Sühnecharakters des zu verhängenden Zwangsgeldes fraglich. Die Ausführungen der Kommission, wonach das Verfahren nach Art. 228 Abs. 2 Unterabs. 2 dazu dient, den betreffenden Mitgliedstaat zur Beendigung des Verstoßes zu veranlassen, implizieren nämlich, daß die Verhängung des Zwangsgeldes gegenüber den Mitgliedstaaten (ausschließlich) Beugecharakter haben soll.[30] Indes wird gerade bei lang andauernden Vertragsverstößen die Bereitschaft des verurteilten Mitgliedstaats zu deren Beendigung nicht sonderlich ausgeprägt sein, so daß ein u.a. aufgrund der langen Verstoßdauer verhängtes hohes Zwangsgeld zur Abstellung des Verstoßes notwendig oder zumindest förderlich sein kann. Dieser Mechanismus illustriert, daß die Berücksichtigung der Verstoßdauer auch dann sachgerecht ist, wenn man einem Zwangsgeld nach Art. 228 Abs. 2 keinen Sühne-, sondern ausschließlich Beugecharakter beimißt. Umstritten ist schließlich, ob die Auffassung der Kommission[31] zutrifft, wonach sie im Falle einer zweiten Klage nicht in jedem Fall zur Beantragung einer Sanktion verpflichtet ist.[32]

11 a Angesichts der skizzierten Zunahme von nichtbeachteten Urteilen des Gerichtshofs in den neunziger Jahren hat die Kommission bereits mehrfach das Verfahren nach Art. 228 Abs. 2 eingeleitet. Erstmals hat die Kommission im Januar 1997 in zwei Fällen ein

---

25 Für alle Mitgliedstaaten sind die Faktoren niedergelegt in ABl.EG 1997 Nr. C 63/2.
26 Vgl. zu Einzelheiten bzgl. Schwere und Dauer des Verstoßes ABl.EG 1997 Nr. C 63/2.
27 Vgl. zu diesen Zielen der Kommission ABl.EG 1997 Nr. C 63/2.
28 Vgl. S. *Hölscheidt*, Zwangsgelder wegen der Nichtbeachtung von Urteilen des EuGH, BayVBl. 1997, S. 459 (461); *Heidig* (Fn. 17) S. 788.
29 EuGH, Rs. 86/82, Slg. 1983, 883, Rn. 57 (Hasselblad/Kommission); Rs. 28/77, Slg. 1978, 1391, Rn. 71/72 (Tepea/Komnüssion); Verb. Rs. 100–103/80, Slg. 1983, 1825, Rn. 129 (Musique Diffusion Francaise/Kommission).
30 Vgl. generell zum Charakter von Zwangsgeldern: *H. Krück*, in: GTE, EU-/EGV, Art. 172, Rn. 3.
31 ABl.EG 1996 Nr. C 242/6.
32 Der Kommission zustimmend *K.D. Borchardt*, in: Hb.EGWirtR, P.I, Rn. 38a; ablehnend *A. Bonnie*, ELR 1998, S. 537 (545 f.); *H. Krück*, in: GTE, EU-/EGV, Art. 171, Rn. 10; *P. Karpenstein/U. Karpenstein*, in: Grabitz/Hilf, EU, Art. 228, Rn. 26; *J. Schwarze*, in: Schwarze, EU-Kommentar, Art.28, Rn. 8.

Zwangsgeld beim EuGH beantragt.[33] Diese Verfahren konnten wie die meisten nachfolgend eingeleiteten[34] bald eingestellt werden, weil die betroffenen Mitgliedstaaten sich nunmehr um zügige Umsetzung ihrer gem. Art. 228 Abs. 1 bestehenden Verpflichtungen bemühten[35]. Nicht zuletzt diese Reaktionen der Mitgliedstaaten zeugen von der Effektivität der durch Art. 228 Abs. 2 eröffneten Sanktionen. Am 4.7.2000 erließ der EuGH dann aber in einem Verfahren gegen Griechenland **erstmals ein Urteil** zu und in Anwendung von Art. 228 Abs. 2.[36] Die Kommission hatte ein Tageszwangsgeld von 24.600 Euro beantragt. Der Gerichtshof verurteilte Griechenland zur Zahlung eines Tageszwangsgelds in Höhe von 20.000 Euro. Dabei stellt er fest, dass er im Falle der Feststellung eines Verstoßes gegen Art. 228 Abs. 1 an den »Sanktionsantrag« und auch an den skizzierten Kriterienkatalog der Kommission nicht gebunden ist[37]. In der Tat[38] verfügt der EuGH hinsichtlich des »Ob« einer Sanktion, der Art der Sanktion und der Höhe des Zwangsgeldes oder Pauschalbetrages über einen Ermessensspielraum[39] und ist insbesondere nicht an den Antrag der Kommission gebunden[40]. Allerdings räumt der Gerichtshof ein, dass die von der Kommission aufgestellten Kriterien einen »nützlichen Bezugspunkt darstellten[41]. Sodann wird zur Höhe des Zwangsgelds eher schlagwortartig ausgeführt, es müsse den Umständen angepaßt und in Bezug auf den festgestellten Verstoß und die **Zahlungsfähigkeit** verhältnismäßig sein.[42] Dabei qualifiziert er das Abstellen auf das Bruttoinlandsprodukt des Mitgliedstaats und die Zahl seiner Stimmen im Rat auch insoweit ohne Begründung als sachgerecht, weil diesen Gesichtspunkten Aussagen über die Zahlungsfähigkeit des Mitgliedstaats zu entnehmen sind[43]. Auch akzeptiert er die weiteren von der Kommission bei ihrer Berechnung zu Grunde gelegten Kriterien (Dauer und Schwere des Verstoßes), freilich ohne selbst Spannbreiten zu beziffern oder auch nur zu den von der Kommission vorgeschlagen Größenordnungen Stellung zu beziehen.[44] So teilt der Gerichtshof auch nicht mit, wie sich das von ihm verhängte Zwangsgeld erklärt oder auch nur, warum er vom Antrag der Kommission abweicht[45].

---

33 In diesen ersten beiden Fällen (Rs. C-121/97, Nichtbeachtung des Feststellungsurteils zur Vogelschutz-Richtlinie, und Rs. C-122/97, Feststellungsurteil wegen Nichtbeachtung der Oberflächenwasserrichtlinie), hat sie im Hinblick auf die Oberflächenwasserrichtlinie ein Tageszwangsgeld von 158 400 ECU und im Hinblick auf die Vogelschutzrichtlinie ein Tageszwangsgeld von 26 400 ECU gegen Deutschland beantragt. Zu weiteren Einzelheiten und drei weiteren (einmal Deutschland, zweimal Italien) Fällen *Hölscheidt* (Fn. 28), S. 460 ff.
34 Vgl. *P. Karpenstein/U. Karpenstein*, in: Grabitz/Hilf, EU, Art. 228, Rn. 35; *J. Schwarze*, in: Schwarze, EU-Kommentar, Art. 228, Rn. 11.
35 Vgl. auch *P. Karpenstein/U. Karpenstein*, in: Grabitz/Hilf, EU, Art. 228, Rn. 35 f. Vgl. jüngst den Beschluß des Präsidenten des EuGH in der Rs. C-197/98 vom 6.10.2000 diese aus dem Register des Gerichtshofs zu streichen.
36 EuGH, Rs. C-387/97, Urt. v. 4.7.2000, EuR 2000, S. 768 ff. (Kommission/Griechenland). Dazu die Anmerkung von *U. Karpenstein*, EuZW 2000, S. 537 f.; *Heidig* (Fn. 17), S. 783 ff.
37 EuGH, Rs. C-387/97, Urt. v. 4.7.2000, EuR 2000, S. 768, Rn. 89 (Kommission/Griechenland).
38 Der Wortlaut von Abs. 2 UAbs. 3 (»verhängt«) ist unzweideutig.
39 Die allseits hervorgehobene »Weite« dieses Ermessensspielraums (vgl. die Nachweise sogleich in Fn. 40) wird allerdings im Laufe der Entscheidungspraxis (Selbstbindung) insofern enger, als auch der Gerichtshof an den gemeinschaftsrechtlichen Gleichheitssatz gebunden ist.
40 *P. Karpenstein/U. Karpenstein*, in: Grabitz/Hilf, EU, Art. 228, Rn. 31; *J. Schwarze*, in: Schwarze, EU-Kommentar, Art. 228 Rn. 10 m.w.N.
41 EuGH, Rs. C-387/97, EuR 2000, S. 768, Rn. 89 (Kommission/Griechenland).
42 Rn. 90 des Urteils.
43 Rn. 88 des Urteils.
44 Rn. 92 ff. des Urteils.
45 Mit *Heidig* (Fn. 56), S. 789, Fn. 56 ist aber anzunehmen, daß die Kürzung um 4.600 Euro auf der vom EuGH nicht festgestellten Verletzung von Art. 5 der Richtlinie 78/319 gründet.

Art. 229 EG-Vertrag

Art. 229 (ex-Art. 172)

Aufgrund dieses Vertrags vom Europäischen Parlament und vom Rat gemeinsam sowie vom Rat erlassene Verordnungen können hinsichtlich der darin vorgesehenen Zwangsmaßnahmen dem Gerichtshof eine Zuständigkeit übertragen, welche die Befugnis zu unbeschränkter Ermessensnachprüfung und zur Änderung oder Verhängung solcher Maßnahmen umfaßt.

Inhaltsübersicht:

I. Zweck und Bedeutung der Norm	1
II. Umfang der übertragenen Befugnisse	3
III. Akzessorische Anordnungen	7

I. Zweck und Bedeutung der Norm

1 Art. 229 eröffnet für vom Europäischen Parlament und vom Rat gemeinsam sowie vom Rat allein erlassene Verordnungen die Möglichkeit, die Zuständigkeit des EuGH bei der Nachprüfung von Zwangsmaßnahmen der Gemeinschaftsorgane zu erweitern. Zwangsmaßnahmen im Sinne von Art. 229 sind als individuelle, an eine bestimmte Person gerichtete Akte Entscheidungen im Sinne von Art. 249 Abs. 4. Über die reine Rechtmäßigkeitskontrolle gem. Art. 230 hinausgehend, kann eine Verordnung, die Entscheidungen mit Zwangscharakter (z.B. Geldbuße oder Zwangsgeld) vorsieht, aufgrund von Art. 229 bestimmen, daß der EuGH zu unbeschränkter Ermessensnachprüfung und zur Änderung oder Verhängung solcher Maßnahmen befugt ist. Der Gerichtshof ist in solchen Fällen nicht auf eine Rechtskontrolle beschränkt, sondern darf Gesichtspunkte der Zweckmäßigkeit, Angemessenheit, Richtigkeit wirtschaftlicher Prognosen und allgemeine Billigkeitsgesichtspunkte in seine Entscheidung miteinbeziehen. In der Literatur ist umstritten, ob Art. 229 eine **eigene Verfahrensart** geschaffen hat, die insbesondere auch gegenüber dem Verfahren der Nichtigkeitsklage des Art. 230 abzugrenzen ist,[1] oder ob die Norm lediglich die Kontrolldichte des Gerichtshofs gegenüber der allgemeinen Regelung des Art. 230 erweitert.[2]
Auch diejenigen, die in Art. 229 ein eigenständiges Verfahren verankert sehen, wollen für die Fristen und das Rechtsschutzbedürfnis auf die Bestimmungen des Art. 230 Abs. 4 und 5[3] zurückgreifen. Die Rechtsprechungspraxis des Gerichtshofs deutet darauf hin, daß dieser in Art. 229 keine eigenständige Verfahrensart erkennt.[4]

2 In der bisherigen Praxis hat der Rat von der Ermächtigung des Art. 229 – soweit ersichtlich – nur auf den Gebieten der Wettbewerbspolitik[5] und der Verkehrspolitik[6] Gebrauch gemacht. Primärrechtliche Grundlagen waren insoweit Art. 83 Abs. 2 lit. a)[7] für

---

1 So *H. G. Schermers*, Judicial Protection in the European Communites, 3. Aufl., Deventer 1983, S. 333, *R. Geiger*, EUV/EGV, Art. 229, Rn. 2.
2 So *P. Oliver*, Limitation of Actions before the European Court, ELRev. 1978, S. 3, 6; *H. Krück*, in: GTE, EU-/EGV, Art. 172, Rn. 6 f.; *K. D. Borchardt*, in: Lenz, EGV, Art. 229, Rn. 1.
3 *Schermers* (Fn. 1), S. 333.
4 Vgl. mit zahlreichen Nachweisen *H. Krück*, in: GTE, EU-/EGV, Art. 172, Rn. 7.
5 Art. 17 der Verordnung Nr. 17, ABl.EG 1962 Nr. 204.
6 Verordnung Nr. 11, ABl.EG 1960 Nr. 1121; Verordnung Nr. 1017/68, ABl.EG 1968 Nr. L 175/ 1; Verordnung Nr. 4056/86, ABl.EG 1986 Nr. L 378/4, Verordnung Nr. 3975/87, ABl.EG 1987 Nr. L 374/1; Verordnung Nr. 4064/89, ABl.EG 1989 Nr. L 257/13; Verordnung Nr. 2299/89, ABl.EG 1989 Nr. L 220/1.
7 Damals Art. 87 Abs. 2 lit a) EWGV.

den Bereich des Wettbewerbsrechts und Art. 71 Abs. 1 sowie Art. 75 Abs. 3[8] für den Bereich des Verkehrsrechts.

II. Umfang der übertragenen Befugnisse

Die Befugnis des Gerichtshofs zu »unbeschränkter Ermessensnachprüfung« sowie »zur Änderung oder Verhängung solcher Maßnahmen« ist dem französischen und belgischen Verwaltungsrecht entlehnt.[9] Der dort verwandte Begriff »compétence de pleine juridiction« findet sich auch in der französischen Fassung von Art. 229. Teils übersetzt der EuGH diesen Begriff – nicht sehr treffend – mit »unbeschränkter Rechtsprechung«[10] oder »uneingeschränkter Entscheidungsbefugnis«[11]. 3

Der EuGH ist nach Art. 229 – über die Prüfung der Rechtmäßigkeit hinausgehend – ermächtigt, in seiner Entscheidung auch Zweckmäßigkeits- und Billigkeitsgesichtspunkte mit einzubeziehen und die Kommissionsentscheidung (auch) aufgrund solcher Erwägungen zu ersetzen.[12] Nach der Rechtsprechung des EuGH beeinflussen je nach Einzelfall vielerlei Gesichtspunkte die Entscheidung über die Angemessenheit der Sanktion.[13] Als zu berücksichtigende Kriterien hat der Gerichtshof genannt: die Größe,[14] den Umsatz,[15] die Wettbewerbsposition (Verflechtung mit anderen Unternehmen, Marktanteil)[16] des betroffenen Unternehmens, die Schwere und die Dauer des Verstoßes[17]; mildernd zu berücksichtigen[18] ist insoweit ein mögliches, aber unterlassenes früheres Einschreiten der Kommission[19], die von dem betroffenen Unternehmen erzielten Gewinne[20] sowie die Gefahr der Zuwiderhandlung für die Ziele der Gemeinschaft[21]. Bei gemein- 4

---

8 Damals Art. 75 Abs. 1 sowie Art 79 Abs. 3 EWGV.
9 Vgl. *L. Plouvier*, Le contentieux de pleine juridiction devant la Cour de justice des Communautés européennes, R.M.C. 1973, S. 365 (365 f.); *F. H. Wenig*, in: Grabitz/Hilf, EU, Art. 172, Rn. 4.
10 EuGH, Rs. 8/56, Slg. 1957, 191, 202 (Allma/Hohe Behörde), dort zu Art. 36 Abs. 2 EGKSV (»recours de pleine juridiction«).
11 EuGH, Rs. 70/63, Slg. 1964, 939, 984 (Collotti/Gerichtshof).
12 Vgl. auch EuGH, Rs. 86/82, Slg. 1983, 883, Rn. 57 (Hasselblad/Kommission); *F. H. Wenig*, in: Grabitz/Hilf, Art. 172, Rn. 4; *H. Krück*, in: GTE, EU-/EGV, Art. 172, Rn. 10.
13 So ausdrücklich zum übergreifenden Kriterium der Schwere des Verstoßes: EuGH, Rs. 322/81, Slg. 1983, 3461, Rn. 111 (Michelin/Kommission); Verb. Rs. 100–103, Slg. 1983, 1825, Rn. 120 (Musique Diffusion Française/Kommission). Vgl. zum notwendigen Verschulden *F. H. Wenig*, in: Grabitz/Hilf, EU, Art. 172, Rn. 14.
14 EuGH, RS. 86/82, Slg. 1983, 883, Rn. 57 (Hasselblad/Kommission); Rs. 322/81, Slg. 1983, 3461, Rn. 111 (Michelin/Kommission); Verb. Rs. 100–103/80, Slg. 1983, 1825, Rn. 120 u. 129 (Musique Diffusion Française/Kommission).
15 EuGH, Rs. 86/82, Slg. 1983, 883, Rn. 57 (Hasselblad/Kommission); Rs. 322/81, Slg. 1983, 3461, Rn. 111 (Michelin/Kommission); Verb. Rs. 100–103/80, Slg. 1983, 1825, Rn. 113 ff. (Musique Diffusion Française/Kommission).
16 EuGH, Rs. 322/81, Slg. 1983, 3461, Rn. 112 (Michelin/Kommission).
17 EuGH, Rs. 86/82, Slg. 1983, 883, Rn. 57 (Hasselblad/Kommission); Rs. 322/81, Slg. 1983, 3461, Rn. 109 (Michelin/Kommission); Rs. 28/77, Slg. 1978, 1391, Rn. 71/72 (Tepea/Kommission); Verb. Rs. 100–103/80, Slg. 1983, 1825, Rn. 129 (Musique Diffusion Française/Kommission).
18 Vgl. näher EuGH, Rs. C-185/95 P, Slg. 1998, I-8417, Rn. 138 (Baustahlgewerbe/Kommission).
19 EuGH, Verb. Rs. 6 u. 7/73, Slg. 1974, 223, Rn. 51 (Commercial Solvents/Kommission); implizit auch in der Rs. 322/81, Slg. 1983, 3461, Rn. 110 (Michelin/Kommission).
20 EuGH, Verb. Rs. 100–103/80, Slg. 1983, 1825, Rn. 129 Musique Diffusion Française/Kommission).
21 EuGH, Verb. Rs. 100–103/80, Slg. 1983, 1825, Rn. 129 (Musique Diffusion Française/Kommission).

schaftlich begangenen Verstößen ist zudem bedeutsam, wie schwer der jeweilige Anteil des Betroffenen am Rechtsverstoß wiegt.[22]

5 Art. 229 schließt es, vorbehaltlich einer diese Kompetenz ausfüllenden Verordnung, nicht aus, daß der EuGH in einem bei ihm anhängigen Verfahren von sich aus, also **ohne vorherige Festsetzung** in einer Entscheidung, **Zwangsmaßnahmen verhängt**.[23] Die bisher ergangenen Verordnungen sehen eine solche Kompetenz allerdings nicht vor.

6 Die Befugnis zur Änderung der Zwangsmaßnahmen eröffnet dem Gerichtshof auch die Möglichkeit, Zwangsmaßnahmen zu verschärfen, z.b. das von der Kommission verhängte Zwangsgeld zu erhöhen. Ein Verbot einer »**reformatio in peius**« besteht nicht.[24] In Art. 17 VO Nr. 17, Art. 14 VO Nr. 3975/87, Art. 24 VO Nr. 1017/68 und Art. 21 VO Nr. 4056/86 ist eine solche Befugnis sogar ausdrücklich vorgesehen. Der EuGH hat – soweit ersichtlich – Änderungen von Zwangsmaßnahmen in seiner bisherigen Praxis aber nur zugunsten des Betroffenen vorgenommen und sich zur Zulässigkeit einer »reformatio in peius« noch nicht geäußert. Die Befugnis zur Änderung von Zwangsmaßnahmen besteht auch im **Rechtsmittelverfahren** gegen Urteile des EuG. So hat der EuGH aus Gründen des effektiven Rechtsschutzes[25] und der Prozeßökonomie eine in Höhe von 3 Mio. ECU verhängte Geldbuße wegen überlanger Verfahrensdauer vor dem EuG um 50.000 ECU verringert.[26] Indes sieht der EuGH seine Zuständigkeit im Rechtsmittelverfahren insoweit zutreffend als beschränkt an, als ihm nicht die Befugnis zukommt, die Beurteilung des EuG, welches in Ausübung seiner unbeschränkten Nachprüfungsbefugnis über den Betrag einer Geldbuße entschieden hat, aus Gründen der Billigkeit durch eine eigene Beurteilung zu ersetzen.[27] Eine Ersetzung kommt nur aus Rechtsgründen in Betracht.

III. Akzessorische Anordnungen

7 Der Gerichtshof sieht sich nicht nur ermächtigt, Zwangsmaßnahmen zu ändern oder aufrechtzuerhalten, sondern auch weitergehende Anordnungen zu treffen. So hält er es für möglich, die Verzinsung rechtswidrig erhaltener oder zurückgehaltener Zahlungen anzuordnen[28] sowie dem obsiegenden Kläger Schadensersatzansprüche zuzusprechen.[29] In der Literatur wird zudem angenommen, der EuGH dürfe auch Maßnahmen zur Beseitigung der Folgen einer von ihm aufgehobenen Sanktion anordnen.[30]

---

22 EuGH, Rs. 44/69, Slg. 1970, 733, Rn. 55 (Buchler/Kommission); Verb. Rs. 100–103/ 80, Slg. 1983, 1825, Rn. 129, 132 u. 134 (Musique Diffusion Française/Kommission).
23 So auch H. *Krück*, in: GTE, EU-/EGV, Art. 172, Rn. 14; K. D. *Borchardt*, in: Lenz, EGV, Art. 229, Rn. 5.
24 So auch F. H. *Wenig*, in: Grabitz/Hilf, EU, Art. 172, Rn. 16; H. *Krück*, in: GTE, EU-/EGV, Art. 172, Rn. 16 f.; K. D. *Borchardt*, in: Lenz, EGV, Art. 229, Rn. 5; zweifelnd dagegen H.-W. *Daig*, in: GBTE, EWGV, 3. Aufl., 1983, Art. 172, Rn. 12.
25 Vgl. dazu V. *Schlette*, Der Anspruch auf Rechtsschutz innerhalb angemessener Frist – Ein neues Prozeßgrundrecht auf EG-Ebene, EuGRZ 1999, S. 369 ff.
26 EuGH, Rs. C-185/95 P, Slg. 1998, I-8417, Rn. 48, 141 f. (Baustahlgewerbe/Kommission).
27 EuGH, Rs. C-185/95 P, Slg. 1998, I-8417, Rn. 128 f. (Baustahlgewerbe/Kommission).
28 EuGH, Verb. Rs. 75 und 117/82, Slg. 1984, 1509, Rn. 19 (Razzouk Beydoun/Kommission).
29 Implizit anerkannt durch den EuGH durch Abweisung in der Rs. 32/62, Slg. 1963, 109, 124 (Alvis/Rat) und Rs. 27/76, Slg. 1978, 207; vgl. zum Antrag S. 279 (United Brands/Kommission).
30 F. H. *Wenig*, in: Grabitz/Hilf, EU, Art. 172, Rn. 8; K. D. *Borchardt*, in: Lenz, EGV, Art. 229, Rn. 6.

Art. 229a

Unbeschadet der sonstigen Bestimmungen dieses Vertrags kann der Rat auf Vorschlag der Kommission nach Anhörung des Europäischen Parlaments einstimmig Bestimmungen erlassen, mit denen dem Gerichtshof in dem vom Rat festgelegten Umfang die Zuständigkeit übertragen wird, über Rechtsstreitigkeiten im Zusammenhang mit der Anwendung von aufgrund dieses Vertrags erlassenen Rechtsakten, mit denen gemeinschaftliche Titel für den gewerblichen Rechtsschutz geschaffen werden, zu entscheiden. Der Rat empfiehlt den Mitgliedstaaten, diese Bestimmungen gemäß ihren verfassungsrechtlichen Vorschriften anzunehmen.

Durch den Vertrag von Nizza eingefügte Bestimmung.

Der neu in den Vertrag eingefügte Art. 229a schafft die Möglichkeit, der Gemeinschaftsgerichtsbarkeit die Zuständigkeit zur Entscheidung von Rechtsstreitigkeiten über gemeinschaftliche Rechtstitel auf dem Gebiet des gewerblichen Rechtsschutzes zu übertragen. Bedeutung dürfte die Bestimmung zunächst im Zusammenhang mit den noch zu schaffenden Regelungen über Erwerb und Rechtsschutz des sog. **Gemeinschaftspatents** erlangen.[1] Wegen der Wahl des umfassenderen **Begriffs der gemeinschaftlichen Titel für den gewerblichen Rechtsschutz** ist die Anwendung der Vorschrift auf diese Fälle aber nicht beschränkt. Insbesondere erlaubt Art. 229a auch eine weitergehende Übertragung von Zuständigkeiten zur Streitentscheidung im Bereich der **Gemeinschaftsmarke**.[2]

Die weitere Entwicklung des gemeinschaftlichen Rechtsschutzsystems im Bereich des gewerblichen Rechtsschutzes ist damit allerdings noch nicht zwingend vorgezeichnet. In einer gemeinsamen **Erklärung zu Art. 229a** betonte die Regierungskonferenz vielmehr, daß der Wahl des hierfür zu schaffenden gerichtlichen Rahmens mit der Einfügung dieses Artikels nicht vorgegriffen werde.[3]

Der Rat entscheidet nach Art. 229a einstimmig durch Beschluß. Die **Zuständigkeitsübertragung** bedarf nach Satz 2 der **Ratifizierung** durch die Mitgliedstaaten.

---

1 Vgl. die entsprechende Erläuterung der Bundesregierung in BR Drs. 200/01, S. 50; vgl. dazu auch das Reflexionspapier des Gerichtshofs zur Zukunft des Gerichtssystems der EU, in: EuZW 1999, S. 750, 751.
2 Zu den diesbezüglichen Zuständigkeiten der nationalen Gemeinschaftsmarkengerichte und der Beschwerdekammern des Harmonisierungsamtes für den Binnenmarkt bzw. des EuG, vgl. Art. 91 ff., 61 ff. der VO (EG) Nr. 40/94, ABl. EG 1994 Nr. L 11/1. Für die mit der Einführung des Art. 229a erfüllte Forderung nach Schaffung einer vertraglichen Grundlage für die eine entsprechenden Zuständigkeitsübertragung vgl. *H. Jung*, Gemeinschaftsmarke und Rechtsschutz, FS Everling, Bd. 1, 1995, S. 611, 626 ff.
3 Nr. 17 der von der Konferenz angenommenen Erklärungen.

Art. 230 (ex-Art. 173)

Der Gerichtshof überwacht die Rechtmäßigkeit der gemeinsamen Handlungen des Europäischen Parlaments und des Rates sowie der Handlungen des Rates, der Kommission und der EZB, soweit es sich nicht um Empfehlungen oder Stellungnahmen handelt, und der Handlungen des Europäischen Parlaments mit Rechtswirkung gegenüber Dritten[5 ff.].

Zu diesem Zweck ist der Gerichtshof für Klagen zuständig, die ein Mitgliedstaat, das Europäische Parlament, der Rat oder die Kommission[4] wegen Unzuständigkeit[70], Verletzung wesentlicher Formvorschriften[71 ff.], Verletzung dieses Vertrags oder einer bei seiner Durchführung anzuwendenden Rechtsnorm[78] oder wegen Ermessensmißbrauch[77] erhebt.

Der Gerichtshof ist unter den gleichen Voraussetzungen zuständig für Klagen des Rechnungshofs und der EZB, die auf die Wahrung ihrer Rechte abzielen[4, 20].

Jede natürliche oder juristische Person[24 ff.] kann unter den gleichen Voraussetzungen gegen die an sie ergangenen Entscheidungen sowie gegen diejenigen Entscheidungen Klage erheben, die, obwohl sie als Verordnung oder als eine an eine andere Person gerichtete Entscheidung ergangen sind[27 ff.], sie unmittelbar[46 f.] und individuell[48 ff.] betreffen.

Die in diesem Artikel vorgesehenen Klagen sind binnen zwei Monaten[67 f.] zu erheben; diese Frist läuft je nach Lage des Falles von der Bekanntgabe der betreffenden Handlung[64], ihrer Mitteilung an den Kläger[65] oder in Ermangelung dessen von dem Zeitpunkt an, zu dem der Kläger von dieser Handlung Kenntnis erlangt[66] hat.

Amsterdamer Fassung der Abs. 2 und 3:

Zu diesem Zweck ist der Gerichtshof für Klagen zuständig, die ein Mitgliedstaat, der Rat oder die Kommission wegen Unzuständigkeit, Verletzung wesentlicher Formvorschriften, Verletzung dieses Vertrags oder einer bei seiner Durchführung anzuwendenden Rechtsnorm oder wegen Ermessensmißbrauchs erhebt.

Der Gerichtshof ist unter den gleichen Voraussetzungen zuständig für Klagen des Europäischen Parlaments, des Rechnungshofs und der EZB, die auf die Wahrung ihrer Rechte abzielen.

Inhaltsübersicht:

A. Allgemeines	1
B. Zulässigkeit	3
I. Klagen der nach den Absätzen 2 und 3 privilegierten und teilprivilegierten Kläger	3
1. Zuständigkeit	3
2. Parteifähigkeit	4
a) Aktive Parteifähigkeit	4
b) Passive Parteifähigkeit	5
3. Klagegegenstand	6
a) Rechtlich existenter Akt	7
b) Eine einem Gemeinschaftsorgan zurechenbare Handlung	9
c) Außenrechtswirkung	12
aa) (Fehlende) Rechtswirkung	14
bb) (Fehlende) Außenwirkung	18
4. Klagebefugnis und Rechtsschutzinteresse	19
a) Privilegierte Klageberechtigte nach Abs. 2	19
b) Teilprivilegierte Klageberechtigte nach Abs. 3	20
5. Weitere Zulässigkeitsvoraussetzungen	21
II. Klagen natürlicher und juristischer Personen nach Abs. 4	23

1. Zuständigkeit	23
2. Parteifähigkeit	24
3. Klagegegenstand	27
a) Anfechtbarkeit von »echten« Verordnungen	28
aa) EuGH und EuG	29
bb) Würdigung der Rechtsprechung	32
cc) Stellungnahme	35
b) Anfechtbarkeit von Richtlinien	37
aa) Darstellung und Würdigung der Rechtsprechung von EuGH und EuG	38
bb) Stellungnahme	43
4. Klagebefugnis	44
a) Betroffensein	45
b) Unmittelbarkeit	46
c) Individualität	48
aa) Die ältere Rechtsprechung des EuGH	49
bb) Die jüngere Rechtsprechung von EuGH und EuG	50
(1) Verfahrensbeteiligung und Verfahrensgarantien	51
(2) Spürbare Beeinträchtigung von Marktpositionen, wesentliche Beeinträchtigung einer Wettbewerbsposition oder Eingriff in gemeinschaftliche Grundrechte	52
(3) Normativ aufgegebenes Gebot der Berücksichtigung spezifischer Klägerinteressen	55
(4) Verbände und Vereinigungen	57
(5) Restriktive Tendenzen	58
cc) Literatur	59
dd) Stellungnahme	60
5. Rechtsschutzinteresse und weitere Zulässigkeitsvoraussetzungen	61
III. Klagefrist nach Abs. 5	62
1. Beginn der Klagefrist	63
a) Bekanntgabe	64
b) Mitteilung an den Kläger	65
c) Anderweitige Kenntniserlangung	66
2. Ende der Klagefrist	67
C. Begründetheit der Klage	69
I. Unzuständigkeit	70
II. Verletzung wesentlicher Formvorschriften	71
1. Beteiligungs- und Anhörungsrechte	72
2. Anforderung an das Beschlußverfahren	74
3. Begründungspflicht	75
4. Veröffentlichung von Rechtsakten	76
III. Ermessensmißbrauch	77
IV. Verletzung des Vertrages oder einer bei seiner Durchführung anzuwendenden Rechtsnorm	78

A. Allgemeines

Die Klage nach Art. 230 ermöglicht die Überprüfung der **objektiven Rechtmäßigkeit der** 1
Handlungen der Gemeinschaftsorgane und der EZB durch die Gemeinschaftsgerichtsbarkeit. Sie ist, wie Art. 231 verdeutlicht, eine Gestaltungsklage.[1] Das stattgebende Urteil stellt keine bestehende Nichtigkeit fest, sondern beseitigt die auch einem rechtswidrigen Akt bis zu seiner Aufhebung zukommende Geltung.[2] Diesen Urteilswir-

---

[1] EuGH, Rs. 283/82, Slg. 1983, 4219, Rn. 10 (Schoellershammer/Kommission); *H. Krück*, in: GTE, EU-/EGV, Art. 173, Rn. 3.

[2] EuGH, Verb. Rs. 7/56 und 3–7/57, Slg. 1957, 85, 126 (Algera u.a./Gemeinsame Versammlung); Rs. 15/85, Slg. 1987, 1005, Rn. 10 (Consorzio Cooperative d'Abbruzzo/ Kommission); Rs. 226/87, Slg. 1988, 3611, Rn. 14 (Kommission/Griechenland); Rs. C-137/92 P, Slg. 1994, I-2555, Rn. 48 (Kommission/BASF u.a.).

kungen korrespondiert die Bezeichnung der Klage als Nichtigkeits-, Anfechtungs- oder (terminologisch am präzisesten) Aufhebungsklage.[3]

2 Die Klage ist **auf die Nichtigerklärung beschränkt**[4] und als selbständiger Rechtsbehelf von den übrigen gemeinschaftsrechtlichen, insbesondere der Schadensersatzklage gem. Art. 235,[5] sowie von innerstaatlichen Klagemöglichkeiten unabhängig.[6]

B. Zulässigkeit

I. Klagen der nach den Absätzen 2 und 3 privilegierten und teilprivilegierten Kläger

1. Zuständigkeit

3 Für Nichtigkeitsklagen der Mitgliedstaaten, der Gemeinschaftsorgane und der EZB (EWI) ist allein der **EuGH sachlich zuständig**.[7] Das hat sich mit Inkrafttreten des Vertrags von Nizza trotz der Neufassung des Art. 225 wegen Art. 51 der Satzung des Gerichtshofs nicht geändert.[8]

2. Parteifähigkeit

a) Aktive Parteifähigkeit

4 Aktiv parteifähig gem. Abs. 2 sind der **Rat, die Kommission, die Mitgliedstaaten und nach dem Vertrag von Nizza das EP**. Vorher gehörte das EP zu den teilprivilegierten Klageberechtigten nach Abs. 3 – eine Bestimmung die in Nachvollzug des Tschernobyl-Urteils des EuGH[9] erst durch den Vertrag von Maastricht geschaffen wurde. Organteile des EP, insbesondere Fraktionen, sind nicht nach Abs. 2, sondern nach Abs. 4 parteifähig[10]. Nach wie vor gem. Abs. 3 parteifähig ist die EZB und seit dem Amsterdamer Vertrag auch der EuRH. Gem. Art. 117 Abs. 9 trat das EWI für die Dauer der zweiten Stufe der Wirtschafts- und Währungsunion an die Stelle der EZB. Im Anschluß an die Tschernobyl-Rechtsprechung zur Parteifähigkeit (und Klagebefugnis) des EP wurde diskutiert, ob auch dem EuRH und anderen Gemeinschaftseinrichtungen (WSA, Ausschuß der Regio-

---

3 Vgl. zur Möglichkeit teilweiser Nichtigerklärung EuGH, Rs. C-68/94 und C-30/95, Slg. 1998, I-1375, Rn. 256 (Frankreich/Kommission) m.w.N.
4 EuGH, Rs. C-199/91, Slg. 1993, I-2689, Rn. 17 (Sart-Tilman/Kommission).
5 EuGH, Verb. Rs. 197-200, 243, 245 u. 247/80, Slg. 1981, 3211, Rn. 4 (Ludwigshafener Walzmühle u.a./Rat und Kommission).
6 EuGH, Rs. 92/78, Slg. 1979, 777, Rn. 18 ff. (Simmenthal SpA/Kommission).
7 Vgl. zur Zuständigkeitsverteilung zwischen EuGH und EuG bis zum Inkrafttreten des Vertrags von Nizza Art. 3 des Ratsbeschlusses 88/519 vom 24.10.1988, ABl.EG 1988 Nr. L 319/1, geändert durch Ratsbeschluß 93/350/Euratom, EGKS, EWG des Rates vom 8.6.1993, ABl.EG 1993 Nr. L 144/21, geändert durch Ratsbeschluß 94/149/EGKS/EG vom 15.3.1994, ABl.EG 1994 Nr. L 66/29; geändert durch Ratsbeschluß vom 1.1.1995, Abl.EG 1995, Nr. L 1/1.
8 Vgl. zu Einzelheiten Art. 225, Rn. 3 f.; *B.W. Wegener*, Die Neuordnung der EU-Gerichtsbarkeit durch den Vertrag von Nizza, DVBl. 2001, 1258 (1260).
9 EuGH, Rs. C-70/88, Slg. 1990, I-2041, Rn. 12 ff., insbesondere Rn. 22 (EP/Rat). In diesem Urteil wurde – wie in Abs. 3 – die Klagebefugnis davon abhängig gemacht, daß die Klage auf die Wahrung eigener Rechte abziele.
10 EuGH, Rs. 78/85, Slg. 1986, 1753, Rn. 11 (Fraktion der Europäischen Rechten/EP); a.A. *M. Stauß*, Das Europäische Parlament und seine Untergliederungen als Parteien im Verfahren der Nichtigkeitsklage (Art. 173 EGV), 1996, S. 82.

nen)[11] die Parteifähigkeit im Wege richterlicher Rechtsfortbildung zuzubilligen sei.[12] Durch den Vertrag von Amsterdam wurde dies durch Einfügung des EuRH in Abs. 3 *insoweit* positiv beantwortet. Dies legt den Umkehrschluß nahe, daß die Mitgliedstaaten als Gesetzgeber des primären Gemeinschaftsrechts dem **WSA** und dem **Ausschuß der Regionen** (auch zur Durchsetzung eigener Rechte) **keine Klagebefugnis** einräumen wollen. Obwohl die Materialien zur Entstehungsgeschichte vom Gerichtshof zur Auslegung des primären Gemeinschaftsrechts nicht herangezogen werden dürfen,[13] vermag die zur Begründung der Gegenposition herangezogene, insoweit zudem ambivalente Figur des »institutionellen Gleichgewichts«[14] den dem (vermeintlichen) Willen des Gesetzgebers Ausdruck verleihenden Wortlaut des Art. 230 Abs. 3 nicht zu überspielen. Ein solcher Wille des primären Gemeinschaftsgesetzgebers läßt sich angesichts der behutsamen Ausweitung des Abs. 3 auch ohne Rückgriff auf die Materialien zur Entstehungsgeschichte ableiten.

b) **Passive Parteifähigkeit**
Passiv parteifähig sind nach Abs. 1 Rat, Kommission, EP,[15] Rat und EP gemeinsam sowie die EZB (EWI). 5

3. Klagegegenstand

Zulässiger Klagegegenstand bei Klagen der in den Abs. 2 und 3 genannten Gemeinschaftsorgane und -einrichtungen sind **sämtliche in Abs. 1 aufgeführten »Handlungen«** der Gemeinschaftsorgane. 6

a) **Rechtlich existenter Akt**
Angesichts ihres Gestaltungscharakters können mit der Nichtigkeitsklage nur rechtlich existente Handlungen angegriffen werden. Gegen inexistente Rechtsakte (»Nichtakte«)[16] gerichtete Klagen sind unzulässig. Der Gemeinschaftsrichter stellt dann aber fest, daß der Akt inexistent ist.[17] Trotz Unzulässigkeit solcher Klagen trägt der Kläger kein Kostenrisiko, weil beim Angreifen vermeintlich existenter, aber rechtswidriger Akte die Kosten dem beklagten Organ auferlegt werden.[18] 7

---

11 Vgl. bzgl. EuRH und WSA die bei *C. Koenig/C. Sander*, Einführung in das EG-Prozeßrecht, 1997, Rn. 237 genannten Konstellationen.
12 Vgl. dazu auch *Koenig/Sander* (Fn. 11), Rn. 238 f.; *U. Gesser*, Die Nichtigkeitsklage nach Artikel 173 EGV, 1995, S. 229.
13 Vgl. EuGH, Rs. 6/60, Slg. 1960, 1164, 1194 f. (Humblet) sowie *J. Anweiler*, Die Auslegungsmethoden des Gerichtshofs der Europäischen Gemeinschaften, 1997, S. 247 ff.; *A. Bleckmann*, Zu den Auslegungsmethoden des Europäischen Gerichtshofs, NJW 1982, S. 1177 (1178); *P. Pescatore*, Diskussion zum Arbeitskreis II: Auslegungsgrundsätze des Gerichtshofes, in: Kölner Schriften zum Europarecht, Bd. 1, 1965, S. 209 (209).
14 Vgl. zur Ambivalenz dieser Figur bzgl. des hier in Rede stehenden Problems: *Koenig/Sander* (Fn. 11), Rn. 238 f.
15 Vgl. zur passiven Parteifähigkeit des EP unter Geltung des EWGV bereits EuGH, Rs. 294/83, Slg. 1986, 1339, Rn. 23 ff. (Les Verts/EP).
16 So z.B. der Begriff in EuGH, Verb. Rs. 15-33, 52, 53, 57-109, 116, 117, 123, 132 u. 135-137/73, Slg. 1974, 177, Rn. 33 (Kortner u.a./Rat, Kommission und EP); *Koenig/Sander* (Fn. 11), Rn. 247.
17 EuGH, Verb. Rs. 15-33, 52, 53, 57–109, 116, 117, 123, 132 u. 135–137/73, Slg. 1974, Rn. 10 (Kortner u.a./Rat, Kommission und EP); EuG, Verb. Rs. T-79/89 u.a., Slg. 1992, II-318, Rn. 68 u. Tenor (BASF u.a./Kommission).
18 EuG, Rs. T-64/89, Slg. 1990, II-367, Rn. 64 (Automec Srl/Kommission); Rs. T-79/89, Slg. 1992, II-318, Rn. 68 u. Tenor (BASF u.a./Kommission); ebenso *Koenig/Sander* (Fn. 11), Rn. 249. Vgl. zu weiteren Folgen der Inexistenz: *C. Annacker*, Die Inexistenz als Angriffs- und Verteidigungsmittel vor dem EuGH und dem EuG, S. 755 (759).

8 Ein »Nichtakt« liegt in Abgrenzung zu »nur« fehlerhaften, rechtswidrigen Akten dann vor, wenn eine Handlung mit besonders **schweren *und* offensichtlichen Fehlern** behaftet ist.[19] Das Kriterium des »besonders schweren und offenkundigen Fehlers« wirft im Einzelfall schwierige Wertungsfragen auf, die auch in der Rechtsprechung nicht einheitlich beurteilt werden. Grundsätzlich gilt für (Rechts)akte der Gemeinschaftsorgane auch bei Fehlerhaftigkeit die Vermutung der Gültigkeit.[20] So ist die Annahme von Inexistenz ausgeschlossen, wenn der Akt von der zuständigen Stelle unter Beachtung der Form und der Verfahrensvorschriften erlassen wurde.[21] Auch ein Begründungsmangel[22] führt ebensowenig wie eine unterlassene Anhörung[23] zur Inexistenz des Aktes. In Betracht kommt eine Inexistenz vor allem bei offensichtlicher Zuständigkeitsüberschreitung.[24] Die Abgrenzungsschwierigkeiten zwischen »Nichtakt« und nur fehlerhaften Akten illustriert nicht zuletzt ein Urteil des EuGH, in dem dieser im Rechtsmittelverfahren die Feststellung der Inexistenz einer Kommissionsentscheidung durch das EuG im BASF-Urteil[25] aufgehoben hat. Der Gerichtshof hebt in diesem Urteil hervor, daß die Feststellung der Inexistenz auf »**ganz außergewöhnliche Fälle**« zu beschränken ist.[26] Die Feststellung der Inexistenz eines Aktes wird nach diesem Judikat des EuGH wohl (auch) zukünftig die praktisch seltene Ausnahme bleiben,[27] nachdem solches Vorbringen als Reaktion auf das BASF-Urteil des EuG zeitweilig Konjunktur hatte.[28]

b) Eine einem Gemeinschaftsorgan zurechenbare Handlung
9 Mit der Nichtigkeitsklage können nur **Handlungen der Gemeinschaftsorgane und -einrichtungen**, nicht aber innerstaatliche Akte angefochten werden. Im letztgenannten Fall kommt nur Rechtsschutz vor nationalen Gerichten in Betracht.[29] In Konstellationen, in denen die Gemeinschaftsorgane und innerstaatliche Stellen bei der Durchführung des Gemeinschaftsrechts zusammenwirken, stellt sich folglich die Frage, wem die angefoch-

---

19 EuGH, Verb. Rs. 15–33, 52, 53, 57–109, 116, 117, 123, 132 u. 135–137/73, Slg. 1974, Rn. 10 (Kortner u.a./Rat, Kommission und EP); EuG, Verb. Rs. T-79/89 u.a., Slg. 1992, II-318, Rn. 68 u. Tenor (BASF u.a./Kommission); EuGH, Rs. C-137/92 P, Slg. 1994, I-2555, Rn. 49 (Kommission/BASF u.a.); Rs. C-135/93, Slg. 1995, I-1651, Rn. 18 (Spanien/Kommission).
20 Vgl. nur EuGH, Rs. C-137/92 P, Slg. 1994, I-2555, Rn. 48 (Kommission/BASF u.a.); *D. Booß*, in: Grabitz/Hilf, EU, Art. 230, Rn. 13; *K. D. Borchardt*, in: Lenz, EGV, Art. 230, Rn. 7.
21 So EuGH, Verb. Rs. 15-33, 52, 53, 57-109, 116, 117, 123, 132 u. 135–137/73, Slg. 1974, Rn. 33 (Kortner u.a./Rat, Kommission und EP). Vgl. zu materiellrechtlichen Mängeln als Gründe für die Inexistenz eines Aktes mit Nachweise *Annacker* (Fn. 18), S. 758.
22 EuGH, Verb. Rs. 8–11/66, Slg. 1967, 100, 125 (Cimenteries/Kommission); EuG, Rs. T-67/91, Slg. 1992, II-261, Rn. 25 (Torre/Kommission); anders noch EuGH, Verb. Rs. 1 u. 14/57, Slg. 1957, 215, insbesondere 232f. (Société des Usines à de la Sarre/Hohe Behörde). Vgl. zu Begründungsmängeln auch *Annacker* (Fn. 18), S. 756 f.
23 So auch *K. D. Borchardt*, in: Lenz, EGV, Art. 230, Rn. 7.
24 Vgl. dazu mit ausführlichen Nachweisen aus der Rspr. *Annacker* (Fn. 18), S. 757 f.
25 Verb. Rs. T-79/89 u.a. Slg. 1992, II-318, Rn. 68 u. Tenor (BASF u.a./Kommission).
26 EuGH, Rs. C-137/92 P, Slg. 1994, I-2555, Rn. 50 (Kommission/BASF u.a.). Vgl. zur Analyse der im übrigen knappen Begründung: *Annacker* (Fn. 18), S. 759.
27 Vgl. zur Nichtigerklärung eines Aktes trotz offensichtlich fehlender Zuständigkeit der Kommission, EuGH, Rs. C-57/95, Slg. 1997, I-1627, Rn. 24–26 (Frankreich/Kommission). Bislang hat der EuGH – soweit ersichtlich – einen Akt, der Rechtswirkungen entfalten sollte, nur in der Verb. Rs. 1 u. 14/57, Slg. 1957, 215, insbesondere S. 232 f. (Société des Usines à de la Sarre/Hohe Behörde) für inexistent erklärt.
28 Vgl. die Nachweise bei *Annacker* (Fn. 1), S. 755, dort insbes. Fn. 1. Einen rechtlichen inexistenten Akt entgegen den Schlußanträgen von GA *Cosmas* ablehnend auch EuGH, Rs. C-191/95, Slg. 1998, I-5449, Rn. 44 ff. (Kommission/Deutschland).
29 EuGH, Rs. 96/71, Slg. 1972, 1005, Rn. 5/8 u. 9/13 (Haegeman/Kommission); Rs. 92/78, Slg. 1979, 777, Rn. 27-30 (Simmenthal SpA/Kommission); Rs. 217/81, Slg. 1982, 2200, Rn. 8 f. (Intragra/Kommission); Rs. C-64/93, Slg. 1993, I-3595, Rn. 13–16 (Donatab/Kommission).

tene Handlung zuzurechnen ist. Zur Abgrenzung sollte darauf abgestellt werden, ob den nationalen Stellen ein eigener Entscheidungsspielraum zukommt oder ob sie bloße Ausführungsorgane sind.[30]

Für die Zulässigkeit der Klage kommt es aber nicht darauf an, ob die in Abs. 1 genannten Gemeinschaftsorgane[31] oder -einrichtungen (EZB, EWI) für das »Zurechnungsendsubjekt Gemeinschaft« gehandelt haben. Handlungen von Gemeinschaftsorganen, die nicht auf durch den EGV oder anderen Gemeinschaftsverträgen verliehenen Befugnissen beruhen, sondern auf einer Ermächtigung, die ihnen außerhalb der EG-Verträge von den Mitgliedstaaten übertragen wurde, sind ebenfalls zulässige Klagegegenstände der Nichtigkeitsklage.[32] 10

Eine Handlung eines Gemeinschaftsorgans liegt nach Auffassung des EuGH indes nicht vor, wenn bei einer Erweiterung der Union bzw. Gemeinschaft die bisherigen und die zukünftigen Mitgliedstaaten in einer als Bestandteil des Beitrittsvertrages geltenden Beitrittsakte Änderungen am sekundären Gemeinschaftsrecht vornehmen.[33] 11

c) Außenrechtswirkung
Nach Abs. 1 kommen als Klagegegenstand der Nichtigkeitsklage – Kläger nach den Abs. 2 und 3 betreffend – Handlungen von Rat, Kommission, Parlament und Rat gemeinsam und der EZB (EWI), soweit es sich nicht um Empfehlungen und Stellungnahmen handelt, sowie Handlungen des Europäischen Parlaments mit Rechtswirkung gegenüber Dritten in Betracht. Nach allgemeiner Auffassung ist der mit der Nichtigkeitsklage angreifbare Kreis von »Handlungen« damit nicht auf die in Art. 249 Abs. 2–4 genannten verbindlichen Rechtsakte »Verordnung«, »Richtlinie« und »Entscheidung« begrenzt. Voraussetzung ist lediglich, daß eine »Handlung« **verbindliche Rechtswirkungen nach außen** erzeugt.[34] Erfaßt sind demnach auch sogenannte atypische Rechtsakte, z.B. das ERASMUS-Programm[35] und der AETR-Beschluß des Rates betreffend die Modalitäten der Aushandlung und des Abschlusses völkerrechtlicher Verträge[36]. Nicht selten wirft die Unterscheidung zwischen rechtsverbindlichen und somit anfechtbaren Akten einerseits sowie unverbindlichen und somit nicht anfechtbaren Akten andererseits[37] schwierige Abgrenzungsfragen auf. Festhalten läßt sich zunächst, daß die Feststellung rechtsverbindlicher Wirkungen eines Aktes von seinem **Inhalt, nicht aber von Form und** 12

---

30 So auch *K-D. Borchardt*, in: Lenz, EGV, Art. 230, Rn. 4; J. Schwarze, in: Schwarze, Eu-Kommentar, Art. 230 Rn. 14. Vgl. auch EuGH, Verb. Rs. 41-44/70, Slg. 1971, 411, Rn. 23/29 (Fruit Company/Kommission), dort allerdings hinsichtlich des verwandten Merkmals der unmittelbaren Betroffenheit.
31 Vgl. Art. 7 Abs. 1 Satz 1.
32 EuGH, Rs. C-316/91, Slg. 1994, I-625, Rn. 9 (EP/Rat).
33 EuGH, Verb. Rs. 31 und 36/86, Slg. 1988, 2285, Rn. 12 (LAISA u.a./Rat); a.A. GA *C. O. Lenz*, Schlußantr. zu EuGH, Verb. Rs. 31 und 36/86, Slg. 1988, 2285, 2305, Ziff. 26-28 (LAISA u.a./Rat).
34 EuGH, Rs. 139/79, Slg. 1980, 1299, Rn. 15 (Sucrimex und Westzucker/Kommission); Rs. 60/81, Slg. 1981, 2639, Rn. 9 (IBM/Kommission); Rs. 135/84, Slg. 1984, 3577, Rn. 6 (F.B./Kommission); Rs. C-66/91 und C-66/91 R, Slg. 1991, I-1143, Rn. 26 (Emerald Meats/Kommission); Rs. C-50/90, Slg. 1991, I-2917, Rn. 12 (Sunzest/Kommission); Rs. C-325/91, Slg. 1993, I-3283, Rn. 9 (Frankreich/Kommission); Rs. C-57/95, Slg. 1997, I-1627, Rn. 7 (Frankreich/Kommission); Rs. 22/70, Slg. 1971, 263, Rn. 42 (Kommission/Rat); Rs. C-135/93, Slg. 1995, I-1651, Rn. 20 (Spanien/Kommission); EuG, Rs. T-541/93, Slg. 1997, II-549, Rn. 30 (Connaughton u.a./Rat).
35 EuGH, Rs. 242/87, Slg. 1989, 1425, implizit wegen der Begründetheitsprüfung (Kommission/Rat).
36 EuGH, Rs. 22/70, Slg. 1971, 263, Rn. 34/37 f. (Kommission/Rat).
37 In Abgrenzung zu »Nichtakten« (oben Rn. 7 f.) begründet dies keine Inexistenz der Maßnahme.

Bezeichnung der betreffenden Maßnahme abhängt.[38] Anknüpfend an die vom Gerichtshof bislang entschiedenen Zweifelsfälle lassen sich folgende für die Rechts- und Außenwirkung maßgebliche Kriterien ausmachen.

13 Anzumerken ist noch, daß der Gerichtshof die **Rechtswirksamkeit eines Aktes abschließend erst in der Begründetheit** prüft, wenn diese nicht ohne Berücksichtigung materiellrechtlicher Aspekte beurteilt werden kann.[39]

aa) (Fehlende) Rechtswirkung

14 Abs. 1 schließt **Empfehlungen und Stellungnahmen** (Art. 249 Abs. 5) ausdrücklich als zulässige Gegenstände einer Nichtigkeitsklage aus. Dies liegt in der diesen Akten fehlenden Rechtswirkung begründet. Dementsprechend sind auch **Mitteilungen wie Meinungsäußerungen, (Rechts)auskünfte**[40] und **Verhaltensempfehlungen**[41] grundsätzlich als Stellungnahmen oder Empfehlungen zu qualifizieren – die Kommission kann Stellungnahmen oder Empfehlungen nach Art. 211 2. Spiegelstrich letzter Halbsatz auch ohne ausdrückliche Ermächtigung abgeben – bzw. diesen gleichstellen.[42] Das gilt allerdings dann nicht, wenn ein als Mitteilung bezeichneter Akt nicht lediglich bereits geltendes Recht erläutert, sondern gegenüber Dritten, z.B. den Mitgliedstaaten, den Anspruch erhebt oder jedenfalls den Anschein erweckt, daß eine (vermeintliche) gemeinschaftsrechtliche Pflicht bestehe.[43]

15 **Ankündigungen** der Gemeinschaftsorgane, die nur auf zukünftiges Verhalten oder zukünftige Maßnahmen hinweisen,[44] entfalten ebenso wie **Angebote**, die dem Betroffenen lediglich eine (weitere) Option eröffnen,[45] keine Rechtswirkungen. Rechtswirkungen erzeugt eine »Ankündigung« aber immer dann, wenn sich deren Urheber durch diese Maßnahme im Hinblick auf zukünftiges Verhalten selbst bindet.[46] Von besonderem praktischen Interesse sind insoweit die **Gemeinschaftsrahmen und Leitlinien**, in denen die Kommission auf der Grundlage von Art. 88 Abs. 1 für verschiedene Arten von staatlichen Beihilfen ihre Aufsichtspraxis transparent macht. Der Gerichtshof hat entschieden, daß diese Leitlinien und Gemeinschaftsrahmen[47] Rechtswirkungen entfal-

---

38 EuGH, Rs. 60/81, Slg. 1981, 2639, Rn. 9 (IBM/Kommission); Rs. 114/86, Slg. 1988, 5289, Rn. 12 (Vereinigtes Königreich/Kommission); Rs. C-303/90, Slg. 1991, I-5340, Rn. 8 (Frankreich/ Kommission).
39 EuGH, Rs. C-303/90, Slg. 1991, I-5340, Rn. 10 f. (Frankreich/Kommission); Rs. C-325/91, Slg. 1993, I-3283, Rn. 11 (Frankreich/Kommission); Rs. C-57/95, Slg. 1997, I-1627, Rn. 9 f. (Frankreich/Kommission).
40 Z.B. die Interpretation einer Norm.
41 Ebenso die Weigerung der Kommission, einem Mitgliedstaat einen Vorschlag (zweckdienliche Maßnahmen nach Art. 93 I EGV a.F.) zu machen, vgl. EuG, Rs. T-330/94, Slg. 1996, II-1495, Rn. 33–37 (Salt Union Ltd/Kommission).
42 Vgl. auch EuGH, Rs. 133/79, Slg. 1980, 1299, Rn. 16 f. (Sucrimex/Kommission); Rs. 132/77, Slg. 1978, 1061, Rn. 17/20 u. 21 (Exportation des Sucres/Kommission).
43 EuGH, Rs. C-57/95, Slg. 1997, I-1627, Rn. 13 ff. (Frankreich/Kommission); Rs. C-325/91, Slg. 1993, I-3283, Rn. 20 ff. (Frankreich/Kommission).
44 EuGH, Rs. 60/81, Slg. 1981, 2639, Rn. 19 (IBM/Kommission), betreffend eine Mitteilung von Gesichtspunkten, die die Verhängung einer Buße begründen können; Rs. 114/86, Slg. 1988, 5289, Rn. 13–15 (Vereinigtes Königreich/Kommission), betreffend eine Ankündigung, wie bei der zukünftigen Erstellung von Listen, die ihrerseits Rechtswirkung entfalten, verfahren werden soll; Rs. C-66/91 und C-66/91 R, Slg. 1991, I-1143, Rn. 27 f. (Emerald Meats/Kommission); EuG, Rs. T-541/93, Slg. 1997, II-549, Rn. 31 ff. (Connaughton u.a./Rat).
45 EuG, Rs. T-541/93, Slg. 1997, II-549, Rn. 32–37 (Connaughton u.a./Rat).
46 EuGH, Rs. 81/72, Slg. 1973, 575, Rn. 8–10 (Kommission/Rat).
47 Die Unterscheidung »Leitlinie« oder »Gemeinschaftsrahmen« hat hinsichtlich Qualität und Wirkung dieser Kommissionsakte keine Bedeutung, vgl. dazu T. Jestaedt/U. Häsemeyer, Die Bindungswirkung von Gemeinschaftsrahmen und Leitlinien im EG-Beihilfenrecht, EuZW 1995, S. 787 (789).

ten.[48] Wenn man, wie der Gerichtshof, unterstellt, daß die Leitlinien und Gemeinschaftsrahmen die Kommission bei Einzelfallentscheidungen über Beihilfen binden,[49] sollte tatsächlich kein Zweifel bestehen, sie als zulässige Klagegegenstände der Nichtigkeitsklage zu qualifizieren. Ob die von der Kommission (in Kooperation mit den Mitgliedstaaten)[50] erlassenen Gemeinschaftsrahmen und Leitlinien von der Ermächtigung des Art. 88 Abs. 1 (oder Abs. 2) gedeckt und mit höherrangigem Gemeinschaftsrecht, insbesondere Art. 87, vereinbar sind, ist allerdings problematisch.[51]

Lediglich **vorbereitende Maßnahmen**, die in einem mehrphasigen Verfahren ergehen, 16 können nicht mit der Nichtigkeitsklage angegriffen werden.[52] Eigenständige Rechtswirkung entfalten allerdings solche Zwischenmaßnahmen, die eine Endentscheidung nicht nur vorbereiten, sondern über einen abtrennbaren Gesichtspunkt abschließend entscheiden. Dies gilt etwa für die Gewährung der Akteneinsicht in Wettbewerbsverfahren.[53]

Bestätigende und wiederholende Akte der Gemeinschaftsorgane sind kein zulässiger 17 Klagegegenstand der Nichtigkeitsklage.[54] Dabei soll eine lediglich bestätigende Entscheidung nach der Rechtsprechung dann vorliegen, wenn sie im Vergleich zu einer früheren Entscheidung »nichts Neues enthält und sie nicht auf einer erneuten Prüfung der Lage des Adressaten dieser früheren Entscheidung beruht«.[55] Allerdings legt die Rspr. hinsichtlich der Frage, wann eine erneute Prüfung durchgeführt wurde, keine einheitlichen Kriterien zu Grunde.[56]

bb) (Fehlende) Außenwirkung

Rein **verwaltungsinterne Maßnahmen** sind mangels Außenwirkung kein zulässiger Gegenstand der Nichtigkeitsklage. Als solche hat der Gerichtshof Dienstanweisungen,[57] einen Beschluß über die Einsetzung eines Untersuchungsausschusses,[58] einen Beschluß über die Durchführung bestimmter Haushaltstitel[59] sowie die Benennung des Vorsitzenden einer interparlamentarischen Delegation[60] qualifiziert. Außenwirkung hat der

---

48 EuGH, Rs. C-135/93, Slg. 1995, I-1651, Rn. 29 (Spanien/Kommission).
49 Vgl. EuGH, Rs. C-135/93, Slg. 1995, I-1651, (Spanien/Kommission) implizit in Zulässigkeit und Begründetheit; ebenso *Jestaedt/Häsemeyer* (Fn. 47), S. 790.
50 Die Kommission holt in der Regel die Zustimmung der Mitgliedstaaten ein.
51 Vgl. dazu exemplarisch für den Gemeinschaftsrahmen für staatliche F.u.E.-Beihilfen *W. Cremer*, Mitgliedstaatliche Forschungsförderung und Gemeinschaftsrecht: Der neue Gemeinschaftsrahmen für staatliche Forschungs- und Entwicklungsbeihilfen, EWS 1996, S. 379.
52 Vgl. EuGH, Rs. 80/63, Slg. 1964, 837, 863 (Degreef/Kommission); Rs. 60/81, Slg. 1981, 2639, Rn. 11 (IBM/Kommission); Rs. C-133/87, Slg. 1990, I-719, Rn. 8 f. (Nashua Corporation u.a./Rat und Kommission); EuG, Rs. T-37/92, Slg. 1994, II-285, Rn. 27 (BEUC und NNC/Kommission); Rs. T-64/89, Slg. 1990, II-367, Rn. 57 f. (Automec Srl/Kommission); EuGH, Rs. C-282/95 P, Slg. 1997, I-1503, Rn. 34 (Guérin automobiles/Kommission).
53 EuGH, Rs. 53/85, Slg. 1986, 1965, Rn. 20 (AKZO Chemie/Kommission); Rs. 60/81, Slg. 1981, 2639, Rn. 11 (IBM/Kommission).
54 EuGH, Verb. Rs. 166 und 220/86, Slg. 1988, 6473, Rn. 16 (Irish Cement Ltd/Kommission); Rs. 26/76, Slg. 1977, 1875, Rn. 4 (Metro/Kommission); Rs. C-12/90, Slg. 1990, I-4265, Rn. 10 (Infortec/Kommission); Rs. C-480/93 P, Slg. 1996, I-1, Rn. 14 (Zunis Holding u.a./Kommission); Rs. C-180/96, Slg. 1998, I-2265, Rn. 28 f. (Vereinigtes Königreich/Kommission).
55 EuG, Rs. T-331/94, Slg. 1997, II-1665, Rn. 24 (IPK/Kommission); Rs. T-235/95, Slg. 1998, II-523, Rn. 42 (Goldstein/Kommission).
56 Vgl. dazu ausführlich *D. Booß*, in: Grabitz/Hilf, Art. 230, Rn. 34 f.
57 EuGH, Rs. C-366/88, Slg. 1990, I-3571, Rn. 9 (Frankreich/Kommission).
58 EuGH, Rs. 78/85, Slg. 1986, 1753, Rn. 11 (Fraktion der Europäischen Rechten/EP).
59 EuGH, Rs. 190/84, Slg. 1988, 1017, Rn. 7 f. (Les Verts/EP).
60 EuGH, Rs. C-68/90, Slg. 1990, I-2101, Rn. 9–12 (Blot/EP); vgl. auch Rs. 78/85, Slg. 1986, 1753, Rn. 11 (Fraktion der Europäischen Rechten/EP).

Gerichtshof dagegen der förmlichen Feststellung des Haushaltsplans durch den Präsidenten des Europäischen Parlaments[61] sowie einem Beschluß des Präsidiums des Europäischen Parlaments über die Wahlkampfkostenhilfe und -erstattung[62] zuerkannt.[63]

4. Klagebefugnis und Rechtsschutzinteresse

a) Privilegierte Klageberechtigte nach Abs. 2

19 Die Mitgliedstaaten, der Rat, die Kommission und mit dem Inkrafttreten des Vertrags von Nizza das EP können als privilegierte Klageberechtigte nach Abs. 2 die Nichtigkeitsklage erheben, ohne ein individuelles und unmittelbares Betroffensein oder die Verletzung eigener Befugnisse und Rechte geltend zu machen. Auch von einem Rechtsschutzinteresse hängt die Zulässigkeit der Klage nicht ab.[64] Der EuGH hat dies ausdrücklich für die Kommission und die Mitgliedstaaten anerkannt;[65] angesichts der Allgemeinheit der Formulierungen besteht aber kein Grund zu der Annahme, daß für den Rat und das EP anderes gelten soll.[66]

b) Teilprivilegierte Klageberechtigte nach Abs. 3

20 Die EZB (EWI) und der EuRH können eine Klage lediglich zum Schutz eigener, vom Vertrag verliehener Befugnisse und Rechte geltend machen. Im Anschluss an die nunmehr insoweit erledigte Judikatur zu den Rechten des Parlaments im Sinne von Abs. 3[67] zählen dazu insbesondere vertraglich verbriefte Anhörungs-, Beteiligungs- und Informationsrechte von EZB und EuRH (vgl. z.B. Art. 111 und Art. 248 Abs. 3).

5. Weitere Zulässigkeitsvoraussetzungen

21 Die Nichtigkeitsklage ist gegen **den richtigen Beklagten** zu richten, d.h. gegen das Gemeinschaftsorgan,[68] welches den angefochtenen Akt erlassen hat.[69]

22 **Die Klageschrift muß den Formvorschriften** des Art. 19 Abs. 1 Satz 2 Gerichtshofs-Satzung und Art. 38 VerfO-EuGH genügen.[70] Gem. Art. 38 § 1 der VerfO-EuGH muß sie u.a. eine kurze Darstellung der Klagegründe enthalten.[71] Nicht ausreichend ist folglich eine abstrakte Aufzählung der Klagegründe[72] oder die *pauschale* Bezugnahme auf die

---

61 EuGH, Rs. 34/86, Slg. 1986, 2155, Rn. 5 f. (Rat/EP).
62 EuGH, Rs. 294/83, Slg. 1986, 1339, Rn. 27 (Les Verts/EP).
63 Vgl. auch EuGH, Verb. Rs. 193 und 194/87, Slg. 1989, 1045, Rn. 17 (Maurissen und Gewerkschaftsbund/EuRH); Rs. C-314/91, Slg. 1993, I-1093, Rn. 9–11 (Weber/EP).
64 Vgl. dazu ausführlicher *H. Krück*, in: GTE, EU-/EGV, Art. 173, Rn. 30 f., insbesondere Rn. 33.
65 EuGH, Rs. 45/86, Slg. 1987, 1493, Rn. 3 (Kommission/Rat); Rs. 131/86, Slg. 1988, 905, Rn. 6 (Vereinigtes Königreich/Rat); Rs. 41/83, Slg. 1985, 873, Rn. 29 f. (Italien/Kommission).
66 Vgl. *H. Krück*, in: GTE, EU-/EGV, Art. 173, Rn. 32; *J. Mertens de Wilmars*, Annulation et Appréciation de Validité dans la Traité CEE: Convergence ou Divergence?, in: FS-Kutscher, 1981, S. 283 (285).
67 Vgl. dazu EuGH, Rs. C-316/91, Slg. 1994, I-625, Rn. 12 und 16 (EP/Rat) und bereits Rs. C-70/88, Slg. 1990, I-2041, Rn. 15 und 28 (EP/Rat); ausführlich *J. Schoo*, Vom Strahlenschutz zum Pflanzenschutz – Nichtigkeitsklagen des Europäischen Parlaments, EuZW 1996, S. 581.
68 Bei von EP und Rat gemeinsam erlassenen Akten ist die Klage gegen beide zu richten.
69 Vgl. auch *H. Krück*, in: GTE, EU-/EGV, Art. 173, Rn. 26; *Koenig/Sander* (Fn. 11), Rn. 273.
70 Vgl. zu den Rechtsfolgen diesbezüglicher Mängel der Klageschrift: *Koenig/Sander* (Fn. 11), Rn. 302.
71 Vgl. dazu auch EuG, Rs. T-16/91, Slg. 1992, II-2417, Rn. 130 (Rendo u.a./Kommission).
72 EuG, Rs. T-16/91, Slg. 1992, II-2417, Rn. 130 (Rendo u.a./Kommission); EuGH, Rs. C-330/88, Slg. 1991, I-1045, Rn. 18 (Grifoni/EAG).

Anlagen zur Klageschrift.[73] Die Klagegründe müssen so genau dargestellt werden, daß festgestellt werden kann, ob sie zu den in Art. 230 Abs. 2 aufgeführten Klagegründen gehören,[74] ohne daß die fehlerhafte Subsumtion unter einem oder mehreren Nichtigkeitsgründen schädlich wäre.[75] Eine in der Literatur teils geforderte schlüssige Darlegung der Klagegründe[76] ist zumindest terminologisch unglücklich, da in der Begründetheit nicht nur das tatsächliche Vorbringen des Klägers überprüft wird, sondern auch erst die (endgültige) rechtliche Würdigung erfolgt.

II. Klagen natürlicher und juristischer Personen nach Abs. 4

1. Zuständigkeit

Erstinstanzlich zuständig für alle Nichtigkeitsklagen natürlicher und juristischer Personen ist das EuG. Das folgte vor Inkrafttreten des Vertrags von Nizza aus Art. 225 Abs. 2 i.V.m. Art. 3 lit. c) des EuG-Errichtungsbeschlusses,[77] seitdem unmittelbar aus Art. 225 Abs. 1.   23

2. Parteifähigkeit

Anders als Art. 33 Abs. 2 EGKSV, wonach nur »Unternehmen« und deren »Verbände« klageberechtigt sind, erstreckt Art. 230 Abs. 4 die **aktive Parteifähigkeit** auf »jede natürliche und juristische Person«. Unter diesen Begriff fallen auch Staatsangehörige von Drittstaaten, selbst wenn ihr Wohnsitz oder Aufenthaltsort außerhalb des Unionsgebiets liegt. Die Klagebefugnis hängt allein davon ab, ob die übrigen in Art. 230 Abs. 4 genannten Voraussetzungen vorliegen. Praktisch ist dies insbesondere im Wettbewerbsrecht geworden.[78]   24

Der Begriff »juristische Person« ist nach der Rechtsprechung des Gerichtshofs ein gemeinschaftsrechtlicher, der nicht notwendig mit den Definitionen in den verschiedenen Rechtsordnungen der Mitgliedstaaten identisch ist.[79] Er umfaßt jedoch mindestens alle Körperschaften, Verbände und Kapitalgesellschaften des öffentlichen und privaten Rechts, denen nach nationalem Recht Rechtspersönlichkeit verliehen wurde. Darüber hinaus zählen die partei- und prozeßfähigen Berufsvereinigungen,[80] Gewerkschaften[81]   25

---

73 EuG, Rs. T-85/92, Slg. 1993, II-523, Rn. 20 (De Hoe/Kommission) m.w.N. aus der Rspr. des EuGH.
74 EuGH, Rs. 42/84, Slg. 1985, 2545, Rn. 16 (Remia BV u.a./Kommission).
75 Vgl. *H. Krück*, in: GTE, EU-/EGV, Art. 173, Rn. 20.
76 Vgl. *H. Krück*, in: GTE, EU-/EGV, Art. 173, Rn. 20; *Koenig/Sander* (Fn. 11), Rn. 301.
77 Vgl. dazu die Nachweise oben Fn. 7.
78 EuGH, Verb. Rs. 239 und 275/82, Slg. 1984, 1005, implizit in Rn. 11–14 (Allied Corporation/Kommission); Rs. 53/83, Slg. 1985, 1621, implizit in Rn. 4 f. (Allied Corporation/Rat); Rs. 240/84, Slg. 1987, 1809, implizit in Rn. 5 (NTN Toyo Bearing u.a./Rat); Verb. Rs. 89, 104, 114, 116, 117 und 125 bis 129/85, Slg. 1988, 5193, implizit wegen der Begründetheitsprüfung (Ahlström u.a./Kommission).
79 EuGH, Rs. 135/81, Slg. 1982, 3799, Rn. 10 (Agences de voyages/Kommission).
80 EuGH, Rs. 297/86, Slg. 1988, 3531, implizit in Rn. 9 (CIDA/Rat).
81 EuGH, Rs. 175/73, Slg. 1974, 917, Rn. 9/13 (Gewerkschaftsbund/Rat); Rs. 18/74, Slg. 1974, 933, Rn. 5/9 (Allgemeine Gewerkschaft/Kommission), beide Rs. betreffen Klagen nach Art. 236.

und Unternehmensverbände[82] ebenso zu den Klageberechtigten wie die Länder der Bundesrepublik Deutschland, die Regionen Belgiens[83] sowie überhaupt nach nationalem Recht partei- und prozeßfähige Gebietskörperschaften.[84]

26 Auch bei Klagen natürlicher und juristischer Personen sind nach Abs. 1 Rat, Kommission, Parlament,[85] Rat und Parlament gemeinsam sowie die EZB (EWI) **passiv parteifähig.**

3. Klagegegenstand

27 Ein zulässiger Klagegegenstand nach Abs. 4 liegt zunächst – wie bzgl. Abs. 1 – nur im Falle einer rechtlich existenten Gemeinschaftshandlung mit Außenwirkung[86] vor, die einem Gemeinschaftsorgan oder der EZB (EWI) zuzurechnen[87] ist. Anders als bei Klagen der Gemeinschaftsorgane und -einrichtungen im Sinne der Abs. 2 und 3 ist der Klagegegenstand bei Individualklagen aber nach dem **Wortlaut von Abs. 4** auf an den Kläger gerichtete Entscheidungen sowie auf Entscheidungen, die, obwohl sie formell als Verordnung (sog. »Scheinverordnungen«) oder als an andere Personen gerichtete Entscheidung ergangen sind, ihn unmittelbar und individuell betreffen, beschränkt.[88] Ob neben Entscheidungen und »Scheinverordnungen« auch »echte« Verordnungen im Sinne von Art. 249 Abs. 2, Richtlinien im Sinne von Art. 249 Abs. 3 und in der Form von Richtlinien ergangene Entscheidungen (»Scheinrichtlinien«) zulässiger Gegenstand einer Klage nach Abs. 4 sind, bedarf einer vertieften Betrachtung.

a) Anfechtbarkeit von »echten« Verordnungen

28 Im Zusammenhang mit der Frage, ob natürliche und juristische Personen »echte« Verordnungen« mit der Nichtigkeitsklage angreifen können, muß gleichfalls erörtert werden, welche Kriterien für die Qualifizierung einer Gemeinschaftsmaßnahme als »echte« Verordnung maßgebend sind.

aa) EuGH und EuG

29 Ausgehend vom Wortlaut des Art. 173 Abs. 2 EWGV – unverändert in Art. 230 Abs. 4 – hat der EuGH im Jahre 1962 judiziert, daß natürliche und juristische Personen »**nicht zur Erhebung von Anfechtungsklagen gegen Verordnungen (...) befugt** sind«.[89] Es sei »undenkbar, daß der Ausdruck Entscheidung im Artikel 173 in einem anderen als dem

---

82 EuGH, Verb. Rs. 67, 68 und 70/85, Slg. 1988, 219, Rn. 17–25 (Van der Kooy u.a./ Kommission); EuG, Verb. Rs. T-447 bis 449/93, Slg. 1995, II-1971, Rn. 60 (AITEC u.a./Kommission); Rs. T-481/93 und T-484/93, Slg. 1995, II-2941, Rn. 64 (Vereniging van Exporteurs in Levende Varkens u.a./Kommission); vgl. auch schon EuGH, Rs. 16 u. 17/62, Slg. 1962, 963, 980 f. (Confédération Nationale des Producteurs de fruits et légumes/Rat der EWG), wo nur die Reichweite der Klagebefugnis offengelassen wird.
83 EuGH, Verb. Rs. 62 u. 72/87, Slg. 1988, 1573, Rn. 8 (Exécutif régional Wallon/Kommission).
84 EuGH, Rs. 222/83, Slg. 1984, 2889, Rn. 8–12, dort implizit durch Abgrenzung zu EGKSV (Differdange/Kommission); Rs. C-180/97, Slg. 1997, I-5245, Rn. 11 (Regione Toscana/Kommission); EuG, Rs. T-214/95, Slg. 1998, II-717, Rn. 28 (Vlaams Gewest/Kommission). Vgl. auch *M. Dauses,* Die Rolle der Regionen in Direktklagen vor dem EuGH, BayVBl. 1996, 582 (584 ff.).
85 Vgl. zur passiven Parteifähigkeit des EP unter Geltung des EWGV bereits EuGH, Rs. 294/83, Slg. 1986, 1339, Rn. 23 ff. (Les Verts/EP).
86 Vgl. dazu oben Rn. 7 f. und 12 ff.
87 Vgl. dazu oben Rn. 9 ff.
88 Vgl. zu dieser Formulierung auch EuGH, Verb. Rs. 16 u. 17/62, Slg. 1962, 963, 977 f. (Confédération Nationale des Producteurs de fruits et légumes/Rat der EWG).
89 EuGH, Verb. Rs. 16 u. 17/62, Slg. 1962, 963, 978 (Confédération Nationale des Producteurs de fruits et légumes/Rat der EWG).

sich aus Artikel 189 ergebenden technischen Sinne gebraucht sei«.[90] Lediglich, wenn es sich nach Inhalt und Gegenstand um eine Entscheidung und mithin »Scheinverordnung« handle,[91] könne eine Klage nach Abs. 4 zulässig sein.[92] Von diesen (klaren) Aussagen[93] haben EuGH und EuG in der Folgezeit Abstand genommen.[94]

Anknüpfend an eine vielfach zunächst als bereichsspezifisch eingestufte Judikatur des Gerichtshofs zum Antidumpingrecht[95] haben EuGH und EuG in jüngeren Entscheidungen **neue Akzente gesetzt**.[96] Danach kann eine Vorschrift, die »im Hinblick auf die Kriterien des Artikels 173 Abs. 2 des Vertrages[97] **nach ihrer Rechtsnatur und ihrer Tragweite normativen Charakter** (hat), da sie für die beteiligten Wirtschaftsteilnehmer im allgemeinen gilt«, »**einige von ihnen individuell betreffen**«.[98] Sodann hat der Gerichtshof, ungeachtet der Qualifizierung der angegriffenen Maßnahme als Verordnung, nach Bejahung des individuellen (und unmittelbaren) Betroffenseins Klagen mehrfach als zulässig qualifiziert.[99] 30

Während die Gemeinschaftsgerichtsbarkeit also mittlerweile in mehreren Entscheidungen anerkannt hat, daß einzelne individuell Betroffene **auch materielle Verordnungsbe-** 31

---

90 So bzgl. des Wortlauts allg. Meinung, vgl. nur *F. von Burchard*, Der Rechtsschutz natürlicher und juristischer Personen gegen EG-Richtlinien gem. Artikel 173 Abs. 2 EWGV, EuR 1991, S. 140 (142 m.w.N.).
91 Eine »Scheinverordnung« nimmt der EuGH wohl an in der verb. Rs. 41-44/70, Slg. 1971, 411, Rn. 15 ff. (Fruit Company/Kommission); vgl. auch *H.C. Röhl*, Die anfechtbare Entscheidung nach Art. 230 Abs. 4 EGV, ZaöRV 60 (2000), S. 331 (349 f.).
92 EuGH, Verb. Rs. 16 u. 17/62, Slg. 1962, 963, 978 (Confédération Nationale des Producteurs de fruits et légumes/Rat der EWG).
93 Anknüpfend an die Verb. Rs. 16 und 17/62 noch EuGH, Rs. 101/76, Slg. 1977, 797, Rn. 8/11 u. Rn. 20 ff. (Koninklijke Scholten Honig NV/Rat und Kommission).
94 Vgl. schon EuGH, Rs. 60/81, Slg. 1981, 2639, Rn. 9 (IBM/Kommission).
95 EuGH, Verb. Rs. 239 u. 275/82, Slg. 1984, 1005, Rn. 11 ff. (Allied Corporation/Kommission); Rs. 53/83, Slg. 1985, 1621, Rn. 4 f. (Allied Corporation/Rat); Rs. C-358/89, Slg. 1991, I-2501, Rn. 13 ff. (Extramet Industrie/Rat); vgl. dazu auch *H.-J. Rabe*, Rechtsschutz im Außenwirtschaftsrecht der EG, EuR 1991, S. 236 (240 f.); *Nicolaysen*, Europarecht I, S. 187 f.; *Röhl* (Fn. 91), S. 350 f.; *C. Nowak*, Das Verhältnis zwischen zentralem und dezentralem Individualrechtsschutz im Europäischen Gemeinschaftsrecht, EuR 2000, S. 724 (729); *W. Cremer*, Individualrechtsschutz gegen Rechtsakte der Gemeinschaft: Grundlagen und neuere Entwicklungen, in: Nowak/Cremer (Hrsg.), Individualrechtsschutz in der EG und der WTO, im Erscheinen.
96 So bzgl. des Codorniu-Urteils auch *J. D. Cooke*, Conflict of principle and Pragmatism-Locus standi under Article 173(4) ECT, Vorträge, Reden und Berichte aus dem Europa-Institut-Sektion Rechtswissenschaft-Nr. 353, 1996, S. 28.
97 Urteil bezog sich noch auf den EWGV.
98 EuGH, Rs. C-309/89, Slg. 1994, I-1853, Rn. 19 (Codorniu SA/Rat); bestätigt in: EuG, Rs. T-116/94, Slg. 1995, II-1, Rn. 26 (Cassa nationale di previdenza ed assistenza a favore degli avvocati e procuratori/Rat); Verb. Rs. T-480/93 und T-483/93, Slg. 1995, II-2310, Rn. 66 (Antillean Rice Mills NV u.a./Kommission), in dieser Rs. qualifizierte das EuG eine formelle Entscheidung als »verschleierte« Verordnung; EuG, Rs. T-47/95, Slg. 1997, I-481, Rn. 43 (Terre Rouge Consultant SA u.a./Kommission); Verb. Rs. T-125/96 und T-152/96, Slg. 1999, II- 3427, Rn. 162 (Boehringer/Kommission).
99 EuGH, Rs. C-309/89, Slg. 1994, I-1853, Rn. 20 ff. (Codorniu SA/Rat); Rs. C-358/89, Slg. 1991, I-2501, Rn. 17 (Extramet Industrie/Rat); vgl. zum Antidumpingrecht bereits Rs. 53/83, Slg. 1985, 1621, Rn. 5 (Allied Corporation/Rat); Verb. Rs. 239 u. 275/82, Slg. 1984, 1005, Rn. 12 ff. (Allied Corporation/Kommission); Verb. Rs. T-480/93 und T-483/93, Slg. 1995, II-2310, Rn. 80 (Antillean Rice Mills NV u.a./Kommission); Verb. Rs. T-125/96 und T-152/96, Slg. 1999, II-3427, Rn. 162 f. (Boehringer/Kommission). Ausführlicher zu dieser Judikatur *Cremer* (Fn. 95).

stimmungen anfechten können,[100] hat das EuG im Urteil Exporteurs in Levende Varkens daran anschließend die These aufgestellt, daß »eine Gemeinschaftshandlung also gleichzeitig eine generelle Norm und in bezug auf bestimmte betroffene Wirtschaftsteilnehmer eine Entscheidung sein kann«.[101]

bb) Würdigung der Rechtsprechung

32 In der Literatur wird teils angenommen, die Rspr. zur Bestimmung des zulässigen Klagegegenstands nach Abs. 4 weise nur scheinbare Divergenzen auf und lasse sich auf ein schlüssiges dogmatisches Konzept zurückführen. Zur Begründung wird ausgeführt, daß nach der Rspr. nur solche Maßnahmen nach Art. 230 Abs. 4 anfechtbar seien, die durch ihren individuellen Bezug in die Rechts- oder Interessensphäre des Einzelnen eingreifen. Diese Kriterien beschrieben aber gerade die Voraussetzungen, die eine Entscheidung im Sinne des Art. 249 Abs. 4 nach der Rspr. des Gerichtshofs ausmachen. Der anfechtbare Rechtsakt im Sinne von Art. 230 Abs. 4 werde somit bereits in seiner Begriffsbestimmung in Relation zu einer individuellen Betroffenheit gesetzt. Eines solchen individuellen Bezuges entbehrten echte Verordnungen mit Rechtsnormcharakter jedoch. Sie regelten lediglich abstrakte Sachverhalte für einen unbestimmten Adressatenkreis. Der Streit um die Frage, ob nach Art. 230 Abs. 4 auch »echte« Verordnungen angefochten werden könnten, sei demnach eine **Scheindiskussion**. Ein Rechtsakt sei nach Abs. 4 anfechtbar, wenn er den Einzelnen individuell und unmittelbar betreffe; dann handele es sich materiell aber nicht mehr um eine Verordnung, sondern um eine Entscheidung. »Echte« Verordnungen könnten folglich mit der Nichtigkeitsklage nicht angegriffen werden, da diese per definitionem Einzelne niemals individuell beträfen.[102]

33 Diese Argumentation geht indes von der falschen Prämisse aus, daß die Rspr. hinsichtlich der Abgrenzung zwischen Verordnung und Entscheidung maßgeblich auf die Bestimmbarkeit des Personenkreises abstellt. Zwar liegt nach ständiger Rspr. eine Verordnung vor, wenn sie für objektiv bestimmte Situationen gilt und Rechtswirkung gegenüber abstrakt umschriebenen Personenkreisen erzeugt.[103] In Zweifelsfällen hat der EuGH bei der Abgrenzung zwischen Entscheidung und Verordnung aber nur in wenigen frühen Judikaten maßgeblich auf die Bestimmbarkeit des betroffenen Personenkreises abgestellt;[104] mittlerweile entspricht es gefestigter Rspr.,[105] daß die Identifizierung der von der Maß-

---

100 Vgl. auch EuGH, Rs. C-68/95, Slg. 1996, I-6065, Rn. 59 (T. Port/Bundesanstalt für Landwirtschaft und Ernährung), wonach Abs. 4 es dem Einzelnen erlaube, »Nichtigkeitsklage gegen einen Rechtsakt zu erheben, der zwar nicht an ihn gerichtet ist, ihn aber unmittelbar und individuell betrifft«. Zudem finden sich Judikate, die sich bzgl. der Zulässigkeit von Klagen Einzelner ausschließlich mit der individuellen Betroffenheit des Klägers befassen und diese verneinen, ohne die als Verordnung ergangenen Maßnahmen in den Katalog der Rechtsakte nach Art. 249 einzuordnen, vgl. nur EuGH, Rs. C-209/94 P, Slg. 1996, I-615, Rn. 22 ff. (Buralux u.a./Rat).
101 EuG, Rs. T-481/93 und T-484/93, Slg. 1995, II-2941, Rn. 50 (Vereiniging van Exporteurs in Levende Varkens u.a./Kommission); ebenso, Rs. T-47/95, Slg. 1997, I-481, Rn. 43 (Terre Rouge Consultant SA u.a./Kommission); Rs. T-122/96, Slg. 1997, II-1559, Rn. 58 (Federolio). Bereits im Urteil Codorniu erkennt *Cooke* (Fn. 96), S. 28, diese Konzeption.
102 *L. Allkemper,* Der Rechtsschutz des einzelnen nach dem EG-Vertrag, 1995, S. 58 ff.; *Koenig/ Sander* (Fn. 11), Rn. 266; *K. D. Borchardt,* in: Lenz, Art. 230 Rn. 34.
103 EuGH, Rs. C-244/88, Slg. 1989, 3811, Rn. 13 (Usines coopératives de déshydration du Vexin u.a./Kommission); EuGH, Rs. T-107/94, Slg. 1995, II-1717, Rn. 35 (Kristina Kik/Rat und Kommission). Vgl. auch *Rengeling/Middeke/Gellermann,* Rechtsschutz in der EU, Rn. 151.
104 Vgl. EuGH, Rs. 16 u. 17/62, Slg. 1962, 963, 978 f. (Confédération Nationale des Producteurs de fruits et légumes/Rat der EWG); Verb. Rs. 41–44/70, Slg. 1971, 411, Rn. 16/22 (Fruit Company/Kommission); Rs. 113/77, Slg. 1979, 1185, Rn. 11 (NTN Toyo Bearing Company/Rat).
105 Mit dieser Einschätzung auch *K. Klüpfel,* Zur Anfechtbarkeit von Richtlinien durch nichtprivilegierte Kläger, EuZW 1996, S. 393 (393 f.).

nahme betroffenen Personen nach Zahl und Identität nichts am **Verordnungscharakter** ändert, solange nur eine »**objektive Rechts- oder Sachlage**« geregelt wird.[106] Die in der Literatur vorgeschlagene Auflösung der geschilderten Divergenzen der Rechtsprechungspraxis geht also schon deshalb fehl, weil der Gerichtshof den Verordnungscharakter einer Maßnahme zumindest in der überwiegenden Zahl seiner Judikate nicht bereits wegen eines bestimmbaren Kreises von Personen ablehnt, sondern maßgeblich auf die Allgemeinheit bzw. Abstraktheit der geregelten Situation abstellt.

Als Fazit ist festzuhalten, daß die Gemeinschaftsgerichte in mittlerweile gefestigter Rechtsprechung **die Anfechtbarkeit auch materieller Verordnungsbestimmungen anerkennen**. 34

cc) Stellungnahme
Auch wenn der Rspr. der Gemeinschaftsgerichtsbarkeit – wie soeben gezeigt – nicht die 35 Annahme zugrunde liegt, die mögliche Bestimmbarkeit der betroffenen Personen qualifiziere eine Maßnahme als Entscheidung und begründe hinsichtlich dieser Personen auch deren individuelles Betroffensein und mithin deren Klagebefugnis, ist eine solche Konzeption dadurch in der Sache keineswegs diskreditiert und wird in der Literatur auch vertreten.[107] Im Sinne einer überwiegend befürworteten großzügigeren Auslegung der Rechtsschutzbestimmungen des Vertrages liegt der Vorteil einer solchen Konzeption prima facie darin, daß ein und dasselbe Kriterium bezüglich Klagegegenstand und Klagebefugnis[108] zu prüfen ist, ohne mit dem Wortlaut von Abs. 4 in Konflikt zu geraten. Eine solche Konzeption des Verordnungsbegriffs kann indes die Klagebefugnis derjenigen nicht begründen, die in einem (großen) Kreis der von einer Maßnahme Betroffenen einen kleinen Kreis besonders Betroffener bilden, die deshalb individuell betroffen und klagebefugt sein sollten.[109] Eine Maßnahme, die viele betrifft – und dies ist bei der Regelung wirtschaftlicher Sachverhalte nahezu immer der Fall –,[110] wäre nach dem Kriterium der Bestimmbarkeit des Betroffenenkreises nämlich bereits keine Entscheidung mehr.

Die Anfechtbarkeit auch »echter« Verordnungen ist **unter Rechtsschutzgesichtspunkten** 36

---

106 EuG, Rs. T-480/93 u. T-483/93, Slg. 1995, II-2310, Rn. 65 (Antillean Rice Mills NV u.a./Kommission); EuGH, Rs. 242/81, Slg. 1982, 3213, Rn. 7 (Roquette Frères/Rat); Verb. Rs. 789 und 790/79, Slg. 1980, 1949, Rn. 9 (Calpak/Kommission); Rs. 64/80, Slg. 1981, 693, Rn. 7 (Guiffrida und Campogrande/Rat); Rs. 45/81, Slg. 1982, 1129, Rn. 17 (Moksel/Kommission); Rs. 307/81, Slg. 1982, 3463, Rn. 11 (Alusuisse und Kommission); Verb. Rs. 97, 193, 99 und 215/86, Slg. 1988, 2200, Rn. 12 (Asteris/Kommission); Rs. C-309/89, Slg. 1994, I-1853, Rn. 18 (Codorniu SA/Rat); ähnlich EuGH, Rs. C-270/95 P, Slg. 1996, I-1987, Rn. 13 (Cristina Kik/Rat und Kommission); Rs. 6/68, Slg. 1968, 612, 621 (Zuckerfabrik Watenstedt/Rat); bzgl. Richtlinien: EuGH, Rs. C-298/89, Slg. 1993, I-3605, Rn. 17 (Gibraltar/Rat); Rs. C-10/95 P, Slg. 1995, I-4149, Rn. 30 (Asocarne/Rat).
107 Neben den in Fn. 103 genannten Autoren *Rengeling/Middeke/Gellermann*, Rechtsschutz in der EU, Rn. 151 a. E.; *von Burchard* (Fn. 90), S. 147. Vgl. zu einem anderen die Anfechtbarkeit von Verordnungen verteidigenden Ansatz jüngst *Röhl* (Fn. 91), S. 331 ff. Instruktiv auch *C. Nowak*, Dezentralisierung des Individualrechtsschutzes in der EG im Lichte des gemeinschaftlichen Rechtsgrundsatzes effektiven Rechtsschutzes, in: Nowak/Cremer (Hrsg.), Individualrechtsschutz in der EG und der WTO, im Erscheinen; *ders.*, (Fn. 95), S. 724 ff.
108 Neben dem Unmittelbarkeitskriterium.
109 Vgl. zu den Kriterien im einzelnen unten Rn. 50 ff.
110 Vgl. dazu *W. Cremer*, Forschungssubventionen im Lichte des EGV – zugleich ein Beitrag zu den gemeinschaftsrechtlichen Rechtsschutzmöglichkeiten gegenüber Subventionen, 1995, S. 248.

begrüßenswert.[111] Allerdings ist es der Rechtsprechung nicht gelungen, diese Position überzeugend zu begründen. Während man beim Gerichtshof überhaupt ein substanzielles Argument vermißt,[112] hat das EuG mit der These vom Hybridcharakter einer Maßnahme[113] statt einer Begründung immerhin eine Erklärung versucht. Diese Konstruktion kann indes schon deshalb nicht überzeugen, weil je nach Einordnung als Verordnung oder Entscheidung unterschiedliche Rechtsfolgen ausgelöst und Rechtmäßigkeitskriterien angelegt werden müssen. Zuständigkeit, Verfahren und zu beachtende Formvorschriften hängen nicht selten von der *eindeutigen* Qualifizierung der Rechtsnatur des zu verabschiedenden Aktes ab. Genannt seien nur die unterschiedlichen Anforderungen an die Veröffentlichung und daran anknüpfend Wirksamkeit von Verordnungen einerseits und Entscheidungen andererseits gem. Art. 254 EG. Auch der EuGH hat es für ausgeschlossen gehalten, daß ein und dieselbe Bestimmung »zugleich ein Rechtsakt von allgemeiner Geltung und eine Einzelmaßnahme« sei.[114] Dennoch halte ich entgegen der Vorauflage und trotz des Wortlauts von Art. 230 Abs. 4 »echte Verordnungen« in bestimmten Konstellationen und unter **engen Voraussetzungen** bereits de constitutione lata für einen zulässigen **Klagegegenstand**.[115] Zwar sind die Voraussetzungen für eine Analogie entgegen GA *Lenz* nicht bereits deshalb zu bejahen, weil schützenswerte Interessen oder Rechte des Einzelnen beim derzeitigen Stand des Gemeinschaftsrechts nicht allein deshalb eine unterschiedliche Behandlung erfahren dürfen, weil die Maßnahme der Rechtsnatur nach eine Verordnung und keine Entscheidung darstellt.[116] Genau eine solche Unterscheidung ist in Art. 230 Abs. 4 nämlich angelegt und ist solange maßgebend, als eine Verordnung vor den nationalen Gerichten (dezentraler Rechtsschutz) i.V.m. dem Vorlageverfahren nach Art. 234 einer Inzidentprüfung zugeführt werden kann und dadurch ein effektiver Rechtsschutz gewährleistet ist. Anzuerkennen sind »echte Verordnungen« als Klagegegenstand i.S. von Abs. 4 aber dann, aber auch nur dann, wenn im konkreten Einzelfall ohne das Direktklagerecht gem. Art. 230 Abs. 4 schwere und irreparable Beeinträchtigungen gemeinschaftsrechtlich fundierter Rechte oder Freiheiten drohen. Seine Grundlage findet diese partielle Anerkennung eines Direktklagerechts von Individuen im **Anspruch auf einen wirksamen gerichtlichen Rechtsbehelf** zum Schutz und zur Verteidigung eigener gemeinschaftsrechtlich begründeter Rechte und Freiheiten, welcher

---

111 Der Rspr. zur Anfechtbarkeit auch »echter« Verordnungen zustimmend, *D. Waelbroek/D. Fosselard*, Annotation to Joined Cases T-480/93 und T-483/93, Antillean Rice Mills, CMLR 1996, S. 811 (817); GA *C. O. Lenz*, Schlußantr. zu EuGH, Rs. C-309/89, Slg. 1994, I-1853, 1856, Ziff. 25–27 und 37 (Codorniu/Rat); sympathisierend auch *Cooke* (Fn. 96), S. 28 f. Vgl. zur in den sechziger Jahren de constitutione ferenda mehrfach erhobenen Forderung nach einer Anerkennung auch »echter« Verordnungen als zulässiger Gegenstand der Nichtigkeitsklage natürlicher und juristischer Personen: *O. Riese*, Über den Rechtsschutz innerhalb der Europäischen Gemeinschaften, EuR 1966, 24 (35 f.); *J. Kropholler*, Die Europäischen Gemeinschaften und der Grundrechtsschutz, EuR 1969, 128 (144). Zum damaligen Diskussionsstand: *H.-J. Rabe*, Über den Rechtsschutz innerhalb der Europäischen Gemeinschaften, EuR 1966, 69 (70); *P. Rabels*, Empfiehlt es sich, die Bestimmungen des Europäischen Gemeinschaftsrechts über den Rechtsschutz zu ändern und zu ergänzen? – Bericht über die Verhandlungen der europarechtlichen Arbeitsgemeinschaft des 46. Deutschen Juristentages, EuR 1966, S. 367 (370).
112 Dazu ausführlicher *W. Cremer*, (Fn. 95).
113 Vgl. dazu oben Fn. 101.
114 EuGH, Rs. 45/81, Slg. 1982, 1129, Rn. 18 (Moksel); so auch *Röhl* (Fn. 91), S. 354 m.w.N. in Fn. 129.
115 Ausführlicher zu meiner Konzeption und ihrer Begründung *W. Cremer*, Individualrechtsschutz gegen Richtlinien, EuZW 2001 S. 453 ff. Meine dortigen ausdrücklich auf Richtlinien bezogenen Überlegungen gelten auch für die Anfechtbarkeit »echter Verordnungen«.
116 GA *C. O. Lenz*, Schlußantr. zu EuGH, Rs. C-309/89, Slg. 1994, I-1853, 1856, Ziff. 26 f. (Codorniu/Rat). Vgl. zum Verhältnis von Analogie und Umkehrschluß, welcher bei Schweigen des Gesetzestextes rein logisch ebenfalls möglich ist: *K. Larenz*, Methodenlehre der Rechtswissenschaft, 6. Aufl., 1991, S. 390 f.; *F. Bydlinski*, Juristische Methodenlehre und Rechtsbegriff, 2. Aufl., Wien/New York, 1991, S. 476 f.; *K.-W. Canaris*, Die Feststellung von Lücken im Gesetz, 2. Aufl., 1983, S. 44.

zum gemeinschaftlichen Grundrechtsbestand gehört. Der Gerichtshof hat diesen Anspruch zwar vor allem gegenüber mitgliedstaatlichem Verhalten entwickelt, er gilt zweifelsfrei aber auch gegenüber Akten der Gemeinschaftsgewalt.[117] Es handelt sich um eines der zentralen Verfahrensgrundrechte,[118] was auch in Art. 47 I und II der Grundrechtscharta seinen Ausdruck gefunden hat.[119] Dabei steht der Anspruch auf wirksamen gerichtlichen Rechtsschutz als Verfahrensgrundrecht mit Art. 230 IV EG auf derselben Stufe der Normenhierarchie. Beide sind primäres Gemeinschaftsrecht. Der Wortlaut des Art. 230 IV EG erfährt mit Blick auf die Anfechtung von Verordnungen also insoweit eine Einschränkung, als dies zur Durchsetzung einer anderen Forderung des Primärrechts notwendig ist. Art. 230 IV EG ist deshalb weder (partiell) primärrechtswidriges Primärrecht, noch ist eine Auslegung contra legem/constitutione erforderlich. Ausdrücklich ist die Nichtanfechtbarkeit von Verordnungen in der Norm nicht angeordnet. Vielmehr folgt die partielle Überlagerung des Art. 230 IV EG aus der Notwendigkeit und dem daraus folgenden Gebot, die primäre Gemeinschaftsrechtsordnung widerspruchsfrei aufzulösen (»**Einheit der Gemeinschaftsverfassung**«).[120]

b) Anfechtbarkeit von Richtlinien

37 Die Anfechtbarkeit von Richtlinien durch natürliche und juristische Personen war in den letzten Jahren Gegenstand mehrerer Urteile von EuGH und EuG[121] und hat auch in der Literatur zunehmend Beachtung gefunden.[122] Ausgangspunkt der Diskussion ist der **Wortlautbefund des Abs. 4**, wo die Anfechtbarkeit von Richtlinien durch Einzelne nicht vorgesehen ist.[123]

aa) Darstellung und Würdigung der Rechtsprechung von EuGH und EuG

38 Die Rechtsprechung läßt zu der Frage, ob in der Form von Richtlinien ergangene Entscheidungen (»Scheinrichtlinien«) oder gar »echte« Richtlinien ein zulässiger Gegenstand der Anfechtungsklage von natürlichen und juristischen Personen sein können, **keine konsistente Konzeption** erkennen.

39 In der Rechtssache Fedesa hat der EuGH die Frage ausdrücklich offengelassen[124] und die Unzulässigkeit auf die fehlende individuelle Betroffenheit der Klägerinnen gestützt.[125] Im Urteil Gibraltar lehnte der EuGH die Zulässigkeit der Klage unter Hinweis auf die »all-

---

117 Vgl. dazu mit Nachweisen aus der Rechtsprechung *T. Kingreen*, in: Calliess/Ruffert, EUV/EGV, Art. 6 EUV Rn. 173.
118 *C. Nowak*, Drittschutz im EG-Beihilfenkontrollverfahren, DVBl. 2000, S. 20 (24) bezeichnet den Grundsatz effektiven Rechtsschutzes als Annexgrundrecht.
119 Soweit es darum geht, Grundrechte gegenüber Eingriffen der Gemeinschaft effektiv zu schützen, bietet sich zudem eine zweite Absicherung über die Verfahrensdimension der materiellen Grundrechte an. Die Legitimation dieses im gemeinschaftsrechtlichen Kontext bislang noch schwach ausgeprägten Ansatzes und die Abgrenzung zum formellen Verfahrensgrundrecht müssen hier nicht vertieft werden.
120 Ausführlicher zum Ganzen *Cremer*, (Fn. 115), S. 455 ff.
121 EuG, Rs. T-99/94, Slg. 1994, II-871 (Asocarne/ Rat).
122 *Von Burchard* (Fn. 90), S. 142 ff.; *ders.*, Anm. zu EuG, Rs. T-99/94 vom 20.10.1994, EuZW, 1995, S. 255; *Klüpfel* (Fn. 105), S. 393 ff.; *U. Everling*, Brauchen wir »Solange III«?, EuR 1990, S. 195 (210); und bereits *E. W. Fuß*, Die »Richtlinie« des Europäischen Gemeinschaftsrechts, DVBl. 1965, S. 378 (382); *H.-W. Daig*, Zum Klagerecht von Privatpersonen nach Art. 173 Abs. 2 EWG-, 146 Abs. 2 EAG-Vertrag, in: FS-Riese, 1964, S. 187 (200); *M. Zuleeg*, Die Rechtswirkung europäischer Richtlinien, ZGR 1980, S. 466 (482).
123 Dies ist unstreitig, vgl. nur *Klüpfel* (Fn. 105); *von Burchard* (Fn. 90), S. 142.
124 Der Rat hatte sich insbesondere auf die Unanfechtbarkeit der Richtlinie und nur *hilfsweise* auf die fehlende unmittelbare und individuelle Betroffenheit gestützt, vgl. Rs. 160/88 EuGH, Rs. 160/88, Slg. 1988, 6399, Rn. 6 f. (Fédération européenne de la santé animale u.a./Rat).
125 Rs. 160/88, Slg. 1988, 6399, Rn. 13 (Fédération européenne de la santé animale u.a./Rat).

gemeine Geltung« des als Richtlinienbestimmung verabschiedeten Gemeinschaftsakts[126] ab.[127] Auf eine etwaige individuelle Betroffenheit der Regierung von Gibraltar geht der EuGH nicht mehr ein. In der Literatur wird angenommen, daß der EuGH auch in diesem Urteil die Frage der Anfechtbarkeit von Richtlinien durch nicht-privilegierte Kläger offen gelassen hat.[128] Dem ist nachdrücklich zu widersprechen. Auch wenn es an einer ausdrücklichen Feststellung fehlt – die Prüfung der wahren Rechtsnatur des als Richtlinienbestimmung verabschiedeten Gemeinschaftsakts ist sinnvoll nur zu erklären, wenn man annimmt, daß der EuGH die **Anfechtbarkeit von »Scheinrichtlinien«** anerkennt, die Anfechtbarkeit von »echten Richtlinienbestimmungen« dagegen ablehnt. Letzteres wird auch dadurch zweifelsfrei bestätigt, daß der Gerichtshof andernfalls auf die unmittelbare und individuelle Betroffenheit hätte eingehen müssen.

40 In der Rechtssache Asocarne hat das EuG die **Anfechtbarkeit von Richtlinien und von Entscheidungen, die als Richtlinien ergangen sind, ausdrücklich abgelehnt**[129]. Wohl mit Blick auf ein mögliches Rechtsmittel hat es sodann aber geprüft, ob eine in Form einer Richtlinie ergangene Entscheidung vorliegt und nach Verneinung dieser Frage[130] »hilfsweise« auch eine individuelle Betroffenheit der Klägerinnen geprüft und abgelehnt.[131]

41 Der EuGH ist in der Rechtsmittelentscheidung zu diesem Beschluß nicht ausdrücklich auf die Frage eingegangen, ob Richtlinien oder jedenfalls als Richtlinien ergangene Entscheidungen ein zulässiger Gegenstand einer Klage nach Abs. 4 sein können. Seine Ausführungen implizieren aber, daß er entgegen dem Urteil Gibraltar, nicht nur eine Anfechtbarkeit von »Scheinrichtlinien«, sondern auch von »echten Richtlinien« für möglich hält.[132]

41 a In seinem Urteil in der Rs. UEAPME vom Juni 1998[133] dreht das EuG seine Position um 180 Grad,[134] ohne auch nur mit einem Wort auf seine eigene entgegenstehende Rechtsprechung in der Rs. Asocarne einzugehen. So heißt es nunmehr: »Zwar behandelt Artikel 173 Absatz 4 des Vertrages[135] die Zulässigkeit der von einer juristischen Person gegenüber einer Richtlinie erhobenen Nichtigkeitsklage nicht ausdrücklich, der Rechtsprechung des Gerichtshofes ist jedoch zu entnehmen, dass dies allein nicht ausreicht, solche Klagen für unzulässig zu erklären.«[136] Sodann wird zunächst das Vorliegen einer Schein-

---

126 In Frage stand lediglich Art. 2 Abs. 2 der Richtlinie 89/463/EWG des Rates vom 18.7.1989, ABl.EG 1989 Nr. L 226/14.
127 EuGH, Rs. C-298/89, Slg. 1993, I-3605, Rn. 15, insbesondere Rn. 23 (Gibraltar/Rat); Rs. C-10/95 P, Slg. 1995, I-4149, Rn. 30 (Asocarne/Rat).
128 K. Klüpfel (Fn. 105), S. 393. Ich kann entgegen Klüpfel auch nicht erkennen, wo der EuGH das individuelle Betroffensein der Regierung von Gibraltar verneint. M.E. kommt in Rz. 24 des Urteils vielmehr zum Ausdruck, daß eben diese Frage offen bleiben konnte, weil keine verschleierte Entscheidung angegriffen wurde, sondern eine auch materiell als Richtlinie zu qualifizierende Bestimmung.
129 EuG, Rs. T-99/94, Slg. 1994, II-871, Rn. 17 (Asocarne/ Rat).
130 EuG, Rs. T-99/94, Slg. 1994, II-871, Rn. 18 (Asocarne/ Rat).
131 EuG, Rs. T-99/94, Slg. 1994, II-871, Rn. 19-21 (Asocarne/Rat). Ausführlicher zu diesem Beschluß Cremer (Fn. 95).
132 EuGH, Rs. C-10/95 P, Slg. 1995, I-4149, Rn. 32 ff. (Asocarne/Rat), dazu ausführlicher Vorauflage, Art. 230, Rn. 41 und Cremer (Fn. 95).
133 EuG, Rs. T-135/96, Slg. 1998, II-2335 (UEAPME/Rat).
134 Offen gelassen wurde die Frage der Anfechtbarkeit von Richtlinien in EuG, Verb. Rs. T-125/96 und T-152/96, II-3427., Rn. 58 ff., 143 (Boehringer/Kommission), wo die Begründetheitsprüfung vorgezogen wird.
135 EGV in der Maastricht-Fassung.
136 EuG, Rs. T-135/96, Slg. 1998, II-2335, Rn. 63 (UEAPME/Rat).

richtlinie und mithin verschleierten Entscheidung untersucht,[137] nach Bejahung des »normativen Charakters«[138] der in Streit stehenden Richtlinienbestimmung aber auch das individuelle und unmittelbare Betroffensein geprüft. Will man darin nicht nur hilfsweise Ausführungen erkennen, was fernliegt,[139] liegt in dieser Prüfung ein eindeutiges Bekenntnis zur Anerkennung der Anfechtbarkeit auch echter Richtlinienbestimmungen durch natürliche und juristische Personen.

41 b Nochmals hat das EuG sich im Tabakwerbung-Urteil vom 27.6.2000 mit der Anfechtbarkeit von Richtlinien auseinander gesetzt.[140] Entgegen Schwarze werden Richtlinien in diesem Urteil nicht generell als Gegenstand von Direktklagen Einzelner ausgeschlossen[141] – mögen die vom EuG in diesem Urteil an das unmittelbare Betroffensein gestellten hohen Anforderungen auch zum selben Ergebnis führen. Zwar heißt es in der von Schwarze in Bezug genommenen Passage des Urteils in der Tat, Art. 230 IV sehe für den Einzelnen kein Direktklagerecht gegen Richtlinien vor dem Gemeinschaftsrichter vor. Damit soll aber wohl lediglich der Wortlaut der Norm wiedergegeben bzw. an diesen erinnert werden. Unmittelbar anschließend wird jedenfalls – unter wörtlicher Übernahme einer Formulierung aus der Rs. Asocarne, in welcher das EuG in der Tat jegliche Anfechtbarkeit von Richtlinien abgelehnt hatte –[142] das Vorliegen einer verschleierten Entscheidung geprüft und verneint.[143] Sodann wird – wie im Urteil UEAPME – auf die Rechtsprechung zur Anfechtbarkeit von »echten Verordnungen« verwiesen,[144] um fortzufahren:[145] »Es ist daher[146] zu prüfen, ob die streitige Richtlinie die Klägerinnen unmittelbar und individuell betrifft.« Damit macht das EuG nochmals deutlich, dass es gewillt ist, die Anfechtbarkeit auch »echter Richtlinien« durch den Einzelnen grundsätzlich zu akzeptieren. Freilich steht damit keineswegs fest, dass der Einzelne nun tatsächlich berechtigt wäre, Klagen gegen Richtlinien zu erheben. Angesichts der Ausführungen des EuG zum unmittelbaren Betroffensein, welche von der tradierten Rspr. des EuGH abweichen,[147] ist die grundsätzliche Anerkennung von Richtlinien als Gegenstand von Individualklagen durch das EuG ohne praktischen Wert. Wenn das EuG (mehrfach) betont, daß es im konkreten Fall am unmittelbaren Betroffensein fehle, weil die Richtlinie dem Einzelnen keine Rechtspflichten auferlege, ist die Anfechtbarkeit von Richtlinien damit generell erledigt, denn keine Richtlinie vermag nach gefestigter Rspr. Rechtspflichten des Einzelnen zu begründen. Auch die abschließenden Bemerkungen des EuG zum Recht des Einzelnen auf effektiven Rechtsschutz vermögen an dieser Würdigung des Urteils nichts zu ändern.[148]

42 Als Resümee läßt sich festhalten, daß die einschlägigen Entscheidungen des EuGH implizieren, daß dieser »Scheinrichtlinien« entgegen dem Diktum des EuG in der Rechtssache Asocarne für einen zulässigen Klagegegenstand von Klagen natürlicher und juristischer Personen hält. Das EuG hat sich dieser Position in jüngerer Zeit angeschlossen.

---

137 Rn. 64 ff. des Urteils.
138 Mit dieser Begrifflichkeit grenzt die Gemeinschaftsgerichtsbarkeit Entscheidungen von Richtlinien bzw. Verordnungen ab.
139 Vgl. zu den Gründen *Cremer* (Fn. 115), S. 454.
140 Verb. Rs. T- 172/98 und T-175 bis T-177/98, Slg. 2000, II-2487 (Salamander u.a./EP und Rat).
141 *J. Schwarze*, in: ders., EU-Kommentar, 2000, Art. 230 Rn. 34.
142 Letztlich kann die Passage angesichts der nachfolgenden Prüfung nur als missverständlich qualifiziert werden.
143 Rn. 28 des Urteils.
144 Rn. 29 f. des Urteils.
145 Rn. 31 des Urteils.
146 Hervorhebung des Verfassers.
147 Dazu Art. 230, Rn. 46 f.
148 Ausführlicher zur Würdigung der einschlägigen Urteilspassagen *Cremer* (Fn. 115), S. 454 ff.

Dagegen standen EuGH und EuG der Anfechtbarkeit »echter Richtlinien« zunächst ablehnend gegenüber. Erst die vieldeutige Rechtsmittelentscheidung des EuGH in der Rechtssache Asocarne schürte insoweit gewisse Zweifel. Das EuG hat die Anfechtbarkeit von Richtlinien dann in den Urteilen *UEAPME* und *Tabakwerbung* aus den Jahren 1998 und 2000 implizit bejaht, was angesichts der Ausführungen zum unmittelbaren Betroffensein im letztgenannten Urteil für den Einzelnen allerdings ohne praktischen Wert ist.

bb) Stellungnahme

43 In der Literatur ist umstritten, ob Richtlinien bzw. »Scheinrichtlinien« einen zulässigen Klagegegenstand nach Abs. 4 bilden.[149] M.E. sollte die Möglichkeit der Anfechtung von Richtlinien durch den Einzelnen parallel zur Anfechtbarkeit von Verordnungen konzipiert werden. Das EuG hat die **Angreifbarkeit von »Scheinrichtlinien« durch Einzelne überzeugend begründet**.[150] So könnten die Gemeinschaftsorgane, die Rechtsschutzmöglichkeiten, die der Vertrag dem Einzelnen gegenüber Entscheidungen verbürgt, nicht einfach durch die Wahl der Form des betreffenden Rechtsakts ausschließen.[151] Die entgegengesetzte Position, die das EuG noch in der Rechtssache Asocarne[152] selbst vertreten hatte, führt zu dem unerträglichen Ergebnis, daß es die Rechtssetzungsorgane selbst in der Hand hätten, Rechtsschutzmöglichkeiten gegen von ihnen erlassene Maßnahmen durch Falschetikettierung zu verschließen.[153] Ein Bedürfnis für die Anfechtung »echter Richtlinien« wurde lange Zeit mit dem Argument abgelehnt, daß Richtlinien dem zur Umsetzung verpflichteten Mitgliedstaat nach Art. 249 Abs. 3 stets ein Umsetzungsermessen einräumen, somit selbst (noch) keine Pflichten des Einzelnen begründen und ihn folglich jedenfalls nicht unmittelbar betreffen können.[154] Entgegen der Konzeption des Vertrages kennt das sekundäre Gemeinschaftsrecht aber auch Richtlinien, die den Mitgliedstaaten bei der Umsetzung kaum oder gar keine Entscheidungsspielräume einräumen. Dennoch ist die Anfechtbarkeit »echter Richtlinien« wie die »echter Verordnungen« grundsätzlich abzulehnen – und zwar aus den selben Gründen. Anzuerkennen ist die Anfechtbarkeit »echter Richtlinien« als Klagegegenstand i.S. von Abs. 4 nur, wenn im konkreten Einzelfall ohne das Direktklagerecht gem. Art. 230 Abs. 4 schwere und irreparable Beeinträchtigungen gemeinschaftsrechtlich fundierter Rechte oder Freiheiten drohen. Diese Einschränkung ist wegen des Verfahrensgrundrechts auf effektiven gerichtlichen Rechtsschutz geboten.[155]

---

149 Insgesamt ablehnend: *Zuleeg* (Fn. 122), S. 482; *Behr*, The reinforcement of the constitutional review of community acts under Article 177 EEC Treaty, CMLRev. 1988, 667 (685). Für eine Anfechtbarkeit von Richtlinien bzw. »Scheinrichtlinien« (es wird nicht immer differenziert): *Everling* (Fn. 122), S. 210; *H.-W. Daig*, Nichtigkeits- und Untätigkeitsklagen im Recht der Europäischen Gemeinschaften, 1985, S. 33; *Fuß* (Fn. 122), DVBl. 1965, S. 378 (382); *von Burchard* (Fn. 90), S. 143 ff.; *ders.* (Fn. 122), S. 256.
150 Die »Induktion« ist durch einen Schlusses vom Besonderen zum Allgemeinen gekennzeichnet. Dabei kann das im Wege der Induktion zu gewinnende allgemeine Rechtsprinzip auch einer einzelnen Norm entnommen werden, vgl. auch *C. W. Canaris*, Die Feststellung von Lücken im Gesetz, S. 100, der als Beispiel § 254 BGB anführt. Die Analogie, sei es Gesamt- oder Einzelanalogie, für dagegen für eine Schlußweise vom (mehrfachen bzw. einzelnen) Besonderen zum Besonderen reserviert. Vgl. zu freilich insoweit bestehenden begrifflichen Differenzen K. *Larenz*, Methodenlehre der Rechtswissenschaft, S. 384 ff.; *Canaris*, ebenda, S. 97 ff. mit zahlreichen Nachweisen in den Fn. 135 und 137.
151 EuGH, Rs. T-135/96, Slg. 1998,-II, 2335, Rn. 63 (UEAPME/Rat).
152 Siehe oben Art. 230, Rn. 40. Im Kontext von Verordnungen bereits anders EuG, Rs. T-122/96, Slg. 1997-II, 1559, Rn. 50 (Federolio/Kommission).
153 Vgl. näher zur methodischen Einordnung dieses Arguments *Cremer* (Fn. 95). Hier seien nur die Stichworte Formenmißbrauch, Umgehungsverbot und Induktion genannt.
154 Vgl. nur *Zuleeg* (Fn. 122), S. 482.
155 Vgl. dazu schon Art.230, Rn. 36 und ausführlicher *Cremer* (Fn. 115), S. 455 ff.

4. Klagebefugnis

Abs. 4 verlangt weiter, daß der Kläger in einer qualifizierten Beziehung zum Klagegegenstand steht. Es muß entweder Adressat[156] der angegriffenen Maßnahme sein[157] oder sie muß ihn unmittelbar und individuell betreffen. Im folgenden wird dargelegt, wann eine Entscheidung, die an eine andere Person als den Kläger gerichtet ist, oder eine an keine Person gerichtete Gemeinschaftsmaßnahme den Kläger unmittelbar und individuell betrifft. 44

a) Betroffensein

Der EuGH prüft das Merkmal der Betroffenheit selten isoliert,[158] sondern erörtert die Klagebefugnis sogleich unter den Gesichtspunkten des unmittelbaren und individuellen Betroffenseins. Betroffensein verlangt lediglich, daß der Kläger durch den angegriffenen Akt **beschwert** ist. 45

b) Unmittelbarkeit

Das Unmittelbarkeitskriterium hat die Aufgabe, von einer Maßnahme lediglich potentiell Betroffene aus dem Kreis der Klagebefugten auszuschließen.[159] Im Grundsatz gilt, daß die angefochtene Entscheidung den **Kläger ipso facto beeinträchtigen** muß und es nicht ausreicht, daß sie ihn benachteiligen kann, falls weitere Umstände hinzutreten. Demgemäß fehlt es bei an die Mitgliedstaaten gerichteten Rechtsakten grundsätzlich an der unmittelbaren Betroffenheit Einzelner;[160] es sei denn, der Mitgliedstaat ist **zur Umsetzung verpflichtet und** ihm verbleibt dabei **keinerlei Ermessensspielraum**.[161] Dann nämlich betrifft der gemeinschaftliche Akt den Einzelnen nicht nur potentiell, sondern wegen der gemeinschaftsrechtlich begründeten Umsetzungspflicht des Mitgliedstaats »quasi automatisch«.[162] Ein unmittelbares Betroffensein wird vom Gerichtshof zudem auch dann bejaht, wenn eine dem Kläger nachteilige staatliche Maßnahme vom Gemeinschaftsorgan nachträglich gebilligt wird bzw. der Mitgliedstaat mit hinreichender Deutlichkeit und Festigkeit die Absicht kundgetan hat, daß eine bestimmte mitgliedstaatliche Maßnahme nur noch von einer Ermächtigung der Kommission abhänge.[163] Letztge- 46

---

156 Vgl. insoweit zum Verhältnis von Tochter- und Muttergesellschaft EuG, Rs. T-112/97, Slg. 1999, II-1277, Rn. 49 (Monsanto/Kommission).
157 Entsprechend dem Wortlaut von Abs. 4 muß ein Adressat nicht zusätzlich unmittelbar und individuell betroffen sein, so mindestens implizit auch EuG, Rs. T-112/97, Slg. 1999, II-1277, Rn. 49 f. (Monsanto/Kommission). Dem steht EuGH, Verb. Rs. 193 u. 194/87, Slg. 1989, 1045, Rn. 13 ff. (Maurissen und Gewerkschaftsbund/EuRH), nicht entgegen, denn die dortigen Ausführungen beziehen sich auf Art. 91 Beamtenstatut.
158 Mit einer separaten Prüfung aber EuGH, Rs. 62/70, Slg. 1971, 897, Rn. 4-10 (Bock/Kommission); EuG, Rs. T-86/96, Slg. 1999, II-179, Rn. 43 f. (Arbeitsgemeinschaft Deutscher Luftfahrt-Unternehmen u. Hapag-Lloyd/Kommission).
159 Vgl. dazu auch *J. Schwarze*, Rechtsschutz Privater gegenüber normativen Rechtsakten im Recht der EWG, in: FS-Schlochauer, 1981, S. 927, 936.
160 EuGH, Rs. 96/71, Slg. 1972, 1005, Rn. 5/8 und 9/13 (Haegeman/Kommission); Rs. 92/78, Slg. 1979, 777, Rn. 27–30 (Simmenthal/Kommission); Rs. 222/83, Slg. 1984, 2889, Rn. 12 (Differdange/Kommission).
161 EuGH, Rs. 113/77, Slg. 1979, 1185, Rn. 11 (NTN Toyo Bearing Company/Rat); *K. Koch*, Die Klagebefugnis Privater gegenüber europäischen Entscheidungen gem. Art. 173 Abs. 2 EWG-Vertrag, 1980, S. 240; *H. Krück*, in: GTE, EU/EGV, Art. 173, Rn. 49; *Daig* (Fn. 149), S. 100 ff.
162 Vgl. auch EuGH, Rs. 113/77, Slg. 1979, 1185, Rn. 11 (NTN Toyo Bearing Company/Rat); Verb. Rs. 41–44/70, Slg. 1971, 411, Rn. 23/29 (Fruit Company/Kommission).
163 EuGH, Verb. Rs. 106 u. 107/63, Slg. 1965, 547, 555 f. (Töpfer/Kommission); Rs. 62/70, Slg. 1971, 897, Rn. 6-8 (Bock/Kommission); Rs. 11/82, Slg. 1985, 207, Rn. 7–10 (Piraiki-Patraiki/Kommission). Zu abweichenden Ansätzen in Rspr. und Literatur vgl. *Koch* (Fn. 161), S. 240 ff.

nannte Konstellation ist beispielsweise hinsichtlich der Konkurrenten eines Beihilfebegünstigten gegeben, wenn die Kommission die Gewährung notifizierter mitgliedstaatlicher Beihilfen genehmigt.[164]

46 a Ob diese Kriterien auch für das unmittelbare Betroffensein durch Richtlinien gelten, ist allerdings zweifelhaft. Das EuG hat die Grundsätze in seinem Urteil zur Tabakwerbe-Richtlinie zwar zitiert,[165] in der Sache aber erheblich verengt, indem es die unmittelbare Betroffenheit durch Richtlinien schon mit dem Argument verneint, daß diese – wie jede – Richtlinie keine Rechtspflichten des Einzelnen begründet.[166]

47 Bei an andere Private gerichteten Entscheidungen wird die Unmittelbarkeit nicht allein dadurch ausgeschlossen, daß sich die wirtschaftlich negativen Folgen der Entscheidung für den Kläger erst dadurch realisieren, daß der Adressat die durch die Entscheidung vermittelten Befugnisse auch tatsächlich umsetzt. Die Unmittelbarkeit kann insoweit nur verneint werden, wenn **mindestens ein weiterer hoheitlicher Umsetzungsakt erforderlich** ist. So ist Unmittelbarkeit im Rahmen der Fusionskontrolle nicht etwa deshalb zu verneinen, weil der Kläger unmittelbare Nachteile erst durch den Zusammenschluß erleidet, denn Kommissionsentscheidung und Zusammenschluß bilden eine Wirkungseinheit.[167]

c) **Individualität**
48 Das Individualitätskriterium ist seit der grundlegenden Plaumann-Entscheidung des Gerichtshofs aus dem Jahre 1963 Gegenstand vielfacher Kontroversen. In jüngster Zeit hat die Diskussion, ausgelöst durch zahlreiche Entscheidungen von EuG und EuGH, nochmals an Dynamik gewonnen.

aa) **Die ältere Rechtsprechung des EuGH**
49 Trotz seines Bekenntnisses, die Bestimmungen über das Klagerecht nicht restriktiv zu interpretieren,[168] hat der Gerichtshof sich lange Zeit einer großzügigen, an Rechtsschutzgesichtspunkten orientierten Auslegung des Merkmals Individualität unter Hinweis auf den angeblich »eindeutig engen Wortlaut« von Art. 173 Abs. 2 EWGV (Art. 230 Abs. 4) verschlossen,[169] Grundlage dieser restriktiven Rechtsprechung war die soge-

---

164 Vgl. nur EuG, Rs. T-380/94, Slg. 1996, II-2169, Rn. 46 f. (AIUFFASS und AKT/ Kommission). Der EuGH, Rs. C-386/96, Slg. 1998, I-2309, Rn. 43 f. (Dreyfus/Kommission), hat seine Rechtsprechung wie folgt zusammengefaßt: »[E]in einzelner (ist) nur dann unmittelbar betroffen, wenn die beanstandete Maßnahme der Gemeinschaft sich auf seine Rechtsstellung unmittelbar auswirkt und ihren Adressaten, die mit Ghrer Durchführung betraut sind, keinerlei Ermessensspielraum läßt, diese Durchführung vielmehr rein automatisch erfolgt und sich allein aus der Gemeinschaftsregelung ergibt, ohne daß dabei weitere Vorschriften angewandt werden. (...). Das Gleiche gilt, wenn für die Adressaten nur eine rein theoretische Möglichkeit besteht, dem Gemeinschaftsakt nicht nachzukommen, weil ihr Wille, diesem Akt nachzukommen, keinem Zweifel unterliegt«.
165 EuG, Verb. Rs. T-172/98 und T-175 bis 177/98, Slg. 2000, II-2487, Rn. 52 (Salamander u.a./ EP und Rat).
166 Ebenda, Rn. 65 f. Die nachfolgenden Ausführungen, Rn. 67 ff., erfolgen ausdrücklich subsidiär. Vgl. dazu auch schon Art. 230, Rn. 41 b.
167 EuG, Rs. T-3/93, Slg. 1994, II-121, Rn. 80 (Air France/Kommission); dazu auch *T. Körber*, Gerichtlicher Rechtsschutz in der europäischen Fusionskontrolle, RIW 1998, 910 (912). Vgl. auch EuG, Rs. T-96/92, Slg. 1995, II-1213, Rn. 38–46, insbesondere Rn. 40 (Comité central d'entreprise de la Société générale des grandes sources u.a./Kommission); Rs. T-12/93, Slg. 1995, II-1247, Rn. 49–59, insbesondere Rn. 53 (Comité central d'entreprise de la Société anonyme Vittel u.a./Kommission).
168 EuGH, Rs. 25/62, Slg. 1963, 211, 237 (Plaumann/Kommission).
169 Vgl. zu dieser Formulierung EuGH, Rs. 40/64, Slg. 1965, 295, 312 (Sgarlata/Kommission). Nach *T. von Danwitz*, Die Garantie effektiven Rechtsschutzes im Recht der Europäischen Gemeinschaft, NJW 1993, S. 1108 (1115), ist die Forderung, wonach die Bestimmungen über den Rechtsschutz nicht restriktiv interpretiert werden dürfen, (zunächst) ohne weitere Beachtung geblieben.

nannte Plaumann-Formel. Danach »kann, wer nicht Adressat einer Entscheidung ist, nur dann geltend machen, von ihr individuell betroffen zu sein, wenn die Entscheidung ihn wegen bestimmter persönlicher Eigenschaften oder besonderer, ihn aus dem Kreis der übrigen Personen heraushebender Umstände berührt und ihn daher in ähnlicher Weise individualisiert wie den Adressaten«.[170] Dabei sollte die Eigenschaft, als Teilnehmer am Wettbewerb von einer Maßnahme betroffen zu sein, zur Individualisierung nicht ausreichen, da »eine kaufmännische Tätigkeit jederzeit von jedermann ausgeübt werden kann«.[171] Unter die besonderen Umstände i.S. der Plaumann-Formel subsumierte der Gerichtshof demgemäß keine kraft seiner beruflichen Stellung vermittelten (Dauer)eigenschaften des Betroffenen,[172] sondern verlangte regelmäßig, daß der **Kreis der Betroffenen zum Zeitpunkt der Entscheidung nach Zahl und Personen feststehe.**[173] Herbeigeführt werden konnte eine solche Individualisierung im Zeitpunkt des Erlasses der Entscheidung insbesondere durch vor der Entscheidung gestellte Anträge.[174] Dieser vergangenheitsbezogene Maßstab[175] bezüglich der Individualisierung von Nichtadressaten hat bis Ende der siebziger Jahre nur in seltenen Fällen[176] zur Bejahung individuellen Betroffenseins geführt.

bb) Die jüngere Rechtsprechung von EuGH und EuG
Seit Ende der 70er Jahre hat die Gemeinschaftsgerichtsbarkeit neue Akzente zur Auslegung des Merkmals »Individualität« gesetzt.

50

(1) Verfahrensbeteiligung und Verfahrensgarantien
Als mittlerweile (**quantitativ**) **bedeutendstes Kriterium** zur Bejahung individueller Betroffenheit von Nichtadressaten hat die Rspr. die Beteiligung an einem vorangegangenen Verwaltungsverfahren anerkannt.[177] Beispiele für eine Individualisierung durch Verfahrensbeteiligung finden sich im **Bereich des Beihilfeaufsichtsrechts,**[178] im Antidum-

51

---

170 EuGH, Rs. 25/62, Slg. 1963, 211, 238 (Plaumann/Kommission); seitdem ständige Rspr.: vgl. nur Rs. 169/84, Slg. 1986, 391, Rn. 22 (COFAZ/Kommission); EuG, Rs. T-2/93, Slg. 1994, II-323, Rn. 42 (Air France/Kommission); Rs. T-96/92, Slg. 1995, II-1213, Rn. 26 (Comité central d'entreprise de la Société générale des grandes sources u.a./Kommission).
171 EuGH, Rs. 25/62, Slg. 1963, 211, 239 (Plaumann/Kommission).
172 So auch *Daig* (Fn. 149), S. 108 f.; anders wohl GA *K. Roemer*, Schlußantr. zu EuGH, Rs. 6/68, Slg. 1968, 611 (622, 629) (Watenstedt/Rat).
173 EuGH, Verb. Rs. 106 u. 107/63, Slg. 1965, 547, 556 (Töpfer/Kommission); Verb. Rs. 41–44/70, Slg. 1971, 411, Rn. 16/22 (Fruit Company/Kommission); vgl. dazu auch *Daig* (Fn. 149), S. 108 f.
174 EuGH, Verb. Rs. 106 u. 107/63, Slg. 1965, 547, 556 (Töpfer/Kommission); Rs. 62/70, Slg. 1971, 897, Rn. 9 f. (Bock/Kommission).
175 Besonders deutlich wird die vergangenheitsbezogene, rigide Position in EuGH, Rs. 38/64, Slg. 1965, 277, 285 (Getreide-Import GmbH/Kommission); vgl. dazu auch *M. Wegmann*, Die Nichtigkeitsklage Privater gegen Normativakte der Europäischen Gemeinschaften, 1976, S. 141 und *Daig* (Fn. 149), S. 109.
176 Beispiele sind EuGH, Verb. Rs. 106 u. 107/63, Slg. 1965, 547, 556 (Töpfer/Kommission); Rs. 62/70, Slg. 1971, 897, Rn. 10 (Bock/Kommission); Verb. Rs. 41–44/70, Slg. 1971, 411, Rn. 16/22 (Fruit Company/Kommission); Rs. 1/84 R, Slg. 1984, 423, Rn. 6 (Ilford Spa/Kommission).
177 Grundsätzlich dazu *H. P. Nehl*, Das Verhältnis zwischen gerichtlichem und verfahrensrechtlichem Individualrechtsschutz in der EG, in: Nowak/Cremer (Hrsg.), Individualrechtsschutz in der EG und der WTO, im Erscheinen.
178 EuGH, Rs. 169/84, Slg. 1986, 391, Rn. 23 f. (COFAZ/Kommission); Rs. 67, 68 u. 70/85, Slg. 1988, 219, Rn. 21 f. (Van der Kooy u.a./Kommission); Rs. C-198/93, Slg. 1993, I-2487, Rn. 23 (Cook/ Kommission); Rs. C-225/93, Slg. 1993, I-3203, Rn. 17 (Matra/Kommission); EuG, Verb. Rs. T 447–449/93, Slg. 1995, II-1971, Rn. 35–38 (AITEC u.a./Kommission); Rs. T-49/93, Slg. 1995, II-2501, Rn. 34–38 (SIDE/Kommission).

pingrecht,[179] im Antisubventionsrecht,[180] im Kartellrecht[181] und im Bereich der gemeinschaftlichen Fusionskontrolle.[182] Aus einer Gesamtschau der ergangenen Urteile läßt sich entnehmen, daß die Bejahung von Individualität alternativ voraussetzt, daß der Kläger angehört worden ist, die Beschwerde, die zu dem Untersuchungsverfahren geführt hat, veranlaßt hat,[183] seine Erklärungen den Verfahrensablauf weitgehend bestimmt haben oder er trotz eines bestehenden Verfahrensrechts unverschuldet am Verwaltungsverfahren nicht teilgenommen hat.[184] Dabei verlangt die Rspr. keine Verfahrensteilnahme aufgrund sekundär- oder primärrechtlicher Verfahrensgarantien, sondern läßt auch die freiwillige Einbeziehung ins Verwaltungsverfahren durch die Kommission genügen.[185] Nicht ausreichend sind dagegen ein auf eigener Initiative beruhendes Eingreifen in das Verfahren oder ein Vorbringen unabhängig von einem Verfahren.[186] Diese Grundsätze hat die Gemeinschaftsgerichtsbarkeit jüngeren Judikaten indes wieder in Frage gestellt. Zumindest für den Bereich des Beihilfenrechts soll die Verfahrensbeteiligung am Hauptprüfverfahren alleine nicht zur Individualisierung ausreichen. So verlangt der EuGH im einem Urteil vom Mai 2000 zur Individualisierung neben einer aktiven Beteiligung am Verfahren eine spürbare Beeinträchtigung der Marktstellung des klagenden Unternehmens durch die Beihilfenvergabe.[187] Ein Klagerecht wird demgegenüber anerkannt, wenn am Ende des Vorprüfverfahrens eine Unbedenklichkeitsentscheidung ergeht und ein »Beteiligter« i.S.v. Art. 6 Abs. 1 Beihilfenverfahrensverordnung[188] von den ihm nach Art. 88 Abs. 2 UAbs. 1 und nunmehr nach der Art. 6 Abs. 1 Beihilfenverfahrensverordnung verbürgten Verfahrensgarantien mangels Eröffnung des Hauptprüfverfahrens keinen Gebrauch machen konnte.[189]

---

179 EuGH, Rs. 264/82, Slg. 1985, 849, Rn. 12–14 (Timex/Rat und Kommission). Ausführlich zur Rspr. *G.M. Berrisch*, Gerichtlicher und verfahrensrechtlicher Individualrechtsschutz im gemeinschaftlichen Antidumpingrecht aus der Sicht der Praxis, in: Nowak/Cremer (Hrsg.), Individualrechtsschutz in der EG und der WTO, im Erscheinen.
180 EuGH, Rs. 191/82, Slg. 1983, 2913, Rn. 30 (Fediol I/Kommission).
181 EuGH, Rs. 26/76, Slg. 1977, 1875, Rn. 13 (Metro/Kommission); Rs. 210/81, Slg. 1983, 3045, Rn. 14 (Demo-Studio Schmidt/Kommission).
182 EuG, Rs. T-2/93, Slg. 1994, II-323, Rn. 44 und 47 (Air France/Kommission). Vgl. ausführlich *T. Körber*, Konkurrentenklagen in der europäischen Fusionskontrolle, EuZW 1996, 267.
183 Vgl. dazu auch *C. Nowak*, Der Rechtsschutz von Beschwerdeführern im EG-Wettbewerbs und EG-Außenhandelsrecht, EuZW 2000, S. 453 ff.
184 Vgl. dazu, daß ein bestehendes, aber nicht wahrgenommenes Verfahrensrecht grundsätzlich nicht zur Individualisierung ausreicht EuGH, Rs. C-70/97 P, Slg. 1998, I-7183, Rn. 39, 46 (Kruidvat/Kommission).
185 Vgl. die Analyse der Urteile Metro I, Timex, Fediol I, Cofaz, Matra und Cook von *P. von Dietze*, Verfahrensbeteiligung und Klagebefugnis im EG-Recht, 1995, S. 85, die Ausführungen des EuG bzgl. nach Art. 88 Abs. 2 ergangener Entscheidungen der Kommission in der Rs. T-435/93, Slg. 1995, II-1281, Rn. 63 f. (ASPEC u.a./Kommission) und der Rs. T-442/93, Slg. 1995, II-1329, Rn. 48 (AAC u.a./Kommission) sowie *C. Nowak,* Konkurrentenschutz in der EG, 1997, S. 459.
186 EuG, Rs. T-585/93, Slg. 1995, II-2205, Rn. 56 (Greenpeace/Kommission); Verb. Rs. T-481/93 und T-484/93, Slg. 1995, II-2941, Rn. 59 (Vereniging van Exporteurs in Levende Varkens u.a./Kommission); Rs. T-398/94, Slg. 1996, II-477, Rn. 42 (Kahn Scheepvaart/Kommission).
187 EuGH, Rs. C-106/98 P, Slg. 2000-I-3659, Rn. 41 (Comité d'entreprise de la Société française de production/Kommission). Vgl. auch EuG, Rs. T-189/97, Slg. 1998, II-335, Rn. 44 (Comité d'enterprise de la société française de production/Kommission) sowie Rs. T-86/96, Slg. 1999, II-179, Rn. 47 ff. (Arbeitsgemeinschaft Deutscher Luftfahrt-Unternehmen u. Hapag-Lloyd/Kommission); vgl. zu letztgenanntem Urteil die Anmerkung von *C. Nowak/H.P. Nehl*, EuZW 1999, S. 350 f. sowie insgesamt zu den restriktiven Tendenzen im Beihilfenaufsichtsrecht m.w.N. *H.-G. Kamann*, Gerichtlicher und verfahrensrechtlicher Individualrechtsschutz im gemeinschaftlichen Beihilfenkontrollrecht aus der Sicht der Praxis, in: Nowak/Cremer (Hrsg.), Individualrechtsschutz in der EG und der WTO, im Erscheinen.
188 ABl.EG 1999 Nr. L 83/1.
189 Dies nochmals ausdrücklich bestätigend EuGH, Rs. C-367/95 P, Slg. 1998, I-1719, Rn. 47 f. (Kommission/Sytraval).

EG-Vertrag Art. 230

(2) Spürbare Beeinträchtigung von Marktpositionen, wesentliche Beeinträchtigung einer Wettbewerbsposition oder Eingriff in gemeinschaftliche Grundrechte

Die Gemeinschaftsgerichtsbarkeit hat mehrfach ausdrücklich festgestellt, daß eine vorangehende Verfahrensbeteiligung keineswegs eine notwendige Voraussetzung für die Annahme individueller Betroffenheit darstelle und eine Individualisierung durch Heranziehung anderer Kriterien nicht ausschließe.[190] Zur Begründung von Individualität haben EuG und EuGH – wie in Rn.51 schon anklang – auch auf die besondere bzw. spürbare Beeinträchtigung der Marktposition des Klägers durch die beanstandete Maßnahme bzw. auf die Beeinträchtigung von zum gemeinschaftlichen Grundrechtsstandard gehörenden Grundrechten abgestellt. 52

Eine erhebliche, spürbare oder wesentliche Beeinträchtigung der Markt- oder Wettbewerbsposition des Klägers wird in einigen Entscheidungen als ausschließliche Voraussetzung zur Bejahung der Klagebefugnis genannt, in anderen steht sie kumulativ neben anderen.[191] In zwei einstweiligen Anordnungen hat das EuG die Zulässigkeit in der Hauptsache für möglich gehalten, weil sie als »einzige Erzeuger der Welt« bzw. als »einzige Erzeuger im EWR und führender Lieferant« individualisiert seien.[192] 53

Entgegen dem Urteil des EuG in der Rechtssache Century Oils Hellas, in dem das Gericht das Vorliegen eines Verstoßes gegen gemeinschaftliche Grundrechte als für die Beurteilung der Zulässigkeit unerheblich einstufte,[193] drängt sich aus **einer Zusammenschau der Urteile des EuGH in den Rs. Codorniu und SMW Winzersekt** eine gegenteilige Position auf. Im Urteil Codorniu hat der Gerichtshof die individuelle Betroffenheit im Sinne von Abs. 4 schlicht darauf zurückgeführt, daß die streitige Vorschrift den Her- 54

---

190 EuGH, Rs. C-106/98 P, Slg. 2000-I-3659, Rn. 41 (Comité d'entreprise de la Société française de production/Kommission); EuG, Rs. T-96/92, Slg. 1995, II-1213, Rn. 36 (Comité central d'entreprise de la Société générale des grandes sources u.a./Kommission); Rs. T-12/93, Slg. 1995, II-1247, Rn. 49–59, insbesondere Rn. 47 (Comité central d'entreprise de la Société anonyme Vittel u.a./Kommission); Rs. T-435/93, Slg. 1995, II-1281, Rn. 63 f. (ASPEC u.a./Kommission); Rs. T-442/93, Slg. 1995, II-1329, Rn. 48 f. (AAC u.a./Kommission). Vgl. zur Anerkennung verschiedener Individualisierungskriterien auch EuGH, Rs. C-358/89, Slg. 1991, I-2501, Rn. 16 f. (Extramet Industrie/Rat) zur Klagebefugnis eines unabhängigen Importeurs im Antidumping-Verfahren; anders noch EuGH, Rs. C-157/87, Slg. 1990, I-3021, 1. Leitsatz (Electroimpex/Rat); Rs. C-323/88, Slg. 1990, I-3027, Rn. 43 (Sermes).
191 Kumulativ: EuGH, Rs. 264/82, Slg. 1985, 849, Rn. 12–16 (Timex/Rat und Kommission); EuG, Verb. Rs. T-528, 542, 543 u. 546/93, Slg. 1996, II-649, Rn. 61 u. 75 (Métropole Télévison u.a./Kommission); Rs. T-2/93, Slg. 1994, II-323, Rn. 44-47 (Air France/Kommission); wohl auch Rs. T-189/97, Slg. 1998, II-335, Rn. 44 f. (Comité d'enterprise de la société française de production/Kommision). Alternativ: EuGH, Rs. C-358/89, Slg. 1991, I-2501, Rn. 17 (Extramet Industrie/Rat); EuG, Rs. T-3/93, Slg. 1994, II-121, Rn. 82 (Air France/Kommission); Rs. T-435/93, Slg. 1995, II-1281, Rn. 69 f. (ASPEC u.a./Kommission); Rs. T-442/93, Slg. 1995, II-1329, Rn. 53 (AAC u.a./Kommission); Rs. T-49/93, Slg. 1995, II-2501, Rn. 31 (SIDE/Kommission); Rs. T-266/94, Slg. 1996, II-1399, Rn. 47 f. (Foreningen af Jernskibs-Maskinbyggerier i Danmark u.a./Kommission).
192 EuG, Rs. T-1399 R, Slg. 1999, II-1961, Rn. 125 (Pfizer Animal Health/Rat); Rs. T-70/99 R, Slg. 1999, II-2027, Rn. 118 (Alpharma/Rat). Vgl. zu restriktiveren Entscheidungen aus jüngerer Zeit EuG, Rs. T-120/98, Slg. 1999, II-1395, Rn. 22 (Alce Srl/Kommission), keine Individualisierung, obwohl größter inländischer Hersteller; Rs. T-11/99, Slg. 1999, II-2653, Rn. 52 (van Parys/Kommission).
193 EuG, Rs. T-13/94, Slg. 1994, II-431, Rn. 15 (Century Oils Hellas/Kommission); vgl. ferner Rs. T-96/92, Slg. 1995, II-1213, Rn. 26 (Comité central d'entreprise de la Société générale des grandes sources u.a./Kommission) sowie Rs. T-12/93, Slg. 1995, II-1247, Rn. 36 (Comité central d'entreprise de la Société anonyme Vittel u.a./Kommission).

steller daran hindert, ihr eingetragenes Markenzeichen weiterhin zu nutzen.[194] Im Vorabentscheidungsurteil in der inhaltlich vergleichbaren Rechtssache SMW Winzersekt hat der Gerichtshof sodann festgestellt, daß die untersagte Verwendung eines herkömmlich genutzten Markenzeichens einen Eingriff in das gemeinschaftliche Grundrecht auf freie Berufsausübung darstellt.[195] Diese Ausführungen legen nahe, daß der EuGH auch in der Rechtssache Codorniu zur Begründung der Individualität in der Sache auf einen Grundrechtseingriff abgestellt hat.[196] Indes wurde dieser Begründungsstrang bislang von der Gemeinschaftsgerichtsbarkeit nicht wieder aufgegriffen bzw. weiterentwickelt.[197]

(3) Normativ aufgegebenes Gebot der Berücksichtigung spezifischer Klägerinteressen

55 Einen der spürbaren Beeinträchtigung der Marktposition ähnlichen (und in den Urteilen Sofrimport[198] und Piraiki-Patraiki[199] bereits angedeuteten) Gesichtspunkt[200] hat das EuG zur Begründung individueller Betroffenheit im Urteil Antillean Rice Mills herangezogen und diese Rspr. in der Rechtssache Exporteurs in Levende Varkens bestätigt. Danach sind Kläger (auch) individualisiert, wenn ein Gemeinschaftsorgan verpflichtet ist, »**aufgrund spezifischer Bestimmungen** (gemeint sind gemeinschaftsrechtliche *Normen*) die Folgen« »einer beabsichtigten Handlung auf die **Lage bestimmter Personen zu berücksichtigen**«, und der Kläger zu letzteren zählt.[201] Dieses Abstellen auf eine dem Schutz spezifischer Klägerinteressen dienende Norm des Gemeinschaftsrechts im Kontext der angefochtenen Gemeinschaftshandlung prägt auch die Argumentation des EuG zur individuellen Betroffenheit in den Urteilen Perrier und Vittel.[202]

56 Diese Rspr. ähnelt der aus dem deutschen Recht bekannten Schutznormtheorie,[203] ohne allerdings eine Rechtsbetroffenheit zu verlangen. Inwieweit eine im Vordringen befindliche großzügige Rspr. des Gerichtshofs zu der aufgrund sekundären Gemein-

---

194 EuGH, Rs. C-309/89, Slg. 1994, I-1853, Rn. 21 f. (Codorniu SA/Rat).
195 EuGH, Rs. C-306/93, Slg. 1994, I-5555, Rn. 24 (SMW Winzersekt/Rheinland-Pfalz).
196 Vgl. ausführlich zu dieser Interpretation des Urteils Codorniu *Nowak* (Fn. 183), S. 470 ff.; Der Präsident des EuG, Rs. T-219/95 R, Slg. 1995, II-3051, Rn. 72 (Danielsson u.a./ Kommission) spricht im Zusammenhang mit dem Urteil Codorniu von verletzten Rechten; ebenso EuGH, Rs. C-10/95 P, Slg. 1995, I-4149, Rn. 43 (Asocarne/Rat).
197 Eine durchaus naheliegende Bezugnahme auf das Urteil Codorniu unterbleibt bspw. in EuGH, Rs. C-87/95 P, Slg. 1996, I-2003, Rn. 36 (CNPAAP/Rat); EuG, Rs. T-482/93, Slg. 1996, II-609, Rn. 67 ff. (Weber/Kommission); Rs. T-109/97, Slg. 1998, II-3533 (Molkerei Großbraunshain/Kommission); Rs. T-60/96, Slg. 1997, II-849, Rn. 43 ff. (Merck/Kommission); Rs. T-100/94, Slg. 1998, II-3115, Rn. 64 f. (Michailidis/Kommission); Rs. T-158/95, Slg. 1999, II-2219 (Eridania u.a./Rat); Rs. T-168/95, Slg. 1999, II-2245 (Eridania u.a./Rat); Rs. T-194/95, Slg. 1999, II-2271 (Area Cova u.a./Rat); Rs. T-12/96, Slg. 1999, II-2301 (Area Cova u.a./Rat).
198 EuGH, Rs. C-152/88, Slg. 1990, I-2477, Rn. 11 (Sofriimport/Kommission).
199 EuGH, Rs. 11/82, Slg. 1985, 207, Rn. 31 (Piraiki-Patraiki/ Kommission).
200 Vgl. zu den Unterschieden *Waelbroek/Fosselard* (Fn. 111), 822 f.
201 EuG, Verb. Rs. T-480/93 und T-483/93, Slg. 1995, II-2310, Rn. 67 (Antillean Rice Mills NV u.a./Kommission); Verb. Rs. T-481/93 und T-484/93, Slg. 1995, II-2941, Rn. 61 (Vereniging van Exporteurs in Levende Varkens u.a./Kommission). In beiden Urteilen werden an den einschlägigen Stellen die Urteile Piraiki-Patraiki und Sofriimport zitiert.
202 EuG, Rs. T-96/92, Slg. 1995, II-1213, Rn. 26 ff. (Comité central d'entreprise de la Société générale des grandes sources u.a./Kommission); Rs. T-12/93, Slg. 1995, II-1247, Rn. 36 ff. (Comité central d'entreprise de la Société anonyme Vittel u.a./Kommission); vgl. zu den Parallelen zum Urteil Antillean Rice Mills *Waelbroek/Fosselard* (Fn. 111), S. 824 ff.
203 Auch *Waelbroek/Fosselard* (Fn. 111), S. 824 sprechen von »protective norm« (»Schutznorm«).

schaftsrechts vermittelten Klagebefugnis des Einzelnen vor nationalen Gerichten[204] zukünftig eine noch rechtsschutzfreundlichere Auslegung des Individualitätskriteriums im Sinne von Art. 230 Abs. 4 befördern kann, bleibt abzuwarten.

(4) Verbände und Vereinigungen
Eine Vereinigung (Verband), die nicht Adressat eines Gemeinschaftsakts ist, ist nach der Rspr. nur klagebefugt, wenn sie ein eigenes Klageinteresse hat, insbesondere weil ihre Position als Verhandlungsführerin berührt ist, oder wenn sie an die Stelle eines oder mehrerer ihrer Mitglieder tritt und diese(s) Mitglied(er) selbst eine zulässige Klage erheben könnte(n).[205] 57

(5) Restriktive Tendenzen
Abschließend ist anzumerken, daß neben der skizzierten Ausweitung der Klagebefugnisse auch einzelne Urteile aus jüngerer Zeit existieren, die das Merkmal der individuellen Betroffenheit restriktiv interpretieren.[206] 58

cc) Literatur
Die restriktive ältere Rspr. des Gerichtshofs ist insbesondere wegen der unter Rechtsschutzgesichtspunkten unbefriedigenden Ergebnisse vielfach kritisiert worden.[207] Die Rspr. zur Klagebefugnis begründenden Verfahrensbeteiligung wurde dementsprechend (aus rechtspolitischer Perspektive) überwiegend begrüßt.[208] Die Ableitung der Klagebefugnis aus der Beeinträchtigung materieller Interessen oder Rechte schließlich 59

---

204 Dazu ausführlich *B. W. Wegener*, Rechte des Einzelnen – Die Interessentenklage im Europäischen Umweltrecht, 1998, S. 158 ff.
205 EuGH, Verb. Rs. 67, 68, 70/85, Slg. 1988, 219, Rn. 17–25 (Van der Kooy u.a./ Kommission); EuG, Verb. Rs. T-447-449/93, Slg. 1995, II-1971, Rn. 60 (AITEC u.a./Kommission); Rs. T-481/93 und 484/93, Slg. 1995, II-2941, Rn. 64 (Vereiniging van Exporteurs in Levende Varkens u.a./Kommission); Rs. T-86/96, Slg. 1999, II-179, Rn. 55 f. (Arbeitsgemeinschaft Deutscher Luftfahrt-Unternehmen u. Hapag-Lloyd/Kommission). Vgl. zur Rspr. auch *B. W. Wegener*, Ein Silberstreif für die Verbandsklage am Horizont des europäischen Rechts, in: *W. Cremer/A. Fisahn*, Jenseits der marktregulierten Selbststeuerung – Perspektiven des Umweltrechts, 1997, S. 183, 197 ff. Grundlegend zur Verbandsklage *B. Ahrens*, Die Klagebefugnis von Verbänden im Europäischen Gemeinschafsrecht, im Erscheinen.
206 EuG, Rs. T-47/95, Slg. 1997, I-481, Rn. 44–56 (Terre Rouge Consultant SA u.a./Kommission); EuGH, Rs. C-270/95 P, Slg. 1996, I-1987, Rn. 13–15 (Cristina Kik/Rat und Kommission); Rs. T-298/94, Slg. 1996, II-1533, Rn. 41–44 (Roquette Frères SA/Rat) sowie die bereits (oben Rn. 51 mit Fn. 187) genannten Restriktionen bei der durch Verfahrensbeteiligung begründeten Klagebefugnis. Vgl. zu einer gegen bestimmte vermeintlich vorgreifliche Feststellungen in den Gründen einer Fusionskontrollentscheidung gerichteten Klage EuG, verb. Rs. T-125/97 und T-127/97, Slg. 2000, II-1733 (Coca-Cola/Kommission), dazu *A. Bartosch*, Unmittelbare und individuelle Betroffenheit in der europäischen Fusionskontrolle – »Coca-Cola«, EWS 2000, S. 350 ff.
207 Vgl. nur *L. Goffin*, L'arrêt de la Cour de justice du juillet 1965. Observations, C.D.E. 1966, 75 (84 ff.); *L.-J. Constantinesco*, Die unmittelbare Anwendbarkeit von Gemeinschaftsnormen und der Rechtsschutz von Einzelpersonen im Recht der EWG, 1969, S. 90; *B. Börner*, Referat zur Fragestellung: Empfiehlt es sich, die Bestimmungen des europäischen Gemeinschaftsrechts über den Rechtsschutz zu ändern und zu ergänzen?, in: Verhandlungen des 46. Deutschen Juristentages, 1966, Bd. 2. Teil G, S. 9 (31). Der damaligen Rspr. dagegen zustimmend: GA *J. Gand*, Schlußantr. zu EuGH, Rs. 38/64, Slg. 1965, 277 (286, 292) (Getreideimport GmbH/Kommission); *E.-W. Fuß*, Rechtssatz und Einzelakt im europäischen Gemeinschaftsrecht, NJW 1964, S. 945 (949 f.).
208 *G. Nicolaysen*, Ein neuer Weg zur Konkurrentenklage, Anm. zum EuGH-Urteil in der Rs. 169/84 vom 28.1.1986, EuR 1986, 261 (261 ff.); *J. Schwarze*, Subventionen im Gemeinsamen Markt und der Rechtsschutz des Konkurrenten, in: GS-Martens, 1987, S. 819 (845 ff.).

wird in der Literatur zunehmend befürwortet[209] oder jedenfalls wohlwollend resümiert.[210]

dd) Stellungnahme

60 Die Rspr. hat mit der Ausdehnung der Klagebefugnis auf die in spezifischen Interessen oder (Grund)rechten betroffenen Kläger **den richtigen Weg eingeschlagen**. Der gerichtliche Rechtsschutz nach Abs. 4 dient trotz des in Art. 230 vorgesehenen objektivrechtlichen Prüfungsmaßstabs insbesondere der Durchsetzung eigener materieller Rechte und Interessen der Betroffenen. Die Möglichkeit der Durchsetzung dieser Rechte und Interessen darf deshalb nicht ausschließlich von dem formalen Kriterium der Verfahrensbeteiligung abhängen. Eine solche Verengung der Klagebefugnis wäre schon deshalb inakzeptabel, da ein einer Gemeinschaftsentscheidung vorgeschaltetes Verwaltungsverfahren nicht in allen Bereichen des gemeinschaftlichen Verwaltungshandelns vorgesehen ist (z.B. fehlt es bei der Vergabe von Gemeinschaftsbeihilfen[211] und teilweise im Anwendungsbereich von Art. 90[212]). Wo eine Beteiligung am Verwaltungsverfahren trotz Rechts- oder Interessenbetroffenheit nicht möglich ist, besteht aber mangels Einflußnahmemöglichkeit auf die Entscheidungsfindung im Verwaltungsverfahren erst recht ein Bedürfnis für eine Klagebefugnis zur Verteidigung eigener Rechte oder Interessen.[213] Ohne jedwedes (negatives) Betroffensein als ein individuelles im Sinne von Art. 230 Abs. 4 zu qualifizieren, hat die Gemeinschaftsgerichtsbarkeit diesem Anliegen in jüngerer Zeit durch Einbeziehung materieller Kriterien (spürbare Beeinträchtigung der Marktposition, Grundrechtseingriffe, normativ aufgegebenes Gebot der Berücksichtigung spezifischer Klägerinteressen) erfreulicherweise Rechnung getragen. Anknüpfend an diese Rspr. sollte **direkten Konkurrenten** eines von einer Gemeinschaftsmaßnahme wirtschaftlich Begünstigten zukünftig die Klagebefugnis auch dann zuerkannt werden, wenn diese in ihrer **Wettbewerbsposition betroffen** sind,[214] ohne daß es insoweit auf Erheblichkeit oder Spürbarkeit, die insbesondere bei Oligopolisten gegeben sein wird, ankommt.[215]

---

209 *Cooke* (Fn. 96), S. 30 und insbesondere S. 35. Lobt die Rspr. wegen ihrer Flexibilität und ihres einzelfallorientierten Pragmatismusses.
210 Insbesondere wird ein Grundrechtseingriff *jedenfalls* für ausreichend gehalten: *J. C. Moitinho de Almeida*, Le recours en annulation des particuliers (article 173, deuxième alinéa, du traiteé CE): nouvelles réflexions sur l'expression »la concernent ... individuellement«, FS-Everling, 1995, S. 849 (869 ff.), insbesondere 872; *N. Löw*, Der Rechtsschutz des Konkurrenten gegenüber Subventionen aus gemeinschaftsrechtlicher Sicht, 1992, S. 155 f.; *Nowak* (Fn 183), S. 470 ff.; *ders.*, Grundrechtlicher Drittschutz im EG-Beihilfenkontrollverfahren, S. 20 (23 ff.); *G. Bebr*, Development of judicial control of the European Communities, The Hague/Boston/London 1981, S. 83; *L. Allkemper*, Der Rechtsschutz des einzelnen nach dem EG-Vertrag, 1995, S. 92; *T. von Danwitz* (Fn. 169), S. 1115; *N. Neuwahl*, Article 173 Paragraph 4 EC: Past, Present and possible Future, ELRev. 1996, S. 17 (30 f.); vgl. auch *H.-W. Rengeling*, Brauchen wir die Verfassungsbeschwerde auf Gemeinschaftsebene?, FS-Everling, 1995, S. 1187 (1202 f.); in der jüngeren Literatur stellen auf ein an materiellen Kriterien orientiertes besonderes Interesse ab *Börner* (Fn. 207), S. 31; *Constantinesco* (Fn. 207), S. 90.
211 Vgl. dazu *Cremer* (Fn. 110), S. 226 f.
212 Vgl. dazu ausführlicher sowie zu weiteren Fällen *Nowak* (Fn. 183), S. 460 ff.
213 Vgl. dazu ausführlicher *Cremer* (Fn. 110), S. 225 f.
214 Entgegen der deutschen Konzeption ist keine (mögliche) Verletzung subjektiver Rechte erforderlich, wenn dies auch ausreichend ist, vgl. dazu *Rengeling/Middeke/Gellermann*, Rechtsschutz in der EU, Rn. 159; *C. D. Classen*, Die Europäisierung der Verwaltungsgerichtsbarkeit, 1996, S. 59.
215 Vgl. ausführlich zu Begründung und dogmatischen Strukturen dieser Konzeption *Cremer* (Fn. 110), S. 244 ff.

Völlig unbefriedigend wird indes die Geltendmachung von Gesundheits- und Umwelt- 60 a
schutzinteressen durch juristische und natürliche Personen von der Rspr. gelöst.[216] Das
EuG hat im Urteil Greenpeace insoweit auf die tradierten, auf wirtschaftliche Sachverhalte zugeschnittenen Kriterien und insbesondere die Plaumann-Formel abgestellt.[217]
Ohne daß der EuGH dies in der dazu ergangenen Rechtsmittelentscheidung ausdrücklich bestätigt hätte, implizieren seine Ausführungen doch Zustimmung zum EuG.[218] Jedenfalls für den Schutz der Gesundheit ist das Abstellen auf einen geschlossenen Personenkreis bereits de constitutione lata inakzeptabel. Auf diese Weise können Eingriffe
der Gemeinschaftsorgane in das Gemeinschaftsgrundrecht auf Leben und Gesundheit
vom betroffenen Einzelnen nämlich niemals direkt vor der Gemeinschaftsgerichtsbarkeit angefochten werden. Auch hilft ein etwaiger Verweis auf den nationalen Rechtsweg zumindest dann nicht, wenn dem Betroffenen und zumeist einer Vielzahl anderer
Menschen dadurch schwere und irreparable Gesundheitsbeeinträchtigungen entstehen
können.[219]

5. Rechtsschutzinteresse und weitere Zulässigkeitsvoraussetzungen

Anders als bei den privilegierten Klageberechtigten nach Abs. 2 ist die Klage nach Abs. 4 61
unzulässig, wenn es an einem Rechtsschutzinteresse der Kläger fehlt.[220] Indes fehlt es
daran nicht schon deshalb, weil sich aus dem Urteil etwaig ergebende Verpflichtungen
von dem betroffenen Gemeinschaftsorgan ohnehin nicht erfüllt werden können. Für die
Nichtigkeitsklage kann als Grundlage einer möglichen Haftungsklage dennoch ein
Rechtsschutzinteresse bestehen.[221] Auch kann ein Rechtsschutzinteresse fortbestehen,
wenn der Kläger die Maßnahme zunächst befolgt. Der Urheber des vollzogenen Rechtsakts wird nämlich durch eine etwaige Verurteilung gem. Art. 233 Abs. 1 verpflichtet, die
sich aus dem Urteil ergebenen Maßnahmen zu ergreifen; außerdem kann ein Rechtsschutzbedürfnis wegen Wiederholungsgefahr gegeben sein.[222] Die Nichtigkeitsklage
muß ebenso wie bei Klagen der privilegierten und teilprivilegierten Kläger gegen den
richtigen Beklagten gerichtet sein und die Klageschrift den **Formvorschriften** des Art. 19
Abs. 1 Satz 2 Gerichtshofs-Satzung und Art. 44 VerfO-EuG genügen.[223]

III. Klagefrist nach Abs. 5

Gem. Abs. 5 gilt für die Erhebung der Nichtigkeitsklage eine Frist von 2 Monaten, die 62
sich um die sogenannten **Entfernungsfristen** nach Art. 81 § 2 i.V.m. Anl. II VerfO-EuGH

---

216 Vgl. dazu auch *B. W. Wegener*, Gemeinwohl und Gemeinschaftsgerichtsbarkeit Überlegungen zur gerichtlichen Verteidigung von Gemeininteressen im ius commune, ZeuS 1998, S. 183 ff.; *ders.*, Keine Klagebefugnis für Greenpeace und 18 andere, ZUR 1998, 131 ff.; *D. Booß*, in: Grabitz/Hilf, Art. 230, Rn. 75 m.w.N.
217 EuG, Rs. T-585/93, Slg. 1995, II-2205, Rn. 46 ff. (Greenpeace/Kommission).
218 EuGH, Rs. C-321/95 P, Slg. 1998, 1651, Rn. 27 ff. (Greenpeace/Kommission).
219 Hinsichtlich der Greenpeace-Urteile ist insoweit hervorzuheben, daß die Kläger auch die nationale Ausführungsentscheidungen unter Hinweis auf die Verletzung von ihnen aufgrund der (in Rede stehenden) Richtlinie zustehenden Rechten angegriffen hatten.
220 So schon EuGH, Rs. 14/63, Slg. 1963, 767, 799 Forges de Clabecq/Hohe Behörde).
221 EuGH, Rs. 76/79, Slg. 1980, 665, Rn. 9 (Könecke/Kommission); Verb. Rs. C-68/94 und C-30/95, Slg. 1998, I-1375, Rn. 74 (Frankreich/Kommission).
222 EuG, Rs. T-46/92, Slg. 1994, II-1039, Rn. 14 (Scottish Football/Kommission). Vgl. zum Rechtsschutzinteresse wegen Wiederholungsgefahr auch EuG, Rs. T-256/97, Slg. 1999, II-169, Rn. 18 (BEUC/Kommission).
223 Vgl. näher oben Rn. 21 f. Art. 44 VerfO-EuG entspricht Art. 38 VerfO-EuGH.

bzw. Art. 102 § 2 VerfO-EuG verlängert (für Deutschland sechs Tage).[224] Die unterschiedlichen Entfernungsfristen tragen der unterschiedlichen räumlichen Entfernung der jeweiligen Kläger vom Sitz des EuGH und des EuG in Luxemburg Rechnung. Gem. Art. 42 Abs. 2 Gerichtshofs-Satzung ist die Klagefrist nach Abs. 5 eine **Ausschlußfrist**, mit deren Ablauf das Klagerecht verloren geht.[225] Die Einhaltung dieser Frist wird von Amts wegen geprüft[226] und unterliegt nicht der Verfügung der Parteien oder der Gemeinschaftsgerichtsbarkeit.[227] Durch die Gerichtsferien wird der Lauf der Frist nicht gehemmt.

1. Beginn der Klagefrist

63 Der Tag, an dem die Klagefrist zu laufen beginnt, ist nach Art. 230 Abs. 5 i.V.m. den Art. 80 § 1 und Art. 81 § 1 VerfO-EuGH bzw. den Art. 101 § 1 und Art. 102 § 1 VerfO-EuG zu ermitteln. Während Art. 230 Abs. 5 bestimmt, durch welche unterschiedlichen Ereignisse (Bekanntgabe des Rechtsakts, Mitteilung des Rechtsakts an den Kläger oder der Zeitpunkt anderweitiger Kenntniserlangung) die Frist in Gang gesetzt werden kann, bestimmt Art. 80 § 1 lit. a) VerfO-EuGH bzw. Art. 101 § 1 lit. a) VerfO-EuG, daß gerichtliche Fristen unter Ausschluß des Tages zu berechnen sind, auf den das Ereignis fällt, mit dem die Frist beginnt.

a) Bekanntgabe

64 Mit der »Bekanntgabe der betreffenden Handlung« ist die Veröffentlichung im Amtsblatt der EG gemeint, was in anderen Sprachfassungen des EG-Vertrages unmißverständlich zum Ausdruck kommt.[228] Gem. Art. 81 § 1 VerfO-EuGH bzw. Art. 102 § 1 VerfO-EuG beginnt die Klagefrist bei Veröffentlichung einer Maßnahme im Amtsblatt am 15. Tage nach ihrem Erscheinen im Amtsblatt. Abzustellen ist **grundsätzlich auf das Datum der Amtsblattnummer**, die den Text des angefochtenen Rechtsaktes enthält. Wird aber der Nachweis erbracht, daß das Amtsblatt an diesem Tage tatsächlich nicht verfügbar war, ist das **tatsächliche Veröffentlichungsdatum** maßgebend.[229] Dabei wird die Klagefrist auch dann in Gang gesetzt, wenn sich die Klage gegen eine Maßnahme richtet, die noch keine Rechtswirkungen entfaltet, beispielsweise wenn eine Verordnung erst in einem Zeitpunkt nach Ablauf der Klagefrist in Kraft tritt.[230] Die Veröffentlichung ist für den Fristbeginn nicht maßgeblich, wenn die Maßnahme dem Betroffenen vorher i.S. der 2. Variante von Abs. 5 mitgeteilt wurde. Es gilt die früher in Gang gesetzte Klagefrist.[231]

---

224 Vgl. Anl. II, Art. 1, 2. Spiegelstrich VerfO-EuGH.
225 Vgl. zur Möglichkeit, nach Ablauf der Frist die Ungültigkeit der Maßnahme vor nationalen Gerichten geltend zu machen, Art. 234, Rn. 10. Vgl. zu den Folgen der Bestandskraft in anderen Verfahren Art. 241 Rn. 4.
226 EuG, Verb. Rs. T-121/96 und T-151/96, Slg. 1997, II-1355, Rn. 39 (MAAS/Kommission).
227 EuGH, Rs. C-246/95, Slg. 1997, I-403, Rn. 21 (Coen); Rs. 227/83, Slg. 1984, 3133, Rn. 12 (Moussis/Kommission); Rs. 24/69, Slg. 1970, 145, Rn. 5 (Nebe/Kommission).
228 Vgl. z.B. die französische (»de la publication«) und die englische Fassung (»of the publication«).
229 EuGH, Rs. C-337/88, Slg. 1990, I-1, Rn. 12 (Società agricola fattoria alimentare SpA/Administrazione delle finance dello Stato); Rs. 98/78, Slg. 1979, 69, Rn. 15 (Racke/Hauptzollamt Mainz).
230 Vgl. dazu *C.-M. Happe*, Lauf und Berechnung der Fristen bei Anfechtungen vor dem EuGH, EuZW 1992, 297; *Koenig/Sander* (Fn. 11), Rn. 306.
231 EuGH, verb. Rs. 172 und 226/83, Slg. 1985, 2831, Rn. 8 (Hoogovens Groep/Kommission); dazu *C.-M. Happe*, Lauf und Berechnung der Fristen bei Anfechtungen vor dem EuGH, EuZW 1992, 297 (298).

b) Mitteilung an den Kläger

Die »Mitteilung an den Kläger« bezeichnet eine individuelle Bekanntmachung im Sinne 65
von Art. 254 Abs. 3. Die in der Regel schriftlich erfolgende Mitteilung kann auch mündlich oder durch schlüssiges Verhalten erfolgen. Mängel bei der Mitteilung des Rechtsakts können verhindern, daß die Klagefrist zu laufen beginnt, werden jedoch durch die Möglichkeit anderweitiger Kenntnisnahme geheilt. So genügt die Zustellung an eine Tochtergesellschaft, wenn erwartet werden kann, daß die Muttergesellschaft dadurch Kenntnis erlangt.[232]

c) Anderweitige Kenntniserlangung

Bei einem weder veröffentlichten noch dem Kläger mitgeteilten Rechtsakt – also lediglich subsidiär –[233] beginnt die Klagefrist am Tag nach der tatsächlichen Kenntniserlangung. Dabei muß es dem Betroffenen möglich sein, vom Inhalt und der Begründung der fraglichen Handlung umfassende und genaue Kenntnis zu erlangen, da er nur so sein Klagerecht sinnvoll ausüben kann.[234] Allerdings wird es dem Betroffenen zugemutet, sich innerhalb einer bestimmten Frist um eine vollständige Kenntnisnahme zu bemühen, wenn er von dem Vorliegen einer Handlung erfahren hat.[235] Versäumt ein Kläger diese sogenannte »**Anforderungsfrist**«, ist die Klage unzulässig. Eine genaue Angabe bezüglich der Länge dieser Anforderungsfrist läßt sich der Rspr. nicht entnehmen. Der Gerichtshof hat ausgeführt, daß bei einem Zuwarten von zwei Monaten die Anforderungsfrist weit überschritten sei.[236] Auf die Subsidiarität der dritten gegenüber der ersten und zweiten Variante des Art. 230 Abs. 5 abhebend hat die Gemeinschaftsgerichtsbarkeit entschieden, daß die Klagefrist – jedenfalls dann, wenn ein Betroffener davon ausgehen durfte, daß die Entscheidung im Amtsblatt bekannt gegeben wird – nicht bereits mit einer vorherigen anderweitigen Kenntniserlangung, sondern erst mit der Veröffentlichung der Entscheidung im Amtsblatt beginnt.[237] 66

2. Ende der Klagefrist

Nach Art. 80 § 1 lit. b) VerfO-EuGH bzw. Art. 101 § 1 lit. b) VerfO-EuG endet die Frist 67
mit Ablauf des Tages, der im übernächsten Monat dieselbe Zahl trägt wie der Tag, an dem das fristauslösende Ereignis eingetreten ist, wobei die jeweiligen Entfernungsfristen

---

232 EuGH, Rs. 48/69, Slg. 1972, 619, Rn. 39/43 (ICI/Kommission); vgl. ferner Rs. 6/72, Slg. 1973, 215, Rn. 9 f. (Europemballage Corporation/Kommission).
233 Vgl. EuGH, Rs. C-122/95, Slg. 1998, I-973, Rn. 35 (Deutschland/Rat); EuG, Rs. T-14/96, Slg. 1999, II-139, Rn. 33 (BAI/Kommission).
234 EuGH, Rs. 76/79, Slg. 1980, 665, Rn. 7 (Könecke/Kommission); Rs. 59/84, Slg. 1986, 887, Rn. 9–12 (Tezi/Kommission) und zum EGKSV: EuGH, Rs. C-180/88, Slg. 1990, I-4413, Rn. 22 (Wirtschaftsvereinigung Eisen- und Stahlindustrie/Kommission); Rs. 236/86, Slg. 1988, 3761, Rn. 14 (Dillinger Hüttenwerke/Kommission).
235 EuGH, Rs. C-180/88, Slg. 1990, I-4413, Rn. 22 (Wirtschaftsvereinigung Eisen- und Stahlindustrie/Kommission); Rs. 236/86, Slg. 1988, 3761, Rn. 14 (Dillinger Hüttenwerke/Kommission); Rs. C-102/92, Slg. 1993, I-801, Rn. 18 (Ferriere Acciaierie Sarde/Kommission); EuG, Rs. T-465/93, Slg. 1994, II-361, Rn. 29 (Consorzio gruppo di azione locale »Murgia Messapica«/ Kommission); Rs. T-109/94, Slg. 1995, II-3007, Rn. 26 (Windpark Groothusen/ Kommission).
236 EuGH, Rs. C-102/92, Slg. 1993, I-801, Rn. 19 (Ferriere Acciaierie Sarde/Kommission); vgl. ausführlich zum Ganzen *B. Schloh/M. Hoenike*, Die Anforderungsfrist bei der Konkurrentenklage im Beihilfenrecht nach Art. 173 EGV, EuZW 1997, 398; kritisch zur Konzeption der Gemeinschaftsgerichtsbarkeit: *K. P. E. Lasok*, The European Court of Justice: Practice and Procedure, 2. Aufl., London 1994, S. 209.
237 EuG, Rs. T-14/96, Slg.1999, II- 139, Rn. 35 f. (BAI/Kommission); EuGH, Rs. C-122/95, Slg. 1998, I-973, Rn. 36 ff. (Deutschland/Rat).

hinzuzuaddieren sind. Fällt das Ende der Frist auf einen Samstag, Sonntag oder gesetzlichen Feiertag (vgl. dazu Art. 80 § 2 i.V.m. Anl. I VerfO-EuGH bzw. Art. 101 § 2 VerfO-EuG), so endet die Frist gem. Art. 80 § 2 VerfO-EuGH bzw. Art. 101 VerfO-EuG mit Ablauf des nächstfolgenden Werktages. Dabei genügt die Aufgabe der Klageschrift bei der Post zur Wahrung der Klagefrist nicht. Erforderlich ist gem. Art. 37 § 3 VerfO-EuGH bzw. Art. 43 § 3 VerfO-EuG vielmehr der Eingang der Klageschrift bei der Kanzlei des EuGH bzw. EuG innerhalb der Klagefrist.[238]

68 Eine Fristüberschreitung hat gem. Art. 42 Gerichtshofs-Satzung keinen Rechtsnachteil zur Folge, wenn der Betroffene nachweist, daß ein Zufall oder ein Fall höherer Gewalt vorliegt. Dies ist anzunehmen, wenn auch bei Anwendung der gebotenen Sorgfalt das Fristversäumnis nicht verhindert worden wäre.[239]

C. Begründetheit der Klage

69 Die Nichtigkeitsklage ist begründet, wenn der angefochtene Akt einem oder mehreren der vier in Art. 230 Abs. 2 genannten Aufhebungsgründen unterfällt und der Mangel entweder vom Kläger geltend gemacht wurde oder von Amts wegen zu beachten ist.

I. Unzuständigkeit

70 Der Tatbestand der Unzuständigkeit kann durch vier Zuständigkeitsmängel verwirklicht sein. So fehlt es an der **Verbandszuständigkeit** – meist als absolute Unzuständigkeit bezeichnet –, wenn eine Regelungsmaterie nicht in den Zuständigkeitsbereich der Gemeinschaft fällt.[240] Über die geschriebenen Kompetenzen hinausgehend, kann sich die Zuständigkeit der Gemeinschaft allerdings aus den allgemeinen staats- und völkerrechtlichen Regeln der Zuständigkeit kraft Sachzusammenhangs ergeben.[241] An der **Organzuständigkeit mangelt es** – meist als relative Unzuständigkeit bezeichnet –, wenn ein Organ im Zuständigkeitsbereich eines anderen Organs tätig wird.[242] Während diese auch dann gegeben ist, wenn ein Organ handelt, obwohl das zum Handeln verpflichtete Organ untätig geblieben ist,[243] ist der Unzuständigkeitstatbestand bei parallelen Kompe-

---

238 Vgl. zur Klageerhebung und Fristwahrung durch Telefax *Rengeling/ Middeke/Gellermann*, Rechtsschutz in der EU, Rn. 174.
239 Vgl. im einzelnen EuGH, Verb. Rs. 25 und 26/65, Slg. 1967, 42, 55 f. (SIMET und FERAM/ Hohe Behörde); Rs. 209/83, Slg. 1984, 3089, Rn. 21 (Valsabbia/Kommission); Rs. 284/82, Slg. 1984, 557, Rn. 10 f. (Busseni/Kommission).
240 Vgl. dazu EuGH, Rs. 6 und 11/69, Slg. 1969, 523, 539 f. (Kommission/Frankreich); Rs. 294/83, Slg. 1986, 1339, Rn. 54 f. (Les Verts/EP); Rs. 242/87, Slg. 1989, 1425, Rn. 8 ff. (Kommission/Rat); Verb. Rs. 281, 283–285 und 287/85, Slg. 1987, 3203, Rn. 12–18 (Deutschland u.a./Kommission).
241 Vgl. EuGH, Rs. 855/55, Slg. 1955/56, 297, 312 (Fédération Charbonnière/Hohe Behörde); Rs. 22/70, Slg. 1971, 263, Rn. 6/8–30/31 (Kommission/Rat); *H. Krück*, in: GTE, EU/EGV, Art. 173, Rn. 72.
242 EuGH, Rs. C-202/88, Slg. 1991, I-1223, Rn. 20 sowie 23–25 (Frankreich/Kommission); Verb. Rs. 188–190/80, Slg. 1982, 2545, Rn. 4–15 (Frankreich u.a./Kommission); Rs. 16/88, Slg. 1989, 3457, Rn. 9 ff. (Kommission/Rat); Rs. 6 und 7/88, Slg. 1989, 3639, Rn. 13 ff. (Spanien und Frankreich/Kommission); Rs. 167/88, Slg. 1989, 1653, Rn. 15–22 (AGPB/ONIC); Rs. 25/70, Slg. 1970, 1161, Rn. 13–18 (Einfuhr- und Vorratsstelle für Getreide und Futtermittel/Köster u.a.).
243 So im Ergebnis bzgl. des Vorgehens der Kommission: EuGH, Rs. 332/85, Slg. 1987, 5143, Rn. 20–24 (Deutschland/Kommission).

tenzen mehrerer Gemeinschaftsorgane nicht erfüllt.[244] Räumliche Unzuständigkeit ist durch ein Handeln der Gemeinschaft gekennzeichnet, welches sich *unzulässigerweise* auf das Gebiet außerhalb der Gemeinschaft/Union auswirkt.[245] **Sachliche Unzuständigkeit** ist schließlich gegeben, wenn das handelnde Organ sich unzulässiger Handlungsformen bedient.[246]

II. Verletzung wesentlicher Formvorschriften

Entgegen der Terminologie von Abs. 4 lassen sich die Formvorschriften des Gemeinschaftsrechts nicht in »wesentliche« und »unwesentliche« aufspalten. Vielmehr kann die Verletzung ein und derselben Formvorschrift je nach Lage der Umstände »wesentlich« sein und deshalb die Aufhebung der angegriffenen Maßnahme rechtfertigen oder »unwesentlich« sein, so daß eine Aufhebung der angegriffenen Maßnahme ausscheidet.[247] Die im Gemeinschaftsrecht zu beachtenden Formvorschriften lassen sich in vier Kategorien aufteilen. 71

1. Beteiligungs- und Anhörungsrechte

Zu den Formvorschriften zählen zunächst die in den verschiedenen Rechtssetzungs- und Verwaltungsverfahren zu beachtenden **Beteiligungs- und Anhörungsrechte der Gemeinschaftsorgane und -einrichtungen** (vgl. nur die Art. 250–252) sowie der Mitgliedstaaten. Die Verletzung obligatorischer Beteiligungs- und Anhörungsrechte ist in der Regel eine »Verletzung wesentlicher Formvorschriften« und führt folglich zur Nichtigkeit des betroffenen Rechtsakts.[248] Das gilt auch dann, wenn eine Konsultation außerhalb des formell vorgesehenen Verfahrens stattfindet, die Konsultation dem Betroffenen aber nicht die gleichen Garantien und Vorteile wie das formelle Verfahren gewährt.[249] Die Mißachtung lediglich fakultativer Anhörungsrechte begründet dagegen ebensowenig eine Aufhebbarkeit des angegriffenen Aktes wie die Durchführung einer Anhörung, die im Vertrag nicht (ausdrücklich) vorgeschrieben ist.[250] 72

Neben den Anhörungsrechten der Gemeinschaftsorgane und -einrichtungen finden sich im gemeinschaftlichen Primär- (z.B. Art. 88 Abs. 2) und Sekundärrecht (z.B. im Kartellrecht, im Bereich der gemeinschaftlichen Fusionskontrolle und im Antidumpingrecht) 73

---

244 EuGH, Rs. C-202/88, Slg. 1991, I-1223, Rn. 26 (Frankreich/Kommission); vgl zur Zuständigkeitsverteilung zwischen EP und den Regierungen der Mitgliedstaaten einerseits EuGH, Rs. 230/81, Slg.1983, 255, Rn. 34 ff. (Luxemburg/EP) und andererseits Rs. 108/83, Slg. 1984, 1945, Rn. 25– 32 (Luxemburg/EP.); zu einer auf mehreren Vertragsbestimmungen beruhenden Zuständigkeit eines Organs: EuGH, Rs. 165/87, Slg. 1988, 5545, Rn. 11 (Kommission/Rat).
245 Vgl. dazu EuGH, Rs. 48/69, Slg. 1972, 619, Rn. 125 ff. (ICI/Kommission), wo der Umfang der räumlichen Zuständigkeit der Gemeinschaft (Kommission) aber letztlich offen bleibt, sowie Verb. Rs. 89, 104, 114, 116, 117 und 125–129/85, Slg. 1988, 5193, Rn. 11–18 (Alström u.a./ Kommission), wo die räumliche Zuständigkeit der Gemeinschaft bejaht wird.
246 EuGH, Rs. 228/82, Slg. 1984, 1129, Rn. 16–22 (Ford/Kommission), Verb. Rs. C-48/90 und C-66/90, Slg. 1992, I-627, Rn. 20–39 (Niederlande u.a./Kommission), wo die sachliche Zuständigkeit bejaht wird; vgl. auch Rs. C-202/88, Slg. 1991, Rn. 16–18 (Frankreich/Kommission).
247 Vgl. auch *H. Krück*, in: GTE, EU/EGV, Art. 173, Rn. 77.
248 EuGH, Rs. 138/79, Slg. 1980, 3333, Rn. 37 (Roquette Frères/Rat); vgl. zur Funktion der Anhörung ebenda, Rn. 33.
249 EuGH, Rs. 84/82, Slg. 1984, 1451, Rn. 18 (Deutschland/Kommission).
250 EuGH, Rs. 165/87, Slg. 1988, 5545, Rn. 20 (Kommission/Rat).

Art. 230 EG-Vertrag

auch **Anhörungsrechte Einzelner** verankert, die von einem Rechtsakt betroffen sein können. Darüber hinaus hat die Gemeinschaftsgerichtsbarkeit auch ungeschriebene Anhörungsrechte (Gewährung rechtlichen Gehörs) Einzelner anerkannt, wenn diese in qualifizierter Weise durch die Folgen eines angegriffenen Rechtsakts beschwert sind.[251] Die Verletzung der Anhörungsrechte Einzelner stellt in der Regel eine Verletzung wesentlicher Formvorschriften dar.[252] Wenn allerdings feststeht, daß eine Anhörung das Ergebnis des Verwaltungsverfahrens nicht beeinflußt hätte, bewirkt das Unterlassen einer obligatorischen Anhörung keine Nichtigkeit des fraglichen Akts.[253] In jüngerer Zeit hat das EuG die Begründetheitsprüfung in einzelnen Entscheidungen sogar ausschließlich auf die Frage reduziert, ob die Verfahrensrechte Einzelner beachtet worden sind,[254] was angesichts des in der Begründetheitsprüfung anzulegenden objektivrechtlichen Maßstabs kaum zu überzeugen vermag.

2. Anforderung an das Beschlußverfahren

74 Neben den Anhörungsrechten müssen bei der Verabschiedung von Rechtsakten weitere vertraglich sowie in den Geschäftsordnungen der Organe vorgeschriebene Verfahrensregeln (z. B. **Quoren, Schriftform, Wahl der Rechtsgrundlage**) beachtet werden.[255] Deren Verletzung führt in der Regel zur Nichtigkeit der angegriffenen Maßnahme.[256] Allerdings begründet die Wahl einer falschen Rechtsgrundlage die Nichtigkeit nur dann,[257] wenn bei der Anwendung der richtigen Rechtsgrundlage abweichende Verfahrensanforderungen gegolten hätten.[258] Dagegen führte eine (nach der Geschäftsordnung des Rates) unzulässige Änderung der Begründung eines Rechtsakts trotz fehlender inhaltlicher Konsequenzen zur Aufhebung desselben.[259] Allerdings können sich natürliche und juristische Personen trotz des in Art. 230 vorgesehenen objektiven Prüfungsmaßstabs nach der Rspr. von EuG und EuGH nur dann erfolgreich auf die Verletzung von Vorschriften einer Geschäftsordnung eines Gemeinschaftsorgans berufen, wenn sie diesen Personen Rechte vermitteln und der Rechtssicherheit dienen.[260]

---

251 EuGH, Rs. C-269/90, Slg. 1991, I-5469, Rn. 22–25 (Hauptzollamt München/Technische Universität München); Verb. Rs. C-48/90 und C-66/90, Slg. 1992, I-627, Rn. 44 und 46 (Niederlande u.a./Kommission); Rs. C-301/87, Slg. 1990, I-307, Rn. 29 (Frankreich/Kommission).
252 EuGH, Rs. C-269/90, Slg. 1991, I-5469, Rn. 28 f. (Hauptzollamt München/Technische Universität München); Verb. Rs. C-48/90 und C-66/90, Slg. 1992, I-627, Rn. 53 f. (Niederlande u.a./Kommission).
253 EuGH, Rs. C-301/87, Slg. 1990, I-307, Rn. 31 (Frankreich/Kommission).
254 EuG, Rs. T-96/92, Slg. 1995, II-1213, Rn. 47 und 48 ff. (Comité central d'entreprise de la Société générale des grandes sources u.a./Kommission) (Begründetheitsprüfung); Rs. T-12/93, Slg. 1995, II-1247, Rn. 60 und 61 ff. (Comité central d'entreprise de la Société anonyme Vittel u.a./Kommission) (Begründetheitsprüfung).
255 Vgl. zur Nichtbeachtung der Geschäftsordnung des Rates EuGH, Rs. 68/86, Slg. 1988, 855, Rn. 40–48 (Vereinigtes Königreich/Rat) sowie Rs. 131/86, Slg. 1988, 905, Rn. 34–38 (Vereinigtes Königreich/Rat); zur Geschäftsordnung der Kommission: EuG, Rs. T-79/89 u.a., Slg. 1992, II-315, Rn. 54–60 (BASF u.a./Kommission).
256 EuGH, Rs. 68/86, Slg. 1988, 855, Rn. 49; Rs. 131/86, Slg. 1988, 905, Rn. 39 (Vereinigtes Königreich/Rat).
257 So in EuGH, Rs. 45/86, Slg. 1987, 1493, Rn. 21 f. (Kommission/Rat); Rs. C-300/89, Slg. 1991, I-2867, Rn. 25 (Kommission/Rat).
258 Mangels solcher Unterschiede hatte die Maßnahme in EuGH, Rs. 165/87, Slg. 1988, 5545, Rn. 19 (Kommission/Rat) Bestand.
259 EuGH, Rs. 131/86, Slg. 1988, 905, Rn. 31 (Vereinigtes Königreich/Rat).
260 EuG, Verb. Rs. T-79/89 u.a., Slg. 1992, II-315, Rn. 78 (BASF u.a./Kommission); ähnlich EuGH, Rs. C-69/89, Slg. 1991, I-2069, Rn. 49 f. (Nakajima/Rat).

3. Begründungspflicht

Zu den Formvorschriften zählt weiter die Begründungspflicht nach Art. 253, deren Verletzung in der Regel zur Nichtigkeit der angegriffenen Maßnahme führt (vgl. zum ganzen ausführlich Art. 253, Rn. 25 f.). 75

4. Veröffentlichung von Rechtsakten

Mängel bei der Veröffentlichung oder Bekanntgabe eines Rechtsakts berühren seine Rechtmäßigkeit nicht, sondern blockieren lediglich den Lauf der Klagefrist.[261] 76

III. Ermessensmißbrauch

Der Begriff »Ermessensmißbrauch« ist trotz seiner Anlehnung an nationalstaatliche Vorbilder, vor allem das französische Verwaltungsrecht (»détournement de pouvoir«),[262] ein gemeinschaftsrechtlicher. Der Gerichtshof hält eine Handlung nur für ermessensmißbräuchlich, wenn »aufgrund objektiver, schlüssiger und übereinstimmender Indizien« anzunehmen ist, daß sie zumindest vorwiegend zu anderen als den angegebenen Zwecken oder zur Umgehung eines im Vertrag vorgesehenen Verfahrens erlassen wurde.[263] Ermessensmißbrauch ist nach diesem engen Verständnis, welches nur selten die Begründetheit der Klage zu tragen vermag,[264] auf die nach **objektiven Kriterien** zu ermittelnde Verfolgung **subjektiv rechtswidriger Zwecke** beschränkt.[265] Die rein subjektive Ausrichtung dieses Aufhebungsgrundes ist ausreichend und angemessen,[266] weil sonstige Ermessensfehler unter den Auffangtatbestand »Verletzung dieses Vertrages oder einer bei seiner Durchführung anzuwendenden Rechtsnorm« subsumiert werden können, aber auch müssen.[267] 77

IV. Verletzung des Vertrages oder einer bei seiner Durchführung anzuwendenden Rechtsnorm

Die »Verletzung des Vertrages oder einer bei seiner Durchführung anzuwendenden Rechtsnorm« bildet den **Auffangtatbestand** für alle Verstöße, die keinem der anderen drei speziellen Aufhebungsgründe unterfallen. Prüfungsmaßstab der Nichtigkeitsklage ist insoweit entgegen der mißverständlichen Formulierung in Art. 230 Abs. 2 auch ungeschriebenes Gemeinschaftsrecht. Den Tatbestand erfüllt jede Gemeinschaftshandlung, 78

---

261 EuGH, Rs. 48/69, Slg. 1972, 619, Rn. 39/43 (ICI/Kommission).
262 Vgl. dazu *F. Clever*, Ermessensmißbrauch détournement de pouvoir nach dem Recht der Europäischen Gemeinschaften im Lichte der Rechtsprechung ihres Gerichtshofes, Berlin 1967, S. 105.
263 EuGH, Verb. Rs. 16 u. 35/66, Slg. 1966, 153, 176 (Gutmann/Kommission); Rs. 69/83, Slg. 1984, 2447, Rn. 30 (Lux/EuRH); Rs. C-331/88, Slg. 1990, I-4023, Rn. 24 (Fedesa u.a.); ferner Rs. 105/75, Slg. 1976, 1395, Rn. 10/11–18 (Giuffrida/Rat) sowie zum EGKSV Verb. Rs. 140, 146, 221 u. 226/82, Slg. 1984, 951, Rn. 27 (Walzstahlvereinigung und Thyssen/Kommission).
264 Vgl. aber EuGH, Rs. 105/75, Slg. 1976, 1395, Rn. 18 (Giuffrida/Rat); Rs. 92/78, Slg. 1979, 777, Rn. 106 (Simmenthal/Kommission).
265 Vgl. auch EuGH, Rs. 266/82, Slg. 1984, 1, Rn. 19 (Turner/Kommission).
266 So auch *H. Krück*, in: GTE, EU-/EGV, Art. 173, Rn. 91; *Cremer* (Fn. 110), S. 104.
267 Vgl. zu den sonstigen Ermessensfehlern *Cremer* (Fn. 110), S. 93–104.

die mit höherrangigem Gemeinschaftsrecht nicht im Einklang steht. An der Spitze der Normenhierarchie stehen alle Normen mit Vertragsrang. Dazu zählen neben dem kodifizierten Primärrecht die allgemeinen Rechtsgrundsätze.[268] Unterhalb dessen steht das gemeinschaftliche Sekundärrecht, wozu neben Verordnungen, Richtlinien, Entscheidungen und anderen autonom gesetzten verbindlichen Rechtsakten der Gemeinschaft auch die von der Gemeinschaft abgeschlossenen völkerrechtlichen Verträge[269] gehören. Hinsichtlich der Rangordnung verschiedener sekundärrechtlicher Normen gelten die allgemeinen Rechtsgrundsätze, wonach z.B. eine Durchführungsverordnung rangniedriger ist als die korrespondierende Ermächtigungsnorm,[270] das besondere dem allgemeinen Gesetz und das spätere dem früheren Gesetz vorgeht.

---

268 Dazu ausführlich, Art. 220, Rn. 28 ff.
269 Vgl. nur EuGH, Verb. Rs. 21–24/72, Slg. 1972, 1219, Rn. 7/9 (International Fruit Company).
270 EuGH, Rs. 38/70, Slg. 1971, 145, Rn. 9–10 (TRADAX).

Art. 231 (ex-Art. 174)

Ist die Klage begründet, so erklärt der Gerichtshof die angefochtene Handlung für nichtig[1–2].

Erklärt der Gerichtshof eine Verordnung für nichtig, so bezeichnet er, falls er dies für notwendig hält, diejenigen ihrer Wirkungen, die als fortgeltend zu betrachten sind[3–6].

Inhaltsübersicht:

I. Inhalt und Folgen der Nichtigerklärung (Abs. 1)	1
II. Begrenzung der Wirkung einer Nichtigerklärung (Abs. 2)	3

I. Inhalt und Folgen der Nichtigerklärung (Abs. 1)

Ist eine Klage zulässig und begründet, müssen EuGH bzw. EuG die angegriffene Maßnahme 1 für nichtig erklären. Die Gestaltungswirkung des Urteils versetzt die Parteien in die Lage zurück, die vor Erlaß des für nichtig erklärten Akts bestand.[1] Besteht die Maßnahme aus mehreren, von einander abtrennbaren Teilen und ist nur ein Teil gemeinschaftsrechtswidrig, wird nur dieser Teil für nichtig erklärt.[2] Über die Nichtigkeit hinausgehende Urteilswirkungen (z.B. Feststellung oder Anordnung aufgrund des Urteils zu treffender Maßnahmen) darf die Gemeinschaftsgerichtsbarkeit nicht aussprechen.[3] Entstandene Schäden oder erbrachte Zahlungen, die auf der Anwendung des für nichtig erklärten Aktes beruhen, müssen mit separaten Klagen geltend gemacht bzw. zurückverlangt werden.[4]

Die Nichtigkeitserklärung wirkt »**erga omnes**«.[5] Eine Beschränkung der Urteilswirkungen auf die an dem Verfahren Beteiligten ist dem Wortlaut des Art. 231 nicht zu entnehmen. Die entsprechenden Bestimmungen dürfen von den Gemeinschaftsorganen und mitgliedstaatlichen Stellen nicht mehr angewandt werden. Das gilt entgegen Stimmen in der Literatur nicht nur für Verordnungen und Richtlinien,[6] sondern auch für Entscheidungen. Von den Nichtigkeitswirkungen nicht erfaßt werden dagegen nur ähnliche oder gar gleichlautende, auf dieselbe Rechtsnorm gestützte Entscheidungen.[7] Die **Nichtigerklärung bezieht sich nur auf den angegriffenen Akt** selbst.[8] Allerdings ist die »erga-omnes-Wirkung« bei Entscheidungen wegen des engen Streitgegenstandsbegriffs[9] für Betroffene, die nicht gegen eine an mehrere gerichtete (Sammel)entscheidung geklagt hatten, nur selten von Nutzen; anders ist es wohl nur dann, wenn eine Entscheidung an mehrere im konkreten Fall untrennbar miteinander verbundene Adressaten gerichtet ist,

---

1 EuGH, Rs. 22/70, Slg. 1971, 263, Rn. 59 (Kommission/Rat).
2 EuGH, Verb. Rs. 56 u. 58/64, Slg. 1966, 321, 393 f. (Consten u.a./Kommission); Rs. 17/74, Slg. 1974, 1063, Rn. 21 (Transocean Marine Paint Association/Kommission); Rs. 92/78, Slg. 1979, 777, Rn. 107 f. (Simmenthal/Kommission).
3 Vgl. zur Behandlung inexistenter Rechtsakte Art. 230, Rn. 7 f.
4 EUGH, Rs. 238/78, Slg. 1979, 2955, Rn. 6 f. (Ireks-Arkady/Rat u. Kommission); Rs. 130/79, Slg. 1980, 1887, Rn. 11 (Express Dairy Foods Ltd.).
5 So auch M. *Röttinger*, Bedeutung der Rechtsgrundlage einer EG-Richtlinie und Folgen einer Nichtigkeit, EuZW 1993, S. 117 (119).
6 So aber H. *Krück*, in: GTE, EU-/EGV, Art. 174, Rn. 3.
7 Vgl. auch EuGH, Rs. 161/87, Slg. 1988, 3037, Rn. 9 f. (Muysers u.a./EuRH).
8 Vgl. bzgl. mehrerer, in ihren Wirkungen zeitlich begrenzter Verordnungen: EuGH, Verb. Rs. 97, 193, 99 und 215/86, Slg. 1988, 2181, Rn. 30 (Asteris u.a./Kommission).
9 Vgl. unter Aufhebung des EuG-Urteils EuGH, Rs. C-310/97 P, Slg. 1999, I-5363, Rn. 51 ff. (Kommission/AssiDöman Kraft Products); näher dazu Art. 233, Rn. 4a, dort auch zu den Folgen der Bestandskraft.

wie z.B. beim Kartellverbot, nicht aber bei Kartellbußen. Die auf der Klage eines klagebefugten Nichtadressaten beruhende Nichtigerklärung einer Entscheidung wirkt weiter gegenüber dem zunächst von der Entscheidung Begünstigten, wenn dieser sich am Verfahren beteiligen konnte. Schließlich sind auf der Grundlage der für nichtig erklärten Maßnahme ergangene (Durchführungs)entscheidungen der Gemeinschaftsorgane oder der Mitgliedstaaten nicht automatisch ungültig. Sie müssen vorbehaltlich der nach Gemeinschaftsrecht (Art. 230 Abs. 5) oder nationalem Recht bestehenden Klagefristen separat angefochten oder aufgehoben werden. Ist die Frist verstrichen, kommt eine Auf hebung oder Rücknahme nur nach den jeweiligen allgemeinen Vorschriften in Betracht, in Deutschland unter Berücksichtigung gemeinschaftsrechtlicher Vorgaben gem. den §§ 48–51 VwVfG.

II. Begrenzung der Wirkung einer Nichtigerklärung (Abs. 2)

3 Die Nichtigerklärung wirkt **grundsätzlich »ex tunc«**.[10] Art. 231 Abs. 2 räumt EuGH und EuG aber im Falle der Nichtigerklärung einer Verordnung einen weiten Entscheidungsspielraum[11] ein, die Wirkung einer Nichtigerklärung in zeitlicher Hinsicht zu beschränken. Die Gemeinschaftsgerichtsbarkeit ist dementsprechend aufgerufen, den **Konflikt** zwischen den aus dem Rechtsstaatsprinzip ableitbaren Grundsätzen der **Rechtmäßigkeit hoheitlichen Handelns** und der **Rechtssicherheit** aufzulösen. Insoweit kommt eine Beschränkung der Wirkung einer Nichtigerklärung nur für die Vergangenheit (vor Erlaß des Urteils) als auch für die Zukunft in Betracht.

4 Die Wirkung einer für nichtig erklärten Verordnung auf die Vergangenheit zu beschränken (**»ex nunc«**), kann sowohl im Interesse des Einzelnen als auch zur Schonung mitgliedstaatlicher oder gemeinschaftlicher Ressourcen ergehen. Aus Vertrauensschutzgesichtspunkten kann die Gemeinschaftsgerichtsbarkeit die Wirkung der Nichtigerklärung zum Schutz des Einzelnen auf die Zukunft beschränken, um eine »Rückabwicklung« der auf Grundlage der für nichtig erklärten Verordnung erhaltenen Rechte oder Leistungen zu blockieren.[12] Dies ist erforderlich, obwohl die auf der Grundlage einer ungültigen Verordnung ergangenen Einzelmaßnahmen nicht (automatisch) ungültig werden und wegen Verfristung auch zumeist nicht mehr angreifbar sein werden, weil letztere andernfalls nach den einschlägigen Normen des nationalen Rechts zurückgenommen werden können oder gar müssen (in Deutschland vorbehaltlich speziellerer Vorschriften nach § 48 VwVfG). Umgekehrt kann die Anordnung einer ex-nunc-Wirkung auch im öffentlichen Interesse[13] und zum Nachteil des Einzelnen erfolgen, um Rückzahlungen des Staates, gegen ihn gerichtete Schadensersatzprozesse[14] oder

---

10 Besonders deutlich insoweit die französische Fassung: »Si le recours est fondé, la Cour de justice déclare nul et *non avenu* l'acte contesté.« (Hervorhebung des Verfassers); vgl. auch EuGH, Verb. Rs. 97, 193, 99 und 215/86, Slg. 1988, 2181, Rn. 30 (Asteris u.a./Kommission).
11 Vgl. EuGH, Rs. 112/83, Slg. 1985, 719, Rn. 18 (Société des produits de mais); Rs. 33/84, Slg. 1985, 1605, Rn. 18 (Fragd).
12 Vgl. EuGH, Rs. 51/87, Slg. 1988, 5459, Rn. 22 (Kommission/Rat) und insbesondere GA C. O. *Lenz*, Schlußantr. zu EuGH, Rs. 51/87, Slg. 1988, 5459, Ziff. 37 (Kommission/Rat); vgl. auch Rs. 145/79, Slg. 1980, 2917, Rn. 52 (Roquette Freres).
13 Der Gerichtshof rekurriert in der Regel auf den Grundsatz der Rechtssicherheit, vgl. nur EuGH Rs. 112/83, Slg. 1985, 719, Rn. 17 (Société des produits de mais); Rs. 51/87, Slg. 1988, 5459, Rn. 22 (Kommission/Rat).
14 Im viel diskutierten Vorabentscheidungsverfahren in der Rechtssache Francovich ist eine solche zeitliche Beschränkung allerdings unterblieben, vgl. insoweit kritisch *U. Everling*, Der Ausschluß der Rückwirkung bei der Feststellung der Ungültigkeit von Verordnungen durch den Gerichtshof der EG, in: FS-Börner, 1992, S. 57 (68); dagegen *W. Weiß*, Die Einschränkung der zeitlichen Wirkungen von Vorabentscheidungen nach Art. 177 EGV, EuR 1995, S. 377 (394 f.).

Wettbewerbsverzerrungen[15] zu vermeiden.[16] Für Personen, die bereits vor Erlaß des die Nichtigkeit erklärenden Urteils Rechtsbehelfe gegen die angegriffene Maßnahme oder auf dieser Maßnahme beruhenden Ausführungsakte eingelegt haben, behält sich der EuGH aber vor, eine Ausnahme von der im übrigen angeordneten Begrenzung der zeitlichen Wirkung zuzulassen.[17]

Soweit der Gerichtshof eine Verordnung trotz Nichtigerklärung auch nach **Erlaß des Urteils** hat fortgelten lassen,[18] hat er sich insbesondere auf einen der Gemeinschaftsrechtsordnung innewohnenden allgemeinen Grundsatz der Rechtssicherheit gestützt.[19] Insoweit handelte es sich zumeist um Fälle, in denen die Gemeinschaft den Rechtsakt auf eine fehlerhafte Rechtsgrundlage gestützt hatte. Bei solch formalen Mängeln erscheint es in der Tat angemessen, die für nichtig erklärte Maßnahme auch in Zukunft fortgelten zu lassen, um einen »Zustand der Unsicherheit«[20] oder »Rechtlosigkeit« zu verhindern.

Die nach seinem Wortlaut nur auf für ungültig erklärte Verordnungen zugeschnittene Regelung des Art. 231 Abs. 2 hat der EuGH zutreffend auch auf **Richtlinien**,[21] **Entscheidungen** und Beschlüsse,[22] einen für ungültig erklärten Haushaltsplan[23] und im Rahmen des Vorabentscheidungsverfahrens (vgl. dazu Art. 234, Rn. 36) analog angewandt.

---

15 EuGH, Rs. 145/79, Slg. 1980, 2917, Rn. 52 (Roquette Freres); bestätigt in den Vorabentscheidungsverfahren: EuGH, Rs. 33/84, Slg. 1985, 1605, Rn. 20 (Fragd); Rs. 112/83, Slg. 1985, 719, Rn. 20 (Société des produits de mais).
16 EuGH, Rs. 51/87, Slg. 1988, 5459, Rn. 22 (Kommission/Rat).
17 EuGH, Rs. 112/83, Slg. 1985, 719, Rn. 18 f. (Société des produits de mais); Rs. 33/84, Slg. 1985, 1605, Rn. 18 f. (Fragd), wo die Frage aber mangels Entscheidungserheblichkeit jeweils offengelassen wurde.
18 EuGH, Rs. 264/82, Slg. 1985, 849, Rn. 31 (Timex/Rat und Kommission); Rs. 59/81, Slg. 1982, 3329, Rn. 39 (Kommission/Rat); Rs. 45/86, Slg. 1987, 1493, Rn. 23 (Kommission/Rat); Rs. C-65/90, Slg. 1992, I-4593, Rn. 23 (EP/Rat).
19 EuGH, Rs. 59/81, Slg. 1982, 3329, Rn. 39 (Kommission/Rat); Rs. 45/86, Slg. 1987, 1493, Rn. 23 (Kommission/Rat); Rs. C-65/90, Slg. 1992, I-4593, Rn. 23 (EP/Rat).
20 So der EuGH in der Vorabentscheidung in der Rs. C-160/90, Slg. 1992, I-4625, Rn. 31 (Legros).
21 EuGH, Rs. C-295/90, Slg. 1992, I-4193, Rn. 26 f. (EP/Rat); dazu ausführlich M. Röttinger (Fn. 5), S. 120.
22 EuGH, Rs. C-106/96, Slg. 1998, I-2729, Rn. 41 (Vereinigtes Königreich/Kommission); Rs. C-22/96, Slg. 1998, I-3231, Rn. 42 (EP/Rat).
23 EuGH, Rs. 34/86, Slg. 1986, 2155, Rn. 48 (Rat/EP).

Art. 232 (ex-Art. 175)

Unterläßt es das Europäische Parlament, der Rat oder die Kommission[3] unter Verletzung dieses Vertrags[15], einen Beschluß[5] zu fassen, so können die Mitgliedstaaten und die anderen Organe der Gemeinschaft[3] beim Gerichtshof[2] Klage auf Feststellung dieser Vertragsverletzung erheben.

Diese Klage ist nur zulässig, wenn das in Frage stehende Organ zuvor aufgefordert worden ist, tätig zu werden[10]. Hat es binnen zwei Monaten nach dieser Aufforderung nicht Stellung genommen[9], so kann die Klage innerhalb einer weiteren Frist von zwei Monaten erhoben werden[14].

Jede natürliche oder juristische Person kann nach Maßgabe der Absätze 1 und 2 vor dem Gerichtshof Beschwerde darüber führen, daß ein Organ der Gemeinschaft es unterlassen hat, einen anderen Akt als eine Empfehlung oder eine Stellungnahme an sie zu richten[6-8].

Der Gerichtshof ist unter den gleichen Voraussetzungen zuständig für Klagen, die von der EZB in ihrem Zuständigkeitsbereich erhoben oder gegen sie angestrengt werden[3].

Inhaltsübersicht:

I. Funktion und Rechtsnatur der Untätigkeitsklage	1
II. Zulässigkeit der Untätigkeitsklage	2
1. Zuständigkeit	2
2. Parteifähigkeit	3
3. Klagegegenstand	4
a) Klagen der Mitgliedstaaten, Gemeinschaftsorgane und der EZB	5
b) Klagen natürlicher und juristischer Personen	6
4. Vorverfahren	9
5. Klagebefugnis und Rechtsschutzinteresse	12
6. Klagefrist	14
III. Begründetheit	15
IV. Vorläufiger Rechtsschutz	16

I. Funktion und Rechtsnatur der Untätigkeitsklage

1 Während die Nichtigkeitsklage nach Art. 230 als Gestaltungsklage auf die Beseitigung des angefochtenen Handelns eines Gemeinschaftsorgans oder der EZB gerichtet ist, zielt die Untätigkeitsklage nach Art. 232 auf die **Feststellung eines Unterlassens** als gemeinschaftsrechtswidrig. Sie vermag einen vertragswidrigen Zustand – wie die Vertragsverletzungsklagen nach den Art. 226 f. – nicht zu beseitigen. Eine festgestellte Vertragsverletzung auferlegt den betroffenen Gemeinschaftsorganen bzw. der EZB lediglich die in Art. 233 beschriebene Pflicht.

II. Zulässigkeit der Untätigkeitsklage

1. Zuständigkeit

2 Nach der geltenden Zuständigkeitsverteilung ist für Untätigkeitsklagen der Mitgliedstaaten, der Gemeinschaftsorgane und der EZB (EWI) allein der EuGH sachlich zustän-

dig.¹ Das hat sich mit Inkrafttreten des Vertrags von Nizza trotz der Neufassung des Art. 225 wegen Art. 51 der Satzung des Gerichtshofs nicht geändert.² Erstinstanzlich zuständig für Untätigkeitsklagen natürlicher und juristischer Personen ist das EuG.

2. Parteifähigkeit

Aktiv parteifähig sind im Rahmen der Untätigkeitsklage Mitgliedstaaten, Kommission, Rat, EP, Rechnungshof (Abs. 1), EZB (Abs. 4) sowie natürliche und juristische Personen (Abs. 3). **Passiv parteifähig** sind Rat, Kommission, EP (Abs. 1) und EZB³ (Abs. 4). 3

3. Klagegegenstand

Im übrigen ist hinsichtlich des zulässigen Klagegegenstandes zwischen Klagen der Mitgliedstaaten, der Gemeinschaftsorgane und der EZB einerseits sowie Klagen juristischer und natürlicher Personen andererseits zu unterscheiden. Für beide gilt allerdings, daß die in der Klageschrift begehrte Maßnahme nicht über den im Vorverfahren festgelegten Verfahrensgegenstand hinausgehen darf.⁴ 4

a) **Klagen der Mitgliedstaaten, Gemeinschaftsorgane und der EZB**
Klagegegenstand einer Untätigkeitsklage eines Mitgliedstaats oder eines Gemeinschaftsorgans ist gem. Abs. 1 das Unterlassen eines **Beschlusses**. Der Begriff »Beschluß« erfaßt entgegen einer Mindermeinung in der Literatur nicht nur alle verbindlichen Rechtsakte,⁵ sondern alle Maßnahmen, zu deren Vornahme ein Gemeinschaftsorgan aufgrund des Gemeinschaftsrechts verpflichtet ist. Gegen eine Begrenzung auf die Vornahme rechtsverbindlicher Akte sprechen angesichts eines Vergleichs des Wortlautes von Abs. 1 (»Beschluß«) mit dem Wortlaut der anderen Vorschriften dieses Abschnitts (Art. 230 Abs. 1, Abs. 3, 232 Abs. 3, 233 Abs. 1, 234) grammatikalisch-systematische Erwägungen.⁶ Der Gerichtshof hat die Frage bislang zwar noch nicht entschieden,⁷ wohl aber festgestellt, daß die Untätigkeitsklage nicht das Fehlen eines *bestimmten* Rechtsakts voraussetze, sondern auch »eine weniger deutlich umschriebene Tätigkeit« erfasse,⁸ wenn sie so hinreichend konkretisiert ist, daß sie nach Art. 233 vollzogen werden könne.⁹ Auch die 5

---

1 Vgl. zur Zuständigkeitsverteilung zwischen EuGH und EuG bis zum Inkrafttreten des Vertrags von Nizza Art. 3 des Ratsbeschlusses 88/519 vom 24.10.1988, ABl.EG 1988 Nr. L 319/1, geändert durch Ratsbeschluß 93/350/Euratom, EGKS, EWG des Rates vom 8.6.1993, ABl.EG 1993 Nr. L 144/21, geändert durch Ratsbeschluß 94/149/EGKS/EG vom 15.3.1994, ABl.EG 1994 Nr. L 66/29; geändert durch Ratsbeschluß vom 1.1.1995, ABl.EG 1995, Nr. L 1/1.
2 Vgl. zu Einzelheiten Art. 225, Rn. 3 f.; *B.W. Wegener*, Die Neuordnung der EU-Gerichtsbarkeit durch den Vertrag von Nizza, DVBl. 2001, 1258 (1260).
3 Das EWI tritt gem. Art. 117 f. Abs. 9 für die Dauer der zweiten Stufe der Währungsunion an die Stelle der EZB.
4 Vgl. dazu *C. Koenig/C. Sander*, Einführung in das EG-Prozeßrecht, 1997, Rn. 352.
5 So aber *Nicolaysen*, Europarecht I, S. 196; MWLVD, CEE, Bd. 10, Art. 175, Rn. 4.
6 So im Ergebnis auch *Koenig/Sander* (Fn. 4), Rn. 355; *Rengeling/Middeke/Gellermann*, Rechtsschutz in der EU, Rn. 215; *Schweitzer/Hummer*, Europarecht, S. 116.
7 Anders werten die Rspr. *K.-D. Borchardt*, in: Lenz, EGV, Art. 232, Rn. 8; *Koenig/Sander* (Fn. 4), Rn. 355, die insoweit auf das Urteil des EuGH in der Rs. 13/83, Slg. 1985, 1515, Rn. 34 (EP/Rat) Bezug nehmen; wohl auch *H. Krück*, in: GTE, EU-/EGV, Art. 175, Rn. 12.
8 EuGH, 13/83, Slg. 1985, 1515, Rn. 34 (EP/Rat).
9 EuGH, Rs. 13/83, Slg. 1985, 1515, Rn. 35 u. 37 (EP/Rat).

EZB (EWI) kann gegen unterlassene Beschlußfassungen klagen; allerdings muß ihr Zuständigkeitsbereich betroffen sein.[10]

b) Klagen natürlicher und juristischer Personen

6 Gem. Abs. 3 können natürliche und juristische Personen im Rahmen der Untätigkeitsklage nur Beschwerde darüber führen, daß es ein Gemeinschaftsorgan unterlassen hat, »einen anderen Akt als eine Empfehlung oder eine Stellungnahme an sie zu richten«. Dadurch ist der Klagegegenstand für natürliche und juristische Personen nach allgemeiner Auffassung auf rechtsverbindliche Akte begrenzt.[11] Des weiteren folgt (auch nach der Rechtsprechung) aus der Formulierung »an sie zu richten«, daß der begehrte Rechtsakt an eine bestimmte Person adressiert sein muß. Verordnungen und Richtlinien sind – im Unterschied zur jüngeren Rechtsprechung zu Art. 230 –[12] mithin kein zulässiger Gegenstand einer Untätigkeitsklage natürlicher oder juristischer Personen.[13]

7 Nach dem Wortlaut von Abs. 3 ist eine Untätigkeitsklage nur zulässig, wenn ein Gemeinschaftsorgan einen Akt unterlassen hat, der an den Kläger zu richten gewesen wäre. Dennoch besteht in der Literatur Streit, ob Private mit der Untätigkeitsklage auch rügen können, daß ein Gemeinschaftsorgan einen verbindlichen Rechtsakt gegenüber einem Dritten nicht erlassen hat, der den Kläger unmittelbar und individuell betroffen hätte.[14] Der EuGH hat diese Frage im Urteil Lord Bethell mindestens implizit verneint,[15] die Rspr. des EuG zeichnet insoweit ein nicht ganz eindeutiges Bild. Während das EuG im Urteil Air France Untätigkeitsklagen von Konkurrenten in einem obiter dictum – und

---

10 *Koenig/Sander* (Fn. Im übrigen ist hinsichtlich des zulässigen Klagegegenstandes zwischen Klagen der Mitgliedstaaten, der Gemeinschaftsorgane und der EZB einerseits sowie Klagen juristischer und natürlicher Personen andererseits zu unterscheiden. Für beide gilt allerdings, daß die in der Klageschrift begehrte Maßnahme nicht über den im Vorverfahren festgelegten Verfahrensgegenstand hinausgehen darf.), Rn. 357 m.w.N.
11 EuGH, Rs. 15/70, Slg. 1970, 975, Rn. 11/14 (Chevalley/Kommission); Verb. Rs. 83 u. 84/84, Slg. 1984, 3571, Rn. 10 (N.M./Kommission); *H. Krück*, in: GTE, EU-/ EGV Art 175, Rn. 14; *Koenig/Sander* (Fn. Im übrigen ist hinsichtlich des zulässigen Klagegegenstandes zwischen Klagen der Mitgliedstaaten, der Gemeinschaftsorgane und der EZB einerseits sowie Klagen juristischer und natürlicher Personen andererseits zu unterscheiden. Für beide gilt allerdings, daß die in der Klageschrift begehrte Maßnahme nicht über den im Vorverfahren festgelegten Verfahrensgegenstand hinausgehen darf.), Rn. 358; *Rengeling/Middeke/Gellermann*, Rechtsschutz in der EU, Rn. 219.
12 Vgl. dazu Art. 230, Rn. 30 f. für Verordnungen und für Richtlinien Art. 230, Rn. 38 ff.
13 EuGH, Rs. 90/78, Slg. 1979, 1081, Rn. 14 (Granaria/Rat und Kommission); Rs. 60/79, Slg. 1979, 2429, 2433 (Fédération Nationale des Producteurs de Vins de Table/ Kommission); Rs. 15/71, Slg. 1971, 797, Rn. 4 (Mackprang/Kommission); Rs. 134/73, Slg. 1974, I, Rn. 5 (Holtz & Willemsen/Rat); *Rengeling/Middeke/Gellermann*, Rechtsschutz in der EU, Rn. 219; *Bleckmann*, Europarecht, Rn. 606; *H. Krück*, in: GTE, EU-/ EGV, Art. 175, Rn. 14.
14 Ein Klagerecht ablehnend: GA *F. Capotorti*, Schlußantr. zu EuGH, Rs. 125/78, Slg. 1979, 3173 (3193, 3199 f.) (GEMA/Kommission); GA *G. Slynn*, Schlußantr. zu EuGH, Rs. 246/ 81, Slg. 1982, (2277, 2293, 2295 ff.) (Lord Bethell/Kommission); *Bleckmann*, Europarecht, Rn. 606; *Nicolaysen*, Europarecht I, S. 196. Eine Klageberechtigung bejahend: *Rengeling/Middeke/Gellermann*, Rechtsschutz in der EU, Rn. 221; *T. Körber*, Konkurrentenklage in der europäischen Fusionskontrolle, EuZW 1996, S. 267 (272); *Streinz*, Europarecht, S. 172; *J. Gündisch*, Rechtsschutz in der Europäischen Gemeinschaft, 1994, S. 87; *J. Wohlfarth*, in: Grabitz/ Hilf, EU, Art. 175, Rn. 20; *H. Krück*, in: GTE, EU-/EGV, Art. 175, Rn. 17.
15 EuGH, Rs. 246/81, Slg. 1982, 2277, Rn. 16 (Lord Bethell/Kommission); vgl. aber auch die zumindest mißverständliche Formulierung des EuGH in der Rs. 134/73, Slg. 1974, I, Rn. 5 (Holtz & Willemsen/Rat), wo die Unzulässigkeit u.a. damit begründet wird, daß das Begehren des Klägers »nicht auf den Erlaß einer Maßnahme gerichtet (ist), die sie unmittelbar und individuell betrifft«.

ohne nähere Begründung – für zulässig erachtet,[16] hat es in mehreren vorangehenden und nachfolgenden Entscheidungen ausgeführt, daß »natürliche und juristische Personen sich auf Artikel 175 Absatz 3 des Vertrages *nur*[17] berufen können, um feststellen zu lassen, daß ein Gemeinschaftsorgan unter Verletzung des Vertrages einen Akt nicht erlassen hat, dessen Adressaten sie sein können«.[18] In der Rs. T. Port hat der EuGH die Klagebefugnis Drittbetroffener schließlich ausdrücklich bejaht. Zur Begründung rekurrierte er darauf, daß die Klagebefugnis bei der Untätigkeitsklage **parallel zur Nichtigkeitsklage** konzipiert werden müsse, weil die Klagemöglichkeit des Einzelnen sonst davon abhänge, ob ein Gemeinschaftsorgan tätig geworden oder untätig geblieben ist.[19] In der Rs. Gestevisión Telecinco, in welcher gegen die Untätigkeit der Kommission im Kontext der Beihilfenaufsicht geklagt wurde,[20] hat das EuG diese Grundsätze bestätigt.[21]

Der Entscheidung des EuG in der Rs. Gestevisión Telecinco ist zuzustimmen. Obwohl 8 der Wortlaut des Art. 232 Abs. 3 es nicht vorsieht,[22] sollte das Klagerecht auf drittgerichtete Rechtsakte erstreckt werden, welche den Kläger im Falle ihres Erlasses unmittelbar und individuell betreffen würden. Die Anerkennung dieser »**positiven Betroffenheitsklage**« ist nicht nur wegen der Vermeidung von Rechtsschutzlücken[23] angezeigt, sondern insbesondere geboten, weil es andernfalls in verschiedenen Bereichen vom »Tun oder Nichtstun« der Kommission abhinge, ob eine Nichtigkeitsklage nach Art. 230 zulässig wäre oder (bei völliger Untätigkeit) kein Rechtsbehelf zur Verfügung stünde.[24] Die Klagemöglichkeit darf nicht von der Tätigkeit oder Untätigkeit des potentiellen Beklagten abhängig sein.[25]

4. Vorverfahren

Nach Abs. 2 ist die Untätigkeitsklage nur zulässig, wenn das betreffende Gemeinschafts- 9 organ bzw. die EZB zum Tätigwerden aufgefordert wurde und binnen zwei Monaten keine Stellungnahme erfolgt ist.

---

16 EuG, Rs. T-3/93, Slg. 1994, II-121, 3. Leitsatz (Air France/Kommission).
17 Hervorhebung des Verfassers.
18 EuG, Rs. T-47/96, Slg. 1996, II-1559, Rn. 40 u. 42 (SDDDA/Kommission); in der Sache ebenso Rs. T-277/94, Slg. 1996, II-351, Rn. 58 (AITEC/Kommission); Verb. Rs. T-479/93 u. T-559/93, Slg. 1994, II-1115, Rn. 31 (Bernardi/Kommission); Rs. T-3/90, Slg. 1991, II-1, Rn. 37 (Prodifarma/Kommission), wo individuelles und unmittelbares Betroffensein allerdings *hilfsweise* geprüft und verneint werden (ebenda, Rn. 38–45).
19 EuGH, Rs. C-68/95, Slg. 1996, I-6065, Rn. 59 (T. Port/Bundesanstalt für Landwirtschaft und Ernährung).
20 Die Kommission hatte auf die Beschwerde des Unternehmens Gestevisión Telecinco gar nicht reagiert; ein Vorprüfverfahren also weder durch eine Unbedenklichkeitsmitteilung noch durch die Einleitung des Hauptverfahrens nach Art. 88 Abs. 2 abgeschlossen.
21 EuG, Rs.T-95/96, Slg.1998, II-3407, Rn. 58 f. (Gestevisión Telecinco/Kommission).
22 Eine Rechtsfortbildung *contra legem* ist indes nicht erforderlich, da Art. 232 Abs. 3 entgegen den Passagen aus den zitierten Urteilen des EuG (vgl. Fn. 17) das Wort »nur« nicht enthält.
23 Vgl. dazu instruktiv *L. Allkemper*, Der Rechtsschutz des einzelnen nach dem EG-Vertrag, 1995, S. 116; *Koenig/Sander* (Fn. 4), Rn. 344.
24 Instruktiv dazu *L. Allkemper* (Fn. 4), S. 116; *Koenig/Sander* (Fn. 4), Rn. 363 f.
25 Vgl. auch GA *A. Dutheillet de Lamothe*, Schlußantr. Zu EuGH, 15/71, Slg. 1971, 797 (806, 808) (Mackprang/Kommission); *Rengeling/Middeke/Gellermann*, Rechtsschutz in der EU, Rn. 221; *M.N. Müller/H.G. Kamann*, Erweiterter Beteiligtenschutz im Beihilfenrecht der EG - die Untätigkeitsklage, EWS 1999, S. 332 (334).

10 Die **Aufforderung** muß die Maßnahme(n) bezeichnen, die das betreffende Organ oder die EZB ergreifen soll(en).[26] Es muß zudem deutlich werden, daß das betreffende Organ zu einer Stellungnahme im Sinne von Art. 232 Abs. 2 veranlaßt werden soll.[27] Die Aufforderung sollte aus Beweisgründen schriftlich erfolgen, da der Klageschrift der Untätigkeitsklage gem. Art. 19 Abs. 2 Gerichtshofs-Satzung Unterlagen beigefügt sein müssen, aus denen sich der Zeitpunkt der Aufforderung ergibt.

11 Des weiteren ist die Untätigkeitsklage nicht nur gegenüber der Nichtigkeitsklage subsidiär,[28] sondern bereits dann unzulässig, wenn das betroffene Organ oder die EZB binnen zwei Monaten nach einer Aufforderung eine als **Stellungnahme** im Sinne von Art. 232 Abs. 2 zu qualifizierende Äußerung abgibt. Nach ständiger Rspr. kommt es für die Qualifizierung einer Reaktion als Stellungnahme nicht darauf an, ob diese das Anliegen des Klägers befriedigt, da die Untätigkeitsklage nur das Unterlassen eines »Beschlusses« oder »Akts« betrifft, nicht aber auf den Erlaß eines bestimmten, vom Kläger begehrten Akt gerichtet ist.[29] Entgegen Stimmen in der Literatur ist die Untätigkeitsklage danach allerdings nicht nur bei völliger Untätigkeit des zum Handeln verpflichtenden Organs zulässig,[30] erforderlich ist vielmehr eine unmißverständliche und endgültige, wenn auch rechtswidrige Weigerung, den begehrten Rechtsakt zu erlassen.[31] Lediglich hinhaltende Antworten, in denen eine Untätigkeit weder bestritten noch zugegeben wird[32] oder lediglich eine weitere Prüfung zugesagt wird,[33] sind keine Stellungnahme im Sinne von Art. 232 Abs. 2.

5. Klagebefugnis und Rechtsschutzinteresse

12 Die Mitgliedstaaten und die Gemeinschaftsorgane können Klage erheben, ohne irgendein Betroffensein oder gar eine Beeinträchtigung in eigenen Rechten geltend machen zu müssen. Die Beschränkungen der Klagerechte der EZB (EWI) nach Abs. 4 sowie juristischer und natürlicher Personen nach Abs. 3 betreffen bereits die zulässigerweise angreif-

---

26 EuGH, Rs. 13/83, Slg. 1985, 1515, Rn. 24 (EP/Rat) und zum EGKSV Rs. 75/69, Slg. 1970, 535, Rn. 7 (Hake/Kommission).
27 EUGH, Rs. 13/83, Slg. 1985, 1515, Rn. 24 (EP/Rat) und zum EGKSV Verb. Rs. 81 u. 119/85, Slg. 1986, 1777, Rn. 15 (Usinor/Kommission).
28 EuGH, Verb Rs. 10 u. 18/68, Slg. 1969, 459, 484 (Eridania/Kommission); Verb. Rs. 21–26/61, Slg. 1962, 153, 166 (Meroni/Kommission), wonach die Untätigkeitsklage auch nicht zur Umgehung der in Art. 230 vorgesehenen Voraussetzungen führen darf.
29 EUGH, Rs. 8/71, Slg. 1971, 705, Rn. 2 (Komponistenverband/Kommission); Verb. Rs. 166/88 u. 220/86, Slg. 1988, 6473, Rn. 17 (Irish Cement/Kommission); Verb. Rs. C-15/91 und C-108/91, Slg. 1992, I-6061, Rn. 17 (Buckl u.a./Kommission); Rs. C-25/91, Slg. 1993, I-1719, Rn. 12 (Pesqueras Eschebastar/Kommission); EuG, Rs. T-47/96, Slg. 1996, II-1559, Rn. 40 (SDDDA/Kommission). Vgl. auch EuGH. Rs. 125/78, Slg. 1979, 3173, Rn. 21 (GEMA/Kommission); Rs. C-292/95 P, Slg. 1997, I-1503, Rn. 30 f. (Guérin automobiles/Kommission); EuG, Rs. T-38/96, Slg. 1997, II-1223, Rn. 24 (Guérin automobiles/Kommission).
30 So aber *Koenig/Sander* (Fn. 4), Rn. 334.
31 Vgl. auch *K. D. Borchardt*, in: Lenz, EGV, Art. 232, Rn. 12 f.; *H. Krück*, in: GTE, EU-/EGV, Art. 175, Rn. 24; abweichend allerdings EuGH, Rs. 302/87, Slg. 1988, 5615, Rn. 17 (EP/Rat), wonach aus einer ausdrücklichen Weigerung, tätig zu werden, keine Unzulässigkeit der Untätigkeitsklage folgt und Verb. Rs. 97, 193, 99 und 215/86, Slg. 1988, 2181, Rn. 33 (Asteris u.a./Kommission), wo eine Weigerung, tätig zu werden, im Rahmen einer Untätigkeitsklage gar *aufgehoben* wird.
32 EuGH, Rs. 13/83, Slg. 1985, 1515, Rn. 25 (EP/Rat).
33 EuGH, Rs. 42/58, Slg. 1959, 399, 419 (SAFE/Hohe Behörde); Verb. Rs. 42 und 49/59, Slg. 1961, 109, 156 (SNUPAT/Hohe Behörde).

baren Klagegegenstände (vgl. dazu Rn. 5 und 6–8). Von weiteren subjektiven Voraussetzungen hängt die Zulässigkeit der Untätigkeitsklage nicht ab.[34]

Vom Nachweis eines besonderen Rechtsschutzbedürfnisses ist die Zulässigkeit der Untätigkeitsklage ebenfalls nicht abhängig. Unzulässig wegen fehlenden (objektiven) Rechtsschutzinteresses ist die Klage allerdings, wenn die Untätigkeit bei Klageerhebung beseitigt war.[35] Darüber hinaus erklärt der Gerichtshof den Rechtsstreit in der Hauptsache für erledigt, wenn die Untätigkeit zwar nach Klageerhebung, aber vor Urteilsverkündung beendet wurde.[36] 13

6. Klagefrist

Die zweimonatige Klagefrist nach Abs. 2 Satz 2, 2. Hs. verlängert sich um die jeweiligen Entfernungsfristen (vgl. dazu Art. 230, Rn. 62). Sie beginnt mit Ablauf der Stellungnahmefrist (Abs. 2 Satz 2, 1. Hs.), wobei auf den Zeitpunkt abzustellen ist, an dem die Stellungnahme dem Kläger hätte zugehen müssen.[37] 14

III. Begründetheit

Bei der Untätigkeitsklage ist, wie bei der Nichtigkeitsklage, ein **objektiv-rechtlicher Prüfungsmaßstab** zugrunde zu legen. Begründet ist die Klage, wenn das beklagte Organ eine gemeinschaftsrechtliche Handlungspflicht verletzt hat. Dabei erfaßt der Begriff »Verletzung dieses Vertrages« neben primärrechtlichen auch sekundärrechtliche Normen sowie ungeschriebenes Gemeinschaftsrecht. Maßgeblicher Zeitpunkt ist nach der Rspr. die Aufforderung zum Tätigwerden nach Art. 232. Wenn in diesem Zeitpunkt eine Verpflichtung zum Handeln bestand, soll die Klage begründet sein.[38] Sieht die einschlägige Norm keine Fristen zum Tätigwerden vor, räumt der EuGH dem betreffenden Organ eine **angemessene Frist** zum Tätigwerden ein. Vom Ablauf dieser Frist hängt eine Verurteilung des beklagten Organs folglich ab.[39] Die Angemessenheit der Dauer eines Verwaltungsverfahrens richtet sich nach den besonderen Umständen des jeweiligen Einzelfalls und insbesondere dessen Kontext, den verschiedenen Verfahrensabschnitten, die die Kommission zu durchlaufen hat, dem Verhalten der Beteiligten im Laufe des Verfahrens, der Komplexität der Angelegenheit sowie ihrer Bedeutung für die verschiedenen Beteiligten.[40] Im Urteil Ladbroke Racing hat das EuG eine Pflicht zum Tätigwerden aufgrund des in der einschlägigen Norm eingeräumten Ermessens (Art. 90 Abs. 3) abgelehnt,[41] ohne allerdings eine Ermessensreduzierung zum Tätigwerden zu untersuchen. 15

---

34 Konzeptionell wie hier *Koenig/Sander* (Fn. 4), Rn. 366 ff.
35 Vgl. zum EGKSV: EuGH, Verb. Rs. 5–11 u. 13–15/62, Slg. 1962, 917, 941 (San Michele u.a./ Hohe Behörde).
36 EuGH, Verb. Rs. C-15/91 u. C-108/91, Slg. 1992, I-6061, Rn. 15 u. 18 (Buckl u.a./Kommission); vgl. bzgl. der Kostenentscheidung ebenda, Rn. 33; vgl. m.w.N. *J. Schwarze*, in: Schwarze, EU-Kommentar, Art. 232, Rn. 26 f.
37 So auch *Koenig/Sander* (Fn. 4), Rn. 372; *J. Wohlfarth*, in: Grabitz/Hilf, EU, Art. 175, Rn. 44; *K. D. Borchardt*, in: Lenz, EGV, Art. 232, Rn. 16.
38 EuG, Rs. T-95/96, Slg. 1998, II-3407, Rn. 71 (Gestevisión Telecinco/Kommission); Rs. T-127/98, Slg. 1999, II-2633, Rn. 34 (UPS/Kommission).
39 EuGH, Rs. 13/83, Slg. 1985, 1515, Rn. 69 (EP/Rat).
40 EuG, Rs. T-73/95, Slg. 1997, II-381, Rn. 45; Rs. T-127/98, EWS 2000, S. 75, Rn. 38 (UPS/Kommission).
41 EuG, Rs. T-32/93, Slg. 1994, II-1015, Rn. 36–38 (Ladbroke Racing Ltd./Kommission).

IV. Vorläufiger Rechtsschutz

16 Gem. Art. 243 kann die Gemeinschaftsgerichtsbarkeit auch im Rahmen von Untätigkeitsklagen einstweilige Anordnungen erlassen.[42]

---

[42] EuGH, Rs. C-68/95, Slg. 1996, I-6065, Rn. 60 (T. Port/Bundesanstalt für Landwirtschaft und Ernährung); EuG, Rs. T-79/96 R, Slg. 1997, II-403, Rn. 44 (Camar/Kommission).

Art. 233 (ex-Art. 176)

Das oder die Organe, denen das für nichtig erklärte Handeln zur Last fällt oder deren Untätigkeit als vertragswidrig erklärt worden ist, haben die sich aus dem Urteil des Gerichtshofes ergebenden Maßnahmen zu ergreifen[1-5].

Diese Verpflichtung besteht unbeschadet der Verpflichtungen, die sich aus der Anwendung des Artikels 288 Absatz 2 ergeben[6].

Dieser Artikel gilt auch für die EZB.

Inhaltsübersicht:
I. Verpflichtungen aus Nichtigkeits- und Untätigkeitsurteilen ... 1
  1. Verpflichtungen des verurteilten Organs ... 1
    a) Verpflichtungen aus Untätigkeitsurteilen ... 2
    b) Verpflichtungen aus einem Nichtigkeitsurteil ... 4
  2. Verpflichtungen anderer Gemeinschaftsorgane und der Mitgliedstaaten ... 5
II. Außervertragliche Haftung und Folgenbeseitigungsanspruch ... 6

I. Verpflichtungen aus Nichtigkeits- und Untätigkeitsurteilen

1. Verpflichtungen des verurteilten Organs

Art. 233 begründet Handlungspflichten für die in Nichtigkeits- oder Untätigkeitsurteilen verurteilten Gemeinschaftsorgane und die EZB (EWI).[1] Die Norm ergänzt insoweit die Art. 230 bis 232, wonach EuGH und EuG einen Akt lediglich für nichtig erklären bzw. die vertragswidrige Untätigkeit feststellen können. Indes sind EuGH und EuG auch gem. Art. 233 nicht befugt, dem verurteilten Organ bestimmte Handlungspflichten aufzuerlegen, ihn zum Erlaß der erforderlichen Maßnahmen zu verurteilen. Das verurteilte Organ muß selbst die sich aus dem Urteil ergebenen Maßnahmen treffen.[2] Hinsichtlich der zu ergreifenden Maßnahmen ist zwischen Nichtigkeitsurteilen und Untätigkeitsurteilen zu unterscheiden. 1

a) Verpflichtungen aus Untätigkeitsurteilen

Aus einem Untätigkeitsurteil folgt **stets eine Handlungspflicht** des verurteilten Organs. Es muß die unterlassene Maßnahme nachholen; nach der Rspr. des EuGH innerhalb eines angemessenen Zeitraums.[3] Es ist aber schwer verständlich, warum die Gemeinschaftsorgane bezüglich der eingeräumten Frist anders behandelt werden sollen als die Mitgliedstaaten bei einer Verurteilung nach den Art. 226 f. (vgl. zum insoweit bestehenden Unverzüglichkeitspostulat Art. 228, Rn. 5). Die Begründung des EuGH, »in Art. 233 sei keine Frist festgesetzt«,[4] vermag jedenfalls nicht zu überzeugen. Das Fehlen einer Frist spricht wie bei Art. 228 vielmehr für eine Pflicht, die Maßnahme unverzüglich nachzuholen.[5] 2

---

1 Vgl. zur prozessualen Durchsetzung bei Nichtbeachtung dieser Verpflichtung: *H. Krück*, in: GTE, EU-/EGV, Art. 176, Rn. 17.
2 Vgl. insoweit zur Untätigkeitsklage EuGH, Rs. C-25/91, Slg. 1993, I-1719, Rn. 14 (Pesqueras Echebastar/Kommission); EuG, Rs. T-127/98, EWS 2000, S. 75, Rn. 50 (UPS/Kommission); vgl. zu den Gründen *H. Krück*, in: GTE, EU-/EGV, Art. 176, Rn. 3.
3 EuGH, Rs. 13/83, Slg. 1985, 1513, Rn. 69 (EP/Rat); Rs. C-392/95, Slg. 1997, I-3213, Rn. 27 (EP/Rat).
4 EuGH, Rs. 13/83, Slg. 1985, 1513, Rn. 69 (EP/Rat).
5 Vgl. auch *H. Krück*, in: GTE, EU-/EGV, Art. 176, Rn. 12, der dort allerdings von »unverzüglich« *und* »angemessenem Zeitraum« spricht.

3 Hinsichtlich der Art und des Umfangs der zu treffenden Maßnahmen enthalten die Urteilsgründe im Rahmen der Ermittlung und Beschreibung der verletzten Handlungspflicht i.d.R. Feststellungen, an die das verurteilte Organ gebunden ist.[6] Die Gemeinschaftsgerichtsbarkeit muß es im Untätigkeitsurteil – im Unterschied zu einem Verpflichtungsurteil – allerdings soweit als möglich vermeiden, dem Organ inhaltlich fest umrissene Maßnahmen aufzugeben.

b) Verpflichtungen aus einem Nichtigkeitsurteil

4 Die von dem verurteilten Organ aufgrund eines Nichtigkeitsurteils zu treffenden Maßnahmen richten sich zunächst nach dem Urteilstenor und den Entscheidungsgründen.[7] Die zu treffenden Maßnahmen richten sich dann vor allem nach der Art des für nichtig erklärten Rechtsakts. Wird eine noch nicht vollzogene **Einzelmaßnahme** für nichtig erklärt, begründet Art. 233 gar keine Handlungspflicht; es reicht vielmehr aus, wenn das verurteilte Organ untätig bleibt. Bei **Rechtsakten mit allgemeiner Geltung** (Verordnungen und Richtlinien) ist dagegen in mehrerlei Hinsicht zu differenzieren. Wird eine Maßnahme aus formalen Gründen (unterlassene Anhörung, Begründungsmangel, falsche Rechtsgrundlage) für nichtig erklärt, kann das verurteilte Organ eine inhaltlich identische Neuregelung verabschieden.[8] Bei materiellrechtlichen Mängeln darf das Organ einen Akt gleichen Inhalts dagegen nicht erlassen und muß bereits erlassene und inhaltsgleiche, zukünftige Zeiträume betreffende Rechtsakte aufheben[9] sowie bei zukünftigen Neuregelungen den Tenor und die Entscheidungsgründe des Nichtigkeitsurteils beachten. Schließlich müssen auch auf den für nichtig erklärten Akt zurückzuführende Durchführungsmaßnahmen mit allgemeiner Geltung (Durchführungsverordnungen) aufgehoben werden. Dies gilt auch bei Ablauf der in Art. 230 Abs. 5 ausgewiesenen zweimonatigen Klagefrist, um zukünftig gemeinschaftsrechtswidrige Maßnahmen zu verhindern. In der Literatur wird zudem gefordert, daß sämtliche auf den für nichtig erklärten Akt zurückzuführende Rechtshandlungen, also auch Einzelmaßnahmen, aufgehoben werden müssen.[10] Um solche (umfangreichen) »Rückabwicklungen« zu vermeiden, hat der EuGH die Wirkungen einer Nichtigkeitserklärung oftmals gem. Art. 231 Abs. 2 auf die Zukunft begrenzt (vgl. dazu Art. 231, Rn. 4). Aber auch bei einer fehlenden Beschränkung der Nichtigkeitswirkungen auf die Zukunft steht die Bestandskraft (Verfristung gem. Art. 230 Abs. 5) einer Pflicht zur Rückabwicklung i.d.R. – vorbehaltlich einer Verpflichtung zur Rückgängigmachung aufgrund höherrangigen Rechts – entgegen.

4 a Folgerichtig (vgl. auch Art. 231, Rn. 2) hat der EuGH unter Aufhebung des erstinstanzlichen EuG-Urteils[11] jüngst judiziert, daß der Gemeinschaftsrichter im Rahmen einer individuellen Nichtigkeitsklage gegen eine Kommissionsentscheidung nicht ultra petita entscheiden darf. Wenn ein oder mehrere Adressaten einer Entscheidung gegen diese Klage erheben, würde die Gemeinschaftsgerichtsbarkeit mit der Entscheidung nur inso-

---

6 Vgl. nur EuGH Rs. 13/83, Slg. 1985, 1513, Rn. 64-71 (EP/Rat).
7 Vgl. z.B. EuGH, Rs. 283/82, Slg. 1983, 4219, Rn. 9 (Schöllershammer/Kommission); Rs. 34/86, Slg. 1986, 2155, Rn. 47 (Rat/EP); Verb. Rs. 59 u. 129/80, Slg. 1981, 1883, Rn. 72 (Turner/Kommission); EuG, Rs. T-224/95, Slg. 1997, II-2215, Rn. 72 (Tremblay/Kommission).
8 Möglich ist dies z.B. trotz der Nichtigkeitserklärungen des EuGH in den Rs. 45/86, Slg. 1987, 1493 (Kommission/Rat); Rs. C-300/89, Slg. 1991, I-2867 (Kommission/Rat).
9 Vgl. EuGH, Verb. Rs. 97, 193, 99 u. 215/86, Slg. 1988, 2181, Rn. 30 und 32 (Asteris u.a./Kommission).
10 So *K. D. Borchardt*, in: Lenz, EGV, Art. 233, Rn. 3; *H. Krück*, in: GTE, EU-/EGV, Art. 176, Rn. 9.
11 EuG, Rs. T-227/95, Slg. 1997, II-1185, insbesondere Rn. 69, 72, 85 (AssiDomän Kraft Products/Kommission); kritisch dazu *T. W. Wessely*, »Zellstoff III« das Prinzip »Hannemann, geh' du voran« bei der Anfechtung EG-rechtlicher Kartellbußen, EuZW 1997, S. 677 ff.

weit befaßt, als diese den oder die Kläger betreffe. Diejenigen Teile der Entscheidung, die andere Adressaten betreffen, seien nicht Teil des Streitgegenstands, über den der Gemeinschaftsrichter zu entscheiden habe. Weiter schließe die Bestandskraft einer nicht rechtzeitig (Art. 230 Abs. 5) angefochtenen Entscheidung es aus, daß die Adressaten, welche eine Anfechtung unterlassen haben, gegenüber dem für die Entscheidung verantwortlichen Organ einen Anspruch darauf hätten, daß dieses die bestandskräftige Entscheidung überprüft, weil identische oder ähnliche Entscheidungen von anderen Adressaten mit Erfolg vor dem Gemeinschaftsrichter angefochten wurden.[12]

2. Verpflichtungen anderer Gemeinschaftsorgane und der Mitgliedstaaten

Auch die anderen Gemeinschaftsorgane sind aufgrund des auch im Gemeinschaftsrecht geltenden Rechtsstaatsprinzips verpflichtet, die zur Herstellung eines rechtmäßigen Zustands erforderlichen Maßnahmen zu ergreifen,[13] z.B. auf der Grundlage des für nichtig erklärten Aktes erlassene Durchführungsverordnungen aufzuheben. Auch für die Mitgliedstaaten wird eine solche Pflicht angenommen,[14] die sich wohl auf Art. 10 Abs. 1 Satz 1 (»Verpflichtungen die sich ... aus Handlungen der Organe der Gemeinschaft ergeben«[15]) stützen läßt (vgl. zur Aufhebung von Einzelakten, Art. 231, Rn. 4 a.E.).

5

II. Außervertragliche Haftung und Folgenbeseitigungsanspruch

Nach Art. 233 Abs. 2 läßt die Pflicht nach Art. 233 Abs. 1 gem. Art. 288 Abs. 2 bestehende Schadensersatzansprüche gegen die Gemeinschaft (vgl. dazu die Kommentierungen zu den Art. 235 u. 288) unberührt. Die Vorschrift verdeutlicht, daß ein gemeinschaftsrechtswidriger und für nichtig erklärter Rechtsakt sowie eine vertragswidrige Untätigkeit Grundlage eines gegen die Gemeinschaft gerichteten außervertraglichen Schadensersatzanspruchs sein können. Ob und ggf. inwieweit der Folgenbeseitigungspflicht nach Abs. 1 ein Folgenbeseitigungs*anspruch* des betroffenen Einzelnen korrespondiert, hat die Rspr. bislang nicht eindeutig entschieden.[16]

6

---

12 Vgl. EuGH, Rs. C-310/97 P, Slg. 1999, I-5363, Rn. 51 ff. (Kommission/AssiDöman Kraft Products).
13 Vgl. auch EuGH, Rs. 34/86, Slg. 1986, 2155, Rn. 47 (Rat/EP).
14 *H. Krück*, in: GTE EU-/EGV Art. 176, Rn. 15; *K. D. Borchardt*, in: Lenz, EGV, Art. 233, Rn. 6.
15 Ein Urteil der Gemeinschaftsgerichtsbarkeit ist eine solche Handlung eines Gemeinschaftsorgans.
16 Vgl. zur Rspr. des EuGH *J. Sack*, Die Folgenbeseitigung im Gemeinschaftsrecht, EuR 1986, 241 (242 ff.); *H. Krück*, in: GTE, EU-/EGV, Art. 176, Rn. 19.

Art. 234 (ex-Art. 177)

Der Gerichtshof entscheidet[31 ff.] im Wege der Vorabentscheidung
a) über die Auslegung dieses Vertrags,[3]
b) über die Gültigkeit[9ff.] und die Auslegung[4ff.] der Handlungen[2+6] der Organe der Gemeinschaft und der EZB,
c) über die Auslegung der Satzungen[8] der durch den Rat geschaffenen Einrichtungen, soweit deren Satzungen dies vorsehen.

Wird eine derartige Frage einem Gericht eines Mitgliedstaats gestellt und hält dieses Gericht eine Entscheidung darüber zum Erlaß seines Urteils für erforderlich[14ff.], so kann[11ff.] es diese Frage dem Gerichtshof zur Entscheidung vorlegen.[29f.]

Wird eine derartige Frage in einem schwebenden Verfahren bei einem einzelstaatlichen Gericht gestellt, dessen Entscheidungen selbst nicht mehr mit Rechtsmitteln des innerstaatlichen Rechts angefochten werden können,[18f.] so ist dieses Gericht zur Anrufung des Gerichtshofs verpflichtet[18ff.].

Inhaltsübersicht:
I. Funktion und Bedeutung des Vorabentscheidungsverfahrens 1
II. Gegenstand des Verfahrens 2
   1. Auslegung des Gemeinschaftsrechts 4
   2. Gültigkeit der Handlungen der Gemeinschaftsorgane 9
III. Vorlageberechtigung 11
   1. Vorlageberechtigte »Gerichte« 11
   2. Erforderlichkeit der Vorlage 14
   3. Vorlagerecht 17
IV. Vorlagepflicht 18
   1. Letztinstanzliche Gerichte 18
   2. Nicht-letztinstanzliche Gerichte 20
   3. Grenzen der Vorlagepflicht 21
   4. Verletzung der Vorlagepflicht 25
V. Verfahren 29
VI. Wirkung des Urteils 31
   1. Rechtliche Bindung 32
   2. Zeitliche Wirkung 35

I. Funktion und Bedeutung des Vorabentscheidungsverfahrens

1 Als Gemeinschaftsgericht im funktionellen Sinn ist jedes mitgliedstaatliche Gericht verpflichtet, in den bei ihm anhängigen Verfahren die geltenden Rechtssätze des vorrangigen Gemeinschaftsrechts in eigener Verantwortung auszulegen und anzuwenden. Der Dezentralisierung des Vollzugs weiter Teile des Gemeinschaftsrechts entspricht spiegelbildlich eine Dezentralisierung der gerichtlichen Kontrolle seiner Anwendung und Einhaltung[1]. Als »ordentlicher Richter des Gemeinschaftsrechts«[2] fungiert der innerstaatliche Richter. Um der hierdurch entstehenden Gefahr divergierender Entscheidungen zu begegnen und eine einheitliche Interpretation des Gemeinschaftsrechts zu gewährleisten,

---

1 Ähnlich *M. Tonne*, Effektiver Rechtsschutz durch staatliche Gerichte als Forderung des Europäischen Gemeinschaftsrechts, 1997, S. 263.
2 *M. A. Dauses*, Das Vorabentscheidungsverfahren nach Artikel 177 EG-Vertrag. 2. Aufl., 1995, S. 44.

etabliert Art. 234 ein Verfahren der Vorabentscheidung durch den EuGH[3]. Neben dieser Funktion der **Wahrung der Rechtseinheit**[4] kommt dem Vorabentscheidungsverfahren überragende Bedeutung auch für den **Individualrechtsschutz** zu[5]. Mehr als jedes andere der Verfahren vor dem Gerichtshof sichert es die praktische Wirkung der dem Einzelnen durch das Gemeinschaftsrecht verliehenen Rechte. Die grundlegenden Strukturprinzipien des Vorrangs und der unmittelbaren Wirkung des Gemeinschaftsrechts sowie die gemeinschaftliche Staatshaftung wurden anläßlich von Vorlagen nationaler Gerichte entwickelt.[6] Zugleich dient das in Art. 234 vorgesehene Verfahren der – wegen der insoweit weithin ausgeschlossenen Möglichkeit direkter Klagen besonderes wichtigen – inzidenten **Kontrolle der Gültigkeit von Gemeinschaftsrechtsakten**. Dementsprechend resultiert ein großer Teil des bei dem Gerichtshof anfallenden Rechtssachen aus Vorabentscheidungsersuchen[7]. Mit der steigenden Bedeutung des Gemeinschaftsrechts für die Rechtsanwendung und angesichts einer aufs Ganze gesehen zunehmenden Bereitschaft der nationalen Gerichte zur Vorlage wird sich das **relative Gewicht des Verfahrens** noch erhöhen[8]. Die absehbaren Auswirkungen auf die schon heute problematische **Dauer des Verfahrens**[9] können durch die mit der Neufassung des Art. 225 Abs. 3 ermöglichte Übertragung bestimmter Gruppen von Vorabentscheidungsverfahren auf das EuG aufgefangen werden. Noch fehlt es aber an einer solchen Übertragung[10].

---

3 Zur historischen Entwicklung und zu Vorbildern in den Rechtsordnungen der Mitgliedstaaten, *P. Pescatore*, Das Vorabentscheidungsverfahren nach Art. 177 EWG-Vertrag und die Zusammenarbeit zwischen dem Gerichtshof und den nationalen Gerichten, BayVBl. 1987, S. 33. Art. 234 war seinerseits Vorbild für parallele Verfahren betreffend die Auslegung des EuGVÜ und des Abkommens über die gegenseitige Anerkennung von Gesellschaften und juristischen Personen.
4 Dazu EuGH, Rs. 166/73, Slg. 1974, 33, Rn. 2 (Rheinmühlen/Einfuhr- und Vorratsstelle Getreide); Rs. 107/76, Slg. 1977, 957, Rn. 5 (Hoffmann La Roche/Centrafarm).
5 Zu den diesbezüglichen Schwächen des Verfahrens vgl. u. Rn. 25 ff.
6 Zur Bedeutung des Verfahrens im Bereich der Arbeitsgerichtsbarkeit, vgl. *G. Hirsch*, Die deutsche Arbeitsgerichtsbarkeit und der Europäische Gerichtshof, RdA 1999, S. 48 ff.
7 Nach der von der Abteilung Presse und Information des Gerichtshofs herausgegebenen Statistik waren rund die Hälfte (3400) aller bis Ende 1996 anhängig gemachten Rechtssachen (7080, ausschließlich der bis Ende 1989 beim EuGH anhängig gemachten Personalstreitsachen) Vorabentscheidungsersuchen. Dabei weist die Entwicklung letzterer eine im Vergleich zu der der direkten Klagen deutlich ausgeprägtere Progression auf. Noch anschaulicher wird die relative Bedeutung des Vorabentscheidungsverfahrens, wenn man berücksichtigt, daß in die Statistik eine Vielzahl identischer Direktklagen Eingang finden. So waren bspw. unter den 265 im Jahr 1993 anhängig gemachten direkten Klagen 151 identische Schadensersatzklagen wegen Milchquoten.
8 Vor diesem Hintergrund plädiert GA *F. G. Jacobs*, Schlußantr. zu EuGH, Rs. C-338/95, 20.11.1997, Slg. 1997, I-6495, Ziff. 10 ff. (Wiener) für eine inhaltliche Selbstbeschränkung der Vorabentscheidungen und Vorabentscheidungsersuchen; zurückhaltend dazu *Editorial Comments*, Judicial activism of national courts in applying Community law, CMLRev. 1997, S. 1341, 1342.
9 Nach der eben erwähnten Statistik lag 1996 die durchschnittliche Dauer des Vorabentscheidungsverfahrens – bei erheblichen Abweichungen im Einzelfall – bei fast 21 Monaten. Schon heute dürften nationale Gerichte angesichts dieses Umstandes vor einer Vorlage zurückscheuen, ebenso *U. Everling*, Die Zukunft der europäischen Gerichtsbarkeit in einer erweiterten Europäischen Union, EuR 1997, S. 398, 402.
10 Vgl. dazu o. Art. 225, Rn. 3 ff. Aus der Literatur vgl. *A. Arnull*, Refurbishing the Judicial Architecture of the European Community, ICLQ 1994, 296 ff.; *U. Everling*, Verhdlg. des 60. DJT 1994, Bd. II/1, S. N 15; *ders.* (Fn. 9), S. 412 ff.; *P. J. G. Kapteyn*, The Court of Justice of the European Communities after the Year 2000, FS H. G. Schermers, Bd. II, 1994, S. 135, 150; *T. Koopmans*, The Future of the Court of Justice of the European Communities, YEL 1991, S. 15, 28; *G. C. Rodríguez Iglesias*, Der EuGH und die Gerichte der Mitgliedstaaten, NJW 2000, S. 1889, 1895 ff.; *W. van Gerven*, The Role and Structure of the European Judiciary now and in the Future, ELRev. 1996, S. 211, 215.

II. Gegenstand des Verfahrens

2 Im Verfahren nach Art. 234 entscheidet der Gerichtshof **allein** über die **Auslegung des Gemeinschaftsrechts und** die **Gültigkeit der Handlungen der Gemeinschaftsorgane**. Fragen nach der Gültigkeit des primären Gemeinschaftsrechts können deshalb ebensowenig Gegenstand eines Vorabentscheidungsersuchens sein, wie Fragen nach der Gültigkeit oder Auslegung nationalen Rechts. Allerdings hält der Gerichtshof Fragen nach der Auslegung von Vorschriften des Gemeinschaftsrechts auch dann für zulässig, wenn diese Vorschriften durch das nationale Recht eines Mitgliedstaates oder durch vertragliche Vereinbarung hinsichtlich rein innerstaatlicher Sachverhalte ohne weiteren gemeinschaftsrechtlichen Bezug für anwendbar erklärt worden sind. Soweit die entsprechenden **nationalen Rechtsvorschriften oder Vereinbarungen** im Gemeinschaftsrecht getroffene Regeln übernähmen, um insbesondere zu verhindern, daß es zu Ungleichbehandlungen vergleichbarer Sachverhalte komme, bestehe »ein klares Interesse der Gemeinschaft daran, daß die aus dem Gemeinschaftsrecht übernommenen Bestimmungen und Begriffe unabhängig davon, unter welchen Voraussetzungen sie angewandt werden sollen, einheitlich ausgelegt werden«[11].

3 Soweit die **Vereinbarkeit eines nationalen Rechtsaktes mit gemeinschaftsrechtlichen Vorgaben** in Frage steht, beschränkt sich der Gerichtshof in seiner Antwort auf die Auslegung des Gemeinschaftsrechts. Die **Anwendung** des ausgelegten Rechts auf den konkret zur Entscheidung stehenden Einzelfall ist **allein Aufgabe des innerstaatlichen Gerichts**[12]. Der EuGH kann dem nationalen Gericht jedoch alle Kriterien an die Hand geben, die dieses dazu befähigen, die Vereinbarkeit der fraglichen nationalen Bestimmung mit dem Gemeinschaftsrecht zu beurteilen.[13] Bei seiner Beurteilung der Vorlagefrage zieht der Gerichtshof alle einschlägigen gemeinschaftsrechtlichen Bestimmungen heran, ohne daß diese in der Vorlagefrage des nationalen Gerichts benannt sein müßten.[14]

1. Auslegung des Gemeinschaftsrechts

4 Gegenstand eines Auslegungsersuchens können grundsätzlich sämtliche Rechtssätze des Gemeinschaftsrechts sein.
Dazu zählt zunächst der in Art. 234 Abs. 1 lit. a ausdrücklich genannte **EG-Vertrag** einschließlich der diesem Vertrag zugeordneten Anhänge und Protokolle sowie der Verträge zu seiner Änderung oder Ergänzung und der Verträge über den Beitritt neuer Mitgliedstaaten. Zulässig sind auch Fragen nach Inhalt und Tragweite der durch den EuGH entwickelten **allgemeinen Rechtsgrundsätze** und der in diesem Rahmen gewährleisteten **Gemeinschaftsgrundrechte**[15].

---

11 EuGH, verb. Rs. C-297/88 und C-197/89, 18.10.1990, Slg. 1990, I-3763, Rn. 36 f. (Dzodi); Rs. C-231/89, 8.11.1990, Slg. 1990, I-4003, Rn. 25 f. (Gmurzynska-Bscher); Rs. C-28/95, Slg. 1997, I-4161, Rn. 32 (Leur-Bloem); a.A. GA F. G. *Jacobs*, SAntr. zur letzteren Rs.
12 Vgl. nur EuGH, Rs. 222/78, 28.3.1979, Slg. 1979, 1163, Rn. 10 ff. (ICAP), st. Rspr.
13 EuGH, Rs. C-292/92, Slg. 1993, I-6787, Rn. 8 (Hünermund); verb. Rs. C-37, 38/96, Slg. 1998, I-2039, Rn. 22 (Sodiprem).
14 EuGH, Rs. C-280/91, Slg. 1993, I-971, Rn. 17 (Finanzamt Kassel/Viessmann).
15 Näher dazu o. Art. 220, Rn. 32 ff. und Art. 6 EUV. Zurückhaltung übt der EuGH gegenüber einer Prüfung der vom Geltungsbereich des Gemeinschaftsrechts nicht erfaßten innerstaatlichen Normen und Verwaltungsakte am Maßstab der Gemeinschaftsgrundrechte. Näher dazu G. F. *Mancini*/D. T. *Keeling*, From CILFIT to ERT: the Constitutional Challenge facing the European Court, YEL 1991, S. 1, 12; sowie rechtsvergleichend *J. H. H. Weiler*, Eurocracy and Distrust: Some questions concerning the role of the European Court of Justice in the protection

Als Handlungen der Organe und der EZB nach Art. 234 Abs. 1 lit. b sind darüber hinaus grundsätzlich **sämtliche sekundären Gemeinschaftsrechtsakte** zulässiger Gegenstand eines Auslegungsersuchens. Pauschal ausgenommen sind nach der rechtspolitisch verfehlten und regelungstechnisch verunglückten Regelung des Art. 68 Abs. 2 EGV einzig die auf Art. 62 Nr. 1 EGV gestützten Rechtsakte, die zur Kompensation des Wegfalls der Personenkontrollen an den Binnengrenzen der Gemeinschaft der Aufrechterhaltung der öffentlichen Ordnung und dem Schutz der inneren Sicherheit dienen sollen[16]. Im übrigen können Fragen zur Auslegung sämtlicher in Art. 249 EGV genannter Rechtsakte, d.h. zu **Verordnungen, Richtlinien und Entscheidungen** sowie zu den unverbindlichen **Empfehlungen und Stellungnahmen**[17], vorgelegt werden. Auch Fragen zu atypischen Handlungsformen[18] wie etwa zu Entschließungen und Beschlüssen sind grundsätzlich zulässig, während bloße Vorbereitungs- und Mitwirkungshandlungen ausgenommen bleiben. Fragen nach der Auslegung gemeinschaftlicher Rechtsakte können dem Gerichtshof auch dann vorgelegt werden, wenn ihnen eine unmittelbare Wirkung in dem Sinne, daß sich Einzelne auf sie berufen können, nach der Rechtsprechung des EuGH nicht zukommt[19]. Zum Gegenstand einer Vorlagefrage können auch die **VerfOen der Gemeinschaftsgerichte** gemacht werden.[20] Zulässig sind des weiteren Fragen nach der Auslegung der **Urteile der Gemeinschaftsgerichtsbarkeit**.[21]

Zulässiger Gegenstand eines Vorabentscheidungsersuchens sind die von den Gemeinschaftsorganen geschlossenen und für die Gemeinschaft bindenden **völkerrechtlichen Abkommen**. Nach st. Rspr. des Gerichtshofs bilden diese einen »integrierenden Bestandteil der Gemeinschaftsrechtsordnung«. Noch nicht abschließend entschieden hat der EuGH über die eigene Zuständigkeit für die Auslegung einzelner Bestimmungen sogenannter **gemischter Abkommen**, in denen die Gemeinschaft neben den Mitgliedstaaten Partei ist[22]. Der EuGH selbst bejaht seine Zuständigkeit insoweit lediglich »in dem durch die (Gemeinschafts-)Rechtsordnung gesteckten Rahmen«[23]. Ausdrücklich offengelassen hat der Gerichtshof dabei die Frage, nach der Zulässigkeit von Vorabentschei-

---

Fortsetzung von Fußnote 15

    of fundamental human rights within the legal order of the European Communities, WLRev. 1986, S. 1103, 1109, 1136 ff.; *ders.*, The European Court at a crossroads: Community human rights and Member State action, FS *Pescatore*, 1987, S. 821 ff.

16 Zu den Einzelheiten, vgl. Art. 68. Zu der Einrichtung eines nicht unwesentlich modifizierten Vorabentscheidungsverfahrens für den nicht vergemeinschafteten Bereich Justiz und Inneres, vgl. Art. 35 EUV. Zu den Neuerungen im Ganzen auch *O. Dörr/U. Mager*, Rechtswahrung und Rechtsschutz nach Amsterdam, AöR 125 (2000), S. 386 ff.
17 EuGH, Rs. 113/75, 15.6.1976, Slg. 1976, 953, Rn. 8/9 (Frecassetti); Rs. C-188/91, Slg. 1993, I-363, Rn. 18 (Deutsche Shell).
18 EuGH, Rs. 9/73, 24.10.1973, Slg. 1973, 1153, Rn. 33 ff. (Schlüter); Rs. 59/75, 3.2.1976, Slg. 1976, 91, Rn. 19 ff. (Manghera).
19 EuGH, Rs. 111/75, 20.5.1976, Slg. 1976, 657, Rn. 7 (Mazzalai); Rs. 79/83, 10.4.1984, Slg. 1984, 1921, Rn. 27 f. (Harz); Rs. C-106/89, 13.11.1990, Slg. 1990, I-4135, Rn. 6 ff. (Marleasing); Rs. C-261/95, 10.7.1997, Slg. 1997, I-4025, Rn. 21 (Palmisani).
20 EuGH, Rs. 62/72, Slg. 1973, 269, Rn. 2 (Bollmann).
21 EuGH, Rs. 69/85, Slg. 1986, 947, Rn. 15 (Wünsche/Deutschland); ohne Begründung a.A. *J. Schwarze*, in: Schwarze, EU-Kommentar, Art. 234, Rn. 9.
22 A.A. *N. Neuwahl*, Joint participation in international treaties and the exercise of power by the EEC and its Member States: mixed agreements, CMLRev. 1991, S. 717, 734 f. Zu undifferenziert insoweit auch die Darstellungen von *H. Krück*, in: GTE, EU/EGV, Art. 177, Rn. 29; *J. Wohlfahrt*, in: Grabitz/Hilf, EU, Art. 177, Rn. 27; *K.-D. Borchardt*, in: Lenz, EGV, Art. 234, Rn. 9; *Rengeling/Middeke/Gellermann*, Rechtsschutz in der EU, Rn. 365, die selbst von einer umfassenden Zuständigkeit des EuGH auch hinsichtlich der Bestimmungen gemischter Abkommen ausgehen.
23 EuGH, Rs. 12/86, 30.9.1987, Slg. 1987, 3719, Rn. 7 (Demirel).

dungsersuchen hinsichtlich der »Auslegung einer Bestimmung eines gemischten Abkommens [...], die eine Verpflichtung enthält, die nur die Mitgliedstaaten im Bereich ihrer eigenen Zuständigkeiten übernehmen können.«[24] Nicht ausgeschlossen wird die Zuständigkeit des Gerichtshofs allerdings durch die Befugnis der Mitgliedstaaten, in Ermangelung einschlägiger Bestimmungen des sekundären Gemeinschaftsrechts »die Vorschriften zu erlassen, die notwendig sind, um die Durchführung der Bestimmungen des Abkommens [...] sicherzustellen.«[25]

7 Gegenstand einer Vorlage können auch Fragen zur Auslegung der **Beschlüsse der durch völkerrechtliche Abkommen geschaffenen und mit deren Durchführung beauftragten Organe** sein. So hat der EuGH sich für befugt gehalten, über die Auslegung der Beschlüsse des im Rahmen eines Assoziationsabkommens mit Drittstaaten geschaffenen **Assoziationsrats** im Vorlageverfahren zu entscheiden.[26]

8 Zuständig ist der EuGH nach Art. 234 Abs. 1 lit. c schließlich für die Auslegung von **Satzungen der durch den Rat geschaffenen Einrichtungen**, soweit dies in den betreffenden Satzungen selbst vorgesehen ist. Die Bestimmung ist derzeit von keiner praktischen Bedeutung. Die Satzungen der durch den EG-Vertrag selbst geschaffenen Einrichtungen, die in beigefügten Protokollen festgelegt werden[27], sind nach Art. 311 EGV Bestandteil des Vertrages und unterfallen damit bereits nach Art. 234 Abs. 1 lit. a der Zuständigkeit des Gerichtshofs. Satzungen der vom Rat geschaffenen Einrichtungen ergingen im übrigen in der Praxis stets als Verordnung und unterfallen so der Zuständigkeit des EuGH nach Art. 234 Abs. 1 lit. b.

2. Gültigkeit der Handlungen der Gemeinschaftsorgane

9 Art. 234 Abs. 1 lit. b gibt dem EuGH die Kompetenz zur grundsätzlich umfänglichen[28] **Kontrolle der Rechtmäßigkeit aller rechtlich relevanten Akte der Gemeinschaftsorgane** sowie der noch zu errichtenden EZB bzw. des EWI[29]. Maßstab sind der Vertrag, die allgemeinen Rechtsgrundsätze und die im Rang über dem Sekundärrecht stehenden völkerrechtlichen Abkommen. Kein tauglicher Gegenstand der Gültigkeitsvorlage ist ein im Vorabentscheidungsverfahren ergangenes Urteil des Gerichtshofs, da einer solchen Frage dessen Rechtskraft entgegensteht.[30]

10 Im **Verhältnis** der so eröffneten Gültigkeitskontrolle **zur Nichtigkeitsklage** individueller Kläger **nach Art. 230 Abs. 4** ist entgegen vielfach vertretener Ansicht[31] die **Präklu-**

---

24 EuGH, Rs. 12/86 (Fn. 23), Rn. 9, ebenso auch GA *M. Darmon*, ebenda, S. 3739 ff.
25 EuGH, Rs. 12/86 (Fn. 23), Rn. 9 ff.
26 EuGH, Rs. C-192/89, Slg. 1990, I-3497, Rn. 10 (Sevince); Rs. C-237/91, Slg. 1992, I-6781, Rn. 9 (Kus/Landeshauptstadt Wiesbaden).
27 Vgl. etwa Art. 107 Abs. 4 EGV für das ESZB, sowie Art. 117 Abs. 1 UAbs. 3 EGV für das EWI.
28 Zu der auch hier beachtlichen Ausnahme des Art. 68 Abs. 2 EGV, vgl. o. Rn. 5.
29 Nach Art. 117 Abs. 9 bezeichnet der Ausdruck »EZB« in Art. 234 für die Dauer der zweiten Stufe der Wirtschafts- und Währungsunion das EWI. Keine Befugnis soll dem EuGH nach Art. 234 Abs. 1 lit. b hinsichtlich der Kontrolle von Handlungen der EIB zukommen, vgl. *H. Krück*, in: GTE, EU/EGV, Art. 180, Rn. 19; *D.R.R. Dunnett*, The European Investment Bank: Autonomous Instrument of Common Policy?, CMLRev. 1994, S. 721, 755 m.w.N. auch zur gegenteiligen Ansicht.
30 EuGH, Rs. 69/85, Slg. 1986, 947, Rn. 13 (Wünsche/Deutschland).
31 *K. Hailbronner*, in: HK-EUV, Art. 177, Rn. 2; *J. Wohlfahrt*, in: Grabitz/Hilf, EU, Art. 177, Rn. 18 f.; *Rengeling/Middeke/Gellermann*, Rechtsschutz in der EU, Rn. 371.

sionswirkung des Art. 230 Abs. 5 zu beachten[32]. Soweit danach ein Gemeinschaftsrechtsakt gegenüber dem zur Nichtigkeitsklage Berechtigten bestandskräftig geworden ist, kann seine Gültigkeit in einem von diesem angestrengten nationalen Gerichtsverfahren grundsätzlich nicht mehr in Frage gestellt und dem Gerichtshof im Wege des Vorabentscheidungsersuchens zur Entscheidung vorgelegt werden[33]. Lediglich soweit eine Möglichkeit zur Anfechtung des Gemeinschaftsrechtsakts nach Art. 230 Abs. 4 für den Einzelnen mangels Fristablaufs noch besteht oder ihm wegen fehlender bzw. zweifelhafter Klagebefugnis von vornherein nicht zustand bzw. ihm unzumutbar war[34], bleibt Raum für eine Gültigkeitsprüfung entsprechender Rechtsakte nach Art. 234 Abs. 1 lit. b.

III. Vorlageberechtigung

1. Vorlageberechtigte »Gerichte«

Zur Vorlage an den Gerichtshof berechtigt sind nach Art. 234 Abs. 2 allein Gerichte 11
der Mitgliedstaaten. Ausgeschlossen sind damit Vorlagen durch die Parteien des Ausgangsverfahrens, durch Behörden und durch Gerichte von Drittstaaten. Im übrigen beurteilt sich die Vorlageberechtigung anhand des **autonom gemeinschaftsrechtlich bestimmten Gerichtsbegriffs**, für dessen Kennzeichnung der EuGH eine Reihe von **Kriterien** entwickelt hat. Danach muß das Gericht auf gesetzlicher Grundlage eingerichtet sein, muß seine Gerichtsbarkeit einen ständigen und obligatorischen Charakter haben und muß das Gericht einen Rechtsstreit auf der Grundlage eines rechtsstaatlich geordneten Verfahrens[35] in richterlicher Unabhängigkeit potentiell rechtskräftig entscheiden[36].

Abgelehnt hat der Gerichtshof deshalb Vorlageersuchen einer Anklagebehörde im Straf- 12
verfahren[37], eines im Rahmen freiwilliger Gerichtsbarkeit als Verwaltungsbehörde fun-

---

32 Wie hier: E. *Pache*, Keine Vorlage ohne Anfechtung?, EuZW 1994, S. 615, 619 f.; C. *Gröpl*, Individualrechtsschutz gegen EG-Verordnungen, EuGRZ 1995, S. 583, 584 f.; K. *Lenaerts*, The legal protection of private parties under the EC Treaty: a coherent and complete system of judicial review?, in: FS G. F. Mancini, Bd. II, Diritto dell'Unione Europea, 1998, S. 591, 596.
33 Deutlich EuGH, Rs. C-188/92, 9.3.1994, Slg. 1994, I-833, Rn. 15 ff. (TWD Textilwerke Deggendorf); der Gerichtshof stellt hier seine zuvor vielfach mißverstandenen Äußerungen in verb. Rs. 133–136/85, 21.5.1987, Slg. 1987, 2289 Rn. 9 ff. (Rau) ausdrücklich klar. Vgl. auch Rs. C-178/95, 30.1.1997, Slg. 1997, I-585, Rn. 21 (Wiljo NV/Belgien).
34 Vgl. dazu EuGH, Rs. C-241/95, 12.12.1996, Slg. 1996, I-6699, Rn. 15 (Accrington Beef); Rs. C-408/95, 11.11.1997, Slg. 1997, I-6315, Rn. 29 f. (Eurotunnel).
35 Nicht (mehr) vorausgesetzt wird nach einer entsprechenden Klarstellung der Rechtsprechung durch EuGH, Rs. C-18/93, 17.5.1994, Slg. 1994, I-1783, Rn. 12 (Corsica Ferries); Rs. C-111/94, 19.10.1995, Slg. 1995, I-3361, Rn. 9 (Job Centre) ein streitiges Verfahren.
36 Vgl. insbesondere Rs. 61/65, 30.6.1966, Slg. 1966, 584 (Vaassen-Göbbels); Rs. 14/86, 11.6.1987, Slg. 1987, 2545, Rn. 7 (Pretore di Salò/X); Rs. 109/88, 17.10.1989, Slg. 1989, 3199, Rn. 7 f. (Danfoss); Rs. C-393/92, 27.4.1994, Slg. 1994, I-1477, Rn. 21 (Almelo); Rs. C-111/94 (Fn. 35), Rn. 9.
37 EuGH, verb. Rs. C-74 und 129/95, 12.12.1996, Slg. 1996, I-6609, Rn. 19 (Procura della Republica/X) – Fehlen richterlicher Unabhängigkeit. Im Lichte dieser Entscheidung erscheint die ältere Aussage des EuGH in Rs. 14/86 (Fn. 36), Rn. 7 zweifelhaft, wonach allein die Mitübernahme ermittlungsrichterlicher Aufgaben im Falle der Einstellung des Verfahrens durch die Anklagebehörde hinreiche, dieser Gerichtscharakter nach Art. 234 zuzusprechen.

gierenden Gerichts[38], eines über einen Einspruch entscheidenden Angehörigen einer Behörde[39], eines bei der Exekutive angesiedelten beratenden Gremiums[40], einer lediglich um die Abgabe einer Erklärung ersuchten Rechtsanwaltskammer[41] und eines nach gewillkürter Parteivereinbarung zur Entscheidung berufenen Schiedsgerichts[42].

13 Angenommen hat der Gerichtshof dagegen Vorlageersuchen eines nach billigem Ermessen entscheidenden Gerichts[43], von Gerichten besonderer Gemeinschaftsterritorien[44], eines letztinstanzlich entscheidenden tarifvertraglichen Schiedsgerichts, das von jeder der Parteien angerufen werden kann und dessen Zusammensetzung ihrer Entscheidung entzogen ist[45], des Streitsachenausschusses einer Berufsorganisation, dessen Entscheidungen effektiv nicht mehr mit Rechtsmitteln angefochten werden können[46], eines deutschen Vergabeüberwachungsausschusses[47] und des im Rahmen einer außerordentlichen Beschwerde um Stellungnahme ersuchten italienischen Consiglio di Stato[48] bzw. des niederländischen Raad van State[49]. Bejaht hat der EuGH die Vorlagebefugnis eines mehreren Mitgliedstaaten gemeinsamen Gerichts[50]. Diese Befugnis besteht im übrigen auch für die mitgliedstaatlichen Verfassungsgerichte[51].

2. Erforderlichkeit der Vorlage

14 Die **Beurteilung der Erforderlichkeit** der Vorlage ist grundsätzlich **Sache des nationalen Gerichts**. Die Parteien des Ausgangsverfahrens können ein Vorabentscheidungsverfahren regelmäßig lediglich anregen, nicht aber erzwingen.

15 Vorgelegt werden kann grundsätzlich aus jedem vor einem nationalen Gericht anhängigen Verfahren und in jedem Stadium des Verfahrens. Dies gilt für **Normenkontrollver-**

---

38 EuGH, Rs. C-111/94, 19.10.1995, Slg. 1995, I-3361, Rn. 9 ff. (Job Centre) – kein Rechtsstreit.
39 EuGH, Rs. C-24/92, 30.3.1993, Slg. 1993, I-1277, Rn. 15 f. (Corbiau) – Parteieigenschaft.
40 EuGH, Rs. 318/85, 5.3.1986 Slg. 1986, 955, Rn. 2 ff. (Unterweger) – keine Rechtsprechungstätigkeit.
41 EuGH, Rs. 138/80, 18.6.1980, Slg. 1980, 1975, Rn. 4 (Borker) – keine Rechtsprechungstätigkeit.
42 EuGH, Rs. 102/81, 23.3.1982, Slg. 1982, 1095, Rn. 7 ff. (Nordsee) – keine obligatorische Gerichtsbarkeit.
43 EuGH, Rs. C-393/92 (Fn. 36), Rn. 23.
44 EuGH, Rs. C-355/89, 3.7.1991, Slg. 1991, I-3479, Rn. 7 ff. (Department of Health) – für die britischen Kanalinseln; verb. Rs. C-100-101/89, 12.12.1990, Slg. 1990, I-4647, Rn. 6 ff. (Käfer) – für die französischen überseeischen Gebiete.
45 EuGH, Rs. 109/88 (Fn. 36), Rn. 7 f.
46 EuGH, Rs. 246/80, 6.10.1981, Slg. 1981, 2311, Rn. 8 ff. (Broekmeulen); in diesem Sinne für die Einbeziehung auch der (Sport-)Verbandsgerichtsbarkeit in den Kreis der vorlagefähigen Gerichte *C. Koenig/C. Sander*, Einführung in das EG-Prozeßrecht, 1997, Rn. 474.
47 EuGH, Rs. C-54/96, 17.9.1997, Slg.1997, I-4961, Rn. 22 ff. (Dorsch Consult); a.A. noch *A. Boesen*, Die Gerichtsqualität der Vergabeüberwachungsausschüsse i.S. des Art. 177 EGV, EuZW 1996, S. 583 ff.
48 EuGH, verb. Rs. C-69-79/96, 16.10.1997, Slg. 1997, I-5603, Rn. 17 ff. (Garofalo u.a.).
49 EUGH, Verb. Rs. C-69-79/96, 16.10.1997, Slg. 1997, I-5603, Rn. 17 ff. (Garofalo u.a.).
50 EuGH, Rs. C-337/95, 4.11.1997, Slg. 1997, I-6013, Rn. 20 ff. (Dior), für den BENELUX-Gerichtshof.
51 BVerfGE 37, 271, 282; *M. A. Dauses*, in: HbEGWirtR P. II, Rn. 55. Vgl. auch das Vorlageersuchen des österreichischen VfGH, ABl.EG 1999 Nr. C 188/18, abgedr. in EuGRZ 1999, S. 365 ff.; und zu den Landesverfassungsgerichten aus dem HessStGH, EuGRZ 1997, S. 213, dazu EuGH, Rs. C-158/97, Slg. 2000, I-1875 (Badeck) und *W. Cremer*, Vorabentscheidungsverfahren und mitgliedstaatliche Verfassungsgerichtsbarkeit, BayVBl. 1999, S. 266 ff. Eine entsprechende Vorlage des BVerfG steht – soweit ersichtlich – bislang noch aus. Zur Frage ihrer Erforderlichkeit vgl. u. Rn. 14 ff.

fahren nach § 47 VwGO[52] ebenso wie für **Verfahren des einstweiligen Rechtsschutzes**[53]. Die Vorläufigkeit der im Rahmen letzterer Verfahren zu treffenden Entscheidung steht rechtlich einer Anrufung des EuGH nicht entgegen. Allerdings wird wegen der Dringlichkeit der Entscheidung eine Vorlage praktisch regelmäßig ausscheiden[54].

Der **EuGH prüft die Erforderlichkeit** der Vorlage mit Rücksicht auf den Geist der Zusammenarbeit zwischen dem Gerichtshof und den nationalen Gerichten traditionell nur sehr zurückhaltend[55]. Allerdings hat er in jüngerer Zeit vermehrt Vorlagebeschlüsse als unzulässig abgewiesen[56], die sich nicht auf die Auslegung oder Gültigkeit von Gemeinschaftsrecht bezogen[57]7 oder die die tatsächlichen oder rechtlichen Hintergründe des Ausgangsverfahrens nicht mit hinreichender Klarheit erkennen ließen[58]. Abgewiesen hat der Gerichtshof außerdem hypothetische Fragestellungen, mit denen nicht eigentlich ein Rechtsstreit entschieden, sondern lediglich der EuGH zur Abgabe eines Rechtsgutachtens bewegt werden sollte[59]. 16

3. Vorlagerecht

Das Vorlagerecht eines mitgliedstaatlichen Gerichts kann weder durch Parteidisposition noch durch Bestimmungen der nationalen Gerichts- und Prozeßordnungen eingeschränkt werden. Innerstaatliche Normen, die nicht-letztinstanzliche Gerichte an die rechtlichen Beurteilungen eines übergeordneten Gerichts binden, können ersteren daher grundsätzlich nicht das Recht zur Vorlage an den EuGH nehmen[60]. 17

---

52 BVerwG, NVwZ 1997, S. 178 f.; *W.-E. Sommer*, Zur Vorlagepflicht des OVG an den EuGH im verwaltungsgerichtlichen Normenkontrollverfahren, NVwZ 1996, S. 135 ff.; *E. Pache/ F. Burmeister*, Gemeinschaftsrecht im verwaltungsgerichtlichen Normenkontrollverfahren, NVwZ 1996, S. 979 ff.
53 EuGH, Rs. 107/76, 24.5.1977, Slg. 1977, 957, Rn. 4 (Hoffmann-La Roche); verb. Rs. 35-36/82, 27.10.1982, Slg. 1982, 3723, Rn. 6 ff. (Morson).
54 Zur möglichen Pflicht zur Vorlage in den Fällen präsumtiver Ungültigkeit gemeinschaftlicher Rechtsakte, vgl. u. Rn. 20.
55 Vgl. dazu zusammenfassend EuGH, verb. Rs. C-297/88 und C-197/89 (Fn. 11), Rn. 33 f.; Rs. C-231/89 (Fn. 11), Rn. 18 f.; Rs. C-28/95 (Fn. 11), Rn. 24 ff.
56 Vgl. neben den im folgenden genannten EuGH, Rs. C-415/93, 15.12.1995, Slg. 1995, I-4921, Rn. 61 (Bosman); Rs. C-134/95, 16.1.1997, Slg. 1997, I-195, Rn. 12 (USSL N° 47 di Biella). Eingehend zu dieser Problematik: *C. Barnard/E. Sharpston*, The changing face of article 177 references, CMLRev. 1997, S. 1113 ff.
57 EuGH, Rs. C-428/93, 16.5.1994, Slg. 1994, I-1707, Rn. 15 (Monin Automobiles); Rs. C-346/93, 28.3.1995, Slg. 1995, I-615, Rn. 16 ff. (Kleinwort Benson); Rs. C-291/96, 9.10.1997, Slg. 1997, I-5531, Rn. 13 ff. (Grado).
58 EuGH, verb. Rs. C-320-322/90, 26.1.1993, Slg. 1993, I-393, Rn. 6 ff. (Telemarsicabruzzo); Rs. C-157/92, 19.3.1993, Slg. 1993, I-1085, Rn. 4 ff. (Banchero).
59 EuGH, Rs. 104/79, 11.3.1980, Slg. 1980, 745, Rn. 10 ff. (Foglia I); Rs. 244/80, 16.12.1981, Slg. 1981, 3045, Ls. 2 (Foglia II); Rs. 149/82, 3.2.1983, Slg. 1983, 171, Ls. 3 (Robards); Rs. C-83/91, 16.7.1992, Slg. 1992, I-4919, Rn. 25 ff. (Meilicke); Rs. C-412/93, 9.2.1995, Slg. 1995, I-179, Rn. 13 ff. (Leclerc-Siplec).
60 EuGH, Rs. 166/73, 16.1.1974, Slg. 1974, Rn. 3 f. (Rheinmühlen I). Vgl. zu der Kontroverse um die – insoweit regelmäßig nicht bestehende – Bindungswirkung des § 126 Abs. 5 FGO: *C. Koenig/C. Sander* (Fn. 46), Rn. 477. A.A. FG Rheinland-Pfalz, EuZW 1994, S. 588; offengelassen von BFH, EuZW 1996, S. 669, 670 mit krit. Anm. *K. Reiche*.

IV. Vorlagepflicht

1. Letztinstanzliche Gerichte

18 Nach Art. 234 Abs. 3 sind einzelstaatliche Gerichte, deren Entscheidungen selbst nicht mehr mit Rechtsmitteln des nationalen Rechts angefochten werden können, zur Vorlage verpflichtet. Als **Rechtsmittel** im Sinne dieser Vorschrift gelten nach richtiger Ansicht des BVerwG neben Berufung und Revision auch die Beschwerde gegen die Nichtzulassung der Revision[61] und die Nichtvorlagebeschwerde nach § 47 Abs. 7 Satz 5 VwGO a.F.[62]. Das Oberverwaltungsgericht ist demnach auch dann nicht zur Vorlage an den EuGH verpflichtet, wenn es im konkreten Fall die Revision bzw. die Vorlage zum BVerwG nicht zuläßt[63]. Die Einheitlichkeit der Anwendung des Gemeinschaftsrechts und der Individualrechtsschutz werden damit nicht unzuträglich beeinträchtigt, weil und soweit das BVerwG die Beschwerden wegen grundsätzlicher Bedeutung i.S. von § 132 Abs. 2 Nr. 1 VwGO schon dann für begründet erachtet, wenn der Sache nach eine Vorlage zum EuGH angezeigt ist. Nicht umfaßt vom Begriff des Rechtsmittels sind außerordentliche Rechtsbehelfe wie die Wiederaufnahme oder die Verfassungsbeschwerde.

19 Durch den Gerichtshof noch nicht abschließend entschieden[64] ist die Streitfrage, ob hinsichtlich der **Einordnung** des jeweiligen **Gerichts als letztinstanzlich** auf eine **abstrakt-institutionelle oder** auf eine **konkrete Betrachtungsweise** abzustellen ist. Für erstere Ansicht, nach der allein im gerichtsverfassungsrechtlichen Sinne letztinstanzliche Gerichte nach Art. 234 Abs. 3 zur Vorlage verpflichtet wären, wird vor allem die hieraus resultierende Entlastung der europäischen Gerichtsbarkeit angeführt[65]. In einer an den Zielen des Vorabentscheidungsverfahrens[66], vor allem am Individualrechtsschutz[67] orientierten Auslegung dürfte demgegenüber der konkreten Betrachtungsweise der Vorzug zu geben sein[68], nach der als letztinstanzlich auch diejenigen Gerichte anzusehen sind, deren Entscheidungen im jeweiligen Einzelfall – etwa wegen Unterschreitens von Streitwertgrenzen – nicht mehr mit Rechtsmitteln angefochten werden können.

---

61 BVerwG, NJW 1987, S. 601; EuZW 1993, S. 263. Die Verletzung von Gemeinschaftsrecht stellt nach BVerwGE 35, 277 f. einen Revisionsgrund i.S.v. § 137 Abs. 1 Nr. 1 VwGO dar; näher dazu *G. Mutke*, Die unterbliebene Vorlage an den Europäischen Gerichtshof als Revisionsgrund im Verwaltungsprozeß, DVBl. 1987, 403 ff. Als Rechtsmittel muß in entsprechender Anwendung dieser Überlegungen auch der Antrag auf Berufungszulassung nach §§ 124, 124a VwGO gelten, näher dazu *O. Dörr*, in: Sodan/Ziekow, NKVwGO, Europäischer Verwaltungsrechtsschutz, Rn. 257.
62 BVerwG, NVwZ 1997, S. 178 f.; vgl. auch die N. o. in Fn. 52. Die Neufassung der VwGO unterstellt die Prüfung der im Normenkontrollverfahren nach § 47 VwGO ergangenen Entscheidungen den Regeln über die Revision nach §§ 132 ff. VwGO.
63 Ebenso jetzt *K.-D. Borchardt*, in: Lenz, EGV, Art. 234, Rn. 37; a.A. *M. A. Dauses*, Fn. 2, S. 112.
64 Keinen eindeutigen Aufschluß bringt insbesondere die Entscheidung EuGH, Rs. 283/81, 6.10.1982, Slg. 1982, 3415, Rn. 6 (CILFIT); a.A. *C. Koenig/C. Sander*, Fn. 46, Rn. 483.
65 *M. A. Dauses*, Fn. 2, S. 111.
66 Vgl. o. Rn. 1.
67 *M. A. Dauses*, in: HbEGWirtR P. II, Rn. 93; zu weitgehend wohl *F. Emmert*, Europarecht, 1996, S. 272, der die konkrete Betrachtungsweise mit Rücksicht auf das in Art. 101 Abs. 1 Satz 2 GG enthaltene grundrechtsgleiche Recht auf den gesetzlichen Richter für verfassungsrechtlich geboten hält.
68 Wie hier: *K.-D. Borchardt*, in: Lenz, EGV, Art. 234, Rn. 36; *H. Krück*, in: GTE, EU/EGV, Art. 177, Rn. 67 f.; *C. Koenig/C. Sander* (Fn. 46), Rn. 483; *J. Wohlfahrt*, in: Grabitz/Hilf, EU, Art. 177, Rn. 49.

2. Nicht-letztinstanzliche Gerichte

Nicht-letztinstanzliche Gerichte sind nach Art. 234 Abs. 2 zur Vorlage grundsätzlich lediglich ermächtigt, nicht aber verpflichtet. Eine **ausnahmsweise Vorlagepflicht** auch dieser Gerichte besteht allerdings nach der Rechtsprechung des EuGH in den Fällen, in denen das nationale Gericht eine Vorschrift des Gemeinschaftsrechts oder eine sonstige Handlung eines Gemeinschaftsorgans für ungültig erachtet und außer Anwendung lassen will. Mit Rücksicht auf den Grundsatz der Einheitlichkeit der Anwendung des Gemeinschaftsrechts, auf die Rechtssicherheit und auf das im Rechtsschutzsystem des Vertrages angelegte Verwerfungsmonopol des Gerichtshofs, seien »die nationalen Gerichte nicht befugt [...], selbst die **Ungültigkeit von Handlungen der Gemeinschaftsorgane** festzustellen.«[69] Nach neuerer Rechtsprechung des EuGH soll dies auch dann gelten, wenn die **Gültigkeit nationaler Maßnahmen** in Frage steht, die im Rahmen eines gemeinschaftsrechtlichen Systems koordinierter Produktzulassungen ergehen.[70]   20

3. Grenzen der Vorlagepflicht

Grenzen der Vorlagepflicht ergeben sich für letztinstanzliche wie für ausnahmsweise zur Vorlage verpflichtete nicht-letztinstanzliche Gerichte unter zwei Gesichtspunkten.   21

So besteht in **Verfahren einstweiligen Rechtsschutzes** regelmäßig keine Vorlagepflicht, solange den Parteien weiterhin die Möglichkeit offensteht, die Streitsache im Hauptsacheverfahren weiter zu betreiben[71].   22

Auch soweit die Gültigkeit von Vorschriften des Gemeinschaftsrechts in Zweifel steht, sind die nationalen Gerichte mit Rücksicht auf das Gebot des effektiven Rechtsschutzes berechtigt, selbst, d.h. ohne vorherige Vorlage, die Aussetzung der sich auf diese vermeintlich ungültigen Vorschriften stützenden Vollzugsmaßnahmen anzuordnen[72]. Ebenso können sie sonstige einstweilige Anordnungen erlassen, durch die vermeintlich ungültige Gemeinschaftsrechtsakte außer Anwendung bleiben[73]. Allerdings hat der Gerichtshof diese Befugnisse der nationalen Gerichte an Voraussetzungen geknüpft, die weitgehend denen der Art. 242 und 243 EGV entsprechen[74]. Auch müssen die nationalen Gerichte das Verwerfungsmonopol des Gerichtshofs insoweit beachten und muß ihre Entscheidung im summarischen Verfahren in dem Sinne vorläufig bleiben, als sie die einschlägigen Fragen nach der Gültigkeit des außer Anwendung gelassenen Gemeinschaftsrechts zum Gegenstand einer sich unmittelbar anschließenden Vorlage an den Gerichtshof machen[75].   23

Keine Vorlagepflicht besteht nach der grundlegenden Entscheidung des EuGH schließlich dann, wenn zu der sich stellenden Frage nach der Auslegung oder Gültigkeit des Ge-   24

---

69 EuGH, Rs. 314/85, 22.10.1987, Slg. 1987, 4199, Rn. 11 ff. (Foto Frost).
70 EuGH, Rs. C-6/99, 21.3.2000, n.n.i.Slg., Rn. 54 ff. (Greenpeace) – Zulassung genetisch veränderter Organismen, Maissaatgut.
71 EuGH, verb. Rs. 35-36/82, 27.10.1982, Slg. 1982, 3723, Rn. 8 ff. (Morson). Ausdrücklich verneinend auch BVerfG, NVwZ 1992, S. 360; indirekt auch BVerfGE 82, 159, 195 a.E.: Vorlagepflicht des letztinstanzlichen Hauptsachegerichts; offen gelassen in BVerfG, 1 BvR 481/01 v. 10.5.2001, Rn. 20, http://www.bverfg.de/.
72 EuGH, verb. Rs. C-143/88 u. C-92/89, 21.2.1991, Slg. 1991, I-415 ff. Rn. 16 ff. (Zuckerfabrik Süderdithmarschen).
73 EuGH, Rs. 465/93, 9.11.1995, Slg. 1995, I-3761 ff. Rn. 27 ff. (Atlanta).
74 Näher dazu u. Art. 242/243, Rn. 24 ff.
75 EuGH, verb. Rs. C-143/88 u. C-92/89 (Fn. 72), Rn. 24; Rs. 465/93 (Fn. 73), Rn. 38, 51.

meinschaftsrechts bereits eine gesicherte Rechtsprechung des Gerichtshofs, insbesondere aus einer in einem gleichgelagerten Fall ergangenen Vorabentscheidung vorliegt. Ebenso entfällt die Pflicht zur Vorlage dort wo »die richtige Anwendung des Gemeinschaftsrechts derart offenkundig [...ist], daß **keinerlei Raum für** einen **vernünftigen Zweifel** an der Entscheidung der gestellten Frage bleibt.« (acte-claire-Doktrin). Von letzterem darf das nationale Gericht jedoch nur dann ausgehen, »wenn es überzeugt ist, daß auch für die Gerichte der übrigen Mitgliedstaaten und den Gerichtshof die gleiche Gewißheit bestünde.« Zurückhaltung geboten ist insoweit vor allem mit Blick auf die sich aus den Eigenheiten des Gemeinschaftsrechts, seiner Abfassung in verschiedenen Sprachen und seiner gegenüber dem nationalen Recht autonomen Terminologie und Dogmatik ergebenden besonderen Schwierigkeiten der Auslegung.[76]

4. Verletzung der Vorlagepflicht

25 Erfolg und Funktion des Vorabentscheidungsverfahrens sind abhängig von der »Vorlagefreudigkeit« der nationalen Gerichte[77]. Eingedenk dessen erscheinen Verletzungen der Vorlagepflichten **nur in** allzu **eng umgrenztem Umfang sanktionsfähig**[78].

26 So soll zwar nach nahezu einhelliger Ansicht[79] die rechtswidrige Nichtvorlage durch ein nationales Gericht eine dem jeweiligen Mitgliedstaat zurechenbare Verletzung des Vertrages darstellen, die von der Kommission oder einem anderen Mitgliedstaat in den **Vertragsverletzungsverfahren** der Art. 226/227 EGV gerügt werden kann. Die Kommission hat allerdings bislang aus Opportunitätserwägungen von einer Klageerhebung wegen unterlassener Vorlage abgesehen[80]. Im Hinblick auf die in allen Mitgliedstaaten garantierte Unabhängigkeit der Gerichte und das in Art. 234 selbst etablierte System der Zusammenarbeit zwischen nationaler und gemeinschaftlicher Gerichtsbarkeit dürfte sich die auf diesem Wege erreichbare Kontrolle auch rechtlich auf Fälle systematischer, evidenter oder grundsätzlich bedeutsamer Vorlagepflichtverletzungen beschränken müssen.

27 Beschränkt auf Fälle willkürlicher Nichtvorlage ist die innerstaatlich am Maßstab des deutschen Verfassungsrechts ausgerichtete Kontrolle. Nach ständiger Rechtsprechung des BVerfG verletzt die Unterlassung der nach Art. 234 gebotenen Vorlage an den EuGH das grundrechtsgleiche **Gebot des gesetzlichen Richters aus Art. 101 Abs. 1 Satz 2 GG**[81].

---

76 Zu alldem EuGH, Rs. 283/81, 6.10.1982, Slg. 1982, 3415, Rn. 13 ff. (C.I.L.F.I.T.); zu den dieser Rechtsprechung weitgehend entsprechenden Formeln deutscher Gerichte *K.-D. Borchardt*, in: Lenz, EGV, Art. 234, Rn. 42.
77 Zu diesbezüglichen Problemen im allgemeinen *M. A. Dauses*, Fn. 2, S. 162; *D. Lieber*, Über die Vorlagepflicht des Art. 177 EWG-Vertrag und deren Mißachtung, 1986, S. 126 ff. Zur mitunter unzureichenden Vorlagefreudigkeit deutscher Gerichte im Umwelt- und Planungsrecht *B. W. Wegener*, Wie es uns gefällt, ZUR 1994, S. 232 ff.; *ders.*, ZUR 1996, S. 324 f.
78 Zu der daraus abgeleiteten, de lege lata aber nicht zu begründenden Forderung nach der Anerkennung einer Nichtvorlagebeschwerde an den EuGH: *M. Tonne* (Fn. 1), S. 267 m.w.N.
79 *M. A. Dauses*, in: HbEGWirtR P. II, Rn. 115; *H. Krück*, in: GTE, EU/EGV, Art. 177, Rn. 78; *K.-D. Borchardt*, in: Lenz, EGV, Art. 234, Rn. 44; mit gewissen Einschränkungen auch *J. Wohlfahrt*, in: Grabitz/Hilf, EU, Art. 177, Rn. 55.
80 Die von *G. Meier*, Zur Einwirkung des Gemeinschaftsrechts auf nationales Verfahrensrecht im Falle höchstrichterlicher Vertragsverletzungen, EuZW 1991, S. 11, berichtete förmliche Einleitung eines Vertragsverletzungsverfahrens gegen einen Nichtzulassungsbeschluß des BGH hat nicht zur Klageerhebung geführt.
81 BVerfGE 73, 339, 366 (Solange II); 82, 159, 192 ff.; EuGRZ 1988, 113 und 120; EuR 1987, 333; EuR 1988, 190 ff. Zur parallelen Entscheidungspraxis des österreichischen Verfassungsgerichtshofs, vgl. EuGRZ 1996, 529.

Dem Einzelnen erwächst so die Möglichkeit, die Nichtvorlage im Wege der **Verfassungsbeschwerde** zu rügen.[82] Um nicht in die Rolle eines obersten Vorlagen-Kontroll-Gerichts zu geraten,[83] hält das BVerfG allerdings entgegen gegenteiligen Forderungen im Schrifttum[84] auch für den Fall des Art. 234 am Erfordernis einer »objektiv willkürlichen« Unterlassung fest[85]. Danach wird die Vorlagepflicht insbesondere in solchen Fällen »unhaltbar gehandhabt«, in denen ein letztinstanzliches Gericht seine Vorlageverpflichtung grundsätzlich verkennt. Gleiches gilt, wenn zu einer entscheidungserheblichen Frage des Gemeinschaftsrechts einschlägige Rechtsprechung des EuGH noch nicht vorliegt oder wenn eine vorliegende Rechtsprechung die entscheidungserhebliche Frage möglicherweise noch nicht erschöpfend beantwortet hat. Erscheint eine Fortentwicklung der Rechtsprechung des EuGH nicht nur als entfernte Möglichkeit, so wird Art. 101 Abs. 1 Satz 2 GG nach Auffassung des BVerfG dann verletzt, wenn das letztinstanzliche Gericht den ihm in solchen Fällen notwendig zukommenden Beurteilungsrahmen in unvertretbarer Weise überschritten hat. Dies kann insbesondere dann der Fall sein, wenn mögliche Gegenauffassungen zu der entscheidungserheblichen Frage des Gemeinschaftsrechts gegenüber der vom Gericht vertretenen Meinung eindeutig vorzuziehen sind. Eine Kontrolle anhand dieser Maßstäbe ist dem BVerfG grundsätzlich nur möglich, wenn ihm die Gründe hinreichend sicher bekannt sind, aus denen das letztinstanzliche Hauptsachegericht von einer Vorlage an den EuGH abgesehen hat[86].

Zurückhaltung ist schließlich gegenüber der Erwartung angebracht, die mitgliedstaatliche **Haftung wegen** der Verletzung von Gemeinschaftsrecht werde sich zu einem Instrument der Sanktion von **Verletzungen der Vorlagepflicht** entwickeln[87]. Zwar hat der EuGH in seiner einschlägigen Rechtsprechung[88] bislang noch keinen ausdrücklichen Vorbehalt zugunsten richterlicher Spruchpraxis aufgenommen. Das sog. Richterprivileg des § 839 Abs. 2 BGB findet jedoch auch in den Rechtsordnungen anderer Mitgliedstaaten – allerdings mit zum Teil erheblichen Einschränkungen – seine Entsprechung[89]. Mit Rücksicht auf die vom EuGH herangezogene Bestimmung des Art. 288 Abs. 2 EGV sind diese sich aus dem Gedanken der Rechtskraft legitimierenden Haftungsbeschränkungen

28

---

82 Weitergehend hält T. *Pfeiffer*, Keine Beschwerde gegen EuGH-Vorlagen?, NJW 1994, S. 1996, 2001 in analoger Anwendung von § 252 ZPO schon *de lege lata* eine Beschwerde auch gegen die Nichtvorlage für zulässig.
83 Zu dieser Motivation ausdrücklich: BVerfG, 1 BvR 481/01 v. 10.5.2001, Rn. 21, http://www.bverfg.de/.
84 C. *Vedder*, Ein neuer gesetzlicher Richter?, NJW 1987, S. 526, 530 f.; U. *Wölker*, Wann verletzt eine Nichtvorlage an den EuGH die Garantie des gesetzlichen Richters?, EuGRZ 1988, S. 97, 100 ff.; M. *Rodi*, Vorlageentscheidungen, gesetzlicher Richter und Willkür, DÜV 1989, S. 750, 761 f.; G. *Nicolysen*, Europarecht I, S. 215 f. Vgl. auch C. *Heitsch*, Prüfungspflichten des Bundesverfassungsgerichts unter dem Staatsziel der europäischen Integration, EuGRZ 1997, S. 461, 469, für die Annahme, aus Art. 23 Abs. 1 S. 1 GG ergebe sich zwingend eine Verschärfung des Prüfungsmaßstabs.
85 Die nicht zuletzt durch das BVerfG selbst geweckten Erwartungen, die Rücksicht auf Besonderheiten des Gemeinschaftsrechts könnte eine strengere verfassungsgerichtliche Kontrolle von Nichtvorlageentscheidungen mit sich bringen, vgl. B. W. *Wegener* (Fn. 77), ZUR 1996, S. 324 f. scheinen sich in jüngster Zeit zu erfüllen, vgl. BVerfG, NJW 1997, 2512; BVerfG, 1 BvR 1036/99 v. 9.1.2001, Absatz-Nr. 18 ff., http://www.bverfg.de/.
86 Vgl. BVerfG, Beschluß v. 22.12.1992, NVwZ 1993, S. 883.
87 I.d.S. aber C. R. *Beul*, Kein Richterprivileg bei unterlassener Vorlage gem. Art. 177 EGV, EuZW 1996, S. 748 ff.; J. *Schwarze*, in: Schwarze: EU-Kommentar, Art. 234, Rn. 51.
88 Näher dazu u. Art. 288.
89 Vgl. zum englischen Recht: P. P. *Craig*, Administrative Law, 3. Aufl. 1994, S. 635 f.; R. *Kniffka*, Die haftungsrechtliche Privilegierung der Richter in Deutschland und England, 1993; vgl. im übrigen die Länderberichte in: Max Planck Institut für ausländisches öffentliches Recht und Völkerrecht, Haftung des Staates, 1967.

auch auf die mitgliedstaatliche Haftung wegen der Verletzung von Gemeinschaftsrecht zu übertragen. Eine staatliche Haftung wegen der Verletzung der Vorlagepflicht dürfte deshalb allenfalls in Ausnahmefällen in Betracht kommen.[90]

V. Verfahren

29 Die **Entscheidung zur Vorlage** trifft das nationale Gericht in der durch das jeweilige innerstaatliche Verfahrensrecht vorgesehenen Form[91]. Die **Vorlage** ist der Kanzlei des Gerichtshofs zu übermitteln. Sie sollte knapp, aber so umfassend **begründet** werden, daß der Gerichtshof wie auch die Verfahrensbeteiligten den tatsächlichen und rechtlichen Rahmen des Ausgangsverfahrens richtig erfassen können[92]. Die **Verfahrenssprache** ist die des vorlegenden Gerichts. Vom Gerichtshof wird das Vorabentscheidungsersuchen in die anderen Amtssprachen der Gemeinschaft übersetzt und anschließend den Parteien des Ausgangsverfahrens, den Mitgliedstaaten, der Kommission und gegebenenfalls dem Rat bzw. dem Europäischen Parlament zugestellt. Eine Mitteilung mit Angabe der Parteien des Ausgangsverfahrens und des Inhalts der Fragen wird im Amtsblatt der EG veröffentlicht. Binnen zwei Monaten können die Parteien, die Mitgliedstaaten und die Gemeinschaftsorgane schriftliche Erklärungen einreichen. Der weitere Verlauf des Verfahrens entspricht dem in Klagesachen, insbesondere können die Verfahrensbeteiligten einschließlich der Parteien des Ausgangsverfahrens **mündliche Erklärungen** vor dem EuGH abgeben. Nach Art. 104a VerfO-EuGH kann der (Kammer-)Präsident auf Antrag des nationalen Gerichts und auf Vorschlag des Berichterstatters ausnahmsweise beschließen, ein Vorabentscheidungsersuchen einem **beschleunigten Verfahren** zu unterwerfen, wenn sich aus den Umständen die außerordentliche Dringlichkeit der Entscheidung über die zur Vorabentscheidung vorgelegte Frage ergibt. In diesem Fall bestimmt der Präsident sofort den Termin für die mündliche Verhandlung. Anwaltszwang besteht nach Art. 104 § 2 VerfO-EuGH lediglich entsprechend den Bestimmungen des nationalen Prozeßrechts. Das Urteil wird in öffentlicher Sitzung verkündet und vom Kanzler dem vorlegenden Gericht **übermittelt**[93]. Das Verfahren vor dem Gerichtshof ist nach Art. 72 VerfO-EuGH grundsätzlich kostenfrei. Die erstattungsfähigen **Kosten** beschränken sich deshalb im wesentlichen auf die Anwaltskosten. Der Gerichtshof stellt in der Vorabentscheidung insoweit lediglich fest, daß die Kosten der Regierungen der Mitgliedstaaten und der Gemeinschaftsorgane, die sich am Verfahren beteiligt haben, nicht erstattungsfähig sind und daß die Kostenentscheidung im übrigen entsprechend der Natur des Vorabentscheidungsverfahrens als eines Zwischenverfahrens Sache des nationalen Gerichts ist.

30 Die gemeinschaftsrechtlich zulässige **Anfechtung der Vorlageentscheidung** durch die Parteien des Ausgangsrechtsstreits, die gemeinschaftsrechtlich ebenso zulässig[94] ist wie ihre **Rücknahme**[95], soll nach herrschender Ansicht nach bundesdeutschem Prozeßrecht

---

90 Gegen eine § 839 Abs. 2 BGB entsprechende Zurückdrängung der Haftung auf die Fälle strafbarer Handlung O. Dörr, (Fn. 61), Rn. 297, der statt dessen für eine Haftung schon in Fällen »willkürlicher« Nichtvorlage plädiert.
91 In Deutschland regelmäßig durch Beschluß, näher dazu und zur Praxis in anderen Mitgliedstaaten M. Dauses, o. Fn. 2, S. 124.
92 EuGH, verb. Rs. C-320-322/90 (Fn. 58), Rn. 6 f. Knappe Hinweise zur Vorlage von Vorabentscheidungsersuchen hat der EuGH in seinem Tätigkeitsbericht Nr. 34/96 v. 9.12.1996 = EuZW 1997, 142 veröffentlicht.
93 Zur Verfahrensdauer, vgl. o. Fn. 9.
94 EuGH, Rs. 146/73, 12.2.1974, Slg. 1974, 139, 148 (Rheinmühlen); Rs. 31/68, 3.6.1969, Slg. 1969, 403, 409 (Chanel).
95 Dazu und zum Ganzen näher M. Dauses (Fn. 2), S. 129 ff.

im Hinblick auf die Ähnlichkeit der Entscheidung mit einer unanfechtbaren prozeßleitenden Verfügung ausgeschlossen sein[96].

VI. Wirkung des Urteils

Die Urteile in Vorabentscheidungsverfahren in denen der Gerichtshof »für Recht erkennt«, werden nach Art. 65 VerfO-EuGH mit dem Tag ihrer Verkündung **rechtskräftig**. Sie binden nach Maßgabe ihres im Lichte der Entscheidungsgründe zu interpretierenden Tenors[97]. 31

1. Rechtliche Bindung

Das Urteil bindet »inter partes« die in derselben Sache **im Ausgangsstreitverfahren** entscheidenden Gerichte, neben dem vorlegenden Gericht also auch die Instanzgerichte[98]. Sie haben den Streitfall nach Maßgabe der Auffassung des Gerichtshofs zu entscheiden, dürfen von dessen Spruch nicht abweichen und sind nicht befugt, den Inhalt der Vorabentscheidung zu überprüfen, zu ignorieren oder abzuändern. Eine erneute Befassung des EuGH in derselben Angelegenheit kommt allein zur Klärung neu aufgekommener Fragen oder zur Aufklärung über Unklarheiten der Vorabentscheidung in Frage[99]. 32

Außerhalb des Ausgangsverfahrens (»erga omnes«) kommt dem Urteil Bindungswirkung dann zu, wenn der Gerichtshof die **Ungültigkeit von Gemeinschaftsrecht** festgestellt hat[100]. Die entsprechenden Bestimmungen sind von den Gerichten der Mitgliedstaaten wie von anderen mitgliedstaatlichen Stellen und von den Gemeinschaftsorganen nicht mehr anzuwenden. Zulässig bleiben Vorlagen an den Gerichtshof zur Klärung der Reichweite seiner Entscheidung und den sich aus ihr ableitenden Folgen. Eine nur eingeschränkte Bindungswirkung kommt den Entscheidungen des Gerichtshofs zur **Gültigkeit von Gemeinschaftsrecht** schon nach ihrem Tenor zu. Hier formuliert der EuGH durchgängig, daß die Prüfung der vorgelegten Fragen nichts ergeben habe, was die Gültigkeit der betreffenden Gemeinschaftsregelung in Frage stellen könne[101]. Neue, bislang nicht in die Prüfung einbezogene Gesichtspunkte können eine neue Beurteilung gebieten und eine erneute Vorlage rechtfertigen bzw. erforderlich machen. 33

Urteile zur **Auslegung des Gemeinschaftsrechts** entheben letztinstanzlich entscheidende innerstaatliche Gerichte von ihrer Vorlagepflicht nach Art. 234 Abs. 3, soweit sie sich 34

---

96 BFHE 132, 217, 218; VGH Mannheim, EuGRZ 1986, 572, 573 mit Anm. *M. Hilf*; OLG Köln, WRP 1977, 734; *K. Hailbronner*, in: HK-EUV, Art. 177, Rn. 24; *Rengeling/Middeke/Gellermann*, Rechtsschutz in der EU, Rn. 395; a.A. mit beachtlichen Gründen *O. Dörr*, (Fn. 61), Rn. 289 ff.; *T. Pfeiffer* (Fn. 82), S. 1996 ff.
97 *J. Wohlfahrt*, in: Grabitz/Hilf, EU, Art. 177, Rn. 70; weitergehend *M. Dauses*, o. Fn. 70, S. 149, der eine Bindung auch an die tragenden Entscheidungsgründe befürwortet.
98 EuGH, Rs. 29/68, 24.6.1969, Slg. 1969, 165, Rn. 3 (Deutsche Milchkontor).
99 EuGH, Rs. 69/85, 5.3.1986, Slg. 1986, 947, Rn. 15 (Wünsche/Deutschland); für einen entsprechenden Fall, vgl. die erneute Vorlage des BAG in Rs. C-206/94, Slg. 1996, I-2357 (Paletta II); für die Erstvorlage durch das ArbG, vgl. Rs. C-45/90, Slg. 1992, I-3423 (Paletta I).
100 EuGH, Rs. 66/80, 13.5.1981, Slg. 1981, 1191, Tz. 13 (International Chemical); kritisch zur dogmatischen Undeutlichkeit der hier gebrauchten Wendung, die Ungültigkeitsfeststellung durch den Gerichtshof sei »ausreichender Grund« für das nationale Gericht, die betroffene Bestimmung »als ungültig anzusehen«, *O. Dörr*, (Fn. 61), Rn. 284.
101 Vgl. nur EuGH, Rs. C-114/96, 25.6.1997, Slg. 1997, I-3629, Rn. 39 (Kieffer); Rs. C-26/96, 29.5.1997, Slg. 1997, I-2817, Rn. 25 (Rotexchemie).

der Auslegung des Gerichtshofs anschließen. Dagegen bleiben sie dort, wo sie von einer Auslegung des Gerichtshofs abweichen wollen, ausnahmslos zur Vorlage verpflichtet[102]. Über eine entsprechende Vorlagepflicht auch unterinstanzlicher Gerichte hat der EuGH noch nicht entschieden. Auch wenn eine Vorlage bei Zweifeln an der Richtigkeit einer durch den EuGH entwickelten Auslegung in der Sache anzuraten ist, dürfte eine Pflicht zur Vorlage – trotz der sich daraus ergebenden Einschränkungen der einheitlichen Anwendung des Gemeinschaftsrechts - mit Rücksicht auf die in Art. 234 Abs. 2 verankerte sachliche Unabhängigkeit der Untergerichte zu verneinen sein. Anders als in den Fällen, in denen nicht-letztinstanzliche Gerichte Handlungen der Gemeinschaftsorgane unzulässigerweise von sich aus für ungültig erklären,[103] steht hier ein Entscheidungsmonopol des Gerichtshofs nicht zur Disposition.[104]

2. Zeitliche Wirkung

35 In zeitlicher Hinsicht kommt den Entscheidungen des EuGH in Verfahren nach Art. 234 grundsätzlich eine **ex tunc** Wirkung zu. Die Gerichte sind ebenso wie andere staatliche Stellen grundsätzlich verpflichtet, die durch den Gerichtshof gefundene Auslegung des Gemeinschaftsrechts bzw. die von ihm gefällte Entscheidung über die Ungültigkeit einer gemeinschaftlichen Norm auch auf in der Vergangenheit begründete Rechtsverhältnisse anwenden[105].

36 Allerdings hat sich der Gerichtshof beginnend mit dem Urteil in der Sache Defrenne II[106] für befugt gehalten, die **Rückwirkung** seiner Urteile **ausnahmsweise zeitlich** zu **begrenzen**[107]. Dabei beruft er sich bei der Verwerfung einer gemeinschaftlichen Norm auf eine Analogie zu Art. 231 Abs. 2, die sich aus der notwendigen Kohärenz zwischen der Vorabentscheidungsvorlage und der Nichtigkeitsklage als den zwei vom Vertrag vorgesehenen Arten der Rechtmäßigkeitskontrolle rechtfertige[108]. Auch die zeitliche Wirkung der von ihm einer Bestimmung gegebenen Auslegung hat der EuGH mitunter beschränkt und sich insoweit auf einen »der Gemeinschaftsrechtsordnung innewohnenden allgemeinen Grundsatz der **Rechtssicherheit**« gestützt[109]. Voraussetzung der entsprechenden Beschränkungen, die sich aus dem jeweiligen Urteil ausdrücklich ergeben müssen[110], ist dabei weniger ein möglicherweise drohender finanzieller Schaden für die Gemeinschaft, die Mitgliedstaaten oder für einzelne Betroffene. Entscheidend ist nach der Rechtsprechung des Gerichtshofs vielmehr, ob und inwieweit Unklarheiten des anzuwendenden Rechts oder das Verhalten der Gemeinschaftsorgane bzw. der Mitgliedstaaten einen »Zustand der Unsicherheit« geschaffen haben, der es nicht angemessen

---

102 Vgl. o. Rn. 19 f.
103 Zu der hier bestehenden Vorlagepflicht EuGH, Rs. 314/85 (Fn. 69), Rn. 11 ff., und o. Rn. 20.
104 Insoweit fehlt es für die Annahme einer Vorlagepflicht an einem der die eben zitierte Entscheidung Foto-Frost tragenden Begründungselemente.
105 EuGH, verb. Rs. 66, 127, 128/79, 27.3.1980, Slg. 1980, 1237, Rn. 9 ff. (Salumi). Für den Fall der gemeinschaftlichen Staatshaftung, vgl. verb. Rs. C-46, 48/93, 5.3.1996, Slg. 1996, I-1029, Ls. 6 (Brasserie du Pêcheur). Grundsätzliche verfassungsrechtliche Bedenken gegen die Rückwirkung bestehen nicht, vgl. dazu BGH, NJW 1994, 2607 ff.
106 EuGH, Rs. 43/75, 8.4.1976, Slg. 1976, 455, Rn. 69 ff. (Defrenne II).
107 Eingehend dazu W. *Weiß*, Die Einschränkung der zeitlichen Wirkungen von Vorabentscheidungen nach Art. 177 EGV, EuR 1995, S. 377 ff.; *M. Dauses* (Fn. 2), S. 149 ff.
108 EuGH, Rs. C-228/92, 26.4.1994, Slg. 1994, I-1445, Rn. 19 (Roquette Fréres).
109 EuGH, Rs. C-163/90, 16.7.1992, Slg. 1992, I-4625, Rn. 30 (Legros).
110 EuGH, Rs. 309/85, Slg. 1988, 355, Rn. 13 (Barra).

erscheinen läßt, »in gutem Glauben begründete Rechtsverhältnisse [rückwirkend] in Frage zu stellen«[111]

Auch dort, wo er ausnahmsweise Beschränkungen der zeitlichen Rückwirkung seiner Urteile anerkennt, billigt der EuGH denjenigen, die **vor Erlaß des Urteils Klage erhoben** oder einen **außergerichtlichen Rechtsbehelf eingelegt** haben die Möglichkeit zu, sich auf die von ihm gefundene Auslegung bzw. die festgestellte Ungültigkeit einer Norm mit Wirkung für die Vergangenheit zu berufen[112]. Rücksicht genommen wird damit zugleich auf den klägerischen Anspruch auf **effektiven Rechtsschutz**[113] wie auf die praktische Wirksamkeit des Verfahrens nach Art. 234. 37

In Fällen, in denen der Gerichtshof die zeitlichen Wirkungen einer Vorabentscheidung nicht begrenzt hat, bleibt es den Mitgliedstaaten grundsätzlich unbenommen, sich gegenüber Schadensersatz- und Erstattungsklagen auf eine **nationale Ausschlußfrist** zu berufen. Allerdings muß die Ausschlußfrist in gemeinschaftsrechtlichen wie in nationalen Sachverhalten gleichermaßen angewandt werden.[114] Auch darf ihre Anwendung die Durchsetzung der durch die Gemeinschaftsrechtsordnung verliehenen Rechte nicht praktisch unmöglich machen oder übermäßig erschweren.[115] Unzulässig ist eine nationale Regelung, die Kläger, die erst nach der Entscheidung des Gerichtshofs Klage erheben pauschal von der Ersatzleistungen ausnimmt.[116] Eine solche Beschränkung der Wirkung seiner Urteile steht allein dem Gerichtshof selbst zu. 38

---

111 EuGH, Rs. C-163/90, 16.7.1992, Slg. 1992, I-4625, Rn. 30 f. (Legros).
112 EuGH, Rs. 43/75, 8.4.1976, Slg. 1976, 455, Rn. 74 f. ff. (Defrenne II); Rs. C-228/92, 26.4.1994, Slg. 1994, I-1445, Rn. 27 ff. (Roquette Frères).
113 Näher zu der hier zu beobachtenden Reaktion des Gerichtshofs auf Kritik an seiner zunächst weniger rechtsschutzfreundlichen Praxis, *I. Pernice*, in: Grabitz/Hilf, EU, Art. 164, Rn. 89.
114 EuGH, Rs. 240/87, Slg. 1988, 3513, Rn. 18 (Deville); Rs. C-231/96, Slg. 1998, I-4951, Rn. 36 f. (Edi).
115 EuGH, Rs. C-312/93, Slg. 1995, I-4599, Rn. 12 (Peterbroeck).
116 EuGH, Rs. 309/85, 2.2.1988, Slg. 1988, 355, Rn. 18 ff. (Barra).

Art. 235 EG-Vertrag

Art. 235 (ex-Art. 178)

Der Gerichtshof ist für Streitsachen über den in Artikel 288 Absatz 2 vorgesehenen Schadensersatz zuständig.

Inhaltsübersicht:

I. Allgemeines	1
II. Verhältnis zu anderen gemeinschaftsrechtlichen Rechtsbehelfen	6
III. Verhältnis zu nationalen Rechtsbehelfen	7

I. Allgemeines

1 Art. 235 ist eine **bloße Zuständigkeitsnorm**, welche der Gemeinschaftsgerichtsbarkeit die Kompetenz zur Entscheidung über gegen die Gemeinschaft gerichtete Schadensersatzklagen wegen außervertraglicher Haftung zuweist. Erstinstanzlich zuständig für Klagen natürlicher und juristischer Personen ist gem. Art. 225 Abs. 1 das EuG.[1] Für Klagen der Mitgliedstaaten ist auch nach dem Inkrafttreten des Vertrags von Nizza gem. Art. 51 der Satzung des Gerichtshofs[2] ausschließlich der EuGH zuständig. Hinsichtlich der materiellrechtlichen Voraussetzungen des Schadensersatzanspruches verweist die Norm auf Art. 288 Abs. 2 (vgl. dazu die Kommentierung zu Art. 288). Für Schadensersatzansprüche aus vertraglicher Haftung ist Art. 235 nicht einschlägig. Zuständig sind, vorbehaltlich der Art. 238 f., gem. Art. 240 die einzelstaatlichen Gerichte.

2 **Aktiv parteifähig** sind alle nach dem Recht der Mitgliedstaaten sowie dritter Staaten[3] rechtsfähigen natürlichen und juristischen Personen, auch solche des öffentlichen Rechts, wie etwa Bundesländer und Gemeinden.[4] Auch nichtrechtsfähigen Berufsverbänden hat der EuGH die aktive Parteifähigkeit zuerkannt.[5] Auch gegen die Anerkennung einer aktiven Parteifähigkeit der Mitgliedstaaten bestehen keine Bedenken.[6] **Passiv parteifähig** ist die Gemeinschaft, vertreten durch das Gemeinschaftsorgan (oder die EZB bzw. EWI), welchem das schadensverursachende Verhalten zur Last gelegt wird.[7]

3 Gem. Art. 43 Satz 1 Gerichtshof-Satzung verjähren Ansprüche aus außervertraglicher Haftung in fünf Jahren nach Eintritt des ihnen zugrunde liegenden Ereignisses.[8] Ob es sich insoweit um eine die Begründetheit **betreffende Anspruchsverjährung oder eine die Zulässigkeit betreffende prozessuale Klagefrist** handelt, ist in der Rspr. nicht einheitlich

---

1 Schon vorher erstreckte sich die Zuständigkeit des EuG gem Art. 3 des Ratsbeschlusses 88/519 vom 24.10.1988, ABl.EG 1988 Nr. L 319/1, zuletzt geändert durch Ratsbeschluß vom 1.1.1995, ABl.EG 1995 Nr. L 1/1, auf alle Klagen natürlicher und juristischer Personen.
2 Vgl. zu Einzelheiten Art. 225, Rn. 3 f.; *B.W. Wegener*, Die Neuordnung der EU-Gerichtsbarkeit durch den Vertrag von Nizza, DVBl. 2001, 1258 (1260).
3 Implizit anerkannt in EuGH, Rs. C-182/91, Slg. 1993, 2161, Rn. 20 ff.; zudem läßt sich dies aus der Rspr. zu Art. 230 ableiten, vgl. dazu Art. 230, Rn. 24.
4 Vgl. auch insoweit die Rspr. zu Art. 230, dazu Art. 230, Rn. 25.
5 EuGH, Rs. 18/74, Slg. 1974, 933, Rn. 5/9 (Allgemeiner Gewerkschaftsbund/Kommission). Die von der Parteifähigkeit zu trennende Frage, ob die Verbände Schäden ihrer Mitglieder geltend machen können, hat der EuGH allerdings verneint, ebenda, Rn. 13/16 sowie Rs. 72/74, Slg. 1975, 401, Rn. 20/21 (Union Syndicale/Rat).
6 Das Urteil des EuGH, Rs. 44/81, Slg. 1982, 1855, Rn. 4-6 (Deutschland/Kommission), steht dem jedenfalls nicht entgegen.
7 EUGH, Verb. Rs. 63–69/72, Slg. 1973, 1229, Rn. 7 (Werhahn u.a./Rat).
8 Vgl. zur Verjährungsunterbrechung auch Art. 43, Satz 2 Gerichtshof-Satzung sowie *S. Hackspiel*, in: GTE, EU-/EGV, Art. 43 Satzung des Europäischen Gerichtshofs, Rn. 3–5.

beantwortet worden.⁹ Bedeutung hat dies für die Frage, ob die Gemeinschaftsgerichtsbarkeit die Verjährung von Amts wegen berücksichtigen muß (wenn Zulässigkeitsfrage) oder ob sich der Beklagte darauf berufen muß. Der jüngeren Rspr., wonach die Verjährung als Begründetheitsfrage nicht von Amts wegen zu prüfen ist,¹⁰ ist angesichts des Wortlauts von Art. 43 Satz 1 Gerichtshofs-Satzung und den – vorbehaltlich weniger Ausnahmen – entsprechenden Regelungen in den Rechtsordnungen der Mitgliedstaaten¹¹ zuzustimmen. Die Verjährungsfrist beginnt zu laufen, wenn alle Haftungsvoraussetzungen erfüllt sind,¹² was insbesondere bei einem zeitlichen Auseinanderfallen von Handlung und Schadenseintritt Bedeutung hat. Der Anspruch ist jedoch nicht verjährt, wenn der Kläger »von dem schadensverursachenden Ereignis erst zu einem späteren Zeitpunkt Kenntnis erlangen konnte und somit nicht über einen angemessenen Zeitraum verfügte, um vor Ablauf der Verjährungsfrist Klage zu erheben oder seinen Anspruch geltend zu machen«.¹³ Auf die Kenntnis der Rechtswidrigkeit kommt es für den Beginn der Verjährungsfrist aber nicht an.¹⁴

Der Klageerhebung muß keine an die Gemeinschaft gerichtete Aufforderung vorangehen, den Schaden zu regulieren. Die Möglichkeit einer außergerichtlichen Einigung wird aber dadurch begünstigt, daß eine solche Aufforderung gem. Art. 43 Satz 2 Gerichtshof-Satzung die Verjährung unterbricht.¹⁵ Klagen vor nationalen Gerichten stellen demgegenüber keine Unterbrechungshandlung dar.¹⁶ 4

Der Kläger ist nicht immer verpflichtet den geltend gemachten Schadensersatz der Höhe nach zu taxieren. Ist die vorgeblich schädigende Handlung abgeschlossen, der Schaden aber noch nicht präzisierbar, steht der Zulässigkeit der Klage ein unbezifferter Klageantrag nicht entgegen.¹⁷ Selbst wenn der Schaden noch nicht eingetreten ist, aber mit hinreichender Sicherheit unmittelbar bevorsteht, kann mit einem Feststellungsantrag die Haftung der Gemeinschaft beantragt werden.¹⁸ Hält der EuGH einen Anspruch gegen die Gemeinschaft dem Grunde nach für berechtigt, kann er aber die Höhe des zu leistenden Schadensersatzes nicht taxieren, erläßt er ein **Zwischenurteil**. In diesem gibt er den Parteien in der Regel auf, sich binnen einer bestimmten Frist auf eine Summe zu 5

---

9 Zunächst Begründetheitsfrage: EuGH, Rs. 4/69, Slg. 1971, 325, Rn. 8 (Lütticke/Kommission); dann Zulässigkeitsfrage: EuGH, Verb. Rs. 256, 257, 265 u. 267/80 sowie 5/81, Slg. 1982, 85, Rn. 3 ff. (Birra Wührer u.a./Rat und Kommission) und deutlicher Verb. Rs. 256, 257, 265 und 267/80, 5 und 51/81 und 282/82, Slg. 1984, 3693, Rn. 16 f. (Birra Wührer u.a./Rat und Kommission); wohl auch Rs. 53/84, Slg. 1985, 3595, Rn. 17 (Adams/Kommission); zuletzt wieder Begründetheitsfrage: Rs. 20/88, Slg. 1989, 1553, Rn. 11–13 (Roquette Frères/Kommission); EuG, Rs. T-20/94, Slg. 1997, II-595, Rn. 107 (Hartmann/Rat und Kommission).
10 *P. Gilsdorf/P. Oliver*, in: GTE, EU-/EGV, Art. 215, Rn. 93 halten die Frage, ob der EuGH sich für Ausnahmefälle eine Prüfung von Amts wegen vorbehält, angesichts der Passage »von einigen Ausnahmen abgesehen« in der Rs. 20/88, Slg. 1989, 1553, Rn. 12 (Roquette Frères/Kommission), für offen.
11 Vgl. dazu EuGH, Rs. 20/88, Slg. 1989, 1553, Rn. 12 (Roquette Frères/Kommission).
12 EuGH, Verb. Rs. 256, 257, 265 u. 267/80 sowie 5/81, Slg. 1982, 85, Rn. 10 (Birra Wührer u.a./Rat und Kommission); EuG, Rs. T-20/94, Slg. 1997, II-595, Rn. 107 (Hartmann/Rat u. Kommission).
13 EuGH, Rs. 145/83, Slg. 1985, 3539, Rn. 50 (Adams/Kommission); EuG, Rs. T-20/94, Slg. 1997, II-595, Rn. 111 (Hartmann/Rat und Kommission).
14 EuGH, Rs. T-20/94, Slg. 1997, II-595, Rn. 112 (Hartmann/Rat und Kommission).
15 Vgl. aber auch Art. 43 Satz 3 Gerichtshofs-Satzung und zum ganzen *P. Gilsdorf/P. Oliver*, in: GTE, EU-/EGV, Art. 215, Rn. 94; *S. Hackspiel*, in: GTE, EU-/EGV, Art. 43 Satzung des Europäischen Gerichtshofs, Rn. 4 f.
16 EuG, Rs. T-246/93, Slg. 1998, II-171, Rn. 72 (Bühring/Rat u. Kommission).
17 EuGH, Rs. 90/79, Slg. 1979, 1081, Rn. 6 (Granaria/Rat u. Kommission).
18 Vgl. nur EuGH, Rs. 281/84, Slg. 1987, 49, Rn. 14 (Zuckerfabrik Bedburg/Rat u. Kommission).

einigen und diese dem Gerichtshof mitzuteilen, andernfalls bezifferte Anträge zu stellen.[19]

II. Verhältnis zu anderen gemeinschaftsrechtlichen Rechtsbehelfen

6 Die Geltendmachung von Schadensersatzansprüchen setzt keine vorherige Aufhebung der als rechtswidrig gerügten Maßnahme im Wege der **Nichtigkeitsklage** nach Art. 230 bzw. die vorherige Feststellung einer vertragswidrigen Untätigkeit im Wege der **Untätigkeitsklage** voraus, da der Rechtsschutz nach den Art. 235, 288 Abs. 2 als **selbständiger Rechtsbehelf** ausgestaltet ist.[20] Die Schadensersatzklage ist nur dann subsidiär zur Nichtigkeitsklage und damit unzulässig, wenn sie in Wirklichkeit auf die Aufhebung einer bestandskräftigen Entscheidung und die Beseitigung ihrer Folgen (z.b. Rückerstattung einer Abgabe) gerichtet ist.[21] Nur vereinzelt erklärte das EuG eine Schadensersatzklage schon unter Verweis die Unzulässigkeit der gleichzeitig erhobenen Nichtigkeitsklage für unzulässig, wenn beide Begehren die Rüge desselben Verhaltens eines Gemeinschaftsorgans zum Gegenstand hatten.[22] Unter Berücksichtigung der Rspr. zur Bestandskraft von Gemeinschaftsrechtsakten bei Ablauf der Frist des Art. 230 Abs. 5[23] ist wohl zu erwarten, daß Schadensersatzklagen zukünftig unzulässig sind, wenn der Kläger zweifelsfrei eine Klageberechtigung nach Art. 230 oder Art. 232 besaß und die Klagefrist verstrichen ist.[24] Ob die Rspr. daran festhält, daß Unzulässigkeit zusätzlich voraussetzt, daß die Klagen nach Art. 230 oder Art. 232 zum gleichen Ziel hätten führen müssen, erscheint mir weniger gesichert. Im Rahmen eines **Vorabentscheidungsverfahrens** kann Art. 288 Abs. 2 nicht geltend gemacht werden.[25]

III. Verhältnis zu nationalen Rechtsbehelfen

7 Die **Zuständigkeit der Gemeinschaftsgerichtsbarkeit** gem. den Art. 235, 288 Abs. 2 ist gegenüber den mitgliedstaatlichen Gerichten eine **ausschließliche**.[26] Nach der Rspr. ist

---

19 EuGH, Rs. 74/74, Slg. 1975, 533, Rn. 17 (CNTA/Kommission); Rs. 238/78, Slg. 1979, 2955, Rn. 18 (Ireks-Avkady/Rat u. Kommission); Verb. Rs. 64 u. 113/76, 167 und 239/78, 27, 28 u. 45/79, Slg. 1979, 3091, Ziff. 3 und 4 des Tenors (Dumortier Frères/Rat); Rs. C-152/88, Slg. 1990, 2477, Ziff. 5 und 6 des Tenors (Sofrimport/Kommission); Verb. Rs. C-104/89 u. C-37/90, Slg. 1992, I-3061, Rn. 38 (Mulder/Rat u. Kommission).
20 Ständige Rspr. seit EuGH, Rs. 5/71, Slg. 1971, 975, Rn. 3 (Schöppenstedt) (zurückgehend auf GA K. Römer, ebenda, Ziff. 16 ff.); EuGH, Rs. 153/73, Slg. 1974, 675, Rn. 3 (Holtz & Willemsen/Rat u. Kommission); Rs. 175/84, Slg. 1986, 753, Rn. 32 f. (Krohn/Kommission); EuG, Rs T-514/93, Slg. 1995, II-621, Rn. 58 (Cobrecaf/Kommission); anders, noch EuGH, Rs. 25/62, Slg. 1963, 211, 240 (Plaumann).
21 EuGH, Rs. 175/84, Slg. 1986, 753, Rn. 33 (Krohn/Kommission); Verb. Rs. 106–120/87, Slg. 1988, 5515, Rn. 25 (Asteris/Griechenland und EWG); EuG, Rs. T-514/93, Slg. 1986, 753, Rn. 59 (Cobrecaf/Kommission); Rs. T-485/93, Slg. 1996, II-1101, Rn. 5 (Dreyfus/Kommission).
22 EuG, Verb. Rs. T-479/93 und T-559/93, Slg. 1994, II-1115, Rn. 39 (Bernardi/Kommission).
23 Neben dem berühmten Deggendorf-Urteil ist aus jüngerer Zeit insbesondere zu nennen: EuGH, Rs. C-310/97 P, Slg. 1999, I-5363, Rn. 59 (Kommission/AssiDomän Kraft Products).
24 Vgl. auch die Einschätzung von W. Berg, in: Schwarze, EU-Kommentar, Art. 288, Rn. 18.
25 EuGH, Rs. 101/78, Slg. 1979, 623, Rn. 10 (Granation/Hoofdproduktschap voor Akkerbouwprodukten).
26 EuGH, Rs. 281/84, Slg. 1979, 623, Rn. 12 (Zuckerfabrik Bedburg/Rat u. Kommission); Verb. Rs. 106–120/87, Slg.1988, 5515, Rn. 14 (Asteris/Griechenland); Rs. C-55/90, Slg. 1992, I-2923, Rn. 17 (Cato/Kommission); Rs. C-282/90, Slg. 1992, I-1937, Rn. 14 (Vrengdenhil/Kommission); EuG, Rs. T-167/94, Slg. 1989, 1553, Rn. 42 (Nölle/Rat u. Kommission).

der Rechtsweg zur Gemeinschaftsgerichtsbarkeit gegenüber dem indirekten Vollzug des Gemeinschaftsrechts durch **nationale Verwaltungsmaßnahmen dagegen erst nach Erschöpfung der innerstaatlichen Klagemöglichkeiten** eröffnet, soweit ein nationales Verfahren in Verbindung mit dem Vorabentscheidungsersuchen effektiven Rechtsschutz und die Leistung von Schadensersatz herbeiführen kann.[27] Dies folge aus dem Gesamtzusammenhang der Rechtsschutzregeln im EGV.[28] Die an dieser Rechtsprechungspraxis in der Literatur geübte Kritik,[29] die vor allem die damit (vermeintlich) einhergehenden Rechtsschutzlücken sowie die Aufgabe der vom EuGH selbst betonten Selbständigkeit der Schadensersatzklage rügt, vermag im wesentlichen nicht zu überzeugen. Die Art. 235, 288 Abs. 2 sehen eine Zuständigkeit der Gemeinschaftsgerichtsbarkeit für die (außergerichtliche) Haftung der Gemeinschaft vor, nicht aber für eine Haftung der Mitgliedstaaten für auf Gemeinschaftsrecht fußende nationale Maßnahmen. Diese Zuständigkeitsverteilung reißt auch keine Rechtsschutzlücken auf, soweit man – wie der EuGH – einen Kläger dann nicht auf die nationalen Rechtsschutzmöglichkeiten verweist, wenn diese keinen hinreichenden Rechtsschutz gewährleisten.[30] Zu kritisieren ist lediglich, daß der Gerichtshof gegen die Gemeinschaft gerichtete Klagen als *unzulässig* zurückweist, wenn er die Klagen als »im wesentlichen« gegen mitgliedstaatliche Maßnahmen gerichtet sieht.[31] Will man nicht eine Zuständigkeitsvoraussetzung »zulässiger Klagegegenstand« etablieren, handelt es sich insoweit um eine Frage der Begründetheit der Schadensersatzklage. Die zu ziehende, lapidar anmutende Konsequenz lautet: Für gegen die Gemeinschaft gerichtete Schadensersatzklagen ist die Gemeinschaftsgerichtsbarkeit zuständig; für Schadensersatzklagen gegen die Mitgliedstaaten – vorbehaltlich fehlender effektiver Rechtsschutzmöglichkeiten – sind die nationalen Gerichte zuständig. Die eigentlich problematische Abgrenzung von mitgliedstaatlicher und gemeinschaftlicher Verantwortlichkeit für Maßnahmen des indirekten Vollzugs ist dagegen eine Frage der Begründetheit.

---

27 P. *Gilsdorf/P. Oliver*, in: GTE, EU-/EGV, Art. 215, Rn. 80, halten auch eine Interpretation der Rspr. für möglich, wonach die nationalen Gerichte stets abschließend (absolute Subsidiarität) über auf Gemeinschaftsrecht zurückgehende nationale Verwaltungsmaßnahmen entscheiden.
28 EuGH, Verb. Rs. 197–200, 243, 245 u. 247/80, Slg. 1981, 3211, Rn. 9 (Ludwigshafener Walzmühle/Rat u. Kommission); Rs. 281/82, Slg. 1984, 1969, Rn. 11 (Unifrex/Rat u. Kommission); Rs. 175/84, Slg. 1986, 753, Rn. 27; Rs. 81/86, Slg. 1987, 3677, Rn. 9 (De Boer Buizen/Rat u. Kommission); Rs. 20/88, Slg. 1989, 1552, Rn. 15 (Roquette Frères/Kommission); EuG, Rs. T-167/94, Slg. 1995, II-2589, Rn. 41 (Nölle/Rat u. Kommission).
29 *T. C. Hartley*, Concurrent Liability in EEC Law: A Critical Review of the Cases, ELRev. 1977, S. 249; *L. Allkemper*, Der Rechtsschutz des einzelnen nach dem EGV, 1995, S. 134 ff.; *A. Czaja*, Die außervertragliche Haftung der EG für ihre Organe, 1996, S. 197 ff.; *Rengeling/Middeke/ Gellermann*, Rechtsschutz in der EU, Rn. 258 ff.; *E.-W. Fuß*, La responsabilité des Communautés Européennes pour le comportement illégal de leurs organes, R.T.D.E. 1981, S. 1 (21 ff.).
30 Vgl. die in Fn. 28 zitierten Urteile sowie EuGH, Rs. 64 u. 113/76, 167 u. 239/78, 27, 28 u. 45/79, Verb. Rs. 64 u. 113/76, 167 und 239/78, 27, 28 u. 45/79, Slg. 1979, 3091, Rn. 6 (Dumortier Frères/Rat).
31 EuGH, Verb. Rs. 12, 18 u. 21/77, Slg. 1978, 553, Rn. 25/26 (Debayser/Kommission); Rs. 46/75, Slg. 1976, 65, Rn. 3 (IBC/Kommission); Rs. 12/79, Slg. 1979, 3657, Rn. 9–15 (Hans-Otto Wagner/Kommission); Rs. 133/79, Slg. 1980, 1299, Rn. 24 f. (Sucrimex/Kommission); Rs. 217/81, Slg. 1982, 2233, Rn. 9–11 (Interagra/ Kommission); Rs. 175/84, Slg. 1986, 753, Rn. 23 (Krohn/ Kommission); EuG, Rs. T-112/95, Slg. 1998, II-3819 Rn. 34 (Dethlefs/Rat).

Art. 236 EG-Vertrag

Art. 236 (ex-Art. 179)

Der Gerichtshof ist für alle Streitsachen[7] zwischen der Gemeinschaft und deren Bediensteten[1] innerhalb der Grenzen und nach Maßgabe der Bedingungen[6+9] zuständig,[3 ff.] die im Statut der Beamten[1] festgelegt sind oder sich aus den Beschäftigungsbedingungen für die Bediensteten[1] ergeben.

Inhaltsübersicht:

I. Inhalt und Bedeutung der Vorschrift 1
II. Zulässigkeit dienstrechtlicher Klagen 3
III. Begründetheit dienstrechtlicher Klagen 10
IV. Entscheidung und Rechtsmittel 12

I. Inhalt und Bedeutung der Vorschrift

1 Art. 236 begründet die **ausschließliche Zuständigkeit der Gemeinschaftsgerichtsbarkeit** für alle Rechtsstreitigkeiten zwischen der Gemeinschaft und ihren Bediensteten[1]. Bedingungen und Grenzen dieser Zuständigkeit bestimmen sich für die Beamten der Gemeinschaft nach Art. 91 des **Beamtenstatuts** (BSt)[2]. Die Bestimmung ist nach Art. 46, 73, 83 und 97 der **Beschäftigungsbedingungen für die sonstigen Bediensteten** (BSB)[3] auf Klagen, die von diesem Personenkreis erhoben werden, entsprechend anwendbar. Ausgenommen sind lediglich die Streitigkeiten mit den sog. örtlichen Bediensteten i.S.v. Titel IV BSB, die nach Art. 81 BSB grundsätzlich der Zuständigkeit der Gerichtsbarkeit des Tätigkeitsortes unterstellt sind[4]. Die Personalstreitsachen sind seit 1990 dem **EuG** zur Behandlung im ersten Rechtszug zugewiesen. Der EuGH fungiert insoweit nur noch als Rechtsmittelgericht. Für die Zukunft ist eine Übertragung der erstinstanzlichen Zuständigkeit auf eine nach Art. 225a einzurichtende gerichtliche Kammer vorgesehen.[5]

2 Rechtsstreitigkeiten in Personalsachen machen etwa ein Drittel der insgesamt bei der Gemeinschaftsgerichtsbarkeit anhängig gemachten Rechtssachen aus. Die **Statistik** überzeichnet allerdings wegen einer Vielzahl inhaltlich gleichgerichteter Klagen deren Bedeutung im Vergleich zu anderen Verfahren. In den letzten Jahren ist der relative zahlenmäßige Anteil an den Verfahren zudem deutlich rückläufig[6].

---

1 Vgl. dazu *D. Rogalla*, Dienstrecht der Europäischen Gemeinschaften, 2. Aufl., 1992; und die Besprechungsaufsätze von *H. Henrichs*, Die Rechtsprechung des Europäischen Gerichtshofs in Personalsachen, EuR 1980, S. 134 ff.; EuR 1982, S. 231 ff.; EuR 1985, S. 171 ff.; EuR 1988, S. 302 ff.
2 VO EWG/EAG/EGKS Nr. 259/68 des Rates v. 29.2.1968, ABl.EG 1968 Nr. L 56/1; zuletzt geändert durch VO EGKS/EG/Euratom Nr. 2192/97 des Rates v. 30.10.1997, ABl.EG 1997 Nr. L 301/5. Eine frühe unverbindliche konsolidierte Fassung enthält ABl.EG 1972 Nr. C 100/1.
3 Die Beschäftigungsbedingungen sind Bestandteil der ebengenannten VO.
4 Zur ausnahmsweisen Zuständigkeit des Gerichtshofs für Streitigkeiten dieser Personengruppe: EuGH, verb. Rs. 87 u. 130/77, 22/83, 9–10/84, 11.7.1985, Slg. 1985, 2523, Rn. 25 (Salerno), verlangte Anerkennung als Beamte.
5 Näher dazu o. Art. 225a, Rn. 2.
6 In den Jahren 1994–1996 machten die Personalklagen nurmehr 1/8 der bei der Gemeinschaftsgerichtsbarkeit neu anhängig gemachten Rechtssachen aus; für alle Angaben vgl. Abteilung Presse und Information des Gerichtshofs, Rechtsprechungsstatistiken 1996.

II. Zulässigkeit dienstrechtlicher Klagen

In dem von Art. 236 EGV, 91 BSt gesetzten Rahmen können – auch nebeneinander – 3
Anfechtungs-, Untätigkeits-, Feststellungs-, Schadensersatz- und sonstige Leistungsklagen erhoben werden[7]. Soweit die Klage das Dienstverhältnis betrifft, haben Klagen nach Art. 236 **Vorrang vor sonstigen Klageverfahren**[8]. Daneben zulässig sind Anträge auf einstweiligen Rechtsschutz nach den Art. 242/243 EGV.

Klageberechtigt sind nach Art. 91 Abs. 1 BSt alle Personen, auf die das BSt Anwen- 4
dung finden kann. Neben den Beamten (Art. 1 BSt) sind dies vor allem[9] die Bediensteten auf Zeit (Art. 46 BSB), die Hilfskräfte (Art. 73 BSB), die Sonderberater (Art. 83 BSB), die ehemaligen Bediensteten bei Rechtsstreitigkeiten aus dem früheren Dienstverhältnis[10], die Hinterbliebenen ehemaliger Bediensteter[11] und die Einstellungsbewerber[12]. Im Rahmen der Zulässigkeitsprüfung kann nach der Rechtsprechung des EuGH im übrigen die Behauptung einer möglichen Anwendung des BSt genügen, um die Klageberechtigung zu begründen. Die Entscheidung über die tatsächliche Begründung von Rechten und Pflichten durch BSt und BSB bleibt dabei der Begründetheitsprüfung vorbehalten[13]. Unter Hinweis auf die individualrechtliche Ausgestaltung der dienstrechtlichen Klagen hält der EuGH Gewerkschaften und Berufsverbände nicht für klageberechtigt[14].

Klagegegner ist nicht die Gemeinschaft als solche, sondern die jeweilige **Anstellungsbe-** 5
hörde, der die beanstandete Maßnahme zuzurechnen ist[15]. Mögliche Klagegegner sind nach der Rechtsprechung des EuGH jedenfalls die im Vertrag ausdrücklich vorgesehenen und mit eigener Rechtspersönlichkeit ausgestatteten Gemeinschaftseinrichtungen[16]. Darüber hinaus kann sich die Passivlegitimation einer entsprechenden Stelle auch aus ausdrücklicher sekundärrechtlicher Anordnung ergeben. Passiv legitimiert sind deshalb

---

7 EuGH, Rs. 174/83, 4.7.1985, Slg. 1985, 2133, Rn. 12 (Amman), für Anfechtungs- und Schadensersatzklagen; allgemein: K.-D. *Borchardt*, in: Lenz, EGV, Art. 236, Rn. 5 ff.; H. *Krück*, in: GTE, EU/EGV, Art. 179, Rn. 6; a.A.. H. *Henrichs* (Fn. 1), EuR 1988, S. 302, 305.
8 EuGH, Rs. 48/76, 17.2.1977, Slg. 1977, 291, Rn. 9/12 (Reinarz); Rs. 9/75, 22.10.1975, Slg. 1975, 1171, 1181, Rn. 7 (Meyer-Burckhardt); Rs. 174/83 (Fn.7), Rn. 12.
9 Nach dem Wortlaut von Art. 236 EGV, 91 BSt sind daneben auch Klagen der Gemeinschaft selbst zulässig. Wegen der Möglichkeit der Gemeinschaft, ihren Interessen durch Rechtsetzung oder Verwaltungsakt einseitig Geltung zu verschaffen, kommen entsprechende Klagen in der Praxis nicht vor.
10 EuGH, verb. Rs. 81-88/74, 29.10.1975, Slg. 1975, 1247, Rn. 5/7 (Marenco).
11 EuGH, Rs. 24/71, 17.5.1972, Slg. 1972, 269, Rn. 2 ff. (Meinhardt);
12 EuGH, Rs. 23/64, 31.3.1965, Slg. 1965, 217, 227 (Vandevyvere).
13 Vgl. EuGH, verb. Rs. 87 u. 130/77, 22/83, 9-10/84 (Fn. 4), Rn. 24; verb. Rs. 271/83, 15, 36, 113, 158, 203/84, 13/85, 15.1.1987, Slg. 1987, 167, Rn. 12 (Ainsworth); Rs. 286/83, 13.7.1989, Slg. 1989, 2445, Rn. 9 (Alexis); Rs. C-100/88, 13.12.1989, Slg. 1989, 4285, Rn. 7 (Oyowe); alle hinsichtlich der Bediensteten einer vermeintlichen Einrichtung der Kommission; Rs. 116/78, 5.4.1979, Slg. 1979, 1585, Rn. 6 (Bellintani) zur ausnahmsweisen Klageberechtigung örtlicher Bediensteter; Rs. 43/84, 11.7.1985, Slg. 1985, 2581, Rn. 5 ff. (Maag) zur fehlenden Bediensteteneigenschaft sog. free-lance Dolmetscher.
14 EuGH, Rs. 175/73, 8.10.1974, Slg. 1974, 917, Rn. 17/20 (Gewerkschaftsbund); Rs. 18/74, 8.10.1974, Slg. 1974, 933, Rn. 13/16 (Allgemeine Gewerkschaft); verb. Rs. 193-194/87, 11.5.1989, Slg. 1989, 1045, Rn. 29 (Maurissen). Zu möglichen Nichtigkeitsklagen der Verbände vgl. Rs. 72/74, 18.3.1975, Slg. 1975, 401, Rn. 16/19 (Union Syndicale).
15 Näher zu dieser Zurechnung: EuGH, Rs. 54/75, 29.9.1976, Slg. 1976, 1381, Rn. 20/25 (de Dapper); Rs. 167/80, 4.6.1981, Slg. 1981, 1499, Rn. 10 ff. (Curtis); verb. Rs. 75, 146–147/88, 9.11.1989, Slg. 1989, 3599, Rn. 13 ff. (Bonazzi-Bertottilli).
16 EuGH, Rs. 110/75, 15.6.1976, Slg. 1976, 955, Rn. 14 (Mill/EIB).

Art. 236 EG-Vertrag

u.a.[17] die Gemeinschaftsorgane Europäisches Parlament, Rat, Kommission, Gerichtshof und Rechnungshof; der Ausschuß der Regionen[18], der Wirtschafts- und Sozialausschuß (Art. 1 Abs. 2 BSt), die Europäische Investitionsbank[19], die EZB bzw. das EWI und die Europäische Umweltagentur[20].

6   Der Klageerhebung muß nach Art. 91 Abs. 2 grundsätzlich ein verwaltungsinternes **Vorverfahren** nach Art. 90 Abs. 2 BSt vorangehen. In dringenden Fällen kann allerdings nach Art. 91 Abs. 4 BSt zugleich mit der entsprechenden Beschwerde Klage beim Gerichtshof erhoben werden, wenn letztere mit einem Antrag auf einstweiligen Rechtsschutz nach den Art. 242/243 verbunden wird[21]. Nach der Rechtsprechung des Gerichtshofs ist die Durchführung des Vorverfahrens darüber hinaus dann entbehrlich, wenn sein Zweck, die außergerichtliche Überprüfung und Beilegung der Streitigkeit[22], wegen der fehlenden Kompetenz der Anstellungsbehörde zur Abänderung der zuvor getroffenen Entscheidung nicht erreicht werden kann. Gelten soll dies für Entscheidungen von Prüfungsausschüssen in Auswahlverfahren[23] und für dienstliche Beurteilungen[24].

7   **Gegenstand der Klage** kann nach Art. 91 Abs. 1, 90 Abs. 2 BSt jede den Bediensteten **beschwerende Maßnahme** oder Unterlassung sein. Beispiele sind: Disziplinarmaßnahmen[25], Nichteinstellung wegen fehlender körperlicher Eignung[26], Versetzung[27], dienstliche Beurteilungen[28], Prüfungsentscheidungen[29] und Stellenausschreibungen[30]. Keine Beschwer begründen wiederholende Verfügungen, die eine zuvor getroffene Entscheidung inhaltsgleich bestätigen[31]. Der Klagegegenstand wird bereits **durch das Vorverfahren begrenzt.** Nachfolgende Klageanträge müssen in Grund und Gegenstand der voran-

---

17 Vgl. *D. Rogalla* (Fn. 1), S. 16 ff. zur Anwendung des BSt oder vergleichbarer Regelungen in den Verhältnissen der von ihm sog. »Satelliten« der Gemeinschaft zu ihren Bediensteten.
18 I.d.S. auch *Rengeling/Middeke/Gellermann*, Rechtsschutz in der EU, Rn. 294.
19 EuGH, Rs. 110/75 (Fn. 16), Rn. 14.
20 Art. 17 der VO (EWG) Nr. 1210/90 des Rates v. 7.5.1990 zur Einrichtung einer Europäischen Umweltagentur und eines Europäischen Umweltinformations- und Umweltbeobachtungsnetzes, ABl.EG 1990 Nr. L 120/1.
21 Näher zu dieser Konstruktion u. Art. 242/243, Rn. 6.
22 Dazu EuGH, Rs. 168/83, 15.1.1985, Slg. 1985, 83, Rn. 11 (Pasquali-Gherardi);
23 EuGH, Rs. 44/71, 14.6.1972, Slg. 1972, 427, Rn. 5 ff. (Marcato); Rs. 195/80, 26.11.1981, Slg. 1981, 2861, Rn. 7 (Michel); Rs. 168/83 (Fn. 22), Rn. 11; EuG, Rs. T-133/89, 20.6.1990, Slg. 1990, II-245, Rn. 17 m.w.N. (Burban); kritisch zu dieser Rspr. *H. Henrichs* (Fn. 1), EuR 1982, S. 232; differenzierend *H. Krück*, in: GTE, EU/EGV, Art. 179, Rn. 20.
24 EuGH, verb. Rs. 6, 97/79, 3.7.1980, Slg. 1980, 2141, Rn. 15 (Grassi); verb. Rs. 122–123/79, 19.2.1981, Slg. 1981, 473, Rn. 16 (Schiavo); EuG, Rs. T-29/89, 13.12.1990, Slg. 1990, II-787, Rn. 15 (Moritz).
25 EuGH, verb. Rs. 18, 35/65, 5.5.1966, Slg. 1966, 153, 177 (Gutmann).
26 EuGH, Rs. 75/77, 13.4.1978, Slg. 1978, 897, Rn. 5 ff. (Mollet).
27 EuGH, Rs. 61/76, 14.7.1977, Slg. 1977, 1419, 1432, Rn. 21 ff. (Geist); Rs. 86/77, 12.10.1978, Slg. 1978, 1855, Rn. 34 ff. (Ditterich); Rs. 161–162/80, 24.2.1981, Slg. 1981, 543, Rn. 14 (Carbognani).
28 EuGH, Rs. 105/81, 28.10.1982, Slg. 1982, 3781, Rn. 12 (Oberthur); Rs. 29/70, 17.3.1971, Slg. 1971, 243, Rn. 1 ff. (Marcato).
29 EuGH, Rs. 34/80, 26.2.1981, Slg. 1981, 665, Rn. 10 ff. (Authié); Rs. 7/77, 16.3.1978, Slg. 1978, 769, Rn. 13 ff. (Wüllerstorff); Rs. 143/84, 6.2.1986, Slg. 1986, 459, Rn. 12 ff. (Vlachou).
30 EuGH, Rs. 25/77, 11.5.1978, Slg. 1978, 1081, Rn. 7/8 (de Rombaix), vgl. dazu und zum vorangehenden eingehend *A. Hatje*, Der Rechtsschutz der Stellenbewerber im Europäischen Beamtenrecht, 1988.
31 EuGH, Rs. 23/80, 10.12.1980, Slg. 1980, 3709, Rn. 18 (Grasselli); Rs. 24/69, 14.4.1970, Slg. 1970, 145, Rn. 8 (Nebe).

gegangenen Beschwerde entsprechen³². Nach dem insoweit geltenden Grundsatz der Streitgegenstandsidentität kann der Klageantrag zwar hinter dem Beschwerdevorbringen zurückbleiben, darf der Gegenstand der Klage über den von der Beschwerde gezogenen Rahmen aber nicht hinausgehen. Rügen, die nicht bereits Gegenstand des Vorverfahrens waren, können ausnahmsweise noch in das Klageverfahren eingebracht werden, wenn sie sich auf rechtliche oder tatsächliche Gründe stützen, die erst im Laufe des Verfahrens bekannt geworden sind³³. Gleiches gilt für Anträge, die in engem tatsächlichen Zusammenhang mit dem bisherigen Vorbringen stehen und als stillschweigend mitumfaßt gelten können³⁴.

Klagebefugt ist der Bedienstete nach der Rechtsprechung nur dann, wenn er geltend machen kann, die angegriffene Maßnahme oder Unterlassung betreffe ihn unmittelbar und individuell. Bei der Prüfung dieser Voraussetzungen sind die zu Art. 230 Abs. 4 EGV entwickelten Maßstäbe³⁵ heranzuziehen. Unzulässig sind deshalb insbesondere Klagen gegen vorbereitende oder organisationsinterne Maßnahmen³⁶. 8

Die **Klagefrist** beträgt nach Art. 91 Abs. 3 BSt drei Monate. Sie beginnt am Tag der ausdrücklichen Entscheidung über die nach Art. 90 Abs. 2 BSt ihrerseits an eine dreimonatige Frist gebundene Beschwerde. Soweit keine ausdrückliche Entscheidung über die Beschwerde ergeht, beginnt die Klagefrist mit Ablauf der viermonatigen Beantwortungsfrist, nach der die Beschwerde gemäß Art. 90 Abs. 2 BSt als stillschweigend abgelehnt gilt³⁷. 9

III. Begründetheit dienstrechtlicher Klagen

Zur Beurteilung der Begründetheit dienstrechtlicher Klagen zieht die Gemeinschaftsgerichtsbarkeit vor allem das BSt und die BSB heran, die das europäische Dienstrecht zu wesentlichen Teilen kodifizieren. Von erheblicher Relevanz sind daneben die von der Rechtsprechung entwickelten, zur Lückenfüllung herangezogenen und zumindest gegenüber dem Sekundärrecht im Konfliktfall vorrangigen **allgemeinen Rechtsgrundsätze**³⁸, von denen besonders die Grundsätze der Gleichbehandlung³⁹, des Vertrauens- 10

---

32 EuGH, verb. Rs. 75, 117/82, 20.3.1984, Slg. 1984, 1509, Rn. 9 (Razzouk); Rs. 58/75, 1.7.1976, Slg. 1976, 1139, Rn. 31/34 (Sergy); bei der Prüfung geht der Gerichtshof nicht sehr restriktiv vor.
33 EuGH, Rs. 306/81, 19.5.1983, Slg. 1983, 1755, Rn. 9 (Verros); EuG, verb. Rs. T-160-161/89, 13.12.1990, Slg. 1990, II-871, Rn. 20 (Kalavros).
34 EuGH, Rs. 306/81 (Fn. 33), Rn. 9; EuG, Rs. T-37/89, 20.9.1990, Slg. 1990, II-463, Rn. 38 (Hanning).
35 Vgl. dazu o. Art. 230, Rn. 44 ff.
36 EuGH, Rs. 123/80, 9.6.1980, Slg. 1980, 1789, Rn. 2 (B./EP); verb. Rs. 109/63, 13/64, 16.12.1964, Slg. 1964, 1411, 1439 (Muller); Rs. 124/78, 12.7.1979, Slg. 1979, 2499, Rn. 4 ff. (List); Rs. 66/75, 20.5.1976, Slg. 1976, 593, 602 (Marcevicius); EuG, Rs. T-34/91, 11.5.1992, Slg. 1992, II-1723, Rn. 21 f. m.w.N. (Whitehead); Rs. T-69/92, 24.6.1993, Slg. 1993, II-651, Ls. 1 (Seghers). Zu Klagen gegen Rechtsakte mit allgemeiner Geltung vgl. die ältere Entscheidung EuGH, verb. Rs. 87 u. 130/77, 22/83, 9–10/84 (Fn. 4), Rn. 28.
37 Zu Einzelheiten der Fristberechnung und der – strengen – Prüfung ihrer Einhaltung durch das EuG, vgl. *Rengeling/Middeke/Gellermann*, Rechtsschutz in der EU, Rn. 319 f.
38 Näher dazu o. Art. 220, Rn. 32 ff. Speziell zur Geltung im Dienstrecht *H.-H. Lindemann*, Allgemeine Rechtsgrundsätze und europäischer öffentlicher Dienst, 1986, S. 61 ff.
39 Zu dessen spezialrechtlichen Ausprägungen in den Art. 7 und 27 BSt, *H.-H. Lindemann* (Fn. 38), S. 112 ff.; *Rengeling/Middeke/Gellermann*, Rechtsschutz in der EU, Rn. 87 ff.; zu seinem Verhältnis zu dem in Art. 27 Abs. 1 BSt verankerten Ziel der Wahrung des geographischen Gleichgewichts EuGH, Rs. 23/64, 31.3.1965, Slg. 1965, 218, 227 (Vandevyvere); Rs. 17/68, 6.5.1969, Slg. 1969, 61, Rn. 34 f. (Reinarz); Rs. 85/82, 30.6.1983, Slg. 1983, 2105, Rn. 26 (Schloh).

schutzes[40] und der Wahrung wohlerworbener Rechte[41], der Fürsorgepflicht[42], des fairen Verfahrens in seinen Ausprägungen im Anspruch auf rechtliches Gehör[43] und in der Begründungspflicht[44], der Verhältnismäßigkeit[45] und von Treu und Glauben[46], sowie die politischen Grundrechte[47] in dienstrechtlichen Streitigkeiten Bedeutung erlangt haben.

11 Anhand dieser Maßstäbe kontrolliert die Gemeinschaftsgerichtsbarkeit grundsätzlich nur die Rechtmäßigkeit des Handelns der Anstellungsbehörden[48]. Weitgehende Zurückhaltung erlegt sie sich hinsichtlich des den Behörden zustehenden Beurteilungs- und Ermessensspielraums auf[49]. Die Befugnis zu uneingeschränkter Ermessensnachprüfung gesteht Art. 91 Abs. 1 Satz 2 BSt dem Gerichtshof nur in vermögensrechtlichen Streitigkeiten zu.

IV. Entscheidung und Rechtsmittel

12 Regelmäßig haben die Entscheidungen des EuG und des EuGH in dienstrechtlichen Streitsachen lediglich **Kassationswirkung**. Die Entscheidung der Anstellungsbehörde wird aufgehoben. Bei der Neubescheidung des Klägers hat die Behörde die Entscheidungsgründe des Urteils zu beachten[50]. Ein **Leistungsurteil** ergeht bei der Verurteilung in Streitsachen vermögensrechtlicher Art[51]. Gegen die erstinstanzlichen Entscheidungen des EuG kann nach Art. 56 Gerichtshofs-Satzung, Art. 110 ff. VerfO-EuGH das **Rechtsmittel** zum EuGH eingelegt werden[52].

---

40 EuGH, Rs. 81/72, 5.6.1973, Slg. 1973, 575, Rn. 10 (Kommission/Rat); Rs. 289/81, 19.5.1983, Slg. 1983, 1731, Rn. 21 (Mavridis); verb. Rs. C-104/89, 37/90, 19.5.1992, Slg. 1992, I-3061, Ls. 2 (Mulder), eingehend *H.-H. Lindemann* (Fn. 38), S. 132 ff.
41 EuGH, Rs. 28/74, 19.3.1975, Slg. 1975, 463, Rn. 4 f. (Gillet); Rs. 159/82, 22.9.1983, Slg. 1983, 2711, Rn. 8 f. (Verli-Wallace), näher *H.-H. Lindemann* (Fn. 38), S. 136 ff., 142 f., mit kritischen Anm. zur insgesamt restriktiven, Rechtssicherheitserwartungen breiten Raum gebenden Entscheidungspraxis des Gerichtshofs.
42 EuGH, verb. Rs. 33, 75/79, 28.5.1980, Slg. 1980, 1677, Rn. 22 (Kuhner); Rs. 191/81, 9.12.1982, Slg. 1982, 4229, Rn. 21 (Plug); EuG, Rs. T-133/89, 20.6.1990, Slg. 1990, II-245, Rn. 27 ff. (Burban); Rs. T-123/89, 27.3.1990, Slg. 1990, II-131, Rn. 32 (Chomel). Zur Ableitung aus der Beistandspflicht des Art. 24 BSt, *E. Grabitz*, in: Grabitz/Hilf, EU, Art. 179, Rn. 26; *D. Rogalla* (Fn. 1), S. 203; *H. Henrichs* (Fn. 1), EuR 1982, S. 247 f.; *Rengeling/Middeke/Gellermann*, Rechtsschutz in der EU, Rn. 333.
43 Näher dazu: *H.-H. Lindemann* (Fn. 38), S. 146 ff.
44 Dienstrechtlich ausgestaltet in Art. 25 Abs. 2 Satz 2 BSt; dazu *H.-H. Lindemann* (Fn. 38), S. 153 ff. Allgemein zu diesem Grundsatz und seiner Geltung im Gemeinschaftsrecht u. Art. 253.
45 *H.-H. Lindemann* (Fn. 38), S. 143 ff.
46 *H.-H. Lindemann* (Fn. 38), S. 173 ff.
47 *H.-H. Lindemann* (Fn. 38), S. 184 ff.
48 EuGH, verb. Rs. 112, 142, 145/73, 9.10.74, Slg. 1974, 957, Rn. 15 ff. (Campogrande).
49 EuGH, verb. Rs. 66–88, 136–140/83, 11.7.1985, Slg. 1985, 2459, 2470, Rn. 28 m.w.N. (Hattet); Rs. 13/69, 4.2.1970, Slg. 1970, 3, Rn. 23 f. (van Eick); Rs. 46/72, 30.5.1973, Slg. 1973, 543, Rn. 43 f. (De Greef).
50 EuGH, Rs. C-100/88, 13.12.1989, Slg. 1989, 4285 Rn 19 (Oyowe); Rs. 144/82, 14.7.1983, Slg. 1983, 2421, Rn. 33 (Detti).
51 Rengeling/Middeke/Gellermann, Rechtsschutz in der EU, Rn. 337.
52 Zu Einzelheiten vgl. o. Art. 225, Rn. 7 ff.

Art. 237 (ex-Art. 180)

Der Gerichtshof ist nach Maßgabe der folgenden Bestimmungen zuständig[1] in Streitsachen über
a) die Erfüllung der Verpflichtungen der Mitgliedstaaten aus der Satzung der Europäischen Investitionsbank.[2 ff.] Der Verwaltungsrat der Bank besitzt hierbei die der Kommission in Artikel 226 übertragenen Befugnisse;[2]
b) die Beschlüsse des Rates der Gouverneure der Europäischen Investitionsbank.[3] Jeder Mitgliedstaat, die Kommission und der Verwaltungsrat der Bank können hierzu nach Maßgabe des Artikels 230 Klage erheben;[3]
c) die Beschlüsse des Verwaltungsrats der Europäischen Investitionsbank.[3] Diese können nach Maßgabe des Artikels 230 nur von Mitgliedstaaten oder der Kommission und lediglich wegen Verletzung der Formvorschriften des Artikels 21 Absätze 2 und 5 bis 7 der Satzung der Investitionsbank angefochten werden;[3]
d) die Erfüllung der sich aus diesem Vertrag und der Satzung des ESZB ergebenden Verpflichtungen durch die nationalen Zentralbanken.[5 ff.] Der Rat der EZB besitzt hierbei gegenüber den nationalen Zentralbanken[6] die Befugnisse, die der Kommission in Artikel 226 gegenüber den Mitgliedstaaten eingeräumt werden.[5] Stellt der Gerichtshof fest, daß eine nationale Zentralbank gegen eine Verpflichtung aus diesem Vertrag verstoßen hat, so hat diese Bank die Maßnahmen zu ergreifen, die sich aus dem Urteil des Gerichtshofs ergeben.

Inhaltsübersicht:

I. Allgemeines	1
II. Streitsachen der EIB	2
III. Streitsachen der EZB	5

I. Allgemeines

Art. 237 begründet die **Zuständigkeit des Gerichtshofs** für Streitsachen, in denen die Europäische Investitionsbank (EIB) oder die mit dem Übergang zur dritten Stufe der Wirtschafts- und Währungsunion eingerichtete Europäische Zentralbank (EZB) Parteien sind. Die Kompetenzzuweisung ist erforderlich, da EIB und EZB in Art. 7 Abs. 1 EGV nicht als Organe der Gemeinschaft genannt, sondern nach Art. 8 und 9 EGV nur als sog. Nebenorgane errichtet sind und eine unmittelbare Anwendung der für Gemeinschaftsorgane geltenden Bestimmungen der Art. 230 ff. damit ausscheidet. Anders als die EIB ist die EZB allerdings in den Art. 230 ff. vielfach eigens erwähnt, so daß Art. 237 insoweit lediglich die Zuständigkeit der Gemeinschaftsgerichtsbarkeit für Streitigkeiten im Verhältnis zu den nationalen Zentralbanken begründet. Entsprechende Zuständigkeiten können sich daneben aus weiteren Vorschriften des EGV und der Satzungen der Banken ergeben[1]. 1

II. Streitsachen der EIB

Nach Art. 237 lit. a–c entscheidet der Gerichtshof über Streitsachen der EIB[2]. Soweit dabei die Erfüllung von **Verpflichtungen der Mitgliedstaaten** aus der dem Vertrag als 2

---

1 Zum insoweit nicht abschließenden Charakter des Art. 237: EuGH, Rs. C-370/89, 2.12.1992, Slg. 1992, I-6211, Rn. 17 m.w.N. (Etroy).
2 Zu Rechtsgrundlagen, Organisation und Aufgaben der EIB, vgl. Art. 266 f.

Protokoll i. S. v. Art. 311 EGV beigefügten Satzung der EIB in Streit steht, übt der Verwaltungsrat der Bank die sonst der Kommission im Verfahren der **Aufsichtsklage** übertragenen Befugnisse aus (Art. 237 lit. a). Die in den Art. 226–228 EGV geregelten Verfahrensvoraussetzungen und Rechtsfolgen gelten entsprechend. Auch für den Fall einer nach Art. 227 EGV durch einen Mitgliedstaat erhobenen Aufsichtsklage **tritt der Verwaltungsrat der EIB prozessual an die Stelle der Kommission**[3].

3 Streitsachen über die Rechtmäßigkeit der **Beschlüsse des Rates der Gouverneure der EIB und des Verwaltungsrats der EIB** können nach Maßgabe des Art. 230 EGV zum Gegenstand einer Klage vor dem EuGH gemacht werden. Klagebefugt sind dabei allein die Mitgliedstaaten und die Kommission (Art. 237 lit. b) sowie im ersten Fall ergänzend der Verwaltungsrat der EIB (Art. 237 lit. c). Natürlichen und juristischen Personen soll mit Rücksicht auf den Wortlaut der Bestimmung in Abweichung von Art. 230 Abs. 4 EGV ein Klagerecht auch dann nicht zustehen, wenn sie von den jeweiligen Maßnahmen direkt und unmittelbar betroffen sind[4]. Klagen gegen die Beschlüsse des Verwaltungsrats der EIB können über diese Beschränkungen hinaus nur auf die Verletzung der Formvorschriften des Art. 21 Abs. 2, 5–7 der Satzung der EIB gestützt werden.

4 **Sonstige Streitsachen der EIB** sind teils dem EuG (Bedienstetenklagen, Art. 236 EGV; Schadensersatzklagen natürlicher und juristischer Personen[5]) und teils den innerstaatlichen Gerichten (Streitigkeiten aus Verträgen, Art. 29 EIB-Satzung[6]) zur Entscheidung zugewiesen. Letztere können darüber hinaus Fragen nach der Auslegung der Satzung der EIB zum Gegenstand eines Vorabentscheidungsersuchens nach Art. 234 Abs. 1 lit. a EGV machen[7].

III. Streitsachen der EZB

5 Art. 237 lit. d ist Teil des Systems gerichtlicher Kontrolle des Europäischen Systems der Zentralbanken (ESZB), dem insgesamt angesichts der besonderen demokratischen Legitimationsferne[8] der in diesem Rahmen handelnden Einrichtungen eine besondere Bedeutung zukommt[9]. Die Vorschrift dient dabei der gerichtlichen Durchsetzbarkeit und da-

---

3 *E. Grabitz*, in: Grabitz/Hilf, EU, Art. 237, Rn. 5, m.w.N. auch zu gegenteiligen Ansichten.
4 *K.-D. Borchardt*, in: Lenz, EGV, Art. 237, Rn. 2. Eine erweiternde Auslegung in Analogie zu den Entscheidungen des EuGH zur Passivlegitimation des EP in Verfahren nach Art. 230 EGV hat das EuG, Rs. T-460/93, 26.11.1993, Slg. 1993, Ls (Tête) mit dem wenig überzeugenden Argument zurückgewiesen, ein wirksamer Rechtsschutz werde insoweit durch die Möglichkeit der außervertraglichen Haftung der Gemeinschaft gewährleistet. Allerdings fehlte es im entschiedenen Fall bereits an einer direkten und unmittelbaren Betroffenheit des Klägers. Zur Haftung für die Handlungen der Gemeinschaftseinrichtung EIB näher EuGH, Rs. C-370/89 (Fn. 1), Rn. 12 ff.; mit Rücksicht auf den Wortlaut des Art. 288 Abs. 2 EGV auch insoweit ablehnend *Rengeling/Middeke/Gellermann*, Rechtsschutz in der EU, Rn. 480.
5 Zu deren Zulässigkeit o. Fn. 4.
6 Zur möglichen Vereinbarung der Zuständigkeit des Gerichtshofs durch Schiedsklausel, vgl. Art. 29 Abs. 2 Satz 2 EIB-Satzung und u. Art. 238 Rn. 3 ff.
7 Dazu und zur nach h.A. ausgeschlossenen Vorlage nach Art. 234 Abs. 1 lit. b EGV o. Art. 234, Rn. 2 ff.
8 Allgemein dazu: *R. Smits*, The European Central Bank: Institutional Aspects, ICLQ 1996, S. 319 ff.; *D. R. R. Dunnett*, The European Investment Bank: Autonomus Instrument of Common Policy? CMLRev. 1994, S. 721, 754 ff.; *R. v. Borries*, in: H.-W. Rengeling/R. v. Borries (Hrsg.), Aktuelle Entwicklungen in der Europäischen Gemeinschaft, 1992, S. 110 ff., 122 ff.
9 *C. Koenig*, Institutionelle Überlegungen zum Aufgabenzuwachs beim Europäischen Gerichtshof in der Währungsunion, EuZW 1993, S. 661, 664. *Editorial Comments*, Executive Agencies Within the EC: The European Central Bank - A Model?, CMLRev. 1996, S. 623, 629.

mit der Sicherung der **Weisungsgewalt der EZB im Verhältnis zu den nationalen Zentralbanken (NZB)**. Nach Art. 14.3 ESZB/EZB-Satzung, die nach Art. 311 EGV als Bestandteil des Vertrages dessen Rang teilt, sind die NZB integraler Bestandteil des ESZB und handeln gemäß den Leitlinien und Weisungen der EZB. In Streitsachen über die Erfüllung dieser so konkretisierten Pflichten übt der Rat der EZB[10] die sonst der Kommission im Verfahren der **Aufsichtsklage** übertragenen Befugnisse aus. Grundsätzlich anwendbar sind damit zugleich die Verfahrensbestimmungen des Art. 226 EGV, auch wenn die Übertragbarkeit der in ihnen angelegten Rücksichtnahmen aus dem quasi-diplomatischen Verkehr zwischen der Kommission und den Mitgliedstaaten auf das Subordinationsverhältnis zwischen EZB und NZB im einzelnen nicht zweifelsfrei erscheint[11].

Nach Art. 237 lit. d sind **allein die NZB**, nicht aber die Mitgliedstaaten **passivlegitimiert**. Rechnung getragen wird damit der in Art. 108 EGV vertraglich verankerten Unabhängigkeit der NZB. Diese schließt es zugleich aus, einen Mitgliedstaat etwa im Wege einer Aufsichtsklage nach Art. 226 f. EGV für das Verhalten »seiner« NZB verantwortlich zu machen[12]. Gegen **Maßnahmen der EZB** können die NZB ihrerseits nicht nach Art. 237 lit. d, sondern allenfalls nach Art. 230 Abs. 4 gerichtlich vorgehen[13]. Einschränkungen werden sich dabei allerdings aus der nachgeordneten Stellung der NZB im Verhältnis zur EZB ergeben[14]. In Betracht kommen deshalb in erster Linie Klagen, die auf die Wahrung der den NZB verbliebenen Eigenkompetenzen abzielen. 6

Sonstige Streitsachen der EZB sind teils dem EuGH[15], teils dem EuG (Bedienstetenklagen, Art. 236 EGV; Schadensersatzklagen natürlicher und juristischer Personen, Art. 288 EGV, Art. 35.3 ESZB/EZB-Satzung) und teils den innerstaatlichen Gerichten (Streitigkeiten aus Verträgen, Art. 35.2 ESZB/EZB-Satzung[16]) zur Entscheidung zugewiesen. Letztere können darüber hinaus Fragen nach der Auslegung der ESZB/EZB-Satzung und nach der Gültigkeit und der Auslegung der Handlungen der EZB zum Gegenstand eines Vorabentscheidungsersuchens nach Art. 234 Abs. 1 lit. a und b EGV machen[17]. 7

---

10 Vgl. auch Art. 35.5 ESZB/EZB-Satzung, wonach der EZB-Rat den Beschluß zur Anrufung des Gerichtshofs faßt.
11 Vgl. auch Art. 35.6 ESZB/EZB-Satzung.
12 Wie hier M. *Potacs*, Nationale Zentralbanken in der Wirtschafts- und Währungsunion, EuR 1993, S. 23, 38.
13 Wie hier: *Rengeling/Middeke/Gellermann*, Rechtsschutz in der EU, Rn. 460; C. *Koenig* (Fn. 9), S. 666; a.A. *K.-D. Borchardt*, in: Lenz, EGV, Art. 237, Rn. 9, Rechtsschutz nach Art. 230 Abs. 2 EGV.
14 Parallel zu den aus dem deutschen Recht vertrauten Beschränkungen des Rechtsschutzes im Bereich der Auftragsverwaltung. Im Ergebnis wie hier M. *Potacs* (Fn. 12), S. 39, dessen Vergleich mit den Beschränkungen des Rechtsschutzes im Beamtenverhältnis allerdings kaum trägt.
15 Zur Aktiv- und Passivlegitimation der EZB bei Nichtigkeits- und Untätigkeitsklagen, vgl. Art. 230, Rn. 4 f. und Art. 232, Rn. 3.
16 Zur möglichen Vereinbarung der Zuständigkeit des Gerichtshofs durch Schiedsklausel, vgl. Art. 35.4 ESZB/EZB-Satzung und u. Art. 238, Rn. 3 ff.
17 Dazu o. Art. 234, Rn. 4 ff., 9 f.

Art. 238 (ex-Art. 181)

Der Gerichtshof ist für Entscheidungen aufgrund einer Schiedsklausel zuständig, die in einem von der Gemeinschaft oder für ihre Rechnung abgeschlossenen öffentlich-rechtlichen oder privatrechtlichen Vertrag enthalten ist.

Inhaltsübersicht:

I. Allgemeines	1
II. Voraussetzungen und Umfang der Zuständigkeit der Gemeinschaftsgerichtsbarkeit	3
III. Anwendbares Recht	7
1. Umfang der Nachprüfungsbefugnis	7
2. Verfahrensrecht	8
3. Materielles Recht	9
IV. Vollstreckbarkeit	10

I. Allgemeines

1 Durch die Vereinbarung einer Schiedsklausel kann die Zuständigkeit der Gemeinschaftsgerichtsbarkeit gem. Art. 238 für Streitigkeiten aus vertraglichen Rechtsbeziehungen der Gemeinschaft, welche grundsätzlich der innerstaatlichen Gerichtsbarkeit unterfallen (Art. 240, 288 Abs. 1), begründet werden. Erstinstanzlich zuständig für Klagen natürlicher und juristischer Personen ist gem. Art. 225 Abs. 1 das EuG.[1] Für Klagen der Gemeinschaft oder der Mitgliedstaaten aufgrund schiedsvertraglicher Klauseln ist auch nach dem Inkrafttreten des Vertrags von Nizza gem. Art. 51 der Satzung des Gerichtshofs[2] ausschließlich der EuGH zuständig.

2 Eine Zuständigkeitsvereinbarung gem. Art. 238 führt zu einem **Zuständigkeitsausschluß nationaler Gerichte**. Ein dennoch angerufenes nationales Gericht muß sich von Amts wegen für unzuständig erklären, falls die Parteien die Schiedsklausel nicht ausdrücklich oder stillschweigend aufgehoben haben. Eine solche stillschweigende Aufhebung kann insbesondere dann vorliegen, wenn die Klage bei einem nationalen Gericht eingereicht wird und der Beklagte die Unzuständigkeit nicht rügt.[3]

II. Voraussetzungen und Umfang der Zuständigkeit der Gemeinschaftsgerichtsbarkeit

3 Wirksame Schiedsklauseln können in alle von der Gemeinschaft oder für ihre Rechnung mit Dritten abgeschlossenen Verträge aufgenommen werden. Auf die **Rechtsnatur des Vertrages** kommt es nicht an. **Der Kreis der Vertragspartner** (Mitgliedstaaten, Drittstaaten, Körperschaften des öffentlichen Rechts, juristische und natürliche Personen) ist ebenfalls nicht beschränkt. Voraussetzung ist nur, daß die Gemeinschaft oder eines ihrer

---

1 Für Klagen natürlicher und juristischer Personen, die sich auf nach dem 1.8.1993 abgeschlossene Verträge beziehen, war das EuG schon vor Inkrafttreten des Vertrags von Nizza erstinstanzlich zuständig, vgl. Art. 3 Abs. 1 lit. c) des Ratsbeschlusses 88/519 vom 24.10.1988, ABl.EG 1988 Nr. L 319/1 i.d.F. des Ratsbeschlusses 93/350 Euratom, EGKS, EWG des Rates vom 8.6.1993, ABl.EG 1993 Nr. L 144/21.
2 Vgl. zu Einzelheiten Art. 225, Rn. 3 f.; *B.W. Wegener*, Die Neuordnung der EU-Gerichtsbarkeit durch den Vertrag von Nizza, DVBl. 2001, 1258 (1260).
3 So auch *H. Krück*, in: GTE, EU-/EGV, Art. 181, Rn. 3; *Rengeling/Middeke/Gellermann*, Rechtsschutz in der EU, Rn. 483; *E. Grabitz*, in: Grabitz/Hilf, EU, Art. 181, Rn. 4.

EG-Vertrag Art. 238

Organe oder Einrichtungen an dem vertraglich begründeten Rechtsverhältnis beteiligt sind. Art. 238 ist auch auf Verträge der EIB[4] anwendbar.[5]

Besondere **Formerfordernisse** verlangt Art. 238 für die Wirksamkeit einer Schiedsklausel nicht.[6] Wegen des in Art. 38 § 6 VerfO-EuGH vorgesehenen Erfordernisses, der Klageschrift eine Ausfertigung der Schiedsklausel beizufügen, ist die Schriftform aber empfehlenswert. Eine wirksame Schiedsklausel liegt auch vor, wenn ein Rechtsakt der Gemeinschaft eine Klausel enthält, welche die Zuständigkeit des Gerichtshofs vorsieht, und dieser Rechtsakt Bestandteil der Vertragsbeziehung geworden ist.[7] 4

Der Gerichtshof kann nur als **letztinstanzlich** entscheidendes Gericht bestimmt werden, also entweder als einzige oder als Rechtsmittelinstanz.[8] Nach überwiegender Auffassung kann gem. Art. 238 die Zuständigkeit des Gerichtshofs nicht als wahlweise neben anderen Gerichten, sondern nur als **ausschließliche** vereinbart werden.[9] Die Zuständigkeit des Gerichtshofs bestimmt sich ausschließlich nach Art. 238, also nach Gemeinschaftsrecht. Entgegenstehende Bestimmungen des nationalen Rechts dürfen wegen des Vorrangs des Gemeinschaftsrechts nicht angewandt werden.[10] 5

Die Zuständigkeitsübertragung aufgrund einer Schiedsklausel ist auf Streitigkeiten beschränkt, welche aus einem Vertragsschluß resultierende Rechte und Pflichten der Parteien betreffen oder mit dem Vertragsschluß im unmittelbaren Zusammenhang stehen, wie z.b. Ansprüche aus ungerechtfertigter Bereicherung oder culpa in contrahendo.[11] Innerhalb dieser Grenzen können die Parteien über die der Schiedsklausel unterfallenden Streitfälle frei disponieren. Von der Formulierung der Klausel hängt also ab, für welche Art von Ansprüchen und damit korrespondierenden Klagetypen die Gemeinschaftsgerichtsbarkeit zuständig ist. 6

---

4 Vgl. zur funktionellen und institutionellen Stellung der EIB: EuGH, Rs. 85/86, Slg. 1988, 1281, Rn. 28–30 (Kommission/EIB).
5 So auch GA *J. P. Warner*, Schlußantr. zu EuGH, Rs. 110/75, Slg. 1976, 955 (971, 974) (Mills/EIB); *H. Krück*, in: GTE, EU-/EGV, Art. 181, Rn. 8; *E. Grabitz,* in: Grabitz/Hilf, EU, Art. 181, Rn. 8; *J. Schwarze*, in: Schwarze, EU-Kommentar, Art. 238, Rn. 7.
6 Das folgt schon aus EuGH, Rs. 23/76, Slg. 1976, 1807, Rn. 10 (Pellegrini/Kommission).; vgl. auch EuG, Rs. T-180/95, Slg. 1997, II-1317, Rn. 38 (Nutria/Kommission); Rs. T-44/96, Slg. 1997, II-1331, Rn. 37 (Oleifici Italiani/Kommission). Vgl. auch J. *Schwarze*, in: Schwarze, EU-Kommentar, Art. 238, Rn. 10, dort auch zur Gegenauffassung.
7 EUGH, Rs. C-142/91, Slg. 1993, I-553, Rn. 10–14 (CEBAG/Kommission).
8 *E. Grabitz*, in: Grabitz/Hilf, EU, Art. 181, Rn. 11; *H. Krück*, in: GTE, EU-/EGV, Art. 181, Rn. 14.
9 *E. Grabitz*, in: Grabitz/Hilf, EU, Art 181, Rn. 11; *K. D. Borchardt*, in: Lenz, EGV, Art. 238, Rn. 7; *Rengeling/Middeke/Gellermann*, Rn. 488, die die Frage durch den EuGH in der Rs. C-209/90, Slg. 1992, I-2613, 2642 (Kommission/Feilhuber) auch in diesem Sinne beantwortet sehen; zweifelnd *H. Krück*, in: GTE, EU-/EGV, Art. 181, Rn. 13.
10 EuGH, Rs. C-209/90, Slg. 1992, I-2613, Rn. 13 (Kommission/Feilhuber); *Rengeling/Middeke/Gellermann, Rn.* 485; *E. Grabitz*, in: Grabitz/Hilf, EU, Art. 181, Rn. 13; a.A. *H.-W. Daig*, in: GBTE, EWGV, 3. Aufl., 1983, Art. 181, Rn. 11.
11 EuGH, Rs. C-114/94, Slg. 1997, I-803, Rn. 82 (IDE/Kommission); Rs. C-337/96, Slg. 1998, I-7943, Rn. 49 (Industrial Refuse); *H. Krück*, in: GTE, EU-/EGV, Art. 181, Rn. 17; *J. Schwarze*, in: Schwarze, EU-Kommentar, Art. 238, Rn. 12.

III. Anwendbares Recht

1. Umfang der Nachprüfungsbefugnis

7 Auch der Umfang der Nachprüfungsbefugnis ergibt sich aus der Formulierung der Schiedsklausel. Enthält diese keinerlei Beschränkung, überprüft die Gemeinschaftsgerichtsbarkeit die Ansprüche der Vertragsparteien in tatsächlicher und rechtlicher Hinsicht umfassend.[12]

2. Verfahrensrecht

8 Die Gemeinschaftsgerichtsbarkeit wird bei einer Zuständigkeitsübertragung nach Art. 238 nicht als Schiedsgericht, sondern als Gemeinschaftsorgan tätig. Besetzung und Verfahrung können deshalb von den Parteien nicht bestimmt werden; es richtet sich vielmehr nach dem allgemeinen Verfahrensrecht des Gerichtshofs.[13] Für die Klageerhebung bestimmt Art. 38 § 6 VerfO-EuGH ausdrücklich, daß mit der Klageschrift eine Ausfertigung der Schiedsklausel einzureichen ist. Im übrigen gelten die allgemeinen Verfahrensnormen der Gerichtshofs-Satzung und der VerfO von EuGH und EuG.[14]

3. Materielles Recht

9 Materiell-rechtlich beurteilt der Gerichtshof die bei ihm anhängig gemachten Streitigkeiten nach dem von den Parteien ausdrücklich oder stillschweigend vereinbarten Recht.[15] Nur wenn sich ein solcher Wille unter Zugrundelegung der allgemeinen Auslegungsregeln nicht ermitteln läßt, bedarf es der Lückenfüllung. Bei **privatrechtlichen Verträgen** ist die Verdingungsordnung der Gemeinschaft üblicherweise Vertragsbestandteil geworden.[16] Ist dies nicht der Fall, erfolgt eine Lückenschließung nach den Regeln des Internationalen Privatrechts.[17] Auch in **öffentlich-rechtlichen Verträgen** zwischen der Gemeinschaft und Dritten[18] wird auf Drängen der auf Seiten der Gemeinschaft beteiligten Organe oder Dienststellen in der Regel eine Anwendbarkeitsklausel aufgenommen.[19] Fehlt eine solche Klausel, bedarf es einer am **Einzelfall orientierten Lückenfül-**

---

12 *H. Krück*, in: GTE, EU-/EGV, Art. 181, Rn. 18.
13 So auch *H. Krück*, in: GTE, EU-/EGV, Rn. 2 u. 19 f.; *E. Grabitz*, in: Grabitz/Hilf, EU, Art. 181, Rn. 3 u. 15; *K. D. Borchardt*, in: Lenz, EGV, Art. 238, Rn. 4.
14 Vgl. zur Zulässigkeit einer Widerklage: EuGH, Rs. 426/85, Slg. 1986, 4057, Rn. 10 (Kommission/Zoubek). Zu den Verfahrenskosten: EuGH, ebenda, Rn. 15; Rs. 251/84, 23.1.1986, Slg. 1986, 217, Rn. 26 (Centrale Marketinggesellschaft der Deutschen Agrarwirtschaft/Kommission); Rs. C-114/94, Slg. 1997, I-803, Rn. 92 (IDE/Kommission).
15 EuGH, Rs. 23/76 Slg. 1976, 1807, Rn. 11 (Pellegrini/Kommission); Rs. 318/81, Slg. 1985, 3693, Rn. 14 (CO.DE.MI/ Kommission).
16 ABl.EG 1988 Nr. L 266/1. Vgl. auch EuGH, Rs. 318/81, Slg. 1985, 3693, Rn. 4 und Rn. 18–22 (CO.DE.MI/ Kommission).
17 So auch *Rengeling/Middeke/Gellermann*, Rechtsschutz in der EU, Rn. 493; *H. Krück*, in: GTE, EU-/EGV, Art. 181, Rn. 22. Nach ihrem Inkrafttreten sind vorrangig die Regeln der römischen Vertragskonvention (ABl.EG 1980 Nr. L 266/1) anwendbar.
18 Vgl. allgemein zu diesen *A. Bleckmann*, Die öffentlich-rechtlichen Verträge der EWG, NJW 1978, S. 464 ff.
19 Vgl. *Rengeling/Middeke/Gellermann*, Rechtsschutz in der EU, Rn. 494.

lung.[20] Zwar ist grundsätzlich Gemeinschaftsrecht anwendbar,[21] dieses läßt sich mangels eines kodifizierten gemeinschaftlichen Vertragsrechts aber nur durch Rückgriff auf die den Rechtsordnungen der Mitgliedstaaten gemeinsamen Rechtsgrundsätze gewinnen. Auch dies führt aber kaum weiter, weil der öffentlich-rechtliche Vertrag nicht in allen Mitgliedstaaten als Handlungsform existiert. Gegebenenfalls muß das Recht des Mitgliedstaates (oder auch des Drittstaates) Anwendung finden, aus dem die andere Vertragspartei stammt, soweit dieser Mitgliedstaat über einschlägige öffentlich-rechtliche Verträge betreffende Normen verfügt.

IV. Vollstreckbarkeit

Die Vollstreckung richtet sich nach den Art. 244, 256. Auch gegen die Mitgliedstaaten gerichtete Urteile sind vollstreckbar. Art. 256 Abs. 1 gilt für schiedsgerichtliche Urteile nach allgemeiner Auffassung nicht.[22] Vollstreckungen gegen die Gemeinschaft unterliegen gem. Art. 1 Abs. 3 des Protokolls über Vorrechte und Befreiungen der EG besonderen Voraussetzungen. 10

---

20 Vgl. dazu instruktiv *Rengeling/Middeke/Gellermann*, Rechtsschutz in der EU, Rn. 494, dort auch zum Streitstand.
21 So auch *E. Grabitz*, in: Grabitz/Hilf, EU, Art. 181, Rn. 16; a.A. *K. Hailbronner*, HK-EUV, Art. 181, Rn. 6.
22 *H. Krück*, in: GTE, EU-/EGV, Art. 181, Rn. 24; *E. Grabitz*, in: Grabitz/Hilf, EU, Art. 181, Rn. 17.

Art. 239 (ex-Art. 182)

Der Gerichtshof ist für jede mit dem Gegenstand dieses Vertrags in Zusammenhang stehende Streitigkeit zwischen Mitgliedstaaten zuständig, wenn diese bei ihm aufgrund eines Schiedsvertrags anhängig gemacht wird.

Inhaltsübersicht:

I. Allgemeines	1
II. Voraussetzungen und Umfang der Zuständigkeit des EuGH	2
III. Anwendbares Recht und Vollstreckung	4

I. Allgemeines

1   Neben Art. 238 ermöglicht auch Art. 239 eine Zuständigkeitsübertragung auf den EuGH.[1] Der Anwendungsbereich der Norm ist auf Streitigkeiten zwischen den Mitgliedstaaten beschränkt, die mit dem Gegenstand des EGV im Zusammenhang stehen.[2] Auch insoweit wird der EuGH nicht als Schiedsgericht, sondern als Gemeinschaftsorgan tätig.[3] Da keine Verpflichtung besteht, dem Gerichtshof die von Art. 239 erfaßten Streitigkeiten zu übertragen,[4] können die Parteien die Zuständigkeit des EuGH stillschweigend oder ausdrücklich wieder aufheben.

II. Voraussetzungen und Umfang der Zuständigkeit des EuGH

2   Ein wirksamer Schiedsvertrag im Sinne von Art. 239 kann durch einen gesonderten Vertrag, aber auch durch die Aufnahme einer Schiedsabrede in ein zwischenstaatliches Abkommen begründet werden.[5] Ein solches Einvernehmen muß spätestens im Zeitpunkt der Klageerhebung vorliegen.[6] Die Wirksamkeit des Schiedsvertrages hängt weiter davon ab, daß er nicht gegen zwingendes Gemeinschaftsrecht und als völkerrechtlicher Vertrag nicht gegen die allgemeinen Regeln des Völkerrechts verstößt.[7] An den in Art. 239 verlangten Zusammenhang der Streitigkeit mit dem EGV sind keine hohen Anforderungen zu stellen. Ausreichend ist ein objektiv bestimmbarer Bezug zwischen der Streitigkeit und dem Tätigwerden oder den Zielen der Gemeinschaft.[8]

3   Nach Art. 38 § 6 VerfO-EuGH muß der Schiedsvertrag bei Klageerhebung schriftlich eingereicht werden. Wirksamkeitsvoraussetzung ist die Schriftform aber nicht.[9]

---

1   Auf das EuG bezieht sich die Möglichkeit der Zuständigkeitsübertragung nicht, vgl. dazu *Rengeling/Middeke/Gellermann*, Rechtsschutz in der EU, Rn. 498.
2   Vgl. zu den von Art. 239 vor allem ins Auge gefaßten Streitigkeiten *H. Krück*, in: GTE, EU-/EGV, Art. 182, Rn. 10.
3   *E. Grabitz*, in: Grabitz/Hilf, EU, Art. 182, Rn. 2; *H. Krück*, in: GTE, EU-/EGV, Art. 182, Rn. 2.
4   Vgl. dazu *H. Krück*, in: GTE, EU-/EGV, Art. 182, Rn. 4.
5   Allgemeine Auffassung: *H. Krück*, in: GTE, EU-/EGV, Art. 182, Rn. 6; *Rengeling/Middeke/Gellermann*, Rechtsschutz in der EU, Rn. 499.
6   Vgl. dazu auch *Rengeling/Middeke/Gellermann*, Rechtsschutz in der EU, Rn. 500.
7   *H. Krück*, in: GTE, EU-/EGV, Art. 182, Rn. 7; *Rengeling/Middeke/Gellermann*, Rechtsschutz in der EU, Rn. 501.
8   Vgl. auch *E. Grabitz*, in: Grabitz/Hilf, EU, Art. 182, Rn. 6; *Rengeling/Middeke/Gellermann*, Rechtsschutz in der EU, Rn. 504.
9   So auch *Rengeling/Middeke/Gellermann*, Rechtsschutz in der EU, Rn. 501; *J. Schwarze*, in: Schwarze, EU-Kommentar, Art. 239, Rn. 3; a.A. *H. Krück*, in: GTE, EU-/EGV, Art. 182, Rn. 5.

III. Anwendbares Recht und Vollstreckung

Hinsichtlich des Umfangs der Entscheidungs- und Prüfungsbefugnisse des EuGH, des anwendbaren Rechts und der Vollstreckbarkeit der Urteile[10] kann auf die Kommentierung zu Art. 238, Rn. 7–10, verwiesen werden. Anzumerken ist freilich, daß, soweit die Mitgliedstaaten im Vertrag keine Bestimmung getroffen haben, jenseits der (notwendigen) gemeinschaftsrechtlichen Implikationen materiell-rechtlich regelmäßig die Regeln des Völkerrechts Anwendung finden.[11]

---

10 Die Beschränkung der Urteilswirkung in den Art. 227 f. gilt hier nicht, vgl. *H. Krück*, in: GTE, EU-/EGV, Art. 182, Rn. 14; *E. Grabitz*, in: Grabitz/Hilf, EU, Art. 182, Rn. 16; a.A. *H.-W. Daig*, in: GBTE, EWGV, 3. Aufl., 1983, Art. 182, Rn. 11.
11 Insoweit besteht allerdings kein Konsens, vgl. *E. Grabitz*, in: Grabitz/Hilf, EU, Art. 182, Rn. 14; *H. Krück*, in: GTE, EU-/EGV, Art. 182, Rn, 13; *J. Schwarze*, in: Schwarze, EU-Kommentar, Art. 239, Rn. 4.

Art. 240 EG-Vertrag

Art. 240 (ex-Art. 183)

Soweit keine Zuständigkeit des Gerichtshofs[1] auf Grund dieses Vertrags besteht, sind Streitsachen, bei denen die Gemeinschaft Partei ist, der Zuständigkeit der einzelstaatlichen Gerichte[2] nicht entzogen.

Inhaltsübersicht:

I. Inhalt und Ziel der Bestimmung	1
II. Verbleibende Zuständigkeiten nationaler Gerichte	2
III. Zuständigkeitskonflikte	3

I. Inhalt und Ziel der Bestimmung

1   Art. 240 bestimmt die **Abgrenzung der Zuständigkeiten der gemeinschaftlichen von der der einzelstaatlichen Gerichtsbarkeit**. Danach sind zum einen die dem **EuGH** und über Art. 225, 225a EGV auch die dem **EuG** und den **gerichtlichen Kammern** durch den EGV oder aufgrund dieses Vertrages verliehenen **Zuständigkeiten ausschließlicher Natur**. Zum anderen bleiben die **Zuständigkeiten der nationalen Gerichte** unberührt, soweit keine Zuständigkeit der Gemeinschaftsgerichtsbarkeit begründet ist. Ziel dieser strikten Kompetenzabgrenzung, die Kompetenzüberschneidungen ausschließen will, ist die Sicherung der Unabhängigkeit der Gemeinschaft und ihrer Organe sowie die Gewährleistung der Rechtssicherheit und Einheitlichkeit in der Rechtsprechung zum Gemeinschaftsrecht. Werden Rechtsstreite, die in die Zuständigkeit der Gemeinschaftsgerichtsbarkeit fallen, vor nationalen Gerichten anhängig gemacht, so haben sich diese für unzuständig zu erklären.

II. Verbleibende Zuständigkeiten nationaler Gerichte

2   Dort wo eine Zuständigkeit der Gemeinschaftsgerichtsbarkeit nicht begründet ist, bleiben bestehende Zuständigkeiten einzelstaatlicher Gerichte nach Art. 240 auch dann unberührt, wenn die Gemeinschaft Partei des Rechtsstreits ist. Angesichts des weitgefaßten Bereichs ausschließlicher Zuständigkeiten der Gemeinschaftsgerichtsbarkeit gilt dies nahezu ausschließlich für **Streitsachen aus privatwirtschaftlicher Betätigung der Gemeinschaft** in den Mitgliedstaaten[1] oder aus **vertraglich begründeter Haftung**[2].

III. Zuständigkeitskonflikte

3   Zuständigkeitskonflikte können aus divergierenden Interpretationen der Zuständigkeiten der Gemeinschaftsgerichtsbarkeit entstehen. **Zweifel hinsichtlich des Inhalts** und der Tragweite der entsprechenden **Kompetenzzuweisungen** können von den innerstaatlichen Gerichten zum Gegenstand eines Vorabentscheidungsersuchens nach Art. 234 EGV gemacht werden. An die vom EuGH in diesem Verfahren gefundene Auslegung der eigenen Zuständigkeiten sind die nationalen Gerichte gebunden. Die Rechtskraft von Urteilen nationaler Gerichte, die unter **Mißachtung der Zuständigkeit der Gemeinschaftsgerichtsbarkeit** ergangen sind und in der Sache von nachfolgenden Urteilen des EuGH bzw. des EuG abweichen, beurteilt sich mangels einer gemeinschaftsrechtlichen Regelung grundsätzlich nach innerstaatlichen Prozeßrecht. Allerdings sind insoweit die in der Rechtsprechung des Gerichtshofs entwickelten Einschränkungen der Nichtdiskriminierung und der praktischen Wirksamkeit zu beachten[3].

---

1   Näher dazu Art. 282.
2   Näher dazu Art. 288, Rn. 2.
3   Näher dazu u. Art. 249, Rn. 25 ff.

Art. 241 (ex-Art. 184)

Ungeachtet des Ablaufs der in Art. 230 Absatz 5 genannten Frist kann jede Partei in einem Rechtsstreit, bei dem es auf die Geltung einer vom Europäischen Parlament und vom Rat gemeinsam erlassenen Verordnung oder einer Verordnung des Rates, der Kommission oder der EZB ankommt, vor dem Gerichtshof die Unanwendbarkeit dieser Verordnung aus den in Artikel 230 Absatz 2 genannten Gründen geltend machen.

Inhaltsübersicht:

I. Allgemeines	1
II. Voraussetzungen der Inzidentrüge	2
III. Wirkungen einer erfolgreichen Inzidentrüge	7

I. Allgemeines

Die in Art. 241 ausdrücklich erwähnte Möglichkeit einer **inzidenten Normenkontrolle** 1 bringt einen allgemeinen Grundsatz zum Ausdruck, der auch ohne die Existenz dieser Norm Gültigkeit hätte.[1] Danach wird jeder Partei das Recht gewährt, zum Zweck der Nichtigerklärung einer sie unmittelbar und individuell betreffenden Maßnahme die Gültigkeit derjenigen früheren Rechtshandlungen der Gemeinschaftsorgane zu bestreiten, welche die Rechtsgrundlage für die angegriffene Maßnahme bilden.[2] Angesichts der – auch vor dem Hintergrund der neueren großzügigeren Rechtsprechung –[3] eingeschränkten Klagemöglichkeiten natürlicher und juristischer Personen nach Art. 230 Abs. 4 trägt Art. 241 zur Abrundung des gemeinschaftlichen Rechtsschutzsystems bei. Gleichzeitig verdeutlicht die Norm, daß gemeinschaftliche Rechtsakte[4] solange Rechtswirkung entfalten,[5] bis der EuGH sie als insoweit allein zuständiges Gericht[6] für ungültig erklärt hat.[7] Nach dem Wortlaut von Art. 241 kann die »Einrede der Unanwendbarkeit« nur in Verfahren »vor dem Gerichtshof« geltend gemacht werden. Da die Regelung des Art. 241 aber nur Ausdruck eines allgemeinen Grundsatzes und somit nur deklaratorischer Natur ist, kann sich eine Partei auch in einem **Verfahren vor den nationalen Gerichten** auf die Rechtswidrigkeit eines Rechtsakts der Gemeinschaft berufen, der die Grundlage eines von ihm angegriffenen Maßnahme bildet.[8] Das nationale Gericht kann und muß[9] die Frage nach der Gültigkeit der Norm, wenn er sie für zweifelhaft hält, gem. Art. 234 dem EuGH vorlegen, der dann ggf. nicht nur die Unanwendbarkeit im konkreten Rechtsstreit – wie bei Art. 241 –, sondern ihre Ungültigkeit feststellen müßte.

---

1 Vgl. zum EGKSV EuGH, Rs. 9/56, Slg. 1958, 9, 26 (Meroni/Hohe Behörde); EuG, Verb. Rs. T-6/92 und T-52/92, Slg. 1993, II-1047, Rn. 56 (Reinarz/Kommission); *H. Krück*, in: GTE, EU-/EGV, Art. 184, Rn. 1.
2 EuGH, Rs. 92/78, Slg. 1979, 777, Rn. 39; EuG, Verb. Rs. T-6/92 und T-52/92, Slg. 1993, II-1047, Rn. 56 (Reinarz/Kommission).
3 Vgl. dazu Art. 230, Rn. 50 ff.
4 Nach dem Normtext von Art. 241 allerdings nur hinsichtlich Verordnungen.
5 Vorbehaltlich der seltenen Fälle von Inexistenz, vgl. dazu Art. 230, Rn. 7 f.
6 Vgl. dazu auch Art. 225, Rn. 3.
7 EuGH, Rs. 101/78, Slg. 1979, 623, Rn. 4 (Granaria BV/Hoofdproduktschap voor Akkerbouwprodukten).
8 EuGH, Rs. 216/82, Slg. 1983, 2771, Rn. 10 (Universität Hamburg/Hauptzollamt Hamburg-Kehrwieder); vgl. auch *H. Krück*, in: GTE, EU-/EGV, Art 184, Rn. 6 m.w.N. aus der Literatur.
9 EuGH, Rs. 314/85, Slg. 1987, 4199, Rn. 15–20 (Foto-Frost/Hauptzollamt Lübeck-Ost); vgl. auch Art. 234, Rn. 18 ff.

II. Voraussetzungen der Inzidentrüge

2 Art. 241 eröffnet **kein selbständiges Klagerecht**. Die »Einrede der Unanwendbarkeit« kann lediglich inzidenter in einem bereits vor dem EuG oder dem EuGH anhängigen Verfahren geltend gemacht werden.[10] Ist der Klageweg in der Hauptsache nicht eröffnet, macht die Berufung auf Art. 241 die Klage nicht zulässig.[11]

3 Die Inzidentrüge kann trotz der Bezugnahme auf Art. 230 Abs. 5 in allen Verfahren geltend gemacht werden, die zulässigerweise vor dem EuGH oder dem EuG anhängig sind.[12] Sie kann auf die vier in Art. 230 Abs. 2 genannten Klagegründe gestützt werden, muß aber für das anhängige Verfahren **entscheidungserheblich** sein.[13] An der Entscheidungserheblichkeit fehlt es, wenn die (primär) angegriffene Maßnahme andere die Nichtigkeit begründende Mängel aufweist oder wenn sich die Rechtswidrigkeit des inzident gerügten Rechtsakts auf die Gültigkeit der (primär) angegriffenen Maßnahme nicht auswirken kann.

4 Umstritten ist, ob die »Unanwendbarkeitseinrede« auch dann möglich ist, wenn die Partei das Recht hatte, gem. Art. 230 unmittelbar gegen den nunmehr inzident gerügten Rechtsakt zu klagen, die Klagefrist aber gem. Art. 230 Abs. 5 abgelaufen ist.[14] Der Wortlaut des Art. 241 streitet für ein Rügerecht auch in solchen Konstellationen, wenn es dieses »ungeachtet des Ablaufs der in Art. 230 Absatz 5 genannten Frist« gewährt. Der EuGH vertritt eine differenzierte Lösung. Er verneint die Inzidentrüge bei einem Klagerecht nach Art. 230 und Fristablauf nach Art. 230 Abs. 5, allerdings unter der Einschränkung, dass keine begründeten Zweifel bezüglich des Klagerechts der Partei bestanden, es nicht offenkundig war.[15] Die Einschränkung ist wegen der nicht immer eindeutig zu beurteilenden Klagebefugnis gem. Art. 230 Abs. 4 insbesondere für juristische und natürliche Personen von Bedeutung.[16]

5 Über den den Wortlaut von Art. 241 hinaus gehend anerkannt die Gemeinschaftsgerichtsbarkeit, daß die Inzidentrüge nicht nur gegenüber Verordnungen, sondern **gegenüber allen »Rechtshandlungen allgemeinen Charakters«** geltend gemacht werden

---

10 EuGH, Verb. Rs. 31 u. 32/62, Slg. 1962, 1027, 1042 (Wöhrmann und Lütticke/Kommission); Rs. 33/80, Slg. 1981, 2141, Rn. 17 (Albini/Rat u. Kommission); Verb. Rs. 87, 130/77, 22/83, 9 u. 10/84, Slg. 1985, 2523, Rn. 36 (Salerno u.a./Kommission u. Rat).
11 EuGH, Rs. 33/80, Slg. 1981, 2141, Rn. 17 (Albini/Rat u. Kommission); Verb. Rs. 89 u. 91/86, Slg. 1987, 3005, Rn. 22 (Étoile Commerciale und CNTA/Kommission).
12 So auch H. Krück, in: GTE, EU-/EGV, Art. 184, Rn. 9; E. Grabitz, in: Grabitz/Hilf, Art. 184, Rn. 11; enger G. Bebr, Judicial Remedy of private Parties against normative Acts of the European Communities: The Role Exception of Illegality, CMLRev. 1966, S. 7 (20 ff.).
13 EuGH, Rs. 119/81, Slg. 1982, 2627, Rn. 23 (Klöckner-Werke/Kommission); EuG, Verb. Rs. T-6/92 u. T-52/92, Slg. 1993, II-1047, Rn. 57 (Reinarz/Kommission); vgl. auch EuGH, Rs. 21/64, Slg. 1965, 242, 260 (Macchiorlati Dalmas e Figli/Hohe Behörde); Rs. 32/65, Slg. 1966, 458, 489 (Italien/Rat u. Kommission).
14 Vgl. zum Meinungsstand Art. 234 Rn. 10; H.-G. Kamann/M. Selmayr, Das Risiko der Bestandskraft, NVwZ 1999, S. 1041 (1042).
15 Diesem von der Rspr. im Rahmen des Vorabentscheidungsverfahrens entwickelten Grundsätze (dazu Art. 234, Rn. 10) lassen sich verallgemeinern. Vgl. zu anderen Verfahrenstypen EuGH, Rs. 156/77, Slg. 1978, 1881, Rn. 21/24 (Kommission/Belgien); Rs. C-183/91, Slg. 1993, I-3131, Rn. 10 (Kommission/Griechenland); Rs. C-310/97 P, Slg. 1999, I-5363, 57 f. sowie den strukturierenden Überblick bei H. G. Kamann/M. Selmayr (Fn. 13), S. 1043.
16 Der Rechtsprechung zustimmend Wegener, Art. 234 Rn. 10; C. Nowak, Das Verhältnis zwischen zentralem und dezentralem Individualrechtsschutz im Europäischen Gemeinschaftsrecht, EuR 2000, S. 724 (731).

kann.[17] Demgegenüber hat der EuGH die Anwendbarkeit von Art. 241 gegenüber einer Entscheidung in einem Urteil aus dem Jahre 1978 abgelehnt,[18] dies aber nachfolgend nicht mehr ausdrücklich wiederholt, sondern eine gegenüber Entscheidungen geltend gemachte Inzidentrüge vielmehr regelmäßig mit Verweis auf die Frist des Art. 230 Abs. 5 für unzulässig erklärt.[19] Man sollte das genannte Urteil aus dem Jahre 1978 mit Blick auf zukünftige Verfahren nicht überbewerten, weil es sich bei der inzident gerügten Entscheidung um eine vom Kläger (Mitgliedstaat) zweifelsfrei mit der Nichtigkeitsklage gem. Art. 230 angreifbare Maßnahme handelte und die Zweimonatsfrist abgelaufen war. Eine Ausklammerung der Entscheidung kann jedenfalls schon deshalb nicht überzeugen, weil Art. 241 – wie oben in Rn. 1 ausgeführt – Ausdruck eines (ohnehin geltenden) allgemeinen Grundsatzes ist. Folgerichtig hat der EuGH die Zulässigkeit von Inzidentrügen gegenüber Entscheidungen nunmehr im Urteil Masterfoods der Sache nach anerkannt. Freilich darf ein nationales Gericht eine von einem Gemeinschaftsorgan erlassene Entscheidung nicht als ungültig behandeln, wenn gegen diese Entscheidung innerhalb der Frist des Art. 230 Abs. 5 Nichtigkeitsklage aufhoben wurde; vielmehr muß es das Verfahren bis zu einer endgültigen Entscheidung über die Nichtigkeitsklage aussetzen oder dem EuGH die Frage zur Vorabentscheidung vorlegen.[20]

Ob auch den **Mitgliedstaaten und den Gemeinschaftsorganen die Inzidentrüge zusteht**, 6 ist in der Literatur umstritten.[21] Von der Gemeinschaftsgerichtsbarkeit ist die Frage zwar – soweit ersichtlich – noch nicht ausdrücklich beantwortet worden, sie wird aber implizit bejaht, wenn die Inzidentrüge eines Mitgliedstaats mit Hinweis auf den Fristablauf bzw. den Entscheidungscharakter der gerügten Maßnahme als unzulässig zurückgewiesen wird.[22] Gegen die grundsätzliche Anerkennung eines solchen Rechts bestehen angesichts des Wortlauts (»jede Partei«) keine Bedenken. Allerdings muß hinsichtlich der Mitgliedstaaten und der Gemeinschaftsorgane die gleiche Einschränkung gelten wie hinsichtlich natürlicher und juristischer Personen. Auch sie dürfen nicht das Recht gehabt haben, unmittelbar gegen den inzident gerügten Rechtsakt vorzugehen, jedenfalls wenn keine begründeten Zweifel bezüglich dieses Rechts bestanden. Da die Mitgliedstaaten und Gemeinschaftsorgane gem. Art. 230 Abs. 1 stets über ein Klagerecht auch gegen Maßnahmen mit allgemeiner Geltung verfügen, ist ihr Recht zur Inzidentrüge faktisch eine »leere Hülse«. Will man – wie E. Grabitz – die Inzidentrüge für Mitgliedstaaten und Gemeinschaftsorgane auch bei während der Klagefrist nicht erkennbaren Mängeln zulassen,[23] müßte man dies jedenfalls auch für Inzidentrügen natürlicher und juristischer Personen anerkennen.

---

17 EuG, Rs. T-6/92 u. 52/92, Slg. 1993, II-1047, Rn. 56 (Reinarz/Kommission); vgl. auch schon EuGH, Rs. 92/78, Slg. 1979, 777, Rn. 40, »gleichartige Wirkungen wie eine Verordnung«.
18 EuGH, Rs. 156/77, Slg. 1978, 1881, Rn. 21/24 (Kommission/Belgien).
19 Vgl. nur EuGH, Rs. C-183/91, Slg.1993, I-3131 Rn. 10 (Kommission/Griechenland). Mit teils anderer Deutung oder Akzentuierung der Rechtsprechung *J. Schwarze*, in: Schwarze, EU-Kommentar, Art. 241 Rn. 7; *Krück*, in: GTE, EU-/EUV, Art. 184, Rn. 15 f.
20 EuGH, Rs. C-344/98, Urt. v. 14.12.2000, NJW 2001, S. 1265, Rn. 55 ff. (Masterfoods).
21 Bejahend *H. Krück*, in: GTE, EU-/EGV, Art. 184, Rn. 11–13; *K. D. Borchardt*, in: Lenz, EGV, Art. 241, Rn. 7; *P. Dubois*, L'exception d'illégalité devant la Cour de justice des CE, C.D.E. 1978, S. 407 (411 ff.); *R. H. Lauwaars*, Lawfulness and legal Force of Community Decisions, Leiden 1973, S. 277 f.; ablehnend: *Bebr* (Fn. 12), S. 67; differenzierend *E. Grabitz*, in: Grabitz/Hilf, EU, Art. 184, Rn. 14.
22 EuGH, Rs. 156/77, Slg. 1978, 1881, Rn. 21/24 (Kommission/Belgien).
23 *E. Grabitz*, in: Grabitz/Hilf, EU, Art. 184, Rn. 14.

III. Wirkungen einer erfolgreichen Inzidentrüge

7 Eine erfolgreiche Inzidentrüge führt nicht zur Nichtigerklärung des inzident gerügten Rechtsakts, sondern hindert »lediglich« seine Anwendung im konkreten Rechtsstreit.[24] Die Aufhebung oder Abänderung des Rechtsakts obliegt den zuständigen[25] Gemeinschaftsorganen.

---

24 EuGH, Verb. Rs. 31 u. 32/62, Slg. 1962, 1027, 1042 (Wöhrmann u. Lütticke/Kommission); Verb. Rs. 15–33, 52, 53, 57–109, 116, 117, 123, 132 u. 135–137/73, Slg. 1974, 177, Rn. 38 (Kortner-Schots u.a./Rat, Kommission u. EP).
25 Dies ist nicht stets das in der Hauptsache unterlegene Organ; auf dieses will H. Krück, in: GTE, EU-EGV, Art. 184, Rn. 18, die Aufhebungs- bzw. Abänderungspflicht begrenzen.

Art. 242 (ex-Art. 185)

Klagen bei dem Gerichtshof[5] haben keine aufschiebende Wirkung.[2] Der Gerichtshof kann[13ff.] jedoch, wenn er es den Umständen nach für nötig hält,[15ff.] die Durchführung der angefochtenen Handlung[8] aussetzen.

Art. 243 (ex-Art. 186)

Der Gerichtshof[5] kann[13ff.] in den bei ihm anhängigen[6] Sachen die erforderlichen[15ff.] einstweiligen[20] Anordnungen[3+22] treffen.

Inhaltsübersicht:

A. Allgemeines	1
I. Bedeutung der Vorschriften	1
II. Grundsatz: kein Suspensiveffekt	2
III. Einstweiliger Rechtsschutz nach den Art. 242/243	3
IV. Weitere Formen einstweiligen Rechtsschutzes	4
B. Zulässigkeit	5
I. Zuständigkeit	5
II. Anhängigkeit und Zulässigkeit der Hauptsache	6
III. Antragsgegenstand und Rechtsschutzbedürfnis	8
IV. Antragsbefugnis	10
V. Form und Frist	11
C. Begründetheit	13
I. Notwendigkeit der Anordnung – Hauptsacheprognose	15
II. Dringlichkeit der Anordnung	16
1. Interessenbewertung (Schaden)	17
2. Interessenabwägung	18
3. Vorläufigkeit der Anordnung	20
D. Verfahren	21
E. Entscheidung	22
F. Rechtsmittel und Abänderung	23
G. Einstweiliger Rechtsschutz vor nationalen Gerichten	24
I. Rechtsprechung	25
II. Reaktionen im Schrifttum	28
III. Bewertung	29

A. Allgemeines

I. Bedeutung der Vorschriften

Die Bedeutung der Art. 242/243 kann wegen ihrer Funktion bei der Gewährleistung effektiven Rechtsschutzes kaum hoch genug veranschlagt werden.[1] Zwar ist die **Zahl** der Verfahren einstweiligen Rechtsschutzes im Vergleich zur Gesamtzahl der bei EuGH und EuG anhängig gemachten Rechtssachen noch gering[2]. Die in den letzten Jahren an- 1

---

1 Aus der jüngeren Literatur dazu neben den im folgenden Genannten: E. *Sharpston*, Interim and substantive relief in claims under Community law, 1993; G. *Tesauro*, Les mesures provisoires dans le système communautaire, FS M. Díez de Velasco, 1993, S. 1241 ff.; L. *Idot*, Les mesures provisoires en droit de la concurrence, RTDE 1993, S. 581 ff.; L. M. *Pais Antunes*, Interim measures under EC competition law, YEL 1993, S. 83 ff.

2 Nach der von der Abteilung Presse und Information des Gerichtshofs herausgegebenen Statistik waren lediglich 310 aller bis Ende 1996 beim EuGH anhängig gemachten Rechtssachen (9468, einschließlich der bis Ende 1989 anhängig gemachten 2388 Personalstreitsachen) Anträge auf einstweilige Anordnung. Für das EuG fehlt es an einem gesonderten Ausweis dieser Anträge; eine CELEX-Recherche weist 74 Beschlüsse des EuG in Verfahren des einstweiligen Rechtsschutzes bis Ende 1996 aus.

steigende Tendenz offenbart aber, daß sich individuelle und institutionelle Kläger des hier bereitgestellten Instrumentariums zunehmend bewußt werden. Die trotz erheblicher Beschleunigungsanstrengungen der Gerichtsbarkeit immer noch nicht unerhebliche Dauer der Hauptsacheverfahren[3] wird diesen Trend – ungeachtet einer **geringen Erfolgsquote**[4] – weiter bestärken.

II. Grundsatz: kein Suspensiveffekt

2   Nach Art. 242 Satz 1 haben Klagen bei dem Gerichtshof und i. V. m. Art. 224 Abs. 6, 225a Abs. 6 ebenso Klagen bei dem EuG und den gerichtlichen Kammern **keine aufschiebende Wirkung**[5]. Gemeinschaftsorgane, deren Handlungen auf dem Rechtswege angegriffen werden, sind daher nicht gehindert, diese gegenüber dem Kläger durchzusetzen. Soweit dieser entsprechende Vollstreckungsmaßnahmen verhindern will, ist er auf einen Antrag auf einstweilige Anordnung nach Art. 242 Satz 2 verwiesen. Die Regelung orientiert sich damit an dem aus dem französischen Recht[6] bekannten Prinzip der grundsätzlichen Beständigkeit von Verwaltungsentscheidungen. Nicht übernommen wird die dem deutschen Recht eigentümliche und hier nach verbreiteter Auffassung verfassungsrechtlich gebotene[7] Regelsuspension[8].

III. Einstweiliger Rechtsschutz nach den Art. 242/243

3   Auch wenn die Verfahrensordnungen von EuGH und EuG äußerlich an der vertraglich vorgegebenen Unterscheidung zwischen der Aussetzungsentscheidung einer- und der einstweiligen Anordnung andererseits festhalten, werden die tatbestandlichen Voraussetzungen für beide Fälle einheitlich beschrieben und dementsprechend in der Praxis der Gerichte einer **einheitlichen Prüfung** unterworfen. Die Aussetzung des Vollzugs nach Art. 242 Satz 2 erweist sich so als ein nur durch seinen Bezug auf eine bestimmte, ihren Adressaten belastende und vollziehbare Maßnahme unterscheidbarer Unterfall der umfassenderen einstweiligen Anordnung gem. Art 243[9].

---

3   Nach der eben erwähnten Statistik lag 1996 die durchschnittliche Verfahrensdauer direkter Klagen vor dem EuGH bei fast 20 Monaten. Für das EuG fehlt es an entsprechenden Angaben.
4   Nach R. *Kaessner*, Der einstweilige Rechtsschutz im Europarecht, 1996, S. 276, waren von den bis zum 31.12.1994 entschiedenen in der Zählung der Gerichte mit »R« (für franz. référé) gekennzeichneten Rechtssachen des einstweiligen Rechtsschutzes nur ca. 10% erfolgreich.
5   Kritisch dazu B. *Wägenbaur*, Die jüngere Rechtsprechung der Gemeinschaftsgerichte im Bereich des vorläufigen Rechtsschutzes, EuZW 1996, S. 327.
6   Zu diesem J. *Schwarze*, Der vorläufige Rechtsschutz (soursis àexécution) im französischen Verwaltungsrecht, DVBl. 1987, S. 1037 ff.
7   In diese Richtung tendierend: BVerfGE 35, 263, 274; 51, 268, 284 f.; NVwZ 1982, 241. Kritisch zu dieser Annahme: F. *Kopp*, Verwaltungsgerichtsordnung, 10. Aufl., 1994, § 80, Rn. 1, m.w.N. auch zur bejahenden Ansicht.
8   Rechtsvergleichend zum einstweiligen Rechtsschutz im Recht der Mitgliedstaaten: M. *Fromont*, La protection provisoire des particuliers contre les décisions administratives dans les Etats-membres des Communautés Européennes, Rev. Int. des Sciences Administratives, 1984, S. 309 ff.; J. P. M. *De Wilmars*, Het kort geding voor het Hof van Justitie van de Europese Gemeenschappen, SEW 1986, S. 32 ff.
9   Wie hier: H. *Krück*, in: GTE, EU/EGV, Art. 186, Rn. 1 ff. In Zweifelsfällen sind Anträge, die sich auf beide in Betracht kommenden Rechtsgrundlagen stützen, zulässig: EuGH, Rs. 44/75 R, 28.5.1975, Slg. 1975, 637, Rn. 1 (Könecke); Verb. Rs. 277 u. 300/85 R, 18.10.1985, Slg. 1985, 3491, Rn. 2, 17 (Canon).

IV. Weitere Formen einstweiligen Rechtsschutzes

Ein Unterfall noch der einstweiligen Aussetzung nach Art. 242 Satz 2 findet sich in Art. 192 Abs. 4, wonach der Gerichtshof die Zwangsvollstreckung von Entscheidungen der Gemeinschaftsorgane, die eine Zahlung auferlegen, aussetzen kann[10]. Weitestgehend deckungsgleiche Regelungen zum einstweiligen Rechtsschutz enthalten die Art. 44 und 92 EGKSV und die Art. 159 und 164 EAGV. Die Bestimmungen der Verfahrensordnungen zu Art. 242/243 finden auf nach diesen Regelungen gestellte Anträge gemäß Art. 89 Abs. 1 VerfO-EuGH und Art. 110 Abs. 1 VerfO-EuG entsprechende Anwendung. 4

B. Zulässigkeit

I. Zuständigkeit

Die Zuständigkeit hinsichtlich eines Antrags auf einstweiligen Rechtsschutz folgt der Entscheidungskompetenz im Hauptsacheverfahren. Für die **Zuständigkeitsabgrenzung zwischen EuGH und EuG** gilt Art. 225 EGV[11]. Das EuG ist daher insbesondere für Anträge im Rahmen von Streitigkeiten zwischen der Gemeinschaft und ihren Bediensteten sowie von Klagen natürlicher und juristischer Personen gegen Gemeinschaftsorgane zuständig. Soweit im übrigen der EuGH entscheidet, können einstweilige Rechtsschutzanträge grundsätzlich **in allen** ihm **zugewiesenen Streitsachen** gestellt werden[12]. Zulässig sind deshalb auch Anträge der Kommission auf Erlaß einstweiliger Anordnungen gegenüber gemeinschaftsrechtswidrig handelnden Mitgliedstaaten. Diesbezügliche Bedenken, nach denen der allein feststellende Charakter der Hauptsacheentscheidung dem Anordnungserlaß entgegenstehen soll[13] hat der Gerichtshof nicht aufgegriffen[14]. Besondere Anforderungen an die Erforderlichkeit der beantragten Maßnahmen können sich aus der Natur des Streitverfahrens ergeben. Dies gilt namentlich für das gegenüber dem Vertragsverletzungsverfahren nach Art. 226 EGV bereits beschleunigte Verfahren gemäß Art. 298 EGV[15]. 5

---

10 S. dazu Art. 256.
11 Näher dazu und zur Zuständigkeitszuweisung in Zweifelsfällen Art. 225, Rn. 3 ff.
12 EuGH, Rs. C-68/95 R, 26.11.1996, Slg. 1996, I-6065, Rn. 60 (T. Port). Ausgenommen davon sind mit Rücksicht auf ihren Charakter als auf einzelne Auslegungsfragen konzentrierte Zwischenverfahren die Vorabentscheidungen gemäß Art. 234; wie hier: *P. Oliver*, Interim measures: some recent developments, CMLRev. 1992, S. 7, 9 f.; *K. P. E: Lasok*, The European Court of Justice: Practice and Procedure, 2. Aufl., 1994, S. 147; *J. P. M. De Wilmars* (Fn. 8), S. 40.
13 GA *H. Mayras*, Schlußantr. zu EuGH, Verb. Rs. 31 u. 53/77 R, 21.5.1977, Slg. 1977, 921, Ziff. IV (Kommission/Vereinigtes Königreich); *H. Krück*, in: GTE, EU/EGV, Art. 186, Rn. 16. Aus der neueren Literatur meinen GA *M. B. Elmer*, Schlußantr. zu EuGH, Rs. C-68/95 R (Fn. 12), Ziff. 48 ff. (T. Port) und *C. Koenig/C. Zeiss*, JZ 1997, 461, 462 die Möglichkeit einstweiligen Anordnung verneinen zu müssen, soweit der Antrag akzessorisch zu einer auf Feststellung der Untätigkeit eines Gemeinschaftsorgans gerichteten Hauptsacheklage ist. A.A. mit Rücksicht auf den vorläufigen Charakter der Anordnung: *Rengeling/Middeke/Gellermann*, Rechtsschutz in der EU, Rn. 568.
14 EuGH, Verb. Rs. 31 u. 53/77 R (Fn. 13); Rs. 42/82 R, 4.3.1982, Slg. 1982, 841 (Kommission/Frankreich); Rs. 154/85 R, 7.6.1985, Slg. 1985, 1753 (Kommission/Niederlande); Rs. 194/88 R, 27.9.1988, Slg. 1988, 5647 (Kommission/Italien); Rs. 195/90 R, 12.7.1990, Slg. 1990, I-3351 (Kommission/Deutschland).
15 EuGH, Rs. C-120/94 R, 29.6.1994, Slg. 1994, I-3037, Rn. 43 (Kommission/Griechenland).

II. Anhängigkeit und Zulässigkeit der Hauptsache

6 Wie insbesondere der Wortlaut des Art. 243 und allgemeiner Art. 83 § 1 VerfO-EuGH, Art. 104 § 1 VerfO-EuG verdeutlichen, setzt ein Antrag auf einstweiligen Rechtsschutz vor der Gemeinschaftsgerichtsbarkeit die **Rechtshängigkeit der Hauptsache**, d.h. eine wirksame Klageerhebung[16], voraus. Dabei genügt es, wenn die Klageschrift und der gesonderte Antrag auf einstweilige Anordnung gleichzeitig eingehen[17]. Diese Anbindung an die Hauptsache erscheint vor allem in den Fällen nicht unproblematisch, in denen die Klageerhebung ihrerseits von der vorherigen Durchführung eines behördlichen Verfahrens abhängig ist[18]. Für den Sonderfall der beamtenrechtlichen Beschwerde fingiert Art. 91 Abs. 4 des EU-Beamtenstatuts[19] deshalb deren Ablehnung und ermöglicht so über den Weg unmittelbarer Klageerhebung den einstweiligen Rechtsschutz[20]. Diese Lösung erscheint verallgemeinerungsfähig.

7 Die **Zulässigkeit der Klage** ist nach ständiger Rechtsprechung des Gerichtshofs im Verfahren einstweiligen Rechtsschutzes grundsätzlich **nicht zu prüfen**, um auch insoweit der Entscheidung zur Hauptsache nicht vorzugreifen. Lediglich die offensichtliche Unzulässigkeit der Klage kann der Antragsgegner geltend machen und den Richter der einstweiligen Anordnung damit zu der Prüfung veranlassen, »ob die Klage Anhaltspunkte enthält, aus denen sich mit einer gewissen Wahrscheinlichkeit auf ihre Zulässigkeit schließen läßt«[21]. In Fällen offensichtlicher Unzulässigkeit weist der EuGH nicht selten die Hauptsache unmittelbar ab und verneint damit zugleich die Zulässigkeit des Antrags auf einstweiligen Rechtsschutz[22].

III. Antragsgegenstand und Rechtsschutzbedürfnis

8 Hinsichtlich des Antragsgegenstands ist zwischen dem Antrag auf Aussetzung des Vollzugs und dem auf sonstige einstweilige Anordnung zu unterscheiden. Gegenstand des Antrags nach Art. 242 Satz 2 können alle anfechtbaren Handlungen und damit alle belastenden Maßnahmen der Gemeinschaftsorgane sein, die Rechtswirkungen erzeugen und zum Vollzug geeignet sind[23]. Daran fehlt es, wenn der Rechtsakt bereits vollzogen bzw. wieder aufgehoben ist[24] oder aus tatsächlichen Gründen nicht vollzogen werden

---

16 C. Koenig/C. Sander, Einführung in das EG-Prozeßrecht, 1997, Rn. 511.
17 Rengeling/Middeke/Gellermann, Rechtsschutz in der EU, Rn. 534.
18 Etwa bei der Untätigkeitsklage nach Art. 232 Abs. 2 EGV, näher dazu u. Art. 232, Rn. 9 ff. Kritisch zu den sich hieraus auch in anderen Konstellationen potentiell ergebenden Rechtsschutzlücken: K. Wägenbaur (Fn. 5), S. 327, Fn. 19; A. v. Winterfeld, Möglichkeiten der Verbesserung des individuellen Rechtsschutzes im europäischen Gemeinschaftsrecht, NJW 1988, S. 1409, 1413; vgl. auch L. Allkemper, Der Rechtsschutz des einzelnen nach dem EG-Vertrag, 1995, S. 146 ff.
19 Dazu o. Art. 236, Rn. 6.
20 Näher zu dieser Konstruktion: J. P. M. De Wilmars (Fn. 8), S. 36 f.; EuG, Rs. T-203/95 R, 12.12.1995, Slg. 1995, II-2919, Rn. 23 (Conolly).
21 EuGH, Verb. Rs. C-239-240/96 R, 24.9.1996, Slg. 1996, I-4475, Rn. 37 (Vereinigtes Königreich/Kommission); Rs. 160/80 R, 13.7.1988, Slg. 1988, 4121, Rn. 22 (Fédération européenne de la santé animale/Rat); Rs. C-117/91 R, 27.6.1991, Slg. 1991, I-3353, Rn. 7 (Bosman). Zu den Einzelheiten weiterer Entscheidungen R. Kaessner (Fn. 4), S. 85 ff.
22 EuGH, Rs. C-68/90 R, 23.5.1990, Slg. 1990, I-2177, Rn. 4 f. (Blot); Rs. C-257/93 R, 6.7.1993, Slg. 1993, I-3917, Rn. 4 ff. (van Parijs).
23 EuGH, Rs. 136/79, 26.6.1980, Slg. 1980, 2033, Rn. 22 (National Panasonic); EuG, Rs. T-19/91 R, 7.6.1991, Slg. 1991, II-265, Rn. 20 (Vichy); Rs. T-395/94 R II, 22.11.1995, Slg. 1995, II-2893, Rn. 39 (Atlantic Container Line). Vgl. im einzelnen dazu Art. 230, Rn. 6 ff.
24 EuGH, Rs. 92/78 R, 22.5.1978, Slg. 1978, 1129, Rn. 7 (Simmenthal).

kann[25]. Ablehnende Entscheidungen können mangels Vollzugsfähigkeit nicht Gegenstand eines Aussetzungsantrags sein[26].

Gegenstand eines Antrags auf einstweilige Anordnung nach Art. 243 kann dagegen grundsätzlich jedes Ge- oder Verbot sein, das zur vorläufigen Sicherung oder Gestaltung streitiger Rechtsverhältnisse geeignet und erforderlich ist[27]. Die Anträge müssen sich gemäß Art. 83 § 1 VerfO-EuGH und Art. 104 § 1 VerfO-EuG auf die Hauptsache beziehen. Im Wege einstweiligen Rechtsschutzes kann deshalb nicht mehr begehrt werden, als im Hauptsacheverfahren gewährt werden könnte[28]. Ungeachtet dieser grundsätzlichen Einschränkung hat der Gerichtshof mit Rücksicht auf das Gebot effektiven Rechtsschutzes Anträge auf einstweilige Anordnung auch dann für zulässig erachtet, wenn der Antragsteller in der Hauptsache die lediglich feststellende Verurteilung eines Gemeinschaftsorgans wegen Untätigkeit oder eines Mitgliedstaates wegen Vertragsverletzung begehrt[29]. Grundsätzlich unzulässig sind Anträge, die darauf abzielen, einem am Verfahren nicht beteiligten Dritten durch einstweilige Anordnung ein bestimmtes Verhalten aufzugeben[30]. Das Rechtsschutzinteresse fehlt im übrigen für Anträge, mit denen eine Verpflichtung begehrt wird, die sich bereits aus einen Urteil von EuGH oder EuG ergibt[31]. 9

IV. Antragsbefugnis

Die Antragsbefugnis **richtet sich nach der Klagebefugnis im Hauptsacheverfahren.** Natürliche und juristische Personen können deshalb die Aussetzung eines von ihnen angefochtenen Rechtsaktes nur beantragen, wenn sie von diesem direkt und unmittelbar betroffen sind[32] und Anträge auf sonstige einstweilige Anordnungen nur zum Schutz eigener Interessen stellen[33]. Dabei kann es in Zweifelsfällen mit Rücksicht auf den Eilcha- 10

---

25 EuGH, Rs. 6/72 R, 21.3.1972, Slg. 1972, 157, Rn. 2 ff. (Continental Can).
26 EuGH, Rs. 50/69 R, 5.10.1969, Slg. 1969, 449, 455 (Deutschland/Kommission).
27 Zur Fallgruppenbildung auch hinsichtlich der Aussetzungsanträge: *R. Kaessner* (Fn. 4), S. 27 ff.; zu Einzelfällen: *R. Joliet*, Protection juridictionnelle provisoire et droit communautaire, Rev. di Diritto Europeo 1992, S. 253, 260 ff.
28 EuGH, Verb. Rs. 35/62 R u. 16/63 R, 16.7.1963, Slg. 1963, 463, 465 (Leroy/Hohe Behörde); Rs. 88/76 R, 19.10.1976, Slg. 1976, 1585, Rn. 2/6 (Exportation des Sucres); Rs. C-313/90 R, 17.5.1991, Slg. 1991, 2557, Rn. 23 ff. (CIRFS).
29 Zur Untätigkeit: EuGH, Rs. C-68/95 R (Fn. 12), Rn. 60; näher dazu *K. Lenaerts*, The legal protection of private parties under the EC Treaty: a coherent and complete system of judicial review?, in: FS G. F. Mancini, Bd. II, Diritto dell'Unione Europea, 1998, S. 591, 600 f. A.A. *W. Sandner*, Probleme des vorläufigen Rechtsschutzes gegen Gemeinschaftsrecht vor deutschen Gerichten, DVBl. 1998, S. 262, 264. Zur mitgliedstaatlichen Vertragsverletzung: EuGH, Rs. 45/87 R, 16.2.1987, Slg. 1987, 783 Rn. 8 (Kommission/Irland); Rs. 194/88, 27.9.1988, Slg. 1988, 5647 (Kommission/Italien); – Auftragsvergabe, Unterlassen der Vergabe; Rs. C-87/94 R, 22.4.1994, Slg. 1994, I-1395 passim (Kommission/Belgien); Rs. C-272/91 R, 31.1.1992, Slg. 1992, I-457 Rn. 17 ff. (Kommission/Italien) – Auftragsvergabe, Aussetzen des bereits abgeschlossenen Vertrages. Letztere Entscheidungen berücksichtigen m.E. nicht hinreichend den in der Vergabe-Rechtsmittelrichtlinie (Art. 2 Abs. 6 der RL 89/665/EWG, ABl. L 395, 1989, S. 33 ff.) eröffneten Spielraum der Mitgliedstaaten, wonach diese einen Ausschluß der Rückabwicklung bereits abgeschlossener Verträge vorsehen und die Ansprüche der unterlegenen Bieter auf Schadensersatz beschränken können; näher zum Ganzen: *F. Sterner*, Rechtsbindungen und Rechtsschutz bei der Vergabe öffentlicher Aufträge, 1996, S. 112 f.
30 EuG, Rs. T-322/94 R, 2.12.1994, Slg. 1994, II-1159, Ls. 1 (Union Carbide).
31 EuGH, Verb. Rs. 24 u. 97/80 R, 28.3.1980, Slg. 1980, 1319, Rn. 19 (Kommission/Frankreich).
32 EuGH, Rs. 1/84 R, 1.2.1984, Slg. 1984, 423, Rn. 5 ff. (Ilford); Rs. 160/88 R, 13.7.1988, Slg. 1988, 4121, Rn. 23 ff. (Fedesa). S. im einzelnen dazu Art. 230, Rn. 44 ff.
33 EuGH, Rs. 22/75 R, 25.2.1975, Slg. 1975, 277, Rn. 6/8 (Küster/Parlament); zur Möglichkeit der Mitgliedstaaten, allgemeine oder sektorale Interessen auch im Verfahren einstweiligen Rechtsschutzes zu vertreten, s.u. Rn. 18.

rakter der zu treffenden Entscheidung ausreichen, wenn die Antragsbefugnis nicht auf den ersten Blick auszuschließen ist[34]. **Streithelfer** des Hauptsacheverfahrens können auf entsprechenden gesonderten Antrag hin auch im Verfahren einstweiliger Anordnung zugelassen werden[35]. Nicht eingeräumt ist ihnen dagegen die Befugnis, von sich aus selbständig Anträge des einstweiligen Rechtsschutzes zu stellen[36]. Die gegenteilige Ansicht[37], die für eine solche Befugnis in dem insoweit offenen Wortlaut der Art. 83 § 1 Abs. 2 VerfO-EuGH und Art. 104 § 1 Abs. 2 VerfO-EuG für den Fall der einstweiligen Anordnung nach Art. 243 einigen Anhalt findet, vernachlässigt die Grundentscheidung des Art. 40 Abs. 4 Gerichtshofs-Satzung, nach der der Streithelfer darauf beschränkt ist, bereits gestellte Anträge einer Partei zu unterstützen.

V. Form und Frist

11 Das Verfahren des einstweiligen Rechtsschutzes ist antragsabhängig. Der **Antrag** muß nach Art. 83 § 3 VerfO-EuGH, Art. 104 § 3 VerfO-EuG **mit besonderem Schriftsatz** eingereicht werden. Er muß nach Art. 83 § 2 VerfO-EuGH, Art. 104 § 2 VerfO-EuG den Streitgegenstand bezeichnen und die Umstände angeben, aus denen sich die Dringlichkeit sowie die Notwendigkeit der beantragten Anordnung in tatsächlicher und rechtlicher Hinsicht ergibt. Soweit diese Umstände nach der deutschen Fassung der VerfOen **glaubhaft zu machen** sind[38], ist damit nicht mehr gesagt[39], als daß sich der Antragsteller mangels einschränkender Bestimmungen aller Beweismittel – einschließlich der eidesstattlichen Versicherung und Urkunden – bedienen kann, um dem Gemeinschaftsrichter prima facie die Überzeugung – i. S. überwiegender Wahrscheinlichkeit[40] – von der Erforderlichkeit der beantragten Anordnung zu vermitteln[41].

12 Das Verfahren ist grundsätzlich **nicht fristgebunden**. Anträge können frühestens zeitgleich mit der Hauptsacheklage und spätestens bis zu dem Zeitpunkt eingereicht werden, bis zu dem zu erwarten steht, daß eine einstweilige Anordnung noch vor der Entscheidung in der Hauptsache getroffen werden kann.

---

34 EuGH, Rs. 221/86 R, 18.9.1986, Slg. 1986, 2969, Rn. 19 f. (Front National u.a./Parlament).
35 EuGH, Rs. 792/79 R, 17.1.1980, Slg. 1980, 119, Rn. 8 (Camera Care); Rs. 42/82 R, 4.3.1982, Slg. 1982, 841 (Kommission/Frankreich); Rs. 195/90 R (Fn. 14), Rn. 5.
36 R. *Kaessner* (Fn. 4), S. 82; H. *Krück* (Fn. 12), in: GTE, EU/EGV, Art. 186, Rn. 12; K. P. E. *Lasok* (Fn. 12), S. 239; J. P. M. *De Wilmars* (Fn. 8), S. 38.
37 B. *Pastor*/E. *van Ginderachter*, La procédure en référé, R.T.D.E. 1989, S. 561, 577.
38 Die deutsche Fassung findet insoweit in anderen Sprachfassungen keine Entsprechung: »shall state the grounds of fact and of law showing prima facie justification for the granting of the provisional measure requested«, »les demandes [...] spécifient l'objet du litige, les circonstances établissant l'urgence, ainsi que les moyens de fait et de droit justifiant à première vue l'octroi de la mesure provisoire à laquelle elles concluent«, »de middelen, zowel feitlijk als rechtens aan te geven, op grond waarvan de voorlopige maatregel aanvankelijk gerechtvaardigd voorkomt«.
39 Analogien zur Glaubhaftmachung gemäß § 294 Abs. 1 ZPO und ihren besonderen Anforderungen sind grundsätzlich unzulässig. A.A. C. *Koenig*/C. *Sander* (Fn. 16), Rn. 522.
40 EuGH, Rs. C-149/95 P(R), 19.7.1995, Slg. 1995, I-2165, Rn. 38 (Kommission/Atlantic Container Line); Rs. C-280/93 R, 29.6.1993, Slg. 1993, I-3667, Rn. 32 und 34 (Deutschland/Rat).
41 E. *Grabitz*, in: Grabitz/Hilf, EU, Art. 185, Rn. 29; H. *Krück*, in: GTE, EU/EGV, Art. 186, Rn. 28. Nach Art. 84 § 2 VerfO-EuGH bzw. Art. 105 § 2 VerfO-EuG kann der Präsident eine Beweisaufnahme anordnen.

C. Begründetheit

Die Gemeinschaftsgerichte können »im Verfahren der einstweiligen Anordnung die Aus- 13
setzung des Vollzugs einer Handlung anordnen oder sonstige einstweilige Anordnungen
treffen, wenn die Notwendigkeit der Anordnungen in tatsächlicher und in rechtlicher
Hinsicht glaubhaft gemacht (Fumus boni iuris) und dargetan ist, daß sie dringlich in
dem Sinne sind, daß es zur Verhinderung eines schweren und nicht wiedergutzumachenden Schadens für die Interessen des Antragstellers erforderlich ist, daß sie bereits vor der
Entscheidung zur Hauptsache erlassen werden und ihre Wirkungen entfalten. Nach
ständiger Rechtsprechung nimmt der Gerichtshof weiter eine Interessenabwägung vor.
Zudem kommen die Aussetzung des Vollzugs und andere Maßnahmen nach Artikel 186
[jetzt Art. 243, Anm. des *Verf.*] EG-Vertrag nur in Betracht, wenn sie vorläufig in dem
Sinne sind, daß sie der Entscheidung über die streitigen Rechts- oder Tatsachenfragen
nicht vorgreifen und die später zur Hauptsache zu treffende Entscheidung nicht im voraus wirkungslos machen.«[42]

In der Begründetheit unterscheiden die Gerichte nach dieser inzwischen konsolidierten 14
Entscheidungspraxis **vier** im folgenden näher erläuterte **Voraussetzungen**, die sämtlich[43]
glaubhaft gemacht[44] sein müssen, soll ein Antrag auf einstweiligen Rechtsschutz erfolgreich sein. Dabei nehmen die Gerichte ein weites **Ermessen** hinsichtlich der »Art und
Weise, in der diese Voraussetzungen zu prüfen sind, sowie« hinsichtlich der »Reihenfolge ihrer Prüfung« für sich in Anspruch[45]. Hinsichtlich der inhaltlichen Entscheidung
über das »ob« der Anordnung besteht ein solches Ermessen jedoch nicht. Die
»kann«-Bestimmungen der Art. 242/243 erweisen sich damit als bloße Kompetenzzuweisungen, die – entgegen einer in der älteren Literatur[46] geäußerten Vermutung – kein
Entscheidungsermessen einräumen.

I. Notwendigkeit der Anordnung – Hauptsacheprognose

Gemäß Art. 83 § 2 VerfO-EuGH, Art. 104 § 2 VerfO-EuG ist die Notwendigkeit der 15
beantragten einstweiligen Anordnung in tatsächlicher und rechtlicher Hinsicht glaubhaft zu machen. Anknüpfend an diese Vorgabe bewertet der Gemeinschaftsrichter im
Wege einer summarischen Vorprüfung die Erfolgsaussichten der Hauptsache (**fumus boni iuris**). Die dabei gestellten Anforderungen sind gering[47]. Ging der Gerichtshof in frühen Entscheidungen noch davon aus, eine einstweilige Anordnung könne nur ergehen,
wenn eine »starke Vermutung«[48] für die Begründetheit der Hauptsache spreche bzw.
diese »offensichtlich begründet«[49] erscheine, halten es EuGH und EuG nach einigem
Schwanken inzwischen in ständiger Rechtsprechung für ausreichend, wenn »die Klage

---

42 EuGH, Rs. C-180/96 R, 12.7.1996, Slg. 1996, I-3903, Rn. 44 (Vereinigtes Königreich/Kommis-
sion); Rs. C-149/95 P(R) (Fn. 40), Rn. 22; vgl. auch verb. Rs. C-239-240/96 R (Fn. 21), Rn. 31.
43 EuGH, Rs. C-6/94 R, 11.3.1994, Slg. 1994, I-867, Rn. 15 (Descom Scales/Rat).
44 Zu den Anforderungen an die Glaubhaftmachung s. Rn. 11.
45 EuGH, Rs. C-180/96 R (Fn. 42), Rn. 45; Rs. C-149/95 P(R) (Fn. 40), Rn. 23.
46 *M. Berri*, The special procedures before the Court of Justice of the European Communities,
CMLRev. 1971, S. 5, 22; *D. Ehle*, Klage- und Prozeßrecht des EWG-Vertrages, Lsbl., 1980,
Art. 186, Rn. 8.
47 Vgl. dazu im einzelnen *R. Kaessner* (Fn. 4), S. 110 ff. Auf der Basis der im folgenden zitierten
älteren Rspr. tendenziell anders noch *Grabitz*, in: Grabitz/Hilf, EU, Art. 185, Rn. 27.
48 EuGH, Verb. Rs. 43–45/59 R, 20.10.1959, Slg. 1960, 1019, 1024 (von Lachmüller); Rs. 346/
82 R, 7.2.1983, Slg. 1983, 199, Rn. 1 (Favre).
49 EuGH, Rs. 65/63 R, 20.6.1963, Slg. 1965, 770, 772 (Prakasch); Rs. 68/63 R, 17.7.1963,
Slg. 1965, 822, 825 (Luhleich).

bei summarischer Prüfung der Klagegründe nicht offensichtlich unbegründet«[50] bzw. »nicht völlig unhaltbar«[51] erscheint, sondern im Gegenteil hinreichend »schwierige rechtliche und tatsächliche Fragen« aufwirft, deren Beantwortung der Hauptsache vorbehalten bleiben muß[52]. An dieser Rechtsprechung hat der Gerichtshof auch angesichts der gegen sie gerichteten Kritik, wonach mit ihr die Voraussetzung des Fumus boni iuris in eine Voraussetzung des Fumus non mali iuris umgewandelt und damit in unzuträglicher Weise abgeschwächt werde[53], ausdrücklich festgehalten. Ziel dürfte es sein, die kategorische Unterscheidung zwischen den Verfahren einstweiligen Rechtsschutzes einerund denen der Hauptsache andererseits soweit als irgend möglich zu bewahren und die Entscheidung über die aufgeworfenen Rechtsfragen dem gründlicher vorbereiteten Hauptsacheverfahren vorzubehalten.

II. Dringlichkeit der Anordnung

16 Spätestens mit der Entwertung der Hauptsacheprognose als eines restriktiv zu gebrauchenden Prüfkriteriums hat sich das Schwergewicht der Prüfung auf das Merkmal der Dringlichkeit verlagert[54], dem im Sprachgebrauch der Gemeinschaftsgerichtsbarkeit neben dem drohenden Schaden nicht selten die Elemente der Interessenabwägung und der Vorläufigkeit der Entscheidung zugeordnet werden.

1. Interessenbewertung (Schaden)

17 Die Anforderungen an die in diesem Rahmen von den Antragstellern zunächst zu leistende Darlegung der Erforderlichkeit der einstweiligen Anordnung zur Abwehr eines drohenden **schweren und nicht wiedergutzumachenden Schadens** sind hoch[55]. Der Schaden, der auch ein immaterieller sein kann[56], muß von einigem Gewicht sein, um den Erlaß einer einstweiligen Anordnung unter dem Gesichtspunkt der Verhältnismäßigkeit zu rechtfertigen[57]. Keine Anordnung ergeht, wenn der Schadenseintritt nach einer Stillhalteverpflichtung des Antragsgegners ausgeschlossen erscheint[58], durch sonstige kompensatorische Maßnahmen vermieden wird oder umgekehrt auch unabhängig von dem Erlaß der Anordnung eintreten würde[59]. Finanzielle Schäden werden von den Gerichten

---

50 Erstmals wohl in EuGH, Rs. 3/75 R, 16.1.1975, Slg. 1975, 1, Rn. 1 (Johnson & Firth Brown); vgl. aus jüngerer Zeit: Rs. 56/89 R, 13.6.1989, Slg. 1989, 1693, Rn. 31 (Publishers Association); Rs. 246/89 R, 10.10.1989, Slg. 1989, 3125, Rn. 33 (Kommission/Vereinigtes Königreich); Rs. C-195/90 R, 30.4.1990, Slg. 1990, I-2715, Rn. 19 (Kommission/Deutschland); Rs. C-272/91 R (Fn. 29), Rn. 24; Rs. C-280/93 R (Fn. 49), Rn. 21.
51 EuG, Rs. T-41/96 R, 3.6.1996, Slg. 1996, II-381, Rn. 42 (Bayer).
52 EuG, Rs. T-41/96 R (Fn. 51), Rn. 52.
53 So die Argumentation der Kommission in EuGH, Rs. T-41/96 R (Fn. 51), Rn. 25.
54 So schon *Grabitz*, in: Grabitz/Hilf, EU, Art. 185, Rn. 19. Nicht selten wird in ablehnenden Entscheidungen allein die Dringlichkeit der Anordnung geprüft und verneint: EuGH, Rs. C-87/94 R, 22.4.1994, Slg. 1994, I-1395, Rn. 43 (Kommission/Belgien); Rs. C-6/94 R (Fn. 43), Rn. 20; EuG, Rs. T-18/96 R, 4.6.1996, Slg. 1996, II-407, Rn. 40 (Kraanverhuursbedrijf).
55 *C. Koenig/C. Sander* (Fn. 16), Rn. 526.
56 EuGH, Rs. 129/80 R, 2.7.1980, Slg. 1980, 2135, Rn. 3/4 (Turner); Rs. 338/82 R, 23.12.1982, Slg. 1982, 4667, Rn. 17 (Albertini u. Montagnani); EuG, Rs. T-203/95 R (Fn. 20), Rn. 42.
57 *Rengeling/Middeke/Gellermann*, Rechtsschutz in der EU, Rn. 545.
58 EuGH, Rs. 98–99/63 R, 11.10.1973, Slg. 1973, 1049, Rn. 8/12 (Miles Druce); Rs. 160–161 u. 170/73 R II, 16.3.1974, Slg. 1974, 281, Rn. 1/4 (Miles Druce II); Rs. 31/79 R, 27.3.1979, Slg. 1979, 1077, Rn. 2 (Monterau); Verb. Rs. 161–162/80 R, 31.7.1980, Slg. 1980, 2655, Rn. 11 (Carbognani).
59 EuGH, Rs. C-180/96 R (Fn. 42), Rn. 88 f.

grundsätzlich als nachträglich ausgleichsfähig bewertet und rechtfertigen damit regelmäßig keine einstweilige Anordnung[60]. Ausnahmen werden nur in Fällen der Existenzgefährdung anerkannt, wobei auch bei der Beurteilung dieser Frage ein strenger Beurteilungsmaßstab angelegt wird[61]. Eine einstweilige Anordnung kann insbesondere dann geboten sein, wenn die Entscheidung eines Gemeinschaftsorgans für die Antragsteller »bedeutende Änderungen des Rahmens, in dem sich ihre Tätigkeit vollzieht, mit sich bringen« und diese Änderung »eine Entwicklung auf dem Markt herbeiführen [kann], die später, falls der Klage stattgegeben wird, nur sehr schwer rückgängig zu machen wäre«[62]. Die Ermittlung und Bewertung des Schadens ist grundsätzlich **Teil der Tatsachenwürdigung**, die vom EuGH **im Rechtsmittelverfahren nicht überprüft** wird[63].

2. Interessenabwägung

Die dem Antragsteller bei Ablehnung der einstweiligen Anordnung drohenden Nachteile sind gegenüber dem **Interesse der Gemeinschaft** sowie gegenüber den **Interessen Dritter**[64] abzuwägen[65]. Die beantragten Maßnahmen dürfen dabei trotz ihres vorläufigen Charakters nicht außer Verhältnis zum Interesse der Gemeinschaftsorgane daran stehen, daß ihre Rechtsakte durchgeführt werden, auch wenn sie Gegenstand einer Klage sind[66]. Der **Antragsteller** kann die Erforderlichkeit der Anordnung grundsätzlich nur unter Berufung auf **eigene Interessen** begründen. Eine Ausnahme gilt namentlich für Mitgliedstaaten, die auch im Wege einstweiligen Rechtsschutzes die wirtschaftlichen und sozialen Interessen, die auf nationaler Ebene als Allgemeininteressen betrachtet werden, verteidigen und »folglich [...] Schäden geltend machen [können], die einen gesamten Sektor ihrer Volkswirtschaft betreffen«[67]. Soweit Dritten durch die beantragte Anordnung schwere und nicht wiedergutzumachende Nachteile drohen, sehen die Gerichte von ihrem Erlaß regelmäßig ab[68]. Wo irgend möglich suchen die Gerichte im Zuge der Inter-

18

---

60 EuGH Rs. C 213/91 R, 18.10.1991, Slg. 1991, I-5109, Rn. 24 (Abertal); Rs. 229/88 R, 26.9.1988, Slg. 1988, 5183, Rn. 17/18 (Cargill); EuG, Rs. T-168/95 R, 7.11.1995, Slg. 1995, II-2817, Rn. 42 (Eridania/Rat); Rs. T-6/95 R, 15.3.1995, Slg. 1995, II-647, Rn. 31 (Cantine die Colli Berici); Rs. T-185/94 R, 7.7.1994, Slg. 1994, II-519, Rn. 22 (Geotronics). Abweichend scheint EuG, Rs. T-41/96 R (Fn. 51), Rn. 42 eine einstweilige Anordnung schon wegen der schieren Größe des drohenden finanziellen Schadens für erforderlich zu erachten; zu dieser Entscheidung eingehend K. P. E. Lasok, CMLRev. 1997, S. 1309 ff.
61 Vgl. EuG, Rs. T-228/95 R, 12.2.1996, Slg. 1996, II-111, Rn. 68 ff. (Lehrfreund/Rat). Im übrigen werden etwa die Möglichkeit einer Stützung von Tochterunternehmen und Verbandsvertretungen durch Konzernmütter bzw. durch Mitgliedsunternehmen in die Bewertung einbezogen, vgl. EuG, Rs. T-18/96 R (Fn. 54), Rn. 38; Rs. T-295/94 R, 21.12.1994, Slg. 1994, II-1265, Rn. 26 (Buchmann).
62 EuGH, Verb. Rs. 76–77 u. 91/89 R, 11.5.1989, Slg. 1989, 1141, Rn. 15 u. 18 (RTE); Rs. 56/89 R (Fn. 50), Rn. 34 f.; EuG, Rs. T-395/94 R, 10.3.1995, Slg. 1995, II-595, Rn. 55 (Atlantic Container Line); Verb. Rs. T-24 u. 28/92 R, 16.6.1992, Slg. 1992, II-1839, Rn. 29 (Langnese-Iglo u. Schöller); Rs. T-29/92 R, 16.7.1992, Slg. 1992, II-2161, Rn. 31 (SPO).
63 EuGH, Rs. C-149/95 P(R) (Fn. 40), Rn. 39.
64 EuG, Rs. T-96/92 R, 15.12.1992, Slg. 1992, II-2579, Rn. 39 (Grandes Sources); Rs. T-12/93 R, 2.4.1993, Slg. 1993, II-449, Rn. 30 (Vittel).
65 EuGH, Rs. 3/75 R (Fn. 50), Rn. 2/5; Rs. 142/82 R, 26.5.1982, Slg. 1982, 1911, Rn. 5 (Copine); Rs. 250/85 R, 18.10.1985, Slg. 1985, 3459, Rn. 17 (Brother); Rs. 77/87 R, 9.4.1987, Slg. 1987, 1793, Rn. 26 (Technointorg).
66 EuG, Rs. T-356/94 R, 23.11.1994, Slg. ÖD 1994, II-805, Rn. 17 (Vecchi); Rs. T-146/95 R, 18.8.1995, Slg. 1995, II-2255, Rn. 19 (Bernardi/Parlament).
67 EuGH, Rs. C-180/96 R (Fn. 42), Rn. 85; Rs. C-280/93 R (Fn. 40), Rn. 27.
68 EuGH, Rs. 54/75 R, 2.7.1975, Slg. 1975, 839, Rn. 3/5 (De Dapper/Parlament); Rs. 26/76 R, 23.7.1976, Slg. 1976, 1353, Rn. 2 (Metro); Rs. 4/78 R, 13.1.1978, Slg. 1978, 1, Rn. 12/14 (Salerno); Rs. 19/78 R, 10.3.1978, Slg. 1978, 679, Rn. 7/8 (Authié).

essenabwägung auftretende Konflikte durch **Übergangsregelungen**[69] oder dadurch zu bewältigen, daß sie den Erlaß der Anordnung an **Bedingungen**, etwa an die einer Sicherheitsleistung nach Art. 86 § 2 VerfO-EuGH, 107 § 2 VerfO-EuG, knüpfen.

19 Im Rahmen der Interessenabwägung kann ein **pflicht- oder obliegenheitswidriges Verhalten des Antragstellers** zu seinen Lasten Berücksichtigung finden[70].

3. Vorläufigkeit der Anordnung

20 Nach Art. 86 § 4 VerfO-EuGH, 107 § 4 VerfO-EuG stellen die Beschlüsse der Gemeinschaftsgerichtsbarkeit im vorläufigen Rechtsschutzverfahren nur eine einstweilige Regelung dar. Die auf diesem Wege zu erlangenden Maßnahmen »müssen in dem Sinne vorläufig sein, daß sie die **Entscheidung zur Hauptsache nicht vorwegnehmen**.«[71] Dies schließt jede rechtlich wie faktisch endgültig wirkende Anordnung grundsätzlich von vornherein aus[72]. Das Verbot der Präjudizierung der Hauptsache veranlaßt die Rechtsprechung insbesondere zu einer im Vergleich zur Praxis nationaler Gerichte großen Zurückhaltung bei der rechtlichen Wertung[73]. Hinsichtlich der faktischen Wirkung ihrer Entscheidungen erkennt die Rechtsprechung im Rahmen einer insgesamt als restriktiv zu wertenden Praxis (Teil-)Ausnahmen vom Verbot der Vorwegnahme der Hauptsache an, soweit anders eine effektive Sicherung der Rechte des Antragstellers nicht erreicht werden kann[74]. In besonderem Maße gilt dies für Anträge auf Vollzugsaussetzung, die auf eine Bewahrung des status quo abzielen.

D. Verfahren

21 Ordnungsgemäße[75] Anträge werden gemäß Art. 84 VerfO-EuGH, Art. 105 VerfO-EuG der Gegenpartei zugestellt. Der Präsident setzt ihr eine kurze Frist zur schriftlichen oder mündlichen Stellungnahme. Dem Antrag kann stattgegeben werden, bevor diese Stellungnahme eingeht.

E. Entscheidung

22 Die Entscheidung ergeht nach Art. 86 § 1 VerfO-EuGH, Art. 107 § 1 VerfO-EuG grundsätzlich durch zu begründenden **Beschluß**[76] des Präsidenten. In Angelegenheiten

---

69 EuGH, Rs. 56/89 R, 13.6.1989, Slg. 1989, 1693, Rn. 39 (Publishers Association); EuG, Rs. T-29/92 R, 16.7.1992, Slg. 1992, II-2161, Rn. 38 f. (Prijsregelnde Organisaties); Verb. Rs. T-24 u. 28/92 R (Fn. 62), Ls.
70 EuGH, Rs 194/88 R (Fn. 14), Rn. 16; Rs. C-87/94 R (Fn. 54), Rn. 42.
71 EuG, Rs. T-239/94 R, 15.7.1994, Slg. 1994, II-703, Rn. 9 (EISA); Rs. T-231, 232 u. 234/94 R, 26.10.1994, Slg. 1994, II-885, Rn. 20 (Transacciones Maritimas); Rs. T-395/94 R, 10.3.1995, Slg. 1995, II-595, Rn. 27 (Atlantic Container); Rs. T-203/95 R (Fn. 20), Rn. 16; Rs. T-168/95 R (Fn. 60), Rn. 14 [Hervorhebung nur hier].
72 EuG, Rs. T-2/95 R, 24.2.1995, Slg. 1995, II-485, Rn. 36 (Industrie des poudres sphériques/Rat).
73 Vgl. etwa: EuGH, Rs. C-120/94 R, 29.6.1994, Slg. 1994, I-3037, Rn. 43 ff. (Kommission/Griechenland); weniger zurückhaltend dagegen: Rs. 792/79 R (Fn. 35), Rn. 16 ff., kritisch dazu R. Kaessner (Fn. 4), S. 217.
74 EuG, Rs. T-24 u. 28/92 R (Fn. 62), Ls.; GA F. Capotorti, Schlußantr. zu EuGH, Rs. 24 u. 97/80 R (Fn. 31).
75 Zu den Voraussetzungen im einzelnen s. o., Rn. 11 f.
76 Die terminologische Vorgabe des Art. 90 § 2 VerfO-EuGH, nach der der Präsident des EuGH durch »Verfügung« entscheidet, findet in der Praxis keine Beachtung. Die VerfO-EuG hat sie nicht übernommen.

von grundsätzlicher Bedeutung kann die Entscheidung nach Art. 85 Satz 1 VerfO-EuGH dem Gerichtshof bzw. nach Art. 106 Abs. 1 VerfO-EuG der mit der Hauptsache befaßten **Kammer oder dem Plenum des EuG** übertragen werden. Die Übertragung kann nach der rechtlich nicht zweifelsfreien, in den VerfOen nicht vorgesehenen Praxis des Gerichtshofs auch noch nach einer – dann doppelt vorläufigen – einstweiligen Anordnung des Präsidenten erfolgen[77]. Die **Kostenentscheidung** bleibt regelmäßig der Entscheidung über die Hauptsache vorbehalten.[78] Anderes gilt, wenn im einstweiligen Rechtsschutzverfahren ein Rechtsmittel gegen eine Entscheidung des EuG verworfen wird[79].

F. Rechtsmittel und Abänderung

Gegen die Entscheidungen des EuG bzw. seines Präsidenten im Verfahren des einstweiligen Rechtsschutzes können die Parteien gemäß Art. 57 Abs. 2 Gerichtshofs-Satzung binnen zwei Monaten nach Zustellung ein nach Art. 225 Abs. 1 und Art. 58 Abs. 1 Gerichtshofs-Satzung **auf Rechtsfragen beschränktes**[80] Rechtsmittel beim Gerichtshof einlegen. Entscheidungen des EuGH bzw. seines Präsidenten sind nach Art. 86 § 1 VerfO-EuGH unanfechtbar. Auf Antrag einer Partei können die Beschlüsse nach Art. 87 VerfO-EuGH, Art. 108 VerfO-EuG jederzeit wegen veränderter Umstände **abgeändert** oder **aufgehoben werden**. Nach Art. 88 VerfO-EuGH, Art. 109 VerfO-EuG hindert die Abweisung des Antrags den Antragsteller nicht, einen weiteren, auf neue Tatsachen gestützten **Antrag** zu stellen.

23

G. Einstweiliger Rechtsschutz vor nationalen Gerichten

Unter Hinweis auf die Regelungen der Art. 242/243 nimmt der EuGH in nicht unerheblichem Maße Einfluß auf die Anwendung nationalrechtlicher Systeme einstweiligen Rechtsschutzes in gemeinschaftsrechtlichen Zusammenhängen.[81]

24

I. Rechtsprechung

Die Eckpunkte dieser Einflußnahme markieren die Urteile *Factortame*[82], *Tafelwein*[83] und *Zuckerfabrik Süderditmarschen*[84]. Nach der ersten dieser Entscheidungen können

25

---

77 Vgl. etwa EuGH, Rs. 195/90 R, zunächst (Fn. 50), nachfolgend (Fn. 14).
78 Vgl. nur den Tenor der Entscheidungen EuGH, Rs. C-399/95 R, 3.5.1996, Slg. 1996, I-2441 (Deutschland/Kommission); EuG, Rs. T-41/96 R (Fn. 51); Rs. T-18/96 R (Fn. 54); zu Einzelheiten und Ausnahmen: *A. Fiebig*, The indemnification of costs in proceedings before the European Courts, CMLRev. 1997, S. 89, 107 ff.
79 EuGH, Rs. C-148/96 P(R), 11.7.1996, Slg. 1996, I-3883, Rn. 33 (Goldstein); Rs. C-149/95 P(R) (Fn. 40), Rn. 61.
80 S. dazu EuGH, Rs. C-149/95 P(R) (Fn. 40), Rn. 39.
81 Vgl. auch die wiedergebende Darstellung der einschlägigen EuGH-Entscheidungen bei *S. Lehr*, Einstweiliger Rechtsschutz und Europäische Union, 1997, S. 104 ff.
82 EuGH, Rs. C-213/89, 19.6.1990, Slg. 1990, I-2433 (Factortame); vgl. dazu auch die frühen Bemerkungen von *A. Barav*, The enforcement of Community rights in the national courts: the case for jurisdiction to grant an interim relief, CMLRev. 1989, S. 369 ff.
83 EuGH, Rs. C-217/88, 10.7.1990, Slg. 1990, I-2879 (Tafelwein).
84 EuGH, verb. Rs. C-143/88 u. C-92/89, 21.2.1991, Slg. 1991, I-415, Rn. 22 ff. (Zuckerfabrik Süderdithmarschen).

die nationalen Gerichte zur effektiven Sicherung gemeinschaftsrechtlich begründeter Rechte einzelner im Wege einstweiligen Rechtsschutzes auch dann verpflichtet sein, wenn eine Norm des nationalen Rechts diese Möglichkeit ausdrücklich ausschließt. Im Urteil Tafelwein hat der Gerichtshof die Systementscheidung des deutschen Verwaltungsrechts für die Regelsuspension widerspruchsbelegter Verwaltungsakte zwar einerseits grundsätzlich anerkannt. Andererseits hat er jedoch die Verpflichtung der Verwaltungsbehörden betont, von der ihnen eingeräumten Möglichkeit zur Anordnung des Sofortvollzugs dieser Verwaltungsakte dann Gebrauch zu machen, wenn dies erforderlich ist, um die praktische Wirksamkeit der durch die angegriffenen Verwaltungsakte umgesetzten Gemeinschaftsrechtsakte zu gewährleisten.

26 In der wichtigen Entscheidung *Zuckerfabrik Süderditmarschen* bestätigt der Gerichtshof die Befugnis nationaler Gerichte, den Vollzug eines nationalen Verwaltungsaktes auszusetzen, der auf einer Bestimmung des Gemeinschaftsrechts beruht, deren Gültigkeit bestritten wird. Mit Rücksicht auf die notwendige Effektivität des Gemeinschaftsrechts und das eigene Entscheidungsmonopol hat der Gerichtshof diese Befugnis – ebenso wie die in einer nachfolgenden Entscheidung[85] zugesprochene Befugnis zum Erlaß sonstiger, die Anwendung des Gemeinschaftsrechts beschränkender einstweiliger Anordnungen – zugleich einschränkenden Bedingungen unterworfen. Danach darf das nationale Gericht den Vollzug nur aussetzen, wenn es erhebliche Zweifel an der Gültigkeit der gemeinschaftsrechtlichen Bestimmung hat und die Frage nach der Gültigkeit, sofern der Gerichtshof mit ihr noch nicht befaßt ist, diesem selbst nach Art. 234 vorlegt[86]. Zugleich muß das Gericht die einstweilige Vollzugsaussetzung für dringlich i.S. der Rechtsprechungspraxis des EuGH halten, d.h. dem Antragsteller muß ein schwerer und nicht wiedergutzumachender Schaden drohen. Im Rahmen der auch durch das nationale Gericht vorzunehmenden Interessenabwägung müssen insbesondere das Interesse der Gemeinschaft angemessen berücksichtigt[87] und eventuelle finanzielle Risiken durch die Auflage entsprechender Sicherheitsleistungen minimiert werden. Die **nationalen Gerichte** werden damit insgesamt **auf die grundsätzliche Anwendung der durch den Gerichtshof im Rahmen der eigenen Praxis entwickelten Voraussetzungen einstweiliger Anordnungen verpflichtet.**

27 In einer jüngeren Entscheidung schließlich hat der Gerichtshof die nationalen Gerichte für nicht befugt erachtet, einstweilige Anordnungen hinsichtlich der durch Gemeinschaftsorgane zu treffenden Regelungen zu erlassen[88]. Ihre Untätigkeit kann lediglich im Wege der direkten Klage zum EuG gerügt werden, das in diesem Rahmen auch die notwendigen einstweiligen Anordnungen erläßt.

---

85 EuGH, Rs. C-465/93, 9.11.1995, Slg. 1995, I-3761, Rn. 26 ff. (Atlanta).
86 EuGH, verb. Rs. C-143/88 u. C-92/89 (Fn. 84), Rn. 22 ff. Näher zu dieser Vorlagepflicht o. Art. 234, Rn. 18 ff.
87 In diesem Rahmen ist es nach EuGH, Rs. C-334/95, 17.7.1997, n.n.i.Slg., Rn. 46 (Krüger) Sache des innerstaatlichen Gerichts, nach seinem nationalen Verfahrensrecht über die Erforderlichkeit einer Anhörung des Gemeinschaftsorgans zu entscheiden, daß den betreffenden Rechtsakt erlassen hat.
88 EuGH, Rs. C-68/95 R (Fn. 12), Rn. 62; eingehend dazu *K. Lenaerts* (Fn.), S. 600 f. So verstanden kann die Entscheidung des EuGH kaum in Zweifel gezogen werden. Die Kritik von *C. Koenig/C. Zeiss* (Fn. 13) vermag deshalb nicht insoweit zu überzeugen, als sie die Frage stellt, ob es in dem der Entscheidung zugrundeliegenden Sachverhalt nicht eigentlich um die Erteilung einer Ausnahmeregelung durch eine im indirekten Vollzug handelnde nationale Behörde ging, hinsichtlich derer eine Kompetenz der nationalen Gerichte zum Erlaß einstweiliger Anordnungen kaum verneint werden könnte.

II. Reaktionen im Schrifttum

Neben ausdrücklicher **Unterstützung**[89] hat die Rechtsprechung auch deutliche **Kritik** erfahren[90]. Abgelehnt wird vor allem die Übertragung der in den Art. 242/243 normierten Voraussetzungen einstweiligen Rechtsschutzes und ihrer Auslegung durch den EuGH auf die nationalen Rechtsschutzverfahren. Mit ihr sollen die Grenzen zulässiger Rechtsfortbildung überschritten sein[91]. Inhaltlich erhebt sich der Vorwurf einer zu weitgehenden Verkürzung des effektiven Rechtsschutzes.[92]

28

III. Bewertung

Die Kompetenzen der Gemeinschaft insgesamt und insbesondere der europäischen Gerichtsbarkeit umfassen prinzipiell auch die Einflußnahme auf die nationalen Rechtsschutzsysteme, die als grundlegendes Phänomen[93] erst in den letzten Jahren gesteigerte Aufmerksamkeit erfahren hat. Die im einzelnen zu bestimmenden **Grenzen dieser Einflußnahme sind im Fall des einstweiligen Rechtsschutzes nicht überschritten**. Zwar kann der von der Rechtsprechung gezogene Schluß von der EG-vertraglichen Regelung auf die Maßstäbe innerstaatlicher Rechtsschutzgewährleistung in seiner Pauschalität nicht überzeugen. Die grundsätzliche Anerkennung der zur Regelung des Art. 242 gegensätzlichen aufschiebenden Wirkung von Widersprüchen im deutschen Verwaltungsrecht zeigt jedoch, daß damit eine total verstandene Gleichrichtung von gemeinschaftlichem und nationalem System einstweiligen Rechtsschutzes nicht intendiert ist. Ein hinreichender effektiver Rechtsschutz der Antragsteller ist auch bei Anwendung der durch den EuGH entwickelten Maßstäbe zu gewährleisten.

29

---

89 R. *Mehdi*, Le droit communautaire et les pouvoirs du juge national de l'urgence, R.T.D.E. 1996, S. 77 ff.
90 S. *Schlemmer-Schulte*, Gemeinschaftsrechtlicher vorläufiger Rechtsschutz und Vorlagepflicht, EuZW 1991, S. 307, 309 f.
91 F. *Schoch*, in: Schoch/Schmidt-Aßmann/Pietzner, VwGO, Art. 80, Rn. 270 m.w.N.; W. *Dänzer-Vanotti*, Unzulässige Rechtsfortbildung des Europäischen Gerichtshofs, RIW 1992, S. 733, 739 f.; ihm folgend auch *Rengeling/Middeke/Gellermann*, Rechtsschutz in der EU, Rn. 989.
92 Vgl. etwa W. *Sandner* (Fn. 29), S. 266, dessen Kritik sich allerdings vor allem aus einem Fehlverständnis der Rechtsprechung des EuGH speist, näher dazu o. Fn. 29.
93 Näher dazu o. Art. 220, Rn. 29 und u. Art. 249, Rn. 25 ff.

Art. 244 (ex-Art. 187)

Die Urteile des Gerichtshofs sind gemäß Artikel 256 vollstreckbar.

Inhaltsübersicht:

A. Inhalt der Vorschrift 1
B. Vollstreckbare Entscheidungen 2
C. Vollstreckungsgegner 3
D. Vollstreckungsverfahren 4

A. Inhalt der Vorschrift

1 Nach Art. 244 sind die Urteile der Gemeinschaftsgerichtsbarkeit[1] grundsätzlich nach den für die Vollstreckung von Entscheidungen des Rates und der Kommission geltenden Regeln vollstreckbar. Unstreitig bezieht sich diese Verweisung auf die in Art. 256 Abs. 2-4 enthaltenen Bestimmungen über das Verfahren der Zwangsvollstreckung. Nicht unumstritten ist dagegen die **Anwendung der in Art. 256 Abs. 1 normierten Beschränkungen**, die die Vollstreckung auf Zahlungstitel beschränken und gegenüber Mitgliedstaaten pauschal ausschließen. Die ehemals wenig bedeutsame[2] Streitfrage hat durch die neugeschaffenen Sanktionsmöglichkeiten des Art. 228 Abs. 2 neue Aktualität erlangt. Nach richtiger Ansicht[3] gelten die genannten Beschränkungen **nicht für die Vollstreckung der Urteile der Gemeinschaftsgerichtsbarkeit**, die bereits ihrer Natur nach vollstreckbare Titel sind. Die Exemtion der Mitgliedstaaten in Art. 256 Abs. 1 nimmt allein im Verhältnis zu Rat und Kommission Rücksicht auf den besonderen Rang der Staaten und sichert in diesem Verhältnis die Letztentscheidung durch den Gerichtshof[4].

B. Vollstreckbare Entscheidungen

2 Aus dem Wortlaut des Art. 244 ergibt sich keine Beschränkung der vollstreckbaren Titel auf »Urteile« im formellen Sinne. Schon die VerfOen sehen ausdrücklich auch die Vollstreckung vor etwa von **Kostenfestsetzungsbeschlüssen** (Art. 74 § 2 VerfO-EuGH, Art. 92 § 2 VerfO-EuG) oder von Beschlüssen in denen eine **einstweilige Anordnung** getroffen wird (Art. 86 § 2 VerfO-EuGH, Art. 107 § 2 VerfO-EuG). Darüber hinaus gilt Art. 244 für alle Entscheidungen der Gemeinschaftsgerichtsbarkeit, soweit sie einen **vollstreckungsfähigen Inhalt** haben. Vollstreckbar sind demnach Leistungs-, nicht aber Gestaltungs- oder Feststellungsurteile. **Nicht vollstreckungsfähig** sind die im Rahmen der Art. 226, 227 getroffenen Entscheidungen und die zu ihrer Sicherung ergangenen einstweiligen Anordnungen, weil und soweit nach Art. 228 Abs. 1 der jeweilige Mitgliedstaat selbst die entsprechenden Maßnahmen treffen muß. Gleiches gilt für die **Feststellungs- und Gestaltungsurteile** nach Art. 230, 232, die den Gemeinschaftsorganen entsprechende Pflichten auferlegen.

---

1 Auf die Urteile des EuG und der gerichtlichen Kammern ist Art. 244 gem. Art. 224 Abs. 6, 225a Abs. 6 entsprechend anzuwenden.
2 So noch H. *Krück*, in: GTE, EU/EGV, Art. 187, Rn. 2.
3 H. *Krück*, in: GTE, EU/EGV, Art. 187, Rn. 2; E. *Grabitz*, in: Grabitz/Hilf, EU, Art. 187, Rn. 2; K.-D. *Borchardt*, in: Lenz, EGV, Art. 187, Rn. 2; a.A. H.-W. *Daig*, in: GBTE, EWGV, 3. Aufl., 1983, Art. 187, Rn. 3.
4 G. *Schmidt*, in: GTE, EU/EGV, Art. 192, Rn. 10; a.A. J. *Schwarze*, in: Schwarze: EU-Kommentar, Art. 244, Rn. 1.

C. Vollstreckungsgegner

Wer Vollstreckungsgegner ist, folgt aus der jeweiligen Entscheidung der Gemeinschafts- 3
gerichte. Prinzipielle Ausnahmen bestehen nicht. Neben **natürlichen** und sonstigen **juristischen Personen** ist eine Vollstreckung auch gegen die Gemeinschaft bzw. ihre Organe sowie gegen die Mitgliedstaaten möglich.

D. Vollstreckungsverfahren

Das Verfahren der Vollstreckung richtet sich nach Art. 256 Abs. 2–4. 4

Art. 245 (ex-Art. 188)

Die Satzung des Gerichtshofs wird in einem besonderen Protokoll festgelegt.[2 ff.]

Der Rat kann auf Antrag des Gerichtshofs und nach Anhörung des Europäischen Parlaments und der Kommission oder auf Antrag der Kommission und nach Anhörung des Europäischen Parlaments und des Gerichtshofs einstimmig die Satzung mit Ausnahme ihres Titels I ändern.[3]

Amsterdamer Fassung:
Die Satzung des Gerichtshofs wird in einem besonderen Protokoll festgelegt.

Der Rat kann auf Antrag des Gerichtshofs und nach Anhörung der Kommission und des Europäischen Parlaments einstimmig die Bestimmungen des Titels III der Satzung ändern.

Der Gerichtshof erläßt seine Verfahrensordnung. Sie bedarf der einstimmigen Genehmigung des Rates.

Inhaltsübersicht:

I. EG-Prozeßrecht	1
II. Satzung des Gerichtshofs	2
III. Verfahren vor der Gemeinschaftsgerichtsbarkeit	5
1. Allgemeines	5
2. Schriftliches Verfahren	9
3. Mündliches Verfahren	11
4. Entscheidung	12

I. EG-Prozeßrecht

1 Der durch den Vertrag von Nizza neu gefaßte Art. 245 regelt die Zuständigkeiten und das Verfahren für den Erlaß der Satzung des Gerichtshofs. Zusammen mit den VerfOen des EuGH[1] und des EuG[2] bildet sie das nicht in einem Stück kodifizierte **Prozeßrecht der europäischen Gerichtsbarkeit**[3]. Sie ergänzt die in den Art. 220–245 EGV niedergelegten Regelungen. Daneben bestehen die vom EuGH bzw. vom EuG erlassenen Dienstanweisungen für die Kanzler der jeweiligen Gerichte[4].

II. Satzung des Gerichtshofs

2 Die Satzung des Gerichtshofs, die Regelungen hinsichtlich des EuGH und des EuG enthält, haben die Mitgliedstaaten entsprechend Art. 245 Abs. 1 zunächst 1957 in einem zwischenzeitlich mehrfach geänderten und ergänzten besonderen **Protokoll** festgelegt[5].

---

1 Text der geltenden Fassung: ABl.EG 2001, C 34 vom 1.2.2001, geändert durch Erlaß v. 3.4.2001, http://europa.eu.int/cj/de/txts/acting/mod.pdf. Eine die konsolidierte Fassung findet sich unter: http://europa.eu.int/cj/de/txts/acting/txt5.pdf. Zur VerfO-EuGH näher o. Art. 223, Rn. 7.
2 Näher zu letzterer o. Art. 224, Rn. 9.
3 Umfassende Darstellungen des Prozeßrecht der EG bei *K. P. E. Lasok*, The European Court of Justice – Practice and Procedure, 2. Aufl. 1994; *K. Lenaerts/D. Arts*, Europees procesrecht, 1995; *J. A. Usher*, European Court Practice, 1983; *C. Koenig/C. Sander*, Einführung in das EG-Prozeßrecht, 1997.
4 Näher dazu o. Art. 223, Rn. 6 und Art. 224, Rn. 8.
5 Protokoll über die Satzung des Gerichtshofes, unterzeichnet in Brüssel am 17.4.1957, BGBl. II, 1957, S. 1166 ff., geänderte Fassung BGBl. II, 1972, S. 1154, weitere Änderungen: ABl.EG 1988 Nr. L 319/1, ABl.EG 1989 Nr. L 241, ABl.EG 1994 Nr. C 241/25, ABl.EG 1994 Nr. L 379/1, ABl.EG 1995 Nr. L 131/33.

Durch ein mit dem Vertrag von Nizza erlassenes Protokoll ist die Satzung des Gerichtshofs in einer wesentlich veränderten Fassung neu erlassen worden.[6] Das Protokoll ist gemäß Art. 331 EGV **Bestandteil des Vertrages und teilt seinen Rang.**

Zur **Änderung** des Protokolls über die Satzung ist grundsätzlich eine Vertragsänderung 3 erforderlich. Allerdings erlaubt es der neu gefaßte Abs. 2, alle Bestimmungen der Satzung mit Ausnahme der in Titel I enthaltenen Regeln über die Richter und Generalanwälte durch einstimmigen Ratsbeschluß zu ändern.

Die **Satzung** enthält Bestimmungen über die Richter und Generalanwälte (Titel I), über 4 die Organisation des Gerichtshofs (Titel II), über das Verfahren (Titel III) und über das EuG (Titel IV), die in ihrer Ausführlichkeit den EG-Vertrag nicht belasten sollen, deren Festlegung die Mitgliedstaaten aber auch nicht den Verfahrensordnungen und damit der Entscheidung des Gerichtshofs überlassen wollten.

III. Verfahren vor der Gemeinschaftsgerichtsbarkeit

1. Allgemeines

In den Verfahren vor der Gemeinschaftsgerichtsbarkeit besteht grundsätzlich **Anwalts-** 5 **zwang** (Art. 19 Abs. 3 Satzung). Anderes gilt nur für Gemeinschaftsorgane und Mitgliedstaaten, die sich auch durch Bevollmächtigte vertreten lassen können und für Vorabentscheidungsverfahren in denen der Gerichtshof nach Art. 104 § 2 VerfO-EuGH den vor den vorlegenden nationalen Gerichten geltenden Verfahrensvorschriften insoweit Rechnung trägt, als dort die Parteien sich entweder selbst vertreten oder durch nicht anwaltliche Prozeßvertreter vertreten lassen können. Zugelassen ist jeder Anwalt, der berechtigt ist, vor einem Gericht eines Mitgliedstaats oder eines anderen Vertragsstaats des Abkommens über den Europäischen Wirtschaftsraum aufzutreten. Hochschullehrer, die Angehörige von Mitgliedstaaten sind, deren Rechtsordnung ihnen gestattet, vor Gericht als Vertreter einer Partei aufzutreten, haben vor dem Gerichtshof die den Anwälten eingeräumte Rechtsstellung.

Nach Art. 38 § 2, Art. 40 § 1 VerfO-EuGH müssen die Parteien für Zustellungen 6 grundsätzlich eine Anschrift in Luxemburg angegeben. Eine solche **Zustellungsanschrift** ist entbehrlich, wenn sich der Anwalt oder Bevollmächtigte damit einverstanden erklärt, daß Zustellungen an ihn mittels technischer Kommunikationsmittel erfolgen.

Die **Verfahrenssprache** wird nach der Regel der Art. 64 der Satzung, Art. 29 VerfO- 7 EuGH, Art. 35 VerfO-EuG grundsätzlich vom Kläger, in Vorabentscheidungsverfahren vom vorlegenden Gericht bestimmt. Ist eine Klage gegen einen Mitgliedstaat oder gegen eine natürliche oder juristische Person gerichtet, die einem Mitgliedstaat angehört, so ist die Amtssprache dieses Staates Verfahrenssprache. Interne Arbeitssprache des Gerichtshofs ist französisch.

Das Verfahren vor den Gemeinschaftsgerichten ist grundsätzlich kostenfrei. Auf Antrag 8 ist die unterliegende Partei zur Tragung der **Kosten** insbesondere der Gegenseite zu verurteilen.

---

6 Protokoll über die Satzung des Gerichtshofs, ABl.EG 2001, Nr. C 80/53 ff.

Art. 245 EG-Vertrag

2. Schriftliches Verfahren

9 Das Verfahren gliedert sich in einen schriftlichen und einen mündlichen Teil. Das schriftliche Verfahren beginnt, wenn der Kläger durch Einreichen der **Klageschrift** Klage erhebt. Die Klageschrift muß Namen und Wohnsitz des Klägers, die Stellung des Unterzeichnenden, die Partei oder die Parteien, gegen die die Klage erhoben wird, und den Streitgegenstand angeben sowie die Anträge und eine kurze Darstellung der Klagegründe enthalten. Mit besonderem gleichzeitig mit der Klageschrift oder der Klagebeantwortung einzureichendem Schriftsatz können die Parteien nach Art. 62a § 1 VerfO-EuGH, Art. 76a VerfO-EuG beantragen, über die Rechtssache im **beschleunigten Verfahren** zu entscheiden. Im übrigen bestimmt sich der notwendige Inhalt der Klageschrift nach Art. 38 VerfO-EuGH, Art. VerfO-EuG. Die Klage muß schlüssig begründet sein. Die Klage wird dem Beklagten zugestellt, der sie innerhalb der verlängerbaren Monatsfrist nach Art. 40 VerfO-EuGH, Art. 46 § 1 VerfO-EuG zu beantworten hat. Klageschrift und **Klagebeantwortung** können nach Art. 41 VerfO-EuGH, Art. 47 § 1 VerfO-EuG durch eine Erwiderung des Klägers und eine Gegenerwiderung des Beklagten ergänzt werden.

10 Über jede Klage wird nach Art. 16 § 6 VerfO-EuGH, Art. 24 § 6 VerfO-EuG eine Mitteilung im Amtsblatt veröffentlicht, die den Tag der Eintragung der Klageschrift in das Register, Namen und Wohnsitz der Parteien, den Streitgegenstand und den Klageantrag sowie die Angabe der geltend gemachten Klagegründe und die wesentlichen Argumente enthält. Das schriftliche Verfahren endet mit dem nicht-öffentlichen Vorbericht des Berichterstatters, auf dessen Grundlage die Gerichte ggfs. nach Anhörung des Generalanwalts über den weiteren Ablauf des Verfahrens, insbesondere über die Notwendigkeit einer Beweisaufnahme entscheiden.

3. Mündliches Verfahren

11 Die grundsätzlich öffentliche mündliche Verhandlung ist regelmäßiger Bestandteil des Verfahrens vor der Gemeinschaftsgerichtsbarkeit. Nach Art. 44a VerfO-EuGH kann von ihr abgesehen werden, wenn keine der Parteien einen gegenteiligen begründeten Antrag stellt. Vor der mündlichen Verhandlung wird der Sitzungsbericht des berichterstattenden Richters den Parteien zugestellt. Die Parteien können seine Ergänzung in der mündlichen Verhandlung beantragen. In den knapp zu haltenden Plädoyers der Parteivertreter können keine neuen Angriffs- und Verteidigungsmittel in den Prozeß eingeführt werden. Vor dem EuG endet das mündliche Verfahren nach dem anschließenden Rechtsgespräch zwischen den Mitgliedern des Gerichts und den Parteivertretern. In Verfahren vor dem EuGH schließt sich noch die regelmäßig einem späteren eigenen Termin vorbehaltene Verlesung der Schlußanträge des Generalanwalts an.[7] Eine Wiedereröffnung des Verfahrens nach Abschluß des mündlichen Verfahrens ist nach Art. 61 VerfO-EuGH, Art. 62 VerfO-EuG möglich aber selten.

4. Entscheidung

12 In Fällen, in denen eine mündliche Verhandlung stattgefunden hat, entscheiden die Gerichte durch Urteil, im übrigen durch Beschluß. Die Beratungen der Gerichte sind geheim. Abweichende richterliche Voten werden weder kenntlich gemacht, noch veröf-

---

[7] Vgl. dazu bereits o. Art. 222, Rn. 3.

fentlicht. Die Entscheidung wird in öffentlicher Sitzung verkündet und am selben Tage rechtskräftig. Die Vollstreckbarkeit der Urteile und Beschlüsse richtet sich nach Art. 244.

Die Entscheidungen werden in der Sammlung des Gerichtshofs veröffentlicht. Sie sind im Internet einsehbar.[8]

---

8 http://europa.eu.int/jurisp/cgi-bin/form.pl?lang=de.

Abschnitt 5
Der Rechnungshof

Art. 246 (ex-Art. 188a)

Der Rechnungshof nimmt die Rechnungsprüfung wahr.

Inhaltsübersicht:

I. Stellung	1
II. Aufgaben	2
III. Verhältnis zu anderen Kontrollinstitutionen	3

I. Stellung

1 Der in Luxemburg ansässige Rechnungshof wurde durch den Haushaltsvertrag vom 22.7.1975[1] errichtet und nahm Ende 1977 seine Arbeit auf. Die Einfügung des Abschnitts 5 in das Kapitel über die Organe und die entsprechende Änderung des Art. 7 im Rahmen des Maastrichter Vertrags verliehen ihm **Organqualität**. Hierdurch erhielt er neben einer politischen Aufwertung[2] die privilegierte **Klagebefugnis** des Art. 232 Abs. 1. Seit der Amsterdamer Vertragsänderung ist er auch nach Art. 230 Abs. 3 nichtprivilegiert klagebefugt[3]. Der Vertrag von Nizza änderte die Art. 247 und 248, um angesichts zahlreicher Unregelmäßigkeiten im Finanzgebaren der Gemeinschaft die Effizienz der Kontrolle durch den Rechnungshof zu erhöhen.

II. Aufgaben

2 Aufgrund der nahezu wortgleichen Art. 45a bis 45c EGKSV[4] und Art. 160a bis 160c EAGV obliegt dem Rechnungshof mit wenigen Ausnahmen die **externe Finanzkontrolle**[5] der Europäischen Gemeinschaften sowie ihrer Einrichtungen. Diese Kontrolle erfolgt ex post, kann also die Mittelverwendung nur im Nachhinein überprüfen. Zwar hat der Hof keine Exekutivbefugnisse oder Strafverfolgungsgewalt, seine Berichte finden jedoch zunehmend öffentliche Beachtung und gewinnen hierdurch an politischem Gewicht. In der Vergangenheit war der Hof eher zurückhaltend bei der öffentlichen Rüge von Fehlverhalten. Angesichts der wiederholten finanziellen Unregelmäßigkeiten in der Gemeinschaft ist er jedoch zunehmend dazu übergegangen, Fehlverhalten öffentlich zu benennen. Eine zweite Aufgabe des Rechnungshofs ist nach Art. 279 die Abgabe von **Stellungnahmen** zu bestimmten Rechtsakten.

---

1 BGBl. II 1976, S. 1332 f., hierzu *R. Bieber*, in: GTE, EU-/EGV, Art. 188a, Rn. 4 ff.; *W. Brück/ H. Kühne*, Die Neuregelung der Finanzkontrolle der Europäischen Gemeinschaften, DÖV 1977, S. 23 (24 ff.); *E. Reister*, Parlamentarisches Budgetrecht und Rechnungshof der Europäischen Gemeinschaften, EuR 1976, S. 69.
2 Siehe Erklärung Nr. 21 zum EUV vom 7.2.1992.
3 Näher *Ch. Friedrich/J. Inghelram*, Die Klagemöglichkeiten des Europäischen Rechnungshofs vor dem EuGH, DÖV 1999, S. 669 ff.; kritisch *R. Bieber*, Amsterdam kein Meisterstück, Integration 1997, S. 236 (241 f.).
4 Der EGKS-Vertrag läuft am 23.7.2002 aus.
5 Siehe Art. 248, Rn. 1 ff.

III. Verhältnis zu anderen Kontrollinstitutionen

Die **interne Finanzkontrolle** obliegt jedem Organ selbst. Aufgrund wiederholter finanzi- 3
eller Unregelmäßigkeiten[6] hat insbesondere die Kommission[7] ihre internen Kontrollmechanismen verstärkt, u.a. durch die Einrichtung des **Amts für Betrugsbekämpfung** (OLAF)[8], das auch einige externe Kontrollbefugnisse besitzt. Entgegen der vielfach erhobenen Forderung nach organisatorischer Unabhängigkeit oder seiner Angliederung an den Rechnungshof ist OLAF Teil der Kommission. Es bleibt abzuwarten, wie sich die Zusammenarbeit zwischen dem Rechnungshof und OLAF in der Praxis gestalten wird.

Auf dem Feld der **externen Finanzkontrolle** ist neben dem Rechnungshof in begrenztem 4
Umfang auch das **Parlament** tätig.[9] Neben seiner politischen Kontrollfunktion besitzt es nach Art. 193 das Recht, Untersuchungsausschüsse einzurichten. Ferner verfügt es nach Art. 276 Abs. 2 in begrenztem Umfang über Auskunftsrechte gegenüber der Kommission. Darüber hinausgehend werden zunehmend Forderungen nach der Schaffung einer **Europäischen Staatsanwaltschaft** oder der Einbeziehung von **EUROPOL** in die Betrugsbekämpfung erhoben.

Die Gemeinschaft richtet ihr Augenmerk zunehmend auch auf die Schädigung ihrer fi- 5
nanziellen Interessen in den **Mitgliedstaaten**, die etwa vier Fünftel des Gemeinschaftshaushalts verausgaben. Art. 280 sieht die Koordination der Maßnahmen der Mitgliedstaaten zur Betrugsbekämpfung vor.[10] Daher fordern die Mitgliedstaaten den Rechnungshof und die einzelstaatlichen Rechnungsprüfungsorgane in einer dem Vertrag von Nizza beigefügten **Erklärung**[11] auf, den Rahmen und die Bedingungen für ihre Zusammenarbeit unter Beibehaltung ihrer jeweiligen Autonomie zu verbessern. Der Präsident des Rechnungshofs wird ermächtigt, einen Ausschuss für Kontakte mit den Präsidenten der einzelstaatlichen Rechnungsprüfungsorgane einzusetzen.

Ferner haben Mitgliedstaaten das Gebot der **Gemeinschaftstreue** in Art. 10 EGV[12] so- 6
wie die Konvention über den strafrechtlichen Schutz der Interessen der Gemeinschaft zu beachten[13]. In diesem Kontext stehen auch die VO (EG, EURATOM) Nr. 2988/95[14] über den Schutz der finanziellen Interessen der Europäischen Gemeinschaften sowie die VO (EG, EURATOM) Nr. 2185/96[15] über die von der Kommission durchgeführten Kontrollen und Überprüfungen an Ort und Stelle.

---

6 Überblick bei *P. Chavaki*, Betrugsbekämpfung in der Europäischen Union, ZEuS 1999, S. 431.
7 Vgl. Aktionsplan 2001–2003, Dok. KOM (01) 254 endg.
8 VO (EG) 1073/99 des Rats, ABl.EG 1999 Nr. L 136/1; *S. Gleß*, Das Europäische Amt für Betrugsbekämpfung, EuZW 1999, S. 618; *U. Mager*, Das Europäische Amt für Betrugsbekämpfung (OLAF) – Rechtsgrundlagen seiner Errichtung und Grenzen seiner Befugnisse, ZEuS 2000, S. 177.
9 Hierzu eingehend *A. Ott*, Die Kontrollfunktion des Europäischen Parlaments gegenüber der Europäischen Kommission, ZEuS 1999, S. 231.
10 Einzelheiten siehe dort.
11 ABl.EG 2001 Nr. C 80/80.
12 Nach EuGH Rs. 68/88, EuZW 1990, S. 100 (Mais) verpflichtet er die Mitgliedstaaten, Verstöße gegen Gemeinschaftsrecht so effektiv zu verfolgen und zu ahnden wie Verstöße gegen nationales Recht.
13 ABl.EG 1995 Nr. C 316/49, siehe auch die diesbezüglichen Protokolle, ABl.EG 1996 Nr. C 313/1, 1997 Nr. C 151 u. 1997 Nr. C 221; *F. Zieschang*, Das Übereinkommen zum Schutz der finanziellen Interessen der EG und seine Auswirkungen auf das deutsche Strafrecht, EuZW 1997, S. 78, *H.-M. Wolffgang/S. Ullrich*, Schutz der finanziellen Interessen der Europäischen Gemeinschaft, EuR 1998, S. 616.
14 Sie regelt Sanktionen verwaltungsrechtlicher Art, ABl.EG 1995 Nr. L 312/1.
15 ABl.EG 1996 Nr. L 292; hierzu *L. Kuhl/H. Spitzer*, Die Verordnung (Euratom/EG) 2185/96 des Rates über die Kontrollbefugnisse der Kommission im Bereich der Betrugsbekämpfung, EuZW 1998, S. 37.

Art. 247 (ex-Art. 188b)

(1) Der Rechnungshof besteht aus einem Staatsangehörigen je Mitgliedstaat.

(2) Zu Mitgliedern des Rechnungshofes sind Persönlichkeiten auszuwählen, die in ihren Ländern Rechnungsprüfungsorganen angehören oder angehört haben oder die für dieses Amt besonders geeignet sind. Sie müssen jede Gewähr für Unabhängigkeit bieten.

(3) Die Mitglieder des Rechnungshofs werden auf sechs Jahre ernannt. Der Rat nimmt die gemäß den Vorschlägen der einzelnen Mitgliedstaaten erstellte Liste der Mitglieder nach Anhörung des Europäischen Parlaments mit qualifizierter Mehrheit an. Die Wiederernennung der Mitglieder des Rechnungshofs ist zulässig.

Sie wählen aus ihrer Mitte den Präsidenten des Rechnungshofs für drei Jahre. Wiederwahl ist zulässig.

(4) Die Mitglieder des Rechnungshofes üben ihre Tätigkeit in voller Unabhängigkeit zum allgemeinen Wohl der Gemeinschaft aus.
Sie dürfen bei der Erfüllung ihrer Pflichten Anweisungen von einer Regierung oder einer anderen Stelle weder anfordern noch entgegennehmen. Sie haben jede Handlung zu unterlassen, die mit ihren Aufgaben unvereinbar ist.

(5) Die Mitglieder des Rechnungshofes dürfen während ihrer Amtszeit keine andere entgeltliche oder unentgeltliche Berufstätigkeit ausüben. Bei der Aufnahme ihrer Tätigkeit übernehmen sie die feierliche Verpflichtung, während der Ausübung und nach Ablauf ihrer Amtstätigkeit die sich aus ihrem Amt ergebenden Pflichten zu erfüllen, insbesondere die Pflicht, bei der Annahme gewisser Tätigkeiten oder Vorteile nach Ablauf dieser Tätigkeit ehrenhaft und zurückhaltend zu sein.

(6) Abgesehen von regelmäßigen Neubesetzungen und von Todesfällen endet das Amt eines Mitglieds des Rechnungshofes durch Rücktritt oder durch Amtsenthebung durch den Gerichtshof gemäß Absatz 7.
Für das ausscheidende Mitglied wird für die verbleibende Amtszeit ein Nachfolger ernannt.
Außer im Fall der Amtsenthebung bleiben die Mitglieder des Rechnungshofes bis zur Neubesetzung ihres Sitzes im Amt.

(7) Ein Mitglied des Rechnungshofes kann nur dann seines Amtes enthoben oder seiner Ruhegehaltsansprüche oder anderer an ihrer Stelle gewährter Vergünstigungen für verlustig erklärt werden, wenn der Gerichtshof auf Antrag des Rechnungshofes feststellt, daß es nicht mehr die erforderlichen Voraussetzungen erfüllt oder den sich aus seinem Amt ergebenden Verpflichtungen nicht mehr nachkommt.

(8) Der Rat setzt mit qualifizierter Mehrheit die Beschäftigungsbedingungen für den Präsidenten und die Mitglieder des Rechnungshofes fest, insbesondere die Gehälter, Vergütungen und Ruhegehälter. Er setzt mit derselben Mehrheit alle sonstigen als Entgelt gezahlten Vergütungen fest.

(9) Die für die Richter des Gerichtshofes geltenden Bestimmungen des Protokolls über die Vorrechte und Befreiungen der Europäischen Gemeinschaften gelten auch für die Mitglieder des Rechnungshofes.

Amsterdamer Fassung der Abs. 1 und 3:

(1) Der Rechnungshof besteht aus fünfzehn Mitgliedern.

(3) Die Mitglieder des Rechnungshofes werden vom Rat nach Anhörung des Europäischen Parlaments einstimmig auf sechs Jahre ernannt.

Die Mitglieder des Rechnungshofes können wiederernannt werden.

Sie wählen aus ihrer Mitte den Präsidenten des Rechnungshofes für drei Jahre. Wiederwahl ist zulässig.

Inhaltsübersicht:

I. Mitglieder	1
II. Innere Organisation	2

I. Mitglieder

Die Bestimmungen der Abs. 2 S. 2, Abs. 4 bis 7 u. 9 sollen, ähnlich wie im Fall der Mitglieder der Kommission, der Richter und Generalanwälte der Gemeinschaftsgerichte, die **Unabhängigkeit** der Mitglieder des Rechnungshofs sicherstellen. Sie bildet die Grundlage der Autorität des Hofs. Bedenklich ist daher die oft genutzte Möglichkeit der Wiederernennung nach Abs. 3 UAbs. 1.   **1**

Alle drei Jahre wird ein Teil der Mitglieder ernannt[1], wobei der formell geringe Einfluß des Parlaments nicht zu unterschätzen ist[2]. Der Rat entscheidet seit Nizza mit qualifizierter Mehrheit. Der Hof dringt seit langem darauf, daß seine Mitglieder im gleichen **Verfahren** wie die Richter des EuGH bestellt werden und über eine einmalige zwölfjährige Amtsperiode verfügen.[3] Auf Vorschlag des Hofs[4] schrieb der Vertrag von Nizza fest, dass auch nach der Erweiterung der Gemeinschaft jeder Mitgliedstaat mit einem Staatsangehörigen vertreten sein wird.   **1 a**

II. Innere Organisation

Die derzeit 15 Mitglieder des Hofs arbeiten in Kammern[5] zusammen, wobei jedes von ihnen durch ein Kabinett sowie das Generalsekretariat unterstützt wird. Insgesamt verfügt der Rechnungshof über etwa 250 Rechnungsprüfer. Er ist nach Art. 248 Abs. 4 UAbs. 3 als **Kollegialorgan** seiner Mitglieder organisiert. Dem Präsidenten obliegt als Erstem unter Gleichen die Koordination der Arbeit des Hofs sowie seine Repräsentation nach außen.   **2**

---

1 Zum Ernennungsverfahren näher G. *Lienbacher*, in: Schwarze, EU-Kommentar, Art. 247, Rn. 3 ff.
2 Vgl. die Kriterienkataloge in den Entschließungen vom 17.11.1992 und vom 19.1.1995, ABl.EG 1992 Nr. C 337/51 und 1995 Nr. C 43/75; R. *Bieber*, in: GTE, EU-/EGV, Art. 188b, Rn. 3, 5; kritisch N. *Schmidt-Gerritzen*, in: Lenz, EGV, Art. 247, Rn. 3 f.
3 Contribution by the European Court of Auditors to the Intergovernmental Conference, Luxemburg 2000, Ziff. 7 ff.
4 Contribution by the European Court of Auditors to the Intergovernmental Conference, Luxemburg 2000, Ziff. 6 ff.
5 Siehe Art. 248, Rn. 4.

Art. 248 EG-Vertrag

Art. 248 (ex-Art. 188c)

(1) Der Rechnungshof prüft die Rechnung über alle Einnahmen und Ausgaben der Gemeinschaft. Er prüft ebenfalls die Rechnung über alle Einnahmen und Ausgaben jeder von der Gemeinschaft geschaffenen Einrichtung, soweit der Gründungsakt dies nicht ausschließt.[1]

Der Rechnungshof legt dem Europäischen Parlament und dem Rat eine Erklärung über die Zuverlässigkeit der Rechnungsführung sowie die Rechtmäßigkeit und Ordnungsmäßigkeit der zugrunde liegenden Vorgänge vor, die im Amtsblatt der Europäischen Union veröffentlicht wird. Diese Erklärung kann durch spezifische Beurteilungen zu allen größeren Tätigkeitsbereichen der Gemeinschaft ergänzt werden.[4]

(2) Der Rechnungshof prüft die Rechtmäßigkeit und Ordnungsmäßigkeit der Einnahmen und Ausgaben und überzeugt sich von der Wirtschaftlichkeit der Haushaltsführung. Dabei berichtet er insbesondere über alle Fälle von Unregelmäßigkeiten.[2]

Die Prüfung der Einnahmen erfolgt anhand der Feststellungen und der Zahlungen der Einnahmen an die Gemeinschaft.

Die Prüfung der Ausgaben erfolgt anhand der Mittelbindungen und der Zahlungen.

Diese Prüfungen können vor Abschluß der Rechnung des betreffenden Haushaltsjahrs durchgeführt werden.

(3) Die Prüfung wird anhand der Rechnungsunterlagen und erforderlichenfalls an Ort und Stelle bei den anderen Organen der Gemeinschaft, in den Räumlichkeiten der Einrichtungen, die Einnahmen oder Ausgaben für Rechnung der Gemeinschaft verwalten, sowie der natürlichen und juristischen Personen, die Zahlungen aus dem Haushalt erhalten, und in den Mitgliedstaaten durchgeführt. Die Prüfung in den Mitgliedstaaten erfolgt in Verbindung mit den einzelstaatlichen Rechnungsprüfungsorganen oder, wenn diese nicht über die erforderliche Zuständigkeit verfügen, mit den zuständigen einzelstaatlichen Dienststellen. Der Rechnungshof und die einzelstaatlichen Rechnungsprüfungsorgane arbeiten unter Wahrung ihrer Unabhängigkeit vertrauensvoll zusammen. Diese Organe oder Dienststellen teilen dem Rechnungshof mit, ob sie an der Prüfung teilzunehmen beabsichtigen.[3]

Die anderen Organe der Gemeinschaft, die Einrichtungen, die Einnahmen oder Ausgaben für Rechnung der Gemeinschaft verwalten, die natürlichen oder juristischen Personen, die Zahlungen aus dem Haushalt erhalten, und die einzelstaatlichen Rechnungsprüfungsorgane oder, wenn diese nicht über die erforderliche Zuständigkeit verfügen, die zuständigen einzelstaatlichen Dienststellen übermitteln dem Rechnungshof auf dessen Antrag die für die Erfüllung seiner Aufgabe erforderlichen Unterlagen oder Informationen.[3]

Die Rechte des Rechnungshofs auf Zugang zu Informationen der Europäischen Investitionsbank im Zusammenhang mit deren Tätigkeit bei der Verwaltung von Einnahmen und Ausgaben der Gemeinschaft werden in einer Vereinbarung zwischen dem Rechnungshof, der Bank und der Kommission geregelt. Der Rechnungshof hat auch dann Recht auf Zugang zu den Informationen, die für die Prüfung der von der Bank verwalteten Einnahmen und Ausgaben der Gemeinschaft erforderlich sind, wenn eine entsprechende Vereinbarung nicht besteht.[1]

(4) Der Rechnungshof erstattet nach Abschluß eines jeden Haushaltsjahrs einen Jahresbericht. Dieser Bericht wird den anderen Organen der Gemeinschaft vorgelegt und im Amtsblatt der Europäischen Union zusammen mit den Antworten dieser Organe auf die Bemerkungen des Rechnungshofs veröffentlicht.³

Der Rechnungshof kann ferner jederzeit seine Bemerkungen zu besonderen Fragen vorlegen, insbesondere in Form von Sonderberichten, und auf Antrag eines der anderen Organe der Gemeinschaft Stellungnahmen abgeben.³

Er nimmt seine jährlichen Berichte, Sonderberichte oder Stellungnahmen mit der Mehrheit seiner Mitglieder an. Er kann jedoch für die Annahme bestimmter Arten von Berichten oder Stellungnahmen nach Maßgabe seiner Geschäftsordnung Kammern bilden.⁵

Er unterstützt das Europäische Parlament und den Rat bei der Kontrolle der Ausführung des Haushaltsplans.

Der Rechnungshof gibt sich eine Geschäftsordnung. Diese bedarf der Genehmigung des Rates, der mit qualifizierter Mehrheit beschließt.⁵

Amsterdamer Fassung:
Abs. 1 UAbs. 2 Satz 2, Abs. 4 UAbs. 3 Satz 2 und Abs. 4 UAbs. 5 sind durch den Vertrag von Nizza eingefügte Bestimmungen.

Inhaltsübersicht:

I. Gegenstand und Maßstab der Prüfung	1
II. Prüfungsverfahren	3

I. Gegenstand und Maßstab der Prüfung

Der Hof prüft ex post **Einnahmen und Ausgaben** der Gemeinschaften sowie ihrer Einrichtungen¹, soweit deren Gründungsakt nichts anderes festlegt. Ausnahmen bestehen u.a. für EZB und EIB². Auch die Europäischen Entwicklungsfonds unterliegen seiner Prüfung³. Die Haushaltsordnung⁴ schreibt vor, dass sich die Empfänger von Gemeinschaftssubventionen verpflichten, deren Verwendung durch den Hof kontrollieren zu lassen. In der zweiten und dritten Säule der Europäischen Union unterliegen zumindest die Verwaltungsausgaben nach Art. 28 Abs. 2, 41 Abs. 2 EUV seiner Prüfung, da sie aus dem Gemeinschaftshaushalt erfolgen. Somit handelt es sich um Ausgaben der Gemeinschaft i.S.d. Abs. 1 S. 1. In der Praxis erfolgt eine Klarstellung der Zuständigkeit im Einzelfall⁵. 1

Der Hof prüft erstens die **Ordnungsmäßigkeit** des gesamten Haushaltsgebarens, zweitens dessen **Rechtmäßigkeit**, d.h. die Vereinbarkeit der Einnahmen und Ausgaben mit 2

---

1 Zum Verhältnis des Rechnungshofs zu anderen Kontrolleinrichtungen der Gemeinschaft siehe Art. 246, Rn. 3 ff.
2 Näher *R. Bieber,* in: GTE, EGV/EUV, Art. 188c, Rn. 2, 8 ff.; *G. Lienbacher,* in: Schwarze, EU-Kommentar, Art. 248, Rn. 10.
3 ABl.EG 1991 Nr. L 229, S. 288; s. Erste Erklärung zum Haushaltsvertrag v. 22.7.1975, BGBl. II 1976, S. 1338.
4 Haushaltsordnung vom 21. Dezember 1977 für den Gesamthaushaltsplan der Europäischen Gemeinschaften, ABl.EG 1977 Nr. L 356/1.
5 Hierzu eingehend *R. Bieber,* in: GTE, EU-/EGV, Art. 188c, Rn. 9 f.

den Vorschriften der Gemeinschaft[6]. Die Kontrolle der Rechtmäßigkeit dieser Vorschriften fällt nicht in seine Zuständigkeit[7]. Drittens prüft der Hof die **Wirtschaftlichkeit** der Haushaltsführung, d.h. die Effizienz des Mitteleinsatzes zur Erreichung der gesteckten Ziele[8].

II. Prüfungsverfahren

3 Aus Kapazitätsgründen beschränkt sich der Hof auf eine **Systemprüfung**, d.h. er prüft durch Stichproben die Effizienz der Kontrollmechanismen der Gemeinschaftseinrichtungen und der Mitgliedstaaten[9]. Dies tut er anhand ihm übersandter Unterlagen oder vor Ort. Letzteres wird seit der Amsterdamer Vertragsänderung in Abs. 3 UAbs. 1 präzisiert. Hierbei kann er auch in mitgliedstaatlichen Verwaltungen sowie bei Endbegünstigten von Gemeinschaftshilfen tätig werden. Gemeinschaftliche und mitgliedstaatliche Behörden leisten ihm **Amtshilfe**. Mangels eigener Strafgewalt übermittelt er Anhaltspunkte für Straftaten an die Strafverfolgungsbehörden der Mitgliedstaaten. Die Ergebnisse seiner Arbeit teilt er in Jahresberichten, Sonderberichten und Stellungnahmen den Organen bzw. der Öffentlichkeit mit[10].

4 Zusätzlich gibt der Hof seit der Vertragsrevision von Maastricht jährlich eine gesonderte Erklärung über die Zuverlässigkeit der Rechnungsführung sowie die Recht- und Ordnungsmäßigkeit der zugrundeliegenden Vorgänge ab, die seit der Amsterdamer Vertragsänderung zu veröffentlichen ist. Sie enthält eine zusammenfassende Bewertung des Haushaltsgebarens im letzten Haushaltsjahr. Seit der Vertragsrevision von Nizza kann der Hof sie gemäß Abs. 1 UAbs. 2 S. 2 durch spezifische Beurteilungen zu allen größeren Tätigkeitsbereichen der Gemeinschaft ergänzen. Dies hatte der Rechnungshof in der Vergangenheit auch ohne explizite primärrechtliche Grundlage mehrfach getan. Das Parlament entscheidet u.a. auf der Grundlage der Berichte sowie der Zuverlässigkeitserklärung über die Entlastung der Kommission (Abs. 4 UAbs. 4, 276 Abs. 1).

5 Auf Anregung des Hofs[11] änderte der Vertrag von Nizza Abs. 4 dahingehend, dass der Hof nach Abs. 4 UAbs. 3 S. 2 **Kammern** bilden kann. Im Gegensatz zu Arbeitsgruppen können Kammern Berichte und Stellungnahmen nicht nur erarbeiten, sondern auch annehmen. Gestützt auf sein Selbstorganisationsrecht gab sich der Hof eine **Geschäftsordnung**[12], wozu ihn seit Nizza Abs. 4 UAbs. 5 ausdrücklich ermächtigt. Ferner verabschiedete er einen Verhaltenskodex[13].

---

6 Vertiefend *V. Schmitt*, Dix ans de travaux de la Cour des comptes européenne, R.M.C. 1988, S. 282 ff.
7 EuGH, Rs. C-294/83, Slg. 1986, 1339, Rn. 28 (Les Verts).
8 Näher *S. Magiera*, Finanzkontrolle in der EG, in: v. Arnim (Hrsg.), Finanzkontrolle im Wandel, 1989, S. 221; *H. Ries*, Die Finanzkontrolle des Europäischen Rechnungshofs und Evaluation, DÖV 1992, S. 294.
9 *N. Schmidt-Gerritzen*, in: Lenz, EGV, Art. 247, Rn. 4.
10 Siehe auch Art. 246, Rn. 2; jüngere Berichte sind verfügbar unter http://www/eca.eu.int
11 Contribution by the European Court of Auditors to the Intergovernmental Conference, Luxemburg 2000, Ziff. 4 ff.
12 *BBPS* Textsammlung, II.7.1.; hierzu *R. Bieber*, in: GTE, EU-/EGV, Art. 188b, Rn. 320.
13 Kodex für gute Verwaltungspraxis des Personals des EuRH, Beschluss vom 19.6.2000.

# Kapitel 2
Gemeinsame Vorschriften für mehrere Organe

Art. 249 (ex-Art. 189)

Zur Erfüllung ihrer Aufgaben und nach Maßgabe dieses Vertrags erlassen das Europäische Parlament und der Rat gemeinsam, der Rat und die Kommission Verordnungen, Richtlinien und Entscheidungen, sprechen Empfehlungen aus oder geben Stellungnahmen ab[1].

Die Verordnung hat allgemeine Geltung. Sie ist in allen ihren Teilen verbindlich und gilt unmittelbar in jedem Mitgliedstaat[38 ff.].

Die Richtlinie ist für jeden Mitgliedstaat, an den sie gerichtet wird, hinsichtlich des zu erreichenden Ziels verbindlich, überläßt jedoch den innerstaatlichen Stellen die Wahl der Form und der Mittel[43 ff.].

Die Entscheidung ist in allen ihren Teilen für diejenigen verbindlich, die sie bezeichnet[116 ff.].

Die Empfehlungen und Stellungnahmen sind nicht verbindlich[119 ff.].

Inhaltsübersicht:

A. Regelungsinhalt des Art. 249	1
B. Rechtsquellen des Gemeinschaftsrechts	2
I. Primäres Gemeinschaftsrecht	2
1. Verträge	2
2. Allgemeine Rechtsgrundsätze und Gewohnheitsrecht	3
3. Gemeinschaftsrecht und Völkerrecht	5
II. Sekundäres Gemeinschaftsrecht	8
1. Art. 249 Abs. 1 und die Befugnis zum Erlaß sekundären Gemeinschaftsrechts	8
2. Primärrecht als Maßstabsnorm des Sekundärrechts	9
3. Verhältnis der Sekundärrechtsakte untereinander	11
4. Wirksamkeit des Sekundärrechts	12
5. Formen des sekundären Gemeinschaftsrechts im Überblick	13
6. Reformüberlegungen	14
C. Charakteristika des Gemeinschaftsrechts	16
I. Vorrang	16
II. Unmittelbare Wirkung	17
1. Grundsatz	17
2. Dogmatische Begründung	19
3. Voraussetzungen und Rechtsfolgen	22
D. Anforderungen an den mitgliedstaatlichen Rechtsschutz	25
I. Rechtsprechung des EuGH	25
II. Rezeption im Schrifttum	33
III. Perspektiven und Kompetenzfragen	35
E. Die Rechtsakte des Art. 249	38
I. Verordnung	38
1. Allgemeine Geltung	38
2. Gesamtverbindlichkeit	40
3. Unmittelbare Geltung in jedem Mitgliedstaat	41
II. Richtlinie	43
1. Regelungsstruktur	43
2. Wahl der Form und der Mittel durch innerstaatliche Stellen: Umfang der Umsetzungsverpflichtung	46
a) Anforderungen an die Form der Richtlinienumsetzung	46

		b) Mittel der Richtlinienumsetzung	51
		aa) Außenverbindliche Rechtssätze	51
		bb) Verwaltungspraxis	55
		cc) Verwaltungsvorschriften und circulaires	56
		c) Umsetzungsverpflichtete mitgliedstaatliche Stellen	59
		d) Subjektive Rechte im Richtlinienrecht	60
	3.	Folgen unterlassener oder fehlerhafter Richtlinienumsetzung im Überblick	68
	4.	Unmittelbare Wirkung von Richtlinien	69
		a) Anerkennung der Rechtsfigur in Rechtsprechung und Lehre	69
		b) Voraussetzungen	73
		aa) Fristablauf	73
		bb) Fehlende oder mangelhafte Umsetzung	74
		cc) Normstruktur	75
		dd) Adressaten unmittelbarer Richtlinienwirkung: Grundsatz	78
		ee) Unmittelbare Richtlinienwirkung in Dreiecksverhältnissen	83
		ff) Subjektive Rechte als zusätzliche Voraussetzung?	87
		c) Rechtsfolgen	91
		aa) Grundsätze	91
		bb) Objektive unmittelbare Wirkung und legal review	93
		cc) Beachtlichkeit von Amts wegen und Bindung der Verwaltung	96
		dd) Unmittelbare Richtlinienwirkung und Individualrechtsschutz	98
		ee) Unmittelbare Richtlinienwirkung, Rechtsbehelfsfristen und Bestandskraft	102
	5.	Richtlinienkonforme Auslegung	106
		a) Grundsatz	106
		aa) Entwicklung der Rechtsprechung des EuGH und Praxis deutscher Gerichte	106
		bb) Dogmatische Begründungsansätze im Schrifttum und Stellungnahme	108
		b) Einzelfragen	110
		aa) Beginn des Gebots der richtlinienkonformen Auslegung	110
		bb) Richtlinienkonforme Auslegung und Belastungen Privater	111
		cc) Richtlinienkonforme Auslegung als Umsetzungsersatz?	112
		c) Weiterentwicklung: Grundsatz gemeinschaftsrechtkonformer Auslegung?	113
	6.	Kritik und rechtspolitische Perspektiven zur Richtlinie	115
III.	Entscheidung		116
IV.	Empfehlungen und Stellungnahmen		119
V.	Ungekennzeichnete Rechtsakte und Handlungsformen der EU		121

A. Regelungsinhalt des Art. 249

1 Art. 249 enthält die Rechtsakte, die von den Gemeinschaftsorganen erlassen werden können. Dabei beschränkt sich die Vorschrift auf eine – nicht abschließende (s.u. Rn. 121 ff.) – Aufzählung dieser Rechtsakte, ohne selbst Befugnisse zu verleihen. Auch ist der Bezug zur gemeinschaftsrechtlichen Kompetenzlehre gelockert: Den früher in Art. 249 Abs. 1 verorteten Grundsatz der begrenzten Einzelermächtigung regelt nunmehr Art. 5 Abs. 1. Insgesamt ist Art. 249 neben Art. 220 die Kernnorm der gemeinschaftsrechtlichen Rechtsquellenlehre. Die Weiterentwicklung zu einer Zentralvorschrift über die Gesetzgebung in der Gemeinschaftsverfassung hängt vor allem vom Erfolg der Reformbemühungen in diese Richtung (s.u. Rn. 14 f.) bzw. von der Konstitutionalisierung der Gemeinschaftsverträge (dazu Art. 1 EUV Rn.17 ff.) ab. Für die **EZB** ist Art. 249 in Art. 110 Abs. 2 z.T. aufgenommen worden.

B. Rechtsquellen des Gemeinschaftsrechts

I. Primäres Gemeinschaftsrecht

1. Verträge

Zum **primären** Gemeinschaftsrecht werden gezählt[1] Alle Gründungsverträge der Europäischen Gemeinschaften einschließlich späterer Ergänzungen und Änderungen, d.h. der EGKSV, der E(W)GV, der EAGV, die EEA und der EUV (Maastricht), der Vertrag von Amsterdam, der Vertrag von Nizza, das Abkommen über gemeinsame Organe für die Europäischen Gemeinschaften[2], der Fusionsvertrag[3], das Protokoll über die Vorrechte und Befreiungen der Europäischen Gemeinschaften[4], das Protokoll über die Satzung des EuGH[5], der Haushaltsvertrag[6] und schließlich sämtliche Beitrittsverträge[7]. Zum rechtlichen Status der Grundrechtscharta s. Art. 6 EUV, Rn. 26a ff.

2. Allgemeine Rechtsgrundsätze und Gewohnheitsrecht

Den Rang des primären Gemeinschaftsrechts teilen auch die allgemeinen Rechtsgrundsätze (zu ihnen ausführlich Art. 220, Rn. 28 ff.), insbesondere die Gemeinschaftsgrundrechte (dazu bei Art. 6 Abs. 2 EUV). An letzterem ändert die Grundrechtscharta nichts (s. Art. 6 EUV, Rn. 26a ff.).

Das Gemeinschaftsrecht kennt als eine dem Völkerrecht besonders nahe Rechtsordnung auch **Gewohnheitsrecht**, das durch ständige Übung (*usus*) und eine entsprechende Rechtsüberzeugung (*opinio iuris*) entsteht[8]. Ein wichtiges Beispiel für solches Gewohnheitsrecht ist die Entsendung von Staatssekretären in den Rat entgegen Art. 203 Abs. 1[9]. Die Grenzen zur richterlichen Rechtsfortbildung durch den EuGH sind fließend. Zu letzterer, nicht zum Gemeinschaftsgewohnheitsrecht gehört die Lehre von der unmittelbaren Wirkung von Richtlinien (s.u. Rn. 69 ff.)[10]. Im Gemeinschaftsrecht bedarf es keiner Anerkennung von »instant customary law«[11], da es wesentlich präzisere Regeln zur Rechtsentstehung enthält als weite Teile des klassischen Völkerrechts und die Vorschriften über die Vertragsänderung (Art. 48 EUV) nicht umgangen werden dürfen.

---

1 S. statt vieler *Schweitzer/Hummer*, Europarecht, Rn. 13.
2 25.3.1957; Sartorius II, Nr. 220.
3 8.4.1965; Sartorius II, Nr. 220a.
4 8.4.1965; Sartorius II, Nr. 265.
5 7.5.1957, Sartorius II, Nr. 221.
6 22.7.1975; dazu Art. 268 Rn. 14.
7 Dazu Art. 49 EUV, Rn. 1, Fn. 1 für die aktuellen Beitrittsabkommen.
8 *E. Grabitz*, in: ders./Hilf, EU, Art. 189, Rn. 16; *Schweitzer/Hummer*, Europarecht, Rn. 17.
9 Vgl. *Schweitzer/Hummer*, Europarecht, Rn. 17; *M. Schweitzer*, in: Grabitz/Hilf, EU, Art. 203, Rn. 5, zur Neufassung des Art. 146 Abs. 1: Art. 203, Rn. 6.
10 A.A. *A. Bleckmann*, Die Rechtsquellen des Europäischen Gemeinschaftsrechts, NVwZ 1993, S. 824 (827); *Oppermann*, Europarecht, Rn. 480.
11 Entgegen *Oppermann*, Europarecht, Rn. 480.

3. Gemeinschaftsrecht und Völkerrecht

5 Überhaupt werden grundsätzlich die **allgemeinen Regeln des Völkerrechts** durch spezielleres Gemeinschaftsrecht im innergemeinschaftsrechtlichen Rechtsraum **verdrängt**[12]. Daß hierin **kein Widerspruch zum grundsätzlichen Primat des Völkerrechts**[13] liegt, zeigt sich an den Ausnahmen. Erstens bleibt die Gemeinschaft auch in ihren Binnenbeziehungen an das völkerrechtliche *Ius cogens* gebunden, das durch die Gemeinschafts verträge als völkerrechtliche Verträge nicht abbedungen werden kann[14]. Zweitens bindet das Völkergewohnheitsrecht die Gemeinschaft dort, wo keine gemeinschaftlichen Sonderregelungen bestehen, also vor allem in vertraglichen **Außenbeziehungen**[15]. Drittens kann das Völkerrecht der **Ergänzung** des oft unvollständigen Gemeinschaftsrechts dienen[16], was vor allem für Extremfälle wie dem Austritt aus der EG und der Möglichkeit ihrer Auflösung diskutiert wird (dazu s. Art. 48 EUV, Rn. 5; Art. 51 EUV, Rn. 2 f.). In solchen Grenzsituationen hängt die EG am »völkerrechtlichen Lebensfaden«[17]. Insgesamt besteht ein enger Zusammenhang mit den Fragen nach der Rechtsnatur der Gemeinschaft und des Gemeinschaftsrechts (Art. 1, Rn. 2, und Art. 220, Rn. 21 ff.).

6 Die **Mitgliedstaaten** können als Völkerrechtssubjekte **untereinander völkerrechtliche Verträge** schließen, soweit die jeweilige Sachkompetenz nicht auf die Gemeinschaft übergegangen ist. Auch Art. 43 ff. EUV und Art. 11 stehen dem nicht entgegen (s. Art. 43 EUV, Rn. 22). Auf diese Verträge sind die Regeln des Völkerrechts anwendbar[18]. Art. 293 sieht den Abschluß solcher Verträge in bestimmten Sachgebieten ausdrücklich vor (sog. begleitendes Gemeinschaftsrecht; Art. 293, Rn. 6 ff.).

7 Von den hier angesprochenen Fragen zu unterscheiden ist die Problematik von völkerrechtlichen Abkommen der Gemeinschaft und ihrer Wirkung im Gemeinschaftsrecht (dazu Art. 300, Rn. 20 ff., 51 ff.).

---

12 Zurückhaltend EuGH, Rs. 52/69, Slg. 1972, 787, Rn. 11 (Geigy/Kommission). Grundlegend A. *Bleckmann*, Die Rechtsnatur des Europäischen Gemeinschaftsrechts, DÖV 1978, S. 391 (392); *J. Groux/P. Manin*, Die Europäischen Gemeinschaften in der Völkerrechtsordnung, 1984; *J. Schwarze*, Das allgemeine Völkerrecht in den innergemeinschaftlichen Rechtsbeziehungen, EuR 1983, S. 1; s. auch *O. Jacot-Guillarmod*, Droit communautaire et droit international public, Genf 1979, S. 41 ff.; *A. Leenen*, Gemeenschapsrecht en Volkenrecht, Den Haag 1984, S. 80 ff.; *Oppermann*, Europarecht, Rn. 593.
13 Vgl. *K. M. Meessen*, The Application of Rules of Public International Law Within Community Law, CMLRev. 13 (1976), S. 484 (497 f.); *Oppermann*, Europarecht, Rn. 600.
14 So in der Sache *R. Arnold*, Die Übernahme des allgemeinen Völkerrechts in den internen Rechtsbereich der Europäischen Gemeinschaften, GS-G. Küchenhoff, 1983, S. 165 (180); *Bleckmann* (Fn. 12), S. 398.
15 EuGH, Rs. C-162/96, Slg. 1998, I-3655, Rn. 45 f. (Racke). Dazu *A. Berramdane*, L'application de la coutume internationale dans l'ordre juridique communautaire, C.D.E. 2000, S. 253; *J. Klabbers*, CMLRev. 36 (1999), S. 179.
16 Vgl. EuGH, Rs. 41/74, Slg. 1974, 1337, Rn. 21/23 (van Duyn/Home Office); Rs. C-162/96, Slg. 1998, I-3655, Rn. 46 (Racke).
17 *Oppermann*, Europarecht, Rn. 599.
18 Umfassend *M. Kort*, Zur europarechtlichen Zulässigkeit von Abkommen der Mitgliedstaaten untereinander, JZ 1997, S. 640; *I. E. Schwartz*, Übereinkommen zwischen den EG-Staaten: Völkerrecht oder Gemeinschaftsrecht?, FS-Grewe, 1981, S. 551.

II. Sekundäres Gemeinschaftsrecht

1. Art. 249 Abs. 1 und die Befugnis zum Erlaß sekundären Gemeinschaftsrechts

Parallel zur besonderen Rechtsnatur der EG zwischen Staat und internationaler Organisation i.S.d. Völkerrechts läßt sich Art. 249 Abs. 1 aus verschiedenen Perspektiven betrachten. Ursprünglich als Katalog der *Rechtsakte* des abgeleiteten Rechts einer internationalen Wirtschaftsorganisation konzipiert, bewegt sich die Vorschrift in Richtung einer verfassungsrechtlichen Verankerung der Rechts*normen* im gemeinschaftlichen Rechtssystem. Diese Dynamik manifestiert sich nicht zuletzt in der Frage nach dem Rang einzelner Rechtsakte.   8

2. Primärrecht als Maßstabsnorm des Sekundärrechts

Unbestritten ist der Vorrang des Primärrechts vor dem Sekundärrecht. Primärrecht – sei   9
es Vertragsrecht oder allgemeine Rechtsgrundsätze (s.o. Rn. 3) – ist Maßstab für die Rechtmäßigkeit des Sekundärrechts. Die Gemeinschaftsorgane dürfen nur nach Maßgabe der vertraglichen Befugnisse handeln (Art. 7 Abs. 1 S. 2, 249 Abs. 1)[19].

Ausfluß dieses Vorranges ist auch das vom Gerichtshof in ständiger Rechtsprechung formulierte **Gebot der primärrechtskonformen Auslegung des Sekundärrechts**[20]. Das Primärrecht umfaßt auch hier die allgemeinen Rechtsgrundsätze[21]. Dem hat sich das Schrifttum angeschlossen[22]. Diese Rechtsprechung ist mit Blick auf die weitere Konstitutionalisierung der Gemeinschaft zu befürworten, zumal sie ohne eine ausdrückliche Bezugnahme auf die »verfassungskonforme Auslegung« deutscher Prägung auskommt und somit der kritiklosen Übernahme einer Rechtsfigur des nationalen Rechts entgegenwirkt.   10

3. Verhältnis der Sekundärrechtsakte untereinander

Innerhalb der Sekundärrechtsakte gelten die allgemeinen Regeln juristischer Methodenlehre mit gemeinschaftsrechtlichen Modifikationen: Der Grundsatz *lex posterior derogat legi priori* (das spätere Gesetz verdrängt das frühere) gilt mit der Maßgabe, daß die Rechtsakte vom gleichen Organ im gleichen Verfahren erlassen wurden, damit weder die grundsätzliche Gleichberechtigung der Organe noch die besondere Funktion einzelner Verfahren beeinträchtigt werden[23]. Außerdem ist zwischen einzelnen Sekundärrechtsakten das Prinzip *lex specialis derogat legi generali* (das spezielle Gesetz verdrängt   11

---

19 Vgl. *G. Schmidt*, in: GTE, EU-/EGV, Art. 189, Rn. 21; *E. Grabitz*, in: ders./Hilf, EU, Art. 189, Rn. 20; *H. D. Jarass*, Konflikte zwischen EG-Recht und nationalem Recht vor den Gerichten der Mitgliedstaaten, DVBl. 1995, S. 954 (960 f.).
20 EuGH, Rs. 218/82, Slg. 1983, 4063, Rn. 15 (Kommission/Rat); Verb. Rs. 201 und 202/85, Slg. 1986, 3477, Rn. 21 (Klensch/Staatssekretär); Rs. C-314/89, Slg. 1991, 1647, Rn. 17 (Rauh); Rs. C-98/91, Slg. 1994, I-248, Rn. 9 (Herbrink).
21 EuGH, Rs. C-314/89, Slg. 1991, 1647, Rn. 17 (Rauh); Rn. 17; Rs. C-98/91, Slg. 1994, I-248, Rn. 9 (Herbrink).
22 *G. Schmidt*, in: GTE, EU-/EGV, Art. 189, Rn. 21.
23 Näher *G. Schmidt*, in: GTE, EU-/EGV, Art. 189, Rn. 23.

das allgemeine) anwendbar²⁴. **Durchführungsbestimmungen** sind im Verhältnis zu den ermächtigenden Rechtsakten grundsätzlich **nachrangig**²⁵. Rechtsakte von Rat und Kommission, die nicht im Verhältnis Grund-/Durchführungsakt stehen, sind gleichrangig²⁶. Im Sonderfall der **gemeinschaftsgerichteten Richtlinien** nach Art. 286 Abs. 1 sind diese Maßstab für andere Sekundärrechtsakte²⁷.

4. Wirksamkeit des Sekundärrechts

12 Nach der Rechtsprechung des EuGH spricht für die Rechtsakte der Gemeinschaftsorgane grundsätzlich die Vermutung der Gültigkeit, so daß selbst rechtswidrige Gemeinschaftsrechtsakte Rechtswirkungen entfalten, solange sie nicht aufgehoben oder zurückgenommen werden²⁸. Ausgenommen sind mit extrem schweren Fehlern behaftete Rechtsakte, die als rechtlich inexistent angesehen werden²⁹. Ein einmal beschlossener Rechtsakt ist ohne erneute formelle Beschlußfassung nicht abänderbar³⁰. Ebensowenig kann ein unzuständiges Gemeinschaftsorgan durch Aufhebung des deswegen rechtswidrigen Rechtsaktes erreichen, daß dieser durch den EuGH für nichtig erklärt wird, wenn die Rechtswirkungen bestehen bleiben³¹.

5. Formen des sekundären Gemeinschaftsrechts im Überblick

13 Art. 249 nennt als abstrakt-generellen Rechtsakt die Verordnung (s.u. Rn. 38 ff.). Rechtsnormcharakter weisen inzwischen aufgrund vielfältiger richterrechtlicher Weiterentwicklungen auch Richtlinien auf (s.u. Rn. 43 ff.). Entscheidungen (Rn. 116 ff.) sind hingegen Einzelakte. Neben die unverbindlichen Empfehlungen und Stellungnahmen (Rn. 119 ff.) treten schließlich noch die sog. ungekennzeichneten Rechtsakte oder Rechtsakte *sui generis*, die in der Aufzählung des Art. 249 nicht enthalten sind (s.u. Rn. 121 ff.). Sofern die einschlägige Kompetenznorm dies ermöglicht, können die Gemeinschaftsorgane die Art des Rechtsaktes nach pflichtgemäßem Ermessen wählen³².

---

24 *G. Schmidt,* in: GTE, EU-/EGV, Art. 189, Rn. 23.
25 EuGH, Rs. 25/70, Slg. 1970, 1174, Rn. 17 (Einfuhr- und Vorratsstelle/Köster).
26 *Ipsen,* EG-Recht, 21/5.
27 *A. Haratsch,* Verweisungstechnik und gemeinschaftsgerichtete EG-Richtlinien, EuR 2000, 42 (53).
28 EuGH, Rs. C-137/92 P, Slg. 1994, I-2555, Rn. 48 (Kommission/BASF); Rs. C-200/92, Slg. 1999, I-4399, Rn. 69 (ICI); Rs. C-227/92 P, Slg. 1999, 4443, Rn. 69 (Hoechst); Rs. C-234/92 P, Slg. 1999, I-4501, Rn. 55 (Shell/Kommission); Rs. 235/92 P, Slg. 1999, I-4539, Rn. 96 (Montecatini/Kommission); Rs. C-245/92 P, Slg. 1999, I-4643, Rn. 93 (Chemie Linz/Kommission).
29 EuGH, Rs. C-137/92 P, Slg. 1994, I-2555, Rn. 49 (Kommission/BASF); Rs. C-199/92 P, Slg. 1999, 4287, Rn. 83 ff. (Hüls); Rs. C-200/92, Slg. 1999, I-4399, Rn. 70 (ICI); Rs. C-227/92 P, Slg. 1999, 4443, Rn. 70 (Hoechst); Rs. C-234/92 P, Slg. 1999, I-4501, Rn. 56 (Shell/Kommission); Rs. 235/92 P, Slg. 1999, I-4539, Rn. 97 (Montecatini/Kommission); Rs. C-245/92 P, Slg. 1999, I-4643, Rn. 94 (Chemie Linz/Kommission).
30 EuG, Verb. Rs. T-79, 84, 85, 86, 89, 91, 92, 94, 96, 98, 102 und 104/89, Slg. 1992, II-315, Rn. 35 (BASF/Kommission), aufgehoben durch EuGH, Rs. C-137/92 P, Slg. 1994, I-2555 (Kommission/BASF).
31 EuGH, Rs. C-89/96, Slg. 1999, I-8377, Rn. 13 (Portugal/Kommission).
32 *B. Biervert,* in: Schwarze, EU-Kommentar, Art. 249, Rn. 13 f.

6. Reformüberlegungen

In der 16. Protokollerklärung zum EUV hatten die Vertragsparteien des Maastrichter Vertrags der Regierungskonferenz zur Vertragsrevision aufgegeben, »die Einteilung der Rechtsakte der Gemeinschaft mit dem Ziel zu überprüfen, eine angemessene Rangordnung der verschiedenen Arten von Normen herzustellen«. Reformziele waren erstens die Vereinheitlichung, Vereinfachung und Rationalisierung der Rechtsakte angesichts einer steigenden Zahl ungekennzeichneter Rechtsakte und zweitens die Errichtung einer handhabbaren Vorrangordnung[33]. Letztere ist eng verknüpft mit einer Vereinfachung der Verfahren zum Erlaß von Durchführungsbestimmungen (»Komitologie«; dazu Art. 202, Rn. 12 ff.).[34] Der **Vertrag von Amsterdam** hat über eine (Absichts-)»Erklärung zur redaktionellen Qualität der gemeinschaftlichen Rechtsvorschriften« (Erklärung Nr. 39)[35] hinaus keine substantiellen Änderungen gebracht. Im **Vertrag von Nizza** war das Thema nicht wieder aufgegriffen worden (weder im Text noch in einer Erklärung), obwohl dringender Bedarf bestanden hätte.

14

Zu einer überzeugenden Neuordnung der gemeinschaftlichen Rechtsakte bedarf es letztlich weiterer Schritte der Konstitutionalisierung[36]. Die Errichtung einer Normenhierarchie[37] von der Gemeinschaftsverfassung (Primärrecht) über verschiedene Gemeinschaftsgesetze[38], darunter die *loi organique* französischer Prägung für das Verhältnis der Institutionen[39], über Durchführungsbestimmungen hin zu konkretisierenden Einzelakten setzt eine erheblich weiterentwickelte Gemeinschaft voraus. Der Symbolcharakter der Einführung eines »Gemeinschaftsgesetzes« wäre zudem unübersehbar[40]. Der Zurückhaltung der Mitgliedstaaten in dieser Hinsicht ist der EuGH von Beginn an durch die Herausarbeitung bestimmter Charaktaristika des Gemeinschaftsrechts im Wege richterlicher Rechtsfortbildung entgegengetreten.

15

C. Charakteristika des Gemeinschaftsrechts

I. Vorrang

Der Anwendungsvorrang des Gemeinschaftsrechts vor dem nationalen Recht entspricht mittlerweile ständiger Praxis und herrschender Meinung (zur Diskussion ausf. Art. 220, Rn. 22 ff.).

16

---

33 Zu diesen Zielen *P.-Y. Monjal*, La Conférence intergouvernementale de 1996 et la hiérarchie des normes communautaires, R.T.D.E. 32 (1996), S. 681 (684). S. auch *J.-P. Jacqué*, La simplification et la consolidation des traités, R.T.D.E. 33 (1997), S. 903; *R. Kovar*, La déclaration n° 16 annexée au TUE: Chronique d'un échec annoncé?, CDE 1997, S. 3 ff.
34 Kritisch *R. Bieber/I. Salomé*, Hierarchy of Norms in European Law, CMLRev. 33 (1996), S. 907 (912).
35 Vgl. auch *T. Blanchet*, Transparence et qualité de la législation, R.T.D.E. 33 (1997), S. 207 (219 f.); *C. Timmermans*, How Can One Improve the Quality of Community Legislation?, CMLRev. 34 (1997), S. 1229; *H. Xanthaki*, The Problem of Quality in EU Legislation: What on Earth Is Really Wrong?, CMLRev. 38 (2001), S. 651.
36 Die einzelnen Vertrags- und Verfassungsentwürfe untersucht unter diesem Aspekt *T. U. Diedrichsen*, The system of legal acts in the history of drafts and proposals of the EC Treaty, in: Winter (Hrsg.), Sources and Categories of European Union Law, 1996, S. 315. S. auch *G. Winter*, Reforming the sources and categories of EC Legal Acts, ebenda, S. 23 (23).
37 Zum folgenden *Bieber/Salomé* (Fn. 34), S. 924 f.; *H. Gaudin*, Amsterdam: l'échec de l'hiérarchie des normes?, R.T.D.E. 35 (1999), S. 1.
38 *Monjal* (Fn. 33), S. 701 ff., sowie *T. Koopmans*, Regulations, directives, measures, FS-Everling, 1995, S. 691 (693 f.).
39 Vgl. *R. Bieber/B. Kahil*, »Organic Law« in the European Union, in: Winter (Fn. 36), S. 423.
40 *Monjal* (Fn. 33), S. 715.

II. Unmittelbare Wirkung

1. Grundsatz

17 Die unmittelbare Wirkung ist neben dem Anwendungsvorrang ein zweites, in Rechtsprechung und Schrifttum im Grundsatz anerkanntes Wesensmerkmal gemeinschaftsrechtlicher Vorschriften. Bereits im Jahr 1963 legte der EuGH in der berühmten Entscheidung Van Gend en Loos Begründung, Voraussetzungen und Rechtsfolgen der Lehre von der unmittelbaren Wirkung des Gemeinschaftsrechts im wesentlichen fest[41]. Diese Entscheidung bezieht sich wie die folgenden Ausführungen auf die unmittelbare Wirkung des Primärrechts. Besondere Probleme wirft die unmittelbare Wirkung von Richtlinien auf; allein hier sind noch Einzelfragen im Streit (s.u. Rn. 69 ff.).

18 Kern der Lehre von der unmittelbaren Wirkung des Gemeinschaftsrechts ist die unmittelbare Anwendbarkeit dieses Rechts nicht nur im Verhältnis zwischen den Mitgliedstaaten und der Gemeinschaft sondern auch zwischen einzelnen Gemeinschaftsbürgern und den Mitgliedstaaten sowie zwischen Gemeinschaftsbürgern untereinander. Die Lehre von der unmittelbaren Wirkung des Gemeinschaftsrechts hat in einem solchen Maße Anerkennung im Schrifttum gefunden, daß sie schon 1988 als »Evergreen europarechtlicher Grundsatzdiskussionen« bezeichnet werden konnte[42]. **Terminologisch** hat sich die Bezeichnung »unmittelbare Wirkung« durchgesetzt[43]; sie bringt zum Ausdruck, daß die entsprechenden Normen des Gemeinschaftsrechts auf Rechtsverhältnisse im innerstaatlichen Bereich direkt einwirken können. Hierbei wird nochmals differenziert zwischen »objektiver unmittelbarer Wirkung«, der Wirkung des Gemeinschaftsrechts als Maßstabs- und Auslegungsnorm, und »subjektiver unmittelbarer Wirkung«, eben jener unter Rn. 17 beschriebenen unmittelbaren Berechtigung und Verpflichtung einzelner durch Gemeinschaftsrecht[44]. Darüber hinaus eignet allen Normen des Gemeinschaftsrechts »unmittelbare Geltung«; mit ihrer Verkündung werden sie geltendes Recht[45]. Der Begriff »unmittelbare Anwendbarkeit« wird nicht einheitlich gebraucht und bisweilen mit der »unmittelbaren Wirkung« gleichgesetzt[46]. Diese terminologischen Feinheiten tragen zur Lösung der Sachprobleme nur wenig bei und haben auch keinen Eingang in die Rechtsprechung des EuGH gefunden[47], was auch an den unterschiedlichen sprachlichen Fassungen des Vertragstextes liegen mag. Nur bei Richtlinien spielt die Unterscheidung von objektiver und subjektiver unmittelbarer Wirkung eine gewisse Rolle, ist aber gerade dort nicht unproblematisch (s.u. Rn. 93 ff.). Kritik hat das Konzept der unmittelbaren Wirkung nur in Grenzen erfahren[48].

---

41 EuGH, Rs. 26/62, Slg. 1963, 1 (Van Gend & Loos/Niederländische Finanzverwaltung). S. auch EuGH, Rs. 106/77, Slg. 1978, 629, Rn. 14/16 (Staatliche Finanzverwaltung/Simmenthal).
42 So E. Klein, Unmittelbare Geltung, Anwendbarkeit und Wirkung von Europäischem Gemeinschaftsrecht, Saarbrücken 1988, S. 3. S. auch grundlegend P. Pescatore, The Doctrine of »Direct Effect«: An Infant Disease of Community Law, ELRev. 8 (1983), S. 155.
43 S. zum folgenden Klein (Fn. 42), S. 8 ff., sowie H. D. Jarass, Voraussetzungen der innerstaatlichen Wirkung des EG-Rechts, NJW 1990, S. 2420 (2420); A. Oldenbourg, Die unmittelbare Wirkung von EG-Richtlinien im innerstaatlichen Bereich, 1984, S. 14 ff.; vgl. auch J. A. Winter, Direct Applicability and Direct Effect – Two Distinct and Different Concepts in Community Law, CMLRev. 9 (1972), S. 425.
44 Vgl. Klein (Fn. 42), S. 16.
45 Klein (Fn. 42), S. 8.
46 So z.B. Oppermann, Europarecht, Rn. 629.
47 Klein (Fn. 42), S. 6. Empirische Untersuchung bei Jarass (Fn. 43), S. 2420 re. Sp.
48 Vgl. I. Sebba, The Doctrine of ›Direct Effect‹: A Malignant Disease of Community Law, LIEI 1995/1, S. 35.

2. Dogmatische Begründung

Der EuGH verwies in der Entscheidung Van Gend en Loos auf den supranationalen, vom klassischen Völkerrecht zu unterscheidenden Charakter der Gemeinschaftsverträge. Dieser ergebe sich aus der Präambel, die sich nicht nur an die europäischen Regierungen, sondern auch Völker richte, aus der auch die Belange der einzelnen berührenden Tätigkeit der Gemeinschaftsorgane und aus der Repräsentation dieser einzelnen Gemeinschaftsbürger in EP und WSA. Vor allem beweise Art. 177 die vom Vertragswerk vorgesehene Möglichkeit einzelner, sich vor nationalen Gerichten auf das Gemeinschaftsrecht zu berufen[49]. 19

Beinahe wichtiger als die vom EuGH genannten Begründungselemente für die Lehre von der unmittelbaren Wirkung ist ihr – vom EuGH nicht verschwiegenes – **rechtspolitisches Motiv**. »Die Wachsamkeit der an der Wahrung ihrer Rechte interessierten Einzelnen stellt eine wirksame Kontrolle dar, welche die durch die Kommission und die Mitgliedstaaten gemäß den Artikeln 169 und 170 ausgeübte Kontrolle ergänzt.«[50] 20

In Anlehnung an den EuGH lassen sich drei miteinander verzahnte Begründungsstränge herausarbeiten. Erstens dient die unmittelbare Wirkung des Gemeinschaftsrechts seiner wirksamen Anwendung. Dieser Gesichtspunkt wird gewöhnlich mit dem französischen Begriff des *effet utile* umschrieben[51]. Zweitens wird durch die unmittelbare Wirkung auch den Anforderungen an den **Rechtsschutz des einzelnen** genüge getan. Drittens ist, wie gezeigt, die unmittelbare Wirkung des Gemeinschaftsrechts von Beginn an ein **Mittel der dezentralen Vollzugskontrolle** gewesen (Rn. 20). Nationale Instanzen, namentlich Gerichte, die von Gemeinschaftsbürgern angerufen werden, sollen die Kommission in ihrer Rolle als Hüterin des Gemeinschaftsrechts (vgl. Art. 211, 1. Spstr., 220) entlasten[52]. In diesem Punkt überlappen sich Effizienz- und Rechtsschutzprinzip: Rechte infolge unmittelbarer Wirkung werden auch und gerade zur Vollzugseffektuierung verliehen[53]. Insoweit ist es gerechtfertigt, von einem **Strukturprinzip der funktionalen Subjektivierung** des Gemeinschaftsrechts zu sprechen[54]. Dieses Strukturprinzip kommt besonders in Rechtsgebieten zum Tragen, die bereits ohne europarechtlichen Bezug 21

---

49 EuGH, Rs. 26/62, Slg. 1963, 1, Rn. 9 (Van Gend & Loos/Niederländische Finanzverwaltung).
50 EuGH, Rs. 26/62, Slg. 1963, 1, Rn. 15 (Van Gend & Loos/Niederländische Finanzverwaltung).
51 Zur Verwendung dieses Begriffes in der Rspr. des EuGH *R. Streinz*, Der »effet utile« in der Rechtsprechung des Gerichtshofs der Europäischen Gemeinschaften, FS-Everling, 1995, S. 1491 (1492 ff.).
52 S. *C.-D. Ehlermann*, Ein Plädoyer für die dezentrale Kontrolle der Anwendung des Gemeinschaftsrechts durch die Mitgliedstaaten, LA-Pescatore, 1987, S. 205 (217 ff.); *C. Langenfeld*, Die dezentrale Kontrolle der Anwendung des Europäischen Gemeinschaftsrechts im innerstaatlichen Rechtsraum, in: Siedentopf (Hrsg.), Europäische Integration und nationalstaatliche Verwaltung – Deutsche Vereinigung und institutionelle Weiterentwicklung der Europäischen Gemeinschaft, 1991, S. 173.
53 Vgl. oben Rn. 18; sowie *M. Beckmann*, Rechtsschutz Drittbetroffener bei der Umweltverträglichkeitsprüfung, DVBl. 1991, S. 358 (363); *M. Burgi*, Verwaltungsprozeß und Europarecht, 1996, S. 52; *T. von Danwitz*, Zur Grundlegung einer Theorie der subjektiv-öffentlichen Gemeinschaftsrechte, DÖV 1996, S. 481 (484); *J. Masing*, Die Mobilisierung des Bürgers für die Durchsetzung des Rechts, S. 55 ff.; *P. P. Craig*, Once upon a Time in the West: Direct Effect and the Federalization of EEC Law, Oxford Journal of Legal Studies 12 (1992), S. 453; *N. Reich*, »System der subjektiven öffentlichen Rechte« in the Union, in: Academy of European Law (Hrsg.), Collected Courses, Vol. VI (1998), Book 1, S. 157 (165 f.). Anders *C. D. Classen*, Der einzelne als Instrument zur Durchsetzung des Gemeinschaftsrechts, VerwArch 88 (1997), S. 645.
54 So auch *F. Schoch*, Individualrechtsschutz im deutschen Umweltrecht unter dem Einfluß des Gemeinschaftsrechts, NVwZ 1999, S. 457 (463 f.).

Vollzugsdefizite aufweisen, und so hat es vor allem im Umweltrecht, im Recht des öffentlichen Auftragswesens und im (Arbeits-)Recht zur Gleichstellung der Frau Bedeutung erlangt.

3. Voraussetzungen und Rechtsfolgen

22 **Voraussetzung** der unmittelbaren Wirkung des Primärrechts ist das Bestehen einer eindeutigen, klaren und uneingeschränkten Verpflichtung eines Mitgliedstaates oder eines einzelnen[55]. Die Verpflichtung darf nicht durch einen mitgliedstaatlichen Regelungsvorbehalt eingeschränkt sein[56]. Keine Voraussetzung der unmittelbaren Wirkung ist die Feststellung eines Gemeinschaftsrechtsverstoßes durch den jeweiligen Mitgliedstaat im Vertragsverletzungsverfahren[57]. Zu beachten ist, daß durch Vorschriften des Primärrechts auch private Dritte unmittelbar verpflichtet werden können[58].

23 Weil die Existenz einer eindeutigen, klaren, uneingeschränkten und vorbehaltlosen Verpflichtung die einzige Voraussetzung für die unmittelbare Wirkung einer Primärrechtsnorm darstellt, konnte der EuGH die Anwendung des Gemeinschaftsrechts durch die Zuerkennung der unmittelbaren Wirkung zahlreicher Vorschriften erheblich dynamisieren. Dies gilt vor allem für die Grundfreiheiten (s. Art. 25, Rn. 2; 28, Rn. 4; Art. 39, Rn. 1).

24 **Folge** der unmittelbaren Wirkung einer Norm des Gemeinschaftsrechts ist die Entstehung eines Rechts des einzelnen, das dieser vor mitgliedstaatlichen Gerichten geltend machen kann. Die unmittelbare Wirkung hat also die Anerkennung der Rechtssubjektivität des einzelnen im Gemeinschaftsrecht zur Folge[59]. In Verbindung mit dem Anwendungsvorrang (Art. 220, Rn. 22 ff.) führt die unmittelbare Wirkung des Primärrechts zu einer Verdrängung entgegenstehenden innerstaatlichen Rechts. Dies ist **auch von der Verwaltung und auch in bezug auf Einzelakte zu beachten**[60].

D. Anforderungen an den mitgliedstaatlichen Rechtsschutz

I. Rechtsprechung des EuGH

25 Während Anwendungsvorrang und unmittelbare Wirkung des Gemeinschaftsrechts in der Rechtsprechung des EuGH geklärt, in den mitgliedstaatlichen Rechtsordnungen rezipiert und im Schrifttum akzeptiert worden sind, ist die Frage nach den Anforderungen an den mitgliedstaatlichen Schutz gemeinschaftsrechtlicher Rechte noch im Fluß. Die Entwicklung spiegelt ein **Spannungsverhältnis** wider:

---

55 EuGH, Rs. 26/62, Slg. 1963, 1, Rn. 10 und 12 (Van Gend & Loos/Niederländische Finanzverwaltung).
56 EuGH, Rs. 26/62, Slg. 1963, 1, Rn. 12 (Van Gend & Loos/Niederländische Finanzverwaltung).
57 EuGH, Verb. Rs. 314-316/81, Slg. 1982, 4337, Rn. 15 f. (Procureur de la République/Waterkeyn).
58 EuGH, Rs. 26/62, Slg. 1963, 1, Rn. 10 a.E. (Van Gend & Loos/Niederländische Finanzverwaltung).
59 EuGH, Rs. 26/62, Slg. 1963, 1, Rn. 10 (Van Gend & Loos/Niederländische Finanzverwaltung).
60 EuGH, Rs. C-244/97, Slg. 1999, I-2517, Rn. 29 ff. (Ciola); zustimmend *J. Gundel*, Bootsliegeplatz-Privilegien für Einheimische, EuR 1999, S. 781 (786 ff.); ablehnend *T. Schilling*, EuZW 1999, S. 407 (408).

Auf der einen Seite steht die **prozessuale Autonomie der Mitgliedstaaten**. Zunächst hatte 26
der EuGH den Schwerpunkt hierauf gelegt und festgestellt, das Gemeinschaftsrecht habe den nationalen Prozeßordnungen keine neuen Rechtsbehelfe und Klagemöglichkeiten hinzufügen wollen[61].

Auf der anderen Seite hat der EuGH mehrfach aus Art. 10 gefolgert, die nationalen Gerichte müßten den Rechtsschutz gewährleisten, der sich für die einzelnen aus der unmittelbaren Wirkung des Gemeinschaftsrechts ergibt[62]. Daneben erarbeitete er in wertender Rechtsvergleichung aus Art. 6 und 13 EMRK und den nationalen Verfassungstraditionen einen allgemeinen Rechtsgrundsatz des **effektiven gerichtlichen Rechtsschutzes**[63]. Quelle für das Prinzip effektiven Rechtsschutzes im Gemeinschaftsrecht sind also sowohl der Effizienzgedanke, als auch ein aus wertender Rechtsvergleichung gewonnener Rechtsschutzgrundsatz. Effizienz- und Rechtsschutzprinzip überlappen sich wiederum im Sinne funktionaler Subjektivierung (s.o. Rn. 21). 27

Der EuGH löst das erwähnte Spannungsverhältnis dadurch, daß er die **Ausgestaltung** 28
des Rechtsschutzes im Grundsatz den Mitgliedstaaten überantwortet, dies jedoch unter **zwei Voraussetzungen**: Erstens dürfen Rechte aus dem Gemeinschaftsrecht im Vergleich zu Rechten aus dem nationalen Recht **nicht diskriminiert** werden, zweitens darf die Ausübung gemeinschaftsrechtlich gewährleisteter Rechte durch das Prozeßrecht der Mitgliedstaaten **nicht praktisch unmöglich gemacht oder übermäßig erschwert** werden[64].

In neuerer Zeit formuliert der EuGH bisweilen zurückhaltender, daß eine Vorschrift des 29
mitgliedstaatlichen Prozeßrechts unter Berücksichtigung ihrer Stellung »im gesamten Verfahren, des Verfahrensablaufs und der Besonderheiten des Verfahrens vor den verschiedenen nationalen Stellen« am Maßstab des Gemeinschaftsrechts zu prüfen sei. Dabei seien die Grundsätze des mitgliedstaatlichen Rechtsschutzsystems, »wie z.B. der Schutz der Verteidigungsrechte, der Grundsatz der Rechtssicherheit und der ordnungs-

---

61 EuGH, Rs. 158/80, Slg. 1981, 1805, Rn. 44 (Rewe/Hauptzollamt Kiel); s. auch GA F. G. *Jacobs*, Schlußantr. zu EuGH, Verb. Rs. C-430/93 und C-431/93, Slg. 1995, I-4705, Ziff. 29 (Van Schijndel und Van Veen). Vgl. bereits EuGH, Rs. 13/68, Slg. 1968, 679 (693 f.; Salgoil).
62 EuGH, Rs. 33/76, Slg. 1976, 1989, Rn. 5 (Rewe/Landwirtschaftskammer Saarland); Rs. 45/76, Slg. 1976, 2043, Rn. 11/18 (Comet/Produktschap voor Siergewassen); Rs. 265/78, Slg. 1980, 617, Rn. 10 (Ferwerda/Produktschap voor vee en vlees); Rs. 68/79, Slg. 1980, 501, Rn. 25 (Denkavit italiana); Rs. 811/79, Slg. 1980, 2545, Rn. 12 (Ariete); Rs. 826/79, Slg. 1980, 2559, Rn. 13 (Mireco); Rs. C-213/89, Slg. 1990, 2433, Rn. 19 (Factortame); Rs. C-312/93, Slg. 1995, I-4615, Rn. 12 (Peterbroeck); Verb. Rs. C-430/93 und C-431/93, Slg. 1995, I-4705, Rn. 14 (Van Schijndel und Van Veen).
63 EuGH, Rs. 222/84, Slg. 1986, 1651, Rn. 18 (Johnston/Chief Constable of the Royal Ulster Constabulary); Rs. 222/86, Slg. 1987, 4097, Rn. 14 (Unectef/Heylens).
64 EuGH, Rs. 33/76, Slg. 1976, 1989, Rn. 5 (Rewe/Landwirtschaftskammer Saarland); Rs. 45/76, Slg. 1976, 2043, Rn. 11/18 (Comet/Produktschap voor Siergewassen); Rs. 265/78, Slg. 1980, 617, Rn. 10 (Ferwerda/Produktschap voor vee en vlees); Rs. 68/79, Slg. 1980, 501, Rn. 25 (Just); Rs. 61/79, Slg. 1980, 1205, Rn. 25 (Denkavit italiana); Rs. 811/79, Slg. 1980, 2545, Rn. 12 (Ariete); Rs. 826/79, Slg. 1980, 2559, Rn. 13 (Mireco); Rs. 199/82, Slg. 1983, 3595, Rn. 12 (San Giorgio); Rs. 240/87, Slg. 1988, 3513, Rn. 12 (Deville); Rs. 309/85, Slg. 1988, 355, Rn. 18 (Barra/Belgien); Rs. C-208/90, Slg. 1991, I-4269, Rn. 16 (Emmott); Rs. C-338/91, Slg. 1993, I-5475, Rn. 15 (Steenhorst-Neerings); Rs. C-410/92, Slg. 1994, I-5483, Rn. 21 (Johnson II); Rs. C-62/93, Slg. 1995, I-1883, Rn 41 (BP Soupergaz); Rs. C-394/93, Slg. 1995, I-4101, Rn 28 (Alonso-Pérez); Rs. C-312/93, Slg. 1995, I-4615, Rn. 12 (Peterbroeck); Verb. Rs. C-430/93 und C-431/93, Slg. 1995, I-4705, Rn. 17 (Van Schijndel und Van Veen); EuGH, Rs. C-326/96, Slg. 1998, I-7835, Rn. 18 (Levez); Rs. 78/98, Slg. 2000, I-3201, Rn. 31 (Preston und Fletcher); Rs. C-228/98, Slg. 2000, I-577, Rn. 58 (Dounias); Rs. C-88/99, Slg. 2000, I-10465, Rn. 20 (Roquette Frères).

gemäße Ablauf des Verfahrens« zu berücksichtigen[65]. Der EuGH schloß hieraus in einem konkreten Fall, daß ein nationales Gericht Gemeinschaftsrecht nicht von Amts wegen anwenden müsse, wenn es hierdurch seine passive Neutralität zwischen den Parteien aufgeben müßte[66].

30 Als weiteren Ansatz für die Beeinflussung mitgliedstaatlicher Rechtsschutzregelungen dient der vom EuGH aufgestellte Grundsatz der **Kohärenz des Rechtsschutzes**[67]. Unter dieser Prämisse werden Tatbestandsmerkmale für die Statthaftigkeit und Zulässigkeit eines mitgliedstaatlichen Rechtsbehelfs analog zum entsprechenden Rechtsbehelf vor dem EuGH formuliert[68].

31 Modifikationen im mitgliedstaatlichen Prozeßrecht ergeben sich nach der Rechtsprechung des EuGH bei der Einrichtung gerichtlicher Rechtsbehelfe[69], bei Begründungspflichten[70], Beweislastregeln[71] und Präklusionsvorschriften[72] sowie beim vorläufigen Rechtsschutz[73]. Die Verpflichtung oder Befugnis eines nationalen Gerichts, nationales Recht von Amts wegen anzuwenden, ist auf die Anwendung von Gemeinschaftsrecht zu erstrecken[74]. Besondere Entwicklungen sind im Zusammenhang mit der Klagebefugnis zur Geltendmachung der unmittelbaren Wirkung von Richtlinien und mit Klagefristen und Bestandskraft zu verzeichnen (s.u. Rn. 98 ff. und 102 ff.). Bei der Problematik der Klagefristen gewinnt die Rechtsprechung an Konsistenz und behandelt Primär- und Sekundärrecht nicht mehr ohne sachlichen Grund unterschiedlich[75]. Bemerkenswert ist auch, daß der EuGH bei seiner Rechtsprechung zu bestimmten – nach deutscher Vorstellung – materiell-rechtlichen Ansprüchen, etwa auf Erstattung[76] oder Schadenser-

---

65 EuGH, Rs. C-312/93, Slg. 1995, I-4615, Rn. 14 (Peterbroeck); Verb. Rs. C-430/93 und C-431/93, Slg. 1995, I-4705, Rn. 19 (Van Schijndel und Van Veen). Noch zurückhaltender die Schlußantr. von GA F. G. *Jacobs* zu den beiden Entscheidungen.
66 EuGH, Verb. Rs. C-430/93 und C-431/93, Slg. 1995, I-4705, Rn. 22 (Van Schijndel und Van Veen).
67 EuGH, Verb. Rs. C-143/88 und C-92/89, Slg. 1991, I-415, Rn. 18 (Zuckerfabrik Süderdithmarschen); Rs. C-465/93, Slg. 1995, I-3761, Rn. 22 (Atlanta Fruchthandelsgesellschaft); Rs. 68/95, Slg. 1996, I-6065, Rn. 49 (T. Port).
68 EuGH, Verb. Rs. C-143/88 und C-92/89, Slg. 1991, I-415, Rn. 27 ff. (Zuckerfabrik Süderdithmarschen); Rs. C-465/93, Slg. 1995, I-3761, Rn. 39 ff. (Atlanta Fruchthandelsgesellschaft); Rs. 68/95, Slg. 1996, I-6065, Rn. 47 ff., und Verb. Rs. C-46/93 und C-48/93, Slg. 1996, I-1029 (Brasserie du Pêcheur und Factortame), dazu Art. 288, Rn. 1, 28 ff.
69 EuGH, Rs. 222/86, Slg. 1987, 4097, Rn. 16 (Unectef/Heylens).
70 EuGH, Rs. 222/86, Slg. 1987, 4097, Rn. 15 f. (Unectef/Heylens).
71 EuGH, Rs. 199/82, Slg. 1983, 3595, Rn. 14 (San Giorgio); Verb. Rs. 331/85 u.a., Slg. 1988, 1099, Rn. 12 (Bianco und Girard); Rs. 104/86, Slg. 1988, 1799, Rn. 6 f. (Kommission/Italien).
72 EuGH, Rs. C-312/93, Slg. 1995, I-4615, Rn. 16 ff. (Peterbroeck).
73 S. die Nachweise bei Fn. 67, sowie Art. 242, Rn. 24 ff.
74 EuGH, Verb. Rs. C-430/93 und C-431/93, Slg. 1995, I-4705, Rn. 13 f. (Van Schijndel und Van Veen); Rs. C-72/95, Slg. 1996, I-5403, Rn. 57 f. (Kraaijeveld).
75 Vgl. die Enscheidungen in Fn. 351 zum Primärrecht, die Entscheidungen in Fn. 345 ff. zum Sekundärrecht. S. auch Art. 141, Rn. 69.
76 EuGH, Rs. 265/78, Slg. 1980, 617 (Ferwerda/Produktschap voor vee en vlees); Rs. 68/79, Slg. 1980, 501 (Just); Rs. 61/79, Slg. 1980, 1205, Rn. 22 ff. (Denkavit italiana); Rs. 811/79, Slg. 1980, 2545, Rn. 9 ff. (Ariete); Rs. 826/79, Slg. 1980, 2559, Rn. 10 ff. (Mireco); Rs. 199/82, Slg. 1983, 3595 (San Giorgio); Verb. Rs. 331/85 u.a., Slg. 1988, 1099 (Bianco und Girard); Rs. 104/86, Slg. 1988, 1799 (Kommission/Italien); Rs. 240/87, Slg. 1988, 3513, (Deville); Rs. 309/85, Slg. 1988, 355, Rn. 19 (Barra/Belgien); Rs. C-62/93, Slg. 1995, I-1883, Rn 37 ff. (BP Soupergaz); Verb. Rs. C-441/98 und 442/98, Slg. 2000, I-7145, Rn. 22 ff. (Michailidis), sowie die Nachweise in Fn. 350. Dazu A. *Barav,* La répétition de l'indu dans la jurisprudence de la Cour de Justice des Communautés Européennes, C.D.E. 17 (1981), S. 507; F. *Hubeau,* La répétition de l'indu en droit communautaire, R.T.D.E. 17 (1981), S. 442; L. J. *Smith,* A European Concept of Condictio Indebiti?, CMLRev. 19 (1982), S. 269.

satz[77] auf die von ihm formulierten Rechtsschutzanforderungen zurückgreift. Die Grenzen zwischen Anforderungen an gerichtliche Verfahren einerseits, Verwaltungsverfahren und damit Vollzug des Gemeinschaftsrechts andererseits sind fließend[78].

In der Praxis der Gemeinschaftsorgane häufen sich Rechtsakte mit ausdrücklichen 32
Rechtsschutzbestimmungen wie beispielsweise Art. 4 der Umweltinformationsrichtlinie[79] und Art. 6 der Gleichberechtigungsrichtlinie 76/207/EWG[80] sowie Rechtsakte, die sich ausschließlich mit Rechtsschutzfragen befassen, wie z.B. die Nachprüfungsrichtlinie im Bereich des öffentlichen Auftragswesens[81].

II. Rezeption im Schrifttum

Nach anfänglicher Zurückhaltung läuft mittlerweile die Rezeption der Rechtsprechung 33
im deutschsprachigen Schrifttum an[82]. Zu Recht wird nach der Verbandskompetenz der Gemeinschaft für die Einflußnahme auf das mitgliedstaatliche Prozeßrecht gefragt und aus einer an Art. 10 orientierten Gesamtschau hergeleitet[83]. Weite Teile des ausländischen Schrifttums beschränken sich auf eine Systematisierung der EuGH-Rechtsprechung[84], wobei die Verbindung von unmittelbarer Wirkung, Art. 10 und Grundrechten

---

77 Dazu Art. 288, Rn. 54.
78 Vgl. z.B. EuGH, Verb. Rs. 123 und 330/87, Slg. 1988, 4517, Rn. 17 (Jeunehomme/Belgischer Staat); Rs. C-96/91, Slg. 1992, I-3789, Rn. 12 (Kommission/Spanien).
79 L 90/313/EWG vom 7.6.1990 über den freien Zugang zu Informationen über die Umwelt; ABl.EG 1990 Nr. L 158/56.
80 RL 76/207/EWG vom 9.2.1976 zur Verwirklichung des Grundsatzes der Gleichbehandlung von Männern und Frauen, ABl.EG 1976 Nr. L 39/40.
81 RL 89/665/EWG vom 21.12.1989 zur Koordinierung der Rechts- und Verwaltungsvorschriften für die Anwendung der Nachprüfungsverfahren im Rahmen der Vergabe öffentlicher Liefer- und Bauaufträge, ABl.EG 1989 Nr. L 395/33.
82 Vgl. aber bereits *K. Dienes*, Die europäische Integration und die Rechtsweggarantie (Art. 19 Abs. 4 GG), 1975, S. 235 ff.; *H.-W. Rengeling*, Europäisches Gemeinschaftsrecht und nationaler Rechtsschutz, GS-Sasse, 1981, S. 197, und *M. Tonne*, Effektiver Rechtsschutz durch staatliche Gerichte als Forderung des Europäischen Gemeinschaftsrechts, 1997, sowie *T. von Danwitz*, Anmerkung, JZ 1999, S. 198; *T. Eilmansberger*, Rechtsfolgen und subjektives Recht im Gemeinschaftsrecht, 1997, S. 88 ff. S. außerdem *M. Burgi*, Deutsche Verwaltungsgerichte als Gemeinschaftsgerichte, DVBl. 1995, S. 772 (778 f.); *R. Koch*, Einwirkungen des Gemeinschaftsrechts auf das nationale Verfahrensrecht, EuZW 1995, S. 78; *J. Kokott*, Europäisierung des Verwaltungsprozeßrechts, Die Verwaltung 31 (1998), S. 335; *Langenfeld* (Fn. 52), S. 186 f.; *K. Stern*, Die Einwirkung des europäischen Gemeinschaftsrechts auf die Verwaltungsgerichtsbarkeit, JuS 1998, S. 769.
83 S. die überzeugende Konzeption von *Tonne* (Fn. 82), S. 248 ff.
84 S. *A. Barav*, La plénitude de compétence du juge national en sa qualité de juge communautaire, Mélanges Boulois, Paris 1991, S. 1; *J. Bridge*, Procedural Aspects of the Enforcement of European Community Law through the Legal Systems of the Member States, ELRev. 9 (1984), S. 28; *G. de Búrca*, Giving Effect to European Commmunity Directives, M.L.R. 55 (1992), S. 215 (235 f.); *F. Grevisse/J.-C. Bonichot*, Les incidences du droit communautaire sur l'organisation et l'exercice de la fonction juridictionnelle dans les états membres, Mélanges Boulois 1991, S. 297 (302 ff.); *T. Heukels*, Anmerkung zu Verb. Rs. C-430/93 und C-431/93 und zu Rs. C-312/93, CMLRev. 33 (1996), S. 337; *M. G. Himsworth*, Things Fall Apart: The Harmonisation of Community Judicial Procedural Protection Revisited, ELRev. 22 (1997), S. 291; *C. N. Kakouris*, Do the Member States Possess Judicial Procedural »Autonomy«?, CMLRev. 34 (1997), S. 1389; *C. P. Martin*, Furthering the Effectiveness of EC Directives and the Judicial Protection of Individual Rights Thereunder, I.C.L.Q. 43 (1994), S. 26 (33 ff.); *P. Oliver*, Enforcing Community Rights in the English Courts, M.L.R. 50 (1987), S. 881; *ders.*, Le droit communautaire et les voies de recours nationales, C.D.E. 1992, S. 348; *S. Prechal*, Remedies after *Marshall*,

als Grundlage für das Rechtsschutzprinzip hervorgehoben wird[85]. Bisweilen wird das Entstehen eines prozeduralen *ius commune* postuliert[86]. Das Prinzip des effektiven Rechtsschutzes wird als komplementärer Grundsatz zur unmittelbaren Wirkung angesehen[87], und während die frühere Rechtsprechung durch den Abbau nationaler Rechtsschutzhindernisse einem Konzept negativer Integration gefolgt sei, verwirkliche sie nun durch Harmonisierung und Homogenisierung von Rechtsbehelfen einen positiven Integrationsansatz[88].

34 Kritische Stimmen monieren die Verletzung der **prozessualen Autonomie der Mitgliedstaaten**, denn dem Gemeinschaftsrecht fehle die Kompetenz zur Beeinflussung der nationalen Prozeßrechtsordnungen. Auf der anderen Seite wird bemängelt, daß ein unterschiedliches Rechtsschutzniveau in den Mitgliedstaaten zu einem »**disintegrating effect**« und damit zu Ungerechtigkeiten führen kann[89]. Andere werfen dem EuGH vor, den Rechtsschutz gegen Handlungen der Gemeinschaft schwächer ausgestaltet zu haben als den Rechtsschutz gegen Handlungen der Mitgliedstaaten[90]. Im deutschen Schrifttum ist aus der EuGH-Rechtsprechung der Schluß gezogen worden, auch die Verfassungsbeschwerde müsse zur Durchsetzung gemeinschaftsrechtlich verliehener Rechte erhoben werden können[91]. Schließlich wird die Forderung erhoben, das europäische Rechtsschutzsystem kohärent auszugestalten[92].

III. Perspektiven und Kompetenzfragen

35 Die Ausgestaltung des Rechtsschutzes berührt die Grundfeste der mitgliedstaatlichen Rechtsordnungen. Offenbar denkt der EuGH von den Rechtsbehelfen und Durchsetzungsmechanismen her, nicht von den subjektiven Rechten als solchen. Dies nährt die

---

Fortsetzung von Fußnote 84
CMLRev. 27 (1990), S. 451 (466 f.); *dies.*, Community Law in National Courts, CMLRev. 35 (1998), S. 681; *D. Simon*, Les Exigences de la Primauté du Droit Communautaire: Continuité ou Métamorphoses?, Mélanges Boulois, Paris 1991, S. 481; *F. Snyder*, The Effectiveness of European Community Law: Institutions, Processes, Tools and Techniques, M.L.R. 56 (1993), S. 19 (45 ff.); *E. Szyszczak*, Making Europe More Relevant To Its Citizens: Effective Judicial Process, ELRev. 21 (1996), S. 351; *J. Temple Lang*, The Duties of National Courts under Community Constitutional Law, ELRev. 22 (1997), S. 3. Kritisch *M. Hoskins*, Tilting the Balance: Supremacy and National Procedural Rules, ELRev. 21 (1996), S. 365.

85 *Oliver* (Fn. 84), S. 353; *L. Dubouis*, A propos de deux principes généraux du droit communautaire, R.F.D.A. 1988, S. 691 (694). Umfassend *W. van Gerven*, Of Rights, Remedies and Procedures, CMLRev. 37 (2000), S. 501.
86 So *R. Caranta*, Judicial Protection Against Member States: A New *Jus Commune* Takes Shape, CMLRev. 32 (1995), S. 703 (insbesondere 714 f.); ähnlich *Bridge* (Fn. 84), S. 32; *D. Curtin*, Directives: The Effectivenes of Judicial Protection of Individual Rights, CMLRev. 27 (1990), S. 709 (737); *dies.*, FS-O'Higgins, Dublin 1992, S. 31 (41 ff.); *H. Labayle*, L'effectivité de la protection juridictionnelle des particuliers, R.F.D.A. 1992, S. 619 (620).
87 *V. van Gerven*, Bridging the Gap between Community and National Laws: Towards a Principle of Homogeneity in the field of Legal Remedies?, CMLRev. 32 (1995), S. 679 (682).
88 *D. Curtin*, Anm. zu EuGH, Rs. C-271/91, CMLRev. 31 (1994), S. 631 (639); *van Gerven* (Fn. 87), S. 690. S. auch *E. Szyszczak/J. Delicostopoulos*, Intrusions into National Procedural Autonomy: The French Paradigm, ELRev. 22 (1997), S. 141; *M. L. Struys*, Le droit communautaire et l'application des règles procédurales nationales, Journal des tribunaux 2000, S. 491.
89 *Curtin* (Fn. 86), S. 727 f.
90 *Caranta* (Fn. 86), S. 721 ff.
91 Von *W. Frenz*, Die Verfassungsbeschwerde als Verfahren zur Durchsetzung gemeinschaftsrechtlich verliehener Rechte, DÖV 1996, S. 414.
92 *E. Schmidt-Aßmann*, Europäische Rechtsschutzgarantien, FS-Bernhardt, 1995, S. 1283 (1303).

Vermutung, daß der EuGH mit einer solchen, gleichsam aktionenrechtlichen Sichtweise dem Ansatz des Common Law, *rights* vor allem in Bezug auf *remedies* – sei es die primäre Rechtsdurchsetzung, seien es sekundäre Schadensersatzansprüche – zu betrachten[93], näher steht als etwa dem deutschen Recht mit seinem materiellrechtlichen Schwerpunkt[94]. Hierfür spricht auch die umfassendere Rezeption der Rechtsprechung im vor allem englischsprachigen Ausland. Derartige konzeptionelle Schwierigkeiten lassen sich letztlich nur durch umfassende rechtsvergleichende Überlegungen aufarbeiten.

Allerdings kann die **Kompetenz** der Gemeinschaft zur Einflußnahme auf das mitgliedstaatliche Prozeßrecht nur noch schwer in Frage gestellt werden. Die im Gemeinschaftsrecht stets final zu verstehenden Regelungsbefugnisse schließen gerade wegen dieser Finalität auch die (Annex-)Kompetenz zur Formulierung effektiver Strukturen der Rechtsdurchsetzung und des Rechtsschutzes ein. Art. 10 kann verstärkend herangezogen werden. Aus dieser Vertragsvorschrift folgt jedoch unbestritten auch ein Prinzip gegenseitiger Rücksichtnahme (s. Art. 10, Rn. 8). Für den Bereich des Rechtsschutzes bedeutet dies, daß die Erhaltung gewachsener prozeßrechtlicher Strukturen in den Mitgliedstaaten und das bisweilen gegenläufige gemeinschaftsrechtliche Rechtsschutzprinzip zu optimieren sind. Die unter Rn. 29 beschriebene Tendenz der Berücksichtigung des gesamten Umfeldes einer Norm des nationalen Prozeßrechts bietet hierzu einen Ansatz. Jedenfalls sollte der EuGH bei der Weiterentwicklung seiner Rechtsprechung davon absehen, die allen mitgliedstaatlichen Rechtsordnungen im wesentlichen fremde Popularklage allein aus Effizienzgründen einzuführen[95]. Für die Forderung, zur effektiven Durchsetzung des Gemeinschaftsrechts auch außerordentliche Rechtsbehelfe wie die Verfassungsbeschwerde einzusetzen, fehlt es an der praktischen Notwendigkeit. Mit der effektiven Anwendung des Gemeinschaftsrechts vor den Fachgerichten wäre schon viel gewonnen. 36

Schließlich müssen ausdrückliche Rechtsschutzvorschriften (s.o. Rn. 32) effektiv umgesetzt werden. Gewähren sie Individualrechte (s.u. Rn. 60 ff.), so bedarf es einer entsprechenden Schaffung subjektiver Rechte in den mitgliedstaatlichen Rechtsordnungen[96]. 37

---

93 Zu dieser Sichtweise G. *Samuel/J. Rinkes*, Contractual and non-contractual obligations in English law, Nijmegen 1992, S. 25–27.
94 So explizit *Caranta* (Fn. 86), S. 717; ähnlich *van Gerven* (Fn. 87), S. 678 f.; *ders.*, The Horizontal Effect of Directive Provisions Revisited, Zentrum für Europäisches Wirtschaftsrecht, Vorträge und Berichte Nr. 32, Bonn 1993, S. 9 f.; *M. Ruffert*, Rights and remedies in European Community Law: A comparative view, CMLRev. 34 (1997), S. 307 (332 f.). Typisch für diese Sichtweise *A. Bell*, Enforcing Community Law Rights Before National Courts – Some Developments, LIEI 1994/1, S. 111.
95 Vgl. GA *Capotorti*, Schlußantr. zur Rs. 158/80, Slg. 1981, 1805, Ziff. 6 (S. 1850 f.). Unklar EuGH, Rs. C-97/91, Slg. 1992, 6313, Rn. 13 (Oleficio Borelli/Kommission); dazu *S. Prechal*, Directives in European Community Law, Oxford 1995, S. 169. Anders wohl *Curtin* (Fn. 86), S. 738 Fn. 133.
96 Vgl. *R. Engel*, Akteneinsicht und Recht auf Information über umweltbezogene Daten, 1993, S. 215 f.; *ders.*, Das Recht auf freien Zugang zu Informationen über die Umwelt, NVwZ 1992, S. 409 (413); A.A. *B. Remmert*, Die nationale Ausgestaltung richtlinienrechtlich geforderter subjektiver Rechtsstellungen, Die Verwaltung 29 (1996), S. 465. Differenzierend *S. Hegels,* EG-Eigenverwaltungsrecht und Gemeinschaftsverwaltungsrecht, 2001, S. 112; *J. Ruthig*, Transformiertes Gemeinschaftsrecht und die Klagebefugnis des § 42 Abs. 2 VwGO, BayVBl. 1997, S. 289 (293 ff.).

E. Die Rechtsakte des Art. 249

I. Verordnung

1. Allgemeine Geltung

38 Verordnungen sind **abstrakt-generelle Rechtssätze** des sekundären Gemeinschaftsrechts[97]. Nur unter dem Gesichtspunkt der Rechtssatzqualität wäre es gerechtfertigt, von einem »Gemeinschaftsgesetz« zu sprechen[98]; dem Gemeinschaftsrecht fehlt jedoch noch die dem nationalen Recht eigentümliche Unterscheidung von Gesetz und Rechtsverordnung, die einen höheren Konstitutionalisierungsgrad voraussetzen würde (dazu Rn. 15). Auch gibt es Verordnungen des »Binnenrechts«, wie etwa das Beamtenstatut[99]. Auf die Geltungsdauer kommt es nicht an; es gibt auch äußerst kurzlebige Durchführungsverordnungen[100].

39 Die wesentliche Bedeutung des Tatbestandsmerkmals der allgemeinen Geltung liegt in der **Abgrenzung** der Verordnung **zur Entscheidung**, derer es insbesondere im Kontext des Art. 230 Abs. 4 bedarf (s. dort Rn. 28 ff.). Nach der Rechtsprechung des EuGH folgt die allgemeine Geltung nicht aus der formalen Bezeichnung als »Verordnung«, sondern aus Rechtsnatur und Rechtswirkungen eines Rechtsaktes (bzw. einer einzelnen Vorschrift)[101], muß sich »aus einer in dem Rechtsakt umschriebenen objektiven Rechts- oder Sachlage in Verbindung mit der Zielsetzung des Aktes« ergeben und wird nicht durch die Bestimmbarkeit der Normadressaten nach Zahl oder Identität ausgeschlossen[102]. Etwas anderes gilt, wenn die Betroffenen abschließend feststehen und im Grunde ein Bündel von Entscheidungen vorliegt[103]. Die Rechtsprechung ist bisweilen uneinheitlich, vermengt das Tatbestandsmerkmal der allgemeinen Geltung mit dem der individuellen Betroffenheit (Art. 230 Abs. 4) und zielt tendenziell darauf ab, den Kreis der nichtprivilegierten Klagebefugten bei der Nichtigkeitsklage gering zu halten (s. Art. 230, Rn. 32 ff.)[104]. Dieser

---

97 *Schweitzer/Hummer*, Europarecht, Rn. 349. Aus dem – zumeist älteren – Schriftum: *H. J. Rabe*, Das Verordnungsrecht der Europäischen Wirtschaftsgemeinschaft, 1963; *J. V. Louis*, Les règlements de la CEE, 1969; *W. Möller*, Die Verordnung der Europäischen Gemeinschaften, JÖR NF 19 (1969), S. 1.
98 Vgl. statt vieler *E. Grabitz*, in: ders./Hilf, EU, Art. 189, Rn. 43; *Oppermann*, Europarecht, Rn. 540.
99 Dazu *Oppermann*, Europarecht, Rn. 546.
100 Vgl. *Ipsen*, EG-Recht, 21/7.
101 EuGH, Verb. Rs. 16 und 17/62, Slg. 1962, 961 (979; Confédération nationale). S. auch EuGH, Rs. 101/76, Slg. 1977, 797, Rn. 5/7 ff. (Koninklijke Scholten Honig/Rat und Kommission); Rs. 147/83, Slg. 1985, 257, Rn. 13 f. (Binderer/Kommission).
102 So EuGH, Rs. 242/81, Slg. 1982, 3213, Rn. 7 (Roquette Frères/Rat), sowie EuGH, Rs. 6/68, Slg. 1968, 611 (621; Zuckerfabrik Watenstedt); Verb. Rs. 789 und 790/79, Slg. 1980, 1949, Rn. 9 (Calpak/Kommission); Rs. 64/80, Slg. 1981, 693, Rn. 7 (Guiffrida und Campogrande/Rat); Rs. 45/81, Slg. 1982, 1129, Rn. 17 (Moksel/Kommission); Rs. 307/81, Slg. 1982, 3463, Rn. 11 (Alusuisse/Rat und Kommission); Verb. Rs. 97/86 u.a., Slg. 1988, 2200, Rn. 12 (Asteris/Kommission); Rs. C-298/89, Slg. 1993, I-3605, Rn. 15 und 17 (Gibraltar/Rat); Rs. C-309/89, Slg. 1994, I-1853, Rn. 18 (Codorniu/Rat).
103 EuGH, Verb. Rs. 41-44/70, Slg. 1971, 411, Rn. 16/22 (Fruit Company/Commission); Rs. 113/77, Slg. 1979, 1185, Rn. 11 (NTN Toyo Bearing Company/Rat).
104 S. z.B. EuGH, Verb. Rs. 19 bis 22/62, Slg. 1962, 1003 (1020 u. H.; Fédération nationale de la boucherie en gros); Rs. 30/67, Slg. 1968, 173 (18; Industria Molinaria Imolese); Rs. 63/69, Slg. 1970, 211, Rn 9 ff. (Compagnie Française Commerciale/ Kommission); Rs. 64/69, Slg. 1970, 226, Rn. 11/12 (Compagnie Française Commerciale/Kommission). S. dazu die unübertroffene Analyse bei *Hartley*, EC-Law, S. 367 ff., sowie auch *J. Usher*, Individual concern in general legislation – 10 years on, ELRev. 19 (1994), S. 636 (637).

Tendenz ist mit Nachdruck entgegenzutreten und nach der zitierten Passage allein auf den abstrakt-generellen Regelungsgehalt abzustellen.

2. Gesamtverbindlichkeit

Verordnungen sind in allen ihren Teilen verbindlich und nicht, wie die Richtlinie, nur hinsichtlich des zu erreichenden Ziels, oder gar unverbindlich, wie Empfehlungen und Stellungnahmen[105]. 40

3. Unmittelbare Geltung in jedem Mitgliedstaat

Verordnungen gelten **ohne mitgliedstaatlichen Umsetzungsakt** unmittelbar, d.h. sie können bei hinreichender Bestimmtheit mit ihrem Inkrafttreten Rechte verleihen und Pflichten auferlegen[106]. Mitgliedstaatliche Ausführungsakte oder (verbindliche) Auslegungsregeln sind unnötig und dann unzulässig, wenn sie die unmittelbare Geltung der Verordnung verbergen könnten[107]. Verbindliche mitgliedstaatliche Auslegungsregeln sind grundsätzlich unzulässig. Nur wenn es eines komplexen Regelungssystems aus Gemeinschafts-, mitgliedstaatlichen und regionalen Vorschriften bedarf, kann eine punktuelle Wiederholung von Verordnungsrecht im mitgliedstaatlichen (regionalen) Recht ausnahmsweise zulässig sein[108]. Außerdem kann eine Verordnung die Verpflichtung zum Erlaß von **Durchführungsmaßnahmen** ausdrücklich enthalten (sog. »hinkende Verordnung«[109], die dann von den nationalen Gerichten am Maßstab der Verordnung zu messen sind[110], und die Mitgliedstaaten sind grundsätzlich zum Erlaß aller zur Gewährleistung der uneingeschränkten Anwendbarkeit einer Verordnung notwendigen Maßnahmen verpflichtet. – Verordnungen gelten unmittelbar mit Anwendungsvorrang (dazu Art. 220, Rn. 22 ff.). 41

Daß Verordnungen unmittelbar **in jedem Mitgliedstaat** gelten, bedeutet nicht, daß es nicht auch Verordnungen mit eingeschränktem räumlichem Geltungsumfang nur für einen Teil der Mitgliedstaaten geben kann[111]. Solche Verordnungen gelten im Grunde ebenfalls für das ganze Gemeinschaftsgebiet, denn sie ordnen implizit an, daß in den übrigen Mitgliedstaaten eine andere, nämlich die bisherige oder nationale Regelung gelten soll. Dies ist jedenfalls nach den Vertragsrevisionen von Amsterdam und Nizza angesichts der Tendenz zur Flexibilisierung des Gemeinschaftsrechts zulässig (s. Art. 11). Hinzu kommen Schwierigkeiten der Abgrenzung zu lediglich tatsächlich auf einzelne 42

---

105 S. *Ipsen*, EG-Recht, 21/11.
106 EuGH, Rs. 43/71, Slg. 1971, 1039, Rn. 9 (Politi/Italien); Rs. 93/71, Slg. 1972, 287, Rn. 5/6 (Leonesio/Italienisches Ministerium für Landwirtschaft). Vgl. *E. Grabitz*, in: ders./Hilf, EU, Art. 189, Rn. 46; *Klein* (Fn. 42), S. 10 f.
107 EuGH, Rs. 20/72, Slg. 1972, 1055, Rn. 12/17 (Belgien/Cobelex); Rs. 34/73, Slg. 1973, 981, Rn. 10 f. (Variola/Amministrazione italiana delle finanze); Rs. 94/77, Slg. 1978, 99, Rn. 22/27 (Zerbone).
108 Enger Ausnahmefall: EuGH, Rs. 272/83, Slg. 1985, 1057, Rn. 26 f. (Kommission/Italien).
109 Begriff von *L.-J. Constantinesco*, EG I, S. 562. Zu deren Zulässigkeit *T. Adams/G. Winter*, Framework elements in regulations, in: Winter (Fn. 36), S. 507 (510 f., 517 f.).
110 EuGH, Rs. 230/78, Slg. 1979, 2749, Rn. 34 (Eridania/Minister für Landwirtschaft und Forsten).
111 So auch *B. Biervert*, in: Schwarze, EU-Kommentar, Art. 249, Rn. 22; *G. Schmidt*, in: GTE, EU-/EGV, Art. 189, Rn. 33; a.A. *Ipsen*, EG-Recht, 21/8; *Oppermann*, Europarecht, Rn. 543; wohl auch *E. Grabitz*, in: ders./Hilf, EU, Art. 189, Rn. 48. Vgl. auch EuGH, Rs. 61/77, 16.2.1978, Slg. 1978, 417, Rn. 45/51 (Kommission/Irland).

Mitgliedstaaten begrenzten Verordnungen (z.B.: Verordnung über Produktion bestimmter Südfrüchte).

II. Richtlinie
1. Regelungsstruktur

43 Die Richtlinie gem. Art. 249 Abs. 3 ist ein Instrument indirekter[112] bzw. **kooperativer zweistufiger Rechtssetzung**[113]. Normativ verbindlich ist sie für jeden Mitgliedstaat, an den sie sich richtet, hinsichtlich ihres Ziels bzw. **Ergebnisses**[114]. Die Richtlinie enthält somit finale Vorgaben für die Mitgliedstaaten, die diese durch Akte der **Richtlinienumsetzung** (s.u. Rn. 46) zu realisieren haben. Grundlage für die Umsetzungsverpflichtung sind Art. 249 Abs. 3 und die Richtlinienbestimmungen selbst[115]; daß einige auf Art. 10 zurückgreifen, ändert in der Sache nichts[116]. Diese Zweistufigkeit soll eine Schonung mitgliedstaatlicher Regelungsstrukturen herbeiführen[117]. Daher ist die Richtlinie bevorzugtes Mittel der Rechtsangleichung[118]. Die Rechtswirkungen einer Richtlinienbestimmung treffen den einzelnen im Falle ordnungsgemäßer Umsetzung über die nationalen Durchführungsmaßnahmen[119]. Ein **Sonderfall** sind **gemeinschaftsgerichtete Richtlinien**; für diese gelten die folgenden Ausführungen entsprechend[120].

44 Richtlinien enthalten eine **Umsetzungsfrist**. Vor Ablauf dieser Frist entfaltet die Richtlinie bereits insofern Rechtswirkungen, als die Mitgliedstaaten Rechtshandlungen zu unterlassen haben, die den angestrebten Erfolg vereiteln können. Diese sog. **Vor**- oder **Sperrwirkung** leitet der EuGH aus Art. 249 Abs. 3 i.V.m. Art. 10 Abs. 2 ab[121]. Die Prüfung, ob die vor Ablauf der Umsetzungsfrist erlassene Maßnahme dem Erreichen des Richtlinienzieles entgegensteht, obliegt den nationalen Gerichten[122]. Diese müssen auch in Betracht ziehen, ob eine Richtlinie schrittweise umgesetzt werden soll; in diesem Fall stellt die zunächst fehlerhafte Umsetzung vor Fristablauf die Zielerreichung nicht zwingend in Frage[123]. Der EuGH läßt offen, welche Konsequenzen das nationale Gericht zu ziehen hat, wenn es von einer Vereitelung des Richtlinienzieles durch Maßnahmen vor

---

112 So EuGH, Rs. C-298/89, Slg. 1993, I-3605, Rn. 16 (Gibraltar/Rat).
113 Vgl. statt vieler M. *Hilf*, Die Richtlinie der EG – ohne Richtung, ohne Linie, EuR 1993, S. 1 (4 f.); *I. Pernice*, Kriterien der normativen Umsetzung von Umweltrichtlinien der EG im Lichte der Rechtsprechung des EuGH, EuR 1994, S. 325. S. auch Art. 34 EUV, Rn. 7, zum Rahmenbeschluß.
114 Vgl. *H. P. Ipsen*, Richtlinien-Ergebnisse, FS-Ophüls, 1965, S. 67 (72 ff.); *ders.*, EG-Recht, 21/28.
115 Statt aller EuGH, Rs. C-129/96, Slg. 1997, I-7411, Rn. 40 (Inter-Environnement Wallonie/Région Wallonne).
116 So z.B. *M. Zuleeg*, in: GTE, EU-/EGV, Art. 5, Rn. 5; dagegen *A. von Bogdandy*, in: Grabitz/Hilf, EU, Art. 5, Rn. 41. Treffend *Prechal* (Fn. 95), S. 19.
117 Vgl. *U. Beyerlin*, Umsetzung von EG-Richtlinien durch Verwaltungsvorschriften, EuR 1987, S. 126 (132); *Hilf* (Fn. 113), S. 7.
118 *A. Scherzberg*, Mittelbare Rechtsetzung durch Gemeinschaftsrecht, Jura 1992, S. 572 (575 f.).
119 EuGH, Rs. 8/81, Slg. 1982, 53, Rn. 19 (Becker); Rs. 270/81, Slg. 1982, 2771, Rn. 26 (Felicitas); Rs. 222/84, Slg. 1986, 1651, Rn. 51 (Johnston/Chief Constable of the Royal Ulster Constabulary).
120 *Haratsch* (Fn. 27), S. 52 ff.
121 EuGH, EuGH, Rs. C-129/96, Slg. 1997, I-7411, Rn. 45 (Inter-Environnement Wallonie/Région Wallonne). Dazu W. *Weiß*, Zur Wirkung von Richtlinien vor Ablauf der Umsetzungsfrist, DVBl. 1998, S. 568.
122 EuGH, EuGH, Rs. C-129/96, Slg. 1997, I-7411, Rn. 46 (Inter-Environnement Wallonie/Région Wallonne).
123 EuGH, EuGH, Rs. C-129/96, Slg. 1997, I-7411, Rn. 49 (Inter-Environnement Wallonie/Région Wallonne).

Fristablauf ausgeht[124]. Auch die nationalen Gerichte als Organe der Mitgliedstaaten trifft das Vereitelungsgebot des Art. 10, so daß sie die entsprechende nationale Regelung nicht anwenden dürfen. Dies ist – da die Umsetzungsfrist noch läuft – kein Fall der unmittelbaren Anwendung, sondern eine Konsequenz der Verpflichtungen aus Art. 249 Abs. 3 und Art. 10 (s. auch u. Rn. 95 a.E.). Daß die Richtlinie nach verbreiteter Meinung bereits mit ihrem Erlaß Bestandteil der nationalen Rechtsordnungen wird[125] (s.u. bei Rn. 110), ist auch für diese Rechtsprechung wenig bedeutsam. Zu weitergehenden Sperrwirkungen vgl. Art. 5, Rn. 28 ff.[126]. Die Sperrwirkung von Richtlinienvorschlägen wird zu Recht abgelehnt[127]. Ihnen eignet keine normative Geltung.

Trotz des rahmenartigen Charakters des Rechtsaktes Richtlinie verfügen zahlreiche Richtlinienbestimmungen über eine erhebliche **normative Dichte**, so daß der umsetzende Mitgliedstaat im Einzelfall nicht mehr über einen nennenswerten Umsetzungsspielraum verfügt[128]. Die gemeinschaftsrechtliche Zulässigkeit dieser Entwicklung steht außer Zweifel und entspricht häufig den Notwendigkeiten einer (technischen) Regelungsmaterie[129]. Hierzu haben auch die gestiegenen Anforderungen an Form und Mittel der Richtlinienumsetzung beigetragen.

45

2. Wahl der Form und der Mittel durch innerstaatliche Stellen: Umfang der Umsetzungsverpflichtung

a) Anforderungen an die Form der Richtlinienumsetzung

Nach seinem Wortlaut überläßt Art. 249 Abs. 3 den mitgliedstaatlichen Stellen die Wahl der Form und der Mittel. Bereits 1976 hatte der EuGH jedoch diese Wahlfreiheit präzisiert und als grundsätzliche Anforderung an die Richtlinienumsetzung durch die Mitgliedstaaten formuliert, »daß die Mitgliedstaaten verpflichtet sind, innerhalb der ihnen nach Art. 249 belassenen Entscheidungsfreiheit die Formen und Mittel zu wählen, die sich zur **Gewährleistung der praktischen Wirksamkeit (effet utile)** der Richtlinien unter Berücksichtigung des mit ihnen verfolgten Zwecks **am besten eignen**.«[130]

46

---

124 EuGH, EuGH, Rs. C-129/96, Slg. 1997, I-7411, Rn. 47 (Inter-Environnement Wallonie/Région Wallonne).
125 Vgl. *Klein* (Fn. 42), S. 12 m.w.N. zur Gegenauffassung, sowie *Prechal* (Fn. 95), S. 22 ff.
126 S. im Kontext des Richtlinienrechts statt vieler A. *Dendrinos*, Rechtsprobleme der Direktwirkung der EG-Richtlinien, 1989, S. 217 ff.; A. *Furrer*, Die Sperrwirkung des sekundären Gemeinschaftsrechts auf die nationalen Rechtsordnungen, 1994, S. 90 ff.; *Prechal* (Fn. 95), S. 24 f.; *Scherzberg* (Fn. 118), S. 578; C. W. A. *Timmermans*, Directives: Their Effect Within the National Legal Systems, CMLRev. 16 (1979), S. 533 (551 f.); M. *Zuleeg*, Die Rechtswirkung europäischer Richtlinien, ZGR 1980, S. 466 (481 f.).
127 Umfassend K. *Meßerschmidt*, Begründen Richtlinienvorschläge der EG-Kommission eine Stillhaltepflicht für den deutschen Gesetzgeber?, ZG 1993, S. 11.
128 Vgl. GA F. G. *Jacobs*, Schlußantr. zu Rs. C-316/93, Slg. 1994, I-763, Ziff. 28 (Vaneetveld), sowie A. *d'Atena*, Zur Problematik der EG-Richtlinien, 1986, S. 22 f.; C. *Claßen*, Nichtumsetzung von Gemeinschaftsrichtlinien, 1999, S. 50 ff.; *Prechal* (Fn. 95), S. 17; *Scherzberg* (Fn. 118), S. 574; *Zuleeg* (Fn. 126), S. 471 ff.
129 Statt aller B. *Biervert*, in: Schwarze, EU-Kommentar, Art. 249, Rn. 26.
130 Grundlegend EuGH, Rs. 48/75, Slg. 1976, 497, Rn. 69/73 a.E. (Royer). Der EuGH hat diesen Grundsatz inzwischen auch auf den **räumlichen Anwendungsbereich des Richtlinienrechts** bezogen, so daß insoweit ein Vorrang der Rechtswahl der Parteien und den mitgliedstaatlichen IPR zu bejahen ist: EuGH, Rs. C-381/98, Slg. 2000, I-9305, Rn. 24 f. (Ingmar). Wie der EuGH bereits *S. Krebber*, Die volle Wirksamkeit von Richtlinien in länderübergreifenden Sachverhalten, ZVglRWiss 37 (1998), S. 124 (135 f., 150); zum Ganzen noch R. *Michaels*/H.-G. *Kamann*, Grundlage eines allgemeinen gemeinschaftlichen Richtlinienkollisionsrechts – »Amerikanisierung« des Gemeinschafts-IPR?, EWS 2001, S. 301.

47 Dieses Gebot der effizienten Richtlinienumsetzung bewirkt zunächst, daß dem umsetzungssäumigen Mitgliedstaat die **Berufung auf eine Reihe von rechtfertigenden Argumenten** (vor allem im Vertragsverletzungsverfahren) **verwehrt** wird. So kann eine vermeintlich zu kurze Umsetzungsfrist die Umsetzungssäumnis nicht rechtfertigen; vielmehr hat der betroffene Staat auf Gemeinschaftsebene auf eine Fristverlängerung durch Änderung der Richtlinie hinzuwirken[131]. Darüber hinaus bieten weder innerstaatliche Probleme (z.B. Parlaments- oder Regierungskrise, Umsetzungsprobleme im dezentralisierten oder Bundesstaat, institutionelle Reformen, Verfassungsprobleme, Haushaltsfragen, Vereinbarungen der Sozialpartner)[132] noch die Einwände, andere Staaten hätten die Richtlinie ebenfalls nicht umgesetzt[133], die Richtlinie habe keine Auswirkungen auf den Gemeinsamen Markt[134], die Nichtumsetzung beeinträchtige den Binnenmarkt nicht[135] oder habe sonst keine negativen Auswirkungen[136] oder die Richtlinie sei mehrfach geändert worden[137] eine tragfähige Rechtfertigung gegen den Vorwurf der Umsetzungssäumnis. Auch die nach Fristablauf eintretende unmittelbare Wirkung (s.u. Rn. 69 ff.) ersetzt mitgliedstaatliche Umsetzungsakte nicht[138], denn nur die vollständige Umsetzung schafft Rechtsklarheit und -sicherheit[139].

48 Vor allem in seinen konkretisierten Ausprägungen engt der Grundsatz effizienter Richtlinienumsetzung den mitgliedstaatlichen Handlungsspielraum ein. Umsetzungsmaßnahmen müssen nach der Rechtsprechung des EuGH im innerstaatlichen Recht mindestens den Rang des vor der Regelung durch Richtlinienrecht im Mitgliedstaat geltenden Rechts haben (**Nichtdiskriminierungsgrundsatz**). Zielt eine Richtlinie auf die Normierung **individueller Rechtspositionen** im nationalen Recht (dazu u. Rn. 60 ff.), so muß die Richtlinienumsetzung hinreichend klar und bestimmt sein[140]. Die Genauigkeit der

---

131 EuGH, Rs. 52/75, Slg. 1976, 277 (Kommission/Italien), Rn. 11/13; Rs. 301/81, Slg. 1983, 467, Rn. 11 (Kommission/Belgien); Verb. Rs. C-178/94 u.a., Slg. 1996, I-4845, Rn. 54 (Dillenkofer).
132 EuGH, Rs. 52/75, Slg. 1976, 277, Rn. 14 (Kommission/Italien); Rs. 100/77, Slg. 1978, 879, Rn. 21/22 (Kommission/Italien); Rs. 102/79, Slg. 1980, 1473, Rn. 14 f. (Kommission/Belgien); Rs. 68/81, Slg. 1982, 153, Rn. 4 f.; Rs. 160/82, Slg. 1982, 4637, Rn. 4 (Kommission/Niederlande); Rs. 145/82, Slg. 1983, 711, Rn. 6 (Kommission/Italien); Rs. 254/83, Slg. 1984, 3395, Rn. 5 (Kommission/Italien); Rs. 239/85, Slg. 1986, 3657, Rn. 13 (Kommission/Belgien); Rs. C-200/88, Slg. 1990, I-4299, Rn. 11 (Kommission/Griechenland); Rs. C-157/89, Slg. 1991, I-57, Rn. 17 (Kommission/Italien); Rs. 33/90, Slg. 1991, 5987, Rn. 23 ff. (Kommission/Italien); Verb. Rs. C-178/94 u.a., Slg. 1996, I-4845, Rn. 53 (Dillenkofer); Rs. C-253/95, Slg. 1996, I-2423, Rn. 12 (Kommission/Deutschland); Rs. 262/95, Slg. 1996, I-5729, Rn. 17 (Kommission/Deutschland); Rs. C-107/96, Slg. 1997, I-3193, Rn. 10 (Kommission/Spanien); Rs. C-208/96, Slg. 1997, I-5375, Rn. 9 (Kommission/Belgien); Rs. C-263/96, Slg. 1997, I-7453, Rn. 27 (Kommission/Belgien); Rs. C-272/97, Slg. 1999, I-2175, Rn. 27 (Kommission/Deutschland); Rs. C-354/98, Slg. 1999, I-4927, Rn. 10 (Kommission/Frankreich); Rs. C-327/98, Slg. 2000, I-1851, Rn. 21 (Kommission/Frankreich); Rs. C-274/98, Slg. 2000, I-2823, Rn. 19 (Kommission/Spanien).
133 EuGH, Rs. 52/75, Slg. 1976, 277 (Kommission/Italien), Rn. 11/13.
134 EuGH, Rs. 95/77, Slg. 1978, 863, Rn. 12/14 (Kommission/Niederlande).
135 EuGH, Rs. C-263/96, Slg. 1997, I-7453, Rn. 30 (Kommission/Belgien).
136 EuGH, Rs. C-150/97, Slg. 1999, I-259, Rn. 22 (Kommission/Portugal).
137 EuGH, Rs. C-263/96, Slg. 1997, I-7453, Rn. 32 (Kommission/Belgien).
138 EuGH, Rs. 102/79, Slg. 1980, 1473, Rn. 12 (Kommission/Belgien); Rs. 301/81, Slg. 1983, 467, Rn. 13 (Kommission/Belgien); Rs. 29/84, Slg. 1985, 1661, Rn. 29 (Kommission/Deutschland); Rs. C-433/93, Slg. 1995, I-2303, Rn. 24 (Kommission/Deutschland); Rs. C-253/95, Slg. 1996, I-2423, Rn. 13 (Kommission/Deutschland); Rs. C-96/95, Slg. 1997, I-1653, Rn. 37 (Kommission/Deutschland); Rs. C-54/96, Slg. 1997, I-4961, Rn. 44 (Dorsch).
139 EuGH, Rs. C-208/90, Slg. 1991, I-4269, Rn. 21 f. (Emmott).
140 EuGH, Rs. 29/84, Slg. 1985, 1661, Rn. 23 und 28 (Kommission/Deutschland); Rs. 363/85, Slg. 1987, 1733, Rn. 7 (Kommission/Italien); Rs. 116/86, Slg. 1988, 1323, Rn. 21 (Kommission/Italien); Rs. C-339/87, Slg. 1990, I-851, Rn. 6 f. (Kommission/Niederlande); Rs. C-360/87, Slg. 1991, I-791, Rn. 11 f. (Kommission/Italien); Rs. C-131/88, Slg. 1991, I-825, Rn. 6 (Kom-

innerstaatlichen Umsetzung ist ferner von besonderer Bedeutung, wenn die **Verwaltung des gemeinsamen Erbes der Mitgliedstaaten** in Rede steht[141].

Im Zusammenwirken mit Art. 10 folgt aus Art. 249 Abs. 3 außerdem, daß die Mitgliedstaaten berechtigt sind, **Sanktionen**, u.U. **Strafsanktionen** für Gemeinschaftsrechtsverstöße einzuführen, die den Sanktionen bei vergleichbaren Verstößen gegen nationales Recht entsprechen und wirksam, verhältnismäßig und abschreckend sein müssen[142]. 49

Im Schrifttum wird dem Grundsatz und seinen Ausprägungen nicht widersprochen[143]. Als weiterer Topos, der für eine hohe Umsetzungsgenauigkeit spricht, wird der Gedanke der **Kontrollierbarkeit mitgliedstaatlicher Umsetzungsmaßnahmen** angeführt[144]. 50

b) Mittel der Richtlinienumsetzung
aa) Außenverbindliche Rechtssätze
Gegenstand kontroverser Diskussion sind allerdings die normativen Mittel der Richtlinienumsetzung. »Mittel« meint dabei nicht ein bestimmtes Regelungsmittel, sondern das Medium der Umsetzung im mitgliedstaatlichen Recht. Richtlinien verstoßen daher nicht gegen Art. 249 Abs. 3 EGV, wenn sie ein bestimmtes Regelungsinstrument (Genehmigung, Plan, Gebühr, zivilrechtliche Handlungsform etc.) verbindlich vorschreiben[145]. Die Rechtsprechung des EuGH zu den Mitteln der Umsetzung ist mittlerweile gefestigt. Danach bedarf es nicht notwendig in jedem Mitgliedstaat eines Umsetzungsaktes des formellen Gesetzgebers in Gestalt der wörtlichen Übernahme der Richtlinienbestimmungen in eine ausdrückliche, besondere Gesetzesvorschrift, sondern es reicht – je nach Richtlinieninhalt – aus, wenn ein allgemeiner rechtlicher Rahmen bestehender verfassungs- und verwaltungsrechtlicher Grundsätze die innerstaatliche Anwendung der Richtlinie sicherstellt. Hierdurch muß allerdings die tatsächliche vollständige Anwendung der Richtlinien durch nationale Behörden sowie die Erkennbarkeit und Durchsetzbarkeit von Rechten einzelner bei individualbegünstigenden Vorschriften (s.u. Rn. 60 ff.) gewährleistet sein[146], vor allem, wenn Angehö- 51

Fortsetzung von Fußnote 140
    mission/Deutschland); Rs. C-361/88, Slg. 1991, I-2567, Rn. 15 (Kommission/Deutschland); Rs. C-59/89, Slg. 1991, I-2607, Rn. 18 (Kommission/Deutschland); Rs. C-58/89, Slg. 1991, I-4983, Rn. 13 (Kommission/Deutschland); Rs. C-190/90, Slg. 1992, I-3265, Rn. 17 (Kommission/Niederlande); Rs. C-433/93, Slg. 1995, I-2303, Rn. 18 (Kommission/Deutschland).
141 EuGH, Rs. 247/85, Slg. 1987, 3029, Rn. 9 (Kommission/Belgien); Rs. 262/85, Slg. 1987, 3073, Rn. 9 (Kommission/Italien); Rs. 252/85, Slg. 1988, 2243, Rn. 5 (Kommission/Frankreich); Rs. C-339/87, Slg. 1990, I-851, Rn. 28 (Kommission/Niederlande).
142 EuGH, Rs. 382/92, Slg. 1994, I-2435, Rn. 55 (Kommission/Vereinigtes Königreich); Rs. C-383/92, Slg. 1994, I-2479, Rn. 40 (Kommission/Vereinigtes Königreich); Verb. Rs. C-58/95 u.a., Slg. 1996, I-4345, Rn. 14 ff. (Gallotti); Rs. C-186/98, Slg. 1999, I-4883, Rn. 9 ff. (Nunes und de Matos); Rs. C-354/99, 18.10.2001, n.n.i.Slg., Rn. 46 (Kommission/Irland).
143 Ausführlich *M. Gellermann*, Beeinflussung des bundesdeutschen Rechts durch Richtlinien der EG, 1994, S. 41 ff.; *ders./P. Szczekalla*, Gemeinschaftskonforme Umsetzung von Umweltrichtlinien der EG, NuR 1993, S. 54 (56); *Pernice* (Fn. 113), S. 325, und *Scherzberg* (Fn. 118), S. 576 ff.
144 *Beyerlin* (Fn. 117), S. 132; *Gellermann/Szczekalla* (Fn. 143), S. 56.
145 A.A. *M. Reinhardt*, Wasserrechtliche Richtlinientransformation zwischen Gewässerschutzrichtlinie und Wasserrahmenrichtlinie, DVBl. 2001, S. 145 (149).
146 Zum vorstehenden EuGH, Rs. 29/84, Slg. 1985, 1661, Rn. 23 und 28 (Kommission/Deutschland); Rs. 363/85, Slg. 1987, 1733, Rn. 7 (Kommission/Italien); Rs. 247/85, Slg. 1987, 3029, Rn. 9 (Kommission/Belgien); Rs. 262/85, Slg. 1987, 3073, Rn. 9 (Kommission/Italien); Rs. 252/85, Slg. 1988, 2243, Rn. 5 (Kommission/Frankreich); Rs. C-339/87, Slg. 1990, I-851, Rn. 6 f. (Kommission/Niederlande); Rs. C-360/87, Slg. 1991, I-791, Rn. 11 f. (Kommission/Italien); Rs. C-131/88, Slg. 1991, I-825, Rn. 6 (Kommission/Deutschland); Rs. C-361/88, Slg. 1991, I-2567, Rn. 15 (Kommission/Deutschland); Rs. C-59/89, Slg. 1991, I-2607, Rn. 18 (Kommission/Deutschland); Rs. C-58/89, Slg. 1991, I-4983, Rn. 13 (Kommission/Deutsch-

Art. 249 EG-Vertrag

rige anderer Mitgliedstaaten begünstigt sind[147]. Diesen Erfordernissen der »Publizität, der Klarheit und der Bestimmtheit«[148] genügen jedenfalls **Parlamentsgesetze und Rechtsverordnungen**. Ob diese – zur Vermeidung eines Vertragsverletzungsverfahrens – rückwirkend sein dürfen[149], ist am Maßstab der einschlägigen allgemeinen Rechtsgrundsätze zu messen[150].

52 **Verweisungen** auf gemeinschaftsrechtliche Vorschriften sind nicht hinreichend, sofern sie den Betroffenen die Kenntnisnahme ihrer Rechte nicht gewährleisten[151]. Für diese Kenntnisnahme reicht ein pauschaler Hinweis auf das Gemeinschaftsrecht auch dann nicht aus, wenn die betreffende Richtlinie im ABl.EG veröffentlicht wurde[152]. Die hinreichende Klarheit und Erkennbarkeit von individuellen Ansprüchen ist also auch hier Kriterium für die Konformität der Umsetzung, über die daher losgelöst vom Text der Verweisung im Einzelfall nicht entschieden werden kann[153]. Erforderlich ist zumindest ein präziser Verweis auf die genaue Richtlinienvorschrift, die wiederum hinreichend präzise sein muß[154]. Wird dies eingehalten, so muß die Vorschrift nicht im Anhang der deutschen Rechtsnorm abgedruckt werden[155]; es reicht ein Verweis auf die genaue Stelle im ABl.EG. Zwar ist die Unterscheidung zwischen statischen und dynamischen Verweisungen für das Gemeinschaftsrecht grundsätzlich nicht von Belang, doch stößt die dynamische Verweisung in der gegenwärtigen Rechtsetzungspraxis an Grenzen, weil es eine Richtlinie »in der jeweils geltenden Fassung« nicht gibt, sondern nur einzelne Änderungsrichtlinien.

Fortsetzung von Fußnote 146
      land); Rs. C-190/90, Slg. 1992, I-3265, Rn. 17 (Kommission/Niederlande); Rs. C-365/93, Slg. 1995, I-499, Rn. 9 (Kommission/Griechenland), Rs. C-433/93, Slg. 1995, I-2303, Rn. 18 (Kommission/Deutschland); Rs. C-96/95, Slg. 1997, I-1653, Rn. 35 (Kommission/Deutschland); Rs. C-340/96, Slg. 1999, I-2023, Rn. 37 (Kommission/UK).
147 EuGH, Rs. C/365&93, Slg. 1995, I/499, Rn. 35 (Kommission/Griechenland), Rs. C-96/1997, I-1653, Rn. 35 (Kommission/Deutschland).
148 So EuGH, Rs. C-96/95, Slg. 1997, I-1653, Rn. 39 (Kommission/Deutschland).
149 Z.B. § 137e Abs. 3 UrhG: *S. Kadelbach/C. Sobotta*, Umsetzung von EG-Richtlinien durch rückwirkendes Gesetz?, EWS 1996, S. 11. Unklar EuGH, Rs. 80/87, Slg. 1988, 1601, Rn. 14 (Dik). S. auch *Prechal* (Fn. 95), S. 31 ff.
150 Im Ergebnis ebenso *M. Breuer*, Anmerkung, BayVBl. 2001, S. 431 (432), der weitergehend von einer grundsätzlichen Pflicht zum rückwirkenden Inkraftsetzen bei gemeinschaftsrechtswidriger Umsetzung ausgeht.
151 EuGH, Rs. C-96/95, Slg. 1997, I-1653, Rn. 36 (Kommission/Deutschland). Zum folgenden näher *M. Schröder*, Richtlinienumsetzung und Anwendungsprobleme, in: Hohloch (Hrsg.), Richtlinien in der EU und ihre Umsetzung in Deutschland und Frankreich, 2001, S. 113 (121 f.).
152 EuGH, Rs. C-96/95, Slg. 1997, I-1653, Rn. 40 (Kommission/Deutschland).
153 Grundsätzlich dagegen: *S. Breier*, Ausgewählte Probleme des gemeinschaftlichen Umweltrechts, RIW 1994, S. 584 (589 f.); *Hilf* (Fn. 113), S. 13; *S. Himmelmann*, Gemeinschaftsrechtliche Vorgaben für die Umsetzung von EG-Recht, DÖV 1996, S. 145 (146); grundsätzlich dafür *R. Breuer*, EG-Richtlinien und deutsches Wasserrecht, WiVerw 1990, S. 79 (99); *T. Klindt*, Die Zulässigkeit dynamischer Verweisungen auf EG-Recht aus verfassungs- und europarechtlicher Sicht, DVBl. 1998, S. 373 (379); *A. Weber*, Rechtsfragen der Durchführung des Gemeinschaftsrechts in der Bundesrepublik, 1987, S. 15; für bestimmte Fälle dafür *W. Laubinger*, in: C.-H. Ule/ders., BImSchG, § 3 IV 8. BImSchV, A 8.0, Rn. B 43 und § 3 II 15. BImSchV, A. 15.0, Rn. B 22; *K. Hansmann*, in: Landmann/Rohmer, UmwR III, § 7 22. BImSchV, Rn. 5.
154 Vgl.*Gellermann/Szczekalla* (Fn. 143), S. 57.
155 So aber *Gellermann* (Fn. 143), S. 55 f.

Vereinbarungen zwischen Hoheitsträgern und Privaten (z.B. im Umweltrecht) können dann 52 a
eine ordnungsgemäße Umsetzung darstellen, wenn sie hinreichend verbindlich sind und die
ggf. vorhandenen subjektiven Rechte im innerstaatlichen Bereich sicher gewährleisten[156].

Weiter wird diskutiert, inwieweit **unbestimmte Rechtsbegriffe** in das nationale Umset- 53
zungsrecht aufgenommen werden können. Bisweilen wird vertreten, dies richte sich
nach dem Bestimmtheitsgrad der jeweiligen Richtlinienvorschrift[157]. Andere sprechen
sich grundsätzlich für die Umsetzung durch unbestimmte Rechtsbegriffe im Zusammenspiel mit deren richtlinienkonformer Auslegung aus (s. dazu u. Rn. 112). Hier ist der
vom EuGH zutreffend hervorgehobene Rechtssicherheitsgrundsatz zu beachten. Schon
die Umsetzungsnorm muß – ohne die konkretisierende Interpretation durch die Gerichte
– dem einzelnen ermöglichen, von seinen Rechten Kenntnis zu nehmen. Die Auslegung
unbestimmter Rechtsbegriffe durch die Gerichte kann umsetzungsunterstützend, aber
nicht umsetzungsersetzend wirken (s.auch u. Rn. 112).

Schließlich wird die Gemeinschaftsrechtskonformität der Richtlinienumsetzung durch 54
kommunale Satzungen erörtert[158]. Diese weckt keine Bedenken, weil kommunale Satzungen Außenrecht sind (dazu u. Rn. 56 ff.) und sich die Umsetzungsverpflichtung an die
»innerstaatlichen Stellen« und nicht explizit nur an den Mitgliedstaat richtet (s. Rn. 59).

bb) Verwaltungspraxis
In ständiger Rechtsprechung fordert der EuGH die Umsetzung von Richtlinien durch 55
verbindliche normative Akte. Nicht hinreichend ist eine ständige richtlinienkonforme
Verwaltungspraxis[159]. Diese könne sich jederzeit ändern, so daß die kontinuierliche
Richtlinienkonformität der Umsetzung nicht gewährleistet sei.

cc) Verwaltungsvorschriften und circulaires
Ebenfalls in ständiger Rechtsprechung verneint der EuGH die Gemeinschaftsrechtskon- 56
formität der Richtlinienumsetzung durch inneradministrative Bestimmungen wie Verwaltungsvorschriften, circulaires oder administrative circulars jedenfalls in den Fällen,
in denen einzelne Ansprüche aus Richtlinienbestimmungen zustehen sollen (s.u.
Rn. 60 ff.)[160]. Der EuGH nimmt dabei die Unterscheidung verschiedener Arten von Ver-

---

156 Vgl. Mitteilung der Kommission an den Rat und das Europäische Parlament über Umweltver-
einbarungen, Dok. KOM (96) 561 endg. (abgedr. in BR-Drs. 20/97, S. 96), Ziff. 31 ff., sowie
J. Fluck/T. Schmitt, Selbstverpflichtungen und Umweltvereinbarungen, VerwArch 88 (1998),
S. 220 (247 ff.). *H.-W. Rengeling*, in: ders. (Hrsg.), EUDUR, § 28, Rn. 84 f. Dagegen *E. Bohne*,
Informales Verwaltungs- und Regierungshandeln als Instrument des Umweltschutzes,
VerwArch 75 (1984), S. 343 (362 f.).
157 *Gellermann/Szczekalla* (Fn. 143), S. 58; *H. D. Jarass*, Grundfragen der innerstaatlichen Bedeutung des EG-Rechts, 1994, S. 54.
158 *Gellermann* (Fn. 143), S. 56 f.; *ders./Szczekalla* (Fn. 143), S. 58.
159 EuGH, Rs. 102/79, Slg. 1980, 1473, Rn. 10 f. (Kommission/Belgien); Rs. 96/81, Slg. 1982,
1791, Rn. 12 (Kommission/Niederlande); Rs. 97/81, Slg. 1982, 1819, Rn. 12 (Kommission/
Niederlande); Rs. 160/82, Slg. 1982, 4637, Rn. 4 (Kommission/Niederlande); Rs. 300/81,
Slg. 1983, 449, Rn. 10 (Kommission/ Italien); Rs. 145/82, Slg. 1983, 711, Rn. 10 f. (Kommis-
sion/Italien); Rs. C-131/88, Slg. 1991, I-825, Rn. 8 (Kommission/Deutschland); Rs. C-358/98,
Slg. 2000, I-1255, Rn. 17 (Kommission/Italien).
160 EuGH, Rs. C-131/88, Slg. 1991, I-825 (Kommission/Deutschland); Rs. C-361/88, Slg. 1991,
I-2567, Rn. 10 ff. (Kommission/Deutschland); Rs. C-59/89, Slg. 1991, I-2607, Rn. 9 ff. (Kom-
mission/Deutschland); Rs. C-13/90, Slg. 1991, I-4372 (Kommission/Frankreich; mit Begründung abgedr. in R.J.E. 1992, 9); Rs. C-14/90, Slg. 1991, I-4331 (Kommission/Frankreich); Rs. C-64/90,
Slg. 1991, I-4335 (Kommission/Frankreich); Rs. C-58/89, Slg. 1991, I-4983, Rn. 14 ff. (Kom-
mission/Deutschland); Rs. C-433/93, Slg. 1995, I-2303, Rn. 17 ff. (Kommission/Deutschland);
Rs. C-96/95, Slg. 1997, I-1653, Rn. 38 (Kommission/Deutschland); Rs. C-315/98, Slg. 1999,
I-8001, Rn. 10 (Kommission/Italien).

waltungsvorschriften im deutschen Recht nicht auf. Prominente Beispiele für die Umsetzungsuntauglichkeit von Verwaltungsvorschriften sind umweltrechtliche Verwaltungsvorschriften (TA Luft, Verwaltungsvorschriften nach dem WHG)[161] und die vergaberechtlichen Verdingungsordnungen[162].

57 In Deutschland hat diese Rechtsprechung zu einer heftigen Kontroverse geführt. Während die Literatur dem EuGH überwiegend insofern zustimmt, als seine Rechtsprechung norminterpretierende oder ermessenslenkende Verwaltungsvorschriften betrifft, wendet sie sich zum großen Teil dagegen, daß der EuGH **normkonkretisierende Verwaltungsvorschriften** nicht als umsetzungstauglich anerkennt[163]. Hierdurch greife er in gewachsene mitgliedstaatliche Regelungsstrukturen ein und schade letztlich dem effektiven Vollzug des Gemeinschaftsrechts[164]. Der EuGH überziehe die Umsetzungsanforderungen, denn letzlich komme den normkonkretisierenden Verwaltungsvorschriften eine erhebliche Bindungswirkung zu[165]. Hingegen befürworten einige die Urteile des EuGH, da die Bindungswirkung normkonkretisierender Verwaltungsvorschriften keinesfalls geklärt sei und der Rechtsschutz einzelner durch sie vernachlässigt werde.[166]

---

161 EuGH, Rs. C-131/88, Slg. 1991, I-825 (Kommission/Deutschland); Rs. C-361/88, Slg. 1991, I-2567, Rn. 10 ff. (Kommission/Deutschland); Rs. C-59/89, Slg. 1991, I-2607, Rn. 9 ff. (Kommission/Deutschland); Rs. C-58/89, Slg. 1991, I-4983, Rn. 14 ff. (Kommission/Deutschland).
162 EuGH, Rs. C-433/93, Slg. 1995, I-2303 (Kommission/Deutschland).
163 R. Breuer, Entwicklungen des europäischen Umweltrechts, 1993, S. 74 ff.; C. Czychowski, Auswirkungen der Entscheidungen des EuGH zur Umsetzung von EG-Richtlinien durch Verwaltungsvorschriften, ZAU 6 (1993), S. 340 (349 f.); T. v. Danwitz, Normkonkretisierende Verwaltungsvorschriften und Gemeinschaftsrecht, VerwArch 84 (1993), S. 73 (81 ff.); Gellermann (Fn. 143), S. 57 ff.; ders./Szczekalla (Fn. 143), S. 60 ff.; M. Reinhardt, Abschied von den Verwaltungsvorschriften im Wasserrecht?, DÖV 1992, S. 102; J. Salzwedel/M. Reinhardt, Neuere Tendenzen im Wasserrecht, NVwZ 1991, S. 946 (947); H. Sendler, Normkonkretisierende Verwaltungsvorschriften im Umweltrecht, UPR 1993, S. 321 (328 f.); A. Weber, Zur Umsetzung von EG-Richtlinien im Umweltrecht, UPR 1992, S. 5 (8); G. Winter, Direktwirkung von EG-Richtlinien, DVBl. 1991, S. 657 (658 f.); unsicher Burgi (Fn. 53), S. 18; J. Wolf, Die Kompetenz der Verwaltung zur »Normsetzung« durch Verwaltungsvorschriften, DÖV 1992, S. 849 (858 ff.). S. bereits Beyerlin (Fn. 117), S. 146 ff. Vgl. auch U. Di Fabio, Verwaltungsvorschriften als ausgeübte Beurteilungsermächtigung, DVBl. 1992, S. 1338 (1346).
164 Breuer (Fn. 163), S. 87 ff.; Reinhardt (Fn. 163), S. 105.
165 Gellermann/Szczekalla (Fn. 143), S. 60 ff.; Reinhardt (Fn. 163), S. 107 f.
166 Vgl. C. Bönker, Umweltstandards in Verwaltungsvorschriften, 1992, S. 115 ff.; ders., Die verfassungs- und europarechtliche Zulässigkeit von Umweltstandards in Verwaltungsvorschriften, DVBl. 1992, S. 804 (810); M. Dieckmann, Anmerkung zu EuGH, Rs. C-361/88 vom 30.5.1991, IUR 1991, S. 153; J. Henke, EuGH und Umweltschutz, 1992, S. 219; H.-J. Koch, Die TA Luft ist unzureichend, WUR 1991, S. 350 (351); ders., Luftreinhalterecht in der Europäischen Gemeinschaft, DVBl. 1992, S. 124 (130); M. Krings, Die Klagbarkeit europäischer Umweltstandards im Immissionsschutzrecht, UPR 1996, S. 89 (91); H. H. Rupp, Anmerkung zu EuGH, Rs. C-361/88 und C-59/88, JZ 1991, S. 1034 (1035); F. Schoch, Die Europäisierung des Allgemeinen Verwaltungsrechts, JZ 1995, S. 109 (119); R. Steiling, Mangelnde Umsetzung von EG-Richtlinien durch den Erlaß und die Anwendung der TA Luft, NVwZ 1992, S. 134 (137); C. Vedder, Die TA Luft vor dem EuGH, EWS 1991, S. 293 (298 f.). Vgl. bereits G. Molkenbur, Gemeinschaftsrecht und Normenharmonisierung im Baurecht, 1991, S. 120 ff.; R. Wägenbaur, Die Umsetzung von EG-Recht in deutsches Recht und ihre gesetzgeberische Problematik, ZG 1988, S. 303 (316 f.). Zur Rechtslage in Frankreich B. Dyssli, L'application en France du droit de l'environnement et notamment des directives européennes, in: Schwarze (Hrsg.), Vom Binnenmarkt zur Europäischen Union, 1993, S. 83; D. Simon/A. Rigaux, Les contraintes de la transcription en droit français des directives communautaires, R.J.E. 1991, S. 269.

Im Ergebnis ist den hohen Anforderungen des Gerichtshofes an die Rechtsverbindlich- 58
keit der Umsetzungsakte Rechnung zu tragen[167]. Soweit Richtlinien Individualrechte begründen sollen (s.u. Rn. 60 ff.), ergibt sich dies schon aus Rechtssicherheitserwägungen. Entscheidend ist das richtlinienkonforme Ergebnis. Sofern dieses erreicht wird, halten auch komplexere mitgliedstaatliche Regelungsstrukturen den Anforderungen des Gemeinschaftsrechts stand[168].

c) **Umsetzungsverpflichtete mitgliedstaatliche Stellen**
Welche Stelle innerhalb der Mitgliedstaaten die Richtlinie umsetzt, richtet sich nicht 59
nach Gemeinschaftsrecht, sondern nach den jeweiligen innerstaatlichen Kompetenzvorschriften[169]. Probleme können sich insbesondere bei der **Richtlinienumsetzung in Bundesstaaten** ergeben[170]. Nach außen trifft die Umsetzungspflicht den Gesamtstaat, so daß die Umsetzungssäumnis durch den Gliedstaat zu einer Vertragsverletzung führt (s.o. bei Fn. 123, sowie zur Haftung Art. 288, Rn. 34).

d) **Subjektive Rechte im Richtlinienrecht**
Zwar hat der EuGH erhöhte Anforderungen an die Umsetzung von Richtlinienbestim- 60
mungen gestellt, falls diese Rechte einzelner begründen können. Nähere Anhaltspunkte für die Kriterien der Individualberechtigung im Richtlinienrecht sind in seiner Rechtsprechung jedoch äußerst rar. Nur vereinzelt finden sich Hinweise auf den Regelungszweck der Richtlinien, vor allem auf den Gesundheitsschutz bei Umweltrichtlinien und auf den Schutz der Bieter vor Willkür des öffentlichen Auftraggebers bei den Vergaberichtlinien[171]. Auch die Schlußanträge der Generalanwälte zu den einschlägigen Urteilen geben nur wenig Aufschluß[172]. In einem Urteil zur Haftung der Mitgliedstaaten für die Nichtumsetzung von Richtlinien untersuchte der EuGH eine Richtliniennorm nach Wortlaut sowie Sinn und Zweck und nahm insbesondere auf die Begründungserwägungen Bezug[173]. Die Frage, ob eine Richtlinienbestimmung individuelle Rechte begründen will, ist jedoch von erheblicher Wichtigkeit nicht nur für die Richtlinienumsetzung, sondern auch für andere Einzelprobleme des Richtlinienrechts, namentlich die faktisch belastende unmittelbare Wirkung (Rn. 83 ff.), die Klagebefugnis zur Berufung auf unmittelbar wirkende Richtlinien (Rn. 98 ff.) und die Staatshaftung für die fehlerhafte Umsetzung von Richtlinienrecht (Art. 288, Rn. 46 f.).

---

167 Vgl. M. *Ruffert*, Subjektive Rechte im Umweltrecht der Europäischen Gemeinschaft, 1996, S. 310 ff.
168 Vgl. EuGH, Rs. C-190/90, Slg. 1992, I-3265 (Kommission/Niederlande), und dazu H. G. *Sevenster*, Anmerkung, S.E.W. 1994, S. 52.
169 EuGH, Rs. 96/81, Slg. 1982, 1791, Rn. 12 (Kommission/Niederlande); Rs. 97/81, Slg. 1982, 1819, Rn. 12 (Kommission/Niederlande); Verb. Rs. 227-230/85, Slg. 1988, 19 (Kommission/Belgien).
170 Vgl. W. *Kössinger*, Die Durchführung des Europäischen Gemeinschaftsrechts im Bundesstaat, Berlin 1989, S. 36 f.; C. *Trüe*, Auswirkungen der Bundesstaatlichkeit Deutschlands auf die Umsetzung von EG-Richtlinien und ihren Vollzug, EuR 1996, S. 179.
171 EuGH, Rs. C-361/88, Slg. 1991, I-2567, Rn. 16 (Kommission/Deutschland); Rs. C-59/89, Slg. 1991, I-2607, Rn. 19 (Kommission/Deutschland); Rs. C-58/89, Slg. 1991, I-4983, Rn. 14 (Kommission/Deutschland); Rs. C-433/93, Slg. 1995, I-2303, Rn. 19 (Kommission/Deutschland); vgl. jetzt auch EuGH, Rs. C-321/95 P, Slg. 1998, I-1651, Rn. 27 ff. (Greenpeace Council/ Kommission); Rs. C-127/95, Slg. 1998, I-1531, Rn. 108 (Norbrook Laboratories).
172 Vgl. GA W. *van Gerven*, Schlußantr. zu EuGH, Rs. C-131/88, Slg. 1991, I-825, Ziff. 8 f., 34, 61 (Kommission/Deutschland); GA *J. Mischo*, Schlußantr. zu EuGH, Rs. C-361/88 und C-59/ 88, Slg. 1991, I-2567, Ziff. 23 (Kommission/Deutschland); GA F. G. *Jacobs*, Schlußantr. zu Rs. C-58/89, Slg. 1991, I-4983, Ziff. 21 ff. (Kommission/Deutschland).
173 EuGH, Verb. Rs. C-178/94 u.a., Slg. 1996, I-4845, Rn. 30 ff. (Dillenkofer).

Art. 249 EG-Vertrag

61 Im Schrifttum wird zumeist vage vertreten, im Gemeinschaftsrecht entstünden eher klagefähige Rechtspositionen als im deutschen Recht[174]. Diese Tendenz wird bisweilen deutlich kritisiert[175]. Während einige Schutzzwecküberlegungen betonen[176], vermuten andere, daß das Gemeinschaftsrecht der französischen Rechtsschutzkonzeption folge[177] oder stellen darauf ab, ob die Anwendung der zur Richtlinienumsetzung erforderlichen Bestimmungen »die Interessensphäre der Marktbürger tangiert«[178]. Häufig werden auch vor allem in der verwaltungsgerichtlichen Rechtsprechung – die Kriterien der deutschen Schutznormtheorie auf das Gemeinschaftsrecht übertragen[179].

62 Zunächst ist festzustellen, daß die Sachprobleme sauber voneinander getrennt werden müssen[180]. Hier geht es um die Frage, ob und wann eine Richtlinienbestimmung die Schaffung subjektiver Rechte im mitgliedstaatlichen Bereich anordnet und welcher Qualität diese Rechte sind, ob also die Entstehung subjektiver Rechte zum Umsetzungs-

---

[174] *C. Heitsch*, Durchsetzung der materiellrechtlichen Anforderungen der UVP-Richtlinie im immissionsschutzrechtlichen Genehmigungsverfahren, NuR 1996, S. 453 (456); *J. Staupe*, Anwendung der UVP-Änderungsrichtlinie nach Ablauf der Umsetzungsfrist, NVwZ 2000, S. 508 (510); *B. Wegener*, Programmsatz und Recht, ZUR 1994, S. 196 (196 f.).

[175] *R. Breuer*, Atom- und Immissionsschutzrecht auf unterschiedlichen Wegen, UTR 17, S. 155 (175); *ders.* (Fn. 163), S. 15; *K. Hansmann*, Die Umsetzung von EG-Umweltschutzrichtlinien durch Verwaltungsvorschriften, UTR 17, S. 21 (33); *C. Langenfeld/S. Schlemmer-Schulte*, Die TA Luft – kein geeignetes Instrument zur Umsetzung von EG-Richtlinien, EuZW 1991, S. 622 (625 f.).

[176] *S. Albin*, Die Vollzugskontrolle des europäischen Umweltrechts, 1999, S. 178 ff.; *C. Engel*, Die Einwirkungen des Europäischen Gemeinschaftsrechts auf das deutsche Verwaltungsrecht, Die Verwaltung 25 (1992), S. 437 (458 f.); *B. Goebel*, Gemeinschaftsrechtlich begründete Staatshaftung – ein Beitrag zum Vollzug des Gemeinschaftsumweltrechts?, UPR 1994, S. 361 (363); *K. Hailbronner*, Aspekte der Vergabe öffentlicher Aufträge, RIW 1992, S. 553 (560 f.); *B. Jadot*, Les objectifs de qualité de l'air au cœur d'un systeme d'obligations et de droits, Aménagement-Environnement 1992, S. 157 (158); *B. Wegener*, Die neuere Rechtsprechung des EuGH zu Defiziten bei der Umsetzung von Umweltschutzrichtlinien in der Gemeinschaft, IUR 1992, S. 35 (38); *ders.*, (Fn. 163), S. 197; *M. Zuleeg*, Umweltschutz in der Rechtsprechung des Europäischen Gerichtshofs, NJW 1993, S. 31 (37).

[177] *Czychowski* (Fn. 163), S. 347 f.; *U. Everling*, Umsetzung von Umweltrichtlinien durch normkonkretisierende Verwaltungsanweisungen, UTR 1992, S. 3 (18); *ders.*, Durchführung und Umsetzung des Europäischen Gemeinschaftsrechts im Bereich des Umweltschutzes unter Berücksichtigung der Rechtsprechung des EuGH, NVwZ 1993, S. 209 (214 f.); in neuerer Zeit *R. Halfmann*, Verwaltungsrechtsschutz in Deutschland, Frankreich und Europa, VerwArch 91 (2000), S. 74 (82).

[178] *Gellermann* (Fn. 143), S. 49 ff. Ähnlich *B. Wegener*, Vollzugskontrolle und Klagerechte vor mitgliedstaatlichen Gerichten, in: G. Lübbe-Wolff (Hrsg.), Der Vollzug des europäischen Umweltrechts, 1996, S. 145 (163); *S. Beljin*, Staatshaftung in Europarecht, 2000, S. 143.

[179] VGH München NVwZ 1993, 906; BayVBl. 1995, 497 (499); VGH Mannheim, NuR 1993, 138, und aus der Literatur *W. Fuchs/A. Rapsch*, DÖV 1991, S. 873 (878).

[180] Anders *C. D. Classen*, Zur Bedeutung von EWG-Richtlinien für Privatpersonen, EuZW 1993, S. 83 (85); *ders.*, Strukturunterschiede zwischen deutschem und europäischem Verwaltungsrecht, NJW 1995, S. 2457 (2458); *ders.*, Die Europäisierung des Verwaltungsrechts, in: Kreuzer/Scheuing/Sieber (Hrsg.), Die Europäisierung der mitgliedstaatlichen Rechtsordnungen in der Europäischen Union, 1997, S. 107 (118, mit Argumenten gegen die hier vertretene Auffassung); *H. G. Fischer*, Zur unmittelbaren Anwendung von EG-Richtlinien in der öffentlichen Verwaltung, NVwZ 1992, S. 635 (637 f.); *D. Tryantafyllou*, Europäisierungsprobleme des Verwaltungsprivatrechts am Beispiel des öffentlichen Auftragsrechts, NVwZ 1994, S. 943 (944); *G. Winter*, Rechtsschutz gegen Behörden, die Umweltrichtlinien der EG nicht beachten, NuR 1991, S. 453 (455). Differenzierend hingegen *Burgi* (Fn. 53), S. 52 f.; *H.-U. Erichsen/ W. Frenz*, Gemeinschaftsrecht vor deutschen Gerichten, Jura 1995, S. 422 (426); *Hailbronner*, Die Vergabe öffentlicher Aufträge nach europäischem Gemeinschaftsrecht, WiVerw 1994, S. 173 (210 ff.); und *Zuleeg* (Fn. 176), S. 37.

programm einer Richtlinie gehört. Davon zu unterscheiden ist die Frage nach den Voraussetzungen und Folgen der unmittelbaren Wirkung von Richtlinien (dazu u. Rn. 69 ff.).

Ein genuin gemeinschaftsrechtlicher Ansatz läßt sich nach der Methode der wertenden Rechtsvergleichung aus einer Kombination mitgliedstaatlicher Regelungsmodelle mit gemeinschaftsrechtlichen Wertentscheidungen aus drei Kriterien herleiten[181]: 63

Erstens spielen **Schutzzwecküberlegungen** eine Rolle. Solche Überlegungen kennt das Gemeinschaftsrecht vor allem als Voraussetzungen für eine gemeinschaftsrechtliche und mitgliedstaatliche Staatshaftung (Art. 288, Rn. 13, 36 f.), und auch der EuGH hat sie in den Urteilen zur Richtlinienumsetzung durch Verwaltungsvorschriften anerkannt. In einem dieser Urteile hat der EuGH auch aufgezeigt, wie sich die Untersuchung des Regelungszwecks objektivieren läßt, indem er dort auf Individualberechtigungen aus dem objektiven Regelungsgehalt einer Richtlinie abgestellt hat, die »die Mitgliedstaaten durch genaue und detaillierte Vorschriften verpflichtet, eine zusammenhängende Regelung von Verboten, Genehmigungen und Überwachungsverfahren zu erlassen.«[182] Entscheidend ist also, ob der einzelne in eines der **Rechtsverhältnisse** eingebunden ist, das die Richtlinie als zusammenhängendes Regelungssystem im mitgliedstaatlichen Recht errichten soll. 64

Zweitens kommt es auf die **tatsächliche Individualisierung und Betroffenheit** an[183]. Dieses Element kann der Rechtsprechung des EuGH zur Klagebefugnis nach Art. 230 Abs. 4 entlehnt werden (dazu Art. 230, Rn. 48 ff.). Es nimmt das Konzept des intérêt légitime des französischen Prozeßrechts auf. Rechtsvergleichend kann auch auf die englische Position des sufficient interest als Voraussetzung für die Klagebefugnis (locus standi) rekurriert werden, die freilich als mixed question of law and facts Schutzzwecküberlegungen mit einbezieht. 65

Drittens müssen die Anforderungen an den Schutzzweck der jeweiligen Richtlinienbestimmung und die tatsächliche Betroffenheit in individuell bestimmbaren Interessen aufgrund des **Prinzips der funktionalen Subjektivierung** (Rn. 21) gelockert werden. Auch bei der Richtlinienumsetzung gewährt das Gemeinschaftsrecht Individualrechte zur Verbesserung der Vollzugskontrolle. 66

Faßt man diese Elemente zusammen, so folgt im Ergebnis, daß eine Richtlinienvorschrift dann in einer Weise in das mitgliedstaatliche Recht umzusetzen ist, daß klagbare subjektive Rechte einzelner Gemeinschaftsbürger entstehen, wenn ihre Interessen einerseits von dem nach objektiven Kriterien zu ermittelnden Regelungszweck der Vorschrift erfaßt werden und anderseits tatsächlich und individualisiert betroffen sind, wobei die Anforderungen an normative Schutzintention und faktische Betroffenheit durch den Grundsatz der funktionalen Subjektivierung abgesenkt werden. 67

---

181 Vgl. ausführlich *Ruffert* (Fn. 167), S. 220 ff. S. auch *C. Moench/W. Sandner,* in: Rengeling (Fn. 156), § 46, Rn. 72. Ähnlich wie hier zudem *M. Nettesheim,* Die mitgliedstaatliche Durchführung von EG-Richtlinien, 1999, S. 41 ff.
182 EuGH, Rs. C-131/88, Slg. 1991, I-825, Rn. 7 (Kommission/Deutschland).
183 Insoweit abweichend *Nettesheim* (Fn. 181), S. 48; s. aber ebda. S. 52 ff.

3. Folgen unterlassener oder fehlerhafter Richtlinienumsetzung im Überblick

68 Den beschriebenen Anforderungen an die Richtlinienumsetzung werden die Mitgliedstaaten häufig nicht gerecht. Die unzureichende Umsetzung von Richtlinien gehört daher zu den gravierendsten Fällen fehlerhafter Anwendung des Gemeinschaftsrechts in den Mitgliedstaaten (s. Art. 10, Rn. 19)[184]. Häufigkeit und Gewicht der Vertragsverletzungen haben nicht nur dazu geführt, daß eine eigenständige »**Erklärung zur Anwendung des Gemeinschaftsrechts**« bei Verabschiedung des EUV abgegeben wurde[185]. Von erheblich größerer Bedeutung sind die vom EuGH im Wege der Rechtsfortbildung geschaffenen Mittel zur Überwindung der Umsetzungsdefizite, namentlich die unmittelbare Wirkung von Richtlinien (Rn. 69 ff.), der gemeinschaftsrechtliche Staatshaftungsanspruch (Art. 288, Rn. 28 ff.) und die richtlinienkonforme Auslegung (Rn. 106 ff.), der freilich noch weitere Funktionen zukommen.

4. Unmittelbare Wirkung von Richtlinien

a) Anerkennung der Rechtsfigur in Rechtsprechung und Lehre

69 Der Wortlaut des Art. 249 Art. 3 scheint der unmittelbaren Wirkung von Richtlinien entgegenzustehen, denn nach dieser Vorschrift sind Richtlinien auf den ersten Blick allein staatengerichtet und können erst durch den mitgliedstaatlichen Umsetzungsakt Rechtswirkungen im innerstaatlichen Bereich entfalten. Dennoch hat der EuGH auch Richtlinienvorschriften – zeitlich vorher schon den staatengerichteten Entscheidungen (s.u. Rn. 116 ff.) – unter bestimmten Voraussetzungen (s. Rn. 118) unmittelbare Wirkung zuerkannt.

70 Zwei Argumentationsstränge dienen dem EuGH im wesentlichen zur dogmatischen Begründung für diese **Rechtsfortbildung**. Erstens wäre die praktische Wirksamkeit (**effet utile**) von Richtlinienbestimmungen abgeschwächt, wenn einzelne sich nicht vor staatlichen Gerichten auf sie berufen könnten[186]. Zweitens dürften die Mitgliedstaaten einzelnen nicht ihre eigene Umsetzungssäumnis entgegenhalten und müßten daher nach Fristablauf unmittelbar geltendes Richtlinienrecht gegen sich gelten lassen[187] (**Grundsatz von Treu und Glauben**[188] bzw. *estoppel*-Prinzip). Der EuGH fügt hinzu, daß allein aus der unmittelbaren Geltung von Verordnungen nicht folge, daß die anderen Rechtsakte nicht

---

184 Vgl. nur *T. v. Danwitz*, Die Nichtumsetzung von EG-Recht durch die Legislative, NWVBl. 1991, S. 7; *U. Sacksofsky*, Europarechtliche Antworten auf Defizite bei der Umsetzung von Richtlinien, in: von Danwitz/Heintzen/Jestaedt/Korioth/Reinhardt (Hrsg.), Auf dem Wege zur europäischen Staatlichkeit, 1993, S. 91 (93); *F. Snyder*, The Effectiveness of European Community Law, M.L.R. 56 (1993), S. 19 (21 ff.).
185 Erklärung Nr. 19 zum EUV. Vgl. dazu *Pernice* (Fn. 113), S. 326.
186 EuGH, Rs. 41/74, Slg. 1974, 1337, Rn. 12 (van Duyn/Home Office); Rs. 51/76, Slg. 1977, 113, Rn. 20/24 (Nederlandse Ondernemingen); Rs. 38/77, Slg. 1977, 2203, Rn. 9/10 (Enka); Rs. 21/78, Slg. 1978, 2327, Rn. 18/21 (Delkvist); Rs. 148/78, Slg. 1979, 1629, Rn. 21 (Ratti); Rs. 8/81, Slg. 1982, 53, Rn. 23 (Becker); Rs. 255/81, Slg. 1982, 2301 (Grendel); Rs. C-221/88, Slg. 1990, I-49, Rn. 22 (Busseni); Rs. C-188/89, Slg. 1990, I-3313, Rn. 16 (Foster/British Gas).
187 EuGH, Rs. 148/78, Slg. 1979, 1629, Rn. 22 (Ratti); Rs. 8/81, Slg. 1982, 53, Rn. 24 (Becker) Rs. 70/83, Slg. 1984, 1075, Rn. 3 (Kloppenburg/Finanzamt Leer); Rs. 152/84, Slg. 1986, 723, Rn. 47 (Marshall I); Rs. 71/85, Slg. 1986, 3855, Rn. 14 (Federatie Nederlandse Vakbeweging); Rs. 286/85, Slg. 1987, 1453, Rn. 12 (McDermott und Cotter); Rs. 80/86, Slg. 1987, 3969, Rn. 8 (Kolpinghuis Nijmegen); Rs. C-188/89, Slg. 1990, I-3313, Rn. 16 (Foster/British Gas); Rs. C-221/88, Slg. 1990, I-49, Rn. 22 (Busseni); Rs. C-91/92, Slg. 1994, I-3325, Rn. 23 f. (Paola Faccini Dori).
188 Vgl. EuGH, Rs. 148/78, Slg. 1979, 1629, Rn. 46 (Ratti).

auch ähnliche Wirkungen entfalten könnten[189]. Mit der den Richtlinien durch Art. 249 zuerkannten verbindlichen Wirkung sei es unvereinbar, ihre unmittelbare Wirkung grundsätzlich auszuschließen[190]. Dies folge auch aus dem Grundsatz der Rechtssicherheit[191]. Zudem setze Art. 234 voraus, daß einzelne sich vor Gericht auf Richtlinien berufen könnten[192]. Vereinzelt zieht der EuGH die Pflicht zur Zusammenarbeit aus Art. 10 (in Verbindung mit Art. 249 Abs. 3) zur Begründung heran[193]. Er bezeichnet die unmittelbare Wirkung von Richtlinien als **Mindestgarantie** für die Gemeinschaftsbürger[194].

Die unmittelbare Wirkung von Richtlinien steht mittlerweile im Grundsatz in der mitgliedstaatlichen Rechtsprechung außer Streit[195]; allein der französische Conseil d'État ist noch zurückhaltend[196]. Der grundsätzliche Widerstand des deutschen BFH[197] gegen die Rechtsfortbildung durch den EuGH ist Geschichte. Im Fall des BFH hat das BVerfG die Befugnis des EuGH zur rechtsfortbildenden Ausgestaltung des Rechtsinstituts mit überzeugenden Argumenten anerkannt[198] und die unmittelbare Wirkung von Richtlinien zutreffend als **Sanktionskategorie bezeichnet.** 71

Auch im Schrifttum[199] hat die Rechtsfigur mittlerweile uneingeschränkte Anerkennung gefunden[200]. Zur dogmatischen Begründung werden im Einklang mit dem EuGH das 72

---

189 EuGH, Rs. 51/76, Slg. 1977, 113, Rn. 20/24 (Nederlandse Ondernemingen); Rs. 148/78, Slg. 1979, 1629, Rn. 19 (Ratti); Rs. 8/81, Slg. 1982, 53, Rn. 21 und 29 (Becker).
190 EuGH, Rs. 41/74, Slg. 1974, 1337, Rn. 12 (van Duyn/Home Office); Rs. 51/76, Slg. 1977, 113, Rn. 20/24 (Nederlandse Ondernemingen); Rs. 21/78, Slg. 1978, 2327, Rn. 18/21 (Delkvist); Rs. 148/78, Slg. 1979, 1629, Rn. 20 (Ratti); Rs. 8/81, Slg. 1982, 53, Rn. 22 (Becker); Rs. 152/84, Slg. 1986, 723, Rn. 47 (Marshall I); Rs. 71/85, Slg. 1986, 3855 (Federatie Nederlandse Vakbeweging); Rs. 286/85, Slg. 1987, 1453, Rn. 12 (McDermott und Cotter); Rs. 80/86, Slg. 1987, 3969, Rn. 8 (Kolpinghuis Nijmegen); Rs. C-208/90, Slg. 1991, I-4269, Rn. 20 (Emmott).
191 EuGH, Rs. 41/74, Slg. 1974, 1337, Rn. 13/14 (van Duyn/Home Office).
192 EuGH, Rs. 41/74, Slg. 1974, 1337, Rn. 12 (van Duyn/Home Office).
193 EuGH, Rs. 190/87, Slg. 1988, 4689, Rn. 22 und 24 (Moormann).
194 EuGH, Rs. 102/79, Slg. 1980, 1473, Rn. 12 (Kommission/Belgien); Rs. 8/81, Slg. 1982, 53, Rn. 29 (Becker); Rs. 301/81, Slg. 1983, 467, Rn. 13 (Kommission/Belgien); Rs. C-208/90, Slg. 1991, I-4269, Rn. 20 (Emmott); Rs. C-54/96, Slg. 1997, I-4961, Rn. 44 (Dorsch); Rs. C-96/95, Slg. 1997, I-1653, Rn. 37 (Kommission/Deutschland).
195 Vgl. BVerwGE 70, 41 (49); 74, 241 (247).
196 C.E., EuR 79, 292; EuGRZ 1979, 251; C.E. 23.7.1993, *Compagnie générale des eaux*, Rec. 225. *Dendrinos* (Fn. 126), S. 107 ff.; *S. Heim*, Unmittelbare Wirkung von EG-Richtlinien im deutschen und französischen Recht am Beispiel des Umweltrechts, 1999, S. 117 ff.; *Oldenbourg* (Fn. 43), S. 185 ff.; vgl. die Nachweise bei *Zuleeg* (Fn. 126), S. 466 (Fn. 1), sowie die Analyse bei *Hartley*, EC-Law, S. 249 ff., zur Tendenz des C.E., eine »*legal review*« (s.u. Rn. 94 f.) vorzunehmen.
197 BFHE 133, 470. Dazu *W. Dänzer-Vanotti*, Unmittelbare Wirkung der Sechsten Umsatzsteuer-Richtlinie, RIW 1982, S. 1106; *Dendrinos* (Fn. 126), S. 110 ff.; *K. Friedrich,* Bundesfinanzhof contra Europäischen Gerichtshof, RIW 1985, S. 794; *G. Meier*, Unmittelbare Wirkung von EG-Richtlinien im deutschen Umsatzsteuerrecht?, BB 1981, S. 1883; *ders.*, Unmittelbare Wirkung von EG-Richtlinien im deutschen Umsatzsteuerrecht, BB 1982, S. 480; *R. Voss*, Verfassungsrechtliche Probleme bei Stellung um die unmittelbare Wirkung von EG-Richtlinien, RIW 1985, S. 570.
198 BVerfGE 75, 223; *M. Hilf*, Der Justizkonflikt um EG-Richtlinien: gelöst, EuR 1988, S. 1.
199 Ausführliche Darstellung der frühen Stellungnahmen bei *Oldenbourg* (Fn. 43), S. 50 ff., und *A. R. Leitao*, L'effet direct des directives: une mythification?, R.T.D.E. 17 (1981), S. 425.
200 *A. Bach*, Direkte Wirkung von EG-Richtlinien, JZ 1990, S. 1108; *U. Everling*, Zur direkten innerstaatlichen Wirkung der EG-Richtlinien: Ein Beispiel richterlicher Rechtsfortbildung auf der Basis gemeinsamer Rechtsgrundsätze, FS-Carstens, 1984, S. 95 m.w.N. zum älteren Schrifttum; *H. Hahn*, Nochmals: Zur Drittwirkung von EG-Richtlinien im Umsatzsteuerrecht, RIW 1992, S. 503; *Jarass* (Fn. 43), S. 2422; *M. Karoff*, Richtlinie und Umsetzungspraxis, RabelsZ 48 (1984), S. 649 (659 ff.); *P. Manin*, L'invocabilité des directives: Quelques interrogations, R.T.D.E. 26 (1990), S. 669; *P. E. Morris*, The Direct Effect of Directives, Journal of Business

Effizienzprinzip (effet utile)[201] und der Grundsatz von Treu und Glauben[202] hervorgehoben; letzterer ist zu einem Konzept ausgebaut worden, daß die unmittelbare Wirkung von Richtlinien auf die »Verletzung einer zwischen Mitgliedstaat und Marktbürger bestehenden Sonderverbindung« stützt[203]. Außerdem wird auf das **Gebot effektiven Rechtsschutzes** verwiesen[204]. Kritisch wird bisweilen vermerkt, daß der Rückgriff auf Treu und Glauben erst zur politischen Verteidigung gegen die abwehrende Haltung mitgliedstaatlicher Gerichte eingeführt worden sei und daher die unmittelbare Wirkung von Richtlinien im Grunde dogmatisch nicht trage[205]. Schließlich ist anerkannt, daß auch die unmittelbare Wirkung von Richtlinien ein **Instrument dezentraler Kontrolle** der Einhaltung des Gemeinschaftsrechts ist[206] und insofern Sanktionscharakter aufweist[207]. Soweit noch Einzelfragen streitig sind, haben diese wegen der großen praktischen Bedeutung des Richtlinienrechts allerdings in der gemeinschaftsrechtlichen Diskussion ein besonderes Gewicht.

b) Voraussetzungen
aa) Fristablauf

73 Erste Voraussetzung für die unmittelbare Wirkung einer Richtlinienbestimmung ist nach der Rechtsprechung des EuGH der Ablauf der für die Umsetzung der Richtlinie bestimmten Frist. Vor Fristablauf entfaltet eine Richtlinie keine unmittelbare Wirkung[208]. Diese Voraussetzung ist unstreitig. Die Fragen nach Vorwirkungen des Richtlinienrechts sowie nach dem Gebot richtlinienkonformer Auslegung vor Fristablauf betreffen andere Themenkreise; vgl. Rn. 44 und 110.

bb) Fehlende oder mangelhafte Umsetzung

74 Weiter entfalten Richtlinienbestimmungen nur dann unmittelbare Wirkungen, »wenn der Staat die Richtlinie **nicht** fristgemäß in nationales Recht **umsetzt** oder eine **unzutref-**

Fortsetzung von Fußnote 200
Law 1989, S. 233 und 309; *V. Neßler,* Richterrecht wandelt EG-Richtlinien, RIW 1993, S. 206 (209 ff. – mit kritischen Anmerkungen –); *G. Ress,* Die Direktwirkung von Richtlinien: Der Wandel von der prozeßrechtlichen zur materiellrechtlichen Konzeption, GS-Arens, 1993, S. 351 (358 f.); *Sacksofsky* (Fn. 184), S. 100; *T. Schilling,* Zur Wirkung von EG-Richtlinien, ZaöRV 48 (1988), S. 637 (648 ff); *M. Seidel,* Direktwirkung von Richtlinien, 1983, S. 13; *A. Scherzberg,* Die innerstaatlichen Wirkungen von EG-Richtlinien, Jura 1993, S. 225. Ausführliche Auseinandersetzung mit dem frühen Schrifttum bei *Oldenbourg* (Fn. 43), S. 218 ff.
201 *Schilling* (Fn. 200), S. 651; *Seidel* (Fn. 200); S. 14.
202 *A. Bleckmann,* Zur unmittelbaren Anwendbarkeit der EG-Richtlinien, RIW 1984, S. 774 (776); *N. Green,* Directives, Equity and the Protection of Individual Rights, ELRev. 9 (1984), S. 295 (302 ff.); *Oldenbourg* (Fn. 43), S. 154; *Ress* (Fn. 200), S. 357 f.
203 *Gellermann* (Fn. 143), S. 153 ff.
204 *Everling* (Fn. 200), S. 108 und 110; *V. Götz,* Europäische Gesetzgebung durch Richtlinien – Zusammenwirken von Gemeinschaft und Staat, NJW 1992, S. 1849 (1855); *Neßler* (Fn. 200), S. 207; *Scherzberg* (Fn. 200), S. 226. Ähnlich *S. Duhnkrack,* Die unmittelbare Wirkung von EG-Richtlinien, RIW 1986, S. 40 (43).
205 *Bach* (Fn. 200), S. 1115; *Klein* (Fn. 42), S. 23 f.; *G. Nicolaysen,* Keine horizontale Wirkung von Richtlinien-Bestimmungen, EuR 1986, S. 370 (371); *Sacksofsky* (Fn. 184), S. 103 f. (ausführlich); *Schilling* (Fn. 200), S. 653 f.
206 *Langenfeld* (Fn. 52), S. 173.
207 *Bleckmann* (Fn. 202), S. 777; *Klein* (Fn. 42), S. 24; *E. Spetzler,* Die unmittelbare Wirkung von Richtlinien-Bestimmungen als neue Sanktionskategorie nach Art. 189 EWG-Vertrag, RIW 1989, S. 362.
208 EuGH, Rs. 148/78, Slg. 1979, 1629, Rn. 43 f. (Ratti); GA *F. G. Jacobs,* Schlußantr. zu EuGH, Rs. C-156/91, Slg. 1992, I-5567, Ziff. 18 ff. (Hansa Fleisch Ernst Mundt); Rs. C-316/93, Slg. 1994, I-763, Rn. 16 ff. (Vaneetveld).

fende Umsetzung der Richtlinie vornimmt.«[209] Bei korrekter Umsetzung wirkt die Richtlinie im innerstaatlichen Bereich über das mitgliedstaatliche Recht. Ausgehend vom Prinzip des *effet utile* ist nach der Rechtsprechung unmittelbare Wirkung nicht nur dann möglich, wenn ein Umsetzungsakt fehlt, sondern auch dann, wenn dieser den Anforderungen des Gemeinschaftsrechts nicht entspricht, wenn also das Ziel der Richtlinie (vgl. Art. 249 Abs. 3) nicht erreicht wird. Wegen dieses zielorientierten Ansatzes wirkt eine Richtlinie schließlich auch dann unmittelbar, wenn sie zwar umgesetzt wurde, der nationale Umsetzungsakt aber stets in einer nicht gemeinschaftsrechtskonformen Weise ausgelegt wird[210].

cc) **Normstruktur**
Die entsprechende Bestimmung muß außerdem nach ständiger Rechtsprechung **inhaltlich unbedingt** und **hinreichend genau** sein[211]. Die Mitgliedstaaten müssen durch die Gemeinschaftsbehörden im Wege der Richtlinie zu einem bestimmten Verhalten verpflichtet werden[212]. Diese Erfordernisse beziehen sich nicht auf die Richtlinie als Ganzes, sondern auf jede Bestimmung, deren Anwendung isoliert vom Gesamtzusammenhang möglich ist[213]. 75

Inhaltlich unbedingt ist eine Richtlinienbestimmung, wenn sie vorbehaltlos und ohne Bedingung anwendbar ist und keiner weiteren Maßnahme der Organe der Mitgliedstaaten oder der Gemeinschaft bedarf[214]. Unerheblich ist dabei, ob den Mitgliedstaaten an anderen Stellen der Richtlinie Wahlmöglichkeiten eingeräumt wurden oder die Richtlinie den Erlaß begleitender Vorschriften zur Anwendungsvereinfachung vorsieht[215]. **Hinreichend genau** ist die Bestimmung, wenn sie unzweideutig eine Verpflichtung 76

---

209 EuGH, Rs. 152/84, Slg. 1986, 723, Rn. 46 (Marshall I). S. auch EuGH, Rs. 126/82, Slg. 1983, 73, Rn. 10 (Smit); Rs. 190/87, Slg. 1988, 4689, Rn. 23 (Moormann); Rs. 50/88, Slg. 1989, 1925, Rn. 23 (Kühne/Finanzamt München III); Rs. C-208/90, Slg. 1991, I-4269, Rn. 20 (Emmott), Rs. C-236/92, Slg. 1994, I-483, Rn. 8 (Comitato di coordinamento per la difesa della Cava/Regione Lombardia); Rs. C-194/94, Slg. 1996, I-2201, Rn. 42 (CIA Security International).
210 Unzutreffend daher BFHE 179, 563 (568).
211 EuGH, Rs. 148/78, Slg. 1979, 1629, Rn. 23 (Ratti); Rs. 88/79, Slg. 1980, 1827, Rn. 14 (Staatsanwaltschaft/Grunert); Rs. 8/81, Slg. 1982, 53, Rn. 25 (Becker); Rs. 126/82, Slg. 1983, 73, Rn. 10 (Smit); Rs. 222/84, Slg. 1986, 1651, Rn. 54 (Johnston/Chief Constable of the Royal Ulster Constabulary); Rs. 71/85, Slg. 1986, 3855, Rn. 13 (Federatie Nederlandse Vakbeweging); Rs. 80/86, Slg. 1987, 3969, Rn. 7 (Kolpinghuis Nijmegen); Rs. 31/87, Slg. 1988, 4635, Rn. 40 (Beentjes); Rs. 50/88, Slg. 1989, 1925, Rn. 23 (Kühne/Finanzamt München III); Verb. Rs. 231/87 und 129/88, Slg. 1989, 3233, Rn. 30 (Ufficio distrettuale delle imposte dirette di Fiorenzuola d'Arda/Comune di Carpaneto Piacentino); Rs. C-188/89, Slg. 1990, I-3313, Rn. 16 (Foster/British Gas); Rs. C-194/94, Slg. 1996, I-2201, Rn. 42 und 44 (CIA Security International); Rs. C-258/97, Slg. 1999, I-1405, Rn. 34 (HI).
212 EuGH, Rs. 38/77, Slg. 1977, 2203, Rn. 9/10 (Enka); Rs. 21/78, Slg. 1978, 2327, Rn. 18/21 (Delkvist).
213 EuGH, Rs. 8/81, Slg. 1982, 53, Rn. 29 (Becker); Rs. 71/85, Slg. 1986, 3855, Rn. 24 (Federatie Nederlandse Vakbeweging).
214 EuGH, Rs. 41/74, Slg. 1974, 1337, Rn. 13/14 (van Duyn/Home Office); Verb. Rs. 372 bis 374/85, Slg. 1987, 2141, Rn. 25 (Traen); Rs. 31/87, Slg. 1988, 4635, Rn. 43 (Beentjes); Rs. C-236/92, Slg. 1994, I-483, Rn. 9 (Comitato di coordinamento per la difesa della Cava/Regione Lombardia).
215 EuGH, Rs. 8/81, Slg. 1982, 53, Rn. 30 und 33 (Becker); Rs. 286/85, Slg. 1987, 1453, Rn. 15 (McDermott und Cotter); Rs. C-374/97, Slg. 1999, I-5153, Rn. 24 (Feyrer), dazu *T. Klindt*, EWS 1999, S. 431, sowie u. Rn. 91. Ähnlich Verb. Rs. C-283/94 u.a., Slg. 1996, I-5063, Rn. 39 f. (Denkavit).

begründet[216], also rechtlich in sich abgeschlossen ist und als solche von jedem Gericht angewandt werden kann[217]. Unbestimmte Rechtsbegriffe allein stehen der unmittelbaren Wirkung nicht entgegen[218].

77 Auch die Kriterien der Unbedingtheit und hinreichenden Genauigkeit werden im Grundsatz nicht bestritten[219]. Im Einzelfall ist es jedoch oft äußerst schwierig festzustellen, ob sie erfüllt sind. Der EuGH untersucht die jeweilige Richtlinienbestimmung nach Rechtsnatur, Systematik und Wortlaut[220] sowie die Bestimmtheit der in einer Richtlinie geregelten Ansprüche nach Gläubiger, Schuldner und Anspruchsgegenstand[221]. Bestimmungen programmatischen Charakters erfüllen die Kriterien nicht[222]. In der mitgliedstaatlichen Praxis sind an die inhaltliche Unbedingtheit bzw. hinreichende Genauigkeit oft zu hohe Anforderungen gestellt worden[223].

77 a Die unmittelbare Wirkung **hängt nicht von der Rechtsgrundlage ab**. Sie kann auch bei Richtlinien eintreten, die auf Art. 95 gestützt sind, wenn der Mitgliedstaat von seinen Befugnissen im Verfahren nach Art. 95 Abs. 4–9 Gebrauch macht[224].

dd) Adressaten unmittelbarer Richtlinienwirkung: Grundsatz

78 Nach ständiger Rechtsprechung des EuGH kann eine Richtlinie nicht selbst Verpflichtungen für private Gemeinschaftsbürger begründen[225]. Sie führt erstens dazu, daß ein **Mitgliedstaat nicht unmittelbar aus einer Richtlinienbestimmung gegen den Bürger** vorgehen kann, so daß es insbesondere keine strafrechtliche Verantwortlichkeit unmittelbar aufgrund Richtlinienrechts gibt[226]. »Einrichtungen des öffentlichen Rechts«, etwa Kommunen, können einzelnen Bürgern gleichstehen; entscheidend ist die Richtlinienwirkung gegen einen Hoheitsträger[227]. Zweitens ist die unmittelbare Wirkung von Richtlinien zwischen Privaten ausgeschlossen; es gibt **keine horizontale unmittelbare Richtlinienwirkung**[228]. Die Ablehnung der horizontalen unmittelbaren Richtlinienwirkung hat der

---

216 EuGH, Rs. 271/82, Slg. 1983, 2727, Rn. 16 (Ministère Public/Auer); Rs. 5/83, Slg. 1983, 4233, Rn. 8 (Rienks); Rs. 152/84, Slg. 1986, 723, Rn. 52 (Marshall I); Rs. 71/85, Slg. 1986, 3855, Rn. 18 (Federatie Nederlandse Vakbeweging); Rs. C-236/92, Slg. 1994, I-483, Rn. 10 (Comitato di coordinamento per la difesa della Cava/Regione Lombardia).
217 EuGH, Rs. 50/88, Slg. 1989, 1925, Rn. 26 (Kühne/Finanzamt München III); Rs. 131/79, Slg. 1980, 1585, Rn. 13 (Santillo).
218 A.A. OVG Münster, NVwZ-RR 1995, 10 (11).
219 Vgl. nur *Jarass* (Fn. 43), S. 2423 ff.; *ders.* (Fn. 157), S. 73 ff.; *ders.*, (Fn. 19), S. 956 f.; *Oldenbourg* (Fn. 43), S. 155 ff.; *Scherzberg* (Fn. 200), S. 226; *A. Weymüller*, Der Anwendungsvorrang von EG-Richtlinien, RIW 1991, S. 501 (502 f.).
220 EuGH, Rs. 33/70, Slg. 1970, 1213, Rn. 13 (S.A.C.E./Finanzministerium Italiens); Rs. 41/74, Slg. 1974, 1337, Rn. 12 a.E. (van Duyn/Home Office).
221 Sehr instruktiv EuGH, Verb. Rs. C-6/90 und 9/90, Slg. 1991, I-5357, Rn. 12 ff. (Francovich).
222 EuGH, Rs. C-236/92, Slg. 1994, I-483, Rn. 12 (Comitato di coordinamento per la difesa della Cava/Regione Lombardia).
223 Vgl. VG München, NuR 1989, 320; dagegen wohl VGH München, NuR 1991, 383 (384).
224 EuGH, Rs. C-319/97, Slg. 1999, 3143, Rn. 22 und 24 ff. (Kortas). Zur Auswirkung der Neuregelung im Vertrag von Amsterdam s. *R. Streinz*, JuS 2000, S. 78 (79).
225 EuGH, Rs. 152/84, Slg. 1986, 723, Rn. 48 (Marshall I); Verb. Rs. 372 bis 374/85, Slg. 1987, 2141, Rn. 24 (Traen); Rs. 14/86, Slg. 1987, 2545, Rn. 19 (Pretore di Salò/X); Rs. 80/86, Slg. 1987, 3969, Rn. 9 (Kolpinghuis Nijmegen); Rs. C-221/88, Slg. 1990, I-49, Rn. 23 (Busseni); Rs. C-106/89, Slg. 1990, I-4135, Rn. 6 (Marleasing); Rs. C-168/95, Slg. 1996, I-4705, Rn. 36 ff. (Arcaro); Rs. C-97/96, Slg. 1997, I-6843, Rn. 24 (Daihatsu Deutschland).
226 EuGH, Rs. 14/86, Slg. 1987, 2545, Rn. 19 (Pretore di Salò/X); Rs. 80/86, Slg. 1987, 3969, Rn. 13 (Kolpinghuis Nijmegen); Verb. Rs. 372 bis 374/85, Slg. 1987, 2141, Rn. 24 (Traen).
227 EuGH, Verb. Rs. 231/87 und 129/88, Slg. 1989, 3233, Rn. 31 (Ufficio distrettuale delle imposte dirette di Fiorenzuola d'Arda/Comune di Carpaneto Piacentino).
228 EuGH, Rs. 14/86, Slg. 1987, 2545, Rn. 19 (Pretore di Salò/X) sowie unten Fn. 216 und 218.

EuGH trotz der Vorstöße dreier GAe[229] in der Entscheidung Paola Faccini Dori bestätigt[230] und es in einer späteren Entscheidung auch abgelehnt, wegen Art. 153 eine Ausnahme für Verbraucherschutzrichtlinien zuzulassen[231]. Richtlinien wirken also nur gegen Mitgliedstaaten unmittelbar. Dies folgt für den EuGH daraus, daß der verbindliche Charakter einer Richtlinie gem. Art. 249 Abs. 3 nur für »jeden Mitgliedstaat, an den sie gerichtet wird« besteht[232], daß Privaten die mitgliedstaatliche Umsetzungssäumnis nicht im Sinne des Grundsatzes von Treu und Glauben bzw. des estoppel-Prinzips entgegengehalten werden kann[233] und daß schließlich die Gemeinschaft nur mittels Verordnung einzelnen Verpflichtungen auferlegen könne[234].

Eine **scheinbare Ausnahme** könnte nach der neueren Rechtsprechung des EuGH angenommen werden, wenn ein Mitgliedstaat seine Verpflichtung zur **Mitteilung technischer Vorschriften** an die Kommission nach der RL 83/189[235] verletzt. Der EuGH hat mehrfach entschieden, daß die entsprechende technische Vorschrift dann unanwendbar ist, und zwar auch im Rechtsstreit zwischen Privaten[236]. Hieraus kann sich für den Privaten, der sich auf die technische Vorschrift beruft, eine Belastung ergeben. Dabei handelt es sich jedoch nicht um einen Fall der horizontalen unmittelbaren Wirkung, denn es geht nicht um die Umsetzung von Richtlinien, sondern um eine begleitende Verfahrenspflicht der Mitgliedstaaten[237]. Unter dieser Prämisse ist der im englischsprachigen Schrifttum gebräuchliche Begriff der **beiläufig** (»**incidental**«) **belastenden Wirkung** treffend[238] und dem Vorschlag aus dem deutschen Schrifttum vorzuziehen, bei der Zulassung der unmittelbaren Wirkung zwischen Privaten danach zu differenzieren, ob es sich um die Berufung auf öffentlich-rechtliche Verpflichtungen oder ein privates Recht handelt[239]. Die Annahme einer beiläufigen Kehrtwende widerspräche der eindeutigen, ausdrücklich geäußerten Haltung des EuGH (s.o. Rn. 78)[240].

78 a

---

229 GA *W. van Gerven,* Schlußantr. zu EuGH, Rs. C-271/91, Slg. 1993, I-4367 (Marshall), Ziff. 12; GA *F. G. Jacobs,* Schlußantr. zu EuGH, Rs. C-316/93, Slg. 1994, I-763, Ziff. 18 ff. (Vaneetveld); GA *C. O. Lenz,* Schlußantr. zu EuGH, Rs. C-91/92, Slg. 1994, I-3325, Ziff. 43 ff. (Paola Faccini Dori). Zu den einzelnen Argumenten s. Rn. 80 f.
230 EuGH, Rs. C-91/92, Slg. 1994, I-3325, Rn. 19 ff. (Paola Faccini Dori). Im Anschluß daran noch EuGH, Verb. Rs. C-71-73/94, Slg. 1996, I-3607, Rn. 26 (Eurim-Pharm); Rs. C-456/98, Slg. 2000, I-6007, Rn. 15 (Centrosteel).
231 EuGH, Rs. C-192/94, Slg. 1996, I-1281, Rn. 18 (El Corte Inglés).
232 EuGH, Rs. 152/84, Slg. 1986, 723, Rn. 48 (Marshall I); Rs. 80/86, Slg. 1987, 3969, Rn. 9 (Kolpinghuis Nijmegen); Rs. C-91/92, Slg. 1994, I-3325, Rn. 22 (Paola Faccini Dori).
233 Implizit EuGH, Rs. C-91/92, Slg. 1994, I-3325, Rn. 23 (Paola Faccini Dori).
234 EuGH, Rs. C-91/92, Slg. 1994, I-3325, Rn. 24 (Paola Faccini Dori).
235 RL 83/189/EWG des Rates vom 28.3.1983 über ein Informationsverfahren auf dem Gebiet der Normen und technischen Vorschriften, ABl.EG 1983 Nr. L109/8, in der Fassung der RL 94/10/EG des Europäischen Parlaments und des Rates vom 23.3.1994 zur zweiten wesentlichen Änderung der Richtlinie 83/1983 (ABl.EG 1994 Nr. L 100/30).
236 Rs. C-194/94, Slg. 1996, I-2201 (CIA Security International), dazu *P. J. Slot,* CMLRev. 33 (1996), S. 1035 (1048 ff.); Rs. C-443/98, Slg. 2000, I-7535, (Unilever/Central Food).
237 Jetzt ausdrücklich EuGH, Rs. C-443/98, Slg. 2000, I-7535, Rn. 50 f. (Unilever/Central Food); a.A. *R. Abele,* Urteilsanmerkung, ebda., S. 546. Die abweichende Ansicht des GA *Jacobs* in den Schlußanträgen (Ziff. 63 ff.) konzentriert sich auf die Besonderheiten der Richtlinie. Kritisch zum EuGH *M. Dougan,* Urteilsanmerkung, CMLRev. 38 (2001), S. 1503 (1508).
238 *C. Hlson/T. Downes,* Making Sense of Rights: Community Rights in E.C. Law, ELRev. 24 (1999), S. 121 (125 ff. m.w.N.).
239 *J. Gundel,* Neue Grenzlinien für die Direktwirkung nicht umgesetzter EG-Richtlinien unter Privaten, EuZW 2001, S. 143 (146 ff.). Skeptisch dazu auch *U. M. Gassner,* Richtlinien mit Doppelwirkung, FS-Oppermann, 2001, S. 503 (510). Ähnlich wie hier *W. Klagian,* Die objektiv unmittelbare Wirkung von Richtlinien, ZÖR 56 (2001), S. 305 (362 f.).
240 *Gassner* (Fn. 239), S. 511.

79 Der EuGH faßt den **Begriff des Staates weit** und subsumiert beispielsweise öffentliche Arbeitgeber darunter[241]. Es mache keinen Unterschied, in welcher Form der Staat handele[242]. »Staat« im Sinne der Rechtsprechung des EuGH ist auch jede »Einrichtung, die unabhängig von ihrer Rechtsform kraft staatlichen Rechtsakts unter staatlicher Aufsicht eine Dienstleistung im öffentlichen Interesse zu erbringen hat und die hierzu mit besonderen Rechten ausgestattet ist, die über das hinausgehen, was für die Beziehungen zwischen Privatpersonen gilt«, im konkreten Fall die Rechtsnachfolgerin eines staatlichen Energieversorgungs-Monopolunternehmens[243].

80 Im Schrifttum ist vor allem die Rechtsprechung des EuGH zur unmittelbaren Wirkung von Richtlinien zwischen Privaten Gegenstand der Diskussion. Überwiegend wird die ständige Rechtsprechung des EuGH dazu im Schrifttum schon seit geraumer Zeit heftig kritisiert. Der Kritik hatten sich drei Generalanwälte – allerdings ohne Erfolg – angeschlossen[244]. Es wird vorgebracht, der Wortlaut des Art. 249 Abs. 3 spreche nicht eindeutig gegen die unmittelbare Horizontalwirkung; mit Wortlautargumenten hätte man auch die horizontale Direktwirkung des Primärrechts (s. Rn. 22) ablehnen können[245]. Richtlinien seien ebenso verbindliches Gemeinschaftsrecht wie Primärrecht oder Verordnungen[246], und selbst bei Anerkennung der horizontalen unmittelbaren Wirkung gebe es noch hinreichende Unterschiede zur Verordnung (Umsetzungserfordernis, Fristablauf)[247]. Die unmittelbare Horizontalwirkung diene letztlich auch dem Prinzip des effet utile[248]. Unmittelbar wirkendes Richtlinienrecht entbehre auch nicht der demokratischen Grundlage, denn das EP sei an ihrer Entstehung ebenso beteiligt wie bei Verordnungen[249] und der nationale Gesetzgeber verfüge bei unbedingten und hinreichend genauen Vorschriften schon begrifflich über keinen Ermessensspielraum[250]. Gemäß Art. 254 Abs. 2 müßten nunmehr auch Richtlinien veröffentlicht werden; vorher sei dies ohnehin gängige Praxis gewesen[251]. Angesichts der in der Rechtssache Mar-

---

241 EuGH, Rs. 152/84, Slg. 1986, 723, Rn. 49 und 51 (Marshall I); s. zusammenfassend GA *C. O. Lenz*, Schlußantr. zu EuGH, Rs. C-91/92, Slg. 1994, I-3325, Ziff. 33 f. (Paola Faccini Dori).
242 EuGH, Rs. 152/84, Slg. 1986, 723, Rn. 49 (Marshall I); Rs. 222/84, Slg. 1986, 1651, Rn. 56 (Johnston/Chief Constable of the Royal Ulster Constabulary).
243 EuGH, Rs. C-188/89, Slg. 1990, I-3313, Rn. 20 (Foster/British Gas).
244 S.o. bei Fn. 229. Aus der deutschen Rspr. OLG Celle, EuZW 1990, 550 (552).
245 GA *F. G. Jacobs*, Schlußantr. zu EuGH, Rs. C-316/93, Slg. 1994, I-763, Ziff. 20 (Vaneetveld); *F. Emmert*, Horizontale Drittwirkung von Richtlinien?, EWS 1992, S. 56 (64); *ders./M. Pereira de Azevedo*, L'effet horizontal des directives – La jurisprudence de la CJCE: un bateau ivre?, R.T.D.E. 29 (1993), S. 503 (519).
246 GA *F. G. Jacobs*, Schlußantr. zu EuGH, Rs. C-316/93, Slg. 1994, I-763, Ziff. 22 (Vaneetveld). *Bleckmann* (Fn. 202), S. 776 f.; *E. Grabitz*, Die Wirkungsweise von Richtlinien, FS-Deringer, 1993, S. 59 (71).
247 GA *F. G. Jacobs*, Schlußantr. zu EuGH, Rs. C-316/93, Slg. 1994, I-763, Ziff. 25 (Vaneetveld); *Emmert* (Fn. 245), S. 64; *ders./M. Pereira de Azevedo* (Fn. 245), S. 518.
248 *Bach* (Fn. 200), S. 1115; *Emmert* (Fn. 245), S. 66; *Nicolaysen* (Fn. 205), S. 371; *Sacksofsky* (Fn. 184), S. 104; differenzierend *Dendrinos* (Fn. 126), S. 208.
249 GA *C. O. Lenz*, Schlußantr. zu EuGH, Rs. C-91/92, Slg. 1994, I-3325, Ziff. 68 ff. (Paola Faccini Dori).
250 GA *F. G. Jacobs*, Schlußantr. zu EuGH, Rs. C-316/93, Slg. 1994, I-763, Ziff. 23 (Vaneetveld); *Bleckmann* (Fn. 202), S. 777.
251 GA *F. G. Jacobs*, Schlußantr. zu EuGH, Rs. C-316/93, Slg. 1994, I-763, Ziff. 24 (Vaneetveld); vgl. GA *C. O. Lenz*, Schlußantr. zu EuGH, Rs. C-91/92, Slg. 1994, I-3325, Ziff. 64 ff. (Paola Faccini Dori); *Emmert* (Fn. 227), S. 65; *ders./Pereira de Azevedo* (Fn. 227), S. 520 ff.; *van Gerven*, Horizontal Effect (Fn. 94), S. 28; *N. Reich*, Binnenmarkt als Rechtsbegriff, EuZW 1991, S. 203 (209); *S. Richter*, Die unmittelbare Wirkung von EG-Richtlinien zu Lasten Einzelner, EuR 1988, S. 394 (402 f.); *Sacksofsky* (Fn. 184), S. 102.

leasing anerkannten Möglichkeit der Belastung Privater im Wege der richtlinienkonformen Auslegung (s.u. Rn. 111) würde mit der konsequenten Anerkennung der horizontalen unmittelbaren Wirkung mehr Rechtssicherheit erreicht[252]. Schließlich führe die Unterscheidung staatlicher und privater Stellen häufig zu Wertungswidersprüchen, etwa zu einer Ungleichbehandlung öffentlicher und privater Arbeitgeber[253]. Die Ablehnung der horizontalen unmittelbaren Wirkung bewirke schließlich in Verbindung mit dem Schadensersatzanspruch des Betroffenen (s. Art. 288, Rn. 46 f.) eine systemwidrigen Subventionierung (»Quasi-Beihilfe«) des durch die Nichtumsetzung begünstigten Unternehmens[254].

Allerdings hatte sich ein Teil der Literatur schon vor der Entscheidung Faccini Dori dem EuGH angeschlossen[255]. Ihrer Rechtsnatur nach seien Richtlinien nur an die Mitgliedstaaten adressiert, so daß einzelne nach rechtsstaatlichen Grundsätzen darauf vertrauen dürften, erst durch mitgliedstaatliche Umsetzungakte belastet zu werden[256]. Der Unterschied zwischen Verordnung und Richtlinie dürfte nicht völlig verwischt werden[257]. Auch der estoppel-Grundsatz als dogmatische Grundlage greife gegenüber Privaten nicht Platz[258], und durch die unmittelbare Richtlinienwirkung zwischen Privaten würden mitgliedstaatliche Regelungsstrukturen unsachgemäß durchbrochen[259]. Nach dem Faccini Dori-Urteil hat die Diskussion an kritischer Schärfe verloren; der EuGH erntete zum großen Teil Zustimmung[260], bisweilen aber auch Ablehnung[261]. 81

Angesichts der mehrfach entgegen den Voten dreier GAe bestätigten Rechtsprechung des EuGH dürften die Durchsetzungschancen der Kritik aus dem Schrifttum trotz ihrer bisweilen überzeugenden Argumente eher gering sein[262]. Der Gerichtshof hat mit der weiten Fassung des Staatsbegriffes und den Instituten der richtlinienkonformen Auslegung und des Staatshaftungsanspruches Möglichkeiten entwickelt, mangelhafter Richtlinien- 82

---

252 GA *W. van Gerven*, Schlußantr. zu EuGH, Rs. C-271/91, Slg. 1993, I-4367 (Marshall), Ziff. 12; GA *F. G. Jacobs*, Schlußantr. zu EuGH, Rs. C-316/93, Slg. 1994, I-763, Ziff. 31 (Vaneetveld); *Grabitz* (Fn. 246), S. 63; *van Gerven* (Fn. 94), S. 22 f.; ähnlich *A. Arnull*, The Direct Effect of Directives: Grasping the Nettle, I.C.L.Q. 35 (1986), S. 939 (944 f.).
253 GA *W. van Gerven*, Schlußantr. zu EuGH, Rs. C-271/91, Slg. 1993, I-4367 (Marshall), Ziff. 12; GA *F. G. Jacobs*, Schlußantr. zu EuGH, Rs. C-316/93, Slg. 1994, I-763, Ziff. 20 f. (Vaneetveld); GA *C. O. Lenz*, Schlußantr. zu EuGH, Rs. C-91/92, Slg. 1994, I-3325, Ziff. 51 ff. (Paola Faccini Dori) (weitergehend zum Diskriminierungsverbot); *Bach* (Fn. 200), S. 1115; *van Gerven* (Fn. 94), S. 22; *Morris* (Fn. 200), S. 315 ff.; *Nicolaysen* (Fn. 205), S. 371; *Richter* (Fn. 251), S. 396. Anders *Götz* (Fn. 204), S. 1856.
254 *C. Baldus/R. Becker*, »Quasi-Beihilfe« statt horizontaler Direktwirkung?, EuR 1999, S. 375.
255 Argumente bei *Scherzberg* (Fn. 200), S. 226 f. Im Ergebnis auch *Bach* (Fn. 200), S. 1115. Im Sinne des EuGH schon vor der Marshall I-Entscheidung *Zuleeg* (Fn. 126), S. 47. Völlig anders *Schilling* (Fn. 200), S. 661 ff.
256 *Klein* (Fn. 42), S. 25; *C. Langenfeld*, Zur Direktwirkung von EG-Richtlinien, DÖV 1992, S. 955 (959); *H. D. Jarass*, Folgen der innerstaatlichen Wirkung von EG-Richtlinien, NJW 1991, S. 2665 (2666); *ders.* (Fn. 157), S. 79 f.; *Rengeling/Middeke/Gellermann*, Rechtsschutz in der EU, Rn. 907; differenzierend *Dendrinos* (Fn. 126), S. 208.
257 *Jarass* (Fn. 256), S. 2666; *Rengeling/Middeke/Gellermann*, Rechtsschutz in der EU, Rn. 907; *Scherzberg* (Fn. 200), S. 226.
258 *Jarass* (Fn. 256), S. 2666; *ders.* (Fn. 157), S. 80.
259 *S. R. Herber*, Direktwirkung sogenannter horizontaler EG-Richtlinien?, EuZW 1991, S. 401 (402 ff.).
260 *W. Hakenberg*, Keine horizontale Richtlinienwirkung, ZIP 1994, S. 1510; *J. Ukrow*, Unmittelbare Wirkung von Richtlinien und gemeinschaftsrechtliche Staatshaftung nach Maastricht, NJW 1994, S. 2496.
261 *F. Emmert/M. Pereira de Azevedo*, Les jeux sont faits: rien ne va plus ou une nouvelle occasion perdue par la CJCE, R.T.D.E. 32 (1996), S. 11. Kritisch auch *P. Craig*, Directives: Direct Effect, Indirect Effect and the Construction of National Legislation, ELRev. 22 (1997), S. 519.
262 Entgegen *Abele* (Fn. 237), S. 547, gilt dies auch nach der in Rn. 78a beschriebenen Rspr.

umsetzung anders als durch die unmittelbare Wirkung zu Lasten Privater abzuhelfen[263]. Die Schwierigkeiten konzentrieren sich auf das folgende Sonderproblem.

ee) **Unmittelbare Richtlinienwirkung in Dreiecksverhältnissen**

83 Die Rechtsprechung zur fehlenden horizontalen unmittelbaren Richtlinienwirkung bezieht sich bisher ausschließlich auf das direkte Verhältnis Privater zueinander. Im öffentlichen Recht, etwa im Umweltrecht oder im öffentlichen Auftragswesen, sind jedoch **Dreiecksverhältnisse** häufig, in denen Rechtspositionen Privater durch staatliches Handeln wie die Erteilung einer Genehmigung oder der Zuschlag an einen Bieter vermittelt werden. Können Richtlinien in solchen Dreiecksverhältnissen unmittelbar wirken, wenn sie normativ zwar staatliche Stellen verpflichten, ihre Anwendung jedoch zu faktischen Belastungen Privater führt?

84 Die Rechtsprechung des **EuGH** ist **wenig ergiebig**. Explizit hat er das Problem noch nicht behandelt. Nur wenige Entscheidungen, die zudem auf den ersten Blick Widersprüche aufweisen, lassen sich der Fragestellung zuordnen. Im Fall Fratelli Costanzo erklärte der Gerichtshof eine Richtlinienvorschrift zur Vergabe öffentlicher Aufträge für unmittelbar anwendbar, so daß der Bieter, der im nunmehr als gemeinschaftsrechtswidrig erkannten Vergabeverfahren den Zuschlag erhalten hatte, seine günstige Position zugunsten des nach Gemeinschaftsrecht zu bevorzugenden Bieters verlieren mußte[264]. Insofern wirkte die Richtlinie unmittelbar zu Lasten des zunächst erfolgreichen Bewerbers, worauf der EuGH jedoch nicht einging. Im Fall Bussenti lehnte der EuGH die unmittelbare Wirkung einer EGKS-Empfehlung (die, sofern sie staatengerichtet ist, gemäß Art. 14 Abs. 3 EGKSV der Richtlinie nach dem EGV entspricht) über das Konkursvorrecht der EGKS für bestimmte Umlagenforderungen ab, weil die Empfehlung ohne mitgliedstaatlichen Umsetzungsakt nicht zu Lasten privater Konkursgläubiger wirken könne[265]. Allerdings ging es insofern nicht um eine Dreieckskonstellation im engeren Sinn, als sich die klagende EGKS direkt gegenüber der Gemeinschaft der privaten Konkursgläubiger auf die Richtlinienbestimmung berief. Im Großkrotzenburg-Urteil wiederum bejahte der EuGH implizit die unmittelbare Wirkung einiger Vorschriften der UVP-Richtlinie mit der Folge, daß diese von der Genehmigungsbehörde angewandt werden mußte und damit faktisch das Vorhaben eines privaten Anlagenbetreibers ohne mitgliedstaatlichen Umsetzungsakt UVP-pflichtig wurde[266]. In späteren Urteilen, die zu einer tatsächlichen Belastung Dritter durch die Anwendung von Richtlinien führten (s. auch oben Rn. 78a zur »beiläufigen« Belastung), ging der EuGH nicht auf den Gesichtspunkt der faktischen Belastung ein[267] bzw. behandelte die Fallkonstellationen nicht als solche der unmittelbaren Wirkung[268].

85 Im Schrifttum wird die Problematik unter dem Stichwort der **mittelbaren Horizontalwirkung** diskutiert[269]. Es stehen sich zwei Meinungsgruppen gegenüber[270]; zwei ver-

---

263 Vgl. GA C. O. *Lenz*, Schlußantr. zu EuGH, Rs. C-91/92, Slg. 1994, I-3325, Ziff. 33 ff. (Paola Faccini Dori).
264 EuGH, Rs. 103/88, Slg. 1989, 1861 (Fratelli Costanzo/Stadt Mailand).
265 EuGH, Rs. C-221/88, Slg. 1990, I-49 (Bussenti).
266 EuGH, Rs. C-431/92, Slg. 1995, I-2189, Rn. 26 (Kommission/Deutschland). Ähnlich EuGH, Rs. C-72/95, Slg. 1996, I-5403, Rn. 55 (Kraaijeveld).
267 EuGH, Rs. C-201/94, Slg. 1996, I-5819, Rn. 35 ff. (Smith & Nephew und Primecrown).
268 EuGH, Rs. C-441/93, Slg. 1996, I-1347, Rn. 57 (Pafitis); Rs. C-129/94, Slg. 1996, I-1829, Rn. 18 ff. (Ruiz Bernáldez).
269 So *Henke* (Fn. 166), S. 251; B. *Wegener*, Die unmittelbare Geltung der EG-Richtlinie über den freien Zugang zu Umweltinformationen, ZUR 1993, S. 17 (21). S. aber *ders*., Rechte des einzelnen, 1998, S. 240 f., 263 ff. Zur Problematik dieses Begriffes *Ruffert* (Fn. 167), S. 230.
270 S. den Überblick bei K. *Lackhoff/H. Nyssens*, Direct Effect of Directives in Triangular Situations, ELRev. 23 (1998), S. 397.

mittelnde Ansichten sind ebenfalls zu vermerken. Auf der einen Seite befürwortet man die unmittelbare Wirkung von Richtlinien auch in Dreiecksverhältnissen, wobei der vermeintliche Vorrang einer Berechtigung einzelner vor der Verhinderung der Belastung anderer hervorgehoben wird[271]. Adressat der Handlungspflichten seien nicht Private, sondern eine Behörde, der zugemutet werden könne, den Inhalt der Regelung in der Richtlinie zu ermitteln[272]. Speziell im Umweltrecht wird dies vor allem mit der rechtspolitischen Motivation vertreten, den Umweltschutz durch Ausweitung des Individualrechtsschutzes zu stärken[273]. Nur die gleichmäßige unmittelbare Anwendung des Richtlinienrechts ungeachtet belastender Wirkungen verhindere Wettbewerbsverzerrungen[274]. Auf der anderen Seite wird der Aspekt der Rechtssicherheit betont und jegliche Belastung durch die unmittelbare Anwendung von Richtlinienbestimmungen abgelehnt. Bei der Rechtsetzung durch Richtlinien dürfe der einzelne darauf vertrauen, erst durch den mitgliedstaatlichen Umsetzungsakt belastet zu werden[275]. Vermittelnd wird die unmittelbare Wirkung im Dreiecksverhältnis bejaht, wenn eine Richtlinie ein Recht auf Schutz im weiteren Sinne verleiht[276] oder wenn der mittelbar belastete Gemeinschaftsbürger kein berechtigtes Vertrauen in die Gemeinschaftsrechtsmäßigkeit des nationalen Umsetzungsaktes haben durfte[277].

Angesichts des geringen Ertrags aus der Rechtsprechung kann nicht gefolgert werden, 86 der EuGH lasse generell die unmittelbare Richtlinienwirkung im Dreiecksverhältnis zu. Deswegen kann auch die in vielerlei Hinsicht unklare Formulierung im Urteil Großkrotzenburg nicht in diesem Sinne verstanden werden[278]. Vielmehr ist ein vermittelnder Lösungsweg einzuschlagen. Wie gezeigt (Rn. 63 ff.) muß nur ein Teil der Richtlinien so

---

271 *Engel* (Fn. 96), S. 278 f.; *A. Epiney*, Dezentrale Durchsetzungsmechanismen im gemeinschaftlichen Umweltrecht, ZUR 1996, S. 229 (232 f.); *Fischer*, (Fn. 180), S. 638; *H. Ginzky/ J. Viebrock*, Unanwendbarkeit von § 22 UVPG wegen Verstoßes gegen die UVP-Richtlinie der EG, UPR 1991, S. 428 (431); *I. Pernice*, Auswirkungen des europäischen Binnenmarktes auf das Umweltrecht – Gemeinschafts(verfassungs-)rechtliche Grundlagen, NVwZ 1990, S. 414 (425); *Rengeling/Middeke/Gellermann*, Rechtsschutz in der EU, Rn. 908; *A. Schink*, Folgen der EG-Rechtswidrigkeit der Übergangsvorschriften zum UVP-Gesetz, NVwZ 1995, S. 953 (957); *S. Schmitz*, Habitatschutz für Vögel?, ZUR 1996, S. 12 (16); *A. Weber/ U. Hellmann*, Das Gesetz über die Umweltverträglichkeitsprüfung (UVP-Gesetz), NJW 1990, S. 1633 (1635); *Wegener* (Fn. 269), S. 21; *G. Winter*, Die Vereinbarkeit des Gesetzentwurfs der Bundesregierung über die Umweltverträglichkeitsprüfung vom 29.6.1988 mit der EG-Richtlinie 85/337 und die Direktwirkung dieser Richtlinie, NuR 1989, S. 197 (204; anders wohl *ders.*, (Fn. 163), S. 653); unsicher *Burgi* (Fn. 53), S. 18.
272 *J. Kühling/M. Röckinghausen*, Legislative Umsetzungsdefizite und exekutive Schadensbegrenzung, DVBl. 1999, S. 1614 (1618).
273 S. etwa *Henke* (Fn. 166), S. 254; *L. Krämer*, Zur innerstaatlichen Wirkung von Umwelt-Richtlinien der EWG, WiVerw 1990, S. 138 (152 f.); *A. Middeke*, Nationaler Umweltschutz im Binnenmarkt, 1994, S. 58 f.
274 *Sacksofsky* (Fn. 184), S. 102.
275 *Breuer* (Fn. 163), S. 27: *Classen* (Fn. 180), S. 85; *W. Haneklaus*, Direktwirkung von EG-Richtlinien zu Lasten einzelner?, DVBl. 1993, S. 129 (133 f.); *H.-J. Papier*, Direkte Wirkung von Richtlinien der EG im Umwelt- und Technikrecht, DVBl. 1993, S. 809 (811 f.); *P. Royla/ K. Lackhoff*, Die innerstaatliche Beachtlichkeit von EG-Richtlinien und das Gesetzmäßigkeitsprinzip, DVBl. 1998, S. 1116; *Scherzberg* (Fn. 200), S. 228; *R. Steinberg*, Probleme der Europäisierung des deutschen Umweltrechts, AöR 120 (1995), S. 549 (580). Ähnlich *W. Frenz*, Subjektiv-öffentliche Rechte aus Gemeinschaftsrecht vor deutschen Verwaltungsgerichten, DVBl. 1995, S. 414. Auf Grundrechte abstellend *Gassner* (Fn. 239), S. 523.
276 So *Jarass* (Fn. 256), S. 2668; *ders.* (Fn. 157), S. 84 ff.; ihm folgend *M. Herdegen*, Die EG-Gentechnikrichtlinien und das deutsche Gentechnikrecht, RIW 1992, S. 89 (92); *Langenfeld* (Fn. 256), S. 961.
277 *Gellermann* (Fn. 143), S. 182.
278 Vgl. auch BVerwGE 100, S. 238 (242 vor c)).

in nationales Recht umgesetzt werden, daß subjektive Rechte entstehen. Dann aber ist es folgerichtig, nur hinsichtlich dieser Gruppe von Richtlinien die mittelbare Belastung Dritter im Dreiecksverhältnis zuzulassen[279]. In der Diskussion um die unmittelbare Wirkung von Richtlinien in Dreiecksverhältnissen tritt ein Spannungsverhältnis zwischen den beiden rechtspolitischen Prinzipien zu Tage, die der Lehre von der unmittelbaren Wirkung von Richtlinien zugrunde liegen, nämlich dem Prinzip des effet utile einerseits (Rn. 21) und dem Verbot an die Mitgliedstaaten, aus eigenem Fehlverhalten Nutzen zu ziehen (Grundsatz von Treu und Glauben bzw. estoppel-Prinzip; Rn. 70) andererseits. Dieses Spannungsverhältnis läßt sich am besten durch eine Kompromißformel auflösen. Die immer häufiger in diesen Kontext gebrachten Fälle der »beiläufigen« Belastung durch Richtlinienrecht fallen dann fast ausnahmslos aus dem Bezugsrahmen der unmittelbaren Wirkung heraus.

ff) Subjektive Rechte als zusätzliche Voraussetzung?

87 Erst seit verhältnismäßig kurzer Zeit stellt sich die Frage, ob die unmittelbare Wirkung einer Richtlinienbestimmung die Existenz eines subjektiven Rechts voraussetzt. Die Rechtsprechung des EuGH scheint mehrere Interpretationsmöglichkeiten offen zu lassen. Stets und vor allem zu Beginn stellte der EuGH auf die Möglichkeit der *Betroffenen* ab, sich unmittelbar auf eine Richtlinienbestimmung zu berufen[280]. Im Fall Becker führte er zunächst die hier unter Rn. 73 genannten Kriterien als Voraussetzungen für die unmittelbare Wirkung von Richtlinien an, um dann fortzufahren: »... einzelne können sich auf diese Bestimmungen auch berufen, soweit diese Rechte festlegen, die dem Staat gegenüber geltend gemacht werden können.«[281] In späteren Entscheidungen zitierte der Gerichtshof diesen Bestandteil der Passage aus der Becker-Formel nur selten[282] und prüfte stets nur die vorher aufgeführten Kriterien (hier Rn. 73)[283]. In der Entscheidung Enichem Base[284] verneinte er, daß einzelne dadurch in Rechten verletzt werden könnten, daß ein Mitgliedstaat einer Informationsverpflichtung gegenüber der Kommission aus einer nicht hinreichend umgesetzten Richtlinienbestimmung nicht nachkam.[285] Mit der effektiven Erreichung des Richtlinienzieles begründete der EuGH im Urteil Marshall II die Entstehung von Rechten »einer durch eine diskriminierende Entlassung beschwerten Person«[286]. Ferner lehnte der EuGH in der Entscheidung Comitato di coordinamento per la difesa della cava die unmittelbare Wirkung einer Richtlinienbestimmung ab, weil sie der Unbedingtheit und hinreichenden Genauigkeit ermangelte[287] und schloß aus der fehlenden unmittelbaren Wirkung, daß jene Richtlinienbestimmung keine Rechte für

---

279 S. ausführlich *Ruffert* (Fn. 167), S. 233 ff. Die Entscheidung EuGH, Rs. C-129/94, Slg. 1996, I-1829, Rn. 18 ff. (Ruiz Bernáldez), ließe sich in dieser Weise deuten.
280 EuGH, Rs. 8/81, Slg. 1982, 53, Rn. 22 (Becker). Vgl. auch EuGH, Rs. C-72/95, Slg. 1996, I-5403, Rn. 56 (Kraaijeveld).
281 EuGH, Rs. 8/81, Slg. 1982, 53, Rn. 25 (Becker).
282 EuGH, Rs. 71/85, Slg. 1986, 3855, Rn. 13 (Federatie Nederlandse Vakbeweging); Verb. Rs. 231/87 und 129/88, Slg. 1989, 3233, Rn. 30 (Ufficio distrettuale delle imposte dirette di Fiorenzuola d'Arda/Comune di Carpaneto Piacentino); Rs. C-221/88, Slg. 1990, I-49, Rn. 22 (Busseni); Verb. Rs. C-6/90 und 9/90, Slg. 1991, I-5357, Rn. 11 (Francovich).
283 EuGH, Rs. 88/79, Slg. 1980, 1827, Rn. 14 (Staatsanwaltschaft/Grunert); EuGH, Rs. 71/85, Slg. 1986, 3855, Rn. 15 ff. (Federatie Nederlandse Vakbeweging); Rs. 190/87, Slg. 1988, 4689, Rn. 23 (Moormann); Rs. 80/86, Slg. 1987, 3969, Rn. 7 (Kolpinghuis Nijmegen); Rs. 31/87, Slg. 1988, 4635, Rn. 40 (Beentjes); Rs. 103/88, Slg. 1989, 1861, Rn. 29 (Fratelli Costanzo/Stadt Mailand); Rs. 50/88, Slg. 1989, 1925, Rn. 23 (Kühne/Finanzamt München III).
284 EuGH, Rs. 380/87, 13.7.1989, Slg. 1989, 2491 (Enichem Base).
285 EuGH, Rs. 380/87, 13.7.1989, Slg. 1989, 2491, Rn. 23 (Enichem Base).
286 EuGH, Rs. C-271/91, Slg. 1993, I-4367, Rn. 34 f. (Marshall).
287 EuGH, Rs. C-236/92, Slg. 1994, I-483, Rn. 8 ff. (Comitato di coordinamento per la difesa della Cava/Regione Lombardia).

einzelne begründete[288]. Auch GA M. *Elmer* behandelte in seinen Schlußantr. zum Großkrotzenburg-Urteil subjektive Rechte als Folge, nicht als Voraussetzung der unmittelbaren Richtlinienwirkung[289]; dem schloß sich das BVerwG[290] an. Den Einwand der Bundesregierung im Verfahren Großkrotzenburg, die unmittelbare Wirkung einer Richtlinienbestimmung setze ein in ihr angelegtes subjektives Recht voraus[291], wies der Gerichtshof allerdings mit der unklaren Formulierung zurück, die sich unmittelbar aus der streitgegenständlichen UVP-Richtlinie ergebende Verpflichtung zur Durchführung einer UVP habe »mit der – in der Rechtsprechung des Gerichtshofes anerkannten – Möglichkeit für den einzelnen, sich gegenüber dem Staat unmittelbar auf unbedingte sowie hinreichend klare und genaue Vorschriften einer nicht umgesetzten Richtlinie zu berufen, nichts zu tun.«[292] Diese Passage wurde später in der Entscheidung San Rocco obiter dictum erneut aufgegriffen[293].

Für die **herrschende Meinung im deutschen Schrifttum** ist die Verankerung eines **subjektiven Rechts im Inhalt einer Richtlinienbestimmung Voraussetzung für deren unmittelbare Wirkung**[294]. Die deutsche Rechtsprechung hat sich dem weitgehend angeschlossen[295]. Nur selten werden dabei für die Ermittlung des subjektiven Rechts die Kriterien der deutschen Schutznormlehre unkritisch auf das Gemeinschaftsrecht übertragen[296], auch wenn zahlreiche Autoren sich der Sache nach nicht von ihr lösen. Zumeist wird eine aufgelockerte Schutznormbetrachtung vertreten: Richtlinienvorschriften sollen dann subjektive Rechte enthalten, wenn das geforderte mitgliedstaatliche Verhalten den Interessen einzelner förderlich ist und sie begünstigt[297]. Gemeinschaftsrechtlicher Ausgangspunkt der herrschenden Schrifttumsmeinung ist die Betonung des Rechtsschutzes der Richtlinienbetroffenen durch den EuGH sowie die zweiteilige Entscheidungsformel im Fall Becker[298]. Letztere hat dazu Anlaß gegeben, zwischen Abwehrrechten einerseits,

88

---

288 EuGH, Rs. C-236/92, Slg. 1994, I-483, Rn. 15 (Comitato di coordinamento per la difesa della Cava/Regione Lombardia).
289 Schlußanträge zu EuGH, Rs. C-431/92, Slg. 1995, I-2189, (Kommission/Deutschland), Ziff. 11 f.
290 BVerwGE 100, 238 (242).
291 EuGH, Rs. C-431/92, Slg. 1995, I-2189, Rn. 24 (Kommission/Deutschland).
292 EuGH, Rs. C-431/92, Slg. 1995, I-2189, Rn. 24 (Kommission/Deutschland). S. auch EuGH, Rs. C-72/95, Slg. 1996, I-5403, Rn. 55 ff. (Kraaijeveld).
293 EuGH, Rs. C-365/97, Slg. 1999, I-7773, Rn. 63 (Kommission/Italien – San Rocco).
294 *C. Calliess*, Zur unmittelbaren Wirkung der EG-Richtlinie über die Umweltverträglichkeitsprüfung und ihrer Umsetzung im deutschen Immissionsschutzrecht, NVwZ 1996, S. 339 (340 f.); *Haneklaus* (Fn. 275), S. 132; *Papier* (Fn. 275), S. 809; *Pernice* (Fn. 271), S. 424; *M. Schmidt-Preuß*, Der verfahrensrechtliche Charakter der Umweltverträglichkeitsprüfung, DVBl 1995, S. 485 (494 f.); *Wegener* (Fn. 174), S. 196; *Winter* (Fn. 271), S. 659; *ders.* (Fn. 180), S. 454 f.; *ders.*, Grundprobleme des Gentechnikrechts, 1993, S. 36; ähnlich *M. Gellermann*, Auflösung von Normwidersprüchen zwischen europäischem und nationalem Recht, DÖV 1996, S. 433 (436). Unzutreffend *M. Pechstein*, Die Anerkennung der rein objektiven unmittelbaren Richtlinienwirkung, EWS 1996, S. 262 (263), der diese h.M. für eine Minderansicht hält.
295 VGH München (Fn. 223), 384; BayVBl. 1995, 497 (499); (implizit) BVerwG, NVwZ 1992, 1093; VGH Mannheim, UPR 1994, 189 (190 f.); OVG Lüneburg, DVBl. 1994, 770 (771). Anders OVG Koblenz, NVwZ 1995, 1025 L. Vgl. zu einem Parallelproblem in England die Entscheidungen des High Court und des Court of Appeal im Fall *R. v. Secretary of State for the Environment, ex p. Friends of the Earth Limited*, J.E.L. 7 (1995), 80; *C. Hilson*, Anmerkung, CMLRev. 32 (1995), S. 1461.
296 VGH Mannheim (Fn. 295), 190; OVG Lüneburg (Fn. 295), 771.
297 *Calliess* (Fn. 294); *Fischer* (Fn. 180), S. 636; *C. D. Classen*, Die Europäisierung der Verwaltungsgerichtsbarkeit, 1996, S. 77; *Gellermann* (Fn. 294), S. 438; *Langenfeld* (Fn. 256), S. 962; *Wegener*, Rechte (Fn. 269), S. 178 ff.; *Winter* (Fn. 180), S. 455.
298 S.o. Rn. 87.

Leistungs- und Schutzrechten andererseits[299], oder zwischen ausdrücklich und durch Auslegung zu ermittelnden Rechten zu unterscheiden[300]. Die herrschende Meinung sieht sich durch das Urteil Großkrotzenburg bestätigt, denn der Gerichtshof differenziere dort zwischen subjektiver und objektiver unmittelbarer Wirkung, wobei erstere einer im Richtlinieninhalt angelegten Individualberechtigung bedürfe[301]. Insgesamt läßt sich die herrschende Schrifttumsansicht dahingehend zusammenfassen, daß sie für die unmittelbare Wirkung einer Richtlinienbestimmung den Schutz individueller Interessen fordert.

89 Vereinzelt werden die Kriterien für die unmittelbare Wirkung von deutschen Schutznormvorstellungen gelöst und die aus der unmittelbaren Wirkung folgende Individualberechtigung mit dem Begriff der »*invocabilité*« umschrieben[302]. Nur selten, allerdings in zunehmendem Maße, wird die Rechtsverleihung nicht als Voraussetzung für die unmittelbare Wirkung angesehen[303].

90 Die Schlußfolgerungen der herrschenden Meinung überzeugen nicht[304]. Im Grunde nimmt sie eine **unzulässige Übertragung der deutschen Schutznormlehre** auf das Gemeinschaftsrecht vor. Ein Indiz hierfür ist bereits, daß die Forderung nach einem subjektiven Recht als Voraussetzung für die unmittelbare Wirkung ausschließlich von deutschen Autoren vertreten wird. Erheblich schwerer wiegt, daß sich eine Anwendung des oben Rn. 87 zitierten obiter dictum aus dem Fall Becker in der Rechtsprechung des Gerichtshofes nicht belegen läßt[305]. In der Entscheidung Enichem Base ging es nicht um die Ersetzung einer mangelhaften mitgliedstaatlichen Umsetzungsvorschrift durch unmittelbar anwendbares Gemeinschaftsrecht, sondern um die Verletzung einer mitgliedstaatlichen Informationspflicht, so daß aus ihr keine Schlüsse für die Lehre von der unmittelbaren Wirkung gezogen werden können (s. auch o. Rn. 78a). Im Fall Marshall II wurde die unmittelbare Richtlinienwirkung mit dem Effizienzgedanken, nicht dem Schutznormcharakter einer Richtlinienvorschrift begründet. Angesichts der klaren Stellungnahme des Generalanwalts vermag auch das Urteil Großkrotzenburg die Annahme der herrschenden Meinung nicht mit der von ihr behaupteten Eindeutigkeit zu stützen. Das Urteil San Rocco deutet schließlich ebenfalls an, daß subjektive Rechte für die unmittelbare Wirkung verzichtbar sind[306]. Es entspricht eher den Strukturprinzipien des *effet*

---

299 So *Jarass* (Fn. 256), S. 2667.
300 *Gellermann* (Fn. 143), S. 171; *Rengeling/Middeke/ders.*, Rechtsschutz in der EU, Rn. 901; *Gellermann* folgend *Middeke* (Fn. 273), S. 54 ff.
301 Vgl. *Calliess*, (Fn. 294), S. 340 f.; *Gellermann* (Fn. 294), S. 438; *K. Iven*, Anmerkung zu EuGH, Rs. C-431/92, NuR 1996, S. 105. Anders *A. Epiney*, Ummittelbare Anwendbarkeit und objektive Wirkung von Richtlinien, DVBl. 1996, S. 409 (412).
302 So *von Danwitz* (Fn. 53), S. 482; *ders.*,Verwaltungsrechtliches System und Europäische Integration, 1996, S. 230 ff. Vgl. bereits *Everling* (Fn. 200), S. 108; *Klein* (Fn. 42), S. 20 f.; *A. Werbke*, Das Recht des Einzelnen zur Berufung auf staatengerichtete Entscheidungen (Art. 189 EWGV), NJW 1970, S. 2137 (2140). Differenzierend und ausdrücklich gegen die hier vertretene Konzeption *Nettesheim* (Fn. 181), S. 91 ff.
303 Besonders deutlich *Timmermans* (Fn. 126), S. 539, sowie *Gassner* (Fn. 239), S. 506, 518 f.; *van Gerven* (Fn. 85), 507; s. auch *Eilmansberger* (Fn. 82), S. 209; *P. M. Huber*, Gemeinschaftsrechtlicher Schutz vor einer Verteilungslenkung durch deutsche Behörden, EuR 1991, S. 31 (36); *M. Lenz*, Horizontal What? Back to basics, ELRev. 25 (2000), S. 509; *Prechal* (Fn. 95), S. 128; *dies.*, Does Direct Effect Still Matter?, CMLRev. 37 (2000), S. 1047 (1056); *I. Renke*, EG-Richtlinien und verwaltungsgerichtlicher Rechtsschutz, 1998, S. 76 ff. Widersprüchlich *J. Holder*, Anmerkung zu EuGH, Rs. C-236/92, J.E.L. 8 (1996), S. 322.
304 Vgl. zum folgenden ausf. *Ruffert* (Fn. 167), S. 166 ff.; dagegen ausf. *Wegener* (Fn. 269), S. 138 f.
305 Unzutreffend daher *Haneklaus* (Fn. 275), S. 132 unter I. 2.
306 Ähnlich *A. Albors-Llorens*, The Commission's Powers in the Enforcement of Directives: A Step Forward?, ELRev. 25 (2000), S. 548 (551).

utile und der funktionalen Subjektivierung des Gemeinschaftsrechts, auf das Kriterium der Existenz eines wie auch immer gearteten subjektiven Rechts für die unmittelbare Richtlinienwirkung zu verzichten. Die unmittelbare Wirkung hängt nicht vom Schutz individueller Interessen ab. Sie kann auch und gerade zum Schutz von Allgemeininteressen aktiviert werden und steht so in fundamentalem Gegensatz zur deutschen Schutznormlehre[307]. Gegenstück des Merkmals der Begünstigung des einzelnen ist nicht die Begünstigung der Allgemeinheit, sondern seine Belastung[308]. Die Individualbezogenheit des Rechtssatzes wird durch den Sanktionsgedanken ersetzt[309]. Im Ergebnis gilt daher: Die unmittelbare Wirkung von Richtlinien setzt ein subjektives Recht nicht voraus, sondern bringt es zur Entstehung.

c) **Rechtsfolgen**
aa) **Grundsätze**
Sind die Voraussetzungen für die unmittelbare Wirkung einer Richtlinie erfüllt, so ist sie von jedem **mitgliedstaatlichen Gericht** zu beachten. Der EuGH hat in neueren Entscheidungen klargestellt, daß die unmittelbare Wirkung nicht nur zu einer Möglichkeit des einzelnen führt, sich auf Richtlinienbestimmungen im Prozeß zu berufen, sondern daß unmittelbar wirkendes Richtlinienrecht vielmehr auch **von Amts wegen** beachtet werden muß[310]. Dies folge bereits daraus, daß ein nationales Gericht bereits von Amts wegen feststellen könne, ob Gemeinschaftsrecht einschlägig sei, um die Möglichkeit einer Vorlage nach Art. 234 zu prüfen[311]. Räumt eine Richtlinie den Mitgliedstaaten die Befugnis zu alternativen Regelungen ein (wie etwa im **Fleischhygienegebührenrecht**[312]), so entsteht im Fall der Nichtumsetzung aus der unmittelbaren Wirkung kein Schutz des Vertrauens darauf, daß von der Wahlbefugnis kein Gebrauch gemacht wird[313]. Enthält die unmittelbar wirkende Richtlinienbestimmung ein **Kontroll- und Informationsverfahren**, das die Mitgliedstaaten verpflichtet, technische Regelungswerke der Kommission zur Prüfung und Genehmigung vorzulegen, so sind nationale technische Regelungen unanwendbar, wenn die Unterrichtung der Kommission unterbleibt (s.o. Rn. 78a)[314].

91

Außerdem sind **alle Träger der Verwaltung**, auch **kommunale Gebietskörperschaften** zur Anwendung unmittelbar wirkender Richtlinienbestimmungen verpflichtet[315] (s. auch o. Rn. 24 a.E. für das Primärrecht). Da die Verpflichtungen aus den Richtlinien für alle

92

---

307 Vgl. *von Danwitz* (Fn. 53), S. 485; *Reich* (Fn. 53), S. 180. S. bereits M. *Zuleeg*, Das Recht der Europäischen Gemeinschaften im innerstaatlichen Bereich, 1969, S. 180; *ders.* (Fn. 126), S. 475 f.
308 So deutlich *Classen* (Fn. 180), S. 85. Vgl. auch *Richter* (Fn. 251), S. 398 f.
309 So *Klein* (Fn. 42), S. 21.
310 EuGH, Verb. Rs. C-87/90 u.a., Slg. 1991, I-3757, Rn. 15 (Verholen/Sociale Verzekeringsbank); Rs. C-72/95, Slg. 1996, I-5403, Rn. 55 (Kraaijeveld).
311 EuGH, Verb. Rs. C-87/90 u.a., Slg. 1991, I-3757, Rn. 12 ff. (Verholen/Sociale Verzekeringsbank).
312 Vgl. RL 96/43/EG des Rates vom 26.6.1996 zur Änderung und Kodifizierung der RL 85/73/EWG zur Sicherstellung der Finanzierung der veterinär- und hygienerechtlichen Kontrollen von lebenden Tieren und bestimmten tierischen Erzeugnissen sowie zur Änderung der RLen 90/675/EWG und 91/496/EWG, ABl. EG 1996, Nr. L 162/1.
313 EuGH, Rs. C-374/97, Slg. 1999, I-5153, Rn. 31 (Feyrer). Anders noch *B. Schmidt am Busch*, Die besonderen Probleme bei der Umsetzung von EG-Richtlinien mit Regel-Ausnahme-Charakter, DÖV 1999, S. 581 (589). Wie hier *T. Klindt*, EWS 1999, S. 434 (435); *W. Kunze*, Neuorientierung im Fleischhygienegebührenrecht, NVwZ 2001, S. 291 (293).
314 EuGH, Rs. C-194/94, Slg. 1996, I-2201, Rn. 32 ff. (CIA Security International); Rs. C-443/98, Slg. 2000, I-7535, Rn. 40 ff. (Unilever/Central Food). S. aber auch EuGH, Rs. C-226/97, 16.6.1998, Slg. 1998, I-3711, Rn. 32 ff. (Lemmens); dazu kritisch *R. Abele*, EuZW 1998, S. 571.
315 EuGH, Rs. 103/88, Slg. 1989, 1861, Rn. 31 und 33 (Fratelli Costanzo/Stadt Mailand), gegen GA C. O. *Lenz*, ebda., Ziff. 35 ff.; Rs. C-72/95, Slg. 1996, I-5403, Rn. 55 (Kraaijeveld). S. bereits EuGH, Rs. 76/81, 10.2.1982, Slg. 1982, 417, Rn. 17 (Transporoute).

mitgliedstaatlichen Stellen gelten, wäre es widersprüchlich, einzelnen zwar die Möglichkeit zu geben, sich im Verfahren der gerichtlichen Verwaltungskontrolle auf unmittelbar wirkende Richtlinienvorschriften zu berufen, die Verwaltung jedoch nicht daran zu binden.[316] Nach dieser Rechtsprechung muß die **Verwaltung nationales Recht,** das einer unmittelbar wirkenden Richtlinie entgegensteht, **unangewendet lassen.**[317]

bb) Objektive unmittelbare Wirkung und legal review

93 Im **deutschen Schrifttum** dringt eine Auffassung immer weiter vor, die zwei Arten der unmittelbaren Wirkung von Richtlinien voneinander unterscheidet: Der subjektiv-prozessualen unmittelbaren Wirkung stehe eine **objektiv-materiellrechtliche unmittelbare Wirkung** gegenüber[318]. Während der EuGH früher den Schwerpunkt auf die Anrufbarkeit von Richtlinienrecht durch einzelne gelegt habe, gehe es nunmehr um die vom einzelnen Marktbürger unabhängige unmittelbare Anwendung dieses Richtlinienrechts von Amts wegen durch Gerichte und Verwaltung[319]. Dies belegten die Urteile Fratelli Costanzo, Verholen und Großkrotzenburg (s.o. bei Rn. 84 und 87 f.).

94 Die Unterscheidung verschiedener Arten unmittelbarer Wirkung ist nicht überzeugend. Die unmittelbare Wirkung tritt unabhängig von subjektiven Rechten ein (s.o. Rn. 90), so daß es einer zusätzlichen Kategorie nicht bedarf. Subjektive Elemente kommen nur bei der *Geltendmachung* unmittelbarer Wirkung zum Tragen (s.u. Rn. 98 ff.).

95 In seiner **neueren Rechtsprechung** hat der EuGH eine ältere Rechtsprechungslinie[320] wieder aufgegriffen, wonach mitgliedstaatliche Gerichte zur Überprüfung der nationalen Rechtsetzung und Verwaltung am Maßstab verpflichtet sind[321]. Dieses Konzept eines *legal review*[322] ist schon vorher im Schrifttum vertreten worden[323], wobei vereinzelt eine Heranziehung von Richtlinien als Maßstabsnorm ausdrücklich für den Fall abgelehnt wird, daß die Voraussetzungen unmittelbarer Wirkung nicht erfüllt sind[324]. Dieser Ansatz ist bei näherer Betrachtung weniger weittragend als auf den ersten Blick[325]. Wirkt eine Richtlinie unmittelbar, so ergibt sich der Verdrängungseffekt des vorrangig anwendbaren Gemeinschaftsrechts schon aus der unmittelbaren Wirkung selbst und bedarf nicht einer zusätzlichen Überprüfungspflicht. Gegen die Verdrängung durch nicht unmittelbar wirkende Richtliniennormen sprechen rechtsstaatliche Bedenken[326]; über

---

316 EuGH, Rs. 103/88, Slg. 1989, 1861, Rn. 30 f. (Fratelli Costanzo/Stadt Mailand).
317 EuGH, Rs. 103/88, Slg. 1989, 1861, Rn. 31 und 33 (Fratelli Costanzo/Stadt Mailand).
318 S. – mit Unterschieden im einzelnen – *Epiney,* (Fn. 271), S. 231 f.; *W. Erbguth/F. Stollmann,* Die Bindung der Verwaltung an die FFH-Richtlinie, DVBl. 1997, S. 453 (455); *Gellermann* (Fn. 294), S. 438; *Iven* (Fn. 301), 105; *Pechstein* (Fn. 294), S. 264 f.; *Ress* (Fn. 200), S. 356 ff.; *Winter* (Fn. 163), S. 664; *ders.,* Grundprobleme (Fn. 294), S. 80. S. auch oben Rn. 88, und bereits *Klein* (Fn. 42), S. 12 ff.
319 S. vor allem *E. Klein,* Objektive Wirkungen von Richtlinien, FS-Everling, 1995, S. 641.
320 EuGH, Rs. 51/76, Slg. 1977, 113, Rn. 25/29 (Nederlandse Ondernemingen); Rs. 38/77, Slg. 1977, 2203, Rn. 9/10 (Enka); Rs. 21/78, Slg. 1978, 2327, Rn. 13/15 (Delkvist); Rs. C-72/95, Slg. 1996, I-5403, Rn. 56 und 60 f. (Kraaijeveld).
321 EuGH, Rs. C-72/95, Slg. 1996, I-5403, Rn. 56 und 60 f. (Kraaijeveld); Rs. C-435/97, Slg. 1999, I-5613, Rn. 69 (WWF/Provinz Bozen); Rs. C-365/98, Slg, 2000, I-4619, Rn. 32 (Brinkmann/Hauptzollamt Bielefeld); Rs. C-287/98, 19.9.2000, Slg. 2000, I-6917, Rn. 32 (Linster). S. ausführlich GA *A. Saggio,* Schlußantr. zu Verb. Rs. C-240/98 u.a., Slg. 2000, I-4941 (Océano Grupo), Ziff. 28 ff.
322 Begriff von *Timmermans* (Fn. 126), S. 544 ff.
323 So *Bach* (Fn. 200), S. 1111 ff.; *Langenfeld* (Fn. 52), S. 180 ff.; *dies.* (Fn. 256), S. 962 ff.
324 *Jarass* (Fn. 19), S. 960; *Scherzberg* (Fn. 200), S. 229 f.
325 Kritisch bereits die Vorauflage. *Gassner* (Fn. 239), S. 515 f., hält die Entwicklung für einen Rückschritt.
326 Vgl. *Scherzberg* (Fn. 200), S. 229 f.

die richtlinienkonforme Auslegung (s.u. Rn. 106 ff.) hinaus besteht im übrigen hierfür kein Bedarf[327]. Auch die vom EuGH formulierte Pflicht nationaler Gerichte, die »Rechtmäßigkeit« einer vor Ablauf der Umsetzungsfrist erlassenen nationalen Vorschrift daraufhin zu überprüfen, ob diese das Eintreten des Richtlinienzieles vereiteln (s.o. Rn. 44), ist keine legal review sondern spezieller, aus Art. 249 Abs. 3 abzuleitender Ausfluß des allgemeinen Behinderungsverbotes in Art. 10 Abs. 2.

cc) **Beachtlichkeit von Amts wegen und Bindung der Verwaltung**
Mit der ausdrücklichen Entscheidung des EuGH (Rn. 91) dürften sich die Stellungnahmen gegen eine unmittelbare Anwendbarkeit von Amts wegen[328] erledigt haben[329]. Eher kritisch begleitet das Schrifttum jedoch nach wie vor die Bindung auch der Verwaltung an unmittelbar anwendbares Richtlinienrecht[330]. Ein besonderes Problem besteht im Anschluß an die Entscheidung Fratelli Costanzo (s.o. Rn. 84) hierbei in der Frage der **Normverwerfungskompetenz oder -pflicht der Verwaltung** in der Bundesrepublik Deutschland[331]. Gegen eine solche Kompetenz sprechen der Grundsatz der Gesetzesbindung der Verwaltung[332] und deren fehlende Möglichkeiten, den EuGH mit Zweifelsfällen zu befassen, denn die Verwaltung kann weder eine Vorlage nach Art. 234 herbeiführen, noch diesen in einer Art. 92 Abs. 1 Nr. 2 GG entsprechenden Weise anrufen[333]. Andererseits werden der Anwendungsvorrang des Gemeinschaftsrechts und das Bedürfnis nach effektiver Umsetzung gemeinschaftsrechtlicher Vorgaben angeführt[334]. Vermittelnd wird die Verwerfungskompetenz auf Einzelfälle evidenter Gemeinschaftsrechtswidrigkeit beschränkt[335].

96

---

327 So auch *Jarass* (Fn. 157), S. 104 f. Ähnlich *M. Nettesheim*, Auslegung und Fortbildung nationalen Rechts im Lichte des Gemeinschaftsrechts, AöR 119 (1994), S. 261 (280).
328 S. *Papier* (Fn. 275), S. 813; *H.-H. Rupp*, Verfassungsprobleme auf dem Weg zur Europäischen Union, ZRP 1990, S. 1(3). Aus der Praxis OVG Münster, ZfW 1987, 49 (52); FG München, EuZW 1990, 582 (583).
329 Wie hier *H. G. Fischer*, Sind vertragswidrig nicht umgesetzte Richtlinien innerstaatlich nur auf Antrag anwendbar?, EuZW 1991, S. 857 (859 ff.); *ders.*, (Fn. 180), S. 637; *Gellermann* (Fn. 143), S. 190 ff.; *Jarass* (Fn. 256), S. 2668 f.; *ders.* (Fn. 157), S. 81; *Oldenbourg* (Fn. 43), S. 27 ff.
330 *S. U. Pieper*, Die Direktwirkung von Richtlinien der Europäischen Gemeinschaft, DVBl. 1990, S. 684 (687 f.).
331 Umfassend *R. Hutka*, Gemeinschaftsrechtsbezogene Prüfungs- und Verwerfungskompetenz der deutschen Verwaltung gegenüber Rechtsnormen nach europäischem Gemeinschaftsrecht und nach deutschem Recht, 1997; daneben *T. Jamrath*, Normenkontrolle der Verwaltung und Europäisches Gemeinschaftsrecht, 1993. S. auch GA *Lenz*, Schlußantr. zu EuGH, Rs. 103/88, Slg. 1989, 1861 (Fratelli Costanzo/Stadt Mailand), Ziff. 28 ff., sowie *D. Ehlers*, in: Erichsen (Hrsg.), Allgemeines Verwaltungsrecht, 11. Aufl. 1998, § 3, Rn. 60.
332 Vgl. *M. Pagenkopf*, Zum Einfluß des Gemeinschaftsrechts auf nationales Wirtschaftsverwaltungsrecht, NVwZ 1993, S. 216 (222); *Papier* (Fn. 275), S. 813; *E. Schmidt-Aßmann*, Zur Europäisierung des allgemeinen Verwaltungsrechts, FS-Lerche, 1993, S. 513 (526 f.).
333 Vgl. *R. Mögele*, Neuere Entwicklungen im Recht der Europäischen Gemeinschaften, BayVBl. 1993, S. 129 (131); *Pagenkopf* (Fn. 332), S. 222; *Papier* (Fn. 275), S. 814; *J. Pietzcker*, Zur Nichtanwendung europarechtswidriger Gesetze seitens der Verwaltung, FS-Everling, S. 1095 (1105).
334 Ausführlich in diesem Sinne *Hutka* (Fn. 331), S. 262 ff. Vgl. auch *U. Everling*, Zum Vorrang des EG-Rechts vor nationalem Recht, DVBl. 1985, S. 1201 (1201 f.); *S. Kadelbach*, Der Einfluß des EG-Rechts auf das nationale Allgemeine Verwaltungsrecht, in: von Danwitz/Heintzen/Jestaedt/Korioth/Reinhardt (Hrsg.), Auf dem Wege zu einer Europäischen Staatlichkeit, 1993, S. 135 f.; *Pietzcker* (Fn. 333), S. 1106 f.
335 So im Ergebnis *Jarass* (Fn. 157), S. 102 ff.; *Pietzcker* (Fn. 333), S. 1109; *A. Weber*, Verwaltungskollisionsrecht der Europäischen Gemeinschaften im Lichte neuerer Rechtsentwicklungen, EuR 1986, S. 1 (25 f.); *Winter* (Fn. 180), S. 454; *ders.* (Fn. 163), S. 666.

Art. 249 EG-Vertrag

97 Diese Sicht überzeugt. Sie erreicht einen tragfähigen Kompromiß zwischen den genannten Bedenken gegen eine administrative Normverwerfung und den gemeinschaftsrechtlichen Vorgaben. Steht also das nationale Recht zu einer unmittelbar wirkenden Richtliniennorm in Widerspruch und ist dies für die Verwaltung offensichtlich, so **darf** sie die nationale Vorschrift **nicht** zur Anwendung bringen.

dd) Unmittelbare Richtlinienwirkung und Individualrechtsschutz

98 Die unter Rn. 25 ff. geschilderte Erweiterung der Anforderungen an mitgliedstaatlichen Rechtsschutz hat sich auch auf die Klagebefugnis zur Geltendmachung von Rechten aus der unmittelbaren Wirkung von Richtlinien ausgewirkt. Allerdings läßt sich gegenwärtig nicht mehr als eine Tendenz in der Rechtsprechung des EuGH verzeichnen, die vor allem durch die Entscheidung Verholen[336] geprägt wird. Der EuGH maß hier die mitgliedstaatlichen Verfahrensvorschriften über Klagebefugnis und Rechtsschutzinteresse am Grundsatz des effektiven Rechtsschutzes sowie an dem Gebot, daß die Anwendung nationaler Verfahrensvorschriften die Ausübung der Rechte, die die Gemeinschaftsrechtsordnung einräumt, nicht praktisch unmöglich machen dürfte (s.o. Rn. 28)[337]. Für die Klagebefugnis stellte der EuGH auf das *unmittelbare Interesse* der von einer Richtlinie betroffenen Personen ab, ohne diesen Begriff weiter mit Inhalt zu füllen[338]. In einer späteren Entscheidung griff er das Urteil Verholen wieder auf und sprach von der Klagebefugnis **Betroffener**[339].

99 Das Schrifttum zu diesem Themenkreis bietet kein einheitliches Bild. Teilweise ist die Entscheidung Verholen zur Begründung der Auffassung herangezogen worden, für die unmittelbare Wirkung komme es auf den Rechts- bzw. Interessenschutz des einzelnen an[340]. Bisweilen wird postuliert, die vom EuGH formulierten Rechtsschutzanforderungen (s. auch o. Rn. 28) führten zu einem allgemeinen Normvollziehungsanspruch[341]. Nur selten wird behauptet, die prozessualen Implikationen der unmittelbaren Wirkung von Richtlinien richteten sich allein nach nationalen Verfahrensvorschriften[342].

100 Die Lehre von der unmittelbaren Anwendbarkeit des Gemeinschaftsrechts wirkt sich auch im Falle von Richtlinien auf das nationale Prozeßrecht aus; dies ergibt sich bereits aus den unter Rn. 28 geschilderten Grundsätzen. Aus der Entscheidung Verholen folgt auch nicht, daß ein wie auch immer geartetes subjektives Recht Voraussetzung der unmittelbaren Richtlinienwirkung ist (s. hiergegen bereits unter Rn. 90). Diese Argumentation übersieht die dem Gemeinschaftsrecht eigentümliche Trennung von Recht und Rechtsbehelf nach Art der Differenzierung von *right* und *remedy* im Common Law (s.o. Rn. 35). Des weiteren darf nicht übersehen werden, daß durch die Formulierung eines Kriteriums des Rechtsschutzinteresses zur *Geltendmachung* von Rechten, die aus der unmittelbaren Richtlinienwirkung folgen, einem popular-klagbaren Normvollziehungsanspruch auf der prozessualen Seite entgegengewirkt wird.

---

336 EuGH, Verb. Rs. C-87/90 u.a., Slg. 1991, I-3757 (Verholen/Sociale Verzekeringsbank).
337 EuGH, Verb. Rs. C-87/90 u.a., Slg. 1991, I-3757, Rn. 24 (Verholen/Sociale Verzekeringsbank), sowie Schlußantr. GA *Capotorti*, Ziff. 32.
338 EuGH, Verb. Rs. C-87/90 u.a., Slg. 1991, I-3757, Rn. 23 (Verholen/Sociale Verzekeringsbank); vgl. a. EuGH, Verb. Rs. C-430/93 und C-431/93, Slg. 1995, I-4705, Rn. 15 (Van Schijndel und Van Veen).
339 EuGH, Rs. C-343/92, Slg. 1994, I-571, Rn. 41 f. (Roks).
340 In diesem Sinne *J. H. Jans*, Legal Protection in European Environmental Law, EELR 1993, S. 151 (157 ff.).
341 So *von Danwitz* (Fn. 53), S. 489.
342 So *Papier* (Fn. 275), S. 814.

EG-Vertrag Art. 249

Im Ergebnis muß der in Rechtsprechung und Schrifttum tendenziell vorhandene Ansatz 101
ausgebaut werden, die Recht*sdurchsetzung* und damit die Klagebefugnis an gemeinschaftsrechtlich zu definierende subjektive Rechtspositionen anzuknüpfen, während die Recht*sentstehung*, die unmittelbare Wirkung selbst, von solchen Überlegungen frei bleiben soll[343]. Es geht um eine Ausfüllung des Rechtsbegriffes des *unmittelbaren Interesses* (s. Rn. 98).

ee) **Unmittelbare Richtlinienwirkung, Rechtsbehelfsfristen und Bestandskraft**
Anknüpfend an die ständige Rechtsprechung zu gemeinschaftsrechtlichen Anforderungen 102
an den mitgliedstaatlichen Rechtsschutz sind die nationalen Vorschriften über Rechtsbehelfsfristen und Bestandskraft erheblich modifiziert worden. In früheren Urteilen hatte der EuGH noch entschieden, die Festsetzung angemessener Fristen für die Verfolgung durch unmittelbar wirkendes Gemeinschaftsrecht verliehener Rechte mache diese Rechtsverfolgung nicht praktisch unmöglich[344]. In der Entscheidung Emmott[345] stellte er jedoch unter Verweis auf die »besondere Natur der Richtlinien«[346] fest, daß ein Mitgliedstaat vor der ordnungsgemäßen Richtlinienumsetzung einem Gemeinschaftsbürger nicht den Ablauf der Klagefrist entgegenhalten könne, wenn dieser sich auf eine unmittelbar wirkende Richtlinienbestimmung berufe[347]. Die Rechtsbehelfsfrist beginne erst mit der ordnungsgemäßen Umsetzung zu laufen (sog. **Emmott'sche Fristenhemmung**). Diese Aufweichung der Bestandskraft zurückliegender Verwaltungsentscheidungen relativierte der EuGH in Fällen, in denen aufgrund unmittelbar wirkenden Richtlinienrechts rückwirkend Sozialleistungen für den Zeitraum zwischen Ablauf der Umsetzungsfrist und tatsächlicher Umsetzung beantragt wurden; die Rechtsausübung würde durch gesetzliche Bestimmungen, die Sozialleistungen für bestimmte Zeiträume in der Vergangenheit ausschlössen, nicht praktisch unmöglich gemacht[348]. Bisweilen überließ der EuGH die Entscheidung über die Frage der praktischen Möglichkeit der Rechtsausübung dem vorlegenden Gericht[349]. Die neuere Rechtsprechung zur Erstattung gemeinschaftswidriger Abgaben nach nationalem Recht prüft nur noch die Angemessenheit der Frist im Sinne des Nichtdiskriminierungs- und Effektivitätsgebotes und hebt den Ausnahmecharakter der Entscheidung Emmott hervor[350]. Wird die effektive Wirkung des Gemeinschaftsrechts durch die Fristbestimmung nach den besonderen Umständen des Sachverhalts beeinträchtigt, so kann die Fristbestimmung durch Gemeinschaftsrecht verdrängt werden[351].

---

343 Wie hier jetzt *Gassner* (Fn. 239), S. 507; In der Sache auch BVerwGE 100, 238 (253).
344 EuGH, Rs. 33/76, Slg. 1976, 1989, Rn. 5 (Rewe/Landwirtschaftskammer Saarland); Rs. 45/76, Slg. 1976, 2043, Rn. 11/18 (Comet/Produktschap voor Siergewassen).
345 EuGH, Rs. C-208/90, Slg. 1991, I-4269 (Emmott).
346 EuGH, Rs. C-208/90, Slg. 1991, I-4269, Rn. 17 (Emmott).
347 EuGH, Rs. C-208/90, Slg. 1991, I-4269, Rn. 23 (Emmott).
348 EuGH, Rs. C-338/91, Slg. 1993, I-5475, Rn. 23 (Steenhorst-Neerings); Rs. C-410/92, Slg. 1994, I-5483, Rn. 21 (Johnson II); Rs. C-394/93, Slg. 1995, I-4101, Rn. 30 (Alonso-Pérez).
349 EuGH, Rs. C-62/93, Slg. 1995, I-1883, Rn 42 (BP Soupergaz).
350 EuGH, Rs. C-90/94, Slg. 1997, I-4085, Rn. 45 ff. (Haahr Petroleum); Verb. Rs. C-114/95 und C-115/95, Slg. 1997, I-4263, Rn. 44 ff. (Texaco); Rs. C-188/95, Slg. 1997, I-6783, Rn. 45 ff. (Fantask); Rs. C-231/96, Slg. 1998, I-4951, Rn. 45 ff. (Edis); Rs. C-260/96, Slg. 1998, I-4997, Rn. 27 ff. (Spac); Verb. Rs. C-10-22/97, Slg. 1998, I-6307, Rn. 24 ff. (IN.CO.GE'90); Rs. C-391/95, Slg. 1998, I-7141, Rn. 39 ff. (Aprile); Rs. C-343/96, Slg. 1999, I-579, Rn. 26 ff. (Dilexport); Rs. C-88/99, Slg. 2000, I-10465, Rn. 20 ff. (Roquette Frères). – Mit gleicher Tendenz OVG Koblenz, NVwZ 1999, 198 (199); BVerwG, NVwZ 2000, 193.
351 EuGH, Rs. C-326/96, Slg. 1998, I-7835, Rn. 32 (Levez); Rs. 78/98, Slg. 2000, I-3201, Rn. 32 ff. (Preston und Fletcher); vorher (ohne Annahme eines Verstoßes gegen das Effektivitätsgebot) EuGH, Rs. C-128/93, Slg. 1994, I-4583, Rn. 39 (Fisscher), Rs. C-435/93, Slg. 1996, I-5223, Rn. 36 (Dietz); Rs. C-246/96, Slg. 1997, I-7153, Rn. 36 ff. (Magorrian); s.o. Rn. 31.

Art. 249 EG-Vertrag

103 In der deutschen Praxis hatte diese Rechtsprechung die Frage aufgeworfen, ob Steuerfestsetzungen ohne Rücksicht auf die Rechtsbehelfsfristen der AO und des FGG angefochten werden können, wenn die entsprechende Steuer bis zu einem EuGH-Urteil gemeinschaftsrechtswidrig erhoben und das nationale Recht erst nach dem Urteil dem Gemeinschaftsrecht in Gestalt der einschlägigen Richtlinie angepaßt wurde. Diese Frage nach dem Beginn der Rechtsbehelfsfristen hätte sich durch eine Vorlage an den EuGH aufklären lassen, doch hat der BFH[352] und mit ihm die Instanzgerichte der Finanzgerichtsbarkeit[353] eine Vorlage mit unzutreffenden Argumenten abgelehnt.

104 Im Schrifttum hat die Rechtsprechung zur »Emmott'schen Fristenhemmung« Zustimmung[354] wie Kritik[355] erfahren. Insbesondere wird ein Eingriff in die Strukturen des mitgliedstaatlichen Verwaltungsverfahrens- und Prozeßrechts gerügt[356]. Im Gefolge der neueren Rechtsprechung werden die weiteren Auswirkungen des Urteils Emmott als gering eingestuft und Ansatz der flexiblen Angemessenheitsprüfung befürwortet[357], in seiner Unvorhersehbarkeit aber auch kritisiert[358].

105 Grundsätzlich ist dieser flexible Ansatz begrüßenswert, wenn er auch eine gewisse Rechtsunsicherheit hervorruft. »Emmott« wurde jedoch keinesfalls aufgegeben[359], denn liegen die besonderen Voraussetzungen eines Abschneidens des Rechtsschutzes durch Nichtumsetzung einer Richtlinie vor, so ist davon auszugehen, daß die Bestandskraft zurück bis zum Zeitpunkt des Ablaufs der Umsetzungsfrist einer Richtlinie durchbrochen wird. Ansonsten würde nach den Maßstäben des EuGH die Berufung auf die unmittelbare Wirkung einer Richtlinie tatsächlich »praktisch unmöglich gemacht«. **Entscheidend ist also, ob der Betroffene zu irgendeinem Zeitpunkt die Möglichkeit hat, seine aus dem Gemeinschaftsrecht abgeleiteten Rechte geltend zu machen.** Die Differenzierungen des EuGH zwischen Rechtsbehelfsfristen und Antragsfristen im sozialrechtlichen Verfahren waren wenig überzeugend und wurden in der neueren Rechtsprechung auch nicht wieder aufgegriffen. Außerdem spielt es keine Rolle, ob die Richtlinie nicht oder unzutreffend umgesetzt war oder aber der nationale Umsetzungsakt gemeinschaftsrechtswidrig ausgelegt wurde (s.o. Rn. 74 a.E.)[360].

---

352 BFHE 179, 563.
353 Hess. FG, EFG 1995, 1088; Nds. FG, UR 1996, 237; FG Nürnberg, UR 1995, 402.
354 So von *W. Birkenfeld,* Verwaltungsvorschriften im Umsatzsteuerrecht und Gemeinschaftsrecht, UR 1993, S. 271 (274); *H. Friedl,* Auswirkung nicht ordnungsgemäßer Umsetzung der 6. EG-Richtlinie auf Bestandskraft und Festsetzungsfrist bei der Umsatzsteuer, UR 1993, S. 114 (116); *H. Seibert,* Europarechtliche Frist- und Bestandskrafthemmungen im Steuerrecht, BB 1995, S. 543. S. auch *W. Reiss,* Die nicht ordnungsgemäße Umsetzung von EG-Steuerrichtlinien und ihre Folgen, StuW 1994, S. 323. S. bereits *K. E. Huthmacher,* Der Vorrang des Gemeinschaftsrechts bei indirekten Kollisionen, 1985.
355 *W. C. Lohse,* Europäische Lücken in der Bestandskraft von Umsatzsteuer-Bescheiden?, UR 1993, S. 288; *H. Stadie,* Unmittelbare Wirkung von EG-Richtlinien und Bestandskraft von Verwaltungsakten, NVwZ 1994, S. 435. Ausführlich *Hoskins* (Fn. 84), S. 365.
356 *Lohse* (Fn. 355), S. 291; *Stadie* (Fn. 355), S. 439 f.
357 Vgl. *O. Dörr,* in: Sodan/Ziekow (Hrsg.), Nomos-Kommentar zur VwGO, Loseblatt, 1998, EVR, Rn. 464 f.; *J. Gundel,* Keine Durchbrechung nationaler Verfahrensfristen zugunsten von Rechten aus nicht umgesetzten Richtlinien, NVwZ 1998, S. 910; *Struys* (Fn. 88), S. 54.
358 *F. Schoch,* Die Europäisierung des verwaltungsgerichtlichen Rechtsschutzes, 2000, S. 45.
359 *S. A. Biondi,* The European Court of Justice and Certain National Procedural Limitations: Not Such A Tough Relationship, CMLRev. 36 (1999), S. 1271 (1279).
360 A.A. BFHE 179, 263. Wohl auch *S. Müller-Franken,* Gemeinschaftsrechtliche Fristenhemmung, richtlinienkonforme Auslegung und Bestandskraft von Verwaltungsakten, DVBl. 1998, S. 758.

5. Richtlinienkonforme Auslegung

a) Grundsatz
aa) Entwicklung der Rechtsprechung des EuGH und Praxis deutscher Gerichte
Nach einer eher zurückhaltenden Andeutung des Grundsatzes der richtlinienkonformen 106
Auslegung in einer Frühphase[361] gehört diese Rechtsfigur spätestens seit 1984[362] zur
ständigen und mittlerweile gefestigten Rechtsprechung des EuGH. Für den EuGH richten sich die mitgliedstaatliche Verpflichtung aus Art. 249 Abs. 3, die in einer Richtlinie vorgesehenen Ziele zu erreichen, und die sich aus Art. 10 ergebende Obliegenheit, alle geeigneten Maßnahmen zur Erfüllung dieser Verpflichtung zu treffen, an alle Träger öffentlicher Gewalt in den Mitgliedstaaten und damit auch an die mitgliedstaatlichen Gerichte im Rahmen ihrer Zuständigkeiten[363]. Ein mitgliedstaatliches Gericht hat »das nationale Recht im Lichte des Wortlauts und des Zwecks der Richtlinie auszulegen«[364], wobei das Gericht diese Auslegung »unter voller Ausschöpfung des Beurteilungsspielraums, den ihm das nationale Recht einräumt, in Übereinstimmung mit den Anforderungen des Gemeinschaftsrechts« vornehmen muß[365]. Es kommt weder darauf an, ob das auszulegende Recht vor oder nach der Richtlinie[366], noch ob es speziell zur Richtlinienumsetzung erlassen wurde[367], doch gilt der Grundsatz insbesondere dann, wenn ein Gericht von der Übereinstimmung des nationalen Rechts mit den Vorgaben der Richtlinie ausgeht[368]. Eine Grenze findet die richtlinienkonforme Auslegung in den allgemeinen Rechtsgrundsätzen des Gemeinschaftsrechts, insbesondere in den Grundsätzen der Rechtssicherheit und des Rückwirkungsverbotes.[369]

---

361 EuGH, Rs. 32/74, Slg. 1974, 1201, Rn. 6 (Haaga); Rs. 67/74, Slg. 1975, 297, Rn. 4 (Bonsignore/Stadt Köln); Rs. 111/75, Slg. 1976, 657, Rn. 7/ 11 (Mazzalai/FEAR); Rs. 51/76, Slg. 1977, 113, Rn. 10/11 (Nederlandse Ondernemingen); Rs. 270/81, Slg. 1982, 2771, Rn. 14, 2426 (Felicitas).
362 EuGH, Rs. 14/83, Slg. 1984, 1891 (von Colson und Kamann/Land Nordrhein-Westfalen); Rs. 79/83, Slg. 1984, 1921 (Harz/Deutsche Tradax).
363 EuGH, Rs. 14/83, Slg. 1984, 1891, Rn. 15 (von Colson und Kamann/Land Nordrhein-Westfalen); Rs. 79/83, Slg. 1984, 1921, Rn. 15 (Harz/Deutsche Tradax); Rs. 222/84, Slg. 1986, 1651, Rn. 53 (Johnston/Chief Constable of the Royal Ulster Constabulary); Rs. C-91/92, Slg. 1994, I-3325, Rn. 26 (Paola Faccini Dori); Rs. 80/86, Slg. 1987, 3969, Rn. 12 (Kolpinghuis Nijmegen); Rs. 31/87, Slg. 1988, 4635, Rn. 39 (Beentjes); Rs. 125/88, Slg. 1989, 3533, Rn. 6 (Strafverfahren gegen Nijman); Rs. C-106/89, Slg. 1990, I-4135, Rn. 8 (Marleasing). S. auch EuGH, Rs. C-129/96, Slg. 1997, I-7411, Rn. 40 (Inter-Environnement Wallonie/Région Wallonne); Rs. C-111/97, Slg. 1998, I-5411, Rn. 18 (Evobus Austria).
364 EuGH, Rs. 14/83, Slg. 1984, 1891, Rn. 26 (von Colson und Kamann/Land Nordrhein-Westfalen); Rs. 79/83, Slg. 1984, 1921, Rn. 26 (Harz/Deutsche Tradax); Rs. 222/94 (Fn. 57), Rn. 53; Rs. 80/86, Slg. 1987, 3969, Rn. 12 (Kolpinghuis Nijmegen); Rs. 31/87, Slg. 1988, 4635, Rn. 39 (Beentjes); Rs. C-131/97, Slg. 1999, I-1103, Rn. 48 (Carbonari); Rs. 365/98, Slg. 2000, I-4619, Rn. 40 (Brinkmann Tabakfabriken); Verb. Rs. C-240/98 u.a., Slg. 2000, I-4941, Rn. 30 (Océano Grupo); Rs. C-456/98, Slg. 2000, I-6007, Rn. 16 (Centrosteel); Rs. C-371/97, Slg. 2000, I-7881, Rn. 37 (Gozza); ähnlich Rs. C-106/89, Slg. 1990, I-4135, Rn. 8 (Marleasing).
365 EuGH, Rs. 14/83, Slg. 1984, 1891, Rn. 28 (von Colson und Kamann/Land Nordrhein-Westfalen); Rs. 79/83, Slg. 1984, 1921, Rn. 28 (Harz/Deutsche Tradax).
366 EuGH, Rs. C-106/89, Slg. 1990, I-4135, Rn. 8 (Marleasing); Rs. C-91/92, Slg. 1994, I-3325, Rn. 26 (Paola Faccini Dori).
367 EuGH, Rs. 14/83, Slg. 1984, 1891, Rn. 26 (von Colson und Kamann/Land Nordrhein-Westfalen); Rs. 79/83, Slg. 1984, 1921, Rn. 26 (Harz/Deutsche Tradax); Rs. 222/94 (Fn. 57), Rn. 53; Rs. 80/86, Slg. 1987, 3969, Rn. 12 (Kolpinghuis Nijmegen); Rs. 31/87, Slg. 1988, 4635, Rn. 39 (Beentjes); GA *van Gerven*, Schlußantr. zu Rs. C-106/89, Slg. 1990, I-4135, Ziff. 9 (Marleasing).
368 EuGH, Rs. C-334/92, Slg. 1993, I- 6911, Rn. 21 (Wagner Miret).
369 EuGH, Rs. 80/86, Slg. 1987, 3969, Rn. 13 (Kolpinghuis Nijmegen).

107 In Deutschland wird die richtlinienkonforme Auslegung vom BVerfG anerkannt[370] und von BAG, BGH, BVerwG und BFH – wenn auch mit methodisch unterschiedlichen Ansätzen – praktiziert[371].

bb) Dogmatische Begründungsansätze im Schrifttum und Stellungnahme

108 Während der EuGH wie gezeigt die dogmatische Grundlage für die richtlinienkonforme Auslegung im Umsetzungsgebot des Art. 249 Abs. 3 findet und zur Unterstützung Art. 10 heranzieht, werden im Schrifttum eine Fülle von Ansichten zu ihrer Begründung vertreten, die auch in Einzelfragen unterschiedliche Ergebnisse zeitigen[372]. Kernproblem ist dabei die Frage nach dem Vorrang der richtlinienkonformen Auslegung vor den nationalen Auslegungsmethoden. Für eine Reihe von Autoren folgt dieser Vorrang bereits aus dem Vorrang des Gemeinschaftsrechts[373]. Andere stellen auf die mit der Wahl der Regelungsform Richtlinie verfolgten Ziele ab[374]. Gegner eines Vorrangs der richtlinienkonformen Auslegung verweisen auf verfassungsrechtliche Bedenken[375], sowie die Rechtsnatur der Richtlinie, die zu einer Schonung mitgliedstaatlicher Regelungsstrukturen führen soll[376]. Nur vereinzelt wird ein gemeinschaftsrechtliches Gebot richtlinienkonformer Auslegung generell abgelehnt[377]. Daneben wird auch aus dem nationalen Recht auf eine Verpflichtung zur richtlinienkonformen Auslegung geschlossen[378]. Im Vordringen befindlich ist die insbesondere von W. Brechmann ausführlich begründete Auffassung, die mit dem EuGH in Art. 249 Abs. 3 – i.V.m. Art. 10 – die normative Grundlage für die richtlinienkonforme Auslegung sieht[379].

---

370 BVerfGE 75, 223 (237).
371 **BAG**: BAGE 61, 209; 70, 238; 71, 252; EzA Nr. 1 zu § 87 BetrVG 1972; **BGH**: BGHZ 63, 261 (264 f.); 87, 59 (61 f.); 107 (296); 138, 55 (60 ff.), sowie BGHSt 37, 333 (336); **BVerwG**: BVerwGE 49, 60; NVwZ-RR 1998, 645; **BFH**: BFHE 132, 319; 140, 393; 142, 327; 150, 196; 152, 556; 153, 155; 156, 273; 165, 109. Ausführliche Analyse der deutschen höchstrichterlichen Rechtsprechung bei *W. Brechmann*, Die richtlinienkonforme Auslegung, 1994, S. 77 ff., und *Y. Schnorbus*, Die richtlinienkonforme Rechtsfortbildung im deutschen Privatrecht, AcP 201 (2001), S. 860 (871 ff.). Analyse der britischen Rechtsprechung bei *de Búrca* (Fn. 84), S. 219 ff.
372 Ausführliche Erörterung aller Auffassungen bei *Brechmann* (Fn. 371), S. 127 ff.
373 Vgl. mit Unterschieden im einzelnen *Klein* (Fn. 319), S. 646 f.; *M. Lutter*, Die Auslegung angeglichenen Rechts, JZ 1992, S. 593 (604); *J. Salzwedel*, Probleme der Umsetzung europäischen Gemeinschaftsrechts in das Umwelt- und Technikrecht der Mitgliedstaaten, UTR 7, S. 65; *E. Spetzler*, Richtlinienkonforme Auslegung und steuerjuristische Hermeneutik, RIW 1991, S. 579 (580); *ders.*, Wirkung und Einfluß des Rechts der Europäischen Gemeinschaft auf das nationale Steuerrecht, DB 1993, S. 553 (554).
374 *S. Grundmann*, Richtlinienkonforme Auslegung im Bereich des Privatrechts, ZEuP 1996, S. 399.
375 *U. Di Fabio*, Richtlinienkonformität als ranghöchstes Normauslegungsprinzip, NJW 1990, S. 947 (951 ff.).
376 Vgl. mit Unterschieden im einzelnen *C. Baldus/R. Becker*, Haustürgeschäfte und richtlinienkonforme Auslegung, ZEuP 1997, S. 874 (882 ff.); *W. Dänzer-Vanotti*, Richtlinienkonforme Auslegung und Rechtsfortbildung, StVj 3 (1991), S. 1; *ders.*, Die richtlinienkonforme Auslegung deutschen Rechts hat keinen rechtlichen Vorrang, RIW 1991, S. 754; *ders.*, Methodenstreit um die den EG-Richtlinien konforme Auslegung, DB 1994, S. 1052; *Di Fabio* (Fn. 345), S. 951; *U. Ehricke*, Die richtlinienkonforme und die gemeinschaftsrechtskonforme Auslegung nationalen Rechts, RabelsZ 59 (1995), S. 598 (612 ff.); *U. Everling*, Zur Auslegung des durch EG-Richtlinien angeglichenen nationalen Rechts, ZGR 1992, S. 376; *Gellermann* (Fn. 143), S. 104, 112 f.; *H. D. Jarass*, Richtlinienkonforme bzw. EG-rechtskonforme Auslegung nationalen Rechts, EuR 1991, S. 211 (215 ff.); *D. Schultz*, Die ausgeführte Richtlinie im nationalen Recht, GS-Constantinesco, 1983, S. 677 (684 ff.).
377 *Scherzberg* (Fn. 200), S. 231 f.
378 *Gellermann* (Fn. 143), S. 104 f.; *Jarass* (Fn. 376), S. 217; *ders.* (Fn. 157), S. 89 f.
379 *Brechmann* (Fn. 371), S. 247 ff. Vgl. bereits *Everling* (Fn. 200), S. 101; *W.-H. Roth*, »Video«-Nachlese oder das (immer noch) vergessene Gemeinschaftsrecht, ZIP 1992, S. 1054 (1056).

Für diese Auffassung sprechen die besten Gründe. Sie erlaubt nicht nur eine starke Annäherung an die ständige Spruchpraxis des EuGH unter Vermeidung dogmatischer Überlegungen, die u.U. in ihrer Tiefe nicht in allen Mitgliedstaaten nachvollzogen werden können. Sie ist auch plausibel und in sich stimmig. Indem Gerichte und Verwaltungsbehörden bei der Rechtsanwendung das mitgliedstaatliche Recht richtlinienkonform auslegen, partizipieren sie im Sinne einer »aktiven Kooperation«[380] am Umsetzungsprozeß, an der Verwirklichung des Richtlinienziels auf der Ebene der Normkonkretisierung im Einzelfall. Insofern ist auch der Vergleich zur im deutschen Recht bekannten verfassungskonformen Auslegung mit ihrer eher normerhaltenden Tendenz nicht immer bruchlos anzustellen[381]. Auf dieser Grundlage können drei **praktisch wichtige Einzelfragen** beantwortet werden:

109

b) Einzelfragen
aa) Beginn des Gebots der richtlinienkonformen Auslegung
In der Rechtsprechung des Gerichtshofs zur richtlinienkonformen Auslegung ist die Frage unbeantwortet geblieben, ab welchem Zeitpunkt nationale Stellen zu ihr verpflichtet sind. Bisweilen wird vertreten, schon mit dem Erlaß einer Richtlinienbestimmung hätten alle mitgliedstaatlichen Organe die Auslegung nationalen Rechts an dieser Bestimmung zu orientieren[382]. Überzeugender ist es, die Verpflichtung zur richtlinienkonformen Auslegung erst mit Ablauf der Umsetzungsfrist beginnen zu lassen[383]. Der Rechtsklarheit ist eher gedient, wenn die Umsetzungsbemühungen von Judikatur und Exekutive qua richtlinienkonformer Auslegung nicht vor denen der Legislative beginnen[384]. Ebenso deutet die Anknüpfung an Art. 249 Abs. 3 dieses Ergebnis an. Auch die neuere Rechtsprechung des EuGH zur Verpflichtung der Mitgliedstaaten, vor Fristablauf den mit der Richtlinie vorgeschriebenen Zweck nicht zu vereiteln[385], ist auf das effektive Wirksamwerden der Richtlinie nach Fristablauf bezogen und enthält keine Pflicht zur richtlinienkonformen Auslegung vor Fristablauf (s.o. Rn. 44). Dagegen ist es gemeinschaftsrechtlich nicht zu beanstanden, wenn mitgliedstaatliche Gerichte nach mitgliedstaatlichem Recht bereits vor Fristablauf mit der richtlinienkonformen Auslegung beginnen, z.B. durch **richtlinienkonforme Ausfüllung von Generalklauseln**[386].

110

---

380 Begriff bei *K.-H. Ladeur*, Die Umsetzung der EG-Richtlinie zur Umweltverträglichkeitsprüfung in nationales Recht und ihre Koordination mit dem allgemeinen Verwaltungsrecht, UPR 1996, S. 419 (421).
381 Anders die wohl h.M. in der deutschen Literatur, vgl. statt vieler *Langenfeld* (Fn. 256), S. 964.
382 GA *M. Darmon*, Schlußantr. zu EuGH, Rs. 177/88, Slg. 1990, I-3941 (Dekker), und Rs. 179/88, Slg. I-3979 (Handels- og Kontorfunktionærernes Forbund), Ziff. 11; *ders.*, Schlußantr. zu EuGH, Rs. C-236/92, Slg. 1994, I-483, Ziff. 27 (Comitato di coordinamento per la difesa della Cava/Regione Lombardia); *C. O. Lenz*, Entwicklung und unmittelbare Geltung des Gemeinschaftsrechts, DVBl. 1990, S. 903 (908); *Lutter* (Fn. 373), S. 605; *Sacksofsky* (Fn. 184), S. 95.
383 So auch *Bach* (Fn. 200), S. 1112; *Ehricke* (Fn. 376), S. 637; *Everling* (Fn. 376), S. 383; *Gellermann* (Fn. 143), S. 109 f.; *Götz* (Fn. 204), S. 1854; *Jarass* (Fn. 376), S. 221; *ders.* (Fn. 157), S. 92; *Klein* (Fn. 319), S. 647; *Nettesheim* (Fn. 327), S. 277; *Prechal* (Fn. 95), S. 22 ff.; *G. Ress*, Die richtlinienkonforme »Interpretation« innerstaatlichen Rechts, DÖV 1994, S. 489 (492); *Winter* (Fn. 163), S. 658.
384 Vgl. *Brechmann* (Fn. 371), S. 265.
385 EuGH, EuGH, Rs. C-129/96, Slg. 1997, I-7411, Rn. 40 ff. (Inter-Environnement Wallonie/Région Wallonne)
386 BGHZ 138, 55 (60 ff.) zu § 1 UWG; befürwortend *W. F. Lindacher*, DZWiR 1998, S. 514; ablehnend *U. Ehricke*, Die richtlinienkonforme Auslegung nationalen Rechts vor Ende der Umsetzungsfrist einer Richtlinie, EuZW 1999, S. 553 (557). – In diesem Rahmen ist auch eine übergangsweise richtlinienkonforme Rechtsfortbildung denkbar: *M. Frisch*, Die richtlinienkonforme Auslegung nationalen Rechts, Diss. Münster 2000, S. 112, näher *Schnorbus* (Fn. 371), S. 886 ff.

bb) Richtlinienkonforme Auslegung und Belastungen Privater

111 Weiter fragt sich, ob vermittelt durch die richtlinienkonforme Auslegung nicht doch eine Belastung Privater durch Richtlinienbestimmungen insbesondere in Privatrechtsverhältnissen erzielt wird, wie sie der EuGH sonst kategorisch ablehnt. Diese Frage hat sich insbesondere im Anschluß an die Entscheidung Marleasing gestellt, in der eine Vorschrift des spanischen Privatrechts richtlinienkonform dergestalt ausgelegt wurde, daß über diese Auslegung die betreffende Richtlinie mittelbar im Verhältnis zwischen Privaten zur Anwendung kam (s.o. Rn. 78). Dieses Ergebnis ist im Schrifttum kritisch behandelt worden[387]. Ihm ist jedoch nicht zu widersprechen. Unmittelbare Wirkung und richtlinienkonforme Auslegung sind strikt zu trennen[388]; die unmittelbare Wirkung ist keine Voraussetzung für die als konkretisierender Umsetzungsakt verstandene richtlinienkonforme Auslegung. Gerade dann, wenn die Voraussetzungen für die unmittelbare Wirkung nicht vorliegen, entfaltet die richtlinienkonforme Auslegung ihre Bedeutung.[389] Verpflichtungen Privater entstehen bei der richtlinienkonformen Auslegung nicht unmittelbar aufgrund Gemeinschafts(Richtlinien)rechts, sondern aufgrund mitgliedstaatlichen, richtlinienkonform ausgelegten Rechts[390]. Eine unmittelbare Verpflichtung des Bürgers kann mithin nicht begründet werden[391].

cc) Richtlinienkonforme Auslegung als Umsetzungsersatz?

112 Namentlich im umweltrechtlichen Schrifttum wird die Ansicht vertreten, durch richtlinienkonforme Auslegung könnten mitgliedstaatliche Regelungsstrukturen erhalten werden. Anstatt möglicherweise systemsprengende Umsetzungsakte zu fordern, müsse dem Gemeinschaftsrecht eine richtlinienkonforme Auslegung des bestehenden mitgliedstaatlichen Rechts hinreichen[392]. Die hier vorgenommene dogmatische Anknüpfung der richtlinienkonformen Auslegung an das Umsetzungsgebot in Art. 249 Abs. 3 scheint diese Auffassung zu bestätigen. Sie ist indes abzulehnen[393]. Die richtlinienkonforme Auslegung dient nicht – wie die verfassungskonforme Auslegung des deutschen Rechts – dem Normerhalt. Der zur Auslegung nationalen Rechts nicht befugte EuGH ist zudem nicht in der Lage, mitgliedstaatliches Recht durch richtlinienkonforme Auslegung zu »retten«. Sofern das nationale Recht den Anforderungen einer Richtlinie in einer Weise

---

387 Vgl. *Bell* (Fn. 94), S. 114 f.; *Götz* (Fn. 204), S. 1854; *Hilf* (Fn. 113), S. 11; *Martin* (Fn. 84), S. 33; *Ress* (Fn. 383), S. 493 ff.
388 Vgl. GA *Darmon*, Schlußantr. zu EuGH, Rs. 177/88, Slg. 1990, I-3941 (Dekker), und Rs. 179/88, Slg. I-3979 (Handels- og Kontorfunktionærernes Forbund), Ziff. 15, und zu Verb. Rs. C-87/90 u.a., Slg. 1991, I-3757, (Verholen/Sociale Verzekeringsbank), Ziff. 16.
389 Vgl. *Classen* (Fn. 180), S. 87; *Curtin* (Fn. 86), S. 723 ff.; *Gellermann* (Fn. 143), S. 107; *Jarass* (Fn. 376), S. 215; *ders*. (Fn. 157), S. 90; *ders*. (Fn. 19), S. 957; *Langenfeld* (Fn. 256), S. 964; *Ress* (Fn. 383), S. 490; *Sacksofsky* (Fn. 184), S. 95 f.; W. *Schön*, Die Auslegung europäischen Steuerrechts, 1993, S. 44 f.
390 *Gellermann* (Fn. 143), S. 111; *van Gerven*, Horizontal Effect (Fn. 94), S. 16 ff.; *Jarass* (Fn. 376), S. 222; *ders*. (Fn. 157), S. 97; *Langenfeld* (Fn. 52), S. 183; *dies*. (Fn. 256), S. 965; *Nettesheim* (Fn. 342), S. 276; *Prechal* (Fn. 95), S. 62; *Timmermans* (Fn. 126), S. 537. Vgl. a. G. C. *Rodríguez Iglesias/ K. Riechenberg*, Zur richtlinienkonformen Auslegung des nationalen Rechts, FS-Everling, 1995, S. 1213.
391 Die Entscheidung EuGH, Rs. C-168/95, Slg. 1996, I-4705, Rn. 42 (Arcaro), bestätigt insoweit die Entscheidung EuGH, Rs. 80/86, Slg. 1987, 3969, Rn. 13 (Kolpinghuis Nijmegen). S. auch EuGH, Verb. Rs. C-240/98 u.a., Slg. 2000, I-4941, Rn. 30 ff. (Océano Grupo; dazu W. *Hau*, IPRax 2001, S. 96; J. *Stuyck*, CMRev. 38 (2001), 719 (734)); Rs. C-456/98, Slg. 2000, I-6007, Rn. 15 f. (Centrosteel).
392 S. insbesondere J. *Salzwedel*, Richtlinien der Europäischen Gemeinschaften auf dem Gebiet des Gewässerschutzes und neue Entwicklungen im deutschen Recht, in: Rengeling (Hrsg.), Europäisches Umweltrecht und Europäische Umweltpolitik, 1988, S. 77 (96 f.); *ders*. (Fn. 373), S. 66 ff.; *ders./B. Viertel*, Umsetzung und Verwirklichung europäischen Umweltrechts in den Mitgliedstaaten, ZAU 2 (1989), S. 131 (133 ff.), und *Breuer* (Fn. 163), S. 74 ff. Ähnlich *Jarass* (Fn. 376), S. 218.
393 Im Ergebnis auch v. *Danwitz* (Fn. 163), S. 76 ff.; *Everling* (Fn. 376), S. 383.

entspricht, daß es keines weiteren Umsetzungsaktes bedarf, ist dies kein Fall richtlinienkonformer Auslegung sondern der Gemeinschaftsrechtskonformität bereits auf legislativer Ebene.[394] Implizit läßt sich dieses Ergebnis auch der **Rechtsprechung des EuGH** entnehmen[395].

c) Weiterentwicklung: Grundsatz gemeinschaftsrechtskonformer Auslegung?

In der Rechtsprechung des EuGH findet sich bisher nur sehr vereinzelt die Aussage, mitgliedstaatliche Gerichte hätten das Gemeinschaftsrecht **gemeinschaftsrechtskonform auszulegen**[396]. Im Schrifttum ist dieser Grundsatz der gemeinschaftsrechtskonformen Auslegung bisweilen allgemeiner postuliert worden[397]. 113

Im Gegensatz zur richtlinienkonformen Auslegung kann das Umsetzungsgebot des Art. 249 Abs. 3 nicht zur dogmatischen Absicherung der gemeinschaftsrechtskonformen Auslegung herangezogen werden. Damit bleibt als dogmatischer Hintergrund nur der Grundsatz der loyalen Zusammenarbeit aus Art. 10[398]. Eine dem Gemeinschaftsrecht widersprechende Auslegung nationalen Rechts stellt letztlich einen Verstoß gegen die jeweilige Vertragsvorschrift dar. Wählen die mitgliedstaatlichen Gerichte in ständiger Praxis eine Auslegung, die gemeinschaftsrechtskonform ist, so besteht kein Anlaß zur Feststellung eines solchen Verstoßes, auch wenn das mitgliedstaatliche Recht eine gemeinschaftsrechtswidrige Auslegung ermöglicht, die jedoch nicht praktiziert wird. Zur Schonung mitgliedstaatlichen Verfassungsrechts ist die – schwächere – gemeinschaftsrechtsorientierte Auslegung als methodisches Modell vorgeschlagen worden[399]. 114

6. Kritik und rechtspolitische Perspektiven zur Richtlinie

Angesichts der dargestellten ausufernden Richtliniendogmatik ist die kritische Frage gestellt worden, ob die Richtlinie der EG »**ohne Richtung, ohne Linie**« sei[400]. Sowohl die steigende normative Dichte von Richtlinienbestimmungen als auch die nicht geringer werdenden Umsetzungsdefizite nähren die Kritik[401]. Die Ausdifferenzierung der einzelnen Effekte unmittelbarer Wirkung durch eine unübersehbare Kasuistik und ihre unterschiedliche Bewertung in den mitgliedstaatlichen Rechtsordnungen ist kaum noch nachvollziehbar. Eine rechtspolitische Weiterentwicklung auf ein **europäisches Rahmengesetz** hin wird verschiedentlich von den Organen der Gemeinschaft und der Wissenschaft angedacht[402]. Die Reformvorschläge haben sich jedoch auch im Rahmen der Revisionen 115

---

394 Zum vorstehenden s. *Ruffert* (Fn. 167), S. 302 ff.
395 EuGH, Rs. C-236/95, Slg. 1996, I-4459, Rn. 12 ff. (Kommission/Griechenland). Noch deutlicher EuGH, Rs. C144/99, 10.5.2001, EWS 2001, 329, Rn. 21 (Kommission/Niederlande), dazu *Leible*, EuZW 2001, S. 438 und *Micklitz*, EWS 2001, S. 486.
396 Vgl. EuGH, Rs. 157/86, Slg. 1988, 673, Rn. 11 (Murphy/An Bord Telecom Eireann); in Grenzen Rs. C-322/88, Slg. 1989, 4407, Rn. 18 (Grimaldi/Fonds des Maladies Professionnelles).
397 Vgl. umfassend *Ehricke* (Fn. 376), S. 623 ff.; *Nettesheim* (Fn. 300), S. 267 ff. Andeutungsweise *Jarass* (Fn. 376), S. 223. S. auch *A. S. Metallinos*, Die europarechtskonforme Auslegung, 1994.
398 Vgl. *W. Kahl*, Der europarechtlich determinierte Verfassungswandel im Kommunikations- und Informationsstaat Bundesrepublik Deutschland, in: Haratsch/Kugelmann/Repkewitz (Hrsg.), Herausforderungen an das Recht der Informationsgesellschaft, 1996, S. 9 (24 ff.); *Nettesheim* (Fn. 300), S. 268 f.
399 *Kahl* (Fn. 398), S. 26 f.
400 Vgl. *Hilf* (Fn. 113).
401 Vgl. *Everling* (Fn. 200), S. 112 f.; *Monjal* (Fn. 33), S. 697; *G. Winter,* The Directive: problems of construction and directions for reform, in: ders. (Fn. 36), S. 487.
402 Entschließung des EP zur Art der gemeinschaftlichen Rechtsakte vom 18.4.1991, ABl.EG 1991 Nr. C 129/136; Mitteilung der Kommission zur Subsidiarität, Sek.(92) 1990endg., IV. 3.; dazu *Hilf* (Fn. 113), 19 ff. S. auch *Koopmans* (Fn. 38), S. 694; *Monjal* (Fn. 33), S. 700; *Winter* (Fn. 36), S. 51 ff.

von Amsterdam und Nizza nicht zu einer Änderung des Art. 249 Abs. 3 verdichtet (s.o. Rn. 14 f.). Eine mögliche Reform wird die vom Gerichtshof herausgearbeiteten, an den Grundsätzen der Effizienz, der Rechtsklarheit und des Rechtsschutzes orientierten Ergebnisse zu berücksichtigen haben. Sie ist dringend geboten.

III. Entscheidung

116 Die Entscheidung ist der verbindliche Rechtsakt des Gemeinschaftsrechts für Einzelfälle[403]. Das Merkmal des **Einzelfalls** ist im Normtext nur angedeutet (»... für diejenigen ..., die sie bezeichnet.«), dient der Abgrenzung zur Verordnung (s. im einzelnen o. Rn. 39) und ist vor allem für die Klagebefugnis bei Art. 230 Abs. 4 von herausragender Bedeutung[404]. Nur **verbindliche** Akte der Gemeinschaftsorgane sind Entscheidungen, d.h. solche, die Rechtswirkungen hervorrufen[405], und nicht etwa lediglich vorbereitende Maßnahmen[406]. Vorbereitungsmaßnahmen sind allerdings dann verbindlich und damit Entscheidungen, wenn sie selbst ein besonderes Verfahren endgültig abschließen (z.b. Mitteilung nach Art. 15 Abs. 6 der VO Nr. 17)[407]. Ob eine Entscheidung vorliegt, beurteilt sich nicht nach der Bezeichnung, sondern der Rechtsnatur des betreffenden Akts.

117 **Adressaten** von Entscheidungen können sowohl einzelne als auch die Mitgliedstaaten sein[408] und Entscheidungen, die an einen Mitgliedstaat ergehen, alle Organe dieses Staates binden[409]. Entscheidungen, die an die Mitgliedstaaten gerichtet sind, haben oft wegen der erforderlichen Umsetzungsmaßnahmen »quasi-legislativen« Charakter[410]. Anders als Richtlinien sind staatengerichtete Entscheidungen nicht nur hinsichtlich des Ziels, sondern **insgesamt verbindlich** und ermöglichen so eine intensivere Verpflichtung der Mitgliedstaaten. Nur die an Private gerichteten Entscheidungen sind mit Verwaltungsakten nationalen Rechts im Ansatz vergleichbar.

118 Zeitlich noch vor den Richtlinien (s.o. Rn. 69 ff.) anerkannte der Gerichtshof die **unmittelbare Wirkung von Entscheidungen**, die an die Mitgliedstaaten gerichtet sind. Ähnlich wie im Falle der Richtlinien argumentierte er mit dem effet utile der jeweiligen Ent-

---

403 Aus dem Schrifttum vgl. *R. Greaves*, The Nature and Binding Effect of Decisions under Article 189 EC, ELRev. 21 (1996), S. 3 und *H. C. Röhl*, Die anfechtbare Entscheidung nach Art. 230 Abs. 4 EGV, ZaöRV 60 (2000), S. 331, sowie *A. André*, Art. 189 Abs. 3 als politische Norm, EuR 1969, S. 191; *B. Börner*, Die Entscheidungen der Hohen Behörde, 1965; *C. Junker*, Der Verwaltungsakt im Deutschen und Französischen Recht und die Entscheidung im Recht der Europäischen Gemeinschaften, 1990; *H. Paberl*, Rechtscharakter und Anwendung der Entscheidung im EWGV, 1969; *P.-H. Teitgen*, La décision dans les CEE, RdC 134 (1971), S. 589; *R. Thierfelder*, Die Entscheidung im EWG-Vertrag, 1968.
404 S. zuletzt *Greaves* (Fn. 403), S. 4 ff.
405 EuGH, Rs. 8/55, Slg. 1955-56, 197 (224; Fédéchar); Verb. Rs. 16, 17 und 18/59, Slg. 1960, 45 (65; Geitling); Verb. Rs. 42 und 49/59, Slg. 1961, 107 (154; SNUPAT); Verb. Rs. 23, 24 und 52/63, Slg. 1963, 467 (484; Usines Émile Henricot); Rs. 54/65, Slg. 1966, 529 (544; Forges de Châtillon); Rs. 15/70, Slg. 1970, 980, Rn. 10 ff. (Chevalley/Kommission); Rs. 133/79, Slg. 1980, 1299, Rn. 15 (Sucrimex/Kommission); Rs. 60/81, Slg. 1981, 2639, Rn. 9 (IBM/Kommission).
406 EuGH, Rs. 60/81, Slg. 1981, 2639, Rn. 10 (IBM/Kommission).
407 EuGH, Verb. Rs. 8–11/66, Slg. 1967, 99 (122; Cimenteries); Rs. 60/81, Slg. 1981, 2639, Rn. 11 und 19 (IBM/Kommission).
408 *G. Schmidt*, in: GTE, EU-/EGV, Art. 189, Rn. 42.
409 EuGH, Rs. 249/85, Slg. 1987, 2345, Rn. 17 (Albako/BALM).
410 *Greaves* (Fn. 403), S. 4. Unzutreffend daher OVG Berlin, NuR 1999, 283 (285). Vgl. *U. Mager*, Die staatengerichtete Entscheidung als supranationale Handlungsform, EuR 2001, S. 661; zum Sonderfall der Länder in der Bundesrepublik Deutschland s. *J. Heimlich*, die Ländermitwirkung bei EG-Entscheidungen, BayVBl. 2000, S. 231.

scheidung, dem Gedanken, daß die unmittelbare Geltung einer Verordnung die unmittelbare Wirkung anderer Rechtsakte nicht ausschließe, mit der verbindlichen Wirkung der Entscheidungen nach Art. 249 Abs. 3 sowie mit dem Kontrollsystem des Art. 234[411]. Voraussetzung für die unmittelbare Wirkung einer Entscheidung ist nach dieser Rechtsprechung, daß die »Bestimmung, um die es geht, nach Rechtsnatur, Systematik und Wortlaut geeignet ist, unmittelbare Wirkungen in den Rechtsbeziehungen zwischen dem Adressaten der Handlung und Dritten zu begründen.«[412] Nachteile Privater können unmittelbar wirkende Entscheidungen nicht begründen[413]. Im Ergebnis bestehen keine sachlichen Unterschiede zu den Voraussetzungen für die unmittelbare Wirkung von Richtlinien (s.o. Rn. 73). Diese Rechtsprechung wird heute im Schrifttum nicht mehr angegriffen[414].

IV. Empfehlungen und Stellungnahmen

Empfehlungen und Stellungnahmen bezeichnen **unverbindliche** Handlungsformen der Gemeinschaftsorgane[415]. Die Unverbindlichkeit von Empfehlungen und Stellungnahmen bedeutet nicht, daß diese rechtlich bedeutungslos wären[416]. Häufig sind sie **Prozeß-** (vgl. Art. 229 Abs. 1, 230 Abs. 3, 231 Abs. 2) oder **Handlungsvoraussetzung**. Hinzu kommen psychologisch-politische Wirkungen[417]. Außerdem hat der EuGH entschieden, nationale Gerichte hätten Empfehlungen zur **Auslegung innerstaatlicher**, Gemeinschaftsrecht durchführender **Rechtsvorschriften** oder zur Ergänzung verbindlicher gemeinschaftlicher Vorschriften heranzuziehen[418]. Auch eine solche Wirkung als Auslegungsmaßstab ist aber eine verbindliche, so daß diese EuGH-Rechtsprechung eine Rechtsfortbildung gegen den Vertragstext darstellt. 119

Während Empfehlungen dem Adressaten ein bestimmtes Verhalten nahelegen, enthalten Stellungnahmen häufig eine sachverständige Meinungsäußerung[419]. Auch für Empfehlungen und Stellungnahmen gilt der Grundsatz der begrenzten Einzelermächtigung[420], der durch Art. 211, 2. Spstr. insofern durchbrochen ist, als die Kommission Stellungnahmen über die im Vertrag genannten Fälle hinaus abgeben kann, wenn sie es für notwendig erachtet. 120

---

411 Vgl. hierzu EuGH, Rs. 9/70, Slg. 1970, 825, Rn. 5 f. (Grad/Finanzamt Traunstein); Rs. 20/70, 21.10.1970, Slg. 1970, 861, Rn. 5 f. (Lesage/Hauptzollamt Freiburg); Rs. 23/70, Slg. 1970, 881, Rn. 5 f. (Haselhorst/Finanzamt Düsseldorf); Rs. C-156/91, Slg. 1992, I-5567, Rn. 11 ff. (Hansa Fleisch Ernst Mundt).
412 EuGH, Rs. 9/70, Slg. 1970, 825, Rn. 6 (Grad/Finanzamt Traunstein); Rs. 20/70, Slg. 1970, 861, Rn. 6 (Lesage/Hauptzollamt Freiburg); Rs. 23/70, Slg. 1970, 881, Rn. 6 (Haselhorst/Finanzamt Düsseldorf); Rs. 249/85, Slg. 1987, 2345, Rn. 10 ff. (Albako/BALM).
413 EuGH, Rs. 30/75, Slg. 1975, 1419 (UNIL-IT./Staatliche Finanzverwaltung).
414 Zur älteren Literatur vgl. *E. Grabitz*, Entscheidungen und Richtlinien als unmittelbar wirksames Gemeinschaftsrecht, EuR 1971, S. 1 m.w.N. S. auch *G. Nicolaysen,* Anmerkung EuR 1987, S. 266.
415 Vgl. EuGH, Verb. Rs. 1 und 14/57, Slg. 1957, 213 (236; Société des usines à tubes).
416 Zum folgenden *Schweitzer/Hummer*, Europarecht, Rn. 382. S. auch *C.-A. Morand,* Les recommandations, les résolutions et les avis du droit communautaire, C.D.E. 6 (1970), S. 623; *M. Zahlbruckner*, Die Empfehlung im EWG-Vertrag, JBl. 1993, S. 361.
417 *E. Grabitz*, in: ders./Hilf, EU, Art. 189, Rn. 84; *Schweitzer/Hummer*, Europarecht, Rn. 382.
418 EuGH, Rs. C-322/88, Slg. 1989, 4407, Rn. 18 (Grimaldi/Fonds des Maladies Professionnelles).
419 Vgl. *G. Schmidt*, in: GTE, EU-/EGV, Art. 189, Rn. 46.
420 A.A. *E. Grabitz*, in: ders./Hilf, EU, Art. 189, Rn. 75; *Oppermann*, Europarecht, Rn. 572.

V. Ungekennzeichnete Rechtsakte und Handlungsformen der EU

121 Die Aufzählung des Art. 249 Abs. 1 ist nicht abschließend (s.o. Rn. 1). Zu den dort bezeichneten Rechtsakten tritt eine Fülle ungekennzeichneter Rechtsakte oder **Rechtsakte sui generis**. Hierunter werden alle Handlungen der Gemeinschaftsorgane zusammengefaßt, die nicht den in Art. 249 Abs. 1 »vertypten« Rechtshandlungen zugeordnet werden können. Auch im Rahmen der jüngsten Vertragsrevision ist es nicht gelungen, Ordnung in das – nicht anders zu bezeichnende – Chaos ungekennzeichneter Rechtsakte zu bringen (s.o Rn. 15). Die Rechtsprechung des Gerichtshofes zu solchen Rechtsakten ist von sehr geringem Umfang. Das Schrifttum hat bisher vor allem versucht, diese Rechtshandlungen des **kooperativen Gemeinschaftsrechts** im einzelnen zu kategorisieren und aus einer Einteilung der Rechtsakte Folgerungen zu ziehen[421].

122 Die folgenden Ausführungen knüpfen an diese Kategorisierungsversuche an und nehmen zu den beiden praktisch wichtigsten Fragen der Rechtsakte *sui generis* Stellung, nämlich zur **Zugehörigkeit einer Rechtshandlung zum Gemeinschaftsrecht** sowie zum **Rechtsschutz**. Obwohl die Kategorisierungsversuche sich noch nicht zu einem allgemein anerkannten Kanon ungekennzeichneter Rechtsakte verdichtet haben[422], zeichnen sich doch Hauptgruppen ungekennzeichneter Rechtsakte ab. Die den ersten drei Gruppen zugehörigen Rechtshandlungen sind eindeutig der Gemeinschaftsrechtsordnung zuzuordnen[423]:

123 Es handelt sich erstens um (**einfache**) **Beschlüsse** der Gemeinschaftsorgane Rat, Kommission und EP. Anwendungsfälle sind z.B. die sog. »Beschleunigungsbeschlüsse« zu Art. 7 EGV a.F./Art. 8 EWGV[424] sowie Beschlüsse zur Änderung der Mitgliederzahl von Organen (Art. 213 Abs. 1 UAbs. 2, 221 Abs. 4, 222 Abs. 3). Neben diesen, im EGV vorgesehenen Beschlüssen ist auch die Beschlußfassung ohne eine ausdrückliche Erwähnung möglich. Zu dieser Kategorie gehören auch interne Anweisungen mit Rechtswirkung[425], Mitteilungen der Kommission[426], sowie Selbstverpflichtungen einzelner Gemeinschaftsorgane, etwa der Kommission auf Herausgabe von Informationen[427], die, wenn sie die ordnungsgemäße Behandlung von Anträgen unter bestimmten Bedingungen mit Ausnahmen etc. genau vorschreiben, individualberechtigend sein können[428].

124 Zweitens geht es um Organhandlungen mit unterschiedlichen Bezeichnungen, die unter dem Begriff **Entschließungen** zusammengefaßt werden können. Sie haben über ihren politisch verpflichtenden Gehalt hinaus normative Kraft, sofern sie die Pflicht aus Art. 10 konkretisieren. Ihre Wirkungen dürfen selbstverständlich nicht gegen Primärrecht und »gekennzeichnetes« Sekundärrecht verstoßen[429].

---

421 Grundlegend *J. Wuermeling*, Kooperatives Gemeinschaftsrecht, 1988, insbes. S. 164 ff. Vgl. auch *U. Everling*, Zur rechtlichen Wirkung von Beschlüssen, Entschließungen, Erklärungen und Vereinbarungen des Rates oder der Mitgliedstaaten der Europäischen Gemeinschaft, GS-Constantinesco, 1983, S. 133 (147 ff.).
422 Zu den Systematisierungsschwierigkeiten *Oppermann*, Europarecht, Rn. 577.
423 S. zum folgenden *Oppermann*, Europarecht, Rn. 579 ff.
424 Hierzu *Schweitzer/Hummer*, Europarecht, Rn. 412, sowie *Ipsen*, EG-Recht, 22/16.
425 Vgl. EuGH, Rs. 148/73, Slg. 1974, 81, Rn. 11/18 (Louwage/Kommission).
426 *H. Adam*, Die Mitteilungen der Kommission, 1999.
427 Beschluß 94/90/EKGK, EG, Euratom der Kommission vom 8.2.1994 über den Zugang der Öffentlichkeit zu den der Kommission vorliegenden Dokumenten, ABl.EG 1994 Nr. L 46/58 (dazu Art. 255, Rn. 5), EuG, Rs. T-105/95, Slg. 1997, II-313 (WWF UK/Kommission).
428 EuG, Rs. T-105/95, Slg. 1997, II-313, Rn. 54(WWF UK/Kommission).
429 Vgl. *Oppermann*, Europarecht, Rn. 587.

Drittens gibt es eine Vielzahl nur **teilweise verbindlicher Rechtshandlungen unter wech-** 125
selnden Bezeichnungen (z.b. Erklärungen, Kommuniqués, Memoranden, Pläne, Mitteilungen, Leitlinien, Programme), die seit EEA und EUV auch weitergehend Eingang in die Verträge gefunden haben.

Was den **Rechtsschutz** angeht, so gilt für alle drei Gruppen die ständige Rechtsprechung 126
des EuGH, wonach die Anfechtbarkeit einer Rechtshandlung nach Art. 230 nicht von ihrer Form, sondern allein ihrem rechtswirksamen Inhalt abhängt. Entfaltet ein solcher ungekennzeichneter Rechtsakt Rechtswirkungen, kann er angefochten werden (s. Art. 230, Rn. 6 ff.).

Anderes gilt für die vierte Kategorie, die von den im Rat vereinigten Vertretern der Re- 127
gierungen der Mitgliedstaaten geschlossenen sog. **uneigentlichen Ratsbeschlüsse**. Wegen der Mitwirkung der Kommission und der Veröffentlichung im Amtsblatt ist ihnen der Charakter von »Mischfiguren« beigemessen worden[430]. Weil sie jedoch nicht vom Rat als Gemeinschaftsorgan erlassen werden, zählen sie nicht zum Gemeinschaftsrecht und sind nach ständiger Rechtsprechung daher auch nicht nach Art. 230 anfechtbar[431]. Angesichts der zunehmenden Bedeutung uneigentlicher Ratsbeschlüsse in primärrechtlichen Vorschriften (z.B. Art. 20 S. 2) sollte diese Rechtsprechung überdacht werden, um nicht den Mitgliedstaaten Möglichkeiten zur Aufweichung des Primärrechts durch uneigentliche Ratsbeschlüsse zu gewähren[432]. Jedenfalls dürfen uneigentliche Ratsbeschlüsse, sofern sie Gemeinschaftsrecht kraft ausdrücklicher Vorschrift ausführen oder ergänzen, nicht gegen Primärrecht verstoßen.

Zuletzt sind die **Handlungsformen des Unionsrechts** zu nennen (s. Art. 12 EUV für die 128
GASP und Art. 34 EUV für die PJZS).

---

430 Vgl. *Ipsen*, EG-Recht, 22/5; *Oppermann*, Europarecht, Rn. 585. S. auch *G. Behr*, Acts of Representatives of Governments of the Member States, S.E.W. 1966, S. 529; *J. H. Kaiser*, Die im Rat vereinigten Vertreter der Regierungen der Mitgliedstaaten, FS-Ophüls, 1965, S. 107; *H. G. Schermers*, Besluiten van de vertegenwoordigers van de lid-staten; Gemeenschapsrecht?, S.E.W. 1966, S. 545.
431 Statt vieler *Schweitzer/Hummer*, Europarecht, Rn. 489. S. auch EuGH, Rs. 44/84, Slg. 1986, 29, Rn. 37 (Hurd/Jones).
432 In diesem Sinne *Oppermann*, Europarecht, Rn. 591, sowie bereits *K. J. Mortelmans*, The Extramural Meetings of the Ministers of the Member States of the Community, CMLRev. 11 (1974), S. 62 (80 f.).

Art. 250 (ex-Art. 189a)

(1) Wird der Rat kraft dieses Vertrages auf Vorschlag der Kommission tätig, so kann er vorbehaltlich des Artikels 251 Absätze 4 und 5 Änderungen dieses Vorschlags nur einstimmig beschließen.[5]

(2) Solange ein Beschluß des Rates nicht ergangen ist, kann die Kommission ihren Vorschlag jederzeit im Verlauf der Verfahren zur Annahme eines Rechtsakts der Gemeinschaft ändern.[7]

Inhaltsübersicht:

I. Bedeutung und Einordnung der Vorschrift	1
1. Bedeutung des Rechtsetzungsverfahrens	1
2. Einordnung der Regelung	4
II. Einstimmigkeitserfordernis	5
III. Änderungsrecht der Kommission	7

I. Bedeutung und Einordnung der Vorschrift

1. Bedeutung des Rechtsetzungsverfahrens

1 Das Rechtsetzungsverfahren in der EU unterscheidet sich aus mehreren Gründen erheblich vom Rechtsetzungsverfahren in den Mitgliedstaaten. Als wichtigster Grund für die Abweichungen ist die **bipolare Struktur der EU** anzusehen: sie beruht auf einer doppelten Legitimations-, Steuerungs- und Kontrollgrundlage[1], deren Repräsentanten der Rat einerseits und das Europäische Parlament andererseits sind. Durch den Rat agieren die Mitgliedstaaten, im Europäischen Parlament werden die Völker der Mitgliedstaaten und letztlich die Unionsbürger repräsentiert[2]. Aufgrund dieser besonderen Verfassung der EU kommt dem Zusammenwirken von Kommission, Rat und Europäischem Parlament bei der Rechtsetzung eine im Vergleich zur staatlichen Ebene nochmals gesteigerte Bedeutung zu. Dabei schlägt überdies zu Buche, daß aus zahlreichen Gründen die Einflußnahme von Rat und Europäischem Parlament bei den verschiedenen Materien der Rechtsetzung unterschiedlich ausgestaltet ist. Vereinfachend kann dabei als **Richtschnur** angegeben werden, daß der Einfluß des Rates um so größer ist, je stärker durch Rechtsetzungsakte in die Rechts- und Interessensphäre der Mitgliedstaaten eingegriffen wird. Umgekehrt ist der Einfluß des Europäischen Parlaments besonders groß, wenn es um genuine Unionsinteressen, insbesondere ausschließlich den Binnenbereich der Union betreffende Fragen geht. Vor dem Hintergrund der Forderung nach größerer Transparenz wird immer wieder eine Vereinfachung des Rechtsetzungsverfahrens verlangt. Durch die Verträge von Amsterdam und Nizza wurde dem nur insoweit Rechnung getragen, als der Anwendungsbereich des Mitentscheidungsverfahrens nach Art. 251 erweitert wurde.[3]

2 Das Rechtsetzungsverfahren wird durch die Art. 250–252 **nicht vollständig** oder abschließend, sondern nur für zwei wichtige Rechtsetzungstypen (Mitentscheidungsver-

---

[1] S. A. v. Bogdandy, Das Leitbild der dualistischen Legitimation für die europäische Verfassungsentwicklung, KritV 2000, S. 284 ff.; W. Kluth, Die demokratische Legitimation der Europäischen Union, 1995, S. 67 ff.
[2] S. dazu Art. 189, Rn. 4 ff.
[3] S. R. Giebenrath, Das Mitentscheidungsverfahren des Artikels 251 EG-Vertrag zwischen Maastricht und Amsterdam, 2000; M. Böhner, Mitentscheidung des Europäischen Parlaments nach den Verträgen von Amsterdam und Nizza, ZG 2001, S. 85 ff.

fahren und Verfahren der Zusammenarbeit) geregelt. Hinzu kommen besondere Verfahrensregelungen (Anhörungs- und Zustimmungsverfahren) in Einzelvorschriften.[4] Aus den Art. 250–252 kann auch nicht entnommen werden, wann sie anwendbar sind. Dies wird vielmehr in den einzelnen Normen bestimmt, die jeweils zum Erlaß von Rechtsakten ermächtigen.[5]

Durch die Verfahrensregelungen wird die **Vermittlung demokratischer Legitimation** und 3 die Verwirklichung des Grundsatzes der Funktionentrennung bzw. des **institutionellen Gleichgewichts** in der EU gewährleistet.[6] Deshalb kommt der Verletzung einzelner Verfahrensvorschriften nicht lediglich eine formelle Bedeutung zu. Dennoch ist hinsichtlich der Bedeutung und Rechtsfolgen der Verletzung von Verfahrensvorschriften zu differenzieren. Nicht in jedem Fall liegt eine Verletzung **wesentlicher Formvorschriften** i.S.d. Art. 230 vor.[7]

2. Einordnung der Regelung

Art. 250 trifft eine **allgemeine Regelung** zum Rechtsetzungsverfahren, die für die in den 4 beiden nachfolgenden Vorschriften geregelten Verfahrensarten Geltung beansprucht.[8] Absatz 1 regelt das Abänderungsrecht des Rates im Hinblick auf die Rechtsetzungsvorschläge der Kommission. In Absatz 2 wird das Änderungsrecht der Kommission zeitlich festgelegt.

II. Einstimmigkeitserfordernis

Nach der Systematik des EG-Vertrages liegt das **Initiativrecht** zum Vorschlag von Rechtsetzungsakten und zur Einleitung eines förmlichen Rechtsetzungsverfahrens[9] gem. Art. 211, 251 Abs. 2 UAbs. 1, 252 Abs. 1 lit. a grundsätzlich bei der Kommission. Nur ausnahmsweise wird dem EP das Initiativrecht zugesprochen.[10] Dem Rat wird in erster Linie das Recht der Beschlußfassung zugewiesen. Dennoch ist auch er – ebenso wie in besonderen Fällen das EP – befugt, den Vorschlag der Kommission zu ändern. Art. 250 Abs. 1 knüpft diese Änderungsbefugnis aber an die Bedingung, daß der Rat **einstimmig** beschließt. Dies gilt für den gesamten Rechtsakt und nicht nur für den geänderten Teil.[11] Durch die damit errichtete Hürde wird das Initiativrecht der Kommission gestärkt. Etwas anderes gilt, wenn das **Vermittlungsverfahren** nach Art. 251 Abs. 4 und 5 durchgeführt wird.

Wird der Vorschlag durch den Rat geändert, nachdem das EP angehört worden ist, so 6 muß grundsätzlich eine **erneute Anhörung** erfolgen.[12]

---

4 S. dazu Art. 192, Rn. 2 ff.
5 S. die Übersichten bei Art. 251, Rn. 9 und Art. 252, Rn. 3.
6 S. Art. 192, Rn. 8.
7 S. Art. 230, Rn. 72 f.
8 *J. Schoo*, in: GTE, EGV, Art. 189a, Rn. 2.
9 Zum mittelbaren Initiativrecht des EP s. Art. 192, Rn. 9 ff.
10 S. Art. 189, Rn. 13 ff.
11 *J. Schoo*, in: GTE, EGV, Art. 189a, Rn. 12.
12 S. dazu und zu den vom EuGH anerkannten Ausnahmen Art. 192, Rn. 7.

III. Änderungsrecht der Kommission

7 Auch die Kommission besitzt das Recht, im Laufe des Rechtsetzungsverfahrens, das unter Umständen mehrere Jahre andauern kann, ihren Vorschlag zu ändern. Dies wird durch Art. 250 Abs. 2 ausdrücklich geregelt, wobei dahinstehen kann, ob diese Regelung deklaratorisch oder konstitutiv ist. Die Vorschrift stellt klar, daß dieses Änderungsrecht bis zur endgültigen Beschlußfassung durch den Rat besteht und jederzeit ausgeübt werden kann. Auch in diesen Fällen muß unter Umständen erneut das EP angehört werden.[13]

---

13 S. Fn. 11.

Art. 251 (ex-Art. 189b)

(1) Wird in diesem Vertrag hinsichtlich der Annahme eines Rechtsakts auf diesen Artikel Bezug genommen[9], so gilt das nachstehende Verfahren.

(2) Die Kommission unterbreitet dem Europäischen Parlament und dem Rat einen Vorschlag.[10]

Nach Stellungnahme des Europäischen Parlaments verfährt der Rat mit qualifizierter Mehrheit wie folgt:[11 ff.]
– Billigt er alle in der Stellungnahme des Europäischen Parlaments enthaltenen Abänderungen, so kann er den vorgeschlagenen Rechtsakt in der abgeänderten Fassung erlassen;
– schlägt das Europäische Parlament keine Abänderungen vor, so kann er den vorgeschlagenen Rechtsakt erlassen;
– anderenfalls legt er einen gemeinsamen Standpunkt fest und übermittelt ihn dem Europäischen Parlament. Der Rat unterrichtet das Europäische Parlament in allen Einzelheiten über die Gründe, aus denen er seinen gemeinsamen Standpunkt festgelegt hat. Die Kommission unterrichtet das Europäische Parlament in allen Einzelheiten über ihren Standpunkt.

Hat das Europäische Parlament binnen drei Monaten nach der Übermittlung
a) den gemeinsamen Standpunkt gebilligt oder keinen Beschluß gefaßt, so gilt der betreffende Rechtsakt als entsprechend diesem gemeinsamen Standpunkt erlassen;
b) den gemeinsamen Standpunkt mit der absoluten Mehrheit seiner Mitglieder abgelehnt, so gilt der vorgeschlagene Rechtsakt als nicht erlassen;
c) mit der absoluten Mehrheit seiner Mitglieder Abänderungen an dem gemeinsamen Standpunkt vorgeschlagen, so wird die abgeänderte Fassung dem Rat und der Kommission zugeleitet; die Kommission gibt eine Stellungnahme zu diesen Abänderungen ab.[13 ff.]

(3) Billigt der Rat mit qualifizierter Mehrheit binnen drei Monaten nach Eingang der Abänderungen des Europäischen Parlaments alle diese Abänderungen, so gilt der betreffende Rechtsakt als in der so abgeänderten Fassung des gemeinsamen Standpunkts erlassen; über Abänderungen, zu denen die Kommission eine ablehnende Stellungnahme abgegeben hat, beschließt der Rat jedoch einstimmig. Billigt der Rat nicht alle Abänderungen, so beruft der Präsident des Rates im Einvernehmen mit dem Präsidenten des Europäischen Parlaments binnen sechs Wochen den Vermittlungsausschuß ein.[15]

(4) Der Vermittlungsausschuß[16], der aus den Mitgliedern des Rates oder deren Vertretern und ebenso vielen Vertretern des Europäischen Parlaments besteht, hat die Aufgabe, mit der qualifizierten Mehrheit der Mitglieder des Rates oder deren Vertretern und der Mehrheit der Vertreter des Europäischen Parlaments eine Einigung über einen gemeinsamen Entwurf zu erzielen.[18] Die Kommission nimmt an den Arbeiten des Vermittlungsausschusses teil und ergreift alle erforderlichen Initiativen, um auf eine Annäherung der Standpunkte des Europäischen Parlaments und des Rates hinzuwirken. Der Vermittlungsausschuß befaßt sich hierbei mit dem gemeinsamen Standpunkt auf der Grundlage der vom Europäischen Parlament vorgeschlagenen Abänderungen.[17]

(5) Billigt der Vermittlungsausschuß binnen sechs Wochen nach seiner Einberufung einen gemeinsamen Entwurf, so verfügen das Europäische Parlament und der Rat ab dieser Billigung über eine Frist von sechs Wochen, um den betreffenden Rechtsakt entsprechend dem gemeinsamen Entwurf zu erlassen, wobei im Europäischen Parlament die

absolute Mehrheit der abgegebenen Stimmen und im Rat die qualifizierte Mehrheit erforderlich ist.[19] Nimmt eines der beiden Organe den vorgeschlagenen Rechtsakt nicht innerhalb dieser Frist an, so gilt er als nicht erlassen.

(6) Billigt der Vermittlungsausschuß keinen gemeinsamen Entwurf, so gilt der vorgeschlagene Rechtsakt als nicht erlassen.[18]

(7) Die in diesem Artikel genannten Fristen von drei Monaten bzw. sechs Wochen werden auf Initiative des Europäischen Parlaments oder des Rates um höchstens einen Monat bzw. zwei Wochen verlängert.[20]

Inhaltsübersicht:

I. Entstehungsgeschichte der Vorschrift	1
II. Struktur der Vorschrift – Übersicht zum Verfahrensablauf	4
1. Allgemeines Prinzip der Regelung	4
2. Unterscheidung einzelner Verfahrensphasen	6
III. Anwendungsbereich	9
IV. Die einzelnen Verfahrensschritte	10
1. Vorschlag der Kommission	10
2. Erste Phase (Beratung über den Vorschlag der Kommission)	11
3. Zweite Phase (Beratung über den gemeinsamen Standpunkt des Rates)	13
4. Dritte Phase (Vermittlungsverfahren)	16
V. Fristverlängerung	20

I. Entstehungsgeschichte der Vorschrift

1 Art. 251 wurde als Art. 189b durch den Maastrichter-Unionsvertrag in den EG-Vertrag eingefügt.[1] Die Vorschrift hat – anders als Art. 252, der Art. 149 a.F. ersetzte – keinen Vorläufer. Durch den Amsterdamer Vertrag wurde die Vorschrift in zahlreichen Einzelpunkten geändert, wobei die Straffung und Vereinfachung des Verfahrens im Vordergrund stand. Zu diesem Zweck wurden an mehreren Stellen neue Fristen eingefügt und die Folgen der Untätigkeit eines beteiligten Organs deutlicher geregelt.[2] Zudem wurde der Anwendungsbereich des Mitentscheidungsverfahrens auf acht weitere Fälle ausgedehnt. Der Vertrag von Nizza hat den Anwendungsbereich um fünf Fälle ergänzt und für weitere fünf Bereiche den Rat ermächtigt, dies zu einem späteren Zeitpunkt einstimmig zu beschließen.[3]

2 Wichtigste **Funktion der Vorschrift** bzw. ihrer Einfügung war und ist die stärkere Beteiligung des EP am Rechtsetzungsverfahren und damit die **Vertiefung der demokratischen Eigenlegitimation** der Rechtsakte der Gemeinschaft.[4]

---

1 M. *Nentwich*, Institutionelle und verfahrensrechtliche Neuerungen im Vertrag über die Europäische Union, EuZW 1992, S. 235 ff. Zu Einzelheiten der Entstehungsgeschichte s. *J. Schoo*, in: GTE, EGV, Art. 189b, Rn. 2 ff.
2 S. R. *Bieber*, Reformen der Institutionen und Verfahren – Amsterdam kein Meisterstück, integration 1997, S. 236 (244).
3 M. *Böhner*, Mitentscheidung des Europäischen Parlaments nach den Verträgen von Amsterdam und Nizza, ZG 2001, S. 85 (90).
4 R. *Boest*, Ein langer Weg zur Demokratie in Europa. Die Beteiligungsrechte des Europäischen Parlaments bei der Rechtsetzung nach dem Vertrag über die Europäische Union, EuR 1992, S. 182 ff. Zur bisherigen Praxis A. *Maurer*, Regieren nach Maastricht: Die Bilanz des Europäischen Parlaments nach fünf Jahren »Mitentscheidung«, integration 1998, S. 212 ff.

Im Unterschied zu den übrigen Rechtsetzungsverfahren, die nur eine Beteiligung des Par- 3
laments bei der Rechtsetzung durch den Rat zum Gegenstand haben, führt Art. 251 zum
Erlaß eines **gemeinsamen Rechtsakts** von EP und Rat.[5] Dies zeigt sich z.b. im Titel der
in diesem Verfahren erlassenen Richtlinien.

II. Struktur der Vorschrift – Übersicht zum Verfahrensablauf

1. Allgemeines Prinzip der Regelung

Die unübersichtliche und komplizierte Regelung[6] folgt dem **allgemeinen Prinzip**, daß ein 4
Rechtsakt nur bei **positiver Übereinstimmung** von Rat und EP erlassen werden kann.
Diese Übereinstimmung kann in **drei Verfahrensphasen** erreicht werden: am schnellsten
und einfachsten bei Billigung des Vorschlags der Kommission durch Rat und EP; weiter
im Falle der Billigung einer von Rat oder EP vorgeschlagenen Änderung durch das jeweils andere Organ; schließlich bei Billigung des gemeinsamen Entwurfs des Vermittlungsausschusses durch Rat und EP. In allen übrigen Fällen besteht Dissens mit der
Folge, daß der **Rechtsakt nicht zustande** kommt.

Im Mitentscheidungsverfahren steht der **Kommission** neben dem Initiativrecht und dem 5
Änderungsrecht nach Art. 250 Abs. 2 als weitere Möglichkeit der Einflußnahme nur
noch die Abgabe einer ablehnenden Stellungnahme zum Abänderungsvorschlag des EP
zu. Diese bewirkt, daß der Rat die geänderte Fassung nur einstimmig beschließen kann.

Zur effizienten Ausgestaltung des Verfahrensablaufs haben Rat, Parlament und Kom- 5 a
mission in einer **Gemeinsamen Erklärung** vom 4.5.1999[7] die praktischen Modalitäten
des Verfahrensablaufs genau festgestellt.

2. Unterscheidung einzelner Verfahrensphasen

Das in Art. 251 geregelte Verfahren besteht aus mindestens drei und höchstens acht Ver- 6
fahrensschritten, die ihrerseits **drei Phasen** zugeordnet werden können. Die **erste Phase**
umfaßt den Vorschlag der Kommission sowie die erste Befassung von EP und Rat mit
dem Vorschlag. Bereits mit Abschluß dieser Phase kann der Rechtsakt erlassen sein,
wenn entweder EP und Rat dem Vorschlag der Kommission folgen oder der Rat die Änderungen des EP billigt.

Als **zweite Phase** kann die Beratung und Beschlußfassung des EP über einen vom Vor- 7
schlag der Kommission und den Abänderungsvorschlägen des EP wiederum abweichenden gemeinsamen Standpunkt des Rates bezeichnet werden. In diesem Fall sind Rat und
EP je zweimal befaßt.

Als **dritte Phase** kann schließlich die Konstellation bezeichnet werden, in der das Ver- 8
mittlungsverfahren eingeleitet und anschließend Rat und EP ein gemeinsamer Entwurf
vorgelegt wird. In diesem Fall sind Rat und EP dreimal mit dem Rechtsakt befaßt gewesen.

---

5 *J. Schoo*, in: GTE, EGV, Art. 189a, Rn. 7.
6 S. etwa die graphische Darstellung bei *Streinz*, Europarecht, Rn. 452.
7 Gemeinsame Erklärung zu den praktischen Modalitäten des neuen Mitentscheidungsverfahrens
   (Art. 251 EGV) vom 4. Mai 1999, ABl.EG 1999, Nr. C 148/1.

III. Anwendungsbereich

9 Das Mitentscheidungsverfahren kommt gem. Absatz 1 nur dann zur Anwendung, wenn dies in einem Artikel des Vertrages, der zur Rechtsetzung ermächtigt, ausdrücklich bestimmt ist. Es handelt sich dabei um folgende Fälle:

Art. 12	Diskriminierungsverbot
Art. 13 Abs. 2	Gemeinschaftliche Fördermaßnahmen
Art. 18 Abs. 2	Freizügigkeit der Unionsbürger
Art. 40	Arbeitnehmerfreizügigkeit
Art. 42	Binnenmarkt – soziale Sicherheit der Wanderarbeitnehmer
Art. 44 Abs. 2	Niederlassungsrecht
Art. 46 Abs. 2	Koordinierung der Rechts- und Verwaltungsvorschriften
Art. 47	Liberalisierungsmaßnahmen Niederlassungsrecht
Art. 55	Liberalisierungsmaßnahmen Dienstleistungsverkehr
Art. 67 Abs. 2, 3, 5	freier Personenverkehr
Art. 71 Abs. 1	Verkehrspolitik – gemeinsame Regeln
Art. 95	Rechtsangleichung
Art. 129	Anreizmaßnahmen zur Beschäftigung
Art. 135	Zusammenarbeit im Zollwesen
Art. 137 Abs. 2	Sozialpolitik
Art. 141 Abs. 3	Sozialpolitik – Chancengleichheit und Gleichbehandlung
Art. 148	Sozialfonds
Art. 149 Abs. 4	Förderungsmaßnahmen Bildungswesen
Art. 150 Abs. 4	Berufliche Bildung
Art. 151 Abs. 5	Förderungsmaßnahmen Kulturbereich
Art. 152 Abs. 4	Förderungsmaßnahmen Gesundheitswesen
Art. 153	Verbraucherschutz
Art. 156	Transeuropäische Netze
Art. 157 Abs. 3	industriepolitische Maßnahmen
Art. 159 Abs. 3	Aktionen außerhalb des Strukturfonds
Art. 162	EFRE Durchführungsbeschlüsse
Art. 166 Abs. 1	Rahmenprogramm Forschung und Technologie
Art. 172 Abs. 2	Forschung
Art. 175 Abs. 1 u. 3	Umwelt
Art. 179 Abs. 1	Entwicklungszusammenarbeit
Art. 191 Abs. 2	Status europäischer politischer Parteien
Art. 255 Abs. 2	Allgemeine Grundsätze der Transparenz
Art. 280 Abs. 4	Bekämpfung von Betrug zu Lasten der Gemeinschaft
Art. 285 Abs. 1	Statistik
Art. 286 Abs. 2	Behörde für Datenschutz

Aufgrund eines einstimmigen Ratsbeschlusses können zudem folgende Materien dem Mitentscheidungsverfahren zugeführt werden:

Art. 62 Abs. 2a	Personenkontrollen an Außengrenzen
Art. 62 Abs. 3	Reisefreiheit von Drittstaatlern
Art. 63 Abs. 3	einwanderungspolitische Maßnahmen
Art. 67 Abs. 5	Asyl- und Flüchtlingsmaßnahmen
Art. 137 Abs. 2	Arbeitnehmerschutz

IV. Die einzelnen Verfahrensschritte

1. Vorschlag der Kommission

Nach Absatz 2 UAbs. 1 steht das **Initiativrecht** beim Mitentscheidungsverfahren der Kommission zu. Sie besitzt gem. Art. 250 Abs. 2 das Recht, ihren Vorschlag bis zum Beschluß des Rates abzuändern. Von diesem **Änderungsrecht** macht die Kommission häufig nach der ersten Lesung im EP Gebrauch. Diese Praxis beruht auf dem am 15.3.1995 zwischen EP und Kommission vereinbarten »Verhaltenskodex für die Beziehungen zwischen dem Parlament und der Kommission«[8], in dem sich die Kommission zu einer weitgehenden Übernahme der Vorstellungen des EP verpflichtet hat.

10

2. Erste Phase (Beratung über den Vorschlag der Kommission)

Der Vorschlag der Kommission wird gem. Absatz 2 UAbs. 1 zunächst dem EP zur Stellungnahme zugeleitet. Diese erste Befassung des EP wird auch als **erste Lesung** bezeichnet. Die verfahrensrechtlichen Einzelheiten dazu sind in Art. 60 ff. GO EP geregelt. Sie sehen insbesondere eine Vorberatung durch den zuständigen Ausschuß vor. Dabei sind gem. Art. 58 GO EP insbesondere die Einhaltung der Grundrechte, des Subsidiaritätsprinzips, des Grundsatzes der Verhältnismäßigkeit und die finanziellen Auswirkungen und gem. Art. 63 die gewählte Rechtsgrundlage zu überprüfen. Dem EP stehen – wie sich im Umkehrschluß aus Absatz 2 UAbs. 2 ergibt – **drei Entscheidungsmöglichkeiten** offen. (1) Lehnt es den Vorschlag der Kommission ab, so ist das Rechtsetzungsverfahren gescheitert. Art. 68 GO EP sieht für diesen Fall vor, daß der Präsident des EP vor der Abstimmung die Kommission unterrichtet und diese ihren Vorschlag daraufhin zurückzieht. (2) Billigt das EP den Vorschlag oder (3) billigt es ihn gem. Art. 69 GO EP nur mit Abänderungen, so wird der Vorschlag – ggfs. mit der abändernden Stellungnahme – an den Rat übermittelt. Zuvor werden jedoch gem. Art. 66 GO EP Kommission und Rat ersucht, ihren Standpunkt zu den vorgeschlagenen Änderungen mitzuteilen bzw. hierzu eine Erklärung abzugeben. Wie erwähnt, paßt die Kommission in dieser Phase ihren Vorschlag häufig an Änderungsvorschläge des EP an.[9]

11

Dem Rat werden durch Absatz 2 UAbs. 2 explizit drei Entscheidungsmöglichkeiten eröffnet: (1) in den Fällen der vorbehaltlosen Billigung des Kommissionsvorschlags durch das EP kann der Rat den vorgeschlagenen Rechtsakt mit qualifizierter Mehrheit erlassen; (2) hat das EP Änderungen vorgeschlagen und billigt der Rat diese, so kann er den Rechtsakt ebenfalls mit qualifizierter Mehrheit erlassen; (3) in allen anderen Fällen legt der Rat einen **gemeinsamen Standpunkt** fest und übermittelt ihn an das EP. Damit geht eine detaillierte Unterrichtung über die Gründe der Abweichung einher. Auch die Kommission, die ebenfalls vom Rat unterrichtet wird, gibt zum gemeinsamen Standpunkt des Rates gegenüber dem EP eine Stellungnahme ab. Der gemeinsame Standpunkt wird aufgrund einer interinstitutionellen Vereinbarung zur Transparenz vom 25.10.1993[10] mit Begründung im Amtsblatt Serie C veröffentlicht. Als weitere Variante (4) kommt die Ablehnung des Vorschlags durch den Rat in Frage, durch die das Rechtsetzungsverfahren ebenfalls beendet wird.

12

---

8 ABl.EG 1995, Nr. C 89/69.
9 S. dazu auch *J. Schoo*, in: GTE, EGV, Art. 189b, Rn. 23.
10 ABl.EG 1993, Nr. C 329/133. S. auch Art. 15 GO des Rates.

3. Zweite Phase (Beratung über den gemeinsamen Standpunkt des Rates)

13 Hat der Rat in seiner abschließenden Entscheidung zur ersten Phase einen gemeinsamen Standpunkt festgelegt und diesen dem EP übermittelt, so führt dieses eine **zweite Lesung** durch, deren verfahrensrechtliche Einzelheiten in Art. 70 ff. GO EP geregelt sind.[11] Gem. Absatz 2 UAbs. 2 wird dem EP für die Beratung und Beschlußfassung eine **Frist von drei Monaten** eingeräumt. Nach Beratung hat das EP folgende **drei Entscheidungsmöglichkeiten**: (1) es kann den gemeinsamen Standpunkt billigen oder während der drei Monate untätig bleiben, mit der Folge, daß der Rechtsakt als erlassen gilt; (2) es kann den gemeinsamen Standpunkt mit der absoluten Mehrheit seiner Mitglieder ablehnen; in diesem Fall gilt der Rechtsakt als nicht erlassen; (3) es kann mit der absoluten Mehrheit seiner Mitglieder Änderungen am gemeinsamen Standpunkt vorschlagen und die so abgeänderte Fassung Rat und Kommission zuleiten.

14 Beschließt das EP Änderungsvorschläge zum gemeinsamen Standpunkt, so gibt die **Kommission** dazu eine **Stellungnahme** ab. Dafür ist keine Frist bestimmt. Sie kann aufgrund ihrer Änderungsbefugnis nach Art. 250 Abs. 2 auch weitere Änderungen vornehmen.[12]

15 Es folgt die **zweite Lesung** des Rates, dem Absatz 3 innerhalb einer Frist von drei Monaten folgende Entscheidungsmöglichkeiten einräumt: (1) er kann die Änderungen des EP mit **qualifizierter Mehrheit** billigen, mit der Folge, daß der Rechtsakt in der Form des abgeänderten gemeinsamen Standpunktes als erlassen gilt; (2) hat die **Kommission** zu den Änderungsvorschlägen des EP eine **ablehnende Stellungnahme** abgegeben, so kann der Rat jedoch nur **einstimmig** entscheiden; (3) billigt er die Abänderungen nicht (alle), so beruft der Präsident des Rates im **Einvernehmen** mit dem Präsidenten des EP binnen sechs Wochen den **Vermittlungsausschuß** ein.

4. Dritte Phase (Vermittlungsverfahren)

16 Die Zusammensetzung des Vermittlungsausschusses und das Vermittlungsverfahren sind über die Bestimmungen der Absätze 4 und 5 hinaus in seinen Einzelheiten in Art. 81 bis 83 GO EP sowie in Art. 7 Abs. 5 GO des Rates geregelt.[13] Weitere Regelungen finden sich in einer interinstitutionellen Vereinbarung vom 25.10.1993 über die »Modalitäten für die Abwicklung der Arbeiten des in Artikel 189b EG-Vertrag vorgesehenen Vermittlungsausschusses«.[14]

17 Die **Beratungen** des Vermittlungsausschusses erfolgen auf der Grundlage des gemeinsamen Standpunktes des Rates und der vom EP dazu vorgeschlagenen Änderungen. Unter Umständen ist auch ein geänderter Vorschlag der Kommission zu berücksichtigen. Für die Beratungen stehen nach Absatz 5 sechs Wochen ab Einberufung zur Verfügung. Die Praxis versteht unter Einberufung die erste Sitzung.[15]

---

11 Zu weiteren Einzelheiten *J. Schoo*, in: GTE, EGV, Art. 189b, Rn. 33 ff.
12 *J. Schoo*, in: GTE, EGV, Art. 189b, Rn. 45. A.A. *H. Hetmeier*, in: Lenz, EGV, Art. 189b, Rn. 10.
13 *M. Mähring*, Der Vermittlungsausschuß nach dem EG-Vertrag, JA 2000, S. 386 ff.
14 ABl.EG 1993, Nr. C 329/141.
15 *J. Schoo*, in: GTE, EGV, Art. 189b, Rn. 53.

Ziel der Beratungen ist die Einigung über einen **gemeinsamen Entwurf** für den betreffenden Rechtsakt. Die Entscheidung muß mit der qualifizierten Mehrheit der im Vermittlungsausschuß versammelten Mitglieder des Rates und der Mehrheit der Vertreter des EP erfolgen. Wird kein gemeinsamer Entwurf gebilligt, so gilt der vorgeschlagene Rechtsakt gem. Absatz 6 als nicht erlassen. 18

Wird ein gemeinsamer Entwurf verabschiedet, so wird innerhalb von **sechs Wochen** eine dritte Lesung des EP und des Rates durchgeführt, um den betreffenden Rechtsakt entsprechend dem gemeinsamen Entwurf zu erlassen. Dabei ist im EP eine absolute und im Rat eine qualifizierte Mehrheit erforderlich. Nimmt eines der beiden Organe den Rechtsakt in der Frist nicht an, so gilt er als nicht erlassen. Die bisher nach Absatz 6 a.F. mögliche Beschlußfassung nach einem gescheiterten Vermittlungsverfahren[16] wurde durch den Amsterdamer Vertrag beseitigt. 19

V. Fristverlängerung

Gemäß Absatz 7 können die im Artikel genannten Fristen auf Initiative des EP verlängert werden und zwar die Sechs-Wochen-Fristen um höchstens zwei Wochen und die Drei-Monats-Fristen um höchstens einen Monat. 20

---

16 S. dazu *J. Schoo*, GTE, EGV, Art. 189b, Rn. 69 ff.

Art. 252 (ex-Art. 189c)

Wird in diesem Vertrag hinsichtlich der Annahme eines Rechtsakts auf diesen Artikel Bezug genommen, so gilt folgendes Verfahren:
a) Der Rat legt mit qualifizierter Mehrheit auf Vorschlag der Kommission[4] und nach Stellungnahme des Europäischen Parlaments einen gemeinsamen Standpunkt fest[5].
b) Der gemeinsame Standpunkt des Rates wird dem Europäischen Parlament zugeleitet. Der Rat und die Kommission unterrichten das Europäische Parlament in allen Einzelheiten über die Gründe, aus denen der Rat seinen gemeinsamen Standpunkt festgelegt hat, sowie über den Standpunkt der Kommission.[6]
Hat das Europäische Parlament diesen gemeinsamen Standpunkt binnen drei Monaten nach der Übermittlung gebilligt oder hat es sich innerhalb dieser Frist nicht geäußert, so erläßt der Rat den betreffenden Rechtsakt endgültig entsprechend dem gemeinsamen Standpunkt.[8]
c) Das Europäische Parlament kann innerhalb der unter Buchstabe b vorgesehenen Dreimonatsfrist mit der absoluten Mehrheit seiner Mitglieder Abänderungen an dem gemeinsamen Standpunkt des Rates vorschlagen. Es kann ferner den gemeinsamen Standpunkt des Rates mit der gleichen Mehrheit ablehnen. Das Ergebnis der Beratungen wird dem Rat und der Kommission zugeleitet.[6]
Hat das Europäische Parlament den gemeinsamen Standpunkt des Rates abgelehnt, so kann der Rat in zweiter Lesung nur einstimmig beschließen.[8]
d) Die Kommission überprüft innerhalb einer Frist von einem Monat den Vorschlag, aufgrund dessen der Rat seinen gemeinsamen Standpunkt festgelegt hat, unter Berücksichtigung der vom Europäischen Parlament vorgeschlagenen Abänderungen.
Die Kommission übermittelt dem Rat zusammen mit dem von ihr überprüften Vorschlag die von ihr nicht übernommenen Abänderungen des Europäischen Parlaments und nimmt dazu Stellung. Der Rat kann diese Abänderungen einstimmig annehmen.[7]
e) Der Rat verabschiedet mit qualifizierter Mehrheit den von der Kommission überprüften Vorschlag.
Der Rat kann den von der Kommission überprüften Vorschlag nur einstimmig ändern.[8]
f) In den unter den Buchstaben c, d und e genannten Fällen muß der Rat binnen drei Monaten beschließen. Ergeht innerhalb dieser Frist kein Beschluß, so gilt der Vorschlag der Kommission als nicht angenommen.
g) Die unter den Buchstaben b und f genannten Fristen können im gegenseitigen Einvernehmen zwischen dem Europäischen Parlament und dem Rat um höchstens einen Monat verlängert werden.

Inhaltsübersicht:

I.	Entstehungsgeschichte und Struktur der Vorschrift	1
II.	Anwendungsbereich	3
III.	Die einzelnen Verfahrensschritte	4

I. Entstehungsgeschichte und Struktur der Vorschrift

1 Art. 252 wurde als Art. 189c durch den Maastrichter-Unionsvertrag eingefügt und ersetzte damit Art. 149.[1] Wie Art. 251 diente er der stärkeren Beteiligung des EP am

---

1 S. R. Bieber, Das Gesetzgebungsverfahren der Zusammenarbeit gemäß Art. 149 EWGV, NJW 1989, S. 1395 ff.; H.-J. Glaesner, Das Verfahren der Zusammenarbeit, EuR 1988, S. 121 ff.; M. Nentwich, Institutionelle und verfahrensrechtliche Neuerungen im Vertrag über die Europäische Union, EuZW 1992, S. 235 ff.

Rechtsetzungsverfahren und der Verbesserung der demokratischen Legitimation der Rechtsetzung.[2]

Die Regelung knüpft in ihrer Struktur an das Anhörungsverfahren[3] an und ergänzt dieses durch eine zweite Lesung des EP. Die Mitwirkungsmöglichkeiten des EP werden im Vergleich zum Anhörungsverfahren durch die Möglichkeit der Abänderung oder Ablehnung des gemeinsamen Standpunktes des Rates verbessert. Der Rechtsakt wird alleine vom Rat erlassen. Das EP kann die Annahme durch den Rat erschweren, aber nicht verhindern.[4]

II. Anwendungsbereich

Das Verfahren der Zusammenarbeit kommt zur Anwendung, wenn dies in einer zur Rechtsetzung ermächtigenden Vertragsbestimmung ausdrücklich bestimmt ist. Die Anwendungsfälle sind durch den Amsterdamer Vertrag zugunsten des Mitentscheidungsverfahrens nach Art. 251 deutlich reduziert worden. Es handelt sich derzeit nur noch um folgende Fälle:

Art. 99 Abs. 5   multilaterale Überwachung der Wirtschaftspolitik
Art. 102 Abs. 2   Zugang zu Finanzinstituten
Art. 103 Abs. 2   Haftungsausschlüsse
Art. 106 Abs. 2   Ausgabe von Banknoten und Münzen

III. Die einzelnen Verfahrensschritte

Das **Inititiativrecht** steht auch im Verfahren der Zusammenarbeit nach lit. a) der Kommission zu. Sie kann bis zum Beschluß des Rates gem. Art. 250 Abs. 2 ihren Vorschlag ändern.[5]

Es erfolgt zunächst nach lit. a) die **Anhörung des EP**[6], die in die Abgabe einer Stellungnahme mündet. Für das Verfahren gelten die Art. 60 ff. GO EP. Im Anschluß daran legt der Rat mit qualifizierter Mehrheit einen **gemeinsamen Standpunkt** fest.[7]

Der gemeinsame Standpunkt wird gem. lit. b) dem EP zusammen mit einer Begründung von Rat und Kommission zugeleitet und die **zweite Lesung** durchgeführt. Dem EP steht eine Beratungsfrist von drei Monaten zur Verfügung. Äußert es sich innerhalb der Frist nicht oder billigt es den gemeinsamen Standpunkt, so kann der Rat den Rechtsakt endgültig erlassen. Das EP kann aber auch mit der absoluten Mehrheit seiner Mitglieder Änderungen vorschlagen oder den gemeinsamen Standpunkt ablehnen. Das Ergebnis der Beratungen und Beschlußfassung wird dem Rat zugeleitet.

Die **Kommission** prüft nach lit. d) innerhalb eines Monats den gemeinsamen Standpunkt und die Abänderungsvorschläge des EP. Sie übermittelt das Ergebnis in einer Stellungnahme an den Rat, der von der Kommission vorgeschlagene Abänderungen nur einstimmig zurückweisen kann.[8]

---
2 S. Art. 251, Rn. 2 und Art. 189, Rn. 6 f.
3 S. dazu Art. 192, Rn. 5 ff.
4 *J. Schoo*, in: GTE, EGV, Art. 189c, Rn. 3.
5 S. Art. 250, Rn. 7.
6 S. dazu Art. 192, Rn. 5 ff.
7 Zu Einzelheiten s. *J. Schoo*, in: GTE, EGV, Art. 189c, Rn. 15 ff.
8 *J. Schoo*, in: GTE, EGV, Art. 189c, Rn. 32 ff.

Art. 252 EG-Vertrag

8 Es folgt die **zweite Lesung des Rates** mit der Beschlußfassung. Dabei sind folgende Konstellationen denkbar: (1) Grundsätzlich beschließt der Rat gem. lit. e) den von der Kommission überprüften Vorschlag mit **qualifizierter Mehrheit**. (2) Dieselbe Mehrheit ist erforderlich, wenn der Rat den gemeinsamen Standpunkt nach Billigung oder Schweigen des EP beschließt. (3) In allen übrigen Fällen, insbesondere nach einer Ablehnung des EP, kann der Rat den Rechtsakt nur **einstimmig** beschließen. Das gilt insbesondere dann, wenn der Rat vom überprüften Vorschlag der Kommission oder den Änderungsvorschlägen des EP abweichen will.

Art. 253 (ex-Art. 190)

Die Verordnungen, Richtlinien und Entscheidungen, die vom Europäischen Parlament und vom Rat gemeinsam oder vom Rat oder von der Kommission angenommen werden[1], sind[25 f.] mit Gründen[8 ff.] zu versehen[4 ff.] und nehmen auf die Vorschläge oder Stellungnahmen Bezug, die nach diesem Vertrag eingeholt werden müssen[24].

Inhaltsübersicht:
I. Allgemeines ... 1
II. Funktion der Begründungspflicht ... 4
III. Reichweite der Begründungspflicht ... 8
  1. Inhalt der Begründungspflicht ... 9
  2. Umfang der Begründungspflicht ... 13
  3. Stellungnahme ... 20
IV. Bezugnahme auf Vorschläge und Stellungnahmen ... 24
V. Verletzung der Begründungspflicht ... 25

I. Allgemeines

Im Primärrecht des EGV besteht eine Begründungspflicht gem. Art. 253 nur für die in Art. 249 genannten **verbindlichen** Rechtsakte, nicht jedoch für andere Rechtswirkungen entfaltende oder rechtsunverbindliche Akte von Rat und Kommission. Nach Art. 15 I EGKSV, der sinngemäß dasselbe sagt, wird die Begründungspflicht aber auch auf **unverbindliche** Stellungnahmen erstreckt. Überdies finden sich im gemeinschaftlichen Primär- und Sekundärrecht für den Bereich des gemeinschaftsunmittelbaren Vollzuges des Kartell-, Antidumping- und Beamtenrechts **spezielle** Vorschriften über eine Begründungspflicht.[1]

Ihren zentralen »verfassungsrechtlichen« (s. Art. 1 EUV, Rn. 17 ff.) Bezugspunkt findet die Begründungspflicht im **Rechtsstaatsprinzip**[2] (s. Art. 6 EUV, Rn. 6 ff.). Indem letzteres die Organe der EU dazu verpflichtet, den geltenden Rechtssätzen genügende und in diesem Sinne »richtige« Entscheidungen und Normen zu erlassen, sind verfahrensmäßige Vorkehrungen gefordert. Die Begründungspflicht ist aufgrund des ihr innewohnenden **Selbstkontrollmechanismus** eine solche Vorkehrung. Dabei korrespondiert der rechtsstaatlichen Selbstkontrolle nicht nur eine nach innen gerichtete, »staatsinterne« Begründungsfunktion, sondern – vermittelt über die Grundrechte sowie einfachgesetzliche Schutznormen – auch eine an die betroffenen Individuen gerichtete »staatsexterne« Begründungsfunktion.[3] Dementsprechend hat der EuGH die Begründungspflicht – über Art. 253 hinaus – unter rechtsvergleichender Bezugnahme auf die nationalen Rechtsordnungen auch als **allgemeinen Rechtsgrundsatz** (s. Art. 220, Rn. 28 ff.) anerkannt[4]. Bestätigt wird diese Funktion nunmehr auch durch das »Grundrecht auf eine gute Ver-

---

1 Vgl. dazu T. *Müller-Ibold*, Die Begründungspflicht im europäischen Gemeinschaftsrecht, 1990, S. 36 ff.; Schwarze, EuVerwR II, S. 1355 ff.
2 H. H. Scheffler, Die Pflicht zur Begründung von Maßnahmen nach den europäischen Gemeinschaftsverträgen, 1974, S. 44 ff.; siehe dazu auch M. Zuleeg, Die EG als Rechtsgemeinschaft, NJW 1994, S. 545 sowie oben bei Art. 220, Rn. 3 ff.
3 J. *Lücke*, Begründungszwang und Verfassung, 1987, S. 46; C. *Koenig*, Der Begründungszwang in mehrpoligen Verwaltungsrechtsverhältnissen am Beispiel umweltrelevanter Entscheidungen, AöR 117 (1992), S. 514 (524).
4 Vgl. z.B. GA G. *Reischl*, Schlußantr. zu EuGH, Rs. 25/80, 26.2.1981, Slg. 1981, 637, Ziff. 1a (de Briey); EuGH, Verb. Rs. 43, 45 und 48/59, 15.7.1960, Slg. 1960, 965, 989 f. (Lachmüller); ausführlicher Überblick bei *Müller-Ibold* (Fn. 1), S. 53 ff.

waltung« gem. Art. 41 der EU-Grundrechtecharta, wo in Abs. 2 die Begründungspflicht hervorgehoben wird (s. dazu Art. 6 EUV, Rn. 189 ff.). Indem die Begründungspflicht das Ziel verfolgt, die Motive und Hintergründe, die zum Erlaß der Maßnahme geführt haben, transparent zu machen[5], korrespondiert sie überdies dem gemeinschaftsrechtlichen – nunmehr in Art. 1 Abs. 2 EUV (»möglichst offen«) und Art. 255 ausdrücklich im Vertrag verankerten – Transparenzprinzip.[6]

3 Verschiedene **Probleme** bei der Herausarbeitung der konkreten Vorgaben des Art. 253 resultieren daraus, daß die Norm gleichermaßen für **Einzelakte und Normativakte** gilt. Sie betrifft insofern zwei Ebenen, denen zum Teil **unterschiedliche Anforderungen** an die Begründungspflicht entsprechen. So soll Art. 253 (entsprechend § 39 VwVfG) individualbezogene Begründungen in verwaltungsrechtlichen Rechtsverhältnissen regeln, gleichzeitig aber auch auf die Begründung von Gesetzen Anwendung finden. In der Folge sind – wie auch der EuGH bereits früh deutlich machte (s. u. Rn. 13 ff.) – trotz gemeinsamer Schnittmenge **Differenzierungen** erforderlich.

II. Funktion der Begründungspflicht

4 Für den **EuGH** besteht die Funktion der Begründungspflicht zuvorderst in der **externen Kontrolle** des Handelns der Gemeinschaftsorgane. Durch die Darlegung der Gründe, die zum Erlaß der jeweiligen Maßnahme geführt haben, werden die von einer Maßnahme Betroffenen – gleich ob Bürger oder Mitgliedstaaten mit ihren Parlamenten und Verwaltungsbehörden – in die Lage versetzt, Rat, Parlament und Kommission bei deren Aufgabenerfüllung zu kontrollieren und gegebenenfalls gerichtlich nach Art. 230 Abs. 1 gegen diese vorzugehen.[7] Nach ständiger Rechtsprechung des EuGH verlangt die Vorschrift des Art. 253 daher, daß in den Gemeinschaftsakten »die Gründe, die das Gemeinschaftsorgan zu ihrem Erlaß veranlaßt haben, so dargelegt werden, daß dem **Gerichtshof die Ausübung seiner Rechtskontrolle** und den Mitgliedstaaten sowie deren etwa beteiligten Staatsangehörigen die Unterrichtung darüber ermöglicht wird, in welcher Weise die Gemeinschaftsorgane den Vertrag angewandt haben«.[8] Die im letzten Halbsatz angesprochene, auf **Transparenz gerichtete informierende Funktion der Begründungspflicht ist für den EuGH** selbstverständlicher Bestandteil ihrer kontrollierenden Funktion.

5 Auch nach Ansicht des Schrifttums dient die Begründungspflicht vorwiegend dem Rechtsschutz der Betroffenen, denen die Nachprüfung und die Entscheidung über Hinnahme oder Anfechtung der Maßnahme dadurch erleichtert wird, daß die Handlungsmotive der Maßnahme offenbart und fixiert werden. Ihnen werde über Art. 253 die Möglichkeit gegeben zu überprüfen, ob die angegebenen Tatsachen der Wirklichkeit entsprechen und ob sie bei Anwendung des Vertrags die Rechtsfolgen tragen.[9] Die Begründungspflicht **verbessert in der Folge die gerichtliche Kontrolle**. Sie erleichtert dem

---

5 Vgl. *E. Grabitz*, in: Grabitz/Hilf, EU, Art. 190, Rn.3.
6 Zu Einzelheiten s. bei Art. 1, Rn. 34 ff. und Art. 255 EGV, Rn. 1 ff.
7 St. Rspr., vgl. nur EuGH, Rs. 2/56, 20.3.1957 Slg. 1957, 9 (37) (Geitling GmbH/Hohe Behörde); Rs. 158/80, 7.7.1981, Slg. 1981, 1805, Rn. 25 (Rewe); Rs. 222/86, 15.10.1987, Slg. 1987, 4097, Rn. 15 (Heylens); Rs. C-233/94, 13.5.1997, Slg. 1997, 2405, Rn. 25 (Deutschland/Parlament u. Rat).
8 EuGH, Rs. 158/80 (Fn. 7), Rn. 25.
9 *Ipsen*, EG-Recht, S. 517; *Bleckmann*, Europarecht, Rn. 493; *E. Grabitz*, in: Grabitz/Hilf, EU, Art. 190, Rn.3.

EuGH nicht nur die Tatsachenermittlung.[10] Vielmehr stellt sie auch den Indikator und die maßgebliche Erkenntnisquelle zur Überprüfung der materiellen Rechtmäßigkeit einer Maßnahme dar.[11] Die ihr innewohnende Informations- und Befriedungsfunktion[12] kann aber auch zur Vermeidung aussichtsloser Prozesse vor dem EuGH beitragen.

Ohne eine Begründungspflicht liefen auch verschiedene grundlegende Normen des Vertrags leer, deren Beachtung **gerade anhand der Begründungspflicht kontrolliert** werden kann. Dazu zählen etwa das Subsidiaritätsprinzip des Art. 5, die umweltrechtliche Querschnittsklausel des Art. 6, aber auch der aus Art. 255 Abs. 1 folgende – in Umsetzung des Transparenzprinzips bestehende – Anspruch auf Zugang zu Dokumenten der Gemeinschaftsorgane.[13]   6

Schließlich gewährleistet die Begründungspflicht aber auch eine **interne Selbstkontrolle** des die Maßnahme erlassenden Organs. Letzteres wird angehalten, im Rahmen einer genaueren Einzelfallprüfung seine Entscheidung zu durchdenken und dahingehend zu überprüfen, ob die Voraussetzungen für den Erlaß der betreffenden Rechtshandlung vollständig vorliegen.[14]   7

Im Ergebnis liegt die Begründungspflicht daher nicht nur im Interesse der durch eine Maßnahme Betroffenen, sondern sie verfolgt zugleich ein im öffentlichen Interesse liegendes Ziel.[15]

III. Reichweite der Begründungspflicht

Inhalt und Umfang der Begründungspflicht sind **mangels konkreter Vorgaben** in Art. 253 nur schwer zu bestimmen. Dabei ist der konkrete Umfang der Begründungspflicht noch schwerer als ihr Inhalt abzustecken, zumal sich die insofern bestehenden Anforderungen teilweise decken. Der **EuGH** geht mangels normativer Kriterien von der bereits (unter Rn. 4 ff.) beschriebenen **Funktion** der Begründungspflicht aus. Dementsprechend läßt sich der EuGH im Kern vom Gedanken der **effektiven Kontrolle** leiten: Die Begründung muß daher grundsätzlich so ausgestaltet sein, daß sie es dem Betroffenen ermöglicht, den Gedankengang der Behörde **nachzuvollziehen** und seine **Rechtsschutzmöglichkeiten einzuschätzen**. Gleichzeitig muß dem Gerichtshof die Nachprüfung der Maßnahme erleichtert werden.[16] Dabei sollen die Gemeinschaftsorgane aber nicht durch allzu umfangreiche, allumfassende Begründungen **übermäßig belastet** werden[17]. Insofern ist bei der Bestimmung der Anforderungen eine Balance zu suchen.   8

---

10 *Müller-Ibold* (Fn. 1), S. 20 f.
11 Vgl. *Schwarze*, EuVerwR II, S. 1351.
12 *Müller-Ibold* (Fn. 1), S. 19.
13 Siehe dazu die Ausführungen bei Art. 5, Rn. 65; Art. 6, Rn. 23, Art. 255, Rn. 6.
14 *Müller-Ibold* (Fn. 1), S. 18 f.; *H.-H. Scheffler*, Die allgemeine Pflicht zur Begründung von Verwaltungsakten, DÖV 1977, S. 767 (768); *E. Grabitz*, in: Grabitz/Hilf, EU, Art. 190, Rn. 3; *G. Schmidt*, in: GTE, EU-/EGV, Art. 190, Rn. 4; *Ipsen*, EG-Recht, S. 517; *Schwarze*, EuVerwR II, S. 1349; *Bleckmann*, Europarecht, Rn. 493.
15 Ausführlich *Müller-Ibold* (Fn. 1), S. 17 ff.
16 So das Ergebnis der umfassenden Analyse der Rechtsprechung bei *Müller-Ibold* (Fn.1), S. 80 f. und S. 81 ff. zu den Einzelheiten mit umfassenden Nachweisen aus der Rechtsprechung.
17 EuGH, Rs. 24/62, 4.7.1963, Slg. 1963, 141, 151 (Deutschland/Kommission).

1. Inhalt der Begründungspflicht

9 Art. 253 verlangt nach Ansicht des EuGH, daß die Begründung inhaltlich »die wichtigsten rechtlichen und tatsächlichen Erwägungen« enthält, auf denen die Maßnahme beruht und die für das **Verständnis** der Gedankengänge der erlassenden Organe erforderlich sind. Solange **Klarheit und Schlüssigkeit** gewahrt werden, so daß der Gedankengang, der zum Erlaß der Maßnahme geführt hat, logisch **nachvollzogen** werden kann, dürfe die Begründung durchaus in knapper Form erfolgen.[18] Insofern brauche die Begründung **nicht sämtliche** tatsächlich und rechtlich erheblichen Gesichtspunkte zu enthalten[19]; vielmehr reiche es aus, wenn sie die die Maßnahme **tragenden Gründe** beinhalte[20]. Insbesondere offenkundige Tatsachen bedürften in der Begründung keiner Erwähnung.[21] Allerdings muß die Begründung in der Regel die Vertragsartikel, auf die die Maßnahme gestützt wurde, richtig benennen[22], es sei denn, sie läßt sich anhand anderer Anhaltspunkte, die sich aus dem Rechtsakt selbst ergeben, bestimmen[23]. Eine Ausnahme scheint der EuGH für das Subsidiaritätsprinzip des Art. 5 machen zu wollen, wenn er ausführt, daß eine ausdrückliche Erwähnung dieses Prinzips nicht zu verlangen ist.[24]

10 Eine – den tatsächlichen Möglichkeiten sowie den technischen und zeitlichen Bedingungen der Organe Rechnung tragende[25] – Grenze für den Inhalt der Begründungspflicht zieht der EuGH dadurch, daß er diese nur für verpflichtet hält, ihre **eigene Auffassung** darzustellen.[26] Zwar hatte der Gerichtshof in den Anfangsjahren der Gemeinschaft noch angenommen, eine Begründung sei insoweit erforderlich, als die Behörde bestimmte mildere Mittel gewählt habe.[27] In späteren Entscheidungen scheint sich der Gerichtshof jedoch von dieser Sichtweise gelöst zu haben, indem er ausführte, daß die Kommission nicht verpflichtet sei, in ihrer Begründung andere Lösungen oder Einwendungen, die denkbar wären, zu erörtern oder zu widerlegen.[28] Insbesondere hält er die Organe nicht für verpflichtet, in den Begründungserwägungen konkrete **wissenschaftliche Erkenntnisse** anzuführen oder **wissenschaftliche Beweise** zu erbringen. Im übrigen sei eine besondere Begründung für jede der fachlichen Entscheidungen, die das Organ getroffen habe, dann nicht erforderlich, wenn sich dem angegriffenen Rechtsakt der vom Gemeinschaftsorgan verfolgte Zweck in seinen wesentlichen Zügen entnehmen lasse[29].

11 Im Ergebnis muß die Begründung dem EuGH zufolge also **drei generellen Anforderungen** genügen: In ihr müssen nachvollziehbare Ausführungen zur Sach- und Rechtslage gemacht werden, und es muß verständlich dargelegt werden, warum auf dieser Grundlage die konkrete Maßnahme beschlossen wurde. Dabei genügt es allerdings, daß die

---

18 St. Rspr. seit EuGH, Rs. 24/62 (Fn. 17), 155 ; zuletzt Rs. C-84/94, 12.11.1996, Slg. 1996, I-5755, Rn. 74 (Vereinigtes Königreich/Rat) = EuZW 1996, S. 751 mit Anmerkung *Calliess*.
19 EuGH, Rs. 84/94 (Fn. 18), Rn. 74.
20 So explizit EuGH, Rs. 6/54, 21.3.1955, Slg. 1954–1955, 213 (232) (Niederlande/Hohe Behörde).
21 EuGH, Rs. 34/62, 15.7.1963, Slg. 1963, 287 (315) (Deutschland/Kommission).
22 EuGH, Rs. 158/80 (Fn. 7), Rn.23 ff.; Rs. 203/86, Urt. 20.9.1988, Slg. 1988, 4563, Rn. 36 ff. (Spanien/Rat).
23 EuGH, Rs. 45/86, 26.3.1987, Slg. 1987, 1493, Rn. 9 (Kommission/Rat).
24 EuGH, Rs. C-233/94 (Fn. 7), Rn. 28.
25 EuGH, Rs. 16/65, 1.12.1965, Slg. 1965, 1152 (1167) (Schwarze).
26 EuGH, Rs. 142/84, 17.11.1987, Slg. 1987, 4487, Rn. 73 (BAT).
27 EuGH, Rs. 18/57, 20.3.1959, Slg. 1958-59, 89 (114) (Nold).
28 EuGH, Rs. 14/81, 3.3.1982, Slg. 1982, 749, Rn. 16 ff. (Alpha Steel); Rs. 142/84, (Fn. 26), Rn. 72.
29 EuGH, Rs. C-84/94, (Fn. 18), Rn. 78 ff.

Behörde nur ihre Gründe darlegt[30]. Der Inhalt der Begründung darf nach Verabschiedung des Rechtsakts nicht mehr geändert oder ergänzt werden, es sei denn, es handelt sich um lediglich orthographische oder grammatikalische Korrekturen.[31] Ein Nachschieben von Gründen ist daher im Gemeinschaftsrecht in keinem Fall zulässig.

Diese Rechtsprechung findet in der Literatur grundsätzlich Zustimmung[32]. Verschiedentlich wird konkretisierend noch darauf hingewiesen, daß die Begründung nicht nur quantitativ (im Sinne von lückenlos), sondern auch qualitativ hinreichend sein muß, also weder unklar oder mehrdeutig formuliert sein darf, noch im Widerspruch zu anderen Begründungspunkten oder zum Inhalt der Maßnahme stehen darf bzw. keine Denkfehler enthalten darf.[33]

12

2. Umfang der Begründungspflicht

Hinsichtlich des Umfangs der Begründungspflicht hat der Gerichtshof keine allgemeingültigen Kriterien entwickelt. Vielmehr stellt er insofern zumeist auf die konkreten Umstände des Einzelfalls ab. Es lassen sich daher aus der umfangreichen Rechtsprechung nur gewisse Anhaltspunkte für den Umfang der Begründungspflicht entnehmen. Bereits in seiner frühen Rechtsprechung hat der EuGH den grundlegenden Gedanken zum Ausdruck gebracht, daß die Begründungspflicht mit Blick auf die Art der Maßnahme unterschiedlich weit reicht, je nachdem, ob es sich um allgemeine Entscheidungen oder Einzelakte handelt. Demnach bedürfen Maßnahmen mit allgemeinem Anwendungsbereich, also insbesondere Verordnungen und Richtlinien, in der Regel einer weniger ausführlichen Begründung als solche Maßnahmen, die einen konkreten Einzelfall betreffen.[34]

13

Für Einzelakte gilt darüber hinaus eine besonders weitgehende Begründungspflicht, wenn diese dem Adressaten eine Belastung von gewisser Relevanz auferlegen.[35] Diese reduziert sich allerdings dann, wenn der Betroffene am Verfahren beteiligt war und er Gelegenheit zur Äußerung hatte. Dann darf die Behörde an diesen Meinungsbildungsprozeß anknüpfen und braucht Umstände, die dem Betroffenen schon bekannt sind, nicht näher darzulegen[36].

14

Bei Normativakten kann sich die Begründung dem EuGH zufolge darauf beschränken, die Gesamtlage anzugeben, die zum Erlaß der Maßnahme geführt hat, und die allgemeinen Ziele zu bezeichnen, die mit ihr erreicht werden sollen. Es könne nicht verlangt werden, daß die mitunter sehr zahlreichen und weit verzweigten tatsächlichen Umstände, auf deren Grundlage die Verordnung ergangen ist, im einzelnen angeführt oder gar mehr oder weniger vollständig gewürdigt werden[37]. Dabei muß die Begründung jedoch

15

---

30 Ausführlich *Müller-Ibold* (Fn. 1), S. 81 ff.
31 EuGH, Rs. 131/86, 23.2.1988, Slg. 1988, 905, Rn. 34; *G. Schmidt*, in: GTE, EU-/EGV, Art. 190, Rn. 5.
32 *E. Grabitz*, in: Grabitz/Hilf, EU, Art. 190, Rn. 4; *G. Schmidt*, in: GTE, EU-/EGV, Art. 190, Rn. 4 ff.; *Ipsen*, EG-Recht, S. 517; *Bleckmann*, Europarecht, Rn. 499 ff.; *S. Magiera*, in: HK-EUV, Art. 190, Rn. 2 ff.; *E. Schott*, Der Begründungszwang für Akte der Exekutive der EG, Jur. Diss. Saarbrücken, 1971, S. 187 ff.
33 *G. Schmidt*, in: GTE, EWGV, Art. 190, Rn. 2; *Bleckmann*, Europarecht, Rn. 499.
34 EuGH, Rs. 18/62, 16.12.1963, Slg. 1963, 561 (602) (Emilia Barge); Rs. 292/81, 28.10.1982, Slg. 1982, 3909, Rn. 18 ff. (Lion); Rs. 311/81, 11.5.1983, Slg. 1983, 1549, Rn. 32 (Klöckner)
35 EuGH, Verb. Rs. 33/79 und 75/79, 28.5.1980, Slg. 1980, 1677, Rn. 14 (Kuhner).
36 EuGH, Rs. 791/79, 17.12.1981, Slg. 1981, 3105, Rn. 12 (Demont); ähnlich Rs. 275/80, 28.10.1981, Slg. 1981, 2489, Rn. 13 (Krupp).
37 EuGH, Rs. 5/67, 13.3.1968, Slg. 1968, 127 (144) (Beus); Rs. 87/78, 30.11.1978, Slg. 1978, 2457, Rn. 11 (Welding).

die Überlegungen des Gemeinschaftsorgans, das den Rechtsakt erlassen hat, so **klar und eindeutig zum Ausdruck bringen, daß die Betroffenen ihr die** Gründe für die getroffene Maßnahme entnehmen können und der Gerichtshof seine Kontrolle ausüben kann[38].

16 Die **Änderung einer bestehenden Entscheidungspraxis**, die Abweichung von einer bisherigen »Linie«, führt nach Ansicht des EuGH wiederum zu erhöhten Anforderungen an die Begründungspflicht. Die Kommission sei in solchen Fällen verpflichtet, im einzelnen darzulegen, welche Erwägungen sie veranlaßt haben, von ihrer einmal verfolgten Linie abzuweichen.[39] Von maßgeblicher Bedeutung ist auch die Frage, ob sich die von den Organen erlassene Maßnahme **nahtlos in die bisherigen Regeln** einfügt oder ob es sich um eine Ausnahme von generellen Prinzipien handelt. Gibt also etwa die normative Grundlage einer Einzelfallentscheidung zu erkennen, wie in der Regel entschieden werden soll, oder existieren Leitlinien für die Entscheidungspraxis, so ist eine knappe Begründung hinreichend[40]. In der logischen Konsequenz liegt es, daß **Ausnahmen von generellen Regelungen oder Prinzipien besonders intensiv begründet** werden müssen[41]. Für Normativakte hat dies der EuGH besonders klar in der Entscheidung »Butterfahrten« hervorgehoben, als er die Aufhebung der in Frage stehenden Verordnung veranlaßte, die als Ausnahme von den generellen Regeln der gemeinsamen Agrarpolitik einer besonderen Begründung bedurft hätte.[42]

17 Schließlich besteht nach machen Urteilen des EuGH ein **Zusammenhang** zwischen der **Weite des den Organen eingeräumten Ermessens und dem Umfang der Begründungspflicht**. Insbesondere wegen der insofern begrenzten richterlichen Nachprüfbarkeit sei das Erfordernis einer substantiierten Begründung unerläßlich und müsse unbedingt beachtet werden.[43] Demzufolge ist der Umfang der erforderlichen Begründung also proportional zur Größe des Ermessensspielraums, der dem Gemeinschaftsorgan bei Erlaß der jeweiligen Maßnahme zur Verfügung steht. Es soll offenbar die Tendenz gelten: **Je größer das Ermessen, desto detaillierter die Begründung.**

18 In der **Literatur** stößt die Rechtsprechung zum Umfang der Begründungspflicht grundsätzlich auf Zustimmung. So wird etwa die umfangreiche Rechtsprechung dahingehend systematisiert, daß der EuGH von seinen anfänglichen einheitlichen Anforderungen an die Begründungspflicht, nach denen eine genaue und aufgegliederte Aufstellung der rechtlichen und tatsächlichen Erwägungen zu erfolgen habe[44], abgewichen sei und **nunmehr zu Recht nach der Rechtsnatur der Maßnahme differenziere**: Individuelle Entscheidungen müßten weiterhin substantiiert, allgemeine Rechtsakte nur hinsichtlich der Gesamtlage und der allgemeinen Ziele begründet werden.[45] Jedoch wird auch darauf hingewiesen, daß der EuGH den Umfang der Begründungspflicht **letztlich doch immer nach Lage des Einzelfalles** bestimme.[46]

---

38 So hinsichtlich der Arbeitszeitrichtlinie EuGH, Rs. 84/94 (Fn. 18), Rn. 74.
39 EuGH, Rs.142/84 (Fn. 26), Rn. 71.
40 Hierzu GA M. *Darmon*, Schlußantr. zu EuGH, Rs. 248/84, 14.10.1987, Slg. 1987, 4013 (Deutschland/Kommission), Rn. 4
41 EuGH, Rs. 185/85, 1.7.1986, Slg. 1986, 2079, Rn. 22 (Usinor).
42 EuGH, Rs. 158/80 (Fn. 22), Rn. 23 ff.
43 EuGH, Rs. 36/59, 15.7.1960, Slg. 1960, 885, 921 f. (Präsident Ruhrkohlen-Verkaufsgesellschaft); Rs. 185/85 (Fn. 41), Rn. 20 ff.
44 EuGH, Rs. 9/56, 13.6.1958, Slg. 1958, 51 (69 f.) (Meroni II).
45 *E. Grabitz*, in: Grabitz/Hilf, EU, Art. 190, Rn. 5 m.w.N. aus der »ständigen Rechtsprechung«; ähnlich *Ipsen*, EG-Recht, S. 518, dort Fn. 43; *Schwarze*, EuVerwR II, S. 1354 ff.
46 *Müller-Ibold* (Fn. 1), S. 89 ff.; *Schwarze*, EuVerwR II, S. 1355 u. 1359.

Zustimmung findet insbesondere der Ansatz des EuGH, bei einem **weiten gesetzgeberi-** 19
schen Ermessen besonders hohe Anforderungen an die Begründungspflicht zu stellen.
Dort wo der Gemeinschaftsgesetzgeber über einen weiten Ermessensspielraum verfüge,
spreche für eine umfassende Begründungspflicht, daß die begrenzte Rechtskontrolle, die
materiell aus dem weiten Ermessen folge, durch eine intensivere Kontrolle der formalen
Rechtmäßigkeitsanforderungen ausgeglichen werden könne.[47]

3. Stellungnahme

Die Rechtsprechung des EuGH zu Inhalt und Umfang der Begründungspflicht ist stark 20
einzelfallbezogen und erlaubt daher **nur eine ansatzweise Systematisierung**. Von großer
Bedeutung ist daher immer wieder der **Sinn und Zweck** der Begründungspflicht, der mit
seinen verschiedenen Facetten hilfreiche Hinweise, ja Indizien für die Reichweite der Begründungspflicht zu geben vermag.

Als überzeugend und praktisch handhabbar lassen sich aus der Rechtsprechung **insbe-** 21
sondere drei, auch von der Literatur geteilte Ansätze festhalten: (1) Zunächst die **Diffe-**
renzierung zwischen Normativakten und belastenden Einzelakten. Letztere greifen zumeist in individuelle Rechtspositionen ein, so daß eine substantiierte Begründung hier –
den nationalen Rechtsordnungen entsprechend[48] – mit Blick auf eine rechtsstaatliche
Verfahrensgestaltung geboten ist. Für Normativakte, die im nationalen Recht zumeist
gar keiner Begründungspflicht unterliegen[49] und als solche auch nicht so ausführlich begründet werden können, sind relativ geringere Anforderungen hinsichtlich des Inhalts
und des Umfangs der Begründung plausibel. Dennoch ist die **Begründungspflicht bei**
Normativakten keineswegs eine Formalie. Immer ist hier auch der Sinn und Zweck der
Begründungspflicht zu bedenken. Ist also etwa ein Normativakt der Gemeinschaft wesentlich für die Verwirklichung von Grundfreiheiten und Grundrechten, ist er mit anderen Worten also nicht nur am Rande **grundrechtsrelevant**, so müssen – entsprechend
dem Verständnis der EU als Rechtsgemeinschaft – die Anforderungen an die Begründungspflicht zwangsläufig steigen. Gleiches gilt mit Blick auf andere grundlegende
Verfassungsprinzipien der Union, die – wie etwa das Subsidiaritätsprinzip – zu ihrer Effektivierung einer gerichtlichen Kontrolle bedürfen. Die damit angesprochenen Aspekte
überschneiden sich zum Teil mit dem Gedanken des Transparenzprinzips, das die Politiken der Union den Bürgern – ganz im Sinne des Gedankens der in Art. 1 Abs. 2 EUV postulierten Bürgernähe – verständlich und nachvollziehbar machen will.

(2) Darüber hinaus ist es plausibel, unabhängig davon, ob es sich um einen Einzel- oder 22
einen Normativakt handelt, **Ausnahmen von generellen Regelungen oder Prinzipien** relativ substantiiert zu begründen. Dieser Aspekt kommt gerade auch im Bereich von
grundlegenden Verfassungsprinzipien, wie etwa dem Subsidiaritätsprinzip, zum Tragen.

(3) Und schließlich ist es überzeugend, Inhalt und Umfang der erforderlichen Begrün- 23
dung **proportional zur Größe des Ermessensspielraums**, der dem Gemeinschaftsorgan
bei Erlaß der jeweiligen Maßnahme, gleich ob Einzel- oder Legislativakt, zur Verfügung
steht, zu bestimmen. Dieser Gedanke korrespondiert dem primären Sinn der Begrün-

---

47 So in der Literatur, *Scheffler* (Fn. 14), S. 769; *Müller-Ibold* (Fn. 1), S. 21 ff.; *J. Jahns-Böhm/
  S. Breier*, Die umweltrechtliche Querschnittsklausel des Art. 130r II 2 EWGV, EuZW 1992, S. 49
  (54).
48 Dazu *Schwarze*, EuVerwR II, S. 1334 ff.
49 *Schwarze*, EuVerwR II, S. 1334 ff. u. 1363.

dungspflicht, neben einer internen Selbstkontrolle gerade auch eine effektive externe Kontrolle durch Dritte und damit letztlich durch den EuGH zu ermöglichen und zu fördern. Denn gerade im Bereich der Ermessensentscheidungen von Gemeinschaftsorganen, die zumeist komplexe Sachverhalte betreffen, ist die gerichtliche Kontrolle reduziert[50]. Die Pflicht zu einer substantiierten Begründung erfüllt insofern eine **rechtsstaatlich gebotene Kompensationsfunktion**.

IV. Bezugnahme auf Vorschläge und Stellungnahmen

24 Die Bezugnahme auf Vorschläge soll das Initiativmonopol der Kommission (s. Art. 250, Rn. 5 ff.) absichern. Wie die Art. 250–252 unterstreichen, ist ihr Vorschlag in der Regel Voraussetzung für ein Tätigwerden des Rates (zusammen mit dem EP). Der Ausdruck Stellungnahmen reicht weiter, indem er sich auf alle Fälle erstreckt, indem eine Mitwirkung Dritter vorgeschrieben ist. Die Bezugnahme stellt nicht nur formal eine Art amtliche Feststellung dar, daß die vorgeschriebene Beteiligung erfolgt ist.[51] Vielmehr impliziert sie auch, daß eine materielle Auseinandersetzung mit den Vorschlägen und Stellungnahmen erfolgt ist. Deren wesentlicher Inhalt muß sich daher in der Begründung niederschlagen – freilich nur nach Maßgabe der bereits dargestellten Anforderungen des Art. 253.

V. Verletzung der Begründungspflicht

25 Da die Begründungspflicht eine formelle Anforderung darstellt, ist deren Verletzung in der Regel als eine **Verletzung wesentlicher Formvorschriften** im Sinne des Art. 230 Abs. 1 zu werten[52]. Dies gilt insbesondere, wenn jegliche Begründung fehlt oder die Begründung quantitativ unzureichend respektive lückenhaft ist. Hinsichtlich einer qualitativ unzureichenden Begründung ist zu unterscheiden. Die fehlerhafte Begründung, mithin eine Begründung, die in sich widersprüchlich ist, deren Erwägungen undeutlich sind oder verschiedene Auslegungen zulassen, stellt eine Verletzung wesentlicher Formvorschriften dar. Es kommt hier maßgeblich darauf an, daß die tatsächliche und rechtliche Begründung mit der erlassenen Rechtshandlung logisch vereinbar ist.[53] Hingegen ist die mangelnde Richtigkeit der in der Begründung enthaltenen sachlichen und rechtlichen Erwägungen als **Verletzung des Vertrages** nach Art. 230 Abs. 1 zu werten. Die Übergänge sind bei der Kontrolle von Ermessensentscheidungen allerdings fließend.[54]

26 In der Regel hat ein Begründungsmangel zur Folge, daß die Maßnahme vom EuGH von Amts wegen, also auch ohne Antrag der Parteien, aufgehoben werden muß[55]. Dieser Grundsatz wird vom EuGH jedoch nicht immer durchgängig befolgt. So finden sich zum Teil Erwägungen des EuGH, materiell richtige, wenn auch formell rechtswidrige Entscheidungen nicht aufzuheben, da eine Aufhebung hier nur zum Erlaß einer neuen Maß-

---

50 Zu dieser Problematik anhand unterschiedlicher Bereiche: *W. Cremer*, Forschungssubventionen im Lichte des EGV, 1995, S. 93 ff.; *C. Calliess*, Subsidiaritäts- und Solidaritätsprinzip in der EU, 1996, S. 278 ff. m.w.N.
51 *G. Schmidt*, in: GTE, EU-/EGV, Art. 190, Rn. 16 ff.
52 *Schwarze*, EuVerwR II, S. 1350; *Müller-Ibold* (Fn. 1), S. 9.
53 *Ipsen*, EG-Recht, S. 518 f.; *E. Grabitz*, in: Grabitz/Hilf, EU, Art. 190, Rn. 6.
54 Zu der Unterscheidung EuGH, Rs. 2/56 (Fn. 7), 38; EuGH, Rs. 7/77, 16.3.1978, Slg. 1978, 769, 781 (Wüllerstorff); undeutlich in Rs. 283/82, Urt. v. 15.12.1983, Slg. 1983, S. 4219, Rn. 8 und 10 (Schoellerskammer); dazu *Müller-Ibold* (Fn. 1), S. 112 ff.
55 EuGH, Rs. 18/57 (Fn. 27), 116; Rs. 158/80 (Fn. 22), Rn. 19, 26, 27.

nahme führen könnte, die inhaltlich mit der aufgehobenen **identisch** wäre.[56] Auch in der Literatur wird vereinzelt die Auffassung vertreten, daß nur wesentliche Verstöße gegen die Begründungspflicht die Aufhebung einer Maßnahme rechtfertigen.[57] Jedoch ist die Rechtsprechung des EuGH angesichts anders lautender Entscheidungen[58] insofern alles andere als einheitlich[59]. Gerade auch rechtsstaatliche Gründe sprechen dafür, Maßnahmen bei einem Verstoß gegen die Begründungspflicht **grundsätzlich aufzuheben**. Denn letztlich kann nur eine mit der Sanktion der Aufhebung bewehrte Kontrolle durch den EuGH die Gemeinschaftsorgane dazu anhalten, die Vorgaben des Art. 253 nicht bloß als lästige Formalie zu begreifen, sondern in Umsetzung des Transparenzprinzips und im Interesse der Bürgernähe ernst zu nehmen.

---

56 Vgl. etwa EuGH, Rs. 117/81, 6.7.1983, Slg. 1983, 2191, Rn. 7 (Geist).
57 H. W. *Daig*, Nichtigkeits- und Untätigkeitsklagen im Recht der Europäischen Gemeinschaft, 1984, S. 129 ff.; dagegen zu Recht *Müller-Ibold* (Fn.1), S. 113.
58 EuGH, Rs. 89/79, 28.2.1980, Slg. 1980, 553, Rn. 7 f. (Bonu); Rs. 264/82, 20.3.1985, Slg. 1985, 849, Rn. 31 (Timex); Rs. 248/84, 14.10.1987, Slg. 1987, 4013, Rn. 22 (Deutschland/Kommission).
59 Ausführlich *Müller-Ibold* (Fn. 1), S. 112 ff.

Art. 254 (ex-Art. 191)

(1) Die nach dem Verfahren des Artikels 251 angenommenen Verordnungen, Richtlinien und Entscheidungen werden vom Präsidenten des Europäischen Parlaments und vom Präsidenten des Rates unterzeichnet und im *Amtsblatt der Europäischen Union* veröffentlicht[1]. Sie treten zu dem durch sie festgelegten Zeitpunkt[3] oder andernfalls am zwanzigsten Tag nach ihrer Veröffentlichung in Kraft[5].

(2) Die Verordnungen des Rates und der Kommission sowie die an alle Mitgliedstaaten gerichteten Richtlinien dieser Organe werden im *Amtsblatt der Europäischen Union* veröffentlicht[1]. Sie treten zu dem durch sie festgelegten Zeitpunkt[3] oder andernfalls am zwanzigsten Tag nach ihrer Veröffentlichung in Kraft[5].

(3) Die anderen Richtlinien sowie die Entscheidungen werden denjenigen, für die sie bestimmt sind, bekanntgegeben und werden durch diese Bekanntgabe wirksam[7 ff.].

Amsterdamer Fassung:

In Abs. 1 und 2: Amtsblatt der Europäischen Gemeinschaften.

1 Art. 254 normiert die Veröffentlichung im 1958 gegründeten, vom Amt für amtliche Veröffentlichungen in Luxemburg herausgegebenen **Amtsblatt der Europäischen Gemeinschaften** (ABl.EG; Teil L: Rechtsakte; Teil C: Mitteilungen)[1]. Mit dem **Vertrag von Nizza** wird das Amtsblatt in Amtsblatt der Europäischen Union umbenannt. Der Veröffentlichung im Amtsblatt bedürfen nach Abs. 1 und 2 Verordnungen; seit dem Vertrag von Maastricht auch Richtlinien[2] sowie solche Entscheidungen, die im Verfahren nach Art. 251 angenommen wurden. Alle nach diesem Verfahren zustandegekommenen Rechtsakte müssen vom Präsidenten des EP und vom Ratspräsidenten unterzeichnet werden. Neuere Rechtsakte sind zusätzlich auch im **Internet** abrufbar (http://www.europa.eu.int/eur-lex/de/search.html). Die ausschließliche elektronische Veröffentlichung wäre möglich, wenn Fälschungen ausgeschlossen werden[3]; hierfür besteht auch ein praktischer Bedarf, was sich an den geradezu revolutionären Folgen der sofortigen Veröffentlichung von EuGH-Entscheidungen im Internet zeigt.

2 **Tag der Veröffentlichung** ist der auf dem betreffenden ABl.EG vermerkte Ausgabetag, soweit nicht nachgewiesen wird, daß das ABl.EG zu diesem Datum noch nicht beim Amt für Amtliche Veröffentlichungen in allen Amtssprachen zur Verfügung stand[4]. Es gilt dann das Datum der tatsächlichen Verfügbarkeit in allen Amtssprachen; dies auch, wenn die tatsächliche Verfügbarkeit in den einzelnen Amtssprachen voneinander abweicht[5]. Das Inkrafttreten der Rechtsakte erfolgt in allen Mitgliedstaaten zum gleichen Zeitpunkt und nur dann, wenn der Gemeinschaftsbürger zur Kenntnisnahme von dem Rechtsakt tatsächlich befähigt ist[6].

---

1 ABl.EG 1958 S. 390.
2 Zur Bedeutung der Veröffentlichungsbedürftigkeit von Richtlinien für die Diskussion um deren unmittelbare Wirkung s. Art. 249, Rn. 80.
3 J. Schoo, in: Schwarze (Hrsg.), EU-Kommentar, Art. 254, Rn. 6.
4 EuGH, Rs. 98/78, Slg. 1979, 69, Rn. 15 (Racke/Hauptzollamt Mainz); Rs. 99/78, Slg. 1979, 101, Rn. 15 (Decker/Hauptzollamt Landau); Rs. C-337/88, Slg. 1990, I-1, Rn. 12 (SAFA).
5 EuGH, Rs. 98/78, Slg. 1979, 69, Rn. 16 (Racke/Hauptzollamt Mainz); Rs. 99/78, Slg. 1979, 101, Rn. 16 (Decker/Hauptzollamt Landau); Rs. C-337/88, Slg. 1990, I-1, Rn. 12 (SAFA).
6 EuGH, Rs. 98/78, Slg. 1979, 69, Rn. 15 f. (Racke/Hauptzollamt Mainz); Rs. 99/78, Slg. 1979, 101, Rn. 15 f. (Decker/Hauptzollamt Landau).

Veröffentlichungsbedürftige Rechtsakte treten, wenn sie einen Zeitpunkt für das In- 3
krafttreten enthalten, an diesem Tag in Kraft. Die Gemeinschaftsorgane können dieses
Datum selbst bestimmen[7], müssen jedoch berechtigte Rechtssicherheitsbedürfnisse der
Betroffenen beachten[8], wobei ein strenger Maßstab anzulegen ist, weil der Vertrag selbst
eine »Auffangfrist« von zwanzig Tagen vorsieht[9]. Zwingende Gemeinschaftsinteressen,
die ein rasches Inkrafttreten rechtfertigen, sind etwa die Vermeidung von Umgehungshandlungen der Betroffenen[10].

Rückwirkendes *Inkrafttreten* ist ausgeschlossen, doch können Rechtsakte rückwirkend 4
anwendbar sein[11]. Handelt es sich um belastende Rechtsakte, ist dies nur zulässig, wenn
das angestrebte Ziel eine Rückwirkung rechtfertigt und berechtigte Vertrauensschutzinteressen überwiegt[12]. Das **strafrechtliche Rückwirkungsverbot** gilt als allgemeiner
Rechtsgrundsatz[13].

Fehlt ein festgelegter Zeitpunkt des Inkrafttretens, so tritt der Rechtsakt **zwanzig Tage** 5
nach Veröffentlichung in Kraft. Gemäß Art. 3 Abs. 1 der VO (EWG, Euratom)
Nr. 1182/71 vom 3.6.1971 zur Festlegung der Regeln für die Fristen, Daten und Termine[14] wird das Datum der Veröffentlichung nicht mitgezählt, und es ist unerheblich, ob
die Frist an einem Sonn- oder Feiertag endet oder das Inkrafttreten an einem solchen Tag
erfolgt (Art. 4 Abs. 1 i.V.m. Art. 3 Abs. 4 der VO).

Ein nicht ordnungsgemäß veröffentlichter Rechtsakt ist rechtswidrig. **Inexistent** und da- 6
mit unanfechtbar (weil nicht anfechtungsbedürftig – s. Art. 230, Rn. 7 f.) ist ein nicht
ordnungsgemäß veröffentlichter Rechtsakt nur dann, wenn der Fehler bei der Veröffentlichung **schwer und offenkundig** ist (s. Art. 249, Rn. 12). Dies ergibt sich aus der EuGH-
Rechtsprechung zur Bekanntgabe[15] (s.u. Rn. 7 ff.), die auf die Veröffentlichung übertragen werden kann, doch werden die erforderliche Schwere und Offenkundigkeit des Fehlers bei der fehlenden Veröffentlichung eines – zumeist abstrakt-generellen – Rechtsakts
eher erreicht sein als bei der Bekanntgabe von Einzelakten. Die lediglich **verspätete Veröffentlichung** einer Gemeinschaftshandlung beeinflußt ihre Gültigkeit nicht[16].

Die nicht von Art. 1 und 2 erfaßten Rechtsakte sind **nicht veröffentlichungsbedürftig**, 7
sondern bedürfen der **Bekanntgabe**. Die gilt zunächst für Richtlinien, die nicht an alle
Mitgliedstaaten gerichtet sind. Art. 3 nennt des weiteren »die Entscheidungen«, nicht
»die anderen Entscheidungen«, so daß alle Entscheidungen, auch solche, die bereits ver-

---

7 EuGH, Rs. 57/72, Slg. 1973, 341, Rn. 19 (Westzucker/Einfuhr- und Vorratsstelle Zucker).
8 EuGH, Rs. 17/67, Slg. 1967 591 (611; Neumann).
9 *G. Schmidt*, in: GTE, EU-/EGV, Art. 191, Rn. 9.
10 Vgl. EuGH, Rs. 304/86 R, Slg. 1987, 267, Rn. 16 (Enital/Rat und Kommission).
11 EuGH, Rs. 88/76, Slg. 1977, 727, Rn. 16/19 (Exportation des sucres/Kommission). Vgl. bereits
EuGH, Rs. 17/67, Slg. 1967 591 (611; Neumann).
12 EuGH, Rs. 98/78, Slg. 1979, 69, Rn. 20 (Racke/Hauptzollamt Mainz); Rs. 99/78, Slg. 1979,
101, Rn. 8 (Decker/Hauptzollamt Landau); Rs. 108/81, Slg. 1982, 3107, Rn. 4 (Amylum/Rat);
Rs. 110/81, Slg. 1982, 3159, Rn. 5 (Roquette frères/Rat); Rs. 114/81, Slg. 1982, 3189, Rn. 4
(Tunnel refineries/Rat); Rs. 338/85, Slg. 1988, Rn. 25 (Pardini/Ministero del commercio con
l'estero); Rs. C-337/88, Slg. 1990, I-1, Rn. 17(SAFA); Rs. C-331/88, Slg. 1990, 4023, Rn. 45
(Fedesa); Rs. C-368/89, Slg. 1991, I-3695, Rn. 17 (Crispoltoni); Verb. Rs. C-260/91, Slg. 1993,
I-1885, Rn. 11 (Diversinte).
13 EuGH, Rs. 63/83, Slg. 1984, 2689, Rn. 22 (Regina/Kirk); Rs. C-331/88, Slg. 1990, 4023,
Rn. 42(Fedesa).
14 ABl.EG 1971 Nr. L 124/1.
15 EuGH, Rs. C-227/ P, Slg. 1999, I-4443, Rn. 72 (Hoechst/Kommission).
16 EuGH, Rs. C-149/96, Slg. 1999, I-8395, Rn. 54 (Portugal/Rat).

öffentlichungsbedürftig sind, weil sie im Verfahren nach Art. 251 angenommen wurden (s. Rn. 1), erst mit Bekanntgabe wirksam werden. Diese Regelung ist vor den Rechtsschutzinteressen der Betroffenen gerechtfertigt und nicht lediglich als Redaktionsversehen zu betrachten[17]. Generell kann die Veröffentlichung die Bekanntgabe nicht ersetzen; bei Abweichungen gilt der bekanntgegebene Text[18]. Unterbleiben Bekanntgabe *und* Veröffentlichung, so kann eine Regelung den Rechtsunterworfenen nicht entgegengehalten werden[19].

8 Die Bekanntgabe erfolgt an den oder die **Adressaten**, nicht an Personen, die ein Rechtsakt lediglich erwähnt oder die er betrifft[20]. Gibt es mehrere Adressaten, erfolgt die Bekanntgabe aber nur an einen Teil, so wird der Rechtsakt nur für diesen Teil der Adressaten wirksam. Die übrigen können ihn aber aus Gründen der Rechtssicherheit anfechten, wenn sie anderweitig von ihm erfahren[21]. Die Frist des Art. 230 Abs. 4 sollte ihnen nicht entgegengehalten werden können, wenn eine Bekanntgabe unterlassen wurde. Ähnlich wie im deutschen Verwaltungsrecht[22] könnte hier der Verwirkungsgedanke fruchtbar gemacht werden.

9 Unklar ist die Art der Bekanntgabe. Rechtssicherheit und Begründungspflicht (Art. 253) lassen nur die **schriftliche Bekanntgabe** als möglich erscheinen. Besondere Formen der Bekanntgabe (Zustellung, Einschreiben, Rückschein[23]) sieht Art. 254 nicht vor (aus dem englischen und französischen Wortlaut – »notification« – kann für den deutschen Text nichts Gegenteiliges abgeleitet werden[24]); sie empfehlen sich jedoch aus Gründen der Rechtssicherheit und Beweissicherung. Entscheidend sind Zugang und Möglichkeit der Kenntnisnahme[25]; der Adressat kann die Verweigerung der Kenntnisnahme nicht zu seinen Gunsten anführen[26]. Die Bekanntgabe hat in der Amtssprache des Adressaten zu erfolgen[27].

10 Mit der Bekanntgabe beginnt die Anfechtungsfrist zu laufen (Art. 230 Abs. 5 und Art. 81 §§ 1 VerfO). Nicht bekanntgegebene Rechtsakte, die der Bekanntgabe bedürfen, sind dann **nicht existent**, wenn der Fehler bei der Bekanntgabe **schwer und offenkundig** ist[28] (s.o. Rn. 6, Art. 230, Rn. 7 f., und Art. 249, Rn. 12). Unregelmäßigkeiten bei der Zustellung beeinträchtigen die Wirksamkeit des Rechtsaktes nicht, verhindern aber den Fristbeginn[29].

---

17 So aber *G. Schmidt,* in: GTE, EU-/EGV, Art. 191, Rn. 2.
18 EuGH, Verb. Rs. 56 und 58/64, Slg. 1966, 321 (385; Consten und Grundig/Kommission).
19 EuG, Verb. Rs. T-186/97 u.a., 10.5.2001, n.n.i.Slg., Rn. 287 (Kaufring/Kommission).
20 *G. Schmidt,* in: GTE, EU-/EGV, Art. 191, Rn. 17.
21 *G. Schmidt,* in: GTE, EU-/EGV, Art. 191, Rn. 20, unter Verweis auf EuG, Rs. T-3/93, 24.3.1994, II-121 (Air France/Kommission).
22 BVerwGE 44, 294 (299 f.); 78, 85 (89 ff.).
23 Dazu EuG, Rs. T-12/90, Slg. 1991, II-219, Rn. 22 ff. (Bayer/Kommission).
24 So aber *E. Grabitz,* in: Grabitz/Hilf, EU, Art. 191, Rn. 3.
25 EuGH, Rs. 6/72, Slg. 1973, 215, Rn. 10 (Europemballage und Continental Can/Kommission); Rs. 48/69, Slg. 1972, 619, Rn. 39 f. (ICI/Kommission); EuG, Rs. T-43/92, Slg. 1994, II-441, Rn. 25 (Dunlop Slazenger/Kommission).
26 EuGH, Rs. 6/72, Slg. 1973, 215, Rn. 10 (Europemballage und Continental Can/Kommission).
27 EuGH, Verb. Rs. 40/73 u.a., Slg. 1975, 1163, Rn. 113 (Suiker Unie/Kommission).
28 EuGH, RS. C-227/ P, Slg. 1999, I-4443, Rn. 72 (Hoechst/Kommission).
29 EuGH, Rs. 52/69, Slg. 1972, 787, Rn. 18 (Geigy/Kommission).

Art. 255 (ex-Art. 191a)

(1) Jeder Unionsbürger sowie jede natürliche oder juristische Person mit Wohnsitz oder Sitz in einem Mitgliedstaat[8] hat das Recht[1+7] auf Zugang[26] zu Dokumenten[11 f.] des europäischen Parlaments, des Rates und der Kommission[9 f.] vorbehaltlich der Grundsätze und Bedingungen, die nach den Absätzen 2 und 3 festzulegen sind.

(2) Die allgemeinen Grundsätze[22 ff.] und die aufgrund öffentlicher oder privater Interessen geltenden Einschränkungen[13 ff.] für die Ausübung dieses Rechts auf Zugang zu Dokumenten werden vom Rat binnen zwei Jahren nach Inkrafttreten des Vertrages von Amsterdam gemäß dem Verfahren des Artikel 251 festgelegt[6].

(3) Jedes der vorgenannten Organe legt in seiner Geschäftsordnung Sonderbestimmungen hinsichtlich des Zugangs zu seinen Dokumenten fest.[5]

Inhaltsübersicht:

I. Transparenzprinzip	1
II. Rechtsordnungen der Mitgliedstaaten	2
III. Historische Entwicklung und sekundärrechtliche Ausformung	4
IV. Informationsfreiheit	7
1. Informationsanspruch	7
2. Anspruchsberechtigte	8
3. Anspruchsverpflichtete	9
4. Anspruchsgegenstand	11
5. Anspruchsschranken	13
6. Verfahren und Kosten	23
7. Rechtsmittel	29
8. Tatsächliche Inanspruchnahme	31

I. Transparenzprinzip

Der mit dem Amsterdamer Vertrag neu in den EG-Vertrag aufgenommene Art. 255 verankert das Prinzip der freien Zugänglichkeit der Dokumente der Gemeinschaftsorgane im europäischen Primärrecht.[1] Damit wird die zuvor lediglich auf unsicherer sekundärrechtlicher Basis[2] garantierte Informationsfreiheit in den **Rang eines verfassungsrechtlich verbürgten Freiheitsrechts** erhoben. Verdeutlicht wird die Bedeutung der Informationsfreiheit auch durch die Aufnahme einer entsprechenden Garantie in Art. 42 der Charta der Grundrechte der Europäischen Union.[3] Art. 255 ist Ausdruck des demokratischen Prinzips[4] und konkretisiert zugleich das in Art. 1 Abs. 2 EUV normierte sog. Transparenzprinzip, wonach in der »Union der Völker Europas [...] die

---

1 Vgl. zum Ganzen: *V. Deckmeyn/I. Thomson (Hrsg.)*, Openness and Transparency in the EU, 1998; *D. Curtin*, Citizens' fundamental right of access to EU information, CMLRev. 2000, S. 7 ff.; *U. Öberg*, Public Access to Documents after the entry into force of the Amsterdam Treaty: Much Ado About Nothing?, European Integration online Papers (EIoP) Vol. 2 (1998) N° 8; http://eiop.or.at/eiop/texte/1998-008a.htm.
2 Vgl. dazu u. Rn. 5.
3 ABl.EG 2000 Nr. C 364/1, Text mit Erläuterungen in EuGRZ 2000, S. 554; vgl. dazu auch *C. Calliess*, Charta der Grundrechte der EU, EuZW 2001, S. 261 (263).
4 So hinsichtlich der Vorläuferregelungen bereits GA *G. Tesauro*, Schlußantr. zu EuGH, Rs. C-58/94, 30.4.1996, Slg. 1996, I-2169, Ziff. 15 a.E. (Niederlande/Rat); EuG, Rs. T-123/99, 12.10.2000, n.n.i.Slg., Rn. 50 (JT's Corporation/ Kommission).

Entscheidungen möglichst offen [...] getroffen werden.«[5] Prinzipiell aufgegeben wird der das Handeln der Gemeinschaftsorgane vormals bestimmende Grundsatz der Geheimhaltung der von ihnen verwalteten Informationen.[6]

II. Rechtsordnungen der Mitgliedstaaten

2 Die skizzierte Entwicklung im Gemeinschaftsrecht folgt damit einer **Tendenz zur Informationsfreiheit**,[7] die in den Rechtsordnungen einer Reihe von **Mitgliedstaaten** aber auch außereuropäischer Staaten insbesondere des englischen Sprachraums[8] bereits seit den sechziger Jahren zu beobachten ist.[9] Prominentestes Beispiel einschlägiger Gesetzgebung ist der U.S.-amerikanische »Freedom of Information Act« aus dem Jahre 1966.[10] Das historisch älteste Informationsfreiheitsrecht kennt Schweden. Ein solches Recht enthalten neben den Rechtsordnungen etwa Kanadas, Neuseelands, Australiens, Norwegens und der Schweiz inzwischen auch alle Rechtsordnungen der EU-Mitgliedstaaten mit Ausnahme Deutschlands, Österreichs und Luxemburgs.[11]

3 Wesentliche Impulse für eine gesteigerte Transparenz auch der europäischen Rechtsetzung und Verwaltung gingen von den Beitrittsverhandlungen mit den skandinavischen Staaten Schweden und Finnland aus, die ihre bereits auf das Jahr 1766 zurückgehenden grundrechtsgleichen Informationsfreiheitsrechte und die aus ihnen entstandene Kultur der Regierungs- und Verwaltungsöffentlichkeit im Kontext des europäischen Einigungsprozesses zu wahren suchten.[12]

---

5 Vgl. dazu die Kommentierung o. Art. 1 EUV.
6 GA G. *Tesauro*, Schlußantr. zu EuGH, Rs. C-58/94, (Fn. 4) Ziff. 15 a.E.
7 Vgl. die entsprechende Beobachtung des EuGH, in Rs. C-58/94, (Fn. 4) Rn. 34 ff.
8 Vgl. dazu die Darstellung in: The Stationery Office/UK (Hrsg.): Your Right to Know – The Government's proposals for a Freedom of Information Act, 1997/98, Annex A.
9 Zur aktuellen Entwicklung im internationalen Recht vgl. A. *Florini*, The End of Secrecy, Foreign Policy 1998, S. 50 ff.
10 Von 1966, abgeändert 1986, 5 U.S.C. § 552, Publ. Law 93-502; ergänzt durch die »Electronic FOIA Amendments 1996«, in älterer Fassung und mit deutscher Übersetzung abgedruckt etwa bei J. *Fluck/A. Theuer*, UIG, Anhang F I. Der Text des FOIA ist außerdem über die Internetseiten des US-Departments of Justice zugänglich, auf denen sich außerdem zahlreiche weiterführende Informationen zum Thema finden: http://www.usdoj.gov. Aus der umfänglichen Literatur zum FOIA vgl. nur: M. *Rehbinder*, Informationspflicht im Recht der Vereinigten Staaten, 1970; E. *Gurlit*, Die Verwaltungsöffentlichkeit im Umweltrecht – Ein Rechtsvergleich Bundesrepublik Deutschland – USA, 1989.
11 Vgl. dazu die durch das Generalsekretariat der Kommission erstellte vergleichende Untersuchung der Gesetzgebung der Mitgliedstaaten über den Zugang zu Verwaltungsdokumenten, http://europa.eu.int/comm/secretariat_general/sgc/acc_doc/de/index.htm#3. Vgl. im übrigen auch die Dokumentation einschlägiger Rechtsquellen bei S. *Frenzel*, Zugang zu Informationen, 2000, S. 43 ff. und den Überblick über das Informationsfreiheitsrecht der Staaten der EU in den Schlußantr. von GA G. *Tesauro* zu EuGH, Rs. C-58/94, (Fn. 4) Ziff. 15 sowie bei J. *Schlachter*, Mehr Öffentlichkeit wagen, 1993; I. *Häner Eggenberger*, Öffentlichkeit und Verwaltung, 1990, S. 267 ff.; A. *Scherzberg*, Die Öffentlichkeit der Verwaltung, 2000, S. 237 ff. und D. *Kugelmann*, Informatorische Rechtsstellung, 2001, S. 87 ff.
12 Vgl. dazu insbesondere I. *Österdahl*, Openness v. Secrecy: Public Access to Documents in Sweden and the European Union, E.L.Rev. 1998, S. 336; und den Sachverhalt von EuG, Rs. T-174/95, 17.6.1998, Slg. 1998, II-2289 (Svenska Journalistförbundet/Rat).

III. Historische Entwicklung und sekundärrechtliche Ausformung

Als eine der ersten gemeinschaftlichen Maßnahmen zur Steigerung der Verwaltungsöffentlichkeit kann die **Umweltinformationsrichtlinie**[13] aus dem Jahre 1990 gelten. Allerdings bezog sich diese sektoral beschränkte Richtlinie[14] allein auf das Handeln der Behörden der Mitgliedstaaten und erfaßte nicht die von den Gemeinschaftsorganen verwalteten Dokumente.[15]

4

Wegweisende Ansätze zur Schaffung eines umfassenden Informationsfreiheitsrechts auf der Ebene der Gemeinschaft formulierte erstmals die niederländische Präsidentschaft im Zuge der Verhandlungen über den Maastrichter Vertrag zur Europäischen Union. Zwar fand der Vorschlag einer ausdrücklichen Verankerung dieses Rechts im EG-Vertrag hier noch keine Mehrheit. In der Schlußakte des Vertrages empfahlen die Vertreter der Regierungen jedoch die Vorlage eines Berichts über »Maßnahmen [...], mit denen die den Organen vorliegenden Informationen der Öffentlichkeit besser zugänglich gemacht werden sollen.«[16] Diese in der Folge wiederholt bekräftigte[17] Forderung führte auf der Grundlage entsprechender Vorarbeiten der Kommission[18] schon 1993 zum Erlaß des sog. **Verhaltenskodex für den Zugang der Öffentlichkeit zu Kommissions- und Ratsdokumenten.**[19] Nach den diesem Kodex folgenden, gesonderten aber inhaltlich weithin identischen Ausführungsentscheidungen von Rat[20] und Kommission[21] erhielt die Öffentlichkeit einen grundsätzlich freien, nur in Ausnahmefällen beschränkten Zugang zu den Dokumenten der betreffenden Organe.[22] Dementsprechende Entscheidun-

5

---

13 RL 90/313/EWG des Rates v. 7.6.1990 über den freien Zugang zu Informationen über die Umwelt, ABl. EG 1990 Nr. L 158/56.
14 Eingehend zu Geltungsbereich, Anspruchsvoraussetzungen und Schranken der Richtlinie und des zu ihrer Umsetzung ergangenen UIG: *T. Schomerus/C. Schrader/B. W. Wegener*, Umweltinformationsgesetz, 1995; *A. Turiaux*, Umweltinformationsgesetz, 1995.
15 Vgl. aber die anläßlich des Vorschlags für die Umweltinformations-RL abgegebene Erklärung der Kommission, wonach die hier vorgebrachten Gründe für einen verbesserten Zugang zu Informationen auch auf den Zugang für von den Gemeinschaftsorganen verwalteten Informationen zuträfen und deshalb entsprechende Initiativen zu ergreifen seien, KOM (88) 484 endg. S. 2; vgl. auch die entsprechenden Forderungen des WSA, ABl. EG 1989 Nr. C 139/47 f.
16 Erklärung Nr. 17 zum Recht auf Zugang zu Informationen.
17 Vgl. insbesondere die Schlußfolgerungen der Europäischen Räte von Birmingham und Edinburgh, Bull. EG 10/1992, S. 9 und 12/1992, S. 7.
18 Vgl.: »Transparenz in der Gemeinschaft«, KOM (93) 258 endg., ABl. EG 1993 Nr. C 166/4.
19 ABl.EG 1993 Nr. L 340/41 f. Dazu ausführlich *R. Röger*, Ein neuer Informationsanspruch auf europäischer Ebene: Der Verhaltenskodex vom 6. Dezember 1993 für den Zugang der Öffentlichkeit zu Kommissions- und Ratsdokumenten, DVBl. 1994, S. 1182; *J. Fluck/A. Theuer*, Freier Zugang der Öffentlichkeit zu Dokumenten des Europäischen Rates und der Kommission der Europäischen Gemeinschaften, EWS 1994, S. 154.
20 Beschluß (93/731/EG) über den Zugang der Öffentlichkeit zu Ratsdokumenten, ABl.EG 1993 Nr. L 340/43 f. Zu Besonderheiten des Zugangs der Öffentlichkeit zu Ratsdokumenten im Rahmen des Rechtsetzungsverfahrens i.e.S. vgl. *M. Dreher*, Transparenz und Publizität bei Ratsentscheidungen, EuZW 1996, S. 487 ff.; *W. Kahl*, Das Transparenzdefizit im Rechtsetzungsprozeß der EU, ZG 1996, S. 224 ff.; und o. Art. 207.
21 Beschluß (94/90/EGKS, EG, Euratom) über den Zugang der Öffentlichkeit zu den der Kommission vorliegenden Dokumenten, ABl. EG 1994 Nr. L 46/58 f.; vgl. dazu auch die Mitteilung der Kommission über die Verbesserung des Zugangs zu den Dokumenten, ABl.EG 1994 Nr. C 67/5 f.
22 Die formellen Bedenken der niederländischen Regierung gegen Verhaltenskodex und Ausführungsbeschlüsse hat EuGH, Rs. C-58/94, (Fn. 4) zurückgewiesen. Der erhobenen Forderung nach einer ausdrücklichen Rechtsgrundlage für die betreffenden Regelungen wird Art. 255 jedenfalls hinsichtlich der Gemeinschaftsorgane Rat, Kommission und Parlament gerecht.

gen trafen auch das **Europäische Parlament**[23] und eine Reihe von Gemeinschaftseinrichtungen[24].

6 In Umsetzung des Rechtssetzungsauftrags des Art. 255 Abs. 2 haben das Europäische Parlament und der Rat die VO (EG) Nr. 1049/2001 über den Zugang der Öffentlichkeit zu ihren und zu den Dokumenten der Kommission erlassen. Diese **Informationszugangs-VO** gilt vom 3. Dezember 2001 an.[25]

IV. Informationsfreiheit

1. Informationsanspruch

7 Art. 255 Abs. 1 gibt das Recht auf Zugang zu den Dokumenten dreier Gemeinschaftsorgane. Die Vorschrift begründet damit einen **individuellen Anspruch auf grundsätzlich freien und voraussetzungslosen Zugang zu den von den Gemeinschaftsorganen verwalteten Informationen.**[26] Die Zugänglichkeit oder Öffentlichkeit dieser Informationen wird damit zur Regel, ihre **Geheimhaltung** zur **begründungsbedürftigen Ausnahme.** Zwar wird der Zugang nach Abs. 2 nur vorbehaltlich der vom Rat festzulegenden allgemeinen Grundsätze und Einschränkungen gewährt, doch müssen sich diese Bestimmungen ihrerseits an dem mit der Vorschrift insgesamt verfolgten Ziel möglichst umfassender Transparenz orientieren.[27] Die sekundärrechtliche Anspruchsgrundlage findet sich in Art. 2 Abs. 1 Informationszugangs-VO.

2. Anspruchsberechtigte

8 Nach Art. 255 Abs. 1 steht der Zugangsanspruch jedem Unionsbürger sowie jeder natürlichen oder juristischen Person mit Wohnsitz oder Sitz in einem Mitgliedstaat zu.[28] Nach Art. 2 Abs. 2 Informationszugangs-VO können die Organe auch allen natürlichen oder juristischen Personen, die keinen Wohnsitz oder Sitz in einem Mitgliedstaat haben, gleichen Zugang gewähren.

---

23 Beschluß des Europäischen Parlaments 97/632/EGKS, EG, Euratom vom 10.7.1997 über den Zugang der Öffentlichkeit zu den Dokumenten des Europäischen Parlaments, ABl.EG 1997 Nr. L 263/1.
24 Näher dazu u. bei Fn. 31.
25 Vgl. Art. 19 Abs. 2 der VO (EG) Nr. 1049/2001 des Europäischen Parlaments und des Rates v. 30.5.2001 über den Zugang der Öffentlichkeit zu Dokumenten des Europäischen Parlaments, des Rates und der Kommission, ABl.EG Nr. L 145/43.
26 Aus der umfangreichen Rspr. der Gemeinschaftsgerichtsbarkeit zu Informationsansprüchen im laufenden Verwaltungsverfahren vgl. EuGH, Rs. C-49/88, 27.6.1991, Slg. 1991, I-3187 Rn. 17 (Al-Jubail Fertilisers u.a./Kommission); verb. Rs. C-142, 156/84, 17.11.1987, Slg. 1987, I-4487 Rn. 23 f. (BAT Reynolds/Kommission); EuG, Rs. T-170/94, 25.9.1997, Slg. 1997, Rn. 118 ff. (Shanghai Bicycle Corporation/Rat); Rs. T-110/95, 16.9.1998, Slg. 1998, II-3605, Rn. 98 (IECC/Kommission); Rs. T-7/89, 17.12.1991, Slg. 1991, II-1711 Rn. 54 (Hercules Chemicals/Kommission); Rs. T-311/94, 14.5.1998, Slg. 1998, II-1129, Rn. 245 ff. (Kartonfabriek de Eendracht/Kommission); verb. Rs. T-159, 160/94, 18.12.1997, Slg. 1997, II-2461, Rn. 81 ff. (Ajinomoto/Rat); Rs. T-290/94, 27.11.1997, Slg. 1997, II-2137, Rn. 108 ff. (Kayserberg/Kommission).
27 Näher dazu u. Rn. 13 ff.
28 Zu den nicht von Art. 255 erfaßten, sondern aus Art. 10 abzuleitenden Informationspflichten der Gemeinschaftsorgane im Verhältnis zu mitgliedstaatlichen Einrichtungen vgl. EuGH, Rs. C-2/88, 13.7.1990, Slg. 1990, I-3465, Rn. 17 ff. (Zwartveld).

3. Anspruchsverpflichtete

Anspruchsverpflichtet sind nach dem ausdrücklichen Wortlaut des Art. 255 und des 9
Art. 1 lit. a Informationszugangs-VO nur die Gemeinschaftsorgane[29] Rat,[30] Parlament
und Kommission. Diese Beschränkung ist um so weniger verständlich, als zwischenzeitlich die weitaus meisten auch der anderen Gemeinschaftseinrichtungen Zugangsregelungen im Rahmen ihrer Organisationsgewalt geschaffen haben.[31] Rechtlich problematisch erscheint die Beschränkung vor allem deshalb, weil mit ihr auf den ersten Blick die Möglichkeit eröffnet wird, durch die Einrichtung neuer Verwaltungseinheiten Teile des Verwaltungshandelns der Gemeinschaft dem Informationsanspruch zu entziehen. Eine vor diesem Hintergrund naheliegende entsprechende Anwendung des Grundsatzes der Informationsfreiheit auch gegenüber anderen Gemeinschaftseinrichtungen könnte sich auf das in Art. 1 Abs. 2 EGV enthaltene allgemeine Gebot möglichst »offener« Entscheidungsfindung stützen.[32]

Anspruchsverpflichtet sind neben den Organen im engeren Sinne auch die diesen zuge- 10
ordneten Arbeitsgruppen und Ausschüsse. Dies gilt entgegen einer früher von der Kommission vertretenen Ansicht auch für die im Rahmen der Komitologie tätigen Ausschüsse.[33] Die Geschäftsordnungen dieser nach- oder zugeordneten Ausschüsse dürfen in ihren Geheimhaltungsbestimmungen nicht über die in der Informationszugangs-VO festgelegten Ausnahmetatbestände hinausgehen.

4. Anspruchsgegenstand

Gegenstand des Informationsanspruchs sind »**Dokumente**« der Gemeinschaftsorgane. 11
Wie schon nach den geltenden Zugangsregelungen ist dieser Begriff dem Ziel eines

---

29 Zu den Versuchen, einen Informationszugang hinsichtlich der im Rahmen der Säule Justiz und Inneres tagenden Arbeitsgruppen durchzusetzen, vgl. *Statewatch*, Secrecy, Democracy and the European Union: the Statewatch Campaign, 1997, S. 76 ff.; zu Fragen des Informationszugangs im Rahmen des Schengen-Abkommens *D. Curtin/H. Meijers*, The principle of open government in Schengen and the European Union: democratic retrogression?, CMLRev. 1995, 391, 403 ff. Zu aus sonstigem Gemeinschaftsrecht fließenden begleitenden Informationspflichten nationaler Behörden vgl. EuGH, Rs. C-223/98, 14.10.1999, Slg. 1999, I-7081, Rn. 23 ff. (Adidas) – Pflicht zur Mitteilung des Empfängers nachgeahmter Waren.
30 Vgl. zu diesem auch die Sonderregel des Art. 207 Abs. 3 EGV, wonach der Rat zur Anwendung des Art. 255 besondere Regeln über den Zugang zu Informationen festlegt, die seine Tätigkeit als Organ der Gesetzgebung betreffen; näher dazu Art. 207, Rn. 13 ff.
31 Vgl. dazu den Überblick im Sonderbericht des Europäischen Bürgerbeauftragten an das Europäische Parlament im Anschluß an die Initiativuntersuchung betreffend den Zugang der Öffentlichkeit zu Dokumenten (616/PUBAC/F/IJH); der Bericht ist auf der Homepage des Bürgerbeauftragten unter http://www.euro-ombudsman.eu.int einzusehen. Kritisch zur Ausklammerung der anderen Einrichtungen *E. Chiti*, CMLRev. 1998, S. 189 (204 f.). Vgl. im übrigen Beschluß des Vorstands über den Zugang zu Dokumenten der Europäischen Stiftung für Berufsbildung, ABl.EG Nr. C 369/10; sowie Beschluß des Verwaltungsrates der Europäischen Stiftung zur Verbesserung der Lebens- und Arbeitsbedingungen vom 21. November 1997 über einen Verhaltenskodex für den Zugang der Öffentlichkeit zu Dokumenten der Europäischen Stiftung zur Verbesserung der Lebens- und Arbeitsbedingungen, ABl.EG Nr. L 296/25.
32 Dazu bereits o. Rn. 1.
33 EuG, Rs. T-188/97, Slg. 1999, II-2463, Rn. 57 ff. (Rothmanns/Kommission). Nach Art. 7 Abs. 2 des Beschlusses des Rates (1999/468/EG) v. 28.6.1999 zur Festlegung der Modalitäten für die Ausübung der der Kommission übertragenen Durchführungsbefugnisse, ABl.EG 1999 Nr. L 184/23 ff., gelten die Regelungen über den Zugang zu Dokumenten der Kommission jetzt ausdrücklich auch für die Komitologie-Ausschüsse; näher zu deren Tätigkeit u. Art. 202.

möglichst umfassenden Informationszugangs entsprechend weit auszulegen. Er bezeichnet nach der Legaldefinition des Art. 3 lit. a Informationszugangs-VO »Inhalte unabhängig von der Form des Datenträgers (auf Papier oder in elektronischer Form, Ton-, Bild- oder audiovisuelles Material), die einen Sachverhalt im Zusammenhang mit den Politiken, Maßnahmen oder Entscheidungen aus dem Zuständigkeitsbereich des Organs betreffen«. Die in dem Hinweis auf den Zuständigkeitsbereich des jeweiligen Organs angelegte, mit Art. 255 kaum zu vereinbarende, Beschränkung des Anspruchsgegenstandes wird von Art. 2 Abs. 3 Informationszugangs-VO relativiert, wonach die Verordnung für »alle Dokumente eines Organs [...] aus allen Tätigkeitsbereichen der Union, die von dem Organ erstellt wurden oder bei ihm eingegangen sind« gilt. Der Anspruch bezieht sich nach Art. 2 Abs. 3 Informationszugangs-VO **nur** auf im Besitz befindliche, **vorhandene Informationen** und begründet **keine Informationsbeschaffungspflicht** für die Organe der Gemeinschaft.

12 Nach Art. 4 Abs. 4 Informationszugangs-VO besteht der Anspruch grundsätzlich auch hinsichtlich der **Dokumente Dritter**, die sich im Besitz der Organe befinden.[34] Dritte sind nach Art. 3 lit. b Informationszugangs-VO »alle natürlichen und juristischen Personen und Einrichtungen außerhalb des betreffenden Organs, einschließlich der Mitgliedstaaten, der anderen Gemeinschafts- oder Nicht-Gemeinschaftsorgane und -einrichtungen und der Drittländer.« Sie sind außer in eindeutigen Fällen zur Frage der ausnahmsweisen Zugangsverweigerung zu konsultieren.[35] Gemäß Art. 4 Abs. 5 Informationszugangs-VO kann ein Mitgliedstaat das jeweilige Organ ersuchen, »ein aus diesem Mitgliedstaat stammendes Dokument nicht ohne seine vorherige Zustimmung zu verbreiten«. Die Regelung sucht die Erklärung Nr. 35 zum Amsterdamer Vertrag umzusetzen und bezieht sich deshalb wie diese nur auf die von staatlichen Stellen des jeweiligen Mitgliedstaates übermittelten Dokumente.

5. Anspruchsschranken

13 Nach Art. 255 Abs. 2 legt der Rat die aufgrund öffentlicher oder privater Interessen geltenden Einschränkungen des Zugangsrechts fest. Die Informationszugangs-VO unterscheidet **zwei Gruppen von Ausnahmen:**

14 Nach Art. 4 Abs. 1 *verweigern* die Organe den Zugang zu einem Dokument, durch dessen Verbreitung der **Schutz des öffentlichen Interesses**[36] **im Hinblick auf die öffentliche Sicherheit,** die **Verteidigung** und militärische Belange, die **internationalen Beziehun-**

---

34 Zu dem Streit um diese jetzt gesetzgeberisch im zuvor schon hier vertretenen Sinne entschiedene Frage, vgl. Vorauflage, Rn. 9.
35 Vgl. EuG, Rs. T-92/98, 7.12.1999, Slg. 1999, II-3521, Rn. 65 ff. (Interporc II/Kommission).
36 Vgl. EuG, Rs. T-20/99, 13.9.2000, n.n.i.Slg. (Denkavit/ Kommission) – Schutz einer laufenden Inspektionstätigkeit. Die Rechtsprechung des EuG tendiert dazu, diese Ausnahme insbesondere hinsichtlich Stellungnahmen juristischer Art wegen einer vermeintlichen Gefährdung der »Stabilität der Rechtsordnung« und einer drohenden »Unsicherheit hinsichtlich der Rechtmäßigkeit der Gemeinschaftsrechtsakte« allzu großzügig auszulegen, vgl. etwa EuG, Rs. T-610/97 R, 3.3.1998, Slg. 1998, II-485, Rn. 46 ff. (Carlsen u.a./Rat); Rs. T-309/97, 14.10.1999, Slg. 1999, II-3217, Rn. 45 ff. (Bavarian Lager/Kommission); kein Zugang zum Entwurf einer begründeten Stellungnahme im Vorfeld eines Vertragsverletzungsverfahrens, Schutz des Verhandlungsprozesses zwischen Kommission und Mitgliedstaat. Zugangsfreundlicher aber EuGH, verb. Rs. C-174/ 98 P u. C-189/98 P, 11.1.2000, Slg. 2000, I-1, Rn. 14 ff. (Niederlande u. van der Wal/Kommission), wonach entgegen EuG, Rs. T-83/96, 19.3.1998, Slg. 1998, I-545, (van der Wal/Kommission) auch Dokumente, die die Kommission auf Anfrage eines nationalen Gerichts für ein bei diesem anhängiges Verfahren erstellt hat, grundsätzlich frei zugänglich sind.

gen,[37] die **Finanz-, Währungs-** oder **Wirtschaftspolitik** der Gemeinschaft oder eines Mitgliedstaats oder der Schutz der **Privatsphäre** und der Integrität des Einzelnen, insbesondere gemäß den Rechtsvorschriften der Gemeinschaft über den **Schutz personenbezogener Daten**[38] beeinträchtigt würde. Sofern eine Beeinträchtigung dieser Belange zu erwarten ist, findet hier keine weitere Abwägung mit gegenläufigen Interessen statt.[39]

Dagegen verweigern die Organe nach Art. 4 Abs. 2 den Zugang zu einem Dokument, 15 durch dessen Verbreitung der **Schutz der geschäftlichen Interessen**[40] einer natürlichen oder juristischen Person, einschließlich des **geistigen Eigentums**, der Schutz von **Gerichtsverfahren** und der Rechtsberatung, der Schutz des Zwecks von **Inspektions-, Untersuchungs- und Audittätigkeiten** beeinträchtigt würde, nur dann, wenn bei **Abwägung** aller relevanten Tatsachen nicht ein **überwiegendes öffentliches Interesse an der Verbreitung** besteht.

Gleiches gilt nach Art. 4 Abs. 3 für den Zugang zu einem **Dokument, das von einem** 16 **Organ für den internen Gebrauch** erstellt wurde oder bei ihm eingegangen ist und das sich auf eine Angelegenheit bezieht, in der das Organ noch keinen Beschluß gefaßt hat. Auch zum hiermit angestrebten **Schutz des Beratungsprozesses** wird der Zugang nur dann verweigert, wenn eine Verbreitung des Dokumentes den Entscheidungsprozeß des Organs ernstlich beeinträchtigen würde und kein überwiegendes öffentliches Interesse an dieser Verbreitung besteht. Unter den gleichen Voraussetzungen wird schließlich der Zugang zu einem Dokument mit Stellungnahmen zum internen Gebrauch im Rahmen von Beratungen und Vorgesprächen innerhalb des betreffenden Organs auch dann noch verweigert, wenn der Beschluß bereits gefaßt worden ist.[41]

Bei ihrer Entscheidung über die ausnahmsweise Zugangsverweigerung nach den Tatbe- 17 ständen der zweiten Ausnahmegruppe müssen die Gemeinschaftsorgane nach der Rechtsprechung des EuG »das Interesse des Bürgers am Zugang zu diesen Dokumenten gegen ihr etwaiges Interesse an der Geheimhaltung [...] abwägen.«[42] Der Verzicht auf eine solche **Abwägung** in Art. 4 Abs. 1 Informationszugangs-VO erscheint mit Art. 255 nur dann vereinbar, wenn insbesondere bei der gerichtlich überprüfbaren Frage nach der durch die Veröffentlichung drohenden Beeinträchtigung der geschützten öffentlichen oder privaten Interessen ein hinreichend restriktiver Maßstab angelegt wird.

Die in beiden Ausnahmegruppen[43] enthaltenen Zugangsschranken müssen nach der 18 Rechtsprechung des EuG **eng ausgelegt** werden, »damit die Anwendung des allgemei-

---

37 Vgl. dazu EuG, Rs. T-204/99, 12.7.2001, n.n.i.Slg. (Matilla/Rat und Kommission).
38 Näher zum Datenschutz in der Gemeinschaft u. Art. 286.
39 Vgl. zu den entsprechenden Regeln des bislang geltenden Organrechts: EuG, Rs. T-105/95, 5.3.1997, Slg. 1997, II-313 Rn. 58 (WWF UK/Kommission); vgl. auch schon Rs. T-194/94, 19.10.1995, Slg. 1995, II-2765 Rn. 64 (Carvel u. Guardian Newspapers/Rat), vgl. dazu die Anm. von *C. Calliess*, ZUR 1996, S. 140 ff.; *C. Sobotta*, EuZW 1996, S. 152 ff.; *P. Twomey*, CMLRev. 1996, S. 831 ff.
40 Vgl. dazu auch die allgemeine Bestimmung über die Amtsverschwiegenheit der Bediensteten der Gemeinschaft, u. Art. 287.
41 Vgl. EuG, Rs. T-204/99, 12.7.2001, n.n.i.Slg., Rn. 73 (Matilla/Rat und Kommission), zur Zulässigkeit der fortdauernden Geheimhaltung des Entwurfs einer zwischenzeitlich veröffentlichten Erklärung.
42 EuG, Rs. T-105/95, 5.3.1997, Slg. 1997, II-313 Rn. 59 f. (WWF UK/Kommission), zur nach dem seinerzeit geltenden recht vorgesehenen Ermessensentscheidung zur Zugangsverweigerung zum Schutz des Beratungsgeheimnisses.
43 Ablehnende Bescheide können sich auf eine der Ausnahmegruppen, aber auch auf beide zugleich stützen, vgl. EuG, Rs. T-105/95, 5.3.1997, Slg. 1997, II-313 Rn. 61 (WWF UK/Kommission).

nen Grundsatzes, der Öffentlichkeit möglichst umfassenden Zugang zu den Dokumenten [...] zu gewähren, nicht vereitelt wird.«[44] Gleiches gilt für die zahlreichen Geheimhaltungsbestimmungen, die in sonstigen – insbesondere in älteren – Vorschriften des Gemeinschaftsrechts zu finden sind.[45]

19 Die Gemeinschaftsorgane sind nach Art. 4 Abs. 6 Informationszugangs-VO verpflichtet, Dokumente **auszugsweise zugänglich** zu **machen**, soweit die in ihnen enthaltenen Informationen nur zum Teil geheim gehalten werden dürfen.[46] Nach der Rechtsprechung des EuG kann nach dem Grundsatz der ordnungsgemäßen Verwaltung auf eine solche auszugsweise Übermittlung allerdings verzichtet werden, wenn der durch die teilweise Unkenntlichmachung der Informationen entstehende Arbeitsaufwand unangemessen hoch ist und die nach diesem Vorgehen kenntlich bleibenden Informationen für den Antragsteller völlig wertlos sind.[47]

20 Nach Art. 4 Abs. 7 Informationszugangs-VO darf der Zugang unter Berufung auf die in Abs. 1–3 normierten Ausnahmetatbestände nur für den **Zeitraum**, in dem der Schutz aufgrund des Inhalts des Dokuments gerechtfertigt ist, verweigert werden. Die Ausnahmen gelten höchstens für einen Zeitraum von **30 Jahren**. Lediglich zum Schutz der Privatsphäre oder der geschäftlichen Interessen Privater können Dokumente auch nach Ablauf dieses Zeitraums geheim gehalten werden. Gleiches gilt für sog. »**sensible Dokumente**«. Dies sind nach Art. 9 Abs. 1 Informationszugangs-VO solche, die gemäß ausdrücklicher Bestimmungen zum Schutz grundlegender Interessen der Europäischen Union oder eines oder mehrerer Mitgliedstaaten in den in Art. 4 Abs. 1a) genannten Bereichen, insbesondere öffentliche Sicherheit, Verteidigung und militärische Belange, als »TRÈ SECRET/TOP SECRET«, »SECRET« oder »CONFIDENTIEL« eingestuft sind.

21 Nach Art. 16 Informationszugangs-VO bleiben die geltenden Vorschriften des **Urheberrechts** vom Recht auf Informationszugang unberührt. Zulässig bleiben deshalb **Beschränkungen** insbesondere **der kommerziellen Vervielfältigung** amtlicher Informationen.[48]

22 Ablehnende Entscheidungen sind nach Art. 253 EGV und Art. 7 Abs. 1, Art. 8 Abs. 1 Informationszugangs-VO zu begründen. Die **Begründung** muß eine auf die konkret verlangten Dokumente bezogene Darlegung der einzelnen Geheimhaltungserfordernisse enthalten,[49] die so konkret sein muß, wie dies ohne Gefährdung des zu schützenden Geheimnisses möglich ist[50] und die ermöglichen muß, daß der Antragsteller die Verteidigung seiner Rechte und der Gemeinschaftsrichter seine Kontrollaufgabe wahrnehmen

---

44 EuG, Rs. T-124/96, 6.2.1998, Slg. 1998, II-231, Rn. 49 (Interporc I/Kommission); Rs. T-92/98, 7.12.1999, Slg. 1999, II-3521, Rn. 38 ff. (Interporc II/Kommission) – keine Geheimhaltung von Altakten wg. laufender Gerichtsverfahren; Rs. T-105/95, 5.3.1997, Slg. 1997, II-313 Rn. 56 (WWF UK/Kommission), vgl. dazu auch die Anm. von E. *Chiti*, CMLRev. 1998, S. 189 ff. und A. *Furrer*, ZUR 1997, S. 148 ff.; Rs. T-174/95, 17.6.1998, Slg. 1998, II-2289, Rn. 110 (Svenska Journalistförbundet/Rat).
45 EuG, Rs. T-123/99, 12.10.2000, n.n.i.Slg., Rn. 50 (JT's Corporation/ Kommission).
46 Vgl. zu Vorläuferregelungen schon: EuG, Rs. T-14/98, 19.7.1999, Slg. 1999, 2489, Rn. 87 (Hautala/Rat).
47 EuG, Rs. T-204/99, 12.7.2001, n.n.i.Slg., Rn. 69 (Matilla/Rat und Kommission).
48 Zu den anders gefaßten, inhaltlich aber übereinstimmenden Vorgängerregelungen, vgl. Voraufl., Rn. 15.
49 EuG, Rs. T-123/99, 12.10.2000, n.n.i.Slg., Rn. 46 ff. (JT's Corporation/Kommission); EuG, Rs. T-188/98, 6.4.2000, Slg. 2000, II-1959, Rn. 38 ff. (Kuijer/ Rat).
50 EuG, Rs. T-105/95, 5.3.1997, Slg. 1997, II-313 Rn. 65 (WWF UK/Kommission).

kann. Ein pauschaler Hinweis auf einen der Ausnahmegründe genügt nicht.[51] Die Begründung der Ablehnung eines Zweitantrages muß auf plausible Gegenargumente des Antragstellers eingehen und darf sich nicht in einer pauschalen Wiederholung der Erstablehnung erschöpfen.[52]

6. Verfahren und Kosten

Zu den nach Art. 255 Abs. 2 festzulegenden allgemeinen Grundsätzen für die Ausübung des Zugangsrechts gehören Regeln über das einzuhaltende Verfahren. Art. 6 Abs. 1 Informationszugangs-VO setzt einen schriftlichen, auch elektronisch übermittelten **Antrag** in einer der Amtssprachen der Gemeinschaft nach Art. 314 EGV voraus, der an das jeweilige Organ zu richten ist und so **präzise** formuliert sein muß, daß das begehrte Dokument identifiziert werden kann. Gründe für den Antrag müssen nicht geltend gemacht werden.

23

Ist ein Antrag nicht hinreichend präzise, fordert das Organ den Antragsteller nach Art. 6 Abs. 2 Informationszugangs-VO auf, den Antrag zu präzisieren. Es leistet ihm dabei Hilfe, beispielsweise durch Informationen über die Nutzung der öffentlichen Dokumentenregister. Nach Art. 7 Abs. 1 ist der Zugangsantrag **unverzüglich zu bearbeiten**. Dem Antragsteller ist eine **Empfangsbescheinigung** zuzusenden. Binnen **fünfzehn Arbeitstagen** nach Registrierung des Antrags hat das Organ entweder Zugang zu dem angeforderten Dokument zu gewähren oder den Antragsteller schriftlich über die Gründe für die vollständige oder teilweise **Ablehnung** seines Antrages zu informieren. In Ausnahmefällen, etwa bei einem Antrag auf Zugang zu einem sehr umfangreichen Dokument oder zu einer sehr großen Zahl von Dokumenten, kann die Frist um fünfzehn Arbeitstage verlängert werden. Die **Fristverlängerung** ist gegenüber dem Antragsteller vorab und ausführlich zu begründen. Antwortet das Organ nicht innerhalb der vorgeschriebenen Frist, so hat der Antragsteller das Recht, einen **Zweitantrag** einzureichen. Gleiches gilt im Fall einer vollständigen oder teilweisen Ablehnung des Antrages. Hier kann der Antragsteller binnen fünfzehn Arbeitstagen nach Eingang des Antwortschreibens des Organs einen Zweitantrag an das Organ richten und eine Überprüfung der Ablehnung verlangen.

24

Zweitanträge sind unverzüglich zu bearbeiten. Binnen fünfzehn Arbeitstagen nach Registrierung eines solchen Antrags hat das Organ entweder Zugang zu dem angeforderten Dokument zu gewähren oder schriftlich die Gründe für die (erneute) vollständige oder teilweise Ablehnung mitzuteilen. Der Antragsteller ist über mögliche **Rechtsbehelfe zu belehren**. In Ausnahmefällen, kann auch die für die Bearbeitung des Zweitantrages vorgesehene Frist um fünfzehn Arbeitstage unter den oben genannten Voraussetzungen verlängert werden.

25

Antwortet das Organ auf einen Zweitantrag nicht innerhalb der vorgeschriebenen Frist, gilt dies als **abschlägiger Bescheid** und berechtigt den Antragsteller, Klage gegen das Organ zu erheben und/oder Beschwerde beim Bürgerbeauftragten einzulegen.

26

Der Zugang zu den Dokumenten erfolgt gemäß Art. 10 Abs. 1 Informationszugangs-VO entsprechend dem Wunsch des Antragstellers entweder durch **Einsichtnahme** vor Ort, durch Bereitstellung einer **Kopie** oder durch **elektronische Übermittlung**. Die

27

---

51 EuG, Rs. T-124/96, 6.2.1998, Slg. 1998, II-231, Rn. 53 ff. (Interporc I/Kommission).
52 EuG, Rs. T-188/98, 6.4.2000, Slg. 2000, II-1959, Rn. 46 ff. (Kuijer/ Rat).

Kosten für die Anfertigung und Übersendung von Kopien können dem Antragsteller in Rechnung gestellt werden. Diese Kosten dürfen die tatsächlichen Kosten für die Anfertigung und Übersendung der Kopien nicht überschreiten. Die Einsichtnahme vor Ort, Kopien von weniger als 20 DIN-A4-Seiten und der direkte Zugang in elektronischer Form oder über die nach Art. 11 Informationszugangs-VO zu führenden Register sind kostenlos.

28 Ist ein **Dokument** bereits von dem betreffenden Organ freigegeben worden und für den Antragsteller **problemlos zugänglich**, so kann das Organ gemäß Art. 10 Abs. 2 Informationszugangs-VO seiner Verpflichtung zur Zugangsgewährung durch einen entsprechenden Hinweis nachkommen.

7. Rechtsmittel

29 Wird der Informationszugang abgelehnt oder innerhalb der maximal zulässigen Frist nicht beschieden, so kann der Antragsteller dagegen nach Art. 230 **Nichtigkeitsklage** zum EuG und/oder **Beschwerde zum europäischen Bürgerbeauftragten** gemäß Art. 195 erheben. Der Antragsteller ist entsprechend zu **belehren**.

30 Die Praxis der Gemeinschaftsgerichtsbarkeit folgt, was die Kontrolle der reklamierten Geheimhaltungserfordernisse angeht, dem aus dem älteren deutschen Recht bekannten Modell einer bloßen **Plausibilitätskontrolle**.[53] Eine ausnahmsweise Geheimhaltung muß von den Gemeinschaftsorganen glaubhaft begründet werden. Die Begründung muß dabei so genau sein, daß sie es dem Gemeinschaftsrichter ermöglicht, seiner Kontrollaufgabe nachzukommen.[54] Verzichtet wird dabei allerdings auf eine Offenlegung der geheimzuhaltenden Informationen gegenüber dem Gericht. Die gerichtliche Prüfung bleibt so notwendig auf einen in der Sache unzureichend unterrichteten Nachvollzug der behördlichen Argumentation beschränkt. Im Interesse einer wirksameren Kontrolle administrativer Geheimhaltungsentscheidungen sollte deshalb das sog. »**in camera-Verfahren**« Anerkennung finden, bei dem die geheimzuhaltenden Informationen dem Gericht, nicht aber dem Kläger zugänglich gemacht werden.[55]

---

53 Vgl. etwa EuG, Rs. T-204/99, 12.7.2001, n.n.i.Slg., Rn. 59 ff. (Matilla/Rat und Kommission).
54 EuG, Rs. T-105/95, 5.3.1997, Slg. 1997, II-313 Rn. 65 (WWF UK/Kommission); zu weiteren Anforderungen an die Begründung bereits o. Rn. 22.
55 Eine entsprechende klägerische Anregung hat das EuG in Rs. T-204/99, 12.7.2001, n.n.i.Slg., Rn. 109 f. (Matilla/Rat und Kommission) als für den konkret zu entscheidenden Fall entbehrlich zurückgewiesen. Für das deutsche Recht hat das Bundesverfassungsgericht § 99 Abs. 1 Satz 2 i.V.m. Abs. 2 Satz 1 VwGO für mit Art. 19 Abs. 4 GG unvereinbar erklärt, soweit er die Aktenvorlage auch in denjenigen Fällen ausschloß, in denen die Gewährung effektiven Rechtsschutzes von der Kenntnis der Verwaltungsvorgänge abhängt. Rechtsschutz ist hier daher zukünftig dadurch zu gewähren, daß die Geheimnisse allein gegenüber dem Gericht offenbart werden. Der Sache nach wird damit das in-camera-Verfahren in das deutsche Prozeßrecht eingeführt. Die darin liegende Beschränkung des Akteneinsichtsrechts der Verfahrensbeteiligten gemäß § 100 Abs. 1 VwGO ist nach richtiger Ansicht des Bundesverfassungsgerichts mit dem grundrechtlichen Anspruch auf rechtliches Gehör aus Art. 103 Abs. 1 GG vereinbar, wenn sich erst durch diese Beschränkung der von Art. 19 Abs. 4 GG gebotene effektive Rechtsschutz ermöglichen läßt, vgl. BVerfGE 101, 106 (130).

8. Tatsächliche Inanspruchnahme

Nach der von der Kommission seit 1994 jährlich fortgeschriebenen Statistik[56] schwankt die Gesamtzahl der an sie gerichteten Anfragen auf Zugang zu Dokumenten nach eher zögerndem Beginn zwischen 756 (1997) und 408 (1999). Dabei ist vor allem die in den letzten Jahren rückläufige Tendenz bemerkenswert. Allerdings steht zu erwarten, daß sich dieser Trend nach Inkrafttreten der Informationszugangs-VO wieder umkehren wird. Der Prozentsatz der positiv beschiedenen Anträge liegt regelmäßig über 90%, wobei der weitaus größten Zahl der Anträge bereits auf die erste Anfrage hin stattgegeben wird, ohne daß es eines Zweitantrages bedürfte. Die Anfragen entstammen in der Reihenfolge ihrer Häufigkeit dem akademischen Bereich, Behörden, Lobbygruppen, der Industrie, der Anwaltschaft, der allgemeinen Bürgerschaft, Mitgliedern des Europäischen Parlaments und dem Journalismus. Neben Belgien als dem Sitz der europäischen Interessenvertretungen entstammten die Anfragen 1999 vor allem dem Vereinigten Königreich (15%), Frankreich (10,5%), Deutschland (10%), den Niederlanden (9%) und Spanien (7,1%). Die Zahl der Anfragen aus Nichtmitgliedstaaten blieb mit 3,7% gering.[57]

31

---

56 Nach Art. 17 Abs. 1 Informationszugangs-VO hat jedes Organ zukünftig jährlich einen Bericht über das Vorjahr vorzulegen, in dem die Zahl der Zugangsverweigerungen und der nicht in die Register aufgenommenen sensiblen Dokumente sowie die aktualisierten Geheimhaltungsgründe aufgeführt sind.
57 Vgl. zum Ganzen: http://europa.eu.int/comm/secretariat_general/sgc/acc_doc/de/index. htm#pactu.

Art. 256 (ex-Art. 192)

Die Entscheidungen des Rates oder der Kommission, die eine Zahlung auferlegen, sind vollstreckbare Titel; dies gilt nicht gegenüber Staaten.

Die Zwangsvollstreckung erfolgt nach den Vorschriften des Zivilprozeßrechts des Staates, in dessen Hoheitsgebiet sie stattfindet. Die Vollstreckungsklausel wird nach einer Prüfung, die sich lediglich auf die Echtheit des Titels erstrecken darf, von der staatlichen Behörde erteilt, welche die Regierung jedes Mitgliedstaates zu diesem Zweck bestimmt und der Kommission und dem Gerichtshof benennt.

Sind diese Formvorschriften auf Antrag der die Vollstreckung betreibenden Partei erfüllt, so kann diese die Zwangsvollstreckung nach innerstaatlichem Recht betreiben, indem sie die zuständige Stelle unmittelbar anruft.

Die Zwangsvollstreckung kann nur durch eine Entscheidung des Gerichtshofes ausgesetzt werden. Für die Prüfung der Ordnungsmäßigkeit der Vollstreckungsmaßnahmen sind jedoch die einzelstaatlichen Rechtsprechungsorgane zuständig.

1 Art. 256 regelt die Zwangsvollstreckung im Gemeinschaftsrecht. Vollstreckbare Titel sind ausschließlich individuelle Entscheidungen des Rates und der Kommission sowie Urteile des EuGH (vgl. Art. 244; dort Rn. 1). Zu Entscheidungen der EZB s. Art. 110 Abs. 2. Vollstreckbare Entscheidungen müssen eine Zahlungspflicht auferlegen (Zahlungstitel), inhaltlich klar, unbedingt und endgültig (d.h. vollstreckbar) sein sowie den Adressaten deutlich bezeichnen und nach der Rspr. des EuGH die zu entrichtende Geldsumme in Landeswährung beziffern[1] Mit Beginn der dritten Stufe der Währungsunion (1.1.1999) ist die letzte vom EuGH aus rechtsstaatlichen Erwägungen formulierte Voraussetzung nicht mehr anwendbar, sofern sich der Adressat der zu vollstreckenden Entscheidung in einem Mitgliedstaat befindet, der an der Währungsunion teilnimmt; die Forderung muß dann auf € lauten.

2 **Adressaten** der Vollstreckungstitel können alle natürlichen und juristischen Personen außer Staaten sein, wobei diese Ausnahme nicht für die Vollstreckung von EuGH-Urteilen kraft der Verweisung aus Art. 244 gilt (vgl. Art. 244, Rn. 3). »Staaten« i.S.v. Abs. 1 sind auch Drittstaaten[2]. Die Zwangsvollstreckung gegen Gemeinschaftsorgane ist nur im Ausnahmefall des Art. 1 Abs. 3 des Protokolls über Vorrechte und Befreiungen möglich[3].

3 Das **Vollstreckungsverfahren** findet nach innerstaatlichem Recht und durch die innerstaatlichen Behörden statt. »Staat« i.S.v. Abs. 2 können nur Mitgliedstaaten sein, denn die Gemeinschaft verfügt völkerrechtlich nicht über eine extraterritoriale Jurisdiktion zur Vollstreckung. Das Vollstreckungsorgan darf bei Erteilung der Klausel nur die formelle Echtheit des Titels überprüfen[4], nicht jedoch, ob alle Vollstreckungsvoraussetzungen (z.B. Sicherheitsleistung bei VUen des EuGH) erfüllt sind oder die Entscheidung mit der Nichtigkeitsklage angefochten wurde. In solchen Fällen bieten Abs. 4 S. 1 und

---

1 EuGH, Verb. Rs. 41, 43 u. 44/73, Slg. 1977, 445, Rn. 12/16 (Générale Sucrière).
2 Allg. M.: *E. Grabitz*, in: ders./Hilf, EU, Art. 192, Rn. 7; *G. Schmidt*, in: GTE, EU-/EGV, Art. 192, Rn. 9.
3 Vgl. *E. Grabitz*, in: ders./Hilf, EU, Art. 192, Rn. 8.
4 EuGH, Rs. 4/73, Slg 1977, 1, Rn. 3 (Nold/Ruhrkohle AG). S. auch EuGH, Rs. C-137/92 P, Slg. 1994, I-2555, Rn. 33 (Kommission/BASF) zu EuG, Verb. Rs. T-79/89 u.a., Slg. 1992, II-315, Rn. 96 (BASF/Kommission).

Art. 244 S. 2 hinreichenden Vollstreckungsschutz. Auch eine verfassungsrechtliche (Grundrechts-)Prüfung durch nationale Instanzen ist nicht zulässig[5]. In der Bundesrepublik Deutschland ist der BMJ zuständig[6].

Der **Vollstreckungsschutz** wird vom EuGH und den mitgliedstaatlichen Vollstreckungsorganen gewährleistet[7]. Betrifft der Einwand des Schuldners den Vollstreckungstitel, so setzt der EuGH gemäß Abs. 4 mit Art. 83 ff., 89 VerfO die Zwangsvollstreckung aus. Die Entscheidung trifft der EuGH-Präsident nach denselben Voraussetzungen, wie sie für eine einstweilige Anordnung nach Art. 243 gelten (vgl. dort Rn. 13 ff.). Betrifft der Einwand die Ordnungsgemäßheit der Zwangsvollstreckung, gelten die Rechtsbehelfe des nationalen Zwangsvollstreckungsrechts. 4

---

5 So aber LG Bonn, NJW 1986, 665 m. Anm. *Rupp*, S. 640. Zum Ganzen *I. Pernice*, Vollstreckung gemeinschaftsrechtlicher Zahlungstitel und Grundrechtsschutz, RIW 1986, S. 353.
6 Bekanntmachung über die Zuständigkeit für die Erteilung der Vollstreckungsklausel zu Entscheidungen von Organen der EWG und der EAG vom 3.2.1961, BGBl. II S. 50.
7 Vgl. EuGH, Rs. 4/73, Slg 1977, 1, Rn. 3 (Nold/Ruhrkohle AG). Zu Abgrenzungsschwierigkeiten im Einzelfall *G. Schmidt*, in: GTE, EU-/EGV, Art. 192, Rn. 21 ff.

Kapitel 3
Der Wirtschafts- und Sozialausschuß

Art. 257 (ex-Art. 193)

Es wird ein Wirtschafts- und Sozialausschuß mit beratender Aufgabe[9] errichtet.

Der Ausschuß besteht aus Vertretern der verschiedenen wirtschaftlichen und sozialen Bereiche der organisierten Zivilgesellschaft[11], insbesondere der Erzeuger, der Landwirte, der Verkehrsunternehmer, der Arbeitnehmer, der Kaufleute und Handwerker, der freien Berufe, der Verbraucher und des Allgemeininteresses.

Amsterdamer Fassung

Es wird ein Wirtschafts- und Sozialausschuß mit beratender Aufgabe errichtet.

Der Ausschuß besteht aus Vertretern der verschiedenen Gruppen des wirtschaftlichen und sozialen Lebens, insbesondere der Erzeuger, der Landwirte, der Verkehrsunternehmer, der Arbeitnehmer, der Kaufleute und Handwerker, der freien Berufe und der Allgemeinheit.

Inhaltsübersicht:

I.	Einführung	1
II.	Entwicklung des WSA	2
III.	Die Institution WSA	3
IV.	Die beratende Aufgabe des WSA (Abs. 1)	9
V.	Vertreter der verschiedenen wirtschaftlichen und sozialen Bereiche der organisierten Zivilgesellschaft (Abs. 2)	10
VI.	Bedeutung des WSA	13
VII.	Reformbedarf und Perspektive	14

I. Einführung

1 Der WSA ist eine vor dem Hintergrund des politischen Systems der Bundesrepublik Deutschland ungewohnte Institution. Ihm liegt der Gedanke zugrunde, die Akteure des wirtschaftlichen und sozialen Lebens direkt in das Rechtsetzungsverfahren einzubeziehen, damit dieses von ihrem »**Sachverstand**« und ihren »**besonderen Kenntnissen**«[1] profitiert. Neben dem EP, dessen Abgeordnete alle Unionsbürger repräsentieren, tritt eine weitere Institution, deren Mitglieder Repräsentanten der verschiedenen Bereiche wirtschaftlicher und sozialer Tätigkeiten sind. Trotz der Gemeinwohlbindung und der Unabhängigkeit des WSA-Mandats führt dieses dazu, daß **Verbandspositionen** direkt in die Rechtsetzung einfließen.[2] Der WSA selbst sieht sich als »**Forum**« und »**Sprachrohr**« der »**organisierten Zivilgesellschaft**«.[3] Die Mitwirkung des WSA an Rechtsetzungsverfahren und in deren Vorfeld besteht in der **Abgabe unverbindlicher Stellungnahmen**, die die Kommission, das EP und den Rat bei der Erfüllung ihrer Aufgaben unterstützen.

---

1 Vgl. EuGH, Verb. Rs. 281, 283 bis 285 und 287/85, Slg. 1987, 3203, Rn. 38 (Deutschland, Frankreich, Niederlande, Dänemark, Vereinigtes Königreich/Kommission).
2 Vgl. *Oppermann*, Europarecht, Rn. 401.
3 Stellungnahme des WSA zum Thema »Regierungskonferenz 2000 – Die Rolle des WSA«, ABl.EG 2000 Nr. C 117/28. S. zum geänderten Wortlaut von Abs. 2 die Rn. 2 und 10 ff.

II. Entwicklung des WSA

Der WSA wurde bereits anläßlich der Römer Verträge im EWGV verankert.[4] Während der EGKSV einen eigenen »Beratenden Ausschuß« vorsieht,[5] übt die dem WSA im EGV und im EAGV[6] zugewiesenen Aufgaben seit jeher **ein WSA** aus.[7] Seine konstituierende Sitzung fand am 19.5.1958 statt. Vorbilder waren eine Reihe einzelstaatlicher Wirtschafts- und Sozialräte, insbesondere in Belgien und den Niederlanden,[8] sowie international der Wirtschafts- und Sozialrat der Vereinten Nationen.[9] Deutschland wandte sich gegen die Schaffung eines Wirtschafts- und Sozialrats und erreichte, daß die Institution nur als »Ausschuß« firmiert, nur mit einer rein beratenden Aufgabe ausgestattet wurde und hinsichtlich ihrer Tätigkeit und ihrer Organisation zunächst stark vom Rat und der Kommission abhängig war. Die Beschränkung des WSA auf eine beratende Aufgabe blieb bei allen Entwicklungsschritten des institutionellen Gemeinschaftsrechts erhalten. Jedoch erfolgte – durch die EEA und den Vertrag von Maastricht teils neu eingeführt und teils nur noch auf Primärrechtsebene nachvollzogen – eine stete Ausweitung der obligatorischen Anhörung des WSA sowie eine Verselbständigung seiner Tätigkeit und seiner Organisation. Der Vertrag von Amsterdam hat die obligatorische Anhörung des WSA noch einmal auf weitere Bereiche erstreckt[10] und der bereits vorher erfolgten Entwicklung von institutionellen Beziehungen zwischen EP und WSA durch die Einführung der Möglichkeit einer Anhörung des WSA durch das EP Rechnung getragen.[11] Der **Vertrag von Nizza** bezeichnet die Mitglieder des WSA nunmehr als Vertreter der »organisierten Zivilgesellschaft«.[12] Die Zahl der Mitglieder wird angesichts der anstehenden Erweiterungsschritte auf höchstens 350 begrenzt.[13] Dieses ermöglicht es, daß nach einer Aufnahme der 12 Staaten, mit denen zum Zeitpunkt des ER Nizza Beitrittsverhandlungen geführt wurden, die Mitgliederzahlen der bisherigen Mitgliedstaaten unverändert bleiben und für die Beitrittsstaaten linear fortgeschrieben werden können. Aus den 222 WSA-Mitgliedern in der EU der 15 sollen in einer EU mit 27 Mitgliedstaaten 344 Mitglieder werden.[14] Die Ernennung der Mitglieder durch den Rat erfordert keine Einstimmigkeit mehr, sondern nur noch die qualifizierte Mehrheit.[15]

---

4 Vgl. zur Geschichte des WSA H.-G. *Brüske*, Der WSA der EGen, 1979, S. 9 ff.; S. *Siebeke*, Institutionalisierte Interessenvertretungen in der EU, 1996, S. 22 ff.; G. *Zellentin*, Der WSA der EWG und Euratom, 1962, S. 16 ff.
5 Art. 18 f. EGKSV.
6 Art. 3 Abs. 2, 165–170 EAGV.
7 Das Bestehen eines »einzigen WSA« war in Art. 5 Abs. 1 des Abkommens über gemeinsame Organe für die EGen geregelt. Nunmehr sieht der Vertrag von Amsterdam, Zweiter Teil, Art. 9, Abs. 2 UAbs. 2, in der Sache einen »gemeinsamen Ausschuß« vor.
8 Wegen eines rechtsvergleichenden Überblicks vgl. *Siebeke* (Fn. 4), S. 132 f.
9 Vgl. Art. 1 Ziff. 3, 7 Abs. 1, 55 lit. a) und b) sowie 60 ff. UN-Charta.
10 Vgl. Art. 128 Abs. 2, 129 S. 1, 137 Abs. 2 UAbs. 2, 140 Abs. 3, 141 Abs. 3 152 Abs. 4, 153 Abs. 4.
11 Art. 262 Abs. 4.
12 Abs. 2. S. Rn. 1, 10 ff.
13 Art. 258 Abs. 1.
14 Vertrag von Nizza, Erklärung Nr. 20 zur Erweiterung der Europäischen Union, Ziff. 3.
15 Art. 259 Abs. 1 S. 2.

Oliver Suhr

III. Die Institution WSA

3 Der WSA hat seinen Sitz in **Brüssel**. Brüssel war zunächst vorläufiger Arbeitsort und wurde 1992 auf Grundlage von Art. 289 als definitiver Sitz bestimmt.[16] Der Vertrag von Amsterdam hat diese Festlegung auf Primärrechtsebene bestätigt.[17]

4 Die Stellung des WSA im institutionellen Gefüge der Gemeinschaft ergibt sich aus dem Wortlaut von **Art. 7** sowie systematisch aus der Plazierung der Vorschriften über den WSA: Art. 7 Abs. 1 zählt den WSA nicht zu den Organen der Gemeinschaft. Vielmehr weist ihm Art. 7 Abs. 2 nur die Unterstützung der Organe »Rat« und »Kommission« zu. Parallel dazu finden sich die Vorschriften über den WSA nicht in dem »Die Organe« behandelnden Kapitel,[18] sondern erst hinter dem Kapitel, das »Gemeinsame Vorschriften für mehrere Organe« enthält.[19] Die Plazierung des den WSA behandelnden Kapitels in dem Titel I (»Vorschriften über die Organe«) des Fünften Teils (»Die Organe der Gemeinschaft«) erklärt sich wiederum aus seiner organunterstützenden Funktion.

5 Der WSA ist **kein Organ** der Gemeinschaft, sondern ist nur eine gemeinschaftliche Institution[20] bzw. Einrichtung[21]. Vorschriften, die an die Organeigenschaft anknüpfen, wie etwa Art. 232 Abs. 1, gelten für den WSA grundsätzlich nicht. Der EuGH verneint in st.Rspr. eine Organeigenschaft des WSA.[22]

6 In der Literatur ist der Grundsatz unbestritten, daß der WSA kein Organ i.S.d. EGV ist. Teilweise wird er aber als »Nebenorgan« oder »Hilfsorgan« qualifiziert.[23] Anders als z.B. die UN-Charta[24] kennt der EGV solcherart Bezeichnungen jedoch nicht. Die vorgeschlagenen Begriffe zielen anders als der Organbegriff nicht auf bestimmte Rechtsfolgen, sondern sollen nur den institutionelle Rang des WSA in Abgrenzung einerseits zu den Organen und andererseits zu den Einrichtungen von geringerer Bedeutung charakterisieren.

7 Die Kennzeichnung des WSA durch zusätzliche vertragsfremde Begriffe wie »Nebenorgan« oder »Hilfsorgan« ist nicht unproblematisch. Sie verdecken, daß der WSA nach allgemeiner Ansicht gerade kein Organ ist und werfen neue Abgrenzungsfragen auf.

---

16 Im gegenseitigen Einvernehmen gefaßter Beschluß der Vertreter der Regierungen der Mitgliedstaaten über die Festlegung der Sitze der Organe und bestimmter Einrichtungen und Dienststellen der EGen, Art. 1 lit. e), ABl.EG 1992 Nr. C 341/1. Vgl. Art. 289, Rn. 3 ff.
17 Protokoll über die Festlegung der Sitze der Organe und bestimmter Einrichtungen und Dienststellen der EGen sowie des Sitzes von Europol, Einziger Art. lit. f); kritisch hierzu *R. Bieber*, Reformen der Institutionen und Verfahren, Int. 1997, S. 236 (238).
18 Fünfter Teil, Titel I, Kapitel 1.
19 Fünfter Teil, Titel I, Kapitel 2.
20 S. z.B. Art. 193 Abs. 1; 195 Abs. 1.
21 S. z.B. das Protokoll über die Festlegung der Sitze der Organe und bestimmter Einrichtungen und Dienststellen der EGen sowie des Sitzes von Europol.
22 S. z.B. EuGH, Rs. 828/79, Slg. 1982, 269, Rn. 26 f. (Adam/Kommission); EuGH, Rs. 1253/79, Slg. 1982, 297, Rn. 26 f. (Battaglia/Kommission); EuGH, Rs. 297/86, Slg. 1988, 3531, Rn. 17 (CIDA/Rat).
23 Vgl. z.B. *Bleckmann*, Europarecht, Rn. 352; *Geiger*, EGV, Art. 193, Rn. 1; *W. Hummer*, in: Grabitz/Hilf, EU, vor Art. 193–198 EGV, Rn. 9; *S. Siebeke*, in: Schwarze, EU-Kommentar, Art. 257, Rn. 3; *K. Vierlich-Jürcke*, Der WSA der EGen, 1998, S. 218 ff., 220. S. auch *F. Zehetner*, Die Stellung der Verbände, Gewerkschaften und Kammern im Europarecht, AnwBl. 1990, S. 337 (341).
24 S. Art. 7 Abs. 2 UN-Charta.

Aus dem EGV selbst ergibt sich die Qualifizierung des WSA als **organunterstützende Institution**.[25]

Eine Reihe sekundärrechtlicher Rechtsakte stellt für ihren Anwendungsbereich den WSA den Organen der Gemeinschaft gleich. Dieser **ausnahmsweise erweiterte Organbegriff** ist in seiner Geltung auf den jeweiligen Rechtsakt beschränkt.[26]   8

IV. Die beratende Aufgabe des WSA (Abs. 1)

Abs. 1 weist wie schon Art. 7 Abs. 2 dem WSA eine beratende Aufgabe zu. Die Einzelheiten dieser Aufgabe regelt **Art. 262**. Die Beschränkung des WSA auf die Abgabe unverbindlicher Stellungnahmen ist Konsequenz seiner fehlenden demokratischen Legitimation.[27]   9

V. Vertreter der verschiedenen wirtschaftlichen und sozialen Bereiche der organisierten Zivilgesellschaft (Abs. 2)

Abs. 2 enthält die grundlegende Aussage über die im einzelnen in **Art. 258 f.** geregelte Zusammensetzung des WSA. Er beschreibt, aus welchem Personenkreis die Mitgliedstaaten ihren Vorschlag nach Art. 259 Abs. 1 auszuwählen haben, nämlich aus Vertretern der sog. »organisierten Zivilgesellschaft«. Dabei werden einzelne Berufs- und Interessengruppen durch ihre ausdrückliche Nennung besonders hervorgehoben. Abs. 2 konkretisiert dadurch gleichzeitig die Funktion des WSA, Vertreter wirtschaftlicher und sozialer Verbände und Vereinigungen am institutionellen Gefüge der Gemeinschaft durch eine eigene Einrichtung zu beteiligen.[28]   10

Der **Vertrag von Nizza** hat die Formulierung »Vertreter der verschiedenen Gruppen des wirtschaftlichen und sozialen Lebens« durch die Formulierung »Vertreter der verschiedenen wirtschaftlichen und sozialen Bereiche der **organisierten Zivilgesellschaft**« ersetzt[29] und damit einer Forderung auch des WSA selbst entsprochen.[30] Das Erfordernis der »**Organisiertheit**« konkretisiert die bisherige Formulierung »Gruppe« im Sinne der bereits bestehenden Praxis dahingehend, daß es sich nicht nur um Vertreter eines in der Gesellschaft identifizierbaren Interesses mehrerer Menschen handeln muß,[31] sondern daß dieses Interesse auch organisiert sein muß. Es reicht mithin nicht aus, Betroffener zu sein, sondern vielmehr muß es sich um Vertreter von Verbänden oder Vereinigungen   11

---

25 Vgl. *A. Hatje*, in: Schwarze, EU-Kommentar, Art. 7 EGV, Rn. 37; *W. Kaufmann-Bühler*, in: Lenz, EGV, Art. 257, Rn. 2; *Oppermann*, Europarecht, Rn. 400.
26 Wichtigster Beispielsfall ist Art. 1 Abs. 2 des Beamtenstatuts. Vgl. EuGH, Rs. 79/70, Slg. 1971, 689, Rn. 3/5 (Müllers/WSA); EuGH, Rs. 828/79, Slg. 1982, 269, Rn. 27 (Adam/Kommission); EuGH, Rs. 1253/79, Slg. 1982, 297, Rn. 27 (Battaglia/Kommission); EuGH, Rs. 14/84, Slg. 1984, 4317, Rn. 1 (Hansen-Meyer/WSA); EuGH, Rs. 146/85 R, Slg. 1985, 1805, Rn. 4 (Diezler/WSA). S. auch Art. 2 Abs. 2 des Beschlusses über den Aufbau und die Arbeitsweise des Amtes für amtliche Veröffentlichungen der EGen, ABl.EG 2000 Nr. L 183/12.
27 Vgl. *Oppermann*, Europarecht, Rn. 401; *K. Schwaiger/S. Siebeke*, in: GTE, EGV, Vorbemerkung zu Art. 193–198, Rn. 8; *Vierlich-Jürcke* (Fn. 23), S. 280 ff., 319 f.
28 S. Rn. 1.
29 Irreführend insofern die Denkschrift der Bundesregierung zum Vertrag von Nizza vom 26. Februar 2001, BR-Drs. 200/01, S. 42 ff., 51, die davon spricht, daß die Vertreter der organisierten Zivilgesellschaft »neu hinzu kommen« würden.
30 Stellungnahme des WSA (Fn. 3), ABl.EG 2000 Nr. C 117/28.
31 Vgl. *Vierlich-Jürcke* (Fn. 23), S. 33 f.

mit einem Mindestmaß an Organisation handeln. Der Begriff »**Zivilgesellschaft**« findet hier erstmals Eingang in das Primärrecht.[32] Er steht generell für die Bemühung, die Europapolitik bürgernäher zu gestalten und die Rechtsetzung samt der großen Reformvorhaben wie die Grundrechte-Charta oder die Regierungskonferenz 2004 für eine stärkere Beteiligung aus der Mitte der Gesellschaft zu öffnen. Dieses vollzieht sich mittels einer Einbeziehung der jeweils inhaltlich betroffenen Verbände und Vereinigungen. »Zivilgesellschaft« ist dabei ein Oberbegriff für nichtstaatliches gesellschaftliches Handeln.[33] Die Kommission rechnet zur Zivilgesellschaft u.a. Gewerkschaften und Arbeitgeberverbände (Sozialpartner), Nichtregierungsorganisationen (NGO), Berufsverbände und Bürgervereinigungen.[34]

12 Die Formulierung »**wirtschaftliche und soziale Bereiche** der organisierten Zivilgesellschaft« ist im weitesten Sinne zu verstehen. Sie ist entwicklungsoffen. Die Aufzählung einzelner Bereiche hat Beispielcharakter und schließt andere Bereiche nicht aus.[35] Sie belegt, daß nicht etwa nur die Sozialpartner gemeint sind. Der **Vertrag von Nizza** hat die zuvor noch an den ursprünglichen Kompetenzen der EWG orientierte Aufzählung auch nur punktuell angepaßt: Er hat die Aufzählung der Berufs- und Interessengruppen um die Vertreter der **Verbraucher** erweitert, was der gesteigerten Bedeutung des Verbraucherschutzes Rechnung trägt. Diese hat sich darin niedergeschlagen, daß unter den WSA-Mitgliedern regelmäßig relativ viele Vertreter von Verbraucherinteressen sind[36] und wird durch die Diskussion der Gefahren und Risiken, die u.a. von Tierseuchen (Rinderwahnsinn, Maul- und Klauenseuche) und der Gentechnologie ausgehen, zusätzlich akzentuiert. Der Begriff »Allgemeinheit« wurde durch den Begriff »**Allgemeininteresse**«[37] ersetzt. Wie schon der Begriff »Allgemeinheit« fällt auch der Begriff »Allgemeininteresse« wegen seiner Generalität aus dem Rahmen. Dieses mag den Beispielcharakter der Aufzählung der Berufs- und Interessengruppen sowie die Offenheit für alle Facetten wirtschaftlicher und sozialer Vereinigungen und Verbände verdeutlichen, trägt aber dennoch wenig zur Klarheit bei. Nach wie vor unerwähnt bleiben Bereiche wie der **Umweltschutz**.[38]

VI. Bedeutung des WSA

13 Rolle und Bedeutung des WSA werden in der Literatur teilweise kritisch bewertet.[39] Positiv wird u.a. ins Feld geführt, daß der WSA durch eine **Förderung des Dialogs zwischen Regierenden und Regierten** einen Beitrag zur demokratischen Legitimation der

---

32 S. auch Art. 165 Abs. 2 EAGV; Vertrag von Nizza, Erklärung Nr. 23 zur Zukunft der Union, Ziff. 3.
33 S. ausführlich die Stellungnahme des WSA zum Thema »Die Rolle und der Beitrag der organisierten Zivilgesellschaft zum europäischen Einigungswerk«, ABl.EG 1999 Nr. C 329/30, insbesondere Ziff. 5 und 7 f. S. auch Ziff. 2.4: »(...) Es scheint fast so, als ob ›Zivilgesellschaft‹ (oder ›Bürgergesellschaft‹) zum Modewort geworden wären, das oft gebraucht wird, ohne daß klar hervorgeht, was jeder, der dieses Wort gebraucht, wirklich meint (...)«.
34 S. näher das Weißbuch zum Europäischen Regierungshandeln, Dok. KOM (2001) 428 endg., 25.7.2001, S. 19 f., insbesondere Fn. 9.
35 Vgl. W. *Kaufmann-Bühler*, in: Lenz, EGV, Art. 257, Rn. 4.
36 Vgl. *Vierlich-Jürcke* (Fn. 23), S. 39; Stellungnahme des WSA (Fn. 3), ABl.EG 2000 Nr. C 117/28, Ziff. 2.
37 Engl.: »general interest«, frz.: »l'intérêt général«.
38 Vgl. *K. Boisserée*, Europäische Umweltpolitik im WSA der EU, in: GS Hartkopf, 2000, S. 287 (290); W. *Kaufmann-Bühler*, in: Lenz, EGV, Art. 257, Rn. 4; *Vierlich-Jürcke* (Fn. 23), S. 39.
39 Vgl. ausführlich *Siebeke* (Fn. 4), S. 58 ff.

Europapolitik leiste.[40] Er ermögliche eine Koordination und gemeinsame Artikulation der verschiedenen Interessengruppen, habe die Bildung europäischer Verbände gefördert und unterstütze die Information nationaler Verbände über europapolitische Belange. Andererseits wird aber auch die **Daseinsberechtigung des WSA** in Frage gestellt. Der WSA werde seiner »Dialogaufgabe« nicht gerecht.[41] Einschränkungen der Bedeutung des WSA ergeben sich auch daraus, daß europäische und nationale Verbände direkt mit den politischen Organen der Gemeinschaft in Kontakt treten.[42] Seine fehlende Spezialisierung relativiert die Bedeutung des WSA: So gibt es neben dem WSA eine stetig gewachsene Zahl kleinerer spezialisierter Gremien mit beratender Funktion.[43] Das Weißbuch der Kommission zum Europäischen Regierungshandeln nennt die Zahl von 700 Beratungsgremien und bemängelt, daß unklar sei, wie die Beratung der Organe verlaufe und auf wen diese hörten.[44] Schließlich ergeben sich auch aus der teilweise sehr weitgehenden Fortentwicklung des institutionellen Gemeinschaftsrechts Fragezeichen hinter der Bedeutung des WSA: Diese hat beim WSA immer nur zu Korrekturen im Detail geführt. Der ursprünglich dem WSA nachgebildete AdR[45] wird zwar teilweise noch parallel zum WSA entwickelt.[46] Dennoch hat der **Vertrag von Nizza** die Bedeutung des AdR durch die Einführung des Erfordernisses eines politischen Mandats bzw. einer politischer Verantwortlichkeit seiner Mitglieder[47] anders als beim WSA deutlich gestärkt.[48] Noch stärker fällt ins Gewicht, daß die schrittweise Aufwertung des EP die Frage aufwirft, inwieweit die Dialogaufgabe des WSA bereits durch das direkt gewählte EP wahrgenommen wird.[49]

VII. Reformbedarf und Perspektive

Es stellt sich die Frage, welche eigene Funktion dem WSA in Zukunft noch zukommen kann angesichts der gesteigerten Bedeutung des EP im institutionellen Gefüge der Gemeinschaft und angesichts der innerhalb (spezialisierte beratende Ausschüsse) und außerhalb (europäische Verbände) dieses Gefüges erwachsenen Konkurrenz.[50] Die Tatsache, daß mit dem Konzept der **Zivilgesellschaft** im Hinblick auf eine Steigerung der demokratischen Legitimation und der Akzeptanz der Europapolitik große Hoffnungen 14

---

40 S. *Vierlich-Jürcke* (Fn. 23), S. 310 ff., 318 ff.
41 F.A.Z., 26.7.2001, S. 5.
42 Vgl. *Boisserée* (Fn. 38), S. 289; D. *Coombes*, Fonction, organisation et diversité de la fonction consultative professionnelle dans la Communauté Européenne, in: Vandamme (Hrsg.), Fonction professionnelle et dialogue sociale dans la Communauté Européenne, S. 27 (46 ff.); W. *Hummer*, in: Grabitz/Hilf, EU, vor Art. 193–198 EGV, Rn. 16 ff.; *Oppermann*, Europarecht, Rn. 403, 405. Zum Lobbyismus vgl. z.B. *J. N. Gardner*, Effective Lobbying in the European Community, 1991, S. 39 ff.; Mitteilung der Kommission »Ein offener und strukturierter Dialog zwischen der Kommission und den Interessengruppen«, ABl.EG 1993 Nr. C 63/2.
43 S. z.B. den Beschäftigungsausschuß (Art. 130) oder den Ausschuß für Sozialschutz (Art. 144). Vgl. z.B. *E. Vos*, The Rise of Committees, European Law Journal 1997, S. 210.
44 Dok. KOM (2001) 428 endg., 25.7.2001, S. 22.
45 Vgl. Art. 263, Rn. 6.
46 S. Art. 258 Abs. 1 und 2 sowie Art. 263 Abs. 2 und 3; Vertrag von Nizza, Erklärung Nr. 20 zur Erweiterung der Europäischen Union, Ziff. 3 und 4. Vgl. zu dieser Gleichbehandlung *K. H. Fischer*, Der Vertrag von Nizza, 2001, S. 149 f.
47 S. Art. 263 Abs. 1 und S. 4.
48 Vgl. *Fischer* (Fn. 46), S. 152.
49 Vgl. *W. Kaufmann-Bühler*, in: Lenz, EGV, Art. 257, Rn. 3; *Oppermann*, Europarecht, Rn. 405.
50 Vgl. *R. Morgan*, The Consultative Function of the Economic and Social Committee of the European Community, 1991; *Oppermann*, Europarecht, Rn. 405; *Siebeke* (Fn. 4), S. 58 f.; wegen paralleler Fragestellungen auf Ebene der UN vgl. *R. Lagoni*, in: Simma (Hrsg.), Charta der Vereinten Nationen, 1991, Art. 61, Rn. 13.

verbunden werden, ist für den WSA zugleich Chance und Herausforderung, was sich in der Aufnahme des Begriffes der organisierten Zivilgesellschaft in Abs. 2 manifestiert. Der Kommission ist zuzustimmen, wenn sie eine Überprüfung u.a. der Rolle und der Organisation des WSA, der Auswahl seiner Mitglieder sowie des Zeitpunktes seiner Befassung im Rechtsetzungsverfahren fordert und auf den unzureichenden Einfluss der Stellungnahmen des WSA auf das Rechtsetzungsverfahren hinweist.[51] Allerdings erscheint durchaus zweifelhaft, ob die Möglichkeiten des Konzepts der organisierten Zivilgesellschaft gerade im Hinblick auf den Dialog der Europapolitik mit dem einzelnen Unionsbürger nicht überschätzt werden. Eine weitere Chance könnte in der Konzentration des WSA auf die **nachhaltige Entwicklung** liegen.[52] Ohnehin ist es überfällig, daß die Hervorhebung einzelner Bereiche in Abs. 2, sofern sie überhaupt beibehalten werden soll, umfassend aktualisiert wird, wozu auch die Nennung des Umweltschutzes gehört.

15 Die Entscheidung gegen eine Verkleinerung des WSA und für eine Steigerung der Mitgliederzahl von gegenwärtig 222 auf bis zu 350[53] bedeutet die vertane Chance, eine größere Effizienz der Arbeit des WSA zu ermöglichen.[54] Es ist kein sachlicher Grund dafür ersichtlich, die Mitgliederzahlen des WSA und des AdR parallel fortzuschreiben.[55] Eine Verkleinerung hätte auch die Möglichkeit geboten, das praktizierte einzelstaatliche Repräsentationsmodell zu einem gemeinschaftlichen weiterzuentwickeln,[56] zumal die jeweilige Mitgliederzahl eine Vertretung aller nationalen Bereiche des wirtschaftlichen und sozialen Lebens ohnehin nicht ermöglicht. Die vom WSA selbst seit längerem angestrebte Aufwertung zu einem Organ[57] wäre angesichts seiner beschränkten Aufgaben ein überwiegend symbolischer Akt ohne sachliche Rechtfertigung.

---

51 S. Weißbuch zum Europäischen Regierungshandeln, Dok. KOM (2001) 428 endg., 25.7.2001, S. 20. S. auch Stellungnahme des WSA (Fn. 3), ABl.EG 2000 Nr. C 117/28.
52 S. näher Art. 174, Rn. 6. Vgl. auch *Boisserée* (Fn. 38), S. 295.
53 S. Rn. 2.
54 Vgl. *Vierlich-Jürcke* (Fn. 23), S. 26.
55 A.A. der WSA selbst, der einen »Grundsatz der Gleichbehandlung des WSA und des AdR« postuliert (Stellungnahme des WSA (Fn. 3), ABl.EG 2000 Nr. C 117/28, Ziff. 4.3).Vgl. zu dieser Diskussion *Fischer* (Fn. 46), S. 149 f.
56 Vgl. *K. Schwaiger/S. Siebeke*, in: GTE, EGV, Art. 194, Rn. 3, Art. 195, Rn. 2, 6; Stellungnahme des WSA (Fn. 3), ABl.EG 2000 Nr. C 117/28, Ziff. 4.2.
57 S. zuletzt Stellungnahme des WSA (Fn. 3), ABl.EG 2000 Nr. C 117/28, Ziff. 4.6.

Art. 258 (ex-Art. 194)

Der Wirtschafts- und Sozialausschuß hat höchstens dreihundertfünfzig Mitglieder.

Die Zahl der Mitglieder[2 f.] des Wirtschafts- und Sozialausschusses wird wie folgt festgesetzt:

Belgien	12
Dänemark	9
Deutschland	24
Griechenland	12
Spanien	21
Frankreich	24
Irland	9
Italien	24
Luxemburg	6
Niederlande	12
Österreich	12
Portugal	12
Finnland	9
Schweden	12
Vereinigtes Königreich	24.

Die Mitglieder des Ausschusses sind an keine Weisungen gebunden. Sie üben ihre Tätigkeit in voller Unabhängigkeit zum allgemeinen Wohl der Gemeinschaft aus.[4 f.]

Der Rat setzt mit qualifizierter Mehrheit die Vergütungen für die Mitglieder des Ausschusses fest.

Amsterdamer Fassung

Die Zahl der Mitglieder des Wirtschafts- und Sozialausschusses wird wie folgt festgesetzt:

Belgien	*12*
Dänemark	*9*
Deutschland	*24*
Griechenland	*12*
Spanien	*21*
Frankreich	*24*
Irland	*9*
Italien	*24*
Luxemburg	*6*
Niederlande	*12*
Österreich	*12*
Portugal	*12*
Finnland	*9*
Schweden	*12*
Vereinigtes Königreich	*24.*

Die Mitglieder des Ausschusses werden vom Rat durch einstimmigen Beschluß auf vier Jahre ernannt. Wiederernennung ist zulässig.

Die Mitglieder des Ausschusses sind an keine Weisungen gebunden. Sie üben ihre Tätigkeit in voller Unabhängigkeit zum allgemeinen Wohl der Gemeinschaft aus.

Der Rat setzt mit qualifizierter Mehrheit die Vergütungen für die Mitglieder des Ausschusses fest.

Art. 258 EG-Vertrag

Inhaltsübersicht:
I. Einführung 1
II. Mitgliederzahl (Abs. 1 und 2) 2
III. Stellung der Mitglieder (Abs. 3 und 4) 4

I. Einführung

1 Art. 258 regelt eine Obergrenze für die Mitgliederzahl im Hinblick auf die EU-Erweiterung, die auf die einzelnen Mitgliedstaaten entfallenden Mitgliederzahlen und die Stellung der Mitglieder. Das in Abs. 2 a.F. geregelte Ernennungsverfahren ist seit dem **Vertrag von Nizza** in geänderter Form in Art. 259 Abs. 1 geregelt. Der **Vertrag von Nizza** hat auch die Obergrenze von 350 Mitgliedern eingeführt und die Mitgliederzahlen für eine auf 27 Staaten erweiterte EU festgelegt.

II. Mitgliederzahl (Abs. 1 und 2)

2 Die Zahl der Mitglieder des WSA ist von ursprünglich 101 auf derzeit 222 angewachsen. Die Zahl der durch den einzelnen Staat zu stellenden Mitglieder ist nicht proportional zu der Bevölkerungszahl oder dem Organisationsgrad, sondern privilegiert die kleineren Staaten.[1] Die Obergrenze von 350 Mitgliedern ermöglicht es, daß nach einer Aufnahme der 12 Staaten, mit denen zum Zeitpunkt des ER Nizza Beitrittsverhandlungen geführt wurden, die Mitgliederzahlen der bisherigen Mitgliedstaaten **unverändert** bleiben und für die Beitrittsstaaten linear fortgeschrieben werden können. Die Erklärung zur Erweiterung der EU legt fest, daß aus den 222 WSA-Mitgliedern in der EU der 15 in einer EU mit 27 Mitgliedstaaten **344** Mitglieder werden sollen.[2] Von dem bisherigen Grundsatz, daß jeder Staat eine durch drei teilbare Zahl von Mitgliedern stellt, damit eine gleichmäßig Verteilung auf die drei Gruppen im WSA (Arbeitgeber, Arbeitnehmer, Verschiedene Interessen)[3] ermöglicht wird,[4] wurde zugunsten einer stärkeren Differenzierung abgewichen. Dieselben Zahlen gelten auch für den AdR.[5]

3 Der **Regierungskonferenz 2000** lag auch der Vorschlag einer **Reduzierung** der auf die einzelnen Mitgliedstaaten entfallenden Mitgliederzahlen vor. Dazu hätten die aktuelle Mitgliederzahl von 222 oder ein Drittel der jeweiligen Mitgliederzahl des EP als Richtschnur für eine Obergrenze dienen können. Auch wurde in Zweifel gezogen, ob der WSA und der AdR in dieser Hinsicht wirklich gleich behandelt werden müssen. Durchgesetzt hat sich aber die doppelt besitzstandswahrende Variante einer linearen Fortschreibung der Mitgliederzahlen.[6]

---

1 Kritisch S. *Siebeke*, in: Schwarze, EU-Kommentar, Art. 258, Rn. 2; a.A. *K. Vierlich-Jürcke*, Der WSA der EGen, 1998, S. 25 f.
2 Vertrag von Nizza, Erklärung Nr. 20 zur Erweiterung der Europäischen Union, Ziff. 3. Verteilung der 344 Mitglieder: Deutschland 24, Vereinigtes Königreich 24, Frankreich 24, Italien 24, Spanien 21, Polen 21, Rumänien 15, Niederlande 12, Griechenland 12, Tschechische Republik 12, Belgien 12, Ungarn 12, Portugal 12, Schweden 12, Bulgarien 12, Österreich 12, Slowakei 9, Dänemark 9, Finnland 9, Irland 9, Litauen 9, Lettland 7, Slowenien 7, Estland 7, Zypern 6, Luxemburg 6 und Malta 5.
3 Art. 260, Rn. 7.
4 Vgl. *W. Kaufmann-Bühler*, in: Lenz, EGV, Art. 258, Rn. 2.
5 S. Art. 263 Abs. 2 und 3 sowie Ziff. 4 der Erklärung zur Erweiterung der Europäischen Union (Fn. 2).
6 S. die Nachweise und die Kritik in Art. 257, Rn. 15.

III. Stellung der Mitglieder (Abs. 3 und 4)

Die in Abs. 3 vorgesehene **Weisungsfreiheit** und **Unabhängigkeit** der Mitglieder bezieht 4
sich neben den Regierungen der sie entsendenden Staaten auf die Organisationen, denen die einzelnen Mitglieder entstammen. Die Verbandsvertreter im WSA sind ihren Verbänden nicht weisungsunterworfen. An das Abstimmungsverhalten im WSA dürfen keine rechtlichen Konsequenzen geknüpft werden. Dieses soll die Kompromissfähigkeit der Mitglieder fördern.[7] S. 2 betont die **Gemeinwohlorientierung** der Tätigkeit der Mitglieder im Gegensatz zu einer einseitigen Vertretung der Interessen eines bestimmten wirtschaftlichen oder sozialen Bereiches oder eines einzelnen Verbandes.

Abs. 3 steht in einem Spannungsverhältnis zu Art. 257 Abs. 2: Die in ihrer Eigenschaft 5
als Repräsentant eines bestimmten wirtschaftlichen oder sozialen Bereiches ernannten Mitglieder sind den Interessen dieses Bereiches verpflichtet. Für Verbandsvertreter bestehen faktische Abhängigkeiten gegenüber ihren Verbänden. Abs. 3 erhebt den Anspruch einer Trennung zwischen erwünschter bereichs- bzw. verbandsspezifischer Sachkenntnis und Erfahrung sowie unerwünschtem bereichs- bzw. verbandsspezifischem Beratungs- und Abstimmungsverhalten. In der Praxis erweist diese Trennung sich aber weitgehend als **Fiktion**. Tatsächlich werden Unabhängigkeit und Gemeinwohlbindung dadurch überlagert, daß die WSA-Mitglieder die Positionen ihrer **Verbände** vertreten.[8]

Nach Abs. 4 setzt der Rat die **Vergütungen** für die Mitglieder mit qualifizierter Mehr- 6
heit fest. Der entsprechende Ratsbeschluß sieht einheitlich für Mitglieder und Stellvertreter **Tagegelder** für Sitzungs- und Reisetage sowie eine **Reisekostenerstattung** vor.[9]

Die **Vorrechte, Befreiungen und Erleichterungen** der WSA-Mitglieder ergeben sich aus 7
Art. 11 Abs. 2 des Protokolls über die Vorrechte und Befreiungen der EGen.[10] Dieses stellt sie nicht den Mitgliedern des EP,[11] sondern den Vertretern der Mitgliedstaaten, die an den Arbeiten der Organe teilnehmen, gleich.

---

7 Vgl. W. *Kaufmann-Bühler*, in: Lenz, EGV, Art. 258, Rn. 5.
8 Vgl. K. P. *Fiedler*, Der WSA der EGen, der städtetag 1983, S. 484 (485); W. *Hummer*, in: Grabitz/Hilf, EU, Art. 194 EGV, Rn. 16; *Oppermann*, Europarecht, Rn. 396 f.; S. *Siebeke*, in: Schwarze, EU-Kommentar, Art. 258, Rn. 6.
9 ABl.EG 1981 Nr. L 67/29, geändert durch ABl.EG 1992 Nr. L 124/39, geändert durch ABl.EG 2001 Nr. L 130/39. Die jüngste Anpassung sieht je Reisetag ein Tagegeld von **120 Euro** und je Sitzungstag ein Tagegeld von **181 Euro** vor.
10 ABl.EG 1967 Nr. L 152/1, ergänzt durch das Protokoll Nr. 7 zum EUV.
11 So aber S. *Siebeke*, in: Schwarze, EU-Kommentar, Art. 258, Rn. 7. Mißverständlich Art. 58 Abs. 2 GO WSA. Vgl. zum ganzen *Vierlich-Jürcke* (Fn. 1), S. 93 f.

Art. 259 (ex-Art. 195)

(1) Die Mitglieder des Ausschusses werden auf Vorschlag der Mitgliedstaaten[3] auf vier Jahre ernannt. Der Rat[5] nimmt die gemäß den Vorschlägen der einzelnen Mitgliedstaaten erstellte Liste der Mitglieder mit qualifizierter Mehrheit an. Die Wiederernennung[7] der Mitglieder des Ausschusses ist zulässig.

(2) Der Rat hört die Kommission. Er kann die Meinung der maßgeblichen europäischen Organisationen der verschiedenen Zweige des Wirtschafts- und Soziallebens einholen, die an der Tätigkeit der Gemeinschaft interessiert sind.

Amsterdamer Fassung

(1) Zur Ernennung der Mitglieder des Ausschusses legt jeder Mitgliedstaat dem Rat eine Liste vor, die doppelt so viele Kandidaten enthält, wie seinen Staatsangehörigen Sitze zugewiesen sind.

Die Zusammensetzung des Ausschusses muß der Notwendigkeit Rechnung tragen, den verschiedenen Gruppen des wirtschaftlichen und sozialen Lebens eine angemessene Vertretung zu sichern.

(2) Der Rat hört die Kommission. Er kann die Meinung der maßgeblichen europäischen Organisationen der verschiedenen Zweige des Wirtschafts- und Soziallebens einholen, die an der Tätigkeit der Gemeinschaft interessiert sind.

Inhaltsübersicht:

I. Einführung	1
II. Ernennungsverfahren	2

I. Einführung

1 Art. 259 regelt das Verfahren der Ernennung der WSA-Mitglieder. Der **Vertrag von Nizza** hat das Ernennungsverfahren der Praxis angepaßt und vereinfacht. Abs. 1 wurde neugefaßt. Dabei ist der Regelungsgehalt von Art. 258 Abs. 2 a.F. in Abs. 1 aufgegangen und Abs. 1 a.F. weitgehend entfallen. Die Mitgliedstaaten müssen zukünftig nicht mehr doppelt so viele Kandidaten vorschlagen, wie ihnen Sitze zugewiesen sind.[1] Der mißverständliche Hinweis auf die Staatsangehörigkeit ist entfallen.[2] Gestrichen wurde auch der ausdrückliche Hinweis, daß den Gruppen des wirtschaftlichen und sozialen Lebens eine »angemessene Vertretung« zu sichern ist.[3] Im Zuge der Bemühung um eine Ausweitung der **Beschlußfassung mit qualifizierter Mehrheit** muß auch die Ernennung der WSA-Mitglieder in Zukunft nicht mehr einstimmig erfolgen.[4]

II. Ernennungsverfahren

2 Die Mitglieder des WSA werden auf Grundlage von Vorschlägen der Mitgliedstaaten und nach einer obligatorischen Anhörung der Kommission sowie einer fakultativen Anhörung der europäischen Verbände durch den Rat mit qualifizierter Mehrheit ernannt.

3 Die **Mitgliedstaaten** müssen sich bei ihren Vorschlägen im Rahmen von Art. 257 Abs. 2

---

1 Abs. 1 UAbs. 1 a.F.
2 Abs. 1 UAbs. 1 a.F. S. die Kritik in der Voraufl., Rn. 2.
3 Abs. 1 UAbs. 2 a.F. S. Voraufl., Rn. 3.
4 Art. 258 Abs. 1 a.F.

bewegen, d.h. es muß sich um Vertreter der organisierten Zivilgesellschaft handeln.[5] Die Mitgliedstaaten sind wegen der Intention von Art. 257 Abs. 2, im WSA die verschiedenen Bereiche der organisierten Zivilgesellschaft zusammenzuführen, an einer einseitigen Auswahl gehindert, können also nicht etwa nur einen einzigen wirtschaftlichen oder sozialen Bereich berücksichtigen. Weitergehende Anforderungen an die Auswahl und Gewichtung der Bereiche verbieten sich schon wegen der begrenzten Anzahl der Sitze pro Mitgliedstaat. Eine Gesamtschau der repräsentierten Bereiche der organisierten Zivilgesellschaft kann erst auf Gemeinschaftsebene erfolgen.[6] In der Praxis berücksichtigen die Mitgliedstaaten bei der Aufstellung ihrer Kandidatenlisten je zu einem Drittel die Gruppen der Arbeitgeber, der Arbeitnehmer und der sonstigen Bereiche des wirtschaftlichen und sozialen Lebens.[7] Die Streichung der Bezugnahme auf die Staatsangehörigkeit in Abs. 1 UAbs. 1 a.F. stellt klar, daß ein Mitgliedstaat nicht gehindert ist, Kandidaten vorzuschlagen, die nicht seine Staatsangehörigkeit haben. Dieses erleichtert die Berücksichtigung von Vertretern europäischer Verbände bei der Kandidatenauswahl.[8]

Die Mitgliedstaaten müssen bei ihren Vorschlägen die Regelungen der **Inkompatibilität** 4 beachten. Eine primärrechtliche Inkompatibilitätsregelung enthält der Direktwahlakt, der eine gleichzeitige Mitgliedschaft in EP und WSA ausschließt.[9] Anders als beim AdR[10] wurde diese Regelung aber nicht auch in die Vorschriften über den WSA aufgenommen.[11] Art. 59 Abs. 3 GO WSA erklärt darüber hinaus folgende andere Ämter mit der Mitgliedschaft im WSA für unvereinbar: Mitglied einer Regierung, eines nationalen Parlaments, eines Organs der EGen, des AdR oder des Verwaltungsrats der EIB sowie Beamter oder Bediensteter im aktiven Dienst der EGen. Die Verankerung zusätzlicher konstitutiver Inkompatibilitätsvorschriften im Geschäftsordnungsrecht wäre problematisch, da die Mitgliedschaft primärrechtlich geregelt ist und so die Mitgliedschaft des einzelnen zur Disposition der geschäftsordnungsändernden Mehrheit gestellt würde.[12]

Der **Rat** prüft die Liste der von den Mitgliedstaaten vorgeschlagenen Kandidaten. Dieses betrifft neben der Einhaltung der Inkompatibilitätsvorschriften sowohl die Eigenschaft des einzelnen Kandidaten als Vertreter der organisierten Zivilgesellschaft als auch die Berücksichtigung der verschiedenen Bereiche der organisierten Zivilgesellschaft (Art. 257 Abs. 2). Zwar hat der Vertrag von Nizza die Vorgabe, daß »den verschiedenen Gruppen des wirtschaftlichen und sozialen Lebens eine angemessene Vertretung zu sichern« ist, gestrichen. Dafür, daß der Rat die Berücksichtigung der verschiedenen Bereiche nach wie vor prüft, spricht aber, daß die Anhörungen nach Abs. 2 auf-

---

5 S. Art. 257, Rn. 10 ff.
6 Vgl. EuGH, Rs. 297/86, Slg. 1988, 3531, Rn. 17 ff. (CIDA/Rat); *K. Vierlich-Jürcke*, Der WSA der EGen, 1998, S. 27 ff.
7 S. Art. 260, Rn. 7.
8 S. Voraufl., Rn. 2; Art. 257, Rn. 15.
9 Art. 6 Abs. 1, 2. Spstr. Akt zur Einführung allgemeiner unmittelbarer Wahlen der Abgeordneten des EP, abgedruckt bei Art. 190.
10 Art. 263 Abs. 4 S. 5; Art. 6 Abs. 1, 6. Spstr. Akt zur Einführung allgemeiner unmittelbarer Wahlen der Abgeordneten des EP, abgedruckt bei Art. 190.
11 Vgl. *R. Bieber*, Reformen der Institutionen und Verfahren, Int. 1997, S. 236 (239, 242): »redaktioneller Mangel«.
12 Noch weitergehend *W. Kaiser*, in: GTE, EGV Art. 198a, Rn. 23, und *Vierlich*-Jürcke (Fn. 6), S. 76 ff., 90 ff., die auch die deklaratorische Verankerung (implizit) aus dem EGV abgeleiteter Inkompatibilitätsvorschriften im Geschäftsordnungsrecht ablehnen. Ohne Bedenken *K. Schwaiger/S. Siebeke*, in: GTE, EGV, Art. 194, Rn. 6; *W. Hummer*, in: Grabitz/Hilf, EU, Art. 194 EGV, Rn. 13; *S. Siebeke*, in: Schwarze, EU-Kommentar, Art. 258, Rn. 4.

Art. 259 EG-Vertrag

rechterhalten wurden. Auch ist erst beim Vorliegen der sich aus den mitgliedstaatlichen Vorschlägen zusammensetzenden Gesamtliste eine Aussage darüber möglich, ob eine Über- oder Unterrepräsentation einzelner Bereiche vorliegt. An die Prüfung durch den Rat dürfen jedoch keine allzu strengen Maßstäbe angelegt werden.[13]

6 Der Rat muß die Mitgliederliste vor seinem Beschluß der **Kommission** vorlegen (Abs. 2 S. 1). Diese erhält die Gelegenheit, zu der vorgesehenen Zusammensetzung des WSA Stellung zu nehmen.[14] In diesem Zusammenhang ist bemerkenswert, daß die Kommission in ihrem Weißbuch zum Europäischen Regierungshandeln auch die Praxis der Besetzung des WSA mit einem Fragezeichen versieht.[15] Abs. 2 S. 2 stellt es in das Ermessen des Rates, die betreffenden **europäischen Verbände** anzuhören.[16] In der Praxis macht der Rat hiervon regelmäßig keinen Gebrauch.[17]

7 Zuletzt erfolgte die Ernennung der Mitglieder für den Zeitraum vom 21.9.1998 bis zum 20.9.2002.[18] Immer wieder wird wegen des Ausscheidens einzelner Mitglieder die Ernennung eines Nachfolgers für die verbleibende Amtszeit erforderlich. Da Art. 257 Abs. 2 seit dem Vertrag von Nizza von Vertretern der »organisierten Zivilgesellschaft« spricht, hat die Frage an Bedeutung gewonnen, welche Folge der Verlust des entsprechenden Amtes oder sogar der Mitgliedschaft in der betreffenden Organisation hat. Man kann in diesem Falle den Sinn einer weiteren WSA-Mitgliedschaft in Zweifel ziehen und die Frage stellen, ob ein solcher ehemaliger Vertreter der organisierten Zivilgesellschaft aus dem WSA ausscheiden muß. Allerdings fehlt eine Parallelvorschrift zu Art. 263 Abs. 4 S. 4, der nach Wegfall des entsprechenden Mandats ein automatisches Ende der AdR-Mitgliedschaft bestimmt. Auch die Unabhängigkeit der WSA-Mitglieder nach Art. 258 Abs. 3 spricht dafür, daß das Ausscheiden aus einem Amt oder einer Organisation für die laufende Amtszeit ohne Folgen bleibt.[19] Die Amtszeit der Mitglieder beträgt vier Jahre, was der früheren Dauer der Amtszeit der Kommissionsmitglieder entspricht. Die Anpassung an die jeweils fünfjährige Amtszeit in Kommission und EP,[20] die auch der WSA selbst befürwortet,[21] ist bislang nicht erfolgt. Die Möglichkeit der Wiederernennung stärkt die Kontinuität der Arbeit des WSA.[22]

---

13 Vgl. EuGH, Rs. 297/86, Slg. 1988, 3531, Rn. 17 ff., insbesondere Rn. 18 (CIDA/Rat): »weiter Ermessensspielraum«.
14 Vgl. EuGH, Rs. 297/86, Slg. 1988, 3531, Rn. 28 ff. (CIDA/Rat).
15 Dok. KOM (2001) 428 endg., 25.7.2001, S. 20. Vgl. auch *S. Siebeke*, in: Schwarze, EU-Kommentar, Art. 259, Rn. 8.
16 Vgl. EuGH, Rs. 297/86, Slg. 1988, 3531, Rn. 32 (CIDA/Rat).
17 Kritisch hierzu u.a. *W. Hummer*, in: Grabitz/Hilf, EU, Art. 195 EGV, Rn. 3; *S. Siebeke*, in: Schwarze, EU-Kommentar, Art. 259, Rn. 9.
18 S. ABl.EG 1998 Nr. L 257/37.
19 Vgl. *S. Siebeke*, in: Schwarze, EU-Kommentar, Art. 258, Rn. 6.
20 S. Art. 190 Abs. 3; Art. 214 Abs. 1.
21 Stellungnahme des WSA zum Thema »Regierungskonferenz 2000 – Die Rolle des WSA«, ABl.EG 2000 Nr. C 117/28, Ziff. 4.4.
22 Vgl. *Vierlich-Jürcke* (Fn. 6), S. 74 f.

Art. 260 (ex-Art. 196)

Der Ausschuß wählt aus seiner Mitte seinen Präsidenten und sein Präsidium auf zwei Jahre.[4]

Er gibt sich eine Geschäftsordnung.[5 f.]

Der Ausschuß wird von seinem Präsidenten auf Antrag des Rates oder der Kommission einberufen. Er kann auch von sich aus zusammentreten.

Inhaltsübersicht:
I. Einführung 1
II. Präsidium 4
III. Geschäftsordnung 5

I. Einführung

Art. 260 f. regeln die **Organisation** des WSA, soweit diese nicht der GO WSA überlassen bleibt. Seit dem Vertrag von Maastricht bedarf die GO WSA nicht mehr der Genehmigung des Rates[1] und ist klargestellt, daß der WSA auch von sich aus zusammentreten kann.[2] 1

Im Vertrag von Maastricht war noch vorgesehen, daß WSA und AdR über einen gemeinsamen organisatorischen Unterbau verfügen.[3] Durch die Aufhebung dieser Regelung wurde eine vollständige organisatorische Trennung beider Institutionen ermöglicht.[4] 2

Eine Erklärung zum Vertrag von Maastricht hält fest, daß der WSA hinsichtlich der Haushalts- und Personalverwaltung dieselbe Unabhängigkeit genießt wie schon bis dahin der Rechnungshof.[5] 3

II. Präsidium

Die Neuwahl des Präsidenten und des Präsidiums nach der Hälfte der Mandatsperiode ermöglicht einen regelmäßigen Wechsel der Gruppenzugehörigkeit und der Staatsangehörigkeit der Amtsinhaber. Eine Wiederwahl ist zwar möglich, aber unüblich. Art. 5 GO WSA bezeichnet einen Wechsel des Amtes zwischen den drei Gruppen als Regelfall und verlangt für eine ausnahmsweise Wiederwahl des Präsidenten eine Dreiviertelmehrheit. Für die zweite Hälfte der elften Mandatsperiode (2000–2002) wurde der Deutsche *Göke Frerichs* aus der Gruppe I (Arbeitgeber) zum Präsidenten gewählt.[6] 4

---

1 Abs. 2 Hs. 2 a.F.
2 Abs. 3 S. 2. Dieses wurde mit Zustimmung des Rates bereits seit 1974 praktiziert.
3 Protokoll (Nr. 16) betreffend den WSA und den AdR.
4 Vertrag von Amsterdam, Erster Teil, Art. 2, Nr. 59.
5 Erklärung (Nr. 22) zum WSA.
6 ABl.EG 2000 Nr. C 351/4. Vgl. ausführlich *K. Vierlich-Jürcke*, Der WSA der EGen, 1998, S. 99 ff.

III. Geschäftsordnung

5 Die GO WSA wurde seit Erlangung der Geschäftsordnungsautonomie bereits mehrfach revidiert. Eine Totalrevision erfolgte 1995.[7] Weitere Änderungen erfolgten 1998.[8]

6 Hinsichtlich der für Annahme und Änderung der GO WSA erforderlichen Mehrheit besteht weder eine spezielle Regelung wie in Art. 199 Abs. 1 Hs. 2 für das EP noch eine generelle Regelung wie in Art. 205 Abs. 1 für den Rat oder Art. 219 Abs. 2 für die Kommission. Seit der (noch durch den Rat genehmigten) ursprünglichen GO WSA besteht eine Regelung in der GO WSA selbst: Nach Art. 65 Abs. 1 GO WSA ist für eine Geschäftsordnungsrevision die Zustimmung der Mehrheit der Mitglieder des WSA erforderlich.

7 Innerhalb des WSA haben sich bereits 1958 drei sog. »Gruppen« gebildet: die der »**Arbeitgeber**« (Gruppe I), die der »**Arbeitnehmer**« (Gruppe II) und die der sonstigen Bereiche des wirtschaftlichen und sozialen Lebens (»**Verschiedene Interessen**«, Gruppe III).[9] Diese sind funktional mit parlamentarischen Fraktionen vergleichbar, während die davon zu unterscheidenden Fachgruppen i.S.v. Art. 261 Abs. 1 parlamentarischen Ausschüssen entsprechen. In der Praxis berücksichtigen die Mitgliedstaaten diese nicht zwingende Organisation der Mitglieder in Gruppen schon bei Aufstellung der Kandidatenlisten nach Art. 259 Abs. 1, indem sie alle drei Gruppen gleichmäßig berücksichtigen. Die Mitglieder des WSA bestimmen aber unabhängig davon, welchen Bereich des wirtschaftlichen und sozialen Lebens sie repräsentieren, ob und ggf. welcher Gruppe sie angehören.[10]

8 Abs. 3 hat seit der Verleihung der Geschäftsordnungsautonomie an den WSA nur noch klarstellende Funktion. Da der Vertrag von Amsterdam ihn aber nicht gestrichen hat, wäre nach Schaffung einer fakultativen Anhörung durch das EP (Art. 262 Abs. 4 n.F.) auch dieses in Abs. 3 S. 1 aufzunehmen gewesen.

---

7 ABl.EG 1996 Nr. L 82/1.
8 Siehe zuletzt das WSA-Dokument CES 1245/98 (FR) KW/el. Wegen der Verzögerung bei der Veröffentlichung von Änderungen der GO WSA empfiehlt es sich, die jeweils aktuelle Fassung beim WSA anzufordern: Rue Ravenstein 2, B-1000 Brüssel, info@esc.eu.int, http://www.ces.eu.int.
9 S. Art. 22 GO WSA; vgl. auch Art. 18 Abs. 1 S. 2 EGKSV. Vgl. ausführlich *Vierlich-Jürcke* (Fn. 6), S. 108 ff.
10 Vgl. *K. Schwaiger/S. Siebeke*, in: GTE, EGV, Art. 193, Rn. 6 f.

Art. 261 (ex-Art. 197)

Der Ausschuß umfaßt fachliche Gruppen[1 ff.] für die Hauptsachgebiete dieses Vertrags.

Die fachlichen Gruppen werden im Rahmen des allgemeinen Zuständigkeitsbereichs des Ausschusses tätig. Sie können nicht unabhängig vom Ausschuß gehört werden.

Innerhalb des Ausschusses können ferner Unterausschüsse[4] eingesetzt werden; diese haben über bestimmte Fragen oder auf bestimmten Gebieten Entwürfe von Stellungnahmen zur Beratung im Ausschuß auszuarbeiten.

Die Geschäftsordnung bestimmt die Art und Weise der Zusammensetzung und regelt die Zuständigkeit der fachlichen Gruppen und Unterausschüsse.

Inhaltsübersicht:
I. Fachgruppen des WSA 1
II. Unterausschüsse des WSA 4

I. Fachgruppen des WSA

Für die Hauptsachgebiete des EGV müssen Fachgruppen gebildet werden (Abs. 1). Der 1
Zuschnitt der Fachgruppen und ihre Zusammensetzung werden in der GO WSA geregelt (Abs. 4).[1] Gegenwärtig bestehen 6 Fachgruppen: Wirtschafts- und Währungsunion, wirtschaftlicher und sozialer Zusammenhalt; Binnenmarkt, Produktion und Verbrauch; Verkehr, Energie, Infrastrukturen und Informationsgesellschaft; Beschäftigung, Sozialfragen, Unionsbürgerschaft; Landwirtschaft, ländliche Entwicklung, Umweltschutz; Außenbeziehungen.

Der Vertrag von Amsterdam hat den Abs. 2 a.F., der die Bildung von Fachgruppen für 2
die Landwirtschaft und den Verkehr für obligatorisch erklärte, aus Vereinfachungsgründen gestrichen.[2]

Aufgabe der Fachgruppen ist es, Stellungnahmen oder Informationsberichte auszuarbeiten.[3] Diese dienen der Vorbereitung von Stellungnahmen des Plenums. Die Stellungnahme der zuständigen Fachgruppe wird nach Art. 262 Abs. 3 dem Rat und der Kommission zusammen mit der Stellungnahme des WSA übermittelt. 3

II. Unterausschüsse des WSA

Einzelheiten der fakultativen Bildung von Unterausschüssen regelt Art. 19 GO WSA. 4
Aufgabe eines Unterausschusses ist jeweils die Vorbereitung einer Stellungnahme zu einem einzelnen konkreten Beratungsgegenstand.[4] Nach Abstimmung dieses Stellungnahmeentwurfs im WSA endet das Mandat des Unterausschusses. Art. 19a GO WSA sieht darüber hinaus die Möglichkeit der Bildung sog. »Beobachtungsstellen« vor.

---

1 Art. 11 ff. GO WSA. Das eigentliche Verzeichnis der Fachgruppen und ihrer Zuständigkeitsbereiche wird als Anhang zur GO WSA beschlossen.
2 Vertrag von Amsterdam, Zweiter Teil, Art. 6, I., Nr. 69.
3 S. Art. 15 Abs. 1 GO WSA. Vgl. ausführlich *K. Vierlich-Jürcke*, Der WSA der EGen, 1998, S. 121 ff.
4 Vgl. *Vierlich-Jürcke* (Fn. 3), S. 127.

Oliver Suhr

… Art. 262 EG-Vertrag

Art. 262 (ex-Art. 198)

Der Ausschuß muß vom Rat oder der Kommission in den in diesem Vertrag vorgesehenen Fällen[4] gehört werden. Er kann von diesen Organen in allen Fällen gehört werden, in denen diese es für zweckmäßig erachten.[10 f.] Er kann von sich aus eine Stellungnahme in den Fällen abgeben, in denen er dies für zweckmäßig erachtet.

Wenn der Rat oder die Kommission es für notwendig erachten, setzen sie dem Ausschuß für die Vorlage seiner Stellungnahme eine Frist; diese beträgt mindestens einen Monat, vom Eingang der Mitteilung beim Präsidenten des Ausschusses an gerechnet. Nach Ablauf der Frist kann das Fehlen einer Stellungnahme unberücksichtigt bleiben.[3, 8]

Die Stellungnahmen des Ausschusses und der zuständigen fachlichen Gruppe sowie ein Bericht über die Beratungen werden dem Rat und der Kommission übermittelt.[12]

Der Ausschuß kann vom Europäischen Parlament gehört werden.[2, 10 f.]

Inhaltsübersicht:

I. Einführung	1
II. Obligatorische Anhörung	4
III. Fakultative Anhörung	10
IV. Übermittlung der Stellungnahmen	12

I. Einführung

1   Art. 262 konkretisiert die dem WSA in Art. 7 Abs. 2 und Art. 257 Abs. 1 zugewiesene beratende Aufgabe. Diese besteht in der Abgabe von Stellungnahmen (1) im Zuge einer obligatorischen Anhörung durch den Rat oder die Kommission in den vertraglich im einzelnen vorgesehenen Fällen (Abs. 1 S. 1), (2) im Zuge einer fakultativen Anhörung durch den Rat, die Kommission oder das EP (Abs. 1 S. 2, Abs. 4) oder (3) im Zuge einer Selbstbefassung (Abs. 1 S. 3).

2   Abs. 4 wurde durch den Vertrag von Amsterdam angefügt. Damit wurde der Tatsache der Entwicklung von institutionellen Beziehungen zwischen EP und WSA Rechnung getragen.[1] Auffällig ist, daß die Aufgabe der Beratung des EP nicht auch in Art. 7 Abs. 2 aufgenommen wurde, obwohl auch der AdR in Art. 265 Abs. 4 n.F. diese neue Aufgabe zugewiesen bekam. Auch hätte eine Ergänzung von Abs. 1 S. 2 näher gelegen als die Anfügung eines neuen Abs. 4. Die Plazierung der fakultativen Anhörung durch das EP hinter Abs. 2 und 3 gibt für die systematische Auslegung Rätsel auf. Schließlich wird das EP nicht zu den Organen gezählt, an die die Stellungnahmen des WSA und der jeweils zuständigen Fachgruppe zu übermitteln sind (Abs. 3). Auch in Anbetracht der Tatsache, daß die Beratung des EP durch den WSA – schon wegen der Beschränkung auf eine fakultative Anhörung und wohl auch wegen der abweichenden Befugnisse des EP im Rechtsetzungsverfahren – nicht mit der Beratung des Rates und der Kommission auf eine Stufe gestellt werden sollte, wird man hierin **redaktionelle Mängel** erkennen müssen.[2]

---

1   Vgl. *S. Siebeke*, Institutionalisierte Interessenvertretungen in der EU, 1996, S. 43 ff.
2   Kritisch auch *R. Bieber*, Reformen der Institutionen und Verfahren, Int. 1997, S. 236 (242).

Das Weißbuch der Kommission zum Europäischen Regierungshandeln sieht die Stellungnahmen des WSA dadurch »größtenteils ihrer Wirkung beraubt«, daß sie **nach** und nicht **vor** der Unterbreitung von Vorschlägen an die Legislative abgegeben werden.[3] Auch der WSA selbst spricht sich für eine möglichst frühzeitige Befassung mit Rechtsetzungsvorhaben und die Schaffung der Möglichkeit einer »Vorabbefassung« noch vor Beginn des eigentlichen Rechtsetzungsverfahrens aus. Während die Kommission die obligatorische Anhörung des WSA ganz abschaffen will, möchte der WSA daran festhalten und sie u.U. sogar auf weitere Bereiche wie Kultur, Wanderungspolitik oder Nichtdiskriminierung ausdehnen. Der WSA will aber dadurch einen »selektiveren Ansatz« verfolgen, daß er in Zukunft selbst entscheidet, ob er eine Stellungnahme abgibt.[4] 3

II. Obligatorische Anhörung

Eine obligatorische Anhörung ist vorgesehen in Art. 37 Abs. 2; 40; 44 Abs. 1; 52 Abs. 1; 71 Abs. 1 und 2; 75 Abs. 3 UAbs. 1; 93; 94; 95 Abs. 1; 128 Abs. 2 S. 1; 129 Abs. 1; 137 Abs. 2 UAbs. 2; 140 Abs. 3; 141 Abs. 3; 148; 149 Abs. 4, 1. Spstr.; 150 Abs. 4; 152 Abs. 4 S. 1; 153 Abs. 4; 156 Abs. 1; 157 Abs. 3 UAbs. 1 S. 2; 159 Abs. 3; 161 Abs. 1 S. 1 und 2 sowie Abs. 2 und Abs. 3 S. 1; 162 Abs. 1; 166 Abs. 1 UAbs. 1 und Abs. 4; 172 Abs. 1 und 2; 175 Abs. 1, Abs. 2 UAbs. 1 und 2, Abs. 3 UAbs. 1. 4

Der obligatorischen Anhörung ist nicht bereits durch das Ersuchen um eine Stellungnahme genügt. Vielmehr muß die Stellungnahme auch abgewartet werden, sofern nicht eine Frist nach Abs. 2 gesetzt wurde und diese ohne Vorlage einer Stellungnahme durch den WSA verstrichen ist[5] oder der WSA die Abgabe einer Stellungnahme abgelehnt hat[6]. 5

Fehlt eine obligatorische Anhörung, dann ist der Rechtsakt rechtswidrig. Da niemals auszuschließen ist, daß der Rechtsakt aufgrund der Stellungnahme des WSA anders ausgefallen wäre, liegt darin die **Verletzung einer wesentlichen Formvorschrift** i.S.v. Art. 230 Abs. 2,[7] so daß der Rechtsakt nach Art. 231 Abs. 1 für nichtig erklärt werden kann.[8] 6

Der WSA kann eine Verletzung der Anhörungspflicht nicht selbst im Wege der Nichtigkeitsklage geltend machen, da er in Art. 230 Abs. 2 und 3 nicht genannt wird. Mangels Organstatus des WSA läßt sich auch aus der notwendigen Aufrechterhaltung des institutionellen Gleichgewichts nichts anderes ableiten.[9] 7

---

3 Dok. KOM (2001) 428 endg., 25.7.2001, S. 20.
4 Stellungnahme des WSA zum Thema »Regierungskonferenz 2000 – Die Rolle des WSA«, ABl.EG 2000 Nr. C 117/28, Ziff. 4.5. Vgl. zu der Frage, ob der WSA eine Stellungnahme abgeben muß, Rn. 8.
5 Abs. 2 S. 2; vgl. EuGH, Rs. 138/79, Slg. 1980, 3333, Rn. 34 (Roquette Frères/Rat).
6 Vgl. Rn. 8.
7 Nicht übertragbar ist die Begründung in EuGH, Rs. 138/79, Slg. 1980, 3333, Rn. 33 (Roquette Frères/Rat); vgl. auch EuGH, Verb. Rs. 281, 283 bis 285 und 287/85, Slg. 1987, 3203, Rn. 37 ff. (Deutschland, Frankreich, Niederlande, Dänemark, Vereinigtes Königreich/Kommission).
8 Vgl. Art. 230, Rn. 72; *Geiger*, EGV, Art. 262, Rn. 2; *W. Hummer*, in: Grabitz/Hilf, EU, Art. 198 EGV, Rn. 3; *Oppermann*, Europarecht, Rn. 405; *S. Siebeke*, in: Schwarze, EU-Kommentar, Art. 262, Rn. 3.
9 Keine Übertragbarkeit der Argumentation des EuGH in Rs. C-70/88, Slg. 1990, I-2041, Rn. 21 ff. (EP/Rat); vgl. Art. 230, Rn. 4; *H.-J. Blanke*, in: Grabitz/Hilf, EU, Art. 198c EGV, Rn. 11; (im Ergebnis offenlassend) *C. Koenig/C. Sander*, Einführung in das EG-Prozeßrecht, 1997, Rn. 238 f.; *K. Schwaiger/S. Siebeke*, in: GTE, EGV, Art. 198, Rn. 2 und 7.

Oliver Suhr

8 Für den WSA folgt aus Art. 7 Abs. 2 und Art. 262, daß die Abgabe von bei ihm angeforderten Stellungnahmen seine Aufgabe ist. Der WSA darf Stellungnahmen grundsätzlich nicht verweigern. Nur in dem Fall des Abs. 1 S. 3 ist die Abgabe einer Stellungnahme in sein Ermessen gestellt. Auch kann es vorkommen, daß der WSA eine Stellungnahme nicht innerhalb einer ihm gesetzten Frist abzugeben vermag und diese deshalb unterbleibt (Abs. 2 S. 2). In allen anderen Fällen wäre die Verweigerung einer Stellungnahme rechtswidrig. Sie verstieße zusätzlich gegen die unter den Organen und Institutionen wechselseitig geschuldete Treue bzw. Loyalität[10]. Man wird allerdings davon ausgehen müssen, daß die Verweigerung einer Stellungnahme durch den WSA keinen Nichtigkeitsgrund i.S.v. Art. 230 Abs. 2 bildet. Denn anderenfalls ermöglichte man es dem WSA, ein Rechtsetzungsverfahren zu verzögern. Das um die Stellungnahme ersuchende Organ wäre gezwungen, nachträglich eine Frist zu setzen, obwohl die Weigerung bereits feststeht.[11]

9 Auch die im Zuge einer obligatorischen Anhörung ergangenen Stellungnahmen des WSA sind **unverbindlich**. Auf sie ist jedoch nach **Art. 253** in dem Rechtsakt Bezug zu nehmen.

III. Fakultative Anhörung

10 Abs. 2 gilt nach überwiegender Auffassung auch für Fälle fakultativer Anhörung.[12] Hat ein anhörungsberechtigtes Organ ein fakultatives Ersuchen um eine Stellungnahme ausgesprochen, muß es diese Stellungnahme auch abwarten, sofern nicht erfolglos eine Frist gesetzt wurde. Dieses folgt bereits allgemein aus der Verpflichtung zur Organtreue[13], ergibt sich aber auch aus Abs. 2 S. 2.

11 Die Regelung der fakultativen Anhörung durch das EP hinter Abs. 2 in Abs. 4 und die fehlende Erwähnung des EP in Abs. 2 legen nahe, daß Abs. 2 für das EP nicht gilt. Dieses wäre dann konsequent, wenn Abs. 2 auf fakultative Anhörungen generell nicht anzuwenden wäre. Gegen dieses Verständnis spricht aber die Tatsache, daß auch an anderer Stelle die Anpassung des Wortlauts an die durch den Vertrag von Amsterdam neugeschaffene Anhörung durch das EP nicht vollzogen wurde. Vielmehr ist diese Vertragsänderung **handwerklich mißlungen**.[14] Abgesehen von Abs. 2 folgt die Pflicht, einmal angeforderte Stellungnahmen grundsätzlich abzuwarten, ohnehin auch aus der Verpflichtung zur Organtreue[15]. Für die fakultative Anhörung durch das EP gilt also nichts anderes als für die durch Rat oder Kommission.

IV. Übermittlung der Stellungnahmen

12 Es ist kaum nachvollziehbar, daß Abs. 4 nunmehr auch eine Anhörung durch das EP vorsieht, Abs. 3 das EP aber nicht zu den Organen zählt, an die die Stellungnahmen des WSA zu übermitteln sind. Auch wenn dieses praktisch keine Probleme bereitet, da

---

10 Vgl. Art. 7, Rn. 22; A. *Hatje*, in: Schwarze, EU-Kommentar, Art. 7, Rn. 22; M. *Nettesheim*, in: Grabitz/Hilf, EU, Art. 4 EGV, Rn. 36.
11 Vgl. Art. 265, Rn. 11.
12 Vgl. W. *Hummer*, in: Grabitz/Hilf, EU, Art. 198 EGV, Rn. 8; K. *Schwaiger/S. Siebeke*, in: GTE, EGV, Art. 198, Rn. 5.
13 S. oben Fn. 10.
14 Vgl. Rn. 2.
15 S. Rn. 10.

Abs. 3 die Übermittlung an weitere Organe und Institutionen nicht ausschließt, gehört Abs. 3 dennoch zu den Regelungen, die noch der Anpassung an die neue Rechtslage bedürfen.

Kapitel 4
Der Ausschuß der Regionen

Art. 263 (ex-Art. 198a)

Es wird ein beratender[15] Ausschuß, nachstehend »Ausschuß der Regionen« genannt, errichtet, der sich aus Vertretern der regionalen und lokalen Gebietskörperschaften[17 ff.] zusammensetzt, die entweder ein auf Wahlen beruhendes Mandat in einer regionalen oder lokalen Gebietskörperschaft innehaben oder gegenüber einer gewählten Versammlung politisch verantwortlich[24 f.] sind.

Der Ausschuß der Regionen hat höchstens dreihundertfünfzig Mitglieder.[8, 25]

Die Zahl der Mitglieder[25] des Ausschusses wird wie folgt festgesetzt:

Belgien	12
Dänemark	9
Deutschland	24
Griechenland	12
Spanien	21
Frankreich	24
Irland	9
Italien	24
Luxemburg	6
Niederlande	12
Österreich	12
Portugal	12
Finnland	9
Schweden	12
Vereinigtes Königreich	24.

Die Mitglieder des Ausschusses sowie eine gleiche Anzahl von Stellvertretern[26 f.] werden auf Vorschlag der Mitgliedstaaten auf vier Jahre ernannt. Wiederernennung ist zulässig. Der Rat nimmt die gemäß den Vorschlägen der Mitgliedstaaten erstellte Liste der Mitglieder und Stellvertreter mit qualifizierter Mehrheit an. Die Amtszeit der Mitglieder des Ausschusses der Regionen endet automatisch bei Ablauf des in Unterabsatz 1 genannten Mandats, aufgrund dessen sie vorgeschlagen wurden; für die verbleibende Amtszeit wird nach demselben Verfahren ein Nachfolger ernannt. Ein Mitglied des Ausschusses darf nicht gleichzeitig Mitglied des Europäischen Parlaments sein.

Die Mitglieder des Ausschusses sind an keine Weisungen gebunden. Sie üben ihre Tätigkeit in voller Unabhängigkeit zum allgemeinen Wohl der Gemeinschaft aus.[34 ff.]

Amsterdamer Fassung

Es wird ein beratender Ausschuß aus Vertretern der regionalen und lokalen Gebietskörperschaften, nachstehend »Ausschuß der Regionen« genannt, errichtet.

Die Zahl der Mitglieder des Ausschusses der Regionen wird wie folgt festgesetzt:

Belgien	*12*
Dänemark	*9*
Deutschland	*24*
Griechenland	*12*
Spanien	*21*

Frankreich	24
Irland	9
Italien	24
Luxemburg	6
Niederlande	12
Österreich	12
Portugal	12
Finnland	9
Schweden	12
Vereinigtes Königreich	24.

Die Mitglieder des Ausschusses sowie eine gleiche Anzahl von Stellvertretern werden vom Rat auf Vorschlag der jeweiligen Mitgliedstaaten durch einstimmigen Beschluß auf vier Jahre ernannt. Wiederernennung ist zulässig. Ein Mitglied des Ausschusses darf nicht gleichzeitig Mitglied des Europäischen Parlaments sein.

Die Mitglieder des Ausschusses sind an keine Weisungen gebunden. Sie üben ihre Tätigkeit in voller Unabhängigkeit zum allgemeinen Wohl der Gemeinschaft aus.

Inhaltsübersicht:

I. Einführung	1
II. Entwicklung des AdR	2
III. Die Institution AdR	9
1. Sitz	9
2. Status	10
3. Beratende Aufgabe (Abs. 1)	15
IV. Zusammensetzung, Ernennungsverfahren, Mitgliedschaft	17
1. Vertreter der regionalen und lokalen Gebietskörperschaften (Abs. 1)	17
2. Wahlmandat oder politische Verantwortlichkeit gegenüber einer gewählten Versammlung (Abs. 1)	24
3. Mitgliederzahl (Abs. 2 und 3)	26
4. Stellvertreter (Abs. 3 S. 1)	27
5. Ernennungsverfahren (Abs. 3)	29
6. Mitgliedschaft (Abs. 4 und 5)	34
V. Bedeutung, Reformbedarf und Perspektive	38

I. Einführung

In den Mitgliedstaaten der EU bestehen unterhalb der gesamtstaatlichen Ebene territoriale Einheiten mit ganz unterschiedlichem Zuschnitt und ganz unterschiedlichen Zuständigkeiten, in Deutschland etwa die Länder (Art. 20 Abs. 1 GG) und die Gemeinden (Art. 28 Abs. 2 GG), in Frankreich etwa die *régions* und die *départements*.[1] Die Regelungen über den AdR fassen die Gebietskörperschaften der Mitgliedstaaten unter dem Begriff »Regionen« zusammen.[2] Im AdR sind Repräsentanten der Regionen versam- 1

---

1 Wegen einer aktuellen Übersicht über die Gebietskörperschaften der Mitgliedstaaten s. »http://www.cor.eu.int«. S. auch *The Committee of the Regions*, Regional and Local Government in the European Union, 1996; É. *Bassot*, Die französischen Regionen in Europa, BayVBl. 1996, S. 385; *H.-J. Blanke*, Föderalismus und Integrationsgewalt, 1991, S. 39 ff.; *C. Engel*, Regionen in der EG, 1993, S. 15 ff.

2 Vgl. zu den Begriffen »Region«, »regional« und »**Regionalismus**« z.B. *C. Calliess*, Das gemeinschaftsrechtliche Subsidiaritätsprinzip (Art. 3b EGV) als »Grundsatz der größtmöglichen Berücksichtigung der Regionen«, AöR 121 (1996), S. 509 (514 ff.); *Engel* (Fn. 1), S. 11 ff.; *P. Häberle*, Der Regionalismus als werdendes Strukturprinzip des Verfassungsstaates und als europarechtliche Maxime, AöR 118 (1993), S. 1; *R. Hrbek*, Regionen in Europa und die regionale Ebene in der EU, in: Färber/Forsyth (Hrsg.), The Regions – Factors of Integration or Disintegration in Europe?, S. 13; *F.-L. Knemeyer*, Region – Regionalismus, in: ders. (Hrsg.), Europa der Regionen – Europa der Kommunen, 1994, S. 25; *O. Tauras*, Der AdR, 1997, S. 19 ff.

melt, um deren Belange und deren Sachkompetenz direkt in das gemeinschaftliche Rechtsetzungsverfahren einfließen zu lassen. Die Mitwirkung des AdR an Rechtsetzungsverfahren und in deren Vorfeld besteht in der **Abgabe unverbindlicher Stellungnahmen**, die die Kommission, das EP und den Rat bei der Erfüllung ihrer Aufgaben unterstützen.

II. Entwicklung des AdR

2   Der AdR wurde erst durch den Vertrag von Maastricht im EGV verankert.[3] Seine konstituierende Sitzung fand am 9.3.1994 statt. Außer Belgien hatte sich insbesondere Deutschland dafür eingesetzt, für die regionalen Belange ein eigenständiges Gremium im institutionellen Gefüge der Gemeinschaft zu schaffen. Deutschland nahm damit im Vergleich zu seiner sehr großen Zurückhaltung gegenüber der Schaffung des WSA[4] hier die gegenteilige Position ein. Schaffung und Ausgestaltung des AdR sind das Ergebnis eines Kompromisses: Die Regionen einer Reihe von Staaten, deren Verfassung bereits starke dezentrale Elemente enthielt, propagierten die Schaffung eines »**Regionalrates**«, einer »**dritten Kammer**« neben Rat und EP, zusammengesetzt aus weisungsunterworfenen Vertretern der einzelnen Regionen und beauftragt mit einer möglichst weitgehenden Mitwirkung an der Rechtsetzung. Die Mehrheit der Mitgliedstaaten standen Regionalisierungstendenzen sehr zurückhaltend gegenüber.

3   Die Forderung nach einer »Regionalkammer« steht in dem größeren Kontext der Propagierung des Konzeptes eines »**Europas der Regionen**«, das Aspekte wie die Verhinderung einer Reduzierung regionaler Gesetzgebungs- und Verwaltungskompetenzen und die Dezentralisierung oder die Entwicklung interregionaler Kooperationsmöglichkeiten umfaßt.[5] International wird dieses Konzept u.a. durch den »Rat der Gemeinden und Regionen Europas«, die »Versammlung der Regionen Europas« und den »Kongreß der Gemeinden und Regionen Europas« des Europarats vertreten.[6]

4   In der Gemeinschaft wurde schon frühzeitig die Gefahr einer Zentralisierung und eines Kompetenzverlustes der Regionen erkannt, da Entscheidungen zunehmend auf Gemeinschaftsebene getroffen bzw. determiniert wurden. Dieser Entwicklung wurde zunächst auf mitgliedstaatlicher Ebene dadurch begegnet, daß die Gemeinschaftspolitik gegenüber der herkömmlicherweise in die Zuständigkeit des Gesamtstaates fallenden Außenpolitik differenziert behandelt wurde: Es wurden Verfahren entwickelt, die eine Information der Regionen über gemeinschaftsrechtliche Belange und eine Beteiligung

---

3   Vgl. zur Entstehungsgeschichte z.B. *A. Benz/A. Benz*, Der AdR der EU: Entstehung und Organisation, in: Hesse (Hrsg.), Regionen in Europa, Bd. I, 1995/96, S. 229; *K. Hasselbach*, Der AdR in der EU, 1996, S. 79 ff.; *W. Kaiser*, in: GTE, EGV, Vorbemerkung zu den Art. 198a bis 198c, Rn. 1 ff.; *N. Schöbel*, Der AdR – Eine erste Bilanz der Arbeit nach zwei Jahren seines Bestehens, 1997, S. 10 ff.; *S. Siebeke*, Institutionalisierte Interessenvertretungen in der EU, 1996, S. 104 ff.; *O. Tauras* (Fn. 2), S. 70 ff.; *R. Theissen*, Der AdR, 1996, S. 59 ff.
4   S. Art. 257, Rn. 2.
5   Vgl. *R. Hrbek/S. Weyand*, betrifft: Europa der Regionen, 1994, S. 13 ff.; *O. Tauras* (Fn. 2), S. 44 ff.
6   Vgl. z.B. *H.-J. Blanke*, in: Grabitz/Hilf, EU, vor Art. 198a–c EGV, Rn. 27; *C. Engel*, Das »Europa der Regionen seit Maastricht«, in: Borkenhagen (Hrsg.), Europapolitik der deutschen Länder, 1998, S. 153; *P. Rabe/B. Semmelroggen*, Der Kongreß der Gemeinden und Regionen des Europarates und seine »Europäische Charta der regionalen Selbstverwaltung«, NdsVBl. 1998, S. 105; *C. Schneider*, La réforme de la C.P.L.R.E. du Conseil de l'Europe ou l'irruption du principe de légitimité transposé aux collectivités infraétatiques dans le droit des organisations internationales, AFDI 1994, S. 597; *Schöbel* (Fn. 3), S. 10.

an dem mitgliedstaatlichen Abstimmungsverhalten im Rat beinhalten.[7] Eine Reihe von Regionen eröffnete eigene Vertretungen in Brüssel.[8] Im Gemeinschaftsrecht schlug sich diese **innerstaatliche Beteiligung der Regionen** erst in der Änderung von Art. 203 Abs. 1 durch den Vertrag von Maastricht nieder, der es seither erlaubt, daß die Mitgliedstaaten sich im Rat durch Mitglieder von Regionalregierungen vertreten lassen.[9]

Die Forderung nach Schaffung eines »Regionalrates« geht von dem Befund aus, daß eine nur durch das einzelstaatliche Recht vermittelte Mitwirkung am gemeinschaftlichen Rechtsetzungsverfahren nicht ausreiche. Vielmehr bedürfe es einer direkten, eigenständigen und durch die Möglichkeit der Anrufung des EuGH abgesicherten Beteiligung.[10]

5

Das Anliegen, zentralistische Tendenzen aufzuhalten bzw. umzukehren, schlug sich im Vertrag von Maastricht u.a. in der Aufnahme des Subsidiaritätsprinzips und in der Schaffung des AdR nieder.[11] Der AdR löste den bereits 1988 bei der Kommission gebildeten »Beirat der lokalen und regionalen Gebietskörperschaften« ab.[12] Allerdings ließen sich die weitgehenden Vorstellungen von einer »dritten Kammer« nicht realisieren, was sich wie beim WSA schon an der Bezeichnung als »Ausschuß« ablesen läßt.[13] Der AdR wurde nicht parallel zum Rat, sondern **parallel zum WSA** konzipiert, was sich u.a. an der Beschränkung auf eine beratende Aufgabe, dem fehlenden Organstatus, der feh-

6

---

7 S. (heute) z.B. Art. 23 Abs. 2, 4 und 5 GG, Gesetz über die Zusammenarbeit von Bund und Ländern in Angelegenheiten der EU; Art. 23d Abs. 1 und 2 österreichisches Bundes-Verfassungsgesetz. Vgl. (auch zu den früheren Regelungen) z.B. *E. Dette-Koch*, Die Rolle des »Länderbeobachters« im Rahmen der Mitwirkung der Länder an der europäischen Integration, ThürVBl. 1997, S. 169; *H.-P. Donoth*, Die Bundesländer in der EU, 1996; *H. Klaus*, Die deutschen Bundesländer und die EU, 1996; *R. Lang*, Die Mitwirkungsrechte des Bundesrates und des Bundestages in Angelegenheiten der EU gemäß Art. 23 Abs. 2 bis 7 GG, 1997; *M. Meißner*, Die Bundesländer und die EGen, 1996; *T. Öhlinger*, Die Mitwirkung des Bundesparlamentes sowie der Länder in Österreich an der Entstehung von Europäischem Recht, ZG 1996, S. 57; *M. Paul*, Die Mitwirkung der Bundesländer an der Rechtsetzung der EGen de lege lata und de lege ferenda, 1996; *G. Roller*, Die Mitwirkung der deutschen Länder und der belgischen Regionen an EG-Entscheidungen, AöR 123 (1998), S. 21; *C. Schede*, Bundesrat und EU, 1994; *K. Schmalenbach*, Der neue Europaartikel 23 des Grundgesetzes im Lichte der Arbeit der Gemeinsamen Verfassungskommission, 1996.
8 S. (heute) § 8 Gesetz über die Zusammenarbeit von Bund und Ländern in Angelegenheiten der EU. Vgl. z.B. *É. Bassot*, Le Comité des Régions, R.M.C. 1993, S. 729 (732 ff.); *M. W. Bauer*, Die Verbindungsbüros der deutschen Länder bei der EU in Brüssel, VR 1996, S. 417; *M. Borchmann*, Verbindungsbüros der Bundesländer bei der EG, NVwZ 1988, S. 218; *U. Fastenrath*, Länderbüros in Brüssel, DÖV 1990, S. 125; *R. Strohmeier*, Möglichkeiten der Einflußnahme auf den Entscheidungsprozeß der EGen durch die Deutschen Bundesländer nach Einrichtung von Länderbüros in Brüssel, DÖV 1988, S. 633; *K. Zumschlinge*, Die Informationsbüros der Bundesländer in Brüssel, Die Verwaltung 1989, S. 217.
9 S. z.B. Art. 23 Abs. 6 GG, § 6 Gesetz über die Zusammenarbeit von Bund und Ländern in Angelegenheiten der EU; Art. 23d Abs. 3 österreichisches Bundes-Verfassungsgesetzes. Vgl. Art. 203, Rn. 5; *C. Dästner*, Zur Aufgabenverteilung zwischen Bundesrat, Landesregierungen und Landesparlamenten in Angelegenheiten der EU, NWVBl. 1994, S. 1; *A. Greulich*, Der Landesminister als Vertreter der Bundesrepublik Deutschland im Rat der EU, 1997; *G. Ress*, Rechtsetzung (in der EU) unter besonderer Bedachtnahme auf den demokratischen und rechtsstaatlichen Aspekt, Verhandlungen des 12. Österreichischen Juristentages, Bd. I/2, 1995, S. 111 (160).
10 Vgl. *K. Hasselbach*, Auf dem Weg zu einer Föderalisierung Europas?, ZG 1996, S. 197 (198 ff.).
11 Vgl. zu deren Zusammenhang Art. 5, Rn. 73; *Calliess* (Fn. 2), S. 511; *H. Klatt*, Die Rolle der Länder und Regionen im europäischen Entscheidungssystem, in: ders. (Hrsg.), Das Europa der Regionen nach Maastricht, 1995, S. 69 (76 ff.).
12 S. ABl.EG 1988 Nr. L 247/23, ABl.EG 1994 Nr. L 103/28. Vgl. *R. Arnold*, Der AdR der EU, in: Europäische Integration. Modernisierung des Staates, 1998, S. 9; *Theissen* (Fn. 3), S. 69 ff.
13 Vgl. Art. 257, Rn. 2.

lenden Weisungsbefugnis der Regionen sowie der fehlenden Möglichkeit einer Anrufung des EuGH manifestiert.

7 Im Vorfeld der Regierungskonferenz 1996 hatten die Regionen weitgehende Forderungen im Hinblick auf eine Aufwertung des AdR gestellt, jedoch wurde überwiegend die fehlende Realisierbarkeit einer dritten Kammer erkannt.[14] Der Vertrag von Amsterdam hat an einer Beschränkung des AdR auf eine rein beratende Aufgabe festgehalten, hat aber seine Stellung vorsichtig gestärkt. So wurde die obligatorische Anhörung des AdR auf weitere Bereiche erstreckt[15] und die Möglichkeit seiner Anhörung durch das EP geschaffen[16]. Durch die Streichung des Erfordernisses einer Genehmigung der GO AdR durch den Rat erhielt der AdR die Geschäftsordnungsautonomie.[17] Auch muß der AdR in Zukunft nicht mehr einen gemeinsamen organisatorischen Unterbau mit dem WSA teilen, sondern ist administrativ eigenständig.[18] Schließlich wurde die »grenzüberschreitende Zusammenarbeit« als ein Bereich hervorgehoben, in dem eine Stellungnahme des AdR zweckmäßig sein kann.[19]

8 Der **Vertrag von Nizza** hat den AdR dadurch vorsichtig weiter aufgewertet, daß in Zukunft nur noch für den AdR benannt werden kann, wer entweder ein auf Wahlen beruhendes Mandat in einer regionalen oder lokalen Gebietskörperschaft innehat oder gegenüber einer gewählten Versammlung politisch verantwortlich ist. Endet das Mandat bzw. Amt, das Grundlage der Benennung war, dann endet gleichzeitig auch das Amt im AdR (Abs. 1 und Abs. 4 S. 4). Die Zahl der Mitglieder wird angesichts der anstehenden Erweiterungsschritte auf höchstens 350 begrenzt (Abs. 2). Dieses ermöglicht es, daß nach einer Aufnahme der 12 Staaten, mit denen zum Zeitpunkt des ER Nizza Beitrittsverhandlungen geführt wurden, die Mitgliederzahlen der bisherigen Mitgliedstaaten unverändert bleiben und für die Beitrittsstaaten linear fortgeschrieben werden können. Aus den 222 AdR-Mitgliedern in der EU der 15 sollen in einer EU mit 27 Mitgliedstaaten 344 Mitglieder werden.[20] Die Ernennung der Mitlieder durch den Rat erfordert keine Einstimmigkeit mehr, sondern nur noch die qualifizierte Mehrheit (Abs. 4 S. 3).

III. Die Institution AdR

1. Sitz

9 Der AdR hat seinen Sitz in **Brüssel**. Dieses ergab sich vor dem Vertrag von Amsterdam bereits aus dem gemeinsamen organisatorischen Unterbau mit dem WSA.[21] Nunmehr ist der Sitz direkt primärrechtlich festlegt.[22] Plenartagungen werden in den Räumen des EP abgehalten, wenn dieses in Straßburg zusammentritt.

---

14 Vgl. *M. Borchmann*, Regierungskonferenz 1996 – das Positionspapier der deutschen Länder, EuZW 1995, S. 570; *Hasselbach* (Fn. 10), S. 213 ff.; *H. Heberlein*, Maastricht II – Einstieg in das »Europa der Kommunen«?, BayVBl. 1996, S. 1; *J. Schwarze*, Kompetenzverteilung in der EU und föderales Gleichgewicht, DVBl. 1995, S. 1265.
15 Vgl. Art. 71 Abs. 1; 128 Abs. 2; 129 Abs. 1; 137 Abs. 2 UAbs. 2; 148; 150 Abs. 4; 152 Abs. 4 S. 1; 175 Abs. 1, 2 und 3. Wegen einer Aufzählung aller Fälle einer obligatorischen Anhörung s. Art. 265, Rn. 4.
16 Art. 265 Abs. 4; s. Art. 265, Rn. 3.
17 Art. 198b Abs. 2 a.F. sah eine einstimmige Genehmigung der GO AdR durch den Rat vor.
18 S. Art. 264, Rn. 3.
19 Art. 265 Abs. 1 a.E. S. Art. 265, Rn. 2.
20 Vertrag von Nizza, Erklärung Nr. 20 zur Erweiterung der Europäischen Union, Ziff. 4.
21 S. Art. 257, Rn. 3; Art. 264, Rn. 3; vgl. *Hasselbach* (Fn. 10), S. 212.
22 Protokoll über die Festlegung der Sitze der Organe und bestimmter Einrichtungen und Dienststellen der EGen sowie des Sitzes von Europol, Einziger Art. lit. g).

2. Status

Die Stellung des AdR im institutionellen Gefüge der Gemeinschaft ergibt sich aus dem Wortlaut von **Art. 7** sowie systematisch aus der Plazierung der Vorschriften über den AdR: Art. 7 Abs. 1 zählt den AdR nicht zu den Organen der Gemeinschaft. Vielmehr weist ihm Art. 7 Abs. 2 nur die Unterstützung der Organe »Rat« und »Kommission« zu. Parallel dazu finden sich die Vorschriften über den AdR nicht in dem »Die Organe« behandelnden Kapitel,[23] sondern erst hinter dem Kapitel, das »Gemeinsame Vorschriften für mehrere Organe« enthält,[24] und dem Kapitel über den WSA[25]. Die Plazierung des den AdR behandelnden Kapitels in dem Titel I (»Vorschriften über die Organe«) des Fünften Teils (»Die Organe der Gemeinschaft«) erklärt sich wiederum aus seiner organunterstützenden Funktion.   10

Der AdR ist **kein Organ** der Gemeinschaft, sondern ist nur eine gemeinschaftliche Institution[26] bzw. Einrichtung[27]. Vorschriften, die an den Organstatus anknüpfen, wie etwa Art. 232 Abs. 1, gelten für den AdR grundsätzlich nicht. Der EuGH hat über die Organeigenschaft des AdR noch nicht entschieden, verneint aber in st.Rspr. eine Organeigenschaft des WSA.[28]   11

In der Literatur ist der Grundsatz unbestritten, daß der AdR kein Organ i.S.d. EGV ist. Teilweise wird er aber als »Nebenorgan« oder »Hilfsorgan« qualifiziert.[29] Anders als z.B. die UN-Charta[30] kennt der EGV solcherart Bezeichnungen jedoch nicht. Die vorgeschlagenen Begriffe zielen anders als der Organbegriff nicht auf bestimmte Rechtsfolgen, sondern sollen nur den institutionelle Rang des AdR in Abgrenzung einerseits zu den Organen und andererseits zu den Einrichtungen von geringerer Bedeutung charakterisieren.   12

Die Kennzeichnung des AdR durch zusätzliche vertragsfremde Begriffe wie »Nebenorgan« oder »Hilfsorgan« ist nicht unproblematisch. Sie verdecken, daß der AdR nach allgemeiner Ansicht gerade kein Organ ist und werfen neue Abgrenzungsfragen auf. Aus dem EGV selbst ergibt sich die Qualifizierung des AdR als **organunterstützende Institution**.[31]   13

Sofern sekundärrechtliche Rechtsakte für ihren Anwendungsbereich den AdR den Organen der Gemeinschaft gleichstellen, ist dieser **ausnahmsweise erweiterte Organbegriff** in seiner Geltung auf den jeweiligen Rechtsakt beschränkt.[32]   14

---

23 Fünfter Teil, Titel I, Kapitel 1.
24 Fünfter Teil, Titel I, Kapitel 2.
25 Fünfter Teil, Titel I, Kapitel 3.
26 S. z.B. Art. 193 Abs. 1 und 195 Abs. 1.
27 S. z.B. Protokoll über die Festlegung der Sitze der Organe und bestimmter Einrichtungen und Dienststellen der EGen sowie des Sitzes von Europol.
28 S. Art. 257, Rn. 5.
29 Vgl. *R. Bieber*, Reformen der Institutionen und Verfahren, Int. 1997, S. 236 (237); *H.-J. Blanke*, in: Grabitz/Hilf, EU, Art. 198a EGV, Rn. 1; *Geiger*, EGV, Art. 263, Rn. 2; *Hasselbach* (Fn. 10), S. 201; *W. Kaiser*, in: GTE, EGV, Vorbemerkung zu den Art. 198a bis 198c, Rn. 15; *A. Kleffner-Riedel*, Regionalausschuß und Subsidiaritätsprinzip, 1993, S. 199.
30 S. Art. 7 Abs. 2 UN-Charta.
31 Vgl. *W. Kaufmann-Bühler*, in: Lenz, EGV, Art. 263, Rn. 3; *Oppermann*, Europarecht, Rn. 406; *J. Wuermeling*, Das Ende der »Länderblindheit«: Der AdR nach dem neuen EGV, EuR 1993, S. 200.
32 S. z.B. Art. 2 Abs. 2 des Beschlusses über den Aufbau und die Arbeitsweise des Amtes für amtliche Veröffentlichungen der EGen, ABl.EG 2000 Nr. L 183/12.

3. Beratende Aufgabe (Abs. 1)

15 Abs. 1 weist wie schon Art. 7 Abs. 2 dem AdR eine beratende Aufgabe zu. Die Einzelheiten dieser Aufgabe regelt **Art. 265**.

16 Die Forderung einer Ausweitung der Mitwirkung des AdR am Rechtsetzungsverfahren über die Abgabe unverbindlicher Stellungnahmen hinaus[33] hat sich weder im Vertrag von Maastricht noch im Vertrag von Amsterdam oder im Vertrag von Nizza durchgesetzt. Dagegen spricht nicht nur die Zurückhaltung einer Reihe von Mitgliedstaaten gegenüber einem Machtzuwachs der Regionen auf Kosten der mitgliedstaatlichen Regierungen. Dagegen spricht auch die **Heterogenität der Regionen**.[34] Die durch den Vertrag von Nizza eingeführte Beschränkung der Mitgliedschaft im AdR auf Mandatsträger bzw. Amtsinhaber verschafft dem AdR nur eine eingeschränkte und ebenfalls sehr heterogene demokratische Legitimation. Auch stünde eine mögliche Befugnis des AdR, Rechtsetzungsverfahren aufzuhalten oder gar zu verhindern, in einem Spannungsverhältnis zu der Bemühung um eine Effektivierung des Rechtsetzungsverfahrens (Vereinfachung, Ausweitung der Mehrheitsentscheidung im Rat).[35] Schließlich hätte eine entsprechende Ausweitung der Mitwirkung des AdR am Rechtsetzungsverfahren unter Umständen auch Rückwirkungen auf die gemeinschaftsrechtlichen und die einzelstaatlichen Regelungen sowohl der Vertretung im Rat als auch des Abstimmungsverhaltens im Rat, so daß der Ertrag für die Regionen im Ergebnis fragwürdig wäre: Aus Gründen des institutionellen Gleichgewichts, der demokratischen Legitimation und der Inkompatibilität kann die Mitwirkung der Regionen an der Rechtsetzung der Gemeinschaft nur **entweder** über eine Beteiligung an dem mitgliedstaatlichen Abstimmungsverhalten im Rat[36] **oder** über eine echte Regionalkammer vollzogen werden.

IV. Zusammensetzung, Ernennungsverfahren, Mitgliedschaft

1. Vertreter der regionalen und lokalen Gebietskörperschaften (Abs. 1)

17 Abs. 1 präzisiert den Begriff »Regionen« i.S.d. AdR als die »regionalen und lokalen Gebietskörperschaften«. Dabei trägt die Tatsache, daß hier die Begriffe »Region« und »regional« in einem weiteren (Name der Institution, Art. 265 Abs. 3) und einem engeren Sinne (»regional und lokal«) verwendet werden, nicht zur Klarheit bei.[37]

18 Die Formulierung »regionale und lokale Gebietskörperschaften« ist **bewußt offen** gehalten. Sie trägt der heterogenen Situation in den Mitgliedstaaten Rechnung.[38] Sie erfaßt Mitgliedstaaten mit einer mehrstufigen territorialen Untergliederung, wie z.B. Deutschland, Frankreich oder Italien, ebenso wie etwa Luxemburg, und schränkt auch die Möglichkeit einer diesbezüglichen einzelstaatlichen Verfassungsänderung nicht ein.

---

33 Vgl. etwa Entschließung des AdR zum Ergebnis der Regierungskonferenz 2000 und zur Diskussion über die Zukunft der EU vom 25.4.2001, CdR 430/2000 fin (DE) hi, Ziff. 17; Stellungnahme des AdR zur »Regierungskonferenz 2000«, vom 17.2.2000, ABl.EG 2000 Nr. C 156/6, Ziff. 5.9.
34 Vgl. *Heberlein* (Fn. 14), S. 4; *T. Stein*, EU: Gefahr oder Chance für den Föderalismus in Deutschland, Österreich und der Schweiz?, VVDStRL 53 (1994), S. 26 (42).
35 Vgl. *Heberlein* (Fn. 14), S. 5.
36 S. Rn. 4.
37 S. Art. 265, Rn. 18.
38 S. Rn. 1.

Eine »Gebietskörperschaft« setzt voraus, daß eine abgrenzbare territoriale Einheit mit 19
einem Mindestmaß administrativer oder legislativer Befugnisse besteht.[39] Der Begriff
der »lokalen Gebietskörperschaft« zielt dabei auf eine untere und der Begriff der »regionalen Gebietskörperschaft« auf eine höhere Ebene möglicher territorialer Gliederungsstufen.[40]

Da die Mehrheit der Mitgliedstaaten über eine mehrstufige territoriale Untergliederung 20
verfügt, stellt sich für diese die Frage, inwieweit sich aus Abs. 1 ergibt, daß sie bei ihrem Vorschlag nach Abs. 4 S. 1 Repräsentanten nur einer bestimmten Ebene oder mehrerer Ebenen zu berücksichtigen haben und zu welchen Anteilen ggf. die verschiedenen Ebenen bedacht werden müssen. Hier hat die Formulierung von Abs. 1 zu einem Konkurrieren der verschiedenen Ebenen geführt, bei dem entweder ein Anspruch auf alleinige Berücksichtigung (der regionalen Ebene i.e.S.) oder ein Anspruch auf gleichmäßige Berücksichtigung geltend gemacht wurde. Für eine vorrangige Berücksichtigung der regionalen Gebietskörperschaften wird u.a. die Bezeichnung der Institution als »Ausschuß der Regionen« im Gegensatz zu seinem Vorläufer, dem »Beirat der lokalen und regionalen Gebietskörperschaften«,[41] ins Feld geführt, während sich die Gegenauffassung darauf stützt, daß die Formulierung der regionalen »und« lokalen Gebietskörperschaften eher auf eine Nebeneinander als auf eine Alternative hindeute. Auch in der Literatur besteht ein vielfältiges Meinungsbild.[42]

Nach hier vertretener Auffassung lassen sich der offenen Formulierung von Abs. 1 ein 21
klares Rangverhältnis zwischen den verschiedenen Ebenen von Gebietskörperschaften oder gar ein bezifferbarer Verteilungsschlüssel nicht entnehmen. Dieses spricht für ein weites Ermessen der Mitgliedstaaten.[43] Die Praxis der Mitgliedstaaten differiert.[44] In Deutschland sieht § 14 Gesetz über die Zusammenarbeit von Bund und Ländern in Angelegenheiten der EU[45] vor, daß die Bundesregierung dem Rat die von den Ländern benannten Vertreter vorschlägt und die Länder dabei in ihren Vorschlag auf Vorschlag der kommunalen Spitzenverbände drei gewählte Vertreter der Gemeinden und Gemeindeverbände aufnehmen müssen. Jedes Land stellt ein Mitglied und einen Stellvertreter. Jeweils 5 Länder dürfen in der Reihenfolge ihrer Einwohnerzahl für eine Amtsperiode ein zweites Mitglied und einen zweiten Stellvertreter benennen.[46]

Der Begriff »**Vertreter**« hat nicht dieselbe Bedeutung wie in Art. 203 Abs. 1. Anders als 22
beim Rat handelt es sich beim AdR wie auch beim WSA um eine Repräsentation. Das einzelne Mitglied hat zwar ein regionales Mandat bzw. Amt, dessen Fortbestehen Voraussetzung seiner Mitgliedschaft im AdR ist. Im AdR fungiert es aber nicht als weisungsunterworfener Stellvertreter dieser Region, sondern repräsentiert die Gesamtheit der Regionen, insbesondere diejenigen, die seiner Herkunftsregion entsprechen.

---

39 Vgl. *W. Kaiser*, in: GTE, EGV, Art. 198a, Rn. 2.
40 Vgl. *H.-J. Blanke*, in: Grabitz/Hilf, EU, Art. 198a EGV, Rn. 13 f.
41 S. Rn. 6.
42 Vgl. z.B. *H.-J. Blanke*, in: Grabitz/Hilf, EU, Art. 198a EGV, Rn. 15; *Hasselbach* (Fn. 10), S. 205 f.; *W. Kaiser*, in: GTE, EGV, Art. 198a, Rn. 3 ff.; *W. Kaufmann-Bühler*, in: Lenz, EGV, Art. 263, Rn. 4; *Theissen* (Fn. 3), S. 166 ff.
43 Vgl. *Heberlein* (Fn. 14), S. 5; *Theissen* (Fn. 3), S. 184.
44 S. ABl.EG 1998 Nr. L 28/19 und ABl.EG 2002 Nr. L 24/38 sowie ausführlich die AdR-Studie »Die Auswahl der AdR-Mitglieder: Verfahren in den Mitgliedstaaten«, CdR 162/97 rev. (EN) W/hi, abrufbar unter »http://www.cor.eu.int«. Vgl. *Schöbel* (Fn. 3), S. 35 ff.; *Theissen* (Fn. 3), S. 153 ff.
45 BGBl. 1993 I, S. 313.
46 Abkommen über die Entsendung der Mitglieder und Stellvertreter in den AdR der EGen vom 27.5.1993, GMBl. Saar 1993, S. 226 = MBl. NW 1993, S. 1550. Vgl. *R. Johne*, Vertretung der Landtage im AdR, ZParl 2000, S. 103.

23 Grenzüberschreitende Regionen sind in Abs. 1 nicht eigens genannt und erhalten in Abs. 3 auch kein eigenes Vorschlagsrecht. Dieses schließt es nicht aus, daß die Mitgliedstaaten bei ihren Vorschlägen die Repräsentanten grenzüberschreitender Regionen berücksichtigen.[47]

2. Wahlmandat oder politische Verantwortlichkeit gegenüber einer gewählten Versammlung (Abs. 1)

24 Der **Vertrag von Nizza** sieht vor, daß als Vertreter im AdR nur in Frage kommt, wer entweder **ein auf Wahlen beruhendes Mandat** in einer regionalen oder lokalen Gebietskörperschaft innehat **oder** gegenüber einer gewählten Versammlung **politisch verantwortlich** ist. Endet das Mandat bzw. Amt, das Grundlage der Benennung war, dann endet gleichzeitig auch das Amt im AdR.[48] Diese neue Voraussetzung trägt einer Forderung u.a. des AdR selbst Rechnung.[49] Sie soll die demokratische Legitimation der AdR-Mitglieder und damit auch die Rolle des AdR stärken. Diese Änderung erscheint unter dem Gesichtspunkt sinnvoll, daß derjenige, der aus einer Regionalregierung oder einer Regionalversammlung ausscheidet, nicht mehr in der gleichen Weise Zugang zu Informationen und Unterstützung bei seiner Arbeit hat. Die demokratische Legitimation des AdR sollte auch nach dieser Änderung nicht überbewertet werden, da sie so heterogen ist wie die Herkunft seiner Mitglieder. Allerdings darf unter einem anderen Aspekt die Bedeutung dieser Änderung keinesfalls unterschätzt werden: **Eine beratende Institution wie der AdR benötigt keine demokratische Legitimation**, da sie Rechtsakte nicht initiieren, beschließen oder verhindern kann. Mithin ist in dieser Änderung eine **grundlegende Änderung der Rolle des AdR** weg von einer rein beratenden Institution und weg von der parallelen Entwicklung zum WSA angelegt.

25 Für die Mitgliedstaaten bedeutet diese Änderung eine deutliche **Einschränkung bei der Auswahl der Kandidaten**. Wenig Probleme bereitet dabei das Verständnis der ersten Alternative, »ein auf Wahlen beruhendes Mandat in einer regionalen oder lokalen Gebietskörperschaft innehaben«. So können beispielsweise Landtagsabgeordnete weiterhin AdR-Mitglieder sein. Endet das Landtagsmandat, so endet nach Abs. 4 S. 4 automatisch[50] auch die Mitgliedschaft im AdR. Näherer Bestimmung bedarf die zweite Alternative, »gegenüber einer gewählten Versammlung politisch verantwortlich« sein. Zu klären ist dabei, welche Voraussetzungen an eine politische Verantwortlichkeit zu stellen sind und ob auch für diese Alternative gilt. Diese Frage stellt sich, weil Abs. 4 S. 4 von »Mandat« spricht und deshalb nur auf die erste Alternative in Abs. 1 bezogen werden könnte. Es ließe sich aber kaum begründen, warum der Wegfall eines politisch verantwortlichen Amtes, z.B. der Rücktritt des Mitglieds einer Landesregierung, anders behandelt werden sollte als z.B. die Aufgabe eines Landtagsmandats. Daher ist der Begriff »Mandat« in Abs. 4 S. 4 als Oberbegriff für beide Alternativen in

---

47 Vgl. *Theissen* (Fn. 3), S. 152.
48 Abs. 1 und Abs. 4 S. 4.
49 Stellungnahme des AdR zur »Regierungskonferenz 2000« vom 17.2.2000, ABl.EG 2000 Nr. C 156/6, Ziff. 5.12.
50 Nicht durchgesetzt hat sich der Vorschlag einer sechsmonatigen Auslaufphase nach Mandatsverlust. Vgl. Stellungnahme des AdR zur »Regierungskonferenz 2000« vom 17.2.2000, ABl.EG 2000 Nr. C 156/6, Ziff. 5.12. Vgl. auch *K. H. Fischer*, Der Vertrag von Nizza, 2001, S. 152, Ziff. 7 f.

Abs. 1 zu verstehen.[51] Unter »politischer Verantwortlichkeit« wird man insbesondere das Instrumentarium parlamentarischer Verantwortlichkeit zu verstehen haben, also das Zitierungsrecht, das Untersuchungsrecht und das Abwahlrecht (Mißtrauensvotum). Mithin können in Deutschland weiterhin Mitglieder von Landesregierungen für den AdR benannt werden. Hingegen läßt sich bei beamteten Staatssekretären, die nicht als Mitglieder der Landesregierung an deren Verantwortlichkeit vor dem Landtag teilhaben,[52] eine politische Verantwortlichkeit nicht begründen. Sie können ebenso wie sonstige **Beamte** nicht mehr AdR-Mitglieder sein. Aus der Zusammenschau von Abs. 1 und Abs. 4 S. 4 sowie aus der Unabhängigkeit der AdR-Mitglieder nach Abs. 5 S. 2 ergibt sich, daß ein AdR-Kandidat bereits vorher Träger eines Wahlmandates bzw. eines politisch verantwortlichen Amtes sein muß.[53] Es ist daher nicht möglich, eine politische Verantwortlichkeit erst durch das nationale bzw. regionale Nominierungsverfahren für die AdR-Mitgliedschaft zu begründen. Im Hinblick auf die **Akzessorietät der AdR-Mitgliedschaft** und die Nachvollziehbarkeit ihrer Geltung bzw. Fortgeltung nach Abs. 4 S. 4 muß das **Mandat**, aufgrund dessen der Vorschlag erfolgt, bei der Benennung **ausdrücklich bezeichnet** werden.

3. Mitgliederzahl (Abs. 2 und 3)

Die Zahl der Mitglieder des AdR beträgt ebenso wie beim WSA 222. Die Zahl der durch den einzelnen Staat zu stellenden Mitglieder ist nicht proportional zu der Anzahl bzw. Größe seiner regionalen und lokalen Gebietskörperschaften oder der Bevölkerungszahl, sondern privilegiert die kleineren Staaten.[54] Der **Vertrag von Nizza** trifft auch für die Zukunft eine einheitliche Lösung für die Mitgliederzahlen von AdR und WSA. Diese Lösung richtet sich gegen den Vorschlag durch, nur den AdR deutlich zu vergrößern. Die Obergrenze von 350 Mitgliedern ermöglicht es, daß nach einer Aufnahme der 12 Staaten, mit denen zum Zeitpunkt des ER Nizza Beitrittsverhandlungen geführt wurden, die Mitgliederzahlen der bisherigen Mitgliedstaaten **unverändert** bleiben und für die Beitrittsstaaten linear fortgeschrieben werden können. Die Erklärung zur Erweiterung der EU legt fest, daß aus den 222 AdR-Mitgliedern in der EU der 15 in einer EU mit 27 Mitgliedstaaten **344** Mitglieder werden sollen.[55] Im Rahmen der Regierungskonferenz 2000 setzte sich der Vorschlag einer Obergrenze von 350 Mitgliedern gegen den Vorschlag einer Obergrenze von einem Drittel der jeweiligen Mitgliederzahl des EP durch.[56] Im Ergebnis hat sich sowohl für den AdR als auch für den WSA das Modell durchgesetzt, das die stärkste Anhebung der Mitgliederzahl vorsah.

---

51 So auch *Fischer* (Fn. 50), S. 152, Ziff. 7. S. auch Entschließung des AdR zur nächsten Regierungskonferenz, ABl.EG 2000 Nr. C 57/103, Ziff. 10; Entschließung des AdR zum Ergebnis der Regierungskonferenz 2000 und zur Diskussion über die Zukunft der EU vom 25.4.2001, CdR 430/2000 fin (DE) hi, Ziff. 3.

52 Diese Möglichkeit ist vorgesehen in Art. 43 Abs. 2 der bayerischen Verfassung, Art. 86 n.F. der saarländischen Verfassung und Art. 59 Abs. 2 der sächsischen Verfassung.

53 S. Entschließung des AdR zum Ergebnis der Regierungskonferenz 2000 und zur Diskussion über die Zukunft der EU vom 25.4.2001, CdR 430/2000 fin (DE) hi, Ziff. 3: »(...) einem politischen Mandat seiner Mitglieder in ihrer Heimatregion oder -gemeinde (...)«.

54 Vgl. *Bassot* (Fn. 8), S. 735; *Theissen* (Fn. 3), S. 152 f.

55 Vertrag von Nizza, Erklärung Nr. 20 zur Erweiterung der Europäischen Union, Ziff. 4. Verteilung der 344 Mitglieder: Deutschland 24, Vereinigtes Königreich 24, Frankreich 24, Italien 24, Spanien 21, Polen 21, Rumänien 15, Niederlande 12, Griechenland 12, Tschechische Republik 12, Belgien 12, Ungarn 12, Portugal 12, Schweden 12, Bulgarien 12, Österreich 12, Slowakei 9, Dänemark 9, Finnland 9, Irland 9, Litauen 9, Lettland 7, Slowenien 7, Estland 7, Zypern 6, Luxemburg 6 und Malta 5.

56 Vgl. Stellungnahme des AdR zur »Regierungskonferenz 2000«, vom 17.2.2000, ABl.EG 2000 Nr. C 156/6, Ziff. 5.11.

4. Stellvertreter (Abs. 3 S. 1)

27 Zu den 222 Mitgliedern kommen noch ebensoviele **Stellvertreter**. Dadurch wird eine noch breitere Repräsentation der Gebietskörperschaften und eine Verteilung der anfallenden Arbeiten sowie insbesondere der Wahrnehmung der Plenar- und Fachkommissionssitzungen auf einen doppelt so großen Personenkreis ermöglicht. In der Praxis nominieren die Mitgliedstaaten als Mitglieder des AdR teilweise Inhaber hochrangiger Ämter wie z.b. Regionalregierungschefs, die dann die Arbeit in den Fachkommissionen[57] weitgehend den Stellvertretern überlassen.[58] Diese Praxis wird durch das vertraglich vorgesehene Nebeneinander von Mitgliedern und Stellvertretern ermöglicht, jedoch vermag die Benennung von Kandidaten, von denen von vorneherein feststeht, daß sie für die Erarbeitung der Stellungnahmen des AdR nicht oder nur sehr eingeschränkt zur Verfügung stehen werden, nicht zu überzeugen. Trotz der Möglichkeit der Stellvertretung ist die Präsenz in den Fachkommissionssitzungen unzureichend, weshalb in der dritten Mandatsperiode die Zahl der Fachkommissionen von 8 auf 6 reduziert werden soll.[59]

28 Art. 263 gibt nicht vor, ob ein Stellvertreter einem bestimmten Mitglied zugeordnet wird oder ob er jedes Mitglied seiner nationalen Delegation vertreten kann. Art. 5 GO AdR regelt dies flexibel.

5. Ernennungsverfahren (Abs. 3)

29 Die Mitgliedstaaten legen dem Rat Vorschläge mit der ihnen zustehenden Anzahl von Mitgliedern und einer gleichen Anzahl von Stellvertretern vor. Abgesehen von der jeweiligen mitgliedstaatlichen Regelung der Verteilung der AdR-Sitze, müssen die Mitgliedstaaten dafür Sorge tragen, daß es sich i.S.v. Abs. 1 um »Vertreter der regionalen und lokalen Gebietskörperschaften« handelt,[60] daß diese jeweils entweder ein auf Wahlen beruhendes Mandat in einer regionalen oder lokalen Gebietskörperschaft innehaben oder gegenüber einer gewählten Versammlung politisch verantwortlich sind[61] und nicht gegen Inkompatibilitätsvorschriften verstoßen wird.[62]

30 Die **Inkompatibilitätsregelung** in Abs. 4 S. 5 (und parallel im Direktwahlakt[63]), die eine gleichzeitige Mitgliedschaft in EP und AdR ausschließt, wurde zusammen mit der durch den Vertrag von Amsterdam neu geschaffenen Möglichkeit einer Anhörung des AdR durch das EP[64] eingeführt. Der Grund, warum ausgerechnet dieser Fall der Inkompatibilität explizit im EGV verankert wurde, dürfte darin liegen, daß sich die Frage der Zulässigkeit einer Doppelmitgliedschaft in EP und AdR praktisch mehrfach

---

57 S. Art. 264, Rn. 10 f.
58 S. ABl.EG 1998 Nr. L 28/19 und ABl.EG 2002 Nr. L 24/38. Vgl. *H.-J. Blanke*, in: Grabitz/Hilf, EU, Art. 198a EGV, Rn. 20; *W. Kaiser*, in: GTE, EGV, Art. 198a, Rn. 14 ff.
59 Vgl. zur Sitzungspräsenz FAZ, 26.7.2001, S. 5; Das Parlament, 17.8.2001, S. 2; *Schöbel* (Fn. 3), S. 38, 40.
60 S. Rn. 17 ff.
61 S. Rn. 24 f.
62 S. Rn. 29 f.
63 Art. 6 Abs. 1, 6. Spstr. Akt zur Einführung allgemeiner unmittelbarer Wahlen der Abgeordneten des EP.
64 Art. 265 Abs. 4; s. Art. 265, Rn. 3.

gestellt hat.⁶⁵ Die Regelung ist auch folgerichtig:⁶⁶ Eine größere Zahl von Doppelmitgliedschaften in EP und AdR würde die eigenständige Funktion des AdR in Frage stellen. Auch berät der AdR mit Rat, EP und Kommission drei Organe mit jeweils unterschiedlicher Funktion im Rahmen des institutionellen Gleichgewichts der Gemeinschaft, was eine zu große Nähe zu einzelnen dieser Organe ausschließt.

Man wird Abs. 4 S. 5 nicht als abschließende Regelung der Fälle von Inkompatibilität 31 betrachten können.⁶⁷ Unvereinbar ist die Mitgliedschaft im AdR z.b. auch mit der Vertretung des Mitgliedstaates im Rat (Art. 203 Abs. 1).⁶⁸ Letzteres wird für diejenigen Mitgliedstaaten relevant, die Mitglieder regionaler Regierungen in den AdR entsenden,⁶⁹ und deren nationales Recht gleichzeitig vorsieht, daß die Vertretung des Mitgliedstaats im Rat auch durch den Vertreter einer Region erfolgen kann.⁷⁰

Der Rat hat **keine Auswahl** zu treffen. Auch prüft der Rat **nicht** die angemessene Be- 32 rücksichtigung der verschiedenen in einem Mitgliedstaat bestehenden regionalen und kommunalen Gebietskörperschaften.⁷¹ Er hat lediglich zu prüfen, ob die Kandidaten die gemeinschaftsrechtlichen Voraussetzungen für eine Mitgliedschaft erfüllen.⁷²

Zuletzt erfolgte die Ernennung der Mitglieder für den Zeitraum vom 26.1.2002 bis 33 zum 25.1.2006 (dritte Amtsperiode).⁷³ Immer wieder wird wegen des Ausscheidens einzelner Mitglieder oder Stellvertreter die Ernennung eines Nachfolgers für die verbleibende Amtszeit erforderlich.

6. Mitgliedschaft (Abs. 4 und 5)

Die Amtszeit der Mitglieder beträgt wie beim WSA (Art. 259 Abs. 1 S. 1) **vier Jahre,** 34 was der früheren Dauer der Amtszeit der Kommissionsmitglieder entspricht. Eine Anpassung an die jeweils fünfjährige Amtszeit in Kommission (Art. 214 Abs. 1) und EP (Art. 190 Abs. 3) wird vom AdR selbst befürwortet,⁷⁴ ist bislang aber nicht erfolgt.⁷⁵

Abs. 4 regelt – übereinstimmend mit Art. 258 Abs. 3 für den WSA – die **Weisungsfrei-** 35

---

65 Vgl. W. *Kaiser*, in: GTE, EGV, Art. 198a, Rn. 23.
66 Zustimmend auch *Bieber* (Fn. 29), S. 239.
67 Vgl. H.-J. *Blanke*, in: Grabitz/Hilf, EU, Art. 198a EGV, Rn. 30; W. *Kaufmann-Bühler*, in: Lenz, EGV, Art. 263, Rn. 9; W. *Kaiser*, in: GTE, EGV, Art. 198a, Rn. 23 f.; *Theissen* (Fn. 3), S. 200; T. *Wiedmann*, in: Schwarze, EU-Kommentar, Art. 263, Rn. 53 f.
68 So auch W. *Kaufmann-Bühler*, in: Lenz, EGV, Art. 263, Rn. 9; *Theissen* (Fn. 3), S. 202; T. *Wiedmann*, in: Schwarze, EU-Kommentar, Art. 263, Rn. 54; differenzierend W. *Kaiser*, in: GTE, EGV, Art. 198a, Rn. 24.
69 Dieses gilt etwa für Belgien, Deutschland und Österreich. S. ABl.EG 2002 Nr. L 24/38.
70 So etwa in Belgien (Zusammenarbeitsabkommen vom 8.3.1994, Belgisches Staatsblatt vom 17.11.1994, S. 28217, 28224), Deutschland (Art. 23 Abs. 6 GG) und Österreich (Art. 23d Abs. 3 Bundes-Verfassungsgesetz).
71 A.A. W. *Kaiser*, in: GTE, EGV, Art. 198a, Rn. 8, und wohl auch H.-J. *Blanke*, in: Grabitz/Hilf, EU, Art. 198a EGV, Rn. 21.
72 S. Rn. 28. Vgl. R. *Hrbek*, Der Ertrag der »Verfassungsdebatte von Maastricht«, FS Börner, 1992, S. 125 (140); *Kleffner-Riedel* (Fn. 28), S. 201; *Theissen* (Fn. 3), S. 188 ff.
73 S. ABl.EG 2002 Nr. L 24/38.
74 Entschließung des AdR zum Ergebnis der Regierungskonferenz 2000 und zur Diskussion über die Zukunft der EU vom 25.4.2001, CdR 430/2000 fin (DE) hi, Ziff. 6; Stellungnahme des AdR zur »Regierungskonferenz 2000« vom 17.2.2000, ABl.EG 2000 Nr. C 156/6, Ziff. 5.9.
75 Kritisch hierzu *Hrbek* (Fn. 71), S. 140.

heit und **Unabhängigkeit** der Mitglieder sowie die Ausrichtung ihrer Tätigkeit am **allgemeinen Wohl** der Gemeinschaft. Wegen der Heterogenität und der Anzahl der Regionen in den Mitgliedstaaten ist es vor vorneherein ausgeschlossen, daß – vergleichbar zum Rat – alle regionalen und lokalen Gebietskörperschaften einen Vertreter in den AdR entsenden können, der dort in erster Linie ihre Interessen vertritt. Vielmehr repräsentiert jedes Mitglied die regionale Sachkompetenz in ihrer Gesamtheit, ist also weder der Stellvertreter einer einzelnen Region noch der Regionen eines einzelnen Mitgliedstaats. Entsprechend sind weder die Entsendestaaten noch die Herkunftsregionen gegenüber den Mitgliedern weisungsbefugt. An ihr Abstimmungsverhalten dürfen keine rechtlichen Konsequenzen geknüpft werden. Von dem einzelnen Mitglied wird verlangt, einerseits seine regionale Erfahrung und Sachkenntnis, auf deren Grundlage es von seinem Mitgliedstaat für den AdR vorgeschlagen wurde, in die Beratungen der Stellungnahmen einzubringen, andererseits aber das allgemeine Wohl der Gemeinschaft über Partikularinteressen der gemeinschaftlichen Regionen, der Regionen in seinem Mitgliedstaat oder seiner Herkunftsregion zu stellen.[76]

36 Abs. 5 stellt weitgehende Anforderungen, die sich nach überwiegender Auffassung nur unvollkommen umsetzen lassen:[77] Die regionalen Mandatsträger bzw. Amtsinhaber haben in erster Linie die Interessen ihrer Gebietskörperschaft im Blick, zumal die Tätigkeit im AdR nur nebenberuflich erfolgt. Das durch den Vertrag von Nizza neu hinzugekommene Erfordernis eines Wahlmandats bzw. eines politisch verantwortlichen Amts relativiert die Unabhängigkeit zusätzlich, so daß man fragen muß, ob die Formulierung »in voller Unabhängigkeit« nicht besser spätestens zusammen mit der Änderung von Abs. 1 (politisches Mandat) und der Einfügung von Abs. 4 S. 4 (automatisches Ende der Mitgliedschaft bei Wegfall des politischen Mandats) gestrichen worden wäre.[78]

37 Die **Vorrechte, Befreiungen und Erleichterungen** der Mitglieder und Stellvertreter ergeben sich aus Art. 11 Abs. 2 des Protokolls über die Vorrechte und Befreiungen der EGen.[79] Dieses stellt sie nicht den Mitgliedern des EP, sondern den Vertretern der Mitgliedstaaten, die an den Arbeiten der Organe teilnehmen, gleich.

V. Bedeutung, Reformbedarf und Perspektive

38 Die Bedeutung des AdR ist nicht an den weitreichenden Vorstellungen von einer »dritten Kammer« zu messen, sondern an dem im Vertrag von Maastricht gefundenen Kompromiß einer organunterstützenden beratenden Institution. Zu berücksichtigen ist auch, daß der AdR eine relativ **junge Institution** ist, deren erste Mandatsperiode noch nicht vorüber war, als mit der Unterzeichnung des Vertrages von Amsterdam wichtige Grundlagen auch ihrer Tätigkeit schon wieder geändert wurden. Die Unterzeichnung des Vertrages von Nizza fiel in die zweite Mandatsperiode. Dieser sieht mit dem Erfordernis eines Wahlmandats bzw. eines politisch verantwortlichen Amtes erneut eine Änderung der Grundlagen der Tätigkeit des AdR vor. Zu Beginn der dritten Mandatsperiode läßt sich festhalten, daß der AdR seine Rolle im institutionellen Gefüge der EU noch nicht gefunden hat. Er war und ist Gegenstand diverser Reformen und Reformansätze. Die Förderer des AdR sehen dessen aktuelle Ausgestaltung eher als Fuß in der

---

76 Vgl. W. *Kaiser*, in: GTE, EGV, Art. 198a, Rn. 10; W. *Kaufmann-Bühler*, in: Lenz, EGV, Art. 263, Rn. 8; a.A. *Theissen* (Fn. 3), S. 193 f.
77 Vgl. *Bassot* (Fn. 8), S. 736; H.-J. *Blanke*, in: Grabitz/Hilf, EU, Art. 198a EGV, Rn. 28; *Hrbek* (Fn. 54), S. 140; W. *Kaufmann-Bühler*, in: Lenz, EGV, Art. 263, Rn. 8.
78 Vgl. Rn. 25.
79 ABl.EG 1967 Nr. L 152/1, ergänzt durch das Protokoll Nr.7 zum EUV. S. Art. 4 GO AdR.

Tür auf dem Weg zu einer direkten Beteiligung der Regionen an der europäischen Rechtsetzung. In der Tat kann man in dem Erfordernis eines politischen Mandats seiner Mitglieder eine Qualitätsänderung angelegt sehen. Allerdings wird noch nicht deutlich, was die Entwicklungsperspektive des AdR sein kann und wie diese sich in Staaten wie Deutschland oder Österreich zu den innerstaatlichen Verfahren einer Beteiligung der Regionen an der europäischen Rechtsetzung verhält.[80]

Zu Beginn der dritten Mandatsperiode zeichnen sich eine Reihe von Problemen ab, die als Symptome der Geburtsfehler des AdR betrachtet werden müssen. Hierzu gehören die Heterogenität seiner Zusammensetzung, die zu einer verstärkten Kooperation der Regionen mit Gesetzgebungsbefugnissen außerhalb des AdR geführt hat,[81] aber auch die mangelnde Sitzungspräsenz und die insgesamt nur eingeschränkte politische Bedeutung und Wahrnehmung der Arbeit des AdR.[82] Die Regierungskonferenz 2004 und ihre Vorbereitung wird die Frage beschäftigen »wie eine genauere, dem Subsidiaritätsprinzip entsprechende Abgrenzung der Zuständigkeiten zwischen der Europäischen Union und den Mitgliedstaaten hergestellt und danach aufrechterhalten werden kann«.[83] Die Frage der prozeduralen Sicherung des Subsidiaritätsprinzips sollte auch genutzt werden, um die Rolle und die nähere Ausgestaltung des AdR grundlegend zu überdenken und weiterzuentwickeln.[84] 39

Zu den offenen Fragen gehört, ob die **Zusammenfassung der Belange der sehr heterogenen regionalen und der lokalen Gebietskörperschaften** in der gegenwärtigen Form auf die Dauer sachgerecht und praktikabel ist.[85] Die Alternative bestünde nicht notwendig in unrealistischen Forderungen nach einer Teilung und einer Schaffung zusätzlicher Institutionen wie einem »Ausschuß der konstitutionellen Regionen«,[86] einem »Ausschuß der Kommunen« oder gar einer »Kommunalkammer«.[87] Vielmehr ist auch vorstellbar, daß der AdR entsprechende Untergliederungen erhält, die ihre Stellungnahmen (zumindestens zunächst) separat abstimmen. Dieses wäre angesichts der Geschäftsordnungsautonomie des AdR ohne weiteres realisierbar und würde die beratende Funktion des AdR spürbar stärken. 40

In jedem Falle angezeigt ist eine **Vereinfachung** und eine **Bereinigung** der Vorschriften über den AdR,[88] insbesondere im Hinblick auf redaktionelle Unstimmigkeiten und Regelungen, die von den Vorschriften über den WSA übernommen wurden.[89] Ohnehin ist 41

---

80 Vgl. FAZ, 21.8.2001, S. 2 ; *F. Fischler*, Europa und die Regionen, Rede am 19.8.2001 in Alpbach, abrufbar unter »http://www.comm.eu.int«.
81 S. z.B. FAZ, 29.5.2001, S. 6. Vgl. auch *Engel* (Fn. 6), S. 162 ff.
82 Wegen einer ersten Bilanz der Arbeit des AdR vgl *C. Bluman*, Le Traité d'Amsterdam – Aspects institutionnels, RTDE 1997, S. 721 (741); Das Parlament, 17.8.2001, S. 2; *R. Hrbek*, Der AdR – Eine Zwischenbilanz zur Entwicklung der jüngsten EU-Institution und ihrer Arbeit, Jahrbuch des Föderalismus 1 (2000), S. 461; *O. Mietzsch*, Die erste Amtszeit des Ausschusses der Regionen – eine Bilanz, der städtetag 1998, S. 290; *Schöbel* (Fn. 3), insbesondere S. 44 ff.; *Siebeke* (Fn. 3), S. 127 ff.; *T. Wiedmann*, in: Schwarze, EU-Kommentar, Art. 263, Rn. 11 ff.; ders., Der AdR nach dem Vertrag von Amsterdam, EuR 1999, S. 49.
83 Vertrag von Nizza, Erklärung Nr. 23 zur Zukunft der Union, Ziff. 5, Spstr. 1.
84 Vgl. Art. 5 Rn. 73.
85 Vgl. *Heberlein* (Fn. 14), S. 8.
86 S. zur Kooperation der Regionen mit Gesetzgebungsbefugnissen z.B. FAZ, 29.5.2001, S. 6.
87 Vgl. zu dieser Diskussion *Hasselbach* (Fn. 10), S. 214.
88 S. Vertrag von Nizza, Erklärung Nr. 23 zur Zukunft der Union, Ziff. 5, Spstr. 3.
89 S. z.B. Art. 264, Rn. 14; Art. 265, Rn. 3, 5, 14, 17, 19.

es dringend erforderlich, von der insbesondere durch die Angst um die Zukunft des WSA motivierten parallelen Behandlung von AdR und WSA Abstand zu nehmen.[90]

42 Die in den Verträgen von Amsterdam und Nizza nicht erfüllten Forderungen im Hinblick auf eine weitere Stärkung und Effektivierung des AdR stehen nach wie vor im Raum. Zu nennen sind hier die Verleihung des Organstatus, die Einräumung der Möglichkeit, i.S.v. Art. 230 Abs. 3 zur Wahrung seiner Rechte bzw. zur Wahrung des Subsidiaritätsprinzips den EuGH anzurufen und die Einräumung eines Fragerechts gegenüber der Kommission sowie einer Rechenschaftspflicht bezüglich der Berücksichtigung der Stellungnahmen des AdR. Hinzuweisen ist aber auch auf den Vorschlag der Kommission, den AdR in einem wesentlich früheren Stadium als heute an der Rechtsetzung zu beteiligen.[91] Bei allen diesen Vorschlägen muß zwischen einer sachgerechten Ausgestaltung des AdR im Rahmen seiner gegenwärtigen Konzeption und dem Anliegen einer Entwicklung des AdR zu einer »Regionalkammer« unterschieden werden. Vor dem Hintergrund der bestehenden Konzeption des AdR sind Änderungsvorschläge kritisch zu bewerten, die überwiegend symbolischen Charakter haben und letztlich von dem Wunsch getragen sind, der AdR möge die gleiche Entwicklung nehmen wie das EP.

---

90 Vgl. Entschließung des AdR zum Ergebnis der Regierungskonferenz 2000 und zur Diskussion über die Zukunft der EU vom 25.4.2001, CdR 430/2000 fin (DE) hi, Ziff. 5.
91 Weißbuch der Kommission zum Europäischen Regierungshandeln, KOM (2001) 428 endg. vom 25.7.2001, S. 20.

Art. 264 (ex-Art. 198b)

Der Ausschuß der Regionen wählt aus seiner Mitte seinen Präsidenten und sein Präsidium auf zwei Jahre.[9]

Er gibt sich eine Geschäftsordnung.[4 ff.]

Der Ausschuß wird von seinem Präsidenten auf Antrag des Rates oder der Kommission einberufen. Er kann auch von sich aus zusammentreten.[14]

Inhaltsübersicht:
I. Einführung 1
II. Geschäftsordnung 4
III. Zusammentreten des AdR (Abs. 3) 14

I. Einführung

Art. 264 regelt die **Organisation** des AdR, soweit diese nicht der GO AdR überlassen 1 bleibt. Letzteres ist noch weitgehender als beim WSA der Fall.[1] Art. 264 ist Art. 260 nachgebildet und bis auf die Bezeichnung der Institution in Abs. 1 mit diesem identisch.

Durch den Vertrag von Amsterdam hat der AdR die Geschäftsordnungsautonomie er- 2 halten: Die GO AdR bedarf nicht mehr der Genehmigung des Rates (Art. 198b Abs. 2 a.F.).

Im Vertrag von Maastricht war noch vorgesehen, daß WSA und AdR über einen ge- 3 meinsamen organisatorischen Unterbau verfügen.[2] Dieses hatte insbesondere der AdR als die jüngere Institution, die vorgefundene Strukturen des WSA mitzubenutzen hatte, als Einschränkung empfunden. So waren praktische Probleme bei der Nutzung des gemeinsamen Unterbaus geradezu willkommen, um der Forderung nach Unabhängigkeit vom WSA politisch Nachdruck zu verleihen.[3] Durch die Aufhebung des Protokolls, das den gemeinsamen Unterbau vorgesehen hatte, wurde eine vollständige organisatorische Trennung beider Institutionen ermöglicht.[4]

II. Geschäftsordnung

Die ursprüngliche GO AdR aus dem Jahre 1994[5] wurde mit Beschluss vom 18.11.1999 4 durch eine **neue GO AdR** ersetzt.[6] Der Vertrag von Nizza macht eine erneute Revision erforderlich.[7]

---

1 Vgl. Art. 261.
2 Protokoll (Nr. 16) betreffend den WSA und den AdR.
3 Vgl. N. *Schöbel*, Der AdR – Eine erste Bilanz der Arbeit nach zwei Jahren seines Bestehens, 1997, S. 31; J. *Wuermeling*, Das Ende der »Länderblindheit«: Der AdR nach dem neuen EGV, EuR 1993, S. 196 (205).
4 Vertrag von Amsterdam, Erster Teil, Art. 2, Nr. 59.
5 ABl.EG 1994 Nr. L 132/49, geändert durch ABl.EG 1995 Nr. L 69/47, geändert durch ABl.EG 1999 Nr. L 188/53.
6 ABl.EG 2000 Nr. L 18/22.
7 S. etwa Art. 2 und 3 Abs. 2 GO AdR.

Art. 264 EG-Vertrag

5   Hinsichtlich der für Annahme und Änderung der GO AdR erforderlichen Mehrheit besteht weder eine spezielle Regelung wie in Art. 199 Abs. 1 Hs. 2 für das EP noch eine generelle Regelung wie in Art. 205 Abs. 1 für den Rat oder Art. 219 Abs. 2 für die Kommission. Dieses war offenbar für entbehrlich gehalten worden, solange die GO AdR noch der einstimmigen Genehmigung durch den Rat bedurfte (Art. 198b Abs. 2 a.F.). Auch die alte Rechtslage sah aber zunächst eine Annahme der GO AdR durch diesen selbst vor. Nach Art. 66 Abs. 1 GO AdR ist für eine Geschäftsordnungsrevision die Zustimmung der Mehrheit der Mitglieder des AdR erforderlich.

6   Für die Binnenstruktur des AdR sind durch den EGV neben dem **Plenum** ein **Präsident** und ein **Präsidium** vorgegeben. Die GO AdR sieht außerdem **Fachkommissionen** und Arbeitskreise, ein **Generalsekretariat** mit einem Generalsekretär sowie nationale Delegationen, Fraktionen und interregionale Gruppen vor.

7   Das **Plenum**, in der GO AdR »Plenarversammlung« genannt, hat die vordringliche Aufgabe, Stellungnahmen und Entschließungen des AdR zu beraten und anzunehmen.[8] Das Plenum beschließt regelmäßig mit der Mehrheit der abgegebenen Stimmen.[9]

8   In **Dringlichkeitsfällen**[10] sieht Art. 25 GO AdR vor, daß bereits der Stellungnahmeentwurf der zuständigen Fachkommission an Rat, Kommission und EP übermittelt wird, wenn dieser von der Fachkommission einstimmig angenommen wurde. Im Plenum erfolgt dann nur noch eine nachträgliche Annahme dieses Entwurfs. Diese Lösung vermag regelungstechnisch nicht zu überzeugen: Der EGV sieht nicht die Übermittlung von Stellungnahmeentwürfen, sondern von Stellungnahmen vor. Von den am Rechtsetzungsverfahren beteiligten Organen kann eine Berücksichtigung von Entwürfen nicht erwartet werden, zumal die Annahme durch das Plenum noch offen ist. Auch die nachträgliche Befassung des Plenums ist problematisch. Vorzuziehen wäre die (im EGV verankerte) Möglichkeit, daß in Dringlichkeitsfällen eine eigene Untergliederung des AdR Stellungnahmen annimmt, die dann als Stellungnahmen des AdR gelten.[11]

9   Das **Präsidium**[12] besteht aus dem Präsidenten, dem ersten Vizepräsidenten, 14 weiteren Vizepräsidenten, 20 weiteren Mitgliedern und den Fraktionsvorsitzenden. Zu den Aufgaben des Präsidiums gehört die Vorbereitung, Organisation und Koordinierung der Arbeiten des Plenums und der Fachkommissionen.[13] Der Präsident[14] leitet die Arbeit des AdR und vertritt diesen nach außen.[15]

10 Die **Fachkommissionen** bereiten die Arbeit des Plenums vor.[16] Ihre Funktion entspricht der parlamentarischer Ausschüsse. Die AdR-Mitglieder müssen einer und dürfen maximal zwei Fachkommissionen angehören. Eine wichtige Rolle kommt den **Berichterstattern** zu, die die Stellungnahmeentwürfe erarbeiten.[17] Zur Unterstützung der Arbeit

---

8   S. Art. 1, 13 ff. GO AdR; vgl. *Schöbel* (Fn. 3), S. 15 f., 54 ff.
9   S. Art. 22 Abs. 1 GO AdR.
10 S. Art. 265 Abs. 2.
11 Vgl. den Europaausschuß des Bundestages (Art. 45 S. 2 GG) und die Europakammer des Bundesrates (Art. 52 Abs. 3a GG).
12 S. Art. 1, 28 ff. GO AdR.
13 S. insbesondere Art. 35 GO AdR.
14 S. insbesondere Art. 37 GO AdR.
15 Wegen weiterer Einzelheiten vgl. W. *Kaiser*, in: GTE, EGV, Art. 198b, Rn. 9 ff.; *Schöbel* (Fn. 3), S. 16 ff.
16 S. Art. 44 ff. GO AdR.
17 S. Art. 52 GO AdR.

einer Fachkommission können **Arbeitskreise** gebildet und **Sachverständige** herangezogen werden.[18]

In der ersten Amtsperiode hatte der AdR 8 Fachkommissionen, 4 Unterausschüsse, eine Sonderkommission »Institutionelle Fragen« und 2 Ad-hoc-Arbeitsgruppen des Präsidiums. In der zweiten Amtsperiode ergaben sich zwei wesentliche Änderungen: Die Unterausschüsse wurden aufgelöst. Es gab nur noch 7 **Fachkommissionen**, nämlich die Fachkommission 1 (Regionalpolitik, Strukturfonds, wirtschaftlicher und sozialer Zusammenhalt, grenzüberschreitende und interregionale Zusammenarbeit), 2 (Landwirtschaft, ländliche Entwicklung, Fischerei), 3 (Transeuropäische Netze, Verkehr, Informationsgesellschaft), 4 (Raumordnung, Städtefragen, Energie, Umwelt), 5 (Sozialpolitik, Gesundheitswesen, Verbraucherschutz, Forschung, Fremdenverkehr), 6 (Beschäftigung, Wirtschaftspolitik, Binnenmarkt, Industrie, KMU) und 7 (Bildung, Berufsbildung, Kultur, Jugend, Sport, Bürgerrechte).[19] Hinzu kommt die **Kommission »Institutionelle Angelegenheiten«**. Für die dritte Amtsperiode des AdR ist vorgesehen, die Zahl der Fachkommissionen einschließlich der Kommission Institutionelle Angelegenheiten auf 6 zu reduzieren (Fachkommissionen für Kohäsionspolitik, Wirtschafts- und Sozialpolitik, nachhaltige Entwicklung, Kultur und Bildung, konstitutionelle Fragen und Regieren in Europa, sowie Außenbeziehungen). Hierdurch sollen »**das Interesse und die Teilnahme der Mitglieder an den Sitzungen**« erhöht werden.[20] Die Zahl der Sitzungen sowie der damit verbundene personelle und materielle Aufwand werden reduziert. Allerdings werden – auch mit Blick auf die Erweiterung – die Mitgliederzahlen der verbleibenden Fachkommissionen deutlich steigen. 11

Das **Generalsekretariat** hat die Aufgabe, das Plenum und die Untergliederungen des AdR administrativ zu unterstützen.[21] Dadurch war es von dem früheren gemeinsamen organisatorischen Unterbau von AdR und WSA betroffen.[22] 12

Eine Fraktionierung der Mitglieder war zunächst nicht ausdrücklich in der GO AdR vorgesehen. Zuerst wurde eine Reihe von Entscheidungen von den nationalen Delegationen vorbereitet, die bis heute für die Vorformung der politischen Willensbildung eine wichtige Rolle spielen. Es bildeten sich auch politische Gruppen (Fraktionen).[23] Mittlerweile enthält die GO AdR eigene Regelungen für **nationale Delegationen, Fraktionen und interregionale Gruppen**.[24] 13

III. Zusammentreten des AdR (Abs. 3)

Abs. 3 ist Art. 260 Abs. 3 nachgebildet und mit diesem identisch. Während sich die Regelung aber beim WSA daraus erklärt, daß dort S. 2 erst nachträglich eingefügt wurde, 14

---

18 S. Art. 53 f. GO AdR.
19 Vgl. O. *Mietzsch*, Die erste Amtszeit des Ausschusses der Regionen – eine Bilanz, der städtetag 1998, S. 290 (292 f.); *Schöbel* (Fn. 3), S. 21 f. Wegen weiterer Einzelheiten s. »http://www.cor.eu.int«.
20 Anläßlich der Präsentation des Weißbuches »Europäisches Regieren«, KOM (2001) 428 endg., am 25.7.2001 hat Kommissionspräsident *Romano Prodi* die ungenügende Präsenz im AdR kritisiert. Vgl. FAZ, 26.7.2001, S. 5; Das Parlament, 17.8.2001, S. 2. Vgl. auch *Schöbel* (Fn. 3), S. 38, 40.
21 S. Art. 59 ff. GO AdR.
22 S. Rn. 3; vgl. zum Aufbau der Verwaltung des AdR *Schöbel* (Fn. 3), S. 30 ff.
23 Wegen eines Überblicks über die aktuell bestehenden Gruppen s. »http://www.cor.eu.int«. Vgl. W. *Kaiser*, in: GTE, EGV, Art. 198b, Rn. 41; *Schöbel* (Fn. 3), S. 41 ff.; T. *Wiedmann*, in: Schwarze, EU-Kommentar, Art. 264, Rn. 6 ff.
24 S. Art. 7 ff. GO AdR.

ein Zusammentreten des WSA vorher also immer ein Ersuchen um Stellungnahme seitens des Rates oder der Kommission voraussetzte,[25] durfte der AdR von vorneherein auch aus eigener Initiative zusammentreten.[26] Abs. 3 hat nach der Verleihung der Geschäftsordnungsautonomie an den AdR keinen eigenen Regelungsgehalt mehr. Da der Vertrag von Amsterdam ihn aber nicht gestrichen hat, wäre nach Schaffung einer fakultativen Anhörung durch das EP (Art. 265 Abs. 4) auch dieses in Abs. 3 S. 1 aufzunehmen gewesen.[27] An der Praxis geht Abs. 3 insofern vorbei, als der AdR im Normalfall nicht aufgrund einzelner Stellungnahmeersuchen zusammentritt, sondern regelmäßige Sitzungstermine abhält.[28] Abs. 3 ist überflüssig und sollte gestrichen werden.

---

25 S. Art. 260, Rn. 1.
26 Vgl. *H.-J. Blanke*, in: Grabitz/Hilf, EU, Art. 198b EGV, Rn. 15.
27 Zu der fehlenden Anpassung der Vorschriften über den AdR an die neu geschaffene Anhörung durch das EP s. Art. 265 Rn. 3, 14, 17, 19.
28 S. Art. 14 GO AdR, der auch die Möglichkeit außerordentlicher Sitzungen vorsieht; vgl. zur Praxis *Schöbel* (Fn. 3), S. 15 f., 54 ff.

Art. 265 (ex-Art. 198c)

Der Ausschuß der Regionen wird vom Rat oder von der Kommission in den in diesem Vertrag vorgesehenen Fällen[4 ff.] und in allen anderen Fällen gehört, in denen eines dieser beiden Organe dies für zweckmäßig erachtet,[13 f.] insbesondere in Fällen, welche die grenzüberschreitende Zusammenarbeit betreffen.[2]

Wenn der Rat oder die Kommission es für notwendig erachten, setzen sie dem Ausschuß für die Vorlage seiner Stellungnahme eine Frist; diese beträgt mindestens einen Monat, vom Eingang der diesbezüglichen Mitteilung beim Präsidenten des Ausschusses an gerechnet. Nach Ablauf der Frist kann das Fehlen einer Stellungnahme unberücksichtigt bleiben.[13 f., 16]

Wird der Wirtschafts- und Sozialausschuß nach Artikel 262 gehört, so wird der Ausschuß der Regionen vom Rat oder von der Kommission über dieses Ersuchen um Stellungnahme unterrichtet.[15 ff.] Der Ausschuß der Regionen kann, wenn er der Auffassung ist, daß spezifische regionale Interessen[18] berührt werden, eine entsprechende Stellungnahme abgeben.

Der Ausschuß der Regionen kann vom Europäischen Parlament gehört werden.[3, 14]

Er kann, wenn er dies für zweckdienlich erachtet, von sich aus eine Stellungnahme abgeben.

Die Stellungnahme des Ausschusses sowie ein Bericht über die Beratungen werden dem Rat und der Kommission übermittelt.[19]

Inhaltsübersicht:

I. Einführung	1
II. Obligatorische Anhörung	4
III. Fakultative Anhörung	13
IV. Akzessorische Information und Gelegenheit zur Stellungnahme (Abs. 3)	15
V. Übermittlung der Stellungnahmen	19

I. Einführung

Art. 265 konkretisiert die dem AdR in Art. 7 Abs. 2 und Art. 263 Abs. 1 zugewiesene 1 beratende Aufgabe. Diese besteht in der Abgabe von Stellungnahmen (1) im Zuge einer obligatorischen Anhörung in den vertraglich im einzelnen vorgesehenen Fällen (Abs. 1, 1. Variante), (2) im Zuge einer fakultativen Anhörung durch den Rat, die Kommission oder das EP (Abs. 1, 2. Variante; Abs. 4) (3) im Anschluß daran, daß ein Ersuchen um Stellungnahme an den WSA gerichtet worden ist (Abs. 3), oder (4) im Zuge einer Selbstbefassung (Abs. 5).

Durch den Vertrag von Amsterdam wurde Abs. 1 um den Hinweis ergänzt, daß eine fa- 2 kultative Anhörung des AdR durch den Rat oder die Kommission insbesondere in Fällen in Frage kommt, die die grenzüberschreitende Zusammenarbeit[1] betreffen. Da-

---

1 Vgl. hierzu z.B. *C. Autexier*, Gemeinsame lothringisch-saarländische administrative Einrichtungen und Verfahrensweisen, 1993; ders., La capacité des régions de conclure des accords avec d'autres régions, des États ou des organisations internationales, in: Vandersanden (Hrsg.), L'Europe et les régions, 1997, S. 135 ; *U. Beyerlin*, Rechtsprobleme der lokalen grenzüberschreiten-

durch wird die grenzüberschreitende Zusammenarbeit als ein Bereich hervorgehoben, in dem die Sachnähe und Sachkenntnis der Vertreter der regionalen und lokalen Gebietskörperschaften von Nutzen sein kann. Der AdR selbst kann diese Expertise durch die Bildung interregionaler Gruppen nach Art. 10 GO AdR bündeln.

3 Abs. 4 wurde durch den Vertrag von Amsterdam eingefügt. Leider wurden die Vorschriften über den AdR nur unzureichend an diese zusätzliche Aufgabe angepaßt: Die Beratung des EP wurde nicht in Art. 7 Abs. 2 aufgenommen, obwohl auch der WSA in Art. 262 Abs. 4 n.F. diese neue Aufgabe zugewiesen bekam. Auch hätte eine Änderung von Abs. 1 näher gelegen als die Anfügung eines neuen Absatzes. Die Plazierung der fakultativen Anhörung durch das EP hinter Abs. 2 und 3 gibt für die systematische Auslegung Rätsel auf.[2] Schließlich wird das EP nicht zu den Organen gezählt, an die die Stellungnahmen des AdR zu übermitteln sind (Abs. 6).[3] Auch in Anbetracht der Tatsache, daß die Beratung des EP durch den AdR – schon wegen der Beschränkung auf eine fakultative Anhörung und wohl auch wegen der abweichenden Befugnisse des EP im Rechtsetzungsverfahren – nicht mit der Beratung des Rates und der Kommission auf eine Stufe gestellt werden sollte, wird man hierin **redaktionelle Mängel** erkennen müssen.[4]

II. Obligatorische Anhörung

4 Eine obligatorische Anhörung des AdR ist vorgesehen in Art. 71 Abs. 1; 128 Abs. 2; 129 Abs. 1; 137 Abs. 2 UAbs. 2; 148; 149 Abs. 4 Spstr. 1; 150 Abs. 4; 151 Abs. 5 Spstr. 1; 152 Abs. 4 S. 1; 156 Abs. 1; 159 Abs. 3; 161 Abs. 1, 2 und 3; 162 Abs. 1; 175 Abs. 1, 2 und 3.

5 Die Formulierung von Abs. 1 ließe erwarten, daß der Vertrag sowohl Fälle vorsieht, in denen der Rat den AdR anzuhören hat, als auch Fälle, in denen die Kommission den AdR anhören muß. Unter den vorgenannten Fällen ist jedoch keiner, in dem eine Anhörung des AdR durch die Kommission vorgesehen ist.[5] Anders verhält es sich beim WSA: Neben zahlreichen Fällen einer obligatorischen Anhörung durch den Rat sieht Art. 37 Abs. 2 UAbs. 1 eine obligatorische Anhörung durch die Kommission vor, was mit der Formulierung von Art. 262 Abs. 1 S. 1 korrespondiert.

6 Der obligatorischen **Anhörung** ist nicht bereits durch das Ersuchen um Stellungnahme genügt. Vielmehr muß die Stellungnahme auch abgewartet werden, sofern nicht eine

---

Fortsetzung von Fußnote 1
 den Zusammenarbeit, 1988; C. *Calliess*, Das gemeinschaftsrechtliche Subsidiaritätsprinzip (Art. 3b EGV) als »Grundsatz der größtmöglichen Berücksichtigung der Regionen«, AöR 121 (1996), S. 509 (518 f.); G. *Halmes*, Rechtsgrundlagen für den regionalen Integrationsprozeß in Europa, DÖV 1996, S. 933; J.-P. Lehners, Grenzüberschreitende Kooperationen, in: Brunn (Hrsg.), Region und Regionsbildung in Europa, 1996, S. 300; *J. Linde/J. Gabbe/J. A. M. Hendrikx*, Konzept und Praxis der Europäischen Grenzregionen, in: Siedentopf/Scholle/Schleberger (Hrsg.), Europäische Regionalpolitik, 1997, S. 37, 49, 58; R. *Rixecker*, Grenzüberschreitender Föderalismus – eine Vision der deutschen Verfassungsreform zu Art. 24 Abs. 1 GG, in: Bohr (Hrsg.), Föderalismus, 1992, S. 201; *T. Stein*, EU: Gefahr oder Chance für den Föderalismus in Deutschland, Österreich und der Schweiz?, VVDStRL 53 (1994), S. 26 (42 ff.); *T. Stein/ A. Kallmayer*, Die Herausbildung einer Europa-Region aus rechtlicher Sicht, in: Leinen (Hrsg.), Saar-Lor-Lux, 2001, S. 49.
2 S. Rn. 14.
3 S. Rn. 19.
4 Kritisch auch R. *Bieber*, Reformen der Institutionen und Verfahren, Int. 1997, S. 236 (242).
5 Vgl. bereits W. *Kaiser*, in: GTE, EGV, Art. 198c, Rn. 1.

Frist nach Abs. 2 gesetzt wurde und ohne Vorlage einer Stellungnahme durch den AdR verstrichen ist[6] oder der AdR die Abgabe einer Stellungnahme abgelehnt hat.[7]

Fehlt eine obligatorische Anhörung, dann ist der Rechtsakt rechtswidrig. Da niemals 7 auszuschließen ist, daß der Rechtsakt aufgrund der Stellungnahme des AdR anders ausgefallen wäre, liegt darin die **Verletzung einer wesentlichen Formvorschrift** i.S.v. Art. 230 Abs. 2,[8] so daß der Rechtsakt nach Art. 231 Abs. 1 für nichtig erklärt werden kann.[9]

Ob der AdR eine Verletzung der Anhörungspflicht selbst im Wege der **Nichtigkeitsklage** 8 geltend machen kann, wird uneinheitlich beantwortet. Dem Wortlaut des Art. 230 nach ist dieses nicht der Fall, da der AdR in Art. 230 Abs. 2 und 3 nicht genannt wird und auch nicht unter Art. 230 Abs. 4 fällt.[10] Allerdings stellt sich die Frage, ob die Argumentation auf den AdR übertragbar ist, mit der der EuGH eine Nichtigkeitsklage des EP zur Wahrung seiner Rechte für zulässig erklärt hatte, noch bevor dieses durch den Vertrag von Maastricht auch explizit im EGV verankert wurde.[11] Der EuGH hat über diese Frage noch nicht entschieden.

In der Literatur liegen eine ganze Reihe von Stellungnahmen zu dieser Frage vor, ohne 9 daß sich bereits eine überwiegende Ansicht herausgebildet hätte. Einerseits wird darauf hingewiesen, daß die Stellung des EP im institutionellen Gefüge der Gemeinschaft nicht mit der des AdR vergleichbar sei.[12] Andererseits wird für möglich gehalten, daß der EuGH eine Nichtigkeitsklage des AdR für zulässig erklären könnte,[13] oder dieses wird sogar für richtig gehalten.[14]

Nach hier vertretener Ansicht ist der AdR **nicht** zur Erhebung einer Nichtigkeitsklage 10 befugt. Ausschlaggebend ist, daß diese Frage im Vorfeld der Verträge Maastricht, Amsterdam und Nizza – d.h. bei der Schaffung des AdR und bei der vorsichtigen Ausweitung seiner Befugnisse – jeweils aufgeworfen wurde[15] und die Mitgliedstaaten sich be-

---

6 Abs. 2 S. 2; vgl. EuGH, Rs. 138/79, Slg. 1980, 3333, Rn. 34 (Roquette Frères/Rat).
7 Vgl. Rn. 11.
8 Nicht übertragbar ist die Begründung in EuGH, Rs. 138/79, Slg. 1980, 3333, Rn. 33 (Roquette Frères/Rat).
9 Vgl. Art. 230, Rn. 72; *É. Bassot*, Le Comité des Régions, R.M.C. 1993, S. 729 (738); *H.-J. Blanke*, in: Grabitz/Hilf, EU, Art. 198c EGV, Rn. 10; *W. Kaiser*, in: GTE, EGV, Art. 198c, Rn. 2; *T. Wiedmann*, in: Schwarze, EU-Kommentar, Art. 263, Rn. 21.
10 Insoweit ganz überwiegende Auffassung. Vgl. *R. Theissen*, Der Ausschuß der Regionen, 1996, S. 246 ff.
11 EuGH, Rs. C-70/88, Slg. 1990, I-2041, Rn. 21 ff. (EP/Rat).
12 Vgl. z.B. *Bassot* (Fn. 9), S. 738; *H.-J. Blanke*, in: Grabitz/Hilf, EU, Art. 198a EGV, Rn. 3, Art. 198c EGV, Rn. 11; *T. Wiedmann*, in: Schwarze, EU-Kommentar, Art. 265, Rn. 24.
13 Vgl. z.B. *Bassot* (Fn. 9), S. 738; *W. Kaiser*, in: GTE, EGV, Art. 198c, Rn. 2, Fn. 4 a.E.; *J. Jones*, The Committee of the Regions, Subsidiarity and a Warning, ELRev. 1997, S. 312 (324); *C. Koenig/C. Sander*, Einführung in das EG-Prozeßrecht, 1997, Rn. 238 f.
14 Vgl. z.B. *K. Hasselbach*, Auf dem Weg zu einer Föderalisierung Europas?, ZG 1996, S. 197 (212); *W. Kaufmann-Bühler*, in: Lenz, EGV, Art. 265, Rn. 8; *Theissen* (Fn. 10), S. 266.
15 Vgl. Art. 230, Rn. 4; *H.-J. Blanke*, in: Grabitz/Hilf, EU, Art. 198a EGV, Rn. 3, Art. 198c EGV, Rn. 11; *W. Fischer*, Von Maastricht nach Amsterdam: Die Regierungskonferenz aus der Sicht der deutschen Länder, ZParl 1998, S. 46 (61); *Hasselbach* (Fn. 15), S. 210, 212, 217; *N. K. Riedel*, Der Vertrag von Amsterdam und die institutionelle Reform der EU, BayVBl. 1998, S. 545 (549); *O. Schmuck*, Der Amsterdamer Vertrag aus der Sicht der Länder und Regionen, Int. 1997, S. 228 (232); *N. Schöbel*, Der AdR – Eine erste Bilanz der Arbeit nach zwei Jahren seines Bestehens, 1997, S. 51; *J. Ukrow*, Die Fortentwicklung des Rechts der EU durch den Vertrag von Amsterdam, ZEuS 1998, S. 141 (166).

wußt gegen eine Aufnahme des AdR in Art. 230 Abs. 3 entschieden haben.[16] Dieses bindet auch den EuGH. Dessen Begründung in der Rs. C-70/88[17] trägt erkennbar Ausnahmecharakter und beruht auf dem Organstatus des EP und seiner damit verbundenen Funktion im Rahmen des institutionellen Gleichgewichts der Gemeinschaft. Es liegt kein Widerspruch darin, WSA und AdR nur als organunterstützende Institutionen mit der Aufgabe der Abgabe unverbindlicher Stellungnahmen auszugestalten und diesen die Erhebung von Nichtigkeitsklagen zu versagen. Anders könnte dieser Befund *de lege ferenda* lediglich dann ausfallen, wenn der AdR den Organstatus oder eine stärkere Beteiligung am Rechtsetzungsverfahren erhielte.[18]

11 Für den AdR folgt aus Art. 7 Abs. 2 und Art. 265, daß die Abgabe von bei ihm angeforderten Stellungnahmen seine Aufgabe ist. Der AdR darf Stellungnahmen grundsätzlich nicht verweigern.[19] Nur in den Fällen der Abs. 3 und 5 ist die Abgabe einer Stellungnahme in sein Ermessen gestellt. Auch kann es vorkommen, daß der AdR eine Stellungnahme nicht innerhalb einer ihm gesetzten Frist abzugeben vermag und diese deshalb unterbleibt (Abs. 2 S. 2). In allen anderen Fällen wäre die Verweigerung einer Stellungnahme rechtswidrig. Sie verstieße zusätzlich gegen die unter den Organen und Institutionen wechselseitig geschuldete Treue bzw. Loyalität.[20] Man wird allerdings davon ausgehen müssen, daß die Verweigerung einer Stellungnahme durch den AdR keinen Nichtigkeitsgrund i.S.v. Art. 230 Abs. 2 bildet. Denn anderenfalls ermöglichte man es dem AdR, ein Rechtsetzungsverfahren zu verzögern. Das um die Stellungnahme ersuchende Organ wäre gezwungen, nachträglich eine Frist zu setzen, obwohl die Weigerung bereits feststeht.

12 Die Stellungnahmen des AdR sind stets **unverbindlich**, müssen also im weiteren Rechtsetzungsverfahren nicht befolgt werden. Auf eine obligatorische Anhörung ist jedoch nach **Art. 253** in dem Rechtsakt Bezug zu nehmen.

III. Fakultative Anhörung

13 Abs. 2 gilt nach überwiegender Auffassung auch für Fälle fakultativer Anhörung. Hat ein anhörungsberechtigtes Organ ein fakultatives Ersuchen um eine Stellungnahme ausgesprochen, muß es diese Stellungnahme auch abwarten, sofern nicht erfolglos eine Frist gesetzt wurde.[21] Dieses folgt bereits allgemein aus der Verpflichtung zur Organtreue,[22] ergibt sich aber auch aus Abs. 2 S. 2.[23]

---

16 A.A. (für den Vertrag von Maastricht) *Theissen* (Fn. 10), S. 253; (für den Vertrag von Amsterdam) *K. Hasselbach,* Maastricht II: Ergebnisse der Regierungskonferenz zur Reform der EU, BayVBl. 1997, S. 454 (457).
17 EuGH, Rs. C-70/88, Slg. 1990, I-2041, Rn. 21 ff. (EP/Rat); zur Frage der Übertragbarkeit dieser Begründung vgl. auch *M. Mulert,* Die deutschen Bundesländer vor dem EuGH, 1996, S. 86 f.
18 Vgl. hierzu Art. 263, Rn. 16 und 38 ff.
19 So auch *J. Wuermeling,* Das Ende der »Länderblindheit«: Der AdR nach dem neuen EGV, EuR 1993, S. 196 (202); a.A. *W. Kaiser,* in: GTE, EGV, Art. 198c, Rn. 16.
20 Vgl. Art. 7, Rn. 22; *A. Hatje,* in: Schwarze, EU-Kommentar, Art. 7, Rn. 22; *M. Nettesheim,* in: Grabitz/Hilf, EU, Art. 4 EGV, Rn. 36.
21 Vgl. z.B. *H.-J. Blanke,* in: Grabitz/Hilf, EU, Art. 198c EGV Rn. 4, 9; *W. Kaiser,* in: GTE, EGV, Art. 198c, Rn. 15; *Theissen* (Fn. 10), S. 110; *Wuermeling* (Fn. 19), S. 204.
22 S. Fn. 20.
23 Vgl. *H.-J. Blanke,* in: Grabitz/Hilf, EU, Art. 198c EGV, Rn. 4, 10; *W. Kaiser,* in: GTE, EGV, Art. 198c, Rn. 15; *W. Kaufmann-Bühler,* in: Lenz, EGV, Art. 265, Rn. 1; *Theissen* (Fn. 10), S. 110; *R. Streinz,* Die Stellung des AdR im institutionellen Gefüge der EU, in: Tomuschat (Hrsg.), Mitsprache der dritten Ebene in der europäischen Integration: Der AdR, 1995, S. 55 (70).

Die Regelung der fakultativen Anhörung durch das EP hinter Abs. 2 in Abs. 4 und die 14
fehlende Erwähnung des EP in Abs. 2 legen nahe, daß Abs. 2 für das EP nicht gilt. Dieses wäre dann konsequent, wenn Abs. 2 auf fakultative Anhörungen generell nicht anzuwenden wäre. Gegen dieses Verständnis spricht aber die Tatsache, daß auch an anderer Stelle die Anpassung des Wortlauts an die durch den Vertrag von Amsterdam neugeschaffene Anhörung durch das EP nicht vollzogen wurde. Vielmehr ist diese Vertragsänderung **handwerklich mißlungen**.[24] Abgesehen von Abs. 2 folgt die Pflicht, einmal angeforderte Stellungnahmen grundsätzlich abzuwarten, ohnehin auch aus der Verpflichtung zur Organtreue.[25] Für die fakultative Anhörung durch das EP gilt also nichts anderes als für die durch Rat oder Kommission.

IV. Akzessorische Information und Gelegenheit zur Stellungnahme (Abs. 3)

Die Bedeutung von Abs. 3 liegt angesichts des in Abs. 5 ohnehin vorgesehenen 15
Selbstbefassungsrechts weniger in der Möglichkeit, eine Stellungnahme abgeben zu können, als in der Information über und die mögliche Einbeziehung in ein konkretes Rechtsetzungsverfahren.[26] Anwendungsfälle ergeben sich bereits daraus, daß der Vertrag weitaus öfter eine Anhörung des WSA vorschreibt als des AdR.[27] Abs. 3 gilt, da er auf Art. 262 als ganzes verweist, für alle Fälle einer Anhörung des WSA, unabhängig davon, ob diese obligatorisch oder fakultativ, ob sie durch den Rat, die Kommission oder das EP[28] erfolgt. Demgegenüber löst eine Selbstbefassung des WSA (Art. 262 Abs. 1 S. 3) die Informationspflicht nicht aus.

Die Fristsetzung gemäß Abs. 2 soll nach verschiedentlich vertretener Ansicht auch auf 16
Abs. 3 anwendbar sein.[29] Dieses würde bedeuten, daß das den WSA anhörende Organ bei der pflichtigen Unterrichtung des AdR zusätzlich zu der Fristsetzung gegenüber dem WSA noch eine eigene Fristsetzung gegenüber dem AdR aussprechen müßte. Dem wird hier nicht gefolgt: Wird der AdR über ein an den WSA gerichtetes Ersuchen um Stellungnahme mit Fristsetzung unterrichtet, dann bewegt sich seine Befugnis zur Abgabe einer »entsprechenden Stellungnahme« in demselben zeitlichen Rahmen wie beim WSA.[30] Die dem WSA nach Art. 262 Abs. 2 gesetzte Frist wirkt auch gegenüber dem AdR. Dieses schließt es gleichzeitig aus, gegenüber dem AdR zeitlich eine abweichende Regelung zu treffen.

Abs. 3 S. 1 ist insofern inkonsistent, als er im ersten Satzteil durch den Verweis auf 17
Art. 262 als ganzes auch Anhörungen des WSA durch das EP einschließt (Art. 262 Abs. 4), aber im zweiten Satzteil das EP nicht zu den mitteilungspflichtigen Organen zählt. Da nicht ersichtlich ist, daß das EP von der Informationspflicht ausgenommen werden sollte, ist hier davon auszugehen, daß es sich bei der fehlenden Erwähnung des EP um einen **Redaktionsfehler** handelt. Die Mitteilungspflicht trifft auch das EP.

---

24 Vgl. Rn. 3 und 17.
25 S. Fn. 20.
26 Vgl. W. Kaiser, in: GTE, EGV, Art. 198c, Rn. 10.
27 Vgl. Rn. 4 und Art. 262, Rn. 3.
28 S. hierzu Rn. 17.
29 Vgl. z.B. H.-J. Blanke, in: Grabitz/Hilf, EU, Art. 198c EGV, Rn. 9; Wuermeling (Fn. 19), S. 204.
30 Vgl. bereits W. Kaiser, in: GTE, EGV, Art. 198c, Rn. 8.

18 Als Redaktionsfehler wird teilweise auch angesehen, daß Abs. 3 S. 2 nur auf »regionale« und nicht auch auf »lokale« Interessen Bezug nimmt.[31] Angesprochen ist damit die Bedeutung der Begriffsgruppe »Region« und »regional«.[32] Diese wird weder in Art. 263 bis 265 noch im Vertrag insgesamt[33] in einem streng einheitlichen Sinne gebraucht. So hat der Begriff »Region« in der Bezeichnung des Ausschusses als »Ausschuß der Regionen« eine weitere Bedeutung als in der Bezeichnung von Gebietskörperschaften als »regional«: Einmal schließt der Begriff »lokale« Belange mit ein und einmal nicht. Versteht man den Begriff der »regionalen« Interessen in Abs. 3 S. 2 in demselben übergreifenden Sinne, wie er auch in der Bezeichnung der Institution selbst gebraucht wird, erübrigt sich der Rekurs auf ein Redaktionsversehen.[34]

V. Übermittlung der Stellungnahmen

19 Anders als Art. 262 Abs. 3 für den WSA gibt Abs. 6 nicht auch die Übermittlung der Stellungnahmen der Fachkommissionen vor. Die Übermittlung erfolgt jeweils nicht nur an das Organ, von dem das Ersuchen um Stellungnahme stammt, sondern an den Rat »und« die Kommission. Es ist kaum nachvollziehbar, daß Abs. 4 nunmehr auch eine Anhörung durch das EP vorsieht, Abs. 6 das EP aber nicht zu den Organen zählt, an die die Stellungnahmen des AdR zu übermitteln sind. Auch wenn dieses praktisch keine Probleme bereitet, da Abs. 6 die Übermittlung an weitere Organe und Institutionen nicht ausschließt, gehört Abs. 6 dennoch zu den Regelungen, die noch der Anpassung an die neue Rechtslage bedürfen.[35]

---

31 S. *H.-J. Blanke*, in: Grabitz/Hilf, EU, Art. 198c EGV, Rn. 6; *Hasselbach* (Fn. 15), S. 208, Fn. 38; *W. Kaiser*, in: GTE, EGV, Art. 198a, Rn. 3, Art. 198c, Rn. 7; vgl. auch *Theissen* (Fn. 10), S. 112.
32 S. Art. 263, Rn. 1, 17 ff.
33 S. etwa Art. 101 Abs. 1, 102 Abs. 1, 103 Abs. 1, 154 Abs. 1 (»regionale [und/ oder lokale] Gebietskörperschaften«); 151 Abs. 1 (»regionale Vielfalt«); 158 Abs. 1 (»Regionen«).
34 Die Gegenmeinung (s. Fn. 31) hält diese Auslegung offenbar wegen des Zusatzes für ausgeschlossen, daß der AdR der Auffassung sein muß, daß »spezifische« regionale Interessen berührt würden. Dabei wird zumindest teilweise von der nicht zutreffenden Prämisse ausgegangen, der Vertrag spreche von »spezifisch« regionalen Interessen: *H.-J. Blanke*, in: Grabitz/Hilf, EU, Art. 198c EGV, Rn. 6.
35 S. bereits Rn. 3.

# Kapitel 5
Die Europäische Investitionsbank

Art. 266 (ex-Art. 198d)

Die Europäische Investitionsbank[2] besitzt Rechtspersönlichkeit[3-7].

Mitglieder der Europäischen Investitionsbank sind die Mitgliedstaaten[8].

Die Satzung der Europäischen Investitionsbank ist diesem Vertrag als Protokoll beigefügt[9-14]. Der Rat kann auf Antrag der Europäischen Investitionsbank und nach Anhörung des Europäischen Parlaments und der Kommission oder auf Antrag der Kommission und nach Anhörung des Europäischen Parlaments und der Europäischen Investitionsbank die Artikel 4, 11, 12 und Artikel 18 Absatz 5 der Satzung der Bank einstimmig ändern[15-20].

Abs. 3 S. 2 ist eine durch den Vertrag von Nizza eingefügte Bestimmung.

Inhaltsübersicht:

I. Allgemeines	1
II. Rechtlicher Status der EIB (Absatz 1)	2
1. Name	2
2. Rechtspersönlichkeit	3
3. Unabhängigkeit	5
4. Doppelnatur	6
5. Kontrolle durch den EuGH	7
III. Mitglieder der EIB (Absatz 2)	8
IV. Satzung der EIB (Absatz 3)	9
1. Allgemeines	9
2. Organe der EIB	10
3. Satzungsänderungen	15

I. Allgemeines

Die mit Inkrafttreten des EWGV gegründete[1] EIB ist nach der Weltbank die zweitgröß- 1
te internationale Finanzierungseinrichtung. Nach Art. 4 ihrer Satzung verfügt sie über ein gezeichnetes Kapital in Höhe von 100 Milliarden Euro, das von den Mitgliedstaaten in Abhängigkeit ihrer wirtschaftlichen Leistungsfähigkeit und unter Berücksichtigung politischer Faktoren aufgebracht wird.[2] Ihren Hauptsitz hat die EIB in Luxemburg. Sie unterhält daneben Außenstellen in Athen, Brüssel, Lissabon, London und Rom.
Ihre Bedeutung für die Europäische Gemeinschaft liegt neben der tatsächlichen Investitionstätigkeit vor allem in der rechtlichen Möglichkeit, Anleihe- und Darlehensoperationen vorzunehmen – einer Befugnis, die der Gemeinschaft nicht uneingeschränkt zugebilligt wird.[3] Wegen der fehlenden unmittelbaren parlamentarischen Kontrolle

---

1 Vgl. die Kommentierung zu Art. 9.
2 S. *J. Müller-Borle*, in: GTE, EU-/EGV, zu Art. 198d und 198e, Satzung EIB Artikel 1, Rn. 2.
3 S. *R. Peffekoven*, Die Finanzen der Europäischen Union, 1994, S. 92 f.; *M. Rossi*, Europäisches Parlament und Haushaltsverfassungsrecht, 1997, S. 188 ff.; ausführlich *R. Scheibe*, Die Anleihekompetenzen der Gemeinschaftsorgane nach dem EWG-Vertrag, 1989, S. 13 ff.; *D. Strasser*, Die Finanzen Europas, 1990, S. 106 ff.

werden die Aktivitäten der EIB zum Teil als »Schattenhaushalt« der Gemeinschaft bezeichnet.[4]

II. Rechtlicher Status der EIB (Absatz 1)

1. Name

2 Ihrem Namen nach läßt sich die EIB zunächst als Bank beschreiben, also als ein **Kreditinstitut**, das primär Finanzierungen aus Kapitalmarktmitteln nach bankmäßigen Kriterien vornimmt und als selbständige Einrichtung mit eigenem Vermögen geführt wird.[5] Sie unterscheidet sich dadurch von den Gemeinschaftsfonds, die nicht nach bankmäßigen Regeln (nicht rückzahlbare) Beihilfen für bestimmte Zwecke gewähren. Einen Erwerbszweck darf die EIB nach Art. 267 Abs. 1 S. 2 allerdings nicht verfolgen, ihr **sachliches Tätigkeitsfeld** ist auf die Finanzierung von **Investitionen** beschränkt. Der Begriff der Investition wird weder im Vertrag noch von der Satzung der EIB definiert und unterliegt deshalb einem weiten Beurteilungsspielraum der Organe der EIB.[6]
Der adjektivischen Beschreibung der Investitionsbank als europäisch läßt sich jedenfalls keine geographische Begrenzung ihrer Investitionstätigkeit entnehmen.[7]

2. Rechtspersönlichkeit

3 Die EIB ist **kein Organ der Europäischen Gemeinschaft**, wie sowohl der systematischen Stellung der Art. 266 und 267 in einem eigenständigen Kapitel des Fünften Titels als auch der Existenz des Art. 9 neben Art. 7 zu entnehmen ist. Materiell läßt sich die fehlende Organqualität mit der vom Vertrag gewollten und für die Bankgeschäfte erforderlichen Unabhängigkeit, vor allem aber mit ihrer rein mitgliedstaatlich organisierten Leitung erklären.[8] Gleichwohl verleiht Abs. 1 der EIB **gemeinschaftsinterne Rechtspersönlichkeit**. Der Begriff umschreibt eine öffentlich-rechtliche Gemeinschaftseinrichtung, die Trägerin von Rechten und Pflichten ist.[9] Er erfährt in Art. 28 Abs. 1 der Satzung EIB[10] eine privilegierende Ausgestaltung: Danach besitzt die Bank in jedem Mitgliedstaat die weitestgehende Rechts- und Geschäftsfähigkeit, die juristischen Personen nach dessen Rechtsvorschriften zuerkannt wird; sie kann insbesondere bewegliches und unbewegliches Vermögen erwerben und veräußern sowie vor Gericht stehen. Art. 28 Abs. 2 gewährt der EIB insofern Immunität,[11] als daß ihr Vermögen in keiner Form beschlagnahmt oder enteignet werden kann. Hingegen kann das rechtswidrige Handeln der EIB die außervertragliche Haftung der Gemeinschaft nach Art. 288 auslösen.[12]

---

4 *Peffekoven* (Fn. 3), S. 93.
5 *P.-T. Stoll*, in: Grabitz/Hilf, EU, Art. 266, Rn. 2; *J. Müller-Borle*, in: GTE, EU-/EGV, Art. 198d, Rn. 4.
6 *J. Müller-Borle*, in: GTE, EU-/EGV, Art. 198d, Rn. 4.
7 *J. Müller-Borle*, in: GTE, EU-/EGV, Art. 198d, Rn. 4.
8 *F. Fugmann*, in: Hb.EGWirtR, Abschnitt A II, Rn. 323.
9 *J. Müller-Borle*, in: GTE, EU-/EGV, Art. 198d, Rn. 6; *Schweitzer/Hummer*, Europarecht, Rn. 314, unter Verweis auf EuGH, Rs. 110/75, 15.6.1976, Slg. 1976, S. 955 ff. (Mills/EIB).
10 Vgl. Protokoll über die Satzung der Europäischen Investitionsbank, zuletzt geändert durch den Beschluß des Rates der Gouverneure vom 5.6.1998, ABl.EG 1999, Nr. L 21 S. 26.
11 *F. Fugmann*, in: Hb.EGWirtR, Abschnitt A II, Rn. 323.
12 EuGH, Rs. C-370/89, 2.12.1992, Slg. 1992, I-6211, Rn. 14 (SGEEM/EIB); vgl. auch Art. 288 Rn. 3 ff.

Neben der gemeinschaftsinternen Rechtspersönlichkeit ist – unter Hinweis auf die zahlreichen Verträge, die die EIB mit Drittstaaten schließt[13] – auch die **Völkerrechtspersönlichkeit** der EIB anerkannt.[14] Auch im internationalen Bereich, namentlich also im Verhältnis zu dritten Staaten und internationalen Organisationen, wird die EIB aber weder als Organ noch als sonstiger Vertreter der Europäischen Gemeinschaft tätig, sondern ist selbständige Trägerin völkerrechtlicher Rechte und Pflichten.

4

3. Unabhängigkeit

Die Rechtspersönlichkeit und die damit verbundene Handlungsfreiheit der EIB dient ihrer Unabhängigkeit, die sie benötigt, um auf dem Kapitalmarkt **frei von politischen Einflüssen** agieren zu können.[15] Diese funktionelle Autonomie wird durch eine institutionelle Autonomie ergänzt:[16] Die EIB wird von eigenen Organen geleitet und verwaltet, die in ihrer Besetzung und ihren Entscheidungen unabhängig sind von denen der Gemeinschaft.[17] Vor allem aber wird die EIB eigenständig finanziert und unterliegt grundsätzlich nicht dem Haushalt der Gemeinschaft. Ihre Aktivitäten werden dementsprechend nur eingeschränkt vom Europäischen Rechnungshof überprüft.[18] Nur soweit die EIB im Auftrag und für Rechnung der Gemeinschaft tätig wird, unterliegt die Vergabe von Gemeinschaftsdarlehen der Kontrolle durch den Rechnungshof.[19] Diese seit 1989 bestehende Prüfungspraxis hat mit dem durch den Amsterdamer Vertrag eingefügten Art. 248 Abs. 3 UAbs. 3 Eingang in das Primärrecht erhalten.[20]

5

Wie weit die Unabhängigkeit der EIB reicht, ist aber nicht nur im Verhältnis zum Europäischen Rechnungshof, sondern auch im Verhältnis zum Europäischen Amt für Betrugsbekämpfung OLAF fraglich. Unterstellt man diesbezüglich die Kompetenz der Kommission zur Errichtung von OLAF,[21] bestimmen sich dessen Befugnisse vor allem nach Art. 1 Abs. 3 VO 1073/1999.[22] Konkretisiert werden sie durch den Beschluß des Direktoriums der EIB über die Zusammenarbeit mit OLAF, gegen den die Kommission allerdings am 19.1.2000 Nichtigkeitsklage erhoben hat.[23] Die Entscheidung wird maßgeblich davon abhängen, wie der EuGH den Umfang der Unabhängigkeit der EIB beur-

5 a

---

13 Z.B. anerkennt die Schweiz in Art. 1 des Vertrags zwischen der Schweiz und der EIB vom 24.3.1972, Bundesblatt 1972, S. 216 ff. die internationale Rechtspersönlichkeit und die Handlungsfähigkeit der EIB.
14 *F. Fugmann,* in: Hb.EGWirtR, Abschnitt A II, Rn. 323; *.G. Hütz,* in: Grabitz/Hilf, EU, Art. 9, Rn. 4; *J. Müller-Borle,* in: GTE, EU-/EGV, Art. 198d, Rn. 7 m.w.N.; *Oppermann,* Europarecht, Rn. 432; *Schweitzer/Hummer,* Europarecht, Rn. 315.
15 EuGH, Rs. 85/86, 3.3.1988, Slg. 1988, 1281, Rn. 28 (Kommission/EIB); *J. Müller-Borle,* in: GTE, EU-/EGV, Art. 198d, Rn. 6.
16 EuGH, Rs. 85/86, 3.3.1988, Slg. 1988, 1281, Rn. 29. Die Bank selbst bezeichnet sich als »autonome öffentlich-rechtliche Institution im Rahmen der Gemeinschaft«, s. EIB Jahresbericht 1992, Einleitung.
17 S. Rn. 10 ff.; vgl. dazu *J. Rideau,* Droit institutionnel de l'union et des communautés européennes, 1996, S. 382.
18 Vgl. hierzu *Rideau* (Fn. 17), S. 385; S. auch *Rossi* (Fn. 3), S. 192; *Strasser* (Fn. 3), S. 139 f.
19 S. *F. Fugmann,* in: Hb.EGWirtR, Abschnitt A II, Rn. 333.
20 S. auch *D.V. Skiadas,* European Court of Auditors and European Investment Bank: An Uneasy Relationship, EPL 5 (1999), S. 215 ff.
21 Die Errichtung wurde auf Art. 218 Abs. 2 gestützt, denn die durch den Vertrag von Amsterdam eingefügte (und tauglichere) Rechtsgrundlage des Art. 280 Abs. 4 trat erst drei Tage nach dem Errichtungsbeschluß in Kraft. Vgl. zum Ganzen *U. Mager,* Das Europäische Amt für Betrugsbekämpfung (OLAF), ZEuS 2000, S. 177 ff.
22 ABl.EG 1999 Nr. L 136/1.
23 Rs. C-15/00, ABl.EG 2000 Nr. C 122/9.

teilt. Zu berücksichtigen ist dabei auf der einen Seite, daß die Unabhängigkeit der EIB im Unterschied zu der der EZB (vgl. Art. 108) nicht unmittelbar vertraglich normiert ist, sondern nur aus ihrer Rechtspersönlichkeit abgeleitet wird.[24] Darüber hinaus ist die EIB durch Art. 267 Abs. 1 ausdrücklich in den (rechtlichen) Rahmen der Gemeinschaft eingebunden; sie wird von Art. 159 Abs. 1 S. 3 ausdrücklich zu ihren Finanzierungsinstrumenten gezählt. Auf der anderen Seite fragt sich, ob die primärrechtlich mit Rechtspersönlichkeit und Satzungsautonomie ausgestattete EIB aufgrund sekundärrechtlicher Vorschriften der Kontrolle durch OLAF unterworfen werden kann.[25] Insgesamt steht zu erwarten, daß der EuGH die Kontrollbefugnisse von OLAF gegenüber dem Europäischen Parlament, der EZB und der EIB differenziert betrachten wird.

4. Doppelnatur

6   Trotz dieser Unabhängigkeit fällt die EIB schon wegen ihrer Zielsetzung (s. Art. 267) in den Rahmen der Gemeinschaft und ist deshalb nicht von jeder Bestimmung des Gemeinschaftsrechts ausgenommen. Nach der Rechtsprechung des EuGH ist sie von einer **Doppelnatur**, denn sie ist »einerseits hinsichtlich ihrer Geschäftsführung, insbesondere im Rahmen ihrer Kapitaloperationen, unabhängig, andererseits hinsichtlich ihrer Ziele mit der Gemeinschaft eng verbunden«.[26] Im konkreten Fall ging es um die Besteuerung des Bankpersonals. Die Argumentation des EuGH, die Zuweisung der Steuer zum Haushaltsplan der Gemeinschaften könne »die funktionelle Autonomie und den Ruf der Bank als unabhängige Stelle auf den Kapitalmärkten nicht gefährden«,[27] ist insofern nicht abstraktionsfähig, als der Eindruck entstehen könnte, gemeinschaftsrechtliche Bestimmungen fänden ihre Grenze in der Autonomie der EIB. Vielmehr ist zu beachten, daß die Autonomie der EIB ihrerseits den Vertragszielen untergeordnet ist und deshalb nur so weit reicht, wie dies zur Erfüllung ihrer konkreten Aufgaben erforderlich ist.[28]

5. Kontrolle durch den EuGH

7   Der EuGH entscheidet nach Art. 236 über Streitsachen zwischen dem Bankpersonal und der EIB.[29] Darüber hinaus ist der EuGH nach Maßgabe des Art. 237 auch für gewisse Streitigkeiten im Zusammenhang mit der EIB zuständig.[30] Im übrigen entscheiden die zuständigen Gerichte der Mitgliedstaaten (Art. 29 Abs. 1 der Satzung).

III. Mitglieder der EIB (Absatz 2)

8   Nach Abs. 2 sind **alle Mitgliedstaaten der Gemeinschaft** zugleich Mitglieder der EIB. Dieser Mitgliedschaft können sich auch neu beitretende Mitgliedstaaten nicht entziehen, denn die mit der Verwirklichung der Gemeinschaft verbundenen Lasten sollen auf

---

24 Vgl. bspw. EuGH, Rs. 85/86, 3.3.1988, Slg. 1988, 1281, Rn. 25 ff. (Kommission/EIB).
25 Kritisch auch Mager (Fn. 21), S. 193.
26 EuGH, Rs. 85/86, 3.3.1988, Slg. 1988, 1281, Rn. 30.
27 EuGH, Rs. 85/86, 3.3.1988, Slg. 1988, 1281, Rn. 30.
28 Deutlich *BBPS*, S. 156; vgl. auch den Hinweis bei *J. Müller-Borle*, in: GTE, EU-/EGV, Art. 198d, Rn. 6.
29 EuGH, Rs. 110/75, 15.6.1976, Slg. 1976, Rn. 14; s. Art. 236, Rn. 5.
30 S. Art. 237, Rn. 2 ff.

alle Mitgliedstaaten in gleichem Umfang verteilt werden.[31] Aus diesem Grunde ist ein Austritt aus der EIB weder vertraglich noch in der Satzung vorgesehen. Internationale Organisationen und andere Staaten, und seien sie auch mit der Gemeinschaft assoziiert, sind nach dem deutlichen Wortlaut von der Mitgliedschaft ausgeschlossen.[32]

IV. Satzung der EIB (Absatz 3)

1. Allgemeines

Die Satzung, die dem Vertrag gemäß Art. 9 als Protokoll beigefügt ist, ist gemäß Art. 311 **Bestandteil des Vertrags** und zählt somit zum Primärrecht der Gemeinschaft.[33] Neben Vorgaben für das Kapital der EIB und Anweisungen für die Vergabe von Darlehen und Bürgschaften sowie die Aufnahme von Anleihen enthält die Satzung insbesondere Bestimmungen über die Organe der Bank, deren Aufgaben und Entscheidungsprozeduren. 9

2. Organe der EIB

Nach Art. 8 der Satzung wird die Bank von einem Rat der Gouverneure, einem Verwaltungsrat sowie einem Direktorium verwaltet und geleitet. 10

Der **Rat der Gouverneure** besteht aus den von den Mitgliedstaaten benannten (Finanz- bzw. Schatz-) Ministern. Ihm obliegt in erster Linie der Erlaß der allgemeinen Richtlinien für die Kreditpolitik der Bank. Daneben entscheidet er über die Erhöhung des gezeichneten Kapitals und genehmigt Tätigkeiten der EIB außerhalb des Hoheitsbereichs der Gemeinschaft. Weitere Befugnisse werden ihm Art. 9 Abs. 3 Satzung EIB zugewiesen. Der Rat der Gouverneure entscheidet grundsätzlich mit qualifizierter Mehrheit unter Gewichtung der einzelnen Stimmen entsprechend dem Schlüssel des Art. 205 Abs. 2, wobei diese Mehrheit zudem mindestens 50% des gezeichneten Kapitals repräsentieren muß (Art. 10 S. 2 der Satzung). 11

Der **Verwaltungsrat** setzt sich gemäß Art. 11 aus 25 ordentlichen und 13 stellvertretenden Mitgliedern zusammen, die sich in Abhängigkeit von Größe und Bedeutung der Mitgliedstaaten auf diese verteilen. Auch die Kommission entsendet ein ordentliches und ein stellvertretendes Mitglied in den Verwaltungsrat. Im Verwaltungsrat wird anhand der vom Rat der Gouverneure erlassenen Richtlinien über die Gewährung von Darlehen und Bürgschaften einschließlich der Zinssätze bzw. Provisionen sowie über die Aufnahme von Anleihen entschieden. Außerdem kontrolliert er die ordnungsgemäße Verwaltung der EIB. Die Mitglieder des Verwaltungsrats sind allein der Bank verantwortlich (Art. 11 Abs. 2 UAbs. 7 S. 2 der Satzung). Sie entscheiden regelmäßig mit einfacher Mehrheit (Art. 12 Abs. 2 S. 1 der Satzung). 12

Die laufenden Geschäfte werden von dem aus einem Präsidenten und fünf Vizepräsidenten bestehenden **Direktorium** geführt (Art. 13 der Satzung). Der Präsident des Di- 13

---

31 J. Müller-Borle, in: GTE, EU-/EGV, Art. 198d, Rn. 8.
32 P.-T. Stoll, in: Grabitz/Hilf, EU, Art. 266, Rn. 7; J. Müller-Borle, in: GTE, EU-/EGV, Art. 198d, Rn. 8.
33 Bleckmann, Europarecht, Rn. 362.

rektoriums vertritt die Bank gerichtlich und außergerichtlich. Auch das Direktorium ist nur der Bank verantwortlich (Art. 13 Abs. 8 der Satzung).

14 Schließlich sieht Art. 14 der Satzung einen **Prüfungsausschuß** vor, der, bestehend aus drei vom Rat der Gouverneure aufgrund ihrer Befähigung ernannten Mitglieder, jährlich die Ordnungsmäßigkeit der Geschäfte und der Bücher der Bank prüft. Ob er die eingeschränkte Überprüfung durch den Europäischen Rechnungshof vollständig auszugleichen vermag, bleibt zu bezweifeln.[34]

3. Satzungsänderungen

15 Als Primärrecht kann die Satzung der EIB grundsätzlich nur durch die Mitgliedstaaten geändert werden. Die in der Satzung selbst vorgesehenen Ausnahmen betreffen die Höhe des gezeichneten (Art. 4 Abs. 1 UAbs. 1) und des einzuzahlenden (Art. 5 Abs. 1) Kapitals: Gemäß Art. 4 Abs. 3 Satzung EIB kann der Rat der Gouverneure einstimmig über eine Erhöhung des gezeichneten Kapitals entscheiden und muß, macht er von dieser Möglichkeit Gebrauch, gemäß Art. 5 Abs. 2 auch die Höhe des von den Mitgliedstaaten einzuzahlenden Prozentsatzes festlegen.

16 Weitere Ausnahmen sieht nunmehr Art. 266 Abs. 3 S. 2 EGV vor, der durch den Vertrag von Nizza in den EG-Vertrag eingefügt worden ist. Er erlaubt dem Rat der Europäischen Gemeinschaft, bestimmte Artikel der Satzung EIB zu ändern. Betroffen ist zunächst Art. 4 Satzung EIB, der neben der Gesamtkapitalausstattung der Bank vor allem auch die Zeichnungsanteile der einzelnen Mitgliedstaaten festlegt.[35] Die Art. 11 und 12 Satzung EIB befassen sich mit dem Verwaltungsrat der EIB, namentlich mit seinen Aufgaben, seiner Zusammensetzung und seinen Verfahrensregeln. Art. 18 Abs. 5 Satzung EIB schließlich bestimmt, daß die jeweils ausstehenden Darlehen und Bürgschaften der Bank 250% des gezeichneten Kapitals nicht überschreiten dürfen.

17 Das Gesamtanliegen des Vertrags von Nizza, die Europäische Union auf den Beitritt weiterer Mitgliedstaaten vorzubereiten, kommt grundsätzlich auch in der Auswahl der genannten Bestimmungen der Satzung EIB zum Ausdruck: Da neue Mitgliedstaaten der Europäischen Gemeinschaft gemäß Art. 266 Abs. 2 EGV automatisch zu Mitgliedstaaten der EIB werden, verändern sich mit ihrem Beitritt regelmäßig auch die Kapitalausstattung der Bank und die Zeichnungshöhe der einzelnen Mitgliedstaaten (Art. 4). Und wie bei den Organen der Europäischen Gemeinschaft müssen auch die Organe der EIB trotz Mitgliederzuwachs handlungsfähig bleiben, was insbesondere die Besetzung und die Verfahrensregeln des Verwaltungsrates vor Herausforderungen stellt, der schon heute aus 25 ordentlichen und 13 stellvertretenden Mitgliedern besteht (s. Rn. 12). Wenn darüber hinaus künftig auch die Darlehensobergrenze des Art. 18 Abs. 5 Satzung EIB zur Disposition des Rates stehen soll, so geht der Vertrag von Nizza offensichtlich davon aus, daß die Osterweiterung der Europäischen Union zu einem erhöhten Darlehensbedarf führen wird, dem keine äquivalente Finanzkraft der Beitrittsstaaten entsprechen wird.

18 Gleichwohl fragt sich, ob die Vertragsergänzung wirklich notwendig war. Das gilt in besonderer Weise für die Ermächtigung, Art. 4 Satzung EIB zu ändern. Denn nach Art. 4 Abs. 2 Satzung EIB erhöht sich das gezeichnete Kapital bei Aufnahme eines neu-

---

34 S. *Skiados* (Fn. 20), S. 215 (222).
35 S. Art. 267 Rn. 2 f.

en Mitglieds automatisch um dessen Beitrag, und nach Art. 4 Abs. 3 Satzung EIB kann der Rat der Gouverneure einstimmig über eine Erhöhung des gezeichneten Kapitals entscheiden. Die maßgebliche Änderung des Art. 266 Abs. 3 S. 2 liegt also darin, daß die Finanz- bzw. Schatzminister der Mitgliedstaaten nicht mehr als Rat der Gouverneure und somit als Organ der EIB, sondern als Rat und somit als Organ der Europäischen Gemeinschaft über die Kapitalausstattung und die Zahlungsanteile der Mitgliedstaaten entscheiden. Zugleich werden mit der Kommission und dem Parlament auch die anderen am Rechtsetzungsverfahren beteiligten Organe der Gemeinschaft in die Satzungsänderung einbezogen.

Diese Änderung ist bei theoretisch-dogmatischer Betrachtung von weitreichender Bedeutung, denn die betreffenden Bestimmungen der Satzung werden vom Primär- in das Sekundärrecht überführt: Entsprechende Satzungsänderungen bedürfen nicht mehr eines völkerrechtlichen Vertrages der Mitgliedstaaten mitsamt seiner innerstaatlichen Ratifizierung, sondern können nunmehr durch die Gemeinschaftsorgane beschlossen werden. Das ist insofern bemerkenswert, als mit Entscheidungen über die Kapitalausstattung der Bank bzw. über die Obergrenze der ausstehenden Darlehen und Bürgschaften die entscheidenden finanziellen Eckwerte festgelegt werden, die wegen ihrer Zahlungs- und Haftungsverpflichtungen auch die Mitgliedstaaten betreffen (vgl. Art. 4 Abs. 1 UAbs. 2, Art. 5 u. Art. 26 Satzung EIB). Mit den Einflußmöglichkeiten der Mitgliedstaaten geht zugleich auch ein Stück zumindest der institutionellen Autonomie der EIB verloren: Handelten die Organe der EIB bislang unabhängig von Entscheidungen der Gemeinschaftsorgane, können diese nunmehr Einfluß auf das wichtigste Leitungsorgan der Bank, den Verwaltungsrat, nehmen. 19

In der Praxis dürfte die Vertragsergänzung dagegen weniger bedeutsam ausfallen, denn wegen der politischen und vor allem der finanziellen Auswirkungen, die mit Änderungen der genannten Bestimmungen einher gehen können, sieht Art. 266 Abs. 3 S. 2 ein Verfahren vor, daß die alleinige Entscheidungsbefugnis beim Rat beläßt. Weil Satzungsänderungen vom Rat dazu nur einstimmig beschlossen werden können, bleibt die Satzungshoheit trotz Initiativbefugnissen der EIB und der Kommission – das Parlament wird in jedem Falle nur angehört – zumindest faktisch bei den Mitgliedstaaten. 20

Matthias Rossi

Art. 267 (ex-Art. 198e)

Aufgabe der Europäischen Investitionsbank ist es, zu einer ausgewogenen und reibungslosen Entwicklung des Gemeinsamen Marktes im Interesse der Gemeinschaft beizutragen[5]; hierbei bedient sie sich des Kapitalmarkts sowie ihrer eigenen Mittel[1-3]. In diesem Sinne erleichtert sie ohne Verfolgung eines Erwerbszwecks[11] durch Gewährung von Darlehen und Bürgschaften[12-14] die Finanzierung der nachstehend bezeichneten Vorhaben in allen Wirtschaftszweigen:

a) Vorhaben zur Erschließung der weniger entwickelten Gebiete[7];
b) Vorhaben zur Modernisierung oder Umstellung von Unternehmen oder zur Schaffung neuer Arbeitsmöglichkeiten, die sich aus der schrittweisen Errichtung des Gemeinsamen Marktes ergeben und wegen ihres Umfangs oder ihrer Art mit den in den einzelnen Mitgliedstaaten vorhandenen Mitteln nicht vollständig finanziert werden können[8];
c) Vorhaben von gemeinsamem Interesse für mehrere Mitgliedstaaten, die wegen ihres Umfangs oder ihrer Art mit den in den einzelnen Mitgliedstaaten vorhandenen Mitteln nicht vollständig finanziert werden können[9].

In Erfüllung ihrer Aufgabe erleichtert die Bank die Finanzierung von Investitionsprogrammen in Verbindung mit der Unterstützung aus den Strukturfonds und anderen Finanzierungsinstrumenten der Gemeinschaft[16].

Inhaltsübersicht:

I. Aufbringung der Mittel	1
1. Eigene Mittel	2
2. Mittelbeschaffung auf dem Kapitalmarkt	3
3. Mittel der Treuhandverwaltung	4
II. Aufgaben	5
1. Allgemeine Aufgabe	5
2. Einzelne Aufgaben	6
a) Erschließung weniger entwickelter Gebiete	7
b) Modernisierung oder Umstellung von Unternehmen, Schaffung von Arbeitsplätzen	8
c) Vorhaben von gemeinsamem Interesse für mehrere Mitgliedstaaten	9
3. Aufgaben außerhalb des Gemeinschaftsgebiets	10
4. Kein Erwerbszweck	11
III. Möglichkeiten der Aufgabenerfüllung	12
1. Darlehen und Bürgschaften	12
2. Teil- und Projektfinanzierungen	14
3. Prinzip der Subsidiarität gegenüber mitgliedstaatlichen Finanzierungen	15
IV. Zusammenarbeit mit anderen Finanzierungsinstrumenten	16

I. Aufbringung der Mittel

1 Die EIB verfügt über eigene Mittel. Sie kann sich zusätzliche Mittel auf dem Kapitalmarkt beschaffen.

1. Eigene Mittel

2 Als eigene Mittel verfügt die EIB zunächst über das **Kapital**, für das die **Mitgliedstaaten** gemäß Art. 4 der Satzung in unterschiedlicher Höhe gezeichnet haben. Eingezahlt wird allerdings nur ein Betrag in Höhe von durchschnittlich 6% des gezeichneten Kapitals

(Art. 5 der Satzung). Darüber hinaus kann der Rat der Gouverneure die Mitgliedstaaten nach Art. 6 der Satzung (schon mit qualifizierter Mehrheit!) verpflichten, der Bank zur Finanzierung bestimmter Vorhaben verzinsliche Sonderdarlehen zu gewähren – eine Möglichkeit, die bislang nicht angewandt wurde und die zum Teil als »Fremdkörper« im Rahmen der Satzung angesehen wird.[1] In jedem Falle haften die Mitgliedstaaten gemäß Art. 4 Abs. 1 UAbs. 3 der Satzung nur bis zur Höhe ihres Anteils am gezeichneten und nicht eingezahlten Kapital.

Das gezeichnete Kapital wirkt sich auf die Höhe der von der EIB zu vergebenden Darlehen aus, denn diese dürfen nach Art. 18 Abs. 5 der Satzung 250% des gezeichneten Kapitals nicht überschreiten.

2. Mittelbeschaffung auf dem Kapitalmarkt

Den größten Teil ihrer Mittel[2] beschafft sich die EIB auf dem Kapitalmarkt durch die **Aufnahme von Anleihen** oder **die Abtretung von Forderungen**. Weil sie ihre eigenen Mittel nicht verzinsen muß und aufgrund ihrer Unabhängigkeit und strengen Ausrichtung an Bankgrundsätzen zusätzlich über eine erstklassige Bonität verfügt, kann sie sich günstig refinanzieren.[3] In einem weiteren Sinne zählen auch die auf dem Kapitalmarkt beschafften Mittel zu den eigenen Mitteln der Bank, denn die EIB kann auch über diese im eigenen Namen verfügen.[4]

3

3. Mittel der Treuhandverwaltung

In der Praxis spielen auch diejenigen Mittel eine bedeutende Rolle, die die EIB treuhänderisch **im Auftrage Dritter** (etwa der Kommission) verwaltet und die bezüglich ihrer Verwendung deshalb speziellen Vorgaben von Dritten unterliegen.[5] Sie zählen nicht zu den eigenen Mitteln der EIB.[6] Solche Mittel werden der EIB etwa zur Finanzierung von Investitionen in Entwicklungsländern oder bei Sonderaktionen in der Gemeinschaft zugebilligt. Die Gemeinschaft nutzt die juristische Eigenständigkeit der EIB, um Anleihen aufnehmen und Darlehen vergeben zu können.[7] Gegen diese Praxis bestehen Bedenken, denn die auf die EIB verlagerte Anleihe- und Darlehenstätigkeit ist nicht Gegenstand der Feststellung des Haushaltsplans und wird deshalb von der Entscheidung der Haushaltsbehörde nicht erfaßt. Auch eine externe Kontrolle findet nur in eingeschränktem Maße statt.[8]

4

---

1 *J. Müller-Borle*, in: GTE, EU-/EGV, Vorb. zu Art. 198d u. 198e, Satzung EIB Art. 7, Rn. 1.
2 *Constantinesco*, EG I, S. 442, und *J. Müller-Borle*, in: GTE, EU-/EGV, Art. 198e, Rn. 4 bezeichnen die auf dem Kapitalmarkt beschafften Mittel als Fremdmittel.
3 *F. Fugmann*, in: Hb.EGWirtR, Abschnitt A II, Rn. 334, und *Oppermann*, Europarecht, Rn. 439 verweisen auf das »AAA-Standing« in den USA; s. auch *R. Peffekoven*, Die Finanzen der Europäischen Union, 1994, S. 91.
4 *P.-T. Stoll*, in: Grabitz/Hilf, EU, Art. 267, Rn. 10.
5 Z.B. Euratom-Darlehen, »Neues Gemeinschaftsinstrument (NGI)«, »Edinburgh-Fazilität«, s. *P.-T. Stoll*, in: Grabitz/Hilf, EU, Art. 267, Rn. 4 u. 10.
6 Differenzierend *P.-T. Stoll*, in: Grabitz/Hilf, EU, Art. 267, Rn. 10 f.
7 Ausführlich *R. Scheibe*, Die Anleihekompetenzen der Gemeinschaftsorgane nach dem EWG-Vertrag, 1989, S. 13 ff.; *D. Strasser*, Die Finanzen Europas, 1990, S. 106 ff.
8 S. *M. Rossi*, Europäisches Parlament und Haushaltsverfassungsrecht, 1997, S. 192 ff.

II. Aufgaben

1. Allgemeine Aufgabe

5   Abs. 1 formuliert die allgemeine Aufgabe der EIB, zu einer ausgewogenen und reibungslosen Entwicklung des Gemeinsamen Marktes im Interesse der Gemeinschaft beizutragen. Diese Ausrichtung auf das **Gemeinschaftsinteresse** bindet die EIB deutlich in den Rahmen der Gemeinschaft ein[9] und unterscheidet sie insofern von der EZB.[10]

2. Einzelne Aufgaben

6   Abs. 1 S. 2 nennt in lit. a)–c) bestimmte Aufgaben, ohne diesen eine feste Rangfolge vorzugeben. Die **Festlegung der Prioritäten** ist allein dem Rat der Gouverneure vorbehalten.[11]

a) Erschließung weniger entwickelter Gebiete

7   Vorhaben zur Erschließung weniger entwickelter Gebiete können sich sowohl auf eine Verbesserung der Infrastruktur als auch auf die Förderung ganzer Produktionszweige beziehen. Sie kommen in erster Linie den wirtschaftlich schwachen Regionen in Süditalien, Griechenland, Irland, Korsika, Teilen Spaniens und Portugal zugute,[12] wobei in der Praxis zur Bestimmung des Entwicklungsstandes eines Gebiets an die Strukturfondsverordnungen angeknüpft wird. Die Finanzierung solcher Gebiete entspricht dem Sinn der EIB, die als Instrument eines gewissen bundesstaatlichen **Finanzausgleichs** zugunsten einer Entwicklung der »ärmeren Teile« der Gemeinschaft gegründet worden ist.[13]

b) Modernisierung oder Umstellung von Unternehmen, Schaffung von Arbeitsplätzen

8   Solche Vorhaben können nur dann von der EIB mitfinanziert werden, wenn sie sich aus der »schrittweisen Entwicklung des Gemeinsamen Marktes« ergeben. Die Bestimmung ist auch nach Ablauf der Übergangszeit anwendbar, die Formulierung »Entwicklung des Gemeinsamen Marktes« ist insofern nicht technisch im Sinne des Art. 7 EWGV zu verstehen.[14] Obwohl der ursächliche Zusammenhang im Einzelfall nicht immer leicht nachzuweisen sein dürfte, sind strukturelle Änderungen doch häufig auf die Wirkungen der Integration auf die Volkswirtschaften der Mitgliedstaaten zurückzuführen.[15]

c) Vorhaben von gemeinsamem Interesse für mehrere Mitgliedstaaten

9   Unter solche Vorhaben fallen nach den Allgemeinen Richtlinien der EIB insbesondere solche Projekte, die zur Annäherung der Märkte und zur Integration der Volkswirtschaften beitragen können. Erfaßt werden vor allem Maßnahmen in den »gemeinsa-

---

9   EuGH, Rs. 85/86, 3.3.1988, Slg. 1988, 1281, Rn. 29 (Kommission/EIB); Rs. C-370/89, 2.12.1992, Slg. 1992, I-6211, Rn. 13 (SGEEM/EIB).
10 *A. Glaesner,* in: Schwarze (Hrsg.), EU-Kommentar, Art. 267, Rn. 1.
11 *P.-T. Stoll,* in: Grabitz/Hilf, EU, Art. 267, Rn. 20; *J. Müller-Borle,* in: GTE, EU-/EGV, Art. 198e, Rn. 13.
12 *P.-T. Stoll,* in: Grabitz/Hilf, EU, Art. 267, Rn. 21 unter Verweis auf die VO (EWG) Nr. 2052/88 über die Strukturfonds, ABl.-EG 1988, Nr. L-185/9. S. auch *J. Müller-Borle,* in: GTE, EU-/EGV, Art. 198e, Rn. 14 ff.
13 *Oppermann,* Europarecht, Rn. 443, *J. Käser,* Die Europäische Investitionsbank und die deutsche Wirtschaft, EuR 1976, S. 130 ff.
14 *J. Müller-Borle,* in: GTE, EU-/EGV, Art. 198e, Rn. 17, m.w.N.
15 Differenzierend *P.-T. Stoll,* in: Grabitz/Hilf, EU, Art. 267, Rn. 22.

men Politiken« der Gemeinschaft. Mit der Ausweitung dieser »gemeinsamen Politiken« wird auch die Bedeutung der Kredite auf der Basis von Abs. 1 S. 2 lit. c anwachsen.[16] Als Beispiele seien neben Infrastrukturvorhaben auch Maßnahmen im Bereich des Umweltschutzes, der Energiepolitik, der (Hoch-)Technologie sowie der Bildungs- und Gesundheitspolitik genannt.

3. Aufgaben außerhalb des Gemeinschaftsgebiets

Seit 1963 beteiligt sich die EIB an zahlreichen Projekten außerhalb des Gemeinschaftsgebiets.[17] Ihr kommt deshalb eine bedeutende Rolle in der **Entwicklungspolitik** zu.[18] Allerdings dürfen solche Projekte von der EIB nur finanziert werden, wenn der Rat der Gouverneure einstimmig eine Ausnahmegenehmigung erteilt.[19] Der Grund für diese Regelung liegt in der allgemeinen Ausrichtung der Tätigkeit der EIB auf das Gemeinschaftsinteresse: Weil dieses bei Finanzierungen außerhalb der Gemeinschaft nur bedingt verfolgt wird, bedarf es einer politischen Entscheidung, der eine durch den Verwaltungsrat veranlaßte banktechnische Prüfung vorausgeht.[20] Die Genehmigungen können als generelle Entscheidungen bestimmte Länder oder Ländergruppen erfassen oder als Einzelentscheidungen bestimmte Vorhaben betreffen. Die Finanzierungen kommen bspw. den Mittelmeeranrainerstaaten, verschiedenen Ländern Lateinamerikas und Asiens, Südafrika, den AKP-Staaten und verstärkt auch den mittel- und osteuropäischen Ländern zugute.[21]

10

4. Kein Erwerbszweck

Nach dem deutlichen Wortlaut des Abs. 2 S. 2 darf die EIB keinen Erwerbszweck verfolgen. Damit geht ein gewisser **Wettbewerbsvorteil** gegenüber privatwirtschaftlich geführten Kreditinstituten einher, der seine Rechtfertigung in der Erfüllung (begrenzter) öffentlicher Aufgaben findet.[22] Von dem Verfolgen eines Erwerbszwecks ist die in Art. 19 der Satzung normierte Verpflichtung der Bank zu trennen, **kostendeckend** zu arbeiten und für eventuelle Liquiditätsschwierigkeiten einen Reservefonds zu bilden (Art. 24 der Satzung).

11

III. Möglichkeiten der Aufgabenerfüllung

1. Darlehen und Bürgschaften

Zur Erfüllung ihrer Aufgaben stehen der Bank nach Abs. 2 S. 2 nur zwei Arten von Aktivoperationen zur Verfügung: die **Gewährung von Darlehen** und die **Übernahme von Bürgschaften**. Gegenüber der Vergabe von Darlehen ist die Übernahme von Bürgschaf-

12

---

16 So auch *P.-T. Stoll*, in: Grabitz/Hilf, EU, Art. 267, Rn. 24; *J. Müller-Borle*, in: GTE, EU-/EGV, Art. 198e, Rn. 20.
17 S. die Übersicht bei *J. Müller-Borle*, in: GTE, EU-/EGV, Vorb. zu Art. 198d u. 198e, Rn. 9 ff. bzw. bei *P.-T. Stoll*, in: Grabitz/Hilf, EU, Art. 267 Rn. 36 ff.
18 *Bleckmann*, Europarecht, Rn. 366.
19 S. Art. 18 Abs. 1 Uabs. 1 der Satzung EIB.
20 *J. Müller-Borle*, in: GTE, EU-/EGV, Vorb. zu Art. 198d u. 198e, Satzung EIB Art. 18, Rn. 7.
21 Eine Übersicht über die jeweils aktuellen Finanzierungsprojekte findet sich unter www.eib.eu.int.
22 *J. Müller-Borle*, in: GTE, EU-/EGV, Art. 198e, Rn. 5.

ten bislang von untergeordneter Bedeutung geblieben.[23] Auf andere Formen der Mittelverwendung kann die EIB nicht zurückgreifen, insbesondere ist ihr die Übernahme von Kapitalbeteiligungen an Unternehmen aus Eigenmitteln der EIB (nicht aus treuhänderisch verwalteten Mitteln) versagt.[24]

13 Die Vergabe von Darlehen oder die Übernahme von Bürgschaften ist nach Art. 20 der Satzung nur zulässig, wenn der Zinsen- und Tilgungsdienst sichergestellt ist (hier kommt die Ausrichtung an Bankgrundsätzen zum Ausdruck) und wenn die Durchführung des Vorhabens zu einer Steigerung der volkswirtschaftlichen Produktivität im allgemeinen beiträgt und die Verwirklichung des Gemeinsamen Marktes fördert (hier wird die allgemeine Ausrichtung der EIB auf den Gemeinsamen Markt erneut betont).

2. Teil- und Projektfinanzierungen

14 Aus dem Wortlaut »erleichtert sie ... die Finanzierung« wird die Zulässigkeit von **Teilfinanzierungen** abgeleitet. Die EIB gewährt in diesen Fällen nur eine zusätzliche Finanzierung zum Einsatz anderer Finanzierungsmittel.[25] Für die EIB ist diese Form der Unterstützung wegen der Risikostreuung bei einer breiten Verwendung ihrer Mittel von Vorteil.[26] Demgegenüber besteht bei **Projektfinanzierungen** der Vorteil in der sicheren Überprüfbarkeit und der bestmöglichen Verwendung der Mittel.[27]

3. Prinzip der Subsidiarität gegenüber mitgliedstaatlichen Finanzierungen

15 Abs. 1 S. 2 lit. b) u. c) bestimmen, daß nur solche Vorhaben mitfinanziert werden sollen, »die wegen ihres Umfangs oder ihrer Art mit den in den einzelnen Mitgliedstaaten vorhandenen Mitteln nicht vollständig finanziert werden können«. Nach h.M. gilt dieses **Prinzip der subsidiären Finanzierung** jedoch nicht nur für die in lit. b) und c) bezeichneten Vorhaben, sondern für die **gesamte Tätigkeit der EIB**.[28]

IV. Zusammenarbeit mit anderen Finanzierungsinstrumenten

16 Der zweite Absatz, der auf die Beteiligung der EIB an der gemeinschaftlichen Politik zur Förderung des wirtschaftlichen und sozialen Zusammenhalts zielt, ist durch den Vertrag von Maastricht in den EG-Vertrag eingefügt worden. Er normiert nunmehr die bereits jahrelange Praxis der EIB, mit anderen Finanzierungseinrichtungen der Gemeinschaft wie dem Agrar-, dem Regional- und Sozialfonds zusammenzuarbeiten. Auch die Verwaltung des Neuen Gemeinschaftsinstruments (NGI) mag durch die ausdrückliche Normierung in Art. 267 nunmehr primärrechtlich verankert (und legitimiert) sein. Von besonderer Bedeutung ist der Europäische Investitionsfonds, dessen Satzung der Rat der Gouverneure auf der Grundlage des Art. 30 Satzung EIB beschlossen hat.[29]

---

23 *J. Müller-Borle*, in: GTE, EU-/EGV, Art. 198e, Rn. 6, sowie Vorb. zu Art. 198d u. 198e, Rn. 45 ff.
24 Art. 20 Abs. 2 Satzung EIB.
25 Art. 18 Abs. 2 der Satzung EIB.
26 *J. Müller-Borle*, in: GTE, EU-/EGV, Vorb. zu Art. 198d u. 198e, Satzung EIB Art. 18, Rn. 12.
27 *J. Müller-Borle*, in: GTE, EU-/EGV, Art. 198e, Rn. 7.
28 *J. Müller-Borle*, in: GTE, EU-/EGV, Art. 198e, Rn. 9, m.w.N.
29 ABl. 1994 Nr. L 173/1.

Titel II
Finanzvorschriften[1]

Art. 268 (ex-Art. 199)

Alle[20] Einnahmen[18] und Ausgaben[18] der Gemeinschaft[11] einschließlich derjenigen des Europäischen Sozialfonds werden für jedes Haushaltsjahr[23] veranschlagt und in den Haushaltsplan[9 ff., 15 ff.] eingesetzt.

Die für die Organe anfallenden Verwaltungsausgaben im Zusammenhang mit den die Gemeinsame Außen- und Sicherheitspolitik und die Zusammenarbeit in den Bereichen Justiz und Inneres betreffenden Bestimmungen des Vertrags über die Europäische Union gehen zu Lasten des Haushalts[13]. Die aufgrund der Durchführung dieser Bestimmungen entstehenden operativen Ausgaben können unter den in diesen Bestimmungen vorgesehenen Voraussetzungen dem Haushalt angelastet werden[13].

Der Haushaltsplan ist in Einnahmen und Ausgaben auszugleichen[25].

Inhaltsübersicht:

I. Finanzordnung der Gemeinschaften	1
1. Die finanzrechtlichen Bestimmungen der Verträge	1
2. Die Finanzhoheiten der Gemeinschaft	2
a) Abgabenrechtsetzungshoheit	3
b) Ertragshoheit	4
c) Ausgabenhoheit	5
d) Verwaltungshoheit	7
3. Finanzhoheit und Finanzautonomie der Gemeinschaft im Verhältnis zu den Mitgliedstaaten	8
II. Haushaltsrecht der Gemeinschaft	9
1. Funktion des Haushalts der Gemeinschaft	9
2. Gesamthaushalt – Entwicklung des Haushaltsrechts der Gemeinschaft	11
3. Rechtsquellen des gemeinschaftlichen Haushaltsrechts	14
III. Haushaltsplan	15
1. Rechtsnatur	15
2. Einnahmen und Ausgaben im Haushaltsplan	18
3. Gemeinschaftsrechtliche Haushaltsgrundsätze	19
a) Vergleich mit mitgliedstaatlichen Haushaltsgrundsätzen, insbesondere der Finanzverfassung des Grundgesetzes	19
b) Vollständigkeit/Haushaltseinheit	20
c) Vorherigkeit	21
d) Bruttoprinzip	22
e) Spezialitätsprinzip	23
f) Non-Affektationsprinzip (Prinzip der Gesamtdeckung)	24
g) Grundsatz der Ausgeglichenheit des Haushalts	25
h) Weitere Haushaltsgrundsätze, insbesondere Sparsamkeitsprinzip	26
IV. Überblick über wichtige finanzwirtschaftliche Daten der Europäischen Integration	27
1. Entwicklung der Gemeinschaftsausgaben in ausgewählten Jahren 1958 bis 1998	27
2. Entwicklung und Struktur der Haushaltseinnahmen seit dem Eigenmittelbeschluß 1970	28
3. Anteile der Mitgliedstaaten an der Finanzierung der Gemeinschaften	29

I. Finanzordnung der Gemeinschaften

1. Die finanzrechtlichen Bestimmungen der Verträge

1 Finanzrechtliche Bestimmungen finden sich über sämtliche Verträge der europäischen Integration verteilt. Der EGV enthält keinen geschlossenen finanzrechtlichen Abschnitt[1]: Die mit der Überschrift »Finanzvorschriften« betitelten Normen des II. Titels im fünften Teil über die Organe der Gemeinschaft behandeln nur einen – allerdings wesentlichen – Ausschnitt finanzrechtlicher Regelungen, das Haushaltsrecht im weiteren Sinn. Zum »Finanzrecht der Gemeinschaft« wären zu zählen die Art. 98 ff., 23 ff., 58, 90 ff., 246 ff. sowie Art. 6 Abs. 4, 28 Abs. 2 bis 4 und 41 Abs. 2 bis 4 EUV. Erwähnt werden muß schließlich noch der durch den Maastrichter Vertrag eingefügte Art. 175, der verfahrensrechtliche Vorgaben für den Erlaß umweltrechtlicher Vorschriften »überwiegend steuerlicher Art« normiert[2]. Der **Vertrag von Nizza** hat in dem Abschnitt über die Finanzvorschriften in Art. 279 lediglich eine marginale Änderung gebracht.

2. Die Finanzhoheiten der Gemeinschaft

2 Mangels Bundesstaatlichkeit der Gemeinschaft enthält das Primärrecht keine den Art. 104a ff. GG vergleichbare geschlossene Regelung der Finanzhoheiten[3]. Die Abgabenrechtsetzungs-, die Ertrags-, die Ausgaben- und die Verwaltungshoheit müssen vielmehr aus dem Regelungszusammenhang des Vertrags erschlossen werden. Bei dieser Analyse kommt dem Zusammenspiel mit den mitgliedstaatlichen Finanzhoheiten entscheidende Bedeutung zu. Die fiskalische Integration der Gemeinschaft ist noch nicht soweit vorangeschritten, daß unter dem Aspekt der Finanzierung der Gemeinschaft

---

1 Vgl. zur systematischen Stellung der Finanzvorschriften *R. Bieber*, in: GTE, EU-/EGV, Vorbemerkung zu den Artikeln 199 bis 209, Rn. 1; umfassend jetzt *B. Meermagen*, Beitrags- und Eigenmittelsystem: Die Finanzierung inter- und supranationaler Organisationen, insbesondere der Europäischen Gemeinschaften, 2002.
2 Zu der Problematik gemeinschaftsrechtlicher Umweltabgaben wie auch mitgliedstaatlicher Umweltabgaben unter gemeinschaftsrechtlichen Anforderungen s. die Kommentierung zu Art. 175 sowie *M. Wasmeier*, Umweltabgaben und Europarecht, 1995; *ders.*, Einführung einer Energiesteuer im nationalen Alleingang, RIW 1996, S. 315; *M. Hilf*, Umweltabgaben als Gegenstand von Gemeinschaftsrecht und -politik, NVwZ 1992, S. 105; *R. Breuer*, Umweltrechtliche und wirtschaftslenkende Abgaben im europäischen Binnenmarkt, DVBl. 1992, S. 485; *M. Seidel*, Umweltrechtliche und wirtschaftslenkende Abgaben und Maßnahmen aus gemeinschaftsrechtlicher Sicht, NVwZ 1993, S. 105; *T. Schröer*, Aktuelle Probleme der Einführung einer gemeinschaftlichen Klimasteuer, RIW 1993, S. 914; *M. Schröder*, Zusammenwirken von Gemeinschaftsrecht und nationalem Recht auf dem Gebiet der Umweltabgaben, in: Kirchhof (Hrsg.), Umweltschutz im Abgaben- und Steuerrecht, 1993, S. 87; *H.-W. Arndt*, Rechtsfragen einer deutschen CO^2-/Energiesteuer, 1995; *ders.*, Nationales Recht und primäres Europarecht – Am Beispiel eines nationalen Alleingangs bei der Energiesteuer, in: Jacobs/Spengel (Hrsg.), Aspekte der Unternehmensbesteuerung in Europa, 1996, S. 205; *A.T. Jobs*, Steuern auf Energie als Element einer ökologischen Steuerreform, 1999, S. 251 ff.; *W. Löwer*, Wen oder was steuert die Öko-Steuer? 2000; *H. Jatzke*, Gemeinschaftsrechtliche Restriktionen bei der Erhebung von nicht harmonisierten Umweltsteuern, EWS 2000, S. 491
3 *D. Birk*, Verteilung der Finanzhoheit, in: ders. (Hrsg.), Handbuch des Europäischen Steuer- und Abgabenrechts, 1995, § 5, Rn. 10. Vgl. allgemein zu den Finanzhoheiten – am Beispiel des Grundgesetzes – *K. Vogel/C. Waldhoff*, Vorbemerkungen zu Art. 104a–115, Rn. 42 ff., in: Dolzer/Vogel (Hrsg.), Bonner Kommentar zum Grundgesetz, Loseblattsammlung, Stand 98. Lieferung Dezember 2001 (= *dies.*, Grundlagen des Finanzverfassungsrechts, 1999, Rn. 42 ff.).

schon der Unionsbürger näher in das Blickfeld gerückt worden wäre; abgestellt wird vorrangig auf die Mitgliedstaaten[4].

a) **Abgabenrechtsetzungshoheit**
Gemeinschaftssteuern i.e.S., d.h. Steuern, die von der Gemeinschaft (autonom) geregelt werden und dieser auch zufließen, existieren – von dem wichtigen Bereich des Zollrechts einmal abgesehen – nur in Randzonen. Aufgeführt werden können hier die **Steuern auf die Bezüge der Bediensteten der Gemeinschaften**[5]. Diese finden ihre Rechtsgrundlage in Art. 13 des Protokolls über die Vorrechte und Befreiungen der Europäischen Gemeinschaften als Anlage zum Fusionsvertrag 1965[6], das gleichzeitig die Befreiung von entsprechenden mitgliedstaatlichen Abgaben normiert und in der VO (EWG) Nr. 260 vom 29.2.1968[7]. Für den Bereich der auslaufenden Europäischen Gemeinschaft für Kohle und Stahl könnte die sog. Montanumlage (EGKS-Umlage) nach Art. 49 f. EGKSV angeführt werden. Die Art. 268 ff. gewähren der Gemeinschaft keine Abgabenrechtsetzungshoheit[8]. 3

b) **Ertragshoheit**
Ertragshoheit[9] besteht an den **Steuern der EG-Bediensteten**, Art. 13 des Protokolls über die Vorrechte und Befreiungen der Europäischen Gemeinschaft[10] normiert, daß diese Abgaben »zugunsten der Gemeinschaft« erhoben werden[11]. Ertragshoheit besteht ferner für die Verwaltungseinnahmen. Hinsichtlich der regulären Eigenmittel[12] kann von einer **supranationalen Ertragshoheit** gesprochen werden[13]. Sie besitzt für das Funktionieren der Gemeinschaft eine ähnliche Funktion wie die Steuerertragshoheit des Art. 106 GG in der Bundesrepublik Deutschland[14]. 4

c) **Ausgabenhoheit**
Die Gemeinschaftsverträge enthalten keine allgemeine Bestimmung zur Ausgabenhoheit, d.h. zur **Finanzierungslast**. Zahlreiche Regelungen des EGV treffen jedoch punktuelle Ausgabenlastzuteilungen[15]. Hier sind zunächst die Fonds zu erwähnen. Zentrale Bedeutung besitzen die sog. drei Strukturfonds: der Ausrichtungs- und Garantiefonds für die Landwirtschaft gem. Art. 34, der Europäische Sozialfonds gem. Art. 146 und der Europäische Regionalfonds gem. Art. 160. Der Kohäsionsfonds gem. Art. 161 Abs. 2 soll bestimmte Projekte in den finanzschwächeren Mitgliedstaaten 5

---

4 S. Art. 269, Rn. 18.
5 S. näher *U. Klinke*, Diener, Dienen und Verdienen: Der EG-Beamte und die direkten Steuern, IStR 1995, S. 217; *R. Messal*, Das Eigenmittelsystem der Europäischen Gemeinschaft, 1991, S. 60 ff.; *D. Birk*, Gemeinschaftssteuern, in: ders. (Hrsg.), Handbuch des Europäischen Steuer- und Abgabenrechts, 1995, § 10, Rn. 11 ff.; *M. Lehner/C. Waldhoff*, in: Kirchhof/Söhn/Mellinghoff (Hrsg.), EStG. Kommentar, Loseblattsammlung, Stand: 116. Lieferung Dezember 2001, § 1, Rn. C 119 ff.
6 ABl.EG 1967, Nr. L 152/1; BGBl. 1965 II S. 1482.
7 ABl.EG 1968, Nr. L 56/8.
8 S. näher Art. 269, Rn. 13.
9 Vgl. zum Begriff unter dem Grundgesetz *Vogel/Waldhoff* (Fn. 3), Rn. 43.
10 S. Rn. 3.
11 *Messal* (Fn. 5), S. 61.
12 S. Art. 269.
13 Z.T. anders *C. Ohler*, Die fiskalische Integration in der Europäischen Gemeinschaft, 1997, S. 369 ff., 394 ff.
14 S. *Vogel/Waldhoff* (Fn. 3), Rn. 649.
15 S. *R. Bieber*, Die Ausgaben der Europäischen Gemeinschaften, EuR 1982, S. 115 ff.; *Messal* (Fn. 5), S. 28 ff. mit einem tatsächlichen Überblick. Veraltet: *E. Reister*, Haushalt und Finanzen der Europäischen Gemeinschaften, 1975, S. 45 ff.

finanzieren. Andere Artikel normieren explizit »Förderungsbefugnisse«, vgl. nur Art. 149 Abs. 4. Fördernde Maßnahmen sollen darüber hinaus immer dann statthaft sein, wenn die Gemeinschaft allgemein zum Tätigwerden ermächtigt ist[16], d.h. ihr Recht durch eigene Stellen ausführt[17]. Ein darüber hinaus reichendes Konnexitätsprinzip, das etwa Art. 104a GG vergleichbar wäre, ist nicht anzuerkennen[18]. Das Prinzip der begrenzten Einzelermächtigung besagt hier, daß die Gemeinschaft Ausgaben nur leisten darf, wenn sie sachlich zuständig ist[19]. Die Rechtsprechung des Gerichtshofs in diesem Bereich hat zunächst gerade umgekehrt einen Schluß von der Ausgabenkompetenz auf die Aufgabenkompetenz gezogen[20]. In einer weiteren Entscheidung bleibt die Frage offen, der Gerichtshof geht von parallel bestehenden Finanzierungszuständigkeiten von Gemeinschaft und Mitgliedstaaten aus[21]. Eine endgültige Klärung der hier bestehenden Zweifelsfragen steht noch aus.

6 Zu den Unterscheidungen zwischen **obligatorischen** und **nichtobligatorischen Ausgaben** und zwischen **operationellen Ausgaben** und **Verwaltungsausgaben** siehe die Kommentierung des Haushaltsverfahrens[22].

d) **Verwaltungshoheit**

7 Die Einnahmen der Gemeinschaft werden grundsätzlich durch die Mitgliedstaaten erhoben, diese besitzen im Regelfall die Verwaltungshoheit. Es existiert **keine gemeinschaftliche Steuerverwaltung.** Damit wird auch das Verwaltungsverfahren durch die Mitgliedstaaten normiert, wenn nicht ausnahmsweise – wie im Zollrecht, im Agrarrecht und mit Einschränkungen auch im Umsatzsteuerrecht – sekundäres Gemeinschaftsrecht für die Abgabenerhebung existiert. Für die Eigenmittel ergibt sich dies aus Art. 8 des Beschlusses des Rates vom 29.9.2000 über das System der Eigenmittel der Europäischen Gemeinschaften[23]. Relevanz gewinnt die Verwaltungshoheit über die Eigenmittel allerdings nur für die Agrarabschöpfungen und für die Zölle, da die Mehrwertsteuer-Eigenmittel und die auf der Grundlage des Bruttosozialprodukts erhobenen Eigenmittel unmittelbar aus dem (zentralen) Staatshaushalt der Mitgliedstaaten, ohne eigentliches »Verwaltungsverfahren«, abgeliefert werden. Aus dem Auseinanderfallen von Ertrags- und Verwaltungshoheit für die Zölle und die Agrarabgaben können sich **Interessenkonflikte** zwischen dem Fiskalinteresse der Gemeinschaft und mitgliedstaatlichen Interessen ergeben[24].

---

16 *Bieber* (Fn. 15), S. 118; *ders.*, in: GTE, EU-/EGV, Vorbemerkung zu den Artikeln 199 bis 209, Rn. 5; *S. Magiera*, in: Grabitz/Hilf, EU, Art. 199, Rn. 10; *H. D. Jarass*, Die Kompetenzverteilung zwischen der Europäischen Gemeinschaft und den Mitgliedstaaten, AöR 121 (1996), S. 183.
17 *U. Häde*, Finanzausgleich, 1996, S. 403.
18 *Häde* (Fn. 17), S. 403; *F. Fugmann*, Der Gesamthaushalt der EG, 1992, S. 74 f.; *Birk* (Fn. 3), Rn. 62.
19 *Birk* (Fn. 3), Rn. 62.
20 EuGH Gutachten, Rs. 1/78, Slg. 1979, 2871, Rn. 60 (Naturkautschuk-Abkommen).
21 EuGH, Rs. C-316/91, Slg. 1994, I-625, Rn. 26 ff. (Parlament/Rat).
22 S. Rn. 13 sowie Art. 272, Rn. 10 ff.
23 ABl.EG 2000, Nr. L 253/42.
24 *K. Vogel/M. Rodi*, Probleme bei der Erhebung von EG-Eigenmitteln aus rechtsvergleichender Sicht, 1995, S. 20 und passim. S. auch Art. 280, Rn. 2.

3. Finanzhoheit und Finanzautonomie der Gemeinschaft im Verhältnis zu den Mitgliedstaaten

Bei der Frage nach der Abgrenzung der Finanzhoheiten zwischen der Gemeinschaft und den Mitgliedstaaten geht es um den Modus der Finanzierung der EG[25]. Die Gemeinschaft ist ihrem Integrationsfortschritt folgend den Weg von der Beitrags- zur Eigenmittelfinanzierung gegangen[26]. Die **Finanzautonomie der Gemeinschaft ist** jedoch nach wie vor **begrenzt**, da das Eigenmittelsystem gerade nicht autonom von den Gemeinschaftsorganen bestimmt wird[27]. Die **Entwicklung der Finanzordnung** erweist sich somit **als Spiegelbild der Entwicklung der Integration** der Gemeinschaft insgesamt[28]: die Finanzordnung kann als Indikator für die staatsrechtliche Qualifikation der Gemeinschaft und ihres Verhältnisses zu den Mitgliedstaaten dienen[29]. Innergemeinschaftlich ist – in gewisser Parallele zu mitgliedstaatlichen Entwicklungen im konstitutionellen Zeitalter des 19. Jh.[30] – das Haushaltsrecht »Kampfplatz« für institutionelle Entwicklungen, vorrangig um Stellung und Bedeutung des Parlaments im Organisationsgefüge der Gemeinschaft[31].

8

II. Haushaltsrecht der Gemeinschaft

1. Funktion des Haushalts der Gemeinschaft

Die Finanzwissenschaften[32] und in deren Gefolge auch das Finanzverfassungsrecht haben die Funktionen des **Staatshaushalts** herausgearbeitet.
Die (allgemein-)politische **Funktion**: der Haushalt dient als Instrument der Zuordnung finanzieller Mittel zu politischen Aufgaben und damit der planenden Rationalisierung des politischen Prozesses unter finanzwirtschaftlichem Gesichtspunkt[33];
davon kaum zu trennen ist die **finanzpolitische Haushaltsfunktion** (finanzwirtschaftliche Ordnungsfunktion), die die Umsetzung politischer Zielvorgaben in finanzwirtschaftliche Voranschläge betrifft, insbesondere Klarheit über den Ausgleich des Haus-

9

---

25 *Vogel/Waldhoff* (Fn. 3), Rn. 646; s. auch *S. Magiera*, Die Finanzierungsgrenzen der Europäischen Gemeinschaften und ihre Erweiterung, in: FS Carstens, 1984, S. 186 f.
26 S. Art. 269, Rn. 1 f.
27 S. näher Art. 269, Rn. 3; *Messal* (Fn. 5), S. 189 f.; *S. Magiera*, Zur Finanzverfassung der Europäischen Union, in: GS Grabitz, 1995, S. 417; *ders.*, in: Grabitz/Hilf, EU, Art. 201, Rn. 30; *Häde* (Fn. 17), S. 478.
28 *S. Hölscheidt/C. Baldus*, Bestandsaufnahme und Perspektiven der europäischen Finanzordnung, DÖV 1997, S. 873. Auf Wechselwirkungen zwischen Integration und Finanzordnung weist *W. Heck*, Die Finanzierungslast im Verhältnis der Mitgliedstaaten, in: Magiera (Hrsg.), Entwicklungsperspektiven der Europäischen Gemeinschaft, 1985, S. 64, hin. Unter demokratischem Aspekt: *M. Rossi*, Europäisches Parlament und Haushaltsverfassungsrecht, 1997, S. 2 und passim.
29 *Vogel/Waldhoff* (Fn. 3), Rn. 649.
30 S. dazu nur *K.H. Friauf*, Der Staatshaushaltsplan im Spannungsfeld zwischen Parlament und Regierung, 1968; *R. Mußgnug*, Der Haushaltsplan als Gesetz, 1976; *W. Heun*, Staatshaushalt und Staatsleitung, 1989; *W. Patzig*, Haushaltsrecht des Bundes und der Länder, Bd. 1, 1981, Rn. 19 ff.
31 S. näher Art. 272, Rn. 9.
32 Zu anderen, neueren finanzwissenschaftlichen Ansätzen s. *W. Krüger-Spitta/H. Bronk*, Einführung in das Haushaltsrecht und die Haushaltspolitik, 1973, S. 31 ff.
33 Vgl. für das deutsche Recht nur *G. Kisker*, Staatshaushalt, in: Isensee/Kirchhof (Hrsg.), HStR IV, 1990, § 89, Rn. 13; *Krüger-Spitta/Bronk* (Fn. 32), S. 26 ff., 29.

halts, d.h. letztlich über die Finanzierung der vorgesehenen Staatsaufgabenerfüllung einfordert[34];

die **Kontrollfunktion** des Haushalts ist darin zu sehen, daß durch die zahlenmäßige Auffächerung und Darbietung der (staatlichen) Finanzwirtschaft die Überwachung der zahlenmäßigen und rechnerischen Richtigkeit ermöglicht und eine politische Diskussion über Wirtschaftlichkeit und Sparsamkeit der Haushaltsführung möglich wird. Zu diesen **traditionellen Funktionen des Staatshaushalts**, die letztlich kaum scharf von einander zu trennen sind, trat im Laufe der Ausweitung des finanzwirtschaftlichen Volumens als Folge der zunehmenden Staatstätigkeit und in Ausprägung eines bestimmten wirtschaftstheoretischen Modells eine **wirtschaftspolitische Funktion** (konjunkturpolitische Funktion) des Haushalts hinzu: Die staatliche Finanzwirtschaft hat unmittelbare Auswirkungen auf die gesamte Staatswirtschaft und damit auf den konjunkturellen Prozeß[35].

10 Diese auf den Staatshaushalt bezogenen Grundsätze können nicht unbesehen auf den Gemeinschaftshaushalt übertragen werden[36]. Die wirtschaftspolitische/konjunkturpolitische Funktion ist schon durch das vergleichsweise geringe Finanzvolumen der Gemeinschaft im Vergleich zur privaten Wirtschaftstätigkeit, vom Agrarsektor einmal abgesehen, begrenzt[37]. Im übrigen läßt sich allerdings eine Parallelität zwischen der Funktion der Staatshaushalte und des Gemeinschaftshaushalts feststellen[38]: »Der Haushalt verkörpert insoweit das politische Programm der Gemeinschaft in Form finanzwirksamer Rechtsbestimmungen.«[39]

2. Gesamthaushalt – Entwicklung des Haushaltsrechts der Gemeinschaft

11 Die Entwicklung des Haushaltsrechts der Europäischen Gemeinschaften[40] ist durch zwei – zusammenhängende und sich zum Teil bedingende – Faktoren geprägt: die **Zusammenführung** verschiedener Haushalte **zu einem Gesamthaushalt** und der Ausbau von **Stellung und Beteiligung des Parlaments** am Haushaltsgeschehen[41]. Darüber hin-

---

34 *Krüger-Spitta/Bronk* (Fn. 32), S. 29.
35 Im deutschen Verfassungsrecht umgesetzt durch die Haushaltsreform von 1967/69, 15. Gesetz zur Änderung des GG vom 8.6.1967, BGBl. I S. 581. Vgl. nur *Krüger-Spitta/Bronk* (Fn. 32), S. 30 f., 180 ff.; *Kisker* (Fn. 33), Rn. 16 ff.; *Patzig* (Fn. 30), Rn. 72 ff., 81; *K. Vogel/M. Wiebel*, Art. 109, Rn. 6 ff., in: Dolzer/Vogel (Hrsg.), Bonner Kommentar zum Grundgesetz, Loseblattsammlung, Stand: 86. Lieferung November 1998.
36 Vgl. dazu *R. Bieber*, in: GTE, EU-/EGV, Vorbemerkung zu den Artikeln 199 bis 209, Rn. 18; *S. Magiera*, in: Grabitz/Hilf, EU, Art. 199, Rn. 14; zu großzügig: *Rossi* (Fn. 28), S. 167 ff.; aus finanzwissenschaftlicher Perspektive: *H. Grossekettler*, Der Budgetierungsprozeß in der EG. Analyse und Kritik aus ökonomischer Sicht, in: Hansmeyer (Hrsg.), Ausgewählte Probleme der EG-Finanzen, 1992, S. 198 ff.
37 *R. Bieber*, in: GTE, EU-/EGV, Vorbemerkung zu den Artikeln 199 bis 209, Rn. 19; *Rossi* (Fn. 28), S. 173 ff.; differenzierend *M. Schüler*, Die vierte Ebene: Haushalts- und finanzpolitische Probleme der Europäischen Gemeinschaften, EA 1974, S. 52 f.
38 *S. Magiera*, in: Grabitz/Hilf, EU, Art. 199, Rn. 14.
39 *Ohler* (Fn. 13), S. 364.
40 Ausführlich: *D. Strasser*, Die Finanzen Europas, 3. (deutschsprachige) Aufl. 1991, S. 23 ff., 43 ff.; *Rossi* (Fn. 28), S. 5 ff.; *Häde* (Fn. 17) S. 415; *E. Guth*, Die derzeitige Finanzverfassung der EU: Entwicklungen und Erfahrungen, in: Caesar (Hrsg.), Zur Reform der Finanzverfassung und Strukturpolitik der EU, 1997, S. 91 ff., unterscheidet vier Phasen der Entwicklung.
41 S. Art. 272, Rn. 9. Ausführlich: *Rossi* (Fn. 28).

aus ist die Entwicklung des Haushaltsrechts nicht zu trennen von der Entwicklung des Eigenmittelsystems zur Finanzierung der Gemeinschaft[42].

Durch Art. 20 Abs. 1 des **Fusionsvertrags** vom 8.4.1965[43] wurden mit dem Haushaltsplan der EWG und den Verwaltungshaushaltsplänen von EGKS und EAG drei von fünf existierenden Haushaltsplänen zusammengelegt zum **Haushaltsplan der Europäischen Gemeinschaften**, dem **Gesamthaushaltsplan**. Von den verbleibenden beiden Funktionshaushalten wurde mit Haushaltsvertrag vom 22.4.1970[44] auch der Forschungs- und Investitionshaushalt der EAG hinzugefügt, nur noch der Funktionshaushalt der EGKS ist selbständig, läuft jedoch im Jahr 2002 mit Ablauf von 50 Jahren Vertragsdauer aus (Art. 97 EGKSV)[45]. Der zuletzt genannte Haushaltsvertrag brachte auch eine Stärkung der Stellung des Parlaments, die durch Haushaltsvertrag vom 22.7.1975 erneut aufgewertet wurde (Möglichkeit der Globalablehnung des Haushalts[46]). Die aus einer Mehrzahl von Rechtsakten bestehende[47] **Haushaltsreform 1988** brachte Veränderungen im Haushaltsverfahren und damit in der Stellung des Parlaments und nahm sich des Problemfeldes der Haushaltsdisziplin an[48]. 12

Der Vertrag über die Europäische Union brachte erneute Verfahrensänderungen, die Bestimmungen zur Finanzierung der neuangefügten »Säulen« der EU[49] sowie neue Bestimmungen Haushaltsdisziplin, Sparsamkeit und den Schutz der finanziellen Interessen der Gemeinschaft betreffend. Nach Abs. 2 wird hinsichtlich der Einbeziehung von **Ausgaben aus der Gemeinsamen Außen- und Sicherheitspolitik** und der **Zusammenarbeit in den Bereichen Justiz und Inneres** zwischen Verwaltungsausgaben – diese gingen schon seit dem Maastrichter Vertrag zu Lasten des Haushalts – und operativen Ausgaben unterschieden[50]. Sah der Maastrichter Vertrag noch vor, daß die Belastung 13

---

42 S. näher Art. 269, Rn. 1 f.
43 Vertrag zur Einsetzung eines gemeinsamen Rates und einer gemeinsamen Kommission der Europäischen Gemeinschaften, ABl.EG 1967, Nr. 152/2; BGBl. II S. 1454; mehrfach geändert.
44 Vertrag zur Änderung bestimmter Haushaltsvorschriften der Verträge zur Gründung der EG und des Vertrages zur Einsetzung eines gemeinsamen Rates und einer gemeinsamen Kommission der EG, ABl.EG 1970, Nr. L 2/1.
45 Zur Rechtfertigung dieser Selbständigkeit s. *Strasser* (Fn. 40), S. 46. Zum Funktionshaushalt der EGKS s. *N. Andel*, Europäische Gemeinschaften, in: Handbuch der Finanzwissenschaft, Bd. IV, 3. Aufl. 1983, S. 342 ff.
46 S. näher Art. 272, Rn. 9.
47 Beschluß des Rates Nr. 88/376/EWG/Euratom über das System der Eigenmittel der Gemeinschaften vom 24.6.1988 (Eigenmittelbeschluß 1988), ABl.EG 1988, Nr. L 185/24; s. näher Art. 269, Rn. 1; Entscheidung des Rates Nr. 88/377/EWG vom 24.6.1988 zur Haushaltsdisziplin, ABl.EG 1988, Nr. L 185/29; Verordnung (EGKS/EWG/Euratom) Nr. 2049/88 des Rates vom 24.6.1988 zur Änderung der Haushaltsordnung vom 21.12.1977 für den Gesamthaushaltsplan der Europäischen Gemeinschaften, ABl.EG 1988, Nr. L 185/3; Interinstitutionelle Vereinbarung vom 29.6.1988, ABl.EG 1988, Nr. L 185/33; s. *H.-J. Timmann*, Die interinstitutionelle Vereinbarung über die Haushaltsdisziplin vom 29.6.1988, EuR 1988, S. 273.
48 S. näher Art. 270.
49 Abs. 2 der Bestimmung; vgl. korrespondierend Art. 41 Abs. 2 bis 4, 28 Abs. 2 bis 4 EUV.
50 Zur Abgrenzung s. *Pechstein/Koenig*, EU, Rn. 368 ff., 372 ff. Zur Finanzierung der »Säule« allgemein: *A. Klein*, Die derzeitige Finanzverfassung der EU: Entwicklung und Erfahrung, in: Caesar (Hrsg.), Zur Reform der Finanzverfassung und Strukturpolitik der EU, 1997, S. 78. Zu den damit zusammenhängenden Problemen am Bsp. der GASP: *T. v. d. Vring*, Die Verteilung der budgetären Kompetenzen in der Europäischen Union, Jahrbuch für Staats- und Verwaltungslehre 8 (1995), S. 215 ff. Kritisch auch *L. Brinkhorst*, Demokratische Strukturen im Haushaltsrecht der Europäischen Union, 1997, S. 23,25. Zu erwähnen ist die Interinstitutionelle Vereinbarung zwischen dem Europäischen Parlament, dem Rat und der Europäischen Kommission über Vorschriften zur Finanzierung der Gemeinsamen Außen- und Sicherheitspolitik; Generalsekretariat

des Haushalts der Gemeinschaften mit operativen Ausgaben durch einstimmigen Beschluß des Unionsrats herbeigeführt werden konnte (Art. J.11 Abs. 2 Satz 2; Art. K.8 Abs. 2 Satz 2 EUV a.F.), andernfalls diese nach festzulegendem Schlüssel auf die Mitgliedstaaten verteilt wurden, ist dieses Verhältnis nun umgekehrt worden. Nach der Neufassung durch den Vertrag von Amsterdam existiert ein Regelungsmechanismus, der die operativen Ausgaben grundsätzlich dem Gemeinschaftshaushalt anlastet, es sei denn, der Unionsrat faßt einstimmig einen Beschluß, diese Ausgaben auf die Mitgliedstaaten umzulegen, Art. 28 Abs. 3, 41 Abs. 3 EUV. Ausgenommen von diesem Regelungsmechanismus sind operative Ausgaben »aufgrund von Maßnahmen mit militärischen oder verteidigungspolitischen Bezügen«, Art. 28 Abs. 3 Satz 1 Halbsatz 2 EUV[51]. Die im Rahmen der **verstärkten Zusammenarbeit** nach dem reformierten Titel VII EUV anfallenden Ausgaben, werden nach Art. 44a EUV – mit Ausnahme der Verwaltungskosten der Organe – von den beteiligten Mitgliedstaaten finanziert, es sei denn, daß der Rat nach Anhörung des Parlaments durch einstimmigen Beschluß sämtlicher Ratsmitglieder etwas anderes bestimmt.

3. Rechtsquellen des gemeinschaftlichen Haushaltsrechts

14 Neben den **Finanzvorschriften des Vertrages** und dem **Fusionsvertrag**[52] sowie den diese ändernden sog. **Haushaltsverträgen**[53] sind wichtigste Rechtsquellen des gemeinschaftsrechtlichen Haushaltsrechts die auf Art. 279 gestützte **Haushaltsordnung** vom 21.12.1977[54], die **Eigenmittelbeschlüsse** der Mitgliedstaaten der Gemeinschaft auf der Grundlage von Art. 269[55], **Verordnungen** zur Durchführung des Eigenmittelsystems, **Entscheidungen**[56] sowie **interinstitutionelle Vereinbarungen**, die das Zusammenwirken der am Haushaltsverfahren beteiligten Organe regeln[57]. Schließlich kann noch auf Geschäftsordnungen einzelner am Haushaltsverfahren beteiligter Organe hingewiesen

---

Fortsetzung von Fußnote 50
    des Rates der EU (Hrsg.), Regierungskonferenz: Tagung des Europäischen Rates in Amsterdam, 1997, Entwurf des Vertrages von Amsterdam (19.6.1997, CONF/4001/97) S. D-109 f. S. dazu *Rossi* (Fn. 28), S. 266; diese ist inzwischen in der umfassenden Interinstitutionellen Vereinbarung zwischen dem Europäischen Parlament, dem Rat und der Europäischen Kommission über die Haushaltsdisziplin und die Verbesserung des Haushaltsverfahrens vom 6.5.1999, ABl.EG 1999, Nr. C 172/1, aufgegangen; dazu *M. Pechstein/C. Koenig*, Rn. 418 ff.
51 Vgl. *Pechstein/Koenig*, EU, Rn. 370, 383 ff.
52 S. näher Fn. 43.
53 Vertrag zur Änderung bestimmter Haushaltsvorschriften der Verträge zur Gründung der Europäischen Gemeinschaften und des Fusionsvertrags vom 22.4.1970, ABl.EG 1971, Nr. L 2/1; Vertrag zur Änderung bestimmter Finanzvorschriften der Verträge zur Gründung der Europäischen Gemeinschaften und des Fusionsvertrags vom 22.7.1975, ABl.EG 1977, Nr. L 359/1.
54 ABl.EG 1977, Nr. L 356/1; vgl. näher bei Art. 279.
55 S. genauer Art. 269, Rn. 1.
56 S. z.B. zur Haushaltsdisziplin die Entscheidung des Rates vom 31.10.1994 Nr. 94/729/EG, ABl.EG 1994, Nr. L 293/14; dazu Art. 270, Rn. 1.
57 S. z.B. Interinstitutionelle Vereinbarung vom 29.10.1993 über die Haushaltsdisziplin und die Verbesserung des Haushaltsverfahrens, ABl.EG 1993, Nr. C 331/1; jetzt: Interinstitutionelle Vereinbarung vom 6.5.1999 zwischen dem Europäischen Parlament, dem Rat und der Europäischen Kommission über die Haushaltsdisziplin und die Verbesserung des Haushaltsverfahrens, ABl.EG 1999, Nr. C 172/1; dazu Art. 270, Rn. 1; Art. 272, Rn. 14. Die Rechtsnatur ist str., s. *Fugmann* (Fn. 18), S. 361; *C. Bobbert*, Interinstitutionelle Vereinbarungen im Europäischen Gemeinschaftsrecht, 2001, S. 28 ff., 142 ff.; der EuGH hat die Frage bisher nicht entschieden; *F. Fugmann*, Finanzordnung und Haushalt der EU, in: Hb.EUWirtR, Abschnitt A.III, Rn. 39 ff. Eingehende Analyse der Interinstitutionellen Vereinbarung bei *Rossi* (Fn. 28), S. 234 ff. und – bezogen auf die Finanzierung der EU – *Pechstein/Koenig*, EU, Rn. 388 ff.

werden. Inwieweit darüber hinaus noch »allgemeine Rechtsgrundsätze« auf den gemeinschaftsrechtlichen Haushaltsprozeß einwirken können, ist zweifelhaft. Dieses umfangreiche Sekundärrecht, das allenfalls die Spielräume, die der Vertrag beläßt, ausfüllen darf, ist bei der rechtlichen Analyse des Haushaltsgeschehens immer im Blick zu behalten.

III. Haushaltsplan

1. Rechtsnatur

Rechtstechnisch ergeht der **Haushaltsplan** als **Anhang zu dem Feststellungsbeschluß** 15 des Präsidenten des Parlaments gem. Art. 272 Abs. 7[58]. Diese Konstruktion weist eine strukturelle Ähnlichkeit zu der Feststellung des Haushaltsplans durch das Haushaltsgesetz im deutschen Verfassungsrecht auf[59]. Die Rechtsnatur ist – mangels expliziter Aussagen des Gemeinschaftsrechts – aus den Rechtswirkungen des Haushalts zu ermitteln. Wie die mitgliedstaatlichen Haushalte ermächtigt der Gemeinschaftshaushalt – verpflichtet jedoch nicht – die Organe der Gemeinschaft, die dort aufgeführten Ausgaben zu tätigen. Im Gegensatz zu § 3 HGrG verpflichtet der Gemeinschaftshaushalt jedoch auch die Mitgliedstaaten zur Leistung der erst durch den Haushaltsplan endgültig festgelegten Eigenmittelanteile (d.h. der BSP-Eigenmittel[60]), Art. 2 Abs. 1 des Eigenmittelbeschlusses[61], Art. 17 Abs. 2 HO. Die Außenwirkung des Haushaltsplans ist allerdings insoweit beschränkt, die Unionsbürger können sich nicht auf ihn berufen[62].

Der Feststellungsbeschluß läßt sich nicht in das Rechtsaktesystem des Art. 249 einordnen. Es handelt sich um einen **gemeinschaftsrechtlichen Rechtsakt eigener Art**[63]. 16

Prozessual kann der Festellungsbeschluß gem. Art. 230 mit der Nichtigkeitsklage anderer Gemeinschaftsorgane gegen das Parlament angegriffen werden. Dies ist erstmals im sog. **Haushaltsstreit 1986** erfolgt[64]. 17

2. Einnahmen und Ausgaben im Haushaltsplan

Bruttoprinzip[65] und Prinzip der sachlichen Spezialität des Haushalts[66] i.V.m. Art. 271 18 Abs. 3 und 4, Art. 19, 20 HO strukturieren den Aufbau in Einnahmen und Ausgaben und die Gliederung dieser beiden Seiten des Plans[67].

---

58 S. Art. 272, Rn. 8.
59 S. Art. 110 Abs. 2 Satz 1 GG.
60 S. auch Art. 269, Rn. 8.
61 ABl.EG 2000, Nr. L 253/42.
62 EuGH, Rs. 216/3, 295/83, 296/83, 297/83, Slg. 1984, 3325 (Les Verts/Kommission, Parlament, Rat); Rs. 130/77 u.a., Slg. 1985, 2523 (Salerno u.a./Kommission).
63 S. *Hölscheidt*, Das Haushaltsrecht der Europäischen Gemeinschaften, DÖV 1989, S. 537; *ders./ Baldus* (Fn. 28), S. 868.
64 EuGH, Rs. 24/86, Slg. 1986, 2155, Rn. 4 ff. (Rat/Parlament); Rs. C-284/90, Slg. 1992, I-2277, Rn. 12 f. (Rat/Parlament); Anmerkung *H.-J. Glaesner*, EuR 1987, S. 157. S. auch Art. 272.
65 Rn. 22.
66 Rn. 23.
67 S. näher die Kommentierung von Art. 271.

3. Gemeinschaftsrechtliche Haushaltsgrundsätze[68]

a) Vergleich mit mitgliedstaatlichen Haushaltsgrundsätzen, insbesondere der Finanzverfassung des Grundgesetzes

19 Im mitgliedstaatlichen Bereich haben sich Haushaltsgrundsätze in den konstitutionellen Kämpfen des 19. Jh. entwickelt[69] und wurden zunächst von den Finanzwissenschaften analysiert und dargestellt[70]. Es handelt sich um Grundsätze oder Prinzipien, die schon aus sich heraus Ausnahmen und Durchbrechungen zulassen. Juristisch können sie nur soweit Bedeutung erlangen, sofern sie in Rechtsnormen verankert sind[71]. Insofern besteht kein prinzipieller Unterschied zwischen der deutschen Rechtslage und dem Gemeinschaftsrecht[72]. Sind die Rechtsquellen der Haushaltsgrundsätze in der Bundesrepublik Deutschland das Haushaltsverfassungsrecht (Art. 110 ff. GG) und das einfache Haushaltsrecht (HGrG, BHO, LandesHO), so finden sich die gemeinschaftsrechtlichen Haushaltsgrundsätze zum Teil im Primärrecht, zum Teil in der Haushaltsordnung[73]. Die Abstraktion dieser Aussagen zu Grundsätzen (Prinzipien) verdeutlicht, daß sie nicht ausnahmslos durchgeführt werden. Jede Durchbrechung muß sich allerdings **rechtlich** rechtfertigen, ist also an den einschlägigen Rechtsnormen zu messen. Der Vergleich der Funktion der Haushaltsgrundsätze mit den mitgliedstaatlichen Haushaltsprinzipien hat die Unterschiede in der Stellung des den Haushaltsprozeß klassischerweise beherrschenden jeweiligen Parlaments zu berücksichtigen[74].

b) Vollständigkeit/Haushaltseinheit

20 Der Grundsatz der Vollständigkeit und der Haushaltseinheit[75] ist Voraussetzung für Finanzplanung und -kontrolle[76]. Er besagt, daß alle geplanten Einnahmen und Ausgaben **einheitlich** und **vollständig** (Grundsatz der Vollständigkeit) in **einem** Haushaltsplan (Grundsatz der Haushaltseinheit) veranschlagt werden müssen[77]. Nebenhaushalte und »schwarze Kassen« sind nicht erlaubt. Seine Rechtsgrundlage findet der Grundsatz in Abs. 1. Das Gemeinschaftsrecht verwirklicht ihn − auch nach Schaffung des Gesamthaushalts[78] − nur bedingt: Die Anleiheaufnahme durch die Gemeinschaft[79] und

---

68 Ähnlich wie im mitgliedstaatlichen Bereich − vgl. nur *Krüger-Spitta/Bronk* (Fn. 32), S. 69 f.; *C. Gröpl*, in: Dolzer/Vogel (Hrsg.), Bonner Kommentar zum Grundgesetz, Loseblattsammlung, Stand: 98. Lieferung Dezember 2001, Art. 110, Rn. 77 ff. − besteht in der Sache weitgehend Einigkeit, lediglich Terminologie und Systematik schwanken.
69 S. die Nachweise in Fn. 30.
70 Zum generellen Verhältnis von Finanz(verfassungs-)recht und Finanzwissenschaften s. *Vogel/Waldhoff* (Fn. 3), Rn. 19 ff.
71 A.A. wohl *R. Bieber*, in: GTE, EU-/EGV, Vorbemerkung zu den Artikeln 199 bis 209, Rn. 4 a.E., Art. 199, Rn. 2, der − rechtsquellentheoretisch nicht ganz klar − von der Anwendung der in den Mitgliedstaaten übereinstimmend geltenden Haushaltsgrundsätze ausgeht.
72 S. auch *Reister* (Fn. 15), S. 133 ff.; *Fugmann* (Fn. 18), S. 80 ff.; *ders.*, Finanzordnung und Haushalt der EU, in: Hb.EUWirtR, Abschnitt A.III, Rn. 60 ff.
73 Zu dieser s. Art. 279.
74 S. Art. 272, Rn. 9; *Fugmann* (Fn. 18), S. 80 f.; zu unkritisch insgesamt *G. Stahl*, Haushaltsrechtliche Grundsätze der europäischen Gemeinschaften unter vergleichender Heranziehung des deutschen Rechts, Diss.jur. Heidelberg 1966 und *G. Ott*, Das Haushaltsverfahren in den Europäischen Gemeinschaften, WiSt. 1982, S. 368.
75 S. in Deutschland Art. 110 Abs. 1 Satz 1, Halbsatz 1 GG.
76 S. für Deutschland *Kisker* (Fn. 33), Rn. 62.
77 *D. Birk*, Das Haushaltsrecht der EG, in: ders. (Hrsg.), Handbuch des Europäischen Steuer- und Abgabenrechts, 1995, § 6, Rn. 18.
78 S. Rn. 11.
79 S. Art. 269, Rn. 14 ff. sowie *Strasser* (Fn. 40), S. 47 ff.; dies billigt, da es sich faktisch nur um »Durchlaufposten« handele, *R. Scheibe*, Die Anleihekompetenzen der Gemeinschaftsorgane nach dem EWG-Vertrag, 1988, S. 415 ff. Zur konkreten Behandlung s. Art. 20 Nr. 5; 19 Abs. 8 HO.

der Europäische Entwicklungsfonds (EEF)[80] werden neben dem Haushalt abgewickelt. Die Europäische Investitionsbank[81] besitzt gem. Art. 266 Abs. 1 eigene Rechtspersönlichkeit und fällt schon deshalb aus dem Gesamthaushalt heraus. Schließlich sind noch rechtlich selbständige (Satelliten-)Agenturen zu erwähnen. Sämtliche hier aufgezählten Ausnahmen beschneiden letztlich die Kompetenzen des Parlaments in diesen Bereichen[82].

c) **Vorherigkeit**
Die Funktion des Haushaltsplans als Planungs-, Steuerungs- und Kontrollinstrument kann nur gewährleistet werden, wenn er vor Beginn des Haushaltsjahres aufgestellt und verabschiedet wurde[83]. Dieser Haushaltsgrundsatz ergibt sich aus einer Zusammenschau der Art. 268 Abs. 1; 271; 272 Abs. 4; 273 und Art. 1 Abs. 1 HO. Das in Art. 273 normierte Nothaushaltsrecht verdeutlicht, daß der Grundsatz nicht streng durchgeführt ist. 21

d) **Bruttoprinzip**
Das haushaltsrechtliche Bruttoprinzip[84] umfaßt zwei Teilaspekte: (1) Einnahmen und Ausgaben sind getrennt, also nicht saldiert in den Haushaltsplan einzustellen; (2) dies hat jeweils in voller Höhe zu erfolgen. Rechtsgrundlage ist Art. 4 Abs. 1 HO; in der Haushaltsordnung finden sich auch Ausnahmen von diesem Grundsatz[85]. 22

e) **Spezialitätsprinzip**
Die haushaltsrechtliche Spezialität hat eine **zeitliche** und eine **sachliche Dimension**: die Haushaltsansätze gelten für die jeweilige Haushaltsperiode, regelmäßig also das Haushaltsjahr. Der **Grundsatz der Jährlichkeit** ist somit ein den relevanten Zeitraum bestimmender Unterfall des Grundsatzes der Spezialität. Das Haushaltsjahr entspricht dem Kalenderjahr, Art. 272 Abs. 1 i.V.m. Art. 6 Abs. 1 HO. Die im Haushaltsplan aufgeführten Ausgaben dürfen – sofern nicht ausnahmsweise eine zeitliche Übertragung von Mitteln vorgesehen ist[86] – nur im Haushaltsjahr verausgabt werden. Sachliche Spezialität bedeutet die **Bindung an den ausgewiesenen Zweck** (Appropriationsprinzip). Dieser (Teil-)Grundsatz bringt letztlich eine Selbstverständlichkeit zum Ausdruck, sofern überhaupt ein normativer Charakter des Haushalts existiert[87]. Sachliche Spezialität setzt darüber hinaus eine bestimmte **formale Struktur des Haushalts** voraus, 23

---

80 *Birk* (Fn. 77), Rn. 22.; *S. Magiera*, in: Grabitz/Hilf, EU, Art. 199, Rn. 20; *Strasser* (Fn. 40), S. 46 f., 116 ff. S. auch EuGH, Rs. C-316/91, Slg. 1994, I-628 (Parlament/Rat), mit Besprechung von *T. Henze*, Aufgaben- und Ausgabenkompetenz der Europäischen Gemeinschaft und ihrer Mitgliedstaaten im Bereich der Entwicklungspolitik, EuR 1995, S. 76.
81 S. zur Finanzierung *Strasser* (Fn. 40), S. 129 ff.
82 Zur Stellung des Parlaments im Haushaltsverfahren s. Art. 272, Rn. 9 ff. Für den EEF ist dies auch politisch gewollt, da hier die Interessen der ehemaligen Kolonialmächte ganz im Vordergrund stehen, vgl. *E. Guth*, Die derzeitige Finanzverfassung der EU: Entwicklungen und Erfahrungen, in: Caesar (Hrsg.), Zur Reform der Finanzverfassung und Strukturpolitik der EU, 1997, S. 98. Insgesamt zu den Auseinandersetzungen zwischen Rat und Parlament um die Reichweite des Haushaltsverfahrens: *S. Magiera*, Die Haushaltsbefugnisse des Europäischen Parlaments – Ansatz zur parlamentarischen Mitregierung auf Gemeinschaftsebene? in: FS Schlochauer, 1981, S. 839 ff. Zum demokratischen Defizit durch Strapazierung des Grundsatzes der Haushaltseinheit: *Brinkhorst* (Fn. 50), S. 7 f.
83 Vgl. die deutsche Rechtslage: Art. 110 Abs. 2 Satz 1 GG.
84 S. zur deutschen Rechtslage Art. 110 Abs. 1 Satz 1 GG, § 12 Abs. 1 HGrG; die Abgrenzung zum Grundsatz der Vollständigkeit des Haushalts ist nicht ganz klar, vgl. *Kisker* (Fn. 33), Rn. 64 mit Fn. 129.
85 S. *Birk* (Fn. 77), Rn. 37.
86 Vgl. *Birk* (Fn. 77), Rn. 15 ff. S. Art. 271, Rn. 3.
87 S. zur Rechtsnatur näher Rn. 15 ff.

um die Durchsetzung dieser Zweckbindungen der Ausgabenansätze zu gewährleisten; einerseits gliedert sich der Haushaltsplan in Einzelpläne der Organe der Gemeinschaft, die sich auf der Ausgabenseite z.T. in Verwaltungsausgaben und in operative Ausgaben aufteilen. Die so geschaffenen Teilhaushalte sind in »Titel«, »Kapitel«, »Artikel« und »Posten« untergliedert. Ausnahmen und Einzelheiten sind Art. 271 Abs. 3 und 4 sowie der Haushaltsordnung zu entnehmen[88].

f) Non-Affektationsprinzip (Prinzip der Gesamtdeckung)
24 Das Prinzip der Gesamtdeckung (Non-Affektationsprinzip/Universalitätsprinzip)[89] besagt, daß grundsätzlich alle Einnahmen zur Deckung aller Ausgaben dienen, die Einnahmen sind von einem konkreten Verwendungszweck losgelöst. Das Prinzip bewirkt die rechtliche Trennung von Einnahmen und Ausgaben[90]. »Zweckeinnahmen«, d.h. hinsichtlich der Verwendung ihres Aufkommens gebundene Einnahmen müssen die Ausnahme bleiben. Dadurch soll die Handlungsfähigkeit der Gemeinschaft auf finanzwirtschaftlichem Gebiet sichergestellt werden. Wenig relevante Ausnahmen sind in Art. 4 Abs. 2 HO vorgesehen[91].

g) Grundsatz der Ausgeglichenheit des Haushalts
25 Rechtsgrundlage ist Abs. 3 der Vorschrift. Strittig ist, ob dieses Prinzip im Gemeinschaftsrecht in ähnlicher Weise rechnungstechnisch formal zu verstehen ist[92], wie bspw. in Art. 110 Abs. 1 Satz 2 GG, da die Anleihefinanzierungstätigkeit der Gemeinschaft größeren Bedenken unterliegt als die Kreditaufnahme unter dem GG[93]. Auch die Vorschriften zur Haushaltsdisziplin (Art. 270) deuten auf einen **materiellen Gehalt** dahingehend hin, daß die veranschlagten Ausgaben finanzwirtschaftlich überhaupt finanzierbar sein müssen[94]. Dies wäre die adäquate haushaltsrechtliche Reaktion auf die Eigenmittelfinanzierung der Gemeinschaft[95]: während bei der Beitragsfinanzierung die angefallenen Ausgaben nachträglich auf die Mitgliedstaaten umgelegt werden, hält die Eigenmittelfinanzierung zu finanzwirtschaftlich vernünftiger, d.h. regelmäßig ausgeglichener Haushaltsführung an; die Einnahmen gewinnen in ihrer Relation zu den Ausgaben eine neue Bedeutung[96].

h) Weitere Haushaltsgrundsätze, insbesondere Sparsamkeitsprinzip
26 Der aus verschiedenen Rechtsnormen und Prinzipien abstrahierte **Grundsatz der Öffentlichkeit** des Haushalts (d.h. der Veröffentlichung der entsprechenden Zahlen; der öffentlichen (parlamentarischen) Beratung und Diskussion; der aktiven Publizität i.S. der medialen Transformation der Informationen des Haushalts in den öffentlichen Bereich)[97] spielt für den Gemeinschaftshaushalt eine bedeutende Rolle, angesichts der ganz allgemein bestehenden Defizite in Öffentlichkeitswirkung und Akzeptanz des Handelns der Gemeinschaft in vielen Mitgliedstaaten. Der Grundsatz der **Haushaltsklarheit und -wahrheit** hängt eng damit, sowie mit den Prinzipien von Spezialität und

---

88 S. *Fugmann* (Fn. 18), S. 94 ff.
89 S. im deutschen Recht § 7 Abs. 1 HGrG und die entsprechenden Normen in den Haushaltsordnungen.
90 S. zur finanzwissenschaftlichen und zur (deutschen) finanzverfassungsrechtlichen Diskussion um Berechtigung oder Reform dieses Grundsatzes *Vogel/Waldhoff* (Fn. 3), Rn. 37 ff.
91 S. dazu *Strasser* (Fn. 40), S. 50.
92 S. EuGH, Rs. C-284/90, Slg. 1992, I-2277, Rn. 31 (Rat/Parlament).
93 S. näher Art. 269, Rn. 14 ff.
94 S. *Magiera*, in: Grabitz/Hilf, EU, Art. 199, Rn. 30; s. auch *Ott* (Fn. 74), S. 369.
95 S. dazu Art. 269, Rn. 1 ff.
96 *Reister* (Fn. 15), S. 137. S. auch Art. 270, Rn. 1.
97 Für die deutsche Rechtslage: *Krüger-Spitta/Bronk* (Fn. 32), S. 70; *Patzig* (Fn. 30), Rn. 108.

Vollständigkeit zusammen und konkretisiert Teilaspekte dieser Prinzipien[98]: der Funktion der Öffentlichkeit im Gemeinschaftshaushaltsprozeß kann nur Rechnung getragen werden, wenn dieser rational nachvollziehbar ist; dies löst Anforderungen an Gliederung und Aufbau, sowie an die Genauigkeit der Darstellung aus[99]. **Sparsamkeit und Wirtschaftlichkeit** als inhaltliche Haushaltsgrundsätze haben inzwischen ihre Normierung in Art. 270, 274 Abs. 1 gefunden, konkretisiert bspw. in Art. 2 HO.

IV. Überblick über wichtige finanzwirtschaftliche Daten der Europäischen Integration[100]

1. Entwicklung der Gemeinschaftsausgaben in ausgewählten Jahren 1958 bis 1998

	1958	1968	1978	1988	1998
Gesamthaushaltsplan in Mio. ECU	7,3	1 487,9	12 041,8	41 021,7	84 727,5
davon: – EAGFL-Garantie	–	1 259,7 / 77,4 %	8 679,3 / 69,4 %	26 395,2 / 62,1 %	41 487,0 / 47,7 %
– Strukturfonds	– / 3,6 %	58,5 / 11,1 %	685,5 / 15,1 %	6 419,3 / 32,9 %	28 598,7
EEF	–	106,5	401,0	1 196,3	2 000,0
jährliches reales Wachstum in %	–	111,6	26,3	12,3	1,5
Gemeinschaftsausgaben[101] in % der öff. Ausgaben der Mitgliedstaaten	–	1,1	1,7	2,2	2,4
Ausgaben in % des BIP der Gemeinschaft	–	0,42	0,78	1,04	1,17
Pro-Kopf-Ausgaben der Gemeinschaften zu Preisen von 1997 in ECU	–	61,5	141,0	183,5	226,8

Daten entnommen: Europäische Kommission, Haushaltsvademekum 1997, S. 28–37

---

[98] Den Zusammenhang mit der (Gesamt-)Funktion des Haushalts stellt auch *R. Bieber*, in: GTE, EU-/EGV, Art. 199, Rn. 20, her.
[99] S. bereits Rn. 23 sowie Art. 271 Abs. 3 und 4.
[100] Analysen der finanzwirtschaftlichen Entwicklung bringen *R. Eckhoff*, Lastenverteilung in der Europäischen Gemeinschaft, in: Birk (Hrsg.), Handbuch des Europäischen Steuer- und Abgabenrechts, 1995, § 7; *Bundesministerium der Finanzen*, Finanzbericht 1998, S. 167 ff.; *Europäische Kommission*, Haushaltsvademekum 1997; *R. Henderson*, European Finance, 1993, S. 94 ff.
[101] Einschließlich EGKS, EAG und EEF.

2. Entwicklung und Struktur der Haushaltseinnahmen seit dem Eigenmittelbeschluß 1970

in Mio. ECU und prozentual in ausgewählten Jahren

28

	1971	1979	1988	1998
Agrarabgaben	713,8	2 143,5	2 605,8	1 670,9
	30,6 %	14,4 %	6,2 %	2,0 %
Zölle	582,3	5 189,1	9 310,2	11 144,3
	25,0 %	34,8%	22,3 %	13,2 %
MWSt.-Anteile	–	4 737,7	23 927,6	34 134,5
		31,8 %	57,2 %	40,3 %
BSP-Eigenmittel	–	–	4 445,8	37 146,6
			10,6 %	43,8 %

	1971	1979	1988	1998
sonstiges[102]	1 033,2	2 821,2	1 554,0	631,1
	44,4 %	18,9 %	3,7 %	0,7 %
insgesamt	2329,3	14 891,5	41 843,4	84 727,5

Daten entnommen: Europäische Kommission, Haushaltsvademekum 1997, S. 40 f.

3. Anteile der Mitgliedstaaten an der Finanzierung der Gemeinschaften

in ausgewählten Jahren in Mio. ECU und prozentual

29

	1988	1993	1998
Belgien	1 833,5	2 394,9	3 058,2
	4,5%	3,7%	3,7 %
Dänemark	955,6	1 206,5	1 659,9
	2,3 %	1,9%	2,0 %
Deutschland	11 534,9	19 076,4	22 992,9
	28,2 %	29,8 %	27,3 %
Griechenland	429,9	1 011,2	1 343,8
	1,1 %	1,6 %	1,6 %
Spanien	2 678,1	5 192,6	5 488,4
	6,6 %	8,1 %	6,5%
Frankreich	9 095,4	11 545,6	14 280,6
	22,2 %	18,0 %	17,0 %
Irland	328,2	567,4	827,6
	0,8 %	0,9 %	1,0 %
Italien	5 426,7	10 265,0	10 777,3
	13,3 %	16,0 %	12,8 %
Luxemburg	81,6	167,0	186,3
	0,2 %	0,3 %	0,2 %

---

102 Z.B. Steuern der EG-Bediensteten, Geldbußen, Verzugszinsen u.ä., Überschüsse aus vorangegangenen Jahren; bis zur vollständigen Anwendung der Eigenmittelbeschlüsse auch Mitgliedsbeiträge der Mitgliedstaaten.

Niederlande	2 795,6	4 030,6	4 923,6
	6,8 %	6,3 %	5,9 %
Österreich	–	–	2 098,3
			2,5 %
Portugal	399,9	909,4	1 128,3
	1,0 %	1,4 %	1,3 %
Finnland	–	–	1 139,9
			1,4 %
Schweden	–	–	2 330,7
			2,8 %
Vereinigtes Königreich	5 323,9	7 626,6	11 833,7
	13,0 %	11, 9 %	14,1 %

Daten entnommen: Europäische Kommission, Haushaltsvademekum 1997, S. 56, 70

Art. 269 (ex-Art. 201)

Der Haushalt wird[2] unbeschadet der sonstigen Einnahmen[9] vollständig aus Eigenmitteln[4] finanziert.

Der Rat legt auf Vorschlag der Kommission und nach Anhörung des Europäischen Parlaments einstimmig die Bestimmungen über das System der Eigenmittel der Gemeinschaft fest und empfiehlt sie den Mitgliedstaaten zur Annahme gemäß ihren verfassungsrechtlichen Vorschriften[3].

Inhaltsübersicht:

I. Entwicklung des Eigenmittelsystems der Gemeinschaft	1
II. Rechtsnatur und Verfahren zur Entstehung der Eigenmittelbeschlüsse	3
III. Begriff »Eigenmittel«	4
IV. Arten der Eigenmittel	5
1. Agrarabschöpfungen u.ä.	5
2. Zölle	6
3. Eigenmittel aus dem mitgliedstaatlichen Mehrwertsteueraufkommen	7
4. Eigenmittel auf der Grundlage der mitgliedstaatlichen Bruttosozialprodukte	8
V. Sonstige Einnahmen	9
VI. Fortschreibung und Reform des Eigenmittelsystems	10
VII. Kreditfinanzierung des Gemeinschaftshaushalts	14
1. (Zahlungsbilanz-)Anleihen	15
2. Neues Gemeinschaftsinstrument	16
VIII. Kriterien einer Beitrags»gerechtigkeit« der Mitgliedstaaten	18

I. Entwicklung des Eigenmittelsystems der Gemeinschaft

1 In mehreren Schritten hat die Gemeinschaft das klassische Modell zur Finanzierung internationaler Organisationen, die Finanzierung durch Beiträge der Mitgliedstaaten[1], verlassen und ist den einer supranationalen Organisation entsprechenden Weg der Finanzierung durch Eigenmittel gegangen. Lediglich die EGKS besaß von Anfang an mit der EGKS-Umlage gem. Art. 49 ff. EGKSV ein Eigenmittelsystem[2]. Die Beitragsfinanzierung steht immer unter dem Damoklesschwert der Beitragsverweigerung aus politischen Gründen, die Organisation kann in Abhängigkeit wirtschaftlich leistungsfähiger Länder geraten[3]. Die Vorteile des Eigenmittelsystems der Gemeinschaft sind demgegen-

---

1 S. zu den Entwicklungsstufen des Beitragssystems der Gemeinschaft *D. Strasser*, Die Finanzen Europas, 3. (deutschsprachige) Aufl. 1991, S. 89 f.; *E. Reister*, Haushalt und Finanzen der Europäischen Gemeinschaften, 1975, S. 26 ff.; *N. Andel*, Europäische Gemeinschaften, in: Handbuch der Finanzwissenschaften, Bd. IV, 3. Aufl. 1983, S. 328 ff. Zur Finanzierung inter- und supranationaler Organisationen s. auch *B. Meermagen*, Beitrags- und Eigenmittelsystem. Die Finanzierung inter- und supranationaler Organisationen, insbesondere der Europäischen Gemeinschaften, 2002; *I. Seidl-Hohenveldern/G. Loibl*, Das Recht der Internationalen Organisationen einschließlich der supranationalen Gemeinschaften, 6. Aufl. 1996, Rn. 1801 ff.
2 *N. P. Weides*, Das Finanzrecht der Europäischen Gemeinschaft für Kohle und Stahl, 1960; *J. Meier-Greve*, Die Finanzhoheit der Montanunion, Diss. iur, Göttingen 1958; *Reister* (Fn. 1), S. 155 ff.; *U. Nittka*, Das Finanzierungssystem der Europäischen Gemeinschaften, 1979, S. 21 ff.; *Strasser* (Fn. 1), S. 77 ff.; *U. Häde*, Finanzausgleich, 1996, S. 423 f.; *Meermagen* (Fn. 1), S. 122 ff.
3 Dazu, vorrangig am Beispiel der Vereinten Nationen, *C. Tomuschat*, Die Beitragsverweigerung in internationalen Organisationen, in: FS Mann, 1977, S. 439. *R. Peffekoven*, Eigene Einnahmen internationaler Organisationen, in: FS Kolms, 1984, S. 318 f.; *D. Birk*, Verteilung der Finanzhoheit, in: ders. (Hrsg.), Handbuch des Europäischen Steuer- und Abgabenrechts, 1995, § 5, Rn. 22; *M. Reckhard*, Die rechtlichen Rahmenbedingungen der Sanktionierung von Beitragsverweigerungen im System der Vereinten Nationen, 1999; *Meermagen* (Fn. 1), S. 54 ff.

über jedoch nur gradueller Natur, da die finanzwirtschaftlich wichtigen Eigenmittel der Gemeinschaft nur kaschierte Mitgliedsbeiträge darstellen und die Gemeinschaft gerade hier auf Kooperation der Mitgliedstaaten angewiesen ist[4]. Durch den **Eigenmittelbeschluß 1970**[5] wurde der schon in der ursprünglichen Fassung des Art. 201 angelegte Weg beschritten[6]: bis 1975 sollten die Mitgliedsbeiträge durch die traditionellen (»originären«) Eigenmittel der Agrarabgaben[7] und Zölle[8] sowie als »Restfinanzierung« zur Auffüllung der ggf. verbliebenen Haushaltslücke im Rahmen eines Höchstsatzes von 1% einer vereinheitlichten Bemessungsgrundlage die neugeschaffenen Mehrwertsteuer-Eigenmittel ersetzt werden. Die vollständige Durchführung verzögerte sich jedoch bis 1980[9]. Der Beschluß des Rates vom 7.5.1985 über das System der eigenen Mittel der Gemeinschaften[10] erhöhte den Höchstsatz auf 1,4% der Bemessungsgrundlage der Mehrwertsteuer zum 1.1.1986 unter Beibehaltung des ursprünglich installierten Systems. Der seit 1976 bestehende Korrekturmechanismus für Großbritannien[11] wurde in den Eigenmittelbeschluß integriert. In den Haushaltsjahren 1984 und 1985 mußten wegen der Ausschöpfung des Mehrwertsteuer-Plafonds die Mitgliedstaaten das entstandene Haushaltsdefizit durch sog. »Vorschüsse« zwischenfinanzieren[12]. Der Eigenmittelbeschluß 1988[13] begrenzte wegen möglicher regressiver Effekte der Mehrwertsteuer-Eigenmittel deren Volumen auf 55% des mitgliedstaatlichen BSP und führte zur Restfinanzierung das auf das mitgliedstaatliche BSP bezogene Eigenmittel ein. Nach den Haushaltskrisen der Jahre 1986 und 1987 wurde der (Gesamt-)Finanzrahmen der Gemeinschaft schrittweise erhöht (bis auf 1,2% des BSP der Mitgliedstaaten für 1992). Der seit 1.1.2002[14] gültige Eigenmittelbeschluß 2000[15] ist als Folge einer anderen Rechtsakte umfassenden Gesamtregelung (»Delors II«) zu begreifen. Schon sein Vorgänger brachte eine weitere vorsichtige stufenweise Ausdehnung des Haushaltsvolumens der Gemeinschaft bis auf 1,27% der mitgliedstaatlichen BSP[16] sowie die

---

4 S. Rn. 4. Kritisch auch *Peffekoven* (Fn. 3), S. 321 ff.; W. *Wagner,* Die Finanzverfassung der Europäischen Union, Aus Politik und Zeitgeschichte, Beilage 1–2/99, S. 32 f.
5 Beschluß des Rates vom 21. April 1970 über die Ersetzung der Finanzbeiträge der Mitgliedstaaten durch eigene Mittel der Gemeinschaften (70/243/EGKS, EWG, Euratom), ABl.EG 1970, Nr. L 94/19.
6 *R. Morawitz,* Die eigenen Mittel der Gemeinschaften, EuR 1970, S. 226 ff.; *R. Bieber,* Zur neuen Reform der EG-Finanzverfassung, NJW 1974, S. 2170; *D. Birk* (Fn. 3), Rn. 21; *Häde* (Fn. 2), S. 425 ff.
7 S. Rn. 5.
8 S. Rn. 6.
9 *R. Messal,* Das Eigenmittelsystem der Europäischen Gemeinschaft, 1991, S. 22. Vgl. zu den Übergangs- und Anpassungsregelungen S. *Magiera,* in: Grabitz/Hilf, EU, Art. 201, Rn. 5 ff.
10 ABl.EG 1985, Nr. L 128/15.
11 S. auch Rn. 10 sowie ausführlich *Messal* (Fn. 9), S. 109 ff.; *R. Wartenweiler,* Ungleichgewichte in den EG-Finanzstrukturen, EA 1980, S. 524 ff.; *R. Eckhoff,* Lastenverteilung in der Europäischen Gemeinschaft, in: Birk (Hrsg.), Handbuch des Europäischen Steuer- und Abgabenrechts, 1995, § 7, Rn. 27 ff.; *S. Magiera,* in: Grabitz/Hilf, EU, Art. 201, Rn. 33; *R. Bieber,* in: GTE, EU-/EGV, Art. 201, Rn. 17 ff.; *Häde* (Fn. 2), S. 486 ff.
12 Dazu umfassend und kritisch *S. Magiera,* Zur Überbrückung von Haushaltsdefiziten der Europäischen Gemeinschaft durch »Vorschüsse« der Mitgliedstaaten, EuR 1985, S. 273; s. ferner: *R. Scheibe,* Die Anleihekompetenzen der Gemeinschaftsorgane nach dem EWG-Vertrag, 1988, S. 277 ff.; *F. Fugmann,* Der Gesamthaushalt der EG, 1992, S. 147 ff.
13 Beschluß des Rates vom 24. Juni 1988 über das System der Eigenmittel der Gemeinschaften (88/376/EWG, Euratom), ABl.EG 1988, Nr. L 185/24.
14 Der Eigenmittelbeschluß 1988 war nicht befristet, traf jedoch Regelungen i.S.e. Steigerung des Finanzvolumens nur bis 1992.
15 Beschluß des Rates vom 29.9.2000 über das System der Eigenmittel der Europäischen Gemeinschaften (94/728/EG, Euratom), ABl.EG 2000, Nr. L 253/42.
16 Art. 3 des Beschlusses.

Umschichtung von den MWSt-Eigenmitteln hin zu den BSP-Eigenmitteln durch schrittweise Rückführung des MWSt-Plafonds bis auf 1,0% für 1999[17] und des jeweiligen Anteils der MWSt-Eigenmitteln am mitgliedstaatlichen BSP auf höchstens 50% für 1999[18].

2 Durch den Vertrag von Maastricht[19] wurde die ursprüngliche »Kann«-Vorschrift des Art. 201 a.F. mit ihrem Auftrag an die Kommission, den Übergang zu einem Eigenmittelsystem zu »prüfen«[20] und der Möglichkeit einer vereinfachten Vertragsänderung, wegen des zwischenzeitlich installierten vollständigen Eigenmittelsystems in die jetzt gültige Textgestalt überführt[21]. Die gültige Fassung ordnet eine Pflicht – der Gemeinschaftsorgane und der Mitgliedstaaten – zur Schaffung, Erhaltung und ggf. Fortentwicklung des Eigenmittelsystems an. Ein Rückfall in die Beitragsfinanzierung (außerhalb der BSP-Einnahmen auf der Grundlage von Art. 201) wäre vertragswidrig[22]. Durch die Neufassung sollte auch die finanzielle Selbständigkeit der Gemeinschaft betont werden[23].

II. Rechtsnatur und Verfahren zur Entstehung der Eigenmittelbeschlüsse

3 Das Letztentscheidungsrecht bei der Beschlußfassung über Eigenmittel steht nicht den Organen der Gemeinschaft, auch nicht deren Rat, sondern den Mitgliedstaaten im Rahmen ihrer Verfassungsordnungen zu. In einem zu Art. 48 EUV speziellen **zweistufigen Verfahren** empfiehlt nach Vorschlag der Kommission der Rat durch einstimmigen Beschluß, dem die Anhörung des Parlaments vorausgegangen sein muß, den Mitgliedstaaten die Ratifizierung[24]. Die Mitgliedstaaten sind auf Annahme oder Ablehnung des Vorschlags beschränkt[25] auch wenn sonstiges (primäres) Gemeinschaftsrecht zur Annahme zwingen sollte[26]. Durch das gesamte Verfahren werden die **Souveränitätsvorbehalte der Mitgliedstaaten im Finanzbereich** augenfällig[27]. Die in diesem Verfahren ergangenen Rechtsakte[28], d.h. die Eigenmittelbeschlüsse, binden sowohl die Mitglied-

---

17 Art. 2 Abs. 4 des Beschlusses.
18 Art. 2 Abs. 1 lit. c des Beschlusses.
19 Art. G Nr. 71 EUV a.F.
20 S. dazu noch *Messal* (Fn. 9), S. 34 f.
21 Zur Entwicklung s. *Geiger*, EGV, Art. 201, Rn. 1–3.
22 S. *Magiera*, in: Grabitz/Hilf, EU, Art. 201, Rn. 10. Anders noch unter der alten Rechtslage: A. *Bleckmann*/S. *Hölscheidt*, Gedanken zur Finanzierung der EG, DÖV 1990, S. 857; s. auch C. *Ohler*, Die fiskalische Integration in der Europäischen Gemeinschaft, 1997, S. 372.
23 R. *Bieber*, in: GTE, EU-/EGV, Art. 201, Rn. 2, 4.
24 Strukturell ähnlich in der Kombination der Einschaltung von Gemeinschaftsorganen und Mitgliedstaaten: Art. 190 Abs. 4 UAbs. 2.
25 *Morawitz* (Fn. 6), S. 240.
26 Zur Pflicht zur Errichtung und Erhaltung eines Eigenmittelsystems s. Rn. 2 sowie S. *Magiera*, in: Grabitz/Hilf, EU, Art. 201, Rn. 10 ff.; *Ohler* (Fn. 22), S. 363, weist darauf hin, daß eine allgemeine Pflicht der Mitgliedstaaten, die Gemeinschaft mit finanziellen Mitteln auszustatten, bereits aus Art. 10 folgt.
27 P. M. *Schmidhuber*, Die Notwendigkeit einer neuen Finanzverfassung der EG, EuR 1991, S. 337. S. allgemein K. *Vogel*/C. *Waldhoff*, Vorbemerkungen zu Art. 104a–115 GG, Rn. 643 ff., in: Dolzer/Vogel (Hrsg.), Bonner Kommentar zum Grundgesetz, Loseblattsammlung, Stand: 98. Lieferung Dezember 2001 (= *dies.*, Grundlagen des Finanzverfassungsrechts, 1999, Rn. 643 ff.); *Birk* (Fn. 3), Rn. 2 ff.
28 Ausführlich zur Rechtsnatur: *Fugmann* (Fn. 12), S. 144 ff.; *Häde* (Fn. 2), S. 429 ff.

staaten als auch die Gemeinschaft. Ob es sich um eine Vertragsänderung handelt[29] oder nicht[30] ist eher eine terminologische und damit eine Zweckmäßigkeitsfrage: Zumindest wird mit gleicher Rechtsverbindlichkeit wie durch den Vertrag selbst außerhalb der einheitlichen Vertragsurkunde Art. 269 rechtsverbindlich konkretisiert[31]. Es handelt sich also – auch wenn dem ein zweistufiges Verfahren vorausging – um einen einheitlichen, durch Zusammenwirken von Gemeinschaftsorganen und Mitgliedstaaten geschaffenen **Gemeinschaftsrechtsakt eigener Art mit der Wirkung primären Gemeinschaftsrechts.**

III. Begriff »Eigenmittel«

Der im Vertrag selbst nicht definierte[32] Begriff ist **in Abgrenzung zu den Mitgliedsbei- 4 trägen zu bestimmen**, die er laut Art. 201 a.f., Eigenmittelbeschluß 1970 ablösen sollte. Es sind Mittel, die durch Gemeinschaftsrecht bestimmt und daher insoweit der Autonomie der Mitgliedstaaten entwunden sind. Das bedeutet nicht, daß es sich um »eigene«, »originäre« Abgaben der Gemeinschaft handeln müßte[33]: Es muß weder eine Abgabenregelungshoheit noch eine finanzverfassungsrechtliche Ertragshoheit i.S.v. Art. 106 GG bestehen[34]. Nach Abschluß des Verfahrens gem. Abs. 2 haben sich die Mitgliedstaaten in gewissem Umfang ihres Einflusses auf diese Mittel begeben. Die mitgliedstaatliche Mitwirkung ist also auf die – allerdings letztlich entscheidende – Bereitstellung der Mittel begrenzt, innerhalb dieses Rahmens entscheidet die Gemeinschaft im Haushaltsverfahren autonom[35]. Die aufwendige Prozedur nach Abs. 2 ist als **Schutzmechanismus für die mitgliedstaatliche Finanzsouveränität** zu deuten[36]. Die beiden **originären** (weil erst durch die Politiken der Gemeinschaft entstehenden) und damit **traditionellen Eigenmittel** der Gemeinschaft, die der Logik des Agrarmarkts und der Zollunion entspringen, die Agrarabschöpfungen[37] und die Zölle[38], weisen der Gemeinschaft schon mit ihrer Entstehung, d.h. der Tatbestandsverwirklichung durch den Abgabenschuldner einen gemeinschaftsrechtlichen (Ertrags-)Anspruch zu, auch wenn die Erhebung durch die Verwaltungen der Mitgliedstaaten vollzogen wird[39]. Weniger deutlich ist dies bei den MWSt-Eigenmitteln: hier handelt es sich um eine – wenn auch harmonisierte – mitgliedstaatliche Steuer, an deren Aufkommen dann ein gemein-

---

29 So wohl *S. Magiera*, in: Grabitz/Hilf, EU, Art. 201, Rn. 9; *R. Bieber*, in: GTE, EU-/EGV, Art. 201, Rn. 12; *Morawitz* (Fn. 6), S. 240.
30 So wohl *Messal* (Fn. 9), S. 37: Vertrag über die Finanzierung der Gemeinschaft im Sinne eines »Nebenvertrags«.
31 S. auch *Bleckmann*, Europarecht, Rn. 1246.
32 Die alte Fassung des Art. 201 enthielt noch die beispielsweise Erwähnung der »Einnahmen aus dem Gemeinsamen Zolltarif«.
33 *M. Schüler*, Die vierte Ebene: Haushalts- und finanzpolitische Probleme der Europäischen Gemeinschaften, EA 1974, S. 47; *Meermagen* (Fn. 1), S. 130 ff.
34 Vgl. auch *Birk* (Fn. 3), Rn. 32; *Häde* (Fn. 2), S. 432 ff. Enger wohl *Ohler* (Fn. 22), S. 365 f., der eine auch in den mitgliedstaatlichen Bereich hineinragende gemeinschaftsrechtliche Ertragskompetenz verlangt und anerkennt (S. 371 f.).
35 *Europäische Kommission*, Die Finanzverfassung der Europäischen Union, 1995, S. 41. Verfehlt daher die Definition der Kommission, abgedruckt bei *Fugmann* (Fn. 12), S. 154.
36 *Ohler* (Fn. 22), S. 368 und öfter.
37 S. sogleich Rn. 5.
38 S. sogleich Rn. 6.
39 Art. 2 VO (EWG) Nr. 1552/89, 29.5.1989, ABl.EG 1989, Nr. L 155/1 i.d.F. der VO (EG) Nr. 1355/96, 8.7.1996, ABl.EG 1996, Nr. L 175/3. Zur Erhebung der Eigenmittel s. Art. 8 Eigenmittelbeschluß 1994; *S. Magiera*, in: Grabitz/Hilf, EU, Art. 201, Rn. 20 ff.; *Messal* (Fn. 9), S. 137 ff.; *K. Vogel/M. Rodi*, Probleme bei der Erhebung von EG-Eigenmitteln aus rechtsvergleichender Sicht, 1995.

schaftsrechtlicher Anspruch besteht[40]. Die BSP-Eigenmittel sind demgegenüber kaschierte Mitgliedsbeiträge[41].

IV. Arten der Eigenmittel[42]

1. Agrarabschöpfungen u.ä.

5 Hierunter fallen »Abschöpfungen, Prämien, Zusatz- oder Ausgleichsbeträge, zusätzliche Teilbeträge und andere Abgaben auf den Warenverkehr mit Nichtmitgliedstaaten, die von den Gemeinschaftsorganen im Rahmen der Gemeinsamen Agrarpolitik eingeführt worden sind oder noch eingeführt werden, sowie Abgaben, die im Rahmen der Gemeinsamen Marktorganisation für Zucker vorgesehen sind«[43].

2. Zölle

6 Art. 2 Abs. 1 lit. b Eigenmittelbeschluß 1994 führt »Zölle des Gemeinsamen Zolltarifs und andere Zölle auf den Warenverkehr mit Nichtmitgliedstaaten, die von den Gemeinschaftsorganen eingeführt worden sind oder noch eingeführt werden, sowie Zölle auf die unter den Vertrag über die Gründung der Europäischen Gemeinschaft für Kohle und Stahl fallenden Erzeugnisse« auf[44].

3. Eigenmittel aus dem mitgliedstaatlichen Mehrwertsteueraufkommen

7 Diese Eigenmittel tragen seit dem (ersten) Eigenmittelbeschluß 1970 zur Finanzierung der Gemeinschaft bei. Art. 2 Abs. 1 lit. c Eigenmittelbeschluß 1994 faßt hierunter »Einnahmen, die sich aus der Anwendung eines für alle Mitgliedstaaten einheitlichen Satzes auf die nach Gemeinschaftsvorschriften bestimmte einheitliche MWSt-Eigenmittelbemessungsgrundlage eines jeden Mitgliedstaates ergeben«[45]. Der einheitliche Satz ist in Abs. 4 dieses Beschlusses nach Jahren fallend gestaffelt festgesetzt und soll auf 1,0 % bis 1999 sinken; zugleich wird eine Kappungsgrenze in Relation zum

---

40 VO (EWG, Euratom) Nr. 1553/89 des Rates vom 29.5.1989 über die endgültige einheitliche Regelung für die Erhebung der Mehrwertsteuereigenmittel, ABl.EG 1989, Nr. L 155/9.
41 *R. Bieber*, in: GTE, EU-/EGV, Art. 201, Rn. 8; zur »Rückentwicklung« hin zu einer Beitragsfinanzierung durch die zunehmende Bedeutung der BSP-Eigenmittel s. Art. 268, Rn. 28.
42 Zum Volumen s. Art. 268 Rn. 28. S. insgesamt auch *Häde* (Fn. 2), S. 439 ff.; *Meermagen* (Fn. 1), S. 130 ff.
43 Art. 2 Abs. 1 lit. a Eigenmittelbeschluß 1994. Zur Agrarmarktfinanzierung allgemein s. *P. Karpenstein*, Die Finanzierung der Agrarpolitik der Europäischen Gemeinschaften, 1985; *D. Carl*, Finanzverfassung und Haushalt der Europäischen Gemeinschaften, StuSt. 1991, S. 181 f.; *R. Mögele*, Die Behandlung fehlerhafter Ausgaben im Finanzierungssystem der gemeinsamen Agrarpolitik, 1997, S. 21 ff.; *J. Ebling*, Die Rechtsnatur der in dem Gemeinsamen Markt erhobenen Abschöpfungen, Diss. iur Würzburg 1965; sowie den Artikel »Agrarabgaben im Rahmen der Europäischen Gemeinschaften« in: Klein (Hrsg.), Lexikon des Rechts. Steuer- und Finanzrecht, 2. Aufl. 1993, S. 31 f.
44 Zum Gemeinsamen Zolltarif s. Art. 26.
45 Zur Umsatzsteuerharmonisierung s. Art. 93. Zu den Problemen des Zusammenwirkens mit der innerstaatlichen finanzverfassungsrechtlichen Ertragshoheit s. *J. W. Hidien*, Der Rechtscharakter der Mehrwertsteuer-Einnahmen der EU, EuR 1997, S. 95; *Ohler* (Fn. 22), S. 394 ff.

mitgliedstaatlichen BSP aufgerichtet. Beide Maßnahmen des vierten Eigenmittelbeschlusses sollen zur Verminderung regressiver Effekte der MWSt-Eigenmittel bei wirtschaftsschwächeren Mitgliedstaaten, in denen ein höherer Teil ihres BSP verkonsumiert wird, durch eine Umschichtung hin zu den BSP-Eigenmitteln beitragen[46]. Im Rahmen der Erhebung der MWSt-Eigenmittel wird auch der Korrekturmechanismus hinsichtlich der Beiträge Großbritanniens wirksam[47].

4. Eigenmittel auf der Grundlage der mitgliedstaatlichen Bruttosozialprodukte

Der Eigenmittelbeschluß 1988 brachte diese vierte, ergänzende Eigenmittelart um Aspekten der »Beitragsgerechtigkeit«[48] Rechnung zu tragen[49]. Es handelt sich um »Einnahmen, die sich ergeben aus der Anwendung eines im Rahmen des Haushaltsverfahrens unter Berücksichtigung aller übrigen Einnahmen festzulegenden Satzes auf den Gesamtbetrag des BSP aller Mitgliedstaaten, das nach gemeinschaftlichen Regeln entsprechend der Richtlinie 89/130 EWG, Euratom[50] festgesetzt wird«, Art. 2 Abs. 1 lit. d Eigenmittelbeschluß 2000. Ihr Charakter als »Restfinanzierung«[51], d.h. zur Deckung der verleibenden Haushaltslücke, erhellt aus ihrer Festlegung im Haushaltsverfahren[52].

8

V. Sonstige Einnahmen

»Sonstige Einnahmen«[53] sind die (direkten) Steuern der Bediensteten der Gemeinschaften[54], sonstige Abgaben im Rahmen des Agrarmarkts wie die bis 1992 erhobenen Mitverantwortungsabgaben und Währungsausgleichsbeträge[55] sowie die Verwaltungseinnahmen der Gemeinschaft wie Gebühren, Zwangsgelder, Säumnis-Zinsen, Geldbußen (z.B. aus dem Kartellbereich), verfallene Kautionen, Stiftungen und Schenkungen usw. Auch Haushaltsüberschüsse aus vorangegangenen Haushaltsjahren sowie Einnahmen aus Verkäufen und Vermietungen fallen hierunter. Ferner der die Verwaltungskosten der Gemeinschaft abdeckende Anteil der EGKS-Umlage[56]. Wegen der Pflicht zur

9

---

46 Vgl. *Birk* (Fn. 3), Rn. 39 f.; R. *Eckhoff*, Lastenverteilung in der Europäischen Gemeinschaft, in: Birk (Hrsg.), Handbuch des Europäischen Steuer- und Abgabenrechts, 1995, § 7, Rn. 11 ff.; R. *Peffekoven*, Die Finanzen der Europäischen Union, 1994, S. 58: da die harmonisierte Mehrwertsteuer konsumorientiert sei, würden die export- und investitionsstarken Mitgliedstaaten bevorteilt, diejenigen mit hoher Konsumquote benachteiligt.
47 S. die Nachweise in Fn. 11.
48 Dazu s. Rn. 18 ff.
49 *Messal* (Fn. 9), S. 92 ff.
50 ABl.EG 1989, Nr. L 49/26.
51 S. auch Art. 270, Rn. 1.
52 Ausführlich *Messal* (Fn. 9), S. 100 f. Zur Restfinanzierung s. auch EuGH, Rs. C-284/90, Slg. 1992, I-2277, Rn. 29 (Rat/Parlament).
53 Zum Volumen s. Art. 268, Rn. 28.
54 Einschließlich der Bediensteten der EIB: EuGH, Rs. 85/86, Slg. 1988, 1281 (Kommission/Rat der Gouverneure der EIB); s. die Nachweise bei Art. 268, Fn. 5.
55 S. dazu *S. Magiera*, in: Grabitz/Hilf, EU, Art. 201, Rn. 38; R. *Bieber*, in: GTE, EU-/EGV, Art. 201, Rn. 42; zur Agrarmarktfinanzierung insgesamt s. *Karpenstein* (Fn. 43).
56 Art. 20 des Fusionsvertrages, ABl.EG 1967, Nr. 152/2; BGBl. 1965 II S. 1454.

Eigenmittelfinanzierung[57] dürfen hierunter nicht mehr Mitgliedsbeiträge fallen[58]. Charakteristikum dieser Abgaben soll es sein, daß sie nicht primär dem Haushaltsausgleich zu dienen bestimmt seien[59]. Die Vorschrift stellt also klar, daß die bei der Tätigkeit der Gemeinschaft anfallenden Einnahmen, die nicht Eigenmittel sind, in den Haushalt zu dessen Ausgleich eingestellt werden dürfen, ohne daß Art. 269 selbst eine Rechtsgrundlage für die Einführung solcher Einnahmen darstellen könnte[60], insofern also nur **deklaratorischen Charakter** besitzt. Die Abgrenzung zu den anerkannten Eigenmitteln ist im Einzelfall logisch nur schwer durchzuführen und gelegentlich damit willkürlich[61].

VI. Fortschreibung und Reform des Eigenmittelsystems[62]

10   Die Eigenmittelbeschlüsse waren und sind in der Regel nicht befristet, ihre inhaltlichen Festschreibungen gehen jedoch nicht über ein bestimmtes Datum – zur Zeit 2006 – hinaus, es verbliebe bei den für dieses Jahr festgelegten Sätzen[63]. Die Kommission unterbreitet vor dessen Ablauf einen Bericht über das Funktionieren des mit diesem Beschluß eingeführten Systems, der auch eine Überprüfung der dem Vereinigten Königreich zugestandenen Korrekturen der Haushaltsungleichgewichte umfaßt. Bisher haben es die Gemeinschaften vermieden, eine grundlegende Reform der Finanzierung in Angriff zu nehmen. Der im Rahmen der **Agenda 2000**, einem Aktionsprogramm zur Reform der Gemeinschaftspolitiken, vorgelegte und in den Eigenmittelbeschluß 2000 eingegangene Finanzrahmen für die Jahre 2000 bis 2006 kann nur als Übergangslösung bezeichnet werden, da er vor allem die finanzwirtschaftlichen Herausforderungen des **Beitritts ostmitteleuropäischer Staaten** weitgehend ausklammert[64]. Die Kommission geht in

---

57 S. Rn. 2.
58 *S. Magiera*, in: Grabitz/Hilf, EU, Art. 201, Rn. 34; *R. Bieber*, in: GTE, EU-/EGV, Art. 201, Rn. 40.
59 *R. Bieber*, in: GTE, EU-/EGV, Art. 201, Rn. 40; *Bleckmann*, Europarecht, Rn. 1262.
60 *R. Bieber*, in: GTE, EU-/EGV, Art. 201, Rn. 40. S. auch *V. Götz*, Parafiskalische Abgaben im europäischen Gemeinschaftsrecht, in: FS Friauf, 1996, S. 52 ff.
61 Ausführlicher *Häde*, (Fn. 2), S. 458 ff. m.w.N.
62 Grds. zur Reform aus finanzwissenschaftlicher Sicht: die Beiträge in dem von *Biehl/Pfennig* hrsg. Sammelband: Zur Reform der EG-Finanzverfassung, 1990; *D. Biehl*, Umrisse einer EG-Finanzverfassung aus föderalistischer Perspektive, in: FS von der Groeben, 1987, S. 51; *C. Fuest*, Eine Fiskalverfassung für die Europäische Union, 1995; *ders.*, Reform der EU-Fiskalverfassung, in: Streit/Voigt (Hrsg.), Europa reformieren, 1996, S. 166; *F. Heinemann*, Die Finanzverfassung und Kompetenzausstattung der Europäischen Union nach Maastricht, 1995; *R. Caesar*, Zur Reform des EU-Einnahmesystems, Diskussionsbeiträge aus dem Institut für Volkswirtschaftslehre Universität Hohenheim Nr. 124/1996; *K. D. Henke*, Die Finanzierung der EU, Wirtschaftsdienst 1997, S. 45. Zu einer älteren Diskussion: *H. J. Seeler*, Entwurf einer Finanzverfassung der Europäischen Union, EuR 1985, S. 406 und die Erwiderung von *G. Pfennig*, EuR 1986, S. 284.
63 *S. Hölscheidt/C. Baldus*, Bestandsaufnahme und Perspektiven der europäischen Finanzordnung, DÖV 1997, S. 866, für den vorherigen Eigenmittelbeschluß 1994.
64 Dazu jetzt *C. Waldhoff*, Probleme des europäischen Finanzausgleichs im Lichte der Erweiterung der Europäischen Union, ZEuS 2000, S. 201 m.w.N.; ferner *H. Blümich*, Der Haushalt der Europäischen Union – eine Bestandsaufnahme, 1999, S. 86 ff. Kritisch zuvor bereits *Bleckmann*, Europarecht, Rn. 1307. Auch bei der Vorbereitung des Maastrichter Vertragswerks wurden die Finanzierungsfragen bereits ausgeklammert worden, vgl. *Europäische Kommission*, Die Finanzverfassung der Europäischen Union, 1995, S. 40. – Die Ausklammerung aus den Beratungen der Regierungskonferenz 1996/97 wurde insbesondere vom Parlament beanstandet: Entschluß des Europäischen Parlaments vom 13.3.1996 zum Bericht der Reflexionsgruppe, ABl.EG 196, Nr. C 96/77, Ziff. 21.7; Entschießung vom 16.1.1997 zum Vertragsentwurf, ABl.EG 1997, Nr. C 33/63, Ziff. 45 ff.; vgl. zuvor schon die Entschließung vom 17.5.1995 im Hinblick auf

optimistischer Vorausschau davon aus, daß auch mit dem derzeitigen Finanzrahmen die anstehende Reform einzelner Politiken sowie die erste »Beitrittswelle« ostmitteleuropäischer Staaten aufgefangen werden könne[65]. Gleichwohl geht auch sie von einer zusätzlichen Belastung der »Nettozahler« und damit Deutschlands aus[66].

Hinsichtlich einer Reform des Einnahmensystems sind mehrere – miteinander verknüpfte – Dilemmata zu beachten: Eine Stärkung der Finanzautonomie durch eigene Abgaben der Gemeinschaft kann die »Beitragsgerechtigkeit« im Sinne der Berücksichtigung der Leistungsfähigkeit der Mitgliedstaaten stören; der derzeitige Integrationsstand erfordert nach wie vor **Einstimmigkeit im finanzwirtschaftlichen Willensbildungsprozeß** der Gemeinschaft, Mehrheitsentscheidungen würden nicht akzeptiert werden[67]. Der Übergang zu qualifizierten Mehrheitsentscheidungen über die Finanzierung der Gemeinschaft würde einen entscheidenden Souveränitätsverzicht der Mitgliedstaaten in diesem besonders sensiblen Bereich bedeuten und ist daher zur Zeit nicht zu erwarten[68]. Dadurch wird de facto zugleich eine institutionelle Fehlentwicklung wie der Korrekturmechanismus für Großbritannien[69] zementiert. 11

Die Mitwirkung des Parlaments beschränkt sich gegenwärtig auf die Ausgabenseite des Haushaltsgeschehens. Diese **Asymmetrie der Beteiligung des Parlaments** und damit die **institutionelle Entkoppelung von Gemeinschaftseinnahmen und -ausgaben** könnte sich negativ auf die Ausgabendisziplin der Gemeinschaft auswirken, da die die Ausgaben (mit-)verursachenden Stellen nicht zugleich für die erforderlichen Einnahmen verantwortlich zeichnen[70]. Andererseits haben auch die mitgliedstaatlichen Beispiele gezeigt, daß Volksvertretungen in parlamentarischen Demokratien – im Gegensatz zum konstitutionellen Staatsrecht des 19. Jh. – kaum mehr in der Lage sind ausgaben- und damit einnahmebegrenzend zu wirken[71]. 12

Auf einer grundsätzlicheren Ebene wird die **Einräumung originärer Besteuerungskompetenzen** der Gemeinschaft diskutiert[72]. Damit ist die Frage der demokratischen Legiti- 13

Fortsetzung von Fußnote 64
die Regierungskonferenz, ABl.EG 1995, Nr. C 151/56, Ziff. 34 mit den Forderungen, die Einheitlichkeit des Haushaltsplans endgültig herzustellen, Mitbestimmungsrechte des Parlaments bei den Eigenmitteln zu schaffen, eine Straffung des Haushaltsverfahrens unter Verbesserung der Stellung des Parlaments zu bewirken, insbesondere die Abschaffung der Unterscheidung von obligatorischen und nichtobligatorischen Ausgaben vorzunehmen.

65 Agenda 2000, Bulletin der Europäischen Union, Beilage 5/97, S. 67 ff., 73; Agenda 2000: Die Finanzierung der Europäischen Union. Bericht der Kommission über das Funktionieren des Eigenmittelsystems, Bulletin der Europäischen Union, Beilage 2/98 (= KOM (1998) 560); *Waldhoff* (Fn. 64), S. 233 ff.; vgl. ferner *A. Griese*, Die Finanzierung der Europäischen Union, EuR 1998, S. 470. Zu Rechtsstreitigkeiten im Rahmen der zur Vorbereitung der Beitritte aufgelegten PHARE-Programme siehe etwa EuG, Rs. T.13/96, Slg. 1998, II-4076; EuG, Rs. T-231/97, Slg. 1999, II-2406.
66 Agenda 2000, Bulletin der Europäischen Union, Beilage 5/97, S. 74.
67 *Bleckmann*, Europarecht, Rn. 1308 f.
68 *Vogel/Waldhoff* (Fn. 27), Rn. 657.
69 S. die Nachweise in Fn. 11.
70 *Hölscheidt/Baldus* (Fn. 63), S. 872; *B. Seidel*, Die Einbindung der Bundesrepublik Deutschland in die Europäischen Gemeinschaften als Problem des Finanzausgleichs, 1992, S. 220 ff.
71 S. statt aller m.w.N. *C. Waldhoff*, Verfassungsrechtliche Vorgaben für die Steuergesetzgebung im Vergleich Deutschland-Schweiz, 1997, S. 111 ff., 132 ff., 261; skeptisch in Bezug auf das Europäische Parlament: *Schüler* (Fn. 33), S. 52.
72 S. auch *R. Bieber*, Die Erschließung neuer Finanzierungsmittel, in: Magiera (Hrsg.), Entwicklungsperspektiven der Europäischen Gemeinschaft, 1985, S. 50 ff.; *C. Kuntze*, Die Kompetenzen der Europäischen Gemeinschaft auf dem Gebiet des Steuerrechts, 1999, S. 150 ff.

mation der Gemeinschaft angesprochen[73]. Nach geltendem Gemeinschaftsrecht fehlt hier jede Rechtsgrundlage: Art. 6 Abs. 4 EUV ist politische Absichtserklärung und nicht Kompetenznorm[74]; Art. 269 darf hierfür nicht herangezogen werden[75]. Um die für die Erhebung eigener Abgaben auch vom deutschen BVerfG geforderte notwendige demokratische Rückkopplung über den Rat an die mitgliedstaatlichen Parlamente zu gewährleisten, wäre neben einer ausdrücklichen Grundlage im Vertrag auch ein institutionell-demokratischer Umbau der Gemeinschaft erforderlich[76]. Die bestehende duale Legitimationsstruktur der Gemeinschaft mit den wichtigen Kompetenzen bei Rat und Kommission und der direkten Legitimation beim Parlament, kann den gesteigerten demokratischen Anforderungen bei der Steuerrechtsetzung kaum gerecht werden. Ein entsprechender Umbau würde die bestehende und vom BVerfG sanktionierte Legitimationsstruktur jedoch aufheben und zu einem europäischen Bundesstaat führen[77].

VII. Kreditfinanzierung des Gemeinschaftshaushalts[78]

14 Angesichts der ständigen Haushaltsprobleme liegt die Frage, ob und inwieweit Aufgaben der Gemeinschaft durch Kreditaufnahmen finanziert werden dürfen auf der Hand. Anders als der EGKSV in seinen Art. 49, 51 Abs. 1 und der EAGV in Art. 172 Abs. 4 regelt der EGV nur für die EIB in Art. 267 Abs. 1 Hs. 2 die Möglichkeit der Kapitalmarktfinanzierung. Deren Gesamt-Anleihevolumen war 1996 mit über 17 Mrd. ECU entsprechend bedeutsam[79]. Auch die Gemeinschaft selbst hat neben den (oder gegen

---

73 *A. Dittmann*, Finanzverfassung und Staatsverfassung, in: Caesar (Hrsg.), zur Reform der Finanzverfassung und Strukturpolitik der EU, 1997, S. 64 f.; *R. Eckhoff*, »Delors II« und die europäische Finanzverfassung, in: FS Bleckmann, 1993, S. 20 ff.; *M. Rossi*, Europäisches Parlament und Haushaltsverfassungsrecht, 1997, S. 259 ff.; *F. Vanistendael*, No European taxation without European representation, ec-Tax Review 2000, S. 142; zu unkritisch: *C. Ohler*, Mehr Mut zur Steuerpolitik in Europa, EuZW 1997, S. 373.
74 BVerfGE 93, 155 (194 f.); *M. Herdegen*, Europarecht, 1997, Rn. 83; *U. Häde* (Fn. 61), S. 457; *H.-D. Jarass*, Die Kompetenzverteilung zwischen der Europäischen Gemeinschaft und den Mitgliedstaaten, AöR 121 (1996), S. 178.
75 So aber *S. Magiera*, Zur Finanzverfassung der Europäischen Union, in: GS Grabitz, 1995, S. 412 f.; dagegen zutreffend: *B. Börner*, Die Unzulässigkeit einer Steuer auf Nichtbutterfette nach dem EWGV, 1987, S. 56 ff.; *A. Bleckmann/S. Hölscheidt*, Gedanken zur Finanzierung der EG, DÖV 1990, S. 857; *Bleckmann*, Europarecht, Rn. 1263; *E. Klein*, Der Einfluß des Europarechts auf das deutsche Steuerrecht, in: Lehner (Hrsg.), Steuern im Europäischen Binnenmarkt, 1996, S. 27.
76 *F. Klein*, Zur Frage der künftigen Steuerhoheit der Europäischen Gemeinschaften, in: FS Wöhe, 1989, S. 199; *Eckhoff* (Fn. 73), S. 20 ff.; *Vogel/Waldhoff* (Fn. 27), Rn. 657.
77 *D. Grimm*, Vertrag oder Verfassung, in: ders. u.a., Zur Neuordnung der Europäischen Union: Die Regierungskonferenz 1996/97, 1997, S. 28 mit Bezug zur Finanzierung der Gemeinschaft. Grds. kritisch auch *Bleckmann*, Europarecht, Rn. 1264 f.
78 S. *M. Seidel*, Ausgestaltung und rechtliche Begrenzung der Anleihebefugnis der Europäischen Wirtschaftsgemeinschaft, RIW 1977, S. 665; *P. Selmer*, Die Anleihekompetenzen der Europäischen Gemeinschaften, in: Böckstiegel u.a. (Hrsg.), Finanzverfassung der Europäischen Gemeinschaften. Beilegung internationaler Streitigkeiten, 1984, S. 21; *R. Scheibe*, Die Anleihekompetenzen der Gemeinschaftsorgane nach dem EWG-Vertrag, 1988; *Strasser* (Fn. 1), S. 106 ff.; *Birk* (Fn. 3), Rn. 46 ff.; *Häde* (Fn. 2), S. 462 ff.; *D. Gesmann-Nuissl*, Die Verschuldungsbefugnis der Europäischen Union, 1999. Aus finanzwissenschaftlicher Perspektive: *B. Diekmann*, Die Anleihe- und Darlehensaktionen der Europäischen Gemeinschaften, 1990; *R. Münch*, Die Verschuldungstätigkeit der Europäischen Gemeinschaften, 1989.
79 *Europäische Kommission*, Haushaltsvademekum 1997, S. 44: ausgezahlte Darlehen 1996: 20 945 000 ECU; Anleiheaufnahme am Kapitalmarkt 1996: 17 553 000 ECU.

die) Normen des Vertrags eine zwischenzeitlich rege Kreditfinanzierung betrieben. Dabei sind jedoch die engen normativen Grenzen, die der Vertrag zieht, zu beachten: nur solange sich das Volumen und die Ausgestaltung in festen Grenzen halten, kann auf Art. 308 gestützt eine begrenzte Anleihefinanzierung vorgenommen werden, die wegen Art. 269 allerdings nicht zur allgemeinen Haushaltsfinanzierung der Gemeinschaft beitragen darf[80]. Die mit der Wirtschafts- und Währungsunion avisierte Stabilitätspolitik weist in die gleiche Richtung[81].

1. (Zahlungsbilanz-)Anleihen[82]

Seit der ersten Ölkrise in den siebziger Jahren wurden zur Unterstützung von in Zahlungsschwierigkeiten geratenen Mitgliedstaaten vom Rat, gestützt auf Art. 235 a.F., im Verordnungsweg Anleihen aufgelegt (»Petro-Dollar-Anleihen«)[83]. Diese Zahlungsbilanzanleihen haben sich inzwischen von ihrem ursprünglichen, eng umgrenzten Zweck entfernt[84], wurden in ihrem Volumen ausgedehnt[85] und zum Teil auf neue Rechtsgrundlagen gestellt[86]. 15

2. Neues Gemeinschaftsinstrument[87]

Das sog. Neue Gemeinschaftsinstrument (NGI) war ein vorübergehend eingesetztes Instrumentarium zur Investitionsförderung im Zusammenhang mit der Wirtschafskrise der siebziger Jahre. Zuletzt wurden 1995 Anleihen aufgenommen, Fördermittel wurden letztmalig 1993 verteilt. 16

Schließlich sind noch Anleiheaktivitäten der Gemeinschaft zur Finanzierung von Finanzhilfen für andere, insbesondere mittelosteuropäische Staaten zu erwähnen[88]. 17

VIII. Kriterien einer Beitrags»gerechtigkeit« der Mitgliedstaaten[89]

Auf Grund der **dauerhaften »Nettozahlerposition« der Bundesrepublik**[90] und der psychologischen Rückwirkungen dieser Tatsache im politischen Prozeß hat sich die 18

---

80 So in der Tendenz auch *Seidel* (Fn. 78), S. 666; *Scheibe* (Fn. 78), S. 312 ff., 362, 402; *Schüler* (Fn. 33), S. 47; differenzierend *Bieber* (Fn. 72), S. 53 f. Gegen eine Anleihekompetenz der Gemeinschaft explizit auch der Beschluß des Deutschen Bundestags vom 6.12.1995, BT-DrS 13/3247, Ziff. 4 a.E.
81 A. *Klein*, Die derzeitige Finanzverfassung der EU: Entwicklung und Reform, in: Caesar (Hrsg.), Zur Reform der Finanzverfassung und Strukturpolitik der EU, 1997, S. 85; *Ohler* (Fn. 22), S. 373.
82 Ausführlich *Scheibe* (Fn. 78), S. 41 ff.
83 VO (EWG) 397/75 vom 17.2.1975, ABl.EG 1975, Nr. L 46/1; VO (EWG) 682/81 vom 16.3.1981, ABl.EG 1981 Nr. L 73/1.
84 *Birk* (Fn. 3), Rn. 52 ff.
85 Höchststand 1993: 4 969 Mio. ECU; 1997 voraussichtlich: 730 Mio. ECU; Quelle: *Europäische Kommission*, Haushaltsvademekum 1997, S. 44.
86 VO (EWG) 1131/85, vom 30.4.1985, ABl.EG 1985, Nr. L 118/59; VO (EWG) 1969/88, vom 24.6.1988, ABL.EG 1988, Nr. L 178/1.
87 Ausführlich: *Scheibe* (Fn. 78), S. 75 ff.
88 S. näher *Strasser* (Fn. 1), S. 114 f.
89 S. den statistischen Überblick bei Art. 268, Rn. 29.
90 Zu den volkswirtschaftlichen Auswirkungen auf Staatsquote und außenwirtschaftlichem Leistungsbilanzdefizit siehe Monatsberichte der Deutschen Bundesbank November 1993, S. 61 ff.

Diskussion über die »Beitragsgerechtigkeit«, d.h. die Aufteilung der Finanzierungslasten der Gemeinschaft unter den Mitgliedstaaten verstärkt[91]. Die Ursachen sind vorrangig auf der Ausgabenseite des Gemeinschaftshaushalts zu suchen: Deutschland profitiert von dem hohen Anteil der Agrarausgaben nur wenig und die Ausgaben zur Strukturförderung haben – trotz Förderung der neuen Länder – ebenfalls einen eher bescheidenen »Rückfluß« von Finanzmitteln zur Folge[92]. Demgegenüber entspricht der Anteil Deutschlands an der Aufbringung der Einnahmen in etwa dem deutschen BSP-Anteil am BSP aller Mitgliedstaaten. Die steigenden Abführungen an die Gemeinschaft stehen in Widerspruch zu den nationalen Konsolidierungsbemühungen und erhöhen ihren Rechtfertigungsbedarf[93]. Nur politisch erklärbare Privilegierungen – vorrangig ist hier der Korrekturmechanismus für Großbritannien zu nennen[94] – erschweren eine sachliche Auseinandersetzung. Andere, nicht auf die Mitgliedstaaten bezogene Aspekte (regionale Lastenverteilung; innerbundesstaatliche-[95] und soziale Lastenverteilung[96]) bleiben dabei zumeist unberücksichtigt[97]. Die bestehende Finanzierungsstruktur, bei der der Anteil der »originären« Eigenmitteln von niedrigem Niveau aus noch rückläufig ist[98], rechtfertigt das Abstellen auf die Mitgliedstaaten – und nicht unmittelbar auf die belasteten Unionsbürger, wie ein wirkliches System von »Eigenmitteln« nahelegen könnte; nach derzeitigem Integrationsstand geht es noch immer um die Abgrenzung mitgliedstaatlicher von gemeinschaftlicher Finanzhoheit[99]; der einzelne Abgabenpflichtige tritt damit unter dem Gesichtspunkt der Beitragsgerechtigkeit noch kaum in das Blickfeld[100].

19 Das Problem liegt zunächst in der **Bestimmung** von **Kriterien einer »Beitragsgerechtigkeit«**[101]. Grundsätzlich kommen zwei Modellvorstellungen zum Tragen: **Äquivalenzgedanken**, die ein Gleichgewicht zwischen Zahlungen und Rückflüssen für jeden Mitgliedstaat postulieren (»juste retour«/»broard balance«); **Leistungsfähigkeitsgedanken**, die die finanzwirtschaftliche Solidarität auf die je unterschiedliche Leistungsfähigkeit der einzelnen Mitgliedstaaten stützen[102]. Die reine Durchführung eines auf Zahlungsströmen beruhenden Ansatzes widerspricht Grundintentionen der europäischen Inte-

---

91 S. die betont kritischen Beiträge von *C.-P. Clostermeyer*, Deutschland – »Zahlmeister« Europas? in: Caesar (Hrsg.), Zur Reform der Finanzverfassung und Strukturpolitik der EU, 1997, S. 141; *R. Caesar*, Die deutsche Nettozahlerposition – Eine Koalition zu Lasten Dritter? ebd., S. 161; Griese (Fn. 65), S. 474.
92 Monatsbericht der Deutschen Bundesbank November 1993, S. 62, 65 ff.
93 *J. Stark*, Die künftige Finanzierung des EU-Haushalts und der Beitrag der Bundesrepublik, Integration 1996, S. 159; Eckhoff (Fn. 11), Rn. 4.
94 S. die Nachweise in Fn. 11.
95 S. dazu Hölscheidt/Baldus (Fn. 63), S. 872 f.; *Bleckmann*, Europarecht, Rn. 1312; berichtend: *K. Rudzio*, EU-Finanzen und Strukturfonds vor der Reform, Integration 1997, S. 185.
96 S. *Caesar* (Fn. 91), S. 161.
97 S. dazu *Eckhoff* (Fn. 11), Rn. 1; *ders.*, Wer zahlt Europa? in: Scherzberg/Pieper (Hrsg.), Deutschland im Binnenmarkt, 1994, S. 181.
98 Art. 268, Rn. 28.
99 S. Art. 268, Rn. 8.
100 Ähnlich auch *Ohler* (Fn. 22), S. 381.
101 Dazu *K.-D. Henke*, Die Finanzierung der Europäischen Gemeinschaften, in: Pohmer (Hrsg.), Probleme des Finanzausgleichs III, 1981, S. 34. *Ohler* (Fn. 22), S. 376, schlägt mit zutreffender Argumentation die Formulierung »Finanzierungsgerechtigkeit« vor.
102 *G. Ott*, Zur Diskussion um »Zahlmeister« und »Nutznießer« der EG, in: FS Kolms, 1984, S. 339.

gration[103] und Rechtsnormen des Gemeinschaftsrechts[104]. Auch das vor Errichtung des Eigenmittelsystems bestehende System von Mitgliedsbeiträgen[105] beruhte auf einer Lastenverteilung nach Gesichtspunkten der Leistungsfähigkeit und auf politischen Aspekten[106]. Aus ökonomischer Sicht ergeben sich zudem Schwierigkeiten bei der Bestimmung der Zahlungsflüsse. Gänzlich unberücksichtigt blieben die nicht oder nur sehr schwer quantifizierbaren Vorteile aus der politischen Integration, aus dem Binnenmarktprojekt und aus dem Übergang öffentlicher Aufgaben vom Mitgliedstaat auf die Gemeinschaft[107].

Die vorzuziehende Orientierung an der wirtschaftlichen Leistungsfähigkeit der Mitgliedstaaten stellt die Frage nach der Bezugsgröße[108]. Entscheidend ist, daß die wirtschaftliche Leistungsfähigkeit der Mitgliedstaaten objektiv verdeutlicht und auch zwischen den verschiedenen Mitgliedstaaten Vergleichbarkeit hergestellt wird[109]. Statistische Indikatoren können das BSP oder das BIP sein[110]. Die Entwicklung des Eigenmittelsystems[111] mit der Verlagerung von den originären (echten) Eigenmitteln[112] und neuerdings auch den Mehrwertsteuer-Eigenmitteln hin zu den BSP-Eigenmitteln weist in diese Richtung[113]. Angemessener wäre eine deutlichere Orientierung an dem Pro-Kopf-Aufkommen und weniger an dem absoluten Betrag der nationalen Volkswirtschaft[114]. Außerdem führt diese Entwicklung letztlich in die Richtung zu einer Beitragsfinanzierung zurück[115]. Politisch dürften Korrekturen wegen des Einstimmigkeitserfordernisses hinsichtlich der Eigenmittelfinanzierung[116] kaum durchsetzbar sein. Um einen unangemessenen Anstieg der deutschen Finanzlasten zu begrenzen ist vorrangig das Gesamtausgabevolumen der Gemeinschaft im Auge zu behalten[117]. Da die hohen Agrarausgaben und zunehmend auch die Ausgaben für die Strukturfonds wesentlich zur deutschen Nettozahlerposition beitragen ist die Verringerung oder zumindest Stabi-

20

---

103 S. *Magiera*, Zur Finanzverfassung der Europäischen Union, in: GS Grabitz, 1995, S. 419 f.; *ders.*, in: Grabitz/Hilf, EU, Art. 201, Rn. 32; *R. Bieber*, in: GTE, EU-/EGV, Art. 201, Rn. 10; *Schüler* (Fn. 33), S. 49.
104 S. nur Art. 2 und 158; *Ohler* (Fn. 22), S. 378 f.
105 S. Rn. 1.
106 *Birk* (Fn. 3), Rn. 23; *S. Magiera*, in: Grabitz/Hilf, EU, Art. 201, Rn. 31.
107 *Ott* (Fn. 102), S. 341 ff.; *W. Heck*, Die Finanzierungslast im Verhältnis der Mitgliedstaaten, in: Magiera (Hrsg.), Entwicklungsperspektiven der Europäischen Gemeinschaft, 1985, S. 68 ff.; *Eckhoff* (Fn. 11), Rn. 62 ff.; *Peffekoven* (Fn. 46), S. 112.
108 *Ohler* (Fn. 22), S. 381 ff.
109 *Ohler* (Fn. 22), S. 383.
110 S. *R. Bieber*, in: GTE, EU-/EGV, Art. 201, Rn. 11; *Klein* (Fn. 81), S. 87.
111 S. auch Rn. 1; Art. 268, Rn. 28.
112 S. Rn. 4.
113 *Magiera* (Fn. 103), S. 420 f.; *Eckhoff* (Fn. 11), S. 15 ff., 26; kritisch *R. Messal/A. Klein*, Finanzlasten und Eigenmittelstruktur der Europäischen Gemeinschaft, Wirtschaftsdienst 1993, S. 375.
114 *Hölscheidt/Baldus* (Fn. 63), S. 872; *Peffekoven* (Fn. 46), S. 112. Zum Problem auch *R. Messal*, EG-Finanzierung und Lastenverteilung, 1989, S. 92 ff.; *Ohler* (Fn. 22), S. 384.
115 S. Rn. 4. Betont kritisch zu dieser Entwicklung *S. Magiera*, in: Grabitz/Hilf, EU, Art. 201, Rn. 29 f. Zum Zusammenhang zwischen Beitragsfinanzierung und »Beitragsgerechtigkeit« s. auch *Magiera* (Fn. 103), S. 419; zu den »Gerechtigkeitsproblemen« bei einer »echten« Eigenmittelfinanzierung s. *Peffekoven* (Fn. 3), S. 329 f.; *F. Colasanti*, Neue Einnahmequellen der EU? in: Caesar (Hrsg.), Zur Reform der Finanzverfassung und Strukturpolitik der EU, 1997, S. 190.
116 S. Rn. 3.
117 Monatsbericht der Deutschen Bundesbank November 1993, S. 75; *W. Deffaa*, Deutschland – »Zahlmeister« Europas? in: Caesar (Hrsg.), Zur Reform der Finanzverfassung und Strukturpolitik der EU, 1997, S. 160.

lisierung ihres Haushaltsanteils politisch anzustreben[118]. Auch die Umschichtung von der Agrarfinanzierung hin zum Ressourcentransfer, vorrangig durch Strukturpolitik, würde die für Deutschland ungünstige Ausgabenstruktur verbessern[119]. Letztlich liegt eine ausgewogene Lastenverteilung der Finanzierung der Gemeinschaft auch in deren Interesse.

---

118 *Klein* (Fn. 81), S. 82; *Clostermeyer* (Fn. 91), S. 146.
119 *Eckhoff* (Fn. 11), Rn. 42 ff., 58.

Art. 270 (ex-Art. 201a)

Damit die Haushaltsdisziplin[1] gewährleistet wird, unterbreitet die Kommission[2] keine Vorschläge für Rechtsakte der Gemeinschaft, ändert nicht ihre Vorschläge und erläßt keine Durchführungsmaßnahme, die erhebliche Auswirkungen[3] auf den Haushaltsplan haben könnte, ohne die Gewähr zu bieten, daß der betreffende Vorschlag bzw. die betreffende Maßnahme im Rahmen der Eigenmittel der Gemeinschaft finanziert werden kann, die sich aufgrund der vom Rat nach Artikel 269 festgelegten Bestimmungen ergeben.

Der Begriff der »Haushaltsdisziplin« erhellt aus der Entstehungsgeschichte, den Vorgängerregelungen der Norm und der systematischen Stellung im Finanzierungssystem der Gemeinschaft: Diese, durch den Maastricht-Vertrag eingefügte Bestimmung[1], positiviert auf der Ebene des Primärrechts Grundgedanken verschiedener Sekundärrechtsakte der Haushaltsreform von 1988[2], darunter der Interinstituionellen Vereinbarung vom 29.6.1988[3] und der Entscheidung des Rates vom 24.6.1988 zur Haushaltsdisziplin[4]. Damit wurde eine durch die Aufrichtung der Eigenmittelfinanzierung[5] angelegte Entwicklung fortgeführt, die Finanzwirtschaft der Gemeinschaft auch über eine Begrenzung ihres Ausgabengebarens zu steuern; in der klassischen Beitragsfinanzierung im Umlageverfahren bemessen sich die Mitgliedsbeiträge nach den Ausgaben, können also keine begrenzende Wirkung entfalten: die Ausgaben bestimmten die Einnahmen der Gemeinschaft[6]. Dieses Prinzip ist mit der Eigenmittelfinanzierung und Art. 270 zum Grundsatz des Einnahmenhaushalts umgekehrt worden[7]. Sollten Gemeinschaftsaufgaben nicht mehr finanzierbar sein, ergibt sich zwar ggf. eine Pflicht der Mitgliedstaaten zur Aufstockung des Finanzrahmens im Wege einer Änderung der Eigenmittelausstattung[8]. Solange dies nicht geschieht, ist der Haushalt – zumindest der Idee nach[9] – weitgehend »einnahmengesteuert«. Haushaltsdisziplin ist somit als die **Rückkopplung der Ausgaben an die verfügbaren Einnahmen** zu verstehen. 1

Verpflichtet ist explizit nur die **Kommission** bei ihren Vorschlägen. Auf Grund ihres Initiativmonopols bei der Rechtsetzung werden damit die relevanten Fälle erfaßt. Es ist jedoch kein sachlicher Grund ersichtlich, warum dann, wenn der Rat sich ausnahmsweise darüber hinwegsetzen darf, die Norm nicht für ihn **analoge Anwendung** finden 2

---

1 Art. G Nr. 72 a. F.
2 S. insgesamt *H.-J. Timmann*, Die Interinstituionelle Vereinbarung über die Haushaltsdisziplin, EuR 1988, S. 273.
3 ABl.EG 1988, Nr. L 185/33. Jetzt gültig: Interinstitutionelle Vereinbarung vom 6.5.1999, ABl.EG 1999 Nr. C 172/1. Dazu: *K. Kuhlmann*, Die Haushaltsdisziplin in den Europäischen Gemeinschaften, 1997, S. 160 ff.; *C. Bobbert*, Interinstitutionelle Vereinbarungen im Europäischen Gemeinschaftsrecht, 2001, S. 22, 28.
4 ABl.EG 1988, Nr. L 185/29. Jetzt gültig: Entscheidung des Rates vom 31.10.1994 (94/729/EG), ABl.EG 1994, Nr. L 293/4. Ausführlich: *Kuhlmann* (Fn. 3), S. 24 ff., 34 ff.; *R. Graf*, Die Finanzkontrolle der Europäischen Gemeinschaften, 1999.
5 Art. 269, Rn. 1.
6 *C. Ohler*, Die fiskalische Integration in der Europäischen Gemeinschaft, 1997, S. 363.
7 *S. Magiera*, in: Grabitz/Hilf, EU, Art. 201a, Rn. 4. Ferner: *Geiger*, EGV, Art. 270, Rn. 2. Aus Sicht der europäischen Praxis: *A. Klein*, Die derzeitige Finanzverfassung der EU: Entwicklung und Erfahrungen, in: Caesar (Hrsg.), Zur Reform der Finanzverfassung und Strukturpolitik der EU, 1997, S. 86.
8 S. Art. 269, Rn. 2.
9 Offene Flanke sind die BSP-Eigenmittel mit ihrem Charakter als »Restfinanzierung«, s. Art. 269, Rn. 1 und 8.

Art. 270 EG-Vertrag

darf[10]. Die Interinstitutionelle Vereinbarung vom 29.10.1993 über die Haushaltsdisziplin und die Verbesserung des Haushaltsverfahrens[11] wies mit ihrer Ziffer 7 bereits in diese Richtung. Damit entfällt auch die angenommene Beschränkung der Rechtswidrigkeit bei einem Verstoß auf das Rechtsverhältnis zwischen den Organen (z.B. Kommission und Rat)[12].

3 Der unbestimmte Rechtsbegriff der »**erheblichen Auswirkungen** auf den Haushaltsplan« ist dahingehend zu konkretisieren, daß die Auswirkungen die üblicherweise im Haushaltskreislauf auftretenden Schwankungen und Abweichungen deutlich übersteigen müssen.

4 In der Norm – entgegen ursprünglichen Forderungen – nicht ausdrücklich geregelt ist das System der **Finanziellen Vorausschauen**[13]. Hierbei handelt es sich um als Teil der Interinstituionellen Vereinbarungen für die Organe verbindliche Einigungen über die finanzwirtschaftlichen Prioritäten für einen bestimmten Zeitraum[14]. »Sie stellt den Bezugsrahmen für die interinstitutionelle Haushaltsdisziplin dar.«[15] Insbesondere werden durch sie auch die nichtobligatorischen Ausgaben[16] gegen »Übergriffe« bei Finanzierungsschwierigkeiten hinsichtlich der obligatorischen Ausgaben[17] geschützt (Ausgabenobergrenzen für einzelne Ausgabengruppen). Wegen der Verbindlichkeit bestimmter Eckdaten geht das Verfahren der finanziellen Vorausschau über eine bloße Finanzplanung hinaus; gleichwohl behalten die jährlichen Haushaltsfestsetzungen noch ihre Bedeutung.

---

10 So auch *S. Magiera*, in: Grabitz/Hilf, EU, Art. 201a, Rn. 7; a.A. *R. Bieber*, in: GTE, EU-/EGV, Art. 201a, Rn. 5.
11 ABl.EG 1993, Nr. C 331/1.
12 So aber *R. Bieber*, in: GTE, EU-/EGV, Art. 201a, Rn. 6.
13 Die gültige Finanzielle Vorausschau (z.Z. bis 2006) ist in der jeweils aktuellen Interinstitutionellen Vereinbarung festgelegt; z.Z. Interinstitutionelle Vereinbarung vom 6.5.1999 zwischen dem Europäischen Parlament, dem Rat und der Europäischen Kommission über die Haushaltsdisziplin und die Verbesserung des Haushaltsverfahrens, ABl.EG 1999, Nr. C 172/1. Kritisch zu diesem System mit Beispielen aus der Haushaltspraxis: *H.-J. Timmann*, Das Haushaltsverfahren 1989 – Erste Erfahrungen mit der Interinstitutionellen Vereinbarung über die Haushaltsdisziplin, EuR 1989, S. 13; *ders.*, Haushaltsdisziplin und politische Entscheidungsmechanismen in der Europäischen Gemeinschaft, EuR 1991, S. 121.
14 S. näher *Europäische Kommission*, Haushaltsvademekum 1997, S. 10 f. Zu wenig den rechtlichen Charakter betonend *A. Hecker*, in: Lenz, EGV, Art. 201a, Rn. 1: »dem Haushaltsverfahren vorgeschaltete politische Abstimmung«. S. ferner *T. v. d. Vring*, Die Verteilung der budgetären Kompetenzen in der Europäischen Union, Jahrbuch zur Staats- und Verwaltungslehre 8 (1995), S. 212 ff.
15 Ziff. 5 der Interinstitutionellen Vereinbarung vom 29.10.1993.
16 S. Art. 272, Rn. 10.
17 S. Art. 272, Rn. 11 f., 18.

EG-Vertrag Art. 271

Art. 271 (ex-Art. 202)

Die in den Haushaltsplan eingesetzten Ausgaben werden für ein Haushaltsjahr[1] bewilligt, soweit die gemäß Artikel 279 festgelegte Haushaltsordnung nicht etwas anderes bestimmt[1, 2].

Nach Maßgabe der aufgrund des Artikels 279 erlassenen Vorschriften dürfen die nicht für Personalausgaben vorgesehenen Mittel, die bis zum Ende der Durchführungszeit eines Haushaltsplans nicht verbraucht worden sind, lediglich auf das nächste Haushaltsjahr übertragen werden[3].

Die vorgesehenen Mittel werden nach Kapiteln gegliedert, in denen die Ausgaben nach Art oder Bestimmung zusammengefaßt sind; soweit erforderlich, werden die Kapitel nach der gemäß Artikel 279 festgelegten Haushaltsordnung unterteilt[4].

Die Ausgaben des Europäischen Parlaments, des Rates, der Kommission und des Gerichtshofes werden unbeschadet einer besonderen Regelung für bestimmte gemeinsame Ausgaben in gesonderten Teilen des Haushaltsplans aufgeführt[4].

Der schon in Art. 268 normierte Haushaltsgrundsatz der zeitlichen Spezialität[1] wird hier zum **Jährlichkeitsgrundsatz**[2] ergänzt, um durch Art. 272 Abs. 1 mit dem Kalenderjahr in Deckung gebracht zu werden[3]. 1

Die Einzelheiten bei **Mehrjahresvorhaben** sind der HO zu entnehmen[4]. 2

In das folgende Haushaltsjahr übertragen werden können nur Sachmittel[5], nicht Personalmittel, die mit Ablauf des Haushaltsjahres verfallen. 3

Die Abs. 3 und 4 konkretisieren den ebenfalls schon in Art. 268 angelegten Grundsatz 4
der sachlichen Spezialität ausschließlich für die Ausgabenseite des Haushaltsplans[6]: die Teilpläne für die in Abs. 4 aufgezählten Organe werden in der HO durch entsprechende Pläne für den Rechnungshof, den Wirtschafts- und Sozialausschuß sowie für den Ausschuß der Regionen ergänzt[7]. Die Detailgliederung folgt aus Art. 20 HO. Unverständlich erscheint, warum mit der Konsolidierung und Bereinigung des Vertrags nicht der inzwischen als Hauptorgan anerkannte Rechnungshof in die Aufzählung des Abs. 4 und damit auch in das Primärrecht aufgenommen wurde.

---

1 Art. 268, Rn. 23.
2 S. für die Bundesrepublik Deutschland §§ 4, 9 HGrG.
3 S. auch Art. 1 Abs. 1, 2 HO.
4 S. v.a. Art. 1 Abs. 4 bis 7; 4 Abs. 2.
5 Zu den Einzelheiten s. Art. 7, 96 Abs. 2, 104 HO.
6 S. Art. 268, Rn. 23.
7 Art. 19 Abs. 1 HO.

Christian Waldhoff

Art. 272 (ex-Art. 203)

(1) Das Haushaltsjahr[1] beginnt am 1. Januar und endet am 31. Dezember.

(2) Jedes Organ der Gemeinschaft stellt vor dem 1. Juli einen Haushaltsvoranschlag für seine Ausgaben auf[2]. Die Kommission faßt diese Voranschläge in einem Vorentwurf für den Haushaltsplan zusammen[2]. Sie fügt eine Stellungnahme bei, die abweichende Voranschläge enthalten kann[2].

Dieser Vorentwurf umfaßt den Ansatz der Einnahmen und den Ansatz der Ausgaben.

(3) Die Kommission legt dem Rat den Vorentwurf des Haushaltsplans spätestens am 1. September des Jahres vor, das dem entsprechenden Haushaltsjahr vorausgeht[2].

Der Rat setzt sich mit der Kommission und gegebenenfalls den anderen beteiligten Organen ins Benehmen, wenn er von dem Vorentwurf abweichen will[3].

Der Rat stellt den Entwurf des Haushaltsplans mit qualifizierter Mehrheit auf und leitet ihn dem Europäischen Parlament zu[3].

(4) Der Entwurf des Haushaltsplans ist dem Europäischen Parlament spätestens am 5. Oktober des Jahres vorzulegen, das dem entsprechenden Haushaltsjahr vorausgeht[3].

Das Europäische Parlament ist berechtigt, den Entwurf des Haushaltsplans mit der Mehrheit der Stimmen seiner Mitglieder abzuändern[4] und mit der absoluten Mehrheit der abgegebenen Stimmen dem Rat Änderungen dieses Entwurfs in bezug auf die Ausgaben vorzuschlagen[4], die sich zwingend aus dem Vertrag oder den aufgrund des Vertrags erlassenen Rechtsakten ergeben.

Hat das Europäische Parlament binnen fünfundvierzig Tagen nach Vorlage des Entwurfs des Haushaltsplans seine Zustimmung erteilt, so ist der Haushaltsplan endgültig festgestellt. Hat es innerhalb dieser Frist den Entwurf des Haushaltsplans weder abgeändert noch Änderungen dazu vorgeschlagen, so gilt der Haushaltsplan als endgültig festgestellt.

Hat das Europäische Parlament innerhalb dieser Frist Abänderungen vorgenommen oder Änderungen vorgeschlagen, so wird der Entwurf des Haushaltsplans mit den entsprechenden Abänderungen oder Änderungsvorschlägen dem Rat zugeleitet[4].

(5) Nachdem der Rat über den Entwurf des Haushaltsplans mit der Kommission und gegebenenfalls mit den anderen beteiligten Organen beraten hat, beschließt er unter folgenden Bedingungen[6]:

a) Der Rat kann mit qualifizierter Mehrheit jede der vom Europäischen Parlament vorgenommenen Abänderungen ändern[6];
b) hinsichtlich der Änderungsvorschläge[6]:
   – Führt eine vom Europäischen Parlament vorgeschlagene Änderung nicht zu einer Erhöhung des Gesamtbetrags der Ausgaben eines Organs, und zwar insbesondere deswegen, weil die daraus erwachsende Erhöhung der Ausgaben ausdrücklich durch eine oder mehrere vorgeschlagene Änderungen ausgeglichen wird, die eine entsprechende Senkung der Ausgaben bewirken, so kann der Rat diesen Änderungsvorschlag mit qualifizierter Mehrheit ablehnen. Ergeht kein Ablehnungsbeschluß, so ist der Änderungsvorschlag angenommen[6];

- führt eine vom Europäischen Parlament vorgeschlagene Änderung zu einer Erhöhung des Gesamtbetrags der Ausgaben eines Organs, so kann der Rat mit qualifizierter Mehrheit diesen Änderungsvorschlag annehmen. Ergeht kein Annahmebeschluß, so ist der Änderungsvorschlag abgelehnt[6];
- hat der Rat nach einem der beiden vorstehenden Unterabsätze einen Änderungsvorschlag abgelehnt, so kann er mit qualifizierter Mehrheit entweder den im Entwurf des Haushaltsplans stehenden Betrag beibehalten oder einen anderen Betrag festsetzen[6].

Der Entwurf des Haushaltsplans wird nach Maßgabe der vom Rat angenommenen Änderungsvorschläge geändert[6].

Hat der Rat binnen fünfzehn Tagen nach Vorlage des Entwurfs des Haushaltsplans keine der vom Europäischen Parlament vorgenommenen Abänderungen geändert und sind die Änderungsvorschläge des Europäischen Parlaments angenommen worden, so gilt der Haushaltsplan als endgültig festgestellt[6]. Der Rat teilt dem Europäischen Parlament mit, daß er keine der Abänderungen geändert hat und daß die Änderungsvorschläge angenommen worden sind.

Hat der Rat innerhalb dieser Frist eine oder mehrere der vom Europäischen Parlament vorgenommenen Abänderungen geändert oder sind die Änderungsvorschläge des Europäischen Parlaments abgelehnt oder geändert worden, so wird der geänderte Entwurf des Haushaltsplans erneut dem Europäischen Parlament zugeleitet[6]. Der Rat legt dem Europäischen Parlament das Ergebnis seiner Beratung dar[6].

(6) Das Europäische Parlament, das über das Ergebnis der Behandlung seiner Änderungsvorschläge unterrichtet ist, kann binnen fünfzehn Tagen nach Vorlage des Entwurfs des Haushaltsplans mit der Mehrheit der Stimmen seiner Mitglieder und mit drei Fünfteln der abgegebenen Stimmen die vom Rat an den Abänderungen des Europäischen Parlaments vorgenommenen Änderungen ändern oder ablehnen und stellt demzufolge den Haushaltsplan fest[7]. Hat das Europäische Parlament innerhalb dieser Frist keinen Beschluß gefaßt, so gilt der Haushaltsplan als endgültig festgestellt[7].

(7) Nach Abschluß des Verfahrens dieses Artikels stellt der Präsident des Europäischen Parlaments fest, daß der Haushaltsplan endgültig festgestellt ist[8].

(8) Das Europäische Parlament kann jedoch mit der Mehrheit der Stimmen seiner Mitglieder und mit zwei Dritteln der abgegebenen Stimmen aus wichtigen Gründen den Entwurf des Haushaltsplans ablehnen und die Vorlage eines neuen Entwurfs verlangen[5, 7].

(9) Für alle Ausgaben, die sich nicht zwingend aus dem Vertrag oder den aufgrund des Vertrags erlassenen Rechtsakten ergeben, wird jedes Jahr ein Höchstsatz festgelegt, um den die gleichartigen Ausgaben des laufenden Haushaltsjahres erhöht werden können[13].

Die Kommission stellt nach Anhörung des Ausschusses für Wirtschaftspolitik diesen Höchstsatz fest, der sich aus
- der Entwicklung des in Volumen ausgedrückten Bruttosozialprodukts in der Gemeinschaft,
- der durchschnittlichen Veränderung der Haushaltspläne der Mitgliedstaaten und
- der Entwicklung der Lebenshaltungskosten während des letzten Haushaltsjahres

ergibt.

Der Höchstsatz wird vor dem 1. Mai allen Organen der Gemeinschaft mitgeteilt. Diese haben ihn bei dem Haushaltsverfahren vorbehaltlich der Vorschriften der Unterabsätze 4 und 5 einzuhalten.

Liegt bei den Ausgaben, die sich nicht zwingend aus dem Vertrag oder den aufgrund des Vertrags erlassenen Rechtsakten ergeben, der Erhöhungssatz, der aus dem vom Rat aufgestellten Entwurf des Haushaltsplans hervorgeht, über der Hälfte des Höchstsatzes, so kann das Europäische Parlament in Ausübung seines Abänderungsrechts den Gesamtbetrag dieser Ausgaben noch bis zur Hälfte des Höchstsatzes erhöhen.

Ist das Europäische Parlament, der Rat oder die Kommission der Ansicht, daß die Tätigkeiten der Gemeinschaften eine Überschreitung des nach dem Verfahren dieses Absatzes aufgestellten Satzes erforderlich machen, so kann in Übereinstimmung zwischen dem Rat und dem Europäischen Parlament ein neuer Satz festgelegt werden; der Rat entscheidet mit qualifizierter Mehrheit, das Europäische Parlament mit der Mehrheit der Stimmen seiner Mitglieder und mit drei Fünfteln der abgegebenen Stimmen.

(10) Jedes Organ übt die ihm durch diesen Artikel übertragenen Befugnisse unter Beachtung der Vorschriften des Vertrags und der aufgrund des Vertrags erlassenen Rechtsakte aus, namentlich der Vorschriften, die die eigenen Mittel der Gemeinschaften und den Ausgleich von Einnahmen und Ausgaben betreffen.

Inhaltsübersicht:

I.	Stufen des Haushaltsverfahrens	1
	1. Vorbereitung und Aufstellung des Haushaltsvorentwurfs durch die Kommission	2
	2. Feststellung des Haushaltsplanentwurfs durch den Rat	3
	3. Mitwirkung des Parlaments im Wechselspiel mit Rat und Kommission	4
	4. Feststellung des Haushaltsplans durch den Präsidenten des Parlaments	8
II.	Stellung des Parlaments im Haushaltsverfahren	9
	1. Entwicklung der Beteiligung des Parlaments	9
	2. Obligatorische und nichtobligatorische Ausgaben	10
	3. Höchstsatzverfahren gem. Abs. 9	13
	4. Kooperation zwischen den am Haushaltsverfahren beteiligten Organen	14
III.	Nachtrags-/Berichtigungshaushalt	20

I. Stufen des Haushaltsverfahrens

1 Die Vorschrift regelt wichtige Stationen des wenig übersichtlichen[1] Haushaltsverfahrens und zusammen mit den Art. 274 bis 276 den **Haushaltskreislauf** der Gemeinschaft[2]. Ihre Konkretisierung findet die Norm durch die Art. 12 ff. HO. Die geregelten Fristen sind verbindlich, werden in der Praxis durch den vereinbarten sog. pragmatischen Zeitplan zur Erweiterung der Überlegungsfristen einzelner Organe sogar regelmäßig vorverlegt[3].

---

1 Betont kritisch: *S. Hölscheidt*, Das Haushaltsrecht der Europäischen Gemeinschaften, DÖV 1989, S. 542.
2 Kritische finanzwissenschftliche Analyse bei *H. Grossekettler*, Der Budgetierungsprozeß in der EG. Analyse und Kritik aus ökonomischer Sicht, in: Hansmeyer (Hrsg.), Ausgewählte Probleme der EG-Finanzen, 1992, S. 183.
3 S. Art. 18 HO; *D. Strasser*, Die Finanzen der Europäischen Gemeinschaft, 3. (deutschsprachige) Aufl. 1991, S. 203; *U. Häde*, Die Finanzverfassung der Europäischen Gemeinschaften, EuZW 1993, S. 403.

1. Vorbereitung und Aufstellung des Haushaltsvorentwurfs durch die Kommission

Alle Organe der Gemeinschaft übermitteln der Kommission bis zum 1.7. des dem Haushaltsjahr vorangehenden Jahres (pragmatischer Zeitplan: bis zum 1.5.) unter Beachtung der in der gültigen Finanziellen Vorausschau[4] festgelegten Zahlen ihre Voranschläge hinsichtlich Einnahmen und Ausgaben, die daraus bis zum 1.9. (pragmatischer Zeitplan: 15.6.) den Vorentwurf für den Haushaltsplan zusammenstellt und – bei Abweichungen mit Stellungnahme – dem Rat und zugleich dem Parlament (Art. 13 Abs. 1 UAbs. 2 HO) zuleitet[5].

2

2. Feststellung des Haushaltsplanentwurfs durch den Rat

Der Entwurf des Haushaltsplans wird vom Rat mit qualifizierter Mehrheit (Art. 205 Abs. 2) festgestellt und bis zum 5.10. (pragmatischer Zeitplan: 31.7.) dem Parlament zugeleitet (**1. Durchgang im Rat**). Will der Rat von dem Vorentwurf abweichen, hat er sich mit dem betr. Organ ins Benehmen zu setzen, d.h. die Abweichung zu begründen[6]. Das **Konzertierungsverfahren** soll in dieser Phase Reibungsverluste zwischen den Organen vermindern[7].

3

3. Mitwirkung des Parlaments im Wechselspiel mit Rat und Kommission

Innerhalb von 45 Tagen stehen dem Parlament[8] folgende Möglichkeiten zur Verfügung (**1. Lesung im Parlament**):
– Zustimmung (mit einfacher Mehrheit): der Haushaltsplan ist endgültig festgestellt;
– das Parlament ist untätig geblieben: der Haushaltsplan ist endgültig festgestellt;
– Abänderung mit der Mehrheit seiner Stimmen;
– dem Rat Änderungen hinsichtlich nichtobligatorischer Ausgaben[9] vorzuschlagen mit der absoluten Mehrheit der abgegebenen Stimmen.
In den letzten beiden Fällen (Abänderungen oder Änderungsvorschläge) wird der so modifizierte Entwurf erneut dem Rat zugeleitet.

4

Das Parlament kann auch gem. Abs. 8 aus wichtigen Gründen mit der Mehrheit der Stimmen seiner Mitglieder und zwei Dritteln der abgegebenen Stimmen den Entwurf des Haushaltsplans ablehnen (**Globalablehnung**) und einen neuen Entwurf verlangen[10]. In diesem Fall beginnt der Haushaltskreislauf im Aufstellungsverfahren erneut. Aller-

5

---

4 S. Art. 270, Rn. 4. Weitere Verbesserungen in dieser Phase soll die Reform der Haushaltskultur durch die Initiative SEM 2000 (Sound und Efficient Management) der Kommission durch die in dieser Phase vorzunehmende politische Orientierungsdebatte bringen, s. *E. Guth/D. Discors*, Haushaltspolitik, Jahrbuch der Europäischen Integration, 1996/97, S. 119.
5 S. näher *D. R. Theato/R. Graf*, Das Europäische Parlament und der Haushalt der Europäischen Gemeinschaft, 1994, S. 29 ff.
6 S. auch Art. 16 HO.
7 Rn. 14 ff. S. *Magiera*, Die Haushaltsbefugnisse des Europäischen Parlaments – Ansatz zur parlamentarischen Mitregierung auf Gemeinschaftsebene? in: FS Schlochauer, 1981, S. 848 ff.
8 Zur besonderen Rolle des Haushaltsausschusses s. *Theato/Graf* (Fn. 5), S. 39 ff.; *M. Rossi*, Europäisches Parlament und Haushaltsverfassungsrecht, 1997, S. 84.
9 S. Rn. 11.
10 Dies ist bisher dreimal geschehen: Haushaltsentwürfe 1979, 1984, Nachtragshaushalt 1982.

dings wäre es wenig sinnvoll, das Verfahren völlig von vorne beginnen zu lassen; es erscheint ausreichend, auf der Stufe erneut einzusetzen, die zur Globalablehnung geführt hat[11].

6 Für die Reaktion stehen dem Rat 15 Tage zur Verfügung (**2. Durchgang im Rat**). In der Praxis erfolgt auch hier zunächst ein Konzertierungsverfahren zur Abstimmung mit dem Parlament[12]. Dem Rat stellen sich zwei Möglichkeiten:
- Akzeptierung der Abänderungen und Annahme der Änderungsvorschläge des Parlaments: der Haushalt ist endgültig zustande gekommen;
- vom Parlament vorgenommene Abänderungen hinsichtlich nichtobligatorischer Ausgaben kann der Rat nach entsprechender Konsultation mit qualifizierter Mehrheit (Art. 205 Abs. 2) rückgängig machen. Bei den Änderungsvorschlägen treten mit einer differenzierten Regelung die Befugnisse nach Abs. 5 lit. b in Kraft, die danach unterscheiden, ob der Gesamtbetrag der Ausgaben eines Organs erhöht wird oder nicht. In diesen Fällen ist der vom Rat modifizierte Entwurf erneut dem Parlament vorzulegen.

7 Auch das Parlament hat nun 15 Tage Zeit zur Reakion (**2. Lesung im Parlament**). Folgende Möglichkeiten stellen sich, die sich nur noch auf die nichtobligatorischen Ausgaben beziehen; die obligatorischen Ausgaben – und damit etwaige Änderungsvorschläge des Parlaments – wurden bereits durch die vorangegangene Behandlung im Rat endgültig festgestellt[13]:
- Annahme (mit einfacher Mehrheit): der Haushaltsplan ist endgültig festgestellt;
- keine Beschlußfassung innerhalb der Frist: ebenfalls endgültige Feststellung;
- mit der Mehrheit seiner Stimmen und drei Fünfteln der abgegebenen Stimmen können die Reaktionen des Rats auf die vom Parlament vorgenommenen Abänderungen zurückgewiesen werden: endgültige Feststellung des Plans.
Auch in der 2. Lesung im Parlament besteht die Möglichkeit der Globalablehnung gem. Abs. 8.

4. Feststellung des Haushaltsplans durch den Präsidenten des Parlaments

8 Die Feststellung des Präsidenten des Parlaments als Vertreter der aus Rat und Parlament bestehenden Haushaltsbehörde[14], daß der Haushaltsplan endgültig festgestellt sei, kann je nach Verfahrensablauf auf allen oben beschriebenen Stufen ab der 1. Lesung durch das Parlament erfolgen[15]. Sie führt zum **Inkrafttreten** des Plans[16] und hat nach Überprüfung der Ordnungsmäßigkeit des Haushaltsverfahrens zu erfolgen. Verfahrensfehler führen zur Rechtswidrigkeit des Haushaltsplans, Nichtigkeit kann jedoch ausschließlich vom Gerichtshof festgestellt werden[17].

---

11 D. *Birk*, Das Haushaltsrecht der EG, in: ders. (Hrsg.), Handbuch des Europäischen Steuer- und Abgabenrechts, 1995, § 6, Rn. 53. *Rossi* (Fn. 8), S. 91.
12 *Europäische Kommission*, Haushaltsvademekum 1997, S. 9. S. auch Rn. 14, 16.
13 EuGH, Rs. 34/86, Slg. 1986, 2155, Rn. 16 (Rat/Parlament).
14 Mißverständlich daher W. *Götz*, Mitwirkungsrechte des Europäischen Parlaments bei der Rechtsetzung, JA 1997, S. 993; s. auch EuGH, Rs. 34/86 (Fn. 13), Rn. 8.
15 Zur Rechtsnatur des Feststellungsakts des Parlamentspräsidenten s. *Hölscheidt* (Fn. 1), S. 537.
16 Zu den damit verbundenen Rechtswirkungen s. Art. 268, Rn. 15.
17 EuGH, Rs. 34/86 (Fn. 13), Rn. 40 ff.

II. Stellung des Parlaments im Haushaltsverfahren[18]

1. Entwicklung der Beteiligung des Parlaments

In der Entwicklung des Haushaltsrechts ist – auch als Folge eines ständigen Kampfes 9 dieses Organs[19] – die **Ausdehnung der Kompetenzen des Parlaments** die zweite Entwicklungslinie neben der zunehmenden Zentralisierung des Haushalts zum Gesamthaushalt[20]. Die 1979 erstmals vorgenommenen Direktwahlen zum Parlament haben dieses in seinem Streben bestärkt[21]. Lag die Beschlußfassung in den Gründungsverträgen letztlich allein beim Rat, haben vor allem die Aufrichtung des Eigenmittelsystems[22] und dann der Haushaltsvertrag vom 22.7.1975[23] eine Verbesserung der verfahrensrechtlichen Stellung des Parlaments, insbesondere die Möglichkeit der Globalablehnung gebracht[24]. Gleichwohl entspricht das Haushaltsverfahren »nicht dem, was im parlamentarisch-demokratischen Regierungswesen üblich und selbstverständlich ist«[25]: der Großteil des Haushaltsvolumen wird letztverbindlich vom Rat bestimmt; auch das Recht der Globalablehnung kann differenzierte haushaltsrechtliche Befugnisse kaum ersetzen. Insofern kann von einem **partiellen Budgetrecht** des Parlaments gesprochen werden[26]. Der Sicherung der Haushaltsautonomie des Parlaments dient auch das Beteiligungsrecht bei Abkommen der Gemeinschaften mit erheblichen finanziellen Folgen für die Gemeinschaft i.S.v. Art. 300 Abs. 3 Unterabsatz 2[27].

2. Obligatorische und nichtobligatorische Ausgaben[28]

Obligatorische Ausgaben sind solche, »die sich zwingend aus dem Vertrag oder den auf 10 Grund des Vertrages erlassenen Rechtsakten ergeben« (Abs. 4 UAbs. 2). In der Haushaltspraxis sind dies vorrangig die Agrarmarktausgaben[29]. Sie ergaben sich bis zur 1. Agrarmarktreform 1992 aus den Agrarmarktpreisen, die der Agrarministerrat jährlich festsetzt; heute stehen Direktzahlungen an die Landwirte zur Einkommensstützung im Vordergrund. Hinsichtlich dieses bedeutenden Ausgabenteils kann das Parlament lediglich Änderungen vorschlagen (Abs. 4 UAbs. 2), der Rat besitzt das Letztentscheidungsrecht (Abs. 5)[30]. Die Sonderbehandlung der obligatorischen Ausgaben erweist sich als

---

18 Zur prozessualen Seite s. Art. 268, Rn. 17 m.w.N. Vgl. insgesamt auch *I. E. Druker*, Strengthening Democracy in the E.E.C.: The Parliament and the Budget, CMLR 1964/65, S. 168.
19 *Magiera* (Fn. 7), S. 838 ff.; *F. Fugmann*, Der Gesamthaushalt der EG, 1992, S. 352 ff.
20 Zu den von den am Haushaltsverfahren beteiligten Organen verfolgten Strategien: *Theato/Graf* (Fn. 5), S. 51 ff.; *Rossi* (Fn. 8), S. 107 ff.
21 *H.-J. Glaesner*, Haushaltsbefugnisse des Parlaments und Rechtsschutz, in: FS Carstens, 1984, S. 115; *Magiera* (Fn. 7), S. 829; *C. Tugendhat*, Der Haushalt der EG im Widerstreit der Interessen, EA 1980, S. 291.
22 Art. 269, Rn. 1.
23 ABl.EG 1977, Nr. L 359/1.
24 Die einzelnen Schritte zur Verbesserung der haushaltsrechtlichen Kompetenzen werden nachgezeichnet von *B. Suski*, Das Europäische Parlament, 1996, S. 145 ff.; *Theato/Graf* (Fn. 5), S. 21 ff.
25 *Suski* (Fn. 24), S. 155 f.
26 *Huber*, Integration, S. 225.
27 Dazu zuletzt EuGH, Rs. C-189/97, EuR 2000, S. 236 (Parlament/Rat).
28 Zur Entstehungsgeschichte dieser Abgrenzung: *E. Reister*, Parlamentarisches Budgetrecht und Rechnungshof der Europäischen Gemeinschaften: Ornamentik oder Demokratisierung der gemeinschaftlichen Finanzverfassung? EuR 1976, S. 71 f.; *Theato/Graf* (Fn. 5), S. 57 ff.
29 S. Art. 268, Rn. 27.
30 *Häde* (Fn. 3), S. 404.

politisches Instrument zur Sicherung der Finanzierung der gemeinsamen Agrarmarktpolitik[31].

11 **Nichtobligatorische Ausgaben** ergeben sich nicht zwingend aus dem Vertrag oder aus dem Sekundärrecht (Abs. 9 UAbs. 1). Hier kann sich in den Grenzen des Höchstsatzverfahrens[32] das Parlament durchsetzen.

12 Die **Abgrenzung**[33], die zunächst anhand objektiver Kriterien erfolgen sollte[34], erlangt ihre Bedeutung durch die dadurch bewirkte Machtaufteilung auf die beiden Teile der gemeinsamen Haushaltsbehörde: Rat und Parlament[35]. Durch die interinstitutionellen Vereinbarungen hat diese Abgrenzung jedoch ihre Schärfe und Bedeutung verloren[36], da jetzt beide Ausgabenkategorien der gleichen Ausgabendisziplin unterliegen. In den finanziellen Vorausschauen[37] wurde festgelegt, daß Änderungen bei den obligatorischen Ausgaben (letztlich also bei den Agrarausgaben) nicht mehr auf Kosten der nichtobligatorischen Ausgaben und damit auf Kosten der Dispositionsfreiheit des Parlaments gehen dürfen. Die Unterscheidung zwischen obligatorischen und nichtobligatorischen Ausgaben ist auch hinsichtlich der Finanzierung der zweiten und dritten »Säule« der EU von Bedeutung. Die »Interinstitutionelle Vereinbarung zwischen dem Europäischen Parlament, dem Rat und der Europäischen Kommission über Vorschriften zur Finanzierung der Gemeinsamen Außen- und Sicherheitspolitik« (s. Art. 268, Fn. 50) qualifiziert die operativen Ausgaben in Buchstabe B. als nichtobligatorisch, bindet das Parlament aber gleichzeitig verfahrensrechtlich in eine Zusammenarbeit mit den anderen beteiligten Organen ein. Die dem Parlament eingeräumten Mitwirkungsmöglichkeiten werden so domestiziert.

3. Höchstsatzverfahren gem. Abs. 9

13 Der von der Kommission auf Grund makroökonomischer Daten zu bestimmende Höchstsatz hinsichtlich der Steigerung der nichtobligatorischen Ausgaben stellt eine weitere **Begrenzung der Haushaltsbefugnisse des Parlaments** dar[38]. Wenn der Rat bei der Aufstellung seines Haushaltsentwurfs den Höchstsatz mit den nichtobligatorischen Ausgaben bereits zu mehr als 50% ausschöpft, wird der dadurch eingeschränkte haushaltsrechtliche Gestaltungsspielraum des Parlaments gewahrt, indem dieses durch seine Abänderungsbefugnis »den Gesamtbetrag dieser Ausgaben« bis zur Hälfte des ursprünglich bestimmten Höchstsatzes erhöhen kann. Der Haushaltsstreit 1986 betraf dieses Verfahren. Der Gerichtshof entschied, daß der Vertrag keine nichtobligatorischen Ausgaben kenne, die nicht unter dieses Höchstsatzverfahren fallen[39]. Das Erhöhungsverfahren nach Abs. 9 UAbs. 5 setze in jedem Fall eine ausdrückliche Einigung

---

31 *T. v. d. Vring*, Die Verteilung der budgetären Kompetenzen in der Europäischen Union, Jahrbuch zur Staats- und Verwaltungslehre 8 (1995), S. 220.
32 Rn. 13.
33 S. auch *Fugmann* (Fn. 19), S. 377 ff.; *Magiera* (Fn. 7), S. 841 ff.; *Rossi* (Fn. 8), S. 112 ff.
34 Durch die sog. Harmel-Liste, benannt nach dem belgischen Ratsvorsitzenden Harmel, s. Vhdlg. der 2. Kammer, Sitzungsperiode 1970/71, Dok. 10915, Nr. 7. Dazu auch die Gemeinsame Erklärung des Europäischen Parlaments, des Rates und der Kommission vom 30.6.1982, ABl.EG 1982, Nr. C 331.
35 *v. d. Vring* (Fn. 31), S. 209.
36 *L. Brinkhorst*, Demokratische Strukturen im Haushaltsrecht der Europäischen Union, 1997, S. 17; *Birk* (Fn. 11), S. 50.
37 Art. 270, Rn. 4.
38 *Fugmann* (Fn. 19), S. 394; *Theato/Graf* (Fn. 5), S. 61; *Rossi* (Fn. 8), S. 117 ff.
39 EuGH, Rs. 34/86 (Fn. 13), Rn. 36. Zu dem Problem ausführlich *Fugmann* (Fn. 19), S. 395 f.

der beteiligten Organe voraus, andernfalls dürfe der Haushalt nicht gem. Abs. 7 festgestellt werden[40].

4. Kooperation zwischen den am Haushaltsverfahren beteiligten Organen

Die beiden Hauptkontrahenten im Haushaltsverfahren – Rat und Parlament – bilden, ohne daß in den Mitgliedstaaten hierfür ein Vorbild existiert, seit den Haushaltsreformen 1970/1975 die **gemeinsame Haushaltsbehörde**[41]. Demgegenüber besitzt die Kommission eine eher untergeordnete Rolle[42]. Tiefere Ursache für die institutionellen Auseinandersetzungen ist das Auseinanderfallen von Rechtsetzungs- und Haushaltsbefugnissen des Parlaments: Den Kompetenzmangel in ersterem Bereich versucht es durch extensive Interpretation seiner Haushaltsbefugnisse auszugleichen[43]. Der doppelten Haushaltszuständigkeit von Rat und Parlament korrespondiert das Fehlen von Streitbeilegungsmechanismen im Primärrecht. Diese Lücke versuchen untervertragliche Rechtsakte und Abkommen auszufüllen. Letztlich hat das Parlament dadurch seine Stellung festigen und ausbauen können[44]. 14

An Konsensfindungsmechanismen sind zu erwähnen: das Konzertierungsverfahren, der Trilog/Trialog und interinstitutionelle Vereinbarungen sollen die Funktionsfähigkeit des Haushaltsverfahrens sicherstellen[45]. 15

Die seit 1970[46] bestehende **Haushaltskonzertierung** ist Merkmal der gesamten Haushaltsprozedur[47] und äußert sich darin, daß jeweils Delegationen von Rat und Parlament bei Willensbildung und Beschlußfassung des anderen Organs zugegen sind[48]. Dieses Verfahren findet in der Phase des Wechselspiels zwischen Rat und Parlament, also vom ersten Durchgang im Rat bis zur zweiten Lesung im Parlament statt[49]. 16

Durch Gemeinsame Erklärung des Europäischen Parlaments, des Rates und der Kommission über verschiedene Maßnahmen zur Gewährleistung einer besseren Absicherung des Haushaltsverfahrens vom 30.6.1982[50] wurden die Präsidenten der drei Organe im sog. **Trilog** oder **Trialog** zusammengefaßt um vor der Aufstellung des Haushaltsplans durch den Rat (Abs. 3 UAbs. 3) auftretende Schwierigkeiten zu beheben[51]. 17

---

40 Ebd., Rn. 44 ff.; *H.-J. Glaesner*, Urteilsanmerkung, EuR 1987, S. 160; s. auch EuGH, Rs. C-41/95, Slg. 1995, I-441, Rn. 33 f. (Rat/Parlament).
41 *Häde* (Fn. 3), S. 403; *T. Läufer*, Die Haushaltskonflikte der EG: Ratsallmacht und Parlamentsohnmacht? EA 1981, S. 54; *Brinkhorst* (Fn. 36), S. 8.
42 *Brinkhorst* (Fn. 36), S. 8.
43 *Läufer* (Fn. 41), S. 546; *Hölscheidt* (Fn. 1), S. 542; *S. Magiera*, in: Grabitz/Hilf, EU, Art. 203, Rn. 30.
44 *Brinkhorst* (Fn. 36), S. 20.
45 Zur Kooperation im Haushaltsverfahren s. EuGH, Rs. C-41/95 (Fn. 40), Rn. 13; *R. Bieber*, in: GTE, EU-/EGV, Art. 203, Rn. 36; *Magiera* (Fn. 7), S. 848.
46 Protokoll der Ratstagung vom 22.4.1970, ABl.EG 1971, Nr. L 2/1, Ziff. 3.
47 *C.W. Schmitz*, Rechtsprobleme im EG-Nachtragshaushaltsplan Nr. 2 für 1980 und das Verhalten der Haushaltsorgane, EuR 1982, S. 184.
48 *Magiera* (Fn. 7), S. 848; *Theato/Graf* (Fn. 5), S. 74 ff.
49 S. Rn. 4.
50 ABl.EG 1982, Nr. C 194/1; dazu *Fugmann* (Fn. 19), S. 356 ff.
51 *Häde* (Fn. 3), S. 404; *Europäische Kommission*, Haushaltsvademekum 1997, S. 7; *Theato/Graf* (Fn. 5), S. 76 ff.

18 Die **interinstitutionellen Vereinbarungen**[52] mit den darin enthaltenen finanziellen Vorausschauen[53] sollten die Probleme der Abgrenzung obligatorischer und nichtobligatorischer Ausgaben vermindern[54]. Entsprechendes gilt für die Festlegung der Höchstsätze gem. Abs. 9.

19 Diese Vereinbarungen und Verfahren unterhalb der Ebene des Primärrechts[55], deren praktische Wirksamkeit strittig ist, können den zentralen institutionellen Konflikt zwischen Parlament und Rat für die praktischen Bedürfnisse der Gemeinschaft entschärfen, nicht jedoch lösen. Das **Souveränitätsproblem** im Haushaltsrecht ist Ausfluß der Rückbindung der Gemeinschaft über den Rat an die Mitgliedstaaten, kann den dort erreichten Integrationsstand nicht überschreiten. In keinem Fall darf durch derartige Vereinbarungen und Rechtsakte das Primärrecht derogiert werden.

Im gegenwärtigen Integrationsstadium sind die Mitwirkungsrechte des Parlaments ausreichend: Die duale Legitimationsstruktur der Gemeinschaft erfordert zur Zeit keine weiterreichenden Rechte des Parlaments im Haushaltsgeschehen, wenn auch entsprechende Begehrlichkeiten dieses Organs (politisch) nachvollziehbar sein mögen. In Einzelfragen – Unabgestimmtheit von Rechtsetzungs- und Haushaltsbefugnissen – besteht jedoch Reformbedarf. Dieser betrifft allerdings weniger die prinzipielle Stellung des Parlaments im Haushaltsverfahren im derzeitigen Integrationsstadium der Gemeinschaft, als vielmehr eine Reihe von Detailproblemen.

III. Nachtrags-/Berichtigungshaushalt

20 Unvorhersehbare Entwicklungen können die Haushaltsplanung hinfällig werden lassen. Art. 15 HO sieht die Möglichkeit der Vorlage von abändernden und ergänzenden Haushaltsplänen vor. Der **Nachtragshaushalt** führt zu einer Erhöhung der Gesamtausgaben, der **Berichtigungshaushalt** nicht; hier ändern sich nur einzelne Haushaltsansätze. In der Haushaltspraxis ist dies – zumeist in kombinierter Form – in bedenklicher Spannung zu den normativen Grundlagen zum Regelfall geworden. Es handelt sich um die Folge der unterschiedlichen Haushaltsverständnisse von Rat und Parlament: da der Rat den Haushalt als Spiegelbild beschlossener Politiken sieht, ist er regelmäßig erst nach Erlaß entsprechender Rechtsnormen bereit, Haushaltstitel zu schaffen; das Parlament möchte demgegenüber mit der Etatisierung die Politik des Rates steuern[56].

---

52 S. Art. 268, Rn. 14; *C. Bobbert*, Interinstitutionelle Vereinbarungen im Europäischen Gemeinschaftsrecht, 2001.
53 S. Art. 270, Rn. 4.
54 S. Rn. 12. *Rossi* (Fn. 8), S. 123.
55 Zu den damit verbundenen rechtsquellentheoretischen Problemen s. *Fugmann* (Fn. 19), S. 361 ff.
56 *G. Ott*, Das Haushaltsverfahren der Europäischen Gemeinschaften, WiSt. 1982, S. 367.

Art. 273 (ex-Art. 204)

Ist zu Beginn eines Haushaltsjahres der Haushaltsplan noch nicht verabschiedet[2], so können nach der gemäß Artikel 279 festgelegten Haushaltsordnung für jedes Kapitel oder jede sonstige Untergliederung monatliche Ausgaben bis zur Höhe eines Zwölftels der im abgelaufenen Haushaltsplan bereitgestellten Mittel vorgenommen werden[3]; die Kommission darf jedoch monatlich höchstens über ein Zwölftel der Mittel verfügen, die in dem in Vorbereitung befindlichen Entwurf des Haushaltsplans vorgesehen sind[3].

Der Rat kann mit qualifizierter Mehrheit unter Beachtung der sonstigen Bestimmungen des Absatzes 1 Ausgaben genehmigen, die über dieses Zwölftel hinausgehen[4].

Betrifft dieser Beschluß Ausgaben, die sich nicht zwingend aus dem Vertrag oder den aufgrund des Vertrags erlassenen Rechtsakten ergeben, so leitet der Rat ihn unverzüglich dem Europäischen Parlament zu; das Europäische Parlament kann binnen dreißig Tagen mit der Mehrheit der Stimmen seiner Mitglieder und mit drei Fünfteln der abgegebenen Stimmen einen abweichenden Beschluß über diese Ausgaben hinsichtlich des Teils fassen, der über das in Absatz 1 genannte Zwölftel hinausgeht[4]. Dieser Teil des Ratsbeschlusses ist bis zu einer Entscheidung des Europäischen Parlaments ausgesetzt. Hat das Europäische Parlament nicht innerhalb der genannten Frist anders als der Rat entschieden, so gilt der Beschluß des Rates als endgültig erlassen.

In den Beschlüssen der Absätze 2 und 3 werden die zur Durchführung dieses Artikels erforderlichen Maßnahmen betreffend die Mittel vorgesehen.

Interpretationsleitend für die Bestimmungen des Nothaushaltsrechts ist das **Spannungsverhältnis**, einerseits die Gemeinschaft trotz fehlenden Haushalts handlungsfähig zu halten (vom EuGH als **Prinzip der Kontinuität der Gemeinschaftstätigkeit** benannt[1]), andererseits genügenden Zwang zur ordnungsgemäßen Durchführung des Haushaltsverfahrens aufrecht zu erhalten. 1

Im Sinne der (ungenau formulierten) Vorschrift ist der Haushaltsplan »noch nicht verabschiedet«, wenn dieser noch nicht gem. Art. 272 Abs. 7 vom Präsidenten des Parlaments endgültig festgestellt ist, der Entwurf vom Parlament global gem. Art. 272 Abs. 8 abgelehnt wurde oder wenn die Feststellungserklärung des Präsidenten des Parlaments vom EuGH für nichtig erklärt wurde[2]. 2

Rechtsfolge ist, daß die Kommission für die im Haushalt vorgesehenen Untergliederungen, d.h. für alle Organe der Gemeinschaft, monatliche Ausgaben von einem **Zwölftel** des entsprechenden Ansatzes aus dem abgelaufenen Haushaltsplan (einschließlich etwaiger Nachtrags- oder Berichtigungshaushalte, jedoch ohne Übertragungen aus davor liegenden Haushaltsperioden[3]), begrenzt zusätzlich durch die neuen Ansätze in dem noch nicht endgültig festgestellten (nicht jedoch des abgelehnten oder für nichtig erklärten) Haushaltsplan (sog. doppelte Begrenzung der Nothaushaltsansätze), tätigen darf[4]. 3

---

1 EuGH, Rs. 34/86, Slg. 1986, 2155, Rn. 48 (Rat/Parlament); Rs. C-41/95, Slg. 1995, 4411, Rn. 44 (Rat/Parlament).
2 Bsp. für den Haushalt 1986: EuGH, Rs. 34/86 (Fn. 1) (Rat/Parlament).
3 S. S. *Magiera*, in: Grabitz/Hilf, EU, Art. 204, Rn. 4.
4 S. zu Einzelheiten auch Art. 9 HO. Das System der vorläufigen Zwölftel folgt französischem Vorbild, s. M. *Rossi*, Europäisches Parlament und Haushaltsverfassungsrecht, 1997, S. 95.

4 Um die Handlungsfähigkeit der Gemeinschaft in **Ausnahmefällen**, d.h. wenn die in Abs. 1 vorgesehenen Zwölftel nicht ausreichen, zu gewährleisten, sehen die Abs. 2 und 3 ein Verfahren vor, in dem Rat (und ggf. Parlament) die (Nothaushalts-)Ansätze erhöhen können. Um ausreichenden Druck zur Verabschiedung eines ordentlichen Haushalts aufrecht zu erhalten, darf die Summe der erhöhten monatlichen Ansätze nicht die Summe, die sich aus Abs. 1 errechnen würde, überschreiten. Die Rechte des Parlaments in diesem Verfahren korrespondieren, der Struktur, nicht dem Detail nach, der Regelung in Art. 272[5]. Gleichwohl muß die Vorschrift auch als Korrektiv für die extensive Ausübung der Haushaltsbefugnisse des Parlaments im Haushaltsverfahren gesehen werden: die Folgen der Ablehnung des Haushaltsplans durch das Parlament nach Art. 272 werden abgemildert.

5 Hinsichtlich der **durch den Haushaltsplan näher bestimmten Eigenmittel**[6] gilt für den Nothaushaltsfall die Regelung des Art. 2 Abs. 6 Eigenmittelbeschluß 1994[7]: »Ist der Haushaltsplan zu Beginn des Haushaltsjahres noch nicht verabschiedet worden, so bleiben der einheitliche MWSt-Eigenmittelsatz und der auf die zuvor festgesetzten BSP der Mitgliedstaaten anzuwendende Satz ... bis zum Inkrafttreten der neuen Sätze gültig.«

---

5 S. Art. 272, Rn. 4 ff. und 9 ff.
6 S. Art. 269, Rn. 8. Art. 2 Abs. 1 lit. d Eigenmittelbeschluß 1994, ABl.EG 1994, Nr. L 293/9.
7 ABl.EG 1994, Nr. L 293/9.

Art. 274 (ex-Art. 205)

Die Kommission[1] führt den Haushaltsplan gemäß der nach Artikel 279 festgelegten Haushaltsordnung in eigener Verantwortung[1] und im Rahmen der zugewiesenen Mittel entsprechend dem Grundsatz der Wirtschaftlichkeit der Haushaltsführung[1] aus. Die Mitgliedstaaten arbeiten mit der Kommission zusammen, um sicherzustellen, daß die Mittel nach dem Grundsatz der Wirtschaftlichkeit der Haushaltsführung verwendet werden[1].

Die Beteiligung der einzelnen Organe bei der Vornahme ihrer Ausgaben wird in der Haushaltsordnung im einzelnen geregelt[2].

Die Kommission kann nach der gemäß Artikel 279 festgelegten Haushaltsordnung Mittel von Kapitel zu Kapitel oder von Untergliederung zu Untergliederung übertragen[4].

Hinsichtlich der »Ausführung«[1] des Haushaltsplans ist zwischen seiner Einnahmen- und der Ausgabenseite zu unterscheiden: Während die Eigenmittelerhebung bei den Mitgliedstaaten liegt[2] obliegt die Tätigung der Ausgaben zur Durchführung der Politiken der Gemeinschaft, vorrangig, oftmals unter Mitwirkung anderer Organe (Abs. 2), der Kommission. Dem korrespondiert die Entlastungsregel des Art. 275 – **Grundsatz der Eigenverantwortung der Kommission** bei der Ausführung des Haushaltsplans[3]. Da aber auch hier die Mitgliedstaaten mangels eigenem Verwaltungsunterbau der Gemeinschaft in vielfältiger Hinsicht beteiligt sein können, hat der Vertrag von Amsterdam[4] den – der Sache nach allerdings ohnehin schon geltenden und damit deklaratorischen – Satz 2 in Abs. 1 eingefügt. Das durch die »Grundsätze der Wirtschaftlichkeit der Haushaltsführung«[5] mit dem Maastricht-Vertrag eingefügte[6] **Gebot der Sparsamkeit** ist als gemeinschaftsrechtlicher, den Regelungsbereich des Art. 274 übergreifender Haushaltsgrundsatz zu interpretieren[7]. Für den Bereich der Haushaltsausführung ist hier die in Art. 21 HO geregelte lediglich binnenrechtlich wirkende[8] Trennung von Anweisungsbefugnis und Rechnungsführung zu nennen. 1

Die in Abs. 2 geforderte **Beteiligung der anderen Organe** neben der Kommission hat die HO in ihren Art. 21 ff. normiert. 2

Zentrales gemeinschaftsrechtliches Problem bei der Ausführung des Haushaltsplans ist die Frage, ob bei einem Auseinanderfallen von Haushaltsbewilligung und sachlicher Rechtsgrundlage, insbesondere bei Fehlen letzterer, gleichwohl die durch den Haushaltsplan avisierten Maßnahmen von der Kommission durchgeführt werden dürfen (**Problem der Mittelbewirtschaftung ohne sachliche Rechtsgrundlage**)[9]. Gerade wegen 3

---

1 Die Einzelheiten sind in den Art. 21 ff. HO geregelt.
2 Art. 8 Eigenmittelbeschluß 2000; s. oben Art. 268, Rn. 7 sowie *B. Meermagen*, Beitrags- und Eigenmittelsystem, 2002, S. 215.
3 *Geiger*, EGV, Art. 274, Rn. 1; *R. Graf*, Die Finanzkontrolle der Europäischen Gemeinschaft, 1999, S. 46 ff.
4 Art. 2 Nr. 50.
5 Konkretisierung in Art. 2 Abs. 1 HO.
6 Art. G Nr. 73 a. F.
7 S. Art. 268, Rn. 26. Zu den Möglichkeiten von Aufrechnungen angesichts des Grundsatzes des guten Finanzgebarens EuG, Rs. T-105/99, EuR 2001, S. 434 = NVwZ 2001, S. 1260.
8 EuGH, Rs. 190/84, Slg. 1988, 1017, Rn. 8 (Les Verts/Parlament).
9 *C.D. Ehlermann/M. Minch*, Conflicts between Community Institutions within the Budgetary Procedure – Article 205 of the EEC Treaty, EuR 1981, S. 23.

der Inkongruenz der haushaltsrechtlichen und sachlich-rechtlichen (insbesondere: Rechtsetzungs-)Befugnisse[10] ist dies im Grundsatz zu verneinen. Lediglich in einem eng zu bestimmenden Bereich von Verwaltungsausgaben kann eine stillschweigende Rechtsgrundlage akzeptiert werden. Die Probleme liegen hier in der Abgrenzung im Einzelfall. In allen übrigen Fällen ist der Haushaltsansatz nur notwendige, nicht aber auch hinreichende Bedingung der Durchführung der Politiken[11]. Dem entspricht die Praxis zur Zeit nicht. In vielen Bereichen wird trotz gegenteiliger Erklärungen[12] in rechtlich bedenklicher Weise der Haushalt als »schöpferischer Akt«, als »Katalysator für Legislativmaßnahmen« mißbraucht[13]. Auf Klage Großbritanniens vom 1.4.1996[14] gegen Maßnahmen der Kommission zur Bekämpfung der sozialen Ausgrenzung hat der EuGH durch Urteil vom 12.5.1998[15] entschieden, »daß die Vornahme der Gemeinschaftsaufgaben für alle bedeutenden Gemeinschaftsaktionen nicht nur die Ausweisung der entsprechenden Mittel im Haushaltsplan der Gemeinschaft voraussetzt, die in die Zuständigkeit der Haushaltsbehörde fällt, sondern auch den vorherigen Erlaß eines Basisrechtsakts zur Bewilligung dieser Ausgaben, der in die Zuständigkeit der gesetzgebenden Gewalt fällt«.[16] Diese ergebe sich daraus, daß die Ausübung der Haushaltsbefugnisse und der sonstigen Rechtsetzung im Primärrecht an je unterschiedliche Bedingungen geknüpft seien[17]. Entscheidend ist somit die Frage, was unter einer »bedeutenden Gemeinschaftsaktion« zu verstehen ist. Hier müsse die Kommission den Beweis erbringen, daß die geplante Aktion nicht bedeutend sei[18]. Nicht bedeutend in diesem Sinne sind bspw. Modellstudien oder vorbereitende Maßnahmen zur Beurteilung eines Vorschlags.[19]

4 Während Art. 271 mit der Regelung der zeitlichen Übertragung von Haushaltsmitteln den Grundsatz der zeitlichen Spezialität konkretisiert und modifiziert, ermöglicht Abs. 3 eine Regelung der **sachlichen Mittelübertragung** innerhalb einer Haushaltsperiode in einem konkreten Haushaltsplan. Die Regelung findet sich in Art. 26 HO.

---

10 S. Art. 272, Rn. 9 ff. und M. *Rossi,* Europäisches Parlament und Haushaltsverfassungsrecht, 1997, S. 123 ff.
11 *C.D. Ehlermann/M. Minch,* (Fn. 9), S. 30; *R. Bieber,* Die Ausgaben der Europäischen Gemeinschaften, EuR 1982, S. 130; ders., in: GTE, EU-/EGV, Art. 205, Rn. 11; *S. Magiera,* in: Grabitz/Hilf, EU, Art. 205, Rn. 3; *Rossi* (Fn. 10), S. 128 ff.
12 S. Gemeinsame Erklärung des Europäischen Parlaments, des Rates und der Kommission über verschiedene Maßnahmen zur Gewährleistung einer besseren Abwicklung des Haushaltsverfahrens vom 28.7.1982, ABl.EG 1982, Nr. C 194/3, Ziffer IV.3.c, Satz 1. Bekräftigt in der Erklärung zu Nr. 7 Abs. 2 der Interinstitutionellen Vereinbarung vom 29.10.1993, ABl.EG 1993, Nr. C 331/1. S. jetzt auch die gemeinsame Erklärung vom 6.3.1995, zitiert bei *L. Brinkhorst,* Demokratische Strukturen im Haushaltsrecht der Europäischen Union, 1997, S. 13.
13 *H. J. Lenzen,* Der EU-Haushalt: Ein Katalysator für Legislativmaßnahmen? EuR 1996, S. 214 mit Beispielen; *Brinkhorst* (Fn. 12), S. 9 ff.
14 Rs. C-106/96, s. ABl.EG 1996, Nr. C 145/7.
15 Rs. C-106/96, Slg. 1998, 2729 (Vereinigtes Königreich/Kommission).
16 Ebd., Rn. 26.
17 Ebd., Rn. 28.
18 Ebd., Rn. 30.
19 Ebd., Rn. 19.

Art. 275 (ex-Art. 205a)

Die Kommission legt dem Rat und dem Europäischen Parlament jährlich die Rechnung des abgelaufenen Haushaltsjahres für die Rechnungsvorgänge des Haushaltsplans vor. Sie übermittelt ihnen ferner eine Übersicht über das Vermögen und die Schulden der Gemeinschaft.

Die in der Norm geregelte Pflicht, die ihre Konkretisierung in Bestimmungen der HO findet[1], dient der Vorbereitung des Entlastungsverfahrens gem. Art. 276. Zu der Darlegung des Vollzugs des Haushalts durch die dafür verantwortliche Kommission (Art. 274) gegenüber den nach Art. 276 kontrollierenden Organen Rat und Parlament tritt die Vermögensübersicht nach Satz 2 hinzu.

---

1 Art. 78 bis 82, 34, 35 HO.

Art. 276 (ex-Art. 206)

(1) Auf Empfehlung des Rates, der mit qualifizierter Mehrheit beschließt, erteilt das Europäische Parlament der Kommission Entlastung zur Ausführung des Haushaltsplans. Zu diesem Zweck prüft es nach dem Rat die in Artikel 275 genannte Rechnung und Übersicht sowie den Jahresbericht des Rechnungshofs zusammen mit den Antworten der kontrollierten Organe auf dessen Bemerkungen, die in Artikel 248 Absatz 1 Unterabsatz 2 genannte Zuverlässigkeitserklärung und die einschlägigen Sonderberichte des Rechnungshofs.

(2) Das Europäische Parlament kann vor der Entlastung der Kommission sowie auch zu anderen Zwecken im Zusammenhang mit der Ausübung ihrer Haushaltsbefugnisse die Kommission auffordern, Auskunft über die Vornahme der Ausgaben oder die Arbeitsweise der Finanzkontrollsysteme zu erteilen. Die Kommission legt dem Europäischen Parlament auf dessen Ersuchen alle notwendigen Informationen vor.

(3) Die Kommission trifft alle zweckdienlichen Maßnahmen, um den Bemerkungen in den Entlastungsbeschlüssen und anderen Bemerkungen des Europäischen Parlaments zur Vornahme der Ausgaben sowie den Erläuterungen, die den Entlastungsempfehlungen des Rates beigefügt sind, nachzukommen.

Auf Ersuchen des Europäischen Parlaments oder des Rates erstattet die Kommission Bericht über die Maßnahmen, die aufgrund dieser Bemerkungen und Erläuterungen getroffen wurden, insbesondere über die Weisungen, die den für die Ausführung des Haushaltsplans zuständigen Dienststellen erteilt worden sind. Diese Berichte sind auch dem Rechnungshof zuzuleiten.

Die haushaltsrechtliche Entlastung[1] in Form einer Entschließung[2] des Parlaments besitzt die Funktion eines **formellen Abschlusses des Haushaltskreislaufs**[3]; zugleich ist sie **Akt politischer Kontrolle** der Kommission durch das Parlament mit entsprechenden politischen Einschätzungs- und Bewertungsspielräumen. Daher konnte die Verweigerung der Entlastung auch als verstecktes Mißtrauensvotum gegenüber der Kommission gekennzeichnet werden[4]. Dies auch deshalb, da es sich um die einzige vollständige haushaltsrechtliche Kompetenz des Parlaments mit Letztentscheidungsrecht handelt[5]. Hier ist ausnahmsweise einmal der Rat auf die Empfehlung beschränkt[6]. Wegen des **Grundsatzes der Eigenverantwortung der Kommission bei der Ausführung des Haushalts**[7] wird, auch wenn andere Organe an der Haushaltsausführung beteiligt sein sollten, nur der Kommission Entlastung erteilt. Als Entscheidungsgrundlage dienen neben der Empfehlung des Rats die von der Kommission gem. Art. 275 erstellte Haushalts-

---

1 Zu Einzelheiten s. Art. 89 HO.
2 R. *Bieber*, in: GTE, EU-/EGV, Art. 206, Rn. 8; C. *Kannengießer*, Die Entlastung im Haushaltsrecht der Europäischen Gemeinschaft, DÖV 1995, S. 56.
3 S. Art. 272, Rn. 1.
4 A. *Ott*, Die Kontrollfunktionen des Europäischen Parlaments gegenüber der Europäischen Kommission, ZEuS 1999, S. 231 (241).
5 Das parlamentarische Verfahren ist in der Anlage V zur Geschäftsordnung des Parlaments geregelt, ABl.EG 1997, Nr. L 49/1. Zur Stellung des Parlaments im Haushaltsverfahren s. Art. 272, Rn. 9 ff.
6 Die Entwicklung des Entlastungsverfahrens ging in Richtung auf Stärkung der Stellung des Parlaments, v.a. durch die durch Art. G Nr. 74 des Maastricht-Vertrages geschaffene heutige Fassung, s. *Hölscheidt/C. Baldus*, Bestandsaufnahme und Perspektiven der europäischen Finanzordnung, DÖV 1997, S. 870.
7 Art. 274, Rn. 1.

rechnung samt Vermögensübersicht, der Jahresbericht des Rechnungshofs (Art. 248 Abs. 4) sowie die auf Grund der in Abs. 2 aufgeführten (freilich über das Entlastungsverfahren hinausreichenden) Auskunftspflichten der Kommission ergangenen Berichte. Wird die Entlastung erteilt, ist der Haushaltskreislauf[8] für das betreffende Haushaltsjahr ordnungsgemäß beendet. Dies schließt Erstattungs- und Schadensersatzansprüche gegen Amtsträger nicht aus[9]. Werden einzelne Ausführungen beanstandet (haushaltsrechtliche Kontrollfunktion), so hat die Kommission gem. Abs. 3 entsprechend zu reagieren und ggf. auch darüber Bericht zu erstatten. Wird die Entlastung insgesamt verweigert (und sei es nur vorläufig)[10] – hier würde sich die politische Kontrollfunktion offenbaren – liegt ein fundamentaler institutioneller Konflikt vor; de facto – nicht de iure[11] – handelte es sich um ein Mißtrauensvotum gegen die Kommission, das rechtlich allerdings folgenlos bleibt[12]. »Die Nichtentlastung ist eine politische Zensur für die Art und Weise des Haushaltsvollzugs der Kommission«[13]. 1984, 1987 und 1996 verweigerte das Parlament der Kommission die Entlastung vorläufig bzw. endgültig[14].

---

8 Art. 272, Rn. 1.
9 *Kannengießer* (Fn. 2), S. 56.
10 S. Art. 5 Anlage V zur Geschäftsordnung des Parlaments. Dies ist entgegen Rechtsansichten der Kommission und in der Literatur zulässig, s. nur *Kannengießer* (Fn. 2), S. 57 m.w.N.
11 *Kannengießer* (Fn. 2), S. 59.
12 A. *Hecker*, in: Lenz, EGV, Art. 206, Rn. 1; mit rechtsvergleichendem Ansatz: U. *Rüping*, Die parlamentarische Haushaltskontrolle in den Europäischen Gemeinschaften und deren Mitgliedstaaten, EuR 1982, S. 213.
13 F. *Fugmann*, Haushaltsentlastung 1996, oder: Wer hat den Schwarzen Peter? EuZW 1999, S. 65.
14 Entschließung vom 14.11.1984, ABl.EG 1984, Nr. C 337/23 für den Haushalt 1982; Entschließung vom 7.4.1987, ABl.EG 1987, Nr. C 125/45 für das Haushaltsjahr 1985. Zum Haushaltsentlastungsstreit 1996 s. *Fugmann* (Fn. 13).

Art. 277 (ex-Art. 207)

Der Haushaltsplan wird in der Rechnungseinheit aufgestellt, die in der gemäß Artikel 279 festgelegten Haushaltsordnung bestimmt wird.

Art. 11 HO bestimmt den EURO als Rechnungseinheit des Haushalts[1].

---

1 Zur Entwicklung vom Haushalt in belgischen Franc über die feste Rechnungseinheit (RE) und die Europäische Rechnungseinheit (ERE) als erster Währungskorb-Rechnungseinheit hin zum ECU des EWS siehe R. *Bieber*, in: GTE, EU-/EGV, Art. 207, Rn. 2 ff. und S. *Magiera*, in: Grabitz/Hilf, EU, Art. 207, Rn. 2 ff. Vgl. insgesamt H. J. *Timmann*, Die Europäischen Rechnungseinheiten, 1979; A. *Kees*, Die Rechnungseinheit als Finanzinstrument der Europäischen Gemeinschaften, EuR 1978, S. 122. Zu Entwicklung und Bedeutung der ECU – auch im deutschen Recht – m.w.N. K. *Vogel*/C. *Waldhoff*, Vorbemerkungen zu Art. 104a–115, Rn. 291 ff., in: Dolzer/Vogel (Hrsg.), Bonner Kommentar zum Grundgesetz, Loseblattsammlung, Stand: 98. Lieferung Dezember 2001 (= *dies.*, Grundlagen des Finanzverfassungsrechts, 1999, Rn. 291 ff.). Zum Übergang der Rechnungseinheit für den Haushalt von ECU auf EURO siehe näher J. *Schoo*, in: Schwarze, EU, Art. 277, Rn. 2 ff.

Art. 278 (ex-Art. 208)

Die Kommission kann vorbehaltlich der Unterrichtung der zuständigen Behörden der betreffenden Mitgliedstaaten ihre Guthaben in der Währung eines dieser Staaten in die Währung eines anderen Mitgliedstaats transferieren, soweit dies erforderlich ist, um diese Guthaben für die in diesem Vertrag vorgesehenen Zwecke zu verwenden. Besitzt die Kommission verfügbare oder flüssige Guthaben in der benötigten Währung, so vermeidet sie soweit möglich derartige Transferierungen.

Die Kommission verkehrt mit jedem Mitgliedstaat über die von diesem bezeichnete Behörde. Bei der Durchführung ihrer Finanzgeschäfte nimmt sie die Notenbank des betreffenden Mitgliedstaats oder ein anderes von diesem genehmigtes Finanzinstitut in Anspruch.

Das **Eigenmittelsystem**[1] bedingt, daß die Gemeinschaft Haushaltseinnahmen in sämtlichen Währungen der Mitgliedstaaten erhält. Abs. 1 enthält zusammen mit Art. 35 HO eine **restriktive devisenrechtliche Regelung**. Gem. Abs. 1 Satz 2 ist ein Umtausch in andere Währungen möglichst zu vermeiden. Muß er doch erfolgen, schreibt Satz 1 Informationspflichten vor, um den betroffenen Staaten Reaktionsmöglichkeiten einzuräumen. Für Transaktionen in und mit Drittwährungen fehlen entsprechende Restriktionen. Die Bedeutung der Vorschrift ist durch die Einführung des EURO zurückgedrängt worden, da jedoch nicht alle Mitgliedstaaten an der Wirtschafts- und Währungsunion teilnehmen im Zahlungsverkehr mit den nichtteilnehmenden Staaten (Vereinigtes Königreich, Schweden, Dänemark) noch gegeben. 1

Über den Anwendungsbereich von Abs. 1 hinaus enthält Abs. 2 **Adressatenregelungen für Finanztransaktionen**. Damit wird die Verwaltungshoheit der Mitgliedstaaten in diesem Bereich gewahrt. 2

---

1 S. Art. 269, Rn. 1 ff.

Art. 279 EG-Vertrag

Art. 279 (ex-Art. 209)

(1) Der Rat legt einstimmig auf Vorschlag der Kommission und nach Anhörung des Europäischen Parlaments und Stellungnahme des Rechnungshofes folgendes fest:
a) die Haushaltsordnung[1], in der insbesondere die Aufstellung und Ausführung des Haushaltsplans sowie die Rechnungslegung und Rechnungsprüfung im einzelnen geregelt werden;
b) die Vorschriften über die Verantwortung der Finanzkontrolleure, der anweisungsbefugten Personen und der Rechnungsführer sowie die entsprechenden Kontrollmaßnahmen[3].

Ab 1. Januar 2007 beschließt der Rat mit qualifizierter Mehrheit auf Vorschlag der Kommission und nach Anhörung des Europäischen Parlaments und Stellungnahme des Rechnungshofs[1].

(2) Der Rat legt einstimmig auf Vorschlag der Kommission und nach Anhörung des Europäischen Parlaments und Stellungnahme des Rechnungshofs die Einzelheiten und das Verfahren fest, nach denen die Haushaltseinnahmen, die in der Regelung über die Eigenmittel der Gemeinschaften vorgesehen sind, der Kommission zur Verfügung gestellt werden, sowie die Maßnahmen, die zu treffen sind, um gegebenenfalls die erforderlichen Kassenmittel bereitzustellen[2].

Amsterdamer Fassung

Der Rat legt einstimmig auf Vorschlag der Kommission und nach Anhörung des Europäischen Parlaments und Stellungnahme des Rechnungshofes folgendes fest:
a) Die Haushaltsordnung, in der insbesondere die Aufstellung und Ausführung des Haushaltsplans sowie die Rechnungslegung und Rechnungsprüfung im einzelnen geregelt werden;
b) die Einzelheiten und das Verfahren, nach denen die Haushaltseinnahmen, die in der Regelung über die Eigenmittel der Gemeinschaft vorgesehen sind, der Kommission zur Verfügung gestellt werden, sowie die Maßnahmen, die zu treffen sind, um gegebenenfalls die erforderlichen Kassenmittel bereitzustellen;
c) die Vorschriften über die Verantwortung der Finanzkontrolleure, der anweisungsbefugten Personen und der Rechnungsführer sowie die entsprechenden Kontrollmaßnahmen.

1 Die Vorschrift wurde als einzige des Haushaltsverfahrens durch den Vertrag von Nizza im Sinne einer Ausdehnung der Abstimmung mit qualifizierter Mehrheit auf Kosten des Einstimmigkeitserfordernisses geändert. Das verzögerte Inkrafttreten dieser Teilregelung erklärt sich durch die 2007 beginnende neue Finanzplanung der Gemeinschaft[1]. Gem. lit. a wurde die geltende HO mit den **Rechtswirkungen einer VO**[2] vom 21.12.1977[3], in der Fassung vom 13.3.1990[4], zuletzt geändert am 22.9.1997[5], erlassen[6].

---

1 K. H. *Fischer,* Der Vertrag von Nizza, 2001, S. 154; A. *Hatje,* Die institutionelle Reform der Europäischen Union – der Vertrag von Nizza auf dem Prüfstand, EuR 2001, S. 143 (155).
2 Vgl. die Schlußformel: »Diese Haushaltsordnung ist in allen Teilen verbindlich und gilt unmittelbar in jedem Mitgliedstaat.«
3 Haushaltsordnung vom 21.12.1977 für den Gesamthaushaltsplan der Europäischen Gemeinschaften, ABl.EG 1977, Nr. L 356/1.
4 ABl.EG 1990, Nr. L 70/1.
5 VO (EG) Nr. 2444/97 des Rates, ABl.EG 1997, Nr. L 340/1. S. auch Änderungsvorschlag der Kommission, ABl.EG 1998, Nr. C 149 KOM (1998) 206; dazu Stellungnahme des Wirtschafts- und Sozialausschusses, ABl.EG 1998, Nr. C 284, und des Parlaments, ABl.EG 1998, Nr. C 313.
6 S. auch die (Durchführungs-)VO vom 9.12.1993 Nr. 3418/93/Euratom/EGKS/EG der Kommission, ABl.EG 1993, Nr. L 315/1.

Die Durchführungsbestimmungen für den Eigenmittelbeschluß enthalten die gem. lit. b 2
erlassenen VOen (EWG/Euratom) Nr. 1552/89 und 1553/89 des Rates vom
29.5.1989[7], geändert durch VO (EG) Nr. 1355/96[8].

Die in lit. b erwähnten Vorschriften über die Verantwortung der Kassenkontrolleure 3
und ähnlicher Personen finden sich in der HO[9].

---

7 ABl.EG 1989, Nr. L 155/1 und 9.
8 ABl.EG 1996, Nr. L 175/3.
9 U.a. Art. 73 ff. HO.

Art. 280 (ex-Art. 209a)

(1) Die Gemeinschaft[16 ff.] und die Mitgliedstaaten[6 ff.] bekämpfen Betrügereien[4] und sonstige gegen die finanziellen Interessen[1] der Gemeinschaft gerichtete rechtswidrige Handlungen[4] mit Maßnahmen[11] nach diesem Artikel, die abschreckend[12] sind und in den Mitgliedstaaten einen effektiven Schutz[13] bewirken.

(2) Zur Bekämpfung von Betrügereien[4], die sich gegen die finanziellen Interessen[1] der Gemeinschaft richten, ergreifen die Mitgliedstaaten die gleichen Maßnahmen, die sie auch zur Bekämpfung von Betrügereien ergreifen, die sich gegen ihre eigenen finanziellen Interessen richten[7].

(3) Die Mitgliedstaaten koordinieren unbeschadet der sonstigen Vertragsbestimmungen ihre Tätigkeit zum Schutz der finanziellen Interessen der Gemeinschaft vor Betrügereien[14]. Sie sorgen zu diesem Zweck zusammen mit der Kommission[17] für eine enge, regelmäßige Zusammenarbeit zwischen den zuständigen Behörden.

(4) Zur Gewährleistung eines effektiven[13] und gleichwertigen Schutzes in den Mitgliedstaaten beschließt der Rat gemäß dem Verfahren des Artikels 251 nach Anhörung des Rechnungshofs die erforderlichen Maßnahmen zur Verhütung und Bekämpfung von Betrügereien, die sich gegen die finanziellen Interessen der Gemeinschaft richten[20]. Die Anwendung des Strafrechts der Mitgliedstaaten und ihre Strafrechtspflege bleiben von diesen Maßnahmen unberührt.

(5) Die Kommission legt in Zusammenarbeit mit den Mitgliedstaaten dem Europäischen Parlament und dem Rat jährlich einen Bericht über die Maßnahmen vor, die zur Durchführung dieses Artikels getroffen wurden[21].

Inhaltsübersicht:

I. Finanzielle Interessen der Gemeinschaft	1
1. Sachproblem und finanzwirtschaftliche Dimension	1
2. »Betrügereien« und »sonstige Handlungen«	4
3. Entstehungsgeschichte und Entwicklung der Vertragsbestimmung	5
II. Pflichten der Mitgliedstaaten	6
1. Gleichstellung mit innermitgliedstaatlichen Maßnahmen	7
2. Anforderungen an die zu treffenden Maßnahmen	11
a) Abschreckung	12
b) Effektivität	13
3. Koordination der mitgliedstaatlichen Tätigkeiten	14
III. Pflichten der Gemeinschaft	16
1. Koordinierungsaufgaben der Kommission	17
2. Maßnahmen des Rates gem. Abs. 4	20
3. Berichtspflicht	21
IV. Wertung und Ausblick	22

I. Finanzielle Interessen der Gemeinschaft

1. Sachproblem und finanzwirtschaftliche Dimension

1 Schutz der »**finanziellen Interessen**« der Gemeinschaft bedeutet die Gewährleistung der ordnungsgemäßen Vereinnahmung und Verausgabung der rechtlich bestimmten Finan-

zierungsmittel[1]. Dies betrifft sowohl Mittel des (Gesamt-)Haushalts, als auch sonstige Finanzmittel, die von der Gemeinschaft oder in ihrem Auftrag verwaltet werden[2]. Mit der Ausweitung des Volumens finanzieller Transaktionen der Gemeinschaft und damit ihres Haushalts trat das Problem der Bekämpfung entsprechender Manipulationen in den Vordergrund. Der Übergang zur Eigenmittelfinanzierung ab 1970[3] mit einer Verstärkung der finanziellen Eigenverantwortung der Gemeinschaft hatte Rückwirkungen auf den hier geregelten Bereich. Nicht zuletzt die (politischen) Wirkungen von Betrügereien u.ä. zu Lasten der Gemeinschaft in der (steuerzahlenden) Öffentlichkeit ließen es als geboten erscheinen, eine primärrechtliche Verankerung von Gegenmaßnahmen vorzunehmen. Zudem kann der Binnenmarkt durch Betrügereien beeinträchtigt werden; ein unterschiedlicher Schutz in den einzelnen Mitgliedstaaten ruft **Wettbewerbsverzerrungen** hervor.
Angaben zu dem finanziellen Volumen der zu bekämpfenden Praktiken[4] unterscheiden zwischen dem aufgedeckten Schadensumfang und Schätzungen unter Einschluß der Dunkelziffer. Die auf Grund der Meldepflicht der Mitgliedstaaten[5] festgestellten Unregelmäßigkeiten betrugen 1996 insgesamt 1,3 Mrd. ECU[6], die höchsten Schätzungen erreichen 10 bis 20 % des Haushaltsvolumens der Gemeinschaft.

Zu den vielfältigen **Ursachen für die Schädigungen** gehört das Auseinanderfallen von Rechtsetzung bei der Gemeinschaft und Vollzug im mitgliedstaatlichen Bereich mit der Folge psychologischer Hemmnisse nationaler Behörden bei der Vereinnahmung oder Verausgabung gemeinschaftlicher Geldmittel[7]. Hinzu tritt eine weitgehende planwirtschaftliche Struktur besonders anfälliger Bereiche des Gemeinschaftsrechts mit unübersichtlicher Rechtslage und entsprechend mangelhafter Rechtssicherheit. Der **gemeinsame Agrarmarkt** stellt hier das beste Beispiel dar[8]. Schließlich sind Kontrollen und Sanktionen zur Bekämpfung der Mißstände nach wie vor unzureichend. 2

Art. 183a EAGV und **Art. 78i EGKSV** enthalten Parallvorschriften. Berührungspunkte 3

---

1 S. *Magiera*, Der Schutz der finanziellen Interessen der Europäischen Union, FS Friauf, 1996, S. 17; R. *Graf*, Die Finanzkontrolle der Europäischen Gemeinschaft, 1999, S. 128 ff.; P. *Chavaki*, Betrugsbekämpfung in der Europäischen Union, ZEuS 1999, S. 431.
2 H. J. *Prieß*, in: GTE, EU-/EGV, Art. 209a, Rn. 14, 16; H.-M. *Wolffgang/S. Ulrich*, Schutz der finanziellen Interessen der Europäischen Gemeinschaften, EuR 1998, S. 625.
3 S. Art. 269, Rn. 1.
4 Vgl. zu Arten der schädigenden Handlungen E. *Pache*, Der Schutz der finanziellen Interessen der Europäischen Gemeinschaften, 1994, S. 58 ff.; *Magiera* (Fn. 1), S. 19; G. *Dannecker*, Strafrechtlicher Schutz der Finanzinteressen der Europäischen Gemeinschaft gegen Täuschung, ZStW 108 (1996), S. 579 ff.; *Franz Dieblich*, Der strafrechtliche Schutz der Rechtsgüter der Europäischen Gemeinschaften, Diss. Köln 1985; J. *Martens*, Subventionskriminalität zum Nachteil der Europäischen Gemeinschaften, 2001.
5 Art. 3 und 5 VO (EWG) Nr. 283/72, ABl.EG 1972, Nr. L 36/1.
6 Betrugsbekämpfung, Jahresbericht 1996 der Kommission, KOM (97) 200endg., S. 1.; davon entfallen 2000 aufgedeckte Fälle mit einem Volumen von zusammen 787 Mio. ECU (= 5,8 % dieser Einnahmen) auf Zölle und Agrarmarkt; 2400 aufgedeckte Fälle mit einem Volumen von zusammen 498 Mio. ECU (= 0,7% der Förderungen) auf die Strukturförderung.
7 *Pache* (Fn. 4), S. 66 f.; *Magiera* (Fn. 1), S. 21; M. *Piepenschneider*, Einleitung, in: Altmaier u.a. (Hrsg.), Finanzkontrolle und Betrugsbekämpfung in der Europäischen Union, 1996, S. 11; allgemein zu diesem Problem K. *Vogel/M. Rodi*, Probleme bei der Erhebung von EG-Eigenmitteln aus rechtsvergleichender Sicht, 1995.
8 *Dannecker* (Fn. 4), S. 578 f. T. *Kienle*, in: Bergmann/Lenz (Hrsg.), Der Vertrag von Amsterdam, 1998, S. 180, Rn. 18; *Wolffgang/Ulrich* (Fn. 2), S. 625. Vgl. am Beispiel des Agrarmarktrechts auch R.W. *Strohmeier*, Der Schutz der finanziellen Interessen der Gemeinschaft – das Beispiel des Rechnungsabschlusses in der Landwirtschaft, in: FS Hahn, 1997, S. 497; L. *Allkemper*, Betrugsbekämpfung bei EG-Agrarsubventionen, RIW 1992, S. 121.

bestehen zu **Titel VI EUV (Polizeiliche und justitielle Zusammenarbeit in Strafsachen)**. Art. K.1 Nr. 5 EUV a.F. sah noch ausdrücklich die Bekämpfung von »Betrügereien im internationalen Maßstab« als ein Ziel der Zusammenarbeit in den Bereichen Justiz und Inneres vor[9]. Die kasuistische Aufzählung der Handlungsfelder ist inzwischen einer generalklauselartigen Formulierung gewichen, Art. 29 ff. EUV. Betrügereien im internationalen Maßstab deckten sich jedoch allenfalls teilweise mit den hier inkriminierten Handlungen zum Nachteil finanzieller Gemeinschaftsinteressen, da sie auch Schädigungen zu Lasten Privater umfaßten. Sofern eine solche Überschneidung der Regelungsbereiche bestand oder besteht, können strafrechtliche Sanktionierungen auf intergouvernementalem Wege auch zum Schutz der finanziellen Interessen der Gemeinschaft initiiert werden[10]. Ob überhaupt Rechtsakte der Organe der Gemeinschaft (und damit strafrechtliche Sanktionierungen) unmittelbar auf den bisherigen Art. 209a gestützt werden konnten, war strittig[11]. Die Kommission hat bisher – auch gegen den Widerspruch des Parlaments[12] – andere Rechtsgrundlagen herangezogen[13]. Hier ist an erster Stelle das **Übereinkommen zum Schutz der finanziellen Interessen der Europäischen Gemeinschaften** vom 26.7.1995[14] zu erwähnen, das von allen Mitgliedstaaten **strafrechtliche Sanktionen**[15] gegen Betrügereien zum Schaden der Gemeinschaften verlangt[16]. Weitere Projekte auf dieser Linie sind zu erwarten[17]. Die mitgliedstaatlichen Souveränitätsvorbehalte gemeinschaftlicher Strafrechtsetzung[18] werden auch durch die Neufassung der Vorschrift durch den Vertrag von Amsterdam kaum überwunden werden können[19]. Daneben bringt die **Verordnung Nr. 2988/95 (EG, EURATOM) des Ra-**

---

9 Betont kritisch zum hier bestehenden Kompetenzwirrwarr S. *Hölscheidt/C. Baldus*, Bestandsaufnahme und Perspektiven der europäischen Finanzordnung, DÖV 1997, S. 871. Zu der alten Norm s. auch S. *Gröblinghoff*, Die Verpflichtung des deutschen Strafgesetzgebers zum Schutz der Interessen der Europäischen Gemeinschaften, 1996, S. 146 f.
10 So auch *Magiera* (Fn. 1), S. 24 f.
11 EuGH, Rs. 240/90, Slg. 1992, I-5383, (Deutschland/Kommission) billigt die auf Art. 40 Abs. 3, 43 Abs. 2 gestützten Sanktionsbefugnisse im Agrarbereich. Strafrechtliche Sanktionen werden nicht behandelt. Dazu *E. Pache*, Zur Sanktionskompetenz der Europäischen Wirtschaftsgemeinschaft, EuR 1993, S. 173; *K. F. Stoffers*, Der Schutz der EU-Finanzinteressen durch das deutsche Straf- und Ordnungswidrigkeitenrecht, EuZW 1994, S. 304; *ders.*, Urteilsanmerkung, JA 1994, S. 131.
12 Vgl. statt vieler nur Bericht des Ausschusses für Haushaltskontrolle über die eigenständigen Ermittlungs- und Untersuchungsbefugnisse, über die der Union im Rahmen des rechtlichen Schutzes ihrer finanziellen Interessen verfügt, EP-Dok. A3-0074/94 vom 17.2.1994, S. 13 f.
13 Dies gilt insbesondere für die VO (EG, EURATOM) Nr. 2988/95 des Rates über den Schutz der finanziellen Interessen der Gemeinschaften, ABl.EG 1995 Nr. L 312 S. 1: Art. 235 a.F. und Art. K.3 Abs. 2 lit. c EUV a.F. werden als Rechtsgrundlagen angegeben. Gegen eine Rechtsgrundlage für strafrechtliche Sanktionen im Gemeinschaftsrecht unter Art. 209a a.F. auch *Geiger*, EGV, Art. 209a, Rn. 2.
14 ABl.EG 1995, Nr. C 316/49. Deutsche Umsetzung: EG-Finanzschutzgesetz v. 10. 9. 1998, BGBl. I 2322.
15 Gegen eine Überbetonung strafrechtlicher Reaktionen W. *Spannowsky*, Schutz der Finanzinteressen der EG zur Steigerung der Effizienz des Mitteleinsatzes, JZ 1992, S. 1161.
16 Dazu *Dannecker* (Fn. 4), S. 594 ff.; *Gröblinghoff* (Fn. 9), S. 153 ff.
17 Vgl. die Hinweise bei *U. Sieber*, Memorandum für ein Europäisches Modellstrafgesetzbuch, JZ 1996, S. 371, zur Ausdehnung der mitgliedstaatlichen Tatbestände zur Beamtenbestechung auf EG-Beamte und zur Zusammenarbeit im Bereich des Strafrechts.
18 Kritisch *M. Zuleeg*, Der Beitrag des Strafrechts zur europäischen Integration, JZ 1992, S. 762; vgl. allgemein auch G. *Dannecker*, Strafrecht in der Europäischen Gemeinschaft, JZ 1996, S. 869; auf den hier relevanten Bereich bezogen: *Magiera* (Fn. 1), S. 35 f.; *E. Pache* (Fn. 4), S. 337 ff.; W. *Perron*, Strafrechtsvereinheitlichung in Europa, in: Dörr/Dreher (Hrsg.), Europa als Rechtsgemeinschaft, 1997, S. 135.
19 S. jetzt Abs. 4 und Rn. 19. Optimistischer: *Wolffgang/Ulrich* (Fn. 2), S. 644 f.

tes über den Schutz der finanziellen Interessen der Gemeinschaft vom 18.12.1995[20] verwaltungsrechtliche Maßnahmen und Sanktionen als Reaktion auf die finanzielle Interessen der Gemeinschaft schädigende Handlungen sowie die Verordnung (EURATOM, EG), Nr. 2185/96 des Rates über die Kontrollbefugnisse der Kommission im Bereich der Betrugsbekämpfung[21]. Sie kann als eine »Art Allgemeiner Teil für ein europäisches Verwaltungssanktionsrecht« bezeichnet werden[22].

2. »Betrügereien« und »sonstige Handlungen«

Weder eine Zusammenschau der Betrugstatbestände der mitgliedstaatlichen (Straf-) Rechtsordnungen, noch die Verwendung dieses oder ähnlicher Begriffe im sekundären Gemeinschaftsrecht[23] vermögen diesen **eigenständigen gemeinschaftsrechtlichen Rechtsbegriff** zu konturieren. Art. 1 Abs. 1 des Übereinkommens zum Schutz der finanziellen Interessen der Europäischen Gemeinschaften vom 26.7.1995[24] enthält eine ausführliche Umschreibung »des Betrugs zum Nachteil der finanziellen Interessen der Europäischen Gemeinschaften«[25], die allerdings explizit auf »die Zwecke dieses Übereinkommens« beschränkt ist. Wegen der Überschneidung dieser intergouvernementalen Zusammenarbeit und der Anwendung des hier zu erläuternden Artikels[26] können diese Formulierungen Anhaltspunkte bieten, ohne eine authentische Interpretation des hiesigen Begriffs zu bieten. Ausgehend vom Zweck der Vorschrift ist der Begriff der »Betrügereien« weit dahingehend auszulegen, daß sowohl alle **subjektiv vorwerfbaren** (»schuldhaften« und damit subjektiv zurechenbaren«) **Handlungen**, die Verstöße gegen positives Gemeinschaftsrecht bewirken, als auch – ohne daß ein Rechtsverstoß vorliegen müßte – alle **Schein- und Umgehungstatbestände**[27] erfaßt werden, d.h. Handlungen, die formal rechtstreu sind, deren einziger oder vorrangiger Zweck jedoch darin besteht, die Gemeinschaft finanziell zu schädigen[28]. Die Erwähnung von »sonstigen gegen die finanziellen Interessen der Gemeinschaft gerichteten rechtswidrigen Handlungen« läßt einige der Auslegungsprobleme hinsichtlich des Terminus »Betrügereien« in den Hintergrund treten; gleichwohl bleibt die oben vertretene weite Auslegung von Bedeutung, da die angesprochenen Schein- oder Umgehungsgeschäfte regelmäßig nicht »rechtswidrig« sein dürften.

---

20 ABl.EG 1995, Nr. L 312/1.
21 Dazu: *L. Kuhl/H. Spitzer*, Die Verordnung (EURATOM, EG) Nr. 2184/96 des Rates über die Kontrollbefugnisse der Kommission im Bereich der Betrugsbekämpfung, EuZW 1998, S. 37; *S. Ulrich*, Kontrollen der EG-Kommission bei Wirtschaftsbeteiligten zum Schutz der finanziellen Interessen der Gemeinschaft, 1999.
22 *Dannecker* (Fn. 4), S. 604; *ders.* (Fn. 18), S. 877 f.; zu den gemeinschaftsrechtlichen Sanktionen auch *M. Rodi*, Die Subventionsrechtsordnung, 2000, S. 589 ff.
23 *Chavaki* (Fn. 1), S. 436 f. Vgl. auch die Zusammenstellung bei *H. J. Prieß*, in: GTE, EU-/EGV, Art. 209a, Rn. 6 f.
24 ABl.EG 1995, Nr. C 316/49 ff.
25 Dazu *F. Zieschang*, Das Übereinkommen zum Schutz der finanziellen Interessen der EG und seine Auswirkungen auf das deutsche Strafrecht, EuZW 1997, S. 78; *Dannecker* (Fn. 18), S. 876 f.
26 S. Rn. 3. *Pechstein/Koenig*, EU, Rn. 351 ff.
27 Vgl. ausführlich zur Abgrenzung und zu den einzelnen Erscheinungsformen *Pache* (Fn. 4), S. 162 ff.; *K. Tiedemann*, Der Strafschutz der Finanzinteressen der Europäischen Gemeinschaft, NJW 1990, S. 2230 f.
28 Ähnlich *H. J. Prieß*, in: GTE, EU-/EGV, Art. 209a, Rn. 7 ff., 13.

3. Entstehungsgeschichte und Entwicklung der Vertragsbestimmung

5 Die systematische Stellung der Vorschrift im Haushaltsrecht ist nicht zwingend, tragender Sachzusammenhang ist der Bezug zur Finanzierung der Gemeinschaft. Die Verankerung der Betrugsbekämpfung im Primärrecht sollte die Bedeutung des Sachanliegens unterstreichen[29]. Der EuGH hat die inzwischen die Betrugsbekämpfung zum Schutz der finanziellen Interessen der Gemeinschaft als »eigenständiges Ziel der Gemeinschaft« gekennzeichnet und aufgewertet[30] Mit dem Vertrag von Maastricht wurde in Anlehnung an die auf Art. 5 a.F. (jetzt: Art. 10) gestützte (frühe) **Rechtsprechung des Gerichtshofs zu den Pflichten der Mitgliedstaaten zum Schutz der finanziellen Interessen der Gemeinschaft**[31] und unter Rückgriff auf Entwürfe der Kommission Art. 209a eingefügt[32]. Der Vertrag von Amsterdam hat die beiden Absätze dieses Artikels in die Absätze zwei und drei übernommen, die Absätze eins, vier und fünf hinzugefügt und damit Reichweite und Anwendungsbereich der Vorschrift erweitert[33]. Nach wie vor kann subsidiär auf Art. 10 (Art. 5 a.F.) zurückgegriffen werden und die auf ihm beruhende Rechtsprechung vor der Schaffung des Art. 209a in seiner ursprünglichen Fassung zur Interpretation von Sachproblemen der jetzigen Fassung mit der gebotenen Vorsicht herangezogen werden[34].

II. Pflichten der Mitgliedstaaten

6 Primärer Adressat der Vorschrift sind nach wie vor die Mitgliedstaaten[35]. Dies hat seine Ursache darin, daß sowohl bei der Vereinnahmung, als auch bei der Verausgabung gemeinschaftlicher Finanzmittel regelmäßig die Mitgliedstaaten mangels eigenem Verwaltungsunterbau der Gemeinschaft die Hauptakteure sind[36] und Finanzmanipulationen sich damit regelmäßig bloß »gemeinschaftsmittelbar« abspielen. Durch die Neufassung wurde allerdings auch die Rolle der Gemeinschaft selbst verändert, indem ihr eigene Zuständigkeiten auf den angesprochenen Gebieten etwa durch Abs. 4 eingeräumt wurden[37].

---

29 A. *Hecker*, in: Lenz, EGV, Art. 280, Rn. 2.
30 Rs. C-209/97, Slg. 1999, I-8078, Rn. 29 (Kommission/Rat).
31 Zentrale Bedeutung besitzt hier EuGH, Rs. 68/88, Slg. 1989, 2965, Rn. 23 (Kommission/Griechenland) zum sog. »griechischen Maisskandal«; vgl. dazu ausführlich *Pache* (Fn. 4), S. 300 ff.; K. *Tiedemann*, Urteilsanmerkung, EuZW 1990, S. 100; *ders.* (Fn. 27), S. 2226; A. *Bleckmann*, Urteilsanmerkung, WuR 1991, S. 283; vgl. daneben auch Rs. C-326/88, Slg. 1990, 2911, Rn. 17 (Hansen); Rs. C-2/88, Slg. 1990, 3365, Rn. 17 (Zwartveld); Rs. C-352/92, Slg. I-3385, Rn. 23 (Milchwerke Köln-Wuppertal e.G./Hauptzollamt Köln-Rheinau).
32 Vgl. genauer A. *Hecker*, in: Lenz, EGV, Art. 209a, Rn. 1; H.-J. *Prieß*, in: GTE, EU-/EGV, Art. 209a, Rn. 2. Kritisch zur völlig unzureichenden Fassung von Art. 209a a.F. *Pache* (Fn. 4), S. 298.
33 Damit wurde ein Teil der Forderungen des Parlaments erfüllt, vgl. Entschließung vom 13.3.1996, ABl.EG 1996, Nr. C 96/77, Ziff. 22.2.
34 H. J. *Prieß/H. Spitzer*, Die Betrugsbekämpfung in der Europäischen Gemeinschaft, EuZW 1994, S. 298, *Gröblinghoff* (Fn. 9), S. 151 und *Dannecker* (Fn. 4), S. 585, sprechen daher von dem insoweit deklaratorischen Charakter von Art. 209a a.F.
35 Vgl. auch *Geiger*, EGV, Art. 280, Rn. 1.; *Magiera* (Fn. 1), S. 21, jeweils zur alten Fassung des Art. 209a.
36 *Piepenschneider* (Fn. 7), S. 11; s. auch Art. 268, Rn. 7.
37 J. *Schoo*, in: Schwarze, EU, Art. 280, Rn. 17.

1. Gleichstellung mit innermitgliedstaatlichen Maßnahmen

Zentrale Handlungspflicht der Mitgliedstaaten ist ein **Gleichbehandlungsgebot** dahingehend, gemeinschaftsschädliche Handlungen den gleichen Maßnahmen zu unterstellen, wie entsprechende Handlungen zum Nachteil nationaler Fiskalinteressen. In diesem Zusammenhang wird von einer »**Assimilierungspflicht**« gesprochen[38]. Aus der deutschen Rechtsordnung sind hier vorrangig die Tatbestände des **Subventionsbetrugs gem. § 264 StGB**[39] **und das Steuerstrafrecht gem. §§ 369 ff. AO** zu erwähnen[40]. 7

Eine Angleichung des Schutzes in den einzelnen Mitgliedstaaten kann so nicht erreicht werden. Eine Annäherung auf dieser Ebene wird vorrangig durch die Effektivitätsanforderungen erreicht[41]. Sollten in einzelnen Mitgliedstaaten keine nationalen Bestimmungen zum Schutz eigener finanzieller Interessen bestehen, so gebieten Sinn und Zweck von Art. 280 gleichwohl mitgliedstaatliche Maßnahmen zum Schutz finanzieller Interessen der Gemeinschaft (»**fiktive Gleichbehandlung**«/»**fiktive Assimilierung**«)[42]. Dies konnte bisher schon auf die der Vorschrift zugrundeliegende Entscheidung des EuGH vom 21.9.1989[43] gestützt werden, der im Falle Griechenlands eine entsprechende Verpflichtung aus Art 5 herleitete; durch die Neufassung von Abs. 1 ist diese Rechtslage jetzt verdeutlicht worden. 8

Innermitgliedstaatliche Adressaten der Gleichbehandlungspflicht sind alle drei Teilgewalten: Sofern entsprechende Regelungen noch nicht existieren sind die gesetzgebenden Organe aufgerufen sowohl das materielle Recht als auch das Verfahrensrecht zu schaffen oder zu ändern; die Verwaltung und die Rechtsprechung müssen gleichzeitig schon bestehende Rechtsnormen gemeinschaftsrechtskonform im Sinne der Vorschrift auslegen und anwenden[44]. 9

Die Gleichbehandlungspflicht besitzt für die jeweiligen gemeinschaftsrechtlichen finanzwirtschaftlichen Aktionen unterschiedliche Bedeutung. Auf der Einnahmenseite können bei den Mehrwertsteuer- und den BSP-Eigenmitteln[45] Gleichbehandlungsprobleme kaum auftreten, da die Mehrwertsteuer als mitgliedstaatliche Steuer ohnehin voll entsprechenden Schutzvorschriften unterliegt. Die auf der Grundlage des Bruttosozialprodukts aufzubringenden Eigenmittel werden ebenfalls aus den allgemeinen Finanzmitteln der Mitgliedstaaten beglichen, so daß das Assimilierungsproblem nicht auftritt. Relevanz besitzt die Gleichbehandlungspflicht demgegenüber für die Zölle und vorrangig für Abgaben im Agrarmarkt-Bereich. Auf der Ausgabenseite des gemeinschaftlichen Finanzgebarens sind als (betrugsanfälliger) Schwerpunkt von Gleichbehandlungsproblemen neben dem gemeinsamen Agrarmarkt die Ausgaben aus den einzelnen Fonds der Gemeinschaft zu erwähnen. 10

---

38 H. J. Prieß, GTE, EU-/EGV, Art. 209a, Rn. 18; *Dannecker* (Fn. 4), S. 585.
39 Zu der seit 1976 bestehenden Gleichstellung gemeinschaftsrechtlicher Rechtsgüter im deutschen Recht vgl. Abs. 6 der Norm: »Subvention im Sinne dieser Vorschrift ist eine Leistung aus öffentlichen Mitteln nach Bundes- oder Landesrecht oder nach dem Recht der Europäischen Gemeinschaften ...« Parallelnormen sind §§ 3 Abs. 1 Satz 2, 370 Abs. 6 AO; 1 Abs. 3, 80a (des nicht mehr geltenden) ZollG; 12, 36 MOG; 2 AbschöpfungsG.
40 Vgl. auch – z.T. rechtsvergleichend – *Dannecker* (Fn. 4), S. 585 ff.; *Stoffers* (Fn. 11), S. 304.
41 S. sogleich Rn. 11 ff.
42 So bisher schon H. J. Prieß, GTE, EU-/EGV, Art. 209a, Rn. 21 f.
43 EuGH, Rs. 68/88, Slg. 1989, 2965 (Kommission/Griechenland).
44 EuGH, Rs. 68/88, Slg. 1989, 2965, Rn. 25 (Kommission/Griechenland); Rs. 14/83, Slg. 1891, Rn. 26 (von Colson und Kamann/Land Nordrhein-Westfalen). *Prieß/Spitzer* (Fn. 34), S. 298.
45 S. Art. 269, Rn. 7 f.

2. Anforderungen an die zu treffenden Maßnahmen

11 Der neu eingefügte Abs. 1 positiviert mit den Anforderungen der Abschreckung und der Effektivität der zu schaffenden Maßnahmen und Sanktionen Kriterien, die bereits unter dem alten Recht Gerichtshof und Schrifttum entwickelt hatten[46].

a) Abschreckung
12 Abschreckung ist sowohl auf den Handelnden (Spezialprävention) als auch auf die Allgemeinheit zu beziehen (Generalprävention). Insofern weist sie über bloße Wiedergutmachung, bloßen Schadensersatz hinaus.

b) Effektivität
13 Effektivität, d.h. Wirksamkeit, deutet in die gleiche Richtung: schon der Sanktionsbegriff als solcher fordert, den sozialen Unwertgehalt der Taten deutlich herauszustellen. Jegliche bloß symbolische Aktion ist zu vermeiden.

3. Koordination der mitgliedstaatlichen Tätigkeiten

14 Die Handlungspflichten der Mitgliedstaaten werden durch eine Koordinationspflicht, die in Abs. 3 S. 1 positiviert ist, ergänzt. Die Kommission ist in diese Koordination einzubeziehen. »Koordinierung« bedeutet im Hinblick auf den Regelungszusammenhang unterhalb der Schwelle der Harmonisierung die Abstimmung zwischen den gebundenen Akteuren[47]. Der durch Beschluß vom 23.2.1994 eingesetzte beratende Ausschuß für die Koordinierung der Betrugsbekämpfung[48] dient dieser »horizontalen« Koordination zwischen den Mitgliedstaaten und besteht aus Vertretern der Mitgliedstaaten und der Kommission. In den verschiedenen Tätigkeitsbereichen der Gemeinschaft findet eine Zusammenarbeit der Mitgliedstaaten untereinander und mit der Kommission auf Grund vielfältiger – hier nicht im einzelnen darstellbarer – Rechtsakte statt[49]. Der Koordinierungsauftrag des Abs. 3 besitzt, wie die Formulierung »unbeschadet der sonstigen Vertragsbestimmungen« verdeutlicht, Auffangcharakter[50].

15 Abs. 3 S. 2 enthält eine Verdeutlichung der ohnehin aus Art. 5 folgenden **Verpflichtung zur Rechts- und Amtshilfe**[51] für den Sachbereich des Schutzes der finanziellen Interessen der Gemeinschaft. Zahlreiche bestehende Regelungen im Sekundärrecht des Zoll- und des Agrarbereichs erhalten dadurch eine zusätzliche primärrechtliche Absicherung.

III. Pflichten der Gemeinschaft

16 Die Neufassung der Vorschrift durch den Vertrag von Amsterdam hat die Rolle der Gemeinschaft neben den ursprünglich als Primäradressaten angesprochenen Mitgliedstaaten[52] herausgestellt. Abs. 1 nennt jetzt die Gemeinschaft an erster Stelle, Abs. 4 hat

---

46 Zum Ganzen H. J. *Prieß*, in: GTE, EU-/EGV, Art. 209a, Rn. 34 ff.
47 Weiter wohl: H. J. *Prieß*, in: GTE, EU-/EGV, Art. 209a, Rn. 68 ff.
48 Beschluß 94/140/EG, ABl.EG 1994, Nr. L 61/27.
49 S. die Zusammenstellung von H. J. *Prieß*, in: GTE, EU-/EGV, Art. 209, Rn. 90 ff.; *Magiera* (Fn. 1), S. 29; ferner *J. Schoo*, in: Schwarze, EU, Art. 280, Rn. 21.
50 H. J. *Prieß*, in: GTE, EU-/EGV, Art. 209a, Rn. 72.
51 Vgl. EuGH, Rs. C-2/88, Slg. 1990, I-3365, Rn. 17 (Zwartveld u.a.), wo die Verpflichtung zur Amtshilfe noch auf Art. 5 gestützt ist.
52 S. Rn. 6.

einen neuen Handlungsauftrag statuiert. Als konkurrierende Zuständigkeit ist das Subsidiaritätsprinzip des Art. 5 Abs. 2 anwendbar[53].

1. Koordinierungsaufgaben der Kommission

Der Koordinierungsauftrag richtet sich nicht allein an die Mitgliedstaaten, sondern bezog auch in der ursprünglichen Fassung der Vorschrift die Kommission mit ein. Bereits oben[54] wurde der beratende Ausschuß für die Koordinierung der Betrugsbekämpfung erwähnt. 17

Schon im Zusammenhang mit der Haushaltsreform und der Reform des Eigenmittelsystems wurde 1988 neben den weiterbestehenden operationellen Dienststellen zur Betrugsbekämpfung in den einzelnen Generaldirektionen eine Zentrale Koordinierungsstelle für die Betrugsbekämpfung (Unité de Coordination de la Lutte Antifraude, **UCLAF**) in der Form einer Direktion im Generalsekretariat der Kommission errichtet[55]. Dadurch sind Kontrolle und Betrugsbekämpfung von der Durchführung der Politiken der Gemeinschaft organisatorisch getrennt[56]. Die Koordinierungsstelle gliedert sich in ein allgemeines Referat und drei für bestimmte Sachbereiche zuständige Referate (Agrarbereich (EAGFL und Agrareinfuhren); Strukturfonds; Eigenmittelvereinnahmung). Voraussetzung für die Arbeit dieser Gremien ist eine verbesserte Informationssammlung[57]. 18

Auf der Grundlage des über Abs. 4 auch in diesem Bereich nun anwendbaren Mitentscheidungsverfahrens nach Art. 251 wurde ein zunächst auf Art. 235 a.F. gestützter Vorschlag[58] zur Errichtung eines Europäischen Amtes für Betrugsbekämpfung (**OLAF**, d.h. Office de la Lutte Antifraude) gestützt und dieses Amt – durch Beschluß der Kommission vom 28.4.1999 geschaffen[59] – mit entsprechenden internen und externen Untersuchungsbefugnissen ausgestattet[60]. Dieses Amt übernimmt damit einmal den bisherigen Dienststellen zur Betrugsbekämpfung obliegende Untersuchungen nach den VO Nr. 2185/96[61] und Nr. 2988/95 (oben Rn. 3), es erhält neue interne Untersuchungsbefugnisse und ihm obliegt die nach Abs. 3 geforderte Koordination und Zusammenar- 19

---

53 *Magiera* (Fn. 1), S. 25, noch zu Art. 209a a.F. S. auch *A. Griese*, Die Finanzierung der Europäischen Union, EuR 1998, S. 475.
54 S. Rn. 14.
55 Zu Mängeln in deren Arbeit und zu Verbesserungsvorschlägen s. *D. R. Theato*, Finanzkontrolle und Betrugsbekämpfung der Europäischen Union aus Sicht des Europäischen Parlaments, in: Altmaier u.a. (Hrsg.), Finanzkontrolle und Betrugsbekämpfung in der Europäischen Union, 1996, S. 23 f. *L. Kuhl*, UCLAF im Kampf gegen EU-Betrugskriminalität, Kriminalistik 1997, S. 105.
56 S. zur Entwicklung *Prieß/Spitzer* (Fn. 34), S. 302 f.
57 Vgl. zu den darauf zielenden organisatorischen und rechtlichen Schritten: *H. J. Prieß*, in: GTE, EU-/EGV, Art. 209a, Rn. 129 ff.
58 ABl.EG 1999, Nr. C 21/10.
59 ABl.EG 1999, Nr. L 136/20.
60 VO Nr. 1073/99 vom 25.5.1999, ABl.EG 1999, Nr. L 136/1. Zu den Einzelheiten *U. Mager*, Das Europäische Amt für Betrugsbekämpfung (OLAF) – Rechtsgrundlagen seiner Errichtung und Grenzen seiner Befugnisse, ZEuS 2000, S. 177; *L. Kuhl/H. Spitzer*, Das Europäische Amt für Betrugsbekämpfung (OLAF), EuR 2000, S. 671.
61 Dazu speziell *S. Ulrich*, Kontrollen des Europäischen Amtes für Betrugsbekämpfung (OLAF) bei Wirtschaftsbeteiligten. Befugnisse, Verfahrensrecht und Rechtsschutzmöglichkeiten bei Kontrollen vor Ort nach der VO (EURATOM, EG) Nr. 2185/96, EWS 2000, S. 137.

beit mit den Mitgliedstaaten[62]. Die neuen Kompetenzen zu internen Untersuchungen haben zu einem ernsthaften Konflikt mit dem Europäischen Parlament geführt[63]. Der Ausgang dieses Rechtsstreits wird mit darüber bestimmen, ob OLAF sich zum effektiven und schlagkräftigen Instrument entwickelt, oder als Alibi-Behörde die bisherige Konzeptions- und Willenlosigkeit auf dem Gebiet der Betrugsbekämpfung fortsetzen wird.

2. Maßnahmen des Rates gem. Abs. 4

20 Die unter der Geltung von Art. 209a a.F. bestehenden Unklarheiten hinsichtlich der Regelungskompetenzen der Gemeinschaft[64] sollen durch den neuen Abs. 4 – vielfältigen Forderungen entsprechend[65] – dahingehend überwunden werden, daß dieser nun ausdrücklich im Wege des sog. Mitentscheidungsverfahrens (Art. 251) eine entsprechende Kompetenzgrundlage geschaffen wird. Den weiterbestehenden strafrechtlichen Souveränitätsvorbehalten der Mitgliedstaaten[66] wird durch Satz 2 Rechnung getragen.

3. Berichtspflicht

21 Die schon bisher bestehende Praxis der Kommission, ihre Maßnahmen und Initiativen zum Schutz der finanziellen Interessen der Gemeinschaft in jährlichen Arbeitsprogrammen und Berichten zu dokumentieren[67], ist in dem neueingefügten Abs. 5 mit einer Rechtsgrundlage versehen und erweitert worden.

IV. Wertung und Ausblick

22 Rechtlicher und organisatorischer Aufwand stehen im Bereich des Schutzes der finanziellen Interessen der Gemeinschaft noch nicht im Verhältnis zu den eher bescheidenen tatsächlichen Erfolgen. Eine überzeugende Gesamtstrategie geht in den zahlreichen,

---

62 *J. Schoo*, in: Schwarze, EU, Art. 280, Rn. 27.
63 Beschluß des Präsidenten des EuG im Verfahren einstweiligen Rechtsschutzes, Rs. T-17/2000 R, 2.5.2000, EuR 2000, S. 652; dazu *D. Thym*, Europaabgeordnete gegen Europaparlament – der erste Akt des Streits um OLAF, EuR 2000, S. 990.
64 Rn. 3. Vgl. zuletzt auf der Grundlage von Abs. 4 Vorschlag der Kommission für eine Richtlinie des Parlaments und des Rats über den Schutz der finanziellen Interessen der EG vom 15.3.2001.
65 S. nur Entschließung des Parlaments vom 17.5.1995 zur Funktionsweise des Vertrages über die Europäische Union im Hinblick auf die Regierungskonferenz 1996, Ziff. 36, in: Weißbuch zur Regierungskonferenz 1996, Bd. I, S. 231. Differenzierend: Bericht der Reflexionsgruppe, Dezember 1995, Ziff. 133 (S. 76).
66 Rn. 3. Betont restriktive Interpretation bei *Wolffgang/Ulrich* (Fn. 2), S. 644 f.: die Gemeinschaft darf Strafrecht schaffen, das mitgliedstaatliche Strafrecht bleibt daneben bestehen und anwendbar. Vgl. jetzt umfassend *H. Satzger*, Die Europäisierung des Strafrecht, 2001.
67 Bericht der Kommission über die verstärkte Bekämpfung von Betrügereien, die zu Lasten des Gemeinschaftshaushalts begangen werden, KOM (87) 572.
Jahresberichte der Kommission über die Betrugsbekämpfung: 1989: SEK (90) 156; 1990: SEK (91) 456; 1991: SEK (92) 943; 1992: SEK (93) 141; 1993: SEK (94) 94; 1994: SEK (95) 98; 1995: SEK (96) 173; 1996: SEK (97) 200; 1997: SEK (98) 276.
Arbeitsprogramme zur Betrugsbekämpfung: 1994: KOM (94) 92; 1995: KOM (95) 23; 1996: KOM (96) 17; 1997: KOM (97) 199.

mitunter aktionistischen Einzelinitiativen unter[68]. Die Neufassung der Vorschrift durch den Vertrag von Amsterdam vermochte nur einen Teil der Unklarheiten und Mängel von Art. 209a a.F. zu beseitigen. Effektivität kann die Betrugsbekämpfung erst durch wirksam angewendete (vorrangig auch strafrechtliche) Sanktionsvorschriften erhalten. Gerade hier sind noch zahlreiche gemeinschaftsrechtliche Zweifelsfragen zu klären[69].

---

68 Vgl. auch *Piepenschneider* (Fn. 7), S. 15; aus Sicht der Kommission jetzt M. *Schreyer*, Schutz der EU-Finanzen vor Betrug: Eine zentrale Aufgabe der neuen Kommission, EuZW 2001, S. 417; die Kommission hat inzwischen unter dem Datum vom 15.3.2001 einen Vorschlag für eine Richtlinie des Europäischen Parlaments und des Rates über den Schutz der finanziellen Interessen der Europäischen Gemeinschaften unter federführender Beteiligung von OLAF erarbeitet.
69 S. die Nachweise bei Rn. 3.

Sechster Teil
Allgemeine und Schlußbestimmungen

Art. 281 (ex-Art. 210)

Die Gemeinschaft besitzt Rechtspersönlichkeit.

Inhaltsübersicht:

A. Völkerrechtsfähigkeit	1
I. Abgeleitete Völkerrechtsfähigkeit	1
II. Funktional beschränkte Völkerrechtsfähigkeit	5
III. Partikulare Völkerrechtsfähigkeit	7
IV. Vertretung der EG im völkerrechtlichen Verkehr	8
B. Konsequenzen der Völkerrechtssubjektivität	9
I. Die EG als Träger völkerrechtlicher Rechte und Pflichten	9
II. Abschluß völkerrechtlicher Verträge	10
III. Gesandtschaftsrecht	13
IV. Verantwortlichkeit; aktive und passive Deliktsfähigkeit	15
1. Verantwortlichkeit und aktive Deliktsfähigkeit	16
a) Vertragliche Verantwortlichkeit	17
b) Außervertragliche aktive Deliktsfähigkeit, Durchgriffshaftung	18
2. Passive Deliktsfähigkeit	19
V. Internationale Parteifähigkeit	20
VI. Diplomatischer Verkehr und Schutzrecht	21
VII. Privilegien und Immunität	22
C. Gemeinschaftsrecht und allgemeines Völkerrecht	24
D. Bindung der EG an völkerrechtliche Verträge ihrer Mitgliedstaaten	29

A. Völkerrechtsfähigkeit

I. Abgeleitete Völkerrechtsfähigkeit

1 Mit der Verleihung von »Rechtspersönlichkeit« durch Art. 281, die kürzeste Vorschrift des gesamten EG-Vertrages, wird die **Völkerrechtsfähigkeit der EG** (nicht ihrer Organe)[1] begründet. Daß mit dem Besitz von Rechtspersönlichkeit nicht die innerstaatliche Rechtsfähigkeit gemeint ist, ergibt sich bei einer systematischen Auslegung in einer Gesamtschau von Art. 281 mit Art. 282 sowie Art. 6 EGKSV und Art. 184, 185 EAGV.[2] Die Verleihung der Völkerrechtsfähigkeit durch Art. 281 ist die notwendige Grundlage für ein völkerrechtlich erhebliches Handeln der EG. Sie eröffnet der EG die Möglichkeit, als »gekorenes« Völkerrechtssubjekt Trägerin völkerrechtlicher Rechte und Pflichten zu sein.[3]

2 Die Völkerrechtspersönlichkeit der EG ist dabei von derjenigen der übrigen Europäischen Gemeinschaften (EGKS, EAG) zu unterscheiden. Ungeachtet der Fusion der Organe der Europäischen Gemeinschaften durch den (aufgehobenen) Fusionsvertrag bzw. Art. 9 Abs. 2 des Vertrages von Amsterdam hat eine Fusion der Europäischen Gemein-

---

1 Vgl. EuGH, Rs. C-327/91, 9.9.1994, Slg. 1994, I-3641, Rn. 24 (Frankreich/Kommission).
2 Vgl. z.B. *E. Klein*, in: HK-EUV, Art. 210, Rn. 1; *Y. Nakanishi*, Die Entwicklung der Außenkompetenzen der Europäischen Gemeinschaft, 1998, S. 18; *B. Simma/C. Vedder*, in: Grabitz/Hilf, EU, Art. 281 EGV Rn. 2 ff.; *C. Tomuschat*, in: GTE, EWGV, Art. 210, Rn. 1.
3 Vgl. z.B. *C. Tomuschat*, in: GTE, EWGV, Art. 210, Rn. 1; *E. Klein*, in: HK-EUV, Art. 210, Rn. 1; *B. Simma/C. Vedder*, in: Grabitz/Hilf, EU, Art. 281 EGV Rn. 3 ff.

EG-Vertrag Art. 281

schaften als solche bislang nicht stattgefunden. Allerdings wird die Identifizierung des handelnden Völkerrechtssubjekts nach dem Auslaufen des EGKSV in 2002 an Bedeutung weiter verlieren.

Nach Auffassung des EuGH räumt Art. 281 der EG »in den Außenbeziehungen die Fähigkeit, vertragliche Bindungen mit dritten Staaten einzugehen,«[4] ein. Mit der rechtlichen Verselbständigung gegenüber den Mitgliedstaaten soll die EG in den Stand gesetzt werden, zur Erfüllung der ihr übertragenen Aufgaben am internationalen Verkehr teilzunehmen.[5] 3

Art. 281 bestätigt den Befund, daß es sich bei der EG (noch) nicht um einen Staat handelt, da ansonsten der Hinweis, die EG besitze Rechtspersönlichkeit, überflüssig wäre. Eine Auslegung, daß dieser Satz bloß deklaratorischer Natur ist, wäre zwar noch vom Wortlaut der Vorschrift gedeckt, widerspräche aber dem die gesamte EG-Vertragsauslegung prägenden Gedanken des »effet utile« wie namentlich auch dem in Art. 5 Abs. 1 verankerten Prinzip der begrenzten Ermächtigung.[6] 4

II. Funktional beschränkte Völkerrechtsfähigkeit

Art. 281 ist selbst keine Kompetenznorm. Es bleibt deshalb für die Tätigkeit der EG auch auf internationaler Ebene beim Prinzip der begrenzten Ermächtigung gemäß Art. 5 Abs. 1.[7] Als abgeleitetes Völkerrechtssubjekt ist die EG im Gegensatz zu den Staaten in ihrer Völkerrechtsfähigkeit funktional beschränkt auf die ihr durch den EGV eingeräumten Aufgaben und Kompetenzen.[8] Die Völkerrechtsfähigkeit der EG findet somit ihre äußerste Grenze an den in der Präambel und in Art. 2 bis 4 beschriebenen Vertragszielen, Aufgaben und Tätigkeitsbereichen. 5

Akte der EG, die sie jenseits ihrer solchermaßen begrenzten Völkerrechtsfähigkeit und damit ultra vires vorgenommen hätte,[9] sind bisher nicht bekannt geworden. Sie sind auf 6

---

4 EuGH, Rs 22/70, 31.3.1971, Slg. 1971, 263, Rn. 13/14 (Kommission/Rat), st. Rspr.
5 Vgl. EuGH, Rs. 6/64, 15.7.1964, Slg. 1964, 1251 (1269) (Costa/E.N.E.L.); *E. Klein*, in: HK-EUV, Art. 210, Rn. 2.
6 Der neue Art. 24 EUV unterstreicht die eigenständige Völkerrechtspersönlichkeit der EU neben derjenigen der EG und ihrer Mitgliedstaaten, die bislang umstritten ist (vgl. *M. Hilf/E. Pache*, Der Vertrag von Amsterdam, NJW 1998, S. 705 (709, m.w.N.); *J. Ukrow*, Richterliche Rechtsfortbildung durch den EuGH, 1995, S. 42 (m.w.N.); a.A. *C. Busse*, Die völkerrechtliche Einordnung der Europäischen Union, 1999, S. 278 ff.; *R. Streinz*, Der Vertrag von Amsterdam, EuZW 1998, S. 137 (140); *C. Thun-Hohenstein*, Der Vertrag von Amsterdam, 1997, S. 141). Auch wenn mit dieser Vorschrift keine Übertragung von Zuständigkeiten von Mitgliedstaaten auf die EU bewirkt werden soll, entstehen doch originäre Verhandlungs- und Abschlußkompetenzen der EU als solcher (a.A. *Streinz*, a.a.O., S. 141). Für eine eigenständige Rechtspersönlichkeit der EU spricht im übrigen auch, daß diese nach dem neuen Art. 6 Abs. 1 EUV selbst auf den Grundsätzen der Freiheit, der Demokratie, der Achtung der Menschenrechte und Grundfreiheiten sowie der Rechtsstaatlichkeit beruht; vgl. *J. Ukrow*, Die Fortentwicklung des Rechts der Europäischen Union durch den Vertrag von Amsterdam, ZEuS 1998, S. 141 (173).
7 Vgl. *B. Simma/C. Vedder*, in: Grabitz/Hilf, EU, Art. 281 EGV Rn. 9; *E. Klein*, in: HK-EUV, Art. 210, Rn. 2; *Nicolaysen*, Europarecht I, S. 138; *A. Bleckmann*, Europarecht, Rn. 1381.
8 Vgl. EuGH, Rs. 6/64, 15.7.1964, Slg. 1964, 1251 (1269) (Costa/E.N.E.L.); *B. Simma/C. Vedder*, in: Grabitz/Hilf, EU, Art. 281 EGV Rn. 9; *R. Bernhardt*, Die Europäische Gemeinschaft als Rechtsträger im Geflecht der traditionellen zwischenstaatlichen Beziehungen, EuR 1983, S. 199 (202); *C. W. Vedder*, Die auswärtige Gewalt des Europa der Neun, 1980, S. 6 m.w.N.
9 Vgl. *M. Bothe*, Die Stellung der Europäischen Gemeinschaften im Völkerrecht, ZaöRV 1977, S. 122 (134 ff.).

Grund der weitreichenden Mitwirkung der Mitgliedstaaten bei außenpolitischem Handeln der EG[10] sowie im Hinblick auf die Möglichkeit einer präventiven Kontrolle durch ein Gutachten gemäß Art. 300 Abs. 6 auch nicht zu erwarten. Ob das **ultra vires-Handeln** internationaler Organisationen notwendig zur Nichtigkeit führt, wird im übrigen in der völkerrechtlichen Literatur zunehmend bezweifelt, v.a. unter dem Gesichtspunkt des Vertrauensschutzes beteiligter Drittstaaten, für die die Aufgabenverteilung zwischen Organisation und Mitgliedstaaten Transparenz vermissen läßt. Art. 46 der Wiener Konvention über das Recht der Verträge zwischen Staaten und Internationalen Organisationen und zwischen Internationalen Organisationen von 1986 trägt dieser Problemlage Rechnung.[11] Diese Norm entspricht einer sich entwickelnden völkergewohnheitsrechtlichen Regel, nach der Verstöße gegen Kompetenzvorschriften internationaler Organisationen der Verletzung interner Zuständigkeitsregelungen von Staaten gleichstellt werden und dementsprechend nur offenkundige und schwerwiegende Kompetenzverstöße die völkerrechtliche Wirksamkeit eines Vertrages beeinträchtigen.[12]

III. Partikulare Völkerrechtsfähigkeit

7 Die Zuerkennung der Völkerrechtsfähigkeit durch die Mitgliedstaaten bindet Drittstaaten nicht.[13] Sie ist für diese bzw. dritte internationale Organisationen zunächst **res inter alios acta**. Drittstaaten und andere internationale Organisationen müssen sich die Völkerrechtsfähigkeit der EG mithin nur bei **Anerkennung** entgegenhalten lassen.[14] Diese Anerkennung kann ausdrücklich oder implizit (z. B.. durch Aufnahme diplomatischer Beziehungen oder Vertragsabschluß) erfolgen kann. Heute dürfte die Völkerrechtsfähigkeit der EG aufgrund solcher Anerkennungsakte schon fast universell wirksam sein, jedenfalls wird sie nirgendwo mehr ausdrücklich bestritten.[15]

IV. Vertretung der EG im völkerrechtlichen Verkehr

8 Um völkerrechtlich verkehren zu können, bedarf ein Völkerrechtssubjekt wie die EG eines oder mehrerer **vertretungsbefugter Organe**. Völkerrechtliche Verträge der EG

---

10 Vgl. insoweit *B. Simma/C. Vedder*, in: Grabitz/Hilf, EU, Art. 281 EGV Rn. 9.
11 ILM 1986, 543; vgl. dazu *E. Klein/M. Pechstein*, Das Vertragsrecht internationaler Organisationen, 1985, S. 24 ff.
12 Vgl. *B. Simma/C. Vedder*, in: Grabitz/Hilf, EU, Art. 281 EGV Rn. 9; *C. Tomuschat*, in: GTE, EWGV, Art. 210, Rn. 4; *E. Klein*, in: HK-EUV, Art. 210, Rn. 2. Auch vor diesem Hintergrund begegnet die strikte Position des BVerfG in Sachen ultra-vires-Akten der EG, die dieses in seinem Maastricht-Urteil (BVerfGE 89, 155) begründet hat, aus dem Blickwinkel des Europa- und Völkerrechts berechtigter Kritik.
13 Vgl. *Y. Nakanishi* (Fn. 2), S. 18. Die Überlegungen des IGH zur Völkerrechtssubjektivität der VN (ICJ Reports 1949, 174/185) lassen sich wegen deren besonderer Bedeutung für die internationale Rechtsgemeinschaft nicht auf andere Internationale Organisationen übertragen; vgl. *R. Bindschedler*, International Organizations, General Aspects, E.P.I.L. Vol. II, 1995, S. 1299; *B. Faßbender*, Zur Völkerrechtssubjektivität internationaler Organisationen, Österr. Z . öffentl. Recht und Völkerrecht 1986, S. 17 (34, 46 f. m.w.N.); *K. Ipsen*, Völkerrecht, 3. Aufl. 1990, § 6 Rn. 7; a.A. *F. Seyerstedt* Objective International Personality of Intergovernmental Organisations, Copenhagen 1963, S. 44 f., *H. F. Köck/P. Fischer*, Das Recht der internationalen Organisationen, 3. Aufl. Wien 1997, S. 566 ff., die einer effektiv agierenden Organisation objektive Völkerrechtsfähigkeit einräumen.
14 Vgl. *B. Simma/C. Vedder*, in: Grabitz/Hilf, EU, Art. 281 EGV Rn. 10; *E. Klein*, in: HK-EUV, Art. 210, Rn. 3; *Nöll*, Die Völkerrechtsfähigkeit der Europäischen Gemeinschaften und deren Bindung an das allgemeine Völkerrecht, 1986, S. 149 f.
15 So schon *Bernhardt* (Fn. 8), S. 199 und 202 f.; *Bothe* (Fn. 9), S. 125; vgl. im übrigen *E. Klein*, in: HK-EUV, Art. 210, Rn. 3.

werden gem. Art. 300, 133 Abs. 3, 4 durch die Kommission ausgehandelt und durch den Rat geschlossen. Im übrigen tritt die Kommission gemäß Art. 211 vorbehaltlich spezieller Bestimmungen des EGV, insbesondere der in Art. 300 Abs. 1 eröffneten Möglichkeit, Verwaltungsabkommen zu schließen,[16] als Sprecherin der EG auf. Da in internationalen Organisationen und auf internationalen Konferenzen in aller Regel Fragen behandelt werden, die nicht allein in die Kompetenz der EG und der anderen Gemeinschaften fallen, sondern für die die Mitgliedstaaten – koordiniert im Rahmen der GASP – zuständig sind, wird die »Europäische Gemeinschaft« bzw. seit 1994 die »Europäische Union« auf völkerrechtlicher Ebene oft – wie z.B. bei den Verhandlungen der multilateralen GATT/WTO-Handelsgespräche und beim Abschluß der entsprechenden Abkommen[17] – im Wege der sog. bizephalen Vertretung von Kommission und Vorsitz des Rates gemeinsam vertreten.[18]

B. Konsequenzen der Völkerrechtssubjektivität

I. Die EG als Träger völkerrechtlicher Rechte und Pflichten

Art. 281 eröffnet der EG grundsätzlich jede völkerrechtliche Handlungsform: In dem Umfang, in dem die EG innergemeinschaftlich aufgrund ihrer Kompetenzen an die Stelle der oder neben die Mitgliedstaaten tritt, kann sie auch völkerrechtlich (sei es einseitig, sei es in bi- oder multilateraler Form) handeln und unterliegt dabei den völkerrechtlichen Regeln. Als Völkerrechtssubjekt ist die EG **Träger eigener völkerrechtlicher Rechte und Pflichten**. Das ist bei vertraglich begründeten Rechtspositionen offenkundig.[19] Eine wichtige Rechtsfolge der Völkerrechtsfähigkeit der EG ist aber auch ihre Bindung an die Regeln des allgemeinen Völkerrechts, insbesondere des Völkergewohnheitsrechts, soweit es sich dabei um auf die EG ihrem Wesen nach anwendbare Regeln handelt.[20] Die EG ist daher z.b. ohne weiteres verpflichtet, das Interventionsverbot zu beachten, was vor allem für die Erstreckung von Wettbewerbs- und Kartellregelungen über das Gemeinschaftsgebiet hinaus bedeutsam ist.[21] Die Haltung der EG-Organe, insbesondere von Rat und Kommission, zeigt, daß die EG sich – soweit inhaltlich dazu Anlaß besteht – als Adressat völkerrechtlicher Regeln, also als durch allgemeine völkerrechtliche Normen berechtigt und verpflichtet betrachtet.[22]

9

---

16 Vgl. dazu W. *Hummer*, Enge und Weite der »Treaty Making Power« der Kommission nach dem EWG-Vertrag, GS Grabitz, 1995, S. 195 (210 ff.).
17 Vgl. EuGH, Gutachten 1/94, 15.11.1994, Slg. 1994 I-5267, Bericht, S. 5282.
18 Vgl. *B. Simma/C. Vedder*, in: Grabitz/Hilf, EU, Art. 281 EGV Rn. 11; *E. Stein*, External Relations of the European Community: Structure and Process, Collected Courses of the Academy of European Law, 1990, Bd. I/1, S. 115 (135); *L. J. Brinkhorst*, Permanent Missions of the EC in third countries: European Diplomacy in the Making, LIEI 1984, S. 23 (27).
19 Vgl. *B. Simma/C. Vedder*, in: Grabitz/Hilf, EU, Art. 281 EGV Rn. 12.
20 Vgl. *E. Klein*, in: HK-EUV, Art. 210, Rn. 4; *H. G. Schermers/N. M. Blokker*, International Institutional Law, 3. Aufl. The Hague 1995, §§ 1575 f.
21 Vgl. *K. M. Meessen*, Der räumliche Anwendungsbereich des EWG-Kartellrechts und das allgemeine Völkerrecht, EuR 1973, S. 18 ff.; *Nöll* (Fn. 14), S. 83 ff.
22 Dies wurde deutlich im Lauf des Embargo-Streits mit den USA im Jahre 1982, in dem sich die EG auf die völkerrechtlichen Regeln der Jurisdiktionsabgrenzung zwischen Staaten berief, und insbesondere bei der Frage der Jurisdiktionsabgrenzung im Kartellrecht (zum Zellstoff-Fall vgl. EuGH, verb. Rs. 89, 104, 114, 116, 117, 125 bis 129/85, 27.9.1988, Slg. 1988, 5193, Rn. 11 ff. (Ahlström u.a./Kommission) sowie *B. Simma/C. Vedder*, in: Grabitz/Hilf, EU, Art. 281 EGV Rn. 12.

II. Abschluß völkerrechtlicher Verträge

10 Mit der Zuerkennung der Völkerrechtssubjektivität an die EG wird auch ihre **prinzipielle Vertragsabschlußfähigkeit** anerkannt.[23] Auf welche Politikbereiche sich die entsprechende Befugnis bezieht, ist indessen weder in Art. 281 noch in Art. 300 EGV geregelt, sondern ergibt sich aus den besonderen vertraglichen Ermächtigungen (Art. 111 Abs. 3, Art. 133, 170, 174 Abs. 4, Art. 181 und 310). Aufgrund der sog. **AETR-Judikatur** des EuGH[24] verfügt die EG ferner über die Kompetenz zum Abschluß völkerrechtlicher Verträge hinsichtlich all derjenigen Materien, in denen ihr innergemeinschaftlich Kompetenz zukommt.[25] Dabei ist die Außenzuständigkeit der EG nicht davon abhängig, daß ihre internen Kompetenzen zuvor in Anspruch genommen wurden. Die EG kann mithin ihre Kompetenz auch erstmalig durch den Abschluß eines völkerrechtlichen Vertrages wahrnehmen.[26] Das Verfahren für den Vertragsabschluß durch die EG ist in Art. 300 EGV geregelt.

11 Im Rahmen ihrer Vertragsabschlußkompetenzen ist der EG auch der **Beitritt zu anderen internationalen Organisationen** möglich, soweit deren Gründungsvertrag – wie z.B. Art. 4 der UN-Charta oder Art. 4 der Satzung des Europarats – nicht nur Staaten, sondern auch internationale Organisationen als Mitglied zuläßt. Mit dem Beitritt kann die EG der betreffenden internationalen Organisation auch Hoheitsrechte übertragen.[27] Nach der Judikatur des EuGH[28] kann auch ein Rechtsakt, der von einem Organ einer vertraglich unter Mitwirkung der EG errichteten internationalen Organisation erlassen wird, Bestandteil des Gemeinschaftsrechts werden. Im einzelnen bleibt die gewollte Wirkung jedoch auf der Grundlage der jeweiligen Vertragsbestimmungen zu prüfen.[29] Als Völkerrechtssubjekt mit Rechtsfähigkeit kann die EG im übrigen auch bei anderen internationalen Organisationen – wie z.B. den Vereinten Nationen[30] – oder Konferenzen einen **Beobachterstatus** erwerben.[31]

---

23 Vgl. EuGH, Rs. 22/70, 31.3.1971, Slg. 1971, 263, Rn. 13/14 (Kommission/Rat); Verb. Rs. 3, 4 und 6/76, 14.7.1976, Slg. 1976, 1279, Rn. 17/18 (Kramer) sowie *E. Klein*, in: HK-EUV, Art. 210, Rn. 9; *Pitschas*, Die völkerrechtliche Verantwortlichkeit der Europäischen Gemeinschaft und ihrer Mitgliedstaaten, 2001, S. 131 ff.
24 EuGH, Rs. 22/70, 31.3.1971, Slg. 1971, 263, Rn. 15/19 (Kommission/Rat); Verb. Rs. 3, 4 und 6/76, 14.7.1976, Slg. 1976, 1279, Rn. 19/20 (Kramer); Gutachten 1/76, 26.4.1977, Slg. 1977, 741 (755); dazu *Y. Nakanishi* (Fn. 2), S. 38 ff.; *Pitschas* (Fn. 23), S. 153 ff.
25 Die von der EG abgeschlossenen Verträge werden mit ihrem völkerrechtlichen Inkrafttreten als solche Bestandteil der Gemeinschaftsrechtsordnung (vgl. EuGH, Rs. 181/73, Slg. 1974, 449, Rn. 2/6 (Haegeman/Belgien) (st. Rspr.) sowie *E. Klein*, in: HK-EUV, Art. 210, Rn. 10), verlieren ihren völkerrechtlichen Charakter also nicht.
26 Vgl. EuGH, Gutachten 1/76, 26.4.1977, Slg. 1977, 741, Rn. 5 f.
27 Vgl. *B. Simma/C. Vedder*, in: Grabitz/Hilf, EU, Art. 281 EGV Rn. 14; *H. G. Schermers*, International Organizations as Members of Other International Organizations, in: FS Mosler 1983, S. 823 (825 ff.); *C. Tomuschat*, in: GTE, EWGV, Art. 210, Rn. 10; *C. Vedder*, Die Integrationskompetenz der EG in der Rechtsprechung des EuGH, in: GS Grabitz, 1995, S. 795 (812 ff.).
28 Vgl. EuGH, Rs. 12/86, 30.9.1987, Slg. 1987, 3719, Rn. 7, 13 ff. (Demirel/Stadt Schwäbisch Gmünd); Rs. 30/88, 14.11.1989, Slg. 1989, 3711, Rn. 12 (Griechenland/Kommission) sowie *E. Klein*, in: HK-EUV, Art. 210, Rn. 11.
29 Vgl. hierzu *P. Gilsdorf*, Die Rechtswirkungen der im Rahmen von Gemeinschaftsabkommen erlassenen Organbeschlüsse, EuZW 1991, 459. Das Problem, inwieweit solche Rechtsakte der Auslegungskompetenz des EuGH entzogen werden können, ist im Zusammenhang mit dem EWR-Vertrag akut geworden; vgl. dazu EuGH, Gutachten 1/91, 14.12.1991, Slg. 1991, I-6079 (I-6104 ff.); Gutachten 1/92, 10.4.1992, Slg. 1992, I-2821 (I-2840 ff.) sowie *A. Epiney*, Der Stellenwert des europäischen Gemeinschaftsrechts in Integrationsverträgen, 1992.
30 GA/RES/3208 [XXIX] v. 11.10.1974.
31 Vgl. *E. Klein*, in: HK-EUV, Art. 210, Rn. 21; *C. Tomuschat*, in: GTE, EWGV, Art. 210, Rn. 9.

Völkerrechtliche Abkommen, die unter Mißachtung der innergemeinschaftlichen Kom- 12
petenzordnung zustande gekommen sind, sind grundsätzlich gültig. Die EG kann sich
gemäß dem Rechtsgedanken des Art. 46 WVRK, der *ultra-vires*-Handeln zum Gegenstand hat, (ebensowenig wie ihre Mitgliedstaaten) gegenüber Vertragspartnern grundsätzlich nicht darauf berufen, daß ihre Zustimmung, durch einen Vertrag gebunden zu sein, unter Verletzung der gemeinschaftlichen Kompetenzabgrenzung zwischen EG und Mitgliedstaaten mit Blick auf die Zuständigkeit zum Vertragsabschluß ausgedrückt wurde. Eine Ausnahme gilt nur dann, wenn diese Verletzung offenkundig war und eine Regel von grundlegender Bedeutung betraf. Ein Vertragsabschluß unter Verletzung des Subsidiaritätsprinzips (Art. 5 Abs. 2 EGV) dürfte diesen völkerrechtlichen Anforderungen regelmäßig nicht genügen, da eine Verletzung nur dann offenkundig ist, wenn sie für jeden Vertragspartner, der sich hierbei im Einklang mit der allgemeinen Übung und nach Treu und Glauben verhält, objektiv erkennbar ist. Im Hinblick auf die bereits intern zwischen EG und Mitgliedstaaten bestehenden fortdauernden Auslegungsprobleme über die Reichweite des Subsidiaritätsprinzips dürfte eine solche objektive Erkennbarkeit für externe Dritte nur in Extremfällen gegeben sein.

III. Gesandtschaftsrecht

Das **passive Gesandtschaftsrecht** ist in Art. 11 und 17 des Protokolls über die Vorrechte 13
und Befreiungen ausdrücklich festgelegt.[32] Bis Ende 1998 gab es 165 Staaten und 20
andere völkerrechtliche Gebilde, die bei den EGen akkreditiert waren.[33] Mangels Territorialhoheit ist die EG dabei allerdings auf die Mitwirkung des Sitzstaates Belgien angewiesen.[34] Die Aufnahme diplomatischer Beziehungen erfolgt nach einvernehmlicher
Zustimmung des Rates.[35]

Die EG selbst nimmt demgegenüber **kein aktives Gesandtschaftsrecht** wahr; sie unter- 14
hält keine diplomatischen Vertretungen in dritten Staaten.[36] Allerdings bestehen »Delegationen« der Kommission bei Staaten und internationalen Organisationen.[37] De iure
sind diese Delegationen nicht Vertretungen der EG als solcher, sondern Außenstellen
der Kommission, die diese im Rahmen ihrer Organisationsgewalt errichtet.[38]

IV. Verantwortlichkeit; aktive und passive Deliktsfähigkeit

Als Völkerrechtssubjekt kann die EG Opfer völkerrechtswidriger Handlungen anderer 15
Völkerrechtssubjekte sein, sie kann sich aber auch anderen Völkerrechtssubjekten gegenüber selbst völkerrechtswidrig verhalten.[39]

---

32 Protokoll über die Vorrechte und Befreiungen der Europäischen Gemeinschaften v. 8.4.1965,
 ABl. Nr. 152/13; vgl. *Bothe* (Fn. 9), S. 131 ff.
33 Vgl. Europäische Kommission (Hg.): Corps Diplomatique, Ausgabe Januar 1999. Keine diplomatischen Vertretungen sind die von deutschen Ländern in Brüssel eingerichteten Verbindungsbüros; vgl. *C. Tomuschat*, in: GTE, EWGV, Art. 210, Rn. 20.
34 Vgl. Art. 216 EGV sowie *B. Simma/C. Vedder*, in: Grabitz/Hilf, EU, Art. 281 EGV Rn. 15.
35 Vgl. *Stein* (Fn. 18), S. 134.
36 Antwort des Rates auf Anfrage Nr. 400/73, ABl. C 22/14 v. 7.3.1974.
37 Vgl. *B. Simma/C. Vedder*, in: Grabitz/Hilf, EU, Art. 281 EGV Rn. 16 sowie Antwort der Kommission vom 12.7.1993 auf Anfrage Nr. 3329/92, ABl. 1993 C 46/2. Anfang 2002 bestanden
128 solcher Delegationen und Büros; vgl. http://www.europa.eu.int/comm/external_relations/
delegations/intro/index.htm.
38 Vgl. *Brinkhorst* (Fn. 18), S. 24 ff. sowie *B. Simma/C. Vedder*, in: Grabitz/Hilf, EU, Art. 281 EGV
Rn. 16.
39 Vgl. *E. Klein*, in: HK-EUV, Art. 210, Rn. 16; *Pitschas* (Fn. 23), S. 215 ff.

1. Verantwortlichkeit und aktive Deliktsfähigkeit

16 Dritte Staaten oder sonstige Völkerrechtssubjekte können sich im Verhältnis zur EG auf die Verletzung völkerrechtlicher Regeln berufen. Die **völkerrechtliche Verantwortlichkeit** der EG als »Kehr- oder Schattenseite der Rechtsfähigkeit« kann sich zum einen aus eigenem völkerrechtswidrigen Tun oder Unterlassen ergeben. Zum anderen kann zwischen der Verantwortlichkeit für vertragliche Verpflichtungen bzw. die Wahrnehmung vertraglicher Rechte einerseits und der Verantwortlichkeit für nicht-vertragliche völkerrechtliche Delikte andererseits unterschieden werden.[40]

a) Vertragliche Verantwortlichkeit

17 Soweit die EG Partei völkerrechtlicher Verträge ist, ist sie allein aus ihnen verpflichtet. Ein **Rück- oder Durchgriff auf die Mitgliedstaaten** als hinter der EG stehende Völkerrechtssubjekte ist völkergewohnheitsrechtlich nicht eröffnet und daher ausgeschlossen.[41] Nur bei den von der EG und ihren Mitgliedstaaten gemeinsam abgeschlossenen gemischten Abkommen, sind EG und Mitgliedstaaten völkerrechtlich gleichermaßen für die Erfüllung des gesamten Vertrages verantwortlich, soweit die Trennung der jeweiligen Zuständigkeits- und Verantwortlichkeitsbereiche nicht den Vertragspartnern gegenüber sichtbar gemacht wird.[42] Nur im Einzelfall kommt ggf. eine komplementäre Haftung wegen **Organisationsverschulden** in Betracht.[43] Eine solche völkerrechtliche Regel läßt sich als allgemeiner Rechtsgrundsatz aus den wesentlichen nationalen Rechtsordnungen in Anlehnung an die nationalen Gesellschaftsrechte ableiten: für Fälle, in denen die Staaten die von ihnen mit Rechtspersönlichkeit gegründete Organisation mißbräuchlich vorschieben oder z. B. zur Finanzierung geschaffene Organisation unterkapitalisieren. Allerdings ist eine solche Ausnahmesituation hinsichtlich der EG kaum vorstellbar.[44]

b) Außervertragliche aktive Deliktsfähigkeit, Durchgriffshaftung

18 Im Ergebnis ihrer völkerrechtlichen Handlungsfähigkeit ist die EG auch wegen der **Verletzung nicht-vertraglicher völkerrechtlicher Regeln** grundsätzlich aktiv deliktsfähig.[45] Diese Haftung der EG als Konsequenz der eigenständigen Völkerrechtsfähigkeit ist nicht von der Anerkennung durch den verletzten Staat bzw. das sonstige verletzte Völkerrechtssubjekt abhängig. Sofern verletzte Staaten die EG allerdings nicht (ausdrücklich oder stillschweigend) anerkannt haben (was praktisch kaum mehr vorkommt), kann jedoch eine Durchgriffshaftung der Mitgliedstaaten nicht grundsätzlich ausgeschlossen werden, weil die Gründung der EG für einen solchen Staat eine res inter alios

---

40 Vgl. *A. Conze*, Die völkerrechtliche Haftung der Europäischen Gemeinschaft, 1987, S. 41 ff.; *E. Klein*, in: HK-EUV, Art. 210, Rn. 18; *W. Meng*, Internationale Organisationen im völkerrechtlichen Deliktsrecht, ZaöRV 1985, S. 324 (328); *B. Simma/C. Vedder*, in: Grabitz/Hilf, EU, Art. 281 EGV Rn. 27.
41 Art. 300 Abs. 7 bewirkt nur eine gemeinschaftsinterne Verpflichtung der Mitgliedstaaten auf von der EG geschlossene völkerrechtliche Verträge, nicht auch eine völkerrechtliche Einbeziehung mit Außenwirkung gegenüber den Vertragspartnern; vgl. *B. Simma/C. Vedder*, in: Grabitz/Hilf, EU, Art. 281 EGV Rn. 28; *C. Tomuschat*, in: GTE, EWGV, Art. 210, Rdnr. 29; *Bernhardt* (Fn. 8), S. 211; *Conze* (Fn. 40), S. 63 ff.; *M. Hartwig*, Die Haftung der Mitgliedstaaten für Internationale Organisationen, 1991, S. 187 ff., 292 ff.; *Klein/Pechstein* (Fn. 11), S. 34 ff.
42 Vgl. *J. Groux/P. Manin*, Die Europäischen Gemeinschaften in der Völkerrechtsordnung, Brüssel-Luxemburg 1984, S. 150; *B. Simma/C. Vedder*, in: Grabitz/Hilf, EU, Art. 281 EGV Rn. 28; a. A. *Conze* (Fn. 40), S. 82.
43 Vgl. *Hartwig* (Fn. 41), S. 296 f.; *C. Tomuschat*, in: GTE, EWGV, Art. 210, Rn. 29.
44 Vgl. *E. Klein*, in: HK-EUV, Art. 210, Rn. 18.
45 Vgl. *B. Simma/C. Vedder*, in: Grabitz/Hilf, EU, Art. 281 EGV Rn. 29; *C. Tomuschat*, in: GTE, EWGV, Art. 210, Rn. 30; *Hartwig* (Fn. 41), S. 295; *Schermers/Blokker* (Fn. 20), §§ 1582 ff.

acta ist.[46] Im übrigen findet wie bei der vertraglichen Haftung auch bei der Haftung aus völkerrechtlichem Delikt grundsätzlich keine Durchgriffshaftung auf die Mitgliedstaaten statt, da der EG-Vertrag eine solche nicht vorsieht.[47]

2. Passive Deliktsfähigkeit

Im Rahmen ihrer funktional begrenzten Völkerrechtsfähigkeit kann die EG dritte Staaten wegen der Verletzung (vertraglicher oder nicht-vertraglicher) völkerrechtlicher Regeln zur Rechenschaft ziehen (passive Deliktsfähigkeit) Das Geltendmachen deliktischer Rechte hängt jedoch davon ab, daß die völkerrechtswidrige Handlung gerade die EG verletzt hat. Wird die EG Opfer völkerrechtswidriger Handlungen, kann sie die Gegenmaßnahmen ergreifen, die nach dem Völkerrecht zulässig sind. So kann sie bei Vertragsbruch ihrerseits die geschuldete Leistung verweigern oder auch im Wege der **Repressalie** andere Völkerrechtspflichten nicht erfüllen. Letzteres gilt ebenso, wenn allgemeine Regeln des Völkerrechts der EG gegenüber nicht beachtet werden. Ist die EG selbst nicht unmittelbar Adressat des Völkerrechtsverstoßes, so kann sie nur dann Repressalien ergreifen, wenn eine erga omnes-wirkende Norm (wie z.B. das Gewaltverbot) verletzt wurde;[48] ein Beispiel bietet das Vorgehen der EWG gegen Argentinien nach dem Überfall auf die Falkland-Inseln.[49] Ob die EG zum Schutz ihrer MS darüber hinaus tätig werden darf, ist umstritten.[50] 19

V. Internationale Parteifähigkeit

Die EG kann vor internationalen Gerichten und Schiedsgerichten, soweit die zugrunde liegenden Verträge dies vorsehen, klagen und verklagt werden.[51] Die Bereitschaft der EG, sich solchen Instanzen zu unterwerfen, hat in den letzten Jahren zwar grundsätzlich zugenommen.[52] Allerdings unterstreicht nicht zuletzt das Beispiel des EWR-Vertrags, daß der EuGH nicht gewillt ist, seine zentrale Stellung bei der Wahrung des Gemeinschaftsrechts zurücknehmen zu lassen.[53] 20

VI. Diplomatischer Verkehr und Schutzrecht

Ein **Schutzrecht für Angehörige der Mitgliedstaaten** kann die EG ohne weiteres aufgrund vertraglicher Bestimmungen gegenüber Drittstaaten wahrnehmen, nicht aber allein wegen der EG-Zugehörigkeit dieser Personen.[54] Denn nach allgemeinem Völker- 21

---

46 Vgl. *Pitschas* (Fn. 23), S. 260 ff.; *B. Simma/C. Vedder*, in: Grabitz/Hilf, EU, Art. 281 EGV Rn. 30; GTE/*Tomuschaft*, Art. 210 Rdnr. 30; a.A. *I. Pernice*, Die Haftung internationaler Organisationen und ihrer Mitarbeiter, AVR 1988, S. 406 (424 f.).
47 Vgl. *Hartwig* (Fn. 41), S. 296 f.; *Groux/Manin* (Fn. 42), S. 149; *Tomuschat*, in: GTE, EWGV, Art. 210, Rdnr. 30; *Pernice* (Fn. 46), S. 415 ff.; *Schermers/Blokker* (Fn. 20), § 1585.
48 Vgl. *E. Klein*, in: HK-EUV, Art. 210, Rn. 17.
49 Vgl. VO [EWG] 877/82 des Rates, ABl. 1982 Nr. L 102/1.
50 Vgl. *E. Klein*, in: HK-EUV, Art. 210, Rn. 17; C. *Tomuschat*, in: GTE, EWGV, Art. 210, Rn. 14.
51 Vgl. *E. Klein*, in: HK-EUV, Art. 210, Rn. 23.
52 Vgl. *M. Hilf*, Europäische Gemeinschaften und internationale Streitbeilegung, in: FS Mosler, 1983, S. 387 (396 ff.).
53 Vgl. *E. Klein*, in: HK-EUV, Art. 210, Rn. 23.
54 Vgl. *E. Klein*, in: HK-EUV, Art. 210, Rn. 22; *B. Simma/C. Vedder*, in: Grabitz/Hilf, EU, Art. 281 EGV Rn. 23.

recht ist die Staatsangehörigkeit Voraussetzung der Geltendmachung diplomatischen Schutzes. Die EG-vertraglich verankerte Unionsbürgerschaft (Art. 17) ist insoweit nicht ausreichend: Die damit erfolgte Erweiterung des Schutzrechts bezieht sich nur auf die anderen Mitgliedstaaten (Art. 20), erfordert aber auch insoweit die Zustimmung des betreffenden Drittstaates. Soweit Drittstaaten die EG anerkannt haben, ist diese aber berechtigt, für ihre Bediensteten ein funktionelles Schutzrecht geltend zu machen.[55]

VII. Privilegien und Immunität

22 Vor den Gerichten der Mitgliedstaaten genießt die EG – wie sich aus Art. 240 EGV ergibt – keine Immunität. Allerdings kommt ihr aufgrund Art. 1 des Protokolls über die Vorrechte und Befreiungen der EG **umfassende Vollstreckungsimmunität in den Mitgliedstaaten** zu.[56] Inwieweit die EG in dritten Staaten und über das Protokoll hinaus auch in den Mitgliedstaaten Immunität genießt, richtet sich, soweit vorhanden, nach bi- oder multilateralen Vereinbarungen, im übrigen nach den Regeln des Völkergewohnheitsrechts. Nach heute überwiegender Auffassung genießen internationale Organisationen im allgemeinen – und aufgrund ihrer Struktur und Aufgaben gerade auch die EG – aufgrund einer völkergewohnheitsrechtlichen Regel Immunität.[57] Ihre Rechtfertigung findet diese Immunität internationaler Organisationen im Zweck der Sicherung der Unabhängigkeit und der Erfüllung der Aufgaben der internationalen Organisationen.[58] Internationale Organisationen wie die EG genießen diejenigen Immunitäten, die zur Wahrnehmung ihrer Aufgaben und zur Verwirklichung ihrer Ziele erforderlich sind, auch in dritten Staaten, die nicht ihre Mitglieder sind.[59] Auch die Rechtsprechung des EuGH geht offenbar von einer **völkergewohnheitsrechtlichen Immunität** internationaler Organisationen aus.[60]

---

55 Vgl. *E. Klein*, in: HK-EUV, Art. 210, Rn. 22; *BBPS*, S. 530; *A. Bleckmann*, The Personal Jurisdiction of the European Community, in: ders., Studien zum Europäischen Gemeinschaftsrecht, 1986, S. 373 (388 f.).
56 Vgl. *E. Klein*, in: HK-EUV, Art. 210, Rn. 19.
57 Vgl. *B. Simma/C. Vedder*, in: Grabitz/Hilf, EU, Art. 281 EGV Rn. 17 unter Hinweis auf *M. Wenckstern*, Die Immunität internationaler Organisationen, Handbuch zum Internationalen Zivilverfahrensrecht II, 1. Teilband, 1994, S. 126 ff.; *Bothe* (Fn. 9), S. 131; *H. Damian*, Staatenimmunität und Gerichtszwang, 1985, S. 85 f.; *C. Dominicé*, La nature et l'étendue de l'immunité de juridiction des organisations internationales, in: FS Seidl-Hohenveldern, 1988, S. 77 (93); *Groux/Manin* (Fn. 42), S. 154; *H. G. Schermers*, Liability of International Organisations, Leiden Journal of International Law 1988, S. 3 (10); im Ergebnis auch *C. Tomuschat*, in: GTE, EWGV, Art. 210, Rdnr. 28; a. A.: *G. Beitzke*, Zivilrechtsfähigkeit von auf Staatsvertrag beruhenden internationalen Organisationen und juristischen Personen, Berichte der Deutschen Gesellschaft für Völkerrecht, Heft 9, 1969, S. 77 (114); *E. Klein*, in: HK-EUV, Art. 210, Rn. 19; *A. Randelzhofer*, Rechtsschutz gegen Maßnahmen von Interpol vor deutschen Gerichten, in: FS Schlochauer, 1981, S. 531 (553 f.); *M. Herdegen*, Bemerkungen zur Zwangsliquidation zum Haftungsdurchgriff bei internationalen Organisationen, ZaöRV 1987, S. 537 (544 f.); *I. Seidl-Hohenveldern/ G. Loibl*, Das Recht der Internationalen Organisationen einschließlich der Supranationalen Organisationen, 6. Aufl. 1996, Rn. 1905 f., die gewohnheitsrechtliche Immunität internationaler Organisationen allein gegenüber den MS annehmen.
58 Vgl. *Seidl-Hohenveldern/Loibl* (Fn. 57), Rn. 1908; *Wenckstern* (Fn. 57), S. 126 ff.
59 Vgl. *Schermers/Blokker* (Fn. 20), §§ 1610 ff.; *Wenckstern* (Fn. 57), S. 127 ff.
60 EuGH, Rs. C 364/93, 19.1.1994, Slg. 1994, I-43, Rn. 30 (SAT Fluggesellschaft), vgl. hierzu *B. Simma/C. Vedder*, in: Grabitz/Hilf, EU, Art. 281 EGV Rn. 18; *I. Seidl-Hohenveldern*, Eurocontrol und EWG-Wettbewerbsrecht, in: FS Zemanek, 1994, S. 251 (253 ff.).

Wie ein Staat kann auch eine internationale Organisation wie die EG keine absolute 23
Immunität beanspruchen, sondern nur **für Handlungen iure imperii**.[61] Für die Unterscheidung zwischen Handlungen iure gestionis und iure imperii kommt es nicht darauf an, ob eine Handlung innerhalb des Aufgabenkreises der EG erfolgte; entscheidend ist vielmehr die Form des Handelns. Die gewohnheitsrechtliche Immunität internationaler Organisationen und damit auch der EG, ist auf die »hoheitliche« Wahrnehmung der Aufgaben beschränkt und erstreckt sich damit nicht auf die Tätigkeiten, die in privatwirtschaftlicher Form vorgenommen werden, z. B. den Verkauf von Publikationen, Anmietung von Räumen, Kauf von Material.[62]

C. Gemeinschaftsrecht und allgemeines Völkerrecht

Die **allgemeinen Regeln des Völkerrechts** (namentlich Völkergewohnheitsrecht und allgemeine Rechtsgrundsätze), die für die Staaten verpflichtend sind, **gelten auch für die EG**, soweit sie ihrem Wesen nach auf eine zwischenstaatliche Einrichtung übertragbar sind.[63] Dementsprechend hat die EG ihre Befugnisse unter Beachtung des Völkerrechts auszuüben.[64] Sie muß z.b. die völkergewohnheitsrechtlichen Regeln über die Beendigung und Suspendierung vertraglicher Beziehungen wegen einer grundlegenden Änderung der Umstände (*clausula rebus sic stantibus*) beachten.[65] 24

Der Bindung der EG durch die Regeln des allgemeinen Völkerrechts entspricht das Gebot der **völkerrechtskonformen Auslegung** des primären und sekundären Gemeinschaftsrechts.[66] Bei einer **Kollision zwischen Gemeinschaftsrecht und den allgemeinen Völkerrechtsregeln** setzt sich allerdings, soweit das primäre Gemeinschaftsrecht betroffen ist, dieses gegenüber dem allgemeinen Völkerrecht grundsätzlich durch. Eine Ausnahme gilt insoweit nur für völkerrechtliches ius cogens. Gegenüber dem sekundären Gemeinschaftsrecht ist demgegenüber das allgemeine Völkerrecht vorrangig; dies kann aufgrund eines Erst-recht-Schlusses aus Art. 300 Abs. 7 gefolgert werden.[67] 25

Im Hinblick auf die Frage ist, ob im Anwendungsbereich des EGV im Verhältnis zwischen der EG und den Mitgliedstaaten oder zwischen den Mitgliedstaaten auf die Regeln des allgemeinen Völkerrechts zurückgegriffen werden kann, gilt zu beachten, daß es sich beim Gemeinschaftsrecht um ein sog. **self contained regime** handelt: die Vorschriften des Gemeinschaftsrechts verdrängen bei der Regelung der innergemeinschaftlichen Rechtsbeziehungen das allgemeine Völkerrecht. So ist unbestritten, daß der Rechtsschutzmechanismus nach Art. 226 ff. einem Mitgliedstaat die Möglichkeit 26

---

61 Vgl. *B. Simma/C. Vedder*, in: Grabitz/Hilf, EU, Art. 281 EGV Rn. 19; *C. Tomuschat*, in: GTE, EWGV, Art. 210, Rn. 28. Die Ansicht, im Hinblick auf die funktional begrenzte Handlungsfähigkeit bestehe eine umfassende Immunität (vgl. *Wenckstern* (Fn. 57), S. 131; *Seidl-Hohenveldern/Loibl* (Fn. 57), Rn. 1908; *I. Seidl-Hohenveldern*, Dienstrechtliche Klagen gegen internationale Organisationen, in: FS. Schlochauer, 1981, S. 615 (624 ff.) würde den Immunitätsschutz von Organisationen gegenüber dem von Staaten in unvertretbarer Weise erweitern.
62 Vgl. *B. Simma/C. Vedder*, in: Grabitz/Hilf, EU, Art. 281 EGV Rn. 19.
63 Vgl. *H. Krück*, in: Schwarze (Hg.), Kommentar zum EU-Vertrag, Art. 281 EGV Rn. 19.
64 Vgl. EuGH, Rs. C-286/90, Slg. 1992, I-6019, Rn. 9 (Poulsen und Diva Navigation).
65 Vgl. EuGH, Rs. C-162/96, Slg. 1998, I-3655, Rn. 41 ff. (Racke).
66 Vgl. EuGH, Rs. 89/95, Slg. 1988, 5194, Rn. 15 f. (Ahlström/Kommission).
67 Vgl. *E. Klein*, in: HK-EUV, Art. 210, Rn. 6; *K. M. Meessen*, The Application of Rules of Public International Law within Community Law, CMLRev. 1976, S. 485 (497); *C. Tomuschat*, in: GTE, EWGV, Art. 210, Rn. 42.

nimmt, auf Vertragsverletzungen eines anderen Mitgliedstaates durch Suspendierung seiner eigenen Vertragspflichten oder im Repressalienweg zu reagieren.[68]

27 Fraglich kann nur sein, ob nicht dann, wenn der Durchsetzungsmechanismus des EG-Vertrages offensichtlich versagt, z. B. bei dauerhafter Mißachtung von Vertragspflichten durch einen MS einschließlich der Nichtbefolgung von Urteilen des EuGH, doch den übrigen MS der Rückgriff auf die vom allgemeinen Völkerrecht vorgesehenen vertrags- und deliktsrechtlichen Reaktionen offensteht. Ein **Ausschluß eines Mitgliedstaates** ist indessen im Lichte des Art. 7 EUV nicht (mehr) möglich.[69]

28 Keine Probleme bestehen im Hinblick auf die Anwendung der allgemeinen Regeln des Völkerrechts dort, wo die Mitgliedstaaten außerhalb des Anwendungsbereichs der Gründungsverträge der Europäischen Gemeinschaften und des EUV miteinander verkehren.[70] Für den Bereich der Außen- und Sicherheitspolitik werden die allgemeinen Regeln des Völkerrechts im Rahmen ihres Anwendungsbereichs durch die Bestimmungen über die GASP verdrängt. Die enge Integrationsgemeinschaft, die die EG darstellt, begründet im übrigen eine **Pflicht zur Rücksichtnahme auf die übrigen Mitgliedstaaten und die EG als solche**, auch soweit es sich nicht um gemeinschaftsrechtliche Beziehungen handelt. Dies trägt dem allgemeinen Organisationsgrundsatz der Loyalität Rechnung, der sich auch aus Art. 10 ergibt.[71]

D. Bindung der EG an völkerrechtliche Verträge ihrer Mitgliedstaaten

29 Im Einzelfall kann die EG an Stelle ihrer Mitgliedstaaten durch völkerrechtliche Verträge gebunden sein. Dies ist dann der Fall, wenn der betreffende Vertrag eine Materie regelt, die in die ausschließliche Zuständigkeit der EG fällt. Ein Beispiel hierfür ist das Allgemeine Zoll- und Handelsabkommen (**GATT**), dem alle Mitgliedstaaten angehören, wobei die Außenhandelskompetenz aber gemeinschaftsintern (Art. 133) allein der EG zusteht, die damit – Widerspruch der übrigen Mitgliedstaaten des GATT liegt nicht vor – eine **funktionell-beschränkte Nachfolge ihrer Mitgliedstaaten** angetreten hat.[72] Die völkerrechtliche Bindung der EG folgt daher aus ihrer Quasi-Parteistellung neben den Mitgliedstaaten; die gemeinschaftsinternen Wirkungen des GATT entsprechen denen von der EG abgeschlossener Verträge.[73]

30 Eine **mittelbare Bindung der EG an Verträge ihrer Mitgliedstaaten** liegt dort vor, wo diese Verträge Rechtsquelle für allgemeine Rechtsgrundsätze des Gemeinschaftsrechts begründen. Bedeutung hat dieser Vorgang insbesondere im Zusammenhang mit dem Grundrechtsschutz in der EG erlangt, hinsichtlich dessen der EuGH namentlich die **EMRK** fruchtbar gemacht hat. Auch wenn die EG beim derzeitigen Stand des Gemeinschaftsrechts der EMRK nicht beitreten kann, erfolgt im Hinblick auf die Bedeutung

---

68 Vgl. EuGH, Verb. Rs. 90 und 91/63, 13.11.1964, Slg. 1964, 1329 (1344) (Kommission/Luxemburg und Belgien); *E. Klein*, in: HK-EUV, Art. 210, Rn. 7.
69 Vgl. *Ukrow* (Fn. 6), S. 156.
70 Vgl. auch *E. Klein*, in: HK-EUV, Art. 210, Rn. 8.
71 Vgl. *E. Klein*, in: HK-EUV, Art. 210, Rn. 8; *Vedder* (Fn. 8), S. 217 f., 247 ff.
72 Vgl. *E. Klein*, in: HK-EUV, Art. 210, Rn. 13; *P. Pescatore*, Die Gemeinschaftsverträge als Verfassungsrecht, in: FS Mosler, 1983, S. 661 (664 ff.).
73 Vgl. EuGH, Verb. Rs. 21–24/72, 12.12.1972, Slg. 1972, 1219, Rn. 14/18 (International Fruit Company/Produktschap voor Groenten en Fruit); Rs. 266/81, 16.3.1983, Slg. 1983, 731, Rn. 27 f. (SIOT/Ministero delle finance); Verb. Rs. 267 bis 269/81, 16.3.1983, Slg. 1983, 801, Rn. 17 (Amministrazioni delle finanze dello Stato/SPI und SAMI).

der Konvention als Rechtserkenntnisquelle des Gemeinschaftsrechts eine – durch Art. 6 Abs. 2 EUV bestätigte – mittelbare Bindung der EG an diesen völkerrechtlichen Vertrag.[74]

Auch aus der **UN-Charta** ergibt sich keine unmittelbare Bindung für die EG. Es ist aber zu beachten, daß alle Mitgliedstaaten auch UN-Mitglieder sind und sich gemäß Art. 103 UN-Charta verpflichtet haben, im Fall einer Kollision mit anderen vertraglichen Verpflichtungen denjenigen aus der UN-Charta Vorrang einzuräumen. Dieser Verpflichtung trägt das Gemeinschaftsrecht Rechnung, was mit Art. 10 und 307 zu begründen ist.[75] 31

---

74 Vgl. EuGH, Rs. 4/73, 14.5.1974, Slg. 1974, 491, Rn. 12 ff. (Nord/Kommission); Rs. 36/75, 28.10.1975, Slg. 1975, 1219, Rn. 32 (Rutili/Minister des Innern); Rs. 44/79, 13.12.1979, Slg. 1979, 3727, Rn. 15 (Liselotte Hauer/Land Rheinland-Pfalz) sowie *A. Bleckmann*, Die Bindung der EG an die EMRK, 1986; *G. Ress/J. Ukrow*, Neue Aspekte des Grundrechtsschutzes in der Europäischen Gemeinschaft, EuZW 1990, S. 499.
75 Vgl. EuGH, Rs. 204/86, Slg. 1988, 5323, Rn. 27 f. (Griechenland/Rat), wobei freilich ein nicht verbindlicher Sicherheitsratsbeschluß zur Debatte stand sowie *E. Klein*, in: HK-EUV, Art. 210, Rn. 15.

Art. 282 (ex-Art. 211)

Die Gemeinschaft[5] besitzt in jedem Mitgliedstaat[1, 6] die weitestgehende Rechts- und Geschäftsfähigkeit[7], die juristischen Personen nach dessen Rechtsvorschriften zuerkannt ist[1 ff.]; sie kann insbesondere bewegliches und unbewegliches Vermögen erwerben und veräußern[7] sowie vor Gericht stehen[8]. Zu diesem Zweck wird sie von der Kommission vertreten[9].

Inhaltsübersicht:

I.	Innerstaatliche Rechtsstellung der Gemeinschaft	1
	1. Allgemeines	1
	2. Rechts- und Geschäftsfähigkeit	7
	3. Partei- und Prozeßfähigkeit	8
II.	Vertretung der Gemeinschaft durch die Kommission	9

I. Innerstaatliche Rechtsstellung der Gemeinschaft

1. Allgemeines

1 Anders als Art. 281 regelt Art. 282 die rechtliche Stellung der Gemeinschaft **innerhalb der Rechtsordnungen ihrer Mitgliedstaaten**[1]. Hierfür legt er keinen gemeinschaftsweit einheitlichen Standard fest, sondern verweist auf die Bestimmungen der Mitgliedstaaten für den Status ihrer inländischen juristischen Personen. Die Gemeinschaft verfügt über die weitestgehende Rechts- und Geschäftsfähigkeit, die juristischen Personen insgesamt zuerkannt ist, nicht nur einer bestimmten Rechtsform. Ihr Status richtet sich daher nicht nach derjenigen Rechtsform mit der umfassendsten Rechts- und Geschäftsfähigkeit (**Meistbegünstigung**)[2]. Vielmehr besitzt sie die Summe aller Elemente der Rechts- und Geschäftsfähigkeit, welche die Rechtsordnung des betreffenden Mitgliedstaats für juristische Personen kennt (**Summation**)[3]. Neben dem Wortlaut des Art. 282 spricht hierfür auch sein Regelungsziel, der Gemeinschaft ein möglichst unbehindertes Agieren in den mitgliedstaatlichen Rechtsräumen zu ermöglichen.

2 Zwar ergibt sich der Umfang der Rechts- und Geschäftsfähigkeit aus mitgliedstaatlichem Recht, dem Grunde nach beruhen sie jedoch ausschließlich auf Art. 282[4]. Die **dynamische Verweisung in das mitgliedstaatliche Recht** hat den **Vorteil**, der Gemeinschaft keine Sonderrechte zuzuweisen, die sie zu einem Fremdkörper innerhalb der jeweiligen Rechtsordnung machten. Auch wird sie nicht dem innerstaatlichen Recht eines Mitgliedstaates unterstellt, etwa dem eines ihrer Sitzstaaten. Sie ist vielmehr eine plurinationale Rechtsperson[5]. Zudem ist sie in jedem Mitgliedstaat wie eine inländische juristische Person zu behandeln[6]. Von **Nachteil** kann sein, daß ihr Status von Mitgliedstaat

---

1 Zur Abgrenzung *I. Seidl-Hohenveldern/G. Loibl*, Das Recht der Internationalen Organisationen einschließlich der supranationalen Gemeinschaften, 1996, Rn. 323 ff.
2 So jedoch *Ipsen*, EG-Recht, S. 204; *M. Röttinger*, in: Lenz, EGV, Art. 282, Rn. 4; a.A. *J. Grunwald*, in: GTE, EU-/EGV, Art. 211, Rn. 8; *B. Schlüter*, Die innerstaatliche Rechtsstellung der internationalen Organisation, 1972, S. 85 u. 87.
3 So auch *Schlüter* (Fn. 2), S. 85; vgl. *Oppermann*, Europarecht, Rn. 143; a.A. *J. Verhoeven*, Droit de la Communauté Européenne, Brüssel 1996, S. 81 f.
4 *Ipsen*, EG-Recht, S. 204; *D. Nguyen Quoc/P. Daillier/A. Pellet*, Droit International Public, Paris 1992, S. 566.
5 *B. Simma/Ch. Vedder*, in: Grabitz/Hilf, EU-/EGV, Art. 282, Rn. 1 m.w.N.
6 *H. P. Kunz-Hallstein*, Privilegien und Immunitäten internationaler Organisationen im Bereich nicht hoheitlicher Privatrechtsgeschäfte, NJW 1992, S. 3069 (3070).

zu Mitgliedstaat differiert[7]. Diese Unterschiede dürften jedoch zu gering sein, um in der Praxis ins Gewicht zu fallen.

Ihre weitreichende innerstaatliche Rechtsfähigkeit unterscheidet die Gemeinschaft von **internationalen Organisationen**[8], die nur in dem zur Erreichung ihrer Ziele erforderlichen Umfang rechtsfähig sind (funktionale Rechtspersönlichkeit)[9]. Vertragspartner der Gemeinschaft müssen daher nicht, nationale Richter dürfen somit nicht prüfen, ob ein Rechtsgeschäft der Gemeinschaft zur Verwirklichung ihrer Ziele erforderlich ist. 3

Den umfangreichen Handlungsmöglichkeiten der Gemeinschaft sind in doppelter Weise **Grenzen** gesetzt. Dies geschieht erstens durch die Pflichten, welche die jeweilige Rechtsordnung juristischen Personen auferlegt, sofern diese nicht nach Art. 291 entfallen. Zweitens ist die Gemeinschaft an ihre primär- und sekundärrechtlichen Einzelermächtigungen sowie an ihr Innenrecht gebunden, insbesondere an ihre Haushaltsordnung. 4

Trägerin der Rechte ist die **Gemeinschaft** nach Art. 1 als juristische Person, nicht ihre Organe[10] oder die von ihr geschaffenen Einrichtungen[11]. Letzteren kann jedoch durch Spezialbestimmungen ebenfalls Rechtsfähigkeit verliehen werden[12], so der EZB in Art. 107 Abs. 2 sowie einigen nachgeordneten Gemeinschaftseinrichtungen. 5

Da für **Drittstaaten** der EGV res inter alios acta ist, steht es ihnen frei, ob und in welchem Umfang sie der Gemeinschaft in ihrer Rechtsordnung Rechtssubjektivität einräumen. Oft sieht jedoch das internationale Privatrecht eines Drittstaats die Anerkennung juristischer Personen des Rechts eines Mitgliedstaats der Gemeinschaft vor, so daß Art. 282 mittelbar Anwendung finden kann[13]. 6

2. Rechts- und Geschäftsfähigkeit

Rechtsfähigkeit bezeichnet die Fähigkeit, Träger von Rechten und Pflichten zu sein. Sie macht die Gemeinschaft zur juristischen Person[14]. Aufgrund ihrer Aufgaben und Befugnisse ist die Gemeinschaft von Dritten als Person des öffentlichen Rechts zu behandeln[15], was jedoch nicht dahingehend mißverstanden werden darf, daß sie für ihr Han- 7

---

7 *M. Röttinger*, in: Lenz, EGV, Art. 282, Rn. 2; a.A. *Constantinesco/Jacqué/Kovar/Simon*, TCEE, Art. 211, Rn. 1.
8 Vgl. z.B. Art. VIII Abs.1 des WTO-Abkommens: The WTO shall have legal personality, and shall be accorded by each of its Members such legal capacity as may be necessary for the exercise of its functions.
9 So auch *Schlüter* (Fn. 2), S. 87; *B. Simma/Ch. Vedder*, in: Grabitz/Hilf, EU-/EGV, Art. 282, Rn. 9; a.A. *Geiger*, EGV, Art. 282, Rn. 1; *Ipsen*, EG-Recht, S. 203 f.; vgl. BGHZ 20, 119.
10 EuGH, Verb. Rs. 7/56, 3–7/57, Slg. 1957, 81, 121 (Algera); *BBPS*, S. 59; *Verhoeven* (Fn. 3), S. 82; unzutreffend EuGH, Rs. 44/59, Slg. 1960, 1115, 1133 (Fiddelaar), wo die Rechtsfähigkeit der Kommission bejaht wird.
11 *B. Simma/Ch. Vedder*, in: Grabitz/Hilf, EU-/EGV, Art. 282, Rn. 5; *Seidl-Hohenveldern/Loibl* (Fn. 1), Rn. 328. ff.
12 Überblick bei *J. Grunwald*, in: GTE, EU-/EGV, Art. 211, Rn. 3.
13 Vgl. *Seidl-Hohenveldern/Loibl* (Fn. 1), Rn. 342, 721; *Ipsen*, EG-Recht, S. 205; *Schlüter* (Fn. 2), S. 119 ff.
14 Näher *Schlüter* (Fn. 2), S. 18 ff., 90 ff.
15 EuGH, Rs. 44/59, Slg. 1960, 1115, 1133 (Fiddelaar); Verb. Rs. 43/59, 45/59 u. 48/59, Slg. 1960, 965, 986 f. (v. Lachmüller; *U. Becker*, in: Schwarze, EU-Kommentar, Art. 282, Rn. 6.

deln auf das Instrumentarium des jeweiligen Staats- oder Verwaltungsrechts zurückgreifen könne. Sie handelt vielmehr stets gemeinschafts- oder zivilrechtlich.

7 a Geschäftsfähigkeit meint die Fähigkeit zur Vornahme von Rechtsgeschäften. Als Regelbeispiele und zugleich Minimum der rechtlichen Handlungsfähigkeit nennt Art. 282 Erwerb und Veräußerung beweglichen und unbeweglichen Vermögens, was im deutschen Recht die Übertragung von Vermögensgegenständen aller Art umfaßt. Die **Wirksamkeit** einer Rechtshandlung der Gemeinschaft im Außenverhältnis richtet sich nach der Rechtsordnung, in der sie die Handlung vornimmt, d.h. nach dem Gemeinschaftsrecht oder dem jeweiligen Privatrecht, in Deutschland insb. nach Art. 134 BGB. Im Innenverhältnis ist die Gemeinschaft an ihr Haushaltsrecht gebunden. Die **Haftung** der Gemeinschaft regelt Art. 288.

3. Partei- und Prozeßfähigkeit

8   HS. 2 stellt klar, daß die Gemeinschaft auch über alle Rechte verfügt, die das mitgliedstaatliche **Prozeßrecht** juristischen Personen verleiht. Sie ist daher in zivil- und verwaltungsgerichtlichen Verfahren vor den Gerichten der Mitgliedstaaten oder deren Gliedstaaten, deren Zuständigkeit sich nach Art. 240, 225 ff. bestimmt, partei- und prozeßfähig. Insbesondere im **Vollstreckungsverfahren** ist jedoch das Protokoll über die Vorrechte und Befreiungen der Gemeinschaften[16] zu beachten.

II. Vertretung der Gemeinschaft durch die Kommission

9   Die Kommission besitzt unabhängig von ihrer Zuständigkeit im Innenverhältnis die alleinige Befugnis zur Vertretung der Gemeinschaft bei Rechtsgeschäften und Prozeßhandlungen nach Art. 282[17]. Dies gilt jedoch nur für Rechtsgeschäfte innerhalb der **mitgliedstaatlichen** Rechtsordnungen, nicht für **gemeinschaftsrechtliches** Handeln. Die Kommission wird durch einen bevollmächtigten Beamten tätig oder erteilt einem anderen Gemeinschaftsorgan die Vertretungsbefugnis. Hierbei handelt die Kommission nicht als von der Gemeinschaft unabhängige Stellvertreterin, sondern als deren Organ. Eine Ausnahme gilt nach Art. 274 Abs. 2 i.V.m. Art. 22 Abs. 2 der Haushaltsordnung[18] für Fiskalgeschäfte.

---

16 BGBl. II 1965, S. 1482; novellierte Fassung in *BBPS* Textsammlung, Nr. I.5; Sartorius II, Nr. 265.
17 EuGH, Verb Rs. 63-69/72, Slg. 1973, 1229, Rn. 6 f. (Werhahn Hansamühle).
18 ABl.EG 1977 Nr. L 356/1.

Art. 283 (ex-Art. 212)

Der Rat erläßt auf Vorschlag der Kommission und nach Anhörung der anderen beteiligten Organe mit qualifizierter Mehrheit das Statut der Beamten der Europäischen Gemeinschaften und die Beschäftigungsbedingungen für die sonstigen Bediensteten dieser Gemeinschaften.

Inhaltsübersicht:

I. Ziel und Entwicklung der Vorschrift 1
II. Rechtsgrundlagen des Personalrechts der Gemeinschaft 4

I. Ziel und Entwicklung der Vorschrift

Bei Gründung der Gemeinschaften entschieden sich die Mitgliedstaaten grundsätzlich 1 gegen die Besetzung gemeinschaftlicher Planstellen mit abgeordneten nationalen Beamten. Die Schaffung eines **Korps europäischer Bediensteter** war die logische Folge[1], wodurch ein eigenes Personalrecht der Gemeinschaften erforderlich wurde.

Art. 212 EWGV und 186 EAGV sahen in ihrer **ursprünglichen Fassung**[2] den Erlaß ei- 2 nes Beamtenstatuts sowie der Beschäftigungsbedingungen der sonstigen Beamten vor. Beide traten am 1.1.1962 in Kraft[3]. Sie wurden zeitgleich von der EGKS übernommen und ersetzten deren inhaltlich ähnliches Personalstatut, welches zuvor analog auf die Bediensteten der beiden anderen Gemeinschaften angewandt worden war[4].

Art. 24 Abs. 2 des am 1.7.1967 in Kraft getretenen **Fusionsvertrags**[5] hob Art. 212 3 EWGV und Art. 186 EAGV und die einschlägige Übergangsbestimmung im Anhang des EGKSV auf. Durch seinen Abs. 1 UAbs. 1 wurden die Bediensteten von EGKS, EWG und EAG zu Bediensteten der Gemeinschaften und gehören nun deren gemeinsamer Verwaltung an. Auf der Grundlage des UAbs. 2, der inhaltlich den drei aufgehobenen Bestimmungen entsprach, wurde nun einheitlich das Statut der Gemeinschaftsbeamten sowie die Beschäftigungsbedingungen für die sonstigen Bediensteten (BSB) erlassen[6]. Durch die **Amsterdamer** Vertragsänderung wurde der Inhalt des Art. 24 Abs. 1 UAbs. 2 des Fusionsvertrags als Art. 283 wieder in den EGV eingefügt[7]. Eine Pflicht zum Neuerlaß der noch auf Grundlage von Art. 24 Abs. 1 UAbs. 2 des Fusionsvertrags ergangenen Rechtsakte besteht nicht.

II. Rechtsgrundlagen des Personalrechts der Gemeinschaft

Als **primärrechtliche Quellen** des Personalrechts sind das Protokoll über die Vorrechte 4 und Befreiungen der Gemeinschaften[8] sowie die allgemeinen Rechtsgrundsätze[9] von

---

1 *Oppermann*, Europarecht, Rn. 672.
2 BGBl. II 1957, S. 890 und 1112.
3 Hierzu *A. M. Euler*, Europäisches Beamtenstatut – Kommentar zum Beamtenstatut der EWG und EAG, 1966; *T. Holtz*, Handbuch des Europäischen Dienstrechts, 1964.
4 *D. Rogalla*, Dienstrecht der Europäischen Gemeinschaften, 2. Aufl., 1992, S. 3.
5 ABl.EG 1967 Nr. 152/1.
6 Art. 2 und 3 der VO (EWG/Euratom/EGKS) Nr. 259/68, ABl.EG 1968 Nr. L 56/1, konsolidiert in ABl.EG 1972 Nr. C 100/3; zur Entwicklung *Constantinesco/Jacqué/Kovar/Simon*, TCEE, S. 1307 f.; *Rogalla* (Fn. 4), S. 14.
7 Zur ähnlichen Entwicklung des Art. 291 s. dort. Rn. 1 f.
8 Siehe Art. 291, Rn. 5.
9 *H.-H. Lindemann*, Allgemeine Rechtsgrundsätze und europäischer öffentlicher Dienst, 1986.

Art. 283 EG-Vertrag

Bedeutung, hier insbesondere die rechtsstaatlichen Prinzipien sowie die Grundrechte. Art. 283 selbst enthält als reine Verfahrensvorschrift keine materiellen Vorgaben.

4 a Im **sekundären Personalrecht** spielen Statut und BSB die zentralen Rollen. Beide lehnen sich inhaltlich an das deutsche und französische Recht des öffentlichen Dienstes an. Sie regeln in der Rechtsform der Verordnung die allgemeinen Rechte und Pflichten der Gemeinschaftsbediensteten. Hierbei differenzieren sie zwischen auf Lebenszeit ernannten Beamten, für die das Statut gilt, und sonstigen Bediensteten, deren Rechte und Pflichten in den BSB geregelt sind. Abgrenzungskriterium ist nicht der hoheitliche Charakter der ausgeübten Tätigkeit, sondern deren Dauer[10]. Für die Bediensteten der Organe gelten Statut und BSB unmittelbar, für die Bediensteten anderer Gemeinschaftseinrichtungen zumeist aufgrund von Verweisen in deren Gründungsakten. Statut und BSB werden durch weitere Verordnungen[11] ergänzt.

5 Durchführungsbestimmungen und interne Verwaltungsrichtlinien bilden das **tertiäre Personalrecht**. Erstere werden auf Ermächtigungen des Statuts bzw. der BSB gestützt, letztere auf die Organisationsgewalt des jeweiligen Organs.[12] Ihrer Rechtsnatur nach handelt es sich um Akte des Innenrechts des jeweiligen Organs.[13] Hinzu treten Interorganvereinbarungen.[14]

5 a Von großer praktischer Bedeutung ist die umfangreiche **Rechtsprechung** von EuGH und EuG[15], die insbesondere die allgemeinen Rechtsgrundsätze konkretisiert hat. Zu zahlreichen Fragen existiert mittlerweile eine ausgefeilte Kasuistik.

---

10 Vgl. Art. 10 Beamtenstatut, hierzu *Rogalla* (Fn. 4), S. 61 f.
11 Kompiliert in: Statut – Verordnungen und Regelungen für die Beamten und sonstigen Bediensteten bei den Europäischen Gemeinschaften, Brüssel 1986, S. 95 ff.
12 Näher *Constantinesco/Jacqué/Kovar/Simon*, TCE, S. 1310; *P. Kalbe*, in: GTE, EU-/EGV, Art. 212, Rn. 7 ff.
13 Zu Rechtsnatur und Verbindlichkeit näher *A. Hatje*, Der Rechtsschutz der Stellenbewerber im Europäischen Beamtenrecht, 1988, S. 23 f.
14 Statut (Fn. 11), S. 153 ff.
15 EuGH (Hrsg.), Sammlung der Rechtsprechung – Öffentlicher Dienst.

Art. 284 (ex-Art. 213)

Zur Erfüllung der ihr übertragenen Aufgaben kann die Kommission alle erforderlichen[2] Auskünfte[4] einholen und alle erforderlichen Nachprüfungen[5] f. vornehmen;[7] der Rahmen und die nähere Maßgabe hierfür werden vom Rat gemäß den Bestimmungen dieses Vertrages festgelegt[3].

Inhaltsübersicht:
I. Allgemeines	1
II. Auskunfts- und Nachprüfungsrechte	4
A. Auskünfte	4
B. Nachprüfungen	5
C. Durchsetzung	7
III. Auskunftsverweigerungsrechte	8
IV. Verwertungsverbote und Rechtsschutz	10

I. Allgemeines

Die Vorschrift ermächtigt den Rat, Rahmen und Einzelheiten der sog. inquisitorischen Auskunfts- und Nachprüfungsrechte der Kommission[1] festzulegen. Dabei handelt es sich um **hoheitliche Auskunfts- und Prüfungsrechte gegenüber Privaten**, die gegebenenfalls auch gegen den Willen der Betroffenen durchgesetzt werden können.[2] Daneben ist Art. 284 generelle Kompetenznorm für den Erlaß von Bestimmungen, die die **Mitgliedstaaten** verpflichten, Informationen zu sammeln, aufzubereiten und der Kommission zur Verfügung zu stellen.[3] Für die entsprechenden bislang auf Art. 284 gestützten Rechtsakte zur Erstellung von **Statistiken** ist allerdings der durch den Amsterdamer Vertrag neu eingefügte Art. 285 lex specialis.[4] Neben Art. 284 und den auf diese Bestimmung gestützten Rechtsakten können **weitere Bestimmungen** des Primär- wie des Sekundärrechts die Kommission zur Einholung von Auskünften und zu Nachprüfungen ermächtigen.[5] 1

Dabei ist allerdings die in Art. 284 normierte allgemeine **Grenze der Erforderlichkeit** und damit insbesondere der **Verhältnismäßigkeit der Informationsbeschaffung** zu wahren.[6] Weitergehende, lediglich der Zweckmäßigkeit des Verwaltungshandelns der Kom- 2

---

1 Zu den Auskunfts- und Nachprüfungsrechten anderer Gemeinschaftsorgane und -einrichtungen vgl. *W. Hummer*, in: Grabitz/Hilf, EU, Art. 213, Rn. 6.
2 Allgemein dazu: *G. Dannecker*, Beweiserhebung, Verfahrensgarantien und Verteidigungsrechte im europäischen Kartellordnungswidrigkeitsverfahren als Vorbild für ein europäisches Sanktionsverfahren, ZStW 111 (1999) S. 256 ff.; *F. Gillmeister*, Ermittlungsrechte im deutschen und europäischen Kartellordnungswidrigkeitsverfahren, 1984; *L. Kuhl/H. Spitzer*, Die Verordnung (Euratom, EG) Nr. 2185/96 des Rates über die Kontrollbefugnisse der Kommission im Bereich der Betrugsbekämpfung, EuZW 1998, S. 37 ff.; *W. Weiß*, Die Verteidigungsrechte im EG-Kartellverfahren, 1996; *A. v. Winterfeld*, Ermittlungsbefugnisse der EG-Kommission gegenüber Unternehmen am Beispiel des Kartellrechts, RIW 1992, S. 524 ff.
3 EuGH, Rs. C-426/93, 9.11.1995, Slg. 1995, I-3723, Rn. 18 ff., 28 ff. (Deutschland/Rat).
4 Zu den besonderen Voraussetzungen dieser Norm u. Art. 285.
5 EuGH, verb. Rs. 188–190/82, 6.7.1982, Slg. 1982, 2545, Rn. 10 (Frankreich, Italien, Vereinigtes Königreich/Kommission). Gestützt nicht auf Art. 284, sondern auf Art. 280 haben Rat und Parlament mit der VO (EG) 1073/99, ABl. EG 1999 Nr. L 136/1, dem Amt für Betrugsbekämpfung (OLAF) Auskunfts- und Nachprüfungsrechte gegenüber den Organen der Gemeinschaft eingeräumt, vgl. dazu Art. 280.
6 Wie hier: *W. Hummer*, in: Grabitz/Hilf, EU, Art. 213, Rn. 5.

mission geschuldete, Auskunfts- und Mitwirkungspflichten können sich für die Mitgliedstaaten aus dem Grundsatz der **Gemeinschaftstreue** in Art. 10 ergeben.

3 Mangels weiterer verfahrensrechtlicher Vorgaben werden Rahmen und nähere Maßgaben der Auskunfts- und Nachprüfungsrechte vom **Rat**, gegebenenfalls auch ohne vorherigen Vorschlag der Kommission, mit der einfachen **Mehrheit** seiner Mitglieder nach Art. 205 Abs. 1 verabschiedet. Bis heute hat der Rat von der Normierung eines Rahmens für ein allgemeines Auskunfts- und Nachprüfungsrecht der Kommission abgesehen und ihr statt dessen sachgebietsbezogene und damit gegenständlich begrenzte Informationsrechte übertragen.[7]

II. Auskunfts- und Nachprüfungsrechte

A. Auskünfte

4 Auskunftsverlangen der Kommission beziehen sich auf Tatsachen. In der Regel ersucht die Kommission den Betroffenen zunächst formlos um Auskunft. Erst wo diese wenigstens teilweise verweigert wird, wird der Adressat des Verlangens in einer Entscheidung gem. Art. 249 zur Auskunft aufgefordert. Auskunftspflichtig können nicht allein die am Verfahren Beteiligten sondern auch Dritte sein.

B. Nachprüfungen

5 **Nachprüfungsrechte** gewähren der Kommission vor allem die Vorschriften des EG-Wettbewerbsrechts. So können die Bediensteten der Kommission nach Art. 14 Abs. 1 VO (EWG) Nr. 17/62[8] alle Räumlichkeiten, Grundstücke und Transportmittel von Unternehmen betreten, die Bücher und sonstigen Geschäftsunterlagen prüfen, Ablichtungen fertigen und mündliche Erläuterungen auch vor Ort verlangen.

6 Nachprüfungs- und Auskunftsrecht bestehen unabhängig voneinander. Insbesondere kann die Kommission von ihrem Nachprüfungsrecht Gebrauch machen, ohne zuvor Auskunft verlangt zu haben.[9] Die Nachprüfung kann nach Maßgabe eines Prüfungsauftrages oder einer Prüfungsentscheidung erfolgen. Die Verpflichtung des Betroffenen zur Duldung der Nachprüfung setzt den Erlaß einer förmlichen Nachprüfungsentscheidung voraus.[10] Der Erlaß einer Nachprüfungsentscheidung ist nicht davon abhängig, daß die Kommission zuvor einen vergeblichen Nachprüfungsversuch unternommen hat.[11] Gegenstand, Zweck und mögliche Zwangsmaßnahmen sind in der Prüfungsentscheidung zu bezeichnen.

---

7 Für das Recht der Betrugsbekämpfung: VO 2185/96, ABl. EG 1996 Nr. L 292/2; VO 1073/99, ABl. EG 1999 Nr. L 136/1.
8 ABl. EG 1962 Nr. 13/204.
9 Für die parallele Vorschrift des Art. 47 Abs. 1 EGKS-Vertrag: EuGH, Rs. 31/59, Slg. 1960, 159, 180 (Acciaieria e Tubificio di Brescia/Hohe Behörde).
10 Vgl. Art. 14 Abs. 1–3 VO (EWG) 17/62 (Fn. 8).
11 EuGH, Rs. 136/79, Slg. 1980, 2033, Rn. 11 (National Panasonic).

C. Durchsetzung

Angesichts einer Weigerung des betroffenen Unternehmens, Nachprüfungen zu dulden, 7
ist die Kommission auf die Amtshilfe nationaler Behörden und Gerichte angewiesen,
um die Nachprüfung **zwangsweise durchzusetzen**. Dabei sind die vom nationalen
Recht vorgegebenen Verfahren und Voraussetzungen jedenfalls insoweit zu beachten,
als sie die Prüfungstätigkeit der Kommission nicht praktisch unmöglich machen. So bedarf
es insbesondere eines nach nationalem Recht erforderlichen richterlichen Durchsuchungsbefehls.[12] Bei dessen Ausstellung ist der nationale Richter aber nicht zur Überprüfung
der Sach- und Rechtserwägungen der Kommission etwa zur Frage der Notwendigkeit der Nachprüfung befugt. Rechtsschutz wird insoweit allein durch die Gemeinschaftsgerichtsbarkeit
gewährt.[13] Im übrigen kann die Kommission nach Art. 15/
16 VO (EWG) Nr. 17/62 zur Durchsetzung der ihr gewährten Rechte Geldbußen und
Zwangsgelder gegen Unternehmen und Unternehmensvereinigungen verhängen.

III. Auskunftsverweigerungsrechte

Ein ausdrückliches **Auskunftsverweigerungsrecht** räumt das Gemeinschaftsrecht den 8
Mitgliedstaaten in Art. 296 Abs. 1 lit. a hinsichtlich solcher Informationen ein, deren
Preisgabe ihres Erachtens ihren wesentlichen Sicherheitsinteressen widerspräche.[14] Im
übrigen ergeben sich Auskunftsverweigerungsrechte **Privater** nach allgemein gemeinschaftsrechtlichen
Grundsätzen des Verwaltungsverfahrens, wie sie in der Rechtsprechung
der Gemeinschaftsgerichtsbarkeit insbesondere mit Blick auf die gemeinsamen
Rechts- und Verfassungstraditionen der Mitgliedstaaten und die Europäische Menschenrechtskonvention
entwickelt werden.[15] Nicht anerkannt hat der EuGH in Anwendung
dieser Maßstäbe ein generelles Auskunftsverweigerungsrecht von **Unternehmen**
bei **Gefahr der Selbstbezichtigung**. So sind Auskünfte auch dann zu erteilen und Nachforschungen
auch dann zu dulden, wenn die so in Erfahrung gebrachten Tatsachen dem
Beweis (gemeinschafts-)rechtswidrigen Verhaltens dienen können. Allerdings sind die
Verteidigungsrechte insoweit zu achten, als Fragen unzulässig sind, mit denen die betroffenen
Unternehmen zu einem eigenen direkten Eingeständnis des von der Kommission
zu beweisenden Fehlverhaltens gezwungen würden.[16] Der Betroffene hat demnach
nur über äußere Tatsachen Auskunft zu erteilen, kann über innere Tatsachen wie Ziele
und Zwecke die Auskunft aber verweigern.[17] Die Verweigerung von Auskünften kann
als solche nicht als Nachweis rechtswidrigen Verhaltens gewertet werden.[18]

---

12 EuGH, verb. Rs. 46/87 und 227/88, 21.9.1989, Slg. 1989, 2859, Rn. 12 ff. (Hoechst/Kommission) in der Interpretation der nicht ganz unzweideutigen Entscheidung wie hier: G. *Hermes*, in: Dreier, GG, Bd. 1, 1996, Art. 13, Rn. 6 m.w.N. auch zu a.A. Der in diesen Verfahren vom EuGH zugrundegelegten Einschätzung, Art. 8 EMRK gewährleiste nicht den Schutz gewerblicher Räume, hat der EGMR in 72/1991/324/396, 16.12.1992, EuGRZ 1993, 65, 66 f. (Niemitz/Deutschland) zwischenzeitlich widersprochen.
13 Wie hier: M. *Böse*, in: Schwarze: EU-Kommentar, Art. 284, Rn. 8.
14 Zu den Einzelheiten u. Art. 296, Rn. 4.
15 Zu der gemeinschaftsrechtlichen Maßstabsfindung im einzelnen o. Art. 220, Rn. 32 ff.
16 EuGH, Rs. 374/87, 18.10.1989, Slg. 1989, Rn. 34 f. (Orkem/Kommission); EuG, Rs. T-34/93, Slg. 1995, II-545, Rn. 74 (Société Générale). Für ein weitergehendes Auskunftsverweigerungsrecht: W. *Weiß*, (Fn. 2), S. 392; G. *Dannecker*, (Fn. 2), ZStW 111 (1999) S. 256, 286 und M. *Böse*, in: Schwarze: EU-Kommentar, Art. 284, Rn. 4 m. w. N. auch zur gegenläufigen Rspr. des EGMR.
17 EuGH, Rs. 374/87, Slg. 1989, Rn. 34-38 (Orkem/Kommission).
18 EuG, verb. Rs. T-305/94 u.a., Slg. 1999, II-931, Rn. 489 (LVM u.a./Kommission).

9 Ein Auskunftsverweigerungsrecht bestimmter Berufsgruppen erkennen die Gemeinschaftsgerichte u.a. an für Ärzte[19], **Wirtschaftsprüfer, Steuerberater** und **Rechtsanwälte**. Der Schutz des Schriftverkehrs zwischen Rechtsanwalt und Mandant entzieht die entsprechenden Unterlagen dem Nachprüfungsrecht der Kommission.[20] Das gilt nicht für Anwälte, die in dem von der Nachprüfung betroffenen Unternehmen angestellt sind[21] oder an der fraglichen Rechtsverletzung mitgewirkt haben.[22] Diese Regeln dürften für die anderen genannten Berufsgruppen ebenso gelten.[23]

IV. Verwertungsverbote und Rechtsschutz

10 Informationen, die die Kommission aufgrund eines rechtswidrigen Auskunftsverlangens oder einer rechtswidrigen Nachprüfung erlangt hat, unterliegen einem Verwertungsverbot.[24] Die Verwertung rechtmäßig erlangter Informationen ist grundsätzlich auf den jeweiligen Untersuchungszusammenhang beschränkt. Weder die Kommission noch nationale Behörden dürfen die betreffenden Informationen zur Beweisführung in ein anderes Verfahren einführen. Davon unberührt bleibt allerdings die Möglichkeit der erneuten Informationserhebung und Verfahrenseröffnung auf der Grundlage der einmal gewonnen Erkenntnisse.[25] Eine weitergehende Fernwirkung der Beweiserhebungsverbote besteht wenigstens grundsätzlich nicht.[26] Eine Verwertung über das eigentliche Verfahren hinaus wird im Rahmen der Vorschriften über die Betrugsbekämpfung für die Verfahren der nationalen Verwaltungs- und Strafgerichtsbarkeit ausdrücklich angeordnet.[27]

11 Die Entscheidungen der Kommission hinsichtlich verbindlicher Auskunftsverlangen und die Nachprüfungsentscheidungen unterliegen der **Rechtmäßigkeitskontrolle** durch das erstinstanzlich zuständige EuG. Die Betroffenen natürlichen oder juristischen Personen können Nichtigkeitsklage nach Art. 230 Abs. 4 EGV erheben. Gegebenenfalls kann eine einstweilige Anordnung nach den Art. 242/243 beantragt werden. Isoliert anfechtbar sind allein rechtserhebliche Maßnahmen, in der Regel die Endentscheidungen der Kommission. Fehler in der Art und Weise der Nachprüfung werden in diesem Rahmen inzident geprüft.[28] Soweit von einem zulässigen Rechtsmittel gegen Auskunfts- oder Nachprüfungsentscheidungen kein Gebrauch gemacht worden ist, kann die Rechtswidrigkeit dieser Entscheidungen im Rahmen einer Klage gegen die sich anschließende Sachentscheidung nicht mehr geltend gemacht werden.[29]

---

19 EuGH, Rs. 155/78, Slg. 1980, 1979, Rn. 19 (M/Kommission); Rs. 136/79, Slg. 1980, 2033 (National Panasonic); Rs. C-62/90, Slg. 1992, I-2575, Rn. 23 (Kommission/Deutschland).
20 EuGH, Rs. 155/79, Slg. 1982, 1575, Rn. 21 ff. (AM & S); EuG, Rs. T-30/89, Slg. 1990, II-163, Rn. 13 (Hilti).
21 EuGH, Rs. 155/79, Slg. 1982, 1575, Rn. 24 (AM & S).
22 *W. Weiß*, (Fn. 2), S. 431.
23 Wie hier: *M. Böse*, in: Schwarze: EU-Kommentar, Art. 284, Rn. 7.
24 EuGH, Rs. 46/87 R, Slg. 1987, 1549, Rn. 34 (Hoechst/Kommission) – für den Fall der rechtswidrigen Nachprüfungsentscheidung. Für eine Verallgemeinerung wie hier: *M. Böse*, in: Schwarze: EU-Kommentar, Art. 284, Rn. 9.
25 EuGH, Rs. 85/87, Slg. 1989, 3137, Rn. 18 f. (Dow Benelux/Kommission); Rs. C-67/91, Slg. 1992, I-4785, Rn. 36 ff. (Direccion General de Defensa de la Competencia).
26 EuG, verb. Rs. T-305/94 u.a., Slg. 1999, II-931, Rn. 475 f. (LVM u.a./Kommission).
27 Vgl. Art. 8 Abs. 4, 5 VO (Euratom, EG) 2185/96, (Fn. 7).
28 EuG, verb. Rs. T-9/97, Slg. 1997, II-909, Rn. 25 (Elf Atochem/Kommission); verb. Rs. T-305/94 u.a., Slg. 1999, II-931, Rn. 413 ff. (LVM u.a./Kommission).
29 EuG, verb. Rs. T-305/94 u.a., Slg. 1999, II-931, Rn. 409 f. (LVM u.a./Kommission); EuGH, Rs. C-178/95, Slg. 1997, I-585, Rn. 19 (Wiljo).

Art. 285 (ex-Art. 213a)

(1) Unbeschadet des Artikels 5 des Protokolls über die Satzung des Europäischen Systems der Zentralbanken und der Europäischen Zentralbank[3] beschließt der Rat gemäß dem Verfahren des Artikels 251[4 f.] Maßnahmen für die Erstellung von Statistiken, wenn dies für die Durchführung der Tätigkeiten der Gemeinschaften erforderlich[7] ist.

(2) Die Erstellung der Gemeinschaftsstatistiken erfolgt unter Wahrung der Unparteilichkeit, der Zuverlässigkeit, der Objektivität, der wissenschaftlichen Unabhängigkeit, der Kostenwirksamkeit und der statistischen Geheimhaltung; der Wirtschaft dürfen dadurch keine übermäßigen Belastungen entstehen[7 f.].

Inhaltsübersicht:
I. Dogmatische Einordnung 1
II. Formelle Voraussetzungen 4
III. Materielle Voraussetzungen 7

I. Dogmatische Einordnung

Art. 285 beinhaltet einen besonderen Auskunftsanspruch, der durch den Amsterdamer Vertrag aus dem bisher auch statistische Auskünfte erfassenden allgemeinen Auskunftsanspruch in Art. 213 a.F. (Art. 284 n.F.) ausgelagert wurde. Die Einholung statistischer Auskünfte unterliegt nunmehr strengeren formellen (Rn. 4 ff.) und materiellen (Rn. 7 f.) Voraussetzungen als bislang. 1

Art. 285 enthält eine **Kompetenznorm**, die der Gemeinschaft auch die Befugnis zur Rechtsetzung einräumt[1]. Dabei darf der Gemeinschaftsgesetzgeber alle Handlungsformen des Art. 249 nutzen[2]. Begrenzt ist die Kompetenz dadurch, daß Maßnahmen nur ergriffen werden dürfen, wenn und soweit dies zur Durchführung der Aufgaben der Gemeinschaft erforderlich ist. Mit der Vorschrift soll also **keine neue Gemeinschaftspolitik im Bereich der Statistik** eingeführt werden[3]. 2

Art. 285 ist **lex specialis** zu Art. 284. Für die Erhebung von statistischen Daten durch die EZB gilt allerdings nicht Art. 285, sondern der speziellere Art. 5 des Protokolls über die Satzung des Europäischen Systems der Zentralbanken und der Europäischen Zentralbank. 3

II. Formelle Voraussetzungen

Art. 213 a.F. enthielt keine gesonderte Verfahrensvorschrift für die Beschlußfassung im Rat. Deshalb war dort bislang eine einfache Mehrheit nach Art. 148 Abs. 1 a.F. (Art. 205 Abs. 1 n.F.) ausreichend, um die Kommission zur Einholung von statistischen Auskünften in den Mitgliedstaaten zu ermächtigen. Art. 285 verweist nunmehr auf das Mitentscheidungsverfahren nach Art. 251 und verschärft damit die formellen Voraussetzungen für die Einholung von Statistiken. 4

---

1 EuGH, Rs. C-426/93, Slg. 1995, I-3723, Rn. 18 ff. (Deutschland/Rat) zu Art. 213 a.F.
2 *A. Hatje*, in: Schwarze, EU-Kommentar, Art. 285, Rn. 6.
3 Dok. zum Amsterdamer Vertrag, CONF 3869/97 v. 9.4.1997.

5 Hintergrund dieser maßgeblich auf deutsche Initiative zurückgehenden Vertragsänderung war eine Nichtigkeitsklage der Bundesrepublik Deutschland gegen den Rat[4]. Die im Rat überstimmte Bundesrepublik hatte in dem Verfahren ohne Erfolg die Ansicht vertreten, daß die streitbefangene VO (EWG) Nr. 2186/93 über die innergemeinschaftliche Koordinierung des Aufbaus von Unternehmensregistern für statistische Verwendungszwecke[5] nicht auf Art. 213 a.F., sondern auf Art. 100a a.F. (Art. 95 n.F.) hätte gestützt und damit im Mitentscheidungsverfahren nach Art. 189b a.F. (Art. 251 n.F.) hätte erlassen werden müssen, weil Art. 213 a.F. keine geeignete Ermächtigungsnorm für den Erlaß von Rechtsakten darstelle. Nachdem der EuGH Art. 213 a.F. demgegenüber als ausreichende Rechtsgrundlage angesehen hatte, soll Art. 285 nunmehr verhindern, daß der Rat die Kommission weiterhin allein mit einfacher Mehrheit und ohne Beteiligung des Parlaments zur Erhebung von Statistiken ermächtigt, die für die Verwaltungen der Mitgliedstaaten und die betroffenen Unternehmen regelmäßig mit erheblichen Belastungen verbunden sind.

6 Das Verfahren der Einholung der Auskünfte durch die Kommission ist in der Praxis meist zweistufig ausgestaltet. Nach der Ermächtigung durch den Rat schaltet die Kommission i.d.R die statistischen Ämter der Mitgliedstaaten zur Erhebung der erforderlichen Daten ein. Nicht ausgeschlossen ist aber auch eine direkte Erhebung der Daten bei den Betroffenen[6].

III. Materielle Voraussetzungen

7 Die Erstellung der Statistiken muß für die Durchführung der Tätigkeiten der Gemeinschaft erforderlich sein. Es gilt der Grundsatz der **Verhältnismäßigkeit**, der durch die Vorgabe in Abs. 2, daß der Wirtschaft keine übermäßigen Belastungen entstehen dürfen (**Kosten-Nutzen-Prinzip**), konkretisiert wird. Ein Auskunftsverlangen ist daher nur verhältnismäßig, wenn
- die **Geeignetheit** der Datenerhebung im Hinblick auf den Gemeinschaftszweck dargetan wurde,
- die Auskunft nicht auf andere Art und Weise, etwa durch Heranziehung existierender Statistiken, beschafft werden kann (**Erforderlichkeit**) und
- die geforderten Auskünfte nicht weiter gehen, als dies der Zweck der Untersuchung verlangt, und der Aufwand der Bearbeitung und Beantwortung in keinem krassen Mißverhältnis zur Bedeutung der Auskunft selbst steht (**Verhältnismäßigkeit i.e.S.**)[7].

8 Abs. 2 enthält darüber hinaus weitere, an § 1, S. 2 und 3 BStatG angelehnte Vorgaben[8], die sich vor allem auf die Methoden der Datenerhebung beziehen.

---

4 EuGH, Rs. C-426/93, Slg. 1995, I-3723 (Deutschland/Rat).
5 ABl.EG 1993, L 196/1.
6 J. Grunwald, in: GTE, EU/-EGV, Art. 213, Rn. 25.
7 Vgl. dazu insbes. EuGH, Rs. C-426/93, Slg. 1995, I-3723, Rn. 42 ff. (Deutschland/Rat); Rs. C-114/96, Slg. 1997, I-3629, Rn. 29 ff. (Kieffer und Thill); J. Grunwald, in: GTE, EU/-EGV, Art. 213, Rn. 41; A. Hatje, in: Schwarze, EU-Kommentar, Art. 285, Rn. 4; W. Hummer, in: Grabitz/Hilf, EU, Art. 213, Rn. 13 f.
8 Vgl. P. Dorer/H. Mainusch/H. Tubies, Bundesstatistikgesetz, Kommentar, 1988, § 1, Rn. 17 ff.

Art. 286 (ex-Art. 213b)

(1) Ab 1. Januar 1999 finden die Rechtsakte der Gemeinschaft über den Schutz natürlicher Personen bei der Verarbeitung personenbezogener Daten und dem freien Verkehr solcher Daten[1] auf die durch diesen Vertrag oder auf der Grundlage dieses Vertrages errichteten Organe und Einrichtungen der Gemeinschaft Anwendung[2].

(2) Vor dem in Absatz 1 genannten Zeitpunkt beschließt der Rat gemäß dem Verfahren des Artikels 251 die Errichtung einer unabhängigen Kontrollinstanz, die für die Überwachung der Anwendung solcher Rechtsakte der Gemeinschaft auf die Organe und Einrichtungen der Gemeinschaft verantwortlich ist[6], und erläßt erforderlichenfalls andere einschlägige Bestimmungen[3 ff.].

Inhaltsübersicht:

I. Die Gemeinschaft als Adressatin des EG-Datenschutzrechts (Abs. 1)   1
II. Kontrollinstanz zur Überwachung der Gemeinschaftsorgane und -einrichtungen (Abs. 2)   6

I. Die Gemeinschaft als Adressatin des EG-Datenschutzrechts (Abs. 1)

Die wirtschaftliche Integration hat auch die Gewährleistung des grenzüberschreitenden 1 Datenverkehrs und Datenschutzes zu einem gemeinschaftsrechtlichen Thema werden lassen[1]. Die Gemeinschaft hat den »europäischen informationellen Großraum«[2] nach verschiedenen, sektorspezifischen Vorschriften über den Umgang mit personenbezogenen Informationen zunächst durch zwei Richtlinien systematisiert:
– die **Datenschutz-Richtlinie**[3] und
– die **Telekommunikations-Datenschutzrichtlinie**[4].

Allerdings wurde die Tatsache, daß diese nur an die Mitgliedstaaten adressierten Richt- 2 linien kein verbindliches Datenschutzsystem für die Gemeinschaftsorgane und -einrich-

---

1 Zur Entwicklung des europäischen Datenschutzes und zu den Problemen bei der Umsetzung der EG-Datenschutzrichtlinie vgl. etwa die Übersichten bei *H. Garstka*, Empfiehlt es sich, Notwendigkeit und Grenzen des Schutzes personenbezogener – auch grenzüberschreitender – Informationen neu zu bestimmen?, DVBl. 1998, S. 981 (985 ff.); *F. Kopp*, Tendenzen der Harmonisierung des Datenschutzrechts in Europa, DuD 1995, S. 204 ff.; *N. Lavranos*, Datenschutz in Europa, DuD 1996, S. 400 ff.; *D. Kröger/F. Moos*, Der Europäische Datenschutz als neuer Bestandteil des Amsterdamer Vertrages, DuD 1999, S. 11 ff.; *S. Simitis*, Die EG-Datenschutzrichtlinie – Stillstand oder Anreiz?, NJW 1997, S. 281 ff. sowie *ders.*, Datenschutz – Rückschritt oder Neubeginn?, NJW 1998, S. 2473 ff.
2 *H.-H. Trute*, Der Schutz personenbezogener Informationen in der Informationsgesellschaft, JZ 1998, S. 822 (830).
3 RL 95/46/EG des Europäischen Parlaments und des Rates v. 24.10.1995 zum Schutz natürlicher Personen bei der Verarbeitung personenbezogener Daten und zum freien Datenverkehr (ABl.EG 1995 Nr. L 281/31).
4 RL 97/66/EG des Europäischen Parlaments und des Rates v. 15.12.1997 über die Verarbeitung personenbezogener Daten und den Schutz der Privatsphäre im Bereich der Telekommunikation (ABl.EG 1997 Nr. L 24/1); dazu etwa *H. H. Schild*, Die Richtlinie über die Verarbeitung personenbezogener Daten und den Schutz der Privatsphäre im Bereich der Telekommunikation, EuZW 1999, S. 69 ff.

tungen zu realisieren vermochten, schon immer als unbefriedigend angesehen[5]: Die Gemeinschaft ist zur Erfüllung ihrer Aufgaben, etwa im Bereich der gemeinsamen Agrarpolitik und bei der Subventionskontrolle, in zunehmendem Maße auf in den Mitgliedstaaten erhobene Daten angewiesen. Es wäre aber unverständlich und mit dem Selbstverständnis der Gemeinschaft als grundrechtsgebundene Hoheitsgewalt nicht vereinbar, die Mitgliedstaaten anzuhalten, personenbezogene Daten nur unter bestimmten Voraussetzungen zu verarbeiten, sich selbst aber beim Umgang mit diesen Daten einer solchen Verpflichtung zu entziehen. Nachdem sich Kommission und Rat zunächst freiwillig auf die Einhaltung der datenschutzrechtlichen Anforderungen in den Richtlinien verpflichtet hatten[6], ist der in der Datenschutzrichtlinie und der Telekommunikations-Datenschutzrichtlinie enthaltene datenschutzrechtliche Standard mit dem Amsterdamer Vertrag zunächst durch eine **geltungserweiternde Verweisung** in Abs. 1 auf die Gemeinschaftsorgane und -einrichtungen »umgeleitet« worden[7].

3 Anders als die Mitgliedstaaten muß die Gemeinschaft zwar Richtlinien nicht in die eigene Rechtsordnung »umsetzen«. Doch fordert der rechtsstaatliche, im Gemeinschaftsrecht ebenfalls geltende Grundsatz der Rechtssicherheit (Art. 6 EUV, Rn. 14) die Publikation auch durch die Gemeinschaft, damit unmittelbare Rechtswirkungen im Verhältnis zum Bürger begründet werden können[8]. Daher erstreckt nunmehr die **VO 45/2001/ EG v. 18.12.2000 zum Schutz natürlicher Personen bei der Verarbeitung personenbezogener Daten durch die Organe und Einrichtungen der Gemeinschaft und zum freien Datenverkehr** in enger Anlehnung an die beiden Datenschutz-Richtlinien (Rn. 1) die dort enthaltenen Verpflichtungen auf Tätigkeiten im Anwendungsbereich des Gemeinschaftsrechts.

4 Fraglich ist die **Kompetenz der Gemeinschaft**: Ausweislich der Erwägungsgründe stützt sich die VO 45/2001/EG auf Abs. 2[9], der den Rat ermächtigt(e?), vor dem in Abs. 1 genannten Zeitpunkt (1.1.1999) einschlägige Bestimmungen zu erlassen. Nachdem dies aber bis zu dem genannten Zeitpunkt nicht geschehen war und wegen des erst am 1.5.1999 in Kraft getretenen Amsterdamer Vertrages auch nicht geschehen konnte, wurde Abs. 2 allerdings in der Literatur schon für obsolet gehalten[10]. Entgegen dem Wortlaut soll Abs. 2 aber offenbar auch über den 1.1.1999 hinaus eine taugliche Zuständigkeitsnorm bilden. Dafür mag immerhin sprechen, daß nur so neue, an die Mitgliedstaaten gerichtete Vorschriften auch auf die Gemeinschaftsorgane erstreckt werden können. Das ist insbesondere für die bislang noch nicht datenschutzrechtlich erschlossenen Bereiche des EUV von Bedeutung (unten Rn. 5). Weil sich Verordnungen nach Abs. 2 aber an die Vorgaben der von Abs. 1 erfaßten Rechtsakte halten müssen, ist Abs. 2 **keine Kompetenznorm für ein umfassendes europäisches Datenschutzrecht**[11] und auch nicht

---

5 Vgl. etwa *U. Brühann*, in: Grabitz/Hilf, Verbraucher- und Datenschutzrecht, A 30 Vorb., Rn. 67 ff.; *U. Dammann/S. Simitis*, EG-Datenschutzrichtlinie, 1997, Einl. Rn. 50 ff. u. Art. 34, Rn. 3 (jew. zur Datenschutzrichtlinie); vgl. auch EuGH, Rs. C-404/92 P, Slg. 1994, I-4737, Rn. 8 ff. (X/Kommission) zur Erhebung von Arbeitnehmerdaten (hier: HIV-Test) im Rahmen des Einstellungsverfahrens bei der Kommission sowie EuGH, Verb. Rs. T-39/93 und T-553/93, Slg. ÖD 1995, I-A-233 (235 ff.) (Baltavias/Kommission) zur Führung einer Personalakte.
6 Näher *Dammann/Simitis* (Fn. 5), Art. 34, Rn. 4.
7 Dazu *A. Haratsch*, Verweisungstechnik und gemeinschaftsgerichtete EG-Richtlinien, EuR 2000, S. 42 (44 ff.).
8 *A. Hatje*, in: Schwarze, EU-Kommentar, Art. 286, Rn. 4; *Haratsch* (Fn. 7), S. 53.
9 Vgl. Erwägungsgründe Nr. 3 und 4 zur VO 45/2001/EG v. 18. 12. 2000.
10 *M. Röttinger*, in: Lenz, EGV, Art. 287, Rn. 3.
11 Vgl. zur Diskussion im Zusammenhang mit der Datenschutz-Richtlinie *Dammann/ Simitis* (Fn. 5), Einl., Rn. 3 ff.; *W. Rudolf*, Datenschutzkontrolle in Deutschland und die Europäische Datenschutzrichtlinie, in: FS-Stern, 1997, S. 1347 (1358 ff.).

Grundlage für ein subjektiv-öffentliches Recht auf informationelle Selbstbestimmung (dazu Art. 6 EUV, Rn. 103).

Die in Abs. 1 ausgesprochene und nunmehr durch die Verordnung nach Abs. 2 (Rn. 4) konkretisierte Bindung erstreckt sich allein auf die durch den EG-Vertrag bzw. auf seiner Grundlage errichteten Organe und Einrichtungen. Nicht erfaßt ist wegen Art. 41 Abs. 1 EUV insbesondere **die ZBIJ**. Hier enthalten die Art. 14 ff., des Europol-Übereinkommens[12], die Art. 13 ff. des Übereinkommens über den Einsatz der Informationstechnologie im Zollbereich[13] und die Art. 94 ff., 126 ff. SDÜ für das Fahndungssystem des Schengener Informationssystems[14] spezielle datenschutzrechtliche Vorschriften (Art. 30 EUV, Rn. 8 ff.). Ein sektorübergreifendes Datenschutzrecht für die ZBIJ fehlt allerdings noch. 5

II. Kontrollinstanz zur Überwachung der Gemeinschaftsorgane und -einrichtungen (Abs. 2)

Die VO 45/2001/EG richtet in ihren Art. 41 ff. einen **europäischen Datenschutzbeauftragten** (Art.1 Abs. 2 VO 45/2001/EG) als Kontrollbehörde i.S.d. Abs. 2 ein. Ferner muß nach Art. 24 Abs. 1 VO 45/2001/EG jedes Organ und jede Einrichtung der Gemeinschaft einen **behördlichen Datenschutzbeauftragten** bestimmen. Bereits zuvor hatte sich – auf der Grundlage von Art. 29 der Datenschutzrichtlinie – eine Datenschutzgruppe konstituiert, die die Kommission beraten und insbesondere zur einheitlichen Anwendung der zur Umsetzung dieser Richtlinie erlassenen Vorschriften der **Mitgliedstaaten** beitragen soll[15]. 6

---

12 Übereinkommen aufgrund von Artikel K.3 des Vertrages über die Europäische Union über die Errichtung eines Europäischen Polizeiamtes (Europol-Übereinkommen) v. 26.7.1995 (ABl. EG 1995 Nr. C 316/2).
13 Übereinkommen aufgrund von Artikel K.3 des Vertrages über die Europäische Union über den Einsatz der Informationstechnologie im Zollbereich v. 26.7.1995 (ABl.EG 1995 Nr. C 316/33).
14 Übereinkommen zur Durchführung des Übereinkommens von Schengen betreffend den schrittweisen Abbau der Kontrollen an den gemeinsamen Grenzen v. 19.6.1990 (BGBl. 1993 II, S. 1013).
15 Vgl. 65. Erwägungsgrund zur RL 95/46/EG vom 24.10.1995 (ABl.EG 1995 Nr. L 281/31). Dokumente, insbes. Tätigkeitsberichte dieser sog. Gruppe 29 finden sich unter www.datenschutz-berlin.de.

# Art. 287 EG-Vertrag

Art. 287 (ex-Art. 214)

Die Mitglieder der Organe der Gemeinschaft, die Mitglieder der Ausschüsse sowie die Beamten und sonstigen Bediensteten der Gemeinschaft[6] sind verpflichtet, auch nach Beendigung ihrer Amtstätigkeit Auskünfte[2], die ihrem Wesen nach unter das Berufsgeheimnis[2] fallen, nicht preiszugeben[3 ff.]; dies gilt insbesondere für Auskünfte über Unternehmen sowie deren Geschäftsbeziehungen oder Kostenelemente[2].

Inhaltsübersicht:

I. Berufsgeheimnis	2
II. Pflicht zur Geheimhaltung und Verwertungsverbot	3
III. Verpflichteter Personenkreis	6
IV. Rechtsschutz und Sanktionen	7

1 Die Vorschrift enthält die **allgemeine Regelung über die Amtsverschiegenheit** der Mitglieder der Organe und der Bediensteten der Gemeinschaft.[1] Sie steht der Sache nach in einem Spannungsverhältnis insbesondere zu dem durch den Amsterdamer Vertrag neu eingefügten allgemeinen Informationsfreiheitsrecht des Art. 255[2] und zu den aus allgemeinen Grundsätzen des Verwaltungsverfahrens fließenden Informationsrechten.

I. Berufsgeheimnis

2 Art. 287 verpflichtet dazu, Auskünfte, die ihrem Wesen nach unter das Berufsgeheimnis fallen, nicht preiszugeben. Der Begriff der **Auskünfte** bezieht sich nicht allein auf die im Wege des Auskunftsersuchens nach Art. 284 erlangten Daten, sondern umfaßt alle der Gemeinschaft vorliegenden Informationen. Unter das Amts- bzw. **Berufsgeheimnis** fallen diese Informationen ihrem Wesen nach nur dann, wenn sie nur einem **begrenzten Personenkreis bekannt** sind,[3] wenn sie dem jeweiligen Geheimschutzverpflichteten **in amtlicher oder beruflicher Eigenschaft bekannt geworden** sind und wenn **auch unter Berücksichtigung gegenläufiger Interessen an ihrer Verbreitung ihre Geheimhaltung objektiv geboten ist.**[4] Letztere Einschränkung wird mitunter anders als hier nicht dem Begriff des Berufsgeheimnisses entnommen, sondern einem ungeschriebenen Tatbestandsmerkmal zulässiger »**befugter**« Preisgabe zugeordnet,[5] ohne daß sich damit Unterschiede in der Sache verbänden. Jedenfalls sind demnach die in Art. 287 genannten Regelbeispiele weder abschließend[6] noch zwingend.

---

1 Zu den in Art. 194 EAGV und Art. 47 EGKSV enthaltenen zum Teil weitergehenden Bestimmungen: W. *Hummer*, in: Grabitz/Hilf, EU, Art. 214, Rn. 5 f. Vgl. auch die zahlreichen die Vorschrift konkretisierenden Bestimmungen des Sekundärrechts, etwa Art. 20 Abs. 2 der VO Nr. 17, ABl. EG 1962 Nr. 13/204; Art. 17, 19 Beamtenstatut; Art. 18 GO-Rat; VO (Euratom, EWG) Nr. 1588/90 des Rates vom 11.6.1990 über die Übermittlung von unter die Geheimhaltungspflicht fallenden Informationen an das Statistische Amt der Europäischen Gemeinschaften, ABl.EG 1990 Nr. L 151/1.
2 Näher dazu o. Art. 255, Rn. K.
3 Daran fehlt es insbesondere hinsichtlich solcher Dokumente, die bereits zuvor anderweitig veröffentlicht wurden, vgl. EuG, Rs. T-152/95, 17.12.1997, n.n.i.Slg. 1997, Rn. 37 ff. (Pretides/Kommission).
4 Zur Qualifikation der Höhe einer noch zu verhängenden Geldbuße als Berufsgeheimnis: EuG, Rs. T-62/98, Slg. 2000, II-2707, Rn. 281 (VW/Kommission).
5 Vgl. etwa W. *Hummer*, in: Grabitz/Hilf, EU, Art. 214, Rn. 20.
6 EuGH, Rs. 145/83, 7.11.1985, Slg. 1985, 3539, Ls. 1 (Adams/Kommission) – Schutz des Informanten.

II. Pflicht zur Geheimhaltung und Verwertungsverbot

Nach Art. 287 dürfen Geheimnisse nicht preisgegeben werden. Fraglich ist dabei vor allem, ob auch in der Übermittlung der Informationen an ebenfalls zur Verschwiegenheit verpflichtete Angehörige von Gemeinschaftsorganen oder -einrichtungen oder an Amtsträger der Mitgliedstaaten als **verbotene Preisgabe** von Geheimnissen gewertet werden kann. Man wird dies mit Rücksicht auf den effet utile der Vorschrift jedenfalls für die Fälle bejahen müssen, in denen durch die **Weitergabe von Informationen an** sachlich nicht zuständige **Amtsträger** die Gefahr eines Bekanntwerdens der Geheimnisse objektiv erhöht wird.[7] Eine Preisgabe von Geheimnissen kann daneben auch in der Weitergabe von Informationen an **andere** zuständige **Organe oder Dienststellen** liegen, wenn die Geheimhaltung bei diesen erkennbar ungesichert ist.[8] Für das geheimniswahrende Organ kann die objektive Gefahr der Preisgabe deshalb in engen Grenzen auch innerhalb der Gemeinschaft und im Verhältnis zu den Mitgliedstaaten Rechtfertigungsgrund für die Zurückhaltung an sich zu übermittelnder Informationen sein.

3

Im Verhältnis zu Dritten und zu den Mitgliedstaaten müssen die Gemeinschaftsorgane und -einrichtungen Geheimnisse u.U. auch soweit wahren, als ihre **Übermittlung im Rahmen ordnungsgemäßer Verwaltung oder zur Wahrung der Verteidigungsrechte Dritter** an sich erforderlich wäre.[9] Allerdings haben die zuständigen Stellen dabei zwischen den durch die Geheimhaltung und den durch die Übermittlung gefährdeten Interessen abzuwägen.[10] Die Abwägung wird von den Gemeinschaftsgerichten wenigstens im Sinne einer Plausibilitätskontrolle überprüft.[11] Im Streitfall hat die Kommission die von ihr geltend gemachten Gründe für eine Geheimhaltung soweit darzulegen, als dies nötig ist um eine gerichtliche Kontrolle der Entscheidung zu ermöglichen.[12] Die betroffenen Schriftstücke müssen jedenfalls insoweit übermittelt werden, als dies, gegebenenfalls nach Unkenntlichmachung einzelner Passagen, ohne Preisgabe von Geheimnissen möglich ist.[13] Insbesondere die aus Art. 10 folgende Pflicht zur Zusammenarbeit mit mitgliedstaatlichen Einrichtungen und der Schutz gemeinschaftsrechtlich begründeter Rechte kann die Übermittlung auch von Geheimnissen rechtfertigen.[14] Dabei sind von Seiten der Gemeinschaftsorgane die notwendigen verfahrensmäßigen Vorkehrungen zu treffen, damit die zu wahrenden Geheimnisse nicht weiter als unbedingt notwendig offenbart werden.[15]

4

---

7 Noch weitergehend W. *Hummer*, in: Grabitz/Hilf, EU, Art. 214, Rn. 25, der allein in der Weitergabe an sachlich unzuständige Mitarbeiter die Geheimnispreisgabe erblickt.
8 Näher zu den notwendigen Geheimhaltungsanstrengungen insbesondere des EP, W. *Hummer*, in: Grabitz/Hilf, EU, Art. 214, Rn. 25.
9 EuG, Rs. T-170/94, 25.9.1997, Slg. 1997, II-1383, Ls. 12 (Shanghai Bicycle/Rat); EuGH, Rs. C-36/92 P, 19.5.1994, Slg. 1994, I-1911, Ls. 3 (SEP/Kommission).
10 EuGH, Rs. 264/82, 20.3.1985, Slg. 1985, 849, Rn. 24 (Timex/Rat, Kommission); verb. Rs. 296, 318/82, 13.3.1985, Slg. 1985, 809, Rn. 27 (Niederlande, Papierwarenfabrik/Kommission); EuG, Rs. T-30/91, 29.6.1995, Slg. 1995, II-1775, Rn. 88 ff. (Solvay/Kommission); Rs. T-36/91, 29.6.1995, Slg. 1995, II-1847, Rn. 98 ff. (Imperial Chemical/Kommission); W. *Hummer*, in: Grabitz/Hilf, EU, Art. 214, Rn. 21 (Gewährung rechtlichen Gehörs).
11 EuG, Rs. T-30/91, (Fn. 10), Rn. 90 ff.; weitergehend A. *Hatje*, in: Schwarze: EU-Kommentar, Art. 287, Rn. 11, nach dessen Rechtsprechungsinterpretation den Gemeinschaftsorganen kein Ermessen bei der von den Gerichten vollständig überprüften Abwägung zusteht.
12 EuG, Rs. T-73/98, 15.3.2001, n.n.i.Slg., Rn. 84 (Prayon Rupel/Kommission).
13 EuG, Rs. T-30/91, (Fn. 10), Rn. 90 ff.
14 EuG, Rs. T-353/94, 18.9.1996, Slg. 1996, II-921, Ls. 2, (Postbank/Kommission).
15 EuG, Rs. T-353/94, (Fn. 14), Ls. 4.

5 Soweit die Gemeinschaftsorgane in Aufsichts- oder Verbotsverfahren ein Dokument aus Gründen der Geheimhaltung dem Betroffenen (i.d.R. dem betroffenen Unternehmen) nicht oder nicht vollständig übermitteln, müssen »sie auf dieses Schriftstück als Beweismittel verzichten.« Nach der Rechtsprechung des EuGH ist es »unzulässig, einem Unternehmen ein Schriftstück entgegenzuhalten, von dem ihm ein Teil nicht zur Kenntnis gebracht worden ist«. Dabei sei es nicht Sache der Behörden, »darüber zu entscheiden, ob ein Schriftstück oder ein Teil eines Schriftstücks der Verteidigung des betroffenen Unternehmens dienlich sein kann oder nicht.«[16] Hinsichtlich solcher Informationen hinsichtlich derer wegen der Pflicht zur Geheimhaltung kein rechtliches Gehör gewährt werden kann, besteht demnach ein **Verwertungsverbot**. Verwertungsverbote können darüber hinaus hinsichtlich solcher Informationen bestehen, die von den Betroffenen selbst allein für die Zwecke eines bestimmten anderen Verfahrens übermittelt worden sind. Dies gilt auch für nationale Behörden, die entsprechende Informationen im Wege der Amtshilfe von Dienststellen der Gemeinschaft erhalten haben.[17]

III. Verpflichteter Personenkreis

6 Neben den **Mitgliedern der Organe**, dem Beamten und Bediensteten der Gemeinschaft verpflichtet Art. 287 nach dem Zweck der Vorschrift auch die **Organe** selbst zu Geheimhaltung. Daneben trifft die Geheimhaltungspflicht die **Mitglieder der** zahlreichen insbesondere von Rat und Kommission eingerichteten beratenden **Ausschüsse** und zwar auch insoweit, als diese nicht in einem Anstellungsverhältnis zur Gemeinschaft stehen. Für diese Dritten ergibt sich die Verschwiegenheitspflicht direkt, d.h. vor allem auch **ohne** ausdrückliche **weitere Belehrung**, aus Art. 287, dem insoweit **unmittelbare Wirkung** zukommt. Nicht von Art. 287 erfaßt werden dagegen die Mitglieder und Bediensteten **nachgeordneter Einrichtungen**, die durch Rechtsakt des Rates errichtet worden sind. Für sie ergibt sich die Pflicht zur Amtsverschwiegenheit aus den Bestimmungen der jeweiligen Gründungsakte.[18] Für die Bediensteten mitgliedstaatlicher Behörden können sekundärrechtliche Konkretisierungen des allgemeinen gemeinschaftsrechtlichen Geheimhaltungsgebots Verschwiegenheitspflichten begründen.[19]

IV. Rechtsschutz und Sanktionen

7 Die Maßnahme eines Gemeinschaftsorgans, mit der dieses die zunächst ausgesprochene Einstufung eines Dokuments als geheim aufhebt oder mit der dieses eine von einem Dritten übermittelte Information entgegen der von ihm vorgenommenen Kennzeichnung als geheim weiterzugeben beschließt, hat Entscheidungscharakter und kann von dem

---

16 EuGH, Rs. 107/82, 25.10.1983, Slg. 1983, 3151, Ls. 1 (AEG/Kommission); vgl. auch Rs. 85/76, 13.2.1979, Slg. 1979, 461, Rn. 14 (Hoffmann-La Roche/Kommission); EuG, Rs. T-36/91, (Fn. 10) Ls. 3.
17 EuGH, Rs. C-67/91, 16.7.1992, Slg. 1992, I-4785, Ls. 3 (Direcion General de Defensa de la Competencia/Asociation Espanola de Banca Privada); zu den Geheimhaltungserwartungen gegenüber mitgliedstaatlichen Gerichten vgl. auch EuG, Rs. T-353/94, (Fn. 14), Ls. 2 f.
18 Zu den Einzelheiten vgl. W. *Hummer*, in: Grabitz/Hilf, EU, Art. 214, Rn. 12 f. m.N. auch zur Notwendigkeit der vertraglichen Verpflichtung zur Verschwiegenheit für kurzfristig Beschäftigte.
19 Vgl. etwa Art. 20 Abs. 2 der VO Nr. 17 (Fn. 1), dazu auch EuG, Rs. T-39/90, 12.12.1991, Slg. 1991, II-1497, Rn. 53 ff. (SEP/Kommission).

Betroffenen mit der **Nichtigkeitsklage** nach Art. 230 angefochten werden.[20] Auch hat der von einer belastenden Maßnahme Betroffene die Möglichkeit, diese mit der Begründung anzufechten, sie beruhe auf Informationen, die als geheim eingestuft und deshalb ihm gegenüber nicht offengelegt worden seien.[21] Insoweit ergibt sich die Notwendigkeit einer inzidenten Prüfung des Geheimnisschutzes. Angesichts des Fehlens entsprechender gemeinschaftsrechtlicher Bestimmungen können **strafrechtliche Sanktionen** gegen Geheimnisverrat nur nach nationalem Recht verhängt werden. Allerdings sind hiervon nach Art. 12a und 18 des Protokolls über Vorrechte und Befreiungen[22] die in amtlicher Eigenschaft vorgenommenen Handlungen der Bediensteten der Gemeinschaft ausgenommen, soweit diese Handlungen »ihrer Natur nach als Teilnahme des von der Gerichtsbarkeit Befreiten an der Erfüllung der Aufgaben des Organs anzusehen sind, dem er untersteht.«[23] **Dienstrechtlich** können Verstöße der Gemeinschaftsbeamten und sonstigen Bediensteten gegen die in den Art. 17/19 des Beamtenstatuts verankerten Verschwiegenheitspflichten durch Disziplinarmaßnahmen nach Art. 86 BSt. bzw. nach Art. 49 und 76 der Beschäftigungsbedingungen für Bedienstete geahndet werden. Die Verletzung der Geheimhaltungspflichten kann schließlich das jeweilige Organ zum Schadensersatz gegenüber dem Verletzten nach Art. 288 Abs. 2 verpflichten.[24]

---

20 EuGH, Rs. 53/85, 24.6.1986, Slg. 1986, 1965, Ls. 1 (Akzo/Kommission) dort auch zum fortbestehenden Rechtsschutzbedürfnis nach unberechtigter Offenbarung des Geheimnisses; Rs. C-36/92 P, (Fn. 9), Ls. 3, dort auch zu der Verpflichtung, dem betroffenen Dritten vor der Weitergabe der Information Gelegenheit zur Stellungnahme und gegebenenfalls zur Anrufung der Gemeinschaftsgerichtsbarkeit zu geben; EuG, Rs. T-353/94, (Fn. 14), Ls. 1.
21 EuG, Rs. T-30/91, (Fn. 10), Rn. 83 f.; Rs. T-36/91, (Fn. 10), Rn. 93 f.
22 ABl. EG 1967 Nr. 152/13.
23 EuGH, Rs. 5/68, 11.7.1968, Slg. 1968, 589, 600 (Sayag/Ledúc).
24 Vgl. dazu insbesondere EuGH, Rs. 145/83, (Fn. 6); und Rs. 53/84, 7.11.1985, Slg. 1985, 3595 ff. (Adams/Kommission).

… Art. 288 (ex-Art. 215)

Die vertragliche Haftung der Gemeinschaft bestimmt sich nach dem Recht, das auf den betreffenden Vertrag anzuwenden ist.[2]

Im Bereich der außervertraglichen Haftung[3 ff.] ersetzt die Gemeinschaft den durch ihre Organe oder Bediensteten in Ausübung ihrer Amtstätigkeit[5 ff.] verursachten[20] Schaden[19, 22 ff.] nach den allgemeinen Rechtsgrundsätzen, die den Rechtsordnungen der Mitgliedstaaten gemeinsam sind.[8 ff.]

Absatz 2 gilt in gleicher Weise für den durch die EZB oder ihre Bediensteten in Ausübung ihrer Amtstätigkeit verursachten Schaden.[5]

Die persönliche Haftung der Bediensteten gegenüber der Gemeinschaft bestimmt sich nach den Vorschriften ihres Statuts oder der für sie geltenden Beschäftigungsbedingungen.[27]

Inhaltsübersicht:

A.	Haftung nach Gemeinschaftsrecht	1
B.	Vertragliche Haftung der Gemeinschaft	2
C.	Außervertragliche Haftung der Gemeinschaft	3
	I. Haftungsgrundlagen	3
	II. Haftungsvoraussetzungen	4
	1. Die Haftungsvoraussetzungen allgemein	4
	2. Handlung eines Gemeinschaftsorgans	5
	3. Rechtsverletzung	8
	a) Administratives Unrecht	8
	b) Normatives Unrecht	11
	aa) Voraussetzungen	11
	bb) Höherrangige Rechtsnorm	12
	cc) Schutznorm	13
	dd) Hinreichend qualifizierte Verletzung	14
	(1) Rechtsprechung des EuGH	14
	(2) Kritik des Schrifttums	16
	(3) Stellungnahme	17
	c) Haftung für rechtmäßiges Handeln?	18
	4. Schaden	19
	5. Kausalität	20
	6. Verschulden	21
	III. Haftungsfolgen	22
	1. Umfang der Ersatzleistung	22
	2. Verjährung, Verfahrensfragen	26
D.	Persönliche Haftung der Gemeinschaftsbediensteten	27
E.	Gemeinschaftsrechtliche Haftung der Mitgliedstaaten	28
	I. Haftungsgrundlagen	28
	II. Haftungsvoraussetzungen	32
	1. Die Haftungsvoraussetzungen allgemein	32
	2. Handlung eines mitgliedstaatlichen Organs	34
	3. Rechtsverletzung	36
	a) Allgemein: Verletzung eines gemeinschaftsrechtlichen subjektiven Rechts	36
	b) Administratives Unrecht	38
	c) Normatives Unrecht	39
	aa) Rechtsprechung des EuGH	39
	(1) Grundsatz	39
	(2) Hinreichend qualifizierte Verletzung	41
	(3) Insbesondere: Haftung für die fehlerhafte Umsetzung von Richtlinien	46
	bb) Schrifttum und Stellungnahme	48

4. Schaden und Kausalität 50
5. Verschulden 51
6. Verhältnis zum nationalen Staatshaftungsrecht und Anwendung
   in Deutschland 52
III. Haftungsfolgen 54
  1. Umfang der Ersatzleistung 54
  2. Verfahrensfragen 58
IV. Ausblick 59

A. Haftung nach Gemeinschaftsrecht

Der EGV hat in Art. 288 nur die »Staats-«Haftung der Gemeinschaft normiert. In der 1 neueren EuGH-Rechtsprechung ist jedoch darüber hinaus ein allgemeiner Grundsatz der Haftung auch der Mitgliedstaaten nach vergleichbaren Kriterien richterrechtlich entwickelt worden (s.u. Rn. 28 ff.). Zutreffend anerkennt der EuGH eine gewisse Parallelität der Haftung: »Der Schutz der Rechte, die der einzelne aus dem Gemeinschaftsrecht herleitet, kann nämlich nicht unterschiedlich sein, je nachdem, ob die Stelle, die den Schaden verursacht hat, nationalen oder Gemeinschaftscharakter hat.«[1] Das Gemeinschaftsrecht entwickelt so **ein aus der Marktbürgerperspektive kohärentes Haftungssystem**[2].

B. Vertragliche Haftung der Gemeinschaft

In diesem System hat die in Abs. 1 geregelte vertragliche Haftung der Gemeinschaft nur 2 eine geringe Bedeutung[3]. Das auf den jeweiligen Vertrag anzuwendende Recht richtet sich nach den Regeln des **Internationalen Privatrechts**, die auf den ausdrücklichen oder mutmaßlichen Parteiwillen abstellen[4]. Die Wahl eines bestimmten Rechts ist gängige Praxis der Gemeinschaftsorgane[5]. Abs. 1 erfaßt auch vertragsähnliche Haftungsformen (z.B. c.i.c.)[6] sowie **Verwaltungsverträge**[7].

---

1 EuGH, Verb. Rs. C-46/93 und C-48/93, Slg. 1996, I-1029, Rn. 42 (Brasserie du Pêcheur und Factortame).
2 Ausdrücklich nunmehr EuGH, Rs. 352/98 P, Slg. 2000, I-5291, Rn. 40 (Bergaderm/Kommission), dazu *T. Tridimas*, Liability For Breach of Community Law: Growing Up and Mellowing Down?, CMLRev. 38 (2001), S. 301 (321 ff.). Vgl. *A. von Bogdandy*, Das deutsche Staatshaftungsrecht vor der Herausforderung der Internationalisierung, AöR 122 (1997), S. 268 (273); *ders.*, in: Grabitz/Hilf, EU, Art. 215, Rn. 6; *T. von Danwitz*, Die Nichtumsetzung von EG-Recht durch die Legislative, NWVBl. 1997, S. 7 (10); *M. Herdegen/T. Rensmann*, Die neuen Konturen der gemeinschaftsrechtlichen Staatshaftung, ZHR 161 (1997), S. 522 (536); *F. Schockweiler*, La responsabilité de l'autorité nationale en cas de violation du droit communautaire, R.T.D.E. 28 (1992), S. 27 (48 f.); *R. Streinz*, Anmerkungen zu dem EuGH-Urteil in der Rechtssache Brasserie du Pêcheur und Factortame, EuZW 1996, S. 201 (203).
3 Umfassend *T. Heukels*, The Contractual Liability of the European Community Revisited, in: ders./McDonnell (Hrsg.), The Action for Damages in Community Law, 1997, S. 89. S. auch *W. Berg*, in: Schwarze, EU, Art. 288, Rn. 5 ff.
4 Vgl. *P. Gilsdorf/P. Oliver*, in: GTE, EU-/EGV, Art. 215, Rn. 8.
5 *P. Gilsdorf/P. Oliver*, in: GTE, EU-/EGV, Art. 215, Rn. 8.
6 *P. Gilsdorf/P. Oliver*, in: GTE, EU-/EGV, Art. 215, Rn. 4; *E. Klein*, in: HK-EUV, Art. 215, Rn. 3; *Heukels* (Fn. 3), S. 94.
7 S. Art. 238, Rn. 9; *A. Bleckmann*, Die öffentlich-rechtlichen Verträge der EWG, NJW 1978, S. 464; *ders.*, Der Verwaltungsvertrag als Handlungsmittel der EGen, DVBl. 1981, S. 889.

C. Außervertragliche Haftung der Gemeinschaft
I. Haftungsgrundlagen

3 Wesentlich bedeutsamer als die vertragliche Haftung der Gemeinschaft sind die Vorschriften über ihre außervertragliche Haftung. Anders als die Vorläufernormen in Art. 34 Abs. 1 Satz 3 und Art. 40 EGKSV[8] verweist Art. 288 Abs. 2 EGV (und die Parallelnorm in Art. 188 Abs. 2 EAGV) auf die den Rechtsordnungen der Mitgliedstaaten gemeinsamen allgemeinen Rechtsgrundsätze (zu diesen allgemein s. Art. 220, Rn. 28 ff.)[9]. Der **EuGH** hat aus dieser Ermächtigung zur Rechtsfortbildung[10] Merkmale eines Haftungstatbestandes entwickelt (s.u. Rn. 4 ff.). Ergänzt wird das außervertragliche Haftungsregime um die prozessuale Regelung in Art. 235 EGV. Ein Sonderfall – außerhalb von Art. 288 EGV – ist die **völkerrechtliche Haftung** der EG[11].

II. Haftungsvoraussetzungen
1. Die Haftungsvoraussetzungen allgemein

4 Nach der Rechtsprechung von EuGH und EuG ist erforderlich, »daß die den Organen vorgeworfene Handlung rechtswidrig und ein tatsächlicher Schaden eingetreten ist sowie daß zwischen der Handlung und dem behaupteten Schaden ein ursächlicher Zusammenhang besteht.«[12] Diese Voraussetzungen müssen kumulativ vorliegen und sind nicht in einer be-

---

8 Dazu EuG, Rs. T-120/89, Slg. 1991, II-279 und EuGH, Rs. C-220/91 P, 18.5.1993, Slg. 1993, I-2437 (Stahlwerke Peine-Salzgitter/Kommission); *M. Lagrange,* The Non-Contractual Liability of the Community in the E.C.S.C. and in the E.E.C., CMLRev. 3 (1965/66), S. 10 (20 ff.); *J. F. Meinhold,* Nichtigkeitsurteil, Wiedergutmachungsmaßnahmen und Schadensersatz gemäß Art. 34 EGKSV, RIW 1989, S. 455; *F. Ossenbühl,* Staatshaftungsrecht, 5. Aufl. 1998, S. 560 ff.; *Schweitzer/Hummer,* Europarecht, Rn. 593 ff.
9 Rechtsvergleichend *A. Heldrich,* Die allgemeinen Rechtsgrundsätze der außervertraglichen Schadenshaftung im Bereich der EWG, 1961, S. 23 ff.; *M. Herdegen,* Die Haftung der EWG für fehlerhafte Rechtsetzungsakte, 1983, S. 53 ff.; *Lagrange* (Fn. 8), S. 13 ff. *F. Schockweiler/ C. Wivenes/J. M. Godart,* Le régime de la responsabilité extra-contractuelle du fait d'actes juridiques dans la Communauté européenne, R.T.D.E. 26 (1990), S. 27; *C. Schroeder,* Ersatzleistungen für rechtmäßige und rechtswidrige hoheitliche Maßnahmen der EWG, Diss. Freiburg 1970, S. 145 ff. S. vor allem das grundlegende Sammelwerk *H. Mosler* (Hrsg.), Haftung des Staates für rechtswidriges Verhalten seiner Organe, 1967. Zur Methode *E.-W. Fuß,* Die allgemeinen Rechtsgrundsätze über die außervertragliche Haftung der EGen, FS-Raschhofer, Kallmünz 1977, S. 43.
10 *A. von Bogdandy,* in: Grabitz/Hilf, EU, Art. 215, Rn. 29.
11 Hierzu *A. Conze,* Die völkerrechtliche Haftung der EG, 1987; *C. T. Ebenroth/L. Fuhrmann,* Die Haftung der EG anläßlich der Zahlungsunfähigkeit des Internationalen Zinnrates, RIW 1989, S. 593; *C. Tomuschat,* Völkerrechtliche Schadensersatzansprüche vor dem EuGH, FS-Börner, 1992, S. 441.
12 EuGH, Rs. 4/69, Slg. 1971, 325, Rn. 10 (Lütticke/Kommision); Rs. 153/73, Slg. 1974, 675, Rn. 3 (Holtz & Willemsen/Rat und Kommission); Rs. 49/79, Slg. 1980, 569, Rn. 7 (Pool/Rat); Rs. C-308/87, Slg. 1990, I-1203, Rn. 6 (Grifoni); Verb. Rs. 197-200 u.a, Slg. 1981, 3211, Rn. 18 (Ludwigshafener Walzmühle/Rat und Kommission); Rs. 59/83, Slg. 1984, 4057, Rn. 10 (Biovilac/EWG); Rs. 281/84, Slg. 1987, 49, Rn. 17 (Zuckerfabrik Bedburg/ Rat und Kommission); Rs. 50/86, Slg. 1987, 4833, Rn. 9 (Grands Moulins de Paris/Rat und Kommission); Rs. C-55/90, Slg. 1992, I-2533, Rn. 19 (Cato/Kommission); Verb. Rs. C-258/90 und C-259/90, Slg. 1992, I-2901, Rn. 42 (Pesquerias de Bermeo und Naviera Laida/Kommission); Rs. C-257/90, I-9, Rn. 33 (Italsolar/Kommission); Rs. C-146/91, Slg. 1994, I-4199, Rn. 19 (KYDEP/Rat und Kommission); EuG, Rs. T-514/93, Slg. 1995, II-621, Rn. 65 (Cobecraf/Kommission); Verb. Rs. T-458/93 und T-523/ 93, Slg. 1995, II-2459, Rn. 90 (ENU/Kommission); Rs. T-168/ 94, Slg. 1995, II-2627, Rn. 36 (Blackspur/Rat und Kommission); Verb. Rs. T-481/93 und T-484/ 93, Slg. 1995, II-2941, Rn. 80 (Exporteurs in levende varkens/Kommission).

stimmten Reihenfolge zu prüfen[13]. Die Darstellung der Haftungsvoraussetzungen folgt hier dieser **ständigen Rechtsprechung** und bezieht nur in strittigen Einzelpunkten die Meinungen des **Schrifttums**[14], das dem EuGH bzw. EuG im wesentlichen folgt, ein.

2. Handlung eines Gemeinschaftsorgans

Erste Voraussetzung der Gemeinschaftshaftung ist die Handlung eines Gemeinschafts- 5 organs. Der Organbegriff des Art. 288 ist weiter als der des Art. 7 und umfaßt alle Einrichtungen, die »im Namen und für Rechnung« der Gemeinschaft handeln[15]. Dadurch werden der Rechtsschutz des einzelnen sowie die Kompetenzen des EuGH gewahrt. Am häufigsten wird die Haftung durch eine Handlung der Kommission ausgelöst; denkbar sind aber auch Handlungen anderer Organe wie des EP[16] (nicht jedoch einer EP-Fraktion[17], des EuGH (als Dienstherrn)[18] oder Nebenorgane wie der EIB[19] sowie von WSA und AdR[20]. Art. 288 Abs. 3 EGV i.d.F. des EUV von Maastricht bezieht ausdrücklich die EZB in die Haftungsregelung ein. **Selbständige juristische Personen** des Gemeinschaftsrechts (**Agenturen, Ämter**), haften nach ihren Gründungsrechtsakten; subsidiär haftet die Gemeinschaft nach Art. 288 II EGV, da sie sich durch die Gründung einer selbständigen Einheit nicht der Haftung entziehen können darf[21]. Der vom EuGH angenommene weite Organbegriff sollte auch einer Haftung der Organe bei

---

13 EuGH, Rs. C-257/98 P, Slg. 1999, I-5251, Rn. 11 (Lucaccioni/Kommission; Rs. 104/97 P, Slg. 1999, I-6983, Rn. 65 (Atlanta/EG).
14 Vgl. z.B. *P. Aubin,* Die Haftung der Europäischen Wirtschaftsgemeinschaft und ihrer Mitgliedstaaten bei gemeinschaftsrechtswidrigen nationalen Verwaltungsakten, 1982; *B. du Ban,* Les principes généraux communs et la responsabilité non contractuelle de la Communauté, C.D.E. 1977, S. 397; *A. v. Bogdandy,* Europa 1992 – Die außervertragliche Haftung der EGen, JuS 1990, S. 872; *P. Cahier,* Les éléments constitutifs de la responsabilité extracontractuelle de la Communauté économique européenne, Mélanges Paul Reuter, 1981, S. 127; *F. Capelli/ M. Migliazza,* Recours en indemnité et protection des intérêts individuels, CDE 31 (1995), S. 585.; *A. Czaja,* Die außervertragliche Haftung der EG für ihre Organe, 1996; *D. Ewert,* Die Funktion der allgemeinen Rechtsgrundsätze im Schadensersatzrecht der EWG, 1991; *E. Fuß,* Grundfragen der Gemeinschaftshaftung, EuR 1968, S. 353; *ders.,* La responsabilité des Communautés européennes pour le comportement illégal de leurs organes, R.T.D.E. 17 (1981), S. 1; *P. Gilsdorf,* Die Haftung der Gemeinschaft aus normativem Handeln, EuR 1975, S. 73; *E. Grabitz,* Das Amtshaftungsrecht der Gemeinschaft, in: Schweitzer (Hrsg.), Europäisches Verwaltungsrecht, Wien 1991, S. 167; *M. Herdegen,* Zur Haftung für fehlerhafte Verordnungen im Recht der EWG, NVwZ 1984, S. 344; *B. Schmitz,* Die Haftung der EWG für Verordnungsunrecht im Abgaben- und Beihilfenrecht, 1987; *H. Weis,* Die außervertragliche Haftung der EWG gemäß Art. 215 II EWGV, JA 1980, S. 480. S. auch den Sammelband *H. G. Schermers/ T. Heukels/P. Mead* (Hrsg.), Non-Contractual Liability of the European Communities, Dordrecht 1988.
15 EuGH, Rs. C-370/89, Slg. 1992, I-6211, Rn. 15. (SGEEM und Etroy/EIB).
16 EuGH, Verb. Rs. 7/65 u.a., Slg. 1957, 83 (135; Algera), zur EGKS-Versammlung; EuG, Rs. T-84/91, Slg. 1992, II-2335, dazu EuGH, Rs. C-412/92 P, Slg. ÖD 1994, I-B-23 (Meskens/Parlament).
17 EuGH, Rs. C-201/89, Slg. 1990, I-1183, Rn. 14 (Le Pen).
18 EuG, Rs. T-547/93, Slg. ÖD 1996, I-A-63 (Lopes/EuGH).
19 EuGH, Rs. C-370/89 Slg. 1992, I-6211, Rn. 12 ff. (SGEEM und Etroy/EIB).
20 Vgl. *A. von Bogdandy,* in: Grabitz/Hilf, EU, Art. 215, Rn. 62.
21 *R. Uerpmann,* Mittelbare Gemeinschaftsverwaltung durch gemeinschaftsgeschaffene juristische Personen des öffentlichen Rechts, AöR 125 (2000), S. 551 (580 ff.).

Handlungen im Zusammenhang mit der GASP nicht entgegenstehen[22]. Primärrecht ist keine Organhandlung[23].

6 Die Organhandlung muß **Außenwirkung** entfalten; interne oder vorbereitende Akte lösen keine Haftung aus[24]. **Passivlegitimiert** ist die Gemeinschaft, vertreten durch das Organ, das die Haftung ausgelöst hat.[25]

7 Klagen wegen **selbständig rechtswidriger Handlungen mitgliedstaatlicher Stellen** bei der Durchführung des Gemeinschaftsrechts sind nach der Rechtsprechung des Gerichtshofs unzulässig[26]. Einflußnahmen der Gemeinschaftsorgane auf die Durchführung in den Mitgliedstaaten führten nach früherer Rechtsprechung nur in Ausnahmefällen zu einer Verlagerung der haftungsrechtlichen Zurechnung, vor allem dann, wenn die nationale Behörde aufgrund einer verbindlichen Weisung handelte[27]. Die neuere Rechtsprechung stellt tendenziell auf die Verursachung des Rechtsverstoßes ab[28]. Dieser Wandel der Rechtsprechung wird von der Literatur befürwortet[29] und ist zu begrüßen, weil er die Verantwortlichkeit für Fehler im gemeinsamen Verwaltungsvollzug präziser abbildet.

3. Rechtsverletzung

a) Administratives Unrecht

8 Die Handlung des jeweiligen Gemeinschaftsorgans muß rechtswidrig sein, d.h. sie muß gegen Gemeinschaftsrecht verstoßen. Es genügt, wenn »eine durchschnittlich vorsichtige und sorgfältige Verwaltung unter ähnlichen Umständen« nicht fehlerhaft gehandelt hätte[30]. Einer besonderen Qualifikation der Rechtswidrigkeit bedarf es also bei der Haftung für administratives Unrecht im Gegensatz zu derjenigen bei normativem Unrecht (s.u. Rn. 11) nicht. Die Abgrenzung von Einzelakt und Rechtsetzungsakt erfolgt wie bei der Nichtigkeitsklage nicht nach der Form der Rechtshandlung, sondern danach, ob die Rechtshandlung allgemeine Geltung hat oder nicht[31]. Der Vorschlag, die Abgrenzung danach vorzunehmen, ob das EP am Zustandekommen eines Rechtsaktes

---

22 Hierzu A. *von Bogdandy*, in: Grabitz/Hilf, EU, Art. 215, Rn. 108 f. Anders, wenn allein Mitgliedstaaten außenpolitisch handeln: EuG, Rs. T-201/99, Slg. 2000, II-4005, Rn. 23 ff. (Royal Olympic) – Bombardierung Jugoslawiens.
23 EuG, Rs. T-113/96, Slg. 1998, II-129, Rn. 41 und 57, bestätigt durch EuGH, Rs. C-95/98 P, Slg. 1999, I-4835, Rn. 21 (Dubois/Rat und Kommission); sowie EuG Rs. T-614/97, Slg. 2000 II-2387, Rn. 19 (Aduanas Pujol Rubio u.a./Rat und Kommission); Verb. Rs. T-611/97, T-619/97-627/97, Slg. 2000, II-2405, Rn. 17 (Transfluvia u.a./Rat und Kommission); Verb. Rs. T-12/98 und T-13/98, Slg. 2000, II-2473, Rn. 17 (Argon u.a./Rat und Kommission).
24 EuGH, Rs. 133/79, Slg. 1980, 1299, Rn. 17 (Sucrimex/Kommission). S. aber Rn. 7 a.E.
25 EuGH, Verb. Rs. 63-69/72, Slg. 1973, 1229, Rn. 8 (Werhahn/Rat).
26 S. – kritisch – Art. 235, Rn. 7.
27 EuGH, Rs. 175/84, Slg. 1986, 753, Rn. 19 ff. (Krohn/Kommission).
28 EuGH, Rs. C-146/91, Slg. 1994, I-4199, Rn. 20 ff., insbes. 26 (KYDEP/Kommission); EuG, Rs. T-185/94, Slg. 1995, II-2795, Rn. 39 ff. (Geotronics/Kommission), sowie jetzt – Haftung bejaht – Rs. T-231/94, Slg. 1999, II-2403, Rn. 29 ff. (New Europe Consulting und Brown/Kommission).
29 *W. Berg*, in: Schwarze (Hrsg.), EU, Art. 288, Rn. 25; *A. von Bogdandy*, in: Grabitz, EU, Art. 215, Rn. 57; *A. W. H. Meji*, Article 215 (2) EC and Local Remedies, in: Heukels/McDonnell (Fn. 3), S. 282 ff.
30 EuG, Rs. T-178/98, Slg. 2000, II-3331, Rn. 61 (Fresh Marine/Kommission).
31 EuG, Rs. T-390/94, Slg. 1997, II-501, Rn. 54 ff. (Schröder/Kommission). Vgl. dazu *M. H. van der Woude*, Liability for Administrative Acts under Article 215 (2) EC, in: Heukels/McDonnell (Fn. 3), S. 109 (112 ff.); *A. Arnull*, Liability for Legislative Acts under Article 215 (2) EC, ebda., S. 129 (135).

beteiligt war³², überzeugt de lege lata nicht, weil dem EP bisher nicht die Rolle eines echten parlamentarischen Gesetzgebers zukommt. Bei weiterer Ausdehnung parlamentarischer Befugnisse könnte diese Sicht die bestehenden Kriterien jedoch ersetzen, denn in einer demokratisch verfaßten Union soll das EP das Organ mit dem weitreichenden wirtschaftspolitischen Entscheidungsspielraum sein, der allein die Einengung der Voraussetzungen für eine Haftung wegen normativen Unrechts zu tragen vermag (s.u. Rn. 11).

Die inkriminierte Handlung muß keine Rechtshandlung i.e.S. sein; auch tatsächliches 9 Handeln kann ausreichen, sofern eine unmittelbare innere Beziehung zu den Aufgaben der Gemeinschaft besteht³³. Beispiele für Rechtsverletzungen sind das Unterlassen einer rechtlich gebotenen Auskunftserteilung³⁴, Fehler bei der Durchführung des PHARE-Programmes³⁵, die fehlerhafte Vorbereitung und Durchführung einer Ernennungs-³⁶ oder Beförderungsentscheidung³⁷, die fehlerhafte Führung von Personalakten³⁸, die fehlerhafte Behandlung einer Beschwerde im Beurteilungsverfahren³⁹, die fehlerhafte Beurteilung der Dienstunfähigkeit⁴⁰, die Verletzung der Beistandspflicht nach Art. 24 Beamtenstatut⁴¹, die Nichtbeachtung von örtlichen Sicherheitsvorschriften auf einer Baustelle für ein Gebäude der Gemeinschaft⁴², die fehlerhafte Wartung eines Dienstfahrzeuges⁴³, die Nichteinhaltung der Verschwiegenheitspflicht⁴⁴ oder Verstöße gegen Art. 233⁴⁵.

Ein **Unterlassen** der Gemeinschaftsorgane ist nur dann haftungsbegründend, wenn eine 10 Rechtspflicht zum Handeln bestand⁴⁶. Grundsätzlich möglich ist in diesem Zusammenhang eine Haftung für unterlassene oder fehlerhafte Aufsichtsmaßnahmen durch die Kommission⁴⁷. Ein Sonderfall betrifft die Kontrolle der Vergabe von Entwicklungshilfemitteln der Gemeinschaft durch Drittstaaten⁴⁸.

---

32 *F. Capelli/A. Nehls*, Die außervertragliche Haftung der Europäischen Gemeinschaft und Rechtsbehelfe zur Erlangung von Schadensersatz gemäß Art. 215 EGV – Wertung, Kritik und Reformvorschlag, EuR 1997, S. 132 (141 ff.).
33 EuGH, Rs. 9/69, Slg. 1969, 329, Rn. 5/11 (Sayag/Leduc), zur Dienstfahrt mit einem Privatwagen.
34 EuGH, Verb. Rs. 19/69 u.a., Slg. 1970, 325, Rn. 32/33 ff. (Richez-Parise/Kommission); Rs. 23/69, Slg. 1970, 547, Rn. 19 ff. (Fiehn/Kommission).
35 EuG, Rs. T-185/94, Slg. 1995, II-2795, Rn. 39 (Geotronics/Kommission); Rs. T-231/94, Slg. 1999, II-2403 (New Europe Consulting und Brown/Kommission); zu letzterem *H. P. Nehl/W. Wurmnest*, Die verfahrens- und haftungsrechtliche Bedeutung der Sorgfaltspflicht der Verwaltung, EuR 2001, S. 101.
36 EuG, Rs. T-562/93, Slg. ÖD 1995, I-A-247.
37 EuGH, Rs. 24/79, Slg. 1980, 1743, Rn. 11 (Oberthür/Kommission; EuG, Rs. T-18/93, Slg. ÖD 1994, I-A-215 (Marcato/Kommission).
38 EuG, Rs. T-13/92, Slg. 1993, II-287, Rn. 24 ff. (Moat/Kommission); Rs. T-39/93 und T-553/93, Slg. ÖD 1995, I-A-233 (Baltsavias/Kommission).
39 EuG, Rs. T-150/94, Slg. ÖD 1996, I-A-297 (Vela Palacios/WSA).
40 EuG, Rs. T-165/89 Slg. 1992, II-367 (Plug/Kommission); Rs. T-257/97, Slg. ÖD 1999, II-251 (Herold/Kommission).
41 EuG, Rs. T-59/92, Slg. 1993, II-1132 (Caronna/Kommission).
42 EuGH, Rs. C-308/87, Slg. 1990, I-1203, Rn. 6 (Grifoni).
43 EuGH, Verb. Rs. 169/83 und 136/84, Slg. 1986, 2801, Rn. 15 ff. (Leussink-Brummelhuis/Kommission).
44 EuGH, Rs. 145/83, Slg. 1985, 3539 (Adams/Kommission).
45 EuG, Rs. T-84/91, Slg. 1992, II-2335, Rn. 67 ff. (Meskens/EP); Rs. T-91/95, Slg. ÖD 1996, I-A-327 (De Nil und Impens/Rat).
46 EuG, Rs. T-572/93, Slg. 1995, II-2025, Rn. 35 (Odigitria/Rat und Kommission).
47 EuGH, Rs. C-87/89, Slg. 1990, I-1981, Rn. 17 (Sonito/Kommission); Rs. C-55/90, Slg. 1992, I-2533, Rn. 23 (Cato/Kommission).
48 Ausgehend von EuGH, Rs. 118/93, Slg. 1985, 2325, Rn. 31 (CMC/Kommission): EuG, Rs. T-451/93, Slg. 1994, II-1061, Rn. 43 (San Marco/Kommission); Rs. T-185/94, Slg. 1995, II-2795, Rn. 39 (Geotronics/Kommission); Rs. T-7/96, Slg. 1997, II-1061 (Perillo/Kommission).

Art. 288 EG-Vertrag

b) Normatives Unrecht
aa) Voraussetzungen
11 Wesentlich schwieriger sind die Fälle normativen Unrechts zu beurteilen. Der EuGH (und ihm folgend das EuG) setzt für die Haftung aufgrund von Rechtsetzungsakten – einschließlich Richtlinien[49] –, die eine wirtschaftspolitische Ermessensentscheidung (insbesondere im Bereich der Agrarpolitik)[50] erfordern, »eine hinreichend qualifizierte Verletzung einer höherrangigen, dem Schutz der einzelnen dienenden Rechtsnorm«[51] voraus (sog. **Schöppenstedt-Formel**). Die Rechtsprechung zu dieser Formel ist nicht in allen Punkten einheitlich[52], und vor allem hier finden sich im Schrifttum unterschiedliche Beurteilungen (s.u. Rn. 16). Begründet wird die Einschränkung der Haftung damit, daß die Willensbildung von Rechtsetzungsorganen nicht durch die drohende Inanspruchnahme behindert werden dürfe[53]. Außerdem stelle bereits die Möglichkeit eines Vorabentscheidungsersuchens gemäß Art. 234 EGV nach Anfechtung der nationalen Durchführungsmaßnahme eine hinreichende Rechtsschutzmöglichkeit dar[54].

bb) Höherrangige Rechtsnorm
12 Höherrangige Rechtsnormen im Sinne des ersten Elements der Schöppenstedt-Formel, gegen die ein Gemeinschaftsrechtsakt verstoßen kann, sind solche des **Primärrechts** einschließlich der **allgemeinen Rechtsgrundsätze** (z.B. Verhältnismäßigkeit, Ermessensgebrauch, Gleichbehandlung, Vertrauensschutz, Anhörung)[55] und vor allem der **Gemeinschaftsgrundrechte** (vgl. Art. 6 EUV, Rn. 16 ff.).

---

49 EuGH, Rs. C-63/89, Slg. 1991, I-1799, Rn. 9 ff. (Assurances du crédit/Rat und Kommission).
50 Dazu Verb. Rs. 197-200 u.a, Slg. 1981, 3211, Rn. 37 und 40 (Ludwigshafener Walzmühle/Rat und Kommission); Rs. C-390/95 P, Slg. 1999, I-769, Rn. 57 und 67 (Antillean Rice Mills/Kommission).
51 EuGH, Rs. 5/71, Slg. 1971, 975, Rn. 11 (Schöppenstedt); Rs. 43/72, Slg. 1973, 1055, Rn. 8 (Merkur/Kommission); Rs. 153/73, Slg. 1975, 675, Rn. 7; Rs. 74/74, Slg. 1975, 533, Rn. 16 (CNTA/Kommission); Verb. Rs. 56–60/74, Slg. 1976, 711, Rn. 13 (Kampffmeyer/Kommission und Rat); Verb. Rs. 54–60/76, Slg. 1977, 645, Rn. 8/9 (Compagnie Industrielle du Comté de Loheac/Rat und Kommission); Verb. Rs. 83 und 94/76, 4, 15 und 40/77, Slg. 1978, 1209, Rn. 4 (HNL/Rat und Kommission); Rs. T-167/94, Slg. 1995, II-2589, Rn. 51 (Nölle/Rat und Kommission); Verb. Rs. 241/78 u.a., Slg. 1979, 3017, Rn. 9 (DGV/Rat und Kommission); Verb. Rs. 261 und 262/78, Slg. 1979, 3045, Rn. 12 (Interquell Stärke-Chemie/Kommission); Verb. Rs. 64 und 113/76, 167 und 239/78, 27, 28 und 45/79, Slg. 1979, 3091, Rn. 9 (Dumortier Frères/Rat); Rs. 143/77, Slg. 1979, 3583, Rn. 10 (Koninklijke Scholten-Honig/Rat und Kommission); Verb. Rs. 197–200, 243, 245 und 247/80, Slg. 1981, 3211, Rn. 19 (Ludwigshafener Walzmühle/Rat und Kommission); Rs. 62/83, 30.5.1984, Slg. 1984, 2295, Rn. 18 (Eximo/Kommission); Rs. 59/83, Slg. 1984, 4057, Rn. 10 (Biovilac/EWG); Verb. Rs. 194–206/83, Slg. 1985, 2815, Rn. 21 f. (Asteris/Kommission); Rs. 281/84, Slg. 1987, 49, Rn. 18 (Zuckerfabrik Bedburg/Rat und Kommission); Rs. 50/86, Slg. 1987, 4833, Rn. 10 (Grands Moulins de Paris/Rat und Kommission); Rs. C-20/88, Slg. 1989, 1553, Rn. 23 (Roquette Frères/Kommission); Rs. C-119/88, Slg. 1990, 2189, Rn. 17 (AERPO/Kommission); Rs. C-152/88, Slg. 1990, 2477, Rn. 25 (Sofrimport/Kommission); Rs. C-63/89, Slg. 1991, I-1799, Rn. 12; Verb. Rs. C-104/89 und C-37/90, Slg. 1992, I-3061, Rn. 12 (Mulder/Rat und Kommission); EuG, Rs. T-472/93, Slg. 1995, II-421, Rn. 42 (Campo Ebro/Rat); Rs. T-571/93, Slg. 1995, II-2379, Rn. 32 (Lefebvre/Kommission); Rs. T-572/93, Slg. 1995, II-2025, Rn. 34 (Odigitria/Rat und Kommission); Verb. Rs. T-481/93 und T-484/93, Slg. 1995 II-2941, Rn. 81 (Exporteurs in levende varkens/Kommission); Rs. T-167/94, Slg. 1995, II-2589, Rn. 51 (Nölle/Rat und Kommission); Rs. T-390/94, Slg. 1997, II-501, Rn. 52 (Schröder/Kommission).
52 Vgl. auch A. *von Bogdandy*, in: Grabitz/Hilf, EU, Art. 215, Rn. 86.
53 EuGH, Verb. Rs. 83 und 94/76, 4, 15 und 40/77, Slg. 1978, 1209, Rn. 5 (HNL/Rat und Kommission); EuG, Rs. T-571/93, Slg. 1995, II-2379, Rn. 38 (Lefebvre/Kommission).
54 EuGH, Rs. 143/77, Slg. 1979, 3583, Rn. 11 (Koninklijke Scholten-Honig/Rat und Kommission).
55 S. die Aufzählung in EuG, Verb. Rs. T-481/93 und T-484/93, Slg. 1995, II-2941, Rn. 102 (Exporteurs in levende varkens/Kommission).

cc) Schutznorm
Die verletzte höherrangige Norm muß dem Schutz des einzelnen dienen. Ähnlich wie 13
nach der Schutznormlehre des deutschen Verwaltungsrechts ist durch Auslegung der jeweiligen Vorschrift zu ermitteln, ob sie Interessen einzelner schützt. Der EuGH stellt keine strengen Voraussetzungen an dieses Erfordernis[56]. Zu beachten sind die Unterschiede zur subjektiven Berechtigung im Richtlinienrecht (s. Art. 249, Rn. 60 ff.) und beim Staatshaftungsanspruch gegenüber den Mitgliedstaaten (s.u. Rn. 36 f.). **Keine** Schutznormen sind Art. 253[57] und die Vorschriften über die Kompetenzverteilung (institutionelles Gleichgewicht)[58]. Schutznormen können sich auch aus völkerrechtlichen Verträgen ergeben, nach der – angreifbaren – Rechtsprechung des EuGH (s. Art. 133, Rn. 166 ff.) nicht jedoch aus den Verträgen im Rahmen der WTO (insbesondere GATT 1994), da diese generell nicht zum Schutz des einzelnen bestimmt seien[59]. Ohne die grundsätzliche Abkehr des EuGH von seiner bisherigen Haltung zum WTO-Recht im innergemeinschaftlichen Raum ist auch in dieser Frage kein Wandel der Rechtsprechung zu erwarten.

dd) Hinreichend qualifizierte Verletzung
(1) Rechtsprechung des EuGH
Entscheidendes Element der Haftungsvoraussetzungen nach der Schöppenstedt-Formel 14
ist die hinreichende Qualifizierung der Verletzung[60]. Eine Haftung für normatives Unrecht soll nur ausnahmsweise ausgelöst werden können, nämlich dann, wenn die Gemeinschaftsorgane ihre Befugnisse »offenkundig und erheblich« überschreiten[61]. Selbst eine für ungültig erklärte oder sonst angreifbare Vorschrift führt dann nicht unbedingt die Haftung der Gemeinschaft herbei[62]. Ebenso ist ein in einem vorhergehenden

---

56 Vgl. z.B. EuGH, Verb. 5, 7 und 13–24/66, Slg. 1967, 331 (354 f.; Kampffmeyer/ Kommission); Rs. Verb. Rs. 83 und 94/76, 4, 15 und 40/77, Slg. 1978, 1209, Rn. 5 (HNL/Rat und Kommission); Rs. 152/88, Slg. 1990, 2477, Rn. 26 (Sofrimport/Kommission); Verb. Rs. 9 und 12/60, Slg. 1961, 435 (469; Vloeberghs) zum EGKSV. Beispiele für Schutznormen bei *Ossenbühl* (Fn. 8), S. 591 ff.
57 EuGH, Rs. 106/81, Slg. 1982, 2885, Rn. 14 (Kind/EWG); Rs. C-119/88, Slg. 1990, 2189, Rn. 20 (AERPO/Kommission); EuG, Verb. Rs. T-481/93 und T-484/93, Slg. 1995, II-2941, Rn. 104 (Exporteurs in levende varkens/Kommission).
58 EuGH, Rs. C-282/90, I-1937, Rn. 30 ff. (Vreugdenhil/Kommission).
59 So ausdrücklich EuG, Rs. T-18/99, 20.3.2001, n.n.i.Slg., Rn. 46 ff. (Cordis/Kommission); T-30/99, 20.3.2001, n.n.i.Slg., Rn. 51 ff. (Bocchi/Kommission); Rs. T-52/99, 20.3.2001, n.n.i.Slg., Rn. 46 ff. (T. Port/Kommission). Auch Art. 307 EGV (ex-Art. 234 EGV) ist keine Schutznorm, ein Verstoß wäre mithin nicht haftungsbegründend: EuG, Rs. T-2/99, 12.7.2001, n.n.i.Slg., Rn. 83 (T. Port/Rat). Zur Frage einer Haftung wegen Verstoßes gegen WTO-Bestimmungen *A. Reinisch*, Entschädigung für die unbeteiligten »Opfer« des Hormon- und Bananenstreites nach Art. 288 II EG?, EuZW 2000, S. 42 (45).
60 *A. von Bogdandy*, in: Grabitz/Hilf, EU, Art. 215, Rn. 86.
61 EuGH, Verb. Rs. 83 und 94/76, 4, 15 und 40/77 Verb. Rs. 83 und 94/76, 4, 15 und 40/77, Slg. 1978, 1209, Rn. 6 (HNL/Rat und Kommission); Rs. 238/78, Slg. 1979, 2955, Rn. 9 (Ireks-Arkady/Rat und Kommission); Verb. Rs. 241/78 u.a., Slg. 1979, 3017, Rn. 9 (DGV/Rat und Kommission); Rs. 261 und 262/78, Slg. 1979, 3045, Rn. 12 (Interquell Stärke-Chemie/Kommission); Verb. Rs. 64 und 113/76, 167 und 239/78, 27, 28 und 45/79, Slg. 1979, 3091, Rn. 9 (Dumortier Frères/Rat); Rs. 143/77, Slg. 1979, 3583, Rn. 10 (Koninklijke Scholten-Honig/Rat und Kommission); Rs. 50/86, Slg. 1987, 4833, Rn. 10 (Grands Moulins de Paris/Rat und Kommission); Rs. C-63/89, Slg. 1991, I-1799, Rn. 12 (Assurances du crédit/Rat und Kommission). EuG, Rs. T-472/ 93, Slg. 1995, II-421, Rn. 43 (Campo Ebro/Rat); Rs. T-572/93, Slg. 1995, II-2025, Rn. 34 (Odigitria/Rat und Kommission); Rs. T-167/94, Slg. 1995, II-2589, Rn. 51 (Nölle/Rat und Kommission).
62 EuGH, Verb. Rs. 83 und 94/76, 4, 15 und 40/77, Slg. 1978, 1209, Rn. 6 (HNL/Rat und Kommission); Rs. 101/78, Slg. 1979, 623, Rn. 10 (Granaria/Hoofdproduktschap voor Akkerbouwprodukten); Rs. C-64/98 P, Slg. 1999, I-5187 (Petrides/Kommission).

Vorabentscheidungsverfahren festgestellter Verstoß nicht notwendig hinreichend qualifiziert[63]. Hier ergeben sich Spielräume für erhebliche Restriktionen. Der EuGH stellt in seiner Rechtsprechung auf insgesamt vier Kriterien ab[64].

15 Zwei dieser Kriterien beziehen sich auf die Art und Schwere der Verletzung, nämlich die **besondere Bedeutung der verletzten Schutznorm** sowie der **unentschuldbare und erhebliche Normverstoß ohne annehmbare Begründung**[65]. Die beiden verbleibenden Kriterien hängen mit der Art des entstandenen Schadens zusammen. Es handelt sich erstens um die **Betroffenheit einer begrenzten und klar umrissenen Gruppe von Geschädigten**[66] und zweitens um den **Eintritt eines über die wirtschaftlichen Risiken hinausgehenden Schadens**[67]. Was das erstgenannte Kriterium betrifft, so muß die betroffene Gruppe lediglich abgrenzbar, also bestimmbar, nicht jedoch zahlenmäßig begrenzbar sein[68]. Die Gemeinschaftshaftung entsteht also auch bei einer sehr großen Zahl von Geschädigten, was etwa in den Milchquotenfällen relevant geworden ist[69].

(2) Kritik des Schrifttums
16 Die Maßstäbe des EuGH sind im Schrifttum kritisiert worden[70]. Die Kritik wendet bzw. wandte sich insbesondere gegen das Kriterium der zahlenmäßigen Bestimmbarkeit der betroffenen Gruppe (**Sonderopfergedanke**), die bei einer Haftung für rechtswidriges Handeln unangemessen sei[71]. Andere stimmen dem EuGH an dieser Stelle im wesentlichen zu[72].

(3) Stellungnahme
17 Eine Haftungseinschränkung ist vor allem aus zwei Gründen problematisch: Erstens sind die gemeinschaftlichen Rechtsetzungsorgane nur in Grenzen mit nationalen Gesetz- und Verordnungsgebungsinstanzen vergleichbar; was formal Rechtsgestaltung durch Verordnungen (Art. 249 Abs. 2) ist, stellt sich materiell – vor allem im Agrarbereich – als administratives Handeln dar. Zweitens wird gerade im Agrarbereich, aus dem die meisten Fälle der Haftung für normatives Unrecht stammen, den Gesetzgebungsorganen ein weiter Ermessensspielraum zugestanden. Dies kann zu erheblichen Eingriffen in

---

63 EuGH, Rs. 143/77, Slg. 1979, 3583, Rn. 15 (Koninklijke Scholten-Honig/Rat und Kommission).
64 Hierzu GA W. *van Gerven*, Schlußantr. zu EuGH, Verb. Rs. C-104/89 und C-37/90, Slg. 1992, I-3061, Ziff. 16 (Mulder/Rat und Kommission).
65 EuGH, Rs. C-152/88, Slg. 1990, 2477, Rn. 27 (Sofrimport/Kommission); EuG, Rs. T-167/94, Slg. 1995, II-2589, Rn. 89 (Nölle/Rat und Kommission).
66 EuGH, Rs. 238/78, Slg. 1979, 2955, Rn. 12 (Ireks-Arkady/Rat und Kommission); Verb. Rs. C-104/89 und C-37/90, Slg. 1992, I-3061, Rn. 16 (Mulder/Rat und Kommission).
67 EuGH, Rs. 238/78, Slg. 1979, 2955, Rn. 12 (Ireks-Arkady/Rat und Kommission); Verb. Rs. 64 und 113/76, 167 und 239/78, 27, 28 und 45/79, Slg. 1979, 3091, Rn. 11 (Dumortier Frères/Rat); Rs. C-152/88, Slg. 1990, 2477, Rn. 28 (Sofrimport/Kommission); Verb. Rs. C-104/89 und C-37/90, Slg. 1992, I-3061, Rn. 12 (Mulder/Rat und Kommission).
68 Anders noch EuGH, Rs. 238/78, Slg. 1979, 2955, Rn. 12 (Ireks-Arkady/Rat und Kommission); Verb. Rs. 64 und 113/76, 167 und 239/78, 27, 28 und 45/79, Slg. 1979, 3091, Rn. 11 (Dumortier Frères/Rat).
69 S. EuGH, Verb. Rs. C-104/89 und C-37/90, Slg. 1992, I-3061, Rn. 12 (Mulder/Rat und Kommission).
70 Vgl. *Cahier* (Fn. 14), S. 140 ff; *Czaja* (Fn. 14), S. 91; *E. Grabitz*, Zur Haftung der EGen für normatives Unrecht, FS-Kutscher, 1981, S. 215 (226); *ders.*, Liability for Legislative Acts, in: Schermers/Heukels/Mead (Fn. 14), S. 1 (9); *Herdegen* (Fn. 9), S. 128 f.
71 Vgl. *E.-W. Fuß*, Zur Rechtsprechung des Europäischen Gerichtshofs über die Gemeinschaftshaftung für rechtswidrige Verordnungen, FS-von der Heydte, 1977, S. 173 (181 ff.); *Herdegen* (Fn. 9), S. 129 f.
72 *P. Gilsdorf/P. Oliver*, in: GTE, EU-/EGV, Art. 215, Rn. 72. S. nunmehr ausf. *F. Ossenbühl*, in: Rengeling (Hrsg.), EUDUR I, 1998, § 42, Rn. 50 ff.

Wirtschaftsfreiheit und Vermögen beteiligter Unternehmen führen, die dann nur in engen Grenzen entschädigt werden können. Andererseits greifen die genannten Bedenken nur noch bedingt, nachdem der EuGH in der Rechtssache Mulder[73] die Anforderungen an die Begrenzbarkeit der betroffenen Gruppe im Sinne einer bloßen Bestimmbarkeit gelockert hat[74]. Weil die Haftung für legislatives Unrecht jedoch nicht ohne Schranken denkbar ist, ist die Orientierung an der Schwere des Verstoßes sowie an der Bestimmbarkeit der Betroffenen – im weitesten Sinne – ein vertretbarer Ausgangspunkt.

c) Haftung für rechtmäßiges Handeln?
Der EuGH hat bislang in ständiger Rechtsprechung gefordert, daß die Handlung der Gemeinschaftsorgane rechtswidrig sein muß (s.o. Rn. 8 ff.). Neuerdings haben **EuGH und EuG** – nach wenig weiterführenden Vorläuferentscheidungen[75] – eine **Gemeinschaftshaftung für rechtmäßiges Handeln bei außergewöhnlichen und besonderen Schäden grundsätzlich anerkannt**[76], wenn es auch an einer präzisen Herleitung der Haftungsgrundlage fehlt und im konkreten Fall die Haftungsvoraussetzungen nicht erfüllt waren[77]. Das frühere Schrifttum wandte sich überwiegend gegen eine Haftung für rechtmäßiges Handeln (im Sinne eines »enteignenden Eingriffs« der Gemeinschaftsorgane)[78], während sich im Gefolge der neueren Rechtsprechung befürwortende Stimmen häufen[79]. – In der Tat ist diese neuere Rechtsprechung mit Skepsis zu bewerten. Eine solche Haftung läßt sich aus dem »Staatshaftungstatbestand« des Art. 288 Abs. 2 nur schwer begründen und bedarf letztlich einer Weiterentwicklung des gemeinschaftsrechtlichen Grundrechtsschutzsystems. Es geht weniger um den gleichsam deliktischen Schutz individueller Rechtsgüter sondern um die Befugnisse der Gemeinschaft zu eigentumsbegrenzenden Regelungen. Hier für »extreme Sonderlagen« Entschädigung aus Art. 288 zuzusprechen[80] ist nicht angezeigt, da nach neuerer Rechtsprechung Rechtsschutz stets über eine Klage nach Art. 232, gerichtet auf Ergänzung des Rechtsaktes um eine Härtefallregelung, möglich ist[81]. Der Nachweis der Existenz eines allgemeinen Rechtsgrundsatzes

18

---

73 EuGH, Verb. Rs. C-104/89 und C-37/90, Slg. 1992, I-3061 (Mulder/Rat und Kommission).
74 Hierzu instruktiv R. M. Winkler/T. Trölitzsch, Wende in der EuGH-Rechtsprechung zur Haftung der EG für fehlerhafte EG-Rechtsetzungsakte und prozessuale Bewältigung der Prozeßflut, EuZW 1992, S. 663; auch A. von Bogdandy, in: Grabitz/Hilf, EU, Art. 215, Rn. 91; F. Fines, A General Analytical Perspective on Community Liability, in: Heukels/McDonnell (Fn. 3), S. 11 (25); T. Heukels, Anm., CMLRev. 30 (1993), S. 368 (381).
75 EuGH, Verb. Rs. 9 und 11/71, Slg. 1972, 391, Rn. 46 (Cie d'approvisionnement/Kommission); Rs. 59/83, Slg. 1984, 4057, Rn. 28 (Biovilac/EWG); Rs. 81/86, Slg. 1987, 3677, Rn. 17 (De Boer Buizen/Rat und Kommission).
76 EuG, Rs. T-184/95, 28.4.1998, Slg. 1998, II-667, Rn. 59; EuGH Rs. C-237/98 P, Slg. 2000, I-4549, Rn. 53 (Dorsch Consult/Rat und Kommission). S. bereits EuG, Rs. T-113/96, Slg. 1998, II-129, Rn. 42; bestätigt durch EuGH, Rs. C-95/98 P, Slg. 1999, I-4835, Rn. 21 (Dubois/Rat und Kommission); sowie EuG, Rs. T-196/99, n.n.i.Slg., 6.12.2001, Rn. 171 (Area Cova u.a./Kommission).
77 S. Haack, Die außervertragliche Haftung der EG für rechtmäßiges Verhalten, EuR 1999, S. 395 (397 ff.).
78 Fuß (Fn. 14), S. 361; Gilsdorf (Fn. 14), S. 9; ders./P. Oliver, in: GTE, EU-/EGV, Art. 215, Rn. 88 f. Zurückhaltend auch S. Detterbeck, Haftung der Europäischen Gemeinschaft und gemeinschaftsrechtlicher Staatshaftungsanspruch, AöR 125 (2000), 202 (222 f.).
79 W. Berg, in: Schwarze (Hrsg.), EU, Art. 288, Rn. 51–56. Schon vorher H. J. Bronckhorst, The Valid Legislative Act as a Cause of Liability of the Communities, in: Heukels/McDonnell (Fn. 3), S. 153 (164 f.); W. Kluth, in: Wolff/Bachof/Stober, VerwR II, 6. Aufl. 2000, § 74, Rn. 29; I. Pernice, Le Recours en Indemnité, C.D.E. 31 (1995), S. 641 (652 ff.); H.-K. Ress, Entschädigung für Wirtschaftsboykottmaßnahmen der EG?, FS-Bleckmann 1993, S. 219 (230 f.), sowie ausführlich Haack (Fn. 77).
80 So A. von Bogdandy, in: Grabitz/Hilf, EU, Art. 215, Rn. 97. S. auch ders. (Fn. 2), S. 284 ff.
81 EuGH, Rs. C-68/95, Slg. 1996, I-6065, Rn. 38, 57 f. (T. Port).

ist nicht geführt worden[82]. Der pauschale Hinweis auf die Sonderopferlehre des deutschen oder vergleichbare Rechtsinstitute des französischen Rechts vermag nicht zu überzeugen, denn der absolute Ausnahmecharakter einer Haftung für rechtmäßiges Handeln würde so kaschiert. Zudem fehlt es an handhabbaren Kriterien für einen »außergewöhnlichen und besonderen« Schaden, und es entsteht ein Wertungswiderspruch, wenn bei der üblichen Haftung ein besonders gravierender Rechtsverstoß gefordert wird (s.o. Rn. 14 f.)[83]. Auch würde die im entstehen befindliche Kohärenz der Haftung von Gemeinschaft und Mitgliedstaaten (s.o. Rn. 1) beeinträchtigt.

4. Schaden

19   Der Schaden muß tatsächlich eingetreten sein[84] oder unmittelbar mit hinreichender Sicherheit bevorstehen[85]. Bei der Schadensermittlung folgt der EuGH der Differenzhypothese[86]. Der Schaden muß noch nicht bezifferbar sein[87]. Zu Einzelheiten der Schadensberechnung s.u. Rn. 22 ff.

5. Kausalität

20   Zwischen der schädigenden Handlung, sei sie rechtlicher oder tatsächlicher Art, und dem eingetretenen Schaden muß ein Ursachenzusammenhang bestehen (haftungsausfüllende Kausalität)[88]. Der eingetretene Schaden darf keine völlig entfernte Folge des Gemeinschaftshandelns sein [89] und sich auch nicht auf die Unternehmungsführung des Geschädigten zurückführen lassen können[90]. Der EuGH folgt keiner bestimmten **Kausalitätstheorie**. Im Schrifttum wird zumeist auf die Adäquanzlehre verwiesen[91].

---

82 Der rechtsvergleichende Befund ist nicht eindeutig: *Bronckhorst* (Fn. 79), S. 155 ff., insbes. 160; *Haack* (Fn. 77), S. 66 ff., insbes. 74.
83 Dazu S. *Kadelbach*, Staatshaftung für Embargoschäden, JZ 1993, S. 1134 (1140 f.).
84 EuGH, Rs. 67-85/75, Slg. 1976, 391 Rn. 22/23 (Lesieur/Kommission); Rs. 26/74, Slg. 1976, 677 Rn. 21/24 (Roquette/Kommission); Verb. Rs. 197–200 u.a, Slg. 1981, 3211, Rn. 50 (Ludwigshafener Walzmühle/Rat und Kommission).
85 EuGH, Rs. 44/76, Slg. 1977, 393, Rn. 8 (Eier-Kontor/Kommission); Rs. 59/83, Slg. 1984, 4057, Rn. 9 (Biovilac/EWG); Rs. 281/84, Slg. 1987, 49, Rn. 14 (Zuckerfabrik Bedburg/ Rat und Kommission).
86 Vgl. statt vieler EuGH, Rs. 238/78, Slg. 1979, 2955, Rn. 13 (Ireks-Arkady/Rat und Kommission); Verb. Rs. 64 und 113/76, 167 und 239/78, 27, 28 und 45/79, Slg. 1979, 3091, Rn. 14 (Dumortier Frères/Rat).
87 EuGH, Rs. 59/83, Slg. 1984, 4057, Rn. 9 (Biovilac/EWG); Rs. 281/84, Slg. 1987, 49, Rn. 14 (Zuckerfabrik Bedburg/Rat und Kommission).
88 EuGH, Rs. 36/62, Slg. 1963, 619 (640; Société des aciéries du temple); Rs. 40/75, Slg. 1976, 1, Rn. 9/13 (Produits Bertrand/Kommission); Verb. Rs. 64 und 113/76, 167 und 239/78, 27, 28 und 45/79, Slg. 1979, 3091, Rn. 21 (Dumortier Frères/Rat); EuG, Rs. T-168/94 (Fn. 12), Rn. 40; Rs. T-230/95, Slg. 1999, II-123, Rn. 29 ff. (BAI/Kommission).
89 EuGH, Verb. Rs. 64 und 113/76, 167 und 239/78, 27, 28 und 45/79, Slg. 1979, 3091, Rn. 21 (Dumortier Frères/Rat).
90 EuGH, Verb. Rs. 197–200, 243, 245 und 247/80, Slg. 1981, 3211, Rn. 51 ff. (Ludwigshafener Walzmühle/Rat und Kommission).
91 *Schweitzer/Hummer*, Europarecht, Rn. 617.

6. Verschulden

Der EuGH hat die Frage, ob es zur Haftung der Gemeinschaft eines Verschuldens bedarf, ausdrücklich offen gelassen[92]. Vor allem bei der Haftung für normatives Unrecht (s. Rn. 11 ff.) wendet er Kriterien an, die auch in einer Verschuldensprüfung Raum hätten. Der wichtigste Fall der Gemeinschaftshaftung ist die Haftung für Normativakte. Hier sind Verschuldensüberlegungen verfehlt, was auch das überwiegende Schrifttum annimmt[93]. Diese Lösung entspricht zudem der parallelen Entwicklung beim Haftungsanspruch gegen die Mitgliedstaaten (s.u. Rn. 51).

21

III. Haftungsfolgen

1. Umfang der Ersatzleistung

Der Differenzmethode folgend (s.o. Rn. 19) wird im Grundsatz der durch das schädigende Ereignis entstandene **Schaden vollständig ersetzt**[94]. Der Schadensersatz umfaßt reine Vermögensschäden[95] und auch den entgangenen Gewinn[96]. Bei Schwierigkeiten der Schadensbemessung kann eine Schätzung[97] etwa durch Ermittlung von Näherungswerten vorgenommen werden[98]. Im Schrifttum ist diese Rechtsprechung auch unter dem Gesichtspunkt der Folgenbeseitigung analysiert worden[99].

22

Auch **immaterielle Schäden** sind ersatzfähig[100], etwa Beeinträchtigungen wegen »Aufregungen, ... Verwirrung und Ungewißheit«[101]. Im Einzelfall gewährt das EuG einen »symbolischen €«[102]. Die Restitution kann auch durch eine Wiedereinsetzung in den

23

---

92 EuGH, Rs. 267/82, Slg. 1986, 1907, Rn. 33 (Développement SA und Clemessy/Kommission).
93 Vgl. *v. Bogdandy* (Fn. 14), S. 875; *Ossenbühl* (Fn. 8), S. 605 f.; anders *P. Gilsdorf/P. Oliver*, in: GTE, EU-/EGV, Art. 215, Rn. 44. Aus frz. Sicht *J.-F. Couzinet*, La foute dans le régime de la responsabilité non-contractuelle des communautés européennes, R.T.D.E. 22 (1986), S. 367.
94 EuGH, Verb. Rs. 29, 31, 36, 39 bis 47, 50 und 51/63, 9.12.1965, Slg. 1965, 1197 (1234; Laminoirs); Rs. 74/74, 15.6.1976, Slg. 1976, 797, Rn. 6/8 (CNTA); EuGH, Rs. 238/78, Slg. 1979, 2955, Rn. 13 (Ireks-Arkady/Rat und Kommission); Verb. Rs. 64 und 113/76, 167 und 239/78, 27, 28 und 45/79, Slg. 1979, 3091, Rn. 14 (Dumortier Frères/Rat); Rs. 256/ 81, 18.5.1983, Slg. 1983, 1707, Rn. 13 (Pauls Agriculture/Rat und Kommission); Verb. Rs. C-104/89 und C-37/90, Slg. 1992, I-3061, Rn. 23 ff. (Mulder/Rat und Kommission).
95 EuGH, Rs. 169/73, 4.2.1975, Slg. 1975, 117 (Compagnie Continentale); Rs. 40/75, Slg. 1976, 1 (Produits Bertrand/Kommission); EuG, Rs. T-77/99. Slg. ÖD 2001, II-293, Rn. 64 (Ojha/Kommission): Nutzungsausfall für Kraftfahrzeug.
96 EuGH, Verb. Rs. 56–60/74, Slg. 1976, 711, 357 (Kampffmeyer/Kommission und Rat).
97 EuGH, Rs. 24/79, Slg. 1980, 1743, Rn. 15 (Oberthür/Kommission).
98 EuGH, Verb. Rs. 29, 31, 36, 39 bis 47, 50 und 51/63, 9.12.1965, Slg. 1965, 1197 (1233; Laminoirs).
99 So von *J. Sack*, Die Folgenbeseitigung im Gemeinschaftsrecht, EuR 1986, S. 241.
100 EuGH, Rs. 110/63, Slg. 1965, 859 (880; Willame/Kommission); Rs. 10 und 47/72, Slg. 1973, 763, Rn. 23/25 (Di Pillo/Kommission); Rs. 18/78, Slg. 1979, 2093, Rn. 15 (Frau V/Kommission); Rs. 180/87, Slg. 1988, 6141, Rn. 10 ff. (Hamill/Kommission); EuG, Rs. T-165/89 Slg. 1992, II-367, Rn. 115 ff. (Plug/Kommission); Rs. T-84/91, Slg. 1992, II-2335, Rn. 89 ff. (Meskens/MP); Rs. T-13/92, Slg. 1993, II-287, Rn. 44 ff. (Moat/Kommission); Rs. T-59/92, Slg. 1993, II-1132, Rn. 101 ff. (Caronna/Kommission). Rs. T-150/94, Slg. ÖD 1996, I-A-297 (Vela/WSA); T-91/95, Slg. ÖD 1996, I-A-327 (De Nil und Impens/Rat); T-386/94, Slg. Ö 1996, I-A-393 (Allo/Kommission).
101 EuGH, Verb. Rs. 7/65 u.a., Slg. 1957, 83 (135; Algera); EuG, Rs. T-150/94, Slg. ÖD 1996, I-A-297 (Vela Palacios/WSA); ähnlich Rs. T-11/00, Slg. 2000, II-4019, Rn. 52 (Hautem/EIB).
102 EuG, Rs. T-91/95, 26.6.1996, Slg. ÖD 1996, I-A-327 (De Nil und Impens/Rat); Rs. T-243/99, Slg. ÖD 2001, II-601, Rn. 54 (Buissol/Kommission).

vorigen Stand erfolgen[103]. Ersatzansprüche auf beamtenrechtlicher Grundlage sind zu berücksichtigen, so daß keine doppelte Entschädigung geleistet wird[104].

24 Der Entschädigungsbetrag ist zu **verzinsen**, sofern die Verzinsung beantragt wird. Der EuGH gewährte – ohne Begründung – einen Zinsanspruch in Höhe von zunächst 6%[105], mittlerweile 8%[106], allerdings begrenzt auf den im Klagantrag genannten Zinssatz[107].

25 **Mitverschulden** wird anteilig berücksichtigt[108]. Dem Geschädigten obliegt eine **Schadensminderungspflicht**, d.h. er muß sich ein hypothetisches Alternativeinkommen anrechnen lassen[109]. Ist die Abwälzung des Schadens durch Preiserhöhungen erfolgt oder auch nur möglich, so wird die Entschädigung entsprechend gemindert[110].

2. Verjährung, Verfahrensfragen

26 Der Ersatzanspruch **verjährt** gemäß Art. 43 des Protokolls über die Satzung des EuGH in fünf Jahren nach Eintritt des schädigenden Ereignisses. Entscheidend ist die Kenntnisnahme des Geschädigten[111]. Die **Beweislast** für die haftungsbegründenden Tatbestandsmerkmale liegt beim Geschädigten[112]. Zu den weiteren Einzelheiten des Verfahrens s. bei Art. 235.

D. Persönliche Haftung der Gemeinschaftsbediensteten

27 Die Binnenhaftung der Gemeinschaftsbediensteten (Abs. 4) richtet sich vor allem nach Art. 22 Beamtenstatut[113]. Diese Vorschrift erfaßt sowohl Eigen- als auch Fremdschäden

---

103 EuGH, Verb. Rs. 19/69 u.a., Slg. 1970, 325, Rn. 45/48 (Richez-Parise/ Kommission).
104 EuGH, Rs. C-257/98 P, Slg. 1999, I-5251, Rn. 20 (Lucaccioni/Kommission).
105 EuGH, Rs. 238/78, Slg. 1979, 2955, Rn. 20 (Ireks-Arkady/Rat und Kommission); Verb. Rs. 241/78 u.a., Slg. 1979, 3017, Rn. 23 (DGV/Rat und Kommission); Verb. Rs. 64 und 113/76, 167 und 239/78, 27, 28 und 45/79, Slg. 1979, 3091, Rn. 17 (Dumortier Frères/Rat).
106 EuGH, Rs. C-152/88, Slg. 1990, 2477, Rn. 31 (Sofrimport/Kommission); Verb. Rs. C-104/89 und C-37/90, Slg. 1992, I-3061, Rn. 35 (Mulder/Rat und Kommission). Weitere Hinweise zur Rechtsprechung, die in diesem Punkt »apodiktisch und undurchsichtig« ist, bei *A. von Bogdandy*, in: Grabitz/Hilf, EU, Art. 215, Rn. 119. Umfassend *A. van Casteren*, Article 215 (2) EC and the Question of Interest, in: Heukels/McDonnell (Fn. 3), S. 199.
107 EuGH, Verb. Rs. C-104/89 und C-37/90, Slg. 1992, I-3061, Rn. 35 (Mulder/Rat und Kommission).
108 EuGH, Rs. C-308/87, Slg. 1990, I-1203, Rn. 17 (Grifoni); EuGH, Rs. 145/83, Slg. 1985, 3539, Rn. 53 ff. (Adams/Kommission).
109 EuGH, Verb. Rs. C-104/89 und C-37/90, Slg. 2000, I-203, Rn. 60 (Mulder/Rat und Kommission); dazu *M. Ruffert*, Urteilsanmerkung, CMLRev. 38 (2001), S. 781.
110 EuGH, Rs. 238/78, Slg. 1979, 2955, Rn. 14 ff. (Ireks-Arkady/Rat und Kommission); Verb. Rs. 241/78 u.a., Slg. 1979, 3017, Rn. 15 ff. (DGV/Rat und Kommission); Verb. Rs. 64 und 113/76, 167 und 239/78, 27, 28 und 45/79, Slg. 1979, 3091, Rn. 15 ff. (Dumortier Frères/Rat).
111 S. Art. 235, Rn. 3 a.E. Umfassend *T. Heukels/A. McDonnell*, Limitation of the Action for Damages Against the Community: Considerations and New Developments, in: dies. (Fn. 3), S. 217; *M. Broberg*, The calculation of the period of limitation in claims against the European Community for non-contractual liability, ELRev. 26 (2001), S. 275; *M. Núñez Müller*, Die Verjährung außervertraglicher Schadensersatzansprüche gegen die EG, EuZW 1999, S. 611.
112 EuGH, Rs. 49/79, Slg. 1980, 569, Rn. 8 (Pool/Rat); Verb. Rs. 197–200, 243, 245 und 247/80, Slg. 1981, 3211, Rn. 50 ff. (Ludwigshafener Walzmühle/Rat und Kommission); EuG, Rs. T-1/99, 1.2.2001, n.n.i.Slg., Rn. 55 (T. Port/Kommission), st. Rspr.
113 Statt vieler *E. Klein*, in: HK-EUV, Art. 215, Rn. 40. Vgl. auch *H. G. Schermers/ C. R. A. Swaak*, Official Acts of Community Servants and Article 215 (4) EC, in: Heukels/ McDonnell (Fn. 3), S. 167.

(d.h. Schäden der Gemeinschaft und Schäden Dritter). Voraussetzung für den Regreß sind Vorsatz oder grobe Fahrlässigkeit.

E. Gemeinschaftsrechtliche Haftung der Mitgliedstaaten

I. Haftungsgrundlagen

Der EuGH hat in mittlerweile mehrfach bestätigter Rechtsprechung – nach einigen Vorläuferentscheidungen, deren Stellenwert umstritten ist[114] – einen **Grundsatz des Gemeinschaftsrechts durch richterliche Rechtsfortbildung** herausgearbeitet, wonach »die Mitgliedstaaten zum Ersatz der Schäden verpflichtet sind, die dem einzelnen durch Verstöße gegen das Gemeinschaftsrecht entstehen, die diesen Staaten zuzurechnen sind.«[115] Dieser Haftungsgrundsatz folgt für den EuGH aus dem Wesen der Rechtsordnung des EGV[116], wobei er sich auf **vier Begründungselemente** stützt: Erstens auf den effektiven Schutz der Rechte der Gemeinschaftsbürger (s. Art. 249, Rn. 27)[117], zweitens auf das effet utile-Prinzip[118], drittens auf die aus Art. 10 folgende Verpflichtung, die rechtswidrigen Folgen eines Verstoßes gegen das Gemeinschaftsrecht zu beheben[119], und schließlich viertens – allerdings erst in der neuesten Rechtsprechung[120] – auf den in Art. 288 Abs. 2 zum Ausdruck kommenden allgemeinen Grundsatz der Haftung öffentlicher Stellen für in Ausübung ihrer Amtstätigkeit verursachte Schäden[121]. 28

Die **richterrechtliche Begründung und Ausgestaltung eines solchen Anspruches** falle – so der EuGH – in seine Zuständigkeit und bedürfe nicht aus Gründen der Kompetenzverteilung zwischen Gemeinschaft und Mitgliedstaaten oder des institutionellen Gleichgewichts (s. Art. 220, Rn. 27) einer primär- oder sekundärrechtlichen Regelung[122]. Art. 220 EGV übertrage ihm auch die Aufgabe, durch Rückgriff auf Grundprinzipien des Gemeinschaftsrechts sowie allgemeine Rechtsgrundsätze der Mitgliedstaaten eine nicht ausdrücklich geregelte Frage nach allgemein anerkannten Auslegungsmethoden zu 29

---

114 Hierzu *M. Cornils,* Der gemeinschaftsrechtliche Staatshaftungsanspruch, 1995, S. 41 ff.; *J. Geiger,* Die Entwicklung eines europäischen Staatshaftungsrechts, DVBl. 1993, S. 465 (466); *K. Hailbronner,* Staatshaftung bei säumiger Umsetzung von EG-Richtlinien, JZ 1992, S. 284; *S. Pfab,* Staatshaftung in Deutschland, 1997, S. 105 ff.; *C. Tomuschat,* Das Francovich-Urteil des EuGH – Ein Lehrstück zum Europarecht, FS-Everling, 1995, S. 1585 (1591 f.).
115 EuGH, Verb. Rs. C-6/90 und C-9/90, Slg. 1991, I-5357, Rn. 31 ff. (Francovich); Verb. Rs. C-46/93 und C-48/93, Slg. 1996, I-1029, Rn. 17 (Brasserie du Pêcheur und Factortame).
116 EuGH, Verb. Rs. C-6/90 und C-9/90, Slg. 1991, I-5357, Rn. 35 (Francovich); Verb. Rs. C-46/93 und C-48/93, Slg. 1996, I-1029, Rn. 31 (Brasserie du Pêcheur und Factortame); Rs. C-392/93, Slg. 1996, I-1631, Rn. 38 (British Telecommunications); Rs. C-5/94, Slg. 1996, I-2553, Rn. 24 (Hedley Lomas); Verb. Rs. C-178/94 u.a., Slg. 1996, I-4845, Rn. 20 (Dillenkofer); Rs. C-283/94 u.a., Slg. 1996, 5063, Rn. 47 (Denkavit); Rs. C-373/95, Slg. 1997, I-4051, Rn. 34 (Maso/INPS); Verb. Rs. C-94 und 95/95, Slg. 1997, I-3969, Rn. 46 (Bonifaci/INPS); Rs. C-261/95, Slg. 1997, I-4025, Rn. 24 (Palmisani/INPS); Rs. C-127/95, 2.4.1998, Slg. 1998, I-1531, Rn. 106 (Norbrook Laboratories/MAFF); Rs. C-319/96, Slg. 1998, I-5255, Rn. 30 (Brinkmann/Skatteministeriet); Rs. C-424/97, Slg. 2000, I-5123, Rn. 26 (Haim); Rs. C-150/99, 18.1.2001, n.n.i.Slg., Rn. 36 (Stockholm Lindöpark/Schweden); Rs. C-118/00, 28.6.2001, n.n.i.Slg., Rn. 34 (Gervais/Inasti).
117 EuGH, Verb. Rs. C-6/90 und C-9/90, Slg. 1991, I-5357, Rn. 31 ff. (Francovich).
118 EuGH, Verb. Rs. C-6/90 und C-9/90, Slg. 1991, I-5357, Rn. 33 (Francovich).
119 EuGH, Verb. Rs. C-6/90 und C-9/90, Slg. 1991, I-5357, Rn. 36 (Francovich).
120 S. aber bereits GA *J. Mischo,* Schlußantr. zu EuGH, Verb. Rs. C-6/90 und C-9/90, Slg. 1991, I-5357, Ziff. 71 ff. (Francovich).
121 EuGH, Verb. Rs. C-46/93 und C-48/93, Slg. 1996, I-1029, Rn. 28 f. (Brasserie du Pêcheur und Factortame).
122 EuGH, Verb. Rs. C-46/93 und C-48/93, Slg. 1996, I-1029, Rn. 24 f. (Brasserie du Pêcheur und Factortame).

entscheiden[123]. Schließlich sei in einer großen Anzahl von nationalen Rechtsordnungen das Staatshaftungsrecht im wesentlichen richterrechtlich geprägt[124].

30 Sofern das Schrifttum der Entwicklung des neuen Haftungsanspruches kritisch gegenübersteht, richtet sich die Kritik vor allem gegen dessen richterrechtlichen Entstehungsgrund und wird teilweise mit erheblicher Schärfe formuliert[125]. Andere stimmen dem EuGH im Grundsatz zu[126]. Bisweilen werden Parallelen aus dem Völkerrecht zur Begründung herangezogen[127]. Nur ein Haftungssystem, das auch die Mitgliedstaaten und deren Vollzugshandlungen einbeziehe, sei vollständig[128]. Konsens besteht dahingehend, daß bereits mit der Entscheidung Francovich »der Rubikon überschritten« wurde[129]. Teilweise wird dies dahingehend ergänzt, daß die Mitgliedstaaten in Kenntnis der Francovich-Rechtsprechung keine Änderung (etwa ein Protokoll) in den Vertrag aufgenommen hätten und diese Rechtsprechung nunmehr zum acquis communautaire gehöre[130]. Das englischsprachige Schrifttum ordnet die Staatshaftungsrechtsprechung dem Komplex »Rechtsbehelfe« zu (vgl. Art. 249, Rn. 35)[131].

---

123 EuGH, Verb. Rs. C-46/93 und C-48/93, Slg. 1996, I-1029, Rn. 27 (Brasserie du Pêcheur und Factortame).
124 EuGH, Verb. Rs. C-46/93 und C-48/93, Slg. 1996, I-1029, Rn. 30 (Brasserie du Pêcheur und Factortame).
125 Insbesondere *F. Ossenbühl*, Der gemeinschaftsrechtliche Staatshaftungsanspruch, DVBl. 1992, S. 993; *ders.*, Staatshaftung zwischen Europarecht und nationalem Recht, FS-Everling, 1995, S. 1031. Kritisch auch *Cornils*, (Fn. 114), S. 267 ff.; *T. v. Danwitz*, Zur Entwicklung der gemeinschaftsrechtlichen Staatshaftung, JZ 1994, S. 335 (340 f.); *ders.*, Die gemeinschaftsrechtliche Staatshaftung der Mitgliedstaaten, DVBl. 1997, S. 1 (2 f.); *J. Karl*, Die Schadensersatzpflicht der Mitgliedstaaten bei Verletzungen des Gemeinschaftsrechts, RIW 1992, S. 440 (442 ff.); *V. Neßler*, Richterrecht wandelt EG-Richtlinien, RIW 1993, S. 206 (209 ff.); *J. Ukrow*, Richterliche Rechtsfortbildung durch den EuGH, 1995, S. 307 ff.
126 Vgl. z.B. *M. Böhm*, Voraussetzungen einer Staatshaftung bei Verstößen gegen primäres Gemeinschaftsrecht, JZ 1997, S. 53 (55); *J. Candela Castillo/B. Mongin*, Les infractions au droit communautaire commises par les États membres, RMC 1996, S. 51; *P. P. Craig*, Once More unto the Breach: The Community, the State and Damages Liability, L.Q.R. 113 (1997), S. 67 (77); *D. Ehlers*, Die Weiterentwicklung des Staatshaftungsrechts durch das europäische Gemeinschaftsrecht, JZ 1996, S. 776 (777); *F. Fines*, Quelle obligation de réparer pour la violation du droit communautaire?, R.T.D.E. 33 (1997), S. 69; *M. Gellermann*, Staatshaftung und Gemeinschaftsrecht, EuR 1994, S. 342 (351 ff.); *L. Goffin*, A propos des principes régissant la responsabilité non-contractuelle des États members en cas de violation du droit communautaire, C.D.E. 1997, S. 531; *H. Labayle*, L'effectivité de la protection juridictionnelle des particuliers, R.F.D.A. 1992 S. 619 (636 ff.); *F. Schockweiler*, Die Haftung der EG-Mitgliedstaaten gegenüber dem einzelnen bei Verletzung des Gemeinschaftsrechts, EuR 1993, S. 107; *R. Streinz*, Auswirkungen des vom EuGH »ausgelegten« Gemeinschaftsrechts auf das deutsche Recht, Jura 1995, S. 6 (13 f.); *D. F. Waelbroeck*, Treaty Violations and Liability of Member States: The Effect of the Francovich Case Law, in: Heukels/McDonnell (Fn. 3), S. 311; *M. Zenner*, Die Haftung der EG-Mitgliedstaaten für die Anwendung europarechtswidriger Rechtsnormen, 1995, S. 21 ff. Aus Sicht der ökonomischen Analyse des Rechts *R. van den Bergh/H.-B. Schäfer*, State Liability for Infringement of the EC-Treaty, ELRev. 23 (1998), S. 552. Differenzierende Kritik mit Bezug auf die Begründung für einen Haftungsanspruch *S. Aboudrar-Ravanel*, Responsabilité et primauté, ou la question de l'efficience de l'outil, RMCUE 1999, S. 644.
127 *Tomuschat* (Fn. 114), S. 1594 ff.
128 *S. U. Pieper*, Mitgliedstaatliche Haftung für die Nichtbeachtung von Gemeinschaftsrecht, NJW 1992, S. 2454 (2454 f.).
129 *J. Bröhmer*, Die Weiterentwicklung des europäischen Staatshaftungsrechts, JuS 1997, S. 117 (124).
130 *Bröhmer* (Fn. 129), S. 124. Ähnlich – auf die Akzeptanz durch mitgliedstaatliche Gerichte abstellend – *A. von Bogdandy*, in: Grabitz/Hilf, EU, Art. 215, Rn. 128.
131 *G. Bebr*, Anmerkung zu EuGH, Verb. Rs. C-6/90 und C-9/90, CMLRev. 29 (1992), S. 557; *A. Bell*, Enforcing Community Law Rights Before National Courts – Some Developments, LIEI 1994/1, S. 111 (116 ff.); *C. P. Martin*, Furthering the Effectiveness of EC Directives and the Judicial Protection of Individual Rights Thereunder, I.C.L.Q. 43 (1994), S. 26 (35); *M. Ross*, Beyond *Francovich*, M.L.R. 56 (1993), S. 55. Bibliographie der ausländischen Literatur bei *Tomuschat* (Fn. 114), S. 1585 Fn. 8.

Die Rechtsfortbildungskompetenz des EuGH ist ein allgemeines Problem (s. Art. 220, **31**
Rn. 16 ff.). Gerade zum Staatshaftungsanspruch läßt sie sich angesichts der gravierenden Umsetzungs- und Vollzugsdefizite (vgl. Art. 10, Abs. 23 ff.) jedoch aus dem Effizienzgedanken gut begründen. Zu beachten ist, daß das Fehlen einer positivrechtlichen Verankerung im Wesen der Rechtsfortbildung liegt; insofern sind die vom Gerichtshof gegebenen Hinweise auf die Art. 10 und 288 sowie die anerkannten gemeinschaftsrechtlichen Prinzipien des effektiven Rechtsschutzes sowie des *effet utile* hinreichend. Auch die völkerrechtliche Seite darf nicht übersehen werden; der Übergang des Haftungsanspruchs auf den einzelnen liegt in der – mittlerweile unstreitigen – Natur der Gemeinschaftsrechtsordnung (s. Art. 220, Rn. 3).

II. Haftungsvoraussetzungen

1. Die Haftungsvoraussetzungen allgemein

Nach der Rechtsprechung des **EuGH** hängen die Voraussetzungen für einen gemein- **32**
schaftsrechtlichen Staatshaftungsanspruch gegen einen Mitgliedstaat von der **Art des Verstoßes** ab, auf dem der Schaden beruht[132]. Bei der Formulierung dieser Voraussetzungen läßt sich der EuGH wiederum vom Prinzip des effektiven Rechtsschutzes, vom *effet utile*-Gedanken, von der aus Art. 10 folgenden Mitwirkungspflicht sowie von der Rechtsprechung zu Art. 288 leiten[133]. Bei den Haftungsvoraussetzungen dürfe es nicht darauf ankommen, ob es die Gemeinschaft oder ein Mitgliedstaat sei, der gegen Gemeinschaftsrecht verstoße[134].

Im **Schrifttum** wird die Orientierung des EuGH an seiner Rechtsprechung zu Art. 288 **33**
überwiegend befürwortet[135], wenn auch kritische Stimmen erhebliche Koordinierungsschwierigkeiten sehen[136]. Jener Orientierung ist zuzustimmen, denn sie ermöglicht die Entstehung eines **aus der Marktbürgerperspektive kohärenten Haftungssystems** (s.o. Rn. 1). Trotz der Differenzierung nach der Art des Verstoßes gegen das Gemeinschaftsrecht lassen sich Grundzüge eines einheitlichen Haftungstatbestandes herausarbeiten, die nur an einzelnen Stellen einer Auffächerung bedürfen.

2. Handlung eines mitgliedstaatlichen Organs

Erste Haftungsvoraussetzung ist die Handlung eines mitgliedstaatlichen Organs. Es gilt **34**
der **weite Staatsbegriff** des EuGH (s. Art. 249, Rn. 79)[137], insbesondere mit Blick auf die

---

132 EuGH, Verb. Rs. C-46/93 und C-48/93, Slg. 1996, I-1029, Rn. 38 (Brasserie du Pêcheur und Factortame); Rs. C-5/94, Slg. 1996, I-2553, Rn. 24 (Hedley Lomas); Verb. Rs. C-178/94 u.a., Slg. 1996, I-4845, Rn. 20 (Dillenkofer).
133 EuGH, Verb. Rs. C-46/93 und C-48/93, Slg. 1996, I-1029, Rn. 39 ff. (Brasserie du Pêcheur und Factortame).
134 EuGH, Verb. Rs. C-46/93 und C-48/93, Slg. 1996, I-1029, Rn. 42 (Brasserie du Pêcheur und Factortame).
135 *Böhm* (Fn. 126), S. 55; *R. Caranta*, Judicial Protection Against Member States: A New *ius commune* Takes Shape, CMLRev. 32 (1995), S. 703 (721); *G. Meier*, Zur Schadensersatzpflicht der Bundesrepublik Deutschland für Verstöße gegen Gemeinschaftsrecht, NVwZ 1996, 660; *P. Oliver*, Le droit communautaire et les voies de recours nationales, C.D.E. 1992, S. 348 (358); *ders.*, Anmerkung zu EuGH, Verb. Rs. C-46/93 und C-48/93, CMLRev. 34 (1997), S. 635 (649); *M. Wathelet/S. van Raepenbusch*, La responsabilité des États membres en cas de violation du droit communautaire, C.D.E. 1997, S. 13.
136 *Von Danwitz*, DVBl. 1997 (Fn. 125), S. 9; *Craig* (Fn. 126), S. 78 ff.
137 *Tridimas* (Fn. 2), S. 320.

Sanktionswirkung der Haftung[138]. Auf die vertikale Binnendifferenzierung kommt es nicht an. Der EuGH fordert von **Bundesstaaten** nicht, ihr Staatshaftungsrecht umzustellen, solange die Zuständigkeits- und Haftungsregelung eine effektive und diskriminierungsfreie Entschädigung des in seinen Rechten Verletzten sicherstellt[139]. Der Verantwortlichkeit des Bundesstaates für Gemeinschaftsrechtsverstöße der Gliedstaaten[140] kann also auch durch eine effektive Haftung der Gliedstaaten genügt werden. Die neue EuGH-Rechtsprechung ist kritisiert worden, weil sie die Abwälzung von Haftungslasten auf Untergliederungen ermögliche[141] und dem Rechtsschutz begehrenden Bürger die Suche nach dem Anspruchsgegner auferlegt werde[142]. Ihr ist dennoch angesichts der gesamtstaatlichen Verantwortlichkeit für die Einhaltung und Verwirklichung gemeinschaftsrechtlicher Vorgaben zuzustimmen. Zudem werden so komplizierte Regreßfragen umgangen. Rechtsunsicherheiten für den Gemeinschaftsbürger können durch kumulative (gesamtschuldnerische) Haftung behoben werden, die der EuGH wenigstens andeutet[143]. Der EuGH wendet diese Grundsätze auf alle **öffentlich-rechtlichen Einrichtungen, die vom Staat rechtlich verschieden sind** an, namentlich auf Kammern[144] und Sozialversicherungsträger[145]. Gleiches muß für **Kommunen**[146] und andere Selbstverwaltungskörperschaften gelten. Der EFTA-Gerichtshof hat den Haftungsanspruch auf Verstöße durch Handlungen von EFTA-Mitgliedstaaten übertragen[147].

35 Ebensowenig spielt die horizontale Binnendifferenzierung eine Rolle. Aus dem Grunderfordernis der einheitlichen Anwendung des Gemeinschaftsrechts folgt, daß die **Ersatzpflicht nicht von der internen Zuständigkeitsverteilung auf die Verfassungsorgane abhängt**[148]. Auch im Völkerrecht wird der Staat als insgesamt verantwortliche Einheit betrachtet[149]. Daraus ergibt sich die Möglichkeit einer Haftung für normatives mitgliedstaatliches Unrecht[150] (s.u. Rn. 39 ff.). Zur Haftung für judikatives Unrecht hat sich der Gerichtshof (noch) nicht geäußert. Der (sekundären) Staatshaftung für ein gemeinschaftsrechtswidriges Urteil ist dessen (primäre) Aufhebung vorzuziehen; nur im Extremfall willkürlicher Nichtvorlage nach Art. 234 durch ein letztinstanzliches Gericht sollten die Haftungsgrundsätze greifen[151]. Wegen der Eigenständigkeit des Gemein-

---

138 G. *Anagnostaras,* The allocation of responsibility in State liability actions for breach of Community law: a modern gordian knot?, ELRev. 26 (2001), S. 139 (151).
139 EuGH, Rs. C-302/97, Slg. 1999, I-3099, Rn. 62 f. (Konle/Österreich); Rs. C-424/97, Slg. 2000, I-5123, Rn. 27 (Haim); Rs. C-118/00, 28.6.2001, n.n.i.Slg., Rn. 35 (Gervais/Inasti).
140 Vgl. *A. von Bogdandy,* in: Grabitz/Hilf, EU, At. 215, Rn. 165 m.w.N., sowie die Vorauflage. – Die neueste Rechtsprechung zutreffend antizipierend *S. Beljin,* Staatshaftung im Europarecht, 2000, S. 82 f.
141 *A. Lengauer,* Urteilsanmerkung, CMLRev. 37 (2000), S. 181 (187 ff.).
142 *Anagnostaras* (Fn. 138), S. 155.
143 EuGH, Rs. C-424/97, Slg. 2000, I-5123, Rn. 32 (Haim); vgl. *Anagnostaras* (Fn. 142), S. 155.
144 EuGH, Rs. C-424/97, Slg. 2000, I-5123, Rn. 31 (Haim).
145 EuGH, Rs. C-118/00, 28.6.2001, n.n.i.Slg., Rn. 34 (Gervais/Inasti)
146 Hierzu ein Beispielsfall aus der irischen Praxis bei *N. Travers,* The Liability of Local Authorities for Breaches of Community Directives by Member States, ELRev. 22 (1997), S. 173.
147 *S. C. Baudenbacher,* Staatshaftung im gesamten Europäischen Wirtschaftsraum: EuGH und EFTA-Gerichtshof im Doppelpass, EWS 2000, S. 425 m.w.N.
148 EuGH, Verb. Rs. C-46/93 und C-48/93, Slg. 1996, I-1029, Rn. 33 (Brasserie du Pêcheur und Factortame).
149 EuGH, Verb. Rs. C-46/93 und C-48/93, Slg. 1996, I-1029, Rn. 34 (Brasserie du Pêcheur und Factortame).
150 EuGH, Verb. Rs. C-46/93 und C-48/93, Slg. 1996, I-1029, Rn. 35 (Brasserie du Pêcheur und Factortame).
151 In diesem Sinne *M. Deckert,* Zur Haftung des Mitgliedstaates bei Verstößen seiner Organe gegen europäisches Gemeinschaftsrecht, EuR 1997, S. 203 (225); *C. Henrichs,* Haftung der EG-Mitgliedstaaten für Verletzung von Gemeinschaftsrecht, 1995, S. 118 ff. Für eine grundsätzliche Haftung wegen judikativen Unrechts hingegen *A. von Bogdandy,* in: Grabitz/Hilf, EU, Art. 215, Rn. 153; *Craig* (Fn. 126), S. 71 f.

schaftsrechts und aufgrund seines Vorrangs gilt dann das Richterprivileg des § 839 Abs. 2 S. 1 BGB nicht[152] (zum Ganzen auch Art. 234, Rn. 28). Gegen die Haftung Privater für Gemeinschaftsrechtsverstöße (etwa im Kartellrecht) auf den hier erörterten Anspruch spricht dessen auf die Mitgliedstaaten bezogener Sanktionscharakter[153].

3. Rechtsverletzung

a) **Allgemein: Verletzung eines gemeinschaftsrechtlichen subjektiven Rechts**
Die haftungsauslösende mitgliedstaatliche Rechtshandlung muß rechtswidrig sein, d.h. 36 gegen Gemeinschaftsrecht verstoßen. Zum Gemeinschaftsrecht zählen auch für die Gemeinschaft verbindliche **völkerrechtliche Verträge** einschließlich gemischter Abkommen[154]. Außerdem muß die verletzte Vorschrift des Gemeinschaftsrechts ein **subjektives Recht** verleihen. Die Rechtsprechung des EuGH zu dieser Voraussetzung ist bisher noch wenig ergiebig. In einem Einzelfall untersuchte der EuGH eine Richtliniennorm nach Wortlaut sowie Sinn und Zweck auf ihre Schutzrichtung und nahm insbesondere auf die Begründungserwägungen Bezug[155]. Im Schrifttum finden sich die gleichen Argumentationsstränge wie zur Frage der Individualberechtigung bei der Richtlinienumsetzung und der unmittelbaren Wirkung von Richtlinien (s. bei Art. 249, Rn. 61). Tatsächlich läßt sich die zu diesem Problemkreis entwickelte Lösung auf die vorliegende Fragestellung übertragen: Ein subjektives Recht liegt vor, wenn eine Vorschrift des Gemeinschaftsrechts nach ihrem objektiven Regelungszweck Interessen einzelner schützt, die wiederum tatsächlich und individualisiert betroffen sein müssen; die Anforderungen an Schutzzweck und Betroffenheit dürfen wegen des Grundsatzes der funktionellen Subjektivierung nicht zu hoch gesteckt werden (s. ausf. bei Art. 249, Rn. 67). Daher sind die Voraussetzungen für die Rechtsverleihung bei der mitgliedstaatlichen Haftung weniger streng als die Anforderungen an den Schutznormcharakter bei der Haftung der Gemeinschaft[156] (s.o. Rn. 13). Die Einräumung haftungsbewehrter Individualrechte dient auch der effektiven Implementierung des Gemeinschaftsrechts in den Mitgliedstaaten.

Der Staatshaftung aus Gemeinschaftsrecht steht die **unmittelbare** Wirkung (s. 37 Art. 249, Rn. 17 ff.) der verletzten, subjektive Rechte verleihenden Gemeinschaftsrechtsnorm nicht entgegen. Die Haftung ist eine notwendige Ergänzung der unmittelbaren Wirkung, die als Mindestgarantie nicht in allen Fällen adäquaten Rechtsschutz und volle Wirksamkeit des Gemeinschaftsrechts sichert[157]. Anderslautende Schrift-

---

152 Vorsichtiger Art. 234, Rn. 28. Wie hier *Beljin* (Fn. 140), S. 85, und im Ergebnis auch C. R. *Beul*, Kein Richterprivileg bei unterlassener Vorlage gem. Art. 177 EGV, EuZW 1996, S. 748, letzterem folgend *A. von Bogdandy*, in: Grabitz/Hilf, EU, Art. 215, Rn. 153. Anders zum Richterprivileg E. *Szyszczak*, EC Law: New Remedies, New Directions, M.L.R. 55 (1992), S. 690 (696); M. *Nettesheim*, Gemeinschaftsrechtliche Vorgaben für das deutsche Staatshaftungsrecht, DÖV 1992, S. 999 (1003); *Ossenbühl* (Fn. 8), S. 514.
153 S. aber *GA W. van Gerven*, Schlußantr. zu EuGH, Rs. C-128/92, Slg. 1992, I-1209, Ziff. 43 ff. (Banks); W. *Berg*, in: Schwarze (Hrsg.), EU, Art. 288, Rn. 4; *Waelbroeck* (Fn. 126), S. 318 ff.
154 P. *Gasparon*, The Transposition of the Principle of Member State Liability into the Context of External Relations, EJIL 10 (1999), S. 605.
155 EuGH, Verb. Rs. C-178/94 u.a., Slg. 1996, I-4845, Rn. 30 ff. (Dillenkofer); Rs. C-127/95, Slg. 1998, I-1531, Rn. 108 (Norbrook Laboratories/MAFF).
156 A.A. *Cornils* (Fn. 114), S. 125. S. jetzt *A. Musil*, Richtlinienumsetzung und Normerlaßanspruch, EuR 1998, S. 705; B. *Grzeszick*, Subjektive Gemeinschaftsrechte als Grundlage des europäischen Staatshaftungsrechts, EuR 1998, S. 417.
157 EuGH, Verb. Rs. C-46/93 und C-48/93, Slg. 1996, I-1029, Rn. 20 ff. (Brasserie du Pêcheur und Factortame). Dazu *Wathelet/Raepenbusch* (Fn. 126), S. 44 f.

tumsansichten[158] haben mit der neueren EuGH-Rechtsprechung an Gewicht verloren. Unmittelbare Wirkung und Rechtsverleihung sind auch im Kontext des Staatshaftungsanspruches zu differenzieren[159].

b) Administratives Unrecht

38 In den selteneren Fällen administrativen Unrechts wandte der EuGH seine Rechtsprechung zum normativen Unrecht an[160], auf die hier verwiesen wird (Rn. 39 ff.)[161]. Die Voraussetzung eines hinreichend qualifizierten Verstoßes wird allerdings beim administrativen Unrecht angesichts des zumeist geringeren Ermessensspielraums eher erfüllt sein.

c) Normatives Unrecht
aa) Rechtsprechung des EuGH
(1) Grundsatz

39 Parallel zur Haftung der Gemeinschaftsorgane haften die Mitgliedstaaten auch für normative Handlungen, die gegen eine die Begründung der Rechte einzelner bezweckende Gemeinschaftsrechtsnorm (s.o. Rn. 36 f.) in hinreichend qualifizierter Weise verstoßen, soweit der Verstoß für einen Schaden kausal wird (dazu s.u. Rn. 50)[162]. Der EuGH entlehnt diese Voraussetzungen ausdrücklich seiner Rechtsprechung zur Gemeinschaftshaftung. Auch hier liegen die Gründe für die Beschränkung der Haftung bei normativem Unrecht in der Komplexität der zu regelnden Sachverhalte, den Schwierigkeiten bei der Anwendung oder Auslegung von Rechtssetzungsakten und dem allgemeinen gesetzgeberischen Ermessensspielraum, insbesondere bei wirtschaftspolitischen Entscheidungen. Dieser Ermessensspielraum rechtfertigt sich auch bei der Betrachtung mitgliedstaatlicher Rechtsetzung daraus, daß die Normsetzungstätigkeit nicht durch die Möglichkeit von Schadensersatzklagen behindert werden darf[163].

40 Allerdings hebt der EuGH hervor, daß der Ermessensspielraum des mitgliedstaatlichen Gesetzgebers unterschiedlich weit sein kann[164]. Nur im Falle eines weiten Ermessensspielraums gelten die genannten Voraussetzungen in vollem Umfang. Der EuGH sieht

---

158 M. *Gellermann*, Die Beeinflussung des bundesdeutschen Rechts durch Richtlinien der EG, S. 235 ff.; A. *Martin-Ehlers*, Grundlage einer gemeinschaftsrechtlich entwickelten Staatshaftung, EuR 1996, S. 376 (382); S. *Schlemmer-Schulte/J. Ukrow*, Haftung des Staates gegenüber dem Marktbürger für gemeinschaftsrechtswidriges Verhalten, EuR 1992, S. 82 (89); *Schockweiler* (Fn. 126), S. 119 f. S. auch die Analyse bei C. *Albers*, Die Haftung der Bundesrepublik Deutschland für die Nichtumsetzung von EG-Richtlinien, 1995, S. 97 ff.
159 Wie hier *Deckert* (Fn. 151), S. 216 f. Anders A. *von Bogdandy*, in: Grabitz/Hilf, EU, Art. 215, Rn. 131.
160 EuGH, Rs. C-5/94, Slg. 1996, I-2553, Rn. 25 ff. (Hedley Lomas); Rs. C-319/96, Slg. 1998, I-5255, Rn. 30 (Brinkmann/Skatteministeriet); Rs. C-424/97, Slg. 2000, I-5123, Rn. 26 ff. (Haim); Rs. C-118/00, 28.6.2001, n.n.i.Slg., Rn. 34 ff. (Gervais/Inasti).
161 Vgl. auch A. *von Bogdandy*, in: Grabitz/Hilf, EU, Art. 215, Rn. 146; *Craig* (Fn. 126), S. 74 und 81; *Deckert* (Fn. 151), S. 224 f.; *Ehlers* (Fn. 126), S. 779; J. *Pietzcker*, Zur Nichtanwendung europarechtswidriger Gesetze seitens der Verwaltung, FS-Everling, 1995, S. 1095 (1109 ff.).
162 EuGH, Verb. Rs. C-46/93 und C-48/93, Slg. 1996, I-1029, Rn. 51 (Brasserie du Pêcheur und Factortame); Rs. C-392/93, Slg. 1996, I-1631, Rn. 39 (British Telecommunications); Rs. C-5/94, Slg. 1996, I-2553, Rn. 25 (Hedley Lomas); Rs. C-283/94 u.a., Slg. 1996, 5063, Rn. 48 (Denkavit); Rs. C-373/95, Slg. 1997, I-4051, Rn. 35 (Maso/INPS); Verb. Rs. C-94 und 95/95, Slg. 1997, I-3969, Rn. 47 (Bonifaci/INPS); Rs. C-261/95, Slg. 1997, I-4025, Rn. 25 (Palmisani/INPS).
163 EuGH, Verb. Rs. C-46/93 und C-48/93, Slg. 1996, I-1029, Rn. 43 ff. (Brasserie du Pêcheur und Factortame); Rs. C-392/93, Slg. 1996, I-1631, Rn. 40 (British Telecommunications).
164 EuGH, Verb. Rs. C-46/93 und C-48/93, Slg. 1996, I-1029, Rn. 46 (Brasserie du Pêcheur und Factortame).

zudem einen Zusammenhang zwischen Ermessensspielraum und hinreichend qualifiziertem Verstoß (s.u. Rn. 44)[165].

(2) Hinreichend qualifizierte Verletzung
Zentrales Element der Haftungsvoraussetzungen für mitgliedstaatliches normatives Unrecht ist somit die hinreichende Qualifizierung der Verletzung. Dieser bedarf es nämlich nur im Falle eines weiten Ermessensspielraums des nationalen Gesetz- oder Verordnungsgebers. Ob ein solcher Spielraum vorliegt, richtet sich nach Gemeinschaftsrecht, nicht nach nationalem Recht[166]. 41

Das mitgliedstaatliche Organ muß die Grenzen des gemeinschaftsrechtlich gewährleisteten Ermessens **offenkundig und erheblich überschritten** haben (vgl. o. Rn. 14 ff.). Zu den vom EuGH für die Beurteilung der Offenkundigkeit und Erheblichkeit der Ermessensüberschreitung angeführten Gesichtspunkten gehören »das Maß an Klarheit und Genauigkeit der verletzten Vorschrift, der Umfang des Ermessensspielraums, den die verletzte Vorschrift den nationalen oder Gemeinschaftsbehörden beläßt«, die Vorsätzlichkeit der Begehung des Verstoßes oder der Schadenszufügung, die Entschuldbarkeit eines möglichen Rechtsirrtums »und der Umstand, daß die Verhaltensweisen eines Gemeinschaftsorgans möglicherweise dazu beigetragen haben, daß nationale Maßnahmen oder Praktiken in gemeinschaftsrechtswidriger Weise unterlassen, eingeführt oder aufrechterhalten wurden.«[167] 42

Ein Verstoß ist jedenfalls hinreichend qualifiziert, wenn er trotz eines einschlägigen EuGH-Urteils fortbesteht[168]. Ein solches Urteil ist hinreichende, jedoch keine notwendige Voraussetzung für die Annahme eines hinreichend qualifizierten Verstoßes[169]. Ein mitgliedstaatlicher Rechtsirrtum ist nicht entschuldbar i.S. der unter Rn. 42 genannten Formulierung, wenn eine mitgliedstaatliche Regelung offenkundig mit einer ständigen EuGH-Rechtsprechung unvereinbar ist[170]. Ist eine Richtlinienbestimmung ungenau und wird sie von einem Mitgliedstaat vertretbar ausgelegt, so entfällt ein hinreichend qualifizierter Verstoß, insbesondere wenn es zu der fraglichen Auslegung keine EuGH-Rechtsprechung gibt und wenn nahezu alle Mitgliedstaaten eine vergleichbare Auslegung vornehmen[171]. 43

Der bloße Verstoß gegen Gemeinschaftsrecht kann ausreichen, einen hinreichend qualifizierten Verstoß anzunehmen, wenn das mitgliedstaatliche Organ nur über einen erheblich verringerten oder gar auf Null reduzierten Ermessensspielraum (s.o. Rn. 40) verfügt[172]. 44

---

165 Kritisch *T. Eilmansberger*, Rechtsfolgen und subjektives Recht im Gemeinschaftsrecht, 1997, S. 221.
166 EuGH, Rs. C-424/97, Slg. 2000, I-5123, Rn. 40 (Haim).
167 EuGH, Verb. Rs. C-46/93 und C-48/93, Slg. 1996, I-1029 (Brasserie du Pêcheur und Factortame). S. auch EuGH, Rs. C-392/93, Slg. 1996, I-1631, Rn. 39 (British Telecommunications); Rs. C-283/94 u.a., Slg. 1996, 5063, Rn. 50 (Denkavit); EuGH, Rs. C-140/97, Slg. 1999, I-3499, Rn. 50 (Rechberger); Rs. C-150/99, 18.1.2001, n.n.i.Slg., Rn. 39 (Stockholm Lindöpark/Schweden); Rs. C-118/00, 28.6.2001, n.n.i.Slg., Rn. 39 (Gervais/Inasti).
168 EuGH, Verb. Rs. C-46/93 und C-48/93, Slg. 1996, I-1029, Rn. 57 (Brasserie du Pêcheur und Factortame).
169 EuGH, Verb. Rs. C-46/93 und C-48/93, Slg. 1996, I-1029, Rn. 93 ff. (Brasserie du Pêcheur und Factortame); Verb. Rs. C-178/94 u.a., Slg. 1996, I-4845, Rn. 28 (Dillenkofer).
170 EuGH, Verb. Rs. C-46/93 und C-48/93, Slg. 1996, I-1029, Rn. 59 (Brasserie du Pêcheur und Factortame).
171 EuGH, Rs. C-392/93, Slg. 1996, I-1631, Rn. 43 f, (British Telecommunications); Rs. C-283/94 u.a., Slg. 1996, 5063, Rn. 51 f. (Denkavit). S. auch GA *La Pergola*, Schlußantr. zu EuGH, Rs. C-302/97, Slg. 1999, I-3099, Ziff. 25 f. (Konle/Österreich).
172 EuGH, Rs. C-5/94, Slg. 1996, I-2553, Rn. 28 (Hedley Lomas); Verb. Rs. C-178/94 u.a., Slg. 1996, I-4845, Rn. 20 (Dillenkofer).

45 Für die Beurteilung, ob ein Verstoß hinreichend qualifiziert ist, sind **die nationalen Gerichte zuständig**; der EuGH gibt jedoch Leitlinien für diese Beurteilung[173]. Diese können von erheblicher Detailgenauigkeit in bezug auf den Einzelfall sein[174]. Ausnahmsweise prüft der EuGH die Haftungsvoraussetzungen selbst, wenn er über alle notwendigen Informationen verfügt[175].

(3) Insbesondere: Haftung für die fehlerhafte Umsetzung von Richtlinien

46 Für diese Haftung, die den historischen Ausgangspunkt der Rechtsprechung darstellt, gelten die gleichen Haftungsvoraussetzungen[176]. Zunächst ist die Weite des Ermessensspielraumes zu ermitteln. Ist dieser, insbesondere infolge wirtschaftspolitischer Gestaltungsmacht, weit, so gilt das unter Rn. 42 ausgeführte[177]. Der Ermessensspielraum des nationalen Gesetzgebers ist hingegen eng, was die reine Verpflichtung zur fristgerechten Umsetzung betrifft[178]. In diesem Fall der völlig fehlenden Umsetzung bedarf es lediglich der Individualberechtigung aus einer Richtlinienvorschrift (s.o. Rn. 36), der Bestimmbarkeit des Individualrechts aus der Richtlinie sowie der Kausalität[179]. Ein mitgliedstaatlicher Ermessensspielraum spricht nicht grundsätzlich gegen die Bestimmbarkeit des Individualrechts aus der Richtlinie[180]. Die Auslassung des Merkmals der hinreichend qualifizierten Verletzung ist wirkungslos, weil im Fall der völligen Nichtumsetzung von Richtlinien offenkundig ein solcher Verstoß vorliegt[181]. Die hier genannten Haftungsvoraussetzungen gelten auch, wenn sich eine nationale Regelung nicht richtlinienkonform auslegen läßt und dadurch der effektive Schutz durch Richtlinien gewährleisteter Rechte gefährdet ist[182]. Keineswegs haftet der umsetzungssäumige Mitgliedstaat stets nur seinen eigenen Staatsbürgern: Die unterlassene Umsetzung kann in anderen Mitgliedstaaten zu quantifizierbaren Wettbewerbsnachteilen führen, wenn dort unter strengeren, weil richtlinienkonformen Bedingungen gewirtschaftet werden muß. Dadurch erwächst den benachteiligten Marktbürgern bzw. Unternehmen ein Schadensersatzanspruch gegen den umsetzungssäumigen Staat[183].

47 Wegen der erheblichen Umsetzungssäumnis der Mitgliedstaaten (s. Art. 249, Rn. 68) hat der gemeinschaftsrechtliche Staatshaftungsanspruch hier einen großen Anwendungsbereich. Er gehört zu den sanktionsartigen Rechtsfolgen der fehlerhaften Richt-

---

173 EuGH, Rs. C-302/97, Slg. 1999, I-3099, Rn. 58 f. (Konle/Österreich); Rs. C-424/97, Slg. 2000, I-5123, Rn. 40 ff. (Haim)
174 So in EuGH, Verb. Rs. C-46/93 und C-48/93, Slg. 1996, I-1029, Rn. 63 f. (Brasserie du Pêcheur und Factortame)
175 EuGH, Rs. C-392/93, Slg. 1996, I-1631, Rn. 41 (British Telecommunications); Rs. C-283/94 u.a., Slg. 1996, 5063, Rn. 49 (Denkavit).
176 EuGH, Rs. C-392/93, Slg. 1996, I-1631, Rn. 40 (British Telecommunications); Rs. C-131/97, Slg. 1999, I-1103, Rn. 52 (Carbonari).
177 So in der Entscheidung EuGH, Rs. C-392/93, Slg. 1996, I-1631, (British Telecommunications).
178 EuGH, Verb. Rs. C-46/93 und C-48/93, Slg. 1996, I-1029, Rn. 46 (Brasserie du Pêcheur und Factortame).
179 EuGH, Verb. Rs. C-6/90 und C-9/90, Slg. 1991, I-5357, Rn. 40. (Francovich); Rs. C-91/92, Slg. 1994, I-3325, Rn. 27 (Faccini Dori); Rs. C-192/94, 7.3.1996, Slg. 1996, I-1281, Rn. 18 (El Corte Inglés); Verb. Rs. C-178/94 u.a., Slg. 1996, I-4845, Rn. 22 (Dillenkofer).
180 EuGH, Verb. Rs. C-178/94 u.a., Slg. 1996, I-4845, Rn. 45 (Dillenkofer).
181 So ausdrücklich EuGH, Verb. Rs. C-178/94 u.a., Slg. 1996, I-4845, Rn. 23 und 26 (Dillenkofer).
182 EuGH, Rs. C-334/92, 16.12.1993, Slg. 1993, I-6911, Rn. 22 (Teodoro Wagner Miret/Fondo de Garantía Salarial); Rs. C-54/96, 17.9.1997, Slg. 1997, I-4961, Rn. 45 (Dorsch/Bundesbaugesellschaft Berlin); Rs. C-111/97, Slg. 1998, I-5411, Rn. 21 (Evobus Austria).
183 Näher A. Epiney/A. Furrer, Staatliche Haftung für quantifizierbare Wettbewerbsnachteile aus nicht umgesetzten Richtlinien, JZ 1995, S. 1025.

linienumsetzung (s. Art. 249, Rn. 68)[184]. Die bisher vorliegenden Entscheidungen betreffen die Richtlinie über Konkursausfallgeld[185], die Haustürwiderrufsrichtlinie[186], die Pauschalreise-Richtlinie[187], eine gesellschafts-/steuerrechtliche Richtlinie[188] die Tierarzneimittelrichtlinien[189], die Sechste Umsatzsteuerrichtlinie[190] und die Anerkennungs- und Koordinierungsrichtlinien für Ärzte[191] bzw. Zahnärzte[192]. Weitere mögliche Anwendungsbereiche sind Umweltschutzrichtlinien[193], die Richtlinien über das öffentliche Auftragswesen[194] sowie weitere privatrechtliche Richtlinien[195].

bb) Schrifttum und Stellungnahme
Im Schrifttum wird die Anerkennung eines Haftungsanspruches wegen normativen Unrechts weitgehend gebilligt[196] und bisweilen nach der Art der Verstöße näher ausdifferenziert[197]. Vereinzelt wird die Parallele zum Völkerrecht (haftungsrechtliche Einheit 48

---

184 In diesem Kontext *J. Geiger*, Der gemeinschaftsrechtliche Grundsatz der Staatshaftung, 1997, S. 59 ff.; *F. Schockweiler*, Der Schadensersatzanspruch gegenüber dem Staat: Eine vollwertige Alternative zur »horizontalen Wirkung« von nicht fristgemäß umgesetzten Richtlinien?, FS-Everling, 1995, S. 1315.
185 RL 80/987/EWG des Rates vom 20.10.1980 zur Angleichung der Rechtsvorschriften der Mitgliedstaaten über den Schutz der Arbeitnehmer bei Zahlungsunfähigkeit des Arbeitgebers, ABl.EG 1980 Nr. L 283/23: EuGH, Verb. Rs. C-6/90 und C-9/90, Slg. 1991, I-5357, Rn. 31 ff. (Francovich); Rs. C-334/92 (Fn. 160); Rs. C-373/95, Slg. 1997, I-4051, Rn. 34 (Maso/INPS); Verb. Rs. C-94 und 95/95, Slg. 1997, I-3969 (Bonifaci/INPS); Rs. C-261/95, Slg. 1997, I-4025, Rn. 24 (Palmisani/INPS).
186 RL 85/577/EWG des Rates vom 20.12.1985 betreffend den Verbraucherschutz im Falle von außerhalb von Geschäftsräumen geschlossenen Verträgen, ABl.EG 1985 Nr. L 372/31: EuGH, Rs. C-91/92, Slg. 1994, I-3325, Rn. 27 (Faccini Dori).
187 RL 90/314/EWG des Rates vom 13.6.1990 über Pauschalreisen, ABl.EG 1990 Nr. L 158/59: EuGH, Verb. Rs. C-178/94 u.a., Slg. 1996, I-4845 (Dillenkofer); Rs. C-140/97, Slg. 1999, I-3499 (Rechberger). Aus der umfangreichen Literatur dazu: *S. Kopp*, Staatshaftung wegen Verletzung von Gemeinschaftsrecht, DÖV 1994, S. 201; *M. Schimke*, Zur Haftung der Bundesrepublik Deutschland gegenüber Bürgern wegen Nichtumsetzung der EG-Richtlinie über Pauschalreisen, EuZW 1993, S. 698; *K. Tonner*, Staatshaftung wegen verspäteter Umsetzung der EG-Pauschalreise-Richtlinie, ZIP 1993, S. 1205; *F. Graf von Westphalen*, Staatshaftung bei Nichtdurchführung einer EG-Richtlinie, EWS 1993, 269; *R. Wittkowski*, Der »MP Travel Line«-Konkurs im Lichte der »Francovich-Rechtsprechung« des EuGH, NVwZ 1994, 326.
188 RL 90/435/EWG des Rates vom 23.7.1990 über das gemeinsame Steuersystem der Mutter- und Tochtergesellschaften verschiedener Mitgliedstaaten, ABl.EG 1990 Nr. L 225/6: EuGH, Verb. Rs. C-283/94, C-291/94 und C-292/94, Slg. 1996, I-5063 (Denkavit).
189 RL 81/851/EWG des Rates vom 28.9.1981 zur Angleichung der Rechtsvorschriften der Mitgliedstaaten über Tierarzneimittel, ABl. EG 1981, Nr. L 317/1; RL 81/852/EWG des Rates vom 28.9.1981 über die analytischen, toxikologisch-pharmakologischen und tierärztlichen oder klinischen Vorschriften und Nachweise über Versuche mit Tierarzneimitteln, ABl. EG 1981, Nr. L 317/16: EuGH, Rs. C-127/95, 2.4.1998, Slg. 1998, I-1531, (Norbrook Laboratories/MAFF).
190 EuGH, Rs. C-319/96, Slg. 1998, I-5255, Rn. 30 (Brinkmann/Skatteministeriet).
191 EuGH, Rs. C-131/97, Slg. 1999, I-1103 (Carbonari).
192 EuGH, Rs. C-424/97, Slg. 2000, I-5123 (Haim).
193 *B. Goebel*, Gemeinschaftsrechtlich begründete Staatshaftung – ein Beitrag zum Vollzug des Gemeinschaftsumweltrechts?, UPR 1994, S. 361; *C. G. Murgatroyd*, State Liability and the European Environment: *Francovich*, Maastricht and the question of compensation, Environmental Liability 1993, S. 11.
194 *A. von Bogdandy*, in: Grabitz/Hilf, EU, Art. 215, Rn. 134 m.w.N.
195 Vgl. *N. Reich*, Der Schutz subjektiver Gemeinschaftsrechte durch Staatshaftung, EuZW 1996, 709 (710 ff.).
196 *Bröhmer* (Fn. 129) S. 120 f.
197 *W. van Gerven*, Bridging the Unbridgeable: Community and National Tort Law After *Francovich* and *Brasserie*, I.C.L.Q. 45 (1996), S. 507 (521).

des Staatsgebildes)[198] oder die ungenaue Bezeichnung der letztlich individualschützenden Norm[199] kritisiert.

49 Der im Urteil Brasserie du Pêcheur und Factortame gut begründeten Herausarbeitung eines Anspruches gerade für normatives Unrecht ist zuzustimmen; dies schon aus praktischen Erwägungen: Die Mitgliedstaaten verstoßen zumeist durch **normatives Tun** (so bei der gemeinschaftsrechtswidrigen Beschränkung der Grundfreiheiten) oder **Unterlassen** (so bei der unzureichenden Richtlinienumsetzung) gegen Gemeinschaftsrecht. Einschränkungen lassen sich aus den gleichen Gründen wie bei der Gemeinschaftshaftung (s.o. Rn. 11) halten, wobei aufgrund des Sanktionscharakters der Staatshaftung eine weniger strenge Handhabung der einschränkenden Kriterien gerechtfertigt wäre.

4. Schaden und Kausalität

50 Durch den mitgliedstaatlichen Verstoß muß ein Schaden entstanden sein, und der Verstoß gegen Gemeinschaftsrecht muß für den eingetretenen Schaden kausal sein[200]. Ist eine Richtlinie nicht umgesetzt worden, beruht der Schaden aber nicht auf dem Umsetzungsfehler (z.B. weil die Verwaltung in der Rechtsanwendung unmittelbar auf die Richtlinienbestimmungen zurückgreift), so haftet der Mitgliedstaat nicht[201]. **Außergewöhnliche und unvorhersehbare Umstände** unterbrechen den Kausalzusammenhang nicht, wenn die Bestimmung des Gemeinschaftsrechts, gegen die verstoßen wurde, den Mitgliedstaaten aufgibt, absoluten Schutz vor einem bestimmten Risiko zu gewährleisten (z.B.: Garantie gegen Folgen des Konkurses eines Reiseveranstalters)[202].

5. Verschulden

51 Die Haftung der Mitgliedstaaten für Verstöße gegen Gemeinschaftsrecht ist nicht verschuldensabhängig, doch sind objektive und subjektive Gesichtspunkte, die sich nach nationalem Recht unter dem Gesichtspunkt des Verschuldens erfassen ließen, im Rahmen der Beurteilung der Qualifiziertheit des Verstoßes (s.o. Rn. 42) von Bedeutung[203].

6. Verhältnis zum nationalen Staatshaftungsrecht und Anwendung in Deutschland

52 Liegen die genannten Voraussetzungen für die gemeinschaftsrechtliche Staatshaftung nicht vor, so ist nicht ausgeschlossen, daß der jeweilige Mitgliedstaat auch nach den Regeln des nationalen Staatshaftungsrechts zur Ersatzleistung verpflichtet ist[204].

---

198 *Von Danwitz*, DVBl. 1997 (Fn. 125), S. 3 f. Anders *Craig* (Fn. 126), S. 78; *Streinz* (Fn. 2), S. 203.
199 *Von Danwitz*, DVBl. 1997 (Fn. 125), S. 7.
200 EuGH, Verb. Rs. C-46/93 und C-48/93, Slg. 1996, I-1029, Rn. 65 (Brasserie du Pêcheur und Factortame).
201 EuGH, Rs. C-319/96, Slg. 1998, I-5255, Rn. 29 (Brinkmann/Skatteministeriet); dazu *Tridimas* (Fn. 2), S. 305 f.
202 EuGH, Rs. C-140/97, Slg. 1999, I-3499, Rn. 72 ff. (Rechberger).
203 EuGH, Verb. Rs. C-46/93 und C-48/93, Slg. 1996, I-1029, Rn. 78 f. (Brasserie du Pêcheur und Factortame); Verb. Rs. C-178/94 u.a., Slg. 1996, I-4845, Rn. 28 (Dillenkofer).
204 EuGH, Verb. Rs. C-46/93 und C-48/93, Slg. 1996, I-1029, Rn. 66 (Brasserie du Pêcheur und Factortame).

Der Staatshaftungsanspruch wurzelt **unmittelbar im Gemeinschaftsrecht**[205]. Folgerichtig hat der **BGH** speziell für den Haftungsanspruch wegen legislativen Unrechts entschieden, daß dieser nicht in die nationalen Kategorien (Art. 34 GG mit § 839 BGB; enteignungsgleicher bzw. enteignender Eingriff) einzuordnen[206], sondern als unmittelbar aus dem EG-Recht herzuleitender Anspruch zu prüfen sei[207]. Diese Ansicht setzte sich im Schrifttum durch[208], jedoch mit einiger Verzögerung[209], was aber daran liegen mag, daß sich die Mehrzahl der Stellungnahmen auf die Rechtsprechung vor der Entscheidung Brasserie du pêcheur bezieht. Ihr steht nicht entgegen, daß der Anspruchsgegner auch eine nachgeordnete Rechtsperson des öffentlichen Rechts sein kann, denn die Verantwortung für die Einhaltung des Gemeinschaftsrechts bleibt beim haftenden Mitgliedstaat, der die Wirksamkeit des Sanktionsmittels »Haftung« auch durch eine Ausgestaltung der Modalitäten der Haftung garantieren kann, bei der nicht er selbst, sondern ein Gliedstaat, eine Kommune oder eine sonstige Körperschaft (Kammer etc.) haftet[210]. – Der BGH hat allerdings in dem zitierten Urteil die Haftungsvoraussetzung nach der EuGH-Rechtsprechung zu restriktiv interpretiert. Auch in anderen Mitgliedstaaten wird die Rechtsprechung rezipiert[211]. 53

---

205 EuGH, Verb. Rs. C-46/93 und C-48/93, Slg. 1996, I-1029, Rn. 67 (Brasserie du Pêcheur und Factortame).
206 Zu den Konsequenzen für diese Rechtsinstitute *Pfab* (Fn. 114), S. 131 ff.
207 BGHZ 134, 30 (33); BGH, NVwZ 2001, 465 (466). S. auch LG Aachen, NVwZ 1998, 547; LG Bonn, NJW 2000, 815 (816), zustimmend *H.-J. Cremer*, Staatshaftung für den Verlust von Bankeinlagen, JuS 2001, S. 643 (646).
208 Vgl. *Beljin* (Fn. 140), S. 163, 173 ff. (ausführlich differenzierend S. 208 ff.); *A. von Bogdandy*, in: Grabitz/Hilf, EU, Art. 215, Rn. 168 f.; *Cornils* (Fn. 114), S. 110 ff.; *S. Detterbeck*, Staatshaftung für die Mißachtung von EG-Recht, VerwArch 85 (1994), S. 159; *A. Hatje*, Die Haftung der Mitgliedstaaten bei Verstößen des Gesetzgebers gegen europäisches Gemeinschaftsrecht, EuR 1997, S. 297 (303 f.); *H. Maurer*, Staatshaftung im europäischen Kontext, FS-Boujong, 1996, S. 591 (610 ff.); *J. W. Hidien*, Die gemeinschaftsrechtliche Staatshaftung der EU-Mitgliedstaaten, 1999, S. 75 f.
209 Anders noch *Albers* (Fn. 156), S. 180 ff.; *Ehlers* (Fn. 126), S. 777 f.; *H. G. Fischer*, Staatshaftung nach Gemeinschaftsrecht, EuZW 1992, S. 41 (44); *Gellermann* (Fn. 126), S. 346 und 353 ff.; *Geiger* (Fn. 114), S. 471 ff.; *U. Häde*, Staatshaftung für legislatives Unterlassen, BayVBl. 1992, S. 449; *H. D. Jarass*, Haftung für die Verletzung von EU-Recht durch nationale Organe und Amtsträger, NJW 1994, S. 881 (881 f.); *ders.*, Grundfragen der innerstaatlichen Bedeutung des EG-Rechts, 1994, S. 114; *Martin-Ehlers* (Fn. 153), S. 396 ff.; *Nettesheim* (Fn. 147), S. 1000; *Pfab* (Fn. 114), S. 125 ff.; *Schlemmer-Schulte/Ukrow* (Fn. 153), S. 92 ff. – Kritisch zum BGH *G. Hermes*, Der Grundsatz der Staatshaftung für Gemeinschaftsrechtsverletzungen, Die Verwaltung 31 (1998), S. 371 (372, 398); *Ossenbühl* (Fn. 8), S. 526; *H.-J. Papier*, in: Rengeling (Hrsg.), EUDUR I, 1998, § 43, Rn. 11. Neue Argumentation bei *F. Schoch*, Europäisierung der Staatshaftung, FS-Maurer, 2001, S. 759 (772); *ders.*, Effektuierung des Sekundärrechtsschutzes, Die Verwaltung 34 (2001), S. 261 (278): Durch die Hereinnahme eines unmittelbar gemeinschaftsrechtlich begründeten Anspruches verhindere der BGH die notwendige Anpassung des deutschen Staatshaftungsrechts.
210 *A.A. J. Gundel*, Die Bestimmung des richtigen Anspruchsgegners der Staatshaftung für Verstöße gegen Gemeinschaftsrecht, DVBl. 2001, S. 95 (100 ff.); *C. Weber*, Neue Konturen des gemeinschaftsrechtlichen Staatshaftungsanspruchs nach der Entscheidung des EuGH in der Rechtssache Konle, NVwZ 2001, S. 287 (289). Wie hier *Beljin* (Fn. 140), S. 82 f.
211 Vgl. die Nachweise zu Großbritannien und Frankreich bei *Craig* (Fn. 126), S. 87 ff., und *Herdegen/Rensmann* (Fn. 2), S. 546 und Fn. 7, sowie (zu Frankreich) bei *N. Dantonel-Cor*, La violation de la norme communautaire et la responsabilité extracontractuelle de l'État, R.T.D.E. 34 (1998), S. 75 (83) und (zu Italien) bei *L. Malferrari*, State Liability for Violation of EC Law in Italy: The Reaction of the Corte di Cassazione to Francovich and Future Prospects in Light of its Decision of July 22, 1999, No. 500, ZaöRV 59 (1999), S. 809.

III. Haftungsfolgen

1. Umfang der Ersatzleistung

54 Gewährung und Umfang der Ersatzleistung richten sich nach **nationalem Recht**, wobei dieses nicht ungünstiger als bei entsprechenden innerstaatlichen Haftungsansprüchen sein darf und die Erlangung der Entschädigung auch nicht praktisch unmöglich gemacht oder übermäßig erschwert werden soll[212]. Der EuGH verneinte die Gemeinschaftsrechtskonformität der deutschen Regelung, wonach eine Haftung für normatives Unrecht eine gewisse Individualisierbarkeit voraussetzt[213], sowie der britischen Konzeption der misfeasance in public office, die eine Haftung für Handlungen des parlamentarischen Gesetzgebers generell ausschließt[214]. In diesem Rahmen ist auch eine Berücksichtigung von Rechtssicherheitserwägungen nach einem EuGH-Urteil, das die mitgliedstaatliche Haftung feststellt, möglich[215]. **Ausschlußfristen** nach nationalem Recht zur Geltendmachung von Schäden sind unter den genannten allgemeinen Voraussetzungen zulässig[216].

55 Gleichwohl enthält das Gemeinschaftsrecht **Vorgaben für das nationale Recht zum materiellen Entschädigungsumfang**. Der **Schadensersatz** muß zur Gewährleistung effektiven Rechtsschutzes dem erlittenen Schaden **angemessen** sein[217]. Zur Ersatzleistung gehört auch – vor allem in Rechtsstreitigkeiten kommerzieller Natur – die Entschädigung für **entgangenen Gewinn**[218] Unter diesen Bedingungen muß im Einzelfall auch Naturalrestitution gewährt werden[219]. Besondere Schadensersatzformen wie z.B. exemplary damages nach englischem Recht sind durch das Gemeinschaftsrecht nicht ausgeschlossen, sofern sie die wirksame Anwendung des Gemeinschaftsrechts steigern[220]. Wird nach festgestelltem Gemeinschaftsrechtsverstoß eine Richtlinie vollständig rückwirkend angewandt, so ist dies grundsätzlich zur Kompensation ausreichend, und es können lediglich zusätzliche Einbußen geltend gemacht werden, die durch die verspätete Umsetzung entstanden sind[221].

56 Der Schadensersatzanspruch ist nicht auf den **Zeitraum** nach Erlaß eines den Gemein-

---

212 EuGH, Verb. Rs. C-6/90 und C-9/90, Slg. 1991, I-5357, Rn. 43 ff. (Francovich); Verb. Rs. C-46/93 und C-48/93, Slg. 1996, I-1029, Rn. 67 und 83 (Brasserie du Pêcheur und Factortame), Rs. C-373/95, Slg. 1997, I-4051, Rn. 37 (Maso/INPS); Verb. Rs. C-94 und 95/95, Slg. 1997, I-3969, Rn. 49 (Bonifaci/INPS); Rs. C-261/95, Slg. 1997, I-4025, Rn. 28 (Palmisani/INPS). Zu diesen Voraussetzungen s. Art. 249, Rn. 28.
213 EuGH, Verb. Rs. C-46/93 und C-48/93, Slg. 1996, I-1029, Rn. 71 (Brasserie du Pêcheur und Factortame).
214 EuGH, Verb. Rs. C-46/93 und C-48/93, Slg. 1996, I-1029, Rn. 73 (Brasserie du Pêcheur und Factortame).
215 EuGH, Verb. Rs. C-46/93 und C-48/93, Slg. 1996, I-1029, Rn. 98 f. (Brasserie du Pêcheur und Factortame).
216 EuGH, Rs. C-261/95, Slg. 1997, I-4025, Rn. 28 ff. (Palmisani/INPS).
217 EuGH, Verb. Rs. C-46/93 und C-48/93, Slg. 1996, I-1029, Rn. 84 (Brasserie du Pêcheur und Factortame); Rs. C-373/95, Slg. 1997, I-4051, Rn. 36 (Maso/INPS); Verb. Rs. C-94 und 95/95, Slg. 1997, I-3969, Rn. 48 (Bonifaci/INPS).
218 EuGH, Verb. Rs. C-46/93 und C-48/93, Slg. 1996, I-1029, Rn. 87 (Brasserie du Pêcheur und Factortame).
219 *Beljin* (Fn. 140), S. 70.
220 EuGH, Verb. Rs. C-46/93 und C-48/93, Slg. 1996, I-1029, Rn. 89 (Brasserie du Pêcheur und Factortame).
221 EuGH, Rs. C-373/95, Slg. 1997, I-4051, Rn. 41 (Maso/INPS); Verb. Rs. C-94 und 95/95, Slg. 1997, I-3969, Rn. 51 ff. (Bonifaci/INPS).

schaftsrechtsverstoß feststellenden Urteils begrenzt, weil sonst die Effizienz des Entschädigungsanspruches in Frage gestellt wäre[222].

Außerdem besteht aufgrund eines allgemeinen Rechtsgrundsatzes eine **Schadensverhinderungs-** bzw. **Schadensbegrenzungspflicht** des Geschädigten[223]. Insbesondere hat der Geschädigte von allen ihm zur Verfügung stehenden Möglichkeiten des **Primärrechtsschutzes** Gebrauch zu machen[224]. 57

2. Verfahrensfragen

Die Ausgestaltung der gerichtlichen Zuständigkeiten und des Verfahrens obliegt den Mitgliedstaaten unter den Bedingungen der Nichtdiskriminierung und Effektivität[225]. Selbst den Anspruchsschuldner kann das mitgliedstaatliche Recht bestimmen, ohne daß der Anspruch seine gemeinschaftsrechtliche Natur verliert (s.o. Rn. 53). Dies gilt auch für die Verjährung. In Deutschland ist § 852 BGB anwendbar[226]. 58

IV. Ausblick

In der zweiten Hälfte der neunziger Jahre war die Entwicklung des gemeinschaftsrechtlichen Staatshaftungsanspruches noch im Fluß. Nach den grundlegenden Urteilen der Jahre 1996 und 1997 gehört der Anspruch jedoch mittlerweile ohne Zweifel zum *acquis communautaire*. Auch die Haftungsvoraussetzungen für administratives Unrecht sind nun mit der nötigen Differenzierung formuliert worden. Zutreffend unterscheidet der EuGH nach der Weite des Handlungsspielraumes. Dieser Gesichtspunkt ist ausbaufähig, soweit er die unterschiedlichen Gestaltungsfreiräume von Gesetzgebung und Verwaltung zu erfassen in der Lage ist. Die bedeutendste Neuerung ist in diesem Zusammenhang die Anerkennung der Haftung für substaatliche Kompetenzträger im Rahmen des gemeinschaftsrechtlich fundierten Anspruches. – Mit einer positivrechtlichen Verankerung der Staatshaftung war wegen des entgegenstehenden Interesses der Mitgliedstaaten nicht zu rechnen. Sie ist durch die Revisionen von Amsterdam und Nizza nicht erfolgt. 59

---

222 EuGH, Verb. Rs. C-46/93 und C-48/93, Slg. 1996, I-1029, Rn. 93 ff. (Brasserie du Pêcheur und Factortame).
223 EuGH, Verb. Rs. C-46/93 und C-48/93, Slg. 1996, I-1029, Rn. 84 f. (Brasserie du Pêcheur und Factortame) Verb. Rs. C-178/94 u.a., Slg. 1996, I-4845, Rn. 72 f. (Dillenkofer).
224 EuGH, Verb. Rs. C-46/93 und C-48/93, Slg. 1996, I-1029, Rn. 84 (Brasserie du Pêcheur und Factortame). Zustimmend *Bröhmer* (Fn. 129), S. 122 f.; *A. Barav*, State Liability in Damages for Breach of Community Law in the National Courts, in: Heukels/McDonnell (Fn. 3), S. 363 (390 ff.); *Oliver*, CMLRev. 34 (Fn. 126), S. 652 f.
225 EuGH, Verb. Rs. C-6/90 und C-9/90, Slg. 1991, I-5357, Rn. 42 (Francovich), Rs. C-261/95, Slg. 1997, I-4025, Rn. 27 (Palmisani/INPS); vgl. Art. 249, Rn. 28.
226 *Deckert* (Fn. 151), S. 233 f.

Art. 289 (ex-Art. 216)

Der Sitz der Organe[3, 4] der Gemeinschaft wird im Einvernehmen zwischen den Regierungen der Mitgliedstaaten bestimmt[1].

Inhaltsübersicht:

I. Allgemeines, Sitz der Gemeinschaft	1
II. Sitz und Arbeitsorte der Organe	3
III. Sitz weiterer Gemeinschaftsinstitutionen	5
IV. Verhältnis der Zuständigkeit der Mitgliedstaaten zur internen Organisationsgewalt der Organe	7

I. Allgemeines, Sitz der Gemeinschaft

1   Die Gemeinschaftsorgane (Art. 7 Abs. 1) legen ihren Sitz nicht selbst fest. Art. 289 behält die **Kompetenz** in dieser Frage ausschließlich den **Regierungen der Mitgliedstaaten** vor. Daraus ergibt sich für diese die Pflicht, diese Zuständigkeit wahrzunehmen, um so die Funktionsfähigkeit der Gemeinschaften zu gewährleisten (Art. 10).[1] Die Kommission ist an der Sitzfestlegung nicht beteiligt. Diese ist vielmehr ein **intergouvernementaler Rechtsakt**, der der Ergänzung der institutionellen Bestimmungen der Verträge dient und die ausdrückliche Zustimmung aller Regierungsvertreter erfordert.[2] Solche Beschlüsse können vom EuGH nicht im Rahmen von Verfahren nach Art. 230, 241 überprüft werden.[3]

2   Den **Sitz der Gemeinschaft**[4] selbst haben die Mitgliedstaaten **nicht** ausdrücklich **festgelegt**, auch wenn sie durchaus die Kompetenz dazu besäßen: ein einheitlicher Sitz für alle Organe wäre zugleich der Sitz der Gemeinschaft. Art. 17 des Protokolls über Vorrechte und Befreiungen[5] nimmt auf den Sitz der Gemeinschaft Bezug: danach gewährt der Mitgliedstaat, in dessen Hoheitsgebiet sich der Sitz der Gemeinschaften befindet, den bei der Gemeinschaft akkreditierten Vertretungen von Drittstaaten die üblichen diplomatischen Vorrechte und Befreiungen. In der Praxis erfolgt die Akkreditierung durch Rat und Kommission gemeinsam, deren Sitz Brüssel ist, so daß Belgien die diplomatischen Vorrechte und Befreiungen gewährt.

II. Sitz und Arbeitsorte der Organe

3   Das **Protokoll über die Festlegung der Sitze der Organe** sowie bestimmter Einrichtungen und Dienststellen der Europäischen Gemeinschaften in der Schlußakte des Vertrages von Amsterdam bestätigt und ergänzt den auf der Tagung des Europäischen Rates in Edinburgh vom 11./12.12.1992 gefaßten Beschluß.[6] Damit wird die bis dahin lediglich

---

1   EuGH, Rs. 230/81, 10.2.1983, Slg. 1983, 255, Rn. 35 (Luxemburg/EP); Rs. C-345/95, 1.10.1997, Slg. 1997, I-5215, Rn. 20, (Frankreich/EP).
2   Im Unterschied dazu schaden Enthaltungen nicht bei Abstimmungen im Rat, bei denen Einstimmigkeit i.S.v. Art. 205 Abs. 3 verlangt wird, vgl. Art. 205, Rn. 7.
3   EuGH verb. Rs. C-181/91 und C-248/91, 30.6.1993, Slg. 1993, I-3685, Rn. 12 (Parlament/Rat und Kommission), zweifelnd GA Lenz in seinen Schlußanträgen zur Rs. C-345/95, 1.10.1997, Slg. 1997, I-5215, Rn. 28.
4   G. E. zur Hausen, in: GTE, EU-/EGV, Art. 216, Rn. 3.
5   ABl.EG 1967, Nr. L 152/13.
6   ABl.EG 1992, Nr. C 341/1; vgl. zu diesem Beschluß EuGH, Rs. C-345/95, 1.10.1997, Slg. 1997, I-5215, Rn. 23 ff. (Frankreich/EP).

provisorische Regelung der Sitzfrage durch den Beschluß der Vertreter der Regierungen der Mitgliedstaaten über die vorläufige Unterbringung bestimmter Organe und Dienststellen der Gemeinschaft vom 8.4.1965[7] festgeschrieben. Verfahrensmäßig sind die Mitgliedstaaten mit der Annahme des Protokolls über Art. 289 hinausgegangen und haben die Sitzfrage in einer ratifikationsbedürftigen vertraglichen Nebenurkunde auf der Ebene des primären Gemeinschaftsrechts geregelt.[8] Das wirft die Frage auf, ob **Änderungen** der Sitzregelung nur im Wege der Vertragsänderung vorgenommen werden können, oder ob Art. 289 als spezielle Regelung ein vereinfachtes Verfahren bereitstellt. Für letzteres spricht insbesondere, daß das Protokoll selbst im ersten Erwägungsgrund auf Art. 289 als Rechtsgrundlage Bezug nimmt.[9]

Nach dem Protokoll hat das **EP** seinen Sitz in Straßburg wo es die 12 monatlich stattfindenden Plenartagungen einschließlich der Haushaltstagung abhalten muß. Zusätzliche Plenartagungen und die Ausschußsitzungen finden in Brüssel statt. Das Generalsekretariat bleibt mit allen Dienststellen in Luxemburg. Der **Rat** hat seinen Sitz in Brüssel, hält seine Tagungen in den Monaten April, Juni und Oktober jedoch in Luxemburg ab. Auch die **Kommission** hat ihren Sitz in Brüssel, doch bleiben einzelne, in dem Beschluß vom 8.4.1965 aufgeführte Dienststellen in Luxemburg. Sitz des **EuGH** und des **EuG** ist Luxemburg.[10] Dort ist auch der Sitz des **Rechnungshofes**. Für den **ER** bestimmt die dem Vertrag von Nizza beigefügte Erklärung Nr. 22 zum Tagungsort des Europäischen Rates auf der Ebene des primären Gemeinschaftsrechts, daß von 2002 an pro Vorsitz jeweils eine seiner Tagungen, d.h. zwei pro Jahr, in Brüssel stattfinden soll. Sobald die EU 18 Mitglieder hat, sollen dort alle Tagungen des ER abgehalten werden. 4

III. Sitz weiterer Gemeinschaftsinstitutionen

Art. 216 legt nur das Verfahren fest, dem die Mitgliedstaaten folgen müssen, um den Sitz der **Organe** i.S.v. Art. 7 Abs. 1 zu bestimmen. Den Organen **nachgeordnete Dienststellen** haben keinen eigenen Sitz. Die durch den Vertrag geschaffenen **selbständigen** Einrichtungen könnten hingegen ihren Sitz in ihrer Geschäftsordnung bestimmen. Der Sitz der durch sekundäres Gemeinschaftsrecht geschaffenen Institutionen könnte in dem Rechtsakt festgelegt werden, durch den die Institution oder Behörde geschaffen wird[11] oder gleichfalls der Geschäftsordnungsautonomie überlassen werden. Wegen der großen 5

---

7 ABl. 1967 Nr. L 152/18; ursprünglich war allerdings beabsichtigt, alle Organe an einem einheitlichen Sitz zu konzentrieren, eine Einigung darüber jedoch nicht möglich, vgl. *G. E. zur Hausen*, in: GTE, EWGV, Art. 216, Rn. 16 ff.; *F. Rutschmann*, Sitzbeschwerden in Europa – Anmerkungen zur Frage des Sitzes des Europäischen Parlaments, EuR 1999, S. 665.
8 *Schweitzer*, in Grabitz/Hilf, EU, Art. 289, Rn. 10; *Rutschmann* (Fn. 7), S. 677.
9 *Schweitzer*, in Grabitz/Hilf, EU, Art. 289, Rn. 11.
10 Vgl. die dem Vertrag von Nizza beigefügte Erklärung Luxemburgs, wonach es, ungeachtet des Beschlusses vom 8.4.1965, auch dann den Sitz der in Alicante angesiedelten Beschwerdekammern des Harmonisierungsamtes für den Binnenmarkt (Marken, Muster und Modelle) fordern wird, wenn diese gerichtliche Kammern i.S.v. Art. 220 werden sollten.
11 So geschehen für das Europäische Zentrum zur Förderung der Berufsbildung in Art. 1 Abs. 3 der VO Nr. 337/75, ABl.EG 1975 Nr. L 39/1 (West-Berlin), geändert durch Art. 1 der VO Nr. 1131/94, ABl.EG Nr. L 127/1 (Saloniki), und die Stiftung zur Verbesserung der Lebens- und Arbeitsbedingungen in Art. 4 Abs. 2 der VO Nr. 1365/75, ABl.EG Nr. L 139/1 (Irland); dafür auch *C.-D. Ehlermann*, Die Einrichtung des Europäischen Fonds für währungspolitische Zusammenarbeit, EuR 1973, S. 205 f.; a.A. *M. Hilf*, Die abhängige juristische Person des Europäischen Gemeinschaftsrechts, ZaöRV 36 (1976), S. 580 f.: Sitzfestlegung nur durch Beschluß der Mitgliedstaaten.

politischen Bedeutung der Sitzfrage wird der Sitz aller Gemeinschaftsinstitutionen in der Praxis jedoch durch Beschluß der Mitgliedstaaten festgelegt.[12]

6 Einige Institutionen sind in die Regelung des Protokolls über die Festlegung der Sitze der Organe sowie bestimmter Einrichtungen und Dienststellen der Europäischen Gemeinschaften einbezogen worden. Der **WSA** und der **AdR** haben danach ihren Sitz in Brüssel. Die **EIB** sitzt in Luxemburg. Hinsichtlich des Sitzes des **EWI** und der **EZB** (Frankfurt/Main) und des **Europol** (Den Haag) wird der Beschluß der Regierungen der Mitgliedstaaten vom 29.10.1993 bestätigt.

IV. Verhältnis der Zuständigkeit der Mitgliedstaaten zur internen Organisationsgewalt der Organe

7 Die Kompetenz der **Mitgliedstaaten** zur Sitzfestlegung kann mit der **internen Organisationsgewalt** der Organe **kollidieren**, die selbst die für ihr ordnungsgemäßes Funktionieren erforderlichen Maßnahmen treffen können. Problematisch ist das insbesondere für die Organe, denen – wie dem EP oder dem Rat – neben dem Sitz noch weitere Arbeitsorte zugeteilt worden sind. Dieses Spannungsverhältnis hat der EuGH in einer Reihe von Entscheidungen, die Sitz und Arbeitsorte des EP betrafen, mit Hilfe von Art. 10 aufgelöst[13]: Die Mitgliedstaaten müssen auf die interne Organisationsgewalt des betreffenden Organs Rücksicht nehmen und dürfen **keine Beschlüsse** treffen, die sein **ordnungsgemäßes Funktionieren beeinträchtigen**. Andererseits muß jedes Organ bei der Ausübung seiner Organisationsgewalt im Rahmen der zwischenzeitlich getroffenen Beschlüsse der Mitgliedstaaten bleiben. Der EuGH hat die Festlegung mehrerer Arbeitsorte trotz der damit für die Funktionsfähigkeit des EP verbundenen Belastungen gebilligt.[14] Zugleich hat er anerkannt, daß dem EP aus seiner internen Organisationsgewalt auch das Recht zusteht, an jedem Arbeitsort die zur Erfüllung der jeweiligen Aufgaben unerläßliche Infrastruktur vorzuhalten.[15] Ihre Organisationsgewalt berechtigt die Organe, ausnahmsweise auch an Orten zu arbeiten (und dort unterstützende Infrastruktur anzusiedeln), die die Mitgliedstaaten nicht zu Arbeitsorten bestimmt haben, sofern das mit dem ordnungsgemäßen Funktionieren des betreffenden Organs gerechtfertigt werden kann, und der durch die Beschlüsse der Mitgliedstaaten vorgegebene Rahmen eingehalten wird.[16]

---

12 So in dem Einvernehmlichen Beschluß der auf Ebene der Staats- und Regierungschefs vereinigten Vertreter der Regierungen der Mitgliedstaaten über die Festlegung des Sitzes bestimmter Einrichtungen und Dienststellen der Europäischen Gemeinschaften sowie des Sitzes von Europol (93/C 323/01) vom 29.10.1993, ABl.EG 1993, Nr. C 323/1.
13 EuGH, Rs. 230/81, 10.2.1983, Slg. 1983, 255 (Luxemburg/EP); Rs. 108/83, 10.4.1984, Slg. 1984, 1945 (Luxemburg/EP); verb. Rs. 358/85 und 51/86, 22.9.1988, Slg. 1988, 4821 (Frankreich/EP); verb. Rs. C-213/88 und C-39/89, Slg. 1991, I-5643 (Luxemburg/EP); Rs. C-345/96, 1.10.1997, Slg. 1997, I-5215 (Frankreich/EP).
14 EuGH, Rs. 230/81, 10.2.1983, Slg. 1983, 255, Rn. 37 f. (Luxemburg/EP); verb. Rs. 358/85 und 51/86, 22.9.1988, Slg. 1988, 4821, Rn. 35 (Frankreich/EP); verb. Rs. C 213/88 und C 39/89, Slg. 1991, I-5643, Rn. 29 (Luxemburg/EP); Rs. C-345/95, 1.10.1997, Slg. 1997, I-5215, Rn. 31 f. (Frankreich/EP).
15 EuGH, Rs. 230/81, 10.2.1983, Slg. 1983, 255, Rn. 54 f. (Luxemburg/EP); Rs. 108/83, 10.4.1984, Slg. 1984, 1945, Rn. 29 (Luxemburg/EP); verb. Rs. C-213/88 und C-39/89, Slg. 1991, I-5643 , Rn. 30 (Luxemburg/EP).
16 EuGH, verb. Rs. 358/85 und 51/86, 22.9.1988, Slg. 1988, 4821, Rn. 36 (Frankreich/EP); verb. Rs. C-213/88 und C-39/89, Slg. 1991, I-5643 , Rn. 30 (Luxemburg/EP).

Art. 290 (ex-Art. 217)

Die Regelung der Sprachenfrage[1, 2] für die Organe[3] der Gemeinschaft wird unbeschadet der Satzung des Gerichtshofes[1] vom Rat einstimmig[1] getroffen.

Amsterdamer Fassung:

Die Regelung der Sprachenfrage für die Organe der Gemeinschaft wird unbeschadet der Verfahrensordnung des Gerichtshofs vom Rat einstimmig getroffen.

Inhaltsübersicht:
I. Allgemeines 1
II. VO Nr. 1 vom 15.4.1958 5
   1. Amts- und Arbeitssprachen 5
   2. Schriftverkehr und Schriftstücke von allgemeiner Geltung 7
   3. Konkretisierung der Sprachregelung in den Geschäftsordnungen der Organe 10
III. Mehrsprachigkeit und Auslegung von Rechtstexten 12

I. Allgemeines

Art. 290 betrifft die Frage, welche Sprachen bei **Amtshandlungen der Organe** gebraucht 1 werden können[1], **nicht** die in Art. 314 geregelten **Vertragssprachen**. Die Kompetenz zur Regelung der Sprachenfrage wird im Interesse einer einheitlichen Regelung ausschließlich dem Rat zugewiesen und nicht der Geschäftsordnungs-Autonomie der Organe überlassen. Die anderen Organe haben kein Mitwirkungsrecht. Das Einstimmigkeitserfordernis (Art. 205 Abs. 3) unterstreicht den quasi-intergouvernementalen Charakter der Sprachenfrage. Für den in Art. 290 ausdrücklich ausgenommenen Gerichtshof ist die Sprachenfrage in Art. 64 der von den Mitgliedstaaten erlassenen Satzung unter Verweis auf die bisherige Verfahrensordnung geregelt worden.[2]

Inhaltliche Vorgaben enthält Art. 290 nicht. Die Mitgliedstaaten könnten sich danach 2 im Rat auf die Einführung einer einzigen Amts- und Arbeitssprache verständigen. **Grenzen** können sich jedoch aus anderen Vertragsvorschriften oder den allgemeinen Grundsätzen des Gemeinschaftsrechts[3] ergeben. Im Rahmen des EGV ist insbesondere das Dis-

---

1 Vgl. dazu *B. Ackermann*, Das Sprachenproblem im europäischen Primär- und Sekundärrecht und der Turmbau zu Babel, WRP 2000, S. 807-812; *T. Bruha*, Rechtliche Aspekte der Vielsprachigkeit: Vertrags-, Amts-, Arbeits- und Verkehrssprachen in der Europäischen Union, in: *ders./ H.-J. Seeler*, Die Europäische Union und ihre Sprachen, 1998, S. 83; *M.-P. Heusse*, Le multilingualisme ou le défi caché de l'union européene, R.M.C. 1999, S. 202; *A. Lopes Sabino*, Les langues dans l'Union européenne: enjeux, pratiques et perspectives, R.T.D.E. 1999, S. 190; *C. Luttermann*, Juristische Übersetzung als Rechtspolitik im Europa der Sprachen, EuZW 1998, S. 151; *D. Martini*, Babylon in Brüssel, ZEuP 1998, S. 227; *P. Pescatore*, Recht in einem mehrsprachigen Raum, ZEuP 1998, S. 1; *T. Oppermann*, Das Sprachenregime der Europäischen Union – reformbedürftig? Ein Thema für den Post-Nizza-Prozeß, ZEuS 2001, S. 1; *ders.*, Reform der EU-Sprachenregelung, NJW 2001, 2663; *W. Pfeil*, Der Aspekt der Mehrsprachigkeit in der Union und sein Einfluß auf die Rechtsfortbildung des Europäischen Gemeinschaftsrechts, ZfRV 37 (1996), S. 11; sowie aus v.a. sprachwissenschaftlicher Sicht *F. Coulmas (Hrsg.)*, A Language Policy for the European Communities, 1991; *R. Huntington*, European Unity and the Tower of Babel, Boston University International Law Journal 9 (1991), S. 321; *N. Labrie*, La construction linguistique de la Communauté Européenne, 1993; *A. Millian-Massana*, Le régime linguistique de l'Union Européenne: le régime des institutions et l'incidence du droit communautaire sur la mosaïque linguistique européenne, Riv.dir.eur. 1995, S. 485.
2 Protokoll über die Satzung des Gerichtshofs im Anhang des Vertrags von Nizza.
3 Vgl. dazu Art. 220, Rn. 28 ff.

kriminierungsverbot in Art. 12 zu nennen. Daran anknüpfend verpflichtet Art. 22 der in Nizza verabschiedetene Grundrechtscharta die EU zur Achtung der Vielfalt der Sprachen. Von Bedeutung ist auch Art. 6 Abs. 3 EUV, der die EU verpflichtet, die nationale Identität der Mitgliedstaaten respektieren; dazu gehört die offizielle Landessprache.[4] Da die EG anders als internationale Organisationen Rechtsakte erlassen kann, die die Bürger in den Mitgliedstaaten unmittelbar binden, müssen sich diese Rechtsakte an den allgemeinen rechtsstaatlichen Grundsätzen der Bestimmtheit und der Rechtssicherheit[5] messen lassen. Einem Gemeinschaftsbürger dürfen sie nur dann entgegengehalten werden, wenn er davon in seiner Sprache Kenntnis nehmen konnte.[6] In Verbindung mit den Prinzipien der Transparenz und Bürgernähe (Art. 2 EUV, Art. 255) läßt sich daraus ein ungeschriebener **allgemeiner Rechtsgrundsatz des primären Gemeinschaftsrechts** ableiten, nach dem jeder Bürger in der Gemeinschaft Anspruch auf Zugang zu ihn betreffenden Rechtsvorschriften in einer Sprache seines Mitgliedstaates hat.[7] Allerdings können in Ausnahmefällen Einschränkungen dieses Grundsatzes aus organisatorischen Gründen gerechtfertigt sein.

3 **Organe** sind die in Art. 7 Abs. 1 genannten einschließlich der ihnen nachgeordneten unselbständigen Einrichtungen. Ausgenommen ist der EuGH (s.o. Rn. 1). Für den WSA und den AdR (Art. 7 Abs. 2) sowie die übrigen selbständigen Gemeinschaftsinstitutionen gilt Art. 290 nicht. Für sie kann die Sprachenfrage – unter Beachtung der Bindungen aus anderen Vertragsvorschriften und den allgemeinen Grundsätzen des Gemeinschaftsrechts – in den Geschäftsordnungen oder dem sekundärrechtlichen Gründungsakt geregelt werden. So hat sich etwa die EZB aufgrund ihrer Organisationsautonomie eine eigenständige, jedoch an der VO Nr. 1 und damit dem Grundsatz der Gleichbehandlung der Sprachen orientierte, Sprachregelung gegeben.[8] Hingegen arbeitet etwa das Harmonisierungsamt für den Binnenmarkt (Marken, Muster und Modelle) mit einem reduzierten Sprachenregime (Deutsch, Englisch, Französisch, Italienisch, Spanisch).[9] Insoweit ist umstritten, ob sich diese Einschränkung aus Sachgründen rechtfertigen läßt, oder ob darin ein Verstoß gegen den oben erwähnten allgemeinen Grundsatz des Gemeinschaftsrechts liegt.[10] Entsprechende Verfahren vor dem EuG und dem EuGH sowie einer Beschwerdekammer des Harmonisierungsamtes für den Binnenmarkt (Marken, Muster und Modelle) waren zunächst aus prozessualen Gründen abgewiesen worden.[11] Das EuG hat die Einschränkung nun jedoch ausdrücklich gebilligt.[12]

---

4 *Oppermann* (Fn. 1), S. 3.
5 Dazu Art. 220, Rn. 30.
6 *Millian-Massana* (Fn. 1), S. 497; *Oppermann* (Fn. 1), S. 5, 7 f., 18; *A. Weber*, in: GTE, EU-/EGV, Art. 217, Rn. 5; vgl. EuGH Rs. 98/78, 25.1.1979, Slg. 1979, 69, Rn. 15 (Racke): Möglichkeit der Kenntnisnahme von hoheitlichen Rechtsakten als grundlegendes Prinzip der Gemeinschaftsrechtsordnung.
7 *Schweitzer*, in: Grabitz/Hilf, EU, Art. 290 EGV, Rn. 11; tendenziell auch *Oppermann* (Fn. 1), S. 8.
8 Art. 17.8 GO EZB, ABl.EG 1999 Nr. L 125/34; Einschränkungen in Art. 17.2 und 17.6 GO EZB
9 Art. 115 f. der VO 40/94 des Rates vom 20.12.1993 über die Gemeinschaftsmarke, ABl.EG 1994 Nr. L 11/1.
10 So wohl *Schweitzer*, in: Grabitz/Hilf, EU, Art. 290 EGV, Rn. 11 f.; vgl. *Bruha* (Fn. 1), S. 91 f.
11 EuG Rs. T-107/94, 19.6.1995, Slg. 1995, II-1717 (Christina Kik/Rat und Kommission); EuGH Rs. C-270/95 P, 28.3.1996, Slg. 1996, I-1987 (Christina Kik/Rat und Kommission). Dritte Beschwerdekammer des Harmonisierungsamtes für den Binnenmarkt (Marken, Muster und Modelle), R 65/98-3, 19.3.1999, GRUR Int. 1999, 762.
12 EuG, Rs. T-120/99, 12.7.2001, Slg. 2001, II-2235 (Christina Kik/Harmonisierungsamt für den Binnenmarkt). Dazu kritisch *J. Gundel*, Zur Sprachregelung bei den EG-Agenturen – Abschied auf Raten von der Regel »Allsprachigkeit« der Gemeinschaft im Verkehr mit dem Bürger, EuR 2001, S. 776.

Art. 290 und die auf seiner Grundlage getroffenen Regelungen sind gem. Art. 28 Abs. 1 **4**
und Art. 41 Abs. 1 EUV auch im Bereich der **GASP**[13] und der **PJZS** anwendbar.[14]

II. VO Nr. 1 vom 15.4.1958

1. Amts- und Arbeitssprachen

Gestützt auf Art. 290 hat der Rat die VO Nr. 1 vom 15.4.1958[15] erlassen und mit jedem **5**
Beitritt fortgeschrieben. In Art. 1 der VO wird der unklare Begriff »Sprachenfrage«
durch die Begriffe **Amtssprachen** und **Arbeitssprachen** konkretisiert. Aufgrund der beschränkten Rechtssetzungskompetenz des Rates in Art. 290 gilt die VO nur für die Organe mit Ausnahme des EuGH.[16]

Nach Art. 1 der VO sind Amtssprachen und Arbeitssprachen Dänisch, Deutsch, Eng- **6**
lisch, Finnisch, Französisch, Griechisch, Italienisch, Niederländisch, Portugiesisch,
Schwedisch und Spanisch, im Grundsatz also jede Sprache, die dem Status einer Amtssprache auf dem **gesamten Gebiet eines Mitgliedstaates** innehat, mit Ausnahme des Irischen (Gälisch) und des Luxemburgischen. Das Irische zählt jedoch zu den Vertragssprachen im Sinne von Art. 314 und ist Verfahrenssprache vor dem EuGH. Sprachen mit lediglich regionaler Bedeutung und Sprachen geschützter Minderheiten haben nicht den
Status einer Amts- und Arbeitssprache.[17]

2. Schriftverkehr und Schriftstücke von allgemeiner Geltung

Die Mitgliedstaaten oder dessen Rechtsunterworfene können im **Schriftverkehr mit Or-** **7**
ganen eine der Amtssprachen wählen. Das betreffende Organ muß dann in der **gleichen**
Sprache antworten (Art. 2 VO Nr. 1). Dieser Grundsatz ist für das **Petitionsrecht** durch
Art. 21 Abs. 3 primärrechtlich abgesichert und in zwei Richtungen erweitert worden:
zum einen werden nicht nur alle in Art. 7 genannten Organe einbezogen (also auch der
EuGH) sondern auch der in Art. 21 Abs. 2 genannte Bürgerbeauftragte. Zum anderen
wird auch das Irische erfaßt, das zwar Vertragssprache i.S.v. Art. 314, nicht jedoch
Amts- und Arbeitssprache ist.

Beginnt ein **Organ** den Schriftwechsel, so muß es sich einer Amtssprache des betreffen- **8**
den Mitgliedstaates bedienen (Art. 3 VO Nr. 1); bei mehrsprachigen Mitgliedstaaten
sind die jeweiligen innerstaatlichen Sprachvorschriften (Art. 8 VO Nr. 1) zu beachten.
Sind Fassungen in weiteren Sprachen beigefügt, so ist das unschädlich.[18] Ein **Verstoß** gegen diese Vorschriften begründet einen **Verfahrensfehler**, der nach der Rechtsprechung

---

13 So schon die dem (Maastrichter) Vertrag über die Europäische Union beigefügte Erklärung Nr. 29 zum Gebrauch der Sprachen im Bereich der Gemeinsamen Außen- und Sicherheitspolitik.
14 Vgl. *Bruha* (Fn. 1), S. 93 f.
15 ABl.EG 1958 Nr. 17/385; 1972 Nr. L 73/122; 1973 Nr. L 2/27, 1979 Nr. L 291/17, 1985 Nr. L 302/242; 1994 Nr. C 241/9.
16 Nach *Schweitzer*, in: Grabitz/Hilf, EU, Art. 290 EGV, Rn. 12 sind die Vorschriften der VO jedoch Ausdruck eines ungeschriebenen allgemeinen Grundsatzes des primären Gemeinschaftsrechts und damit auf jegliches Handeln von Gemeinschaftsinstitutionen anwendbar.
17 *EP*, Bericht im Namen des Petitionsausschusses über die Sprachensituation in der Europäischen Gemeinschaft und die Stellung des Katalanischen vom 27. Juni 1990, Dokument A3-169/90, S. 13.
18 EuGH, Rs. 40–48, 50, 54–56, 111, 113, 114/73, 16.12.1975, Slg. 1975, 1663, Rn. 113 (Suiker Unie).

des EuGH aber nur dann zur Nichtigkeit des betreffenden Rechtsakts führt, wenn sich daraus nachteilige Auswirkungen für den Betroffenen ergeben.[19]

9 Verordnungen und »andere **Schriftstücke von allgemeiner Geltung**« sind in allen Amtssprachen abzufassen (Art. 4 VO Nr. 1). Damit sind auf jeden Fall **alle abstrakt-generellen Regelungen** gemeint, neben Verordnungen also auch Richtlinien. Darüber hinaus sollten auch alle Schriftstücke einbezogen werden, mit denen sich ein Organ an ein **unbestimmtes Gemeinschaftspublikum** wendet, selbst wenn diese Schriftstücke nicht rechtsverbindlich sind.[20] Das betrifft etwa Empfehlungen oder Stellungnahmen aber auch Ausschreibungen von Aufträgen. Nur so kann die Gleichbehandlung der Gemeinschaftsbürger gewährleistet werden. Verletzungen der Sprachenregelung können **Schadensersatzansprüche** nach Art. 288 Abs. 2 begründen.[21] Das **Amtsblatt**, Publikationsorgan für »Schriftstücke von allgemeiner Geltung«, ist ebenfalls in allen Amtssprachen zu veröffentlichen (Art. 5 VO Nr. 1).

3. Konkretisierung der Sprachregelung in den Geschäftsordnungen der Organe

10 Art. 6 VO Nr. 1 überläßt es der **Geschäftsordnung** des jeweiligen Organs festzulegen, »wie diese Regelung der Sprachenfrage im einzelnen anzuwenden ist.« Fragen, zu denen die VO keine eigene Regelung enthält, fallen in die Geschäftsordnungs-Autonomie der Organe. Das betrifft im wesentlichen Fragen des Innenverhältnisses, des internen Geschäftsablaufs, also vorbereitende Papiere oder das gesprochene Wort. Insofern sind **Beschränkungen** des Sprachenregimes **zulässig**. Doch können die Organe auch im Innenverhältnis nicht eine Sprache wählen, die nicht Amts- und Arbeitssprache im Sinne von Art. 1, ist (etwa Esperanto, Latein, oder die Sprache einer nationalen Minderheit wie Katalanisch).

11 Die VO enthält also durchaus Ansätze für eine **Differenzierung zwischen Amts- und Arbeitssprachen**[22]: Hinsichtlich der Amtssprachen, in denen sich die Gemeinschaft nach außen erklärt, gilt der Grundsatz der Gleichberechtigung, der ein rechtsstaatliches Erfordernis ist. Die Verwendung der Arbeitssprachen, also der Sprachen, in denen sich die tägliche Arbeit der Organe vollzieht, kann in deren Geschäftsordnungen geregelt werden.[23] Hier sind Einschränkungen möglich, soweit nicht übergeordnete Gesichtspunkte entgegenstehen. So argumentiert zum Beispiel das **EP**, daß jede Beschränkung einem zusätzlichen Wählbarkeitskriterien für diejenigen Abgeordneten gleichkommen würde, deren Sprache im EP nicht verwendet wird.[24] Beim **Rat**[25] ist zu berücksichtigen, daß sei-

---

19 EuGH, Rs. 41/60, 15.7.1970, Slg. 1970, 661, Rn. 40 (ACF Chemie Farma); kritisch dazu P. M. Huber, Deutsch als Gemeinschaftssprache, BayVBl. 1992, S. 5; ohne diese Einschränkung EuGH, Rs. C-263/95, 10.2.1998, Slg. 1998, I-441, Rn. 32 (Deutschland/Kommission).
20 Bruha (Fn. 1), S. 86.
21 Huber (Fn. 19), S. 6.
22 Vgl. EP, Bericht über das Recht auf Gebrauch der eigenen Sprache vom 22. März 1994, Dokument A3-0162/94, S. 7 f.; Labrie (Fn. 1), S. 82; Bruha (Fn. 1), S. 85; Oppermann (Fn. 1), S. 9 f., 18 ff.; A. Weber, in: GTE, EU-/EGV, Art. 217, Rn. 4, 12.
23 Vgl. die Antwort des Rates auf die schriftliche Anfrage Nr. 1576/79 von Herrn Patterson, ABl.EG 1980 Nr. C 150/17, EP (Fn. 10), S. 7 f.
24 Regelung in Art. 117 GO EP, ABl.EG 1999 Nr. L 202/1; EP (Fn. 22), S. 10; EP, Bericht über die Mehrsprachigkeit in der Europäischen Gemeinschaft v. 21.6.1982, PE 73 706/endg., Dok. 1–306/82, S. 10; dazu A. Weber, in: GTE, EWGV, Art. 217, Rn. 7; Bruha (Fn. 1), S. 86 f.; Heusse (Fn. 1), S. 206.
25 Regelung in Art. 14 GO Rat, ABl.EG 2000, Nr. L 149/21; vgl. Art. 205 Rn. 10; im AStV werden allerdings traditionell nur Deutsch, Englisch und Französisch verwendet, vgl. Lopes Sabino (Fn. 1), S. 194.

ne Mitglieder gleichzeitig Vertreter der Mitgliedstaaten sind, denen – gerade bei komplizierten Verhandlungen – ein Verzicht auf ihre Muttersprache nur eingeschränkt zuzumuten ist. Am leichtesten sind Beschränkungen des internen Sprachenregimes bei der **Kommission**[26] zu rechtfertigen, die in einer (nicht veröffentlichten) Protokollerklärung vom 1.9.1993 festgelegt hat, daß Dokumente der Kommission als Kollegium in den Arbeitssprachen Deutsch, Englisch und Französisch vorgelegt werden müssen.

III. Mehrsprachigkeit und Auslegung von Rechtstexten

Alle Sprachfassungen von Rechtstexten sind **gleichermaßen verbindlich**. Die Auslegung muß daher immer von allen Sprachfassungen ausgehen. Bei **Textdivergenzen**[27] versucht der **EuGH**, im Wege der systematischen und teleologischen Auslegung aus den verschiedenen Versionen einen **autonomen und einheitlichen gemeinschaftsrechtlichen Begriff** zu bilden.[28]

12

Dem ist **zuzustimmen**, weil nur so gleichermaßen dem Grundsatz der Gleichberechtigung aller Sprachen und der Einheit des Gemeinschaftsrechts genügt werden kann. Die Grenze ist dann erreicht, wenn das Auslegungsergebnis sich mit einer der Sprachfassungen nicht vereinbaren läßt. Das ergibt sich aus dem Grundsatz der Gleichberechtigung der Amtssprachen und aus den rechtsstaatlichen Grundsätzen der Bestimmtheit und Rechtssicherheit.[29]

13

---

26 Art. 4 Abs. 1, 10 Abs. 2, 16 GO Kommission, ABl.EG 1999, Nr. L 252/41; vgl. *Bruha* (Fn. 1), S. 887 ff.; *Heusse* (Fn. 1), S. 206; *Lopes Sabino* (Fn. 1), S. 194.
27 Vgl. *J. Anweiler*, Die Auslegungsmethoden des Gerichtshofes der Europäischen Gemeinschaften, 1997, S. 146 ff.; *K. Armbrüster*, Rechtliche Folgen von Übersetzungsfehlern oder Unrichtigkeiten in EG-Dokumenten, EuZW 1990, S. 246; *P. Braselmann*, Übernationales Recht und Mehrsprachigkeit, EuR 1992, S. 55; *Bruha* (Fn. 1), S. 99 f.; *Martini* (Fn. 1), S. 239 ff.; *Millian-Massana* (Fn. 1), S. 501; *Pescatore* (Fn. 1), S. 10 f.; s. auch Art. 53 EuV, Rn. 4 f.
28 Vgl EuGH, Rs. 29/69, 12.11.1969, Slg. 1969, 419, Rn. 3 f. (Stauder); Rs. 80/76, 3.3.1977, Slg. 1977, 425, Rn. 11/12 (North Kerry Milk Products Ltd.); Rs. 30/77, 27.10.1977, Slg. 1977, 1999, Rn. 13/14 (Bouchereau); Rs. 9/79, 12.7.1979, Slg. 1979, 2717, Rn. 6 ff. (Koschniske/Raad van Arbeid); Rs. 816/79, 16.10.1980, Slg. 1980, 3029, Rn. 7 ff. (Mecke/Hauptzollamt Bremen-Ost); Rs. 100/84, 28.3.1985, Slg. 1985, 1169, Rn. 17 (Kommission/VK); Rs. 226/85, 7.4.1987, Slg. 1987, 1621 (Dillinger Hüttenwerke AG/Kommission), Rn. 15; Rs. C-372/88, 27.3.1990, Slg. 1990, I-1245, Rn. 19 (Cricket St. Thomas); Rs. C-64/95, 17.10.1996, Slg. 1996, I-5105, Rn. 17 ff. (Lubella/Hauptzollamt Cottbus); verb. Rs. C-267/95 und C-268/95, 5.12.1996, Slg. 1996, 6285, Rn. 21 ff. (Merck & Co. Inc. u.a./Primecrown Ltd. u.a.); Rs. C-83/96, 17.9.1997, Slg. 1997, I-5001, Rn. 15 (Provincia autonoma di Trento u.a./ Dega di Depretto Gino); Rs. C-149/97, 12.11.1998, Slg. 1998, I-7053, Rn. 16 (The Institute of the Motor Industry/Commissioners of Customs & Excise).
29 Vgl. EuGH, Rs. 80/76 , 3.3.1977, Slg. 1977, 425, Rn. 11/12 (North Kerry Milk Products Ltd.); bedenklich weitgehend allerdings Rs. C-64/95, 17.10.1996, Slg. 1996, I-5105, Rn. 17 ff. (Lubella/Hauptzollamt Cottbus): VO trotz Übersetzungsfehlers in deutscher Fassung nicht widersprüchlich und unbestimmt, weil andere Sprachfassungen herangezogen werden konnten; kritisch dazu *Schweitzer*, in: Grabitz/Hilf, EU, Art. 290 EGV, Rn. 13; vgl. allgemein zu diesen Grundsätzen Art. 220, Rn. 30.

Art. 291 EG-Vertrag

Art. 291 (ex-Art. 218)

Die Gemeinschaft genießt im Hoheitsgebiet der Mitgliedstaaten die zur Erfüllung ihrer Aufgabe erforderlichen[1, 7] Vorrechte und Befreiungen nach Maßgabe[3] des Protokolls vom 8. April 1965 über die Vorrechte und Befreiungen der Europäischen Gemeinschaften[4 f.]. Dasselbe gilt für die Europäische Zentralbank, das Europäische Währungsinstitut und die Europäische Investitionsbank[6].

Inhaltsübersicht:

I. Ziel und Entstehung der Vorschrift	1
II. Protokoll über die Vorrechte und Befreiungen der Europäischen Gemeinschaften	3
1. Adressaten des Protokolls	4
2. Einschränkungen der Vorrechte und Befreiungen	7
III. Rechtsschutz durch den EuGH	9

I. Ziel und Entstehung der Vorschrift

1 Das Wiener Übereinkommen über diplomatische Beziehungen vom 18.4.1961[1] findet auf die Organe und sonstigen Einrichtungen der Gemeinschaft innerhalb der Mitgliedstaaten keine Anwendung. Zur **Sicherung des Funktionierens und der Unabhängigkeit der Gemeinschaftsverwaltung**[2] ist es jedoch erforderlich, Personal und Material der Gemeinschaften dem Zugriff der Mitgliedstaaten teilweise zu entziehen. Während Art. 283 den Gemeinschaften das Handeln innerhalb der mitgliedstaatlichen Rechtsordnungen ermöglicht, dispensiert sie Art. 291 teilweise von den damit üblicherweise verbundenen Pflichten.

2 Ähnlich wie Art. 212 EWGV wurde auch Art. 218 EWGV durch Art. 28 Abs. 2 des am 1.7.1967 in Kraft getretenen **Fusionsvertrags**[3] aufgehoben. An seine Stelle trat der fast gleichlautende, jedoch für alle drei Gemeinschaften geltende Art. 28 Abs. 1 des Fusionsvertrags, der auf das einschlägige Protokoll verwies. Durch die Vertragsänderung von **Amsterdam** wurde Art. 28 Abs. 1 des Fusionsvertrags als Art. 291 nahezu wortgleich wieder in den EGV eingefügt.

II. Protokoll über die Vorrechte und Befreiungen der Europäischen Gemeinschaften

3 Wie Art. 283 trifft Art. 291 selbst keine inhaltliche Regelung, sondern verweist auf einen selbständigen Rechtsakt, hier jedoch mit dem am 8.4.1965 unterzeichneten Protokoll[4] auf einen Akt des Primärrechts.

---

1 BGBl. II 1964, S. 959; Sartorius II, Nr. 325; hierzu *K. Ipsen*, Völkerrecht, 1990, S. 448 ff.
2 EuGH, Rs. 2/88, Slg. 1990, I-3365, Rn. 19 (Zwartveld); besprochen von *H.-J. Prieß*, EuR 1991, S. 342; Rs. 1/88, Slg. 1989, 857, Rn. 9, 15 (Générale de Banque/Kommission); Rs. C-1/00 SA, n.n.i.Slg., Rn. 9 (Cotecna), zum Rechtsschutz siehe Rn. 9.
3 ABl.EG 1967 Nr. 152/1.
4 ABl.EG 1967 Nr. 152/13; *BBPS* Textsammlung, I.5; Sartorius II, Nr. 265.

1. Adressaten des Protokolls

Verpflichtete des Protokolls sind die Mitgliedstaaten in ihrer horizontal und ggf. auch 4
vertikal geteilten Gewalt, nicht jedoch Drittstaaten, für die das Protokoll res inter alios
acta ist. **Berechtigte** sind die drei **Gemeinschaften**, deren Räumlichkeiten, Gebäude und
Archive für unverletzlich erklärt werden. Sie sind von direkten Steuern, Zöllen, Ein- und
Ausfuhrbeschränkungen befreit. Der indirekten Besteuerung unterliegen sie nur teilweise. Die **Gemeinschaftsorgane** genießen bei der Übermittlung amtlicher Nachrichten die
gleiche Behandlung wie diplomatische Vertretungen. Sie können ihren Bediensteten Ausweise ausstellen, die von den Mitgliedstaaten als Reiseausweise anerkannt werden. Die
Mitglieder des Europäischen Parlaments genießen beschränkungsfreie Anreise zum und
Abreise vom Tagungsort. Ferner genießen sie – ähnlich wie Bundestagsmitglieder nach
Art. 46 Abs. 1 S. 1 GG – Indemnität für ihre amtlichen Äußerungen sowie für ihr Abstimmungsverhalten. Während der Sitzungsperiode[5] sowie während der An- und Abreise genießen sie Immunität, die jedoch vom Parlament aufgehoben werden kann[6]. **Vertreter der Mitgliedstaaten** sowie deren Mitarbeiter, die an den Arbeiten der Gemeinschaften teilnehmen, etwa im Rahmen von Ratssitzungen, genießen die üblichen Vorrechte
und Befreiungen. Gleiches gilt für die **Mitglieder des Wirtschafts- und Sozialausschusses
sowie des Regionalausschusses**.

Die **Bediensteten der Gemeinschaften**[7], die **Mitglieder der Kommission und die Richter,** 5
Generalanwälte, Hilfsberichterstatter sowie der Kanzler des EuGH genießen hinsichtlich ihrer in amtlicher Eigenschaft vorgenommenen[8] Handlungen Indemnität. Von Einwanderungs- und Meldebestimmungen und einigen Ein- und Ausfuhrbestimmungen
sind sie befreit. Ihre Bezüge unterliegen nicht der Besteuerung durch die Mitgliedstaaten[9], jedoch wird eine Gemeinschaftssteuer erhoben[10]. Den **Vertretern dritter Staaten** bei
den Gemeinschaften gewähren die Sitzstaaten die üblichen diplomatischen Vorrechte
und Befreiungen.

Das Protokoll findet zudem Anwendung auf **EIB, EZB** und **EWI**. Die Mitglieder ihrer 6
Beschlußorgane und ihre Bediensteten werden denjenigen der Gemeinschaften gleichgestellt.

2. Einschränkungen der Vorrechte und Befreiungen

Gemäß Art. 291 reichen die Privilegien der Gemeinschaft nur soweit, wie es zur Erfül- 7
lung ihrer Aufgabe erforderliche ist. Das Protokoll ist im Lichte dieser **funktionalen**

---

5 Diese weit auslegend EuGH, Rs. 149/85, Slg. 1986, 2391, Rn. 19 ff. (Wybot/Faure).
6 *R. Bieber,* Der Abgeordnetenstatus im Europäischen Parlament, EuR 1981, S. 124, 128;
   H. Sieglerschmidt, Das Immunitätsrecht der EG, EuGRZ 1986, S. 445.
7 Zu ihrer Stellung *H. Henrichs,* Die Vorrechte und Befreiungen der Beamten der EG, EuR 1987,
   S. 75.
8 Hierzu EuGH, Rs. 5/68, Slg. 1968, 589, 600 (Sayag); *Constantinesco/Kovar/Simon,* TCEE,
   S. 1369 ff.; *D. Rogalla,* Dienstrecht der Europäischen Gemeinschaften, 2. Aufl., 1992, S. 49 f.
9 Nach EuGH, Rs. 6/60, Slg. 1960, 1163, 1201 f. (Humblet), ist auch die Berücksichtigung der
   Gemeinschaftsbezüge bei der Besteuerung des Ehegatten untersagt; ebenfalls die mittelbare Berücksichtigung bei der Gewährung von Steuervorteilen, Rs. 260/86, Slg. 1988, 955, Rn. 10
   (Kommission/Belgien); vgl. aber Rs. C-229/98, Slg. 1999, 7113, Rn. 18 ff. (Vander Zwalmen);
   zulässig jedoch die Berücksichtigung bei der Gewährung staatlicher Wohnungsbauzuschüsse,
   Rs. C-333/88, Slg. 1990, I-1133, Rn. 14 (Tither); zulässig auch die Besteuerung von Mieteinkünften eines Bediensteten, Rs. C-263/91, Slg. 1993, I-2755, Rn. 9 ff. (Krisoffersen); zur Besteuerung von Hinterbliebenenbezügen Rs. 7/74, Slg. 1974, 757, Rn. 5 ff. (van Nidek).
10 Siehe VO (EWG) Nr. 260/68 vom 29.2.1968, ABl.EG 1968 Nr. L 56/8.

Bedingtheit auszulegen. Dies findet seinen Niederschlag in Art. 18, demzufolge den Bediensteten ihre Privilegien **ausschließlich im Interesse der Gemeinschaft** gewährt werden und aufzuheben sind, wenn die Gemeinschaftsinteressen es zulassen. Diese Bestimmung hat deklaratorischen Charakter, da die Organe nach dem Grundsatz der loyalen Zusammenarbeit verpflichtet sind, die Privilegien ihrer Bediensteten soweit aufzuheben, als dies mit den Interessen der Gemeinschaft vereinbar ist[11]. Ein Bediensteter kann jedoch von sich aus nicht auf seine Vorrechte und Befreiungen verzichten, da ihm diese nicht in seinem Interesse verliehen wurden[12].

8 Eine zweite Einschränkung scheint sich aus Art. 19 des Protokolls zu ergeben, nach dem die Gemeinschaftsorgane und die mitgliedstaatlichen Behörden bei der Anwendung des Protokolls **im gegenseitigen Einvernehmen** handeln. Da beide Seiten zur loyalen Zusammenarbeit verpflichtet sind[13], ist jedoch auch er deklaratorischer Natur.

III. Rechtsschutz durch den EuGH

9 Der Gerichtshof geht bei der Kontrolle mitgliedstaatlicher Maßnahmen, z.B. bei Beschlagnahmen, vom **Regelungsziel** des Art. 291 aus, d.h. von der Sicherung des Funktionierens und der Unabhängigkeit der Gemeinschaftsverwaltung[14]. Er beschränkt sich daher auf die Klärung der Frage, ob die jeweilige Maßnahme diese **beinträchtigen** kann.[15] Hierbei genügt es, dass eine Zwangsmaßnahme die Finanzierung der Politiken der Gemeinschaft oder die Umsetzung eines ihrer Programme beeinträchtigt.[16]

10 Verletzt ein Mitgliedstaat die Vorrechte und Befreiungen der Gemeinschaften, so können die **Gemeinschaften** ein Vertragsverletzungsverfahren vor dem EuGH einleiten. **Bediensteten** der Gemeinschaften steht der nationale Rechtsweg offen. Der direkte Zugang zum EuGH ist ihnen jedoch verwehrt.[17]

---

11 EuGH, Rs. C-2/88, Slg. 1990, I-3365, Rn. 21 (Zwartveld); besprochen von *Prieß* (Fn. 2), S. 342.
12 *J. Verhoeven*, Droit de la Communauté Européenne, Brüssel 1996, S. 85.
13 EuGH, Rs. 2/88, Slg. 1990, I-3365, Rn. 17 ff. (Zwartveld); *C. Schmidt*, in: GTE, EU-/EGV, Art. 218, Rn. 57.
14 Siehe Rn. 1.
15 EuGH, Rs. 1/87 SA, Slg. 1987, 2807, Rn. 3 (Universe Tankship/Kommission); Rs. C-1/00 SA, n.n.i.Slg., Rn. 10 (Cotecna).
16 EuGH, Rs. 1/88, Slg. 1989, 857, Rn. 9, 13 (Générale de Banque/Kommission); Rs. C-1/00 SA, n.n.i.Slg., Rn. 12 (Cotecna).
17 EuGH, Rs. 1/82, Slg. 1982, 3709, Rn. 8 (D./Luxemburg).

Art. 292 (ex-Art. 219)

Die Mitgliedstaaten verpflichten sich, Streitigkeiten über die Auslegung und Anwendung dieses Vertrags nicht anders als hierin vorgesehen zu regeln.

Art. 292 begründet die **ausschließliche Zuständigkeit des Gerichtshofs** für Streitigkeiten zwischen Mitgliedstaaten über die Auslegung und Anwendung des Vertrages.[1] Sie sucht die einheitliche Anwendung, Auslegung und Weiterentwicklung des Gemeinschaftsrechts zu sichern. Die Mitgliedstaaten dürfen für zwischen ihnen bestehende oder entstehende gemeinschaftsrechtliche Streitigkeiten die Zuständigkeit eines anderen Gerichts nicht vereinbaren. Entsprechende Schiedsgerichtsvereinbarungen zwischen den Mitgliedstaaten wären unwirksam.[2]

Nach der Rechtsprechung des EuGH bestätigt Art. 292 darüber hinaus das **allgemeine Verbot**, einem anderen Gericht als der Gemeinschaftsgerichtsbarkeit **Zuständigkeiten hinsichtlich der Auslegung und Anwendung des Gemeinschaftsrechts zu übertragen**. Unter Berufung auch auf diese Vorschrift hat der Gerichtshof deshalb die Errichtung des im ursprünglichen Entwurf des Abkommens über den Europäischen Wirtschaftsraum vorgesehenen EWR-Gerichtshofs für unvereinbar mit dem Gemeinschaftsrecht erklärt.[3] Bedeutung erlangen könnte die Vorschrift zukünftig etwa für die Beurteilung eines Beitritts der Gemeinschaft zur EMRK.[4]

---

1 Die Zahl entsprechender Verfahren ist äußerst gering. Soweit erkennbar hat der Gerichtshof bislang überhaupt erst einmal, nämlich in der Rs. 141/78, 4.10.1979, Slg. 1979, 2923 ff. (Frankreich/Vereinigtes Königreich) über eine Streitigkeit zwischen Mitgliedstaaten entschieden. Zum Begriff des Vertrages vgl. o. Art. 220, Rn. 8 ff.
2 M. *Dauses*, in: Hb.EGWirtR, P I, Rn. 292.
3 EuGH, Gutachten 1/91, 14.12.1991, Slg. 1991, I-6079, Ls. 2, Rn. 35 (EWR).
4 Mangels hinreichender Bestimmtheit der tatsächlichen Grundlagen des Gutachtenantrags ausdrücklich offen gelassen in EuGH, Gutachten 2/94, 28.3.1996, Slg. 1996, I-1759, Rn. 20; vgl. dazu auch G. *Gaja*, CMLRev. 1996, S. 973, 981, 988 f.; C. *Vedder*, Die »verfassungsrechtliche Dimension« – bisher unbekannte Grenze für Gemeinschaftshandeln?, EuR 1996, S. 309, 311; M. *Hilf*, Europäische Union und Europäische Menschenrechtskonvention, in: FS R. Bernhardt, 1995, S. 1193, 1209 f. Vgl. auch M. *Ruffert*, JZ 1996, S. 624, 626 f., der für den Fall eines Beitritts der Gemeinschaft zur EMRK aus Art. 292 – m.E. zu Unrecht – die Notwendigkeit der Einrichtung eines Vorlageverfahrens im Verhältnis zwischen EuGH und EGMR sowie – m.E. trotz ihres fakultativen Charakters zu Recht – den Ausschluß der Staatenbeschwerde nach Art. 24 EMRK fordert. Gegen letzteres R. *Bernhardt*, Probleme eines Beitritts der Europäischen Gemeinschaft zur Europäischen Menschenrechts-Konvention, FS U. Everling, 1995, S. 103, 110.

Art. 293 EG-Vertrag

Art. 293 (ex-Art. 220)

Soweit erforderlich, leiten die Mitgliedstaaten untereinander Verhandlungen ein, um zugunsten ihrer Staatsangehörigen folgendes sicherzustellen[1 ff.];
- den Schutz der Personen sowie den Genuß und den Schutz der Rechte zu den Bedingungen, die jeder Staat seinen eigenen Angehörigen einräumt,[7]
- die Beseitigung der Doppelbesteuerung innerhalb der Gemeinschaft,[8]
- die gegenseitige Anerkennung der Gesellschaften im Sinne des Artikels 48 Absatz 2, die Beibehaltung der Rechtspersönlichkeit bei Verlegung des Sitzes von einem Staat in einen anderen und die Möglichkeit der Verschmelzung von Gesellschaften, die den Rechtsvorschriften verschiedener Mitgliedstaaten unterstehen,[9]
- die Vereinfachung der Förmlichkeiten für die gegenseitige Anerkennung und Vollstreckung richterlicher Entscheidungen und Schiedssprüche.[10]

Inhaltsübersicht:

I. Allgemeines	1
II. Die möglichen Vertragsgegenstände	6

I. Allgemeines

1   Art. 293 berechtigt und verpflichtet die Mitgliedstaaten der Gemeinschaft, gemeinsam völkerrechtliche Verträge nicht nur auszuhandeln sondern auch abzuschließen, die selbständig neben den Gemeinschaftsverträgen stehen und diese in den im Art. 293 genannten Bereichen ergänzen.[1] Größte Bedeutung hat das auf der Grundlage dieser Vorschrift (4. Gedankenstrich) geschlossene Übereinkommen über die gerichtliche Zuständigkeit und die Vollstreckung gerichtlicher Entscheidungen in Zivil- und Handelssachen (»Brüsseler Gerichtsstands- und Vollstreckungsübereinkommen«) erlangt.[2]

2   In einer neueren Entscheidung hat der EuGH noch einmal bestätigt, daß **Art. 293 kein unmittelbar geltendes Recht** darstellt und einzelne Unionsbürger daher vor nationalen Gerichten keine Rechte aus der Vorschrift ableiten können. Art. 220 a.F. stecke vielmehr nur den Rahmen für von den Mitgliedstaaten »soweit erforderlich« untereinander einzuleitende Verhandlungen ab.[3]

3   Dessen ungeachtet begründet Art. 293 eine **Rechtspflicht für die Mitgliedstaaten**, entsprechende Verhandlungen dann einzuleiten, wenn dies erforderlich ist, weil die in Art. 293 genannten Ziele noch nicht auf andere Weise erreicht werden konnten.[4] Von großer praktischer Bedeutung ist dies allerdings nicht, denn aus dieser Rechtspflicht

---

1   Für eine umfassende Darstellung dieser Vorschrift s. *I. E. Schwartz*, in: GTE, EU-/EGV, Art. 220.
2   Vom 27.9.1968, ABl.EG 1972 Nr. L 299/32; BGBl. II 1972, S. 774 (EuGVÜ); s. auch das Protokoll vom 3.6.1971 betreffend die Auslegung des Übereinkommens vom 27. September 1968 über die gerichtliche Zuständigkeit und die Vollstreckung gerichtlicher Entscheidungen in Zivil- und Handelssachen durch den Gerichtshof, ABl.EG 1975 Nr. L 204/28. Das Protokoll selbst wurde nicht auf der Grundlage des Art. 220 a.F. sondern von den Mitgliedstaaten der EWG als eigenständiger Völkerrechtsakt abgeschlossen. Durch das gleichnamige Übereinkommen von Lugano vom 16.9.1988, ABl.EG 1988 Nr. L 319, S. 9, BGBl. II 1994, S. 2658, wurde der Anwendungsbereich des EuGVÜ auf Drittstaaten (EFTA) ausgedehnt.
3   EuGH, Rs. C-336/96, 12.5.1998, Slg. 1998, I-2793 (Gilly), Rn. 15 ff.; vgl. auch EuGH, Rs. 137/84, 11.7.1985, Slg. 1985, 2681, Rn. 11 (Mutsch).
4   EuGH, Rs. 12/76, 6.10.1976, Slg. 1976, 1473, Rn. 9; s. auch z.B. *M. Röttinger*, in: Lenz, EGV, Art. 220, Rn. 2.

kann man lediglich ableiten, daß die Mitgliedstaaten solche Verhandlungen nicht willkürlich verweigern oder torpedieren dürfen, etwa zur Erreichung anderer politischer Ziele. Es ist daher sehr zweifelhaft, ob die Mitwirkungspflichten aus Art. 293 weiter gehen, als die sich aus Art. 10 ergebenden Pflichten. Jedenfalls pflichtwidrig ist die Nichtzeichnung eines gem. Art. 220 a.F. geschlossenen Abkommens wegen eines aus anderen Gründen verhängten generellen Boykotts gegen Gemeinschaftsmaßnahmen.[5]

Art. 293 verdrängt keine der anderen Rechtsetzungsbefugnisse des Gemeinschaftsrechts. Er eröffnet vielmehr eine zusätzliches Handlungsinstrument, um in den im einzelnen bezeichneten Gebieten zu einem Regelungsergebnis zu kommen, das auf andere Weise noch nicht erreicht werden konnte. Art. 293 schafft weder einen Vorbehalt für autonome völkerrechtliche Vereinbarungen der Mitgliedstaaten, noch können solche Vereinbarungen nachfolgende und abweichende gemeinschaftsrechtliche Regelungen präkludieren. Andererseits ist der Abschluß von Abkommen nach Art. 293 auch nicht deshalb ausgeschlossen, weil eine Gemeinschaftskompetenz zum Handeln besteht.[6] 4

Art. 293 richtet sich nur an Mitgliedstaaten der EG, daher können Drittstaaten an Verträgen nach Art. 293 nicht beteiligt werden.[7] Umstritten ist, ob Verträge nach Art. 293 nur von sämtlichen Mitgliedstaaten gemeinsam geschlossen werden dürfen, oder ob auch einzelne Mitgliedstaaten berechtigt sind, entsprechende bi- oder multilaterale Verträge zu schließen. Für die These, auch solche Verträge zuzulassen, die nur ein Teil der Mitgliedstaaten geschlossen haben, spricht insbesondere, daß damit immer noch ein binnenmarktnäherer Zustand erreicht werden kann, als bei bloßer Untätigkeit, z.B. weil kein Verhandlungsergebnis zustande gekommen ist.[8] Für diese These spricht auch der **Grundsatz der Flexibilität**, der im Vertrag von Amsterdam eingeführt und im Vertrag von Nizza ausgebaut wurde. Damit ist gemeint, daß einige Mitgliedstaaten untereinander eine engere Zusammenarbeit in bestimmten Gebieten vereinbaren können.[9] Es ist nicht ersichtlich, warum der Grundsatz der Flexibilität nicht auch im Rahmen von Art. 293 zur Anwendung kommen können soll, zumal dadurch keine gemeinschaftsrechtlichen Entwicklungen behindert werden können. Schließlich vermeidet man durch einen »flexiblen« Ansatz die Frage, inwieweit die Mitgliedstaaten untereinander Verträge außerhalb des Art. 293 abschließen können, z.B. weil nicht alle Mitgliedstaaten sich beteiligen wollen, selbst wenn der Vertrag inhaltlich in den Anwendungsbereich des Art. 293 fällt. Solche Verträge[10] müßten dann konsequenterweise als Umgehung des EGV angesehen werden und damit als Vertragsverletzung.[11] Das entspricht aber nicht der Stellung der Mitgliedstaaten als Völkerrechtssubjekte und ist – wie gezeigt – auch nicht zum Schutz der durch den EGV von den Mitgliedstaaten übernommenen Pflichten notwendig.[12] Die hier vertretene Ansicht kann sich nunmehr auch auf die das EuGVÜ in unmittelbar geltendes Gemeinschaftsrecht transformierende 5

---

5 Dazu *I. E. Schwartz*, in: GTE, EU-/EGV, Art. 220, Rn. 113: Nichtzeichnung des Europäischen Übereinkommens über Insolvenzverfahren durch das Vereinigten Königreich, das einen Boykott gegen die EU wegen des von der Gemeinschaft verhängten Exportverbots für britisches Rindfleisch verhängt hatte.
6 Vgl. z.B. *M. Schweitzer*, in: Grabitz-Hilf, EGV, Art. 220 Rn. 2; s. auch EuGH, Rs. 81/87, 27.9.1988, Slg. 1988, 5483, Rn. 23 (Daily Mail): Rechtsetzung oder Vertragsschluß.
7 *I. E. Schwartz*, in: GTE, EU-/EGV, Art. 220, Rn. 21.
8 A.A. *I. E. Schwartz*, in: GTE, EU-/EGV, Art. 220, Rn. 18 ff. m. w. N.; zweifelnd *M. Schweitzer*, in: Grabitz-Hilf, EGV, Art. 220 Rn. 4.
9 Vgl. zum Grundsatz der Flexibilität insbesondere die Kommentierung zu Art. 11 EGV.
10 Zu den Übereinkommen, die nicht auf Art. 220 a.F. gestützt wurden, obwohl dies inhaltlich möglich gewesen wäre s. *M. Schweitzer*, in: Grabitz-Hilf, EGV, Art. 220 Rn. 9.
11 *I. E. Schwartz*, in: GTE, EU-/EGV, Art. 220, Rn. 20.
12 A.A. *Hatje*, in: Schwarze (Hrsg.), EU-Kommentar, Art. 293, Rn. 11.

VO 44/2001 stützen.[13] Aus dem 21. Erwägungsgrund dieser VO wird deutlich, daß Dänemark sich an der Annahme dieser VO nicht beteiligt hat[14] und daher die Verordnung für Dänemark auch nicht gilt. Es wäre inkonsequent, den Abschluß von Staatsverträgen nur bei Beteiligung aller zuzulassen, wenn die gleiche Materie sekundärrechtlich ohne Beteiligung aller Mitgliedsstaaten geregelt werden kann.

II. Die möglichen Vertragsgegenstände

6   Art. 293 nennt abschließend vier Bereiche auf, für die der Abschluß von Verträgen in Frage kommt.

Im ersten Gedankenstrich des Art. 293 geht es um den Schutz der EU-Bürger und ihrer Rechte. Dieser Teil enthält insbesondere eine »Zielvorgabe, daß jeder Mitgliedstaat die Garantien, die er seinen eigenen Staatsangehörigen auf einem bestimmten Gebiet einräumt, auf die Staatsangehörigen der anderen Mitgliedstaaten erstreckt.«[15] Soweit diese rechtliche Gleichstellung Inhalt speziellerer Regelungen ist, z.B. Art. 44 Abs. 2 lit. e, tritt Art. 293 als lex generalis zurück.[16]

7   Im zweiten Gedankenstrich des Art. 293 geht es um die Beseitigung der Doppelbesteuerung von natürlichen und juristischen Personen. Die Vorschrift macht deutlich, daß die Vermeidung von Doppelbesteuerung ein Vertragsziel der Gemeinschaft darstellt.[17] Bisher wurde »in dem Wunsch, Artikel 220 des Vertrages anzuwenden« nur das »Übereinkommen über die Beseitigung der Doppelbesteuerung im Falle von Gewinnberichtigungen zwischen verbundenen Unternehmen« abgeschlossen.[18]

8   Im dritten Gedankenstrich geht es um das internationale Gesellschaftsrecht und dabei insbesondere um die – kollisionsrechtlich nicht mehr relevante – Frage der gegenseitigen Anerkennung der Gesellschaften als juristische Personen[19], um die Fusion von Gesellschaften aus verschiedenen Mitgliedstaaten[20] und um die Frage der Sitzverlegung von einem Mitgliedstaat in einen anderen ohne Verlust der ursprünglichen Rechtspersönlichkeit sowie die in diesem Zusammenhang diskutierten Frage der Vereinbarkeit der sog. Sitztheorie mit dem Gemeinschaftsrecht.[21]

---

13   Verordnung (EG) Nr. 44/2001 des Rates vom 22. Dezember 2000 über die gerichtliche Zuständigkeit und die Anerkennung und Vollstreckung von Entscheidungen in Zivil- und Handelssachen, ABl. L 12/1 (2001).
14   Vgl. Art. 1 S. 1 des 5. Protokolls zum EUV über die Position Dänemarks, wonach dieser Mitgliedstaat sich nicht an Maßnahmen nach Titel IV EGV (Art. 61 ff.) beteiligt. Rechtsgrundlage der VO 44/2001 sind die Art. 61 Buchst. c und Art. 67 Abs. 1 EGV.
15   EuGH, Rs. 137/84 (Fn. 3), Rn. 11.
16   *Müller-Huschke* in: Schwarze, EUV-Kommentar, Art. 44, Rn. 14.
17   EuGH, Rs. C-336/96 (Fn. 3), Rn. 16, 23.
18   90/436/EWG, ABl.EG 1990 Nr. L 225/10, in Kraft getreten am 1.1.1995; vgl. dazu auch EuGH, Rs. C-336/96 (Fn. 3), Rn. 23.
19   Das Europäische Übereinkommen vom 29.2.1968 über die gegenseitige Anerkennung von Gesellschaften und juristischen Personen (BGBl. II 1972, 370 ff.) ist von den Niederlanden nicht ratifiziert worden und deshalb nicht in Kraft getreten.
20   Vgl. nunmehr Art. 2 Abs. 1 der VO 2157/2001 des Rates vom 8. Oktober 2001 über das Statut der Europäischen Gesellschaft, wonach eine Europäische Gesellschaft durch Verschmelzung nationaler Gesellschaften gegründet werden kann. Vgl. dazu auch den Vorschlag einer 10. Richtlinie des Rates nach Artikel 54 Absatz 3 Buchstabe g) des Vertrages über die grenzüberschreitende Verschmelzung von Aktiengesellschaften, ABl.EG 1985 Nr. C 23/11.
21   EuGH, Rs. 81/87, 27.9.1988, Slg. 1988, 5483 (Daily Mail), s. auch Art. 48, Rn. 9 f.; EuGH Rs. 212/97, 9.3.1999, Slg. 1999, S. I-1459 (Centros).

Im vierten Gedankenstrich geht es um die gerade auch mit Blick auf das Binnenmarktziel 9
wichtige gegenseitige Anerkennung und Vollstreckung von Urteilen und Schiedssprüchen. Wichtigstes Resultat in diesem Bereich ist das EuGVÜ.[22] Die Schiedssprüche sind nicht Teil des EuGVÜ, sondern in speziellen völkerrechtlichen Abkommen geregelt.[23] Ein »Europäisches Übereinkommen über Insolvenzverfahren« kam nicht zustande, weil das Vereinigte Königreich die Zeichnungsfrist verstreichen ließ.

---

22 S. oben Fn. 2.
23 Vgl. EuGH, Rs. C-190/89, 25.7.1991, Slg. 1991, I-3855, Rn. 17 (Rich).

Art. 294 EG-Vertrag

Art. 294 (ex-Art. 221)

Unbeschadet der sonstigen Bestimmungen dieses Vertrags stellen die Mitgliedstaaten die Staatsangehörigen der anderen Mitgliedstaaten hinsichtlich ihrer Beteiligung am Kapital von Gesellschaften im Sinne des Artikels 48 den eigenen Staatsangehörigen gleich.

1 Die Vorschrift hat heute **keine unmittelbare rechtliche Bedeutung** mehr.[1] Die Beteiligung am Kapital von Gesellschaften im Sinne des Artikels 58 unterfällt der Niederlassungsfreiheit oder der Kapitalverkehrsfreiheit oder beiden Grundfreiheiten kumulativ.[2] Jede denkbare Beschränkung der Beteiligungsmöglichkeiten von EG-Ausländern an inländischen Gesellschaften wird daher durch die speziellen Beschränkungsverbote der Niederlassungs- bzw. Kapitalverkehrsfreiheit erfaßt.[3]

2 Der ursprüngliche **Zweck der Vorschrift** lag einzig darin, die Gründungsstaaten der EWG auf dem Gebiet der gesellschaftsrechtlichen Beteiligungen zu einer **schnelleren Liberalisierung** zu verpflichten, als dies wegen der ursprünglich vereinbarten Übergangszeit von 12 Jahren (vgl. Art. 7 a.F.) sonst der Fall gewesen wäre. In der **Rechtsprechung des EuGH** ist diese Vorschrift, soweit ersichtlich, nur einmal separat geprüft worden.[4] Dort ging es um Vorschriften des englischen Rechts, die die Eintragung eines im Eigentum einer juristischen Person stehenden Schiffes in das Schiffsregister davon abhängig machten, daß 75% der Gesellschafter die britische Staatsangehörigkeit besitzen. Eine eigenständige Bedeutung erlangte die Vorschrift aber auch hier nicht, denn der EuGH bejahte auch einen Verstoß gegen Art. 52 a.F. (jetzt Art. 43).[5]

3 Die faktische Verkürzung der Übergangszeit durch Art. 294 macht deutlich, daß die Vertragsstaaten diesem Bereich eine besondere Signifikanz zumaßen. Daraus ist auch heute noch eine mittelbare Rechtswirkung dergestalt ableitbar, daß bei der Überprüfung mitgliedstaatlicher Maßnahmen, die die Beteiligung von EG-Ausländern in irgendeiner Weise einschränken, die gemeinschaftsrechtlichen Rechtfertigungsgründe im Lichte der besonderen primärrechtlichen Bedeutung der grenzüberschreitenden Gesellschaftsbeteiligungsfreiheit auszulegen sind.

---

1 P. *Troberg*, in: GTE, EU-/EGV, Art. 221, Rn. 8.
2 S. auch Art. 56, Rn. 11 f.
3 J. A. *Usher*, The Law of Money and Financial Services in the EC, 2. Aufl. 2000, S. 113 sieht die Bedeutung dieser Vorschrift darin, daß zwar eine Diskriminierung eines Unionsbürgers beim Erwerb einer Mehrheitsbeteiligung auch gegen Art. 43 verstoße und es des Art. 294 nicht bedürfe, daß die Niederlassungsvorschriften aber den Erwerb einer Minderheitsbeteiligung nicht erfaßten, insoweit jedoch Art. 294 eingreife. Dem ist zwar zuzustimmen, jedoch bedarf es auch beim Erwerb von Minderheitsbeteiligungen nicht (mehr) des Schutzes von Art. 294, weil dies von der Kapitalverkehrsfreiheit umfaßt ist.
4 EuGH, Rs. 246/89, 4.10.1991, Slg. 1991, I-4585, Rn. 32 f. (Kommission/Vereinigtes Königreich); s.a. Rs. C-221/89, 25.7.1991, Slg. 1991, S. I-3905, Rn. 31 (Factortame), wo eine Verletzung des Art. 294 (damals Art. 221) ohne Begründung festgestellt wird.
5 Dazu auch *Usher* (Fn. 3), S. 113.

Art. 295 (ex-Art. 222)

Dieser Vertrag läßt die Eigentumsordnung[6 ff.] in den verschiedenen Mitgliedstaaten unberührt[7 ff., 11 f.].

Inhaltsübersicht:

I. Historische Rahmenbedingungen	1
II. Dogmatische Einordnung	4
III. Eigentumsordnung	6
1. Rechtsprechung des EuG und des EuGH	7
2. Schrifttum	9
3. Stellungnahme	11

I. Historische Rahmenbedingungen

Die Ausgestaltung der Eigentumsordnung, insbesondere die Bestimmung von Inhalt und 1
Grenzen des Privateigentums an Produktionsmitteln, ist von grundlegender Bedeutung für die Wirtschafts- und Gesellschaftsordnung. Obwohl die Gründung der Gemeinschaft auch eine Reaktion auf die sich in zunehmendem Maße manifestierende wirtschafts- und gesellschaftspolitische Spaltung Europas war[1], sollte die Gestaltung der Eigentumsordnung den Mitgliedstaaten überlassen bleiben. Art. 295 ist damit die einzige Vorschrift in den Verträgen, in der ein Sektor von vornherein aus der Zuständigkeit der Gemeinschaft ausgeklammert wird.

Das Verständnis der mitunter als »integrationsfeindlich«[2] und »offene Flanke des Ge- 2
meinsamen Marktes«[3] apostrophierten Vorschrift wird dadurch erschwert, daß die Gestaltung der Eigentumsordnung in einem untrennbaren Zusammenhang mit der jedenfalls ursprünglich wichtigsten Aufgabe der Gemeinschaft, der wirtschaftlichen Integration, steht. Die Errichtung eines Gemeinsamen Marktes setzt zur Vermeidung von Wettbewerbsverfälschungen neben der Dezentralisierung privater wirtschaftlicher Macht einen weitgehenden Interventionsverzicht gerade der Mitgliedstaaten im Bereich der Wirtschaft voraus, der auch in zahlreichen Vorschriften im Vertrag zum Ausdruck kommt.

Art. 295 läßt die Besorgnis der Gründungsmitglieder der Gemeinschaft erkennen, daß 3
die Gründung der Wirtschaftsgemeinschaft zu einer Änderung der Eigentumsordnungen in den einzelnen Mitgliedstaaten führen könnte. Tatsächlich traten vor allem in der Nachkriegs- und Gründungsphase **unterschiedliche Konzeptionen über Art und Umfang der Einwirkung des Staates auf den Wirtschaftsablauf und über das Modell eines Gemeinsamen Marktes** zutage[4]. Daher waren auch die Eigentumsverhältnisse an den Unternehmen in den Mitgliedstaaten sehr unterschiedlich ausgestaltet. Während der Grad der Verstaatlichung in den Benelux-Staaten und in Deutschland eher gering war, haben Italien und Frankreich nach dem Krieg eine Sozialisierung wichtiger Industriebereiche erlebt, die einen zentralen Bestandteil der wirtschaftlichen Sanierungsmaßnahmen nach

---

1 Vgl. dazu *J. Monnet*, Erinnerungen eines Europäers, 1988, S. 367 ff.
2 *G. Burghardt*, Die Eigentumsordnung in den Mitgliedstaaten und der EWG-Vertrag, 1969, S. 107.
3 *M. Zuleeg*, Die Wirtschaftsverfassung der Europäischen Gemeinschaften, in: Dürr (Hrsg.), Wirtschafts- und gesellschaftspolitische Ordnungsprobleme der Europäischen Gemeinschaften, 1978, S. 73 (92).
4 Vgl. zu den unterschiedlichen Konzepten *A. Müller-Armack*: Auf dem Weg nach Europa, 1971, S. 72 ff., 108.

dem 2. Weltkrieg bildete[5]. Diese Befugnis zur **Eigentumszuordnung** (dazu unten Rn. 11) als Bestandteil der Wirtschaftspolitik sollte den Mitgliedstaaten erhalten bleiben. Auch aus den ersten, an Art. 83 EGKS angelehnten Entwürfen zu Art. 295 wird deutlich, daß sich das Bestreben nach autonomer Gestaltung nicht auf das einzelne Eigentumsrecht, sondern speziell auf die Eigentumsverhältnisse an den Produktionsmitteln bezog[6].

II. Dogmatische Einordnung

4 Es besteht Einigkeit darüber, daß Art. 295 keine **subjektiv-rechtliche Eigentumsgarantie**[7], aber auch kein Verbot, eine solche im Gemeinschaftsrecht zu etablieren[8], enthält. Der EuGH leitet das Eigentumsgrundrecht dementsprechend auch nicht aus Art. 295 ab, sondern aus den in Art. 6 Abs. 2 EUV genannten Rechtserkenntnisquellen, und stützt sich dabei – wenn auch nicht explizit – auf die ihm in Art. 220 eingeräumte Kompetenz zur »Wahrung des Rechts bei der Anwendung dieser Verträge« (Art. 6 EUV, Rn. 32).

5 In der Literatur wird überwiegend die Ansicht vertreten, daß Art. 295 eine **negative Kompetenzbestimmung** enthalte[9]. Das bedarf zumindest der Konkretisierung: Gemäß dem in Art. 5 Abs. 1 enthaltenen Prinzip der begrenzten Einzelermächtigung darf die Gemeinschaft nur handeln, wenn ihr in den Verträgen eine entsprechende Kompetenz eingeräumt worden ist; es besteht also auch im Hinblick auf die Eigentumsordnung ohnehin eine Zuständigkeitsvermutung zugunsten der Mitgliedstaaten, die keiner ausdrücklichen Erwähnung mehr bedurft hätte. Art. 295 ist daher jedenfalls **keine Kompetenzverteilungs-**, sondern eine **Kompetenzausübungsnorm**, die der Gemeinschaft die Verpflichtung auferlegt, auch im Bereich der ihr zugeteilten Kompetenzen nicht in die Eigentumsordnung der Mitgliedstaaten einzugreifen (unten Rn. 11 f.).

III. Eigentumsordnung

6 Wegen des Spannungsverhältnisses zwischen dem Ziel einer wirtschaftlichen Integration der nationalen Märkte und der fortbestehenden Gestaltungsfreiheit der Mitgliedstaaten im Hinblick auf ihre Eigentumsordnung ist die Konkretisierung des Begriffes schwierig.

---

5 Dazu U. *Everling*, Eigentumsordnung und Wirtschaftsordnung in der Europäischen Gemeinschaft, in: FS-Raiser, 1974, S. 379 (384 ff.); K.-D. *Huth*, Die Sonderstellung der öffentlichen Hand in den Europäischen Gemeinschaften, 1965, S. 35 ff. Zur Privatisierungsdiskussion in Frankreich P. *Celestine*/M. *Felsner*, Öffentliche Unternehmen, Privatisierung und service public in Frankreich, RIW 1997, S. 105 ff. sowie in Italien M. W. *Stecher*/K. *Boeckmann*, Privatisierung staatlicher Unternehmen in Italien, RIW 1994, S. 198 ff.
6 Zur Entstehungsgeschichte *Burghardt* (Fn. 2), S. 28 ff.
7 *Everling* (Fn. 5), S. 383.
8 O. *Müller-Michaels*, Grundrechtlicher Eigentumsschutz in der Europäischen Union, 1997, S. 35; R. *Streinz*, Bundesverfassungsgerichtlicher Grundrechtsschutz und Europäisches Gemeinschaftsrecht, 1989, S. 405; J. *Wieland*, in: Dreier, GG, Bd. I, Art. 14, Rn. 18.
9 E. *Klein*, in: HK-EUV, Art. 222, Rn. 6; M. *Röttinger*, in: Lenz, EGV, Art. 295, Rn. 3; ebenso wohl auch EuGH, Verb. Rs. C-92/92 und C-326/92, Slg. 1993, I-5145, Rn. 18 f., 23 (Phil Collins u. a.); Rs. C-309/96, 18.12.1997, Slg. 1997, I-7493, Rn. 17, 23 (*Annibaldi*).

1. Rechtsprechung des EuG und des EuGH

Die Vorschrift spielt in der Rechtsprechung bislang eine untergeordnete Rolle. Das gilt vor allem für eigentumsrelevante **Maßnahmen der Gemeinschaft**: Hier hat der EuGH das Recht der Gemeinschaft, zur Erreichung von wichtigen Gemeinschaftszielen in das Privateigentum einzugreifen, unter dem Gesichtspunkt von Art. 295 EGV bislang nicht in Frage gestellt. Selbst die sehr stark regulierenden Maßnahmen über die gemeinsame Organisation der Agrarmärkte lassen daher nach der Rechtsprechung die Eigentumsordnung für landwirtschaftliches Eigentum unberührt.[10] 7

Für die **Mitgliedstaaten** enthält Art. 295 EGV nach der Rechtsprechung keinen Dispens von den übrigen Vorschriften des Vertrages. Der Begriff der Eigentumsordnung kann daher **nur in der systematischen Zusammenschau mit anderen Normen des Vertrages** bestimmt werden kann. Das gilt insbesondere für den Bereich der gewerblichen Schutzrechte, die den EuGH in diesem Zusammenhang verschiedentlich beschäftigt haben. Dabei hat er klargestellt, daß weder die diesbezügliche Zuständigkeit der Mitgliedstaaten noch Art. 295 EGV die Mitgliedstaaten von der Verpflichtung entbinden, die Binnenmarktregeln, insbesondere die Grundfreiheiten, die Kartell- und die Beihilferegeln, zu achten[11]. Entsprechendes gilt etwa für ein staatliches Enteignungssystem[12], für den Betrieb öffentlicher Fernmeldeanlagen[13], für Regelungen über den Erwerb von Grundeigentum[14], für nicht marktgerechte Vergütungen öffentlicher Postunternehmen mit Monopolstellung zugunsten privatrechtlicher Tochtergesellschaften[15] und für Rabattsysteme bei Flughafengebühren[16]. 8

Bedeutung könnte die Vorschrift für nationale Regelungen erhalten, die private Kapitalbeteiligungsmöglichkeiten an vormals öffentlichen und nunmehr (teil-)privatisierten Unternehmen, z.T. sogar nur für Ausländer (incl. Unionsbürger), beschränken (Art. 56 EGV, Rn. 53). Nach Ansicht des zuständigen Generalanwaltes sind derartige Beschränkungen, die den Einfluß der Staaten auf die Unternehmen erhalten sollen, Ausfluß einer in Art. 295 verorteten Kompetenz der Mitgliedstaaten und daher nicht am Maßstab der Marktregeln zu messen. Die Genese der Vorschrift zeige, daß die vertragsschließenden Parteien von einer umfassenden Neutralität der Verträge im Hinblick auf die Eigentumsordnung der Unternehmen ausgegangen seien. Auch die teleologische Interpretation der Vorschrift ergebe, daß den Mitgliedstaaten alle Maßnahmen vorbehalten bleiben sollen, die geeignet sind, die Politik eines Unternehmens zu beeinflussen und damit zugleich »die ökonomischen Aktivitäten der Nation« zu gestalten: Wenn nämlich die Mitgliedstaaten befugt seien, alle Anteile an einem Unternehmen zu halten, so müssen sie nach Ansicht des Generalanwalts erst recht einen beherrschenden Einfluß auf das (teil-)privatisierte Unternehmen behalten dürfen[17] (dazu noch unten Rn. 12). 8 a

---

10 EuGH, Rs. C-309/96, Slg. 1997, I-7493, Rn. 23 (Annibaldi).
11 EuGH, Rs. C-235/89, Slg. 1992, 777, Rn. 14 (Kommission/Italien); Rs. C-30/90, Slg. 1992, 829, Rn. 17 f. (Kommission/Vereinigtes Königreich); Verb. Rs. C-92/92 und C-326/92, Slg. 1993, I-5145, Rn. 22 (Phil Collins u. a.).
12 EuGH, Rs. 182/83, Slg. 1984, 3677, Rn. 5, 7 (Fearon/Irish Land Commission).
13 EuGH, Rs. 41/83, Slg. 1985, 873, Rn. 21 f. (Italien/Kommission).
14 EuGH, Rs. C-302/97, Slg. 1999, 3099, Rn. 38 (Konle).
15 EuG, T-613/97, Slg. 2000, II-4055, Rn. 77 (Ufex u.a./Kommission).
16 EuGH, Rs. C-163/99, n.n.i.Slg., Rn. 58 f. (Portugal/Kommission).
17 GA *D. Ruíz-Jarabo Colomer*, Schlußantrag v. 3.7.2001, Verb. Rs. C-367/98, C-483/99 u. C-503/99, n.n.i.Slg., Rn. 40 ff.

2. Schrifttum

9 Im Schrifttum findet sich ein breites Spektrum von Meinungen: Wohl überwiegend wird eine weite Begriffsbestimmung gewählt: Unter »Eigentumsordnung« ist danach »die Gesamtheit der Vorschriften zu verstehen, die in jedem Mitgliedstaat die mit dem Eigentum verbundenen Rechte und Pflichten, die Möglichkeiten zur Beschränkung oder Einziehung von Eigentumsrechten sowie insbesondere auch die Rechte und Pflichten bei der Überführung von privatem Eigentum in Gemeineigentum oder andere Formen der Gemeinwirtschaft regeln«[18]. Allerdings wird Art. 295 in Übereinstimmung mit dem EuGH in einen Zusammenhang mit anderen Vertragsvorschriften gestellt. Die Mitgliedstaaten haben daher gemäß Art. 295 zwar das Recht zu Verstaatlichungen und Privatisierungen behalten, sind dabei aber an die Vorgaben des Vertrages, insbes. die Art. 12, 31 und 90, gebunden[19]. Davon ausgehend wird zum Teil – in Anlehnung an die Judikatur zu den gewerblichen Schutzrechten in Art. 30[20] – zwischen Eingriffen in den **Bestand** und solchen in die **Ausübung der Eigentumsrechte** differenziert: Nach Art. 295 solle nur die Regelungskompetenz der Mitgliedstaaten über die Zuordnung des Eigentums unberührt bleiben, während die Ausübung der Eigentumsrechte den Vorschriften des Vertrages unterliege[21]. Nach anderer Ansicht folgt aus der Bindung der Gemeinschaft an die sonstigen Vorschriften des Vertrages, daß Art. 295 den Mitgliedstaaten allein »die wirtschaftpolitisch motivierte Übertragung von Eigentumsrechten auf die öffentliche Hand bzw. ihre Rückführung in Privathand vorbehält«[22], nicht aber Entziehungsmaßnahmen aus sonstigen Gründen.

10 Es finden sich in der Literatur noch einige andere Interpretationsvorschläge: So wird die Ansicht vertreten, Art. 295 umfasse wegen Art. 30 EGV nicht das »kommerzielle und gewerbliche Eigentum«[23]. Schließlich wird auch vorgeschlagen, die Bedeutung der Norm auf den Zeitpunkt des Vertragsschlusses zu reduzieren mit der Folge, daß sie für zukünftige eigentumsrechtliche Maßnahmen ohne Relevanz ist[24].

3. Stellungnahme

11 Die in den letzten Jahren auch von der Kommission betonte Bedeutung der öffentlichen Unternehmenswirtschaft in den Mitgliedstaaten für die Gemeinwohlvorsorge[25] läßt

---

18 *I. Hochbaum*, in: GTE, EU, Art. 222, Rn. 3; ähnlich auch *R. Riegel*, Die Einwirkung des europäischen Gemeinschaftsrechts auf die Eigentumsordnung der Mitgliedstaaten, RIW/AWD 1979, S. 744 (745) und *M. Schweitzer*, in: Grabitz/Hilf, EU, Art. 222, Rn. 3.
19 *R. Geiger*, EGV, Art. 295, Rn. 2 f.; *A. Heinemann*, Grenzen staatlicher Monopole im EG-Vertrag, 1996, S. 192 ff.; *E. Klein*, in: HK-EUV, Art. 222, Rn. 9; *C. von Milczewski*, Der grundrechtliche Schutz des Eigentums im Europäischen Gemeinschaftsrecht, 1994, S. 26; *H. Weis*, Verstaatlichungen aus gemeinschaftsrechtlicher Sicht, NJW 1982, S. 1910 (1913 f.).
20 Vgl. *P.-C. Müller-Graff*, in: GTE, EU, Art. 36, Rn. 76 ff.
21 *I. Hochbaum*, in: GTE, EU, Art. 222, Rn. 6; *E. Klein*, in: HK-EUV, Art. 222, Rn. 6; vgl. auch *Huth* (Fn. 5), S. 358.
22 *von Milczewski* (Fn. 14), S. 23 ff. vgl. auch *J. M. Thiel*, Europa 1992: Grundrechtlicher Eigentumsschutz im EG-Recht, JuS 1991, S. 274 (276).
23 *Thiel* (Fn. 17), S. 275; ähnlich auch *Burghardt* (Fn. 2), S. 25.
24 *I. Brinker*, in: Schwarze, EU-Kommentar, Art. 295, Rn. 6; *Riegel* (Fn. 13), S. 746 f.; vgl. ferner *I. Pernice*, Grundrechtsgehalte im Europäischen Gemeinschaftsrecht, 1979, S. 181f., der von einem allein deklaratorischen Charakter der Norm ausgeht.
25 Vgl. die beiden Mitteilungen der Kommission, Leistungen der Daseinsvorsorge in Europa, ABl.EG 1996 C 281/3 und KOM (2000) 580 endg.; kritisch zum folgenden noch die Voraufl., Rn. 14.

auch die Vorschrift des Art. 295 in einem neuen Licht erscheinen. Bei ihrer Interpretation sollten, ähnlich wie die für den Bereich der Daseinsvorsorge geltende Vorschrift des Art. 16 (Art. 16, Rn. 3), **zwei Konfliktebenen** unterschieden werden: der materielle Konflikt zwischen einer wettbewerbsgesteuerten Marktwirtschaft und staatlicher Regulierung der Eigentumsverhältnisse an Unternehmen einerseits und der kompetentielle Konflikt, der die Frage betrifft, ob die Gemeinschaft oder die Mitgliedstaaten über die Ausgestaltung der Wirtschaftsverfassung entscheiden. Art. 295 beschränkt sich auf den kompetentiellen Konflikt: Der Vertrag läßt nicht die gesamte Eigentumsrechtsordnung unberührt, sondern allein die **wirtschaftspolitisch motivierte Eigentumszuordnung in private oder öffentliche Trägerschaft**. Die Mitgliedstaaten sollen das Recht behalten, ihren wirtschafts-, finanz- und ordnungspolitischen Vorstellungen entsprechend über den Umfang der öffentlichen Wirtschaftstätigkeit zu entscheiden. Eigentumsordnung i.S.v. Art. 295 meint daher Eigentumszuordnung. Die Gemeinschaft selbst darf aus diesem Grund keine Privatisierungs- und Sozialisierungsmaßnahmen ergreifen. Nicht ausgeschlossen ist aber, daß sie im Einzelfall den Umfang der Sozialpflichtigkeit des Eigentums festlegen und dabei auch in den Bestand des Eigentums eingreifen darf. So können etwa Maßnahmen der Gemeinschaft im Bereich der gemeinsamen Marktordnungen sogar enteignenden Charakter annehmen (vgl. Art. 6 EUV, Rn. 158 ff.), ohne damit den grundsätzlichen Entscheidungsprimat der Mitgliedstaaten über die Eigentumszuordnung in Frage zu stellen.

Aus der Zuständigkeit der Mitgliedstaaten zur Eigentumszuordnung folgt auch, daß eine öffentliche Unternehmenswirtschaft nicht per se vertragswidrig ist, sondern vom Vertrag als wichtiger Bestandteil des wettbewerbsorientierten Konzepts des Gemeinsamen Marktes angesehen wird. Ungeachtet des (öffentlich- oder privatrechtlichen) Status bleibt aber **die materielle Bindung an die übrigen Normen des Vertrages unberührt**[26]. Wenn also etwa ein Mitgliedstaat ein öffentliches Unternehmen (Art. 86 Abs. 1) zu wettbewerbswidrigen Verhaltensweisen veranlaßt, so muß er sich gemäß Art. 86 Abs. 2 dafür rechtfertigen; auf die insoweit erforderliche materielle Abwägung hat Art. 295 keinen Einfluß. Aus diesem Grunde vermag insbesondere auch der zur Begründung eines materiellen Gewichts der Vorschrift vollzogene »Erst-recht-Schluß« des Generalanwaltes (oben Rn. 8a) nicht zu überzeugen: Denn die Kompetenz zur Eigentumszuordnung befreit – unabhängig von der Rechtsform des Unternehmens – nicht von der Beachtung der für ihre Aktivierung geltenden materiellen Maßstäbe.

12

---

26 So auch die Mitteilung der Kommission, Leistungen der Daseinsvorsorge in Europa, KOM (2000) 580 endg., Rn. 21.

Art. 296 (ex-Art. 223)

(1) Die Vorschriften dieses Vertrags[1] stehen folgenden Bestimmungen nicht entgegen:
a) Ein Mitgliedstaat ist nicht verpflichtet,[3] Auskünfte zu erteilen,[5] deren Preisgabe seines Erachtens seinen wesentlichen Sicherheitsinteressen[4] widerspricht;
b) jeder Mitgliedstaat kann[3] die Maßnahmen ergreifen, die seines Erachtens für die Wahrung seiner wesentlichen Sicherheitsinteressen[4] erforderlich sind, soweit sie die Erzeugung von Waffen, Munition und Kriegsmaterial oder den Handel damit betreffen;[6 f.] diese Maßnahmen dürfen auf dem Gemeinsamen Markt die Wettbewerbsbedingungen hinsichtlich der nicht eigens für militärische Zwecke bestimmten Waren nicht beeinträchtigen.

(2) Der Rat kann die von ihm am 15. April 1958 festgelegte Liste der Waren,[6 f.] auf die Absatz 1 Buchstabe b Anwendung findet, einstimmig auf Vorschlag der Kommission ändern.

Inhaltsübersicht:

I. Allgemeines	1
II. Auskunftsverweigerung	5
III. Produktion von und Handel mit Rüstungsgütern	6

I. Allgemeines

1 Wie die nachfolgende Norm des Art. 297 EGV[1] **legitimiert** Art. 296 an sich **gemeinschaftsrechtswidrige**, insbesondere dem Prinzip des freien Warenverkehrs, der Wettbewerbsfreiheit und der gemeinsamen Handelspolitik zuwiderlaufende **nationale Maßnahmen**, die von den Mitgliedstaaten zur Wahrung ihrer wesentlichen Sicherheitsinteressen ergriffen werden.[2]

2 **Umstritten** ist, inwieweit den Art. 296 ff. ein grundsätzlicher, durch die Befugnisse der Gemeinschaft etwa im Bereich der gemeinsamen Handelspolitik grundsätzlich ungeschmälerter **Kompetenzvorbehalt zugunsten der Mitgliedstaaten in der Außen- und Sicherheitspolitik** entnommen werden kann.[3] Während die mitgliedstaatlich dominierte Gemeinschaftspraxis dieser Auffassung sichtlich zuneigt und lediglich in Teilbereichen eine die gemeinschaftlichen Institutionen und Verfahren nutzende intergouvernementale Zusammenarbeit im Rahmen der GASP anstrebt,[4] geht der EuGH jedenfalls für das im Hinblick auf Art. 296 Abs. 1b) interessierende Feld der Rüstungsexportkontrolle von einer **grundsätzlichen Gemeinschaftskompetenz** nach Art. 133 EGV aus. Maßnahmen, die die Verhinderung oder Beschränkung der Ausfuhr von Rüstungsgütern bewirkten, könnten dem Bereich der gemeinsamen Handelspolitik nicht mit der Begründung ent-

---

1 Insgesamt dazu: *P. Gilsdorf*, Les réserves de sécurité du Traité CEE à la lumière du Traité sur l'Union Européenne, RMC 1994, S. 17 ff.
2 Die sprachlich wenig gelungene Vorschrift folgt der weitgehend wortgleichen Vorbehaltsklausel des Art. XXI Absatz a) und b) (ii) GATT.
3 Dafür: *H.-M. Wolffgang*, Europäisches Exportkontrollrecht, DVBl. 1996, S. 277, 278. Dagegen: *A. Reuter*, Nationale Exportkontrollen und EU-Recht, RIW 1996, S. 719, 720.
4 Vgl. etwa *H.-M. Wolffgang* (Fn. 3), S. 278 f. zum Verhältnis von GASP und dem Eportkontrollregime der EG-Dual-Use-VO; zu der umfangreichen Auseinandersetzung zu dieser Frage am Beispiel des Handelsembargos, vgl. o. Art. 133 und u. Art. 301.

zogen werden, daß mit ihnen außen- oder sicherheitspolitische Zwecke verfolgt würden.[5] Als Ausnahmevorschrift sei Art. 296 eng auszulegen. Ein Mitgliedstaat, der die hier normierten Ausnahmen in Anspruch nehme, müsse nachweisen, daß die betreffenden Befreiungen nicht die Grenzen der genannten Tatbestände überschritten.[6]

Die in dieser Sicht lediglich ausnahmsweise Inanspruchnahme der Maßnahmevorbehalte des Art. 296 steht, wie bereits der Wortlaut der Vorschrift (»seines Erachtens«) verdeutlicht, im **Ermessen des jeweiligen Mitgliedstaates**. Daß es sich dabei nicht um ein freies, sondern um ein rechtlich gebundenes Ermessen handelt, läßt sich bereits aus dem Umstand ableiten, daß Art. 298 EGV die Einhaltung der Voraussetzungen des Art. 296 einer **administrativen und gerichtlichen Kontrolle** durch die Kommission und den Gerichtshof unterwirft.[7] Allerdings neigt der Gerichtshof bei der Prüfung dieses Ermessens mit Rücksicht auf den (außen-)politischen Charakter jedenfalls der nach Art. 296 Abs. 1b) möglichen Maßnahmen zu großer Zurückhaltung sowohl hinsichtlich der Entscheidung über ihre Einführung als auch hinsichtlich ihrer Ausgestaltung.[8]   3

»**Wesentliche Sicherheitsinteressen**« eines Mitgliedstaates können, wie auch sonst im Gemeinschaftsrecht,[9] dem Kreis der äußeren wie der inneren Sicherheit entstammen. Nicht unbesehen übernommen werden kann die im Hinblick auf das notwendige Maß der Sicherheitsgefährdung äußerst restriktive Interpretation des Art. 297 EGV.[10] Während dort nach Wortlaut und Zielsetzung eine fallweise Ausnahmesituation (schwerwiegende Störung der öffentlichen Ordnung, Kriegsfall oder Kriegsgefahr) Voraussetzung nationaler Schutzmaßnahmen ist, genügt für die Inanspruchnahme des Art. 296 die begründete und begründbare mitgliedstaatliche Annahme, wesentliche Sicherheitsinteressen etwa im Sinne der Gefahr einer erheblichen Störung der auswärtigen Beziehungen ließen sich nicht anders als durch einseitige Maßnahmen wahren.   4

II. Auskunftsverweigerung

Der bislang wohl praktisch irrelevante[11] Abs. 1a) eröffnet den Mitgliedstaaten bei Vorliegen der tatbestandlichen Voraussetzungen die Möglichkeit der Auskunftsverweigerung. Die dabei implizit vorausgesetzten **Auskunftspflichten** bestehen vor allem gegenüber den Gemeinschaftsorganen, können sich aber auch im Verhältnis zu anderen Mitgliedstaaten ergeben.[12] Über die Rechtmäßigkeit der Inanspruchnahme des Auskunfts-   5

---

5 Vgl. EuGH, Rs. C-83/94, 17.10.1995, Slg. 1995, I-3231, Rn. 9 f. (Leifer); Rs. C-70/94, 17.10.1995, Slg. 1995, Rn. 7 ff. (Werner); vgl. dazu auch *A. Reuter* (Fn. 3), S. 719 ff.; *V. Epping*, Gemeinschaftsrechtliche Zulässigkeit nationaler Ausfuhrbeschränkungen für Dual-Use-Waren, AW-Prax. 1995, S. 437 ff.
6 EuGH, Rs. C-414/97, Slg. 1999, I-5585, Rn. 21 f. (Kommission/Spanien).
7 Wie hier: *P. Gilsdorf/P. J. Kuijper*, in: GTE, EU/EGV, Art. 223, Rn. 6.
8 Vgl. insbesondere EuGH, Rs. C-83/94 (Fn. 5), Rn. 30, 32 ff., dort zu der rechtspolitisch gleichgerichteten Frage nach der Rechtfertigung nationaler Exportbeschränkungen durch Art. 11 VO (EWG) Nr. 2603/69 vom 20.12.1969 zur Festlegung einer gemeinsamen Ausfuhrregelung, ABl.EG 1969 Nr. L 324/25.
9 Zur entsprechenden Auslegung des Art. 30 EGV, vgl. EuGH, Rs. C-357/89, 4.10.1991, Slg. 1991, I-4621, Rn. 22 (Richardt); dazu auch *A. Reuter*, Grenzen nationalen Exportkontrollrechts im Gemeinsamen Markt, RIW 1993, S. 88, 91 f.; *T. Jestaedt/Hohenstatt*, Europarecht bricht nationales Exportkontrollrecht, EuZW 1992, S. 44 ff.
10 Anders aber *P. Gilsdorf/P. J. Kuijper*, in: GTE, EU/EGV, Art. 223, Rn. 6.
11 Vgl. die Antwort auf die schriftliche Anfrage Nr. 507/86, ABl.EG 1987 Nr. C 72/8. Auch nach diesem Zeitpunkt ist die Bestimmung soweit ersichtlich nicht in Anspruch genommen worden.
12 Zur Frage einer Übertragbarkeit auch auf das Verhältnis gegenüber Dritten und der Öffentlichkeit, vgl. *U. Karpenstein*, in: Schwarze: EU-Kommentar, Art. 296, Rn. 6.

verweigerungsrechts entscheidet der **Gerichtshof** nach Art. 298 Abs. 2 Satz 2 EGV unter **Ausschluß der Öffentlichkeit**. Bei seiner Prüfung hat der Gerichtshof den behaupteten geheimen Charakter der streitbefangenen Informationen zu berücksichtigen und kann ihre umschreibende oder beschränkte Mitteilung nach Art. 21 der Gerichtshofs-Satzung nur insoweit verlangen, als dies für die Regelung des Rechtsstreits erforderlich ist.

III. Produktion von und Handel mit Rüstungsgütern

6   Abs. 1b) erlaubt hinsichtlich der Produktion von und des Handels mit Rüstungsgütern[13] potentiell weitreichende nationalstaatliche Abweichungen von gemeinschaftsrechtlichen Vorgaben. Seine Bedeutung liegt dabei vor allem in der gewissermaßen unterschwellig fortwirkenden **primärrechtlichen Garantie nationalstaatlicher (Rest-)Kompetenzen**. Mit Rücksicht darauf ist insbesondere die Praxis der Gemeinschaftsorgane bei der Kontrolle von Beihilfen, Fusionen und Wettbewerbsbeschränkungen im militärischen Sektor von Zurückhaltung geprägt. Der **unmittelbare rechtliche Anwendungsbereich** der Bestimmung ist demgegenüber vergleichsweise **gering**. Nach Abs. 2 findet sie Anwendung allein auf die Waren, die in der vom Rat am 15.4.1958 festgelegten Liste enthalten sind. Diese amtlich unveröffentlichte[14] und zwischenzeitlich weder erneuerte noch ergänzte Liste gilt als technologisch weitgehend überholt. Anpassungen der Liste bedürfen nach Abs. 3 einer einstimmigen Entscheidung des Rates. Ein entsprechendes Bedürfnis wurde und wird von den Mitgliedstaaten offenbar nicht gesehen.

7   Die nach Abs. 2 festgelegte **Warenliste** hat nach herrschender Meinung[15] **konstitutiven Charakter**. Dementsprechend gelten für andere als die in der Liste aufgeführten Waren die allgemeinen Vorschriften des Vertrages. Der EuGH, der die Frage nach der Heranziehung der Vorbehalte des Art. 296 Abs. 1b) auch für die von der Liste nicht erfaßten Waren bislang offen gelassen hat,[16] prüft insbesondere die praktisch wichtigen nationalstaatlichen Beschränkungen der Ausfuhr von Rüstungsgütern an den Grundsätzen des freien Warenverkehrs und der gemeinsamen Handelspolitik.[17] Danach sind »nationale handelspolitische Maßnahmen nur mit einer besonderen Ermächtigung [...] zulässig.«[18] Eine solche Ermächtigung soll sich für den Bereich der Warenausfuhr in Drittländer aus Art. 11 der VO 2603/69 zur Festlegung einer gemeinsamen Ausfuhrregelung[19] ergeben, wonach die Mitgliedstaaten Ausfuhrbeschränkungen insbesondere aus Gründen der

---

13 Vgl. dazu auch *J. Beschorner*, Die Ausfuhrkontrolle von Rüstungsgütern, ZfvglRwiss. 1991, S. 262 ff.
14 Abdruck bei *U. Karpenstein*, Europäisches Exportkontrollrecht für Dual-use Güter, 198, S. 277 ff.
15 Vgl. nur *P. Gilsdorf/P. J. Kuijper*, in: GTE, EU/EGV, Art. 223, Rn. 10; *M. Röttinger*, in: Lenz, EGV, Art. 223, Rn. 7.
16 EuGH, Rs. C-83/94 (Fn. 5), Rn. 31.
17 Für den Bereich der sog. Dual-use-Güter beurteilt sich die Zulässigkeit und das Verfahren nationalstaatlicher Exportkontrollen nach der VO (EG) 3381/94 vom 19.12.1994, über eine Gemeinschaftsregelung der Ausfuhrkontrolle von Gütern mit doppeltem Verwendungszweck, ABl.EG 1994 Nr. L 367/1 und dem Beschluß 94/942/GASP vom 19.12.1994, über die gemeinsame Aktion zur Ausfuhrkontrolle von Gütern mit doppeltem Verwendungszweck, ABl.EG 1994 Nr. L 367/8. Vgl. dazu *T. Jestaedt/N. Baron v. Behr*, Das neue Exportkontrollrecht für Dual-use-Güter, RIW 1995, S. 715 ff.; *H.-M. Wolffgang* (Fn. 3), S. 277 ff.; *A. Reuter*, Exportkontrolle bei Gütern mit doppeltem Verwendungszweck: Die neue Dual-use-Verordnung der EG, NJW 1995, S. 2190 ff.; *ders.*, Außenwirtschafts- und Exportkontrollrecht Deutschland/Europäische Union, 1995, S. 82 ff.; *E. Hucko*, Was bringt die Dual-use-Verordnung der EG?, DB 1995, S. 513 ff.
18 EuGH, Rs. C-70/94 (Fn. 5), Rn. 12.
19 VO 2603/69 (EWG) vom 20.12.1969, ABl.EG Nr. L 324/25.

öffentlichen Sicherheit erlassen dürfen. Wie in dem – Beschränkungen des Rüstungsexports in andere Mitgliedstaaten rechtfertigenden – Art. 30 EGV meine der Begriff der öffentlichen Sicherheit auch hier nicht lediglich die innere, sondern zugleich die äußere Sicherheit. Beschränkungen sowohl des innergemeinschaftlichen als auch des Handels mit Drittstaaten können daher unter Berufung auf die »Gefahr einer Störung des Netzes der auswärtigen Beziehungen« gerechtfertigt werden.[20] Mit Blick auf die nicht zuletzt in Art. 296 zum Ausdruck kommenden Vorbehalte billigt der Gerichtshof den Mitgliedstaaten dabei einen weiten Beurteilungs- und Ermessensspielraum zu.

---

[20] EuGH, Rs. C-70/94 (Fn. 5), Rn. 12 ff.

Art. 297 (ex-Art. 224)

Die Mitgliedstaaten setzen sich miteinander ins Benehmen[8 f.], um durch gemeinsames Vorgehen zu verhindern, daß das Funktionieren des Gemeinsamen Marktes durch Maßnahmen[10] beeinträchtigt wird, die ein Mitgliedstaat bei einer schwerwiegenden innerstaatlichen Störung der öffentlichen Ordnung[3], im Kriegsfall, bei einer ernsten, eine Kriegsgefahr darstellenden internationalen Spannung[4 ff.] oder in Erfüllung der Verpflichtungen trifft, die er im Hinblick auf die Aufrechterhaltung des Friedens und der internationalen Sicherheit übernommen[7] hat.

Inhaltsübersicht:

I. Allgemeines	1
II. Voraussetzungen des Art. 297	3
1. Schwerwiegende innerstaatliche Störung der öffentlichen Ordnung (innere Sicherheit)	3
2. Kriegsfall und Kriegsgefahr (äußere Sicherheit)	4
3. Erfüllung einer Verpflichtung zur Aufrechterhaltung des Friedens und der internationalen Sicherheit	7
III. Rechtsfolgen des Art. 297	8
IV. Der Begriff der (einseitigen) Maßnahme	10

I. Allgemeines

1 Art. 297 stellt eine allgemeine – da in ihrem Anwendungsbereich nicht auf bestimmte Regeln des Gemeinschaftsrechts beschränkte – **Schutzklausel** dar, die als **ultima ratio** nur dann zur Anwendung kommt, wenn keine andere vertragliche Norm dem mitgliedstaatlichen Sicherheitsbedürfnis bzw. der nationalen Letztverantwortung für den Schutz der Bürger Rechnung tragen kann.[1] Entsprechend prüft der EuGH die Anwendbarkeit des Art. 297 stets subsidiär zu anderen Ausnahmevorschriften.[2]

2 Im Zusammenhang mit politischen Krisen kann die Erfüllung von **Vertragspflichten** durch die Mitgliedstaaten mit **nationalen Sicherheitsinteressen oder völkerrechtlichen Verpflichtungen in Konflikt** geraten[3]. Insbesondere in Situationen, die die Existenz eines Mitgliedstaats gefährden, müssen diesem adäquate Handlungsbefugnisse zustehen. In einer solchen Situation kann die politische Verantwortung, die ein Staat in Sicherheitsfragen hat, mit der gemeinschaftsrechtlichen Pflicht zur Vertragserfüllung (Art. 10) konfligieren[4]. Im Rahmen einer **Abwägung** der widerstreitenden Interessen berechtigt Art. 297 die Mitgliedstaaten, sich dann über Vertragsbestimmungen hinwegzusetzen, wenn zwingende politische oder militärische Gegebenheiten dies erforderlich machen[5]. Zugleich sind sie aber gehalten, die Behinderung des Gemeinsamen Marktes so gering wie möglich zu halten. Dies soll einerseits über die **Dialogpflicht** des sich auf Art. 297 berufenden Mitgliedstaates mit allen anderen Mitgliedstaaten, andererseits durch die **Kontrolle der Kommission und des EuGH** gem. Art. 298 gewährleistet werden. Auch wenn sich Art. 297 unmittelbar nur auf die Abwendung negativer Auswirkungen bestimmter Maßnahmen der Mitgliedstaaten auf das Funktionieren des Gemeinsamen

---

1 So GA M. *Darmon*, Schlußantr. zu EuGH, Rs. 222/84, 15.5.1986, Slg. 1986, 1651, Ziff. 5 (Johnston); E. *Klein*, in: HK-EUV, Art. 224, Rn. 1.; ausführlich P. *Koutrakos*, Is Article 297 EC a »Reserve of Sovereignty«?, C.M.L.R. 37 (2000), S. 1339 ff.
2 EuGH, Rs. C-83/94, 17.10.1995, Slg. 1995, I-3231, Rn. 14 (Leifer).
3 W. *Hummer*, in: Grabitz/Hilf, EU, Vor Art. 223–225, Rn. 1.
4 Grundlegend zum Thema A. *Weber*, Schutznormen und Wirtschaftsintegration, 1982.
5 W. *Hummer*, in: Grabitz/Hilf, EU, Vor Art. 223–225, Rn. 1.

Marktes bezieht, so impliziert er doch mittelbar, bestätigt durch Art. 298, daß die Mitgliedstaaten bei Vorliegen der tatbestandlichen Voraussetzungen **ermächtigt** sind, von allen Vorschriften des EGV abzuweichen.[6] Insofern stellt die Norm eine spezielle Ausprägung des Grundsatzes der Achtung der nationalen Identität (s. Art. 6 Abs. 3 EUV) dar.

II. Voraussetzungen des Art. 297

1. Schwerwiegende innerstaatliche Störung der öffentlichen Ordnung (innere Sicherheit)

Der EuGH hat sich zu diesem Tatbestandsmerkmal – wie überhaupt zu Art. 297 – nur insoweit geäußert, daß es, der Regel bei vertraglichen Ausnahmen entsprechend, restriktiv auszulegen ist.[7] Die Möglichkeit, zur Auslegung auf die Rechtsprechung zum Begriff der öffentlichen Sicherheit und Ordnung in Art. 30 zurückzugreifen[8] scheitert daran, daß unter den Voraussetzungen des Art. 30 nur ein Abweichen von den Vorschriften über den freien Warenverkehr ermöglicht wird, während im Fall des Art. 297 von sämtlichen Vertragsvorschriften abgewichen werden kann[9]. Folglich ist der erste Tatbestand des Art. 297 sehr viel **restriktiver auszulegen** als der Begriff der öffentlichen Ordnung in Art. 30[10]; erfaßt sind dem EuGH zufolge nur ganz besondere Ausnahmefälle im Sinne einer Situation, die an einen Kollaps der inneren Sicherheit grenzt[11]. Demgemäß sind für Art. 297 rein wirtschaftliche oder soziale Krisenlagen nicht ausreichend[12], insbesondere sind etwa **massive Streiks oder Demonstrationen**, die die verfassungsmäßige Ordnung eines Staates nicht grundsätzlich in Frage stellen, nicht erfaßt. In Betracht kommt die **Bedrohung des Staatswesens** selbst bzw. seiner verfassungsrechtlichen Grundlagen durch die Gefahr eines Bürgerkrieges, einer Revolution oder eines stark verbreiteten Terrorismus[13].

3

2. Kriegsfall und Kriegsgefahr (äußere Sicherheit)

Der Begriff Krieg entstammt dem Völkerrecht, so daß es sich um eine materielle **Begriffsverweisung in das Völkerrecht** handelt[14]. Krieg im völkerrechtlichen Sinne ist der bewaffnete Konflikt zwischen zwei oder mehr Staaten, während dessen die Geltung des allgemeinen Friedensrechts zwischen den am Konflikt beteiligten Parteien suspendiert

4

---

6 W. *Hummer*, Das griechische Embargo, FS-Everling, Bd. I, 1995, S. 511 (520); E. *Klein*, in: HK-EUV, Art. 224, Rn. 1.
7 EuGH, Rs. 222/84, (Fn. 1), 1651 (Johnston); in dieser Entscheidung prüfte der EuGH Maßnahmen auch unter Bezug auf Art. 224, dies jedoch nicht im Verfahren nach Art. 225 Abs. 2; ebenso GA F. G. *Jacobs*, Schlußantr. zu EuGH, Rs. C-120/94, Slg. 1996, I-1513, Ziff. 44 ff. (Kommission/Griechenland). Hierzu grundsätzlich T. *Schilling*, Singularia non sunt extendenda, Die Auslegung der Ausnahme in der Rechtsprechung des EuGH, EuR 1996, S. 44 ff.
8 Hierauf deutet die Formulierung des EuGH, Rs. 222/84 (Fn. 1), Rn. 27 insoweit hin, als er Art. 224 als gegenüber Art. 36 ganz besonderen Ausnahmefall bezeichnet.
9 GA F. G. *Jacobs*, Schlußantr. zu EuGH, Rs. C-120/94 (Fn. 7), Ziff. 46.
10 S. *Bohr*, Schutznormen im Recht der EG, 1993, S. 64.
11 EuGH Rs. 222/84 (Fn. 1), Rn. 27 ff.; GA F. G. *Jacobs*, Schlußantr. zu EuGH, Rs. C-120/94 (Fn. 1), Ziff. 47.
12 W. *Hummer*, in: Grabitz/Hilf, EU, Art. 224, Rn. 11.
13 P. *Gilsdorf*/P. J. *Kuijper*, in: GTE, EU-/EGV, Art. 224, Rn. 10; *Hummer* (Fn. 6), S. 531.
14 W. *Hummer*, in: Grabitz/Hilf, EU, Art. 224, Rn. 11.

ist.[15] Unproblematisch greift Art. 297 im Fall des Krieges eines Mitgliedstaates mit einem Drittstaat ein[16]. Sind lediglich zwei Drittstaaten in eine kriegerische Auseinandersetzung verwickelt, müssen diese Anrainerstaaten des Mitgliedstaates sein, welcher sich auf Art. 297 berufen will[17]. Zum Teil wird insofern auch die **wirtschaftlich besonders enge Beziehung** eines Mitgliedstaates zu einem Drittstaat, der in den Krieg verwickelt ist, als ausreichend angesehen, wenn als Folge der Auseinandersetzung die Sicherheit des Mitgliedstaats ernstlich bedroht ist.[18]

5 In der Regel werden Kriegshandlungen zwischen Drittstaaten jedoch als eine eine **Kriegsgefahr darstellende internationale Spannungslage** für den Mitgliedstaat einzuordnen sein.[19] Dieses Merkmal beschäftigte im Fall des griechischen Embargos gegen Makedonien[20] den EuGH, gleichwohl es – aufgrund des Einlenkens Griechenlands – zu keinem endgültigen Urteil[21], sondern nur zu einem Beschluß des EuGH über den Antrag der Kommission auf einstweilige Anordnung[22] sowie zu Schlußanträgen des GA Jacobs[23] kam. Eine Kriegsgefahr kann in **drei Konstellationen** entstehen: Zum einen kann ein Mitgliedstaat selbst in eine Spannungslage verwickelt werden. Des weiteren kann eine internationale Spannung aus den Kriegshandlungen zweier Drittstaaten entstehen[24]. Und schließlich kann zwischen Drittstaaten eine Spannungslage bestehen, die für einen Mitgliedstaat eine Kriegsgefahr darstellt[25]. Im Rahmen der Konstellationen, an denen ein Mitgliedstaat nicht unmittelbar beteiligt ist, muß zur Abwendung einer ausufernden Anwendung das Tatbestandsmerkmal der Spannungslage sehr sorgfältig ausgelegt werden; es gilt der Grundsatz der **restriktiven Auslegung**.[26]

6 Trotz dieser Vorgaben hat GA Jacobs im **Makedonien-Fall** darauf hingewiesen, daß es letztlich an gerichtlich anwendbaren Kriterien für die Feststellung einer Spannungslage fehle. Der Gerichtshof habe daher nur zu entscheiden, ob Griechenland im Lichte aller vorgetragenen Umstände einschließlich des geopolitischen und des historischen Hintergrunds von einem **subjektiven Standpunkt aus einen vernünftigen Grund** zu der Annahme haben konnte, die gespannten Beziehungen zur Republik Makedonien könnten in einen bewaffneten Konflikt ausarten.[27]

---

15 A. Verdroß/B. Simma, Universelles Völkerrecht, 1983, S. 648 ff.
16 P. Gilsdorf/P. J. Kuijper, in: GTE, EU-/EGV, Art. 224, Rn. 11.
17 W. Hummer, in: Grabitz/Hilf, EU, Art. 224, Rn. 3.
18 P. Gilsdorf/P. J. Kuijper, in: GTE, EU-/EGV, Art. 224, Rn. 11.
19 Hummer (Fn. 6), S. 532.
20 Zum Sachverhalt Hummer (Fn. 6), S. 511 ff.
21 Vgl. den Beschluß des Präsidenten des EuGH, Rs. 120/94 (Fn. 7), I-1535 (Kommission/Griechenland)
22 EuGH, Rs. C-120/94 R, 29.6.1994, Slg. 1994, I-3037 (Kommission/Griechenland).
23 GA Jacobs, Schlußantr. zu EuGH, Rs. C-120/94 (Fn. 7).
24 Dann entsteht das oben angesprochene Zuordnungsproblem, wobei diese Konstellation auf jeden Fall von Art. 297 erfaßt wird.
25 Bohr (Fn. 10), S. 69.
26 Vgl. bereits die Nachweise in Fn. 7; ferner W. Hummer, in: Grabitz/Hilf, EU, Art. 224, Rn. 7; ders., (Fn. 6), S. 533; P. Gilsdorf/P. J. Kuijper, in: GTE, EU-/EGV, Art. 224, Rn. 3 und 11 ff.
27 GA Jacobs, Schlußantr. zu EuGH, Rs. C-120/94 (Fn. 7), Ziff. 50 ff.; krit. hierzu Hummer (Fn. 6), S. 539 f.; I. Canor, The Limits of Judicial Discretion in the European Court of Justice, 1998, S. 180 ff.; differenzierter A. Peters, case note zu Rs. C-120/94, AJIL 1995, S. 376; C. Stefanou/H. Xanthaki, A Legal and Political Interpretation of Articles 224 and 225 of the Treaty of Rome, Ashgate/Dartmouth 1998, S. 62 ff.

3. Erfüllung einer Verpflichtung zur Aufrechterhaltung des Friedens und der internationalen Sicherheit

Ein Mitgliedstaat kann schließlich dann eine vom Vertrag abweichende Maßnahme ergreifen, wenn dies der Aufrechterhaltung des Friedens oder der internationalen Sicherheit dient und er hierzu völkerrechtlich verpflichtet ist. Eine völkerrechtliche Verpflichtung kann in Form einer verbindlichen **Entschließung des Sicherheitsrates der Vereinten Nationen** gem. Art. 41, 42 oder 103 SVN vorliegen[28]. Zum Beispiel hat der Sicherheitsrat der Vereinten Nationen 1992 nach Kapitel VII SVN ein Waffenembargo gegenüber Somalia verhängt. Dieses Embargo wurde durch einzelstaatliche Maßnahmen der Mitgliedstaaten umgesetzt[29]. Einzelstaatlich umgesetzt wurde auch das vom Sicherheitsrat der Vereinten Nationen gegenüber Rhodesien verhängte Embargo[30]. In Betracht kommt weiterhin die Maßnahme einer **Organisation der kollektiven Sicherheit** (Kap. VIII SVN) wie der NATO oder der WEU[31]. 7

III. Rechtsfolgen des Art. 297

Zuvorderst ist es **Sache des Mitgliedstaats** einzuschätzen, ob eine bestimmte nationale Situation den tatbestandlichen Voraussetzungen des Art. 297 unterfällt[32]. Stellt er dies für sich fest und beruft er sich auf Art. 297, ergeben sich daraus bestimmte Rechtsfolgen. Art. 297 statuiert die Pflicht des sich auf ihn berufenden Staates, sich mit den Mitgliedstaaten ins Benehmen zu setzen, um nachteilige Auswirkungen für den Gemeinsamen Markt zu verhindern. Daraus resultiert eine **Informations- und eine Kooperationspflicht**. Erstere trifft den Mitgliedstaat aus zwei Gründen. Zum einen ist eine Information der übrigen Mitgliedstaaten erforderlich, um die von Art. 297 vorgeschriebene Kooperation zu ermöglichen[33]. Zum anderen erlaubt erst diese Information der Kommission festzustellen, ob die Wettbewerbsbedingungen verfälscht sind und die Maßnahmen angepaßt werden können (Art. 298 Abs. 1)[34]. Rechtlich ist der betreffende Staat aus dem Grundsatz der **Gemeinschaftstreue** gemäß Art. 10 i.V.m. Art. 298 dazu verpflichtet, die Kommission zu informieren. 8

Im Rahmen der **Kooperationspflicht** muß der sich auf Art. 298 berufende Mitgliedstaat mit den anderen Mitgliedstaaten über seine Maßnahmen beraten. Die erforderliche **Verständigung** kann im Rat stattfinden, denkbar ist jedoch auch eine Auseinandersetzung mit den Maßnahmen im Rahmen der GASP[35]. Umstritten ist, ob die **Konsultation zeitlich vor oder nach** dem Inkraftsetzen der auf Art. 297 gestützten Maßnahmen erfolgen muß. Nach einer Ansicht sind Konsultationen erst dann erforderlich, wenn eine Beeinträchtigung des Gemeinsamen Marktes vorliegt[36]. Diese Auslegung steht jedoch nicht im Einklang mit dem Wortlaut sowie Sinn und Zweck des Art. 297, der ja gerade eine Störung des Marktes verhindern will. Um negative Auswirkungen auf den Gemein- 9

---

28 *Hummer* (Fn. 6), S. 533.
29 *Bohr* (Fn. 10), S. 108.
30 *Bohr* (Fn. 10), S. 72.
31 P. *Gilsdorf*/P. J. *Kuijper*, in: GTE, EU-/EGV, Art. 224, Rn. 15 ff.
32 W. *Hummer*, in: Grabitz/Hilf, EU, Art. 224, Rn. 2.
33 W. *Hummer*, in: Grabitz/Hilf, EU, Art. 224, Rn. 4.
34 P. *Gilsdorf*/P. J. *Kuijper*, in: GTE, EU-/EGV, Art. 224, Rn. 30; zum Administrativverfahren siehe unten.
35 P. *Gilsdorf*/P. J. *Kuijper*, in: GTE, EU-/EGV, Art. 224, Rn. 29.
36 Antworten von Rat/Kommission ABl.EG 1976, Nr. C 89/6 ff.

samen Markt sicher und effektiv zu verhindern, müssen Information und Konsultation[37] daher zeitlich vor Inkrafttreten der Maßnahme erfolgen[38].

IV. Der Begriff der (einseitigen) Maßnahme

10 Nach Art. 297 darf ein Mitgliedstaat, sofern dessen Voraussetzungen erfüllt sind, durch einseitige Maßnahmen von den Vorschriften des Vertrags abweichen. Umstritten ist, ob hierunter nur eine Abweichung von **materiellen Vorschriften oder aber auch von der Kompetenzverteilung** zu verstehen ist. Damit ist die Frage aufgeworfen, ob ein Mitgliedstaat auch **einseitige Embargomaßnahmen** durch Art. 297 rechtfertigen kann. Denn zur Durchführung eines Embargos bedient sich ein Staat wirtschaftspolitischer Instrumente, obgleich es auf außenpolitische Ziele gerichtet ist[39]. Insofern liegt das Embargo genau auf der Grenze zwischen Handels- und Außenpolitik. Infolge dieser Doppelnatur des Embargos entsteht ein Konkurrenzverhältnis zwischen Art. 133 bzw. dessen lex specialis, Art. 301[40], und Art. 297. Die Art. 133 und 301 begründen eine ausschließliche Kompetenz[41] der Gemeinschaft für den Bereich des Handelsverkehrs[42]. Besteht ein Embargo aus Handelsmaßnahmen, so ist also die Gemeinschaft allein zuständig. Geht man nun mit *Bleckmann*[43] davon aus, daß Art. 297 die Kompetenzordnung des EGV unberührt läßt, käme ein Embargo als Maßnahme im Sinne des Art. 297 nicht in Betracht, weil die Mitgliedstaaten insofern gar nicht kompetent sind. Hiergegen wird zu Recht eingewandt, daß Art. 297 einen **nationalen Zuständigkeitsvorbehalt** darstellt, der nicht vergemeinschaftete Kompetenzen der Mitgliedstaaten enthält[44]. Dies habe zur Folge, daß im Fall des Art. 297 jegliche Gemeinschaftszuständigkeit ausgeschlossen ist[45]. Überwiegend werden die Art. 297 und Art. 133 bzw. 308 aber zutreffend als gleichrangige, in einem echten **Konkurrenzverhältnis** stehende Normen angesehen[46]. Liegt ein Fall des Art. 297 vor, ist dieser somit die speziellere Norm. Infolgedessen ist **auch ein Embargo** als Maßnahme eines Mitgliedstaates möglich.

---

37 Diese Kooperation kann in eine gemeinsame Aktion im Rahmen der GASP münden, soweit man sich auf einen gemeinsamen Standpunkt einigt. Auch kommt eine Aktion seitens der Gemeinschaft in Betracht. Vgl.: *Hummer* (Fn. 6), S. 533.
38 *P. Gilsdorf/P. J. Kuijper*, in: GTE, EU-/EGV, Art. 224, Rn. 30.
39 *R. Kampf*, Artikel 113 EWG-Vertrag als Grundlage für Embargomaßnahmen seitens der EWG, RIW 1989, S. 792 (793).
40 Ausführlich *T. Stein*, Außenpolitisch motivierte (Wirtschafts-) Sanktionen der EU – nach wie vor eine rechtliche Grauzone?, FS-Bernhardt, 1995, S. 1129.
41 Dazu im einzelnen bei Art. 5, Rn. 18 ff.; *C. Calliess*, Der Schlüsselbegriff der ausschließlichen Zuständigkeit im Subsidiaritätsprinzip des Art. 3b II EGV, EuZW 1995, S. 693.
42 *Kampf* (Fn. 39), S. 794.
43 *A. Bleckmann*, Zur Rechtmäßigkeit der EG-Sanktionen gegen Argentinien nach allgemeinem Völkerrecht und dem Recht der EG, Vorträge aus dem Europa-Institut der Universität Saarbrücken Nr. 4, 1981, S. 21.
44 *Hummer* (Fn. 6), S. 525 faßt Art. 297 deshalb als generellen Regelungsvorbehalt (im Gegensatz zu den bereichsspezifischen Regelungsvorbehalten wie Art. 30 EGV) auf. Dieser unterscheidet sich von den Schutzklauseln dadurch, daß er nicht wirtschaftliche Ziele verfolgt und für Ausnahmefälle politischer Natur konzipiert ist. (Vgl.: *W. Hummer*, in: Grabitz/Hilf, EU, vor Art. 223–225, Rn. 6). Diese Unterscheidung ist jedoch nach *P. Gilsdorf/P. J. Kuijper*, in: GTE, EU-/EGV vor Art. 223–225, Rn. 3 eher terminologischer Art. Daß Art. 297 für politische Ausnahmefälle konzipiert ist, impliziert jedoch eine begrenzte rechtliche Überprüfbarkeit.
45 *T. Bruha*, Handelsembargo gegen Argentinien durch EWG-Verordnung?, DVBl. 1982, S. 674 678).
46 *M. Pechstein*, Austria ante portas: Österreichs Neutralität als Hindernis für einen EG-Beitritt?, EuR 1989, S. 54 (71); *W. Meng*, Die Kompetenz der EWG zur Verhängung von Wirtschaftssanktionen gegen Drittländer, ZaöRV 1982, S. 780 (798 f.); *W. Hummer*, in: Grabitz/Hilf, EU; Art. 224, Rn. 6; *P. Gilsdorf/P. J. Kuijper, in: GTE, EU-/EGV*, Art. 224, Rn. 5; a.A. *M. Röttinger*, in: Lenz, EGV, Art. 228a, Rn. 7, der – ohne Begründung – in Art. 228a eine lex specialis auch gegenüber Art. 224 sieht; dagegen wiederum *Stein* (Fn. 40), S. 1138.

Art. 298 (ex-Art. 225)

Werden auf dem Gemeinsamen Markt die Wettbewerbsbedingungen durch Maßnahmen aufgrund der Artikel 296 und 297 verfälscht, so prüft die Kommission gemeinsam mit dem beteiligten Staat, wie diese Maßnahmen den Vorschriften dieses Vertrags angepaßt werden können[1].

In Abweichung von dem in den Artikeln 226 und 227 vorgesehenen Verfahren kann die Kommission oder ein Mitgliedstaat den Gerichtshof unmittelbar anrufen[2], wenn die Kommission oder der Staat der Auffassung ist, daß ein anderer Mitgliedstaat die in den Artikeln 296 und 297 vorgesehenen Befugnisse mißbraucht[4 ff.]. Der Gerichtshof entscheidet[3 ff.] unter Ausschluß der Öffentlichkeit.

Inhaltsübersicht:

I. Das Administrativverfahren nach Art. 298 Abs. 1	1
II. Das gerichtliche Verfahren zur Überprüfung der Voraussetzungen und Maßnahmen nach Art. 296 oder 297 (Art. 298 Abs. 2)	2
1. Allgemeines	2
2. Reichweite der Mißbrauchskontrolle durch den EuGH	3
a) Kontrolle des Vorliegens der tatbestandlichen Voraussetzungen des Art. 297	4
b) Kontrolle der aufgrund von Art. 297 getroffenen Maßnahmen	8

I. Das Administrativverfahren nach Art. 298 Abs. 1

Im Rahmen des Administrativverfahrens gem. Abs. 1 prüft die Kommission die Auswirkungen der von einem Staat aufgrund von Art. 296 oder 297 getroffenen Maßnahmen auf den Gemeinsamen Markt[1]. Im Unterschied zum – grundsätzlich vorausgehenden[2] – **Konsultationsverfahren** des Art. 297, an dem alle Mitgliedstaaten beteiligt sind, ist im **Administrativverfahren** die Kommission mit der Aufgabe betraut, die Möglichkeiten einer **Anpassung der staatlichen Maßnahmen** an die vertraglichen Vorgaben zu prüfen[3]. Sinnvoll erscheint es insofern, die Konsultationen gem. Art. 297 mit diesem Anpassungsverfahren zu verknüpfen[4]. Eine Anpassung ist dann erforderlich, wenn die staatlichen Maßnahmen den Wettbewerb auf dem Gemeinsamen Markt verfälschen[5]. Von Bedeutung ist insofern allerdings, daß die in dieser Wettbewerbsverfälschung liegende Vertragsverletzung aufgrund von Art. 297 grundsätzlich gerechtfertigt ist, so daß zunächst **lediglich die Pflicht zur Teilnahme** am Administrativverfahren entsteht[6]. Zu unterscheiden ist insoweit zwischen den Maßnahmen i.S.d. Art. 297 und den zumutbaren Anpassungsmaßnahmen gem. Art. 298. Eine **Vertragsverletzung** liegt erst dann vor, wenn **zumutbare Anpassungsmaßnahmen unterlassen** werden.[7] Ziel des Anpassungsverfahrens ist es, das Interesse der Kommission an der Wahrung der Grundlagen des Gemeinsamen Marktes und das Souveränitätsinteresse des Mitgliedstaates in **Ausgleich** zu bringen.[8] Demnach muß die Anpassung der Maßnahmen sicherstellen, daß zwar begrenzte und

1

---

1 *P. Gilsdorf/P. J. Kuijper*, in: GTE, EU-/EGV, Art. 225, Rn. 1.
2 Anders im Makedonien-Fall; hier hatte Griechenland die Konsultationen erst eingeleitet, nachdem die strittigen Maßnahmen bereits in Kraft getreten waren. Vgl. EuGH, Rs. C-120/94 R, 29.6.1994, Slg. 1994, I-3037, Rn. 6 ff., insbesondere 27 (Kommission/Griechenland).
3 *P. Gilsdorf/P. J. Kuijper*, in: GTE, EU-/EGV, Art. 224, Rn. 2.
4 *P. Gilsdorf/P. J. Kuijper*, in: GTE, EU-/EGV, Art. 224, Rn. 2.
5 *Geiger*, EGV, Art. 225, Rn. 1.
6 *W. Hummer*, in: Grabitz/Hilf, EU, Art. 225, Rn. 2.
7 Vgl. *W. Hummer*, in: Grabitz/Hilf, EU, Art. 225, Rn. 2.
8 Vgl. EuGH, Rs. C-120/94 (Fn. 2), Rn. 96 ff.

ihrem Umfang nach erforderliche mitgliedstaatliche Abweichungen vom Gemeinsamen Markt bestehen bleiben können, dabei jedoch gleichzeitig dessen Grundlagen respektiert werden.[9]

II. Das gerichtliche Verfahren zur Überprüfung der Voraussetzungen und Maßnahmen nach Art. 296 oder 297 (Art. 298 Abs. 2)

1. Allgemeines

2   Nach Abs. 2 kann der EuGH von der Kommission oder einem Mitgliedstaat – abweichend von Art. 226, 227 – **ohne ein Vorverfahren** angerufen werden, wobei die übrigen Vorschriften über das Vertragsverletzungsverfahren anwendbar bleiben[10]. Dies ist deshalb gerechtfertigt, weil bereits **Konsultationen** gemäß Art. 297 stattgefunden haben und der Mitgliedstaat Gelegenheit zur Stellungnahme hatte[11]. Ferner führt der Wegfall des Vorverfahrens zu einer **Beschleunigung** des Verfahrens, die aufgrund der Dringlichkeit der Gesamtsituation geboten ist[12]. Das Verfahren findet unter Ausschluß der Öffentlichkeit statt, um die Sicherheitsinteressen des betroffenen Mitgliedstaates zu schützen[13].

2. Reichweite der Mißbrauchskontrolle durch den EuGH

3   Der EuGH ist gemäß Abs. 2 berechtigt zu überprüfen, ob ein Mitgliedstaat die in Art. 296 und 297 vorgesehenen Befugnisse mißbraucht. Hiervon ist notwendig die Befugnis umfaßt, festzustellen, ob die Voraussetzungen des Art. 296 bzw. 297 vorliegen. Im Rahmen der Überprüfung am Maßstab des Art. 298 Abs. 2 ist zwischen den **Voraussetzungen und den getroffenen Maßnahmen** zu unterscheiden. Diesbezüglich ist die grundlegende Frage nach dem Umfang der Befugnis des Gerichtshofes, in derartigen Fällen eine richterliche Überprüfung vorzunehmen, aufgeworfen.[14] Die folgenden Ausführungen zur Kontrolle des Art. 297 können unproblematisch auf Art. 296 übertragen werden.

a) Kontrolle des Vorliegens der tatbestandlichen Voraussetzungen des Art. 297

4   In seinen Schlußanträgen zum **Fall des griechischen Embargos gegen Makedonien** erkannte GA Jacobs hinsichtlich des Merkmals der Kriegsgefahr eine gerichtliche Kontrolle unter Hinweis auf den Wortlaut des Art. 298 Abs. 2 ausdrücklich an[15]. Ihm zufolge sind Umfang und Intensität der Kontrolle des EuGH allerdings durch die Art der aufgeworfenen Frage eng begrenzt[16]. Denn es mangele an gerichtlich anwendbaren Kriterien, die es dem EuGH ermöglichten, festzustellen, ob eine Kriegsgefahr vorliegt[17].

---

9   P. *Gilsdorf/P. J. Kuijper,* in: GTE, EU-/EGV, Art. 225, Rn. 3.
10 W. *Hummer,* in: Grabitz/Hilf, EU, Art. 225, Rn. 8.
11 P. *Gilsdorf/P. J. Kuijper,* in: GTE, EU-/EGV, Art. 225, Rn. 3.
12 W. *Hummer,* in: Grabitz/Hilf, EU, Art. 225, Rn. 8.
13 Dies muß auch bei der nach Art. 34 Satzung EuGH öffentlichen Urteilsverkündung Berücksichtigung finden. Vgl.: W. *Hummer,* in: Grabitz/Hilf, EU, Art. 225, Rn. 9.
14 GA F. G. *Jacobs,* Schlußantr. zu EuGH, Rs. C-120/94, Slg. 1996, I-1513, Ziff. 44 ff. und 59 ff. (Kommission/Griechenland).
15 GA F. G. *Jacobs,* Schlußantr. zu EuGH, Rs. C-120/94 (Fn. 14), Ziff. 50 ff.
16 GA F. G. *Jacobs,* Schlußantr. zu EuGH, Rs. C-120/94 (Fn. 14), Ziff. 50 ff.
17 GA F. G. *Jacobs,* Schlußantr. zu EuGH, Rs. C-120/94 (Fn. 14), Ziff. 50 ff.

Deshalb habe der Gerichtshof nur zu entscheiden, ob der Mitgliedstaat im Lichte aller Umstände sowie des geopolitischen und historischen Hintergrundes von einem **subjektiven Standpunkt aus annehmen durfte**, daß die gespannten Beziehungen zu einem Drittstaat in einen Krieg einmünden können[18]. Insofern sei es ausreichend, daß eine Regierung und ein Volk fest davon überzeugt sind, daß sich ein Drittstaat Teile seines kulturellen Erbes aneignen will und langfristig Ansprüche auf einen Teil seines Staatsgebietes erheben will.[19] Ein Krieg sei in einer solchen Situation nicht so unwahrscheinlich, daß sich jede Kriegsgefahr ausschließen lasse[20].

Kritisch ist zu bemerken, daß das weite Ermessen, welches der Generalanwalt den Mitgliedstaaten einräumt, im Gegensatz zu der restriktiven Auslegung von Ausnahmen im Gemeinschaftsrecht[21] respektive des Art. 297 steht. GA Jacobs begründet dies mit dem Fehlen rechtlicher Kriterien. Demgegenüber ist zu bedenken, daß eine **effektive Kontrolle** des Art. 297 erforderlich ist, um die mißbräuchliche Umgehung des EGV im Wege von Art. 297 zu verhindern. Indem GA Jacobs ferner ausschließlich auf das Interesse des betroffenen Mitgliedstaates abstellt, **vernachlässigt er das gemeinschaftliche Interesse** an der Wahrung des gemeinschaftlichen Besitzstandes (vgl. Art. 2 EUV, Rn. 14 f.). Freilich handelt es sich bei dem Begriff der eine Kriegsgefahr darstellenden internationalen Spannungslage um einen unbestimmten Rechtsbegriff, der den Mitgliedstaaten einen Beurteilungsspielraum einräumt und **daher nur begrenzt richterlicher Kontrolle** unterliegen kann.[22] Problematisch ist insbesondere, daß sich quantitativ nicht messen läßt, wann eine internationale Spannungslage so schwerwiegend ist, daß die **Grenze zur Kriegsgefahr** überschritten ist. Etwaige Anhaltspunkte könnten sich für die Beurteilung dieser Frage jedoch aus folgenden Vorschriften ergeben: 5

Die Kriegsgefahr im Sinne des Art. 297 könnte als ein Unterfall der Friedensbedrohung im Sinne des **Art. 39 UN-Charta** anzusehen sein. Allerdings kann bei Einigkeit im Sicherheitsrat der Begriff der Friedensbedrohung sehr weit verstanden werden[23]. Darin kommt aber wiederum der politische Charakter einer solchen Entscheidung zum Ausdruck. Aus Art. 39 UN-Charta läßt sich mithin kein rechtliches Kriterium für die Feststellung einer Kriegsgefahr gem. Art. 297 ableiten. Im Gegenteil wird eher die Ansicht von GA Jacobs unterstrichen, daß es sich um eine politische Entscheidung handelt. Auch im Rahmen von **Art. 15 EMRK** kollidiert das Interesse an der Vertragserfüllung mit der Souveränität des Einzelstaates, der insofern eine Art. 297 vergleichbare Situation betrifft. Hinsichtlich der Voraussetzungen eines Notstandes im Sinne des Art. 15 EMRK wird dem Einzelstaat ein Beurteilungsspielraum eingeräumt, der aber vom Europäischen Gerichtshof für Menschenrechte überprüft werden kann[24]. Dieser hat allerdings betont, daß bei Art. 15 EMRK die Grenzen seiner Überprüfungsbefugnis besonders deutlich hervortreten, da die nationalen Organe aufgrund ihrer **größeren Sachnähe** besser geeig- 6

---

18 GA F. G. *Jacobs*, Schlußantr. zu EuGH, Rs. C-120/94 (Fn. 14), Ziff. 53 f.
19 GA F. G. *Jacobs*, Schlußantr. zu EuGH, Rs. C-120/94 (Fn. 14), Ziff. 54 ff.
20 GA F. G. *Jacobs*, Schlußantr. zu EuGH, Rs. C-120/94 (Fn. 14), Ziff. 58 f.
21 EuGH, Rs. 222/84, 15.5.1986, Slg. 1986, 1651 (Johnston); in dieser Entscheidung prüfte der EuGH Maßnahmen auch unter Bezug auf Art. 224, dies jedoch nicht im Verfahren nach Art. 225 Abs. 2. Hierzu grundsätzlich *T. Schilling*, Singularia non sunt extendenda, Die Auslegung von Ausnahme in der Rechtsprechung des EuGH, EuR 1996, S. 44.
22 *W. Hummer*, Das griechische Embargo, FS-Everling Bd. I, 1995, S. 511 (527); *P. Gilsdorf/P. J. Kuijper*, in: GTE, EU-/EGV, Art. 225, Rn. 6 f.; siehe auch *I. Canor*, The Limits of Judicial Discretion in the European Court of Justice, 1998, S. 129 und 180 ff.
23 *B. Simma*, in: ders. (Hrsg.), Charta der Vereinten Nationen, 1991, Art. 39, Rn. 22.
24 Dazu ausführlich *T. Stein*, Die Außerkraftsetzung von Garantien menschenrechtlicher Verträge, in: Maier (Hrsg.), Europäischer Menschenrechtsschutz, Schranken und Wirkungen, 1982, S. 135 (140 ff.); *J. A. Frowein*, in: Frowein/Peukert, EMRK-Kommentar, 1996, Art. 15, Rn. 2 f.

net seien, über das Vorliegen eines Notstands zu entscheiden. Auch wenn betont wird, daß der Erkenntnisvorsprung des Einzelstaates nicht zu einem unkontrollierten Beurteilungsspielraum führen darf[25], sind rechtliche Kriterien, welche eine sichere Subsumtion erlauben würden, auch hier nicht erkennbar. Mithin findet sich auch in der Rechtsprechung des Europäischen Gerichtshofes für Menschenrechte die Einschätzung von GA Jacobs wieder, der Notstand sei subjektiv aus Sicht des Einzelstaates zu bestimmen.[26]

7 Im Rahmen des Art. 297 kann der EuGH daher mangels greifbarer Kriterien die Souveränität der Mitgliedstaaten bezüglich der Einschätzung ihrer Sicherheitslage nur in Extremfällen einschränken. Ein solcher Extremfall liegt vor, wenn die Einschätzung des Mitgliedstaats **evident unrichtig** ist. Daher kann der Auffassung GA Jacobs insoweit nicht zugestimmt werden, als er allein die Überzeugung eines Volkes und dessen Regierung, daß eine Kriegsgefahr vorliegt, ausreichen läßt[27], ohne daß auch nur eine Evidenzkontrolle durchzuführen wäre.

b) Kontrolle der aufgrund von Art. 297 getroffenen Maßnahmen

8 Gem. Art. 298 Abs. 2 stellt der Mißbrauch die Grenze für das Ergreifen von Maßnahmen dar. Den Ausführungen von GA Jacobs im **Makedonien-Fall** zufolge ist es die Aufgabe des Mitgliedstaats, darüber zu befinden, wie er auf die von ihm empfundene Bedrohung reagieren soll[28]. Seiner Ansicht nach erkennen Art. 297, 298 an, daß wirtschaftliche Maßnahmen, für die sich ein Mitgliedstaat entscheidet, Rückwirkungen auf Sachgebiete haben können, die einer rechtlich bindenden Gemeinschaftspolitik unterworfen sind[29]. Diese Normen gingen davon aus, daß die den Mitgliedstaaten auf dem Gebiet der Außenpolitik belassene Selbständigkeit im direkten Gegensatz zur Integration der Wirtschafts- und Handelspolitik stehe[30]. Die **Grenzen** von Maßnahmen aufgrund des Art. 297 seien dort erreicht, wo sie ein Handeln, das **nicht politisch, sondern wirtschaftlich motiviert** ist, rechtfertigen sollen, sowie dort, wo der Grundsatz der Verhältnismäßigkeit verletzt sei[31]. Hinsichtlich der **Verhältnismäßigkeit** räumt GA Jacobs dem Mitgliedstaat mit Blick auf den politischen Charakter der Entscheidung ein weites Ermessen ein[32].

9 Dies leuchtet zwar insoweit ein, als bereits das tatsächliche Vorliegen einer Kriegsgefahr gerichtlich allenfalls im Rahmen einer Evidenzkontrolle nachprüfbar ist, die Maßnahme aber mit der Einschätzung der Situation als Kriegsgefahr eng verknüpft ist. Demgegenüber ist allerdings zu bedenken, daß gerade die gerichtliche Kontrolle dem **Sinn und Zweck** des Art. 298, die Beeinträchtigung des Marktes so gering wie möglich zu halten, Rechnung tragen kann. Überdies ist sie der **Kompromißbereitschaft** des Mitgliedstaates im Administrativverfahren nach Abs. 1 förderlich, indem dieser ernsthafter über Anpassungsmaßnahmen an den Vertrag erwägen wird, wenn er seine Position später vom EuGH überprüfen lassen muß. **Entscheidender Ansatzpunkt für die gerichtliche Kontrolle ist die Verhältnismäßigkeit** der Maßnahme. Letztere muß daher geeignet und

---

25 ECHR, 18.1.1978, Serie A, Band 25 (1978), 78 f.; dazu *Stein* (Fn. 24), S. 143.
26 GA F. G. *Jacobs*, Schlußantr. zu EuGH, Rs. C-120/94 (Fn. 14), Ziff. 55 f. zustimmend C. *Stefanou/H. Xanthaki*, A Legal and Political Interpretation of Articles 224 and 225 of the Treaty of Rome, Ashgate/Dartmouth 1998, S. 62 ff.
27 GA F. G. *Jacobs*, Schlußantr. zu EuGH, Rs. C-120/94 (Fn. 14), Ziff. 58 f. krit. auch *Canor* (Fn. 22), S. 180 ff.
28 GA F. G. *Jacobs*, Schlußantr. zu EuGH, Rs. C-120/94 (Fn. 14), Ziff. 64 ff.
29 GA F. G. *Jacobs*, Schlußantr. zu EuGH, Rs. C-120/94 (Fn. 14), Ziff. 66.
30 GA F. G. *Jacobs*, Schlußantr. zu EuGH, Rs. C-120/94 (Fn. 14), Ziff. 67 ff.
31 GA F. G. *Jacobs*, Schlußantr. zu EuGH, Rs. C-120/94 (Fn. 14), Ziff. 67 ff.
32 GA F. G. *Jacobs*, Schlußantr. zu EuGH, Rs. C-120/94 (Fn. 14), Ziff. 70 ff. Ausführlich *Stefanou/Xanthaki* (Fn. 26), S. 62 ff., die diesem Ansatz unkritisch zustimmen.

erforderlich sein, um die Kriegsgefahr zu entschärfen. Im Makedonien-Fall bemängelte etwa die Kommission, das Vorgehen Griechenlands sei eher geeignet, die Spannung zu verstärken und würde daher die Sicherheitslage nachteilig beeinflussen[33]. Bei der Überprüfung ist auf eine **ex-ante-Sicht** abzustellen, mithin mußte die Maßnahme in der damaligen Situation als geeignet und erforderlich erscheinen, die Kriegsgefahr zu mildern[34]. Auf ihren tatsächlichen Erfolg kommt es nicht an. Letztlich gestattet aber auch die vorzunehmende Verhältnismäßigkeitsprüfung nur eine Evidenzkontrolle. Denn der Gerichtshof kann nicht sicher beurteilen, welche Maßnahmen einen Konflikt eher beseitigen. Der **Widerspruch** zwischen dem eigentlich eng auszulegenden Ausnahmetatbestand des Art. 297 und den Schwierigkeiten bei seiner gerichtlichen Überprüfung wird wohl nur durch die Abschaffung der Bestimmung[35] aufzulösen sein.

---

33 GA F. G. *Jacobs*, Schlußantr. zu EuGH, Rs. C-120/94 (Fn. 14), Ziff. 71.
34 *Stein* (Fn. 24), S. 144 bzgl. Maßnahmen, die aufgrund von Art. 15 EMRK ergriffen werden.
35 Eine Aufhebung des Art. 224 wurde von der Kommission bereits anläßlich der Einführung der GASP vorgeschlagen, hierzu kam es jedoch bisher nicht, vgl.: Europe Nr. 1697 vom 7.3.1991.

Art. 299 (ex-Art. 227)

(1) Dieser Vertrag gilt für das Königreich Belgien, das Königreich Dänemark, die Bundesrepublik Deutschland, die Griechische Republik, das Königreich Spanien, die Französische Republik, Irland, die Italienische Republik, das Großherzogtum Luxemburg, das Königreich der Niederlande, die Republik Österreich, die Portugiesische Republik, die Republik Finnland, das Königreich Schweden und das Vereinigte Königreich Großbritannien und Nordirland[1 ff., 5].

(2) Dieser Vertrag gilt für die französischen überseeischen Departements, die Azoren, Madeira und die Kanarischen Inseln[6].
Unter Berücksichtigung der strukturbedingten sozialen und wirtschaftlichen Lage der französischen überseeischen Departements, der Azoren, Madeiras und der Kanarischen Inseln, die durch die Faktoren Abgelegenheit, Insellage, geringe Größe, schwierige Relief- und Klimabedingungen und wirtschaftliche Abhängigkeit von einigen wenigen Erzeugnissen erschwert wird, die als ständige Gegebenheiten und durch ihr Zusammenwirken die Entwicklung schwer beeinträchtigen, beschließt der Rat jedoch auf Vorschlag der Kommission nach Anhörung des Europäischen Parlaments mit qualifizierter Mehrheit spezifische Maßnahmen, die insbesondere darauf abzielen, die Bedingungen für die Anwendung dieses Vertrags auf die genannten Gebiete, einschließlich gemeinsamer Politiken, festzulegen[13 f.].
Bei Beschlüssen über die in Unterabsatz 2 genannten entsprechenden Maßnahmen berücksichtigt der Rat Bereiche wie Zoll- und Handelspolitik, Steuerpolitik, Freizonen, Agrar- und Fischereipolitik, die Bedingungen für die Versorgung mit Rohstoffen und grundlegenden Verbrauchsgütern, staatliche Beihilfen sowie die Bedingungen für den Zugang zu den Strukturfonds und zu den horizontalen Gemeinschaftsprogrammen[13].
Der Rat beschließt die in Unterabsatz 2 genannten Maßnahmen unter Berücksichtigung der besonderen Merkmale und Zwänge der Gebiete in äußerster Randlage, ohne dabei die Integrität und Kohärenz der gemeinschaftlichen Rechtsordnung, die auch den Binnenmarkt und die gemeinsamen Politiken umfaßt, auszuhöhlen[13 f.].

(3) Für die in Anhang II zu diesem Vertrag aufgeführten überseeischen Länder und Hoheitsgebiete gilt das besondere Assoziierungssystem, das im Vierten Teil dieses Vertrages festgelegt ist[9].
Dieser Vertrag findet keine Anwendung auf die überseeischen Länder und Hoheitsgebiete, die besondere Beziehungen zum Vereinigten Königreich Großbritannien und Nordirland unterhalten und die in dem genannten Anhang nicht aufgeführt sind[10].

(4) Dieser Vertrag findet auf die europäischen Hoheitsgebiete Anwendung, deren auswärtige Beziehungen ein Mitgliedstaat wahrnimmt[7].

(5) Dieser Vertrag findet entsprechend den Bestimmungen des Protokolls Nr. 2 zur Akte über die Bedingungen des Beitritts der Republik Österreich, der Republik Finnland und des Königreichs Schweden auf die Ålandinseln Anwendung[8].

(6) Abweichend von den vorstehenden Absätzen gilt:
a) Dieser Vertrag findet auf die Färöer keine Anwendung[11].
b) Dieser Vertrag findet auf die Hoheitszonen des Vereinigten Königreichs Großbritannien und Nordirland auf Zypern keine Anwendung[11].
c) Dieser Vertrag findet auf die Kanalinseln und die Insel Man nur insoweit Anwendung, als dies erforderlich ist, um die Anwendung der Regelung sicherzustellen, die in dem am 22. Januar 1972 unterzeichneten Vertrag über den Beitritt neuer Mitgliedstaaten zur Europäischen Wirtschaftsgemeinschaft und zur Europäischen Atomgemeinschaft für diese Inseln vorgesehen ist[12].

Inhaltsübersicht:

I. Allgemeines ... 1
II. Räumlicher Geltungsbereich des Vertrages ... 5
III. Ausnahmen von der Anwendbarkeit des EG-Vertrages ... 9
IV. Sonderregelungen für strukturschwache Gebiete ... 13

I. Allgemeines

Art. 299 Abs. 1 bis 6 regelt den räumlichen Geltungsbereich des EGV entsprechend dem allgemeinen Grundsatz, daß völkerrechtliche Abkommen jede Vertragspartei hinsichtlich ihres **gesamten Hoheitsgebiets** binden, es sei denn, aus dem Abkommen geht eine abweichende Absicht der Vertragsparteien hervor (Art. 29 WVRK[1]). 1

Ohne die Hoheitsgebiete der Mitgliedstaaten geographisch zu umschreiben, knüpft Abs. 1 an die Staatsnamen der EG-Mitgliedstaaten an, unter denen diese als **Völkerrechtssubjekte** im Völkerrechtsverkehr auftreten. Damit richtet sich die Bestimmung der Hoheitsgebiete der Mitgliedstaaten zum einen nach den nationalen Verfassungen[2] (s. Präambel des GG), zum anderen nach den allgemeinen Regeln des Völkerrechts. Zu dem Staatsgebiet, über das der Staat territoriale Souveränität bzw. Gebietshoheit ausübt, zählt der begrenzte Teil der **Erdoberfläche** (innerstaatlich durch die Verfassung definiert und völkerrechtlich i.d.R. durch Grenzverträge gesichert), die **Binnengewässer**, die **Hoheitsgewässer** (bis zu 12 Seemeilen seewärts)[3], der unter der **Erdoberfläche** befindliche Raum sowie der über dem Staatsgebiet befindliche **Luftraum**[4]. 2

Im Bereich des **Festlandsockels**[5] und der **ausschließlichen Wirtschaftszone**[6] (bis zu 200 Seemeilen seewärts) übt der Küstenstaat **ausschließliche hoheitliche Nutzungsrechte** in den Grenzen des Völkerrechts aus. Da diese Zonen nicht zum Hoheitsgebiet der Mitgliedstaaten gehören[7], fallen sie nicht nach Art. 299 in den **räumlich-geographischen Geltungsbereich** des EGV[8]; soweit der Gemeinschaft indes eine **sachliche Regelungsbefugnis** zusteht (z.b. in der Fischereipolitik), sind die Mitgliedstaaten auch hier bei der Ausübung ihrer nutzungsorientierten Souveränitäts- bzw. Hoheitsrechte an Gemeinschaftsrecht gebunden[9]. Im Ergebnis ist daher auch im Bereich des Festlandsockels und der ausschließlichen Wirtschaftszone der Mitgliedstaaten das Gemeinschaftsrecht anwendbar. 3

---

1 BGBl. 1985 II, S. 926.
2 Vgl. EuGH, Rs. 148/77, Slg. 1978, 1787, Rn. 10 (Hansen).
3 S. *W. Hummer*, in: Grabitz/Hilf, EU, Art. 227, Rn. 11.
4 EuGH, Rs. 209 bis 213/84, 1425, Rn. 45 (Ministère Public/Asjes).
5 S. Memorandum der Kommission über die Anwendbarkeit des Vertrages zur Gründung der EWG auf den Festlandsockel, Bull.EG 11/1970, S. 51 f.; *E. Bernhard*, Der Festlandsockel im Recht der EG, 1982.
6 *U. Jenisch*, Zur Anwendung des Europäischen Rechts in den Meereszonen der EG-Staaten, G.Y.I.L. 22 (1979), S. 239 (249 f.).
7 *W. Graf Vitzthum*, Völkerrecht, 2. Auflage 2001, Abschnitt 5, Rn. 58; a.A.: *I. Seidl-Hohenveldern/T. Stein*, Völkerrecht, 10. Auflage 2000, Rn. 1242.
8 Vgl. EuGH, Verb. Rs. 3, 4, 6/76, Slg. 1976, 1276, Rn. 33 f. (Kramer); wohl an den territorialen Geltungsbereich anknüpfend EuGH, Rs. 61/77, Slg. 1978, 417, Rn. 48 ff. (Kommission/Irland); im Schrifttum: *W. Hummer*, in: Grabitz/Hilf, EU, Art. 227, Rn. 17; *M. Schröder*, in: GTE, EG-/EUV, Art. 227, Rn. 62.
9 EuGH, Rs. 61/77, Slg. 1978, 417, Rn. 78 ff. (Kommission/Irland).; Rs. 32/79, Slg. 1980, 2403, Rn. 10 (Kommission/Vereinigtes Königreich).

4 Abs. 1 regelt den Geltungsbereich des EGV im Sinne des völkerrechtlichen Grundsatzes der »beweglichen Vertragsgrenzen«[10], d.h. er ist Ausdruck des **antizipierten Konsenses** der Mitgliedstaaten hinsichtlich der automatischen Anpassung des Geltungsbereichs des EGV an die territorialen Veränderungen der Mitgliedstaaten (z.B. durch Gebietsabtretung, Kauf, Schenkung oder Anwachsung). Abs. 1 gilt auch dann, wenn Gebietszuwächse aufgrund ihres Ausmaßes bzw. ihrer Wirkung nicht ohne wirtschaftliche und/oder politische Folgen für die Integrationsgemeinschaft bleiben, mithin faktisch die Auswirkungen eines Beitritts nach Art. 49 EUV haben[11]. Das Gemeinschaftsrecht verlangt gemäß Art. 10 lediglich die vorzeitige Konsultation der übrigen Mitgliedstaaten und der Gemeinschaft über die bevorstehende Gebietsänderung, ohne daß diese Rechtspflicht die territoriale Selbstbestimmung der Mitgliedstaaten beeinträchtigen könnte. Die frühzeitige Konsultation soll den rechtzeitigen Erlaß von Übergangsvorschriften und Sonderregelungen ermöglichen, mit deren Hilfe – wie das Beispiel der Wiedervereinigung Deutschlands gezeigt hat[12] – die Ausdehnung des Geltungsbereichs des EGV gemeinschaftsverträglich gestaltet werden kann.

II. Räumlicher Geltungsbereich des Vertrages

5 Der räumlich-sachliche Geltungsbereich des EGV ist die Summe der fünfzehn mitgliedstaatlichen Hoheitsgebiete bzw. Zonen hoheitlicher Nutzungsrechte unter Berücksichtigung der Sonderregeln in Abs. 2 bis 6 und verschiedener Beitrittsakte[13].

6 Die uneingeschränkte Anwendbarkeit des EGV in den **französischen überseeischen Departements**[14] (französisches Hoheitsgebiet: Guadeloupe, Guayana, Martinique und Réunion, St. Pierre und Miquelon[15]) sowie – seit dem Amsterdamer Vertrag – in den autonomem Regionen **Azoren, Madeira** (portugiesisches Hoheitsgebiet) und den **Kanarischen Inseln**[16] (spanisches Hoheitsgebiet) ist bereits durch Abs. 1 gesichert und wird von Abs. 2 noch einmal ausdrücklich hervorgehoben.

7 Abs. 4, der ursprünglich für das Saarland konzipiert worden war, eröffnet nunmehr ausschließlich für die britische Kronkolonie **Gibraltar** den Anwendungsbereich des EGV[17]. Art. 28 des Beitrittsvertrages von 1972[18] eröffnet jedoch wichtige Ausnahmen in den

---

10 Vgl. die Auffassung der Kommission, Bull.EG, Beilage 4/90, 31, 48 f.
11 S. im Fall der Wiedervereinigung Deutschlands die Auffassung des Rates, VO (EWG), Nr. 2684/90 vom 17.9.1990, ABl.EG 1990 Nr. L 263/1, 2. Erwägungsgrund; zur Interpretation der Schlußfolgerung des Dubliner Sondergipfels vom 28.4.1990 vgl. *T. Giegerich*, Die Europäische Dimension der deutschen Wiedervereinigung, JuS 1991, S. 996 (998); im Schrifttum ebenso: *K. Hailbronner*, Völker- und europarechtliche Fragen der deutschen Wiedervereinigung, JZ 1990, S. 449 (455 f); *E. Klein*, HK-EUV, Art. 227 Rn. 7; *R. Priebe*, Die Beschlüsse des Rates zur Eingliederung der neuen deutschen Bundesländer in die Europäischen Gemeinschaften, EuZW 1991, S. 113; a.A. wohl *M. Schröder*, GTE, EG-/EUV, Art. 227, Rn. 15.
12 ABl.EG 1990 Nr. L 263/1; ABl.EG 1990 Nr. L 267/37; ABl.EG 1990 Nr. L 353/39; umfassend hierzu *Giegerich* (Fn. 11), S. 998 ff.
13 Davon abweichen kann das Zollgebiet der Gemeinschaft, s. VO (EWG), Nr. 2151/84 des Rates vom 23.7.1984 betreffend das Zollgebiet der Gemeinschaft, ABl.EG 1984 Nr. L 197/1.
14 Uneingeschränkte Anwendbarkeit des EG-Vertrages bereits nach Art. 227 Abs. 2 UAbs. 2 a.F. seit dem 1.1.1960; s. auch EuGH, Rs. 148/77, Rs. 148/77, Slg. 1978, 1787, Rn. 11 (Hansen).
15 S. hierzu *W. Hummer*, Grabitz/Hilf, EU, Art. 227, Rn. 42; *M. Schröder*, GTE, EG-/EUV, Art. 227, Rn. 19.
16 Zur Entwicklung der Rechtslage vor dem Amsterdamer Vertrag s. *J. Sack*, Europas Zwerge, EuZW 1997, S. 45 (50 f.).
17 S. Anfrage Nr. 655/85 vom 10.6.1985, ABl.EG 1985 Nr. C 341/8 f.
18 ABl.EG 1972 Nr. L 73/5.

Bereichen der gemeinsamen Handels-, Agrar- und Fischereipolitik sowie des Umsatzsteuerrechts[19]. Gibraltar ist zudem aus dem Zollgebiet der EG ausgeschlossen. Der EGMR hat es als Verstoß gegen Art. 3 Zusatzprotokoll zur EMRK angesehen, daß die Einwohner von Gibraltar nach Anhang II der gemeinschaftlichen Direktwahlakte von 1976 von den Wahlen zum Europäischen Parlament ausgeschlossen sind[20]. Die **europäischen Mikrostaaten** (Andorra, Monaco, San Marino, Vatikanstaat) werden nicht von Abs. 4 erfaßt, auch wenn sie z.t. in ihren diplomatischen Beziehungen von Mitgliedstaaten vertreten werden[21].

Der EGV gilt auch auf die zu Finnland gehörenden **Åland-Inseln** (Abs. 5). Aufgrund des völkerrechtlichen Sonderstatus[22] der Inselgruppe bedurfte es dafür nach Maßgabe des Protokolls Nr. 2 der Beitrittsakte von 1994[23] einer Erklärung Finnlands, die am 8.12.1994 erfolgte. 8

III. Ausnahmen von der Anwendbarkeit des EG-Vertrages

Obwohl die **Überseeischen Länder und Hoheitsgebiete** (ÜLG) von Belgien, Dänemark, Frankreich, Italien, den Niederlanden und dem Vereinigten Königreich zum Hoheitsgebiet der jeweiligen Mutterländer gehören, fallen sie nach Abs. 3 UAbs. 1 i.V.m. Anhang II[24] grundsätzlich aus dem Anwendungsbereich des EGV. Sie sind damit im Verhältnis zur Gemeinschaft in der Situation von Drittländern[25]. Rechtsgrundlage der Beziehungen der EG zu den ÜLG ist allein der IV. Teil des EGV (s. Art. 182, Rn. 2 f.). 9

Gänzlich vom Geltungsbereich des Vertrages ausgenommen sind nach Abs. 3 UAbs. 2 die zum Hoheitsgebiet des Vereinigten Königreichs gehörenden ÜLG, die nicht im Anhang II aufgeführt worden sind. Seit der Rückkehr Hongkongs[26] zu China am 1.7.1997 werden sämtliche British Dependent Territories im Anhang II genannt, so daß Abs. 3 UAbs. 2 derzeit keine Bedeutung hat[27]. 10

Nach Abs. 6 lit. a findet der EGV ebenfalls keine Anwendung auf die selbst regierten **Färöer-Inseln**[28] (dänisches Hoheitsgebiet), die nach einer Volksabstimmung einen Beitritt zur EG abgelehnt haben (s. Art. 25 ff. der Beitrittsakte von 1972[29]). Das gleiche gilt für die britischen Hoheitszonen auf **Zypern** (Abs. 6 lit. b), den Militärbasen Akrotiri und Dhekelia, denen nach britischem Recht ein kolonialer Status zukommt[30]. 11

---

19 S. Anfragen Nr. 1823/84, 1824/84 und 1825/84, ABl.EG 1985 Nr. C 341/1.
20 EGMR (Große Kammer), Urteil vom 18.2.1999 – 7/1998/910/1122 (Matthews/Vereinigtes Königreich), abgedr. in: NJW 1999, S. 3107.
21 *U. Becker*, in: Schwarze, EU-Kommentar, Art. 299, Rn. 6; *M. Röttinger*, in: Lenz, EGV, Art. 299, Rn. 7; zu den Mikrostaaten umfassend *Sack* (Fn. 16), S. 46 ff.; *V. Stapper*, Europäische Mikrostaaten und autonome Territorien im Rahmen der EG, 1999.
22 S. hierzu *T. Modeen*, Aaland Islands, in: Bernhardt (Hrsg.), Encyclopedia of Public International Law, Volume 1, Amsterdam 1992.
23 ABl.EG 1995 Nr. L 75/18.
24 Anhang II zum Amsterdamer Vertrag, abgedr. S. 2585.
25 EuGH, Gutachten 1/78, Slg. 1979, 2871, Rn. 62 (Internationales Naturkautschuk Übereinkommen); Gutachten 1/94, Slg. 1994, I-5267, Rn. 17 (WTO); s. auch Art. 182, Rn. 2.
26 EuGH, Gutachten 1/78, Slg. 1979, 2871, Rn. 61 (Internationales Naturkautschuk Übereinkommen).
27 *Constantinesco/Jacqué/Kovar/Simon*, TCE, Art. 227, Rn. 4.
28 S. der Freihandelsvertrag, den den Handel zwischen der EG und den Färöern seit dem 1.1.1992 regelt, ABl.EG 1991 Nr. L 371/1, geändert durch ABl.EG 1995 Nr. L 54/25 und Nr. L 237/7.
29 S. Fn. 18.
30 Zur Einbeziehungen der Gebiete in das Assoziierungsabkommen mit Zypern s. ABl.EG 1973 Nr. L 133/1

12 Die **britischen Kanalinseln** (Guernsey, Jersey, Alderney und Sark) und die **Insel Man** gehören nicht zur Gemeinschaft. Die Anwendbarkeit des Gemeinschaftsvertrages beschränkt sich auf die in Abs. 5 lit. c i.V.m. dem Protokoll Nr. 3 zur Beitrittsakte von 1972[31] vorgesehenen Fälle, so daß die Bestimmungen des freien Warenverkehrs und die gemeinsame Handelspolitik grundsätzlich auch hier gelten[32]. Die Kanalinseln und die Insel Man gehören zum Zollgebiet der Gemeinschaft[33].

IV. Sonderregelungen für strukturschwache Gebiete

13 Abs. 2 UAbs. 2, 3 und 4 – durch den Amsterdamer Vertrag eingefügt – eröffnen dem Rat die Kompetenz, strukturfördernde Maßnahmen zugunsten der französischen überseeischen Departements, der Azoren, Madeiras und der Kanarischen Inseln zu ergreifen. UAbs. 2 erlaubt zu diesem Zweck unter engen Voraussetzungen eine Besserstellung der Gebiete innerhalb der Gemeinschaft. Gerechtfertigt ist dies nur dann, wenn die Rechtsakte auf den Ausgleich der in UAbs. 2 beschriebenen strukturellen Nachteile abzielen, insbesondere durch die besondere Berücksichtigung der in UAbs. 3 genannten Bereiche. Inhaltlich müssen die Rechtsakte die Bedingungen für die Anwendung des Vertrages festlegen (UAbs. 2 a.E.). Die strukturfördernden und kompensatorischen Maßnahmen finden zudem ihre Grenzen in der **Integrität** und der **Kohärenz** der gemeinschaftlichen Rechtsordnung (UAbs. 4).

---

31 S. Fn. 18.
32 Anfrage Nr. 1408/85, ABl.EG 1986 Nr. C 48/15 f.
33 *E. Klein*, HK-EUV, Art. 227, Rn. 9.

Art. 300 (ex-Art. 228)

(1) Soweit dieser Vertrag den Abschluß von Abkommen zwischen der Gemeinschaft und einem oder mehreren Staaten oder internationalen Organisationen vorsieht[3 ff.], legt die Kommission dem Rat Empfehlungen vor; dieser ermächtigt die Kommission zur Einleitung der erforderlichen Verhandlungen. Die Kommission führt diese Verhandlungen im Benehmen mit den zu ihrer Unterstützung vom Rat bestellten besonderen Ausschüssen nach Maßgabe der Richtlinie, die ihr der Rat erteilen kann[28 f.].
Bei der Ausübung der ihm in diesem Absatz übertragenen Zuständigkeiten beschließt der Rat mit qualifizierter Mehrheit, außer in den Fällen des Absatzes 2 Unterabsatz 1, in denen er einstimmig beschließt[29].

(2) Vorbehaltlich der Zuständigkeiten, welche die Kommission auf diesem Gebiet besitzt[41 f.], werden die Unterzeichnung[30 f.], mit der ein Beschluß über die vorläufige Anwendung vor dem Inkrafttreten einhergehen kann[31], sowie der Abschluß der Abkommen vom Rat mit qualifizierter Mehrheit auf Vorschlag der Kommission beschlossen[38 f.]. Der Rat beschließt einstimmig, wenn das Abkommen einen Bereich betrifft, in dem für die Annahme interner Vorschriften Einstimmigkeit vorgesehen ist, sowie im Fall der in Artikel 310 genannten Abkommen[38].
Abweichend von Absatz 3 gelten diese Verfahren auch für Beschlüsse zur Aussetzung der Anwendung eines Abkommens[43 f.] oder zur Festlegung von Standpunkten, die im Namen der Gemeinschaft in einem durch ein Abkommen eingesetzten Gremium zu vertreten sind, sobald dieses Gremium rechtswirksame Beschlüsse – mit Ausnahme von Beschlüssen zur Ergänzung oder Änderung des institutionellen Rahmens des betreffenden Abkommens – zu fassen hat[45 ff.].
Das Europäische Parlament wird über alle nach diesem Absatz gefaßten Beschlüsse über die vorläufige Anwendung[31] oder die Aussetzung eines Abkommens[44] oder Festlegung des Standpunkts[45], den die Gemeinschaft in einem durch ein Abkommen eingesetzten Gremium vertritt, unverzüglich und umfassend unterrichtet.

(3) Mit Ausnahme der Abkommen im Sinne des Artikels 133 Absatz 3 schließt der Rat die Abkommen nach Anhörung des Europäischen Parlaments, und zwar auch in den Fällen, in denen das Abkommen einen Bereich betrifft, bei dem für die Annahme interner Vorschriften das Verfahren des Artikels 251 oder des Artikels 252 anzuwenden ist[32 ff.]. Das Europäische Parlament gibt seine Stellungnahme innerhalb einer Frist ab, die der Rat entsprechend der Dringlichkeit festlegen kann. Ergeht innerhalb dieser Frist keine Stellungnahme, so kann der Rat einen Beschluß fassen[32].
Abweichend von Unterabsatz 1 bedarf der Abschluß von Abkommen im Sinne des Artikels 310 sowie sonstiger Abkommen, die durch Einführung von Zusammenarbeitsverfahren einen besonderen institutionellen Rahmen schaffen[34], von Abkommen mit erheblichen finanziellen Folgen[35] für die Gemeinschaft und von Abkommen, die eine Änderung eines nach dem Verfahren des Artikels 251 angenommenen Rechtsakts bedingen[36], der Zustimmung des Europäischen Parlaments[34 ff.].
Der Rat und das Europäische Parlament können in dringenden Fällen eine Frist für die Zustimmung vereinbaren[37].

(4) Abweichend von Absatz 2 kann der Rat die Kommission bei Abschluß eines Abkommens ermächtigen, Änderungen, die nach jenem Abkommen im Wege eines vereinfachten Verfahrens oder durch ein durch das Abkommen geschaffenes Organ anzunehmen sind, im Namen der Gemeinschaft zu billigen; der Rat kann diese Ermächtigung gegebenenfalls mit besonderen Bedingungen verbinden[42].

Art. 300 EG-Vertrag

(5) Beabsichtigt der Rat, ein Abkommen zu schließen, das Änderungen dieses Vertrags bedingt, so sind diese Änderungen zuvor nach dem Verfahren des Artikel 48 des Vertrags über die Europäische Union anzunehmen[69, 77].

(6) Das Europäische Parlament, der Rat, die Kommission oder ein Mitgliedstaat kann ein Gutachten des Gerichtshofes über die Vereinbarkeit eines geplanten Abkommens mit diesem Vertrag einholen.[84 ff.] Ist dieses Gutachten ablehnend, so kann das Abkommen nur nach Maßgabe des Artikels 48 des Vertrags über die Europäische Union in Kraft treten[86].

(7) Die nach Maßgabe dieses Artikels geschlossenen Abkommen sind für die Organe der Gemeinschaft und für die Mitgliedstaaten verbindlich[48 ff.].

Amsterdamer Fassung:

...

(2) Vorbehaltlich der Zuständigkeiten, welche die Kommission auf diesem Gebiet besitzt, werden die Unterzeichnung, mit der ein Beschluß über die vorläufige Anwendung vor dem Inkrafttreten einhergehen kann, sowie der Abschluß der Abkommen vom Rat mit qualifizierter Mehrheit auf Vorschlag der Kommission beschlossen. Der Rat beschließt einstimmig, wenn das Abkommen einen Bereich betrifft, in dem für die Annahme interner Vorschriften Einstimmigkeit vorgesehen ist, sowie im Fall der in Artikel 310 genannten Abkommen. Abweichend von Absatz 3 gelten diese Verfahren auch für Beschlüsse zur Aussetzung der Anwendung eines Abkommens oder zur Festlegung von Standpunkten, die im Namen der Gemeinschaft in einem durch ein Abkommen nach Artikel 310 eingesetzten Gremium zu vertreten sind, sobald dieses Gremium rechtswirksame Beschlüsse – mit Ausnahme von Beschlüssen zur Ergänzung oder Änderung des institutionellen Rahmens des betreffenden Abkommens – zu fassen hat.

Das Europäische Parlament wird über alle nach diesem Absatz gefassten Beschlüsse über die vorläufige Anwendung oder die Aussetzung eines Abkommens oder Festlegung des Standpunkts, den die Gemeinschaft in einem durch ein Abkommen nach Artikel 310 eingesetzten Gremium vertritt, unverzüglich und umfassend unterrichtet.

...

(6) Der Rat, die Kommission oder ein Mitgliedstaat kann ein Gutachten des Gerichtshofs über die Vereinbarkeit eines geplanten Abkommens mit diesem Vertrag einholen. Ist dieses Gutachten ablehnend, so kann das Abkommen nur nach Maßgabe des Artikels 48 des Vertrags über die Europäische Union in Kraft treten.

Inhaltsübersicht:

A. Allgemeines	1
B. Vertragsschlußkompetenz	3
I. Ausdrückliche Vertragsschlußkompetenz	3
II. Implizite Vertragsschlußkompetenz	5
1. Rechtsprechung und Praxis	5
a) Kompetenzbegründung und Ausschließlichkeit der Außenkompetenz	5
b) Materien der impliziten Außenkompetenz	14
2. Schrifttum und Stellungnahme	16
III. Kompetenzergänzung	18
C. Abkommen	20
I. Gemeinschaftsabkommen	20
II. Gemischte Abkommen	25
D. Verfahren	27
I. Völkerrechtlicher Vertragsschluß	27
1. Allgemeines	27
2. Verhandlungsphase	28
3. Unterzeichnung	30
4. Parlamentarische Mitwirkungsrechte	32

	5. Vertragsschluß	38
	a) Vertragsschlußkompetenz des Rates	38
	b) Vertragsschlußkompetenz der Kommission	41
	II. Suspendierung von Abkommen	43
	III. Gemeinschaftsinternes Verfahren bei Gremienbeschlüssen	45
E.	Rechtswirkung des Völkervertragsrechts in der Gemeinschaftsrechtsordnung	48
	I. Rechtswirkung von Gemeinschaftsabkommen	48
	1. Abs. 7: Bindungswirkung	48
	2. Unmittelbare Geltung in der Gemeinschaftsrechtsordnung	51
	a) Rechtsprechung	51
	b) Schrifttum	56
	c) Stellungnahme	57
	3. Unmittelbare Wirkung	59
	a) Rechtsprechung	59
	b) Schrifttum und Stellungnahme	66
	II. Rechtswirkung von gemischten Abkommen	68
	III. Rechtswirkung von Organbeschlüssen (sekundäres Völkervertragsrecht)	71
	1. Rechtsprechung	71
	2. Schrifttum	73
	3. Stellungnahme	74
	IV. Rang im Gemeinschaftsrecht	77
F.	Auslegung völkerrechtlicher Verträge	80
G.	Rechtsprechungsbefugnis des EuGH: Das Gutachtenverfahren	84
	I. Antragsberechtigte und Antragsfrist	84
	II. Antragsgegenstand	86
	III. Konkurrenzen	89

A. Allgemeines

Art. 300 Abs. 1–4 regelt die Organkompetenz[1] und das Verfahren beim Abschluß völ- **1** kerrechtlicher Verträge (s. aber Sonderregelung in Art. 111 und 133); er eröffnet der Gemeinschaft keine Verbands-/Sachkompetenz im Bereich der Außenbeziehungen.

Die **Völkerrechtssubjektivität** der Gemeinschaft ergibt sich gemeinschaftsrechtlich aus **2** Art. 281[2] sowie völkerrechtlich aus der **Anerkennungspraxis** der Drittstaaten bzw. internationalen Organisationen, die sich in der Aufnahme entsprechender Kontakte manifestiert[3].

B. Vertragsschlußkompetenz

I. Ausdrückliche Vertragsschlußkompetenz

Der Vertrag weist der Gemeinschaft **ausdrücklich** eine **ausschließliche Kompetenz** zum **3** Abschluß völkerrechtlicher Verträge auf dem Gebiet der gemeinsamen Handelspolitik[4] (Art. 133, zu den Neuerungen durch den Vertrag von Nizza s. dort Rn. 71 ff.) und – naturgemäß – auf dem Gebiet der Assoziierung von Drittstaaten mit der Gemeinschaft (Art. 310) zu. Ein Tätigwerden der Mitgliedstaaten ist ohne entsprechende Ermächti-

---

1 EuGH, Rs. C-327/91, Slg. 1994, I-3641, Rn. 28 (Frankreich/Kommission).
2 Zur Vertragsschlußkompetenz der EU s. Art. 24 EUV Rn. 4.
3 S. hierzu *Oppermann*, Europarecht, Rn. 1632 ff.
4 EuGH, Gutachten 1/75, Slg. 1975, 1355 (Lokale Kosten).

gung ausgeschlossen⁵. Art. 111 eröffnet eine ausschließliche Gemeinschaftskompetenz zum Abschluß von Wechselkursvereinbarungen für den Euro mit Drittstaaten.

4 Eine **ausdrückliche parallele Vertragsschlußkompetenz** neben den Mitgliedstaaten besitzt die Gemeinschaft in den Bereichen Forschung (Art. 170), Umweltpolitik (Art. 174 Abs. 4), Entwicklungszusammenarbeit (Art. 181) und – mit Nizza – Art. 181a (wirtschaftliche, finanzielle und technische Zusammenarbeit)⁶.

II. Implizite Vertragsschlußkompetenz

1. Rechtsprechung und Praxis

a) Kompetenzbegründung und Ausschließlichkeit der Außenkompetenz

5 In dem richtungweisenden AETR-Urteil von 1971 hat der EuGH die **ausschließliche Außenkompetenz** der Gemeinschaft aus dem Gedanken hergeleitet, daß »die Mitgliedstaaten außerhalb des Rahmens der Gemeinschaftsorgane keine Verpflichtungen eingehen können, welche zur Verwirklichung der Vertragsziele ergangen sind, beeinträchtigen oder in ihrer Tragweite ändern können« (sog. **implizite Vertragsschlußkompetenz**)⁷. Der EuGH begründet den Kompetenzverlust der Mitgliedstaaten mit dem Prinzip der Gemeinschaftstreue (Art. 10 Abs. 1)⁸.

6 Nachdem der EuGH 1976 in der Rs. Kramer die Zuständigkeit der Gemeinschaft im Außenverhältnis allein aus einer Rechtsetzungsermächtigung des Primärrechts⁹ abgeleitet hatte¹⁰, konkretisierte er in seinem Gutachten zum Stillegungsfonds (1977) die »AETR-Rechtsprechung« dahingehend, daß aus einem Kompetenztitel im Innenverhältnis auch **ohne vorherigen internen Rechtsetzungsakt** die entsprechende Außenkompetenz fließe, wenn die völkerrechtliche Vereinbarung zur Erreichung des Zieles der Gemeinschaft notwendig sei (**Parallelität von Innen- und Außenkompetenz**)¹¹. Unter diesen Voraussetzungen bejahte der EuGH eine **ausschließliche** Außenkompetenz der Gemeinschaft, die nur unter bestimmten Voraussetzungen den Abschluß von gemischten Abkommen erlaube (s. Rn. 25)¹².

---

5 EuGH, Gutachten 2/91, Slg. 1993, I-1061, Rn. 8 (ILO); zur Ermächtigung der Mitgliedstaaten vgl. EuGH, Gutachten 2/91, Slg. 1993, I-1061, Rn. 5 (ILO) und Rs. 22/70, Slg. 1971, 263, Rn. 81/90 (AETR); s. auch Entscheidung 69/494/EWG des Rates vom 16.12.1969, ABl.EG 1969 Nr. L 326/39; Entscheidung 97/321/EG des Rates vom 2.6.1997, ABl.EG 1997 Nr. L 151/24; Entscheidungen 97/390/EG und 97/391/EG des Rates vom 17.6.1997, ABl.EG 1997 Nr. L 164/36, 37.
6 Zur Grenze des Tätigwerdens der Mitgliedstaaten s. Rn. 8 ff. und Art. 181 Rn. 5.
7 EuGH, Rs. 22/70, Slg. 1971, 263, Rn. 22 (AETR), in der weiteren Rechtsprechung: Verb. Rs. 3, 4, und 6/76, Slg. 1976, 1276, Rn. 20 (Kramer); Gutachten 1/76, Slg. 1977, 741, Rn. 3 (Stillegungsfonds); Beschluß 1/78, Slg. 1978, 2151, Rn. 32 (Objektschutz von Kernmaterial); Gutachten 1/92, Slg. 1992, I-2821, Rn. 39 (EWR-II), Gutachten 2/91, Slg. 1993, I-1061, Rn. 7 (ILO); Gutachten 1/94, Slg. 1994, I-5267, Rn. 76 f. (WTO); Gutachten 2/94, Slg. 1996, I-1763, Rn. 26 (EMRK).
8 EuGH, Rs. 22/70, Slg. 1971, 263, Rn. 21 (AETR), so auch Gutachten 2/91, Slg. 1993, I-1061, Rn. 10 (ILO).
9 Art. 102 der Beitrittsakte von 1972 zum Erlaß von Maßnahmen zur Erhaltung der Meeresschätze im Rahmen der gemeinsamen Fischereipolitik.
10 EuGH, Verb. Rs. 3, 4 und 6/76, Slg. 1976, 1276, Rn. 30/33 (Kramer).
11 EuGH, Gutachten 1/76, Slg. 1977, 741, Rn. 4 (Stillegungsfonds); s. auch Gutachten 2/91, Slg. 1993, I-1061, Rn. 17 (ILO).
12 EuGH, Gutachten 1/76, Slg. 1977, 741, Rn. 6 (Stillegungsfonds).

In dem Gutachten zum Übereinkommen Nr. 170 der Internationalen Arbeitsorganisation (ILO) erblickte der EuGH ganz im Sinne dieser Rechtsprechung bereits in der internen Rechtsetzungskompetenz auf dem Gebiet des Sozialrechts den Grund für die Zuständigkeit der Gemeinschaft im Außenverhältnis[13]. Die **Ausschließlichkeit** dieser Außenkompetenz sollte im weiteren entscheidend von der Frage abhängen, ob durch etwaige völkerrechtliche Pflichten der Mitgliedstaaten bereits **erlassene** interne EG-Rechtsnormen **beeinträchtigt** oder in **ihrer Tragweite geändert** würden[14]. 7

1994 erklärte der Gerichtshof im WTO-Gutachten schließlich seine vieldeutige und viel gedeutete Rechtsprechung: »Nach dem Urteil AETR verlieren die Mitgliedstaaten, ob einzeln oder gemeinsam handelnd, das Recht zum Eingehen von Verpflichtungen gegenüber Drittstaaten nur in dem Maße, wie gemeinsame Rechtsnormen erlassen werden, die durch diese Verpflichtungen beeinträchtigt werden können. Nur in dem Maße, wie gemeinsame Vorschriften auf interner Ebene erlassen werden, wird die externe Zuständigkeit der Gemeinschaft zu einer ausschließlichen«[15]. 8

Hat die Gemeinschaft in ihre internen Rechtsetzungsakte Klauseln aufgenommen, welche die Gemeinschaftsorgane zu Verhandlungen mit Drittstaaten **ermächtigen**[16], soll ein völkerrechtliches Tätigwerden der Mitgliedstaaten in den davon erfaßten Bereichen ebenfalls ausscheiden[17]. 9

Im Hinblick auf die **Qualität des gemeinschaftsinternen Rechtsaktes** bejahte der EuGH bereits im AETR-Urteil die Gefahr einer Beeinträchtigung von **Verordnungen**, deren Regelungsmaterie denen des umstrittenen völkerrechtlichen Übereinkommens entspricht[18]. In seinen jüngeren Urteilen stellte der EuGH dann eine ausschließliche Außenkompetenz der Gemeinschaft dort in Aussicht, wo die Gemeinschaft eine **vollständige**[19] **Harmonisierung** der Rechts- und Verwaltungsvorschriften der Mitgliedstaaten bewirkt habe, sei es durch Richtlinien (z.B. Art. 47 Abs. 2, 94), sei es durch **sonstige Maßnahmen** (z.B. Art. 95)[20]. Eine Beeinträchtigung der **Harmonisierungsrichtlinien** schloß der EuGH jedoch in den Fällen aus, in denen diese lediglich **Mindestvorschriften** vorgeben, die die Mitgliedstaaten nicht an strengeren nationalen Rechtsvorschriften hindern (vgl. Art. 137 Abs. 2 i.V.m. Abs. 5)[21]. Hier bestehe die Außenkompetenz der Mitgliedstaaten fort. 10

Soweit die Gemeinschaft in dem Regelungsbereich des völkerrechtlichen Vertrages trotz 11

---

13 EuGH, Gutachten 2/91, Slg. 1993, I-1061, Rn. 17 (ILO).
14 EuGH, Gutachten 2/91, Slg. 1993, I-1061, Rn. 9 und 18 (ILO).
15 EuGH, Gutachten 1/94, Slg. 1994, I-5267, Rn. 77 (WTO), bestätigt durch Gutachten 2/92, Slg. 1995, I-525, Rn. 31 (OECD); s. aber bereits Rs. 22/70, Slg. 1971, 263, Rn. 17 f. (AETR) und Verb. Rs. 3,4 und 6/76, Slg. 1976, 1276, Rn. 20 (Kramer).
16 Vgl. z.B. Titel III der zweiten Richtlinie 89/646/EWG des Rates vom 15.12.1989 zur Koordinierung der Rechts- und Verwaltungsvorschriften über die Aufnahme und Ausübung der Tätigkeit der Kreditinstitute, ABl.EG 1989 Nr. L 386/1, 5; vgl. hierzu EuGH, Gutachten 1/94, Slg. 1994, I-5267, Rn. 93 (WTO).
17 EuGH, Gutachten 1/94, Slg. 1994, I-5267, Rn. 95 (WTO).
18 EuGH, Rs. 22/70, Slg. 1971, 263, Rn. 30 (AETR).
19 Vgl. aber EuGH, Gutachten 2/91, Slg. 1993, I-1061, Rn. 25 (ILO): »weitgehende Harmonisierung«.
20 EuGH Gutachten 2/91, Slg. 1993, I-1061, Rn. 25 f. (ILO); Gutachten 2/92, Slg. 1995, I-525, Rn. 33 (OECD); Gutachten 1/94, Slg. 1994, I-5267, Rn. 96 (WTO).
21 EuGH, Gutachten 2/91, Slg. 1993, I-1061, Rn. 16 f. und 21 (ILO); im Schrifttum: *R. Geiger*, Vertragsschlußkompetenzen der Europäischen Gemeinschaft und auswärtige Gewalt der Mitgliedstaaten, JZ 1995, S. 973 (978 f.).

Rechtsetzungskompetenz bzw. mangels umfassender Rechtsetzungskompetenz gemeinschaftsintern nur **teilweise** tätig geworden ist, geht der EuGH für den Abschluß des völkerrechtlichen Abkommens von einer zwischen der Gemeinschaft und ihren Mitgliedstaaten **geteilten Zuständigkeit** aus (sog. gemischte Abkommen, s. Rn. 25)[22]. Die damit verbundenen Schwierigkeiten bei der Durchführung der völkerrechtlichen Abkommen hat der EuGH nicht als Argument für eine Ausschließlichkeit der Gemeinschaftskompetenz anerkannt[23]. Die Gemeinschaft und ihre Mitgliedstaaten müßten vielmehr beim Aushandeln, Abschluß und Durchführen des Übereinkommens **gemeinsam vorgehen**[24]. Die **Pflicht zur Zusammenarbeit** entwickelt der EuGH aus der Notwendigkeit einer geschlossenen völkerrechtlichen Vertretung der Gemeinschaft[25].

12   Eine implizite Außenkompetenz ergibt sich nach Ansicht des EuGH nur dann direkt, d.h. ohne Erlaß eines sekundären Rechtsaktes, aus dem **primären Gemeinschaftsrecht**, wenn die Sachmaterie **zwangsläufig** zugleich Drittstaaten betrifft und damit eine rein gemeinschaftsinterne Regelung von vornherein nicht wirkungsvoll wäre[26]. Es muß mit anderen Worten zwischen Innen- und Außenkompetenz eine »**untrennbare Verbindung**«[27] bestehen bzw. nur so die »**praktische Wirksamkeit**«[28] der Innenkompetenz hergestellt werden können (»implied-powers-Lehre«[29]). Diese Voraussetzung hatte der EuGH bereits 1976 in der Rs. Kramer angeführt[30] und dabei festgestellt, daß die Mitgliedstaaten so lange zum Abschluß von völkerrechtlichen Abkommen befugt seien, solange die Gemeinschaft im Außenverhältnis noch nicht tätig geworden ist und aufgrund einer eingeräumten Übergangszeit auch nicht tätig werden mußte[31]. Die Außenkompetenz der Gemeinschaft soll folglich immer dann **ausschließlich** sein, wenn sich dies aus dem Primärrecht (Ablauf der Übergangsfrist[32]) ergibt.

13   In einigen Sachbereichen des EGV kann damit (u.U. übergangsweise) eine **mitgliedstaatliche Außenkompetenz** bestehen, wenn die Gemeinschaftsorgane trotz interner Befugnis noch nicht tätig geworden sind (sog. **konkurrierende Kompetenz**[33]). Ist die Gemein-

---

22 EuGH, Gutachten 2/92, Slg. 1995, I-525, Rn. 34 (OECD); Gutachten 1/94, Slg. 1994, I-5267, Rn. 97 f. und 103 ff. (WTO).
23 EuGH, Gutachten 1/94, Slg. 1994, I-5267, Rn. 107 (WTO).
24 EuGH, Rs. C-25/94, Slg. 1996, I-1469, Rn. 48 (FAO); Gutachten 2/91, Slg. 1993, I-1061, Rn. 12 (ILO); Beschluß 1/78, Slg. 1978, 2151, Rn. 34 f. (Objektschutz von Kernmaterial); Verb. Rs. 3, 4 und 6/76, Slg. 1976, 1276, Rn. 44 (Kramer).
25 EuGH, Rs. C-25/94, Slg. 1996, I-1469, Rn. 48 (FAO); Gutachten 1/94, Slg. 1994, I-5267, Rn. 108 (WTO); Gutachten 2/91, Slg. 1993, I-1061, Rn. 36 (ILO); Beschluß 1/78, Slg. 1978, 2151, Rn. 34 ff. (Objektschutz von Kernmaterial).
26 EuGH, Gutachten 1/94, Slg. 1994, I-5267, Rn. 85 f. (WTO) unter Bezugnahme auf Verb. Rs. 3, 4, und 6/76, Slg. 1976, 1276, Rn. 34 ff. (Kramer); vgl. auch EuGH, Gutachten 1/76, Slg. 1977, 741, Rn. 4 (Stillegungsfonds).
27 EuGH, Gutachten 1/94, Slg. 1994, I-5267, Rn. 86 (WTO)
28 EuGH, Gutachten 1/94, Slg. 1994, I-5267, Rn. 100 (WTO).
29 Vgl. *I. Boeck*, Die Abgrenzung der Rechtsetzungskompetenzen von Gemeinschaft und Mitgliedstaaten in der Europäischen Union, 2000, S. 46 ff.; *O. Dörr*, Die Entwicklung der ungeschriebenen Außenkompetenz der EG, EuZW 1996, S. 39 (43); allgemein zur Implied Powers Lehre: *G. Nicolaysen*, Zur Theorie von den Implied Powers in den Europäischen Gemeinschaften, EuR 1966, S. 129 ff.
30 EuGH, Verb. Rs. 3, 4 und 6/76, Slg. 1976, 1276, Rn. 32 (Kramer).
31 EuGH, Verb. Rs. 3, 4 und 6/76, Slg. 1976, 1276, Rn. 39 (Kramer); Rs. 804/79, 5.5.1981, Slg. 1981, 1045, Rn. 22 ff. (Kommission/Vereinigtes Königreich).
32 EuGH, Rs. 804/79, Slg. 1981, 1045, Rn. 17 (Kommission/Vereinigtes Königreich).
33 Vgl. EuGH, Rs. 22/70, Slg. 1971, 263, Rn. 30/31 (AETR), s. auch *R. Geiger* (Fn. 21), S. 976; *C. Tomuschat*, in: GTE, EU-/EGV, Art. 228, Rn. 6; *P. Gilsdorf*, Die Außenkompetenz der EG im Wandel, EuR 1996, S. 145 (150): »potentielle Kompetenz«.

schaft nach dem EGV verpflichtet, nach Ablauf eines bestimmten Zeitraums tätig zu werden, sind die Mitgliedstaaten nach der Rechtsprechung des EuGH aufgrund des Übergangscharakters ihrer Zuständigkeit schon zum gegenwärtigen Zeitpunkt bei der Ausübung ihrer Kompetenz durch die Gemeinschaftsverpflichtungen gebunden und als »Sachwalter eines gemeinsamen Interesses«[34] zu einem **gemeinsamen Vorgehen** im Rahmen des völkerrechtlichen Vertragswerks verpflichtet (s. auch Art. 19 EUV)[35]. Sie haben die spätere Teilnahme der Gemeinschaft an dem Abkommen im Rahmen des rechtlich und tatsächlich Möglichen sicherzustellen[36].

b) Materien der impliziten Außenkompetenz
Der EuGH wendet die dargestellten Grundsätze über die Bereiche der gemeinsamen Politik hinaus auf **alle Sachgebiete** an, die »den Zielen des EG-Vertrages entsprechen«[37]. Dabei werden der Gemeinschaft durch die AETR-Rechtsprechung **keine neuen Sachkompetenzen** eröffnet, sondern lediglich eine weitere **Handlungsform** zur Verfügung gestellt[38]. Da das Gemeinschaftsrecht im Bereich der **Freiheiten des Gemeinsamen Marktes** als einziges Ziel nur die Verwirklichung der Freiheiten zugunsten der Angehörigen der Mitgliedstaaten der Gemeinschaft nennt (z.B. Freizügigkeit, Niederlassungs- und Dienstleistungsfreiheit), kann die Gemeinschaft Abkommen über die Behandlung von Angehörigen dritter Staaten nur abschließen, wenn sie diese Beziehungen zur Verwirklichung der vertraglichen Zielsetzung **gemeinschaftsintern** regeln durfte (»implied powers«)[39] und dies auch durch Klauseln über die Behandlung der Angehörigen von Drittstaaten oder durch **Ermächtigungsklauseln** zur Verhandlung mit Drittstaaten getan hat (s. Rn. 9)[40]. Unabhängig von dem Bestehen einer Ermächtigungsklausel stellt der EuGH die ausschließlich gemeinschaftliche Vertragsschlußkompetenz in den Bereichen der Niederlassungs- und Dienstleistungsfreiheit in Aussicht, wenn dort eine **vollständige Harmonisierung** der nationalen Rechts- und Verwaltungsvorschriften (Art. 95) erreicht worden ist[41].

14

Die Mitgliedstaaten haben die Einschränkung ihrer Außenkompetenz durch die AETR-Rechtsprechung spätestens mit ihrer Erklärung Nr. 10 zum Maastrichter Vertrag ausdrücklich akzeptiert[42].

15

2. Schrifttum und Stellungnahme

Nach der eingehenden Auseinandersetzung des Schrifttums mit dem AETR-Urteil und der daran anknüpfenden Rechtsprechung[43] hat das WTO-Gutachten erneut die Auf-

16

---

34 EuGH, Rs. 804/79, Slg. 1981, 1045, Rn. 30 (Kommission/Vereinigtes Königreich).
35 EuGH, Verb. Rs. 3, 4 und 6/76, Slg. 1976, 1276, Rn. 40 und 44 (Kramer).
36 EuGH, Verb. Rs. 3, 4 und 6/76, Slg. 1976, 1276, Rn. 45 (Kramer); im Schrifttum: *Tomuschat*, in: GTE, EU-/EGV, Art. 228, Rn. 6: Pflicht zur Gestaltung von Kündigungsklauseln.
37 EuGH, Gutachten 2/91, Slg. 1993, I-1061, Rn. 10 (ILO); zur Außenkompetenz in der Verkehrspolitik s. Art. 71 Rn. 37 ff.
38 EuGH, Gutachten 1/76, Slg. 1977, 741, Rn. 3 (Stillegungsfonds).
39 Vom EuGH nicht ausdrücklich herausgestellt: vgl. Gutachten 1/94, Slg. 1994, I-5267, Rn. 90 ff. (WTO); zur Außenkompetenz im Bereich der Freizügigkeit s. auch Art. 310 Rn. 12.
40 EuGH, Gutachten 1/94, Slg. 1994, I-5267, Rn. 95 (WTO).
41 EuGH, Gutachten 1/94, Slg. 1994, I-5267, Rn. 96 (WTO); s. noch Gutachten 2/91, Slg. 1993, I-1061, Rn. 25 (ILO): »weitgehende Harmonisierung«.
42 S. Art. 181 Rn. 5.
43 Vgl. z.B. *A. Bleckmann*, Die Kompetenz der Europäischen Gemeinschaft zum Abschluß völkerrechtlicher Verträge, EuR 1977, S. 109 ff.; *E.-W. Fuß*, Die Befugnis der Europäischen Wirtschaftsgemeinschaft zum Abschluß völkerrechtlicher Verträge mit Drittstaaten, DVBl. 1978, S. 237 ff.; *R. Geiger*, Außenbeziehungen der Europäischen Wirtschaftsgemeinschaft und auswärtige Gewalt der Mitgliedstaaten, ZaöRV 37 (1977), S. 640 ff.; *J. Groux*, Le parallélisme des

merksamkeit auf die Rechtsfortbildung des EuGH im Bereich der Vertragsschlußkompetenz gelenkt[44]. Das Schrifttum, das nach der Analyse des Gutachtens geschlossen zu dem Ergebnis kommt, der EuGH habe Zugeständnisse an die Souveränitätsvorbehalte der Mitgliedstaaten gemacht, begrüßt diesen Schritt entweder als Eingrenzung einer überzogenen Auslegung des AETR-Urteils[45] oder beanstandet ihn als integrationsgefährdend[46].

17 In der Tat wird nach dem WTO-Gutachten die Gemeinschaft auf absehbare Zeit die Mitwirkung der Mitgliedstaaten benötigen, um an komplexen internationalen Abkommen teilzunehmen. Dies gilt insbesondere dann, wenn der Subsidiaritätsgrundsatz (Art. 5 Abs. 2) beim Erlaß sekundären Gemeinschaftsrechts (insb. im Rahmen des Art. 94, 95) ernst genommen wird. Der Rückzug des EuGH kann jedoch nicht darüber hinwegtäuschen, daß die Begründungsschwächen der vorangegangenen Urteile nicht behoben wurden. Die Überlegungen des EuGH sind primär auf den **Schutz der vollen Wirksamkeit des sekundären Gemeinschaftsrechts** ausgerichtet. Die darauf aufbauende **Kompetenzbegründung** der Gemeinschaft stand jedoch bereits im AETR-Urteil dogmatisch auf tönernen Füßen. Da sie sich weder aus Grundsätzen des Gemeinschaftsrechts (Art. 10 kann allenfalls zur **Kompetenzbindung** der Mitgliedstaaten führen[47]) noch aus dem implied-powers-Gedanken[48] ableiten läßt, wäre eine neue Deduktion im WTO-Gutachten wünschenswert gewesen.

III. Kompetenzergänzung

18 Wenn sich eine Außenkompetenz der Gemeinschaft weder aus der ausdrücklichen noch aus der impliziten Vertragsschlußkompetenz ableiten läßt, kann der Rat für den Abschluß völkerrechtlicher Abkommen auf Art. 308 zurückgreifen, wenn (1) dessen Voraussetzungen vorliegen[49], und (2) das entsprechende Sekundärrecht erlassen worden ist bzw. die Kompetenz nur wirksam mit der externen Zuständigkeit ausgeübt werden

---

Fortsetzung von Fußnote 43
    compétences internes et externes de la Communauté Economique Européenne, C.D.E. 14 (1978), S. 3 ff.; *Tomuschat*, in: GTE, EU-/EGV, Art. 228, Rn. 4 ff.; ders. in: GTE, EG/EUV, Art. 210, Rn. 5; *S. Richter*, Die Assoziierung osteuropäischer Staaten durch die Europäischen Gemeinschaften, 1993, S. 61 ff. m.w.N.

44 *J.-H.J. Bourgeois*, The EC in the WTO and Advisory Opinion 1/94, CMLRev. 1995, S. 763 ff.; *Dörr* (Fn. 29), S. 39 ff.; *P. Gilsdorf*, Die Außenkompetenz der EG im Wandel, EuR 31 (1996), S. 145 ff.; *M. Hilf*, The ECJ's Opinion 1/94 and the WTO, EJIL 6 (1995), S. 245 ff.; *J. Hippler Bello*, International Decisions, AJIL 89 (1995), S. 772 ff.; *Geiger* (Fn. 21), S. 973 ff.; *A. Ott*, GATT und WTO im Gemeinschaftsrecht, 1997, S. 208 ff.; *C. Vedder/H.-P. Folz*, A Survey of Principal Decisions of the European Court of Justice Pertaining to International Law in 1994, EJIL 7 (1996), S. 112, 131 ff.

45 *J. Drexl*, Nach »GATT und WIPO«, GRUR Int. 1994, S. 777 (781); *M. Hilf*, EG-Außenkompetenz in Grenzen, EuZW 1995, S. 7 f.; *Dörr* (Fn. 29), S. 43; *T. Oppermann*, Die Europäische Gemeinschaft und Union in der Welthandelsorganisation (WTO), RIW 1995, S. 919 (927); *A. Dashwood*, Implied External Competence of the EC, in: *M. Koskenniemi* (Hrsg.), International Aspects of the European Union, Hague-London-Boston 1998, S. 113 ff.

46 *Geiger* (Fn. 21), S. 973 ff.; *Gilsdorf* (Fn. 44), S. 157 ff.

47 So aber EuGH, Rs. 22/70, Slg. 1971, 263, Rn. 21 (AETR); Gutachten 2/91, Slg. 1993, I-1061, Rn. 10 (ILO); hierzu *C. Hillgruber*, Grenzen der Rechtsfortbildung durch den EuGH, in: von Danwitz/Heintzen/Jestaedt/Korioth/Reinhardt (Hrsg.), 33. Tagung der Wissenschaftlichen Mitarbeiterinnen und Mitarbeiter der Fachrichtung »Öffentliches Recht«, 1993, S. 31 (32 f.).

48 S. aber die Auslegung des AETR-Urteils durch *Dörr* (Fn. 29), S. 41, 43; *S. Stadlmeier*, Die »Implied Powers« der Europäischen Gemeinschaften, ZÖR 52 (1997), S. 353 (378 ff.).

49 S. hierzu EuGH Gutachten 2/94, Slg. 1996, I-1763, Rn. 29 (EMRK); s. auch Art. 308 Rn. 10 ff.

kann[50]. Das Konkurrenzverhältnis zwischen der Außenkompetenz der Mitgliedstaaten und der Gemeinschaft richtet sich dann nach den allgemeinen vom EuGH aufgestellten Grundsätzen (s. Rn. 5 ff.).

Die **Grenze** des Art. 308 als Ermächtigungsgrundlage für den Abschluß völkerrechtlicher Abkommen ist erreicht, wenn das Völkervertragsrecht – gemessen an seinen Folgen[51] – eine **Änderung** des EGV unter Umgehung des nach Art. 300 Abs. 5 i.V.m. Art. 48 EUV vorgeschriebenen Verfahrens bewirken würde. Der EuGH sieht diese Grenzüberschreitung in der Einbindung der Gemeinschaft in ein völkerrechtliches, andersartiges **institutionelles System** (EMRK)[52]. 19

C. Abkommen

I. Gemeinschaftsabkommen

Der EuGH definiert den Begriff des Abkommens i.S.d. Art. 300 Abs. 1 Satz 1 als »jede von Völkerrechtssubjekten eingegangene bindende Verpflichtung ungeachtet ihrer Form.«[53] 20

Im Sinne dieser weiten Begriffsbestimmung, die sich in der Gemeinschaftspraxis widerspiegelt, regelt Art. 300 das Verfahren beim Abschluß von **völkerrechtlichen Verträgen** der Gemeinschaft mit Drittstaaten, internationalen Organisationen und – über den Wortlaut des Abs. 1 hinaus – anderen partiellen Völkerrechtssubjekten[54] (sog. **Gemeinschaftsabkommen**). Neben dem **Abschluß** von (Beitritt zu[55]) bilateralen bzw. multilateralen Abkommen gilt Art. 300 auch bei Akten der Gründung[56] bzw. des Beitritts[57] zu **internationalen Organisationen**[58], sowie bei völkerrechtlichen Abkommen der Gemeinschaft mit einem oder mehreren Mitgliedstaaten (z.B. **Sitzabkommen**)[59]. 21

---

50 EuGH, Gutachten 1/94, Slg. 1994, I-5267, Rn. 89 (WTO).
51 EuGH, Gutachten 2/94, Slg. 1996, I-1763, Rn. 30 (EMRK).
52 EuGH, Gutachten 2/94, Slg. 1996, I-1763, Rn. 34 (EMRK); hierzu im Schrifttum: *N. Burrows,* Question of Community Accession to the European Convention determined, ELRev. 22 (1997), S. 58 ff.; *G. Gaja,* Casenote: Accession by the Community to the European Convention for the Protection of Human Rights and Fundamental Freedoms, CMLRev. 33 (1996), S. 973 ff.; *E. Pache,* Gutachten zum Beitritt der EG zur EMRK, JA 1997, S. 104 ff.; *M. Ruffert,* Anmerkung zu EuGH, Gutachten 2/94, JZ 1996, S. 623 ff.; *C. Vedder,* Die »verfassungsrechtliche Dimension« – die bisher unbekannte Grenze für Gemeinschaftshandeln?, EuR 1996, S. 309 ff.
53 EuGH, Gutachten 1/75 Slg. 1975, 1355, Rn. 2 (Lokale Kosten).
54 S. das Europa-Mittelmeer-Interimsassoziationsabkommen mit der Palästinensischen Befreiungsorganisation (PLO) vom 2.6.1997, ABl.EG 1997, Nr. L 187/1; s. hierzu Art. 181 Rn. 2.
55 Vgl. der Gutachtenantrag der Kommission nach Art. 228 Abs. 6 a. F. zum Beitritt der Gemeinschaft zur europäischen Menschenrechtskonvention, EuGH, Gutachten 2/94, 28.3.1996, Slg. 1996, I-1763 (EMRK).
56 Vom EuGH weder im Gutachten 1/94, Slg. 1994, I-5267 (WTO) zur Gründung der WTO (ABl.EG 1994 Nr. L 336/ 1), noch im Fall der Gründung eines Stillegungsfonds für die Binnenschiffahrt im Gutachten 1/76, Slg. 1977, 741 (Stillegungsfonds) problematisiert.
57 Z.B. Beitritt zu FAO, ABl.EG 1991 Nr. C 292/8; s. aber *J. Sack,* Die Europäische Gemeinschaft als Mitglied internationaler Organisationen. in: GS-Grabitz, 1995, S. 631 (653 f.): analoge Anwendung des Art. 228 a. F.
58 Vgl. hierzu allg. *J. Sack,* The European Community's Membership of International Organisations, CMLRev. 32 (1995), S. 1227 ff.; ders. (Fn. 57), S. 631 ff.
59 *C. Tomuschat,* in: GTE, EU-/EGV, Art. 228, Rn. 14.

22 Entgegen dem engen Wortlaut des Abs. 1 fallen völkerrechtlich verbindliche **einseitige Erklärungen**[60] der Gemeinschaft in den Anwendungsbereich des Art. 300, soweit sie in einem unmittelbaren Zusammenhang mit einem Abkommen stehen. Dies ergibt sich aus Abs. 2 UAbs. 2, der für die Suspendierung eines Abkommens vereinfachte Verfahrensvorschriften enthält, während die Gemeinschaftspraxis bei **Vertragskündigungen** in dem bisher einzigartigen Präzedenzfall des ehemaligen Jugoslawiens auf das Verfahren des Vertragsschlusses zurückgriff (s. aber auch Art. 301)[61].

23 Wegen der fehlenden völkerrechtlichen Bindungswirkung fallen internationale Abreden und Zusagen mit einem rein **politischen Charakter** (»soft law«) nicht unter die Verfahrensvorschrift des Art. 300[62].

24 Auf die **Bezeichnung** (Briefwechsel, Protokoll) und die **Form** des Abkommens (schriftlich, mündlich) kommt es im Rahmen des Art. 300 nicht an.

II. Gemischte Abkommen

25 Eine Vielzahl von völkerrechtlichen Verträgen, an denen die Gemeinschaft beteiligt ist, werden als sog. »gemischte Abkommen« abgeschlossen[63]. Vertragsparteien sind – neben den Drittstaaten – nicht nur die Gemeinschaft sondern auch ihre Mitgliedstaaten. Gemeinschaftsrechtlich sind derartige Abkommen **erlaubt**, wenn ihr Inhalt in eine **parallele Kompetenz** von Gemeinschaft und Mitgliedstaaten fällt (Rn. 4[64]); sie sind **notwendig**, wenn sich Gemeinschaft und Mitgliedstaaten die Zuständigkeit hinsichtlich des materiellen Rechts des Abkommens **teilen** (s. Rn. 11) oder die Beteiligung der Mitgliedstaaten zur **Durchführung des Abkommens** erforderlich ist[65]. Letzteres bejaht der EuGH insbesondere in den Fällen, in denen die Mitgliedstaaten – über den bloßen Verwaltungshaushalt hinaus – **finanzielle Verpflichtungen** im Rahmen der im Abkommen vorgesehenen **Finanzinstrumente** übernehmen[66]. Bei geteilter Zuständigkeit sind die Mitgliedstaaten und die Gemeinschaft bei der Erfüllung ihrer jeweiligen Vertragsverpflichtungen aus dem gemischten Abkommen zu enger Zusammenarbeit verpflichtet.[67]

26 Wenn sich die Bereiche der gemeinschaftlichen Zuständigkeit – in Abgrenzung zu den Zuständigkeiten der Mitgliedstaaten – nicht aus dem gemischten Abkommen selbst ergeben[68], oder wenn keine späteren Vereinbarungen oder förmliche Erklärungen der

---

60 S. hierzu W. *Graf Vitzthum*, in: ders. (Hrsg.), Völkerrecht 2. Auflage 2001, Abschnitt I, Rn. 149.
61 Beschluß des Rates unter Bezugnahme auf Art. 238 Abs. 2 a.F.: ABl.EG 1991 Nr. L 325/23; Zustimmung des EP: ABl.EG 1991 Nr. L 326/82.
62 Vgl. EuGH, Gutachten 2/92, Slg. 1995, I-525, Rn. 8 (OECD); auch im Falle einer Bindewirkung kraft EGV, vgl. Art. 177 Rn. 19.
63 Zu den Assoziationsabkommen s. Art. 310 Rn. 18, 35 ff.; s. auch das WTO-Abkommen samt der multilateralen Abkommen GATT, GATS und TRIPS, ABl.EG 1994 Nr. L 336/1.
64 Vgl. auch Art. 180 Abs. 1 Satz 2.
65 Vgl. EuGH, Gutachten 1/76, Slg. 1977, 741, Rn. 7 (Stillegungsfonds); im Schrifttum: N.-A. *Neuwahl*, Joint Participation in International Treaties and the Exercise of Power by the EEC and its Member States, CMLRev. 1991, S. 717 (732 f.); A. *Weber*, in: GTE, EU-/EGV, Art. 238, Rn. 22.
66 EuGH, Gutachten 1/78, Slg. 1978, 2871, Rn. 60 (Internationales Naturkautschuk-Übereinkommen); konkretisierend EuGH Gutachten 1/94, Slg. 1994, I-5267, Rn. 21 (WTO).
67 EuGH, Gutachten 1/94 Slg. 1994, I-5267, Rn. 108 (WTO); Verb. Rs. C-300 und 392/98, Urteil vom 14.12.2000, Slg. 2000, I-11307, Rn. 36 (Parfums Christian Dior SA).
68 Regelmäßig nicht erkennbar: vgl. IV. AKP-EWG Abkommen von Lomé, ABl.EG 1991 Nr. L 229/3.

Gemeinschaft die Zuständigkeitsverteilung rechtsverbindlich gegenüber den Vertragspartnern klärt[69], sind sowohl die Gemeinschaft und als auch ihre Mitgliedstaaten **völkerrechtlich an das gesamte Abkommen** gebunden (z.B. im Fall der WTO-Übereinkünfte)[70]. Die umfassende völkerrechtliche Bindung der Gemeinschaft an alle Bestimmungen des gemischten Abkommens und die daran anknüpfende umfassende internationale Verantwortlichkeit bei Nichterfüllung trifft die Gemeinschaft trotz ihrer partiell fehlenden völkerrechtlichen Rechts- und Handlungsfähigkeit (s. Art. 281 Rn. 5). Die Rechtsbindung ist Ausdruck des **allgemeinen Vertrauensgrundsatzes** im internationalen Rechtsverkehr (s. Art. 27 Abs. 2 WVRK II[71])[72]. Keinesfalls werden sich die Gemeinschaft und ihre Mitgliedstaaten darauf berufen können, daß die maßgeblich durch die EuGH Judikatur geprägten Kompetenzgrenzen für den Vertragspartner offensichtlich gewesen seien (Art. 46 Abs. 3 WVRK II).

D. Verfahren

I. Völkerrechtlicher Vertragsschluß

1. Allgemeines

Die Regeln, die die Gemeinschaft im Verhältnis zu Drittstaaten beim Abschluß völkerrechtlicher Verträge zu beachten hat, ergeben sich aus dem **Völkergewohnheitsrecht**, wie es weitgehend von der WVRK II[73] von 1986 wiedergegeben wird[74]. 27

2. Verhandlungsphase

Nachdem die **Kommission** dem Rat im Rahmen ihres **Initiativrechts** einen konkreten Vertragsschluß empfohlen und der Rat ihr ein entsprechendes **Mandat** zur Aufnahme der Verhandlungen erteilt hat, nimmt die Kommission Vertragsverhandlungen mit dem Drittstaat auf (Abs. 1 UAbs. 1). Die inhaltliche Verhandlungsfreiheit der Kommission wird dabei durch **Richtlinien des Rates** und den vom Rat eingesetzten **speziellen Ausschüssen** beschränkt, mit denen die Kommission Rücksprache halten muß (consultations/Benehmen: Abs. 1 UAbs. 1 Satz 2). Die Ausschüsse dienen insbesondere beim Ab- 28

---

69 Z.B. Art. 5 Abs. 1 der Anlage IX zu UN-Seerechtsübereinkommen vom 10.12.1982, ABl.EG 1998 Nr. L 179/3; Erklärung zur Zuständigkeit der EG, ABl.EG 1998 Nr. L 179/129; Art. 22 Abs. 3 des UN-Rahmenübereinkommens über Klimaänderung vom 9.5.1992, ABl.EG 1994 Nr. L 33/27.
70 Allg. Auffassung mit verschiedenen Begründungsansätzen: *H. Krück*, Völkerrechtliche Verträge im Recht der Europäischen Gemeinschaften, 1977, S. 141; *K.-D. Stein*, Der gemischte Vertrag im Recht der Außenbeziehungen der Europäischen Wirtschaftsgemeinschaft, 1986, S. 131; *C. Tomuschat*, in: GTE, EU-/EGV, Art. 228, Rn. 55; ders., Liability for Mixed Agreements, in: O'Keeffe/Schermers (Hrsg.), Mixed Agreements, Deventer 1983, S. 125 (130); *R. Arnold*, in: HbEGWirtR, K.I, Rn. 85; s. aber ders., Der Abschluß gemischter Verträge durch die Europäischen Gemeinschaften, ArchVR 19 (1980/81), S. 419 (455 f.); a.A. auch *A. Conze*, Die völkerrechtliche Haftung der Europäischen Gemeinschaft, 1987, S. 82.
71 Wiener Konvention über das Recht der Verträge zwischen Staaten und internationalen Organisationen und zwischen internationalen Organisationen von 1986, I.L.M. 25 (1986), S. 543 ff.
72 Zu den verschiedenen Begründungsansätzen vgl. *Arnold* (Fn. 70), S. 439 ff.; ders., in: HbEG-WirtR, K. I., Rn. 77 ff.
73 Nachweis Fn. 71.
74 Vgl. EuGH, Rs. C-268/94, Slg. 1996, 6177, Rn. 19 und 27 (Portugal/Rat).

schluß gemischter Abkommen (Rn. 25) den Mitgliedstaaten als Forum zur Einflußnahme auf den Vertragsinhalt. In der Praxis der Gemeinschaft wird bei zentralen Vertragswerken die Verhandlung von Vertretern des Rat, z.b. Ratspräsidentschaft vorgenommen (z.B. bei der 3. Vertragsstaatenkonferenz der Klimakonvention in Kyoto)[75].

29 Der Rat beschließt die Erteilung des Verhandlungsmandats, die Verhandlungsrichtlinien und die Einsetzung des Fachausschusses mit qualifizierter Mehrheit (Abs. 1 UAbs. 2). Einstimmigkeit ist erforderlich, wenn das primäre Gemeinschaftsrecht dies für entsprechende interne Regelungen vorsieht, ein Assoziierungsabkommen nach Art. 310 abgeschlossen werden soll (Abs. 2 UAbs. 1 Satz 2) oder die Vertragsschlußkompetenz zwischen der Gemeinschaft und ihren Mitgliedstaaten geteilt ist (Gemischte Abkommen, s. Rn. 25).

3. Unterzeichnung

30 Nachdem die Kommission den Vertragstext durch **Paraphierung** vorläufig festgelegt hat, **unterzeichnet** der Rat das ausgehandelte Abkommen[76]. Die Gemeinschaft erkennt mit diesem Akt den Vertragstext als verbindlich an. Der Rat beschließt die Unterzeichnung grundsätzlich mit **qualifizierter Mehrheit** (Abs. 2 UAbs. 1 Satz 1). Einstimmigkeit ist bei Assoziierungsabkommen (Art. 310) und solchen Abkommen notwendig, deren Materien beim Erlaß sekundären Gemeinschaftsrechts Einstimmigkeit verlangt hätten (Abs. 2 UAbs. 1 Satz 2).

31 Seit dem Amsterdamer Vertrag enthält Abs. 2 UAbs. 1 Satz 1 die ausdrückliche Ermächtigung, durch die Unterzeichnung die **vorläufige Anwendbarkeit des Vertrages** herbeizuführen[77]. Von der entsprechenden Beschlußfassung des Rates ist das EP unverzüglich und umfassend zu **informieren** (Abs. 2 UAbs. 3). Abs. 2 UAbs. 1 i.V.m. UAbs. 3 verdeutlicht, daß es dem Rat grundsätzlich nicht erlaubt ist, bereits durch die Unterzeichnung **endgültig** die **vertragliche Bindungswirkung** herbeizuführen (sog. einfaches Verfahren), wenn dadurch die Mitwirkungsrechte anderer Gemeinschaftsorgane, insbesondere des EP, umgangen werden.

4. Parlamentarische Mitwirkungsrechte[78]

32 Spätestens nach der **Unterzeichnung** des Abkommens erfolgt die **Anhörung des EP** (Abs. 3 UAbs. 1 Satz 1)[79], und zwar unabhängig davon, ob es für den Erlaß des internen Gemeinschaftsrechts einer Anhörung, der Mitentscheidung (Art. 251) oder der Zusammenarbeit (Art. 252) des EP bedurft hätte. Die **unverbindliche Stellungnahme** des EP kann durch den Rat je nach Dringlichkeit an eine **Frist** gebunden werden; bei Versäumung ist der Rat zur Beschlußfassung ohne Stellungnahme befugt (Abs. 3 UAbs. 1 Satz 2 und 3).

---

75 S. *Breier*, Die geschlossene völkerrechtliche Vertretung am Beispiel der 3. Vertragsstaatenkonferenz der Klimarahmenkonvention in Kyoto, EuZW 10 (1999), S. 11, 13.
76 C. *Tomuschat*, in: GTE, EU-/EGV, Art. 228, Rn. 23.
77 S. bereits die Gemeinschaftspraxis z.B. im Fall des Internationalen Naturkautschuk-Übereinkommens von 1995, ABl.EG 1996 Nr. L 324/1.
78 Ausführlich hierzu M. *Hilf*/F. *Schorkopf*, Das Europäische Parlament in den Außenbeziehungen der Europäischen Union, Europarecht 34 (1999), S. 185 ff.
79 S. aber Art. 90 Ziff. 6 GOEP: Zuleitung des Verhandlungsergebnisses zur Stellungnahme *vor* Unterzeichnung.

Das EP ist in keiner Form beteiligt, wenn **Handelsabkommen** abzuschließen sind (Abs. 3 33 UAbs. 1 Satz 1 i.V.m. Art. 133 Abs. 3), es sei denn, es liegen die Voraussetzungen des Abs. 3 UAbs. 2 vor (s. Rn. 34 ff.)[80]. Im Rahmen des **Luns-Westerterp-Verfahrens**[81] kann im EP auf Basis der Auskünfte, die der Rat erteilt, vor Beginn der Vertragsverhandlungen eine Debatte stattfinden.

Abs. 3 UAbs. 2 verlangt die **Zustimmung** des EP (einfache Mehrheit, Art. 198) bei Ab- 34 kommen mit besonderer Bedeutung für das Gemeinschaftssystem. Dazu zählen zum einen **Assoziierungsabkommen** (Abs. 3 UAbs. 2 1. Alt.[82]) sowie sonstige Abkommen, »die durch Einführung von Zusammenarbeitsverfahren einen **besonderen institutionellen Rahmen** schaffen« (Abs. 3 UAbs. 2 2. Alt.). Trotz des weiten Wortlauts zeigt die sprachliche Anbindung an die Assoziierungsabkommen, daß die 2. Alternative nur Abkommen betrifft, deren Organe zur **verbindlichen Beschlußfassung** befugt sind, also institutionell den Assoziierungsabkommen ähneln[83]. Gestützt wird diese Interpretation durch das widerspruchslos praktizierte parlamentarische Anhörungsverfahren (Abs. 3 UAbs. 1) beim Abschluß von **Kooperationsabkommen**[84]. In der Gemeinschaftspraxis wird Abs. 3 UAbs. 2 2. Alt bedenklich restriktiv angewendet. So wurde das Parlament beim Abschluß des Getreide-Übereinkommens von 1995 (Vertragsorgan mit verbindlicher, wenn auch eingeschränkter Beschlußfassungskompetenz, Art. 14 des Abk.) lediglich angehört[85].

Unabhängig von ihrer institutionellen Struktur benötigen auch diejenigen Abkommen 35 der Zustimmung des EP, die »**erhebliche finanzielle Folgen für die Gemeinschaft**« haben (Abs. 3 UAbs. 2 3. Alt.). Der EuGH hat einen **Vergleich** als geeignetes Mittel für die Beurteilung der finanziellen Bedeutung eines Abkommens postuliert: Die durch das Abkommen verursachten Ausgaben müssen in Relation gebracht werden zu dem Gesamtbetrag, der zur Finanzierung von außenpolitischen Maßnahmen im Haushaltsplan bereitsteht und – ergänzend dazu – zu dem Gesamtbetrag, der für den speziellen Sektor, z.B. Fischerei, für interne und externe Maßnahmen zur Verfügung steht.[86]

Abs. 3 UAbs. 2 4. Alt. sieht ein Zustimmungsrecht des EP schließlich dann vor, wenn 36 das Abkommen selbst oder die entsprechenden Durchführungsakte sekundäres Gemeinschaftsrecht ändern würden und diese älteren Gemeinschaftsrechtsakte unter Mitentscheidung des EP (Art. 251) zustande gekommen waren.

Eine **Fristsetzung** bei der Ausübung des Zustimmungsrecht ist nur in dringenden Fällen 37 auf der Basis einer Einigung des Rats mit dem EP möglich.

---

80 So auch im Schrifttum: *C. Tomuschat*, in: GTE, EU-/EGV, Art. 228, Rn. 30; *C. Vedder*, Die Integrationskompetenz der EG in der Rechtsprechung des EuGH, GS-Grabitz, 1995, S. 795 (816); *H. H. Herrnfeld*, in: Schwarze, EU-Kommentar, Art. 310, Rn. 12.
81 Rechtlich unverbindliche Vereinbarung zwischen Rat und EP, abgedruckt in: *C. Tomuschat*, in: GTE, EU-/EGV, Art. 228, Rn. 37.
82 S. Art. 310.
83 A.A. *C. Tomuschat*, in: GTE, EU-/EGV, Art. 228, Rn. 30 unter Bezugnahme auf die Entschließung des EP, ABl.EG 1994 Nr. C 44/176 Ziff. 3.
84 Vgl. Abk. EG/Andenpakt (Art. 32: Empfehlungen), gestützt auf Art. 113, 130y i.V.m. Art. 228 Abs. 2 Satz 1 und Abs. 3 UAbs. 1 a. F., ABl.EG 1998 Nr. L 127/11; s. aber WTO-Abk. (Art. IX: verbindliche Beschlußfassung), gestützt auf Art. 228 Abs. 3 UAbs. 2 a. F., ABl.EG 1994 Nr. L 336/1; Abk. EG/Palästinensische Befreiungsorganisation (Art. 63: verbindliche Beschlußfassung), gestützt auf Art. 113, 130y i.V.m. Art. 228 Abs. 2 Satz 1 und Abs. 3 UAbs. 2 a. F., ABl.EG 1997 Nr. 187/1; zum institutionellen Rahmen von Kooperationsabkommen s. Art. 310 Rn. 21 ff.
85 ABl.EG 1996 Nr. L 21/46.
86 EuGH, Rs. C-189/97, Slg. 1999, I-4741, Rn. 31 f. (Parlament/Rat).

5. Vertragsschluß

a) Vertragsschlußkompetenz des Rates

38 Der Rat »genehmigt« das Abkommen »im Namen der Gemeinschaft« durch Beschluß[87]. Das notwendige Mehrheitsverhältnis richtet sich nach der Rechtsgrundlage bzw. der Materie des Abkommens: In der Regel beschließt der Rat mit qualifizierter Mehrheit. Einstimmigkeit ist erforderlich, wenn ein Assoziationsabkommen (Art. 310) geschlossen werden soll oder das geplante Abkommen Bereiche betrifft, die bei dem Erlaß sekundären Gemeinschaftsrechts Einstimmigkeit verlangt hätten (Abs. 2 UAbs. 1). Diese Mehrheitsverhältnisse gelten – über den Wortlaut des Abs. 2 hinaus – auch bei inhaltlichen Änderungen bereits geschlossener Abkommen (arg. Abs. 4 »Abweichend von Absatz 2 kann der Rat die Kommission ... ermächtigen, Änderungen ...«). Keine Regelung enthält der Vertrag über die Kündigung eines Abkommens; als actus contrarius sind hier Abs. 2 UAbs. 1 i.V.m. Abs. 3 analog anwendbar (s. Rn. 22). Eine besondere Eilbedüftigkeit wird i.d.R. nicht bestehen, da die vorläufige Aussetzung der Anwendung des Abkommens hierfür das geeignete und im übrigen explizit geregelte Handlungsinstrumentarium darstellt (Abs. 2 Satz 2).

39 Entgegen der langjährigen Gemeinschaftspraxis[88] sieht Art. 300 eine Pflicht zur Veröffentlichung des Abkommens im ABl.EG nicht vor (s. Art. 254)[89].

40 An die gemeinschaftsinterne Beschlußfassung schließt sich die völkerrechtliche Ratifizierung (»förmliche Bestätigung«[90]) an, die die völkerrechtliche Bindung der Gemeinschaft an das Abkommen herbeiführt.

b) Vertragsschlußkompetenz der Kommission

41 Nach der Rechtsprechung des EuGH ist die Kommission zum Abschluß von völkerrechtlichen Verträgen nur dann befugt, wenn der EG-Vertrag explizit eine entsprechende Außenkompetenz einräumt (Abschluß von Verwaltungsabkommen zur Regelung der Zusammenarbeit nach Art. 302; Art. 7 des Protokolls über die Vorrechte und Befreiungen der Europäischen Gemeinschaft)[91].

42 Der Rat kann die Kommission ermächtigen, Vertragsänderungen im Namen der Gemeinschaft zuzustimmen, wenn das Abkommen selbst diese Möglichkeit im Wege eines vereinfachten Verfahrens oder eines Organbeschlusses vorsieht (Abs. 4)[92]. Als primär zuständiges Organ für verbindliche Sachentscheidungen im auswärtigen Bereich kann der Rat die Kommission in ihrer Entscheidungsfreiheit einschränken.

II. Suspendierung von Abkommen

43 Durch den Amsterdamer Vertrag wird erstmals explizit das gemeinschaftsinterne Verfahren bei der Suspendierung von Abkommen festgeschrieben (Abs. 2 UAbs. 2 1. Alt.).

---

87 Zur Form s. H. *Krück*, in: Schwarze, EU-Kommentar, Art. 300, Rn. 19.
88 Vgl. z.B. Abk. EG/Andenpakt ABl.EG 1998 Nr. L 127/10: (»nicht veröffentlichungsbedürftige Rechtsakte«).
89 Zu den Folgen für die unmittelbare Wirkung des Abkommens s. Rn. 58 ff.
90 Terminus bei Ratifizierung durch eine internationalen Organisation: vgl. Art. 11 Abs. 2 WVRK II (Fn. 71): »formal confirmation«.
91 EuGH, Rs. C-327/91 Slg. 1994, I-3641, Rn. 41 (Frankreich/Kommission); s. hierzu im Schrifttum: W. *Hummer*, Enge und Weite des »Treaty Making Power« der Kommission der EG nach dem EWG-Vertrag, in: GS-Grabitz, 1995, S. 195 ff.
92 S. z.B. Art. X Abs. 5 und Abs. 5 Satz 3 des Übereinkommens zur Errichtung der WTO.

Sinn und Zweck dieser Vorschrift ist die schnelle **Handlungsfähigkeit** der Gemeinschaft bei Vertragsbrüchen, insbesondere bei schwerwiegenden **Menschenrechtsverletzungen** durch einen Vertragspartner[93]. Die Suspendierung der Abkommen wird in diesen Fällen durch sog. **Menschenrechtsklauseln**[94] ermöglicht, die die Achtung der Menschenrechte zum wesentlichen Bestandteil des Vertrages erklären (Art. 60 WVRK II[95]).

Im Hinblick auf die notwendigen Mehrheiten im Rat gilt Abs. 2 UAbs. 1 Satz 1 und 2: **44** Grundsätzlich reicht eine qualifizierte Mehrheit, es sei denn die Suspendierung betrifft ein Assoziierungsabkommen nach Art. 310 oder Bereiche, die bei innergemeinschaftlichen Akten Einstimmigkeit erfordern würde[96]. Eine **Anhörung des EP** erfolgt nicht, wohl aber die unverzügliche und umfassende Unterrichtung des EP von der vom Rat beschlossenen Suspendierung (Abs. 2 UAbs. 3).

III. Gemeinschaftsinternes Verfahren bei Gremienbeschlüssen

Der **Vertrag von Nizza** hat den Anwendungsbereich des vereinfachten Verfahrens **45** (Abs. 2 UAbs. 2) ausgedehnt: Eine unverzügliche Unterrichtung des Parlaments (statt Anhörung) reichte bisher nur bei der gemeinschaftsinternen Willensbildung zur Vorbereitung von **Assoziationsratsbeschlüssen** (s. Art. 310 Rn. 3, 26 ff.). Nun gilt es auch im Vorfeld von Beschlüssen anderer Vertragsorgane (z.B. etabliert durch Kooperationsabkommen[97] oder andere bilaterale bzw. mulilaterale Abkommen[98]) sowie von Organen **internationaler Organisationen**, in denen die Gemeinschaft Mitglied ist (z.B. im Rahmen der FAO, WTO, Internationale Meeresbodenbehörde der UN-Seerechtskonvention[99]). Abs. 2 UAbs. 2 bezieht sich auf die gemeinschaftsinterne Willensbildung bei **rechtsverbindlichen** Organbeschlüssen. Der konkrete Wortlaut des Abs. 2 UAbs. 2 (»rechtswirksame Beschlüsse«, »decisions having legal effects«) und seine Einbindung in Art. 300 (Verfahren beim Abschluß völkerrechtlicher Verträge) zeigt, daß unverbindliche Organentschließungen und -empfehlungen nicht unter Art. 300 fallen, auch wenn sie für die Gemeinschaft mittelbar durchaus rechtliche Wirkung entfalten können (z.B. über die Rechtsprechung des EuGH bei der Auslegung des Abkommens, s. hierzu auch

---

93 Vgl. Dok. zum Amsterdamer Vertrag, CONF/3822/96 vom 24.4.1996, S. 5 unter Bezugnahme auf die 6-monatige Suspendierung des Lomé-Abkommens gegenüber dem Vertragspartner Niger wegen des Abbruchs des Demokratieprozesses nach dem Staatsstreich vom 27.1.1996; vgl. Bull.EG 1/2-Ziff. 1.4.15.
94 Z.B. Art. 336a Abs. 3 des revidierten IV. AKP-EG-Abk. von Lomé, ABl.EG 1991 Nr. L 229/3 i.V.m. ABl.EG 1998 Nr. L 156/1; s. auch Art. 177, Rn. 17 ff.; im Schrifttum hierzu: *F. Hoffmann*, Menschenrechts- und Demokratieklauseln in den vertraglichen Außenbeziehungen der Europäischen Gemeinschaft, 1998; *B. Brandtner/A. Rosas*, Human Rights and the External Relations of the European Community, EYIL 9 (1998), S. 468 (473 ff.).
95 Nachweis Fn. 71
96 Vgl. Ziff. 2 Abs. 1 des Anhangs zum internen Abkommen zwischen dem Rat vereinigten Vertretern der Regierungen der Mitgliedstaaten, ABl.EG 2000 Nr. 317/382.
97 Vgl. das Partnerschaftsabkommen EG/Mexiko, dessen Gemeinsamer Ausschuß rechtlich verbindliche Beschlüssen fassen kann (Art. 47), ABl.EG 2000 Nr. L 276/44.
98 Z.B. Agreement on technical prescriptions for wheeled vehicles (1958), ABl. EG 1997 Nr. L 346/78 (Verwaltungsausschuß mit Beschlußfassungskompetenz Art. 1 und 4 d. Abk.).
99 ABl. EG 1994 Nr. L 215/1, zuletzt geändert durch ABl.EG1998 Nr. L 179/1; Gemeinschaft ist Mitglied in der Versammlung der Meeresbodenbehörde (Art. 159 f. UN-Seerechtskonvention), allerdings derzeit nur Beobachter im verbindlich beschlußfassenden Rat (Art. 161 ff. UN-Seerechtskonvention).

Art. 300 EG-Vertrag

Rn. 80 f.)[100]. Für die Mehrheitsverhältnisse im Rat bei der internen Willensbildung zur Vorbereitung verbindlicher Organbeschlüsse gilt Abs. 2 UAbs. 1 Satz 1 und 2 (s. Rn. 44).

46 Soweit sich im Rahmen von gemischten Assoziierungsabkommen (Rn. 25) das Beschlußorgan mit Materien beschäftigt, die (auch) in die Zuständigkeit der Mitgliedsstaaten fallen, findet die interne Willensbildung der Mitgliedstaaten und der Gemeinschaft nach Maßgabe von **internen Durchführungsabkommen**[101] statt: Die gemeinsame Haltung der Mitgliedstaaten wird im Rat einstimmig festgelegt und später in das Gremium von einem Vertreter der Gemeinschaft eingebracht. In bezug auf internationale Organisationen (z.b. FAO, WTO) wird die Bildung des gemeinsamen Standpunktes und die Ausübung des Stimmrechts durch einen »code of conduct« geregelt, der zwischen der Kommission und dem Rat verbindlich vereinbart wird[102].

47 **Einstimmigkeit** ist nur dann erforderlich, wenn die Gremienbeschlüsse zu einer **Ergänzung oder Änderung des institutionellen Rahmens** der Abkommen bzw. Organisationssatzung führen. Dies dürfte bei Beschlüssen der Fall sein, die neue (Vertrags-) Organe schaffen oder eine Zuständigkeitserweiterung bestehender (Vertrags-) Organe herbeiführen.

E. Rechtswirkung des Völkervertragsrechts in der Gemeinschaftsrechtsordnung

I. Rechtswirkung von Gemeinschaftsabkommen

1. Abs. 7: Bindungswirkung

48 Abs. 7 bestimmt die Verbindlichkeit völkerrechtlicher Abkommen für die Organe der Gemeinschaft. Im Hinblick auf die **völkerrechtliche Bindung** der Gemeinschaft als Völkerrechtssubjekt gilt die grundlegende Maxime des Völkerrechts »**pacta sunt servanda**«. Abs. 7 kann aufgrund seines Bezugs zu den **Gemeinschaftsorganen** aber nicht allein als deklaratorische Rezeption dieses Grundsatzes aufgefaßt werden[103]. Mit seinem offenen Wortlaut verpflichtet er vor allem **gemeinschaftsrechtlich** die Gemeinschaftsorgane zur Durchführung und Beachtung der Gemeinschaftsabkommen[104] bei allen rechtsver-

---

100 Offener B. *Martenczuk*, Decisions of Bodies established by International Agreements and the Community Legal Order, in: Kronenberger, The European Union and the International Legal Order, The Hague 2000, S. 141 (143).
101 Z.B. Internes Abkommen zwischen den im Rat vereinigten Vertretern der Regierungen der Mitgliedstaaten über die zur Durchführung des AKP-EG-Partnerschaftsabkommens (von Cotonou) zu treffenden Maßnahmen und die dabei anzuwendenden Verfahren, ABl.EG 2000 Nr. L 317/376.
102 EuGH, Rs. C-25/94, Slg. 1996, I-1469, Rn. 49 (FAO); im Schrifttum: *N.-A. Neuwahl*, Shared Powers or Combined Incompetence? More on Mixity, CMLRev. 33 (1996), S. 667 (678 ff.).
103 *A. Bleckmann*, Die Position des Völkerrechts im inneren Rechtsraum der Europäischen Gemeinschaften, GYIL 18 (1975), S. 300 (301); mit anderer Begründung *C. Vedder*, in: Grabitz/Hilf, EU, Art. 228, Rn. 43, a.A. *P. Eeckhout*, The Domestic Legal Status of the WTO Agreement, CMLRev. 34 (1997), S. 11 (38, dort Fn. 80); *C. Tomuschat*, in: GTE, EU-/EGV, Art. 228, Rn. 48.
104 Zur Verbindlichkeit der Normen des Völkergewohnheitsrechts s. EuGH, Rs. C-162/96, Slg. 1998, I-3655, Rn. 45 f. (Racke/Hauptzollamt Mainz); Rs. C-286/90, Slg. 1992, I-6019, Rn. 9 (Poulsen und Diva Navigation); EuG, Rs. T-115/94, Slg. 1997, II-39, Rn. 90 (Opel Austria/Rat); allgemein: vgl. *J. Schwarze*, Das allgemeine Völkerrecht in den innergemeinschaftlichen Rechtsbeziehungen, EuR 1983, S. 1 ff.

bindlichen Organhandlungen, unabhängig davon, ob sie nach innen oder nach außen gerichtet sind[105].

In bezug auf die **Mitgliedstaaten** statuiert Abs. 7 in gleichem Maße die **gemeinschaftsrechtliche Verpflichtung**, völkerrechtliche Verträge der Gemeinschaft zu achten und ordnungsgemäß im innerstaatlichen Raum durchzuführen[106]. Da völkerrechtliche Verträge (EGV/Gemeinschaftsabkommen) grundsätzlich keine Wirkung zugunsten bzw. zu Lasten Dritter entfalten[107], begründet Abs. 7 im Außenverhältnis keine völkerrechtlichen Rechte bzw. Pflichten der Mitgliedstaaten aus dem Gemeinschaftsabkommen. Ebensowenig kann der Drittstaat bei einer Verletzung des Gemeinschaftsabkommens auf die Mitgliedstaaten »durchgreifen«, da Abs. 7 Drittstaaten erkennbar keine eigenen Rechtspositionen gegenüber den Mitgliedstaaten einräumen will[108]. 49

Ist ein Abkommen unter **Verletzung des EGV** (materielle und verfahrensrechtliche Vorschriften) zustande gekommen, ist es den Gemeinschaftsorganen bzw. Mitgliedstaaten verwehrt, seine Bestimmungen durchzuführen bzw. ihren Handlungen als verbindliches positives Recht zugrunde zu legen[109]. Wenngleich der EuGH diese Rechtsfolge bisher nicht ausdrücklich ausgesprochen hat[110], ist sie die logische Konsequenz der vom EuGH mehrfach betonten Jurisdiktionskompetenz über bereits in Kraft getretene Abkommen[111]. Der Wortlaut des Abs. 7 (»Die *nach Maßgabe dieses Artikels* geschlossenen Abkommen sind ... verbindlich«) blieb vom EuGH in der Regel unberücksichtigt[112], obwohl jeder Verstoß gegen materielles EG-Recht jedenfalls in bezug auf den dann nichtigen (Art. 231) bzw. ungültigen (Art. 234 Abs. 1 lit. b) Ratsbeschluß zugleich die Verfahrensregel des Abs. 2 UAbs. 1 verletzt. Da die völkerrechtliche Verpflichtung der Gemeinschaft gegenüber den Vertragspartnern ungeachtet der gemeinschaftsinternen Konfliktlage bestehen bleibt (vgl. Art. 27 Abs. 2 i.V.m. Art. 46 Abs. 2 WVRK II[113]), kann der EuGH zur Vermeidung einer völkerrechtswidrigen Rechtslage die Wirkung einer Nichtigkeits- bzw. Ungültigkeitserklärung des Ratsbeschlusses nach Art. 231 Abs. 2 begrenzen[114]. 50

---

105 R. *Arnold*, HbEGWirtR, K.I, Rn. 59.
106 EuGH, Rs. 104/81, Slg. 1982, 3662, Rn. 13 (Kupferberg); im Schrifttum: *Krück* (Fn. 70), S. 129; *E.-U. Petersmann*, Auswärtige Gewalt, Völkerrechtspraxis und Völkerrechtsbindungen der EWG, ZaöRV 35 (1975), S. 213 (270); a.A. *M. D'Orville*, Die rechtlichen Grundlagen für die gemeinsame Zoll- und Handelspolitik der EWG, Kölner Schriften zum Europarecht Bd. 19, 1973, S. 55 ff.
107 Art. 34 WVRK von 1969 (BGBl. II 1987, S. 757) und Art. 34 WVRK II (Fn. 71).
108 Mißverständlich EuGH, Rs. 104/81, Slg. 1982, 3662, Rn. 13 (Kupferberg).
109 *J. Groux/P. Manin*, Die Europäischen Gemeinschaften in der Völkerrechtsordnung, Brüssel-Luxemburg 1984, S. 130; *W. Hummer*, Enge und Weite der »Treaty Making Power« der Kommission der EG nach dem EWG-Vertrag, GS-Grabitz, 1995, S. 195 (206); *G. Schuster*, Casenote C-327/91, AJIL 89 (1995), S. 136 (142): a.A. wohl *Geiger*, EUV/EGV, Art. 300, Rn. 21.
110 S. z.B. EuGH, Rs. C-327/91, Slg. 1994, I-3641 (Frankreich/Kommission); der EuGH hat mehrfach angedeutet, daß ein Konflikt zu »ernsthaften Schwierigkeiten« führe: Gutachten 3/94, Slg. 1995, I-4577, Rn. 19 (GATT/WTO/Rahmenabkommen über Bananen); Gutachten 1/75 Slg. 1975, 1355, Rn. 9 (Lokale Kosten).
111 EuGH, Gutachten 1/75 Slg. 1975, 1355, Rn. 9 und 11 (Lokale Kosten); Gutachten 3/94, Slg. 1995, I-4579, Rn. 22 (GATT/WTO/Rahmenabkommen über Bananen).
112 Vgl. EuGH, Rs. C-360/93, Slg. 1996, I-1195 (Parlament/Rat); s. aber EuG, Rs. T-115/94, Slg. 1997, II-39, Rn. 102 (Opel Austria/Rat).
113 Nachweis s. Fn. 71
114 Vgl. EuGH Rs. C-360/93, Slg. 1996, I-1195, Rn. 35 (Parlament/Rat).

Art. 300 EG-Vertrag

2. Unmittelbare Geltung in der Gemeinschaftsrechtsordnung

a) Rechtsprechung

51 Seit dem Haegeman-Urteil von 1974 hat der EuGH in ständiger Rechtsprechung Völkervertragsrecht als **integrierenden Bestandteil der Gemeinschaftsrechtsordnung** bezeichnet[115]. Voraussetzung und maßgeblicher Zeitpunkt sei das **Inkrafttreten** des Abkommens, also seine völkerrechtliche Verbindlichkeit für die Gemeinschaft. Dem innergemeinschaftlichen Genehmigungsakt (Abs. 2 UAbs. 1) mißt der EuGH in diesem Zusammenhang keine Bedeutung zu.

52 In der Rs. Kupferberg begründete der Gerichtshof seinen Ansatz von der **unmittelbaren Geltung** (synonym: unmittelbare Anwendung, oft auch Oberbegriff in bezug auf die unmittelbare Wirkung völkerrechtlicher Normen, s. Rn. 59) von Gemeinschaftsverträgen in der Gemeinschaftsrechtsordnung mit der nach Abs. 7 bestehenden Pflicht der Mitgliedstaaten gegenüber der Gemeinschaft, die Verpflichtungen aus dem Gemeinschaftsabkommen einzuhalten[116]. Wenn der EuGH in diesem Zusammenhang von dem »gemeinschaftsrechtlichen Charakter ... dieser vertraglichen Bestimmungen« spricht, besagt dies zunächst nur, daß die Bestimmungen Teil des in der Gemeinschaftsrechtsordnung geltenden **positiven Rechts** sind und als solche innerhalb der Gemeinschaft von den Gemeinschaftsorganen einheitlich angewendet werden[117].

53 Der EuGH hat den Grundsatz von der unmittelbaren Geltung der Gemeinschaftsabkommen im Rahmen seines Urteils zur Bananenmarktordnung (**GATT 1947**)[118] eingeschränkt und diese Rechtsprechung in den Verfahren Portugal/Rat (**WTO**)[119] und Parfums Christian Dior (**TRIPS**)[120] auf die neue WTO-Ordnung ausgedehnt, nochmals jüngst bestätigt durch den Beschluß Fruchthandelsgesellschaft/Hauptzollamt Hamburg (**GATT 1994**)[121]; s. hierzu auch Art. 133 Rn. 164 ff.). Die völkerrechtliche Verpflichtung, den Bestimmungen eines internationalen Abkommens in der Gemeinschaftsrechtsordnung die Bedeutung von unmittelbar geltenden Vorschriften einzuräumen, hängt – so der EuGH – davon ab, ob das Abkommen selbst die Maßnahmen festschreibt, die der Vertragspartner zur Erreichung der Vertragsziele in seiner eigenen Rechtsordnung zu ergreifen hat.[122] Nur dann haben die Bestimmungen des Abkommens den »**unbedingtem Charakter**«, der zu ihrer unmittelbaren Geltung in der innerstaatlichen bzw. gemeinschaftlichen Rechtsordnung notwendig ist[123]. Der EuGH nähert sich dieser Frage durch

---

115 EuGH, Rs. 181/73, Slg. 1974, 460, Rn. 5 (Haegeman); Rs. 104/81, Slg. 1982, 3662, Rn. 13 (Kupferberg); Rs. 118/83 R, Slg. 1983, 2583, Rn. 20 (Amarti-Wasserableitungsvorarbeiten); Rs. 12/86, Slg. 1987, 3719, Rn. 7 (Demirel); Rs. 30/88, Slg. 1989, 3711, Rn. 12 (Griechenland/Kommission); zur Bestandteilseigenschaft von Völkergewohnheitsrecht s. EuGH, Rs. C-162/96, Slg. 1998, I-3655, Rn. 46 (Racke/Hauptzollamt Mainz).
116 EuGH, Rs 104/81, Slg. 1982, 3662, Rn. 11 und 13 (Kupferberg).
117 Vgl. EuGH, Rs. 104/81, Slg. 1982, 3662, Rn. 14 (Kupferberg).
118 EuGH, Rs. C-280/93, Slg. 1994, I-4973, Rn. 103 ff. (Bundesrepublik Deutschland/Rat).
119 EuGH. Rs. C-149/96, Slg. 1999, I-8425, Rn. 34 ff. (Portugal/Rat); Urteilsanmerkung s. *R. Streinz*, Jus 2000. 909 (911), weitere Nachweise aus dem Schrifttum s. Fn 139.
120 EuGH, Verb. Rs.C-300 und 392/98, Urteil vom 14.12.2000, Slg. 2000, I-11307, Rn. 42 ff. (Parfums Christian Dior SA).
121 EuGH, Rs. 307/99, Beschluß vom 2.5.2001, Slg. 2001, I-3159, Rn. 24 (OGH Fruchthandelsgesellschaft/Hauptzollamt Hamburg).
122 EuGH. Rs. C-149/96, Slg. 1999, I-8425, Rn. 35 (Portugal/Rat).
123 EuGH, Rs. C-280/93, Slg. 1994, I-4973, Rn. 110 (Bundesrepublik Deutschland/ Rat); zur Deutung des Passus im Hinblick auf die Rechtsqualität der GATT Bestimmungen s. *B. Kempen*, Deutschland als Vertragspartei des GATT und als Mitgliedstaat der Europäischen Gemeinschaften, FS-Hahn, 1997, S. 417 (432 f.).

die Auslegung des fraglichen Abkommens, insbesondere der Erforschung seines Sinn und Zwecks.[124]. Im Hinblick auf die WTO-Übereinkünfte vertritt der EuGH in Kontinuität zu seiner GATT 1947-Rechtsprechung die Auffassung, daß trotz der Stärkung der Schutzregeln und des Streitbeilegungsmechanismus die WTO-Normen (1.) den Vertragspartnern viel (Verhandlungs-) Spielraum bei der Erfüllung der Vertragsziele lasse und (2.) die **Gegenseitigkeit** bei der Durchführung der WTO-Übereinkünfte fehle (s. Rn. 55)[125]. Aus diesem Grunde haben – so der EuGH – die WTO-Übereinkünfte wegen ihrer **Natur** und ihrer **Struktur** keine unmittelbare Geltung in der gemeinschaftlichen Rechtsordnung; die Handlungen der Gemeinschaftsorgane seien mithin i.d.R. nicht an den WTO-Vorschriften zu messen. Die Folgefrage der **unmittelbaren Wirkung** der WTO-Vorschriften für Individuen (s. hierzu Rn. 59 ff.) stellt sich folglich nicht (s. aber Rn. 54). Der EuGH konnte damit – in sich konsequent – im Verfahren Fruchthandelsgesellschaft/Hauptzollamt auf seine Entscheidung zu unmittelbaren Geltung der WTO-Vorschriften (Portugal/Rat) verweisen[126]. Allerdings hat der EuGH an anderer Stelle ebenfalls darauf hingewiesen, daß die mitgliedstaatlichen und gemeinschaftlichen Gerichte aufgrund von Gemeinschaftsrecht verpflichtet seien, die Normen der WTO-Übereinkünfte bei der Anwendung des Gemeinschaftsrechts »so weit wie möglich« zu berücksichtigen[127]. Mit anderen Worten: Das Gemeinschaftsrecht ist **völkerrechtsfreundlich auszulegen**.

Eine justitiable, unbedingte Verpflichtung der Gemeinschaft zur Befolgung der »flexiblen« GATT 1947 und WTO-Vorschriften durch die Gemeinschaftsorgane hat der EuGH nur in den Fällen bejaht, in denen die Gemeinschaft durch den Erlaß von Sekundärrecht die völkerrechtlichen Verpflichtungen erfüllen will oder in denen sie ausdrücklich auf spezielle Bestimmungen des Abkommens verweist (**EG-Transformationsakte**)[128]. 54

Partielle Modifikationen des völkerrechtlichen Grundsatzes der **Gegenseitigkeit vertraglicher Rechte und Pflichten (Reziprozität)** hat der EuGH – sieht man einmal von den WTO-Übereinkünften ab (Rn. 53) – nicht per se als Grund für eine Verneinung der unmittelbaren Geltung eines Abkommens anerkannt. Allein der Umstand, daß die Gerichte der Vertragspartner den Vertragsbestimmungen im Gegensatz zum EuGH keine unmittelbare Geltung beimessen könnten, bewirke noch keine fehlende Gegenseitigkeit bei der Durchführung des Abkommens[129]. Auch das für **Entwicklungsabkommen** typische Ungleichgewicht der Verpflichtungen[130] stehe einer unmittelbaren Geltung (bzw. Wirkung) der Bestimmungen ebensowenig entgegen wie das Vorhandensein von **Schutzklauseln**, das den Parteien unter bestimmten Umständen und unter Beteiligung aller Parteien ein 55

---

124 EuGH, Rs. C-280/93, Slg. 1994, I-4973, Rn. 109 f. (Bundesrepublik Deutschland/ Rat); Rs. C-149/96, Slg. 1999, I-8425, Rn. 35 und 41 (Portugal/Rat).
125 EuGH. Rs. C-149/96, Slg. 1999, I-8425, Rn. 36 ff. und 45 (Portugal/Rat).
126 EuGH, Rs. C-307/99, Beschluß vom 2.5.2001, Slg. 2001, I-3159, Rn. 22 ff. (Fruchthandelsgesellschaft/Hauptzollamt Hamburg).
127 In bezug auf Art. 50 des TRIPS: EuGH, Rs. C-300 und 392/98, Urteil vom 14.12.2000, Slg. 2000, I-11307, Rn. 47 (Parfums Christian Dior SA); Rs. C-53/96, Slg. 1998, I-3603, Rn. 28 (Hermès International).
128 In bezug auf GATT 1947: Rs. C-280/93, Slg. 1994, I-4973, Rn. 111 (Bundesrepublik Deutschland/Rat) mit Verweis auf Rs. C-69/89, 7.5.1991, Slg. 1991, I-2069 Rn. 31 (Nakajima); Rs. 70/87, 22.7.1989, Slg. 1989, 1781, Rn. 22 (Fediol III); in bezug auf TRIPS EuGH, Verb. Rs.C-300 und 392/98, Urteil vom 14.12.2000, Slg. 2000, I-11307, Rn. 47 (Parfums Christian Dior SA).
129 EuGH, Rs. 104/81, Slg. 1982, 3662, Rn. 18 (Kupferberg); s. aber auch EuGH; Rs. 270/80, Slg. 1982, 329. Rn. 26 (Polydor), s. auch Rs. C-149/96, Slg. 1999, I-8425, Rn. 44 (Portugal/ Rat).
130 EuGH, Rs. 87/75, Slg. 1976, 129, Rn. 22/23 (Bresciani); Rs. C-18/90, 31.1.1991, Slg. 1991, I-199, Rn. 21 (Kziber).

Abweichen von bestimmten Vorschriften erlaube (s. auch Rn. 61)[131]. Die abweichende Behandlung der **WTO-Übereinkünfte** in der Frage der Reziprozität begründet der EuGH im Verfahren Portugal/Rat mit dem besonderen System der WTO-Übereinkünfte, deren Anwendung auf dem »Prinzip der Gegenseitigkeit zum gemeinsamen Nutzen« beruhe.[132] Damit sei für die Gemeinschaft – anders als bei herkömmlichen Abkommen – der Weg eröffnet, dem Beispiel der Handelspartner folgend (gemeint sind vor allem USA, Kanada und Japan) die unmittelbare Geltung der WTO-Übereinkünfte in der Gemeinschaftsrechtsordnung zu versagen.

b) Schrifttum

56 Teile des Schrifttums sehen in der Rechtsprechung des EuGH (»integrierender Bestandteil der Gemeinschaftsrechtsordnung«) ein **monistisches Verständnis** des Verhältnisses von Völkerrecht und Gemeinschaftsrecht, das einen gemeinschaftsrechtlichen Übertragungsakt zur innergemeinschaftlichen Wirkung völkerrechtlicher Verträge entbehrlich macht[133]. Die »**Dualisten**« werten hingegen den Ratsbeschluß nach Abs. 2 UAbs. 1 als gemeinschaftsrechtlichen Transformationsakt[134]. Die »gemäßigten« Vertreter beider Richtungen interpretieren Abs. 7 als **Generaltransformator**[135], der dem völkerrechtlichen Abkommen die Rechtsnatur des Gemeinschaftsrechts verleiht, oder als generellen Vollzugsbefehl[136], der die völkerrechtliche Natur des Abkommens unberührt läßt. Letztere stützen ihre Auffassung auf die völkerrechtlichen Auslegungsmethoden des EuGH (s. hierzu Rn. 80 ff.)[137]. Das umstrittene Urteil zur Bananenmarktordnung (GATT 1947) hat insbesondere im deutschen Schrifttum zu der Kritik geführt, der EuGH habe aus **protektionistischen Gründen** faktisch mit seiner monistischen Interpretation des Vertrages gebrochen[138]. Die Reaktion auf die Entscheidung **Portugal/Rat** (WTO) ist im Hinblick auf die Motive des EuGH – Stärkung der **politischen** Freiräume der Gemeinschaft im Rahmen des neuen Welthandelssystems – von Verständnis geprägt, während seine rechtlich-dogmatische Deduktion – wie schon bei seinen Urteilen zu GATT 1947 – der Kritik ausgesetzt ist.[139]

---

131 EuGH, Rs. 104/81, Slg. 1982, 3662, Rn. 21 (Kupferberg); Rs. C-192/89, Slg. 1990, I-3497, Rn. 25 (Servince).
132 EuGH, Rs. C-149/96, Slg. 1999, I-8425, Rn. 42 ff. (Portugal/Rat).
133 GA H. *Mayras*, Schlußantr. zu EuGH, Verb. Rs. 21-24/72, Slg. 1972, 1219 (1235) (International Fruit Company); V. *Constantinesco/D. Simon*, Quelques problèmes des relations extérieures des Communautés européennes, R.T.D.E. 11 (1975), S. 432 (442); *P.-J.-G. Kapteyn*, The »Domestic« Law Effect of Rules of International Law Within the European Community System of Law and the Question of Self-Executing Character of GATT-Rules, International Lawyer 1974, S. 74 (75 f.); *P. Pescatore*, Die Rechtsprechung des Europäischen Gerichtshofs zur innergemeinschaftlichen Wirkung völkerrechtlicher Abkommen, FS-Mosler, 1983, S. 661 (680 ff., 686); *Petersmann* (Fn. 106), S. 272; *R. Kovar*, Les Accords liant les Communautés Européennes et l'ordre Juridique Communautaire, R.M.C. 1974, 345 (352); *Groux/Manin* (Fn. 109), S. 119 ff., *C. Vedder*, Rechtswirkungen von Assoziationsratsbeschlüssen, EuR 1994, S. 202 (211).
134 *Krück* (Fn. 70), S. 169; *P.-H. Teitgen*, Cours de droit institutionnel communautaire, Paris, 1972/73, S. 217 f.
135 *Bleckmann* (Fn. 103), S. 315.
136 *Geiger*, EUV/EGV, Art. 300, Rn. 20; *C. Tomuschat*, in: GTE, EU-/EGV, Art. 228, Rn. 59; *O. Jacot-Guillarmod*, Droit communautaire et droit international public, Genève, 1979, S. 104 ff.; *Vedder*, in: Grabitz/Hilf, EU-/EGV, Art. 228, Rn. 46.
137 *Vedder*, in: Grabitz/Hilf, EU-/EGV, Art. 228, Rn. 46.
138 *G.-M. Berrisch*, Zum »Bananen-Urteil« des EuGH vom 5.10.1994, EuR 1994, S. 461 (469); *Eeckhout* (Fn. 103), S. 28 f.; *E.-U. Petersmann*, Darf die EG das Völkerrecht ignorieren?, EuZW 1997, S. 325 (327); ders., in: GTE, EU-/EG-Vertrag, Art. 234, Rn. 28 ff. ; s. auch *Ott* (Fn. 44), S. 174.
139 *A. v. Bogdandy/T. Makatsch*, Kollision, Koexistenz oder Kooperation?, EuZW 11 (2000), S. 261 (268); *M. Hilf/F. Schorkopf*, WTO und EG: Rechtskonflikt vor dem EuGH, EuR 35 (2000), S. 89; *I. Neugärtner/S. Puth*, Die Wirkung der WTO-Übereinkommen im Gemein-

c) Stellungnahme

Seit der EuGH in der Rs. Racke festgestellt hat, Völkergewohnheitsrecht sei auch ohne Klausel im EGV (wie z. B. Abs. 7 bzw. Art. 25 GG) bereits Kraft seines Geltungsanspruchs Bestandteil der Gemeinschaftsrechtsordnung[140], steht das rein monistische Verständnis des EuGH vom Verhältnis zwischen Völkerrecht und Gemeinschaftsrecht außer Frage. 57

Um so schwerer wiegt es, daß das monistische Konzept des EuGH spätestens durch das Urteil zur Bananenmarktordnung und das Folgeurteil Portugal/Rat erhebliche Risse aufweist. Als Bestandteil der Gemeinschaftsrechtsordnung hat Völkervertragsrecht ohne konkreten Transformationsakt innerhalb der Gemeinschaft Rechtscharakter und verpflichtet in diesem Sinne nach Abs. 7 nicht nur die Gemeinschaftsorgane, sondern auch die Mitgliedstaaten. Indem der EuGH pauschal die **Justitiabilität** der WTO bzw. GATT-Bestimmungen ohne Transformation verneint und keinerlei Bedenken gegen eine partielle Transformation »à la carte« durch Gemeinschaftsorgane hegt[141], eröffnet er eine Möglichkeit des Divergierens von völkerrechtlichen und gemeinschaftsrechtlichen Verpflichtungen, die eindeutig Abs. 7 widerspricht[142]. Im übrigen ist die vom EuGH praktizierte rechtliche Gleichstellung von Individuen (unmittelbare Wirkung von Völkerrechtsnormen, s. Rn. 59 ff.) und Mitgliedstaaten (unmittelbare Geltung von Völkerrechtsnormen) bei der Beurteilung WTO-widriger Gemeinschaftsrechtsakte verfehlt. Geht es bei Individuen um die Begründung subjektiver Rechte durch Völkervertragsrecht, die u.U. die Vertragsparteien gar nicht unmittelbar schaffen wollten, so sind die Mitgliedstaaten nicht bloß Rechtsunterworfene der Gemeinschaft, sondern tragen Verantwortung für die Wahrung des Gemeinschaftsrechts (Art. 230 Abs. 2) und die Durchführung der völkerrechtlichen Abkommen (Abs. 7)[143]. Im Falle der direkten völkerrechtlichen Verantwortlichkeit der Mitgliedstaaten gegenüber den anderen Vertragpartnern (s. hierzu Rn. 26) wäre das Verhalten der Gemeinschaftsorgane durchaus ein Verstoß gegen den Rechtsgrundsatz des mitgliedstaatsfreundlichen Verhaltens (s. Art. 10 Rn. 50). 58

3. Unmittelbare Wirkung

a) Rechtsprechung

Anknüpfend an die »Bestandteils-Rechtsprechung« läßt der EuGH Völkervertragsrecht an der **unmittelbaren Wirkung** (synonym: direkte Wirkung, Individualwirksamkeit, un- 59

Fortsetzung von Fußnote 139

    schaftsrecht, JuS 2000, S. 640 (642 f.); *J. P. Trachtman*, Bananas, Direct Effect and Compliance, EJIL 10 (1999), S. 655 (658); im Ganzen kritisch: *G. M. Berrisch/H.-G. Kamann*, WTO-Recht im Gemeinschaftsrecht – (k)eine Kehrtwendung des EuGH, EWS 11 (2000), S. 89 (92).

140 EuGH, Rs. C-162/96, Slg. 1998, I-3655, Rn. 46 (Racke/Hauptzollamt Mainz); s. dagegen die Auffassung der Kommission: ebenda Rn. 44.

141 Vgl. EuGH, Rs. C-69/89, Slg. 1991, I-2069, Rn. 31 (Nakajima); Rs. 70/87, Slg. 1989, 1781, Rn. 22 (Fediol III).

142 S. aber auch *C. Tomuschat*, Zur Rechtswirkung der von der Europäischen Gemeinschaft geschlossenen Verträge in der Gemeinschaftsrechtsordnung, FS-Constantinesco, 1983, S. 801 (813), der auf die fehlende unbedingte völkerrechtliche Verbindlichkeit der GATT-Bestimmungen verweist.

143 Kritisch auch *U. Everling*, Will Europe Slip on Bananas? The Bananas-Judgement of the Court of Justice And National Courts, CMLRev. 33 (1996), S. 401 (422 f.); *H.-D. Kuschel*, Die Bananenmarktordnung der Europäischen Union, RIW 1995, S. 218 (222); *Ott* (Fn. 44), S. 172; *C. Schmid*, Immer wieder Banane: Der Status des GATT/WTO-Systems im Gemeinschaftsrecht, NJW 1998, S. 190 (193), *C. Tomuschat*, in: GTE, EU-/EGV, Art. 228, Rn. 65; a.A. *Bleckmann*, Europarecht, Rn. 855.

mittelbare Anwendbarkeit, s. aber Rn. 52[144]) des Gemeinschaftsrechts in den nationalen Rechtsordnungen teilnehmen (s. Art. 249, Rn. 17 ff.). Der Gerichtshof beginnt zur Beantwortung der Frage, ob sich **Individuen** vor nationalen Gerichten auf Bestimmungen eines Gemeinschaftsabkommens berufen können, mit der Betrachtung der **Rechtsnatur und der Systematik** des Abkommens, um dann die einschlägigen **Einzelbestimmungen** in bezug auf ihre **Unbedingtheit** und **Klarheit** zu überprüfen[145]. Der EuGH unterscheidet hierbei nicht strikt zwischen der unmittelbaren Geltung des völkerrechtlichen Abkommens in der Gemeinschaftsrechtsordnung (s. Rn. 51 ff.) und der unmittelbaren Wirkung einzelner Vorschriften gegenüber Individuen. Die Erwägungen des EuGH zu beiden Aspekten weisen entsprechende Überschneidungen auf. Grundsätzlich stellt sich die Frage der unmittelbaren Wirksamkeit von Völkerrechtsnormen nur in dem Maße, in dem die Abkommen unmittelbar in der Rechtsordnung gelten. Dementsprechend hat der EuGH die Berufung von Individuen auf GATT 1947- und WTO-Vorschriften nur zugelassen, wenn gemeinschaftsrechtliche Vorschriften auf WTO-Vorschriften verweisen oder dazu bestimmt sind, WTO-Verpflichtungen **umzusetzen** (s. Rn. 54)[146]. Soweit die Mitgliedstaaten zur Durchführung eines gemischten Abkommens zuständig sind, kann die Rechtsordnung der Mitgliedstaaten dem einzelnen das Recht zuerkennen, sich unmittelbar auf bestimmte Bestimmungen des Abkommens zu berufen; das Gemeinschaftsrechts kann dies weder verbieten noch anordnen[147].

60 Unmittelbar in der Gemeinschaftsrechtsordnung geltende völkerrechtliche Bestimmungen können nach ständiger Rechtsprechung des EuGH immer dann subjektive Rechte für den einzelnen begründen, wenn sie unter Berücksichtigung ihres **Wortlauts** und im Hinblick auf den **Sinn** und den **Zweck** des Abkommens eine **klare** und **eindeutige** Verpflichtung enthalten, deren Erfüllung oder deren Wirkung nicht vom Erlaß eines weiteren Aktes abhängt[148]. Sie dürfen mit anderen Worten keinen bloßen **Programmcharakter** besitzen. Der Aufbau einer besonderen Nähebeziehung zur Gemeinschaft (z.B. den Beitritt) muß nicht durch das Abkommen bezweckt werden[149].

61 Bestimmungen, von denen nach Maßgabe von **Schutzklauseln** (s. Rn. 55) in spezifischen Situationen abgewichen werden darf, können nach der Rechtsprechung des EuGH unmittelbar in den nationalen Rechtsordnungen wirken[150].

---

144 *Hilf/Schorkopf* (Fn. 139), S. 74 (»direkte Wirkung«); *C. Tomuschat*, in: GTE, EU-/EGV, Art. 228, Rn. 61; ders. (Fn. 142), S. 801 (»Individualwirksamkeit«).
145 EuGH, Rs. 104/81, Slg. 1982, 3662, Rn. 22 f. (Kupferberg); jüngst bestätigt in Verb. Rs. C-300 und 392/98, Urteil vom 14.12.2000, Slg. 2000, I-11307, Rn. 42 (Parfums Christian Dior SA).
146 EuGH, Rs. C-69/89, Slg. 1991, I-2069, Rn. 31 (Nakajima); Rs. 70/87 Slg. 1989, 1781, Rn. 22 (Fediol III); Rs. C-280/93, Slg. 1994, I-4973, Rn. 111 (Bundesrepublik Deutschland/Rat); in bezug auf TRIPS s. EuGH, Verb. Rs.C-300 und 392/98, Urteil vom 14.12.2000, Slg. 2000, I-11307, Rn. 47 (Parfums Christian Dior SA). Zur Deutung im Schrifttum vgl. *J. Drexl*, Nach »GATT und WIPO«, GRUR Int. 1994, S. 777 (784); *M.-J. Hahn/G. Schuster*, Zum Verstoß von gemeinschaftlichem Sekundärrecht gegen das GATT, EuR 1993, S. 261 (276 ff.).
147 EuGH, Verb. Rs.C-300 und 392/98, Urteil vom 14.12.2000, Slg. 2000, I-11307, Rn. 48. (Parfums Christian Dior SA).
148 EuGH, Rs. C-37/98, Slg. 2000, I-2927, Rn. 39 (Savas); Rs. C-262/96, Slg. 1999, I-2685, RN. 60 (Sürül); Rs. 416/96, Slg. 1999, I-2228, Rn. 25 (Eddline El-Yassini); Rs. C-432/92; Slg. 1994, I-3087, Rn. 23 (Anastasiou); Rs. C-103/94, Slg 1995, I-719, Rn. 21 (Krid); Rs. 469/93, Slg. 1995, I-4533, Rn. 57 (Chiquita Italia); Rs. 87/75, Slg. 1976, 129, Rn. 16 (Bresciani); Rs. 12/86, Slg. 1987, 3719, Rn. 14 (Demirel); Rs. 104/81, Slg. 1982, 3662, Rn. 23 (Kupferberg).
149 EuGH, Rs. C-18/90, Slg. 1991, I-199, Rn. 21 (Kziber); s. aber im Schrifttum: *G. Bebr*, Gemeinschaftsabkommen und ihre mögliche unmittelbare Wirkung, EuR 1983, S. 128 (152).
150 EuGH, Rs. C-192/89, Slg. 1990, I-3497, Rn. 25 (Service); EuG, Rs. T-115/94, Slg. 1997, II-39, Rn. 114 (Opel Austria/Rat).

Ein institutioneller Rahmen mit gemeinsamen Ausschüssen bzw. Assoziationsräten, die von den Vertragspartnern mit der ordnungsgemäßen Durchführung des Abkommens betraut werden, soll der unmittelbaren Anwendung der Abkommen durch nationale Gerichte nicht entgegenstehen, da bei unbedingten, eindeutigen Bestimmungen keine Kompetenzschmälerung dieser Vertragsorgane eintreten könne[151]. Das gleiche gilt nach Ansicht des EuGH für die Einrichtung besonderer **Streitbeilegungsverfahren**[152]. 62

Ein im ABl.EG veröffentlichtes Abkommen, dessen Bestimmungen unmittelbare Wirkung entfalten, ist von den nationalen Behörden und Gerichten wie ein Gesetz anzuwenden, und zwar nicht nur in bezug auf subjektive **Rechtsposition**, sondern auch auf subjektive **Pflichtenstellungen**[153]. Fehlt die Veröffentlichung, kann – so der EuGH in bezug auf die rechtlich verwandten Assoziationsratsbeschlüsse (Art. 310 Rn. 28) – das Abkommen für den einzelnen nur subjektive Rechte begründen[154]. 63

Unter Berufung auf den **Grundsatz des Vertrauensschutzes**[155] kann der einzelne schon nach der Ratifizierung des Abkommens durch die Gemeinschaft vor dessen Inkrafttreten gegen Gemeinschaftsrechtsakte vorgehen, die unmittelbar wirkende Bestimmungen vereiteln würden[156]. Voraussetzung für die gerichtliche Geltendmachung ist, daß der Termin des Inkrafttretens bekannt ist. 64

Der EuGH hat eine unmittelbare Wirkung von Völkervertragsrecht aufgrund einer Analyse der Einzelbestimmungen bei **Assoziierungsabkommen**[157] und – z.T. ohne dies ausdrücklich zu thematisieren – bei **Freihandelsabkommen**[158] bejaht. 65

b) Schrifttum und Stellungnahme
Die Rechtsprechung des EuGH zur unmittelbaren Wirkung von völkerrechtlichen Abkommen wird zum **acquis communautaire** gezählt und als solches vom Schrifttum kaum in Frage gestellt[159]. Um so mehr provoziert die GATT-Rechtsprechung in der deutschen Literatur Widerspruch[160]. Zielscheibe der Kritik ist der vom EuGH verweigerte individuelle Rechtsschutz, der viele Autoren, aber auch deutsche Gerichte[161], zu 66

---

151 EuGH, Rs. 104/81, Slg. 1982, 3662, Rn. 20 (Kupferberg); s. auch Rs. C-18/90, Slg, 1991, I-199, Rn. 19 (Kziber).
152 EuGH, Rs. 70/87, Slg. 1989, 1781, Rn. 21 (Fediol).
153 EuGH, Rs. C-192/89, Slg. 1990, I-3497, Rn. 24 (Service); im Schrifttum: *Jacot-Guillarmod* (Fn. 136), S. 99; *Krück* (Fn. 70), S. 155; *P. Pescatore*, Les relations extérieures des Communautés européennes, RdC 103 (1961 II), S. 1 (118); ders., (Fn. 133), S. 684; *Petersmann* (Fn. 106), S. 272; *C.Tomuschat*, in: GTE, EU-/EGV, Art. 228, Rn. 50.
154 Umkehrschluß aus EuGH, Rs. C-192/89, Slg. 1990, I-3497, Rn. 24 (Service); im Schrifttum: *Richter* (Fn. 43), S. 169.
155 S. hierzu EuGH, Rs. 112/77, Slg. 1978, 1019, Rn. 19 (Töpfer/Kommission).
156 EuG, Rs. T-115/94, Slg. 1997, II-39, Rn. 93 (Opel Austria/Rat).
157 S. Art. 310 Rn. 24 ff.
158 EuGH, Rs. 104/81, Slg. 1982, 3662 (Kupferberg): Freihandelsabkommen mit Portugal; implizit: Rs. C-163/90, Slg. 1992, I-4625 (Legros): Freihandelsabk. Schweden; Rs. C-207/91, Slg. 1993, 3723 (Eurim-Pharm): Freihandelsabk. Österreich; Rs. C-312/91, Slg. 1993, I-3751 (Metalsa): Freihandelsabk. Österreich; Verb. Rs. C-114/95 und C-115/95, Slg. 1997, I-4263 (Texaco und Olieselskabet Danmark): Freihandelsabk. Schweden.
159 S. hierzu umfassend *A. Oehmichen*, Die unmittelbare Anwendbarkeit der völkerrechtlichen Verträge der EG, 1992, S. 117 ff.; kritisch: *K. Hailbronner*, in: HK-EUV, Art. 228, Rn. 49, der auf die fehlende Durchsetzungsmöglichkeit einer kongruenten Interpretation des Abk. in der Rechtsordnung der Drittstaaten verweist.
160 *Eeckhout* (Fn. 103), S. 11 ff.; *Everling* (Fn. 143), S. 410 ff.; *E.-U. Petersmann*, Proposals for a New Constitution for the European Union, CMLRev. 32 (1995), S. 1123 (1164).
161 Finanzgericht Hamburg, Einstweilige Anordnung vom 19.5.1995, EuZW 1995, 413 (416); vgl. auch VG Kassel, Entscheidung vom 9.2.1995, EuZW 1995, S. 222 (224); BFH, Beschluß vom 9.1.1996, EuZW 1996, S. 126 (127).

Art. 300 EG-Vertrag

Recht an der Rechtstaatlichkeit und dem effektiven Grundrechtsschutz in der Gemeinschaft zweifeln läßt[162].

67 Der EuGH verneint in seinem jüngsten Beschluß Fruchthandelsgesellschaft/Hauptzollamt Hamburg die unmittelbaren Individualwirkung der WTO (GATT)-Vorschriften mit Verweis auf die zuvor im Verfahren Rs. Portugal/Rat abgelehnte unmittelbare Geltung der WTO-Übereinkünfte (s. Rn. 53 mit entsprechenden Nachweisen). Auch wenn die Rechtsprechung zur unmittelbaren Geltung dogmatisch überaus angreifbar ist (s. Rn. 57 f.), kann die Ablehnung der unmittelbaren Individualwirksamkeit völkerrechtlich begründet werden: Der EG-Ministerrat hatte zum Abschluß der Uruguay-Runde erklärt, eine direkte Berufung des einzelnen auf GATT 1994 vor dem EuGH und mitgliedstaatlichen Gerichten scheide kraft der Natur der Vorschriften aus. Diese Erklärung wäre zumindest ein Ansatzpunkt dafür gewesen, den WTO-Übereinkünften kraft des durch die nachfolgende Vertragspraxis manifestierten Willens **aller** WTO-Vertragsparteien die unmittelbare Individualwirkung zu versagen, ohne zugleich die unmittelbare Geltung der Normen in der Gemeinschaftsrechtordnung in Frage zu stellen.

II. Rechtswirkung von gemischten Abkommen

68 Seit der Haegemann-Entscheidung bezeichnet der EuGH lapidar gemischte Abkommen als »**integrierenden Bestandteil der Gemeinschaftsrechtsordnung**«, ohne nach Kompetenzbereichen der Gemeinschaft und der Mitgliedstaaten zu unterscheiden[163].

69 Im Schrifttum wird zu Recht darauf hingewiesen, daß Bestimmungen, die in den ausschließlichen Kompetenzbereich der Mitgliedstaaten fallen, mangels **Handlungskompetenz** der Gemeinschaft nicht integrierender Bestandteil der Gemeinschaftsrechtsordnung sein können, also auch nicht für die Gemeinschaftsorgane **unmittelbare Geltung** erlangen[164]. Weder ist die Gemeinschaft zur Kompetenzverschiebung durch den Abschluß gemischter Abkommen befugt, noch kann den Mitgliedstaaten ein Kompetenzverschiebungswille unterstellt werden (Art. 48 EUV)[165].

70 **Unmittelbare Wirksamkeit** in der deutschen Rechtsordnung erlangen die völkerrechtlichen Bestimmungen, die in den ausschließlichen Kompetenzbereich der Mitgliedstaaten fallen, also nur dann, wenn sie (1) durch Zustimmungsgesetz **transformiert** werden (Art. 59 Abs. 2 Satz 1 GG) und (2) nach dem **Sinn** und **Zweck** des Abkommens und dem

---

162 Ausführlich hierzu *E.-U. Petersmann*, in: GTE, EU-/EGV, Art. 234, Rn. 28; ders. (Fn. 160), S. 1164 ff.
163 EuGH, Rs. 181/73, Slg. 1974, 460, Rn. 6 (Haegeman).
164 *C.-D. Ehlermann*, Mixed Agreements. A List of Problems, in: O'Keeffe/Schermers (Hrsg.), Mixed Agreements, Deventer 1983, S. 3 (18); *H.-G. Schermers*, The Internal Effect of Community Treaty-Making, in: O'Keeffe/Schermers (Hrsg.), Essays in European Law and Integration, Deventer 1982, S. 167 ff.; *C. Tomuschat*, in: GTE, EU-/EGV, Art. 228, Rn. 77, *K.-M. Meessen*, Das Abkommen von Lomé als gemischter Vertrag, EuR 1980, S. 36 (44); *Vedder*, in: Grabitz/Hilf, Art. 238, Rn. 34; a.A. *A. Bleckmann*, Der gemischte Vertrag im Europarecht, EuR 1976, S. 301 (304 ff.); *Pescatore* (Fn. 153), S. 104 ff.; *K.-D. Stein*, Der gemischte Vertrag im Recht der Außenbeziehungen der Europäischen Wirtschaftsgemeinschaft, 1986, S. 134; in bezug auf die Auslegungsbefugnis des EuGH s. A. Rosas, Mixed Union – Mixed agreements, in: M. Koskenniemi (Hrsg.), International Law Aspects of the European Union, Hague-London-Boston 1998, S. 125 (140).
165 Vgl. auch *C. Tomuschat*, in: GTE, EU-/EGV, Art. 228, Rn. 77; s. aber *Bleckmann* (Fn. 164), S. 309.

Willen der Vertragsparteien unmittelbar Rechte für den einzelnen begründen sollen (»self executing«[166])[167].

III. Rechtswirkung von Organbeschlüssen (sekundäres Völkervertragsrecht)

1. Rechtsprechung

Der EuGH hat nicht nur die Abkommen selbst, sondern auch die (verbindlichen und un- 71 verbindlichen[168]) **Beschlüsse** der durch die Abkommen konstituierten Organe als »integrierenden Bestandteil der Gemeinschaftsrechtsordnung« bewertet[169]. Als Begründung führt der Gerichtshof ihren **unmittelbaren Zusammenhang** mit dem Abkommen an[170].

Nach der EuGH-Rechtsprechung entfalten rechtsverbindliche, einstimmige Beschlüsse 72 bzw. Mehrheitsentscheidungen von Organen immer dann unmittelbare Wirkung für den einzelnen, wenn sie (1) in **unmittelbarem Zusammenhang** mit dem Abkommen stehen, zu dessen **Durchführung** sie ergehen[171], und (2) im Einzelfall hinreichend **konkret und bestimmt** (s. Rn. 60) sind[172]. Unerheblich ist, ob das Übereinkommen, das die Organe konstituiert, eine eigene Rechtspersönlichkeit aufweist (internationale Organisationen wie der Stillegungsfonds für die Binnenschiffahrt[173] od. die WTO), oder nicht (Freihandelsabkommen, Assoziationsabkommen[174]). Bereits der Umstand, daß die Assoziationsratsbeschlüsse »nach Maßgabe politischer und wirtschaftlicher Überlegungen«[175] zustande kommen, zeigt, daß der EuGH dem Kriterium der »Durchführung« letztlich keine kompetenzbegrenzende Bedeutung beimißt[176].

2. Schrifttum

Die auf jede Art von Organbeschlüssen anwendbaren, allgemeingültigen Grundsätze des 73 EuGH finden in der Literatur überwiegend Zustimmung[177]. Tomuschat fordert auf-

---

166 S. hierzu *Ott* (Fn. 44), S. 50 ff.
167 Vgl. *Meessen* (Fn. 164), S. 44; *A. Verdross/B. Simma*, Universelles Völkerrecht, 1984, § 863 f. m.w.N.
168 EuGH, Rs. C-188/91, Slg 1993, I-363, Rn. 18 (Deutsche Shell): ohne eine unmittelbare Wirkung für den einzelnen.
169 Für Assoziationsratsbeschlüsse s. Art. 310 Rn. 27 ff.
170 EuGH, Rs. C-188/91, Slg 1993, Slg. 1993, I-363, Rn. 17 (Deutsche Shell); EuGH, Rs. C-192/89, Slg. 1990, I-3497, Rn. 9 (Service); Rs. 30/88, Slg. 1989, 3711, Rn. 13 (Griechenland/Kommission).
171 EuGH, Rs. C-188/91, Slg 1993, I-363, Rn. 18 (Deutsche Shell): ohne eine unmittelbare Wirkung für den einzelnen.
172 *Ott* (Fn. 44), S. 177.
173 EuGH, Gutachten 1/76, Slg. 1977, 741, 745 (Stillegungsfonds).
174 S. Art. 310 Rn. 19 f.
175 EuGH, Rs. 12/86, Slg. 1987, 3719, Rn. 21 (Demirel).
176 EuGH, Rs. C-192/89, Slg. 1990, I-3497, Rn. 21 (Service); kritisch hierzu: *Richter* (Fn. 43), S. 173.
177 *Ott* (Fn. 44), S. 177 ff.; *Vedder* (Fn. 80), S. 798; *P. Gilsdorf*, Die Rechtswirkungen der im Rahmen von Gemeinschaftsabkommen erlassenen Organbeschlüssen, EuZW 1991, S. 459 (460 f.) verlangt bei Mehrheitsbeschlüssen die Möglichkeit des »opting out« der Gemeinschaft; ebenso *Vedder* (Fn. 133), S. 213 f.; s. hingegen das kritische Schrifttum zu Assoziationsratsbeschlüssen, Art. 310 Rn. 32 f.

grund der Gefahr von Rechtsverstößen durch mehrheitliche Organbeschlüsse grundsätzlich einen **Umsetzungsakt** für das Sekundärrecht von internationalen Organisationen. Etwas anderes soll nur dann gelten, wenn die Gemeinschaft durch – rechtlich unbedenkliche[178] – **Hoheitsrechtsübertragung** die Direktwirkung der Organakte anerkannt habe oder es sich wie im Fall der Freihandelsabkommen und Assoziierungen nach Art. 310 (s. dort Rn. 31 ff.) um **vertragsähnliche einstimmige Beschlüsse** handele[179].

3. Stellungnahme

74 Der gesamte EGV geht von der Grundannahme aus, daß alle Gemeinschaftskompetenzen von **Organen der Gemeinschaft** wahrgenommen werden. Die Übertragung von Hoheitsrechten auf internationale Organisationen mit eigener Rechtspersönlichkeit, d.h. die Öffnung der Gemeinschaftsrechtsordnung für **unmittelbar** wirkendes Recht aus einer **anderen Quelle**, bedarf daher einer konkreten Ermächtigung im EGV. Der EGV unterscheidet sich in diesem Punkt nicht von den nationalen Verfassungen der Mitgliedstaaten (z.B. Art. 23, 24 GG).

75 Eine gemeinschaftsrechtliche Ermächtigung zur Hoheitsrechtsübertragung kann jedoch allenfalls in Art. 310 gesehen werden (s. dort Rn. 34)[180]. Art. 133 Abs. 3, Art. 151 Abs. 3, Art. 152 Abs. 3, Art. 170, Art. 174 Abs. 4, Art. 181 Abs. 1, Art. 181a Abs. 3 mögen zwar den Beitritt zur Satzung einer Internationalen Organisation tragen, dies verlangt aber weder zwangsläufig die Übertragung von Hoheitsrechten durch die Gemeinschaft auf die betreffende Organisation, noch läßt der Wortlaut der Vorschriften eine entsprechende Ermächtigung durch die Mitgliedstaaten erkennen. Auch die Grenzen des Art. 308 – in seiner Bedeutung durch das EMRK-Gutachten eingeschränkt – wären zweifelsohne erreicht, da die Mitgliedschaft in einer internationalen Organisation, deren Organe unmittelbar wirkende (Mehrheits-) Beschlüsse fassen können, »grundlegende institutionelle **Auswirkung** sowohl auf die Gemeinschaft als auch auf die Mitgliedstaaten« hätte, mithin eine **verfassungsrechtliche Dimension** aufweist[181]. Das sekundäre Recht internationaler Organisationen bedarf aus diesem Grunde außerhalb des Art. 310 immer eines **gemeinschaftsrechtlichen Umsetzungsaktes**, um in den Rechtsordnungen der Gemeinschaft und der Mitgliedstaaten unmittelbar zu wirken.

76 Im Wege des **Konsenses** zustande gekommene, verbindliche Beschlüsse eines paritätisch besetzten Vertragsorganes, das von einem Abkommen ohne eigene Rechtspersönlichkeit konstituiert worden ist (z.B. Assoziierungsabkommen, s. Art. 310 Rn. 19 f.), sind als völkerrechtliche **Vertragsschlüsse** im vereinfachten Verfahren zu qualifizieren[182]. Die Problematik der Hoheitsrechtsübertragung stellt sich daher nach dem derzeitigen Stand der Rechtsentwicklung noch nicht im Rahmen des Art. 310 (s. dort Rn. 26 und 34)[183].

---

178 C. *Tomuschat*, in: GTE, EU-/EGV, Art. 210, Rn. 10; a.A. *Richter* (Fn. 43), S. 173 ff.
179 C. *Tomuschat*, in: GTE, EU-/EGV, Art. 228, Rn. 75; ders. (Fn. 43), Art. 210, Rn. 50.
180 A.A. *Richter* (Fn. 43), S. 173 ff.
181 EuGH, Gutachten 2/94, Slg. 1996, I-1763, Rn. 35 (EMRK).
182 D. *Baumgartner*, Institutionelle Aspekte des AKP-EWG-Abkommens von Lomé, EuR 1978, S. 105 (111 f.); *Gilsdorf* (Fn. 177), S. 460; *Vedder*, (Fn. 133), S. 210, A. *Weber*, in: GTE, EU-/EGV, Art. 238, Rn. 51.
183 Vgl. EuGH, Gutachten 1/91, Slg. 1991, I-6079, Rn. 20 (EWG I).

IV. Rang im Gemeinschaftsrecht

Nach der Rechtsprechung des EuGH geht Völkervertragsrecht (und Völkergewohnheitsrecht) dem **sekundären Gemeinschaftsrecht** vor (s. auch Abs. 3 UAbs. 2 4. Alt.)[184]. Sekundäres Gemeinschaftsrecht ist damit nicht in der Lage, völkerrechtliche Pflichten der Gemeinschaft in der Gemeinschaftsrechtsordnung nach der **lex posterior-Regel** zu derogieren. Der Vorrang des **primären Gemeinschaftsrechts** vor Völkervertragsrecht ergibt sich bereits aus dem Umstand, daß die Gemeinschaft zur Änderung des EGV nicht befugt ist (Art. 48 EUV, Art. 300 Abs. 5 und 6)[185]. 77

Die **Durchführungsbeschlüsse** von Organen internationaler Organisationen und Beschlüsse von **Vertragsorganen** (z.b. Assoziationsratsbeschlüsse, s. Art. 310, Rn. 26) nehmen nach der Rechtsprechung des EuGH aufgrund ihres **unmittelbaren Zusammenhangs** mit dem Abkommen den Rang desselben ein[186]. Sie teilen den Rang des gemeinschaftsrechtlichen **Umsetzungsaktes** (sekundäres Gemeinschaftsrecht), soweit dieser erforderlich ist (s. Rn. 74 ff.). 78

Fallen Bestimmungen eines **gemischten Abkommens** (Rn. 25 f.) in den Kompetenzbereich der Mitgliedstaaten, ergibt sich der Rang in der nationalen Rechtsordnung aus dem nationalen Verfassungsrecht (Art. 59 Abs. 2 Satz 1 GG: einfaches Bundesgesetz[187]). 79

F. Auslegung völkerrechtlicher Verträge

Der EuGH sieht in ständiger Rechtsprechung die von der Gemeinschaft geschlossenen völkerrechtlichen Verträge als **Handlung der Organe der Gemeinschaft** an und begründet damit seine Auslegungskompetenz nach Art. 234 Abs. 1 lit. b[188]. Unter Verweis auf die Auslegungsregeln des Art. 31 Abs. 1 WVRK hat er dabei mehrfach die **völkerrechtliche Natur** des Völkervertragsrecht in der Gemeinschaftsrechtsordnung betont[189]. 80

---

184 EuGH, Rs. C-61/94, Slg. 1996, I-3989, Rn. 52 (Kommission/Deutschland); Rs. C-192/89, Slg. 1990, I-3497, Rn. 9 (Service); zum Völkergewohnheitsrecht s. EuGH, Rs. C-162/96, Slg. 1998, I-3655, Rn. 45 (Racke/Hauptzollamt Mainz).
185 S. auch EuGH, Gutachten 2/94, Slg. 1996, I-1763, Rn. 4 (EMRK); Gutachten 3/94, Slg. 1995, I-4579, Rn 17 (GATT/WTO/Rahmenabkommen über Bananen).
186 EuGH, Rs. C-192/89, Slg. 1990, I-3497, Rn. 9 (Service); Gutachten 1/76, Slg. 1977, 741, Rn. 16 (Stillegungsfonds).
187 *Vedder*, in: Grabitz/Hilf, EU-/EGV, Art. 238, Rn. 34.
188 EuGH, Rs. 181/73, Slg. 1974, 460, Rn. 2/6 (Haegeman); abweichend davon aber auch Rs. C-53/96, Slg. 1998, I-3603, Rn. 28 f. (Hermès International): Auslegungskompetenz des EuGH aufgrund der Verpflichtung, die WTO-Übereinkünfte bei der Anwendung des Gemeinschaftsrechts »zu berücksichtigen«, hierzu Rn. 55 a.E.
189 EuGH, Rs. C-61/94, Slg. 1996, I-3989, Rn. 30 (Kommission/Deutschland); Rs. C-312/91, Slg. 1993, I-3751 Rn. 12 (Metalsa); Gutachten 1/91, Slg. 1991, I-6079, Rn. 14 (EWG I); Rs. 104/81, Slg. 1982, 3662, Rn. 17 f. (Kupferberg); zur Auslegungsbefugnis des EuGH im Fall des GATT 1949 s. EuGH, Verb. Rs. 21-24/72, Slg. 1972, 1219, Rn. 18/20 (International Fruit Company); zur Auslegungsbefugnis des EuGH über Bestimmungen von gemischten Abkommen, die in den Kompetenzbereich der Mitgliedstaaten fallen s. Art. 234 Rn. 7; im Schrifttum bejahend: *M. Darmon*, Schlußantr. EuGH, Rs. 12/86, Slg. 1987, 3717, Ziff. 9 ff. (Demirel); *R. Arnold*, HbEGWirtR, K.I, Rn. 101; *Neuwahl* (Fn. 65), S. 734 ff.; *G. Nolte*, Freedom of movement for workers and EEC-Turkey assoziation agreement, CMLRev. 25 (1988), S. 755, 761; ders., Freizügigkeit nach dem Assoziationsvertrag EWG-Türkei, ZaöRV 47 (1987), S. 755, 761; *Richter* (Fn. 43), S. 110; a.A.: *G. Hirsch*, Die Rechtsprechung des Europäischen Gerichtshofs zu Assoziationsabkommen, BayVBl. 1997, S. 449 (450); ders. *Stein* (Fn. 70), S. 187 f.; *Meessen* (Fn. 164), S. 48.

Nicht nur zur Herleitung der unmittelbaren Wirkung einzelner völkervertraglicher Vorschriften (s. Rn. 59 ff.), sondern auch zur Bestimmung ihres Inhalts legte der Gerichtshof Völkervertragsrecht regelmäßig unter Beachtung des **Wortlauts** im Lichte sowohl von Gegenstand, Ziel, Sinn und Zweck des Abkommens als auch seines Kontextes aus[190]. Da der EuGH den EG-Vertrag entsprechend seiner Ziele in dynamischer Weise interpretiert, kann die Auslegungsmethode zu einem inhaltlichen Auseinanderfallen gleichlautender Bestimmungen im Abkommen und im EG-Vertrag führen[191].

81 Auch **unverbindliche Organbeschlüsse** (z.B. von gemischten Ausschüssen) werden vom Gerichtshof zur Auslegung des Abkommens, zu dessen Durchführung sie ergangen sind, herangezogen[192].

82 Die Auslegungspraxis des EuGH fügt sich, in ihrer Gesamtheit betrachtet, keiner Gesetzmäßigkeit. Ein Vergleich der Auslegung des GATT 1947 bzw. der WTO-Übereinkünfte mit derjenigen der Assoziierungsabkommen und Freihandelsabkommen zeigt, daß je nach Abkommen handels- und integrationspolitische Überlegungen bei der Auslegung eine erhebliche Rolle spielen[193]. Die »priviligierten« Assoziierungs- und Freihandelsabkommen und die darauf beruhenden Organbeschlüsse legt der EuGH verstärkt »dynamisch« unter **effet-utile** Gesichtspunkten aus[194], also unter Zuhilfenahme eines Auslegungsgrundsatzes des Europarechts, weniger des allgemeinen Völkerrechts[195].

83 Die Auslegung der Bestimmungen eines Gemeinschaftsabkommens durch den EuGH erfolgt nur im »Rahmen der Rechtsordnung der Gemeinschaft«[196]; die Ergebnisse sind also für die Vertragsparteien **unverbindlich**, die nicht Mitgliedstaaten der Gemeinschaft sind[197].

---

190 EuGH, Rs. C-61/94, Slg. 1996, I-3989, Rn. 56 (Kommission/Deutschland); Rs. C-469/93, Slg. 1995, I-4533, Rn. 52 (Chiquita Italia); Rs. C-312/91, Slg. 1993, I-3751, Rn. 11 f. (Metalsa); Gutachten 1/91, Slg. 1991, I-6079, Rn. 14 (EWG I); Rs. C-163/90, Slg. 1992, I-4625, Rn. 23 (Legros); Rs. 104/81, Slg. 1982, Rn. 23 (Kupferberg); EuG, Rs. T-115/94, Slg.1997, II-39, Rn. 106 (Opel Austria/Rat); GA *G. Tesauro*, Schlußantr. zu EuGH, Rs. C-207/91, 151, Ziff. 15 (Eurim-Pharm).
191 EuGH, Gutachten 1/91, Slg. 1991, I-6079, Rn. 14 ff. (EWG I); Rs. 270/80, Slg. 1982, 329. Rn. 15 f. (Polydor); Rs. 104/81, Slg. 1982, 3662, Rn. 29 f. (Kupferberg); identische Auslegungsergebnisse: Rs. 17/81, Slg. 1982, 1331, Rn. 27 f. (Pabst & Richarz); Rs. C-163/90, Slg. 1992, I-4625 Rn. 23 ff. (Legros); EuG, Rs. T-115/94, Slg. 1997, II-39, Rn. 109 f. (Opel Austria/Rat) (unmittelbare Wirkung gleichlautender Bestimmungen in EWR- und EG-Vertrag).
192 EuGH, Rs. C-188/91, Slg 1993, I-363, Rn. 18 (Deutsche Shell).
193 Vgl. die Analyse von *J.-H.-J. Bourgeois*, Effects of International Agreements in European Community Law, Michigan Law Review 82 (1984), S. 1250 (1267).
194 Vgl. z.B. zum Freihandelsabk. EWG/Schweden EuGH Rs. C-163/90, Slg. 1992, I-4625 Rn. 26 (Legros); zum Freihandelsabk. EWG/Österreich, EuGH Rs.C-207/91, Slg. 1993, 3723, Rn. 25 (Eurim-Pharm); zum Assoziationsratsbeschluß 1/80 EWG/Türkei, EuGH, Rs. C-171/95, 23.1.1997, Slg. 1997, I-329, Rn. 31 (Tetik); Rs. C-98/96, Slg. 1997, I-5179, Rn. 32 (Ertanir); s. auch Art. 310 Rn. 25.
195 Wegen der dann fehlenden Gegenseitigkeit bei der Auslegung durch Gerichte der Vertragspartner kritisch: *Behr* (Fn. 149), S. 159; *Tomuschat* (Fn. 142), S. 819; kritisch zur Auslegung der Assoziationsratsbeschlüsse EWG/Türkei: *K. Hailbronner*, Ausländerrecht, 1997, D 5.4, Rn. 7a, 8; *C. Weber*, Der Status arbeitsuchender türkischer Staatsangehöriger nach europäischem Recht, NVwZ 1997, S. 652 f.; ders., Der assoziationsrechtliche Status Drittstaatsangehöriger in der Europäischen Union, 1997, S. 77; zum Auslegungsgrundsatz »effet-utile« im Völkerrecht vgl. *Verdross/Simma* (Fn. 167), § 780, Ziff. 3; *I. Seidl-Hohenveldern/Stein*, Völkerrecht, 10. Auflage 2000, Rn. 349 f., 352.
196 EuGH, Gutachten 1/76, Slg. 1977, 741, Rn. 18 (Stillegungsfonds).
197 *Pescatore* (Fn. 133), S. 670.

G. Rechtsprechungsbefugnis des EuGH: Das Gutachtenverfahren

I. Antragsberechtigte und Antragsfrist

Abs. 6 ermöglicht dem **Rat**, der **Kommission**, einem **Mitgliedstaat** und – seit dem Vertrag von Nizza – dem **Europäischen Parlament**, ein Gutachten des EuGH über die Vereinbarkeit eines verbindlichen[198] völkerrechtlichen Abkommens mit dem EGV einzuholen[199]. 84

Die Antragsberechtigten können den Gerichtshof aus Gründen der **praktischen Wirksamkeit** des Gutachtenverfahrens bereits vor **Beginn der Verhandlungen** zum Vertragsschluß anrufen, soweit der Gegenstand des geplanten Abkommens bekannt ist und die Frage der **Zuständigkeit** zum Abschluß des Abkommens (Organ-/Verbandskompetenz) begutachtet werden soll[200]. Betrifft hingegen der Antragsgegenstand die **Vereinbarkeit** des Abkommens mit dem EGV, müssen konkrete Vertragsbestimmungen vorliegen[201]. Wegen des **Präventivcharakters** des Abs. 6 (Vermeidung internationaler Schwierigkeiten[202]) ist der Gutachtenantrag unzulässig, wenn der völkerrechtliche Bindungswille der Gemeinschaft **endgültig** zum Ausdruck gebracht worden ist (i.d.R. Ratifizierung, s. Rn. 31, 40)[203]. 85

II. Antragsgegenstand

Der EuGH kann das jeweilige Abkommen umfassend auf seine Vereinbarkeit mit allen (materiellen und verfahrensrechtlichen) Normen des Primärrechts untersuchen. Verneint er die Vereinbarkeit, kann der in Aussicht genommene Gemeinschaftsvertrag oder die Mitgliedschaft in einer internationalen Organisation nur nach vorheriger Änderung des kollidierenden EGV (Art. 48 EUV) abgeschlossen werden. 86

Besondere Bedeutung hat in der Gutachtenpraxis die Frage der **Zuständigkeit** zum Abschluß eines Abkommens. Der EuGH hat in diesem Zusammenhang nicht nur überprüft, ob die **Gemeinschaft** Vertragsschlußkompetenz besitzt[204], sondern auch, ob die **Mitgliedstaaten** im Rahmen ihrer Zuständigkeiten ein multilaterales Abkommen zusammen mit der Gemeinschaft (gemischte Abkommen, z.B. WTO[205]) oder ohne Beteiligung der Gemeinschaft (ILO[206]) abschließen dürfen. 87

Die Praxis des EuGH, im Rahmen des Abs. 6 die Vertragsschlußkompetenz der Mit- 88

---

198 Vgl. EuGH, Gutachten 2/92, Slg. 1995, I-525, Rn. 8 (OECD); Gutachten 1/75 Slg. 1975, 1355 Rn. 2 (Lokale Kosten).
199 S. auch Art. 107 GOEuGH.
200 EuGH, Gutachten 2/94, Slg. 1996, I-1763, Rn. 11 und 16 (EMRK); vgl. auch Gutachten 1/78, Slg. 1978, 2871, Rn. 35 (Internationales Naturkautschuk-Übereinkommen).
201 EuGH, Gutachten 2/94, Slg. 1996, I-1763, Rn. 19 f. (EMRK).
202 EuGH, Gutachten 3/94, Slg. 1995, I-4579, Rn. 12 und 19 (GATT/WTO/Rahmenabkommen über Bananen); so bereits im Gutachten 1/75 Slg. 1975, 1355 Rn. 9 (Lokale Kosten).
203 EuGH, Gutachten 3/94, Slg. 1995, I-4579, Rn. 14 (GATT/WTO/Rahmenabkommen über Bananen); Gutachten 1/94, Slg. 1994, I-5267, Rn. 12 (WTO).
204 EuGH, Gutachten 2/94, Slg. 1996, I-1763 (EMRK).
205 EuGH, Gutachten 1/94, Slg. 1994, I-5267, Rn. 9 (WTO); s. auch Gutachten 1/75, Slg. 1975, 1355 (Lokale Kosten); Gutachten 1/76, Slg. 1977, 741 (Stillegungsfonds); Gutachten 1/78, Slg. 1978, 2871 (Internationales Naturkautschuk-Übereinkommen); Gutachten 2/92, Slg. 1995, I-525 (OECD).
206 EuGH, Gutachten 2/91, Slg. 1993, I-1061 (ILO).

gliedstaaten zu überprüfen, mag zwar rechtspolitisch wünschenswert erscheinen[207], ist jedoch rechtlich erheblichen Bedenken ausgesetzt[208]. Der vom EuGH im GATT-Gutachten herausgestellte präventive Zweck des Abs. 6 liegt in der Verhinderung völkerrechtlicher Konflikte der Gemeinschaft. Ein Vertragsschluß der Mitgliedstaaten im Kompetenzbereich der EG führt im Verhältnis zu Drittstaaten allenfalls zur völkerrechtlichen Verantwortung der Mitgliedstaaten – ein Umstand, den Abs. 6 mit seinem Verweis auf Art. 48 EUV erkennbar nicht verhindern kann und will (s. aber Art. 226, 227).

III. Konkurrenzen

89 Abs. 6 schließlich nicht die Möglichkeit aus, im Wege der **Nichtigkeitsklage** (Art. 230) oder des **Vorabentscheidungsverfahrens** (Art. 234 Abs. 1 lit. b) Gemeinschaftsabkommen auf ihre Vereinbarkeit mit dem EGV überprüfen zu lassen[209]. Verletzen die Mitgliedstaaten beim Abschluß ihrer völkerrechtlichen Verträge den EGV (s. aber Art. 307)[210] oder kommen sie ihren Durchführungsverpflichtungen aus Gemeinschaftsabkommen nicht nach[211], kann dieses Verhalten Gegenstand eines **Vertragsverletzungsverfahrens** (Art 226, 227) sein.

---

207 So *Geiger* (Fn. 43) S. 646; *C. Tomuschat*, in: GTE, EU-/EGV, Art. 228, Rn. 82; »präventive Normenkontrolle«.
208 Vgl. auch *J. Boulouis*, La jurisprudence de la Cour de Justice des Communautés Européennes relative aux relations extérieures des Communautés, RdC 160 (1978 II), S. 335 (348); *Geiger* (Fn. 43), S. 646.
209 EuGH, Gutachten 1/75 Slg. 1975, 1355 Rn. 11 (Lokale Kosten).
210 EuGH, Gutachten 1/75, Slg. 1975, 1355 Rn. 11 (Lokale Kosten).
211 EuGH, Gutachten 1/91, Slg. 1991, I-6079, Rn. 38 (EWG I).

Art. 301 (ex-Art. 228a)

Ist in gemeinsamen Standpunkten oder gemeinsamen Aktionen, die nach den Bestimmungen des Vertrags über die Europäische Union betreffend die Gemeinsame Außen- und Sicherheitspolitik angenommen worden sind, ein Tätigwerden der Gemeinschaft vorgesehen, um die Wirtschaftsbeziehungen zu einem oder mehreren dritten Ländern auszusetzen, einzuschränken oder vollständig einzustellen[2, 4 ff., 7], so trifft der Rat[9] die erforderlichen[13] Sofortmaßnahmen[3, 11 f.]; der Rat beschließt auf Vorschlag der Kommission[10] mit qualifizierter Mehrheit[8].

Inhaltsübersicht:

I. Stellung und Funktion	1
II. Bisherige Praxis der Organe	3
III. Völkerrechtliche Rahmenbedingungen	4
IV. Tatbestandliche Voraussetzungen für ein Handeln nach Art. 301	7
V. Zuständigkeiten und Verfahren – Verhältnis von EG-Akten und GASP-Akten	8
VI. Zulässiger Inhalt von Akten nach Art. 301	11
VII. Verhältnis zu Befugnissen der Mitgliedstaaten und anderen Vorschriften des EGV	14

I. Stellung und Funktion

Art. 301 (der als Art. 228a durch den Maastricht-Vertrag eingefügt worden ist) beseitigt 1 die Rechtsunsicherheit, die bzgl. der Zulässigkeit von Embargomaßnahmen der EG auf der Grundlage von ex-Art. 113 bestand. In der zweiten Hälfte der achtziger Jahre[1] hatte sich zwar – sofern nicht Spezialnormen eingriffen – ex-Art. 113 (jetzt Art. 133) EGV als Rechtsgrundlage für **außenpolitisch motivierte Wirtschaftssanktionen der EG** durchgesetzt.[2] Diesen Maßnahmen ging stets innerhalb der EPZ (Art. 30 EEA), also auf völkerrechtlicher Ebene außerhalb der EG, eine Einigung voraus[3]. Trotz der Pragmatik dieses

---

1 VO (EWG) Nr. 330/86 vom 27.10.1986, ABl.EG Nr. L 305/11 (Einfuhrstopp für Goldmünzen aus *Südafrika* – Art. 113 nicht ausdrücklich nennend); VO (EWG) Nr. 2340/90 vom 8.8.1990, ABl.EG Nr. L 213/1 (Handelsembargo gegen *Irak und Kuwait*; zu UN-Sicherheitsratsbeschluß 661 [1990]), erweitert und ergänzt durch VO (EWG) Nr. 3155/90 vom 29.10.1990, ABl.EG Nr. L 304/1 (zu UN-Sicherheitsratsbeschluß 670 [1990]); VO (EWG) Nr. 945/92 vom 14.4. 1992, ABl.EG Nr. L 101/53 (Embargo gegen *Libyen*; zu UN-Sicherheitsratsbeschluß 748 [1992]); VO (EWG) Nr. 990/93 vom 26.4.1993, ABl.EG Nr. L 102/14 (zu UN-Sicherheitsratsbeschlüssen 713 [1991], 752 und 787 [1992] und 820 [1993] betreffend die *Bundesrepublik Jugoslawien* [*Serbien/Montenegro*]). S. auch: VO (EWG) Nr. 1608/93 vom 26.6.1993, ABl.EG Nr. L 155/2 (Embargo in bestimmten Bereichen des Handels mit *Haiti*; VO (EWG) Nr. 3300/ 91 vom 11.11. 1991, ABl.EG Nr. L 315/1 (Aussetzung der Handelszugeständnisse nach dem Kooperationsabkommen mit der *SFR Jugoslawien*) und dazu *T. Stein*, Die Gemeinsame Außen- und Sicherheitspolitik der Union unter besonderer Berücksichtigung der Sanktionspolitik, 1993, S. 29 f.

2 Dazu: *P. Gilsdorf/P. J. Kuijper*, in: GTE, EU-/EGV, Art. 228a, Rn. 1 f.; *T. Marauhn*, Strategische Ausfuhrbeschränkungen gegenüber Drittstaaten im Lichte des Gemeinschaftsrechts, ZaöRV 54 (1994), S. 779 (784 ff.); *T. Stein*, Außenpolitisch motivierte (Wirtschafts-) Sanktionen der Europäischen Union — nach wie vor eine rechtliche Grauzone?, in: FS-Bernhardt (1995), S. 1129 (1130 ff.); *ders*. (Fn. 1), S. 21 ff., 31 ff. Vgl. auch EuGH, Gutachten 1/78, Slg. 1979, 2871, Rn. 44 f., 49 i.V.m. 39 (Naturkautschuk-Übereinkommen); sowie zum Streit um die Zulässigkeit von Handelsembargos aufgrund von Art. 113 EWGV: *A. Reuter*, Verstoßen Exportverbote auf »Dual-Use«-Waren nach § 5c Außenwirtschaftsverordnung gegen EG-Recht, DB 1991, S. 2577 (2580 m.w.N. zum Streit in Fn. 34; s. auch 2582). S. auch: *K. Zeleny*, Zur Verhängung von Wirtschaftssanktionen durch die EU, ZöR 52 (1997), S. 197 (201 ff., 216 ff.).

3 *Marauhn* (Fn. 2), S. 785; *Stein* (Fn. 2), S. 1129 (1131); *C. Vedder*, in: Grabitz/Hilf, EU, Art. 133 EGV, Rn. 66 ff.

zweistufigen Vorgehens blieben jedoch viele Rechtsfragen ungelöst[4] (s. auch Art. 133, Rn. 24).

2 In Anlehnung an diese Praxis des zweistufigen Verfahrens[5] schmiedete man Art. 301 zu einem Scharnier zwischen EG und GASP[6]. Die Vorschrift stellt Wirtschaftssanktionen einerseits auf eine gemeinschaftsrechtliche Kompetenzgrundlage[7], macht sie andererseits aber von der Fassung eines GASP-Beschlusses über einen gemeinsamen Standpunkt oder eine gemeinsame Aktion abhängig[8]. Dies ermöglicht den Mitgliedstaaten, im Bereich der Ersten Säule des EUV die Instrumente (Art. 249, ex-Art. 189) und den Vorrang des EG-Rechts zu außenpolitisch motivierten Wirtschaftsmaßnahmen zu nutzen, ohne Gefahr zu laufen, daß EG-Organe als solche die Federführung in der gemeinsamen Außenpolitik übernehmen. Denn der Impuls zur Ergreifung von Wirtschaftssanktionen muß stets aus der Zweiten Säule kommen.

II. Bisherige Praxis der Organe

3 Bislang[9] sind auf Art. 301 ersichtlich nur Verordnungen gestützt worden. Diese dienten zumeist unmittelbar der Umsetzung von UN-Sicherheitsratsresolutionen[10]. Zugrunde lag stets ein gemeinsamer Standpunkt (s. Art. 15 EUV, Rn. 5). Soweit ersichtlich wurde ein Vorgehen nach Art. 301 noch nicht auf eine gemeinsame Aktion gestützt. Verschiedene **Typen von Verordnungen** (bzw. Normtypen in den Verordnungen) lassen sich erkennen: 1. Wirtschaftsembargos i.e.S. unterbrechen die wirtschaftlichen Beziehungen zu einem Staat, indem sie wirtschaftliche Tätigkeiten von und mit Personen von dort (insbesondere die Ein- und Ausfuhr von Gütern und die Erbringung von Dienstleistungen)

---

4 Vgl. zu den Fragen der Notwendigkeit einstimmiger Beschlußfassung abweichend von ex-Art. 113 Abs. 4 EWGV, zur Entbehrlichkeit eines Kommissionsvorschlags und zur Zulässigkeit des Ausscherens einzelner Mitgliedstaaten: *Stein* (Fn. 2), S. 1129 (1133 f.); *dens.*, (Fn. 1), S. 33 ff. – Zur Erforderlichkeit eines vorhergehenden EPZ-Beschlusses (bejahend): *M. Schröder*, Wirtschaftssanktionen der Europäischen Gemeinschaften gegenüber Drittstaaten, German Yearbook of International Law 23 (1980), S. 111 (118). Vgl. auch *Stein* (Fn. 2), S. 1129 (1133). S. auch: *Marauhn* (Fn. 2), S. 785 f. m.w.N. zum Streitstand. – Zum (nicht völlig unbestrittenen) Fehlen rechtlicher Bindungswirkungen von EPZ-Beschlüssen: *T. Jürgens*, Die gemeinsame Europäische Außen- und Sicherheitspolitik, 1994, S. 173 ff., 180, 240; *Stein* (Fn. 2), S. 1129 (1133); *ders.*, (Fn. 1), S. 33 je m.w.N.
5 *Europäische Kommission*, Regierungskonferenz 1996, Bericht der Kommission an die Reflexionsgruppe 1995 (= SEK [95] 731 endg.), S. 57 (Rn. 131). *Stein* (Fn. 2), S. 1129 (1136).
6 *F. Fink-Hooijer*, The Common Foreign and Security Policy of the European Union, EJIL 5 (1994), S. 173 (175) [»an important bridge between pillar I (Community competence) and pillar II (intergovernmentalism)«].
7 *Marauhn* (Fn. 2), S. 787, 789 f.
8 *Fink-Hooijer* (Fn. 6), S. 175; *Oppermann*, Europarecht, Rn. 1780; *Stein* (Fn. 2), S. 1129 (1136).
9 Kritisch zur Schwerfälligkeit der Sanktionspraxis: *Europäische Kommission*, (Fn. 5), S. 57 (Rn. 132).
10 Anders im Falle des *Jugoslawienkonflikts*: Art. 1 VO (EG) Nr. 926/98 vom 27.4.1998, ABl.EG Nr. L 130/1 (zur *Bundesrepublik Jugoslawien*); VO (EG) Nr. 1607/98 vom 24.7.1998, ABl.EG Nr. L 209/16 (zur *Republik Serbien*), ersetzt durch VO (EG) Nr. 1294/99 vom 15.6.1999, ABl.EG Nr. L 153/63, diese zuletzt geändert durch VO (EG) Nr. 1440/2000 vom 30.6.2000, ABl.EG Nr. L 161/68, und aufgehoben durch Art. 9 VO (EG) Nr. 2488/2000 vom 10.11.2000, ABl.EG Nr. L 287/19; VO (EG) Nr. 1901/98 vom 7.9.1998, ABl.EG Nr. L 248/1 (Flugverbot zwischen der *Bundesrepublik Jugoslawien* und der EG; s. dort insbes. den 2.–4. Erwägungsgrund: Die zusätzlichen Maßnahmen der EU reagieren auf »eine ernsthafte Verletzung der Menschenrechte und des humanitären Völkerrechts«, aufgehoben durch VO (EG) Nr. 1064/1999 vom 21.5.1999, ABl.EG Nr. L 129/27; diese ersetzt durch VO (EG) Nr. 2151/1999 vom 11.10.1999, ABl.EG Nr. L 264/3 (betreffend die *Bundesrepublik Jugoslawien* ohne die Republik

verbieten oder beschränken[11] oder den Luftverkehr unterbrechen[12], wobei zugleich bestimmte Import-, Export- und Durchfuhrverbote (auf dem Land- oder Seeweg) vorgesehen sein können[13]. 2. Ergänzend werden Verordnungen mit dem Ziel erlassen, Wirtschaftsunternehmen davor zu schützen, von dem boykottierten Staat wegen der Befolgung und Umsetzung von Embargomaßnahmen in Regreß genommen zu werden. Indem den im EG-Gebiet ansässigen Wirtschaftssubjekten verboten wird, Ansprüche aus Verträgen oder Geschäften mit Personen in dem boykottierten Staat und insbesondere mit diesem Staat selbst zu erfüllen oder Vorkehrungen zu ihrer Erfüllung zu treffen, sollen Erfüllungshandlungen rechtlich unmöglich werden[14] (Entschädigungsprobleme werden

---

Fortsetzung von Fußnote 10
Montenegro und die Provinz Kosovo), aufgehoben durch VO (EG) Nr. 2227/2000 vom 9.10.2000, ABl.EG Nr. L 261/3. – S. auch *S. Bohr*, Sanctions by the United Nations Security Council and the European Community, EJIL 4 (1993), S. 256 (258, 260 f.) (zum Erlaß von Sanktionen gegen Jugoslawien zunächst ohne Sicherheitsratsbeschluß noch unter der EPZ). – Sowie jüngst gegenüber *Birma/Myanmar*: VO (EG) Nr. 1081/2000 vom 28.5.2000, ABl.EG Nr. L 122/29 (über das Verbot des Verkaufs, der Lieferung und der Ausfuhr nach *Birma/Myanmar* von Ausrüstungen, die zur internen Repression oder für terroristische Zwecke benutzt werden können, und über das Einfrieren der Gelder bestimmter, mit wichtigen Regierungsfunktionen verbundener Personen in diesem Land).
11 VO (EG) Nr. 2471/94 vom 10.10.1994, ABl.EG Nr. L 266/1 (zu UN-Sicherheitsratsbeschluß Nr. 942 [1994] betreffend die von bosnisch-serbischen Streitkräften kontrollierten Gebiete der *Republik Bosnien-Herzegowina*); VO (EG) Nr. 2465/96 vom 17.12.1996, ABl.EG Nr. L 337/1 (zu UN-Sicherheitsratsbeschlüssen 660, 661, 666, 670 [1990], 687 [1991] und 986 [1995] gegen *Irak*; auf Art. 73g und Art. 228a gestützt); VO (EG) Nr. 2465/97 vom 8.12.1997, ABl.EG Nr. L 344/1 (zu UN-Sicherheitsratsbeschluß 1132 [1997] betreffend *Sierra Leone*); VO (EG) Nr. 2229/97 vom 30.10.1997, ABl.EG Nr. L 309/1 (zu UN-Sicherheitsratsbeschlüssen 864 [1993], 1127 [1997], 1130 [1997] betreffend *Angola*), aufgehoben und ersetzt durch VO (EG) Nr. 1705/98 vom 28.7.1998, ABl.EG Nr. L 215/1; VO (EG) Nr. 1745/2000 vom 3.8.2000, ABl.EG Nr. L 200/21 (zu UN-Sicherheitsratsbeschluß 1306 [2000] betreffend *Sierra Leone*); VO (EG) Nr. 1081/2000 (Fn. 10); VO (EG) Nr. 2111/1999 vom 4.10.1999, ABl.EG Nr. L 258/12 (Erdölembargo gegen bestimmte Gebiete der *Bundesrepublik Jugoslawien*), aufgehoben durch VO (EG) Nr. 2228/2000 vom 9.10.2000, ABl.EG Nr. L 261/4; VO (EG) Nr. 1146/2001 vom 11.6.2001, ABl.EG Nr. L 156/1 (zu UN-Sicherheitsratsbeschluß 1343 [2001] zu *Liberia*); VO (EG) Nr. 2580/2001 vom 23.12.2001, ABl.EG Nr. L 344/70 (zu UN-Sicherheitsratsbeschluß 1373 [2001] zur Bekämpfung des *Terrorismus*).
12 So etwa VO (EG) Nr. 3274/93 vom 29.11.1993, ABl.EG Nr. L 295/1 (zu UN-Sicherheitsratsbeschluß 883 [1993] vom 11.11.1993 betreffend *Libyen*); VO (EG) Nr. 1901/98 (Fn. 10); VO (EG) Nr. 2151/1999 (Fn. 10); Art. 5 VO (EG) Nr. 337/2000 vom 14.2.2000, ABl.EG Nr. L 43/1, geändert durch VO (EG) Nr. 1272/2000 vom 6.6.2000, ABl.EG Nr. L 144/16, aufgehoben und ersetzt durch VO (EG) Nr. 467/2001 vom 6.3.2001, ABl.EG Nr. L 67/1 (zu UN-Sicherheitsratsbeschluß 1267 [1999] und 1333 [2000] betreffend *Afghanistan*), diese zuletzt geändert durch Kommissions-VO (EG) Nr. 105/2002, ABl.EG Nr. L 17/52. S. auch Art. 1 Nr. 4 VO (EG) Nr. 2465/96 (Fn. 11); Art. 1 Nr. 4 VO (EG) Nr. 2229/97 (Fn. 11).
13 VO (EG) Nr. 1263/94 vom 30.5.1994, ABl.EG Nr. L 139/1 (zu UN-Sicherheitsratsbeschluß 917 [1994] betreffend *Haiti*).
14 Vgl. *C. Bittner*, Die Auswirkungen des Irak-Embargos für Warenlieferungsverträge: Zivilrechtliche Folgen von Handelsbeschränkungen, RIW 1994, S. 458; *B. Lindemeyer*, Das Handelsembargo als wirtschaftliches Zwangsmittel der auswärtigen Außenpolitik, RIW/AWD 1981, S. 10 (21 ff.); *E. U. Petersmann*, Internationale Wirtschaftssanktionen als Problem des Völkerrechts und des Europarechts, ZVglRWiss 80 (1981), S. 1 (12). S.: VO (EG) Nr. 3275/93 vom 29.11. 1993, ABl.EG Nr. L 295/4 (zu UN-Sicherheitsratsbeschluß 883 [1993] vom 11.11.1993 betreffend *Libyen*); VO (EG) Nr. 1264/94 vom 30.5.1994, ABl.EG Nr. L 139/4 (zu UN-Sicherheitsratsbeschluß 917 [1994] betreffend *Haiti* – z.T. gestützt auf Art. 73g EGV); VO (EG) Nr. 1733/94 vom 11.7. 1994, ABl.EG Nr. L 182/1 (zu UN-Sicherheitsratsbeschluß Nr. 757 [1992] betreffend die *Bundesrepublik Jugoslawien [Serbien/Montenegro]*). – Zu möglichen völkerrechtlichen Konsequenzen von Erfüllungsverboten: *G. Gornig*, Die völkerrechtliche Zulässigkeit eines Handelsembargos, JZ 1990, S. 113 (120 f.).

nicht geregelt[15]). 3. Durch Verordnungen werden Embargomaßnahmen vollständig oder teilweise ausgesetzt[16] oder aufgehoben[17]. Dabei werden auch Verordnungen suspendiert oder außer Kraft gesetzt, die vor der Einfügung von Art. 301 in den EGV erlassen wurden[18]. Dieser dritte Typus ist ein *actus contrarius* zum ersten.

III. Völkerrechtliche Rahmenbedingungen

4 Völkerrechtlich ist ein Handelsembargo[19] regelmäßig mangels hinreichend starker Zwangswirkung nicht als verbotene **Intervention** anzusehen[20]. Doch weckt ein Wirtschaftsboykott rechtliche Bedenken, wenn per se rechtswidrige Mittel eingesetzt wer-

---

15 Vgl. zu Entschädigungsfragen: EuG, Rs. T-184/95, Slg. 1998, II-670, Rn. 59 ff., insbes. Rn. 73 f., 80, 88 (Dorsch Consult/Rat und Kommission); BGH, NJW 1994, S. 858 m. Anm. M. *Herdegen*, JZ 1994, S. 729, u. H.-K. *Ress*, EuZW 1994, S. 223; U. *Häde*, Rechtliche Aspekte des Irak-Embargos, BayVBl. 1991, S. 485 (490 ff.); S. *Kadelbach*, Staatshaftung für Embargoschäden, JZ 1993, S. 1134; *Lindemeyer* (Fn. 14), S. 20 f.; *Petersmann* (Fn. 14), S. 3, 5 f., 7, 12; A. *Reuter*, Außenwirtschafts- und Exportkontrollrecht Deutschland/Europäische Union, 1995, Rn. 755 ff. m.w.N.; R. *Wimmer*, Entschädigungsansprüche aus dem Irak-Embargo gegen die Bundesrepublik Deutschland, BB 1990, S. 1986.
16 VO (EG) Nr. 2472/94 vom 10.10.1994, ABl.EG Nr. L 266/8 (zu UN-Sicherheitsratsbeschluß Nr. 943 [1994] betreffend die *Bundesrepublik Jugoslawien [Serbien/Montenegro]*), verlängert durch VO (EG) Nr. 109/95 vom 23.1.1995, ABl.EG Nr. L 20/1, VO (EG) Nr. 984/95 vom 28.4. 1995, ABl.EG Nr. L 99/1, VO (EG) Nr. 1673/95 vom 7.7.1995, ABl.EG Nr. L 160/1, VO (EG) Nr. 2229/95 vom 19.9.1995, ABl.EG Nr. L 227/1; Art. 1 Abs. 1 VO (EG) Nr. 2815/95 vom 4.12.1995, ABl.EG Nr. L 297/1 (zu UN-Sicherheitsratsbeschluß 1022 [1995] betreffend die *Bundesrepublik Jugoslawien [Serbien/Montenegro]*); Art. 1 Abs. 1 VO (EG) Nr. 462/96 vom 11.3.1996, ABl.EG Nr. L 65/1 (zu von *bosnisch-serbischen* Einheiten kontrollierten Gebieten); VO (EG) Nr. 836/1999 vom 20.4.1999, ABl.EG Nr. L 106/1 (zu *Libyen*); VO (EG) Nr. 607/ 2000 vom 20.3.2000, ABl.EG Nr. L 73/4 sowie VO (EG) Nr. 1746/2000 vom 3.8.2000, ABl.EG Nr. L 200/24 (Flugverbot für die *Bundesrepublik Jugoslawien*).
17 VO (EG) Nr. 2543/94 vom 19.10.1994, ABl.EG Nr. L 271/1 (betreffend *Haiti*); Art. 1 Abs. 4 VO (EG) Nr. 2815/95 (Fn. 16); Art. 1 VO (EG) Nr. 2382/96 vom 9.12.1996, ABl.EG Nr. L 328/ 1 (zu UN-Sicherheitsratsbeschluß 1074 [1996] betreffend die *Bundesrepublik Jugoslawien [Serbien/Montenegro]*); Art. 8 VO (EG) Nr. 2465/96 (Fn. 11); VO (EG) Nr. 2227/2000 (Fn. 10); VO (EG) Nr. 2228/2000 (Fn. 11); Art. 9 VO (EG) Nr. 2488/2000 (Fn. 10) (Beschränkung von Wirtschaftssanktionen gegen die *Bundesrepublik Jugoslawien* auf die Aufrechterhaltung des Einfrierens von Geldern des Herrn Milosevics und der Personen seines Umfelds).
18 Art. 1 Abs. 1 VO (EG) Nr. 2815/95 (Fn. 16) und Art. 1 Abs. 1 VO (EG) Nr. 462/96 (Fn. 16) (beide zu VO [EWG] Nr. 990/93 [Fn. 1]). – Art. 8 VO (EG) Nr. 3274/95 (Fn. 12); VO (EG) Nr. 2472/94 (Fn. 16); VO (EG) Nr. 1380/95 vom 12.6.1995, ABl.EG Nr. L 138/1 (zu UN-Sicherheitsratsbeschluß 992 [1995] betreffend die *Bundesrepublik Jugoslawien [Serbien/Montenegro]*); Art. 1 VO (EG) Nr. 2382/96 vom (Fn. 17) (soweit VO (EWG) Nr. 990/93 [Fn. 1] betroffen ist); Art. 7 VO (EG) Nr. 2229/97 (Fn. 11).
19 Definition bei C. *Gloria*, in: K. Ipsen, Völkerrecht, 4. Aufl., 1999, § 43 Rn. 8; *Gornig* (Fn. 14), 114 f.; H. C. *Schneider*, Wirtschaftssanktionen, 1999, S. 34 f. Vgl. auch: F. *Berber*, Lehrbuch des Völkerrechts, Bd. III, 2. Aufl., 1977, S. 98; W. *Meng*, Die Kompetenz der EWG zur Verhängung von Wirtschaftssanktionen gegen Drittländer, ZaöRV 42 (1982), S. 780 (789 f.) (Handelsembargos von anderen Wirtschaftssanktionen unterscheidend); *Petersmann* (Fn. 14), S. 10 f.
20 R. *Jennings*/A. *Watts* (eds.), Oppenheim's International Law, 9th ed., Essex, England 1992, S. 432, 434 (s. aber Fn. 14); H. G. *Kausch*, Embargo, in: R. Bernhardt (ed.), Encyclopedia of Public International Law, Volume II (1995), S. 58 (61); A. *Puttler*, Völkerrechtliche Grenzen von Export- und Reexportverboten, 1989, S. 71 ff. s. auch: H. *Fischer*, in: K. Ipsen, Völkerrecht, 4. Aufl., 1999, § 59 Rn. 61 ff. (vgl. auch Rn. 14); K.-P. *Kißler*, Die Zulässigkeit von Wirtschaftssanktionen der Europäischen Gemeinschaft gegenüber Drittstaaten, 1984, S. 50 ff. (58); *Petersmann* (Fn. 14), S. 11. Vgl. auch I. *Seidl-Hohenveldern/T. Stein*, Völkerrecht, 10. Aufl., 2000, Rn. 1784. S. aber *Schröder* (Fn. 4), S. 122. – Handelsembargos berühren auch nicht das Gewaltverbot; dazu und ausführlich zu Problemen des allgemeinen Völkerrechts: *Gornig* (Fn. 14), S. 115 ff.

den[21] oder wenn etwas erzwungen werden soll, worauf der verhängende Staat keinen Rechtsanspruch hat[22]. Allgemein gilt, daß ein Embargo zulässig ist, wenn es nicht in Widerspruch zu besonderen völkerrechtlichen, vor allem vertraglichen, ggf. aber auch neutralitätsrechtlichen, Verpflichtungen steht[23]. Bestritten wird die Rechtmäßigkeit aber, wenn Embargomaßnahmen in Drittstaaten ansässige Personen erfassen[24]. Eine solche **extraterritoriale Wirkung** mag u.U. sogar der Zulässigkeit wirtschaftlicher Repressalien entgegenstehen. Denn ein Embargo kann zwar, wenn es an sich gegen Völkerrecht verstößt, gleichwohl als **Repressalie** gerechtfertigt sein[25]. Dazu muß es sich aber gegen die Völkerrechtsverletzung eines anderen Völkerrechtssubjekts richten. Nicht gerechtfertigt ist folglich die Beeinträchtigung von Rechten am Unrecht unbeteiligter Dritter[26].

Die EG kann als internationale Organisation selbst eine Repressalie verhängen[27], soweit sie als Völkerrechtssubjekt in eigenen Rechten verletzt ist[28]. Denn die Repressalie ist nicht ausschließlich Staaten vorbehalten[29]. Allerdings steht sie grundsätzlich nur dem Völkerrechtssubjekt zu, das von einer Völkerrechtsverletzung selbst unmittelbar rechtlich betroffen ist[30]. – Zwar sind Wirtschaftssanktionen nach Art. 301 grundsätzlich der

---

21 *Petersmann* (Fn. 14), S. 8 ff.
22 A. *Verdross*/B. *Simma*, Universelles Völkerrecht, 3. Aufl., 1984, § 492 (in Konsequenz der UN-Generalversammlungs-Resolutionen 2131 [XX] vom 21.12.1965 und 2625 [XXV], der sog. Friendly Relations Declaration, vom 24.10.1970). S. auch: *Kausch* (Fn. 20), S. 61; *Kißler* (Fn. 20), S. 44 ff. (s. auch 130 ff.).
23 *Gloria* (Fn. 19), § 43 Rn. 13 (s. auch Rn. 14); *Lindemeyer* (Fn. 14), S. 16. Zur Zulässigkeit wirtschaftlicher Zwangsmaßnahmen von Regionalorganisationen ohne Ermächtigung nach Art. 53 Abs. 1 Satz 2 UN-Charta: *U. Beyerlin*, in: R. Wolfrum, Handbuch Vereinte Nationen, 2. Aufl. (1991), Regionalabkommen, S. 673 ff., Rn. 6, 16; *J. A. Frowein*, Zwangsmaßnahmen von Regionalorganisationen, in: FS Bernhardt (1995), S. 57 (66 f.). Zur Qualität der EG/EU als Regionalorganisation: *J. A. Frowein*, Die Europäische Union mit WEU als Sicherheitssystem, in: FS Everling, Bd. I, 1995, S. 315 (319 f.); a.A. *Stein* (Fn. 2), S. 1129 (1139); *ders.*, (Fn. 1), S. 16. Zum GATT: *Gornig* (Fn. 14), S. 122; *Kißler* (Fn. 20), S. 68, 84 f.; *Petersmann* (Fn. 14), S. 13 f.; *Schröder* (Fn. 4), S. 123 f. Zur WTO: *W. Meng*, Extraterritoriale Jurisdiktion in der US-amerikanischen Sanktionsgesetzgebung, EuZW 1997, S. 423 (428); *ders.*, Wirtschaftssanktionen und staatliche Jurisdiktion – Grauzonen im Völkerrecht, ZaöRV 57 (1997), S. 269 (306 ff.).
24 *Kausch* (Fn. 20), S. 61. S. auch *Puttler* (Fn. 20), S. 79 ff., 95 ff. Zu Problemen extraterritorial ausgreifender Wirtschaftssanktionen: *Meng* (Fn. 23), EuZW 1997, S. 423; *ders.* (Fn. 23), ZaöRV 57 (1997), S. 269 (289 ff.).
25 Zu den Voraussetzungen: *G. Dahm*, Völkerrecht, Bd. II, 1961, S. 426 ff.; *Fischer* (Fn. 20), § 59 Rn. 45 ff. Beachte aber: Repressalien können innerhalb von sog. *self-contained regimes* ausgeschlossen sein (dazu *Fischer*, ebd., § 35 Rn. 39, § 59 Rn. 47). Zu einem solchen Ausschluß durch das WTO-Vertragssystem: *Meng* (Fn. 23), ZaöRV 57 (1997), S. 269 (274) m.w.N.
26 *Dahm* (Fn. 25), S. 430; *Fischer* (Fn. 20), § 59 Rn. 46; *Verdross/Simma* (Fn. 22), § 1343 a.E.
27 *S. E. Klein*, Sanctions by International Organizations and Economic Communities, ArchVR 30 (1992), S. 101 (110). Zur Frage, ob der – nicht auf Art. 228a, sondern auf Art. 73c, 113 und 235 gestützte – Erlaß der VO (EG) Nr. 2271/96 vom 22.11.1996, ABl.EG Nr. L 309/1 als Repressalie zu deuten ist (gegen die als völkerrechtswidrig bewerteten, extraterritorial ausgreifenden Wirtschaftssanktionen der USA gegen Kuba, Libyen und Iran gerichtet): *Meng* (Fn. 23), ZaöRV 57 (1997), S. 269 (314 f.). Zur Gleichheit der völkerrechtlichen Bindung wie bei Staaten: *Schröder* (Fn. 4), S. 113, 121; s. auch *Stein* (Fn. 2), S. 1129 (1138); *dens.*, (Fn. 1), S. 17.
28 *E. Klein*, Zulässigkeit von Wirtschaftssanktionen der EWG gegen ihre Mitgliedstaaten, RIW 1985, S. 291 (295); *Verdross/Simma* (Fn. 22), § 1343. S. auch *Geiger*, EUV/EGV, Art. 297, Rn. 8 (der annimmt, daß Mitgliedstaaten könne zugleich die EG verletzt sein).
29 *Berber* (Fn. 19), S. 95; *Dahm* (Fn. 25), S. 427; *J. A. Frowein*, Globale und regionale Friedenssicherung nach 50 Jahren Vereinte Nationen, ZSR N.F. 114 (1995), S. 257 (267).
30 *Dahm* (Fn. 25), S. 427; *H.-K. Ress*, Das Handelsembargo, 2000, S. 119; *Verdross/Simma* (Fn. 22), § 1343.

EG zuzurechnen[31]. Dennoch läßt sich Art. 301 nicht als satzungsgemäße Ermächtigung der EG begreifen, ihre Rechte mittels Repressalien durchzusetzen. Denn eine solche primärrechtliche Kompetenz steht ohnehin fest, soweit der EGV der EG völkerrechtliche Handlungsfähigkeit verleiht und zugleich ein Handeln der Mitgliedstaaten ausschließt. Art. 301 bietet vielmehr den Mitgliedstaaten die Möglichkeit, über Steuerungsimpulse aus der Zweiten Säule des EUV (Rn. 2, 7) die wirtschaftlichen Handlungsinstrumente des EGV außenpolitisch zu nutzen. Die Verhängung von Sanktionen nach Art. 301 beruht auf dem konzertierten Handeln der Mitgliedstaaten und erscheint damit im Hinblick auf seine völkerrechtliche Rechtfertigung als ein »**Kollektivembargo**«[32]. Nach allgemeinem Völkerrecht kann ein solches Embargo als Repressalie gerechtfertigt sein, wenn ein Drittstaat alle Mitgliedstaaten zugleich in ihren Rechten verletzt. Ansonsten[33] kommt eine (gemeinschaftliche) Repressalie nur als Reaktion auf die Verletzung von erga omnes-Pflichten in Betracht. Doch darf, wer von einem solchen Rechtsverstoß nicht in qualifizierter Weise selbst betroffen ist, eine Repressalie nur als ultima ratio ergreifen. Eine Ausnahme gilt für den Bruch des Gewaltverbots. Hier erlaubt das Nothilferecht (vgl. Art. 51 UN-Charta) zugunsten eines bewaffnet angegriffenen Staates militärisch einzuschreiten. Erst recht ist dann aber eine bloße Repressalie gegen den Angreifer möglich[34].

6 Wirtschaftssanktionen nach Art. 301 im Gefolge von **Resolutionen des UN-Sicherheitsrates** nach Art. 39 und 41 UN-Charta (Kapitel VII) rechtfertigen sich nicht aus Repressalienrecht, sondern unmittelbar aus dem Satzungsrecht der Vereinten Nationen[35]. Sicherheitsratsbeschlüsse binden zwar die EU-Staaten als UN-Mitgliedstaaten (vgl.

---

31 R. *Bernhardt*, Die Europäische Gemeinschaft als neuer Rechtsträger im Geflecht der traditionellen zwischenstaatlichen Rechtsbeziehungen, EuR 1983, S. 199 (212). Darum *bedarf* ein Embargo einer Rechtfertigung, soweit es Völkerrechtspflichten *der EG* verletzt (dazu: P. J. *Kuyper*, Trade Sanctions, Security and Human Rights and Commercial Policy, in: M. Maresceau (ed.), The European community's commercial policy after 1992: The Legal Dimension, 1993, S. 387 [413 ff.]); dies hindert aber nicht daran, die Rechtfertigung in der Verletzung *der Mitgliedstaaten* zu sehen. – Vgl. auch die Gedanken zum Haftungsrecht bei *Stein* (Fn. 2), S. 1129 (1140 f.); s. dagegen aber BGH, NJW 1994, S. 858.
32 Vgl. *Schröder* (Fn. 4) 121; *Vedder* (Fn. 3), Rn. 75. A.A. *Kißler* (Fn. 20), S. 185 i.V.m. 168 ff. – S. Fn. 31.
33 Zur Frage, ob bei der Verletzung eines *einzelnen* Mitgliedstaats ein Embargo durch die EG gegenüber denjenigen Verletzerstaaten zulässig sei, die die EG anerkannt haben: G. *Garçon*, Handelsembargen der Europäischen Union auf dem Gebiet des Warenverkehrs gegenüber Drittstaaten, 1997, S. 219 f. (bejahend); *Meng* (Fn. 19), S. 796. Weitergehend noch: *Geiger*, EUV/EGV, Art. 224, Rn. 8 (allgemeine Beistandsberechtigung der EG); K. *Osteneck*, in: Schwarze, EU-Kommentar, Art. 301, Rn. 4; *Schneider* (Fn. 19), S. 112. f.; *Vedder* (Fn. 3), Rn. 75 (völkerrechtliche Nothilfe). Dagegen: *Kißler* (Fn. 20), S. 172 f. (der EG-Handeln zugunsten der Mitgliedstaaten grundsätzlich ablehnt, S. 168 ff.).
34 Vgl. *Fischer* (Fn. 20), § 59 Rn. 46 ff.; J. A. *Frowein*, Obligations Erga Omnes, in: R. Bernhardt (ed.), Encyclopedia of Public International Law, Volume III (1997), S. 757 (758) m.w.N.; R. *Kampf*, Artikel 113 EWG-Vertrag als Grundlage für Embargomaßnahmen seitens der EWG, RIW 1989, S. 792 (797); *Schröder* (Fn. 4), S. 122 f.; *Verdross/Simma* (Fn. 22), § 1343. S. auch: *Petersmann* (Fn. 14), S. 16 f. Kritisch, wenn auch nicht völlig ablehnend: *Kißler* (Fn. 20), S. 93 ff., 169 (speziell zur EG: S. 179 ff.). – Dagegen, die Repressalie nicht Betroffener nur als *ultima ratio* zuzulassen, mit beachtlichen Gründen: *Ress* (Fn. 30), S. 121.
35 *Garçon* (Fn. 33), S. 226 f.; *Kausch* (Fn. 20), S. 62; *Petersmann* (Fn. 14), S. 17 f. Das UN-Recht mißt sich nach Art. 103 UN-Charta gegenüber anderen völkervertraglichen Verpflichtungen der UN-Mitgliedstaaten Vorrang zu: C. *Langenfeld*, Embargo – Addendum 1992, in: R. Bernhardt (ed.), Encyclopedia of Public International Law, Volume II (1995), S. 63. Kritisch: *Seidl-Hohenveldern/Stein* (Fn. 20), Rn. 440; *Klein* (Fn. 28), S. 293 mit Fn. 25.

Art. 25 UN-Charta), nicht aber die EG als solche[36]. Der EGV enthält auch keine entsprechende Rezeptionsklausel. Vielmehr folgt insoweit aus der Gesamtkonstruktion des EUV, daß sich völkerrechtliche Verpflichtungen der Mitgliedstaaten zunächst im Bereich der Zweiten Säule niederschlagen sollen. Soweit es die Umsetzung eines Sanktionsbeschlusses des Sicherheitsrats erfordert, sind die Mitgliedstaaten (zur Möglichkeit eigenständiger nationaler Embargos unten Rn. 14) völkerrechtlich verpflichtet, die Handlungsmöglichkeiten der Art. 11 ff. EUV zu nutzen und im Rat (als Organ der GASP) einen gemeinsamen Standpunkt oder eine gemeinsame Aktion zu beschließen, der Wirtschaftsboykottmaßnahmen der EG vorsieht[37] (s. auch Rn. 2, 7). Scheitert ein gemeinsames Handeln, so sind die Mitgliedstaaten verpflichtet, den Sicherheitsratsbeschluß selbständig zu befolgen[38].

IV. Tatbestandliche Voraussetzungen für ein Handeln nach Art. 301

Die Möglichkeit, Sofortmaßnahmen zu beschließen, setzt nach Art. 301 voraus, daß im Rahmen der GASP ein **gemeinsamer Standpunkt** (s. Art. 15, Rn. 5) oder eine **gemeinsame Aktion** angenommen worden sind. Inhaltlich muß in dem GASP-Beschluß hinreichend bestimmt ein Tätigwerden *der Gemeinschaft* (nicht ein bloß abgestimmtes Handeln der Mitgliedstaaten) vorgesehen sein[39], um die Wirtschaftsbeziehungen zu einem oder mehreren dritten Ländern (also zu Nicht-EU-Staaten)[40] auszusetzen, einzuschränken oder vollständig einzustellen; dabei kann es sich um Wirtschaftssanktionen aller Art handeln (s. Rn. 2 u. Rn. 11). Die Verkoppelung ist starr: Ohne einen solchen GASP-Beschluß darf von Art. 301 nicht Gebrauch gemacht werden (vgl. Rn. 2). Gleiches gilt bei Nichtigkeit des GASP-Beschlusses; doch ist der EuGH hier durch Art. 46 EUV an einer Bewertung der Rechtsgültigkeit des Zustandekommens gehindert (dazu Art. 46 EUV, 7

---

36 EuG, Rs. T-184/95, Slg. 1998, II-670, Rn. 74; *Bohr* (Fn. 10), S. 263 ff.; *Garçon* (Fn. 33), S. 230; *Häde* (Fn. 15), S. 485 f.; *Klein* (Fn. 28), S. 292 f.; *ders.* (Fn. 27), S. 108; *G. Meier*, Zur Kompetenz der EG-Mitgliedstaaten zur Durchführung von Sanktionsbeschlüssen des Sicherheitsrats der Vereinten Nationen, RIW/AWD 1979, S. 247 (249 f.); *Petersmann* (Fn. 14), S. 26 (s. aber auch 27); *ders.*, in: GTE, EU-/EGV, Art. 234, Rn. 25; *Ress* (Fn. 30), S. 187; *Stein* (Fn. 2), S. 1129 (1139 f.); *ders.*, (Fn. 1), S. 17 ff. – Dies gilt trotz gegenteiliger Formulierungen im Vorspruch von VO (EG) Nr. 2472/94 (Fn. 16); VO (EG) Nr. 109/95 (Fn. 16); VO (EG) Nr. 984/95 (Fn. 16); VO (EG) Nr. 1380/95 (Fn. 16); VO (EG) Nr. 1673/95 (Fn. 16); VO (EG) Nr. 2229/95 (Fn. 16). – Dagegen sieht der Vorspruch der VO (EG) Nr. 1263/94 (Fn. 13) »alle Staaten« als verpflichtet an. Entsprechend: VO (EG) Nr. 1264/94 (Fn. 14). – A.A. *P. Gilsdorf*, Die sicherheitspolitischen Schutzklauseln, insbesondere die Artikel 223-225 EWGV in der Perspektive der Europäischen Union, in: H.-J. Glaesner/P. Gilsdorf/D. Thürer/G. Hafner, Außen- und sicherheitspolitische Aspekte des Vertrages von Maastricht und seine Konsequenzen für neutrale Beitrittswerber, 1993, S. 33 (49, Fn. 27); *Schneider* (Fn. 19), S. 230.
37 S. Art. 48 Abs. 2 UN-Charta. *Bohr* (Fn. 10), S. 267; *Frowein* (Fn. 29), S. 265; *Petersmann*, in: GTE, EU-/EGV, Art. 234, Rn. 25; *C. Thun-Hohenstein*, Handelsbeschränkungen durch UN-Beschlüsse und Ratsbeschlüsse im Rahmen der Gemeinsamen Außen- und Sicherheitspolitik, ihre Wirkungen für die EG und Österreich, ZfRV 37 (1996), S. 238. S. zum Ganzen auch *Ress* (Fn. 30), S. 137 ff.
38 *Ress* (Fn. 30), S. 195; *Stein* (Fn. 1), S. 20 mit Verweis auf Art. 103 UN-Charta und ex-Art. 234 EGV (Art. 307 n.F.).
39 In den *Erwägungsgründen* des GASP-Aktes findet sich regelmäßig die (ggf. modifizierte) Klausel: »Die Gemeinschaft muß tätig werden, um bestimmte Maßnahmen umzusetzen.« – S. z.B. den Gemeinsamen Standpunkt 2001/154/GASP vom 26.2.2001, ABl.EG Nr. L 57/1 (zu UN-Sicherheitsratsbeschluß 1333 [2000] betreffend *Afghanistan*).
40 Die Frage, ob internationale Organisationen Ziel von Wirtschaftsmaßnahmen sein können, bejaht: *H. C. Schneider*, in: Grabitz/Hilf, EU, Art. 228a EGV, Rn. 4. Verneinend: *Zeleny* (Fn. 2), S. 211 f.

Rn. 10). Unzulässig wäre auch eine sicherheits- und außenpolitische Eigensteuerung der EG im Widerspruch zu GASP-Beschlüssen.

V. Zuständigkeiten und Verfahren – Verhältnis von EG-Akten und GASP-Akten

8 Zuständig zum Erlaß von Sofortmaßnahmen ist der **Rat**. Er handelt als EG-Organ (Art. 202 ff.). Die **qualifizierte Mehrheit**, mit der ein Beschluß gefaßt werden muß, bestimmt sich daher nach Art. 205 Abs. 2. Einstimmigkeit ist auch dann nicht erforderlich, wenn sie im Bereich der GASP vorgeschrieben ist[41].

9 GASP-Beschlüsse *als solche* binden – auch vermittels Art. 301 – die EG und ihre Organe nicht[42]. (Völker-) Rechtliche Verbindlichkeit haben gemeinsame Aktionen nach Art. 14 Abs. 3 EUV vielmehr nur gegenüber den Mitgliedstaaten. Nur sie haben nach Art. 15 Satz 2 EUV dafür Sorge zu tragen, daß ihre Politik mit den gemeinsamen Standpunkten in Einklang steht[43]. Dennoch wird z.t. vertreten, daß nicht einmal ein Beschluß nach Art. 14 EUV die Mitgliedstaaten verpflichte, Wirtschaftssanktionen nach Art. 301 zuzustimmen[44]. Dagegen spricht jedoch, daß Art. 301 einen GASP-Beschluß voraussetzt, der auf Wirtschaftssanktionen der EG abzielt. Jedenfalls wenn es sich dabei um eine gemeinsame Aktion handelt, begründet diese dann aber die *völkerrechtliche* Pflicht der Mitgliedstaaten, den erforderlichen EG-Beschlüssen im Rat zuzustimmen. Freilich wird eine EG-Embargoverordnung Details regeln, die der GASP-Beschluß nicht enthält; diesen kann ein Mitgliedstaat u.U. berechtigt widersprechen. Wie weit die Abstimmungsfreiheit eines Mitgliedstaates bei der Ratsentscheidung nach Art. 301 eingeschränkt ist, hängt damit vom einschlägigen GASP-Beschluß i.V.m. der Loyalitäts- und Förderungspflicht aus Art. 11 Abs. 2 EUV (s. dort Rn. 4) ab. Diese Bindungen sind nicht gemeinschaftsrechtlicher, sondern völkerrechtlicher Natur[45]. Sie wurzeln in Art. 11 ff. EUV und sind daher durch den EuGH nicht überprüfbar (Art. 46 EUV).

10 Der Rat beschließt auf **Vorschlag der Kommission,** auf den nicht verzichtet werden kann[46] und den der Rat nach Art. 250 Abs. 1 nur einstimmig abändern kann. Obwohl die Kommission durch GASP-Akte nicht unmittelbar gebunden wird (s. Rn. 9), trifft sie unter den Voraussetzungen des Art. 301 (Rn. 7) grundsätzlich eine Pflicht, dem Rat

---

41 Vgl. *Stein* (Fn. 2), S. 1129 (1137).
42 *Ress* (Fn. 30), S. 172 ff.; *T. Stein,* Das Zusammenspiel von Mitgliedstaaten, Rat und Kommission bei der Gemeinsamen Außen- und Sicherheitspolitik der Europäischen Union, EuR, Beiheft 2/1995, S. 69 (74, 79). Zu Recht warnen *H. G. Krenzler/H. C. Schneider,* Die Gemeinsame Außen- und Sicherheitspolitik der Europäischen Union, EuR 1994, S. 144 (152) vor dem sonst drohenden Verlust der Eigenständigkeit von EG-Kompetenzen im auswärtigen Bereich! – A.A. *Gilsdorf/Kuijper* (Fn. 2), Rn. 3, 7; *Pechstein/Koenig,* EU, Rn. 212, s. auch Rn. 122; *M. Pechstein,* Das Kohärenzgebot als entscheidende Integrationsdimension der Europäischen Union, EuR 1995, S. 247 (255); *Zeleny* (Fn. 2), S. 219 ff.
43 Vgl. *Stein* (Fn. 42), S. 75, 77, 79.
44 *Schneider* (Fn. 40), Rn. 13 (gegenüber der EPZ sei die Rechtslage unverändert).
45 *Stein* (Fn. 2), S. 1129 (1136 f.). S. auch *P.-C. Müller-Graff,* Europäische Politische Zusammenarbeit und Gemeinsame Außen- und Sicherheitspolitik: Kohärenzgebot aus rechtlicher Sicht, integration 3 (1993), S. 147 (150, 156). – Problematisch der Versuch, Bindungen über ex-Art. 5 EGV zu konstruieren, bei *M. Janik,* Sensitive Waren und Dienstleistungen im Lichte des europäischen Gemeinschaftsrechts, 1995, S. 242.
46 Vgl. *Stein* (Fn. 2), S. 1129 (1134, 1137). S. auch *Schneider* (Fn. 40), Rn. 9 (zur Schwächung der Stellung der Kommission im Vergleich zur EPZ: Rn. 8).

einen Vorschlag zu unterbreiten[47]. Sie folgt aus dem Kohärenzgebot (Art. 3 EUV)[48]. Denn die GASP ist – da die EG nach Art. 301 auch für außenpolitisch motivierte Embargomaßnahmen grundsätzlich ausschließlich zuständig ist (s.u. Rn. 14) – auf den »Hebel« des Art. 301 angewiesen. Dies gilt insbesondere, wenn der GASP-Akt völkerrechtliche Verpflichtungen, vor allem solche aus einem UN-Sicherheitsratsbeschluß, umsetzt (arg. ex Art. 297, letzter Fall, Art. 307)[49]. Trotz ihrer Vorschlagspflicht ist die Kommission aber nicht bloßes Werkzeug der GASP, sondern verkörpert das Gemeinschaftsinteresse der EG. In dieser Eigenschaft wird sie auch an den Arbeiten der GASP beteiligt (Art. 28 Abs. 1 EUV i.V.m. Art. 213 Abs. 2 EGV). Sie hat deshalb bei der Ausarbeitung eines Vorschlags zu prüfen, wie sich Wirtschaftssanktionen auf den Gemeinsamen Markt auswirken werden (s. Rn. 13). Nur falls ihnen das Gemeinschaftsinteresse strikt entgegensteht, kann die Kommission allerdings, statt die GASP-Vorgaben marktschonend umzusetzen, einen Vorschlag gänzlich verweigern[50].

VI. Zulässiger Inhalt von Akten nach Art. 301

Die erforderlichen Sofortmaßnahmen umfassen **Wirtschaftssanktionen aller Art** (in den Bereichen Waren-, Dienstleistungsverkehr, Niederlassung von Unternehmen oder Verkehr – s. aber Rn. 15)[51]. Ihre Intensität reicht von punktuellen Einschränkungen bis zur vollständigen Aussetzung der Wirtschaftsbeziehungen. Sie müssen friedlicher, d.h. nichtmilitärischer Art sein[52] und dürfen das Völkerrecht (oben Rn. 4 ff.) nicht verletzen[53]. Dies kann als immanente Tatbestandsvoraussetzung vom EuGH überprüft werden[54]. Mangels näherer Einschränkung fallen unter Art. 301 alle Handlungsformen des Art. 249[55], obgleich in der Praxis bisher allein Verordnungen ergangen sind (oben Rn. 3). Um der Wirksamkeit von Wirtschaftssanktionen willen muß angenommen wer-

11

---

47 Vgl. (mit z.T. anderer Begründung als hier) die in Fn. 42 Genannten sowie *Oppermann*, Europarecht, Rn. 1780; *Osteneck* (Fn. 33), Rn. 10; *M. Röttinger*, in: Lenz, EGV, Art. 301, Rn. 4. A.A. *J. Friedrichs*, Die Frage der Völkerrechtssubjektivität der Europäischen Union, 1998, S. 182 ff.; *H.-J. Glaesner*, Willensbildung und Beschlußverfahren in der Europäischen Union, EuR, Beiheft 1/1994, S. 25 (36); *J. Monar*, Das duale System von EG und EPZ/ GASP im Test, in: E. Regelsberger (Hrsg.), Die Gemeinsame Außen- und Sicherheitspolitik der Europäischen Union, 1993, S. 75 (83); *Ress* (Fn. 30), S. 173 f.; *Schneider* (Fn. 40), Rn. 10. – Vgl. zur Frage, ob Art. 208 (ex-Art. 152) in bezug auf Art. 301 anwendbar ist und ob, sofern man dies bejaht, die Auffordnung verbindlich wäre: *K. W. Lange*, Die Gemeinsame Außen- und Sicherheitspolitik der Europäischen Union, JZ 1996, S. 442 (443 f.).
48 *Garçon* (Fn. 33), 115, 121 f.; *Lange* (Fn. 47), S. 444; *K. Siems*, Das Kohärenzgebot in der Europäischen Union und seine Justitiabilität, 1999, S. 112; *Stein* (Fn. 42), S. 79. – Das Kohärenzgebot wird insofern von Art. 301 stillschweigend rezipiert, so daß allein seine Einhaltung insoweit vom EuGH kontrolliert werden kann (Art. 46 EUV). Ähnlich, auf ex-Art. 5 aufbauend, *Friedrichs* (Fn. 47), S. 84; *Krenzler/Schneider* (Fn. 42), S. 158 f.; s. auch *Thun-Hohenstein*, (Fn. 37), S. 243 sowie (zur EPZ) *Bohr* (Fn. 10), S. 267 f. Anders und problematisch: *Pechstein* (Fn. 42), S. 257 f.
49 Vgl. *Klein* (Fn. 28), S. 294; *Petersmann* (Fn. 14), S. 26 f.; *Siems* (Fn. 48), S. 202; *Thun-Hohenstein* (Fn. 37), S. 243.
50 *Stein* (Fn. 42), S. 79 (s. auch S. 80). S. zu einer Weigerungsmöglichkeit auch *Gilsdorf/Kuijper* (Fn. 2), Rn. 7 (»in Extremfällen«, z.B. Änderung der Lage). A.A. *Lange* (Fn. 47), S. 444.
51 *Gilsdorf/Kuijper* (Fn. 2), Rn. 3; *Marauhn* (Fn. 2), S. 788; *Stein* (Fn. 2), S. 1129 (1136).
52 *Stein* (Fn. 2), S. 1129 (1138 f.). Vgl. auch Art. 14 EUV, Rn. 7.
53 *Stein* (Fn. 2), S. 1129 (1138). S. auch *Petersmann* (Fn. 14), S. 26 f.; *dens.*, Darf die EG das Völkerrecht ignorieren?, EuZW 1997, S. 325 (327 f., 330); *dens.*, in: GTE, EU-/EGV, Art. 234 (insbes. Rn. 24).
54 *Stein* (Fn. 42), S. 75.
55 A.A. *Zeleny* (Fn. 2), S. 223 (ohne Begründung).

den, daß Art. 301 EGV auch die Kompetenz verleiht, von den Mitgliedstaaten zu verlangen, Embargovorschriften mit Sanktionen zu bewehren[56] und Verstöße zu verfolgen[57]. – Erläßt der Rat Rechtsakte, so kann er der Kommission Durchführungsbefugnisse übertragen (Art. 202 Abs. 4, Art. 211 Abs. 4 EGV)[58]. Teils sehen Embargo-Verordnungen aber auch vor, daß Ausnahmegenehmigungen etwa von einem durch die UN eingesetzten Ausschuß erteilt werden. Eine solche Verweisung auf das Handeln dritter, dem EU-Recht nicht unterworfener Stellen ist jedenfalls insoweit unbedenklich, als die Handlungen nur begünstigend wirken und durch sie zugleich UN-rechtliche Verpflichtungen der Mitgliedstaaten einschränkend konkretisiert werden.[59] – Auf der Grundlage des Art. 301 können Embargos auch suspendiert und aufgehoben werden (vgl. Rn. 3)[60].

12 Von Maßnahmen der Handelspolitik nach **Art. 133** (ex-Art. 113) werden Sofortmaßnahmen z.T. danach abgegrenzt, ob mit ihnen kurzfristig auf ein bestimmtes Ereignis oder eine Krisensituation reagiert wird[61] oder ob sie allgemein außenpolitisch motiviert sind[62]. Doch lassen sich weder außenpolitische von wirtschaftspolitischen Absichten stets scharf scheiden (Art. 133 ist auch nach Einführung des Art. 301 nicht auf handelspolitische Akte mit rein wirtschaftlicher Zielsetzung beschränkt[63]) noch die Notwendigkeit eines Embargos in einer Dauerkrise ausschließen. Entscheidend für Art. 301 ist daher nicht, daß die Sofortmaßnahmen dringlich sind, sondern daß sie die Wirtschaftsbeziehungen nur so lange beschränken sollen, bis ein im Rahmen der GASP definiertes, also nicht rein handelspolitisches Ziel erreicht ist.[64] Erst diese »**immanente Verfallsklausel**« zeigt, daß die Gestaltung der Handelspolitik nicht Selbstzweck, sondern kompulsives Mittel der Außenpolitik ist (vgl. aber Art. 133, Rn. 24).

13 Drei Zielrichtungen hat die Beschränkung auf die »**erforderlichen**« Sofortmaßnahmen: 1. Sie dürfen den vom vorangegangenen GASP-Beschluß gesetzten Rahmen nicht überschreiten; als *EG-Organe* haben Kommission und Rat vielmehr zu konkretisieren, was die gemeinsame Aktion oder der gemeinsame Standpunkt vorgeben, ohne eine eigene Außenpolitik zu betreiben. 2. Sofortmaßnahmen dürfen den EG-Außenhandel und damit das objektive Gemeinschaftsinteresse nicht stärker einschränken, als es das vorgege-

---

56 Vgl. z.B. Art. 7 VO (EG) Nr. 3274/93 (Fn. 12); Art. 5 VO (EG) Nr. 3275/93 (Fn. 14); Art. 5 Abs. 1 VO (EG) Nr. 1263/94 (Fn. 13); Art. 5 VO (EG) Nr. 1264/94 (Fn. 14); Art. 5 VO (EG) Nr. 1733/94 (Fn. 14); Art. 13 Abs. 1 VO (EG) Nr. 2471/94 (Fn. 11); Art. 7 Abs. 3 VO (EG) Nr. 2465/96 (Fn. 11); Art. 4 VO (EG) Nr. 2465/97 (Fn. 11); Art. 5 VO (EG) Nr. 1901/98 (Fn. 10); Art. 7 VO (EG) Nr. 1081/2000 (Fn. 10); Art. 13 VO (EG) Nr. 467/2001 (Fn. 12). – Zur Sanktionsbewehrungspflicht auch EuGH, Rs. C-177/95, Slg. 1997, I-1111, Rn. 35 (Ebony Maritime und Loten Navigation).
57 So Art. 13 Abs. 2 VO (EG) Nr. 467/2001 (Fn. 12).
58 S. etwa Art. 3 VO (EG) Nr. 1745/2000 (Fn. 11); Art. 10 VO (EG) Nr. 467/2001 (Fn. 11); Art 7 VO (EG) Nr. 2580/2001 (Fn. 11).
59 S. Art. 1 Nr. 1 VO (EG) Nr. 1380/95 (Fn. 18); Art. 1 Abs. 2, Art. 3 Abs. 2 VO (EG) Nr. 1263/ 94 (Fn. 13); Art. 5 (vgl. aber Art. 2) VO (EG) Nr. 337/2000 (Fn. 12); Art. 2 Abs. 3, Art. 5 Abs. 2, Art. 6 Abs. 3, Art. 9 Abs. 2 VO (EG) Nr. 467/2001 (Fn. 12). – Demgegenüber ermächtigt Art. 6 VO (EG) Nr. 2465/97 (Fn. 11) die *Kommission* zur Abänderung der Embargoliste in Reaktion auf »Beschlüsse der zuständigen Behörden« der UN (vgl. Art. 202, 3. Spiegelstrich EGV); ähnlich: Art. 9 VO (EG) Nr. 2229/97 (Fn. 11).
60 *Gilsdorf/Kuijper* (Fn. 2), Rn. 9; *Zeleny* (Fn. 2), S. 213.
61 *Gilsdorf/Kuijper* (Fn. 2), Rn. 5, 12; *Marauhn* (Fn. 2), S. 790 f. Dies erwägt auch *Stein* (Fn. 2), S. 1129 (1136). Anders: *Schneider* (Fn. 40), Rn. 5.
62 *Stein* (Fn. 2), S. 1129 (1136).
63 Die Frage von *Stein* (Fn. 2), S. 1129 (1136), ist inzwischen klar zu verneinen. S. EuGH, Rs. C-83/94, Slg. 1995, I-3231, Rn. 8 ff. (Leifer u.a.); Rs. C-70/94, Slg. 1995, I-3189, Rn. 8 ff. (Werner). – Anders wohl *Zeleny* (Fn. 2), S. 216 f.
64 Ebenso L. *Weitzel*, in: Ph. Léger, Commentaire article par article des traités UE et CE, 1999, Art. 301, Rn. 9.

bene außenpolitische Ziel verlangt (hieraus erklärt sich auch das Verfahrenserfordernis eines Kommissionsvorschlags, oben Rn. 10). 3. Im Lichte des Art. 6 Abs. 1 und 2 EUV dürfen sie auch die individuellen Marktteilnehmer nicht gleichheitswidrig[65] oder übermäßig belasten[66].

VII. Verhältnis zu Befugnissen der Mitgliedstaaten und anderen Vorschriften des EGV

Die EG ist für wirtschaftliche Embargomaßnahmen grundsätzlich **ausschließlich zuständig**.[67] Aus Art. 301 folgt, daß die Mitgliedstaaten ohne gemeinschaftsrechtliche Ermächtigung auch dann nicht mehr befugt sind, Wirtschaftssanktionen zu ergreifen, wenn diese rein außenpolitisch motiviert sind. Dieser Grundsatz gilt, soweit gemeinschaftsrechtliche Materien betroffen sind (was so gut wie immer der Fall ist[68]). **Ausgenommen** sind die Fälle 2 bis 4 des **Art. 297**. Doch setzt die Berufung auf Art. 297 folgendes voraus: Entweder ist (noch) keine Maßnahme nach Art. 301[69] und auch kein GASP-Beschluß ergangen, der den allein handelnden Staat bindet. Oder einer der Fälle des Art. 297 tritt nachträglich ein, z.b. nachdem eine Embargoverordnung erlassen oder eine gemeinsame Aktion (Art. 14 EUV) beschlossen worden ist[70]. S. aber auch Art. 14 Abs. 6 und 7 EUV. 14

Sofortmaßnahmen auf dem Gebiet des Kapital- und Zahlungsverkehrs würden an sich unter Art. 301 fallen. Doch ist **Art. 60** (ex-Art. 73g) – jedenfalls aufgrund seiner Bestim- 15

---

65 Vgl. dazu: EuGH, Rs. C-280/93, Slg. 1994, I-4973, Rn. 67 m.w.N. (Deutschland/Rat); *U. Kischel*, Zur Dogmatik des Gleichheitssatzes in der Europäischen Union, EuGRZ 1997, S. 1.
66 EuGH, Rs. 84/95, Slg. 1996, I-3953, Rn. 21-26 (Bosphorus); Beschluß des Präsidenten, Rs. C-317/00, Slg. 2000, I-9541, Rn. 58-62 (Invest Import und Export); EuG, Rs. T-189/00, Slg. 2000, II-2993 (Invest Import und Export). S. (insbes. zur Bedeutung des Art. F Abs. 2 EUV) auch: GA *F. G. Jacobs*, Schlußantr., EuGH, Rs. 84/95, Slg. 1996, I-3953, Ziff. 52 ff. sowie EuGH, Gutachten 2/94, Slg. 1996, I-1759, Rn. 32 f. (Gutachten nach Art. 228 EGV – Beitritt zur EMRK). S. auch *I. Canor*, »Can Two Walk Together, Except They Be Agreed?«, CMLRev. 1998, S. 137 (159 ff.; 175 ff.). – Vgl. auch Art. 5 Abs. 2 VO (EG) Nr. 1901/98 (Fn. 10).
67 *Marauhn* (Fn. 2), S. 789, 791 ff.; *Oppermann*, Europarecht, Rn. 1781; *Ress* (Fn. 30); *Schneider* (Fn. 40), Rn. 17 m.w.N.; vgl. auch *Stein* (Fn. 1), S. 35 f. A.A. *G. Hafner*, Die Europäische Union und ihr Einfluß auf Österreichs völkerrechtliche Stellung, in: Glaesner/Gilsdorf/Thürer/Hafner (Fn. 36), S. 89 (114); *Zeleny* (Fn. 2), S. 207 f., 215 ff. (eine konkurrierende Kompetenz der Mitgliedstaaten annehmend). – Vgl. zur Embargokompetenz der EG nach ex-Art. 113 vor Einfügung des ex-Art. 228a, die den Mitgliedstaaten nur ausnahmsweise Handlungsfreiheit beließ (insbes. Art. 223 Abs. 1 lit. a und Abs. 2; Art. 224): *J. H. J. Bourgeois*, in: GTE, EU-/EGV, Art. 113, Rn. 20, 35; *Gilsdorf/Kuijper* (Fn. 2), Art. 223, Rn. 3, Art. 224, Rn. 4 ff.; *Meng* (Fn. 19), S. 792 ff. (insbes. 795); *Petersmann* (Fn. 14), S. 19 ff.; *Schröder* (Fn. 4), S. 116 ff.; *Stein* (Fn. 2), S. 1129 (1134 f.). A.A. *T. Bruha*, Handelsembargo gegen Argentinien durch EWG-Verordnung?, DVBl. 1982, S. 674 (677 f., 682) (jedenfalls für ausschließlich außenpolitisch motivierte Embargos); *Kißler* (Fn. 20), S. 201 ff., 272 ff., bes. 231, 281.
68 Vgl. aber Art. 296 Abs. 1 lit. b und dazu EuGH, Rs. C-414/97, Slg. 1999, I-5585, Rn. 21 ff. (Kommission/Spanien); *M. Trybus*, On the application of the E.C. Treaty to armaments, ELRev. 25 (2000), S. 663 ff.
69 S. zur Möglichkeit, einen Mitgliedstaat von einem Embargo auszunehmen: VO (EWG) Nr. 597/82 vom 15.3.1982, ABl.EG Nr. L 72/19 zur Aussetzung bestimmter gegenüber Einfuhren mit Ursprung in der UdSSR anwendbarer handelspolitischer Maßnahmen im Falle Griechenlands. Vgl. dazu: *J. Frhr. F. v. Fürstenwerth*, Ermessensentscheidungen im Außenwirtschaftsrecht, 1985, S. 108, 111.
70 Vgl. *Geiger*, EUV/EGV, Art. 224, Rn. 9; *Schneider* (Fn. 40), Rn. 21; *Thun-Hohenstein* (Fn. 37), S. 242. Vgl. auch *Zeleny* (Fn. 2), S. 228.

mungen für den Fall der Untätigkeit des Rates (Art. 60 Abs. 2) – **lex specialis** zu Art. 301.[71]

16 Da Art. 301 besondere Voraussetzungen für die außenpolitisch motivierte Einschränkung von Wirtschaftsbeziehungen aufstellt, können *solche* Embargos *nicht mehr* auf **Art. 133** (ex-Art. 113) gestützt werden[72] (s. auch Art. 133, Rn. 24). *Handelspolitische* Schutzmaßnahmen aufgrund von auf Art. 133 bleiben aber weiterhin möglich[73].

---

71 *Oppermann*, Europarecht, Rn. 1780; *Zeleny* (Fn. 2), S. 212. Vgl. auch *Gilsdorf/Kuijper* (Fn. 2), Rn. 10 f.; *Marauhn* (Fn. 2), S. 788 (der ex-Art. 228a auf den Kapital- und Zahlungsverkehr erstrecken will); *Schneider* (Fn. 40), Rn. 18.
72 *Pechstein/Koenig*, EU, Rn. 122; *Schneider* (Fn. 40), Rn. 19 m.w.N. A.A. *M. Röttinger* (Fn. 47), Rn. 6; *Ress* (Fn. 30), S. 184; wohl auch *Gilsdorf/Kuijper* (Fn. 2), Rn. 4 (s. auch Rn. 12: längerfristige Maßnahmen mit sekundärem Sanktionscharakter seien keine Sanktionen i.S. des Art. 228a). *Thun-Hohenstein* (Fn. 37), S. 242 f. sieht in Art. 301 offenbar nur eine mit Art. 133 konkurrierende Kompetenz.
73 *Gilsdorf/Kuijper* (Fn. 2), Rn. 4; *Stein* (Fn. 42), S. 80. S. zur Abgrenzung handelspolitischer Schutzmaßnahmen von Sofortmaßnahmen nach Art. 301 oben Rn. 12.

Art. 302 (ex-Art. 229)

Die Kommission⁶ unterhält alle zweckdienlichen Beziehungen[1 f.] zu den Organen der Vereinten Nationen und ihren Fachorganisationen⁵.

Sie unterhält ferner, soweit zweckdienlich, Beziehungen zu allen internationalen Organisationen⁴.

Art. 302 verpflichtet die Gemeinschaft zur Pflege ihrer **internationalen Kontakte** und verleiht ihr eine entsprechend **begrenzte Außenkompetenz** (sog. »Beziehungskompetenz«; zum Verhältnis zu Art. 181 s. dort Rn. 1). Die Kontakte sichern den Informationsfluß, die Zusammenarbeit und die Koordination bei kompetentiellen Berührungspunkten mit anderen internationalen Organisationen. Die Beziehungspflege ist immer dann zweckdienlich, wenn sie den Zielen des EGV (Art. 2 bis 4) dienen. Eine strikte inhaltliche Beschränkung der Beziehungspflege auf die **Sachkompetenzen** der Gemeinschaft verlangt Art. 302 nicht, da die Gemeinschaft – vertreten durch die Kommission – auf seiner Grundlage keine sachbezogenen völkerrechtlichen Verpflichtungen eingehen kann (s. Art. 300 Rn. 21)[1]. Die Kompetenz der Kommission zum Abschluß von **Verwaltungsabkommen** durch die Kommission kann allerdings als »implied power« aus Art. 302 abgeleitet werden, soweit diese Abkommen die Modalitäten der Beziehungspflege regeln (s. Art. 300 Rn. 41)[2]. In der Praxis wurden ca. 70 derartiger Abkommen von der Kommission abgeschlossen.³ 1

Art. 302 ermächtigt zu jeder Form der internationalen Beziehungspflege unterhalb des Beitritts, also zur Aufnahme von **Informationskontakten** bis hin zur Wahrnehmung eines passiven (stummen) oder aktiven **Beobachterstatus**⁴ mit Frage- bzw. Rederecht (kein Stimmrecht)⁵. Die Beziehungen können informell ausgestaltet sein, sich aus der Satzung⁶ oder einem Beschluß⁷ der betreffenden internationalen Organisation ergeben, oder auf konkreten Absprachen⁸ (s. Rn. 1) beruhen. 2

Der **Beitritt** zu einer internationalen Organisation vollzieht sich – ebenso wie die spätere Ausübung der Mitgliedschaftsrechte⁹ – nach Art. 300 i.V.m. den entsprechenden Vertragsschlußkompetenzen des EGV¹⁰. Die Satzungen der internationalen Organisationen behalten i.d.R. Staaten die Mitgliedschaft vor, so daß für den Beitritt der Gemeinschaft – wie im Fall der FAO¹¹ – eine **Satzungsänderung** notwendig wird¹². 3

---

1 C.-W. *Vedder*, Die auswärtige Gewalt des Europa der Neun, 1980, S. 168 und 192.
2 Sehr weitreichend C. *Tietje*, Grabitz/Gilf, EU, Vor. Art. 302–304, Rn. 8.
3 K. *Osteneck*, in: Schwarze, EU-Kommentar, Art. 302, Rn. 9.
4 Z.B. Briefwechsel zwischen dem Präsidenten der Kommission der EWG und dem Präsidenten der Zentralkommission für die Rheinschiffahrt, ABl.EG 1961, S. 1027/61.
5 S. hierzu E. *Grabitz*, Die Stellung der Gemeinschaft und ihrer Organe in internationalen Organisationen, KSE Bd. 25, S. 47 (55 f.).
6 Vgl. Art. 75 der Geschäftsordnung des Wirtschafts- und Sozialrates der Vereinten Nationen von 1983, UN-Doc E/5715/Rev. 1.
7 Vgl. Generalversammlung, Resolution 3208 (XXIX) vom 11.10.1974, General Assembly Official Records (GAOR), 29th meeting, Supplement 31, S. 2.
8 Z.B. Briefwechsel zwischen den Europäischen Gemeinschaften und der Weltgesundheitsorganisation (WHO) zur Regelung der Zusammenarbeit, ABl.EG 2001 Nr. C 001/7; Briefwechsel zwischen der Kommission und dem Umweltprogramm der Vereinten Nationen, ABl.EG 1983 Nr. C 248/2 f.
9 S. Art. 300, Rn. 45 ff.
10 S. Art. 300, Rn. 1 ff.
11 S. hierzu R. *Voss*, Die Bindung der Europäischen Gemeinschaft an vorgemeinschaftliche Verträge ihrer Mitgliedstaaten, SZIER 1996, S. 161 (169) m.w.N.
12 S. hierzu J. *Sach*, Die Europäische Gemeinschaft als Mitglied internationaler Organisationen, GS-Grabitz, 1995, S. 631 ff.

4 Unter den weit zu verstehenden Begriff der internationalen Organisationen fallen nicht nur klassische **internationale Organisationen**[13] mit partieller Völkerrechtssubjektivität, sondern auch internationale **Konferenzen**[14] unter der Schirmherrschaft von Staaten oder internationalen Organisationen. Ebenfalls auf Basis des Art. 302[15] pflegt die Kommission verstärkt Kontakte zu **Nichtregierungsorganisationen**. Sie dienen hauptsächlich der Kofinanzierung von Projekten, die geeignet sind, die Ziele der Gemeinschaft zu fördern (insbesondere im Rahmen der Entwicklungszusammenarbeit; s. Art. 177 Rn. 2)[16].

5 Abs. 1 hebt die **Vereinten Nationen** als bedeutendste internationale Organisation heraus. Die UN-Generalversammlung räumte der Gemeinschaft mit der Resolution 3208 (XXIX) vom 11.10.1974 im Plenum und in den Ausschüssen einen unbeschränkten Beobachterstatus mit Rederecht ein, der von der Kommission und vom Rat wahrgenommen wird[17]. Daneben pflegt die Gemeinschaft Kontakte zu den übrigen **Hauptorganen der Vereinten Nationen** (Sicherheitsrat, Sekretariat, Internationaler Gerichtshof, Wirtschafts- und Sozialrat; Treuhandrat)[18]. Die Gemeinschaft ist zudem in fast allen UN-Nebenorganen[19], autonomen Unterorganen[20], sowie technischen[21] und politischen[22] Unterorganen und den UN-Fachorganisationen[23] vertreten[24].

---

13 Kontakte bestehen z.B. zu: Customs Co-operation Council (CCC); International Standardization Organization (ISO); International Council for the Exploration of the Sea (ICES); International Office of Epizootic (IOE); International Organization of Legal Metrology (IOLM); Council for Mutual Economic Assistance (CMEA); World Tourism Organization (WTO); zur OSZE vgl. Gesamtbericht EU 1997, S. 277 f.
14 S. Gesamtbericht EU 1997, S. 275 ff.
15 *M. Schröder*, in: GTE, EU-/EGV, Art. 229, Rn. 2; *E. Klein*, in: HK-EUV, Art. 229, Rn. 9.
16 ABlEG 1998 Nr. L 213/1.
17 Nachweis s. Fn. 5; vgl. hierzu umfassend: *K.-D. Stadler*, Die Europäische Gemeinschaft in den Vereinten Nationen, 1993, S. 90 ff; *Vedder* (Fn. 1), S. 191 ff.
18 EG-Kommission (Hrsg.), Relations des Communautés Européennes avec les Organisations Internationales, Brüssel 1989, S. 25 ff.; s. auch *I. Winkelmann*, Europäische und mitgliedstaatliche Interessenvertretung in den Vereinten Nationen, ZaöRV 60 (2000), S. 413 ff.; *K. Lenaerts*, The United Nations and the European Union: living apart together, in: Wellens, International Law, The Hague 1998, S. 439 ff.
19 Teilnahme an den Kommissionen des Wirtschafts- und Sozialrats der Vereinten Nationen: Economic Commission for Europe (ECE); Economic Commission for Latin America and the Caribic (ECLAC); Economic and Social Commission for Asia and the Pacific (ESPAP); Economic Commission for Africa (ECA); Economic Commission for West Asia (ECA).
20 United Nations Children's Fund (UNICEF); United Nations High Commissioner for Refugees (UNHCR); United Nations Development Program (UNDP); United Nations Conference on Trade and Development (UNCTAD); United Nations Environment Program (UNEP); United Nations Fund for Population Activities (UNFPA); World Food Council (WFC).
21 United Nations Commission on International Trade Law (UNCITRAL).
22 United Nations Relief and Works Agency for Palestinian Refugees (UNRWA).
23 International Monetary Fund (IMF); International Bank for Reconstruction and Development (IBRD); International Finance Corporation (IFC); International Maritime Organization (IMO); United Nations Industrial Development Organization (UNIDO); International Development Association (IDA); United Nations Educational, Scientific and Cultural Organisation (UNESCO); International Civil Aviation Organization (ICAO); International Telecommunication Union (ITU); World Health Organization (WHO); World Postal Union (UPU); World Intellectual Property Organization (WIPO); World Meteorological Organization (WMO); International Fund for Agricultural Development (IFAD); International Labour Organization (ILO); am 26.11.1991 ist die Gemeinschaft der United Nations Food and Agriculture Organization (FAO) als Mitglied beitreten.
24 Vgl. einen Überblick verschafft EG-Kommission (Fn. 17); dies., The European Community and multilateral Agreements, Luxemburg 1983.

Der Kommission kommt als Exekutivorgan der Gemeinschaft die **Außenvertretungsbe-** 6
fugnis zu, jedoch nicht ausschließlich, wie die Präsenz des Rates in zahlreichen internationalen Gremien und Organisationen zeigt (s. auch Art. 300 Rn. 28)[25]. Diese »**doppelköpfige Vertretung**« der Gemeinschaft erfolgt durch eine Delegation aus Mitgliedern der Kommission und der Ratsmacht, d.h. dem Mitgliedstaat, der den Vorsitz im Rat innehat (sog. UNCTAD-Formel)[26]. Die Handlungsfreiheit der Kommission wurde zudem 1966 durch den **Luxemburger Kompromiß**[27] erheblich eingeschränkt. Die darin enthaltene Verpflichtung zur Konsultation des Rates in Fragen der Zweckmäßigkeit, Modalität und Art der Beziehungen zu internationalen Organisation besteht auch nach dem Vertrag von Nizza fort.

---

25 Vgl. hierzu M. *Schröder*, in: GTE, EU-EGV, Art. 229, Rn. 3.
26 *MWLVD*, CEE, Bd. 12, 138 f.; *J.-P. Jacqué*, La Participation de la Communauté Economique Européenne aux Organisations Internationales Universelles, A.F.D.I. 1975, S. 924 (940 ff.) B. *Schloh*, Die Stellung der Europäischen Gemeinschaft und ihrer Organe in internationalen Organisationen, Kölner Schriften zum Europarecht Bd. 25, 83 (94); kritisch hierzu *Grabitz* (Fn. 5), S. 79.
27 EuR 1966, S. 73 f.

Art. 303 (ex-Art. 230)

Die Gemeinschaft führt jede zweckdienliche Zusammenarbeit mit dem Europarat herbei.

1 Die Zusammenarbeit mit dem Europarat dient der Integration der Gemeinschaft in das gesamteuropäische Einigungswerk[1]. Alle Mitgliedstaaten der EG sind – im Gegensatz zur Gemeinschaft[2] – zugleich Mitgliedstaaten des Europarats.

2 Art. 303 statuiert für die Gemeinschaft eine **Zusammenarbeitspflicht** mit dem Europarat. Der **Begriff** der Zusammenarbeit geht über die Beziehungspflege nach Art. 302 Abs. 2 hinaus und ist damit lex specialis (s. auch Art. 181a, Rn. 7).[3] Ratione materiae begrenzt durch das Element der **Zweckdienlichkeit** (s. Art. 302, Rn. 1), fällt unter Art. 303 vor allem die Koordination von EG-Maßnahmen mit denjenigen des Europarates in überschneidenden Themenbereichen wie Bildung und Kultur etc. Ein Beitritt zu den über 70 Konventionen des Europarates – vor allem zur EMRK – ist auf Grundlage des Art. 303 nicht möglich[4].

3 Art. 303 schweigt zur **Organkompetenz** innerhalb der Gemeinschaft. In der **Praxis** ist das handelnde Organ primär die **Kommission**. Eine Absprache zwischen dem Rat und Kommission über die internen Modalitäten der externen Zusammenarbeit begrenzen allerdings ihre Handlungsfreiheit[5].

4 Die institutionelle Zusammenarbeit zwischen dem Europarat und der Gemeinschaft basiert auf einer Vereinbarung vom 16.6.1987[6], zuletzt erweitert im November 1996: Sie ermöglicht neben dem **Dokumentenaustausch** die Teilnahme der Kommission an den **Arbeitsgruppen** zu Konventionsentwürfen, den Treffen der Staats- und Regierungschefs[7], den Sitzungen der Ministerkomitees[8] sowie den Konferenzen der Fachminister. Die Beratende Versammlung des Europarats und das EP tagen einmal im Jahr gemeinsam in Straßburg (sog. »organverschränkende Zusammenarbeit«[9])[10].

---

1 E. *Klein*, in: HK-EUV, Art. 230, Rn. 1; M. *Schröder*, GTE, EU-/EGV, Art. 230, Rn. 1.
2 Abgesehen von der fehlenden Kompetenz der Gemeinschaft zum Beitritt – s. hierzu Art. 6 EUV, Rn. 35, 91, versperrt aus der Perspektive des Europarates Art. 4 der Satzung des Europarats der Gemeinschaft den Weg zum Beitritt :»Jeder europäische Staat (...)«.
3 K. *Osteneck*, in: Schwarze, EU-Kommentar, Art. 303, Rn. 2.
4 EuGH Gutachten 2/94, 28.3.1996, Slg. 1996, I-1763, Rn. 27 (EMRK); zur Rezeption der materiellrechtlichen Bestimmungen der EMRK in der Gemeinschaftsrechtsordnung vgl. Art. 6 EUV, Rn. 33 ff.
5 Bull. EU 9-1996, S. 115 f.
6 ABl.EG 1987 Nr. L 273/35.
7 Vgl. Bull.EG 10-1997, Ziff. 1.3.12.
8 Vgl. Bull.EG 4-1997, Ziff. 1.4.20; Bull.EG 9-1997, Ziff. 1.3.13.
9 G. *Zieger*, Die Stellung der Gemeinschaft und ihrer Organe in Internationalen Organisationen, KSE Bd. 25, S. 103 (117).
10 M. *Schröder*, GTE, EU-/EGV, Art. 230, Rn. 4.

Art. 304 (ex-Art. 231)

Die Gemeinschaft führt ein enges Zusammenwirken mit der Organisation für Wirtschaftliche Zusammenarbeit und Entwicklung herbei; die Einzelheiten werden im gegenseitigen Einvernehmen festgelegt.

Das am 30. September 1961 in Kraft getretene Übereinkommen über die Organisation für Wirtschaftliche Zusammenarbeit und Entwicklung (OECD)[1] gibt weitreichende Ziele vor, insbesondere die Steigerung des Lebensstandards in den Mitgliedsstaaten und die Ausweitung des Welthandels auf multilateraler nichtdiskriminierender Grundlage. Die OECD wird vor allem im Bereich der Entwicklungshilfe tätig (zum Verhältnis zu Art. 181 s. dort Rn. 1). 1

Die Pflicht zur **engen Zusammenarbeit** der Gemeinschaft mit der OECD ist Ausdruck der teilweise parallelen Zielsetzungen und Kompetenzüberschneidungen der Organisationen. Ohne stimmberechtigtes Mitglied zu sein, hat sich die Gemeinschaft nicht nur an der Gründung, sondern auch seit Anbeginn an der Arbeit der OECD beteiligt[2]. Nach dem in Art. 13 des Übereinkommens über die OECD genannten Zusatzprotokoll Nr. 1 i.V.m. Art. 7 der Verfahrensordnung ist die Gemeinschaft in der OECD nach den Bestimmungen der Gemeinschaftsverträge vertreten; in der Praxis nimmt die Kommission diese Funktion in den Gremien der OECD wahr (s. Art. 303, Rn. 3)[3]. Sie unterhält eine ständige Vertretung am Sitz der OECD in Paris. 2

Während die Delegierten der Gemeinschaft ohne spezielle Einladung an allen Sitzungen der OECD teilnehmen können (mit Ausnahme derjenigen, in denen organisationsinterne Angelegenheiten verhandelt werden[4]), werden die Organe der OECD zu den Arbeitstagungen und Sitzungen der Kommission nicht generell, sondern nur in jedem Einzelfall eingeladen[5]. 3

Ein Beitritt der Gemeinschaft zu Vereinbarungen der OECD ist nur auf Basis einer entsprechenden Sachkompetenz möglich[6]. 4

---

1 Die Rechtspersönlichkeit der Vorgängerorganisation OEEC von 1948 setzt sich in der OECD von 1960 fort: Art. 15 des Übereinkommens über die OECD, BGBl. 1961 II, S. 1151.
2 Vgl. EuGH, Gutachten 2/92, 24.3.1995, Slg. 1995, I-525, 527 Punkt III (OECD); s. hierzu D. *Hymans*, L'O.C.D.E. et les Relations avec les Communautés Européennes, R.M.C. 1970, S. 77 (79).
3 G. *Zieger*, Die Stellung der Gemeinschaft und ihrer Organe in Internationalen Organisationen, KSE Bd. 25, S. 103 (126).
4 M. *Schröder*, GTE, EU-/EGV, Art. 231, Rn. 3.
5 *Zieger* (Fn. 3), S. 127.
6 EuGH, Gutachten 1/75, Slg. 1975, 1355, 1361 f. (Lokale Kosten).

Art. 305 EG-Vertrag

Art. 305 (ex-Art. 232)

(1) Dieser Vertrag[3] ändert nicht die Bestimmungen des Vertrags über die Gründung der Europäischen Gemeinschaft für Kohle und Stahl[1 f.], insbesondere hinsichtlich der Rechte und Pflichten der Mitgliedstaaten, der Befugnisse der Organe dieser Gemeinschaft und der Vorschriften des genannten Vertrags für das Funktionieren des gemeinsamen Marktes für Kohle und Stahl[4 ff.].

(2) Dieser Vertrag beeinträchtigt[4] nicht die Vorschriften des Vertrags zur Gründung der Europäischen Atomgemeinschaft[1 f., 4 ff.].

Inhaltsübersicht:

I. Allgemeines	1
II. Das Verhältnis des EGV zum EGKSV und EAGV	3

I. Allgemeines

1 Mit dem EGKSV (unterzeichnet am 18.4.1951 in Paris), dem EAGV und dem EGV (beide unterzeichnet am 25.3.1957 in Rom) wurden drei eigenständige zwischenstaatliche Vertragswerke geschaffen, die drei rechtlich selbständige Gemeinschaften (EGKS, EAG und EG) mit jeweils eigener Völkerrechtssubjektivität (Art. 6 EGKSV; Art. 184 EAGV; Art. 281 EGV) konstituiert haben. Die praktischen und rechtlichen Probleme, die mit den getrennten institutionellen Strukturen der Verträge verbunden waren, wurden durch die Fusionsabkommen vom 25.3.1957[1] und vom 8.4.1965[2] beseitigt, auf deren Basis die funktional zusammengehörenden Organe der drei Gemeinschaften (Rat, Kommission, EP, EuGH, Wirtschafts- und Sozialausschuß) in eine Personalunion zusammengeführt worden sind. Weder die **Organfusion** noch **die Gründung der Europäischen Union** 1992 haben die rechtliche Selbständigkeit der drei Gemeinschaften aufgehoben (s. Art. 1 Abs. 3 und Art. 47 EUV).

2 Aufgrund der völkerrechtlichen Selbständigkeit der drei Gemeinschaften finden in ihren Rechtsbeziehungen grundsätzlich die Regeln des **allgemeinen Völkerrechts** Anwendung, soweit nicht **Art. 305** und konkretes **Zwischengemeinschaftsrecht**[3], d.h. Rechtsakte, die sich unteilbar auf zwei bzw. alle drei Verträge beziehen[4], spezielle Regelungen treffen.

II. Das Verhältnis des EGV zum EGKSV und EAGV

3 Während der EGKSV und der EAGV sektionale Gemeinschaften mit begrenzter Teilintegration in den Wirtschaftsbereichen Kohle und Stahl bzw. Kernenergie errichtet haben, handelt es sich bei dem EGV um ein Regelungswerk von allgemeiner Natur mit einem umfassenden sachlichen Geltungsbereich (Art. 3). Die Tätigkeitsfelder, die in Art. 3 nicht abschließend aufgezählt werden, weisen in weiten Bereichen (z.B. Handels-

---

1 BGBl. 1957 II, S. 1156.
2 BGBl. 1965 II, S. 1453.
3 E.-U. *Petersmann*, Auswärtige Gewalt, Völkerrechtspraxis und Völkerrechtsbindungen der Europäischen Wirtschaftsgemeinschaft, ZaöRV 35 (1975), S. 213 (254).
4 S. im einzelnen C. *Vedder*, in: Grabitz/Hilf, EU, Art. 232, Rn. 6; zu den Zulässigkeitsvoraussetzungen einer Klage gegen Zwischengemeinschaftsrecht s. EuGH, Rs. 230/81, Slg. 1983, 255, Rn. 19 (Luxemburg/Parlament); Rs. 222/83, Slg. 1984, 288/9, Rn. 6 (Gemeinde Differdange/ Kommission).

politik; Grundfreiheiten) Überschneidungen mit dem EGKSV und EAGV auf, zumal der EGV thematisch nicht auf bestimmte Waren und Wirtschaftszweige beschränkt ist. Art. 305 regelt das Verhältnis der Verträge EGKS und EAG zum EGV im Sinne des Grundsatzes **lex specialis derogat legi generali** (s. Art. 30 Abs. 2 WVRK[5]), und weicht damit jedenfalls in bezug auf den älteren EGKSV von dem allgemeinen völkerrechtlichen Grundsatz lex posterior derogat legi priori ab (s. Art. 30 Abs. 3 WVRK[6]).

Die in Abs. 1 genannten Bereiche des EGKSV, die sich gegenüber dem EGV durchsetzen 4 sollen, sind nicht abschließend (»insbesondere«). Alle Regelungen des EGKSV (primäres und sekundäres Gemeinschaftsrecht) genießen aufgrund ihrer Spezialität Vorrang gegenüber dem EGV und den darauf basierenden Rechtsakten der Gemeinschaft[7]. Das gleiche gilt für das Verhältnis des EAGV zum EGV (Abs. 2). Die **terminologischen Unterschiede** zwischen Abs. 1 (»verändert«) und Abs. 2 (»beeinträchtigt«) sind rein redaktioneller Natur[8]. Aus ihnen läßt sich kein qualitatives Stufenverhältnis der Spezialität von EAGV und EGKSV gegenüber dem EGV ableiten.

Die Regeln des EGV finden aufgrund der **funktionellen Einheit** der Gemeinschaften[9] 5 **subsidiär** immer dann in den Wirtschaftsbereichen Kohle und Stahl bzw. Kernenergie Anwendung, wenn der EGKSV bzw. der EAGV gar keine Regelung treffen bzw. eine Materie nicht abschließend regeln[10]. Ob eine ausfüllungsfähige Regelungslücke vorliegt, muß durch Auslegung der Bestimmungen des EGKSV und der EAGV ermittelt werden. Der **Grundsatz der Gleichbehandlung** kann nicht als Argument für eine Ergänzung abschließender Normen des EGKSV/EAGV durch den EGV dienen[11].

Der EuGH vertritt die Auffassung, das **Außenhandelsrecht** der EG (Art. 133) umfasse 6 auch Euratom-Erzeugnisse, da der EAGV keine Bestimmungen über den Außenhandel enthalte[12]. Im Rahmen des EGKSV sieht der Gerichtshof die ausschließliche Zuständigkeit zum Abschluß von internationalen Abkommen gem. Art. 71 EGKSV nur dann bei den Mitgliedstaaten, wenn die Abkommen spezifisch EGKS-Produkte betreffen. Art. 133 gebe hingegen der Gemeinschaft die ausschließliche Kompetenz zum Abschluß von internationalen Abkommen allgemeiner Natur, d.h. von Abkommen, die alle Arten von Waren einschließen, selbst wenn dazu auch EGKS-Produkte gehören[13]. Im Ergebnis weniger differenziert will das Schrifttum Art. 131 ff. immer subsidiär auf die EGKS-Produkte anwenden, soweit nicht die Art. 72 bis 75 EGKSV handelspolitische EGKS-

---

5 BGBl. 1985 II, S. 926.
6 S. Fn. 5.
7 C. *Vedder*, in: Grabitz/Hilf, EU, Art. 232, Rn. 9.
8 A.A. K. *Carstens*, Die Errichtung des gemeinsamen Marktes in der Europäischen Wirtschaftsgemeinschaft, Atomgemeinschaft und Gemeinschaft für Kohle und Stahl, ZaöRV 18 (1957/58), S. 459 (463); wohl auch EuGH, Verb. Rs. 188 bis 190/80, Slg. 1982, 2545, Rn. 32 (Frankreich, Italien, Vereinigtes Königreich/Kommission).
9 Vgl. EuGH, Verb. Rs. 27 und 39/59, Slg. 1960, 819, 849; s. auch GA K. *Roemer*, Schlußantr. zu EuGH Verb. Rs. 27 und 39/59 (a.a.O), S. 872 ff.
10 Für den EGKSV vgl. EuGH, Rs. 328/85, Slg. 1987, 5119, Rn. 10 (Deutsche Babock); Rs. C-18/94, Slg. 1996, I-2281, Rn. 14 (Hopkins); für den EAGV vgl. EuGH, Rs. C-62/88, Slg. 1990, I-1527, Rn. 17 (Griechenland/Kommission); im Schrifttum: *Oppermann*, Europarecht, Rn. 234; C. *Vedder*, Grabitz/Hilf, EU, Art. 232, Rn. 8.
11 EuG, Rs. T-70/97, 29.9.1997, Slg. 1997, II-1513, Rn. 18 (Wallonische Region/Kommission); Rs. 4/97, 29.9.1996, II-1505, Rn. 18 (D'Orazio und Hublau/Kommission).
12 EuGH, Gutachten 1/94, Slg. 1994, I-5267, Rn. 24 (WTO).
13 EuGH, Gutachten 1/94, Slg. 1994, I-5267, Rn. 27 (WTO), unter Bezugnahme auf ein obiter dictum im Gutachten 1/75, Slg. 1975, 1355, 1365 (Lokale Kosten); a.A. der Rat und die Mitgliedstaaten, s. EuGH, Gutachten 1/94, Slg. 1994, I-5267, I-5288 f. (WTO).

Sonderkompetenzen enthalten[14]. Dies wird zum Teil damit begründet, daß Art. 305 Abs. 1 nur die mitgliedschaftlichen Rechte im Rahmen des EGKSV schütze, nicht hingegen originäre nationale Kompetenzen[15]. Art. 71 EGKSV und Art. 305 verbiete wiederum den Mitgliedstaaten nicht, ihre nationalen Kompetenzen für die Handelspolitik im Montanbereich auf die Gemeinschaft zu übertragen – was sie dann auch mit Anschluß des EGV (Art. 131 ff.) getan hätten[16].

7 Die Laufzeit des EGKSV endet am 23.7.2002 (Art. 97 EGKSV); eine Verlängerung ist nicht beabsichtigt. Ab diesem Zeitpunkt wird Abs. 1 gegenstandslos, mit der Folge, daß die Wirtschaftsbereiche Kohle und Stahl uneingeschränkt dem EGV unterfallen. Das 1. Protokoll zum Vertrag von Nizza über die finanziellen Folgen des Ablaufs des EGKSV und über den Forschungsfonds für Kohle und Stahl bestimmt, daß alle Aktiva und Passiva der EGKS am 24.7.2002 auf die EG übergehen (Art. 1); sie gelten dort zweckgebunden als »Vermögen für Forschung in Sektoren, die Kohle und Stahlindustrie betreffen«. Die umfangreichen Modifikationen des EGKSV durch den **Vertrag von Nizza** dienen vor allem der Vermeidung von institutionellen Inkohärenzen. Die Vertragsänderungen wurden von der Konferenz der Regierungen der Mitgliedstaaten ohne Beratung angenommen, durchaus in dem Bewußtsein, daß ihre Beschlüsse ins Leere gehen, sollte der Vertrag von Nizza erst nach dem Juli 2002 in Kraft treten.

---

14 R. *Arnold*, Hb.EGWirtR, K.I, Rn. 13; *E.-U. Petersmann*, GTE, EU-EGV, Art. 232, Rn. 13 ff.; a.A. im älteren Schrifttum: K. *Brunner*, in: Groeben/Boeckh, EWGV, 1. Auflage 1958, Art. 232, 1c.
15 R. *Fischer*, Der Umfang der Befugnisse der Gemeinschaft zum Abschluß von Handels- und Assoziierungsabkommen, KSE Bd. 25, S. 1 (10 f.); C. *Vedder*, Grabitz/Hilf, EU, Art. 113, Rn. 31.
16 *Carstens* (Fn. 8), S. 520 f.; *E.-U. Petersmann*, EU-/EGV, GTE, Art. 232, Rn. 16.

Art. 306 (ex-Art. 233)

Dieser Vertrag steht dem Bestehen[2] und der Durchführung[2] der regionalen Zusammenschlüsse[1] zwischen Belgien und Luxemburg sowie zwischen Belgien, Luxemburg und den Niederlanden nicht entgegen, soweit die Ziele dieser Zusammenschlüsse durch Anwendung dieses Vertrags nicht erreicht sind[2 f.].

Art. 306 wurde 1957 auf Antrag der belgischen, luxemburgischen und niederländischen Regierung in den EWG-Vertrag eingefügt, um dessen Verhältnis zur **Belgisch-Luxemburgischen Wirtschaftsunion** vom 25.7.1921[1] bzw. der 1957 noch im Planungsstadium befindlichen **Benelux-Wirtschaftsunion**[2] zu regeln. Das Integrationsniveau der Belgisch-Luxemburgischen Wirtschaftsunion und des zwischen den drei Benelux-Staaten abgeschlossenen Zollabkommens von 1944[3], dem Vorläufer der Benelux-Wirtschaftsunion[4], befanden sich zu diesem Zeitpunkt bereits auf einer hohen Entwicklungsstufe, an die der EWG-Vertrag erst zehn bis fünfzehn Jahre später heranreichen sollte[5]. 1

Vor diesem historischen Hintergrund soll Art. 306 verhindern, daß die Belgisch-Luxemburgische Union bzw. die Benelux-Union durch die Anwendung des Gemeinschaftsrechts aufgelöst (»Bestehen«) oder in ihrer Entwicklung (»Durchführung«) behindert werden. Die Mitgliedstaaten können daher abweichend von gemeinschaftsrechtlichen Vorschriften die im Rahmen ihrer Zusammenschlüsse geltenden Vorschriften anwenden, soweit diese Zusammenschlüsse **weiter fortgeschritten** sind als die Errichtung des Gemeinsamen Marktes[6]. Art. 306 rechtfertigt dies aber nur, wenn zum einen die mit dem EG-Recht kollidierenden Vorschriften für das **Funktionieren** der im Benelux-Rahmen geschaffenen Regelungen erforderlich sind,[7] und zum anderen die Benelux-Regelungen unter integrativen Gesichtspunkten weiter reichen als die entsprechenden EG-Regelungen. In dem Maße, in dem sich die Bestimmungen der Benelux-Zusammenschlüsse gegenüber dem EG-Recht durchsetzen, bewirkt Art. 302 eine Befreiung der Benelux-Staaten von dem innerhalb der EG geltenden Nichtdiskriminierungs- und Gleichbehandlungsgrundsatz[8] (s. auch Art. 202 EAGV). Mangels entsprechender Regelung im EGKSV gehen die Befugnisse der Benelux-Staaten im Montanbereich nicht über diejenigen der anderen EG-Mitgliedstaaten hinaus. 2

Der Benelux-Vertrag, der einen eigenen **Gerichtshof** zur verbindlichen Interpretation der gemeinsamen Rechtsvorschriften statuiert, hat gem. Art. 51 Abs. 2 des Vertrages ausschließlich dem EuGH die Aufgabe übertragen, über die Kollision von Benelux- und EG-Recht zu entscheiden. Auch ohne ausdrückliche Regelung gilt Entsprechendes für das Verhältnis des Schiedsgerichts der Belgisch-Luxemburgischen Wirtschaftsunion zum EuGH[9]. 3

---

1 League auf Nations Treaty Series, Volume 9, S. 223 ff.; in der konsolidierten Fassung von 1963: United Nations Treaty Series, Volume 547, S. 39 ff.
2 Vertrag zur Gründung der Benelux-Wirtschaftsunion, in Kraft getreten am 1.11.1960, UN-Treaty Series, Volume 381, S. 165 ff.; hierzu: *D. Oberesch*, Wirtschaftliche Integration der Benelux-Staaten, 1983, S. 111 ff.; *E.-D.-J. Kruijtbosch*, Benelux Economic Union, in: Bernhardt (Hrsg.), Encyclopedia of Public International Law, Bd. 1, Amsterdam 1992, S. 373 ff.
3 S. hierzu Oberesch (Fn. 2), S. 65 ff.
4 S. hierzu Oberesch (Fn. 2), S. 13 ff.; *P. Pescatore*, Belgium-Luxembourg Economique Union, in: Bernhardt (Hrsg.), Encyclopedia of Public International Law, Bd. 1, Amsterdam 1992, S. 367 ff.
5 GA *P. Léger*, Schlußantr. zu EuGH, Rs. 473/93, Slg. 1996, I-3207, Ziff. 177 (Kommission/Luxemburg).
6 EuGH, Rs. 105/83, Slg. 1984, 2101, Rn. 11 (Pakvries); Rs. C-473/93, Slg. 1996, I-3207, Rn. 42 (Kommission/Luxemburg).
7 EuGH, Verb. Rs. C-367 bis 377/93, Slg. 1995, I-2229, Rn. 25 (Roders).
8 *E. Klein*, HK-EUV, Art. 233, Rn. 5.
9 *Oberesch* (Fn. 2), S. 268.

Art. 307 (ex-Art. 234)

Die Rechte und Pflichten[6] aus Übereinkünften, die vor dem 1. Januar 1958 oder, im Falle später beigetretener Staaten, vor dem Zeitpunkt ihres Beitritts zwischen einem oder mehreren Mitgliedstaaten einerseits und einem oder mehreren dritten Ländern andererseits geschlossen wurden[1 ff.], werden durch diesen Vertrag nicht berührt[1, 6 ff.].

Soweit diese Übereinkünfte mit diesem Vertrag nicht vereinbar sind, wenden der oder die betreffenden Mitgliedstaaten alle geeigneten Mittel an, um die festgestellten Unvereinbarkeiten zu beheben[9 ff., 17 ff.]. Erforderlichenfalls leisten die Mitgliedstaaten zu diesem Zweck einander Hilfe; sie nehmen gegebenenfalls eine gemeinsame Haltung ein[13].

Bei Anwendung der in Absatz 1 bezeichneten Übereinkünfte tragen die Mitgliedstaaten dem Umstand Rechnung, daß die in diesem Vertrag von jedem Mitgliedstaat gewährten Vorteile Bestandteil der Errichtung der Gemeinschaft sind und daher in untrennbarem Zusammenhang stehen mit der Schaffung gemeinsamer Organe, der Übertragung von Zuständigkeiten auf diese und der Gewährung der gleichen Vorteile durch alle anderen Mitgliedstaaten[16].

Inhaltsübersicht:

I. Allgemeines	1
II. Anwendungsbereich	2
III. Rechtsfolgen	6
1. Abs. 1: Unberührtheitsklausel	6
2. Abs. 2: Anpassung, Kündigung, Beitritt der EG	9
a) Rechtspflichten der Mitgliedstaaten	9
b) Rechtspflichten der Gemeinschaft	14
3. Abs. 3: Weitergabe von Gemeinschaftspräferenzen an Drittstaaten	16
IV. Bindung der Gemeinschaft an vorgemeinschaftliche Verträge	17
1. Funktionsnachfolge in Altverträge	18
2. Rezeption völkervertraglicher Bestimmungen	20

I. Allgemeines

1 Art. 307 regelt das Verhältnis vorgemeinschaftlicher Abkommen der Mitgliedstaaten zum EGV. Im **Außenverhältnis**, d.h. gegenüber den Vertragspartnern der Mitgliedstaaten, entfaltet Abs. 1 keine konstitutive Rechtswirkung (Art. 34 WVRK[1]: pacta terciis nec nocent nec prosunt). Inhaltlich steht er jedoch im Einklang mit der völkerrechtlichen Maxime **pacta sunt servanda** (Art. 26 WVRK) und der allgemeinen **völkerrechtlichen Kollisionsregel**, daß jeder Staat an seine übernommenen völkerrechtlichen Verpflichtungen gebunden ist, auch wenn diese Verpflichtungen im Widerspruch zu denen eines neuen Vertrages stehen (s. auch Art. 30 Abs. 4 lit. b WVRK)[2]. Der EGV löst potentielle Konfliktlagen zwischen EG-Recht und Altverträgen der Mitgliedstaaten im Sinne einer **völkerrechtskonformen Integration**[3].

---

1 BGBl. 1985 II, S. 926.
2 EuGH, Verb. Rs. C-364 und 365/95, Slg. 1998, I-1035, Rn. 60 (Port); Rs. C-124/95, Slg. 1997, I-81, Rn. 56 f. (Centro-COM); Rs. 324/93, Slg. 1995, I-563, Rn. 27 (Evans Medical und Macfarlan Smith); Rs. 812/79, Slg. 1980, 2787, Rn. 8 (Burgoa); GA *M. Lagrange*, Schlußantr. zu Rs. 10/61, Slg. 1962, 1, 38 (Kommission/Italien).
3 *E.-U. Petersmann*, in: GTE, EU-/EGV, Art. 234, Rn. 3.

II. Anwendungsbereich

Ratione temporis betrifft Art. 307 die Altverträge, die vor Inkrafttreten des EWGV (1.1.1958) bzw. vor dem Beitritt[4] zur E(W)G abgeschlossen wurden[5]. Ratione materiae ist Art. 307 eine Vorschrift von allgemeiner Tragweite, d.h. sie gilt unabhängig von dem konkreten Gegenstand für **alle vorgemeinschaftlichen Verträge** (auch Gründungsverträge internationaler Organisationen) der Mitgliedstaaten mit Drittländern bzw. mit internationalen Organisationen, die sich auf die Anwendung des EGV auswirken können[6]. In diesem Sinne fallen auch **verbindliche Beschlüsse** von Vertragsorganen bzw. Organen internationaler Organisationen, die durch Altverträge statuiert worden sind, unter den Anwendungsbereich des Art. 307[7], und zwar unabhängig vom Zeitpunkt des Erlasses, da ihr Geltungsgrund in dem Altvertrag selbst liegt[8]. 2

Die Mitgliedstaaten können sich auch dann auf Art. 307 berufen, wenn die völkerrechtlichen Normen ihrer Altverträge als **allgemeine Rechtsgrundsätze des Gemeinschaftsrechts** im Rechtsraum der Gemeinschaft Geltung erlangen (z.B. die materiellrechtlichen Bestimmungen der **EMRK**; s. auch Rn. 20)[9]. Das gemeinschaftsrechtliche Verständnis der rezipierten Normen stellt für die Drittstaaten (bzw. die Organe der EMRK) eine **res inter alios acta** dar. 3

Im Schrifttum wird Art. 307 **analog** auf Abkommen angewandt, die zwar nach dem 1.1.1958 bzw. nach dem Beitritt zum E(W)G-Vertrag von Mitgliedstaaten geschlossen worden sind, aber einen Sachbereich betreffen, für den die Gemeinschaft erst nachher durch Kompetenzzuwachs zuständig geworden ist[10]. Voraussetzung soll jedoch sein, daß die Kompetenzverschiebung für die Mitgliedstaaten bei Vertragsschluß objektiv nicht vorhersehbar gewesen war (z.B. in den Fällen des Art. 308)[11]. 4

---

4 Die Anwendbarkeit des Art. 234 a.F. im Falle des Beitritts ergab sich vor der Ergänzung des Amsterdamer Vertrages aus den jeweiligen Beitrittsakten; vgl. EuGH, Rs. 812/79 Slg. 1980, 2787, Rn. 7 (Burgoa).
5 Zum OECD-Abkommen vom 14.12.1960 vgl. *E. Klein*, HK-EUV, Art. 234, Rn. 3.
6 EuGH, Rs. C-158/91, Slg. 1993, I-4287, Rn. 11 (Levy); Rs. 812/79 Slg. 1980, 2787, Rn. 6 (Burgoa); der EuGH/EuG hat sich u.a. mit folgenden Altverträgen befaßt: Mannheimer Schiffahrtsakte von 1868: Gutachten 1/76, Slg. 1977, 741 (Stillegungsfonds); Berner Übereinkunft zum Schutz von Werken der Literatur und Kunst von 1886: Rs. T-69/89, Slg. 1991, II-485 (RTE/Kommission); Rs.T-76/89, Slg. 1991, II-575 (ITP/Kommission); Genfer Abk. zur Bekämpfung der Verbreitung unzüchtiger Veröffentlichungen von 1923/Verträge über den Weltpostverein: Rs. 34/79, Slg. 1979, 3795 (Henn und Darby); Rs. 121/85, Slg. 1986, 1007 (Conegate); ILO-Übereinkommen Nr. 89: Rs. 158/91, Slg. 1993, I-4287 (Levy); Rs. C-13/93, Slg. 1994, I-371 (Minne); Internationales Pflanzenschutzabkommen von 1951: Rs. 89/76, Slg. 1977, 1355 (Kommission/Niederlande); New Yorker Abk. über die Einfuhr von Kraftfahrzeugen von 1954: Rs. 823/79, 9.10.1980, Slg. 1980, 2773 (Carciati); Einheits-Übereinkommen über Suchtstoffe von 1961: Rs. C-324/93, Slg. 1995, I-563 (Evans Medical und Macfarlan Smith); Londoner Fischerei-Abkommen von 1964: Rs. 812/79; Slg. 1980, 2787 (Burgoa); GATT 47: Rs. C-364, Slg. 1998, I-1023 (Port) und Rs. C-307/99, Beschluß vom 2.5.2001, Slg. 2001, I-3159, Rn. 29 (OGH Fruchthandelsgesellschaft/Hauptzollamt Hamburg).
7 *C. Vedder*, in: Grabitz/Hilf, EU, Art. 234, Rn. 6.
8 Vgl. EuGH, Rs. C-124/95, Slg. 1997, I-81, Rn. 59 (Centro-Com).
9 A.A. *E. Klein*, in: HK-EUV, Art. 234, Rn. 7.
10 *R. Bernhardt*, Die Europäische Gemeinschaft als neuer Rechtsträger im Geflecht der traditionellen zwischenstaatlichen Beziehungen, EuR 1983, S. 199 (205); nicht ausdrücklich: EuGH, Verb. Rs. 3, 4 und 6/76, Slg. 1976, 1276, Rn. 39 und 45 (Kramer).
11 *H. Krück*, Völkerrechtliche Verträge im Recht der Europäischen Gemeinschaften, 1977, S. 136; *E.-U. Petersmann*, in: GTE, EU-/EGV, Art. 234, Rn. 6; *C. Vedder*, in: Grabitz/Hilf, EUV, Art. 234, Rn. 21.

5 Bereits nach dem Wortlaut des Abs. 1 gilt Art. 307 nicht für vorgemeinschaftliche inter-se-Abkommen zwischen den Mitgliedstaaten. Im Falle der Kollision geht der EGV nach den Regeln des allgemeinen Völkerrechts vor (Art. 30 Abs. 3 WVRK: lex posterior derogat legi priori; s. auch Art. 59 Abs. 1 lit. b WVRK)[12].

III. Rechtsfolgen

1. Abs. 1: Unberührtheitsklausel

6 Art. 307 läßt die **Rechte der Drittländer** und die **Pflichten der Mitgliedstaaten** aus vorgemeinschaftlichen Übereinkommen unberührt[13], d.h. Gemeinschaftsbestimmungen haben im Kollisionsfall hinter nationalem Recht zurückzutreten, wenn letzteres der Erfüllung der fraglichen völkerrechtlichen Verpflichtung dient[14]. Gestattet ein Altvertrag hingegen dem Mitgliedstaat, eine gemeinschaftswidrige Maßnahme zu treffen, ohne ihn zugleich zu verpflichten, so muß der Mitgliedstaat von dem Erlaß der Maßnahme absehen[15]. Bereits aus dem Zweck der Vorschrift – Wahrung der Rechte der Drittländer – ergibt sich, daß sich ein Mitgliedstaat nicht gegenüber der Gemeinschaft auf seine Rechte aus dem Altvertrag berufen kann, um die Beschränkung innergemeinschaftlicher Normen zu rechtfertigen. Der EuGH stützt diese Erwägung auch auf den allgemeinen völkerrechtlichen Grundsatz, nach dem ein Staat ipso facto darauf verzichtet, seine **Rechte** aus einem früheren Vertrag auszuüben, soweit dieser Verzicht zur Erfüllung der neuen Verpflichtung notwendig ist[16].

7 Nach Ansicht des EuGH schließt der Zweck der Vorschrift aus, daß der **einzelne** vor Gericht allein unter Berufung auf Art. 307 subjektiven Rechte aus dem Altvertrag geltend macht (unmittelbare Wirkung[17]). Art. 307 bewirke keine Änderung der Natur der Bestimmungen des Altvertrages[18].

8 Teile des Schrifttums verstehen Abs. 1 als ein durch Abs. 2 (Rn. 9 ff.) **zeitlich befristetes Recht** der Mitgliedstaaten, kollidierendes Gemeinschaftsrecht nicht anzuwenden[19]. Dies kann jedoch nicht bedeuten, daß die Mitgliedstaaten bei bewußt unterlassenen Anpassungsmaßnahmen nach Abs. 2 (Rn. 9 ff.) ihr Recht zur Berufung auf Abs. 1 (Einrede

---

12 Zur Zulässigkeit von inter-se-Abkommen, die nach dem 1.1.1958 bzw. dem Beitritt zur EG von den Mitgliedstaaten geschlossen worden sind, vgl. *U. Häde*, Ein Stabilitätspakt für Europa, EuZW 1996, S. 138 (141) m.w.N., s. auch Art. 293, Rn. 5.
13 EuGH, Rs. 10/61, Slg. 1962, 1, Rn. 23 (Kommission/Italien); Rs. 812/79 Slg. 1980, 2787, Rn. 8 (Burgoa); Rs. 121/85, Slg. 1986, 1007, Rn. 24 f. (Conegate); Rs. 235/87, Slg. 1988, 5589, Rn. 19 (Matteucci); Rs. 286/86, Slg. 1988, 4907, Rn. 18 (Deserbais); Rs. C-158/91, Slg. 1993, I-4287, Rn. 12 (Levy); EuG, Rs. T-76/89, Slg. 1991, II-575, Rn. 75 (ITP/Kommission); Rs. T-69/89, Slg. 1991, II-485, Rn. 102 (RTE/Kommission); EuGH, Rs. C-324/93, Slg. 1995, I-563, Rn. 27 (Evans Medical und Macfarlan Smith); Rs. C-473/93, Slg. 1996, I-3259, Rn. 40 (Kommission/Luxemburg); Rs. C-124/95, Slg. 1997, I-81, Rn. 56 (Centro-Com).
14 Vgl. EuGH, Rs. C-13/93, Slg. 1994, I-371 Rn. 16 (Minne).
15 EuGH, Rs. C-324/93, Slg. 1995, I-563, Rn. 32 (Evans Medical und Macfarlan Smith); Rs. C-124/95, Slg. 1997, I-81, Rn. 69 (Centro-Com).
16 EuGH, Rs. 10/61, Slg. 1962, 1, Rn. 22 ff. (Kommission/Italien); s. auch GA *M. Lagrange*, Schlußantr. zu EuGH, Rs. 10/61, a.a.O., S. 39.
17 S. Art. 300, Rn. 61 ff.
18 Rs. C-307/99, Beschluß vom 2.5.2001, Slg. 2001, I-3159, Rn. 30 (OGH Fruchthandelsgesellschaft/Hauptzollamt Hamburg); Rs. 812/79, Slg. 1980, 2787, Rn. 10 (Burgoa).
19 In bezug auf die daraus zu ziehenden Konsequenzen vage: *Krück* (Fn. 11), S. 135; *E.-U. Petersmann*, in: Grabitz/Hilf, EU, Art. 234, Rn. 9 und 12; ders., ZaöRV, 35 (1975), S. 213 (257).

aus Art. 307) verwirkt hätten[20]. Eine derartige Sanktionierung untätiger Mitgliedstaaten widerspricht der klaren Intention des Art. 307, ausschließlich die völkervertraglichen Rechte der Drittstaaten zu schützen (Rn. 6)[21].

2. Abs. 2: Anpassung, Kündigung, Beitritt der EG

a) Rechtspflichten der Mitgliedstaaten
Im Gegensatz zu Art. 105 Abs. 1 EAGV verlangt Art. 307 für die Anwendbarkeit der Unberührtheitsklausel (Abs. 1) keine **Anmeldung** von Altverträgen durch die Mitgliedstaaten[22]. 9

Abs. 2 Satz 1 verpflichtet die Mitgliedstaaten dazu, alle materiellen und kompetentiellen[23] Unvereinbarkeiten ihrer Altverträge mit dem EGV zugunsten des EG-Vertrages zu beheben. Die dabei zu ergreifenden »geeigneten Mittel« müssen gemäß der allgemeinen Zielrichtung des Art. 307 (Rn. 1) völkerrechtskonform sein. In Betracht kommt – neben einer **gemeinschaftsfreundlichen Auslegung** der betreffenden Bestimmungen – eine **Anpassung des Altvertrages** (z.b. die Einfügung von EG-Klauseln) nach entsprechenden Verhandlungen mit dem Vertragspartner[24]. Soweit der Altvertrag eine ausschließliche Vertragsschlußkompetenz der Gemeinschaft berührt, liegt in Abs. 2 Satz 1 die gemeinschaftsrechtliche Ermächtigung an die Mitgliedstaaten zum »korrigierenden« völkerrechtlichen Vertragsschluß, soweit dieser notwendig und geeignet ist, die Unvereinbarkeiten mit dem EGV zu beheben[25]. 10

Scheitert eine Anpassung oder ist diese nicht zweckdienlich, verpflichtet Abs. 2 Satz 1 die Mitgliedstaaten, den Altvertrag zum nächstmöglichen Zeitpunkt zu **kündigen**[26]**, zu suspendieren** oder von ihm **zurückzutreten**. Die Rechtsgrundlage derartiger Maßnahmen kann in den Bestimmungen des Altvertrages selbst liegen (z.B. Kündigungsklauseln), nachträglich durch die Parteien vereinbart werden oder sich aus der WVRK von 1969 (z.B. Art. 56 ff. und – unter engen Voraussetzungen – Art. 62: clausula rebus sic stantibus[27]) bzw. aus völkergewohnheitsrechtlichen Grundsätzen ergeben. 11

Soweit dies politisch von der Gemeinschaft angestrebt wird, sind die Mitgliedstaaten verpflichtet, alle zu ihrer Verfügung stehenden rechtlichen und politischen Mittel einzu- 12

---

20 So andeutungsweise C. *Schmid*, Immer wieder Banane: Der Status des GATT/WTO-Systems im Gemeinschaftsrecht, NJW 1998, S. 190 (193).
21 S. hierzu die Auffassung der Kommission in G. *Slynn*, Sitzungsbericht zu EuGH, Rs. C-345/89, Slg. 1991, I-4047, 4053 f. (Stoeckel).
22 Eine Anmeldepflicht sieht auch § 17 des Übergangsabkommens zum EGKSV vor, BGBl. 1952 II, S. 498.
23 Vgl. in diesem Sinne EuGH, Verb. Rs. 3, 4 und 6/76, Slg. 1976, 1276, Rn. 45 (Kramer); s. auch die Entscheidung des Ministerrats zur Vereinheitlichung der Laufzeit von Handelsabkommen mit dritten Ländern vom 9.10.1961, ABl.EG 1961, S. 1274/81; im Schrifttum: *Bernhardt* (Fn. 10), S. 205; a.A. G. *Schuster/P.-T. Scholl*, Gemeinschaftskompetenz und Altverträge mit Drittstaaten, RIW 1996, S. 89 (93 f.).
24 Vgl. EuGH, Gutachten 1/76, Slg. 1977, 741, Rn. 7 (Stillegungsfonds).
25 EuGH, Gutachten 1/76 Slg. 1977, 741, Rn. 7 (Stillegungsfonds).
26 S. z.B. EuGH, Rs. C-13/93, Slg. 1994, I-371, Rn. 15 (Minne).
27 Hierzu F. *Meißner*, Das Recht der Europäischen Wirtschaftsgemeinschaft im Verhältnis zur Rheinschiffahrtsakte von Mannheim, 1973, S. 97 f.; einschränkend C. *Vedder*, Grabitz/Hilf, EU, Art. 234, Rn. 9.

setzen, um die **Teilnahme der Gemeinschaft** an den Abkommen sicherzustellen[28]. Bislang ist die Gemeinschaft lediglich der 1945 gegründeten FAO beigetreten[29].

13   Abs. 2 Satz 2 statuiert eine **Solidaritätspflicht** der übrigen Mitgliedstaaten mit dem völkervertraglich nach Abs. 1 gebundenen Mitgliedstaat. Durch eine **gemeinsame Haltung** und konkrete **Hilfsmaßnahmen** (politische, wirtschaftliche bzw. rechtliche Einwirkung auf den Drittstaat im Rahmen des völkerrechtlich Erlaubten) soll der Drittstaat zur Zustimmung zu einer Vertragsanpassung oder -beendigung bewegt werden.

b) Rechtspflichten der Gemeinschaft

14   Der EuGH leitet aus Abs. 1 die stillschweigende Verpflichtung der Gemeinschaft gegenüber den Mitgliedstaaten ab, die Erfüllung der Pflichten, die sich für die Mitgliedstaaten aus früheren Übereinkünften ergeben, nicht zu behindern (**gemeinschaftliches Loyalitätsgebot**[30])[31]. Andernfalls würde Art. 307 seinen Zweck verfehlen.

15   In diesem Sinne sind die Gemeinschaftsorgane im Rahmen des rechtlich Möglichen gehalten, durch eine **völkerrechtsfreundliche Auslegung** des EG-Rechts eine Konfliktlage mit den Altverträgen zu vermeiden. Eine Einschränkung der gemeinschaftsrechtlichen **Rechtsetzungsbefugnis** ist mit dem Behinderungsverbot nicht verbunden[32], wohl aber ein bis zur Behebung der Konfliktlage bestehendes **Durchsetzungshindernis des Primär- und Sekundärrechts für die Gemeinschaftsorgane**[33].

3. Abs. 3: Weitergabe von Gemeinschaftspräferenzen an Drittstaaten

16   Abs. 3 bezieht sich in verklausulierter Sprache auf den allgemeinen **völkerrechtlichen Gleichbehandlungsgrundsatz** bzw. auf konkrete **Meistbegünstigungsklauseln** in vorgemeinschaftlichen Abkommen[34], die den vertraglich gebundenen Mitgliedstaat verpflichten können, die im EGV vereinbarten Präferenzen auch den betreffenden Drittstaaten zu gewähren. Auch hier sind die Mitgliedstaaten nach Abs. 3 i.V.m. Abs. 2 zur Vertragsanpassung oder -beendigung verpflichtet, um die Weitergabe von Gemeinschaftspräferenzen an Drittstaaten zu verhindern; soweit dies nicht in völkerrechtskonformer Weise möglich ist, gilt Abs. 1. Die Gemeinschaft hat gegenüber der UN die Auf-

---

28 So der EuGH in bezug auf Abkommen, die zwar nach dem 1.1.1958 von den Mitgliedstaaten geschlossen worden sind, deren Materien jedoch zu einem späteren Zeitpunkt in die ausschließliche Vertragsschlußkompetenz der Gemeinschaft gefallen sind: Verb. Rs. 3, 4 und 6/76, Slg. 1976, 1276, Rn. 45 (Kramer).
29 Bull.EG 11-1991, Ziff. 1.3.64; im Schrifttum hierzu: R. *Voss*, Die Bindung der Europäischen Gemeinschaft an vorgemeinschaftliche Verträge ihrer Mitgliedstaaten, SZIER 1996, S. 161 (169); J. *Sack*, The European Community's Membership of International Organizations, CMLRev. 32 (1995), 1227, 1243 ff.; vgl. auch EuGH, Rs. C-25/94, Slg. 1996, I-1469 (FAO); der Beitritt zur Mannheimer Rheinschiffahrtsakte von 1868 ist bislang am Widerstand der Mitgliedstaaten gescheitert, während der Beitritt zur EMRK der Änderung des EGV bedarf: EuGH, Gutachten 2/94, Slg. 1996, I-1763 (EMRK); die WTO wurde von der EG mitgegründet.
30 *Meißner* (Fn. 27), S. 124.
31 EuGH, Rs. 812/79, Slg. 1980, 2787, Rn. 9 (Burgoa).
32 Vgl. EuGH, Rs. 158/91, Slg. 1993, I-4287, Rn. 22 (Levy); im Schrifttum: C. *Vedder*, in: Grabitz/Hilf, EU, Art. 234, Rn. 5; a.A. H. *Krück*, Völkerrechtliche Verträge im Recht der Europäischen Gemeinschaften, 1977, S. 139.
33 M. *Löwisch/J. Schwerdtle*, Anmerkung zum Urteil des BVerfG vom 28.1.1992, JZ 1992, S. 916; *Petersmann* (Fn. 19), S. 257; C. *Vedder*, in: Grabitz/Hilf, EU, Art. 234, Rn. 5.
34 P. *Reuter*, in: Smit/Herzog, The Law of the European Economic Community, New York 1985, Art. 234, Ziff. 234.03.

fassung vertreten, im Handelsvölkerrecht seien Zollunionen bereits kraft **Völkergewohnheitsrechts** von vertraglichen Meistbegünstigungsklauseln anderer Abkommen ausgenommen[35].

IV. Bindung der Gemeinschaft an vorgemeinschaftliche Verträge

Eine **völkervertragliche Bindung** der Gemeinschaft an die Übereinkommen ist mit dem innergemeinschaftlichen Behinderungsverbot (Rn. 14) ebensowenig verbunden wie eine **gemeinschaftsrechtliche Beachtungs-** oder **Erfüllungspflicht** (s. im Gegensatz dazu Art. 71 Abs. 2 EGKSV)[36]. Die im Schrifttum teilweise vertretene gegenteilige Ansicht[37] wird weder durch den Wortlaut des Art. 307 noch durch die allgemeine Völkerrechtspraxis gestützt[38]. Aus Art. 307 läßt sich ebenfalls keine Verpflichtung der Gemeinschaft zu konkreten **Übernahme-** oder **Anpassungsverhandlungen** mit den Vertragspartnern der Mitgliedstaaten ableiten (s. im Gegensatz dazu Art. 106 EAGV)[39].   17

1. Funktionsnachfolge in Altverträge

Auch die völkerrechtliche Bindung der Gemeinschaft an Altverträge der Mitgliedstaaten kraft **Funktionsnachfolge** (z.b. bis zum 31.12.1995 beim GATT 1947) weist keinen Bezug zu Art. 307 auf[40]. Der EuGH hat in seiner grundlegenden Entscheidung zum GATT 1947 fünf Voraussetzungen für eine Funktionsnachfolge der Gemeinschaft in Altverträge der Mitgliedstaaten statuiert[41]: Neben (1) der Bindung aller Mitgliedstaaten an den vorgemeinschaftlichen Vertrag, und (2) einer späteren Kompetenzverschiebung auf die Gemeinschaft, muß (3) der Wille der Mitgliedstaaten, die Gemeinschaft an die Verpflichtungen aus dem Altvertrag zu binden, zum Ausdruck gekommen (z.b. in Art. 131) und (4) von der Gemeinschaft durch Aufnahme entsprechender Tätigkeiten akzeptiert worden sein. Die faktische Stellung der Gemeinschaft als Vertragspartei bedarf schließlich (5) auch ohne förmlichen Beitritt zum Abkommen der Zustimmung der übrigen Vertragspartner (Konsensprinzip)[42].   18

Da die Mitgliedstaaten ungeachtet der Funktionsnachfolge der Gemeinschaft weiterhin   19

---

35 Official Records of the General Assembly (GAOR), 35. Session, Supplement Nr. 203 vom 7. Mai 1980, S. 32, Ziff. 6; im Völkervertragsrecht: Ausnahmeregelungen vom völkerrechtlichen Gleichbehandlungsgrundsatz zugunsten von Zollunionen im GATT 1994 (Art. XXIV) und GATS (Art. V), ABl.EG 1994 Nr. L 336/11 ff.
36 *Krück* (Fn. 11), S. 134; *E.-U Petersmann*, in: GTE, EU-/EGV, Art. 234, Rn. 13; *H. Rittstieg*, Rheinschiffahrt im Gemeinsamen Markt, 1971, S. 35 f.; *C. Vedder*, in: Grabitz/Hilf, EU, Art. 234, Rn. 14; zur völkerrechtlichen Bindung der EG an UN-Sicherheitsratsbeschlüsse, s. Art. 281, Rn. 28; vgl. auch *C. Tomuschat*, GTE, EU-/EGV, Art. 210, Rn. 58.
37 Völkerrechtliche Bindung: *W. Müller*, Die Schweiz und die Rheinschiffahrts-Akte vom 17. Oktober 1868, Schweizer Jahrbuch für Internationales Recht Bd. 15 (1958), S. 153 (161); *Voss* (Fn. 29), S. 186; *M. Zuleeg*, EWG-Vertrag und Rheinregime, KSE Bd. 18, S. 25 (30); gemeinschaftsrechtliche Bindung: *P. Pescatore*, Les relations extérieures des Communautés Européennes, RdC 1961 II, S. 1 (170 f.): integrierender Bestandteil der Gemeinschaftsrechtsordnung.
38 *Bernhardt* (Fn. 10), S. 204 f.
39 *E.-U. Petersmann*, in: GTE, EU-/EGV, Art. 234, Rn. 10 f.
40 *Voss* (Fn. 29), S. 168, vgl. hierzu auch *A. Ott*, GATT und WTO im Gemeinschaftsrecht, 1997, S. 113 ff.
41 EuGH, Verb. Rs. 21–24/72, Slg. 1972, 1219, Rn. 10 ff. (International Fruit Company); auch GA *F. Capotorti*, Schlußantr. zu EuGH, Rs. 812/79, Slg. 1980, 2787, Ziff. 6 (Burgoa).
42 EuGH, Verb. Rs. 21–24/72, Slg. 1972, 1219, Rn. 16 (International Fruit Company).

gegenüber den Drittstaaten völkerrechtlich gebunden sind, können sie sich bei widersprechendem primären und sekundären Gemeinschaftsrecht auf Art. 307 berufen[43]. Dem steht nicht entgegen, daß die Altverträge kraft Funktionsnachfolge **integrierender Bestandteil der Gemeinschaftsrechtsordnung** sind (Art. 300 Rn. 51) und als solche vom EuGH ausgelegt werden (s. Art. 300 Rn. 80 ff.). Der Gerichtshof hat zu Recht mehrfach betont, daß es allein Sache der nationalen Gerichte sei, zu prüfen, welche völkerrechtlichen Verpflichtungen sich für die Mitgliedstaaten aus den Altverträgen ergeben[44].

2. Rezeption völkervertraglicher Bestimmungen

20 Soweit materiellrechtliche Bestimmungen von Altverträgen, an denen alle Mitgliedstaaten beteiligt sind, als **Rechtserkenntnisquelle** für Gemeinschaftsrecht fruchtbar gemacht werden (insbesondere die materiellrechtlichen Bestimmungen der EMRK, Art. 6 Abs. 2 EUV, s. dort. 35), ergibt sich die Rechtsbindung der Gemeinschaft an eben diese völkerrechtlichen Bestimmungen allein aus dem Gemeinschaftsrecht, also nicht – vermittelt durch Art. 307 – aus dem Völkerrecht[45].

---

43 Umstritten: in bezug auf GATT'47 bejahend Finanzgericht Hamburg, EuZW 1995, 413 (415); BFH, EuZW 1996, 126 (127 f.); andeutend BVerfG, EuZW 1995, 412; im Schrifttum: *B. Kempen*, Deutschland als Vertragspartei des GATT und als Mitglied der Europäischen Gemeinschaften, FS-Hahn, 1997, S. 417 (438); *H.-D Kuschel*, Die Bananenmarktordnung der Europäischen Union, RIW 1995, 218 (222); a.A. VG Frankfurt, EuZW 1997, 182 (192); im Schrifttum: *A. Weber*, Die Bananenmarktordnung unter Aufsicht des BVerfG?, EuZW 1991, S. 165 (168).
44 So der EuGH in bezug auf Altverträge, die die Gemeinschaft nicht binden: EuGH Rs. C-324/93, Slg. 1995, I-563, Rn. 29 (Evans Medical und Macfarlan Smith); Rs. C-124/95, Slg. 1997, I-81, Rn. 58 (Centro-Com); im Schrifttum a.A. *A. Oehmichen*, Die unmittelbare Anwendung der völkerrechtlichen Verträge der EG, 1992, S. 69.
45 *E.-U. Petersmann*, GTE, EU-/EGV, Art. 234, Rn. 13; *C. Vedder*, in: Grabitz/Hilf, EU, Art. 234, Rn. 12; *Voss* (Fn. 29), S. 168: *Reuter*, (Fn. 34) Ziff. 234.04.a; s. auch Art. 6 EUV, Rn. 41 ff.

Art. 308 (ex-Art. 235)

Erscheint ein Tätigwerden der Gemeinschaft[28 ff.] erforderlich[27], um im Rahmen des Gemeinsamen Marktes[22 ff.] eines ihrer Ziele[11 ff.] zu verwirklichen, und sind in diesem Vertrag die hierfür erforderlichen Befugnisse nicht vorgesehen[41 ff.], so erläßt der Rat einstimmig auf Vorschlag der Kommission und nach Anhörung des Europäischen Parlaments[62 ff.] die geeigneten Vorschriften[58 ff.].

Inhaltsübersicht:

A. Allgemeines	1
I. Funktion der Vorschrift	1
II. Charakter der Vorschrift	3
III. Bedeutung der Vorschrift	4
1. Rechtliche Bedeutung	4
a) Bedeutung für die Verbandskompetenz	4
b) Bedeutung für die Organkompetenz	5
2. Tatsächliche Bedeutung	6
a) Bedeutung in der Vergangenheit	6
b) Bedeutung in der Zukunft	7
B. Tatbestandsvoraussetzungen	9
I. Ziele der Gemeinschaft	10
1. Auslegung des Zielbegriffs	11
2. Besondere Ziele der Gemeinschaft	14
3. Allgemeine Ziele der Gemeinschaft	15
a) Zielnormierungen in Art. 2	16
b) Zielnormierungen in der Präambel	19
4. Implizite Ziele	20
II. »Im Rahmen des Gemeinsamen Marktes«	21
1. Gemeinsamer Markt	22
2. »Im Rahmen«	23
3. Bedeutung des Tatbestandsmerkmals	25
III. Erforderlichkeit eines Tätigwerdens der Gemeinschaft	26
1. Maßstab der Erforderlichkeit	26
2. Tätigwerden der Gemeinschaft	27
3. Beurteilungsspielraum der Gemeinschaftsorgane	28
4. Zieldienliche Maßnahmen der Mitgliedstaaten	30
a) Erforderlichkeit trotz mitgliedstaatlicher Maßnahmen	32
b) Befugnis der Mitgliedstaaten zu zieldienlichen Maßnahmen	33
5. Verhältnis zum Subsidiaritätsprinzip	37
IV. Subsidiaritätsklausel	40
1. Bedeutung der Subsidiarität	41
2. Spezielle Befugnisse	43
3. »implied powers«	44
4. Fehlende oder unzureichende Befugnisse	45
a) Fehlende Befugnisse	45
b) Unzureichende Befugnisse	46
5. Kumulative und alternative Anwendung von Art. 308	48
6. Folgen der Nichtbeachtung der Subsidiarität	51
V. Immanentes negatives Tatbestandsmerkmal	52
C. Rechtsfolgen	56
I. Geeignete Vorschriften	57
1. Beispiele	59
2. Errichtung von Institutionen	60
II. Verfahren und Form	61
1. Verfahren	61
2. Form	62
III. Ermessen oder Bindung des Rates	63

D. Ausübungsvoraussetzungen		65
I. Subsidiaritätsprinzip		65
II. Verhältnismäßigkeitsprinzip		66

A. Allgemeines

I. Funktion der Vorschrift

1 Nach der Interpretation des EuGH soll Art. 308 »einen Ausgleich in Fällen schaffen, in denen den Gemeinschaftsorganen durch spezifische Bestimmungen des Vertrags ausdrücklich oder implizit verliehene Befugnisse fehlen und gleichwohl Befugnisse erforderlich erscheinen, damit die Gemeinschaft ihre Aufgaben im Hinblick auf die Erreichung eines vom Vertrag festgelegten Ziels wahrnehmen kann.«[1] Obwohl sich dieser Feststellung kaum mehr als dem Tatbestand des Art. 308 entnehmen läßt, verdeutlicht sie doch dessen Funktion: Zweck des Art. 308 ist es, die zwischen den Zielen der Gemeinschaft und den Befugnissen ihrer Organe bestehenden Diskrepanzen und Lücken durch eine Ausdehnung der Kompetenzen der Gemeinschaftsorgane zu überbrücken,[2] um eine **fortschreitende Integration der Gemeinschaft** zu gewährleisten.[3] Damit ermöglicht Art. 308 eine vertragsimmanente Fortentwicklung des Gemeinschaftsrechts »unterhalb« der förmlichen Vertragsänderung.[4]

2 Diese bildet zugleich die Grenze des Art. 308: Es ist nicht die Funktion des Art. 308, den Vertrag um Vertragsziele und damit um Kompetenzen der Gemeinschaften zu erweitern. Eine Kompetenz-Kompetenz soll Art. 308 nicht enthalten.[5] Das folgt sowohl unter rechtsstaatlichen als auch unter demokratischen Gesichtspunkten aus der nur eingeschränkten Übertragung von Hoheitsrechten der Mitgliedstaaten auf die Gemeinschaft. Vertragsänderungen sind vielmehr gemäß Art. 48 EUV von allen Mitgliedstaaten gemäß ihren verfassungsrechtlichen Vorschriften zu ratifizieren und unterliegen damit dem Zustimmungserfordernis der nationalen Parlamente.[6]
Entgegen mancher Thesen hat sich die **Funktion** des Art. 308 **nicht gewandelt.**[7] Die Norm ist mit einer bestimmten Funktion von den vertragsschließenden Mitgliedstaaten in den Vertrag aufgenommen worden und hat sich seitdem nicht geändert. Geändert hat sich mit dem Ausmaß seiner Anwendung nur die Bedeutung des Art. 308.[8]

---

1 EuGH, Gutachten 2/94, 28.3.1996, Slg. 1996, I-1759, Rn. 29 (Beitritt EMRK).
2 *L.-J. Constantinesco*, EG I, S. 272; gegen die Funktion der »Lückenfüllung« *U. Everling,* Die allgemeine Ermächtigung der Europäischen Gemeinschaft zur Zielverwirklichung nach Art. 235 EWG-Vertrag, EuR Sonderheft 1976, S. 2 (16).
3 Ausführlich *M. Bungenberg,* Art. 235 EGV nach Maastricht, Baden-Baden 1999, S. 39 ff.; zum Prinzip der Integration *S. Magiera,* Kompetenzgrenzen und Strukturprinzipien der EG, in: FS-Morsey, 1992, S. 211 ff.
4 *Oppermann,* Europarecht, Rn. 523.
5 EuGH, Gutachten 1/94, 15.11.1994, Slg. 1994, I-5267, Rn. 16 (Geistiges Eigentum); Gutachten 2/94, 28.3.1996, Slg. 1996, I-1759, Rn. 25 (Beitritt EMRK); *H.M., BBPS,* S. 83; *I. E. Schwartz,* in: GTE, EU-/EGV, Art. 235, Rn. 31.
6 Statt vieler *P. Kirchhof,* Das Maastricht-Urteil des Bundesverfassungsgerichts, in: Hommelhoff/ Kirchhof (Hrsg.), Der Staatenverbund der Europäischen Union, 1994, S. 11 (15).
7 Vgl. etwa *T. Lorenz/W. Pühs,* Eine Generalermächtigung im Wandel der Zeit: Art. 235 EG-Vertrag, ZG 1998, S. 142 ff.
8 Ebenso *Bungenberg* (Fn. 3), S. 158 ff.

II. Charakter der Vorschrift

Art. 308 wird zum Teil als Abrundungskompetenz,[9] zum Teil als »Lückenschließungs- 3
klausel«[10] bezeichnet. Nach einer wohl h.M. enthält Art. 308 eine **Generalermächtigung**, »weil anders als in Einzelermächtigungen zur Rechtsetzung die Ziele in der Vorschrift selbst nicht genannt werden und – als Folge davon – die Handlungsermächtigung nach Verfahren und Art der Rechtshandlung nicht ausdifferenziert wird.«[11] Nach anderer Auffassung normiert Art. 308 keine Generalermächtigung, denn er sei jedenfalls an ein der Gemeinschaft vom Vertrag gesetztes Ziel gebunden.[12] Diese Zielbindung widerspricht dem Charakter einer Generalermächtigung aber nicht,[13] die typischerweise an bestimmte, wenn auch allgemeine Voraussetzungen gebunden ist und sich dadurch von einer Kompetenz-Kompetenz unterscheidet. Für die praktische Anwendung des Art. 308, die sich streng an dessen Tatbestandsmerkmalen zu orientieren hat, spielt die Charakterisierung keine Rolle.

III. Bedeutung der Vorschrift

1. Rechtliche Bedeutung

a) Bedeutung für die Verbandskompetenz
Die nur eingeschränkte Übertragung von Hoheitsrechten der Mitgliedstaaten auf die 4
Gemeinschaft spiegelt sich gemeinschaftsrechtlich in dem nunmehr in Art. 5 Abs. 1 verankerten **Prinzip der begrenzten Ermächtigung** wider.[14] Davon geht auch der EuGH aus.[15] Dieses Prinzip wird gelockert, wenn die Gemeinschaft nicht nur durch spezifisch ausgestaltete Befugnisse zum Handeln ermächtigt wird, sondern auch durch eine allgemeine Befugnis zur Zielverwirklichung. Zu den damit verbundenen rechtsstaatlichen Bedenken treten demokratietheoretische, denn das Verfahren bei Art. 308 ist auf eine Anhörung des Parlaments und eine Kontrolle der Ratsmitglieder durch ihre nationalen Parlamente beschränkt.[16]
Ihr besonderes Gewicht erhält die Problematik einer derartigen Ermächtigung aber durch den **Vorrang des Gemeinschaftsrechts**,[17] der es den Mitgliedstaaten untersagt, Rechtssätze anzuwenden, die den von der Gemeinschaft beschlossenen Regelungen widersprechen.
Trotz seiner enormen Bedeutung für die Verbandskompetenz sind die sachlichen Grenzen dieser Ermächtigungsnorm weitgehend ungeklärt geblieben. Der EuGH mußte zwar häufiger zu der Frage Stellung nehmen, ob Maßnahmen auf Art. 308 gestützt werden durften. In all diesen Fällen ging es aber stets um die Kompetenzverteilung zwischen den

---

9 *H. Konzen*, Der europäische Einfluß auf das deutsche Arbeitsrecht nach dem Vertrag über die Europäische Union, EuZW 1995, S. 39 (40); *Pechstein/Koenig*, EU, Rn. 105; *Oppermann*, Europarecht, Rn. 523; *M. Röttinger*, in: Lenz, Art. 235, Rn. 1.
10 *Schweitzer/Hummer*, Europarecht, Rn. 339.
11 T. C. W. *Beyer*, Die Ermächtigung der Europäischen Union, Der Staat 35 (1996), S. 189 (201); *Everling* (Fn. 2), S. 4; *E. Grabitz*, in: Grabitz/Hilf, EU, Art. 235, Rn. 1; *U. Häde/A. Puttler*, Zur Abgrenzung des Art. 235 EGV von der Vertragsänderung, EuZW 1997, S. 13.
12 *I. E. Schwartz*, in: GTE, EU-/EGV, Art. 235, Rn. 9.
13 Mißverständlich *Lorenz/Pühs* (Fn. 7), S. 143.
14 *H. P. Krauβer*, Das Prinzip begrenzter Ermächtigung im Gemeinschaftsrecht als Strukturprinzip des EWG-Vertrages, 1991.
15 EuGH, Gutachten 2/94, 28.3.1996, Slg. 1996, I-1759, Rn. 25 (Beitritt EMRK).
16 *S. Magiera* (Fn. 3), S. 219.
17 *Everling* (Fn. 2), S. 5.

Art. 308 EG-Vertrag

Gemeinschaftsorganen, nicht jedoch um die Kompetenzabgrenzung im Verhältnis der Gemeinschaft zu den Mitgliedstaaten.[18]

b) Bedeutung für die Organkompetenz

5 Auf die Organkompetenzen wirkt sich Art. 308 durch seine zwingenden Verfahrensvorgaben aus: Betroffen sind neben den **Mitspracherechten des Parlaments** vor allem die **Mehrheitserfordernisse im Rat**: Während die meisten speziellen Ermächtigungsgrundlagen ausdrücklich das Verfahren der Mitentscheidung nach Art. 251 oder das Verfahren der Zusammenarbeit nach Art. 252 anordnen und dem Parlament dadurch materielle Mitspracherechte einräumen,[19] sieht Art. 308 nur ein formelles Anhörungsrecht des Parlaments vor. Außerdem verlangen Maßnahmen nach Art. 308 stets einstimmige Ratsbeschlüsse, während für Maßnahmen aufgrund spezieller Ermächtigungen auch einfache oder qualifizierte Mehrheiten im Rat genügen können.[20] Von besonderer Bedeutung für die Organkompetenzen ist deshalb das Tatbestandsmerkmal der Subsidiarität gegenüber anderen Befugnisnormen (s. Rn. 41 ff.).

2. Tatsächliche Bedeutung

a) Bedeutung in der Vergangenheit

6 Die Bedeutung des Art. 308 für die Entwicklung der Gemeinschaft kann nicht hoch genug eingeschätzt werden. Nachdem von Art. 308 während der Übergangszeit kaum Gebrauch gemacht wurde, setzte das Schlußkommuniqué der Pariser Gipfelkonferenz der Staats- und Regierungschefs von 1972 die Grundlage für die **besondere Inanspruchnahme** des Art. 308. Es bekundete die Absicht, die Gemeinschaftstätigkeit auf neue Bereiche auszudehnen und dazu »alle Bestimmungen der Verträge einschließlich Art. 235 weitestgehend auszuschöpfen«.[21] Diese Absicht wurde durch eine Reihe von Maßnahmen auf den Gebieten der Zoll- und Agrarpolitik, der Sozialpolitik, der Umweltpolitik, der Forschungspolitik und der Regionalpolitik sowie durch die Schaffung zahlreicher Institutionen in die Tat umgesetzt,[22] – Politiken, für die die vertragschließenden Mitgliedstaaten keine spezifische Grundlage im EG-Vertrag vorgesehen hatten.[23]

b) Bedeutung in der Zukunft

7 Die heutige Bedeutung des Art. 308 darf dagegen aus mehreren Gründen nicht zu hoch eingeschätzt werden.[24] Zunächst ist festzustellen, daß aufgrund der umfangreichen Normierungen in der Vergangenheit der gemeinschaftliche **Regelungsbedarf** insgesamt **reduziert** worden ist. Vor allem aber hat die **Erweiterung des Kompetenzkataloges** durch die EEA, insbesondere aber durch die Verträge von Maastricht und Amsterdam[25] die Bedeu-

---

18 S. *Magiera* (Fn. 3), S. 218; s. aber nunmehr EuGH, Gutachten 2/94, 28.3.1996, Slg. 1996, I-1759, Rn. 25 ff. (Beitritt EMRK); *Häde/Puttler* (Fn. 11), S. 16, verweisen zusätzlich auf EuGH, Rs. 293/83, 13.2.1985, Slg. 1985, 593, Rn. 19 ff. (Gravier); Rs. 39/86, 21.6.1988, Slg. 1988, S. 3161, Rn. 15 (Lair).
19 Vgl. zu den durch den Vertrag von Amsterdam angewachsenen Befugnissen des Parlaments *M. Hilf/E. Pache*, Der Vertrag von Amsterdam, NJW 1998, S. 705 (710).
20 Zu den dadurch möglichen Beeinflussungen auch der Verbandskompetenz s. Art. 5, Rn. 9.
21 Erklärung vom 20.10.1972, Ziffer 15, EA 1972, S. 502 ff. Dazu: *Everling* (Fn. 2), S. 6 ff.
22 Vgl. den Kurzüberblick bei *Lorenz/Pühs* (Fn. 7), S. 145 ff. Zahlreiche Beispiele auch bei *E. Grabitz*, in: Grabitz/Hilf, EU, Art. 235, Rn. 10.
23 *J. Rideau*, Droit institutionnel de l'union et des communautés européennes, S. 441. Speziell zur Umweltpolitik vgl. M. *Kloepfer*, Europäischer Umweltschutz ohne Kompetenz?, UPR 1986, S. 321 ff.
24 *Lorenz/Pühs* (Fn. 7), S. 142 ff.; R. *Streinz*, in: Sachs (Hrsg.), GG, Art. 23, Rn. 110.
25 Zu den Kompetenzübertragungen durch den Vertrag von Amsterdam *U. Karpenstein*, Der Vertrag von Amsterdam im Lichte der Maastricht-Entscheidung des BVerfG, DVBl. 1998, S. 942 ff.

tung der Generalermächtigung wegen ihrer Subsidiarität gegenüber speziellen Ermächtigungsgrundlagen schwinden lassen.[26] Schließlich mögen auch die deutliche Warnung des BVerfG[27] und die gesamte Diskussion um die demokratische Legitimation der Europäischen Gemeinschaft[28] zu einer restriktiveren Handhabung des Art. 308 geführt haben.

Gleichwohl ist Art. 308 doch nicht obsolet geworden. Ob die nunmehr im Vertrag vorgesehenen speziellen Befugnisse zur Verwirklichung ihrer Ziele ausreichend sind, ist im wesentlichen eine Frage der politischen Bewertung, die dem Wandel der Zeit unterliegt. Insofern behält Art. 308 seine Bedeutung für eine **dynamische Weiterentwicklung** im Lichte der gemeinschaftlichen Zielsetzungen.[29] Vor allem aber wegen seiner Anwendbarkeit nicht nur bei fehlenden, sondern auch bei unzureichenden speziellen Ermächtigungen (s. Rn. 47 f.) wird Art. 308 nicht in die Bedeutungslosigkeit entlassen.[30] Nach wie vor werden zahlreiche Rechtsakte der Gemeinschaft auf ihn gestützt, allein im Zeitraum von dem Inkrafttreten des EU-Vertrages am 1.11.1993 bis zum 31.7.1997 wurden 70 Rechtsakte auf der Grundlage des Art. 308 erlassen.[31] Nur sofern es im Rahmen einer Konsolidierung der Verträge zu der Aufnahme eines Kompetenzkatalogs kommen sollte, wären die Funktion und auch die Notwendigkeit des Art. 308 EGV grundlegend zu überdenken.[32] 8

B. Tatbestandsvoraussetzungen

Dem Art. 308 werden nach überwiegender Lesart insgesamt **vier tatbestandliche Voraussetzungen** entnommen.[33] Hinzu tritt nach hier vertretener Auffassung ein **immanentes negatives Tatbestandsmerkmal**. 9

I. Ziele der Gemeinschaft

Der Bestimmung der Gemeinschaftsziele kommt besondere Bedeutung zu,[34] denn Art. 308 GG ist trotz seines gegenüber ausdrücklichen Einzelermächtigungen general- 10

---

26 Vgl. *Bungenberg* (Fn. 3), S.70 ff.; *R. Streinz*, Der »effet utile« in der Rechtsprechung des Gerichtshofs der Europäischen Gemeinschaften, in: FS-Everling, 1995, Band II, S. 1491 (1504). Als Beispiel mögen die Umweltkompetenzen der Gemeinschaft genannt sein, vgl. dazu *M. Kloepfer*, Umweltrecht, 1998, S. 549 ff.
27 BVerfGE 89, 155 (210).
28 Vgl. aus der deutschen Literatur nur die Beiträge von *M. Hilf, P. Kirchhof, T. Oppermann, A. Randelzhofer* und *H. Steinberger*, in: Hommelhoff/Kirchhof (Hrsg.), Der Staatenverbund der Europäischen Union, 1994, jeweils m.w.N.
29 *Häde/Puttler* (Fn. 11), S. 14; *Lorenz/Pühs* (Fn. 7), S. 148.
30 Ähnlich *Beyer* (Fn. 11), S. 201 f.
31 Vgl. die thematisch gegliederte Übersicht bei *Lorenz/Pühs* (Fn. 7), S. 150 ff.; sowie die umfassende Auflistung bei *Bungenberg* (Fn. 3), S. 293 ff. Eine Zusammenstellung der auf Grundlage des Art. 308 geschaffenen Einrichtungen, der auf diese Norm gestützten Programme über die Zusammenarbeit mit Drittländern sowie der auf Art. 308 beruhenden Rechtsakte des Rates im Energiebereich findet sich im Bericht über die Konferenz der Vertreter der Regierungen der Mitgliedstaaten vom 22.2.2000, CONFER 4711/00, S. 5 ff.
32 S. hierzu *Bungenberg* (Fn. 3), S. 255; sowie *ders.*, Dynamische Integration, Art. 308 und die Forderung nach dem Kompetenzkatalog, EuR 2000, S. 879 ff. m.w.N.
33 Vgl. *Bleckmann*, Europarecht, Rn. 789 f.; *BBPS*, S. 83 f.; *D.-W. Dorn*, Art. 235 – Prinzipien der Auslegung, 1986, S. 21 ff.; *E. Grabitz*, in: Grabitz/Hilf, EU, Art. 235, Rn. 12 ff.; *Häde/Puttler* (Fn. 11), S. 14; *I. E. Schwartz*, in: GTE, EU-/EGV, Art. 235, Rn. 75 ff. Das Merkmal »im Rahmen des Gemeinsamen Marktes« vernachlässigend etwa *Oppermann*, Europarecht, Rn. 525.
34 So auch *Everling* (Fn. 2), S. 9.

klauselartigen Charakters funktional durch den Zweck der Zielverwirklichung beschränkt: Art. 308 ist nur anwendbar zur Verwirklichung von Gemeinschaftszielen. Unabhängig von der Auslegung des Zielbegriffs in Art. 308 normiert dieses Tatbestandsmerkmal eine wichtige Grenze, denn es beschränkt den Anwendungsbereich des Art. 308 auf die **Verwirklichung bestehender**, das heißt durch die Mitgliedstaaten primärrechtlich vorgegebener **Gemeinschaftsziele**. Neue Gemeinschaftsziele dürfen hingegen nicht durch den Rat begründet werden.[35]

1. Auslegung des Zielbegriffs

11 Wenn in einem System der beschränkten Ermächtigung Kompetenzen ausnahmsweise an Ziele geknüpft werden, wirkt sich jedes im EG-Vertrag enthaltene Ziel nachhaltig auf das Verhältnis zwischen der Gemeinschaft und ihren Mitgliedstaaten aus. Deshalb bleibt die Frage, ob die Ziele der Gemeinschaft im Sinne des Art. 308 weit oder eng auszulegen sind, offen.

12 Während **im Interesse einer fortschreitenden Integration** der Zielbegriff sowohl in der Rechtsprechung des EuGH als auch von der h.M. im Schrifttum stets **weit** ausgelegt wurde,[36] hat der EuGH erstmalig in seinem Gutachten zum Beitritt der Gemeinschaft zur EMRK **Grenzen der Auslegung** aufgezeigt,[37] wenn er ausführt: »Als integrierender Bestandteil einer auf dem Grundsatz der begrenzten Ermächtigung beruhenden institutionellen Ordnung kann diese Bestimmung keine Grundlage dafür bieten, den Bereich der Gemeinschaftsbefugnisse über den allgemeinen Rahmen hinaus auszudehnen, der sich aus der Gesamtheit der Vertragsbestimmungen und insbesondere denjenigen ergibt, die die Aufgaben und Tätigkeiten der Gemeinschaft festlegen.«[38]

13 Einigkeit herrscht jedenfalls darüber, daß Art. 308 bei richtiger grammatikalischer (»ihrer«) und systematischer Auslegung (»in diesem Vertrag«)[39] nur solche Ziele erfaßt, die der Gemeinschaft **durch den EG-Vertrag** vorgegeben werden. Andere Zielsetzungen, und seien sie auch primärrechtlicher Natur, erlauben kein Tätigwerden nach Art. 308.[40] Innerhalb des EG-Vertrags ist **zunächst** auf die konkret bezeichneten **besonderen Ziele** einzugehen und erst **anschließend** auf die **allgemeinen Ziele** abzustellen.[41] Selbst wenn die Ziele grundsätzlich nicht im Verhältnis der Spezialität zueinander stehen,[42] folgt diese Reihenfolge doch aus der Bedeutung der kompetenzbegründenden Funktion der Ziele: Bevor im Wege der Auslegung auf allgemein formulierte Ziele zurückgegriffen wird, sind zunächst die konkreten und (von den Mitgliedstaaten) hinreichend bestimmten Zielsetzungen nutzbar zu machen.

---

35 S. Rn. 2.
36 S. Rn. 17 f.
37 Dieser Meinung sind auch *Häde/Puttler* (Fn. 11), S. 13.
38 EuGH, Gutachten 2/94, 28.3.1996, Slg. 1996, I-1759, Rn. 25 (Beitritt EMRK).
39 Auch nach Art. 5 Abs. 1 wird die Gemeinschaft [nur] innerhalb der Grenzen der ihr in diesem Vertrag zugewiesenen Befugnisse und gesetzten Ziele tätig.
40 *I. E. Schwartz*, in: GTE, EU-/EGV, Art. 235, Rn. 113.
41 *A.A. E. Grabitz*, in: Grabitz/Hilf, EU, Art. 235, Rn. 28 ff.; *I. E. Schwartz*, in: GTE, EU-/EGV, Art. 235, Rn. 112.
42 *E. Grabitz*, in: Grabitz/Hilf, EU, Art. 235, Rn. 30.

2. Besondere Ziele der Gemeinschaft

Die vertragsschließenden Mitgliedstaaten haben der Gemeinschaft und ihren Organen **in zahlreichen Einzelvorschriften** ausdrücklich Ziele vorgegeben. Diese sind zum Teil in den speziellen Ermächtigungsnormen enthalten (z.B. Art. 47 Abs. 1), zum Teil finden sie sich in deren unmittelbarer systematischer Nähe (z.B. Art. 14 Abs. 1) oder lassen sich aus Gebots- oder Verbotsnormen des Vertrages ableiten.[43]

14

3. Allgemeine Ziele der Gemeinschaft

Allgemeine Ziele der Gemeinschaft werden in erster Linie durch die **Art. 3 und 4** vorgegeben. Die von beiden Artikeln in der deutschen Sprachfassung verwendete Formulierung »Tätigkeit der Gemeinschaft« steht dieser Interpretation nicht entgegen.[44] Der EuGH hat die in den Art. 3 und 4 festgeschriebenen Tätigkeiten der Gemeinschaft als Ziele im Sinne des Art. 308 charakterisiert.[45] Auch im Schrifttum herrscht Einigkeit darüber, daß die in den Art. 3 und 4 normierten Tätigkeiten der Gemeinschaft zugleich materielle Ziele im Sinne des Art. 308 sind.[46]

15

a) Zielnormierungen in Art. 2

Umstritten ist, in welchem Umfang dem Art. 2 Ziele der Gemeinschaft im Sinne des Art. 308 zu entnehmen sind. Art. 2 normiert »Aufgaben der Gemeinschaft« und gibt als Mittel »die Errichtung eines Gemeinsamen Marktes und einer Wirtschafts- und Währungsunion« sowie »die Durchführung der in den Artikeln 3 und 4 genannten gemeinsamen Politiken und Maßnahmen« vor.[47]

16

Einigkeit besteht darin, daß jedenfalls die »**Errichtung eines Gemeinsamen Marktes und einer Wirtschafts- und Währungsunion**« sowie »**die Durchführung der in den Artikeln 3 und 4 genannten gemeinsamen Politiken und Maßnahmen**« zu den Zielen im Sinne des Art. 308 zu zählen sind.[48] Darüber hinaus geht die h.M. von der Zielqualität auch der übrigen »Aufgaben« des Art. 2 aus[49] und beruft sich dabei auch auf Rechtsprechung des EuGH.[50]

17

Demgegenüber unterscheidet eine Mindermeinung im Schrifttum zwischen Zielen als Erwartungen und Zielen als Aufgaben.[51] Während Ziele als Erwartungen lediglich ab-

18

---

43 *E. Grabitz*, in: Grabitz/Hilf, EU, Art. 235, Rn. 19 mit zahlreichen Beispielen; *I. E. Schwartz*, in: GTE, EU-/EGV, Art. 235, Rn. 115 mit weiteren Beispielen.
44 S. Art. 3, Rn. 1 sowie Art. 4, Rn. 1.
45 EuGH, Rs. 8/73, 12.7.1973, Slg. 1973, 897, Rn. 3 (Hauptzollamt Bremerhaven/Massey-Ferguson).
46 Vgl. bspw. *I. E. Schwartz*, in: GTE, EU-/EGV, Art. 235, Rn. 118 ff.; *E. Grabitz*, in: Grabitz/Hilf, EU, Art. 235, Rn. 18.
47 S. Art. 2, Rn. 13, 23 ff.
48 EuGH, Rs. 32/65, 13.7.66, Slg. 1966, 457 (483) (Italien/Kommission); Rs. 15/81, 5.5.82, Slg. 1982, 1409, Rn. 33 (Schul/Inspecteur, Roosendaal); Rs. 249/81, 18.2.1992, Slg. 1992, I-829, Rn. 30 (Buy Irish).
49 *Bleckmann*, Europarecht, Rn. 794; *R. H. Lauwaars*, Art. 235 als Grundlage für die flankierenden Politiken im Rahmen der Wirtschafts- und Währungsunion, EuR 1976, S. 100 (102); BBPS, S. 83; *Oppermann*, Europarecht, Rn. 525; *M. Röttinger*, in: Lenz, Art. 235, Rn. 5; *I. E. Schwartz*, in: GTE, EU-/EGV, Art. 235, Rn. 125 f.
50 In EuGH, Rs. 167/73, 4.4.1974, Slg. 1974, 359, Rn. 24 (Seeleute) heißt es: »Art. 74 erwähnt die Vertragsziele und nimmt damit Bezug auf die Artikel 2 und 3.« Vgl. auch EuGH Rs. 6/72, 21.2.1972, Slg. 1973, 215, Rn. 24 (Continental Can./Kommission).
51 *E. Grabitz*, in: Grabitz/Hilf, EU, Art. 235, Rn. 13; ihm folgend *Fischer*, Europarecht, Rn. 43; *Geiger*, EUV/EGV, Art. 308 EGV, Rn. 5.

strakt angäben, welche Effekte der Zusammenschluß der Mitgliedstaaten nach Auffassung der vertragsschließenden Parteien haben solle, seien Ziele als Aufgaben dadurch gekennzeichnet, daß sie gerade durch die Tätigkeit der Gemeinschaft verwirklicht werden müßten.[52] Die Anwendung des Art. 308 sei auf die Verwirklichung solcher Ziele beschränkt, die sich als Aufgaben darstellten. Dazu zählten aber nicht die übrigen »Tätigkeiten« des Art. 2, die vielmehr nur Erwartungen zum Ausdruck brächten.[53] Letzter Ansicht kann nicht gefolgt werden. Zwar entkräftigt das systematische Argument, andere Vorschriften des Vertrags (Art. 98 und Art. 105) verwiesen auf die Ziele des Art. 2, ohne eine Differenzierung zwischen Aufgaben und Erwartungen vorzunehmen, diese Meinung noch nicht. Denn Art. 98 benennt Ziele »im Sinne des Artikels 2«, Art. 105 spricht von den »in Art. 2 festgelegten Zielen«. Beide Normen lassen deshalb eine Differenzierung durchaus zu. Für die vorgenommene Differenzierung findet sich aber weder eine Stütze im Wortlaut des Art. 2 noch in teleologischen Erwägungen des Art. 308.[54] Sie wirkt für die Auslegung des Zielbegriffs im Sinne von Art. 308 deshalb willkürlich.[55]

b) Zielnormierung in der Präambel

19 Noch umstrittener ist die Frage, ob auch die Präambel des EG-Vertrags Ziele enthält. Nach der Rechtsprechung des EuGH, die sich allerdings nicht explizit auf Art. 308 bezieht, zählen auch Bestimmungen in der Präambel zu den »grundlegenden Zielen der Gemeinschaft«.[56] Dementsprechend wird in der Literatur zum Teil angenommen, insbesondere der Formulierung in der Präambel »die Grundlagen für einen immer engeren Zusammenschluß der europäischen Völker zu schaffen« sei eine Zielbestimmung im Sinne des Art. 308 zu entnehmen.[57] Demgegenüber nimmt die wohl h.M. an, die Präambel normiere **lediglich** einen **Auslegungsmaßstab** für die nähere Bestimmung der (anderweitig normierten) Aufgaben der Gemeinschaft.[58] Dieser Auffassung ist schon deshalb zuzustimmen, um den Anwendungsbereich des Art. 308 nicht durch einen Rückgriff auf zu weite und unbestimmte Zielbestimmungen über Gebühr auszudehnen und damit die Abgrenzung zur Vertragsänderung weiter zu erschweren.[59]

4. Implizite Ziele

20 Neben den ausdrücklich im Vertrag enthaltenen Zielen, seien sie besonderer oder allgemeiner Art, sollen nach im Schrifttum vertretener Meinung auch solche Ziele von Art. 308 erfaßt werden, die nur implizit im Vertrag enthalten sind.[60] Solche Ziele lassen sich regelmäßig im Wege der **teleologischen Auslegung** herleiten. Um einer zu weiten Auslegung des Zielbegriffs im Sinne von Art. 308 entgegenzuwirken, muß die Anerkennung solcher Ziele auf diejenigen Fälle beschränkt bleiben, in denen aus einer im Vertrag getroffenen (**Einzel-**)**Regelung** eindeutig der durch diese Regelung zu erreichende Zweck

---

52 E. *Grabitz,* in: Grabitz/Hilf, EU, Art. 235, Rn. 17.
53 *Everling* (Fn. 2), S. 10; E. *Grabitz,* in: Grabitz/Hilf, EU, Art. 235, Rn. 25; *Geiger,* EUV/EGV, Art. 308 EGV, Rn. 5; C. *Tomuschat,* Die Rechtsetzungsbefugnisse der EWG in Generalermächtigungen, insbesondere in Art. 235, in: EuR Sonderheft 1976, S. 60 (65).
54 Vgl. dazu E. *Grabitz,* in: Grabitz/Hilf, EU, Art. 235, Rn. 22 ff.
55 So auch *P.-C. Müller-Graff,* in: Hb.EGWirtR, Abschnitt A I, Rn. 141 m.w.N.
56 EuGH, verb. Rs. 56 u. 58/64, 13.7.1966, Slg. 1966, 321 (388) (Consten-Grundig/Kommission); Rs. 43/75, 8.4.1976, Slg. 1976, 455 (473) (Defrenne/Sabena).
57 *Bleckmann,* Europarecht, Rn. 789; undeutlich *Magiera* (Fn. 3), S. 216.
58 E. *Grabitz,* in: Grabitz/Hilf, EU, Art. 235, Rn. 26; *Fischer,* Europarecht, Rn. 43; *Lauwaars* (Fn. 49), S. 102; *Lorenz/Pühs* (Fn. 7), S. 144.
59 Ähnlich *Fischer,* Europarecht, Rn. 43; *Geiger,* EUV/EGV, Art. 308 EGV, Rn. 5.
60 E. *Grabitz,* in: Grabitz/Hilf, EU, Art. 235, Rn. 35.

zum Ausdruck kommt.⁶¹ Demgegenüber können übergreifende implizite Einzelziele, die sich nicht aus einer bestimmten Norm des Vertrags ableiten lassen, nicht als Ziele im Sinne von Art. 308 anerkannt werden.⁶²

II. »Im Rahmen des Gemeinsamen Marktes«

Ob diesem Tatbestandsmerkmal eine eigenständige und kompetenzbegrenzende Bedeutung zukommt,⁶³ hängt von einer Auslegung des Begriffs »Gemeinsamer Markt« und der Formulierung »im Rahmen« ab, die im Schrifttum nach wie vor umstritten ist. Der EuGH hat sich im Zusammenhang mit Art. 308 bislang noch nicht zu diesem Merkmal geäußert. 21

1. Gemeinsamer Markt

Im Schrifttum wird zuweilen die Auffassung vertreten, der Begriff »Gemeinsamer Markt« in Art. 308 sei nicht identisch mit dem Begriff »Gemeinsamer Markt« im Sinne des Art. 2, sondern im Unterschied zu diesem sehr weit auszulegen.⁶⁴ 22
Dieser Auffassung ist zu widersprechen. Für die Annahme, der EG-Vertrag verwende den gleichen Begriff in verschiedenen Artikeln mit unterschiedlicher Bedeutung, gibt es keinen zwingenden Grund.⁶⁵ Sofern mit Blick auf die »Errichtung einer Wirtschafts- und Währungsunion«, die nach dem gegenüberstellenden Wortlaut von Art. 2 nicht unter den Begriff »Gemeinsamer Markt« fällt, befürchtet wird, Art. 308 erlaube keine wirtschaftspolitischen Tätigkeiten der Gemeinschaft, ist dies kein ausreichender Grund für eine unterschiedliche Definition desselben Begriffs. Die teleologisch gebotene Einbeziehung von wirtschaftspolitischen Tätigkeiten in den Anwendungsbereich des Art. 308 wird durch eine einheitliche Betrachtung und Auslegung des gesamten Tatbestandsmerkmals »im Rahmen des Gemeinsamen Marktes« sichergestellt. Der in Art. 308 verwendete Begriff des Gemeinsamen Marktes entspricht deshalb dem in Art. 2.
Ausgehend von seiner einheitlichen Verwendung im EG-Vertrag, beschreibt der Begriff »**Gemeinsamer Markt**« auch im Sinne des Art. 308 einen nach außen durch eine gemeinsame Zoll- und Handelspolitik abgegrenzten Wirtschaftsraum, in dem Marktfreiheit und Marktgleichheit herrschen und in dem ein System von Wettbewerbsregeln vor Verfälschungen durch staatliche und private Maßnahmen schützt.⁶⁶ Der Gemeinsame Markt wird somit charakterisiert durch die Elemente **Marktfreiheit, Marktgleichheit und Wettbewerbsfreiheit**.⁶⁷ Die drei dem Begriff des Gemeinsamen Marktes von Art. 2 und auch von Art. 32 Abs. 4, 70 sowie Art. 119 Abs. 1 und 131 Abs. 2 gegenüberge-

---

61 *E. Grabitz,* in: Grabitz/Hilf, EU, Art. 235, Rn. 35, nennt als Beispiel das Recht auf Zugang zum Markt. Vgl. auch *I. E. Schwartz,* in: GTE, EU-/EGV, Art. 235, Rn. 116.
62 *I. E. Schwartz,* in: GTE, EU-/EGV, Art. 235, Rn. 153, m.w.N. Undeutlich *E. Grabitz,* in: Grabitz/Hilf, EU, Art. 235, Rn. 35, 36.
63 Dies bezweifeln *L.-J. Constantinesco,* EG I, S. 275; *J.-V. Louis,* Die Rechtsordnung der Europäischen Gemeinschaften, 1990, S. 68; *Lorenz/Pühs* (Fn. 7), S. 144.
64 So etwa *Bleckmann,* Europarecht, Rn. 191; *L.-J. Constantinesco,* EG I, S. 276; *Dorn* (Fn. 33), S. 120 f.; *Everling* (Fn. 2), S. 11; wohl auch *Konzen* (Fn. 9), S. 41; *M. Röttinger,* in: Lenz, Art. 235, Rn. 6.
65 So auch *E. Grabitz,* in: Grabitz/Hilf, EU, Art. 235, Rn. 57.
66 *Geiger,* EUV/EGV, Art. 2 EGV, Rn. 6; *P.-C. Müller-Graff,* in: Hb.EGWirtR, Abschnitt A I, Rn. 103.
67 *E. Grabitz,* in: Grabitz/Hilf, EU, Art. 235, Rn. 58; s. Art. 2 Rn. 24.

stellten gemeinsamen Politiken für die Landwirtschaft, den Verkehr und den Handel werden dagegen von dem Begriff »Gemeinsamer Markt« ebensowenig umfaßt wie die Durchführung der sonstigen in Art. 3 genannten Maßnahmen.[68]

2. »Im Rahmen«

23 Die von der deutschen Sprachfassung des Vertrags gebrauchte Formulierung »im Rahmen des Gemeinsamen Marktes« kann als **gegenständliche Begrenzung** des Anwendungsbereichs des Art. 308 aufgefaßt werden.[69] Um eine solche teleologisch nicht gebotene Einschränkung des Art. 308 zu vermeiden, wird von Teilen des Schrifttums unter Bezugnahme insbesondere der romanischen Sprachfassungen die **funktionale Bedeutung** des Tatbestandsmerkmals betont. Art. 308 diene der Sicherung der Funktionsfähigkeit des Gemeinsamen Marktes,[70] so daß es für die Anwendbarkeit des Art. 308 auf einen Funktionszusammenhang der intendierten Maßnahme mit der Errichtung und dem Funktionieren des Gemeinsamen Marktes ankomme.[71] Demgegenüber versteht ein anderer Teil im Schrifttum die Formulierung »im Rahmen des Gemeinsamen Marktes« in einem weiteren Sinne als Synonym für »**im Einklang mit den Regeln des Gemeinsamen Marktes**«.[72] Nur solche Regelungen dürften auf Art. 308 gestützt werden, die die Grundelemente des Gemeinsamen Marktes nebst den funktionalen Zusammenhängen zwischen diesen Elementen nicht beseitigen oder auch nur beeinträchtigen könnten.[73]

24 Dieser Auffassung ist zuzustimmen. Maßgeblich für die Anwendung des Art. 308 ist in erster Linie die Verwirklichung eines der Gemeinschaftsziele. Die Formulierung »im Rahmen des Gemeinsamen Marktes« bedeutet, daß sich die vom Rat zur Zielverwirklichung erlassenen Vorschriften nicht negativ auf den Gemeinsamen Markt auswirken dürfen. Dem (ebenfalls zu den Gemeinschaftszielen gehörenden) Gemeinsamen Markt, also den drei diesen charakterisierenden Merkmalen, wird dadurch gegenüber den anderen zu verwirklichenden Zielen ein leicht **erhöhter Stellenwert** eingeräumt.[74] Bei dieser durch den Wortlaut aller Sprachfassungen und vor allem durch den Zweck von Art. 308 gedeckten Auslegung erübrigt sich nicht nur eine von Art. 2 abweichende Interpretation des Begriffs »Gemeinsamer Markt«, sie verbietet sich sogar.

---

68 Ebenso *I. E. Schwartz*, in: GTE, EU-/EGV, Art. 235, Rn. 182; a.A. *BBPS*, S. 382 f.
69 *Bleckmann*, Europarecht, Rn. 791; *Ehring*, in: GBTE, EWGV (2. Aufl.), Art. 235, Rn. 765 ff.; *Nicolaysen*, Europäisches Gemeinschaftsrecht 1979, S. 46. Vgl. auch den Hinweis bei *E. Grabitz*, in: Grabitz/Hilf, EU, Art. 235, Rn. 59, der sich dieser Interpretation allerdings nicht anschließt.
70 *Ipsen*, EG-Recht, S. 433.
71 So etwa *G. Close*, Harmonisation of laws: use or abuse of the powers under the EEC Treaty, ELRev. 3 (1978), S. 461 (477); wohl auch *Dorn* (Fn. 33), S. 26 ff.; nun auch *Nicolaysen*, Europarecht I, S. 134; *Tomuschat* (Fn. 53), S. 65. Aus der jüngeren Literatur deutlich *A. Dashwood*, The Limits of European Community Powers, ELRev. 21 (1996), S. 113 (123).
72 Wörtlich *I. E. Schwartz*, in: GTE, EU-/EGV, Art. 235, Rn. 193; ähnlich auch *E. Grabitz*, in: Grabitz/Hilf, EU, Art. 235, Rn. 62.
73 *E. Grabitz*, in: Grabitz/Hilf, EU, Art. 235, Rn. 62, unter Verweis auf *F. Behrens*, Rechtsgrundlagen der Umweltpolitik der Europäischen Gemeinschaft, 1976, S. 275; *H.-P. Gericke*, Allgemeine Rechtsetzungsbefugnisse nach Artikel 235 EWG-Vertrag, 1970, S. 43; *G. Henckel von Donnersmarck*, Planimmanente Krisensteuerung in der Europäischen Wirtschaftsgemeinschaft – Funktion und Bedeutung des Art. 235 EWGV, Planungsstudien 8, 1971, S. 44.
74 *I. E. Schwartz*, in: GTE, EU-/EGV, Art. 235, Rn. 193, spricht von einer »Bestandsgarantie des Gemeinsamen Marktes«.

3. Bedeutung des Tatbestandsmerkmals

Ihrer Funktion (nicht ihrer Struktur) nach ist die Formulierung »im Rahmen des Gemeinsamen Marktes« somit kein Tatbestandsmerkmal, das zur Wahrnehmung der Generalermächtigung positiv vorliegen muß, sondern eine **Schranke**, die den Gemeinsamen Markt in seinem Kerngehalt vor Beeinträchtigungen durch Maßnahmen der Gemeinschaftsorgane schützt. Dies ist die eigentliche und eigenständige Bedeutung des Tatbestandsmerkmals. 25

III. Erforderlichkeit eines Tätigwerdens der Gemeinschaft

1. Maßstab der Erforderlichkeit

Im Schrifttum wird die Erforderlichkeit eines Tätigwerdens der Gemeinschaft zumeist in den Fällen angenommen, in denen eine **Diskrepanz zwischen** einem **Ziel der Gemeinschaft und** seiner **Verwirklichung** besteht.[75] Diese Umschreibung der Erforderlichkeit ist ebenso richtig wie aussagearm. Einem Ziel ist es grundsätzlich wesensimmanent, nicht vollständig verwirklicht werden zu können,[76] andernfalls verlöre es seinen Charakter als Ziel.[77] Soll dem Merkmal eine eigenständige Bedeutung zukommen, kann es nicht in einem absoluten Sinne allein darauf ankommen, daß eine Diskrepanz zwischen Ziel und Verwirklichung besteht. Vielmehr erscheint das Tätigwerden der Gemeinschaft **in einem relativen Sinne** um so erforderlicher, je größer die Diskrepanz zwischen einem Ziel und seiner Verwirklichung ist und je länger diese Diskrepanz andauert.[78] In jedem Fall kommt dem Merkmal der Erforderlichkeit i.S.d. Art. 308 EGV eine kompetenzbegründende, nicht dagegen eine kompetenzbegrenzende Funktion zu.[79] 26

2. Tätigwerden der Gemeinschaft

Unter der »Gemeinschaft« ist die mit eigener Rechtspersönlichkeit (Art. 281) ausgestattete und durch ihre Organe handelnde Europäische Gemeinschaft gemeint.[80] Die Befugnis zum Erlaß der in diesem Artikel vorgesehenen Vorschriften steht nicht der Gesamtheit der Mitgliedstaaten, sondern dem Rat als Organ der Gemeinschaft zu.[81] 27

3. Beurteilungsspielraum der Gemeinschaftsorgane

Bei der Beurteilung der Erforderlichkeit i.S.d. Art. 308 verfügen die Organe der Gemeinschaft über einen **Beurteilungsspielraum**, der aus drei Gründen **sehr weit** ist: Zunächst 28

---

75 *Behrens* (Fn. 73), S. 278; *Dorn* (Fn. 33), S. 62; *E. Grabitz*, in: Grabitz/Hilf, EU, Art. 235, Rn. 63; *I. E. Schwartz*, in: GTE, EU-/EGV, Art. 235, Rn. 202.
76 *I. E. Schwartz*, in: GTE, EU-/EGV, Art. 235, Rn. 203 weist unter Bezugnahme auf *H. Ehring* darauf hin, daß die Ziele der Gemeinschaft zum Teil so geartet seien, daß sie mit den sonstigen Mitteln des Vertrags nie ganz verwirklicht werden könnten.
77 *Dorn* (Fn. 33), S. 33; *H. Ehring*, GBTE (2. Aufl.), Art. 235, S. 762.
78 Vgl. *I. E. Schwartz*, in: GTE, EU-/EGV, Art. 235, Rn. 204.
79 S. auch Rn. 38 ff.
80 *I. E. Schwartz*, in: GTE, EU-/EGV, Art. 235, Rn. 196.
81 EuGH, Rs. 38/69, 18.2.1970, Slg. 1970, Rn. 10/11 (Kommission/Italien).

sind die Ziele der Gemeinschaft regelmäßig nur sehr abstrakt formuliert und deshalb der konkretisierenden Auslegung in besonderem Maße zugänglich. Des weiteren bietet schon der Begriff der Erforderlichkeit keinen absoluten, sondern nur einen relativen Maßstab (s. Rn. 27). Schließlich wird die gesamte Tatbestandsvoraussetzung zusätzlich dadurch subjektiviert und relativiert, daß das Tätigwerden der Gemeinschaft nicht erforderlich sein, sondern nur erforderlich erscheinen muß.[82]
Der Beurteilungsspielraum der Gemeinschaftsorgane ist gleichwohl **nicht grenzenlos.** Nach im Schrifttum verbreiteter Ansicht ergeben sich die Grenzen des Ermessens[83] daraus, daß das Tätigwerden der Gemeinschaft nur dann erforderlich ist, wenn es der Verwirklichung eines Vertragsziels dient und nicht das Funktionieren des Gemeinsamen Marktes beeinträchtigt.[84] Ein solcher Maßstab zeichnet indes nur die anderen Tatbestandsvoraussetzungen des Art. 308 nach und benennt keine eigenen Grenzen des Merkmals der Erforderlichkeit. Weitergehend wird zum Teil behauptet, die Voraussetzung der Erforderlichkeit begrenze die Kompetenz des Gemeinschaftsgesetzgebers auf das zur Zielverwirklichung unbedingt erforderliche Maß.[85] Diese Ansicht setzt schon der Kompetenzbegründung eine Grenze, die bei teleologischer Auslegung der Norm wohl erst für die Kompetenzausübung gelten kann und diesbezüglich durch Art. 5 Abs. 3 normiert wird (s. Rn. 40). Einigkeit besteht nur insoweit, als daß allein Gründe politischer Opportunität keine hinreichende Voraussetzung für die Inanspruchnahme von Art. 308 darstellen.[86]

29 Die Beurteilung der Erforderlichkeit kann auch innerhalb der Gemeinschaftsorgane streitig sein. Diesbezüglich werden drei Auffassungen zu der Frage vertreten, ob die abschließende Entscheidung des Rates der **Nachprüfung durch den Gerichtshof** unterliegt. Während ein Teil des Schrifttums diese Frage verneint,[87] bejaht die wohl h.M. die gerichtliche Überprüfbarkeit der Entscheidung zumindest hinsichtlich der **Ermessensgrenzen.**[88] Nach einer dritten Meinung unterliegt die Entscheidung des Rates in vollem Umfange der Nachprüfung durch den EuGH.[89] Die h.M. verdient nicht zuletzt wegen des restriktiv auszulegenden Begriffs des Ermessensmißbrauchs im Sinne von Art. 230 Abs. 2 Zustimmung.[90] Sie wird auch durch Entscheidungen des EuGH zur Ausübung von speziellen Befugnissen gestützt.[91]

4. Zieldienliche Maßnahmen der Mitgliedstaaten

30 Neben einem Tätigwerden der Gemeinschaft nach Art. 308 besteht die tatsächliche Möglichkeit, daß auch die Mitgliedstaaten gemeinschaftlich Maßnahmen treffen, die

---

82 Ebenso *I. E. Schwartz,* in: GTE, EU-/EGV, Art. 235, Rn. 200.
83 Der EuGH unterscheidet nicht begrifflich zwischen Ermessen als Entscheidungsspielraum auf der Rechtsfolgenseite einer Norm und dem auf der Tatbestandsseite durch unbestimmte Rechtsbegriffe eröffneten Beurteilungsspielraum. S. Art. 230, Rn. 77.
84 *E. Grabitz,* in: Grabitz/Hilf, EU, Art. 235, Rn. 65.
85 *Geiger,* EUV/EGV, Art. 308 EGV, Rn. 6.
86 *E. Grabitz,* in: Grabitz/Hilf, EU, Art. 235, Rn. 64; *I. E. Schwartz,* in: GTE, EU-/EGV, Art. 235, Rn. 205, unter Verweis auf *R. Kovar,* La contribution de la Cour de justice au développement de la condition internationale de la Communauté européenne, CDE 1978, S. 527 (544).
87 Nachweise *I. E. Schwartz,* in: GTE, EGV, Art. 235, Fn. 265.
88 *Behrens* (Fn. 73), S. 278; *Everling* (Fn. 2), S. 12; *Ipsen,* EG-Recht, S.103; *Oppermann,* Europarecht, Rn. 525; *Streinz* (Fn. 26), S. 1503; wohl auch *E. Grabitz,* in: Grabitz/Hilf, EU, Art. 235, Rn. 67.
89 *BBPS,* S. 83; *Dorn* (Fn. 33), S. 132 f.; *I. E. Schwartz,* in: GTE, EU-/EGV, Art. 235, Rn. 208.
90 Vgl. Art. 230, Rn. 77.
91 EuGH, Rs. 84/94, 12.11.1996, Slg. 1996, I-5755, Rn. 55 ff. (Vereinigtes Königreich/Rat); Rs. C-233/94, 13.5.1997, Slg. 1997, I-405, Rn. 54 ff. (Deutschland/EP u. Rat).

den Zielen der Gemeinschaft dienlich sind. Gemeint sind nicht einzelstaatliche Maßnahmen zur autonomen Verwirklichung der Ziele im jeweils eigenen Hoheitsbereich.[92] In Betracht kommen aber etwa der **Abschluß völkerrechtlicher Verträge**, Beschlüsse der im Rat vereinigten Vertreter der Regierungen der Mitgliedstaaten (sog. uneigentliche Ratsbeschlüsse)[93] oder parallele, also inhaltsgleiche Einzelmaßnahmen aller Mitgliedstaaten.

Bezüglich des rechtlichen Verhältnisses solcher Maßnahmen zu den Voraussetzungen des Art. 308 werden zwei Fragen unterschieden. Streitig ist zum einen, ob das Tatbestandsmerkmal der Erforderlichkeit eines gemeinschaftlichen Tätigwerdens noch erfüllt ist, wenn die Mitgliedstaaten bereits selbst Maßnahmen zur Zielverwirklichung getroffen haben. Fraglich ist zum anderen, ob die Mitgliedstaaten überhaupt noch handeln dürfen, wenn die Voraussetzungen des Art. 308 gegeben sind. 31

a) Erforderlichkeit trotz mitgliedstaatlicher Maßnahmen

Im Schrifttum wird zum Teil die Auffassung vertreten, die Erforderlichkeit eines Tätigwerdens der Gemeinschaft entfalle, wenn die Regierungen der Mitgliedstaaten die in Frage stehenden Maßnahmen erlassen haben oder gerade aushandeln. Eine Diskrepanz zwischen Ziel und Zielverwirklichung bestehe in diesen Fällen nicht mehr.[94] Demgegenüber sieht die h.m. in gemeinsamen mitgliedstaatlichen Tätigwerden gerade ein **Indiz für die Erforderlichkeit** einer einheitlich geltenden Regelung zur Verwirklichung eines Gemeinschaftsziels.[95] Außerdem besteht ein qualitativer Unterschied zwischen einer mitgliedstaatlichen und einer gemeinschaftlichen Zielverwirklichung: Der Grundsatz der Funktionsfähigkeit der Gemeinschaft verlange gerade die **gemeinschaftsrechtliche Sicherung** der Zielverwirklichung. Dazu gehört vor allem der dem Gemeinschaftsrecht zukommende Vorrang gegenüber mitgliedstaatlichem Recht sowie die Gewährleistung einheitlicher Auslegung und einheitlichen Rechtsschutzes durch den EuGH. Demgegenüber könnten sich die Mitgliedstaaten ihren Verpflichtungen durch Kündigung der völkerrechtlichen Vereinbarung entziehen oder von einem gleichgerichteten Verhalten einseitig abweichen.[96] 32

b) Befugnis der Mitgliedstaaten zu zieldienlichen Maßnahmen

Im Schrifttum wird die Auffassung vertreten, ein gemeinsames Handeln der Mitgliedstaaten durch völkerrechtliche Verträge oder durch Beschlüsse der im Rat vereinigten Vertreter der Mitgliedstaaten sei unzulässig, wenn die Voraussetzungen des Art. 308 vorlägen. Denn der Vertrag bringe es stets explizit zum Ausdruck, wenn er den Rückgriff auf die völkervertragliche Rechtsetzungsbefugnis der Mitgliedstaaten zulassen möchte.[97] In allen anderen Fällen schlössen die Befugnisnormen des EG-Vertrags einschließlich des Art. 308 eine Befugnis der Regierungen der Mitgliedstaaten zu völkerrechtlicher Verwirklichung von Gemeinschaftszielen aus. Es bleibe allein die Zuständig- 33

---

92 *I. E. Schwartz*, in: GTE, EU-/EGV, Art. 235, Rn. 217 betont die insoweit bei den Mitgliedstaaten verbleibende Zuständigkeit.
93 Vgl. *Lauwaars* (Fn. 49), S. 104 f.
94 *Behrens* (Fn. 73), S. 278; *Bleckmann*, Europarecht, Rn. 793; *Everling* (Fn. 2), S. 12.
95 *E. Grabitz*, in: Grabitz/Hilf, EU, Art. 235, Rn. 68; *I. E. Schwartz*, in: GTE, EU-/EGV, Art. 235, Rn. 214 mit Beispielen aus der Praxis. Einschränkend *M. Röttinger*, in: Lenz, Art. 235, Rn. 10.
96 *E. Grabitz*, in: Grabitz/Hilf, EU, Art. 235, Rn. 68; *Lauwaars* (Fn. 49), S. 104; ausführlich *I. E. Schwartz*, in: GTE, EU-/EGV, Art. 235, Rn. 212 ff.
97 *I. E. Schwartz*, EG-Rechtsetzungsbefugnisse, insbesondere nach Art. 235 – ausschließlich oder konkurrierend, EuR Sonderheft 1976, S. 28 (32), unter Hinweis auf Art. 20 Abs. 1, 220, 167, 216, 224 und 236 EWGV. *Ders.*, in: GTE, EU-/EGV, Art. 235, Rn. 222, nunmehr auch unter Verweis auf Art. 29 Abs. 1 i.V.m. Art. 31 Abs. 2 lit. c und Art. 35 EUV.

keit der Mitgliedstaaten, die Ziele der Gemeinschaft autonom im jeweiligen Hoheitsbereich zu verwirklichen.[98]

34 Dieser Auffassung wird entgegengehalten, die Mitgliedstaaten hätten ihre völkerrechtliche Handlungsfähigkeit durch den Abschluß des EG-Vertrages nur in den Fällen verloren, in denen die Gemeinschaft eine ausschließliche Zuständigkeit erlangt habe.[99] Art. 308 verleihe der Gemeinschaft aber nur konkurrierende Befugnisse.[100] Es wäre außerdem ein Widerspruch, wenn die Mitgliedstaaten gehindert wären, das gemeinsam durch Vertrag zu tun, was sie unstreitig allein noch tun dürften, solange die Gemeinschaft nicht gehandelt hat.[101]

35 Letztere Ansicht ist zutreffend. Es muß auch bezüglich Art. 308 bei dem **Grundsatz der konkurrierenden Zuständigkeiten** bleiben. Solange die Gemeinschaft von ihrer Befugnis keinen Gebrauch gemacht hat, sind die Mitgliedstaaten grundsätzlich frei, gemeinschaftsrechtlich vorgegebene Ziele auch durch völkerrechtliche Maßnahmen umzusetzen.

36 Zu Recht wird allerdings darauf hingewiesen, daß die Ausübung dieser grundsätzlich fortbestehenden völkerrechtlichen Handlungsfreiheit der Mitgliedstaaten einen Verstoß gegen Art. 10 Abs. 2 nach sich ziehen kann. Weil die Funktionsfähigkeit der Gemeinschaft verlangt, daß die Ziele der Gemeinschaft bei Vorliegen der Voraussetzungen des Art. 308 gerade durch die Organe der Gemeinschaft und in den Formen des Gemeinschaftsrechts verwirklicht werden, verletzen entsprechende völkerrechtliche Handlungen der Mitgliedstaaten stets die in Art. 10 Abs. 2 normierte **Unterlassungspflicht**.[102] Dieser Verstoß führt aber nicht zur Nichtigkeit der völkerrechtlichen Handlung, sondern nur zur Unanwendbarkeit deren innerstaatlichen Umsetzung, soweit diese zum Gemeinschaftsrecht in Widerspruch steht.[103]

5. Verhältnis zum Subsidiaritätsprinzip

37 Das Verhältnis zwischen der Erforderlichkeit im Sinne von Art. 308 und dem von Art. 5 normierten Subsidiaritätsprinzip ist umstritten.

38 Zum Teil wird vertreten, Art. 5 habe die Auslegung der tatbestandlichen Voraussetzung der Erforderlichkeit im Sinne von Art. 308 maßgeblich zu bestimmen.[104] Die Erforderlichkeit eines Tätigwerdens der Gemeinschaft entfalle, wenn das betreffende Ziel der Gemeinschaft in den einzelnen Staaten bereits durch autonome, parallele Maßnahmen auf nationaler Ebene erreicht ist oder ohne besondere Schwierigkeiten ebenso gut erreicht werden kann.[105] Diese Möglichkeit sei von den Gemeinschaftsorganen zu prüfen. Sollten die Mitgliedstaaten zur Zielverwirklichung subjektiv willens und objektiv fähig

---

98 *I. E. Schwartz*, in: GTE, EU-/EGV, Art. 235, Rn. 222, unter dem Vorbehalt der Präzisierung dieser These.
99 *E. Grabitz*, in: Grabitz/Hilf, EU, Art. 235, Rn. 69.
100 *E. Grabitz*, in: Grabitz/Hilf, EU, Art. 235, Rn. 69; *I. E. Schwartz*, in: GTE, EU-/EGV, Art. 235, Rn. 217; vgl. auch *Schwartz* (Fn. 96), S. 1331 ff.
101 *Everling* (Fn. 2), S. 13.
102 *E. Grabitz*, in: Grabitz/Hilf, EU, Art. 235, Rn. 70.
103 Ebenso *E. Grabitz*, in: Grabitz/Hilf, EU, Art. 235, Rn. 71; s. Art. 10, Rn. 45 ff.
104 S. Art. 5, Rn. 16; *C. Calliess*, Subsidiaritäts- und Solidaritätsprinzip in der Europäischen Union, 1996, S. 129; vgl. auch *Ahlt*, Europarecht, 1996, S. 137; *Lorenz/Pühs* (Fn. 7), S. 144.
105 So noch vor Normierung des Subsidiaritätsprinzips im EG-Vertrag *Schwartz*, (Fn. 96), S. 32.

sein, sei ein Tätigwerden der Gemeinschaft zumindest dann nicht mehr erforderlich, wenn den Organen eine Festschreibung der Zielverwirklichung durch Gemeinschaftsrecht nicht geboten erscheine.[106]

Zutreffend dürfte es dagegen sein, die Erforderlichkeit im Sinne von Art. 308 streng von den Anforderungen des Subsidiaritätsprinzips nach Art. 5 zu trennen. Erst wenn die **kompetenzbegründende Erforderlichkeit** für ein Tätigwerden der Gemeinschaft vorliegt, ist die **Ausübung dieser Kompetenz an Art. 5 EGV** zu messen.[107]
Für diese deutliche Trennung spricht auch der unterschiedliche Maßstab beider Kriterien: Der Begriff der Erforderlichkeit im Sinne des Art. 308 knüpft allein an die (wenn auch relativ zu beurteilende) Diskrepanz zwischen Ziel und Zielverwirklichung an, das qualitative Merkmal des Subsidiaritätsprinzips »besser«[108] ist ihm fremd. Mag die Beurteilung der Erforderlichkeit in der Praxis von der (vorweggenommenen) Prüfung des Subsidiaritätsprinzips beeinflußt werden, gebieten deshalb nicht zuletzt dieser **unterschiedliche Beurteilungsspielraum** und damit die unterschiedliche Justitiabilität der jeweiligen Entscheidungen, die Prüfung der Erforderlichkeit im Sinne von Art. 308 und des Subsidiaritätsprinzips nach Art. 5 auseinanderzuhalten. So kann die Erforderlichkeit eines Tätigwerdens auch zwischen den Gemeinschaftsorganen streitig und deshalb Gegenstand einer eigenen gerichtlichen Überprüfung sein, für die das nur im Außenverhältnis zu den Mitgliedstaaten geltende Subsidiaritätsprinzip nicht maßgeblich wäre. Vor allem aber griffe eine schon tatbestandliche Berücksichtigung des Subsidiaritätsprinzips der **Ermessensausübung** des Rates auf der **Rechtsfolgenseite** vor. Diese kann aber für die Vereinbarkeit mit Art. 5 von maßgeblicher Bedeutung sein, weil beispielsweise die Wahl der Rechtsform entscheidend für das Positivkriterium »besser« sein kann.

IV. Subsidiaritätsklausel

Art. 308 normiert mit seinem Halbsatz »und sind in diesem Vertrag die hierfür erforderlichen Befugnisse nicht vorgesehen« ausdrücklich seine Subsidiarität gegenüber anderen Befugnisnormen und bekräftigt damit neben Art. 5 Abs. 1 den **Grundsatz der begrenzten Ermächtigung**. Es fehlt somit an einer Anwendungsvoraussetzung des Art. 308, wenn der Vertrag die zur Verwirklichung eines Ziels der Gemeinschaft erforderlichen Befugnisse an anderer Stelle bereithält.[109] Gemeint sind ausschließlich die **Befugnisse der Gemeinschaft**, nicht hingegen solche der Mitgliedstaaten.[110] Sofern der Vertrag wie etwa in Art. 99 Abs. 1 Kompetenzen der Mitgliedstaaten erwähnt, steht dies der Anwendung des Art. 308 aber auch nicht entgegen.[111]

---

106 *I. E. Schwartz*, in: GTE, EU-/EGV, Art. 235, Rn. 209.
107 Deutlich *P.-C. Müller-Graff*, Binnenmarktauftrag und Subsidiaritätsprinzip, ZHR 159 (1995), S. 34 (65); *Bungenberg* (Fn. 3), S. 148 ff.; *Häde/Puttler* (Fn. 11), S. 16; *I. E. Schwartz*, in: GTE, EU-/EGV, Art. 235, Rn. 70, 73. Zum Charakter des Art. 5 als Kompetenzausübungsschranke vgl. *H. D. Jarass*, Grundfragen der innerstaatlichen Bedeutung des EG-Rechts, 1994, S. 16 ff.; sowie das Verständnis des BVerfG, E 89, 155 (211).
108 S. Art. 5, Rn. 42 ff.
109 EuGH, Rs. 73 u. 74/63, 18.2.1964, Slg. 1964, 3, 29 (Internationale Creditvereinigung).
110 *Behrens* (Fn. 73), S. 279; *Bleckmann*, Europarecht, Rn. 795; *E. Grabitz*, in: Grabitz/Hilf, EU, Art. 235, Rn. 41; a.A. *H.-J. Rabe*, Das Verordnungsrecht der Europäischen Wirtschaftsgemeinschaft, 1963, S. 154.
111 H.M., vgl. etwa *E. Grabitz*, in: Grabitz/Hilf, EU, Art. 235, Rn. 42 m.w.N.; a.A. *Dorn* (Fn. 33), S. 135.

1. Bedeutung der Subsidiarität

41 Die strikte Beachtung der Subsidiarität gegenüber speziellen Befugnisnormen ist von besonderer Bedeutung für die **Organkompetenzen**, denn sie wirkt sich gemeinschaftsrechtlich zunächst auf das Rechtsetzungsverfahren und somit auf die Einflußmöglichkeiten der einzelnen Gemeinschaftsorgane aus.[112]
Auch für die **Wahl der Rechtsform** ist die grundsätzliche Subsidiarität von Bedeutung, denn während einige Spezialermächtigungen nur zu bestimmten Maßnahmen, beispielsweise zum Erlaß von Richtlinien ermächtigen,[113] kommen bei Art. 308 entsprechend der »Wahlfreiheit der Rechtsakte«[114] alle »geeigneten Vorschriften« in Betracht.

42 Neben dieser doppelten gemeinschaftsrechtlichen Bedeutung kommt der Abgrenzung zwischen den speziellen Befugnisnormen und der Generalermächtigung des Art. 308 speziell für den Bundesstaat Deutschland auch eine nationale Bedeutung zu: Nach § 5 Abs. 3 des Gesetzes über die Zusammenarbeit von Bund und Ländern in Angelegenheiten der Europäischen Union (EUZBLG) setzt die Zustimmung zu Vorhaben, die auf Art. 308 gestützt werden, das **Einvernehmen mit dem Bundesrat** voraus, soweit dessen Zustimmung nach innerstaatlichem Recht erforderlich wäre oder soweit die Länder innerstaatlich zuständig wären.[115] Diese Norm erweist sich als Sonderregelung gegenüber § 5 Abs. 2 EUZBLG, der für nicht auf Art. 308 basierende Vorhaben ein differenziertes Verfahren zur Erzielung dieses »Einvernehmens« vorsieht. Dennoch muß bestritten werden, daß dem § 5 Abs. 3 EUZBLG ein Letztentscheidungsrecht des Bundesrates entnommen werden kann, das sich wegen des Einstimmigkeitserfordernisses im Rat zu einem Vetorecht in Bezug auf Maßnahmen nach Art. 308 verdichtet.[116] Unabhängig von der gemeinschaftsrechtlichen Zulässigkeit ist eine solche Interpretation wohl schon mit den Vorgaben des Art. 23 Abs. 4–6 GG nicht vereinbar und deshalb verfassungswidrig.[117]

2. Spezielle Befugnisse

43 Art. 308 ist subsidiär gegenüber den speziellen Befugnissen, die die Gemeinschaft nach dem Prinzip der begrenzten Ermächtigung zu Maßnahmen in bestimmten Politikbereichen oder zur Verwirklichung bestimmter Ziele ermächtigen. Diese Befugnisse sind nach ständiger Rechtsprechung des EuGH[118] und überwiegender Meinung in der Literatur[119] durch eine teleologisch-funktionale Auslegung voll auszuschöpfen, um ihnen zur »nützlichen Wirksamkeit« (**effet utile**) zu verhelfen.[120] Das Bundesverfassungsgericht hat dagegen angedeutet, daß eine Auslegung von Befugnisnormen, die sich zu sehr an der »effet-utile«-Maxime orientiert, für Deutschland keine Bindungswirkung entfalte.[121]

---

112 S. Rn. 6.
113 Art. 94 z.B. ermächtigt nur zum Erlaß von Richtlinien.
114 *Oppermann*, Europarecht, Rn. 525, unter Verweis auf *L.-J. Constantinesco*.
115 BGBl. 1993 I S. 313.
116 So aber *Herdegen*, Europarecht, Rn. 192.
117 Vgl. *R. Streinz*, in: Sachs (Hrsg.), GG, Art. 23, Rn. 110 f.
118 EuGH Rs. 26/62, 5.2.1963, Slg. 1963, 1 (8 ff.) (van Gend & Loos).
119 Vgl. etwa *BBPS*, S. 247; *Bleckmann*, Europarecht, Rn. 1318 ff.; *Herdegen*, Europarecht, Rn. 199 f.; *Oppermann*, Europarecht, Rn. 523 ff.; *M. Zuleeg*, in: GTE, EU-/EGV, Art. 2 EGV, Rn. 6.
120 Zum Begriff und Anwendungsfällen des »effet utile« s. *Streinz* (Fn. 26), S. 1491 ff.
121 BVerfGE 89, 155 (210).

3. »implied powers«

Die ausdrücklichen Befugnisse des EG-Vertrags können über ihren Wortlaut und ihre 44
Orientierung am »effet utile« hinaus zusätzlich **stillschweigende Befugnisse implizieren**
(**»implied powers«**),[122] durch deren Ausübung das jeweils verfolgte Ziel erreicht werden
kann.[123] Während es früher umstritten war, ob für die »implied powers« neben der Bestimmung des Art. 308 überhaupt Raum besteht,[124] ist es heute unstreitig, daß sich Befugnisse der Gemeinschaft sowohl aus »implied powers« als auch aus Art. 308 herleiten
lassen.[125] Den »implied powers« gebührt dabei der Vorrang gegenüber Art. 308. Sie
knüpfen an ausdrückliche Befugnisse an und sind deshalb selbst »im Vertrag vorgesehene Befugnisse«.[126] Demgegenüber werden unter den Voraussetzungen des Art. 308 bisher nicht gegebene Kompetenzen erst begründet.[127] Nur soweit ausdrückliche oder implizite spezifische Befugnisse fehlen, ist zu prüfen, ob Art. 308 des Vertrags eine Rechtsgrundlage für Tätigkeiten der Gemeinschaft sein kann.[128]

4. Fehlende oder unzureichende Befugnisse

a) Fehlende Befugnisse

Der subsidiären Anwendung des Art. 308 ist in jedem Fall genüge getan, wenn der Vertrag trotz Zielvorgabe überhaupt **keine Einzelermächtigung** aufweist. Als praktische 45
Beispiele aus der Vergangenheit werden für diese Konstellation etwa die Errichtung des
EFRE oder Maßnahmen auf dem Gebiet des Umweltschutzes sowie der Forschungs- und
Technologiepolitik angeführt.[129]

Ob spezielle Ermächtigungen fehlen, richtet sich allein nach dem geltenden Vertrag. Soweit vor der Aufnahme von speziellen Ermächtigungen in den Vertrag Maßnahmen vom
Rat auf Art. 308 gestützt wurden, kann diese Praxis des Rates die vertraglichen Regeln
nicht abändern und auch kein Präjudiz schaffen, das die Organe der Gemeinschaft hinsichtlich der Bestimmung der zutreffenden Rechtsgrundlage binden würde.[130]

---

122 Zu »implied powers« ausführlich Art. 5, Rn. 13 ff.
123 Vgl. bspw. EuGH, verb. Rs. 281 u.a./85, 9.7.1987, Slg. 1987, 3245, Rn. 28, (Deutschland u.a./Kommission); EuGH, Gutachten 2/94, 28.3.1996, Slg. 1996, I-1759, Rn. 25 f. (Beitritt EMRK). Kritisch auch zur Rechtsfigur der »implied powers« BVerfGE 89, 150 (210).
124 Dies verneinend etwa *Rabe* (Fn. 109).
125 Grundlegend *G. Nicolaysen*, Zur Theorie von den implied powers in den EG, EuR 1966, S. 129 (131); s.a. *BBPS*, S. 83; *E. Grabitz*, in: Grabitz/Hilf, EU, Art. 235, Rn. 40; *Oppermann*, Europarecht, Rn. 527 ff.; *I. E. Schwartz*, in: GTE, EU-/EGV, Art. 235, Rn. 90 ff.; vgl. auch EuGH, Gutachten 2/94, 28.3.1996, Slg. 1996, I-1759, Rn. 25 f. (Beitritt EMRK).
126 *I. E. Schwartz*, in: GTE, EU-/EGV, Art. 235, Rn. 90; *Streinz* (Fn. 26), S. 1503.
127 *Schweitzer/Hummer*, Europarecht, Rn. 339.
128 EuGH, Rs. 242/87, 30.5.1989, Slg. 1989, 1425, Rn. 6 (Erasmus); Gutachten 2/94, 28.3.1996, Slg. 1996, I-1759, Rn. 28 (Beitritt EMRK); aus dem Schrifttum vgl. statt vieler *I. E. Schwartz*, in: GTE, EU-/EGV, Art. 235, Rn. 92.
129 So etwa bei *E. Grabitz*, in: Grabitz/Hilf, EU, Art. 235, Rn. 43, m.w.N; *Kloepfer*, (Fn. 23), S. 321 ff.
130 EuGH Rs. 68/86, 23.2.1988, Slg. 1988, 855, Rn. 24 (Vereinigtes Königreich/Rat); Rs. 271/94, 26.3.1996, Slg. I-1689, Rn. 24 (Parlament/Rat); aus der Literatur etwa *I. E. Schwartz*, in: GTE, EU-/EGV, Art. 235, Rn. 89.

b) Unzureichende Befugnisse

46 Nach ständiger Rechtsprechung[131] und h.M.[132] findet Art. 308 daneben auch dann Anwendung, wenn eine Einzelermächtigung zwar besteht, diese aber **zur Zielverwirklichung materiell unzureichend** ist oder **instrumental nur unzureichende Mittel** vorsieht. Es wird deshalb als zulässig betrachtet, eine Verordnung auf der Grundlage des Art. 308 zu erlassen, selbst wenn die speziellere Befugnisnorm nur zum Erlaß einer Richtlinie ermächtigt. Zur Begründung wird zunächst auf den Wortlaut verwiesen, der durch die Formulierung »erforderliche Befugnisse« nicht nur das völlige Fehlen von Befugnissen erfasse. Weiterhin gebiete eine teleologische Auslegung die Einbeziehung zwar bestehender, aber unzureichender Ermächtigungsnormen, denn nur so könne die von Art. 308 intendierte Zielverwirklichung vollständig erreicht werden. Schließlich sei es ein systematischer Widerspruch, wenn der Gemeinschaft im Falle fehlender Einzelermächtigungen mehr Kompetenzen zustünden als im Falle unzureichender Einzelbefugnisse.[133]

47 Trotz dieser gewichtigen Argumente kann die Praxis, im Falle von unzureichenden speziellen Befugnissen auf Art. 308 zurückzugreifen, nicht kritiklos bleiben. Zu bedenken ist, daß die nach Inhalt, Grenzen, Zeitpunkt und vor allem Rechtsform **differenzierte und differenzierende Kompetenzarchitektur** des Prinzips der Einzelzuständigkeit mißachtet wird.[134] Zwei Argumente, die diesen Bedenken entgegengehalten werden, überzeugen nicht: Zum einen verkennt die Ansicht, die speziellen Ermächtigungsgrundlagen behielten neben Art. 308 (doch) eine eigenständige Berechtigung,[135] das Grundsatz-Ausnahme-Verhältnis zwischen dem nunmehr ausdrücklich in Art. 5 Abs. 1 verankerten Prinzip der begrenzten Ermächtigung und den Befugnissen nach Art. 308.[136] Zum anderen ist die Feststellung, die Einzelermächtigungen implizierten in den Grenzen ihrer Handlungsformen die Erforderlichkeit der Zielverwirklichung, während die Erforderlichkeit (anderer Handlungsformen) bei Art. 308 erst zu prüfen sei,[137] nur ein schwaches Argument, denn sie führt wieder auf die Prüfung der Anwendungsvoraussetzungen des Art. 308 zurück.

5. Kumulative und alternative Anwendung von Art. 308

48 Trotz dieser Bedenken ist mit der Rechtsprechung und der h.L. davon auszugehen, daß grundsätzlich auch materiell oder instrumental unzureichende Einzelbefugnisse einen

---

131 St. Rspr. seit EuGH, Rs. 8/73 (Fn. 43), Rn. 3 f.; Rs. 45/86, 26.3.1986, Slg. 1987, 1493, Rn. 13 (APS); Rs. C-350/92, 13.7.1995, Slg. 1995, I-1985, Rn. 26 (Ergänzendes Schutzzertifikat für Arzneimittel); Rs. C-271/94, 26.3.1996, Slg. 1996, I-1689, Rn. 13 (Telematiknetze); Rs. C-84/94, 12.11.1996, Slg. 1996, I-5755, Rn. 48 (Anpassung der Arbeitszeit).
132 Vgl. *Beyer* (Fn. 11), S. 201 f.; *Bleckmann*, Europarecht, Rn. 795; *L.-J. Constantinesco*, EG I, S. 277; *Dorn* (Fn. 33), S. 138; *Everling* (Fn. 2), S. 13; *E. Grabitz*, in: Grabitz/Hilf, EU, Art. 235, Rn. 48; *M. Röttinger*, in: Lenz, Art. 235, Rn. 11; *I. E. Schwartz*, in: GTE, EU-/EGV, Art. 235, Rn. 95. A.A. wohl *Karpenstein* (Fn. 25), S. 946.
133 So zusammenfassend *E. Grabitz*, in: Grabitz/Hilf, EU, Art. 235, Rn. 49 ff.
134 Ähnlich *H.-J. Rabe* (Fn. 109), S. 154; *R. Wägenbaur*, Schutzmaßnahmen auf dem Gebiet der Personen- und Dienstleistungsverkehrs, in: Schutzmaßnahmen im Gemeinsamen Markt, KSE Bd. 28, 1977, S. 7.
135 So etwa *E. Grabitz*, in: Grabitz/Hilf, EU, Art. 235, Rn. 52, unter Verweis auf *Behrens* (Fn. 73), S. 280; GA *Trabucchi*, Schlußantr. zu EuGH Rs. 8/73, 12.7.1973, Slg. 1973, 897, Rn. 3 (Hauptzollamt Bremerhaven/Massey-Fereguson).
136 Die besondere Bedeutung der Verankerung des Prinzips der Einzelzuständigkeit betont auch *Dashwood* (Fn. 71), S. 123.
137 Nach *E. Grabitz*, in: Grabitz/Hilf, EU, Art. 235, Rn. 52 ist dies das entscheidende Argument gegen die vorgebrachten Einwände. Ähnlich *Oppermann*, Europarecht, Rn. 525.

Rückgriff auf Art. 308 erlauben. In diesen Fällen bleibt das Verhältnis von Art. 308 zu den speziellen Befugnisnormen streitig.

Eine im Schrifttum vertretene Meinung hält die **kumulative Anwendung** von Art. 308 neben unzureichenden Einzelbefugnissen nicht nur für zulässig, sondern sogar für geboten. Art. 308 sei nach seinem Wortlaut nur anzuwenden, »**soweit**« die zur Zielverwirklichung erforderlichen Befugnisse im Vertrag nicht vorgesehen sind, so daß schon zur Bestimmung ihrer Reichweite auch die spezielle Befugnisnorm zu nennen sei.[138] Demgegenüber nimmt eine andere Auffassung an, die Subsidiarität des Art. 308 stehe einer kumulativen Anwendung stets entgegen. Der Rat dürfe einen Rechtsakt nicht gleichzeitig auf Art. 308 und eine spezielle Ermächtigungsgrundlage stützen. Die Befugnisse seien im Verhältnis zueinander ein **aliud**, so daß Art. 308 nur an die Stelle der unzureichenden Befugnisnorm treten könne.[139] 49

Letzterer Ansicht ist zuzustimmen. Nicht nur etwaige unterschiedliche Verfahren und damit einhergehende Auswirkungen auf die **Organkompetenzen** gebieten die Anwendung einer einzelnen Kompetenzgrundlage. Vielmehr können gerade bei einer Anwendung des Art. 308 neben einer speziellen Ermächtigung auch grundsätzliche Fragen der **Verbandskompetenz** betroffen sein.[140]
Gleiches gilt für eine alternative Anwendung von Art. 308 und speziellen Ermächtigungen. Trotz einer entsprechenden Praxis der Gemeinschaftsorgane in der Vergangenheit[141] muß die Rechtsgrundlage einer gemeinschaftsrechtlichen Maßnahme wegen ihrer Auswirkungen auf das Rechtsetzungsverfahren und die Rechtsform stets bestimmt werden.[142] 50

6. Folgen der Nichtbeachtung der Subsidiarität

Einigkeit besteht aber insoweit, daß die gemeinsame Anwendung von Art. 308 und anderen Befugnisnormen nur dann zur **Ungültigkeit des Rechtsakts** führt, wenn die allein zutreffende Rechtsgrundlage andere Regeln über die Willensbildung enthält und sich die Wahl der unrichtigen Rechtsgrundlage somit auf den **Inhalt** des angefochtenen Rechtsakts **auswirken konnte**. Sind hingegen die verfahrensmäßigen Anforderungen der fälschlich herangezogenen und der richtigen Ermächtigungsgrundlage identisch, liegt lediglich ein formaler Fehler vor, der nicht zur Nichtigkeit des Rechtsakts führt.[143] 51

V. Immanentes negatives Tatbestandsmerkmal

In seinem Gutachten zum Beitritt der Gemeinschaft zur EMRK führt der EuGH aus: »Sie [die Bestimmung des Art. 308] kann jedenfalls nicht als Rechtsgrundlage für den Erlaß von Bestimmungen dienen, die der Sache nach, gemessen an ihren Folgen, auf eine Vertragsänderung ohne Einhaltung des hierfür vom Vertrag vorgesehenen Verfahrens hinausliefen.«[144] 52

---

138 *E. Grabitz*, in: Grabitz/Hilf, EU, Art. 235, Rn. 48, 53.
139 Ebenso *I. E. Schwartz*, in: GTE, EU-/EGV, Art. 235, Rn. 96.
140 S. Art. 5, Rn. 9 m.w.N.
141 Vgl. die Übersicht bei *E. Grabitz*, in: Grabitz/Hilf, EU, Art. 235, Rn. 45.
142 Ebenso *Fischer*, Europarecht, Rn. 43; einschränkend *E. Grabitz*, in: Grabitz/Hilf, EU, Art. 235, Rn. 46, der auch ein Beispiel zulässiger alternativer Anwendung benennt.
143 EuGH, Rs. 45/86, 26.3.1987, Slg. 1987, 1493, Rn. 12.
144 EuGH, Gutachten 2/94, 28.3.1996, Slg. 1996, I-1759, Rn. 30 (Beitritt EMRK). Zur Bewertung des Gutachtens *Häde/Puttler* (Fn. 11), S. 13 ff.

53 Diese Rechtsprechung läßt sich nicht einem ausdrücklichen Tatbestandsmerkmal des Art. 308 zuordnen. Das im Hinblick auf die Verbandskompetenzen eingrenzende Merkmal der Gemeinschaftsziele kann für die Rechtsprechung des EuGH nicht maßgeblich gewesen sein, denn für ein Gemeinschaftsziel »Grundrechtsschutz« hätte es zahlreiche Anhaltspunkte im EGV gegeben.[145] Auch dürfte ein effektiver Grundrechtsschutz im Rahmen des Gemeinsamen Marktes liegen. Das Erfordernis eines gemeinschaftlichen Tätigwerdens in Form eines Beitritts wurde vom EuGH nicht in Frage gestellt, das Fehlen ausreichender Befugnisse ausdrücklich festgestellt.

54 Die Tatbestandsmerkmale des Art. 308 sind demnach (auch bei restriktiver Auslegung) nicht immer ausreichend, um die nach Art. 308 zulässige Vertragsergänzung[146] von der nicht mehr von Art. 308 gedeckten Vertragsänderung zu unterscheiden.[147] Dogmatisch läßt sich die bewußte Abgrenzung von der Vertragsänderung aber etwa als **immanentes negatives Tatbestandsmerkmal** auffassen: Selbst wenn die ausdrücklichen Voraussetzungen des Art. 308 gegeben sind, dürfen Maßnahmen nur dann auf dessen Grundlage erlassen werden, wenn seine **Funktion nicht überschritten** wird. Herleiten läßt sich dieses Tatbestandsmerkmal aus einer **teleologischen Auslegung** des Art. 308, die nicht nur kompetenzerweiternd, sondern eben auch **kompetenzbegrenzend** wirken kann: Wenn die Funktion des Art. 308 überschritten wird, ist für seine Anwendung kein Raum mehr.

55 Wo die Grenze der Funktionsüberschreitung verläuft, beurteilt der EuGH maßgeblich an den Auswirkungen der auf Art. 308 gestützten Bestimmungen (»**gemessen an ihren Folgen**«). Gleichwohl begrenzt die Funktionsüberschreitung nicht erst die Kompetenzausübung, sondern schon die Kompetenzbegründung. Es ist hypothetisch zu prüfen, ob sich die Folgen einer auf Art. 308 gestützten Maßnahme noch im Einklang mit den von den Mitgliedstaaten übertragenen Befugnissen befinden, oder ob es zur demokratischen Legitimation dieser Auswirkungen der weiteren Übertragung von Hoheitsbefugnissen in Form einer Vertragsänderung bedarf.

C. Rechtsfolgen

56 Als Rechtsfolge normiert Art. 308 zwingende Verfahrensvorgaben, beschränkt die Ermächtigung aber nicht auf den Erlaß bestimmter Rechtsformen.

I. Geeignete Vorschriften

57 Geeignet im Sinne von Art. 308 sind alle Vorschriften, die der (zumindest teilweisen) **Verwirklichung desjenigen Ziels** dienen, das ein Tätigwerden der Gemeinschaft im konkreten Fall tatbestandlich hat **erforderlich** erscheinen lassen. Eine Eingrenzung auf bestimmte Rechtsformen ist weder mit dem Wortlaut noch mit einer teleologischen Auslegung zu vereinbaren, denn im Vordergrund des Art. 308 steht die Verwirklichung von

---

145 Vgl. dazu M. *Ruffert*, Anmerkung (zum Gutachten 2/94 des EuGH über den Beitritt der Gemeinschaft zur EMRK), JZ 1996, S. 624 (625), m.w.N.
146 *Häde/Puttler* (Fn. 11), S. 15 sprechen auch hier von Vertragsänderungen im begrenzten Umfang.
147 A.A. wohl E. *Grabitz*, in: Grabitz/Hilf, EU, Art. 235, Rn. 6; *Lorenz/Pühs* (Fn. 7), S. 145 sehen in dem Merkmal der Subsidiarität eine Abgrenzungsmöglichkeit zwischen Art. 308 und Art. 48 EUV.

Gemeinschaftszielen, so daß die Mittel allein vom Ziel vorgegeben werden.[148] Grenzen können sich nur aus allgemeinem Gemeinschaftsrecht ergeben (s. Rn. 62 f.), die jedoch das Merkmal der Geeignetheit im Sinne von Art. 308 nicht tangieren.[149]

Auch der Begriff der »Vorschriften« ist weit, etwa als Synonym für »Maßnahmen« zu verstehen.[150] Dies folgt aus einer teleologischen Interpretation der Norm sowie aus einem Vergleich mit den romanischen Formulierungen oder noch deutlicher der englischen Sprachfassung.[151] Bei der Wahl der Handlungsform besitzen Kommission und Rat demnach ein **weites Ermessen**, das lediglich durch die Eignung der gewählten Maßnahme in bezug auf die Zielverwirklichung begrenzt ist.[152]   58

1. Beispiele

In Betracht kommen etwa **Verordnungen, Richtlinien oder Entscheidungen**, gleichfalls aber auch »unbenannte« Beschlüsse mit Wirkung gegenüber den Mitgliedstaaten oder den Einzelnen.[153] Auch **Sanktionen** können auf der Grundlage von Art. 308 erlassen werden.[154] Als »geeignete Vorschriften« zur Verwirklichung eines Zieles der Gemeinschaft kommen schließlich auch **Finanzvorschriften** in Betracht.[155] Namentlich werden etwa die Vorgaben des Rates an die EIB auf Art. 308 gestützt.[156] Besondere Bedeutung haben auch die Entscheidungen des Rates über die Haushaltsdisziplin erlangt, die zumindest teilweise auf Art. 308 beruhen.[157] Demgegenüber ist es umstritten, ob Art. 308 zur Aufnahme von Haushaltsanleihen berechtigt.[158] Dies muß verneint werden, denn schon tatbestandlich ist Art. 308 nicht einschlägig: Selbst wenn Art. 269 Abs. 2 nicht ohnehin als speziellere und wegen seines Ratifizierungserfordernisses auch nicht zu ergänzende Grundlage für die Einnahmen der Gemeinschaft erkannt wird,[159] ist doch die Finanzierung des Haushalts kein vertraglich normiertes Ziel der Gemeinschaft, das mit Art. 308 verwirklicht werden könnte.[160]   59

---

148 H.M., vgl. nur *Dorn* (Fn. 33), S. 142; *Everling* (Fn. 2), S. 18 f.; *Geiger*, EUV/EGV, Art. 308 EGV, Rn. 12; *E. Grabitz*, in: Grabitz/Hilf, EU, Art. 235, Rn. 77 ff.; *M. Röttinger*, in: Lenz, Art. 235, Rn. 9; *I. E. Schwartz*, in: GTE, EU-/EGV, Art. 235, Rn. 255.
149 *E. Grabitz*, in: Grabitz/Hilf, EU, Art. 235, Rn. 79; *I. E. Schwartz*, in: GTE, EU-/EGV, Art. 235, Rn. 256.
150 *I. E. Schwartz*, in: GTE, EU-/EGV, Art. 235, Rn. 253.
151 Die französische Fassung bspw. spricht von »dispositions«, die englische von »measures«. Vgl. *I. E. Schwartz*, in: GTE, EU-/EGV, Art. 235, Rn. 253 m.w.N.
152 *E. Grabitz*, in: Grabitz/Hilf, EU, Art. 235, Rn. 84; *I. E. Schwartz*, in: GTE, EU-/EGV, Art. 235, Rn. 346.
153 *Geiger*, EUV/EGV, Art. 308 EGV, Rn. 12.
154 *I. E. Schwartz*, in: GTE, EU-/EGV, Art. 235, Rn. 278 ff.
155 Ausführlich *I. E. Schwartz*, in: GTE, EU-/EGV, Art. 235, Rn. 260 ff.
156 *I. E. Schwartz*, in: GTE, EU-/EGV, Art. 235, Rn. 260, 264; S. auch Art. 266, Rn. 3; 267, Rn. 4.
157 *I. E. Schwartz*, in: GTE, EU-/EGV, Art. 235, Rn. 266. Zur Bedeutung der Haushaltsdisziplin *M. Rossi*, Europäisches Parlament und Haushaltsverfassungsrecht, 1997, S. 226 ff.
158 Vgl. zum Streit *I. E. Schwartz*, in: GTE, EU-/EGV, Art. 235, Rn. 36 ff.; *D. Strasser*, Die Finanzen Europas, 1991, S. 100 ff.
159 So auch *Häde/Puttler* (Fn. 11), S. 15.
160 *I. E. Schwartz*, in: GTE, EU-/EGV, Art. 235, Rn. 38 f. (u. insb. Rn. 157), unter Verweis auf *R. Scheibe*, Die Anleihekompetenzen der Gemeinschaftsorgane nach dem EWG-Vertrag, 1988, S. 240. Zur demokratischen Legitimation der Einnahmen s. etwa *Rossi* (Fn. 157), S. 252 ff.

2. Errichtung von Institutionen

60 Art. 308 ermächtigt auch zur **Errichtung von rechtsfähigen Einrichtungen** der Gemeinschaft.[161] Dies folgt aus Art. 234 lit. c, der das Bestehen solcher Einrichtungen voraussetzt.[162] Rechtsgrundlage solcher Einrichtungen können aber auch andere Vorschriften sein, die dem Art. 308 insofern vorgehen.[163] In der Vergangenheit wurden – jeweils durch Verordnung – zahlreiche Einrichtungen mit eigener Rechtspersönlichkeit auf der Grundlage von Art. 308 geschaffen, so etwa der Europäische Fonds für währungspolitische Zusammenarbeit,[164] das Europäische Zentrum für die Förderung der Berufsbildung[165] oder auch das Markenamt.[166] Über die grundsätzliche Zulässigkeit zur Errichtung von rechtsfähigen Einrichtungen hinaus lassen sich dem Tatbestand des Art. 308 keine weiteren Anforderungen an die Organisationsstruktur oder die Befugnisse solcher Einrichtungen entnehmen.[167]

II. Verfahren und Form

1. Verfahren

61 Das Verfahren zum Erlaß von Vorschriften auf der Grundlage des Art. 308 ist durch die Initiativbefugnis der Kommission, durch die (bloße) **Anhörung des Parlaments** und durch das **Einstimmigkeitserfordernis im Rat** gekennzeichnet.[168]

Die ordnungsgemäße Anhörung des Parlaments ist nach der Rechtsprechung des EuGH ein wesentliches Formerfordernis, dessen Mißachtung die Nichtigkeit der betroffenen Handlung zur Folge hat.[169] Die Verpflichtung zur Anhörung wird – abgesehen von dem Fall ihrer völligen Unterlassung – aber nur dann verletzt, wenn der Rat seinen Standpunkt endgültig festlegt, bevor er die Stellungnahme des Parlaments erhalten hat.[170]

2. Form

62 Bezüglich der Form gelten die allgemeinen Vorschriften. Insbesondere sind Verordnungen, Richtlinien und Entscheidungen, die auf der Grundlage des Art. 308 vom Rat erlassen werden, nach Art. 253 zu **begründen**. Vor allem muß sich die Wahl des Art. 308

---

161 S. auch Art. 17 EGV Rn. 25 f.
162 H.M., vgl. *Bleckmann,* Europarecht, Rn. 796; *E. Grabitz,* in: Grabitz/Hilf, EU, Art. 235, 80; grundlegend *M. Hilf,* Die Organisationsstruktur der Europäischen Gemeinschaften, 1982, S. 85; ausführlich *I. E. Schwartz,* in: GTE, EU-/EGV, Art. 235, 278 ff.
163 Die Gründung der Europäischen Umweltagentur durch VO (EWG) Nr. 1210/90 v. 7.5.1990, ABl. 1990 Nr. L 120, S. 1 basierte beispielsweise auf Art. 130s EWGV.
164 VO Nr. 907/73 v. 2.4.1973, ABl. 1973 Nr. L 89, S. 2.
165 VO Nr. 337/75 v. 10.2.1975, ABl. 1975 Nr. L 39, S. 1.
166 VO (EG) Nr. 40/94 v. 20.12.1993 über die Gemeinschaftsmarke, ABl. 1994 Nr. L 11, S. 1. Weitere Beispiele bei *I. E. Schwartz,* in: GTE, EU-/EGV, Art. 235, 302.
167 Deutlich *E. Grabitz,* in: Grabitz/Hilf, EU, Art. 235, 82. A.A. wohl *I. E. Schwartz,* in: GTE, EU-/EGV, Art. 235, 278 ff.
168 Kritisch hierzu *Everling* (Fn. 3), der (de lege ferenda) den Erlaß von Rechtsakten auf Grundlage von Art. 308 EGV von einer Zustimmung des Europäischen Parlaments abhängig wissen will.
169 Grundlegend EuGH, Rs. 138/79, 29.10.1990, Slg. 1980, 3333, 33 (Roquette Frères/Rat).
170 EuGH, Rs. 417/93, 10.5.1995, Slg. I-1209, 11 (Parlament/Rat).

als Rechtsgrundlage für den jeweiligen Rechtsakt auf objektive, gerichtlich nachprüfbare (und deshalb zu begründende) Umstände stützen. Zu diesen Umständen gehören insbesondere das Ziel und der Inhalt des Rechtsakts.[171]

III. Ermessen oder Bindung des Rates

Umstritten ist, ob der Rat zum Erlaß von geeigneten Vorschriften verpflichtet ist, wenn die Voraussetzungen des Art. 308 gegeben sind. 63

Der EuGH hat im AETR-Urteil festgestellt, daß Art. 308 »**keine Verpflichtung** begründet, sondern dem Rat eine Befugnis verleiht, deren Nichtausübung einen Beschluß nicht in seiner Rechtmäßigkeit berühren kann.«[172]

Demgegenüber entnimmt ein Teil im Schrifttum insbesondere der grammatikalischen Auslegung der Formulierung »erläßt« die Verpflichtung des Rates, bei Vorliegen der tatbestandlichen Voraussetzungen des Art. 308 tätig zu werden. Es sei eine Faustregel bei der Auslegung des Vertrags, daß der Gebrauch des Indikativs eine Verpflichtung beinhalte.[173] Außerdem ergebe sich die Verpflichtung aus einer Gegenüberstellung zum funktionsgleichen Art. 95 Abs. 1 EGKSV, in dem die Rechtsfolge ausdrücklich als Kann-Entscheidung beschrieben wird.[174]

Mit dem EuGH und anderen Stimmen im Schrifttum[175] ist eine Verpflichtung des Rates zum Tätigwerden aber abzulehnen. Abgesehen davon, daß sich eine solche Verpflichtung nur auf das »ob« des Handelns beziehen könnte, wenn nicht das Ermessen auf der Rechtsfolgenseite ignoriert werden soll, ist vor allem nicht zu erkennen, wie der Rat zu einer einstimmigen Entscheidung gezwungen werden soll. 64

D. Ausübungsvoraussetzungen

I. Subsidiaritätsprinzip

Die Maßnahmen, die auf der Grundlage von Art. 308 ausgeübt werden sollen, müssen wie das gesamte Handeln der Gemeinschaftsorgane dem in Art. 5 Abs. 2 verankerten Subsidiaritätsprinzip genügen.[176] Die Gemeinschaft darf ihre Kompetenzen danach nur unter der **doppelten Voraussetzung** ausüben, daß die Ziele der in Betracht gezogenen Maßnahmen **nicht ausreichend** auf der Ebene der Mitgliedstaaten erreicht werden können **und** daher wegen ihres Umfangs oder ihrer Wirkungen besser auf Gemeinschaftsebene erreicht werden können. Beide Kriterien müssen kumulativ erfüllt sein.[177] Ob sich 65

---

171 EuGH, Rs. 300/89, 11.6.1991, Slg. 1991, I-2687, 10 (Parlament/Rat); Rs. 271/94, 26.3.1996, Slg. I-1689, 14.
172 EuGH, Rs. 22/70, 31.3.1971, Slg. 1971, 263, 95 (Kommission/Rat).
173 *Lauwaars* (Fn. 49), S. 105; *Schwartz*, (Fn. 95), S. 29 f.
174 *Schwartz*, (Fn. 96), S. 29. Im Ergebnis für eine Verpflichtung des Rates auch *Dorn* (Fn. 33), S. 140 ff.; *E. Grabitz*, in: Grabitz/Hilf, EU, Art. 235, 72; *M. Lagrange*, L'avenir institutionnel de la Communauté européenne, RTDE 10 (1974), S. 88 (93).
175 *Behrens* (Fn. 73), S. 278; *Bleckmann*, Europarecht, 796; *Geiger*, EUV/EGV, Art. 308 EGV, 13; *Gericke* (Fn. 73), S. 70.
176 Zum Verhältnis des Subsidiaritätsprinzips zum Tatbestandsmerkmal der Erforderlichkeit gemeinschaftlicher Tätigkeit s. Rn. 38 ff.
177 Vgl. im einzelnen Art. 5, Rn. 35; ausführlich *Calliess* (Fn. 103), S. 69 ff.

dem Subsidiaritätsprinzip neben dem Tatbestandsmerkmal der Erforderlichkeit zusätzliche Schranken entnehmen lassen, wird im Schrifttum bezweifelt.[178]

II. Verhältnismäßigkeitsprinzip

66 Gestattet das Subsidiaritätsprinzip, daß die Gemeinschaft handeln darf, gibt das in Art. 5 Abs. 3 normierte Verhältnismäßigkeitsprinzip der Gemeinschaft vor, wie sie handeln darf.[179] Zulässig sind nur solche Maßnahmen, die zur Erreichung des angestrebten Ziels **geeignet** sind und das **Maß** des hierzu **Erforderlichen** nicht übersteigen.[180]

---

178 *Häde/Puttler* (Fn. 11), S. 16.
179 S. Art. 5, Rn. 48.
180 EuGH, EuZW 1996, S. 112 (Bundesrepublik Deutschland/Rat); ausführlich *Calliess* (Fn. 103), S.103 ff.

Art. 309 (ex-Art. 236)

(1) Wurde die Aussetzung der Stimmrechte des Vertreters der Regierung eines Mitgliedstaats nach Artikel 7 Absatz 3 des Vertrags über die Europäische Union beschlossen, so gilt die Aussetzung dieser Stimmrechte auch in bezug auf diesen Vertrag.

(2) Darüber hinaus kann der Rat, wenn nach Artikel 7 Absatz 2 des Vertrages über die Europäische Union eine schwerwiegende und anhaltende Verletzung von in Artikel 6 Absatz 1 jenes Vertrages genannten Grundsätze festgestellt worden ist, mit qualifizierter Mehrheit beschließen, bestimmte Rechte auszusetzen, die sich aus der Anwendung dieses Vertrags auf den betroffenen Mitgliedstaat herleiten. Dabei berücksichtigt er die möglichen Auswirkungen einer solchen Aussetzung auf die Rechte und Pflichten natürlicher und juristischer Personen.
Die sich aus dem Vertrag ergebenden Verpflichtungen des betroffenen Mitgliedstaats sind für diesen auf jeden Fall weiterhin verbindlich.

(3) Der Rat kann zu einem späteren Zeitpunkt mit qualifizierter Mehrheit beschließen, nach Absatz 2 getroffene Maßnahmen abzuändern oder aufzuheben, wenn in der Lage, die zur Verhängung dieser Maßnahmen geführt hat, Änderungen eingetreten sind.

(4) Bei Beschlüssen nach den Absätzen 2 und 3 handelt der Rat ohne Berücksichtigung der Stimmen des Vertreters der Regierung des betroffenen Mitgliedstaats. Abweichend von Artikel 205 Absatz 2 gilt als qualifizierte Mehrheit derselbe Anteil der gewogenen Stimmen der betreffenden Mitglieder des Rates, der in Artikel 205 Absatz 2 festgelegt ist.
Dieser Absatz gilt auch, wenn Stimmrechte nach Absatz 1 ausgesetzt werden. In solchen Fällen wird ein Beschluß, der Einstimmigkeit erfordert, ohne die Stimme des Vertreters der Regierung des betroffenen Mitgliedstaats angenommen.

Die Verweisungen auf Art. 7 wurden durch den Vertrag von Nizza angepaßt.

Inhaltsübersicht:

I. Entstehung und Bedeutung der Vorschrift	1
II. Verlust des Stimmrechts	2
III. Aussetzung von weiteren Rechten aus dem EGV	3
IV. Beschlußverfahren und Rechtsschutz	5

I. Entstehung und Bedeutung der Vorschrift

Die Vorschrift wurde durch den Amsterdamer Vertrag zusammen mit Art. 7 EUV eingefügt, mit dem sie auch in innerer Wechselwirkung steht. Sie regelt im Anschluß an diese Vorschrift die Sanktionsmöglichkeiten, die im Falle eines schwerwiegenden und anhaltenden Verstoßes gegen die Grundsätze des Art. 6 Abs. 1 EUV durch einen Mitgliedstaat im Bereich des EG-Vertrages bestehen. Wie Art. 7 EUV dient die Regelung der Geltungssicherung und -stärkung der in Art. 6 Abs. 1 EUV verankerten Verfassungsgrundsätze.[1] Parallelregelungen finden sich in Art. 204 EAGV und Art. 96 EGKSV. Im Verhältnis zu Art. 228 Abs. 2 stellt Art. 309 die allgemeinere Regelung dar. Beide Vorschriften beziehen sich auf andere Formen und Fälle der Vertragsverletzung. Bislang wurde von der Vorschrift noch kein Gebrauch gemacht.

1

---

1 S. näher Art. 7 EUV, Rn. 1 ff.

II. Verlust des Stimmrechts

2 Nach Absatz 1 hat ein Sanktionsbeschluß nach Art. 7 Abs. 2 EUV, durch den das Stimmrecht eines Mitgliedstaats für den Bereich der EU entzogen wird[2], automatisch zur Folge, daß auch das Stimmrecht im Bereich des EG-Vertrages ausgesetzt wird. Im Hinblick auf den weiter gefaßten Zuständigkeits- und Tätigkeitsbereich der EG dürfte dieser an sich sekundären Sanktion ein größeres Gewicht zukommen, als der primären Sanktion im Bereich des EU-Vertrages.

III. Aussetzung von weiteren Rechten aus dem EGV

3 Unter der Voraussetzung, daß ein Beschluß nach Art. 7 Abs. 1 EUV gefaßt wurde, kann der EG-Ministerrat die **Aussetzung weiterer Rechte** des Mitgliedstaats aus dem Bereich des EG-Vertrages beschließen. In Betracht kommt vor allem die Aussetzung finanzieller Ansprüche, z.B. aus dem Titel der Agrar-, Fischerei- und Strukturpolitik.[3] Es besteht insoweit ein Entschließungs- und Gestaltungsermessen. Umstritten ist, ob als ultima ratio auch die Klageberechtigung vor dem EuGH entzogen werden kann.[4] Der Einwand, darin liege ein Verstoß gegen den Grundsatz der Rechtsstaatlichkeit greift nur insoweit, als es um Klagerechte geht, die dem Schutz der Rechtssphäre des betreffenden Mitgliedstaates geht, nicht aber, soweit ihm Klagerechte zum Zweck der objektiven Rechtskontrolle zustehen.

4 Bei der Ausübung des Ermessens ist wie bei Art. 7 Abs. 2 EUV in besonderer Weise auf die möglichen Auswirkungen einer Aussetzung von Rechten des Mitgliedstaats auf die Rechte und Pflichten natürlicher und juristischer Personen zu achten. Dies gilt es besonders bei der Aussetzung von Rechten zu beachten, die finanzielle Leistungen für Unternehmen zum Gegenstand haben (z.B. aus dem Agrarbereich und den Strukturfonds). Insoweit ist eine Verhältnismäßigkeitskontrolle durchzuführen.[5] Soweit das Stimmrecht nicht bereits durch einen Beschluß nach Art. 7 Abs. 2 EUV ausgesetzt ist, kann es für den Bereich des EG-Vertrages durch einen Beschluß nach dieser Vorschrift ausgesetzt werden. Bei dieser Entscheidung ist nach Absatz 4 Einstimmigkeit erforderlich, wobei die Stimme des betroffenen Mitgliedstaates außer Betracht bleibt.

IV. Beschlußverfahren und Rechtsschutz

5 Für den Beschluß weiterer Sanktionen ist alleine der Rat zuständig, der diese mit der in Absatz 4 genau definierten qualifizierten Mehrheit beschließt. Eine besondere Regelung gilt für die Aussetzung des Stimmrechts.

6 Bei einer Änderung der Lage kann der Rat nach Absatz 3 die Sanktionen abändern oder aufheben. Auch darüber ist mit qualifizierter Mehrheit i.S.d. Absatz 4 zu entscheiden.

7 Beschlüsse nach Art. 309 Abs. 2 können im Verfahren nach Art. 230 auf Antrag des betroffenen Mitgliedstaats durch den EuGH auf die Rechtmäßigkeit hin überprüft werden.

---

2 S. dazu im einzelnen Art. 7 EUV, Rn. 6 ff.
3 M. *Röttinger*, in: Lenz, EGV, Art. 309, Rn. 6.
4 Befürwortend: *Pechstein/Koenig*, EU, S. 237. Ablehnend: M. *Röttinger*, in: Lenz, EGV, Art. 309, Rn. 6; C. *Stumpf*, in: Schwarze, EU-Kommentar, Art. 309, Rn. 7.
5 M. *Röttinger*, in: Lenz, EGV, Art. 309, Rn. 6.

Wird dabei festgestellt, daß die Voraussetzungen des Art. 7 Abs. 1 EUV nicht vorliegen, so wirkt sich dies rechtlich nicht auf die nach Art. 7 Abs. 2 EUV getroffenen Maßnahmen aus. Es ist aber davon auszugehen, daß in diesem Falle wegen der gleichen tatbestandlichen Voraussetzungen bereits aus politischen Gründen die entsprechenden Suspendierungen von Rechten im Bereich des EUV aufgehoben werden.[6]

---

6 *Pechstein/Koenig*, EU, S. 237.

Art. 310 (ex-Art. 238)

Die Gemeinschaft kann mit einem oder mehreren Staaten oder einer oder mehreren internationalen Organisationen Abkommen[35 ff.] schließen, die eine Assoziierung[1 ff., 18 ff.] mit gegenseitigen Rechten und Pflichten, gemeinsamem Vorgehen und besonderen Verfahren[3 f.] herstellen.

Inhaltsübersicht:

A. Begriff der Assoziierung	1
I. Völkerrechtlicher Vertrag	1
II. Gemeinsames Vorgehen und besondere Verfahren	3
III. Dauerhaftigkeit	5
IV. Externe Assoziierung	6
V. Teilweise Teilnahme am Gemeinschaftssystem	7
1. Rechtsprechung und Praxis	7
2. Schrifttum	9
3. Stellungnahme und Definition	10
B. Sachkompetenz aus Art. 310	12
I. Allgemeines	12
II. Rechtsprechung und Praxis	13
III. Schrifttum und Stellungnahme	15
C. Verfahren	17
D. Assoziierungsrecht	18
I. Primäres Assoziierungsrecht	18
1. Völkerrechtsfähigkeit der Assoziierungen	19
2. Institutioneller Rahmen	21
3. Unmittelbare Wirkung	24
II. Sekundäres Assoziierungsrecht	26
1. Rechtsnatur	26
2. Unmittelbare Wirkung	27
a) Rechtsprechung	27
b) Schrifttum und nationale Rechtsprechung	31
c) Stellungnahme	34
E. Typologie der Assoziierungsabkommen	35
I. Beitrittsassoziierung	36
1. Türkei	37
2. Europaabkommen	38
II. Freihandelsassoziierung	39
1. EWR-Abkommen	40
2. Malta und Zypern	41
III. Entwicklungsassoziierung	42

A. Begriff der Assoziierung

I. Völkerrechtlicher Vertrag

1 Bei einem Assoziierungsabkommen handelt es sich um einen **völkerrechtlichen Vertrag**, der **besondere und privilegierte Beziehungen** zwischen der Gemeinschaft und einem oder mehreren außerhalb der Gemeinschaft stehenden Staaten oder internationalen Organisationen schafft (sog. **vertragliche Assoziierung**)[1]. Davon zu unterscheiden ist die **konstitutionelle Assoziierung** der Gemeinschaft mit den ÜLG nach Art. 182 ff.

---

1 EuGH, Rs. 12/86, Slg. 1987, 3719, Rn. 9 (Demirel).

In den auf Art. 310 gestützten Abkommen wird z.T. die Bezeichnung als Assoziierungs- 2
abkommen aus politischen Gründen vermieden, um keine Zweifel an der souveränen
Gleichheit der Vertragspartner aufkommen zu lassen (z.b. AKP-EG-Partnerschaftsabkommen von Cotonou[2] oder die Kooperationsabkommen mit den Mittelmeeranrainerstaaten). Dies besagt jedoch nichts über die rechtliche Einordnung der Abkommen unter Art. 310 oder unter eine andere Ermächtigungsgrundlage (z.B. Art. 181, 181a). Ein Abkommen kann nur dann auf Art. 310 gestützt werden, wenn der Inhalt des Abkommens die Tatbestandsvoraussetzungen des Art. 310 erfüllt (s. Rn. 3–6). Daraus ergeben sich im weiteren für die Gemeinschaft verfahrensrechtliche Besonderheiten nach Art. 300.

II. Gemeinsames Vorgehen und besondere Verfahren

Da die Begründung – nicht notwendigerweise gleichwertiger[3] – **gegenseitiger Rechte und** 3
Pflichten ein Charakteristikum jedes völkerrechtlichen Vertrages darstellt[4], kommt bei der Abgrenzung der Assoziierung von sonstigen völkerrechtlichen Verträgen dem Merkmal des **gemeinsamen Vorgehens und der besonderen Verfahren** entscheidende Bedeutung zu. Assoziierungsabkommen müssen **eigene paritätisch besetzte Organe** aufweisen, die im Rahmen der ihnen zugewiesenen Aufgaben zur **Willensbildung** mit bindender Wirkung für die Vertragsparteien befähigt sind (zur Rechtsnatur s. Rn. 26)[5]. Die institutionelle Verdichtung dient primär der Ausfüllung, Lenkung und Weiterentwicklung der Assoziierung[6].

In der Vertragspraxis werden zwar auch **Kooperations- bzw. Handelsabkommen** nach 4
Art. 133, 181 oder 308 mit eigenen Organen (gemeinsame Ausschüsse) ausgestattet. Deren Entschließungen sind jedoch für die Vertragspartner i.d.R. nicht verbindlich[7]. Diese Organe tragen als Kooperationsgremien mit Exekutivfunktion zur reibungslosen Durchführung der vertraglich vereinbarten Zusammenarbeit bei[8].

III. Dauerhaftigkeit

Bereits aus dem Vorhandensein eigener Organe ist zu entnehmen, daß mit der Assoziie- 5
rung eine **dauerhafte Verbindung** zwischen den Vertragsparteien angestrebt wird[9]. In der Praxis der Gemeinschaft werden die Abkommen entweder auf unbestimmte Zeit abge-

---

2 ABl.EG 2000 Nr. L 317/3 ff.; s. hierzu Art. 179, Rn. 6 ff.
3 EuGH, Rs. 87/75, Slg. 1976, 129, Rn. 22/23 (Bresciani); s. auch Rn. 42.
4 C.-W. *Vedder*, Die Auswärtige Gewalt des Europas der Neun, 1980, S. 56.
5 A. *Weber*, in: GTE, EU-/EGV, Art. 238, Rn. 11; *J.-V. Louis*, in: MWLVD, CEE, Bd. 12, S. 88 f.; C. *Vedder*, in: Grabitz/Hilf, EU, Art. 238, Rn. 6.
6 A. *Weber*, in: GTE, EU-/EGV, Art. 238, Rn. 8.
7 Vgl. Art. 32 Kooperationsabk. EG/Andenpakt, ABl.EG 1998 Nr. L 127/11, 20; Art. 22 Kooperationsabk. EWG/Indien, ABl.EG 1994 Nr. L 223/24, 30; vgl. aber die verbindliche Beschlußfassung in Art. 63 Europa-Mittelmeer-Interimsassoziierungsabk. EG/Palästinensischen Befreiungsorganisation, ABl.EG 1997 Nr. 187/1 (s. hierzu Art. 181, Rn. 3) und Art. 47 Kooperationsabkommen EG/Mexiko, ABl. EG 2000 Nr. L 276/44; im Schrifttum: *Vedder* (Fn. 4), S. 57; B. *Martenczuk*, Decisions of Bodies Established by International Agreements and the Community Legal Order, in: Kronenberger, The European Union and the International Legal Order, The Hague, 2001, S. 141 (146).
8 J. *Raux*/C. *Flaesch-Mougin*, Les accords externes de la C.E.E., R.T.D.E. 11 (1975), S. 227 (272); *Vedder* (Rn. 4), S. 57.
9 C. *Vedder*, in: Grabitz/Hilf, EU, Art. 238, Rn. 5.

schlossen[10] oder zeitlich begrenzt mit periodischen Vertragsrevisionen[11]. Das Kriterium der Dauerhaftigkeit verpflichtet in keinem Fall nicht zur Aufrechterhaltung eines Assoziationsverhältnisses[12].

IV. Externe Assoziierung

6 Nach der Rechtsprechung des EuGH erlaubt Art. 310 lediglich eine externe Assoziierung von Drittstaaten[13]. Diese werden dem Integrationsprozeß der Gemeinschaft angenähert, ohne daß ihnen zugleich ein **mitgliedschaftlicher Status** oder eine begrenzte **Mitwirkung in Organen der Gemeinschaft** eingeräumt würde[14].

V. Teilweise Teilnahme am Gemeinschaftssytem

1. Rechtsprechung und Praxis

7 Der EuGH hat im Demirel-Fall die **teilweise Teilnahme am Gemeinschaftssytem** als allgemeingültiges Kriterium der Assoziierung herausgestellt[15]. In seinem Kontext betrachtet, bezieht sich der Passus auf die materiellrechtliche Seite des Assoziierungsabkommens mit der Türkei, also auf die angestrebte Herstellung einer Zollunion, der Freizügigkeit, der Niederlassungsfreiheit und der Dienstleistungsfreiheit zwischen den Vertragspartnern nach dem Leitbild des EGV[16]. Ohne auf das Kriterium erneut Bezug zu nehmen, konstatiert der EuGH im Fall des Assoziierungsabkommens mit Marokko[17], daß das bloße Ziel der **Zusammenarbeit zur Förderung der wirtschaftlichen Entwicklung** des Vertragspartners keine Assoziierung darstelle[18].

8 In der **Gemeinschaftspraxis** werden die Entwicklungsassoziationen mit den AKP-Staaten (Art. 179, Rn. 6 ff.) auch nach dem Demirel-Urteil ungeachtet der fehlenden partiellen Teilhabe am Gemeinschaftssystem auf Art. 310 gestützt[19]. Nach Einführung der Art. 177 ff. (s. dort Rn. 1) läßt sich ein gewisser Wandel erkennen. Die neue Generation der Europa-Mittelmeer-Assoziierungsabkommen zeigt Ansätze einer engeren Anbindung an das Gemeinschaftssystem (s. Rn. 42), die über die bloße Zusammenarbeit hinausgehen, ohne freilich die Qualität einer echten Teilhabe zu erlangen[20].

---

10 Europa-Abk. s. Rn 38, Nachweise in Fn. 97; Abk. EWG/Türkei, ABl.EG 1964, Nr. 217/3685; Abk. mit Mittelmeeranrainerstaaten (Art. 177, Fn. 5).
11 Vgl. Art. 95 Abs. 3 des V. AKP-EG-Abkommens von Cotonou, ABl.EG 2000 Nr. L 317/3, 39 (Laufzeit 20 Jahre).
12 *K. Hailbronner*, HK-EUV, Art. 238, Rn. 10.
13 EuGH, Gutachten 1/91, Slg. 1991, I-6079 (EWR I); zur Möglichkeit der internen Assoziierung nach der Satzung einiger internationaler Organisationen s. *E. Klein*, in: Vitzthum, Völkerrecht, 2001, 4. Abschnitt, Rn. 88; vgl. auch *P. Hollenweger*, Die Assoziation von Staaten mit internationalen Organisationen, Zürich 1967, S. 24; *G. Zieger*, Zum Rechtsbegriff der Assoziierung, FS-Erler, 1965, S. 1 (3 ff.).
14 *S. Richter*, Die Assoziierung osteuropäischer Staaten durch die Europäischen Gemeinschaften, 1993, S. 188 ff., 194; *A. Weber*, in: GTE, EU-/EGV, Art. 238, Rn. 5.
15 EuGH, Rs. 12/86, Slg. 1987, 3719, Rn. 9 (Demirel).
16 Vgl. Art. 12 Abk. Türkei (Fn. 10); a.A. *K. Hailbronner*, HK-EUV, Art. 238, Rn. 28.
17 ABl.EG 1978 Nr. L 264/1.
18 EuGH, Rs. C-18/90, Slg. 1991, I-199, Rn. 21 (Kziber).
19 S. Art. 179, Rn. 10.
20 Art. 31 ff. Abk. EG/Tunesien, ABl.EG 1998 Nr. L 97/1, 9; zum Sonderfall des Europa-Mittelmeer-Interimsassoziierungsabk. EG/Palästinensischen Befreiungsorganisation vgl. Art. 181 Rn. 3.

2. Schrifttum

Nicht zuletzt angesichts der **Gemeinschaftspraxis** wahrt das Schrifttum Distanz zu dem 9
Merkmal »Teilnahme an dem Gemeinschaftssystem«[21], soweit es überhaupt berücksichtigt wird[22]. *Weber* will aus pragmatischen Gesichtspunkten die Begriffsbestimmung der Assoziierung nicht durch »unsichere Elemente«, die materielle wie formelle Aspekte aufweisen, belasten[23].

3. Stellungnahme und Definition

Die vom EuGH kritiklose hingenommene Einordnung der Entwicklungsassoziation 10
unter Art. 310 zeigt, daß dem Merkmal keine konstitutive Bedeutung beigemessen werden sollte. Der fehlende Rückhalt im Vertrag und die Unschärfe in bezug auf die zu fordernde Teilnahmequalität stützen diese Bewertung. Für die Assoziierung ist die **institutionelle Ausgestaltung** des Abkommens wesensbildend, deren Stellenwert auch durch die Vertragspraxis und den Wortlaut des Art. 300 Abs. 3 UAbs. 2 bestätigt wird (»... Abkommen im Sinne des Art. 310 sowie sonstiger Abkommen, die durch Einführung von Zusammenarbeitsverfahren einen besonderen institutionellen Rahmen schaffen ...«).

In diesem Sinne ist Assoziierung ein dauerhaftes völkerrechtliches Vertragsverhältnis, 11
das institutionell mit besonderen, zur Rechtsetzung befähigten Organen ausgestattet ist und materiell in unterschiedlichem Umfang die gesamte Bandbreite zwischen wirtschaftlicher und entwicklungspolitischer Zusammenarbeit bis hin zur weitgehenden Übernahme des Gemeinschaftsrechts umfassen kann (s. aber Rn. 16)[24].

B. Sachkompetenz aus Art. 310

I. Allgemeines

Art. 310 weist der Gemeinschaft die Verbandskompetenz zum Abschluß von Assoziie- 12
rungsabkommen zu, ohne den Umfang der **materiellrechtlichen Regelungsbefugnis** ausdrücklich festzulegen. Freilich besteht die Möglichkeit, auf andere materiellrechtliche Vertragsschlußkompetenzen zurückzugreifen, sei es, daß der Vertrag sie ausdrücklich benennt (z.B. Art. 133, 181), sei es, daß sie sich implizit aus den Innenkompetenzen ergeben (AETR-Rechtsprechung, s. Art. 300 Rn. 5 ff.). Entsprechend schmal ist der diskussionswürdige Anwendungsbereich einer originären Sachkompetenz aus Art. 310. Relevant wird sie vor allem bei der ausdrücklich auf das Gemeinschaftsgebiet bezogene Freizügigkeit der Arbeitnehmer gem. Art. 39[25].

---

21 *A. Weber*, in: GTE, EU-/EGV, Art. 238, Rn 10.
22 Vgl. *Bleckmann*, Europarecht, Rn. 1368 ff.; *Oppermann*, Europarecht, Rn. 1880 ff.; *M. Röttinger*, in: Lenz, EGV, Art. 310, Rn. 6.
23 *A. Weber*, in: GTE, EU-/EGV, Art. 238, Rn. 10.
24 S. auch *G. Hirsch*, Die Rechtsprechung des Europäischen Gerichtshofs zu Assoziierungsabkommen, BayVBl. 1997, S. 449.
25 EuGH, Gutachten 1/94, Slg. 1994, I-5267, Rn. 94 f. (WTO); im Schrifttum: *K. Hailbronner*, Die Freizügigkeit türkischer Staatsangehöriger nach dem Assoziations-Abkommen, EuR 1984, S. 54 (56 f.); *C. Vedder*, in: Grabitz/Hilf, EU, Art. 238, Rn. 11; ders. (Fn. 4), S. 138 ff.; vgl. auch *Bleckmann* (Fn. 22), Rn. 1399 f.

II. Rechtsprechung und Praxis

13 Die Vertragspraxis der Gemeinschaft spricht gegen eine umfassende Sachkompetenz aus Art. 310. Der Rat hat bisher – im Gegensatz zur Kommission[26] – eine originäre materielle Regelungskompetenz aus Art. 310 verneint und infolgedessen unter Beteiligung der Mitgliedstaat einer Vielzahl von gemischten Assoziierungsabkommen abgeschlossen[27]: Die wenigen Assoziierungsabkommen, an denen allein die Gemeinschaft beteiligt ist, weisen vor allem kompetentiell unproblematische Zoll- und Handelsregelungen auf[28]. Das Gemeinschaftsabkommen mit der Schweiz über die Arbeitnehmerfreizügigkeit – unterzeichnet am 21.6.1999 – ist aufgrund der Beteiligung der Mitgliedstaaten ein gemischtes Abkommen (s. Rn. 40)[29]. Gemäß einer politischen Entscheidung des Rates soll die gemeinschaftsinterne Genehmigung (Art. 300, Rn. 38) der insgesamt sieben sektoralen Abkommen mit der Schweiz durch Sammelabschlußentscheidung auf Grundlage des Art. 310 erfolgen.

14 Die Position des EuGH tritt weniger klar zu Tage. Ohne Rekurs auf die eigene AETR-Rechtsprechung geht das Gericht im Demirel-Urteil davon aus, daß »Artikel 238 (a.F.) der Gemeinschaft notwendigerweise die Zuständigkeit dafür einräumen (muß), die Erfüllung der Verpflichtung gegenüber Drittstaaten in **allen, vom EWG-Vertrag erfaßten Bereichen** sicherzustellen.«[30] Die Äußerung wurde im Zusammenhang mit der vertraglich geregelten Freizügigkeit der türkischen Arbeitnehmer getätigt und gilt als Indiz dafür, daß der EuGH der weiten Auffassung der Kommission folgt[31].

III. Schrifttum und Stellungnahme

15 Die h.M. im Schrifttums fühlt sich durch das Demirel-Urteil bestätigt. Dogmatisch leitet sie den originären, weiten sachlichen Regelungsbereich des Art. 310 insbesondere aus der Nähe zu Art. 308, aus dem historischen Zweck der Beitrittsvorbereitung und aus dem effet utile-Grundsatz ab[32]. Dem wird vereinzelt entgegengehalten, Art. 310 könne

---

26 F. *Schockweiler*, Sitzungsbericht zu EuGH, Rs. 12/86, Slg. 1987, 3719, Ziff. 6 (Demirel).
27 Vgl. hierzu R. *Kovar*, La mise en place d'une politique commerciale commune et les compétences des Etats membres de la Communauté Economique Européenne en matière de relations internationales et de conclusion des traités, AFDI 1970, S. 783 (798 f.).
28 S. Interimsabk. EG/Israel, AB.EG 1996 Nr. L 71/1; im Gegensatz dazu das »gemischte« Europa-Mittelmeerassoziierungsabk. EG/Israel vom 20.11.1993 (Titel III: Niederlassungsrecht; Dienstleistung), BTDrs. 12/6616; vgl. die Analyse der Vertragspraxis bei C.-D. *Ehlermann*, Rechtsgrundlagen der Außenbeziehungen der EG, in: Zieger/Lebahn (Hrsg.), Rechtliche und wirtschaftliche Beziehungen zwischen den Integrationsräumen in West- und Osteuropa, 1980, S. 25 (30); K. *Stein*, Der gemischte Vertrag im Recht der Außenbeziehungen der Europäischen Wirtschaftsgemeinschaft, 1986, S. 24 ff.
29 Das Abkommen ist Teil eines Paketes von insgesamt 7 Gemeinschaftsabkommen mit der Schweiz, die aufgrund der noch ausstehenden Ratifikationen noch nicht in Kraft sind (Stand: Juli 2001), in Schrifttum: B. *Kahil-Wolff/R. Mosters*, Das Abkommen über die Freizügigkeit EG-Schweiz, EuZW 12 (2001), S. 5 (7 ff.).
30 EuGH, Rs. 12/86, Slg. 1987, 3719, Rn. 9 (Demirel) (Hervorhebung durch Verfasser); bestätigend in Rs. C-237/91, Slg. 1992, I-6781, Rn. 9 (Kus); vgl. bereits inzident: Rs. 65/77, Slg. 1977, 2229, Rn. 9 ff. (Razanatsimba).
31 Vgl. K. *Hailbronner*, Die Entscheidung des EuGH zur Freizügigkeit türkischer Arbeitnehmer, NVwZ 1988, S. 220 (222 f.); *Hirsch* (Fn. 24), S. 449; G. *Nolte*, Freizügigkeit nach dem Assoziationsvertrag EWG-Türkei, in: ZaöRV 47 (1987), S. 755 (759 f.).
32 R. *Fischer*, Der Umfang der Befugnis der Europäischen Gemeinschaft zum Abschluß von Handels- und Assoziationsabkommen, in: KSE Bd. 25, S. 1 (16 ff.); R.-A. *Fischer*, Das Assoziationsrecht der Europäischen Gemeinschaft, Diss. Bonn 1994, S. 103; H. *Krück*, Völkerrechtliche

eine solche globale konturenlose Ermächtigung nicht entnommen werden. Als »Verfahrensnorm« enthalte sie lediglich die Kompetenz zum Abschluß völkerrechtlicher Verträge mit einem besonderen institutionellen Gefüge³³.

Durch die fortschreitende Integration (s. insb. Titel IV: Einwanderungspolitik), und der damit verbundenen Konsequenzen für die AETR-Doktrin, wird die Auseinandersetzung um die originäre Sachkompetenz der Gemeinschaft aus Art. 310 an praktischer Relevanz verlieren. Die weite Auslegung des Art. 310 bleibt allerdings in den verbleibenden Problemfällen bedenklich, da sie zu einer Inhaltserweiterung des Gemeinschaftsrechts führt, ohne den Rückhalt im Wortlaut des Art. 310 zu finden, den Art. 5 Abs. 1 (**Prinzip der begrenzten Einzelermächtigung**) verlangt. 16

C. Verfahren

Das gemeinschaftsinterne Verfahren zum Vertragsabschluß richtet sich nach Art. 300, insbesondere nach den dort für Assoziierungsabkommen vorgesehenen Sonderregelungen (s. Art. 300 Abs. 2 UAbs. 1 und Abs. 3 UAbs. 2). 17

D. Assoziierungsrecht

I. Primäres Assoziierungsrecht

Mit Ausnahme der Abkommen mit Malta und Zypern wurden alle Assoziierungen als **gemischte Abkommen** abgeschlossen³⁴. Vertragspartner sind die Gemeinschaft und ihre Mitgliedstaaten einerseits und der Drittstaat bzw. die Drittstaaten andererseits. Insoweit sind die Assoziierungsabkommen trotz der Vielzahl von Vertragspartnern bilateral angelegt³⁵. 18

1. Völkerrechtsfähigkeit der Assoziierungen

Die Frage nach der Völkerrechtsfähigkeit der Assoziierungen wird im Schrifttum unterschiedlich beantwortet. Eine eigene **Völkerrechtssubjektivität**³⁶ wird jedoch überwiegend mit dem Argument verneint, die Assoziierung besitze nicht die Kompetenz, als selbständiges internationales Handlungs- und Haftungssubjekt im **völkerrechtlichen** 19

Fortsetzung von Fußnote 32

Verträge im Recht der Europäischen Gemeinschaften, 1977, S. 66; ders., Die Freizügigkeit der Arbeitnehmer nach dem Assoziierungsabkommen EWG/Türkei, EuR 1984, S. 289 (298); *E.-U. Petersmann*, Struktur und aktuelle Rechtsfragen des Assoziationsrechts, ZaöRV 33 (1973), S. 266 (285); *Richter* (Fn. 14), S. 106 ff.; *C. Vedder*, in: Grabitz/Hilf, EU, Art. 238, Rn. 12; wohl auch *A. Weber*, in: GTE, EU-/EGV, Art. 238, Rn. 19 ff.

33 *Hailbronner* (Fn. 25) EuR 1984, S. 60 f.; *P. Knopf*, Europarechtliche und völkerrechtliche Fragen einer Entwicklungspolitik der Europäischen Gemeinschaft und ihrer Mitgliedstaaten, 1983, S. 42 ff.; *K.-M. Meessen*, Das Abkommen von Lomé als gemischter Vertrag, S. 36 (39 f.); *Oppermann*, Europarecht, Rn. 1895.
34 S. hierzu Art. 300 Rn. 25.
35 *H. Krück*, Die Freizügigkeit der Arbeitnehmer nach dem Assoziierungsabkommen EWG/Türkei, EuR 1984, S. 289 (303); *A. Weber*, in: GTE, EU-/EGV, Art. 238, Rn. 23.
36 Vgl. Art. 281, Rn. 1 f.

Verkehr für und anstelle ihrer Mitglieder aufzutreten[37]. Sie habe daher nicht die Gestalt einer internationalen Organisation.

20 Eine Analyse der Assoziierungsabkommen ergibt, daß die Assoziierungen weder gegenüber Drittstaaten noch gegenüber den Vertragsparteien als Träger subjektiver Rechtspositionen mit einem eigenen, von dem Willen der Mitgliedstaaten losgelösten Verbandswillen auftreten können[38]. Letzteres verdeutlichen die **Streitbeilegungsverfahren**, die nur auf Konfliktfälle zwischen den Mitgliedstaaten ausgerichtet sind[39]. Obwohl die Assoziationsräte die Vertragspartner unmittelbar verpflichten können (Rn. 3), haben sie lediglich den Charakter eines **völkerrechtlichen Vertragsorgans**, durch das die Vertragsparteien gemeinsam und einvernehmlich handeln (s. auch Rn. 26)[40].

2. Institutioneller Rahmen

21 Die verschiedenen Assoziierungen (s. Rn. 35 ff.) weisen weitgehend identische institutionelle Strukturen auf. Sie verfügen über ein Organ mit politischer Leitfunktion und verbindlicher Beschlußkompetenz[41]. Dieser **Assoziationsrat** setzt sich streng paritätisch aus den Mitgliedern des Rates der Gemeinschaft und den Mitgliedern der Kommission einerseits und Mitgliedern der anderen Vertragspartei(en) andererseits zusammen[42]. Er kann Sonderausschüsse und Arbeitsgruppen zu seiner Unterstützung einsetzen. Das AKP-EG-Abkommen, das EWR-Abkommen und die Europa-Abkommen sehen eine **parlamentarische Versammlung** vor, die – paritätisch besetzt aus Mitgliedern des Europäischen Parlaments und Abgeordneten der Vertragspartei(en) – der Aussprache, Konsultation und Beratung dient[43].

22 Die Abkommen etablieren regelmäßig mehrstufige **Streitschlichtungsverfahren**, in deren Rahmen die Vertragsparteien im Assoziationsrat Streitigkeiten über die Auslegung und

---

37 EuGH, Gutachten 1/91, Slg. 1991, I-6079, Rn. 20 (EWR I); im Schrifttum: *D. Baumgartner*, Institutionelle Aspekte des AKP-EWG-Abkommens von Lomé, EuR 1978, S. 105 (110); *M. Hilf*, Organisationsstruktur der Europäischen Gemeinschaften, 1982, S. 186 f.; *F. Luchaire*, RdC 1975 I, S. 240 (284); *T. Oppermann*, Die Assoziierung Griechenlands mit der Europäischen Wirtschaftsgemeinschaft, ZaöRV 22 (1962), S. 482 (503); *C. Vedder*, in: Grabitz/Hilf, EU, Art. 238, Rn. 24; a.A.: *E. Grabitz*, Die Stellung der Gemeinschaft und ihrer Organe in internationalen Organisationen, in: KSE Bd. 25, S. 47 (59); *I. Seidl-Hohenveldern/G. Loibl*, Das Recht der Internationalen Organisationen einschließlich der Supranationalen Gemeinschaften, 1996, Rn. 0102, 0518, 0524 ff.; *C. Tomuschat*, in: GTE, EU-/EGV, Art. 228, Rn. 75.
38 Andeutend auch EuGH, Gutachten 1/91, Slg. 1991, I-6079, Rn. 20 (EWR I); Rs. 204/86, Slg. 1988, 5323, Rn. 20 (Griechenland/Rat); in der Vertragspraxis s. Art. 6 des Protokolls Nr. 2 zum AKP-EG-Abk. von Cotonou, ABl.EG 2000 Nr. L 317/282: »Der Europäischen Gemeinschaft, den gemeinsamen Organen des Abkommens und den Koordinierungsgremien wird ... die für internationale Organisationen geltenden Regelungen eingeräumt«; vgl. im Schrifttum auch *Hilf* (Fn. 37), S. 187; zu den Begriffsmerkmalen einer internationalen Organisation s. *H.-G. Schermers/N.-M. Blokker*, International Institutional Law, The Hague 1997, § 29 ff.
39 Vgl. Art. 98 AKP-EG-Abk. von Cotonou, ABl.EG 2000, Nr. L 317/3; im Schrifttum *Hilf* (Fn. 37), S. 187; *Fischer* (Fn. 32), S. 219 f.
40 Vgl. *C. Vedder*, Rechtswirkung von Assoziationsratsbeschlüssen, EuR 1994, 202 (210); s. auch EuGH, Gutachten 1/91, Slg. 1991, I-6079, Rn. 20 (EWR I).
41 Art. 15 AKP-EG-Abk. von Cotonou: »Ministerrat« (Fn. 39); Art. 102 ff. Europa-Abk. Polen ABl.EG 1993 Nr. l 348/2: »Assoziationsräte«.
42 S. aber Art. 23 Abk. EWG/Türkei (Fn. 10): Mitglieder der Regierungen der Mitgliedstaaten, des Rates und der Kommission.
43 Art. 17 AKP-EG-Abk. von Cotonou (Fn. 39); Art. 108 ff. Europa-Abk. Polen (Fn. 41); Art. 95 ff. EWR-Abk, ABl.EG 1994 Nr. L 1/3; vgl. aber auch Art. 48 Abk. EWG/Marokko, ABl.EG 1978 Nr. L 264/1, 21; Art. 27 Abk. EWG/Türkei (Fn. 10).

Anwendung des Abkommens beilegen können und die – bei fehlgeschlagener Streitbeilegung – eine Entscheidung durch ein ad-hoc Schiedsgericht vorsehen⁴⁴.

Der EuGH hat in seinem ersten Gutachten zum EWR-Abkommen die Errichtung eines **eigenständigen Gerichtssystems** grundsätzlich für gemeinschaftsrechtskonform erklärt. Die Zuständigkeit der Gemeinschaft im Bereich der internationalen Beziehungen und ihre Fähigkeit zum Abschluß internationaler Abkommen umfasse notwendig die Fähigkeit, sich einem vertraglich eingesetzten Gericht zu unterwerfen⁴⁵. Voraussetzung sei allerdings, daß die Streitentscheidungsinstanz die **Grundlagen** und die **Autonomie der Gemeinschaftsrechtsordnung** nicht beeinträchtige und die Verbindlichkeit der Rechtsprechung des EuGH achte⁴⁶. Die Auslegung der Assoziierungsbestimmungen kann auch dem EuGH überantwortet werden⁴⁷. 23

3. Unmittelbare Wirkung

Nach ständiger Rechtsprechung des EuGH sind Assoziierungsabkommen seit ihrem Inkrafttreten **integrierender Bestandteil der Gemeinschaftsrechtsordnung**. Aufgrund dieser Qualität nehmen sie teil an der **unmittelbaren Wirkung** des Gemeinschaftsrechts in den nationalen Rechtsordnungen (zu den Voraussetzungen s. Art. 300 Rn. 59 ff.). 24

Der EuGH legt – geleitet von dem effet utile-Gedanken⁴⁸ – die Bestimmungen in Assoziierungsabkommen in der Regel großzügig zugunsten einer unmittelbaren Wirkung aus⁴⁹. Bei derzeit rechtswirksamen Assoziierungen bejaht der EuGH die Voraussetzungen für Art. 39 Abs. 1 des Abkommens mit **Algerien**⁵⁰, für den gleichlautenden Art. 41 des Abkommens mit **Marokko**⁵¹ (Benachteiligungsverbot auf dem Gebiet der sozialen Sicherheit), sowie für Art. 40 (Diskriminierungsverbot marokkanischer Wanderarbeiter)⁵². Unmittelbare Wirkung kommt nach der Rechtsprechung des EuGH auch den Vorschriften über Verkehrsbescheinigungen im Protokoll⁵³ zum Assoziierungsabkommen mit **Zypern** zu⁵⁴ und – im Fall des EG-**Türkei**-Assoziationsabkommens – § 41 Abs. 1 des Zusatzprotokolls (Stillhalteklausel in bezug auf Beschränkungen der Nieder- 25

---

44 Art. 98 AKP-EG-Abk. von Cotonou (Fn. 39); Art. 105 Abk. EG/Polen (Fn. 41); Art. 25 Abk. EWG/Türkei (Fn. 10); Art. 75 Abk. EG/Israel, BT-Drs. 13/6616; im Schrifttum: *T. Bachl*, Streitschlichtungsmechanismen im Rahmen von Assoziierungsverträgen zwischen den Europäischen Gemeinschaften und Drittstaaten, Diss. Regensburg 1996.
45 EuGH, Gutachten 1/91, Slg. 1991, I-6079, Rn. 40 (EWR I).
46 EuGH, Gutachten 1/91, Slg. 1991, I-6079, Rn. 30 ff. (EWR I); Gutachten 1/92, Slg. 1992, I-2821, Rn. 22, 29 (EWR II).
47 EuGH, Gutachten 1/92, Slg. 1992, I-2821, Rn. 33 (EWR II).
48 *Hirsch* (Fn. 24), S. 454.
49 S. bereits EuGH, RS. 17/81, Slg. 1982, 1331, Rn. 27 f. (Pabst & Richarz) zum Abk. EWG/Griechenland (Art. 53 Abs. 1: Verbot höherer Abgaben); Rs. 104/81, Slg. 1982, 3641, Rn. 13 (Kupferberg) zum Freihandelsabk. EWG/Portugal (Art. 21: Verbot diskriminierender Behandlung bei Besteuerung); Rs. 87/75, Slg. 1976, 129, Rn. 22/23 (Bresciani) zum Abk. von Jaunde (Art. 2 Abs. 1: Verbot von Zöllen und Abgaben gleicher Wirkung).
50 EuGH, Rs. C-113/97, Slg. 1998, I-183, Rn. 17 (Babahenini); Rs. C-103/94, Slg 1995, I-719, Rn. 21 ff. (Krid); Rs. C-58/93, Slg. 1994, I-1353, Rn. 16 ff. (Yousfi).
51 EuGH, Rs. C-179/98, Slg. 1999, I-7955, Rn. 23 (Mesbah); Rs. C-126/95, Slg. 1996, I-4807, Rn. 19 f. (Hallouzi-Choco); Rs. C-18/90, Slg. 1991, I-199, Rn. 15 ff (Kziber).
52 EuGH, Rs. C-416/96, Slg. 1999, I-1209, Rn. 27 ff. (Eddline El-Yassini).
53 ABl.EG 1977 Nr. L 339/19.
54 EuGH, Rs. C-432/92, Slg. 1994, I-3087, Rn. 25 ff. (Anastasiou).

lassungsfreiheit)[55]. Dagegen verneinte der EuGH dies bei Art. 12 des EG-Türkei-Assoziierungsabk. und Art. 36 des Zusatzprotokolls (Freizügigkeit), sowie im Fall des Art. 13 des EG-Türkei-Assoziierungsabk. und Art. 41 Abs. 2 des Zusatzprotokolls (Niederlassungsfreiheit)[56].

II. Sekundäres Assoziierungsrecht

1. Rechtsnatur

26 Kommission und Rat qualifizieren, gefolgt vom Schrifttum[57], die im Wege des Konsenses zustande gekommenen verbindlichen Assoziationsratsbeschlüsse als **völkerrechtliche Übereinkünfte der Vertragsparteien** (Art. 310: gemeinsames Vorgehen)[58]. Der EuGH hat sich bisher nicht eindeutig zur Rechtsnatur des sekundären Assoziierungsrechts geäußert, wohl aber Distanz zur Auffassung der Kommission und des Rates gezeigt (EuGH: »unmittelbarer Zusammenhang mit dem Abkommen«, s. Rn. 27)[59].

2. Unmittelbare Wirkung

a) Rechtsprechung

27 Die Beschlüsse[60] des Assoziationsrates bilden nach Rechtsauffassung des EuGH einen **integrierenden Bestandteil der Gemeinschaftsrechtsordnung**, weil sie – so der Gerichtshof – unmittelbar mit dem Abkommen zusammenhängen, zu dessen Durchführung sie ergehen[61]. Den unmittelbaren Zusammenhang zum Abkommen leitet der EuGH aus der Funktion der Beschlüsse ab, die Ziele des Abkommens zu verwirklichen[62]. Die Beschlüsse bedürften daher für ihre **Rechtswirksamkeit** grundsätzlich keines gesonderten **gemeinschaftsinternen Durchführungsaktes**, soweit ihr Wortlaut hinreichend bestimmt sei[63]. Legt der Assoziationsratsbeschluß den Zeitpunkt seines Inkrafttretens nicht fest, sei er für die Vertragsparteien vom Tag seines Erlasses an verbindlich[64].

---

55 EuGH, Rs. C-37/98, Slg. 2000, I-2927, Rn. 46 ff. (Savas); in bezug auf die Stillhalteklausel des IV. AKP-EG-Abkommens von Lomé s. bereits Rs. C-469/93, Slg. 1995, I-4533, Rn. 57 (Chiquita Italia).
56 EuGH, Rs. 12/86, Slg. 1987, 3719, Rn. 23 (Demirel); und in bezug auf Art. 13: Rs. C-37/98, Slg. 2000, I-2927, Rn. 42 ff. (Savas).
57 *Baumgartner* (Fn. 37), S. 111 f.; *P. Gilsdorf*, Die Rechtswirkung der im Rahmen von Gemeinschaftsabkommen erlassenen Organbeschlüsse, EuZW 1991, S. 459 (460); *Vedder* (Fn. 40), S. 210; *A. Weber*, in: GTE, EU-/EGV, Art. 238, Rn. 51.
58 S. *U. Everling*, Sitzungsbericht zu EuGH, Rs. 204/86, Slg. 1988, 5323, S. 5330 (Griechenland/Rat); *GA G.-F. Mancini*, Schlußantr. zu EuGH, Rs. 204/86 (a.a.O), Ziff. 8.
59 EuGH, Rn. 18, Rs. 192/89, Slg. 1990, I-3461, Rn. 9 (Sevince); Rs. 30/88, Slg. 1989, 3711, Rn. 13 (Griechenland/Kommission); s. aber auch EuGH, Gutachten 1/91, Slg. 1991, I-6079, Rn. 20 (EWR I).
60 Auch unverbindliche: S. EuGH, Rs. C-188/91, Slg. 1993, I-363, Rn. 17 (Deutsche Shell); hierzu im Schrifttum: *C. Vedder/H.-P. Folz*, The International Practice of the European Communities, EJIL 5 (1994), S. 448 (450 ff.).
61 EuGH, Rs. 192/89, Slg. 1990, I-3461, Rn. 9 (Sevince); Rs. 30/88, Slg. 1989, 3711, Rn. 13 (Griechenland/Kommission).
62 EuGH, Rs. C-227/94, Slg. 1996, I-4085, Rn. 18 (Taflan-Met).
63 EuGH, Rs. 30/88, Slg. 1989, 3711, Rn. 16 (Griechenland/Kommission): Assoziationsratsbeschluß EWG/Türkei 2/80 (Soforthilfe Türkei).
64 EuGH, Rs. C-227/94, Slg. 1996, I-4085, Rn. 21 (Taflan-Met); Rs. 192/89, Slg. 1990, I-3461, Rn. 22 (Sevince).

Seit dem Sevince-Urteil hat der Gerichtshof in ständiger Rechtsprechung aus dieser Prä- 28
misse abgeleitet, daß einem verbindlichen Assoziationsratsbeschluß **unmittelbare Wirkung** zukommen kann, selbst wenn – wie im Fall des Abkommens EG/Türkei – diese Rechtswirkung dem Abkommen selbst versagt bleibt. Zur Beurteilung einer möglichen unmittelbaren Wirkung der Beschlüsse sind die Kriterien heranzuziehen, die für das Abkommen selbst gelten (s. Art. 300 Rn. 59 ff.)[65]. Die unterlassene **Veröffentlichung** der Beschlüsse stehe dabei ihrer unmittelbaren Wirkung nicht entgegen, soweit **subjektive Rechte** des einzelnen in Frage stehen[66].

Der EuGH hat sich in einer umfangreichen Judikatur zum Assoziierungsabkommen 29
EWG/Türkei vor allem mit der unmittelbaren Wirkung des **Art. 6 Abs. 1**[67] **und Abs. 2**[68] (Beschäftigung und Freizügigkeit türkischer Arbeitnehmer), **Art. 7 Satz 1**[69] **und 2**[70] (Beschäftigung und Freizügigkeit der Familienangehörigen türkischer Arbeitnehmer) bzw. **Art. 13** (Stillhalteklausel) des Assoziationsratsbeschlusses 1/80[71] und seiner Entsprechung **Art. 2 Abs. 1 lit. b** bzw. **Art. 7** des Assoziationsratsbeschlusses 2/76[72] auseinandergesetzt, deren unmittelbare Wirkung er bejaht[73]. Der in **Art. 6 Abs. 3** des Beschlusses 1/80 (gleichlautend: **Art. 2 Abs. 2** des Beschlusses 2/76) enthaltenen Durchführungsbestimmung – adressiert an die Mitgliedstaaten[74] – mißt der EuGH lediglich konkretisierende Bedeutung zu; sie eröffne den Mitgliedstaaten keinen eigenen Gestaltungsspielraum und stünde damit der unmittelbaren Wirkung des Art. 6 Abs. 1 und 2 des Beschlusses 1/80 nicht entgegen[75].

Der Assoziationsratsbeschluß 3/80[76] (Anwendung der Systeme der sozialen Sicherheit 30
auf türkische Arbeitnehmer und deren Familienangehörigen[77]) erfüllt hingegen nach Ansicht des EuGH nicht die Voraussetzung für eine unmittelbare Wirkung, da er trotz Eindeutigkeit und Bestimmtheit einiger Bestimmungen **seiner Art nach** dazu bestimmt sei, durch einen weiteren Rechtsakt des Rates ergänzt und in der Gemeinschaft durch-

---

65 EuGH, Rs. C-227/94, Slg. 1996, I-4085, Rn. 25 (Taflan-Met); Rs. 192/89, Slg. 1990, I-3461, Rn. 14 f. (Sevince).
66 EuGH, Rs. 192/89, Slg. 1990, I-3461, Rn. 24 (Sevince).
67 EuGH, Rs. 192/89, Slg. 1990, I-3461, Rn. 26 (Sevince); Rs. C-237/91, Slg. 1992, I-6781, Rn. 36 (Kus); Rs. C-434/93, Slg. 1995, I-1475, Rn. 31 (Bozkurt); Rs. C-171/95, Slg. 1997, I-329, Rn. 48 (Tetik); Rs. C-386/95, Slg. 1997, I-2697, Rn. 18 (Eker); Rs. C-285/95, Slg. 1997, I-3069 (Kol); Rs. C-36/96, Slg. 1997, I-5143 (Günaydin); Rs. C-98/96, Slg. 1997, I-5179 (Ertanir).
68 EuGH, Rs. C-434/93, Slg. 1995, I-1475, Rn. 38 (Bozkurt); Rs. C 171/95, Slg. 1997, I-329, Rn. 35 f. (Tetik).
69 EuGH, Rs. 65/98, Slg. 2000, I-4747, Rn. 25 (Eyüp); Rs. C-329/94, Slg. 2000, I-1487, Rn. 34 (Ergat); Rs. C-351/95, Slg. 1997, I-2133, Rn. 28 (Kadiman).
70 EuGH, Rs. C-355/93, Slg. 1994, I-5113 (Eroglu).
71 Abgdr. in: Rat der Europäischen Gemeinschaften (Hrsg.), Assoziierungsabkommen und Protokolle EWG-Türkei sowie andere Basisdokumente, Brüssel 1992, S. 327 ff.; *K. Hailbronner*, Ausländerrecht, 1997, D 5.2 und D 5.3.
72 EuGH, Rs. 192/89, Slg. 1990, I-3461, Rn. 26 (Sevince).
73 Zu den Tatbestandsmerkmalen des Assoziationsratsbeschlusses 1/80 s. Art. 39, Rn. 25 ff.
74 »Die Einzelheiten der Durchführung der Absätze 1 und 2 werden durch einzelstaatliche Vorschriften festgelegt.«
75 EuGH, Rs. C-98/96, Slg. 1997, I-5179, Rn. 31 (Ertanir); Rs. 192/89, Slg. 1990, I-3461, Rn. 22 (Sevince).
76 Abgdr. in: Assoziierungsabkommen und Protokolle EWG-Türkei sowie andere Basisdokumente (Fn. 71), S. 349 ff.
77 Vgl. hierzu bereits *J. Delbrück/C. Tietje*, Die Frage der unmittelbaren Anwendbarkeit des Assoziationsratsbeschlusses EWG/Türkei Nr. 3/80, ZAR 1995, S. 29 f.; kritisch hierzu *R. Gutmann*, Anmerkung zu EuGH, Rs. 277/94, EuZW 1997, S. 181 f.

geführt zu werden[78]. Der Gerichtshof gelangt zu diesem Ergebnis durch eine vergleichende Analyse eines durchführungsbedürftigen sekundären Gemeinschaftsrechtsaktes[79], auf den der Assoziationsratsbeschluß 3/80 verweist. Der Rat hat bis heute keine Durchführungsmaßnahme für den Beschluß 3/80 getroffen.

b) **Schrifttum und nationale Rechtsprechung**

31 Wurde vor der Sevince-Entscheidung noch einhellig ein nationaler Umsetzungsakt zur Begründung einer unmittelbaren Wirkung von Assoziationsratsbeschlüssen gefordert[80], so unternimmt ein Teil des Schrifttum nun den Versuch, die Rechtsprechung des EuGH dogmatisch zu untermauern. Die Einbindung der Beschlüsse in die Gemeinschaftsrechtsordnung wird dabei mit der im Assoziierungsabkommen enthaltenen Ermächtigung zur völkervertraglichen Willenseinigung begründet (s. Rn. 26)[81].

32 *Hailbronner* hält dem EuGH entgegen, er habe den Wortlaut des Assoziationsratsbeschlusses 1/80 mißachtet, der den Willen der Vertragsparteien nach einem nationalen Umsetzungsakt verdeutliche[82]. Die nationale Umsetzung sichere die für ein völkerrechtliches Vertragswerk typische Gegenseitigkeit der Rechte und Pflichten, während der EuGH das Assoziationsrecht wie eine einseitige, ausschließlich die Gemeinschaft und nicht die Türkei bindende Pflicht behandele[83]. *Richter* gibt zu Bedenken, daß der EGV keine Befugnis zur **Hoheitsrechtsübertragung** durch Assoziierungsabkommen einräume[84]. Der EuGH setze sich damit über seine Meroni-Entscheidung von 1958 hinweg, in der er die Notwendigkeit einer Ermächtigung für die Übertragungen von Entscheidungskompetenzen mit Ermessensspielräumen auf andere Behörden herausgestellt hatte[85].

33 Das Bundesverwaltungsgericht hat an seiner anfänglichen Forderung nach einem nationalen Umsetzungsakt nicht festgehalten und sich der Rechtsprechung des EuGH angeschlossen[86].

c) **Stellungnahme**

34 Ausgehend von der Prämisse, daß internationale Abkommen ohne Transformationsakt Bestandteil der Gemeinschaftsrechtsordnung werden und ihre klaren und unbedingten Bestimmungen an deren unmittelbarer Wirkung in den nationalen Rechtsordnungen teilnehmen (s. Art. 300, Rn. 59 ff.), ist eine entsprechende Handhabung der Assoziationsratsbeschlüsse zweifelsohne konsequent, wenn letztere ebenfalls als völkerrechtliche Abkommen i.S.d. Art. 300 qualifiziert werden (Rn. 26)[87]. Aber auch die Schaffung einer

---

78 EuGH, Rs. 277/94, Slg. 1996, I-4085, Rn. 33 und 37 (Teflan-Met): im Zusammenhang mit der Prüfung des Art. 12 und 13 des Beschlusses 3/80 (Leistungsansprüche bei Invalidität, Alter und Tod); zur unmittelbaren Abwendbarkeit des Art. 3 des Beschlusses 3/80 (Gleichbehandlungsgrundsatz) vgl. EuGH, Rs. C-262/96, Slg. 1999, I-2685 (Sülür).
79 VO Nr. 1408/71, durchgeführt durch VO Nr. 574/72.
80 C. *Vedder*, in: Grabitz/Hilf, EU, Art. 238, Rn. 35, s. auch BVerwGE 78, 192, 196 m.w.N.
81 *Gilsdorf* (Fn. 58), S. 461; *Vedder*, (Fn. 40), S. 212 f.; C. *Weber*, Der assoziationsrechtliche Status Drittstaatsangehöriger in der Europäischen Union, 1997, S. 59; vgl. auch EuGH, Rs. C-277/94, Slg. 1996, I-4085, Rn. 17 (Teflan-Met).
82 K. *Hailbronner*, in: HK-EUV, Art. 48, Rn. 32j; s. auch C. *Tomuschat*, GTE, EU-/EGV Art. 210, Rn. 61 bezogen auf Art. 22 Assoziationsabk. EWG/Türkei; *Weber* (Fn. 81), S. 56 ff.
83 *Hailbronner* (Fn. 71), D 5.4, Rn. 11.
84 *Richter* (Fn. 14), S. 174 f.; so auch K. *Hailbronner*, in: HK-EUV, Art. 228, Rn. 40 und Art. 48, Rn. 32j.
85 EuGH, Rs. 9/56, Slg. 1958, 11, 44 (Meroni/Hohe Behörde).
86 S. Art. 39 Rn. 36.
87 Zur Einordnung von Beschlüssen internationaler Organisationen in das Gemeinschaftssystem vgl. Art. 300 Rn. 71 ff.

völkerrechtsfähigen Assoziierung (internationale Organisation) mit **Integrationsgewalt**, d.h. mit der Fähigkeit, eigenes unmittelbar wirkendes Recht zu setzen, wird von Art. 310 gedeckt sein. Das Kriterium des »gemeinsamen Vorgehens« weist der Gemeinschaft für entsprechende **Hoheitsrechtsübertragungen** den notwendigen Gestaltungsspielraum in ihren »privilegierten« Außenbeziehungen zu (s. Art. 300, Rn. 74 f.). Es zieht auf der anderen Seite zugleich die Grenzen der Integrationsgewalt: Die Gemeinschaft darf nicht gegen ihren Willen den verbindlichen Organbeschlüssen einer völkerrechtsfähigen Assoziation unterworfen werden.

E. Typologie der Assoziierungsabkommen

Die auf Basis des Art. 310 geschlossenen völkerrechtlichen Abkommen lassen sich nach ihrem **politischen Fernziel** in Beitrittsassoziierung, Freihandelsassoziierung und Entwicklungsassoziierung aufteilen[88]. Die Unterteilung läßt nur bedingt einen Rückschluß auf die Inhalte der Abkommen zu. 35

I. Beitrittsassoziierung

Art. 310 wurde 1957 mit der politischen Absicht konzipiert, anderen europäischen Staaten die Annäherung an die Gemeinschaft zu ermöglichen und damit zugleich den späteren Beitritt vorzubereiten[89]. 36

1. Türkei

Das mit der **Türkei** abgeschlossene Assoziierungsabkommen vom 12.9.1963[90] eröffnet die Perspektive eines Beitritts zur Gemeinschaft[91] ohne zugleich einen Rechtsanspruch einzuräumen[92]. Aufgrund der politischen Gegensätze der Vertragsparteien (Menschenrechtssituation, Zypernkonflikt[93]) stehen die handels- und entwicklungspolitischen Elemente der Assoziierung im Vordergrund der Beziehungen[94]. Die wesentlichen Grundlagen der Assoziierung werden durch das Zusatzprotokoll von 1970[95] bestimmt, das u.a. die Herstellung der Freizügigkeit der Arbeitnehmer sowie die Liberalisierung der Niederlassungsbeschränkungen, des Dienstleistungs-, Zahlungs- und Kapitalverkehrs vorsieht. Am 31. Dezember 1995 trat die **Zollunion** zwischen der Gemeinschaft und der Türkei in Kraft[96]. 37

---

88 *Bleckmann*, Europarecht, Rn. 1370.
89 *P. Gilsdorf*, in: GTE (4. Auflage), EWGV, Art. 238, Rn. 3.
90 ABl.EG 1964 Nr. L 217/3685.
91 4. Erwägungsgrund der Präambel Abk. Türkei (Fn. 10).
92 Art. 28 Abk. Türkei (Fn. 10).
93 Hierzu *A. Weber*, in: GTE, EU-EGV, Art. 238, Rn. 69.
94 *H. Kramer*, Die Europäische Gemeinschaft und die Türkei, 1988, S. 172 ff.; *Krück* (Fn. 35), S. 306.
95 ABl.EG 1972 Nr. L 293/1.
96 Art. 65 Abs. 1 des Assoziationsratsbeschlusses Nr. 1/95 vom 22.12.1995, ABl.EG 1996 Nr. L 35/1.

2. Europaabkommen

38 Die politischen Veränderungen 1989/90 haben zum Abschluß der sog. **Europa-Abkommen** mit verschiedenen Staaten des ehemaligen Ostblocks geführt[97]. Auch hier wird – in den Präambeln ausdrücklich festgehalten – der Beitritt zur Gemeinschaft angestrebt[98]. Diese Abkommen verfolgen nicht zuletzt aus diesem Anlaß auch eine ausgeprägte entwicklungspolitische Zielsetzung (Finanz- und Zusatzprotokolle). Angestrebt wird die Herstellung einer Freihandelszone in einem Zeitraum von zehn Jahren sowie die Liberalisierung des Kapital-, Zahlungs- und Dienstleistungsverkehrs[99]. Im Bereich der Freizügigkeit statuieren die Abkommen lediglich ein Diskriminierungsverbot mit beschränkten Erleichterungen beim Zugang zum europäischen Arbeitsmarkt[100].

II. Freihandelsassoziierung

39 Die Freihandelsassoziierung dient dem Aufbau enger wirtschaftlicher Beziehungen durch Gewährung gegenseitiger Befreiungen von Zöllen und Abgaben gleicher Wirkung im Bereich des Warenverkehrs (Freihandelszone) bis hin zur Schaffung einer Zollunion mit einem gemeinsamen Außenzoll.

1. EWR-Abkommen

40 Das zwischen der EG und den EFTA-Staaten (außer der Schweiz) am 1.1.1994 abgeschlossene **EWR-Abkommen**[101] ist als Freihandelsabkommen mit einer weitgehenden Übernahme des EG-Binnenmarktrechts (freier Waren-, Dienstleistungs- und Kapitalverkehr, Freizügigkeit) konzipiert[102]. Ein gemeinsamer Außenzoll ist nicht vorgesehen. Das Abkommen war seit Anbeginn durch die Beitrittsanträge Österreichs, Schwedens, Norwegens und Finnlands eine Brücke zur EG-Mitgliedschaft. Der Kreis der Vertragspartner ist seit dem 1.1.1995 auf Liechtenstein, Norwegen und Island zusammengeschmolzen. Das überaus komplexe Abkommen mit 49 Protokollen und 22 Anhängen war aufgrund des vertraglich vereinbarten Gerichtssystems zweimal Gegenstand von Gutachten des EuGH (s. Rn. 23)[103]. Die Schweiz, die dem EWR-Abkommen ferngeblie-

---

97 Bulgarien, ABl.EG 1994 Nr. L 138/1; Estland, ABl.EG 1998 Nr. L 68/1; Lettland, ABl.EG 1998 Nr. L 26/1; Litauen, ABl.EG 1998 Nr. L 51/1; Polen, ABl.EG 1993 Nr. L 348/1; Rumänien, ABl.EG 1994 Nr. L 357/1; Slowakische Republik, ABl.EG 1994 Nr. L 359/1; Tschechische Republik, ABl.EG 1994 Nr. L 360/2; Ungarn, ABl.EG 1993 Nr. L 347/1; Slowenien, Parlament ABl.EG 1996 Nr. 347/1; im Schrifttum: *F. Mádl*, Europäische Union und Ostmitteleuropa, in: Müller-Graff, Perspektiven des Rechts in der Europäischen Union, 1998, S. 97 ff; *M.-A. Dauses*, Osterweiterung der EU, EuZW 1996, S. 353; *M. Maresceau/E. Montaguti*, The relations between the European Union and Central and Eastern Europe, CMLRev. 32 (1995), S. 1327 ff.; *M. Pechstein*, Osterweiterung und Zukunftsperspektive der Europäischen Union, ZfRV 37 (1996), S. 108 ff.; *L.-E. Ramsey*, The Implications of the Europe Agreements for an Expanded European Union, ICLQ 44 (1995), S. 161 ff.; *Richter* (Fn. 14).
98 15. Erwägungsgrund im Abk. Ungarn, ABl. EG1993 Nr. L 371/1 und im Abk. Polen (Fn. 41).
99 Art. 44 ff., 55 ff. und 59 ff. Abk. EG/Ungarn (Fn. 98) und EG/Polen (Fn. 41).
100 Art. 37 ff. Abk. Ungarn (Fn. 98) und Polen (Fn. 41).
101 ABl.EG. 1994 Nr. L 1/3; im Schrifttum: *H.-P. Welte*, Das Abkommen über den Europäischen Wirtschaftsraum, ZAR 1994, S. 80.
102 Art. 1 EWR-Abk, ABl.EG1994 Nr. L 1/3.
103 EuGH, Gutachten 1/91, Slg. 1991, I-6079 (EWR I); Gutachten 1/92, Slg. 1992, I-2821 (EWR II); im Schrifttum: *V. Kronenberger*, Does the EFTA Court interpret the EEA Agreement as if it were the EC-Treaty?, ICLQ 45 (1996), S. 198 ff.

ben ist, hat am 21.6.1999 ein Paket von insgesamt 7 Abkommen mit der EG und deren Mitgliedstaaten abgeschlossen; die Abkommen passierten am 21.5.2000 erfolgreich die Hürde eines Referendums in der Schweiz. Die 7 Abkommen, mit deren Inkrafttreten nicht vor 2002 zu rechnen ist, betreffen jeweils die Bereiche Personenfreizügigkeit, Forschung, Öffentliches Beschaffungswesen, Technische Handelshemmnisse, Landwirtschaftliche Produkte, Luftverkehr und Landverkehr (s. auch Rn. 13)[104].

2. Malta und Zypern

Freihandelsabkommen wurden darüber hinaus mit **Malta**[105] und **Zypern**[106] geschlossen, hier allerdings mit einer deutlichen entwicklungspolitischen Zielsetzung (vgl. Zusatz- und Finanzprotokolle der Abkommen[107]). Die ursprüngliche politische Absicht, die Errichtung einer Zollunion, ist dagegen in den Hintergrund getreten[108]. Beide Staaten haben ihren Beitrittswillen zur Gemeinschaft bekundet[109]. 41

III. Entwicklungsassoziierung

Die Gemeinschaft ist mit der Mehrzahl der Staaten (AKP-Staaten und Mittelmeeranrainerstaaten[110]) durch Entwicklungsassoziierung verbunden. Die Abkommen eröffnen durch die einseitige Befreiung von Zöllen den Zugang zum Europäischen Markt und sehen im Bereich der Grundfreiheiten Diskriminierungsverbote vor[111]. Mit einer neuen Generation von Europa-Mittelmeerabkommen[112] werden die Beziehungen zur Gemeinschaft durch den Aufbau von Freihandelszonen sowie Liberalisierungen in den Bereichen des Niederlassungsrecht, Dienstleistungs-, Kapital- und Zahlungsverkehrs intensiviert[113]. 42

---

104 Text im Internet unter: www.europa.admin.ch.; im Schrifttum s. *Kahil-Wolff/Mosters* (Fn. 29), S. 5 ff.; *Ch. Roos*, Die bilateralen Übereinkommen Schweiz-EG und das Freihandelsabkommen, Zeitschrift für Europarecht 2 (2000), S. 2 ff.
105 ABl.EG 1971 Nr. L 61/1.
106 ABl.EG 1973 Nr. L 133/1.
107 Malta: Zusatzprotokoll, ABl.EG 1977 Nr. L 304/1; Finanzprotokoll ABl.EG 1976 Nr. L 111/67; Zypern: Zusatzprotokoll ABl.EG 1977 Nr. L 339/1, Finanzprotokoll, ABl.EG 1978 Nr. L 332/1, Ergänzungsprotokoll ABl.EG 1978 Nr. L 172/1.
108 *C. Vedder*, in: Grabitz/Hilf, EU, Art. 238, Rn. 41.
109 *D.-P. Droutsas*, Zypern und die Erweiterung der Europäischen Union, EuZW 1997, S. 641.
110 Assoziierungsabk. mit AKP-Staaten: AKP-EG-Abk. von Cotonou, ABl.EG 2000 Nr. L 317/3; Assoziierungsabk. mit Staaten der Mittelmeerregion: Algerien, ABl.EG 1978 Nr. L 263/1; Ägypten, ABl.EG 1978 Nr. L 266/1; Jordanien, ABl.EG 1978 Nr. L 268/1; Libanon ABl.EG 1978 Nr. L 267/1; Nr. L 264/2; Syrien, ABl.EG. 1978 Nr. L 269/1; s. zudem die neuen »Europa-Mittelmeer-Abkommen«, Nachweise in Fn. 112.
111 S. Art. 177 Rn. 4 ff., Art. 179 Rn. 6 ff.
112 Abk. Marokko, ABl. EG 2000 Nr. L 70/2; Abk. Tunesien (Fn. 20); Abk. Israel, BGBl. II 1997, 1168, im Schrifttum: *Ch. J. Smith*, Europeanization of the Mediterranean region, the EU's relations with the Maghreb, in: Cafruny, The Union and the world, The Hague 1998, S. 151 ff.; *P. Malanczuk*, The legal framework of the economic relations between Israel and the European Union, in: Kellermann, Israel among nations, The Hague, 1998, S. 263 ff.; *T. Oppermann*, Kooperation, Assoziierung, Beitritt: zu den Beziehungen zwischen der Europäischen Union und Israel, in: Beyerlin, Recht zwischen Umbruch und Bewahrung, 1995, S. 1251 ff.
113 Art. 31 ff, Abk. Tunesien (Fn. 20); Art. 31 ff. Abk. Israel (Fn. 112).

Art. 311 (ex-Art. 239)

Die in diesem Vertrag im gegenseitigen Einvernehmen[2] der Mitgliedstaaten beigefügten Protokolle[1] sind Bestandteil dieses Vertrags[2 ff.].

1 Art. 311 umfaßt sämtliche Protokolle, die im Zusammenhang mit der Schaffung und der Änderung des E(W)GV sowie der Beitritte zum E(W)GV vereinbart worden sind: Darunter fallen u.a. die neun Protokolle der am 25.3.1957 in Rom unterzeichneten Schlußakte[1], zuzüglich des später fertiggestellten Protokolls über die Satzung des Gerichtshofs und des Protokolls über die Vorrechte und Befreiungen der EWG[2]. 1985 wurde das Protokoll über die Sonderregelung für Grönland dem EWGV beigefügt[3]. Schließlich ergänzt die Schlußakte der Maastrichter Regierungskonferenz den EGV um weiterer sechzehn Protokolle[4]; die Schlußakte zum Amsterdamer Vertrag fügt zwölf Protokolle hinzu und mit dem **Vertrag von Nizza** enthält drei Protokolle mit EGV-Bezug.

2 Protokolle nach Art. 311 sind verbindliche **Nebenurkunden**[5] des EGV i.S.d. Art. 2 Abs. 1 lit. a WVRK[6], soweit alle Mitgliedstaaten zugestimmt haben (»im gegenseitigen Einvernehmen ... beigefügten Protokolle«)[7]. Als integraler Bestandteil des EGV[8] kommt ihnen der Rang von Primärrecht zu. Verstöße gegen Protokolle sind daher Vertragsverletzungen (Art. 226 und 227); ihre Auslegung obliegt dem EuGH (Art. 234 Abs. 1 lit. a)[9]. Änderungen der Protokolle können, soweit sie selbst keine besonderen Regelungen enthalten[10], nur nach Art. 48 EUV vorgenommen werden.

3 In den Schlußakten sind zudem eine Vielzahl von **gemeinsamen und einseitigen Erklärungen** der Vertragsparteien aufgeführt. Sie sind kein Vertragsbestandteil i.S.d. Art. 311, können jedoch nach Art. 31 Abs. 2 WVRK zur Auslegung des EGV herangezogen werden[11].

---

1 BGBl. 1957 II, S. 766.
2 Letzteres ersetzt durch den Fusionsvertrag, ABl.EG 1967 Nr. L 152/2.
3 ABl.EG 1985 Nr. L 29/1; s. Art. 188, Rn. 3.
4 BGBl. 1992, S. 1253.
5 P. *Herzog*, in: Smit/Herzog (Hrsg.), The Law of the European, Economic Community, Art. 239, Ziff. 239.04, New York 1985; C. *Vedder*, Grabitz/Hilf, EU, Art. 239, Rn. 4.
6 BGBl. 1985 II, S. 926.
7 Kein Bestandteil des Vertrages ist daher das Abkommen zwischen den Mitgliedstaaten der Europäischen Gemeinschaft mit Ausnahmen des Vereinigten Königreichs Großbritannien und Nordirland über die Sozialpolitik, BGBl. 1992, S. 1253 (1314).
8 *D.-P. Myers*, The Name and Scope of Treaties, AJIL 51 (1957), S. 574 (587).
9 *E. Klein*, in: HK-EUV, Art. 239, Rn. 2.
10 Vgl. EuGH, Rs. C-280/93, Slg. 1994, I-4973, Rn. 116 (Deutschland/Rat).
11 *E. Klein*, HK-EUV, Art. 239, Rn. 4; *M. Röttinger*, in: Lenz, EGV, Art. 311, Rn. 3.

Art. 312 (ex-Art. 240)

Dieser Vertrag gilt auf unbegrenzte Zeit.

Im Gegensatz zu Art. 97 EGKSV legt Art. 312 die **zeitliche Geltungsdauer** des EGV auf unbestimmte Zeit fest (s. auch die wortgleichen Art. 208 EAG und Art. 51 EUV; zum räumlichen Geltungsbereich des EGV s. Art. 299). 1

Ein Teile des Schrifttums leitet aus Art. 312 die **rechtliche Unauflöslichkeit** der Gemeinschaft ab[1]. Die Charakterisierung der Gemeinschaft als »ewiger Bund« findet jedoch weder eine Stütze im Wortlaut und der Entstehungsgeschichte[2] der Vorschrift, noch läßt sie sich zwingend aus ihrem Sinn und Zweck ableiten (s. aber auch den 1. Erwägungsgrund der Präambel)[3]. Statt dessen zeigt Art. 48 EUV, daß die Mitgliedstaaten ihre **Verfügungsgewalt zur gesamten Hand** über den Vertrag nicht aufgegeben haben, gerade weil die Änderung des Art. 312 nicht ausgeschlossen ist[4]. In verfahrensrechtlicher Hinsicht wäre ein **Aufhebungsvertrag** (Art. 54 lit. b WVRK[5]) als actus contrarius zur Gemeinschaftsgründung nicht an Art. 48 EUV, sondern lediglich an die allgemeinen Regeln des Völkerrechts gebunden (s. auch Art. 51, Rn. 1 und Art. 48, RN. 5)[6]. 2

Da der EGV keine Kündigungsklausel enthält, ist den Mitgliedstaaten grundsätzlich die **einseitige** Aufhebung ihrer Vertragspflichten durch Austritt aus der Gemeinschaft verboten (pacta sunt servanda). Ausnahmsweise können sich jedoch die Mitgliedstaaten auf die **außerordentlichen Kündigungsgründe** des allgemeinen Völkerrechts berufen (Art. 60 bis 62 WVRK), z.B. die clausula rebus sic stantibus (Art. 62 WVRK)[7]. Als **ultima ratio** wird das endgültige Scheitern der durch den EGV zur Verfügung gestellten Streitbeilegungsverfahren, Schutz- und Notstandsklauseln, sowie konkreter Vertragsanpassungsbemühungen (Art. 65 Ziff. 3 WVRK) für eine völkerrechtskonforme einseitige Vertragsbeendigung erforderlich sein. Ein einvernehmliches Ausscheiden eines Mitgliedstaates kann durch die Änderung des Art. 299 oder durch die Einfügung eines ordentlichen Kündigungsrechts in den EGV herbeigeführt werden (Art. 48 EUV)[8]. Der Verlust der Völkerrechtssubjektivität eines Mitgliedstaates (z.B. durch Fusion[9], Dismembration) führt bereits nach den Regeln des allgemeinen Völkerrechts zum Verlust der Rechtsstellung aus dem Vertrag (s. auch Art. 229 Rn. 2). 3

---

1 *Ipsen*, EG-Recht, S. 211; W. *Thieme*, Das Grundgesetz und die öffentliche Gewalt internationaler Staatengemeinschaften, VVDStRL 18 (1960), S. 50 (72); *P. Herzog*, in: Smit/Herzog (Hrsg.), Art. 240 Ziff. 240.03; abstellend auf die zunehmende Integrationsdichte M. *Hilf*, GTE, EU-/EGV, Art. 240, Rn. 5.
2 *M. Hilf*, in GTE, EG-/EUV, Art. 240, Rn. 2.
3 *P. Dagtoglou*, Recht auf Rücktritt von den Römischen Verträgen?, FS-Forsthoff, 1972, S. 77 (80).
4 BVerfGE 89, 155 (190), im Schrifttum: *E. Klein*, in: HK-EUV, Art. 240, Rn. 2.
5 BGBl. 1985 II, S. 926.
6 *M. Zuleeg*, Der Bestand der Europäischen Gemeinschaft, GS-Sasse, 1981, S. 55 (59); a.A. *U. Everling*, Sind die Mitgliedstaaten der Europäischen Gemeinschaft noch Herren der Verträge?, FS-Mosler, 1983, S. 173 (190).
7 *Geiger*, EUV/EGGV, Art. 312, Rn. 9 (»Wandlung von revolutionären Ausmaßen«); *P.-M. Huber*, Der Staatenverbund der Europäischen Union, in: J. Ipsen u.a. (Hrsg.), Verfassungsrecht im Wandel, 1995, S. 349 (356); *G.-C.-R. Iglesias*, Zur »Verfassung« der europäischen Gemeinschaft, EuGRZ 1996, S. 125 (129); a.A: *L.-J. Constantinesco*, EG I, S. 181 f.; *M. Hilf*, GTE, EU-/EGV, Art. 240, Rn. 13; *Ipsen*, EG-Recht, S. 211.
8 *P. Pescatore*, Aspects judiciaires de l'»acquis communautaire«, R.T.D.E. 1981, S. 617 (622); a.A. *M. Röttinger*, in: Lenz, EGV, Art. 312, Rn. 5; zum Ausschluß von Mitgliedstaaten s. Art. 51 EUV, Rn. 3; zweifelnd auch *U. Becker*, in: Schwarze, EU-Kommentar, Art. 312, Rn. 8.
9 S. die Erklärung der deutschen Delegation zur Wiedervereinigung anläßlich der Verhandlungen zu den Römischen Verträgen am 28.2.1957, abgedruckt in: *M. Hilf*, GTE, EU-/EGV, Art. 240, Rn. 11; zur Wiedervereinigung Deutschlands s. Art. 299 Rn. 4.

Schlußbestimmungen

Art. 313 (ex-Art. 247)

Dieser Vertrag bedarf der Ratifizierung durch die Hohen Vertragsparteien gemäß ihren verfassungsrechtlichen Vorschriften. Die Ratifikationsurkunden werden bei der Regierung der Italienischen Republik hinterlegt[1].

Dieser Vertrag tritt am ersten Tag des auf die Hinterlegung der letzten Ratifikationsurkunde folgenden Monats in Kraft. Findet diese Hinterlegung weniger als fünfzehn Tage vor Beginn des folgenden Monats statt, so tritt der Vertrag am ersten Tag des zweiten Monats nach dieser Hinterlegung in Kraft[2].

1 Die Vorschrift des Abs. 1 ist textgleich mit Art. 52 EUV (»Ratifizierung« statt »Ratifikation« ist eine Ungenauigkeit bei der Übersetzung). Depositar der Verträge seit dem Gründungsvertrag von 1957 ist die italienische Regierung[1]. Dies gilt gemäß Art. 14 Abs. 1 des Vertrages von Amsterdam und Art. 12 Abs. 1 des Vertrages von Nizza auch für diese Verträge.

2 Der Vertrag zur Gründung der Europäischen Gemeinschaft ist als Vertrag zur Gründung der Europäischen Wirtschaftsgemeinschaft am 1. Januar 1958 in Kraft getreten[2]. Zumindest S. 2 hätte bei der Bereinigung des primären Gemeinschaftsrechts durch den Amsterdamer Vertrag gestrichen werden können. Für neu beigetretene Staaten richtet sich das Inkrafttreten nach der jeweiligen Beitrittsakte.

3 Die **Vertragsänderung von Amsterdam** trat am 1. Mai 1999 in Kraft. Seit diesem Tag gilt auch gemäß Art. 12 Abs.1 des Amsterdamer Vertrages die neue Numerierung ausweislich der Übereinstimmungstabelle (s. in diesem Kommentar S. XXVII ff.), die Vertragsbestandteil ist. Der **Vertrag von Nizza**[3] wurde im Dezember 2000 abschließend verhandelt und am 26. Februar 2001 in Nizza unterzeichnet. Er tritt am ersten Tag des zweiten auf die Hinterlegung der letzten Ratifikationsurkunde folgenden Monats in Kraft. Nach der Verzögerung durch das **gescheiterte irische Referendum** wird für Ende 2002 mit Abschluß des Ratifikationsprozesses gerechnet.[4]

---

1 *M. Schweitzer*, in: Grabitz/Hilf, EU, Art. 247, Rn. 2.
2 BGBl. 1958 II, S. 1.
3 Vertrag von Nizza zur Änderung des Vertrages über die Europäische Union, der Verträge zur Gründung der Europäischen Gemeinschaften sowie einiger damit zusammenhängender Rechtsakte, ABl.EG 2001, Nr. C 80/1.
4 Der Stand der Ratifikation kann im Internet unter http://europa.eu.int/comm/nice_treaty/ratiftable_de.pdf abgerufen werden.

Art. 314 (ex-Art. 248)

Dieser Vertrag ist in einer Urschrift in deutscher, französischer, italienischer und niederländischer Sprache abgefaßt, wobei jeder Wortlaut gleichermaßen verbindlich ist; er wird im Archiv der Regierung der Italienischen Republik hinterlegt; diese übermittelt der Regierung jedes anderen Unterzeichnerstaats eine beglaubigte Abschrift.

Nach den Beitrittsverträgen ist der Wortlaut dieses Vertrags auch in dänischer, englischer, finnischer, griechischer, irischer, portugiesischer, schwedischer und spanischer Sprache verbindlich.

ZU URKUND DESSEN haben die unterzeichneten Bevollmächtigten ihre Unterschriften unter diesen Vertrag gesetzt.

GESCHEHEN zu Rom am 25. März 1957

Art. 314 entspricht Art. 53 EUV und regelt Urschrift sowie authentische Sprache des 1
EGV. Der in Amsterdam hinzugekommene Abs. 2 stellt klar, daß auch die Vertragstexte in den Sprachen der Nicht-Gründungsmitglieder Urschriften sind und deren Sprachen authentisch; bisher war dies nur in den Beitrittsverträgen selbst primärrechtlich geregelt und hatte keinen Niederschlag im EGV selbst gefunden[1].

Zu Interpretationsproblemen bei Textdivergenzen ausf. Art. 53 EUV, Rn. 3 ff. Die dort 2
dargestellten Grundsätze gelten für EUV und EGV gleichermaßen, wobei zu berücksichtigen ist, daß wegen der größeren Distanz zum allgemeinen Völkerrecht im Zweifel autonome Interpretationsprinzipien und nicht Prinzipien des Völkerrechts die Auslegung des EGV bestimmen. Die Auslegungsergebnisse dürften häufig deckungsgleich sein.

Zur Mehrsprachigkeit innerhalb der Gemeinschaft und ihrer Organe allgemein s. 3
Art. 290, Rn. 5 ff.

---

1 M. *Schweitzer*, in: Grabitz/Hilf, EU, Art. 248, Rn. 2.

EG-Vertrag Anhang I

EGV Anhang I (Landwirtschaftliche Erzeugnisse)
Liste zu Artikel 32 dieses Vertrages

Nummer des Brüsseler Zolltarifschemas	Warenbezeichnung
Kapitel 1	Lebende Tiere
Kapitel 2	Fleisch und genießbarer Schlachtabfall
Kapitel 3	Fische, Krebstiere und Weichtiere
Kapitel 4	Milch und Milcherzeugnisse; Vogeleier; natürlicher Honig
Kapitel 5	
05.04	Därme, Blasen und Mägen von anderen Tieren als Fischen, ganz oder geteilt
05.15	Waren tierischen Ursprungs, anderweit weder genannt noch inbegriffen; nicht lebende Tiere des Kapitels 1 oder 3, ungenießbar
Kapitel 6	Lebende Pflanzen und Waren des Blumenhandels
Kapitel 7	Gemüse, Pflanzen, Wurzeln und Knollen, die zu Ernährungszwecken verwendet werden
Kapitel 8	Genießbare Früchte; Schalen von Zitrusfrüchten oder von Melonen
Kapitel 9	Kaffee, Tee und Gewürze, ausgenommen Mate (Position 09.03)
Kapitel 10	Getreide
Kapitel 11	Müllereierzeugnisse; Malz; Stärke; Kleber; Inulin
Kapitel 12	Ölsaaten und ölhaltige Früchte; verschiedene Samen und Früchte; Pflanzen zum Gewerbe- oder Heilgebrauch; Stroh und Futter
Kapitel 13	
ex 13.03	Pektin
Kapitel 15	
15.01	Schweineschmalz; Geflügelfett, ausgepreßt oder ausgeschmolzen
15.02	Talg von Rindern, Schafen oder Ziegen, roh oder ausgeschmolzen, einschließlich Premier Jus
15.03	Schmalzstearin; Oleostearin; Schmalzöl, Oleomargarine und Talgöl, weder emulgiert, vermischt noch anders verarbeitet

Anhang I EG-Vertrag

15.04	Fette und Öle von Fischen oder Meeressäugetieren, auch raffiniert
15.07	Fette pflanzliche Öle, flüssig oder fest, roh; gereinigt oder raffiniert
15.12	Tierische und pflanzliche Fette und Öle, gehärtet, auch raffiniert, jedoch nicht weiter verarbeitet
15.13	Margarine, Kunstspeisefett und andere genießbare verarbeitete Fette
15.17	Rückstände aus der Verarbeitung von Fettstoffen oder von tierischen oder pflanzlichen Wachsen
Kapitel 16	Zubereitung von Fleisch, Fischen, Krebstieren und Weichtieren
Kapitel 17	
17.01	Rüben- und Rohzucker, fest
17.02	Andere Zucker; Sirupe; Kunsthonig, auch mit natürlichem Honig vermischt; Zucker und Melassen, karamelisiert
17.03	Melassen, auch entfärbt
Kapitel 18	
18.01	Kakaobohnen, auch Bruch, roh oder geröstet
18.02	Kakaoschalen, Kakaohäutchen und anderer Kakaoabfall
Kapitel 20	Zubereitungen von Gemüsen, Küchenkräutern, Früchten und anderen Pflanzen oder Pflanzenteilen
Kapitel 22	
22.04	Traubenmost, teilweise vergoren, auch ohne Alkohol stummgemacht
22.05	Wein aus frischen Weintrauben; mit Alkohol stummgemachter Most aus frischen Weintrauben
22.07	Apfelwein, Birnenwein, Met und andere gegorene Getränke
Kapitel 23	Rückstände und Abfälle der Lebensmittelindustrie, zubereitetes Futter
Kapitel 24	
24.01	Tabak, unverarbeitet; Tabakabfälle
Kapitel 45	
45.01	Naturkork, unbearbeitet, und Korkabfälle; Korkschrot; Korkmehl
Kapitel 54	
54.01	Flachs, roh, geröstet, geschwungen, gehechelt oder anders bearbeitet, jedoch nicht versponnen; Werg und Abfälle (einschließlich Reißspinnstoff)
Kapitel 57	
57.01	Hanf, roh, geröstet, geschwungen, gehechelt oder anders bearbeitet, jedoch nicht versponnen; Werg und Abfälle (einschließlich Reißspinnstoff)

Anhang II
Überseeische Länder und Hoheitsgebiete, auf welche der Vierte Teil des Vertrages Anwendung findet

- Grönland,
- Neukaledonien und Nebengebiete,
- Französisch-Polynesien,
- Französische Süd- und Antarktisgebiete,
- Wallis und Futuna,
- Mayotte,
- St. Pierre und Miquelon,
- Aruba,
- Niederländische Antillen:
  - Bonaire,
  - Curacao,
  - Saba,
  - Sint Eustatius
  - Sint Maarten,
- Anguilla,
- Kaimaninseln,
- Falklandinseln,
- Südgeorgien und südliche Sandwichinseln,
- Montserrat,
- Pitcairn,
- St. Helena und Nebengebiete,
- Britisches Antarktis-Territorium,
- Britisches Territorium im Indischen Ozean,
- Turks- und Caicosinseln,
- Britische Jungferninseln,
- Bermuda.

CHARTA DER GRUNDRECHTE DER EUROPÄISCHEN UNION
(2000/C 364/01)

FEIERLICHE PROKLAMATION

Das Europäische Parlament, der Rat und die Kommission proklamieren feierlich den nachstehenden Text der Charta der Grundrechte der Europäischen Union.

Geschehen zu Nizza am siebten Dezember zweitausend.

PRÄAMBEL

Die Völker Europas sind entschlossen, auf der Grundlage gemeinsamer Werte eine friedliche Zukunft zu teilen, indem sie sich zu einer immer engeren Union verbinden.

In dem Bewußtsein ihres geistig-religiösen und sittlichen Erbes gründet sich die Union auf die unteilbaren und universellen Werte der Würde des Menschen, der Freiheit, der Gleichheit und der Solidarität. Sie beruht auf den Grundsätzen der Demokratie und der Rechtsstaatlichkeit. Sie stellt die Person in den Mittelpunkt ihres Handelns, indem sie die Unionsbürgerschaft und einen Raum der Freiheit, der Sicherheit und des Rechts begründet.

Die Union trägt zur Erhaltung und zur Entwicklung dieser gemeinsamen Werte unter Achtung der Vielfalt der Kulturen und Traditionen der Völker Europas sowie der nationalen Identität der Mitgliedstaaten und der Organisation ihrer staatlichen Gewalt auf nationaler, regionaler und lokaler Ebene bei. Sie ist bestrebt, eine ausgewogene und nachhaltige Entwicklung zu fördern und stellt den freien Personen-, Waren-, Dienstleistungs- und Kapitalverkehr sowie die Niederlassungsfreiheit sicher.

Zu diesem Zweck ist es notwendig, angesichts der Weiterentwicklung der Gesellschaft, des sozialen Fortschritts und der wissenschaftlichen und technologischen Entwicklungen den Schutz der Grundrechte zu stärken, indem sie in einer Charta sichtbarer gemacht werden.

Diese Charta bekräftigt unter Achtung der Zuständigkeiten und Aufgaben der Gemeinschaft und der Union und des Subsidiaritätsprinzips die Rechte, die sich vor allem aus den gemeinsamen Verfassungstraditionen und den gemeinsamen internationalen Verpflichtungen der Mitgliedstaaten, aus dem Vertrag über die Europäische Union und den Gemeinschaftsverträgen, aus der Europäischen Konvention zum Schutze der Menschenrechte und Grundfreiheiten, aus den von der Gemeinschaft und dem Europarat beschlossenen Sozialchartas sowie aus der Rechtsprechung des Gerichtshofs der Europäischen Gemeinschaften und des Europäischen Gerichtshofs für Menschenrechte ergeben.

Die Ausübung dieser Rechte ist mit Verantwortlichkeiten und Pflichten sowohl gegenüber den Mitmenschen als auch gegenüber der menschlichen Gemeinschaft und den künftigen Generationen verbunden.

Daher erkennt die Union die nachstehend aufgeführten Rechte, Freiheiten und Grundsätze an.

KAPITEL I
WÜRDE DES MENSCHEN

Artikel 1
Würde des Menschen

Die Würde des Menschen ist unantastbar. Sie ist zu achten und zu schützen.

Artikel 2
Recht auf Leben

(1) Jede Person hat das Recht auf Leben.
(2) Niemand darf zur Todesstrafe verurteilt oder hingerichtet werden.

Artikel 3
Recht auf Unversehrtheit

(1) Jede Person hat das Recht auf körperliche und geistige Unversehrtheit.
(2) Im Rahmen der Medizin und der Biologie muß insbesondere Folgendes beachtet werden:
- die freie Einwilligung der betroffenen Person nach vorheriger Aufklärung entsprechend den gesetzlich festgelegten Modalitäten,
- das Verbot eugenischer Praktiken, insbesondere derjenigen, welche die Selektion von Personen zum Ziel haben,
- das Verbot, den menschlichen Körper und Teile davon als solche zur Erzielung von Gewinnen zu nutzen,
- das Verbot des reproduktiven Klonens von Menschen.

Artikel 4
Verbot der Folter und unmenschlicher oder erniedrigender Strafe oder Behandlung

Niemand darf der Folter oder unmenschlicher oder erniedrigender Strafe oder Behandlung unterworfen werden.

Artikel 5
Verbot der Sklaverei und der Zwangsarbeit

(1) Niemand darf in Sklaverei oder Leibeigenschaft gehalten werden.
(2) Niemand darf gezwungen werden, Zwangs- oder Pflichtarbeit zu verrichten.
(3) Menschenhandel ist verboten.

KAPITEL II
FREIHEITEN

Artikel 6
Recht auf Freiheit und Sicherheit

Jede Person hat das Recht auf Freiheit und Sicherheit.

Charta der Grundrechte der EU

Artikel 7
Achtung des Privat- und Familienlebens

Jede Person hat das Recht auf Achtung ihres Privat- und Familienlebens, ihrer Wohnung sowie ihrer Kommunikation.

Artikel 8
Schutz personenbezogener Daten

(1) Jede Person hat das Recht auf Schutz der sie betreffenden personenbezogenen Daten.
(2) Diese Daten dürfen nur nach Treu und Glauben für festgelegte Zwecke und mit Einwilligung der betroffenen Person oder auf einer sonstigen gesetzlich geregelten legitimen Grundlage verarbeitet werden. Jede Person hat das Recht, Auskunft über die sie betreffenden erhobenen Daten zu erhalten und die Berichtigung der Daten zu erwirken.
(3) Die Einhaltung dieser Vorschriften wird von einer unabhängigen Stelle überwacht.

Artikel 9
Recht, eine Ehe einzugehen und eine Familie zu gründen

Das Recht, eine Ehe einzugehen, und das Recht, eine Familie zu gründen, werden nach den einzelstaatlichen Gesetzen gewährleistet, welche die Ausübung dieser Rechte regeln.

Artikel 10
Gedanken-, Gewissens- und Religionsfreiheit

(1) Jede Person hat das Recht auf Gedanken-, Gewissens- und Religionsfreiheit. Dieses Recht umfaßt die Freiheit, seine Religion oder Weltanschauung zu wechseln, und die Freiheit, seine Religion oder Weltanschauung einzeln oder gemeinsam mit anderen öffentlich oder privat durch Gottesdienst, Unterricht, Bräuche und Riten zu bekennen.
(2) Das Recht auf Wehrdienstverweigerung aus Gewissensgründen wird nach den einzelstaatlichen Gesetzen anerkannt, welche die Ausübung dieses Rechts regeln.

Artikel 11
Freiheit der Meinungsäußerung und Informationsfreiheit

(1) Jede Person hat das Recht auf freie Meinungsäußerung. Dieses Recht schließt die Meinungsfreiheit und die Freiheit ein, Informationen und Ideen ohne behördliche Eingriffe und ohne Rücksicht auf Staatsgrenzen zu empfangen und weiterzugeben.
(2) Die Freiheit der Medien und ihre Pluralität werden geachtet.

Artikel 12
Versammlungs- und Vereinigungsfreiheit

(1) Jede Person hat das Recht, sich insbesondere im politischen, gewerkschaftlichen und zivilgesellschaftlichen Bereich auf allen Ebenen frei und friedlich mit anderen zu versammeln und frei mit anderen zusammenzuschließen, was das Recht jeder Person

Charta der Grundrechte der EU

umfaßt, zum Schutz ihrer Interessen Gewerkschaften zu gründen und Gewerkschaften beizutreten.
(2) Politische Parteien auf der Ebene der Union tragen dazu bei, den politischen Willen der Unionsbürgerinnen und Unionsbürger zum Ausdruck zu bringen.

Artikel 13
Freiheit von Kunst und Wissenschaft

Kunst und Forschung sind frei. Die akademische Freiheit wird geachtet.

Artikel 14
Recht auf Bildung

(1) Jede Person hat das Recht auf Bildung sowie auf Zugang zur beruflichen Ausbildung und Weiterbildung.
(2) Dieses Recht umfaßt die Möglichkeit, unentgeltlich am Pflichtschulunterricht teilzunehmen.
(3) Die Freiheit zur Gründung von Lehranstalten unter Achtung der demokratischen Grundsätze sowie das Recht der Eltern, die Erziehung und den Unterricht ihrer Kinder entsprechend ihren eigenen religiösen, weltanschaulichen und erzieherischen Überzeugungen sicherzustellen, werden nach den einzelstaatlichen Gesetzen geachtet, welche ihre Ausübung regeln.

Artikel 15
Berufsfreiheit und Recht zu arbeiten

(1) Jede Person hat das Recht, zu arbeiten und einen frei gewählten oder angenommenen Beruf auszuüben.
(2) Alle Unionsbürgerinnen und Unionsbürger haben die Freiheit, in jedem Mitgliedstaat Arbeit zu suchen, zu arbeiten, sich niederzulassen oder Dienstleistungen zu erbringen.
(3) Die Staatsangehörigen dritter Länder, die im Hoheitsgebiet der Mitgliedstaaten arbeiten dürfen, haben Anspruch auf Arbeitsbedingungen, die denen der Unionsbürgerinnen und Unionsbürger entsprechen.

Artikel 16
Unternehmerische Freiheit

Die unternehmerische Freiheit wird nach dem Gemeinschaftsrecht und den einzelstaatlichen Rechtsvorschriften und Gepflogenheiten anerkannt.

Artikel 17
Eigentumsrecht

(1) Jede Person hat das Recht, ihr rechtmäßig erworbenes Eigentum zu besitzen, zu nutzen, darüber zu verfügen und es zu vererben. Niemandem darf sein Eigentum entzogen werden, es sei denn aus Gründen des öffentlichen Interesses in den Fällen und unter den Bedingungen, die in einem Gesetz vorgesehen sind, sowie gegen eine rechtzeitige

angemessene Entschädigung für den Verlust des Eigentums. Die Nutzung des Eigentums kann gesetzlich geregelt werden, soweit dies für das Wohl der Allgemeinheit erforderlich ist.
(2) Geistiges Eigentum wird geschützt.

Artikel 18
Asylrecht

Das Recht auf Asyl wird nach Maßgabe des Genfer Abkommens vom 28. Juli 1951 und des Protokolls vom 31. Januar 1967 über die Rechtsstellung der Flüchtlinge sowie gemäß dem Vertrag zur Gründung der Europäischen Gemeinschaft gewährleistet.

Artikel 19
Schutz bei Abschiebung, Ausweisung und Auslieferung

(1) Kollektivausweisungen sind nicht zulässig.
(2) Niemand darf in einen Staat abgeschoben oder ausgewiesen oder an einen Staat ausgeliefert werden, in dem für sie oder ihn das ernsthafte Risiko der Todesstrafe, der Folter oder einer anderen unmenschlichen oder erniedrigenden Strafe oder Behandlung besteht.

KAPITEL III
GLEICHHEIT

Artikel 20
Gleichheit vor dem Gesetz

Alle Personen sind vor dem Gesetz gleich.

Artikel 21
Nichtdiskriminierung

(1) Diskriminierungen, insbesondere wegen des Geschlechts, der Rasse, der Hautfarbe, der ethnischen oder sozialen Herkunft, der genetischen Merkmale, der Sprache, der Religion oder der Weltanschauung, der politischen oder sonstigen Anschauung, der Zugehörigkeit zu einer nationalen Minderheit, des Vermögens, der Geburt, einer Behinderung, des Alters oder der sexuellen Ausrichtung, sind verboten.
(2) Im Anwendungsbereich des Vertrags zur Gründung der Europäischen Gemeinschaft und des Vertrags über die Europäische Union ist unbeschadet der besonderen Bestimmungen dieser Verträge jede Diskriminierung aus Gründen der Staatsangehörigkeit verboten.

Artikel 22
Vielfalt der Kulturen, Religionen und Sprachen

Die Union achtet die Vielfalt der Kulturen, Religionen und Sprachen.

Charta der Grundrechte der EU

Artikel 23
Gleichheit von Männern und Frauen

Die Gleichheit von Männern und Frauen ist in allen Bereichen, einschließlich der Beschäftigung, der Arbeit und des Arbeitsentgelts, sicherzustellen.
Der Grundsatz der Gleichheit steht der Beibehaltung oder der Einführung spezifischer Vergünstigungen für das unterrepräsentierte Geschlecht nicht entgegen.

Artikel 24
Rechte des Kindes

(1) Kinder haben Anspruch auf den Schutz und die Fürsorge, die für ihr Wohlergehen notwendig sind. Sie können ihre Meinung frei äußern. Ihre Meinung wird in den Angelegenheiten, die sie betreffen, in einer ihrem Alter und ihrem Reifegrad entsprechenden Weise berücksichtigt.
(2) Bei allen Kinder betreffenden Maßnahmen öffentlicher oder privater Einrichtungen muß das Wohl des Kindes eine vorrangige Erwägung sein.
(3) Jedes Kind hat Anspruch auf regelmäßige persönliche Beziehungen und direkte Kontakte zu beiden Elternteilen, es sei denn, dies steht seinem Wohl entgegen.

Artikel 25
Rechte älterer Menschen

Die Union anerkennt und achtet das Recht älterer Menschen auf ein würdiges und unabhängiges Leben und auf Teilnahme am sozialen und kulturellen Leben.

Artikel 26
Integration von Menschen mit Behinderung

Die Union anerkennt und achtet den Anspruch von Menschen mit Behinderung auf Maßnahmen zur Gewährleistung ihrer Eigenständigkeit, ihrer sozialen und beruflichen Eingliederung und ihrer Teilnahme am Leben der Gemeinschaft.

KAPITEL IV
SOLIDARITÄT

Artikel 27
Recht auf Unterrichtung und Anhörung der Arbeitnehmerinnen und Arbeitnehmer im Unternehmen

Für die Arbeitnehmerinnen und Arbeitnehmer oder ihre Vertreter muß auf den geeigneten Ebenen eine rechtzeitige Unterrichtung und Anhörung in den Fällen und unter den Voraussetzungen gewährleistet sein, die nach dem Gemeinschaftsrecht und den einzelstaatlichen Rechtsvorschriften und Gepflogenheiten vorgesehen sind.

Charta der Grundrechte der EU

Artikel 28
Recht auf Kollektivverhandlungen und Kollektivmaßnahmen

Die Arbeitnehmerinnen und Arbeitnehmer sowie die Arbeitgeberinnen und Arbeitgeber oder ihre jeweiligen Organisationen haben nach dem Gemeinschaftsrecht und den einzelstaatlichen Rechtsvorschriften und Gepflogenheiten das Recht, Tarifverträge auf den geeigneten Ebenen auszuhandeln und zu schließen sowie bei Interessenkonflikten kollektive Maßnahmen zur Verteidigung ihrer Interessen, einschließlich Streiks, zu ergreifen.

Artikel 29
Recht auf Zugang zu einem Arbeitsvermittlungsdienst

Jede Person hat das Recht auf Zugang zu einem unentgeltlichen Arbeitsvermittlungsdienst.

Artikel 30
Schutz bei ungerechtfertigter Entlassung

Jede Arbeitnehmerin und jeder Arbeitnehmer hat nach dem Gemeinschaftsrecht und den einzelstaatlichen Rechtsvorschriften und Gepflogenheiten Anspruch auf Schutz vor ungerechtfertigter Entlassung.

Artikel 31
Gerechte und angemessene Arbeitsbedingungen

(1) Jede Arbeitnehmerin und jeder Arbeitnehmer hat das Recht auf gesunde, sichere und würdige Arbeitsbedingungen.
(2) Jede Arbeitnehmerin und jeder Arbeitnehmer hat das Recht auf eine Begrenzung der Höchstarbeitszeit, auf tägliche und wöchentliche Ruhezeiten sowie auf bezahlten Jahresurlaub.

Artikel 32
Verbot der Kinderarbeit und Schutz der Jugendlichen am Arbeitsplatz

Kinderarbeit ist verboten. Unbeschadet günstigerer Vorschriften für Jugendliche und abgesehen von begrenzten Ausnahmen darf das Mindestalter für den Eintritt in das Arbeitsleben das Alter, in dem die Schulpflicht endet, nicht unterschreiten.
Zur Arbeit zugelassene Jugendliche müssen ihrem Alter angepaßte Arbeitsbedingungen erhalten und vor wirtschaftlicher Ausbeutung und vor jeder Arbeit geschützt werden, die ihre Sicherheit, ihre Gesundheit, ihre körperliche, geistige, sittliche oder soziale Entwicklung beeinträchtigen oder ihre Erziehung gefährden könnte.

Artikel 33
Familien- und Berufsleben

(1) Der rechtliche, wirtschaftliche und soziale Schutz der Familie wird gewährleistet.
(2) Um Familien- und Berufsleben miteinander in Einklang bringen zu können, hat jede

Charta der Grundrechte der EU

Person das Recht auf Schutz vor Entlassung aus einem mit der Mutterschaft zusammenhängenden Grund sowie den Anspruch auf einen bezahlten Mutterschaftsurlaub und auf einen Elternurlaub nach der Geburt oder Adoption eines Kindes.

Artikel 34
Soziale Sicherheit und soziale Unterstützung

(1) Die Union anerkennt und achtet das Recht auf Zugang zu den Leistungen der sozialen Sicherheit und zu den sozialen Diensten, die in Fällen wie Mutterschaft, Krankheit, Arbeitsunfall, Pflegebedürftigkeit oder im Alter sowie bei Verlust des Arbeitsplatzes Schutz gewährleisten, nach Maßgabe des Gemeinschaftsrechts und der einzelstaatlichen Rechtsvorschriften und Gepflogenheiten.
(2) Jede Person, die in der Union ihren rechtmäßigen Wohnsitz hat und ihren Aufenthalt rechtmäßig wechselt, hat Anspruch auf die Leistungen der sozialen Sicherheit und die sozialen Vergünstigungen nach dem Gemeinschaftsrecht und den einzelstaatlichen Rechtsvorschriften und Gepflogenheiten.
(3) Um die soziale Ausgrenzung und die Armut zu bekämpfen, anerkennt und achtet die Union das Recht auf eine soziale Unterstützung und eine Unterstützung für die Wohnung, die allen, die nicht über ausreichende Mittel verfügen, ein menschenwürdiges Dasein sicherstellen sollen, nach Maßgabe des Gemeinschaftsrechts und der einzelstaatlichen Rechtsvorschriften und Gepflogenheiten.

Artikel 35
Gesundheitsschutz

Jede Person hat das Recht auf Zugang zur Gesundheitsvorsorge und auf ärztliche Versorgung nach Maßgabe der einzelstaatlichen Rechtsvorschriften und Gepflogenheiten. Bei der Festlegung und Durchführung aller Politiken und Maßnahmen der Union wird ein hohes Gesundheitsschutzniveau sichergestellt.

Artikel 36
Zugang zu Dienstleistungen von allgemeinem wirtschaftlichen Interesse

Die Union anerkennt und achtet den Zugang zu Dienstleistungen von allgemeinem wirtschaftlichen Interesse, wie er durch die einzelstaatlichen Rechtsvorschriften und Gepflogenheiten im Einklang mit dem Vertrag zur Gründung der Europäischen Gemeinschaft geregelt ist, um den sozialen und territorialen Zusammenhalt der Union zu fördern.

Artikel 37
Umweltschutz

Ein hohes Umweltschutzniveau und die Verbesserung der Umweltqualität müssen in die Politiken der Union einbezogen und nach dem Grundsatz der nachhaltigen Entwicklung sichergestellt werden.

Artikel 38
Verbraucherschutz

Die Politiken der Union stellen ein hohes Verbraucherschutzniveau sicher.

KAPITEL V
BÜRGERRECHTE

Artikel 39
Aktives und passives Wahlrecht bei den Wahlen zum Europäischen Parlament

(1) Die Unionsbürgerinnen und Unionsbürger besitzen in dem Mitgliedstaat, in dem sie ihren Wohnsitz haben, das aktive und passive Wahlrecht bei den Wahlen zum Europäischen Parlament, wobei für sie dieselben Bedingungen gelten wie für die Angehörigen des betreffenden Mitgliedstaats.
(2) Die Mitglieder des Europäischen Parlaments werden in allgemeiner, unmittelbarer, freier und geheimer Wahl gewählt.

Artikel 40
Aktives und passives Wahlrecht bei den Kommunalwahlen

Die Unionsbürgerinnen und Unionsbürger besitzen in dem Mitgliedstaat, in dem sie ihren Wohnsitz haben, das aktive und passive Wahlrecht bei Kommunalwahlen, wobei für sie dieselben Bedingungen gelten wie für die Angehörigen des betreffenden Mitgliedstaats.

Artikel 41
Recht auf eine gute Verwaltung

(1) Jede Person hat ein Recht darauf, daß ihre Angelegenheiten von den Organen und Einrichtungen der Union unparteiisch, gerecht und innerhalb einer angemessenen Frist behandelt werden.
(2) Dieses Recht umfaßt insbesondere
- das Recht einer jeden Person, gehört zu werden, bevor ihr gegenüber eine für sie nachteilige individuelle Maßnahme getroffen wird;
- das Recht einer jeden Person auf Zugang zu den sie betreffenden Akten unter Wahrung des legitimen Interesses der Vertraulichkeit sowie des Berufs- und Geschäftsgeheimnisses;
- die Verpflichtung der Verwaltung, ihre Entscheidungen zu begründen.

(3) Jede Person hat Anspruch darauf, daß die Gemeinschaft den durch ihre Organe oder Bediensteten in Ausübung ihrer Amtstätigkeit verursachten Schaden nach den allgemeinen Rechtsgrundsätzen ersetzt, die den Rechtsordnungen der Mitgliedstaaten gemeinsam sind.
(4) Jede Person kann sich in einer der Sprachen der Verträge an die Organe der Union wenden und muß eine Antwort in derselben Sprache erhalten.

Artikel 42
Recht auf Zugang zu Dokumenten

Die Unionsbürgerinnen und Unionsbürger sowie jede natürliche oder juristische Person mit Wohnsitz oder satzungsmäßigem Sitz in einem Mitgliedstaat haben das Recht auf Zugang zu den Dokumenten des Europäischen Parlaments, des Rates und der Kommission.

Artikel 43
Der Bürgerbeauftragte

Die Unionsbürgerinnen und Unionsbürger sowie jede natürliche oder juristische Person mit Wohnsitz oder satzungsmäßigem Sitz in einem Mitgliedstaat haben das Recht, den Bürgerbeauftragten der Union im Fall von Mißständen bei der Tätigkeit der Organe und Einrichtungen der Gemeinschaft, mit Ausnahme des Gerichtshofs und des Gerichts erster Instanz in Ausübung ihrer Rechtsprechungsbefugnisse, zu befassen.

Artikel 44
Petitionsrecht

Die Unionsbürgerinnen und Unionsbürger sowie jede natürliche oder juristische Person mit Wohnsitz oder satzungsmäßigem Sitz in einem Mitgliedstaat haben das Recht, eine Petition an das Europäische Parlament zu richten.

Artikel 45
Freizügigkeit und Aufenthaltsfreiheit

(1) Die Unionsbürgerinnen und Unionsbürger haben das Recht, sich im Hoheitsgebiet der Mitgliedstaaten frei zu bewegen und aufzuhalten.
(2) Staatsangehörigen dritter Länder, die sich rechtmäßig im Hoheitsgebiet eines Mitgliedstaats aufhalten, kann gemäß dem Vertrag zur Gründung der Europäischen Gemeinschaft Freizügigkeit und Aufenthaltsfreiheit gewährt werden.

Artikel 46
Diplomatischer und konsularischer Schutz

Die Unionsbürgerinnen und Unionsbürger genießen im Hoheitsgebiet eines Drittlandes, in dem der Mitgliedstaat, dessen Staatsangehörigkeit sie besitzen, nicht vertreten ist, den Schutz der diplomatischen und konsularischen Stellen eines jeden Mitgliedstaats unter denselben Bedingungen wie Staatsangehörige dieses Staates.

Charta der Grundrechte der EU

KAPITEL VI
JUSTITIELLE RECHTE

Artikel 47
Recht auf einen wirksamen Rechtsbehelf und ein unparteiisches Gericht

Jede Person, deren durch das Recht der Union garantierte Rechte oder Freiheiten verletzt worden sind, hat das Recht, nach Maßgabe der in diesem Artikel vorgesehenen Bedingungen bei einem Gericht einen wirksamen Rechtsbehelf einzulegen.

Jede Person hat ein Recht darauf, daß ihre Sache von einem unabhängigen, unparteiischen und zuvor durch Gesetz errichteten Gericht in einem fairen Verfahren, öffentlich und innerhalb angemessener Frist verhandelt wird. Jede Person kann sich beraten, verteidigen und vertreten lassen.

Personen, die nicht über ausreichende Mittel verfügen, wird Prozeßkostenhilfe bewilligt, soweit diese Hilfe erforderlich ist, um den Zugang zu den Gerichten wirksam zu gewährleisten.

Artikel 48
Unschuldsvermutung und Verteidigungsrechte

(1) Jede angeklagte Person gilt bis zum rechtsförmlich erbrachten Beweis ihrer Schuld als unschuldig.

(2) Jeder angeklagten Person wird die Achtung der Verteidigungsrechte gewährleistet.

Artikel 49
Grundsätze der Gesetzmäßigkeit und der Verhältnismäßigkeit im Zusammenhang mit Straftaten und Strafen

(1) Niemand darf wegen einer Handlung oder Unterlassung verurteilt werden, die zur Zeit ihrer Begehung nach innerstaatlichem oder internationalem Recht nicht strafbar war. Es darf auch keine schwerere Strafe als die zur Zeit der Begehung angedrohte Strafe verhängt werden. Wird nach Begehung einer Straftat durch Gesetz eine mildere Strafe eingeführt, so ist diese zu verhängen.

(2) Dieser Artikel schließt nicht aus, daß eine Person wegen einer Handlung oder Unterlassung verurteilt oder bestraft wird, die zur Zeit ihrer Begehung nach den allgemeinen, von der Gesamtheit der Nationen anerkannten Grundsätzen strafbar war.

(3) Das Strafmaß darf gegenüber der Straftat nicht unverhältnismäßig sein.

Artikel 50
Recht, wegen derselben Straftat nicht zweimal strafrechtlich verfolgt oder bestraft zu werden

Niemand darf wegen einer Straftat, derentwegen er bereits in der Union nach dem Gesetz rechtskräftig verurteilt oder freigesprochen worden ist, in einem Strafverfahren erneut verfolgt oder bestraft werden.

KAPITEL VII
ALLGEMEINE BESTIMMUNGEN

Artikel 51
Anwendungsbereich

(1) Diese Charta gilt für die Organe und Einrichtungen der Union unter Einhaltung des Subsidiaritätsprinzips und für die Mitgliedstaaten ausschließlich bei der Durchführung des Rechts der Union. Dementsprechend achten sie die Rechte, halten sie sich an die Grundsätze und fördern sie deren Anwendung gemäß ihren jeweiligen Zuständigkeiten.
(2) Diese Charta begründet weder neue Zuständigkeiten noch neue Aufgaben für die Gemeinschaft und für die Union, noch ändert sie die in den Verträgen festgelegten Zuständigkeiten und Aufgaben.

Artikel 52
Tragweite der garantierten Rechte

(1) Jede Einschränkung der Ausübung der in dieser Charta anerkannten Rechte und Freiheiten muß gesetzlich vorgesehen sein und den Wesensgehalt dieser Rechte und Freiheiten achten. Unter Wahrung des Grundsatzes der Verhältnismäßigkeit dürfen Einschränkungen nur vorgenommen werden, wenn sie notwendig sind und den von der Union anerkannten dem Gemeinwohl dienenden Zielsetzungen oder den Erfordernissen des Schutzes der Rechte und Freiheiten anderer tatsächlich entsprechen.
(2) Die Ausübung der durch diese Charta anerkannten Rechte, die in den Gemeinschaftsverträgen oder im Vertrag über die Europäische Union begründet sind, erfolgt im Rahmen der darin festgelegten Bedingungen und Grenzen.
(3) So weit diese Charta Rechte enthält, die den durch die Europäische Konvention zum Schutze der Menschenrechte und Grundfreiheiten garantierten Rechten entsprechen, haben sie die gleiche Bedeutung und Tragweite, wie sie ihnen in der genannten Konvention verliehen wird. Diese Bestimmung steht dem nicht entgegen, daß das Recht der Union einen weiter gehenden Schutz gewährt.

Artikel 53
Schutzniveau

Keine Bestimmung dieser Charta ist als eine Einschränkung oder Verletzung der Menschenrechte und Grundfreiheiten auszulegen, die in dem jeweiligen Anwendungsbereich durch das Recht der Union und das Völkerrecht sowie durch die internationalen ‹bereinkommen, bei denen die Union, die Gemeinschaft oder alle Mitgliedstaaten Vertragsparteien sind, darunter insbesondere die Europäische Konvention zum Schutze der Menschenrechte und Grundfreiheiten, sowie durch die Verfassungen der Mitgliedstaaten anerkannt werden.

Artikel 54
Verbot des Mißbrauchs der Rechte

Keine Bestimmung dieser Charta ist so auszulegen, als begründe sie das Recht, eine Tätigkeit auszuüben oder eine Handlung vorzunehmen, die darauf abzielt, die in der Charta anerkannten Rechte und Freiheiten abzuschaffen oder sie stärker einzuschränken, als dies in der Charta vorgesehen ist.

Protokoll (Nr. 1) zum Vertrag über die Europäische Union

Protokoll (Nr. 1)
zu Artikel 17 des Vertrags über die Europäische Union

DIE HOHEN VERTRAGSPARTEIEN –
in Anbetracht der Notwendigkeit, den Artikel 17 Absatz 1 Unterabsatz 2 und Absatz 3 des Vertrags über die Europäische Union in vollem Umfang umzusetzen,
in Anbetracht der Tatsache, daß die Politik der Union nach Artikel 17 den besonderen Charakter der Sicherheits- und Verteidigungspolitik bestimmter Mitgliedstaaten nicht berührt, die Verpflichtungen einiger Mitgliedstaaten, die ihre gemeinsame Verteidigung in der NATO verwirklicht sehen, aus dem Nordatlantikvertrag achtet und mit der in jenem Rahmen festgelegten gemeinsamen Sicherheits- und Verteidigungspolitik vereinbar ist –
SIND über folgende Bestimmung ÜBEREINGEKOMMEN, die dem Vertrag über die Europäische Union beigefügt ist:
Die Europäische Union erarbeitet binnen eines Jahres nach Inkrafttreten des Vertrags von Amsterdam zusammen mit der Westeuropäischen Union Regelungen für eine verstärkte Zusammenarbeit zwischen der Europäischen Union und der Westeuropäischen Union.

Protokolle (Nr. 2–5) zum Vertrag über die Europäische Union und zum Vertrag zur Gründung der Europäischen Gemeinschaft

Protokoll (Nr. 2)
zur Einbeziehung des Schengen-Besitzstands in den Rahmen der Europäischen Union

DIE HOHEN VERTRAGSPARTEIEN –
angesichts dessen, daß die von einigen Mitgliedstaaten der Europäischen Union am 14. Juni 1985 und am 19. Juni 1990 in Schengen unterzeichneten Übereinkommen betreffend den schrittweisen Abbau der Kontrollen an den gemeinsamen Grenzen sowie damit zusammenhängende Übereinkommen und die auf deren Grundlage erlassenen Regelungen darauf abzielen, die europäische Integration zu vertiefen und insbesondere der Europäischen Union die Möglichkeit zu geben, sich schneller zu einem Raum der Freiheit, der Sicherheit und des Rechts zu entwickeln,
IN DEM WUNSCH, die genannten Übereinkommen und Regelungen in den Rahmen der Europäischen Union einzubeziehen,
in Bekräftigung dessen, daß die Bestimmungen des Schengen-Besitzstands nur in dem Maße anwendbar sind, in dem sie mit den Rechtsvorschriften der Europäischen Union und der Gemeinschaft vereinbar sind,
mit Rücksicht auf die besondere Position Dänemarks,
mit Rücksicht darauf, daß Irland und das Vereinigte Königreich Großbritannien und Nordirland nicht Vertragsparteien der genannten Übereinkommen sind und diese nicht unterzeichnet haben, daß es diesen Mitgliedstaaten jedoch ermöglicht werden sollte, einzelne oder alle Bestimmungen dieser Übereinkommen anzunehmen,
in der Erkenntnis, daß es infolgedessen erforderlich ist, auf die im Vertrag über die Europäische Union und im Vertrag zur Gründung der Europäischen Gemeinschaft enthaltenen Bestimmungen über eine verstärkte Zusammenarbeit zwischen einigen Mitgliedstaaten zurückzugreifen, und daß diese Bestimmungen nur als letztes Mittel genutzt werden sollten,

Protokolle

mit Rücksicht darauf, daß es notwendig ist, ein besonderes Verhältnis zur Republik Island und zum Königreich Norwegen aufrechtzuerhalten, nachdem diese beiden Staaten ihre Absicht bekräftigt haben, sich durch die obengenannten Bestimmungen auf der Grundlage des am 19. Dezember 1996 in Luxemburg unterzeichneten Übereinkommens zu binden –
SIND über folgende Bestimmungen ÜBEREINGEKOMMEN, die dem Vertrag über die Europäische Union und dem Vertrag zur Gründung der Europäischen Gemeinschaft beigefügt sind:

Artikel 1

Das Königreich Belgien, das Königreich Dänemark, die Bundesrepublik Deutschland, die Griechische Republik, das Königreich Spanien, die Französische Republik, die Italienische Republik, das Großherzogtum Luxemburg, das Königreich der Niederlande, die Republik Österreich, die Portugiesische Republik, die Republik Finnland und das Königreich Schweden als Unterzeichner der Schengener Übereinkommen werden ermächtigt, untereinander eine verstärkte Zusammenarbeit im Rahmen dieser Übereinkommen und damit zusammenhängender Bestimmungen, die im Anhang zu diesem Protokoll aufgeführt sind – im folgenden als »Schengen-Besitzstand« bezeichnet –, zu begründen. Diese Zusammenarbeit erfolgt innerhalb des institutionellen und rechtlichen Rahmens der Europäischen Union und unter Beachtung der einschlägigen Bestimmungen des Vertrags über die Europäische Union und des Vertrags zur Gründung der Europäischen Gemeinschaft.

Artikel 2

(1) Ab dem Zeitpunkt des Inkrafttretens des Vertrags von Amsterdam ist der Schengen-Besitzstand, der auch die vor diesem Zeitpunkt erlassenen Beschlüsse des durch die Schengener Übereinkommen eingesetzten Exekutivausschusses umfaßt, unbeschadet des Absatzes 2 dieses Artikels für die in Artikel 1 aufgeführten dreizehn Mitgliedstaaten sofort anwendbar. Ab demselben Zeitpunkt wird der Rat an die Stelle des genannten Exekutivausschusses treten.
Der Rat trifft durch einstimmigen Beschluß seiner in Artikel 1 genannten Mitglieder alle Maßnahmen, die für die Durchführung dieses Absatzes erforderlich sind. Der Rat legt einstimmig gemäß den einschlägigen Bestimmungen der Verträge die Rechtsgrundlage für jede Bestimmung und jeden Beschluß fest, den den Schengen-Besitzstand bilden. Hinsichtlich solcher Bestimmungen und Beschlüsse nimmt der Gerichtshof der Europäischen Gemeinschaften im Einklang mit dieser Festlegung die Zuständigkeit wahr, die ihm nach den einschlägigen geltenden Bestimmungen der Verträge zukommt. Der Gerichtshof ist keinesfalls zuständig für Maßnahmen oder Beschlüsse, die die Aufrechterhaltung der öffentlichen Ordnung und den Schutz der inneren Sicherheit betreffen.
Solange die genannten Maßnahmen nicht getroffen worden sind, gelten die Bestimmungen und Beschlüsse, die den Schengen-Besitzstand bilden, unbeschadet des Artikels 5 Absatz 2 als Rechtsakte, die auf Titel VI des Vertrags über die Europäische Union gestützt sind.
(2) Absatz 1 gilt für diejenigen Mitgliedstaaten, die Protokolle über den Beitritt zu den Schengener Übereinkommen unterzeichnet haben, jeweils ab dem Zeitpunkt, der vom Rat mit einstimmigem Beschluß seiner in Artikel 1 genannten Mitglieder festgelegt wird, sofern die Bedingungen für den Beitritt eines dieser Staaten zum Schengen-Besitzstand nicht schon vor Inkrafttreten des Vertrags von Amsterdam erfüllt sind.

Artikel 3

Im Anschluß an die Festlegung nach Artikel 2 Absatz 1 Unterabsatz 2 behält Dänemark in bezug auf diejenigen Teile des Schengen-Besitzstands, für die Titel IV des Vertrags zur Gründung der Europäischen Gemeinschaft als Rechtsgrundlage festgelegt ist, dieselben Rechte und Pflichten im Verhältnis zu den übrigen Unterzeichnern der Schengener Übereinkommen wie vor dieser Festlegung.
In bezug auf diejenigen Teile des Schengen-Besitzstands, für die Titel VI des Vertrags über die Europäische Union als Rechtsgrundlage festgelegt ist, behält Dänemark dieselben Rechte und Pflichten wie die übrigen Unterzeichner der Schengener Übereinkommen.

Artikel 4

Irland und das Vereinigte Königreich Großbritannien und Nordirland, die durch den Schengen-Besitzstand nicht gebunden sind, können jederzeit beantragen, daß einzelne oder alle Bestimmungen dieses Besitzstands auch auf sie Anwendung finden sollen.
Der Rat beschließt einstimmig über einen solchen Antrag, wobei die Einstimmigkeit mit den Stimmen seiner in Artikel 1 genannten Mitglieder und der Stimme des Vertreters der Regierung des betreffenden Staates zustandekommt.

Artikel 5

(1) Vorschläge und Initiativen auf der Grundlage des Schengen-Besitzstands unterliegen den einschlägigen Bestimmungen der Verträge.
In diesem Zusammenhang gilt, sofern Irland oder das Vereinigte Königreich oder beide Länder dem Präsidenten des Rates nicht innerhalb eines vertretbaren Zeitraums schriftlich mitgeteilt haben, daß sie sich beteiligen möchten, die Ermächtigung nach Artikel 11 des Vertrags zur Gründung der Europäischen Gemeinschaft und Artikel 40 des Vertrags über die Europäische Union gegenüber den in Artikel 1 genannten Mitgliedstaaten sowie gegenüber Irland oder dem Vereinigten Königreich als erteilt, sofern eines dieser beiden Länder sich in den betreffenden Bereichen der Zusammenarbeit beteiligen möchte.
(2) Die einschlägigen Bestimmungen der Verträge nach Absatz 1 Unterabsatz 1 finden auch dann Anwendung, wenn der Rat die in Artikel 2 Absatz 1 Unterabsatz 2 genannten Maßnahmen nicht beschlossen hat.

Artikel 6

Die Republik Island und das Königreich Norwegen werden bei der Durchführung des Schengen-Besitzstands und bei seiner weiteren Entwicklung auf der Grundlage des am 19. Dezember 1996 in Luxemburg unterzeichneten Übereinkommens assoziiert. Die entsprechenden Verfahren hierfür werden in einem Übereinkommen mit diesen Staaten festgelegt, das vom Rat mit einstimmigem Beschluß seiner in Artikel 1 genannten Mitglieder geschlossen wird. Das Übereinkommen enthält auch Bestimmungen über den Beitrag Islands und Norwegens zu etwaigen finanziellen Folgen der Durchführung dieses Protokolls.
Mit Island und Norwegen schließt der Rat mit einstimmigem Beschluß ein gesondertes Übereinkommen zur Festlegung der Rechte und Pflichten zwischen Irland und dem Vereinigten Königreich Großbritannien und Nordirland einerseits und Island und Nor-

Protokolle

wegen andererseits in den für diese Staaten geltenden Bereichen des Schengen-Besitzstands.

Artikel 7

Der Rat beschließt mit qualifizierter Mehrheit die Einzelheiten der Eingliederung des Schengen-Sekretariats in das Generalsekretariat des Rates.

Artikel 8

Bei den Verhandlungen über die Aufnahme neuer Mitgliedstaaten in die Europäische Union gelten der Schengen-Besitzstand und weitere Maßnahmen, welche die Organe im Rahmen seines Anwendungsbereichs getroffen haben, als ein Besitzstand, der von allen Staaten, die Beitrittskandidaten sind, vollständig zu übernehmen ist.

Anhang
Schengen-Besitzstand

1. Das am 14. Juni 1985 in Schengen unterzeichnete Übereinkommen zwischen den Regierungen der Staaten der Benelux-Wirtschaftsunion, der Bundesrepublik Deutschland und der Französischen Republik betreffend den schrittweisen Abbau der Kontrollen an den gemeinsamen Grenzen.
2. Das am 19. Juni 1990 in Schengen unterzeichnete Übereinkommen zwischen dem Königreich Belgien, der Bundesrepublik Deutschland, der Französischen Republik, dem Großherzogtum Luxemburg und dem Königreich der Niederlande zur Durchführung des am 14. Juni 1985 in Schengen unterzeichneten Übereinkommens betreffend den schrittweisen Abbau der Kontrollen an den gemeinsamen Grenzen mit der dazugehörigen Schlußakte und den dazu abgegebenen gemeinsamen Erklärungen.
3. Die Beitrittsprotokolle und -übereinkommen zu dem Übereinkommen von 1985 und dem Durchführungsübereinkommen von 1990, die mit Italien (unterzeichnet am 27. November 1990 in Paris), Spanien und Portugal (unterzeichnet am 25. Juni 1991 in Bonn), Griechenland (unterzeichnet am 6. November 1992 in Madrid), Österreich (unterzeichnet am 28. April 1995 in Brüssel) sowie Dänemark, Finnland und Schweden (unterzeichnet am 19. Dezember 1996 in Luxemburg) geschlossen wurden, mit den dazugehörigen Schlußakten und Erklärungen.
4. Beschlüsse und Erklärungen des aufgrund des Durchführungsübereinkommens von 1990 eingesetzten Exekutivausschusses sowie Rechtsakte zur Durchführung des Übereinkommens, die von den Organen erlassen worden sind, denen der Exekutivausschuß Entscheidungsbefugnisse übertragen hat.

Protokoll (Nr. 3)
über die Anwendung bestimmter Aspekte des Artikels 14 des Vertrags zur Gründung der Europäischen Gemeinschaft auf das Vereinigte Königreich und auf Irland

DIE HOHEN VERTRAGSPARTEIEN –
IN DEM WUNSCH, bestimmte das Vereinigte Königreich und Irland betreffende Fragen zu regeln,
im Hinblick darauf, daß seit vielen Jahren zwischen dem Vereinigten Königreich und Irland besondere Reiseregelungen bestehen –

Protokolle

SIND über folgende Bestimmungen ÜBEREINGEKOMMEN, die dem Vertrag zur Gründung der Europäischen Gemeinschaft und dem Vertrag über die Europäische Union beigefügt sind:

Artikel 1

Das Vereinigte Königreich darf ungeachtet des Artikels 14 des Vertrags zur Gründung der Europäischen Gemeinschaft, anderer Bestimmungen jenes Vertrags oder des Vertrags über die Europäische Union, im Rahmen dieser Verträge beschlossener Maßnahmen oder von der Gemeinschaft oder der Gemeinschaft und ihren Mitgliedstaaten mit einem oder mehreren Drittstaaten geschlossener internationaler Übereinkünfte an seinen Grenzen mit anderen Mitgliedstaaten bei Personen, die in das Vereinigte Königreich einreisen wollen, Kontrollen durchführen, die nach seiner Auffassung erforderlich sind
a) zur Überprüfung des Rechts auf Einreise in das Vereinigte Königreich bei Staatsangehörigen von Staaten, die Vertragsparteien des Abkommens über den Europäischen Wirtschaftsraum sind, und ihren unterhaltsberechtigten Angehörigen, welche die ihnen nach dem Gemeinschaftsrecht zustehenden Rechte wahrnehmen, sowie bei Staatsangehörigen anderer Staaten, denen solche Rechte aufgrund einer Übereinkunft zustehen, an die das Vereinigte Königreich gebunden ist, und
b) zur Entscheidung darüber, ob anderen Personen die Genehmigung zur Einreise in das Vereinigte Königreich erteilt wird.
Artikel 14 des Vertrags zur Gründung der Europäischen Gemeinschaft oder die anderen Bestimmungen jenes Vertrags oder des Vertrages über die Europäische Union oder die im Rahmen dieser Verträge beschlossenen Maßnahmen berühren in keiner Weise das Recht des Vereinigten Königreichs, solche Kontrollen ein- oder durchzuführen.
Wird im vorliegenden Artikel auf das Vereinigte Königreich Bezug genommen, so gilt diese Bezugnahme auch für die Gebiete, für deren Außenbeziehungen das Vereinigte Königreich verantwortlich ist.

Artikel 2

Das Vereinigte Königreich und Irland können weiterhin untereinander Regelungen über den freien Personenverkehr zwischen ihren Hoheitsgebieten (»einheitliches Reisegebiet«) treffen, sofern die Rechte der in Artikel 1 Absatz 1 Buchstabe a dieses Protokolls genannten Personen in vollem Umfang gewahrt bleiben. Dementsprechend findet, solange sie solche Regelungen beibehalten, Artikel 1 dieses Protokolls unter denselben Bedingungen und Voraussetzungen wie im Falle des Vereinigten Königreichs auf Irland Anwendung. Artikel 14 des Vertrags zur Gründung der Europäischen Gemeinschaft oder andere Bestimmungen jenes Vertrags oder des Vertrags über die Europäische Union oder im Rahmen dieser Verträge beschlossene Maßnahmen berühren diese Regelungen in keiner Weise.

Artikel 3

Die übrigen Mitgliedstaaten dürfen an ihren Grenzen oder an allen Orten, an denen ihr Hoheitsgebiet betreten werden kann, solche Kontrollen bei Personen durchführen, die aus dem Vereinigten Königreich oder aus Gebieten, deren Außenbeziehungen für die in Artikel 1 dieses Protokolls genannten Zwecke in seiner Verantwortung liegen, oder aber, solange Artikel 1 dieses Protokolls für Irland gilt, aus Irland in ihr Hoheitsgebiet einreisen wollen.

Protokolle

Artikel 14 des Vertrags zur Gründung der Europäischen Gemeinschaft oder andere Bestimmungen jenes Vertrags oder des Vertrags über die Europäische Union oder im Rahmen dieser Verträge beschlossene Maßnahmen berühren in keiner Weise das Recht der übrigen Mitgliedstaaten, solche Kontrollen ein- oder durchzuführen.

Protokoll (Nr. 4)
über die Position des Vereinigten Königreichs und Irlands

DIE HOHEN VERTRAGSPARTEIEN –
IN DEM WUNSCH, bestimmte das Vereinigte Königreich und Irland betreffende Fragen zu regeln,
unter Berücksichtigung des Protokolls über die Anwendung bestimmter Aspekte des Artikels 14 des Vertrags zur Gründung der Europäischen Gemeinschaft auf das Vereinigte Königreich und auf Irland –
SIND über folgende Bestimmungen ÜBEREINGEKOMMEN, die dem Vertrag zur Gründung der Europäischen Gemeinschaft und dem Vertrag über die Europäische Union beigefügt sind:

Artikel 1

Vorbehaltlich des Artikels 3 beteiligen sich das Vereinigte Königreich und Irland nicht an der Annahme von Maßnahmen durch den Rat, die nach Titel IV des Vertrags zur Gründung der Europäischen Gemeinschaft vorgeschlagen werden. Abweichend von Artikel 205 Absatz 2 des Vertrags zur Gründung der Europäischen Gemeinschaft gilt als qualifizierte Mehrheit derselbe Anteil der gewogenen Stimmen der Mitglieder des Rates, der in dem genannten Artikel 205 Absatz 2 festgelegt ist. Für Beschlüsse des Rates, die einstimmig angenommen werden müssen, ist die Zustimmung der Mitglieder des Rates mit Ausnahme der Vertreter der Regierungen des Vereinigten Königreichs und Irlands erforderlich.

Artikel 2

Entsprechend Artikel 1 und vorbehaltlich der Artikel 3, 4 und 6 sind Vorschriften des Titels IV des Vertrags zur Gründung der Europäischen Gemeinschaft, nach jenem Titel beschlossene Maßnahmen, Vorschriften internationaler Übereinkünfte, die von der Gemeinschaft nach jenem Titel geschlossen werden, sowie Entscheidungen des Gerichtshofs, in denen solche Vorschriften oder Maßnahmen ausgelegt werden, für das Vereinigte Königreich oder Irland nicht bindend oder anwendbar; und diese Vorschriften, Maßnahmen oder Entscheidungen berühren in keiner Weise die Zuständigkeiten, Rechte und Pflichten dieser Staaten; ebensowenig berühren diese Vorschriften, Maßnahmen oder Entscheidungen in irgendeiner Weise den gemeinschaftlichen Besitzstand oder sind sie Teil des Gemeinschaftsrechts, soweit sie auf das Vereinigte Königreich und Irland Anwendung finden.

Artikel 3

(1) Das Vereinigte Königreich oder Irland kann dem Präsidenten des Rates innerhalb von drei Monaten nach der Vorlage eines Vorschlags oder einer Initiative gemäß Titel IV des Vertrags zur Gründung der Europäischen Gemeinschaft beim Rat schrift-

lich mitteilen, daß es sich an der Annahme und Anwendung der betreffenden Maßnahme beteiligen möchte, was dem betreffenden Staat daraufhin gestattet ist. Abweichend von Artikel 205 Absatz 2 des Vertrags zur Gründung der Europäischen Gemeinschaft gilt als qualifizierte Mehrheit derselbe Anteil der gewogenen Stimmen der Mitglieder des Rates, der in dem genannten Artikel 205 Absatz 2 festgelegt ist.
Für Beschlüsse des Rates, die einstimmig angenommen werden müssen, ist die Zustimmung aller Mitglieder des Rates mit Ausnahme der Mitglieder, die keine solche Mitteilung gemacht haben, erforderlich. Eine nach diesem Absatz beschlossene Maßnahme ist für alle an der Annahme beteiligten Mitgliedstaaten bindend.
(2) Kann eine Maßnahme nach Absatz 1 nicht innerhalb eines angemessenen Zeitraums mit Beteiligung des Vereinigten Königreichs oder Irlands angenommen werden, so kann der Rat die betreffende Maßnahme nach Artikel 1 ohne Beteiligung des Vereinigten Königreichs oder Irlands annehmen. In diesem Fall findet Artikel 2 Anwendung.

Artikel 4

Das Vereinigte Königreich oder Irland kann nach der Annahme einer Maßnahme gemäß Titel IV des Vertrags zur Gründung der Europäischen Gemeinschaft durch den Rat dem Rat und der Kommission jederzeit mitteilen, daß es die Maßnahme anzunehmen wünscht. In diesem Fall findet das in Artikel 11 Absatz 3 des Vertrags zur Gründung der Europäischen Gemeinschaft vorgesehene Verfahren sinngemäß Anwendung.

Artikel 5

Ein Mitgliedstaat, der durch eine nach Titel IV des Vertrags zur Gründung der Europäischen Gemeinschaft beschlossene Maßnahme nicht gebunden ist, hat außer den für die Organe sich ergebenden Verwaltungskosten keine finanziellen Folgen dieser Maßnahme zu tragen.

Artikel 6

In Fällen, in denen nach diesem Protokoll das Vereinigte Königreich oder Irland durch eine vom Rat nach Titel IV des Vertrags zur Gründung der Europäischen Gemeinschaft beschlossene Maßnahme gebunden ist, gelten hinsichtlich dieser Maßnahme für den betreffenden Staat die einschlägigen Bestimmungen des genannten Vertrags, einschließlich des Artikels 68.

Artikel 7

Die Artikel 3 und 4 berühren nicht das Protokoll über die Einbeziehung des Schengen-Besitzstands in den Rahmen der Europäischen Union.

Artikel 8

Irland kann dem Präsidenten des Rates schriftlich mitteilen, daß dieses Protokoll nicht mehr für Irland gelten soll. In diesem Fall gelten für Irland die üblichen Vertragsbestimmungen.

Protokolle

Protokoll (Nr. 5)
über die Position Dänemarks

DIE HOHEN VERTRAGSPARTEIEN –
unter Berufung auf den Beschluß der am 12. Dezember 1992 in Edinburgh im Europäischen Rat vereinigten Staats- und Regierungschefs zu bestimmten von Dänemark aufgeworfenen Problemen betreffend den Vertrag über die Europäische Union,
in Kenntnis der in dem Beschluß von Edinburgh festgelegten Haltung Dänemarks in bezug auf die Unionsbürgerschaft, die Wirtschafts- und Währungsunion sowie auf die Verteidigungspolitik und die Bereiche Justiz und Inneres,
eingedenk des Artikels 3 des Protokolls über die Einbeziehung des Schengen-Besitzstandes in den Rahmen der Europäischen Union –
SIND über folgende Bestimmungen übereingekommen, die dem Vertrag zur Gründung der Europäischen Gemeinschaft und dem Vertrag über die Europäische Union beigefügt sind:

Teil I
Artikel 1

Dänemark beteiligt sich nicht an der Annahme von Maßnahmen durch den Rat, die nach Titel IV des Vertrags zur Gründung der Europäischen Gemeinschaft vorgeschlagen werden. Abweichend von Artikel 205 Absatz 2 des Vertrags zur Gründung der Europäischen Gemeinschaft gilt als qualifizierte Mehrheit derselbe Anteil der gewogenen Stimmen der Mitglieder des Rates, der in dem genannten Artikel 205 Absatz 2 festgelegt ist. Für Beschlüsse des Rates, die einstimmig angenommen werden müssen, ist die Zustimmung der Mitglieder des Rates mit Ausnahme des Vertreters der Regierung Dänemarks erforderlich.

Artikel 2

Vorschriften des Titels IV des Vertrags zur Gründung der Europäischen Gemeinschaft, nach jenem Titel beschlossene Maßnahmen, Vorschriften internationaler Übereinkünfte, die von der Gemeinschaft nach jenem Titel geschlossen werden, sowie Entscheidungen des Gerichtshofs, in denen solche Vorschriften oder Maßnahmen ausgelegt werden, sind für Dänemark nicht bindend oder anwendbar; und diese Vorschriften, Maßnahmen oder Entscheidungen berühren in keiner Weise die Zuständigkeiten, Rechte und Pflichten Dänemarks; ebensowenig berühren diese Vorschriften, Maßnahmen oder Entscheidungen in irgendeiner Weise den gemeinschaftlichen Besitzstand oder sind sie Teil des Gemeinschaftsrechts, soweit sie auf Dänemark Anwendung finden.

Artikel 3

Dänemark hat außer den für die Organe sich ergebenden Verwaltungskosten keine finanziellen Folgen von Maßnahmen nach Artikel 1 zu tragen.

Artikel 4

Die Artikel 1, 2 und 3 finden keine Anwendung auf Maßnahmen zur Bestimmung derjenigen Drittländer, deren Staatsangehörige beim Überschreiten der Außengrenzen der

Mitgliedstaaten im Besitz eines Visums sein müssen, sowie auf Maßnahmen zur einheitlichen Visumgestaltung.

Artikel 5

(1) Dänemark beschließt innerhalb von 6 Monaten, nachdem der Rat über einen Vorschlag oder eine Initiative zur Ergänzung des Schengen-Besitzstands nach den Bestimmungen des Titels IV des Vertrags zur Gründung der Europäischen Gemeinschaft beschlossen hat, ob es diesen Beschluß in einzelstaatliches Recht umsetzt. Faßt es einen solchen Beschluß, so begründet dieser eine Verpflichtung nach dem Völkerrecht zwischen Dänemark und den übrigen Mitgliedstaaten, die in Artikel 1 des Protokolls über die Einbeziehung des Schengen-Besitzstands in den Rahmen der Europäischen Union genannt sind, sowie gegenüber Irland oder dem Vereinigten Königreich, falls diese Mitgliedstaaten an den betreffenden Bereichen der Zusammenarbeit teilnehmen.

(2) Beschließt Dänemark, einen Beschluß des Rates nach Absatz 1 nicht umzusetzen, so werden die Mitgliedstaaten, die in Artikel 1 des Protokolls über die Einbeziehung des Schengen-Besitzstands in den Rahmen der Europäischen Union genannt sind, prüfen, welche Maßnahmen zu treffen sind.

Teil II
Artikel 6

Hinsichtlich der vom Rat im Bereich des Artikels 13 Absatz 1 und des Artikels 17 des Vertrags über die Europäische Union angenommenen Maßnahmen beteiligt sich Dänemark nicht an der Ausarbeitung und Durchführung von Beschlüssen und Maßnahmen der Union, die verteidigungspolitische Bezüge haben; es wird allerdings die Mitgliedstaaten auch nicht an der Entwicklung einer engeren Zusammenarbeit auf diesem Gebiet hindern. Dänemark nimmt daher nicht an der Annahme dieser Maßnahmen teil. Dänemark ist nicht verpflichtet, zur Finanzierung operativer Ausgaben beizutragen, die als Folge solcher Maßnahmen anfallen.

Teil III
Artikel 7

Dänemark kann den übrigen Mitgliedstaaten im Einklang mit seinen verfassungsrechtlichen Vorschriften jederzeit mitteilen, daß es von diesem Protokoll insgesamt oder zum Teil keinen Gebrauch mehr machen will. In diesem Fall wird Dänemark sämtliche im Rahmen der Europäischen Union getroffenen einschlägigen Maßnahmen, die bis dahin in Kraft getreten sind, in vollem Umfang anwenden.

Protokolle

Protokolle (Nr. 6–9) zum Vertrag über die Europäische Union und zu den Verträgen zur Gründung der Europäischen Gemeinschaft, der Europäischen Gemeinschaft für Kohle und Stahl und der Europäischen Atomgemeinschaft

Protokoll (Nr. 6)
zum Vertrag über die Europäische Union und zu den Verträgen zur Gründung der Europäischen Gemeinschaften

DIE HOHEN VERTRAGSPARTEIEN –
SIND über folgende Bestimmung ÜBEREINGEKOMMEN, die dem Vertrag über die Europäische Union und den Verträgen zur Gründung der Europäischen Gemeinschaften beigefügt wird:
Der Vertrag über die Europäische Union, die Verträge zur Gründung der Europäischen Gemeinschaften sowie die Verträge und Akte zur Änderung oder Ergänzung der genannten Verträge berühren nicht die Anwendung des Artikels 40.3.3 der irischen Verfassung in Irland.

Protokoll (Nr. 7)
über die Organe im Hinblick auf die Erweiterung der Europäischen Union

DIE HOHEN VERTRAGSPARTEIEN –
SIND über folgende Bestimmungen ÜBEREINGEKOMMEN, die dem Vertrag über die Europäische Union und den Verträgen zur Gründung der Europäischen Gemeinschaften beigefügt sind:

Artikel 1

Vom Zeitpunkt des Inkrafttretens der ersten Erweiterung der Union an gehört der Kommission ungeachtet des Artikels 213 Absatz 1 des Vertrags zur Gründung der Europäischen Gemeinschaft, des Artikels 9 Absatz 1 des Vertrags zur Gründung der Europäischen Gemeinschaft für Kohle und Stahl und des Artikels 126 Absatz 1 des Vertrags zur Gründung der Europäischen Atomgemeinschaft ein Staatsangehöriger je Mitgliedstaat an, sofern zu diesem Zeitpunkt die Stimmenwägung im Rat – sei es durch Neuwägung oder durch Einführung einer doppelten Mehrheit – in einer für alle Mitgliedstaaten annehmbaren Weise geändert worden ist; zu berücksichtigen sind dabei alle hierfür bedeutsamen Sachverhalte, insbesondere die Frage eines Ausgleichs für jene Mitgliedstaaten, welche die Möglichkeit aufgeben, ein zweites Mitglied der Kommission zu benennen.

Artikel 2

Spätestens ein Jahr vor dem Zeitpunkt, zu dem die Zahl der Mitgliedstaaten der Europäischen Union 20 überschreiten wird, wird eine Konferenz der Vertreter der Regierungen der Mitgliedstaaten einberufen, um die Bestimmungen der Verträge betreffend die Zusammensetzung und die Arbeitsweise der Organe umfassend zu überprüfen.

Protokolle

Protokoll (Nr. 8)
über die Festlegung der Sitze der Organe und bestimmter Einrichtungen und Dienststellen der Europäischen Gemeinschaften sowie des Sitzes von Europol

DIE VERTRETER DER REGIERUNGEN DER MITGLIEDSTAATEN –
gestützt auf Artikel 289 des Vertrags zur Gründung der Europäischen Gemeinschaft, Artikel 77 des Vertrags zur Gründung der Europäischen Gemeinschaft für Kohle und Stahl und Artikel 189 des Vertrags zur Gründung der Europäischen Atomgemeinschaft,
gestützt auf den Vertrag über die Europäische Union,
eingedenk und in Bestätigung des Beschlusses vom 8. April 1965, jedoch unbeschadet der Beschlüsse über den Sitz künftiger Organe, Einrichtungen und Dienststellen –
SIND über folgende Bestimmungen ÜBEREINGEKOMMEN, die dem Vertrag über die Europäische Union und den Verträgen zur Gründung der Europäischen Gemeinschaften beigefügt sind:

Einziger Artikel

a) Das Europäische Parlament hat seinen Sitz in Straßburg; dort finden die 12 monatlichen Plenartagungen einschließlich der Haushaltstagung statt. Zusätzliche Plenartagungen finden in Brüssel statt. Die Ausschüsse des Europäischen Parlaments treten in Brüssel zusammen. Das Generalsekretariat des Europäischen Parlaments und dessen Dienststellen verbleiben in Luxemburg.
b) Der Rat hat seinen Sitz in Brüssel. In den Monaten April, Juni und Oktober hält der Rat seine Tagungen in Luxemburg ab.
c) Die Kommission hat ihren Sitz in Brüssel. Die in den Artikeln 7, 8 und 9 des Beschlusses vom 8. April 1965 aufgeführten Dienststellen sind in Luxemburg untergebracht.
d) Der Gerichtshof und das Gericht erster Instanz haben ihren Sitz in Luxemburg.
e) Der Rechnungshof hat seinen Sitz in Luxemburg.
f) Der Wirtschafts- und Sozialausschuß hat seinen Sitz in Brüssel.
g) Der Ausschuß der Regionen hat seinen Sitz in Brüssel.
h) Die Europäische Investitionsbank hat ihren Sitz in Luxemburg.
i) Das Europäische Währungsinstitut und die Europäische Zentralbank haben ihren Sitz in Frankfurt.
j) Das Europäische Polizeiamt (Europol) hat seinen Sitz in Den Haag.

Protokoll (Nr. 9)
über die Rolle der einzelstaatlichen Parlamente in der Europäischen Union

DIE HOHEN VERTRAGSPARTEIEN
eingedenk dessen, daß die Kontrolle der jeweiligen Regierungen durch die einzelstaatlichen Parlamente hinsichtlich der Tätigkeiten der Union Sache der besonderen verfassungsrechtlichen Gestaltung und Praxis jedes Mitgliedstaats ist,
IN DEM WUNSCH jedoch, eine stärkere Beteiligung der einzelstaatlichen Parlamente an den Tätigkeiten der Europäischen Union zu fördern und ihnen bessere Möglichkeiten zu geben, sich zu Fragen, die für sie von besonderem Interesse sein können, zu äußern –
SIND über folgende Bestimmungen ÜBEREINGEKOMMEN, die dem Vertrag über die Europäische Union und den Verträgen zur Gründung der Europäischen Gemeinschaften beigefügt sind:

Protokolle

I. Unterrichtung der Parlamente der Mitgliedstaaten
1. Alle Konsultationsdokumente der Kommission (Grün- und Weißbücher sowie Mitteilungen) werden den Parlamenten der Mitgliedstaaten unverzüglich zugeleitet.
2. Die Vorschläge der Kommission für Akte der Gesetzgebung, wie sie vom Rat nach Artikel 207 Absatz 3 des Vertrags zur Gründung der Europäischen Gemeinschaft festgelegt werden, werden rechtzeitig zur Verfügung gestellt, so daß die Regierung jedes Mitgliedstaats dafür Sorge tragen kann, daß ihr einzelstaatliches Parlament sie gegebenenfalls erhält.
3. Zwischen dem Zeitpunkt, zu dem ein Vorschlag für einen Rechtsakt oder ein Vorschlag für eine Maßnahme nach Titel VI des Vertrags über die Europäische Union dem Europäischen Parlament und dem Rat in allen Sprachen von der Kommission unterbreitet wird, und dem Zeitpunkt, zu dem er zur Beschlußfassung entweder zur Annahme als Rechtsakt oder zur Festlegung eines gemeinsamen Standpunkts nach Artikel 251 oder Artikel 252 des Vertrags zur Gründung der Europäischen Gemeinschaft auf die Tagesordnung des Rates gesetzt wird, liegt ein Zeitraum von sechs Wochen, außer in dringenden Fällen, die in dem Rechtsakt oder gemeinsamen Standpunkt zu begründen sind.

II. Konferenz der Europa-Ausschüsse
4. Die am 16./17. November 1989 in Paris gegründete Konferenz der Europa-Ausschüsse, im folgenden als »COSAC« bezeichnet, kann jeden ihr zweckmäßig erscheinenden Beitrag für die Organe der Europäischen Union leisten, und zwar insbesondere auf der Grundlage von Entwürfen für Rechtstexte, deren Übermittlung an die COSAC von Vertretern der Regierungen der Mitgliedstaaten in Anbetracht der behandelten Frage gegebenenfalls einvernehmlich beschlossen wird.
5. Die COSAC kann Vorschläge oder Initiativen im Zusammenhang mit der Errichtung eines Raums der Freiheit, der Sicherheit und des Rechts prüfen, die möglicherweise unmittelbare Auswirkungen auf die Rechte und Freiheiten des einzelnen nach sich ziehen. Das Europäische Parlament, der Rat und die Kommission werden über die von der COSAC nach dieser Nummer geleisteten Beiträge unterrichtet.
6. Die COSAC kann dem Europäischen Parlament, dem Rat und der Kommission jeden ihr zweckmäßig erscheinenden Beitrag über die Gesetzgebungstätigkeiten der Union, insbesondere hinsichtlich der Anwendung des Subsidiaritätsprinzips, des Raums der Freiheit, der Sicherheit und des Rechts sowie der die Grundrechte betreffenden Fragen vorlegen.
7. Die Beiträge der COSAC binden in keiner Weise die einzelstaatlichen Parlamente und präjudizieren in keiner Weise deren Standpunkt.

Protokolle (Nr. 16–33) zum Vertrag zur Gründung der Europäischen Gemeinschaften

(Protokolle Nr. 1–15 nicht abgedruckt)

Protokoll (Nr. 16)
betreffend den Erwerb von Immobilien in Dänemark

DIE HOHEN VERTRAGSPARTEIEN –
VON DEM WUNSCH GELEITET, gewisse besondere Probleme betreffend Dänemark zu regeln –
SIND über folgende Bestimmung ÜBEREINGEKOMMEN, die dem Vertrag zur Gründung der Europäischen Gemeinschaft beigefügt wird:

Protokolle

Ungeachtet des Vertrags kann Dänemark seine geltenden Rechtsvorschriften für den Erwerb von Zweitwohnungen beibehalten.

Protokoll (Nr. 17)
zu Artikel 119 des Vertrags zur Gründung der Europäischen Gemeinschaft

DIE HOHEN VERTRAGSPARTEIEN –
SIND über folgende Bestimmung ÜBEREINGEKOMMEN, die dem Vertrag zur Gründung der Europäischen Gemeinschaft beigefügt wird:
Im Sinne des Artikels 119 gelten Leistungen aufgrund eines betrieblichen Systems der sozialen Sicherheit nicht als Entgelt, sofern und soweit sie auf Beschäftigungszeiten vor dem 17. Mai 1990 zurückgeführt werden können, außer im Fall von Arbeitnehmern oder deren anspruchsberechtigten Angehörigen, die vor diesem Zeitpunkt eine Klage bei Gericht oder ein gleichwertiges Verfahren nach geltendem einzelstaatlichen Recht anhängig gemacht haben.

Protokoll (Nr. 18)
über die Satzung des Europäischen Systems der Zentralbanken und der Europäischen Zentralbank

DIE HOHEN VERTRAGSPARTEIEN –
IN DEM WUNSCH, die in Artikel 4a des Vertrags zur Gründung der Europäischen Gemeinschaft vorgesehene Satzung des Europäischen Systems der Zentralbanken und der Europäischen Zentralbank festzulegen,
SIND über folgende Bestimmungen ÜBEREINGEKOMMEN, die dem Vertrag zur Gründung der Europäischen Gemeinschaft beigefügt sind:

Kapitel I
Errichtung des ESZB

Artikel 1
Das Europäische System der Zentralbanken

1.1. Das Europäische System der Zentralbanken (»ESZB«) und die Europäische Zentralbank (»EZB«) werden gemäß Artikel 4a dieses Vertrags errichtet; sie nehmen die Aufgaben und ihre Tätigkeit nach Maßgabe dieses Vertrags und dieser Satzung wahr.
1.2. Das ESZB besteht nach Artikel 106 Absatz 1 dieses Vertrags aus der EZB und den Zentralbanken der Mitgliedstaaten (»nationale Zentralbanken«). Das Luxemburgische Währungsinstitut wird die Zentralbank Luxemburgs sein.

Kapitel II
Ziele und Aufgaben des ESZB

Artikel 2
Ziele

Nach Artikel 105 Absatz 1 dieses Vertrags ist es das vorrangige Ziel des ESZB, die Preisstabilität zu gewährleisten. Soweit dies ohne Beeinträchtigung des Zieles der Preis-

Protokolle

stabilität möglich ist, unterstützt das ESZB die allgemeine Wirtschaftspolitik in der Gemeinschaft, um zur Verwirklichung der in Artikel 2 dieses Vertrags festgelegten Ziele der Gemeinschaft beizutragen. Das ESZB handelt im Einklang mit dem Grundsatz einer offenen Marktwirtschaft mit freiem Wettbewerb, wodurch ein effizienter Einsatz der Ressourcen gefördert wird, und hält sich dabei an die in Artikel 3a dieses Vertrags genannten Grundsätze.

Artikel 3
Aufgaben

3.1. Nach Artikel 105 Absatz 2 dieses Vertrags bestehen die grundlegenden Aufgaben des ESZB darin,
 – die Geldpolitik der Gemeinschaft festzulegen und auszuführen,
 – Devisengeschäfte im Einklang mit Artikel 109 dieses Vertrags durchzuführen,
 – die offiziellen Währungsreserven der Mitgliedstaaten zu halten und zu verwalten,
 – das reibungslose Funktionieren der Zahlungssysteme zu fördern.
3.2. Nach Artikel 105 Absatz 3 dieses Vertrags berührt Artikel 3.1 dritter Gedankenstrich nicht die Haltung und Verwaltung von Arbeitsguthaben in Fremdwährungen durch die Regierungen der Mitgliedstaaten.
3.3. Das ESZB trägt nach Artikel 105 Absatz 5 dieses Vertrags zur reibungslosen Durchführung der von den zuständigen Behörden auf dem Gebiet der Aufsicht über die Kreditinstitute und der Stabilität des Finanzsystems ergriffenen Maßnahmen bei.

Artikel 4
Beratende Funktionen

Nach Artikel 105 Absatz 4 dieses Vertrags
a) wird die EZB gehört
 – zu allen Vorschlägen für Rechtsakte der Gemeinschaft im Zuständigkeitsbereich der EZB;
 – von den nationalen Behörden zu allen Entwürfen für Rechtsvorschriften im Zuständigkeitsbereich der EZB, und zwar innerhalb der Grenzen und unter den Bedingungen, die der Rat nach dem Verfahren des Artikels 42 festlegt;
b) kann die EZB gegenüber den zuständigen Organen und Einrichtungen der Gemeinschaft und gegenüber den nationalen Behörden Stellungnahmen zu in ihren Zuständigkeitsbereich fallenden Fragen abgeben.

Artikel 5
Erhebung von statistischen Daten

5.1. Zur Wahrnehmung der Aufgaben des ESZB holt die EZB mit Unterstützung der nationalen Zentralbanken die erforderlichen statistischen Daten entweder von den zuständigen nationalen Behörden oder unmittelbar von den Wirtschaftssubjekten ein. Zu diesem Zweck arbeitet sie mit den Organen und Einrichtungen der Gemeinschaft und den zuständigen Behörden der Mitgliedstaaten oder dritter Länder sowie mit internationalen Organisationen zusammen.
5.2. Die in Artikel 5.1 bezeichneten Aufgaben werden soweit wie möglich von den nationalen Zentralbanken ausgeführt.
5.3. Soweit erforderlich fördert die EZB die Harmonisierung der Bestimmungen und Gepflogenheiten auf dem Gebiet der Erhebung, Zusammenstellung und Weitergabe von statistischen Daten in den in ihre Zuständigkeit fallenden Bereichen.

5.4. Der Kreis der berichtspflichtigen natürlichen und juristischen Personen, die Bestimmungen über die Vertraulichkeit sowie die geeigneten Vorkehrungen zu ihrer Durchsetzung werden vom Rat nach dem Verfahren des Artikels 42 festgelegt.

Artikel 6
Internationale Zusammenarbeit

6.1. Im Bereich der internationalen Zusammenarbeit, die die dem ESZB übertragenen Aufgaben betrifft, entscheidet die EZB, wie das ESZB vertreten wird.
6.2. Die EZB und, soweit diese zustimmt, die nationalen Zentralbanken sind befugt, sich an internationalen Währungseinrichtungen zu beteiligen.
6.3. Die Artikel 6.1 und 6.2 finden unbeschadet des Artikels Absatz 4 dieses Vertrags Anwendung.

Kapitel III
Organisation des ESZB

Artikel 7
Unabhängigkeit

Nach Artikel 107 dieses Vertrags darf bei der Wahrnehmung der ihnen durch diesen Vertrag und diese Satzung übertragenen Befugnisse, Aufgaben und Pflichten weder die EZB noch eine nationale Zentralbank noch ein Mitglied ihrer Beschlußorgane Weisungen von Organen oder Einrichtungen der Gemeinschaft, Regierungen der Mitgliedstaaten oder anderen Stellen einholen oder entgegennehmen. Die Organe und Einrichtungen der Gemeinschaft sowie die Regierungen der Mitgliedstaaten verpflichten sich, diesen Grundsatz zu beachten und nicht zu versuchen, die Mitglieder der Beschlußorgane der EZB oder der nationalen Zentralbanken bei der Wahrnehmung ihrer Aufgaben zu beeinflussen.

Artikel 8
Allgemeiner Grundsatz

Das ESZB wird von den Beschlußorganen der EZB geleitet.

Artikel 9
Die Europäische Zentralbank

9.1. Die EZB, die nach Artikel 106 Absatz 2 dieses Vertrags mit Rechtspersönlichkeit ausgestattet ist, besitzt in jedem Mitgliedstaat die weitestgehende Rechts- und Geschäftsfähigkeit, die juristischen Personen nach dessen Rechtsvorschriften zuerkannt ist; sie kann insbesondere bewegliches und unbewegliches Vermögen erwerben und veräußern sowie vor Gericht stehen.
9.2. Die EZB stellt sicher, daß die dem ESZB nach Artikel 105 Absätze 2, 3 und 5 dieses Vertrags übertragenen Aufgaben entweder durch ihre eigene Tätigkeit nach Maßgabe dieser Satzung oder durch die nationalen Zentralbanken nach den Artikeln 12.1 und 14 erfüllt werden.
9.3. Die Beschlußorgane der EZB sind nach Artikel 106 Absatz 3 dieses Vertrags der EZB-Rat und das Direktorium.

Protokolle

Artikel 10
Der EZB-Rat

10.1. Nach Artikel 109a Absatz 1 dieses Vertrags besteht der EZB-Rat aus den Mitgliedern des Direktoriums der EZB und den Präsidenten der nationalen Zentralbanken.

10.2. Vorbehaltlich des Artikels 10.3 sind nur die persönlich anwesenden Mitglieder des EZB-Rates stimmberechtigt. Abweichend von dieser Bestimmung kann in der in Artikel 12.3 genannten Geschäftsordnung vorgesehen werden, daß Mitglieder des EZB-Rates im Wege einer Telekonferenz an der Abstimmung teilnehmen können. In der Geschäftsordnung wird ferner vorgesehen, daß ein für längere Zeit an der Stimmabgabe verhindertes Mitglied einen Stellvertreter als Mitglied des EZB-Rates benennen kann.

Vorbehaltlich der Artikel 10.3 und 11.3 hat jedes Mitglied des EZB-Rates eine Stimme. Soweit in dieser Satzung nichts anderes bestimmt ist, beschließt der EZB-Rat mit einfacher Mehrheit. Bei Stimmengleichheit gibt die Stimme des Präsidenten den Ausschlag.

Der EZB-Rat ist beschlußfähig, wenn mindestens zwei Drittel seiner Mitglieder an der Abstimmung teilnehmen. Ist der EZB-Rat nicht beschlußfähig, so kann der Präsident eine außerordentliche Sitzung einberufen, bei der für die Beschlußfähigkeit die Mindestteilnehmerquote nicht erforderlich ist.

10.3. Für alle Beschlüsse im Rahmen der Artikel 28, 29, 30, 32, 33 und 51 werden die Stimmen im EZB-Rat nach den Anteilen der nationalen Zentralbanken am gezeichneten Kapital der EZB gewogen. Die Stimmen der Mitglieder des Direktoriums werden mit Null gewogen. Ein Beschluß, der die qualifizierte Mehrheit der Stimmen erfordert, gilt als angenommen, wenn die abgegebenen Ja-Stimmen mindestens zwei Drittel des gezeichneten Kapitals der EZB und mindestens die Hälfte der Anteilseigner vertreten. Bei Verhinderung eines Präsidenten einer nationalen Zentralbank kann dieser einen Stellvertreter zur Abgabe seiner gewogenen Stimme benennen.

10.4. Die Aussprachen in den Ratssitzungen sind vertraulich. Der EZB-Rat kann beschließen, das Ergebnis seiner Beratungen zu veröffentlichen.

10.5. Der EZB-Rat tritt mindestens zehnmal im Jahr zusammen.

Artikel 11
Das Direktorium

11.1. Nach Artikel 109a Absatz 2 Buchstabe a dieses Vertrags besteht das Direktorium aus dem Präsidenten, dem Vizepräsidenten und vier weiteren Mitgliedern.

Die Mitglieder erfüllen ihre Pflichten hauptamtlich. Ein Mitglied darf weder entgeltlich noch unentgeltlich einer anderen Beschäftigung nachgehen, es sei denn, der EZB-Rat erteilt hierzu ausnahmsweise seine Zustimmung.

11.2. Nach Artikel 109a Absatz 2 Buchstabe b dieses Vertrags werden der Präsident, der Vizepräsident und die weiteren Mitglieder des Direktoriums von den Regierungen der Mitgliedstaaten auf der Ebene der Staats- und Regierungschefs auf Empfehlung des Rates, der hierzu das Europäische Parlament und den EZB-Rat anhört, aus dem Kreis der in Währungs- oder Bankfragen anerkannten und erfahrenen Persönlichkeiten einvernehmlich ausgewählt und ernannt.

Ihre Amtszeit beträgt acht Jahre; Wiederernennung ist nicht zulässig.

Nur Staatsangehörige der Mitgliedstaaten können Mitglieder des Direktoriums sein.

11.3. Die Beschäftigungsbedingungen für die Mitglieder des Direktoriums, insbesondere ihre Gehälter und Ruhegehälter sowie andere Leistungen der sozialen Sicherheit, sind Gegenstand von Verträgen mit der EZB und werden vom EZB-Rat auf Vorschlag eines Ausschusses festgelegt, der aus drei vom EZB-Rat und drei vom Rat ernannten Mitgliedern besteht. Die Mitglieder des Direktoriums haben in den in diesem Absatz bezeichneten Angelegenheiten kein Stimmrecht.

11.4. Ein Mitglied des Direktoriums, das die Voraussetzungen für die Ausübung seines Amtes nicht mehr erfüllt oder eine schwere Verfehlung begangen hat, kann auf Antrag des EZB-Rates oder des Direktoriums durch den Gerichtshof seines Amtes enthoben werden.

11.5. Jedes persönlich anwesende Mitglied des Direktoriums ist berechtigt, an Abstimmungen teilzunehmen, und hat zu diesem Zweck eine Stimme. Soweit nichts anderes bestimmt ist, beschließt das Direktorium mit der einfachen Mehrheit der abgegebenen Stimmen. Bei Stimmengleichheit gibt die Stimme des Präsidenten den Ausschlag. Die Abstimmungsmodalitäten werden in der in Artikel 12.3 bezeichneten Geschäftsordnung geregelt.

11.6. Das Direktorium führt die laufenden Geschäfte der EZB.

11.7. Freiwerdende Sitze im Direktorium sind durch Ernennung eines neuen Mitglieds nach Artikel 11.2 zu besetzen.

Artikel 12
Aufgaben der Beschlußorgane

12.1. Der EZB-Rat erläßt die Leitlinien und Entscheidungen, die notwendig sind, um die Erfüllung der dem ESZB nach diesem Vertrag und dieser Satzung übertragenen Aufgaben zu gewährleisten. Der EZB-Rat legt die Geldpolitik der Gemeinschaft fest, gegebenenfalls einschließlich von Entscheidungen in bezug auf geldpolitische Zwischenziele, Leitzinssätze und die Bereitstellung von Zentralbankgeld im ESZB, und erläßt die für ihre Ausführung notwendigen Leitlinien.
Das Direktorium führt die Geldpolitik gemäß den Leitlinien und Entscheidungen des EZB-Rates aus. Es erteilt hierzu den nationalen Zentralbanken die erforderlichen Weisungen.
Ferner können dem Direktorium durch Beschluß des EZB-Rates bestimmte Befugnisse übertragen werden.
Unbeschadet dieses Artikels nimmt die EZB die nationalen Zentralbanken zur Durchführung von Geschäften, die zu den Aufgaben des ESZB gehören, in Anspruch, soweit dies möglich und sachgerecht erscheint.

12.2. Die Vorbereitung der Sitzungen des EZB-Rates obliegt dem Direktorium.

12.3. Der EZB-Rat beschließt eine Geschäftsordnung, die die interne Organisation der EZB und ihrer Beschlußorgane regelt.

12.4. Der EZB-Rat nimmt die in Artikel 4 genannten beratenden Funktionen wahr.

12.5. Der EZB-Rat trifft die Entscheidungen nach Artikel 6.

Artikel 13
Der Präsident

13.1. Den Vorsitz im EZB-Rat und im Direktorium der EZB führt der Präsident oder, bei seiner Verhinderung, der Vizepräsident.

13.2. Unbeschadet des Artikels 39 vertritt der Präsident oder eine von ihm benannte Person die EZB nach außen.

Artikel 14
Nationale Zentralbanken

14.1. Nach Artikel 108 dieses Vertrags stellt jeder Mitgliedstaat sicher, daß spätestens zum Zeitpunkt der Errichtung des ESZB seine innerstaatlichen Rechtsvorschriften einschließlich der Satzung seiner Zentralbank mit diesem Vertrag und dieser Satzung im Einklang stehen.

14.2. In den Satzungen der nationalen Zentralbanken ist insbesondere vorzusehen, daß die Amtszeit des Präsidenten der jeweiligen nationalen Zentralbank mindestens fünf Jahre beträgt.

Der Präsident einer nationalen Zentralbank kann aus seinem Amt nur entlassen werden, wenn er die Voraussetzungen für die Ausübung seines Amtes nicht mehr erfüllt oder eine schwere Verfehlung begangen hat. Gegen eine entsprechende Entscheidung kann der betreffende Präsident einer nationalen Zentralbank oder der EZB-Rat wegen Verletzung dieses Vertrags oder einer bei seiner Durchführung anzuwendenden Rechtsnorm den Gerichtshof anrufen. Solche Klagen sind binnen zwei Monaten zu erheben; diese Frist läuft je nach Lage des Falles von der Bekanntgabe der betreffenden Entscheidung, ihrer Mitteilung an den Kläger oder in Ermangelung dessen von dem Zeitpunkt an, zu dem der Kläger von dieser Entscheidung Kenntnis erlangt hat.

14.3. Die nationalen Zentralbanken sind integraler Bestandteil des ESZB und handeln gemäß den Leitlinien und Weisungen der EZB. Der EZB-Rat trifft die notwendigen Maßnahmen, um die Einhaltung der Leitlinien und Weisungen der EZB sicherzustellen, und kann verlangen, daß ihm hierzu alle erforderlichen Informationen zur Verfügung gestellt werden.

14.4. Die nationalen Zentralbanken können andere als die in dieser Satzung bezeichneten Aufgaben wahrnehmen, es sei denn, der EZB-Rat stellt mit Zweidrittelmehrheit der abgegebenen Stimmen fest, daß diese Aufgaben nicht mit den Zielen und Aufgaben des ESZB vereinbar sind. Derartige Aufgaben werden von den nationalen Zentralbanken in eigener Verantwortung und auf eigene Rechnung wahrgenommen und gelten nicht als Aufgaben des ESZB.

Artikel 15
Berichtspflichten

15.1. Die EZB erstellt und veröffentlicht mindestens vierteljährlich Berichte über die Tätigkeit des ESZB.

15.2. Ein konsolidierter Ausweis des ESZB wird wöchentlich veröffentlicht.

15.3. Nach Artikel 109b Absatz 3 dieses Vertrags unterbreitet die EZB dem Europäischen Parlament, dem Rat und der Kommission sowie auch dem Europäischen Rat einen Jahresbericht über die Tätigkeit des ESZB und die Geld- und Währungspolitik im vergangenen und im laufenden Jahr.

15.4. Die in diesem Artikel bezeichneten Berichte und Ausweise werden Interessenten kostenlos zur Verfügung gestellt.

Artikel 16
Banknoten

Nach Artikel 105a Absatz 1 dieses Vertrags hat der EZB-Rat das ausschließliche Recht, die Ausgabe von Banknoten innerhalb der Gemeinschaft zu genehmigen. Die EZB und die nationalen Zentralbanken sind zur Ausgabe von Banknoten berechtigt. Die von der

EZB und den nationalen Zentralbanken ausgegebenen Banknoten sind die einzigen Banknoten, die in der Gemeinschaft als gesetzliches Zahlungsmittel gelten. Die EZB berücksichtigt soweit wie möglich die Gepflogenheiten bei der Ausgabe und der Gestaltung von Banknoten.

Kapitel IV
Währungspolitische Aufgaben und Operationen des ESZB

Artikel 17
Kosten bei der EZB und den nationalen Zentralbanken

Zur Durchführung ihrer Geschäfte können die EZB und die nationalen Zentralbanken für Kreditinstitute, öffentliche Stellen und andere Marktteilnehmer Konten eröffnen und Vermögenswerte, einschließlich Schuldbuchforderungen, als Sicherheit hereinnehmen.

Artikel 18
Offenmarkt- und Kreditgeschäfte

18.1. Zur Erreichung der Ziele des ESZB und zur Erfüllung seiner Aufgaben können die EZB und die nationalen Zentralbanken
 – auf den Finanzmärkten tätig werden, indem sie auf Gemeinschafts- oder Drittlandswährungen lautende Forderungen und börsengängige Wertpapiere sowie Edelmetalle endgültig (per Kasse oder Termin) oder im Rahmen von Rückkaufsvereinbarungen kaufen und verkaufen oder entsprechende Darlehensgeschäfte tätigen;
 – Kreditgeschäfte mit Kreditinstituten und anderen Marktteilnehmern abschließen, wobei für die Darlehen ausreichende Sicherheiten zu stellen sind.
18.2. Die EZB stellt allgemeine Grundsätze für ihre eigenen Offenmarkt- und Kreditgeschäfte und die der nationalen Zentralbanken auf; hierzu gehören auch die Grundsätze für die Bekanntmachung der Bedingungen, zu denen sie bereit sind, derartige Geschäfte abzuschließen.

Artikel 19
Mindestreserven

19.1. Vorbehaltlich des Artikels 2 kann die EZB zur Verwirklichung der geldpolitischen Ziele verlangen, daß die in den Mitgliedstaaten niedergelassenen Kreditinstitute Mindestreserven auf Konten bei der EZB und den nationalen Zentralbanken unterhalten. Verordnungen über die Berechnung und Bestimmung des Mindestreservesolls können vom EZB-Rat erlassen werden. Bei Nichteinhaltung kann die EZB Strafzinsen erheben und sonstige Sanktionen mit vergleichbarer Wirkung verhängen.
19.2. Zum Zwecke der Anwendung dieses Artikels legt der Rat nach dem Verfahren des Artikels 42 die Basis für die Mindestreserven und die höchstzulässigen Relationen zwischen diesen Mindestreserven und ihrer Basis sowie die angemessenen Sanktionen fest, die bei Nichteinhaltung anzuwenden sind.

Protokolle

Artikel 20
Sonstige geldpolitische Instrumente

Der EZB-Rat kann mit der Mehrheit von zwei Dritteln der abgegebenen Stimmen über die Anwendung anderer Instrumente der Geldpolitik entscheiden, die er bei Beachtung des Artikels 2 für zweckmäßig hält.

Der Rat legt nach dem Verfahren des Artikels 42 den Anwendungsbereich solcher Instrumente fest, wenn sie Verpflichtungen für Dritte mit sich bringen.

Artikel 21
Geschäfte mit öffentlichen Stellen

21.1. Nach Artikel 104 dieses Vertrags sind Überziehungs- oder andere Kreditfazilitäten bei der EZB oder den nationalen Zentralbanken für Organe oder Einrichtungen der Gemeinschaft, Zentralregierungen, regionale oder lokale Gebietskörperschaften oder andere öffentlich-rechtliche Körperschaften, sonstige Einrichtungen des öffentlichen Rechts oder öffentliche Unternehmen der Mitgliedstaaten ebenso verboten wie der unmittelbare Erwerb von Schuldtiteln von diesen durch die EZB oder die nationalen Zentralbanken.

21.2. Die EZB und die nationalen Zentralbanken können als Fiskalagent für die in Artikel 21.1 bezeichneten Stellen tätig werden.

21.3. Die Bestimmungen dieses Artikels gelten nicht für Kreditinstitute in öffentlichem Eigentum; diese werden von der jeweiligen nationalen Zentralbank und der EZB, was die Bereitstellung von Zentralbankgeld betrifft, wie private Kreditinstitute behandelt.

Artikel 22
Verrechnungs- und Zahlungssysteme

Die EZB und die nationalen Zentralbanken können Einrichtungen zur Verfügung stellen und die EZB kann Verordnungen erlassen, um effiziente und zuverlässige Verrechnungs- und Zahlungssysteme innerhalb der Gemeinschaft und im Verkehr mit dritten Ländern zu gewährleisten.

Artikel 23
Geschäfte mit dritten Ländern und internationalen Organisationen

Die EZB und die nationalen Zentralbanken sind befugt,
- mit Zentralbanken und Finanzinstituten in dritten Ländern und, soweit zweckdienlich, mit internationalen Organisationen Beziehungen aufzunehmen;
- alle Arten von Devisen und Edelmetalle per Kasse und per Termin zu kaufen und zu verkaufen; der Begriff »Devisen« schließt Wertpapiere und alle sonstigen Vermögenswerte, die auf beliebige Währungen oder Rechnungseinheiten lauten, unabhängig von deren Ausgestaltung ein;
- die in diesem Artikel bezeichneten Vermögenswerte zu halten und zu verwalten;
- alle Arten von Bankgeschäften, einschließlich der Aufnahme und Gewährung von Krediten, im Verkehr mit dritten Ländern sowie internationalen Organisationen zu tätigen.

Protokolle

Artikel 24
Sonstige Geschäfte

Die EZB und die nationalen Zentralbanken sind befugt, außer den mit ihren Aufgaben verbundenen Geschäften auch Geschäfte für ihren eigenen Betrieb und für ihre Bediensteten zu tätigen.

Kapitel V
Aufsicht

Artikel 25
Aufsicht

25.1. Die EZB kann den Rat, die Kommission und die zuständigen Behörden der Mitgliedstaaten in Fragen des Geltungsbereichs und der Anwendung der Rechtsvorschriften der Gemeinschaft hinsichtlich der Aufsicht über die Kreditinstitute sowie die Stabilität des Finanzsystems beraten und von diesen konsultiert werden.

25.2. Aufgrund von Beschlüssen des Rates nach Artikel 105 Absatz 6 dieses Vertrags kann die EZB besondere Aufgaben im Zusammenhang mit der Aufsicht über die Kreditinstitute und sonstige Finanzinstitute mit Ausnahme von Versicherungsunternehmen wahrnehmen.

Kapitel VI
Finanzvorschriften des ESZB

Artikel 26
Jahresabschlüsse

26.1. Das Geschäftsjahr der EZB und der nationalen Zentralbanken beginnt am 1. Januar und endet am 31. Dezember.

26.2. Der Jahresabschluß der EZB wird vom Direktorium nach den vom EZB-Rat aufgestellten Grundsätzen erstellt. Der Jahresabschluß wird vom EZB-Rat festgestellt und sodann veröffentlicht.

26.3. Für Analyse- und Geschäftsführungszwecke erstellt das Direktorium eine konsolidierte Bilanz des ESZB, in der die zum ESZB gehörenden Aktiva und Passiva der nationalen Zentralbanken ausgewiesen werden.

26.4. Zur Anwendung dieses Artikels erläßt der EZB-Rat die notwendigen Vorschriften für die Standardisierung der buchmäßigen Erfassung und der Meldung der Geschäfte der nationalen Zentralbanken.

Artikel 27
Rechnungsprüfung

27.1. Die Jahresabschlüsse der EZB und der nationalen Zentralbanken werden von unabhängigen externen Rechnungsprüfern, die vom EZB-Rat empfohlen und vom Rat anerkannt wurden, geprüft. Die Rechnungsprüfer sind befugt, alle Bücher und Konten der EZB und der nationalen Zentralbanken zu prüfen und alle Auskünfte über deren Geschäfte zu verlangen.

27.2. Artikel 188c dieses Vertrags ist nur auf eine Prüfung der Effizienz der Verwaltung der EZB anwendbar.

Artikel 28
Kapital der EZB

28.1. Das Kapital der EZB bei der Aufnahme ihrer Tätigkeit beträgt 5 Milliarden ECU. Das Kapital kann durch einen Beschluß des EZB-Rates mit der in Artikel 10.3 vorgesehenen qualifizierten Mehrheit innerhalb der Grenzen und unter den Bedingungen, die der Rat nach dem Verfahren des Artikels 42 festlegt, erhöht werden.

28.2. Die nationalen Zentralbanken sind alleinige Zeichner und Inhaber des Kapitals der EZB. Die Zeichnung des Kapitals erfolgt nach dem gemäß Artikel 29 festgelegten Schlüssel.

28.3. Der EZB-Rat bestimmt mit der in Artikel 10.3 vorgesehenen qualifizierten Mehrheit, in welcher Höhe und welcher Form das Kapital einzuzahlen ist.

28.4. Vorbehaltlich des Artikels 28.5 können die Anteile der nationalen Zentralbanken am gezeichneten Kapital der EZB nicht übertragen, verpfändet oder gepfändet werden.

28.5. Im Falle einer Anpassung des in Artikel 29 bezeichneten Schlüssels sorgen die nationalen Zentralbanken durch Übertragungen von Kapitalanteilen untereinander dafür, daß die Verteilung der Kapitalanteile dem angepaßten Schlüssel entspricht. Die Bedingungen für derartige Übertragungen werden vom EZB-Rat festgelegt.

Artikel 29
Schlüssel für die Kapitalzeichnung

29.1. Nach Errichtung des ESZB und der EZB gemäß dem Verfahren des Artikels 109l Absatz 1 dieses Vertrags wird der Schlüssel für die Zeichnung des Kapitals der EZB festgelegt. In diesem Schlüssel erhält jede nationale Zentralbank einen Gewichtsanteil, der der Summe folgender Prozentsätze entspricht:
- 50% des Anteils des jeweiligen Mitgliedstaats an der Bevölkerung der Gemeinschaft im vorletzten Jahr vor der Errichtung des ESZB;
- 50% des Anteils des jeweiligen Mitgliedstaats am Bruttoinlandsprodukt der Gemeinschaft zu Marktpreisen in den fünf Jahren vor dem vorletzten Jahr vor der Errichtung des ESZB.

Die Prozentsätze werden zum nächsten Vielfachen von 0,05 Prozentpunkten aufgerundet.

29.2. Die zur Anwendung dieses Artikels zu verwendenden statistischen Daten werden von der Kommission nach den Regeln bereitgestellt, die der Rat nach dem Verfahren des Artikels 42 festlegt.

29.3. Die den nationalen Zentralbanken zugeteilten Gewichtsanteile werden nach Errichtung des ESZB alle fünf Jahre unter sinngemäßer Anwendung der Bestimmungen des Artikels 29.1 angepaßt. Der neue Schlüssel gilt jeweils vom ersten Tag des folgenden Jahres an.

29.4. Der EZB-Rat trifft alle weiteren Maßnahmen, die zur Anwendung dieses Artikels erforderlich sind.

Artikel 30
Übertragung von Währungsreserven auf die ESZB

30.1. Unbeschadet des Artikels 28 wird die EZB von den nationalen Zentralbanken mit Währungsreserven, die jedoch nicht aus Währungen der Mitgliedstaaten, ECU, IWF-Reservepositionen und SZR gebildet werden dürfen, bis zu einem Gegenwert von 50 Milliarden ECU ausgestattet. Der EZB-Rat entscheidet über den von der EZB nach ihrer Errichtung einzufordernden Teil sowie die zu späteren Zeitpunkten einzufordernden Beträge. Die EZB hat das uneingeschränkte Recht, die ihr übertragenen Währungsreserven zu halten und zu verwalten sowie für die in dieser Satzung genannten Zwecke zu verwenden.

30.2. Die Beiträge der einzelnen nationalen Zentralbanken werden entsprechend ihrem jeweiligen Anteil am gezeichneten Kapital der EZB bestimmt.

30.3. Die EZB schreibt jeder nationalen Zentralbank eine ihrem Beitrag entsprechende Forderung gut. Der EZB-Rat entscheidet über die Denominierung und Verzinsung dieser Forderungen.

30.4. Die EZB kann nach Artikel 30.2 über den in Artikel 30.1 festgelegten Betrag hinaus innerhalb der Grenzen und unter den Bedingungen, die der Rat nach dem Verfahren des Artikels 42 festlegt, die Einzahlung weiterer Währungsreserven fordern.

30.5. Die EZB kann IWF-Reservepositionen und SZR halten und verwalten sowie die Zusammenlegung solcher Aktiva vorsehen.

30.6. Der EZB-Rat trifft alle weiteren Maßnahmen, die zur Anwendung dieses Artikels erforderlich sind.

Artikel 31
Währungsreserven der nationalen Zentralbanken

31.1. Die nationalen Zentralbanken sind befugt, zur Erfüllung ihrer Verpflichtungen gegenüber internationalen Organisationen nach Artikel 23 Geschäfte abzuschließen.

31.2. Alle sonstigen Geschäfte mit den Währungsreserven, die den nationalen Zentralbanken nach den in Artikel 30 genannten Übertragungen verbleiben, sowie von Mitgliedstaaten ausgeführte Transaktionen mit ihren Arbeitsguthaben in Fremdwährungen bedürfen oberhalb eines bestimmten, im Rahmen des Artikels 31.3 festzulegenden Betrags der Zustimmung der EZB, damit Übereinstimmung mit der Wechselkurs- und der Währungspolitik der Gemeinschaft gewährleistet ist.

31.3. Der EZB-Rat erläßt Richtlinien mit dem Ziel, derartige Geschäfte zu erleichtern.

Artikel 32
Verteilung der monetären Einkünfte der nationalen Zentralbanken

32.1. Die Einkünfte, die den nationalen Zentralbanken aus der Erfüllung der währungspolitischen Aufgaben des ESZB zufließen (im folgenden als »monetäre Einkünfte« bezeichnet), werden am Ende eines jeden Geschäftsjahrs nach diesem Artikel verteilt.

32.2. Vorbehaltlich des Artikels 32.3 entspricht der Betrag der monetären Einkünfte einer jeden nationalen Zentralbank ihren jährlichen Einkünften aus Vermögenswerten, die sie als Gegenposten zum Bargeldumlauf und zu ihren Verbindlichkeiten aus Einlagen der Kreditinstitute hält. Diese Vermögenswerte werden von den nationalen Zentralbanken gemäß den vom EZB-Rat erlassenen Richtlinien gesondert erfaßt.

32.3. Wenn nach dem Übergang zur dritten Stufe die Bilanzstrukturen der nationalen Zentralbanken nach Auffassung des EZB-Rates die Anwendung des Artikels 32.2 nicht gestatten, kann der EZB-Rat mit qualifizierter Mehrheit beschließen, daß die monetären Einkünfte für einen Zeitraum von höchstens fünf Jahren abweichend von Artikel 32.2 nach einem anderen Verfahren bemessen werden.

Protokolle

32.4. Der Betrag der monetären Einkünfte einer jeden nationalen Zentralbank vermindert sich um den Betrag etwaiger Zinsen, die von dieser Zentralbank auf ihre Verbindlichkeiten aus Einlagen der Kreditinstitute nach Artikel 19 gezahlt werden. Der EZB-Rat kann beschließen, daß die nationalen Zentralbanken für Kosten in Verbindung mit der Ausgabe von Banknoten oder unter außergewöhnlichen Umständen für spezifische Verluste aus für das ESZB unternommenen währungspolitischen Operationen entschädigt werden. Die Entschädigung erfolgt in einer Form, die der EZB-Rat für angemessen hält; diese Beträge können mit den monetären Einkünften der nationalen Zentralbanken verrechnet werden.

32.5. Die Summe der monetären Einkünfte der nationalen Zentralbanken wird vorbehaltlich etwaiger Beschlüsse des EZB-Rates nach Artikel 33.2 unter den nationalen Zentralbanken entsprechend ihren eingezahlten Anteilen am Kapital der EZB verteilt.

32.6. Die Verrechnung und den Ausgleich der Salden aus der Verteilung der monetären Einkünfte nimmt die EZB gemäß den Richtlinien des EZB-Rates vor.

32.7. Der EZB-Rat trifft alle weiteren Maßnahmen, die zur Anwendung dieses Artikels erforderlich sind.

Artikel 33
Verteilung der Nettogewinne und Verluste der EZB

33.1. Der Nettogewinn der EZB wird in der folgenden Reihenfolge verteilt:
   a) Ein vom EZB-Rat zu bestimmender Betrag, der 20 % des Nettogewinns nicht übersteigen darf, wird dem allgemeinen Reservefonds bis zu einer Obergrenze von 100 % des Kapitals zugeführt;
   b) der verbleibende Nettogewinn wird an die Anteilseigner der EZB entsprechend ihren eingezahlten Anteilen ausgeschüttet.

33.2. Falls die EZB einen Verlust erwirtschaftet, kann der Fehlbetrag aus dem allgemeinen Reservefonds der EZB und erforderlichenfalls nach einem entsprechenden Beschluß des EZB-Rates aus den monetären Einkünften des betreffenden Geschäftsjahrs im Verhältnis und bis in Höhe der Beträge gezahlt werden, die nach Artikel 32.5 an die nationalen Zentralbanken verteilt werden.

Kapitel VII
Allgemeine Bestimmungen

Artikel 34
Rechtsakte

34.1. Nach Artikel 108a dieses Vertrags werden von der EZB
   – Verordnungen erlassen, insoweit dies für die Erfüllung der in Artikel 3.1 erster Gedankenstrich, Artikel 19.1, Artikel 22 oder Artikel 25.2 festgelegten Aufgaben erforderlich ist; sie erläßt Verordnungen ferner in den Fällen, die in den Rechtsakten des Rates nach Artikel 42 vorgesehen werden,
   – die Entscheidungen erlassen, die zur Erfüllung der dem ESZB nach diesem Vertrag und dieser Satzung übertragenen Aufgaben erforderlich sind,
   – Empfehlungen und Stellungnahmen abgegeben.

34.2. Eine Verordnung hat allgemeine Geltung. Sie ist in allen ihren Teilen verbindlich und gilt unmittelbar in jedem Mitgliedstaat. Empfehlungen und Stellungnahmen sind nicht verbindlich.

Eine Entscheidung ist in allen ihren Teilen für diejenigen verbindlich, an die sie gerichtet ist.

Die Artikel 190, 191 und 192 dieses Vertrags gelten für die Verordnungen und Entscheidungen der EZB.

Die EZB kann die Veröffentlichung ihrer Entscheidungen, Empfehlungen und Stellungnahmen beschließen.

34.3. Innerhalb der Grenzen und unter den Bedingungen, die der Rat nach dem Verfahren des Artikels 42 festlegt, ist die EZB befugt, Unternehmen bei Nichteinhaltung der Verpflichtungen, die sich aus ihren Verordnungen und Entscheidungen ergeben, mit Geldbußen oder in regelmäßigen Abständen zu zahlenden Strafgeldern zu belegen.

Artikel 35
Gerichtliche Kontrolle und damit verbundene Angelegenheiten

35.1. Die Handlungen und Unterlassungen der EZB unterliegen in den Fällen und unter den Bedingungen, die in diesem Vertrag vorgesehen sind, der Überprüfung und Auslegung durch den Gerichtshof. Die EZB ist in den Fällen und unter den Bedingungen, die in diesem Vertrag vorgesehen sind, klageberechtigt.

35.2. Über Rechtsstreitigkeiten zwischen der EZB einerseits und ihren Gläubigern, Schuldnern oder dritten Personen andererseits entscheiden die zuständigen Gerichte der einzelnen Staaten vorbehaltlich der Zuständigkeiten, die dem Gerichtshof zuerkannt sind.

35.3. Die EZB unterliegt der Haftungsregelung des Artikels 215 dieses Vertrags. Die Haftung der nationalen Zentralbanken richtet sich nach dem jeweiligen innerstaatlichen Recht.

35.4. Der Gerichtshof ist für Entscheidungen aufgrund einer Schiedsklausel zuständig, die in einem von der EZB oder für ihre Rechnung abgeschlossenen öffentlich-rechtlichen oder privatrechtlichen Vertrag enthalten ist.

35.5. Für einen Beschluß der EZB, den Gerichtshof anzurufen, ist der EZB-Rat zuständig.

35.6. Der Gerichtshof ist für Streitsachen zuständig, die die Erfüllung der Verpflichtungen aus dieser Satzung durch eine nationale Zentralbank betreffen. Ist die EZB der Auffassung, daß eine nationale Zentralbank einer Verpflichtung aus dieser Satzung nicht nachgekommen ist, so legt sie in der betreffenden Sache eine mit Gründen versehene Stellungnahme vor, nachdem sie der nationalen Zentralbank Gelegenheit zur Vorlage von Bemerkungen gegeben hat. Entspricht die nationale Zentralbank nicht innerhalb der von der EZB gesetzten Frist deren Stellungnahme, so kann die EZB den Gerichtshof anrufen.

Artikel 36
Personal

36.1. Der EZB-Rat legt auf Vorschlag des Direktoriums die Beschäftigungsbedingungen für das Personal der EZB fest.

36.2. Der Gerichtshof ist für alle Streitsachen zwischen der EZB und deren Bediensteten innerhalb der Grenzen und unter den Bedingungen zuständig, die sich aus den Beschäftigungsbedingungen ergeben.

Protokolle

Artikel 37
Sitz

Vor Ende 1992 beschließen die Regierungen der Mitgliedstaaten auf der Ebene der Staats- und Regierungschefs im gegenseitigen Einvernehmen über den Sitz der EZB.

Artikel 38
Geheimhaltung

38.1. Die Mitglieder der Leitungsgremien und des Personals der EZB und der nationalen Zentralbanken dürfen auch nach Beendigung ihres Dienstverhältnisses keine der Geheimhaltungspflicht unterliegenden Informationen weitergeben.
38.2. Auf Personen mit Zugang zu Daten, die unter Gemeinschaftsvorschriften fallen, die eine Verpflichtung zur Geheimhaltung vorsehen, finden diese Gemeinschaftsvorschriften Anwendung.

Artikel 39
Unterschriftsberechtigte

Die EZB wird Dritten gegenüber durch den Präsidenten oder zwei Direktoriumsmitglieder oder durch die Unterschriften zweier vom Präsidenten zur Zeichnung im Namen der EZB gehörig ermächtigter Bediensteter der EZB rechtswirksam verpflichtet.

Artikel 40
Vorrechte und Befreiungen

Die EZB genießt im Hoheitsgebiet der Mitgliedstaaten die zur Erfüllung ihrer Aufgabe erforderlichen Vorrechte und Befreiungen nach Maßgabe des Protokolls über die Vorrechte und Befreiungen der Europäischen Gemeinschaften.

Kapitel VIII
Änderung der Satzung und ergänzende Rechtsvorschriften

Artikel 41
Vereinfachtes Änderungsverfahren

41.1. Nach Artikel 106 Absatz 5 dieses Vertrags kann der Rat die Artikel 5.1, 5.2, 5.3, 17, 18, 19.1, 22, 23, 24, 26, 32.2, 32.3, 32.4, 32.6, 33.1.a und 36 dieser Satzung entweder mit qualifizierter Mehrheit auf Empfehlung der EZB nach Anhörung der Kommission oder einstimmig auf Vorschlag der Kommission nach Anhörung der EZB ändern. Die Zustimmung des Europäischen Parlaments ist dabei jeweils erforderlich.
41.2. Eine Empfehlung der EZB nach diesem Artikel erfordert einen einstimmigen Beschluß des EZB-Rates.

Artikel 42
Ergänzende Rechtsvorschriften

Nach Artikel 106 Absatz 6 dieses Vertrags erläßt der Rat unmittelbar nach dem Beschluß über den Zeitpunkt für den Beginn der dritten Stufe mit qualifizierter Mehrheit entweder auf Vorschlag der Kommission nach Anhörung des Europäischen Parlaments und der EZB oder auf Empfehlung der EZB nach Anhörung des Europäischen Parlaments und der Kommission die in den Artikeln 4, 5.4, 19.2, 20, 28.1, 29.2, 30.4 und 34.3 dieser Satzung genannten Bestimmungen.

Kapitel IX
Übergangsbestimmungen und sonstige Bestimmungen für das ESZB

Artikel 43
Allgemeine Bestimmungen

43.1. Eine Ausnahmeregelung nach Artikel 109k Absatz 1 dieses Vertrags bewirkt, daß folgende Artikel dieser Satzung für den betreffenden Mitgliedstaat keinerlei Rechte oder Verpflichtungen entstehen lassen: Artikel 3, 6, 9.2. 12.1, 14.3, 16, 18, 19, 20, 22, 23, 26.2, 27, 30, 31, 32, 33, 34, 50 und 52.

43.2. Die Zentralbanken der Mitgliedstaaten, für die eine Ausnahmeregelung nach Artikel 109k Absatz 1 dieses Vertrags gilt, behalten ihre währungspolitischen Befugnisse nach innerstaatlichem Recht.

43.3. In den Artikeln 3, 11.2, 19, 34.2 und 50 bezeichnet der Ausdruck »Mitgliedstaaten« gemäß Artikel 109k Absatz 4 dieses Vertrags die »Mitgliedstaaten, für die keine Ausnahmeregelung gilt«.

43.4. In den Artikeln 9.2, 10.1, 10.3, 12.1, 16, 17, 18, 22, 23, 27, 30, 31, 32, 33.2 und 52 dieser Satzung ist der Ausdruck »nationale Zentralbanken« im Sinne von »Zentralbanken der Mitgliedstaaten, für die keine Ausnahmeregelung gilt« zu verstehen.

43.5. In den Artikeln 10.3 und 33.1 bezeichnet der Ausdruck »Anteilseigner« die »Zentralbanken der Mitgliedstaaten, für die keine Ausnahmeregelung gilt«.

43.6. In den Artikeln 10.3 und 30.2 ist der Ausdruck »gezeichnetes Kapital der EZB« im Sinne von »Kapital der EZB, das von den Zentralbanken der Mitgliedstaaten gezeichnet wurde, für die keine Ausnahmeregelung gilt« zu verstehen.

Artikel 44
Vorübergehende Aufgaben der EZB

Die EZB übernimmt diejenigen Aufgaben des EWI, die infolge der für einen oder mehrere Mitgliedstaaten geltenden Ausnahmeregelungen in der dritten Stufe noch erfüllt werden müssen.
Bei der Vorbereitung der Aufhebung der Ausnahmeregelungen nach Artikel 109k dieses Vertrags nimmt die EZB eine beratende Funktion wahr.

Artikel 45
Der Erweiterte Rat der EZB

45.1. Unbeschadet des Artikels 106 Absatz 3 dieses Vertrags wird der Erweiterte Rat als drittes Beschlußorgan der EZB eingesetzt.

Protokolle

45.2. Der Erweiterte Rat besteht aus dem Präsidenten und dem Vizepräsidenten der EZB sowie den Präsidenten der nationalen Zentralbanken. Die weiteren Mitglieder des Direktoriums können an den Sitzungen des Erweiterten Rates teilnehmen, besitzen aber kein Stimmrecht.
45.3. Die Verantwortlichkeiten des Erweiterten Rates sind in Artikel 47 dieser Satzung vollständig aufgeführt.

Artikel 46
Geschäftsordnung des Erweiterten Rates

46.1. Der Präsident oder bei seiner Verhinderung der Vizepräsident der EZB führt den Vorsitz im Erweiterten Rat der EZB.
46.2. Der Präsident des Rates und ein Mitglied der Kommission können an den Sitzungen des Erweiterten Rates teilnehmen, besitzen aber kein Stimmrecht.
46.3. Der Präsident bereitet die Sitzungen des Erweiterten Rates vor.
46.4. Abweichend von Artikel 12.3 gibt sich der Erweiterte Rat eine Geschäftsordnung.
46.5. Das Sekretariat des Erweiterten Rates wird von der EZB gestellt.

Artikel 47
Verantwortlichkeiten des Erweiterten Rates

47.1. Der Erweiterte Rat
- nimmt die in Artikel 44 aufgeführten Aufgaben wahr,
- wirkt bei der Erfüllung der Beratungsfunktionen nach den Artikeln 4 und 25.1 mit.

47.2. Der Erweiterte Rat wirkt auch mit bei
- der Erhebung der statistischen Daten im Sinne von Artikel 5;
- den Berichtstätigkeiten der EZB im Sinne von Artikel 15;
- der Festlegung der erforderlichen Regeln für die Anwendung von Artikel 26 gemäß Artikel 26.4;
- allen sonstigen erforderlichen Maßnahmen zur Anwendung von Artikel 29 gemäß Artikel 29.4;
- der Festlegung der Beschäftigungsbedingungen für das Personal der EZB gemäß Artikel 36.

47.3. Der Erweiterte Rat trägt zu den Vorarbeiten bei, die erforderlich sind, um für die Währungen der Mitgliedstaaten, für die eine Ausnahmeregelung gilt, die Wechselkurse gegenüber den Währungen oder der einheitlichen Währung der Mitgliedstaaten, für die keine Ausnahmeregelung gilt, gemäß Artikel 109l Absatz 5 dieses Vertrags unwiderruflich festzulegen.
47.4. Der Erweiterte Rat wird vom Präsidenten der EZB über die Beschlüsse des EZB-Rates unterrichtet.

Artikel 48
Übergangsbestimmungen für das Kapital der EZB

Nach Artikel 29.1 wird jeder nationalen Zentralbank ein Gewichtsanteil in dem Schlüssel für die Zeichnung des Kapitals der EZB zugeteilt. Abweichend von Artikel 28.3 zahlen Zentralbanken von Mitgliedstaaten, für die eine Ausnahmeregelung gilt, das von ihnen gezeichnete Kapital nicht ein, es sei denn, daß der Erweiterte Rat mit der Mehrheit von mindestens zwei Dritteln des gezeichneten Kapitals der EZB und zumindest der

Hälfte der Anteilseigner beschließt, daß als Beitrag zu den Betriebskosten der EZB ein Mindestprozentsatz eingezahlt werden muß.

Artikel 49
Zurückgestellte Einzahlung von Kapital, Reserven und Rückstellungen der EZB

49.1. Die Zentralbank eines Mitgliedstaats, dessen Ausnahmeregelung aufgehoben wurde, zahlt den von ihr gezeichneten Anteil am Kapital der EZB im selben Verhältnis wie die Zentralbanken von anderen Mitgliedstaaten ein, für die keine Ausnahmeregelung gilt, und überträgt der EZB Währungsreserven gemäß Artikel 30.1. Die Höhe der Übertragungen bestimmt sich durch Multiplikation des in ECU zum jeweiligen Wechselkurs ausgedrückten Wertes der Währungsreserven, die der EZB schon gemäß Artikel 30.1 übertragen wurden, mit dem Faktor, der das Verhältnis zwischen der Anzahl der von der betreffenden nationalen Zentralbank gezeichneten Anteile und der Anzahl der von den anderen nationalen Zentralbanken bereits eingezahlten Anteile ausdrückt.

49.2. Zusätzlich zu der Einzahlung nach Artikel 49.1 leistet die betreffende Zentralbank einen Beitrag zu den Reserven der EZB und zu den diesen Reserven gleichwertigen Rückstellungen sowie zu dem Betrag, der gemäß dem Saldo der Gewinn- und Verlustrechnung zum 31. Dezember des Jahres vor der Aufhebung der Ausnahmeregelung noch für die Reserven und Rückstellungen bereitzustellen ist. Die Höhe des zu leistenden Beitrags bestimmt sich durch Multiplikation des in der genehmigten Bilanz der EZB ausgewiesenen Betrags der Reserven im Sinne der obigen Definition mit dem Faktor, der das Verhältnis zwischen der Anzahl der von der betreffenden Zentralbank gezeichneten Anteile und der Anzahl der von den anderen Zentralbanken bereits eingezahlten Anteile ausdrückt.

Artikel 50
Erstmalige Ernennung der Mitglieder des Direktoriums

Bei der Einsetzung des Direktoriums der EZB werden der Präsident, der Vizepräsident und die weiteren Mitglieder des Direktoriums auf Empfehlung des Rates und nach Anhörung des Europäischen Parlaments und des Rates der EWI von den Regierungen der Mitgliedstaaten auf der Ebene der Staats- und Regierungschefs einvernehmlich ernannt. Der Präsident des Direktoriums wird für acht Jahre ernannt. Abweichend von Artikel 11.2 werden der Vizepräsident für vier Jahre und die weiteren Mitglieder des Direktoriums für eine Amtszeit zwischen 5 und 8 Jahren ernannt. Wiederernennung ist in keinem Falle zulässig. Die Anzahl der Mitglieder des Direktoriums kann geringer sein als in Artikel 11.1 vorgesehen, darf jedoch auf keinen Fall weniger als vier betragen.

Artikel 51
Abweichung von Artikel 32

51.1. Stellt der EZB-Rat nach dem Beginn der dritten Stufe fest, daß die Anwendung von Artikel 32 für den relativen Stand der Einkünfte der nationalen Zentralbanken wesentliche Änderungen zur Folge hat, so wird der Betrag der nach Artikel 32 zu verteilenden Einkünfte nach einem einheitlichen Prozentsatz gekürzt, der im ersten Geschäftsjahr nach dem Beginn der dritten Stufe 60% nicht übersteigen darf und in jedem darauffolgenden Geschäftsjahr um mindestens 12 Prozentpunkte verringert wird.

Protokolle

51.2. Artikel 51.1 ist für höchstens fünf Geschäftsjahre nach dem Beginn der dritten Stufe anwendbar.

Artikel 52
Umtausch von auf Gemeinschaftswährungen lautenden Banknoten

Im Anschluß an die unwiderrufliche Festlegung der Wechselkurse ergreift der EZB-Rat die erforderlichen Maßnahmen, um sicherzustellen, daß Banknoten, die auf Währungen mit unwiderruflich festgelegten Wechselkursen lauten, von den nationalen Zentralbanken zu ihrer jeweiligen Parität umgetauscht werden.

Artikel 53
Anwendbarkeit der Übergangsbestimmungen

Sofern und solange es Mitgliedstaaten gibt, für die eine Ausnahmeregelung gilt, sind die Artikel 43 bis 48 anwendbar.

Protokoll (Nr. 20)
über das Verfahren bei einem übermäßigen Defizit

DIE HOHEN VERTRAGSPARTEIEN –
IN DEM WUNSCH, die Einzelheiten des in Artikel 104c des Vertrags zur Gründung der Europäischen Gemeinschaft genannten Verfahrens bei einem übermäßigen Defizit festzulegen –
SIND über folgende Bestimmungen ÜBEREINGEKOMMEN, die dem Vertrag zur Gründung der Europäischen Gemeinschaft beigefügt sind:

Artikel 1

Die in Artikel 104c Absatz 2 dieses Vertrags genannten Referenzwerte sind:
- 3% für das Verhältnis zwischen dem geplanten oder tatsächlichen öffentlichen Defizit und dem Bruttoinlandsprodukt zu Marktpreisen,
- 60% für das Verhältnis zwischen dem öffentlichen Schuldenstand und dem Bruttoinlandsprodukt zu Marktpreisen.

Artikel 2

In Artikel 104c dieses Vertrags und in diesem Protokoll bedeutet
- »öffentlich« zum Staat, d.h. zum Zentralstaat (Zentralregierung), zu regionalen oder lokalen Gebietskörperschaften oder Sozialversicherungseinrichtungen gehörig, mit Ausnahme von kommerziellen Transaktionen, im Sinne des Europäischen Systems volkswirtschaftlicher Gesamtrechnungen;
- »Defizit« das Finanzierungsdefizit im Sinne des Europäischen Systems volkswirtschaftlicher Gesamtrechnungen;
- »Investitionen« die Brutto-Anlageinvestitionen im Sinne des Europäischen Systems volkswirtschaftlicher Gesamtrechnungen;
- »Schuldenstand« den Brutto-Gesamtschuldenstand zum Nominalwert am Jahresende nach Konsolidierung innerhalb und zwischen den einzelnen Bereichen des Staatssektors im Sinne des ersten Gedankenstrichs.

Protokolle

Artikel 3

Um die Wirksamkeit des Verfahrens bei einem übermäßigen Defizit zu gewährleisten, sind die Regierungen der Mitgliedstaaten im Rahmen dieses Verfahrens für die Defizite des Staatssektors im Sinne von Artikel 2 erster Gedankenstrich verantwortlich. Die Mitgliedstaaten gewährleisten, daß die innerstaatlichen Verfahren im Haushaltsbereich sie in die Lage versetzen, ihre sich aus diesem Vertrag ergebenden Verpflichtungen in diesem Bereich zu erfüllen. Die Mitgliedstaaten müssen ihre geplanten und tatsächlichen Defizite und die Höhe ihres Schuldenstands der Kommission unverzüglich und regelmäßig mitteilen.

Artikel 4

Die zur Anwendung dieses Protokolls erforderlichen statistischen Daten werden von der Kommission zur Verfügung gestellt.

Protokoll (Nr. 21)
über die Konvergenzkriterien nach Artikel 121 des Vertrags zur Gründung der Europäischen Gemeinschaft

DIE HOHEN VERTRAGSPARTEIEN –
IN DEM WUNSCH, die in Artikel 109j Absatz 1 des Vertrags zur Gründung der Europäischen Gemeinschaft aufgeführten Konvergenzkriterien, welche die Gemeinschaft bei der Beschlußfassung über den Eintritt in die dritte Stufe der Wirtschafts- und Währungsunion leiten sollen, näher festzulegen –
SIND über folgende Bestimmungen ÜBEREINGEKOMMEN, die dem Vertrag zur Gründung der Europäischen Gemeinschaft beigefügt sind:

Artikel 1

Das in Artikel 109j Absatz 1 erster Gedankenstrich dieses Vertrags genannte Kriterium der Preisstabilität bedeutet, daß ein Mitgliedstaat eine anhaltende Preisstabilität und eine während des letzten Jahres vor der Prüfung gemessene durchschnittliche Inflationsrate aufweisen muß, die um nicht mehr als 1,5 Prozentpunkte über der Inflationsrate jener – höchstens drei – Mitgliedstaaten liegt, die auf dem Gebiet der Preisstabilität das beste Ergebnis erzielt haben. Die Inflation wird anhand des Verbraucherpreisindexes auf vergleichbarer Grundlage unter Berücksichtigung der unterschiedlichen Definitionen in den einzelnen Mitgliedstaaten gemessen.

Artikel 2

Das in Artikel 109j Absatz 1 zweiter Gedankenstrich dieses Vertrags genannte Kriterium der Finanzlage der öffentlichen Hand bedeutet, daß zum Zeitpunkt der Prüfung keine Ratsentscheidung nach Artikel 104c Absatz 6 dieses Vertrags vorliegt, wonach in dem betreffenden Mitgliedstaat ein übermäßiges Defizit besteht.

Protokolle

Artikel 3

Das in Artikel 109j Absatz 1 dritter Gedankenstrich dieses Vertrags genannte Kriterium der Teilnahme am Wechselkursmechanismus des Europäischen Währungssystems bedeutet, daß ein Mitgliedstaat die im Rahmen des Wechselkursmechanismus des Europäischen Währungssystems vorgesehenen normalen Bandbreiten zumindest in den letzten zwei Jahren vor der Prüfung ohne starke Spannungen eingehalten haben muß. Insbesondere darf er den bilateralen Leitkurs seiner Währung innerhalb des gleichen Zeitraums gegenüber der Währung eines anderen Mitgliedstaats nicht von sich aus abgewertet haben.

Artikel 4

Das in Artikel 109j Absatz 1 vierter Gedankenstrich dieses Vertrags genannte Kriterium der Konvergenz der Zinssätze bedeutet, daß im Verlauf von einem Jahr vor der Prüfung in einem Mitgliedstaat der durchschnittliche langfristige Nominalzins um nicht mehr als 2 Prozentpunkte über dem entsprechenden Satz in jenen – höchstens drei – Mitgliedstaaten liegt, die auf dem Gebiet der Preisstabilität das beste Ergebnis erzielt haben. Die Zinssätze werden anhand langfristiger Staatsschuldverschreibungen oder vergleichbarer Wertpapiere unter Berücksichtigung der unterschiedlichen Definitionen in den einzelnen Mitgliedstaaten gemessen.

Artikel 5

Die zur Anwendung dieses Protokolls erforderlichen statistischen Daten werden von der Kommission zur Verfügung gestellt.

Artikel 6

Der Rat erläßt auf Vorschlag der Kommission und nach Anhörung des Europäischen Parlaments und des EWI bzw. der EZB sowie des in Artikel 109c genannten Ausschusses einstimmig geeignete Vorschriften zur Festlegung der Einzelheiten der in Artikel 109j dieses Vertrags genannten Konvergenzkriterien, die dann an die Stelle dieses Protokolls treten.

Protokoll (Nr. 22)
betreffend Dänemark

DIE HOHEN VERTRAGSPARTEIEN –
IN DEM WUNSCH, gewisse besondere Probleme betreffend Dänemark zu regeln –
SIND über folgende Bestimmungen ÜBEREINGEKOMMEN, die dem Vertrag zur Gründung der Europäischen Gemeinschaft beigefügt sind:
Artikel 14 des Protokolls über die Satzung des Europäischen Systems der Zentralbanken und der Europäischen Zentralbank berührt nicht das Recht der Nationalbank Dänemarks, ihre derzeitigen Aufgaben hinsichtlich der nicht der Gemeinschaft angehörenden Teile des Königreichs Dänemark wahrzunehmen.

Protokolle

Protokoll (Nr. 23)
betreffend Portugal

DIE HOHEN VERTRAGSPARTEIEN –
IN DEM WUNSCH, gewisse besondere Probleme betreffend Portugal zu regeln –
SIND über folgende Bestimmungen ÜBEREINGEKOMMEN, die dem Vertrag zur Gründung der Europäischen Gemeinschaft beigefügt sind:
1. Portugal wird hiermit ermächtigt, die den Autonomen Regionen Azoren und Madeira eingeräumte Möglichkeit beizubehalten, die zinsfreie Kreditfazilität des Banco de Portugal zu den im geltenden portugiesischen Recht festgelegten Bedingungen in Anspruch zu nehmen.
2. Portugal verpflichtet sich, nach Kräften darauf hinzuwirken, die vorgenannte Regelung so bald wie möglich zu beenden.

Protokoll (Nr. 24)
über den Übergang zur dritten Stufe der Wirtschafts- und Währungsunion

DIE HOHEN VERTRAGSPARTEIEN –
erklären mit der Unterzeichnung der neuen Vertragsbestimmungen über die Wirtschafts- und Währungsunion die Unumkehrbarkeit des Übergangs der Gemeinschaft zur dritten Stufe der Wirtschafts- und Währungsunion.
Alle Mitgliedstaaten respektieren daher unabhängig davon, ob sie die notwendigen Voraussetzungen für die Einführung einer einheitlichen Währung erfüllen, den Willen der Gemeinschaft, rasch in die dritte Stufe einzutreten, und daher behindert kein Mitgliedstaat den Eintritt in die dritte Stufe.
Falls der Zeitpunkt für den Beginn der dritten Stufe Ende 1997 noch nicht festgelegt ist, beschleunigen die betreffenden Mitgliedstaaten, die Gemeinschaftsorgane und die sonstigen beteiligten Gremien im Lauf des Jahres 1998 alle vorbereitenden Arbeiten, damit die Gemeinschaft am 1. Januar 1999 unwiderruflich in die dritte Stufe eintreten kann und die EZB und das ESZB zu diesem Zeitpunkt ihre Tätigkeit in vollem Umfang aufnehmen können.
Dieses Protokoll wird dem Vertrag zur Gründung der Europäischen Gemeinschaft beigefügt.

Protokoll (Nr. 25)
über einige Bestimmungen betreffend das Vereinigte Königreich Großbritannien und Nordirland

DIE HOHEN VERTRAGSPARTEIEN –
IN DER ERKENNTNIS, daß das Vereinigte Königreich nicht gezwungen oder verpflichtet ist, ohne einen gesonderten diesbezüglichen Beschluß seiner Regierung und seines Parlaments in die dritte Stufe der Wirtschafts- und Währungsunion einzutreten,
IN ANBETRACHT der Gepflogenheit der Regierung des Vereinigten Königreichs, ihren Kreditbedarf durch Verkauf von Schuldtiteln an den Privatsektor zu decken,
SIND über folgende Bestimmungen ÜBEREINGEKOMMEN, die dem Vertrag zur Gründung der Europäischen Gemeinschaft beigefügt sind:
1. Das Vereinigte Königreich notifiziert dem Rat, ob es den Übergang zur dritten Stufe beabsichtigt, bevor der Rat die Beurteilung nach Artikel 109j Absatz 2 dieses Vertrags vornimmt.
Sofern das Vereinigte Königreich dem Rat nicht notifiziert, daß es zur dritten Stufe überzugehen beabsichtigt, ist es dazu nicht verpflichtet.

Protokolle

Wird kein Zeitpunkt für den Beginn der dritten Stufe nach Artikel 109j Absatz 3 dieses Vertrags festgelegt, so kann das Vereinigte Königreich seine Absicht, zur dritten Stufe überzugehen, vor dem 1. Januar 1998 notifizieren.

2. Die Nummern 3 bis 9 gelten für den Fall, daß das Vereinigte Königreich dem Rat notifiziert, daß es nicht beabsichtigt, zur dritten Stufe überzugehen.
3. Das Vereinigte Königreich wird nicht zu der Mehrheit der Mitgliedstaaten gezählt, welche die notwendigen Voraussetzungen nach Artikel 109j Absatz 2 zweiter Gedankenstrich und Absatz 3 erster Gedankenstrich dieses Vertrags erfüllen.
4. Das Vereinigte Königreich behält seine Befugnisse auf dem Gebiet der Währungspolitik nach seinem innerstaatlichen Recht.
5. Die Artikel 3a Absatz 2, 104c Absätze 1, 9 und 11, 105 Absätze 1 bis 5, 105a, 107, 108, 108a, 109, 109a Absätze 1 und 2 Buchstabe b und 109l Absätze 4 und 5 dieses Vertrags gelten nicht für das Vereinigte Königreich. In diesen Bestimmungen enthaltene Bezugnahmen auf die Gemeinschaft oder die Mitgliedstaaten betreffen nicht das Vereinigte Königreich, und Bezugnahmen auf die nationalen Zentralbanken betreffen nicht die Bank of England.
6. Die Artikel 109e Absatz 4, 109h und 109i dieses Vertrags gelten auch weiterhin für das Vereinigte Königreich. Artikel 109c Absatz 4 und Artikel 109m werden so auf das Vereinigte Königreich angewandt, als gelte für dieses eine Ausnahmeregelung.
7. Das Stimmrecht des Vereinigten Königreichs in bezug auf die Rechtsakte des Rates, auf die in den unter Nummer 5 dieses Protokolls aufgeführten Artikeln Bezug genommen wird, wird ausgesetzt. Zu diesem Zweck bleiben die gewogenen Stimmen des Vereinigten Königreichs bei der Berechnung einer qualifizierten Mehrheit nach Artikel 109k Absatz 5 dieses Vertrags unberücksichtigt.

Das Vereinigte Königreich ist ferner nicht berechtigt, sich an der Ernennung des Präsidenten, des Vizepräsidenten und der weiteren Mitglieder des Direktoriums der EZB nach den Artikeln 109a Absatz 2 Buchstabe b und 109l Absatz 1 dieses Vertrags zu beteiligen.

8. Die Artikel 3, 4, 6, 7, 9.2., 10.1, 10.3., 11.2, 12.1, 14, 16, 18, 19, 20, 22, 23, 26, 27, 30, 31, 32, 33, 34, 50 und 52 des Protokolls über die Satzung des Europäischen Systems der Zentralbanken und der Europäischen Zentralbank (»die Satzung«) gelten nicht für das Vereinigte Königreich.

In diesen Artikeln enthaltene Bezugnahmen auf die Gemeinschaft oder die Mitgliedstaaten betreffen nicht das Vereinigte Königreich, und Bezugnahmen auf die nationalen Zentralbanken oder die Anteilseigner betreffen nicht die Bank of England.

In den Artikel 10.3 und 30.2 der Satzung enthaltene Bezugnahmen auf das »gezeichnete Kapital der EZB« betreffen nicht das von der Bank of England gezeichnete Kapital.

9. Artikel 109l Absatz 3 dieses Vertrags und die Artikel 44 bis 48 der Satzung gelten unabhängig davon, ob es Mitgliedstaaten gibt, für die eine Ausnahmeregelung gilt, vorbehaltlich folgender Änderungen:
   a) Bezugnahmen in Artikel 44 auf die Aufgaben der EZB und des EWI schließen auch die Aufgaben ein, die im Fall einer etwaigen Entscheidung des Vereinigten Königreichs, nicht zur dritten Stufe überzugehen, in der dritten Stufe noch erfüllt werden müssen.
   b) Zusätzlich zu den Aufgaben nach Artikel 47 berät die EZB ferner bei der Vorbereitung von Beschlüssen des Rates betreffend das Vereinigte Königreich nach Ziffer 10 Buchstaben a und c dieses Protokolls und wirkt an deren Ausarbeitung mit.
   c) Die Bank of England zahlt das von ihr gezeichnete Kapital der EZB als Beitrag zu den EZB-Betriebskosten auf derselben Grundlage ein wie die nationalen Zentralbanken der Mitgliedstaaten, für die eine Ausnahmeregelung gilt.

Protokolle

10. Geht das Vereinigte Königreich nicht zur dritten Stufe über, so kann es seine Notifikation nach Beginn dieser Stufe jederzeit ändern. In diesem Fall gilt folgendes:
   a) Das Vereinigte Königreich hat das Recht, zur dritten Stufe überzugehen, sofern es die notwendigen Voraussetzungen erfüllt. Der Rat entscheidet auf Antrag des Vereinigten Königreichs unter den Bedingungen und nach dem Verfahren des Artikels 109k Absatz 2 dieses Vertrags, ob das Vereinigte Königreich die notwendigen Voraussetzungen erfüllt.
   b) Die Bank of England zahlt das von ihr gezeichnete Kapital ein, überträgt der EZB Währungsreserven und leistet ihren Beitrag zu den Reserven der EZB auf derselben Grundlage wie die nationalen Zentralbanken der Mitgliedstaaten, deren Ausnahmeregelung aufgehoben worden ist.
   c) Der Rat faßt unter den Bedingungen und nach dem Verfahren des Artikels 109l Absatz 5 dieses Vertrags alle weiteren Beschlüsse, die erforderlich sind, um dem Vereinigten Königreich den Übergang zur dritten Stufe zu ermöglichen.
   Geht das Vereinigte Königreich nach den Bestimmungen dieser Ziffer zur dritten Stufe über, so treten die Ziffern 3 bis 9 dieses Protokolls außer Kraft.
11. Unbeschadet des Artikels 104 und des Artikels 109e Absatz 3 dieses Vertrags sowie des Artikels 21.1 der Satzung kann die Regierung des Vereinigten Königreichs ihre »Ways and Means«-Fazilität bei der Bank of England beibehalten, sofern und solange das Vereinigte Königreich nicht zur dritten Stufe übergeht.

Protokoll (Nr. 26)
über einige Bestimmungen betreffend Dänemark

DIE HOHEN VERTRAGSPARTEIEN –
IN DEM WUNSCH, einige derzeit bestehende Sonderprobleme im Einklang mit den allgemeinen Zielen des Vertrags zur Gründung der Europäischen Gemeinschaft zu regeln,
MIT RÜCKSICHT DARAUF, daß die dänische Verfassung Bestimmungen enthält, die vor der Teilnahme Dänemarks an der dritten Stufe der Wirtschafts- und Währungsunion in Dänemark eine Volksabstimmung erfordern könnten –
SIND über folgende Bestimmungen ÜBEREINGEKOMMEN, die dem Vertrag zur Gründung der Europäischen Gemeinschaft beigefügt sind:
1. Die dänische Regierung notifiziert dem Rat ihren Standpunkt bezüglich der Teilnahme an der dritten Stufe, bevor der Rat seine Beurteilung nach Artikel 109j Absatz 2 dieses Vertrags vornimmt.
2. Falls notifiziert wird, daß Dänemark nicht an der dritten Stufe teilnehmen wird, gilt für Dänemark eine Freistellung. Die Freistellung hat zur Folge, daß alle eine Ausnahmeregelung betreffenden Artikel und Bestimmungen dieses Vertrags und der Satzung des ESZB auf Dänemark Anwendung finden.
3. In diesem Fall wird Dänemark nicht zu der Mehrheit der Mitgliedstaaten gezählt, welche die notwendigen Voraussetzungen nach Artikel 109j Absatz 2 zweiter Gedankenstrich und Absatz 3 erster Gedankenstrich dieses Vertrags erfüllen.
4. Zur Aufhebung der Freistellung wird das Verfahren nach Artikel 109k Absatz 2 nur dann eingeleitet, wenn Dänemark einen entsprechenden Antrag stellt.
5. Nach Aufhebung der Freistellung ist dieses Protokoll nicht mehr anwendbar.

Protokoll (Nr. 27)
betreffend Frankreich

DIE HOHEN VERTRAGSPARTEIEN –
IN DEM WUNSCH, einen besonderen Punkt im Zusammenhang mit Frankreich zu berücksichtigen –

Protokolle

sind über folgende Bestimmungen übereingekommen, die dem Vertrag zur Gründung der Europäischen Gemeinschaft beigefügt sind:
Frankreich behält das Recht, nach Maßgabe seiner innerstaatlichen Rechtsvorschriften in seinen Übersee-Territorien Geldzeichen auszugeben und ist allein befugt, die Parität des CFP-Franc festzusetzen.

Protokoll (Nr. 28)
über den wirtschaftlichen und sozialen Zusammenhalt

DIE HOHEN VERTRAGSPARTEIEN –
EINGEDENK dessen, daß sich die Union zum Ziel gesetzt hat, den wirtschaftlichen und sozialen Fortschritt unter anderem durch Stärkung des wirtschaftlichen und sozialen Zusammenhalts zu fördern;
UNTER HINWEIS darauf, daß in Artikel 2 des Vertrags zur Gründung der Europäischen Gemeinschaft auch die Aufgabe der Förderung des wirtschaftlichen und sozialen Zusammenhalts und der Solidarität zwischen den Mitgliedstaaten erwähnt ist und daß die Stärkung des wirtschaftlichen und sozialen Zusammenhalts zu den in Artikel 3 dieses Vertrags aufgeführten Tätigkeiten der Gemeinschaft gehört;
UNTER HINWEIS darauf, daß der Dritte Teil Titel XIV über den wirtschaftlichen und sozialen Zusammenhalt insgesamt die Rechtsgrundlage für die Konsolidierung und Weiterentwicklung der Gemeinschaftstätigkeit im Bereich des wirtschaftlichen und sozialen Zusammenhalts, einschließlich der Schaffung eines neuen Fonds, darstellt;
unter Hinweis darauf, daß im Dritten Teil in den Titeln XII über transeuropäische Netze und XVI über die Umwelt in Aussicht genommen ist, vor dem 31. Dezember 1993 einen Kohäsionsfonds zu schaffen;
IN DER ÜBERZEUGUNG, daß Fortschritte auf dem Weg zur Wirtschafts- und Währungsunion zum Wirtschaftswachstum aller Mitgliedstaaten beitragen werden;
IN ANBETRACHT dessen, daß sich die Strukturfonds der Gemeinschaft zwischen 1987 und 1993 real verdoppeln, was hohe Transferleistungen, insbesondere gemessen am BIP der weniger wohlhabenden Mitgliedstaaten, zur Folge hat;
IN ANBETRACHT dessen, daß die EIB erhebliche und noch steigende Beträge zugunsten der ärmeren Gebiete ausleiht;
IN ANBETRACHT des Wunsches nach größerer Flexibilität bei den Regelungen für die Zuweisungen aus den Strukturfonds;
IN ANBETRACHT des Wunsches nach einer Differenzierung der Höhe der Gemeinschaftsbeteiligung an den Programmen und Vorhaben in bestimmten Ländern;
ANGESICHTS des Vorschlags, dem relativen Wohlstand der Mitgliedstaaten im Rahmen des Systems der eigenen Mittel stärker Rechnung zu tragen –
BEKRÄFTIGEN, daß die Förderung des sozialen und wirtschaftlichen Zusammenhalts für die umfassende Entwicklung und den dauerhaften Erfolg der Gemeinschaft wesentlich ist, und unterstreichen die Bedeutung, die der Aufnahme des wirtschaftlichen und sozialen Zusammenhalts in die Artikel 2 und 3 dieses Vertrags zukommt;
BEKRÄFTIGEN ihre Überzeugung, daß die Strukturfonds bei der Erreichung der Gemeinschaftsziele hinsichtlich des Zusammenhalts weiterhin eine gewichtige Rolle zu spielen haben;
BEKRÄFTIGEN ihre Überzeugung, daß die EIB weiterhin den Großteil ihrer Mittel für die Förderung des wirtschaftlichen und sozialen Zusammenhalts einsetzen sollte, und erklären sich bereit, den Kapitalbedarf der EIB zu überprüfen, sobald dies für diesen Zweck notwendig ist;
BEKRÄFTIGEN die Notwendigkeit einer gründlichen Überprüfung der Tätigkeit und Wirksamkeit der Strukturfonds im Jahr 1992 und die Notwendigkeit, bei dieser Gelegenheit erneut zu prüfen, welchen Umfang diese Fonds in Anbetracht der Gemein-

schaftsaufgaben im Bereich des wirtschaftlichen und sozialen Zusammenhalts haben sollte;
VEREINBAREN, daß der vor dem 31. Dezember 1993 zu schaffende Kohäsionsfonds finanzielle Beiträge der Gemeinschaft für Vorhaben in den Bereichen Umwelt und transeuropäische Netze in Mitgliedstaaten mit einem Pro-Kopf-BSP von weniger als 90 v.H. des Gemeinschaftsdurchschnitts bereitstellt, die ein Programm zur Erfüllung der in Artikel 104c dieses Vertrags genannten Bedingungen der wirtschaftlichen Konvergenz vorweisen;
BEKUNDEN ihre Absicht, ein größeres Maß an Flexibilität bei der Zuweisung von Finanzmitteln aus den Strukturfonds für besondere Bedürfnisse vorzusehen, die nicht von den derzeitigen Strukturfonds abgedeckt werden;
BEKUNDEN ihre Bereitschaft, die Höhe der Gemeinschaftsbeteiligung an Programmen und Vorhaben im Rahmen der Strukturfonds zu differenzieren, um einen übermäßigen Anstieg der Haushaltsausgaben in den weniger wohlhabenden Mitgliedstaaten zu vermeiden;
ERKENNEN AN, daß die Fortschritte im Hinblick auf den wirtschaftlichen und sozialen Zusammenhalt laufend überwacht werden müssen, und bekunden ihre Bereitschaft, alle dazu erforderlichen Maßnahmen zu prüfen;
ERKLÄREN ihre Absicht, der Beitragskapazität der einzelnen Mitgliedstaaten im Rahmen des Systems der Eigenmittel stärker Rechnung zu tragen und zu prüfen, wie für die weniger wohlhabenden Mitgliedstaaten regressive Elemente im derzeitigen System der Eigenmittel korrigiert werden können;
KOMMEN ÜBEREIN, dieses Protokoll dem Vertrag zur Gründung der Europäischen Gemeinschaft beizufügen.

Protokoll (Nr. 29)
über die Gewährung von Asyl für Staatsangehörige von Mitgliedstaaten der Europäischen Union

DIE HOHEN VERTRAGSPARTEIEN –
IN DER ERWÄGUNG, daß die Union nach Artikel 6 Absatz 2 des Vertrags über die Europäische Union die Grundrechte, wie sie in der am 4. November 1950 in Rom unterzeichneten Europäischen Konvention zum Schutze der Menschenrechte und Grundfreiheiten gewährleistet sind, achtet,
IN DER ERWÄGUNG, daß der Gerichtshof der Europäischen Gemeinschaften dafür zuständig ist, sicherzustellen, daß die Europäische Gemeinschaft bei der Auslegung und Anwendung des Artikels 6 Absatz 2 des Vertrags über die Europäische Union die Rechtsvorschriften einhält,
IN DER ERWÄGUNG, daß nach Artikel 49 des Vertrags über die Europäische Union jeder europäische Staat, der beantragt, Mitglied der Union zu werden, die in Artikel 6 Absatz 1 des Vertrags über die Europäische Union genannten Grundsätze achten muß, eingedenk dessen, daß Artikel 309 des Vertrags zur Gründung der Europäischen Gemeinschaft ein Verfahren für die Aussetzung bestimmter Rechte im Falle einer schwerwiegenden und anhaltenden Verletzung dieser Grundsätze durch einen Mitgliedstaat vorsieht,
UNTER HINWEIS DARAUF, daß jeder Staatsangehörige eines Mitgliedstaats als Unionsbürger einen besonderen Status und einen besonderen Schutz genießt, welche die Mitgliedstaaten gemäß dem Zweiten Teil des Vertrags zur Gründung der Europäischen Gemeinschaft gewährleisten,
IN DEM BEWUßTSEIN, daß der Vertrag zur Gründung der Europäischen Gemeinschaft einen Raum ohne Binnengrenzen schafft und jedem Unionsbürger das Recht gewährt, sich im Hoheitsgebiet der Mitgliedstaaten frei zu bewegen und aufzuhalten,

Protokolle

UNTER HINWEIS darauf, daß die Frage der Auslieferung von Staatsangehörigen der Mitgliedstaaten der Union Gegenstand des Europäischen Auslieferungsübereinkommens vom 13. Dezember 1957 und des aufgrund des Artikels 31 des Vertrags über die Europäische Union geschlossenen Übereinkommens vom 27. September 1996 über die Auslieferung zwischen den Mitgliedstaaten der Europäischen Union ist,

IN DEM WUNSCH, zu verhindern, daß Asyl für andere als die vorgesehenen Zwecke in Anspruch genommen wird,

IN DER ERWÄGUNG, daß dieses Protokoll den Zweck und die Ziele des Genfer Abkommens vom 28. Juli 1951 über die Rechtsstellung der Flüchtlinge beachtet –

SIND über folgende Bestimmungen ÜBEREINGEKOMMEN, die dem Vertrag zur Gründung der Europäischen Gemeinschaft beigefügt sind:

Einziger Artikel

In Anbetracht des Niveaus des Schutzes der Grundrechte und Grundfreiheiten in den Mitgliedstaaten der Europäischen Union gelten die Mitgliedstaaten füreinander für alle rechtlichen und praktischen Zwecke im Zusammenhang mit Asylangelegenheiten als sichere Herkunftsländer. Dementsprechend darf ein Asylantrag eines Staatsangehörigen eines Mitgliedstaats von einem anderen Mitgliedstaat nur berücksichtigt oder zur Bearbeitung zugelassen werden,

a) wenn der Mitgliedstaat, dessen Staatsangehöriger der Antragsteller ist, nach Inkrafttreten des Vertrags von Amsterdam Artikel 15 der Konvention zum Schutze der Menschenrechte und Grundfreiheiten anwendet und Maßnahmen ergreift, die in seinem Hoheitsgebiet die in der Konvention vorgesehenen Verpflichtungen außer Kraft setzen,

b) wenn das Verfahren des Artikels 7 Absatz 1 des Vertrags über die Europäische Union eingeleitet worden ist und bis der Rat diesbezüglich einen Beschluß gefaßt hat,

c) wenn der Rat nach Artikel 7 Absatz 1 des Vertrags über die Europäische Union eine schwerwiegende und anhaltende Verletzung von in Artikel 6 Absatz 1 genannten Grundsätzen durch den Mitgliedstaat, dessen Staatsangehöriger der Antragsteller ist, festgestellt hat,

d) wenn ein Mitgliedstaat in bezug auf den Antrag eines Staatsangehörigen eines anderen Mitgliedstaats einseitig einen solchen Beschluß faßt; in diesem Fall wird der Rat umgehend unterrichtet; bei der Prüfung des Antrags wird von der Vermutung ausgegangen, daß der Antrag offensichtlich unbegründet ist, ohne daß die Entscheidungsbefugnis des Mitgliedstaats in irgendeiner Weise beeinträchtigt wird.

Protokoll (Nr. 30)
über die Anwendung der Grundsätze der Subsidiarität und der Verhältnismäßigkeit

DIE HOHEN VERTRAGSPARTEIEN –

ENTSCHLOSSEN, die Bedingungen für die Anwendung der in Artikel 3b des Vertrags zur Gründung der Europäischen Gemeinschaft verankerten Grundsätze der Subsidiarität und der Verhältnismäßigkeit festzulegen, um die Kriterien für ihre Anwendung zu präzisieren, und die strikte Beachtung und kohärente Anwendung dieser Grundsätze durch alle Organe zu gewährleisten,

IN DEM WUNSCH sicherzustellen, daß Entscheidungen in der Union so bürgernah wie möglich getroffen werden,

IN ANBETRACHT der Interinstitutionellen Vereinbarung vom 25. Oktober 1993 zwischen dem Europäischen Parlament, dem Rat und der Kommission über die Verfahren zur Anwendung des Subsidiaritätsprinzips,

HABEN BEKRÄFTIGT, daß die Schlußfolgerungen des Europäischen Rates von Birmingham vom 16. Oktober 1992 und das vom Europäischen Rat auf seiner Tagung am 11. bis 12. Dezember 1992 in Edinburgh vereinbarte Gesamtkonzept für die Anwendung des Subsidiaritätsprinzips weiterhin die Richtschnur für das Handeln der Gemeinschaftsorgane sowie für die Weiterentwicklung der Anwendung des Subsidiaritätsprinzips bilden werden –
SIND zu diesem Zweck über folgende Bestimmungen ÜBEREINGEKOMMEN, die dem Vertrag zur Gründung der Europäischen Gemeinschaft beigefügt sind:
1. Jedes Organ gewährleistet bei der Ausübung seiner Befugnisse die Einhaltung des Subsidiaritätsprinzips. Jedes Organ gewährleistet ferner die Beachtung des Verhältnismäßigkeitsgrundsatzes, demzufolge die Maßnahmen der Gemeinschaft nicht über das für die Erreichung der Ziele des Vertrags erforderliche Maß hinausgehen dürfen.
2. Die Grundsätze der Subsidiarität und der Verhältnismäßigkeit werden unter Beachtung der allgemeinen Bestimmungen und der Ziele des Vertrags angewandt, insbesondere unter voller Wahrung des gemeinschaftlichen Besitzstands und des institutionellen Gleichgewichts; dabei werden die vom Gerichtshof aufgestellten Grundsätze für das Verhältnis zwischen einzelstaatlichem Recht und Gemeinschaftsrecht nicht berührt, und Artikel 6 Absatz 4 des Vertrags über die Europäische Union, wonach sich die Union mit den Mitteln ausstattet, »die zum Erreichen ihrer Ziele und zur Durchführung ihrer Politiken erforderlich sind«, sollte Rechnung getragen werden.
3. Das Subsidiaritätsprinzip stellt nicht die Befugnisse in Frage, über die die Europäische Gemeinschaft aufgrund des Vertrags entsprechend der Auslegung des Gerichtshofs verfügt. Die in Artikel 5 Absatz 2 des Vertrags genannten Kriterien gelten für Bereiche, für die die Gemeinschaft nicht die ausschließliche Zuständigkeit besitzt. Das Subsidiaritätsprinzip ist eine Richtschnur dafür, wie diese Befugnisse auf Gemeinschaftsebene auszuüben sind. Die Subsidiarität ist ein dynamisches Konzept und sollte unter Berücksichtigung der im Vertrag festgelegten Ziele angewendet werden. Nach dem Subsidiaritätsprinzip kann die Tätigkeit der Gemeinschaft im Rahmen ihrer Befugnisse sowohl erweitert werden, wenn die Umstände dies erfordern, als auch eingeschränkt oder eingestellt werden, wenn sie nicht mehr gerechtfertigt ist.
4. Jeder Vorschlag für gemeinschaftliche Rechtsvorschriften wird begründet, um zu rechtfertigen, daß dabei die Grundsätze der Subsidiarität und der Verhältnismäßigkeit eingehalten werden; die Feststellung, daß ein Gemeinschaftsziel besser auf Gemeinschaftsebene erreicht werden kann, muß auf qualitativen oder – soweit möglich – auf quantitativen Kriterien beruhen.
5. Maßnahmen der Gemeinschaft sind nur gerechtfertigt, wenn beide Bedingungen des Subsidiaritätsprinzips erfüllt sind: Die Ziele der in Betracht gezogenen Maßnahmen können nicht ausreichend durch Maßnahmen der Mitgliedstaaten im Rahmen ihrer Verfassungsordnung erreicht werden und können daher besser durch Maßnahmen der Gemeinschaft erreicht werden.
Folgende Leitlinien sollten bei der Prüfung der Frage, ob die genannte Voraussetzung erfüllt ist, befolgt werden:
 – Der betreffende Bereich weist transnationale Aspekte auf, die durch Maßnahmen der Mitgliedstaaten nicht ausreichend geregelt werden können,
 – alleinige Maßnahmen der Mitgliedstaaten oder das Fehlen von Gemeinschaftsmaßnahmen würden gegen die Anforderungen des Vertrags (beispielsweise Erfordernis der Korrektur von Wettbewerbsverzerrungen, der Vermeidung verschleierter Handelsbeschränkungen oder der Stärkung des wirtschaftlichen und sozialen Zusammenhalts) verstoßen oder auf sonstige Weise die Interessen der Mitgliedstaaten erheblich beeinträchtigen,
 – Maßnahmen auf Gemeinschaftsebene würden wegen ihres Umfangs oder ihrer Wirkungen im Vergleich zu Maßnahmen auf der Ebene der Mitgliedstaaten deutliche Vorteile mit sich bringen.

Protokolle

6. Für Maßnahmen der Gemeinschaft ist eine möglichst einfache Form zu wählen, wobei darauf geachtet werden muß, daß das Ziel der Maßnahme in zufriedenstellender Weise erreicht wird und die Maßnahme tatsächlich zur Anwendung gelangt. Die Rechtsetzungstätigkeit der Gemeinschaft sollte über das erforderliche Maß nicht hinausgehen. Dementsprechend wäre unter sonst gleichen Gegebenheiten eine Richtlinie einer Verordnung und eine Rahmenrichtlinie einer detaillierten Maßnahme vorzuziehen. Richtlinien nach Maßgabe des Artikels 249 des Vertrags, die für jeden Mitgliedstaat, an den sie gerichtet sind, hinsichtlich des zu erreichenden Ziels verbindlich sind, überlassen den innerstaatlichen Stellen die Wahl der Form und der Mittel.
7. Was Art und Umfang des Handelns der Gemeinschaft betrifft, so sollte bei Maßnahmen der Gemeinschaft so viel Raum für nationale Entscheidungen bleiben, wie dies im Einklang mit dem Ziel der Maßnahme und den Anforderungen des Vertrags möglich ist. Unter Einhaltung der gemeinschaftlichen Rechtsvorschriften sollten bewährte nationale Regelungen sowie Struktur und Funktionsweise der Rechtssysteme der Mitgliedstaaten geachtet werden. Den Mitgliedstaaten sollten in den Gemeinschaftsmaßnahmen Alternativen zur Erreichung der Ziele der Maßnahmen angeboten werden, sofern dies für eine ordnungsgemäße Durchführung der Maßnahmen angemessen und erforderlich ist.
8. Führt die Anwendung des Subsidiaritätsprinzips dazu, daß ein Tätigwerden der Gemeinschaft unterbleibt, so müssen die Mitgliedstaaten bei ihren Tätigkeiten den allgemeinen Vorschriften des Artikels 10 des Vertrags genügen, indem sie alle geeigneten Maßnahmen zur Erfüllung ihrer Verpflichtungen aus dem Vertrag treffen und alle Maßnahmen, welche die Verwirklichung der Ziele des Vertrags gefährden könnten, unterlassen.
9. Unbeschadet ihres Initiativrechts sollte die Kommission
   - vor der Unterbreitung von Vorschlägen für Rechtsvorschriften außer im Falle besonderer Dringlichkeit oder Vertraulichkeit umfassende Anhörungen durchführen und in jedem geeigneten Fall Konsultationsunterlagen veröffentlichen;
   - die Sachdienlichkeit ihrer Vorschläge unter dem Aspekt des Subsidiaritätsprinzips begründen; hierzu sind erforderlichenfalls in der Begründung des Vorschlags ausführliche Angaben zu machen. Wird eine Gemeinschaftsmaßnahme ganz oder teilweise aus dem Gemeinschaftshaushalt finanziert, so ist eine Erläuterung erforderlich;
   - gebührend berücksichtigen, daß die finanzielle Belastung und der Verwaltungsaufwand der Gemeinschaft, der Regierungen der Mitgliedstaaten, der örtlichen Behörden, der Wirtschaft und der Bürger so gering wie möglich gehalten werden und in einem angemessenen Verhältnis zu dem angestrebten Ziel stehen müssen;
   - dem Europäischen Rat, dem Europäischen Parlament und dem Rat jährlich einen Bericht über die Anwendung des Artikels 5 des Vertrags vorlegen. Dieser Jahresbericht ist auch dem Ausschuß der Regionen und dem Wirtschafts- und Sozialausschuß zuzuleiten.
10. Der Europäische Rat berücksichtigt den Bericht der Kommission nach Nummer 9 vierter Gedankenstrich im Rahmen des Berichts über die Fortschritte der Union, den er gemäß Artikel 4 des Vertrags über die Europäische Union dem Europäischen Parlament vorzulegen hat.
11. Das Europäische Parlament und der Rat prüfen unter strikter Einhaltung der geltenden Verfahren als Teil der umfassenden Prüfung der Kommissionsvorschläge, ob diese mit Artikel 5 des Vertrags im Einklang stehen. Dies gilt sowohl für den ursprünglichen Vorschlag der Kommission als auch für vom Europäischen Parlament und vom Rat in Betracht gezogene Änderungen an dem Vorschlag.
12. Das Europäische Parlament wird im Rahmen der Anwendung der Verfahren nach den Artikeln 251 und 252 des Vertrags durch die Angabe der Gründe, die den Rat

zur Festlegung seines gemeinsamen Standpunkts veranlaßt haben, über die Auffassung des Rates hinsichtlich der Anwendung des Artikels 5 des Vertrags unterrichtet. Der Rat teilt dem Europäischen Parlament mit, weshalb seiner Auffassung nach ein Kommissionsvorschlag ganz oder teilweise im Widerspruch zu Artikel 5 des Vertrags steht.
13. Die Einhaltung des Subsidiaritätsprinzips wird gemäß den Bestimmungen des Vertrags geprüft.

Protokoll (Nr. 31)
über die Außenbeziehungen der Mitgliedstaaten hinsichtlich des Überschreitens der Außengrenzen

DIE HOHEN VERTRAGSPARTEIEN –
EINGEDENK der Notwendigkeit, daß die Mitgliedstaaten, gegebenenfalls in Zusammenarbeit mit Drittländern, für wirksame Kontrollen an ihren Außengrenzen sorgen –
SIND über folgende Bestimmung ÜBEREINGEKOMMEN, die dem Vertrag zur Gründung der Europäischen Gemeinschaft beigefügt ist:
Die in Artikel 62 Nummer 2 Buchstabe a des Titels IV des Vertrags aufgenommenen Bestimmungen über Maßnahmen in bezug auf das Überschreiten der Außengrenzen berühren nicht die Zuständigkeit der Mitgliedstaaten für die Aushandlung und den Abschluß von Übereinkünften mit Drittländern, sofern sie mit den gemeinschaftlichen Rechtsvorschriften und anderen in Betracht kommenden internationalen Übereinkünften in Einklang stehen.

Protokoll (Nr. 32)
über den öffentlich-rechtlichen Rundfunk in den Mitgliedstaaten

DIE HOHEN VERTRAGSPARTEIEN –
IN DER ERWÄGUNG, daß der öffentlich-rechtliche Rundfunk in den Mitgliedstaaten unmittelbar mit den demokratischen, sozialen und kulturellen Bedürfnissen jeder Gesellschaft sowie mit dem Erfordernis verknüpft ist, den Pluralismus in den Medien zu wahren –
SIND über folgende auslegende Bestimmung ÜBEREINGEKOMMEN, die dem Vertrag zur Gründung der Europäischen Gemeinschaft beigefügt ist:
Die Bestimmungen des Vertrags zur Gründung der Europäischen Gemeinschaft berühren nicht die Befugnis der Mitgliedstaaten, den öffentlich-rechtlichen Rundfunk zu finanzieren, sofern die Finanzierung der Rundfunkanstalten dem öffentlich-rechtlichen Auftrag, wie er von den Mitgliedstaaten den Anstalten übertragen, festgelegt und ausgestaltet wird, dient und die Handels- und Wettbewerbsbedingungen in der Gemeinschaft nicht in einem Ausmaß beeinträchtigt, das dem gemeinsamen Interesse zuwiderläuft, wobei den Erfordernissen der Erfüllung des öffentlich-rechtlichen Auftrags Rechnung zu tragen ist.

Protokoll (Nr. 33)
über den Tierschutz und das Wohlergehen der Tiere

DIE HOHEN VERTRAGSPARTEIEN –
IN DEM WUNSCH sicherzustellen, daß der Tierschutz verbessert und das Wohlergehen der Tiere als fühlende Wesen berücksichtigt wird –
SIND über folgende Bestimmung ÜBEREINGEKOMMEN, die dem Vertrag zur Gründung der Europäischen Gemeinschaft beigefügt ist:

Protokolle

Bei der Festlegung und Durchführung der Politik der Gemeinschaft in den Bereichen Landwirtschaft, Verkehr, Binnenmarkt und Forschung tragen die Gemeinschaft und die Mitgliedstaaten den Erfordernissen des Wohlergehens der Tiere in vollem Umfang Rechnung; sie berücksichtigen hierbei die Rechts- und Verwaltungsvorschriften und die Gepflogenheiten der Mitgliedstaaten insbesondere in bezug auf religiöse Riten, kulturelle Traditionen und das regionale Erbe.

Protokoll
über die Erweiterung
der Europäischen Union

DIE HOHEN VERTRAGSPARTEIEN
HABEN folgende Bestimmungen ANGENOMMEN, die dem Vertrag über die Europäische Union und den Verträgen zur Gründung der Europäischen Gemeinschaften beigefügt werden:

ARTIKEL 1
Aufhebung des Protokolls über die Organe

Das dem Vertrag über die Europäische Union und den Verträgen zur Gründung der Europäischen Gemeinschaften beigefügte Protokoll über die Organe im Hinblick auf die Erweiterung der Europäischen Union wird aufgehoben.

ARTIKEL 2
Bestimmungen über das Europäische Parlament

(1) Artikel 190 Absatz 2 Unterabsatz 1 des Vertrags zur Gründung der Europäischen Gemeinschaft und Artikel 108 Absatz 2 Unterabsatz 1 des Vertrags zur Gründung der Europäischen Atomgemeinschaft erhalten zum 1. Januar 2004 mit Wirkung ab dem Beginn der Wahlperiode 2004–2009 jeweils folgende Fassung:
»Die Zahl der in jedem Mitgliedstaat gewählten Abgeordneten wird wie folgt festgesetzt:

Belgien	22
Dänemark	13
Deutschland	99
Griechenland	22
Spanien	50
Frankreich	72
Irland	12
Italien	72
Luxemburg	6
Niederlande	25
Österreich	17
Portugal	22
Finnland	13
Schweden	18
Vereinigtes Königreich	72«

(2) Vorbehaltlich des Absatzes 3 entspricht die Gesamtzahl der Abgeordneten im Europäischen Parlament für die Wahlperiode 2004–2009 der in Artikel 190 Absatz 2 des Vertrags zur Gründung der Europäischen Gemeinschaft und in Artikel 108 Absatz 2 des Vertrags zur Gründung der Europäischen Atomgemeinschaft angegebenen Zahl der Abgeordneten zuzüglich der Anzahl der Abgeordneten der neuen Mitgliedstaaten entsprechend den spätestens am 1. Januar 2004 unterzeichneten Beitrittsverträgen.

(3) Liegt die Gesamtzahl der Mitglieder gemäß Absatz 2 unter 732, so wird die Zahl der in jedem Mitgliedstaat zu wählenden Abgeordneten anteilig so korrigiert, daß die Gesamtzahl so nah wie möglich bei 732 liegt, die Korrektur aber nicht zu einer höhe-

Protokolle

ren Zahl von in jedem Mitgliedstaat zu wählenden Abgeordneten führt als in Artikel 190 Absatz 2 des Vertrags zur Gründung der Europäischen Gemeinschaft und in Artikel 108 Absatz 2 des Vertrags zur Gründung der Europäischen Atomgemeinschaft für die Wahlperiode 1999–2004 vorgesehen.
Der Rat faßt zu diesem Zweck einen Beschluß.
(4) Abweichend von Artikel 189 Absatz 2 des Vertrags zur Gründung der Europäischen Gemeinschaft und von Artikel 107 Absatz 2 des Vertrags zur Gründung der Europäischen Atomgemeinschaft kann die Zahl der Mitglieder des Europäischen Parlaments während der Geltungsdauer des Ratsbeschlusses gemäß Absatz 3 Unterabsatz 2 dieses Artikels vorübergehend 732 überschreiten, wenn nach der Annahme dieses Beschlusses Beitrittsverträge in Kraft treten. Die in Absatz 3 Unterabsatz 1 dieses Artikels genannte Korrektur findet auch auf die Zahl der in den betreffenden Mitgliedstaaten zu wählenden Abgeordneten Anwendung.

ARTIKEL 3
Bestimmungen über die Stimmengewichtung im Rat

(1) Ab 1. Januar 2005 gilt Folgendes:
a) Artikel 205 des Vertrags zur Gründung der Europäischen Gemeinschaft und Artikel 118 des Vertrags zur Gründung der Europäischen Atomgemeinschaft werden jeweils wie folgt geändert:
i) Absatz 2 erhält folgende Fassung:
»(2) Ist zu einem Beschluß des Rates die qualifizierte Mehrheit erforderlich, so werden die Stimmen der Mitglieder wie folgt gewogen:

Belgien	12
Dänemark	7
Deutschland	29
Griechenland	12
Spanien	27
Frankreich	29
Irland	7
Italien	29
Luxemburg	4
Niederlande	13
Österreich	10
Portugal	12
Finnland	7
Schweden	10
Vereinigtes Königreich	29

In den Fällen, in denen die Beschlüsse nach diesem Vertrag auf Vorschlag der Kommission zu fassen sind, kommen die Beschlüsse mit einer Mindestzahl von 169 Stimmen zustande, welche die Zustimmung der Mehrheit der Mitglieder umfassen. In den anderen Fällen kommen die Beschlüsse mit einer Mindestzahl von 169 Stimmen zustande, welche die Zustimmung von mindestens zwei Dritteln der Mitglieder umfassen.«
ii) Folgender Absatz 4 wird hinzugefügt:
»(4) Ein Mitglied des Rates kann beantragen, daß bei einer Beschlußfassung des Rates mit qualifizierter Mehrheit überprüft wird, ob die Mitgliedstaaten, die diese qualifizierte Mehrheit bilden, mindestens 62 % der Gesamtbevölkerung der Union repräsentieren. Falls sich erweist, daß diese Bedingung nicht erfüllt ist, kommt der betreffende Beschluß nicht zustande.«

b) Artikel 23 Absatz 2 Unterabsatz 3 des Vertrags über die Europäische Union erhält folgende Fassung:
»Die Stimmen der Mitglieder des Rates werden nach Artikel 205 Absatz 2 des Vertrags zur Gründung der Europäischen Gemeinschaft gewogen. Beschlüsse kommen mit einer Mindestzahl von 169 Stimmen zustande, welche die Zustimmung von mindestens zwei Dritteln der Mitglieder umfassen. Ein Mitglied des Rates kann beantragen, daß bei einer Beschlußfassung des Rates mit qualifizierter Mehrheit überprüft wird, ob die Mitgliedstaaten, die diese qualifizierte Mehrheit bilden, mindestens 62 % der Gesamtbevölkerung der Union repräsentieren. Falls sich erweist, daß diese Bedingung nicht erfüllt ist, kommt der betreffende Beschluß nicht zustande.«
c) Artikel 34 Absatz 3 des Vertrags über die Europäische Union erhält folgende Fassung:
»(3) Ist für einen Beschluß des Rates die qualifizierte Mehrheit erforderlich, so werden die Stimmen der Mitglieder nach Artikel 205 Absatz 2 des Vertrags zur Gründung der Europäischen Gemeinschaft gewogen; Beschlüsse kommen mit einer Mindestzahl von 169 Stimmen zustande, welche die Zustimmung von mindestens zwei Dritteln der Mitglieder umfassen. Ein Mitglied des Rates kann beantragen, daß bei einer Beschlußfassung des Rates mit qualifizierter Mehrheit überprüft wird, ob die Mitgliedstaaten, die diese qualifizierte Mehrheit bilden, mindestens 62 % der Gesamtbevölkerung der Union repräsentieren. Falls sich erweist, daß diese Bedingung nicht erfüllt ist, kommt der betreffende Beschluß nicht zustande.«

(2) Bei jedem Beitritt wird die in Artikel 205 Absatz 2 Unterabsatz 2 des Vertrags zur Gründung der Europäischen Gemeinschaft und in Artikel 118 Absatz 2 Unterabsatz 2 des Vertrags zur Gründung der Europäischen Atomgemeinschaft genannte Schwelle so berechnet, daß die in Stimmen ausgedrückte Schwelle für die qualifizierte Mehrheit nicht die Schwelle überschreitet, die sich aus der Tabelle in der Erklärung zur Erweiterung der Europäischen Union ergibt, die in der Schlußakte der Konferenz, die den Vertrag von Nizza angenommen hat, enthalten ist.

ARTIKEL 4
Bestimmungen betreffend die Kommission

(1) Artikel 213 Absatz 1 des Vertrags zur Gründung der Europäischen Gemeinschaft und Artikel 126 Absatz 1 des Vertrags zur Gründung der Europäischen Atomgemeinschaft erhalten zum 1. Januar 2005 mit Wirkung ab dem Amtsantritt der ersten Kommission nach diesem Zeitpunkt jeweils folgende Fassung:
»(1) Die Mitglieder der Kommission werden aufgrund ihrer allgemeinen Befähigung ausgewählt und bieten volle Gewähr für ihre Unabhängigkeit.
Der Kommission gehört ein Staatsangehöriger jedes Mitgliedstaats an.
Die Zahl der Mitglieder der Kommission kann vom Rat einstimmig geändert werden.«
(2) Wenn die Union 27 Mitgliedstaaten umfaßt, erhalten Artikel 213 Absatz 1 des Vertrags zur Gründung der Europäischen Gemeinschaft und Artikel 126 Absatz 1 des Vertrags zur Gründung der Europäischen Atomgemeinschaft jeweils folgende Fassung:
»(1) Die Mitglieder der Kommission werden aufgrund ihrer allgemeinen Befähigung ausgewählt und bieten volle Gewähr für ihre Unabhängigkeit.
Die Zahl der Mitglieder der Kommission liegt unter der Zahl der Mitgliedstaaten. Die Mitglieder der Kommission werden auf der Grundlage einer gleichberechtigten Rotation ausgewählt, deren Einzelheiten vom Rat einstimmig festgelegt werden.
Die Zahl der Mitglieder der Kommission wird vom Rat einstimmig festgesetzt.«
Diese Änderung gilt ab dem Tag des Amtsantritts der ersten Kommission nach dem Beitritt des siebenundzwanzigsten Mitgliedstaats der Union.

Protokolle

(3) Der Rat legt nach der Unterzeichnung des Beitrittsvertrags des siebenundzwanzigsten Mitgliedstaats der Union einstimmig Folgendes fest:
- die Zahl der Mitglieder der Kommission;
- die Einzelheiten der gleichberechtigten Rotation; diese umfassen sämtliche Kriterien und Vorschriften, die für die automatische Festlegung der Zusammensetzung der aufeinander folgenden Kollegien auf der Grundlage folgender Grundsätze erforderlich sind:
   a) Die Mitgliedstaaten werden bei der Festlegung der Reihenfolge und der Dauer der Amtszeiten ihrer Staatsangehörigen in der Kommission vollkommen gleich behandelt; demzufolge kann die Gesamtzahl der Mandate, welche Staatsangehörige zweier beliebiger Mitgliedstaaten innehaben, niemals um mehr als eines voneinander abweichen;
   b) vorbehaltlich des Buchstabens a ist jedes der aufeinander folgenden Kollegien so zusammengesetzt, daß das demographische und geographische Spektrum der Gesamtheit der Mitgliedstaaten der Union auf zufrieden stellende Weise zum Ausdruck kommt.

(4) Bis Absatz 2 Anwendung findet, hat jeder Staat, der der Union beitritt, zum Zeitpunkt seines Beitritts Anspruch auf einen Staatsangehörigen als Mitglied der Kommission.

Protokoll
über die Satzung
des Gerichtshofs

DIE HOHEN VERTRAGSPARTEIEN –
IN DEM WUNSCH, die in Artikel 245 des Vertrags zur Gründung der Europäischen Gemeinschaft und in Artikel 160 des Vertrags zur Gründung der Europäischen Atomgemeinschaft vorgesehene Satzung des Gerichtshofs festzulegen –
SIND über folgende Bestimmungen ÜBEREINGEKOMMEN, die dem Vertrag über die Europäische Union, dem Vertrag zur Gründung der Europäischen Gemeinschaft und dem Vertrag zur Gründung der Europäischen Atomgemeinschaft beigefügt werden:

ARTIKEL 1

Für die Errichtung und die Tätigkeit des Gerichtshofs gelten die Bestimmungen des Vertrags über die Europäische Union (EU-Vertrag), des Vertrags zur Gründung der Europäischen Gemeinschaft (EG-Vertrag), des Vertrags zur Gründung der Europäischen Atomgemeinschaft (EAG-Vertrag) und dieser Satzung.

TITEL I
DIE RICHTER
UND DIE GENERALANWÄLTE

ARTIKEL 2

Jeder Richter leistet vor Aufnahme seiner Amtstätigkeit in öffentlicher Sitzung den Eid, sein Amt unparteiisch und gewissenhaft auszuüben und das Beratungsgeheimnis zu wahren.

ARTIKEL 3

Die Richter sind keiner Gerichtsbarkeit unterworfen. Hinsichtlich ihrer in amtlicher Eigenschaft vorgenommenen Handlungen, einschließlich ihrer mündlichen und schriftlichen Äußerungen, steht ihnen diese Befreiung auch nach Abschluß ihrer Amtstätigkeit zu.
Der Gerichtshof kann die Befreiung durch Plenarentscheidung aufheben.
Wird nach Aufhebung der Befreiung ein Strafverfahren gegen einen Richter eingeleitet, so darf dieser in jedem Mitgliedstaat nur vor ein Gericht gestellt werden, das für Verfahren gegen Richter der höchsten Gerichte dieses Mitgliedstaats zuständig ist.
Die Artikel 12 bis 15 und Artikel 18 des Protokolls über die Vorrechte und Befreiungen der Europäischen Gemeinschaften finden auf die Richter, die Generalanwälte, den Kanzler und die Hilfsberichterstatter des Gerichtshofs Anwendung; die Bestimmungen der Absätze 1 bis 3 betreffend die Befreiung der Richter von der Gerichtsbarkeit bleiben hiervon unberührt.

ARTIKEL 4

Die Richter dürfen weder ein politisches Amt noch ein Amt in der Verwaltung ausüben.
Sie dürfen keine entgeltliche oder unentgeltliche Berufstätigkeit ausüben, es sei denn, daß der Rat ausnahmsweise von dieser Vorschrift Befreiung erteilt.
Bei der Aufnahme ihrer Tätigkeit übernehmen sie die feierliche Verpflichtung, während der Ausübung und nach Ablauf ihrer Amtstätigkeit die sich aus ihrem Amt ergebenden Pflichten zu erfüllen, insbesondere die Pflicht, bei der Annahme bestimmter Tätigkeiten oder Vorteile nach Ablauf dieser Tätigkeit ehrenhaft und zurückhaltend zu sein.
Im Zweifelsfalle entscheidet der Gerichtshof.

ARTIKEL 5

Abgesehen von den regelmäßigen Neubesetzungen und von Todesfällen endet das Amt eines Richters durch Rücktritt.
Bei Rücktritt eines Richters ist das Rücktrittsschreiben an den Präsidenten des Gerichtshofs zur Weiterleitung an den Präsidenten des Rates zu richten. Mit der Benachrichtigung des Letzteren wird der Sitz frei.
Mit Ausnahme der Fälle, in denen Artikel 6 Anwendung findet, bleibt jeder Richter bis zum Amtsantritt seines Nachfolgers im Amt.

ARTIKEL 6

Ein Richter kann nur dann seines Amtes enthoben oder seiner Ruhegehaltsansprüche oder anderer an ihrer Stelle gewährter Vergünstigungen für verlustig erklärt werden, wenn er nach einstimmigem Urteil der Richter und Generalanwälte des Gerichtshofs nicht mehr die erforderlichen Voraussetzungen erfüllt oder den sich aus seinem Amt ergebenden Verpflichtungen nicht mehr nachkommt. Der Betroffene wirkt bei der Beschlußfassung nicht mit.
Der Kanzler bringt den Präsidenten des Europäischen Parlaments und der Kommission die Entscheidung des Gerichtshofs zur Kenntnis und übermittelt sie dem Präsidenten des Rates.
Wird durch eine solche Entscheidung ein Richter seines Amtes enthoben, so wird sein Sitz mit der Benachrichtigung des Präsidenten des Rates frei.

Protokolle

ARTIKEL 7

Endet das Amt eines Richters vor Ablauf seiner Amtszeit, so wird es für die verbleibende Amtszeit neu besetzt.

ARTIKEL 8

Die Artikel 2 bis 7 finden auf die Generalanwälte Anwendung.

TITEL II
ORGANISATION

ARTIKEL 9

Die teilweise Neubesetzung der Richterstellen, die alle drei Jahre stattfindet, betrifft abwechselnd acht und sieben Richter.
Die teilweise Neubesetzung der Stellen der Generalanwälte, die alle drei Jahre stattfindet, betrifft jedes Mal vier Generalanwälte.

ARTIKEL 10

Der Kanzler leistet vor dem Gerichtshof den Eid, sein Amt unparteiisch und gewissenhaft auszuüben und das Beratungsgeheimnis zu wahren.

ARTIKEL 11

Der Gerichtshof regelt die Vertretung des Kanzlers für den Fall seiner Verhinderung.

ARTIKEL 12

Dem Gerichtshof werden Beamte und sonstige Bedienstete beigegeben, um ihm die Erfüllung seiner Aufgaben zu ermöglichen. Sie unterstehen dem Kanzler unter Aufsicht des Präsidenten.

ARTIKEL 13

Der Rat kann durch einstimmigen Beschluß auf Vorschlag des Gerichtshofs die Ernennung von Hilfsberichterstattern vorsehen und ihre Stellung bestimmen. Die Hilfsberichterstatter können nach Maßgabe der Verfahrensordnung berufen werden, an der Bearbeitung der beim Gerichtshof anhängigen Sachen teilzunehmen und mit dem Berichterstatter zusammenzuarbeiten.
Zu Hilfsberichterstattern sind Persönlichkeiten auszuwählen, die jede Gewähr für Unabhängigkeit bieten und die erforderlichen juristischen Befähigungsnachweise erbringen; sie werden vom Rat ernannt. Sie leisten vor dem Gerichtshof den Eid, ihr Amt unparteiisch und gewissenhaft auszuüben und das Beratungsgeheimnis zu wahren.

Protokolle

ARTIKEL 14

Die Richter, die Generalanwälte und der Kanzler sind verpflichtet, am Sitz des Gerichtshofs zu wohnen.

ARTIKEL 15

Der Gerichtshof übt seine Tätigkeit ständig aus. Die Dauer der Gerichtsferien wird vom Gerichtshof unter Berücksichtigung der dienstlichen Erfordernisse festgesetzt.

ARTIKEL 16

Der Gerichtshof bildet aus seiner Mitte Kammern mit drei und mit fünf Richtern. Die Richter wählen aus ihrer Mitte die Präsidenten der Kammern. Die Präsidenten der Kammern mit fünf Richtern werden für drei Jahre gewählt. Einmalige Wiederwahl ist zulässig.
Die Große Kammer ist mit elf Richtern besetzt. Den Vorsitz führt der Präsident des Gerichtshofs. Der Großen Kammer gehören außerdem die Präsidenten der Kammern mit fünf Richtern und weitere Richter, die nach Maßgabe der Verfahrensordnung ernannt werden, an.
Der Gerichtshof tagt als Große Kammer, wenn ein am Verfahren beteiligter Mitgliedstaat oder ein am Verfahren beteiligtes Gemeinschaftsorgan dies beantragt.
Der Gerichthof tagt als Plenum, wenn er gemäß Artikel 195 Absatz 2, Artikel 213 Absatz 2, Artikel 216 oder Artikel 247 Absatz 7 des EG-Vertrags oder gemäß Artikel 107 d Absatz 2, Artikel 126 Absatz 2, Artikel 129 oder Artikel 160 b Absatz 7 des EAG-Vertrags befaßt wird.
Außerdem kann der Gerichtshof, wenn er zu der Auffassung gelangt, daß eine Rechtssache, mit der er befaßt ist, von außergewöhnlicher Bedeutung ist, nach Anhörung des Generalanwalts entscheiden, diese Rechtssache an das Plenum zu verweisen.

ARTIKEL 17

Der Gerichtshof kann nur in der Besetzung mit einer ungeraden Zahl von Richtern rechtswirksam entscheiden.
Die Entscheidungen der Kammern mit drei oder fünf Richtern sind nur dann gültig, wenn sie von drei Richtern getroffen werden.
Die Entscheidungen der Großen Kammer sind nur dann gültig, wenn neun Richter anwesend sind.
Die vom Plenum getroffenen Entscheidungen des Gerichtshofs sind nur dann gültig, wenn elf Richter anwesend sind.
Bei Verhinderung eines Richters einer Kammer kann nach Maßgabe der Verfahrensordnung ein Richter einer anderen Kammer herangezogen werden.

ARTIKEL 18

Die Richter und Generalanwälte dürfen nicht an der Erledigung einer Sache teilnehmen, in der sie vorher als Bevollmächtigte, Beistände oder Anwälte einer der Parteien tätig gewesen sind oder über die zu befinden sie als Mitglied eines Gerichts, eines Untersuchungsausschusses oder in anderer Eigenschaft berufen waren.

Protokolle

Glaubt ein Richter oder Generalanwalt, bei der Entscheidung oder Untersuchung einer bestimmten Sache aus einem besonderen Grund nicht mitwirken zu können, so macht er davon dem Präsidenten Mitteilung. Hält der Präsident die Teilnahme eines Richters oder Generalanwalts an der Verhandlung oder Entscheidung einer bestimmten Sache aus einem besonderen Grund für unangebracht, so setzt er diesen hiervon in Kenntnis.
Ergibt sich bei der Anwendung dieses Artikels eine Schwierigkeit, so entscheidet der Gerichtshof.
Eine Partei kann den Antrag auf Änderung der Zusammensetzung des Gerichtshofs oder einer seiner Kammern weder mit der Staatsangehörigkeit eines Richters noch damit begründen, daß dem Gerichtshof oder einer seiner Kammern kein Richter ihrer Staatsangehörigkeit angehört.

TITEL III
VERFAHREN

ARTIKEL 19

Die Mitgliedstaaten sowie die Gemeinschaftsorgane werden vor dem Gerichtshof durch einen Bevollmächtigten vertreten, der für jede Sache bestellt wird; der Bevollmächtigte kann sich der Hilfe eines Beistands oder eines Anwalts bedienen.
Die Vertragsstaaten des Abkommens über den Europäischen Wirtschaftsraum, die nicht Mitgliedstaaten sind, und die in jenem Abkommen genannte EFTA-Überwachungsbehörde werden in der gleichen Weise vertreten.
Die anderen Parteien müssen durch einen Anwalt vertreten sein.
Nur ein Anwalt, der berechtigt ist, vor einem Gericht eines Mitgliedstaats oder eines anderen Vertragsstaats des Abkommens über den Europäischen Wirtschaftsraum aufzutreten, kann vor dem Gerichtshof als Vertreter oder Beistand einer Partei auftreten.
Die vor dem Gerichtshof auftretenden Bevollmächtigten, Beistände und Anwälte genießen nach Maßgabe der Verfahrensordnung die zur unabhängigen Ausübung ihrer Aufgaben erforderlichen Rechte und Sicherheiten.
Der Gerichtshof hat nach Maßgabe der Verfahrensordnung gegenüber den vor ihm auftretenden Beiständen und Anwälten die den Gerichten üblicherweise zuerkannten Befugnisse.
Hochschullehrer, die Angehörige von Mitgliedstaaten sind, deren Rechtsordnung ihnen gestattet, vor Gericht als Vertreter einer Partei aufzutreten, haben vor dem Gerichtshof die durch diesen Artikel den Anwälten eingeräumte Rechtsstellung.

ARTIKEL 20

Das Verfahren vor dem Gerichtshof gliedert sich in ein schriftliches und ein mündliches Verfahren.
Das schriftliche Verfahren umfaßt die Übermittlung der Klageschriften, Schriftsätze, Klagebeantwortungen und Erklärungen und gegebenenfalls der Repliken sowie aller zur Unterstützung vorgelegten Belegstücke und Urkunden oder ihrer beglaubigten Abschriften an die Parteien sowie an diejenigen Gemeinschaftsorgane, deren Entscheidungen Gegenstand des Verfahrens sind.
Die Übermittlung obliegt dem Kanzler in der Reihenfolge und innerhalb der Fristen, die die Verfahrensordnung bestimmt.
Das mündliche Verfahren umfaßt die Verlesung des von einem Berichterstatter vorgelegten Berichts, die Anhörung der Bevollmächtigten, Beistände und Anwälte und der Schlußanträge des Generalanwalts durch den Gerichtshof sowie gegebenenfalls die Vernehmung von Zeugen und Sachverständigen.

Protokolle

Ist der Gerichtshof der Auffassung, daß eine Rechtssache keine neue Rechtsfrage aufwirft, so kann er nach Anhörung des Generalanwalts beschließen, daß ohne Schlußanträge des Generalanwalts über die Sache entschieden wird.

ARTIKEL 21

Die Klageerhebung bei dem Gerichtshof erfolgt durch Einreichung einer an den Kanzler zu richtenden Klageschrift. Die Klageschrift muß Namen und Wohnsitz des Klägers, die Stellung des Unterzeichnenden, die Partei oder die Parteien, gegen die die Klage erhoben wird, und den Streitgegenstand angeben sowie die Anträge und eine kurze Darstellung der Klagegründe enthalten.
Ihr ist gegebenenfalls der Rechtsakt beizufügen, dessen Nichtigerklärung beantragt wird, oder in dem in Artikel 232 des EG-Vertrags und Artikel 148 des EAG-Vertrags geregelten Fall eine Unterlage, aus der sich der Zeitpunkt der in den genannten Artikeln vorgesehenen Aufforderung ergibt. Sind der Klageschrift diese Unterlagen nicht beigefügt, so fordert der Kanzler den Kläger auf, sie innerhalb einer angemessenen Frist beizubringen; die Klage kann nicht deshalb zurückgewiesen werden, weil die Beibringung erst nach Ablauf der für die Klageerhebung vorgeschriebenen Frist erfolgt.

ARTIKEL 22

In den Fällen nach Artikel 18 des EAG-Vertrags erfolgt die Klageerhebung bei dem Gerichtshof durch Einreichung einer an den Kanzler zu richtenden Klageschrift. Die Klageschrift muß Namen und Wohnsitz des Klägers, die Stellung des Unterzeichnenden, die Entscheidung, gegen die Klage erhoben wird, die Gegenparteien und den Streitgegenstand angeben sowie die Anträge und eine kurze Darstellung der Klagegründe enthalten.
Eine beglaubigte Abschrift der angefochtenen Entscheidung des Schiedsausschusses ist beizufügen.
Weist der Gerichtshof die Klage ab, so wird die Entscheidung des Schiedsausschusses rechtskräftig.
Hebt der Gerichtshof die Entscheidung des Schiedsausschusses auf, so kann das Verfahren gegebenenfalls auf Betreiben einer Prozeßpartei vor dem Schiedsausschuß wieder aufgenommen werden. Dieser ist an die vom Gerichtshof gegebene rechtliche Beurteilung gebunden.

ARTIKEL 23

In den Fällen nach Artikel 35 Absatz 1 des EU-Vertrags, Artikel 234 des EG-Vertrags und Artikel 150 des EAG-Vertrags obliegt es dem Gericht des Mitgliedstaats, das ein Verfahren aussetzt und den Gerichtshof anruft, diese Entscheidung dem Gerichtshof zu übermitteln. Der Kanzler des Gerichtshofs stellt diese Entscheidung den beteiligten Parteien, den Mitgliedstaaten und der Kommission zu und außerdem dem Rat oder der Europäischen Zentralbank, sofern die Gültigkeit oder Auslegung einer Handlung des Rates oder der Europäischen Zentralbank streitig ist, sowie dem Europäischen Parlament und dem Rat, sofern die Gültigkeit oder Auslegung einer von diesen beiden Organen gemeinsam erlassenen Handlung streitig ist.
Binnen zwei Monaten nach dieser Zustellung können die Parteien, die Mitgliedstaaten, die Kommission und gegebenenfalls das Europäische Parlament, der Rat und die Europäische Zentralbank beim Gerichtshof Schriftsätze einreichen oder schriftliche Erklärungen abgeben.

Protokolle

In den Fällen nach Artikel 234 des EG-Vertrags stellt der Kanzler des Gerichtshofs die Entscheidung des Gerichts des Mitgliedstaats darüber hinaus den Vertragsstaaten des Abkommens über den Europäischen Wirtschaftsraum, die nicht Mitgliedstaaten sind, und der in jenem Abkommen genannten EFTA-Überwachungsbehörde zu, die binnen zwei Monaten nach der Zustellung beim Gerichtshof Schriftsätze einreichen oder schriftliche Erklärungen abgeben können, wenn einer der Anwendungsbereiche des Abkommens betroffen ist.

ARTIKEL 24

Der Gerichtshof kann von den Parteien die Vorlage aller Urkunden und die Erteilung aller Auskünfte verlangen, die er für wünschenswert hält. Im Falle einer Weigerung stellt der Gerichtshof diese ausdrücklich fest.
Der Gerichtshof kann ferner von den Mitgliedstaaten und den Organen, die nicht Parteien in einem Rechtsstreit sind, alle Auskünfte verlangen, die er zur Regelung dieses Rechtsstreits für erforderlich erachtet.

ARTIKEL 25

Der Gerichtshof kann jederzeit Personen, Personengemeinschaften, Dienststellen, Ausschüsse oder Einrichtungen seiner Wahl mit der Abgabe von Gutachten betrauen.

ARTIKEL 26

Zeugen können nach Maßgabe der Verfahrensordnung vernommen werden.

ARTIKEL 27

Nach Maßgabe der Verfahrensordnung kann der Gerichtshof gegenüber ausbleibenden Zeugen die den Gerichten allgemein zuerkannten Befugnisse ausüben und Geldbußen verhängen.

ARTIKEL 28

Zeugen und Sachverständige können unter Benutzung der in der Verfahrensordnung vorgeschriebenen Eidesformel oder in der in der Rechtsordnung ihres Landes vorgesehenen Weise eidlich vernommen werden.

ARTIKEL 29

Der Gerichtshof kann anordnen, daß ein Zeuge oder Sachverständiger von dem Gericht seines Wohnsitzes vernommen wird.
Diese Anordnung ist gemäß den Bestimmungen der Verfahrensordnung zur Ausführung an das zuständige Gericht zu richten. Die in Ausführung des Rechtshilfeersuchens abgefaßten Schriftstücke werden dem Gerichtshof nach denselben Bestimmungen übermittelt.
Der Gerichtshof übernimmt die anfallenden Auslagen; er erlegt sie gegebenenfalls den Parteien auf.

ARTIKEL 30

Jeder Mitgliedstaat behandelt die Eidesverletzung eines Zeugen oder Sachverständigen wie eine vor seinen eigenen in Zivilsachen zuständigen Gerichten begangene Straftat. Auf Anzeige des Gerichtshofs verfolgt er den Täter vor seinen zuständigen Gerichten.

ARTIKEL 31

Die Verhandlung ist öffentlich, es sei denn, daß der Gerichtshof von Amts wegen oder auf Antrag der Parteien aus wichtigen Gründen anders beschließt.

ARTIKEL 32

Der Gerichtshof kann während der Verhandlung Sachverständige, Zeugen sowie die Parteien selbst vernehmen. Für die Letzteren können jedoch nur ihre bevollmächtigten Vertreter mündlich verhandeln.

ARTIKEL 33

Über jede mündliche Verhandlung ist ein vom Präsidenten und vom Kanzler zu unterschreibendes Protokoll aufzunehmen.

ARTIKEL 34

Die Terminliste wird vom Präsidenten festgelegt.

ARTIKEL 35

Die Beratungen des Gerichtshofs sind und bleiben geheim.

ARTIKEL 36

Die Urteile sind mit Gründen zu versehen. Sie enthalten die Namen der Richter, die bei der Entscheidung mitgewirkt haben.

ARTIKEL 37

Die Urteile sind vom Präsidenten und vom Kanzler zu unterschreiben. Sie werden in öffentlicher Sitzung verlesen.

ARTIKEL 38

Der Gerichtshof entscheidet über die Kosten.

Protokolle

ARTIKEL 39

Der Präsident des Gerichtshofs kann in einem abgekürzten Verfahren, das erforderlichenfalls von einzelnen Bestimmungen dieser Satzung abweichen kann und in der Verfahrensordnung geregelt ist, über Anträge auf Aussetzung gemäß Artikel 242 des EG-Vertrags und Artikel 157 des EAG-Vertrags, auf Erlaß einstweiliger Anordnungen gemäß Artikel 243 des EG-Vertrags oder Artikel 158 des EAG-Vertrags oder auf Aussetzung der Zwangsvollstreckung gemäß Artikel 256 Absatz 4 des EG-Vertrags oder Artikel 164 Absatz 3 des EAG-Vertrags entscheiden.

Bei Verhinderung des Präsidenten wird dieser durch einen anderen Richter nach Maßgabe der Verfahrensordnung vertreten.

Die von dem Präsidenten oder seinem Vertreter getroffene Anordnung stellt eine einstweilige Regelung dar und greift der Entscheidung des Gerichtshofs in der Hauptsache nicht vor.

ARTIKEL 40

Die Mitgliedstaaten und die Gemeinschaftsorgane können einem bei dem Gerichtshof anhängigen Rechtsstreit beitreten.

Dasselbe gilt für alle anderen Personen, die ein berechtigtes Interesse am Ausgang eines bei dem Gerichtshof anhängigen Rechtsstreits glaubhaft machen; ausgenommen davon sind Rechtsstreitigkeiten zwischen Mitgliedstaaten, zwischen Gemeinschaftsorganen oder zwischen Mitgliedstaaten und Gemeinschaftsorganen.

Unbeschadet des Absatzes 2 können die Vertragsstaaten des Abkommens über den Europäischen Wirtschaftsraum, die nicht Mitgliedstaaten sind, und die in jenem Abkommen genannte EFTA-Überwachungsbehörde einem bei dem Gerichtshof anhängigen Rechtsstreit beitreten, wenn dieser einen der Anwendungsbereiche jenes Abkommens betrifft.

Mit den aufgrund des Beitritts gestellten Anträgen können nur die Anträge einer Partei unterstützt werden.

ARTIKEL 41

Stellt der ordnungsmäßig geladene Beklagte keine schriftlichen Anträge, so ergeht gegen ihn Versäumnisurteil. Gegen dieses Urteil kann binnen einem Monat nach Zustellung Einspruch eingelegt werden. Der Einspruch hat keine Aussetzung der Vollstreckung aus dem Versäumnisurteil zur Folge, es sei denn, daß der Gerichtshof anders beschließt.

ARTIKEL 42

Mitgliedstaaten, Gemeinschaftsorgane und alle sonstigen natürlichen und juristischen Personen können nach Maßgabe der Verfahrensordnung in den dort genannten Fällen Drittwiderspruch gegen ein Urteil erheben, wenn dieses Urteil ihre Rechte beeinträchtigt und in einem Rechtsstreit erlassen worden ist, an dem sie nicht teilgenommen haben.

Protokolle

ARTIKEL 43

Bestehen Zweifel über Sinn und Tragweite eines Urteils, so ist der Gerichtshof zuständig, dieses Urteil auf Antrag einer Partei oder eines Gemeinschaftsorgans auszulegen, wenn diese ein berechtigtes Interesse hieran glaubhaft machen.

ARTIKEL 44

Die Wiederaufnahme des Verfahrens kann beim Gerichtshof nur dann beantragt werden, wenn eine Tatsache von entscheidender Bedeutung bekannt wird, die vor Verkündung des Urteils dem Gerichtshof und der die Wiederaufnahme beantragenden Partei unbekannt war.
Das Wiederaufnahmeverfahren wird durch eine Entscheidung des Gerichtshofs eröffnet, die das Vorliegen der neuen Tatsache ausdrücklich feststellt, ihr die für die Eröffnung des Wiederaufnahmeverfahrens erforderlichen Merkmale zuerkennt und deshalb den Antrag für zulässig erklärt.
Nach Ablauf von zehn Jahren nach Erlaß des Urteils kann kein Wiederaufnahmeantrag mehr gestellt werden.

ARTIKEL 45

In der Verfahrensordnung sind besondere, den Entfernungen Rechnung tragende Fristen festzulegen.
Der Ablauf von Fristen hat keinen Rechtsnachteil zur Folge, wenn der Betroffene nachweist, daß ein Zufall oder ein Fall höherer Gewalt vorliegt.

ARTIKEL 46

Die aus außervertraglicher Haftung der Gemeinschaften hergeleiteten Ansprüche verjähren in fünf Jahren nach Eintritt des Ereignisses, das ihnen zugrunde liegt. Die Verjährung wird durch Einreichung der Klageschrift beim Gerichtshof oder dadurch unterbrochen, daß der Geschädigte seinen Anspruch vorher gegenüber dem zuständigen Gemeinschaftsorgan geltend macht. In letzterem Fall muß die Klage innerhalb der in Artikel 230 des EG-Vertrags und Artikel 146 des EAG-Vertrags vorgesehenen Frist von zwei Monaten erhoben werden; gegebenenfalls findet Artikel 232 Absatz 2 des EG-Vertrags beziehungsweise Artikel 148 Absatz 2 des EAG-Vertrags Anwendung.

TITEL IV
DAS GERICHT ERSTER INSTANZ
DER EUROPÄISCHEN GEMEINSCHAFTEN

ARTIKEL 47

Die Artikel 2 bis 8, die Artikel 14 und 15, Artikel 17 Absätze 1, 2, 4 und 5 und Artikel 18 finden auf das Gericht und dessen Mitglieder Anwendung. Der Eid gemäß Artikel 2 wird vor dem Gerichtshof geleistet; die in den Artikeln 3, 4 und 6 genannten Entscheidungen trifft der Gerichtshof nach Stellungnahme des Gerichts.
Artikel 3 Absatz 4 sowie die Artikel 10, 11 und 14 finden auf den Kanzler des Gerichts entsprechende Anwendung.

Protokolle

ARTIKEL 48

Das Gericht besteht aus fünfzehn Mitgliedern.

ARTIKEL 49

Die Mitglieder des Gerichts können dazu bestellt werden, die Tätigkeit eines Generalanwalts auszuüben.
Der Generalanwalt hat in völliger Unparteilichkeit und Unabhängigkeit begründete Schlußanträge zu bestimmten dem Gericht unterbreiteten Rechtssachen öffentlich zu stellen, um das Gericht bei der Erfüllung seiner Aufgaben zu unterstützen.
Die Kriterien für die Bestimmung solcher Rechtssachen sowie die Einzelheiten für die Bestellung der Generalanwälte werden in der Verfahrensordnung des Gerichts festgelegt.
Ein in einer Rechtssache zum Generalanwalt bestelltes Mitglied darf bei der Entscheidung dieser Rechtssache nicht mitwirken.

ARTIKEL 50

Das Gericht tagt in Kammern mit drei oder mit fünf Richtern. Die Richter wählen aus ihrer Mitte die Präsidenten der Kammern. Die Präsidenten der Kammern mit fünf Richtern werden für drei Jahre gewählt. Einmalige Wiederwahl ist zulässig.
Die Besetzung der Kammern und die Zuweisung der Rechtssachen an sie richten sich nach der Verfahrensordnung. In bestimmten in der Verfahrensordnung festgelegten Fällen kann das Gericht als Plenum oder als Einzelrichter tagen.
Die Verfahrensordnung kann auch vorsehen, daß das Gericht in den Fällen und unter den Bedingungen, die in der Verfahrensordnung festgelegt sind, als Große Kammer tagt.

ARTIKEL 51

Abweichend von der in Artikel 225 Absatz 1 des EG-Vertrags und Artikel 140 a Absatz 1 des EAG-Vertrags vorgesehenen Regelung ist für Klagen der Mitgliedstaaten, der Gemeinschaftsorgane und der Europäischen Zentralbank der Gerichtshof zuständig.

ARTIKEL 52

Der Präsident des Gerichtshofs und der Präsident des Gerichts legen einvernehmlich fest, in welcher Weise Beamte und sonstige Bedienstete, die dem Gerichtshof beigegeben sind, dem Gericht Dienste leisten, um ihm die Erfüllung seiner Aufgaben zu ermöglichen. Einzelne Beamte oder sonstige Bedienstete unterstehen dem Kanzler des Gerichts unter Aufsicht des Präsidenten des Gerichts.

ARTIKEL 53

Das Verfahren vor dem Gericht bestimmt sich nach Titel III.
Das Verfahren vor dem Gericht wird, soweit dies erforderlich ist, durch seine Verfah-

rensordnung im Einzelnen geregelt und ergänzt. Die Verfahrensordnung kann von Artikel 40 Absatz 4 und Artikel 41 abweichen, um den Besonderheiten der Rechtsstreitigkeiten auf dem Gebiet des geistigen Eigentums Rechnung zu tragen.
Abweichend von Artikel 20 Absatz 4 kann der Generalanwalt seine begründeten Schlußanträge schriftlich stellen.

ARTIKEL 54

Wird eine Klageschrift oder ein anderer Schriftsatz, die an das Gericht gerichtet sind, irrtümlich beim Kanzler des Gerichtshofs eingereicht, so übermittelt dieser sie unverzüglich an den Kanzler des Gerichts; wird eine Klageschrift oder ein anderer Schriftsatz, die an den Gerichtshof gerichtet sind, irrtümlich beim Kanzler des Gerichts eingereicht, so übermittelt dieser sie unverzüglich an den Kanzler des Gerichtshofs.
Stellt das Gericht fest, daß es für eine Klage nicht zuständig ist, die in die Zuständigkeit des Gerichtshofs fällt, so verweist es den Rechtsstreit an den Gerichtshof; stellt der Gerichtshof fest, daß eine Klage in die Zuständigkeit des Gerichts fällt, so verweist er den Rechtsstreit an das Gericht, das sich dann nicht für unzuständig erklären kann.
Sind bei dem Gerichtshof und dem Gericht Rechtssachen anhängig, die den gleichen Gegenstand haben, die gleiche Auslegungsfrage aufwerfen oder die Gültigkeit desselben Rechtsaktes betreffen, so kann das Gericht nach Anhörung der Parteien das Verfahren bis zum Erlaß des Urteils des Gerichtshofs aussetzen. Handelt es sich um Klagen auf Nichtigerklärung desselben Rechtsaktes, so kann sich das Gericht ferner für nicht zuständig erklären, damit der Gerichtshof über diese Klagen entscheidet. In den in diesem Absatz genannten Fällen kann auch der Gerichtshof die Aussetzung des bei ihm anhängigen Verfahrens beschließen; in diesem Fall wird das Verfahren vor dem Gericht fortgeführt.

ARTIKEL 55

Der Kanzler des Gerichts übermittelt jeder Partei sowie allen Mitgliedstaaten und den Gemeinschaftsorganen, auch wenn diese vor dem Gericht der Rechtssache nicht als Streithelfer beigetreten sind, die Endentscheidungen des Gerichts und die Entscheidungen, die über einen Teil des Streitgegenstands ergangen sind oder die einen Zwischenstreit beenden, der eine Einrede wegen Unzuständigkeit oder Unzulässigkeit zum Gegenstand hat.

ARTIKEL 56

Gegen die Endentscheidungen des Gerichts und gegen die Entscheidungen, die über einen Teil des Streitgegenstands ergangen sind oder die einen Zwischenstreit beenden, der eine Einrede der Unzuständigkeit oder Unzulässigkeit zum Gegenstand hat, kann ein Rechtsmittel beim Gerichtshof eingelegt werden; die Rechtsmittelfrist beträgt zwei Monate und beginnt mit der Zustellung der angefochtenen Entscheidung.
Dieses Rechtsmittel kann von einer Partei eingelegt werden, die mit ihren Anträgen ganz oder teilweise unterlegen ist. Andere Streithelfer als Mitgliedstaaten oder Gemeinschaftsorgane können dieses Rechtsmittel jedoch nur dann einlegen, wenn die Entscheidung des Gerichts sie unmittelbar berührt.
Mit Ausnahme von Fällen, die sich auf Streitsachen zwischen den Gemeinschaften und ihren Bediensteten beziehen, kann dieses Rechtsmittel auch von den Mitgliedstaaten und den Gemeinschaftsorganen eingelegt werden, die dem Rechtsstreit vor dem Ge-

Protokolle

richt nicht beigetreten sind. In diesem Fall befinden sie sich in derselben Stellung wie Mitgliedstaaten und Organe, die dem Rechtsstreit im ersten Rechtszug beigetreten sind.

ARTIKEL 57

Wird ein Antrag auf Zulassung als Streithelfer von dem Gericht abgelehnt, so kann der Antragsteller binnen zwei Wochen nach Zustellung der ablehnenden Entscheidung ein Rechtsmittel beim Gerichtshof einlegen.

Gegen die aufgrund des Artikels 242, des Artikels 243 oder des Artikels 256 Absatz 4 des EG-Vertrags oder aufgrund des Artikels 157, des Artikels 158 oder des Artikels 164 Absatz 3 des EAG-Vertrags ergangenen Entscheidungen des Gerichts können die Parteien des Verfahrens binnen zwei Monaten nach Zustellung ein Rechtsmittel beim Gerichtshof einlegen.

Die Entscheidung über gemäß den Absätzen 1 und 2 eingelegte Rechtsmittel ergeht nach Maßgabe des Artikels 39.

ARTIKEL 58

Das beim Gerichtshof eingelegte Rechtsmittel ist auf Rechtsfragen beschränkt. Es kann nur auf die Unzuständigkeit des Gerichts, auf einen Verfahrensfehler, durch den die Interessen des Rechtsmittelführers beeinträchtigt werden, sowie auf eine Verletzung des Gemeinschaftsrechts durch das Gericht gestützt werden.

Ein Rechtsmittel nur gegen die Kostenentscheidung oder gegen die Kostenfestsetzung ist unzulässig.

ARTIKEL 59

Wird gegen eine Entscheidung des Gerichts ein Rechtsmittel eingelegt, so besteht das Verfahren vor dem Gerichtshof aus einem schriftlichen und einem mündlichen Verfahren. Unter den in der Verfahrensordnung festgelegten Voraussetzungen kann der Gerichtshof nach Anhörung des Generalanwalts und der Parteien ohne mündliches Verfahren entscheiden.

ARTIKEL 60

Unbeschadet der Artikel 242 und 243 des EG-Vertrags oder der Artikel 157 und 158 des EAG-Vertrags haben Rechtsmittel keine aufschiebende Wirkung.

Abweichend von Artikel 244 des EG-Vertrags und Artikel 159 des EAG-Vertrags werden die Entscheidungen des Gerichts, in denen eine Verordnung für nichtig erklärt wird, erst nach Ablauf der in Artikel 56 Absatz 1 dieser Satzung vorgesehenen Frist oder, wenn innerhalb dieser Frist ein Rechtsmittel eingelegt worden ist, nach dessen Zurückweisung wirksam; ein Beteiligter kann jedoch gemäß den Artikeln 242 und 243 des EG-Vertrags oder den Artikeln 157 und 158 des EAG-Vertrags beim Gerichtshof die Aussetzung der Wirkungen der für nichtig erklärten Verordnung oder sonstige einstweilige Anordnungen beantragen.

Protokolle

ARTIKEL 61

Ist das Rechtsmittel begründet, so hebt der Gerichtshof die Entscheidung des Gerichts auf. Er kann sodann den Rechtsstreit selbst endgültig entscheiden, wenn dieser zur Entscheidung reif ist, oder die Sache zur Entscheidung an das Gericht zurückverweisen. Im Falle der Zurückverweisung ist das Gericht an die rechtliche Beurteilung in der Entscheidung des Gerichtshofs gebunden.

Ist das von einem Mitgliedstaat oder einem Gemeinschaftsorgan, die dem Rechtsstreit vor dem Gericht nicht beigetreten sind, eingelegte Rechtsmittel begründet, so kann der Gerichtshof, falls er dies für notwendig hält, diejenigen Wirkungen der aufgehobenen Entscheidung des Gerichts bezeichnen, die für die Parteien des Rechtsstreits als fortgeltend zu betrachten sind.

ARTIKEL 62

Wenn in Fällen nach Artikel 225 Absätze 2 und 3 des EG-Vertrags und Artikel 140 a Absätze 2 und 3 des EAG-Vertrags der Erste Generalanwalt der Auffassung ist, daß die ernste Gefahr einer Beeinträchtigung der Einheit oder der Kohärenz des Gemeinschaftsrechts besteht, so kann er dem Gerichtshof vorschlagen, die Entscheidung des Gerichts zu überprüfen.

Der Vorschlag muß innerhalb eines Monats nach Verkündung der Entscheidung des Gerichts erfolgen. Der Gerichtshof entscheidet innerhalb eines Monats nach Vorlage des Vorschlags durch den Ersten Generalanwalt, ob die Entscheidung zu überprüfen ist oder nicht.

TITEL V
SCHLUSSBESTIMMUNGEN

ARTIKEL 63

Die Verfahrensordnungen des Gerichtshofs und des Gerichts enthalten alle Bestimmungen, die für die Anwendung dieser Satzung und erforderlichenfalls für ihre Ergänzung notwendig sind.

ARTIKEL 64

Die Bestimmungen der Verfahrensordnung des Gerichtshofs und der Verfahrensordnung des Gerichts, die die Regelung der Sprachenfrage betreffen, gelten fort, bis Vorschriften über die Regelung der Sprachenfrage für den Gerichtshof und das Gericht im Rahmen dieser Satzung erlassen werden. Änderungen der genannten Bestimmungen oder deren Aufhebung erfolgen nach dem für die Änderung dieser Satzung vorgesehenen Verfahren.

Protokoll
zu Artikel 67 des Vertrags
zur Gründung der Europäischen Gemeinschaft

DIE HOHEN VERTRAGSPARTEIEN
SIND über folgende Bestimmung ÜBEREINGEKOMMEN, die dem Vertrag zur Gründung der Europäischen Gemeinschaft beigefügt wird:

EINZIGER ARTIKEL

Ab dem 1. Mai 2004 beschließt der Rat beim Erlaß der Maßnahmen nach Artikel 66 des Vertrags zur Gründung der Europäischen Gemeinschaft mit qualifizierter Mehrheit auf Vorschlag der Kommission und nach Anhörung des Europäischen Parlaments.

Sachregister

(Die Verweise beziehen sich auf Artikel und Randnummern)

1
13. Erklärung zur Schlußakte des Vertrags von Amsterdam Art. 16 EGV 14

3
37. Erklärung zur Schlußakte
- öffentlich-rechtliche Kreditinstitute Art. 16 EGV 15

A

Abbau
- protektionistischer Verkehrstarife Art. 75 EGV 2
- von Grenzkontrollen Art. 77 EGV 4
- von Handelshindernissen an den Grenzen Art. 77 EGV 1

Abgaben Art. 93 EGV 4
- Warenbezug der ~ Art. 90 EGV 10
- gleicher Wirkung Art. 23 EGV 16; Art. 25 EGV 6
- ~ bei der Ausfuhr Art. 33 EGV 10

Abgabenrechtsetzungshoheit Art. 268 EGV 3

Abgeordnete
- Immunität Art. 190 EGV 14
- Indemnität Art. 190 EGV 14
- Mandat des ~n Art. 190 EGV 11
- Zeugnisverweigerungsrecht Art. 190 EGV 14

Abgrenzung
- privater Unternehmen Art. 86 EGV 13
- Verordnungsermächtigungen Art. 83 EGV 37

Abgrenzungsvereinbarungen Art. 81 EGV 227

Abhilfemaßnahmen
- Ermächtigung nationaler Behörden Art. 85 EGV 10
- Kartellrechtsverstöße Art. 85 EGV 10

Abhilfemaßnahmen i.S.v. Art. 85 Abs. 2 Art. 85 EGV 10

Abkommen Art. 300 EGV 20; Art. 310 EGV 1
- Auslegung Art. 300 EGV 80
- Begriff des horizontalen ~s Art. 133 EGV 99
- Gemeinschaftsabkommen Art. 300 EGV 22
- Justitiabilität Art. 300 EGV 58
- Kündigung Art. 300 EGV 22
- Rang im Gemeinschaftsrecht Art. 300 EGV 77
- Reziprozität Art. 300 EGV 55
- Schutzklauseln Art. 300 EGV 61
- Suspendierung von ~ Art. 300 EGV 43
- über den Europäischen Wirtschaftsraum Art. 39 EGV 38
- unmittelbare Wirkung Art. 300 EGV 60
- völkerrechtliche Verträge Art. 300 EGV 22
- vorgemeinschaftliche ~ Art. 307 EGV 1

Abrüstung Art. 14 EUV 5

Absatz Art. 82 EGV 48
- ~förderpflichten Art. 81 EGV 208
- ~mittler Art. 80 EGV 42; Art. 81 EGV 120

Abschaffung aller mengenmäßigen und nationalitätsbezogenen Beschränkungen
- Güterkraftverkehr Art. 71 EGV 5

Abschiebung Art. 63 EGV 38
- Schutz vor ~ Art. 6 EUV 167
- ~shindernisse Art. 63 EGV 9
- ~sverbot Art. 63 EGV 22

Abschöpfung Art. 34 EGV 26

Abschottung
- der nationalen Märkte Art. 81 EGV 85
- der Verkehrsströme Art. 70 EGV 12
- ~swirkung Art. 81 EGV 91

Absolute Angleichung Art. 94 EGV 4

Absprachen über die Zuweisung von Zeitnischen Art. 80 EGV 24

Abstimmung Art. 81 EGV 66, 69
- im Rat Art. 205 EGV 1, 11

Abstimmungsergebnisse
- Veröffentlichung der ~ und Protokollerklärungen bei gesetzgeberischen Arbeiten des Rates Art. 207 EGV 9

2659

Sachregister

Abstimmungspflicht Art. 19 EUV 1
Abstimmungsprotokolle
- im Rat Art. 207 EGV 8
Abstimmungsregeln des Art. 23 Art. 24 EUV 5
Abstimmungsverhalten
- weisungswidriges ~ im Rat Art. 203 EGV 4
Abwägung Art. 5 EGV 43
Abweichendes handelspolitisches Regime
- Mitgliedstaaten Art. 134 EGV 1
Abweichung von den Bestimmungen des Art. 49 Art. 49 EUV 6
acquis communautaire Art. 44 EUV 4; Art. 49 EUV 4 – 5; Art. 300 EGV 66
Administrative Entscheidungsspielräume Art. 87 EGV 26
Administrative Grundrechte Art. 6 EUV 190
- Anspruch auf ein faires Verwaltungsverfahren Art. 6 EUV 192
- Aussageverweigerung im Kartellverfahren Art. 6 EUV 193
- rechtliches Gehör Art. 6 EUV 194
Adonnino-Kommission Art. 19 EGV 4
AETR
- Rechtsprechung Art. 281 EGV 10; Art. 174 EGV 51; Art. 181 EGV 6; Art. 310 EGV 12, 14; Art. 181 a EGV 12
- Urteil Art. 300 EGV 5
- paradox Art. 133 EGV 97
Afrikanische Region der Großen Seen Art. 14 EUV 5
Agenda
- 2000 Art. 34 EGV 36; Art. 161 EGV 3; Art. 269 EGV 10
- 21 Art. 6 EGV 13
Agenturen Art. 43 EGV 17; Art. 288 EGV 5
Agrarabschöpfungen Art. 269 EGV 5
Agraraußenpolitik Art. 33 EGV 21
Agrarforschung Art. 35 EGV 3
Agrarleitlinie Art. 34 EGV 45
Agrarpolitik Art. 32 ff.; Art 5 EGV 26
Agrarreform Art. 34 EGV 34, 41
Agrarstrukturpolitik Art. 33 EGV 17-19, 22; Art. 37 EGV 5
Agrarumweltmaßnahmen Art. 33 EGV 20
AKP-EG-Partnerschaftsabkommen
- Lomé, IV. ~ Art. 179 EGV 6

- V. ~ von Cotonou Art. 179 EGV 6; Art. 310 EGV 2, 42
- von Cotonou Art. 310 EGV 2
AKP-EWG-Abkommen
- von Cotonou Art. 177 EGV 2
AKP-Staaten
- Entwicklungsassoziationen mit den ~ Art. 310 EGV 8
Aktiengesellschaft
- europäische ~ Art. 44 EGV 14
- Gründung der ~ Art. 44 EGV 12
Aktion
- direkte ~ Art. 166 EGV 8
- indirekte ~ Art. 166 EGV 8
- konzertierte ~ Art. 166 EGV 8
Aktionsplan für den Binnenmarkt Art. 14 EGV 28
Aktionsprogramm Art. 41 EGV 3
- für das Zollwesen in der Gemeinschaft Art. 135 EGV 3
Aktiv übertragene Konzessionen Art. 86 EGV 39
Akzessorietät Art. 17 EGV 8
Åland-Inseln Art. 299 EGV 9
Albanien
- Polizeikräfte in ~ Art. 14 EUV 5; Art. 17 EUV 2
Alkoholbesteuerung Art. 93 EGV 16
Alleinbezug Art. 81 EGV 201
Alleinvertrieb Art. 81 EGV 201
Alleinvertriebsvereinbarung Art. 81 EGV 168
Alles-oder-Nichts-Prinzip Art. 81 EGV 167
Allgemeine Grundsätze
- Kompetenzen für den Abschluß von Staatsverträgen Art. 71 EGV 37
- Verhältnis zwischen nationalem Recht und Europarecht Art. 83 EGV 32
Allgemeine Handlungsfreiheit Art. 6 EUV 169
Allgemeine Rechtsgrundsätze Art. 220 EGV 32
Allgemeiner Gleichheitssatz Art. 6 EUV 170
- Bildung von Vergleichsgruppen Art. 6 EUV 176
- und Grundsatz der Verhältnismäßigkeit Art. 6 EUV 182
- Ungleichbehandlung Art. 6 EUV 175
- Verhältnis zu den besonderen Diskriminierungsverboten Art. 6 EUV 172

Sachregister

Allgemeines Diskriminierungsverbot
Art. 12 EGV; Art. 39 EGV 4
Allgemeines Niederlassungsprogramm
Art. 48 EGV 7
Allgemeines Präferenzsystem
– auch allgemeine Zollpräferenz
Art. 177 EGV 3
Allgemeines Programm Art. 44 EGV 3
Allgemeines wirtschaftliches Interesse
Art. 86 EGV 37, 38
– Dienstleistungen von ~m Art. 16 EGV 1, 1a
– Leistungen von ~ Art. 16 EGV 4
Allgemeininteresse Art. 30 EGV 2; Art. 257 EGV 12
– Dienste im ~ Art. 16 EGV 14
– zwingende Gründe des ~s Art. 43 EGV 26
Allgemeinversorgung Art. 16 EGV 1 a
Altkartelle Art. 81 EGV 148
Altverträge
– Anpassung Art. 307 EGV 9
– Bindung der Gemeinschaft Art. 307 EGV 17
– Funktionsnachfolge in ~ Art. 307 EGV 18
– gemeinschaftsfreundliche Auslegung Art. 307 EGV 10
– Kündigung Art. 307 EGV 9
– Unberührtheitsklausel Art. 307 EGV 6
– vorgemeinschaftliche ~ Art. 307 EGV 1
Amsterdam
– Vertrag von ~ Art. 313 EGV 3; Art. 157 EGV 4
Amt für Betrugsbekämpfung Art. 246 EGV 3
Amtsblatt
– Sprachregelung für das ~ Art. 290 EGV 9
– der Europäischen Gemeinschaften Art. 254 EGV 1
– der Europäischen Union Art. 254 EGV 1
Amtshaftungsansprüche Art. 34 EGV 33
Amtshilfe Art. 10 EGV 54, 51 a; Art. 135 EGV 3; Art. 248 EGV 3
– ~richtlinie Art. 93 EGV 22
Amtssprachen Art. 205 EGV 10; Art. 290 EGV 5, 11
Amtsverschwiegenheit
– der Mitglieder der Organe und der Bediensteten der Gemeinschaft
Art. 287 EGV 1
Amtszeit
– der Richter und Generalanwälte
Art. 223 EGV 2
Analysedateien
– bei Europol Art. 30 EUV 14
Änderung des EUV
– erleichtertes Verfahren zur ~ Art. 17 EUV 1
Anerkennung
– EG-ausländische Diplome, Zeugnisse und andere Befähigungsnachweise
Art. 47 EGV 1; Art. 52 EGV 33
– gegenseitige ~ Art. 5 EGV 50; Art. 10 EGV 54; Art. 14 EGV 14, 18; Art. 43 EGV 2; Art. 94 EGV 4a; Art. 95 EGV 2
– als Flüchtling Art. 63 EGV 15
– ~srichtlinie Art. 47 EGV 5
– von Entscheidungen in Strafsachen
Art. 31 EUV 4
Anerkennung und Vollstreckung
– von Urteilen und Schiedssprüchen
Art. 293 EGV 9
– von Entscheidungen Art. 65 EGV 4
Angleichung der nationalen Rechts- und Verwaltungsvorschriften Art. 34 EUV 7
Anhörung
– des betroffenen Mitgliedstaats Art. 7 EUV 7
– ~srecht Art. 34 EUV 5
– ~sverfahren Art. 192 EGV 3, 5
Anlegerschutz Art. 44 EGV 12
Anleihen
– Aufnahme von ~ Art. 267 EGV 3
– der Gemeinschaft Art. 100 EGV 5; Art. 119 EGV 12
Anmeldung Art. 81 EGV 165
Anpassungserleichterungen Art. 15 EGV 3
Anpassungslehrgang Art. 47 EGV 7
Anspruch
– auf Prüfung der Petition Art. 194 EGV 5
– auf Tätigwerden der Kommission, Art. 86 Abs. 3 Art. 86 EGV 58
Antidumpingzölle Art. 26 EGV 3
Antikumulierungsvorschriften Art. 42 EGV 19, 37
Antipersonenminen Art. 14 EUV 5; Art. 17 EUV 2

2661

Sachregister

Anwendbarkeit
- örtliche ~ **Art. 81 EGV 7**

Anwendung
- Einheitlichkeit der ~ des Gemeinschaftsrechts **Art. 220 EGV 28**
- Kartell- und Mißbrauchsverbote **Art. 83 EGV 10**
- unmittelbare ~ des EG-Kartellrechts **Art. 81 EGV 30**

Anwendung der Art. 81, 82
- Behörden der Mitgliedstaaten **Art. 84 EGV 7**
- Zuständigkeits- und Verfahrensnormen des innerstaatlichen Rechts **Art. 84 EGV 7**

Anwendung des europäischen Kartellrechts
- zentralistische oder dezentrale ~ **Art. 83 EGV 7**

Anwendungsbereich Art. 81 EGV 1
- Art. 81, 82 **Art. 83 EGV 25**
- Art. 85 **Art. 85 EGV 2**
- des Kartell- und Mißbrauchsverbots für einzelne Wirtschaftszweige **Art. 83 EGV 24**
- des Vertrages **Art. 12 EGV 17, 28**
- von Art. 86 Abs. 2 und Art. 16 **Art. 86 EGV 49**

Anwendungsfälle zulässiger Koordinierungs- und Abgeltungsbeihilfen Art. 73 EGV 5

Anwendungsverordnung Art. 83 EGV 35-36; Art. 85 EGV 1
- Gemeinschaftskartellrecht **Art. 84 EGV 3**
- Lücken **Art. 84 EGV 4**
- für den Land-, See- und Luftverkehr **Art. 83 EGV 26**
- Nr. 3975/87 **Art. 80 EGV 22**

Anwendungsvorrang
- des Gemeinschaftsrechts **Art. 81 EGV 16; Art. 220 EGV 23-24**

Anwendung von Art. 81 Abs. 1 und Abs. 2
- nationale Gerichte **Art. 83 EGV 3**

Anzeiger Art. 29 EUV 2

A-Punkt Art. 204 EGV 3; Art. 207 EGV 3-4

Äquivalenzgrundsatz Art. 10 EGV 24

Arbeitgeber Art. 39 EGV 8
- ~verbände **Art. 257 EGV 11**

Arbeitnehmer Art. 39 EGV 8; Art. 42 EGV 4

- Begriff des ~s **Art. 39 EGV 9**
- Berufsschule **Art. 39 EGV 66**
- Berufssportler **Art. 39 EGV 14**
- Beschäftigungs- und Arbeitsbedingungen **Art. 39 EGV 55**
- Fremdsprachenlektoren **Art. 39 EGV 53**
- Gewerkschaften und ~ **Art. 39 EGV 67**
- Grenzgänger **Art. 39 EGV 59**
- Kinder und ~ **Art. 39 EGV 70**
- nichteheliche Lebensgemeinschaften und ~ **Art. 39 EGV 22**
- soziale und steuerliche Vergünstigungen **Art. 39 EGV 57**
- Staatsangehörigkeit und ~ **Art. 39 EGV 18**
- Studenten und ~ **Art. 39 EGV 15**
- Teilzeitbeschäftigung **Art. 39 EGV 12**

Arbeitnehmerfreizügigkeit Art. 43 EGV 2, 10
- Überseeische Länder und Hoheitsgebiete **Art. 186 EGV 1**

Arbeitsgruppe »Gegenseitige Amtshilfe 92« Art. 135 EGV 2

Arbeitslosenversicherung Art. 42 EGV 20

Arbeitslosigkeit Art. 42 EGV 42
- Leistungen bei ~ **Art. 42 EGV 39**

Arbeitsrecht
- Harmonisierung des Steuer- und ~s **Art. 157 EGV 25**

Arbeitssprache Art. 290 EGV 5, 11

Arbeitsteilung Art. 81 EGV 170

Arbeitsumwelt Art. 95 EGV 25

Arbeitsunfälle Art. 42 EGV 26

Arbeitsvermittlung Art. 45 EGV 3

Argumentationslastregel Art. 174 EGV 47

Art. 132
- und Art. 87, Verhältnis der beiden Vorschriften **Art. 132 EGV 3**

Ärzterichtlinie Art. 47 EGV 6

Asjes/Nouvelles Frontières
- EuGH **Art. 80 EGV 22**

Assimilierungspflicht Art. 280 EGV 7

Assoziationsrat Art. 39 EGV 25; Art. 310 EGV 21

Assoziationsratsbeschluß Art. 300 EGV 45; Art. 310 EGV 27
- unmittelbare Wirkung **Art. 310 EGV 28, 31**
- Veröffentlichung **Art. 310 EGV 28**
- Nr. 1/80 **Art. 39 EGV 26, 28, 36**

Sachregister

- Nr. 3/80 Türkei **Art. 42 EGV** 3
Assoziierung Art. 3 EGV 23; **Art. 43 EUV** 7
- Beitritts~ **Art. 310 EGV** 36
- Definition **Art. 310 EGV** 10
- der Überseeischen Länder und Hoheitsgebiete **Art. 182 EGV**
- externe ~ **Art. 310 EGV** 6
- Freizügigkeit der Arbeitnehmer **Art. 310 EGV** 12
- konstitutionelle ~ **Art. 310 EGV** 1; **Art. 182 EGV** 3
- Malta **Art. 310 EGV** 41
- Schweiz **Art. 310 EGV** 40
- vertragliche ~ **Art. 310 EGV** 1
- Völkerrechtsfähigkeit **Art. 310 EGV** 19
- Zypern **Art. 310 EGV** 41
Assoziierungsabkommen Art. 39 EGV 24; **Art. 43 EGV** 7; **Art. 164 EGV** 2; **Art. 177 EGV** 2; **Art. 300 EGV** 65, 72; **Art. 181 a EGV** 9
- Demokratieklausel **Art. 177 EGV** 18
- Europa-Mittelmeer- **Art. 310 EGV** 8, 42
- gemischte ~ **Art. 179 EGV** 10; **Art. 310 EGV** 13
- Hoheitsrechtsübertragung durch ~ **Art. 310 EGV** 32
- Menschenrechtsklausel **Art. 177 EGV** 18
- Türkei **Art. 39 EGV** 25; **Art. 310 EGV** 37
Assoziierungsrecht
- integrierende Bestandteile der Gemeinschaftsrechtsordnung **Art. 310 EGV** 27
- primäres ~ **Art. 310 EGV** 18
- sekundäres ~ **Art. 310 EGV** 26
AStV Art. 36 EUV 1; **Art. 207 EGV** 2
- als Hilfsorgan des Rates **Art. 207 EGV** 3
- Aufgaben **Art. 207 EGV** 3
- Bedeutung **Art. 207 EGV** 3
Asyl
- und Asylverfahrensrecht **Art. 67 EGV** 9; **Art. 63 EGV** 16
- und Einwanderungspolitik **Art. 66 EGV** 2
Asylantrag Art. 63 EGV 3, 8
Asylpolitik Art. 63 EGV 3
Asylrecht Art. 65 EUV 167
Asylbewerber
- Aufnahme von ~n **Art. 63 EGV** 13
Asyl für Unionsbürger Art. 63 EGV 6
Atomkraft Art. 81 EGV 3
Aufenthaltsbeendigung Art. 62 EGV 19
Aufenthaltsbescheinigung Art. 39 EGV 81
Aufenthaltserlaubnis
- und türkische Arbeitnehmer **Art. 39 EGV** 28
Aufenthaltsrecht Art. 18 EGV 1
- Beschränkungsverbot **Art. 18 EGV** 5
- Grundrecht **Art. 18 EGV** 9
- Schrankenvorbehalt **Art. 18 EGV** 11
Aufenthaltsrichtlinien Art. 39 EGV 75
Aufenthaltstitel Art. 63 EGV 28
- für Drittstaatsangehörige **Art. 63 EGV** 31
Auferlegt
- Preise **Art. 76 EGV** 3
Auffangkompetenz der Mitgliedstaaten
- Art. 84 **Art. 84 EGV** 1
Aufforderungsmaßnahmen Art. 32 EGV 26
- in der Landwirtschaft **Art. 33 EGV** 19
Aufforstung Art. 34 EGV 35
Aufgaben Art. 30 EUV 14
- der EG **Art. 2 EGV** 1
- Europäischer Rat **Art. 4 EUV** 2
Aufgabenerfüllung im öffentlichen Interesse
- Einhaltung gemeinschaftsrechtlicher Vertragspflichten **Art. 86 EGV** 45
- Konflikt **Art. 86 EGV** 45
Aufgaben von Kommission und Gerichtshof Art. 83 EGV 27
- Durchführungsvorschriften nach Art. 83 **Art. 83 EGV** 28
Aufhebung, Herabsetzung oder Erhöhung
- Geldbuße **Art. 83 EGV** 29
- Zwangsgeld **Art. 83 EGV** 29
Aufhebungsvertrag Art. 51 EUV 1
- EGV **Art. 312 EGV** 2
Aufnahmebedingungen Art. 49 EUV 4
Aufnahme eines neuen Mitgliedstaates
- das zweiphasige Verfahren zur ~ **Art. 49 EUV** 2
Aufrechnung Art. 104 EGV 60
Aufrechterhaltung der öffentlichen Ordnung Art. 33 EUV
Aufsicht über Kredit- und Finanzinstitute Art. 105 EGV 39
Auf- und Ausbau transeuropäischer Netze
- Förderung des ~ **Art. 3 EGV** 19

2663

Sachregister

Aufzug Art. 80 EGV 4
Ausbeutungsmißbrauch Art. 82 EGV 33, 42
Ausbildungsrechte Art. 39 EGV 70
Ausfuhrbeihilfen Art. 87 EGV 42
– Begriff der ~ Art. 132 EGV 2
– Regelungen auf internationaler Ebene Art. 132 EGV 5
– im Rahmen der Gemeinsamen Agrarpolitik Art. 132 EGV 10
Ausfuhrerstattungen Art. 34 EGV 27
Ausfuhrkredite Art. 132 EGV 8
Ausfuhrsteuern Art. 34 EGV 28
Ausfuhrverbot Art. 33 EGV 10; Art. 29 EGV 6
Ausgaben
– aus der Gemeinsamen Außen- und Sicherheitspolitik und der Zusammenarbeit in den Bereichen Justiz und Inneres Art. 268 EGV 13
– der Gemeinschaften Art. 248 EGV 1
– GASP-~ zwingend/nicht zwingend Art. 28 EUV 10
– negative ~ Art. 34 EGV 45
– nichtobligatorische ~ Art. 272 EGV 11
– obligatorische und nichtobligatorische ~ Art. 268 EGV 6; Art. 272 EGV 10
– operationelle ~ Art. 268 EGV 6
– operative ~ Art. 23 EUV 4
– operative ~ im Rahmen der GASP Art. 28 EUV 5
– positive ~ Art. 34 EGV 45
– Verwaltungs~ Art. 268 EGV 6
Ausgabenhoheit Art. 268 EGV 5
Ausgleich historischer Lasten der Eisenbahnunternehmen Art. 73 EGV 5
Ausgleichsabgabe Art. 80 EGV 15
Auskünfte
– von Unternehmen Art. 85 EGV 6
Auskunfts- und Nachprüfungsrechte
– der Kommission Art. 284 EGV 1, 4
Auskunftsanspruch
– zu Europol Art. 30 EUV 19
Auskunftspflichten
– gegenüber den Gemeinschaftsorganen Art. 296 EGV 5
Auskunftsverweigerung Art. 296 EGV 5
– ~srechte Art. 284 EGV 8
Ausländerklausel Art. 39 EGV 14
Ausländerprivilegien Art. 72 EGV 3
Auslegung

– des Gemeinschaftsrechts Art. 220 EGV 11
– gemeinschaftsrechtskonforme ~ Art. 10 EGV 40
– gemeinschaftsrechtsorientierte ~ Art. 10 EGV 41
– Grenzen der ~ Art. 308 EGV 12
– Mehrsprachigkeit und ~ von Rechtstexten Art. 290 EGV 12
– primärrechtskonforme ~ Art. 249 EGV 10
– richtlinienkonforme ~ Art. 10 EGV 40
– teleologische ~ Art. 5 EUV 3
– völkerrechtlicher Verträge Art. 53 EUV 5
Auslegungsschwierigkeiten
– Mehrsprachigkeit und die Bewältigung von ~ beim EUV Art. 53 EUV 3
Auslegung von Art. 86
– Art. 16 und ~ Art. 86 EGV 49
Auslieferung Art. 31 EUV 6
– Schutz vor ~ Art. 6 EUV 167
Ausnahmebestimmung Art. 30 EGV 2
Ausnahmegenehmigungen
– bei Wirtschaftssanktionen Art. 301 EGV 11
Ausnahmeregelung Art. 15 EGV 3; Art. 95 EGV 22 a
Ausnahmetarife
– Unterstützungstarife, Sonderform der ~ Art. 76 EGV 2
Ausrichtungs- und Garantiefonds für die Landwirtschaft Art. 268 EGV 5
Ausscheiden eines einzelnen Mitgliedstaates Art. 51 EUV 2
Ausschließliche Gemeinschaftskompetenzen Art. 70 EGV 5, 8
– Verkehr mit Nicht-EG-Staaten Art. 71 EGV 39
Ausschließliche oder konkurrierende Zuständigkeit
– Verkehr mit Drittstaaten Art. 71 EGV 39
Ausschließliche Rechte Art. 86 EGV 16
Ausschließliche Zuständigkeit Art. 5 EGV 28
– Freistellungserklärungen Art. 84 EGV 4
Ausschließliche Zuständigkeit der Kommission
– Art. 86 Abs. 2 Art. 86 EGV 9

Sachregister

Ausschließlichkeitsbeziehungen Art. 81 EGV 201
Ausschließlichkeitsrechte Art. 82 EGV 14, 37
Ausschließlichkeit von Lizenzen Art. 81 EGV 229
Ausschluß
- eines Mitgliedstaates Art. 51 EUV 3; Art. 281 EGV 27
- der Präsidenten der Zentralbanken Art. 123 EGV 8
Ausschlußfrist Art. 10 EGV 31
Ausschüsse Art. 197 EGV 5
- rechtliche Stellung der in EGV und EUV vorgesehenen ~ Art. 209 EGV 1
- für den sektoralen Dialog Art. 79 EGV 4
Ausschuß der Präsidenten der Zentralbanken Art. 117 EGV 4
Ausschuß der Regionen Art. 5 EGV 73; Art. 263 EGV
- als »dritte Kammer« Art. 263 EGV 2, 6, 38
- Aufgabe Art. 263 EGV 1, 15; Art. 265 EGV 1, 11
- Bedeutung des ~ Art. 263 EGV 38
- EP und ~ Art. 263 EGV 30
- Ernennungsverfahren Art. 263 EGV 17, 29
- Fachkommissionen Art. 263 EGV 27; Art. 264 EGV 10
- fakultative Anhörung Art. 265 EGV 13
- Fraktionen Art. 264 EGV 13
- Funktion Art. 263 EGV 1
- Geschäftsordnung des ~ Art. 264 EGV 4; Art. 263 EGV 7, 28; Art. 264 EGV 1
- interregionale Gruppen Art. 264 EGV 13
- Mitgliederzahl Art. 263 EGV 8, 26; Art. 257 EGV 15
- Mitgliedschaft Art. 263 EGV 17, 34
- nationale Delegationen Art. 264 EGV 13
- Nichtigkeitsklage des ~ Art. 265 EGV 8
- obligatorische Anhörung Art. 265 EGV 4
- Organisation des ~ Art. 264 EGV 1
- Organqualität Art. 263 EGV 6, 11
- Plenum Art. 264 EGV 7
- politisches Mandat Art. 263 EGV 24, 38
- Präsidium Art. 264 EGV 9
- Sitz Art. 263 EGV 9
- Stellung des ~ im institutionellen Gefüge der Gemeinschaft Art. 263 EGV 10
- Stellvertreter Art. 263 EGV 27
- Übermittlung der Stellungnahmen Art. 265 EGV 19
- und WSA Art. 263 EGV 41; Art. 260 EGV 2; Art. 264 EGV 3
- Varianten der Anhörung des ~ Art. 265 EGV 1
- Vorrechte, Befreiungen und Erleichterungen der Mitglieder und Stellvertreter Art. 263 EGV 37
- Zusammensetzung Art. 263 EGV 17
- Zusammentreten des ~ Art. 264 EGV 14
Ausschuß der Zentralbankpräsidenten Art. 4 EGV 22
Ausschuß der Ständigen Vertreter Art. 25 EUV 3; Art. 36 EUV 1; Art. 207 EGV 2
Ausschuß für die nichtmilitärischen Aspekte der Krisenbewältigung Art. 25 EUV 1
Ausschuß für Energie, Forschung und Technologie Art. 162 EGV 3
Ausschuß für Industrielle Forschung und Entwicklung Art. 162 EGV 3 a
Ausschußverfahren Art. 202 EGV 11–12
- Auswahl des ~s Art. 202 EGV 13
- Rolle des EP im ~ Art. 202 EGV 11, 18-19
- Transparenz der ~ Art. 202 EGV 20
- Zugang zu Dokumenten im ~ Art. 202 EGV 20
Außenbeziehungen Art. 300 EGV 1
Außengrenzen Art. 62 EGV 1; Art. 67 EGV 4; Art. 69 EGV 8
- Kontrollen beim Überschreiten der ~ Art. 62 EGV 6
Außenhandel Art. 34 EGV 11, 18
Außenhandelspolitik Art. 131 EGV 2
Außenhandelsregelung Art. 34 EGV 25
Außenpolitik
- Koordinierung der mitgliedstaatlichen ~ Art. 15 EUV 5
Außenschutzregelung Art. 34 EGV 9, 13
Außen- und Sicherheitspolitik

2665

Sachregister

- Kompetenzvorbehalt zugunsten der Mitgliedstaaten in der ~ Art. 296 EGV 2
Außenverkehr mit Nicht-EG-Staaten Art. 70 EGV 8
Außenvertretung
- einheitliche ~ Art. 133 EGV 122
Außenvertretungsbefugnis Art. 302 EGV 6
Außenwirtschaftliches Gleichgewicht Art. 119 EGV 4
Außenzoll
- gemeinsamer ~ Art. 23 EGV 17
Aussetzung
- der Stimmrechte Art. 46 EUV 9
- von Mitgliedschaftsrechten Art. 46 EUV 12
- weiterer Rechte Art. 309 EGV 3
Ausspruch und Festsetzung Art. 83 EGV 29
Austauschverträge Art. 81 EGV 53
Ausübung hoheitlicher Gewalt Art. 86 EGV 11
Ausweisung Art. 46 EGV 3
- Schutz vor ~ Art. 6 EUV 167
Ausweisungsverfügung Art. 39 EGV 97
Auswirkungsprinzip Art. 81 EGV 8
Autonomie des mitgliedstaatlichen Rechts Art. 220 EGV 17
Azoren Art. 299 EGV 6

B

Bagatellbekanntmachung Art. 81 EGV 93
Bangemann Art. 216 EGV
Bank deutscher Länder Art. 107 EGV 2
Bankenaufsicht Art. 105 EGV 39
Banknoten
- Ausgabe von ~ Art. 106 EGV 1
- Transfer von ~ Art. 56 EGV 14
Basispostdienst Art. 86 EGV 48
Beamte Art. 42 EGV 6
Beamtenrecht Art. 39 EGV 105
Beamtenstatut
- Beschäftigungsbedingungen der sonstigen Beamten Art. 283 EGV 2
Bedarfsmarktkonzept Art. 81 EGV 104 b
Beeinträchtigung
- des Handels zwischen den Mitgliedstaaten Art. 82 EGV 68
Beeinträchtigung der Entwicklung des Handelsverkehrs Art. 86 EGV 50

- Zwischenstaatlichkeitsklausel Art. 86 EGV 51
Beeinträchtigungsverbot Art. 10 EGV 24
Befähigungsnachweise
- sonstige ~ Art. 47 EGV 4
Beförderungspflicht Art. 73 EGV 3
Beförderungspreise oder -bedingungen
- verkehrspolitische Einflußnahme Art. 74 EGV 2
- Maßnahmen der Europäischen Gemeinschaft Art. 74 EGV 1
Beförderungsunternehmer Art. 63 EGV 36
Begleitausschuß Art. 162 EGV 3 a; Art. 166 EGV 8
Begrenzte Einzelermächtigungen
- Prinzip der ~n Art. 46 EUV 20
Begriff
- der öffentlichen Ordnung und Sicherheit Art. 39 EGV 93
- öffentliche Unternehmen Art. 86 EGV 12
Begründung
- ausschließlicher Rechte Art. 86 EGV 27
- eines Monopols Art. 86 EGV 32
Begründungspflicht Art. 1 EUV 35; Art. 5 EGV 65; Art. 6 EGV 23
- Funktion der ~ Art. 253 EGV 4
- Grundfreiheiten Art. 253 EGV 21
- Grundrechte Art. 253 EGV 21
- Inhalt der ~ Art. 253 EGV 9
- Rechtsstaatsprinzip und ~ Art. 253 EGV 2
- Subsidiaritätsprinzip Art. 253 EGV 21
- Umfang der ~ Art. 253 EGV 13
- Verletzung der ~ Art. 253 EGV 25
Beherrschende Stellung
- auf den Markt ~ Art. 82 EGV 7
- kollektive ~ Art. 82 EGV 17
- Mißbrauch der ~n Art. 82 EGV 5
Behinderung des Funktionierens des Binnenmarktes Art. 95 EGV 33
Behinderungsmißbrauch Art. 82 EGV 33
Behördenbegriff
- funktionell Art. 84 EGV 5
Behörden der Mitgliedstaaten
- Anwendung der Art. 81, 82 Art. 84 EGV 7
- Gemeinschaftskartellrecht Art. 84 EGV 2
Beihilfen Art. 44 EGV 15

Sachregister

- an Verkehrsunternehmen **Art. 73 EGV** 3
- Ausbildungs~ **Art. 87 EGV** 42 a
- Bedeutung des Wettbewerbsprinzips **Art. 87 EGV** 30 f.
- Befreiung und Ermäßigung von Abgaben **Art. 87 EGV** 18
- Befreiung von Sozialbeiträgen **Art. 87 EGV** 18
- Beihilfenbegriff **Art. 87 EGV** 7 ff.
- benachteiligte Stadtgebiete **Art. 87 EGV** 42 d
- Beschäftigungs~ **Art. 87 EGV** 42 b
- bestehende ~ **Art. 88 EGV** 3, 13
- bestimmte Unternehmen und Produktionszweige **Art. 87 EGV** 8 f.
- Betriebs~ **Art. 87 EGV** 42 c
- Binnenmarktkonzept **Art. 87 EGV** 2
- Bürgschaften **Art. 87 EGV** 18, 42 d
- Daseinsvorsorge **Art. 87 EGV** 42 d
- de-minimis-Beihilfen **Art. 87 EGV** 15 f.
- der Mitgliedstaaten an öffentlichen Unternehmen **Art. 86 EGV** 60
- drohende Wettbewerbsverfälschungen **Art. 87 EGV** 14
- Entscheidungsspielräume der Kommission **Art. 87 EGV** 27 ff.
- Ermächtigungsverordnung **Art. 89 EGV** 1, 1a
- Ermessensspielraum **Art. 87 EGV** 25
- Fischereisektor **Art. 87 EGV** 36
- Flugzeugbau **Art. 87 EGV** 33
- Forschung und Entwicklung **Art. 87 EGV** 33, 39
- Gewährträgerhaftung und Anstaltslast **Art. 87 EGV** 18
- Gleichheitsgrundsatz **Art. 87 EGV** 1 b
- Grenzen zulässiger Beihilfen **Art. 73 EGV** 4
- Handelsbeeinträchtigung **Art. 87 EGV** 16 f.
- horizontale ~ **Art. 87 EGV** 38 ff.
- Kfz-Industrie **Art. 87 EGV** 36
- KMU **Art. 87 EGV** 40
- Kohle und Stahl **Art. 87 EGV** 4, 36
- Konkurrenzen **Art. 87 EGV** 46ff
- Kultur~ **Art. 87 EGV** 43
- Kunstfaserindustrie **Art. 87 EGV** 36
- Landwirtschaftssektor **Art. 87 EGV** 36
- Leitlinien **Art. 87 EGV** 1 b

- long-term-investor-Maßstab **Art. 87 EGV** 7
- Luftverkehr **Art. 87 EGV** 36
- Marktanalyse **Art. 87 EGV** 12 f.
- Mitteilungen **Art. 87 EGV** 1 b
- multisektoraler Regionalbeihilferahmen für große Investitionsvorhaben **Art. 87 EGV** 36
- Naturkatastrophen **Art. 87 EGV** 21
- neue ~ **Art. 88 EGV** 14, 3 a
- private-investor-test **Art. 87 EGV** 7
- Regional~ **Art. 87 EGV** 31, 37
- Rettungs- und Umstrukturierungs~ **Art. 87 EGV** 41
- Rundfunk **Art. 87 EGV** 18, 43
- Schiffbau **Art. 87 EGV** 36, 44
- Seeverkehr **Art. 87 EGV** 36; **Art. 73 EGV** 6
- sektorale ~ **Art. 87 EGV** 36
- Spürbarkeit der Wettbewerbsverfälschung **Art. 87 EGV** 15
- staatliche oder aus staatlichen Mitteln stammende Zuwendungen **Art. 87 EGV** 10 ff.
- Stromwirtschaft **Art. 87 EGV** 36
- Teilung Deutschlands **Art. 87 EGV** 22 f.
- über den Verkehrssektor **Art. 76 EGV** 2
- Umweltschutz **Art. 87 EGV** 33, 38
- unmittelbare Wirkung **Art. 87 EGV** 5 f.
- Unternehmensbegriff **Art. 87 EGV** 8
- Unterstützungstarife **Art. 76 EGV** 2
- Verbraucher **Art. 87 EGV** 20
- verlorene Zuschüsse **Art. 87 EGV** 18
- Vorhaben von gemeinsamem europäischen Interesse **Art. 87 EGV** 32
- Wechselkursgarantien **Art. 87 EGV** 18
- Wettbewerbsverfälschung **Art. 87 EGV** 12 ff.
- Zuwendungskomponente **Art. 87 EGV** 7
- Zwischenstaatlichkeitsklausel **Art. 87 EGV** 17

Beihilfenkontrolle Art. 5 EGV 26
- Zielkonflikte mit der Industriepolitik **Art. 157 EGV** 19

Beihilferecht
- Gemeinschaftsrahmen für staatliche Umweltschutzbeihilfen **Art. 174 EGV** 36

Beihilfesystem

2667

Sachregister

- STABEX **Art. 177 EGV 4**
- SYSMIN **Art. 177 EGV 4**
- Beihilfeverbot **Art. 73 EGV 1**
- Ausnahme vom ~ **Art. 73 EGV 1**
- Beihilfeverfahren
- Aufforderung zur Stellungnahme **Art. 88 EGV 15**
- Aufhebungs- oder Untersagungsanordnung **Art. 88 EGV 16**
- Ausbildungsverordnung **Art. 88 EGV 8**
- Aussetzungsanordnung **Art. 88 EGV 11**
- Begründungspflicht **Art. 88 EGV 16**
- Beihilfenverfahrensordnung **Art. 87 EGV 1 a; Art. 88 EGV 3; Art. 89 EGV 1**
- Beteiligte **Art. 88 EGV 15**
- de-minimis-Verordnung **Art. 88 EGV 8**
- Ermächtigungsverordnung **Art. 87 EGV 1 a; Art. 89 EGV 1**
- Eröffnungsentscheidung **Art. 88 EGV 15**
- fortlaufende Überprüfung bestehender Beihilfen **Art. 88 EGV 2 ff.**
- Gruppenfreistellungsverordnungen **Art. 87 EGV 1 a; Art. 89 EGV 1**
- Hauptprüfverfahren **Art. 88 EGV 13 ff.**
- Klagemöglichkeiten gegen Entscheidungen der Kommission im Hauptprüfverfahren **Art. 88 EGV 17 f.**
- KMU-Verordnung **Art. 88 EGV 8**
- Notifizierungspflicht **Art. 88 EGV 7 f.**
- Pflicht der Mitgliedstaaten zur Zusammenarbeit **Art. 88 EGV 5**
- Reaktionsfrist **Art. 88 EGV 10**
- Rechtssicherheit **Art. 88 EGV 22 ff.**
- Rückforderung gemeinschaftsrechtswidrig gewährter Beihilfen **Art. 88 EGV 21 ff.**
- Rückforderungsanordnung **Art. 88 EGV 11**
- Schadensersatz **Art. 88 EGV 26**
- Sperrwirkung **Art. 88 EGV 6, 15, 10 f.**
- Unbedenklichkeitsentscheidung **Art. 88 EGV 12**
- Untersagung der Beihilfe **Art. 88 EGV 16**
- Vereinbarkeitsentscheidung **Art. 88 EGV 16**

- Vertrauensschutz **Art. 88 EGV 22 ff.**
- Vorbehalt des Gesetzes **Art. 88 EGV 24**
- Vorprüfverfahren **Art. 88 EGV 9**
- Zinsen **Art. 88 EGV 21**
- zweckdienliche Maßnahmen **Art. 88 EGV 6**
- Zweimonatsfrist **Art. 88 EGV 10**
Beirat der lokalen und regionalen Gebietskörperschaften **Art. 263 EGV 6**
Beistand
- gegenseitiger ~ **Art. 119 EGV 8**
Beistandsverpflichtungen
- aus NATO- und WEU-Vertrag **Art. 17 EUV 4**
Beiträge **Art. 42 EGV 9**
Beitragsgerechtigkeit **Art. 269 EGV 19**
- der Mitgliedstaaten **Art. 269 EGV 18**
Beitragsunabhängige Sonderleistungen **Art. 42 EGV 21**
Beitritt
- materielle Voraussetzungen für einen ~ **Art. 49 EUV 5**
- von neuen Mitgliedstaaten **Art. 161 EGV 4, 15; Art. 266 EGV 15**
- zu anderen internationalen Organisationen **Art. 281 EGV 11**
- zur Union **Art. 49 EUV 1**
Beitrittsabkommen
- Inhalt des ~s **Art. 49 EUV 4**
- Ratifikationsbedürftigkeit des ~s **Art. 49 EUV 4**
Beitrittsbedingte Vertragsanpassung **Art. 49 EUV 4**
Beitrittsverhandlungen **Art. 49 EUV 2, 5**
Bekanntmachung
- über Zulieferverträge **Art. 81 EGV 171**
- Zusammenarbeit zwischen der Kommission und den Gerichten der Mitgliedstaaten **Art. 84 EGV 3**
- Zusammenarbeit zwischen der Kommission und den Wettbewerbsbehörden der Mitgliedstaaten **Art. 84 EGV 3**
Belgisch-Luxemburgische Wirtschaftsunion **Art. 306 EGV 1, 3**
Belieferung
- Verweigerung der ~ **Art. 82 EGV 55**
Benelux-Union **Art. 306 EGV 2**
Benelux-Vertrag
- EG-Recht, Kollision **Art. 306 EGV 3**
- Gerichtshof **Art. 306 EGV 3**

Sachregister

Beobachterstatus **Art. 281 EGV 11**
Beratender Ausschuß **Art. 257 EGV 2**
Beratungsverfahren **Art. 202 EGV 15**
Bereichsausnahme **Art. 81 EGV 1;**
Art. 83 EGV 24; Art. 84 EGV 12
- für die Erfüllung öffentlicher Aufgaben **Art. 86 EGV 34**
- vom Kartellverbot des deutschen Rechts **Art. 84 EGV 12**
Bericht **Art. 22 EGV**
- Berichtspflicht **Art. 22 EGV 2**
- Berichtspflicht der Kommission **Art. 173 EGV 1**
Berichtigungshaushalt **Art. 272 EGV 20**
Beruf des Kraftverkehrsunternehmers
- rein qualitative Kriterien **Art. 71 EGV 24**
Berufliche Bildungspolitik
- Abgrenzung zu Grundfreiheiten und anderen Politiken **Art. 150 EGV 1**
Berufliche Bildung und Bildungswesen **Art. 6 EUV 128**
Berufsausübung
- Binnenschiffsgüterverkehr **Art. 71 EGV 25**
- Freiheit der ~ **Art. 34 EGV 16**
Berufsfreiheit **Art. 6 EUV 129**
- und Gemeinsame Marktorganisation **Art. 6 EUV 134**
- unternehmerische Freiheit **Art. 6 EUV 130**
- Verhältnis zur Eigentumsgarantie **Art. 6 EUV 131**
- Wettbewerbsfreiheit **Art. 6 EUV 130**
Berufsgeheimnis **Art. 287 EGV 2**
Berufskrankheiten **Art. 42 EGV 26**
Berufstätigkeit als Luftfahrtunternehmer **Art. 80 EGV 18**
Berufsverbände **Art. 257 EGV 11**
Berufszugangsbedingungen
- Verkehrswirtschaft **Art. 71 EGV 23**
Berufszugangsbestimmungen
- Binnenverkehrsträger **Art. 71 EGV 25**
Beschäftigte
- unselbständig ~ **Art. 43 EGV 1**
Beschäftigungs- und Arbeitsbedingungen **Art. 39 EGV 55**
Beschäftigungsausschuß **Art. 130 EGV 1**
Beschäftigungspolitik **Art. 3 EGV 13; Art. 125 EGV 1**
- Berichtspflicht **Art. 128 EGV 7**
- Einklang mit der gemeinschaftlichen Wirtschaftspolitik **Art. 126 EGV 1**

- Europäischer Sozialfonds **Art. 125 EGV 2**
- Gegenstand **Art. 125 EGV 6**
- Handlungsmöglichkeiten des Rates **Art. 128 EGV 8**
- Handlungsmöglichkeiten des Rates nach **Art. 129 Abs. 1 Art. 129 EGV 5**
- Harmonisierungsverbot **Art. 129 EGV 2**
- inhaltliches Konzept **Art. 125 EGV 9**
- Kompetenz **Art. 125 EGV 3**
- Leitlinienkompetenz des Rates **Art. 128 EGV 4**
- Querschnittsklausel **Art. 127 EGV 3**
- Sozialpartner **Art. 126 EGV 4**
- Tätigwerden der Gemeinschaft **Art. 127 EGV 2**
- Verbindlichkeitsgrad der Leitlinien **Art. 128 EGV 6**
- Verhältnis zu anderen Politiken **Art. 125 EGV 12**
- Wirtschafts- und Industriepolitik **Art. 125 EGV 2**
- Ziele **Art. 125 EGV 8**
Beschlüsse **Art. 34 EUV 10; Art. 81 EGV 60**
- von Unternehmensvereinigungen **Art. 81 EGV 51**
Beschluß- und Abänderungsverfahren **Art. 7 EUV 22**
Beschlußfassung
- spezielle Regelungen für die ~ zum Abschluß einer Übereinkunft nach **Art. 24 EUV Art. 24 EUV 3**
Beschluß über das System der Eigenmittel **Art. 34 EUV 45**
Beschluß von Edinburgh **Art. 196 EGV 2**
Beschränkungsmaßnahmen
- für den Kapital- und Zahlungsverkehr **Art. 58 EGV 1**
Beschränkungsverbot **Art. 18 EGV 5; Art. 28 EGV 15, 57; Art. 43 EGV 29; Art. 47 EGV 14; Art. 48 EGV 12; Art. 50 EGV 38, 48**
- hinsichtlich des freien Warenverkehrs in der Gemeinschaft **Art. 90 EGV 16**
- Verständnis der Niederlassungsfreiheit im Sinne eines ~es **Art. 43 EGV 29**
- Zugang zum Arbeitsmarkt und ~ **Art. 39 EGV 50**
Beschwerdeverfahren **Art. 211 EGV 4**
Besitzstand

2669

Sachregister

- gemeinschaftlicher ~ Art. 2 EUV 14 ff.
- Besondere Bestimmungen Art. 12 EGV 7
- Besondere Rechte Art. 86 EGV 16
- Besondere und ausschließliche Rechte
- Art. 86 Abs. 1 Art. 86 EGV 15
- Besonderheiten bestimmter Wirtschaftsbereiche
- Freistellungen Art. 83 EGV 25
- Besonderheiten des Verkehrs Art. 70 EGV 13, 17
- Besserstellung nationaler Fluggesellschaften Art. 86 EGV 66
- Bestandsschutz Art. 16 EGV 12
- Besteuerung
- der Kapitaleinkünfte Art. 58 EGV 3
- RL über die ~ von Kraftfahrzeugen Art. 72 EGV 6
- Bestimmender Einfluß
- Hoheitsträger Art. 86 EGV 13, 15
- Möglichkeiten Art. 86 EGV 13
- Bestimmtheit Art. 222 EGV 34
- des Basisrechtsaktes Art. 202 EGV 11
- des ermächtigenden Basisrechtsaktes Art. 202 EGV 7, 11
- Bestimmungslandprinzip Art. 90 EGV 6; Art. 93 EGV 10, 17
- modifiziertes ~ Art. 93 EGV 14
- Betäubungsmittel Art. 2 EGV 7
- Betrauung Art. 86 EGV 39
- Betrauungsakt Art. 86 EGV 39
- Entscheidungskompetenz der nationalen Gerichte Art. 86 EGV 39
- Betriebsgenehmigung Art. 80 EGV 19
- für Luftfahrtunternehmen Art. 80 EGV 18
- Betriebspflicht Art. 73 EGV 3
- Betrügereien
- im Interesse des Gemeinschaftshaushalts Art. 280 EGV 4
- Betrug Art. 31 EUV 11
- Bekämpfung des ~s Art. 29 EUV 3
- Beurteilungsspielraum Art. 39 EGV 90, 106; Art. 64 EGV 3; Art. 81 EGV 151
- der Mitgliedstaaten Art. 33 EUV
- Kommission Art. 166 EGV 8
- Beurteilungsspielraum und Ermessen Art. 220 EGV 19
- Beweiserhebung Art. 65 EGV 4
- Beweislast Art. 81 EGV 72, 152; Art. 95 EGV 41; Art. 174 EGV 30; Art. 176 EGV 13

Beziehungskompetenz Art. 302 EGV 1
Beziehungspflege
- internationale ~ Art. 302 EGV 2
Bezugspflichten Art. 81 EGV 137
Bidirektionale Multimediadienste Art. 86 EGV 61
Bierlieferverträge Art. 81 EGV 93
Bilanzrichtlinie Art. 44 EGV 12
Bildung Art. 3 EGV 21
Bildungspolitik Art. 149 EGV 1
- Abgrenzung von Art. 149 und Art. 150 Art. 149 EGV 7
- allgemeines Diskriminierungsverbot Art. 149 EGV 4
- Fördermaßnahmen Art. 149 EGV 14
- Grundfreiheiten Art. 149 EGV 3
- Handlungsmöglichkeiten der Gemeinschaft Art. 149 EGV 13; Art. 150 EGV 7
- Harmonisierung Art. 149 EGV 13
- internationale Dimension Art. 149 EGV 17
- Maßnahmen Art. 150 EGV 8
- Verhältnis zu anderen Bereichen des Europarechts Art. 149 EGV 3
- Ziele Art. 149 EGV 10; Art. 150 EGV 4
Bindung der EG
- an völkerrechtliche Verträge ihrer Mitgliedstaaten Art. 281 EGV 29
Bindung der Mitgliedstaaten
- an die vom Rat geschlossenen Übereinkünfte Art. 24 EUV 8
Bindung der Organe der Union
- an Übereinkünfte nach Art. 24 EUV Art. 24 EUV 11
Bindungswirkung
- Maßnahmen der Gemeinschaftsorgane Art. 71 EGV 29
- von Kommissionsentscheidungen Art. 81 EGV 28
Binnengewässer Art. 34 EGV 52
Binnengrenzen Art. 62 EGV 1; Art. 64 EGV 4; Art. 69 EGV 6
- Kontrolle an ~ Art. 61 EGV 12; Art. 62 EGV 3; Art. 68 EGV 4
Binnenmarkt Art. 3 EGV 7; Art. 5 EGV 10, 24, 72; Art. 10 EGV 48, 53; Art. 12 EGV 33; Art. 14 EGV 1-6, 8, 10-11, 13-14; Art. 28 EGV 1; Art. 52 EGV 1; Art. 70 EGV 10; Art. 95 EGV 1, 3-4; Art. 157 EGV 11; Art. 162

EGV 9; Art. 174 EGV 1; Art. 175
EGV 29; Art. 176 EGV 11
- Postdienste Art. 86 EGV 48
- Verbraucherschutz und ~ Art. 153
  EGV 13-16
Binnenmarktverwirklichung
- Stand der ~ Art. 14 EGV 24
Binnenschiffahrt Art. 71 EGV 10
- Kabotage Art. 71 EGV 17
- Preisbildung Art. 71 EGV 18
Binnenschiffsgüterverkehr
- Berufsausübung Art. 71 EGV 25
Binnenverkehrsträger Art. 80 EGV 2
- Berufszugangsbestimmungen Art. 71
  EGV 25
- Kabotagefreiheit Art. 71 EGV 11
- Marktordnung Art. 80 EGV 9
- Rechtsetzungsermächtigung Art. 71
  EGV 1
Biotechnologie Art. 162 EGV 13
Bipolare Struktur Art. 250 EGV 1
Bodenabfertigungsdienste auf dem Flughafen Art. 80 EGV 7
Bodenabfertigungsrechte
- ausschließliche ~ Art. 86 EGV 64
Bodennutzung Art. 175 EGV 20
Bonner Protokoll Art. 63 EGV 8
Bosnien-Herzegowina Art. 14 EUV 3
B-Punkt Art. 204 EGV 3
Britische Kanalinseln Art. 299 EGV 12
Brüsseler Übereinkommen Art. 65 EGV 6
Brüsseler Vertrag Art. 17 EUV 2
Bruttoprinzip
- haushaltsrechtliches ~ Art. 268 EGV 22
BSE Art. 32 EGV 1
Bündeltheorie Art. 81 EGV 91, 146, 225
Bundesanstalt für Landwirtschaft und Ernährung Art. 34 EGV 20
Bundesbank
- Zentralbankrat Art. 113 EGV 4
Bundeskartellamt
- Entscheidung nach Art. 81 Abs. 1
  Art. 84 EGV 10
- Freistellung Art. 84 EGV 10
Bundeskriminalamt Art. 30 EUV 6, 15;
  Art. 62 EGV 12
Bundesregierung Art. 5 EGV 71
Bundesstaat Europa Art. 4 EGV 16
Bundesverfassungsgericht Art. 5 EGV 64
- und EuGH Art. 10 EGV 34
- und Gemeinschaftsgerichtsbarkeit
  Art. 220 EGV 25

- und Währungsunion Art. 4 EGV 30
- Maastricht-Urteil und ~ Art. 5 EGV
  11, 62
Bündnisstruktur
- militärische ~ Art. 17 EUV 1
Bürgerbeauftragter Art. 21 EGV 1;
  Art. 195 EGV 1
- Beschwerde beim ~ Art. 255 EGV 29
Bürgerentscheide
- Kommunalwahlen durch ~ Art. 19
  EGV 11
Bürgernähe Art. 5 EGV 72
- Subsidiaritätsprinzip Art. 1 EUV 27
Bürgerrechte Art. 6 EUV 189
Bürgerstatus Art. 17 EGV 3
Bürgervereinigungen Art. 257 EGV 11
Bürgschaften Art. 56 EGV 13
- Übernahme von ~ Art. 267 EGV 12
B-Waffen-Übereinkommen Art. 15 EUV 5

C

Cassis de Dijon Art. 95 EGV 25
- Cassis-Formel Art. 56 EGV 50
- Cassis-Rechtsprechung Art. 28 EGV
  20; Art. 176 EGV 10
CERN Art. 170 EGV 2
Charta der Grundrechte der Europäischen Union Art. 6 EUV 16, 26a, 35
  a, 40 a; Art. 2 EGV 18; Art. 16 EGV
  1; Art. 17 EUV 7; Art. 18 EUV 2
- »Als ob-Ansatz« Art. 6 EUV 26 a
- Konvent Art. 6 EUV 26 b
- Schrankensystematik Art. 6 EUV
  69 a
- und Beitritt zur EMRK Art. 6 EUV
  207
- und europäische Verfassungsdiskussion Art. 6 EUV 209
- Verhältnis zu den Rechtserkenntnisquellen Art. 6 EUV 40 b
CIREA Art. 63 EGV 5; Art. 66 EGV 2
CIREFI Art. 63 EGV 33; Art. 66 EGV 2
clausula rebus sic gredientibus Art. 51
  EUV 2
clausula rebus sic stantibus Art. 14 EUV
  10; Art. 51 EUV 2; Art. 312 EGV 3
Colonna-Memorandum Art. 157 EGV 2
Comprehensive Nuclear Test-Ban-Treaty
  Art. 15 EUV 5
Computergesteuerte Buchungssysteme
  Art. 80 EGV 24

Sachregister

Computerreservierungssysteme Art. 80 EGV 24
Containerverkehr
- Konsortien Art. 80 EGV 14 a
COREU Art. 205 EGV 11
COST Art. 170 EGV 2
Cotonou Art. 177 EGV 4; Art. 310 EGV 42
- AKP-EG-Partnerschaftsabkommen von ~ Art. 310 EGV 2
- AKP-EWG-Abkommen von ~ Art. 177 EGV 2
- V. AKP-EG-Partnerschaftsabkommen von ~ Art. 179 EGV 6
Cresson Art. 216 EGV
CREST Art. 162 EGV 3; Art. 172 EGV 1
cross-compliance Art. 33 EGV 21
crosstrader Art. 80 EGV 10

D

Dänemark Art. 17 EUV 2 ; Art. 69 EGV 8
- Nichtteilnahme an der Währungsunion Art. 122 EGV 29
- Sonderregelungen Art. 122 EGV 28
- und Haushaltsdisziplin Art. 104 EGV 11
Darlehen Art. 56 EGV 13
- Gewährung von ~ Art. 267 EGV 12
Darlehensverträge
- Abschluß von ~n Art. 58 EGV 20
Daseinsvorsorge Art. 16 EGV 2 5-6, 1 a; Art. 86 EGV 34, 36
- Leistungen der ~ Art. 16 EGV 1
Dassonville-Formel Art. 28 EGV 15; Art. 29 EGV 7; Art. 56 EGV 48, 50
Datenaustausch Art. 30 EUV 8
Datensammlung Art. 30 EUV 8
Datenschutz Art. 30 EUV 17; Art. 286 EGV 1
- Bindung der Gemeinschaft Art. 286 EGV 2
- Kompetenz der Gemeinschaft Art. 286 EGV 4
Dauerhaftigkeit Art. 43 EGV 3
- Element der ~ Art. 43 EGV 12
- Kriterium der ~ Art. 43 EGV 14
Defizit
- übermäßiges öffentliches ~ Art. 104 EGV 8
De Geus/Bosch
- EuGH Art. 83 EGV 3

Dekolonialisierung Art. 182 EGV 1
Delegationen der Kommission
- diplomatische und konsularische Vertretungen der Mitgliedstaaten und die ~ in dritten Ländern Art. 20 EUV
Delegation von Entscheidungskompetenz auf das PSK Art. 25 EUV 6
Deliktsfähigkeit
- aktive und passive ~ Art. 281 EGV 15, 19
- außervertragliche aktive ~ Art. 281 EGV 18
Delors-Bericht Art. 4 EGV 28; Art. 117 EGV 1
Demographisches Sicherheitsnetz
- bei Abstimmungen im Rat Art. 205 EGV 6 a
Demokratie Art. 1 EUV 32
- und Rechtsstaatlichkeit Art. 11 EUV 3
Demokratiedefizit Art. 37 EGV 20; Art. 108 EGV 18
- zu Europol Art. 30 EUV 21
Demokratieklausel
- Assoziierungsabkommen Art. 177 EGV 18
Demokratieprinzip Art. 37 EGV 19
- gemeinschaftsrechtliches ~ Art. 108 EGV 20
- Unabhängigkeit und ~ Art. 108 EGV 18
Demokratische Legitimation Art. 257 EGV 13; Art. 263 EGV 24
Depositar der Verträge Art. 313 EGV 1
Deutsche Bundesbank Art. 4 EGV 17; Art. 107 EGV 2; Art. 117 EGV 1; Art. 121 EGV 26
- EZB und ~ Art. 108 EGV 4
- Zentralbankrat Art. 108 EGV 8
Deutsche Mark
- als Ankerwährung Art. 124 EGV 6
- »Hegemonie« der ~ Art. 4 EGV 17
Devisenausländer Art. 56 EGV 39
Devisenbilanz Art. 119 EGV 4
Devisengeschäfte Art. 105 EGV 29
Deviseninländer Art. 56 EGV 39
Dezentrale Anwendung des europäischen Kartellrechts Art. 83 EGV 9; Art. 84 EGV 2, 12
Dezentralisierung Art. 34 EGV 41; Art. 263 EGV 3
Dienste von allgemeinem wirtschaftlichem Interesse Art. 16 EGV 2 7 – 8, 10 a

- Art. 16 Art. 86 EGV 49
Dienstleistung Art. 82 EGV 46, Art. 81 EGV 190
- Begriff der ~ Art. 50 EGV 5
- Entgeltlichkeit der ~ Art. 50 EGV 9
- grenzüberschreitende Erbringung von ~en Art. 43 EGV 3
- Handel mit ~en Art. 133 EGV 71
- kulturelle und audiovisuelle ~en Art. 133 EGV 79
- Art. 86 Abs. 2 Art. 86 EGV 36
Dienstleistungen von allgemeinem wirtschaftlichem Interesse Art. 16 EGV 1, 1a; Art. 86 EGV 3, 36
- Art. 16 Art. 86 EGV 41
- Zugang zu ~ Art. 16 EGV 16
Dienstleistungsempfänger Art. 44 EGV 9
Dienstleistungsempfangsfreiheit
- Begleitrecht Art. 50 EGV 43
Dienstleistungsfreiheit Art. 42 EGV 24; Art. 70 EGV 13
- Abgabe eines Angebots Art. 50 EGV 25
- Abgrenzung der ~ zur Freiheit des Warenverkehrs Art. 50 EGV 15
- Abgrenzung zur Freiheit des Zahlungs- und Kapitalverkehrs Art. 50 EGV 16
- Abgrenzung zur Niederlassungsfreiheit Art. 43 EGV 11; Art. 50 EGV 13, 18
- Ärzte Art. 52 EGV 39
- aktive oder positive ~ Art. 50 EGV 24
- allgemeines Programm von 1961 Art. 52 EGV 12
- als Restfreiheit Art. 50 EGV 4
- Anerkennung von Befähigungsnachweisen Art. 52 EGV 20
- Architekten Art. 52 EGV 48
- Banken Art. 52 EGV 29
- Begriff und Anwendungsbereich der ~ Art. 50 EGV 5
- Berechtigte Art. 50 EGV 31
- Beschränkung der ~ Art. 50 EGV 53, 69; Art. 55 EGV 3
- Bildungseinrichtungen Art. 50 EGV 9
- Bindungswirkung der ~ Art. 55 EGV 44
- Diskriminierungsverbot Art. 50 EGV 36
- Drittwirkung Art. 55 EGV 44
- Entsenderichtlinie Art. 52 EGV 22

- freie Berufe Art. 52 EGV 33
- Gewährleistungsumfang Art. 50 EGV 34
- Handwerk und Gewerbe Art. 52 EGV 14
- Hebammen Art. 52 EGV 46
- im Seeverkehr Art. 80 EGV 11, 16
- kulturelle Aktivitäten Art. 50 EGV 9
- Kunstmaler und Bildhauer Art. 52 EGV 50
- Liberalisierung im Bereich der ~ Art. 52 EGV 7
- Liberalisierung in Einzelbereichen Art. 52 EGV 14
- passive oder negative ~ Art. 50 EGV 27
- räumlich-persönlicher Anwendungsbereich Art. 50 EGV 21
- rechtliche und praktische Bedeutung der ~ Art. 50 EGV 1
- Rechts- und Patentanwälte Art. 52 EGV 34
- Rechtsangleichung Art. 50 EGV 50
- Rechtsdurchsetzung Art. 50 EGV 25
- Registrierungspflichten Art. 50 EGV 61 a
- Rundfunk Art. 50 EGV 9; Art. 52 EGV 30
- sportliche Aktivitäten Art. 50 EGV 9
- Steuerberater Art. 52 EGV 38
- Tierärzte Art. 52 EGV 44
- Umgehungsverbot Art. 50 EGV 58
- unmittelbar anwendbares Recht Art. 71 EGV 3
- Verbot der Doppelkontrolle Art. 50 EGV 59
- Verbot der Doppelregelung Art. 50 EGV 66
- Vergabe öffentlicher Aufträge Art. 50 EGV 25
- Verkehr Art. 70 EGV 17; Art. 71 EGV 3
- Verkehrswirtschaft Art. 71 EGV 1, 3
- Versicherungen Art. 52 EGV 24
- Vertragsabwicklung Art. 50 EGV 25
- Wandel der Liberalisierungskonzeption Art. 52 EGV 10
- Werbung Art. 50 EGV 25
- Wirtschafts- und Buchprüfer Art. 52 EGV 36
- Zahnärzte Art. 52 EGV 42
Dienstleistungsmonopole Art. 86 EGV 2
Dienstleistungsunternehmen

Sachregister

- Art. 86 Abs. 2 Art. 86 EGV 36
Dienstrechtliche Klagen
- Begründetheit Art. 236 EGV 10
- Entscheidung und Rechtsmittel Art. 236 EGV 12
- Zulässigkeit Art. 236 EGV 3
- Fachgerichtsbarkeit für ~ Art. 225 a EGV 2

Differenzierte Integration Art. 43 EUV 1
Differenzierung Art. 15 EGV 3; Art. 33 EGV 21
Diplomatische Beziehungen
- Wiener Übereinkommen über ~ Art. 291 EGV 1

Diplomatische und konsularische Betreuung Art. 20 EGV 6
Diplomatischer und konsularischer Schutz von Unionsbürgern Art. 20 EUV
Diplomatische und konsularische Vertretungen der Mitgliedstaaten
- und die Delegationen der Kommission in dritten Ländern Art. 20 EUV

Direkter Vollzug Art. 10 EGV 23
Direkte Steuern Art. 39 EGV 58; Art. 92 EGV 1
- Harmonisierung der ~n Art. 93 EGV 19

Direktinvestitionen Art. 56 EGV 10, 13, 24; Art. 57 EGV 6; Art. 133 EGV 26
Direktklagen
- Zuständigkeit für ~ Art. 225 EGV 3

Direktorium Art. 266 EGV 13
Direktwahl Art. 189 EGV 26
Direktwahlakt Art. 190 EGV 3, 11
- Vertragskonformität des ~es Art. 190 EGV 5

Direktzahlungen Art. 33 EGV 21
Direktzahlungsmaßnahmen Art. 34 EGV 36, 46
Diskriminierende Preisgestaltung auf verschiedenen Verkehrsbindungen Art. 75 EGV 5
Diskriminierender Charakter Art. 29 EGV 22
Diskriminierend wirkende Tarife
- Infrastrukturdienstleistungen Art. 86 EGV 66

Diskriminierung Art. 13 EGV 1; Art. 28 EGV 14; Art. 72 EGV 1; Art. 82 EGV 53
- bestimmte Herkunfts- oder Bestimmungsländer Art. 75 EGV 2
- formelle ~ Art. 12 EGV 39
- materielle ~ Art. 12 EGV 13, 38
- mittelbare ~ Art. 82 EGV 57
- Provenienz und Destination des Transportguts Art. 75 EGV 2
- steuerliche ~ Art. 90 EGV 5
- umgekehrte ~ Art. 39 EGV 42; Art. 12 EGV 25; Art. 31 EGV 10
- unmittelbare ~ Art. 141 EGV 61
- versteckte, indirekte ~ Art. 43 EGV 20
- willkürliche ~ Art. 30 EGV 47; Art. 58 EGV 21; Art. 95 EGV 33

Diskriminierungsverbot Art. 10 EGV 24; Art. 12 EGV 1; Art. 34 EGV 17 41-42; Art. 37 EGV 14; Art. 39 EGV 100; Art. 42 EGV 16; Art. 81 EGV 143; Art. 86 EGV 52
- allgemeines ~ Art. 43 EGV 19
- Art. 86 Abs. 1 Art. 86 EGV 22
- besonderes ~ Art. 86 EGV 23; Art. 72 EGV 2
- Sondertatbestand Art. 75 EGV 1
- spezielles ~ Art. 43 EGV 19
- zwingende Gründe des Allgemeininteresses und ~ Art. 39 EGV 47
- Verhältnis ~ und Harmonisierungsgebot Art. 90 EGV 7

Disproportionales Gleichgewicht
- zwischen Marktwirtschaft und Daseinsvorsorge Art. 16 EGV 5
- zwischen Wettbewerbswirtschaft und gemeinwohlorientierter Wirtschaft Art. 16 EGV 12

Divergenz
- in den Sprachfassungen Art. 53 EUV 6

Dividenden
- Bezug von ~ Art. 56 EGV 16
- Transfer von ~ Art. 56 EGV 23
- ~zahlung Art. 43 EGV 37

DNS-Datenbanken Art. 30 EUV 9
Doppelabstützung Art. 95 EGV 50
Doppelbesteuerung
- Beseitigung der ~ Art. 293 EGV 7
Doppelbesteuerungsabkommen Art. 43 EGV 34, 37
Doppelbestrafung Art. 31 EUV 8
Doppelfunktion
- der Ratsmitglieder Art. 203 EGV 2
Doppelfunktionalität der Organe Art. 47 EUV 3
Doppelmandat Art. 189 EGV 26

Sachregister

- fakultatives ~ **Art. 190 EGV** 15
Doppelte Rechtsgrundlagen Art. 156 EGV 3
Drei Aufgabenkomplexe
- europäische Verkehrspolitik **Art. 70 EGV** 15
Dritte
- Wirkungen auf ~ **Art. 81 EGV** 87, 103
Drittes Liberalisierungspaket
- Luftverkehr **Art. 80 EGV** 17
Drittstaaten
- Kapitalbewegungen nach oder aus ~ **Art. 59 EGV** 4
- Kapitalverkehr mit ~ **Art. 57 EGV** 1
- protektionistische Maßnahmen **Art. 80 EGV** 12
Drittstaatsangehörige Art. 39 EGV 21; **Art. 42 EGV** 3; **Art. 62 EGV** 12, 23; **Art. 63 EGV** 31, 39
- Aufenthaltstitel für ~ **Art. 63 EGV** 31
- und Freizügigkeit **Art. 39 EGV** 24
Drittwirkung Art. 28 EGV 46, 57
- und Freizügigkeit **Art. 39 EGV** 51
Drogen Art. 30 EUV 9
Drogenabhängigkeit
- Bekämpfung der ~ **Art. 152 EGV** 7
Drogenhandel Art. 29 EUV 7; **Art. 30 EUV** 12; **Art. 31 EUV** 9
Drogenpolitik Art. 152 EGV 5
Dualismus Art. 300 EGV 56
Dubliner Ausschuß Art. 63 EGV 9
Dubliner Übereinkommen Art. 63 EGV 8
Dumping Art. 133 EGV 130
- Abwehr **Art. 133 EGV** 131
- ~spanne **Art. 133 EGV** 131
Durchbrechung der Vertragsvorschriften
- Erforderlichkeit **Art. 86 EGV** 47
- ultima ratio Artikel 82 (6) **Art. 86 EGV** 47
- unternehmensbezogene Vertragsbestimmungen **Art. 86 EGV** 44
Durchführung
- Ort der ~ des wettbewerbswidrigen Verhaltens **Art. 81 EGV** 9
- Vorsitz, Verantwortung für die ~ **Art. 18 EUV** 2
Durchführung durch den Rat
- gemeinsame Strategien **Art. 13 EUV** 5
Durchführung einer gemeinsamen Aktion
- verstärkte Zusammenarbeit zur ~ **Art. 27b EUV** 1
Durchführungsaufgaben

- Übertragung von ~ im Rahmen der GASP **Art. 18 EUV** 4
Durchführungsbefugnis
- Kommission **Art. 301 EGV** 11
- Übertragung von ~sen auf die Kommission durch den Rat **Art. 202 EGV** 5
Durchführungskompetenz
- Grenzen der ~ der Kommission **Art. 202 EGV** 8
Durchführungsmaßnahmen Art. 95 EGV 24
Durchführungsverordnung zu den Artikeln 81 und 82 EG-Vertrag Art. 83 EGV 3, 9
Durchführungsvorschriften
- Erlaß von ~, Subdelegation **Art. 83 EGV** 6
- **Art. 81, 82 Art. 83 EGV** 2
- **Art. 83 Art. 85 EGV** 2
Durchführungsvorschriften nach Art. 83
- Aufgaben von Kommission und Gerichtshof **Art. 83 EGV** 27
Durchgriff
- gemeinsame Aktionen, ~ auf Einzelpersonen **Art. 14 EUV** 7
- auf Mitgliedstaaten **Art. 300 EGV** 49
Durchgriffshaftung Art. 281 EGV 18
Durchgriffswirkung
- GASP-Akte **Art. 11 EUV** 1
Durchsetzung des europäischen Kartellrechts Art. 83 EGV 4; **Art. 84 EGV** 1
- Europäische Kommission **Art. 85 EGV** 1

E

EAGFL Art. 33 EGV 17, 20; **Art. 34 EGV** 10, 19, 35, 39, 43, 46; **Art. 35 EGV** 2; **Art. 158 EGV** 2; **Art. 159 EGV** 4 **Art. 161-162 EGV** 2
EAGV Art. 305 EGV 1
ECOFIN-Rat Art. 108 EGV 9 a; **Art. 121 EGV** 8; **Art. 122 EGV** 4; **Art. 123 EGV** 14
ECU Art. 4 EGV 26, 31; **Art. 124 EGV** 6
- Abschaffung **Art. 124 EGV** 9
- als abstrakte Werteinheit **Art. 118 EGV** 2
- Euro und ~ **Art. 111 EGV** 4; **Art. 118 EGV** 10; **Art. 123 EGV** 16
- Funktionen **Art. 118 EGV** 5
- offizielle ~ **Art. 118 EGV** 6

2675

Sachregister

- private ~ Art. 118 EGV 7; Art. 123 EGV 19
- ECU Banking Association (EBA) Art. 118 EGV 8
- ECU-Währungskorb Art. 118 EGV 1, 2
- Festschreibung Art. 116 EGV 2
- Effektiver Rechtsschutz Art. 220 EGV 29
- Effektivität Art. 280 EGV 13
  - ~sgrundsatz Art. 10 EGV 24
- effet utile Art. 5 EGV 13; Art. 12 EGV 15; Art. 220 EGV 14; Art. 249 EGV 21, 46; Art. 308 EGV 43
- ~Grundsatz Art. 310 EGV 15, 25
- Effizienz der Agrarstruktur Art. 33 EGV 18
- EFRE Art. 158 EGV 3, 8; Art. 159 EGV 4; Art. 160 EGV 1; Art. 161 EGV 2, 16; Art. 162 EGV 1
- EG
  - als internationale Organisation Art. 1 EGV 1
  - als Träger völkerrechtlicher Rechte und Pflichten Art. 281 EGV 9
  - horizontale Kompetenzverteilung in der ~ Art. 7 EGV 7
  - Organisationsgewalt in der ~ Art. 7 EGV 23
  - Organisationsstruktur der ~ Art. 7 EGV 3
  - Rechtspersönlichkeit der ~ Art. 1 EGV 2
  - Sicherung des Gemeinwohls durch die ~ Art. 1 EUV 45
  - Sitz der ~ Art. 289 EGV 2
  - Wirtschaftsordnung der ~ Art. 16 EGV 1 a
- EG-Embargoverordnung Art. 301 EGV 9
- EG-Haushaltsverfahren
  - Anwendung des ~s im Rahmen der GASP Art. 28 EUV 9
- EG-Kartellrecht
  - s. auch Gemeinschaftskartellrecht
  - Luftverkehr Art. 80 EGV 22
  - Rangverhältnis von ~ und nationalem Recht Art. 81 EGV 16
  - Rechtsfolgen im ~ Art. 81 EGV 146
  - Zurechnung und ~ Art. 81 EGV 77
- EGKS-Produkte
  - Außenhandelsrecht Art. 305 EGV 6
- EGKSV Art. 305 EGV 1
  - Wirkung des Art. 53 EUV in bezug auf Änderungen des ~ Art. 53 EUV 7
- EG-Prozeßrecht Art. 245 EGV 1

- EG-Richtlinie Art. 34 EUV 7
- EGV
  - Anwendbarkeit von Bestimmungen des ~ im Rahmen der GASP Art. 28 EUV 1
  - Aufhebungsvertrag Art. 312 EGV 2
  - Kündigungsklausel Art. 312 EGV 3
  - Nebenurkunden des ~ Art. 311 EGV 2
  - Protokolle Art. 311 EGV 2
  - räumlicher Geltungsbereich des ~ Art. 299 EGV 1
  - Verletzung des ~ Art. 300 EGV 50
  - zeitliche Geltungsdauer des ~ Art. 312 EGV 1
- EG-Verordnungen
  - Konkretisierung von Art. 73 Art. 73 EGV 5
- Ehe und Familie Art. 6 EUV 107
- EIB Art. 267 EGV 1; Art. 9 EGV 1; Art. 104 EGV 56; Art. 158 EGV 2; Art. 159 EGV 4; Art. 177 EGV 9; Art. 266 EGV 1
  - EZB und ~ Art. 107 EGV 4
  - Zuständigkeit des Gerichtshofs Art. 237 EGV 1
  - Satzung der ~ Art. 266 EGV 9
- Eigenbetriebe
  - der Gemeinden Art. 48 EGV 3
- Eigenhändler Art. 81 EGV 121
- Eigenmittel Art. 104 EGV 102; Art. 269 EGV 4
  - Arten der ~ Art. 269 EGV 5
  - auf der Grundlage der mitgliedstaatlichen Bruttosozialprodukte Art. 269 EGV 8
  - aus dem mitgliedstaatlichen Mehrwertsteueraufkommen Art. 269 EGV 7
  - der Gemeinschaft Art. 23 EGV 6
- Eigenmittelbeschluß Art. 269 EGV 3
  - 1970 Art. 269 EGV 1
- Eigenmittelsystem
  - Fortschreibung und Reform des ~s Art. 269 EGV 10
  - der Gemeinschaft Art. 269 EGV 1
- Eigenständigkeit des EU-Rechts
  - Einheit und die ~ Art. 53 EUV 4
- Eigentümerklausel Art. 80 EGV 19
- Eigentumsanordnung Art. 222 EGV 1
- Eigentumsgarantie Art. 6 EUV 140
  - eingerichteter und ausgeübter Gewerbebetrieb Art. 6 EUV 145

Sachregister

- Entschädigung für Beeinträchtigungen Art. 6 EUV 161
- Entziehung des Eigentums Art. 6 EUV 158
- Nutzungsbeschränkungen Art. 6 EUV 155
- öffentlich-rechtliche Eigentumspositionen Art. 6 EUV 147
- und Grundrecht des Vertrauensschutzes Art. 6 EUV 150
- Verhältnis zur Berufsfreiheit Art. 6 EUV 132
- Vermögen Art. 6 EUV 146

Eigentumsordnung Art. 222 EGV 6
- und Eigentumsrecht Art. 6 EUV 141

Eigentumsrecht Art. 34 EGV 16

Eigenwirtschaftliches Interesse
- Transportunternehmen Art. 76 EGV 4

Eigenwirtschaftlich operierender Verkehrsdienstleister Art. 73 EGV 5

Eignung Art. 73 EGV 4

Eignungsprüfung Art. 47 EGV 7

Eilkurierdienste in den Niederlanden Art. 86 EGV 64

Einberufung
- des Rates durch den Vorsitz Art. 204 EGV 1

Einfache Fachhandelsbindung Art. 81 EGV 205

Einfache Mehrheit Art. 24 EUV 4
- im Rat Art. 205 EGV 2

Einfuhr
- Subventionierung der ~ Art. 33 EGV 10

Einfuhrzölle Art. 33 EGV 10; Art. 34 EGV 28

Eingliederung Art. 81 EGV 121
- ~stheorie Art. 81 EGV 38

Eingreiftruppe
- Schnelle ~ Art. 17 EUV 3

Eingriffe
- nicht marktkonforme ~ Art. 4 EGV 9

Eingriffe in das Marktgeschehen
- Luftverkehr Art. 80 EGV 21

Einhaltung gemeinschaftsrechtlicher Vertragspflichten
- Aufgabenerfüllung im öffentlichen Interesse Art. 86 EGV 45

Einheitliche Anwendung des Gemeinschaftskartellrechts
- Verfahren Art. 83 EGV 34

Einheitliche Europäische Akte (EEA) Art. 50 EUV 2; Art. 4 EGV 26; Art. 14 EGV 2

Einheitliche Rechtsordnung Art. 1 EGV 23

Einheitlicher institutioneller Rahmen Art. 1 EGV 7, 24; Art. 3 EUV 1
- Europäischer Rat und ~ Art. 4 EUV 1
- Konkretisierung des ~ Art. 5 EUV 1, 4

Einheitliches EU-Visum Art. 62 EGV 15, 22
- Einheitliche Visumgestaltung Art. 62 EGV 15, 21

Einheitliche Währung
- Entstehung Art. 123 EGV 13

Einheitliche Wettbewerbsordnung
- europäischer Luftverkehrsmarkt Art. 80 EGV 23

Einheitlichkeit
- der Anwendung des Gemeinschaftsrechts Art. 220 EGV 28
- der Unionsrechtsordnung Art. 1 EGV 23
- des Haushalts Art. 34 EGV 43

Einheitsthese Art. 1 EGV 18

Einheit und Wirksamkeit
- des EG-Rechts Art. 10 EGV 11

Einkommensstützung
- direkte ~ Art. 34 EGV 15, 35, 39 a

Einlagefazilität Art. 105 EGV 16

Einnahmen
- sonstige ~ Art. 104 EGV 102; Art. 269 EGV 9

Einreise
- Maßnahmen hinsichtlich der ~ und des Personenverkehrs Art. 3 EGV 8
- und Aufenthalt Art. 62 EGV 13; Art. 63 EGV 28

Einrichtung
- feste ~ Art. 43 EGV 11

Einseitige Maßnahmen Art. 81 EGV 55

Einstimmigkeit
- Grundsatz der ~ im Bereich der GASP Art. 23 EUV 1
- im Rat Art. 205 EGV 7, 9
- ~sgrundsatz Art. 14 EUV 7

Einstimmigkeit bei der Beschlußfassung
- Verkehrspolitik Art. 71 EGV 35

Einstweilige Anordnungen Art. 242-243 EGV 3
- des EuGH Art. 46 EUV 16

Einstweilige Maßnahmen

2677

Sachregister

- Kartellverwaltungsverfahren Art. 83 EGV 16

Einstweilige Regelung der Verkehrsmärkte Art. 72 EGV 1

Einstweiliger Rechtsschutz Art. 242-243 EGV 3, 7
- Anhängigkeit und Zulässigkeit der Hauptsache Art. 242-243 EGV 6
- Antragsbefugnis Art. 242-243 EGV 10
- Antragsgegenstand und Rechtsschutzbedürfnis Art. 242-243 EGV 8
- Begründetheit Art. 242-243 EGV 13
- Dringlichkeit der Anordnung Art. 242-243 EGV 16
- Entscheidung Art. 242-243 EGV 22
- Form und Frist Art. 242-243 EGV 11
- Interessenabwägung Art. 242-243 EGV 18
- Interessenbewertung (Schaden) Art. 242-243 EGV 17
- Notwendigkeit der Anordnung – Hauptsacheprognose Art. 242-243 EGV 15
- Rechtsmittel und Abänderung Art. 242-243 EGV 23
- Verfahren Art. 242-243 EGV 21
- Vorläufigkeit der Anordnung Art. 242-243 EGV 20
- vor nationalen Gerichten Art. 242-243 EGV 24
- Zuständigkeit Art. 242-243 EGV 5

Ein- und Ausfuhren
- einheitliches Regime Art. 131 EGV 2

Einwanderungspolitik Art. 63 EGV 27; Art. 67 EGV 4

Einzelermächtigung
- Prinzip der begrenzten ~ Art. 5 EUV 3; Art. 46 EUV 20; Art. 202 EGV 2, 11; Art. 220 EGV 17; Art. 159 EGV 3; Art. 249 EGV 1

Einzelfreistellung Art. 81 EGV 151; Art. 162 EGV 11

Eisenbahninfrastruktur Art. 71 EGV 8
- Nutzungsentgelte Art. 71 EGV 8

Eisenbahnkabotage Art. 71 EGV 16

Eisenbahnpaket vom 26.2.2001 Art. 71 EGV 8

Eisenbahnunternehmen Art. 73 EGV 3
- internationale Gruppierungen von ~ Art. 71 EGV 8
- kommerzielle Freiheit Art. 71 EGV 9

Eisenbahnverkehr

- Kabotagefreiheit Art. 71 EGV 11
- subjektive Marktzugangsvoraussetzungen Art. 71 EGV 26

Elektrizitätsbinnenmarktrichtlinie Art. 86 EGV 48

Elektrizitätsversorgung Art. 86 EGV 35

Element des Binnenmarkts
- Verkehr Art. 70 EGV 11
- Freie Transportmöglichkeiten Art. 70 EGV 12

Embargo Art. 297 EGV 10

Embargomaßnahmen
siehe auch Wirtschaftssanktionen
- ausschließliche Zuständigkeit der EG für ~ Art. 301 EGV 14
- Aussetzung und Aufhebung Art. 301 EGV 3
- extraterritoriale Wirkung von ~ Art. 301 EGV 4
- ~ der EG Art. 301 EGV 1

Embargoverordnung Art. 23 EUV 2
- Typen von ~en Art. 301 EGV 3

Emmott'sche Fristenhemmung Art. 249 EGV 102

Empfehlung Art. 34 EUV 3; Art. 211 EGV 8; Art. 249 EGV 119; Art. 81 EGV 19
- als unverbindlicher Rechtsakt Art. 99 EGV 6
- im Gesundheitsschutz Art. 152 EGV 19
- an den Mitgliedstaat Art. 7 EUV 9

EMRK Art. 42 EGV 12; Art. 46 EUV 11; Art. 63 EGV 4; Art. 281 EGV 30; Art. 303 EGV 2; Art. 307 EGV 3

EMS Art. 25 EUV 4

Energie Art. 3 EGV 25

Energieinfrastruktur Art. 154 EGV 4, 7

Energielieferung Art. 86 EGV 36

Energieversorgung Art. 175 EGV 21 a

Energieversorgungsunternehmen Art. 86 EGV 40
- langlaufende marktabgrenzende Verträge Art. 84 EGV 12

Enquête-Kommissionen Art. 193 EGV 2

Enteignung
- völkerrechtswidrige ~ Art. 20 EGV 5

Entgeltgleichheit
- Angleichungsmaßnahmen zur Beseitigung der Diskriminierung Art. 141 EGV 70
- Arbeitgeberbegriff Art. 141 EGV 15
- Arbeitnehmer Art. 141 EGV 17

Sachregister

- arbeitnehmerähnliche Personen Art. 141 EGV 17
- Arten der Diskriminierung Art. 141 EGV 39
- betriebliche Sozialversicherungssysteme Art. 141 EGV 72
- Beweislast Art. 141 EGV 67
- Brutto- oder Nettoentgelt Art. 141 EGV 50
- Definition des Entgelts Art. 141 EGV 23
- Diskriminierungsverbot Art. 141 EGV 36
- Entgeltbestandteil Art. 141 EGV 49
- gesetzliche Systeme der Sozialversicherung Art. 141 EGV 29
- Gleichbehandlungsrichtlinie 76/207/EWG Art. 141 EGV 11
- gleiche Arbeit Art. 141 EGV 57
- gleichwertige Arbeit Art. 141 EGV 58
- mittelbare Diskriminierung Art. 141 EGV 42, 45
- persönlicher Anwendungsbereich Art. 141 EGV 15
- räumlicher Anwendungsbereich Art. 141 EGV 19
- räumliche Vergleichsebene Art. 141 EGV 56
- Rechtfertigung Art. 141 EGV 60
- Rechtsfolgen eines Verstoßes Art. 141 EGV 68
- sachlicher Anknüpfungspunkt der Ungleichbehandlung Art. 141 EGV 46
- sonstige Vergütungen Art. 141 EGV 24
- Übereinkommen Nr. 100 der ILO Art. 141 EGV 2
- übliche Grund- oder Mindestlöhne und -gehälter Art. 141 EGV 24
- unmittelbare Diskriminierung Art. 141 EGV 40
- unmittelbare Wirkung Art. 141 EGV 5
- Vergleichsgruppenbildung Art. 141 EGV 52
- Verhältnis zum sekundären Gemeinschaftsrecht Art. 141 EGV 9

Entkoppelung von Gemeinschaftseinnahmen und -ausgaben
- institutionelle ~ Art. 269 EGV 12

Entleihunternehmen Art. 39 EGV 17

Entscheidung Art. 249 EGV 116
- Art. 86 Abs. 3 Art. 86 EGV 62
- redaktionelle ~ Art. 43 EGV 16
- ~smaßstab Art. 46 EUV 21

Entscheidung nach Art. 81 Abs. 1
- Bundeskartellamt Art. 84 EGV 10

Entscheidungskompetenz der nationalen Gerichte
- Betrauungsakt Art. 86 EGV 39

Entwicklung
- Forschung und ~ Art. 81 EGV 177
- nachhaltige ~ Art. 6 EGV 13; Art. 174 EGV 4, 10

Entwicklung des Handelsverkehrs
- Art. 86 Abs. 2 S. 2 Art. 86 EGV 51
- Beeinträchtigung der ~ Art. 86 EGV 50
- entgegen den Interessen der Gemeinschaft beeinträchtigt Art. 86 EGV 44

Entwicklungsabkommen
- Schutzklauseln Art. 300 EGV 55

Entwicklungsassoziationen Art. 310 EGV 42
- mit den AKP-Staaten Art. 310 EGV 8

Entwicklungsländer Art. 177 EGV 11
- am meisten benachteiligte ~ Art. 177 EGV 12

Entwicklungspolitik Art. 267 EGV 10

Entwicklungszusammenarbeit Art. 3 EGV 22; Art. 177 EGV 1
- Armutsbekämpfung Art. 177 EGV 13
- Demokratie Art. 177 EGV 16
- Finanzierung von ~ Art. 177 EGV 9
- Handlungsformen der ~ Art. 177 EGV 2
- Hilfsprogramme Art. 180 EGV 9
- Instrumente der ~ Art. 177 EGV 3
- Kohärenzgebot Art. 178 EGV 2
- Kooperation Art. 180 EGV 7
- Koordination Art. 180 EGV 1
- Maßnahmen der ~ Art. 179 EGV 1
- Menschenrechte Art. 177 EGV 16
- nachhaltige Entwicklung Art. 177 EGV 2
- parallele Kompetenz Art. 177 EGV 10
- Querschnittsklausel Art. 178 EGV 3
- Rechtsstaat Art. 177 EGV 16
- Subsidiaritätsprinzip Art. 180 EGV 2
- Vertragsschlußkompetenz Art. 181 EGV 3
- wirtschaftliche und soziale Entwicklung Art. 177 EGV 13
- Ziele der ~ Art. 177 EGV 13; Art. 178 EGV 4

2679

Sachregister

EP
s. auch Europäisches Parlament
- Rolle des ~ im Ausschußverfahren Art. 202 EGV 11, 18-19
- Sitz des ~ Art. 289 EGV 4
- und AdR Art. 263 EGV 30

EPZ Art. 11 EUV 1; Art. 17 EUV 1; Art. 19 EUV 3; Art. 50 EUV 2; Art. 301 EGV 1

EQUAL Art. 161 EGV 12

ER Art. 13 EUV 1; Art. 21 EUV 1; Art. 23 EUV 7; Art. 99 EGV 4
- als Organ Art. 4 EUV 10
- Aufgaben Art. 4 EUV 2
- institutionelle Stellung Art. 4 EUV 11
- Kompetenzen Art. 4 EUV 2
- Rechtsnatur Art. 4 EUV 9
- Sitz des ~ Art. 289 EGV 4
- Sitzungsablauf Art. 4 EUV 7
- und einheitlicher institutioneller Rahmen Art. 4 EUV 1
- Verhältnis zu den Organen Art. 4 EUV 11
- Zusammensetzung Art. 4 EUV 7

Erforderlichkeit Art. 73 EGV 4; Art. 94 EGV 10
- Durchbrechung der Vertragsvorschriften Art. 86 EGV 47
- eines Tätigwerdens der Gemeinschaft Art. 308 EGV 26
- Funktion Art. 308 EGV 26
- kompetenzbegründende ~ Art. 308 EGV 26
- Verhältnis zum Subsidiaritätsprinzip Art. 308 EGV 37
- von Sofortmaßnahmen Art. 301 EGV 13

Erforderlichkeitsprinzip
- Art. 86 Abs. 3 Art. 86 EGV 57

Erfurt
- Erklärung von ~ Art. 17 EUV 2

Erklärung zu Personen mit einer Behinderung Art. 95 EGV 18

Erleichterung der Kontrollen und Verwaltungsformalitäten im Güterverkehr
- Richtlinie Art. 77 EGV 5

Ermächtigung nationaler Behörden
- Abhilfemaßnahmen Art. 85 EGV 10

Ermächtigungsverordnungen
- Gruppenfreistellungen Art. 83 EGV 35, 36

Ermessen des Rates
- Freistellungsverfahren Art. 83 EGV 22

Ermessensausübung
- Zwangsmaßnahmen Art. 83 EGV 28

Ermessensmißbrauch Art. 5 EGV 48

Ermittlungsersuchen
- Europol Art. 30 EUV 30

Ermittlungshandlungen der Kommission Art. 85 EGV 3

Ermittlungstechniken
- polizeiliche ~ Art. 30 EUV 25

Ernste Marktstörung Art. 71 EGV 15

Erschöpfung
- gemeinschaftsweite ~ Art. 81 EGV 127

Erschöpfungsgrundsatz Art. 30 EGV 42; Art. 81 EGV 222

Ertragsfaktoren
- regionale ~ Art. 34 EGV 36

Ertragshoheit Art. 268 EGV 4

Erweiterung Art. 32 EGV 1

Erweiterung der Europäische Union Art. 213 EGV 3
- Protokoll über die ~ Art. 213 EGV 3

Erwerb
- die Nutzung von Grundbesitz Art. 44 EGV 10
- von Grundeigentum Art. 56 EGV 11
- von Zweitwohnungen Art. 56 EGV 11

Erwerbstätigkeit
- selbständige ~ Art. 43 EGV 2, 10; Art. 48 EGV 2

Erwerb von Schuldtiteln
- Verbot des unmittelbaren ~s Art. 101 EGV 12

Erzeugergemeinschaften Art. 33 EGV 19

Erzeugervereinigungen Art. 36 EGV 7

Erziehungsgeld Art. 39 EGV 63; Art. 42 EGV 44

ESF Art. 158 EGV 2; Art. 159 EGV 4 Art. 161-162 EGV 2

essential facilities Art. 82 EGV 39

ESTA Art. 162 EGV 3 a; Art. 172 EGV 1

ESVI
- Europäische Sicherheits- und Verteidigungsidentität Art. 17 EUV 3

ESZB
- als Sammelbezeichnung für EZB und nationale Zentralbanken Art. 105 EGV 2; Art. 107 EGV 2
- finanzielle Unabhängigkeit Art. 108 EGV 9 b

- interne Weisungen Art. 105 EGV 27
- Satzung Art. 107 EGV 11
- Unabhängigkeit Art. 108 EGV 1
- und EZB Art. 107 EGV 1
- und nationale Zentralbanken Art. 107 EGV 6

ESZB und EZB
- als Einrichtungen der Gemeinschaft Art. 8 EGV 4; Art. 107 EGV 1
- Errichtung Art. 123 EGV 5

EU
- als Völkerrechtssubjekt Art. 18 EUV 1; Art. 24 EUV 7; Art. 48 EUV 5
- Begriff Art. 1 EUV 3
- Bundes-Staat Art. 1 EUV 19
- Die ~ als gestufte internationale Organisation Art. 1 EGV 19
- körperschaftliche Struktur der ~ Art. 1 EGV 7
- Kompetenz der ~ zum Abschluß völkerrechtlicher Verträge Art. 1 EGV 12
- Legitimationsgrundlage der ~ Art. 1 EUV 14
- Mitgliedstaaten der ~ Art. 1 EGV 7
- Organe der ~ Art. 5 EUV 1
- Osterweiterung der Art. 266 EGV 15
- Rechtsnatur der ~ Art. 1 EGV 5-14
- Rechtspersönlichkeit der ~ Art. 1 EGV 5-14; Art. 4 EUV 9-10; Art. 5 EUV 7; Art. 11 EUV 1; Art. 18 EUV 1
- Rechtssubjektivität der ~ Art. 1 EGV 5-14
- supranationale Organisation Art. 1 EUV 19
- Terminologie Art. 1 EGV 26-28
- Verbindlichkeit von ~-Rechtsakten Art. 1 EGV 11
- Verfassung der ~ Art. 1 EUV 17, 22a; Art. 5 EGV 72; Art. 189 EGV 26
- Verhältnis der ~ zu den drei Gemeinschaften Art. 1 EGV 15-25
- Vertretung der ~ durch den Vorsitz Art. 18 EUV 1
- Völkerrechtsfähigkeit der ~ Art. 1 EGV 12
- Völkerrechtssubjektivität der ~ Art. 24 EUV 1; Art. 11 EUV 1
- Willensbildung der ~ Art. 1 EGV 10

EuG
- Errichtung und Organisation des ~ Art. 224 EGV 1
- Kanzler des ~ Art. 224 EGV 8

- Mitglied des ~ Art. 224 EGV 3
- Präsident des ~ Art. 224 EGV 6
- Spruchkörper des ~ Art. 224 EGV 5
- Rechtsfortbildung durch den EuGH und das ~ Art. 48 EUV 4
- Rechtsmittel gegen Entscheidungen des ~ Art. 225 EGV 7
- Verfahrensordnung des ~ Art. 224 EGV 9

EuGH Art. 68 EGV 1
- als Schiedsgericht Art. 14 EUV 13; Art. 46 EUV 18
- Asjes/Nouvelles Frontières Art. 80 EGV 22
- Beschränkung der Kompetenzen des ~ Art. 46 EUV 14
- De Geus/Bosch Art. 83 EGV 3
- Delegation von Entscheidungsbefugnissen Art. 7 EGV 27
- einstweilige Anordnungen des ~ Art. 46 EUV 16
- Gehälter, Vergütungen und Ruhegehälter der Mitglieder der Kommission und des ~ Art. 210 EGV
- Gerichtsbarkeit des ~ Art. 46 EUV 18
- Gutachtenverfahren Art. 300 EGV 84
- Inzidentprüfung von Sekundärakten durch den ~ Art. 46 EUV 22
- Jurisdiktion des ~ Art. 53 EUV 5
- Kanzler des ~ Art. 223 EGV 6
- Meroni-Urteile Art. 7 EGV 27
- Präsident des ~s Art. 223 EGV 4
- Prüfungskompetenz des ~ bei Wirtschaftssanktionen Art. 301 EGV 11
- Rechtsfortbildung durch den ~ und das EuG Art. 48 EUV 4
- Rechtsfortbildungskompetenz des ~ Art. 46 EUV 18
- Rechtsmittel beim ~ Art. 225 EGV 7
- Reichweite der Kompetenzen des ~ Art. 46 EUV 1
- Subsidiaritätsprinzip und ~ Art. 5 EGV 37, 60
- und Querschnittsklausel Art. 6 EGV 22
- und Vorsorgeprinzip Art. 174 EGV 25
- Untätigkeitsurteil von 1985 Art. 71 EGV 3
- Unterwerfung unter die Gerichtskeit des ~ Art. 48 EUV 5
- verbleibende Zuständigkeiten nationaler Gerichte Art. 240 EGV 2

2681

Sachregister

- Verfahrensarten vor dem ~ **Art. 46 EUV** 13, 16
- Verfahrensordnung des ~ **Art. 46 EUV** 17; **Art. 223 EGV** 7
- Verwerfungsbefugnis des ~ **Art. 46 EUV** 16
- Zuständigkeit des ~ **Art. 40 EUV** 3; **Art. 46 EUV** 15; **Art. 225 EGV** 1, 4; **Art. 67 EGV** 6

EuGH-Gesetz Art. 35 EUV 4
EUMC Art. 25 EUV 4
- Militärausschuß **Art. 25 EUV** 1

EUMM Art. 14 EUV 5; **Art. 24 EUV** 6, 12
EUMS
- Militärstab **Art. 25 EUV** 1

Euratom-Erzeugnisse
- Außenhandelsrecht **Art. 305 EGV** 6

EU-Recht
- Einheit und Eigenständigkeit des ~s **Art. 53 EUV** 4

EUREKA Art. 170 EGV 2
Euro Art. 4 EGV 31; **Art. 31 EUV** 1; **Art. 106 EGV** 1; **Art. 277 EGV** 1
- als Anker des WKM II **Art. 124 EGV** 9
- als eigenständige Währung **Art. 123 EGV** 13
- als einheitliche Währung **Art. 118 EGV** 10
- ~Bargeld **Art. 123 EGV** 26
- ECU und ~ **Art. 123 EGV** 16; **Art. 111 EGV** 4; **Art. 118 EGV** 10
- Einführung des ~ **Art. 121 EGV** 1, 6; **Art. 122 EGV** 37, 38
- ~Gruppe **Art. 108 EGV** 9 a; **Art. 111 EGV** 21; **Art. 122 EGV** 26
- ~Münzen **Art. 106 EGV** 3, 7; **Art. 123 EGV** 34
- Übergangsszenario **Art. 123 EGV** 25
- und Drittstaaten **Art. 123 EGV** 24
- ~Verordnungen **Art. 123 EGV** 27

Euro-Banknoten Art. 106 EGV 3, 4; **Art. 123 EGV** 34
- Nennwerte **Art. 106 EGV** 6

EURODAC Art. 63 EGV 12
Eurojust Art. 29 EUV 8; **Art. 31 EUV** 12
Europa
- à la carte **Art. 43 EUV** 6
- der Bürger **Art. 19 EGV** 1; **Art. 14 EGV** 12, 21
- der drei Geschwindigkeiten **Art. 95 EGV** 22; **Art. 175 EGV** 37
- der mehreren Geschwindigkeiten **Art. 43 EUV** 5
- der Regionen **Art. 263 EGV** 3
- der variablen Geometrie **Art. 43 EUV** 6
- der verschiedenen Geschwindigkeiten **Art. 15 EGV** 1
- der konzentrische Kreise **Art. 43 EUV** 4

Europa-Abkommen Art. 39 EGV 39; **Art. 310 EGV** 38
Europäische Aktiengesellschaft Art. 44 EGV 14
Europäische Ausrichtungs- und Garantiefonds für die Landwirtschaft Art. 34 EGV 43; **Art. 35 EGV** 2; **Art. 158 EGV** 2; **Art. 159 EGV**; **Art. 162 EGV**
Europäische Berufszugangsregelungen
- Modell **Art. 80 EGV** 19

Europäischer Entwicklungsfonds (EEF) Art. 183 EGV 4; **Art. 248 EGV** 1; **Art. 177 EGV** 9; **Art. 179 EGV** 8
Europäischer Flüchtlingsfonds Art. 63 EGV 25
Europäische Genossenschaft Art. 44 EGV 14
Europäische Grundrechtscharta s. Charta der Grundrechte der Europäischen Union
- **Art. 36 Art. 16 EGV** 13, 16

Europäische Investitionsbank (EIB) s. EIB
Europäische Kommission s. auch Kommission
- Aufsichtsaufgaben und Eingriffsbefugnisse **Art. 86 EGV** 4
- Befugnisse nach Artikel 86 (3) **Art. 86 EGV** 54
- Befugnisse in der Verkehrspolitik **Art. 71 EGV** 36
- Initiativmonopol **Art. 83 EGV** 14

Europäische Konvention zum Schutze der Menschenrechte und Grundfreiheiten
- als Rechtserkenntnisquelle der Grundrechte **Art. 6 EUV** 35, 42
- Maßstab für Gemeinschaftsrecht **Art. 6 EUV** 91

Europäische Marktordnung
- Seeschiffahrt **Art. 80 EGV** 10
- Luftverkehr **Art. 80 EGV** 17

Europäische Parteien
- Aufgaben der ~n **Art. 191 EGV** 4
- föderatives Modell **Art. 191 EGV** 3

- konföderiertes Modell **Art. 191 EGV** 3
- supranationales Modell **Art. 191 EGV** 3

Europäische Politische Zusammenarbeit **Art. 50 EUV** 2
s. auch EPZ

Europäische Polizeiakademie **Art. 30 EUV 24 a**

Europäische Recheneinheit (ERE) **Art. 118 EGV** 1

Europäische Regionalfonds **Art. 268 EGV** 5

Europäischer Fonds für regionale Entwicklung **Art. 158 EGV** 3, 8; **Art. 159 EGV**; **Art. 160 EGV** 1; **Art. 162 EGV**

Europäischer Fonds für währungspolitische Zusammenarbeit (EFWZ) **Art. 4 EGV** 25; **Art. 117 EGV** 4; **Art. 118 EGV** 6

Europäischer Investitionsfonds **Art. 267 EGV** 16

Europäischer Luftverkehrsmarkt
- einheitliche Wettbewerbsordnung **Art. 80 EGV** 23

Europäischer Rat
s. ER

Europäischer Rat von Amsterdam **Art. 104 EGV** 91

Europäischer Rechnungshof **Art. 266 EGV** 5

Europäischer Reedereien zu Drittlandsmärkten
- Zugang **Art. 80 EGV** 12

Europäischer Sozialfonds **Art. 158 EGV** 2; **Art. 159 EGV**; **Art. 162 EGV**
- Ausschuß des Fonds **Art. 147 EGV** 2
- Berührungspunkte mit der Beschäftigungs- und der Bildungspolitik **Art. 146 EGV** 3
- Handlungsrahmen **Art. 146 EGV** 4
- Konkretisierung der Aufgabe und Arbeitsweise des Fonds im sekundären Recht **Art. 146 EGV** 5
- Mittel **Art. 146 EGV** 2
- Oberziel **Art. 146 EGV** 2
- Verwaltung **Art. 147 EGV** 1

Europäische Union
s. EU

Europäischer Verein **Art. 44 EGV** 14

Europäischer Wahldienst **Art. 14 EUV** 4

Europäisches Auslieferungsübereinkommen **Art. 31 EUV** 6

Europäisches Energie- und Verkehrsforum **Art. 79 EGV** 4

Europäisches Forschungsforum **Art. 162 EGV** 3 a; **Art. 172 EGV** 1

Europäisches Gesellschaftsmodell **Art. 16 EGV** 7, 9

Europäische Sicherheits- und Verteidigungsidentität (ESVI) **Art. 17 EUV** 3
- gemeinsame ~ **Art. 25 EUV** 2

Europäische Sicherheits- und Verteidigungspolitik (G)ESVP
- gemeinsame ~ **Art. 17 EUV** 3

Europäisches Justitielles Netz **Art. 29 EUV** 8; **Art. 30 EUV 24 a**; **Art. 31 EUV** 5, 16
- für Zivil- und Handelssachen **Art. 65 EGV** 1; **Art. 66 EGV** 4

Europäisches Koordinierungsbüro **Art. 40 EGV** 6

Europäisches Netz
- für justitielle Ausbildung **Art. 30 EUV 24 a**; **Art. 66 EGV** 4
- für Kriminalprävention **Art. 30 EUV 24 a**

Europäisches Parlament **Art. 189 EGV**
s. auch EP
- Abgeordnetenzahl des ~s **Art. 189 EGV** 25
- Ausübung des ~s **Art. 39 EUV** 1
- Befugnisse des ~s **Art. 189 EGV** 11; **Art. 21 EUV** 2
- Beratungsbefugnis des ~s **Art. 189 EGV** 22
- Beteiligung des ~s an der GASP **Art. 21 EUV** 1
- erstreckt sich auf die personelle demokratische Legitimation **Art. 189 EGV** 7
- EZB und ~ **Art. 113 EGV** 1, 7
- Fragerecht des ~s **Art. 189 EGV** 18
- Funktionen des ~s **Art. 189 EGV** 4
- informative Kontrollbefugnisse des ~s **Art. 189 EGV** 17
- inhaltliche demokratische Legitimation **Art. 189 EGV** 7
- Konsultationen des ~s **Art. 189 EGV** 21
- Mitglieder des ~s **Art. 291 EGV** 4
- multilaterale Überwachung **Art. 99 EGV** 18
- Organbildungs- und -besetzungsbefugnisse des ~s **Art. 189 EGV** 12

2683

Sachregister

- Recht des ~s aus Unterrichtung und zur Stellungnahme **Art. 21 EUV 2**
- Rechtsetzungsbefugnisse des ~s **Art. 189 EGV 13**
- Repräsentationsfunktion des ~s **Art. 189 EGV 5**
- sanktionierende Kontrollbefugnisse des ~s **Art. 189 EGV 20**
- Stellungnahmen und Initiativberichte des ~s **Art. 189 EGV 23**
- und finanzieller Beistand **Art. 100 EGV 12**
- und wirtschaftspolitische Koordinierung **Art. 99 EGV 8**
- Wahlrechtsgleichheit des ~s **Art. 190 EGV 10**
- Wahlrechtsgrundsätze des ~s **Art. 190 EGV 9**
- Wahlrecht zum ~n **Art. 190 EGV 3**
- Zuständigkeit des ~n **Art. 189 EGV 9**

Europäisches Parlamentsrecht Art. 189 EGV 3

Europäisches System der Zentralbanken
- Errichtung des ~ **Art. 8 EGV 1**

Europäisches System volkswirtschaftlicher Gesamtrechnungen (ESVG) Art. 104 EGV 72, 86

Europäische Staaten Art. 49 EUV 5

Europäische Staatsanwaltschaft Art. 30 EUV 30; Art. 246 EGV 4

Europäisches Übereinkommen über die Rechtshilfe in Strafsachen Art. 30 EUV 6; Art. 31 EUV 4; Art. 32 EUV 1

Europäisches Währungsinstitut (EWI)
- Aufgaben des ~s **Art. 105 EGV 7; Art. 117 EGV 9**
- Beschlußorgan **Art. 117 EGV 6**
- Errichtung **Art. 117 EGV 1**
- Liquidation **Art. 117 EGV 6; Art. 123 EGV 7**
- Rechtspersönlichkeit **Art. 117 EGV 5**
- Satzung **Art. 117 EGV 8**

Europäisches Währungssystem (EWS) Art. 4 EGV 25, 31; Art. 118 EGV 1; Art. 124 EGV 3
- Kreditmechanismen **Art. 119 EGV 15; Art. 124 EGV 6**
- als Stabilitätsfaktor **Art. 4 EGV 27**
- Krise **Art. 124 EGV 8**
- normale Bandbreiten **Art. 121 EGV 12**
- Rechtsakte **Art. 124 EGV 4**

- und WKM II **Art. 122 EGV 16**
- Wechselkursmechanismus **Art. 121 EGV 12; Art. 124 EGV 6**

Europäisches Wettbewerbsrecht
- Sanktions- und Zwangsbefugnisse **Art. 83 EGV 17**
- Verkehrsmärkte **Art. 70 EGV 17**

Europäische Verkehrspolitik
- drei Aufgabenkomplexe **Art. 70 EGV 15**

Europäische Wettbewerbspolitik
- Sekundärrecht zur Durchsetzung ~r **Art. 83 EGV 1**

Europäische Wirtschaftliche Interessenvereinigung Art. 44 EGV 14; Art. 157 EGV 13

Europäische Wissenschafts- und Technologieversammlung Art. 162 EGV 3 a

Europäische Zentralbank s. EZB

Europäisierung des nationalen Rechts Art. 10 EGV 58

Europarat Art. 263 EGV 3; Art. 303 EGV 1

Europawahlgesetz Art. 190 EGV 8

Europawahlordnung Art. 190 EGV 8

Europe
- à plusieurs vitesses **Art. 43 EUV 5**

European Currency Unit Art. 4 EGV 31

Europol Art. 29 EUV 8; Art. 30 EUV 11, 16; Art. 246 EGV 4
- Entstehung **Art. 30 EUV 11**
- Drogenstelle **Art. 30 EUV 12**
- Übereinkommen **Art. 30 EUV 13**

Euro-Währungsgebiet Art. 105 EGV 2; Art. 111 EGV 4; Art. 122 EGV 37-38
- Ausschluß vom ~ **Art. 104 EGV 52**

EU-Sonderbeauftragter Art. 24 EUV 1

EU-Staaten als UN-Mitgliedstaaten Art. 301 EGV 6

EUV
- Mehrsprachigkeit und die Bewältigung von Auslegungsschwierigkeiten beim ~ **Art. 53 EUV 3**
- Unberührtheit des Gemeinschaftsrechts durch den ~ **Art. 47 EUV 1**
- Urschrift und Abschrift des ~ **Art. 53 EUV 2**
- Verhältnis des ~ zu den Gemeinschaftsverträgen **Art. 1 EGV 4**

Evolutivklausel Art. 17 EGV 7

EWI s. Europäisches Währungsinstitut

EWIV **Art. 44 EGV** 14
EWR-Abkommen **Art. 310 EGV** 40
– und Freizügigkeit **Art. 39 EGV** 38
EWS
s. Europäisches Währungssystem
Exportgebote **Art. 81 EGV** 127
Exportverbot **Art. 81 EGV** 56
Extensivierungsprämie **Art. 34 EGV** 37
Exterritorialität **Art. 81 EGV** 7
Extraterritoriale Wirkung
– von Embargomaßnahmen **Art. 301 EGV** 4
EZB
– beratende Funktion **Art. 105 EGV** 35
– Berichtspflichten **Art. 113 EGV** 6
– Beschlußorgane **Art. 107 EGV** 5; **Art. 112 EGV** 1
– Beziehungen zu den Gemeinschaftsorganen **Art. 113 EGV** 2
– Deutsche Bundesbank **Art. 108 EGV** 4
– Errichtung der ~ **Art. 8 EGV** 1
– erweiterter Rat **Art. 123 EGV** 8
– ESZB und ~ **Art. 107 EGV** 1
– Europäisches Parlament und ~ **Art. 113 EGV** 1, 7
– gerichtliche Kontrolle **Art. 108 EGV** 5
– Handlungsmöglichkeiten **Art. 110 EGV** 1
– materielle Unabhängigkeit **Art. 108 EGV** 6
– organähnliche Stellung der ~ **Art. 8 EGV** 4
– Organzuständigkeit **Art. 110 EGV** 7
– Prüfungskompetenz des Rechnungshofs **Art. 108 EGV** 9 b
– Rechtspersönlichkeit **Art. 107 EGV** 3
– Sanktionen gegen Unternehmen **Art. 110 EGV** 9
– Streitsachen der ~ **Art. 237 EGV** 5
– Unabhängigkeit **Art. 101 EGV** 7; **Art. 108 EGV** 2
– und Europäische Investitionsbank (EIB) **Art. 107 EGV** 4
– Verhältnis zu den Mitgliedstaaten **Art. 113 EGV** 10
– Zeichnung des Kapitals **Art. 122 EGV** 24
– Zuständigkeit des Gerichtshofes **Art. 237 EGV** 1
EZB-Direktorium **Art. 107 EGV** 5; **Art. 122 EGV** 25
– Amtszeit **Art. 112 EGV** 4, 7
– Aufgaben **Art. 112 EGV** 4

– Ernennung **Art. 123 EGV** 3
– Mitglieder **Art. 108 EGV** 14
– Sonderregeln für die erstmalige Ernennung **Art. 112 EGV** 10
– Zusammensetzung **Art. 112 EGV** 4
EZB-Präsident
– vorzeitiger Rücktritt **Art. 112 EGV** 15
EZB-Rat **Art. 107 EGV** 5; **Art. 112 EGV** 1
– Stimmengewichtung **Art. 112 EGV** 3
– Vertrag von Nizza **Art. 112 EGV** 3 b

F

Fachhandelsbindung
– einfache ~ **Art. 81 EGV** 205
– qualifizierte ~ **Art. 81 EGV** 208
Fachministerräte **Art. 203 EGV** 7
FADO **Art. 63 EGV** 37
Fahrerlaubnis **Art. 31 EUV** 7
Fahrwegkapazitäten **Art. 71 EGV** 8
Faire Preise
– für die Infrastrukturbenutzung **Art. 80 EGV** 5
– und effiziente Preise im Verkehr **Art. 80 EGV** 5
Fakultative Angleichung **Art. 94 EGV** 4
FALCONE **Art. 30 EUV** 23
Familienangehörige **Art. 39 EGV** 87; **Art. 42 EGV** 8
– und Arbeitnehmer **Art. 39 EGV** 21
– und Freizügigkeit **Art. 39 EGV** 68
– türkischer Arbeitnehmer **Art. 39 EGV** 34
Familienleistungen **Art. 39 EGV** 69; **Art. 42 EGV** 44
Familienzusammenführung **Art. 63 EGV** 28
– Recht der ~ **Art. 63 EGV** 30
Fangquoten **Art. 34 EGV** 54
Färöer-Inseln **Art. 299 EGV** 11
Federal Reserve System **Art. 107 EGV** 2
Fehlende demokratische Kontrolle **Art. 30 EUV** 21
Feinsteuerungsoperationen **Art. 105 EGV** 14
Fernsehkabelnetze **Art. 86 EGV** 61
Fernsehrichtlinie **Art. 43 EGV** 16
Fernsehveranstalter **Art. 43 EGV** 15
Fernsehwerbung in Flandern **Art. 86 EGV** 64
Festlandsockel **Art. 299 EGV** 3

Sachregister

Festlegung des zuständigen Mitgliedstaates Art. 63 EGV 8
Feststellung des Haushaltsplans
- durch den Präsidenten des Parlaments Art. 272 EGV 8
Feststellung einer Grundsätzeverletzung Art. 7 EUV 12
Feststellung förmlicher Entscheidungen
- Kartellrechtsverstöße Art. 85 EGV 9
Feststellungsausspruch Art. 46 EUV 16
Festung Europa Art. 4 EGV 10
FIAF Art. 161 EGV 2
Finale Theorie Art. 133 EGV 45
Finanzausgleich Art. 103 EGV 7; Art. 267 EGV 7
Finanzautonomie der Gemeinschaft Art. 268 EGV 8
Finanzdienstleistungen Art. 56 EGV 10, 26
Finanzhoheiten
- der Gemeinschaft Art. 268 EGV 2
Finanzielle Interessen der Gemeinschaft Art. 280 EGV 1
Finanzieller Beistand Art. 100 EGV 3
- Europäisches Parlament Art. 100 EGV 12
- Haftungsausschluß Art. 103 EGV 6
Finanzielle Unterstützung Art. 155 EGV 1, 12
Finanzielle Vorausschau Art. 161 EGV; Art. 270 EGV 4
Finanzierung der GASP Art. 28 EUV 5
Finanzierung der Gemeinschaften
- Anteile der Mitgliedstaaten an der ~ Art. 268 EGV 29
Finanzierung der verstärkten Zusammenarbeit
- im Rahmen der GASP Art. 27a EUV 4
Finanzierungsdefizit Art. 104 EGV 13
- konjunkturelles ~ Art. 104 EGV 20
- Referenzwert Art. 104 EGV 14, 17
- strukturelles ~ Art. 104 EGV 20
Finanzierungslast Art. 268 EGV 5
Finanzinstitut
- Begriff Art. 105 EGV 5, 40
- bevorrechtigter Zugang zu den ~en Art. 102 EGV 1
Finanzkontrolle
- externe ~ Art. 246 EGV 2
- interne ~ Art. 246 EGV 3
Finanzkraftausgleich
- Forderungen nach ~ Art. 100 EGV 7
Finanzkredite Art. 56 EGV 13

Finanzmonopol Art. 86 EGV 2. 42
- als Handelsmonopol Art. 86 EGV 43
Finanzordnung der Gemeinschaften Art. 268 EGV 1
Finanzpolitik Art. 4 EGV 3; Art. 98 EGV 2
Finanzsouveränität
- mitgliedstaatliche ~ Art. 269 EGV 4
Finanztransaktionen
- Adressatenregelungen für ~ Art. 278 EGV 2
Finanztransfer
- ungebundener ~ Art. 100 EGV 10; Art. 104 EGV 102
Finanzvorschriften Art. 90 EGV 1; Art. 308 EGV 59
Finanzwirtschaftlicher Willensbildungsprozeß
- Einstimmigkeit im ~n Art. 269 EGV 11
Fischer, Joschka Art. 43 EUV 1
Fischerei
- -Erhaltungsmaßnahmen Art. 5 EGV 26
- recht Art. 56 EGV 33
- wirtschaft Art. 34 EGV 55
Fiskalische Souveränität der Mitgliedstaaten Art. 93 EGV 1
Fiskalzoll/Finanzzoll Art. 23 EGV 1
Fixkurssystem Art. 4 EGV 23; Art. 111 EGV 4
Flächenstillegungsprogramme Art. 33 EGV 17
Flankierende Maßnahmen Art. 33 EGV 19; Art. 34 EGV 35, 39
Fleischhygienegebühren Art. 249 EGV 91
Flexibilität Art. 293 EGV 5
Flüchtling Art. 63 EGV 4, 9; Art. 67 EGV 9
- Anerkennung als ~ Art. 63 EGV 15
- Aufnahme von ~ und vertriebenen Personen Art. 63 EGV 24
- Massenflucht Art. 64 EGV 7
- Notlage Art. 64 EGV 6
Flüchtlingseigenschaft
- Zuerkennung und die Merkmale der ~ Art. 63 EGV 15
Flughafengebühren
- diskriminierende ~ Art. 86 EGV 66
Flugpreise Art. 80 EGV 21
- Berlin/Frankfurt Art. 80 EGV 21
Förderkonzept

- gemeinschaftliches ~ Art. 161 EGV 11
Fördermaßnahmen
- im Gesundheitsschutz Art. 152 EGV 16
Förderprogramme Art. 157 EGV 21
Förderung der Forschung
- und Förderung der technologischen Entwicklung Art. 3 EGV 18
Förderungsbefugnisse Art. 268 EGV 5
Förderungspflicht
- Loyalitäts- und ~ Art. 301 EGV 9
- Treue- und~ der Mitgliedstaaten Art. 19 EUV 1; Art. 16 EUV
Formationen
- des Rates Art. 203 EGV 7
Formblätter bei Anmeldung nach Art. 4, 5 Abs. 2 VO Nr. 17/62 Art. 83 EGV 22
Formelle Diskriminierungen Art. 12 EGV 39
Formenstrenge des Prozeßrechts Art. 46 EUV 20
Forschung
- angewandte ~ Art. 162 EGV 4
- und Entwicklung Art. 81 EGV 177
- vorwettbewerbliche ~ Art. 162 EGV 5
Forschungsfonds
- für Kohle und Stahl Art. 162 EGV 14
Forschungskooperation Art. 81 EGV 138
- internationale ~ Art. 170 EGV 1
Forschungspolitik
- allgemeine ~ Art. 162 EGV 1
- dritte operative Ebene der ~ Art. 166 EGV 8
- erste operative Ebene der ~ Art. 166 EGV 3
- gemeinschaftliche ~ Art. 162 EGV 1
- zweite operative Ebene der ~ Art. 166 EGV 7
Forschungspolitische Kompetenzen
- sektorielle ~ Art. 162 EGV 1
Forschungsraum
- Europäischer ~ Art. 166 EGV 3
Forschungs- und Entwicklungsbeihilfen
- staatliche ~ Art. 162 EGV 11
Forschungs- und Entwicklungspolitiken
- der Mitgliedstaaten Art. 165 EGV 1
Forschungs- und Entwicklungsprogramme
- privatwirtschaftliche ~ Art. 169 EGV 1

Forschungs- und Technologiepolitik Art. 157 EGV 14
Forschungszentren Art. 162 EGV 7
Forstwirtschaft Art. 32 EGV 24, 26; Art. 33 EGV 20
Fortschritt
- technischer oder wirtschaftlicher ~ Art. 81 EGV 157
Frachtraten
- Binnenschiffahrt Art. 71 EGV 10
Frachttarife Art. 76 EGV 2
Fraktionen Art. 197 EGV 8
Franchise Art. 81 EGV 110, 116, 210
Francovich Art. 288 EGV 46
Französische überseeische Departements Art. 299 EGV 6
Freiberufler Art. 43 EGV 1; Art. 81 EGV 32
Freie Preisbildung
- Gütertransporte Art. 71 EGV 6
- Verkehrsarten Art. 74 EGV 3
Freier Warenverkehr Art. 3 EGV 5
Freie Transportmöglichkeiten
- Elemente des Binnenmarkts Art. 70 EGV 12
Freigabe des Streckenzugangs Art. 80 EGV 20
Freihandelsabkommen Art. 300 EGV 65, 72; Art. 310 EGV 39
Freihandelszone Art. 23 EGV 5
Freiheit der Meere Art. 80 EGV 11
Freiheit und Sicherheit der Person Art. 6 EUV 96
Freistellung Art. 81 EGV 150
- Besonderheiten bestimmter Wirtschaftsbereiche Art. 83 EGV 25
- Bundeskartellamt Art. 84 EGV 10
- Gruppen~ Art. 82 EGV 3
- materiell-rechtliche Voraussetzungen Art. 83 EGV 20
- Mitgliedstaaten Art. 84 EGV 2
- ~smonopol Art. 81 EGV 150
- Preisabsprachen Art. 80 EGV 14
- sekundärrechtliche Regelung Art. 83 EGV 20
- von Gruppen von Vereinbarungen Art. 83 EGV 21
- von Tarifkonsultationen Art. 80 EGV 24
- Voraussetzungen der ~ Art. 81 EGV 153
- Zuständigkeiten Art. 83 EGV 20
Freistellungsentscheidungen

Sachregister

- nationale Behörden Art. 84 EGV 9
Freistellungserklärungen
- ausschließliche Zuständigkeit Art. 84 EGV 4
Freistellungsverfahren Art. 83 EGV 20
- Ausgestaltung des ~s Art. 83 EGV 22
- Ermessen des Rates Art. 83 EGV 22
Freistellung wettbewerbsbeschränkender Absprachen
- Widerspruchsverfahren Art. 80 EGV 13
Freizeitimmobilie Art. 56 EGV 21
Freizügigkeit Art. 14 EGV 21; Art. 18 EGV 1; Art. 40 EGV 2; Art. 69 EGV 6; Art. 95 EGV 6
- Aufenthaltsrecht und ~ Art. 39 EGV 79
- Austausch junger Arbeitskräfte und ~ Art. 41 EGV 1
- Ausweisung und ~ Art. 39 EGV 96
- Beitritt neuer Mitgliedstaaten und ~ Art. 39 EGV 19
- Beschäftigung in der öffentlichen Verwaltung Art. 39 EGV 99
- Beschränkungsverbot und ~ Art. 39 EGV 48
- der Selbständigen Art. 43 EGV 1
- Diskriminierungsverbot und ~ Art. 39 EGV 45, 46
- Drittstaatsangehörige und ~ Art. 39 EGV 24
- Drittwirkung und ~ Art. 39 EGV 51
- Einreisebedingungen und ~ Art. 39 EGV 76
- Einreise und Aufenthalt Art. 39 EGV 74
- EWR-Abkommen und ~ Art. 39 EGV 38
- Familienangehörige und ~ Art. 39 EGV 68
- Freiheitsrechte und ~ Art. 39 EGV 72
- Kohärenz des nationalen Steuersystems Art. 39 EGV 60
- öffentliche Gesundheit und ~ Art. 39 EGV 95
- ordre-public-Vorbehalt Art. 39 EGV 77
- persönlicher Anwendungsbereich Art. 39 EGV 8
- räumlicher Anwendungsbereich Art. 39 EGV 6
- Recht auf gleichen Zugang zur Beschäftigung Art. 39 EGV 52

- Sprachkenntnisse und ~ Art. 39 EGV 53
- Stellenbewerbung und ~ Art. 39 EGV 73
- Transferentschädigungen und ~ Art. 39 EGV 48
- Verbleiberecht und ~ Art. 39 EGV 86
- Verfahrensgarantien und ~ Art. 39 EGV 96
- von Personen Art. 43 EGV 1
Freizügigkeitsrecht
- Niederlassungsfreiheit als ~ Art. 43 EGV 2
Fremdenverkehr Art. 3 EGV 25
Friedenswahrung Art. 11 EUV 3
Frühwarneinheit
- Strategieplanungs- und ~ Art. 26 EUV 3
Frühwarnsystem Art. 211 EGV 3
Frustrationsverbot Art. 10 EGV 20
Funkanlagen- und Telekommunikationsendeinrichtungen Art. 86 EGV 61
Funktionale Rechtsangleichung Art. 95 EGV 4
Funktionale Subjektivierung Art. 249 EGV 21, 66
Funktion der Verkehrswirtschaft Art. 70 EGV 16
Funktionelle Interpretation
- Beschäftigung in der öffentlichen Verwaltung Art. 39 EGV 103
Funktionieren des Binnenmarkts Art. 70 EGV 2
Funktionieren des Marktes
- Güterkraftverkehr Art. 71 EGV 6
Funktionsfähigkeit Art. 10 EGV 11
Funktionsnachfolge
- der Gemeinschaft Art. 307 EGV 19
Funktionsnotwendigkeit Art. 81 EGV 113
Fusionen Art. 81 EGV 182; Art. 82 EGV 36
- Nebenabreden bei ~ Art. 81 EGV 110
Fusionsabkommen Art. 305 EGV 1
Fusionskontrolle
- Zielkonflikte mit der Industriepolitik Art. 157 EGV 19
Fusionskontrollverordnung Art. 83 EGV 37; Art. 85 EGV 2
- Ausschluß der Anwendbarkeit von Art. 85, 86 EGV Art. 85 EGV 2
Fusionsrichtlinie Art. 93 EGV 20

Sachregister

Fusionsvertrag Art. 50 EUV 1; Art. 249 EGV 2; Art. 291 EGV 2
- vom 8.4.1965 Art. 268 EGV 12

Fußballprofi Art. 43 EGV 10

G

Garantieleistung Art. 81 EGV 207
Garantiemenge Art. 34 EGV 32
- ~nregelung Art. 34 EGV 32
- ~schwellenregelung Art. 33 EGV 9; Art. 34 EGV 31

GASP Art. 11 EUV 2; Art. 37 EUV 2
- als völkerrechtliche Zusammenarbeit Art. 11 EUV 1
- Anwendbarkeit von Bestimmungen des EGV im Rahmen der ~ Art. 28 EUV 1
- Befassungsrecht im Rahmen der ~ Art. 22 EUV
- Beitragspflicht des Mitglieds zu den Gemeinschaftsmitteln im Bereich der ~ Art. 23 EUV 4
- Beschlüsse über Verfahrensfragen im Bereich der ~ Art. 23 EUV 9
- Beteiligung der Kommission im Rahmen der ~ Art. 27 EUV
- Beteiligung des Europäischen Parlaments an der ~ Art. 21 EUV 1; Art. 28 EUV 1
- Bindungswirkung gemeinsamer Standpunkte unter der ~ Art. 15 EUV 2
- Durchführung verstärkter Zusammenarbeit im Bereich der ~ Art. 27a EUV 4; Art. 27d EUV 1, 4
- Finanzierung der ~ Art. 28 EUV 5
- Grundsätze und allgemeine Leitlinien der ~ Art. 13 EUV 2-3
- Handlungsinstrumente im Bereich der ~ Art. 12 EUV 1
- Haushaltsrecht und ~ Art. 21 EUV 2; Art. 28 EUV 5, 9, 10, 11
- Hoher Vertreter für die ~ Art. 18 EUV 3; Art. 27d EUV 1
- Kohärenz der ~ Art. 27a EUV 3
- Mittel der Union im Rahmen der ~ Art. 13 EUV 5
- Pflicht zu Treue und aktiver Förderung im Rahmen der ~ Art. 11 EUV 4
- Praxis gemeinsamer Standpunkte unter der ~ Art. 15 EUV 4, 5
- Unterrichtungspflicht der Mitgliedstaaten im Rahmen der ~ Art. 19 EUV 2
- Unterrichtung und Abstimmung zwischen den Mitgliedstaaten im Rahmen der ~ Art. 16 EUV
- Verwaltungsaufgaben im Rahmen der ~ Art. 28 EUV 5
- Willensbildung des Rates im Bereich der ~ Art. 23 EUV 1
- Ziele der ~ Art. 11 EUV 2

GASP-Akten
- Durchgriffswirkung Art. 11 EUV 1
- Rechtsnatur der ~ Art. 12 EUV 3
- UN-Sicherheitsratsbeschluß und ~ Art. 301 EGV 10
- Verhältnis von EG-Akten und ~ Art. 301 EGV 8

GASP-Ausgaben
- als nicht zwingend Art. 28 EUV 10

GASP-Beschlüsse
- Bindungswirkung von ~ Art. 301 EGV 9
- Durchführung von ~n Art. 28 EUV 2
- im Vorfeld von Wirtschaftssanktionen Art. 301 EGV 2, 7

GASP-Tagungen
- Einberufung außerordentlicher ~ des Rates Art. 22 EUV

GATS Art. 133 EGV 26, 146
s. auch WTO
- Abkommen Art. 133 EGV 154

GATT Art. 23 EGV 13; Art. 133 EGV 26; Art. 281 EGV 29
s. auch WTO
- Justitiabilität Art. 300 EGV 58
- unmittelbare Individualwirkung Art. 300 EGV 67

GATT 1947 Art. 300 EGV 53, 59, 82
- Justitiabilität Art. 300 EGV 54

GATT 1994 Art. 133 EGV 146; Art. 177 EGV 3; Art. 300 EGV 53

Gebietsschutz
- absoluter ~ Art. 81 EGV 161

Gebühren Art. 25 EGV 8
- für den Grenzübertritt Art. 77 EGV 2
- für die Benutzung bestimmter Verkehrswege Art. 80 EGV 5

Gedanken-, Religions- und Gewissensfreiheit Art. 6 EUV 113

Gefährdung der Gemeinwohlaufgaben unter wirtschaftlich ausgewogenen Bedingungen Art. 86 EGV 45

2689

Sachregister

Gefahr Art. 30 EGV 24
- einer schwerwiegenden Grundsätzeverletzung **Art. 7 EUV** 6

Gefahrenlage Art. 7 EUV 6

Gehälter, Vergütungen und Ruhegehälter
- der Mitglieder von Kommission und Gerichtshof **Art. 210 EGV**

Geheimhaltung Art. 255 EGV 1
- Pflicht zur ~ **Art. 287 EGV** 3

Geistiges Eigentum
- Fachgerichtsbarkeit für den Schutz ~s und den Schutz gemeinschaftlicher Titel des gewerblichen Rechtsschutzes **Art. 225 a EGV** 3
- Handelsaspekte des ~s **Art. 133 EGV** 71, 73
- Schutz **Art. 133 EGV** 70

Geldbuße Art. 83 EGV 18-19
- Aufhebung, Herabsetzung oder Erhöhung **Art. 83 EGV** 29
- und Haushaltsdisziplin **Art. 104 EGV** 57
- Obergrenze **Art. 104 EGV** 100

Geldbußen und Zwangsgelder Art. 83 EGV 17
- kartellrechtliche Anwendungsverordnungen **Art. 83 EGV** 18

Geldfälschung
- Schutz vor ~ **Art. 106 EGV** 3 b

Geldleistungen Art. 42 EGV 22

Geldmarktpapiere
- Geschäfte mit ~n **Art. 56 EGV** 13

Geldmengensteuerung Art. 105 EGV 11

Geldpolitik Art. 4 EGV 9; **Art. 8 EGV** 5
- Ausführung der ~ **Art. 105 EGV** 22
- ausschließliche Zuständigkeit der Gemeinschaft als ~ **Art. 105 EGV** 23
- Festlegung der ~ **Art. 105 EGV** 7
- Instrumente **Art. 105 EGV** 12
- Strategie **Art. 105 EGV** 11

Geld- und Währungspolitik
- als ausschließliche Zuständigkeit der Gemeinschaft **Art. 4 EGV** 14

Geld- und Wechselkurspolitik
- einheitliche ~ **Art. 4 EGV** 11
- Vergemeinschaftung der ~ **Art. 4 EGV**

Geldwäsche Art. 30 EUV 8, 12; **Art. 31 EUV** 11

Geldzeichen Art. 106 EGV 1; **Art. 123 EGV** 26
- Ausgabe von ~ **Art. 106 EGV** 1

Geltung des Übereinkommens

- vorläufige ~ nach **Art. 24 EUV Art. 24 EUV** 9

Geltung des Vertrags
- auf unbegrenzte Zeit **Art. 51 EUV** 1

Gemeinde
- Eigenbetriebe der ~n **Art. 48 EGV** 3

Gemeinsame Aktion Art. 19 EUV 1
- im Vorfeld von Wirtschaftssanktionen **Art. 301 EGV** 7
- verstärkte Zusammenarbeit zur Durchführung einer ~ **Art. 27b EUV** 1
- Anpassung an die veränderte Lage **Art. 14 EUV** 10
- Durchgriff auf Einzelpersonen **Art. 14 EUV** 7
- Justitiabilität der Rechtspflichten aus ~n **Art. 14 EUV** 13
- möglicher Inhalt **Art. 14 EUV** 7
- Praxis **Art. 14 EUV** 2
- rechtliche Bindung der Mitgliedstaaten durch ~ **Art. 14 EUV** 8
- rechtliche Verbindlichkeit **Art. 14 EUV** 7
- Schwierigkeiten bei der Durchführung ~ **Art. 14 EUV** 12
- Wesen der ~ **Art. 14 EUV** 1
- Zuständigkeit des Rates und Beteiligung der Kommission **Art. 14 EUV** 6

Gemeinsame Außen- und Sicherheitspolitik
- s. GASP **Art. 11 EUV**

Gemeinsame Ermittlungsteams Art. 30 EUV 3, 6 a; **Art. 31 EUV** 3; **Art. 32 EUV** 1

Gemeinsame Europäische Sicherheits- und Verteidigungspolitik (G)ESVP Art. 17 EUV 3; **Art. 25 EUV** 2

Gemeinsame Fahndungsliste Art. 62 EGV 12

Gemeinsame Fischereipolitik
- Gemeinsame Landwirtschaftspolitik und ~ **Art. 3 EGV** 9

Gemeinsame Handelspolitik Art. 3 EGV 6; **Art. 133 EGV** 1
- AETR-Rspr. **Art. 133 EGV** 14
- als Teil der Außenkompetenzen der Gemeinschaft **Art. 133 EGV** 12
- ausschließlicher Charakter der Gemeinschaftszuständigkeit **Art. 133 EGV** 5, 13
- autonome handelspolitische Regelungen **Art. 133 EGV** 47

Sachregister

- Dienstleistungen **Art. 71 EGV** 39; **Art. 133 EGV** 76, 93
- EGKS-Erzeugnisse **Art. 133 EGV** 23
- Erzeugungs-, Vermarktungs- und Kennzeichnungsregeln **Art. 133 EGV** 23
- EURATOM-Erzeugnisse **Art. 133 EGV** 23
- grenzüberschreitender Handel mit Waren **Art. 133 EGV** 21
- Hauptanwendungsfälle von Artikel 134 **Art. 134 EGV** 2
- Kernbereich **Art. 133 EGV** 21
- konventionelle Maßnahmen **Art. 133 EGV** 47
- landwirtschaftliche Erzeugnisse **Art. 133 EGV** 23
- parallele Zuständigkeit der Mitgliedstaaten und der Gemeinschaft **Art. 133 EGV** 15, 40
- verbleibende Zuständigkeiten der Mitgliedstaaten **Art. 133 EGV** 17
- Verfahrensregelungen **Art. 133 EGV** 56
- Waffen, Munition, Kriegsmaterial **Art. 133 EGV** 24
- Waren mit doppeltem Verwendungszweck **Art. 133 EGV** 24
- weites Verständnis **Art. 133 EGV** 28

Gemeinsame Konsularische Instruktion Art. 62 EGV 19

Gemeinsame Kontrollinstanz
- zu Europol **Art. 30 EUV** 19

Gemeinsame Landwirtschaftspolitik
- und Gemeinsame Fischereipolitik **Art. 3 EGV** 9

Gemeinsame Planung und Koordinierung von Flugplänen Art. 80 EGV 24

Gemeinsame Politik Art. 70 EGV 3
- auf dem Gebiet des Verkehrs **Art. 70 EGV** 2

Gemeinsame Politiken der Europäischen Gemeinschaft Art. 70 EGV 3

Gemeinsamer Betrieb von Flugdiensten Art. 80 EGV 24

Gemeinsamer Markt Art. 14 EGV 1, 6-8, 10-12; **Art. 82 EGV** 21; **Art. 94 EGV** 8; **Art. 96 EGV** 1, 3, 5; **Art. 131 EGV** 1; **Art. 308 EGV** 22
- Errichtung des ~es **Art. 2 EGV** 26

Gemeinsamer Rechtsakt Art. 251 EGV 3

Gemeinsamer Zolltarif Art. 34 EGV 26; **Art. 133 EGV** 127

Gemeinsames Ermittlungsteam Art. 29 EUV 8

Gemeinsame Standpunkte Art. 15 EUV 1; **Art. 19 EUV** 1; **Art. 34 EUV** 6; **Art. 37 EUV** 1
- Bindungswirkung ~r unter der GASP **Art. 15 EUV** 2
- Funktion und Inhalt ~r unter der GASP **Art. 15 EUV** 4
- im Vorfeld von Wirtschaftssanktionen **Art. 301 EGV** 3, 7
- Leit- und Bündelungsfunktion **Art. 15 EUV** 4
- Praxis ~r unter der GASP **Art. 15 EUV** 5

Gemeinsame Strategien Art. 13 EUV 4; **Art. 19 EUV** 2
- Durchführung durch den Rat **Art. 13 EUV** 5

Gemeinsame Unternehmen Art. 171 EGV 2

Gemeinsame Verkehrspolitik Art. 3 EGV 10; **Art. 70 EGV** 5, 9, 14
- Ausgestaltung und Durchführung **Art. 71 EGV** 1
- verkehrspolitische Außenkompetenzen **Art. 71 EGV** 38
- Merkmale **Art. 70 EGV** 7
- weiter Ermessensspielraum **Art. 70 EGV** 15

Gemeinsame Verteidigung
- Sicherheit der Union, gemeinsame Verteidigungspolitik, ~ **Art. 17 EUV** 1

Gemeinschaften
- Rechtshandlunge der ~ im Außenverhältnis **Art. 282 EGV** 7 a
- Rechtspersönlichkeit jeder der drei ~ **Art. 47 EUV** 2
- Sitz der ~ **Art. 289 EGV** 2

Gemeinschaftliche Außenkompetenzen
- Vorrang des Gemeinschaftsrechts **Art. 71 EGV** 39

Gemeinschaftsabkommen Art. 300 EGV 20, 30, 48, 51; **Art. 310 EGV** 1
- Auslegung **Art. 300 EGV** 80
- Bindungswirkung **Art. 300 EGV** 48
- direkte Wirkung **Art. 300 EGV** 59
- Individualwirksamkeit **Art. 300 EGV** 59
- Justiziabilität **Art. 300 EGV** 58
- Rang im Gemeinschaftsrecht **Art. 300 EGV** 77

Sachregister

- Rechtswirkung von ~ Art. 300 EGV
- Reziprozität Art. 300 EGV 55
- Schutzklauseln Art. 300 EGV 61
- Suspendierung von ~ Art. 300 EGV 43
- unmittelbare Anwendbarkeit Art. 300 EGV 52, 59
- unmittelbare Geltung der WTO-Ordnung Art. 300 EGV 53
- unmittelbare Geltung in der Gemeinschaftsrechtsordnung Art. 300 EGV 51
- unmittelbare Wirkung Art. 300 EGV 59–60
- Unterzeichnung Art. 300 EGV 30
- völkerrechtliche Verträge Art. 300 EGV 30, 43, 48, 51

Gemeinschaftsaufsicht Art. 10 EGV 29
Gemeinschaftsausgaben
- Entwicklung der ~ Art. 268 EGV 27

Gemeinschaftsbeihilfen Art. 87 EGV 45; Art. 162 EGV 11
- Rückforderung von ~ Art. 10 EGV 24 a

Gemeinschaftscharta der sozialen Grundrechte der Arbeitnehmer Art. 2 EGV 18
Gemeinschaftseinrichtungen Art. 283 EGV 4 a
Gemeinschaftsfinanzierung Art. 34 EGV 10
Gemeinschaftsgerichtsbarkeit
- Arbeitsbelastung und Reform der ~ Art. 220 EGV 20
- Aufbau der ~ Art. 220 EGV 6
- Aufgabe der ~ Art. 220 EGV 2
- Bundesverfassungsgericht und ~ Art. 220 EGV 25
- Gegenstand und Grenzen der ~ Art. 220 EGV 8, 16
- Organkompetenz und Kontrolldichte Art. 220 EGV 18
- Rechtsfortbildung der ~ Art. 220 EGV 16
- Verbandskompetenz der ~ Art. 220 EGV 17
- Verfahren vor der ~ Art. 245 EGV 5
- Wahrung des Rechts Art. 220 EGV 8
- Zuständigkeit der ~ Art. 220 EGV 2

Gemeinschaftsgewalten
- Grundrechtsbindung der ~ Art. 46 EUV 7

Gemeinschaftsinitiativen Art. 161 EGV 12
Gemeinschaftsinstitutionen
- Sitz Art. 289 EGV 5
Gemeinschaftsinteresse
- Definition Art. 86 EGV 52
Gemeinschaftsinterventionen Art. 161 EGV, 10
- sachliche Konzentration der ~ Art. 161 EGV 5

Gemeinschaftskartellrecht
s. auch EG-Kartellrecht
- Anwendungsverordnungen Art. 84 EGV 3
- Behörden der Mitgliedstaaten Art. 84 EGV 2
- zentralistische Anwendung des ~, Vollzugskompetenzen Art. 83 EGV 8
- und nationales Recht Art. 83 EGV 30

Gemeinschaftslizenz Art. 71 EGV 12
Gemeinschaftsmarke Art. 229 a EGV
Gemeinschaftsmaßnahmen Art. 6 EGV 10
Gemeinschaftsorgane
- Unterlassen der ~ Art. 288 EGV 10
Gemeinschaftspatent Art. 229 a EGV
Gemeinschaftspolitik(en) Art. 6 EGV 9; Art. 16 EGV 11
Gemeinschaftspräferenz
- Prinzip der ~ Art. 34 EGV 9, 25
- Weitergabe an Drittstaaten Art. 307 EGV 16
Gemeinschaftsrahmen Art. 162 EGV 11; Art. 87 EGV 1b
Gemeinschaftsrecht Art. 1 EGV 28
- als geschlossenes System Art. 48 EUV 4–5
- Auslegung des ~s Art. 220 EGV 11, 13
- Einheitlichkeit der Anwendung des ~s Art. 220 EGV 28
- Grundstrukturen und -prinzipien des ~s Art. 220 EGV 21
- primäres ~ Art. 249 EGV 2
- Unberührtheit des ~s durch den EUV Art. 47 EUV 1
- und allgemeines Völkerrecht Art. 281 EGV 24
- Vorrang des ~s Art. 48 EUV 5; Art. 220 EGV 22

Gemeinschaftsrechtliche Auslegung Art. 39 EGV 8

Sachregister

Gemeinschaftsrechtskonforme Auslegung
Art. 10 EGV 40, 41
- unmittelbare Wirkung und ~ des Gemeinschaftsrechts Art. 220 EGV 26

Gemeinschaftsrechtsordnung
- Autonomie der ~ Art. 1 EUV 24

Gemeinschaftssteuern Art. 268 EGV 3

Gemeinschaftstreue Art. 10 EGV 4-6;
Art. 297 EGV 8
- Grundsatz der ~ Art. 10 EGV 3
- Grundsatz der wechselseitigen ~ und nationale Identität Art. 6 EUV 212, 218

Gemeinschaftsunternehmen Art. 81 EGV 138, 184, 235
- konzentrative ~ Art. 81 EGV 184
- kooperative ~ Art. 81 EGV 179, 184, 187
- Vollfunktions-~ Art. 81 EGV 186

Gemeinschaftsverwaltung
- Unabhängigkeit der ~ Art. 291 EGV 1

Gemeinschaftswaren Art. 23 EGV 18; Art. 24 EGV 1; Art. 90 EGV 9

Gemeinwirtschaft Art. 16 EGV 15

Gemeinwirtschaftliche Verpflichtungen Art. 73 EGV 3
- Unternehmen Art. 16 EGV 10 a
- Mehraufwand Art. 73 EGV 4
- von Verkehrsunternehmen Art. 73 EGV 5

Gemeinwohl Art. 16 EGV 4, 6
- ~bezogene Dienste Art. 16 EGV 10
- ~dienste Art. 16 EGV 13
- Handlungsauftrag Art. 16 EGV 11
- ~orientierte Dienste Art. 16 EGV 12
- ~orientierte Leistungen Art. 16 EGV 5
- ~orientierte Wirtschaftsformen Art. 16 EGV 7, 9, 13
- ~verpflichtungen Art. 16 EGV 1 a

Gemeinwohlverpflichtete Wirtschaftsformen
- Art. 16 Art. 86 EGV 34

Gemischte Abkommen Art. 10 EGV 39; Art. 133 EGV 15; Art. 300 EGV 11, 79; Art. 310 EGV 18
- Gemeinschaftsabkommen Art. 300 EGV 25
- Rechtswirkung in der Gemeinschaftsrechtsordnung Art. 300 EGV 68
- völkerrechtliche Verträge Art. 300 EGV 25

Genehmigung
- grundverkehrsrechtliche ~ Art. 56 EGV 21
- an Eisenbahnunternehmen Art. 71 EGV 26

Genehmigungserfordernis
- für den Grundstückskauf Art. 56 EGV 7

Genehmigungsverfahren
- für Investitionen Art. 56 EGV 53

Generalanwalt Art. 222 EGV 1, 3
- erster ~ Art. 222 EGV 3

Generalermächtigung Art. 6 EUV 222; Art. 308 EGV 3

Generalprävention Art. 46 EGV 3

Generalsekretär des Rates Art. 18 EUV 3; Art. 26 EUV 1; Art. 27d EUV 1; Art. 207 EGV 5
- Informationspflicht des ~s Hohen Vertreters Art. 27d EUV 3

Generalsekretariat Art. 197 EGV 7

Genfer Flüchtlingskonvention Art. 63 EGV 4

Genossenschaften Art. 81 EGV 49

gentlemen`s agreements Art. 81 EGV 52

Georgien Art. 14 EUV 5

Gericht erster Instanz (EuG) Art. 220 EGV 5
s. auch EuG

Gerichtliche Kammern Art. 225 EGV 1; Art. 225 a EGV 1
- Errichtungsbeschluß und Zuständigkeit Art. 225 a EGV 5
- Mitglieder der ~ Art. 225 a EGV 7
- Rechtsmittel gegen die Entscheidungen der ~n Art. 225 a EGV 10
- Zuständigkeit der neu einzurichtenden ~ Art. 225 EGV 5

Gerichtshof
s. EuGH

Gesamtbericht Art. 200 EGV 1

Gesamthaushalt Art. 268 EGV 11
- ~splan Art. 268 EGV 12

Gesandtschaftsrecht
- aktives ~ Art. 281 EGV 14
- passives ~ Art. 281 EGV 13

Geschäftsbedingungen Art. 81 EGV 134; Art. 82 EGV 45

Geschäftsfähigkeit Art. 282 EGV 7

Geschäftsordnung
s. GO

Geschäftsverteilung des Gerichtshofs Art. 221 EGV 5

2693

Sachregister

Geschlossenes System
- Gemeinschaftsrecht als ~ Art. 48 EUV 5

Gesellschaftsmodell
- europäisches ~ Art. 16 EGV 7, 9

Gesetzesinitiativrecht Art. 189 EGV 13

Gesetzgeberisches Handeln
- des Rates Art. 207 EGV 10

Gesetzlicher Richter
- Vorabentscheidungsverfahren Art. 234 EGV 27

Gesetzliches Monopol Art. 86 EGV 27

Gesetzmäßigkeit der Verwaltung Art. 222 EGV 34

Gestaltungsspielraum Art. 30 EGV 55

Gestufte internationale Organisation
- Die EU als ~ Art. 1 EGV 19

Gesundheit Art. 30 EGV 36; Art. 95 EGV 17; Art. 152 EGV 4; Art. 174 EGV 9, 25
- hohes ~sschutzniveau Art. 152 EGV 11
- öffentliche Sicherheit, Ordnung oder ~ Art. 46 EGV 1

Gesundheitsschutz Art. 37 EGV 8; Art. 152 EGV 4
- Aufgabenverteilung zwischen Gemeinschaft und Mitgliedstaaten Art. 152 EGV 9
- Empfehlungen im ~ Art. 152 EGV 19
- Fördermaßnahmen im ~ Art. 152 EGV 16
- Harmonisierungsausschluß im ~ Art. 152 EGV 16, 24-25
- internationale Zusammenarbeit im ~ Art. 152 EGV 21
- Koordinierungsmaßnahmen der Kommission Art. 152 EGV 20
- landwirtschaftlicher ~ Art. 152 EGV 15
- Optimierungsgebot im ~ Art. 152 EGV 23
- Querschnittsklausel im ~ Art. 152 EGV 22
- und Harmonisierung Art. 152 EGV 26
- und Rechtsangleichung Art. 152 EGV 26
- Vertragsschlußkompetenz der EG im ~ Art. 152 EGV 21

Gesundheitsschutzmaßnahmen
- in den Bereichen Veterinärwesen und Pflanzenschutz Art. 152 EGV 15

Gesundheitsschutzniveau
- Beitrag zur Erreichung eines hohen ~s Art. 3 EGV 20
- hohes ~ Art. 152 EGV 2, 11, 22

Gesundheitsschutzpolitik(en)
- Maßnahmen der EG-~ Art. 152 EGV 13
- Koordinierung der ~ Art. 152 EGV 12, 20
- Verhältnis von ~ und Landwirtschaftspolitik Art. 152 EGV 15

Gesundheitsverträglichkeitsprüfung Art. 152 EGV 23

Gesundheitswesen Art. 152 EGV 2, 4, 8
- als Politik der Gemeinschaft Art. 152 EGV 1

GESVP Art. 17 EUV 3
- s. auch Europäische Sicherheits- und Verteidigungspolitik (ESVP)

Gewährleistung Art. 81 EGV 144
- ausschließlicher Rechte Art. 86 EGV 27

Gewaltenteilungsprinzip Art. 7 EGV 7; Art. 83 EGV 29
- und institutionelles Gleichgewicht Art. 7 EGV 15

Gewaltverbot Art. 301 EGV 4 Fußn.20
- Bruch des ~s Art. 301 EGV 5

Gewerblicher Rechtsschutz
- Fachgerichtsbarkeit für den Schutz geistigen Eigentums und den Schutz gemeinschaftlicher Titel des ~s Art. 225 a EGV 3
- Zuständigkeit der Gemeinschaftsgerichtsbarkeit Art. 229 a EGV

Gewerbliches und kommerzielles Eigentum Art. 30 EGV 38

Gewerkschaften Art. 257 EGV 11
- und Arbeitnehmer Art. 39 EGV 67

Gewohnheitsrecht Art. 249 EGV 4

Gibraltar Art. 299 EGV 7

Gipfel
- Pariser ~ Art. 19 EGV 4

Gleichartige Güter
- dieselben Bedingungen Art. 75 EGV 2

Gleichbehandlung privater und öffentlicher Unternehmen Art. 86 EGV 3

Gleichbehandlungsanspruch Art. 20 EGV 16

Gleichbehandlungsgebot
- allgemeines (ungeschriebenes) arbeitsrechtliches ~ Art. 141 EGV 75
- Inhalt Art. 141 EGV 77

Sachregister

Gleichgewicht
- gesamtwirtschaftliches ~ Art. 4 EGV 33
- Gewaltenteilungsprinzip und institutionelles ~ Art. 7 EGV 15
- institutionelles ~ Art. 5 EUV 6; Art. 7 EGV 8; Art. 202 EGV 11, 18; Art. 208 EGV 2; Art. 220 EGV 31; Art. 250 EGV 3

Gleichgewicht zwischen Marktwirtschaft und Daseinsvorsorge
- disproportionales ~ Art. 16 EGV 5

Gleichgewicht zwischen Wettbewerbswirtschaft und gemeinwohlorientierter Wirtschaft
- disproportionales ~ Art. 16 EGV 12

Gleichheitsgrundsatz Art. 3 EGV 26; Art. 12 EGV 3, 40; Art. 34 EGV 41 siehe auch »Allgemeiner Gleichheitssatz«

Gleichheitswidrigkeit
- von Wirtschaftssanktionen und übermäßiger Belastung Art. 301 EGV 13

Gleichstellung
- von Männern und Frauen Art. 2 EGV 19; Art. 3 EGV 26

Gleichwertigkeit von Diplomen Art. 39 EGV 54

Globalisierung Art. 32 EGV 1
- der Kapitalströme Art. 56 EGV 4
- der Wirtschaft Art. 56 EGV 4

GmbH & Co. KG Richtlinie Art. 44 EGV 12

GO Art. 199 EGV 1
- AdR Art. 263 EGV 7, 28; Art. 264 EGV 1
- Konkretisierung des Sprachenregelung in den ~en der Organe Art. 290 EGV 10
- Rat Art. 39 EUV 4; Art. 205 EGV 10; Art. 207 EGV 6
- WSA Art. 259 EGV 4; Art. 260 EGV 1

Grenzausgleichsverfahren Art. 93 EGV 10

Grenzen der Befugnis
- Art. 86 Abs. 3 Art. 86 EGV 57

Grenzen zulässiger Beihilfen Art. 73 EGV 4

Grenzgänger Art. 42 EGV 24, 42
- und Arbeitnehmer Art. 39 EGV 59

Grenzkontrollen Art. 14 EGV 14, 16; Art. 62 EGV 4

Grenzübergangsgebühren Art. 77 EGV
- staatlicher Eisenbahnen Art. 77 EGV 3

Grenzüberschreitende Gütertransporte
- Preisgestaltung Art. 71 EGV 9

Grenzüberschreitende indirekte Besteuerung
- Prinzipien Art. 93 EGV 9

Grenzüberschreitende kombinierte Gütertransporte
- Eisenbahn Art. 71 EGV 8, 16

Grenzüberschreitende Observationen Art. 32 EUV 1

Grenzüberschreitender Bezug Art. 43 EGV 6

Grenzüberschreitender Eisenbahngüterverkehr
- Preise Art. 74 EGV 3

Grenzüberschreitender Eisenbahnverkehr Art. 71 EGV 8

Grenzüberschreitender Personenverkehr
- mit Kraftomnibussen Art. 71 EGV 7

Grenzüberschreitender Verkehr
- vollständige Dienstleistungsfreiheit Art. 71 EGV 4

Grenzüberschreitender Vorsteuerabzug
- Verfahren des ~ Art. 93 EGV 11

Grenzüberschreitende Zusammenarbeit Art. 265 EGV 2

Grenzübertritt
- öffentlich-rechtliche Gebühren Art. 77 EGV 1

Grenzverkehr Art. 63 EGV 36

Grenzzollagenten Art. 77 EGV 3

Griechenland Art. 161 EGV 16

Grönland Art. 311 EGV 1
- Fischereiabkommen Art. 188 EGV 4
- Protokoll über die Sonderregelung Art. 188 EGV 3

Großbritannien
- Haushaltsdisziplin und ~ Art. 122 EGV 33
- Sonderregelungen Art. 122 EGV 30
- Sonderstellung Art. 109 EGV 1
- und Währungsunion Art. 122 EGV 32

Großhändler Art. 81 EGV 205

GROTIUS Art. 30 EUV 23; Art. 66 EGV 3

Grünbücher Art. 211 EGV 14

Gründungsorttheorie Art. 48 EGV 11

Gründungsverträge
- Verfassungscharakter der ~ Art. 48 EUV 5

2695

Grundbesitz
- Erwerb bzw. die Nutzung von ~ Art. 44 EGV 10

Grundeigentum
- Erwerb von ~ Art. 56 EGV 11
- Genehmigungserfordernisse für den Erwerb Art. 56 EGV 7, 45

Grundfreiheiten Art. 39 EGV 1, 49; Art. 42 EGV 13, 20
- Gemeinschaftsgrundrechte als Schranken-Schranken Art. 6 EUV 60
- Konvergenz der ~ Art. 43 EGV 30
- Sozialpolitik Art. 136 EGV 12

Grundlagenforschung Art. 162 EGV 4, 6

Grundpreis Art. 34 EGV 16

Grundrechte Art. 6 EUV 16; Art. 30 EGV 26
- Allgemeine Lehren; siehe auch »Charta der Grundrechte der Europäischen Union« Art. 6 EUV 19
- als Abwehrrechte Art. 6 EUV 45
- als Leistungsrechte Art. 6 EUV 50, 187
- als Schutzgewährrechte Art. 6 EUV 47
- als Teilhaberrechte Art. 6 EUV 49
- Aufenthaltsrecht Art. 18 EGV 9
- Drittwirkung Art. 6 EUV 63
- Eingriff Art. 6 EUV 67
- Gesetzesvorbehalt Art. 6 EUV 72
- Grundrechtsberechtigung Art. 6 EUV 51
- Grundrechtsverpflichtung Art. 6 EUV 55
- Grundsatz der Verhältnismäßigkeit Art. 6 EUV 73
- Integrationsfunktion Art. 6 EUV 18
- Kompetenz des EuGH Art. 6 EUV 32
- Konstitutionalisierungsfunktion Art. 6 EUV 18
- Kontrolldichte Art. 6 EUV 74
- Kooperationsverhältnis zwischen BVerfG und EuGH Art. 6 EUV 88
- Kooperationsverhältnis zwischen EuGH und EGMR Art. 6 EUV 92
- Legitimationsfunktion Art. 6 EUV 18
- Menschen- und ~ Art. 11 EUV 3
- Mißbrauch Art. 6 EUV 66 a
- Rechtfertigung von Eingriffen Art. 6 EUV 69
- Rechtserkenntnisquellen Art. 6 EUV 33, 40–41
- Rechtsfolgen eines Verstoßes Art. 6 EUV 77
- Rechtsquelle Art. 6 EUV 33
- Schranken Art. 6 EUV 70
- Schutzbereich Art. 6 EUV 65
- Struktur Art. 6 EUV 64
- und Kompetenzverteilung Art. 6 EUV 46
- Vereinbarkeit mit den ~n Art. 46 EUV 11
- Verhältnis zu den Grundfreiheiten Art. 6 EUV 78
- Verhältnis zu den Grundrechten der EMRK Art. 6 EUV 91, 206
- Verhältnis zu den Grundrechten des Grundgesetzes Art. 6 EUV 84
- wertende Rechtsvergleichung Art. 6 EUV 39
- Wesensgehalt Art. 6 EUV 76

Grundrechtsbindung der Gemeinschaftsgewalten Art. 46 EUV 7

Grundrechtscharta Art. 1 EUV 22a; Art. 39 EGV 2; Art. 63 EGV 4, 39; Art. 257 EGV 11
s. auch Charta der Grundrechte der Europäischen Union
- europäische ~ Art. 16 EGV 1

Grundrechtsschutz Art. 220 EGV 32

Grundsätze
- der Art. 81, 82 Art. 83 EGV 5
- der Verkehrsordnung Art. 71 EGV 35
- und allgemeine Leitlinien der GASP Art. 13 EUV 2-3

Grundsatz
- der Autonomie der Mitgliedsstaaten Art. 10 EGV 24
- der begrenzten Einzelermächtigung Art. 249 EGV 1
- der abgestuften Integration Art. 95 EGV 22
- der Ausgeglichenheit des Haushalts Art. 268 EGV 25
- der Eigenverantwortung der Kommission bei der Ausführung des Haushaltsplans Art. 274 EGV 1; Art. 276 EGV 1
- der Gleichbehandlung Art. 122 EGV 8
- und Sozialversicherung Art. 42 EGV 16
- der Öffentlichkeit des Haushalts Art. 268 EGV 26

Sachregister

- des institutionellen Gleichgewichts **Art. 197 EGV** 11
- des mitgliedstaatsfreundlichen Verhaltens **Art. 10 EGV** 50
- des regionenfreundlichen Verhaltens **Art. 10 EGV** 50

Grundzüge der Wirtschaftspolitik
- Justitiabilität **Art. 99 EGV** 16

Gruppen
- Kommissionsentscheidungen nach Art. 86 Abs. 3 **Art. 86 EGV** 63

Gruppenfreistellungen
- Ermächtigungsverordnungen **Art. 83 EGV** 36

Gruppenfreistellungsverordnung Art. 81 EGV 22, 150, 165; **Art. 83 EGV** 11, 21; **Art. 162 EGV** 11
- Rechtsgrundlage **Art. 83 EGV** 25
- zweistufiges Rechtsetzungsverfahren **Art. 83 EGV** 15
- Luftverkehr **Art. 80 EGV** 24

Gruppenverfolgung Art. 63 EGV 15

GSM-Mobilfunklizenzen in Italien und Spanien Art. 86 EGV 65

Guadeloupe Art. 32 EGV 28

Güteklassen Art. 34 EGV 20

Güterkraftverkehr
- Abschaffung aller mengenmäßigen und nationalbezogenen Beschränkungen **Art. 71 EGV** 5
- Funktionieren des Marktes **Art. 71 EGV** 6
- Kabotagetransporte **Art. 71 EGV** 12

Gütertransporte
- freie Preisbildung **Art. 71 EGV** 6
- Marktbeobachtungs- und Kriseninterventionsmechanismus **Art. 71 EGV** 6

Guyana Art. 32 EGV 28

GZT Art. 34 EGV 26; **Art. 133 EGV** 127

H

Hafendienstleistungen Art. 80 EGV 7
Hafen von Rodby Art. 86 EGV 64
Haftung Art. 81 EGV 80
Haftung der Gemeinschaft Art. 288 EGV 1
- administratives Unrecht **Art. 288 EGV** 8
- außervertragliche ~ **Art. 266 EGV** 3; **Art. 288 EGV** 3
- für rechtmäßiges Handeln **Art. 288 EGV** 18

- Haftungsfolgen **Art. 288 EGV** 22
- Kausalität **Art. 288 EGV** 20
- normatives Unrecht **Art. 288 EGV** 11
- Schaden **Art. 288 EGV** 19
- Verjährung **Art. 288 EGV** 26
- Verschulden **Art. 288 EGV** 21
- vertragliche ~ **Art. 288 EGV** 2
- völkerrechtliche ~ **Art. 288 EGV** 3
- Zinsanspruch **Art. 288 EGV** 24

Haftung der Mitgliedstaaten Art. 288 EGV 7, 28
- administratives Unrecht **Art. 288 EGV** 38
- Bundesstaaten **Art. 288 EGV** 34
- für die fehlerhafte Umsetzung von Richtlinien **Art. 288 EGV** 46
- Haftungsfolgen **Art. 288 EGV** 54
- Haftungsvoraussetzungen **Art. 288 EGV** 32
- judikatives Unrecht **Art. 288 EGV** 35
- Kammern **Art. 288 EGV** 34
- Kommunen **Art. 288 EGV** 34
- normatives Unrecht **Art. 288 EGV** 39
- Sozialversicherungsträger **Art. 288 EGV** 34

Haftungsausschluß Art. 100 EGV 11
- finanzieller Beistand **Art. 103 EGV** 6
- Glaubwürdigkeit des ~ **Art. 103 EGV** 2, 6

Haftungssystem Art. 288 EGV 1
Handel Art. 81 EGV 131
- Beeinträchtigung des ~s zwischen den Mitgliedstaaten **Art. 82 EGV** 68
- zwischen den Mitgliedstaaten (dazu Rn. 131) **Art. 81 EGV** 125

Handelsabkommen Art. 310 EGV 4
Handelsembargo Art. 301 EGV 4
Handelsfreiheit Art. 81 EGV 104 a
- Beschränkung der ~ **Art. 81 EGV** 88

Handelsmonopole Art. 86 EGV 2
- Art. 86 Abs. 2 **Art. 86 EGV** 43
- Finanzmonopole **Art. 86 EGV** 43

Handelspartner Art. 82 EGV 54
Handelspolitik Art. 5 EGV 26; **Art. 133 EGV** 25; **Art. 157 EGV** 11
- autonome ~ **Art. 133 EGV** 126
- Maßnahmen der ~ und **Art. 301 EGV** 12

Handelspolitische Schutzmaßnahmen Art. 301 EGV 16

Handelspräferenzen
- werden bei sog. sensiblen Gütern eingeschränkt **Art. 177 EGV** 3

Sachregister

Handelsströme
- Verlagerungen von ~n **Art. 134 EGV 11**

Handelsvertreter **Art. 81 EGV 42, 116, 119**

Handlungen der Organe
- Überprüfung der ~ durch den EuGH **Art. 46 EUV 8**

Handlungsauftrag
- Gemeinwohldienste **Art. 16 EGV 11**

Handlungsbefugnisse der Kommission
- Zuwiderhandlungen gegen Gemeinschaftskartellrecht **Art. 85 EGV 8**

Handlungspflichten
- der Mitgliedstaaten **Art. 10 EGV 19**

Handwerker **Art. 43 EGV 1**

Handwerksbetrieb **Art. 157 EGV 7**

Handwerksordnung **Art. 47 EGV 2**

Harmonisierter Verbraucherpreisindex (HVPI) **Art. 105 EGV 2**

Harmonisiertes System **Art. 34 EGV 26**

Harmonisierung **Art. 5 EGV 10, 24, 37; Art. 94 EGV 1-2**
- Begriff **Art. 47 EGV 1**
- der nationalen Ausfuhrbeihilfesysteme **Art. 132 EGV 1**
- Gesundheitsschutz und ~ **Art. 152 EGV 26**
- und Mindestharmonisierung **Art. 5 EGV 52**
- Verbraucherschutz und ~ **Art. 153 EGV 13-16**
- der Wettbewerbsbedingungen **Art. 71 EGV 23**
- von nationalem und EG-Kartellrecht **Art. 84 EGV 7**
- ~srichtlinien **Art. 300 EGV 10**

Harmonisierungsausschluß
- im Gesundheitsschutz **Art. 152 EGV 24-25**

Harmonisierungsbeschluß
- im Gesundheitsschutz **Art. 152 EGV 16**

Hauptniederlassung **Art. 43 EGV 17; Art. 48 EGV 5**

Hauptrefinanzierungsinstrument **Art. 105 EGV 14**

Hauptverwaltung **Art. 48 EGV 5**
- Ort der ~ **Art. 43 EGV 16**

Haushalt **Art. 41 EUV 2**
- ~seinheit **Art. 268 EGV 20**
- ~sfunktion **Art. 268 EGV 9**
- ~sgebaren **Art. 248 EGV 8**

- ~klarheit und –wahrheit **Art. 268 EGV 26**
- ~skonzertierung **Art. 272 EGV 16**
- ~snotlage **Art. 103 EGV 4**
- ~sordnung **Art. 248 EGV 1; Art. 268 EGV 14**
- ~sverträge **Art. 268 EGV 14; Art. 246 EGV 1**
- ~svorentwurf **Art. 272 EGV 2**

Haushaltsanleihen
- Aufnahme von ~ **Art. 308 EGV 59**

Haushaltsbehörde
- gemeinsame ~ **Art. 272 EGV 14**

Haushaltsberatungen
- Rolle des Parlaments bei den ~ im Rahmen der GASP **Art. 21 EUV 1**

Haushaltsdisziplin **Art. 34 EGV 45; Art. 99 EGV 20; Art. 115 EGV 4; Art. 121 EGV 9; Art. 270 EGV 1**
- Dauerhaftigkeit der ~ **Art. 104 EGV 6, 7**
- Deutschland **Art. 104 EGV 74**
- Entscheidung des Rates **Art. 104 EGV 43**
- Geldbuße und ~ **Art. 104 EGV 57**
- gemeinschaftsrechtliche ~ **Art. 104 EGV 2**
- in Irland **Art. 104 EGV 28**
- innerstaatliche Umsetzung **Art. 104 EGV 72**
- Kohäsionsfonds und ~ **Art. 104 EGV 63**
- Österreich **Art. 104 EGV 75**
- Prüfung der ~ **Art. 104 EGV 37**
- Sanktionen **Art. 104 EGV 49**
- Strukturfonds und ~ **Art. 104 EGV 64**
- und Großbritannien **Art. 122 EGV 33**
- und Vertragsverletzungsverfahren **Art. 104 EGV 65**
- und Währungsunion **Art. 104 EGV 3**
- Verfahren zur Überwachung der ~ **Art. 104 EGV 16**

Haushaltseinnahmen
- Entwicklung und Struktur der ~ **Art. 268 EGV 28**

Haushaltsfinanzierung
- monetäre ~ **Art. 101 EGV 1**

Haushaltsgrundsätze
- gemeinschaftsrechtliche ~ **Art. 268 EGV 19**

Haushaltskreislauf
- der Gemeinschaft **Art. 272 EGV 1**

Sachregister

- formeller Abschluß **Art. 276 EGV** 1
Haushaltsplan Art. 268 EGV 15; Art. 277 EGV 1
- Ausführung des ~ im Rahmen der GASP **Art. 28 EUV** 11
Haushaltsplanentwurf
- Feststellung des ~s durch den Rat **Art. 272 EGV** 3
Haushaltspolitik Art. 104 EGV 1
- Einfluß auf die Währungspolitik **Art. 101 EGV** 4
- Kontrolle der ~ **Art. 99 EGV** 22
- Preisstabilität **Art. 101 EGV** 7
- und Währungspolitik **Art. 121 EGV** 8
Haushaltsrecht Art. 282 EGV 7 a
- der Gemeinschaft **Art. 268 EGV** 9, 14
- und GASP **Art. 21 EUV** 2
Haushaltsverfahren Art. 41 EUV 4
- Anwendung des EG-~s im Rahmen der GASP **Art. 28 EUV** 9
- Interinstitutionelle Vereinbarung über die Haushaltsdisziplin und die Verbesserung des ~ **Art. 21 EUV** 1; **Art. 28 EUV** 10
- Stellung des Parlaments im ~ **Art. 272 EGV** 9
- Stufen des ~s **Art. 272 EGV** 1
Heimatstaat Art. 20 EGV 9
Helgoland Art. 23 EGV 10
Herkunftsmitgliedstaat Art. 19 EGV 21
»Herren der Verträge«
- Mitgliedstaaten als ~ **Art. 48 EUV** 4
Hilfe
- finanzielle und technische ~ **Art. 177 EGV** 9
- humanitäre ~ **Art. 177 EGV** 7
Hilfsorgan Art. 257 EGV 6; **Art. 263 EGV** 12
HIPPOKRATES Art. 30 EUV 23
Hochschulanerkennungsrichtlinie
- allgemeine ~ **Art. 47 EGV** 7
Hochschuldiplome Art. 39 EGV 54
Hochschulen Art. 162 EGV 7
Höchstausgabengrenze Art. 34 EGV 44
Höchstsatzverfahren Art. 272 EGV 13
Hoheitliche Auferlegung
- Unterstützungstarife **Art. 76 EGV** 6
Hoheitliche Festsetzung
- Tarife **Art. 76 EGV** 2, 3
Hoheitsakt Art. 31 EUV 1
Hoheitsgebiet Art. 81 EGV 125
Hoheitsrechtsübertragung Art. 300 EGV 73, 75-76; **Art. 310 EGV** 34

Hoheitsträger
- bestimmender Einfluß **Art. 86 EGV** 13, 15
- und Kartellrecht **Art. 81 EGV** 14
Hoher Vertreter für die Gemeinsame Außen- und Sicherheitspolitik Art. 18 EUV 3; **Art. 26 EUV** 1; **Art. 27d EUV** 1; **Art. 207 EGV** 5
- Informationspflicht des Generalsekretärs **Art 27d EUV** 3
Hohes Beschäftigungsniveau Art. 2 EGV 17
Hohes Schutzniveau Art. 95 EGV 14, 16
Horizontale Abkommen Art. 133 EGV 98
Horizontale unmittelbare Richtlinienwirkung Art. 249 EGV 78
Hypothek
- Bestellung einer ~ **Art. 56 EGV** 32, 46

I

ICAO-Abkommen von 1944 Art. 80 EGV 20
Identische Transporte
- Dieselben Bedingungen **Art. 75 EGV** 2, 3
Identität
- Achtung der nationalen ~ **Art. 6 EUV** 211, 217
- Begriff der nationalen ~ **Art. 6 EUV** 213
- europäische ~ **Art. 151 EGV** 3
- Grundsatz der wechselseitigen Gemeinschaftstreue und nationale ~ **Art. 6 EUV** 212, 218
- Integration und nationale ~ **Art. 6 EUV** 215
- Subsidiaritätsprinzip und nationale ~ **Art. 6 EUV** 218
- Verhältnismäßigkeitsgrundsatz und nationale ~ **Art. 6 EUV** 218
Illegale Einwanderung Art. 63 EGV 34
Illegaler Aufenthalt Art. 63 EGV 34
Illegaler Drogenhandel Art. 31 EUV 10
Immaterialgüterrechte Art. 81 EGV 221
Immobilien
- ~erwerb **Art. 56 EGV** 24
- ~investition **Art. 56 EGV** 13, 20
Immunität Art. 281 EGV 22
Immunität der Europolbediensteten
- zu Europol **Art. 30 EUV** 21

2699

Sachregister

Implied-powers-Lehre Art. 5 EGV 13; Art. 300 EGV 12, 14; Art. 302 EGV; Art. 308 EGV 44
Implizite Außenkompetenz
- Materien der ~ Art. 300 EGV 14
In camera-Verfahren Art. 255 EGV 30
Indemnität Art. 291 EGV 5
Indirekter Vollzug Art. 10 EGV 23
Indirekte Steuern Art. 93 EGV 4
Individualrecht Art. 20 EGV 17
- ~sschutz Art. 220 EGV 10
in dubio pro libertate Art. 58 EGV 18
Industrie
- Begriff Art. 157 EGV 7
Industriepolitik Art. 3 EGV 17; Art. 81 EGV 168; Art. 157 EGV 2
- wettbewerbsneutrale ~ Art. 157 EGV 23
Inflationssteuerung Art. 105 EGV 11
Information
- ~sanspruch Art. 255 EGV 7
- ~saustausch Art. 81 EGV 65, 75
- ~sbeschaffung Art. 284 EGV 2
- ~szugangsverordnung Art. 255 EGV 6–8, 12
Informationsbeschaffungspflicht
- keine ~ Art. 255 EGV 11
Informationsfreiheit Art. 255 EGV 1, 7
- Anspruchsgegenstand Art. 255 EGV 11
- Anspruchsschranken Art. 255 EGV 13
- Anspruchsverpflichtete Art. 255 EGV 9
- Ausnahmen Art. 255 EGV 13
- Rechtsmittel Art. 255 EGV 29
- Schutz der geschäftlichen Interessen Art. 255 EGV 15
- Schutz des Beratungsprozesses Art. 255 EGV 16
- Schutz personenbezogener Daten Art. 255 EGV 14
- tatsächliche Inanspruchnahme Art. 255 EGV 31
- Tendenz zur ~ Art. 255 EGV 2
- Verfahren und Kosten Art. 255 EGV 23
Informationsrecht Art. 189 EGV 17
- der Kommission Art. 165 EGV 2
Informationssammlungen
- bei Europol Art. 30 EUV 15
Infrastruktur Art. 86 EGV 36
Infrastrukturdienstleistungen
- diskriminierend wirkende Tarife Art. 86 EGV 66
Infrastrukturnutzung Art. 16 EGV 13
- ~sentgelte Art. 71 EGV 16
- ~srecht im grenzüberschreitenden Güterverkehr Art. 71 EGV 8
Infrastrukturpolitik der EG Art. 154 EGV 2
Initiative
- unternehmerische ~ Art. 157 EGV 3
- der Kommission Art. 34 EUV 4; Art. 157 EGV 17
- eines Mitgliedstaates Art. 34 EUV 4
Initiativmonopol Art. 67 EGV 1
- der Kommission Art. 83 EGV 14; Art. 172 EGV 1
Initiativrecht Art. 34 EUV 5; Art. 250 EGV 5; Art. 251 EGV 10; Art. 252 EGV 4
- der Europäischen Kommission Art. 71 EGV 32
Inkasso Art. 81 EGV 169
Inkompatibilität Art. 259 EGV 4; Art. 263 EGV 16, 29
Inkrafttreten Art. 52 EUV
- rückwirkendes ~ Art. 254 EGV 4
- Zeitpunkt des ~s Art. 254 EGV 5
Inländer
- ~diskriminierungen Art. 12 EGV 25; Art. 40 EGV 2; Art. 43 EGV 6, 19; Art. 50 EGV 23; Art. 186 EGV 4
- ~gleichbehandlung Art. 42 EGV 8; Art. 43 EGV 21, 23
Inlandskabotage Art. 80 EGV 20
Innovative Maßnahmen Art. 161 EGV 12
Ins cogens Art. 249 EGV 5
Inselkabotage
- in Griechenland Art. 80 EGV 16
Insolvenzverfahren Art. 65 EGV 9
Instanzgerichte
- Vorabentscheidungsverfahren Art. 68 EGV 3
Institut für Sicherheitsstudien Art. 17 EUV 3
Institution Art. 257 EGV 7
Institutionelles Gleichgewicht Art. 5 EUV 6; Art. 202 EGV 6, 11, 18; Art. 208 EGV 2; Art. 220 EGV 31
Instrumentale Theorie Art. 133 EGV 45
Instrument zur Verwirklichung des Binnenmarkts
- Verkehr Art. 70 EGV 11
Integration Art. 1 EUV 19

Sachregister

- abgestufte ~ Art. 43 EUV 5, 7; Art. 15 EGV 1
- europäische ~ Art. 1 EUV 6
- flexible ~ Art. 40 EUV 1
- und nationale Identität Art. 6 EUV 215
- ~sgemeinschaft Art. 281 EGV 28
- ~sprinzip s. Querschnittsklausel
- ~sstufen Art. 1 EGV 25
- ~stheorien Art. 1 EUV 9

Integrationsprogramm der EG
- Grundnorm des ~s Art. 2 EGV 4

Integriertes Verwaltungs- und Kontrollsystem für bestimmte gemeinschaftliche Beihilferegelungen Art. 34 EGV 46

Inter-brand-Wettbewerb Art. 81 EGV 83, 192, 203

Interesse der Gemeinschaft
- Art. 86 Abs. 2 S. 2 Art. 86 EGV 52

Intergouvernementale Konferenz Art. 48 EUV 3

Intergouvernementale Zusammenarbeit
- der Mitgliedstaaten Art. 53 EUV 5

Interinstitutionelle Vereinbarung Art. 99 EGV 8; Art. 161 EGV; Art. 268 EGV 14; Art. 272 EGV 18
- über die Haushaltsdisziplin und die Verbesserung des Haushaltsverfahrens Art. 21 EUV 1; Art. 28 EUV 10

Internationale Beziehungspflege Art. 302 EGV 2

Internationale Gruppierungen Art. 71 EGV 16
- von Eisenbahnunternehmen Art. 71 EGV 8

Internationale Konferenzen
- Mitgliedstaaten, Koordination des Handelns in internationalen Organisationen und ~ Art. 19 EUV
- verstärkte Zusammenarbeit in internationalen Organisationen oder auf ~n Art. 27a EUV 2

Internationale Luftfahrtallianzen Art. 84 EGV 12

Internationale Organisation Art. 170 EGV 1; Art. 177 EGV 19; Art. 282 EGV 3; Art. 300 EGV 45 – 46, 72, 74; Art. 302 EGV 2 – 4; Art. 307 EGV 2; Art. 310 EGV 19, 34
- Die EU als gestufte ~ Art. 1 EGV 19
- EG als ~ Art. 1 EGV 1
- Durchführungsbeschluß Art. 300 EGV 78

- Mitgliedstaaten, Koordination des Handelns in ~ und aus internationalen Konferenzen Art. 19 EUV
- sekundäres Recht Art. 300 EGV 75
- verstärkte Zusammenarbeit in ~n oder auf internationalen Konferenzen Art. 27a EUV 2

Internationale Rechtshilfe in Strafsachen Art. 30 EUV 3

Internationaler Handel
- Verwobenheit des ~s mit anderen außenpolitischen Aspekten Art. 131 EGV 2

Internationaler Linienverkehr Art. 71 EGV 7

Internationaler Seeverkehr
- wettbewerbliche Verfassung Art. 80 EGV 13

Internationaler Verkehr Art. 70 EGV 8; Art. 71 EGV 2, 37

Internationaler Währungsfonds (IWF) Art. 4 EGV 23; Art. 111 EGV 20

Internationales Privatrecht Art. 65 EGV 8; Art. 288 EGV 2

Internationales Sozialrecht Art. 42 EGV 12

Internationales Übereinkommen über das Harmonisierte System zur Bezeichnung und Kodierung von Waren Art. 34 EGV 26

Internationales Zivilverfahrensrecht Art. 65 EGV 8

Internationale Wettbewerbsregeln Art. 133 EGV 26

Internationale Zusammenarbeit
- im Gesundheitsschutz Art. 152 EGV 21

Interne Organisationsgewalt
- der Organe Art. 289 EGV 7

Interner Sachverhalt Art. 39 EGV 41

Internet Art. 254 EGV 1

Internet-Telefonie Art. 86 EGV 61

Interoperabilität
- Aktionen zur Gewährleistung der ~ Art. 155 EGV 1, 9

Interparlamentarische Delegationen Art. 197 EGV 6

INTERPOL Art. 30 EUV 14

Interpretation
- des Gemeinschaftsrechts Art. 220 EGV 13

Interpretationsansatz

2701

Sachregister

- quasi-verfassungsrechtlicher ~ Art. 53 EUV 4
- Interreg Art. 161 EGV 12
- Intervention
  - fakultative ~ Art. 34 EGV 13, 22
  - obligatorische ~ Art. 34 EGV 12, 14, 17, 20-21, 29, 34
  - verbotene ~ Art. 301 EGV 4
  - i.e.S. Art. 34 EGV 19
  - ~ismus Art. 157 EGV 27
  - i.w.S. Art. 34 EGV 19
  - ~sankäufe Art. 33 EGV 17
  - ~serzeugnisse Art. 34 EGV 20
  - ~slagerbestände Art. 33 EGV 10 – 11
  - ~sregelung Art. 34 EGV 11
  - ~sstelle Art. 33 EGV 6; Art. 34 EGV 19, 21, 23
- Interventionspreis Art. 34 EGV 17, 20, 31, 34
  - regional unterschiedlicher ~ Art. 34 EGV 17
- Invalidität Art. 42 EGV 28
- InVeKoS Art. 34 EGV 46, 47
- Investitionen
  - Finanzierung von ~ Art. 266 EGV 2
- Investmentfonds Art. 56 EGV 13
- Inzidente Normenkontrolle Art. 241 EGV 1 ff.
- Inzidentfragen Art. 46 EUV 21
- Inzidentprüfung von Sekundärakten
  - durch den EuGH Art. 46 EUV 22
- Inzidentrüge
  - gegenüber Entscheidungen Art. 241 EGV 5
  - Klagefrist Art. 241 EGV 4
  - Mitgliedstaaten und Gemeinschaftsorgane Art. 241 EGV 6
  - Voraussetzungen Art. 241 EGV 2 ff.
  - Wirkungen einer erfolgreichen ~ Art. 241 EGV 7
- Ioanina
  - Kompromiß von ~ Art. 205 EGV 5
- IRDAC Art. 162 EGV 3 a; Art. 172 EGV 1
- Irisches Referendum Art. 313 EGV 3
- Irland Art. 65 EGV 3; Art. 69 EGV 2; Art. 161 EGV 16
- ISPA Art. 161 EGV 15
- Israel Art. 166 EGV 3
- Italienisches Postmonopol Art. 86 EGV 64
- ius cogens Art. 48 EUV 5
- IWF Art. 103 EGV 7

- Übereinkommen Art. 124 EGV 6

J

- Jahreswirtschaftsbericht Art. 99 EGV 11
- Jährlichkeitsgrundsatz Art. 271 EGV 1
- Jugoslawien Art. 14 EUV 3
  - Überwachungsmission für ~ Art. 14 EUV 5
- Junglandwirte Art. 33 EGV 20
- Junior-Kommissar Art. 213 EGV 3 a
- Jurisdiktion
  - des EuGH Art. 53 EUV 5
- Juristische Person Art. 43 EGV 8
  - Begriff Art. 48 EGV 2
  - des öffentlichen Rechts Art. 48 EGV 3
- Justitiabilität
  - der Rechtspflichten aus gemeinsamen Aktionen Art. 14 EUV 13
  - und Subsidiaritätsprinzip Art. 5 EGV 61, 73
- Justitielle Zusammenarbeit
  - in Strafsachen Art. 31 EUV 1
  - in Zivilsachen Art. 65 EGV 1; Art. 67 EGV 9
- Justiz- und Innenpolitik Art. 29 EUV 1
- Justizielle Rechte Art. 6 EUV 197
  - effektiver Rechtsschutz Art. 6 EUV 198
  - Ne bis in idem Art. 6 EUV 202
- Jute Art. 133 EGV 192

K

- Kabelfernsehnetz Art. 86 EGV 61
- Kabotage Art. 70 EGV 8; Art. 71 EGV 2, 11
  - Binnenschiffahrt Art. 71 EGV 17
  - Luftverkehr Art. 80 EGV 17
  - Eisenbahnverkehr Art. 71 EGV 16
  - Personenbeförderung Art. 71 EGV 14
- Kabotagefreiheit
  - Binnenverkehrsträger Art. 71 EGV 11
  - Eisenbahnverkehr Art. 71 EGV 11
- Kabotagemarkt im Güterkraftverkehr
  - Marktbeobachtungs- und Kriseninterventionsmechanismus Art. 71 EGV 13
- Kabotagetransporte
  - Güterkraftverkehr Art. 71 EGV 12
  - Preisbildung Art. 71 EGV 13
- Kaffee Art. 133 EGV 192
- Kakao Art. 133 EGV 192
- Kammern Art. 81 EGV 49

Sachregister

- des Gerichtshofs Art. 221 EGV 2
- Kanalinseln
- britische ~ Art. 299 EGV 12
- Kanarische Inseln Art. 299 EGV 6
- Kanzler
- des EuGH Art. 223 EGV 6
- Kapazitätsbeschränkungen Art. 80 EGV 20
- Kapital- und Zahlungsverkehr
- Beschränkung des ~s Art. 56 EGV 5
- Beschränkungsmaßnahmen für den ~ Art. 58 EGV 1
- Sofortmaßnahmen auf dem Gebiet des ~s Art. 301 EGV 15
- Kapital- und Zahlungsverkehrsfreiheiten
- Beschränkungen der ~ aus politischen Gründen Art. 60 EGV 1
- Kapitalanlageort Art. 58 EGV 3
- als Ort der Belegenheit des Kapitals Art. 58 EGV 4
- Kapitalbewegungen
- nach oder aus Drittstaaten Art. 59 EGV 4
- Kapitaleinkünfte
- Besteuerung der ~ Art. 58 EGV 3
- Kapitallebensversicherung Art. 56 EGV 30
- Kapitalmarkt
- und Mitgliedstaaten Art. 101 EGV 2
- Kapitalrichtlinie Art. 44 EGV 12
- Kapitalströme
- Globalisierung der ~ Art. 56 EGV 4
- Kapitalverkehr
- Beschränkungen des ~s Art. 43 EGV 8; Art. 56 EGV 36
- mit Drittstaaten Art. 57 EGV 1
- Nomenklatur für den ~ Art. 56 EGV 13
- sonstiger ~ Art. 56 EGV 13
- Kapitalverkehrsfreiheit Art. 43 EGV 8; Art. 56 EGV 1
- kumulative Anwendung der Niederlassungs- und ~ Art. 56 EGV 25
- Kapitalverkehrsrichtlinie Art. 56 EGV 3, 12
- Kartell Art. 157 EGV 13
- Kartell- und Mißbrauchsverbote
- Anwendung Art. 83 EGV 10
- Kartellaufsicht
- Zielkonflikte mit der Industriepolitik Art. 157 EGV 19
- Kartellrechtliche Anwendungsverordnungen Art. 83 EGV 11

- Geldbußen und Zwangsgelder Art. 83 EGV 18
- Kartellrechtliche Durchführungsvorschriften Art. 83 EGV 12
- Kartellrechtliche Mißbrauchskontrolle Art. 80 EGV 21
- Kartellrechtliche Vollzugsbefugnisse Art. 84 EGV 2
- Kartellrechtsverstöße
- Abhilfemaßnahmen Art. 85 EGV 10
- Feststellung förmlicher Entscheidungen Art. 85 EGV 9
- Veröffentlichung Art. 85 EGV 9
- Kartellverwaltungsverfahren
- einstweilige Maßnahmen Art. 83 EGV 16
- Katastrophenhilfe Art. 177 EGV 8
- Katastrophenschutz Art. 3 EGV 25
- Kautionen
- verfallene ~ Art. 269 EGV 9
- Keck-Rechtsprechung Art. 28 EGV 34, 57
- Kerneuropa Art. 43 EUV 1, 4
- Kernmaterial Art. 14 EUV 5
- Kernwaffen
- Nichtverbreitung von ~ Art. 14 EUV 2; Art. 15 EUV 5
- KFZ-Vertrieb Art. 81 EGV 190, 215
- Kinder
- und Arbeitnehmer Art. 39 EGV 70
- türkischer Arbeitnehmer Art. 39 EGV 35
- Kindergeld Art. 39 EGV 63; Art. 42 EGV 44
- Kirchberg-Erklärung der WEU Art. 17 EUV 2
- Kleinerzeugerregelung Art. 34 EGV 38
- Klimaschutz Art. 174 EGV 11
- KMU Art. 81 EGV 169; Art. 157 EGV 11; Art. 162 EGV 7
- Know-how Art. 81 EGV 116, 214
- Koalitionsfreiheit
- europarechtliche ~ Art. 138 EGV 22
- Kodex für gute Verwaltungspraxis Art. 218 EGV 9
- Körperschaftssteuer Art. 58 EGV 3
- ~vorauszahlung Art. 43 EGV 37; Art. 56 EGV 17
- Kofinanzierung Art. 161 EGV 10
- Kohärenz Art. 14 EUV 6, 9; Art. 15 EUV 2; Art. 159 EGV 3; Art. 27e EUV 1
- der GASP Art. 27a EUV 3
- Kohärenz des nationalen Steuersystems

Sachregister

- und Freizügigkeit Art. 39 EGV 60
Kohärenzgebot Art. 1 EGV 24; Art. 3 EUV 5; Art. 14 EUV 8; Art. 47 EUV 3; Art. 301 EGV 10
- außenpolitisches ~ Art. 3 EUV 14
- Entwicklungszusammenarbeit Art. 178 EGV 4
- Pflichten aus dem ~ Art. 15 EUV 6
Kohärenzprinzip Art. 1 EUV 41
Kohäsion Art. 1 EUV 47; Art. 158 EGV 1, 6-7; Art. 159 EGV 1, 3; Art. 161 EGV 16
- ~sbericht Art. 159 EGV, 5
Kohäsionsfonds Art. 158 EGV 6; Art. 161 EGV, 2, 4, 16 ; Art. 175 EGV 38; Art. 268 EGV 5
- Aussetzung der Finanzierung Art. 104 EGV 63
- und Haushaltsdisziplin Art. 104 EGV 63
Kohäsionspolitik Art. 158 EGV 5, 8; Art. 159 EGV 5; Art. 161 EGV 1, 12, 15
- ESF Art. 146 EGV 1
Kohle und Stahl Art. 81 EGV 3
Koinitiativrecht der Mitgliedstaaten Art. 67 EGV 2
Kollektivembargo
- Wirtschaftssanktionen der EG als ~ Art. 301 EGV 5
Kollisionsnormen Art. 65 EGV 8
- und Sozialversicherung Art. 42 EGV 14
Kombinierte Gestaltung von Steuern und Benutzungsgebühren Art. 72 EGV 6
Kombinierte Nomenklatur Art. 23 EGV 9
Komitologie Art. 37 EGV 23
- ~beschluß Art. 202 EGV 5, 7, 11-13, 15-17, 19-20
Kommerzielle Freiheit
- Eisenbahnunternehmen Art. 71 EGV 9
Kommerzielle Verhaltensabstimmungen Art. 80 EGV 14
Kommission Art. 18 EUV 4
- Aufforderung der ~ durch den Rat zur Vorlage von Vorschlägen Art. 208 EGV 3
- Aufgaben der ~ Art. 211 EGV 1; (Artikel 211 EGV) Art. 86 EGV 55
- Aufsichtsaufgaben und Eingriffsbefugnisse Art. 86 EGV 4

- Auskunfts- und Nachprüfungsrechte der ~ Art. 284 EGV 1
- Befugnisse (Artikel 86 Abs. 3 EGV) Art. 86 EGV 54
- Berichtspflicht der ~ Art. 173 EGV 1
- Beteiligung der ~ im Rahmen der GASP Art. 27 EUV
- diplomatische und konsularische Vertretungen der Mitgliedstaaten und die Delegation der ~ in dritten Ländern Art. 20 EUV
- Festsetzung von Schutzmaßnahmen durch die ~ Art. 202 EGV 12
- Generaldirektion Art. 218 EGV 6
- Geschäftsordnung der ~ Art. 218 EGV 2
- Grenzen der Durchführungskompetenz der ~ Art. 202 EGV 8
- Hüterin des Gemeinschaftsrechts Art. 211 EGV 2
- Informationsrecht der ~ Art. 165 EGV 2
- Initiativrecht Art. 115 EGV 1
- interne Reform der ~ Art. 218 EGV 9
- Kabinettsystem Art. 218 EGV 4
- Kollegialorgan Art. 217 EGV 1
- Kollegialprinzip Art. 219 EGV 1
- Mitglieder der ~ Art. 213 EGV 2, 5; Art. 214 EGV 1; Art. 291 EGV 5
- Moderatorenrolle der ~ Art. 157 EGV 17
- Präsident der ~ Art. 214 EGV 2; Art. 217 EGV 2
- Ressortprinzip Art. 217 EGV 4
- Rücktritt der ~ Art. 215 EGV 2
- Sitz der ~ Art. 289 EGV 4
- Sitzungen der ~ Art. 219 EGV 2
- Übertragung von Durchführungsbefugnissen auf die ~ durch den Rat Art. 202 EGV 5
- Umstrukturierung des öffentlichen Wirtschaftssektors Art. 86 EGV 56
- Untersuchungs-, Vorschlags- und Feststellungsrecht Art. 84 EGV 2
- Verhaltenskodex Art. 213 EGV 5 a
- Vertretung der Gemeinschaft durch die ~ Art. 282 EGV 9
- Vertretung der ~ im Rat Art. 203 EGV 2
- Vorschlagsmonopol Art. 208 EGV 2; Art. 211 EGV 13

Sachregister

- Zuständigkeit des Rates und Beteiligung der ~, Gemeinsame Aktionen Art. 14 EUV 6

Kommissionsagenten Art. 81 EGV 119

Kommissionsentscheidungen nach Art. 86 Abs. 3
- Gruppen Art. 86 EGV 63

Kommissionsentwurf einer neuen Durchführungsverordnung zu den Art.81 und 82 Art. 83 EGV 26

Kommissionsvorschlag einer neuen Durchführungsverordnung zu den Art. 81 und 82 Art. 83 EGV 31 a

Kommission und Gerichtshof
- Aufgaben von ~ Art. 83 EGV 27

Kommission und nationale Kartellbehörden
- Kompetenzverteilung Art. 83 EGV 16
- Zusammenarbeit Art. 83 EGV 16

Kommunalwahlen Art. 19 EGV
- durch Bürgerentscheide Art. 19 EGV 11

Kommunalwahlrecht Art. 17 EGV 2; Art. 19 EGV 1, 10
- aktives ~ Art. 19 EGV 13
- gemeinschaftsrechtliches ~ Art. 19 EGV 5

Kommunikationsgemeinschaft Art. 21 EGV 2

Kompetenz
- Abgrenzung zu anderen umweltrelevanten ~en und Umweltpolitik Art. 175 EGV 13
- Aufteilung der ~ Art. 5 EGV 72
- ausschließliche ~ Art. 5 EGV 18 ff.; Art. 300 EGV 3
- Delegation von ~ Art. 7 EGV 9
- Europäischer Rat Art. 4 EUV 2
- für den Abschluß von Staatsverträgen Art. 71 EGV 37
- geschriebene ~ Art. 133 EGV 104
- konkurrierende ~ Art. 5 EGV 4, 32; Art. 95 EGV 7; Art. 300 EGV 13
- parallele ~ Art. 5 EGV 32; Art. 179 EGV 11; Art. 180 EGV 1; Art. 181 a EGV 5; Art. 300 EGV 25
- parallele ~, Entwicklungszusammenarbeit Art. 177 EGV 10
- ungeschriebene ~ Art. 133 EGV 105
- ~ergänzung Art. 300 EGV 18
- ~katalog Art. 5 EGV 12, 72
- ~modelle Art. 83 EGV 21
- ~ordnung Art. 1 EUV 22 a

- ~überschreitung Art. 10 EGV 34
- ~wahrnehmung Art. 10 EGV 35

Kompetenz-Kompetenz Art. 6 EUV 222; Art. 308 EGV 2
- und erforderliche Mittel Art. 6 EUV 221

Kompetenzabgrenzung Art. 95 EGV 46
- zwischen Gemeinschaft und Mitgliedstaaten Art. 47 EGV 13

Kompetenzausübung
- materielle Vorgaben des Art. 5 Abs. 2 Art. 5 EGV 35
- Prüfvorgaben Art. 5 EGV 8
- Schrankentrias für die ~ Art. 5 EGV 6

Kompetenz des EuGH
- Restriktion der ~ im Bereich von Art. 7 EUV Art. 46 EUV 11
- Beschränkung der ~ Art. 46 EUV 14
- Reichweite der ~ Art. 46 EUV 1

Kompetenzgrenzen
- Schrankentrias für die ~ Art. 5 EGV 6
- Wahrung der ~ Art. 220 EGV 16

Kompetenzverteilung
- horizontale ~ Art. 7 EGV 17
- Kommission und nationale Kartellbehörden Art. 83 EGV 16
- vertikale ~ Art. 7 EGV 17

Komplementarität Art. 164 EGV 1

Kompromiß
- Luxemburger ~ Art. 205 EGV 8-9
- von Ioanina Art. 205 EGV 5

Konferenz
- intergouvernementale ~ Art. 48 EUV 3
- der Präsidenten Art. 197 EGV 4

Konflikt
- Aufgabenerfüllung im öffentlichen Interesse und Einhaltung gemeinschaftsrechtlicher Vertragspflichten Art. 86 EGV 45

Kongreß der Gemeinden und Regionen Europas Art. 263 EGV 3

Konjunkturpolitik Art. 99 EGV 1
- als Angelegenheit von gemeinsamem Interesse Art. 100 EGV 1

Konkordanz
- praktische ~ Art. 5 EGV 55; Art. 6 EGV 6

Konkretisierung
- des einheitlichen institutionellen Rahmens Art. 5 EUV 1

Konkretisierung von Art. 73
- EG-Verordnungen Art. 73 EGV 5

2705

Konkurrenten
- Ein- und Verkauf von ~ **Art. 81 EGV** 179

Konkurrenz der Kartellrechtsordnungen Art. 83 EGV 32

Konkurrierende Zuständigkeit Art. 16 EGV 10; **Art. 70 EGV** 5
- Definition und Abgrenzung **Art. 5 EGV** 18 ff.
- Verbote in **Art. 81 Abs. 1** und **Art. 82 Art. 84 EGV** 4

Konsortien
- Containerverkehr **Art. 80 EGV** 14 a

Konsularischer Schutz von Unionsbürgern
- diplomatischer und ~ **Art. 20 EUV**

Konsularische Vertretungen der Mitgliedstaaten
- diplomatische und ~ und die Delegationen der Kommission in dritten Ländern **Art. 20 EUV**

Konsultation
- der Mitgliedstaaten **Art. 34 EUV** 2
- über Frachtbeförderungstarife **Art. 80 EGV** 24
- über Tarife für die Beförderung von Fluggästen mit Gepäck **Art. 80 EGV** 24
- ~spflicht **Art. 10 EGV** 20
- ~sverfahren **Art. 97 EGV** 3

Kontaktstellen Art. 66 EGV 4

Kontingente Art. 28 EGV 7
- im grenzüberschreitenden Transport **Art. 71 EGV** 2

Kontinuität
- des Unternehmens **Art. 81 EGV** 81
- ~sgebot **Art. 3 EUV** 7

Kontokorrentgeschäfte Art. 56 EGV 13

Kontrollanmeldung Art. 58 EGV 14

Kontrollaufgaben Art. 193 EGV 2

Kontrolldichte Art. 220 EGV 19

Kontrolle
- an den Binnengrenzen **Art. 61 EGV** 12; **Art. 62 EGV** 3; **Art. 77 EGV** 4
- an Binnenfrequenzen **Art. 68 EGV** 4

Kontrollpflichten Art. 10 EGV 27

Kontrolltheorie Art. 48 EGV 6

Konvention über den strafrechtlichen Schutz der Interessen der Gemeinschaft Art. 246 EGV 3

Konvergenz Art. 158 EGV 1, 8 **Art. 159-160 EGV** 1

- rechtliche ~ **Art. 109 EGV** 1; **Art. 122 EGV** 19
- ~bericht **Art. 113 EGV** 11; **Art. 121 EGV** 1; **Art. 122 EGV** 4
- der Grundfreiheiten **Art. 28 EGV** 56
- der Wirtschaftsleistungen **Art. 2 EGV** 21
- ~entscheidung von 1990 **Art. 99 EGV** 10
- ~kriterien **Art. 104 EGV** 6; **Art. 121 EGV** 3-4; **Art. 122 EGV** 6, 11; **Art. 161 EGV** 16
- ~programm **Art. 99 EGV** 22; **Art. 116 EGV** 4

Konzentrationsklausel Art. 162 EGV 14

Konzentrative Unternehmenszusammenschlüsse ohne gemeinschaftsweite Bedeutung Art. 84 EGV 4

Konzern
- ~beiträge **Art. 56 EGV** 18, 23
- ~bilanzrichtlinie **Art. 44 EGV** 12
- ~modell **Art. 1 EGV** 16

Konzessionen
- aktiv übertragene ~ **Art. 86 EGV** 39

Koodinierungs-und Abgeltungsbeihilfen Art. 73 EGV 3

Kooperation Art. 81 EGV 169
- F & E -~ **Art. 81 EGV** 178
- ~sabkommen **Art. 39 EGV** 40; **Art. 310 EGV** 2
- ~spflicht **Art. 297 EGV** 9
- ~sprinzip **Art. 10 EGV** 7
- ~sverfahren **Art. 37 EGV** 19
- ~sverhältnis **Art. 1 EUV** 26; **Art. 10 EGV** 34

Kooperative Gemeinschaftsunternehmen Art. 81 EGV 179

Kooperative Vollfunktions-Gemeinschaftsunternehmen Art. 85 EGV 2

Koordinierung
- Begriff **Art. 47 EGV** 1, 10
- der Gesundheitsschutzpolitiken **Art. 152 EGV** 12, 20
- der mitgliedstaatlichen Außenpolitik **Art. 15 EUV** 5
- des Verkehrs **Art. 73 EGV** 3
- ~i.S.v. **Art. 73 Art. 73 EGV** 3
- ~sausschuß **Art. 36 EUV** 1
- ~sbeihilfen **Art. 73 EGV** 3
- ~sstelle **Art. 31 EUV** 12

Koppelung Art. 82 EGV 63
- ~sgeschäft **Art. 81 EGV** 144
- ~sverbot **Art. 82 EGV** 62

Sachregister

Koreanische Halbinsel Art. 15 EUV 5
- Entwicklung der Energie auf der ~ Art. 14 EUV 5
Korrespondenzdienstleistung Art. 50 EGV 29; Art. 52 EGV 24, 30
Kosovo Art. 14 EUV 5
Kosten für die Nutzung der Verkehrswege Art. 74 EGV 2
Kraftfahrzeuge Art. 81 EGV 217
Kraftfahrzeugsteuer Art. 72 EGV 4
Kraftomnibusse Art. 71 EGV 7
Kranken
- ~transporte Art. 86 EGV 40
- ~versicherung Art. 42 EGV 20
Krankheit Art. 42 EGV 22
- weitverbreitete schwere ~ Art. 152 EGV 5
Kreditbeschränkungen
- quantitative ~ Art. 4 EGV 9
Kreditfinanzierung
- des Gemeinschaftshaushalts Art. 269 EGV 14
Kreditgeschäfte Art. 56 EGV 13
Kreditgewährung durch die Zentralbanken
- Verbot der ~ Art. 101 EGV 10
Kreditinstitute Art. 266 EGV 2
- öffentlich-rechtliche ~ Art. 48 EGV 3
Kreditsicherheiten Art. 56 EGV 13
Kreditversicherungen Art. 132 EGV 9
Kreditwesenaufsicht Art. 105 EGV 39; Art. 108 EGV 11
Kreuzpreiselastizität Art. 81 EGV 96
Kriminalität Art. 29 EUV 5
Kriminaltechnische Forschung Art. 30 EUV 22
Krisenbewältigung
- Ausschuß für die nichtmilitärischen Aspekte der ~ Art. 25 EUV 1
- nichtmilitärische ~ Art. 17 EUV 3
- Operation zur ~ Art. 25 EUV 5
Krisenreaktionsmechanismus Art. 17 EUV 3
Kündigung
- außerordentliche ~ Art. 312 EGV 3
- von völkerrechtlichen Abkommen Art. 300 EGV 22
Kündigungsklausel
- EGV Art. 312 EGV 3
Kündigungsrecht
- kein ~ Art. 51 EUV 1
Küstengewässer
- Zugang zu ~n Art. 34 EGV 52

Küstenstaaten Art. 34 EGV 53
Kultur Art. 3 EGV 21
- ~politik Art. 151 EGV 12
- ~verträglichkeitsklausel Art. 151 EGV 14
Kulturelle Dienstleistungen
- Beispiele Art. 133 EGV 92
- ~ und audiovisuelle Dienstleistungen Art. 133 EGV 79
Kulturpflanzen
- landwirtschaftliche ~ Art. 34 EGV 36, 46
Kumulierungsverbot Art. 50 EGV 14, 19
Kunst, Wissenschaft, Forschung und Lehre Art. 6 EUV 127
Kupfer Art. 133 EGV 192

L

Ladungsaufteilungsabkommen Art. 80 EGV 11
Ländliche Entwicklung
- Maßnahmen der ~ Art. 34 EGV 39, 44
Ländlicher Raum Art. 32 EGV 26
- Entwicklung des ~s Art. 35 EGV 2
Landespflegerische Maßnahmen Art. 32 EGV 26
Landwirtschaft Art. 81 EGV 5
Landwirtschaftliche Erzeugnisse Art. 32 EGV 11
Landwirtschaftspolitik
- Verhältnis von Gesundheitsschutzpolitik und ~ Art. 152 EGV 15
Langfristige Visa Art. 63 EGV 28
Langfristig voll zugewiesene einschlägige Kosten Art. 80 EGV 21
Langlaufende marktabgrenzende Verträge
- Energieversorgungsunternehmen Art. 84 EGV 12
Lastenverteilung Art. 63 EGV 24
Leader Art. 161 EGV 12
Lebenshaltung
- Hebung der ~ und der Lebensqualität Art. 2 EGV 23
Lebensqualität
- Hebung der Lebenshaltung und der ~ Art. 2 EGV 23
Legalausnahme
- Art. 81 Abs. 3 Art. 83 EGV 33, 31 a; Art. 84 EGV 2, 9
- Umgestaltung von Art. 81 Abs. 3 Art. 83 EGV 9

2707

Sachregister

legal review Art. 249 EGV 95
Legalausnahme Art. 83 EGV 24
Legitimation Art. 1 EUV 35
- demokratische ~ Art. 257 EGV 13; Art. 263 EGV 24
Leistung eines öffentlichen Dienstes Art. 73 EGV 3
Leistungen
- subjektives Recht auf ~ Art. 16 EGV 6
Leistungen bei Alter und Tod Art. 42 EGV 28, 31
Leistungen der Daseinsvorsorge Art. 16 EGV 1, 5, 9-10
Leistungen der Daseinsvorsorge in Europa Art. 16 EGV 5, 13
Leistungen von allgemeinem wirtschaftlichem Interesse Art. 16 EGV 4
Leistungsanspruch
- und Sozialversicherung Art. 42 EGV 13
Leistungsberechnung
- und Arbeitslosigkeit Art. 42 EGV 40
Leistungsexport Art. 42 EGV 25
- und Sozialversicherung Art. 42 EGV 20
Leistungswettbewerb Art. 82 EGV 30
Leitlinien
- Beihilfen im See- und Luftverkehr Art. 73 EGV 6
- Billigung der ~ durch betroffene Mitgliedstaaten Art. 156 EGV 7
- Erstellen von ~ Art. 155 EGV 1
- Erstellung von ~ Art. 155 EGV 3
- Festlegung der ~ Art. 156 EGV 1
- Rechtsform der ~ Art. 156 EGV 5
- Verbindlichkeit der ~ Art. 156 EGV 5
Leitlinien der GASP
- Grundsätze und allgemeine ~ Art. 13 EUV 2-3
Leit- und Bündelungsfunktion
- gemeinsame Standpunkte Art. 15 EUV 4
LEONARDO DA VINCI Art. 41 EGV 3
letters of comfort Art. 81 EGV 25
Lex specialis Art. 305 EGV 3
Liberalisierung der Postdienste Art. 86 EGV 61
Liberalisierung der Telekommunikationsmärkte Art. 86 EGV 61
Liberalisierungspolitik Art. 86 EGV 2
Liberalisierung von Hafendienstleistungen Art. 80 EGV 7

Liechtenstein Art. 4 EGV 18
Lieferverweigerung Art. 82 EGV 59
Linienkonferenzen Art. 80 EGV 13
Linienschiffahrt Art. 80 EGV 13
Linienschiffahrtskonferenzen
- UN-Kodex Art. 80 EGV 13
Lizenzen
- Ausschließlichkeit von ~ Art. 81 EGV 229
Lizenzvereinbarungen Art. 81 EGV 225
Lizenzvertrag Art. 81 EGV 144
Lomé
- IV. AKP-EG-Partnerschaftsabkommen Art. 179 EGV 6, 7
Lotsentarife im Hafen von Genua Art. 86 EGV 66
Lotterie
- staatliche ~ Art. 50 EGV 12
Loyalität Art. 10 EGV 9
Loyalitätspflicht Art. 10 EGV 4
Loyalitäts- und Förderungspflicht Art. 301 EGV 9
Lückenlosigkeit Art. 81 EGV 206
Luftfahrtallianzen Art. 85 EGV 11
Luftfahrtspezifische Gruppenfreistellungen Art. 80 EGV 23
Luft- und Seeverkehr Art. 80 EGV 9
- Rechtsetzungsermächtigung Art. 71 EGV 1
Luftverkehr
- drittes Liberalisierungspaket Art. 80 EGV 17
- europäisches Kartellrecht Art. 80 EGV 22
- mit Drittstaaten Art. 85 EGV 11
Luftverkehr mit Nicht-EG-Staaten Art. 84 EGV 4
Luxemburg Art. 4 EGV 18
Luxemburger Kompromiß Art. 37 EGV 18; Art. 40 EUV 6; Art. 95 EGV 13; Art. 302 EGV 6
- Inhalt Art. 205 EGV 8
- rechtliche Beurteilung Art. 205 EGV 9
Luxusartikel Art. 81 EGV 209

M

Maastricht-Entscheidung
- BVerfG und ~ Art. 5 EGV 11
Maastricht-Urteil Art. 5 EGV 15, 47
- und BVerfG Art. 5 EGV 62
Madeira Art. 299 EGV 6

Sachregister

Magnetschwebebahn Art. 80 EGV 2
Mahnschreiben Art. 226 EGV 5 ff.
- Begründungsanforderungen Art. 226 EGV 10
- Frist Art. 226 EGV 12
- Substantiierungspflicht Art. 226 EGV 7
Makedonien-Fall Art. 297 EGV 6; Art. 298 EGV 8
Malta Art. 161 EGV 15
- Assoziierung Art. 310 EGV 41
Mannschaftssportler
- professioneller ~ Art. 43 EGV 10
Mansholt-Plan Art. 33 EGV 18
Marginalitätsthese Art. 189 EGV 5
Markenamt Art. 7 EGV 25, 38
Markenrecht Art. 30 EGV 41
Markt
- wesentlicher Teil des ~es Art. 81 EGV 164
Marktabgrenzung Art. 81 EGV 95
- Kriterien der ~ Art. 81 EGV 162
Marktabschottung Art. 81 EGV 161
Marktanalyse Art. 81 EGV 88
Marktanteil Art. 81 EGV 90, 163, 197; Art. 82 EGV 10
Marktaufteilung Art. 81 EGV 141
Marktbeobachtungssystem
- Seeschiffahrt Art. 80 EGV 15
Marktbeobachtungs- und Kriseninterventionsmechanismus
- Gütertransport Art. 71 EGV 6
- Kabotagemarkt im Güterkraftverkehr Art. 71 EGV 13
Marktbürgerschaft Art. 17 EGV 1
Marktforschung Art. 81 EGV 169
Marktordnung
- Binnenverkehrsträger Art. 80 EGV 9
Marktordnungskonzept
- Verkehrspolitik Art. 70 EGV 16
Marktorganisationsgesetz Art. 37 EGV 25
Marktstruktur Art. 82 EGV 13
Marktstrukturmißbrauch Art. 82 EGV 33
Marktstrukturverantwortung Art. 82 EGV 36
Marktverhalten Art. 81 EGV 83; Art. 82 EGV 16
Marktwirtschaft Art. 16 EGV 6-7, 13
- Grundsatz der offenen ~ Art. 4 EGV 8; Art. 105 EGV 5

- Grundsatz der offenen ~ mit freiem Wettbewerb Art. 157 EGV 22; Art. 162 EGV 10
- offene ~ Art. 4 EGV 34; Art. 16 EGV 12; Art. 98 EGV 4
- offene ~ mit freiem Wettbewerb Art. 157 EGV 24
- sozial und ökologisch flankierte ~ Art. 174 EGV 1
Marktzugang für Hafendienste Art. 80 EGV 7
Marktzutritt Art. 81 EGV 125
- Behinderung des ~s Art. 81 EGV 88
Martinique Art. 32 EGV 28
Massenflucht
- Flüchtlinge Art. 64 EGV 7
Massenzustrom Art. 63 EGV 21
Maßnahme gleicher Wirkung Art. 28 EGV 36
Maßnahmen
- der EG-Gesundheitsschutzpolitik Art. 152 EGV 13
- der EG-Verbraucherschutzpolitik Art. 153 EGV 12
- horizontale ~ Art. 157 EGV 1
- spezifische ~ Art. 157 EGV 21
Maßnahmen der europäischen Gemeinschaft
- Beförderungspreise- und -bedingungen Art. 74 EGV 1
Maßnahmen der positiven Diskriminierung
- Öffnungsklausel Art. 141 EGV 83
Maßnahmen gleicher Wirkung Art. 30 EGV 9
Maßnahmen gleicher Wirkung wie Einfuhrbeschränkungen Art. 28 EGV 13
Maßstabswirkung Art. 10 EGV 40
Materielle Diskriminierungen Art. 12 EGV 13, 38
Materielles Strafrecht Art. 29 EUV 9
Materiell-rechtliche Voraussetzungen
- Freistellung Art. 83 EGV 20
MATTHAEUS-Programm Art. 135 EGV 3
Maul- und Klauenseuche Art. 32 EGV 1
Maut- und Benutzungsgebühren Art. 72 EGV 6
MEDA Art. 181 a EGV 2
Medienunternehmen
- Genehmigungserfordernis für ~ Art. 56 EGV 40

2709

Sachregister

Meeresgewässer Art. 32 EGV 28; Art. 34 EGV 52
Mehraufwand
– gemeinwirtschaftliche Verpflichtungen Art. 73 EGV 4
Mehrheit
– doppelt qualifizierte ~ im Rat Art. 205 EGV 4
– einfache ~ Art. 24 EUV 4
– einfache ~ im Rat Art. 205 EGV 2
– qualifizierte ~ Art. 23 EUV 6, 8; Art. 24 EUV 3; Art. 27c EUV 2; Art. 27e EUV 2
– qualifizierte ~ im Rat Art. 205 EGV 3
Mehrheitsentscheidungen
– qualifizierte ~ Art. 24 EUV 7
Mehrheitsprinzip Art. 198 EGV 2
Mehrheitsregel Art. 198 EGV 1
Mehrsprachigkeit
– und Auslegung von Rechtstexten Art. 290 EGV 12
– und die Bewältigung von Auslegungsschwierigkeiten beim EUV Art. 53 EUV 3
Meinungs- und Informationsfreiheit Art. 6 EUV 115
– Presse-, Rundfunk- und Filmfreiheit Art. 6 EUV 116
Meistbegünstigung Art. 282 EGV 1
– Prinzip der ~ Art. 183 EGV 2
Meistbegünstigungsanspruch Art. 42 EGV 36
Meistbegünstigungsklausel Art. 307 EGV 16
Meistbegünstigungsprinzip Art. 23 EGV 13
Mengenmäßige Ausfuhrbeschränkungen Art. 29 EGV 5
Mengenmäßige Beschränkungen Art. 28 EGV 6
Mengenzölle Art. 23 EGV 1
Menschenhandel Art. 29 EUV 7; Art. 30 EUV 12; Art. 31 EUV 10
Menschenrechtsklausel Art. 181 EGV 4
– Assoziierungsabkommen Art. 177 EGV 18
Menschenrechtsverletzungen Art. 300 EGV 43
Menschen- und Grundrechte Art. 11 EUV 3
Menschenwürde Art. 6 EUV 93; Art. 162 EGV 13
– reproduktives Klonen Art. 6 EUV 94

– therapeutisches Klonen Art. 6 EUV 94
– und Patentrecht Art. 6 EUV 95
MERKANTILISMUS Art. 157 EGV 1
Merkmale
– gemeinsame Verkehrspolitik Art. 70 EGV 7
Methoden der Liberalisierung Art. 52 EGV 8
Milchquotenregelung Art. 34 EGV 32
Militärausschuß Art. 17 EUV 3
– EUMC Art. 25 EUV 1
Militärische Bündnisstruktur Art. 17 EUV 1
Militärische und verteidigungspolitische Bezüge Art. 27b EUV 2; Art. 28 EUV 7
Militärstab Art. 17 EUV 3
– EUMS Art. 25 EUV 1
Mindestangleichung Art. 94 EGV 4
Mindestgarantien für Asylverfahren Art. 63 EGV 17
Mindest-Leistungsstandard
– subjektives Recht auf ~s Art. 16 EGV 5
Mindestnormen Art. 5 EGV 49; Art. 63 EGV 3
Mindestreserve Art. 102 EGV 4; Art. 105 EGV 17
Mindestreservepolitik Art. 105 EGV 20
Mindeststandard an Leistungen
– subjektives Recht auf ~ Art. 16 EGV 11
Mindestwohndauer Art. 19 EGV 25
Minenräumaktionen Art. 14 EUV 5
Mineralölbesteuerung Art. 93 EGV 16
Mißbrauch Art. 82 EGV 25
– Ausbeutungs~ Art. 82 EGV 33, 42
– Behinderungs~ Art. 82 EGV 33
– der marktbeherrschenden Stellung Art. 80 EGV 21; Art. 82 EGV 5
– Marktstruktur~ Art. 82 EGV 33
Mißbrauch eines Monopols Art. 86 EGV 27
Mißbrauchskontrolle
– der Art. 296 und 297 Art. 298 EGV 3
Mißbrauchstatbestände bei Dienstleistungsmonopolen Art. 86 EGV 28
Mißstände Art. 195 EGV 7
Mißtrauensantrag Art. 201 EGV 1
Mitbestimmung Art. 44 EGV 12, 14
Mitentscheidungsverfahren Art. 37 EGV 19; Art. 40 EGV 3; Art. 80 EGV 9;

Art. 166 EGV 1; Art. 189 EGV 14; Art. 251 EGV 1
- parlamentarisches Vetorecht Art. 71 EGV 33
- Verkehrspolitik Art. 71 EGV 31

Mitglieder des EuGH
- Qualifikation, Wahl, Amtszeit, Status und Unabhängigkeit der ~ Art. 223 EGV 1

Mitglieder des UN-Sicherheitsrats
- Ständige ~ Art. 15 EUV 4

Mitgliederzahl
- WSA Art. 257 EGV 2

Mitgliedsbeiträge Art. 269 EGV 1

Mitgliedschaft
- Beendigung der ~ Art. 49 EUV 6

Mitgliedschaftsrechte
- Aussetzung von ~n Art. 46 EUV 12
- Suspendierung von ~n Art. 46 EUV 12; Art. 51 EUV 3

Mitgliedstaat
- Ausscheiden eines einzelnen ~es Art. 51 EUV 2
- Ausschluß eines ~es durch die übrigen Mitgliedstaaten Art. 51 EUV 3

Mitgliedstaaten Art. 48 EUV 5
- abweichendes handelspolitisches Regime Art. 134 EGV 1
- als »Herren der Verträge« Art. 48 EUV 4
- als Mitglieder des UN-Sicherheitsrates Art. 19 EUV 3
- als Vertragsparteien in Übereinkünfte nach Art. 24 EUV Art. 24 EUV 8
- Bindung der ~ an die vom Rat geschlossenen Übereinkünfte Art. 24 EUV 8
- der EU Art. 1 EGV 7
- diplomatische und konsularische Vertretungen der ~ und die Delegationen der Kommission in dritten Ländern Art. 20 EUV
- engere Zusammenarbeit zwischen einzelnen ~ Art. 17 EUV 9
- Festlegung des Sitzes der Organe durch die ~ Art. 289 EGV 1
- Freistellung Art. 84 EGV 2
- Gleichbehandlung aller ~ Art. 122 EGV 9
- intergouvernementale Zusammenarbeit der ~ Art. 53 EUV 5
- Konkursfähigkeit der ~ Art. 103 EGV 7

- Koordinieren des Handelns in internationalen Organisationen und aus internationalen Konferenzen Art. 19 EUV
- mittelbare Vertragsverletzungen durch ~ Art. 86 EGV 17
- Pflicht der ~ zur vorherigen Unterrichtung Art. 14 EUV 9
- Treue- und Förderungspflicht Art. 19 EUV 1
- Unterrichtungspflicht der ~ im Rahmen der GASP Art. 19 EUV 2
- Unterrichtung und Abstimmung zwischen den ~ im Rahmen der GASP Art. 16 EUV
- Vertragsschlußkompetenz der ~ Art. 24 EUV 2
- Vetobefugnis der ~ Art. 205 EGV 9
- Vollstreckung gegen ~ Art. 104 EGV 59
- Vollzugsbefugnisse Art. 84 EGV 1

Mitgliedstaaten mit Ausnahmeregelung Art. 122 EGV 1
- Status Art. 122 EGV 22
- Zentralbanken Art. 107 EGV 10

Mit Gründen versehene Stellungnahme Art. 226 EGV 15 ff.
- Frist Art. 226 EGV 24
- Kollegialprinzip Art. 226 EGV 23
- Substantiierungspflicht und Kontinuitätsgebot Art. 226 EGV 16 ff.

Mitteilung Art. 95 EGV 35

Mittel
- Ausstattung mit den erforderlichen ~ Art. 6 EUV 219
- erforderliche ~ und Erschließung neuer Einnahmen Art. 6 EUV 226
- erforderliche ~ und Finanzmittel Art. 6 EUV 228
- erforderliche ~ und Handlungsmittel Art. 6 EUV 228
- Kompetenz-Kompetenz und erforderliche ~ Art. 6 EUV 221

Mittelbare Diskriminierung
- Kausalitätsprüfung Art. 141 EGV 44
- Mißverhältnis Art. 141 EGV 53

Mittelbares Initiativrecht Art. 192 EGV 9

Mittelbare Vertragsverletzung durch Mitgliedstaaten Art. 86 EGV 3

Mittelbare Vertragsverletzungen
- durch Mitgliedstaaten Art. 86 EGV 17

Mittelbewirtschaftung ohne sachliche Rechtsgrundlage

Sachregister

- Problem der ~ Art. 274 EGV 3
Mittel der Union
- im Rahmen der GASP Art. 13 EUV 5
Mittelhierarchie Art. 5 EGV 51
Mittelstandsrichtlinie Art. 44 EGV 12
Mitverantwortungsabgabe Art. 33 EGV 9; Art. 34 EGV 2, 19, 30, 45; Art. 35 EGV 4; Art. 269 EGV 9
Mobile Kommunikation Art. 86 EGV 61
Modell
- Europäische Berufszugangsregelungen Art. 80 EGV 19
Modifizierte Zweischrankentheorie Art. 83 EGV 32
- Subsidiaritätsprinzip Art. 83 EGV 33
Möglichkeit, Unterstützungstarife zu gestatten Art. 76 EGV 5
Möglichkeiten
- bestimmender Einfluß Art. 86 EGV 13
MOG Art. 37 EGV 25
Monaco Art. 4 EGV 18; Art. 23 EGV 10
Monismus Art. 300 EGV 56, 58
Monopole Art. 16 EGV 12, 1 a; Art. 82 EGV 12; Art. 86 EGV 16
Monopol für Hafenarbeiten Art. 86 EGV 64
Monopolunternehmen
- zwangsläufig Mißbrauch Art. 86 EGV 32
Monsieur ou Madame PESC Art. 26 EUV 2
Montanforschung Art. 162 EGV 14
Mostar
- Einsatz von Polizeikräften in ~ Art. 17 EUV 8
- Memorandum of Understanding on the European Union Administration of ~ Art. 17 EUV 2
- Verwaltung der Stadt ~ Art. 14 EUV 3
Münzen
- Ausgabe von ~ Art. 106 EGV 1
- Gestaltung der ~ Art. 106 EGV 8
Münzgewinn Art. 106 EGV 7
Münzsystem
- einheitliches europäisches ~ Art. 106 EGV 9
Multilaterale Überwachung Art. 99 EGV 9-10
- Europäisches Parlament Art. 99 EGV 18
Musterrechte Art. 30 EGV 41

Mutterkuhprämie Art. 34 EGV 37
Mutterschaft Art. 42 EGV 22
Mutter-Tochter-Richtlinie Art. 93 EGV 19

N

Nachhaltige Entwicklung Art. 257 EGV 14
Nachhaltigkeit Art. 2 EGV 16
Nachprüfungsrechte
- Auskunfts- und ~ der Kommission Art. 284 EGV 4
- der Kommission Art. 284 EGV 5
Nachteile Art. 32 EUV 1, 3
Nachtrags-/Berichtigungshaushalt Art. 272 EGV 20
Naher Osten Art. 14 EUV 5
Nahrungsmittelhilfe Art. 177 EGV 6
Nahrungsmittelhilfeprogramm Art. 34 EGV 30
Nationale Behörden
- Freistellungsentscheidungen Art. 84 EGV 9
Nationale Beihilfen
- Rückforderung Art. 10 EGV 25
Nationale Gerichte
- Anwendung von Art. 81 Abs. 1 und Abs. 3 Art. 83 EGV 3
- Rechtsfolge aus Art. 81 Abs. 2 Art. 85 EGV 3
Nationale Kontaktstellen Art. 30 EUV 6 b
Nationaler Alleingang Art. 43 EUV 7; Art. 95 EGV 30
Nationaler Souverän Art. 16 EGV 3
Nationale Wirtschaftspolitik Art. 86 EGV 35
Nationale Zentralbanken
- als Einrichtungen der Mitgliedstaaten Art. 107 EGV 8
- Beschlußorgane der ~n Art. 108 EGV 8
- ESZB und ~ Art. 107 EGV 6
- Klagemöglichkeiten gegen die EZB Art. 105 EGV 27
- Präsidenten der ~ Art. 108 EGV 17; Art. 112 EGV 16
Nationale Zuständigkeit
- Wirtschaftspolitik Art. 86 EGV 34
NATO Art. 17 EUV 4
NATO- und WEU-Vertrag

Sachregister

- Beistandsverpflichtungen aus ~ Art. 17 EUV 4

Naturkatastrophen
- finanzieller Beistand bei ~ Art. 100 EGV 9

Naturkautschuk Art. 133 EGV 192
Neapel-I-Abkommen Art. 30 EUV 7, 24; Art. 135 EGV 2
Neapel-II-Abkommen Art. 135 EGV 2
Nebenorgan Art. 257 EGV 6; Art. 263 EGV 12
ne bis in idem Art. 31 EUV 8
Negativattest Art. 81 EGV 26
Nettozahlerposition der Bundesrepublik Art. 269 EGV 18

Netze
- Förderung des Zugangs zu den einzelstaatlichen ~n Art. 154 EGV 14
- Interoperabilität der einzelstaatlichen ~ Art. 154 EGV 13
- Verbund der einzelstaatlichen ~ Art. 154 EGV 12

Netzzugang
- Wettbewerb Art. 86 EGV 61

Neue Anwendungsverordnung zu den Art. 81, 82 Art. 83 EGV 3
Neue Durchführungsverordnung zu den Art. 81, 82 Art. 85 EGV 3
Neue Konzeption Art. 14 EGV 2
Neues Gemeinschaftsinstrument (NGI) Art. 158 EGV 3; Art. 267 EGV 16; Art. 269 EGV 16
Neue Strategie Art. 95 EGV 2
Neue wissenschaftliche Erkenntnisse Art. 95 EGV 31
Neutralität Art. 17 EUV 5
NGI Art. 158 EGV 3
NGO Art. 302 EGV 4
Nichtdiskriminierungsgrundsatz Art. 249 EGV 48

Nichteheliche Lebensgemeinschaften
- und Arbeitnehmer Art. 39 EGV 22

Nicht grenzüberschreitende Sachverhalte Art. 12 EGV 29
Nichtigkeit Art. 81 EGV 146
Nichtigkeitsklage Art. 46 EUV 13, 16, 20; Art. 68 EGV 8; Art. 104 EGV 66
- Beeinträchtigung der Markt- oder Wettbewerbsposition des Klägers Art. 230 EGV 52 f.
- Begrenzung der Wirkung einer Nichtigerklärung Art. 231 EGV 3 ff.
- Begründetheit Art. 230 EGV 69 ff.
- Begründungspflicht Art. 230 EGV 75
- Berücksichtigung spezifischer Klägerinteressen Art. 230 EGV 55 f.
- Beteiligungs- und Anhörungsrechte Art. 230 EGV 72 f.
- Betroffensein Art. 230 EGV 45
- des AdR Art. 265 EGV 8
- Ermessensmißbrauch Art. 230 EGV 77
- Formvorschriften Art. 230 EGV 22
- Gestaltungsklage Art. 230 EGV 1
- Gestaltungswirkung des Urteils Art. 231 EGV 1 f.
- Grundrechtsverletzung Art. 230 EGV 52 ff.
- im Bereich der PJZS Art. 35 EUV 6
- individuelles Betroffensein Art. 230 EGV 48 ff.
- Klagebefugnis Art. 230 EGV 44 ff.
- Klagebefugnis und Rechtsschutzinteresse Art. 230 EGV 19 f.
- Klagefrist Art. 230 EGV 62 ff.
- Klagegegenstand Art. 230 EGV 27, 6 ff.
- Parteifähigkeit Art. 230 EGV 24, 4 f.
- Rechtsschutzinteresse Art. 230 EGV 61
- Richtlinien Art. 230 EGV 37 ff.
- selbständiger Rechtsbehelf Art. 230 EGV 2
- unmittelbares Betroffensein Art. 230 EGV 46 f.
- Unzuständigkeit Art. 230 EGV 70
- Verbandsklage Art. 230 EGV 57
- Verfahrensbeteiligung und Verfahrensgarantien Art. 230 EGV 51
- Verletzung des Vertrages oder einer bei seiner Durchführung anzuwendenden Rechtsnorm Art. 230 EGV 78
- Verletzung wesentlicher Formvorschriften Art. 230 EGV 71 ff.
- Veröffentlichung von Rechtsakten Art. 230 EGV 76
- Verordnungen Art. 230 EGV 28 ff.
- Verpflichtungen aus einem Nichtigkeitsurteil Art. 233 EGV 4 ff.
- Zuständigkeit Art. 230 EGV 3, 23

Nichtmilitärische Aspekte der Krisenbewältigung
- Ausschuß für die ~ Art. 25 EUV 1

Nichtmilitärische Krisenbewältigung Art. 17 EUV 3
Nicht nur reine Beförderungsleistung

Sachregister

- Regelungsumfang der europäischen Verkehrspolitik Art. 80 EGV 5
Nichtregierungsorganisationen Art. 170 EGV 1; Art. 177 EGV 2; Art. 181 EGV 3; Art. 257 EGV 11; Art. 302 EGV 4
- Kontrahieren mit ~ Art. 24 EUV 1
Nichttarifäre Beschränkungen Art. 28 EGV 1
Nichtverbreitung von Kernwaffen Art. 14 EUV 2; Art. 15 EUV 5
Nichtvermarktungsprogramm Art. 34 EGV 19, 33
Nichtvermarktungsverpflichtung Art. 34 EGV 33
Nichtwirtschaftlicher Charakter Art. 28 EGV 57; Art. 30 EGV 14
Nickel Art. 133 EGV 192
Niederlassung
- Begriff der ~ Art. 43 EGV 11
- im europäischen Medienrecht Art. 43 EGV 15
- Kriterien zur Ermittlung der qualifizierten ~ Art. 43 EGV 15
- primäre und sekundäre ~ Art. 43 EGV 17
- qualifizierte ~ Art. 43 EGV 15
Niederlassungsfreiheit Art. 43 EGV 1; Art. 80 EGV 19
- als Freizügigkeitsrecht Art. 43 EGV 2
- kumulative Anwendung der ~ und Kapitalverkehrsfreiheit Art. 56 EGV 25
Niederlassungsfreiheit und allgemeines Programm Art. 44 EGV 3
Nizza
- Vertrag von ~ Art. 157 EGV 4; Art. 313 EGV 3
no bail out-Klausel
- Art. 103 als ~ Art. 103 EGV 1
Nomenklatur
- für den Kapitalverkehr Art. 56 EGV 13
Non-Affektationsprinzip Art. 268 EGV 24
Normen
- gemeinsame ~ Art. 162 EGV 9
Normenhierarchie Art. 202 EGV 9
Normung Art. 14 EGV 18; Art. 95 EGV 2
Normverwerfungskompetenz der Verwaltung Art. 249 EGV 96
Notar Art. 45 EGV 3

Notbremse
- in Art. 23 Abs. 2 UAbs. 2 Art. 23 EUV 7
Notifizierung Art. 176 EGV 14
Notkompetenz Art. 37 EGV 13, 23
Notlage
- Flüchtlinge Art. 64 EGV 6
Nuklearforschung Art. 162 EGV 14; Art. 166 EGV 1
nulla poena sine lege Art. 220 EGV 34
NUTS Art. 161 EGV 8
Nutzung der Verkehrswege
- Erwerb bzw. die ~ von Grundbesitz Art. 44 EGV 10
- Kosten Art. 74 EGV 2
- verkehrsbezogene Steuern Art. 74 EGV 2
Nutzungsentgelte
- Eisenbahninfrastruktur Art. 71 EGV 8

O

Objektive Eignung
- Zweckdienlichkeit Art. 83 EGV 10
Objektive Kontrolle der Preisentwicklung Art. 80 EGV 21
Objektive Wirkungen Art. 10 EGV 40
Obligatorische Anhörung des Europäischen Parlaments Art. 83 EGV 14
ODYSSEUS Art. 66 EGV 3
OECD-Übereinkommen über Leitlinien für öffentlich unterstützte Exportkredite Art. 132 EGV 5
Öffentliche Interessen nicht-wirtschaftlicher Art Art. 86 EGV 38
Öffentliche Finanzen
- gesunde ~ Art. 4 EGV 37
Öffentliche Gesundheit
- Begriff Art. 46 EGV 2
- und Freizügigkeit Art. 39 EGV 95
Öffentliche Gewalt Art. 45 EGV 4
- Ausübung von ~r Art. 45 EGV 1
Öffentliche Ordnung Art. 30 EGV 31; Art. 58 EGV 8; Art. 68 EGV 4
- Begriff Art. 46 EGV 2
Öffentliche Ordnung, Sicherheit und Gesundheit Art. 64 EGV 3
- und Freizügigkeit Art. 39 EGV 89
Öffentliche Personenverkehrsdienste Art. 73 EGV 5
Öffentliche Personenverkehrsdienstleistungen Art. 76 EGV 74

Sachregister

Öffentlicher Dienst Art. 39 EGV 16, 53; Art. 73 EGV 3
Öffentlicher Personennahverkehr Art. 76 EGV 4
Öffentlicher Sektor
– Wettbewerbsordnung der Gemeinschaft Art. 86 EGV 10
Öffentlicher Verkehr Art. 73 EGV 3
Öffentlicher Wirtschaftssektor Art. 16 EGV 1 a
Öffentliche Sicherheit Art. 30 EGV 33; Art. 58 EGV 8; Art. 86 EGV 36
– Begriff Art. 46 EGV 2
– Ordnung oder Gesundheit Art. 46 EGV 1
Öffentliche Sittlichkeit Art. 30 EGV 34
Öffentliche Unternehmen Art. 16 EGV 1 a; Art. 81 EGV 31; Art. 86 EGV 11, 35
– Begriff Art. 86 EGV 12
– Vermutung gegen autonomes Handeln Art. 86 EGV 31
Öffentliche Verwaltung
– Beschäftigung in der ~ und Freizügigkeit Art. 39 EGV 99
Öffentlichkeit
– von Ratstagungen Art. 205 EGV 10
Öffentlichkeit der Sitzungen Art. 199 EGV 4
Öffentlich-rechtliche Gebühren
– Grenzübertritt Art. 77 EGV 1
Öffentlich-rechtliche Kreditinstitute Art. 86 EGV 40
– 37. Erklärung zur Schlußakte Art. 16 EGV 15
Öffentlich-rechtlicher Rundfunk
– Protokoll über den ~n Art. 16 EGV 15
Öffentlich-rechtliche Rundfunkanstalten Art. 86 EGV 40
Öffnungsklausel
– Anforderungen an die spezifischen Vergünstigungen Art. 141 EGV 87
– Berufsleben Art. 141 EGV 91
– Einzelfälle Art. 141 EGV 94
– Erleichterung der Berufstätigkeit Art. 141 EGV 89
– Geeignetheit von Maßnahmen Art. 141 EGV 84
– Maßnahmen der positiven Diskriminierung Art. 141 EGV 83
– Rechtfertigungsgrund Art. 141 EGV 81

– Rechtsnatur Art. 141 EGV 80
– RL 76/207 Art. 141 EGV 81-82
– sachlicher Anwendungsbereich Art. 141 EGV 80
– Vergünstigung Art. 141 EGV 87
– Voraussetzungen Art. 141 EGV 82
Österreich
– Sanktionen gegen ~ Art. 46 EUV 12
Offene Marktwirtschaft Art. 16 EGV 12
– mit freiem Wettbewerb Art. 16 EGV 1 a
Offenmarktgeschäfte Art. 105 EGV 12
Offenmarktpolitik Art. 101 EGV 12; Art. 105 EGV 12
OISIN Art. 30 EUV 23
OLAF Art. 29 EUV 8; Art. 30 EUV 6 b; Art. 31 EUV 1; Art. 246 EGV 3; Art. 266 EGV 5 a
– Office de la Lutte Antifraude Art. 280 EGV 19
Oligopol Art. 82 EGV 20
Olivenöl Art. 133 EGV 192
Operative Aktionen
– Europol Art. 30 EUV 28
Operative Ausgaben Art. 23 EUV 4; Art. 39 EUV 2; Art. 41 EUV 3
– im Rahmen der GASP Art. 28 EUV 5
Opfer im Strafverfahren Art. 31 EUV 7
Optimierungsgebot
– im Gesundheitsschutz Art. 152 EGV 23
opting-out Art. 23 EUV 5; Art. 95 EGV 20; Art. 121 EGV 20
Optionelle Angleichung Art. 94 EGV 4
Ordnung
– öffentliche Sicherheit, ~ oder Gesundheit Art. 46 EGV 1
Ordnungsmäßige Beschäftigung
– und türkische Arbeitnehmer Art. 39 EGV 31
ordre-public-Vorbehalt Art. 33 EUV; Art. 39 EGV 89; Art. 64 EGV 1
– und Freizügigkeit Art. 39 EGV 77
Organbegriff
– erweiterter ~ Art. 257 EGV 8; Art. 263 EGV 14
Organbeschlüsse
– rechtsverbindliche ~ Art. 300 EGV 45
– Rechtswirkung von ~n Art. 300 EGV 71
Organe
– Bezeichnung der ~ Art. 5 EUV 9

2715

Sachregister

- der EU **Art. 5 EUV** 1, 7
- Doppelfunktionalität der ~ **Art. 47 EUV** 3
- Errichtung von neuen ~n **Art. 7 EGV** 23
- Festlegung des Sitzes der ~ durch die Mitgliedstaaten **Art. 289 EGV** 1
- interne Organisationsgewalt der ~ **Art. 289 EGV** 7
- Konkretisierung der Sprachregelung in den Geschäftsordnungen der ~ **Art. 290 EGV** 10
- Pflicht zur loyalen Zusammenarbeit **Art. 7 EGV** 21
- Schaffung von vertragsfremden Einrichtungen **Art. 7 EGV** 25
- Selbstorganisationsrecht der ~ **Art. 7 EGV** 18
- Sprachregelung für den Schriftverkehr mit ~ **Art. 290 EGV** 7

Organe der Union Art. 24 EUV 7
- Bindung der ~ an Übereinkünfte nach **Art. 24 EUV Art. 24 EUV** 11

Organeigenschaft
- Europäischer Rat **Art. 4 EUV** 10

Organe zur loyalen Zusammenarbeit Art. 7 EGV 22

Organfusion Art. 305 EGV 1

Organisation
- Die EU als gestufte internationale ~ **Art. 1 EUV** 19
- internationale ~en **Art. 177 EGV** 19

Organisationsgewalt Art. 7 EGV 18

Organisierte Kriminalität Art. 29 EUV 6; **Art. 30 EUV** 31, 6 b; **Art. 31 EUV** 5

Organisierte Zivilgesellschaft Art. 257 EGV 1, 10, 14; **Art. 259 EGV** 3, 5

Organleihe Art. 5 EUV 7

Organqualität Art. 263 EGV 42
- AdR **Art. 263 EGV** 6, 11
- WSA **Art. 257 EGV** 5, 15

Organstreitigkeit
- Zuständigkeit des EuGH **Art. 35 EUV** 7

Organtreue Art. 10 EGV 46, 56; **Art. 208 EGV** 3; **Art. 262 EGV** 8; **Art. 265 EGV** 11

Organunion Art. 5 EUV 8

Organverschränkte Zusammenarbeit Art. 303 EGV 4

Orientierungspreis Art. 34 EGV 16

Originäre Besteuerungskompetenz Art. 269 EGV 13

Osterweiterung
- der Europäischen Union **Art. 266 EGV** 15

Ostmitteleuropäische Staaten
- Beitritt **Art. 269 EGV** 10

P

Parallele Anwendung Art. 81 EGV 16
Paralleleinfuhren Art. 81 EGV 88
Parallele Kompetenz Art. 300 EGV 25
Parallelimporte Art. 30 EGV 43; **Art. 81 EGV** 209, 218
Parallelität von Innen- und Außenkompetenz Art. 71 EGV 38
Parallelverfahren nach europäischem und nationalem Kartellrecht Art. 83 EGV 31 a
Parallelverhalten Art. 81 EGV 66, 73
Paritätische Ausschüsse Art. 79 EGV 4
Parlament Art. 67 EGV 1, 3
- Anhörung des ~s **Art. 308 EGV** 61
- beratende und politisch begleitende Funktion des ~s im Rahmen der GASP **Art. 28 EUV** 1
- Beteiligung des ~s **Art. 7 EGV** 9
- Einfluß auf die Forschungspolitik **Art. 166 EGV** 1

Parlamentarisches Vetorecht
- Mitentscheidungsverfahren **Art. 71 EGV** 33

Parteien
- europäische ~ **Art. 191 EGV** 2
- politische ~ **Art. 191 EGV**

Parteienfinanzierung Art. 191 EGV 7, 9
Parteienstatut Art. 191 EGV 5
Parteifähigkeit
- der EG **Art. 282 EGV** 8
- internationale ~ **Art. 281 EGV** 20

Partnerschaft
- Prinzip der ~ **Art. 161 EGV** 14

Partnerschaftsprinzip Art. 161 EGV 14

Patentlizenzvereinbarung
- Nichtangriffsklauseln in ~en **Art. 81 EGV** 110

Patentrecht Art. 30 EGV 41
PCP-Verbotsverordnung Art. 95 EGV 42

Personalrecht
- der Gemeinschaften **Art. 283 EGV** 1

Personalstatut Art. 283 EGV 2
Personalstreitsachen Art. 236 EGV 1

Personen
- Freizügigkeit von ~ **Art. 43 EGV** 1

Sachregister

Personenfreizügigkeit Art. 43 EGV 3; Art. 61 EGV 12
Personenkontrolle Art. 14 EGV 12; Art. 62 EGV 11; Art. 64 EGV 4; Art. 69 EGV 6
Personenverkehr
– Maßnahmen hinsichtlich der Einreise und des ~s Art. 3 EGV 8
Personenverkehrsfreiheit Art. 62 EGV 1
Persönlicher Anwendungsbereich
– Freizügigkeit Art. 39 EGV 8
Petersberg-Aufgaben Art. 17 EUV 3, 7
Petitionsgegenstand Art. 194 EGV 4
Petitionsrecht Art. 21 EGV; Art. 194 EGV 1
Pfandrecht Art. 56 EGV 13
Pflanzenschutz Art. 37 EGV 8
– Gesundheitsschutzmaßnahmen in den Bereichen Veterinärwesen und ~ Art. 152 EGV 15
Pflegeversicherung Art. 42 EGV 25
Pflichten der Mitgliedstaaten
– Art. 86 Abs. 1 Art. 86 EGV 29
Pflichten des öffentlichen Dienstes Art. 76 EGV 6
Pflicht zu aktivem Tätigwerden
– Art. 86 Abs. 1 Art. 86 EGV 31
Pflicht zur loyalen Zusammenarbeit Art. 197 EGV 11
Pflicht zur Rücksichtnahme Art. 281 EGV 28
Pflicht zu Treue
– und aktiver Förderung im Rahmen der GASP Art. 11 EUV 4
PHARE Art. 161 EGV 15
PHASE Art. 181 a EGV 2
Plenum Art. 197 EGV 2
political question doctrine
– unionsrechtliche ~ Art. 46 EUV 9
Politiken
– Begriff Art. 70 EGV 3
Politisches und Sicherheitspolitisches Komitee Art. 17 EUV 3
– PSK Art. 25 EUV 1
Politische Union Art. 4 EGV 16
Polizeikräfte
– Einsatz von ~n aus WEU-Mitgliedstaaten Art. 17 EUV 2
Polizeikräfte in Albanien Art. 14 EUV 5; Art. 17 EUV 2
Polizeikräfte in Mostar
– Einsatz von ~n Art. 17 EUV 8

Polizeiliche Gefahrenabwehr Art. 30 EUV 4
Polizeiliche und justitielle Zusammenarbeit Art. 35 EUV 1 Art. 39-40 EUV 1; Art. 41 EUV 2-3; Art. 42 EUV 1
– in Strafsachen Art. 29 EUV 1; Art. 61 EGV 3; Art. 106 EGV 3 b
Polizeiliche Zusammenarbeit Art. 30 EUV 3
Polizeischule Art. 30 EUV 22
Portfolioinvestitionen Art. 56 EGV 24
Portugal Art. 161 EGV 16
Positive Eingriffe Art. 81 EGV 21
Positive mittelbare Eingriffe Art. 83 EGV 32
Postdienste Art. 86 EGV 61
– Binnenmarkt Art. 86 EGV 48
Post-Nizza-Prozeß Art. 5 EGV 72
Post- und Fernmeldemonopole Art. 86 EGV 35
Post- und Fernmeldeverwaltungen Art. 86 EGV 40
Potentielle Wettbewerbstarife Art. 76 EGV 8
Präambel Art. 308 EGV 19
Präferenzpolitik Art. 23 EGV 7
Präferenzregeln Art. 80 EGV 11
Präferenzsystem
– Allgemeines ~; auch allgemeine Zollpräferenz Art. 177 EGV 3
– allgemeine Zollpräferenz auch allgemeines ~ Art. 177 EGV 12
Präferenzzölle Art. 26 EGV 3
Präsident Art. 197 EGV 3
Präsidentschaft
– Einberufung des Rates durch die ~ Art. 204 EGV 1
– Programm der ~ des Vorsitzes Art. 204 EGV 1
– Reihenfolge der ~ Art. 203 EGV 8
Präsidium Art. 197 EGV 3
Präventive Rechtsangleichung Art. 94 EGV 7; Art. 95 EGV 10
Praktikanten Art. 39 EGV 16
Praktische Konkordanz Art. 152 EGV 23
Praktische Wirksamkeit Art. 46 EUV 20
– Wettbewerbsregeln Art. 86 EGV 4
Praktische Wirksamkeit der Vertragsbestimmungen Art. 86 EGV 20
Praxis
– von Übereinkünften nach Art. 24 EUV Art. 24 EUV 12
pre-emption Art. 5 EGV 30

2717

Sachregister

Preisabsprachen Art. 80 EGV 24; Art. 81 EGV 134
- Freistellung Art. 80 EGV 14
Preisabsprachen zwischen Linienschiffahrtsunternehmen Art. 80 EGV 13
Preisbildung
- Binnenschiffahrt Art. 71 EGV 18
- für Verkehrsleistungen der Eisenbahn Art. 71 EGV 9
- Kabotagetransporte Art. 71 EGV 13, 15
Preise
- auferlegt Art. 76 EGV 3
Preisempfehlung Art. 81 EGV 56
Preiserhöhung
- Ankündigung von ~en Art. 81 EGV 68, 71
Preisgestaltung
- grenzüberschreitende Gütertransporte Art. 71 EGV 9
Preisniveau
- Stabilität des ~s Art. 4 EGV 33
- Stützung des ~s Art. 34 EGV 15
Preisstabilität Art. 121 EGV 4
- als Auslegungsmaxime Art. 4 EGV 35; Art. 104 EGV 3; Art. 122 EGV 12
- als Kaufkraft einer Währung Art. 4 EGV 33
- als vorrangiges Ziel Art. 4 EGV 32
- als vorrangiges Ziel der Geld- und Wechselkurspolitik Art. 105 EGV 2
- Begriff der ~ Art. 105 EGV 2
- Haushaltsdisziplin und ~ Art. 104 EGV 2
- Haushaltspolitik Art. 101 EGV 7
- und allgemeine Wirtschaftspolitik Art. 4 EGV 34
- Wechselkurspolitik und ~ Art. 111 EGV 9
Preissystem Art. 34 EGV 11
Prinzip
- der begrenzten Einzelermächtigung Art. 220 EGV 17
Prinzip der begrenzten Einzelermächtigung Art. 5 EGV 8, EUV 3; Art. 7 EGV 17; Art. 32 EGV 30; Art. 202 EGV 2, 11; Art. 308 EGV 4
Prinzip der freien Zugänglichkeit
- der Dokumente der Gemeinschaftsorgane Art. 255 EGV 1
Prinzip der Gesamtdeckung Art. 268 EGV 24

Prinzip der Kontinuität der Gemeinschaftstätigkeit Art. 273 EGV 1
Prinzip der regionalen Differenzierung Art. 174 EGV 40, 42
- Regionen Art. 174 EGV 21
Prinzip des »non-refoulement« Art. 63 EGV 4
Private Unternehmen
- Abgrenzung Art. 86 EGV 13
Privatrecht Art. 94 EGV 14
Privatrechtliche Kosten der Grenzabfertigung Art. 77 EGV 4
Privat- und Familienleben Art. 6 EUV 97
- allgemeines Persönlichkeitsrecht Art. 6 EUV 98
- Brief-, Post- und Fernmeldegeheimnis Art. 6 EUV 102
- informationelle Selbstbestimmung Art. 6 EUV 103
- Unverletzlichkeit der Wohnung Art. 6 EUV 99
Produktions- und Vermarktungsregelungen Art. 28 EGV 18
Produktionsquoten Art. 33 EGV 9
Produktivitätssteigerung Art. 33 EGV 2
Pro-Eurojust Art. 31 EUV 13
Programm
- der Präsidentschaft des Vorsitzes Art. 204 EGV 1
- operationelles ~ Art. 161 EGV 11, 13
Programmplanung Art. 161 EGV 11
Programmplanungsdokument
- einheitliches ~ Art. 161 EGV 11, 13
pro-rata-temporis-Berechnung
- der Rente Art. 42 EGV 35
Protektionistische Maßnahmen
- Drittstaaten Art. 80 EGV 12
Protektionsverbot Art. 90 EGV 18
Protokoll Art. 68 EGV 6
- EGV Art. 311 EGV 2
- über das Verfahren bei einem übermäßigen Defizit Art. 104 EGV 12
Protokollerklärung Art. 85 EGV 2
- im Rat Art. 207 EGV 8
- Veröffentlichung der Abstimmungsergebnisse und ~en bei gesetzgeberischen Arbeiten des Rates Art. 207 EGV 9
Protokoll über das Verfahren bei einem übermäßigen Defizit Art. 104 EGV 17, 71, 85
Protokoll über den öffentlich-rechtlichen Rundfunk Art. 16 EGV 15

2718

Protokoll über den Übergang zur dritten Stufe der Wirtschafts-und Währungsunion Art. 121 EGV 29
Protokoll über die Konvergenzkriterien Art. 104 EGV 78; Art. 121 EGV 3
Protokoll über die Vorrechte und Befreiungen
- der Europäischen Gemeinschaften Art. 291 EGV 3
Provenienz und Destination des Transportguts
- Diskriminierung Art. 75 EGV 2
Prozeßfähigkeit Art. 282 EGV 8
Prozeßrecht
- der europäischen Gerichtsbarkeit Art. 245 EGV 1
- Formenstrenge des ~s Art. 46 EUV 20
- mitgliedstaatliches ~ Art. 249 EGV 31
Prozessuale Autonomie der Mitgliedstaaten Art. 249 EGV 34
Prüferbefähigungsrichtlinie Art. 44 EGV 12
Prüfungsausschuß Art. 266 EGV 14
Prüfungshandlungen der Kommission Art. 85 EGV 3
Prüfungskompetenz Art. 10 EGV 31
Prüfungsmaßstab Art. 46 EUV 4
- richterlicher ~ Art. 46 EUV 8, 15
- Vertragsverstoß Art. 86 EGV 21
Prüfungspflicht Art. 10 EGV 43
Prüfungsrecht Art. 10 EGV 43
PSK Art. 25 EUV 4
- Delegation von Entscheidungskompetenz auf das ~ Art. 25 EUV 6
- Politisches und Sicherheitspolitisches Komitee Art. 25 EUV 1
Publizitätsgebot Art. 199 EGV 4
Publizitätsrichtlinie Art. 44 EGV 12
Punktuelle Rechtsangleichung Art. 96 EGV 1

Q

Quästoren Art. 197 EGV 3
Qualifikation
- Wahl, Amtszeit, Status und Unabhängigkeit der Mitglieder des EuGH Art. 223 EGV 1
Qualifizierte Fachhandelsbindung Art. 81 EGV 208

Qualifizierte Mehrheit Art. 23 EUV 6, 8; Art. 24 EUV 3; Art. 27c EUV 2; Art. 27e EUV 2
- Beschluß des Rates Art. 71 EGV 34
- im Rat Art. 205 EGV 3
Qualifizierte Mehrheitsentscheidungen Art. 24 EUV 7
Qualifizierte Niederlassung
- Kriterien zur Ermittlung der ~n Art. 43 EGV 15
Qualitätsbestimmungen Art. 34 EGV 20
Querlieferungsverbote Art. 81 EGV 168
Querschnittsaufgabe Art. 2 EGV 22
- Gleichstellung von Männern und Frauen Art. 3 EGV 27
Querschnittsklausel Art. 5 EGV 23; Art. 157 EGV 18, 24; Art. 162 EGV 9, 14; Art. 174 EGV 6; Art. 175 EGV 14
- Beschäftigungspolitik Art. 127 EGV 3
- Cardiff-Prozeß und ~ Art. 6 EGV 15 a
- Entwicklungszusammenarbeit Art. 178 EGV 4
- EuGH und ~ Art. 6 EGV 22
- gerichtliche Kontrolle Art. 6 EGV 22
- im Gesundheitsschutz Art. 152 EGV 22
- im Verbraucherschutz Art. 153 EGV 21
- Rechtsverbindlichkeit Art. 6 EGV 19
- und Rechtsgrundlage Art. 6 EGV 17
- und Umweltschutz Art. 6 EGV 1
- und Wettbewerbsverzerrung Art. 157 EGV 24
Quotenleasing Art. 34 EGV 32
Quotenregelung Art. 34 EGV 32
Quotensysteme Art. 34 EGV 34
Quotenverkauf Art. 34 EGV 32

R

Rabatte Art. 82 EGV 48
Rabattsystem auf dem Brüsseler Flughafen Art. 86 EGV 66
Rabattvereinbarungen Art. 81 EGV 134
Räumliche Marktabgrenzung im Luftverkehr Art. 80 EGV 22
Räumlicher Anwendungsbereich
- Freizügigkeit Art. 39 EGV 6
Rahmen
- einheitlicher institutioneller ~ Art. 1 EGV 7, 24

2719

Sachregister

- Konkretisierung des einheitlichen institutionellen ~s **Art. 5 EUV 1**
Rahmenbeschluß Art. 34 EUV 7
Rahmenprogramm
- Durchführung **Art. 167 EGV 1**
- Durchführung des ~s **Art. 170 EGV 1**
- erstes ~ **Art. 162 EGV 1**
- sechstes ~ **Art. 166 EGV 3**
Rahmenprogramme Art. 166 EGV 1
- Rechtsform **Art. 166 EGV 1**
Rangverhältnis
- von EG-Kartellrecht und nationalem Recht **Art. 81 EGV 16**
- zwischen Gemeinschaftskartellrecht und nationalem Recht **Art. 83 EGV 30**
Rassismus und Fremdenfeindlichkeit Art. 29 EUV 4
Rat Art. 67 EGV 1
- Abstimmung im ~ **Art. 205 EGV 1**
- Abstimmungsprotokolle im ~ **Art. 207 EGV 8**
- Allgemeine Angelegenheiten **Art. 203 EGV 7**
- AStV als Hilfsorgan des ~es **Art. 207 EGV 3**
- Aufforderung der Kommission durch den ~ zur Vorlage von Vorschlägen **Art. 208 EGV 3**
- Aufgaben des ~es **Art. 202 EGV 2**
- Beschlußfähigkeit des ~es **Art. 205 EGV 10**
- demographisches Sicherheitsnetz bei Abstimmungen im ~ **Art. 205 EGV 6 a**
- doppelt qualifizierte Mehrheit im ~ **Art. 205 EGV 4**
- Einberufung des ~es **Art. 204 EGV 1**
- einfache Mehrheit im ~ **Art. 205 EGV 2**
- Einstimmigkeit im ~ **Art. 205 EGV 7, 9**
- Europäischer ~ **Art. 23 EUV 7**
- Formationen des ~ **Art. 203 EGV 7**
- gemeinsame Strategien, Durchführung durch den ~ **Art. 13 EUV 5**
- Generalsekretär des ~es **Art. 26 EUV 1; Art. 27d EUV 1**
- Generalsekretariat des ~es **Art. 207 EGV 5**
- Geschäftsordnung des ~es **Art. 205 EGV 10; Art. 207 EGV 6**
- gesetzgeberisches Handeln des ~es **Art. 207 EGV 10**
- Öffentlichkeit von ~stagungen **Art. 205 EGV 10**
- Prinzip der Einheit des ~es **Art. 203 EGV 7**
- Protokollerklärung im ~ **Art. 207 EGV 8**
- qualifizierte Mehrheit im ~ **Art. 205 EGV 3**
- schriftliche Abstimmung im ~ **Art. 205 EGV 11**
- Sitz des ~es **Art. 289 EGV 4**
- Sperrminorität im ~ **Art. 205 EGV 3, 5**
- Sperrminorität im ~ nach Nizza **Art. 205 EGV 6 a**
- Stimmenthaltung im ~ **Art. 205 EGV 2-3, 7**
- Stimmrechtsübertragung im ~ **Art. 206 EGV**
- Tagesordnungen für die ~stagungen **Art. 204 EGV 1**
- Tagesordnung für die ~stagungen **Art. 204 EGV 2-3**
- Termine der ~stagungen **Art. 204 EGV 1**
- Übertragung von Durchführungsbefugnissen auf die Kommission durch den ~ **Art. 202 EGV 5**
- veränderte Stimmgewichtung im ~ nach Nizza **Art. 205 EGV 6 a**
- Veröffentlichung der Abstimmungsergebnisse und Protokollerklärungen bei gesetzgeberischen Arbeiten des ~es **Art. 207 EGV 9**
- Vertretung der Kommission im ~ **Art. 203 EGV 2**
- Vorsitz des ~es **Art. 203 EGV 8**
- weisungswidriges Abstimmungsverhalten im ~ **Art. 203 EGV 4**
- Willensbildung des ~es im Bereich der GASP **Art. 23 EUV 1**
- Zugang zu Dokumenten des ~es **Art. 207 EGV 7**
- Zugang zu ~sdokumenten **Art. 207 EGV 11**
- Zusammensetzung des ~es **Art. 203 EGV 2**
Rat der Gemeinden und Regionen Europas Art. 263 EGV 3
Rat der Gouverneure Art. 266 EGV 11; Art. 267 EGV 2

Sachregister

Ratenunterbietungen durch Drittlandsreedereien Art. 80 EGV 15
Ratifikation Art. 48 EUV 3; Art. 52 EUV; Art. 313 EGV 1
Ratifikationsbedürftigkeit des Beitrittsabkommens Art. 49 EUV 4
Ratifizierung Art. 34 EUV 11
Ratsformationen Art. 203 EGV 7
Ratsmitglieder
– Doppelfunktion der ~ Art. 203 EGV 2
– Staatssekretäre als ~ Art. 203 EGV 6
Ratsvorsitz
– Reihenfolge des ~es Art. 203 EGV 8
Rat von Tampere Art. 61 EGV 10; Art. 63 EGV 2
Raum der Freiheit, der Sicherheit und des Rechts Art. 29 EUV 2; Art. 40 EUV 2; Art. 61 EGV 4
Raumordnung Art. 175 EGV 20
Rechnungsabschlußverfahren Art. 34 EGV 48-50
Rechnungshof Art. 246 EGV
– Mitglieder des ~s Art. 247 EGV 1
– Sitz des ~es Art. 289 EGV 4
Rechnungsprüfer Art. 247 EGV 2
Rechnungsprüfungsorgane
– einzelstaatliche ~ Art. 246 EGV 5
Recht auf Asyl Art. 63 EGV 4
Recht auf gleichen Zugang zur Beschäftigung
– und Freizügigkeit Art. 39 EGV 52
Recht auf Heimat Art. 18 EGV 3
Recht auf körperliche und geistige Unversehrtheit Art. 6 EUV 94
Recht auf Leben Art. 6 EUV 94
Recht auf Nutzung der Infrastruktur Art. 71 EGV 8
Recht des öffentlichen Dienstes Art. 283 EGV 4 a
Rechte und Interessen der Arbeitnehmer Art. 95 EGV 6
Rechtfertigungsgründe Art. 30 EGV 1
Rechtfertigungssystematik Art. 28 EGV 57
Rechtlich oder tatsächlich verhindern
– Art. 86 Abs. 2 Art. 16 EGV 13
Rechtsakte
– Adressaten Art. 254 EGV 8
– Bekanntgabe Art. 254 EGV 7, 9
– nicht veröffentlichungsbedürftige ~ Art. 254 EGV 7

– ungekennzeichnete ~ Art. 249 EGV 121
– zieldiffuse ~ Art. 175 EGV 17
Rechtsangleichung Art. 3 EGV 12; Art. 94 EGV 1-3; Art. 95 EGV 2, 8; Art. 97 EGV 3
– Gesundheitsschutz und ~ Art. 152 EGV 26
– Sozialpolitik Art. 136 EGV 22
– Verbraucherschutz und ~ Art. 153 EGV 13-16
Rechtsanwalt
– Betätigung als ~ Art. 45 EGV 2
– Niederlassungsfreiheit Art. 47 EGV 6
– Tätigkeit als ~ Art. 47 EGV 6
Rechtsanwendende (Exekutiv-) Organe Art. 34 EUV 10
Rechtsetzung
– Verkehrspolitik Art. 71 EGV 27
Rechtsetzungsauftrag
– Art. 83 Abs. 1 Art. 83 EGV 13
Rechtsetzungsbefugnis der Kommission
– Art. 86 Abs. 3 Art. 86 EGV 56
Rechtsetzungsermächtigung
– Binnenverkehrsträger Art. 71 EGV 1
– Luft- und Seeverkehr Art. 71 EGV 1
Rechtsfähige Einrichtungen
– Errichtung von ~n Art. 308 EGV 60
Rechtsfähigkeit Art. 282 EGV 7
Rechtsfolge aus Art. 81 Abs. 2
– nationale Gerichte Art. 85 EGV 3
Rechtsfortbildung Art. 2 EGV 11; Art. 10 EGV 42
– durch den EuGH und das EuG Art. 46 EUV 18; Art. 48 EUV 4
Rechtsgemeinschaft Art. 1 EUV 21; Art. 10 EGV 11
– Garantie der ~ Art. 220 EGV 3
– ökologische ~ Art. 174 EGV 6
Rechtsgrundlage
– Gruppenfreistellungsverordnungen Art. 83 EGV 25
– Umgehung der einschlägigen ~ Art. 157 EGV 20
– und Querschnittsklausel Art. 6 EGV 17
– Wahl der richtigen ~ Art. 220 EGV 31
Rechtshilfe Art. 30 EUV 6 a
– bei der justiziellen bzw. Ahndung von Straftaten im Zollbereich Art. 135 EGV 1
Rechtshilfeersuchen Art. 32 EUV 2

2721

Sachregister

Rechtshilfe in Strafsachen Art. 31 EUV 2, 4
Rechtshoheit
- Fernsehveranstalter über ~ Art. 43 EGV 16
Rechtsinstitute des nationalen Rechts
- Einwirkung auf die ~ Art. 220 EGV 29
Rechtsmittel
- auf Rechtsfragen beschränkt Art. 225 EGV 10
- beim EuGH Art. 225 EGV 7
- gegen Entscheidungen der gerichtlichen Kammern Art. 225 EGV 23
- gegen Entscheidungen des EuG Art. 225 EGV 7
- gegen Kostenentscheidung oder Kostenfestsetzung Art. 225 EGV 12
- keine aufschiebende Wirkung Art. 225 EGV 18
- Unzuständigkeit Art. 225 EGV 11
- Verfahrensfehler Art. 225 EGV 11
- Verletzung des Gemeinschaftsrechts Art. 225 EGV 11
Rechtsmittelbefugnis Art. 225 EGV 13
Rechtsmittelfrist Art. 225 EGV 7
Rechtsmittelgründe Art. 225 EGV 9
Rechtsmittelschrift Art. 225 EGV 8-9
Rechtsmittelverfahren
- Kosten des ~ Art. 225 EGV 22
Rechtsnatur
- der EU Art. 1 EGV 5-14
- Europäischer Rat Art. 4 EUV 9
Rechtsnatur der GASP-Akte Art. 12 EUV 3
Rechtsordnung
- einheitliche ~ Art. 1 EGV 23
Rechtspersönlichkeit
- der EG Art. 1 EGV 2
- der EU Art. 1 EGV 5-14; Art. 4 EUV 9, 10; Art. 5 EUV 7; Art. 11 EUV 1; Art. 18 EUV 1
- funktionale ~ Art. 282 EGV 3
- gemeinschaftsinterne ~ Art. 266 EGV 3
Rechtspersönlichkeit jeder der drei Gemeinschaften Art. 47 EUV 2
Rechtsschutz
- effektiver ~ Art. 220 EGV 29
- gegen Ermächtigung der Mitgliedstaaten, Schutzmaßnahmen zu erlassen Art. 134 EGV 19

- mitgliedstaatlicher ~ Art. 249 EGV 25
- und Sanktionen Art. 104 EGV 65
Rechtsschutzsystem
- umfassendes ~ Art. 220 EGV 30
Rechtssicherheit Art. 6 EUV 9; Art. 222 EGV 34
Rechtsstaatlichkeit Art. 46 EUV 1
- Demokratie und ~ Art. 11 EUV 3
- Grundsatz der ~ Art. 48 EUV 5
- Rechtsgemeinschaft Art. 6 EUV 6
Rechtsstaatsprinzip
- und Begründungspflicht Art. 253 EGV 2
Rechtsstellung
- innerstaatliche ~ der Gemeinschaft Art. 282 EGV 1
Rechtssubjektivität
- der EU Art. 1 EGV 5-14
Rechts- und Amtshilfe
- Verpflichtung zur ~ Art. 280 EGV 15
Rechtsvergleichung Art. 220 EGV 15
- wertende ~ Art. 220 EGV 33
Referendare Art. 39 EGV 16
Referenzjahr Art. 34 EGV 32-33
Referenzmenge Art. 34 EGV 33
- einzelbetriebliche ~ Art. 34 EGV 32
Referenztarife Art. 74 EGV 3
Refinanzierungsgeschäfte
- längerfristige ~ Art. 105 EGV 14
Refinanzierungsmöglichkeiten Art. 101 EGV 5
Refinanzierungspolitik Art. 105 EGV 13
Reform des sekundären Kartellrechts Art. 83 EGV 8
Regelungsschwerpunkte
- Verkehrssicherheit Art. 71 EGV 21
Regelungsumfang der europäischen Verkehrspolitik
- nicht nur reine Beförderungsleistung Art. 80 EGV 5
Regelungsverfahren Art. 202 EGV 17
Regierungen der Mitgliedstaaten Art. 112 EGV 4
Regierungskonferenz
- über die Politische Union Art. 4 EGV 29
- über die Wirtschafts- und Währungsunion Art. 4 EGV 29
- zur Wirtschafts- und Währungsunion Art. 4 EGV 10
Regierungskonferenz 2004 Art. 257 EGV 11; Art. 263 EGV 39

Sachregister

Region Art. 5 EGV 71; Art. 175 EGV 12; Art. 265 EGV 18
- Begriff Art. 263 EGV 17
- Heterogenität der ~ Art. 263 EGV 16
- mit Gesetzgebungsbefugnissen Art. 263 EGV 39
- Prinzip der regionalen Differenzierung Art. 174 EGV 21

Regionalpolitik Art. 158 EGV 3, 8; Art. 160 EGV 1

Regreß
- wegen der Befolgung und Umsetzung von Embargomaßnahmen Art. 301 EGV 3

Reguläre Zugehörigkeit zum Arbeitsmarkt
- und türkische Arbeitnehmer Art. 39 EGV 33

Regulierungsbehörden
- Überwachung von ~ Art. 16 EGV 10

Regulierungsstelle
- Eisenbahn Art. 71 EGV 8

Reichweite der Gewährleistung Art. 18 EGV 3

Rein qualitative Kriterien
- Beruf des Kraftverkehrsunternehmers Art. 71 EGV 24

Reisefreiheit Art. 62 EGV 23; Art. 63 EGV 39

Reisegenehmigung Art. 63 EGV 31
Reisevermittler Art. 81 EGV 43
Relevanter Markt Art. 81 EGV 94
Religiöse Betätigung Art. 2 EGV 7
Renationalisierung Art. 34 EGV 41
Renationalisierung der Agrarpolitik Art. 37 EGV 14

Rentenversicherung
- Berechnungsverfahren und ~ Art. 42 EGV 34

Repressalie Art. 301 EGV 4-5
- nur als ultima ratio Art. 301 EGV 5

Ressourcenvorsorge Art. 174 EGV 29
Restriktion der Kompetenz des EuGH im Bereich von Art. 7 EUV Art. 46 EUV 11

Réunion Art. 32 EGV 28
Revisionsklausel Art. 17 EUV 10; Art. 95 EGV 19

Richter des Gerichtshofs Art. 221 EGV 1
Richterlicher Prüfungsmaßstab Art. 46 EUV 8

Richter und Generalanwälte
- Amtszeit der ~ Art. 223 EGV 2

- Auswahl der ~ Art. 223 EGV 1
- Ernennung der ~ Art. 223 EGV 1
- Rechte und Pflichten der ~ Art. 223 EGV 3

Richtlinie Art. 5 EGV 50; Art. 249 EGV 43
- Art. 86 Abs. 3 Art. 86 EGV 60
- Dreiecksverhältnisse Art. 249 EGV 83
- Erleichterung der Kontrollen und Verwaltungsformalitäten im Güterverkehr Art. 77 EGV 5
- gemeinschaftsgerichtete ~ Art. 249 EGV 11, 43
- normative Dichte Art. 249 EGV 45
- Rechtsbehelfsfristen und Bestandskraft Art. 249 EGV 102
- richtlinienkonforme Auslegung Art. 249 EGV 106
- Sanktionen Art. 249 EGV 49
- Sperrwirkung Art. 249 EGV 44
- subjektive Rechte Art. 249 EGV 60
- Umsetzungsfrist Art. 249 EGV 44
- Umsetzung von ~n Art. 175 EGV 29
- unmittelbare Wirkung Art. 175 EGV 31; Art. 249 EGV 69

Richtlinie 64/221/EWG Art. 39 EGV 91
Richtlinienkonforme Auslegung Art. 10 EGV 40

Richtlinienumsetzung
- circulaires Art. 249 EGV 56
- Form der ~ Art. 249 EGV 46
- kommunale Satzungen Art. 249 EGV 54
- Mittel der ~ Art. 249 EGV 51
- unbestimmte Rechtsbegriffe Art. 249 EGV 53
- Vereinbarungen Art. 249 EGV 52 a
- Verwaltungspraxis Art. 249 EGV 55
- Verwaltungsvorschriften Art. 249 EGV 56
- Verweisungen Art. 249 EGV 52

Richtpreis Art. 34 EGV 16, 34
Rio-Deklaration Art. 6 EGV 13
Risikoverteilung Art. 81 EGV 120
Risikovorsorge Art. 174 EGV 29
RL 98/43/EG vom 6.7.1998
- Werbung und Sponsoring zu Gunsten von Tabakerzeugnissen Art. 95 EGV 10 b

RL betreffend Übernahmeangebote Art. 44 EGV 13
RL über die Besteuerung von Kraftfahrzeugen Art. 72 EGV 6

Sachregister

Rohrleitungsgebundene Transporte Art. 80 EGV 4
Rohstoffabkommen Art. 133 EGV 192
Römische Verträge Art. 257 EGV 2
Rotations-Befrachtungssysteme Art. 71 EGV 10
Royaumont-Prozeß Art. 14-15 EUV 5; Art. 18 EUV 5
Ruding-Bericht Art. 93 EGV 24
Rückführung von Drittstaatsangehörigen Art. 63 EGV 35
Rücksichtnahme
– Gebot der ~ Art. 1 EUV 26
– Prinzip der ~ Art. 10 EGV 8
Rückvergütung Art. 24 EGV 5
Rückwirkungsverbot Art. 222 EGV 34; Art. 254 EGV 4
Ruinöse Entwicklungen Art. 80 EGV 21
rule of reason Art. 81 EGV 110
Rundfunk
– Beihilfen Art. 87 EGV 18, 43
Rundfunkunternehmen Art. 56 EGV 40
Rüstungsgüter Art. 296 EGV 6
Rüstungskontrolle Art. 14 EUV 5
Rüstungskontrollpolitik Art. 15 EUV 5
Rüstungspolitische Zusammenarbeit Art. 17 EUV 6

S

Sachleistungen Art. 42 EGV 22, 24
Sachliche Mittelübertragung
– innerhalb einer Haushaltsperiode Art. 274 EGV 4
Sachlicher Anwendungsbereich
– und Freizügigkeit Art. 39 EGV 41
Sachverständigenausschuß
– Verkehrspolitik Art. 79 EGV 1
Sachverständigenausschuß nach Art. 79 Art. 79 EGV 3
Sachverständiger
– für Straßenverkehrsunfälle Art. 45 EGV 10
Sachwalter des gemeinsamen Interesses Art. 10 EGV 38; Art. 37 EGV 13
Sala-Entscheidung Art. 18 EGV 5
Sammlermünzen Art. 106 EGV 7
Sanktionen Art. 10 EGV 28; Art. 34 EGV 46; Art. 83 EGV 4, 29; Art. 308 EGV 59
– Berücksichtigung der nationalen ~ Art. 81 EGV 19
– Durchsetzung Art. 104 EGV 59

– Rechtsschutz und ~ Art. 104 EGV 65
– Wirtschaftspolitik Art. 99 EGV 14
Sanktionsbeschluß Art. 7 EUV 24; Art. 309 EGV 2
Sanktionsentscheidung
– Art. 229 Art. 83 EGV 28
San Marino Art. 4 EGV 18
SAPARD Art. 161 EGV 15
Satelliten-Kommunikation Art. 86 EGV 61
Satellitenzentrum Art. 17 EUV 3
Satzung der EIB
– Änderungen Art. 266 EGV 15
Satzung des ESZB und der EZB Art. 8 EGV 2
Satzung des Europäischen Systems der Zentralbanken und der Europäischen Zentralbank
– Protokoll über die ~ Art. 8 EGV 2
Satzung des Gerichtshofs Art. 245 EGV 2
– Protokoll über die ~ Art. 245 EGV 2
Säulenmodell Art. 1 EGV 16
Schadenersatzansprüche Art. 81 EGV 149
Schadensersatz Art. 82 EGV 72
Schadensersatzklage Art. 235 EGV 1 ff.
– Parteifähigkeit Art. 235 EGV 2
– unbezifferter Klageantrag Art. 235 EGV 5
– Verhältnis zu anderen gemeinschaftsrechtlichen Rechtsbehelfen Art. 235 EGV 6
– Verhältnis zu nationalen Rechtsbehelfen Art. 235 EGV 7
– Verjährung Art. 235 EGV 3
Schaffung eines Monopols Art. 86 EGV 27
Schäuble-Lamers-Papier Art. 43 EUV 1
Schengen-Besitzstand Art. 30 EUV 6, 10; Art. 40 EUV 1; Art. 61 EGV 11; Art. 62 EGV 9; Art. 68 EGV 6; Art. 69 EGV 9
Schengener Abkommen Art. 61 EGV 9
Schengener Durchführungsabkommen Art. 39 EGV 78
Schengener Durchführungsübereinkommen Art. 61 EGV 9; Art. 63 EGV 8, 32
Schengener Exekutivausschuß Art. 61 EGV 11
Schengener Informationssysteme Art. 30 EUV 10; Art. 62 EGV 12

Schengener Übereinkommen Art. 14 EGV 16; Art. 61 EGV 9
Schengener Vertragsstaaten Art. 31 EUV 4
Schengen-Protokoll Art. 69 EGV 1, 4
Schengen-Visum Art. 62 EGV 21
Schiedsgericht
- EuGH als ~ Art. 14 EUV 13; Art. 46 EUV 18
Schiedsgerichtliche Urteile
- Vollstreckbarkeit Art. 238 EGV 10
Schiedsklausel Art. 238 EGV 1 ff.
- anwendbares Recht Art. 238 EGV 7 ff.
- Formerfordernisse Art. 238 EGV 4
- Zuständigkeit der Gemeinschaftsgerichtsbarkeit Art. 238 EGV 3 ff.
Schiedsübereinkommen Art. 93 EGV 21
Schiedsvertrag Art. 239 EGV 1 ff.
- anwendbares Recht und Vollstrekkung Art. 239 EGV 4
- Zuständigkeit des EuGH Art. 239 EGV 2 f.
Schiff
- Registrierung eines ~es Art. 43 EGV 11
Schiffsregister Art. 294 EGV 2
Schlachtprämie Art. 34 EGV 37
Schlechterstellung im Vergleich zu inländischen Verkehrsunternehmen Art. 72 EGV 3
Schleuserkriminalität Art. 30 EUV 12
Schlußakte Art. 311 EGV 1
Schlußbestimmungen Art. 46 EUV 14
Schnelle Eingreiftruppe Art. 17 EUV 2-3
Schöppenstedt-Formel Art. 288 EGV 11
Schrankenvorbehalt
- Aufenthaltsrecht Art. 18 EGV 11
Schriftstücke von allgemeiner Geltung
- Sprachregelung für ~ Art. 290 EGV 9
Schuldenpolitik Art. 104 EGV 1
Schuldenstand Art. 104 EGV 13
- Referenzwert Art. 104 EGV 17
Schutz
- Anspruchsberechtigte des diplomatischen und konsularischen ~es Art. 20 EGV 18
- diplomatischer und konsularischer ~ Art. 20 EGV, 2, 5, 7
- Einschränkungen des diplomatischen und konsularischen ~es Art. 20 EGV 21
- Reichweite des diplomatischen und konsularischen ~es Art. 20 EGV 10
Schutzanspruch
- Beschränkung des ~s Art. 20 EGV 11
- direkter ~ Art. 20 EGV 14
- Durchsetzung des ~s Art. 20 EGV 23
- fremder Staatsangehöriger Art. 20 EGV 13
- subjektiver ~ Art. 20 EGV 16
Schutz der finanziellen Interessen der Europäischen Gemeinschaften Art. 34 EGV 46; Art. 280 EGV 1
Schutz der inneren Sicherheit Art. 33 EUV; Art. 68 EGV 4
Schutz des Euro
- vor Fälschungen Art. 29 EUV 3
Schutzergänzungsklausel Art. 95 EGV 20
Schutzklausel Art. 95 EGV 43; Art. 174 EGV 37
- Verhältnis zu Art. 134 Art. 134 EGV 17
Schutzmaßnahmen Art. 134 EGV 9
- Festsetzung von ~ durch die Kommission Art. 202 EGV 12
- handelspolitische ~ Art. 301 EGV 16
- kapitalverkehrsrechtliche ~ Art. 59 EGV 2
Schutzniveau Art. 30 EGV 22
- hohes ~ Art. 94 EGV 2
Schutzniveauklausel Art. 95 EGV 14-15
Schutzpflicht Art. 28 EGV 47
- der EU Art. 20 EGV 1-2
- Voraussetzungen für ~ Art. 20 EGV 9
Schutzrecht Art. 281 EGV 21
- für Angehörige der Mitgliedstaaten Art. 281 EGV 21
Schutzverstärkung
- Modalitäten der ~ Art. 176 EGV 6
Schutzverstärkungsklausel Art. 95 EGV 20
- im Verbraucherschutz Art. 153 EGV 20
Schutz von Unionsbürgern
- diplomatischer und konsularischer ~ Art. 20 EUV
Schutz von Zeugen Art. 31 EUV 7
Schwarze Liste Art. 81 EGV 166, 195
Schweiz Art. 166 EGV 3
- Assoziierung Art. 310 EGV 40
Schwellenpreis Art. 34 EGV 18
Schwere grenzüberschreitende Kriminalität Art. 31 EUV 15

Schwerwiegende und anhaltende Verletzung von in Art. 6 Abs. 1 genannten Grundsätzen Art. 46 EUV 10
Scientology Art. 58 EGV 12
Seehäfen und Seeverkehrsinfrastruktur Art. 80 EGV 6
Seekabotage Art. 80 EGV 16
Seerechtskonferenz Art. 34 EGV 53
Seerechtskonvention Art. 34 EGV 53
Seeschiffahrt Art. 80 EGV 10
- europäische Marktordnung Art. 80 EGV 10
- Marktbeobachtungssystem Art. 80 EGV 15
Seeschiffahrt-und Luftverkehr Art. 80 EGV 3
- Wettbewerbsbeschränkungen Art. 85 EGV 11
See- und Flughäfen Art. 80 EGV 6, 7
See- und Flughafenpolitik Art. 80 EGV 8
See- und Luftverkehr
- Beihilfen für den ~ Art. 73 EGV 6
Seilbahn Art. 80 EGV 4
Sektorspezifisches Wettbewerbsregime Art. 83 EGV 26
Sekundärakte
- Inzidentprüfung von ~n durch den EuGH Art. 46 EUV 22
Sekundärer Völkervertragsrecht Art. 300 EGV 71
Sekundärrechtliche Regelung
- Freistellung Art. 83 EGV 20
Sekundärrecht zur Durchsetzung
- europäische Wettbewerbspolitik Art. 83 EGV 1
Selbständige Art. 42 EGV 7
- Freizügigkeit der ~n Art. 43 EGV 1
Selbständige Gemeinschaftsinstitutionen
- Sprachenregelung der ~ und Agenturen Art. 290 EGV 3
Selbstorganisationsrecht Art. 189 EGV 3
Selektiver Vertrieb Art. 81 EGV 190
Selektive Tarifermäßigungen Art. 86 EGV 66
Selektive Vertriebssysteme Art. 81 EGV 168, 190, 203
self-contained regime Art. 281 EGV 26
Sendepersonal Art. 43 EGV 16
service public Art. 16 EGV 2, 5, 8, 12; Art. 86 EGV 37
Sexuelle Ausbeutung von Kindern Art. 31 EUV 10

SHERLOCK Art. 30 EUV 23; Art. 66 EGV 3
Sicherheit Art. 95 EGV 17
- äußere ~ Art. 297 EGV 4
- innere ~ Art. 297 EGV 3
- internationale ~ Art. 11 EUV 3
- nationale ~ Art. 297 EGV 2
- öffentliche ~, Ordnung oder Gesundheit Art. 46 EGV 1
- Schutzklauseln Art. 297 EGV 1
Sicherheit der Union
- gemeinsame Verteidigungspolitik, gemeinsame Verteidigung Art. 17 EUV 1
Sicherheitsdienst Art. 45 EGV 8
Sicherheitsinteresse Art. 296 EGV 1
- wesentliches ~ Art. 296 EGV 4
Sicherheitsnetz
- demographisches ~ bei Abstimmungen im Rat Art. 205 EGV 6 a
Sicherheitsrat
- Mitgliedstaaten als Mitglieder des UN-~ Art. 19 EUV 3
- Ständige Mitglieder des UN-~s Art. 15 EUV 4
- UN-~ Art. 23 EUV 9
Sicherheitsratsbeschlüsse
- UN-~ Art. 15 EUV 5
Sicherheits- und Verteidigungspolitik
- Respekt vor nationaler Ausrichtung der ~ Art. 17 EUV 5
Simpler Legislation for the Internal Market Art. 14 EGV 27
Single European Sky Art. 80 EGV 17
SIS Art. 30 EUV 10
Sitz
- der EP Art. 289 EGV 4
- der Gemeinschaft Art. 289 EGV 2
- der Kommission Art. 289 EGV 4
- des EG Art. 289 EGV 2
- des ER Art. 289 EGV 4
- des Rates Art. 289 EGV 4
- des Rechnungshofes Art. 289 EGV 4
- Festlegung des ~es der Organe durch die Mitgliedstaaten Art. 289 EGV 1
- Gemeinschaftsinstitutionen Art. 289 EGV 5
- satzungsmäßiger ~ Art. 48 EGV 5
Sitzabkommen Art. 300 EGV 21
Sitztheorie Art. 48 EGV 8
Sitzungsperiode Art. 196 EGV 1
Sitzverlegung
- grenzüberschreitende ~ Art. 44 EGV 13

Sachregister

SLOM-Quote Art. 34 EGV 33
Societas Europaea Art. 44 EGV 14
Sofortmaßnahmen
siehe auch Wirtschaftssanktionen
– auf dem Gebiet des Kapital- und Zahlungsverkehrs Art. 301 EGV 15
– Erforderlichkeit von ~ Art. 301 EGV 13
– Wirtschaftssanktionen als ~ Art. 301 EGV
– Wirtschaftssanktionen aller Art als ~ Art. 301 EGV 11
Solange II Art. 220 EGV 25
Solidarität Art. 6 EUV 183; Art. 10 EGV 53
– Pflicht zu gegenseitiger ~ Art. 1 EUV 26
– und soziale Rechte Art. 6 EUV 185
– zwischen den Mitgliedstaaten Art. 2 EGV 24
Solidaritätsgrundsatz Art. 81 EGV 36
Solidaritätspflicht
– der übrigen Mitgliedstaaten Art. 307 EGV 13
Solidaritätsprinzip Art. 1 EUV 44; Art. 2 EGV 24; Art. 5 EGV 4
– und Subsidiaritätsprinzip Art. 1 EUV 49; Art. 5 EGV 54
Sonderbeauftragter
– EU-~ Art. 24 EUV 1
Sonderbeauftragte Art. 18 EUV 5
Sonderbehörden Art. 7 EGV 26
Sonderfall des Beihilfeverbots Art. 76 EGV 2
Sonderform der Ausnahmetarife
– Unterstützungstarife Art. 76 EGV 2
Sonder- oder Gedenkmünzen Art. 106 EGV 11
Sonderprämie für männliche Rinder Art. 34 EGV 37
Sondertatbestand
– Diskriminierungsverbot Art. 75 EGV 1
Sonstige Vorschriften – Art. 71 Abs. 1 lit d) Art. 71 EGV 22
Souveränität
– völkerrechtliche ~ Art. 48 EUV 5
Souveränitätsvorbehalte
– der Mitgliedstaaten im Finanzbereich Art. 269 EGV 3
Sozialcharta
– europäische ~ Art. 2 EGV 18
Soziale Grundrechte Art. 6 EUV 183

Soziale Marktwirtschaft Art. 16 EGV 1
Sozialer Dialog
– Abschluß von Vereinbarungen Art. 139 EGV 5
– Anhörungsverfahren Art. 138 EGV 27
– Arbeitskampf Art. 139 EGV 8
– Beteiligung des Parlaments Art. 139 EGV 28
– Durchführung auf nationaler Ebene Art. 139 EGV 20
– Durchführung der auf Gemeinschaftsebene geschlossenen Vereinbarungen Art. 139 EGV 18
– Durchführung durch Beschluß des Rates Art. 139 EGV 25
– förmlicher und informeller ~ Art. 138 EGV 1
– Ingangsetzen des Prozesses nach Art. 139 Art. 138 EGV 34
– Inhalt und Geltungsbereich von Vereinbarungen Art. 139 EGV 9
– Partei der Vereinbarung Art. 139 EGV 7
– Prozessuales Art. 138 EGV 23
– Sozialpartner Art. 138 EGV 4
– Vereinbarung Art. 139 EGV 2
– vertragliche Beziehungen Art. 139 EGV 2
– Wirkung der Vereinbarung Art. 139 EGV 16
Sozialer Fortschritt
– Sicherung des ~s Art. 2 EGV 18
Sozialer Schutz
– hohes Maß an ~m Art. 2 EGV 18
Sozialer und territorialer Zusammenhalt Art. 16 EGV 1
Sozialer Zusammenhalt Art. 16 EGV 7
Soziale Sicherung
– System der ~n Art. 81 EGV 36
Soziale und steuerliche Vergünstigungen
– und Arbeitnehmer Art. 39 EGV 57
Soziale Vergünstigungen Art. 39 EGV 61
Sozialhilfe Art. 39 EGV 65; Art. 42 EGV 11
Sozialpartner Art. 257 EGV 11-12
– Abgrenzung zu mitgliedstaatlichen ~n Art. 138 EGV 6
– Anforderungen an ~ Art. 138 EGV 10
– Begriff der ~ Art. 138 EGV 4
– Förderung der Anhörung Art. 138 EGV 26
– sozialer Dialog Art. 138 EGV 4

2727

Sachregister

- Übertragung der Durchführung der Richtlinien auf die ~ **Art. 137 EGV 27**

Sozialpartnerbegriff
- Ansätze zu einer rechtlichen Konkretisierung **Art. 138 EGV 12**
- bisher anerkannte Sozialpartner **Art. 138 EGV 18**
- Kompetenz zur rechtlichen Konkretisierung **Art. 138 EGV 11**

Sozialpolitik Art. 3 EGV 14
- Anforderungen an die erlassenen Richtlinien **Art. 137 EGV 23**
- arbeitnehmerähnliche Personen **Art. 137 EGV 1 a**
- Arbeitsbedingungen **Art. 137 EGV 19**
- Arbeitssicherheit **Art. 137 EGV 18**
- ausgeschlossene Bereiche **Art. 137 EGV 7**
- Ausschuß für Sozialschutz **Art. 144 EGV 2**
- berufliche Eingliederung **Art. 137 EGV 21**
- Beschäftigungsbedingungen der Staatsangehörigen aus Drittländern **Art. 137 EGV 15**
- bezahlte Freizeit **Art. 142 EGV**
- einer Rechtsangleichung nicht zugänglichen Bereiche **Art. 137 EGV 9 a**
- Entsendeproblematik **Art. 136 EGV 13**
- Entsenderichtlinie **Art. 136 EGV 16**
- Ermächtigungsgrundlage zum Erlaß von Richtlinien **Art. 137 EGV 1**
- Europäische Sozialcharta **Art. 136 EGV 26**
- Förderung der Zusammenarbeit der Mitgliedstaaten **Art. 140 EGV 1**
- Grundfreiheiten **Art. 136 EGV 12**
- ILO Konventionen **Art. 136 EGV 26**
- Instrumente zur Realisierung **Art. 136 EGV 22**
- Konzept und Stellung **Art. 136 EGV 6**
- Koordinierung der ~ **Art. 136 EGV 25**
- Quellen **Art. 136 EGV 2**
- Realisierung der Ziele **Art. 136 EGV 19**
- Rechtsangleichung **Art. 136 EGV 22**
- Schutz der Arbeitnehmer bei Beendigung des Arbeitsvertrags **Art. 137 EGV 13**
- Sekundärrecht **Art. 136 EGV 3**

- Soziale Ausgrenzung **Art. 137 EGV 9 b**
- soziale Grundrechte **Art. 136 EGV 33**
- soziale Sicherheit **Art. 137 EGV 12**
- Subsidiaritätsprinzip **Art. 136 EGV 20**
- Überblick **Art. 136 EGV 4**
- Übertragung der Durchführung der Richtlinien auf die Sozialpartner **Art. 137 EGV 27**
- Unterrichtung und Anhörung der Arbeitnehmer **Art. 137 EGV 20**
- unterstützende Tätigkeit der Gemeinschaft **Art. 137 EGV 31**
- Urfassung des EGV **Art. 136 EGV 3**
- Verhältnis zu anderen Politiken **Art. 136 EGV 8**
- Verteilung der Kompetenzen **Art. 136 EGV 19**
- Vertretung und kollektive Wahrnehmung der Arbeitnehmer-und Arbeitgeberinteressen einschließlich der Mitbestimmung **Art. 137 EGV 14**
- Ziele **Art. 136 EGV 29**
- Zielrichtung der Harmonisierung **Art. 137 EGV 3**

Sozialversicherung Art. 86 EGV 11
- Kollisionsnormen und ~ **Art. 42 EGV 14**
- Leistungsanspruch und ~ **Art. 42 EGV 13**
- Leistungsexport und ~ **Art. 42 EGV 20**
- Zusammenrechnung der Versicherungszeiten und ~en **Art. 42 EGV 17**

Sozialversicherungsabkommen Art. 42 EGV 12

Sozialversicherungsträger Art. 81 EGV 36

Sozialvorschriften Art. 74 EGV 2

Spaak-Bericht Art. 96 EGV 4

Spaltungsrichtlinie Art. 44 EGV 12

Spanien Art. 161 EGV 16

Spanisches Postmonopol Art. 86 EGV 64

Spareinlagen
- steuerliche Benachteiligung von ~ **Art. 56 EGV 27**

Sparsamkeitsprinzip Art. 268 EGV 26

Sperre der Rechtshängigkeit Art. 193 EGV 4

Sperrminorität
- im Rat **Art. 205 EGV 3, 5**
- im Rat nach Nizza **Art. 205 EGV 6 a**

Sperrwirkung Art. 10 EGV 20; Art. 94

Sachregister

EGV 5; Art. 175 EGV 7; Art. 176 EGV 1
- des EG-Rechts Art. 5 EGV 28, 31
- und Umweltschutz Art. 176 EGV 4

Spezialisierungen Art. 81 EGV 174

Spezialisierungsvereinbarungen Art. 81 EGV 175

Spezialität
- haushaltsrechtliche ~ Art. 268 EGV 23

Spezifische Ermittlungsmaßnahmen
- von Europol Art. 30 EUV 28

Spezifische Programme Art. 166 EGV 5

Spitzenrefinanzierungsfazilität Art. 105 EGV 16

Sport Art. 2 EGV 7

Sprache des EGV Art. 314 EGV 1

Sprachenfrage
- Grenzen der Regelung der ~ Art. 290 EGV 2
- Regelung der ~ Art. 290 EGV 1
- und Diskriminierungsverbot Art. 290 EGV 2

Sprachenregelung
- der Selbständigen Gemeinschaftsinstitutionen und Agenturen Art. 290 EGV 3

Sprachenregelung für die Organe Art. 28 EUV 4

Sprachenübermittlung über Internet Art. 86 EGV 48

Sprachfassungen
- Adressat der Verbindlichkeitserklärung der zwölf ~ Art. 53 EUV 4
- Divergenz in den ~ Art. 53 EUV 6

Sprachkenntnisse Art. 43 EGV 31
- und Freizügigkeit Art. 39 EGV 53

Sprachregelung
- für das Amtsblatt Art. 290 EGV 9
- für den Schriftverkehr mit Organen Art. 290 EGV 7
- für Schriftstücke von allgemeiner Geltung Art. 290 EGV 9
- Konkretisierung der ~ in den Geschäftsordnungen der Organe Art. 290 EGV 10

Sprachtelefondienst Art. 86 EGV 48
- Wettbewerb Art. 86 EGV 61

Spürbarkeit Art. 81 EGV 90, 103, 132; Art. 82 EGV 71

Spürbarkeitserfordernis Art. 28 EGV 32

Staaten
- europäische ~ Art. 49 EUV 5

Staatlich dominierte Unternehmen Art. 86 EGV 3

Staatliche Dienstleistungsmonopole Art. 50 EGV 71

Staatliche Einflußnahme
- wettbewerbswidriges Verhalten Art. 86 EGV 6

Staatliche Eingriffe in die Transportpreise Art. 76 EGV 3

Staatliche Handelsmonopole Art. 31 EGV 1; Art. 86 EGV 2

Staatliche Unterstützungsmaßnahmen im Verkehrssektor Art. 73 EGV 1

Staatsangehörigkeit Art. 12 EGV 11, 13
- und Arbeitnehmer Art. 39 EGV 18

Staatsanwaltschaft Art. 30 EUV 4

Staatshaftung Art. 10 EGV 44

Staatssekretäre
- als Ratsmitglieder Art. 203 EGV 6

Staatswirtschaft Art. 86 EGV 3

STABEX Art. 179 EGV 8
- Beihilfesystem Art. 177 EGV 4

Stabilitätskultur Art. 4 EGV 34

Stabilitätspaket
- österreichisches ~ Art. 104 EGV 76

Stabilitätspakt für Südosteuropa Art. 14 EUV 2; Art. 15 EUV 5

Stabilitätsprogramm Art. 99 EGV 21; Art. 104 EGV 93

Stabilitäts- und Wachstumspaket Art. 99 EGV 20; Art. 104 EGV 24, 81, 88; Art. 115 EGV 4

Stabilitätsziel
- als Auslegungsgrundsatz Art. 121 EGV 23

Stadt- und Vorortdienste Art. 71 EGV 14

Ständige Fazilitäten Art. 105 EGV 16

Ständige Mitglieder des UN-Sicherheitsrats Art. 15 EUV 4

Ständige Vertreter Art. 206 EGV
- Ausschuß der ~n Art. 207 EGV 2

stand-still-Gebot Art. 2 EGV 5

state defence doctrine Art. 86 EGV 5

Statistik Art. 285 EGV 2

Status
- Qualifikation, Wahl, Amtszeit, ~ und Unabhängigkeit der Mitglieder des EuGH Art. 223 EGV 1

Statuswechsel
- von Waren Art. 24 EGV 2

Stellenbewerbung
- und Freizügigkeit Art. 39 EGV 73

Stellen der öffentlichen Verwaltung

2729

Sachregister

– als Unternehmen Art. 86 EGV 11
Stellungnahme Art. 211 EGV 8; Art. 249 EGV 119
– Recht des Europäischen Parlaments aus Unterrichtung und zur ~ Art. 21 EUV 2
Sterbegeld Art. 42 EGV 38
Steuerausländer Art. 58 EGV 3
Steuerflucht Art. 43 EGV 34
Steuergrenzen Art. 93 EGV 10
Steuerharmonisierung
– Grenzen der ~ Art. 93 EGV 25
– Mittel, Verfahren und Voraussetzungen der ~ Art. 93 EGV 5
– Ziele der ~ Art. 93 EGV 1
Steuerinländer Art. 58 EGV 3
Steuerliche Schranken Art. 14 EGV 19
Steuerliche Vorschriften des EGV Art. 90 EGV 1
Steuerliche Wettbewerbsneutralität im Binnenmarkt Art. 90 EGV 5
Steuern Art. 95 EGV 6; Art. 175 EGV 19
– auf die Bezüge der Bediensteten der Gemeinschaften Art. 268 EGV 3
– der Bediensteten der Gemeinschaften Art. 269 EGV 9
– direkte ~ Art. 43 EGV 33; Art. 92 EGV 1
– indirekte ~ Art. 43 EGV 33
Steuerrecht Art. 43 EGV 33
– französisches ~ Art. 43 EGV 34
– Harmonisierung des ~ und Arbeitsrechts Art. 157 EGV 25
Steuerstrafrecht Art. 280 EGV 7
Steuersystem
– Kohärenz des nationalen ~s Art. 48 EGV 14
Stillegung
– obligatorische ~ Art. 34 EGV 35
Stille Harmonisierung Art. 93 EGV 3
Stillhaltepflicht Art. 10 EGV 20; Art. 24 EUV 5; Art. 94 EGV 5
Stillhalteverpflichtung Art. 72 EGV 1
– besonderes Diskriminierungsverbot Art. 72 EGV 2
Stillstand-Klausel Art. 31 EGV 11
Stimmenthaltung
– im Rat Art. 205 EGV 2-3, 7
– konstruktive ~ Art. 23 EUV 2; Art. 28 EUV 8
Stimmenwägung Art. 23 EUV 8
Stimmgewichtung

– veränderte ~ im Rat nach Nizza Art. 205 EGV 6 a
Stimmrechte
– Aussetzung der ~ Art. 46 EUV 9
Stimmrechtsübertragung
– im Rat Art. 206 EGV
Stimmwägung Art. 23 EUV 5
STOP Art. 30 EUV 23
Strafrecht Art. 31 EUV 9; Art. 94 EGV 14
– materielles ~ Art. 29 EUV 9
Strafrechtliche Sanktionen Art. 280 EGV 3
Strafrechtsvorbehalt Art. 135 EGV 4
Strafverfahrensrecht Art. 31 EUV 7
Strafverfolgung Art. 30 EUV 4
Straßenbenutzungsgebühr für schwere Lkw in Deutschland Art. 72 EGV 4
Strategie für den europäischen Binnenmarkt Art. 14 EGV 29
Strategieplanungs- und Frühwarneinheit Art. 26 EUV 3
Streng kongruente Beihilfen Art. 73 EGV 4
Stresa
– Konferenz von ~ Art. 37 EGV 2
Struktur der Beförderungstarife Art. 80 EGV 14
Strukturförderung Art. 299 EGV 13
Strukturfonds Art. 159 EGV, 4; Art. 161 EGV, 2, 4, 12; Art. 162 EGV 2; Art. 268 EGV 5
– und Haushaltsdisziplin Art. 104 EGV 64
– ~reform Art. 161 EGV 2, 3, 9
Strukturfondsverordnung Art. 161 EGV 3; Art. 162 EGV 1
Strukturkrisenkartelle Art. 81 EGV 136
Strukturpolitik Art. 158 EGV 5
Struktur- und Standortpolitik Art. 76 EGV 5
Studenten
– und Arbeitnehmer Art. 39 EGV 15
Subdelegation
– Erlaß von Durchführungsvorschriften Art. 83 EGV 6
Subjektive Marktzugangsvoraussetzungen Art. 80 EGV 18
– Eisenbahnverkehr Art. 71 EGV 26
Subjektives Recht
– auf Leistungen Art. 16 EGV 6
– auf Mindest-Leistungsstandards Art. 16 EGV 5

Sachregister

- auf Mindeststandard an Leistungen Art. 16 EGV 11
- auf Zugang zu Dienstleistungen von allgemeinem wirtschaftlichem Interesse Art. 16 EGV 16

Subsidiarität Art. 95 EGV 11; Art. 164 EGV 1; Art. 220 EGV 17
- Protokoll über die Anwendung der Grundsätze der ~ Art. 5 EGV 7

Subsidiaritätsgrundsatz Art. 47 EGV 13
Subsidiaritätsprinzip Art. 5 EGV 4; Art. 29 EUV 5; Art. 34 EGV 41; Art. 37 EGV 4, 10, 12, 14; Art. 43 EGV 6, 30; Art. 70 EGV 4-5, 9; Art. 105 EGV 23 Art. 152-153 EGV 10; Art. 154 EGV 2; Art. 174 EGV 22, 42; Art. 175 EGV 11; Art. 308 EGV 65
- Begründungspflicht Art. 253 EGV 21
- Bürgernähe Art. 1 EUV 27
- gerichtliche Kontrolle Art. 5 EGV 60
- Justitiabilität und ~ Art. 5 EGV 61
- Kompetenzausübung Art. 5 EGV 2
- modifizierte Zweischrankentheorie Art. 83 EGV 33
- Solidaritätsprinzip und ~ Art. 1 EUV 49; Art. 5 EGV 54
- Sozialpolitik Art. 136 EGV 20
- Umsetzung und Kontrolle Art. 5 EGV 58
- Umweltschutz und ~ Art. 175 EGV 6
- und EuGH Art. 5 EGV 60
- und nationale Identität Art. 6 EUV 218

Subsidiaritätsprotokoll Art. 5 EGV 7, 35, 36, 42, 49; Art. 37 EGV 13
Substituierbarkeit Art. 81 EGV 95
Subventionen
- ausländische ~ Art. 133 EGV 130
- und Umweltpolitik Art. 175 EGV 38

Subventionsbetrug Art. 280 EGV 7
Südafrika Art. 179 EGV 13
Supplementierungsregel Art. 95 EGV 23
Supranationalität Art. 1 EGV 2
Suspendierung von Mitgliedschaftsrechten Art. 46 EUV 12; Art. 51 EUV 3
Suspensiveffekt Art. 242-243 EGV 2
sustainable-development
 siehe Entwicklung, nachhaltige
SYSMIN Art. 179 EGV 8
- Beihilfesystem Art. 177 EGV 4

System
- Gemeinschaftsrecht als geschlossenes ~ Art. 48 EUV 4

System der sozialen Sicherung Art. 42 EGV 9, Art. 81 EGV 36
System offener und wettbewerbsorientierter Märkte Art. 154 EGV 15
Systemrichtlinie
- der Verbrauchsbesteuerung Art. 93 EGV 16

T

Tabakbesteuerung Art. 93 EGV 16
Tabakprodukte
- Werbung für ~ Art. 95 EGV 10 b

Tabakwerbeverbot Art. 5 EGV 61, 72
- Urteil zum ~ Art. 5 EGV 10

Tabakwerbeverbots-Richtlinie Art. 65 EGV 2
TACIS Art. 181 a EGV 2
Tagesordnung
- für die Ratstagungen Art. 204 EGV 1–3

Tampere Art. 29 EUV 2; Art. 31 EUV 12
TARGET Art. 105 EGV 34
Tarife
- hoheitliche Festsetzung Art. 76 EGV 3

Tarifermäßigungen
- selektive ~ Art. 86 EGV 66

Tarife zur Unterstützung bestimmter Unternehmen Art. 76 EGV 4
Tarifkonsultationen Art. 80 EGV 24
Tarifpflicht Art. 73 EGV 3
Tarifverträge Art. 81 EGV 1
Tatbestandliche Unsicherheiten Art. 30 EGV 23
Tätigkeit
- Begriff der ~ Art. 45 EGV 2

Tätigkeit im Lohn- und Gehaltsverhältnis Art. 42 EGV 5
Technische Entwicklung Art. 82 EGV 49
Technische Schranken Art. 14 EGV 18
Technische Vorschriften Art. 249 EGV 78 a
Technische Zusammenarbeit Art. 80 EGV 13
Technologietransfer Art. 81 EGV 190, 214
Technologietransfer-Vereinbarungen Art. 81 EGV 231
Technologische Entwicklung Art. 162 EGV 4
Teilangleichung Art. 94 EGV 4

2731

Sachregister

Teilung Deutschlands Art. 78 EGV
Teilzeitbeschäftigung Art. 39 EGV 12
Telekommunikation Art. 81 EGV 98; Art. 86 EGV 61
Telekommunikations-Endgeräte
- Wettbewerb Art. 86 EGV 61
Telekommunikationsdienste
- Wettbewerb Art. 86 EGV 61
Telekommunikationsinfrastruktur Art. 154 EGV 4, 6
Telekommunikationsmärkte
- Liberalisierung der ~ Art. 86 EGV 61
Telekommunikations- und Kabelfernsehnetze Art. 86 EGV 61
Telekommunikationsverkehr Art. 30 EUV 6 a
Tempelmodell Art. 1 EGV 16
Tennisprofi Art. 43 EGV 10
Termingeschäfte Art. 56 EGV 13
Terminologie
- EU Art. 1 EGV 26-28
- Organe Art. 5 EUV 9
Territorialitätsprinzip Art. 45 EGV 11
Terrorismus Art. 30 EUV 6 a; Art. 31 EUV 9
- Der Kampf gegen den ~ Art. 29 EUV 7
Tierschutz Art. 95 EGV 18; Art. 162 EGV 13
Tindemanns-Bericht Art. 43 EUV 1
Titandioxid-Richtlinie Art. 95 EGV 48 a
Tochtergesellschaften Art. 43 EGV 17; Art. 81 EGV 49
Total Allowable Catches Art. 34 EGV 54
Totalangleichung Art. 94 EGV 4
Transeuropäische Netze Art. 154 EGV 3; Art. 161 EGV
- Auf- und Ausbau ~ Art. 154 EGV 1
- Zwecke der Gemeinschaftskompetenz beim Auf- und Ausbau ~ Art. 154 EGV 8
Transeuropäisches Schienengüternetz Art. 71 EGV 8, 16
Transferentschädigungen Art. 39 EGV 14
- und Freizügigkeit Art. 39 EGV 48
Transferunion Art. 100 EGV 11
Transformationsdefizit Art. 10 EGV 12
Transit auf Flughäfen Art. 62 EGV 18
Transparenz Art. 5 EGV 72; Art. 173 EGV 1; Art. 175 EGV 30; Art. 207 EGV 7; Art. 253 EGV 4
- der Ausschußverfahren Art. 202 EGV 20

Transparenzprinzip Art. 1 EUV 34; Art. 255 EGV 1
Transparenzrichtlinie Art. 86 EGV 12, 60
Transportunternehmen
- eigenwirtschaftliches Interesse Art. 76 EGV 4
Trennungsthese Art. 1 EGV 17
Treue
- Pflicht zu ~ und aktiver Förderung im Rahmen der GASP Art. 11 EUV 4
Treuerabatte Art. 82 EGV 63
Treue- und Förderungspflicht
- der Mitgliedstaaten Art. 19 EUV 1
Treu und Glauben Art. 10 EGV 9
TREVI-Zusammenarbeit Art. 61 EGV 5
Trilog Art. 28 EUV 10
TRIPS Art. 133 EGV 146; Art. 300 EGV 53
TRIPS-Abkommen Art. 133 EGV 26, 154
Troika Art. 18 EUV 4
Tropenholz Art. 133 EGV 192
Türkei Art. 17 EUV 4; Art. 43 EGV 7
Türkische Arbeitnehmer
- Aufenthaltserlaubnis und ~ Art. 39 EGV 28
- ordnungsmäßige Beschäftigung und ~ Art. 39 EGV 31
- reguläre Zugehörigkeit zum Arbeitsmarkt und ~ Art. 39 EGV 33
- und Freizügigkeit Art. 39 EGV 25
- Verbleiberecht für ~ Art. 39 EGV 32

U

UCLAF
- Unité de Coordination de la Lutte Antifraude Art. 280 EGV 18
Übereinkommen Art. 38 EUV
- zum Schutz der finanziellen Interessen der Europäischen Gemeinschaften Art. 280 EGV 3
Übereinkommen der Europäischen Union über die Rechtshilfe in Strafsachen Art. 30 EUV 6 a; Art. 31 EUV 2
Übereinkommen über die gerichtliche Zuständigkeit und die Vollstreckung gerichtlicher Entscheidungen in Zivil- und Handelssachen Art. 293 EGV 1
Übereinkommen über die Landwirtschaft Art. 34 EGV 26
Übereinkommen von Lugano Art. 65 EGV 6

Sachregister

Übereinkünfte nach Art. 24 EUV Art. 24 EUV 8, 11
- Praxis von ~n Art. 24 EUV 12
Übereinkunft
- Abschluss einer ~ im Rahmen der GASP Art. 24 EUV
Übergangsregelungen aus der Anfangszeit des Vertrages Art. 83 EGV 1
Übergangszeit Art. 83 EGV 11
Übermäßiges öffentliches Defizit
- Begriff Art. 104 EGV 12
- Pflicht zur Vermeidung Art. 104 EGV 8
Überprüfung der Handlungen der Organe
- durch den EuGH Art. 46 EUV 8
Überschußerzeugung Art. 32 EGV 23, 26; Art. 34 EGV 11, 12, 14, 29-30, 32
Überseeische Länder und Hoheitsgebiete Art. 299 EGV 9
- Arbeitnehmerfreizügigkeit Art. 186 EGV 1
- Assoziierung der ~n Art. 182 EGV
- Durchführungsbeschlüsse Art. 187 EGV 1
- Durchführungsbeschluß Art. 183 EGV 1
- Inländergleichbehandlung Art. 183 EGV 6
- Niederlassungsfreiheit Art. 183 EGV 6
- Schutzklauseln Art. 187 EGV 4
- Selbstregierung Art. 182 EGV 6
Übertragene besondere Aufgabe
- Verhinderung Art. 86 EGV 44
Übertragung von Durchführungsbefugnissen
- auf die Kommission durch den Rat Art. 202 EGV 5
- Grenzen der ~ Art. 202 EGV 7
Überwachung der Anwendung von Art. 86 Art. 86 EGV 55
Überwachung des Fernmeldeverkehrs Art. 31 EUV 7
Überwachungsmission für Jugoslawien Art. 14 EUV 5
Überwachung von Regulierungsbehörden Art. 16 EGV 10
ÜLG
siehe Überseeische Länder und Hoheitsgebiete
ultima ratio
- Art. 86 Abs. 2 Art. 86 EGV 47

ultra-vires-Handeln Art. 281 EGV 6, 12
Umgekehrte Diskriminierung Art. 39 EGV 42
Umgekehrte Diskriminierungen Art. 12 EGV 25; Art. 31 EGV 10
Umgestaltung von Art. 81 Abs. 3
- Legalausnahme Art. 83 EGV 9
Umlagefinanzierung Art. 23 EUV 4; Art. 28 EUV 7
Umlaufmünzen Art. 106 EGV 7
Ummittelbare Anwendbarkeit von Art. 81 Abs. 1 und 2 vor Gericht Art. 83 EGV 4
Umsatzbesteuerung im Binnenmarkt
- Übergangsregime der ~ Art. 93 EGV 13
Umsatzsteuer
- Harmonisierung der ~ Art. 93 EGV 9
Umsatzsteuerharmonisierung
- Entwicklung der ~ Art. 93 EGV 13
Umsetzung
- von Richtlinien Art. 10 EGV 19
Umstrukturierung des öffentlichen Wirtschaftssektors
- Kommission Art. 86 EGV 56
Umwelt Art. 161 EGV
- Bürger als Wächter der ~ Art. 175 EGV 32
Umweltagentur Art. 7 EGV 25; Art. 174 EGV 39
Umweltaktionsprogramm Art. 174 EGV 4; Art. 175 EGV 22
Umweltaußenkompetenzen Art. 174 EGV 48
Umweltbeschwerdeverfahren Art. 175 EGV 32
Umweltdaten Art. 174 EGV 38
Umweltfolgenabschätzung Art. 6 EGV 15 a
Umweltgrundrecht Art. 174 EGV 6
Umweltpolitik Art. 3 EGV 16
- Abgrenzung zu anderen umweltrelevanten Kompetenzen und ~ Art. 175 EGV 13
- Differenzierung Art. 175 EGV 9
- Finanzierung der ~ Art. 175 EGV 33
- Kompetenzgrundlage Art. 175 EGV 1
- Mindeststandard Art. 175 EGV 10
- Prinzipien der gemeinschaftlichen ~ Art. 174 EGV 12
- Schutzverstärkung Art. 176 EGV 1
- Subventionen und ~ Art. 175 EGV 38

2733

Sachregister

- Ziele der gemeinschaftlichen ~ Art. 174 EGV 7
Umweltprinzip Art. 95 EGV 53
Umweltqualität
- Verbesserung der ~ Art. 2 EGV 22

Umweltrecht Art. 175 EGV 3
- Vollzug des ~s Art. 175 EGV 26

Umweltschutz Art. 2 EGV 22; Art. 80 EGV 5; Art. 95 EGV 17, 25, 44
- als Unionsaufgabe Art. 174 EGV 1
- Grundsatz des bestmöglichen ~es Art. 174 EGV 18
- Querschnittsklausel und ~ Art. 6 EGV 1
- Rang des ~es Art. 174 EGV 14
- Sperrwirkung und ~ Art. 176 EGV 4
- und Subsidiaritätsprinzip Art. 175 EGV 6

Umweltunion Art. 174 EGV 5-6
Umweltverfassungsrecht Art. 174 EGV 6
Umweltverträglichkeitsprüfung Art. 6 EGV 10, 14; Art. 175 EGV 4
UN
- ~-Sicherheitsbeschluß und GASP-Akte Art. 302 EGV 10

Unabhängigkeit
- der EIB Art. 266 EGV 5
- der Gemeinschaftsverwaltung Art. 291 EGV 1
- funktionelle ~ Art. 108 EGV 7
- persönliche ~ Art. 108 EGV 12
- Qualifikation, Wahl, Amtszeit, Status und ~ der Mitglieder des EuGH Art. 223 EGV 1
- und Demokratieprinzip Art. 108 EGV 18

Unberührtheit
- des Gemeinschaftsrechts durch den EUV Art. 47 EUV 1

Unbeschränkte Ermessensnachprüfung Art. 229 EGV 3 ff.
UN-Charta Art. 182 EGV 6; Art. 281 EGV 31
Uneigentliche Ratsbeschlüsse Art. 249 EGV 127
Unerläßlichkeit von Wettbewerbsbeschränkungen Art. 81 EGV 161
Unerwarteter und plötzlicher Zustrom von Drittstaatsangehörigen Art. 64 EGV 6
UN-Fachorganisationen Art. 302 EGV 5

Ungerechtfertigte Preissteigerungen Art. 80 EGV 21
Unionsaufsicht Art. 10 EGV 29
Unionsbürgerschaft Art. 17 EGV 1; Art. 19 EGV 1
- diplomatischer und konsularischer Schutz von ~n Art. 20 EUV
- Erweiterung der ~ Art. 22 EGV 1

Unionsorgane Art. 1 EGV 7, 27; Art. 5 EUV 1, 7, 10
- Europäischer Rat Art. 4 EUV 10

Unionsrecht Art. 1 EGV 27-28
Unionsrechtsordnung
- Einheitlichkeit der ~ Art. 1 EGV 23

Unionstreue Art. 10 EGV 6; Art. 11 EUV 4; Art. 23 EUV 3
Universaldienst Art. 86 EGV 48
Universalitätsprinzip Art. 268 EGV 24
UN-Kodex
- Linienschiffahrtskonferenzen Art. 80 EGV 13

Unlautere Preisbildungspraktiken Art. 80 EGV 15
UNMIK Art. 14 EUV 5
UN-Mitgliedstaaten
- EU-Staaten als ~ Art. 301 EGV 6

Unmittelbar anwendbares Recht
- Dienstleistungsfreiheit Art. 71 EGV 3

Unmittelbare Auswirkung Art. 94 EGV 9
Unmittelbare Diskriminierung Art. 141 EGV 61
- Rechtfertigung Art. 141 EGV 60

Unmittelbare Wirksamkeit Art. 34 EUV 9; Art. 39 EGV 36
Unmittelbare Wirkung Art. 10 EGV 15; Art. 39 EGV 1; Art. 226 EGV 2; Art. 249 EGV 17
- Art. 72 Art. 72 EGV 7
- Assoziationsratsbeschluß Art. 310 EGV 28
- Assoziierungsabkommen Art. 310 EGV 24
- des Gemeinschaftsrechts Art. 310 EGV 24
- Entgeltgleichheit Art. 141 EGV 5
- gleichwertige Arbeit Art. 141 EGV 6
- objektive ~ Art. 10 EGV 40
- und gemeinschaftskonforme Auslegung des Gemeinschaftsrechts Art. 220 EGV 26
- von Assoziationsratsbeschlüssen Art. 310 EGV 31
- von Richtlinien Art. 10 EGV 21

Sachregister

UN-Sicherheitsrat Art. 23 EUV 9
– Mitgliedstaaten als Mitglieder des ~es Art. 19 EUV 3
– Resolution des ~ Art. 301 EGV 6
– Ständige Mitglieder des ~s Art. 15 EUV 4
UN-Sicherheitsratrevolution
– im Vorfeld von Wirtschaftssanktionen Art. 301 EGV 3
UN-Sicherheitsratsbeschluß Art. 15 EUV 5
– und GASP-Akte Art. 301 EGV 10
Untätigkeitsklage Art. 46 EUV 16; Art. 104 EGV 66; Art. 232 EGV 1 ff.; Art. 233 EGV 5, 2 f.
– Begründetheit Art. 232 EGV 15
– Klagebefugnis und Rechtsschutzinteresse Art. 232 EGV 12 f.
– Klagefrist Art. 232 EGV 14
– Klagegegenstand Art. 232 EGV 4 ff.
– Parteifähigkeit Art. 232 EGV 3
– Verpflichtung aus Untätigkeitsurteilen Art. 233 EGV 2
– vorläufiger Rechtsschutz Art. 232 EGV 16
– Vorverfahren Art. 232 EGV 9 ff.
– Zulässigkeit Art. 232 EGV 2 ff.
– Zuständigkeit Art. 232 EGV 2
Unterhaltsvorschuß Art. 42 EGV 44
Unterlassungsansprüche Art. 81 EGV 149
Unterlassungspflicht
– Art. 86 Abs. 1 Art. 86 EGV 30
Unterlassungspflichten der Mitgliedstaaten Art. 10 EGV 45
Unternehmen Art. 81 EGV 13
– Auskünfte von ~ Art. 85 EGV 6
– Begriff des ~s Art. 81 EGV 31
– besondere oder ausschließliche Rechte Art. 86 EGV 14
– Dienstleistungen von allgemeinem wirtschaftlichem Interesse betraut Art. 86 EGV 40
– Fusion Art. 157 EGV 13
– gemeinsame ~ Art. 171 EGV 2
– gemeinwirtschaftliche Pflichten Art. 16 EGV 10 a
– mit besonderen oder ausschließlichen Rechten Art. 86 EGV 14
– Stellen der öffentlichen Verwaltung Art. 86 EGV 11
– verbundene ~ Art. 81 EGV 85

Unternehmensbegriff des europäischen Wettbewerbsrechts Art. 86 EGV 11
Unternehmensbegriff in Art. 86 Art. 86 EGV 11
Unternehmensbezogene Vertragsbestimmungen
– Durchbrechungen Art. 86 EGV 44
Unternehmensfreibeträge Art. 56 EGV 19
Unternehmenskontinuität Art. 81 EGV 81
Unternehmenspolitik Art. 157 EGV 3
Unternehmensveräußerung Art. 81 EGV 118
Unternehmensvereinbarungen
– zur Forschungsförderung Art. 162 EGV 11
Unternehmensvereinigung Art. 81 EGV 34
– Begriff der ~ Art. 81 EGV 47
– Beschlüsse von ~en Art. 81 EGV 51, 76
– Vereinigungen von ~ en Art. 81 EGV 49
Unternehmensverkäufe Art. 81 EGV 110
Unternehmenszusammenschlüsse unterhalb gemeinschaftsweiter Bedeutung Art. 85 EGV 2
Unternehmer Art. 43 EGV 1
Unternehmerisches Handeln des Staates Art. 86 EGV 1
Unterrichtsanstalten
– Gründung privater ~ Art. 45 EGV 10
Unterrichtung
– Pflicht der Mitgliedstaaten zur vorherigen ~ Art. 14 EUV 9
– Recht des Europäischen Parlaments aus ~ und zur Stellungnahme Art. 21 EUV 2
Unterrichtungspflicht
– der Mitgliedstaaten im Rahmen der GASP Art. 19 EUV 2
Unterrichtung und Abstimmung zwischen den Mitgliedstaaten
– im Rahmen der GASP Art. 16 EUV
Unterschiedliche Frachten und Beförderungsbedingungen Art. 75 EGV
Unterstützungsbeihilfen Art. 73 EGV 3
Unterstützungstarife Art. 73 EGV 1, 2; Art. 76 EGV 1, 5
– Beihilfe Art. 76 EGV 2
– hoheitliche Auferlegung Art. 76 EGV 6

Sachregister

- Sonderform der Ausnahmetarife Art. 76 EGV 2
- Verzerrung des Wettbewerbs Art. 76 EGV 76
- Wettbewerbsverzerrung Art. 76 EGV 6

Unterstützung von strafrechtlichen Ermittlungen Art. 31 EUV 15
Untersuchungs-, Vorschlags- und Feststellungsrecht
- Kommission Art. 84 EGV 2

Untersuchungsausschüsse Art. 193 EGV 3
Untersuchungsrecht
- Art. 85 Art. 85 EGV 5

Untersuchungsrecht der Kommission Art. 85 EGV 6
Untersuchungsrecht des EP Art. 193 EGV 1
Unterwerfung unter die Gerichtsbarkeit des EuGH Art. 48 EUV 5
UN-Waffenübereinkommen Art. 14–15 EUV 5
Unzumutbarkeit
- Verhinderung Art. 86 EGV 45

URBAN Art. 161 EGV 12
Urheberrecht Art. 30 EGV 41
Ursachen
- Verfälschung des Wettbewerbs Art. 86 EGV 5

Urschrift und Abschrift
- des EUV Art. 53 EUV 2

Ursprungslandprinzip Art. 14 EGV 18; Art. 93 EGV 11
Ursprungs- oder Herkunftsbezeichnungen Art. 30 EGV 41
Ursprungsprinzip Art. 174 EGV 31
Urteile und Schiedssprüche
- Anerkennung und Vollstreckung von ~n Art. 293 EGV 9

Urteilswirkungen Art. 46 EUV 17
Uruguay-Runde Art. 34 EGV 18, 26–27
- Schlußakte Art. 133 EGV 146

USA
- Wirtschaftssanktionen der ~ gegen Kuba, Libyen und Iran Art. 14 EUV 5

UVP-Richtlinie Art. 174 EGV 8

V

Variable Geometrie Art. 168 EGV 2
Vatikanstadt Art. 4 EGV 18

Vehältnismäßigkeitsgrundsatz Art. 47 EGV 13
Verantwortlichkeit Art. 281 EGV 15
- vertragliche ~ Art. 281 EGV 17

Verantwortungsprinzip
- Wettbewerbsverfälschung Art. 86 EGV 5

Verbände Art. 157 EGV 21
- europäische ~ Art. 257 EGV 13; Art. 259 EGV 6

Verbandsklage Art. 174 EGV 6; Art. 175 EGV 31
Verbandskompetenz
- der Gemeinschaftsgerichtsbarkeit Art. 220 EGV 17

Verbesserung der Verkehrssicherheit
- zwei Aspekte Art. 71 EGV 20

Verbindlichkeitserklärung
- Adressat der ~ der zwölf Sprachfassungen Art. 53 EUV 6

Verbindungsbeamte Art. 30 EUV 16
Verbleiberecht
- für türkische Arbeitnehmer Art. 39 EGV 32
- und Freizügigkeit Art. 39 EGV 86

Verbot
- verschleierter Beschränkungen Art. 58 EGV 18
- willkürlicher Diskriminierungen Art. 58 EGV 18

Verbot der Kumulierung von Leistungen Art. 42 EGV 19
Verbot der mittelbaren Diskriminierung
- und Freizügigkeit Art. 39 EGV 46

Verbot von Binnenzöllen Art. 23 EGV 15
Verbot von Unterstützungstarifen Art. 76 EGV 1, 5
Verbraucher Art. 81 EGV 159; Art. 82 EGV 51; Art. 153 EGV 4; Art. 257 EGV 12
- fünf fundamentale Rechte der ~ Art. 153 EGV 9
- mündiger ~ Art. 153 EGV 7

Verbraucherbegriff Art. 153 EGV 4
Verbrauchergewohnheiten
- Verfestigungen von ~ Art. 2 EGV 5

Verbraucherleitbild Art. 153 EGV 7
Verbraucherpolitik
- binnenmarktunabhängige ~ Art. 153 EGV 8

Verbraucherschutz Art. 3 EGV 24
- als Politik der Gemeinschaft Art. 153 EGV 1

Sachregister

- Aufgabenverteilung zwischen Gemeinschaft und Mitgliedstaaten Art. 153 EGV 10
- Begriff Art. 153 EGV 4-7
- Binnenmarktrelevanz des ~es Art. 153 EGV 6
- Querschnittsklausel im ~ Art. 153 EGV 21
- Schutzverstärkungsklausel im ~ Art. 153 EGV 20
- und Binnenmarkt Art. 153 EGV 13-16
- und Harmonisierung Art. 153 EGV 13-16
- und Rechtsangleichung Art. 153 EGV 13-16

Verbraucherschutzkonzept der EG Art. 153 EGV 6

Verbraucherschutzniveau
- hohes ~ Art. 153 EGV 13

Verbraucherschutzpolitik
- Maßnahmen der EG-~ Art. 153 EGV 12

Verbrauchsabgaben Art. 93 EGV 16
Verbrauchsförderung Art. 35 EGV 4
Verbrauchsteuern Art. 93 EGV 12
- Harmonisierung der (sonstigen) ~ Art. 93 EGV 16

Verbundene Unternehmen
- Verantwortlichkeit innerhalb ~r Art. 81 EGV 78

Verbundgruppen Art. 81 EGV 194
Vereinbarkeit mit den Grundrechten Art. 46 EUV 11

Vereinbarungen
- Abgrenzungs~ Art. 81 EGV 227
- Alleinvertriebs~ Art. 81 EGV 168
- interinstitutionelle ~ Art. 7 EGV 20
- Technologietransfer-~ Art. 81 EGV 231
- Vertriebs~ Art. 81 EGV 190
- von Unternehmen Art. 81 EGV 51
- Zuliefer~ Art. 81 EGV 171

Vereinfachtes Verfahren der Vertragsänderung Art. 42 EUV 1
Vereinigtes Königreich Art. 65 EGV 3; Art. 69 EGV 2
- und Haushaltsdisziplin Art. 104 EGV 10

Vereinte Nationen Art. 302 EGV 5
Verfälschung des Wettbewerbs
- Ursachen Art. 86 EGV 5

Verfahren
- Art. 83 Abs. 1 Art. 83 EGV 14
- einheitliche Anwendung des Gemeinschaftskartellrechts Art. 83 EGV 34
- Freistellung Art. 83 EGV 20

Verfahren bei Erlaß von Rechtsnormen
- Verkehrspolitik Art. 71 EGV 30

Verfahren bei Rechtsetzung Art. 71 EGV 30

Verfahren der Mitentscheidung Art. 42 EGV 48; Art. 67 EGV 3

Verfahrensarten vor dem EuGH Art. 46 EUV 13, 16

Verfahrensfragen
- Beschlüsse über ~ im Bereich der GASP Art. 23 EUV 9

Verfahrensgarantien
- und Freizügigkeit Art. 39 EGV 96

Verfahrensgarantien für Asylbewerber Art. 63 EGV 17

Verfahrensordnung
- des EuGH Art. 223 EGV 7
- des Gerichts erster Instanz Art. 224 EGV 9

Verfahrensrecht Art. 220 EGV 32
Verfahrensrechtliche Garantien Art. 220 EGV 19

Verfahrenssprache Art. 290 EGV 6
Verfahrensvorschriften für den Vollzug der Art. 81, 82 Art. 84 EGV 8

Verfassungscharakter
- der Gründungsverträge Art. 48 EUV 5

Verfassungsprinzipien Art. 1 EUV 1
Verfassungsrecht der EU Art. 1 EUV 26
Verfassungstradition der Mitgliedstaaten Art. 220 EGV 33

Verfassungsverbund Art. 1 EUV 26; Art. 6 EUV 1

Verfassungsvertrag Art. 1 EUV 22a
Verfolgungs- und Vollstreckungsverjährung der Europäischen Wirtschaftsgemeinschaft Art. 83 EGV 18

Verhältnismäßigkeit Art. 5 EGV 45; Art. 28 EGV 25; Art. 30 EGV 48; Art. 34 EGV 16; Art. 39 EGV 90; Art. 43 EGV 31; Art. 73 EGV 4; Art. 95 EGV 11, 32; Art. 222 EGV 35; Art. 308 EGV 66
- Grundsatz der ~ Art. 46 EGV 1; Art. 176 EGV 10
- im engeren Sinne Art. 5 EGV 46
- und Erforderlichkeit Art. 5 EGV 46
- und Geeignetheit Art. 5 EGV 46

Sachregister

- und nationale Identität **Art. 6 EUV** 218
Verhältnis zwischen Gemeinschaftskartellrecht und nationalem Kartellrecht Art. 83 EGV 31
Verhältnis zwischen innerstaatlichen Rechtsvorschriften und Gemeinschaftskartellrecht Art. 83 EGV 30
Verhältnis zwischen nationalem Recht und Europarecht
- allgemeine Grundsätze **Art. 83 EGV 32**
Verhaltenskodex Art. 248 EGV 5
Verhaltensweisen
- aufeinander abgestimmte ~ **Art. 81 EGV 51, 64**
- aufeinander abgestimmte ~ und Beweislast **Art. 81 EGV 73**
Verhinderung
- **Art. 86 Abs. 2 S. 1 Art. 86 EGV 44**
- übertragene besondere Aufgabe **Art. 86 EGV 44**
- Unzumutbarkeit **Art. 86 EGV 45**
Verkaufsmodalitäten Art. 28 EGV 27
Verkehr Art. 81 EGV 6
- als Bestandteil des Binnenmarkts **Art. 70 EGV 2**
- Dienstleistungsfreiheit **Art. 70 EGV 17; Art. 71 EGV 3**
- Element des Binnenmarkts **Art. 70 EGV 11**
- Instrument zur Verwirklichung des Binnenmarkts **Art. 70 EGV 11**
Verkehr mit Drittstaaten Art. 71 EGV 37, 39
Verkehrsarten
- freie Preisbildung **Art. 74 EGV 3**
Verkehrsaufkommen zwischen konkurrierenden Verkehrsträgern Art. 76 EGV 8
Verkehrsbeihilfenreform Art. 73 EGV 4–5; Art. 76 EGV 74
Verkehrserhaltungs- und Verkehrsgewinnungstarife Art. 76 EGV 8
Verkehrsinfrastruktur Art. 80 EGV 5; Art. 154 EGV 4-5
Verkehrsleistungen der Eisenbahn
- Preisbildung für ~ **Art. 71 EGV 9**
Verkehrsmärkte
- europäisches Wettbewerbsrecht **Art. 70 EGV 17**
Verkehrspolitik

- Marktordnungskonzept **Art. 70 EGV 16**
- Mitentscheidungsverfahren **Art. 71 EGV 31**
- Rechtsetzung **Art. 71 EGV 27**
- Sachverständigenausschuß **Art. 79 EGV 1**
- Wahl ihrer Handlungsform frei **Art. 71 EGV 28**
- Zuständigkeit **Art. 70 EGV 4**
Verkehrspolitische Außenkompetenzen
- Gemeinschaft **Art. 71 EGV 38**
Verkehrspolitische Einflußnahme
- Beförderungspreise oder -bedingungen **Art. 74 EGV 2**
Verkehrspolitische RL und VO
- beratende Ausschüsse **Art. 79 EGV 4**
Verkehrsrechte Art. 80 EGV 20
Verkehrssicherheit Art. 71 EGV 19
- Regelungsschwerpunkte **Art. 71 EGV 21**
- Verbesserung der ~ in zwei Aspekten **Art. 71 EGV 20**
- von wirtschaftlichen Auswirkungen losgelöster Eigenwert **Art. 71 EGV 19**
Verkehrsunternehmen Art. 86 EGV 40
Verkehrswege
- Finanzierung **Art. 73 EGV 3**
Verkehrswirtschaft Art. 70 EGV 1, 17
- Dienstleistungsfreiheit **Art. 70 EGV 13; Art. 71 EGV 1**
- Wettbewerb **Art. 70 EGV 13**
Verletzung der Gemeinschaftsinteressen
- **Art. 86 Abs. 2 S. 2 Art. 86 EGV 53**
Verletzung von in Art. 6 Abs. 1 genannten Grundsätzen
- schwerwiegende und anhaltende ~ **Art. 46 EUV 10**
Verlust des Stimmrechts Art. 309 EGV 2
Verlustvortrag
- Berücksichtigung eines ~s **Art. 43 EGV 39**
Vermittlungsverfahren Art. 251 EGV 16
Vermutung gegen autonomes Handeln
- öffentliche Unternehmen **Art. 86 EGV 31**
Veröffentlichung
- Amtssprachen **Art. 254 EGV 2**
- der Abstimmungsergebnisse und Protokollerklärungen bei gesetzgeberischen Arbeiten des Rates **Art. 207 EGV 9**
- elektronische ~ **Art. 254 EGV 1**

Sachregister

- Kartellrechtsverstöße Art. 85 EGV 9
- Tag der ~ Art. 254 EGV 2

Veröffentlichungsbedürftige Rechtsakte Art. 254 EGV 3

Verordnung Art. 249 EGV 38
- Abgrenzung zur Entscheidung Art. 249 EGV 39
- Durchführungsmaßnahmen Art. 249 EGV 41
- hinkende ~ Art. 249 EGV 41

Verordnungen oder Richtlinien
- Art. 83 Abs. 1 Art. 83 EGV 7

Verordnungsermächtigungen
- Abgrenzung Art. 83 EGV 37

Verordnungspaket von 1986 Art. 80 EGV 10

Versammlung Art. 189 EGV 1

Versammlung der Region Europa Art. 263 EGV 3

Versammlungs- und Vereinigungsfreiheit Art. 6 EUV 125

Verschlechterungsverbot Art. 57 EGV 7; Art. 58 EGV 2; Art. 72 EGV 3

Verschleierte Beschränkung des Handels Art. 30 EGV 47; Art. 58 EGV 18; Art. 95 EGV 33

Verschmelzungsrichtlinie Art. 44 EGV 12

Versicherungen Art. 81 EGV 1

Versicherung öffentlicher Vermögen in Griechenland Art. 86 EGV 65

Versicherungswirtschaft Art. 81 EGV 165, 181

Versicherungszeiten Art. 42 EGV 28

Versorgungsengpässe Art. 33 EGV 10

Versorgungsquelle Art. 81 EGV 142

Versorgungsschwierigkeiten Art. 34 EGV 28

Verständigung
- Recht auf ~ Art. 21 EGV 2

Verstärkte Zusammenarbeit Art. 11 EGV 1; Art. 40 EUV 1; Art. 43 EUV 8; Art. 46 EUV 3
- Antrag auf Zulassung zur ~n Art. 27e EUV 1
- auch im Bereich der GASP nur ultima ratio Art. 27a EUV 4
- Beitritt zur ~n Art. 11 a EGV 1
- Bewertung Art. 45 EUV 3
- Durchführung Art. 44 EUV 1
- Durchführung ~r im Bereich der GASP Art. 27d EUV 1
- Fiktion der Zulassung zur ~n Art. 27e EUV 2

- Finanzierung Art. 44 a EUV
- Finanzierung der ~n im Rahmen der GASP Art. 27a EUV 4
- im Rahmen der GASP Art. 27a EUV 1
- in internationalen Organisationen oder auf internationalen Konferenzen Art. 27a EUV 2
- Verfahren zur ~n Art. 11 EGV 2
- zur Durchführung einer gemeinsamen Aktion Art. 27b EUV 1

Verstöße gegen Art. 81, 82
- zivilrechtliche Schadensersatzansprüche Art. 83 EGV 16

Verteidigung
- Sicherheit der Union, gemeinsame Verteidigungspolitik, gemeinsame ~ Art. 17 EUV 1

Verteidigungspolitik
- gemeinsame ~ Art. 17 EUV 1
- Respekt vor nationaler Ausrichtung der Sicherheits- und ~ Art. 17 EUV 5
- Sicherheit der Union, gemeinsame ~, gemeinsame Verteidigung Art. 17 EUV 1

Verteidigungspolitische Bezüge
- Beschlüsse mit ~ Art. 17 EUV 8
- Fragen mit militärischen und ~ Art. 27b EUV 2
- Maßnahmen mit militärischen oder ~n Art. 28 EUV 7

Vertikale Vereinbarungen Art. 81 EGV 165

Verträge
- Abschluß völkerrechtlicher ~ mit dritten Staaten und internationalen Organisationen im Rahmen der GASP Art. 24 EUV 1
- Auslegung völkerrechtlicher ~ Art. 53 EUV 5
- völkerrechtliche ~ Art. 293 EGV 1; Art. 300 EGV 1

Vertragsabschlußfähigkeit Art. 281 EGV 10

Vertragsänderung Art. 1 EUV 21
- Abgrenzung zur ~ Art. 308 EGV 19
- autonome ~ Art. 133 EGV 114
- Initiativrecht zu ~en Art. 48 EUV 2
- konkludente ~ Art. 11 EUV 1
- Sonderform der ~ Art. 104 EGV 78
- vereinfachtes Verfahren der ~ Art. 42 EUV 1
- Verfahren der ~ Art. 48 EUV 2

Vertragsanpassung

2739

Sachregister

- beitrittsbedingte ~ **Art. 49 EUV 4**

Vertragsdurchbrechung Art. 1 EUV 21
Vertragskündigungen Art. 300 EGV 22
Vertragsorgan Art. 300 EGV 78
- völkerrechtliches ~ **Art. 310 EGV 20**

Vertragsparteien
- Mitgliedstaaten als ~ in Übereinkünfte nach Art. 24 EUV **Art. 24 EUV 8**

Vertragsschlüsse nach Art. 24 Art. 18 EUV 1
Vertragsschluß Art. 24 EUV 6
- durch den Rat **Art. 24 EUV 7**
- Verfahren, völkerrechtlicher ~ **Art. 300 EGV 27**
- Verhandlungsphase, völkerrechtlicher ~ **Art. 300 EGV 28**
- völkerrechtlicher ~, parlamentarische Mitwirkungsrechte **Art. 300 EGV 32**

Vertragsschlußkompetenz Art. 300 EGV 38
- ausdrückliche ~ **Art. 300 EGV 3**
- der EG im Gesundheitsschutz **Art. 152 EGV 21**
- der Kommission **Art. 300 EGV 41**
- implizite ~ **Art. 300 EGV 5**
- Parallelität von Innen- und Außenkompetenz **Art. 300 EGV 6**
- parallele ~ **Art. 300 EGV 4**

Vertragsschlußkompetenz der Mitgliedstaaten Art. 24 EUV 2

Vertragsstaaten
- Willen der ~ **Art. 47 EUV 1**

Vertragsverletzungsklage
- Begründetheit **Art. 226 EGV 33 f.**
- Mitgliedstaaten **Art. 227 EGV 1 ff.**
- Zulässigkeit **Art. 226 EGV 25**

Vertragsverletzungsverfahren Art. 46 EUV 13, 16; Art. 95 EGV 40; Art. 226 EGV 1 ff.
- Beschleunigung und einstweilige Anordnungen **Art. 226 EGV 35**
- Feststellungsurteil **Art. 228 EGV 7, 1 f.**
- Form und Frist **Art. 226 EGV 32**
- Haushaltsdisziplin und ~ **Art. 104 EGV 65**
- Klagebefugnis und Rechtsschutzinteresse **Art. 226 EGV 30 f.**
- Nichtausführung eines klagestattgebenden Urteils und Sanktionen **Art. 228 EGV 8 ff.**
- Pauschalbetrag **Art. 228 EGV 9 f.**

- Pflicht der Kommission zur Verfahrenseinleitung und zur Klageerhebung **Art. 226 EGV 40 ff.**
- Rechte des Einzelnen auf Verfahrenseinleitung und Klageerhebung **Art. 226 EGV 44**
- Verhältnis der Klagen gem. Art. 226 und Art. 227 **Art. 227 EGV 4**
- zulässiger Klagegegenstand **Art. 226 EGV 27**
- Zwangsgeld **Art. 228 EGV 9 ff.**

Vertragsverstoß
- Prüfungsmaßstab **Art. 86 EGV 21**

Vertragsziele Art. 2 EGV 14; Art. 3 EGV 1
- der EG **Art. 2 EGV 1**
- Funktionen der ~ **Art. 2 EGV 3**
- im engeren Sinne **Art. 2 EGV 14**
- Mittel als ~ **Art. 2 EGV 25**
- Rechtswirkungen der ~ **Art. 2 EGV 29**

Vertragsziele der EG Art. 2 EGV 2

Vertrag über die Europäische Union
- Präambel **Art. 4 EGV 12**
- Schlußakte des ~s **Art. 8 EGV 2**

Vertrag von Amsterdam Art. 61 EGV 1; Art. 249 EGV 2, 14
Vertrag von Maastricht Art. 61 EGV 8; Art. 68 EGV 1
Vertrag von Nizza Art. 65 EGV 3; Art. 67 EGV 4, 9; Art. 100 EGV 9; Art. 189 EGV 25; Art. 191 EGV 1, 5; Art. 249 EGV 2, 14
- EZB-Rat **Art. 112 EGV 3 b**
- Währungsrecht und ~ **Art. 123 EGV 23**
- Wirtschafts- und Währungsunion **Art. 111 EGV 17**

Vertrauensschutz Art. 6 EUV 9; Art. 222 EGV 34

Vertretung
- der Gemeinschaft durch die Kommission **Art. 282 EGV 9**

Vertretung der EG
- im völkerrechtlichen Verkehr **Art. 281 EGV 8**

Vertretungen der Mitgliedstaaten
- diplomatische und konsularische ~ und die Delegationen der Kommission in dritten Ländern **Art. 20 EUV**

Vertrieb
- Kfz-~ **Art. 81 EGV 215**
- selektiver ~ **Art. 81 EGV 190**

Sachregister

Vertriebene Personen **Art. 63 EGV 21**
Vertriebssysteme
- selektive ~ **Art. 81 EGV 203**
Vertriebsvereinbarungen **Art. 81 EGV 190**
- vertikale ~ und Franchise **Art. 81 EGV 213**
Verursacherprinzip **Art. 174 EGV 34; Art. 175 EGV 33**
Verwaltungsabkommen **Art. 302 EGV**
Verwaltungsakt
- transnationaler ~ **Art. 10 EGV 55**
Verwaltungsaufgaben **Art. 39 EUV 2**
- im Rahmen der GASP **Art. 28 EUV 5**
Verwaltungsausschußverfahren **Art. 37 EGV 23**
Verwaltungskommission **Art. 42 EGV 47**
Verwaltungskosten **Art. 41 EUV 2**
Verwaltungskosten für den Grenzübertritt **Art. 77 EGV 1**
Verwaltungsrat **Art. 266 EGV 12**
Verwaltungssanktionen **Art. 34 EGV 46**
Verwaltungsverfahren **Art. 202 EGV 16**
Verwaltungsverträge **Art. 288 EGV 2**
Verweisung
- dynamische ~ in das mitgliedstaatliche Recht **Art. 282 EGV 2**
Verwerfungsbefugnis
- des EuGH **Art. 46 EUV 16**
Verwerfungskompetenz **Art. 10 EGV 31**
Verwerfungspflicht **Art. 10 EGV 43**
Verwerfungsrecht **Art. 10 EGV 43**
Verwertungsverbot **Art. 284 EGV 10; Art. 287 EGV 3**
Verzerrung des Wettbewerbs
- Unterstützungstarife **Art. 76 EGV 76**
Veterinärwesen **Art. 37 EGV 8**
- Gesundheitsschutzmaßnahmen in den Bereichen ~ und Pflanzenschutz **Art. 152 EGV 15**
Vetobefugnis
- der Mitgliedstaaten **Art. 205 EGV 9**
Vetomöglichkeit **Art. 27c EUV 2**
Visa
- für kurzfristige Aufenthalte **Art. 62 EGV 15**
- langfristige ~ **Art. 63 EGV 28**
Visamarken **Art. 62 EGV 16**
Visapolitik **Art. 67 EGV 7**
Visum **Art. 63 EGV 10**
Visummarke **Art. 62 EGV 21**
Völkergewohnheitsrecht **Art. 300 EGV 57**
- Bildung von ~ **Art. 18 EUV 1**
Völkerrecht
- allgemeine Regeln des ~s **Art. 249 EGV 5**
- Beachtung des ~s bei Wirtschaftssanktionen **Art. 301 EGV 11**
- zwingendes ~ **Art. 48 EUV 5**
Völkerrechtliche Auslegung **Art. 307 EGV 15**
Völkerrechtlicher Vertragsschluß
- parlamentarische Mitwirkungsrechte **Art. 300 EGV 32**
- Verfahren **Art. 300 EGV 27**
- Verhandlungsphase **Art. 300 EGV 27**
Völkerrechtliches Abkommen **Art. 42 EGV 3**
Völkerrechtliche Souveränität **Art. 48 EUV 5**
Völkerrechtliche Übereinkommen **Art. 34 EUV 11**
Völkerrechtliche Verträge **Art. 249 EGV 6; Art. 300 EGV 1, 20; Art. 310 EGV 1**
- Abschluß **Art. 281 EGV 10; Art. 308 EGV 30**
- Abschluß ~r mit dritten Staaten und internationalen Organisationen im Rahmen der GASP **Art. 24 EUV 1**
- Auslegung **Art. 300 EGV 80**
- Auslegung ~r **Art. 53 EUV 5**
- Justitiabilität **Art. 300 EGV 58**
- Kompetenz der EU zum Abschluß ~ **Art. 1 EGV 12**
- Rang im Gemeinschaftsrecht **Art. 300 EGV 77**
- Reziprozität **Art. 300 EGV 55**
- Schutzklauseln **Art. 300 EGV 61**
- unmittelbare Wirkung **Art. 300 EGV 60**
- vorgemeinschaftliche ~ **Art. 307 EGV 1**
Völkerrechtsfähigkeit **Art. 281 EGV 1**
- abgeleitete ~ **Art. 281 EGV 1**
- der EU **Art. 1 EGV 12**
- funktional beschränkte ~ **Art. 281 EGV 5**
- partikulare ~ **Art. 281 EGV 7**
Völkerrechtspersönlichkeit
- der EIB **Art. 266 EGV 4**
Völkerrechtssubjekt **Art. 300 EGV 48**
- EU als ~ **Art. 18 EUV 1; Art. 24 EUV 7; Art. 48 EUV 5**

2741

Sachregister

Völkerrechtssubjektivität Art. 300 EGV 2; Art. 305 EGV 1; Art. 310 EGV 19
- der EU Art. 24 EUV 1
- fehlende der EU Art. 11 EUV 1

Vollbeschäftigung Art. 2 EGV 17

Vollfunktions-Gemeinschaftsunternehmen
- kooperative ~ Art. 85 EGV 2

Vollintegration Art. 18 EGV 5

Vollständige Dienstleistungsfreiheit
- grenzüberschreitender Verkehr Art. 71 EGV 4

Vollstreckbare Entscheidungen
- des Gerichtshofs Art. 244 EGV 2

Vollstreckung
- gegen Mitgliedstaaten Art. 104 EGV 59
- von Entscheidungen der Gemeinschaftsgerichtsbarkeit Art. 244 EGV 1

Vollstreckungsgegner Art. 244 EGV 3

Vollstreckungshilfe Art. 31 EUV 4

Vollstreckungsimmunität Art. 281 EGV 22

Vollstreckungsverfahren Art. 282 EGV 8

Vollzugsbefehl
- genereller ~ Art. 300 EGV 56

Vollzugsbefugnisse
- Mitgliedstaaten Art. 84 EGV 1

Vollzugsdefizit Art. 10 EGV 12; Art. 175 EGV 28

Vollzugsgleichheit
- im Zollverwaltungsrecht Art. 23 EGV 21

Vollzugskompetenzen
- zentralisierte Anwendung des Gemeinschaftskartellrechts Art. 83 EGV 8

Vollzug von EG-Recht Art. 10 EGV 23

Vorabentscheidungsuntersuchung
- Zuständigkeitsübertragung Art. 225 EGV 1

Vorabentscheidungsverfahren Art. 35 EUV 2; Art. 46 EUV 16, 21; Art. 234 EGV 1
- Auslegung des Gemeinschaftsrechts Art. 234 EGV 4
- Ausnahmeklausel Art. 68 EGV 4
- Erforderlichkeit der Vorlage Art. 234 EGV 14
- funktionell letztinstanzliche Gerichte Art. 68 EGV 2
- Gegenstand des Verfahrens Art. 234 EGV 2

- gesetzlicher Richter Art. 234 EGV 27
- Grenzen der Vorlagepflicht Art. 234 EGV 21
- Gültigkeit der Handlungen der Gemeinschaftsorgane Art. 234 EGV 9
- Instanzgerichte Art. 68 EGV 3
- letztinstanzliche Gerichte Art. 234 EGV 18
- Nicht-letztinstanzliche Gerichte Art. 234 EGV 20
- Verfahren Art. 234 EGV 29
- Verfahren einstweiligen Rechtsschutzes Art. 234 EGV 22
- Verhältnis zur Nichtigkeitsklage Art. 234 EGV 10
- Verletzung der Vorlagepflicht Art. 234 EGV 25, 28
- Vorlageberechtigte Gerichte Art. 234 EGV 11
- Vorlageberechtigung Art. 234 EGV 11
- Vorlagepflicht Art. 234 EGV 18
- Vorlagerecht Art. 234 EGV 17
- Wirkung des Urteils Art. 234 EGV 31
- Zuständigkeit für ~ und Überprüfung Art. 225 EGV 26

Vorabumsatzabzug
- Verfahren des ~s Art. 93 EGV 11

Vorbehalt des Gesetzes Art. 220 EGV 34

Vorgehen Bundeskartellamt nach Gemeinschaftskartellrecht Art. 84 EGV 8

Vorläufige Geltung des Übereinkommens
- nach Art. 24 EUV Art. 24 EUV 9

Vorläufiger Rechtsschutz Art. 10 EGV 32

Vorlagebefugnis Art. 35 EUV 4; Art. 68 EGV 2

Vorlagepflicht Art. 234 EGV 18

Vorlageverfahren Art. 68 EGV 8

Vorrang
- des EG-Rechts Art. 5 EGV 31
- des Gemeinschaftsrechts Art. 48 EUV 5; Art. 220 EGV 22

Vorrang des Gemeinschaftsrechts Art. 83 EGV 32
- gemeinschaftliche Außenkompetenzen Art. 71 EGV 39

Vorrechte und Befreiungen
- der Gemeinschaften Art. 282 EGV 8
- Protokoll über die ~ der Europäischen Gemeinschaften Art. 291 EGV 3
- Protokoll über die ~ der Gemeinschaften Art. 283 EGV 4

Sachregister

Vorruhestand in der Landwirtschaft Art. 33 EGV 19
Vorschläge
– Zuwiderhandlungen gegen Gemeinschaftskartellrecht Art. 85 EGV 8
Vorschlag der Kommission
– zum Erlaß von Wirtschaftssanktionen Art. 301 EGV 10
Vorschlagsmonopol
– der Kommission Art. 208 EGV 2
Vorschriften
– geeignete ~ Art. 308 EGV 57
Vorschriften zur Präzisierung der Zwischenstaatlichkeitsklausel Art. 83 EGV 34
Vorsitz Art. 24 EUV 2
– des Rates Art. 203 EGV 8
– Einberufung des Rates durch den ~ Art. 204 EGV 1
– Programm der Präsidentschaft des ~es Art. 204 EGV 1
– Verantwortung für die Durchführung Art. 18 EUV 2
– Vertretung der EU durch den Art. 18 EUV 1
Vorsorgeprinzip Art. 95 EGV 16; Art. 174 EGV 6, 25, 38
– EuGH und ~ Art. 174 EGV 25
Vorwirkung
– von Richtlinien Art. 10 EGV 20

W

Wachstum
– beständiges, nichtinflationäres ~ Art. 2 EGV 20
Währung
– einheitliche ~ Art. 4 EGV 12
Währungsausgleichsbeträge Art. 269 EGV 9
Währungsausschuß
– beratender ~ Art. 4 EGV 22
– beratener ~ Art. 99 EGV 12
Währungsaußenpolitik Art. 111 EGV 1
Währungseinheiten
– nationale ~ Art. 106 EGV 3
Währungshoheit
– als bedeutende Staatsfunktion Art. 4 EGV 18
Währungsinnenpolitik Art. 111 EGV 1
Währungsintegration
– Entwicklung der ~ Art. 4 EGV 20

Währungspolitik Art. 5 EGV 26; Art. 124 EGV 1
– Haushaltspolitik und ~ Art. 121 EGV 8
– Kompetenzverteilung Art. 105 EGV 1
– Koordinierung der ~ Art. 4 EGV 21
– Zuständigkeit für die ~ Art. 8 EGV 5
Währungsrecht
– nationales ~ Art. 123 EGV 33
– und Vertrag von Nizza Art. 123 EGV 23
Währungsrecht der Gemeinschaft Art. 123 EGV 20, 36
Währungsreform Art. 123 EGV 13, 29
Währungsreserven
– Verwaltung der ~ Art. 105 EGV 31
Währungsreservenverwaltung Art. 101 EGV 13
Währungssicherung
– als Aufgabe der Bundesbank Art. 4 EGV 33
Währungsumstellung Art. 123 EGV 13, 29
Währungsunion
– als Schicksalsgemeinschaft Art. 4 EGV 16
– Aufnahme in die ~ Art. 122 EGV 3
– Austritt Art. 122 EGV 40
– Bundesverfassungsgericht und ~ Art. 4 EGV 30
– Großbritannien und ~ Art. 122 EGV 32
– Haushaltsdisziplin und ~ Art. 104 EGV 3
Waffen Art. 14 EUV 5
Waffenembargos Art. 15 EUV 5
Waffenübereinkommen
– UN-~ Art. 14-15 EUV 5
Wahl
– Qualifikation, ~, Amtszeit, Status und Unabhängigkeit der Mitglieder des EuGH Art. 223 EGV 1
Wahlausübungsrecht Art. 19 EGV 18
Wahlbeobachtung Art. 14 EUV 4
Wahldienst
– Europäischer ~ Art. 14 EUV 4
Wahl ihrer Handlungsform frei
– Verkehrspolitik Art. 71 EGV 28
Wahlrecht
– aktives und passives ~ Art. 19 EGV 7
– aktives ~ Art. 19 EGV 21
– passives ~ Art. 19 EGV 24

2743

Sachregister

- Voraussetzungen für ~ **Art. 19 EGV** 12
- zum EP **Art. 19 EGV** 18
Wahlrechtsgleichheit Art. 19 EGV 8, 18; **Art. 190 EGV** 1
Walt Wilhelm
- EuGH **Art. 83 EGV** 32
Wanderarbeitnehmer Art. 44 EGV 9
Waren, Dienstleistungen und Kapital Art. 133 EGV 25
Warenerzeugung Art. 81 EGV 155
Waren- und Dienstleistungsfreiheit
- passive Seite der ~ **Art. 153 EGV** 6
Warenverkehr Art. 28 EGV 2
Warenverkehrsfreiheit
- Waren aus Drittländern **Art. 134 EGV** 1
Warenverteilung Art. 81 EGV 156
Warenzeichenrecht Art. 30 EGV 41, 44
Wasserressourcen Art. 175 EGV 21
WEAG
- Western European Armaments Group, ~ **Art. 17 EUV** 6
Wechselbeziehungen zwischen EG und EU-Recht Art. 47 EUV 3
Wechselkurse
- unwiderrufliche Festlegung der ~ **Art. 4 EGV** 11
Wechselkursmechanismus
- EWS **Art. 121 EGV** 12
- Teilnahme **Art. 122 EGV** 36
- Teilnahme als Konvergenzkriterium **Art. 121 EGV** 16
- Teilnahme am ~ **Art. 122 EGV** 16
- WKM II **Art. 118 EGV** 10; **Art. 124 EGV** 9
Wechselkurspolitik Art. 4 EGV 22; **Art. 8 EGV** 5; **Art. 111 EGV** 1; **Art. 124 EGV** 1
- allgemeine Orientierung für die ~ **Art. 105 EGV** 30; **Art. 111 EGV** 10
- Ausführung der ~ **Art. 111 EGV** 8
- Durchführung der ~ **Art. 105 EGV** 30
- und Preisstabilität **Art. 111 EGV** 9
Wechselkursschwankungen Art. 111 EGV 5
Wechselkurssystem
- förmliche Vereinbarungen über ein ~ **Art. 105 EGV** 29
Wechselkursvereinbarungen
- förmliche ~ **Art. 111 EGV** 4
Wechselwirkungslehre Art. 46 EGV 3

Wegeunfall Art. 42 EGV 27
Weisenbericht Art. 7 EUV 8
Weißbuch
- Wachstum, Wettbewerbsfähigkeit, Beschäftigung **Art. 157 EGV** 3
Weißbuch der Kommission zur Vollendung des Binnenmarktes Art. 95 EGV 2
Weißbuch über die Vollendung des Binnenmarktes Art. 14 EGV 2
Weißbücher Art. 211 EGV 14
Weiße Liste Art. 81 EGV 166
Weisung Art. 81 EGV 40, 55
Weisungsgebundenheit Art. 43 EGV 10
Weiter Ermessensspielraum
- gemeinsame Verkehrspolitik **Art. 70 EGV** 15
Weizen Art. 133 EGV 192
Weltmarktkonditionen Art. 34 EGV 9
Werbung und Sponsoring zu Gunsten von Tabakerzeugnissen
- RL 98/43/EG vom 6. 7. 1998 **Art. 95 EGV** 10 b
Werk-Kabotageverkehr Art. 71 EGV 12
Werner-Plan Art. 4 EGV 24
Wertpapierabwicklungssystem Art. 105 EGV 34
Wertpapiere
- Geschäfte mit ~n **Art. 56 EGV** 13
- Zulassung von ~n zu den Kapitalmärkten **Art. 56 EGV** 10
Wertzölle Art. 23 EGV 1
Western European Armaments Group, WEAG Art. 17 EUV 6
Wettbewerb Art. 70 EGV 13
- Definition des ~s **Art. 81 EGV** 82
- freier ~ **Art. 98 EGV** 4; **Art. 105 EGV** 5
- Grundsatz der offenen Marktwirtschaft mit freiem ~ **Art. 157 EGV** 22; **Art. 162 EGV** 10
- Konzept **Art. 81 EGV** 82
- konzerninterner ~ **Art. 81 EGV** 85
- Netzzugang **Art. 86 EGV** 61
- offene Marktwirtschaft mit freiem ~ **Art. 16 EGV** 1 a
- potentieller ~ **Art. 81 EGV** 83
- Sicherung des freien ~ **Art. 133 EGV** 24
- Sprachtelefondienst **Art. 86 EGV** 61
- Telekommunikations-Endgeräte **Art. 86 EGV** 61

Sachregister

- Telekommunikationsdienste Art. 86 EGV 61
- unverfälschter ~ Art. 3 EGV 11; Art. 14 EGV 20
- wirksamer ~ Art. 81 EGV 83, 162

Wettbewerbliche Verfassung
- internationaler Seeverkehr Art. 80 EGV 13

Wettbewerbsbedingungen
- normale ~ Art. 157 EGV 23

Wettbewerbsbeschränkung Art. 81 EGV 82, 128
- Seeschiffahrt und Luftverkehr Art. 85 EGV 11
- Unerläßlichkeit von ~en Art. 81 EGV 161
- weiter Begriff der ~ Art. 81 EGV 88

Wettbewerbsfähigkeit Art. 2 EGV 21; Art. 157 EGV 6, 15, 22
- Förderung der ~ Art. 157 EGV 3
- internationale ~ Art. 162 EGV 5

Wettbewerbsgleichheit
- steuerliche ~ Art. 93 EGV 1

Wettbewerbsordnung der Gemeinschaft
- öffentlicher Sektor Art. 86 EGV 10

Wettbewerbsorientierte Wirtschaftsverfassung Art. 16 EGV 4

Wettbewerbspolitik
- Konflikte mit der ~ Art. 162 EGV 10
- Zielkonflikte mit der Industriepolitik Art. 157 EGV 19

Wettbewerbsregeln
- Ausnahmen Art. 86 EGV 34
- praktische Wirksamkeit Art. 86 EGV 4

Wettbewerbsregeln und Grundfreiheiten
- Ausnahmen Art. 86 EGV 35

Wettbewerbstarife Art. 76 EGV 1, 8
- im eigenwirtschaftlichen Interesse Art. 76 EGV 8
- nicht als Beihilfen Art. 76 EGV 8

Wettbewerbsverbot Art. 81 EGV 118, 199

Wettbewerbsverfälschung Art. 97 EGV 2
- Verantwortungsprinzip Art. 86 EGV 5

Wettbewerbsverhinderung Art. 81 EGV 82

Wettbewerbsverzerrung Art. 96 EGV 4, 7-9; Art. 97 EGV 1, 3; Art. 157 EGV 22
- durch Unterstützungstarife Art. 76 EGV 6
- potentielle ~ Art. 157 EGV 23
- Schranke der ~ Art. 157 EGV 4
- Spürbarkeit der ~ Art. 95 EGV 10 c
- Verbot der ~ Art. 162 EGV 10

Wettbewerbswidriges Verhalten
- staatliche Einflußnahme Art. 86 EGV 6

Wettbewerb zwischen Schiene und Straße Art. 71 EGV 8

Wetten
- über Sportereignisse Art. 45 EGV 9

WEU Art. 17 EUV 2
- Kirchberg-Erklärung der ~ Art. 17 EUV 2

WEU-Beobachter Art. 17 EUV 2

WEU-Funktionen
- Inkorporation von ~ in die EU Art. 25 EUV 1
- selektive Übernahme von ~ in die EU Art. 17 EUV 2

WEU-Vertrag
- Beistandsverpflichtungen aus NATO- und ~ Art. 17 EUV 4

Wichtige Erfordernisse Art. 95 EGV 25

Widerspruchsverfahren Art. 81 EGV 166, 234
- Freistellung wettbewerbsbeschränkender Absprachen Art. 80 EGV 13

Widerspruchsverfahren bei Einzelfreistellungen Art. 83 EGV 22

Wiener Aktionsplan Art. 63 EGV 2

Wiener Übereinkommen
- über diplomatische Beziehungen Art. 291 EGV 1

Willen der Vertragsstaaten Art. 47 EUV 1

Willensbildung des Rates
- im Bereich der GASP Art. 23 EUV 1

Willkürliche Diskriminierung Art. 30 EGV 47; Art. 58 EGV 18, 21; Art. 95 EGV 33

Wirtschaft
- Globalisierung der ~ Art. 56 EGV 4

Wirtschaftliche Einheit Art. 81 EGV 38, 85

Wirtschaftliche Koordinierung Art. 124 EGV 2

Wirtschaftliche Lage der Verkehrsunternehmer Art. 74 EGV

Wirtschaftlicher und sozialer Zusammenhalt Art. 2 EGV 24; Art. 16 EGV 9, 11; Art. 158 EGV, 5
- Stärkung des ~s Art. 3 EGV 15

Wirtschaftliche Schwierigkeiten Art. 134 EGV 12

Sachregister

Wirtschaftsabschwung
- schwerwiegender ~ Art. 104 EGV 96

Wirtschaftsboykott Art. 301 EGV 4

Wirtschaftsembargos Art. 301 EGV 3

Wirtschaftsformen
- gemeinwohlorientierte ~ Art. 16 EGV 9

Wirtschaftsleben
- harmonische, ausgewogene und nachhaltige Entwicklung des ~s Art. 2 EGV 14

Wirtschaftsmodell Art. 16 EGV 6

Wirtschaftsordnung
- der EG Art. 16 EGV 1 a

Wirtschaftspolitik
- allgemeine ~ Art. 4 EGV 3, 14
- als Zuständigkeit der Mitgliedstaaten Art. 98 EGV 1
- Ausrichtung und Koordinierung der nationalen ~ Art. 159 EGV 2
- Begriff Art. 4 EGV 2; Art. 98 EGV 3
- bereichsübergreifende ~ Art. 4 EGV 2
- der Mitgliedstaaten Art. 159 EGV 2
- Grundzüge der ~ Art. 98 EGV 3; Art. 99 EGV 2
- Koordinierung der ~ Art. 98 EGV 2; Art. 99 EGV 1
- Koordinierung und Überwachung Art. 104 EGV 93
- nationale Zuständigkeit Art. 86 EGV 34
- Preisstabilität und allgemeine ~ Art. 4 EGV 34
- Sanktionen Art. 99 EGV 14

Wirtschaftspolitik der Mitgliedstaaten
- Grundzüge der ~ Art. 4 EGV 6
- Koordinierung der ~ Art. 4 EGV 4

Wirtschaftsprüfer Art. 45 EGV 10

Wirtschaftsregierung
- europäische ~ Art. 108 EGV 9 a

Wirtschaftssanktionen Art. 60 EGV 1, 4; Art. 301 EGV 1
siehe auch Embargomaßnahmen
siehe auch Sofortmaßnahmen
- aller Art als Sofortmaßnahmen Art. 301 EGV 11
- als Sofortmaßnahmen Art. 301 EGV
- Ausnahmegenehmigungen bei ~ Art. 301 EGV 11
- der EG als Kollektivembargo Art. 301 EGV 5
- GASP-Beschlüsse vor der Ergreifung von ~ Art. 301 EGV 2

- GASP-Beschluß im Vorfeld von ~ Art. 301 EGV 7
- gemeinsame Aktionen im Vorfeld von ~ Art. 301 EGV 7
- gemeinsamer Standpunkt im Vorfeld von ~ Art. 301 EGV 3, 7
- Gleichheitswidrigkeit von ~ und übermäßiger Belastung Art. 301 EGV 13
- immanente Verfallsklausel als Merkmal von ~ Art. 301 EGV 12
- Praxis der Organe Art. 301 EGV 3
- Prüfungskompetenz des EuGH bei ~ Art. 301 EGV 11
- UN-Sicherheitsratsresolutionen im Vorfeld von ~ Art. 301 EGV 3
- Vorschlag der Kommission zum Erlaß von ~ Art. 301 EGV 10
- Zuständigkeiten und Verfahren zum Erlaß von ~ Art. 301 EGV 8

Wirtschaftssanktionen der EG Art. 15 EUV 5

Wirtschaftssanktionen der USA
- gegen Kuba, Libyen und Iran Art. 14 EUV 5

Wirtschaftsstrukturpolitik Art. 157 EGV 10

Wirtschafts- und Finanzausschuß Art. 114 EGV 7

Wirtschafts- und Finanzrat
- deutsch-französischer ~ Art. 108 EGV 3

Wirtschafts- und Sozialausschuß Art. 257 EGV

Wirtschafts- und Währungsunion Art. 59 EGV 2; Art. 98 EGV 1; Art. 161 EGV 16
- dritte Stufe Art. 122 EGV 1
- Errichtung einer ~ Art. 2 EGV 27
- Regierungskonferenz zur ~ Art. 4 EGV 10; Art. 108 EGV 2
- Unumkehrbarkeit Art. 122 EGV 40
- Vertrag von Nizza Art. 111 EGV 17

Wirtschafts- und Wettbewerbspolitik
- Zuständigkeitsverteilung Art. 16 EGV 10

Wirtschaftsunion Art. 98 EGV 2

Wirtschaftsverfassung Art. 4 EGV 8; Art. 16 EGV 3
- wettbewerbsorientierte ~ Art. 16 EGV 4

Wirtschaftswachstum Art. 2 EGV 20

Wirtschaftszone

- ausschließliche ~ **Art.** 299 EGV 3
WKM II Art. 122 EGV 15
- EWS und ~ **Art.** 122 EGV 16
- Freiwilligkeit der ~ **Art.** 124 EGV 12
Wohnort
- als Ort des gewöhnlichen Aufenthalts **Art.** 58 EGV 4
Wohnsitz Art. 19 EGV, 3; **Art.** 42 EGV 16; **Art.** 43 EGV 36
Wohnsitzmitgliedstaat Art. 19 EGV 21
Wohnsitznahme Art. 19 EGV 3
Wohnungsbau
- Zinsvergünstigung für den ~ **Art.** 56 EGV 28
WSA
- AdR und ~ **Art.** 263 EGV 41
- Aufgabe **Art.** 257 EGV 1; **Art.** 262 EGV 8
- Aufgabe des ~ **Art.** 257 EGV 9
- Aufgaben **Art.** 262 EGV 1
- Bedeutung des ~ **Art.** 257 EGV 13
- Entwicklung des ~s **Art.** 257 EGV 2
- Ernennungsverfahren **Art.** 259 EGV 2
- Fachgruppen des ~ **Art.** 261 EGV 1
- fakultative Anhörung **Art.** 262 EGV 10
- Funktion **Art.** 257 EGV 1
- Funktion des ~ **Art.** 257 EGV 10
- GO **Art.** 259 EGV 4; **Art.** 260 EGV 1
- Gruppen **Art.** 260 EGV 7
- Gruppen im ~ **Art.** 258 EGV 2
- Mitgliederzahl **Art.** 257 EGV 2; **Art.** 258 EGV 1
- Mitgliederzahlen des ~ **Art.** 257 EGV 15
- Nichtigkeitsklage **Art.** 262 EGV 7
- obligatorische Anhörung **Art.** 262 EGV 4
- Organisation des ~ **Art.** 260 EGV 1
- Organqualität **Art.** 257 EGV 5, 15
- Perspektive **Art.** 257 EGV 14
- Präsidium **Art.** 260 EGV 4
- Reformbedarf **Art.** 257 EGV 14
- Sitz **Art.** 257 EGV 3
- Stellung der Mitglieder **Art.** 258 EGV 4
- Stellung des ~ im institutionellen Gefüge der Gemeinschaft **Art.** 257 EGV 4
- Übermittlung der Stellungnahmen **Art.** 262 EGV 12
- und AdR **Art.** 260 EGV 2; **Art.** 264 EGV 3

- Unterausschüsse des ~ **Art.** 261 EGV 4
- Varianten der Anhörung **Art.** 262 EGV 1
- Vorrechte, Befreiungen und Erleichterungen der ~-Mitglieder **Art.** 258 EGV 7
- Zusammensetzung des ~ **Art.** 257 EGV 10
WTO Art. 133 EGV 26; **Art.** 300 EGV 53, 59, 82, 87
- Justitiabilität **Art.** 300 EGV 58
- materielle Verpflichtungen **Art.** 133 EGV 148
- organisatorische Struktur **Art.** 133 EGV 147
- single undertaking approach **Art.** 133 EGV 36
- unmittelbare Individualwirkung **Art.** 300 EGV 67
WTO-Abkommen Art. 133 EGV 146
WTO-Gutachten Art. 300 EGV 8
WTO-Ordnung Art. 300 EGV 53, 59
- Justitiabilität **Art.** 300 EGV 54
WTO-Streitbeilegungsabkommen Art. 133 EGV 146
WTO-Verträge
- Status im Gemeinschaftsrecht **Art.** 133 EGV 162
WWU
- Anpassung der nationalen Rechtsvorschriften **Art.** 121 EGV 3
- Aufnahme neuer Teilnehmer **Art.** 123 EGV 36
- Beginn der dritten Stufe **Art.** 123 EGV 13
- Beitritt neuer Mitgliedstaaten **Art.** 122 EGV 35
- Belgien und Italien **Art.** 121 EGV 25
- dritte Stufe **Art.** 121 EGV 24; **Art.** 124 EGV 1
- Griechenland und ~ **Art.** 121 EGV 27
- Rechtsanpassung **Art.** 109 EGV 1; **Art.** 122 EGV 19
- Übergang zur zweiten Stufe **Art.** 116 EGV 1
- und Schweden **Art.** 121 EGV 28
- zweite Stufe **Art.** 116 EGV 5

Z

Zahlstellen Art. 34 EGV 46–47, 39 a
Zahlungsbilanz Art. 4 EGV 22

Sachregister

- Begriff **Art. 119 EGV** 3
- dauerhaft finanzierbare ~ **Art. 4 EGV** 37

Zahlungsbilanzanleihen Art. 269 EGV 15
Zahlungsbilanzkrise Art. 119 EGV 3; **Art. 120 EGV** 1
Zahlungsbilanzschwierigkeiten Art. 100 EGV 3; **Art. 119 EGV** 1; **Art. 122 EGV** 27
Zahlungsmittel
- gesetzliches ~ **Art. 106 EGV** 3, 12
- grenzüberschreitender Fluß von ~n **Art. 56 EGV** 58

Zahlungsverkehr Art. 4 EGV 22; **Art. 105 EGV** 34
- bargeldloser ~ **Art. 123 EGV** 33
- Sofortmaßnahmen auf dem Gebiet des Kapital- und ~s **Art. 301 EGV** 15

Zahlungsverkehrsfreiheit Art. 56 EGV 1, 54
Zahnärztekammer Art. 43 EGV 20
Zahnarzt Art. 43 EGV 36
Zeit
- Geltung des Vertrags auf unbegrenzte ~ **Art. 51 EUV** 1

Zeitliche Wirkung Art. 141 EGV 7
Zentralbank
- unabhängige ~ **Art. 108 EGV** 2
- Unabhängigkeit **Art. 109 EGV** 2

Zentralbankkredit
- Verbot des direkten ~s **Art. 101 EGV** 9

Zentrale Meldestellen der Mitgliedstaaten Art. 30 EUV 9
Zentralisierte Anwendung des Gemeinschaftskartellrechts
- Vollzugskompetenzen **Art. 83 EGV** 8

Ziele der Europäischen Union Art. 2 EUV 4
Ziele der Gemeinschaft
- allgemeine ~ **Art. 308 EGV** 15
- besondere ~ **Art. 308 EGV** 14

Ziele des EGV in der Verkehrswirtschaft Art. 70 EGV 3
Zielkonflikt Art. 2 EGV 30
- bei der Anwendung und Auslegung des Gemeinschaftsrechts **Art. 2 EGV** 8

Zielpreis Art. 34 EGV 16
Zinn Art. 133 EGV 192
Zinsbesteuerung Art. 93 EGV 23
Zinsvergünstigung
- für den Wohnungsbau **Art. 56 EGV** 28

Zivilgesellschaft Art. 257 EGV 14
- organisierte ~ **Art. 257 EGV** 1, 10, 14; **Art. 259 EGV** 3, 5

Zivilrechtliche Nichtigkeit
- **Art. 81 Abs. 2 Art. 83 EGV** 17

Zivilrechtliche Rechtsfolgen
- **Art. 83 Art. 83 EGV** 19

Zivilrechtliche Sanktionen Art. 83 EGV 17
Zivilrechtliche Schadensersatzansprüche
- Verstöße gegen **Art. 81, 82 Art. 83 EGV** 16

Zivilverfahren Art. 65 EGV 9
Zoll 2000 Art. 135 EGV 3
Zoll Art. 23 EGV 1; **Art. 29 EUV** 3
- als Eigenmittel **Art. 269 EGV** 6
- Begriff **Art. 25 EGV** 5
- Rückvergütung von ~n **Art. 132 EGV** 1 a

Zollabgaben Art. 34 EGV 26
Zollgebiet
- einheitliches ~ **Art. 23 EGV** 5
- gemeinschaftsrechtliches ~ **Art. 23 EGV** 10

Zollhöchstsätze Art. 133 EGV 127
Zollhoheit Art. 23 EGV 11
Zollinformationssystem Art. 30 EUV 7
Zollinformationssystem (ZIS) Art. 135 EGV 2
Zollintegration
- Entwicklung der ~ **Art. 23 EGV** 8

Zollintegrationsstufen Art. 23 EGV 4
Zollkodex Art. 23 EGV 19; **Art. 133 EGV** 127
Zollkontingente Art. 34 EGV 26
Zollpräferenz
- allgemeines Präferenzsystem auch allgemeine ~ **Art. 177 EGV** 3
- allgemeine ~ auch allgemeines Präferenzsystem **Art. 177 EGV** 12

Zollrecht Art. 133 EGV 127
Zollrechtliche Abkommen
- internationale ~ **Art. 23 EGV** 12

Zollsätze Art. 34 EGV 18
Zolltarife Art. 5 EGV 26
- gemeinsame ~ **Art. 26 EGV**

Zolltarifrecht Art. 23 EGV 9; **Art. 26 EGV** 1
Zolltarifschema Art. 23 EGV 9
Zollunion Art. 23 EGV 1, 5; **Art. 77 EGV** 1
- Rechtsquellen der ~ **Art. 23 EGV** 9
- und Drittstaatsbeziehungen **Art. 23 EGV** 14

Sachregister

Zollverwaltung Art. 30 EUV 7, 24
- durch die Mitgliedstaaten Art. 23 EGV 19

Zollvölkerrecht Art. 23 EGV 12

Zucker Art. 133 EGV 192

Zugang
- zu den von den Gemeinschaftsorganen verwalteten Informationen Art. 255 EGV 7
- zu Dokumenten Art. 28 EUV 4
- zu Dokumenten im Ausschußverfahren Art. 202 EGV 20
- zu Ratsdokumenten Art. 207 EGV 11

Zugang der Öffentlichkeit zu Kommissions- und Ratsdokumenten
- Verhaltenskodex für den ~ Art. 255 EGV 5

Zugangsanspruch Art. 255 EGV 8

Zugang zu Dienstleistungen von allgemeinem wirtschaftlichem Interesse
- subjektive Rechte auf ~ Art. 16 EGV 16

Zugang zu Dokumenten
- des Rates Art. 207 EGV 7

Zugang zum Arbeitsmarkt
- und Beschränkungsverbot Art. 39 EGV 50

Zugang zum Beruf der Güter- und Personenkraftverkehrsunternehmer Art. 71 EGV 24

Zugang zur Bedienung von Flugstrecken Art. 80 EGV 20

Zulässige Beihilfen im Landverkehr Art. 73 EGV 5

Zulässige Koordinierungs- und Abgeltungsbeihilfen
- Anwendungsfälle Art. 73 EGV 5

Zulassungsschranken
- subjektive ~ Art. 43 EGV 2

Zulassung zur verstärkten Zusammenarbeit
- Fiktion der ~ Art. 27e EUV 2

Zuliefervereinbarungen Art. 81 EGV 171

Zulieferverträge Art. 81 EGV 170
- Bekanntmachung über ~ Art. 81 EGV 171

Zunahme des Straßenverkehrs Art. 72 EGV 5

Zurechnung
- und EG-Kartellrecht Art. 81 EGV 77

Zusätzlichkeit
- der Mittel Art. 161 EGV 10

Zusammenarbeit Art. 10 EGV 1
- Durchführung verstärkter ~ im Bereich der GASP Art. 27d EUV 1
- Fiktion der Zulassung zur verstärkten ~ Art. 27e EUV 2
- intergouvernementale ~ der Mitgliedstaaten Art. 53 EUV 5
- Kommission und nationale Kartellbehörden Art. 83 EGV 16
- Rüstungspolitische ~ Art. 17 EUV 6
- Verfahren der ~ Art. 189 EGV 14
- verstärkte ~ Art. 46 EUV 3
- verstärkte ~, Antrag an den Rat Art. 27c EUV 1
- verstärkte ~ im Rahmen der GASP Art. 27a EUV 1
- verstärkte ~ in internationalen Organisationen oder auf internationalen Konferenzen Art. 27a EUV 2
- verstärkte ~ zur Durchführung einer gemeinsamen Aktion Art. 27b EUV 1
- zwischen Unternehmen Art. 157 EGV 13

Zusammenarbeit der EG mit Drittstaaten Art. 155 EGV 19

Zusammenarbeit der Kommission und den Wettbewerbsbehörden der Mitgliedstaaten
- Bekanntmachung Art. 84 EGV 2

Zusammenarbeit der Polizei Art. 29 EUV 8

Zusammenarbeit im Zollwesen Art. 135 EGV 1
- Zweispurigkeit der ~ Art. 135 EGV 4

Zusammenarbeit mit Drittstaaten
- Handlungsformen Art. 181 a EGV 5
- wirtschaftliche, finanzielle und technische ~ Art. 181 a EGV
- Zahlungsbilanzhilfen Art. 181 a EGV 4

Zusammenarbeit nationaler Kartellbehörden und der Europäischen Kommission Art. 83 EGV 34

Zusammenarbeit zwischen der Kommission und den Gerichten der Mitgliedstaaten
- Bekanntmachung Art. 84 EGV 2

Zusammenarbeit zwischen einzelnen Mitgliedstaaten
- engere ~ Art. 17 EUV 9

Zusammenarbeit zwischen der Kommission und den Wettbewerbsbehörden der Mitgliedstaaten Art. 83 EGV 16

2749

Sachregister

Zusammenhalt
- sozialer und territorialer ~ **Art. 16 EGV** 1
- sozialer ~ **Art. 16 EGV** 7
- wirtschaftlicher und sozialer ~ **Art. 16 EGV** 9, 11; **Art. 158 EGV,** 5

Zusammenrechnung der Versicherungszeiten Art. 42 EGV 32
- und Sozialversicherung **Art. 42 EGV** 17

Zusammenschlüsse ohne gemeinschaftsweite Bedeutung Art. 85 EGV 2

Zusammensetzung
- des Rates **Art. 203 EGV** 2

Zusatzprogramme Art. 168 EGV 1

Zuständigkeit Art. 225 EGV 5
- ausschließliche ~ **Art. 5 EGV** 18 ff.
- ausschließliche ~ der EG für Embargomaßnahmen **Art. 301 EGV** 14
- der Gemeinschaftsgerichtsbarkeit **Art. 220 EGV** 2
- des EuGH **Art. 225 EGV** 1, 4
- Freistellung **Art. 83 EGV** 20
- für Direktklagen **Art. 225 EGV** 3
- Verkehrspolitik **Art. 70 EGV** 4

Zuständigkeit ausschließlich Art. 70 EGV 5

Zuständigkeit des EuGH Art. 35 EUV 1; **Art. 40 EUV** 3; **Art. 46 EUV** 15; **Art. 67 EGV** 6
- ausschließliche ~ **Art. 292 EGV**

Zuständigkeit für Einzelfreistellungen Art. 83 EGV 21

Zuständigkeits- und Verfahrensnormen des innerstaatlichen Rechts
- Anwendung der **Art.** 81, 82 **Art. 84 EGV** 7

Zuständigkeitsverteilung Art. 70 EGV 4
- Wirtschafts- und Wettbewerbspolitik **Art. 16 EGV** 10

Zuständigkeit und Verfahren
- zum Erlaß von Wirtschaftssanktionen **Art. 301 EGV** 8

Zustellung Art. 65 EGV 4

Zustimmungsverfahren Art. 189 EGV 14; **Art. 192 EGV** 3-4

Zuverlässigkeit der Rechnungsführung
- Erklärung über die ~ **Art. 248 EGV** 4

Zuweisung von Fahrwegkapazitäten Art. 71 EGV 16

Zuwiderhandlungen gegen Gemeinschaftskartellrecht
- Vorschläge **Art. 85 EGV** 8

Zwangsgeld Art. 83 EGV 4
- Aufhebung, Herabsetzung oder Erhöhung **Art. 83 EGV** 29

Zwangsläufig Mißbrauch
- Monopolunternehmen **Art. 86 EGV** 32

Zwangslizenz Art. 82 EGV 38, 73

Zwangsmaßnahmen
- Ermessensausübung **Art. 83 EGV** 28

Zwangsmaßnahmen der Gemeinschaftsorgane Art. 229 EGV 1 f.

Zwangsvollstreckung Art. 256 EGV 1

Zweck
- wirtschaftlicher ~ **Art. 81 EGV** 31

Zweckdienliche Vorschriften
- beispielhafte Aufzählung **Art. 83 EGV** 16
- Verkehrspolitik **Art. 71 EGV** 1-2

Zweckdienlichkeit
- **Art.** 83 **Art. 83 EGV** 10
- objektive Eignung **Art. 83 EGV** 10

Zweigniederlassung Art. 43 EGV 17; **Art. 81 EGV** 40
- Eintragung einer ~ **Art. 48 EGV** 10
- ~srichtlinie **Art. 44 EGV** 12

Zweischrankentheorie Art. 81 EGV 18

Zweistufiges Rechtsetzungsverfahren
- **Art.** 83 **Art. 83 EGV** 15
- Gruppenfreistellungsverordnung **Art. 83 EGV** 15

Zweitwohnungen
- Erwerb von ~ **Art. 56 EGV** 11

Zwingende Ausgaben
- im Rahmen der GASP **Art. 28 EUV** 10

Zwingende Erfordernisse Art. 28 EGV 20; **Art. 30 EGV** 2

Zwingende Gründe des Allgemeininteresses
- und Diskriminierungsverbot **Art. 39 EGV** 47

Zwingendes Völkerrecht Art. 48 EUV 5

Zwischengemeinschaftsrecht Art. 305 EGV 2

Zwischenstaatlichkeit Art. 81 EGV 125

Zwischenstaatlichkeitsklausel
- Beeinträchtigung der Entwicklung des Handelsverkehrs **Art. 86 EGV** 51
- Vorschriften zur Präzisierung der ~ **Art. 83 EGV** 34

Zypern Art. 161 EGV 15; **Art. 299 EGV** 11
- Assoziierung **Art. 310 EGV** 41